Palandt

Bürgerliches Gesetzbuch

Band 7

Palandt
Bürgerliches Gesetzbuch

mit Einführungsgesetz, Verschollenheitsrecht, Beurkundungsgesetz, Gesetz zur Regelung des Rechts der Allgemeinen Geschäftsbedingungen, Abzahlungsgesetz, Gesetz über den Widerruf von Haustürgeschäften und ähnlichen Geschäften, § 13a Gesetz gegen den unlauteren Wettbewerb, Gesetz zur Regelung der Miethöhe (Art. 3 des 2. WKSchG), Produkthaftungsgesetz (Gesetzentwurf), Erbbaurechtsverordnung, Wohnungseigentumsgesetz, Ehegesetz, Hausratsverordnung

bearbeitet von

Dr. Peter Bassenge
Vorsitzender Richter
am Landgericht Lübeck

Prof. Dr. Uwe Diederichsen
Universität Göttingen

Wolfgang Edenhofer
Vizepräsident des Amtsgerichts München

Prof. Dr. Helmut Heinrichs
Präsident des Oberlandesgerichts Bremen

Prof. Dr. Andreas Heldrich
Universität München

Prof. Dr. Hans Putzo
Vizepräsident
des Bayerischen Obersten Landesgerichts

Prof. Dr. Heinz Thomas
Vorsitzender Richter
am Oberlandesgericht München i. R.

49., neubearbeitete Auflage

C. H. Beck'sche Verlagsbuchhandlung
München 1990

ISBN 3 406 33952 2

Druck der C. H. Beck'schen Buchdruckerei Nördlingen

Vorwort zur 49. Auflage

Bei dieser Auflage war der Redaktionsschluß für den Allgemeinen Teil des BGB und das Schuldrecht Mitte September 1989, für das Sachenrecht Anfang Oktober 1989 und die übrigen Bücher des BGB sowie für die Nebengesetze Mitte Oktober 1989. Seit Herbst 1988, dem Redaktionsschluß der Vorauflage, waren zahlreiche wichtige Entscheidungen ergangen und bedeutsame Literatur veröffentlicht worden, die durch eine Vielzahl von Änderungen und Ergänzungen im ganzen Werk eingearbeitet wurden. Auch die seither verkündeten Rechtsvorschriften sind in der Neuauflage berücksichtigt.

Im **Allgemeinen Teil** wurden in der Kommentierung des Namensrechts und der Verjährung einige Anmerkungen neu gefaßt. Gründlich überarbeitet wurden auch die Partien, die sich mit der Sittenwidrigkeit von Ratenkrediten befassen. Die Frage, ob und gegebenenfalls wann eine für den Gläubiger erkennbare Leistungsunfähigkeit des Schuldners, insbesondere bei Kredit- und Bürgschaftsverträgen, die Nichtigkeit des Vertrages begründen kann, wurde eingehender behandelt, jedoch mit der sich aus dem Charakter eines Kurzkommentars ergebenden Beschränkung.

Im **Allgemeinen Schuldrecht** wurde die Kommentierung des § 242 BGB im ganzen neu gefaßt. Für die Rechtspraxis wichtige Fragen, insbesondere die Probleme der Geschäftsgrundlage und der Verwirkung, wurden differenzierter erläutert, überholtes Fallmaterial ausgesondert. Hauptziel der Neubearbeitung war, die immer umfangreicher und komplizierter werdenden richterrechtlichen Grundsätze dieser Vorschrift verständlich und durchschaubar darzustellen. Die Auswirkungen vertraglicher und gesetzlicher Haftungsfreistellungen auf die Ausgleichspflicht wurden unter Aufgabe des bisherigen Rechtsstandpunkts neu kommentiert.

Im **Besonderen Schuldrecht** wurde im Mietrecht neben der vielfältigen Aktualisierung der Ausführungen mehrere umfangreiche Anmerkungen neu gefaßt. Im ganzen Titel „Miet- und Pachtrecht" wurde bei allen Ansprüchen auf die jeweils geltenden Verjährungsvorschriften hingewiesen. Die richterliche Fortentwicklung des Arbeitsrechts wurde bei den Dienstvertragsvorschriften vollständig eingearbeitet. Auch das Gesetz zur Änderung des Betriebsverfassungsgesetzes, über Sprecherausschüsse der leitenden Angestellten und zur Sicherung der Montan-Mitbestimmung vom 20. 12. 1988 (BGBl. I S. 2312) wurde an den betroffenen Stellen berücksichtigt. Im Werkvertragsrecht wurde besonderes Gewicht gelegt auf die Computerprozesse einschließlich Software (rechtliche Einordnung, Haftung bei Mängeln). Die Überarbeitung der Kommentierung, insbesondere die Straffung der Ausführungen zu den §§ 741–811 BGB wurde fortgesetzt. Außerdem wurde der presserechtliche Gegendarstellungsanspruch (Einführung vor § 823 Anm. 10 BGB) neu behandelt.

Im **Sachenrecht** erfolgten umfangreiche Neubearbeitungen im Bereich der Grundpfandrechte. Die Schwerpunkte waren dabei: Die Vorschriften über die Gesamthypothek (§§ 1132, 1172–1175, 1181, 1182 BGB), die Einreden gegen die durch die Hypothek gesicherte Forderung (§§ 1137, 1138 BGB) und die Grundschuld als isoliertes dingliches Recht und als Sicherungsgrundschuld (§ 1191 BGB).

Im **Familienrecht** konzentrierten sich die Neubearbeitungen auf die Ehewirkungen, das nacheheliche Unterhaltsrecht und vor allem auf den Versorgungsausgleich. Beim Trennungsunterhalt wurde neu aufgenommen eine zusammenhängende Darstellung der unterhaltsrechtlichen Bedeutung der Ehewohnung (§ 1361 Anm. 2d BGB); eine solche zur Bedeutung von Steuern im Nachehelichenunterhalt findet sich in Anm. 3 zu § 1569 BGB. Neu gefaßt wurden die Erläuterungen zur Ermittlung des nachehelichen Bedarfs auf der Grundlage der ehelichen Lebensverhältnisse einschließlich des Vorsorgeunterhalts (§ 1578 BGB) und die im Hinblick auf neue Partnerbeziehungen nach Ehescheidung besonders aktuellen Erläuterungen zu § 1579 Ziff. 7 BGB (§ 1579 Anm. 3g BGB); ferner diejenigen zur Leistungsfähigkeit nach Ehescheidung und zu den die Praxis vorwiegend beschäftigenden Mangelfällen (§ 1581 BGB). Im Versorgungsausgleich wurde die Kommentierung der Ehezeit neu gefaßt, vor allem die Erläuterungen zur Bedeutung und Berücksichtigung von nach Ende der Ehezeit eingetretenen Ände-

Vorwort

rungen (§ 1587 Anm. 3 BGB). Ferner wurden die wichtigsten Teile der für die Bewertung der Versorgungsanrechte maßgeblichen Vorschriften neu erläutert, nämlich der Beamtenversorgung, der gesetzlichen Rentenversicherung und der betrieblichen Altersversorgung (§ 1587a Anm. 1–3 C BGB). Neu kommentiert wurde schließlich auch der Ausschluß des Versorgungsausgleichs (§ 1587c BGB). Beim Kindesunterhalt waren Neufassungen der Kommentierung vor allem im Bereich der §§ 1602, 1603 und 1610 BGB notwendig. Überarbeitet wurden alle verfahrensrechtlichen Anmerkungen.

Das **Erbrecht** wurde wieder durchgehend in allen Teilen überarbeitet und aktualisiert. Einen Schwerpunkt bildete diesmal die Bearbeitung der Vorschriften über das Testament, das Pflichtteilsrecht, die Erbscheinserteilung und die gerichtliche Nachlaßsicherung. Vor allem dort wurde die Kommentierung an vielen Stellen neu gefaßt. Aber auch Randgebiete wie die Bezüge zum Grundbuchrecht oder die erbrechtlichen Vorschriften des EGBGB wurden überprüft und die Ausführungen gestrafft. Von den Schenkungen auf den Todesfall bis zu den Verfügungen der Partner einer nichtehelichen Lebensgemeinschaft haben sich die höchsten Gerichte mit den modernen Formen der Vermögenszuwendung beschäftigen müssen. Entschieden wurde etwa, ob der Ausschluß nicht miteinander verheirateter Personen vom gemeinschaftlichen Testament auch einer Prüfung nach verfassungsrechtlichen Grundsätzen standhält (BVerfG), in welchem Umfang die darin getroffenen Verfügungen umgedeutet werden können und ob Verpflichtungen hieraus steuerlich als Nachlaßverbindlichkeit berücksichtigungsfähig sind (BFH). In die wissenschaftliche Diskussion gekommen ist auch, ob sich Ehegatten im Erbrecht mittels der vom BGH anerkannten ehebedingten (unbenannten) Zuwendungen Vorteile verschaffen, etwa Pflichtteilsansprüche vermindern, Bindungen durch Erbvertrag oder gemeinschaftliches Testament umgehen oder als Vorerben sich von Verfügungsbeschränkungen befreien können; hier steht aber eine Klärung durch die Rechtsprechung noch aus. Die gesellschaftsrechtlich wichtige Frage einer Testamentsvollstreckung am Kommanditanteil wurde nunmehr höchstrichterlich entschieden. Auf die unterschiedliche Rechtsprechung bei der Bewertung land- und forstwirtschaftlichen Vermögens hat der Gesetzgeber reagiert und eine Privilegierung auch im Kostenrecht eingeführt.

Das **Internationale Privatrecht** ist nach seiner Reform durch das Gesetz vom 25. 7. 1986 (BGBl. I S. 1142) nunmehr in eine Phase der Konsolidierung eingetreten. Sie schlägt sich in einem umfangreichen Schrifttum und einer steigenden Zahl von Gerichtsentscheidungen nieder. Dem war in der Neuauflage Rechnung zu tragen. Berücksichtigt wurden dabei auch das Gesetz zur Änderung des Börsengesetzes vom 11. 7. 1989 (BGBl. I S. 1412) und das Gesetz zur Einführung eines zusätzlichen Registers für Seeschiffe unter der Bundesflagge im internationalen Verkehr vom 23. 3. 1989 (BGBl. I S. 550). Beide Gesetze machten Änderungen in der Kommentierung des Internationalen Schuldrechts erforderlich.

Einen weiteren Arbeitsschwerpunkt bildete wiederum das **Gesetz zur Regelung des Rechts der Allgemeinen Geschäftsbedingungen.** Zum AGB-Gesetz fallen fast täglich neue Entscheidungen, aber auch Meinungsäußerungen im Schrifttum an. Die Erläuterungen zum AGB-Gesetz versuchen diese auch für den Spezialisten kaum zu bewältigende Informationsflut unter Beschränkung auf das Wesentliche verständlich und durchschaubar darzustellen. Gegenüber der Vorauflage waren wiederum mehr als 300 Änderungen und Ergänzungen der Kommentierung notwendig. Einige Anmerkungen wurden im ganzen neu gefaßt.

Im **Wohnungseigentumsgesetz** wurden neben der umfangreichen allgemeinen Rechtsprechung insbesondere die grundlegenden Entscheidungen des BGH zu bedeutsamen Streitfragen dieser Rechtsmaterie (z. B. Stimmenthaltung, Haftung des Erwerbers, werdender Wohnungseigentümer) eingearbeitet. Zu berücksichtigen waren auch die am 1. 3. 1989 in Kraft getretenen Änderungen der Heizkostenverordnung.

Bremen, Göttingen, Lübeck, München, im November 1989   Die Verfasser

Verzeichnis der Bearbeiter der 49. Auflage

Dr. Peter Bassenge:
Abkürzungsverzeichnis
BGB §§ 854–1296
EGBGB Art. 52–54, 59–63, 65–69, 73, 74, 89–91, 96, 109–133, 142, 143, 179–197
Erbbaurechtsverordnung
Wohnungseigentumsgesetz
Sachverzeichnis

Prof. Dr. Uwe Diederichsen:
BGB §§ 1297–1921
EGBGB Art. 51
Ehegesetz
Hausratsverordnung

Wolfgang Edenhofer:
BGB §§ 1922–2385
EGBGB Art. 64, 137–140, 147–152, 213–217
Beurkundungsgesetz §§ 27–35

Prof. Dr. Helmut Heinrichs:
Einleitung
BGB §§ 1–432
EGBGB Art. 1, 2, 50, 55, 56, 82, 83, 85, 86, 88, 163–170, 218
VerschollenhG (ohne § 12)
VerschollenhÄndG Art. 2 §§ 1–8
Beurkundungsgesetz §§ 1–26
AGB-Gesetz §§ 1–11, §§ 13–30

Prof. Dr. Andreas Heldrich:
EGBGB Art. 3–38, 198–203, 207–210, 212, 220
VerschollenhG § 12
AGB-Gesetz § 12

Prof. Dr. Hans Putzo:
BGB §§ 433–630
EGBGB Art. 93, 94, 171, 172, 219
Gesetz über die Abzahlungsgeschäfte
Gesetz über den Widerruf von Haustürgeschäften und ähnlichen Geschäften
UWG § 13a
Gesetz zur Regelung der Miethöhe (Art. 3 des 2. WRSchG)

Prof. Dr. Heinz Thomas:
BGB §§ 631–853
EGBGB Art. 75–81, 97–108, 173–178
Produkthaftungsgesetz

Verzeichnis aller Mitarbeiter
einschließlich der ausgeschiedenen Mitarbeiter

Dr. Otto Palandt†:
Gesamtredaktion und Einleitung; 1.–10. Auflage

Dr. Peter Bassenge:
seit 35. Auflage; Arbeitsgebiet vgl. Bearbeiterverzeichnis der 49. Auflage, S. VII

Dr. Kurt Bunge† (in Gemeinschaft mit Radtke):
BGB §§ 2032, 2033, 2112–2115, 2205–2220; EGBGB Art. 24–26; 1. und 2. Auflage

Dr. Bernhard Danckelmann†:
BGB §§ 1–240; EGBGB Art 1–4, 32, 55, 56, 76, 82, 83, 85, 86, 88, 157, 163–169, 218; 1.–36. Auflage

Dr. Max Degenhart†:
BGB §§ 854–1296; EGBGB Art 52–54, 59–63, 65–69, 73, 74, 89–91, 96, 109–133, 142, 143, 179–197; Erbbaurechtsverordnung; Wohnungseigentumsgesetz; 27.–34. Auflage

Dr. Uwe Diederichsen:
seit 33. Auflage; Arbeitsgebiet vgl. Bearbeiterverzeichnis der 49. Auflage, S. VII

Wolfgang Edenhofer:
seit 41. Auflage; Arbeitsgebiet vgl. Bearbeiterverzeichnis der 49. Auflage, S. VII

Dr. Johannes Friesecke†:
BGB §§ 241–432, 607–630, 657–778; 1.–6. Auflage

Dr. Hans Gramm†:
BGB §§ 433–853; EGBGB Art. 70–72, 75, 77–81, 92–108, 171–178; Gesetz über Abzahlungsgeschäfte; Außenwirtschaftsgesetz; 7.–27. Auflage

Dr. Helmut Heinrichs:
seit 28. Auflage; Arbeitsgebiet vgl. Bearbeiterverzeichnis der 49. Auflage, S. VII

Dr. Andreas Heldrich:
seit 33. Auflage; Arbeitsgebiet vgl. Bearbeiterverzeichnis der 49. Auflage, S. VII

Dr. Fritz Henke†:
BGB: Einleitung vor § 854, 873–1203; EGBGB Art. 180–197; Erbbaurechtsverordnung; 1.–6. Auflage

Dr. Ulrich Hoche†:
BGB §§ 854–1296; EGBGB Art. 52–54, 59–63, 73, 74, 89–91, 109–137, 142, 143, 179–197; Erbbaurechtsverordnung; Wohnungseigentumsgesetz; 1., 2., 5.–26. Auflage

Dr. Theodor Keidel†:
seit 20. Auflage; bis 40. Auflage BGB §§ 1922–2385; in 41. Auflage BGB §§ 1922–2228; in 42. Auflage §§ 1922–2063; bis 41. Auflage EGBGB Art. 64, 137–140, 147–152, 213–217

Dr. Wolfgang Lauterbach†:
BGB §§ 1297–1921 mit Gleichberechtigungsgesetz, Familienrechtsänderungsgesetz und Gesetz über die rechtliche Stellung der nichtehelichen Kinder; EGBGB Art. 7–31, 33, 198–203, 207–210, 212; Ehegesetz; Gesetz für Jugendwohlfahrt; 1.–32. Auflage

Dr. Eberhard Pinzger†:
BGB §§ 433–606, 779–853, 854 (ohne Einl)–872, 1204–1296; 1.–6. Auflage

Dr. Hans Putzo:
seit 28. Auflage; Arbeitsgebiet vgl. Bearbeiterverzeichnis der 49. Auflage, S. VII

Heinz Radtke† (in Gemeinschaft mit Dr. Bunge):
BGB §§ 2034–2063, 2316; EGBGB Art. 32–179; 1.–6. Auflage

Verzeichnis aller Mitarbeiter

Dr. Ludwig Rechenmacher†:
BGB §§ 1922–2385; EGBGB Art. 64, 138–140, 147–151, 213–217; Sachverzeichnis; 7.–19. Auflage

Dr. Claus Seibert†:
BGB §§ 631–656, 1591–1600, 1626–1718, 1922–2031, 2064–2111, 2116–2204, 2208–2315, 2317–2385; EGBGB Art. 203–206, 213–218; Gesetz betr. die religiöse Kindererziehung; Testamentsgesetz; 1.–6. Auflage

Dr. Heinz Thomas:
seit 28. Auflage; Arbeitsgebiet vgl. Bearbeiterverzeichnis der 49. Auflage, S. VII

Inhaltsverzeichnis

Verzeichnis der abgedruckten Gesetze und Verordnungen XIX
Abkürzungsverzeichnis XXI
  I. Gesetze, Verordnungen, Amtsblätter, Zeitschriften, Entscheidungssammlungen, Behörden, Orts- und Landesnamen, einzelne juristische Werke XXI
  II. Juristische Fachausdrücke, allgemeine Wortabkürzungen XXXVII

Bürgerliches Gesetzbuch

Erstes Buch: Allgemeiner Teil

Bearbeiter: Prof. Dr. Heinrichs

Einleitung 1

Erster Abschnitt: Personen. §§ 1–89 8
  1. Titel: Natürliche Personen. §§ 1–20 8
  2. Titel: Juristische Personen. §§ 21–89 20
    I. Vereine. §§ 21–79 22
      1. Allgemeine Vorschriften. §§ 21–54 22
      2. Eingetragene Vereine. §§ 55–79 44
    II. Stiftungen. §§ 80–88 49
    III. Juristische Personen des öffentlichen Rechts. § 89 53

Zweiter Abschnitt: Sachen. §§ 90–103 55

Dritter Abschnitt: Rechtsgeschäfte. §§ 104–185 66
  1. Titel: Geschäftsfähigkeit. §§ 104–115 70
  2. Titel: Willenserklärung. §§ 116–144 79
  3. Titel: Vertrag. §§ 145–157 136
  4. Titel: Bedingung. Zeitbestimmung. §§ 158–163 150
  5. Titel: Vertretung. Vollmacht. §§ 164–181 154
  6. Titel: Einwilligung. Genehmigung. §§ 182–185 171

Vierter Abschnitt: Fristen. Termine. §§ 186–193 175

Fünfter Abschnitt: Verjährung. §§ 194–225 178

Sechster Abschnitt: Ausübung der Rechte. Selbstverteidigung. Selbsthilfe. §§ 226–231   204

Siebenter Abschnitt: Sicherheitsleistung. §§ 232–240 208

Zweites Buch: Recht der Schuldverhältnisse

Bearbeiter: §§ 241–432 Prof. Dr. Heinrichs; §§ 433–630 Prof. Dr. Putzo; §§ 631–853 Prof. Dr. Thomas

Erster Abschnitt: Inhalt der Schuldverhältnisse. §§ 241–304 211
  1. Titel: Verpflichtung zur Leistung. §§ 241–292 214
  2. Titel: Verzug des Gläubigers. §§ 293–304 354

Zweiter Abschnitt: Schuldverhältnisse aus Verträgen. §§ 305–361 360
  1. Titel: Begründung. Inhalt des Vertrags. §§ 305–319 365
  2. Titel: Gegenseitiger Vertrag. §§ 320–327 382
  3. Titel: Versprechen der Leistung an einen Dritten. §§ 328–335 398
  4. Titel: Draufgabe. Vertragsstrafe. §§ 336–345 407
  5. Titel: Rücktritt. §§ 346–361 412

Dritter Abschnitt: Erlöschen der Schuldverhältnisse. §§ 362–397 419
  1. Titel: Erfüllung. §§ 362–371 419

Inhaltsverzeichnis

    2. Titel. Hinterlegung. §§ 372–386 426
    3. Titel: Aufrechnung. §§ 387–396 431
    4. Titel: Erlaß. § 397 438

Vierter Abschnitt: Übertragung der Forderung. §§ 398–413 439

Fünfter Abschnitt: Schuldübernahme. §§ 414–419 453

Sechster Abschnitt: Mehrheit von Schuldnern und Gläubigern. §§ 420–432 460

Siebenter Abschnitt: Einzelne Schuldverhältnisse. §§ 433–853 471
    1. Titel: Kauf. Tausch. §§ 433–515 471
        I. Allgemeine Vorschriften. §§ 433–458 473
        II. Gewährleistung wegen Mängel der Sache. §§ 459–493 491
            Bei § 482: VO betr. die Hauptmängel und Gewährfristen beim Viehhandel 513
        III. Besondere Arten des Kaufes. §§ 494–514 517
            1. Kauf nach Probe. Kauf auf Probe. §§ 494–496 517
            2. Wiederkauf. §§ 497–503 519
            3. Vorkauf. §§ 504–514 521
        IV. Tausch. § 515 525
    2. Titel: Schenkung. §§ 516–534 526
    3. Titel: Miete. Pacht. §§ 535–597 534
        I. Miete. §§ 535–580a 543
        II. Pacht. §§ 581–584b 600
        III. Landpacht. §§ 585–597 606
    4. Titel: Leihe. §§ 598–606 617
    5. Titel: Darlehen. §§ 607–610 620
    6. Titel: Dienstvertrag. §§ 611–630 627
    7. Titel: Werkvertrag und ähnliche Verträge §§ 631–651k 681
        I. Werkvertrag §§ 631–651 685
        II. Reisevertrag §§ 651a–651k 712
    8. Titel: Mäklervertrag. §§ 652–656 721
    9. Titel: Auslobung. §§ 657–661 739
   10. Titel: Auftrag. §§ 662–676 742
   11. Titel: Geschäftsführung ohne Auftrag. §§ 677–687 760
   12. Titel: Verwahrung. §§ 688–700 769
   13. Titel: Einbringung von Sachen bei Gastwirten. §§ 701–704 772
   14. Titel: Gesellschaft. §§ 705–740 776
   15. Titel: Gemeinschaft. §§ 741–758 805
   16. Titel: Leibrente. §§ 759–761 814
   17. Titel: Spiel. Wette. §§ 762–764 815
   18. Titel: Bürgschaft. §§ 765–778 819
   19. Titel: Vergleich. § 779 833
   20. Titel: Schuldversprechen. Schuldanerkenntnis. §§ 780–782 837
   21. Titel: Anweisung. §§ 783–792 842
   22. Titel: Schuldverschreibung auf den Inhaber. §§ 793–808a 847
   23. Titel: Vorlegung von Sachen. §§ 809–811 855
   24. Titel: Ungerechtfertigte Bereicherung. §§ 812–822 858
   25. Titel: Unerlaubte Handlungen. §§ 823–853 900

Drittes Buch: Sachenrecht

Bearbeiter: Dr. Bassenge

Erster Abschnitt: Besitz. §§ 854–872 1011

Zweiter Abschnitt: Allgemeine Vorschriften über Rechte an Grundstücken. §§ 873–902 1029

Dritter Abschnitt: Eigentum. §§ 903–1011 1064
    1. Titel: Inhalt des Eigentums. §§ 903–924 1072

Inhaltsverzeichnis

    2. Titel: Erwerb u. Verlust des Eigentums an Grundstücken. §§ 925–928 1097
    3. Titel: Erwerb und Verlust des Eigentums an beweglichen Sachen. §§ 929–984 . 1102
        I. Übertragung. §§ 929–936 1103
        II. Ersitzung. §§ 937–945 1119
        III. Verbindung. Vermischung. Verarbeitung. §§ 946–952 1121
        IV. Erwerb von Erzeugnissen und sonstigen Bestandteilen einer Sache. §§ 953–957 . 1128
        V. Aneignung. §§ 958–964 1131
        VI. Fund. §§ 965–984 1132
    4. Titel: Ansprüche aus dem Eigentum. §§ 985–1007 1137
    5. Titel: Miteigentum. §§ 1008–1011 1160

Vierter Abschnitt: Erbbaurecht. §§ 1012–1017 1162
Verordnung über das Erbbaurecht 1163

Fünfter Abschnitt: Dienstbarkeiten. §§ 1018–1093 1178
    1. Titel: Grunddienstbarkeiten. §§ 1018–1029 1179
    2. Titel: Nießbrauch. §§ 1030–1089 1186
        I. Nießbrauch an Sachen. §§ 1030–1067 1187
        II. Nießbrauch an Rechten. §§ 1068–1084 1198
        III. Nießbrauch an einem Vermögen. §§ 1085–1089 1202
    3. Titel: Beschränkte persönliche Dienstbarkeiten. §§ 1090–1093 1205

Sechster Abschnitt: Vorkaufsrecht. §§ 1094–1104 1208

Siebenter Abschnitt: Reallasten. §§ 1105–1112 1214

Achter Abschnitt: Hypothek. Grund-, Rentenschuld. §§ 1113–1203 1217
    1. Titel: Hypothek. §§ 1113–1190 1222
    2. Titel: Grundschuld. Rentenschuld. §§ 1191–1203 1271
        I. Grundschuld. §§ 1191–1198 1271
        II. Rentenschuld. §§ 1199–1203 1279

Neunter Abschnitt: Pfandrecht an beweglichen Sachen und an Rechten. §§ 1204–1296 ... 1280
    1. Titel: Pfandrecht an beweglichen Sachen. §§ 1204–1272 1281
    2. Titel: Pfandrecht an Rechten. §§ 1273–1296 1300

Viertes Buch: Familienrecht

Bearbeiter: Prof. Dr. Diederichsen

Erster Abschnitt: Bürgerliche Ehe. §§ 1297–1588 1311
    1. Titel: Verlöbnis. §§ 1297–1302 1311
    2. Titel: Eingehung der Ehe. §§ 1303–1322 1313
    3. Titel: Nichtigkeit und Anfechtbarkeit der Ehe. §§ 1323–1347 1313
    4. Titel: Wiederverheiratung im Falle der Todeserklärung. §§ 1348–1352 . 1313
    5. Titel: Wirkungen der Ehe im allgemeinen. §§ 1353–1362 1314
    6. Titel: Eheliches Güterrecht. §§ 1363–1563 1347
        I. Gesetzliches Güterrecht. §§ 1363–1390 1347
        II. Vertragsmäßiges Güterrecht. §§ 1408–1518 1377
            1. Allgemeine Vorschriften. §§ 1408–1413 1378
            2. Gütertrennung. § 1414 1383
            3. Gütergemeinschaft. §§ 1415–1518 1384
        III. Güterrechtsregister. §§ 1558–1563 1417
    7. Titel: Scheidung der Ehe. §§ 1564–1587 p 1419
        I. Scheidungsgründe §§ 1564–1568 1420
        II. Unterhalt der geschiedenen Ehegatten §§ 1569–1586b 1429
        III. Versorgungsausgleich. §§ 1587–1587 p 1478
        Anhang I zu § 1587 a: Bekanntmachung zu § 1304c RVO 1498
        Anhang II zu 1587 a: Barwert-Verordnung 1498
        Anhang III zu § 1587 b: Gesetz zur Regelung von Härten im Versorgungsausgleich (VAHRG) 1514

Inhaltsverzeichnis

Anhang IV zu § 1587 b: Gesetz über weitere Maßnahmen auf dem Gebiet des Versorgungsausgleichs (VAwMG) 1537
Anm 1 zu § 1587 o: Auskunftsverordnung 1556
8. Titel: Kirchliche Verpflichtungen. § 1588 1559

Zweiter Abschnitt: Verwandtschaft. §§ 1589–1772 1559
1. Titel: Allgemeine Vorschriften. §§ 1589, 1590 1560
2. Titel: Abstammung. §§ 1591–1600 o 1561
   I. Eheliche Abstammung. §§ 1591–1600 1563
   II. Nichteheliche Abstammung. §§ 1600 a–1600 o 1572
3. Titel: Unterhaltspflicht. §§ 1601–1615 o 1582
   I. Allgemeine Vorschriften. §§ 1601–1615 1588
   Anm 3 zu § 1612 a: Anpassungsverordnung 1615
   II. Besondere Vorschriften für das nichteheliche Kind und seine Mutter. §§ 1615 a bis 1615 o 1619
   Anhang zu §§ 1615 f, 1615 g: Regelunterhalt-Verordnung 1623
4. Titel: Rechtsverhältnis zwischen den Eltern und dem Kinde im allgemeinen. §§ 1616 bis 1625 1631
5. Titel: Elterliche Sorge für eheliche Kinder. §§ 1626–1698 b 1638
   Anhang zu § 1631: Gesetz über die religiöse Kindererziehung 1651
   Anhang zu §§ 1666, 1666 a: Maßnahmen nach dem Jugendwohlfahrtsrecht ... 1676
6. Titel: Elterliche Sorge für nichteheliche Kinder. §§ 1705–1712 1696
7. Titel: Legitimation nichtehelicher Kinder. §§ 1719–1740 g 1701
   I. Legitimation durch nachfolgende Ehe. §§ 1719–1722 1701
   II. Ehelicherklärung auf Antrag des Vaters. §§ 1723–1740 1702
   III. Ehelicherklärung auf Antrag des Kindes. §§ 1740 a–1740 g 1707
8. Titel: Annahme als Kind. §§ 1741–1772 1709
   Einf 5 vor 1741: Übergangsvorschriften zum AdoptG 1709
   I. Annahme Minderjähriger. §§ 1741–1766 1711
   II. Annahme Volljähriger. §§ 1767–1772 1732

Dritter Abschnitt: Vormundschaft. §§ 1773–1735 1735
1. Titel: Vormundschaft über Minderjährige. §§ 1773–1895 1736
   I. Begründung der Vormundschaft. §§ 1773–1792 1736
   II. Führung der Vormundschaft. §§ 1793–1836 1745
   III. Fürsorge und Aufsicht des Vormundschaftsgerichts. §§ 1837–1848 1775
   IV. Mitwirkung des Jugendamts. §§ 1849–1851 a 1780
   V. Befreite Vormundschaft. §§ 1852–1857 a 1781
   VI. Familienrat. §§ 1858–1881 (aufgehoben) 1783
   VII. Beendigung der Vormundschaft. §§ 1882–1895 1783
2. Titel: Vormundschaft über Volljährige. §§ 1896–1908 1789
3. Titel: Pflegschaft. §§ 1909–1921 1794
   Anhang nach § 1911: § 10 Zuständigkeitsergänzungsgesetz 1800

Fünftes Buch: Erbrecht

Bearbeiter: Edenhofer

Erster Abschnitt: Erbfolge. §§ 1922–1941 1807

Zweiter Abschnitt: Rechtliche Stellung des Erben. §§ 1942–2063 1846
1. Titel: Annahme und Ausschlagung der Erbschaft. Fürsorge des Nachlaßgerichts. §§ 1942–1966 1846
2. Titel: Haftung des Erben für die Nachlaßverbindlichkeiten. §§ 1967–2017 ... 1865
   I. Nachlaßverbindlichkeiten. §§ 1967–1969 1866
   II. Aufgebot der Nachlaßgläubiger. §§ 1970–1974 1870
   III. Beschränkung der Haftung des Erben. §§ 1975–1992 1872
   IV. Inventarerrichtung. Unbeschränkte Haftung des Erben. §§ 1993–2013 .. 1884
   V. Aufschiebende Einreden. §§ 2014–2017 1892
3. Titel: Erbschaftsanspruch. §§ 2018–2031 1893
4. Titel: Mehrheit von Erben. §§ 2032–2063 1900
   I. Rechtsverhältnis der Erben untereinander. §§ 2032–2057 a 1901
   II. Rechtsverhältnis zwischen den Erben und den Nachlaßgläubigern. §§ 2058–2063 1928

Inhaltsverzeichnis

Dritter Abschnitt: Testament. §§ 2064–2273 1931
  1. Titel: Allgemeine Vorschriften. §§ 2064–2086 1932
  2. Titel: Erbeinsetzung. §§ 2087–2099 1952
  3. Titel: Einsetzung eines Nacherben. §§ 2100–2146 1958
  4. Titel: Vermächtnis. §§ 2147–2191 1987
  5. Titel: Auflage. §§ 2192–2196 2005
  6. Titel: Testamentsvollstrecker. §§ 2197–2228 2007
  7. Titel: Errichtung und Aufhebung eines Testaments. §§ 2229–2264 2038
  8. Titel: Gemeinschaftliches Testament. §§ 2265–2273 2059

Vierter Abschnitt: Erbvertrag. §§ 2274–2302 2075

Fünfter Abschnitt: Pflichtteil. §§ 2303–2338a 2098

Sechster Abschnitt: Erbunwürdigkeit. §§ 2339–2345 2132

Siebenter Abschnitt: Erbverzicht. §§ 2346–2352 2134

Achter Abschnitt: Erbschein. §§ 2353–2370 2140

Neunter Abschnitt: Erbschaftskauf. §§ 2371–2385 2162

Einführungsgesetz zum BGB

Bearbeiter:

Dr. Bassenge:	Art. 52–54, 59–63, 65–69, 73, 74, 89–91, 96, 109–133, 142, 143, 179–197
Prof. Dr. Diederichsen:	Art. 51
W. Edenhofer:	Art. 64, 137–140, 147–152, 213–217
Prof. Dr. H. Heinrichs:	Art. 1, 2, 50, 55, 56, 82, 83, 85, 86, 88, 163–170, 218
Prof. Dr. Heldrich:	Art. 3–38, 198–203, 207–210, 212, 220
Prof. Dr. Putzo:	Art. 93, 94, 171, 172, 219
Prof. Dr. Thomas:	Art. 75–81, 97–108, 173–178

Erster Teil. Allgemeine Vorschriften (Art. 1–38) 2167
  1. Kapitel: Inkrafttreten, Vorbehalt für Landesrecht, Gesetzesbegriff. Art. 1, 2 2167
  2. Kapitel: Internationales Privatrecht. Art. 3–38 2167
    1. Abschnitt: Verweisung. Art. 3–6 2174
    Anh zu Art. 3: Innerdeutsches Kollisionsrecht 2177
    Anh zu Art. 5: Flüchtlinge und Verschleppte 2182
      I. Übereinkommen über die Rechtsstellung der Staatenlosen; Art. 1, 12 ... 2182
      II. Sonderregelungen für Flüchtlinge, Verschleppte, Vertriebene 2182
        1. Volksdeutsche Flüchtlinge und Vertriebene; Art 116 GG iVm Art 9 II Nr 5 FamRÄndG 2183
        2. AHKGes 23 über die Rechtsverhältnisse verschleppter Personen und Flüchtlinge; Art. 1, 2, 10 2185
        3. Gesetz über die Rechtsstellung heimatloser Ausländer im Bundesgebiet; § 8 2185
        4. Abkommen über die Rechtsstellung der Flüchtlinge; Art. 1, 12 2186
        5. Asylverfahrensgesetz; §§ 1, 3 2189
        6. Gesetz über Maßnahmen für im Rahmen humanitärer Hilfsaktionen aufgenommene Flüchtlinge; § 1 2190
    2. Abschnitt: Recht der natürlichen Personen und der Rechtsgeschäfte; Art. 7–12 .. 2194
    Anh zu Art. 8: Haager Entmündigungsabkommen; Art. 1–14 2196
    Anh zu Art. 12: Juristische Personen und Gesellschaften 2206
    3. Abschnitt: Familienrecht. Art. 13–24 2209
    Anh zu Art. 13: 1. Konsularverträge 2214
                2. Haager Eheschließungsabkommen; Art. 1–8 2214
                3. Übereinkommen zur Erleichterung der Eheschließung im Ausland; Art. 4–6 2215
    Anh zu Art. 15: I. Staatsverträge 2223
               II. Gesetz über den ehelichen Güterstand von Vertriebenen und Flüchtlingen 2223
    Anh zu Art. 18: 1. Haager Übereinkommen über das auf Unterhaltsverpflichtungen gegenüber Kindern anzuwendende Recht; Art. 1–6, 11 2236
                2. Haager Übereinkommen über das auf Unterhaltspflichten anwendbare Recht; Art. 1–19, 24 2237

Inhaltsverzeichnis

        3. Weitere multilaterale Abkommen über die Durchsetzung von Unterhaltsansprüchen 2239
        4. Übereinkommen über die Erweiterung der Zuständigkeit der Behörden, vor denen nichteheliche Kinder anerkannt werden können . 2239
Anh zu Art. 24: 1. Übereinkommen über die Zuständigkeit der Behörden und das anzuwendende Recht auf dem Gebiet des Schutzes von Minderjährigen und Gesetz hierzu 2250
        2. Haager Vormundschaftsabkommen; Art. 1–9 2259
        3. Bilaterale Abkommen mit Österreich 2261
        4. Konsularverträge 2261
    4. Abschnitt: Erbrecht. Art. 25, 26 2261
    Anh zu Art. 26: Übereinkommen über das auf die Form letztwilliger Verfügungen anzuwendende Recht 2267
    5. Abschnitt: Schuldrecht. Art. 27–38 2268
        1. Unterabschnitt: Vertragliche Schuldverhältnisse. Art. 27–37 2268
        Anh zu Art. 32: Vollmacht 2279
        2. Unterabschnitt: Außervertragliche Schuldverhältnisse Art. 38 .. 2283
    Anh zu Art. 38: I. VO über die Rechtsanwendung bei Schädigungen deutscher Staatsangehöriger außerhalb des Reichsgebiets 2288
        II. Sachenrecht 2289

Zweiter Teil. Verhältnis des Bürgerlichen Gesetzbuchs zu den Reichsgesetzen (Art. 50–54) 2292

Dritter Teil. Verhältnis des Bürgerlichen Gesetzbuchs zu den Landesgesetzen (Art. 55–152) 2293

Vierter Teil. Übergangsvorschriften (Art. 153–218) 2309

Fünfter Teil. Übergangsrecht aus Anlaß jüngerer Änderungen des Bürgerlichen Gesetzbuches und dieses Einführungsgesetzes (Art. 219, 220) 2317

Gesetz über die Verschollenheit, die Todeserklärung und die Feststellung der Todeszeit vom 4. Juli 1939 i. d. F. vom 15. Januar 1951 . 2320

– Auszug –

Bearbeiter: §§ 1–11, nach § 12 Prof. Dr. Heinrichs; § 12 Prof. Dr. Heldrich

Gesetz zur Änderung von Vorschriften des Verschollenheitsrechts (BRep) vom 15. Januar 1951 2327

– Auszug –

Bearbeiter: Prof. Dr. Heinrichs

Beurkundungsgesetz vom 28. August 1969 2329

– Auszug –

Bearbeiter: §§ 1–26 Prof. Dr. Heinrichs; §§ 27–35 Edenhofer

Erster Abschnitt: Allgemeine Vorschriften. §§ 1–5 2329

Zweiter Abschnitt: Beurkundung von Willenserklärungen. §§ 6–35 2332

Gesetz zur Regelung des Rechts der Allgemeinen Geschäftsbedingungen (AGB-Gesetz) vom 9. Dezember 1976 2354

Bearbeiter: §§ 1–11, 13–30 Prof. Dr. Heinrichs; § 12 Prof. Dr. Heldrich

Erster Abschnitt: Sachlich-rechtliche Vorschriften. §§ 1–11 2355

Zweiter Abschnitt: Kollisionsrecht. § 12 2400

Dritter Abschnitt: Verfahren. §§ 13–22 2401

Vierter Abschnitt: Anwendungsbereich. §§ 23, 24 2409

Fünfter Abschnitt: Schluß- und Übergangsvorschriften. §§ 25–30 2411

Inhaltsverzeichnis

Gesetz betr. die Abzahlungsgeschäfte vom 16. Mai 1894 2413
Bearbeiter: Prof. Dr. Putzo

Gesetz über den Widerruf von Haustürgeschäften und ähnlichen Geschäften vom 16. Januar 1986 2433
Bearbeiter: Prof. Dr. Putzo

Gesetz gegen den unlauteren Wettbewerb vom 7. Juni 1909 – § 13 a – 2439
Bearbeiter: Prof. Dr. Putzo

Gesetz zur Regelung der Miethöhe (Art. 3 des 2. WKSchG) vom 18. Dezember 1974 2441
Bearbeiter: Prof. Dr. Putzo

Gesetz über die Haftung für fehlerhafte Produkte (Produkthaftungsgesetz – ProdHaftG) 2452
(abgedruckt und kommentiert nach BT-Drucks. 11/2447)
Bearbeiter: Prof. Dr. Thomas

Gesetz über das Wohnungseigentum und das Dauerwohnrecht vom 15. März 1951 2464
Bearbeiter: Dr. Bassenge

Erster Teil: Wohnungseigentum. §§ 1–30 2465
   Erster Abschnitt: Begründung des Wohnungseigentums. §§ 2–9 2466
   Zweiter Abschnitt: Gemeinschaft der Wohnungseigentümer. §§ 10–19 2473
   Dritter Abschnitt: Verwaltung. §§ 20–29 2485
   Vierter Abschnitt: Wohnungserbbaurecht. § 30 2498

Zweiter Teil: Dauerwohnrecht. §§ 31–42 2498

Dritter Teil: Verfahrensvorschriften. §§ 43–58 2508
   Erster Abschnitt: Verfahren der freiwilligen Gerichtsbarkeit in Wohnungseigentumssachen. §§ 43–50 2508
   Zweiter Abschnitt: Zuständigkeit für Rechtsstreitigkeiten. §§ 51, 52 2510
   Dritter Abschnitt: Verfahren bei der Versteigerung des Wohnungseigentums. §§ 53–58 2511

Vierter Teil: Ergänzende Bestimmungen. §§ 59–64 2512

Ehegesetz 1946 vom 20. Februar 1946 Kontrollratsgesetz Nr. 16 2514
Bearbeiter: Prof. Dr. Diederichsen

Erster Abschnitt: Recht der Eheschließung. §§ 1–39 2514
   A. Ehefähigkeit. §§ 1–3 2514
   B. Eheverbote. §§ 4–10 2516
     Anhang zu Ehegesetz § 10: Ehefähigkeitszeugnis für deutsche Staatsangehörige 2521
   C. Eheschließung. §§ 11–15a 2521
   D. Nichtigkeit der Ehe. §§ 16–26 2527
   E. Aufhebung der Ehe. §§ 28–37 2531
   F. Wiederverheiratung im Falle der Todeserklärung. §§ 38, 39 2537

Inhaltsverzeichnis

Zweiter Abschnitt: Recht der Ehescheidung. §§ 41–76 (früheres Recht) 2538
Dritter Abschnitt: Härtemilderungsklage. § 77 2546
Vierter Abschnitt: Zusätzliche Bestimmungen. §§ 77a, 78–80 2546
    Anhang I zum Ehegesetz: 1. DVO zum Ehegesetz 2544
    Anhang II zum Ehegesetz: 6. DVO zum Ehegesetz **(HausratsVO)** 2544

Sachverzeichnis 2557

Bearbeiter: Dr. Bassenge

Verzeichnis der abgedruckten Gesetze und Verordnungen

Gesetz betr die **Abzahlungsgeschäfte** v 16. 5. 1894, S. 2413.

Gesetz zur Regelung des Rechts der **Allgemeinen Geschäftsbedingungen** v 9. 12. 1976, S. 2354.

Allgemeines Landrecht (ALR) für die preußischen Staaten v 1794: **Einleitung §§ 74, 75** in Übbl 3a vor § 903.

Anpassungsverordnung v 26. 7. 1984, Anm 3 zu § 1612a.

Arzneimittelgesetz v 24. 8. 1976: § 84 in ProdHaftG 15 Anm 2.

Asylverfahrensgesetz v 16. 7. 1982: **§§ 1, 3** im Anh II 5 zu EG 5.

Auskunftsverordnung, Zweite Verordnung über die Erteilung von Rentenauskünften an Versicherte der gesetzlichen Rentenversicherung v 5. 8. 1977, Anm 1 zu § 1587o.

Barwert-Verordnung v 24. 6. 1977, Anh II zu § 1587a.

Beurkundungsgesetz v 28. 8. 1969, S. 2329.

Bundesimmissionsschutzgesetz v 15. 3. 1974: **§ 14** bei § 906 Anm 5a.

Ehegesetz v 20. 2. 1946, S. 2514.

Ehegesetz, 1. DVO v 27. 7. 1938: **§ 13** bei EheG 5; – **§ 15** bei EheG 10; – **§ 16** bei EheG 26; – **§§ 17, 18** bei EheG 29; – **§ 19** bei EheG 39.

Ehegesetz, 6. DVO (Wohnung und Hausrat) v 21. 10. 1944: Im Anh II zum EheG.

1. EheRG v 14. 6. 1976: **Art 12** Nr 3 Abs 3, Nr 7d, Übergangsvorschriften Einf 7 vor § 1587.

Übereinkommen zur **Erleichterung der Eheschließung im Ausland** v 10. 9. 1964: **Art 4–6** im Anh 3 zu EG 13.

Verordnung über das **Erbbaurecht** v 15. 1. 1919, nach § 1017.

Familienrechtsänderungsgesetz v 11. 8. 1961: **Art 9 II Z 5** im Anh II 1 zu EG 5.

Flüchtlinge, Abkommen über die Rechtsstellung v 28. 7. 1951: **Art 1, 12** im Anh II 4 zu EG 5; Gesetz über Maßnahmen für im Rahmen humanitärer Hilfsaktionen aufgenommene Flüchtlinge v 22. 7. 1980: **§ 1** im Anh II 6 zu EG 5; s. auch Verschleppte Personen.

Gesetz zur **Regelung der Miethöhe** (Art. 3 des 2. WKSchG) v 18. 12. 1974, S. 2441.

Gesetz über den **ehelichen Güterstand von Vertriebenen und Flüchtlingen** v 4. 8. 1969, Anh II zu EG 15.

Gesetz über die **rechtliche Stellung der nichtehelichen Kinder** v 19. 8. 1969: **Art 12 § 6** bei § 1617; **Art 12 § 10** nach EG 213.

Gesetz über den **Widerruf von Haustürgeschäften und ähnlichen Geschäften** v 16. 1. 1986, S. 2465.

Grundgesetz für die Bundesrepublik Deutschland v 23. 5. 1949: **Art 34** in § 839 Anm. 2; **Art 116** im Anh II 1 zu EG 5.

Haager Eheschließungsabkommen v 12. 6. 1902: **Art 1–8** im Anh 2 zu EG 13.

Haager Entmündigungsabkommen v 17. 7. 1905: **Art 1–14** im Anh zu EG 8.

Haager Minderjährigenschutzübereinkommen v 5. 10. 1961 und Gesetz hierzu v 30. 4. 1971 (Auszug) im Anh 1 zu EG 24.

Haager Unterhaltsübereinkommen v 24. 10. 1956: **Art 1–6, 11** im Anh 1 zu EG 18; v 2. 10. 73: **Art 1–19, 24** im Anh 2 zu EG 18.

Haager Vormundschaftsabkommen v 12. 6. 1902: **Art 1–9** im Anh 2 zu EG 24.

Hausratsverordnung s Ehegesetz, 6. DVO.

Heimatlose Ausländer, Gesetz über die Rechtsstellung heimatloser Ausländer im Bundesgebiet v 25. 4. 1951: **§ 8** im Anh II 3 zu EG 5.

Zweites Gesetz über den **Kündigungsschutz für Mietverhältnisse über Wohnraum** (Art 3 Gesetz zur **Regelung der Miethöhe**) v 18. 12. 1974, S. 2441.

Gesetzesverzeichnis

Personenstandsgesetz idF v 8. 8. 1957: **§§ 3 u 4** bei EheG 12; – **§ 5a** bei EheG 10; – **§ 7a** bei EheG 8; – **§ 69b** bei EheG 10. – **PStG AVO** idF v 25. 2. 1977: **§ 14** bei EheG 8.

Produkthaftungsgesetz, Gesetz über die Haftung für fehlerhafte Produkte, Gesetzentwurf, BT-Drucks 11/2447, S. 2452.

Regelunterhalt-Verordnung v 28. 9. 1979: Anh zu §§ 1615f, 1615g.

Gesetz über die **religiöse Kindererziehung** v 15. 7. 1921: Im Anh zu § 1631.

Verordnung über die **Rechtsanwendung bei Schädigungen deutscher Staatsangehöriger** außerhalb des Reichsgebiets v 7. 12. 1942: Anh I zu EG 38.

Sozialgesetzbuch X v 4. 11. 1982: **§ 116** in Vorbem 7 E vor § 249.

Übereinkommen über die **Erweiterung der Zuständigkeit der Behörden,** vor denen **nichteheliche Kinder anerkannt** werden können v 14. 9. 1961: Anh 4 zu EG 18.

Übereinkommen über das auf die **Form letztwilliger Verfügungen** anzuwendende Recht v 5. 10. 1961, Anh zu EG 26.

Übereinkommen über die **Rechtsstellung der Staatenlosen** v 28. 9. 1954: **Art 1, 12** im Anh I zu EG 5.

Gesetz gegen den **unlauteren Wettbewerb** v 7. 6. 1909, § 13a, S. 2439.

AHKG 23 über die **Rechtsverhältnisse verschleppter Personen und Flüchtlinge** v 17. 3. 1950: **Art 1, 2, 10** im Anh II 2 zu EG 5.

Gesetz über die **Verschollenheit, die Todeserklärung und die Feststellung der Todeszeit** v. 4. 7. 1939 i. d. F. v. 15. 1. 1951, S. 2320.

Gesetz zur **Änderung von Vorschriften des Verschollenheitsrechts (BRep)** v 15. 1. 1951, S. 2327.

Gesetz zur **Regelung von Härten im Versorgungsausgleich (VAHRG)** v 21. 2. 1983 im Anh III zu § 1587b.

Gesetz über **weitere Maßnahmen auf dem Gebiete des Versorgungsausgleichs** (VAwMG) v 8. 12. 1986 im Anh IV zu § 1587b.

Verordnung betr die **Hauptmängel und Gewährfristen beim Viehhandel** v 27. 3. 1899: bei § 482.

Gesetz über das **Wohnungseigentum und das Dauerwohnrecht** v 15. 3. 1951, S. 2464.

Wohnungsvermittlungsgesetz v 4. 11. 1971: **§§ 1–7** in Einf 6 v § 652.

Zuständigkeitsergänzungsgesetz v 7. 8. 1952: **§ 10** im Anh nach § 1911.

Abkürzungsverzeichnis

I. Gesetze, Verordnungen, Amtsblätter,[1] Zeitschriften,[2] Entscheidungssammlungen,[2] Behörden, Orts- und Landesnamen,[3] einzelne juristische Werke[4]

Aach . . . . . . Aachen
AbbauG . . . . Gesetz über den Abbau der Wohnungszwangswirtschaft und über ein soziales Miet- und Wohnrecht v 23. 6. 60, BGBl I 389, BGBl III 4 Nr 402–24
ABGB . . . . . Österreich, Allgemeines Bürgerliches Gesetzbuch v 1. 6. 1811
AbgG . . . . . Abgeordnetengesetz des Bundes vom 18. 2. 1977, BGBl I 297
ABl . . . . Amtsblatt
AbzG . . . . . Gesetz betr die Abzahlungsgeschäfte v 16. 5. 94, RGBl 450, BGBl III 4 Nr 402–2
AcP . . . . . . Archiv für die civilistische Praxis (Band u Seite)
AdAnpG . . . . Gesetz zur Anpassung rechtlicher Vorschriften an das Adoptionsgesetz v 24. 6. 85, BGBl I 1144
AdoptG . . . . Gesetz über die Annahme als Kind und zur Änderung anderer Vorschriften (Adoptionsgesetz) v 2. 7. 76, BGBl I 1749
ADS . . . . . . Allgemeine Deutsche Seeversicherungsbedingungen 1919
ADSp . . . . . Allgemeine Deutsche Spediteurbedingungen idF v 1. 10. 1978; BAnz Nr 211
AFG . . . . . . Arbeitsförderungsgesetz v. 25. 6. 69, BGBl I 582
AfP . . . . . . Archiv für Presserecht
AG . . . . Amtsgericht, Ausführungsgesetz (ohne Zusatz: zum BGB)
AGBE . . . . . Bunte, Entscheidungssammlung AGB-Gesetz, Bd. I–V
AGBG . . . . . Gesetz zur Regelung des Rechts der Allgemeinen Geschäftsbedingungen (AGB-Gesetz) v 9. 12. 76, BGBl I 3317
AgrarR . . . . Zeitschrift für das Recht der Landwirtschaft, der Agrarmärkte und des ländlichen Raumes
AHKABl . . . . Amtsblatt der Alliierten Hohen Kommission in Deutschland
AHKG . . . . . Gesetz der Alliierten Hohen Kommission für Deutschland
AIZ . . . . . . Allgemeine Immobilienzeitung
AK (+ Bearbeiter) Kommentar zum Bürgerlichen Gesetzbuch (Reihe Alternativkommentare), 1. Aufl 1979ff
AKB . . . . . . Allgemeine Bedingungen für die Kraftfahrversicherung idF v 26. 7. 88 (BAnz Nr 152)
AkfDR . . . . Akademie für Deutsches Recht
AKG . . . . . . Gesetz zur allgemeinen Regelung der durch den Krieg und den Zusammenbruch des Deutschen Reichs entstandenen Schäden (Allgemeines Kriegsfolgengesetz) v 5. 11. 57, BGBl I 1747, BGBl III 6 Nr 653–1
AkJb . . . . . . Jahrbuch der Akademie für Deutsches Recht
AktG . . . . . . Aktiengesetz v 6. 9. 65, BGBl I 1089
AkZ . . . . . . Zeitschrift der Akademie für Deutsches Recht
ALR . . . . . . Allgemeines Landrecht für die Preußischen Staaten von 1794
AMG . . . . . Arzneimittelgesetz v 24. 8. 76, BGBl I 2445
AMVO . . . . Altbaumieten-Verordnung v 23. 7. 58, BGBl I 549, BGBl III 4 Nr 402–21
Amtl Mitt LVA Rheinpr Amtliche Mitteilungen der Landesversicherungsanstalt Rheinprovinz
AmZ . . . . . . Amerikanische Zone
AnfG . . . . . . Gesetz betr die Anfechtung von Rechtshandlungen außerhalb des Konkursverfahrens v 20. 5. 98 RGBl 705, BGBl III 3 Nr 311–5
AngKG . . . . Gesetz über die Fristen für die Kündigung von Angestellten v 9. 7. 26, BGBl III 800–1
AnpV . . . . . Verordnung zur Anpassung der Unterhaltsrenten für Minderjährige v 28. 9. 79, AnpV 1979, BGBl I 1603; v. 10. 8. 81 (AnpV 1981), BGBl I 835
Ans . . . . Ansbach
AnwBl . . . . Anwaltsblatt
AO 1977 . . . Abgabenordnung (AO 1977) v 16. 3. 76, BGBl I 613
AP . . . . Nachschlagewerk des Bundesarbeitsgerichts (bis 1954 Zeitschrift: Arbeitsrechtliche Praxis) (Jahrg u Seite, seit 1954 Gesetzesstelle u Entscheidungsnummer)
ApG . . . . . . Gesetz über das Apothekenwesen v 15. 10. 80, BGBl I 1994
ArbEG . . . . Gesetz über Arbeitnehmererfindungen v 25. 7. 57, BGBl I 756, BGBl III 4 Nr 422–1
ArbG . . . . . Arbeitsgericht
ArbGG . . . . Arbeitsgerichtsgesetz idF v 2. 7. 79, BGBl I 853
ArbPlSchG . . Arbeitsplatzschutzgesetz idF v 14. 4. 80, BGBl I 426
1. ArbR-BerG . . . . . Gesetz zur Änderung des Kündigungsrechts u anderer arbeitsrechtlicher Vorschriften (Erstes Arbeits-

---

[1] Vgl. auch das Verzeichnis der Abkürzungen von Gesetzen, Rechtsverordnungen u allgemeinen VerwaltgsVorschriften des Bundes, 1974, GMBl 75, 230, 459.
[2] Soweit nicht anders angegeben: zitiert Jahr und Seite.
[3] Der Ortsname ohne Zusatz bedeutet das Oberlandesgericht des betreffenden Ortes.
[4] Soweit Abkürzungen verwendet oder nicht am Beginn des 1.–5. Buches des BGB oder der übrigen Gesetze angeführt.

Abkürzungsverzeichnis I

Gesetze, Verordnungen, Amtsblätter

	rechtsbereinigungsgesetz) v 14. 8. 69, BGBl I 1106
ArbR-Blattei	Arbeitsrecht-Blattei
ArbRSamml	Arbeitsrechts-Sammlung (früher Bensheimer Sammlung), Entscheidungen des Reichsarbeitsgericht- u des Reichsehrengerichtshofs, der Landesarbeitsgerichte, Arbeitsgerichte u Ehrengerichte (Band u Seite)
ArbRspr	Rechtsprechung in Arbeitssachen (Band u Seite)
ArbSichG	Gesetz zur Sicherstellung von Arbeitsleistungen für Zwecke der Verteidigung einschließlich des Schutzes der Zivilbevölkerung (Arbeitssicherstellungsgesetz) v 9. 7. 68, BGBl I 787
ArbuSozFürs	Arbeit und Sozialfürsorge
ArbuSozPol	Arbeit und Sozialpolitik
ArchBürgR	Archiv für bürgerliches Recht (Band u Seite)
ArchÖffR	Archiv für öffentliches Recht
ArchVR	Archiv für Völkerrecht
ARSt	Arbeitsrecht in Stichworten, Arbeitsrechtliche Entscheidungen aus sämtlichen Besatzungszonen, herausgegeben von Schmaltz
Aschaffbg	Aschaffenburg
AsylVfG	Asylverfahrensgesetz v 16. 7. 1982, BGBl I 946
AtomG	Gesetz über die friedliche Verwendung der Kernenergie und den Schutz gegen ihre Gefahren (Atomgesetz) idF v 15. 7. 85, BGBl I 1566
AÜG	Gesetz zur Regelung der gewerbsmäßigen Arbeitnehmerüberlassung (Arbeitnehmerüberlassungsgesetz – AÜG) v 14. 6. 85, BGBl I 1069
Augsbg	Augsburg
Aur	Aurich
AVB	Allgemeine Versicherungsbedingungen
AVBEltV	Verordnung über allgemeine Bedingungen für die Elektrizitätsversorgung von Tarifkunden v 21. 6. 79, BGBl I 684
AVB-FernwärmeV	Verordnung über allgemeine Bedingungen für die Versorgung mit Fernwärme v 20. 6. 80, BGBl I 742
AVBGasV	Verordnung über allgemeine Bedingungen für die Gasversorgung von Tarifkunden vom 21. 6. 79, BGBl I 676
AVB-WasserV	Verordnung über allgemeine Bedingungen für die Versorgung mit Wasser v 20. 6. 80, BGBl I 750
AVG	Angestelltenversicherungsgesetz v 28. 5. 24, RGBl I 563, BGBl III 8 Nr 821–1
AVO-PStG	Verordnung zur Ausführung des PStG idF v 25. 2. 77, BGBl I 377
AWD	s. RIW
AWG	Außenwirtschaftsgesetz v 28. 4. 61, BGBl I 481, BGBl III 7 Nr 7400–1
AWV	Außenwirtschaftsverordnung idF v 26. 8. 81, BGBl I 854
AZO (ArbZO)	Arbeitszeitordnung v 30. 4. 38, RGBl. I 447, BGBl III 8 Nr 8050–1
B-	Bundes-
Ba	Baden
Ba-Ba	Baden-Baden
BABl	Bundesarbeitsblatt
BÄrztO	Bundesärzteordnung idF v 14. 10. 77, BGBl I 1885
BAFöG	Bundesgesetz über individuelle Förderung der Ausbildung (Bundesausbildungsförderungsgesetz) idF v 6. 6. 83 (BGBl I 646)
BAG	Bundesarbeitsgericht, auch Entscheidungen des Bundesarbeitsgerichts
Bambg	Bamberg
BankA	Bankarchiv, Zeitschrift für Bank- und Börsenwesen
BAnz	Bundesanzeiger
Barwert-VO	Verordnung zur Ermittlung des Barwerts einer auszugleichenden Versorgung nach § 1587a Abs 3 Nr 2 und Abs 4 des Bürgerlichen Gesetzbuchs (Barwert-VO) v 24. 6. 77, BGBl I 1014
BarwÄndVO	Verordnung zur Änderung der BarwertVO v 22. 5. 84, BGBl I 692
Bassenge/Herbst	Gesetz über die Angelegenheiten der freiwilligen Gerichtsbarkeit/Rechtspflegergesetz, 4. Aufl 1986
BauGB	Baugesetzbuch v 8. 12. 86, BGBl I 2253
BauFdgG	Gesetz zur Sicherung der Bauforderungen v 1. 6. 09, RGBl 449, BGBl III 2 Nr 213–2
Baumbach/Duden/Hopt	Handelsgesetzbuch mit Nebengesetzen, 28. Aufl 1989
Baumb-Hueck GmbHG	Kurzkommentar zum GmbHGesetz, 15. Aufl 1988
Baumgärtel (+ Bearbeiter)	Handbuch der Beweislast im Privatrecht, Bd 1 (AT, SchuldR) 1982, Bd 2 (SachenR, FamR, ErbR) 1985
BauNVO	Verordnung über die bauliche Nutzung der Grundstücke idF v 15. 9. 77, BGBl I 1763
Baur/Stürner	Zwangsvollstreckungs-, Konkurs- und Vergleichsrecht, 11. Aufl 1983
BauspG	Gesetz über Bausparkassen v 16. 11. 72, BGBl I 2097
BaWü	Baden-Württemberg
Bay	Bayern
BayBS	Bereinigte Sammlung des bayerischen Landesrechts
BayBSErgB	Bereinigte Sammlung des bayerischen Landesrechts, Ergänzungsband
BayBSFN	Fortführungsnachweis der BayBS
BayBSVI	Bereinigte Sammlung der Verwaltungsvorschriften des Bayerischen Staatsministeriums des Innern

Zeitschriften, Entscheidungssammlungen usw. **Abkürzungsverzeichnis I**

BayBSVJu ..	Bereinigte Sammlung der bayerischen Justizverwaltungsvorschriften
BayNotV ...	s MittBayNot
BayObLG ..	Bayerisches Oberstes Landesgericht, auch Entscheidungssammlung in Zivilsachen
Bayr......	Bayreuth
BayRS	Bayerische Rechtssammlung
BayVBl	Bayerische Verwaltungsblätter
BayVGH ...	Bayerischer Verwaltungsgerichtshof, auch Sammlung von Entscheidungen des bayerischen Verwaltungsgerichtshofes (Band u Seite)
BayZ......	Zeitschrift für Rechtspflege in Bayern
BB	Der Betriebs-Berater
BBauBl	Bundesbaublatt
BBauG	Bundesbaugesetz idF v 18. 8. 76, BGBl I 2256
BBergG	Bundesberggesetz v 13. 8. 80, BGBl I 1310
BBesG	Bundesbesoldungsgesetz v 1. 10. 86, BGBl I 1666
BBG	Bundesbeamtengesetz idF v 3. 1. 77, BGBl I 1, Ber 795
Bchm	Bochum
BDO......	Bundesdisziplinarordnung idF v 20. 7. 67, BGBl I 751
BDSG	Gesetz zum Schutz vor Mißbrauch personenbezogener Daten bei der Datenverarbeitung (Bundesdatenschutzgesetz) v 27. 1. 77, BGBl I 201
BeamtVG ...	Gesetz über die Versorgung der Beamten u Richter in Bund und Ländern (Beamtenversorgungsgesetz) idF v 12. 2. 87, BGBl I 571
BeckFormB .	Beck'sches Formularbuch zum Bürgerlichen, Handels- und Wirtschaftsrecht, 3. Aufl 1984
BEG	Bundesgesetz zur Entschädigung für Opfer der nationalsozialistischen Verfolgung v 29. 6. 56, BGBl I 562, BGBl III 2 Nr 251–1
BEG-SchlußG	Zweites Gesetz zur Änderung des Bundesentschädigungsgesetzes (BEG-Schlußgesetz) v 14. 9. 65, BGBl I 1315
BerBG (BBiG)	Berufsbildungsgesetz v 14. 8. 69, BGBl I 1112
BErzGG.....	Gesetz über die Gewährung von Erziehungsgeld und Erziehungsurlaub (Bundeserziehungsgeldgesetz) idF v 25. 7. 89, BGBl I 1550
BeschFG ...	Beschäftigungsförderungsgesetz 1985 v 26. 4. 85, BGBl I 710
BesSchG ...	Gesetz über die Abgeltung von Besatzungsschäden v 1. 12. 55, BGBl I 734, BGBl III 6 Nr 624–1
Betr	Der Betrieb
BetrAVG ...	Gesetz zur Verbesserung der betrieblichen Altersversorgung v 19. 12. 74, BGBl I 3610
BetrVG	Betriebsverfassungsgesetz v 23. 12. 88, BGBl 89, 1
BeurkG	Beurkundungsgesetz v 28. 8. 69, BGBl I 1513
BewG	Bewertungsgesetz (BewG) idF v 30. 5. 85, BGBl I 846
BFG	Gesetz über die Beweissicherung u Feststellung von Vermögensschäden in der sowjetischen Besatzungszone Deutschlands u im Sowjetsektor von Berlin (Beweissicherungs- u Feststellungsgesetz) idF v 1. 10. 69, BGBl I 1897
BFH	Bundesfinanzhof, auch Sammlung der Entscheidungen und Gutachten des Bundesfinanzhofs (Band u Seite)
BFStrG	Bundesfernstraßengesetz idF v 1. 10. 74, BGBl I 2413
BGB	Bürgerliches Gesetzbuch v 18. 8. 96, RGBl 195, BGBl III 4 Nr 400–2
BGBl I, II, III .	Bundesgesetzblatt, mit I oder ohne Ziffer = Teil I; mit II = Teil II; mit III = Teil III
BGesBl	Bundesgesundheitsblatt
BGH	Bundesgerichtshof, auch Entscheidungen in Zivilsachen (Band u Seite)
BGHSt	Bundesgerichtshof, Entscheidungen in Strafsachen (Band u Seite)
BGH VGrS ..	Bundesgerichtshof, Vereinigter Großer Senat
BGHWarn ..	Rechtsprechung des Bundesgerichtshofs in Zivilsachen (Jahr u Nummer)
BHaftG	Preußen. Gesetz über die Haftung des Staates u anderer Verbände für Amtspflichtverletzungen von Beamten bei Ausübung der öffentlichen Gewalt v 1. 8. 09, GS S 691
BHO......	Bundeshaushaltsordnung v 19. 8. 69, BGBl I 1284
Bielef	Bielefeld
BImSchG...	Bundesimmissionsschutzgesetz v 15. 3. 74, BGBl I 721, 1193
BinnSchG...	Gesetz betr die privatrechtlichen Verhältnisse der Binnenschiffahrt [Binnenschiffahrtsgesetz] v 15. 6. 95, RGBl 301, idF v 15. 6. 98, RGBl 868, BGBl III 4 Nr 4103–1
BJagdG	Bundesjagdgesetz idF v 29. 9. 76, BGBl I 2849
BKGG.....	Bundeskindergeldgesetz idF v 21. 1. 82, BGBl I 13
BLAH	Baumbach/Lauterbach/Albers/Hartmann, Zivilprozeßordnung, 47. Aufl 1989
BLG	Bundesleistungsgesetz idF v 27. 9. 61, BGBl I 1769, BGBl III 5 Nr 54–1
BlGBW	Blätter für Grundstücks-, Bau- und Wohnungsrecht
Bln	Berlin
Bln-Sammlg, BerLR	Sammlung des bereinigten Berliner Landesrechts 1945–1967, GVBl Sonderband II, 1970
Bln-Sammlg, PreußR;	Sammlung des in Berlin geltenden preußischen Rechts 1806–1945, GVBl Sonderband I, 1966
BMA	Bundesminister(ium) für Arbeit
BMF	Bundesminister(ium) der Finanzen
BMFa	Bundesminister(ium) für Familienfragen
BMG (BMietG) ...	Bundesmietengesetz, 1. v 27. 7. 55, BGBl I 458 – 2. v 23. 6. 60, BGBl I 389 – 3. v 24. 8. 65, BGBl I 971 – 4. v 11. 12. 67, BGBl I 1251 – 5. v

XXIII

Abkürzungsverzeichnis I Gesetze, Verordnungen, Amtsblätter

	20. 12. 68, BGBl I 1411 – 6. v 19. 12. 69, BGBl I 2358 – 7. v 18. 6. 70, BGBl I 786 – 8. v 30. 10. 72, BGBl I 2052 – 9. v 30. 10. 72, BGBl I 2054 – 10. v 17. 11. 75, BGBl I 2868 – 11. v 24. 7. 79, BGBl I 1202 – 12. v 3. 2. 82, BGBl I 1106
BMI	Bundesminister(ium) des Innern
BMJ	Bundesminister(ium) der Justiz
BML	Bundesminister(ium) für Ernährung, Landwirtschaft und Forsten
BMWi	Bundesminister(ium) für Wirtschaft
BMWo	Bundesminister(ium) für Wohnungsbau
Bn	Bonn
BNVO	Bundesnebentätigkeitsverordnung idF v 28. 8. 74, BGBl I 2117
BNatSchG	Bundesnaturschutzgesetz idF v 12. 3. 87, BGBl I 890
BNotO	Bundesnotarordnung v 24. 2. 61, BGBl I 98, BGBl III 3 Nr 303–1
Böhmer/Siehr	Das gesamte Familienrecht, 3. Aufl., Loseblattausgabe
BOKraft	Verordnung über den Betrieb von Kraftfahrunternehmen im Personenverkehr v 21. 6. 75, BGBl I 1573
BoR	Board of Review
BPersVG	Bundespersonalvertretungsgesetz v 15. 3. 74, BGBl I 693
BPflVO	Bundespflegesatzverordnung v 21. 8. 85, BGBl I 1666
BPM (+ Bearbeiter)	Bärmann/Pick/Merle, Wohnungseigentumsgesetz, 6. Aufl 1987
BPolBG	Bundespolizeibeamtengesetz idF v 3. 6. 76, BGBl I 1357
BR	Bundesrat
Br (= Brem)	Bremen
BRAG(eb)O	Bundesgebührenordnung für Rechtsanwälte v 26. 7. 57, BGBl I 907, BGBl III 3 Nr 368–1
BRAO	Bundesrechtsanwaltsordnung v 1. 8. 59, BGBl I 565, BGBl III 3 Nr 308–8
BRep	Bundesrepublik Deutschland
BRRG	Beamtenrechtsrahmengesetz idF v 3. 1. 77, BGBl I 21
Brschw	Braunschweig
Brsl	Breslau
BRüG	Bundesgesetz zur Regelung der rückerstattungsrechtlichen Geldverbindlichkeiten des Deutschen Reichs und gleichgestellter Rechtsträger (Bundesrückerstattungsgesetz – BRüG) v 19. 7. 57, BGBl I 734, BGBl III 2 Nr 250–1
BrZ	Britische Zone
BS	Bereinigte Sammlung
BSeuchG	Gesetz zur Verhütung u Bekämpfung übertragbarer Krankheiten idF v 18. 12. 79, BGBl I 2262 (Berichtigung BGBl I 80, 151)
BSHG	Bundessozialhilfegesetz idF v 24. 5. 83 (BGBl I 614)
BSozG (BSG)	Bundessozialgericht
BS RhPf	Sammlung des bereinigten Landesrechts von Rheinland-Pfalz (Band u Gliederungsnummer), 9. 5. 45 bis 31. 5. 68
BS-Saar	Sammlung des bereinigten Saarländischen Landesrechts, 5. 6. 45 bis 30. 6. 70, 2 Bände, 1971
BStBl	Bundessteuerblatt
BSt/Kilger	Böhle-Stamschräder/Kilger, Anfechtungsgesetz (AnfG), 7. Aufl 1986; Vergleichsordnung (VerglO), 11. Aufl 1986
BT	Bundestag
BtG	Betreuungsgesetz (Entwurf), BT-Drucks 11/4528
BUrlG	Mindesturlaubsgesetz für Arbeitnehmer (Bundesurlaubsgesetz) v 8. 1. 63, BGBl I 2
II. BV	VO über wohnungswirtschaftliche Berechnungen (zweite Berechnungsverordnung) idF vom 5. 4. 84, BGBl I 554
BVerfG	Bundesverfassungsgericht, auch Entscheidungen des Bundesverfassungsgerichts (Band u Seite)
BVerfGG	Gesetz über das Bundesverfassungsgericht idF v 3. 2. 71, BGBl I 105
BVersG (BVG)	Gesetz über die Versorgung der Opfer des Krieges (Bundesversorgungsgesetz) idF v 22. 1. 82, BGBl I 21
BVerwG	Bundesverwaltungsgericht, auch Entscheidungen des Bundesverwaltungsgerichts (Band u Seite)
BVFG	Gesetz über die Angelegenheiten der Vertriebenen und Flüchtlinge (Bundesvertriebenengesetz) idF v 3. 9. 71, BGBl I 1565
BWehrverw	Bundeswehrverwaltung
BWNotZ	Zeitschrift für das Notariat in Baden-Württemberg
BZRG	Bundeszentralregistergesetz idF v 12. 9. 84, BGBl I 1230
BZollBl	Bundeszollblatt
CC	Code civil
Charl	Berlin-Charlottenburg
CMR	Übereinkommen über den Beförderungsvertrag im internationalen Straßengüterverkehr v 19. 5. 56/ 16. 8. 61 (BGBl II 1119, 62 II 12)
Cobg	Coburg
CoRA	Court of Restitution Appeals
CR	Computer und Recht
DA	Dienstanweisung für die Standesbeamten und ihre Aufsichtsbehörden idF v 23. 11. 87, BAnz Nr 227a
DAngVers	Die Angestelltenversicherung
DAR	Deutsches Autorecht, Deutsche Außenwirtschafts-Rundschau
DArbR	Deutsches Arbeitsrecht
Darmst	Darmstadt
DAT	Deutsche Arzneitaxe
DAV(orm)	Der Amtsvormund, Rundbrief des Deutschen Instituts für Vormundschaftswesen
DBB	Deutsche Bundesbank
DDR	Deutsche Demokratische Republik
Degdf	Deggendorf
DepG	Gesetz über die Verwahrung und Anschaffung von Wertpapieren [Depotgesetz] v 4. 2. 37, RGBl I 171
Detm	Detmold

Zeitschriften, Entscheidungssammlungen usw. — Abkürzungsverzeichnis I

DFG	Deutsche Freiwillige Gerichtsbarkeit
DGB	Deutscher Gewerkschaftsbund
DGVZ	Deutsche Gerichtsvollzieher-Zeitung
DGWR	Deutsches Gemein- und Wirtschaftsrecht
Die AG	Die Aktiengesellschaft, Zeitschrift für das gesamte Aktienwesen (Jahr u Seite)
Die Soz-Gerichtsbk	Die Sozialgerichtsbarkeit
Die SozVers	Die Sozialversicherung
DJ	Deutsche Justiz
DJT	Deutscher Juristentag
DJZ	Deutsche Juristen-Zeitung
DNotZ	Deutsche Notar-Zeitschrift
DNotV	Zeitschrift des Deutschen Notarvereins
DÖD	Der öffentliche Dienst
DÖV	Die Öffentliche Verwaltung
DONot	Dienstordnung für Notare
Dortm	Dortmund
DPA	Deutsches Patentamt
DR (DRW)	Deutsches Recht, ab 1. 4. 39 Wochenausgabe
DRiG	Deutsches Richtergesetz idF v 19. 4. 72, BGBl I 713
DRiZ	Deutsche Richterzeitung
DRM	Deutsches Recht, Monatsausgabe
DRpfl	Deutsche Rechtspflege
DRspr	Deutsche Rechtsprechung, Entscheidungssammlung und Aufsatzhinweise
DRV (DtRentVers)	Deutsche Rentenversicherung
DRWiss	Deutsche Rechtswissenschaft
DRZ	bis 1935: Deutsche Richterzeitung (Jahr u Seite. Nr des Rechtsprechungsteils); ab 1946: Deutsche Rechtszeitschrift
DStR	Deutsches Steuerrecht
DStZ	Deutsche Steuer-Zeitung
Dtschld-Arch	Deutschland-Archiv, Zeitschrift
DüngemittelG	Gesetz zur Sicherung der Düngemittel- und Saatgutversorgung v 19. 1. 49, WiGBl 8
Düss	Düsseldorf
Duisbg	Duisburg
DV	Deutsche Verwaltung
DVBl	Deutsches Verwaltungsblatt
DVerkStRdsch	Deutsche Verkehrs-Steuer-Rundschau
DV-LA	Durchführungsverordnung-Lastenausgleich
DWE	Der Wohnungseigentümer
DWohnA (DWA)	Deutsches Wohnungs-Archiv
DWW	Deutsche Wohnungswirtschaft
EAMWoG	Gesetz zur Erhöhung des Angebots an Mietwohnungen v 20. 12. 82, BGBl I 1912
EBBO (EBO)	Eisenbahn-Bau- und Betriebsordnung v 17. 7. 28, RGBl II 541, BGBl III 9 Nr 933–2
EBE	Eildienst bundesgerichtlicher Entscheidungen
ECU	European Currency Unit
EG	Einführungsgesetz (ohne Zusatz: zum BGB), auch Europäische Gemeinschaft
EGAO 1977	Einführungsgesetz zur Abgabenordnung v 14. 12. 76, BGBl I 3341
EGBGB (EG)	Einführungsgesetz zum Bürgerlichen Gesetzbuch v 18. 8. 96, RGBl 604, BGBl III 4 Nr 400–1
EGFamGB	Einführungsgesetz zum Familiengesetzbuch der Deutschen Demokratischen Republik v 20. 12. 65, GBl 66 I 19
EGGVG	Einführungsgesetz zum Gerichtsverfassungsgesetz v 27. 1. 1877, RGBl 77, BGBl III 3 Nr 300–1
EGStGB	Einführungsgesetz zum Strafgesetzbuch v 2. 3. 74, BGBl I 469
EG-Übk	Übereinkommen über das auf vertragliche Schuldverhältnisse anzuwendende Recht v 19. 6. 1980, BGBl 86 II 810
EG ZGB-DDR	Einführungsgesetz zum Zivilgesetzbuch der Deutschen Demokratischen Republik v 19. 6. 75, GBl DDR I 517
EheG	Ehegesetz v 20. 2. 46, BGBl III 4 Nr 404–1
EheNÄndG	Gesetz über Änderung des Ehenamens (Ehenamensänderungsgesetz) v 27. 3. 79, BGBl I 401
1. EheRG	Erstes Gesetz zur Reform des Ehe- und Familienrechts (1. EheRG) v 14. 6. 76, BGBl I 1421
EheschlAbk	Haager Abkommen zur Regelung des Geltungsbereichs der Gesetze auf dem Gebiete der Eheschließung v 12. 6. 02, RGBl 1904, 221
EhfG	Entwicklungshelfergesetz v 18. 6. 69, BGBl I 549
EichG	Gesetz über das Meß- u Eichwesen v 11. 7. 69, BGBl I 1759
EJF	Entscheidungen aus dem Jugend- und Familienrecht (Abschnitt u Nummer)
EKAG (EKG)	Einheitliches Gesetz über den Abschluß von internationalen Kaufverträgen über bewegliche Sachen v 17. 7. 73, BGBl I 868
Ellw	Ellwangen
Emmerich/Sonnenschein	Mietrecht, Sonderdruck aus Staudinger, BGB, 2. Aufl 1981
EMRK	Europäische Konvention zum Schutz der Menschenrechte und Grundfreiheiten
Enn-Lehmann	Enneccerus-Kipp-Wolff, Lehrbuch des bürgerlichen Rechts Bd 2, 15. Aufl 1958, Bearbeiter: Lehmann
ErbbRVO	Verordnung über das Erbbaurecht v 15. 1. 19, RGBl 72, BGBl III 4 Nr 403–6
ErbStDVO	Erbschaftsteuer-Durchführungsverordnung idF v 19. 1. 62, BGBl I 22
ErbStG	Erbschaftsteuer- und Schenkungsteuergesetz v 17. 4. 74, BGBl I 933
ErgG	Ergänzungsgesetz
Erm (+ Bearbeiter)	Erman, Handkommentar zum Bürgerlichen Gesetzbuch, 7. Aufl 1981
ErwZulG	Gesetz über die erweiterte Zulas-

Abkürzungsverzeichnis I   Gesetze, Verordnungen, Amtsblätter

	sung von Schadenersatzansprüchen bei Dienst- und Arbeitsunfällen v 7. 12. 43 (RGBl I 674) [teilweise aufgehoben soweit es Arbeitsunfälle betrifft: Gesetz v 30. 4. 63, BGBl I 241 – MVNG]
ES	Entscheidungssammlung
Esn	Essen
EStG 1987	Einkommensteuergesetz 1987 v 27. 2. 87, BGBl I 658
EuGH (GHEuG)	Gerichtshof der Europäischen Gemeinschaften
EuGRZ	Europäische Grundrechte
EuGVÜ	Übereinkommen der Europäischen Gemeinschaft über die gerichtliche Zuständigkeit und die Vollstreckung gerichtlicher Entscheidungen in Zivil- und Handelssachen v 27. 9. 68, BGBl 72 II 774
EuR	Europarecht
Eur-Arch	Europa-Archiv
EuropGMR	Europäischer Gerichtshof für Menschenrechte
EVO	Eisenbahn-Verkehrsordnung v 8. 8. 38, RGBl II 663, BGBl III 9 Nr 934–1
EWGV	Vertrag zur Gründung der Europäischen Wirtschaftsgemeinschaft v 25. 3. 57, BGBl II 759
EWiR	Entscheidungen zum Wirtschaftsrecht
EZA	Entscheidungssammlung zum Arbeitsrecht
FAG	Gesetz über Fernmeldeanlagen idF v 3. 7. 89, BGBl I 1455
FamGB (FGB)	Familiengesetzbuch der Deutschen Demokratischen Republik v 20. 12. 65, GBl 1966 I 1
FamNam-ÄndG	s NÄG
FamRÄndG	Gesetz zur Vereinheitlichung und Änderung familienrechtlicher Vorschriften (Familienrechtsänderungsgesetz) v 11. 8. 61, BGBl I 1221, BGBl III 4 Nr 400–4
FamRZ	Ehe und Familie im privaten und öffentlichen Recht. Zeitschrift für das gesamte Familienrecht
FBG	Gesetz über die Feuerbestattung v 15. 5. 34, RGBl I 380
Fbg	Freiburg
FernUSG	Gesetz zum Schutz der Teilnehmer am Fernunterricht (Fernunterrichtsschutzgesetz) v 24. 8. 76, BGBl I 2525
Festschr JT	Festschrift Deutscher Juristentag, 1960
Ffm	Frankfurt am Main
FG	Gesetz über die Feststellung von Vertreibungsschäden u Kriegssachschäden (Feststellungsgesetz) idF v 1. 10. 69, BGBl I 1885
FGG	Reichsgesetz über die freiwillige Gerichtsbarkeit v 17. 5. 98, RGBl 189, BGBl III 3 Nr 315–1
FHZiv	Fundhefte für Zivilrecht (Jahr u Nr)
FinA	Finanzamt
FinG	Finanzgericht
Flensbg	Flensburg
FlößG	Gesetz betr die privatrechtlichen Verhältnisse der Flößerei v 15. 6. 95, RGBl 341, BGBl III 4 Nr 4103–5
FlüHG	Flüchtlingshilfegesetz idF v 15. 5. 71, BGBl I 681
FluglärmG	Gesetz zum Schutz gegen Fluglärm v 30. 3. 71, BGBl I 282
FlurbG	Flurbereinigungsgesetz idF v 16. 3. 76, BGBl I 546
FO	Fernmeldeordnung idF v 5. 5. 71, BGBl I 543
Frankth	Frankenthal
FRES	Entscheidungssammlung zum gesamten Bereich von Ehe und Familie (Band u Seite)
FrWW	Die freie Wohnungswirtschaft
FrzZ	Französische Zone
FStrG	Bundesfernstraßengesetz idF v 1. 10. 74, BGBl I 2413
FVE	Sammlung fremdenverkehrsrechtlicher Entscheidungen
GAL	Gesetz über eine Altershilfe für Landwirte idF v 14. 9. 65, BGBl I 1448
GaststG	Gaststättengesetz v 5. 5. 70, BGBl I 465
GBl	Gesetzblatt
GBMaßnG	Gesetz über Maßnahmen auf dem Gebiet des Grundbuchwesens v 20. 12. 63, BGBl I 986
GBO	Grundbuchordnung idF v 5. 8. 35, RGBl I 1073, BGBl III 3 Nr 315–11
GBVfg	Allgemeine Verfügung über die Einrichtung und Führung des Grundbuchs v 8. 8. 35, RMBl 637
GebrMG	Gebrauchsmustergesetz idF v 28. 8. 86, BGBl I 1456
GemO	Gemeindeordnung
GemWW	Gemeinnütziges Wohnungswesen, seit 1950, vorher Gemeinnützige Wohnungswirtschaft
GenG	Gesetz betr die Erwerbs- und Wirtschaftsgenossenschaften idF d Bek v 20. 5. 98, RGBl 810, BGBl III 4 Nr 4125–1
GeschlG	Gesetz zur Bekämpfung von Geschlechtskrankheiten v 23. 7. 53, BGBl I 700
GeschmMG	Gesetz über das Urheberrecht an Mustern und Modellen v 11. 1. 1876, RGBl 11, BGBl III 4 Nr 442–1
GesEinhG	Gesetz zur Wiederherstellung der Gesetzeseinheit auf dem Gebiete des bürgerlichen Rechts v 5. 3. 53, BGBl I 33, BGBl III 4 Nr 400–1–2
GewA	Gewerbearchiv
GewO	Gewerbeordnung idF v 1. 1. 87, BGBl I 426
GG	Grundgesetz für die Bundesrepublik Deutschland v 23. 5. 49, BGBl 1, BGBl III 1 Nr 100–1
Gierke	Deutsches Privatrecht, Band 1–3, 1905–1936 (System Hdb der Deutschen Rechtswissenschaft 2, 3)
Gieß	Gießen
GK-AsylVfG	Gemeinschaftskommentar zum Asylverfahrensgesetz von Baumüller ua, Loseblattausgabe

Zeitschriften, Entscheidungssammlungen usw.

GKG	Gerichtskostengesetz idF v 15. 12. 75, BGBl I 3047
GleichberG	Gesetz über die Gleichberechtigung von Mann und Frau auf dem Gebiet des bürgerlichen Rechts v 18. 6. 57, BGBl I 609, BGBl III 4 Nr 400–3
GmbHG	Gesetz betr die Gesellschaften mit beschränkter Haftung v 20. 4. 92, RGBl 477, BGBl III 4 Nr 4123–1
GMBl	Gemeinsames Ministerialblatt der Bundesministerien des Innern, für Vertriebene, für Wohnungsbau für gesamtdeutsche Fragen, für Angelegenheiten des Bundesrats
GmS-OGB	Gemeinsamer Senat der obersten Gerichte des Bundes
Gött (Gö)	Göttingen
GOÄ	Gebührenordnung für Ärzte idF v 10. 6. 88, BGBl I 818, 1590
GoltdArch	Goltdammers Archiv für Strafrecht (Band u Seite)
GrBln	Groß-Berlin
GrdstVG	Gesetz über Maßnahmen zur Verbesserung der Agrarstruktur und zur Sicherung land- und forstwirtschaftlicher Betriebe (Grundstücksverkehrsgesetz) v 28. 7. 61, BGBl I 1091, BGBl III 7 Nr 7810–1
GRMG	Gesetz zur Regelung der Miet- und Pachtverhältnisse über Geschäftsräume und gewerblich genutzte unbebaute Grundstücke (Geschäftsraummietengesetz) v 25. 6. 52, BGBl I 338, BGBl III 4 Nr 402–18
GrStS	Großer Senat in Strafsachen
Gruch	Gruchot Beiträge zur Erläuterung des Deutschen Rechts (Band u Seite)
GrundE	Das Grundeigentum
GrünhutsZ	Zeitschrift für das Privat- u öffentliche Recht der Gegenwart, begr v Grünhut
GRUR	Gewerblicher Rechtsschutz und Urheberrecht
GrZS	Großer Senat in Zivilsachen
GS	Großer Senat, auch Preußische Gesetzsammlung
GSB	s BauFdgG
GSNW	Sammlung des bereinigten Landesrechts Nordrhein-Westfalen 1945 bis 1956
GSSchlH II	Sammlung des schleswig-holsteinischen Landesrechts II
GüKG	Güterkraftverkehrsgesetz idF vom 10. 3. 83 (BGBl I 257)
GuR	Gesetz und Recht, Sammlung in Deutschland nach 8. 5. 45 erlassener Rechtssätze mit Erläuterungen (Heft u Seite)
GVBl	Gesetz- und Verordnungsblatt
GVG	Gerichtsverfassungsgesetz idF v 9. 5. 75, BGBl I 1077
GVNW	Gesetz und Verordnungsblatt des Landes Nordrhein-Westfalen
GWB	Gesetz gegen Wettbewerbsbeschränkungen idF v 24. 9. 1980, BGBl I 1761
GWW	Gemeinnütziges Wohnungswesen
Haag-EheschlAbk	(Haager) Abkommen zur Regelung des Geltungsbereichs der Gesetze auf dem Gebiete der Eheschließung v 12. 6. 02, RGBl 1904, 221
Haag-UnterhÜbk	Haager Unterhaltsübereinkommen v 24. 10. 56, BGBl 1961 II, 1013
Haag-VormAbk	(Haager) Abkommen zur Regelung der Vormundschaft über Minderjährige v 12. 6. 02, RGBl 1904, 240
Habscheid	Freiwillige Gerichtsbarkeit, 7. Aufl 1983
HäftlingshilfeG (HHG)	Gesetz über Hilfsmaßnahmen für Personen, die aus politischen Gründen außerhalb der Bundesrepublik Deutschland in Gewahrsam genommen wurden idF v 4. 2. 87, BGBl I 513
HaftpflG	Haftpflichtgesetz idF v 4. 1. 78, BGBl I 145
Hag	Hagen
HambSLR	Sammlung des bereinigten hamburgischen Landesrechts
Hann	Hannover
HannRpfl	Hannoversche Rechtspflege
Hans(R)GZ	Hanseatische Gerichtszeitung (1. 1880–48. 1927; dann Hanseat. Rechts- u Gerichtszeitschrift
HansJVBl	Hanseatisches Justizverwaltungsblatt
HausTWG	Gesetz über den Widerruf von Haustürgeschäften und ähnlichen Geschäften v 16. 1. 86, BGBl I 122
Hbg	Hamburg
HdwO	Gesetz zur Ordnung des Handwerks (Handwerksordnung) idF v 28. 12. 65, BGBl 66 I 1, BGBl III 7 Nr 7110–1
Hechgen	Hechingen
Hdlbg	Heidelberg
Heilbr	Heilbronn
HeimarbG	Heimarbeitsgesetz v 14. 3. 51, BGBl I 191
HeimarbÄndG	Gesetz zur Änderung des Heimarbeitsgesetzes u anderer arbeitsrechtlicher Vorschriften (Heimarbeitsänderungsg) v 29. 10. 74, BGBl I 2879
HeimG	Gesetz über Altenheime, Altenwohnheime und Pflegeheime für Volljährige (Heimgesetz) v 7. 8. 74, BGBl I 1873
HeizkostenV	Verordnung über die verbrauchsabhängige Abrechnung der Heiz- und Warmwasserkosten (VO über Heizkostenabrechnung) idF v 20. 1. 89, BGBl I 116
Hess	Hessen
HessGVBl II	Gesetz- u VOBlatt für das Land Hessen, Teil II, Sammlung des bereinigten hessischen Landesrechts
HEZ	Höchstrichterliche Entscheidungen, Sammlung von Entscheidungen der Oberlandesgerichte und der obersten Gerichte in Zivilsachen (Band u Seite)
HFR	Höchstrichterliche Finanzrechtsprechung
HGB	Handelsgesetzbuch v 10. 5. 1897, RGBl 219, BGBl III 4 Nr 4100–1
HintO	Hinterlegungsordnung v 10. 3. 37,

Abkürzungsverzeichnis I

Gesetze, Verordnungen, Amtsblätter

	RGBl I 285, BGBl III 3 Nr 300–15	JBlSaar	Justizblatt des Saarlandes
Hildesh	Hildesheim	JbOstR	Jahrbuch für Ostrecht
HOAI	Honorarordnung für Architekten und Ingenieure v 17. 9. 76, BGBl I 2805, 3616	JFG	Jahrbuch für Entscheidungen in Angelegenheiten der Freiwilligen Gerichtsbarkeit und des Grundbuchrechts (Band u Seite)
HöfeO	Höfeordnung idF v 26. 7. 76, BGBl I 1933	JG	Jugendgericht
2. HöfeO-ÄndG	Zweites Gesetz zur Änderung der Höfeordnung v 29. 3. 76, BGBl I 881	JGG	Jugendgerichtsgesetz idF v 11. 12. 74, BGBl I 3427
		JhJ	Jherings Jahrbücher der Dogmatik des bürgerlichen Rechts (Band u Seite)
HöfeVfO ...	Verfahrensordnung für Höfesachen v 29. 3. 76, BGBl I 881/885	JMBl	Justizministerialblatt
		JO	Journal officiel
HRR	Höchstrichterliche Rechtsprechung (Jahr u Nr)	Joh/Henr (+ Bearbeiter)	Johannsen/Henrich, Eherecht, Kommentar, München 1987
Hueck-Canaris	Recht der Wertpapiere, 12. Aufl 1986	JR	Juristische Rundschau, Rechtsprechungsbeilage dazu (1925–1936) nach Nr
HuW	Haus und Wohnung		
HypBkG ...	Hypothekenbankgesetz idF v 5. 2. 63, BGBl I 81	JSchÖG	Gesetz zum Schutz der Jugend in der Öffentlichkeit idF v 27. 5. 57, BGBl I 1058
Inf	Information über Steuer u Wirtschaft	Jura	Jura/Juristische Ausbildung
		JurA	Juristische Analysen
InfAuslR ...	Informationsbrief Ausländerrecht	JurBüro ...	Das juristische Büro
IntZHaDVO	Interzonenhandelsdurchführungsverordnung	JurJb	Juristen-Jahrbuch
		JuS	Juristische Schulung
IntZHaVO ..	Verordnung über den Warenverkehr mit den Währungsgebieten der Deutschen Mark der Deutschen Notenbank (Interzonenhandelsverordnung) v 18. 7. 51, BGBl I 463	Just	Die Justiz, Amtsblatt des Justizministeriums Baden-Württemberg
		JuV	Justiz und Verwaltung
		JVBl	Justizverwaltungsblatt
		JVKostO ...	Verordnung über die Kosten im Bereich der Justizverwaltung v 14. 2. 40, RGBl I 357, BGBl III 3 Nr 363–1
IPG	Gutachten zum internationalen und ausländischen Privatrecht v Ferid-Kegel-Zweigert, 1965ff (Jahr u Nr)		
		JW	Juristische Wochenschrift
IPRax	Praxis des Internationalen Privat- und Verfahrensrechts	JWG	Gesetz für Jugendwohlfahrt (Jugendwohlfahrtsgesetz) idF v 25. 4. 77, BGBl I 633, Ber 795
IPRG	Gesetz zur Neuregelung des Internationalen Privatrechts v 25. 7. 86, BGBl I 1142		
		JZ	Juristen-Zeitung
IPRspr	Makarov, Gamillscheg, Müller, Dierk, Kropholler, Die deutsche Rechtsprechung auf dem Gebiete des internationalen Privatrechts, 1952ff		
		KAGG	Gesetz über Kapitalanlagegesellschaften idF v 14. 1. 70, BGBl I 127
		Karlsr	Karlsruhe
IRO	International Refugee Organization	Kass (Ksl) ...	Kassel
Itzeh	Itzehoe	Kbg	Königsberg
IzRspr	Drobnig, Sammlung der deutschen Entscheidungen zum interzonalen Privatrecht, 1956ff	Kblz	Koblenz
		KKW	Keidel-Kuntze-Winkler, Freiwillige Gerichtsbarkeit, 12. Aufl 1986/87
		KEHE (+ Bearbeiter)	Kuntze-Ertl-Herrmann-Eickmann, Grundbuchrecht, 3. Aufl 1985
JA	Jugendamt, auch Juristische Arbeitsblätter		
JArbSchG ...	Gesetz zum Schutze der arbeitenden Jugend (Jugendarbeitsschutzgesetz) idF v 12. 4. 76, BGBl I 965	Kempt	Kempten
		KG	Kammergericht
		KGBl	Blätter für Rechtspflege im Bezirk des Kammergerichts in Sachen der freiwilligen Gerichtsbarkeit, in Kosten-, Stempel- und Strafsachen
Jaeger (+ Bearbeiter)	Konkursordnung und Einführungsgesetz, 9. Aufl 1977ff		
Jansen	Freiwillige Gerichtsbarkeit, 2. Aufl 1969–1971, Bd 1–3		
		KGJ	Jahrbuch für Entscheidungen des Kammergerichts (Band u Seite); soweit nichts anderes angegeben Abteilung A
Jauernig (+ Bearbeiter)	Bürgerliches Gesetzbuch, 4. Aufl 1987		
		Kilger	Konkursordnung, 15. Aufl 1987
JBeitrO	Justizbeitreibungsordnung v 11. 3. 37, RGBl I 298	Klautern	Kaiserslautern
JbIntR	Jahrbuch für internationales (bis 2. 1954: und ausländisches öffentliches) Recht	KLG	Gesetz über Leistungen der gesetzlichen Rentenversicherung für Kindererziehung an Mütter der Geburtsjahrgänge vor 1921 v 12. 7. 87, BGBl I 1585
JbItalR	Jahrbuch für italienisches Recht		
JBl	Justizblatt	Kln	Köln

Zeitschriften, Entscheidungssammlungen usw. **Abkürzungsverzeichnis I**

KO	Konkursordnung idF v 20. 5. 1898, RGBl 612, BGBl III 3 Nr 311–4
KonkAusfgG	Gesetz über Konkursausfallgeld v 17. 7. 74, BGBl I 1481
KonsG	Gesetz über die Konsularbeamten, ihre Aufgaben und Befugnisse (Konsulargesetz) vom 11. 9. 74, BGBl I 2317
KostÄndG	Gesetz zur Änderung und Ergänzung kostenrechtlicher Vorschriften v 26. 7. 57, BGBl I 861, BGBl III 3 Nr 360–3
KostO	Gesetz über die Kosten in Angelegenheiten der freiwilligen Gerichtsbarkeit (Kostenordnung) idF v 26. 7. 57, BGBl I 960, BGBl III 3 Nr 361–1
Ko-Stü	Koch-Stübing, AGBG, 1977
KR	Kontrollrat
KRABl	Amtsblatt des Kontrollrats in Deutschland
KRDir	Kontrollratsdirektive
Kreuzn	Bad Kreuznach
Krfld	Krefeld
KRG	Kontrollratsgesetz
KrVJSchr	Kritische Vierteljahresschrift für Gesetzgebung u Rechtswissenschaft (Band u Seite)
KSchG	Kündigungsschutzgesetz v 25. 8. 69, BGBl I 1317, BGBl III 8 Nr 800–2
Kstz	Konstanz
KTS	Zeitschrift für Konkurs-, Treuhand- und Schiedsgerichtswesen
KUG	Gesetz betr das Urheberrecht an Werken der bildenden Künste und der Photographie (Kunsturhebergesetz) v 9. 1. 07, RGBl 7, BGBl III 4 Nr 440–3, aufgehoben durch § 141 Nr 5 des UrhRG soweit es nicht den Schutz von Bildnissen betrifft
Kuhn/Uhlenbruck	Konkursordnung, 10. Aufl 1986
KVO	Kraftverkehrsordnung für den Güterfernverkehr mit Kraftfahrzeugen (Beförderungsbedingungen) idF v 23. 12. 58, BAnz 31. 12. 58 Nr 249
KWG	Gesetz über das Kreditwesen v 11. 7. 85, BGBl I 1473
LadSchlußG	Gesetz über den Ladenschluß v 28. 11. 56, BGBl I 875
LAG	Gesetz über den Lastenausgleich (Lastenausgleichsgesetz) idF v 1. 10. 69, BGBl I 1909, BGBl III 6 Nr 621–1; auch Landesarbeitsgericht
Landsh	Landshut
LBG	Gesetz über die Landbeschaffung für Aufgaben der Verteidigung (Landbeschaffungsgesetz) v 23. 2. 57, BGBl I 134, BGBl III 5 Nr 54–3
LFGG	Landesgesetz über die freiwillige Gerichtsbarkeit (Baden-Württemberg) v 12. 2. 75, GBl 116
LFZG	Gesetz über die Fortzahlung des Arbeitsentgelts im Krankheitsfalle (Lohnfortzahlungsgesetz) v 27. 7. 69, BGBl I 946
LG	Landgericht
Limbg	Limburg
LJA	Landesjugendamt
LM	Das Nachschlagewerk des Bundesgerichtshofs in Zivilsachen, herausgegeben von Lindenmaier und Möhring (Gesetzesstelle u Entscheidungsnummer; Nr ohne Gesetzesstelle bezieht sich auf den kommentierten Paragraphen)
Lö-vW-Tr	Löwe, Graf von Westphalen, Trinkner, Kommentar zum Gesetz zur Regelung des Rechts der Allgemeinen Geschäftsbedingungen, 2. Aufl 1982/86
LPachtG	Gesetz über das landwirtschaftliche Pachtwesen (Landespachtgesetz) v 25. 6. 52, BGBl I 343, BGBl III 7 Nr 7813–2
LSozG	Landessozialgericht
Lüb	Lübeck
Lünebg	Lüneburg
LuftfzRG	Gesetz über Rechte an Luftfahrzeugen v 26. 2. 59, BGBl I 57, BGBl III 4 Nr 403–9
LuftVG	Luftverkehrsgesetz idF v 14. 1. 81, BGBl I 61
LuftVO	Luftverkehrs-Ordnung idF v 14. 11. 69, BGBl I 2117
Lutter	Lutter, Das Erbrecht des nichtehelichen Kindes, 2. Aufl 1972
LwG	Landwirtschaftsgericht
LwVG	Gesetz über das gerichtliche Verfahren in Landwirtschaftssachen v 21. 7. 53, BGBl I 667, BGBl III 3 Nr 317–1
LZ	Leipziger Zeitschrift für Deutsches Recht
MABl	Ministerialamtsblatt der bayerischen inneren Verwaltung
MaBV	Makler- und Bauträgerverordnung idF v 11. 6. 75, BGBl I 1351
Mannh	Mannheim
Marbg	Marburg
MaschSchG	Gesetz über technische Arbeitsmittel (Gerätesicherheitsgesetz) v 24. 6. 68, BGBl I 717
MdI	Minister(ium) des Innern
MdJ	Minister(ium) der Justiz
MDR	Monatsschrift für Deutsches Recht (Jahr u Seite)
Medicus	Bürgerliches Recht, 14. Aufl 1989
MedR	Medizinrecht
Memmg	Memmingen
MeßG	Gesetz über Einheiten im Meßwesen v 2. 7. 69, BGBl I 709
MHG	Gesetz zur Regelung der Miethöhe v 18. 12. 74, BGBl I 3604
MietRÄndG	Gesetz zur Änderung mietrechtlicher Vorschriften, Erstes: v 29. 7. 63, BGBl I 505, Zweites: v 14. 7. 64, BGBl I 457, Drittes: v 21. 12. 67, BGBl I 1248
MilReg	Militärregierung
MinBl	Ministerialblatt
MjSchutzÜbk	s MSA
MitBestG	Gesetz über die Mitbestimmung der Arbeitnehmer v 4. 5. 76, BGBl I 1153
MittBayNot	Mitteilungen des Bayerischen Notarvereins
MittBBank	Mitteilungen der Deutschen Bundesbank

Abkürzungsverzeichnis I

Gesetze, Verordnungen, Amtsblätter

MittDPA ...	Mitteilungen vom Verband deutscher Patentanwälte
MiZi	Anordnung über Mitteilungen in Zivilsachen v 1. 10. 67
MMV	Mustermietvertrag, herausgeb. v BJM, 1976
ModEnG ...	Modernisierungs- und Energieeinsparungsgesetz v 12. 7. 78, BGBl I 993
MöGladb ...	Mönchengladbach
Mosb	Mosbach
Mot	Motive zum BGB
M-Pl-Inst (MPI)	Max-Planck-Institut
MRG	Gesetz der Militärregierung
MRK	Menschenrechtskonvention
MRProkl ...	Proklamation der Militärregierung
MRVerbG ..	Gesetz zur Verbesserung des Mietrechts und zur Begrenzung des Mietanstiegs sowie zur Regelung von Ingenieur- und Architektenleistungen v 4. 11. 71, BGBl I 1745
MRVO	Verordnung der Militärregierung
MSA	Übereinkommen über die Zuständigkeit und das anzuwendende Recht auf dem Gebiet des Schutzes von Minderjährigen v 5. 10. 61, BGBl 71 II 217
MSchG ...	Mieterschutzgesetz v 15. 12. 42, RGBl I 712, BGBl III 4 Nr 402–12
Mü	München
MüKo (+ Bearbeiter)	Münchener Kommentar zum Bürgerlichen Gesetzbuch, 1. Aufl 1977/83; 2. Aufl ab 1984
Münst	Münster
MutterSchG (MuSchG) ..	Gesetz zum Schutz der erwerbstätigen Mutter idF v 18. 4. 68, BGBl 315
MuW	Markenschutz und Wettbewerb
Mz	Mainz
NachlG ...	Nachlaßgericht
NÄG	Namensänderungsgesetz v 5. 1. 38, RGBl I 9, BGBl III 4 Nr 401–1
Nds	Niedersachsen
NdsFGG ...	Niedersächsisches Gesetz über die freiwillige Gerichtsbarkeit idF v 24. 2. 71, GVBl 43
NdsRpfl ...	Niedersächsische Rechtspflege
NdsGVBl Sb I–III	Sammlung des bereinigten niedersächsischen Rechts I (9. 5. 1945 – 31. 12. 1958), II (1. 1. 1919–8. 5. 1945), III (1. 1. 1806–31. 12. 1918)
NEhelG ...	Gesetz über die rechtliche Stellung der nichtehelichen Kinder v 19. 8. 69, BGBl I 1243
Neust	Neustadt
NJ	Neue Justiz
NJW	Neue Juristische Wochenschrift
NJW-RR ...	NJW-Rechtsprechungs-Report Zivilrecht
NMV 1970 ..	Verordnung über die Ermittlung der zulässigen Miete für preisgebundene Wohnungen (Neubaumietenverordnung 1970) idF v 5. 4. 84, BGBl I 580
NotariatsG ..	Gesetz über das Staatliche Notariat – Notariatsgesetz (DDR) – v 5. 2. 76, GBl DDR I 93
NRW	Nordrhein-Westfalen
NStZ	Neue Zeitschrift für Strafrecht
NTS	NATO-Truppenstatut v 19. 6. 51, BGBl 1961 II 1183
NTS-AG ...	Gesetz zum NATO-Truppenstatut und zu den Zusatzvereinbarungen v 16. 8. 61, BGBl II 1183
NuR	Natur und Recht
Nürnb	Nürnberg
NVwZ	Neue Zeitschrift für Verwaltungsrecht
NZA	Neue Zeitschrift für Arbeits- und Sozialrecht
NZV	Neue Zeitschrift für Verkehrsrecht
Odersky ...	Nichtehelichengesetz, Handkommentar, 4. Aufl 1978
OEG	Gesetz über die Entschädigung für Opfer von Gewalttaten v 11. 5. 76, BGBl I 1181
Offbg	Offenburg
OGDDR ...	Oberstes Gericht der Deutschen Demokratischen Republik
OGH	Oberster Gerichtshof für die Britische Zone, auch Sammlung der Entscheidungen (Band u Seite); Oberster Gerichtshof der Republik Österreich
Oldbg	Oldenburg
OLG	Oberlandesgericht, auch Die Rechtsprechung der Oberlandesgerichte (Band u Seite)
OLGPräs ...	Oberlandesgerichtspräsident
OLGZ	Entscheidungen der Oberlandesgerichte in Zivilsachen
OLSchVO ..	Verordnung über Orderlagerscheine v 16. 12. 31, RGBl I 763, BGBl III 4 Nr 4102–1
Osnabr ...	Osnabrück
OVG	Oberverwaltungsgericht, auch amtliche Sammlung des Preußischen Oberverwaltungsgerichts
OWiG	Gesetz über Ordnungswidrigkeiten idF v 19. 2. 87, BGBl I 603
PachtKrG ...	Pachtkreditgesetz idF v 5. 8. 51, BGBl I 494, BGBl III 7 Nr 7813–1
Paderb	Paderborn
PartG	Gesetz über die politischen Parteien (Parteiengesetz) idF v 3. 3. 89, BGBl I 328
Pass	Passau
PatG	Patentgesetz v 16. 12. 80, BGBl 1981 I 2
PatAO	Patentanwaltsordnung v 7. 9. 66, BGBl I 557
PersBefG ...	Gesetz über die Beförderungen von Personen zu Lande (Personenbeförderungsgesetz) v 21. 3. 61, BGBl I 241, BGBl III 9 Nr 9240–1
PflVersG ...	Gesetz über die Pflichtversicherung für Kraftfahrzeughalter (Pflichtversicherungsgesetz) v 5. 4. 65 (BGBl I 213), BGBl III 9 Nr 925–1
Pforzh	Pforzheim
PiG	Partner im Gespräch, Schriftenreihe des ev Siedlungswerks in Deutschland (Nr u Seite)
Piller-Hermann ...	Piller-Hermann, Justizverwaltungsvorschriften, 2. Aufl 1976 ff

Zeitschriften, Entscheidungssammlungen usw.   **Abkürzungsverzeichnis I**

Planck (+ Bearbeiter)	Planck, Kommentar zum BGB nebst EinführungsG, Bd 4/2, 6, 3. Aufl 1905/06; Bd 1, 2, 4/1, 5, 4. Aufl 1913–30; Bd 3, 5. Aufl 1933–38
PostG	Gesetz über das Postwesen idF v 3. 7. 89, BGBl I 1449
PostGebO	Postgebührenordnung v 16. 8. 88, BGBl I 1575
PostO	Postordnung v 16. 5. 63, BGBl I 341, BGBl III 9 Nr 901–1–1
PostRGebO	Postreisegebührenordnung v 20. 3. 73, BGBl I 221
PostGiroGebO	Postgirogebührenordnung v 5. 12. 84, BGBl I 1484
PostgiroO	Postgiroordnung v 5. 12. 84, BGBl I 626
PostSpO	Postsparkassenordnung v 24. 4. 86, BGBl I 2164
PostZtgGebO	Postzeitungsgebührenordnung v 29. 5. 82, BGBl I 660
Pr, pr	Preußen, preußisch
PrGS NW	Sammlung des in Nordrhein-Westfalen geltenden preußischen Rechts (1806–1945)
ProdHaftG	Gesetz über die Haftung für fehlerhafte Produkte, Entwurf, BT-Drucks 11/2447
Prölss	Prölss-Martin, Versicherungsvertragsgesetz, 24. Aufl 1988
Prot	Protokolle der Kommission für die II. Lesung des Entwurfs des BGB
PStG	Personenstandsgesetz v 8. 8. 57, BGBl I 1125, BGBl III 2 Nr 211–1
RabelsZ	Zeitschrift für ausländisches und internationales Privatrecht, begründet v Ernst Rabel [bis 1961: ZAIP]
RabG	Gesetz über Preisnachlässe (Rabattgesetz) v 25. 11. 33, BGBl I 1011
RABl	Reichsarbeitsblatt
RAG	Reichsarbeitsgericht, zugleich amtliche Sammlung der Entscheidungen (Band u Seite)
Rahm/Künkel	Handbuch des Familiengerichtsverfahrens, 2. Aufl. 1985 ff, Loseblattausgabe
RAnwendgsG	Gesetz über die Anwendung des Rechts auf internationale zivil-, familien- und arbeitsrechtliche Beziehungen sowie auf internationale Wirtschaftsverträge – Rechtsanwendungsgesetz (DDR) – 5. 12. 75, GBl DDR I 748
Ravbg	Ravensburg
RBHaftG	Gesetz über die Haftung des Reichs für seine Beamten v 22. 5. 10, RGBl 798, BGBl III Nr 2030–9
RBerG	Rechtsberatungsgesetz v 13. 12. 35, RGBl I 1478, BGBl III 3 Nr 303–12
RdA	Recht der Arbeit
RdBfDJA	Rundbrief des Deutschen Jugendarchivs
RdJB	Recht der Jugend und des Bildungswesens
RdK	Das Recht des Kraftfahrers
RdL	Recht der Landwirtschaft
RDM	Ring Deutscher Makler
RdSchGmbH	Rundschau für GmbH
RdSchLAG	Rundschau für Lastenausgleich
Recht	Zeitschrift „Das Recht" (Jahr u Nr der Entscheidung [bei Aufsätzen Jahr u Seite], 1908 bis 1924 in Beilage hierzu), seit 1935 als Beilage zur Deutschen Justiz
REG	Rückerstattungsgesetz
RegBedVO	Regelbedarf-Verordnung 1976 v 30. 7. 76, BGBl I 2042
Regbg	Regensburg
RegBl	Regierungsblatt
RegUnterh-VO	Verordnung zur Berechnung des Regelunterhalts (Regelunterhalt-Verordnung) v 27. 6. 70, BGBl I 1010
RepG	Reparationsschädengesetz v 12. 2. 69, BGBl I 105
Rev crit	Revue critique de droit international privé
RFH	Reichsfinanzhof, zugleich amtliche Sammlung der Entscheidungen (Band u Seite)
RG	Reichsgericht, auch amtliche Sammlung der RGRechtsprechung in Zivilsachen (Band u Seite)
RGBl	Reichsgesetzblatt ohne Ziffer = Teil I; mit II = Teil II
RGRK (+ Bearbeiter)	Das Bürgerliche Gesetzbuch mit besonderer Berücksichtigung der Rechtsprechung, des Reichsgerichts und des Bundesgerichtshofes, Kommentar, 12. Aufl 1974 ff
RGSt	Reichsgericht-Rechtsprechung in Strafsachen (Band u Seite)
RGVZ	Reichsgericht Vereinigte Zivilsenate
RHeimstG	Reichsheimstättengesetz v 25. 11. 37, RGBl I 1291, BGBl III 2 Nr 2332–1
RhNK	Mitteilungen der Rheinischen Notarkammer
RhNZ	Rheinische Notarzeitschrift
RhPf	Rheinland-Pfalz
RJA	Reichsjustizamt, Entscheidungssammlung in Angelegenheiten der freiwilligen Gerichtsbarkeit und des Grundbuchrechts (Band u Seite)
RKEG	Gesetz über die religiöse Kindererziehung v 15. 7. 21, RGBl 939, BGBl III 4 Nr 404–9
RKnappschG (RKnG)	Reichsknappschaftsgesetz idF v 1. 7. 26, RGBl I 369, BGBl III 8 Nr 822–1
RiA	Recht im Amt (Jahrg u Seite)
RIW	Recht der internationalen Wirtschaft
RLA	s RdSchLAG
RMA	Reichsarbeitsminister(ium)
RMBliV	Reichsministerialblatt der inneren Verwaltung
RMF	Reichsminister(ium) der Finanzen
RMfEuL	Reichsminister(ium) für Ernährung und Landwirtschaft
RMI	Reichsminister(ium) des Innern
RMJ	Reichsminister(ium) der Justiz
römR	römisches Recht
ROHG	Reichsoberhandelsgericht, auch Entscheidungssammlung (Band u Seite)

XXXI

Abkürzungsverzeichnis I

Gesetze, Verordnungen, Amtsblätter

Rosenberg-Schwab	Zivilprozeßrecht, 14. Aufl 1986
Rosenthal	Bürgerliches Gesetzbuch, 15. Aufl 1965/70
Rottw	Rottweil
ROW	Recht in Ost und West
Rpfleger	Der Deutsche Rechtspfleger
RPflG	Rechtspflegergesetz v 5. 11. 69, BGBl I 2065
RpflJb	Rechtspfleger-Jahrbuch
Rpfl-Stud	Rechtspfleger-Studienhefte
r + s	Recht u Schaden (Jahrgang u Seite)
RSiedlG	Reichssiedlungsgesetz v 11. 8. 19, RGBl 1429, BGBl III Nr 2331–1
RsprBau	Schäfer/Finnern/Hochstein, Rechtsprechung zum privaten Baurecht
RStBl	Reichssteuerblatt
RTAG	Gesetz zur Regelung der Rechtsverhältnisse nicht mehr bestehender öffentlicher Rechtsträger (Rechtsträger-Abwicklungsgesetz) v 6. 9. 65, BGBl I 1065
RuG	Recht und Gesellschaft
RuStAG	Reichs- und Staatsangehörigkeitsgesetz v 22. 7. 13, RGBl 583, BGBl III 1 Nr 102–1
RV	Die Rentenversicherung
RVA	Reichsversicherungsamt
RVÄndG	Zweites Rentenversicherungs-Änderungsgesetz (2. RVÄndG) v 23. 12. 66, BGBl I 745
RVBl	Reichsverwaltungsblatt
RVerwG	Reichsverwaltungsgericht
RVO	Reichsversicherungsordnung idF v 15. 12. 24, RGBl I 779, BGBl III 8 Nr 820–1
RWP	Rechts- und Wirtschaftspraxis
RWS	Kommunikationsforum Recht-Wirtschaft-Steuern
RzW	Rechtsprechung zum Wiedergutmachungsrecht
Saarbr	Saarbrücken
Saarl	Saarland
SaarlZ	Saarländische Rechts- und Steuerzeitschrift
SaBl	Sammelblatt für Rechtsvorschriften des Bundes und der Länder
Sammlg-ArbE (SAE)	Sammlung arbeitsrechtlicher Entscheidungen der Vereinigung der Arbeitgeberverbände
Sammlg-BremR	Sammlung des bremischen Rechts
SchBG	Gesetz über die Beschränkungen des Grundeigentums für die militärische Verteidigung (Schutzbereichsgesetz) v 7. 12. 56, BGBl I 899, RGBl III Nr 54–2
SchiffsRegO	Schiffsregisterordnung v 26. 5. 51, BGBl I 359, BGBl III 3 Nr 315–18
SchiffsRG	Gesetz über Rechte an eingetragenen Schiffen und Schiffsbauwerken (Schiffrechtegesetz) v 15. 11. 40, RGBl I 1499, BGBl III Nr 403–4
Schlesw	Schleswig
SchlH	Schleswig-Holstein
SchlHA	Schleswig-Holsteinische Anzeigen
Schlo-Coe-Gra	Schlosser/Coester-Waltjen/Graba, Kommentar zum Gesetz zur Regelung des Rechts der Allgemeinen Geschäftsbedingungen, 1. Aufl 1977
Schmidt-Futterer/Blank	Wohnraumschutzgesetze, 5. Aufl 1984
Schönfelder	Deutsche Gesetze
SchutzbauG	Gesetz über bauliche Maßnahmen zum Schutz der Zivilbevölkerung v 9. 9. 65, BGBl I 1232
SchwbG	Schwerbehindertengesetz idF v 26. 8. 86, BGBl I 1422
Schweinf	Schweinfurt
SchwZGB	Schweizerisches Zivilgesetzbuch v 10. 12. 07
SeuffA	Seufferts Archiv für Entscheidungen der obersten Gerichte in den deutschen Staaten (Band u Nr)
SeuffBl	Seufferts Blätter für Rechtsanwendung in Bayern (Band u Seiten)
SFJ	Sammlg aktueller Entscheidungen aus dem Sozial-, Familien- u Jugendrecht (Gesetzesstelle u EntscheidungsNr)
SGB	Sozialgesetzbuch v 11. 12. 75, BGBl I 3015 (1. Buch), 23. 12. 76, BGBl I 3845 (4. Buch), 18. 8. 80, BGBl I 1469 u 4. 11. 82, BGBl I 1450 (10. Buch)
SGb	Die Sozialgerichtsbarkeit
SGG	Sozialgerichtsgesetz idF v 23. 9. 75, BGBl I 2535
SGVNW	Sammlung des bereinigten Gesetz- u Verordnungsblattes für das Land Nordrhein-Westfalen
SJZ	Süddeutsche Juristenzeitung
SMBl. NW	Sammlung des bereinigten Ministerialblattes für das Land Nordrhein-Westfalen
Soergel (+ Bearbeiter)	Soergel, Bürgerliches Gesetzbuch mit Einführungsgesetz und Nebengesetzen, 11. Aufl 1978 ff
SoldatenG	Gesetz über die Rechtsstellung der Soldaten idF v 19. 8. 75, BGBl I 2273
SoldVersG	Gesetz über die Versorgung für die ehemaligen Soldaten der Bundeswehr und ihrer Hinterbliebenen (Soldatenversorgungsgesetz) idF v 5. 3. 87, BGBl I 842
SorgeRG	Gesetz zur Neuregelung des Rechts der elterlichen Sorge v 18. 7. 79, BGBl I 1061
SozG	Sozialgericht
SozSich	Soziale Sicherheit, Zeitschrift für Sozialpolitik
SozVers	Sozialversicherung
SparPG 1979	Sparprämiengesetz idF v 10. 2. 82, BGBl I 125
SprAuG	Sprecherausschußgesetz v 20. 12. 88, BGBl I 2316
SRW	Sammlung der Rechtsentscheide in Wohnungsmietsachen (Band u Seite)
StaatsGH	Staatsgerichtshof
StAnz	Staatsanzeiger
Staud (+ Bearbeiter)	Staudinger, Kommentar zum Bürgerlichen Gesetzbuch, 12. Aufl 1978 ff
StAZ	Das Standesamt (früher: Zeitschrift für Standesamtswesen)

Zeitschriften, Entscheidungssammlungen usw.

StBerG	Gesetz über die Rechtsverhältnisse der Steuerberater und Steuerbevollmächtigten (Steuerberatungsgesetz) v 4. 11. 75, BGBl I 2735
Sternel	Mietrecht, 3. Aufl 1988
StGB	Strafgesetzbuch idF v 2. 1. 75, BGBl I 1
Stgt.	Stuttgart
StJ (+ Bearbeiter)	Stein-Jonas, Kommentar zur Zivilprozeßordnung, 20. Aufl 1977 ff
Stöber	Forderungspfändung, 7. Aufl 1984
StPO	Strafprozeßordnung idF v 7. 4. 87, BGBl I 1075
StREG	Strafrechtsreform-Ergänzungsgesetz v 28. 8. 75, BGBl I 2289
StudK (+ Bearbeiter)	Beuthien/Hadding/Lüderitz/Medicus/Wolf, Studienkommentar zum BGB, 2. Aufl 1979
StuW	Steuer und Wirtschaft
StVG	Straßenverkehrsgesetz v 19. 12. 52, BGBl I 837, BGBl III 9 Nr 9233–1
StVO	Straßenverkehrs-Ordnung v 16. 11. 70, BGBl I 1565
StVollzG ...	Strafvollzugsgesetz v 16. 3. 76, BGBl I 581
1. StVRG ...	1. Gesetz zur Reform des Strafverfahrensrechts v 9. 12. 74, BGBl I 3393
1. StVRG-ErgG	Gesetz zur Ergänzung des Ersten Gesetzes zur Reform des Strafverfahrensrechts v 20. 12. 74, BGBl I 3686
StVZO	Straßenverkehrs-Zulassungs-Ordnung idF v 15. 11. 74, BGBl I 3193
Sudhoff	Handbuch der Unternehmensnachfolge, 3. Aufl 1984
SVG	s. SoldVersG
TALärm ...	Technische Anleitung zum Schutz gegen Lärm v 16. 7. 68, BAnz Nr 137 (Beil)
TALuft	Technische Anleitung zur Reinhaltung der Luft v 27. 2. 86, Beilage zu BAnz Nr 58/1986
TelWG	Telegraphenwegegesetz v 18. 12. 99, RGBl 705, BGBl III Nr 9021–1
TestG	Gesetz über die Errichtung von Testamenten und Erbverträgen (Testamentsgesetz) v 31. 7. 38, RGBl I 973
Th-P	Thomas-Putzo, Zivilprozeßordnung mit GVG und EG, 15. Aufl 1987
TierKBG ...	Tierkörperbeseitigungsgesetz v 2. 9. 75, BGBl I 2313
TierSG	Tierseuchengesetz v 28. 3. 80, BGBl I 386
TKO	Telekommunikationsordnung idF v 16. 7. 87, BGBl I 1761
TO	Telegrammordnung idF v 26. 2. 74, BGBl I 373
Traunst	Traunstein
Tüb	Tübingen
TVG	Tarifvertragsgesetz idF v 25. 8. 69, BGBl I 1323, BGBl III 8 Nr 802–1
UÄndG	Gesetz zur Änderung unterhaltsrechtlicher, verfahrensrechtlicher und anderer Vorschriften v 20. 2. 86, BGBl I 301
Ufita	Archiv für Urheber-, Film-, Funk- und Theaterrecht
Ul-Br-He ...	Ulmer-Brandner-Hensen, AGB-Gesetz: Kommentar aus Gesetz zur Regelung des Rechts der Allgemeinen Geschäftsbedingungen, 5. Aufl 1987
UmstErgG ..	Gesetz über die Ergänzung von Vorschriften des Umstellungsrechts und über die Ausstattung der Berliner Altbanken mit Ausgleichsforderungen (Umstellungsergänzungsgesetz) v 21. 9. 53, BGBl I 1439, BGBl III 7 Nr 7601–1; Zweites: v 23. 3. 57, BGBl I 284; Drittes: v 22. 1. 64, BGBl I 33; Viertes: v 23. 12. 1964, BGBl I 1083
UmstG	Drittes Gesetz zur Neuordnung des Geldwesens (Umstellungsgesetz), in Kraft 27. 6. 48, WiGBl Beil 5 S 13
UmwG	Umwandlungsgesetz v 6. 11. 1969, BGBl I 2081
UntÄndG ..	Gesetz zur vereinfachten Abänderung von Unterhaltsrenten v 29. 7. 76, BGBl I 2029
UnterhÜbk .	Haager Unterhaltsübereinkommen v 24. 10. 56, BGBl 1961 II 1013
UntVorschG	Gesetz zur Sicherung des Unterhalts von Kindern alleinstehender Mütter und Väter durch Unterhaltsvorschüsse oder -ausfalleistungen (Unterhaltsvorschußgesetz) vom 23. 7. 79, BGBl I 1184
UPR	Umwelt- und Planungsrecht
UrhRG	Gesetz über Urheberrecht und verwandte Schutzrechte (Urheberrechtsgesetz) v 9. 9. 65, BGBl I 1273
UStG	Umsatzsteuergesetz idF v 26. 11. 79, BGBl I 1953
UVG	s. UntVorschG
UVNG	Gesetz zur Neuregelung des Rechts der gesetzlichen Unfallversicherung (Unfallversicherungs-Neuregelungsgesetz) v 30. 4. 63, BGBl I 241
UWG	Gesetz gegen den unlauteren Wettbewerb v 7. 6. 09, RGBl 499, BGBl III 4 Nr 43–1
VAG	Gesetz über die Beaufsichtigung der Versicherungsunternehmen (Versicherungsaufsichtsgesetz) idF v 13. 10. 83, BGBl I 1262
VAHRG ...	Gesetz zur Regelung von Härten im Versorgungsausgleich v 21. 2. 83, BGBl I 105
VAwMG ...	Gesetz über weitere Maßnahmen auf dem Gebiete des Versorgungsausgleichs v 8. 12. 86, BGBl I 2317
VBL(-S)	Versorgungsanstalt des Bundes und der Länder(-Satzung)
Verd	Verden
VereinfNov .	Gesetz zur Vereinfachung und Beschleunigung gerichtlicher Verfahren (Vereinfachungsnovelle) v 3. 12. 76, BGBl I 3281
VereinhG ...	Gesetz zur Wiederherstellung der Rechtseinheit auf dem Gebiet der Gerichtsverfassung, der bürgerli-

Abkürzungsverzeichnis I

Gesetze, Verordnungen, Amtsblätter

	chen Rechtspflege, des Strafverfahrens und des Kostenrechts v 12. 9. 50, BGBl 455, BGBl III 3 Nr 300–6
VereinsG	Gesetz zur Regelung des öffentlichen Vereinsrechts (Vereinsgesetz) v 5. 8. 64, BGBl I 593
VerfGH	Verfassungsgerichtshof
VerglO	Vergleichsordnung v 26. 2. 35, RGBl I 321, BGBl III 3 Nr 311–1
VerkBl	Verkehrsblatt
VerkMitt	Verkehrsrechtliche Mitteilungen
VerkRdsch	Verkehrsrechtliche Rundschau
VerlG	Gesetz über das Verlagsrecht v 19. 6. 01, RGBl 217, BGBl III 4 Nr 441–1
4. VermBG	Viertes Gesetz zur Förderung der Vermögensbildung der Arbeitnehmer (Viertes Vermögensbildungsgesetz) idF v 6. 2. 84, BGBl I 201
VerschÄndG	Gesetz zur Änderung von Vorschriften des Verschollenheitsrechtes v 15. 1. 51, BGBl I 59, BGBl III 4 Nr 401–7
VerschG	Verschollenheitsgesetz v 15. 1. 51, BGBl I 63, BGBl III 4 Nr 401–6
VersN	Der Versicherungsnehmer
VersR	Versicherungsrecht (Jahr u Seite)
VerstV	Versteigerungsvorschriften v 1. 6. 76, BGBl I 1346
VersW	Versicherungswirtschaft
VerwRspr	Verwaltungsrechtsprechung in Deutschland (Band u Nr)
VG	Verwaltungsgericht
VGH	Verwaltungsgerichtshof
VGrS	Vereinigter Großer Senat
VGT	Verkehrsgerichtstag
VHG	Gesetz über die richterliche Vertragshilfe (Vertragshilfegesetz) v 26. 3. 52, BGBl I 198, BGBl III Nr 402–4
VLA	Amt für Verteidigungslasten
VOB	Verdingungsordnung für Bauleistungen. Fassg 1979, BAnz 1979 Nr 206
VOBl	Verordnungsblatt
VOBlBrZ	Verordnungsblatt für die Britische Zone
VOL	Verdingungsordnung für Leistungen, ausgenommen Bauleistungen, Teil A, Ausgabe 1984, BAnz Nr 190; Teil B, Ausgabe 1960, Beil BAnz Nr 105
VolljkG	Gesetz zur Neuregelung des Volljährigkeitsalters v 31. 7. 74, BGBl I 1713
VormschAbk	Haager Abkommen zur Regelung der Vormundschaft über Minderjährige v 12. 6. 02, RGBl 1904, 240
VormschG	Vormundschaftsgericht
VP	Die Versicherungspraxis
VRS	Verkehrsrechts-Sammlung (Band u Seite)
VStG	Vermögensteuergesetz v 17. 4. 74, BGBl I 949
VuR	Verbraucher und Recht
VVG	Gesetz über den Versicherungsvertrag v 30. 5. 08, RGBl 263
1. VV LFGG	Erste Verwaltungsvorschrift zur Ausführung des Landesgesetzes über die freiwillige Gerichtsbarkeit – BaWü – v 5. 5. 75, Just 201
VwGO	Verwaltungsgerichtsordnung v 21. 1. 60, BGBl I 7, BGBl III 3 Nr 340–1
VwVfG	Verwaltungsverfahrensgesetz v 25. 5. 76, BGBl I 1253
VwZG	Verwaltungszustellungsgesetz
WA	Westdeutsche Arbeitsrechtspraxis
WährG	Erstes Gesetz zur Neuordnung des Geldwesens (Währungsgesetz) v 20. 6. 48, BGBl III Nr 7600–1–a
WährUmstAbschlG	Gesetz zum Abschluß der Währungsumstellung v 17. 12. 75, BGBl I 3123
WaffG	Waffengesetz idF v 8. 3. 76, BGBl I 432
Waldsh	Waldshut
WAR	Westdeutsche Arbeitsrechtsprechung
Warn	Warneyer, Die Rechtsprechung des Reichsgerichts (Jahr u Nr)
WassVerbG	Gesetz über Wasser- und Bodenverbände (Wasserverbandsgesetz) v 10. 2. 37, RGBl I 87, BGBl III Nr 753–2
WassVerbVO	Verordnung über Wasser- und Bodenverbände (Wasserverbandsverordnung) v 3. 9. 37, RGBl I 933, BGBl III Nr 753–2–1
WaStrG	Bundeswasserstraßengesetz v 2. 4. 68, BGBl II 173
WBG	Gesetz zur Bereinigung des Wertpapierwesens (Wertpapierbereinigungsgesetz) v 19. 8. 49, WiGBl 295
WBSchlußG	Viertes Gesetz zur Änderung und Ergänzung des Wertpapierbereinigungsgesetzes (Wertpapierbereinigungsschlußgesetz) v 28. 1. 64, BGBl I 45
WE	Wohnungseigentum
WEG	Gesetz über das Wohnungseigentum und das Dauerwohnrecht (Wohnungseigentumsgesetz) v 15. 3. 51, BGBl I 175, BGBl III 4 Nr 403
WEG-WohnbesFördergsG	Gesetz zur Förderung von Wohnungseigentum und Wohnbesitz im sozialen Wohnungsbau v 23. 3. 76, BGBl I 737
WehrmPStVO	Personenstandsverordnung für die Wehrmacht idF v 17. 10. 42, RGBl I 597, BGBl III 2 Nr 211–1
WehrPflG	Wehrpflichtgesetz idF v 6. 5. 83, BGBl I 530
WehrsG	Wehrsoldgesetz idF v 20. 2. 78, BGBl I 265
Weid	Weiden
WeimRV	Weimarer Verfassung v 11. 8. 19, RGBl 1383
WeinG	Gesetz über Wein, Likörwein, Schaumwein, weinhaltige Getränke u Branntwein aus Wein (Weingesetz) v 27. 8. 82, BGBl I 1196
WEM	Wohnungseigentümer-Magazin (Jahr, Nr u Seite)
WertausglG	Gesetz über die Regelung der Rechtsverhältnisse bei baulichen

	Maßnahmen auf ehemals in Anspruch genommenen Grundstücken (Wertausgleichsgesetz) v 12. 10. 71, BGBl I 1625
WertV	Wertermittlungsverordnung v 6. 12. 88, BGBl I 2209
WEZ	Zeitschrift für Wohnungseigentumsrecht
WG	Wechselgesetz v 21. 6. 33, RGBl I 399
WHG	Wasserhaushaltsgesetz idF v 23. 9. 86, BGBl I 1530/1654
Wiesb	Wiesbaden
Wieczorek ZPO	Zivilprozeßordnung u Gerichtsverfassungsgesetz, Handausgabe, 2. Aufl 1966
Wieczorek Großkomm	Zivilprozeßordnung und Nebengesetze, Großkommentar, 1956–63; 2. Aufl 1975 ff
WiGBl	Gesetzblatt der Verwaltung des Vereinigten Wirtschaftsgebietes
1. WiKG	Erstes Gesetz zur Bekämpfung der Wirtschaftskriminalität (1. WiKG) v 29. 7. 76, BGBl I 2034
WiStG	Gesetz zur weiteren Vereinfachung des Wirtschaftsstrafrechts (Wirtschaftsstrafgesetz) idF v 3. 6. 75, BGBl I 1313
WiTrh	Der Wirtschaftstreuhänder
2. WKSchG	Zweites Gesetz über den Kündigungsschutz für Mietverhältnisse über Wohnraum (Zweites Wohnraumkündigungsschutzgesetz – 2. WKSchG) v 18. 12. 74, BGBl I 3603
WM	Zeitschrift für Wirtschafts- und Bankrecht, Wertpapiermitteilungen Teil IV
WoBauÄndG 1965	Gesetz zur verstärkten Eigentumsbildung im Wohnungsbau und zur Sicherung der Zweckbestimmung von Sozialwohnungen (Wohnungsbauänderungsgesetz 1965) v 24. 5. 65, BGBl I 945
WoBauÄndG 1971	Gesetz zur Durchführung des langfristigen Wohnungsbauprogramms (Wohnungsbauänderungsgesetz 1971) v 17. 12. 71, BGBl I 1993
WoBauÄndG 1973	Gesetz zur Änderung des Wohnungsbindungsgesetzes 1965 und des Zweiten Wohnungsbaugesetzes v 21. 12. 73, BGBl I 1970
Wo(hn)bauG	1. Wohnungsbaugesetz idF v 25. 8. 53, BGBl I 1047
2. Wo(hn)-bauG	2. Wohnungsbaugesetz (Wohnungsbau- und Familienheimgesetz) idF v 11. 7. 85, BGBl I 1285
Wohnbau-GebG	Gesetz über Gebührenbefreiungen beim Wohnungsbau v 30. 5. 53, BGBl I 273, BGBl III 3 Nr 364–2
WoBindG	Gesetz zur Sicherung der Zweckbestimmung von Sozialwohnungen (Wohnungsbindungsgesetz – WoBindG) idF v 22. 7. 82, BGBl I 973
WohnRBewG	Wohnraumbewirtschaftungsgesetz idF v 23. 6. 60, BGBl I 389, 418, BGBl III 2 Nr 234–1
WoGeldG	Wohngeldgesetz idF v 11. 7. 85, BGBl I 1422
WoGeldV	Wohngeldverordnung idF v 25. 5. 88, BGBl I 647
Wo-Ho-Li	Wolf-Horn-Lindacher, Gesetz zur Regelung des Rechts der Allgemeinen Geschäftsbedingungen, 2. Aufl 1989
Wolff I–III	Wolff/Bachof, Verwaltungsrecht, Bd I, Öffentliche Verwaltung usw, 9. Aufl 1974, Bd II, Organisations- u Dienstrecht, 5. Aufl 1987, Bd III, Ordnungs- u Leistungsrecht usw, 4. Aufl 1978
WoM	Wohnungswirtschaft und Mietrecht
WOMitBestG	Wahlordnung zum Mitbestimmungsgesetz; Erste: v 23. 6. 77, BGBl I 861; Zweite: v 23. 6. 77, BGBl I 893; Dritte: v 23. 6. 77, BGBl I 934
WoModG	Gesetz zur Förderung der Modernisierung von Wohnungen (Wohnungsmodernisierungsgesetz) v 23. 8. 76, BGBl I 2429, jetzt: Modernisierungs- und Energieeinsparungsgesetz
WoPG 1982	Wohnungsbau-Prämiengesetz idF v 10. 2. 82, BGBl I 131
WoRKSchG	Gesetz über den Kündigungsschutz für Mietverhältnisse über Wohnraum v 25. 11. 71, BGBl I 1839
WoVermG	Gesetz zur Regelung der Wohnungsvermittlung v 4. 11. 71, BGBl I 1745
WPg	Die Wirtschaftsprüfung
WPM	s. WM
WRP	Wettbewerb in Recht und Praxis
WStG	Wehrstrafgesetz v 24. 5. 74, BGBl I 1213
WuB	Wirtschafts- u Bankrecht
Wuppt	Wuppertal
Wü	Württemberg
WüBa	Württemberg-Baden
WüHo	Württemberg-Hohenzollern
WÜK	Wiener Übereinkommen über konsularische Beziehungen v 24. 4. 63, BGBl I 1169, II 1589
WürttJb	Jahrbücher der württembergischen Rechtspflege
WürttNotV	Zeitschrift des WürttNotarvereins
WürttZ	Württembergische Zeitschrift für Rechtspflege und Verwaltung
Würzbg	Würzburg
WZG	Warenzeichengesetz idF v 2. 1. 68, BGBl I 29
ZAIP	s RabelsZ
ZAkDR	Zeitschrift der Akademie für Deutsches Recht
ZA-NTS	Zusatzabkommen zum Nato-Truppenstatut v 3. 8. 59, BGBl 1961 II 1218
ZaöR	Zeitschrift für ausländisches öffentliches Recht und Völkerrecht
ZAP	Zeitschrift für Anwaltspraxis

Abkürzungsverzeichnis I

ZAR	Zeitschrift für Ausländerrecht und Ausländerpolitik
ZBlFG	Zentralblatt für die Freiwillige Gerichtsbarkeit und Notariat
ZBlJ(ug)R	s ZfJ
ZBR	Zeitschrift für Beamtenrecht
ZDG	Zivildienstgesetz idF v 31. 7. 86, BGBl I 1206
Zeller/Stöber	Zwangsversteigerungsgesetz, 12. Aufl 1987
ZfA	Zeitschrift für Arbeitsrecht
ZfBR	Zeitschrift für deutsch-internationales Baurecht
ZfF	Zeitschrift für das Fürsorgewesen
ZfgesK (ZKW)	Zeitschrift für das gesamte Kreditwesen
ZfHK	Zeitschrift für das gesamte Handelsrecht und Konkursrecht (Band u Seite)
ZfJ	Zentralblatt für Jugendrecht [früher: und Jugendwohlfahrt]
ZfRV	Zeitschrift für Rechtsvergleichung
ZfSH	Zeitschrift für Sozialhilfe
ZfS	Zeitschrift für Schadensrecht
ZfV	Zeitschrift für Versicherungswesen
ZfW	Zeitschrift für Wasserrecht
ZGB-DDR	Zivilgesetzbuch der Deutschen Demokratischen Republik v 19. 6. 75, GBl DDR I 465[1]
ZgGenW	Zeitschrift für das gesamte Genossenschaftswesen
ZGR (ZfUG)	Zeitschrift für Unternehmens- u Gesellschaftsrecht
ZHR	Zeitschrift für das gesamte Handels- und Wirtschaftsrecht; bis 1933: Zentralblatt für Handelsrecht
ZHW	Zeitschrift für das gesamte Handels- und Wirtschaftsrecht
ZIP	Zeitschrift für Wirtschaftsrecht; bis 1982: Zeitschrift für Wirtschaftsrecht u Insolvenzpraxis
ZJABrZ	Zentraljustizamt für die Britische Zone
ZJBlBrZ	Zentraljustizblatt für die Britische Zone
ZLW	Zeitschrift für Luftrecht u Weltraumrechtsfragen
ZMR	Zeitschrift für Miet- und Raumrecht
Zöller (+Bearbeiter)	Zivilprozeßordnung mit Gerichtsverfassungsgesetz und Nebengesetzen, Kommentar, 15. Aufl 1987
Zöllner	Wertpapierrecht, 14. Aufl 1987
ZollG	Zollgesetz idF v 18. 5. 70, BGBl I 529
ZPO	Zivilprozeßordnung idF v 12. 9. 50, BGBl 535, BGBl III 3 Nr 310–4
ZPO-DDR	Gesetz über das gerichtliche Verfahren in Zivil-, Familien- und Arbeitsrechtssachen – ZPO – v 19. 6. 75, GBl DDR I 533
ZRP	Zeitschrift für Rechtspolitik
ZS	Zivilsenat
ZStaatsw	Zeitschrift für die gesamte Staatswissenschaft
ZStrW	Zeitschrift für die gesamte Strafrechtswissenschaft (Band u Seite)
ZUM	Zeitschrift für Urheber- und Medienrecht/Film und Recht
ZuSEG	Gesetz über die Entschädigung von Zeugen und Sachverständigen idF v 1. 10. 69, BGBl I 1756
ZuständErgG	Gesetz zur Ergänzung von Zuständigkeiten auf den Gebieten des Bürgerlichen Rechts, des Handelsrechts und des Strafrechts (Zuständigkeitsergänzungsgesetz) v 7. 8. 52, BGBl I 407, BGBl III 3 Nr 310–1
ZVglRWiss	Zeitschrift für Vergleichende Rechtswissenschaft
ZVG	Gesetz über die Zwangsversteigerung und die Zwangsverwaltung (Zwangsversteigerungsgesetz) v 24. 3. 1897, RGBl 97, BGBl III 3 Nr 310–14
ZVOBlOst	Zentralverordnungsblatt, herausgegeben von der Deutschen Justizverwaltung der Deutschen Demokratischen Republik
Zweibr	Zweibrücken
ZZP	Zeitschrift für Zivilprozeß (Band u Seite)

Juristische Fachausdrücke, allgemeine Wortabkürzungen **Abkürzungsverzeichnis II**

II. Juristische Fachausdrücke,[1] allgemeine Wortabkürzungen[2]

A	Auftrag	Arb	Arbeit, Arbeiter
aA	andere Ansicht	ArbG	Arbeitgeber
aaO	am angegebenen Ort	ArbN	Arbeitnehmer
Abg	Abgabe	ArbR	Arbeitsrecht
abgedr	abgedruckt	Arch	Architekt
Abh	Abhandlung	arg	argumentum aus ...
abhgek	abhandengekommen	Argl, argl	Arglist, arglistig
Abk	Abkommen	Art	Artikel
Abkömml	Abkömmling	aS	auf Seiten
Abl	Ablehnung	ASt	Antragsteller
abl	ablehnen(d)	aStv	an Stelle von
Abn	Abnahme	Aufenth	Aufenthalt
abs	absolut	Aufgeb	Aufgebot
Abs	Absatz, Absicht	aufgeh	aufgehoben
Abschl	Abschluß	Aufl	Auflage, Auflassung
Abschn	Abschnitt	Aufn	Aufnahme
Abschr	Abschrift	AufOAnspr	Aufopferungsanspruch
abstr	abstrakt	Aufr	Aufrechnung
Abtr	Abtretung	Aufs	Aufsicht
Abw, abw	Abweichung, abweichend	Auftr	Auftrag
Abz	Abzahlung	Aufw	Aufwendungen
AbzK	Abzahlungskäufer	Ausdr, ausdr	Ausdruck, ausdrücklich
AbzV	Abzahlungsverkäufer	AuseinandS	Auseinandersetzung
aE	am Ende	ausf	ausführlich
ÄndG	Änderungsgesetz	AusfVorschr	Aufführungsvorschrift
aF	alte Fassung	ausgeschl	ausgeschlossen
AG	Aktiengesellschaft	Ausgl	Ausgleich, Ausgleichung
AGB	Allgemeine Geschäftsbedingungen	Ausk	Auskunft
aGrd, aGrdv	auf Grund, auf Grund von	Ausl	Auslobung, Ausländer
Akk	Akkord	ausl	ausländisch
allerd	allerdings	Ausn	Ausnahme
allg	allgemein	ausr	ausreichend
allgM	allgemeine Meinung	Auss	Aussage, Aussicht
AllgT	Allgemeiner Teil	ausschl	ausschließlich
aM	anderer Meinung	Ausschl	Ausschlagung, Ausschluß
and	anders, andere, r, s	außerh	außerhalb
andernf	andernfalls	AusSt	Aussteller
anderw	anderweitig	AV	Allgemeine Verfügung
ands	andererseits	AVB	Allgemeine Versicherungsbedingungen
Anerk	Anerkenntnis		
Anf	Anfechtung	AVN	Angehöriger der Vereinten Nationen
Angeb	Angebot		
Angeh	Angehöriger	AVO	Ausführungsverordnung
angem	angemessen	Azubi	Auszubildende(r)
Angest	Angestellter		
Angew	Angewiesener	B-	Bundes-
Anh	Anhang	–b	–bar
Anl	Anlage	BAK	Blutalkoholkurve
Anm	Anmerkung	BauBetr	Baubetreuer, Baubetreuung
Ann	Annahme	BauKZusch	Baukostenzuschuß
AnnVerz	Annahmeverzug	Bd	Band
Ans	Ansicht	Bdgg	Bedingung
AnschBew	Anscheinsbeweis	bdgt	bedingt
Anschl	Anschluß	Beauftr	Beauftragter
Anspr	Anspruch	Bed	Bedarf
Anst	Anstalt	begl	beglaubigt
Antl	Anteil	Begr	Begriff, Begründung
Antr	Antrag	Beh	Behörde
AntrSt	Antragsteller	Beil	Beilage
Anw	Anwalt, Anwartschaft, Anweisung	Beitr	Beitrag
Anweis	Anweisender	bej	bejahend
Anz	Anzeige	Bek	Bekanntmachung
AO	Anordnung	Bekl, bekl	Beklagter, beklagt
ao	außerordentlich	Bem	Bemerkung

[1] Bei Zusammensetzungen sind nur die Abkürzungen der einzelnen Bestandteile angeführt: Hyp = Hypothek (nicht angeführt: HypBrief = Hypothekenbrief); Erf = Erfüllung, Geh = Gehilfe (nicht angeführt: ErfGeh = Erfüllungsgehilfe).
[2] Soweit nicht allgemein gebräuchlich (zB, usw) oder nicht ohne weiteres aus sich verständlich.

XXXVII

Abkürzungsverzeichnis II   Juristische Fachausdrücke, allgemeine Wortabkürzungen

benachb	benachbart	DVO	Durchführungsverordnung
Benachteil	Benachteiligter	DWR	Dauerwohnrecht
benachteil	benachteiligt		
Ber	Bereicherung	E	Erbe (in Zusammensetzungen)
Berecht	Berechtigter	ebda	ebenda
berecht	berechtigt	ebenf	ebenfalls
Bes	Besitz	ebso	ebenso
bes	besonders, besondere, r, s	ec-Scheck	Euroscheck
Beschl	Beschluß	eGen	eingetragene Genossenschaft
beschr	beschränkt, beschränken	Ehefr	Ehefrau
Beschrkg	Beschränkung	Eheg	Ehegatte, –n
Beschw	Beschwerde	Ehel	Eheleute
beschw	beschwert	Ehem	Ehemann
Best	Besteller, Bestimmung	ehem	ehemalig
best	bestellt, bestimmt	Eheschl	Eheschließung
Bestandt	Bestandteil	eidesst	eidesstattlich
BestätSchr	Bestätigungsschreiben	eig	eigen, eigener
bestr	bestritten	Eigenm	Eigenmacht
Beteil	Beteiligter, Beteiligte	eighdg	eigenhändig
Betr	Betracht, Betrag, Betrieb	Eigt	Eigentum
betr	betreffend	eigtl	eigentlich
BetrUnf	Betriebsunfall	Eigtümer	Eigentümer
Beurk	Beurkundung	Einbez	Einbeziehung
beurk	beurkunden	Einf	Einführung
Bevollm	Bevollmächtigter	einf	einfach
bevollm	bevollmächtigt	Einfl	Einfluß
Bew	Beweis, Bewerber	eingef	eingefügt, eingeführt
BewL	Beweislast	eingeschr	eingeschrieben
Bez	Beziehung, Bezirk	eingetr	eingetragen
bish	bisher, bisherig	Eingr	Eingriff
bisw	bisweilen	Eink	Einkommen, Einkünfte
Bl	Blatt	Einl	Einleitung
bl	bloß	Einr	Einrede
bösgl	bösgläubig	einschl	einschließlich
bpDbk	beschränkte persönliche Dienstbarkeit	einstw Vfg	einstweilige Verfügung
Brucht	Bruchteil	Eintr, eintr	Eintragung, eintragen
Bsp	Beispiel	EintrBew	Eintragungsbewilligung
BU-Rente	Berufsunfähigkeitsrente	einverst	einverstanden
Bü	Bürge	Einwdg	Einwendung
bzgl	bezüglich	einz	einzeln
bzw	beziehungsweise	EltT	Elternteil
		Empf	Empfänger
cc	Code civil	entgg	entgegen
c. i. c.	culpa in contrahendo	enth	enthält, enthalten
		Entl	Entleiher
–d	–end	Entm	Entmündigung
D	Dienst	Entsch	Entschädigung, Entscheidung, Entschuldung
dagg	dagegen	entsch	entscheiden, entscheidend
DAO	Durchführungsanordnung	Entschl	Entschluß
Darl	Darlehen	entspr	entsprechend, entspricht
darü	darüber	Entw	Entwurf
DBer	Dienstberechtigter	Erbb-	Erbbau-
Dbk	Dienstbarkeit	Erbf	Erbfall, Erbfolge
dch	durch	Erbl	Erblasser
ders	derselbe	ErbSch	Erbschein
derj	derjenige	Erf, erf	Erfüllung, erfüllen, erfüllt
desh	deshalb	erfdl	erforderlich
DG	Durchführungsgesetz	ErfGeh	Erfüllungsgehilfe
dgl	dergleichen	erfh	erfüllungshalber
dh	das heißt	ErfStatt	Erfüllungs Statt
DienstSt	Dienststelle	Erg	Ergänzung, Ergebnis
Diss	Dissertation	ErgG	Ergänzungsgesetz
Dolm	Dolmetscher	erh	erhalten, erhält
DP	Displaced Person, -s	Erkl, erkl	Erklärung, erklären, erklärt
Dr	Dritter	Erl, erl	Erlaß, erlassen
Drucks	Drucksache	Erläut	Erläuterung
dtsch (dt)	deutsch	erläut	erläutert
Durchf	Durchführung	Erm	Ermessen
durchf	durchführen	Err-	Errungenschafts-
Durchgr	Durchgriff	Ers	Ersatz
Durchschn	Durchschnitt	Erz	Erziehung

Juristische Fachausdrücke, allgemeine Wortabkürzungen **Abkürzungsverzeichnis II**

ES	Entscheidungssammlung		Gew	Gewalt
etw	etwaig		Gewahrs	Gewahrsam
EU-Rente	Erwerbsunfähigkeitsrente		gewerbsm	gewerbsmäßig
EV	Eigentumsvorbehalt		GewFr	Gewährfrist
eV	eingetragener Verein		GewlAnspr	Gewährleistungsanspruch
ev	eventuell		Gg- gg	Gegen-, gegen
evang	evangelisch		ggf	gegebenenfalls
exc	exceptio		Ggs	Gegensatz
			ggs	gegenseitig
f	für		Ggst	Gegenstand
–f	–fach, –falls, –fertigt		ggsV	gegenseitiger Vertrag
Fahrlk, fahrl	Fahrlässigkeit, fahrlässig		ggt	gegenteilig
Fahrz (Fgz)	Fahrzeug		ggü	gegenüber
Fam	Familie		Gl	Glaube, Gläubiger
FamG	Familiengericht		glA	gleicher Ansicht
Fdg	Forderung		Gläub	Gläubiger
FEH	Freiwillige Erziehungshilfe		GlVerz	Gläubigerverzug
Festg	Festgabe		GM	Goldmark
festges	festgesetzt		GoA	Geschäftsführung ohne Auftrag
ff	folgende		Gr	Gruppe
FG	Freiwillige Gerichtsbarkeit		Grd	Grund
finanz	finanziert		Grdl	Grundlage
FinInstitut	Finanzierungsinstitut		Grds	Grundsatz, –sätze
FlSt	Flurstück		grdsätzl	
Fn	Fußnote		(grdsl)	grundsätzlich
Forml	Formular		GrdSch	Grundschuld
fortges	fortgesetzt		GrdsE	Grundsatzentscheidung
Fr	Frist		Grdst	Grundstück
Franch	Franchise		Grdz	Grundzüge
freiw	freiwillig		GS (Name)	Gedächtnisschrift für (Name)
früh (fr)	früher		Gter	Gesellschafter
frz	französisch		Güterstd	Güterstand
FS (Name)	Festschrift für (Name)		GütGemsch	Gütergemeinschaft
Fürs	Fürsorge		gutgl	gutgläubig
Fußn	Fußnote		GVz	Gerichtsvollzieher
G	Gesellschaft, Gesetz		h	haben, hat
–g	–ung		–h	–haft, –heit
GA	Gutachten		Halbs	Halbsatz
Gastw	Gastwirt		Handw	Handwerk
GB	Grundbuch		Haupts	Hauptsache
GBA	Grundbuchamt		Haush	Haushalt
Gbde	Gebäude		Hdb	Handbuch
Gbg	Gleichbehandlungsgrundsatz		Hdlg	Handlung
GbR	Gesellschaft bürgerlichen Rechts		Heimst	Heimstätte
Gebr	Gebrauch		Herausg	Herausgabe
Gef	Gefahr		Herst	Hersteller
Geh	Gehilfe		HGA	Hypothekengewinnabgabe
geh	gehörig		Hinbl	Hinblick
gek	gekommen		Hins, hins	Hinsicht, hinsichtlich
Gem	Gemein-, Gemeinde		Hinterbl	Hinterbliebene, –r
gem	gemäß		Hinw	Hinweis
Gemsch	Gemeinschaft		hL	herrschende Lehre
gemschaftl	gemeinschaftlich		hM	herrschende Meinung
GemschE	gemeinschaftliches Eigentum		höh	höher
Gen	Genehmigung		HReg	Handelsregister
gen	genehmigt, genommen		Hyp, hyp	Hypothek, hypothekarisch
Ger	Gericht			
Ges-, ges	Gesamt-, Gesetz-, gesamt, gesetzlich		idF	in der Fassung
			idR	in der Regel
gesch	geschieden		ie	im einzelnen
Gesch	Geschäft		i Erg	im Ergebnis
geschbeschr	geschäftsbeschränkt		ieS	im engeren Sinne
GeschBes	Geschäftsbesorgung		iF, iFv	im Falle, im Falle von
GeschF	Geschäftsführer		iGgs	im Gegensatz
GeschFg	Geschäftsführung		IHK	Industrie- und Handelskammer
GeschFgk	Geschäftsfähigkeit		iHv	in Höhe von
geschl	geschlossen		iJ	im Jahre
GeschUnfgk	Geschäftsunfähigkeit		ijF	in jedem Fall
Geschw	Geschwister		IKR	innerdeutsches Kollisionsrecht
GetrLeben	Getrenntleben		iL	in Liquidation
gew	geworden		ILP	interlokales Privatrecht

XXXIX

Abkürzungsverzeichnis II   Juristische Fachausdrücke, allgemeine Wortabkürzungen

immat	immateriell	Leb	Leben
Immob	Immobilien	Lebensm	Lebensmittel
ImSch	Immissionsschutz	Lehrb	Lehrbuch
ind	individuell	Lehrl	Lehrling
inf	infolge	LeistgVR	Leistungsverweigerungsrecht
Inh	Inhaber	letztw	letztwillig
Inkrafttr	Inkrafttreten	lfd	laufend
inl	inländisch	Liqui	Liquidation
innerh	innerhalb	LS	Leitsatz
insb	insbesondere	ltd	leitend
insges	insgesamt	lwVfg	letztwillige Verfügung
insof	insofern		
insow	insoweit	M	Makler, Mittel
Inst	Institut, Instanz	–m	–mäßig, –maßen
internat (int)	international	mA (Anm)	mit Anmerkung
Inv	Inventar	mAusn	mit Ausnahme
inzw	inzwischen	Maßg, maßg	Maßgabe, maßgebend
IPR	Internationales Privatrecht	Maßst	Maßstab
Irrt	Irrtum	mat	materiell
iR, iRv	im Rahmen, im Rahmen von	MdE	Minderung der Erwerbsfähigkeit
iS	im Sinne	Mdl	Mündel
iü	im übrigen	mdl	mündlich
iVm	in Verbindung mit	MErl	Ministerialerlaß
iW	im Wege	mHv	mit Hilfe von
iwS	im weiteren Sinne	MietZ	Mietzins
IzPr	interzonales Privatrecht	mind	mindestens
iZshg	im Zusammenhang	MindArbBed	Mindestarbeitsbedingungen
iZw	im Zweifel	Mißbr	Mißbrauch
		MitE	Miteigentum, Miterbe
J	Jahr	Mitgl	Mitglied
JA	Jugendamt	Mitt	Mitteilung
jens	jenseitig	mitw	mitwirkend
jew	jeweilig	Mj, mj	Minderjähriger, minderjährig
Jg	Jahrgang	MMV	Mustermietvertrag
Jhdt	Jahrhundert	Mo	Monat
jmd	jemand	Mob	Mobiliar–
JP	Juristische Person	Mot	Motive
Jug	Jugend	mRücks	mit Rücksicht
jur	juristisch	MSch	Mieterschutz
		mtl	monatlich
k	können, kann	mwN	mit weiteren Nachweisen
–k	–keit	MWSt	Mehrwertsteuer
KalJ	Kalenderjahr		
Kap	Kapitel	n	nach
kath	katholisch	–n	–nahme, –nis
kaufm	kaufmännisch	Nachb	Nachbar
Kaufpr	Kaufpreis	Nachf, nachf	Nachfolge, –r, nachfolgend
KfH	Kammer für Handelssachen	Nachl	Nachlaß
Kfz	Kraftfahrzeug	Nachw	Nachweis
KG	Kommanditgesellschaft	natsoz	nationalsozialistisch
KGaA	Kommanditgesellschaft auf Aktien	ne (nehel)	nichtehelich
Ki	Kind(er)	NE	Nacherbe, Nacherb– (in §§ 2100ff)
KiG	Kindergeld	negat	negativ
Kl	Kläger, Klage, Klausel	nF	neue Fassung, neue Folge
Komm	Kommentar, Kommission	Niederschr	Niederschrift
Kond	Kondiktion	Nießbr	Nießbrauch
Konk	Konkurs	Not, not	Notar, notariell, notarisch
konkr	konkret	notw	notwendig
konkurr	konkurrieren	Nov	Novelle
Konv	Konvention		
kr	kraft	oa	oben angegeben(en)
krit	kritisch	oA	ohne Auftrag
Kto	Konto	OAG	Oberappellationsgericht
Künd	Kündigung	oä	oder ähnliches
KündSch	Kündigungsschutz	obj	objektiv
		obl	obliegend
L-	Landes-	od	oder
–l	–lich, –los	öff	öffentlich
Landw	Landwirtschaft	öffR	öffentliches Recht
landw	landwirtschaftlich	ör	öffentlichrechtlich
LbRente	Leibrente	österr	österreichisch
Leas	Leasing	OHG	Offene Handelsgesellschaft

Juristische Fachausdrücke, allgemeine Wortabkürzungen **Abkürzungsverzeichnis II**

ord	ordentlich
Ordin	Ordinance
oRücks	ohne Rücksicht
ow	ohne weiteres
P	Pacht
Pap	Papier
Part	Partei, –en, Partner
parteif	parteifähig
ParteiFgk	Parteifähigkeit
Pers, pers	Person, persönlich
PersSt	Personenstand
PersStReg	Personenstandsregister
Pfdg	Pfändung
PfdR	Pfandrecht
Pfl, pfl	Pflege, Pflicht, pflichtig
Pflichtt	Pflichtteil
PKV	Prozeßkostenvorschuß
pol	politisch
poliz	polizeilich
pos	positiv
Pr	Preis, Preußen
PrBindg	Preisbindung
Präs	Präsident
priv	privat
Prod	Produkt, Produzent
Prokl	Proklamation
Prot	Protokoll
Prov	Provision
Proz	Prozeß
pVV	positive Vertragsverletzung
qualif	qualifiziert
R, –r	Rat, Recht, –rechtlich
RA	Rechtsanwalt
RdErl	Runderlaß
Rdn	Randnote (-nummer)
RdSchr	Rundschreiben
RdVfg	Rundverfügung
Rdz (Rz)	Randziffer
RechnJ	Rechnungsjahr
rechtf	rechtfertigen
rechtsf	rechtsfähig
rechtskr	rechtskräftig
Ref	Referat, Referent
Reg	Regierung, Register, Regel
regelm	regelmäßig
RegEntw	Regierungsentwurf
Rel, rel	Religion, religiös
RentenSch	Rentenschuld
Rep	Reparatur
Rev	Revision
RFgk	Rechtsfähigkeit
RGesch	Rechtsgeschäft
rgesch	rechtsgeschäftlich
Ri	Richter
Richtl	Richtlinien
Rspr	Rechtsprechung
Rückg	Rückgabe
Rückgr	Rückgriff
Rücks	Rücksicht
Rücktr	Rücktritt
rückw	rückwirkend
S	Satz, Satzung, Seite
s	siehe
–s	–sam, –seitig, –seits
sa	siehe auch
Sachm	Sachmangel
Sachverst	Sachverständiger
Sbd	Sonnabend
Sch	Schenkung (in §§ 516 ff)
–sch	Schaft, –sschaften
Schad	–schaden
SchadErs	Schadensersatz
–schl	–schluß, –schließen
SchmerzG	Schmerzensgeld
Schrifft	Schrifttum
Schu, Schuldn	Schuldner
schuldbefr	schuldbefreiend
SchuldÜbn	Schuldübernahme
SchVerschr	Schuldverschreibung
schutzw	schutzwürdig
Schwerbeh	Schwerbehinderter
schwerbeh	schwerbehindert
Schwerbesch	Schwerbeschädigter
schwerbesch	schwerbeschädigt
SE	Sondereigentum
SelbstBeh	Selbstbehalt
selbstd	selbständig
SG	Sicherungsgeber
Sichg	Sicherung
SN	Sicherungsnehmer
Slg	Sammlung
so	siehe oben
sof	sofortig
sog	sogenannt
sol	solange
sond	sondern
SorgPfl	Sorgfaltspflicht
sowj	sowjetisch
SowjZ	Sowjetzone
soz	sozial
Spark	Sparkasse
StA	Standesamt
StatSchäden	Stationierungsschäden
StBeamter	Standesbeamter
StellgN	Stellungnahme
StellVertr	Stellvertreter
stillschw	stillschweigend
Str	Straße
str	streitig
Streitkr	Streitkräfte
stRspr	ständige Rechtsprechung
su	siehe unten
subj	subjektiv
SÜ	Sicherungsübereignung
sZt	seinerzeit
T	Teil
Tab	Tabelle
Tar	Tarif
Tatbestd	Tatbestand
Tats, tats	Tatsache, tatsächlich
Teilh	Teilhaber
Teiln	Teilnahme, Teilnehmer
Test	Testament
TestVollstr	Testamentsvollstrecker
TestVollstrg	Testamentsvollstreckung
Tit	Titel
Tl	Teil
TO	Tarifordnung
TradPap	Traditionspapier
Tr–	Treu–
TrHd, trhd	Treuhand, treuhänderisch
Trunks	Trunksucht
TÜV	Technischer Überwachungsverein
TV	Tarifvertrag, Testamentsvollstrecker
Tz	Textziffer
u	und
ua	unter anderem

Abkürzungsverzeichnis II   Juristische Fachausdrücke, allgemeine Wortabkürzungen

uä	und ähnliche		Versch	Verschulden, Verschollenheit
uam	und anderes mehr		versch	verschieden, verschuldet
Übbl	Überblick		verschw	verschweigen
übereign	übereignet		VersN	Versicherungsnehmer
Überg	Übergabe, Übergangs-		Verspr	Versprechen
überh	überhaupt		Verst	Versteigerung, Verstorbener
übern	übernommen		verst	verstorben
Übertr	Übertragung		Vertr	Vertrag, Vertreter
übertr	übertragen		Verurs	Verursachung
überw	überwiegend		verurs	verursachen
Übk	Übereinkommen		Verw	Verwalter, Verwaltung, Verwahrung
übr	übrig			
uH	unerlaubte Handlung		verw	verwaltet
Umst	Umstände, Umstellung		Verwder	Verwender
umstr	umstritten		Verz	Verzeichnis, Verzug, Verzicht
UmwSch	Umweltschutz		Vfg	Verfügung
unbest	unbestimmt		vgl	vergleiche
unbdgt	unbedingt		vGw	von Gesetzes wegen
unerl Hdlg	unerlaubte Handlung		Vhlg	Verhandlung
Univ	Universität		vielm	vielmehr
unstr	unstreitig		Vj	Versicherungsjahre
Unterh	Unterhalt		VO	Verordnung
Unterl	Unterlassung		vollj	volljährig
unterl	unterlassen		vollk	vollkommen
Unterm	Untermieter		Vollm	Vollmacht
Untern	Unternehmer		vollst	vollständig
Unterschr	Unterschrift		Vollstr	Vollstreckung
unvollk	unvollkommen		vollstrb	vollstreckbar
unzul	unzulässig		vollw	vollwertig
uö	und öfters		Vollz	Vollziehung, Vollzug
Urh	Urheber		vollz	vollziehen, vollzogen
Urk	Urkunde		VollzBest	Vollzugsbestimmung
UrkBdG	Urkundsbeamter der Geschäftsstelle		Vorauss	Voraussetzung
			Vorbeh	Vorbehalt
Url	Urlaub		Vorbem	Vorbemerkung
Urschr	Urschrift		vorgeschr	vorgeschrieben
urspr	ursprünglich		vorh	vorhanden
Urt	Urteil		Vork	Vorkauf
USt	Umsatzsteuer		vorl	vorläufig
uU	unter Umständen		Vormd	Vormund
			Vormkg	Vormerkung
v	von, vor		Vormsch	Vormundschaft
VA	Versorgungsausgleich, Verwaltungsakt		Vors	Vorsatz
			Vorschr	Vorschrift
vAw	von Amts wegen		Vorstd	Vorstand
Vbdg	Verbindung		VortAusgl	Vorteilsausgleichung
Vbg/TErkl	Vereinbarung/Teilungserklärung		vS	von Seiten
VE	Vorerbe, Vorerb-		vTw	von Todes wegen
VEB	Volkseigener Betrieb		VzGDr	Vertrag zu Gunsten Dritter
Verbr	Verbraucher			
Vereinbg	Vereinbarung		w	werden, wird, geworden
vereinb	vereinbart		-w	-weise, -widrig
Vereinf	Vereinfachung		W	Wert
Vereinh	Vereinheitlichung		WaStr	Wasserstraße
Verf	Verfahren, Verfassung		Wdk	Wiederkauf
Vergl	Vergleich		WE	Wohnungseigentum, Werteinheit
verh	verheiratet		WertP	Wertpapier
Verh	Verhältnis, Verhandlung		Wettbew	Wettbewerb
Verj, verj	Verjährung, verjähren		wg	wegen
Verk	Verkauf, Verkäufer, Verkehr		Widerspr	Widerspruch
verk	verkauft		Wiederh	Wiederholung
VerkSichgPfl	Verkehrssicherungspflicht		WillErkl	Willenserklärung
Verl	Verlangen, Verleiher, Verletzter, Verletzung, Verlobter		wirtsch	wirtschaftlich
			wiss	wissenschaftlich
verl	verlangen, verletzt		Wk	Werk
Verm	Vermächtnis, Vermieter, Vermögen		Wo	Woche
			Wo (Wohn)	Wohnung(s)- (im Mietrecht)
Veröff	Veröffentlichung		WoRaum	Wohnraum
Verp, verp	Verpächter, verpachten		Wohns	Wohnsitz
Verpfl	Verpflichteter, Verpflichtung		Wwe	Witwe
Vers	Versicherung, Versorgung, Versammlung		Wz	Warenzeichen

Juristische Fachausdrücke, allgemeine Wortabkürzungen **Abkürzungsverzeichnis II**

z	zu, zur, zum	zugeh	zugehörig
Z	Ziffer	zugel	zugelassen
zahlr	zahlreich	zuges	zugesichert
ZbR	Zurückbehaltungsrecht	Zugew	Zugewinn
Zentr	Zentrale	zul	zulässig
ZentrGen-Kasse	Zentralgenossenschaftskasse	zus	zusammen
		Zusichg	Zusicherung
zG	zu Gunsten	Zust	Zustand, Zustimmung
zGDr	zu Gunsten Dritter	zust	zuständig, zustimmen
ziv	zivil	Zustdgk	Zuständigkeit
ZivProz	Zivilprozeß	zutr	zutreffend
zL	zu Lasten	Zw	Zwangs-, Zweck, Zweifel
zT	zum Teil	zw	zwischen
Ztpkt	Zeitpunkt	zZ	zur Zeit
Zubeh	Zubehör	zZw	zum Zweck

Bürgerliches Gesetzbuch

Vom 18. August 1896
(RGBl. S. 195)

Erstes Buch. Allgemeiner Teil

Bearbeiter: Prof. Dr. Heinrichs, Präsident des Oberlandesgerichts Bremen

Einleitung

Schrifttum

a) Kommentare: Alternativ-Kommentar, 1. Aufl Bd 1 1987. – Erman, 7. Aufl 1981. – Jauernig, 4. Aufl 1987. – Münchener Kommentar, Bd I, 2. Aufl 1984. – Reichsgerichtsrätekommentar, Bd I, 12. Aufl, 1974/82. – Soergel-Siebert, Bd I, 12. Aufl 1988. – Staudinger, Bd I, 12. Aufl 1979/80. – Studienkommentar, 2. Aufl 1979. – **b) Lehrbücher:** Enneccerus-Nipperdey, 15. Aufl 1959/1960. – Flume, Bd I/1 Personengesellschaft 1977, Bd I/2 Jur Personen 1983, Bd II RGesch, 3. Aufl 1979. – Hübner, 1. Aufl 1984. – Köhler, 20. Aufl 1989. – Larenz, 7. Aufl 1989. – Medicus, 3. Aufl 1988. – Pawlowski, 3. Aufl 1987. – v Tuhr, 1910/1918. – Wolf, 3. Aufl 1982. – **c) Grundrisse:** Brox, 12. Aufl 1988. – Diederichsen, 6. Aufl 1986. – Rüthers, 7. Aufl 1989.

I. Begriff des Bürgerlichen Rechts

1) Das bürgerl Recht ist **Teil des Privatrechts.** Es umfaßt die für alle Bürger geltden privrechtl Regelgen, wobei Bürger iSv civis (Staatsbürger) zu verstehen ist. Neben dem bürgerl Recht als dem **allgemeinen** PrivR stehen die **Sonderprivatrechte,** die für best Berufsgruppen od Sachgebiete spezielle Regelgen enthalten. Zum bürgerl Recht gehören im BGB geregelten Materien (Schuld-, Sachen-, Fam- u ErbR) sowie die das BGB ergänzden NebenGes, insb das VerschG, das AGBG, das AbzG, das HausTWG, das WEG, die ErbbRVO u das EheG. SonderPrivR sind das Recht der Kaufleute u Untern (HGB, AktG, GmbHG, GenG, UWG u GWB), das Urh- u gewerbl SchutzR, das BergR u das landw HöfeR. Ein Sonderrechtsgebiet ist heute auch das ArbR als das Recht der unselbstd tät ArbN (BVerfG **7,** 350, NJW **88,** 1899, BAG NVwZ **88,** 1166, Einf 1 c v § 611). Dagg gehört das VerbraucherR zum allg PrivR, da jeder Bürger zugl Verbraucher u jeder Verbraucher zugl Bürger ist (s E. Schmidt JZ **80,** 156). Das bürgerl Recht ist das Kerngebiet des PrivR. Seine allg Grds, vor allem die in den drei ersten Büchern des BGB enthaltenen Regeln, gelten auch für die privrechtl Sondermaterien, soweit für diese keine Spezialnormen bestehen (s zB EGHGB Art 2).

2) Vom **Privatrecht** zu unterscheiden ist das **öffentliche Recht.** Diese Unterscheidg hat – and als die zw bürgerl Recht u SonderPrivR – erhebl prakt Bedeutg. Sie bestimmt über das anzuwendde mat Recht. Ist die Tätigk privatrechtl zu qualifizieren, gilt das BGB od die einschläg privatrechtl SonderGes. Handelt es sich um eine öffrechtl Tätigk, sind das VwVfG od die sonst einschläg Normen des öffR anzuwenden. Die Unterscheidg ist zugl für die gerichtsverfassgsrechtl Zustdgk maßgebd. Bürgerl RStreitigk gehören grdsl vor die ordentl Ger, öffrechtl grdsl vor die VerwGer (GVG 13, VwGO 40). PrivR ist der Teil der ROrdng, der die Beziehgen der einz zueinand auf der Grdl der Gleichordng u Selbstbestimmg regelt. Für das öffR ist RegelgsGgst die Organisation des Staates u der mit Hoheitsmacht ausgestatteten Verbände; es ordnet zugl die RVerh dieser Verbände zu ihren Mitgl u zueinand. Für die Abgrenzg stellt die in der Rspr noch herrschde Subjektionstheorie darauf ab, ob zw den Beteil ein Verh der Gleichordng (dann privatrechtl) od der Über- u Unterordng (dann öffrechtl) besteht (RG **167,** 284, BGH **14,** 227). Diese Formel führt idR zu richt Ergebn, sie ist aber gleichwohl nicht haltb. Es gibt auch im öffR RBeziehgen, bei denen sich die Beteil gleichgeordnet ggüstehen, etwa zw Staaten, Organen einer öffrechtl Körpersch od Part eines öffrechtl Vertr. Umgekehrt kann zw den Part einer privrechtl RBeziehg ein rechtl geordnetes Verh der Über- u Unterordng bestehen, so etwa im Kindsch-, Vereins- u ArbR. Richtig ist die Abgrenzgsformel der im Schrifttum herrschde neueren Subjekts- od Sonderrechtstheorie (Wolff AöR **76,** 205, MüKo/Säcker Rdn 3, Larenz § 1 I, krit Gern ZRP **85,** 56): Öffrechtl ist ein RVerh, wenn wenigstens der eine Teil an ihm gerade **in seiner Eigenschaft als Träger von hoheitlicher Gewalt** beteiligt ist. Ist das nicht der Fall, ist das RVerh dem PrivR zuzuordnen. Die Subjekttheorie gibt aber nur den richtigen Lösgsansatz. Die Schwierigk, im Einzelfall privrechtl RVerh voneinand abzugrenzn, beseitigt auch sie nicht. Ist eine RBeziehg zw einer öffrechtl Körpersch u einem Bürger zu beurteilen, kann weiterhin von der Abgrenzgsformel der Subjektionstheorie ausgegangen w; denn wenn ein Verh der Über- u Unterordng besteht, so zeigt dies, daß die öffrechtl Körpersch an ihm in ihrer Eigensch als Träger von hoheitl Gewalt beteiligt ist (s näher § 276 Anm 8 – öffrechtl Sonderverbindgen –; Einf 6 v § 305 –, Abgrenzg zw öffrechtl u privrechtl Vertr –; ferner bei §§ 839, 823).

1

II. Entstehung des BGB

Materialien zum BGB: Erster Entwurf (E I) von 1888. – Zweiter Entwurf (E II) von 1895. – Reichstagsvorlage (E III) von 1896. – Motive (Mot) zu dem Entwurf eines BGB, 5 Bände 1888. – Protokolle der II. Kommission (Prot), 7 Bände, 1897–1899. – Mugdan, Die gesamten Materialien zum BGB, 5 Bände und Sachregister, 1899. – Jacobs-Schubert, Die Beratung des BGB; Einführung, Biographien, Materialien, 1978; §§ 1–240, 2 Bde, 1984; §§ 241–432, 1978; §§ 433–651, 1980; §§ 652–853, 1983; Sachenrecht I, 1985; Sachenrecht III (Grundbuchordnung), 1982; Sachenrecht IV (Zwangsversteigerung und Zwangsverwaltung), 1983; Familienrecht I, 1987; Familienrecht II, 1988.

1) Dch das BGB ist nach Jhdten der RZersplitterg erstmals ein einheitl PrivR für ganz Dtschld geschaffen worden. Es gab allerdings auch schon früher Normen, die in ganz Deutschland galten, näml gewohnheitsrechtl Regeln dtschrechtl Ursprungs u vor allem das im 15. u 16. Jhdt als „Kaiserrecht" übernommene, im corpus juris aufgezeichnete römische Recht. Das rezipierte römische Recht in seiner den Bedürfn der Zeit angepaßten Gestalt – das sog **Gemeine Recht** – galt aber nur subsidiär, milderte zwar die RZersplitterg, hob sie aber nicht auf. In einigen Ländern bestanden umfassde Kodifikationen, so in Bayern der „Codex Maximilianeus Bavaricus" (1756), in Preußen das „Allgemeine Landrecht für die preußichen Staaten" (1794), in Baden das „Badische Landrecht" (1809), in Sachsen das „Bürgerliche Gesetzbuch für das Königreich Sachsen" (1863). In and Ländern galten PartikularR mit unterschiedl Inh u GeltgsGrd, in einigen linksrheinischen Gebieten war in der napoleonischen Zeit der „Code Civil" (1804) eingeführt worden. „Über die Notwendigk eines allg bürgerl Rechts für Dtschld", so der Titel einer 1814 erschienenen programmat Schrift Thibauts, bestand daher trotz des Widerspr Savignys („Über den Beruf unserer Zeit für Gesetzgebg u RWissensch", 1815) seit Mitte des 19. Jhdts weitgehde Übereinstimmg. Erst die Gründg des Reiches von 1871 schuf aber die polit Voraussetzgen für eine RVereinheitlichg.

2) Dch eine 1873 beschlossene VerfÄnd (lex Miquel-Lasker) wurde die vorher auf das Wechsel- u ObligationsR beschr GesGebgskompetenz des Reiches auf das ges bürgerl Recht erweitert. Nachdem eine Vorkommission ein Gutachten über die Grdzüge des GesWerkes u das einzuschlagde Verf erstattet hatte (s Benöhr JuS **77**, 79), wählte der Bundesrat 1874 eine Kommission zur Ausarbeitg des GesEntw (6 Ri, 3 Ministerialbeamte, 2 Prof, einer davon der bekannte Romanist Windscheid). Der von der Kommission erarbeitete **erste Entwurf** wurde 1888 zus mit den Motiven veröffentl. Seine bekanntesten Kritiker waren Menger (Das bürgerl GesBuch u die besitzlosen Volksklassen, 1890) u – damals erhebl stärker beachtet – v Gierke (Der Entw eines BGB u das dtsche R, 1889), der den Entw als Pandektenkompendium, lebensfremd, überromanistisch u „undeutsch" angriff. Weitgehde Übereinstimmg bestand jedenf darü, daß der Entw den sozialen Erfordernissen zu wenig Rechng trage u im sprachl Ausdr schwerfäll u hölzern sei. 1890 wurde daher vom Bundesrat eine zweite Kommission eingesetzt, der auch einige Nichtjuristen angehörten. Über ihre Beratgen geben die Protokolle Aufschluß. Sie legte 1895 den **zweiten Entwurf** vor, der trotz vieler Änd im einzelnen an der Grdkonzeption u dem Sprachstil des 1. Entw festhielt. Nach den Beratgen im Bundesrat, die nur wenig Änd brachten, wurde der Entw 1896 zus mit einer Denkschrift des Reichsjustizamtes im Reichstag eingebracht (**Reichstagsvorlage** od 3. Entw). Der Reichstag nahm die Vorlage nach Beratg in der dafür eingesetzten Kommission mit nur geringfügigen Änd an. Das Gesetz wurde am 18. 8. 1896 ausgefertigt. Es ist am 1. 1. 1900 in Kraft getreten (EG 1).

III. Aufbau, Gesetzesstil und Grundgedanken des BGB

1) Der **Aufbau** des BGB folgt der von der Pandektenwissensch entwickelten Systematik. Das BGB unterscheidet zw Schuld- (Obligationen), Sachen-, Fam- u ErbR. An seine Spitze haben die GesVerfasser nach der seit Heise (1807) im PandektenR übl gewordenen Systematik einen Allg Teil gestellt, der nach seiner Zielsetzg die für alle folgden Bücher gemeins Regeln enthalten soll. Hieran ist beachtl Grden Kritik geübt worden (s zuletzt MüKo/Säcker Rdn 23 ff). Im Ergebn ist es aber wohl so, daß die Voranstellg eines Allg Teils die Anwendg u Fortentwicklg des BGB weder wesentl erschwert noch erleichtert hat. Einverständn besteht darü, daß auch Vorschr außerh des Allg Teils, wie etwa § 242, allg gült RGrds enthalten können (s auch Einf 6 v § 241).

2) In seiner Regelgstechnik verwendet das BGB den **abstrahierend-generalisierenden Gesetzesstil** (s dazu Larenz § 1 IV). Es verzichtet, von wenigen Ausn (zB §§ 98, 196) abgesehen, auf kasuistische Normen. Seine Begriffswelt hat das BGB überwiegend aus der Pandektenwissensch des 19. Jhdts übernommen, teils aber auch selbst geschaffen. Kennzeichn für das BGB ist der hohe Abstraktionsgrad seiner Begriffsbildg. Zentrale Kategorien, wie etwa RGesch u WillErkl, aber auch viele und seiner Begriffe haben in der sozialen Wirklichk keine unmittelb Entsprechg. Ihre Verwendg hat offenb dazu beigetragen, daß gelegentl von der Sache her gebotene Differenzierngen von den Gesetzesverfassern vergessen worden sind (Bsp: Bes NichtigkRegeln für Arb- u GesellschVertr). Typisch für das BGB ist auch seine Tendenz, gemeins Merkmale vor der Klammer zu ziehen sowie seine Neigg zu lebensfernen u unnöt komplizierten Konstruktionen u Regelgen (Bsp: Die Entsch, die prakt kaum vorkommende Unmöglichk zum Zentralbegriff des Rechts der Leistgsstörgen zu machen; die nicht aus prakt Bedürfn, sond nur aus konstruktiven Grden getroffenen Unterscheidgen zw absoluter u relativer Unwirksamk sowie zw Hyp u GrdSchuld). Wenig überzeugt ist auch die – etwa im Vergl zum Schweizer ZGB – unanschaul u schwerfällige – manchmal auch unbeholfene – Sprache (Bsp: § 164 II). Die insow mit Recht vorgebrachte Kritik (s zuletzt MüKo/Säcker Rdn 19 ff) muß aber relativiert w. Für eine Kodifikation des PrivR kommt eine and Regelgstechnik als die abstrahierd- generalisierde schlechterdings nicht in Betracht. Die den GesVerfassern bei der Anwendg dieser Technik unterlaufene Übertreibg w aufgewogen dch eine **Präzision der Begriffsbildung** u eine Genauigk des sprachl Ausdr, wie sie von keinem and dtschen Ges je wieder erreicht worden ist. Im üb enthält das BGB neben den auf strenge juristische Begrifflichk ausgerichteten Normen auch **Generalklauseln** mit wertausfüllgsbedürft TatbestdMerkmalen. Es verweist auf die „guten Sitten" (§§ 138, 826), „Treu u Glauben" (§§ 157, 242), die Billigk (§§ 315ff, 343, 829, 847), die im Verk erforderl Sorgf (§ 276), den wichtigen Grd (§ 626 uö) u ermöglicht dadch, das Ges an sich ändernde LebensVerh anzupassen.

3) Das mit der Schaffg des BGB verfolgte politische **Ziel** war, im dtschen Reich auf dem Gebiet des PrivR **Rechtseinheit** herzustellen (Benöhr JuS **77**, 79 ff). Eine inhaltl Reform od gar eine Änd gesellschaftl Verh gehörte nicht zu den Zielvorstellgn der GesVerfasser. Sow einheitl RGrds festgestellt w konnten, wurden diese übernommen, bei Abw entschied man sich für eine der Regelgn od eine mittlere Lösg. Auf diese Weise verschmolzen im BGB Grds des gemeinen Rechts, der Länderkodifikationen u des dtschen Rechts, wobei in den ersten beiden Büchern das römische Recht in der Gestalt des *usus modernus Pandectarum* eindeut dominiert. Das BGB ist zugleich Ausdruck der **politischen,** wirtschaftl u gesellschaftl **Verhältnisse** des Dtschen Kaiserreichs. Sein FamR war konservativ u patriarchalisch, sein Vertr- u VermögensR wurde dch den Wirtschaftsliberalismus geprägt. Das BGB gewährt Vertr-, Gewerbe-, Eigentum- u Testierfreih od setzt sie als bestehd voraus. Sein Leitbild ist der „vernünftige, selbstverantwortl u urteilsfäh RGenosse" (Wieacker PrivRGeschichte der Neuzeit 2. Aufl S 482), der seine LebensVerh in freier Selbstbestimmg ordnet u seine Interessen nachdrückl u geschickt selbst wahrnimmt. Die Willensbildg w dch eine diffizile Regelg über Willensmängel (§§ 119ff) geschützt, zur Gewährleistg von inhaltl VertrGerechtigk geschieht dagg nur wenig. Die *„laesio enormis"* des gemeinen Rechts w nicht übernommen, ebsowenig die *„clausula rebus sic stantibus"*. Auch die insow gg das BGB u das ihm zugrunde liegde **soziale Modell** vorgebrachte Kritik (s zuletzt E. Schmidt JZ **80**, 153 ff, MüKo/Säcker Rdn 27 ff) bedarf aber einer Relativierg. Von dem konservativ-liberalen GesGeber des Jahres 1896 konnte nicht anderes als ein konservativ-liberales bürgerl Recht erwartet w. Ganz vergessen hat iü auch das BGB den Schutz des wirtschaftl u intellektuell Unterlegenen nicht (s §§ 138 II, 343, 616–619, 1299), wenn es insow es auch sicher zu wenig getan hat. Außerdem hielt es in seinen Generalklauseln (§§ 242, 138, 315) Normen bereit, aus denen die Rspr RGrds zum Schutz des sozial Schwächeren entwickeln konnte u auch entwickelt hat.

IV. Weiterentwicklung des bürgerlichen Rechts

Seit dem Inkrafttreten des BGB sind fast 90 Jahre vergangen. In diese Zeit fielen 2 Weltkriege, die Periode der nat-soz Gewaltherrsch u insges drei grdlegde polit Umwälzgen (1918, 1933, 1945). Auch die wirtschaftl u sozialen Lebensbedingen haben sich wesentl gewandelt. An die Stelle der obrigkeitsstaatl Kaiserreiches ist die demokrat u sozialstaatl BRep getreten, die bürgerl Gesellsch des ausgehdn 19. Jhdts hat sich zur industriellen Massengesellsch weiterentwickelt. Selbstverstdl sind diese Änd auch am BGB nicht spurlos vorübergegangen (s dazu Laufs JuS **80**, 853).

1) Gleichwohl hat das BGB seine Stellg als **Gesamtkodifikation** des bürgerl Rechts, wenn auch mit Einschränkgn, behaupten können. Bei Reformen des bürgerl Rechts ist jeweils zu entscheiden, ob das ReformGes als Änd- u ErgänzgsGes zum BGB od als SonderGes außerhalb des BGB erlassen w soll. In dieser Frage hat der GesGeber keine klare Linie gefunden, wenn auch in letzter Zeit die Tendenz zur Erhaltung und zum Ausbau der Kodifikation überwiegt. Läßt man die aufgehobenen od wieder in das BGB eingegliederten Ges, wie das MSchG u das TestG, außer Betracht, so sind zu den schon 1894 erlassenen AbzG als weitere NebenGes hinzugekommen: die ErbbRVO, das StVG, das VerschG, das EheG, das WEG, das WKSchG, das AGBG, das HausTWG u zuletzt das ProdHaftG. Außerdem enthalten zahlreiche SpezialGes neben öffrechtl Vorschr auch privrechtl Schutznormen (Bsp: FernUSG, MaBV, GerätesicherheitsG, ArznMG). Bei and Reformen hat der GesGeber dagg am Kodifikationsgedanken festgehalten, also das BGB geändert od ergänzt (Bsp: GleichberG, NEhelG, AdoptG, 1. EheRG, SorgeRG, ReiseVertrG, IPRG). Die Substanzverluste, die das BGB als Kodifikation erlitten hat, halten sich daher im ganzen gesehen in Grenzen. Das gilt auch dann, wenn man zusätzl die Entwicklg des ArbR zu einem Sonderrechtsgebiet berücksichtigt. Die einschneidendste Einbuße liegt nicht in der Ausgliederg von einigen Teilmaterien zu finden, sondern darin, daß die zut gewordene Kodifikation insb im Vertr- u SchuldR von Schichten von RichterR überlagert w (Wolf ZRP **78**, 250).

2) Inhaltlich hat sich das bürgerl Recht seit dem Inkrafttreten des BGB **weitgehend verändert.** In der Übersicht des Schönfelders sind beim BGB beginnd mit dem VereinsG vom 19. 4. 1908 u vorläuf endend mit dem ProdHaftG mehr als 90 ÄndGes aufgelistet. Gewiß überwiegen dabei zahlenmäß die Ges, die lediglich redaktionelle od marginale Korrekturen gebracht haben. Daneben steht aber eine Reihe von Ges, die Teilmaterien des bürgerl Rechts grdlegd reformiert haben. Außerdem haben sich Änd nicht nur aus Eingriffen des GesGebers ergeben. Ebso wichtig war die Fortbildg des Rechts dch Rspr u Wissensch. Die einz Abschnitte dieses nicht immer gradlinig verlaufenden Änd- u Reformprozesses (Kaiserreich, Weimarer Republik, nat-soz Gewaltherrsch, Nachkriegszeit, Bundesrepublik) können hier nicht nachgezeichnet w. Vergleicht man das heute geltde bürgerl Recht mit den am 1. 1. 1900 in Kraft getretenen Vorschr, sind folgde wesentl Änd hervorzuheben:

a) Das **Familienrecht** ist dch eine Reihe von ReformG (EheGes, GleichberG, NEhelG, AdoptG, 1. EheRG, SorgeRG, UÄndG, s Einl 3 v § 1297) von Grd auf verändert worden. An die Stelle des patriarchalisch gestalteten fr Rechts ist ein neu konzipiertes, auf Gleichberechtigg u Partnersch aufbauendes FamR getreten (Einl 1 v § 1353). Vom ursprüngl Normenbestand des 4. Buches sind nur noch die Vorschr über das Verlöbn, im wesentl das Vormundsch- u PflegschR sowie einige Einzelbestimmgn in Kraft.

b) Im **Vertrags- und Schuldrecht** haben keine derart weitgehdn Eingriffe des GesGebers stattgefunden. Auch das Vertr- u SchuldR hat sich aber in einem langen ÄndProzeß, an dem Rspr u Lehre einers u GesGeber ands im Ergebn etwa gleichen Anteil haben, wesentl gewandelt. Dabei war vor allem § 242 Grdl für die Ausbildg neuer RInstitute u Problemlösgn (s dort). Außerdem sind drei Entwicklgen bes hervorzuheben:

aa) Das BGB hat es versäumt, im VertrR den wirtschaftl **Schwächeren** zu schützen u für ein ausr Maß von VertrGerechtigk zu sorgen. Das hier Versäumte ist dch die Fortentwicklg des VertrR weitgehd nachge-

3

Einleitung

holt worden. Der dch AGB standardisierte Vertr, dh der in der industriellen Massengesellsch typische Vertr, unterliegt nunmehr einer richterl InhKontrolle, deren RGrdl das 1977 in Kraft getretene AGBG ist. Auch die vom GesGeber für den Miet-, Reise-, Fernunterrichts-, Makler- u BauträgerVertr geschaffenen Schutzvorschriften (Einf 3c v § 145), das HausTWG u die Verbessergen des AbzG (AbzG 1a–1d) zeigen, daß aus dem liberalistischen VertrR der Anfangszeit des BGB inzw ein sozialstaatl VertrR geworden ist, wenn auch noch einige Regelgsdefizite bestehen.

bb) Weitgehend umgestaltet worden ist auch das **Deliktsrecht.** Die Rspr hat den Tatbestd des § 823 I dch die Anerkenng des allg PersönlichkR u des Rechts am eingerichteten u ausgeübten GewBetr nicht unwesentl erweitert. Sie hat dch die Herausbildg von VerkPflten unterschiedl Art u Grdl dafür gesorgt, daß mit Hilfe des § 823 völlig neue Problemlagen bewältigt w konnten. Das schwierige Problem der Produkthaftg hat sie dadch gelöst, daß sie iW richterl RFortbildg die BewLast zum Nachteil des Produzenten umgekehrt h (§ 823 Anm 15). Inzw ist auch der GesGeber tät geworden u hat in Vollzug einer EG-Richtlinie in das ProdHaftG erlassen. Hinzu kommen weitere Änd wie etwa die Dchbrechg des § 253 bei Verletzg des allg PersönlichkR, die Erweiterg des Schadensbegriffes (Vorbem 2 v § 249), der Ausbau der Gefährdgshaftg dch SonderGes (§ 276 Anm 10b) u die allg Zulassg von Unterl- u Beseitiggsklagen bei unerl Hdlg (Einf 8 u 9 v § 823) mit dem Ergebn einer weitgehdn Verdränggdes strafrechtl PrivKlVerf. Das geltde DeliktsR ist damit trotz eines nur wenig veränderten Normenbestandes erhebl ausdifferenzierter u sozial ausgewogener als das DeliktsR des Jahres 1900.

cc) Ähnl gilt für das Recht der **Leistungsstörungen** und die SchadErsPfl aus vertragl u vertragsähnl Sonderverbindgen. Die zentrale Kategorie des LeistgsstörgsR ist nicht mehr die Unmöglichk, sond die pVV. Dch die Anerkenng der c. i. c., des Vertr mit Schutzwirkg zGDr, der Eighaftg des VhdlgsGehilfen u weiterer haftgsbegründder VertrauensTatbestde ist das Haftgssystem verfeinert u an die veränderten wirtschaftl u sozialen Verh angepaßt worden.

c) Als wesentl statischer hat sich dagg das **Sachenrecht** erwiesen. Die seit der WeimRV als RGrds anerkannte Sozialbindg des Eigt war nicht dch das PrivR, sond dch das öffR zu konkretisieren u auszugestalten. Als wesentl privrechtl Reformen bleiben die Verbesserg des ErbbR dch die ErbbRVO u das auf eine breitere EigtStreuung abzielde WEG, als Schöpfgen der richterl RFortbildg das SichergsEigt u das AnwR aus bedingter Übereignq.

d) Auch das **Erbrecht** ist von großen Reformen verschont geblieben. Zu erwähnen sind lediql der Abbau übertriebener Förmlichk dch das 1953 wieder in das BGB übernommene TestG, die sich aus dem Güterstd des ZugewAusgl ergebden erbrechtl Auswirkgen u die Änd dch das NEhelG (s Einl 2 v § 1922).

V. Quellen und Normen des Privatrechts

1) Unter **Rechtsquelle** versteht man die Entstehgursachen der RNormen, zugl aber auch die durch die Entstehgursachen gekennzeichneten Erscheingsformen des Rechts. Von diesem Standpkt aus ist das Recht in **gesetztes Recht** u **Gewohnheitsrecht** zu unterteilen. Das BGB bezeichnet beides als Gesetz (Art 2 EGBGB). Als RQuellen des PrivR kommen im einz in Betracht:

a) Das Grundgesetz. Es ist auch für das PrivR die ranghöchste RQuelle. Der GesGeber ist bei der Gestaltg des PrivR an die in Art 1–19 GG niedergelegten GrdR u die Staatszielbestimmgen der Art 20 u 28 GG gebunden. Er hatte zugleich die Verpfl, das vorkonstitutionelle PrivR an die Anfordergen des GG anzupassen. Dieser insb das FamR betreffde Auftr ist dch die familienrechtl ReformGes (Einf IV 2a) inzw erf. Das in den GrdR u den Art 20 u 28 verkörperte Wertsystem ist aber auch für den Ri bei der Anwendg u Fortentwicklg des PrivR bindd. Str ist allerd, ob die GrdR für den priv RVerk unmittelb gelten (sog unmittelb Drittwirkg), od ob sie über die Auslegg u die Generalklauseln in das PrivR einwirken (sog mittelb Drittwirkg). Dieser Streit ist aber mehr theoret Natur. Im prakt Ergebn bestehen zw beiden Ans kaum Unterschiede (s näher § 242 Anm 1c).

b) Gesetze im formellen Sinne sind die von der gesetzgebdn Gewalt des Bundes od der Länder erlassenen RNormen. Sie bedürfen wie alles gesetzte Recht der Verkündg. Das fr BesatzgsR gilt grdsl weiter, unterliegt aber seit dem 5. 5. 1955 mit wenigen Ausn der freien Disposition des dtschen GesGebers (Art 1 I des ÜberleitgsVertr BGBl 55 II 405). **Staatsverträge,** die ordngsmäß ratifiziert u verkündet sind, stehen dem Gesetz im formellen Sinne gleich.

c) Rechtsverordnungen sind die von einer Stelle der Exekutive aufgrund einer gesetzl Ermächtigg erlassenen RNormen. Sie stehen im Rang unter dem Ges, dürfen also nicht gg gesetzl Vorschr verstoßen. Die zugrde liegde Ermächtigg muß nach Inh, Ausmaß u Zweck ausr konkretisiert sein (Art 80 I 2 GG). Im bürgerl Recht ist die RVerordng von im öffR eine RQuelle von untergeordneter Bedeutg. Bsp sind etwa die aGrd von EnergieWG 7 erlassenen AVBGasV u AVBEltV (s AGBG 27 Anm 1).

d) Autonome Satzungen sind die von nichtstaatl Verbänden im Rahmen ihrer Befugn erlassenen RNormen wie etwa Ortsgesetze, Satzgen and öffrechtl Körpersch u Kirchen. Auch der normative Teil von **Tarifverträgen** ist Ges im materiellen Sinn (BAG NJW 85, 1239) u gehört damit begriffl zu den autonomen Satzgen. Keine RNormen sind dagg die Satzgen von Vereinen (§ 25 Anm 1c) u AGB (AGBG 1 Anm 1).

e) Gewohnheitsrecht. Seine Entstehg erfordert eine lang dauernde tatsächl Übg. Hinzukommen muß die Überzeugg der beteiligten VerkKreise, dch die Einhaltg der Übg bestehdes Recht zu befolgen, sog *opinio necessitatis* (s BVerfGE 28, 28, RG 75, 41, BGH 37, 222, BAG Betr 79, 1849). Auch die auf einer irrigen GesAuslegg beruhde Praxis kann unter den angeführten Voraussetzgen zur Bildg von GewohnhR führen (BGH 37, 222). Auf dem Gebiet des bürgerl Rechts kann sich grdsl nur BundesGewohnhR bilden, LandesGewohnhR nur in den dem LandesR vorbehaltenen Materien. Die Geltg von GewohnhR endet wie die von gesetztem Recht dch Erlaß eines abw Ges od dch Bildg von entggstehdem GewohnhR (BGH **1**, 379, **37**, 224). Der Wegfall der RÜberzeugg reicht dagg zum Außerkrafttreten allein nicht aus (aA BGH **44**, 349, krit

Hubmann JuS **68**, 61). Kein GewohnR ist der sog **Gerichtsgebrauch.** Er leitet seine Verbindlichk aus dem gesetzten Recht ab, hat also keine eigenständ normative Geltg. Eine ständ Rspr kann daher auch nach langer Zeit geändert w (Bsp: BGH **59**, 343 zu § 2287), idR sprechen der Gedanke der RSicherh u des Vertrauenschutzes aber für ein Festhalten an der bisherigen REntwicklg (BGH **85**, 66). Ausnw kann eine ständ Rspr auch zu GewohnhR erstarken, wenn sie Ausdr einer allg RÜberzeugg w (BGH NJW **79**, 1983 zur c. i. c., Larenz § 1 I c, Ipsen DVBl **83**, 1029, hM, aA Staud-Coing Rdn 238, 228 f). Dazu genügt aber nicht die Billigg dch die berufl RAnwender; erforderl ist die Anerkenng als bestehdes Recht dch die beteiligten VerkKreise, eine Voraussetzg, die nur selten vorliegen w. Auch in den dch autonome Satzg (oben d) geregelten Materien kann sich GewohnhR bilden. Dieses nur für eine Gemeinde od die Mitgl einer öffrechtl Körpersch geltde GewohnhR bezeichnet man als **Observanz.**

2) Keine Rechtsnormen sind: **a) Verkehrssitte** u Handelsbrauch. Sie sind eine im Verk der beteiligten Kreise herrschde tatsächl Übg (RG **55**, 377, BGH LM § 157 [B] Nr 1), wg Fehlens einer RÜberzeugg aber kein GewohnhR. Gem §§ 157, 242 sind sie bei der Auslegg von RGesch u der Abwicklg von SchuldVerh zu berücksichtigen (s § 133 Anm 5 d). – **b) Technische Normen und berufliche Verhaltensregeln** (Bsp: DIN-Normen, Regeln der ärztl Kunst). Sie haben keine normative Geltg, da sie nicht von einem zur RSetzg befugten Organ erlassen worden sind. Sie können aber dch Verweisen in gesetzl Vorschr mittelb den Rang von RNormen erlangen (s Backherms JuS **80**, 9). Außerdem können sie in Maßstab dafür sein, welche Leistg der Schu konkret zu erbringen hat (§§ 157, 242) od welche SorgfAnfordergen (§ 276 I 2) an ihn zu stellen sind.

3) Von den vielen begriffsjuristisch mögl inhaltl Einteilgen der RNormen (s 39. Aufl Einl IV 2 b u c) ist für das PrivR vor allem die zw **zwingendem** u **nachgiebigem Recht** *(jus cogens u jus dispositivum)* prakt bedeuts. Zwingdes Recht kann von den Part nicht geändert w, nachgiebiges tritt hinter abw PartVereinbg zurück. Diese Unterscheidg ist dch die REntwicklg weiter verfeinert worden. Als **halbzwingendes** Recht bezeichnet man SchutzVorschr zG einer VertrPart, die nicht zu deren Nachteil, wohl aber zu deren Vorteil abgeändert w dürfen (Bsp: §§ 537 III, 554 II Nr 3, 651 h, HausTWG 5 III). Seit dem Inkrafttreten des AGBG ist ein Teil des nachgiebigen Rechts einer Änd dch AGB entzogen (AGBG 9–11). Innerhalb des nachgiebigen Rechts muß daher unterschieden w zw RNormen, die nicht dch AGB, sond nur dch IndVereinbg geändert w können, u solchen, die auch zur Disposition des AGB-Verwders stehen. Für die einer Änd dch AGB entzogenen **„klauselfesten"** RNormen hat sich noch keine allg anerkannte Bezeichnung dchgesetzt.

VI. Anwendung und Auslegung des Privatrechts

Schrifttum (Auswahl): Larenz, Methodenlehre der RWissensch, 5. Aufl 1983; Säcker in MüKo Einl Rdn 60 ff.

1) Seit dem Inkrafttreten des BGB hat sich mit dem Inh des PrivR auch die Methode seiner Anwendg u Auslegg gewandelt.

a) Bei Inkrafttreten des BGB war die im 19. Jhdt entstandene sog **Begriffsjurisprudenz** die noch herrschde jurist Methode (bekannteste Vertreter: Savigny, Windscheid). Ihre Anhänger waren der Ans, daß sich aus dem vorhandenen Normenbestand ein lückenloses System von RBegriffen entwickeln lasse. Die Ausdifferenzierg der Begriffe u ihre Zusammenfassg zu einem geschlossenen System wurde als ein rein logisch-formaler Proz verstanden, den man von Wertgen weitgehd frei zu halten sei. Dem so erarbeiteten System von RBegriffen sei für jeden denkb Konflikt eine Lösg zu entnehmen. Der RAnwder brauche den Lebensvorgang nur unter die einschlägigen RBegriffe zu subsumieren (s näher Larenz MethodenL S 20 ff).

b) Gg die Begriffsjurisprudenz wandte sich schon im 2. Jahrzehnt nach dem Inkrafttreten des BGB die **Interessenjurisprudenz** (Hauptvertreter: Heck, Müller-Erzbach). Sie ging im Anschluß an Jhering davon aus, daß jede RNorm die Entscheidg über einen Interessenkonflikt enthalte. Der RAnwder müsse daher zunächst ermitteln, welche Interessen sich in dem zu beurteilden Fall ggüberstünden. Danach habe er zu prüfen, ob u ggf wie das Ges den Interessenkonflikt entschieden habe. Fehle eine einschlägige Norm, müsse er die Entscheidg danach ausrichten, wie das Ges die Interessen in ähnl Fällen ggeinander abgewogen habe (s näher Heck AcP **112**, 1 u Begriffsbildg u Interessenjurisprudenz, 1932).

c) Seit etwa 20 Jahren bekennt sich der überwiegende Teil des privrechtl Schriftt zur **Wertungsjurisprudenz** (Hauptvertreter wohl: Larenz, Coing, Canaris). Die Anhänger dieser Interpretationstheorie vertreten kein einheitl Konzept, stimmen aber in wesentl Grundthesen überein. Sie gehen davon aus, daß die Tätigk des GesGebers u RAnwders letztl werder Natur sei. Jeder, auch der sog best RBegriff sei Ausdr einer Wertg u zumindest in seinen Randzonen unscharf. Bei der Auslegg sei auf die der betreffden Norm u der ROrdng zugrde liegden WertEntsch abzustellen. Sow das Ges Lücken enthalte, habe sie der Richter nach den Wertmaßstäben zu schließen, die in der GesROrdng, insb im GG, vorgegeben seien (s näher Larenz MethodenL S 128 ff).

d) Gg die überkommenen Interpretationstheorien wendet sich eine neue methodolog Richtg, die hier als **kritische Jurisprudenz** bezeichnet w soll. Die Anhänger dieser Richtg (Hauptvertreter: Esser, Säcker) stimmen – trotz mancher Unterschiede in ihren Positionen – darin überein, daß die überkommenen Methoden der GesAuslegg weitgehd wertlos seien u den wirkl Proz der RFindg nur verschleierten. Ein jurist Text gebe nicht mehr an Problemlösgen her, als der GesGeber in ihn hineingetan habe. Was dch Auslegg zusätzl aus ihm abgeleitet w, beruhe in Wahrh auf einer autonomen Dezision des RAnwenders (MüKo/Säcker Rdn 84). Der Richter finde das von ihm für sachgerecht gehaltene Ergebn ohne Rückgriff auf die ggeinand austauschb Methoden der GesAuslegg. Auf diese beziehe er sich nur, um die Verträglichk der bereits gefundenen Entsch mit dem pos RSystem nachzuweisen (Esser, Vorverständn u Methodenwahl, 2. Aufl, 1972, insb S 124 ff). Sow dem Ges keine eindeut Problemlösg zu entnehmen sei, sei eine sorgf u verant-

Einleitung

wortgsbewußte Diskussion darü notw, welche EntschAlternative am vernünftigsten u sachgerechtesten sei u sich am besten in die bestehden normat WertEntsch einfüge (MüKo/Säcker Rdn 87).

e) Die aus den USA rezipierte **ökonomische Analyse des Rechts** versucht, das Recht – ausgehd von den Bdggen der Marktwirtsch – nach ökonomischen Prinzipien zu erklären u zu entwickeln (LitAuswahl: Schäfer/Ott, Lehrbuch der ökonomischen Analyse des ZivilR, 1986; JZ **88**, 213; Lehmann Bürgerl R u HandelsR, 1983; Assmann/Kirchner/Schanze, Ökonomische Analyse des Rechts, 1978; krit Horn AcP **186**, 307; Fezer JZ **86**, 817, **88**, 223). Ihre Anhänger halten – bei vielen Unterschieden in Grundsatz- u Einzelfragen – die „optimale Allokation von Ressourcen" für ein Hauptziel der RAnwendg u Gestaltg. Die „sozialen Kosten" sollen richtig „internalisiert", die „Transaktionskosten minimiert" u alle wirtschaftl Ressourcen optimal genutzt w. Im Zweifel ist der ökonomisch effizienteste Lösgsweg auch der rechtl richtige. Die anzustrebde gesamtwirtschaftl Effizienz dient zugl dem Gemeinwohl. Teilw wird die ökonomische Analyse als eine universelle Theorie des Rechts aufgefaßt, deren GeltgsAnspr sich auch auf das Fam- u StrafR erstreckt (so etwa Schäfer/Ott). And sehen in der ökonomischen Analyse dagg ein Hilfsmittel, um in dem dch die Wertgsjurisprudenz vorgegebenen Rahmen bei best RProblemen (Umweltschutz, Haftg für Unfallschäden, Zuordng von Risiken) angem Lösgen zu entwickeln.

2) In Übereinstimmung mit der Rspr ist grdsl der **Wertungsjurisprudenz zu folgen. – a)** Ihre These, daß die RAnwendg eine ausschließl wertde Tätigk sei, bedarf allerd einer **Einschränkung.** Zur Feststellg, daß ein Auto eine bewegl Sache ist, eine blutde Wunde eine Körperverletzg, eine dringde Zahlgsauffordergeine Mahng, genügt eine einfache Subsumtion. Hier kann, weil es keinerlei Beurteilgsalternativen gibt, von einer Wertg nicht gesprochen w. Sie w idR erst dann erforderl, wenn es bei der Subsumtion nicht mehr um den festen Kern des RBegriffs, sond um dessen Randzonen geht. Bei der Wertg ist auf die der RNorm u GesROrdng zugrde liegden WertEntsch abzustellen. Im Bereich des VermögensR ist auch der Gesichtspunkt der ökonomischen Rationalität u Effizienz zu berücksichtigen. Der von der ökonomischen Analyse erhobene AusschließlichkAnspr ist abzulehnen. – **b)** Der krit Jurisprudenz ist zuzugeben, daß sich aus dem Ges, auch wenn man es mit den Methoden der Wertgsjurisprudenz anwendet u fortentwickelt, nicht für jede RFrage eine eindeutig richtige Lösg ableiten läßt. Bei vielen Problemen bleibt ein **„Beurteilungsspielraum"** (s unten 3 c). Das ist aber kein Grd, die Wertgsjurisprudenz u ihre Ausleggsmethodik im ganzen zu verwerfen. Sie ist ein bewährtes System der Normanreicherg u führt in einer Vielzahl von Fällen zu sachgerechten u allseits gebilligten Ergebn.

3) Auslegung. a) Ein Ges auslegen heißt, seinen Sinn erforschen. Dabei kommt es nicht auf den subj Willen des historischen Gesetzgebers an. Er läßt sich idR auch gar nicht feststellen od ist dch das Änd der LebensVerh bald überholt. Maßgebd ist der im GesWortlaut objektivierte Wille des GesGebers, sog **objektive Theorie** (BVerfGE 1, 312, **10**, 244, **62**, 45, BGH **46**, 76, **49**, 223, and die auf den Willen des histor GesGebers abstellde subj Theorie, s zuletzt Hassold ZZP **94**, 192 u FS Larenz, 1983, S 211). Dabei ist nach dem RGedanken des § 133 nicht am buchstäbl Ausdr zu haften, sond auf den Sinn der Norm abzustellen (BGH **2**, 184, **13**, 30, **LM** § 133 (D) Nr 2). Es ist davon auszugehen, daß das Ges eine zweckmäß, vernünft u gerechte Regelg treffen will (RG **74**, 72).

b) Auslegungsmethoden. Maßgebd für die Auslegg einer RNorm sind der Wortsinn, der Bedeutgszushang, die Entstehgsgeschichte u der Zweck der Norm. – **aa)** Ausgangspkt der Auslegg ist der Wortbedeutg (BGH **46**, 76, Hamm OLGZ **82**, 483), sog **sprachlich-grammatikalische Auslegung.** Enthält das Ges für den Ausdr eine gesetzl Festlegg (zB § 121 I „unverzügl"; § 122 II „kennen müssen"), ist diese maßgebd. Sonst gilt für jurist FachAusdr der Sprachgebrauch der Juristen, iü der allg Sprachgebrauch. Ein eindeut Wortsinn, der allerd dch Auslegg festgestellt w muß, ist grdsl bindd (BGH **46**, 76). Von ihm darf nur abgewichen w, wenn der GesZweck eine abw Auslegg nicht nur nahelegt, sond gebietet (RG 149, 238, BGH **2**, 184). – **bb)** Die Auslegg nach dem BedeutgsZushang, sog **systematische Auslegung,** geht von der Einsicht aus, daß der einzelne RSatz im GesZushang der ROrdng zu verstehen ist. Auch für die systemat Auslegg gilt, daß ein aus ihr gewonnenes eindeut Ergebn grdsl bindd ist. Abgewichen w darf nur, wenn, was nachgewiesen w muß, die ratio legis dies erfordert. Ein Unterfall der systemat Auslegg ist die **verfassungskonforme Auslegung,** deren Hauptanwendgsfeld jedoch das öffR ist. Von mehreren Ausleggsmöglichk hat diej den Vorrang, die der RNorm mit der Verf im Einklang steht (BVerfGE **2**, 282, **8**, 77, **36**, 135, stRspr). – **cc)** Die **Entstehungsgeschichte** ist vor allem für die Ermittlg des GesZwecks von Bedeutg (BGH **46**, 80, **62**, 350). Für die Entscheidg von konkreten Ausleggsproblemen ist sie idR unergieb; das Problem ist entweder nicht gesehen od Rspr u Lehre überlassen worden. Findet sich in den Materialien eine ausdr Stellgnahme, ist diese nicht bindd (s oben a), sie verdeutlicht aber insow den GesZweck u w daher idR zu befolgen sein.

c) Entscheidd für das Ausleggsergebn ist grdsl die **teleologische Auslegung,** die sich am GesZweck (*ratio legis*) orientiert. Der BGH bezeichnet sie als Auslegg nach dem Sinn u Zweck des Ges (BGH **2**, 184, **18**, 49, **54**, 268, **78**, 265, **87**, 383). Für sie besteht ggü den and Ausleggsmethoden ein Primat (Staud-Coing Rdn 195, MüKo/Säcker Rdn 117). Zur *ratio legis* gehören die mit der konkreten Norm verfolgten Zwecke. Sie w aber zugl dch allg Zweckmäßigk- u GerechtigkErwäggen mitbestimmt. Die Norm ist als Teil einer gerechten u zweckmäß Ordng zu verstehen. Bei ernsthaften Zweifeln sind die Ausleggsalternativen u ihre prakt Konsequenzen herauszuarbeiten; sodann ist sorgf ggeinand abzuwägen, welcher der Alternativen am zweckmäßigsten u gerechtesten ist u sich am besten in den GesZushang der ROrdng einfügt (s BGH **56**, 33, **57**, 248, **80**, 338, **82**, 185). Diese Abwägg führt häufig nicht zu einem eindeut Ergebn idS, daß eine Ausleggsmöglichk richt u die falsch sind. Oft muß von mehreren vertretb Alternativen eine als die sachgerechteste od plausibelste ausgewählt w. Die insow notw Problematisierg u Abwägg weist Parallelen zum topischen Denken auf (s dazu Viehweg, Topik u Jurisprudenz, 5. Aufl 1974 u krit Staud-Coing Rdn 170, Larenz MethodenL S 138). Wahrschein list der hier fragl EntschProz aber nicht mehr Wissensch, sond *ars aequi et boni* (s Gröschner JZ **83**, 944). Man mag in diesem Zushang auch von einer richterl Dezision sprechen (so MüKo/Säcker Rdn 93). Der Richter hat sich aber nicht an seinen subj Gerechtigk- u ZweckmäßigkVorstellgen od Vorverständn zu orientieren, sond muß auf die in der ROrdng, insb der Verf, verwirklichten WertEntsch abstellen. Daß das leistb ist, zeigt die höchstricherl Rspr der letzten drei Jahrzehnte. Gibt es zu dem Problem eine ständ Rspr, sind bei der Abwägg der Gedanke der RSicherh u des Vertrauensschutzes mitzuberücksichtigen (BGH **85**, 66, **87**, 155, **106**, 37); sie sprechen iZw für ein Festhalten an der bisherigen REntwicklg (BGH aaO, krit Köhler JR **84**, 45).

d) Zur herkömml jurist Methode gehört eine Anzahl von **Argumentationsformen**. Dabei handelt es sich zT um Ggsatzpaare (Bsp: extensive u restriktive Auslegg; Analogie u Umkehrschluß). Die Entsch für das Argumentationsmuster legt damit das AusleggsErgebn fest; sie ist nach der *ratio legis* zu treffen (s oben c). An Argumentationsmustern sind zu nennen: **aa) Extensive und restriktive Auslegung.** Sie betrifft den Fall, daß der Wortsinn mehrere Deutgen zuläßt. Die extensive Auslegg entscheidet sich für die weite, die restriktive für die enge Wortbedeutg (Bsp: Auslegg des Begriffs Dritter iSd § 123, s dort Anm 2f). – **bb) Analogie** ist die Übertragg der für einen od mehrere best Tatbestd im Ges vorgesehenen Regel auf einen and, aber rechtsähnl Tatbestd. Sie überschreitet die Grenze des mögl Wortsinnes, die für die eigentl Auslegg eine (allerdings nicht immer streng beachtete) Schranke darstellt (BGH **46**, 76, NJW **88**, 2109). Man unterscheidet die Einzelanalogie, bei der die RFolge einer Norm auf einen „vergleichb" Fall (BGH **105**, 143) übertragen w (Bsp: Anwendg des § 463 auf die argl Vorspiegelg einer Eigensch, dort Anm 3a cc) u die RAnalogie, bei der aus mehreren RSätzen ein übergeordnetes Prinzip herausgearbeitet u sodann auf ähnl gelagerte Fälle angewendet w (Bsp: analoge Anwendg der Grds über Unmöglichk u Verzug auf die pVV). Im StrafR ist eine Analogie zum Nachteil des Täters verboten (StGB 1); auch im SteuerR ist eine Analogie zu Lasten des Bürgers grdsl unzul (BVerfG NJW **85**, 1891, Offerhaus BB **84**, 993). – **cc) Teleologische Reduktion.** Sie hat ebenso wie die restriktive Auslegg das Ziel, den Anwendgsbereich einer RNorm einzuschränken. Währd die restriktive Auslegg sich unter mehreren mögl Wortbedeutgen für die engere entscheidet, setzt sich die teleolog Reduktion mit dem Wortlaut in Widerspr. Die Norm w nicht angewandt, obwohl sie ihrem Wortlaut nach zutrifft. Restriktive Auslegg u teleolog Reduktion verhalten sich damit ebso zueinand wie extensive Auslegg und Analogie (Bsp: Einschränkg des Verbots des Selbstkontrahierens in best Fallgruppen, s § 181 Anm 4). – **dd)** Der **Umkehrschluß** ist das Ggstück zur Analogie. Er besagt: Weil das Gesetz die RFolge an einen best Tatbestd geknüpft hat, gilt diese für and Tatbestde auch dann nicht, wenn diese ähnl liegen. Der Umkehrschluß ist nur dann berecht, wenn er mit dem GesZweck im Einklang steht, nach der *ratio legis* also anzunehmen ist, daß die vorgesehene RFolge auf ähnl Fälle nicht übertragen w soll (Bsp: Umkehrschluß aus § 284 II 2, dort Anm 4a). – **ee) argumentum a majore ad minus** (arg a fortiori). Es handelt sich um das „erst recht" Argument. Wenn die RFolge bei dem Tatbestd T₁ gilt, dann muß sie „erst recht" für den ähnl Tatbestd T₂ gelten, da auf ihn der GesZweck in noch stärkerem Maße zutrifft (Bsp: BGH **6**, 290: Ausdehng der EntschädiggsPfl für Enteign auf den rechtsw enteigngsgleichen Eingriff). – **ff) argumentum ad absurdum.** Es ist anwendb, wenn bei der teleolog Auslegg mehrere Ausleggsmöglich ggeinand abzuwägen sind (oben c). Es zeigt auf, daß eine Ausleggsalternative zu unhaltb Ergebn führt u daher mit der auf eine sinnvolle Ordng abzielen *ratio legis* nicht vereinb ist (Bsp: BGH **56**, 171). – **gg)** Von **Ausnahmevorschriften** w behauptet, sie seien eng auszulegen u keiner Analogie fähig (RG **153**, 23, BGH **2**, 244, **11**, 143, NJW **89**, 461). Das trifft in dieser Allgemeinh jedoch nicht zu. In den Grenzen ihres GesZweckes ist auch bei AusnVorschr eine erweiterte Auslegg od Analogie statthaft (BGH **26**, 83, BAG NJW **69**, 75, Ffm BB **82**, 515, Hamm OLGZ **86**, 17).

4) Rechtsfortbildung. a) Seit der Überwindg der Begriffsjurisprudenz (oben 1a) besteht allg Einverständn darü, daß der Richter zur RFortbildg berecht ist (BVerfGE **34**, 287, BGH **4**, 158). Kein GesGeber kann alle künft Fälle vorausschauen. Jedes Ges ist wg der Vielgestaltigk der LebensVerh u ihres ständ Wandels notw lückenh. Ands darf der Richter eine Entsch nicht mit der Begründg verweigern, das Ges enthalte für den zu entscheiden Fall keine Regelg. Die RFortbildg ist damit nicht nur Recht, sond zugl **Pflicht des Richters.** Sie dient der Ausfüllg von GesLücken (b), ist aber darauf nicht beschränkt (c).

b) Ausfüllung von Gesetzlücken. aa) Eine **Lücke** im Ges liegt nicht schon vor, wenn es für eine best Fallgestaltg keine Regelg enthält (Bsp: Fehlen von Vorschr über den GeschwisterUnterh, über das ErbR von geschiedenen Eheg). Sie ist nur bei einer „planwidr Unvollständigk" gegeben (Larenz MethodenL S 358, BGH **65**, 302, NJW **81**, 1726, NJW **88**, 2110). Dabei muß der Ges zugrde liegde Regelgsplan iW historischer u teleologischer Auslegg ermittelt w. Die Regelgslücke kann von Anfang an bestanden haben. Hier sind zwei Unterarten zu unterscheiden, die bewußte u die unbewußte Regelgslücke. Die erste liegt vor, wenn der GesGeber eine Frage offen gelassen hat, um sie der Entsch dch Rspr u Lehre zu überlassen (Bsp: Grds der VorteilsAusgl), die zweite, wenn der GesGeber ein regelgsbedürft Problem übersehen hat (Bsp: pVV). Nachträgl Lücken können dch wirtschaftl od techn Änderngen entstehen (Bsp: BGH **17**, 266: UrhR an Werken der Tonkunst u Übertragg auf Tonband). Eine solche kann aber auch dann zu bejahen sein, wenn das Recht zwar formell eine Regelg enthält, diese aber wg einer wesentl Änd der Verh offensichtl nicht sachgerecht ist (Bsp: Abw vom Grds *pacta sunt servanda* dch Ausbildg der Grds über den Wegfall der GeschGrdl währd der Inflation 1920–1923). – **bb)** Die **Ausfüllung** der Regelgslücke muß entspr den fundierten allg GerechtigkVorstellgn in möglichst enger Anlehng an das geltde Recht vorgenommen w (BVerfGE **37**, 81, Mü OLGZ **83**, 343). Sie geschieht idR dch die Analogie (oben 3d bb). Besteht die Lücke darin, daß eine einschränkde Norm fehlt, ist sie dch teleologische Reduktion (oben 3d cc) zu beseitigen. Unter Umständen kann auch eine Ausbildg neuer RGrds, etwa aGrd des § 242, der sachgerechte Weg der RFortbildg sein. Lückenausfüllg u teleolog Auslegg ähneln einand u gehen ineinand über. Der vor neue Fragen gestellte Richter weiß idR nicht u braucht auch nicht zu wissen, ob das Problem dch Auslegg od dch RFortbildg zu lösen ist. Der bei der Lückenausfüllg häufig auftretde Fall, daß mehrere Entscheidgsalternativen vertretb sind, ist ebso zu behandeln wie der entspr Fall bei der Auslegg (s oben 3c).

c) Die Kompetenz des Richters zur RFortbildg ist nicht auf den Fall der Lückenausfüllg beschränkt. Er darf das Gesetz im Rahmen der ratio legis u der Wertentscheidgen des GG auch ohne konkreten Nachw einer Regelgslücke ausdifferenzieren u ergänzen, sofern er die Notwendigk der RFortbildg dartut, sich nicht zu Entscheidungen des Gesetzgebers in Widerspruch setzt u die sich aus dem Wertsystem des GG ergebden Anfordergen berücksichtigt (BVerfGE 49, 319). Bsp für eine solche RFortbildg sind etwa die RGrds über die AnschVollm, den Vertr mit Schutzwirkg zGDr, über die Einschränkg der Nichtigk bei vollzogenen Gesellsch- od ArbVertr u der normat SchadBegriff. Dagg ist eine richterl RFortbildg contra legem wg der Bindg des Richters an Ges u Recht (Art 20 III GG) grdsl ausgeschl (s BVerfG 47, 82, NJW 84, 475). Sie scheidet auch dann aus, wenn der GesGeber eine gesetzl Neuregelg vorbereitet (BGH VRS 61 Nr 85). Sie muß zurückgenommen w, wenn sich aus einer gesetzl Neuregelg ergibt, daß der GesGeber best RsprErgebn ausdr abgelehnt hat (BGH 88, 299). Der Richter darf sich über ein Ges nicht schon deshalb hinwegsetzen, weil es reformbedürft od nicht sachgerecht erscheint. Hierzu ist er nur befugt, wenn die gesetzl Regelg mit der GesROrdng, insb mit dem Wertsystem des GG, unvereinb ist (Soergel-Hefermehl § 133 Anh Rdn 15, ähnl BVerfGE 34, 286ff, BGH 4, 158, Larenz MethodenL S 402ff).

Erster Abschnitt. Personen

Überblick

1) Das BGB unterscheidet natürl (§§ 1ff) u jur Pers (§§ 21ff). Den Oberbegriff **Person** versteht es nicht im rechtsethischen sond in einem rechtstechnischen Sinn: Pers sind Subjekte von Rechten u Pflten. Das für den PersBegriff des BGB entscheidde Merkmal ist damit die **Rechtsfähigkeit,** dh die Fähigk, Träger von Rechten u Pflten zu sein (ganz hM, abw MüKo/Gitter § 1 Rdn 5, der die RFgk als die Fähigk zu rechtserhebl Verhalten definiert). Bei den natürl Pers geht das BGB als selbstverständl davon aus, daß jeder Mensch ohne Rücks auf Stand, Geschlecht od Staatsangehörigk rechtsfäh ist. Darin kommt richtig zum Ausdr, daß die RFgk dem Menschen nicht vom GesGeber verliehen w, sond dem Ges vorgegeben ist. Nicht so ist es dagg bei den jur Pers. Sie sind eine Zweckschöpfg des Ges (s Einf 1 v § 21); ihre RFgk beruht ausschließl auf der Anerkenng dch die ROrdng. Obwohl der BGB-GesGeber die Begriffe „rechtsfäh – nichtrechtsfäh" als ein sich ausschließdes GgsPaar angesehen hat, besteht heute Einverständn darü, daß es als Zwischenform die **Teilrechtsfähigkeit** gibt (Fabricius, Relativität der RFgk, 1963, Staud-Coing Rdn 3). Teilrechtsfäh (beschr rechtsfäh) im jeweils unterschiedl Umfang sind der *nasciturus* (§ 1 Anm 3), die PersGesellsch des HandelsR (Anm 3) u der nichtrechtsfäh Verein (§ 54 Anm 2a).

2) Besondere Rechtsfähigkeit, Handlungsfähigkeit. – a) Der Grds, daß alle Pers rechtsfäh sind, bedeutet nicht, daß jedermann jede Art von Rechten haben kann. Eine Anzahl von RStellgen setzt ein best Alter (§ 2 Anm 2), ein best Geschlecht (§ 1 Anm 4) od sonst bes Merkmale voraus. Von der allg RFgk ist daher die **besondere Rechtsfähigkeit** im Hinbl auf den Erwerb von best EinzelR zu unterscheiden. Für das Recht des rechtsgeschäftl Verk (SchuldR, SachenR, HandelsR) ist aber der Zugang aller Pers zu allen RInstitutionen die Regel. Ausn gelten nur, sow sie ausdr angeordnet sind. – **b)** Von der RFgk zu unterscheiden ist die **Handlungsfähigkeit** (Einf 1 v § 104), dh die Fähigk, dch eig Handeln RWirkgen hervorzurufen. Sie umfaßt die GeschFgk (§§ 104ff), die DeliktsFgk (§§ 827f) u die Verantwortlichk für die Verletzg von Verbindlichk (§ 276 I 3).

3) Der RFgk entspr im **Prozeßrecht** die **Parteifähigkeit** (ZPO 50 I). Neben den natürl u jur Pers sind aber auch einige nichtrechtsfäh PersZusSchlüsse partfäh u damit in Wahrh teilrechtsfäh (Anm 1). Das gilt für die OHG und KG (HGB 124, 161 II), Gewerksch (BGH 50, 325), polit Part (PartG 3) u zumindest im Rahmen des ZPO 50 II für den nichtrechtsfäh Verein (§ 54 Anm 5).

4) Weitgehd vernachlässigt hat der BGB-GesGeber den **Schutz der Persönlichkeitsrechte.** Er hat kein allg PersönlichR anerkannt, sond dch Einzelbestimmgen (§§ 823, 824, 12) nur best Teilbereiche der Persönlich Sphäre (Leben, Körper, Gesundh, Freih, geschäftl Ehre, NamensR) unter Schutz gestellt. Die insow bestehde Lücke ist aber von der Rspr iW richterl RFortbildg geschlossen w. Sie hat aus GG 1 u 2 ein allg PersönlichR abgeleitet u ihm in verfassgskonformer Anwendg des BGB den Schutz eines absoluten Rechts zuerkannt (BGH **13,** 338, § 823 Anm 14). Das PersönlichR wirkt nach dem Tode seines Trägers weiter (BGH **50,** 136, § 823 Anm 14 B e). Auch die jur Pers genießen im Rahmen ihrer Zweckbestimmg PersönlichSchutz (§ 823 Anm 14 Bf).

Erster Titel. Natürliche Personen

1 *Beginn der Rechtsfähigkeit.* Die Rechtsfähigkeit des Menschen beginnt mit der Vollendung der Geburt.

1) Beginn der Rechtsfähigkeit. a) Alle natürl Pers (Menschen) sind ohne Rücks auf Staatsangehörigk, Geschlecht od Herkunft **rechtsfähig** (Begriff s Übbl 1). Die RFgk kann dem Menschen dch behördl od gerichtl Entsch nicht aberkannt w; sie kann auch nicht dch eine VerzErkl ihres Trägers aufgehoben od beschränkt w. Sow ausl Recht natürl Pers (Sklaven) die RFgk vorenthält, ist es gem EGBGB 6 im Inland nicht zu beachten. – **b)** Die RFgk des Menschen **beginnt** mit der Vollendg der **Geburt.** Das StrafR stellt dagg auf den Beginn der Geburt ab (StGB 217, s dazu BGH NJW **83,** 2097). Vollendet ist die Geburt mit dem völl Austritt aus dem Mutterleib; die Lösg der Nabelschnur ist nicht erforderl (Mot I 8f). Das Kind muß bei der Vollendg der Geburt leben, mag auch gleich danach der Tod eintreten. Eine Lebendgeburt liegt vor, wenn nach der Trennung vom Mutterleib das Herz geschlagen, die Nabelschnur pulsiert od die natürl Lungenatmg eingesetzt hat (so VO PersStG 29). Es genügt aber auch, daß eine and sichere Lebensfunktion (etwa Hirnströme) nachgewiesen w (MüKo/Gitter Rdn 13, str). Lebensfähigk ist nicht erforderl (LSG Nds

NJW **87**, 2328, allgM). Mißbildgen stehen selbstverständl der RFgk nicht entgg. Die **Beweislast** für die Tats einer (lebden) Geburt sowie für die Reihenfolge mehrerer Geburten hat, wer daraus Rechte herleiten will. Der Bew w dch PStG 60, 21 erleichtert; danach wird dch die Eintragg im Geburtenbuch die Tats der Lebendgeburt bewiesen; der GgBew ist jedoch zul.

2) Ende der Rechtsfähigkeit. a) Die RFgk endet mit dem **Tod.** Den bürgerl Tod, etwa dch Eintritt in ein Kloster, kennt das BGB nicht. Die Frage, **wann** der Tod eingetreten ist, hat der GesGeber als medizinisch naturwissenschaftl feststeht u daher nicht regelsbedürft angesehen. Die Fortschritte der Medizin (Reanimation, Herz-Lungenmaschinen usw) haben aber dazu geführt, daß die Grenze zw Leben u Tod flüssig geworden ist. Es steht heute fest, daß der Tod kein punktuelles Ereign, sond ein Proz ist. Die fr vertretene Ans, der Tod trete mit dem Herz- u Atemstillstand ein, ist überholt; nach dem jetzigen Stand der Medizin sind die Hirnfunktionen entscheidd: Der Mensch ist tot, wenn keine Hirnströme mehr feststellb sind (MüKo/Gitter Rdn 16). Zu den Kriterien des Hirntods s Schreiber JZ **83**, 593, Laufs, ArztR, Rdn 179ff, Zur RLage der **Leiche** s Übbl 4b v § 90. – **b)** Die **Todeserklärung** nach dem VerschG hat auf die RFgk keinen Einfluß. Sie begründet lediql die widerlegb Vermutg, daß der Verschollene in dem im Beschluß festgestellten Ztpkt gestorben ist (VerschG 9).

3) Rechtsstellung der Leibesfrucht und des noch nicht Erzeugten. a) Die erzeugte, aber noch ungeborene **Leibesfrucht** *(nasciturus)* ist nach der Definition des § 1 nicht rechtsfäh, wird aber dch eine Reihe von SonderVorschr geschützt, die iW der Einzel- od RAnalogie auf rechtsähnl Fälle ausgedehnt w können. – **aa)** Die Leibesfrucht ist erbfähig (§ 1923 II), wird als „anderer" iSd § 823 I gg vorgeburtl Schädiggen geschützt (Vorbem 5 B n v § 249), hat iF der Tötg ihres UnterhPflichtigen ErsAnspr (§ 844 II) u kann dch einen Vertr zGDr (§ 331 II) od mit Schutzwirkg zGDr begünstigt w (BGH NJW **71**, 242, § 328 Anm 3d). Sie kann bereits einbenannt w (Karlsr OLGZ **75**, 77), dagg ist eine pränatale EhelichkErkl ausgeschl (KG NJW **84**, 876). Vgl ferner §§ 1615o I, 1963, 2141. Das Leben der Leibesfrucht steht unter dem Schutz der Verfassg (BVerfG NJW **75**, 575 zu StGB 218), u zwar grdsl auch im Verhältn zur Mu (Coester-Waltjen NJW **85**, 2176, Mittenzwei AcP **187**, 272). Sie wird im UnfallVersR geschützt (BVerfG NJW **78**, 207, s jetzt RVO 555a) u im BVersG (BSG NJW **63**, 1079). Der *nasciturus* kann Vertriebener iSd LAG (BVerwG **14**, 43) u Verfolgter iSd BEG sein (BGH FamRZ **68**, 250). – **bb)** Die ROrdng erkennt der Leibesfrucht damit prakt eine **beschränkte Rechtsfähigkeit** zu (Fabricius iVe Übbl 1 v § 1 S 111, MüKo/Gitter Rdn 26). Sie ist zur Geltendmachg ihrer Rechte auch parteifäh. Für sie handeln die Eltern od ein Pfleger (§ 1912). Voraussetzg für einen endgült RErwerb ist aber die spätere Geburt. – **b)** Dem noch **nicht Erzeugten** *(nondum concepti)* können dch Vertr zGDr (§ 331 II), Einsetzg als Nacherbe (§§ 2101, 2106 II, 2109 I) od Vermächtn (§§ 2162, 2178) Rechte zugewendet w. Auch die Eintragg einer Hyp für ihn ist mögl (RG **61**, 356, **65**, 277), dagg ist er im UnfallVersR nicht geschützt (BSozG NJW **86**, 1568, BVerfG **87**, FamRZ **87**, 899). Die Rechte nimmt, sow erforderl, ein gem § 1913 zu bestellber Pfleger wahr. – **c) Zeitpunkt der Erzeugung** ist die Einnistg des Eies in die Gebärmutter. Das gilt auch für die in-vitro-Fertilisation (Soergel-Fahse Rdn 27), obwohl das menschl Leben bereits mit der extrakorporalen Befruchtg beginnt (Coester-Waltjen, Gutachten zum 56. DJT, B 103).

4) Geschlecht. a) Rechtl bedeuts ist vielf das **Geschlecht** des Menschen. Die geschlechtl Zuordng bestimmt sich nach der äußeren körperl Beschaffenh, insb nach den äußeren Geschlechtsmerkmalen, nicht nach der seelischen Einstellg (KG NJW **65**, 1084, Ffm NJW **76**, 1800). Bei Zwittern ist das überwiegde Geschlecht entscheidd; bei ihnen kann in Grenzfällen auch die psychische Einstellg berücksichtigt w (s KG aaO, LG Frankenthal FamRZ **76**, 214). Überwiegt kein Geschlecht, können RNormen, die ein best Geschlecht voraussetzen, nicht angewandt w (KG JW **31**, 1495). – **b)** Eine nachträgl **Änderung der Geschlechtszugehörigkeit** ist nach den Erkenntn der modernen Medizin mögl u auch von der ROrdng anzuerkennen (BVerfG NJW **79**, 595 gg BGH **57**, 63). Dem trägt das am 1. 1. 1981 in Kraft getretene TranssexuellenG (BGBl 1654) Rechng (s dazu Sigusch NJW **80**, 2740, Wille/Kröhn/Eicher FamRZ **81**, 418). Danach wird die Geschlechtsumwandlg dch Beschl des AmtsG im FGGVerf festgestellt (§ 9). Der AntrSt muß unverheiratet u dauernd fortpflanzunsfäh sein (s zum fr R Hbg OLGZ **80**, 431, 43). Die Fortpflanzsunfähig ist auch dann unverzichtb, wenn die zu ihrer Herstellg erforderl Operation für den AntrSt mit erhebl Risiken verbunden ist (Hamm FamRZ **83**, 413). Das vom Ges festgelegte Mindestalter von 25 Jahren hat das BVerfG (NJW **82**, 2061) für verfassgswidr erklärt. Die Feststellg der Geschlechtsumwandlg setzt weiter voraus, daß ein irreversibler Fall von Transsexualismus vorliegt u eine geschlechtsanpassde Operation dchgeführt worden ist (§ 8 iVm § 1). Sie läßt das RVerh des AntrSt zu seinen Eltern u seinen Kindern unberührt (§ 11). Der Beschl ist auch dann wirks, wenn eine AntrVoraussetzg fehlt. Ergeht er iF eines verheirateten AntrStellers, besteht dessen Ehe aber weiter. – Das Ges sieht daneben eine sog „kleine Lösg" vor. Wenn der AntrSt 25 Jahre alt ist, drei Jahre als Transsexueller gelebt hat u eine Änd seiner transsexuellen Prägg nicht mehr zu erwarten ist, kann er beim AmtsG eine Änd seines Vornamens beantragen (§ 1). Die Änd des Vornamens läßt die Zugehörig zu dem im Geburtseintrag angegebenen Geschlecht unberührt. Sie kann auch von einem verheirateten AntrSt beantragt w u erfordert keine geschlechtsanpassde Operation.

2 *Eintritt der Volljährigkeit.* Die Volljährigkeit tritt mit der Vollendung des achtzehnten Lebensjahres ein.

1) Fassg des Ges vom 31. 7. 74 (BGBl 1713). **Volljährigkeit** tritt seit dem 1. 1. 1975 mit der Vollendg des 18. Lebensjahres ein. Das entspr dem RZustand in der DDR (ZGB 49), die allerdings das alte Volljährigkeitsalter des BGB von 21 Jahren bereits 1950 (Ges v 17. 5. 50) abgeschafft hat. Die Volljährigk beginnt am 18. Geburtstag um 0 Uhr (§ 187 II 2). Sie hat vor allem folgde **Wirkungen:** Unbeschränkte GeschFgk (§§ 104ff), Ende der elterl Sorge (§ 1626 I), Ehemündigk (EheG 1), unbeschränkte Testierfähigk (§ 2247 IV mit § 2229 I), Prozeßfähigk (ZPO 52), passives WahlR (GG 38 II). Eine VolljährigkErkl vor

§§ 2–6

Erreichg des VolljährigkAlters (fr §§ 3–5) sieht das Ges nicht mehr vor. Auch eine Hinausschiebg der Volljährigk ist nicht mögl; eine entspr Wirkg kann aber dch Entm (§ 6) erreicht w.

2) Weitere privatrechtl bedeuts Altersstufen sind vor allem: **a)** vollendetes 7. Lebensjahr: beschränkte GeschFgk (§§ 106 ff), bedingte Verantwortlichk für unerl Hdlgen (§ 828). – **b)** vollendetes 16. Lebensjahr: beschränkte Testierfähigk (§§ 2229, 2233, 2247 IV), Möglichk, vom Erfordern der Ehemündigk zu befreien (EheG 1 II). – **c)** vollendetes 18. Lebensjahr: unbeschränkte Verantwortlichk für unerl Hdlgen (§ 828). Vgl iü die ZusStellg bei Soergel-Fahse Rdn 7 ff.

3–5

(betr VolljährigkErklärg aufgehoben dch Ges v 31. 7. 74 (BGBl 1713). Früheres Recht vgl 33. Auflage).

6

Entmündigung. ^I Entmündigt kann werden:
1. wer infolge von Geisteskrankheit oder von Geistesschwäche seine Angelegenheiten nicht zu besorgen vermag;
2. wer durch Verschwendung sich oder seine Familie der Gefahr des Notstandes aussetzt;
3. wer infolge von Trunksucht oder Rauschgiftsucht seine Angelegenheiten nicht zu besorgen vermag oder sich oder seine Familie der Gefahr des Notstandes aussetzt oder die Sicherheit anderer gefährdet.

^{II} Die Entmündigung ist wieder aufzuheben, wenn der Grund der Entmündigung wegfällt.

1) Allgemeines. Fassg des Ges vom 31. 7. 74 (BGBl 1713), das in I Nr 3 die Worte „od Rauschgiftsucht" eingefügt hat. Die Entm soll dch das am 23. 6. 89 im BT in 1. Lesg beratene BetreuungsG abgeschafft u dch ein neues RInstitut der **Betreuung** ersetzt w (BR-Drucks 59/89 = BT-Drucks 11/4528, s Einl 9 v § 1773). Sie entzieht od beschränkt *de lege lata* als rechtsgestalteter Staatsakt die GeschFgk des Entmündigten. Ihr **Zweck** ist in erster Linie, den Entmündigten gg die ihm inf seines Zustandes drohden Gefahren zu schützen. Dch der Entm wg Verschwendg, Trunk- od Rauschgiftsucht soll zugl die Fam gg die Gefahr eines Notstandes geschützt w; iF der Entm wg Trunk- od Rauschgiftsucht erstreckt sich der Schutzzweck auch auf Interessen der Allgemeinh („Sicherheit anderer"; diese spielen dagg iü im EntmR keine Rolle. Die Formulierg „entmündigt **kann** werden", bedeutet nicht, daß das Ger über die Entm nach pflmäß Ermessen zu entscheiden hat. Die Entm muß vielm ausgesprochen w, wenn die sachl u prozeßrechtl Voraussetzgen vorliegen. Auch für die Entm gilt aber der Grds der **Verhältnismäßigkeit** (LG Ravensburg FamRZ **81**, 395). Sie hat daher zu unterbleiben, wenn ihre weitreichden Folgen in keinem angem Verhältn zu den Nachteilen stehen, die ohne die Entm drohen. Von einer Entm ist insb dann abzusehen, wenn die Anordng einer **Gebrechlichkeitspflegschaft** (§ 1910) ausreicht (Stgt FamRZ **75**, 355, LG Freibg FamRZ **82**, 963, Hendel FamRZ **82**, 1058 u die Praxis der AmtsG, aA KG OLGZ **69**, 260 u die Lit). Sie ist für den Betroffenen weniger einschneidd u bietet in verfahrensrechtl Hins, wenn man die von der Rspr herausgebildeten VerfGarantien (§ 1800 Anm 3) mitberücksichtigt, prakt den gleichen Schutz wie das EntmVerf (s BGH **70**, 260, **93**, 8).

2) Geisteskrankheit u Geistesschwäche (I Nr 1). **a)** Beide Begriffe sind von der medizinischen Terminologie abw jur Begriffe (Nürnbg NJW-RR **88**, 791). Beide setzen eine geistige Anomalie voraus, die auch in einem erhebl Entwicklgrückstand bestehen kann (RG Warn **17**, 232). Sie unterscheiden sich nur dem Grade nach (RG **130**, 71, **162**, 228, Nürnbg NJW-RR **88**, 791). Eine Geisteskrankh ist anzunehmen, wenn die Störg so hochgradig ist, daß die verbleibde geistige Leistgsfähigk der eines Kindes unter 7 Jahren gleichzuachten ist, Geistesschwäche, wenn die verbleibde geistige GesLeistg der eines Mj über 7 Jahre entspr (allgM). Der Begriff der krankh Störg der Geistestätigk iSd § 104 Nr 2 ist von den in § 6 I Nr 1 verwandten Begriffen unabhängig. Wer wg Geistesschwäche entmündigt u daher gem § 114 an sich beschränkt geschäftsfäh ist, kann gem § 104 Nr 2 geschäftsunfäh sein (RG **130**, 71, **162**, 228, BGH WPM **65**, 895). Auch schwere Formen der Epilepsie (LG Münst MDR **60**, 494), Verfolggswahn (RG Warn **37**, 8), **Querulantenwahn** (RG Warn **10** Nr 309, SeuffA **66** Nr 24) u and Wahnvorstellgen können eine Entm rechtf, vorausgesetzt, daß auch **b)** erfüllt ist, was beim Querulantenwahn idR nicht zutreffen w. – **b)** Nr 1 erfordert weiter, daß der Betroffene seine **Angelegenheiten** nicht zu besorgen vermag. Zu den Angelegenh gehören neben der Sorge für die eig Pers u das Vermögen auch die Wahrnehmg der Pfl im berufl od öffentl Bereich. Ein Schaden braucht noch nicht eingetreten zu sein; es genügt eine Gefährdg der Lebensverhältn (s RG DR **39**, 1520). Diese kann sich auch aus einem drohden Verstoß gg StrafG ergeben (BGH MDR **59**, 316). Auch der auf wahnhaften Vorstellgen beruhde Hang zu unsachgem u nachteilig Hdlgen kann ausr sein (BGH FamRZ **59**, 237). Vorausseztzg ist jedoch, daß der Betroffene die Gesamth od jedenf einen Großteil seiner Angelegenh nicht zu besorgen vermag (RG **65**, 201, Soergel-Fahse Rdn 17). Zu berücksichtigen ist dabei die Lebensstellg des Betroffenen (Nürnbg NJW-RR **88**, 791); bei einem gleichen Grad von Debilität kann die Entm bei einem Kaufm erforderl, bei einem Landarbeiter aber entbehrl sein (Nürnbg aaO). Kann der Betroffene ledigl einz oder einen best Kreis von Angelegenh nicht sachgerecht erledigen, kommt keine Entm, sond allenfalls die Bestellg eines Pflegers gem § 1910 in Betracht (BGH **41**, 106, OGH MDR **50**, 668, oben Anm 1). Die Weigerg, sich ärztl behandeln zu lassen, ist daher grdsl kein ausr EntmGrd (LG Düss Rpfleger **77**, 166). Ands steht ie der Entm nicht entgg, wenn der Betroffene einz Angelegenh, etwa die Verw seines Vermögens, noch ordngsmäß besorgt (RG Warn **37**, 5, OGH DRZ **50**, 495).

3) Verschwendung (I Nr 2) ist der Hang zu unvernünft Ausgaben od unwirtschaftl Gebaren (RG HRR **32** Nr 929). Er kann auf Leichtsinn, Eitelkeit, Vertrauensseligk od sonst Grden beruhen. Auch maßlose Ausgaben für altruistische Zwecke fallen unter I Nr 2 (RG SeuffA **63** Nr 266). Die Entm setzt die Gefahr eines **Notstandes** für den Betroffenen od seine Fam voraus. Nicht erforderl ist, daß die Notlage bereits

Personen. 1. Titel: Natürliche Personen §§ 6, 7

eingetreten ist. Es genügt, daß die Gefährdg in Aussicht steht (Zweibr FamRZ **67**, 56). Zur Fam iSd I Nr 2 gehören alle kr Ges unterhaltsberecht Pers. Geschwister, Stiefkinder u die Partner einer nichtehel LebensGemeinsch sind nicht einbezogen, auch dann nicht, wenn ihnen ggü eine sittl od vertragl UnterhPfl besteht. Es reicht aus, wenn der gesetzl UnterhaltsAnspr eines Berecht gefährdet ist. In der Praxis spielt der EntmGrd der Verschwendg keine Rolle. Er ist de lege ferenda ersatzlos entbehrl, zumal bei einem pathologischen Hang zur Verschwendg I Nr 1 anwendb ist (s in der Beeck/Wuttke NJW **68**, 2268).

4) Trunksucht (I Nr 3) liegt nicht schon in häuf übermäß Genuß geistiger Getränke. Erforderl ist vielm eine Abhängigk vom Alkoholgenuß, der zu widerstehen der Betroffene nicht mehr die Kraft hat (RG SeuffA **68** Nr 116). Worauf der Hang zum Trinken im einz beruht, ist gleichgültig. Trunksucht kann auch noch gegeben sein, wenn der Betroffene aus Geldmangel einige Zeit keinen Alkohol zu sich genommen hat (Stgt JW **36**, 2942). Ab 1. 1. 1975 gleichgestellt ist die **Rauschgiftsucht.** Wie im UnterbringgsR der Länder ist der Begriff der Rauschgifte nach dem Schutzzweck des § 6 iwS zu verstehen (Staud/Coing Rdn 31, aA MüKo/Gitter Rdn 37). Er umfaßt neben den im BetäubgsmittelG genannten Stoffen alle Drogen, die Rauschzustände (Zustände zentraler Erregg od Lähmg) hervorrufen u zu einer Abhängigk von Drogengenuß führen können (Celle FamRZ **79**, 80). Auch der Mißbrauch von Beruhiggs- u Aufputschmittel fällt unter Nr 3, sofern er eine krankhafte Abhängigk hervorgerufen hat. Die Entm erfolgt nur, wenn der Betroffene seine Angelegenh nicht mehr besorgen kann (Anm 2b), wenn er sich od seine Fam der Gefahr einer Notlage aussetzt (Anm 3) od wenn er eine Gefahr für die Sicherh and bildet. Die Gefährdg kann sich auf die persönl Sicherh od auf Vermögenswerte Dr beziehen. Es genügt ein UrsZushang mit der Sucht; nicht erforderl ist, daß die Hdlgen im Rauschzustand begangen w.

5) Wirkung: Die Entm wg Geisteskrankh hat GeschUnfgk (§ 104 Nr 3), die wg Geistesschwäche, Verschwendg, Trunk- od Rauschgiftsucht hat beschränkte GeschFgk zur Folge (§ 114), u zwar auch dann, wenn die Entm zu Unrecht ausgesprochen worden ist (s RG HRR **38** Nr 198). Für die DeliktsFgk (§§ 827, 828) hat die Entm keine Bedeutg. Weitere Wirkgen der Entm vgl §§ 1436, 1447 Nr 4, 1458, 1495 Nr 3, 1673, 1780, 1896, 2229 III, 2230, 2253 II, 2275 u MüKo/Gitter Rdn 38. Der inf Entm beschränkt Geschäftsfähige unterliegt zT weitergehnden Einschränkgen als der Mj, so zB hins der Testierfähigk (§ 2229 III). Der Mj kann daher nicht nur wg Geisteskrankh, sond auch wg Geistesschwäche entmündigt w (hM).

6) Verfahren (ZPO 645ff.) **a)** Erforderl ist ein **Antrag,** der vom Eheg, einem Verwandten od dem ges Vertreter gestellt w kann, iF der Nr 1 auch vom Staatsanwalt, iF der Nr 2 u 3 nach Maßg des LandesR auch von der Gemeinde od dem Sozialhilfeträger (ZPO 646, 680). – **b)** Zust ist das **Amtsgericht** des allg GerStandes des Betroffenen (ZPO 648). Die Entm erfolgt dch Beschluß (ZPO 645, 680). Ist Entm wg Geisteskrankh beantragt, kann das AmtsG wg Geistesschwäche entmündigen (Köln OLGE **4**, 6). Das gilt aber wg des Grds „ne ultra petita partium" nicht umgekehrt (Hamm MDR **71**, 582, Staud-Coing Rdn 45, aA RG **68**, 403. Der Beschl wird wirks: Bei Entm wg Geisteskrankh mit Zustellg an den ges Vertreter, bei Fehlen eines ges Vertreters mit Bestellg des Vormd (ZPO 661); bei Entm wg Geistesschwäche usw mit Zustellg an den Betroffenen (ZPO 661 II, 683 II) bzw an den ProzBevollmächtigten (BGH **43**, 397). – **c)** Der EntmBeschl kann binnen MonatsFr dch Klage beim LG **angefochten** w (ZPO 664, 684). Die AnfKl hat keine aufschiebde Wirkg, der Betroffene ist jedoch im AnfProz prozeßfäh (RG **68**, 404, Einf 4b v § 104). Ein den EntmBeschl aufhebdes Urt beseitigt die Entm rückwirkd (RG **135**, 183, arg § 115); es setzt voraus, daß der EntmGrd von Anfang an gefehlt hat (RG **154**, 129, 133). Bei späterem Wegfall der EntmVoraussetzgen ist allein das AufhebgsVerf (Anm 7) zul.

7) Aufhebung der Entmündigung (II). Sie erfolgt, wenn sich die tats Umst seit der Entm so geändert haben, daß kein EntmGrd mehr besteht; iF der Nr 1 genügt, daß der Betroffene seine Angelegenh nunmehr selbst besorgen kann (s Kellner NJW **62**, 2287), iF der Nr 2 u 3, daß die Gefahr eines Notstandes nicht mehr besteht. Die Entm ist aber auch dann aufzuheben, wenn ein EntmGrd von vornherein nicht gegeben war (BGH FamRZ **59**, 237). Im AufhebgsVerf ist ohne Bindg an die tats u rechtl Beurteilg im EntmVerf zu prüfen, ob ein EntmGrd (noch) besteht (s RG JW **32**, 1376). Das AufhebgsVerf ähnelt dem EntmVerf (s ZPO 675ff). Ist der ursprüngl EntmGrd (Trunksucht) entfallen, liegt aber nunmehr ein and gleichwert EntmGrd (Rauschgiftsucht) vor, ist die Entm aufrechtzuerhalten (Celle FamRZ **79**, 80). Eine Entm wg Geisteskrankh kann im AufhebgsVerf ggf in eine solche wg Geistesschwäche geändert w (RG Gruch **47**, 897, Celle MDR **62**, 485, AG Brem NJW **70**, 1233); ausgeschlossen ist dagg eine *reformatio in peius* (Entm wg Geisteskrankh statt wg Geistesschwäche).

7 *Wohnsitz; Begründung und Aufhebung.* [I] **Wer sich an einem Orte ständig niederläßt, begründet an diesem Orte seinen Wohnsitz.**
[II] **Der Wohnsitz kann gleichzeitig an mehreren Orten bestehen.**
[III] **Der Wohnsitz wird aufgehoben, wenn die Niederlassung mit dem Willen aufgehoben wird, sie aufzugeben.**

1) Allgemeines. a) Wohnsitz ist der räuml Schwerpunkt der gesamten Lebensverhältn einer Pers (BGH LM Nr 3, BAG Betr **85**, 2693, BayObLG **84**, 291). Die Definition des RG (**67**, 193), die auf den Mittelpunkt des Lebens abstellt, ist ungenau, da nach § 7 II die Begründg von mehreren Wohns mögl ist. Wohns ist nicht die Wohng, sond die kleinste polit Einh (idR die Gemeinde), in der die Wohng liegt. Das ergibt sich aus der Verwendg des Wortes „Ort" in I. Ist die Gemeinde in mehrere GerBezirke geteilt, ist entscheidd in welchem Teil sich die Wohng befindet. Bei Änderg der Gemeindegrenzen ändert sich der Wohns entspr (s BVerwG **5**, 108). Zu unterscheiden ist der gewählte Wohns (§ 7) vom ges (§§ 9, 11). Bei jur Pers tritt an die Stelle des Wohns der Sitz (§ 24). – **b)** Vom Wohns sind zu unterscheiden: **aa) Aufenthalt** (zB §§ 132 II 2, EG 5 II u III). Er ist ein rein tats Verh. Erforderl aber auch ausr ist ein Verweilen von gewisser Dauer od Regelmäßigk. – **bb) Gewöhnlicher** od ständ **Aufenthalt** (EG 5 II u III, ZPO 20, 606, AO 9, SGB 30 III 2, VwVfG 3 I Nr 3a usw). Er wird dch ein tats längeres Verweilen begründet (BGH NJW **83**, 2771, BayObLG **80**, 55), vorübergehde Abwesenh beseitigt ihn nicht (Ffm NJW **61**, 1586). And als iF des Wohns ist ein rechtsgeschäftl Begründgswille nicht erforderl (BGH NJW **75**, 1068). Ob die zwangsw Unterbringg (Strafhaft, Pflegeanstalt) einen gewöhnl Aufenthalt begründet, ist strittig, läßt sich aber nicht allgemein, sond nur aus dem Sinn u Zweck der jeweils einschlägigen Norm heraus entscheiden (EG 5 Anm 4). – **cc) Dienstlicher Wohnsitz** (Amtssitz) der Beamten, Soldaten u Notare. Privatrechtl bedeuts ist nur noch der dienstl Wohns der Soldaten (s § 9). – **dd) Gewerbliche Niederlassung** s § 269 Anm 4a. – **c)** Der Wohns ist der wichtigste örtl Anknüpfgspkt für die RVerh des Menschen. Er ist vor allem für folgde Vorschr von **Bedeutung**: §§ 132 II, 269f, 773 I Nr 2, 1409 II, 1558, 1944 III, 1954 III, EG 26, EheG 15, VerschG 12, 15, im VerfR ZPO 13ff, FGG 36ff, AGBG 14 I, StPO 8, 11. Das **öffentliche Recht** verwendet in AO 8 u SGB 30 III 1 einen eig, ausschließl auf obj Merkmale abstelldn WohnsBegr, (BSozG FamRZ **85**, 1025). Es übernimmt aber in einigen RGebieten den WohnsBegr des BGB, so in BVersG 7 (BSG NJW **57**, 728), RuStAG 25 (BVerwG NJW **86**, 674), LAG 11 (BVerwG NJW **55**, 1044), BVFG (BVerwG NJW **57**, 1488, **60**, 591).

2) Begründung des Wohnsitzes. Sie geschieht dch tats Niederlassg verbunden mit dem Willen, den Ort zum ständ Schwerpunkt der Lebensverhältn zu machen (BayObLG **85**, 161). – **a)** Die tats **Niederlassung** erfordert eine eig Unterkunft; ein Obdachloser kann keinen Wohns begründen (BayObLG aaO). Nicht erforderl ist eine eig Wohng; es genügt das Bewohnen eines Hotelzimmers (BVerfG RzW **59**, 94), eines möblierten Zimmers od einer behelfsmäß Unterkunft bei Verwandten od Bekannten (BGH NJW **84**, 971, BVerwG NJW **86**, 674). Eine Niederlassg am neuen Wohnort kann bereits zu bejahen sein, wenn sich der größere Teil der Habe noch in der fr Wohng befindet (BVerwG aaO). – **b)** Der Betroffene muß den rechtsgeschäftl (§ 8) **Willen** haben, den Ort ständig zum Schwerpunkt seiner Lebensverhältn zu machen. Dieser sog Domizilwille braucht nicht ausdr erklärt zu w, sond kann sich aus den Umst ergeben (BGH **7**, 109). Dch einen Aufenthalt zu einem vorübergehden Zweck wird kein Wohns begründet. Das gilt vor allem für den Aufenthalt des Studenten am Studienort (s BVerwG JR **61**, 113, VerwG Kassel NJW **50**, 40; s aber auch VerwGH Ba-Wü DÖV **87**, 117), für die Erf der WehrPfl u für den Aufenthalt in einem Erziehgsheim (LG Duisbg FamRZ **68**, 85). Ob Hausangestellte u ähnl ArbNeh den Arbeitsort zum Lebensschwerpunkt machen, ist Frage des Einzelfalls (s Köln JMBlNRW **60**, 188). Die Absicht, die Niederlassg später wieder aufzugeben, steht einer WohnsBegr nicht entgg (Köln NJW **72**, 394). Die Unterbringg in Strafhaft begründet schon desh keinen Wohns, weil sie unabhängig vom Willen des Betroffenen geschieht. Zur dauernden Unterbringg in einer Heil- u Pflegeanstalt s § 8 Anm 1. Eine polizeil Anmeldg ist für die Begründg des Wohns weder erforderl noch ausr (s BGH NJW **83**, 2771, BayObLG **84**, 291), kann aber ein BewAnzeichen sein (BayObLG NJW-RR **89**, 263). – **c) Sonderfälle. – aa)** Die Begründg des Wohns geschieht bei GeschUnfähigen u beschränkt GeschFähigen dch den ges **Vertreter** (s §§ 8, 11). Mögl ist aber auch die WohnsBegründg dch einen rechtsgeschäftl Vertreter. Bsp sind der Umzug der Ehefr u der Kinder währd der Kriegsgefangensch od Strafhaft des Ehem (s KG NJW **56**, 264, BVerwG NJW **59**, 1053). – **bb)** Ein ges **Verbot**, den Wohns zu wechseln (KO 101 I), steht der Wirksamk der WohnsBegründg nicht entgg (hM). Da der Betroffene aus seinem rechtsw Tun keine Vorteile erlangen darf, gilt aber auch der alte Wohns als weiterbestehd. – **cc) Ordensangehörige** begründen den Wohns wie and Pers. Ordenssatzgen üb den Wohns sind für das staatl Recht bedeutgslos (BayObLG **60**, 455). – **dd)** Bei **Verschollenen** ist die Aufrechterhaltg des bisherigen Wohns anzunehmen, wenn nicht die Umst auf einen AufgWillen hindeuten. – **ee) Exterritoriale** sind entspr ZPO 15 so zu behandeln, wie wenn sie ihren letzten Wohns im Inland beibehalten hätten.

3) Die **Aufhebung** des Wohns setzt voraus, daß die Niederlassg mit dem Willen tats aufgegeben w, den Schwerpunkt der Lebensverhältn nicht an bisherigen Wohns zu belassen (BayObLG **64**, 111); erforderl sind daher Aufgabewille u Aufhebg der Niederlassg; ist der AufenthWechsel bereits vollzogen, genügt ein entspr Wille (BayObLG **84**, 97). Dieser bedarf keiner ausdr Erkl, muß aber für einen obj Beobachter erkennb sein (BGH NJW **88**, 713). Eine vorübergehde (auch längere) Abwesenh genügt nicht (BayObLG OLG **12**, 238), ebsowenig die polizeil Abmeldg (Celle NdsRpfl **65**, 112) od die Aufg der Wohng, wenn die Beziehgen zum bish Aufenthaltsort aufrechterhalten bleiben (BGH **LM** Nr 2). Umgekehrt genügt der AufhebgsWille nicht, wenn die tats Niederlassg am bisher Wohns fortbesteht, so etwa, wenn die Groß- od Pflegeeltern den Eltern die Herausg des auf Dauer in Pflege gegebenen Kindes verweigern (BayObLG **79**, 149). Wer zum Zweck der Auswanderg seine Wohng aufgegeben hat u in ein Lager gezogen ist, behält seinen bish Wohns, solange die Auswanderg nicht erfolgt ist (BayObLG **53**, 3, **64**, 112). Verlassen des Wohns aus Furcht vor Verfolgg führt nicht zum Verlust des Wohns, wenn der Betroffene mit Rückkehr in absehb Zeit rechnet (BGH **LM** Nr 2, BVerwG **32**, 66). Gibt er später die RückkehrAbs auf, verliert er den fr Wohns mit Wirkg ex nunc. Flüchtlinge aus den Ostgebieten haben iZw den fr Wohns nicht vor Kriegsende (8. 5. 45) aufgegeben (Hamm OLGZ **72**, 354). Es ist keine WohnsAufg, wenn der Flüchtling den nach der Flucht begründeten Wohns verläßt, um eine anderw ExistenzGrdl zu suchen (BVerwG RLA **54**, 339). Der Antritt dauernder Strafhaft führt nicht zur Aufhebg des Wohns, da im freier AufgWille fehlt (BayObLG **1**, 762). Ausweisg u Abschiebg ersetzen aber den Willen der WohnsAufg (RG **152**, 56). Mit der WohnsAufg braucht nicht notw die Begründg eines neuen Wohns verbunden zu sein. Es ist mögl, daß der Betroffene wohnsitzlos wird.

4) Doppelwohnsitz (II). Er erfordert, daß an zwei Orten dauernd Wohngen unterhalten w u beide gleichermaßen den Schwerpunkt der Lebensverhältnisse darstellen (PrOVG OLG **35**, 26). Das ist etwa der Fall, wenn sich jemand jeweils im Sommer auf seinem Gut u im Winter in seiner Stadtwohng aufhält. Kein doppelter Wohns besteht, wenn der zweite Aufenthaltsort nur zu längeren Besuchen aufgesucht wird (BVerwG NJW **86**, 674) od lediigl Mittelpunkt eines abgesonderten Teils der Lebensverhältn (Besorgg best Gesch) ist (BGH **LM** Nr 3). Bei einem sich über einen längeren Zeitraum erstreckden WohnsWechsel kann uU vorübergehd ein doppelter Wohns bestehen (s BVerwG FamRZ **63**, 441, BayObLG **84**, 291). Zum DoppelWohns des Soldaten s § 9 Anm 1, zum DoppelWohns des Kindes s § 11 Anm 1.

Personen. 1. Titel: Natürliche Personen §§ 8–11

8 *Wohnsitz nicht voll Geschäftsfähiger.* **I Wer geschäftsunfähig oder in der Geschäftsfähigkeit beschränkt ist, kann ohne den Willen seines gesetzlichen Vertreters einen Wohnsitz weder begründen noch aufheben.**

II Ein Minderjähriger, der verheiratet ist oder war, kann selbständig einen Wohnsitz begründen und aufheben.

1) Begründg u Aufhebung des Wohns erfordern den **Willen,** sich an dem Ort ständ niederzulassen od die Niederlassg aufzugeben (§ 7 Anm 2 u 3). § 8 stellt klar, daß insow natürl Willensfähigk nicht genügt, sond GeschFgk notw ist. Die Frage, ob die WohnsBegründg (Aufhebg), TatHdlg (so Larenz § 7 II) od geschäftsähnl Hdlg (so BGH **7,** 109, Staud-Coing Rdn 1) ist, ist ohne prakt Relevanz (s auch Übbl 2 d v § 104). Für den nicht voll GeschFähigen entscheidet der ges Vertreter in der persönl Angelegenh; eine entspr Anwendg von sonst Vorschr über RGesch, insbes der §§ 119ff, ist ausgeschlossen. Auch der vorläuf Vormd kann einen Wohns begründen (Rostock OLG **33,** 19), nicht aber der GebrechlichkPfleger, dem das Aufenthaltsbestimmgsr übertragen ist (BayObLG **85,** 163). Der Wille bedarf keiner ausdr Erkl, sond kann sich aus den Umst ergeben (BGH **7,** 109). Der gesetzl Vertreter kann der WohnsBegründg des nicht voll GeschFähigen zustimmen; seine Gen hat in diesem Fall rückwirkde Kraft (BayObLG **59,** 181). Er kann den Wohns aber auch selbst ohne Mitwirkg des nicht voll GeschFähigen begründen. Bringt der ges Vertreter den GeschUnfähigen dauernd in einer Anstalt unter, begründet er idR einen Wohns am Anstaltsort (Karlsr Rpfleger **70,** 202). Für die Zuständigk im EntmVerf ist die Aufhebg (Begründg) des Wohns dch den Betroffenen auch bei Zw an seiner GeschFgk als wirks zu behandeln (BGH NJW-RR **88,** 387).

2) II ist eingefügt dch GleichberG Art 1 Nr 2 u geändert dch Ges v 31. 7. 74 (BGBl 1713). Er betrifft den Eheg, der aufgrd einer Befreiung gem EheG 1 II geheiratet hat. II gilt auch iF einer nichtigen Ehe.

9 *Wohnsitz eines Soldaten.* **I Ein Soldat hat seinen Wohnsitz am Standort. Als Wohnsitz eines Soldaten, der im Inland keinen Standort hat, gilt der letzte inländische Standort.**

II Diese Vorschriften finden keine Anwendung auf Soldaten, die nur auf Grund der Wehrpflicht Wehrdienst leisten oder die nicht selbständig einen Wohnsitz begründen können.

1) Fassg des SoldatenG 68. § 9 legt für Berufssoldaten u Soldaten auf Zeit einen vom Willen des Betroffenen unabhäng **gesetzlichen Wohnsitz** fest. Er ist auf Wehrpflichtige u nicht voll GeschFähige (§ 8) unanwendb (II). Für Beamte u Angest der BWehr gilt § 9 nicht, ebsowenig für Angeh des Bundesgrenzschutzes (MüKo/Gitter Rdn 4, str). Dagg kann § 9 auf Mitgl der NATO-Streitkräfte entspr angewandt w, sow sich deren Wohns nach dtschem Recht richtet. Er schließt einen gewählten Wohns neben dem gesetzl nicht aus (RG **126,** 12, BVerwG MDR **60,** 1041). Gesetzl Wohns ist der **Standort,** dh der Garnisonsort, in dem der Truppenteil seine regelmäß Unterkunft hat (Staud-Coing Rdn 5). Bei längeren Abkommandiergen zu einem and Truppenteil ist dessen Standort maßgebd (s Dresden SeuffA **69,** 209, RG JW **38,** 234, abw Colmar OLG **33,** 386). Soldaten, die keinem Truppenteil angehören, haben ihren Standort am Ort ihrer militärischen Dienststelle.

10 (Gestrichen dch GleichberG Art 1 Nr 3, betraf Wohns der **Ehefrau**).

11 *Wohnsitz des Kindes.* **Ein minderjähriges Kind teilt den Wohnsitz der Eltern; es teilt nicht den Wohnsitz eines Elternteils, dem das Recht fehlt, für die Person des Kindes zu sorgen. Steht keinem Elternteil das Recht zu, für die Person des Kindes zu sorgen, so teilt das Kind den Wohnsitz desjenigen, dem dieses Recht zusteht. Das Kind behält den Wohnsitz, bis es ihn rechtsgültig aufhebt.**

1) **Gesetzlicher Wohnsitz. a)** Fassg des NEhelG Art 1 Nr 1. § 11 gilt nunmehr einheitl für ehel u nichtehel Kinder. Mj Kinder haben einen vom Wohns der personensorgeberecht Eltern abgeleiteten gesetzl Wohns. Diese Regelg ist jedoch nicht zwingd. Neben oder anstelle des gesetzl Wohns kann § 7, 8 ein **gewillkürter** Wohns begründet w (BayObLG **79,** 149, Schlesw SchlHA **78,** 22, s auch unten c); das kann zutreffen, wenn das Kind ständig in einem Internat lebt (BayObLG NJW-RR **89,** 262) od wenn die Eltern es auf Dauer in eine Pflegestelle geben (Zweibr DAVorm **83,** 862). – **b)** Hat das Kind ledigl **einen personensorgeberechtigten Elternteil,** teilt es dessen Wohns od iF des § 8 II dessen DoppelWohns (Satz 1, Halbs 1 u 2). Unter diese Regelg fallen: **aa)** das nichtehel Kind (§ 1705); – **bb)** das ehel Kind nach dem Tod eines Elternteils (§ 1681); – **cc)** das ehel Kind, wenn einem Elternteil nach Scheidg od Trenng die elterl Sorge übertragen ist (§§ 1671, 1672); zur Anwendg von S 1 Halbs 2 nach einer einstw Anordng gem ZPO 620 Nr 1 (Staud-Coing Rdn 7, aA AK/Kohl Rdn 24, offen BGH FamRZ **84,** 162); – **dd)** das Kind, wenn einem Elternteil die elterl Sorge gem §§ 1666 od 1680 nicht mehr zusteht. – **c)** Sind, wie idR beim ehel Kind, **beide Eltern personensorgeberechtigt,** ist zu unterscheiden: **aa)** Leben die Eltern **zusammen,** teilt das Kind den Wohns der Eltern. Ein personenrechtl Wohns der Eltern od eines Elternteils erstreckt sich auch auf das Kind. – **bb)** Leben die Eltern **getrennt,** hat das Kind bis zu einer Entscheidg gem §§ 1671, 1672 einen doppelten Wohns (BGH **48,** 234, NJW **84,** 971, BayObLG **69,** 299, Rpfleger **82,** 378, ganz hM, fr sehr str). Dabei ist gleichgült, ob beide Eltern den gemeinschaftl Wohns aufgegeben u getrennte Wohns begründet h (BGH aaO) od die getrennten Wohns dch Fortzug eines Elternteils ohne gemeinschaftl Wohnort zustande gekommen sind (Karlsr FamRZ **69,** 657, Düss OLGZ **68,** 122). Auch wenn das Kind erst nach der Trenng geboren w, erlangt es entspr Satz 1 Halbs 1 einen abgeleiteten DoppelWohns (KG NJW **64,** 1577). Die Eltern können aber gem Satz 3 iVm §§ 7, 8 eine abw Bestimmg treffen (oben a). Sind sie sich darüber einig, daß das Kind auf Dauer bei einem Elternteil bleiben soll, hat das Kind nur bei diesem seinen Wohns (Düss

§§ 11, 12

OLGZ **68**, 124, Kblz FamRZ **83**, 200, s auch Hamm NJW **70**, 388, Köln NJW **72**, 590). Bloßes Dulden des Aufenthalts beim and Eheg genügt aber nicht (s Karlsr NJW **61**, 271). – **d)** Steht **keinem Elternteil** die Personensorge zu, teilt das Kind gem **Satz 2** den Wohns des Vormd od Pflegers. Das gilt, wenn den Eltern die PersSorge gem § 1666 entzogen ist (s Hamm FamRZ **66**, 242), sie diese gem § 1666 verwirkt haben (s BayObLG **63**, 200) od gem § 1671 V ein Vormd bestellt worden ist.

2) Satz 3. Der von den Eltern abgeleitete Wohns bleibt bestehen, bis das Kind ihn rechtsgült **aufhebt**. Es genügt daher nicht, daß das Kind volljähr w od ein Elternteil stirbt (Hamm OLGZ **71**, 243, BayObLG **82**, 378). Erforderl ist gem § 7 III (dort Anm 3) die Aufg der bisher Niederlassg u ein entspr AufgWille (BayObLG **79**, 149). Bei Mj entscheidet der Wille des PersSorgeBerecht (§ 8), ggf also der Wille beider Eltern. Besteht ein abgeleiteter Wohns an einem Ort, in dem sich das Kind tats nicht aufhält, kann der tats Aufenthaltsort dch bloße Willensänderg zum Wohns gemacht w. Geben beide Eltern ihren Wohns auf, ohne einen neuen zu begründen, wird auch das Kind wohnsitzlos (MüKo/Gitter Rdn 12, str).

3) Sonderregelungen bestehen nicht mehr. Für ehel erklärte Kinder teilen den Wohns des personensorgeberecht Elternteils (s § 1736), ein angenommenes Kind den Wohns des Annehmers (s § 1754). Für **Findelkinder** bestimmt der Vormd den Wohns (§ 1800 iVm § 1773 II). Wird der wirkl FamStand ermittelt, erwirbt das Kind ohne Rückwirkg den gesetzl Wohns des § 11 (Staud-Coing Rdn 4).

12 *Namensrecht.* **Wird das Recht zum Gebrauch eines Namens dem Berechtigten von einem anderen bestritten oder wird das Interesse des Berechtigten dadurch verletzt, daß ein anderer unbefugt den gleichen Namen gebraucht, so kann der Berechtigte von dem anderen Beseitigung der Beeinträchtigung verlangen. Sind weitere Beeinträchtigungen zu besorgen, so kann er auf Unterlassung klagen.**

Übersicht

1) Allgemeines
  a) Begriff des Namens
  b) Namensrecht
  c) Namensführungspflicht
2) Objekte des Namensschutzes
  a) Der Name der natürlichen Person
    aa) Bürgerlicher Name
    bb) Erwerb des Namens
    cc) Adelsprädikate
    dd) Namensänderung
    ee) Pseudonym
  b) Namen juristischer Personen u nicht rechtsfähiger Personenvereinigungen
  c) Firmen und Geschäftsbezeichnungen
    aa) Namensfunktion
    bb) Unterscheidungskraft
    cc) Beginn und Ende des Schutzes
3) Übertragbarkeit des Namensrechts
  a) Namensrecht im engeren Sinne
  b) Firma
  c) Andere geschützte Bezeichnungen
  d) Schuldrechtliche Gestattungsverträge
4) **Namensleugnung**
5) **Namensanmaßung**
  a) Gebrauch des gleichen Namens
  b) Unbefugter Gebrauch
  c) Interessenverletzung
6) **Ansprüche aus dem Namensrecht**
7) **Entsprechende Anwendung des § 12**

Schrifttum: Klippel, Der zivilrechtl Schutz des Namens, 1985.

1) Allgemeines. a) Der **Name** ist eine sprachl Kennzeichg einer Pers zur Unterscheidg von and (RG **91**, 352, BGH NJW **59**, 525). Er ist Ausdr der Individualität (BVerfG JZ **82**, 798) u dient zugl zur Identifikation des Namensträgers. Das RLeben unterscheidet zwei Arten von Namen, den Zwangsnamen, der dem Namensträger kr Ges anhaftet (bürgerl Name, Firma gem HGB 18) u Wahlnamen (Pseudonym, Unternehmensbezeichnungen), die willkür gewählt u jederzeit ablegb sind (B-Hefermehl § 16 UWG Rdn 14). Wie der Wortlaut u die systemat Stellg des § 12 zeigen, hat der GesGeber dch Vorschr geschaffen, um den bürgerl Namen der natürl Pers zu schützen. Die REntwicklg hat aber den Anwendungsbereich des § 12 immer weiter ausgedehnt. In den Schutz des § 12 sind inzw neben den Namen der natürl u jur Pers Unternehmensbezeichnungen jeder Art einschließl der Abkürzgen u Schlagworte einbezogen (Anm 2c). § 12 ist damit die **grundlegende Norm** für den gesamten zivilrechtl Bezeichnungsschutz geworden. Er umfaßt zugl die Tatbestde von UWG 16 I, HGB 37 u WZG 24, sowie weitgehd auch den von UWG 16 III (s dazu krit Klippel aaO). – **b)** Das **Namensrecht** ist, soweit es die Privatsphäre des Namensträgers schützt, ein PersönlichkR (s RG **100**, 185, BGH **17**, 214, **32**, 111). Der § 12 ist daher eine *lex specialis* ggü den RGrds, auf den der Schutz des allg PersönlichkR gestützt w (§ 823 Anm 14 Bb). Soweit es sich um den Schutz von Bezeichnungen eines Unternehmens handelt, ist das NamensR dagg mit der neueren hL als **Immaterialgüterrecht** aufzufassen (Krüger-Nieland FS Fischer, 1979, 345, B-Hefermehl UWG 16 Rdn 27, MüKo/Schwerdtner Rdn 18). Wenn die Bezeichng den bürgerl Namen des Unternehmers enthält, hat das NamensR aber zugl einen personenrechtl Einschlag. Dieser schließt es aus, die für and Immaterialgüterrechte geltden Grds schemat auf die Übertragg von Unternehmensbezeichnungen anzuwenden (Anm 3b). – **c)** Eine **Namensführungspflicht** besteht für den bürgerl Namen nach OWiG 111, PStG 11 Nr 2, 21 Nr 5, für den Handelsnamen nach HGB 17, 29, GewO 15a u b. Die Eheg sind gem § 1355 verpfl, den gemeins FamNamen zu führen; eine entspr Pfl besteht für Kinder (§ 1616). Das Recht, eig Handels- u Künstlernamen zu gebrauchen od Anträge auf NamensÄnd zu stellen, wird dch diese Vorschriften aber nicht berührt (Soergel-Heinrich Rdn 19).

2) Objekte des Namensschutzes. a) Der Name der natürlichen Person. aa) § 12 schützt den kr Ges erworbenen **bürgerlichen Namen** der natürl Pers. Er besteht in Dtschland aus dem FamNamen u mindestens einem Vornamen. Die Ehefrau, die den Namen des Mannes führt (§ 1355), genießt auch für ihren Mädchennamen Namensschutz (RG JW **25**, 363, Marienwerder HRR **41**, 758, Mü WRP **82**, 662, s auch § 1355 IV). Das gilt jetzt ebso für den umgekehrten Fall, daß der Geburtsname des Mannes nicht FamName

Personen. 1. Titel: Natürliche Personen § 12 2a–c

geworden ist. § 12 schützt auch das Namensrecht von Ausländern (BGH **8**, 319), nicht aber Berufsbezeichngen. Auch akademische Grade sind nicht Teil des bürgerl Namens (BGH **38**, 382, vgl aber Anm 7). – **bb)** Für den **Erwerb** des FamNamens gelten §§ 1616–1618 (ehel u nichtehel Kinder), 1719, 1720, 1737, 1740 g (legitimierte Kinder), 1757, 1767 II (angenommene Kinder), 1355 (Eheg), PStG 25 (Findelkinder) u 26 (Pers unbekannten PersStandes); für Ausländer s Anh 2 zu EG 7 u EG 14 Anm 4c. Der Vorname wird dem Kind dch den PersSorgeBerecht erteilt (s § 1616 Anm 3). – **cc) Adelsprädikate** sind nach dem als einf BundesR weitergeltden Art 109 III 2 WeimRV Bestandteil des FamNamens. Der GesName einschließl des Adelsprädikats geht auch auf nichtehel u angenommene Kinder über (RG **103**, 194, **114**, 338), vorausgesetzt, der Namenserwerb hat nach dem Inkrafttreten der WeimRV (14. 8. 1919) stattgefunden (OVG Lünebg NJW **56**, 1172). Persönl Adelsprädikate sind aber mit dem Tod des am 14. 8. 1919 lebden Trägers erloschen (Soergel-Heinrich Rdn 4). Das gilt ebso für Adelsbezeichngen, die nur best FamMitgl, idR dem ältesten Sohn, zustanden (BVerwG **23**, 345, sog Primogenituradel). Art 109 III 2 WeimRV ist auch dann unanwendb, wenn der Berecht auf das Adelsprädikat verzichtet hat (BayObLG **71**, 213) od es vor dem 14. 8. 1919 längere Zeit (2 Generationen) nicht geführt hatte (BayObLG **79**, 329, Ffm OLGZ **85**, 2). Weibl Pers dürfen die Adelsbezeichng in weibl Form führen (Gräfin, Freifrau), männl dürfen sie deklinieren (RG **113**, 110, BayObLG **55**, 245). Die geschiedene Frau kann ihren Mädchennamen in der für Verheiratete gebräuchl Form (Freifrau statt Freiin) wiederannehmen (KG FamRZ **64**, 303); heute darf sich aber auch die ledige Tochter eines Freiherrn Freifrau nennen. Dagg steht die Bezeichng „Ritter" allein den männl FamMitgl zu; die Frauen führen ledig das Adelsprädikat „von" (BayObLG **67**, 62). Ausländ Adelsprädikate vgl Anh nach EG 7 Anm 2; über ihre WiederAnn in gewissen Fällen vgl G v. 29. 8. 1961 (BGBl 1621). – Folgde Stellen sind bereit, über adelsrechtl Abstammgsfragen u vormalige Adelsnamen Ausk zu erteilen u Gutachten zu erstatten: Bay Hauptstaatsarchiv, Mü., Schönfeldstr 5; Dtsches Adelsarchiv, Marbg, Friedrichsplatz 15; Vereinigg des Adels in Bay eV, Mü, Holbeinstr 5. – **dd) Namensänderung** (s NÄG v 5. 1. 38 mit 1. DVO v 7. 1. 38, RGBl 12, ErgG v 29. 8. 61, BGBl 1621 u AllgVerwVorschr v 11. 8. 80 BAnz 153 – Beil 26/80 – v 20. 8. 80). Schrifttum: Loos, NÄG, 1970, MüKo/Schwerdtner Rdn 5–16. Die Änderg des FamNamens setzt nach NÄG 1 einen entspr Antr voraus, der bei der unteren VerwBeh zu stellen ist (NÄG 5). Die Entsch trifft die höhere VerwBeh (NÄG 6). Erforderl ist das Vorliegen eines wicht Grdes, NÄG 3 (BVerwG NJW **87**, 2454). Diese Regelg ist mit GG 2 I vereinb (BVerwG NJW **61**, 1039); da es sich um einen unbest RBegriff handelt, kann das Ger das Vorliegen od Nichtvorliegen des wicht Grdes aber in vollem Umfang nachprüfen (BVerwG NJW **73**, 957; vgl zu den Stiefkindfällen § 1616 Anm 5). Die Entsch erstreckt sich idR auf mj Kinder (NÄG 4), aber nicht mehr ow auf den Eheg (§ 1355 Anm 5). Die Vorschr über die Änderg des FamNamen gelten für die Änderg von Vornamen entspr, zust ist jedoch die untere VerwBeh (NÄG 11). Die oberste LandesBeh kann bei Zweifeln den FamNamen allgemein verbindl feststellen (NÄG 8). Träger des zu verleihden Namens können dem Namensänderg nicht rechtswirks widersprechen (BVerwG NJW **60**, 450). Die Änderg der Schreibweise, etwa die bei Eindeutschgen im 2. Weltkrieg, ist Namensänderg (BayObLG **87**, 135), nicht aber Zusätze wie „geborene N", „senior" od eine Zahl („Meyer 1"). Nicht um eine Namensänderg geht es um eine Berichtigg herkl handelt es sich, wenn ein als weibl angesehenes männl Kind nach Aufklärg des Irrt ein männl Vorname gegeben w (Köln NJW **61**, 1023). Zur Namensänderg iF der Geschlechtswandlg s § 1 Anm 4. – **ee)** Auch der **Berufs- und Künstlername** (Pseudonym) fällt unter § 12 (BGH **30**, 9, LG Düss NJW **87**, 1413 „Heino"). Der Schutz entsteht dch die Ann u den Gebrauch eines hinr unterscheidskräft Bezeichng (Soergel-Heinrich Rdn 121, str), vorausgesetzt, die Führg des Namens verstößt nicht gg das Ges, die guten Sitten od Rechte Dr (BGH **10**, 202). Eine bes VerkGeltg ist nicht erforderl (str), kann aber für die Frage von Bedeutg sein, ob die Führg einer ähnl Bezeichng eine Interessenverletzg darstellt u einen UnterlAnspr begründet (Anm 5 caa). Der Schutz besteht auch nach Aufg der betreffden Tätigk weiter (RG **101**, 226, 231). Er erstreckt sich auf entspr VerkGeltg auch auf den **Vornamen** (Mü NJW **60**, 869 „Romy"; BGH NJW **83**, 1185 „Uwe") u auf Abkürzgen (KG JW **21**, 348) nicht aber auf das Inkognito, wie zB *iudex* od *artifex* (Jena JW **25**, 1659).

b) Obwohl § 12 im Titel über natürl Pers steht, gilt er auch für den Namen von **juristischen Personen** (allgM). Namensschutz besteht daher für den eV (RG **74**, 115, BGH NJW **70**, 1270), für jur Pers des öffR (BGH NJW **63**, 2267, Schlesw SchlHA **85**, 40, OVG Münst DVBl **73**, 318) u des HandelsR (RG **109**, 214, **115**, 406). Der Schutz des § 12 erstreckt sich auf alle and der ROrdng anerkannten u unter einem Gesamtnamen auftretden **Personenvereinigungen** (Hbg NJW-RR **86**, 1305), so etwa auf nichtrechtsfäh Vereine (RG **78**, 102), Gewerksch (BGH **43**, 252), polit Part (erweitert dch PartG 4 s BGH NJW **81**, 914), OHG u KG (RG **114**, 93) u Gesellsch des bürgerl R (Soergel-Heinrich Rdn 137). Name iSd § 12 ist auch die **Firma**, selbst wenn sie als abgeleitete Firma den bürgerl Namen ihres Inhabers nicht enthält (BGH **14**, 155).

c) Unter den Schutz des § 12 fallen auch alle and **namensartigen Kennzeichen,** die unabhäng vom gesetzl Namen od der gesetzl Firma geführt w (hM, stRspr, aA Klippel S 447ff). Bsp sind insb: aus der Firma od dem Namen abgeleitete Abkürzgen od Schlagworte (BGH **11**, 215, **24**, 240, **43**, 252, Ffm OLGZ **89**, 108; KfA TABU, GdP, DBB), Firmenbestandt (BGH NJW-RR **88**, 554), Etablissementsbezeichngen (RG **171**, 33, BGH NJW **70**, 1365), Haus- u Hotelnamen (BGH **LM** Nr 43, KG NJW **88**, 2893), Embleme (BGH **LM** Nr 44), Wappen (RG JW **24**, 1711, Schlesw SchlHA **72**, 168, Anm 7), Telegrammadressen (RG **102**, 89, BGH **LM** UWG 16 Nr 14 aE). Schutzfäh ist die Bezeichng aber nur dann, wenn sie entweder von Natur aus unterscheidskräft ist u Namensfunktion besitzt od sie diese Eigensch dch Anerkenng im Verkehr erworben hat (B-Hefermehl UWG 16 Rdn 34). – **aa) Namensfunktion** erfüllt eine Bezeichng, wenn sie geeignet ist, eine Pers od ein Unternehmen mit sprachl Mitteln unterscheidskräftig zu bezeichnen. Dazu gehört, daß sie aussprechbar ist u auf die beteiligten VerkKreise „wie ein Name" wirkt (BGH **11**, 217, **79**, 270, Betr **76**, 2056). Das trifft auch auf Phantasieworte wie „Kwatta" (RG **109**, 213) od „Altpa" (GRUR **54**, 332) zu, nicht dagg auf Bilder (BGH **14**, 156, GRUR **79**, 564), Zahlen (BGH **8**, 389) od auf Buchstabenzusammenstellgen, die kein aussprechb Wort ergeben (BGH **4**, 169, **11**, 217, **43**, 252). Solche Bezeichngen können aber dch **Anerkennung im Verkehr** Namensfunktion erlangen. Dazu ist erforderl, daß ein nicht unerhebl Teil des Verk sie als ein Hinweis auf ein best Unternehmen ansieht (BGH aaO). Auch Zahlen

("4711") u Bildzeichen können dch VerkGeltg Namensfunktion erlangen. Auf Bildzeichen ist § 12 aber nur dann unmittelb anzuwenden, wenn sie dch ein Wort ausgedrückt w können, wie etwa Salamander (RG **171**, 155) od ein Ankerzeichen (BGH GRUR **58**, 394). Ist das nicht mögl, kommt allenfalls eine entspr Anwendg des § 12 in Betracht (s Anm 7).

bb) Die für einen Namen erforderl **Unterscheidungskraft** fehlt bei Gattgsbezeichngen, wie Hausbücherei (BGH **21**, 73), Management-Seminare (BGH GRUR **76**, 254), Datenzentrale (BGH GRUR **77**, 503), Balkan-Restaurant (Hamm BB **67**, 1101), graue Panther (Brem OLGZ **84**, 360), alta moda (Ffm NJW-RR **86**, 535). Das gilt ebso für Worte der Umgangssprache, geografische Bezeichnungen u ähnl, wie zB Hydraulik (RG **163**, 238), Fettchemie (RG **172**, 131), Chemotechnik (Hamm GRUR **79**, 67). An die Unterscheidskraft sind wg des Freihaltgsbedürfn strenge Anforderngen zu stellen (BGH GRUR **76**, 254, NJW-RR **89**, 808). Sie kann zu bejahen sein, wenn mehrere nicht unterscheidgskräft Worte zu einer einprägs sprachl Neubildg zugefügt w. Bsp sind dort etwa Rhein-Chemie (BGH GRUR **57**, 561), Charme & Chic (BGH GRUR **73**, 265) od Bundesfachverband Saunabau (Ffm OLGZ **80**, 497). Wird ein Wort der Umgangssprache in unüblicher Weise verwendet, kann es hierdch Unterscheidskraft erlangen (s BGH **21**, 89 „Spiegel" für eine Zeitschrift; BGH **24**, 241 „tabu" für eine Gaststätte). Die Unterscheidskraft kann sich auch daraus ergeben, daß die Bezeichng üblicherweise an jedem Ort nur einmal benutzt w, wie „Parkhotel" (BGH Betr **76**, 2056) od „Citybank" (Düss WRP **74**, 156). Maßgebd ist die VerkAnschauung. Trotz Fehlens originärer Unterscheidskraft wird die Bezeichng schutzfäh, wenn sie als ein Hinweis auf ein best Unternehmen **Verkehrsgeltung** erlangt hat (RG **163**, 238, BGH **15**, 109, „Koma", BGH GRUR **76**, 254, **77**, 503). Polit Parteien genießen nach PartG 4 Namensschutz ggü einer später gegründeten Part auch dann, wenn ihr Name od dessen Abkürz weder von Natur aus eine individualisierde Eigenart aufweist, noch VerkGeltg besitzt (BGH **79**, 270).

cc) Hat die Bezeichng von Natur aus individualisierde Unterscheidgskraft, **beginnt der Schutz** mit dem Gebrauch der Bezeichng, sonst erst mit der Anerkenng im Verk (BGH **11**, 217, **21**, 89, **43**, 252, stRspr). Wo VerkGeltg erforderl ist, beschränkt sich der Schutz sachl u örtl auf den Bereich, für den VerkGeltg besteht (RG **171**, 34, Anm 5 cbb). **Inhaber des Namensrecht** ist derj, der sich den Namen beigelegt hat. Ob das bei einer Gaststättenbezeichnung („Eulenspiegel") der Pächter od der Verpächter ist, ist Frage des Einzelfalls (Hamm WRP **82**, 534). Die Anwendg des § 12 ist ausgeschlossen, wenn die Beilegung des Namens gg das Ges od gg die guten Sitten verstößt, so zB wenn die Bezeichng gem UWG 1, 3 unlauter ist (BGH **10**, 202, **LM** UWG 16 Nr 26) od gg HGB 37 od GewO 15 b verstößt (Zwernemann BB **87**, 774 zur GbR). Der Namensschutz kann **entfallen,** wenn aus der ursprüngl unterscheidgskräft Bezeichng ein Gattgsname wird (s RG **69**, 310, Liberty; **100**, 182, Gervais). Beruht der Namensschutz auf Anerkenng im Verk, entfällt mit der VerkGeltg auch das NamensR (BGH GRUR **57**, 428). Eine vorübergehde Nichtbenutzg ist aber unschädl (BGH **21**, 75). Was vorübergehd ist, ist Frage des Einzelfalls (BayObLG **83**, 261); zu berücksichtigen sind auch Schwierigk, die sich aus der Entwicklg der GesVerhältn (Kriegs-, Nachkriegszeit, Zonentrenng) ergeben (s RG **170**, 273, BGH NJW **59**, 2015, GRUR **67**, 202, Ffm OLGZ **72**, 468).

3) Übertragbarkeit des Namensrechts. a) Das **Namensrecht** ieS (Anm 2a) ist als Ausfluß des allg PersönlichkR nicht übertragb (krit Forkel GRUR **88**, 491) u endet mit dem Tod seines Trägers (Mü WRP **82**, 660). Die Witwe kann aber uU einem Verband die Führg des Namens ihres Mannes verbieten, weil beim Gebrauch des Mannesnamen zugl auch ihr Name mitgebraucht w (BGH **8**, 320); das gilt ebso für einen sonst nahen Angeh gleichen Namens (Mü aaO), nicht aber für eine Stiftg, die das künstlerische Erbe des Namensträgers pflegen soll (Schlesw NJW **88**, 339). Außerdem wird das allg PersönlichkR im beschränkten Umfang nach dem Tod seines Trägers weitergeschützt (§ 823 Anm 14 Be). – **b)** Die **Firma,** der Handelsname des Vollkaufmanns, ist mit dem HandelsGesch übertragb u vererbl (HGB 22, 23). Bestritten ist die Behandlg im Konk. Nach der Rspr ist zu unterscheiden: Bei Einzelfirmen u PersonalGesellsch kann der KonkVerw die Firma nur mit Zust des GemSchu übertragen, wenn dessen FamName in der Firma enthalten ist (BGH **32**, 111). Bei jur Pers des HandelsR u bei der GmbH & Co KG ist dagg die Mitübertragg der Firma nicht von der Zust der Gesellschafter abhäng, deren Name FirmenBestandt ist (BGH **85**, 223, Düss NJW **80**, 1284, Riegger BB **83**, 786). Diese das GläubInteresse u den vermögensrechtl Charakter des FirmenR in den VorderGrd stellde Ans verdient auch für die Firma des Einzelkaufm u der PersonalGesellsch den Vorzug (MüKo/Schwerdtner Rdn 79 mwNw, str). – **c)** Alle and dch § 12 geschützten **Bezeichnungen** von Unternehmen (Anm 2c) können gleichfalls mit dem Unternehmen übertragen w (BGH **21**, 71). Da es sich nicht um PersönlichkR, sond um ImmaterialgüterR (Anm 1b) handelt, ist aber auch eine Übertragg ohne das Unternehmen mögl, sofern eine Täuschg des GeschVerk ausgeschl ist (aA hM, s Staud-Coing Rdn 32 ff mwN). Bsp sind etwa die Übertragg von geschäftl Bezeichngen mit dem zugehörigen BetrTeil od Fertiggs-Verf. – **d)** Auch wenn eine Übertragg des NamensR ausgeschlossen ist, kann der Namensträger einem od gestatten, seinen Namen zu benutzen u auf Unterl- sowie SchadErsAnspr verzichten (RG **87**, 149, BGH **44**, 375, BayObLG **86**, 377), sog **Gestattungsvertrag**, auch Lizenz genannt. Der Vertrag bietet als schuldrechtl Vertr keinen Schutz gg weitere LizenzNeh (Forkel NJW **83**, 1765); er ist unwirks, wenn die Gestattg der Namensbenutzg zur Täuschg des GeschVerk führen kann (BGH **1**, 246) od HGB 23 umgangen w. Der Berecht wird nicht Inh des NamensR, er kann aber zur Geltdmachg der Rechte des Namensträgers ermächtigt w (Ffm NJW **52**, 794, RG **148**, 147) u darf sich ggü Dr auf die Priorität des von ihm benutzten Rechts berufen (BGH Betr **85**, 1934, aA Mü Betr **87**, 884). Mögl ist es auch, daß dch die Benutzg ein eig NamensR des LizenzNeh entsteht (BGH **10**, 204, Zweibr OLGZ **80**, 34). Der Umfang der Gestattg richtet sich nach den getroffenen Vereinbgn. Das gilt insb für etwaige Beschränkgen in räuml od zeitl Hinsicht (RG **76**, 265, JW **36**, 923) u für die Frage, ob der LizenzNeh seine Rechte weiterübertragen kann (RG Gruch **45**, 74). Da es sich um ein DauerschuldVerh handelt, kann das KündR aus wicht Grd nicht ausgeschl w (RG Warn **24**, 96, Einf 5 v § 241).

4) Namensleugnung. Der Berecht kann Beseitigg der Beeinträchtigg u bei Wiederholgsgefahr Unterlassg verlangen, wenn sein Recht zum Gebrauch des Namens bestritten w. Der Anspr steht ausschließl dem

Inh des NamensR zu, nicht seinen FamAngeh. Er kann auch von der Ehefrau gg den Ehemann geltd gemacht w (RG **108**, 231). Das Bestreiten braucht nicht ausdr zu geschehen, dauerndes Benennen mit falschem Namen genügt (s LG Bonn **AP** § 54 Nr 1), ebso die hartnäckige Verwendg einer falschen Schreibweise (Klippel S 410). Der Anspr kann sich auch gg eine Person richten (RG **147**, 254). Soweit diese als Träger öffentl Gewalt gehandelt hat, ist aber nicht der ordentl RWeg, sond der VerwRWeg gegeben. Die Bundesbahn verletzt das öffr NamensR der Gemeinde, wenn sie ihren Bahnhof mit einem unricht GemNamen bezeichnet (BVerwG NJW **74**, 1207, Pappermann JuS **76**, 305). Dagg ist es keine Verletzg des NamensR, wenn mehrere Postdienststellen den richt GemNamen führen, diesem aber nicht den Namen des GemBezirks hinzufügen (OVG Münst DVBl **73**, 318). Ein bes Interesse an der Dchsetzg des Anspr braucht der Berecht iF der Namensbestreitg (and als iF Anm 5) nicht darzutun (Staud-Coing Rdn 124).

5) Namensanmaßung. Sie liegt vor, wenn ein and unbefugt den gleichen Namen gebraucht u dadch ein schutzwürd Interesse des Namensträgers verletzt.

a) Gebrauch des gleichen Namens. – aa) Nach dem Schutzzweck des § 12 ist vom **Gebrauch** des Namens die bloße Namensnenng zu unterscheiden. Diese ist, auch wenn sie im ZusHang mit unricht Sachaussagen erfolgt, keine unter § 12 falle VerletzgsHdlg. Eine solche liegt nur vor, wenn der Name dazu benutzt wird, eine andere Pers, deren Einrichtgen od Produkte **namensmäßig** zu bezeichnen (Staud-Coing Rdn 129, Soergel-Heinrich Rdn 174, krit Sack WRP **84**, 530); es muß die Gefahr einer Identitäts- od Zuordngsverwirrg entstehen (BGH **91**, 120, **98**, 95). Dagg schützt § 12 nicht Namensnenng auf Gefallenentafeln (BGH NJW **59**, 525), in Fernsprechbüchern (s Müller-Graff GRUR **87**, 493), in Pressebeichten (offen BGH **LM** GG 5 Nr 18 Bl 4), in satirischer Verfremdg (LG Düss NJW **87**, 1413), auf Wahlplakaten (Kblz DRZ **48**, 175) u Aufklebern (Ffm NJW **82**, 648, „Lusthansa"), in Reklametexten (BGH **30**, 9, **81**, 78, Brem GRUR **86**, 838), sofern die angepriesene Ware dem Namensträger nicht zugerechnet w. Es ist auch kein Namensgebrauch, wenn in einem Bericht über eine Zeitg („Bild") deren Emblem verwandt w (aA BGH NJW **80**, 280), wenn sich jemand als Schüler od fr Angestellter des Namensträgers bezeichnet (aA Mü OLGZ **74**, 281) od wenn eine Firmenabkürzg („BMW") in einem Aufkleber („BumsMalWieder") verballhornt wird (BGH **98**, 95). Wenn ein Name ohne Zust des Berecht im GeschVerk zum Zwecke der Werbg benutzt w, liegt aber idR eine Verletzg des allg PersönlichR vor (BGH **30**, 10, **81**, 80, § 823 Anm 14 D c).

bb) Gebrauch eines fremden Namens zur Bezeichnung der eigenen Person. Er ist der typ, prakt aber nur selten vorkommde Fall der Namensanmaßg. Ihm steht gleich, wenn jemand es veranlaßt u duldet, daß er von Dr mit einem ihm nicht zustehen Namen angesprochen w (RG JW **30**, 1723). Voraussetzg ist jedoch, daß der Verk die Namensverwendg als einen Hinw auf die Pers des Namensträgers ansieht (s BGH NJW **83**, 1185). Eine Namensanmaß ist es auch, wenn auf ein Wahlplakat der Name der gegnerischen Part gesetzt w, um für den flücht Betrachter den Anschein hervorzurufen, das Plakat stamme von dieser (Karlsr NJW **72**, 1811, Schlüter JuS **75**, 558).

cc) Gebrauch eines fremden Namens zur Bezeichnung eines Unternehmens, bestimmter Einrichtungen oder Erzeugnisse. § 12 ist verletzt, wenn der Name eines and als Untern-, Etablissements- od Warenzeichen benutzt w (BGH **30**, 9). Voraussetzg ist weiter, daß eine sog Zuordngsverwirrg entsteht (oben aa, str). Sie ist aber bereits dann zu bejahen, wenn beim Verk der Eindruck hervorgerufen w, der Namensträger habe dem Gebrauch seines Namens zugestimmt (BGH NJW **63**, 2269, **83**, 1186, Karlsr NJW-RR **86**, 588). Eine Verletzg des NamensR ist daher gegeben bei Verwendg des Namens als Warenzeichen (RG **74**, 310), als Etablissementsbezeichg (RG **88**, 421), in einem Zeitschriftentitel (RG JW **27**, 1585), zur Bezeichng von Waren (BGH **30**, 9), als Aufschrift auf einem T-Shirt (Karlsr NJW-RR **86**, 588). Namensanmaßg ist auch der Gebrauch der Bezeichng Stadttheater (RG **101**, 170) u der Werbespruch „Dortmund grüßt mit X Bier" (BGH NJW **63**, 2267). Kein Namensgebrauch ist dagg die adjektivische Verwendg eines Städtenamens (Schlesw SchlHA **85**, 40, „Malenter Reisebüro"). Keine Verletzg des NamensR, sond des allg PersönlichR ist es auch, wenn ein Grabsteinhersteller den Namen seines Konkurrenten auf einem Ausstellgsstück als Verstorbenen anführt (aA RG DR **39**, 438).

dd) Gebrauch eines fremden Namens zur Bezeichnung eines Dritten. § 12 ist auch anwendb, wenn der Handelnde den fremden Namen einer dritten Person beilegt, so etwa, wenn der Ehemann seine Freundin als seine Frau ausgibt (Soergel-Heinrich Rdn 175, MüKo/Schwerdtner Rdn 110, hM, aA RG **108**, 232) u wenn die Mutter für ihr nichtehel Kind den Namen des Vaters gebraucht (RG aaO). Kein Namensgebrauch iSd § 12 ist es dagg, wenn der Name zur Bezeichng einer **erdichteten Person** verwandt w (MüKo/Schwerdtner Rdn 111, Soergel-Heinrich Rdn 176, aA RG JW **39**, 153, KG OLG **30**, 312, JW **21**, 1551). Ist die Pers frei erfunden, liegt kein Gebrauch des Namens iS einer Identitätsbezeichng vor. Wird auf den wirkl Namensträger angespielt, entfällt § 12, weil in Bezug auf den Namensträger der richtige Name verwandt w. Bei entstellder Darstellg kann aber das allg PersönlichR verletzt sein (§ 823 Anm 14 B).

ee) § 12 untersagt den Gebrauch des **gleichen Namens.** Dazu ist erforderl, daß der Verk die Namensverwendg als einen Hinw auf den Namensträger ansieht (BGH NJW **83**, 1185). Eine volle Übereinstimmg ist nicht erforderl. Entscheid ist, ob **Verwechselungsfähigkeit** gegeben ist (BGH **LM** Nr 21). Auch wenn diese besteht, kann § 12 unanwendb sein, weil – etwa wg völliger Branchenverschiedenh – keine Verwechselg zu befürchten ist (unten c bb u cc). Zu vergleichen ist der GesEindruck, den die beiden Bezeichngen nach Schriftbild, Klang u Sinngehalt hervorrufen (BGH **28**, 323). Verwechselgsfähig ist idR zu bejahen, wenn die beiden Bezeichngen in ihrem eigentl aussagekräft Bestandt übereinstimmen (BGH **42**, 245, **79**, 273, NJW-RR **89**, 809). Zusätze wie „u Co", „vormals" u solche, die die RForm betreffen (AG, GmbH usw) haben idR keine ausr Unterscheidkraft (BGH **46**, 13), ebsowenig unterschiedl Schreibweisen (BGH **LM** Nr 30: Pro-Monta ggü Promonta). Entscheid ist die VerkAnschauung. Bei Namen mit schwacher Kennzeichnungskraft kann die Verwechslgsfähigk uU schon dch geringfüg Abweichgen ausgeräumt w (s BGH NJW **57**, 909), währd bei Namen mit starker Kennzeichnungskraft u VerkGeltg schon eine entfernte Ähnlichk zu Verwechselgen führen kann (Einzelfälle B-Hefermehl UWG 16 Rdn 49, 60 u unten ccc). Wird eine **schlagwortartige Abkürzung** eines fremden Namens gebraucht, so steht das nach der VerkAnschauung der Benutzg des **vollen Namens** gleich (s RG **114**, 95). § 12 ist aber auch dann anwendb, wenn ein unterscheidskräft wesentl Teil des fremden Namens so benutzt w, daß die Interessen des Berecht verletzt w (s RG **101**, 169, „Stadttheater"; BGH **8**, 320, FamName; NJW **63**, 2267, „Dortmund"; BGH NJW **83**, 1185 „Uwe").

b) Unbefugter Gebrauch. – aa) „Unbefugt" ist gleichbedeutd mit widerrechtl iSd § 823. Die Widerrechtlichk ergibt sich idR aus der Verletzg des NamensR des Namensträgers, dh aus der Bejahg der übrigen TatbestdMerkmale des § 12. Bei Wahlnamen kann der Gebrauch auch deshalb unbefugt sein, weil die Namensführg gg UWG 1, 3 od gg die guten Sitten verstößt (BGH **10**, 201). Niemals unbefugt ist der (redl) Gebrauch des gesetzl vorgeschriebenen eig Namens (RG **165**, 283, BGH **29**, 263). Dem Namensträger steht es frei, ob er den vollen Namen od nur den FamNamen benutzen will. Auch Verwechselsgefahr zwingt außerh des Wettbew nicht zur Beifügg des Vornamens (RG JW **11**, 572). Nicht widerrechtl handelt auch, wer seinen bürgerl Namen zur Firmenbildg (RG **170**, 270) od zur Bezeichng seiner Erzeugn benutzt, sofern er dabei redl handelt (unten bb). Das gilt auch dann, wenn das FirmenR die Verwendg des bürgerl Namens nicht vorschreibt (BGH NJW **66**, 345, B-Hefermehl UWG 16 Rdn 80, aA RG **110**, 237).

bb) Unbefugter Gebrauch trotz Gleichnamigkeit. Obwohl grdsl jeder seinen Namen im WirtschLeben verwenden darf, ist der Gebrauch des eig Namens in folgden Fällen unbefugt: **(1) Strohmanngründg**, bei denen der Strohmann seinen berühmten Namen (Farina, Faber) zur Bildg einer verwechselgsfäh Firma zur Vfg stellt (BGH NJW **66**, 345, B-Hefermehl UWG 16 Rdn 74). **(2) Verwechselgsabsicht.** Benutzg des eig Namens zu dem Zweck, den Ruf eines bekannten gleichart Untern für sich auszubeuten (BGH **4**, 100, NJW **51**, 520). **(3)** Konkurrenz von Wahlnamen, die keinen bürgerl Namen enthalten. Es gilt der Grds der **Priorität** (RG **171**, 147, BGH **24**, 240). Die jüngere Bezeichng muß der älteren weichen. Entscheid ist, wann die Bezeichng zu einem Namen iSd § 12 geworden ist; bei originärer Unterscheidskraft der Bezeichng kommt es daher auf die Ingebrauchnahme an, sonst auf die Erlangg von VerkGeltg (oben Anm 2cc). Wesentl Änderg des Namens führen zum Verlust der fr Priorität (BGH NJW **73**, 2153). Bei ausländ Bezeichng ist entscheid, wann sie im Inland in Gebrauch genommen worden sind (BGH NJW **71**, 1524, **73**, 2153); entspr gilt für Unternehmenskennzeichen der DDR (BGH **34**, 92). Nicht nöt ist VerkGeltg im Inland, sofern das Zeichen von sich aus schutzfäh ist (BGH **LM** UWG 16 Nr 56a, NJW **71**, 1524, aA fr RG **132**, 380). Die Priorität wirkt aber nur **relativ** zw den Beteil. Dritte können sich nicht auf das bessere Recht eines Vorbenutzers berufen (BGH **10**, 196, **24**, 240).

cc) Gleichnamigkeit, Gleichgewichtslage. Führen zwei Untern ident od fast ident Bezeichngen, ohne daß einer der Fälle zu bb) vorliegt, gilt der Grds, daß niemand am redl Gebrauch seines Namens im WirtschVerk gehindert w darf (B-Hefermehl UWG 16 Rdn 77). Der ältere Namensträger kann daher dem jüngeren die Namensführg nicht einfach verbieten; es muß vielmehr ein **Interessenausgleich** stattfinden (RG **171**, 326, BGH **LM** UWG 16 Nr 5 Bl 2), bei dem allerd die Priorität (bb (3)) entscheid mitzuberücksichtigen ist (BGH **LM** Nr 17, NJW **68**, 350). Der ältere Benutzer kann idR verlangen, daß der jüngere alle zumutb Vorkehrgen trifft, um die Verwechselgsgefahr möglichst zu mindern (BGH NJW **66**, 345, **68**, 351, NJW-RR **88**, 95, Köln NJW **84**, 1358), in Betracht kommt vor allem die Beifügg von **unterscheidungskräftigen Zusätzen** (BGH Betr **85**, 1935, B-Hefermehl Rdn 83ff). Ausnahmsw, etwa bei starker VerkGeltg der älteren Firma u einem wenig schutzwürd Besitzstand der jüngeren, kann der Gebrauch des Namens überhaupt verboten w, wenn nicht das FirmenR seine Benutzg zwingd vorschreibt (BGH **4**, 102, NJW **68**, 350). UU kann auch der ältere Namensträger verpflichtet sein, zur Vermeidg von Verwechselse beizutragen (BGH **LM** UWG 16 Nr 5 Bl 2). Das gilt insb dann, wenn das ältere Unternehmen die Verwechselgsgefahr dch sachl od räuml Änderg seines TätigkKreises erst hervorgerufen od erhöht hat (RG **171**, 326, BGH **LM** UWG 16 Nr 5 Bl 2 R, Nr 26, MDR **67**, 378). Ein Rest von verwechselgsgefahr muß uU hingenommen w (RG **116**, 210, BGH **4**, 105). Haben mehrere Firmen mit verwechselgsfäh Kennzeichen längere Zeit unbeanstandet nebeneinand bestanden u haben beide einen wertvollen Besitzstand erlangt, tritt der Gesichtspunkt der Priorität zurück. Es besteht eine namensrechtl **Gleichgewichtslage**, die von beiden Seiten nicht verändert w darf; beide Part sind verpfl, die Verwechselgsgefahr dch geeignete Maßn zu verringern (BGH **14**, 159, NJW **52**, 222, GRUR **71**, 311).

c) Interessenverletzung. – aa) Gesetzlicher Name. Da er in allen Lebensbereichen geführt w, ist der Begriff des Interesses weit auszulegen. Schutzwürdig sind Interessen jeder Art, auch rein persönl, ideelle od bloße Affektionsinteressen (BGH **8**, 322, **43**, 255, **LM** Nr 21, Sack WRP **84**, 521). Ausr ist, daß der Namensgebrauch den Eindruck von familiären od geschäftl Beziehgen erweckt (BGH **LM** Nr 21, WPM **85**, 95), daß der Name mit polit Zielen in ZusHang gebracht w, die der Namensträger mißbilligt (BGH **8**, 323), daß die Gefahr von Verwechselg entsteht (BGH **29**, 264). Prakt ist mit jedem unbefugten Namensgebrauch zugl eine Interessenverletzg gegeben. Bei sog **Sammelnamen** mit schwacher Kennzeichnungskraft (etwa „Müller") entfällt allerdings idR das Interesse an der Verhinderg des Namensgebrauchs. Im übrigen ist hier bereits zweifelh, ob überhaupt der Name eines best und Namensträgers benutzt wird. Bei **Pseudonymen** (zB Künstler- od Schriftstellernamen), die nur im berufl Bereich geführt w, beschränkt sich der Schutzumfang entspr. Hat das Pseudonym weitergehde VerkGeltg erworben, reicht das schutzwürd Interesse entspr weiter, ggf so weit wie bei einem gesetzl Namen. Jur Pers können Namensschutz nur im Rahmen ihres Funktionsbereichs beanspruchen (BGH **LM** Nr 42). Beim **Verein** ist das Interesse schutzwürd, daß sein Name nicht als Bezeichnung einer Gaststätte verwendet w (BGH NJW **70**, 1270 „Weserklause"), bei einer polit Part das Interesse, daß ihr nicht auf Plakaten ihrem Programm widersprechde Tendenzen untergeschoben w (Karlsr NJW **72**, 1811).

bb) Wirtschaftsverkehr. Bei den im GeschLeben geführten Namen (Firma, UnternBezeichngen usw) ist nur ein geschäftl Interesse schutzwürd (B-Hefermehl UWG 16 Rdn 62), das sich aber auswn auch aus ideellen Belangen ergeben kann (BGH **LM** Nr 42). Schutzwürd ist vor allem das Interesse, nicht mit and Untern verwechselt zu w (unten cc), bei „berühmten" Kennzeichen auch das Interesse, einer Verwässerg entggzuwirken (unten dd), ferner das Interesse an der Aufrechterhaltg des guten Rufs. Geschützt w aber nur das lebde Unternehmen (BGH **21**, 69, Anm 2c cc). Der Eigt des Grdst, auf dem fr das im Krieg zerstörte Hotel Esplanade stand, hat für diesen Namen kein VerbietgsR, auch wenn er ihn für ein Filmhaus weiterbenutzen will (KG NJW **88**, 2893). Der Schutz ist **örtlich begrenzt** auf den Wirkgskreis des Unternehmens (RG **171**, 34). Bei Gaststätten- u Hotelnamen beschränkt sich das VerbietgsR idR auf den Ort der Niederlassung (BGH **24**, 243). Es erstreckt sich aber auf das ganze Gemeindegebiet, nicht nur auf einen Stadtteil (BGH NJW **70**, 1365). Entspr gilt für Warenhäuser (s BGH **11**, 221), EinzelhandelsGesch u and Betr von nur örtl Bedeutg. Überörtlicher Schutz besteht für Warenhaus-, Hotel- und Gaststättenketten (BGH **24**, 243). Bei Erzeugerbetrieben ist der Namensschutz (vorbehaltl dd) idR **sachlich begrenzt** auf die Branche od ähnl GeschZweige. Bei völlig verschiedenen Branchen (etwa Lkw-Bau u Bau von Kühlanlagen od Süßwaren u Milchprodukten) ist die Gefahr einer Verwechselg u damit eine Interessenverletzg idR ausgeschlossen (BGH **19**, 26, Magirus; Köln GRUR **83**, 793). Bei der Beurteilg muß eine beabsichtigte zukünft sachl u räuml Ausdehng des Verletzten mitberücksichtigt w, vorausgesetzt, der Namensschutz besteht schon, ist also von der Anerkenng im Verk unabhäng (BGH **8**, 392, **11**, 219, **LM** UWG 16 Nr 24 Bl 2).

cc) **Verwechselungsgefahr.** Sie begründet stets eine Interessenverletzg (RG **114**, 94); s zur Verwechselgsfähig oben a) ee). Zu unterscheiden sind **Verwechselungsgefahr im engeren und weiteren Sinn** (BGH **15**, 110, Betr **74**, 234). Erstere liegt vor, wenn die beteiligten VerkKreise Identität der Unternehmen annehmen, letztere, wenn sie personelle od organisator ZusHänge od eine Zustimmg des Namensträgers vermuten (BGH BB **89**, 1844, Ffm OLGZ **89**, 110, GRUR **89**, 288). Ebso wie im WarenzeichenR ist zw Namen von starker, normaler u schwacher Kennzeichnungskraft zu unterscheiden (BGH **21**, 92, **LM** UWG 16 Nr 56, 56a u 70). Je stärker die VerkGeltg des Namens ist, desto eher ist eine Verwechselgsgefahr zu bejahen. Zu berücksichtigen ist auch, ggü welchen VerkKreisen der Name benutzt w. Werden ausschließl Branchenkundige angesprochen, kann deren Sachkunde die Gefahr einer Verwechselg ausschließen (BGH GRUR **58**, 606). Verwechselgen bei der Postzustellg sind zumindest idR ein ausr Beweis für das Bestehen einer Verwechselgsgefahr (RG **108**, 276, BGH GRUR **57**, 427).

dd) **Verwässerungsgefahr.** Bes Grds gelten für den Schutz von berühmten UnternKennzeichen (s BGH **19**, 27, Magirus; NJW **56**, 1713, Meisterbrand; NJW **66**, 344, Kupferberg; NJW-RR **88**, Commerzbank; Hbg WRP **86**, 409, Underberg). Sie sind nicht nur gg die Gefahr einer Verwechselg, sond gg jede Beeinträchtigg ihrer Alleinstellg u Werbekraft geschützt. Auch wenn wg völliger Branchenverschiedenh jede Verwechselgsmöglichk entfällt, kann der Berecht der Verwendg einer gleichen od ähnl Bezeichng entgegentreten. Die für den Anspr aus § 12 erforderl Verletzg eines berecht Interesses ist zu bejahen, weil die **Gefahr einer Verwässerung** besteht (BGH aaO, aA Klippel GRUR **86**, 697, der insoweit allein UWG 16 anwenden will). Ein derart umfassder Schutz ist aber nur in AusnFällen gegeben. Es muß sich um Kennzeichen handeln, die dch lange Benutzg u intensive Werbg eine überragde VerkGeltg erlangt haben. Erforderl ist ein entspr BekannthGrad in der Bevölkerg. Dieser ist erreicht, wenn 70%–80% des Publikums das Kennzeichen kennen (Hbg Betr **73**, 326, Asbach uralt), dagg genügt ein BekannthGrad von 68% nicht (Hbg GRUR **87**, 400, Pirelli).

6) Ansprüche aus dem Namensrecht. – a) Die in § 12 vorgesehenen Anspr auf Beseitigg u Unterl stehen dem **Verletzten** zu. Bei unbefugtem Gebrauch eines Familiennamens ist grdsl jeder Träger des Namens klageberecht, vorausgesetzt, daß auch seine schutzwürd Interessen verletzt sind (BGH **8**, 320, 324, str). Die Ehefrau (Witwe) ist daher idR aktivlegitimiert, wenn der Name ihres Ehem unbefugt benutzt w (BGH aaO). – **b)** Der von einem Verschulden unabhäng **Beseitigungsanspruch** ist iW der LeistsgKl geltd zu machen (RG **147**, 253). Er schließt idR das RSchutzBedürfn für eine FeststellgsKl aus (RG Warn **36**, 136). Bei **Bestreiten des Namensführungsrechts** (Anm 4) besteht die Beseitigg im Widerruf des Bestreitens, uU auch in der Einwillig in eine best Namensführg ggü der zust Stelle. Da der Widerruf „actus contrarius" zum Bestreiten ist, ist er an den gleichen PersKreis zu richten u ebso vorzunehmen wie dieser (Bsp: Veröffentlichg in der Presse, Rundschreiben). Bei **unbefugter Namensführung** (Anm 5) geht der Anspr dahin, die rechtsw Einwirkg dch geeignete Maßn für die Zukunft zu beseitigen. Bsp sind Entfernung der unerlaubten Bezeichnung überall, wo sie angebracht ist, ebso die Löschg eines Warenzeichens (RG **117**, 221). Zur Abgrenzg des Beseitiggs- vom SchadErsAnspr s § 1004 Anm 5a. – **c)** Der **Unterlassungsanspruch** setzt die Besorgn weiterer Beeinträchtiggn, dh eine **Wiederholungsgefahr** voraus (s dazu Einf 8 b v § 823 u § 1004 Anm 6 c). Er geht auf ein Verbot für die Zukunft. Verboten w kann die Führg des Namens (Namensbestandteils) nur in der konkret benutzten Form untersagt w (BGH **LM** Nr 18 Bl 4, **LM** UWG 16 Nr 59 Bl 2 R). Wenn zB in der Firma „XYZ" der Bestandteil X unzul ist, muß der Antrag lauten, den Gebrauch des Namens „XYZ" zu unterlassen, nicht, den Gebrauch des Wortes „X" zu untersagen. Genügt zur Beseitig der Beeinträchtigg die Hinzufügg eines unterscheidgskräft Zusatzes, kann nur diese, nicht aber ein Verbot der Namensführg schlechthin verlangt w (BGH **LM** Nr 19). Wie die Verwechselgsgefahr beseitigt w soll, muß grdsl der Entscheidg des Verletzers überlassen bleiben (s BGH aaO). Ein völliges Verbot ist aber dann gerechtfertigt, wenn es dem Verletzer darum geht, am Ruf des Verletzten zu schmarotzen, oder wenn weitergehde Beeinträchtiggn zu befürchten sind (s BGH **4**, 102, **LM** UWG 16 Nr 49 Bl 2 u 59 Bl 2 R). Auch für das NamensR gelten die Grds der vorbeugden Unterlassgsklage (Einf 8 v § 823). Sie ist bereits zul, wenn ein widerrechtl Eingriff drohd bevorsteht (BGH **2**, 395). – **d)** Der Anspr **verjährt** gem § 195 in 30 Jahren, nicht gem den kurzen VerjFr aus UWG 16 die kurze VerjFr des UWG 21 gilt. Zur **Verwirkung** s § 242 Anm 9f. – **e)** Da das NamensR ein sonst Recht iSd § 823 ist, besteht bei seiner Verletzg ein **Schadensersatzanspruch,** sofern der Verletzer schuldh gehandelt hat (§ 823 Anm 5 C). Der Schaden kann ebso wie iF der Verletzg eines Urh- od gewerbl SchutzR nach Art einer Lizenzgebühr od nach dem Verletzergewinn berechnet w (BGH **60**, 208). Nach der Rspr kann bei schwerwiegden Eingriffen in das NamensR – ebso wie iF der Verletzg des allg PersönlichkR (§ 823 Anm 14 F) – auch für den immateriellen Schaden GeldErs verlangt w (Köln GRUR **67**, 323, s auch BGH **30**, 9). – **f) Beweisfragen.** Der Kläger muß sein NamensR u auch die VerletzgsHdlg des Beklagten darlegen u beweisen (RG JW **37**, 390). Dagg hat der Beklagte den Nachw zu erbringen, daß er den gleichen od einen verwechselgsfäh Namen führen darf (BGH

WPM **57**, 1152, Baumgärtel-Laumen Rdn 2). Das Recht zur Führg des bürgerl Namens wird dch die PersStandsbücher bewiesen (PStG 60, 66), jedoch ist der GgBew zul. Lange unbeanstandete Führg des Namens dch die Fam begründet die Vermutg der RMäßigk (BayObLG **42**, 91).

7) Entsprechende Anwendung. Auf den Schutz des **Wappens** ist § 12 entspr anwendb (Karlsr NJW-RR **86**, 588). Geschützt ist neben adeligen u bürgerl Wappen auch das von öffr Körpersch, etwa das einer Gem (RG JW **24**, 1711, Schlesw SchlHA **72**, 168). Eine Verletzg liegt vor, wenn das Wappen zur Ausstattg von Waren od sonst als geschäftl Kennzeichen benutzt w (RG aaO). Auch auf **Bildzeichen** findet § 12 (entspr) Anwendg, sow sie unterscheidgskräft sind u sich im Verk als namensmäß Hinw auf eine best Pers od ein best Unternehmen dchgesetzt haben. Das gilt sicher dann, wenn die Bilder auch dch ein Wort ausgedrückt w können (RG **171**, 155, Salamander; BGH GRUR **57**, 288, Zwillingszeichen; **LM** UWG 16 Nr 21, Karo-As). Aber auch wenn diese Voraussetzg nicht zutrifft, besteht kein Anlaß, dem Bildzeichen den Schutz des § 12 vorzuenthalten (wie hier BGH **LM** Nr 44, aA BGH **14**, 160, Soergel-Heinrich Rdn 154). Auf jeden Fall ist UWG 16 III anwendb, der aber nur für geschäftl Zeichen gilt, sich also nicht auf Zeichen von Idealvereinen erstreckt. Wird das Recht zur Führg eines **Titels** bestritten, ist dem Träger des Titels gleichf in entspr Anwendg des § 12 ein BeseitiggsAnspr zuzubilligen (Soergel-Heinrich Rdn 157).

13–20 Aufgeh dch Verschollenheitsgesetz (VerschG) vom 4. 7. 39 (RGBl I S 1186) § 46. Vgl hinten unter NebenGes.

Zweiter Titel. Juristische Personen

Einführung

1) Begriff u RNatur der jur Pers sind seit jeher str. Die Fiktionstheorie (v Savigny, Windscheid) leugnet die Realität jur Pers u betrachtet sie als bloße Fiktion. Die Theorie der realen Verbandspersönlichk (Beseler, v Gierke) sieht in der jur Pers ein wirkl vorhandenes Wesen mit einem GesWillen, das dch seine Organe handlgs- u deliktsfäh ist. Die Theorie des Zweckvermögens (Brinz, neuerdings Wiedemann WPM **75** Beilage 5) versteht die jur Pers als ein besondern Zwecken gewidmetes Sondervermögen, das als selbstd Träger von Rechten u Pflten organisiert ist. Dieser Theorienstreit (s Soergel-Hadding Rdn 8ff) ist für die prakt RAnwendg unergiebig. Es ist auch wenig aussichtsreich, für den Begriff der jur Pers nach einer vom positiven Recht losgelösten konsensfäh Grdl zu suchen. Die jur Pers ist eine Zweckschöpfg des GesGebers. Sie ist die Zusammenfassg von Pers od Sachen zu einer rechtl geregelten **Organisation,** der die ROrdng RFgk verliehen u dadch als Träger eig Rechte u Pflten verselbständigt hat (ähnl MüKo/Reuter Rdn 2, Erm-Westermann Rdn 2).

2) Von den jur Pers zu unterscheiden ist die **Gemeinschaft zur gesamten Hand.** Bei ihr ist das Vermögen gleichf zweckgebunden; Träger der Rechte u Pflten sind aber die Mitgl der Gemeinsch, nicht eine von ihnen begriffl verschiedene „Person" (BGH NJW **88**, 556, BAG Betr **89**, 1973, Weber-Grellet AcP **182**, 316 mwNw). Auch wenn man mit Flume (ZHR **136**, 177) die Gesamthand als kollektive Gruppe als Inhaberin des Gesamthandsvermögens ansieht, so ist sie doch kein eig RSubjekt. Die Rechte des einz, die sich auf das ganze GemeinschVermögen erstrecken, sind dch die Mitberechtigg der and Teilhaber beschränkt. Die Verw erfolgt je nach Art der Gemsch dch alle Mitgl od dch einen od einige von ihnen. GesamthandsGemeinsch sind die BGB-Gesellsch, der nichtrechtsf Verein, OHG u KG, ehel GüterGemeinsch sowie die ErbenGemeinsch. Bei der OHG u KG sowie beim nichtrechtsf Verein bestehen aber Besonderh. Sie sind in einz Beziehgen einer jur Pers angenähert u besitzen TeilRFgk. Keine Gemeinsch zur ges Hand sond eine BruchteilsGemeinsch ist die Gemeinsch iSd §§ 741 ff.

3) Arten der juristischen Personen. a) Zu unterscheiden sind jur Pers des **öffentlichen Rechts und des Privatrechts.** Jur Pers des öffR sind vor allem der Staat (Bund u Länder), die in ihn eingegliederten Gebietskörpersch (Gemeinden, Kreise), die Kirchen sowie die sonst Körpersch, Anstalten u Stiftgen des öffR (s Vorbem 1 vor § 89). Für die Abgrenzg zw jur Pers des öffR u des PrivR ist der EntstehgsTatbestd entscheidd (Rasch DVBl **70**, 765, Larenz § 9 I, hM), nicht die Art der übertragenen Aufg. Eine jur Pers des öffR kann vorwiegd fiskalische Aufg zu erledigen haben, eine jur Pers des PrivR als beliehener Unternehmer hoheitl. Jur Pers des öffR beruhen auf einem Hoheitsakt, idR einem Ges, das Organisation u Aufg des RTrägers festlegt. Jur Pers des PrivR beruhen auf einem privatrechtl Gründgsakt (GründgsVertr, Stiftgs-Gesch). – **b)** Nach der organisatorischen Ausgestaltg ist bei den jur Pers des öffR u des PrivR zu unterscheiden zw **Vereinigungen** (Körpersch) einerseits u **Anstalten** u **Stiftungen** ands. Die Vereinig hat Mitgl u ist damit ein als rechtsf anerkannter PersZusSchluß. Anstalten u Stiftgen haben lediglich Organe u eine zweckgebundene Vermögensausstattg; sie sind daher als selbstd RTräger anerkannte Vermögensmassen.

4) Auf den **Erwerb der Rechtsfähigkeit** kann der Staat bei jur Pers des PrivR in unterschiedl Umfang Einfluß nehmen. Zu unterscheiden sind folge Systeme, die allerdings auch in Mischformen vorkommen: **a) System der freien Körperschaftsbildung.** Die jur Pers entsteht, sobald die normativen Voraussetzgen für ihre Gründg erfüllt sind. Eine staatl Kontrolle der Einhaltg der Voraussetzgen findet nicht statt. Das System gilt für Idealvereine, in der BRep nur für den (hier nicht einschlägigen) nichtrechtsf Verein. – **b) System der Normativbestimmungen.** Auch hier ist dch RSatz festgelegt, welche normativen Voraussetzgen zum Erwerb der RFgk erfüllt sein müssen. Die Einhaltg dieser Bestimmgen w aber im Einzelfall von einer zust staatl Stelle überprüft. Bei einem posit Ergebn schließt sich idR eine konstitutive Registereintragg an. Dieses System gilt für den Idealverein (§ 21), die AG (AktG 23–41),

KGaA (AktG 278–282), GmbH (GmbHG 1–11) u die Genossensch (GenG 1–13). – **c) Konzessionssystem.** Die RFgk wird dch staatl Verleih od Gen erworben, wobei die zust Behörde idR nach pflichtmäß Ermessen entscheidet. Anwendgsfälle sind der wirtschaftl Verein (§ 22), die Stiftg (§ 80) u der VersVerein auf Ggseitigk (VAG 15).

5) Die jur Pers steht im **Umfang ihrer Rechtsfähigkeit** den natürl Pers nicht in jeder Beziehg gleich. Zu eng ist es aber, die RFgk der jur Pers auf die VermFähigk u die Fähigk der TNahme am rechtsgeschäftl Verk zu beschränken (so Larenz § 9 I). Als Grds ist vielmehr davon auszugehen, daß der jur Pers alle Rechte u RStellgen offenstehen, sow diese nicht die menschl Natur ihres Trägers voraussetzen (Soergel-Hadding Rdn 22). – **a)** Im **Privatrecht** ist die jur Pers in vermögensrechtl u verfahrensrechtl Hins den natürl Pers weitgehd gleichgestellt. Sie kann Besitzer (§ 854 Anm 5 b), Bevollmächtigter, TestVollstr, KonkVerw (str), Liquidator, persönl haftder Gesellschafter u Mitgl einer jur Pers sein (Soergel-Hadding Rdn 27 ff). Sie ist aktiv erb- u vermächtnisfäh (s §§ 2044 II 1, 2101, 2105 f, 2109, 2163), partfäh (ZPO 50), konkfäh (KO 213) u hat unter den Voraussetzgen von ZPO 116 I Nr 2 Anspr auf ProzKostenhilfe. Sie hat ein Recht am eig Namen u, wenn auch eingeschränkt, ein allg PersönlichkR (§ 823 Anm 14 Bf). Verschlossen sind ihr allerdings RStellgen des FamR u RPositionen, die auf eine persönl Verantwortg ausgerichtet sind, wie das Amt des SchiedsRi u des Prozeßbevollmächtigten. – **b)** Auch im **öffentlichen Recht** wird die RFgk der jur Pers grdsl anerkannt. Die GrdR gelten für inländische jur Pers, soweit sie ihrem Wesen nach auf diese anzuwenden sind (GG 19 III), für jur Pers des öffR jedoch nur mit erhebl Einschränkgen (BVerfG NJW **82**, 2173). Jur Pers besitzen **keine Staatsangehörigkeit**; das auf sie anzuwendde Recht ist das Recht des tatsächl Sitzes ihrer Hauptverwaltg (BGH **53**, 183, nach EG 12 Anm 2). – **c)** Die **ultra-vires-Lehre** des anglo-amerikanischen Rechts, wonach die RFgk der jur Pers auf ihren Ges od Satzg festgelegten Zweck beschränkt, gilt im dtschen Recht für die jur Pers des PrivR nicht (K. Schmidt AcP **184**, 529). Soweit die Satzg entspr Beschränkgen enthält, wird nicht die RFgk, sond die Vertretgsmacht des Vorstd beschränkt (RG **145**, 314). RGesch von jur Pers des öffR sollen dagg nichtig sein, wenn sie außerhalb des AufgKreises der jur Pers vorgenommen worden sind (BGH **20**, 123, aA Fuß DÖV **56**, 566).

6) Die Anerkenng der RFigur der jur Pers bedeutet, daß ihre Rechte u Pflten nicht zugl solche ihrer Mitgl sind. Für Schulden haftet allein das Verm der jur Pers; eine Mithaftg der Mitgl mit ihrem Verm setzt einen bes RGrd (Übern einer Bürgsch, Tatbestd einer unerl Hdlg, uU c.i.c., s § 276 Anm 6 Cc) voraus. Das gilt grdsl auch für die Einmann-Gesellsch (BGH **22**, 230). Ausnw kann der Gläub der jur Pers aber berecht sein, deren Mitgl iW des sog **Durchgriffs** in Anspr zu nehmen. Die Rspr läßt den Dchgriff zu, wenn die RForm der jur Pers mißbräuchl verwendet wird od der Berufg auf die rechtl Selbständigk der jur Pers gg Treu u Glauben verstößt (BGH **22**, 230, **26**, 33, **61**, 384, BAG Betr **75**, 308, BSG NJW **78**, 2528): „Es ist Aufg des Ri, einem treuewidr Verhalten der hinter der jur Pers stehden natürl Pers entggzutreten u die jur Konstruktion hintanzusetzen, wenn die Wirklichk des Lebens, die wirtschaftl Bedürfn u die Macht der Tats eine solche Handhab gebieten" (BGH **55**, 224, **78**, 333). Das Schrifttum arbeitet mit unterschiedl Lösgsansätzen, folgt aber überwiegd der sog Normanwendgstheorie, wonach die Lösg jeweils aus dem Zweck der im EinzFall anzuwendden Norm zu entwickeln ist (s aus letzter Zeit: Coing NJW **77**, 1793, Schulte WPM **79**, Beil 1 S 6 ff, Rehbinder FS Fischer 1979, 579, MüKo/Reuter Rdn 20–47, Staud-Coing Rdn 37–49, Soergel-Hadding Rdn 35–40). Eine plausible Systematisierg der in Betracht kommden Fallgruppen fehlt noch immer. Nach der Rspr genügen für die Dchgriffshaftg nicht: Unterkapitalisierg (BGH **68**, 312, krit Emmerich NJW **77**, 2163); finanzielle, wirtschaftl u organisator Eingliederg in den Alleingesellschafter (BGH aaO). Ausr kann dagg sein: Hervorrufen des RScheins persönl Haftg (BGH **22**, 230); VermVermischg mit dem der Gesellschafter (BGH **68**, 312, BB **85**, 2074, K. Schmidt BB **85**, 2065); Nichteinrichtg des in einem Vergl zugesagten Bausonderkontos (Düss NJW-RR **89**, 743); Vorschieben der jur Pers, um rechtsw Vorteile (Schmiergelder) zu erlangen (BGH aaO); unlauteres Vorschieben der jur Pers zur Erlangg persönl Vorteile (BGH **54**, 222: Mitgl eines vermögenslosen Siedlervereins enthalten diesem die Mittel vor, die zur Bezahlg der Pacht für das von den Siedlern genutzte Land erforderl sind). Die neuere Rspr sucht die Lösg idR nicht im direkten Dchgriff der Gläub gg die Gesellschter (Mitgl), sond in einer ErstattgsPfl der Gesellschter (Mitgl) ggü der jur Pers (BGH **68**, 319, **95**, 341). Bei Vertr kann bereits die Ausleg ergeben, daß die von der jur Pers übernommenen Pflten zugl Pflten der Mitgl sein sollen. Eine solche Ausleg kommt insb bei UnterlPfl in Betracht.

7) Verein iSd BGB ist ein auf Dauer angelegter Zusammenschluß von Pers zur Verwirklichg eines gemeins Zweckes mit körperschaftl Verfassg, wobei sich die körperschaftl Organisation in einem GesNamen, in der Vertretg dch einen Vorstd u in der Unabhängigk vom Wechsel der Mitgl äußert (RG **143**, 213, **165**, 143, BGH LM § 31 Nr 11). Die RFgk gehört nicht zu den konstitutiven Begriffsmerkmalen: Verein iSd BGB ist auch der nichtrechtsf Verein (hM). Vom Verein ist die **Gesellschaft** (§§ 705 ff) zu unterscheiden. Sie stimmt in einigen Merkmalen mit dem Verein überein: Sie ist gleichf eine Verbindg von Pers zu einem gemeins Zweck. Sie kann auf Dauer angelegt sein u einen GesNamen führen. Der Unterschied besteht in der Verschiedenh der Organisation. Währd für den Verein die Veränderlichk des MitglBestandes wesentl ist (BGH **25**, 313), ist die Gesellsch ein VertrVerh unter bes Pers, das bei Künd od Tod eines Partners grdsl aufgelöst ist. Für den Verein gilt das MehrhPrinzip, für die Gesellsch typischerw das EinstimmigkPrinzip. Trotz dieser begriffl Unterscheidg sind Übergangsformen zw nichtrechtsf Verein u Gesellsch mögl (BGH NJW **79**, 2305). Die Bezeichng ist für die Einordng unerhebl. Eine Vereinigg, die sich Gesellsch nennt, kann ein Verein sein (Bsp: DLRG); das gilt ebso umgekehrt. Eine geringe MitglZahl spricht idR für eine Gesellsch, ebso eine zeitl Befristg, jedoch kann eine auf eine Dauer von 10 Jahren angelegte Vereinigg dchaus ein Verein sein (RG JW **13**, 974). Einzelfälle s § 54 Anm 2 c. Zur Vereinsgründg u zum Vorverein s § 21 Anm 2 b.

8) Vereinsfreiheit. Sie wird dch GG 9 I gewährleistet. Danach haben alle Dtschen das Recht, Vereine u Gesellsch zu gründen. Die Schranken der VereiniggsFreih ergeben sich aus GG 9 II. Er verbietet Vereiniggen, deren Zweck od Tätigkeit dem StrafG zuwiderläuft od die sich gg die verfassgsmäß Ordng od den Gedanken der Völkerverständigg richten. Die Verwirklichg dieser Verbote w dch das **Vereinsgesetz** v 5. 8. 64 (Sartorius Nr 425) geregelt, das nach seinem § 2 ebso wie GG 9 auch auf Gesellsch anwendb ist. Eingriffe in die VereiniggsFreih aGrd der polizeil Generalklausel sind nicht zul (*arg* VereinsG 1 II). Der GesGeber darf der Betätigg der Vereine jedoch dort Schranken ziehen, wo dies zum Schutz and gemeinschaftswicht RGüter unabweisl ist (BVerfG NJW 71, 1124). Der auf dem Gebiet des Vereins- u GesellschR seit jeher bestehde **Typenzwang** ist mit GG 9 vereinb.

9) **Anwendungsbereich. a)** Die §§ 21–53 sind auf alle rechtsf Vereine anwendb, ohne Rücksicht auf Größe u Bedeutg des Vereins. Sie gelten weitgehd auch für den nichtrechtsf Verein (§ 54 Anm 1). Für HandelsGesellsch, Genossensch u den VersVerein auf Ggseitigk sind in erster Linie die einschlägigen SonderG maßgebd (AktG, GmbHG, GenG, VAG). Soweit diese Lücken enthalten, finden die Vorschr des VereinsR Anwendg. Dementspr erstreckt sich der Anwendsbereich der §§ 29 (Notvorstand), 30 (besondere Vertreter), 31 (Haftg für Organe) u 35 (Sonderrechte) auf alle jur Pers des PrivR. Offen bleiben kann, ob es sich dabei um eine entspr Anwendg handelt (so RG 138, 101 u Staud-Coing Einl Rdn 58) od ob die §§ 21 ff, soweit bes Vorschr fehlen, direkt auf die dch SonderGes geregelten WirtschVereine anwendb sind (so BGH 18, 337). – **b)** Die **politischen Parteien** sind dchweg als rechtsf od nichtrechtsf Vereine organisiert. Für sie gilt aber in erster Linie das **Parteiengesetz** (Sartorius Nr 58), das für eine Reihe von wicht Fragen (NamensR, aktive PartFgk, demokrat Organisation, Gebietsverbände, Aufn, Austritt u Ausschluß von Mitgl) Sonderregelgen enthält. Ergänzd finden die §§ 21 ff Anwendg. – **c) Religiöse Vereine,** die Religionsgesellsch iSd GG 140, WRV Art 137 sind, können ihre Angelegenh nach ihrem religiösen Selbstverständn ordnen (BayObLG 87, 170). Ihre Regelgsbefugn beruht nicht auf § 25, sond ist originär. Sie unterliegen aber den staatl Gründgskontrolle (K. Schmidt NJW 88, 2575, krit Kopp NJW 89, 2497), müssen einen Vorstd haben u den Zusatz „eV" führen (BayObLG aaO). – **d)** Für **ausländische** jur Pers gilt das Recht ihres VerwSitzes (nach EG 12 Anm 2). Ihre RFgk wird seit der Aufhebg von EG 10 aF im Inland ipso jure anerkannt (BGH 53, 183). Über jur Pers aus der Zeit vor dem 1. 1. 1900 s EG 163 ff. **Landesrecht** bestimmt die gem §§ 22, 44, 61, 63, 71 zust Beh. Es gilt außerdem für jur Pers, in den Ländern nach EG 65 ff vorbehaltenen RGebieten, sow diese Vorbehalte noch bestehen (s bei EG 65 ff).

10) Großvereine haben idR **Untergliederungen,** die meist regional, manchmal aber auch fachl strukturiert sind. Für die Ausgestaltg derartiger Untergliedergen lassen die §§ 21 ff den Beteil weitgehde Freih. In der Praxis kommen vor allem folgde Organisationsformen vor, wobei jedoch die Übergänge fließd sein können: **a)** Der **Vereinsverband** ist ein ZusSchluß von selbstd Vereinen zur Verfolgg gemeins Zwecke. Der Verband kann als rechtsf od nichtrechtsf Verein organisiert sein; entspr gilt für die MitglVereine. Mögl ist auch, daß VerbandsMitgl nicht nur die MitglVereine sond auch deren Mitgl sind. Dazu ist aber eine entspr Regelg in der Satzg des Verbandes u der MitglVereine erforderl (BGH 28, 133, **105,** 312). Eine solche doppelte satzgsmäß Grdl ist auch nötig, wenn der Verband ggü den Mitgl der nachgeordneten Vereine Strafgewalt haben soll (§ 25 Anm 4 c). – **b)** Beim **Gesamtverein** sind die Untergliedergen Teile der GesOrganisation. Mitgl des GesVereins sind die EinzelMitgl, nicht die Untergliedergen (BGH **89,** 155). Die Untergliedergen können rechtl unselbstd sein. Sie können aber auch die RStellg eines rechtsf od nichtrechtsf Vereins besitzen. Ob die Unterorganisation als unselbstd Untergliederg od als nichtrechtsf Verein einzustufen ist, kann im Einzelfall zweifelhaft sein. Ein nichtrechtsf Verein setzt voraus, daß die Unterorganisation eig Aufg selbstd wahrnimmt, eine körperschaftl Verfassg besitzt, einen eig Namen führt u vom Wechsel der Mitgl unabhäng ist (BGH **90,** 332, **LM** ZPO 50 Nr 25, Bambg NJW **82,** 895). Nicht notw ist, daß die Untergliederg über eine eig Satzg verfügt; seine Verfassg kann sich aus der Satzg des GesVereins ergeben (BGH u Bambg aaO). Eig, nicht vom GesVerein eingesetzte Organe, selbstd Kassenführg u bes formalisierte MitglVersammlgen sind Merkmale, die für eine Einstufg als nichtrechtsf Verein sprechen (KG OLGZ **83,** 272). Die Rspr hat (idR in Entsch zu ZPO 50 II) folgde Organisationen als **nichtrechtsfähige Vereine** angesehen: Gau eines ArbNehVerbandes (RG 118, 196); Bezirksverwaltg der PostGewerksch (BGH **LM** ZPO 50 Nr 25); Kreisverwaltg der ÖTV (Düss NJW-RR **86,** 1506); Ortsgruppe der DLRG (BGH **90,** 332); Bezirksverband des Bay Bauernverbandes (BayObLG 77, 6); Bezirksverband des KBW (Karlsr OLGZ **78,** 226); Ortsverein der SPD (LG Ffm NJW **79,** 1661); Ortsverband der CSU (Bambg NJW **82,** 895); Tennisabteilg eines Sportvereins (LG Regensbg NJW-RR **88,** 184). Dagg sind folgde Untergliedergen als rechtl unselbstd eingestuft worden: Ortsverband der CDU (LG Bonn NJW **76,** 810); Bezirksleitgen der IG-Metall (BAG **AP** ZPO 36 Nr 5); Handballabteilg eines Sportvereins (KG OLGZ **83,** 272). Das Recht des Zweigvereins, den Namen des GesVereins zu führen, ist idR beschränkt auf seine Zugehörigk zur GesOrganisation (BGH **LM** § 12 Nr 44).

I. Vereine

1. Allgemeine Vorschriften

21 *Nichtwirtschaftlicher Verein.* Ein Verein, dessen Zweck nicht auf einen wirtschaftlichen Geschäftsbetrieb gerichtet ist, erlangt Rechtsfähigkeit durch Eintragung in das Vereinsregister des zuständigen Amtsgerichts.

1) **Erwerb der Rechtsfähigkeit. – a)** Allgemeines. Die §§ 21, 22 gelten nur für inländ Vereine, für ausländ s § 23. Nichtwirtschaftl Vereine (§ 21) erlangen RFgk dch Eintragg. Sow sie die gesetzl Voraussetzgen (§§ 55 ff) erf, haben sie einen RAnspr auf Eintragg u damit auf Erwerb der RFgk (System der Normativbestimmungen, Einf 4). Für wirtschaftl Vereine (§ 22) gilt dagg das Konzessionssystem; sie können RFgk

nur dch Verleihg erlangen. Grd für die unterschiedl Behandlg: In den auf nichtwirtschaftl Vereine zugeschnittenen §§ 21ff fehlen bes Schutzvorschriften zG des RVerk u der Gläub, wie sie für wirtschaftl Vereine an sich notw sind (Mummenhoff, Gründgssysteme u RFgk, 1979, S 92ff, K. Schmidt Verbandszweck u RFgk im VereinsR, 1984, S 92ff); für wirtschaftl Vereine, die sich nicht in der RForm der AG, GmbH od Genossensch organisieren, ist daher eine bes staatl Prüfg erforderl (BGH **45**, 397).

b) Für die Unterscheidg zw nichtwirtschaftl u wirtschaftl Verein kommt es darauf an, ob der Verein auf einen **wirtschaftlichen Geschäftsbetrieb** gerichtet ist. Danach ist für die Abgrenzg nicht das Ziel des Vereins, sond seine obj Tätigk entscheidd. Ein Verein, der wirtschaftl Ziele verfolgt, aber keine wirtschaftl GeschBetr unterhält, ist eintraggsfäh (RGRK-Steffen Rdn 6); umgekehrt ist der Verein, der nicht wirtschaftl Ziele ausschließl dch einen wirtschaftl GeschBetr erreichen will, nicht eintraggsfäh. – **aa) Begriff.** Der Begriff des wirtschaftl GeschBetr ist wenig klar u hat zu einer Vielzahl von unterschiedl Abgrenzgsvorschlägen geführt (s Heckelmann AcP **179**, 13; Hemmerich, Möglichk u Grenzen wirtschaftl Betätigg von Idealvereinen, Diss Heidelbg 1982; Knauth JZ **78**, 339; Sack ZGR **74**, 179; Mummenhoff wie Anm 1a S 104ff; K. Schmidt AcP **182**, 1, Rpfleger **88**, 46 u wie Anm 1a S 89; MüKo/Reuter Rdn 4ff). Die Rspr versteht unter einem wirtschaftl GeschBetr eine nach außen gerichtete, dauernde entgeltl Tätigk, gleichgült, ob die Vorteile dem Verein od unmittelb den Mitgl zufließen (RG **83**, 233, **154**, 349, BGH **15**, 319). In Fortentwicklg dieser Rspr sieht eine neuere Ans das entscheidde Abgrenzgskriterium mit Recht darin, daß der wirtschaftl Verein wie ein Unternehmer am Wirtsch- u Rechtsverkehr teilnimmt (BayObLG **78**, 91, **85**, 284, Oldbg Rpfleger **76**, 12, ähnl BGH **45**, 398, K. Schmidt u MüKo aaO). Entscheid ist danach grdsl, ob der Verein planmäßig Leistgen gg Entgelt anbietet. Erfolgt das Angebot ausschließl an Mitgl („Binnenmarkt"), ist es Frage des Einzelfalls, ob nach dem GesBild der Tätigk ein unternehmerisches Handeln des Vereins anzunehmen ist (s BayObLG **73**, 303, Oldbg NJW **76**, 374, K. Schmidt Rpfleger **88**, 46). Eine bloß nachfragde Tätigk begründet keinen wirtschaftl GeschBetr (MüKo Rdn 22, aA Mummenhoff S 112). Nicht erforderl ist die Absicht der Gewinnerzielg (BayObLG **85**, 284). Auch bei einer scheinb unentgeltl (dch Beiträge finanzierten) Tätigk liegt ein wirtschaftl GeschBetr vor, wenn sich die Tätigk des Vereins als ausgegliederter Teilbereich der unternehmer Tätigk seiner Mitgl darstellt (BGH **45**, 398, Taxizentrale, BayObLG Rpfleger **77**, 19, KG OLGZ **79**, 280). Nicht erforderl ist, daß es sich um eine kaufm Tätigk handelt (so aber Sack aaO). Erfaßt w unternehmer Tätigk jeder Art (RGRK Rdn 4). Auch wenn ideelle Güter wie Waren „vermarktet" w, wie iF der Scientology Church, ist der Verein wirtschaftl (Düss NJW **83**, 2574, K. Schmidt NJW **88**, 2574, aA Kopp NJW **89**, 2497). Die Beteiligg an einem Untern and RForm od die Ausgliederg von unternehmerischer Tätigk dch Gründg von TochterGesellsch begründet keinen wirtschaftl GeschBetrieb, u zwar grdsl auch dann nicht, wenn der Verein auf die TochterGesellsch einen beherrschden Einfluß ausübt (BGH **85**, 90, Hemmerich BB **83**, 26, Schmidt NJW **83**, 545). – **bb) Nebenzweckprivileg.** Kein wirtschaftl, sond ein nichtwirtschaftl Verein liegt vor, wenn der GeschBetr im Rahmen einer ideellen Zielsetzg lediglich Nebenzweck ist (RG **154**, 351, BGH **85**, 89, 93, K. Schmidt wie Anm 1a S 183, krit Heckelmann AcP **179**, 22). Bsp sind etwa der Buchverlag eines religiösen Vereins u der Restaurationsbetrieb eines Sportvereins. Voraussetzg ist jedoch, daß der Verein seinen Zweck zu einem erhebl Teil dch nicht unternehmer Aktivitäten fördert u der wirtschaftl GeschBetr als Nebentätigk dem Hauptzweck ideell untergeordnet ist (Mummenhoff wie Anm 1a S 131, ähnl Soergel-Hadding Rdn 36). Zweifelh, ob das für den GeschBetr der Bundesligavereine noch zutrifft (Heckelmann aaO, Hemmerich aaO S 78ff). – **cc) Grundlagen und Zeitpunkt der Beurteilung.** Bei der Beurteilg entscheidet nicht nur der Wortlaut der Satzg, sond der tatsächl verfolgte Zweck. Dieser kann sich auch aus einer bereits ausgeübten od beabsichtigten Tätigk ergeben (BayObLG Rpfleger **77**, 20). Bei einem Widerspr ist der tatsächl verfolgte Zweck maßgebd (BayObLG **83**, 48). Bestehen Zweifel, tragen die Gründer die obj BewLast für die Eintraggsvoraussetzgen (BayObLG aaO). Nimmt der Verein nachträgl satzgswidr einen wirtschaftl GeschBetr auf, gilt § 43 II; UnterlAnspr von Wettbewerbern bestehen nicht (BGH NJW **86**, 3201). Trotz ideeller Zielsetzg nichteintraggsfäh ist ein Verein, der nach seinem Zweck u seiner Organisation alle Merkmale einer Genossensch aufweist (BayObLG **78**, 92, Mummenhoff ZgGenW **81**, 92).

c) Einzelfälle (s K. Schmidt Rpfleger **88**, 48): **Nichtwirtschaftliche Vereine:** Verein zur Förderg gewerbl Interessen iSd UWG 13 (RG **78**, 80), and aber bei sog Gebührenvereinen, die in Wahrh die Erzielg von Abmahnkosten bezwecken (BayObLG **83**, 48, Kissler WRP **82**, 129); Haus- u Grdbesitzerverein (RG **88**, 333); kassenärztl Vereinigg (RG **83**, 231); Warenhausverband (RG **95**, 93); Verein zum Betr eines BetrArztzentrums (Oldbg NJW **76**, 374); ärztl Laborverein, sofern er nur für Mitgl, nicht aber für Dr tät w (Kröger DStR **79**, 222); Verein zum Betr einer Werkkantine mit ausschließl betriebsangehöriger Kundsch (BayObLG **73**, 303); betriebl Unterstützgskassen (s BayObLG **75**, 435); sonst betriebl Sozialeinrichtgen (K. Schmidt wie Anm 1a S 136); Lohnsteuerhilfevereine (Celle NJW **76**, 197 unter Hinw auf das SteuerberatgsG, krit K. Schmidt wie Anm 1a S 82); Lotsenbetriebsverein (LG Aurich MDR **61**, 144, aA K. Schmidt Rpfleger **72**, 346). – **Wirtschaftlich:** Taxizentrale (BGH **45**, 395, BVerwG NJW **79**, 2261); WerbeGemsch (BayObLG Rpfleger **77**, 20, K. Schmidt Rpfleger **88**, 49, aber Frage des Einzelfalls Brem OLGZ **89**, 1); Verein, der Lehrgänge zu kostendeckenden Preisen dchführen will (LG Hbg NJW-RR **86**, 229); Abrechngsstelle für Angeh der Heilberufe (KG OLGZ **79**, 279, Hamm Rpfleger **81**, 66); für Physiotherapeuten (LG Bonn MDR **86**, 53); privatärztl Verrechngsstelle (LG Hagen Rpfleger **59**, 348); freie Sparkassen; Gewinnsparverein (LG Stgt NJW **52**, 1139); Verein zur Vermietg der Garagen einer WoEigtümerGemsch (BayObLG **85**, 284); Verein, der letztl die gewerbl Nutzg eines Schiffes zG des fr Eigentümers zum Ziel hat (Düss Rpfleger **79**, 259); Mähdreschverein (LG Lübeck SchlHA **62**, 102); Verein zur finanziellen Unterstützung seiner Mitgl beim Hausbau (LG Kassel Rpfleger **86**, 228); technische Prüf- u Vertriebsstelle des Schornsteinfegerhandwerks (LG Oldbg Rpfleger **78**, 371); ErzeugerGemsch iSd MarktstrukturG (BayObLG **74**, 242, Hornung Rpfleger **74**, 339, krit Pelhak/Wüst AgrarR **75**, 161); Verein zum Betr von Skiliften u Seilbahnen (Stgt OLGZ **71**, 465); Auskunftsverein (str); Inkassoverein (LG Hagen Rpfleger **59**, 348, K. Schmidt AcP **182**, 24, aA OLG **42**, 251); WasserGenossensch (Mummenhoff ZgGenW **81**, 334); Scientology-Sekte (Düss NJW **83**, 2574).

2) Gründung des Vereines. a) Sie setzt voraus, daß die für den künft Verein verbindl Regelgen in einer Satzg niedergelegt w (§ 25). Der eigentl Gründgsakt besteht in der Einigg der Gründer, daß die Satzg nunmehr verbindl sein u der Verein ins Leben treten soll. An der Gründg müssen sich mindestens 2 Pers beteiligen; soll der Verein RFgk erlangen, ist wg § 56 die Mitwirkg von wenigstens 7 Gründern erforderl. Der Gründgsakt ist rechtl ein Vertr (hM, s RG **153**, 270, **165**, 143, Hadding FS Fischer 1979, 166, zur Theorie des sog GesAktes s Staud-Coing § 25 Rdn 15). Ist der Verein eingetragen od hat er seine Tätigk nach außen aufgenommen, können Nichtigk- u AnfGrd – ebso wie im GesellschR (s Einf 5 c v § 145) – nur mit Wirkg *ex nunc* geltd gemacht w (Staud-Coing Rdn 19).

b) Bereits vor der Eintragg entsteht dch die Beschlußfassg über die Satzg u die Wahl des ersten Vorstds ein körperschaftl organisierter Personenverband. Dieser sog **Vorverein** ist ein nichtrechtsf Verein (BayObLG **72**, 32). In der Zeit bis zur Feststellg der Satzg kann bei einem entspr Bindgswillen zw den GründsMitgl als Vorstufe des Vorvereins die BGB-Gesellsch zur Vereinsgründg bestehen (Wiedemann zu **AP** § 31 Nr 1), vergleichb der VorgründgsGesellsch bei jP des HandelsR (Maulbetsch Betr **84**, 1561). Vorverein u e V sind identisch. Die Rechte u Pflten des Vorvereins gehen *ipso jure* auf den e V über (RG **85**, 256, BGH **17**, 387, WPM **78**, 116, str). Das gilt auch für Verbindlichk aus unerl Hdlgen (Wiedemann aaO, aA BAG **AP** § 31 Nr 1). Bei Grdst ist eine Aufl nicht nöt (s BGH **45**, 348, aA Horn NJW **64**, 87). Auch bei jP des HandelsR gehen Rechte u Pflten der VorGesellsch mit der Eintragg auf die JP über (BGH **80**, 133). Die Ans, daß dem Übergang der Schulden ein **Vorbelastungsverbot** entggstehe, hat die Rspr ausdr aufgegeben (BGH aaO, im Ergebn zustimmd Flume NJW **81**, 1753, aA noch BGH **45**, 339, **65**, 381, **69**, 96). Für die Differenz, die sich dch solche Vorbelastgen zw dem Stammkapital u dem Wert des GesellschVerm ergibt, haften die Gesellschafter anteilig (BGH **80**, 140). Der Übergang der Schulden erstreckt sich auch auf delikt Anspr (Autenrieth JA **81**, 395, aA RG **151**, 91). Auch die Genossenschaft tritt mit ihrer Eintragg in die Rechte u Pflten der Vorgenosensch ein; allerdings hat der BGH insoweit seine fr auf das Vorbelastungsverbot abstellde Rspr (BGH **17**, 390, **20**, 286) noch nicht ausdr aufgegeben.

3) Dch die **Eintragung** im Vereinsregister (§§ 55 ff) wird der Verein rechtsf. Die Eintragg wirkt auch dann konstitutiv, wenn wesentl Eintraggsvoraussetzgen fehlen (RG **81**, 210, BGH NJW **83**, 993, WPM **84**, 979, Köln OLGZ **77**, 66). Bei wesentl Mängeln ist aber vAw das LöschgsVerf einzuleiten, FGG 142, 159 (s Vorbem 2 v § 55).

22 Wirtschaftlicher Verein.
Ein Verein, dessen Zweck auf einen wirtschaftlichen Geschäftsbetrieb gerichtet ist, erlangt in Ermangelung besonderer *reichs*gesetzlicher Vorschriften Rechtsfähigkeit durch staatliche Verleihung. Die Verleihung steht dem *Bundesstaate* zu, in dessen Gebiete der Verein seinen Sitz hat.

1) Wirtschaftlicher Geschäftsbetrieb vgl § 21 Anm 1. Besondere bundesgesetzl Vorschriften: AktG, GmbHG, GenG, ferner RVO 504 ff, VAG 15 ff, 103. Sow die Vereinigg nach diesen Normativbestimmgen RFgk erlangen kann, ist für eine Verleihg kein Raum (BVerwG NJW **79**, 2265, BGH **85**, 89, Schmidt NJW **79**, 2239), Grds der Subsidiarität. Sie darf nur erfolgen, wenn es für die Vereinigg wg bes Umst unzumutb ist, sich in einer der für die rechtsfäh wirtschaftl Zusammenschlüsse bundesgesetzl bereitgestellten RFormen zu organisieren (BVerwG aaO), ferner dann, wenn die RForm des wirtschaftl Vereins dch bundesgesetzl Sonderregelgen (MarktstrukturG 3, BGBl **69**, 423, Ges über forstwirtschaftl Zusammenschlüsse 5, BGBl **69**, 1543) ausdr zugelassen ist (BVerwG aaO, K. Schmidt wie § 21 Anm 1 a S 171). Rechtsfäh wirtschaftl Vereine sind daher prakt selten. Ein nichtwirtschaftl Verein hat keinen Anspr auf Verleihg (BVerwG NJW **79**, 2265), u zwar auch dann nicht, wenn er eine SatzgsÄnd u Errichtg eines GeschBetr beabsichtigt (BVerwG aaO).

2) Verfahren u Zuständigk für Verleihung bestimmt LandesR; zust fast überall höhere VerwBeh (s die ZusStellg bei Soergel/Hadding Rdn 48, K. Schmidt wie § 21 Anm 1 a S 339). Gg Ablehng ist VerpflKl vor VerwG gegeben (BVerwG NJW **79**, 2261). Sie ist aber wg des Grds der Subsidiarität der Verleihg (Anm 1) idR wenig aussichtsreich. Für die Rückn der Verleihg gilt VwVfG 48.

3) Für Vorverein bis zur Verleihg gilt § 21 Anm 2 b entsprechd.

23 Ausländischer Verein.
Einem Vereine, der seinen Sitz nicht in einem *Bundesstaate* hat, kann in Ermangelung besonderer *reichs*gesetzlicher Vorschriften Rechtsfähigkeit durch Beschluß des *Bundesrats* verliehen werden.

1) Die Vorschr hat nur geringe prakt Bedeutg. Ausl JP, die nach ihrem HeimatR wirks entstanden sind, besitzen auch im Inland RFgk, ohne daß es dafür einer bes Anerkenng bedarf (BGH **53**, 183, nach EG 12 Anm 4). § 23 betrifft den kaum vorkommden Fall, daß ein nach dem Recht des Sitzstaates nicht rechtsfäh Verein RFgk nach dtschem R erwerben will. Zust für die Verleihg ist nach GG 129 I 1 der BMI (Dernedde DVBl **51**, 31, s auch die Entsch der BReg zum fr EG 10 BGBl **53**, 43). Ausländervereine mit dem Sitz im Inland unterfallen den §§ 21, 22; sie können unter den Voraussetzgen der §§ 14, 15 VereinsG verboten w.

24 Sitz.
Als Sitz eines Vereins gilt, wenn nicht ein anderes bestimmt ist, der Ort, an welchem die Verwaltung geführt wird.

1) Der **Sitz** der JP entspr dem Wohns der natürl Pers. Er ist maßgebd für den GerStand (ZPO 17), die BehZustdgk (§§ 21, 22, 25) u das auf die JP anzuwendde Recht (BGH **53**, 183, s nach EG 12 Anm 2).

Personen. 2. Titel: Juristische Personen §§ 24, 25

2) Der eV muß den Sitz in seiner **Satzung** festlegen (§ 57 I). Er kann ihn frei best (RG JW **18**, 305, BayObLG **30**, 104). Mögl ist daher bis zur Grenze des RMißbrauchs ein fiktiver Sitz (BayObLG NJW-RR **88**, 96). Dagg ist für die Anknüpfg im IPR der tatsächl Sitz der HauptVerw maßgebd (s nach EG 12 Anm 2. Als Sitz kann ein Gemeindeteil mit eig Namen gewählt w (BayObLG **76**, 21, Hamm Rpfleger **77**, 275). Eine Vorschr, wonach der jeweilige Wohns des 1. Vorsitzden Sitz des Vereins ist, ist wg Unbestimmth nichtig. Unzul ist auch ein Doppelsitz (Hbg MDR **72**, 417, sehr str, s BayObLG **85**, 114 zur AG). Dagg ist das vorübergehde Fehlen jeden Sitzes denkb (BGH **33**, 204), so etwa wenn eine ausl JP dch Enteigng ihr Vermögen im Land ihres fr Sitzes verloren hat. Der Ort der Verw (§ 24), ist nur maßgebd, wenn eine satzgsmäß Festlegg fehlt. Entscheidd ist der Schwerpunkt der Tätigk der Vereinsorgane (MüKo/Reuter Rdn 1).

3) Die **Verlegung des Sitzes** ist unproblemat innerh des RGebietes, nach dessen R die JP RFgk erlangt hat, bei Idealvereinen also innerh der BRep, bei Vereinen gem § 22 innerh des Verleihgslandes. Sitzverlegg in ein and RGebiet hat einen Statutenwechsel u idR den Verlust der RFgk (§ 42 Anm 1) u die anschließde Liquidation zur Folge. Der eV besteht aber unter Wahrg seiner Identität fort, soweit das Recht des neuen Sitzes dies zuläßt (aA RG **7**, 69, näher nach EG 12 Anm 2b). Die Sitzverlegg erfolgt dch SatzgsÄnd, bedarf beim eV also der Eintr (§ 71). Sie ist beim Ger des bisher Sitzes anzumelden. Die Anmeldg wird entspr HGB 13 c, AktG 45 an das Ger des neuen Sitzes weitergeleitet; diesem obliegt die rechtl Prüfg und Vollziehg der Eintr (KG WPM **66**, 331, Köln Rpfleger **76**, 243, Brem Rpfleger **81**, 67, Stgt Rpfleger **89**, 27; str, für Eintr beim bisher zust RegisterGer Hamm NJW **63**, 254, BayObLG **87**, 163).

25 *Verfassung.* Die Verfassung eines rechtsfähigen Vereins wird, soweit sie nicht auf den nachfolgenden Vorschriften beruht, durch die Vereinssatzung bestimmt.

1) Die **Verfassung** ist die rechtl Grundordnung des Vereins. Zu ihr gehören die Bestimmgen über Namen, Zweck u Sitz, über Erwerb, Verlust u Inhalt der Mitgliedsch, über Aufgaben u Arbeitsweise der Vereinsorgane sowie die GrdRegeln über die BeitragsPfl (§ 58 Anm 3). Die Verfassg enthält damit die das Vereinsleben bestimmden Grundentscheidgen (Anm 2 a). Sie wird festgelegt: **a)** Zunächst dch die **zwingenden Normen** des Vereinsrechts. Das sind die in den §§ 26 ff enthaltenen Vorschriften, die nicht in § 40 für dispositiv erklärt w. Zwingdes Recht können aber auch ungeschriebene RGrds sein wie der Grds der Gleichbehandlg der Mitglieder (§ 35 Anm 1). – **b)** Sodann dch die vom Verein aGrd seiner Autonomie erlassene **Satzung** (Anm 2). – **c)** Schließl, sow die Satzg keine abw Regelgen getroffen hat, dch die ergänzd geltden **dispositiven Vorschriften** des BGB.

2) **Satzung. a)** Sie ist die vom Verein im Rahmen des zwingenden Rechts verbindl festgelegte Verfassg. Zu unterscheiden von ihr ist die SatzgsUrk (s RG **73**, 192), die vielf Vorschr ohne Satzgscharakter, zB über die Einsetzg des ersten Vorstds, enthält. Mindestinhalt der Satzg sind Bestimmgen über Namen, Zweck u Sitz, über Erwerb u Verlust der Mitgliedsch, über die Bildg des Vorstds, über die Berufg der MitglVersamml u über die BeitragsPfl (s für den eV §§ 57, 58). Mehr ist nicht erforderl, da die §§ 26 ff die Verfassg des Vereins im übrigen ausr regeln. Sow der Verein aGrd seiner Autonomie (Anm 3) ggü seinen Mitgl weitergehde Befugn in Anspr nehmen will als die in den §§ 26 ff vorgesehenen, bedarf er hierfür aber einer **satzungsmäßigen Grundlage** (RG **73**, 192, BGH **47**, 177), so etwa, wenn er die Möglichk haben will, Vereinsstrafen festzusetzen (Anm 4) od Mitgl von Vereinsveranstaltgen auszuschließen (BGH WPM **88**, 496). Auch alle sonst für das Vereinsleben wesentl **Grundentscheidungen** bedürfen einer satzgsmäß Festlegg (BGH **88**, 316). Das gilt für ein VereinsSchiedsGer (BGH aaO), bei einem Verein, der dch seine Beiträge umfangreiche Leistgen an die Mitgl finanziert, für die Grdzüge der BeitragsPfl (BGH **105**, 313), bei einem Tierzuchtverein auch für das Zuchtprogramm u die Zuchtziele (BGH MDR **84**, 120).

b) Die Satzg ist **zunächst** ein von den Vereinsgründern geschlossener **Vertrag** (BGH **47**, 179, BayObLG **77**, 9, str). Für ihn bestehen keine FormVorschr. Prakt ist aber die Einhaltg der Schriftform erforderl, beim Idealverein wg § 59 Nr 1, beim WirtschVerein wg des GenVerf gem § 22. Die Satzg kann im Gründgsstadium nur dch einstimmigen Beschluß geändert w, an dem jedoch nicht alle Gründer teilzunehmen brauchen (BayObLG **72**, 34). Mit der Entstehg der JP löst sich die Satzg von der Person der Gründer (BGH **47**, 179) u w zu einer zumindest normartigen Regelg. Die **Vertragstheorie** hält die Satzg gleichwohl weiterhin für einen Ausfluß priv Willensbetätigg u nicht für eine RNorm (so ua BayObLG **77**, 9, Hadding FS Fischer, 1979, 166). Die **Normentheorie** erkennt der Satzg schon von Anfang an für die Entstehg der JP den Charakter einer RNorm zu (so ua MüKo/Reuter Rdn 7 – der den BGH zu Unrecht für die Normentheorie in Anspr nimmt – u Erm-Westermann Rdn 4). Für die prakt RAnwendg ist dieser Theorienstreit ohne wesentl Bedeutg. Einverständn besteht darü, daß die Vorschr über RGesch nicht schemat auf die Satzg angewendet w können, sond ihr normähnl Charakter berücksichtigt w muß (s unten c). Da für die Satzg des nichtrechtsf Vereins kein Formerfordern besteht, kann sich seine Verfassg auch aus **Gewohnheitsrecht** ergeben (BGH WPM **85**, 1468, Ffm ZIP **85**, 215).

c) Da die Satzg auch für künft Mitgl u für die RBeziehgen zu Dr maßgebd ist, darf sie nur aus sich heraus u nur einheitl **ausgelegt** w (BGH **47**, 180, **96**, 250, **106**, 71). Die Auslegg hat am Zweck des Vereins u den berecht Interessen der Mitgl auszurichten. Außerhalb der Satzg liegde Umst dürfen nur dann berücksichtigt w, wenn deren Kenntn allg bei den Betroffenen erwartet w kann (BGH **63**, 290). Nicht zu berücksichtigen daher idR die subj Ziele u Interessen der Gründer u die Entstehgsgeschichte (BGH **47**, 180, BAG **16**, 337, BayObLG **71**, 181), wohl aber eine ständige Übg (RG JW **36**, 2387). Die Auslegg der Satzg ist revisibel (BGH **96**, 250). Jedes Mitgl hat Anspr auf Aushändigg einer Abschrift der SatzgsUrk (LG Karlsr Rpfleger **87**, 164).

d) Sind einzelne Satzgsbestimmgen **nichtig,** so bleibt die Satzg grdsl im übrigen wirks (BGH **47**, 180). § 139 gilt nicht (BGH aaO). An die Stelle der nichtigen Bestimmgen treten die dispositiven Vorschr des BGB. Fehlen solche, muß das zust Organ unverzügl die Lücke schließen; für die Übergangszeit ist erfdl in

Anlehng an die Grds über die ergänzde VertrAusleg (§ 157 Anm 2) eine provisor Regelg zu entwickeln. **Gesamtnichtigkeit** ist nur anzunehmen, wenn sich die verbleibden Satzgsbestimmgen nicht zu einer sinnvollen Ordng des Vereinslebens ergänzen lassen (s KG NJW **62**, 1917). Sie ist aber auch dann gegeben, wenn der **Vereinszweck** sitten- od **gesetzwidrig** ist. Bsp: Verein, der entgeltl Wohngsvermittlg betreiben will (LG Karlsr Rpfleger **84**, 22); Verein, der rechtsberatd tät w will (Schlesw AnwBl **89**, 245; Verein von Strafgefangenen, der ohne Gen der Anstaltsleitg die Aufg einer Insassenvertretg übernehmen soll (BayObLG **81**, 289, Karlsr OLGZ **83**, 397).

e) Die Satzg kann die Schaffg von weiteren, die Mitgl bindden Regelgen unterh der Satzg vorsehen, sog **Vereinsordnungen,** wie Sportordngen, Ehrenordngen, Vereinsrichtlinien (Staud-Coing Rdn 4, Lukes NJW **72**, 124, Lohbeck MDR **72**, 381). Die Satzg muß für den Erlaß derart Regelgen eine eindeut Grdl bieten u das dabei einzuhaltde Verf ordnen. Außerdem muß gewährleistet sein, daß alle Mitgl von den Vereinsordngen Kenntn nehmen können (Lohbeck aaO). Die Vereinsordng darf nicht gg die Satzg verstoßen u darf keine für das Vereinsleben bestimmden GrdEntscheidgen treffen (BGH **47**, 177, **88**, 316). Sie kann ohne Einhaltg der §§ 33, 71 geändert w. **Geschäftsordnungen** unterscheiden sich von den Vereinsordngen dadch, daß sie ledigl den GeschGang der einz Vereinsorgane regeln. Sie geben dem Mitgl unter dem Gesichtspkt der Gleichbehandlg Anspr auf Einhaltg, bieten aber keine Grdl für Maßn, die in die RStellg des Mitgl eingreifen (BGH **47**, 178). Bloße GeschOrdngen können sich die Vereinsorgane auch ohne ausdr satzgsgem Ermächtigg geben. Sie dürfen aber weder gg die Satzg noch gg die Vereinsordngen verstoßen.

3) Vereinsautonomie. a) Sie ist das Recht des Vereins, sich in freier Selbstbestimmg eine eig innere Ordng zu geben. Sie ist Ausfluß der allg VertrFreiheit u genießt als Teil der VereiniggsFreiheit (GG 9) verfassgsrechtl Schutz. Ihre Schranken ergeben sich aus den zwingden Normen des VereinsR (Anm 1a), den öffrechtl Vorschr des VereinsG sowie aus §§ 134 u 138 (Anm 2d). War es im 19. Jhdt das Hauptproblem, die Vereinsautonomie gg staatl Reglementierg dchzusetzen, geht es heute vor allem darum, den einzelnen vor übermäß Macht der Verbände zu sichern. Das führt zu der Frage, ob die Vereinsautonomie unter der Herrsch des GG – neben den Schranken des geschriebenen Rechts – auch **Einschränkungen aus allgemeinen Rechtsgrundsätzen** unterworfen ist (s unten b–d).

b) Die §§ 25ff lassen dem Verein bei **Ausgestaltung seiner Organisation** weitgehd freie Hand. Sie enthalten kein Gebot, die Verfassg des Vereins demokrat auszugestalten. Die Satzg kann die Rechte der MitglVersammlg weitgehd beschränken (s KG JW **34**, 3000), dem Vorstd eine übermächtige Stellg einräumen (KG aaO), für best Mitgl ein mehrf StimmR vorsehen (§ 35 Anm 1), die Berufg von VorstdsMitgl u SatzgsÄnd von der Zust Dr abhäng machen (§ 27 Anm 1, § 33 Anm 1). Die Grenzen der Vereinsautonomie w erst dann überschritten, wenn die Satzg einem Vereinsorgan Willkür ermöglicht (s KG NJW **62**, 1917, LG Bln MDR **74**, 134). Entspr gilt, wenn die Satzg den Verein so stark unter fremden Einfluß bringt, daß er zu einer eigenen selbstd Willensbildg nicht mehr in der Lage ist sond eine unselbstd VerwStelle eines außenstehden Dr darstellt (Ffm OLGZ **79**, 5, **81**, 391, NJW **83**, 2576, LG Hildesheim NJW **65**, 2400, Dütz FS Herschel, 1981, 57). Diese formellen Schranken sind in einer rechts- u sozialstaatl Ordng mit übermächtigen Verbänden heute nicht mehr ausr. Geboten ist eine RFortbildg. **Verbände** mit einer wirtschaftl od sozialen Machtstellg müssen ihre Verfassg **demokratisch ausgestalten** (s Föhr NJW **75**, 617, Schmidt ZRP **77**, 259, Leßmann NJW **78**, 1545, Göhner DVBl **80**, 1033). Ihr höchstes Organ muß die Mitgl- od DelegiertenVersammlg sein. Zu den weiteren Folgergen aus dem Demokratiegebot s das angeführte Schriftt.

c) Satzgen u Vereinsordngen unterliegen gem §§ 242, 315 einer richterl **Inhaltskontrolle** (Staud-Coing Rdn 20, Nicklisch JZ **76**, 110 u InhKontrolle von Verbandsnormen, 1982). Das gilt vor allem dann, wenn der Verein im wirtschaftl od sozialen Bereich eine überragde Machtstellg innehat u das Mitgl auf die Mitglsch angewiesen ist (BGH **105**, 316). Aber auch wenn diese Voraussetzg nicht zutrifft, ist § 242 eine Grenze für die Satzgsgewalt des Vereins. Das Mitgl unterwirft sich der Vereinsgewalt im Vertrauen darauf, daß diese im Rahmen von Treu u Glauben ausgeübt w. Die Rspr überprüft daher bei Vereinsstrafen, ob sie der Billigk entspr (Anm 4f). Das muß für Satzgen u Vereinsordngen ebso gelten (Ffm OLGZ **81**, 392). Bestimmgen des VereinsR, die mit § 242 unvereinb sind, sind daher unwirks. Ob diese Voraussetzg zutrifft, ist aGrd einer umfassenden Interessenabwägg zu entscheiden. Dabei ist auch zu berücksichtigen, ob das Mitgl ohne wesentl Beeinträchtigg seiner Interessen jederzeit aus dem Verein austreten kann od ob es zur freien Entfaltg seiner Persönlichk od zur Ausübg seines Berufs wesentl auf die Mitgliedsch angewiesen ist. Bei einem Verein, der Adelstraditionen pflegt, ist es angesichts seiner geringen sozialen Relevanz hinnehmb, daß er keine Mitgl duldet, die den Adelsnamen der Frau zum FamNamen best (Celle NJW-RR **89**, 313).

d) Der Verein ist wg der ihm zustehden Autonomie bei der Festlegg der Voraussetzgen für den Erwerb der Mitgliedsch grdsl frei. Auch bei Erf der satzgsmäß Voraussetzgen besteht idR keine **Aufnahmepflicht** (BGH **101**, 200); der Verein kann sich aber insow dch eine entspr Satzgsbestimmg od dch vertragl Abreden binden (RG **106**, 124). Vereine mit einer Monopolstellg sind gem § 826 zur Aufn verpfl, wenn die Verweigerg der Mitgliedsch eine sittenw Schädigg darstellt (BGH **LM** § 38 Nr 3, NJW **69**, 316). Prakt wichtiger ist heute GWB 27, wonach die Kartellbehörde bei mißbräuchl Ablehnen ggü Wirtsch- u Berufsverbänden AufnAnordng erlassen kann. GWB 27 ist ein SchutzG iSd §§ 35 GWB, 823 II BGB u begründet analog § 1004 einen verschuldensunabhäng, iW der Klage dchsetzb AufnAnspr (BGH **29**, 344). Aus ihm hat die Rspr den allg RGrds entwickelt, daß eine AufnPfl immer dann besteht, wenn die Ablehng der Aufn zu einer – im Verhältn zu bereits aufgenommenen Mitgl – sachl nicht gerechtfertigten ungleichen Behandlg u unbill Benachteiligg des Bewerbers führt (BGH **63**, 285, MüKo/Reuter Rdn 119 v § 21, Birk JZ **72**, 348, Grunewald AcP **182**, 182). Eine Monopolstellg des Vereins ist nicht erforderl; es genügt, daß er eine erhebl wirtschaftl od soziale Machtstellg besitzt u der Bewerber ein schwerwiegdes Interesse am Erwerb der Mitgliedsch hat (BGH **93**, 152). Bewerber, die die sachl berecht satzgsmäß AufnVoraussetzgen nicht erf, haben aber idR keinen AufnAnspr; das gilt bes dann, wenn dem Bewerber die Erf der AufnVoraussetzgen mögl u zumutb ist (BGH NJW **69**, 317). Trotz satzgsmäß Hindernisse besteht AufnPfl, wenn der Bewerber ein starkes gerechtfertigtes Interesse am Erwerb der Mitgliedsch hat u der Zweck der AufnBeschränkg dch "mildere" Satzgsbestimmgen erreichb ist (BGH **63**, 286). Besteht ein sachl gerechtfertigter Grd, einen bestimmten Bewerber od eine Bewerbergruppe nicht aufzunehmen, ist der AufnAnspr auch bei Vereinen mit AufnZwang ausgeschlossen (BGH **93**, 154). Wenn gg die Ablehng der Aufn vereinsinterne RBehelfe offenstehen, müssen diese vor KlErhebg ausgeschöpft w (RG **106**, 127).

Einzelfälle (ja = AufnPfl; nein = keine AufnPfl). Soweit eine AufnPfl besteht, unterliegen Satzgen u Vereinsordngen nach der Rspr des BGH zugl einer InhKontrolle (oben c). AnwVerein nein (BGH NJW **80**, 186). Gewerksch ggü Bewerbern, die die satzgsmäß Voraussetzgen erf, grdsl ja (BGH **93**, 151, ZIP **87**, 1536). Die Gewerksch kann den AufnAntr aber aus sachl gerechtfertigten Grden (fehlde Solidarität, fr Mitgliedsch in einer gewerkschaftsfeindl Part) ablehnen (BGH aaO); ihr steht insoweit ein Beurteilgsspielraum zu (BGH aaO); polit Part nein, PartG 10 (BGH **101**, 200); Mieterverein nein (LG Münst MDR **74**, 310). Landespressekonferenz nein, sie muß aber den berecht Interessen des Bewerbers in Weise Rechng tragen (Stgt NJW **72**, 877). Deutscher Sportbund grdsl ja (BGH **63**, 282). Boxsportverband uU ja (BGH **LM** § 38 Nr 3). Landessportbund ggü Sportfachverband (Aikido-Bund) ja (BGH NJW-RR **86**, 583, Düss NJW-RR **87**, 503), nein ggü Universitätssportclub (BGH NJW **69**, 316); nein ggü einem Verein mit dem NamensBestandt Dynamo (BVerfG NJW-RR **89**, 636); Verband freier Berufe nein ggü Heilpraktikerverband (Düss VersR **86**, 116); Taxizentrale, Frage des Einzelfalls (BGH Betr **78**, 151). Verband der Buch-, Zeitgs- u Zeitschriftengroßhändler nein ggü einem von einem Großverlag beherrschten Händler (BGH **LM** GWB 27 Nr 4). Wirtschaftsverband, Frage des Einzelfalls (BGH **21**, 1, **29**, 344). Gemeinnützige WoBau-Genossensch nein (Köln OLGZ **66**, 132).

4) Vereinsstrafe. a) Der Verein ist aGrd seiner Autonomie berecht, ggü seinen Mitgl nach Maßg der Satzg Vereinsstrafen zu verhängen (BGH **21**, 373, **87**, 337, stRspr, hM). Die Vereinsstrafe ist keine VertrStrafe iSd §§ 339ff, sond ein eigenständ verbandsrechtl Institut (BGH **21**, 373, hM, str, aA Soergel-Hadding Rdn 38). Sie dient nicht dem GläubInteresse, sond bezweckt die Dchsetzg u Aufrechterhaltg der Vereinsordng (RGRK-Steffen Rdn 13). Als Strafen kommen in Betracht Rügen, Geldbußen, vorübergehder od teilw Entzug von MitgliedschR, Aberkenng von Ehrenämtern, ferner der Ausschluß, für den aber zT Sonderregeln gelten (s unten g).

b) Voraussetzungen. aa) Die Straftatbestde u die angedrohten Strafen müssen in der **Satzung** festgelegt sein (RG **125**, 340, **151**, 232, BGH **47**, 177, **LM** § 39 Nr 3/4). Generalklauseln wie „vereinsschädigdes Verhalten" sind zul (BGH **36**, 114, **47**, 384). Die im Rang unter der Satzg stehden Vereinsordngen (Anm 2e) dürfen die StrafVorschr konkretisieren; sie dürfen sie aber nicht erweitern od zusätzl RNachteile vorsehen, wie etwa die Auferlegg von Kosten od die Einräumg einer Veröffentlichgsbefugn (BGH **47**, 178). Die Bestrafg ist nur zul, wenn das strafbewehrte Verbot zZ der Vorn der Hdlg schon bestand (RG **125**, 340, BGH **55**, 385). Der Bestrafg steht nicht entg, daß das gleiche Hdlg mit öff Strafe bedroht ist (BGH **21**, 374, **29**, 356). – **bb)** Die Vereinsstrafe setzt idR **Verschulden** voraus (RG **163**, 200, Ffm NJW-RR **86**, 135, aA BGH **29**, 359). Sow die Satzg für schuldlose Verstöße Strafe androht, w sie – abw von der bisherigen Rspr (RG JW **32**, 1010, BGH aaO, KG DR **39**, 2156) – grdsl iW richterl InhKontrolle (Anm 3c) zu beanstanden sein. Eine Ausn muß allerdings für Vereinigungen von Kaufleuten u Freiberuflern gelten, insb sow es um die Zurechng des Versch von ErfGehilfen geht (BGH **29**, 361). Bes liegt es auch iF des Ausschlusses. Er ist bei einem wichtigen Grd auch ohne Verschulden zul, stellt aber in diesem Fall keine VereinsStrafe dar (unten g).

c) Vereinsstrafen dürfen nur gg **Mitglieder** verhängt w (BGH **29**, 359, stRspr). Ist jemand Mitgl eines Vereinsorgans, ohne Mitgl des Vereins zu sein, darf der Verein strafweise seine organschaftl Funktionen beschränken od aufheben, besitzt aber im übrigen keine Strafgewalt über ihn (ähnl BGH **29**, 359). Nach Ausscheiden des Mitgl ist eine Bestrafg unzul (RG **122**, 268, **143**, 2), mögl ist sie in der Zeit zw AustrittsErkl u Ausscheiden. Der übergeordnete Verband hat ggü den Mitgl des nachgeordneten Vereins Strafgewalt, wenn diese zugleich Mitgl im übergeordneten Verband sind (s BGH **28**, 131). Entspr gilt, wenn die Strafgewalt des übergeordneten Verbandes in den Satzgen der beiden beteiligten Vereine abgesichert ist (BayObLG **86**, 534). Schuldrechtl Abreden mit einem NichtMitgl sind dagg nicht ausr: Unterwirft sich der ArbNeh eines Vereines (Lizenzfußballspieler) der Strafgewalt des übergeordneten Verbandes (DFB), so gelten im Verhältn zu ihm die Vorschr über die VertrStrafe (BAG NJW **80**, 470, Ffm NJW **73**, 2208); die Straffestsetzg unterliegt daher der vollen Nachprüfg der staatl Ger.

d) Verfahren. aa) Zuständig für die Verhängg von Vereinsstrafen ist gem § 32 iZw die MitglVersammlg. Die Satzg kann die Strafgewalt jedoch auch and Organen übertragen (Vereinsgericht, Ehrengericht, Schlichtgskommission). Geht es um die Abberufg od den Ausschluß eines VorstdsMitgl, muß die MitglVersammlg beteiligt w, da sie über die ZusSetzg des Vorstds zu entscheiden hat (BGH **90**, 92, Celle OLGZ **80**, 359). Erforderl ist eine Einzelabstimmg, ein GruppenAusschl ist unzul (BayObLG Rpfleger **88**, 416). Einleitdes u entscheidedes Organ müssen nicht personengleich sein (BGH NJW **67**, 1658, Mü MDR **73**, 405); sie dürfen sich desselben Sachbearbeiters zur Vorbereitg ihrer Entsch bedienen (BGH **102**, 271). Das BeschlOrgan darf auch Tats berücksichtigen, die das einleitde Organ nicht vorgebracht h (BGH **102**, 268). Sind die Mitgl des zust Organs zugl die Verletzten, dürfen sie an der Straffestsetzg nicht mitwirken (BGH NJW **81**, 744, Düss NJW-RR **88**, 1273). – **bb)** Der Beschuldigte hat Anspr auf **rechtliches Gehör** (BGH **29**, 355). IdR genügt es, wenn ihm Gelegenh zu einer schriftl Stellgnahme gegeben w (BGH aaO). Ein Anspr auf Zulassg eines RAnw besteht grdsl nicht (BGH **55**, 390, aA Reinicke NJW **75**, 2048, Kirberger BB **78**, 1393); and aber, wenn der Verein selbst einen RAnw hinzuzieht (BGH aaO). Der Grds „ne bis in idem" gilt auch für die Vereinsstrafe (RG **51**, 89, Hamm AnwBl **73**, 110). Die Vorwürfe, auf die die Maßn gestützt w, müssen konkret bezeichnet w (BGH BB **89**, 1713).

e) Gerichtliche Nachprüfung. aa) Alle Vereinsmaßn können zur gerichtl Nachprüfg gebracht w. Die Klage ist idR auf Feststell der Unwirksamk des VereinsBeschl zu richten. Betrifft der Mangel allein den von der zweiten Vereinsinstanz erlassenen Beschl, ist nur dessen Unwirksamk festzustellen (BGH **13**, 13). Die **Satzung** kann die gerichtl Nachprüfg **nicht ausschließen** (RG **80**, 189, BGH **29**, 354, Karlsr OLGZ

70, 300, Düss NJW-RR **88**, 1271). Wirkt die rechtsw Vereinsstrafe gg ein NichtMitgl (Vermittlgssperre gg angest Taxifahrer), kann dieser einen quasidelikt UnterlAnspr gg den Verein h (BGH Betr **80**, 1687). – **bb)** Die Anrufg der staatl Ger ist grdsl erst nach Ausschöpfg der **vereinsinternen Rechtsbehelfe** zul (RG **85**, 356, BGH **47**, 174, **49**, 396). Diese haben iZw aufschiebde Wirkg (BayObLG **88**, 175). Wird der Dchführg des Verf verweigert od ungebühr verzögert (Düss NJW-RR **88**, 1272) od ist dem Mitgl, etwa wg lebenswicht Interessen, ein Zuwarten nicht zuzumuten, dürfen die staatl Ger sofort angerufen w (RG JW **32**, 1197). Das folgt aus einer entspr Anwendg des § 315 III 2. Auch Unterl- od WiderrKlagen wg Behauptgen, die Ggst eines vereinsinternen RBehelfsVerf sind, sind erst nach dessen Beendigg zul (str, s Düss NJW-RR **86**, 675, LG Oldenbg JZ **89**, 594). Für vorläufigen RSchutz dch einstw Vfg ist das staatl Ger auch währd der Dauer des vereinsinternen Verf zust (allgM). Versäumg vereinsinterner RMittel steht der Anrufg der staatl Ger nur dann entg, wenn die RFolge der FrVersäumnis klar aus dem VereinsR erkennbar war (BGH **47**, 174). – **cc)** Die Nachprüfg von Vereinsstrafen sowie sonst vereinsrechtl Streitigk können einem **Schiedsgericht** übertragen w. Die Zuständigkeit u die Organisation des Schiedsgerichts müssen in der Satzg festgelegt w (BGH **88**, 316). Die Regelg in einer SchiedsgerichtsOrdng genügt nur dann, wenn diese zum Bestandt der Satzg erklärt u formell u materiell wie ein Teil der Satzg behandelt w (s Mü BB **77**, 865). Besteht eine satzgsmäß Grdl, ist gem ZPO 1048 eine dem ZPO 1027 I entspr Vereinbg nicht erforderl (RG **153**, 271, **165**, 143, krit Kleinmann BB **70**, 1076). Das SchiedsGer muß als eine von den übrigen Vereinsorganen unabhäng u unpart Stelle organisiert sein; das Verf vor ihm muß den Anfordergen der ZPO 1025 ff genügen (s RG **88**, 402, **90**, 308, Ffm NJW **70**, 2250): Ist das nicht der Fall, ist das Gremium ein VereinsGer, gg dessen Entsch der ordentl RWeg offensteht (Ffm NJW **70**, 2250: „Schiedskommission der SPD" kein SchiedsGer). Unbedenkl aber eine Bestimmg, wonach die SchiedsRi VereinsMitgl sein müssen (RG **113**, 322). Für Arreste u einstw Vfgen sind ausschl die staatl Ger zust (hM).

f) Umfang der Nachprüfung. Währd die Rspr die Nachprüfg fr auf VerfFehler u offenb Unbilligk beschränkt hat (BGH **29**, 354, **36**, 109), bezieht sie seit 1983 auch die TatsFeststellgn der Vereinsorgane in die Überprüfg ein (BGH **87**, 344). Im einz gelten nunmehr folgde Grds: – **aa) Formelle Voraussetzungen.** Das staatl Ger prüft, ob die Strafe eine ausr Grdl in der Satzg hat (oben b), ob der Betroffene der Vereinsstrafgewalt unterliegt (oben c), ob der Strafbeschluß auf einem ordngsmäß Verf beruht u ausr begründet ist (oben d). Auch der Verstoß gg ungeschriebene VerfGrds führt zur Unwirksamk, so etwa, wenn eine ganze MitglGruppe in einem MassenVerf ausgeschl w (Köln NJW **68**, 992). Unschädl sind dagg Verstöße, auf denen der StrafBeschl nicht beruhen kann. Das Ger prüft in diesem formellen Bereich seit jeher die Tat- u RFrage in vollem Umfang nach (s BGH NJW **80**, 443). – **bb) Tatsachenfeststellungen.** Die dem StrafBeschl zugrde liegden TatsFeststellgn hat das Ger nach der neueren Rspr des BGH im Rahmen der BewAntr der Part voll nachzuprüfen (BGH **87**, 344). Soweit es um Wertgen, etwa die Wirkg von Werbeangaben geht, kann dem Verein aber ein Beurteilgsspielraum zustehen (Düss NJW-RR **87**, 697). – **cc) Vereinbarkeit mit staatlichem Recht.** Das Ger prüft uneingeschränkt nach, ob der StrafBeschl gg die guten Sitten od gg ein Ges verstößt, etwa gg GWB 25 (BGH **36**, 114), gg BetrVG 19 II aF od 20 II nF (BGH **45**, 314, **71**, 128, **102**, 277). – **dd) Anwendung des Vereinsrechts, Strafbemessung.** Die Überprüfg der Subsumtion unter dem StrafTatbestd u der Bemessg der Strafe beschränkt sich grdsl darauf, ob die Strafe willkürl ist (BGH **47**, 385, **75**, 159). Es gehört zur richtig verstandenen Vereinsautonomie, daß die Vereine u nicht die staatl Ger darüber entscheiden, ob das Verhalten eines Mitgl gg die polit Ziele einer Part, gg die Richtlinien eines Sportverbandes od die Interessen eines WirtschVerbandes verstößt (s BGH **87**, 345). Offenb Unbilligk liegt vor, wenn die Bestrafg auf ein Vorbringen des Mitgl gestützt w, das er in Wahrnehmg berecht Interessen aufstellen durfte (BGH **47**, 386); wenn die Ausschließg allein wg des vereinsschädigden Verhaltens von Angeh erfolgt ist (BGH NJW **72**, 1892); wenn bei gleichem Tatbestd ein Mitgl ausgeschl w, and dagg nicht (BGH **47**, 385); wenn schon die Beauftragg eines RAnw in einer Vereinsangelegenh mit Strafe belegt w (Hamm AnwBl **73**, 110); wenn Ausschließg auf lange zurückliegde Tats gestützt w (RG **129**, 49). Bes Grds gelten für den Ausschl aus dem Verein, für die eine **Aufnahmepflicht** (Anm 3d) besteht: Sie sind nicht bis zur Grenze der Willkür u der groben Unbilligk berecht, Mitgl auszuschließen; der Ausschl muß vielmehr dch sachl Grde gerechtfertigt, darf also nicht unbillig sein (BGH **102**, 276, krit Hadding/van Look ZGR **88**, 271). Dem Beurteilgs- u Ermessensspielraum des Vereins sind enge Grenzen gesetzt (BGH aaO). – **ee)** Das staatl Ger hat die Wirksamk od Unwirksamk des StrafBeschl festzustellen (s BGH **13**, 14), es kann die Vereinsmaßn dagg nicht mildern. **Gegenstand der** gerichtl **Nachprüfung** ist der StrafBeschl mit dem Inh, wie er im Verf vor dem zust Vereinsorgan zustandegekommen ist. Der Verein kann insow keine neuen Grde nachschieben (BGH **45**, 321, **102**, 273, BB **89**, 1713). Bei der Beurteilg der offenb Unbilligk ist dagg auch neuer TatsVortrag zu berücksichtigen (BGH **47**, 387).

g) Für den **Ausschluß** gilt grdsl das allgemein zur Vereinsstrafe Gesagte. Er ist idR die schwerste Vereinsstrafe. Auf ihn darf nur erkannt w, wenn and Maßn nicht ausreichen (s RG **169**, 334). Er kann nicht von einer Bdgg abhäng gemacht w. Ein Ausschluß ist auch die „Streichg" wg Nichtzahlg des Beitrags (Bambg NVwZ **83**, 572). Läßt die Satzg den Ausschluß zu, ist als mildere Maßn auch der zeitw Ausschluß zul (Ffm NJW **74**, 189). Vgl im übrigen oben b–f. Unabhängig von dem Voraussetzgen für einen strafweisen Ausschluß ist der Verein berecht, Mitgl aus **wichtigem Grund** auszuschließen (BGH NJW **72**, 1893; RG **169**, 334 u BGH **9**, 162 GmbH; BGH **27**, 297 Genossensch). Aus § 242 hat die Rspr den RGrds entwickelt, daß DauerRVerh aus wicht Grd vorzeitig beendet w können (Einf 5 v § 241). Dieser Grds gilt auch im VereinsR (BGH NJW **72**, 1893). Für den Ausschluß aus wicht Grd ist gem § 32 iZw die MitglVersammlg zust, er bedarf keiner bes satzgsmäß Grdl (Reuter NJW **87**, 2401), erfordert kein Verschulden (BGH NJW **72**, 1893), der AusschlußGrd muß aber konkret bezeichnet w (BGH BB **89**, 1713) u unterliegt voll der gerichtl Nachprüfg. Beim Ausschluß von Mitgl nicht polit Part enthalten die §§ 10, 14 PartG eine abschließde Regelg. Sachl od verfahrensmäß Erleichtergen des Ausschlusses dch die Satzg sind unwirks (BGH **73**, 280, **75**, 159). Der Ausschluß aus der Gewerksch wg Streikbrecherarbeit ist grdsl zul (s BGH NJW **78**, 990, dort aus formellen Grden aufgehoben), ebso wg der Kandidatur zum BetrR auf einer gewerkschfremden Liste (Celle NJW **80**, 1004, aA BGH **71**, 128, **87**, 341, **102**, 277).

Personen. 2. Titel: Juristische Personen §§ 25–27

h) Für **sonstige Maßnahmen** des Vereins im Verh zu seinen Mitgl gelten die Ausführgen oben b–f sinngem. Der Verein kann die Anrufg der ordentl Ger nicht ausschließen (Celle WPM **88**, 495). Regelgen, die der Verein hins der Benutzg seiner Einrichtgen trifft, unterliegen gem den unter f) dargestellten Grds einer Nachprüfg. Die Entscheidg, daß ein Amateursportler nur gg Zahlg eines Entgelts für einen and Verein freigegeben w, ist wg Unbilligk unwirks (LG Lübeck NJW-RR **88**, 122).

26 Vorstand; Vertretungsmacht.
I Der Verein muß einen Vorstand haben. Der Vorstand kann aus mehreren Personen bestehen.

II Der Vorstand vertritt den Verein gerichtlich und außergerichtlich; er hat die Stellung eines gesetzlichen Vertreters. Der Umfang seiner Vertretungsmacht kann durch die Satzung mit Wirkung gegen Dritte beschränkt werden.

1) **Allgemeines: a)** Der **Vorstand** ist ein notw, vom Ges zwingd vorgeschriebenes Vereinsorgan (Hamm OLGZ **78**, 23). Ihm obliegt die Vertretg (II) u die GeschFührg (§ 27) des Vereins. Er ist trotz II 1 Halbs 2 kein ges Vertreter, sond nimmt als Organ des Vereins am RVerk teil (BGH WPM **58**, 561; MüKo/Reuter Rdn 11). Sein Handeln ist kein Handeln für den Verein, sond Handeln des Vereins. – **b)** Die **Zusammensetzung** des Vorstd wird dch die Satzg festgelegt (§ 58 Nr 3). Er kann aus einer od mehreren Pers bestehen; enthält die Satzg insow keine Vorschr, besteht der Vorstd aus einer Pers (arg I 2). – **aa)** Vorstand iSd Satzung u iSd BGB sind nicht notw ident. Zum Vorstd iSd § 26 gehört nur, wer zur Vertretg des Vereins befugt ist (KG OLGZ **78**, 274, MüKo/Reuter Rdn 8). Der Vorstd iSd Satzg umfaßt dagg vielf auch Pers, die von der Vertretg ausgeschl sind. Solche Gestaltgen sind zul, sofern kein Zweifel darü entstehen kann, wer zur Vertretg des Vereins berecht ist (s BayObLG **71**, 266). Zur Abgrenzg kann der engere Kreis als Vorstd iSd BGB (s Düss DNotZ **62**, 645) od der größere als erweiterter od GesVorstd bezeichnet w. – **bb)** Unzul ist die **bedingte** Zugehörigk zum Vorstd. Eine Satzgsbestimmg, wonach der Verein dch den 1. Vorsitzden, iF seiner Verhinderg dch den 2. Vorsitzden vertreten w, ist daher nicht eintragsfäh (BayObLG **69**, 36, Celle NJW **69**, 326, LG Köln Rpfleger **70**, 240). Sie kann aber notf dahin ausgelegt w, daß beide Einzelvertretgsbefugn besitzen, von der der 2. Vorsitzde nur dann Gebrauch machen darf, wenn der 1. Vorsitzde verhindert ist. Derart Beschränkgen im InnenVerh sind unbedenkl (BayObLG u Celle aaO). Zul ist auch eine Bestimmg, wonach bei Wegfall eines VorstdMitgl sein Amt bis zur Neuwahl von einem and wahrgenommen w (LG Frankenthal Rpfleger **75**, 354). Dagg ist es mit dem Prinzip organschaftl Vertretg unvereinb, daß einem NichtVorstdMitgl (GeschF) die allg Befugn eingeräumt w, den Verein gemeins mit einem VorstdMitgl zu vertreten (Hamm OLGZ **78**, 23, krit Kirberger Rpfleger **79**, 5 u 49). – **cc)** Welche **persönlichen Voraussetzungen** die VorstdMitgl erfüllen müssen, entscheidet die Satzg. Enthält sie keine bes Regelg u steht auch ihr Sinn u Zweck nicht entgg, können auch NichtMitgl (s Hbg HansGZ **26**, B 229), beschränkt GeschFäh (mit Zust des ges Vertreters) u jur Pers VorstdMitgl sein. Eine **Personalunion** zw mehreren VorstdPosten ist nur bei einer ausdr satzgsmäß Grdl zul (LG Darmstadt Rpfleger **83**, 445, aA Köln Rpfleger **84**, 422, Düss NJW-RR **89**, 894).

2) **Vertretungsmacht des Vorstandes. a)** Sie ist grdsl unbeschränkt (**II 1**), erstreckt sich aber (trotz der Ablehng der *ultra-vires*-Lehre, Einf 5c v § 21) nicht auf Gesch, die auch für Dr erkennb ganz außerh des Vereinszweckes liegen (Larenz § 10 IIb). Entspr gilt für Gesch, die in die Befugn and Organe eingreifen, wie die Verpfl zur Namens- od SatzgsÄnd (BGH JZ **53**, 475). Die Vertretgsmacht ist dch die Satzg **beschränkbar** (II 2); ausgeschlossen ist aber ihre völlige Entziehg (BayObLG **69**, 36, Anm 1b aa). Die Beschränkg kann in der Untersagg best Gesch, in der Begründg von ZustErfordern (Dütz FS Herschel, 1981, 67) od in der Zuweisg von best Aufg an and Organe liegen. Die Bestimmg muß eindeut erkennen lassen, daß eine Beschränkg der Vertretgsmacht gewollt ist (BayObLG NJW **80**, 2799) u welchem Umfang die Beschrkg haben soll (BayObLG Betr **73**, 2518). Beim eV wirkt die Beschränkg nur, wenn sie dem and Teil bekannt od im Register eingetragen ist (§§ 70, 68). Ein nicht satzgsändernder Beschluß der MitglVersammlg beschränkt die Vertretgsmacht nicht, er bindet den Vorstd aber gem §§ 27 III, 665 im InnenVerh. – **b)** Bei einem **mehrgliedrigen Vorstand** bestimmt der Satzg, ob den VorstdMitgl Einzel- od GesVertretgsmacht zusteht. Enthält die Satzg keine Regelg gilt nicht der Grds der GesVertretg (so AktG 78, GmbHG 35) sond das **Mehrheitsprinzip** (Soergel-Hadding Rdn 16, RGRK – Steffen Rdn 4, Larenz § 10 IIb, Sauter/Schweyer Rdn 231, hM). Für ein wirks Vertreterhandeln kommt es auf die in § 28 vorgesehene BeschlußfassSg nicht an, wenn für den Verein ein VorstdMitgl mit EinzelVertretgsmacht, mehrere VorstdMitgl mit GesVertretgsmacht od alle VorstdMitgl auftreten (s BGH **69**, 250, 252, Danckelmann NJW **73**, 735). Die interne Beschlußfassg ist aber auch dann unerhebl, wenn für die Vertretg das MehrhPrinzip gilt; erforderl, aber auch ausr ist, daß an der Vertretg VorstdMitgl in erforderl Zahl mitwirken (Staud-Coing § 28 Anm 4, Soergel-Hadding Rdn 16, Sauter/Schweyer Rdn 232, BGH aaO läßt offen). Zur **Passivvertretung** s § 28 Anm 2. – **c)** Der Vorstd kann sowohl Dr als auch einz seiner Mitgl **Vollmacht** erteilen (BAG BB **56**, 79, KGJ **32** A 187). Die Vollm wird dch Ändergen in der ZusSetzg des Vorstd nicht berührt (KG aaO). Sie darf aber nicht auf eine Übertragg der Organstellg hinauslaufen (s BGH **64**, 75 zur GmbH). Unwirks daher eine Vollm, mit der iF der GesVertretg ein VorstdMitgl von den and allgem zur Vertretg ermächtigt w (BGH WPM **78**, 1048). Eine unwiderrufl Vollm kann der Vorstd nur für best EinzGesch erteilen, da andf § 27 II umgangen würde. Die **eidesstattliche Versicherung** (ZPO 807, 889ff) ist vom Vorstd abzugeben. Bei einem mehrgliedrigen Vorstand müssen soviele Mitgl mitwirken, wie nach Ges od Satzg zur Vertretg des Vereins erforderl sind (Schweyer Rpfleger **70**, 406, aA LG Köln ebda, wonach die Versicherg eines VorstdMitgliedes genügt).

27 Bestellung und Geschäftsführung des Vorstandes.
I Die Bestellung des Vorstandes erfolgt durch Beschluß der Mitgliederversammlung.

II Die Bestellung ist jederzeit widerruflich, unbeschadet des Anspruchs auf die vertragsmäßige Vergütung. Die Widerruflichkeit kann durch die Satzung auf den Fall beschränkt werden, daß ein

§§ 27, 28

wichtiger Grund für den Widerruf vorliegt; ein solcher Grund ist insbesondere grobe Pflichtverletzung oder Unfähigkeit zur ordnungsmäßigen Geschäftsführung.

III Auf die Geschäftsführung des Vorstandes finden die für den Auftrag geltenden Vorschriften der §§ 664 bis 670 entsprechende Anwendung.

1) Die Bestellung (I) ist ein einseit empfangsbedürft RGesch. Da sie eine auch Pflten umfassde organschaftl RStellg begründet, bedarf sie – and als die Bevollmächtigg – der Ann dch den Bestellten (BayObLG **81**, 277). Soweit die Satzg nichts and best, können auch NichtMitgl, beschränkt GeschFäh u jur Pers zu VorstdMitgl bestellt w (§ 26 Anm 1 b cc). I ist dispositives Recht (§ 40). Die Satzg kann vorsehen, daß der Vorstd sich dch Kooptation ergänzt od dch ein Kuratorium gewählt w (BayObLGZ **84**, 3). Mögl ist auch eine Regelg, wonach der Vorstd dch einen Dr zu bestellen ist od mit dem Vorstd eines and eV ident ist (BAG Betr **65**, 1364, Ffm OLGZ **81**, 392). Die EinwirkgsR Dr dürfen aber nicht soweit gehen, daß der Verein als PersVerband keine eig Bedeutg mehr hat u als SonderVerw des Dr erscheint (§ 25 Anm 3b). Die Bestimmg, daß der Vorstd mit dem eines and Vereins ident ist, ist daher unwirks, wenn sie prakt auch iW der SatzgsÄnd nicht abgeändert w kann (Ffm OLGZ **81**, 392).

2) Ende des Amtes. – a) Für den **Widerruf** (II) ist vorbehaltl einer abw Satzgsbestimmg das bestellde Organ zust (BayObLG OLG **32**, 330). Der Widerruf kann nicht ausgeschlossen, aber auf den Fall eines wicht Grdes beschränkt w. Zul ist sowohl der Widerruf des ges Vorstd als auch einz Mitgl. Aus wicht Grd kann die MitglVersammlg auch dann widerrufen, wenn nach der Satzg ein and Organ od ein Dr für die Bestellg u den Widerruf zust ist (Staud-Coing Rdn 16, hM). Mit dem Widerruf endet das VorstdAmt, nicht aber ow der (Dienst-)Vertr, auf dem ggf der VergütgsAnspr beruht. Der VergütgsAnspr entfällt jedoch, wenn die Voraussetzgen für eine Künd aus wicht Grd (§ 626) vorliegen od § 627 anzuwenden ist. Der aktienrechtl Grds, daß der Widerruf bis zur rechtskräft Feststellg des Ggteils wirks ist (AktG 84 III 4), gilt im VereinsR nicht (BGH **LM** § 85 Nr 2). – **b) Weitere Endigungsgründe** für das VorstdAmt sind: Ablauf der Amtszeit (Mü WPM **70**, 770), Tod, GeschUnfGK, Wegfall der persönl Eigensch, die nach der Satzg für die VorstdBestellg zwingd erforderl sind, etwa die Zugehörigk zu einem best Beruf od die VereinsMitgliedsch (§ 26 Anm 1 b cc), Ausschluß aus dem Verein, für die bei VorstdMitgl allein die MitglVersammlg zuständ ist (BGH **90**, 92, Celle OLGZ **80**, 361), Amtsniederlegg. Diese ist bei dem aGrd eines DienstVertr Tätigen nur aus wicht Grd zul; dagg kann der ehrenamtl Vorstd jederzeit niederlegen (Ffm Rpfleger **78**, 134), macht sich aber dch eine Niederlegg zur Unzeit schadensersatzpflicht.

3) Zur Geschäftsführung (III) gehören alle Hdlgen, die der Vorstd für den Verein vornimmt. Die Satzg kann die GeschFührg auch einem and Organ (erweiterten Vorstd) übertragen (BGH **69**, 250), jedoch kann dem Vorstd die Entscheidg über die Angelegenh der rechtsgeschäftl Vertretg nicht entzogen w (Danckelmann NJW **73**, 738, Kirberger NJW **78**, 415). Das in Bezug genommene Auftr R begründet Pflten zur Ausk (§ 666), Herausg (§ 667) u SchadErs wg pVV (BGH NJW **87**, 1077), die von der MitglVersammlg geltd zu machen sind (Grunewald ZIP **89**, 962); es stellt zugl klar, daß die MitglVersammlg dem Vorstd Weisgen erteilen kann (arg § 665). Der Vorstd hat einen AufwendgsErsAnspr (§ 670). Ein Entgelt für die geleistete Arbeit steht ihm nur bei einer entspr satzgsmäß Grdl zu (BGH NJW-RR **88**, 745). Die Entggn satzgswidr Entgelte stellt eine pVV dar (BGH aaO). Kein AufwendgsErs, sond ein Entgelt ist es auch, wenn der Verein die Kosten einer ErsKraft übernimmt (BGH aaO). Welche Pflten dem Vorstd im einz obliegen, hängt vom Zweck u der Größe des Vereins ab. Bei einem Reiterverein besteht idR die Pfl, auf den Abschluß einer HaftPflVers hinzuwirken (BGH NJW-RR **86**, 573). Etwaige Anspr aus den (fr) Vorstd auf Herausg, Unterl od ähnl stehen nicht den Mitgl, sond dem Verein zu (s BGH NJW **57**, 832, Düss MDR **83**, 488). Überträgt der Verein einem NichtVorstdMitgl best Aufg, ist gleichf AuftrR anzuwenden (BGH **89**, 157). Wird einem ehrenamtl Tätigen eine schadensträchtige Aufg übertragen, finden die arbrechtl Grds über die Haftgsminderg bei **gefahrgeneigter Arbeit** (§ 611 Anm 14b) entspr Anwendg (BGH aaO, AG Bochum NJW-RR **89**, 96, aA Brox Betr **85**, 1477); uU sind auch RVO 636, 637, 539 I Nr 8 anwendb (Lippert NJW **84**, 2266). **Entlastung** des Vorstd ist Verzicht auf alle SchadErs- u etwa konkurrierde BerAnspr (BGH **24**, 54, **97**, 386), soweit diese bei sorgfält Prüfg erkennb waren (BGH NJW-RR **88**, 745). Die MitglVersammlg braucht sich bei ErsAnspr wg satzgs- od satzgswidr Zuwendgen die Kenntnismöglichk der Rechngsprüfer nicht zurechnen zu lassen (BGH aaO). Einen Anspr auf Entlastg hat der Vorstd nur, sofern ein entspr satzgsmäß Grdl od ein Vereinsbrauch besteht (Sauter/Schweyer Rdn 289).

28 Beschlußfassung; Passivvertretung.

I Besteht der Vorstand aus mehreren Personen, so erfolgt die Beschlußfassung nach den für die Beschlüsse der Mitglieder des Vereins geltenden Vorschriften der §§ 32, 34.

II Ist eine Willenserklärung dem Vereine gegenüber abzugeben, so genügt die Abgabe gegenüber einem Mitgliede des Vorstandes.

1) Die Willensbildg des Vereins erfolgt bei einem mehrgliedrigen Vorstd dch **Beschlußfassung**, gleichgült, ob es sich um die Vornahme von RGesch od um Interna des Vereins handelt. Sow die Satzg nichts Abweichdes best (§ 40), gelten für die Beschlußfassg die gesetzl Vorschr über die MitglVersammlg (§§ 32 ff). Enthält die Satzg für die MitglVersammlg Bestimmgen, die die §§ 32 ff ändern od ergänzen, ist es Ausleggsfrage, ob diese Vorschr auch auf den Vorstd anzuwenden sind. Mitstimmen in eig Sache (§ 34) kann auch die Satzg nicht zulassen. Haben alle VorstdMitgl zugestimmt, ist der Beschluß auf jeden Fall gült (§ 32 II). Sonst ist ordngsmäß Berufg, Mitteilg der Tagesordng, Beschlußfähigk usw erforderl (s BayObLG JFG **6**, 230, Einzelh bei § 32). Vertretg eines VorstdMitgl dch einen Dr ist nicht zul (Hamm OLGZ **78**, 29). Formfehler (etwa Nichtladg eines VorstdMitgl) machen den Beschl nichtig (Schlesw NJW **60**, 1862, vgl aber die hier entspr anwendb Einschränkgen in § 32 Anm 4). Haben bei einem RGesch

Personen. 2. Titel: Juristische Personen   §§ 28–30

VorstdMitgl in der für die gesetzl Vertretg erforderl Zahl mitgewirkt, ist es gleichgültig, ob dem Vertreterhandeln ein ordngsmäß VorstdBeschluß zugrde liegt od nicht (§ 26 Anm 2 b, str).

2) Passivvertretung. Für die Entggnahme von WillErkl hat jedes VorstdMitgl nach II, der dch die Satzg nicht abgeändert w kann (§ 40), Einzelvertretgsmacht. Das gilt ebso, wenn es auf die Kenntn od das Kennenmüssen einer Tats ankommt (BGH **41**, 287, NJW **88**, 1200, BAG Betr **85**, 237, aA für den FrBeginn gem § 626 II Densch/Kahlo Betr **87**, 581, vgl § 626 Anm 3 b). Der Verein muß sich das Verhalten des VorstdMitgl auch dann anrechnen lassen, wenn dieser sein Wissen absichtl unterdrückt (BGH **20**, 153), wenn er an dem konkreten Gesch nicht beteiligt war (BGH WPM **59**, 80, BayObLG NJW-RR **89**, 910), wenn er die Kenntn priv erlangt hat (BGH WPM **55**, 832) od wenn er inzw ausgeschieden ist (BGH WPM **59**, 84). § 28 II ist Ausdr eines allg RGedankens, der immer anzuwenden ist, wenn mehrere gemeins zur Vertretg berecht sind (§ 167 Anm 3 c).

29 Notbestellung durch Amtsgericht.
Soweit die erforderlichen Mitglieder des Vorstandes fehlen, sind sie in dringenden Fällen für die Zeit bis zur Behebung des Mangels auf Antrag eines Beteiligten von dem Amtsgericht zu bestellen, das für den Bezirk, in dem der Verein seinen Sitz hat, das Vereinsregister führt.

1) Allgemeines. a) Fassg des RPflG 1957. Zust ist das AG, das gem § 55 das Vereinsregister führt. – **b) Anwendungsbereich:** § 29 ist, sow keine SonderVorschr bestehen, auf alle JP des PrivR anwendb, so auf die GmbH (RG **138**, 101, BayObLG **55**, 290, **76**, 129), Genossensch (BGH **18**, 337), bergrechtl Gewerksch (RG **86**, 343), KGaA (RG **74**, 301), wg AktG **85** aber nicht auf die AktGes. Er gilt auch bei Fehlen eines Liquidators (BGH **18**, 337, BayObLG **76**, 129); auf nichtrechtsfäh Vereine kann er entspr angewandt w (LG Bln NJW **70**, 1047, RGRK-Steffen Rdn 1, aA RG **147**, 124), nicht aber auf polit Part, da insow das PartSchiedsGer zust ist (Hohn NJW **73**, 2012 gg LG Bln aaO). Unanwendb ist die Vorschr auf JP des öffR (KG NJW **60**, 151, BayObLG NJW **62**, 2253) u auf Personengesellsch (MüKo/Reuter Rdn 3). Auf die GmbH & Co KG ist § 29 dagg entspr anwendb (Saarbr OLGZ **77**, 293).

2) Voraussetzungen und Verfahren. a) Die Notbestellg setzt voraus, daß ein nach der Satzg für eine wirks Beschlußfassg od Vertretg erforderl VorstdMitgl inf Todes, Geschunfähigk, Absetzg, Amtsniederlegg, Amtsablauf, längerer schwerer Krankheit od längerer Abwesenh **ausfällt**. Auch eine auf §§ 28, 34 od § 181 beruhde Verhinderg in einem Einzelfall genügt (BayObLG JW **25**, 1880), ebso die grdsl Verweigerg der GeschFü, nicht aber die Weigerg, in einer best Angelegenh tät zu w (KG JW **37**, 1730), od das Bestehen von Differenzen zw den VorstdMitgl (Ffm NJW **66**, 504, BayObLG Rpfleger **83**, 74). – **b)** Ein **dringender Fall** liegt vor, wenn ohne die Notbestellg dem Verein od einem Beteil Schaden droht. Einsetzg eines öffr Treuhänders steht Notbestellg jedoch nicht entgg, wenn dessen Einsetzg angegriffen w soll (Hamm OLGZ **65**, 329). Die Möglichk, gem ZPO 57 einen ProzPfleger bestellen zu lassen, beseitigt die Dringlichk nicht, da § 29 vorgeht (Celle WPM **64**, 1336, Soergel/Hadding Rdn 8, RGRK-Steffen Rdn 2, str). Soll eine MitglVersammlg einberufen w, bedarf es keiner Notbestellg, wenn ein eingetragener Vorstd vorhanden ist, da dieser analog AktG 121 II zur Einberufg befugt ist (BayObLG **85**, 26). – **c)** Notw ist idR der Antr eines **Beteiligten.** Das ist jeder, dessen Rechte od Pflten dch die Bestellg unmittelb beeinflußt w (BayObLG **71**, 180). Antrberecht sind daher jedes VereinsMitgl, jedes VorstdMitgl, die Gläubiger des Vereins u die vom Verein Verklagten (BayObLG aaO). Ein RSchutzbedürfn besteht auch dann, wenn der AntrSt sich selbst zum Vorstd (GeschFü) bestellen könnte (Hbg MDR **77**, 1016). Zweifel an der rechtl Existenz der JP sind kein AblehnsGrd; and ist es aber, wenn die JP offensichtl nicht mehr besteht (Ffm JZ **52**, 565). – **d)** Für das **Verfahren** gilt das FGG. Zust ist gem RPflG § 3 I 1 a der Rpfleger. Die Auswahl des NotVorstdes ist Sache des Ger (BayObLG **78**, 248). Es kann Vorschläge berücksichtigen, braucht dies aber nicht. Schreibt die Satzg für den Vorstd eine best Qualifikation vor, muß diese auch vom NotVorstd erf w (BayObLG NJW **81**, 996).

3) Wirkung der Bestellung. a) Sie w gem FGG 16 mit der Bekanntgabe an den Bestellten **wirksam** (BayObLG **80**, 310, BGH **6**, 235, der aber im Ergebn offen läßt, str). Zur mat-rechtl Wirksamk ist weiter die Ann dch den Bestellten erforderl (BayObLG aaO, str). Der BestellgsBeschl ist als rechtsgestalter Akt bis zu seiner Aufhebg auch dann gült, wenn seine gesetzl Voraussetzgen fehlen (BGH **24**, 51). – **b)** Die Bestellg gibt dem Bestellten die **Organstellung** des fehlden Vorstd od VorstdMitgl, bewirkt aber nicht deren Ausscheiden aus ihren Ämtern (Schlesw NJW **60**, 1862). Der BestellgsBeschl kann die Vertretgsmacht beschränken (BayObLG NJW-RR **86**, 523). Bestellt das Ger für einen mehrgliedr Vorstd mit Ges Vertretgsmacht nur einen NotVorstd, ist dieser alleinvertretgsberecht (KG OLGZ **65**, 334, **68**, 207). – **c)** Wenn der BestellgsBeschl die Amtsdauer nicht befristet, **endet** sie ipso facto mit der Behebg des Mangels (MüKo/Reuter Rdn 14, hM). Das Ger kann den NotVorstd vAw od auf Antr abberufen (KG NJW **67**, 933). Antrberecht sind Vorstds- u VereinsMitgl (BayObLG **78**, 247), nicht aber sonst Beteil (KG aaO). – **d)** Der Bestellte hat keinen **Vergütungsanspruch** gg den Staat od den AntrSt, sond gem § 612 gg den Verein (BGH WPM **59**, 600, BayObLG **75**, 62). Einigen sich die Beteil nicht, kann das RegisterGer die Vergütg festsetzen (LG Hbg MDR **71**, 298, aA BayObLG NJW **88**, 1500). Kein Vergütgs-, sond nur ein AufwendgsErsAnpr (§ 670), wenn nach den Umst eine ehrenamtl Tätigkeit zu erwarten war.

30 Besondere Vertreter.
Durch die Satzung kann bestimmt werden, daß neben dem Vorstande für gewisse Geschäfte besondere Vertreter zu bestellen sind. Die Vertretungsmacht eines solchen Vertreters erstreckt sich im Zweifel auf alle Rechtsgeschäfte, die der ihm zugewiesene Geschäftskreis gewöhnlich mit sich bringt.

1) Allgemeines. a) § 30 hat nach seiner Entstehgsgeschichte den **Zweck,** größeren Vereinen eine differenzierte Vertretgsorganisation zu ermöglichen. Sie sollen neben dem Organ Vorstd u dem rechtsgeschäftl

Vertreter als ZwForm ein **Vereinsorgan** mit beschränkter Zustdgk („bes Vertreter") bestellen können. In der Rspr hat dagg von Anfang an nicht die vertretgsrechtl Stellg sond die organschaftl Haftg des Vereins für die unter § 30 fallden Vertreter im VorderGrd gestanden. Sie hat § 30 **weit ausgelegt**, um statt des § 831 (mit seiner Entlastgsmöglichk) den § 31 anwenden zu können (s dazu krit MüKo/Reuter Rdn 1). – **b) Anwendungsbereich.** Der organisationsrechtl Grds, daß bes Vertreter mit beschränkter organschaftlicher Vertretgsmacht bestellt w können, gilt nur für den Verein, die Genossensch u die nicht dem Mitbestimmgs R unterliegde GmbH (MüKo/Reuter Rdn 9). Der von der Rspr aus §§ 30, 31 entwickelte Grds, daß die jur Pers für alle Vertreter mit wichtigen, eigenverantwortl zu erledigen Aufg ohne Entlastgsmöglichk haftet, gilt dagg für alle jur Pers, auch für die AG (Staud-Coing Rdn 9) u jur Pers des öffR (RG **157**, 237).

2) Voraussetzungen. a) Der bes Vertreter muß **Vertretungsmacht** besitzen. Das ist jedoch untechn zu verstehen. Rechtsgeschäftl Vertretgsmacht ist nicht erforderl (BGH VersR **62**, 664). Es genügt, daß ihm ein best örtl od sachl AufgKreis übertragen ist u er nach außen selbstd handeln kann (RG **157**, 236); WeisgsGebundenh im InnenVerh ist unschädl (BGH NJW **77**, 2260). – **b)** Die RStellg muß eine **satzungsmäßige Grundlage** haben. Dafür genügt es, daß die Satzg GeschKreise vorsieht, für die ein bes Vertreter erforderl ist (RG **117**, 64, BGH NJW **77**, 2260). Da Satzg nicht gleichbedeutd mit der SatzgsUrk ist, sond auch VereinsgewohnhR umfaßt (§ 25 Anm 2e), kann auch eine auf lange Übg od betriebl Anordngen beruhende Stellg ausr sein. Entscheid ist, daß der bes Vertreter den Verein, wenn auch begrenzt, repräsentiert (RGRK-Steffen Rdn 5). – **c)** Wer für die **Bestellung** zust ist, entscheidet die Satzg. Soweit die Bestellg zu einer sachgerecht Organisation erforderl ist, haftet die jur Pers für ihren Repräsentanten auch dann gem §§ 30, 31, wenn sie ihn tats nicht zum bes Vertreter bestellt hat (§ 31 Anm 2 c). – **d) Beispiele**: s § 31 Anm 2 e.

3) Rechtsstellung. Die Vertretgsmacht umfaßt grdsl den ges zugewiesenen GeschBereich, dh alle gewöhnl vorkommenden Gesch (S 2). Sie kann beschränkt (§ 26 II 2 analog), aber auch ausgeschlossen w (Anm 2a). Der bes Vertreter ist, soweit es sich nicht um einen bloßen Haftgsvertreter handelt, im Vereinsregister einzutragen (§ 66 Anm 1c, str). Im Proz ist der bes Vertreter Zeuge, nicht Part (Barfuß NJW **77**, 1273). Die Bestellg eines bes Vertreters für alle VorstdGesch ist unzul (Hamm OLGZ **78**, 24).

31 *Haftung des Vereins für Organe.* Der Verein ist für den Schaden verantwortlich, den der Vorstand, ein Mitglied des Vorstandes oder ein anderer verfassungsmäßig berufener Vertreter durch eine in Ausführung der ihm zustehenden Verrichtungen begangene, zum Schadensersatze verpflichtende Handlung einem Dritten zufügt.

1) Allgemeines. a) § 31 rechnet dem Verein das Handeln seiner verfassgsmäß berufenen Vertreter als eig Handeln zu. Er ist damit Ausdr der **Organtheorie** (BGH **98**, 151, § 26 Anm 1). Der Verein haftet nach § 31 nicht für fremdes, sond für eig Verschulden. – **b)** § 31 ist keine haftgsbegründe, sond eine haftgszuweisde Norm (BGH **99**, 302). Sie setzt voraus, daß der verfassgsmäß Vertreter eine zum **Schadensersatz verpflichtende Handlung** begangen hat, gleichgült, worauf die ErsPfl im einz beruht. § 31 ist anzuwenden bei unerl Hdlgen (§§ 823ff), VertrVerletzgen (§§ 276, 280, 286, 325 f, s § 278 Anm 2b), c. i. c., §§ 122, 307, schuldlosem zum SchadErs verpflichtendem Handeln (§§ 228, 231, 904), iF der Gefährdghaftg aber nur, sow diese auf einem „Handeln" beruht. – **c)** § 31 gilt für **alle juristischen Personen** (Staud-Coing Rdn 42), auch für die des öffR (§ 89). Er ist auf die OHG u die KG entspr anzuwenden (RG **76**, 48, BGH NJW **52**, 538, VersR **62**, 664; Hbg ZIP **88**, 1554), ebso auch den nichtrechtsf Verein (§ 54 Anm 6 a) u die KonkMasse hins der Hdlgen des KonkVerw (Böttcher ZZP **77**, 71), nicht aber auf die GbR (BGH **45**, 311, NJW **75**, 534, Lipp BB **82**, 74; aA v Caemmerer u Ulmer FS Flume, 1978 I 366, II 309) od die WoEigtümerGemsch gem WEG (Karlsr OLGZ **85**, 146). – **d)** Die Satzg kann § 31 **nicht abbedingen**, § 40: and soll es jedoch hins der Haftg ggü Mitgl sein (LG Karlsr VersR **87**, 1024). Zul ist ein vertragl Haftgsausschluß für Fahrlässigkeit (s RG **157**, 232), aber nicht für Vors, da § 276 II u nicht § 278 S 2 einschlägig ist (s BGH **13**, 203). Für formularmäß Haftgsbeschränken gelten AGBG 9, 11 Nr 7, 10 u 11 (s dort).

2) Persönlicher Anwendungsbereich. – a) Der Verein haftet nach § 31 für den **Vorstand,** die Mitgl des Vorstd u und verfassgsmäß berufene Vertreter, zu denen vor allem die bes Vertreter iSd § 30 gehören. Besteht GesVertretg, genügt zur Haftgsbegründg das Versch eines Vertreters (RG **157**, 233, BGH **98**, 148, **LM** Nr 13). Auf das Verhalten and Organe, wie der MitglVersammlg, des AufsR od eines Disziplinarausschusses ist § 31 entspr anzuwenden (Soergel/Hadding Rdn 11, hM). Außerhalb der unerl Hdlg eines fr verfassgsmäß Vertreters haftet die jur Pers auch dann nicht, wenn dieser die Tat als ihr Organ vorbereitet hat (BGH **99**, 301). – **b)** Um den Anwendgsbereich des § 831 zurückzudrängen, hat die Rspr den Begriff des **verfassungsmäßig berufenen Vertreters** – ebso wie den korrespondiernden Begriff des besonderen Vertreters (§ 30 Anm 1 a u 2) – weit ausgelegt (zusammenfassd BGH **49**, 21). Es ist nicht erforderl, daß die Tätigk des Vertreters in der Satzg vorgesehen ist. Er braucht auch keine rechtsgeschäftl Vertretgsmacht zu besitzen. Es genügt, daß dem Vertreter dch die allg Betriebsregel u Handhabg bedeuts wesensmäß Funktionen der jur Pers zur selbstd, eigenverantwortl Erf zugewiesen sind, u er die jur Pers insow repräsentiert (BGH **49**, 21, NJW **72**, 334, **LM** Nr 31). Auch der Chefarzt einer organisator unselbstd Klinik u sein Vertreter fallen daher unter § 31, wenn sie im medizin Bereich völlig weisgsfrei arbeiten (BGH **77**, 76, **101**, 218). Der personale Anwendgsbereich der §§ 31, 30 deckt sich in etwa mit dem Begriff des leitden Angestellten iSd ArbR (MüKo/Reuter Rdn 14). Auch Weisgsgebundenh im InnenVerh steht der Anwendg der §§ 31, 30 nicht entgg, sofern der Vertreter nach außen selbstd auftritt (BGH NJW **77**, 2260). – **c)** Die Rspr hat den Anwendgsbereich des § 31 außerdem dch die Lehre vom **Organisationsmangel** ausgedehnt (s Hassold JuS **82**, 583). Die jur Pers ist verpflichtet, den GesBereich ihrer Tätigk so zu organisieren, daß für alle wichtigen AufgGebiete ein verfassgsmäß Vertreter zust ist, der die wesentl Entsch selbst trifft; entspricht die Organisation diesen Anfordergen nicht, muß sich die jur Pers so behandeln lassen als wäre der tatsächl eingesetzte VerrichtgsGeh ein verfassgsmäß Vertreter (RG **157**, 235, BGH **24**, 213, VersR **65**, 1055, NJW **80**, 2810). – **d)** Nach der Rspr ist es daher im Ergebn so, daß die jur Pers für alle Funktionsträger u Bedienstete ohne Entlastgsmöglichk haftet, denen sie einen wichtigen AufgBereich übertragen hat. Hat sie dem Vertreter die selbst Stellg mit eig EntschBefugn eingeräumt, ist er verfassgsmäß Vertreter; ist das nicht geschehen, ist § 31 wg eines Organisationsmangels anwendb. Das Schrift folgt dieser Rspr, weist aber mit Recht darauf hin, daß die Ausdehng des § 31 auf Vertreter ohne satzgsmäß RStellg keine direkte sond eine **entsprechende Anwendung** des § 31 ist (Soergel/Hadding Rdn 18, Staud/Coing Rdn 34, Hassold JuS **82**, 586). Unbefriedigd ist allerdings, daß bei großen, einer EinzPers gehörden Unternehmen in vielen Fällen, in denen eine jur Pers nach § 31 haftet, die Entlastgsmöglichk des § 831 gegeben ist (s § 831 Anm 6 A b; krit Nitschke NJW **69**, 1737, Hassold aaO). – **e) Einzelfälle** (ja = verfassgsmäß Vertreter; ja OrgPfl = Haftg aus § 31 wg eines Organisationsmangels; nein – keine Haftg aus § 31, vgl auch § 89 Anm 2 b). **Altenheim:** HauswirtschLeiter ja (Ffm NJW-RR **89**, 419). **Auskunftei:** Filialleiter ja (BGH **49**, 20). **Banken** (Sparkassen): stellvertredes Mitgl des Direktoriums der pr Staatsbank ja (RG **157**, 237); Sparkassenrendant ja (RG **162**, 206); Filialleiter ja (BGH **13**, 198, 203, NJW **77**, 2260, **84**, 922, Nürnbg NJW-RR **88**, 1319, stRspr). **Gewerkschaften:** örtl Streikleitg ja (BAG NJW **89**, 57); Streikposten nein (BAG Betr **89**, 1087). **Idealverein:** Vorsitzer eines unselbst Bezirksverbandes ja (BGH **LM** Nr 31). **Presse** (Verlage): Leiter der RAbteilg ja (BGH **24**, 213); sonst Pers, die über die Veröffentlichg von Beiträgen zu entscheiden haben, die möglicherw die Ehre od sonst Rechte Dr verletzen könnten, ja OrgPfl (BGH **39**, 130, NJW **82**, 2810, stRspr); ebso hins Anzeigen (BGH **59**, 78). Sonstige **Unternehmen:** Leiter eines Hüttenwerks ja (RG DR **42**, 1703); BetrDirektor einer Kleinbahn ja (RG JW **38**, 1651); Filialleiter eines Selbstbedienungsladens ja (Mü VersR **74**, 269); einer Warenhausfiliale ja (RG JW **36**, 915). **Sachbearbeiter** ja, wenn ihm wirtschaftl wicht Angelegenh zur selbstd u eigenverantwortl Erledigg übertragen worden sind (RG **162**, 166).

3) Die JP haftet nur für „**in Ausführung der zustehenden Verrichtungen**" begangene Hdlgen. Dch diese wenig glückl Formulierg w die Haftg der JP auf Hdlgen beschr, die das Organ in „amtlicher" Eigensch vorgenommen hat (BGH NJW **80**, 115). Zw seinem Aufgabenkreis u der schädigden – rechtsgeschäftl od rein tatsächl – Hdlg muß ein sachl, nicht bloß ein zufälliger zeitl u örtl Zushang bestehen (BGH **49**, 23, **98**, 151, vgl auch die ähnl Abgrenzg in § 278 Anm 3). § 31 gilt auch dann, wenn die vom Organ im Rahmen seiner Obliegenh vorgenommene Hdlg ebso von einem Nichtorgan hätte ausgeführt w können (BGH NJW **72**, 334; Operation dch Chefarzt). Nicht erforderl ist, daß die Hdlg dch die Vertretgsmacht des Organs gedeckt war. § 31 erstreckt sich auch auf Fälle, in denen das Organ seine Vertretgsmacht überschritten hat (BGH **98**, 152, **99**, 300, NJW **80**, 115). Allerdings darf sich das Organ nicht so weit von seinem Aufgabenkreis entfernt haben, daß es für einen Außenstehden erkennb außerhalb des allg Rahmens der ihm übertragenen Aufgaben gehandelt hat (BGH aaO). Ist der Handelnde Organ mehrerer JP, entscheidet über die Zuordng seines Verhaltens nicht sein innerer Wille, sond die Sicht eines obj Beurteilers (Ffm OLGZ **85**, 114, s auch BGH **LM** Nr 31). **Einzelfälle:** Die JP haftet nach § 31 (ggf iVm § 89), wenn ein Bankfilialleiter unter Ausnutzg seiner Stellg betrügerische Hdlgen zum Nachteil eines Kunden vornimmt (BGH NJW **77**, 2260), auch wenn er dabei formell aGrd einer Vollm des Kunden tät w (Nürnb NJW-RR **88**, 1319); wenn ein Bürgermeister unter Vorlage gefälschter Beschlüsse u Gen einen Kredit erschwindelt u für sich verbraucht (BGH NJW **80**, 115; weitere Nachw bei Coing FS Fischer, 1979, 65). § 31 ist auch dann anzuwenden, wenn ein Gesamtvertreter als alleinvertretgsberecht Organ auftritt u dabei eine unerl Hdlg begeht (BGH **LM** Nr 13, NJW **52**, 538). Auch wenn die unerl Hdlg darin besteht, daß der Gesamtvertreter die Verbindlichk einer von ihm allein abgegebenen WillErkl vortäuscht, ist § 31 anzuwenden (BGH **98**, 148, krit Schmidt-Jortzig/Petersen JuS **89**, 27). Dagg kann die Haftg nicht auf § 179 iVm § 31 gestützt w. Der Anspr aus § 179 richtet sich allein gg das Organ u nicht gg die JP, da sonst jede Beschränkg der Vertretgsmacht wirkgslos wäre (RG **162**, 159, BGH NJW **80**, 116, Coing FS Fischer, 1979, 65). Voraussetzg für eine Haftg der JP ist daher, daß das Organ bei der Überschreitg seiner Vertretgsmacht eine unerl Hdlg begeht. Mögl ist aber auch ein Anspr aus c. i. c., der jedoch nur das negative Interesse umfaßt (BGH **6**, 333, str, s § 276 Anm 6 C a). UU kommt auch eine Haftg aus Anscheins- od DuldgsVollm in Betracht (§ 173 Anm 4). Entsendet eine JP VorstdMitgl in ein Organ einer anderen JP, sind die dort begangenen PflVerletzgen nicht der entsendenden JP zuzurechnen (BGH **36**, 309, Betr **84**, 1188, WPM **84**, 1119). § 31 gilt nur für privatrechtl Handeln (RG **165**, 100); auf Hdlgen im öffrechtl Tätigkeitskreis ist § 839 iVm GG 34 anzuwenden.

4) **Dritter** iS des § 31 ist auch das VereinsMitgl. Es kann SchadErs verlangen, wenn ihm ggü eine satzgsmäß Pfl verletzt w, so bei Schlechtleistg des Lohnsteuerhilfevereins (BGH NJW **88**, 1030), bei Nichtweiterleitg der AustrittsErkl an das RegisterGer (Soergel-Hadding Rdn 26). Dr ist auch das VorstdMitgl, sofern es an der BeschlFassg nicht mitgewirkt hat od überstimmt worden ist (BGH NJW **78**, 2390, WPM **84**, 601).

5) Neben dem Verein kann der verfassgsmäß Vertreter persönl aus unerl Hdlg (s BGH **56**, 73) od c. i. c. (§ 276 Anm 6 C b) haften. Der Verein kann gg ihn nach AuftrR (§ 27 III) od § 426 Regreß nehmen.

32 Mitgliederversammlung.

[I]Die Angelegenheiten des Vereins werden, soweit sie nicht von dem Vorstand oder einem anderen Vereinsorgane zu besorgen sind, durch Beschlußfassung in einer Versammlung der Mitglieder geordnet. Zur Gültigkeit des Beschlusses ist erforderlich, daß der Gegenstand bei der Berufung bezeichnet wird. Bei der Beschlußfassung entscheidet die Mehrheit der erschienenen Mitglieder.

[II]Auch ohne Versammlung der Mitglieder ist ein Beschluß gültig, wenn alle Mitglieder ihre Zustimmung zu dem Beschlusse schriftlich erklären.

1) Allgemeines. Die MitglVersammlg ist das **oberste Organ** des Vereins. Sie hat dch Beschlußfassg die Angelegenh des Vereins zu ordnen, sow diese nicht von einem and Vereinsorgan zu besorgen sind. Zu ihren Aufg gehört vor allem die Bestellg u Kontrolle des Vorstd u der Vereinsorgane (§ 27), SatzgsÄnd (§ 34) u die Entscheidg über die Auflösg des Vereins (§ 41). Die Satzg kann die Befugn der MitglVersammlg verstärken, aber auch einschränken (arg § 40). Ausgeschl ist dagg eine völlige Beseitigg der MitglVersammlg. Die §§ 37, 41, die zwingdes Recht sind, gehen von der Existenz einer MitglVersammlg aus (s auch § 25 Anm 3b). Mögl ist es allerdings, die MitglVersammlg dch eine Vertreterversammlg (s GenG 43a) zu ersetzen (allgM). Die Satzg muß in diesem Fall klar festlegen, wie die Vertreter zu bestellen sind (Sauter/Schweyer Rdn 216 ff). Bei nichtrechtsf Vereinen können etwaige Lücken aber dch VereinsgewohnheitsR geschlossen w (BGH WPM **85**, 1468). Im Zweifel ist anzunehmen, daß für die Delegiertenversammlg die Vorschr gelten, die sonst für die MitglVersammlg maßgebd sind (Ffm Rpfleger **73**, 54 zu § 37). Wg der Zuständigk der MitglVersammlg zur Regelg der Vereinsangelegenh kann eine FeststellgsKl, daß ein Vereinsorgan gg die Satzg verstoße, erst erhoben w, nachdem die MitglVersammlg Beschluß gefaßt hat (BGH **49**, 398).

2) Berufung. a) Für die **Einberufung** der MitglVersammlg ist, sow die Satzg (§ 58 Nr 4) nichts and best, der **Vorstand** iSd § 26 zust, nicht der erweiterte Vorstd (KG OLGZ **78**, 276). Der Berufg muß ein ordngsmäß VorstdBeschl zugrde liegen (Schlesw NJW **60**, 1862). Haben bei der Einberufg VorstdMitgl in der für die gesetzl Vertretg erforderl Zahl mitgewirkt, ist es aber gleichgült, ob ihr ein ordngsmäß Vorstd-Beschluß zugrde liegt. Die Ausführgen in § 26 Anm 2b gelten auch für die zust Organ für die Innenvertretg (BayObLG **85**, 29). Beim eV ist der eingetragene Vorstd auch dann noch zust, wenn seine Amtszeit inzw abgelaufen ist (§ 70 Anm 2b). Das für die Einberufg zust Organ kann die Versammlg verlegen od absagen (Hamm OLGZ **81**, 25). Pfl zur Einberufg s §§ 36, 37. – **b)** Über die **Form** der Berufg soll die Satzg des eV Vorschr enthalten (§ 58 Nr 4). Sie kann zw den in Betracht kommdn Mitteilgsarten (Rundschreiben, Aushang, Presseveröffentlichg) frei wählen, sofern diese den Mitgl Gelegenh zur rechtzeit Kenntnisnahme geben (Kölsch Rpfleger **85**, 137). Die Satzg muß die Art der Ladg eindeutig festlegen (Hamm OLGZ **65**, 65), kann aber alternative Einberufgsmöglichk zulassen (Stgt NJW-RR **86**, 995). Die Bestimmg, daß die Ladg „ortsübl" bekannt zu machen ist, genügt nicht (Zweibr Rpfleger **85**, 31). Zw Ladg u MitglVersammlg muß, auch wenn die Satzg schweigt, eine angem **Frist** liegen (Sauter/Schweyer Rdn 172). Eine satzgsmäß Fr beginnt iZw erst an dem Tag, an dem die Ladg bei normalem Verlauf dem letzten Mitgl zugeht (BGH **100**, 268 zur GmbH, ähnl Ffm NJW **74**, 189, und RG **60**, 145, das beim eingeschriebenen Brief auf die Absendg abstellt). Die Versammlg braucht nicht am Sitz des Vereins stattzufinden (Ffm OLGZ **84**, 333); **Ort** u Zeit der Versammlg müssen aber für die Mitgl zumutb sein (Ffm OLGZ **82**, 418); an Sonn- u Feiertagen ist ein fr Beginn als 11.00 unzul (BayObLG u Schlesw NJW-RR **87**, 1362). – **c)** Die **Tagesordnung** w von dem für die Einberufg zust Organ festgelegt. Ihre Mitteilg in der Einladg (I 2) muß so genau sein, daß die Mitgl über die Notwendigk einer Teiln entscheiden u sich auf die Angelegenh vorbereiten können (BayObLG **72**, 33, **73**, 70). Die Angabe „SatzgsÄnd" genügt idR nicht (BayObLG Rpfleger **79**, 196, Ffm ZIP **85**, 220), es sei denn, daß sich aus den Umst eine ausr Konkretisierg ergibt (BayObLG **72**, 33). Ein Hinweis auf etwaige Auswirkgen des Beschl ist nicht erforderl (Stgt OLGZ **74**, 406). Die Ankündigg „Feststellg des Kassenvoranschlages" genügt nicht für eine Beitragsfestsetzg, „Ergänzgswahl zum Vorstd" nicht für dessen Abberufg (Köln OLGZ **84**, 402), der Tagesordngspkt „Verschiedenes" od „Antr" ermöglicht nur Diskussionen, aber keine verbindl BeschlFassg (KG OLGZ **74**, 400). Die Satzg kann vorsehen, daß DringlichkAntr nachträgl auf die Tagesordng gesetzt w dürfen; bei SatzgsÄnd ist aber auch in diesem Fall eine rechtzeit Unterrichtg der Mitgl notw (BGH **99**, 122). Der etwaige Einberufgsmangel wird nicht dadch geheilt, daß die Mitgl inoffiziell od gerüchteweise erfahren, was behandelt werden soll (Ffm ZIP **85**, 221). Er ist aber unschädl, wenn alle Mitgl erscheinen u ausdr od stillschw auf die Einhaltg der verletzten Vorschr verzichten (BGH NJW **73**, 235, Ffm aaO).

3) Beschlüsse. – a) Die **Leitung der Mitgliederversammlung** obliegt der in der Satzg best Pers. Nur wenn sie nicht erscheint, kann die Versammlg ad hoc einen Leiter wählen (BayObLG **72**, 330). Schweigt die Satzg, ist der VorstdVorsitzde zust. Der Versammlgsleiter darf sich selbst an der Sachdiskussion beteiligen (KG NJW **57**, 1680). Er kann bei Bedarf die Redezeit begrenzen u Mitgl, die die Vhdlg stören, ausschließen (s BGH **44**, 248 zur AG). Er darf die Leitg auch ohne bes Grdl in der Satzg abgeben, wenn er selbst kandidiert (Köln Rpfleger **85**, 447). – **b)** Wenn die Satzg nichts and best, genügt für die **Beschlußfähigkeit** die Anwesenh eines Mitgl (Soergel/Hadding Rdn 29, RG **82**, 388). Verlangt die Satzg für die BeschlFassg ein best Quorum, kann für den Fall der BeschlUnfähigk vorgesehen w, daß eine neue MitglVersammlg stattzufinden hat, für die kein od ein geringeres Quorum gilt. In diesem Fall muß die Einladg zur 2. Versammlg einen Hinw darauf enthalten, daß für sie hins der BeschlFähigk geringere Anforderngen gelten (BGH NJW **62**, 394). Die Einladg kann bei einer entspr satzgsmäß Grdl bereits als Eventualeinladg mit der zur 1. Versammlg verbunden w (BGH NJW-RR **89**, 376). – **c)** Bei der BeschlFassg entscheidet nach dem Ges (I 3) die **Mehrheit der erschienenen Mitglieder** (Ausn: §§ 33, 41, abw Satzgsbestimmgen). Dabei sind Mitgl, die sich der Stimme enthalten, wie nicht erschienene zu behandeln. Erforderl aber auch ausr ist daher die Mehrh der abgegebenen Stimmen (BGH **83**, 35 mwNw gg die bis dahin hM, ebso BGH **106**, 182 zu WEG 25, krit Trouet NJW **83**, 2865), jedoch gehen abw Satzgsbestimmgen auch insow vor (BGH NJW **87**, 2430). Bei Wahlen ist, sow die Satzg nichts and, absolute (nicht relative) Mehrh notw (BGH NJW **74**, 183, WPM **75**, 1041). Die Gestaltg der Stimmenhäufg u relativer Mehrheiten bedarf einer satzgsmäß Grdl (BGH **106**, 72). Das sog Blockwahlsystem od eine Mehrh-Listenwahl sind nur zul, wenn sie eine Grdl in der Satzg haben (BGH NJW **74**, 183/848, **89**, 1150, 1213, Ffm Rpfleger **84**, 360). Für alle Bewerber muß **Chancengleichheit** bestehen. Die kann auch dch eine parteiliche VhdlgsFührg, aber auch dch die Gestaltg der Stimmzettel verletzt w (BGH WPM **85**, 1474, Ffm ZIP **85**, 225). Die Feststellg des Abstimmgsergebn hat beim Verein (and als bei der AG) keine konstitutive Bedeutg (BGH NJW **75**, 2101). Über die **Abstimmungsart** entscheidet bei Schweigen der Satzg der Versammlgsleiter, iF des Widerspr die MitglVersammlg. Ein RSatz des Inh, daß die Abstimmg auf Antr eines od mehrerer Mitgl geheim erfolgen muß, existiert nicht (s BGH NJW 70, 47). – **d)** Der **Beschluß** ist ein RGesch eig Art. Er ist kein Vertr, sond ein Akt körperschaftl Willensbildg (MüKo/Reuter Rdn 14). Die **Stimmabgabe** ist WillErkl (BGH 14, 267). Für sie gelten die allg Nichtigk- u AnfGrde. Die Stimmabgabe eines GeschUnfäh ist nichtig (§ 105). Bei Mj umfaßt die elterl Einwiligg zum Vereinsbeitritt idR auch die zur Stimmabgabe (KG OLG 15, 324, Hammelbeck NJW 62, 722, Soergel-Hadding Rdn 26, aA Braun NJW 62, 92). Das StimmR ist persönl auszuüben (§ 38); die Satzg kann aber eine Stimmabgabe dch Bevollmächtigte gestatten. Die nichtige od wirks angefochtene Stimmabgabe ist wie eine Stimmenthaltg zu werten, berührt die Wirksamk des Beschl also nur dann, wenn sie das Ergebn beeinflußt (BGH 14, 267 zur GmbH, Hamm OLGZ 85, 261 u Stgt NJW-RR 86, 243 zur WoEigtGemsch). StimmrechtsbindgsVertr sind grdsl zul, ihre Verletzg macht die Stimmabgabe aber nicht ungült (RG 165, 78 zur AG). Hat ein Mitgl mehrere Stimmen, kann es diese auch uneinheitl abgeben (RG 137, 319 zur GmbH, str).

4) Die SonderVorschr des Aktien- u GenossenschR (AktG 241 ff, GenG 51) können auf **fehlerhafte Beschlüsse** der MitglVersammlg des Vereins weder direkt noch entspr angewandt w (BGH 59, 372, NJW 71, 879, 75, 2101, für eine entspr RFortbildg aber K. Schmidt FS Stimpel 1985, 217). Für das VereinsR ist vielmehr von dem Grds auszugehen, daß der Verstoß gg zwingde Vorschr des Ges od der Satzg den Beschl der MitglVersammlg nichtig macht (BGH aaO). NichtigkGrde sind daher: Verstoß gg die guten Sitten (RG 68, 317) od gg ein ges Verbot; Einberufg dch ein unzust Organ (BGH 18, 334, 87, 2 zur GmbH), ohne ordnungsmäß Mitteilg der Tagesordng (BayObLG Rpfleger 79, 196) od ohne ordnungsmäß zustandegekommenen VorstdBeschl (oben Anm 2); Nichtladg eines Teils der Mitgl (BGH 59, 372, BayObLG 88, 177); Teiln von NichtMitgl (BGH 49, 211), Versammlgsleitg dch einen NichtBerecht (KG NJW 88, 3159). Betrifft der Verstoß VerfVorschr, die nicht übergeordneten Interessen, sond dem **Schutz einzelner Mitglieder** dienen, tritt Nichtigk aber nur dann ein, wenn das in seinen Rechten verletzte Mitgl dem Beschl in angem Fr widerspricht (Staud-Coing Rdn 26, Sauter/Schweyer Rdn 212, ähnl KG OLGZ 71, 482, sehr str); sie wird geheilt, wenn das Mitgl den Beschluß nachträgl genehmigt (Ffm OLGZ 84, 101 u KG aaO). Bsp sind die versehentl Nichtladg von einz Mitgl od die Nichteinhaltg der LadgsFr (s KG aaO). Auch bei and VerfVerstößen ist der Beschluß gült, wenn der Verein nachweist od dch Amtsermittlg im FGG-Verf festgestellt w, daß der Beschluß **nicht auf dem Verfahrensverstoß beruht** (BGH 49, 211, Beteiligg von NichtMitgl; 59, 375, BayObLG 88, 179, Köln OLGZ 83, 270, Einladgsmängel). Zur Heilg (§ 141) ist Wiederholg der Abstimmg erforderl (BGH 49, 211). Die Nichtigk ist dch FeststellgsKl (ZPO 256) geltd zu machen, jedoch müssen vorher die vereinsinternen RBehelfe ausgeschöpft w (KG NJW 88, 3159, § 25 Anm 4e bb). Das Urt wirkt iF der Abweisg nur *inter partes*. Stellt es die Ungültigk des Beschl fest, muß es dagg aus prakt Grden für u gegen alle wirken (RG 85, 313, JW 29, 2708). Wer die Ungültigk eines ordngsmäß beurkundden Beschl geltd macht, hat den behaupteten NichtigkGrd zu beweisen (BGH 49, 212, RGRK-Steffen Rdn 17).

5) Anstelle der MitglVersammlg kann die **Gesamtheit der Mitglieder** tät w. Das gilt nicht nur für die schriftl Abstimmg (II), sond allg. Bei Einverständn aller Mitgl kann auf jegl Förmlichk verzichtet w.

33 Satzungsänderung.
¹Zu einem Beschlusse, der eine Änderung der Satzung enthält, ist eine Mehrheit von drei Vierteilen der erschienenen Mitglieder erforderlich. Zur Änderung des Zweckes des Vereins ist die Zustimmung aller Mitglieder erforderlich; die Zustimmung der nicht erschienenen Mitglieder muß schriftlich erfolgen.

IIBeruht die Rechtsfähigkeit des Vereins auf Verleihung, so ist zu jeder Änderung der Satzung staatliche Genehmigung oder, falls die Verleihung durch den *Bundesrat* erfolgt ist, *die Genehmigung des Bundesrats* erforderlich.

1) Satzungsänderung. a) Jede Änderg des Wortlauts der SatzgsUrk ist begriffl eine SatzgsÄnd (BayObLG 75, 438). Auch rein redaktionelle Änderngen fallen unter den Begriff, ebso die Änderg von SatzgsVorschr, die ihrem Inh nach bloße GeschOrdnng sind u auch als einfaches VereinsR hätten erlassen w können. Auf Satzgsergänzen ist § 33 gleich anzuwenden, so auf die Einführg von Vereinsstrafen (BGH 47, 178) od von EinzVertretgmacht für die VorstdMitgl (s BGH 69, 253). – **b)** Die Satzgsänderg erfordert eine **Mehrheit von drei Viertel** der abgegebenen Stimmen (I 1 iVm § 32 Anm 3 c). § 33 ist aber **nicht zwingend** (§ 40). Die Satzg kann abw Mehrh festlegen od ein and Organ für zust erklären. Mögl ist es auch, die SatzgÄnd von der Zustimmg eines Mitgl (BayObLG 75, 439) od der Gen eines Dr abhäng zu machen (KG OLGZ 74, 389, Dütz FS Herschel, 1981, 72). Eine Satzgsbestimmg, wonach ein Dr für Satzgsänderg zust ist, ist dagg mit der RNatur des Vereins als einem selbstd Personenverband unvereinb (Ffm NJW 83, 2576, § 25 Anm 3 b). Sieht eine SatzgsVorschr für einen best Beschl eine größere als die ¾ Mehrh vor, bedarf es zu ihrer Änderg einer entspr Mehrh (RG HRR 32, 1639, Sommermeyer SchlHAnz 67, 319).

2) Für **Änderungen des Vereinszweckes** ist nach I 2 die Zust aller Mitgl erforderl. Die Zust kann auch dch schlüss Verhalten erklärt w u in der Hinnahme einer von der Mehrh beschlossenen Änderg liegen (BGH 16, 150, 23, 128). I 2 gilt auch dann, wenn der bisherige Vereinszweck dch Änderg der tats Verhältn unmögl geworden ist (s BGH 49, 180) u ein neuer Zweck bestimmt w soll. Vereinszweck ist der den Charakter des Vereins festlegde oberste Leitsatz der Vereinstätig (BGH 96, 251; Häuser/van Look ZIP 86, 754 „Leitidee"; K. Schmidt BB 87, 556: „verbandsrechtl GeschGrdl"). I 2 ist daher nur anzuwenden, wenn sich die grdsl Zweckrichtg des Vereins ändert (BGH aaO); Zweckergänzen od -beschränken unter Aufrechterhaltg der bisherigen grdsl Zweckrichtg fallen unter I 1 (Beuthien BB 87, 7), ebso bloße Änderngen der Formulierg. SatzgsVorschr, die Satzgsänderngen abw von I 1 regeln, gelten für Zweckänderngen nur, wenn sich dies aus ihrem Wortlaut od Sinn unzweideut ergibt (BGH 96, 249). Zur Auswechselg sämtl Mitgl (statt MitglVerbände EinzMitgl) ist die Zust aller bisher Mitgl erforderl (BGH WPM 80, 1064).

§§ 33–36   1. Buch. 1. Abschnitt. *Heinrichs*

3) Vollzug. a) Die Satzgsänderg bedarf beim eV der Eintragg im Vereinsregister (§ 71), bei Vereinen gem §§ 22, 23 ist nach II staatl Gen dch die zust Behörde erforderl (s § 22 Anm 1 u § 23 Anm 1). – **b)** Wird ein nach § 33 **unwirksamer Beschluß** von der Mehrh **faktisch durchgeführt** u hat die Minderh keine Möglichk, die Mehrh auf den Boden der Satzg zurückzuführen, so ist das Verhalten der Mehrh als Austritt aus dem bisher Verein u Gründg eines neuen aufzufassen; die Minderh führt den alten Verein weiter u kann von der Mehrh das Vereinsvermögen herausverlangen (RG 119, 184, BGH 49, 179, ferner BGH 16, 143, 23, 128, BayObLG 70, 125). Eine solche Beurteil kommt aber nur in AusnFällen in Betracht; idR kann u muß die Dchführg des unwirks Beschlusses mit den gesetzl RBehelfen verhindert w (Hbg NJW-RR 87, 1342).

34 Ausschluß vom Stimmrecht.
Ein Mitglied ist nicht stimmberechtigt, wenn die Beschlußfassung die Vornahme eines Rechtsgeschäfts mit ihm oder die Einleitung oder Erledigung eines Rechtsstreits zwischen ihm und dem Vereine betrifft.

1) § 34 ist **zwingend** sowohl für die MitglVersammlg (§ 40) als auch für den Vorstd (str). Gleichgült ist, ob es sich um ein einseit RGesch (zB Entlastg, § 397 Anm 3 c), einen Vertr od eine geschäftsähnl Hdlg (zB Mahng) handelt.

2) Ähnl Vorschr enthalten AktG 136 I, GmbHG 47 IV, GenG 43 VI, WEG 25 V. Aus ihnen kann aber **nicht** der allg RGrds abgeleitet w, daß jeder **Interessenwiderstreit** zum Verlust des StimmR führt (BGH 56, 53, Hbg Betr 81, 81). Unbedenkl daher das Mitstimmen bei der eig Wahl (RG 104, 186, BGH 18, 210 – GmbH; Hamm OLGZ 78, 187 – WEG; Wilhelm NJW 83, 912; aA Ulmer NJW 82, 2288 für die Wahl zum AG-Vorstd). Ebso darf das Mitgl mitstimmen, wenn es abgewählt (RG 104, 186, BayObLG NJW-RR 86, 1500), aus dem Verein ausgeschl (Köln NJW 68, 992) od mit einer Vereinsstrafe belegt werden soll. Kein Stimmrechtsausschluß auch bei RGesch mit nahen Angeh od mit Gesellsch od JP, an denen das Mitgl beteiligt ist (BGH 56, 53, 68, 110). Ein Stimmrechtsverbot besteht aber, wenn das Mitgl die JP beherrscht od mit ihr wirtschaftl ident ist (BGH aaO).

3) Verboten ist nur das Mitstimmen, **nicht** die **Teilnahme** an der beschließden Versammlg. Trotz eines Verstoßes gg § 34 bleibt der Beschluß wirks, wenn die ungült Stimme nachweisb ohne Einfluß auf das AbstimmgsErgebn war (RG 106, 263).

35 Sonderrechte.
Sonderrechte eines Mitglieds können nicht ohne dessen Zustimmung durch Beschluß der Mitgliederversammlung beeinträchtigt werden.

1) Sonderrechte. a) Begriff. SonderR ist eine auf der Mitgliedsch beruhde, über die allg RStellg der Mitgl hinausreichde RPosition; sie muß notw eine satzgsmäß Grdl haben u als unentziehb Recht ausgestaltet sein (s RG 104, 255, HRR 32, 1287, BGH MDR 70, 913, Gadow Gruch 66, 523). Ob diese Voraussetzgen zutreffen, ob insb die Entziehg dch MehrhBeschl ausgeschlossen sein soll, entscheidet die Auslegg der Satzg. SonderR können OrganschR sein, so ein erhöhtes StimmR, die Mitgliedsch im Vorstd (RG JW 11, 747, BGH NJW 69, 131, zur GmbH), das Recht zur Bestellg eines Vereinsorgans (ebenso ein entspr VorschlagsR (RG Warn 25, 12, BGH NJW-RR 89, 542), das ZustimmgsR bei Satzgsänderg en (s BayObLG 75, 439). Auch WertR können als SonderR ausgestaltet sein, so das Recht auf erhöhte Benutzg von Vereinseinrichtgen, auf Freistellg von MitglBeiträgen, auf Teile des Vereinsvermögens bei Auflösg des Vereins (RG 136, 190). – **b) Keine** SonderR sind: **aa)** Die dem Mitgl aus Vertr od einem sonst für ihn unabhäng RGrd gg den Verein zustehden **Gläubigerrechte** (RG Recht 25, 1960). Ebso wie ein GläubR zu behandeln sind die aus der Mitgliedsch erwachsenen, von der weiteren Vereinszugehörig aber unabhäng WertR, wie der Anspr auf Ausschüttg des festgestellten Gewinns od auf VersSchutz gg den VersVerein auf Ggseitigk (Soergel-Hadding Rdn 5). – **bb)** Die **Mitgliedschaft** u die Befugn, die Ausflüß der allg Mitgliedsch sind, wie zB das Recht, geheime Abstimmg verlangen zu können (BGH 84, 218). Rechte, die allen Mitgl zustehen, sind auch dann keine SonderR iSd § 35, wenn sie unentziehb sind (KG NJW 62, 1917 hM, aA RG HRR 29, 1558). Das gilt vor allem für das **Recht auf gleichmäßige Behandlung** (RG JW 38, 1329, BGH NJW 54, 953, KG aaO). Es ist ein allg Mitgliedschaftsr u verbietet jede sachwidr Schlechterstellg einz Mitgl ggü u (RG aaO, BGH 47, 386, NJW 60, 2142). Unzul sind daher Beitragsregelgen, die einz Mitgl willkürl benachteiligen (BGH LM § 39 Nr 2), ebso der sachl nicht gerechtf Entzug des StimmR dch SatzgsÄnderg (KG NJW 62, 1917). Soweit wicht Grde vorliegen, kann der Verein aber die RStellg der Mitgl unterschiedl ausgestalten (BGH 55, 385). Er darf dabei nicht satzgsändernde Mehrh auch in die Rechte von bereits vorher eingetretenen Mitgl eingreifen (BGH aaO). – **c) Anwendungsbereich.** § 35 gilt auch für die GmbH (BGH NJW-RR 89, 542). Dagg ist seine Anwendbark auf die AG u die Genossensch umstr (s MüKo/Reuter Rdn 2).

2) Verboten ist jede **Beeinträchtigung** des SonderR. Eine unmittelb Einwirkg auf das Recht ist nicht erforderl. Es genügt jedes Verhalten, das zwangsläuf zu einer Beeinträchtigg führt (RG Warn 18, 133). Der beeinträchtigde Beschluß ist wirks, wenn der Berecht **zustimmt**. Die Zustimmg kann auch dch schlüssiges Verhalten u außerh der MitglVersammlg erklärt w. Bei schuldh Verletzg des SonderR besteht ein SchadErsAnspr; § 278 ist anwendb (RG JW 30, 3473, 38, 1329). Bei RStreitigk über die Verletzg von SonderR kann das Ger alle Tat- u RFragen voll nachprüfen (BGH LM Nr 2).

36 Berufung der Mitgliederversammlung.
Die Mitgliederversammlung ist in den durch die Satzung bestimmten Fällen sowie dann zu berufen, wenn das Interesse des Vereins es erfordert.

1) § 36 ist zwingdes Recht (§ 40). Soweit seine Voraussetzgen vorliegen, ist der Vorstd (od das sonst zuständ Organ) verpflichtet, die MitglVersammlg einzuberufen. Eine Verletzg der Pfl begründet einen

SchadErsAnspr. Die Verpfl besteht aber nur ggü dem Verein. Die einz Mitgl können daher die Einberufg nicht im ProzWege, sond nur unter den Voraussetzgen des § 37 II im FGGVerf dchsetzen (MüKo/Reuter Rdn 3, RGRK-Steffen Rdn 3, ganz hM, aA RG **79**, 411).

37 *Berufung auf Verlangen einer Minderheit.* ¹Die Mitgliederversammlung ist zu berufen, wenn der durch die Satzung bestimmte Teil oder in Ermangelung einer Bestimmung der zehnte Teil der Mitglieder die Berufung schriftlich unter Angabe des Zweckes und der Gründe verlangt.

²Wird dem Verlangen nicht entsprochen, so kann das Amtsgericht die Mitglieder, die das Verlangen gestellt haben, zur Berufung der Versammlung ermächtigen; es kann Anordnungen über die Führung des Vorsitzes in der Versammlung treffen. Zuständig ist das Amtsgericht, das für den Bezirk, in dem der Verein seinen Sitz hat, das Vereinsregister führt. Auf die Ermächtigung muß bei der Berufung der Versammlung Bezug genommen werden.

1) **Allgemeines. a)** Fassg des RPflG 30, § 37 ist zwingdes Recht, dispositiv ist ledigl das in § 37 I festgelegte Quorum. Da es sich um ein **Minderheitenrecht** handelt, darf die Satzg die erforderl MitglZahl aber nicht auf die Hälfte als Mindestzahl festsetzen (KG NJW **62**, 1917). Auch einer mögl künft Verringerg der MitglZahl muß Rechng getragen w (Stgt NJW-RR **86**, 995). Vorschr, die das AntrR nicht an einen Bruchteil (Prozentsatz) der Mitglsch, sond an eine best absolute MitglZahl knüpfen, sind daher idR bedenkl. – **b)** § 37 ist ein allg Grds des VereinsR. Er ist entspr anwendb, wenn die Satzg anstelle der MitglVersammlg eine **Vertreterversammlung** als oberstes Organ vorsieht (KG JW **30**, 1224, Ffm OLGZ **73**, 139) od wenn die Minderh verlangt, einen best Pkt auf die Tagesordng zu setzen (s Hamm MDR **73**, 929). § 37 ist auch auf den nichtrechtsf Verein anzuwenden. Das gilt nicht nur für I, sond auch für II (LG Heidelberg NJW **75**, 1661, MüKo/Reuter Rdn 6, hM, aA RG JW **35**, 3636). Zuständ ist das AmtsG, in dessen Bezirk der nichtrechtsf Verein seinen Sitz hat.

2) **Voraussetzung und Durchsetzung der Einberufung.** – **a) Voraussetzung** für die Einberufg ist ein Verlangen dch die erforderl MitglZahl sowie ein schriftl Antrag (**I**). Der Vorstd hat kein Recht, die Notwendigk der MitglVersammlg sachl zu prüfen. Er darf die Einberufg aber bei offensichtl Mißbrauch ablehnen (RGRK-Steffen Rdn 2), so wenn bereits mehrfach zurückgewiesene Anträge od Angelegenh behandelt w sollen od solche, die eindeutig außerh des Vereinszweckes liegen. – **b)** Der Anspr auf Einberufg kann nicht iW der Klage, sond nur im FGG-Verf gem **II durchgesetzt** w (Soergel/Hadding Rdn 11). Voraussetzg ist, daß schon der Antrag an den Vorstd von der erforderl MitglZahl gestellt worden ist (Ffm OLGZ **73**, 140). Das Ger hat (ebso wie der Vorstd) nicht die Notwendigk der MitglVersammlg zu prüfen, sond darf nur bei offensichtl Mißbrauch (KG JW **35**, 3636) od Fehlen eines schutzwürd Interesses (BayObLG JW **33**, 1470) ablehnen. Das Ger hat den Vorstd, soweit mögl, zu hören (FGG 160 S 1). Die Ermächtigg erfolgt dch Beschluß des Rpflegers. Er bedarf der Zustellg an die AntrSt (BayObLG **70**, 123) u wird nur wirks, wenn diese VereinsMitgl sind (BayObLG **86**, 462). Gg den Beschluß ist die befristete Erinnerg zul (RPflG 11 I iVm FGG 160), die ggf zur sofort Beschw w (RPflG 11 II). Das RMittel hat keine aufschiebende Wirkg (FGG 24) u hindert daher die Einberufg u Durchführg der Versammlg nicht; mögl ist aber eine einstw Anordng nach FGG 24 III (BayObLG **71**, 88). Ist die Ermächtigg inf Dchführg der Versammlg verbraucht, kann mangels einer Beschwer kein RMittel mehr eingelegt w (BayObLG **78**, 207). Eine befristet erteilte Ermächtigg erlischt *ipso facto,* wenn die AntrSt bis FrEnde von ihr keinen Gebrauch gemacht haben (BayObLG **71**, 87).

38 *Mitgliedschaft.* Die Mitgliedschaft ist nicht übertragbar und nicht vererblich. Die Ausübung der Mitgliedschaftsrechte kann nicht einem anderen überlassen werden.

1) **Mitgliedschaft. a)** Sie ist die Gesamth der RBeziehg zw Mitgl u Verein u umfaßt alle Rechte u Pflten des Mitgl als solche. Sie beruht auf der organisator Eingliederg in den Verein u ist ein personenrechtl RVerhältn (RG **100**, 2, **163**, 203). Sie begründet ie nach dem Vereinszweck mehr od weniger enges ggs TreueVerhältn (Lutter AcP **180**, 84, 110, Dütz FS Herschel, 1981, 57, ders FS Hilger u Stumpf, 1983, 99). Die **Rechte** des Mitgl lassen sich in OrganschR (StimmR, aktives u passives WahlR) u WertR (Recht auf Benutzg der Vereinseinrichtgen) unterscheiden; beide werden ergänzt dch AuskAnspr (s LG Mainz WPM **89**, 537). Mit der Mitgliedsch ist kein Anteil am Vereinsvermögen verbunden; sie umfaßt aber ein AuskR (Lepke NJW **66**, 2099, Grunewald ZIP **89**, 963) u, soweit ein berecht Interesse dargetan w, ein Recht auf Einsicht in die Bücher u Urk des Vereins (Sauter/Schweyer Rdn 336). Die MitgliedschR können, sow sie keine SonderR (§ 35) sind, unter Beachtg des GleichbehandlgsGrds (§ 35 Anm 1 b bb) dch Satzgsänderg umgestaltet w. Die **Pflichten** des Mitgl lassen sich gleichf in OrganschR u satzungsgemäß Pflten (BeitragsPfl, § 58 Anm 3 b) einteilen. Verletzt das Mitgl seine ihm vom Verein ggü obliegde Pfl, haftet er entspr den Grds über die pVV auf SchadErs (BGH **LM** GG 9 Nr 6). Das gilt ebso umgekehrt, wenn der Verein seine Pflten ggü dem Mitgl verletzt (§ 31 Anm 4). Dch die Benutzg von Vereinseinrichtg entstehden Schäden braucht das Mitgl aber nur zu ersetzen, wenn dies in der Benutzgsordng festgelegt ist (KG MDR **85**, 230). – **b)** Nach der Regelg des BGB haben alle Mitgl die gleichen Rechte u Pflten (RG **73**, 191). Die Satzg kann aber **verschiedene Arten** von Mitgl mit unterschiedl RStellg (ordentl, außerordentl, aktive, passive, fördernde, EhrenMitgl) vorsehen, muß aber deren Rechte u Pflten eindeut festlegen. Sow Unklarh bestehen, ist iZw der Auslegg der Vorzug zu geben, die zu größtmögl Gleichh u den unterschiedl MitglKategorien führt. – **c)** Die Mitgliedsch einschließl der SonderR (§ 35) ist als höchstpersönl RStellg **unübertragbar,** unvererbl u unpfändb. Die Satzg kann Abweichdes best, § 40 (s Sernetz RNachfolge in die Verbandsmitgliedsch, 1973); sie kann aber nicht anordnen, daß die Mitgliedsch automat auf einen außenstehden Dr übergeht (BGH **LM** Nr 9). Sogenannte GläubR u die aus der Mitgliedsch erwach-

senen, von der weiteren Vereinszugehörigk unabhäng WertR (§ 35 Anm 1b aa) sind idR übertragb u pfändb. Die MitgliedschR sind **persönlich auszuüben** (§ 38 S 2). Die Ausübg dch gesetzl Vertreter ist aber zul, sow sich aus dem Vereinszweck nichts Ggteiliges ergibt. Die Satzg kann die Vertretg dch Mitgl zulassen (§ 40); die Vertretg dch NichtMitgl ist dagg mit dem Charakter des Idealvereins unvereinb (Staud-Coing Rdn 4).

2) Die Mitgliedsch wird dch Beteiligg an der Gründg (§ 21 Anm 2a) od dch Vertr zw Verein u dem Mitgl **erworben** (BGH **101**, 196). Die beiders WillErkl sind die BeitrittsErkl u die Aufn; die zeitl Aufeinanderfolge u ihre Bezeichng sind gleichgült. Der Vertr kann auch dch schlüssiges Verhalten zustande kommen (BGH **105**, 313). Er ist kein gseitr Vertr iSd §§ 320ff (RG **100**, 3). Ebso wie bei GesellschVerhältn (Einf 5 c v § 145) können Nichtig- u AnfGrde grdsl nur mit Wirkg *ex nunc* geltd gemacht w (Walter NJW **75**, 1033, MüKo/Reuter Rdn 21, str). Mj bedürfen einer Zust ihrer gesetzl Vertreter; § 110 ist unanwendb (Hofmann Rpfleger **86**, 5). Die Satzg, die Vorschr über den Eintritt enthalten soll (§ 58 Nr 1), kann die Wirksamk des Beitritts von der Überg der MitglKarte abhäng machen (BGH **101**, 197), kann aber auch die bloße BeitrErkl ausr lassen. Unzul ist aber eine Regelg, daß eine Spende als BeitrittsErkl aufzufassen ist (BayObLG NStZ **82**, 387), daß alle Mitgl dch ein externes Gremium gewählt w (Stgt NJW-RR **86**, 995) od daß jemand auf sonst Weise ohne entspr WillErkl Mitgl w (BayObLG Betr **73**, 2518: BetrRVorsitzder als „geborenes" VereinsMitgl). Grdsl mögl ist dagg ein bedingter Vereinsbeitritt (RG JW **38**, 3229). Die Satzg kann vorschreiben, daß der Bewerber best Eigensch (Beruf, Wohns, Geschlecht, Staatsangehörigk) haben od sonst Voraussetzgen (Stellg von Bürgen) erfüllen muß. Soweit sie nicht entggsteht, können auch jur Pers, nichtrechtsf Verein u GesHandsGemeinsch Mitgl w (Soergel-Hadding Rdn 5, aA für die GbR LG Bonn NJW **88**, 1596). Die Ablehng eines AufnAntr bedarf keiner Begründg. Zum **Aufnahmezwang** s § 25 Anm 3 d.

3) Die Mitgliedsch **endet** dch Austritt (§ 39), Tod (Anm 1c), Ausschluß (§ 25 Anm 4g) u bei einer entspr satzgsmäß Regelg dch Verlust der von der Satzg vorgeschriebenen persönl Eigensch (BGH **LM** § 25 Nr 17). Zul sind auch SatzgsBest, wonach die Mitgliedsch bei Eintritt best Voraussetzgen **ruht** (BayObLG **79**, 354).

39 *Austritt.*
[I]Die Mitglieder sind zum Austritt aus dem Vereine berechtigt.
[II]Durch die Satzung kann bestimmt werden, daß der Austritt nur am Schlusse eines Geschäftsjahrs oder erst nach dem Ablauf einer Kündigungsfrist zulässig ist; die Kündigungsfrist kann höchstens zwei Jahre betragen.

1) **Recht zum Austritt. a)** § 39 ist **zwingendes Recht** (§ 40). Er sichert dem Mitgl die Möglichk, seine Mitgliedsch im Verein kurzfrist zu beenden u sich dadch der Einwirkg der VereinsMehrh zu entziehen (BGH **48**, 210). – **b) Austritt** ist eine einseit empfangsbedürft WillErkl; sie wird mit dem Zugang an ein VorstdMitgl od an das in der Satzg best sonst Vereinsorgan wirks (§§ 130, 28 II). Die Satzg kann Schriftform vorsehen (BayObLG **86**, 533), nicht aber die Einhaltg einer strengeren Form od einer Begründg verlangen. Einf Schriftform genügt auch dann, wenn die Satzg einen eingeschriebenen Brief fordert (RG **77**, 70, Sauter/Schweyer Rdn 84). Sachl Erschwergen des Austritts sind unwirks, so etwa ein Austrittsverbot nach Einleitg eines VereinsstrafVerf (RG **108**, 160, **122**, 268) od der Aufn in eine schwarze Liste (RG **143**, 3). Bei Mischformen zw nichtrechtsf Verein u Gesellsch kann der Austritt aber von Vorliegen eines wicht Grdes abhäng gemacht w (BGH **LM** Nr 11). – **c)** Sieht die Satzg eine zu lange **Kündigungsfrist** vor, fällt diese nicht ersatzlos weg, sond es gilt II (RG JW **37**, 3236). Bei Gewerksch ist eine KündFr von 2 Jahren wg GG 9 III unwirks; die Höchstgrenze liegt bei 6 Mo (BGH NJW **81**, 340, **AP** GG 9 Nr 25, AG Hbg NJW **87**, 2380). PartG 10 II 3, wonach PartMitgl jederzeit ohne sofort Austritt berecht sind, ist auf Gewerksch weder direkt noch analog anwendb (aA AG Ettenheim NJW **85**, 979). Trotz wirks Befristg ist aus wicht Grd ein Austritt mit sofort Wirkg mögl (RG **130**, 378, BGH **9**, 162, **LM** Nr 2). Kein wicht Grd ist eine ordngsmäß beschlossene BeitrErhöhg (LG Aurich Rpfleger **87**, 115). And kann es liegen, wenn für eine erhebl Erhöhg keine nachvollziehb Begründg gegeben w (AG Nürnb Rpfleger **88**, 109).

2) Der Austritt **beendet** die Mitgliedsch. Dch ihn erlöschen grdsl alle MitgliedschR u -Pflten. Vorher entstandene vermögensrechtl Anspr bleiben jedoch bestehen. Die nach dem Wirksamwerden des Austritts fällig werddn Beitr braucht der Ausgeschiedene auch dann nicht zu zahlen, wenn die BeitrSchuld vorher entstanden war (BGH **48**, 211). Für Streitigk aus dem MitgliedschVerh bleibt das in der Satzg festgelegte SchiedsGer weiterhin zuständ (RG **113**, 323). Zum **Ausschluß** s § 25 Anm 4g.

40 *Nachgiebige Vorschriften.*
Die Vorschriften des § 27 Abs. 1, 3, des § 28 Abs. 1 und der §§ 32, 33, 38 finden insoweit keine Anwendung, als die Satzung ein anderes bestimmt.

1) Die nicht genannten Vorschr sind zwingdes Recht; aber auch bei einigen der angeführten Paragraphen bestehen für die Satzgsautonomie Grenzen. Einzelh s bei den einz Vorschr.

41 *Auflösung.*
Der Verein kann durch Beschluß der Mitgliederversammlung aufgelöst werden. Zu dem Beschluß ist eine Mehrheit von drei Vierteilen der erschienenen Mitglieder erforderlich, wenn nicht die Satzung ein anderes bestimmt.

1) **Allgemeines.** Folgde Begriffe sind zu unterscheiden: **a) Erlöschen des Vereins.** Es steht dem Tod der natürl Pers gleich. Der Verein ist rechtl nicht mehr existent. – **b) Auflösung des Vereins.** Der Verein endet als werbder Verein. Fällt das Vereinsvermögen gem §§ 45 III, 46 an den Fiskus, führt die Auflösg zum sofort Erlöschen (§ 47 Anm 1). Sonst findet eine Liquidation statt (§ 47). Der Verein besteht als Liquidationsverein fort. Nach Beendigung der Liquidation erlischt er. – **c) Verlust der Rechtsfähigkeit.** Der

Verein verliert die RFgk. Er kann als nichtrechtsf Verein weiterbestehen; idR führt der Verlust der RFgk aber zur Liquidation u zum Erlöschen des Vereins (s § 42 Anm 1). – **d) Löschung eines fehlerhaft eingetragenen Vereins** gem FGG 159, 142. Auch sie führt zur Liquidation u zum Erlöschen des Vereins (hM, Vorbem 2 v § 55).

2) Der Verein **erlischt** ohne vorherige Auflösg u Liquidation: **a)** wenn **alle Mitglieder** dch Tod, Austritt od aus sonst Grden **weggefallen** sind, da der Verein als PersVereinigg ohne Mitgl undenkb ist (BGH **19**, 61, **LM** § 21 Nr 2, BAG Betr **86**, 2687, aA K. Schmidt JZ **87**, 394). Dem steht es gleich, wenn die Mitgl sich jahrelang nicht mehr betätig u den Vereinszweck endgült aufgegeben haben (BGH WPM **76**, 686). Die Abwicklg erfolgt, sow erforderl, dch einen gem § 1913 zu bestellden Pfleger (BGH **19**, 61, **LM** § 21 Nr 2, BAG NJW **67**, 1437). Bei nur einem Mitgl bleibt der Verein bis zum Eingreifen des RegisterGer (§ 73) als selbstd jur Pers bestehen. – **b) Verbot** des Vereins u Einziehg seines Vermögens gem VereinsG 3, 4, 11 II bei Verstoß gg StrafG, die verfassgsmäß Ordng od den Gedanken der Völkerverständigg, s dazu BVerwG NJW **89**, 993 („Hell's Angels"). Vgl ferner für polit Part GG 21 II u III, BVerfGG 46III, PartG 32 V.

3) Auflösungsgründe sind: **a) Zeitablauf** od Eintritt einer auflösden Bdgg. Voraussetzg ist eine entspr SatzgsBest. In der Praxis kommt dieser AuflösgsGrd kaum vor. – **b) Beschluß der Mitgliederversammlung.** § 41 ist dispositives Recht. Die Satzg kann die Zust aller Mitgl verlangen, einz Mitgl ein SonderR ein WiderspR einräumen od die Zust eines and Vereinsorganes vorsehen. Unvereinb mit der Selbständigk des Vereins (§ 25 Anm 3b) ist es aber, die Entsch über die Auflösg einem Dr zu übertragen (Stgt NJW-RR **86**, 995) od für den AuflösgsBeschl die Gen eines Dr vorzusehen (Soergel-Hadding Rdn 3, aA BayObLG NJW **80**, 1756). Ein unter polit Druck in Verletzg der Satzg gefaßter AuflösgsBeschl ist nichtig (BGH **19**, 58). Finden sich die Mitgl nach Aufhören des polit Drucks mit der Auflösg ab, kann darin eine Bestätig des AuflösgsBeschl liegen (BGH **19**, 64). – **c)** Die **Fusion** von Vereinen kennt das BGB (and als das AktG u GenG) nicht. Die Fusion kann daher nur dch Auflösg des einen Vereins u Eintritt seiner Mitgl in den and od dch Auflösg beider Vereine u Neugründg eines dritten erfolgen (s BAG **AP** ArbGG 1953 § 97 Nr 3, Hbg MDR **72**, 236). Eine GesRNachf findet nicht statt. Das Vermögen des aufgelösten Vereins muß vielmehr iW der Einzelübertragg gem einem in der Form des § 311 abzuschließden Vertr mit der Haftgfolge des § 419 auf den übernehmden Verein übertragen w (BAG ZIP **89**, 1019). Die Liquidation vereinfacht sich, bleibt aber notw. Auch eine GesRNachf kr FunktionsNachf gibt es nicht (KG NJW **69**, 752, Hbg aaO). – **d) Kein** AuflösgsGrd ist es, daß der **Vereinszweck** erreicht od seine Erreichg unmöglich geworden ist (BGH **49**, 178). Auch wenn die Satzg für diese Fälle eine Auflösg vorsieht, muß der Eintritt des AuflösgsGrdes dch Beschl der MitglVersammlg festgestellt w (Staud-Coing Rdn 7). – **e)** Der aufgelöste Verein kann mit satzgsändernder Mehrh seine **Fortsetzung** beschließen (K. Schmidt wie § 21 Anm 1a S 306), vorausgesetzt der AuflösgsGrd wird beseitigt.

42 **Verlust der Rechtsfähigkeit; Konkurs.** [I]Der Verein verliert die Rechtsfähigkeit durch die Eröffnung des Konkurses.

[II]**Der Vorstand hat im Falle der Überschuldung die Eröffnung des Konkursverfahrens oder des gerichtlichen Vergleichsverfahrens zu beantragen. Wird die Stellung des Antrags verzögert, so sind die Vorstandsmitglieder, denen ein Verschulden zur Last fällt, den Gläubigern für den daraus entstehenden Schaden verantwortlich; sie haften als Gesamtschuldner.**

1) Verlust der Rechtsfähigkeit und Erlöschen. Fassg des Ges v 25. 3. 1930 (RGBl 93). – **a)** Die KonkEröffng ist kein AuflösgsGrd, sond führt zum **Verlust der Rechtsfähigkeit** (aA K. Schmidt KTS **84**, 368: „Redaktionsversehen"). Die gleiche RFolge (§ 41 Anm 1c) tritt ein dch Entziehg der RFgk (§§ 43, 73) u Sitzverlegg ins Ausl, sofern der Verein nicht nach dem Recht des neuen Sitzortes unter Wahrg seiner Identität als jur Pers fortbesteht (§ 24 Anm 1c). Mögl ist auch, daß der Verein auf seine RFgk verzichtet, da der Verzicht ggü der Auflösg ein Minus darstellt (BayObLG **59**, 159). Für die Beschlußfassg über den Verzicht gilt § 41 entspr (Kollhosser ZIP **84**, 1435). Dagg läßt die Löschg des Vereinsnamens seine RFgk unberührt (BGH NJW **84**, 668). – **b)** Der Verlust der RFgk führt idR zur Liquidation u damit im Ergebn doch zum Erlöschen des Vereins. Die Satzg od ein Beschl der MitglVersammlg kann aber bestimmen, daß der Verein in nicht rechtsfähiger Form **fortbestehen** soll (BGH **96**, 257). Der nichtrechtsf Verein ist dann ident mit dem fr eV (Kollhosser ZIP **84**, 1436). Findet ein Konk- od LiquidationsVerf statt (§§ 42, 43), bleibt bis zum Abschluß dieses Verf auch der eV mit eingeschränkter Zweckbestimmg bestehen, iF der Liquidation als Liquidationsverein, iF des Konk prakt als rechtsf KonkMasse. Das Vermögen steht dem Liquidationsverein bzw der Masse zu, nicht dem nichtrechtsf Verein. Die BeitrPfl der Mitgl endet mit der Eröffng des Konk (BGH **96**, 255).

2) Konkurs. – a) Währd des **Konkurses** übt der KonkVerw die Rechte des Vereins aus. KonkGrde sind ZahlgsUnFgk u Überschuldg (KO 213, 207 I). Antrberecht ist jeder Gläub, jedes VorstdMitgl u jeder Liquidator (KO 208). Wird der EröffngsBeschl vom BeschwGer aufgehoben, gilt der Verlust der RFgk als nicht eingetreten. Beendigg des Konk dch ZwangsVergl od Schlußverteilg stellt dagg die RFgk nicht wieder her. Eintragg des Konk im Register s § 75. – **b)** Der Vorstd bzw der Liquidator ist **verpflichtet**, iF der Überschuldg einen Konk- od VerglAntr zu stellen (§§ 42 II, 53). Die Verletzg dieser Pfl begründet eine SchadErsPfl. Diese besteht nicht nur ggü den bei Eintritt der Überschuldg vorhandenen Gläub, sond auch ggü später hinzukommenden (RG HRR **36**, 524, BGH **29**, 102 zur GmbH). Die ErsPfl beschränkt sich aber auf den Schaden, der inf der Verzögerg dch Verringerg der KonkQuote entsteht; der Gläub kann nicht verlangen so gestellt zu w, als habe er gar nicht mit dem überschuldeten Verein kontrahiert (BGH aaO, hM, str).

43 Entziehung der Rechtsfähigkeit. ^I Dem Vereine kann die Rechtsfähigkeit entzogen werden, wenn er durch einen gesetzwidrigen Beschluß der Mitgliederversammlung oder durch gesetzwidriges Verhalten des Vorstandes das Gemeinwohl gefährdet.

^{II} Einem Vereine, dessen Zweck nach der Satzung nicht auf einen wirtschaftlichen Geschäftsbetrieb gerichtet ist, kann die Rechtsfähigkeit entzogen werden, wenn er einen solchen Zweck verfolgt.

^{III} *(Aufgehoben)*

^{IV} Einem Vereine, dessen Rechtsfähigkeit auf Verleihung beruht, kann die Rechtsfähigkeit entzogen werden, wenn er einen anderen als den in der Satzung bestimmten Zweck verfolgt.

44 Zuständigkeit und Verfahren. ^I Die Zuständigkeit und das Verfahren bestimmen sich in den Fällen des § 43 nach dem Recht des Landes, in dem der Verein seinen Sitz hat.

^{II} Beruht die Rechtsfähigkeit auf Verleihung durch den *Bundesrat*, so erfolgt die Entziehung durch Beschluß des *Bundesrats*.

1) Fassg des GesEinhG.

2) **Entziehung der Rechtsfähigkeit.** – **a)** § 43 I ist eine sinnwidr Vorschr ohne jede prakt Bedeutg. Wenn ein eV dch ein gesetzwidr Verhalten das Gemeinwohl gefährdet, ist die Entziehg der RFgk keine geeignete GgMaßn, da sie den eV als nichtrechtsf Verein fortbestehen läßt (§ 42 Anm 1). Allein sinnvoll ist ein Einschreiten aufgrd des VereinsG (§ 41 Anm 2b). – **b)** § 43 II. Ergibt bereits die Satzg, daß der Verein auf einen wirtschaftl GeschBetr gerichtet ist, kann das RegGer gem FGG 142, 159 im Rahmen pflichtmäß Ermessens die Amtslöschg betreiben (§ 21 Anm 3). Liegt es dagg so, daß der Verein satzgswidrig einen wirtschaftl GeschBetr aufnimmt, ist allein das Verf gem § 43 II zul (BayObLG **78**, 89, Betr **85**, 749, aA K. Schmidt Rpfleger **88**, 50, Böttcher Rpfleger **88**, 170). Das Eingreifen der VerwBeh steht im pflichtmäß Ermessen (Düss VersR **79**, 238, VGH Mü NJW-RR **87**, 830). § 43 II kommt auch als Grdl für ein Einschreiten gg „Abmahnvereine" in Betracht (Kissler WRP **82**, 129, aA K. Schmidt NJW **83**, 1522, für Anwendg von § 43 I Albrecht WRP **83**, 547). Die Entziehg der RFgk führt über die §§ 45 ff zur Befriedigg der Gläub, der Verein kann aber als nichtrechtsf fortbestehen. – **c)** § 43 IV gilt für die unter § 22 u § 23 fallden Vereine.

3) Die für die Entziehg der RFgk zuständ Beh (§ 44 I) ist in allen Ländern die höhere VerwBeh (s die ZusStellg bei Soergel/Hadding Rdn 2). Für § 44 II ist der BMI zuständ (§ 23 Anm 1).

45 Anfall des Vereinsvermögens. ^I Mit der Auflösung des Vereins oder der Entziehung der Rechtsfähigkeit fällt das Vermögen an die in der Satzung bestimmten Personen.

^{II} Durch die Satzung kann vorgeschrieben werden, daß die Anfallberechtigten durch Beschluß der Mitgliederversammlung oder eines anderen Vereinsorgans bestimmt werden. Ist der Zweck des Vereins nicht auf einen wirtschaftlichen Geschäftsbetrieb gerichtet, so kann die Mitgliederversammlung auch ohne eine solche Vorschrift das Vermögen einer öffentlichen Stiftung oder Anstalt zuweisen.

^{III} Fehlt es an einer Bestimmung der Anfallberechtigten, so fällt das Vermögen, wenn der Verein nach der Satzung ausschließlich den Interessen seiner Mitglieder diente, an die zur Zeit der Auflösung oder der Entziehung der Rechtsfähigkeit vorhandenen Mitglieder zu gleichen Teilen, anderenfalls an den Fiskus des *Bundesstaats*, in dessen Gebiete der Verein seinen Sitz hatte.

46 Anfall an den Fiskus. Fällt das Vereinsvermögen an den Fiskus, so finden die Vorschriften über eine dem Fiskus als gesetzlichem Erben anfallende Erbschaft entsprechende Anwendung. Der Fiskus hat das Vermögen tunlichst in einer den Zwecken des Vereins entsprechenden Weise zu verwenden.

47 Liquidation. Fällt das Vereinsvermögen nicht an den Fiskus, so muß eine Liquidation stattfinden.

1) **Allgemeines.** Die §§ 45 ff gelten für **alle Fälle** der Auflösg des Vereins (§ 41 Anm 3) u des Verlustes seiner RFgk (§ 42 Anm 1). Sie sind entspr anwendb, wenn der Verein gem FGG 142, 159 vom RegGer gelöscht od dch Hoheitsakt ohne Einziehg des Vermögens aufgelöst w (KG OLG **44**, 117). Ist der Verein dch Wegfall aller Mitglieder erloschen, erfolgt die Abwicklg dch einen gem § 1913 zu bestelldn Pfleger (§ 41 Anm 2a), der aber etwaige Überschüsse an den gem § 45 Anfallberecht auszukehren hat. Der **Anfall** des Vereinsvermögens u die Regulierung der Vereinsschulden verläuft je nach der Pers des AnfallBerecht unterschiedl: **(1)** Fällt das Vereinsvermögen an den Fiskus, tritt GesNachf ein u der Verein hört sofort zu existieren auf. **(2)** In allen and Fällen findet eine Liquidation statt; bis zur Beendigg der Liquidation besteht der Verein als Liquidationsverein fort (s Anm 3 u 4). Über das Schicksal der PersönlichkR des Vereins (NamensR) enthält das Ges keine Regelg. Sie stehen, wenn dem Verein die RFgk entzogen w, dem verbleibden nichtrechtsf Verein zu, andf gehen sie gem §§ 45, 46 auf den AnfallBerecht über (str).

2) **Anfallberechtigter. a)** Wer AnfallBerecht ist, bestimmt die Satzg (§ 45 I) od das nach der Satzg zuständ Vereinsorgan (§ 45 II 1). Beim Idealverein steht der MitglVersammlg auch ohne satzgsmäß Grdl ein BestimmgsR zu (§ 45 II 2); die Zuweisg kann in diesem Fall allerdings nur an öff Stiftgen oder Anstalten erfolgen, worunter aber auch Körpersch öffR mitzuverstehen sind (hM). Beschlüsse über die Bestimmg des

AnfallBerecht können auch noch im LiquidationsVerf gefaßt w (s KG JW **35**, 3636). – **b) § 45 III.** Haben die Satzg u das zuständ Vereinsorgan keine Bestimmg getroffen, sind bei rein selbstnützigen Vereinen die Mitgl anfallberecht; bleibt der Verein als nichtrechtsf Verein bestehen (§ 42 Anm 1), tritt er an die Stelle der Mitgl. Dient der Verein nicht ausschließl den Interessen seiner Mitgl od sind trotz eines Verf analog § 50 keine Mitgl zu ermitteln, ist der Landesfiskus od die landesrechtl best Stelle anfallberecht.

3) Ist der **Fiskus** od die nach EG 85 an seine Stelle tretde Körpersch kr Ges (§ 45 III) od kr Satzgsbestimmg anfallberecht, gehen Vermögen u Schulden des Vereins dch GesNachf über (§ **46** mit §§ 1922, 1967). Der Fiskus kann nicht ausschlagen (§ 1942 II), Anspr gg ihn können erst nach Feststellg seines AnfallR geltd gemacht w (§§ 1966, 1964), er haftet nur mit dem übernommenen Vermögen (§ 2011 mit § 1994 I 2) u braucht ggü dem GBAmt eine dem Erbschein entspr Bestätigg (Hamm OLGZ **66**, 109). Die dem Fiskus dch **Satz 2** auferlegte VerwendgsPfl ist keine privatrechtl Verpfl, sond eine öffr Aufl. Sie ist so wenig konkretisiert, daß ihre (angebl) Verletzg nicht den VerwRWeg eröffnet (Soergel/Hadding Rdn 3).

4) Fällt das Vereinsvermögen **nicht** an den **Fiskus,** muß eine **Liquidation** stattfinden (§ 47); ausgenommen sind ledigl die Fälle des (sofort) Erlöschens des Vereins (§ 41 Anm 2) u der KonkEröffng. Die Liquidation dient dem Schutz der Gläub u der AnfallBerecht. Für die Zwecke der Liquidation gilt der Verein als fortbestehd (§ 49 II). Die AnfallBerecht haben ledigl einen schuldrechtl Anspr auf Auskehrg des nach Dchführg der Liquidation verbleibdn Überschusses (s KGJ **43**, 184).

48 *Liquidatoren.* **I Die Liquidation erfolgt durch den Vorstand. Zu Liquidatoren können auch andere Personen bestellt werden; für die Bestellung sind die für die Bestellung des Vorstandes geltenden Vorschriften maßgebend.**

II Die Liquidatoren haben die rechtliche Stellung des Vorstandes, soweit sich nicht aus dem Zwecke der Liquidation ein anderes ergibt.

III Sind mehrere Liquidatoren vorhanden, so ist für ihre Beschlüsse Übereinstimmung aller erforderlich, sofern nicht ein anderes bestimmt ist.

49 *Aufgaben der Liquidatoren.* **I Die Liquidatoren haben die laufenden Geschäfte zu beendigen, die Forderungen einzuziehen, das übrige Vermögen in Geld umzusetzen, die Gläubiger zu befriedigen und den Überschuß den Anfallberechtigten auszuantworten. Zur Beendigung schwebender Geschäfte können die Liquidatoren auch neue Geschäfte eingehen. Die Einziehung der Forderungen sowie die Umsetzung des übrigen Vermögens in Geld darf unterbleiben, soweit diese Maßregeln nicht zur Befriedigung der Gläubiger oder zur Verteilung des Überschusses unter die Anfallberechtigten erforderlich sind.**

II Der Verein gilt bis zur Beendigung der Liquidation als fortbestehend, soweit der Zweck der Liquidation es erfordert.

1) Die **Vorstandsmitglieder** bleiben als Liquidatoren im Amt (§ 48 I 1). Die Abberufg u Bestellg and Liquidatoren erfolgt nach den für den Vorstd geltdn Vorschr (§ 27); auch § 29 ist anwendb (BayObLG **55**, 291 zur GmbH). Zum Liquidator kann auch eine jur Person, etwa eine Rev- u TrHand AG, bestellt w (hM). Der Verein haftet gem § 31 für den Liquidator. Für die Haftg des Liquidators gilt ggü dem Verein § 27 III u ggü den Gläub § 53. Die GeschFü u Vertretgsmacht der Liquidatoren ist dch den Abwicklgszweck begrenzt (Anm 2 b). Sind mehrere Liquidatoren tätig, gilt ggü von § 28 der Grds einstimmiger BeschlFassg (§ 48 III) u GesVertretg. Die Satzg kann aber eine abw Regelg treffen, ebso die MitglVersammlg (str). Eintragg im Reg s § 71.

2) **Liquidationsverfahren.** – a) Die Liquidation hat den **Zweck,** das Vereinsvermögen flüssig zu machen, die Gläub zu befriedigen u das verbleibde Vermögen an die AnfallBerecht (§ 45) auszukehren. Die einz Aufg der Liquidatoren beschreibt § 49 I. Neue Gesch sind auch dann ged dch § 49 I 2 gedeckt, wenn sie dem Liquidationszweck nur mittelb dienen. Proz werden dch die Liquidation nicht unterbrochen. AktivProz, die für die Liquidation bedeutgslos sind, sind aber nicht fortzuführen (RG JW **36**, 2651, Ehrenschutz). Auch die Fortführg von TarifVertr gehört nicht zu den Aufg der Liquidatoren (BAG Betr **71**, 483, str). – b) Die **Vertretungsmacht** der Liquidatoren beschränkt sich auf die Gesch, die dem Liquidationszweck dienen. Diese Beschränkg wirkt ggü Dr aber nur dann, wenn die die Überschreitg des Liquidationszweckes bei sorgf Prüfg erkennen konnten (RG **146**, 376, BGH NJW **84**, 982 zur KG, and K. Schmidt AcP **184**, 529, ZIP **81**, 1, der aber in Anwendg der Grds über den Mißbrauch der Vertretgsmacht prakt zum gleichen Ergebn gelangt). – c) Der Verein besteht weiter, seine **Rechtsfähigkeit** ist dch den Liquidationszweck begrenzt (§ 49 II); dabei gelten die gleichen AbgrenzgsGrds wie bei der Vertretgsmacht der Liquidatoren (MüKo/Reuter Rdn 7, str). Die Annahme von Zuwendgen u der ErbschAnfall sind mögl, sow sie dem Liquidationszweck dienen (BayObLG **19**, 196), sie sind ausgeschlossen, wenn sie auf eine WiederAufn der Vereinstätigk abzielen (BayObLG OLG **40**, 102). Beruht die Liquidation auf einem Beschluß gem § 41, kann das zuständ Vereinsorgan die **Reaktivierung** des Vereins beschließen u dadch die Liquidation beenden (LG Frankenthal Rpfleger **55**, 106). Währd der Liquidation ändert der Wegfall aller Mitgl am Fortbestand des Vereins nichts (KG OLGZ **68**, 206).

50 *Bekanntmachung.* **I Die Auflösung des Vereins oder die Entziehung der Rechtsfähigkeit ist durch die Liquidatoren öffentlich bekanntzumachen. In der Bekanntmachung sind die Gläubiger zur Anmeldung ihrer Ansprüche aufzufordern. Die Bekanntmachung erfolgt durch das in der Satzung für Veröffentlichungen bestimmte Blatt, in Ermangelung eines solchen durch dasjenige Blatt, welches für Bekanntmachungen des Amtsgerichts bestimmt ist, in dessen Bezirke**

der Verein seinen Sitz hatte. Die Bekanntmachung gilt mit dem Ablaufe des zweiten Tages nach der Einrückung oder der ersten Einrückung als bewirkt.

II Bekannte Gläubiger sind durch besondere Mitteilung zur Anmeldung aufzufordern.

51 *Sperrjahr.* Das Vermögen darf den Anfallberechtigten nicht vor dem Ablauf eines Jahres nach der Bekanntmachung der Auflösung des Vereins oder der Entziehung der Rechtsfähigkeit ausgeantwortet werden.

52 *Sicherung für Gläubiger.* I Meldet sich ein bekannter Gläubiger nicht, so ist der geschuldete Betrag, wenn die Berechtigung zur Hinterlegung vorhanden ist, für den Gläubiger zu hinterlegen.

II Ist die Berichtigung einer Verbindlichkeit zur Zeit nicht ausführbar oder ist eine Verbindlichkeit streitig, so darf das Vermögen den Anfallberechtigten nur ausgeantwortet werden, wenn dem Gläubiger Sicherheit geleistet ist.

1) Schuldentilgung und Auskehrung des Überschusses. a) Die **öffentliche Bekanntmachung** im Vereinsblatt, hilfsw im Blatt für öffentl Bekanntmachgen des AmtsG, u die bes Mitteilg an die bekannten Gläub (§ 50) sind zwingd vorgeschrieben; sie muß auch dann stattfinden, wenn kein verwertb VereinsVerm vorhanden ist. Soweit einem Gläub dch einen Verstoß Schaden entsteht, haftet der Liquidator (§ 53). Sind anfallsberecht Mitgl unbekannt, gilt § 50 I entspr (LG Bln NJW 58, 1874). - **b)** Die Nichtanmeldg eines Anspr führt nicht zu einem RVerlust. Zu befriedigen sind alle bekannten Gläub, auch diej, die sich nicht gemeldet h. Falls Erf nicht mögl ist, ist zu hinterlegen (§ 52 I mit §§ 372ff) od Sicherh zu leisten (§ 52 II mit §§ 232ff). - **c)** Die Auskehrg an den AnfallBerecht darf erst nach Ablauf eines **Sperrjahres** (§ 51) erfolgen. Ein Verstoß begründet eine SchadErsPfl des Liquidators (§ 53).

2) Hat der AnfallBerecht in Verletzg der §§ 50ff Leistgen erhalten, muß er diese gem § 812 herausgeben. Der **Bereicherungsanspruch** steht aber nicht dem unbefriedigt gebliebenen Gläub, sond dem Verein zu (BAG NJW **82**, 1831, MüKo/Reuter § 51 Rdn 2, str, aA Brschw MDR **56**, 352). Ist die Liquidation ordnungsmäß dchgeführt worden, hat der AnfallBerecht die Leistg dagg mit RGrd erhalten; er ist auch dann nicht zur Herausg verpflichtet, wenn sich nachträgl ein unbekannter Gläub meldet (RG **124**, 213 zu GmbHG 73, Staud-Coing Rdn 5, aA noch RG **92**, 82).

3) Nach **Beendigung der Liquidation** hört der Verein zu bestehen auf. Für ihn kann niemand mehr handeln (Düss NJW **66**, 1035). Voraussetzg ist jedoch, daß das ges Vermögen bis auf nicht verwertb Ggst entfällt (wie GeschBücher u Unterlagen) verwertet ud verteilt ist (s Düss aaO). Auch die PartFgk entfällt; eine noch anhäng Klage ist als unzul abzuweisen (BGH **74**, 212, krit Theil JZ **79**, 567). Schwebt ein PassivProz über einen nichtvermögensrechtl Anspr KündSchutz) besteht der Verein aber bis zu dessen Erledigg weiter (BAG NJW **82**, 1831). Ergibt sich nach Beendigg der Liquidation, daß noch Vermögen vorhanden ist, etwa ein SchadErsAnspr gg den Liquidator od ein BerAnspr gg einen AnfallBerecht, ist die Liquidation wiederaufzunehmen (RG HRR **30**, 734). Zuständ ist der bish Liquidator, notf ist gem § 29 ein neuer zu bestellen. Zur Eintragg der Beendigg der Liquidation s § 76 Anm 1c.

53 *Schadensersatzpflicht der Liquidatoren.* Liquidatoren, welche die ihnen nach dem § 42 Abs. 2 und den §§ 50 bis 52 obliegenden Verpflichtungen verletzen oder vor der Befriedigung der Gläubiger Vermögen den Anfallberechtigten ausantworten, sind, wenn ihnen ein Verschulden zur Last fällt, den Gläubigern für den daraus entstehenden Schaden verantwortlich; sie haften als Gesamtschuldner.

1) Fassg der VerglO, die die 1930 geänderte ursprüngl Fassg wiederhergestellt hat. Voraussetzg der Haftg sind: Verletzg der GläubSchutzVorschr der §§ 42 II, 50–52, Verschulden u Entstehg eines Schadens. Der etwaige Anspr gg den AnfallBerecht steht dem Verein zu (§ 52 Anm 2) u schließt daher den ErsAnspr des Gläub nicht aus. Es handelt sich um einen delikt SchadErsAnspr, für dessen Verj § 852 gilt (hM).

54 *Nichtrechtsfähige Vereine.* Auf Vereine, die nicht rechtsfähig sind, finden die Vorschriften über die Gesellschaft Anwendung. Aus einem Rechtsgeschäfte, das im Namen eines solchen Vereins einem Dritten gegenüber vorgenommen wird, haftet der Handelnde persönlich; handeln mehrere, so haften sie als Gesamtschuldner.

1) Allgemeines. Der nichtrechtsf Verein ist ebso wie der rechtsf eine auf Dauer berechnete Verbindg einer größeren Anzahl von Pers zur Erreichg eines gemeins Zweckes, die nach ihrer Satzg körperschaftlorganisiert ist, einen GesNamen führt u auf einen wechselnden MitglBestand angelegt ist (RG **143**, 213, BGH LM § 31 Nr 11, Einf 7 v § 21). Er unterscheidet sich dch seine körperschaftl Organisation grdlegd von der Gesellsch. Der GesGeber hat diesen Strukturunterschied bewußt ignoriert u in § 54 best, daß auf den nichtrechtsf Verein die Vorschr über die Gesellsch anzuwenden seien. Dadch sollten alle Vereine, vor allem die polit Part u die Gewerksch, zur Eintragg mit einer polit Kontrolle gem §§ 61 II, 43 III aF unterworfen u („verschleiertes Konzessionsystem"). Dieser ursprüngl Zweck des § 54 ist seit der Aufhebg der §§ 61 II, 43 III überholt u mit geltdem VerfassgsR (Art 9 GG) unvereinb. Rspr u Lehre sind daher mit unterschiedl Begründgen zunehmd dazu übergegangen, auf den nichtrechtsf Verein die §§ 21 ff anzuwenden. Dabei beruft man sich auf den in der Satzg stillschw zum Ausdruck kommden Willen der VereinsMitgl (Larenz § 10 VI) od auf den Satz *„cessante ratione legis cessat lex ipsa"* (MüKo/Reuter Rdn 2). Entscheidd ist

Personen. 2. Titel: Juristische Personen § 54 1–5

aber der Gesichtspunkt der verfassungskonformen Ausleg. Das bürgerl Recht muß für den unter dem Schutz von GG 9 stehden nichtrechtsf Verein eine seiner Struktur adäquate rechtl Ausgestaltg bereitstellen; es darf ihn nicht mit dem Ziel, das Vereinswesen zu kontrollieren, einer offensichtlich sachwidr Regelg unterwerfen. Es gilt daher nunmehr der Satz, daß auf den nichtrechtsf Idealverein **Vereinsrecht anzuwenden** ist mit Ausn der Vorschr, die die RFgk voraussetzen (ähnl BGH **50**, 328, Ffm ZIP **85**, 215).

2) Abgrenzung. a) Vom **rechtsfähigen Verein** unterscheidet sich der nichtrechtsf allein dch das Fehlen der RFgk. Dabei ist aber zu berücksichtigen, daß der nichtrechtsf Verein verfahrensfäh (Anm 5) u damit in Wahrh teilrechtsfäh ist (Übbl 1 v § 1). Erwirbt der nichtrechtsf Verein, etwa der Vorverein (§ 21 Anm 2b), volle RFgk, besteht zw beiden Vereinen Identität (BGH WPM **78**, 116). Das gilt ebso umgekehrt, wenn der eV auf seine RFgk verzichtet (§ 42 Anm 1). – **b)** Die **Vorgesellschaft** der Genossensch, der AG u der GmbH ist kein nichtrechtsf Verein, sond eine Organisation eig Art (BGH **20**, 281, **22**, 244, **51**, 32, § 21 Anm 2b). – **c)** Von der **Gesellschaft** unterscheidet sich der nichtrechtsf Verein dch seine körperschaftl Organisation u seine grdsl Unabhängigk vom Mitgliederwechsel (Einf 7 v § 21). Mögl sind auch ZwFormen zw nichtrechtsf Verein u Gesellsch, auf die teilw VereinsR u teilw GesellschR anzuwenden ist (BGH NJW **79**, 2305, **LM** § 39 Nr 11). Betreibt der nichtrechtsf Verein ein **Handelsgewerbe**, untersteht er dem Recht der OHG (BGH **22**, 244, Staud-Coing Rdn 54). **Einzelfälle:** Als nichtrechtsf Verein hat die Rspr angesehen: ArbGebVerbände u Gewerksch (RG **76**, 27, BGH **42**, 210, **50**, 328), Heilsarmee (RAG JW **35**, 2228), Kartelle u Syndikate (RG **82**, 295), Studentenverbindgen (RG **78**, 135), Ordensniederlassgen (RG **97**, 123, **113**, 127), WaldinteressenGemsch (BGH **25**, 312), uU die Ortsgruppen von Großvereinen (Einf 10b v § 21). Dagg ist eine HausbauGemeinsch als Gesellsch eingestuft worden (BGH WPM **61**, 884). – **d) Politische Parteien** sind vielf nichtrechtsf Vereine. Für sie gelten aber in erster Linie die Vorschr des PartG (Einf 9b v § 21).

3) Die **Organisation** des nichtrechtsf Verein w dch seine Satzg festgelegt. Sie bedarf keiner Form. Eine langjähr angewandte Regel kann daher uU als konkludent beschlossener SatzgsBestandt aufzufassen sein. Lücken sind dch Ausleg u dch entspr Anwendg der §§ 21ff zu schließen (BGH **50**, 329); für eine Heranziehg der §§ 708ff ist idR kein Raum. Die Vorschr über den Vorstd (§§ 26–28) sind entspr anzuwenden. Beschränkgen seiner VertrMacht wirken abw von § 70 nach ihrem Verlautbarg, jedoch können dch Grds der ScheinVollm anwendb sein (§ 173 Anm 4a). Auch die Vorschr des § 29 (NotVorstd) gelten entspr (dort Anm 1, str), ebso die Best über die MitglVersammlg (§§ 32ff, BGH WPM **85**, 1470, BAG **AP** Nr 4), die Mitglsch (§§ 35–38), den Austritt (§ 39, s RG **143**, 3), die Grds über die Vereinsstrafe u den Ausschluß (BGH **13**, 11, NJW **73**, 35, § 25 Anm 4) sowie die Regeln über die AufnPfl (§ 25 Anm 3d). Auch § 37 II (Ermächtigg zur Einberufg einer MitglVersammlg dch das RegGer) kann entspr angewandt w (dort Anm 1b, str). Bei Vereiniggen im Grenzbereich zw Gesellsch u nichtrechtsf Verein ist der an sich zwinge § 39 II abdingb (BGH NJW **79**, 2305, **LM** § 39 Nr 11). Das Mitgl haftet dem Verein abw von § 708 für jedes Versch (RG **143**, 214).

4) Vermögen. a) Es steht wg fehlder RFgk nicht dem Verein, sond den Mitgl als GesHandGemeinsch zu (s Einf 2 v § 21). Das gilt ebso für das **Namensrecht,** das wie beim rechtsf Verein dch § 12 geschützt w (RG **78**, 102). §§ 718, 719 sind entspr anzuwenden, jedoch ergeben sich aus der körperschaftl Struktur des nichtrechtsf Vereins Besonderh. Der Anteil am VereinsVerm ist weder übertragb noch pfändb (BGH **50**, 329). Das ausscheidde Mitgl hat entgg § 738 keinen Anspr auf AuseinandS od Abfindg (RG **113**, 135, BGH aaO). Sein Anteil wächst den übrigen Mitgl an; auch beim Eintritt eines Mitgl findet ein automat Erwerb dch Anwachsg statt. – **b)** Im **Grundbuch** sind GesHandsGemsch unter dem Namen aller Mitgl einzutragen (GBO 47). Dieser Grds gilt nach RG **127**, 311 u der ständ Praxis der GBÄmter auch für den nichtrechtsf Verein. Das bedeutet im Ergebn, daß mitgliedsstarke Vereine mit fluktuierde Mitglsch vom GBVerk ausgeschlossen u auf die Einschaltg von TrHändern angewiesen sind (s Ffm NJW **52**, 792). Das ist eine nicht gerechtf Schlechterstellg ggü der OHG u KG (HGB 124, 161) u der VorGesellsch der GmbH, die als eintraggsfäh anerkannt w (BGH **43**, 320, **45**, 348). Mit dem überwiegden Schrifft ist daher die Eintraggsfähigk des nichtrechtsf Vereins zu bejahen, sofern er seine Existenz mit den nach GBO 29 zul BewMitteln nachweisen kann (RGRK-Steffen Rdn 16, MüKo/Reuter Rdn 10, Stoltenberg MDR **89**, 497; aA Zweibr NJW-RR **86**, 181, Konzen JuS **89**, 27). – **c)** Wird ein **Wechsel** von einem Vertretgsberecht im Namen des nichtrechtsf Vereins gezeichnet, so haftet das Vereinsvermögen als Sondervermögen u daneben der Handelnde gem § 54 S 2 (Soergel-Hadding Rdn 19, MüKo/Reuter Rdn 12, aA RG **112**, 124, Kblz MDR **55**, 424). Der nichtrechtsf Verein ist auch **erbfähig** idS, daß Erwerb vTw unmittelb Vermögen des Vereins w (§ 1923 Anm 1b). Er kann auch Mitgl eines and Vereins od einer jur Pers des HandelsR sein (s LG Duisbg JW **33**, 2167).

5) Stellung im Verfahrensrecht. a) Der nichtrechtsf Verein ist **passiv** partei- u vollstreckgsfäh (ZPO 50 II, 735). Über sein Vermögen kann ein Konk- u VerglVerf stattfinden (KO 213, VerglO 108). Dagg sieht die ZPO für den nichtrechtsf Verein **keine aktive** PartFgk vor. Klagberecht ist bei wörtl Ausleg des Ges die Gesamth der VereinsMitgl, wobei ein etwaiger MitglWechsel nach KlErhebg wg ZPO 265 unerhebl ist (RG **78**, 106). Da es bei mitgliedsstarken Vereinen mit erhebl fluktuierder Mitglsch prakt ausgeschl ist, alle Mitgl in der KlSchrift anzuführen, hat man versucht, dem nichtrechtsf Verein mit verschiedenen Konstruktionen zu gerichtl RSchutz zu verhelfen: – **aa)** Die Satzg best, daß der Vorstd treuhänderischer Inh des Vereinsvermögens ist (Ffm NJW **52**, 793). Diese Lösg ist nicht dchführb, wenn unübertragb nichtvermögensrechtl Anspr, etwa eine Verletzg des NamensR, geltd gemacht w sollen (Mü MDR **55**, 33). – **bb)** Die Satzg ermächtigt den Vorstand zur Klage im eig Namen (LG Bonn **AP** Nr 1). Auch diese Konstruktion versagt bei nicht übertragb Anspr u führt wg des für die gewillkürte ProzStandsch erforderl Eigeninteresses zu Problemen. – **cc)** Die MitglGesamth darf im Proz mit dem Vereinsnamen bezeichnet w (LG Köln MDR **62**, 61, Habscheid aaO S 414). Diese Lösg hat der BGH (**42**, 214) als mit ZPO 253 unvereinb abgelehnt (weniger streng BGH NJW **77**, 1686 u **83**, 1962 zur WoEigtGemsch). – **b)** Inzw hat die Rspr den Gewerksch

§§ 54, 55

ausdr volle PartFgk zuerkannt (BGH **50**, 328, **42**, 210). Auch die in der RForm des nichtrechtsf Vereins organisierten polit Part sind nach PartG 3 uneingeschr partfäh. Vgl ferner VwGO 61 Nr 2, SGG 70 Nr 2, FGO 58 II, ArbGG 10. Diese REntwicklg rechtf es, die **aktive Parteifähigkeit** nunmehr für **alle nichtrechtsfähigen Vereine** zu bejahen (Staud-Coing Rdn 19, MüKo/Reuter Rdn 8, Soergel/Hadding Rdn 33, Stoltenberg MDR **89**, 496). Die GgAns (K. Schmidt NJW **84**, 2249) läuft im Ergebn auf eine (auch verfassgsrechtl bedenkl) weitgehde Verweigerg von gerichtl RSchutz hinaus (s auch Jung NJW **86**, 157).

6) Haftung. a) Die Haftg der **Mitglieder** für rechtsgeschäftl Verbindlichk beruht auf § 427. Die Vertretgsmacht des Vorstd ist dchweg darauf beschränkt, die Mitgl nur hins ihres Anteils am Vereinsvermögen zu verpfl (BGH NJW **79**, 2304, 2306, Soergel-Hadding Rdn 24). Das ergibt sich aus der Satzg, notf aus der ergänzde Auslegg anhand der VerkSitte (Erm-Westermann Rdn 12). Auf die delikt Haftg ist nach jetzt hM § 31 entspr anzuwenden; er begründet ledigl eine Haftg des GesHandsVerm, nicht aber der Mitgl persönl (Soergel-Hadding Rdn 24, MüKo/Reuter Rdn 20, Staud-Coing Rdn 52; ebso für Gewerksch: BGH **42**, 216, **50**, 329; für Anwendg von § 831 u Haftg mit dem PrivVermögen der Mitgl RG **143**, 212, JW **33**, 423, Schlesw SchlHA **53**, 200). Auch soweit der Verein aus § 831 wg des Verhaltens eines VerrichtgsGeh in Anspr genommen w, haftet ausschließl das SonderVerm. Beim nichtrechtsf Idealverein ist die Haftg daher idR auf das Vereinsvermögen beschränkt (Hamm WPM **85**, 644). Verfolgt der Verein wirtschaftl Zwecke iSd § 22, haften dagg neben dem Vereinsvermögen auch alle Mitgl persönl (BGH **22**, 244, Soergel Rdn 25, Staud Rdn 54). – **b)** Die persönl Haftg des **Handelnden** (§ 54 S 2) ist von seiner Stellg innerh des Vereins unabhäng. Sie entsteht auch dann, wenn der Handelnde vertretgsberect ist u dch sein Handeln den Verein verpfl. Sie ist keine ErsHaftg, sond zusätzl Haftg. Die Haftg umfaßt nicht nur ErfAnspr, sond auch sämtl SekundärAnspr u Anspr aus c. i. c. (BGH NJW **57**, 1186). Handelnder ist, wer nach außen hin für den Verein auftritt. Auf den dch AuftrErteilg, Einverständn od Gen nur mittelb Handelnden ist § 54 S 2 jedenfalls bei einem Idealverein nicht anzuwenden (BGH aaO). Ist der Handelnde für einen Vorverein (§ 21 Anm 2b) aufgetreten, erlischt seine Haftg, wenn der Verein rechtsf w (s Celle NJW **76**, 806, ebso BGH **80**, 183 zu GmbHG 11). Das gilt aber nur für solche Gesch, bei deren Vorn die Eintragg bereits in die Wege geleitet war (Düss MDR **84**, 489, s auch BGH **91**, 150 zu GmbHG 11). Der Anspr verjährt in der für den Anspr gg den Verein maßgebden Fr (LG Ffm Betr **76**, 2058). Die Haftg kann nicht dch die Satzg, wohl aber dch Vertr ausgeschl w. Der HaftgsAusschl erfordert eine ausdr Abrede, zumindest aber konkr Anhaltspkte für einen entspr PartWillen (RG JW **37**, 392, BGH NJW **57**, 1186). Für polit Part gilt § 54 S 2 nicht (PartG 37).

7) Für den nichtrechtsf Verein gelten die gleichen Erlöschens- u **Auflösungsgründe** wie für den rechtsf Verein (§ 41 Anm 2, 3). Währd der eV als jur Pers mit nur einem Mitgl weiterexistieren kann, sind für einen nichtrechtsf aber mindestens 2 Mitgl erforderl. Die nach GesellschR weiter mögl AuflösgsGrde (Künd, Konk od Tod eines Mitgl) finden auf den nichtrechtsf Verein keine Anwendg. Da der nichtrechtsf Verein idR nur mit dem VereinsVerm haftet, muß nach Auflösg des Vereins entspr § 47 eine Liquidation stattfinden (Staud-Coing Rdn 84, MüKo/Reuter Rdn 33, str). Die mit der Abwicklg betrauten Pers haften analog § 53.

2. Eingetragene Vereine

Vorbemerkung

1) Die §§ 55–79 regeln die **registermäßige Behandlung** des Idealvereins. Einzutragen sind: Verein (§ 64), Vorstd u Liquidatoren (§§ 64, 67, 76), Beschränkgen ihrer Vertretgsmacht (§§ 64, 70, 76 I 2), Satzgsändergen (§ 71), Auflösg, Entziehg der RFgk, Konk (§§ 74, 75). Auch die Beendigg der Liquidation u das Erlöschen des Vereins sind eintraggspflichtig (§ 76 Anm 1c, sehr str). **Konstitutiv** ist die Eintragg ledigl für die Erlangg der RFgk (§ 21) u die Satzgsänderg (§ 71); iü haben die Eintraggen nur deklarator Wirkg (§ 70 Anm 2). Jede Eintragg setzt eine **Anmeldung** voraus, die notf gem § 78 erzwungen w kann. Gesetzw Anmeldgen sind zurückzuweisen (§ 60). Für das Verf gilt ergänzd das FGG, insb die §§ 159, 160a. Die Registerführg ist dch BRBeschl v 3. 11. 98 (ZentrBlDR 438, abgedruckt bei Keidel/Kuntze/Winkler Anh 6), iü dch VerwVorschr der Länder geregelt.

2) Die Eintragg ist beim Fehlen einer wesentl Voraussetzg unzul (FGG 159, 142). Sie kann vom Ger mit Wirkg *ex nunc* vÄw gelöscht w (Sauter/Schweyer Rdn 413). Bis zur Löschg ist die Eintragg gült (RG **81**, 210, BGH NJW **83**, 993); sie führt ggf zur Auflösg u Liquidation des Vereins (§ 47 Anm 1). Ein wesentl **Mangel** iSd FGG 142 ist der Verstoß gg MußVorschr (§§ 21, 26 I, 57 I, 59 I, 73). Bei Verletzg von SollVorschr (§§ 56, 57 II, 58, 59 III) hat das Ger die Anmeldg, soweit der Mangel behebb ist, dch ZwVfg zu beanstanden (BayObLG **69**, 36) u notf zurückzuweisen (§ 60); die ohne Beseitigg des Mangels dchgeführte Eintragg ist aber wirks.

55 *Zuständigkeit des Amtsgerichts.*
^I Die Eintragung eines Vereins der im § 21 bezeichneten Art in das Vereinsregister hat bei dem Amtsgerichte zu geschehen, in dessen Bezirke der Verein seinen Sitz hat.

^{II} Die Landesjustizverwaltungen können die Vereinssachen einem Amtsgericht für die Bezirke mehrerer Amtsgerichte zuweisen.

1) Das RPflG 1957 hat an § 55 den Absatz 2 angefügt. Die örtl Zuständigk richtet sich nach dem Sitz des Vereins (§ 24). Zur Sitzverlegg s § 24 Anm 1c. Funktionell zuständ ist der Rpfleger (RPflG 3 Nr 1a). Die vom örtl unzuständ Ger vorgenommene Eintragg ist wirks (FGG 7).

Personen. 2. Titel: Juristische Personen §§ 56–58

56 Mindestmitgliederzahl.
Die Eintragung soll nur erfolgen, wenn die Zahl der Mitglieder mindestens sieben beträgt.

1) Die Vorschr soll verhindern, daß unbedeutde Vereine eingetragen u rechtsf w. Auch bei einem Dachverband sind 7 Mitgl erforderl (LG Hbg Rpfleger **81**, 198, aA LG Mainz MDR **78**, 312). Setzen sich die Gründer aus natürl Pers u von diesen beherrschten jur Pers zus, sind für § 56 nur die natürl Pers maßgebd (Stgt OLGZ **83**, 307). Wird die Mindestzahl nicht erreicht, ist die Eintragg abzulehnen (§ 60). Eine in Verletzg des § 56 vorgenommene Eintragg ist auch dann gült, wenn sie dch Täuschg des Ger erschlichen ist (Vorbem 2 v § 55). Es müssen aber bei Gründg mindestens 2 Mitgl vorhanden sein, da es sonst an einem wesentl Begriffsmerkmal des Vereins fehlt (MüKo/Reuter Rdn 1).

57 Satzung, Mindesterfordernisse.
I Die Satzung muß den Zweck, den Namen und den Sitz des Vereins enthalten und ergeben, daß der Verein eingetragen werden soll.

II Der Name soll sich von den Namen der an demselben Orte oder in derselben Gemeinde bestehenden eingetragenen Vereine deutlich unterscheiden.

58 Weitere Erfordernisse.
Die Satzung soll Bestimmungen enthalten:
1. über den Eintritt und Austritt der Mitglieder;
2. darüber, ob und welche Beiträge von den Mitgliedern zu leisten sind;
3. über die Bildung des Vorstandes;
4. über die Voraussetzungen, unter denen die Mitgliederversammlung zu berufen ist, über die Form der Berufung und über die Beurkundung der Beschlüsse.

1) § 57 I ist zwingdes Recht. Seine Verletzg macht die Eintragg unzul (Vorbem 2 v § 55). Die **Satzung** muß beim Ger in Urschrift u Abschrift eingereicht w (§ 59). Sie bedarf daher der Schriftform; dabei handelt es sich aber um eine OrdngsVorschr (RGRK-Steffen Rdn 1). Fehlt in der Satzg die Klausel, daß der Verein eingetragen w soll, so ist dieser Mangel nach Eintrag unschädl, wenn ein entspr formloser Beschl des Vereins vorliegt (Spitzenberg Rpfleger **71**, 243). Die Satzg kann auch in plattdeutsch verfaßt sein (LG Osnabrück Rpfleger **65**, 304, str). Bezugn auf die beigefügte Satzg eines and Vereins sind zul, wenn die Verweisg eindeut u widersprfrei ist u sie nicht dynamisch, sond statisch ausgestaltet ist (Hamm OLGZ **87**, 397). Die **Prüfung** der Satzg beschränkt sich darauf, ob die in §§ 57 f genannten Mindestvoraussetzgen erfüllt sind u ob Grde für eine GesNichtigk (§ 25 Anm 2 d) vorliegen; eine weitergehde Prüfg einz SatzgsVorschr ist unzul (Köln NJW **89**, 174). Zum Zweck s §§ 21, 22, 23, zum Sitz s § 24.

2) Der Verein darf nur einen **Namen** führen (s RG **85**, 399). Die Führg eines zweiten Namens ist nur zul, wenn er im Rahmen eines Nebenzweckprivilegs (§ 21 Anm 1 b) eine übernommene Firma weiterbetreibt (s KG JW **32**, 62). § 57 II ist ledigl eine SollVorschr. Auf den Namen des Vereins ist aber HGB 18 II entspr anzuwenden. Ein Name, der zur **Täuschung** über Art, Größe, Alter od sonst Verhältn des Vereins geeignet ist, darf daher gem § 60 nicht eingetragen w; ist er eingetragen, kann er gem FGG 159, 142 vAw gelöscht w (BayObLG NJW **72**, 958, Hamm OLGZ **81**, 434, stRspr). Kein Eintraggshindern ist die Verletzg des NamensR eines and Vereins (BayObLG **86**, 375). Die Löschg des Namens läßt die RFgk des Vereins unberührt (BGH NJW **84**, 668). Bsp für täuschde Namen sind etwa: „Internationaler Wassersport-Club" für einen kleinen lokalen Verein (LG Hagen Rpfleger **71**, 428); „Privilegierte SchützenGesellsch" für eine ohne Privilegien (BayObLG **59**, 290); „Olympia-Stiftg" für einen Verein, der ausschließl von MitglBeiträgen lebt u keiner Kontrolle der öffentl Hand unterliegt (BayObLG NJW **73**, 249); „Aktions-Gemsch der dtschen RAnw" für einen Verein mit unbedeutder MitglZahl (Hamm OLGZ **78**, 431); „Ärztl ArbKreis", wenn nur ⅓ der Mitgl Ärzte sind (Karlsr OLGZ **82**, 385), ein geografischer Zusatz, wenn der Verein in der Region keine besondere Bedeutg hat (LG Schweinfurth Rpfleger **85**, 496). Täuschd können auch folge Bezeichngen od Zusätze sein: Kammer (Ffm OLGZ **74**, 332); Verband (BayObLG **74**, 299) Hanseatisch (Celle Rpfleger **74**, 222); Deutsch (BGH NJW-RR **87**, 1178); Ausschuß (Mü WRP **75**, 178, BayObLG **85**, 215); Akademie (Brem NJW **72**, 164); Gemeinde (LG Bonn Rpfleger **87**, 205); Institut (Frage des Einzelfalls, s BGH NJW-RR **87**, 735, Celle u LG Verden Rpfleger **85**, 162, 303); Fachverband (Frage des Einzelfalls, LG Brem Rpfleger **89**, 202); Jahreszahl, die nicht mit dem Gründgsjahr ident ist (BayObLG NJW **72**, 957, KG OLGZ **83**, 272). Unbedenkl ist der Name „Griechische Gemeinde" für einen Verein, der die kulturellen u berufl Interessen seiner griech Mitgl fördern will (BayObLG **82**, 282).

3) § 58 enthält SollVorschr (s Vorbem 2 v § 55). – **a) Nr 1.** Die Satzg muß klarstellen, ob zum Eintritt eine BeitrittsErkl genügt od ob ein bes AufnVerf stattfinden soll (BayObLG NJW **72**, 1323, LG Münst MDR **74**, 309). Eine Vorschr über die Form des Beitritts ist dagg nicht erforderl, da iZw Formfreih gilt (BayObLG aaO). – **b) Nr 2.** Der Verein kann grdsl nur dann Beiträge erheben, wenn die Satzg das vorsieht (Hamm Betr **76**, 93). Ausnw kann sich das Recht der MitglVersammlg, Beiträge festzusetzen, aus dem Vereinszweck ergeben. Ziffermäß Bestimmg der Beitragshöhe ist nicht erforderl; es genügt idR, wenn die Satzg das für die Festsetzg zuständ Organ bezeichnet. Will der Verein dch die Beiträge umfangreiche Leistgen für die Mitgl finanzieren, muß die Satzg die Grdzüge der BeitragsPfl festlegen (BGH **105**, 313). Der Beitrag kann bei einer entspr satzgsmäß Grdl auch in einer Wk- od Dienstleistg bestehen (Dütz FS Hilger u Stumpf, 1983, 103). Die BeitrPfl endet mit der KonkEröffng (BGH **96**, 254). – **c) Nr 3.** Die Satzg muß unzweideut festlegen, wie sich der Vorstd zusammensetzt (s § 26 Anm 1). Bestimmt die Satzg eine Höchst- u/od Mindestzahl, entscheidet die MitglVersammlg (BayObLG **69**, 36). Die Satzg kann der MitglVersammlg die Bestimmg der Zahl der VorstdMitgl aber auch ohne Festlegg einer Ober- u Untergrenze überlassen (LG Gießen MDR **84**, 312). Fälle fehlder Eindeutigk BayObLG **72**, 286 (dazu Danckelmann NJW **73**, 735), BayObLG **76**, 230, ferner § 26 Anm 1. – **d) Nr 4.** Die Satzg muß die Form der Berufg der MitglVersammlg

45

bestimmen; sie kann diese nicht dem Ermessen des Vorstd überlassen (Hamm OLGZ **65**, 66, näher § 32 Anm 2b). Über die Beurkundg der Beschlüsse kann die Satzg nach freiem Belieben entscheiden. Sie kann auch von einer Beurkundg absehen.

59 *Anmeldung.* ¹ Der Vorstand hat den Verein zur Eintragung anzumelden.
 ¹¹ Der Anmeldung sind beizufügen:
1. die Satzung in Urschrift und Abschrift;
2. eine Abschrift der Urkunden über die Bestellung des Vorstandes.
 ¹¹¹ Die Satzung soll von mindestens sieben Mitgliedern unterzeichnet sein und die Angabe des Tages der Errichtung enthalten.

1) I begründet trotz seines befehlden Wortlauts für den Vorstd keine öffr AnmeldePfl (*arg* § 78). Verweigert der Vorstd die Anmeldg, muß die MitglVersammlg notf gem § 27 II vorgehen. Auch wenn die Satzg für RGesch Einzelvertretg zuläßt, muß die Erstanmeldg dch **alle Vorstandsmitglieder** erfolgen (Hamm OLGZ **80**, 389, **84**, 15, MüKo/Reuter Rdn 3, str, aA Kirberger ZIP **86**, 349, s § 67 Anm 1). Obliegt die Wahl einem and Vereinsorgan, zB einem Kuratorium, ist der Anmeldg auch die Urk über dessen Bestellg beizufügen (BayObLG **84**, 1). Anmeldg dch einen Bevollmächtigten setzt eine öff beglaubigte Vollm voraus (KGJ **26**, A 232). Eine ohne Anmeldg od aGrd einer nicht ordnungsmäß Anmeldg vorgenommene Eintragg ist gem FGG 159, 142 vAw zu löschen (BayObLG JFG **1**, 273). Verstoß gg I u III berührt Gültigk der Eintragg nicht. Form der Anmeldg s § 77.

60 *Zurückweisung der Anmeldung.* Die Anmeldung ist, wenn den Erfordernissen der §§ 56 bis 59 nicht genügt ist, von dem Amtsgericht unter Angabe der Gründe zurückzuweisen.

1) Die Anmeldg ist auch bei sonst GesVerletzgen zurückzuweisen. Gleichgült ist, ob die verletzte Norm eine Muß- oder SollVorschr ist (Stgt OLGZ **83**, 309, s aber Vorbem 2 v § 55). Das Ger hat, wenn begründete Bedenken bestehen, ein mat PrüfgsR (BayObLG **63**, 17). ZurückweisgsGrde sind etwa: gesetzwidr Vereinszweck (§ 25 Anm 2 d), Verstoß gg die guten Sitten (s RG JW **20**, 961), Verfolg wirtschaftl Zwecke (§ 21 Anm 1b), Führg eines täuschden Namens (§ 58 Anm 2), Mißbr der RForm des Vereins für eine unselbstd VerwStelle (§ 25 Anm 3c). Es entscheidet der Rpfleger. Gg seine Entscheid ist die sofort Erinnerung zul (RPflG 11), die, wenn ihr der Ri nicht abhilft, gem RPflG 11 II, FGG 160a I zur sofort Beschw w. Ist der Mangel behebb, ist eine ZwVfg u nicht die sofort Zurückweisg angezeigt (BayObLG **69**, 36).

61 *Einspruchsrecht der Verwaltungsbehörde.* ¹ Wird die Anmeldung zugelassen, so hat das Amtsgericht sie der zuständigen Verwaltungsbehörde mitzuteilen.
 ¹¹ Die Verwaltungsbehörde kann gegen die Eintragung Einspruch erheben, wenn der Verein nach dem öffentlichen Vereinsrecht unerlaubt ist oder verboten werden kann.

62 *Mitteilung des Einspruchs.* Erhebt die Verwaltungsbehörde Einspruch, so hat das Amtsgericht den Einspruch dem Vorstande mitzuteilen.

63 *Voraussetzungen der Eintragung.* ¹ Die Eintragung darf, sofern nicht die Verwaltungsbehörde dem Amtsgericht mitteilt, daß Einspruch nicht erhoben werde, erst erfolgen, wenn seit der Mitteilung der Anmeldung an die Verwaltungsbehörde sechs Wochen verstrichen sind und Einspruch nicht erhoben ist oder wenn der erhobene Einspruch seine Wirksamkeit verloren hat.
 ¹¹ Der Einspruch wird unwirksam, wenn die nach den Bestimmungen des Vereinsgesetzes zuständige Behörde nicht binnen eines Monats nach Einspruchserhebung ein Verbot des Vereins ausgesprochen hat oder wenn das rechtzeitig ausgesprochene Verbot zurückgenommen oder unanfechtbar aufgehoben worden ist.

1) §§ 61–63 iVm § 43 III enthielten bis zum Inkrafttr der WeimRV (124 II) für polit, sozialpolit u religiöse Vereine das „verschleierte" Konzessionssystem (Einf 4c v § 21, § 54 Anm 1). Sie beruhen in ihrer jetzigen Fassg auf dem GesEinhG (Bestätigg der Änderg des § 61 II) u dem VereinsG (Streichg des § 62 II, Neufassg des § 63). Sie sind auf polit Part nicht anzuwenden (PartG 37).

2) Eintragungsverfahren. a) Die **Zulassung** der Anmeldg (§ 61 I) bedarf keiner Form. Sie liegt idR in der Mitteilg an die VerwBeh. Mitzuübersenden ist auch die Satzg. – b) Die **zuständige Behörde** bestimmt das LandesR. Zuständ sind idR die unteren VerwBeh (s die ZusStellg bei Staud-Coing § 61 Rdn 3). – c) Der **Einspruch** (§ 63) kann nur darauf gestützt w, daß der Verein nach öff VereinsR (GG 9 III, PartG 33) unerlaubt ist od verboten w kann. Er ist auch dann zuläss, wenn sich der Verstoß nicht aus der Satzg, sond dem tats Verhalten des Vereins ergibt. Ist der Verein nach bürgerl Recht unzul, hat die VerwBeh kein Einspr- od BeschwR, sie kann aber auf Bedenken hinweisen. Der Einspr ist für das RegGer bindd. Sofern die Eintragg noch nicht verfügt ist, ist auch der nach Ablauf der 6-Wochen-Frist eingelegte Einspr zu beachten. Der Verein kann gg das Verbot (§ 63 II), nicht aber gg den Einspr AnfKlage vor dem VerwGer erheben (MüKo/Reuter Rdn 3). Nach Eintragg kann die VerwBeh den Verein nicht mehr aus Grden verbieten, die sie mit einem Einspr hätte geltd machen können. – d) Die **Eintragung** setzt voraus, daß die

Personen. 2. Titel: Juristische Personen §§ 63–70

VerwBeh keinen Einspr erhebt od diesen nicht weiterverfolgt; Einzelh s § 63. Eintragg in Verletzg der §§ 61 ff unterliegt der Löschg (Vorbem 2 v § 55), sow der Mangel nicht dch FrAblauf ggstlos w.

64 *Inhalt der Eintragung.* Bei der Eintragung sind der Name und der Sitz des Vereins, der Tag der Errichtung der Satzung sowie die Mitglieder des Vorstandes im Vereinsregister anzugeben. Bestimmungen, die den Umfang der Vertretungsmacht des Vorstandes beschränken oder die Beschlußfassung des Vorstandes abweichend von der Vorschrift des § 28 Abs. 1 regeln, sind gleichfalls einzutragen.

65 *Zusatz „e. V."*. Mit der Eintragung erhält der Name des Vereins den Zusatz „eingetragener Verein".

66 *Bekanntmachung.* ¹ Das Amtsgericht hat die Eintragung durch das für seine Bekanntmachungen bestimmte Blatt zu veröffentlichen.

II Die Urschrift der Satzung ist mit der Bescheinigung der Eintragung zu versehen und zurückzugeben. Die Abschrift wird von dem Amtsgerichte beglaubigt und mit den übrigen Schriftstücken aufbewahrt.

1) **Eintragung.** – **a)** § 64 regelt iVm FGG 159, 130 den **Inhalt der Eintragung.** Zwingd erforderl ist die Eintragg von Name u Sitz des Vereins. Fehlen diese zur Individualisierg notw Angaben liegt keine Eintragg im RSinne vor; üi ist § 64 nur OrdngsVorschr. – **b)** Mit der Eintragg beginnt die **Rechtsfähigkeit** des Vereins. Sie besteht bis zur Löschg (Vorbem 2 v § 55) auch dann, wenn die Eintragg in Verletzg zwingdn Rechts erfolgt ist. Der Verein muß den Zusatz „eingetragener Verein" od abgekürzt „eV" führen (§ 65). Ein entspr fremdsprachl Zusatz genügt nicht (KG JW **30**, 3777). Wiederholte Verletzg des § 65 kann für den Handelndn eine RScheinhaftg analog § 54 S 2 begründen. – **c)** **Eintragungen** über den gesetzl **vorgeschriebenen Inhalt** hinaus entspr einem allg Grds des RegR sind uzul (RG **85**, 141, BayObLG **69**, 37, KG JFG **2**, 280, hM). Zu den nach dem Zweck des Ges eintraggsfäh Tats gehört alles, was die satzgsmäß Vertretgsverhältn des Vereins offenlegt (§ 70 Anm 2c). Eintraggsfäh sind daher die Ausgestaltg der Vertretgsmacht bei einem mehrköpfigen Vorstd (s BGH **69**, 253, RG **85**, 141), insbes die Einräumg von Einzelvertretgsmacht od sonst Abweichgen vom MehrhPrinzip (Düss Rpfleger **82**, 477), die Bestellung von bes Vertretern gem § 30 (BayObLG **81**, 77), ausgenommen jedoch der bloßen Haftgsvertreter (§ 30 Anm 3).

2) Die **Bekanntmachung** dch Veröffentlichg (§ 66 II) u dch Mitteilg an den Anmeldden (FGG 159, 130 II) ist RPfl des Ger, berührt aber die Wirksamk der Eintragg nicht. – Gg die Eintragg ist **kein Rechtsmittel,** sond nur der Antr auf Amtslöschg gem FGG 159, 142 zul. RMittel gg Zurückweisg der Anmeldg s § 60 Anm 1.

67 *Änderung des Vorstandes.* ¹ Jede Änderung des Vorstands ist von dem Vorstand zur Eintragung anzumelden. Der Anmeldung ist eine Abschrift der Urkunde über die Änderung beizufügen.

II Die Eintragung gerichtlich bestellter Vorstandsmitglieder erfolgt von Amts wegen.

68 *„Negative Publizität".* Wird zwischen den bisherigen Mitgliedern des Vorstandes und einem Dritten ein Rechtsgeschäft vorgenommen, so kann die Änderung des Vorstandes dem Dritten nur entgegengehalten werden, wenn sie zur Zeit der Vornahme des Rechtsgeschäfts im Vereinsregister eingetragen oder dem Dritten bekannt ist. Ist die Änderung eingetragen, so braucht der Dritte sie nicht gegen sich gelten zu lassen, wenn er sie nicht kennt, seine Unkenntnis auch nicht auf Fahrlässigkeit beruht.

69 *Registerauszug.* Der Nachweis, daß der Vorstand aus den im Register eingetragenen Personen besteht, wird Behörden gegenüber durch ein Zeugnis des Amtsgerichts über die Eintragung geführt.

70 *Beschränkung der Vertretungsmacht; Beschlußfassung.* Die Vorschriften des § 68 gelten auch für Bestimmungen, die den Umfang der Vertretungsmacht des Vorstandes beschränken oder die Beschlußfassung des Vorstandes abweichend von der Vorschrift des § 28 Abs. 1 regeln.

1) Seit der Neufassung des § 67 dch das VereinsG sind nur noch **Änderungen des Vorstands** anmeldepflicht, nicht mehr die Wiederwahl derselben VorstdMitgl. Es genügt die Anmeldg dch den Vorstd in vertretgsberecht Zahl; die Mitwirkg sämtl VorstdMitgl ist nicht erforderl (BGH **96**, 247, BayObLG **81**, 272). Erzwingbark der Anmeldg: § 78, Form: § 77.

2) **Wirkung der Eintragung.** – **a)** Die Eintragg des Vorstd (§ 64), von Beschränkgen seiner Vertretgsmacht (§ 70), von Bestimmgen über seine BeschlFassg (§ 70) u von Ändergen seiner ZusSetzg (§ 67) wirkt nur kundmachd (§ 68). Sie hat keine positive Publizität, schützt also nicht gg eine von Anfang an unricht Eintragg (BayObLG Rpfleger **83**, 74). Das Vereinsregister hat aber nach § 68 iVm § 70 **negative Publizität.** Beschränkgen od Ändergen, die nicht im Register eingetragen sind, können einem Dr nur entgegehalten w, wenn er sie kannte; Kennenmüssen genügt nicht. Umgekehrt muß der Dr eingetragene Beschränkgen u

Ändergen gg sich gelten lassen, es sei denn, daß er sie nicht kennt u nicht kennen muß, etwa weil die Eintragg unmittelb vor Abschluß des RGesch erfolgt ist od der Dr sich einen Registerauszug (s § 69) hat vorlegen lassen. Handelt es sich um Beschränkgen dch Satzgsänderg, wirken sie aber wg § 71 auch ggü einem Bösgläubigen nur iF der Eintragg. – **b) Dritter** iSd § 68 kann auch ein VereinsMitgl sein, so zB wenn der Beitrag an den fr Vorstd gezahlt w. § 68 gilt auch im Proz (Ffm Rpfleger **78**, 134: Zust an eingetr VorstdMitgl), nicht aber, sow es um Maßn gem ZPO 890 geht (Ffm aaO), auch nicht im delikt Bereich (BGH Betr **85**, 1838). Zur **Einberufung** der MitglVersammlg ist der eingetragene Vorstd analog AktG 121 II 2 auch dann befugt, wenn die Bestellg ungült od die Amtszeit abgelaufen ist (KG OLGZ **71**, 481, BayObLG **85**, 26, **88**, 412). – **c)** Beschränkgen der Vertretgsmacht u Bestimmgen, die bei einem mehrköpf Vorstd die Vertretgsbefugn abw von § 28 I regeln, müssen – and als der sonst SatzgsInh – im Register eingetragen w (s BGH **18**, 303). §§ 68, 70 gehen erkennb davon aus, daß Beschränkgen der Vertretgsmacht u ähnl im Register zu verlautbaren sind.

3) Das in § 69 vorgesehene **Legitimationszeugnis** dient der Erleichterg des Verk mit Behörden. Wenn eine PrivPers sich ein derart Zeugn vorlegen läßt, handelt sie idR nicht fahrl iSd § 68 S 2.

71 **Änderungen der Satzung.** ¹ Änderungen der Satzung bedürfen zu ihrer Wirksamkeit der Eintragung in das Vereinsregister. Die Änderung ist von dem Vorstande zur Eintragung anzumelden. Der Anmeldung ist der die Änderung enthaltende Beschluß in Urschrift und Abschrift beizufügen.

II Die Vorschriften der §§ 60 bis 64 und des § 66 Abs. 2 finden entsprechende Anwendung.

1) Eintragung. – a) Die Eintragg ist iF der SatzgsÄnd (§ 33) **konstitutiv**. Solange sie nicht erfolgt ist, hat die SatzgsÄnd im Verhältn zu Dr u zu den Mitgl keine Wirkg (BGH **23**, 128, Köln NJW **64**, 1575). Die Vereinsorgane können bereits vor der Eintragg aufgrd der neuen Satzg Beschlüsse fassen, diese werden aber erst mit Eintr der SatzgsÄnd wirks (RGRK-Steffen Rdn 1). Aufschiebd bedingte od befristete Änd w dch § 71 nicht ausgeschl (Ziegler Rpfleger **84**, 320, str). – **b)** Für die Anmeldg u das **Eintragungsverfahren** gelten die gleichen Regeln wie bei der Ersteintragg (II iVm §§ 60–64, 66 II). Es genügt jedoch die Anmeldg dch den Vorstd in vertretgsberecht Zahl; die Mitwirkg sämtl VorstdMitgl ist nicht erforderl (BGH **96**, 247). Die Anmeldg muß dch den nach der alten Satzg gewählten Vorstd erfolgen; notf ist ein NotVorstd zu bestellen (§ 29); der aufgrd der geänderten Satzg neu gewählte Vorstd ist noch nicht zuständ (Brem NJW **55**, 1925, aA Richert DRiZ **57**, 17). Unzul SatzgsÄnd dürfen nicht eingetragen w (Stgt OLGZ **71**, 465). PrüfgsGgst ist der GesamtInh der Satzg, also auch der unverändert gebliebene Teil (BayObLG **84**, 295), aber nur in den Grenzen von § 58 Anm 1. Dagg ist nicht zu prüfen, ob die Satzg den schuldrechtl Pflten des Vereins, etwa auf Mitwirkg des BetrRats, entspr (LG Augsbg Rpfleger **75**, 87). – **c)** § 71 betrifft SatzgsÄnd des eV. SatzgsÄnd im Gründgstadium (§ 21 Anm 2b) bedürfen keiner bes Anmeldg. Die Einreichg der geänderten Satzg genügt.

2) Hins des **Inhalts der Eintragung** ist zu unterscheiden: **a)** Soweit die Änderg Ggst betrifft, die nach §§ 64, 70 inhaltl im Register zu verlautbaren sind, muß die Eintragg den Inh unzweideut wiedergeben. Das gilt vor allem für Beschränkgen der Vertretgsmacht des Vorstd (BGH **18**, 307, allgM). – **b)** Bei sonst Ändergen genügt es, daß die Eintragg die geänderte Satzgsbestimmg bezeichnet; der allg Vermerk, die Satzg sei geändert, reicht nicht (RG HRR **33**, 1635, MüKo/Reuter Rdn 2, str).

72 **Bescheinigung der Mitgliederzahl.** Der Vorstand hat dem Amtsgericht auf dessen Verlangen jederzeit eine von ihm vollzogene Bescheinigung über die Zahl der Vereinsmitglieder einzureichen.

73 **Entziehung der Rechtsfähigkeit.** Sinkt die Zahl der Vereinsmitglieder unter drei herab, so hat das Amtsgericht auf Antrag des Vorstandes und, wenn der Antrag nicht binnen drei Monaten gestellt wird, von Amts wegen nach Anhörung des Vorstandes dem Vereine die Rechtsfähigkeit zu entziehen.

1) Seit der Änderg des § 72 dch das RVereinsG v 19. 4. 08 braucht die Bescheinigg nur noch die Zahl nicht mehr die Namen der Mitgl anzugeben. Erzwingbark der Verpflichtg: § 78; Bedeutg: §§ 33, 37, 73.

2) § 73 gilt in der Fassg des VereinsG. Die Vfg über die Entziehg der RFgk ist konstitutiv u w gem FGG 160a erst mit der RKraft wirks. Fehlt ein Vorstd, kann das Ger vAw einen Notvorstd bestellen, um die Anhörg u Bekanntmachg der Vfg zu ermöglichen (BayObLG NJW-RR **89**, 766). Nach RKraft der Vfg muß grdsl gem § 47 eine Liquidation stattfinden. Der Wegfall aller Mitgl führt automat zum Erlöschen des Vereins (§ 41 Anm 2a).

74 **Auflösung des Vereins.** ¹ Die Auflösung des Vereins sowie die Entziehung der Rechtsfähigkeit ist in das Vereinsregister einzutragen. Im Falle der Eröffnung des Konkurses unterbleibt die Eintragung.

II Wird der Verein durch Beschluß der Mitgliederversammlung oder durch den Ablauf der für die Dauer des Vereins bestimmten Zeit aufgelöst, so hat der Vorstand die Auflösung zur Eintragung anzumelden. Der Anmeldung ist im ersteren Falle eine Abschrift des Auflösungsbeschlusses beizufügen.

III Wird dem Verein auf Grund des § 43 die Rechtsfähigkeit entzogen, so erfolgt die Eintragung auf Anzeige der zuständigen Behörde.

75 *Eröffnung des Konkurses.* Die Eröffnung des Konkurses ist von Amts wegen einzutragen. Das gleiche gilt von der Aufhebung des Eröffnungsbeschlusses.

76 *Liquidatoren.* ¹ Die Liquidatoren sind in das Vereinsregister einzutragen. Das gleiche gilt von Bestimmungen, welche die Beschlußfassung der Liquidatoren abweichend von der Vorschrift des § 48 Abs. 3 regeln.

II Die Anmeldung hat durch den Vorstand, bei späteren Änderungen durch die Liquidatoren zu erfolgen. Der Anmeldung der durch Beschluß der Mitgliederversammlung bestellten Liquidatoren ist eine Abschrift des Beschlusses, der Anmeldung einer Bestimmung über die Beschlußfassung der Liquidatoren eine Abschrift der die Bestimmung enthaltenden Urkunde beizufügen.

1) § 74 III gilt in der Fassg des VereinsG. – **a)** Die Eintr setzt iF der Selbstauflösg (§ 74 II) eine Anmeldg voraus; sie kann gem § 78 erzwungen w u ist notf von einem vAw zu bestelldenn NotVorstd (§ 29) vorzunehmen (hM). In allen and Fällen erfolgt sie vAw od aufgrd Anzeige der zuständ Beh; iF des Konk ist nicht der Verlust der RFgk (§ 43), sond die Eröffng einzutragen (§ 75). Auch Eröffng u Aufhebg des VerglVerf sind einzutragen (VerglO 108 I 2, 98 III 1). – **b)** Die **Liquidatoren** (§ 76) sind einzutragen wie VorstdMitgl; die Anmeldg hat der Vorstd in vertretgsberecht Anzahl vorzunehmen. Die EintraggsPfl besteht auch bei Identität von Vorstd u Liquidatoren. Gem § 48 II gelten auch §§ 68–70. – **c)** In entspr Anwendg von GmbHG 13 II, AktG 273 I, HGB 157 ist auch die **Beendigung der Liquidation** einzutragen (Böttcher Rpfleger **88**, 175). Die fr herrschde GgAnsicht (Staud-Coing § 74 Rdn 2) kann prakt nicht befriedigen, da mit der Beendigg der Liquidation die RFgk erlischt (§ 52 Anm 3) u diese Tats wg ihrer Bedeutg für den RVerk im Reg verlautbart w muß. Die vermittelnde Ans (LG Hann Rpfleger **67**, 174, Soergel-Hadding Rdn 2), wonach die Beendigg der Liquidation eingetragen w kann, aber nicht muß, ist mit dem allg Grds des RegisterR unvereinb, wonach eintraggsfäh u eintraggspflicht Tats deckgsgleich sind (§ 66 Anm 1c).

77 *Form der Anmeldungen.* Die Anmeldungen zum Vereinsregister sind von den Mitgliedern des Vorstandes sowie von den Liquidatoren mittels öffentlich beglaubigter Erklärung zu bewirken.

1) Abgesehen vom Fall der Erstanmeldg genügt die Anmeldg dch ein vertretgsberecht Mitgl (§ 67 Anm 1). Für die öff Beglaubigg gilt § 129. Auch die Vollm zur Anmeldg bedarf der öff Beglaubigg (KGJ **26** A 232). Nichteinhaltg der Form des § 77 berührt die Wirksamk der Eintragg nicht (Richert NJW **58**, 896).

78 *Zwangsgeld.* ¹ Das Amtsgericht kann die Mitglieder des Vorstandes zur Befolgung der Vorschriften des § 67 Abs. 1, des § 71 Abs. 1, des § 72, des § 74 Abs. 2 und des § 76 durch Festsetzung von Zwangsgeld anhalten.

II In gleicher Weise können die Liquidatoren zur Befolgung der Vorschriften des § 76 angehalten werden.

1) Das GesEinhG hat § 78 S 2 gestrichen; EGStGB 121 hat die Ordngsstrafe dch Zwangsgeld ersetzt. Verfahren: FGG 159, 132–139; zuständ bem RPflG 3 Nr 1a der Rpfleger; Rahmen des Zwangsgeldes nach EGStGB Art 6: 5 DM–1000 DM. Das Zwangsgeld w gg die anmeldpflicht Einzelperson festgesetzt, nicht gg den Vorstd als Organ od gg den Verein (KGJ **26**, A 232, LG Lübeck SchlHA **84**, 115).

79 *Einsicht in Vereinsregister.* Die Einsicht des Vereinsregisters sowie der von dem Vereine bei dem Amtsgericht eingereichten Schriftstücke ist jedem gestattet. Von den Eintragungen kann eine Abschrift gefordert werden; die Abschrift ist auf Verlangen zu beglaubigen.

1) Jedermann kann ohne Nachw eines berecht Interesses Einsicht in das Reg u die eingereichten Schriftstücke sowie RegAbschriften u gem FGG 162 Negativatteste verlangen. UrkAbschriften kann dagg nur verlangen, wer ein berecht Interesse glaubh macht (FGG 34).

II. Stiftungen

Vorbemerkung

Schrifttum: Seifart, Handbuch des StiftgsR, 1987; Stiftgen in der Rspr (StiftRspr) Bd I, 1980, Bd II, 1982.

1) **Stiftung** iSd §§ 80ff ist eine mit RFgk ausgestattete, nicht verbandsmäß organisierte Einrichtg, die einen vom Stifter bestimmten Zweck mit Hilfe eines dazu gewidmeten Vermögens dauernd fördern soll (BayObLG NJW **73**, 249). Wesentl Merkmale sind daher: **a) Stiftungszweck.** Er wird vom Stifter im StiftgsGesch festgesetzt u muß auf Dauer angelegt sein. Der Stiftszweck kann gemeinnütz od privatnütz sein. Die gemeinnütz Stiftg, die dem kulturellen, sozialen od wirtschaftl Wohl der Allgemeinh dient, wird im *Bay* Recht als öffentl Stiftg bezeichnet (s BVerwG DVBl **73**, 795). Hauptanwendgsfall der privatnütz Stiftg ist die FamStiftg (s Anm 3a). – **b) Stiftungsvermögen.** Es ist gleichf ein konstitutives Merkmal der Stiftg. Es kann zeitweise fehlen; bei einem dauernden Wegfall des Stiftsvermögens kann die Gen nach Maßg der LandesstiftgsG (Anm 4a) zurückgenommen w. – **c) Stiftungsorganisation.** Die Stiftg unterscheidet sich dch ihre nicht verbandsmäß Struktur von den and JP des PrivR. Sie hat keine Mitgl, sond

allenfalls Destinatäre (= Empfänger der Stiftgsleistgen). Sie nimmt dch ihren Vorstd (§§ 86, 26) am rechtsgeschäftl Verk teil. Der Vorstd ist an den in der Verfassg der Stiftg objektivierten Willen des Stifters gebunden.

2) Nicht unter §§ 80–88 fallen: **a) Stiftungen des öffentlichen Rechts.** Ob eine Stiftg dem öffR od dem PrivR zuzuordnen ist, entscheidet nicht ihr AufgKreis, sond die Art ihrer Entstehg (BVerfG **15**, 66, Seifart/v Campenhausen § 16 II). Eine Stiftg hat öffrechtl Charakter, wenn sie vom Staat dch Ges od VerwAkt als Stiftg öffR errichtet worden ist. Dazu bedarf es, insb bei Stiftgen aus der Zeit vor 1900, keiner ausdr Deklaration im Entstehgsakt (BayVerfG StiftRspr II 108). Der öffrechtl Charakter der Stiftg kann sich auch aus dem GesZushang der getroffenen Regelg ergeben, insb aus der Eingliederg der Stiftg in das staatl oder kirchl VerwSystem (Prot I 586, BGH WPM **75**, 199). Die Stiftg ist auch dann dem öffR zuzuordnen, wenn sie seit unvordenkl Zeiten wie eine Stiftg des öffR behandelt worden ist. Mögl ist es auch, daß eine auf PrivatRGesch beruhde Stiftg nachträgl dch einen entspr Hoheitsakt in eine Stiftg öffR umgewandelt wird. Die Unterscheidg zw Stiftgen des öffR u des PrivR hat kaum innere Berechtigg, da auch die für privatrechtl Stiftgen maßgebden Normen einen erhebl öffrechtl Einschlag haben. In einigen Ländern sind die Vorschr für Stiftgen des PrivR ganz od zT auch auf öffrechtl Stiftgen anwendb (s *Bay* StiftgsG Art 4; *BaWü* § 1; *Hess* § 2; *RhPf* § 11). – **b) Unselbständige Stiftungen.** Sie haben ein dem Stiftgszweck gewidmetes Vermögen (Hbg NJW-RR **86**, 1305), aber keine eig RPersönlichk. Träger des Stiftgsvermögens ist ein TrHänder, idR, aber nicht notw, eine JP. Der „Stifter" überträgt das Vermögen dch Vertr oder Vfg vTw auf den TrHänder. Dieser verwaltet es entspr dem festgelegten Zweck. Die RBeziehgen der Beteiligten unterstehen dem Schuld- od ErbR (RG **88**, 339, *BaWü* VGH StiftRspr I 12). Die §§ 80 ff sind grdsl unanwendb, jedoch kann § 87 analog herangezogen w (Soergel/Neuhoff Rdn 28, str, aA RG **105**, 305, Seifart/Hof § 36 Rdn 106). Ob eine rechtsf od eine unselbstd Stiftg gewollt ist, ist Frage der Auslegg des StiftgsGesch. Das Wort Stiftg ist mehrdeut, da es für beide Arten von Stiftgen gebraucht w (RG Warn **27**, 155, BayObLG NJW **73**, 249). Eine jur Pers (GmbH, AG, eV), die TrHänder einer unselbstd Stiftg ist, darf dch Wort „Stiftg" in ihrem Namen führen (Stgt NJW **64**, 1231, Strickrodt NJW **64**, 2085). Voraussetzg ist jedoch, daß eine wirks treuhänderische Bindg an den Stiftgszweck besteht (BayObLG NJW **73**, 249). – **c) Sammelvermögen.** Es hat keine eig RPersönlichk. Das gesammelte Vermögen ist idR fiduziarisches Eigtum des Veranstalters der Sammlg (Laux JZ **53**, 214). Mögl ist es aber auch, daß das Vermögen bis zu seiner Verwendg dem Eigtum der Spender bleibt (RG **62**, 391). Das Sammelvermögen hat stiftgsähnl Züge, unterscheidet sich von der unselbstd Stiftg aber dch das Fehlen einer dauerhaften Zwecksetzg. Vgl näher § 1914 Anm 1. – **d) Ersatzformen.** Stiftgsähnl Gebilde gibt es auch in der RForm des eV, der GmbH und der AG (Seifart § 2 VI). Diese dürfen sich „Stiftg" nennen, wenn sie einen dauerhaften Stiftgszweck, eine stiftgsgem Organisation u eine ausr Vermögensausstattg haben (s Stgt NJW **64**, 1231, BayObLG NJW **73**, 249).

3) Sonderformen. – **a)** Eine Unterart der Stiftg ist die **Familienstiftung,** die nach ihrem Zweck ausschließl dem Interesse einer od mehrerer best Fam dient (StiftgsG *Hess* § 21, *NRW* § 2 V, Sorg BB **83**, 1620, Schindler, FamStiftgen, 1974). Die Definitionen in den einz LandesG weichen in Einzelh voneinand ab (Seifart/Pöllath § 14). Für den Fall des Aussterbens kann eine and Verwendg des Vermögens vorgeschrieben sein (KGJ **21** A 214), nicht aber schon nach Ablauf einer best Zeit (KGJ **38** A 98). Das fr pr Recht enthielt für FamStiftgen begünstigde Sonderregelgen (abgeschwächte Stiftgsaufsicht, GenZuständigk des AmtsG). Dagg geht die Tendenz der neuen StiftgsG überwiegd dahin, das Recht der FamStiftgen dem allg StiftgsR anzupassen; zT ist die Staatsaufsicht bei FamStiftgen aber weiterhin eingeschränkt (so zB in *Hess* u *RhPf*). Eine Sonderart der FamStiftg sind die **Fideikommißauflösungsstiftungen,** die im Zuge der Auflösg der Fideikommisse (s EG 59 Anm 1) errichtet worden sind. Für sie gelten, soweit neuere landesgesetzl Normen fehlen, FidErlG 7, 18 u DVO 10ff. Die dch VO vom 17. 5. 40 für alle FamStiftgen eingeführte Pfl, land- u forstwirtschaftl Grdbesitz zu veräußern, ist in mehreren Ländern ausdr aufgeh (s Staud-Coing Rdn 10); in den and Ländern ist sie leerlaufd, da die gesetzte Fr dch BundesG vom 28. 12. 1950 (BGBl 820) „bis auf weiteres" verlängert worden ist. Die von MüKo/Reuter (Rdn 14) vertretene Ansicht, die FamStiftg sei nicht mehr genehmiggsfäh, findet im Ges keine Stütze u ist auch *de lege ferenda* verfehlt (s Seifart ZRP **78**, 144). – **b)** Sonderregeln enthält die Mehrzahl der LandesG für **kirchliche Stiftungen.** Unter diesen Begriff fallen diejenigen Stiftgen, die ausschließl od überwiegd kirchl Aufg erfüllen u von einer kirchl Stelle verwaltet od beaufsichtigt w. Sie unterstehen idR keiner staatl Stiftgsaufsicht u haben in einigen Ländern einen RAnspr auf Erwerb der RFgk (s StiftgsG *BaWü* § 24, *Bay* Art 36, *Hess* § 20, *NRW* § 11). Ähnl behandelt das LandesR die **örtlichen Stiftungen,** deren Zwecke im AufgKreis einer kommunalen Körperschaft liegen u die von dieser Körpersch verwaltet w. Bei diesen Stiftgen tritt die Kommunalaufsicht an die Stelle der Stiftgsaufsicht (s StiftgsG *BaWü* § 31, *Bay* Art 35, *Hess* § 18, *Nds* § 19, *NRW* § 19 III). – **c)** Eine weitere Sonderform ist die **Unternehmensträgerstiftung,** die selbst ein Unternehmen betreibt od auf ein Unternehmen einen beherrschden Einfluß ausübt. Derart Stiftgen sind genehmiggsfäh, kommen aber in der Praxis nur selten vor, da sich die RForm der Stiftg wg der Bindg an den Stifterwillen, der Schwerfälligk der Entscheidgsprozesse u der Probleme bei der Regelg der Vertretg nur wenig als Unternehmensform eignet (s Soergel/Neuhoff Rdn 65ff; Seifart/Pöllath § 13; BGH **84**, 352). Von der Kautelarjurisprudenz wird jedoch neuerdings die **Stiftung & Co KG** als eine attraktive Unternehmensform empfohlen (Hennerkes ua Betr **86**, 2218, 2269, Weimar ua BB **86**, 1999, Weimar ua Betr **88**, 1641, krit K. Schmidt Betr **87**, 261 u jetzt auch Hennerkes Betr **88**, 488).

4) Stiftungsrecht außerhalb des BGB. – a) Die Regelg der §§ 80ff ist lückenh. Ergänzd gilt **Landesrecht;** Alle Länder haben nach 1945 neue StiftgsG erlassen. Maßgebd sind nunmehr: *BaWü* StiftgsG 4. 10. 77 (GVBl 408); *Bay* StiftgsG 26. 11. 54 (GVBl 301), dazu AVO 22. 8. 58 (GVBl 238) u Kommentar von Voll (2. Aufl 1979); *Bln* StiftgsG idF v 10. 11. 76 (GVBl 2599); *Br* StiftgsG v 7. 3. 89 (GVBl 163); *Hbg* AGBGB idF v 1. 7. 58 (BS 40 e); *Hess* StiftgsG 4. 4. 66 (GVBl 77), dazu Kommentar von Rösner (1967); *Nds* StiftgsG 24. 7. 68 (GVBl 119), dazu Kommentar von Siegmund-Schultze-Seifart (1974); *NRW* StiftgsG 21. 6. 77 (GVBl 274); *RhPf* StiftgsG 22. 4. 66 (GVBl 95) idF v 14. 12. 73 (GVBl 417), dazu Kommentar von Kneis

(1976); Saarl StiftgsG 24. 7. 84 (AmtsBl S 889); *SchlH* StiftgsG 13. 7. 72 (GVBl 123), dazu Haecker SchlHAnz **72**, 153. In der etwa 1960 begonnenen **Reformdiskussion** ist der Erlaß eines bundeseinheitl StiftgsG gefordert worden (s Ballerstedt u Salzwedel Gutachten für den 44. DJT; Studienkommission des DJT, Vorschläge 1968). Diese Fdg hat sich nicht dchgesetzt. Die BReg hat aufgrd eines 1977 publizierten Berichts einer interministeriellen ArbGruppe beschlossen, von einer GesInitiative abzusehen, da kein Bedürfn für eine grdlegde Reform bestehe (Seifart ZRP **78**, 144). – **b)** Die landesrechtl geregelte **Stiftungsaufsicht** ist eine reine RAufsicht (BVerwG DVBl **73**, 795; BGH **99**, 349). Die AufsBeh darf nicht ihr Ermessen an die Stelle des Ermessens der Stiftsorgane setzen. Ihre Maßn sind gem VwGO 40 vor dem VerwGer, nicht gem EGGVG 23 vor dem OLG anfechtb (KG OLGZ **81**, 297). Die Aufs dient dem öffentl Interesse, nicht dem einzelner (OVG Lüneb NJW **85**, 1572). Sie hat aber auch den Zweck, die Stiftg vor Schäden zu bewahren. Die Verletzg der Pfl kann daher gem § 839, GG 34 SchadErsAnspr der Stiftg begründen (BGH **68**, 142), der jedoch ggf dch ein mitwirkdes Verschulden des StiftsVorstd beschränkt w. Zur StiftsAufs über kirchl Stiften s Zilles A f kathol KirchenR **81**, 158. – **c) Steuerrecht.** Die Übertragg von Vermögen auf die Stiftg u der Erwerb vTw löst Schenkgs- od ErbschSteuer aus. Gewinne der Stiftg unterliegen der KörperschSteuer, jedoch ist bei gemeinnütz Stiften eine Befreiung mögl (AO 51ff). FamStiftgen unterliegen einer ErbErsSteuer (ErbStG 1 Nr 4), die auf der Grdl eines jeweils im Abstand von 30 Jahren fingierten Erbfalls erhoben w. Wg der Einzelheiten s Seifart/Pöllath §§ 39–43, Flämig Betr **78** Beil 22, Kapp BB **82**, 321, Troll BB **82**, 1663, Sorg BB **83**, 1620. Die ErbErsSteuer ist entgg den in der Lit erhobenen Bedenken nicht verfassgsw (BVerfG NJW **83**, 1841).

80 Entstehung einer rechtsfähigen Stiftung.

Zur Entstehung einer rechtsfähigen Stiftung ist außer dem Stiftungsgeschäfte die Genehmigung des *Bundesstaats* erforderlich, in dessen Gebiete die Stiftung ihren Sitz haben soll. Soll die Stiftung ihren Sitz nicht in einem *Bundesstaate* haben, so ist die Genehmigung des *Bundesrats* erforderlich. Als Sitz der Stiftung gilt, wenn nicht ein anderes bestimmt ist, der Ort, an welchem die Verwaltung geführt wird.

1) Die **Entstehung** der Stiftg setzt voraus: **a)** Ein **Stiftungsgeschäft.** Es kann als RGesch unter Lebden vorgenommen w (§ 81) u ist in diesem Fall, auch wenn es mit vertragl Abreden verbunden ist, eine einseit nicht empfangsbedürft WillErkl (MüKo/Reuter Rdn 3, aA RG **158**, 188). Es kann auch in einer Vfg vTw bestehen (§ 83). Bei einer Mehrzahl von Stiftern ist es mögl, daß das StiftgsGesch für den einen ein RGesch unter Lebden u für den and eine Vfg vTw darstellt (BGH **70**, 322). Es muß erkennen lassen, daß die Errichtg einer selbstd Stiftg gewollt ist (KG OLG **4**, 8). Es muß Bestimmgen über Name, Zweck u Organe der Stiftg enthalten u der Stiftg eine Vermögensausstattg sichern (arg § 82, Weimar/Geitzhaus/Delp BB **86**, 2003, hM). Weitere Anforderungen können sich aus den LandesG (Vorbem 4a) ergeben (s StiftgsG *BaWü* § 6, *Bay* Art 8, *Hess* § 4, *Nds* § 5, *NRW* § 5). Beim StiftgsGesch unter Lebden ist Stellvertretg nicht ausgeschl (Seifart/Hof § 7 Rdn 7). – **b)** Die **Genehmigung.** Sie ist keine privatrechtl WillErkl, sond VerwAkt. Nach den insow maßgebden LandesG (Vorbem 4a) ist idR der Minister zuständ, in einigen Ländern aber auch der RegPräsident. Die Erteilg der Gen steht in pflmäß Ermessen (aA Seifart/Hof § 4: aus dem „GrundR auf Stiftg" ergibt sich ein RAnspr auf Gen). Die Gen wirkt konstitutiv, heilt aber Mängel des StiftgsGesch nicht (BVerwG NJW **69**, 339, BGH **70**, 321). Eine von der zuständ Beh genehmigte Stiftg ist auch bei Mängeln des StiftgsGesch bis zur Rückn der Gen rechtsfäh (MüKo/Reuter Rdn 2); diese wirkt *ex nunc* (s BVerwG aaO). Bis zur Entscheidg über die Gen besteht ein Schwebezustand. Auf die werdde Stiftg sind die Grds entspr anwendb, die für den Vorverein herausgebildet worden sind (Schwinge BB **78**, 527, § 21 Anm 2b). Für sie kann bei Bedarf ein Pfleger bestellt w (KG OLG **24**, 246). – **c) Ausländische Stiftungen**, die nach ihrem HeimatR RFgk erworben haben, sind auch im Inland *ipso jure* rechtsfäh (BayObLG NJW **65**, 1438). Sie bestehen auch bei einer Enteigng im Ausl in Bezug auf ihr inländ Vermögen fort (BGH WPM **66**, 221). Die in § 80 vorgesehene Gen des BMI (s OVG Münst StiftgsRspr I 94, fr BRat) ist nur für solche ausländ Stiftgen erforderl, die nach dem Recht des Sitzstaates nicht rechtsfäh sind (s § 23 Anm 1).

81 Stiftungsgeschäft unter Lebenden; Form; Widerruf.

^I Das Stiftungsgeschäft unter Lebenden bedarf der schriftlichen Form.

^{II} Bis zur Erteilung der Genehmigung ist der Stifter zum Widerrufe berechtigt. Ist die Genehmigung bei der zuständigen Behörde nachgesucht, so kann der Widerruf nur dieser gegenüber erklärt werden. Der Erbe des Stifters ist zum Widerrufe nicht berechtigt, wenn der Stifter das Gesuch bei der zuständigen Behörde eingereicht oder im Falle der notariellen Beurkundung des Stiftungsgeschäfts den Notar bei oder nach der Beurkundung mit der Einreichung betraut hat.

1) Das StiftgsGesch unter Lebden (§ 80 Anm 1a) bedarf der **Schriftform** (s § 126). Einfache Schriftform genügt auch dann, wenn das StiftgsGesch die Übertragg von Grdst vorsieht (MüKo/Reuter Rdn 1, hM).

2) Widerruf. Er richtet sich bei Stiftgen vTw (§ 83) nach den für letztw Verfgen geltdn Regeln. Stiftgen unter Lebden sind gem § 81 II bis zur Gen widerrufl. Der Widerruf ist formfrei. Es genügt jede Hdlg, die den Widerrufswillen nach außen erkennen läßt. Ist der GenAntr gestellt, muß der Widerruf aber gem § 81 II 2 ggü der zuständ Beh erklärt w (amtsempfangsbedürft WillErkl, s § 130 Anm 5). Nach dem Tod des Stifters geht das WiderrufsR grdsl auf seine Erben über (§ 1922), ist aber unter den Voraussetzgen von § 81 II 3 ausgeschl. Bei einer Mehrh von Stiftern macht der Widerruf eines Beteiligten das StiftgsGesch iZw analog § 139 im ganzen unwirks.

82 Übergang des Stiftungsvermögens. Wird die Stiftung genehmigt, so ist der Stifter verpflichtet, das in dem Stiftungsgeschäfte zugesicherte Vermögen auf die Stiftung zu übertragen. Rechte, zu deren Übertragung der Abtretungsvertrag genügt, gehen mit der Genehmigung auf die Stiftung über, sofern nicht aus dem Stiftungsgeschäfte sich ein anderer Wille des Stifters ergibt.

1) Die Stiftg erwirbt dch die Gen neben der RFgk zugl einen Anspr auf Übertragg des vom Stifter zugesicherten Vermögens. Der Erwerb der einz VermögensGgst erfordert grdsl entspr Übertraggsakte, so vor allem bei Grdst (BayObLG NJW-RR **87**, 1418). Fdgen u die unter § 413 fallden Rechte (Urh- u PatentR) gehen aber gem § 82 S 2 *ipso jure* über. Das gilt bei FidKommAuflStiftg für alle VermögensGgst (FidErlDVO 10 II). Hat der Stifter die Stiftg als Erben eingesetzt, erwirbt sie sein Vermögen gem §§ 1922, 84 als GesNachfolger. Obwohl das StiftgsGesch keine Schenkg ist, sind die §§ 519 ff iZw auf die Haftg des Stifters entspr anzuwenden (Soergel-Neuhoff Rdn 2).

83 Stiftung von Todes wegen. Besteht das Stiftungsgeschäft in einer Verfügung von Todes wegen, so hat das Nachlaßgericht die Genehmigung einzuholen, sofern sie nicht von dem Erben oder dem Testamentsvollstrecker nachgesucht wird.

1) Das StiftgsGesch vTw kann in einem Testament, aber auch in einem ErbVertr bestehen (BGH **70**, 322). Es muß – ebso wie das StiftgsGesch unter Lebden – die Verfassg der Stiftg festlegen (§ 80 Anm 1a); die außerdem erforderl Vermögenszuwendg kann dch Erbeinsetzg, Vermächtn od Auflerfolgen (s BayObLG **65**, 80). Die Gen der Stiftg hat der Erbe od TestVollstr zu beantragen; notf ist der Antr vom NachlGer zu stellen. Der Erbe hat (and als iF des § 81) kein WiderrufsR. Mögl ist auch, daß der Erblasser dem Erben die Aufl macht, seinerseits dch RGesch unter Lebden eine Stiftg zu errichten (s KGJ **35** A 222).

84 Genehmigung nach Tod des Stifters. Wird die Stiftung erst nach dem Tode des Stifters genehmigt, so gilt sie für die Zuwendungen des Stifters als schon vor dessen Tode entstanden.

1) § 84 gilt nicht nur für Vfgen vTw, sond auch für Stiftgen unter Lebden, sofern der Stifter vor der Gen stirbt. Er fingiert, daß die Stiftg schon vor dem Tod des Stifters als JP bestand u von ihm (trotz § 1923 I) vTw od dch RGesch unter Lebden Vermögen erwerben konnte. § 84 ist auch auf ausländ Stiftgen anzuwenden (BayObLG NJW **65**, 1438). Er betrifft nur Zuwendgen des Stifters, nicht solche eines Dr. Letztw Vfgen eines Dr zG einer nichtgenehmigten Stiftg sind iZw als Nacherbeinsetzg (§ 2101), uU auch als Vermächtn (§ 2178) aufzufassen.

85 Verfassung. Die Verfassung einer Stiftung wird, soweit sie nicht auf *Reichs*- oder Landesgesetz beruht, durch das Stiftungsgeschäft bestimmt.

1) Verfassung. – a) Sie ist die rechtl GrdOrdng der Stiftg (s § 25 Anm 1, die entspr gilt). Sie wird festgelegt dch (1) zwingdes BundesR, (2) zwingdes LandesR, (3) das StiftgsGesch (§ 80 Anm 1 a), (4) dispositives Bundes- u LandesR. Ob ein allg Grds des StiftgsR dem Bundes- od LandesR zuzurechnen ist, hängt davon ab, ob er sich im bundes- od landesrechtl normierten Teil des StiftgsR herausgebildet hat (s BGH **LM** § 86 Nr 2). Die Verfassg wird nicht nur dch das als Satzg bezeichnete Schriftstück, sond dch den GesInh des StiftgsGesch best (RG **158**, 188). – b) Für die **Auslegung** der Satzg gelten die §§ 133, 157. Maßstab für die Auslegg ist der Wille des Stifters, jedoch nur insow, als er Ggst des GenVerf gewesen ist (RGRK/Steffen Rdn 3). Der Stifter kann die Auslegg unter Ausschluß des RWeges einem StiftgsOrgan oder der AufsBeh übertragen (RG **100**, 234). Die Auslegg der Satzg ist revisibel (BGH NJW **57**, 708, WPM **76**, 869), nicht aber der sonst Inh des StiftgsGesch (BGH **70**, 322). – c) Die idR nach LandesR zul **Satzungsänderung** (s StiftgsG *BaWü* § 6 IV, *Bay* Art 8 II, *Hess* § 9, *Nds* § 7, *NRW* § 12) muß dem erklärten od mutmaßl Willen des Stifters entspr (BGH **99**, 348, s auch § 87). Sie bedarf nur der staatl Gen, wenn das gesetzl vorgesehen ist (KG OLGZ **65**, 338). Etwaige Mängel der Satzgsänderg werden dch die Gen nicht geheilt. Mögl Destinatäre haben bei Satzgsänderngen iZw kein MitwirkgsR (BGH **99**, 350, OVG Lüneburg u VGH Mannh NJW **85**, 1572f).

2) Ob die **Destinatäre** (Genußberecht) einen klagb Anspr auf Stiftgsleistgen haben, hängt von einer Auslegg der Satzg ab (BGH **99**, 352, NJW **57**, 708). Stellt die Satzg für den Kreis der Destinatäre bestimmte obj Kriterien auf u hat die Stiftg bei deren Vorliegen keine Wahlmöglichk, so besteht ein RAnspr (BGH aaO). Dagg ist kein klagb Anspr gegeben, wenn die Stiftg nach ihrem Ermessen auszuwählen hat (BGH aaO) od die Satzg die endgült Entscheid ausdr einem best Stiftgsorgan zuweist (s RG **100**, 234). Bei der Bestimmg der Destinatäre ist der private Stifter nicht an GG 3 gebunden (BGH **70**, 324). Die Bevorzugg männl Abkömmlinge ist daher nicht unzul (BGH aaO). Soweit dch die Satzg od die Entscheidg des zuständ Stiftgsorgans für den Destinatär Anspr entstanden sind, unterliegen diese dem Schutz des Art 14 GG (s RG **121**, 168).

86 Anwendung des Vereinsrechts. Die Vorschriften des § 26, des § 27 Abs. 3 und der §§ 28 bis 31, 42 finden auf Stiftungen entsprechende Anwendung, die Vorschriften des § 27 Abs. 3 und des § 28 Abs. 1 jedoch nur insoweit, als sich nicht aus der Verfassung, insbesondere daraus, daß die Verwaltung der Stiftung von einer öffentlichen Behörde geführt wird, ein anderes ergibt. Die Vorschriften des § 28 Abs. 2 und des § 29 finden auf Stiftungen, deren Verwaltung von einer öffentlichen Behörde geführt wird, keine Anwendung.

1) Nach § 86 sind einzelne Vorschr des **Vereinsrechts** auf die Stiftg entspr anwendb. Ein notw Stiftsorgan ist der Vorstd (§ 26). Der Umfang seiner Vertretgsmacht kann dch die Satzg beschränkt w (§ 26 II 2). Die Beschrkg wirkt grdsl auch ggü gutgl GeschPartnern (aA Seifart/Hof § 9 Rdn 30), uns wg des Fehlens eines bundeseinheitl Stiftsregisters bedenkl Regelg. Auch aus dem Stiftszweck können sich Beschränkgen der Vertretgmacht ergeben (BGH **LM** § 85 Nr 1). Für die GeschFühr des Vorstd gelten die Regeln des AuftrR (§ 27 III), für die Beschlußfassg § 28 I, die Passivvertretg § 28 II, den NotVorstd § 29, den bes Vertreter § 30, die Haftg § 31, die Wirkg der KonkEröffng § 42. Die entspr Anwendg der §§ 27 III, 28 I kann jedoch dch die Satzg abbedungen w. Nach den landesr StiftsGes (Vorbem 4a v § 80) bestehen für best RGesch GenVorb der AufsBeh (Seifart BB **87**, 1889). Bestellg u Abberufg des Vorstd überläßt § 86 der Regelg dch den Landesgesetzgeber u den Stifter. Der aktienrechtl Grds, daß der Widerruf der Bestellg zum Vorstd bis zur rkräft Feststellg des GgTeils wirks ist (AktG 84 III 4), gilt im StiftsgR nicht (BGH **LM** § 85 Nr 2). Zum Vorliegen eines wichtigen Grdes für die Abberufg eines VorstdMitgl s BGH **LM** § 85 Nr 2.

2) Auch privrechtl Stiftgen können, wenn der Stifter dies angeordnet hat, dch eine **öffentliche Behörde** verwaltet w. In diesem Fall gelten statt der §§ 27 III, 28 u 29 die für die VerwFührg der Behörde maßgebden Vorschr des öffR. Dagg sind die §§ 27 III, 28 u 29 anwendb, wenn nach der Satzg nicht die Behörde, sond der BehLeiter od ein BehMitgl als Pers StiftgsVorstd ist (s BGH **LM** § 85 Nr 2).

87 Zweckänderung; Aufhebung.
I Ist die Erfüllung des Stiftungszwecks unmöglich geworden oder gefährdet sie das Gemeinwohl, so kann die zuständige Behörde der Stiftung eine andere Zweckbestimmung geben oder sie aufheben.

II Bei der Umwandlung des Zweckes ist die Absicht des Stifters tunlichst zu berücksichtigen, insbesondere dafür Sorge zu tragen, daß die Erträge des Stiftungsvermögens dem Personenkreise, dem sie zustatten kommen sollten, im Sinne des Stifters tunlichst erhalten bleiben. Der Behörde kann die Verfassung der Stiftung ändern, soweit die Umwandlung des Zweckes es erfordert.

III Vor der Umwandlung des Zweckes und der Änderung der Verfassung soll der Vorstand der Stiftung gehört werden.

1) Eingreifen der Stiftungsaufsicht. – a) Nach § 87 setzen ein Unmöglichwerden des Stiftszwecks od eine Gefährdg des Gemeinwohls voraus. Die Unmöglichk kann auf tatsächl oder rechtl Gründen beruhen. Sie ist auch anzunehmen, wenn das Stiftsvermögen endgült wegfällt od so sehr schrumpft, daß die Stiftg nicht mehr lebensfäh ist (Gutzschebauch BB **49**, 119). Eine Gefährdg des Gemeinwohls liegt vor, wenn das Stiftszweck nachträgl in Widerspr zu StrafGes oder zu GrdEntsch der R- od VerfassgsOrdng gerät. – **b)** Soweit das LandesR eine Satzgsänderg gestattet (§ 85 Anm 1a), sind Maßn gem § 87 nur zul, wenn eine „normale" Satzgsänderg nicht dchführb od zur Wiederherstellg einer funktionstücht Stiftg nicht geeignet ist. Bei der **Umwandlung**, dh der Änderg des Stiftgszwecks, ist der Wille des Stifters zu berücksichtigen (II); dabei können neben dem StiftgsGesch auch and Willensäußergen des Stifters herangezogen w (Staud-Coing Rdn 9). Die **Aufhebung** ist mit Rücks auf den Grds der Verhältnismäßigk nur zul, wenn eine Umwandlg nicht mögl od nicht ausr ist (Seifart/Hof § 12 IV 1). Die in III vorgesehene Anhörg des Vorstd hat im Hinblick auf VwVfG 28 auch zu erfolgen, kann aber nicht die Stiftg aufgehoben w soll. Welche Behörde zuständ ist, bestimmt das LandesR (Vorbem 4a v § 80). Gg die Entsch ist die AnfKl nach der VwGO zul, die aufschiebde Wirkg hat. Zur Anwendg des § 87 auf unselbstd Stiftgn s Vorbem 2b v § 80.

2) Weitere **Auflösungsgründe** sind: KonkEröffng (§§ 86, 42); Aufhebg nach LandesR (s Vorbem 4a v § 80); Aufhebg nach FidErlDVO 18ff; Eintritt einer auflösden Bdgg oder eines Endtermins; Widerruf einer widerrufl erteilten Gen (VwVfG 49). Keine Erlöschensgründe sind: Verlust des Vermögens (s aber Anm 1a), mißbräuchl Verwendg des Stiftsvermögens (BGH WPM **66**, 221), Eröffng des VerglVerf (s VerglO 108).

88 Vermögensanfall.
Mit dem Erlöschen der Stiftung fällt das Vermögen an die in der Verfassung bestimmten Personen. Die Vorschriften der §§ 46 bis 53 finden entsprechende Anwendung.

1) § 88 gilt für alle Fälle der Auflösg der Stiftg (§ 87 Anm 1 u 2). Der AnfallBerecht (§ 47 Anm 2) wird dch das StiftgsGesch, subsidiär dch das LandesR best, das idR den Fiskus, bei örtl Stiftgn die Gem u bei kirchl Stiftgn die Kirche beruft (StiftsG BaWü §§ 15, 31, Bay Art 20, Hess § 23, Nds § 9, NRW § 15). Bei einer gemischten Stiftg (Küster-Lehrerpfründe) können Kirche u Staat je zur Hälfte berecht sein (RG **133**, 75). Soweit das Stiftsvermögen an den Fiskus fällt, findet entspr § 46 eine GesRNachfolge statt; in and Fällen muß nach §§ 47–53 eine Liquidation dchgeführt w (s dort).

III. Juristische Personen des öffentlichen Rechtes

Vorbemerkung

1) Vgl zunächst Einf 3a v § 21. – **a)** In Übereinstimmg mit der Terminologie des VerwR unterscheidet § 89 drei Arten von JP des öffR: Die **Körperschaft** öffR ist ein mitgliedschaftl organisierter rechtsfäh Verband des öffR (Endrös RiW **83**, 104). Die **Anstalt** öffR ist ein mit eig RPersönlichk ausgestatteter Bestand von persönl u sachl Mitteln, die einem bes Zweck öff Verw dauernd zu dienen bestimmt ist (Berg

NJW 85, 2294). Die **Stiftung** öffR ist eine einem öff Zweck gewidmete Vermögensmasse, der die Eigensch einer JP des öffR verliehen worden ist (s Vorbem 2a v § 80). **Fiskus** ist die Bezeichng für den Staat in seinen privrechtl Beziehgen. Die einz fiskalischen Stellen (*stationes fisci,* Behörden) haben keine RPersönlichk. Abreden zw Behörden ders JP des öffR sind reine Interna der Verw ohne zivilrechtl Verbindlichk. – **b) Einzelfälle.** JP des öffR sind: **aa) Gebietskörperschaften,** so der Staat, die Gemeinden u Gemeindeverbände (Kreise, Ämter); – **bb) Kammern,** so die Ind- u Handelskammern (Ges v 18. 12. 56 § 3), Handw-Kammern (HandwO 90), LandwirtschKammern, RA-Kammern (BRAO 176), Notarkammern (BNotO 77), Ärzte- u Apothekerkammern, HandwInnungen (HandwO 53); – **cc) Universitäten** u **Rundfunkanstalten** nach Maßg des LandesR; – **dd) Träger der Sozialversicherung,** wie Krankenkassen, Berufsgenossensch, LVA u BfA; – **ee)** bestimmte **Kreditinstitute,** so die Deutsche Bundesbank, die Landeszentralbkn, die öff Sparkassen; – **ff)** Wasser- u Bodenverbände, Haubergsgenossensch (VerfGHRhPfl VerwRspr **51,** 141), Jagdgenossensch (Celle NJW **55,** 834); ForstBetrVerbände (Ges v 1. 9. 69, BGBl **69,** 1543), das Bay Rote Kreuz (Bay VerfGH **AP** § 611 Rotes Kreuz Nr 1); – **gg) Religionsgemeinschaften** (GG 140, WRV 137 V), so die EKD, ihre Landeskirchen (RG **118** Anhang 6) u Gemeinden (RG **62,** 359, Hbg MDR **52,** 175), die katholische GesKirche (Soergel/Hadding Rdn 17), ihre Bistümer u Gemeinden (RG **38,** 326, **62,** 359, **118,** 27, **136,** 3), Anstalten, Stiftgen u Sondervermögen nach Maßg des Reichskonkordats v 20. 7. 33 Art 13, das auch heute noch gilt (BVerfG **6,** 334); – **hh) internationale juristische Personen,** so die UNO u ihre Unterorganisationen (VO v 16. 6. 70, BGBl II 669), die EG, die Europäische Investitionsbank, Eurocontrol, die Nato u Shape (BGBl II **69,** 2005). – **ii) Bundespost** u **Bundesbahn** haben keine eig RPersönlichk; sie sind keine JP, sond Sondervermögen des Bundes (PostVerwG 4, BBahnG 1, BGBl **51,** 955).

2) Die grundlegden RVorschr für JP des öffR, insb über Organisation, Zweck, Umfang der RFgk, Organe u Vertretg gehören dem öffR an. Das BGB setzt sie voraus. Seine delikt SchutzVorschr, einschl der Vorschr über den Ehrenschutz, erstrecken sich auch auf JP des öffR (BGH NJW **83,** 1183). Sonderregelgen enthält es nur für die **Haftung** (§ 89 I) u den Verlust der RFgk dch **Konkurs** (§ 89 II). Im übrigen gelten die Normen des öffR, nicht die §§ 21ff. Der Umfang der RFgk der JP des öffR ist zweckbegrenzt. Gesch außerh des Rahmens ihrer Zweckbestimmg sind nichtig (BGH **20,** 123, Einf 5c v § 21).

89 *Haftung für Organe; Konkurs.*
I Die Vorschrift des § 31 findet auf den Fiskus sowie auf die Körperschaften, Stiftungen und Anstalten des öffentlichen Rechtes entsprechende Anwendung.

II Das gleiche gilt, soweit bei Körperschaften, Stiftungen und Anstalten des öffentlichen Rechtes der Konkurs zulässig ist, von der Vorschrift des § 42 Abs. 2.

1) Die JP des öffR ist nach **I** für den Schaden verantwortl, den ihre verfassgsmäß Vertreter dch eine zum SchadErs verpflichtde Hdlg verursacht haben. Die Voraussetzgen u Grdl der Haftg sind die gleichen wie in § 31 (s dort). §§ 89, 31 gelten aber nur für Handeln im **privaten Rechtsverkehr.** Bei hoheitl Handeln ist § 839 iVm GG 34 HaftgsGrdl, bei schuldrechtsähnl Sonderverbindgen ferner eine entspr Anwendg der §§ 276, 278 (§ 276 Anm 8). Umgekehrt ist die Anwendg von GG 34, § 839 ausgeschl, wenn der Bedienstete im privrechtl AufgKreis der JP des öffR tät geworden ist (RG **147,** 278). Die Abgrenzg zw privatrechtl u hoheitl Tätigk ist bei § 839 dargestellt (s dort vor allem Anm 3b, ferner Einf 7 v § 305). Bei der **Verkehrssicherungspflicht** kann die Körpersch wählen, ob sie ihrer Verpfl privrechtl als Fiskus od hoheitsrechtl als Träger öff Gewalt genügen will (§ 823 Anm 8 B Straßen). Aus dem Nebeneinander von öffrechtl u privrechtl Haftungsnormen ergibt sich folgdes **Haftungsschema** (s RG **162,** 161):

A) Die öffrechtl **Körperschaft** haftet: **a)** bei **hoheitlichem Handeln,** gleichgült ob ein Beamter od ein sonst Bediensteter tät geworden ist, aus § 839 iVm GG 34 (s aber B a); bei schuldrechtsähnl Sonderverbindg daneben aus einer entspr Anwendg der §§ 276, 278 (§ 276 Anm 8); bei enteignungsgleichem Eingriff zugl aus GG 14 (§ 903 Anm 5); – **b)** bei **privatem Handeln** für verfassgsmäß Vertreter aus §§ 89, 31 iVm der maßgebden AnsprGrdl (VertrVerletzg, c. i. c., unerl Hdlg); für and Pers bei vertragl Versch od c. i. c. aus § 278, bei unerl Hdlg aus § 831. – **B)** Der **Handelnde** haftet: **a)** bei **hoheitlichem Handeln** idR nicht, da die Haftg der Körpersch (GG 34) die persönl Haftg ausschließt; der Handelnde haftet jedoch, wenn die Staatshaftg, wie uU ggü Ausländern u bei Gebührenbeamten, ausgeschl ist (§ 839 Anm 2 A a); – **b)** bei **privatem Handeln:** bei vertragl Versch od c. i. c. idR nicht, da die Körpersch allein berecht u verpflichtet ist; bei unerl Hdlg: der Beamte im staatsrechtl Sinn nur aus § 839 (BGH **34,** 104, NJW **74,** 1424); seine Haftg ist daher gem § 839 I 2 ausgeschl, wenn entspr A b ein Anspr gg die Körpersch besteht (BGH **85,** 395, NJW **86,** 2883, § 839 Anm 2 C); der Nichtbeamte haftet aus § 823 ff.

2) **Verfassungsmäßig berufener Vertreter.** – **a)** Der Begriff ist bei JP des öffR ebso wie im unmittelb Anwendgsbereich des § 31 weit auszulegen (s § 31 Anm 2b). Er erfaßt alle Pers, denen dch die **Organisationsnormen** der JP best Aufgaben zur eigenverantwortl Erledigg übertr sind (RG **157,** 237; HRR **40,** 1389). Bedienstete einer JP können aber auch dann unter die §§ 31, 30 fallen, wenn ihre RStellg keine derart „satzgsmäß" Grdl hat (BGH NJW **72,** 334). Es genügt, daß dem Vertreter dch die allg BetrRegelg u Handhabg bedeuts wesensmäß Funktionen zur selbstd Erf zugewiesen sind u er die JP auf diese Weise **repräsentiert** (BGH aaO, § 31 Anm 2). Rgeschäftl VertrMacht ist nicht erforderl (BGH aaO). Auch Weisgsgebundenh im InnenVerh steht der Anwendg der §§ 31, 30 nicht entgg, sofern der Vertreter nach außen selbstd auftritt (BGH NJW **77,** 2260). Als Vertreter iS der §§ 31, 30 kann daher uU auch ein Sachbearbeiter anzusehen sein (RG **162,** 167). Soweit ein Beamter teils selbstd, teils unselbstd handelt, ist er im Rahmen der ersten Tätigk verfassgsm Vertreter, im Rahmen der zweiten nicht (vgl RG **131,** 355). Die von der Rspr entwickelte Lehre vom **Organisationsmangel** (§ 31 Anm 2c) gilt auch im Rahmen des § 89. Danach ist die JP verpflichtet, ihren TätigkBereich so zu organisieren, daß für alle wicht AufgGebiete ein verfassgsmäß Vertreter zuständig ist, der die wesentl Entsch selbst trifft. Entspr die Organisation diesen

Anfordergen nicht, muß sich die JP so behandeln lassen als wäre der tät gewordene Bedienstete ein verfassgsmäß Vertreter (RG **157**, 235, BGH **24**, 213, VersR **65**, 1055).

b) Einzelfälle aus der nicht immer einheitl Rechtsprechg (ja = verfassgsm Vertreter, nein = kein verfassgsm Vertreter; s auch § 31 Anm 2e): **Eisenbahn:** Leiter der Eisenbahndirektion ja (RG LZ **16**, 221); Bahnhofsvorsteher der Reichsbahn ja (RG **121**, 386); Vorsteher Bahnhofs III. Klasse der Bundesbahn ja (Neust VersR **56**, 631); Fahrdienstleiter nein (Köln DR **40**, 1945, vgl auch RG **161**, 341). – **Forstverwaltung:** Oberförster (jetzt Forstmeister) ja (BGH VersR **65**, 1055); Forstoberinspektor, der das Fällen eines Baumes leitet, ja (Ffm VRS **56** Nr 43). – **Gemeinde:** Bürgermeister ja (BGH NJW **80**, 115); Stadtdirektor ja, SparkassenVorstd ja (RG **131**, 247); Stadtbaurat als MagistratsMitgl ja (RG JW **11**, 939); Stadtbaurat, Baudeputation ja, Bauinspektor nein (Schlesw SchlHA **54**, 186); Straßenbahndirektor, Schlachthausdirektor heute wohl ja (entgg RG JW **11**, 640 u LZ **22**, 616) – **Justiz:** OLG-Präs ja sein richterl Referent für Bausachen bzgl Gerichtsgebäude ja (Hbg MDR **54**, 355); Vorstdsbeamte des Landgerichts bzgl Gerichtsgebäude ja (RG DJZ **05**, 699); aufsichtsführder Amtsrichter ja (RG Gruch **49**, 635). – **Kirchengemeinde:** Pfarrer ja (KG JW **38**, 1253). – **Krankenhaus:** Stationsarzt nein (Bambg NJW **59**, 816); Chefarzt ja (BGH NJW **72**, 334), u zwar auch dann, wenn er gesondert berechnete Leistgen erbringt (BGH **95**, 67; Düss VersR **84**, 448); Direktor der Uniklinik ja (LG Kln VersR **75**, 458); Chefarzt einer organisator unselbstd Klinik u sein Vertreter, ja, sofern sie im medizin Bereich völlig weisgsfrei arbeiten (BGH **77**, 74, **101**, 218). Das gilt auch dann, wenn formell eine tats nicht ausgeübte Fachaufsicht vorgesehen ist (BGH **77**, 79). – **Kreis** (Landkreis): Landrat, ja in seiner Eigensch als Kreisbeamter (früher Kreisausschußvorsitzender); soweit er staatl Funktionen ausübt, ist er verfassgsm berufener Vertreter des Landes. – **Post:** Vorsteher des Postamts ja (vgl RG JW **13**, 923); eines Zweigpostamts nein (Darmst Recht **41**, 2321); OberpostInsp ja (RG Recht **14**, 1651); Sachbearbeiter einer Oberpostdirektion uU ja (RG **162**, 129). – **Schule:** Gymnasialdirektor (jetzt Oberstudiendirektor) bzgl Gebäude ja (vgl RG JW **06**, 427), nicht Schuldiener. – **Sparkasse:** § 31 Anm 2e. – **Staatsbank:** Mitglieder der Generaldirektion ja (RG **157**, 237). – **Staatseigener Gewerbebetrieb:** Generaldirektor ja (RG DR **42**, 1703). – **Straßenverwaltung:** Vorstände der Straßenbauämter ja (BGH **6**, 197); Straßenmeister in Bayern ja (BayObLG **55**, 94); Straßenbaumeister als örtl Bauleiter ja (Karlsr VerkBl **59**, 550). – **Wasserstraßenverwaltung:** Vorstand des Wasserbauamts ja (RG Recht **35**, 3622 a; Köln MDR NJW **51**, 845, vgl auch Hbg MDR **53**, 168); Oberschleusenmeister ja (Celle VersR **61**, 1143). – Für von der **Besatzungsmacht** eingesetzte Beamte u eingerichtete deutsche Dienststellen haftete die betr Körpersch (vgl OGH NJW **49**, 183, Schlesw NJW **49**, 863, BGH DRiZ **51**, 234).

3) Der in II nicht erwähnte Fiskus ist nicht konkursfäh. Für die übrigen JP des öffR gilt grdsl KO 213, gem EGKOÄndG v 17. 5. 98 IV kann der Landesgesetzgeber die Zulässigk des Konk aber ausschließen. Das ist hins der Gemeinden u Kreise in allen Ländern geschehen. Die Befugn der Länder zum Ausschl des Konk besteht trotz des Ges vom 20. 8. 53 (BGBl 952) weiter (BVerfG NJW **82**, 2859, ZIP **84**, 344); von ihr haben inzw fast alle Länder umfassd Gebrauch gemacht, um ihre JP des öffR von der ZahlgsPfl gem KonkAusfgG freizustellen. Soweit JP des öffR konkursfäh sind, ist § 42 II gem II entspr anwendb.

Zweiter Abschnitt. Sachen

Überblick

1) Währd ältere Ges wie zB ZPO 265 u ausl ROrdngen unter **Sachen** alle RObjekte verstehen, geht das BGB von einem engeren SachBegr aus. Nach der Legaldefinition des § 90 sind Sachen körperl Ggst (näher § 90 Anm 1) u damit eine best Unterart der Ggst. Diesen Sprachgebrauch hält das BGB aber nur im SachenR strikt ein. In Normen außerh des 3. Buches fallen unter den SachBegr uU auch nicht körperl Ggst, so etwa in §§ 119 II u 459.

2) Der OberBegr **Gegenstände** w vom Ges nicht definiert. Er w in den §§ 135, 161, 185, 747, 816, 2040 im ZusHang mit Vfgen verwandt, in den §§ 256, 260, 273, 292, 504, 581, 2374 im ZusHang mit schuldr Verpfl. Ggst ist alles, was Objekt von Rechten sein kann. Dazu gehören außer den Sachen Fdgen, ImmaterialgüterR sonstige VermögensR, nicht dagg forstbezogene Persönlichk-, Fam- u unselbstd GestaltgsR wie Anf- u KündR (Soergel-Mühl Rdn 2). Ggst von schuldr Verpfl können darüber hinaus alle sonst VermögensBestandt sein, so etwa Gesch, Praxen, Zeitgstitel u techn beherrschb Energien (MüKo/Holch § 90 Rdn 2), auch die Bsp in § 292 Anm 2).

3) Arten der Sachen. – a) Bewegliche und unbewegliche. Beweglich sind alle Sachen, die nicht Grdst, den Grdst gleichgestellt od GrdstBestandt sind (RG **55**, 284, **87**, 51). Sachen, die nur vorübergehd mit dem Grd u Boden verbunden worden sind (§ 95), gehören dazu (RG **55**, 284), ebso gelbsl Schiffe u Luftfahrzeuge, die jedoch nach dem SchRG u dem LuftRG teilw ähnl wie Grdst behandelt w. **Unbeweglich** sind Grdst, dh abgegrenzte Teile der Erdoberfläche, die im Bestandsverzeich eines GBBlattes unter einer bes Nr eingetragen od gem GBO 3 III gebucht sind (Oldbg Rpfleger **77**, 22, Übbl 1 v § 873), sowie deren Bestandt. Auch nicht wesentl Bestandt eines Grdst verlieren für die Dauer der Verbindg die Eigensch der bewgl Sache (RG **158**, 369). Den Grdst rechtl gleichgestellt sind das ErbbR (ErbbRVO 11 I 1), das WoEigt (WEG 1, 3, 7) u die nach LandesR (EG 63, 67) als ImmobiliarR ausgestalteten Rechte. – **b) Vertretbare** u **nicht vertretbare**, s § 91. – **c) Verbrauchbare** u **nicht verbrauchbare**, s § 92. – **d) Teilbare** u **unteilbare**. Teilb ist eine Sache, die sich ohne Wertmindrg in gleichart Teile zerlegen läßt (§ 752 S 1). Diese Unterscheidg ist insb für Auseinandersetzgen bedeuts. – **e) Einzelsachen** u **Sachgesamtheiten**. Einzelsache kann eine natürl Einh (RG **69**, 119) sein, zB ein Tier, Stein od Getreidekorn. Eine Sache liegt aber auch dann vor, wenn eine natürl Mehrh von Sachen von der VerkAnschauung als ein bes bezeichneter u bewerteter einheitl körperl Ggst angesehen w (RG **87**, 45, BGH **102**, 149), so zB ein Getreide- od Sandhaufen. Eine einheitl Sache ist auch die zusammengesetzte Sache, in der mehrere fr selbstd Sachen derart aufgegangen sind, daß sie als Bestandt ihre Selbstdgk verloren h (RG 69, 119, 87, 45, BGH 18, 227). Eine einzige zusammengesetzte Sache kann nur dann angenommen w, wenn das Ganze sich nach natürl Anschauung als eine Einh darstellt; das kann auch bei einer nur losen, leicht lösb Verbindg der Teile der Fall sein (RG 87, 45, s auch § 93 Anm 2). Im Unterschied dazu bestehen **Sachgesamtheiten** od Sachinbegriffe aus mehreren selbstd Sachen (RG 87, 45, BGH 18, 228), die aus rein prakt Grden im Verk unter einer einh Bezeichnung zusammengefaßt w. Bsp sind Inventar, Warenlager, Briefmarkensammlg, Giro-Sammelbestand von Wertpapieren gem DepG 5ff (Kümpel WPM 80, 424), der UrkBestand eines Archivs (BGH 76, 219). Die Sachgesamth kann Objekt von schuldr Verpfl sein. Sie ist auch schadensr in der Weise zu berücksichtigen, daß der Schädiger den zu ihrer ordngsgemäß Wiederherstellg erforderl Aufwand zu tragen h (BGH 76, 219). Objekt von Vfg können aber nur die Einzelsachen sein, aus denen sich die Sachgesamth zussetzt (BGH aaO). – f) **Hauptsachen** u **Nebensachen**. Ob mehrere selbstd Sachen im Verh zueinander als Haupt- u Nebensache anzusehen sind, kann in versch Weise rechtl von Bedeutg sein. Nur eine Nebensache kann Zubehör (§ 97) sein; s ferner für die Wandelg § 470, für den WerkliefergsVertr § 651 II, für den EigtErwerb dch Verbindg § 947 II. Entscheidd für die Abgrenzg ist der Wille der Beteiligten, iF des § 947 II die VerkAnschauung.

4) Sachen, die dem **Verkehr entzogen** sind *(res extra commercium)*. Sachen können dem Verk wg ihrer natürl Beschaffenh (s a) oder aus Rechtsgrden (s b–d) ganz od teilw entzogen sein; im zweiten Falle handelt es sich um sog **öffentliche Sachen,** die unmittelb dem Gemeinwohl od den eig Bedürfnissen der Verw zu dienen best sind. An öff Sachen kann dch LandesR öff Eigt geschaffen w, für das die Vorschr des BGB nicht gelten (BVerfG NJW 76, 1836, BVerwG 27, 132).

a) Allgemeingüter *(res communes omnium)* wie freie Luft, fließdes Wasser, Meer sind ihrer natürl Beschaffenh nach der Beherrschg dch Menschen unzugängl u daher nicht fäh, Objekt von Rechten zu sein; mangels Abgrenzbark (s § 90 Anm 1) sind sie keine Sachen iS des BGB. Sache ist nur das, was dch den Menschen aus dem betr Allgemeingut entnommen w, wie zB geschöpftes Wasser. PrivR können am Wasserlauf, nicht dagg am fließden Wasser selbst begründet w, vgl die landesr Wassergesetze (EG 65). Von der Luft zu unterscheiden ist der Raum über der GrdstOberfläche, auf den sich nach § 905 S 1 das Recht des GrdstEigtümers erstreckt.

b) Religiöse Zweckbestimmung und vergleichbare Fälle. – aa) Dem **Gottesdienst** gewidmete Sachen *(res sacrae)* wie Kirchengebäude u kirchl Gerätsch sind idR öff Sachen (BayObLG 67, 98, Schlink NVwZ 87, 633). An ihnen können privatr Eigt (BayObLG 67, 98f) u sonst PrivR bestehen (RG 109, 367 für kirchl Gerätsch), doch sind sie dch Widmg für Zwecke des Kultus dem priv RVerk weitgeh entzogen (BayObLG 67, 98f). Der Eigtümer kann sie grdsl auch dann nicht herausverlangen, wenn er sich bei der Zust zur Widmg eine and Verwendg vorbehalten hat (BayObLG 80, 386). – **bb)** Ähnl zu beurteilen sind die **Bestattungszwecken** gewidmeten Sachen *(res religiosae)*, wie Friedhöfe (s BGH 25, 200, NJW 77, 244, BVerwG 25, 365), Grabdenkmäler u alles, was nach Sitte, ReligionsGebr u Herkommen der Würde der Bestattg dient (RG 100, 214). Grabdenkmäler können Ggst von priv Rechten sein (aA LG Kblz NJW 56, 949, das ein Grabmal als eine dem Verk entzogene Sache ansieht u für dessen Zerstörg nicht einmal SchadErs zuspricht, dagg mit Recht Faber u Ganschezian-Finck NJW 56, 1480). Da sie in die Zweckbestimmg des Friedhofs einbezogen sind, sind sie aber idR nicht pfändb (aA LG Wiesbaden NJW-RR 89, 575, s auch ZPO 811 Nr 13); nur der Hersteller darf wg seines WkLohnAnspr pfänden (AG Miesbach MDR 83, 499). Auch hier gilt iü LandesR (s EG 133). – **cc)** Umstr ist die rechtl Einordng der menschl **Leiche** u ihrer Bestandt. Soweit sie, wie Heiligenreliquien, kult Verehrg genießt, ist sie eine dem Gottesdienst gewidmete Sache u unterliegt den für diese geltden Regeln. Ist od war sie Ggst einer Bestattg, bestehen ähnl Beschränkgen wie bei den Bestattgszwecken gewidmeten Ggst. Sie ist eine Sache (str), steht aber in niemandes Eigt (RGSt 64, 314f; Kallmann FamRZ 69, 578; Zimmermann NJW 79, 570; aM Brunner NJW 53, 1173, der Eigtum der Erben annimmt); sie gehört daher nicht zum ErblVerm (§ 1922 Anm 4b). Den nächsten FamAngeh stehen gewohnheitsr die Befugnisse zu, die zur Wahrnehmg der TotenFürs nöt sind (RGSt 64, 315, Zimmermann NJW 79, 571, MüKo/Holch § 90 Rdn 23; s ferner § 823 Anm 14 B e u § 1968 Anm 2a). Mit der Leiche fest verbundene künstl Körperteile wie etwa Goldplomben u Herzschrittmacher teilen das Schicksal der Leiche für die Zeit der Verbindg (§ 90 Anm 2). Sie können, da sie niemands Eigt sind, nicht Objekt eines Diebstahls sein. Das ausschl AneignsR steht den Erben zu; seine Ausübg darf jedoch nicht die mit der TotenFürs zusammenhängden Rechte der nächsten Angeh verletzen (LG Mainz MedR 84, 200, § 1922 Anm 4b; aM Dotterweich JR 53, 174, der jedermann ein AneignsR zuspricht, u Kallmann FamRZ 69, 578, der ein AneignsR der Angeh annimmt). Als normale dem RVerk zugängl Sachen sind Leichen u deren Bestandt anzusehen, soweit u solange sie in befugter Weise zu medizin od sonst wissenschaftl Zwecken verwendet w (§ 823 Anm 14 B e u § 1922 Anm 4b). Das gleiche gilt für Leichen u Leichenteile, die aus best Grden, insb wg Zeitablaufs, einem Pietätsgefühl nicht mehr zugängl sind, wie zB steinzeitl Skelettfunde (MüKo/Holch § 90 Rdn 24).

c) Die dem **Gemeingebrauch** gewidmeten Sachen *(res publicae)* wie öff Wege, Brücken, Flüsse, Meeresstrand können in privatr Eigt stehen (aM für den Meeresstrand LG Kiel SchlHA 75, 86). Meist sind sie Eigt öffrechtl Körpersch, gelegentl auch von Privaten. Das privatr Eigt w aber dch die öff ZweckBest beschr u seines wesentl Inhalts entkleidet. Vgl näher zum Gemeingebrauch § 903 Anm 5.

d) Sachen, die zum **Verwaltungsvermögen** gehören, dienen der öff Verw unmittelb dch ihren Gebr, wie zB Schulen, Behördengebäude, Kasernen. Sie sind dem Verk insow entzogen, als ihre ZweckBest es erfordert (BGH 33, 230). Im Ggs dazu dienen Sachen des **Finanzvermögens** nur mittelb der öff Verw, näml dch ihren VermWert od ihre Erträge. Sie unterstehen daher in vollem Umfang den Regeln des PrivR. Zu beachten sind jedoch die Sondervorschriften, die für die ZwVollstr gg öff-rechtl Körpersch, Anstalten u Stiftgen (ZPO 882a) sowie gg Gemeinden (EGZPO 15 Nr 3) gelten.

90 Begriff. Sachen im Sinne des Gesetzes sind nur körperliche Gegenstände.

1) Allgemeines. Körperliche Ggst, auf die das BGB den SachBegr beschr (Übbl 1 v § 90), müssen im Raume **abgrenzbar** sein, entweder dch eig körperl Begrenzg, dch Fassg in einem Behältn od dch sonst künstl Mittel wie Grenzsteine od Einzeichng in Karten. Daher sind die Allgemeingüter, wie freie Luft u fließdes Wasser (Übbl 4a v § 90), keine Sachen (RGRK-Kregel Rdn 12). Auch beim Grundwasser u Schnee fehlt die erforderl Begrenzg. Langlaufloipen sind gleichf keine Sachen (MüKo/Holch Rdn 7, offen BGH NJW-RR **89**, 673). Dagg fallen Tiere unter den SachBegr (krit Pütz ZRP **89**, 171). Das in Vorbereitg befindl Ges zur Verbesserg der RStellg des Tieres (BR Drs 380/89) soll diese unter den Schutz der Ges stellen, will u kann aber nichts daran ändern, daß die für Sachen gelten RVorschr auch auf Tiere anzuwenden sind. Sachen können fest, flüss od gasförm sein. Nicht alles sinnl Wahrnehmb ist Sache; maßg für die Beurteilg, ob ein körperl Ggst anzunehmen ist, ist in erster Linie die VerkAnschauung, nicht hingg der letzte Stand der physikal Wissensch. Keine Sache ist daher das Licht, ebenf nicht die elektr Energie (RG **86**, 14, MüKo/Holch Rdn 5), wohl aber das Computerprogramm (Stgt NJW **89**, 2635, König NJW **89**, 2604). Die „Kundschaft" ist keine Sache, sond ein immat Gut (Nürnb MDR **79**, 144). Der GewerbeBetr ist gleichf nicht Sache (RG **70**, 224), sond eine Sach- u Rechtsgesamth. Zu den **Arten** der Sachen s Übbl 3 v § 90.

2) Nicht zu den Sachen gehören der **Körper des lebenden Menschen** (wohl aber die Leiche, s Übbl 4b v § 90) u seine ungetrennten Teile (Kallmann FamRZ **69**, 577). Aus diesem Grde kann an ihnen kein Eigt bestehen (Forkel JZ **74**, 594; aM Brunner NJW **53**, 1173); allerd h der Mensch über seinen Körper eine rechtl Macht inne, die derj des Eigtümers im Verh zur Sache gleichkommt. Ebso zu beurteilen wie der Körper sind die mit ihm fest verbundenen künstl Körperteile (MüKo/Holch Rdn 22; Görgens JR **80**, 140 f will in entspr Anwendg der §§ 93ff darauf abstellen, ob es sich um wesentl Bestandteile handelt). Auch der Herzschrittmacher verliert mit der Implantation die SachEigensch u w Teil des menschl Körpers (LG Mainz MedR **84**, 200, aA Brandenburg JuS **84**, 48, Gropp JZ **85**, 183). Getrennte Körperteile wie Haare, gespendetes Blut od Sperma u zur Transplantation entnommene Organe sind bewegl Sachen (MüKo/Holch Rdn 29); mit der Trenng verwandelt sich die Herrsch des Menschen über seinen Körper in entspr Anwendg des § 953 *ipso facto* in Eigt (Staud-Dilcher Rdn 16, MüKo/Holch Rdn 21; für ein ausschl AneignsgsR des bish Trägers Kallmann FamRZ **69**, 577). Bewegl Sachen sind auch die mit dem Körper nicht fest verbundenen künstl Körperteile wie Prothesen, Perücken u künstl Gebisse (MüKo/Holch Rdn 22); s dazu die PfdgsSchutzVorschr in ZPO 811 Nr 12.

3) Bedeutung. Nur an Sachen kann Eigt iS der §§ 903ff, ein u dingl Recht (Ausn: §§ 1068ff, 1273ff) od Besitz bestehen. Soweit in Normen außerh des 3. Buches der SachBegr verwandt w (zB §§ 119 II, 459, 470, 598), ist es Frage des Einzelfalls, ob diese Vorschr auch auf unkörperl Ggst angewandt w können.

91 Vertretbare Sachen. Vertretbare Sachen im Sinne des Gesetzes sind bewegliche Sachen, die im Verkehre nach Zahl, Maß oder Gewicht bestimmt zu werden pflegen.

1) Der **Begriff** der vertretb Sache ist objektiv zu verstehen. Da nach dem Ges die Anschauung des **Verkehrs** maßg ist, h PartVereinbgen insow keine Bedeutg (MüKo/Holch Rdn 1). Das unterscheidet sie von der der **Gattung** nach best Sachen (§ 243), für deren Abgrenzg der PartWille maßgebd ist (s § 243 Anm 1). Vertretb ist eine Sache, wenn sie sich von and der gleichen Art nicht dch ausgeprägte Individualisierungsmerkmale abhebt u daher ow austauschb ist (BGH NJW **66**, 2307; **71**, 1794). Nicht vertretb sind Sachen, die auf die Wünsche des Best ausgerichtet u deshalb für den Unternehmer anderweit schwer od gar nicht abzusetzen sind (BGH aaO). Bedeuts ist die Unterscheidg insb für best Schuldverhältnisse, zB den WerkliefergsVertr (§ 651 I 1), das Darl (§ 607) u die unechte Verwahrg (§ 700). Bei Verlust od Zerstörg einer vertretb Sache ist Naturalrestitution (§ 249) dch Lieferg einer and Sache mögl, dagg bei unvertretb Sachen idR nicht (BGH NJW **85**, 2414); s ferner ZPO 592, 794 Z 5, 884.

2) Vertretbar sind Geld; WertP, wie zB Aktien; Waren aus Serienfertigg, etwa Serienmöbel, auch wenn sie nach Wünschen des Best anzufertigen sind (BGH NJW **71**, 1794), od einen von ihm gewünschten Bezugsstoff erhalten (Karlsr BB **88**, 1209), neue Kraftwagen (Mü DAR **64**, 189), Maschinen gewöhnl Art u übl Beschaffenh (RG **45**, 64), Wärmepumpen (Hamm NJW-RR **86**, 477), Wein in seiner dch Rebsorte, Lage, Jahrgang u Qualitätsstufe best Gattg (BGH NJW **85**, 2403). **Nicht vertretbar** sind Apparate, die wg ihrer bes Eigenart dch und nicht ersetzt w können (RG JW **13**, 27), die einem best Raum od Betr angepaßten Maschinen (RG **45**, 64); Bier aus einer best Brauerei im Verh zum Bier aus einer and (RG JW **13**, 540); Grdst u diejen bewegl Sachen, die GrdstBestandt geworden sind (s Übbl 3 a v § 90); gebrauchte Kfz (Mü DAR **64**, 189; Jordan VersR **78**, 691), Reiseprospekte, die auf die Bedürfn einer best Reederei abgestellt sind (BGH NJW **66**, 2307), Zündholzbriefchen, die nach ihrer Gestaltg der Werbg für ein best Untern dienen (BGH Betr **81**, 315).

92 Verbrauchbare Sachen. ¹ Verbrauchbare Sachen im Sinne des Gesetzes sind bewegliche Sachen, deren bestimmungsmäßiger Gebrauch in dem Verbrauch oder in der Veräußerung besteht.
II Als verbrauchbar gelten auch bewegliche Sachen, die zu einem Warenlager oder zu einem sonstigen Sachinbegriffe gehören, dessen bestimmungsmäßiger Gebrauch in der Veräußerung der einzelnen Sachen besteht.

1) Absatz 1. Was verbrauchb Sachen sind, richtet sich in I nach der objektiven Zweckbestimmg. Die Vorschr unterscheidet: **a) Tatsächlich** verbrauchb Sachen, die zum Verbrauch best sind, so zB Lebensmittel, zu denen auch Tiere gehören können (RG **79**, 248), Brennmaterial. Nicht unter diesen Begr fallen Sachen wie Kleidgsstücke od Teppiche, die dch den Gebr abgenutzt w. – **b) Im Rechtssinne** verbrauchb Sachen, die zur Veräußerg best sind u als Sachen selber keinen GebrWert h, wie Geld, WertP.

2) Nach **Absatz 2** gelten alle Sachen als verbrauchb, die zu einem Sachinbegriff (Übbl 3 e v § 90) gehören, wenn dessen bestimmgsgem Gebrauch in der Veräußerg der einz Sachen besteht. And als in I entscheidet hier der Wille des Berecht. Bsp sind die zu einem Warenlager gehörden Sachen, aber auch das Schlachtvieh des Schlachters (RG **79**, 248).

3) Bei verbrauchb Sachen ist der NutzgsBerecht idR zum Verbrauch der Sache berecht, muß aber später WertErs leisten (§§ 1067, 1075, 1085, ähnl § 706).

93 Wesentliche Bestandteile.
Bestandteile einer Sache, die von einander nicht getrennt werden können, ohne daß der eine oder der andere zerstört oder in seinem Wesen verändert wird (wesentliche Bestandteile), können nicht Gegenstand besonderer Rechte sein.

1) Vorbemerkung zu §§ 93–96. Die gesetzl Regelg, nach der eine Sache u ihre wesentl Bestandt ein einheitl rechtl Schicksal h sollen, beruht auf wirtsch Grden. Sie soll die nutzlose Zerstörg wirtsch Werte verhindern, die eintreten würde, wenn Bestandt voneinander getrennt w, die inneren wirtsch Zweck u damit ihren Wert nur in der von ihnen gebildeten Einh h (RG **69**, 120, BGH **20**, 157). Dieser gesetzgeber Grd ist bei der Ausleg der Vorschr zu beachten. Der Fortschritt der techn Entwicklg u die Änderg der wirtsch Verhältn ist zu berücksichtigen (BGH **18**, 232); es ist daher mögl, daß ein in fr Zeit als wesentl angesehener Bestandt w heute bestehder ErsMöglichk nicht mehr als wesentl gilt. Der Kreis der wesentl Bestandt w ausgedehnt dch § 94 u eingeschränkt dch § 95. Str ist, ob die §§ 93 ff auch im **Versicherungsrecht** für die Abgrenzg zw Gebäude- u Hausratversicherg maßgebd sind (bejahd Zagel VersR **79**, 539, verneind Hamm VersR **83**, 285).

2) Bestandteile sind sowohl die Teile einer natürl SachEinh (RG **63**, 418, **67**, 32, Übbl 3e v § 90) als auch die einer zusammengesetzten Sache (Übbl aaO), die dch Verbindg miteinander ihre selbstdgk verloren h (RG **63**, 418, **69**, 120, **87**, 46). Im allg teilen Bestandt das rechtl Schicksal der Sache (RG **158**, 368, Ffm NJW **82**, 654); handelt es sich nicht um wesentl Bestandt (Anm 3), können an ihnen schon vor der Trenng dingl Rechte begründet w (RG **69**, 120); für den Bereich eines solchen SonderR sind sie dann wie selbstd Sachen zu behandeln (RG **158**, 369). Maßg für die Beurteilg, ob es sich um einen Bestandt, eine Sachgesamth od um ein ZubehStück (§ 97) handelt, sind VerkAuffassg (RG **67**, 34) u natürl Betrachtsw (RG **158**, 370) unter Zugrundelegg eines techn-wirtsch Standpunktes (BGH **20**, 157). Beurteilgskriterien sind Art u beabsichtigte Dauer der Verbindg, der Grad der Anpassg der bish selbstd Sachen aneinander u ihr wirtsch Zusammenhang (RG **158**, 370). Feste Verbindg, zu der eine Befestigg dch Schrauben nicht zu rechnen ist (RG **158**, 374), w häufig auf BestandtEigensch hindeuten (s RG **158**, 369), doch bietet die Art der Verbindg nur ein äußeres Merkmal (RG **87**, 46). Auch eine lose Verbindg kann genügen, wenn die Teile vom Verk nur als eine einzige Sache aufgefaßt w (RG **67**, 34). Selbst wenn eine Verbindg fehlt, wie bei Handelsbüchern in neuzeitl nicht gebundener Form, kann eine einheitl Sache anzunehmen sein (KG Rpfleger **72**, 441). Ein Bestandt bleibt Bestandt, wenn er von der Sache vorübergehd getrennt w, wie zB ein zur Ausbesserg ausgehängtes Fenster (RG Gruch **64**, 97). Bestandt sind die Teile, aus denen ein Kfz zusammengesetzt ist (BGH **18**, 228), die realen Flächenteile eines Grdst (BayObLG **24**, 294), die Hälften eines auf einem ungeteilten Grdst stehden Hauses (BGH **LM** Nr 14). Maschinen u Fabrikgebäude bilden dagg nur dann eine einheitl Sache, wenn die VerkAuffassg die Maschine als Teil des Gebäudes ansieht (RG **67**, 34). Der Kreis der Bestandt w eingeschränkt dch § 95. Demggü gibt es Sonderregelgen, nach denen Sachen als Bestandt von Rechten (ErbbRVO 12, Übbl 3a v § 90) u Rechte als Bestandt von Sachen gelten (§ 96).

3) Wesentl nennt das Ges nicht etwa diej Bestandt, die für eine Sache bes wicht sind. Es kommt vielm darauf an, ob dch die Trenng der abgetrennte od der zurückbleibde Bestandt zerstört od in seinem Wesen verändert w. Entsch ist nicht der Einfluß der Trenng auf die Gesamtsache, abzustellen ist allein darauf, ob der eine od and Bestandt nach der Trenng noch in der bish Form – sei es auch erst nach Verbindg mit einer and Sache – wirtsch genutzt w kann (BGH **18**, 229, **61**, 81); eine nur geringfüg Wertminderg i der Trenng ist unerhebl (RG **69**, 122). Nicht maßg ist, ob der Bestandt dch eine Sache von gleicher od ähnl Bedeutg ersetzt w kann (RG **58**, 342, **69**, 158). Zugrundezulegen ist eine natürl, wirtsch Betrachtsw (BGH **36**, 50, **61**, 81) bei gleichzeit Berücksichtigg der jew VerkAnschauung (BGH **36**, 50). Feste Verbindg ist weder notw noch ausreichd, um einen Bestandt zum wesentl zu machen. Dachgebälk ist bereits dann als wesentl Bestandt des Hauses anzusehen, wenn es auf das Mauerwerk des Dachgeschosses gelegt worden ist (RG **62**, 250). Eine vorübergehde Trenng (Anm 2) läßt die Eigensch als wesentl Bestandt unberührt, and hingg, wenn ein Teil entfernt worden u die Wiedervereinigg der getrennten Stücke ungewiß ist (RG Gruch **64**, 97). Kein wesentl Bestandt sind die realen Flächenteile eines Grdst (BayObLG **24**, 294) sowie Straßen u Wege, da diese dch Ziehen von Grenzlinien jederzeit in versch Teile zerlegt w können, ohne daß ihr Wesen dadch irgendwie verändert w (RG JW **10**, 813). Wesentl Bestandt sind dagg die Hälften eines auf einem ungeteilten Grdst stehden Hauses (BGH **LM** Nr 14) u die Scheiben einer Thermopanverglasg (LG Lübeck NJW **86**, 2515). Bei zusammengesetzten Sachen sind diejen Bestandt als wesentl anzusehen, die mit dem Einbau vollst in dem Ganzen aufgehen u für eine allg Betrachtg, wie etwa Schrauben und Hebel einer Maschine, keine eig Bedeutg mehr h (BGH **20**, 157). Nicht wesentl sind dagg die Bestandt, die trotz des Einbaues ihr eigenes Wesen u ihre bes Natur behalten (BGH **20**, 158). Das trifft etwa auf das in ein Hochfrequenzgerät eingebautes Meßinstrument zu (BGH aaO). Dchaus mögl ist, daß eine zugesetzte Sache wg einfacher Austauschbark aller Teile iS des Ges überh keine wesentl Bestandt hat.

4) Rechtliche Bedeutung. Wesentl Bestandt können nicht Ggst bes dingl Rechte sein. Wird eine Sache wesentl Bestandt einer and, erlöschen daher die an ihr bestehden Rechte (§§ 946 ff). Das gilt insb für den EigtVorbeh (RG **63**, 422). Ein enttggstehder Wille der Beteil ist unbeachtl. Dingl RGesch über wesentl Bestandt sind nichtig (RG **60**, 319, **164**, 200), können aber uU in die Einräumg eines AneigngsR umgedeutet

Sachen §§ 93, 94

w. Auch eine Übereign gem ZPO 825 bleibt ohne Wirkg (BGH **104**, 302, aA Gaul NJW **89**, 2509). Umgekehrt kann bei Aufl eines Grdst der EigtÜbergang hins eines wesentl Bestandt nicht ausgeschl w (KG OLGZ **80**, 199). Schuldrechtl Vereinbg über wesentl Bestandt sind dagg mögl (RG Warn **26**, 150, Verkauf von Holz auf dem Stamm. Ausnahmeregeln finden sich im WEG, das in § 3 I SonderEigt an Räumen zuläßt, in ZPO 810 I betr die Pfändg ungetrennter Früchte u im weitergeltendem LandesR (EG 181 II, 182).

5) Einzelfälle (ja = wesentl Bestandt, nein = kein wesentl Bestandt). Aus prakt Grden bereits hier mitberücksichtigt ist die Rspr zu § 94. – **a) Antenne,** wenn vom Eigtümer eingefügt wg § 94 II ja (s auch BGH NJW **75**, 688). – **Aufzug,** der einem Hotel bes angepaßt ist, ja (RG **90**, 200). – **Baracken** wg § 95 uU nein (BGH **8**, 1, OGH **1**, 168, Hbg MDR **51**, 736). – **Beleuchtungsanlagen** grdsl ja (RG **58**, 341), nein aber für nicht bes eingepaßte Beleuchtgskörper (RG Warn **17**, 264). – **Be- und Entlüftungsanlagen** in Gaststätten ja (Hamm NJW-RR **86**, 376). – **Bierausschankanlage** in GastWirtsch, die ow entfernt w kann, nein (Celle OLGZ **80**, 13). – **Bodenbelag:** Zugeschnittener u verlegter Teppichboden ja, sofern er im Auftr des Eigtümers verlegt worden ist (LG Köln NJW **79**, 1609, LG Frankenthal VersR **78**, 1106, AG Karlsr NJW **78**, 2602, AG Nördlingen VersR **83**, 721, aA LG Hbg VersR **79**, 153, LG Oldenbg VersR **88**, 1285 bei einem „bewohnb" Untergrund). Das gilt entspr für Linoleumbelag (aM Mü SeuffA **74**, 157). Darauf, daß der Bodenbelag nach gewisser Zeit entfernt wird, kommt es entgg Moritz (JR **80**, 57) nicht an (s RG JW **35**, 418). – **Bootssteg** kann wesentl Bestandt des Grdst sein, von dem aus er angelegt worden ist (BGH **LM** § 891 Nr 3). – **Bremstrommel** eines Lkw ja (Hamm MDR **84**, 842). – **Dachgebäk** ja (RG **62**, 250). – **Drainageanlage** ja (BGH Betr **84**, 113). – **Einbauküche:** ja, wenn bes eingepaßt (BFH Betr **71**, 656) od eine Spezialanfertig (Zweibr NJW-RR **89**, 84), ebso bei Einbau währd des ursprüngl Herstellg (Nürnb MDR **73**, 758); nach heutiger VerkAnschauung wohl immer, sow nicht § 95 vorliegt (Hbg MDR **78**, 138, Celle NJW-RR **89**, 914, aA Köln VersR **80**, 52, Karlsr NJW-RR **86**, 19, **88**, 459, Hamm NJW-RR **89**, 333, LG Lübeck VersR **84**, 477, LG Köln WPM **88**, 425). – **Einbaumöbel** nein, wenn sie an Stelle ow weiter aufgestellt w können (BFH NJW **77**, 648, zT abw FinG Düss Betr **72**, 118). Eine aus serienmäß Teilen bestehde Schrankwand nein (Düss OLGZ **88**, 115); vom Mieter angeschaffte schon wg § 95 nein (s Schlesw NJW-RR **88**, 1459). – **Einbruchmeldeanlagen** uU ja Hamm NJW-RR **88**, 923. – **Einrichtung** einer Bäckerei nein (LG Aachen NJW-RR **87**, 272).

b) Fenster u Rahmen (LG Lübeck NJW **86**, 2514). – **Fertiggarage** idR ja (BFH NJW **79**, 392, Düss BauR **82**, 165, str, aA FinG Brem NJW **77**, 600, s § 94 Anm 2); ebso Holzfertighaus (LG Konstanz ZIP **81**, 512). – **Gewächshaus** bestehd aus Stahlkonstruktion ja (BGH **LM** § 94 Nr 16). – **Grenzstein** idR nein, da ScheinBestandt (Ffm NJW **84**, 2303). – **Handelsbücher:** einz Blätter ja, auch wenn nicht gebunden (KG Rpfleger **72**, 441). – **Heizungsanlagen:** Zentralheizg in Wohngebäude ja, nicht auch erst nachträgl eingebaut (BGH **53**, 326, Kblz WPM **89**, 535). Ölfeuerungsanlage als Zusatzgerät zur Zentralheizg (aM Celle NJW **58**, 633). Heizgsanlage in Fabrik ja (Hamm MDR **75**, 488), ebso in Schule (BGH NJW **79**, 712). Dampferzeugsanlagen nein, wenn Beheizg nur Nebenzweck (BGH WPM **87**, 47). Zu den Problemen bei WoEigt s Hurst DNotZ **84**, 77, 140. – **Herde** ja (BGH **40**, 275, NJW **53**, 1180, Hbg MDR **78**, 138). – **Karosserie** eines Kfz ja (Stgt NJW **52**, 145). – **Kegelbahnanlage** idR nein (BGH **LM** Nr 2, LG Saarbr NJW-RR **87**, 11). – **Kirchenglocke** idR nein (BGH NJW **84**, 2278). – **Leitungen:** Wasserleitsrohrnetz in städt Straßen u Grdstücken ja (RG **168**, 290); elektr Leitgen einer fabrikeig Kraftanlage ja (RG NJW **32**, 1199); Rohrleitgen einer SägespäneTransportAnl (RG aaO); Abwasserleitg über fremde Grdst idR ja (BGH NJW **68**, 2331); EndlaugenRohrleitg in Grdst eines Kalibergwerks ja (Braunschw Recht **33**, 1); HausAnschl zw Gebäude u VersNetz nein (Willers Betr **68**, 2023); Wasserzähler nein (BayVerfG NVwZ **82**, 369).

c) Maschinen in einem Fabrikgebäude sind idR nicht einmal unwesentl Bestandt (RG JW **32**, 1198). Wesentl Bestandt sind sie nur dann, wenn Maschinen u Gebäude in ihrer Bauart aufeinand abgestimmt u eine untrennb Einh bilden (RG JW **34**, 1849, RG **69**, 121, JW **11**, 573). Wesentl Bedeutg für den Betr genügt dagg nicht (RG **130**, 266, oben Anm 3). Nicht ausr ist auch, daß die Maschine ein eig Maschinenhaus u ein eig Fundament hat (RG JW **12**, 129). Sie ist auch nicht desh wesentl Bestandt, weil ihr Abbau u Abtransport mit Schwierigk verbunden ist (RG **87**, 46). Bohrer an Maschine, die zum Benutzg verschiedener Bohrer eingerichtet ist, nein (RG **157**, 245); Düse an Spinnmaschine, die nur für die Zeit der Herstellg eines best Garnes mit ihr verbunden ist, nein (RG aaO). – **Matratze** u Lattenrost eines Bettes nein (AG Esslingen NJW-RR **87**, 750). – **Meßgeräte,** die serienm hergestellt w od jedenf für Apparate verschiedener Herst verwendt sind, nein (BGH **20**, 158). – **Motoren,** die serienmäß hergestellt sind, nein (BGH **18**, 229; **61**, 81, beide für Kraftfahrzeuge); das gilt auch für den serienmäß Austauschmotor (BGH **61**, 82, aM Pinger JR **73**, 464). Bei einem Seeschiff kann der Motor dagg in entspr Anwendg von § 94 II als wesentl Bestandt angesehen w (BGH **26**, 229). – **Notstromaggregat** im Hotel ja (BGH NJW **87**, 3178).

d) Pavillonaufbau ja (BGH NJW **78**, 1311). – **Räder** eines Kfz nein (Stgt NJW **52**, 145, Karlsr MDR **55**, 413). – **Reifen** u Sitze eines Busses nein (BayObLG NVwZ **86**, 511). – **Schwimmbecken** aus Fertigteilen idR ja (BGH NJW **83**, 567). – Im Erdreich eingelassener **Sichtschutzzaun** ja (LG Hannover NJW-RR **87**, 208). – **Slipanlage** einer Werft, ja, soweit nicht § 95 (OVG Brem NJW-RR **86**, 956). – **Spundwand** ja (BGH NJW **84**, 2569); – im Garten aufgestellte **Statue** (Bronzerelief) nein (Ffm NJW **82**, 653). – **Überbau** § 912 Anm 2b, 4. – **Ventilator** in Geflügelhallen ja (Oldbg NdsRpfl **70**, 113). – Fest verklebte **Wandteppiche** ja (Hamm VersR **84**, 673. – **Wasch- u Badanlagen:** Waschbecken u Badewannen im Wohnhaus ja (Brschw NdsRpfl **55**, 193), ebso im Hotel (RG HRR **29**, 1298). Warmwasserbereiter ja (BGH **40**, 275). – **Winde** auf Berggsschiff nein (Schlesw SchlHA **54**, 253, s aber BGH **26**, 229).

94 Wesentliche Bestandteile eines Grundstücks oder Gebäudes. ¹ Zu den wesentlichen Bestandteilen eines Grundstücks gehören die mit dem Grund und Boden fest verbundenen Sachen, insbesondere Gebäude, sowie die Erzeugnisse des Grundstücks, solange sie mit dem Boden zusammenhängen. Samen wird mit dem Aussäen, eine Pflanze wird mit dem Einpflanzen wesentlicher Bestandteil des Grundstücks.

§§ 94, 95

II **Zu den wesentlichen Bestandteilen eines Gebäudes gehören die zur Herstellung des Gebäudes eingefügten Sachen.**

1) Allgemeines. § 94 enth neben einer Erläut (in I) eine Erweiter (ebenf in I, bes bedeuts in II) des Begr der wesentl Bestandt. § 94 dient der Schaffg klarer RVerhältn (BGH NJW **79**, 712, Hamm VersR **83**, 285): Der Erwerbsinteressent soll dch Augenscheinseinnahme feststellen können, was zum Grdst gehört. Nicht selten ist eine Sache zugl nach § 93 u § 94 wesentl Bestandt. PartVereinbgen können an der gesetzl Regelg nichts ändern; auf die Willensrichtg desjen, der eine Sache mit einer and verbindet, kommt es aber iRv II (Anm 3 b) u § 95 (s dort Anm 2a) an.

2) Wesentliche Bestandteile eines Grundstücks (I). Satz 2 läßt für die mit dem Grd u Boden fest verbundenen Sachen den alten röm-rechtl Grds *„superficies solo cedit"* weiter gelten. – **a)** Ob Sachen **fest verbunden** sind, ist nach der VerkAnschauung zu beurteilen. Die Voraussetzg ist erf, wenn die Trenng zur Beschädigg od Änd des Wesens der mit dem Grdst verbundenen Sache führt, ja sogar schon dann, wenn sie nur mit unverhältnismäß Aufwand mögl ist (RG Warn **32**, 114). Fest verbunden sind zB 80 cm tief in den Boden eingegrabene Betonhöcker (BGH NJW **78**, 1311), das in eine Grube eingelassene, mit einem Magerbetonkranz umgebene Fertigteilschwimmbecken (BGH NJW **83**, 567), nicht aber in einem Gebäude aufgehängte Wandschränke (BFH NJW **77**, 648). Schon die Schwerkraft kann für eine feste Verbindg genügen (BFH NJW **79**, 392, Düss BauR **82**, 165: Fertiggarage; Karlsr Justiz **83**, 13: Holzfertighaus). – **b)** Zu den mit dem Grd u Boden fest verbundenen **Sachen,** die keine Gebäude sind, gehören zB Einfriediggsmauern, Zäune (LG Hannover NJW-RR **87**, 208), Gasometer (RG Warn **32**, 114), das Wasserleitgsnetz in städt Straßen u Grdstücken (RG **168**, 290), Fernleitgen (BGH **37**, 358), der Schacht nebst Zugangsstrecke in Beziehg zum BergwerksEigt, sofern dieses einem Grdst gleichsteht (RG **161**, 206). **Gebäude** sind Häuser u and Bauwerke, auch Tiefgaragen (BGH NJW **82**, 756) u Fertiggaragen aus Beton, die nicht im Boden verankert sind (BFH NJW **79**, 392). **Erzeugnisse** sind natürl Bodenprodukte (MüKo/Holch § 99 Rdn 2) wie Getreide, Obst, Holz auf dem Stamm (RG **80**, 232), nicht aber Teile der Substanz, die den Grd u Boden ausmacht, wie Lehm, Ton, Sand od Kies (Staud-Dilcher Rdn 13; MüKo/Holch Rdn 11); sie können aber als unmittelb Substanzteile von Natur aus nicht Ggst des dingl Rechte sein (Soergel-Mühl Rdn 9, ähnl Staud-Dilcher Rdn 13, MüKo/Holch Rdn 4). – **c) Satz 2.** Pflanzen werden schon mit dem Einpflanzen, nicht mit Anwurzeln wesentl Bestandt. Aus Samen entstandene Pflanzen gehören zu dem Grdst, aus dem sie an die Oberfläche treten (Schmid NJW **87**, 30).

3) Wesentliche Bestandteile von Gebäuden (II). Ist das Gebäude nach § 94 I 1 selbst wesentl Bestandt des Grdst, sind seine wesentl Bestandt zugl solche des Grdst. Die Vorschr dient vorwiegd der Schaffg sicherer Rechtsverhältnisse (BGH NJW **79**, 712). – **a)** Der Begr der **Gebäude** entspr demj in I (Anm 2b). Er umfaßt auch solche Bauwerke, die wg § 95 od wg Fehlens einer festen Verbindg keine wesentl GrdstBestandt sind. Kein Gebäude ist ein Gasometer (RG Warn **32**, 114). Auf Schiffe, die im SchiffsReg eingetragen sind, ist § 94 II entspr anwendbar, da das SchiffsReg weitgehd dieselben Funktionen wie das GB erf (BGH **26**, 228); nur mit dieser Begr läßt sich auch der Motor eines eingetr Schiffes als dessen wesentl Bestandt ansehen. Das gilt ebso für eingetragene Luftfahrzeuge. – **b)** Zur **Herstellung** eingefügt sind alle Teile, ohne die das Gebäude nach der VerkAnschauung noch nicht fertiggestellt ist (BGH NJW **79**, 712, **84**, 2278, Düss OLGZ **83**, 350). Auf den Ztpkt der Einfügg kommt es nicht an. Auch was im Zuge der Renovierg od des Umbaus eingefügt w, w wesentl Bestandt (RG **158**, 367, BGH **53**, 326). Eine feste Verbindg ist unnötig; iF von II entscheidet der Zweck nicht die Art der Verbindg (BGH **36**, 50, NJW **78**, 1311). Was zum „fertigen" Gebäude gehört, ist unter Berücksichtigg seiner Beschaffenh u seines Zwecks zu beurteilen (BGH **53**, 325). Es braucht sich nicht um Teile zu handeln, die für die Herstellg notw sind (RG **90**, 201, **150**, 26); auch überflüssiger Zierrat w wesentl Bestandt. Ausstatten u Einrichten sind aber nur dann wesentl Bestandt, wenn sie dem Baukörper bes angepaßt sind u deswegen mit ihm eine Einh bilden (BGH NJW **84**, 2278) od wenn sie dem Gebäude ein best Gepräge od eine bes Eigenart geben (BGH **53**, 325, NJW **84**, 2278, **87**, 3178). – **c)** Mit der **„Einfügung",** dh Herstellg der vorgesehenen Verbindg, endet die Selbständigk der eingefügten Sache, so wird sonderrechtsunfäh. Es genügt nicht, daß die Sache auf das Grdst geschafft u dort für den Einbau vorbereitet worden ist (RG Warn **15** Nr 6). Ands ist nicht erforderl, daß die vorgesehene Verbindg bereits vollständ hergestellt ist. Das Gebälk des Dachstuhls w schon vor der Verankerg im Mauerwerk wesentl Bestandt (RG **62**, 250). Ein Gewächshaus ist bereits eingefügt, wenn es auf das Fundament eingelassen worden ist, auch wenn die Einbetonierg noch fehlt (BGH **LM** Nr 16). Bei einem Heizkessel genügt es, wenn er auf den Platz im Rohbau verbracht worden ist, der nach dem baul u betriebl Erfordern für ihn best ist (BGH NJW **79**, 712). Fenster od Türen, die zwecks Einpassens eingesetzt waren, dann aber zur Fertigstellg herausgenommen sind, sind bereits (wesentl) Bestandt geworden, wenn die Einpassg schon endgült war u sie nur zur Vereinfach der weiteren Arbeiten herausgenommen wurden (so wohl OLG **28**, 16), nicht aber wenn das Einsetzen nur probew, also zunächst zu vorübergehdem Zweck erfolgte (RG Warn **15** Nr 6). Bei Einbau einer Sachgesamth (zB Heizgsanlage) w die einz Teile bereits mit ihrer Einfügg wesentl Bestandt, nicht erst mit der Fertigstellg der GesAnlage (aA Costede NJW **77**, 2340).

4) Einzelfälle: Die Rspr zu § 94 ist aus prakt Grden bereits in § 93 Anm 5 mitberücksichtigt. **Überbau** § 912 Anm 2b u 4, **Kommunmauer** § 921 Anm 2.

95 *Scheinbestandteile.*

I Zu den Bestandteilen eines Grundstücks gehören solche Sachen nicht, die nur zu einem vorübergehenden Zwecke mit dem Grund und Boden verbunden sind. Das gleiche gilt von einem Gebäude oder anderen Werke, das in Ausübung eines Rechtes an einem fremden Grundstücke von dem Berechtigten mit dem Grundstücke verbunden worden ist.

II Sachen, die nur zu einem vorübergehenden Zwecke in ein Gebäude eingefügt sind, gehören nicht zu den Bestandteilen des Gebäudes.

1) Allgemeines. § 95 schränkt die §§ 93, 94 ein. Wenn die Voraussetzgen des § 95 vorliegen, sind die verbundenen od eingefügten Sachen weder wesentl noch einfache GrdstBestandt sond bloße **Scheinbestandteile**. Sie bleiben, auch wenn sie tats unbewegl sind, im RSinn bewegl Sachen u unterliegen in jeder Beziehg den für diese geltden Regeln. Ihre Übereign richtet sich daher allein nach den §§ 929ff, der gutgl Erwerb nach §§ 932ff (BGH **23**, 59, NJW **87**, 774, s auch RG **109**, 129). Da es sich um einen AusnTatbestd handelt, trägt derj die Beweislast, der sich auf § 95 beruft (RG **158**, 375), doch spricht uU eine tats Vermutg zG des BewFührers, insb iF der Verbindg einer Sache dch einen Mieter, Pächter od einen sonst schuldr od dingl Berecht (BGH **8**, 5, NJW **59**, 1488). Zur Behandlg von Scheinbestandt im GrdErwStR s Martin BB **83**, 1982.

2) Verbindung zu vorübergehendem Zweck (I 1 u II). – a) Die Verbindg od Einfügg geschieht zu einem **vorübergehenden Zweck,** wenn der Wegfall der Verbindg von vornherein beabsichtigt od nach der Natur des Zwecks sicher ist (RG **63**, 421). Es genügt nicht, daß nach den Vorstellgen der Beteil eine Trenng nicht ausgeschl ist (BGH **26**, 232), es kommt vielm auf den vom Einfügden erwarteten normalen Lauf der Dinge an (RG **63**, 422, BGH NJW **70**, 896). Die Tats, daß die verbundene Sache nach einem gewissen Zeitraum abgenutzt sein w, rechtfertigt nicht den Schluß auf eine vorübergehde Verbindg (RG JW **35**, 418); umgekehrt sprechen Festigk der Verbindg u Massivität der verbundenen Sache nicht ow gg einen vorübergehden Zweck (s BGH NJW **59**, 1488). Maßg ist der innere Wille des Verbindden (RG **153**, 235, BGH **54**, 210, NJW **68**, 2331); er muß aber mit dem nach außen in Erscheing tretden Sachverhalt vereinb sein (RG **153**, 236, BGH **54**, 210). Ein Anbau zu einem Scheinbestandt teilt auch dann dessen rechtl Qualität, wenn bei seiner Errichtg eine dauernde Verbindg beabsichtigt w (BGH NJW **87**, 774).

b) Ein Wille, die Verbindde nur zu einem vorübergehden Zweck vorzunehmen, ist idR zu bejahen, wenn der Verbindde in **Ausübung eines zeitlich begrenzten Nutzungsrechts** handelt, mag es auch auf öffR beruhen (BGH **8**, 5, OGH **1**, 170, **3**, 25 [Behelfsheime]; Ffm NJW **84**, 2303 [Grenzstein]) od auf priv Recht, wie insb bei Miete od Pacht (BGH **92**, 74, NJW **85**, 789), Jagdpacht (LG Arnsbg DJ **39**, 668f), Gesellsch (BGH NJW **59**, 1489). Etwas and gilt nur dann, wenn der Verbindde die positive Abs hatte, die Sache nach Beendigg des NutzgsVerh dem GrdstEigtümer zu überlassen (BGH **8**, 7, NJW **59**, 1488). Auf massive Bauwerke kommt es nur an, wenn sie den sicheren Schluß zuläßt, daß das Bauwerk später dem GrdstEigtümer zufallen soll (BGH **8**, 6, **92**, 74). Kein vorübergehder Zweck ist anzunehmen, wenn zw den Part von vornherein feststeht, etwa aGrd ausdr Vereinbg, daß der GrdstEigtümer nach Beendigg des NutzgsVerh die Sache übernehmen soll (BGH **104**, 301, BFH NJW **87**, 2702). Entspr gilt idR, wenn dem Eigtümer insow ein WahlR eingeräumt worden ist (BGH **LM** Nr 5 u 15). Ein vorübergehder Zweck scheidet weiter aus, wenn grdsätzl nach Ablauf der jew Mietzeit eine automat Verlängerg des VertrVerh in Aussicht genommen war (Köln NJW **61**, 462), wenn der Mieter in der Erwartg, er werde demnächst ErbbBerecht, zuZst des Eigtümers einen Massivbau errichtet (BGH NJW **61**, 1251), wenn der Pächter die Verbindg in Erf einer ihm dem Verp ggü obliegden Verpfl vornimmt (RG Gruch **59**, 111), wenn jemand ein Gebäude in der best Erwartg errichtet, daß ihm der bebaute Teil des Grdst später zufallen werde (BGH DNotZ **73**, 472), od wenn ein GrdstKäufer das Grdst umzäunt u Einpflanzen vornimmt, das Eigt am Grdst entgg seinen Erwartgen aber nicht erlangt (RG **106**, 148). Zu vorübergehdem Zweck best sind vom Gärtner in ein PachtGrdst gepflanzte zum Verk best Gewächse (RG **105**, 215), die von vornherein für den Verk best Baumschulbestände (RG **66**, 89) u der vom Mieter verlegte Teppichboden (AG Karlsr NJW **78**, 2602). Auf fremden Grdst errichtete rein militär Anlagen dienen nur einem vorübergehden Zweck, so massiv sie auch sein mögen, wie zB die Bunker des Westwalles (BGH NJW **56**, 1274). Das GgT gilt für Luftschutzbunker, die nicht nur für die Kriegszeit geplant sind (BGH **LM** Nr 16). Das Bestehen eines EigtVorbeh führt nicht zur Anwendg des § 95, da seine Ausübg in dem für die rechtl Beurteilg maßgebden Normalfall nicht zu erwarten ist (RG **63**, 422, BGH **53**, 324, 327).

c) Da es auf den Willen zZ der Verbindg ankommt, kann eine bloße **nachträgliche Zweckänderung** die Bestandteilseigensch weder begründen (BGH **23**, 60, **37**, 359, NJW **59**, 1488) noch aufheben (BGH **37**, 359). Bestandt kann die Sache nur w, wenn sich der Eigtümer mit dem GrdstEigtümer über den EigtÜbergang einigt (BGH **23**, 60, NJW **59**, 1488, **87**, 774). Die Übereign der Sache an den GrdstEigtümer allein genügt aber nicht; es muß zugl die Best zu einem nur vorübergehden Zweck aufgeh w (BGH **LM** Nr 15), was aber in einem solchen Fall idR anzunehmen ist (BGH aaO). Entspr gilt, wenn sich das Eigt am Grdst mit dem Eigt an der verbundenen Sache vereinigt (BGH NJW **80**, 772).

3) Verbindung in Ausübung eines Rechts (I 2). Rechte iSd Vorschr sind nur dingl Rechte, wie ErbbR, Nießbr, GrdDbk (RG **106**, 51, BGH MDR **52**, 744). Die Vorschr ist entspr anwendb auf den Überbau, u zwar sowohl auf den rechtm (RG **169**, 175) als auch auf den entschuldigten (BGH **27**, 199, 205, **41**, 179, § 912 Anm 2b, 4, zur Kommunhaft s § 921 Anm 5). Nicht unter die Vorschr fällt die rechtl Inanspruchn eines Grdst (BGH **LM** Nr 16). Voraussetzg ist, daß dem Verbindden das Recht tats zusteht u nicht nur von ihm irrtüml angenommen w (Soergel-Mühl Rdn 22). Die Vorschr gilt nicht für einen Massivbau, den ein Mieter in der später fehlgeschlagenen Erwartg errichtet, daß der GrdstEigtümer ihm ein ErbbR bestellen w (BGH NJW **61**, 1251). **Berechtigter** ist auch derj, dem vom RInhaber, etwa dch Vermietg od Verpachtg, die Ausübg des Rechts überlassen worden ist (BGH **LM** Nr 2). Wer eine Sache mit einem auf dem Grdst stehden Gebäude verbindet, das dessen wesentl Bestandt ist, verbindet sie zugl mit dem Grdst (RG **106**, 51).

96 Rechte als Bestandteile eines Grundstücks.
Rechte, die mit dem Eigentum an einem Grundstücke verbunden sind, gelten als Bestandteile des Grundstücks.

1) Allgemeines. Rechte, die mit dem Eigt an einem Grdst verbunden sind, w dch § 96 GrdstBestandt gleichgestellt. Zweck des § 96 ist vor allem, die hypothek Haftg (§§ 1120 ff) auf die mit dem Grdst verbundenen Rechte auszudehnen (s RG **83**, 200). Die unter § 96 fallden Rechte gelten als wesentl Bestandt, wenn sie, wie die sog subjekt dingl Rechte (Anm 2), nicht vom Eigt am Grdst getrennt w können, iü sind sie wie einfache Bestandt zu behandeln. Sie werden aber dch die Fiktion des § 96 nicht zu Sachen. Für einen Mangel des Rechts w daher nicht nach § 459, sond nach § 437 gehaftet (RG **93**, 73).

2) Rechte im Sinn von § 96 sind vor allem die sog subjektiv dingl Rechte, die dem Eigtümer des herrschden Grdst hins eines and Grdst zustehen. Dazu gehören: GrdDbk (§ 1018), Reallasten u das dingl VorkR sofern sie zG des jeweiligen Eigtümers eines and Grdst bestellt worden sind (§§ 1105 II, 1094 II), das AnwR auf Eintr einer derart Belastg (Köln OLGZ **68**, 455), der HeimfallAnspr nach ErbbRVO 3 (Düss DNotZ **74**, 178, BGH ZIP **80**, 654). Unter § 96 fallen weiter: das JagdR (BJagdG 3 I 2), das Recht auf Duldg des Überbaues (§ 912 Anm 3a), eine mit dem Grdst verbundene Abdeckereigerechtigk (RG **83**, 200), nicht hingg ein „BrennR" nach dem BranntweinmonopolG, da es nur eine steuerl Bevorzug, nicht aber einen selbstd VermGgst darstellt (BGH **LM** Nr 1), auch nicht die Milchreferenzmenge nach dem MAVG v 17. 7. 84 (BGBl 942) (VerwG Stade WPM **87**, 1313), ferner nicht der Anspr des GrdstEigtümers gg den HypGläub auf ein Guthaben, das sich aus gesammelten Tilggsbeträgen zusammensetzt (RG **104**, 73).

97 Zubehör.
I Zubehör sind bewegliche Sachen, die, ohne Bestandteile der Hauptsache zu sein, dem wirtschaftlichen Zwecke der Hauptsache zu dienen bestimmt sind und zu ihr in einem dieser Bestimmung entsprechenden räumlichen Verhältnisse stehen. Eine Sache ist nicht Zubehör, wenn sie im Verkehre nicht als Zubehör angesehen wird.

II Die vorübergehende Benutzung einer Sache für den wirtschaftlichen Zweck einer anderen begründet nicht die Zubehöreigenschaft. Die vorübergehende Trennung eines Zubehörstücks von der Hauptsache hebt die Zubehöreigenschaft nicht auf.

1) Allgemeines. Zubehörsachen sind rechtl selbstd bewegl Sachen. Sie sind sonderrechtsfäh, können also ohne die Hauptsache übereignet od belastet w. Das Ges berücksichtigt aber, daß das Zubeh in einem wirtschaftl ZusHang mit der Hauptsache steht. Es soll daher iZw deren rechtl Schicksal teilen. Diesem Gedanken trägt das Ges in einer Reihe von Vorschr Rechng, so in § 314 (Erstreck einer Veräußerungs- od BelastgsVerpfl), § 926 I (Erstreck der GrdstVeräußerg), § 1120 (Erstreck der Hyp) u in der entspr ZwVollstrVorschr der ZPO 865. § 97 definiert, was Zubeh ist, § 98 enthält eine Erläuterg für gewerbl u landw Zubeh sowie teilw eine Erweiterg. Dem § 98 entspr weitgeh die Vorschr der HöfeO 3 S 2, die das HofZubeh regelt; eine SonderBest für SchiffsZubeh enthält HGB 478.

2) Begriff des Zubehörs. Seine Voraussetzgen ergeben sich aus § 97 I 1. Auch wenn diese vorliegen, entfällt aber die ZubehEigensch, sow die AusnVorschr des § 97 I 2 u II eingreifen. – **a)** Als Zubeh kommen nur **bewegliche Sachen** (Übbl 3a v § 90) in Betracht. Ein GrdstBestandt kommen dher nicht als Zubeh sein (RG **87**, 50), ebenf nicht ein „BrennR" nach dem BranntweinmonopolG (BGH **LM** § 96 Nr 1), der Anteil des WoEigtümers an der Instandhaltgsrücklage (abw Röll NJW **76**, 938) od ein Amortisationsfond (RG **104**, 73). Ein SachInbegr (s Übbl 3e vor § 90) ist dann Zubeh, wenn dessen Voraussetzgen bei allen zum Inbegr gehör Sachen vorliegen (BGH **LM** Nr 3). Unerhebl sind die an der Sache bestehenden EigtVerh. Wie sich aus § 1120 ergibt, braucht das Zubeh nicht dem Eigtümer der Haupts zu gehören. – **b)** Zubehör setzt das Vorhandensein einer **Hauptsache** voraus. Als Haupts kommen Grdst u bewegl Sachen in Betracht. Rechte können nur dann Zubehör haben, wenn sie, wie das ErbbR, das WoEigt u den Rechte nach EG 63, Grdst gleichgestellt sind. Auch SachBestandt, zB Gebäude, können Haupts sein (BGH **62**, 51). Das Zubeh ist dann zugl Zubeh der GesSache (RG **89**, 63). Sach- u RGesamth können kein Zubeh haben. Das gilt auch für Unternehmen (MüKo/Holch Rdn 13). Das Inventar eines GewerbeBetr kann aber Zubehör des BetrGrdst sein. Voraussetzg ist, das Grdst für eine dauernd eingerichtet Nutzg seitens des BetrInh dient (BGH **62**, 49) u daß der wirtschaftl Schwerpkt des Unternehmens auf dem Grdst liegt (BGH **85**, 237). Bei einem Speditionsunternehmen ist der Kraftfahrpark daher idR nicht Zubehör des BetrGrdst (BGH aaO). Mögl auch, daß eine Sache Zubeh mehrerer Haupts ist (s Stettin JW **32**, 1581). – **c)** Die Sache muß dem **wirtschaftlichen Zweck** der Haupts dienen. Diese Voraussetzg ist weit auszulegen. Es ist nicht erforderl, daß die Haupts gewerbl genutzt w. Voraussetzg ist nur, daß sie in irgendeiner Weise nutzb ist. Brachland od ein zum Verschrotten bereit gestelltes Kfz kann kein Zubeh haben. Dagg können Glocke u Orgel Zubeh einer Kirche sein (BGH NJW **84**, 2278). Wird ein Grdst in verschiedener Weise genutzt (Wohn- u GeschHaus), kann es für jeden Nutzgszweck völl unterschiedl Zubeh h (BGH **85**, 237, **LM** Nr 3). – **d)** Dem Zweck der Haupts **dient** das Zubeh, wenn es deren zweckentspr Verwendg ermöglicht od fördert. Auch nur mittelb Vorteile für die Haupts genügen (Stettin JW **32**, 1581). Voraussetzg ist grdsl, daß die Haupts soweit hergestellt ist, daß sich ihr wirtschaftl Zweck verwirklichen läßt. Maschinen können daher nicht Zubeh eines erst im Rohbau fertigen Fabrikgebäudes sein (RG **89**, 64), Heizöl nicht Zubeh eines Wohnhauses, das sich noch im Rohbaustadium befindet (Düss NJW **66**, 1715). Dabei ist aber eine an der VerkAnschauung orientierte wirtschaftl Beurteilg notw. Inventar, das einem best gewerbl Betrieb auf Dauer dienen soll, kann daher schon vor Fertigstellg des BetrGebäudes als Zubeh angesehen werden (BGH NJW **89**, 36). Erforderl ist, daß zw der Haupts u dem Zubeh ein Verhältn der Über- u Unterordng besteht (BGH **85**, 237, **LM** Nr 3). Die einem Gewerbe dienenden Maschinen u Gerätsch sind nur dann GrdstZubeh, wenn das Grdst nach seiner obj Beschaffenh dauernd für den betr Gewerbebetrieb eingerichtet ist (BGH **62**, 50, s dazu § 98 Anm 2). **Verbrauchbare Sachen** (§ 92) können zwar Zubeh sein, so etwa das auf dem BauGrdst lagernde Baumaterial (BGH **58**, 312, aA Kuchinke JZ **72**, 660), der Kohlevorrat einer Ziegelei (RG **77**, 38), die Materialreserven einer Fabrik (RG **66**, 358, **84**, 285). **Kein Zubehör** des BetrGrdst sind die Vorräte an **Waren** u Erzeugn, die zum Verkauf best sind (RG **66**, 90, **86**, 329). Sie dienen nicht dem wirtschaftl Zweck des BetrGrdst, sond stehen diesem gleichgewicht ggü. Entspr gilt für die Rohstoffe u Halbfertigwaren, die nach Be- od Verarbeitg veräußert w sollen (RG **86**, 429, KG JW **34**, 43).

3) Begriff des Zubehörs; weitere Voraussetzungen. a) Zubeh muß **bestimmt** sein, dem wirtschaftl Zweck der Haupts zu dienen. Erforderl ist daher eine entspr **Widmung**. Diese ist kein RGesch (Übbl 1b v

Sachen   §§ 97, 98

§ 104), sond eine RHdlg, für deren Vorn natürl Willensfähigk ausr (Soergel-Mühl Rdn 25, RGRK Rdn 14, str). Die Widmg erfolgt idR dch schlüss Hdlg. Sie kann jeder tats Benutzer der Haupts vornehmen (BGH NJW **69**, 2135), auch der Mieter od Pächter. Bei ihm w sich die Zweckbestimmg aber idR auf die Zeit seines NutzgsR beschr, es fehlt also an einer Widmg auf Dauer (unten b). Die Widmg begründet die ZubehEigensch grdsl auch dann, wenn die Sache für den vorgesehenen Zweck wenig geeignet ist (RG JW **09**, 70, RG **157**, 48). Die ZubehEigensch entsteht mit der Widmg, auf die erstmalige tats Benutzg kommt es nicht an (RG **66**, 356). – **b)** Wie sich aus § 97 II 1 ergibt, muß das Zubeh dem Zweck der Haupts **auf Dauer** zu dienen best sein. Sachen, die nur vorübergehd für die Zwecke einer and benutzt w, sind kein Zubeh. Aus diesem Grd fallen ScheinBestandt (§ 95) idR nicht unter § 97 (BGH NJW **62**, 1498). Handelt der Benutzer in Ausübg eines zeitl begrenzten NutzgsR, besteht ebso wie bei § 95 II die Vermutg, daß lediglich eine vorübergehde Verbindg beabsichtigt ist (BGH NJW **84**, 2278, § 95 Anm 2b). Nur vorübergehd benutzt w in gepachtete Gebäude fest eingebaute Maschinen, die nach Beendigg des PachtVerh zu entfernen sind (BGH Betr **71**, 2113). Das gilt auch bei einem ÜbernR des Verpächters, sofern das Gebäude nicht auf Dauer für einen GewerbeBetr der betr Art eingerichtet ist (BGH aaO). Der ZubehEigensch steht nicht entgg, daß das ZubehStück als verbrauchb Sache seiner Natur nach nur einmal benutzt w kann (RG **77**, 38, Düss NJW **66**, 1714). Auch **fremde** Sachen können Zubeh sein (arg § 1120 aE, ZVG 55 II), so eine gestohlene od unter EigtVorbeh gelieferte Sache. Der VorbehKäufer widmet sie auf Dauer der Haupts, da er mit einer RückFdg aGrd des Vorbeh nicht rechnet (BGH **58**, 313). Wer vorübergehd die Benutzg behauptet, muß diesen AusnTatbestd **beweisen** (RG **47**, 201). – **c)** Zubeh muß in einem seinem Zweck entspr **räumlichen Verhältnis** zur Haupts stehen. Erst mit der Herstellg dieses Verh w die Sache Zubeh (RG Warn **09**, 176). GrdstZubeh braucht sich jedoch nicht auf dem betr Grdst zu befinden (RG **87**, 50, BGH **LM** Nr 3). Es genügt, wenn seine örtl Unterbringg die Benutzg für die Zwecke der Haupts ermöglicht. Zubeh sind daher: die auf fremden Grdst verlegten Versorggsleitgen eines Gas-, Wasser- od EWerkes (BGH **37**, 356, NJW **80**, 771); die auf einem NachbGrdst errichteten Hilfsgebäude (RG **55**, 284), Anschlußgleise (RG Warn **30**, 49), Sauerstoffanlagen (RG **157**, 47) u die Dalben einer Werft in öff Gewässern (OVG Brem NJW-RR **86**, 957). – **d)** Auch wenn alle Voraussetzgen des ZubehBegr erfüllt sind, ist die Sache kein Zubeh, sofern die **Verkehrsanschauung** enggsteht (**I 2**). VerkAnschauung ist die Auffassg, die sich allg od in dem betr VerkGebiet gebildet hat u in den Lebens- u GeschGewohnh der Beteil in Erscheing tritt (RG **77**, 244, Köln NJW **61**, 462). Da es sich um eine Ausn handelt, hat derj die entggstehde VerkAuffassg zu **beweisen**, der sich auf sie beruft (BGH **LM** Nr 3). Möbel sind nach der VerkAnschauung kein Zubehör (Düss DNotZ **87**, 109), and zu beurteilen sind aber Einbauküchen (Anm 5). Die Einrichtg der Gastwirtsch kann Zubehör darstellen (Anm 5), jedoch besteht in SchlH eine abw VerkAuffassg (Schlesw Rpfleger **88**, 76).

4) Die ZubehEigensch w **aufgehoben,** wenn eine ihrer Voraussetzgen für die Dauer fortfällt (BGH NJW **84**, 2278). Vorübergehde Änderugen sind, wie II 2 für den Fall der Trenng ausdr klarstellt, unerhebl. EndiggsGrde sind daher: dauernde Einstellg des Betr, dem das Zubeh dient (RGRK Rdn 35), Ändergg der Widmg (BGH NJW **69**, 2136, Dilcher JuS **86**, 187), dauernde Trenng. Keine EndiggsGrde sind: Übereignung des Zubeh (BGH NJW **79**, 2514, **87**, 1267), vorübergehde BetrEinstellg wg Konk (BGH **69**, 88, **77**, 39).

5) Einzelfälle (ja = Zubeh, nein = kein Zubeh): **Alarmanlage** in EigtWohng ja (Mü MDR **79**, 934). – **Amortisationsfonds** nein, da nicht Sache (RG **104**, 73). – **Anschlußgleis** für FabrikGrdst ja (RG Warn **30**, 49). – **Apothekeneinrichtung** auf ApothekenGrdst ja (RG Warn **09**, 491). – **Bagger** eines Kiesgewinngs-Betr ja, auch wenn er sich nicht auf dem Grdst selbst befindet (RG DR **42**, 138 c). – **Baumaterial** auf BauGrdst ja (BGH **58**, 312). – **Baugerät** auf dem für ein BauGesch eingerichtetem Grdst ja (Hamm MDR **85**, 494), sonst nein (BGH **62**, 49). – **Baumschulbestände** nein, da zur Veräußerg best u räuml Verh nur vorübergehd (BGH **66**, 90). – **Bauunterlagen** des HausGrdst nein (Karlsr NJW **75**, 694). – **Beleuchtungsgeräte**, die Mieter angeschafft h, nein wg vorübergehder Dauer (Bambg OLG **14**, 9). – **Bierausschankanlage** in GastWirtsch ja (Celle OLGZ **80**, 14). – **Bodenbelag:** Linoleumbodenbelag nein, da Bestandt (s § 93 Anm 5, aM Mü SeuffA **74**, 157). – **Einbauküche** ja, soweit sie nicht Bestandt (§ 93 Anm 5) sind (Hbg MDR **78**, 139, Köln VersR **80**, 52, Celle NJW-RR **89**, 914, aA Karlsr NJW-RR **86**, 19, **88**, 459, NJW-RR **89**, 333, LG Köln WPM **88**, 425). – **Einrichtung** für Gastwirtsch od Café ja, wenn Grdst auf eine entspr dauernde Benutzg eingerichtet (s BGH **62**, 49), jedoch kann die VerkAuffassg entggstehen (Anm 3 d). – **Fahrzeuge:** Hotelomnibus ja (RG **47**, 200); dem Betr eines BauGesch dienender Pkw ja (Hamm JMBlNRW **53**, 244); Fahrzeuge eines Fabrik- od HandelsunternehmensGrdst, die der Zu- u Ablieferg von Gütern dienen, ja (BGH WPM **80**, 1384); Fahrzeuge eines Speditions- od Transportunternehmens nein (BGH **29**, 238). – Vorräte an Kohle od Öl zum **Heizen** ja (RG **77**, 38, Düss NJW **66**, 1714). – **Inventar** einer Weberei unter den Voraussetzgen von § 98 Anm 2 ja. – **Kontoreinrichtung** eines gewerbl Betr ja, wenn Grdst auf eine entspr Benutzg dauernd eingerichtet (s BGH **62**, 49, dessen RGrds anzuwenden sind, ferner LG Freibg BB **77**, 1672, LG Mannh BB **76**, 1152). – **Kühlanlage** in Gaststätte ja (Hamm NJW-RR **86**, 376). – **Leitungen:** Fernleitgen für das Grdst des VersorggsBetr ja (BGH **37**, 357, NJW **80**, 771), sofern nicht Bestandt der Grdst, in denen sie liegen (s § 93 Anm 5). – **Maschinen** auf FabrikGrdst ja (BGH NJW **79**, 2514), auch vor Inbetriebnahme (BGH NJW **69**, 39); nein, wenn Grdst nicht dauernd für einen entspr GewerbeBetr eingerichtet (BGH **62**, 49). – **Mastschweine** auf MolkereiGrdst ja (RG **77**, 242). – **Möbel** zumindest wg einer entggstehden VerkSitte nein (Düss DNotZ **87**, 108). – **Nebenstellensprechanlage** für Grdst nein wg entggstehder VerkAnschauung (Köln NJW **61**, 462). – **Rohstoffe** für FabrikGrdst nein, die ihm nicht untergeordnet, sond nach Verarbeitg zur Veräußerg best (RG **86**, 329) –. **Squash-Courts** für Squash-Halle ja (Mü WPM **89**, 884); – im Garten aufgestellte **Statue** (Bronzerelief) nein (Ffm NJW **82**, 653). – Zum Verkauf best **Ware** nein (RG **66**, 90, KG JW **34**, 435). – **Zuchthengst** für Reiterhof ja (AG Oldbg DGVZ **80**, 94).

98 *Gewerbliches und landwirtschaftliches Inventar.* Dem wirtschaftlichen Zwecke der Hauptsache sind zu dienen bestimmt:
1. bei einem Gebäude, das für einen gewerblichen Betrieb dauernd eingerichtet ist, insbesondere

§§ 98, 99

bei einer Mühle, einer Schmiede, einem Brauhaus, einer Fabrik, die zu dem Betriebe bestimmten Maschinen und sonstigen Gerätschaften;

2. bei einem Landgute das zum Wirtschaftsbetriebe bestimmte Gerät und Vieh, die landwirtschaftlichen Erzeugnisse, soweit sie zur Fortführung der Wirtschaft bis zu der Zeit erforderlich sind, zu welcher gleiche oder ähnliche Erzeugnisse voraussichtlich gewonnen werden, sowie der vorhandene, auf dem Gute gewonnene Dünger.

1) Allgemeines. a) Der kasuistisch gefaßte, vom technisch-wirtschaftl Entwicklgsstand der Jahrhundertwende ausgehde § 98 soll die Anwendg des § 97 erleichtern. Er stellt klar, daß Inventar von Gewerbebetriebsgebäuden (Anm 2) u Landgütern (Anm 3) stets dem wirtschaftl Zweck der Haupts zu dienen best ist. Seine inzw zT veraltete Aufzählg ist nicht erschöpfd (RG 77, 38). Die ZubehEigensch setzt voraus, daß alle sonstigen TatbestdMerkmale des § 97 erfüllt sind (RG 69, 152). Auch iF des § 98 ist erforderl, daß die ZubehStücke dem Zweck der Haupts auf **Dauer** dienen sollen (Soergel-Mühl Rdn 2, MüKo/Holch Rdn 3, str). – **b) Hauptsache** ist iF des § 98 das BetrGebäude od das Landgut. Der wirtschaftl Schwerpkt des Betr muß auf dem Grdst liegen (BGH **85**, 237). Betr, die keinen in einem eig Gebäude od Grdst verkörperten Mittelpkt haben, haben im RSinn kein Zubeh (Dresden OLG **13**, 314).

2) Gewerbliches Inventar (Nr 1). Die Gebäude müssen für den gewerbl Betr dauernd eingerichtet sein. Das ist der Fall, wenn die Bauart od Einteilg des Gebäudes auf einen best GewerbeBetr abgestellt ist (BGH **62**, 52). Es genügt aber auch, wenn das Gebäude mit dem Ggst des Betr so verbunden ist, daß es nach der VerkAnschauung als für diesen dauernd eingerichtete wirtschaftl Einh erscheint (BGH aaO). Das kann auch der Fall sein, wenn ohne baul Änderg eine and gewerbl Nutzg des Gebäudes mögl wäre (Köln NJW-RR **87**, 752, krit Eickmann EWiR **87**, 217). Es schadet auch nicht, daß das Inventar mehr wert ist als das Gebäude (RG **87**, 49). **Maschinen** können ausnahmsw Bestandt des Gebäudes sein (§ 93 Anm 5); sie kommen dann nach § 97 I 1 nicht als Zubeh in Betr. **Gerätschaften** iS dieser Vorschr sind auch solche, die dem GewerbeBetr nur iwS dienen, etwa dem Vertrieb der hergestellten Waren (BayObLG **12**, 314). Unter diesen Begr fallen zB Dekorations- u VergnüggsGgstände eines Restaurants (RG **47**, 199f), Flaschen u Versandkisten (BayObLG **12**, 315), Büroeinrichtgen (BayObLG **12**, 315, LG Mannh BB **76**, 1152).

3) Landwirtschaftliches Inventar (Nr 2). Landgut ist jedes zum selbstd Betrieb der Landwirtsch (Ackerbau, Viehzucht, Forstwirtsch) geeignetes u eingerichtetes Grdst (Rostock OLG **29**, 211). Geräte sind zB Pflug, Trecker, Dreschmaschine, Mobiliar, das für die im Betr beschäftigten Pers best ist, BüroeinrichtgsGgst. Vieh dient dem landwirtsch Betr, wenn es zu Zuchtzwecken, zur ArbLeistg od zur Gewinng von Erzeugn (Milch, Eier) gehalten w. Auch Mastvieh ist grdsätzl Zubehör (RG **142**, 382). Es verliert aber diese Eigensch, wenn es endgült zum Verk best w (AG Neuwied DGVZ **75**, 63, MüKo/Holch Rdn 18). Landwirtschaftl Erzeugn fallen nur insow unter § 98, als sie zur Fortführ der Wirtsch erforderl sind, gleichgült, ob die Erzeugn aus eig Produktion stammen od hinzugekauft sind. Auf dem Gut gewonnener Dung ist nach dem Ges auch dann Zubeh, wenn er zur Fortführg des Betr nicht notw ist.

99 Früchte.
^{I} Früchte einer Sache sind die Erzeugnisse der Sache und die sonstige Ausbeute, welche aus der Sache ihrer Bestimmung gemäß gewonnen wird.

^{II} Früchte eines Rechtes sind die Erträge, welche das Recht seiner Bestimmung gemäß gewährt, insbesondere bei einem Rechte auf Gewinnung von Bodenbestandteilen die gewonnenen Bestandteile.

^{III} Früchte sind auch die Erträge, welche eine Sache oder ein Recht vermöge eines Rechtsverhältnisses gewährt.

1) Vorbemerkung zu §§ 99, 100. § 99 definiert den Begr der Früchte, § 100 den der Nutzgen. Die rechtl Bedeutg der §§ 99 u 100 ergibt sich aus den Vorschr, die sich mit Früchten u Nutzgen befassen, so zB §§ 953ff (EigtErwerb an Früchten), §§ 581, 1030 (NutzgsR des Pächters u Nießbrauchers), §§ 987ff (Herausg von Nutzgen).

2) Unmittelbare Sachfrüchte (I) sind die Erzeugn der Sache, dh alle natürl Tier- u Bodenprodukte, wie etwa Eier, Milch, Kälber, Obst, Pflanzen, Bäume. Gleichgestellt ist die sonst Ausbeute, wie zB Sand, Kohle, Mineralwasser. Sie muß aber gem der Bestimmg der Sache gewonnen w, dh in naturgem od verkehrsübl Weise (MüKo/Holch Rdn 4). Früchte iSv I sind auch die dch Raubbau od zur Unzeit gewonnenen Produkte (hM). Die Substanz der Sache darf aber nicht verbraucht w. Das Fleisch eines Schlachttiers ist daher keine Sachfrucht. Keine Früchte sind auch der Schatz (§ 984) od die auf einem Grdst erzeugte Elektrizität (Soergel-Mühl Rdn 9).

3) Unmittelbare Rechtsfrüchte (II) sind die Erträge eines Rechts. Sachfrüchte iSv I (Anm 2) sind RFrüchte, wenn sie von einem Nießbraucher od Pächter aGrd seines Nießbr od PachtR gewonnen w. RFrüchte sind weiter: bei der JagdR die Jagdbeute; bei BergwerksEigt die Kohle (RG JW **38**, 3042); bei einer Leibrente die Einzelleistgen (RG **80**, 209); bei einer Aktie die Dividende (Brem Betr **70**, 1436); bei der Mitglsch in einem Realverband die zugeteilten Holzmengen u Überschüsse (BGH **94**, 309); bei einer verzinsl Fdg die Zinsen (Soergel-Mühl Rdn 15). Das gilt auch dann, wenn die Verzinsg, wie iF des Verzuges, auf dem Ges beruht (BGH **81**, 13 zum LAG-Zinszuschlag). Keine RFrüchte sind: das dem Aktionär zustehde Recht zum Bezug neuer Aktien, da es kein bestimmtgsgem Ertrag der Aktie ist (Brem Betr **70**, 1436); beim Aktienverkauf erzielte Kursgewinn (Brem aaO). Der Ertrag eines Untern ist analog I u II als Frucht der Rechts- u Sachgesamth Untern zu behandeln (Soergel-Mühl Rdn 3, str, die Rspr kommt dch unmittelb Anwendg des § 100 – dort Anm 1 – zum gleichen Ergebn).

4) Mittelbare Sach- u Rechtsfrüchte (III) sind die Erträge, die die Sache od das Recht vermöge eines RVerhältn gewährt. Mittelb Sachfrüchte sind bei Miethäusern der Mietzins (RG **105**, 409, **138**, 72), bei überbauten Grdst die Überbaurente (§ 912). Mittelb RFrüchte sind zB die LizenzGebühr für die Überlassg eines PatentR. Zu Darlehnszinsen s Anm 3.

100 **Nutzungen.** **Nutzungen sind die Früchte einer Sache oder eines Rechtes sowie die Vorteile, welche der Gebrauch der Sache oder des Rechtes gewährt.**

1) Der Begr der **Nutzungen** umfaßt außer den **Früchten** einer Sache od eines Rechts (§ 99) auch die **Gebrauchsvorteile.** Wer die mit der Innehabg einer Sache od eines Rechts verbundenen Rechte ausübt, gebraucht die Sache od das Recht; daher gehören Vorteile aus einem GmbH-StimmR zu den Nutzgen der GeschAnteile (RG **118**, 269). Das gilt entspr für das StimmR des WoEigtümers (KG OLGZ **79**, 293). Zu den Nutzgen eines Grdst mit GewerbeBetr gehört der aus dem GewerbeBetr gezogene Gewinn, jedoch vermindert um den „Unternehmerlohn" (BGH NJW **78**, 1578). Der GebrVorteil braucht nicht vermögensr Natur zu sein (MüKo/Holch Rdn 3). Auch die Benutzg eines unter Naturschutz stehden Grdst, auf dem nicht gebaut w darf, stellt daher einen GebrVorteil dar (aM Hbg MDR **53**, 614). Keine Nutzg ist das, was dch rgesch Verwertg der Sache erzielt worden ist. Kursgewinne aus Aktienverkäufen gehören daher nicht dazu (Brem Betr **70**, 1436); ebsowenig das BezugsR auf neue Aktien, da es nicht aus dem Gebrauch der Aktien fließt (BayObLG OLG **36**, 282, Brem Betr **70**, 1436). Maßg für die **Bewertung** der GebrVorteile ist deren obj Wert (BGH JR **54**, 460); entsch ist die obj Möglichk der Nutzg, ohne daß es darauf ankommt, ob dch den Gebr ein Gewinn od ein Verlust entstanden ist (BGH Betr **66**, 739). Für die Berechng der GebrVorteile kann der erzielb Mietzins herangezogen w (BGH JR **54**, 460, WPM **78**, 1209), bei Grdst uU auch der übl Erbbauzins (BGH **LM** § 988 Nr 3), bei einer FabrikAnl der Pachtwert (BGH JR **54**, 460), bei Kapitalnutzg die übl Verzinsg (RG **151**, 127, BGH NJW **61**, 452).

101 **Verteilung der Früchte.** **Ist jemand berechtigt, die Früchte einer Sache oder eines Rechtes bis zu einer bestimmten Zeit oder von einer bestimmten Zeit an zu beziehen, so gebühren ihm, sofern nicht ein anderes bestimmt ist:**
1. **die im § 99 Abs. 1 bezeichneten Erzeugnisse und Bestandteile, auch wenn er sie als Früchte eines Rechtes zu beziehen hat, insoweit, als sie während der Dauer der Berechtigung von der Sache getrennt werden;**
2. **andere Früchte insoweit, als sie während der Dauer der Berechtigung fällig werden; bestehen jedoch die Früchte in der Vergütung für die Überlassung des Gebrauchs oder des Fruchtgenusses, in Zinsen, Gewinnanteilen oder anderen regelmäßig wiederkehrenden Erträgen, so gebührt dem Berechtigten ein der Dauer seiner Berechtigung entsprechender Teil.**

1) Allgemeines. § 101 regelt, wie sich aus dem Wort „gebühren" ergibt, die schuldrechtl AusglPfl zw mehreren aufeinand folgden Fruchtziehgsberechtigten, zB Veräußerer/Erwerber, Verpächter/Pächter, Vorerbe/Nacherbe. Er behandelt nicht den Erwerb des Eigt an den Früchten (s dazu §§ 953 ff). § 101 gilt nicht bei **abweichender Bestimmung** dch Ges (zB §§ 987 ff, 1038 ff, 2133) od RGesch, etwa Vertr od Test.

2) Verteilung. a) Bei **unmittelbaren Sachfrüchten** (§ 99 I) ist der Ztpkt der Trenng entscheidd (Nr 1). – **b)** Bei and Früchten tritt an die Stelle der Trenng die Fälligk (Nr 2). Bei **regelmäßig wiederkehrenden Erträgen** erfolgt dagg eine Teilg nach der Dauer der Berechtigg *(pro rata temporis)*. Das gilt für Miet- u Pachtzins, Kapitalzins, Gewinnanteile, Rentenzahlungen.

102 **Ersatz der Gewinnungskosten.** **Wer zur Herausgabe von Früchten verpflichtet ist, kann Ersatz der auf die Gewinnung der Früchte verwendeten Kosten insoweit verlangen, als sie einer ordnungsmäßigen Wirtschaft entsprechen und den Wert der Früchte nicht übersteigen.**

1) Es entspr der Billigk, daß derj, dem die Früchte zugute kommen, die für ihre Gewinng aufgewandten **Kosten** trägt. § 102 begründet daher für bereits getrennte Früchte eine entspr ErsVerpfl. Für ungetrennte Früchte enthalten Sondervorschriften eine entspr Regelg, s §§ 596a (Früchte eines gepachteten landw Grdst), 998 (Früchte eines an den Eigtümer herauszugebden landw Grdst). Die ErsVerpfl gilt für jede Art von Früchten u HerausgPflichten (BGH **LM** Nr 1). Es handelt sich um einen unmittelb auf § 101 beruhden selbstd Anspr, nicht wie iF des § 1001 um eine bloße Einrede (RG JW **38**, 3042, Staud-Dilcher Rdn 5, RGRK-Kregel Rdn 3; MüKo/Holch Rdn 6). Der Anspr umfaßt auch den Wert der pers ArbLeistg, insb bei Früchten eines gewerbl Unternehmens (BGH **LM** Nr 1). Unbill wäre es jedoch, dem Berecht eine außer Verh zum Nutzen stehde Kostenbelastg aufzuerlegen; daher ist die ErsVerpfl auf diejen Kosten beschr, die einer ordngsmäß Wirtsch entspr u den Wert der Früchte nicht übersteigen.

103 **Verteilung der Lasten.** **Wer verpflichtet ist, die Lasten einer Sache oder eines Rechtes bis zu einer bestimmten Zeit oder von einer bestimmten Zeit an zu tragen, hat, sofern nicht ein anderes bestimmt ist, die regelmäßig wiederkehrenden Lasten nach dem Verhältnisse der Dauer seiner Verpflichtung, andere Lasten insoweit zu tragen, als sie während der Dauer seiner Verpflichtung zu entrichten sind.**

1) § 103 enthält eine § 101 Nr 2 entspr Regelg für die Verteilg der Lasten. **a) Lasten** sind die auf der Sache od dem Recht liegde Verpfl zu Leistgen, die aus der Sache od dem Recht zu entrichten sind u den Nutzgswert mindern (RG **66**, 318, Hamm NJW **89**, 840). Nießbr, GrdDbk u VorkaufsR gehören nicht dazu (RG aaO), ebsowenig pers Verpfl privatr od öffrechtl Natur, wie Bürgersteigausbaukosten in RhPf (BGH NJW

81, 2127), die StreuPfl (Hamm NJW **89**, 840) od die bei Erteilg einer behördl Gen dch Auflagen begründeten Pflten (RG **129**, 12). – **b) Verteilung.** § 103 unterscheidet zw regelmäß wiederkehrden u and (einmaligen) Lasten. Erstere sind *pro rata temporis* zu teilen, letztere sind iZw von dem zZ der Fälligk Verpflichteten zu tragen (BGH NJW **82**, 1278). Sehen die öffr Vorschr wg des EigtWechsels eine Erstattg u Neufestsetzg der Last ggü dem neuen Eigtümer vor, kann eine ergänzde VertrAusleg eine Belastg des fr Eigtümers rechtf (BGH NJW **88**, 2099). – **aa) Regelmäßig wiederkehrende** Lasten sind Hyp- u GrdSchZinsen, § 1047 (BGH NJW **86**, 2439) sowie die Prämien der Sachversicher (Düss NJW **73**, 146, str); öffrechtl Lasten dieser Art sind GrdSteuer- u ähnl AbgVerpflichtgen, nicht aber die VermSteuer (§ 1047 Anm 3, str, aA Baums Betr **81**, 356). – **bb) Einmalige Lasten** sind zB Erschließgsbeiträge (BGH NJW **82**, 1278, Celle OLGZ **84**, 109), Leistgen im Umleggs- u FlurbereiniggsVerf, Deichlasten u Patronatslasten (RG **70**, 264), die bei Aufg od Veräußerg eines GewBetr gem EStG 16 anfallde EinkSt (BGH NJW **80**, 2465), die VermAbgabe gem LAG 73.

Dritter Abschnitt. Rechtsgeschäfte

Überblick

Übersicht

1) **Rechtsgeschäfte**
   a) Privatautonomie
   b) Begriff des Rechtsgeschäfts
   c) Tatbestandsmerkmale und Wirksamkeitsvoraussetzungen
2) **Rechtshandlungen**
   a) Begriff
   b) rechtswidrige Handlungen
   c) geschäftsähnliche Handlungen
   d) Realakte
3) **Arten der Rechtsgeschäfte**
   a) einseitige und mehrseitige
   b) personenrechtliche und vermögensrechtliche
   c) unter Lebenden und von Todes wegen
   d) Verpflichtungs-, Verfügungs- und Gestaltungsgeschäfte
   e) abstrakte und kausale
   f) Erstreckung der Unwirksamkeit des Grundgeschäfts auf das Erfüllungsgeschäft
   g) treuhänderische
4) **Fehlerhafte Rechtsgeschäfte**
   a) nichtige
   b) relativ unwirksame
   c) schwebend unwirksame
   d) anfechtbare
   e) Beschränkung der Nichtigkeitsfolgen
5) **Prozeßhandlungen**

1) Rechtsgeschäfte. a) Das bürgerl Recht geht vom Grds der **Privatautonomie** aus. Es überläßt es dem einz, seine Lebensverhältn im Rahmen der ROrdng eigenverantwortl zu gestalten. Die PrivAutonomie ist Teil des allg Prinzips der Selbstbestimmg des Menschen (Flume § 1, 1). Sie w zumindest in ihrem Kern dch Art 1 u 2 GG geschützt (BVerfG **70**, 123, **72**, 170). Die PrivAutonomie ist mehr als ein FreiheitsR. Sie berecht den einz, Rechte u Pflten zu begründen, zu ändern od aufzuheben, also im Rahmen der ROrdng eigenverantwortl rechtsverbindl Regelgen zu treffen. Ihre Haupterscheingsformen sind die VertrFreih (Einf 3 vor § 145), die VereiniggsFreih (Einf 8 vor § 21), die TestierFreih (Übbl 3 vor § 2064) u die Freih des Eigt (Übbl 1 vor § 903). Die PrivAutonomie gehört zu den unverzichtb GrdWerten einer freiheitl Rechts- u VerfOrdng. Es darf aber nicht vergessen w, daß sie auch die Gefahr des Mißbr in sich als Instrument gesellschaftl Machtausübg benutzt w kann. Derartigen Mißbr zu begegnen, ist in einer sozialstaatl ROrdng eine der vornehmsten Aufg von GesGebg u Rspr (vgl Einf 3 vor § 145 u § 138 Anm 1a).

b) Das Mittel zur Verwirklichg der PrivAutonomie ist das „**Rechtsgeschäft**", ein Begriff, den die RWissensch des 18. u 19. Jhdt dch Abstraktion aus den in der ROrdng normierten Akttypen gebildet hat (Flume § 2, 1). Das RGesch besteht aus einer od mehreren WillErkl (Einf 1a vor § 116), die allein od in Verbindg mit and TatbestdMerkmalen eine RFolge herbeiführen, weil sie gewollt ist. Die Mot (I 126) setzen WillErkl u RGesch gleich. Entspr verfährt gelegentl auch das Ges. Daran ist richt, daß eine WillErkl notw Bestandt eines jeden RGesch ist. Die WillErkl gibt dem RGesch sein finales, auf die Herbeiführg einer RFolge gerichtetes Gepräge. Das RGesch erschöpft sich aber idR nicht in einer WillErkl. Nur beim RGesch einfachster Art der Fall, wie zB bei der Anf, der Aufr u der Künd. Im allg gehören zum RGesch noch weitere TatbestdMerkmale, etwa eine weitere WillErkl beim Vertr, TatHdlgen wie die BesÜbertr bei der Übereigng bewegl Sachen (§ 929) oder behördl Akte wie die Eintr im GrdBuch bei GrdstGesch.

c) Von den TatbestdMerkmalen zu unterscheiden sind die **Wirksamkeitsvoraussetzungen,** wie die GeschFgk des Handelnden (§§ 104ff), die Wahrg best Formen (§§ 125ff), die Mitwirkg Dr, insb die Zust (§§ 182ff) sowie die Gen des VormschG (§§ 1821ff) oder behördl Stellen (s § 275 Anm 9). Mangelt es an einer WirksamkVoraussetzg, so ist das RGesch nichtig; es ist aber trotzdem als RGesch anzusehen (vgl RG **68**, 324). Das kann prakt bedeuts w bei Heilg der Nichtigk (§§ 313 S 2, 518 II, 766 S 2), ferner wenn der Berufg auf die Nichtigk der Einwand unzul RAusübg entgegsteht. Fehlt dagg ein TatbestdMerkmal, ist ein RGesch überhaupt nicht zustandegekommen (NichtRGesch im Ggs zum nichtigen RGesch). Das ist der Fall, wenn das RGesch über wesentl Bestandt (essentialia negotii) keine Regelg enthält, etwa der KaufVertr keine Einigg über Ware u Preis (vgl aber Einf 1a aE vor § 145). Unschädl ist dagg, wenn NebenBestimmgen, die üblicherw geregelt w, aber nicht notw Bestandt des RGesch sind (naturalia negotii), fehlen. Fehlt es an einer Einigg über im Einzelfall gewollte, an sich aber nicht notw Bestandt (accidentalia negotii), ist idR ein TatbestdMangel anzunehmen. Ein NichtRGesch liegt auch vor, wenn es an einem rechtl Bindgswillen fehlt. Dazu gehört auch der Fall, daß sich die Part bei VertrSchl der Nichtigk der Vereinbg bewußt waren (Einf 1e vor § 116).

2) Rechtshandlungen. a) Die ROrdng knüpft in vielen Fällen an Hdlgen RFolgen, für deren Eintritt es gleichgült ist, ob sie vom Handelnden gewollt sind od nicht. Diese Hdlgen können unter dem Begriff der **Rechtshandlung** zusgefaßt w (Flume § 9, 1, Mot I 127). Dabei handelt es sich um einen GgBegriff zu dem des RGesch; währd das RGesch RWirkgen hervorbringt, weil sie gewollt sind, treten die RFolgen der RHdlg unabhäng vom Willen des Handelnden kr Ges ein. Die RHdlgen zerfallen in rechtsw Hdlgen u rechtmäß. Bei den rechtm Hdlgen sind geschäftsähnl Hdlgen u TatHdlgen zu unterscheiden. Diese Begriffsbildg u ihre Unterteilgen haben aber nur geringen Wert, weil weder für die RHdlgen noch für ihre Unterarten gemeins RGrds gelten, es für die RAnwendg vielmehr auf die Eigenart jedes Hdlgstyps ankommt.

b) Unter **rechtswidrigen Handlungen** sind solche zu verstehen, die wg ihrer Widerrechtlichk eine RFolge auslösen. Zu ihnen gehören die unerl Hdlgen (§§ 823ff), die Verstöße gg schuldrechtl Verbindlichk (§§ 280, 284, 325, 326, pVV), die verbotene Eigenm (§§ 858ff), die EigtStörg (§ 1004), Fälle der Billigk-Haftg (§ 829) u der GefährdgsHaftg (vgl ZusStellg in § 276 Anm 10).

c) Geschäftsähnliche Handlungen. – aa) Sie sind auf einen tatsächl Erfolg gerichtete Erkl (idR Aufforderngen od Mitteilgen), deren RFolgen kr Ges eintreten. Zu ihnen gehören die Mahng (BGH **47**, 357, hM, and noch Mot II 58), FrSetzgen (§ 326 I 1), Aufforderngen (§§ 108 II, 177 II), Androhgen (§§ 384 I, 1220 I 1), Weigergen (§§ 179 I, 295 S 1, s Hamm OLGZ **81**, 27), Mitteilgen u Anz (§§ 149, 171, 409 I, 415 I S 2, 416 I S 1, 478 I, HGB 377) sowie die **Einwilligung** in FreihBeschrkgen, Körperverletzgen u ärztl Eingriffe (BGH **29**, 36, **105**, 48, aA Kohte AcP **185**, 105, BGH **90**, 101). – **bb)** Auf die Mehrzahl der geschäftsähnl Hdlgen sind die **Vorschriften über Willenserklärung entsprechend** anwendb, näml über die GeschFgk (§§ 104ff), das Wirksw (§§ 130ff), die Auslegg (§§ 133, 157), die Stellvertretg (§§ 164ff), Einwillig u Gen (§§ 182ff) u die Willensmängel (§§ 116ff, vgl BGH **47**, 357, NJW **89**, 1792, Beckmann/Glose BB **89**, 857). Dabei ist aber nicht schemat zu verfahren. Bei jedem Hdlgstyp ist seiner Eigenart u der typ Interessenlage Rechng zu tragen (Flume § 9, 2b, Larenz § 26, Medicus AT Rdn 198). Geschähnl Hdlgen, dch die der Handelnde lediglich einen rechtl Vorteil erlangt, wie zB die Mahng, erfordern entspr § 107 nur beschr GeschFgk (§ 284 Anm 3). Bei geschähnl Hdlgen, die einen starken höchstpersönl Einschlag h, wie die **Einwilligung** zu FreihBeschrkgen, Körperverletzgen u ärztl Eingriffen, kommt es darauf an, ob der Handelnde ein solches Maß an Verstandesreife erreicht hat, daß er die Tragweite seiner Entsch zu übersehen vermag; eine starre Altersgrenze läßt sich hier nicht ziehen (BGH **29**, 36, NJW **64**, 1177, **72**, 335, BayObLG **85**, 56, aA MüKo/Gitter Rdn 89, der GeschFgk fordert). Das gilt ebso, wenn die Einwillig Eingriffe in das Recht am eig Bild od and PersönlichkR betrifft (Karlsr FamRZ **83**, 742, aA Düss FamRZ **84**, 1222). Auch beim Entmündigten ist entscheidd, ob er die natürl Einsichts- u UrtFgk besitzt (Hamm NJW **83**, 2095). Eine Anf kommt bei diesen RHdlgen nicht in Betr; schwerwiegde Willensmängel (Täuschg, Drohg) können aber dazu führen, daß die Hdlg nicht mehr als Ausfluß einer sachgerechten Willensbildg anerkannt werden kann (BGH aaO).

d) Tathandlungen („Realakte"). – **aa)** Sie sind auf einen tatsächl Erfolg gerichtete Willensbetätiggen, die kr Ges eine RFolge hervorbringen. Sie unterscheiden sich von den geschäftsähnl Hdlgen dadch, daß sie keine Erkl sind. Zu den TatHdlgen gehören die Verbindg u Vermischg (§§ 946–948), die Verarbeitg (§ 950), der Besitzerwerb, die Besitzaufgabe u die BesitzÜbertr (and aber iF des § 854 II, vgl dort Anm 4), der Fund (§ 965) u der Schatzfund (§ 984), das Einbringen von Sachen in Mieträume (§ 559) u bei Gastw (§ 704), die Schaffg von urheberrechtl geschützten Werken, aber auch die WohnsBegründg u Aufhebg (§§ 7, 8) sowie die GoA (str, s Einf 1b v § 677). TatHdlgen können sich auch auf geist-seel Vorgänge beziehen, wie der Widerr ehrenkränkder Behauptgen (BGH NJW **52**, 417) u die Verzeihg (§§ 532 S 1, 2337, 2343; hM, vgl RG **96**, 269, BGH NJW **84**, 2090, s auch § 532 Anm 2a). Hdlgen, die eine Haftg kr RScheins begründen, wie das Auftreten als ScheinKaufm u der Fall der AnschVollm (§ 173 Anm 4c), können gleichf zu den TatHdlgen gerechnet w. – **bb)** Auf TatHdlgen sind die für RGesch geltden Vorschr grdsätzl **unanwendbar**. Auch hier läßt sich jedoch keine starre Regel aufstellen. Eine Reihe von TatHdlgen kann auch ein GeschUnfäh vornehmen, so insb die Verbindg, die Vermischg, die Entdeckg eines Schatzes, die Schaffg von urheberrechtl geschützten Werken u die GoA (§ 682 Anm 1). Für and TatHdlgen ist eine gewisse natürl ErkenntFähig erforderl, so für die Verzeihg, die Einbringg von Sachen. Für die BesAufgabe verlangt die hM mind beschr GeschFgk (§ 935 Anm 2c). Unbeschr GeschFgk ist nach ausdr gesetzl Vorschr für die Begründg u Aufhebg des Wohns (§ 8) erforderl. Auch die TatHdlg, die einen RSchein setzt, begründet nur dann eine Haftg, wenn der Handelnde geschäftsfäh war (Stgt MDR **56**, 673, Nitschke JuS **68**, 541). Das beruht darauf, daß das geltde Recht den Schutz des GeschUnf höher bewertet als den Vertrauensschutz (BGH NJW **77**, 623). Unanwendb auf TatHdlgen sind die Vorschr über Willensmängel (BGH NJW **52**, 417 zum Widerruf ehrenkränkder Behauptgen). Die Verzeihg ist aber ohne Wirkg, wenn sie auf Irrt od Täuschg beruht.

3) Arten der Rechtsgeschäfte. Die RGesch lassen sich unter versch GesichtsPkten einteilen (vgl auch Einf 3 vor § 305 zur Einteilg der Vertr). Man unterscheidet:

a) Einseitige u mehrseitige RGesch. – **aa)** Zu den **einseitigen** RGesch gehören zunächst die streng einseit, für deren Wirksamk es nicht darauf ankommt, ob von ihnen Kenntn erlangt w (nicht empfangsbedürft WillErkl). Bsp sind die EigtAufg (§ 959), die Auslobg (§ 657), das StiftgsGesch (§ 81), das Test (§ 2247) u der Organisationsakt zur Gründg einer Einmann-GmbH nach GmbHG 1 (Hamm Betr **83**, 2679, Flume ZHR **146**, 205). Eine weitere Gruppe einseit RGesch besteht aus empfangsbedürft WillErkl (§ 130 Anm 1 b), wie die Bevollmächtigg (§ 167), Ermächtigg u die GestaltgsGesch (unten d). Hierher gehören ferner glt einseit RGesch, die eine einer Beh ggü abzugebde WillErkl zum Ggst haben (§ 130 Anm 5). Für die Zuordng zu den einseit RGesch ist entsch, daß sich nicht WillErkl versch Willensrichtg ggüberstehen. Daher bleibt das RGesch auch dann einseit, wenn die Part, die das RGesch vornimmt, aus mehreren Pers besteht, wie etwa iF der gemeins Anf od Künd. – **bb)** Unter den **mehrseitigen** RGesch sind am bedeutsamsten die Vertr (Einf 2 vor § 145 u Einf 3 vor § 305). Eine bes Art der mehrseit RGesch sind die Beschlüsse, die der Willensbildg im Gesellsch- u VereinsR dienen (Vorbem 5 vor § 709). Ihre Eigenart besteht darin, daß für sie idR nicht das Prinzip der Willensübereinstimmg sond das MehrhPrinzip gilt. Beschlüsse binden auch den, der sich nicht an der Abstimmg beteiligt od dagg gestimmt hat. Zur Anwendg des § 181 auf Beschlüsse vgl dort Anm 2 b aa). Die zum Zustandekommen eines mehrseit RGesch erforderl WillErkl sind grdsl **empfangsbedürftig**, werden also erst mit dem Zugehen wirks (§ 130). Nicht empfangsbedürft ist die AnnErkl iF der §§ 151, 152.

b) Personenrechtliche u **vermögensrechtliche** RGesch. Unter den Begriff des RGesch fallen auch persrechtl Gesch, wie das Verlöbn (§§ 1297 ff), die Eheschließg (EheG 11 ff) u die Einwilligg des FamR. Für diese RGesch passen vielf die dem VermögensR entstammden allg Vorschr über RGesch nicht. Für sie gelten daher weitgehd famrechtl Sonderregelgen.

c) RGesch unter Lebenden u **von Todes wegen.** RGesch vTw sind das Test (§§ 2064 ff), der ErbVertr (§§ 2274 ff) u der ErbverzichtsVertr (§§ 2346 ff), ferner wohl auch die nicht vollzogene Schenkg vTw (§ 2301). Alle and RGesch können – einschließl des Vertr zGDr auf den Todesfall (§ 331) – sind RGesch unter Lebenden. RGesch vTw können auch nichterbrechtl Regelgen enthalten, wie etwa die Erteilg einer Vollm (§ 167 Anm 1 a) oder den Widerr einer Schenkg (RG 170, 383).

d) Verpflichtungs- und Verfügungsgeschäfte. – aa) Verpflichtungsgeschäfte sind RGesch, dch die eine Pers ggü einer and eine LeistgsPfl übernimmt. Dch das VerpflGesch, das idR ein Vertr ist, aber auch ein einseit RGesch sein kann, entsteht ein SchuldVerh (Einl 1 vor § 241). Für das einseit VerpflGesch gilt ein *numerus clausus* der mögl Akttypen (vgl Einf 2 c vor § 305). Für den SchuldVertr besteht eine derart Beschrkg nicht, für ihn gilt vielmehr der Grds der VertrFreih (GestaltgsFreih), vgl Einf 3 b v § 145. – **bb) Verfügungen** sind RGesch, die unmittelb darauf gerichtet sind, auf ein bestehdes Recht einzuwirken, es zu verändern, zu übertr oder aufzuheben (vgl BGH **1**, 304, **75**, 226, **101**, 26). Für Vfgen gilt im Interesse der RSicherh ein *numerus clausus*. Zu den Vfgen gehört die Veräußerg (Übereign oder Übertr eines sonst Rechts) u die Belastg. Vfg ist auch die Gen einer schwebd unwirks Vfg, nicht dagg schon die Einwilligg zu einer Vfg (str, vgl Flume § 11, 5 d, aA RG **152**, 383). Das Hauptverbreitgsgebiet des VfgsGesch ist das SachenR, dessen dingl RGesch dchweg verfügden Charakter h (vgl Einl 5 vor § 854). Auch das SchuldR kennt aber zahlr VfgsGesch, näml den Erlaß (§ 397), die Abtr (§§ 398 ff), die befreiende SchuldÜbern (§§ 414 ff), die Vertr-Übern (§ 398 Anm 10), den Aufhebgs- u den ÄndersgsVertr, wobei letztere zugl auch VerpflGesch sein können (Larenz § 18 II c). – **cc)** Vfgen sind auch die **Gestaltungsgeschäfte**, wie die Anf (§ 142), der Rücktr (§ 349), die Aufr (§ 388), die Anf u der Widerr, hM, str (vgl Flume § 11, 5 b). Da das GestaltgsGesch auf die RStellg des ErklEmpfängers ohne dessen Zutun einwirkt, muß sich die beabsichtigte RÄnderg klar u unzweideut aus der Erkl ergeben. GestaltgsGesch sind daher grdsätzl bedinggsfeindl (so ausdr für die Aufr § 388 S 2); eine Ausn ist jedoch dann gerechtf, wenn die Bedingg ausschl vom Willen des ErklEmpfängers abhängt (Einf 6 vor § 158). Das GestaltgsGesch verträgt idR auch keinen sonst SchwebeZust. Fehlt eine erforderl Einwilligg, ist das GestaltgsGesch daher abw von den allg Grds nicht schwebd unwirks, sond nichtig (RG **146**, 316, OGH NJW **49**, 671, BAG Betr **77**, 1191, § 185 Anm 1 b). Das entspr der Regelg des § 111, S 1, für die Vertretg ohne Vertretgsmacht ist jedoch der Ausn des § 180 S 2 zu beachten. Ist das GestaltgsGesch wirks geworden, kann es nicht mehr einseit zurückgenomen w (LAG Düss Betr **75**, 1081). Zur Wiederherstellg des RVerh bedarf es einer vertragl Neubegründg. Das Ges bezeichnet als Vfgen auch Maßn iW der ZwVollstr. Diese haben uU dieselben RFolgen wie rgesch Vfgen (vgl §§ 161 I, 184 II, 353 II, 499 S 2, 883 II, 2115), begründen aber keinen gutgl Erwerb. – **dd)** Die Einteilg in Verpfl- u VfgsGesch ist **nicht abschließend.** Es gibt RGesch, die weder in die eine noch in die and Kategorie gehören, so die sog HilfsGesch, wie die VollmErteilg, die Einwilligg u die Gen, soweit sie nicht Vfg ist (vgl oben bb).

e) Abstrakte u **kausale** RGesch. **aa)** Diese Unterscheidg betrifft **Zuwendungsgeschäfte;** das sind solche RGesch, die eine VermVerschiebg zw den Part bezwecken (Flume § 12 I 1, Larenz § 18 II d). ZuwendgsGesch idS können sowohl VerpflGesch als auch Vfgen sein. Jede zuwendl Zuwendg bedarf eines RGrdes *("causa")*. Hierunter ist der der Zuwendg unmittelb zugrde liegde Zweck zu verstehen. Er ist vom bloßen (rechtl unbeachtl) Motiv zu unterscheiden, aber auch von der GeschGrdlage, deren Fehlen od Wegfall nur nach Maßg des Grds von Treu u Glauben bedeuts w kann (§ 242 Anm 6 C).

bb) Kausal sind solche RGesch, die die Vereinbg über den RGrd als Bestandt in sich schließen. Prototyp hierfür ist der ggs Vertr (§§ 320 ff). Bei ihm gehen beide Part eine Verpfl ein, um den Anspr auf die GgLeistg zu erwerben. Der RGrd ist damit Teil der vertragl Einigg. Fehlt die Einigg über den RGrd, ist der Vertr nicht zustande gekommen. Der Fall, daß der Vertr wirks ist, der RGrd aber fehlt, kann nicht auftreten. Entspr gilt grdsätzl für alle VerpflGesch (Flume § 12 II 4 b, Larenz § 18 II d), jedoch kennt das BGB auch einige abstr ausgestaltete SchuldVertr (nachstehd cc).

cc) Abstrakte RGesch sind vom RGrd unabhäng; bei ihnen ist der RGrd nicht im RGesch enthalten, sond liegt außerh des Gesch. Prototyp ist die Übereigng einer bewegl Sache (§ 929). Ihr RGrd kann ein Schuld-Vertr (GrdGesch) od eine gesetzl Verpfl sein. Er bleibt jedenf außerh des ÜbereigsGesch (ErfGesch). Mängel des GrdGesch führen idR nicht zur Unwirksamk des ErfGesch, sond begründen nur einen Ber-Anspr. Der Erwerber der rgrdlos erlangten Sache kann diese auch dann wirks weiterveräußern, wenn sein Abnehmer von den Mängeln des RGrdes weiß. Das gilt sinngemäß für alle sonstigen VfgsGeschäfte, auch die des SchuldR (oben d). Das Ges hat aber auch einz VerpflGesch als abstr RGesch ausgestaltet. Dazu gehören: das SchuldVerspr (§ 780) u das Schuldanerkenntn (§ 781), die Ann der Anweisg (§ 784), ferner die Verpfl aus umlauffäh WertP, wie Wechsel, Scheck u Inhaberschuldverschreibg. Schließl sind auch die sog HilfsGesch (oben d dd) ggü dem GrdGesch abstrakt (s § 167 Anm 1 d).

dd) Der Grds, daß VfgGesch in ihrer rechtl Wirksamk vom Bestehen des RGrdes unabhäng sind (**Abstraktionsprinzip**) u die damit einhergehde Aufspaltg von Gesch des tägl Lebens in mehrere selbstd Vertr („Kauf" = schuldrechtl GrdGesch u dingl VfgsGesch), ist eine Eigenart des dtschen Rechts; es war fr *rechtspolitisch* umstritten, hat sich aber im ganzen gesehen bewährt (vgl zum Streitstand Flume § 12 III 3, Rother AcP **169**, 1, Peters Jura **86**, 449). Eine kausale Gestaltg der EigtÜbertr u der übr VfgsGesch wäre geeignet, die Sicherh des RVerk zu gefährden.

f) Auch nach geltdem Recht kann sich ausnw die **Ungültigkeit des Grundgeschäfts** auf das **Erfüllungsgeschäft** erstrecken: **aa)** Die Tats, die das GrdGesch ungült machen, können zugl die Unwirks des ErfGesch begründen, sog **Fehleridentität**. Das ist häuf bei Mängeln der GeschFgk der Fall. Aber auch bei Irrt ist uU neben dem Grd- auch das ErfGesch anfechtb, so wenn beide Gesch in einem Willensakt zufallen (RG **66**, 389). Bei Anf wg argl Täuschg w sich das AnfR sogar idR auch auf das ErfGesch beziehen (RG **70**, 57, BGH Betr **66**, 818, Hamm VersR **75**, 814). UU kann sich auch die Nichtigk gem § 134 (BGH **47**, 369: Nichtigk auch der Abtr, wenn GeschBesorggsVertr gg RBerG verstößt) od gem § 138 auf das ErfGesch ausdehnen (§ 138 Anm 1 e). - **bb)** Die Wirksamk des GrdGesch kann zur **Bedingung** für den dingl Vertr gemacht w, es sei denn, daß das ErfGesch, wie die Aufl (§ 925 II), bedinggsfeindl ist. Die Vereinbg einer Bedingg kann auch stillschw geschehen (vgl RG **54**, 341). Sie ist idR bei Gesch des tägl Lebens anzunehmen, sofern Grd- u ErfGesch zeitl zufallen (RG **57**, 96). In and Fällen w sich eine entspr Auslegg dagg nur dann rechtf lassen, wenn für sie konkrete AnhaltsPkte vorliegen. - **cc)** Nach der Rspr kann auch eine entspr Anwendg des **§ 139** zur Ungültig des VfgsGesch führen (§ 139 Anm 3 b).

g) Das **treuhänderische** RGesch ist dadch gekennzeichnet, daß es dem TrHänder nach außen hin ein Mehr an Rechten überträgt, als er nach der gleichzeit mit dem TrGeb getroffenen schuldrechtl Abrede ausüben darf. Bsp sind die VollAbtr zwecks Einziehg der Fdg, die Sichergsübereign, die VollrechtsÜbertr zZw der Verw. Das TrHandVerh kann Interessen des TrHänders dienen (eignütz TrHand; Bsp: SichergsÜbereign), es kann aber auch auf Interessen des TrGebers abgestellt sein (fremdnütz TrHand; Bsp: Inkassozession). Das fiduziar RGesch ist nicht etwa schon wg fehlder Offenkundig sittenw (RG **106**, 57). Es liegt auch kein ScheinGesch vor, da die im Innen- u AußenVerh unterschiedl RWirkgen tatsächl gewollt sind. Verfügt der TrHänder in Verletzg der getroffenen schuldrechtl Verpfl, so ist die Vfg gleichwohl wirks, der TrHänder aber zum SchadErs verpfl (§ 137). Näher zur Treuhand s Einf 3 b vor § 164 u insb § 903 Anm 6.

4) Fehlerhafte Rechtsgeschäfte: Die einem RGesch anhaftden Mängel können von unterschiedl Art u Schwere sein. Dem trägt das Ges dadch Rechng, daß es versch Arten der Fehlerhaftigk von RGesch unterscheidet. Neben der völl Wirksamk (Gültigk) auf der einen u der völl Unwirksamk (Nichtigk) auf der and Seite kennt es versch Zwischenstufen.

a) Nichtigkeit. - aa) Bedeutung: Nichtig bedeutet, daß das RGesch die nach seinem Inhalt bezweckten RWirkgen von Anfang an nicht hervorbringen kann. Sie wirkt für u gg alle, bedarf keiner Geltdmachg u ist im Proz vAw zu berücksichtigen (BGH NJW **89**, 2059). Eine Ausn ist grdsl auch dann zu beachten, wenn der dch den NichtigkGrd Geschützte das Gesch gelten lassen will (krit Hübner FS Hübner, 1984, S 495). Auch nach Wegfall des NichtigkGrdes bleibt das RGesch unwirks. Zur Heilg bedarf es einer Neuvornahme (Ausn: §§ 313 S 2, 518 II, 766 S 2, ferner § 1600 f II). Als Neuvornahme ist daher auch die „Bestätigung" zu behandeln (§ 141); sie muß allen Erfordern des zu bestätigden RGesch genügen. Die Nichtigk eines Teils des RGesch macht iZw das ganze RGesch nichtig (§ 139). Entspr ein nichtiges RGesch den Erfordern eines and, so gilt nach § 140 das letztere, wenn anzunehmen ist, daß dessen Geltg bei Kenntn der Nichtigk gewollt sein würde (Umdeutg). Als gült ist das RGesch zu behandeln, wenn die Berufg auf die Nichtigk ausnahmsw gg Treu u Glauben verstößt; das kann bei Formmängeln in Betr kommen (§ 125 Anm 6), aber auch bei and NichtigkGrden (§ 242 Anm 4 C vor a). - **bb)** Das nichtige RGesch ist von dem nicht zustandegekommen RGesch zu unterscheiden (oben Anm 1 c). Es ist trotz seiner Unwirksamk nicht ein bloß fakt Geschehen, sond tatbestandl ein RGesch. Auch das nichtige RGesch kann **Rechtsfolgen** nach sich ziehen, so etwa SchadErsAnspr (§§ 307, 309, 122, c. i. c., vgl § 276 Anm 6) od Anspr aus ungerechtf Ber (§§ 812 ff). Ausgeschl sind nur die RWirkgen, die das RGesch seinem Inhalt nach bezweckt. - **cc)** Die **Gründe** für die Nichtigk eines RGesch können der verschiedensten Art sein. Sie können sich aus der Pers der Beteil, dem Zustandekommen der Erkl, dem Inhalt des Gesch od mangelnder Form ergeben. Soll Nichtigk eintreten, verwendet das Ges idR den Terminus „nichtig" (§§ 105, 116–118, 125, 134, 138–142, 248 I, 306, 310, 312 I, 443, 476, 540, 637, 723 III, 749 III, 795 II, 1136, 1229, 1297 II, 1615 e I 2, 2263). Zur Bezeichng von NichtigkGrden w aber auch die Termini „unwirks" (§§ 111 S 1 u 2, 174 S 1, 344, 388 S 2, 925 II, 1253 I 2, 1367, 1831, 1950 S 2, 2101 I S 2, 2202 II S 2, AGBG 9–11) od „kann nicht" (§§ 35, 38 S 2, 137 S 1, 276 II) gebraucht. Das gilt aber nicht ausnahmsl. Die Termini „unwirks" u „kann nicht" bezeichnen teilw auch (schwebd) unwirks Gesch, die dch Gen wirks w können (unten c).

b) Relative Unwirksamkeit bedeutet, daß das RGesch einer od mehreren Pers ggü unwirks, allen and ggü aber wirks ist. Diese Art der Unwirksamk sieht das Ges vor, wenn der Inhaber eines Rechts entgg einem zum Schutz eines and bestehden VfgsVerbot über sein Recht verfügt (Fälle: §§ 135, 136, 883 II, 888, 1124 II, 1126 S 3). Die Vfg ist ggü dem dch das Verbot Geschützten unwirks, iü dagg wirks. Die relative Unwirksamk ist vAw zu beachten. Sie w geheilt wenn der UnwirksamkGrd wegfällt od der dch das Verbot Geschützte auf die Geltdmachg der Unwirksamk verzichtet.

c) Schwebende Unwirksamkeit. - aa) Bedeutung. Schwebde Unwirksamk bedeutet, daß das RGesch zunächst unwirks ist, es aber noch wirks w kann, wenn das fehlde WirksamkErfordern nachgeholt w. Für diese Art der Unwirksamk ist kennzeichnd, daß nach Vornahme des RGesch (zunächst) ein Schwebezustand entsteht. Währd dieses Zeitraums ist das RGesch (noch) wirkgslos. Das ist im Proz vAw zu beachten. Bereits erbrachte Leistgen können gem § 812 zurückgefordert w (BGH **65**, 123). Es besteht aber schon eine Verpfl zur ggs Rücksicht. Bedarf der Vertr einer behördl Gen, sind die Part verpfl, alles Erforderl zu tun, um die Gen herbeizuführen (vgl § 242 Anm 4 B c). Das Gesch w rückw von Anfang an wirks, wenn das fehlde Erfordern nachgeholt w. Ist dies nicht mehr mögl, w das schwebd unwirks RGesch endgült unwirks (nichtig). - **bb) Hauptfälle** der schwebden Unwirksamk sind Vertr von Mj (§ 108 I), von Vertretern ohne Vertretgsmacht (§ 177 I), best Gesch auf dem Gebiet des ehel GüterR (§§ 1365 I, 1366, 1423, 1427 I) sowie Gesch, die der Gen des VormschG (§ 1829 I) od einer VerwBeh (s § 275 Anm 9) bedürfen. Schwebd unwirks ist auch das unter Verstoß gg § 181 dch Selbstkontrahieren zustandegek RGesch (s § 181 Anm 3). Bei bedingten u befristeten RGesch besteht zwar bis zum Eintritt der Bedingg od des Termins gleichf ein Schwebezustand. Sie sind aber nicht schwebd unwirks, sond von Anfang an gült (s Einf 3 a vor § 158).

d) Anfechtbarkeit. – aa) Bedeutung. Das anfechtb RGesch ist zunächst gült. Erst dch die Ausübg des AnfR w das RGesch von Anfang an nichtig (§ 142 I). Der AnfBerecht hat die freie Entscheidg darü, ob er das RGesch vernichten od gelten lassen will. Macht er vom AnfR keinen od nicht fristgerecht Gebrauch, bleibt das RGesch gült. Das AnfR ist ein GestaltgsR. Es ist, soweit es sich auf vermögensrechtl RGesch bezieht, vererbl, kann aber grdsätzl dch RGesch nicht übertr w (§ 413 Anm 3c). Es erlischt außer dch Ablauf der AnfFr dch Bestätigg (§ 144). – **bb) Fälle.** Eine Anf ist zul bei Irrt (§§ 119, 2078), falscher Übermittlg (§ 120) sowie bei Täuschg u Drohg (§ 123). Völl andartige RBehelfe sind dagg die Anf v RHdlgen wg GläubBenachteiligg nach dem AnfG u der KO, die Anf der Ehelichk (§§ 1593ff) u die Anf des ErbschErwerbs iF der Erbunwürdigk (§§ 2340ff). Sie haben mit der Anf iS des § 142 außer dem Namen nichts gemein. – **cc) Anfechtung nichtiger Rechtsgeschäfte.** Auch ein nichtiges RGesch kann angefochten w (so zuerst 1911 Kipp FS v Martitz, Enn-Nipperdey § 203 III 7, Flume § 31, 6, aA Oellers AcP **169**, 67). Das erscheint bei einer rein begriffl Beurteilg zwar zweifelh, ist aber wg der Interessenlage u des Schutzwecks der Anf gerechtf. Die Anf eines nichtigen RGesch w prakt bedeuts, wenn der AnfGrd leicht, der NichtigkGrd aber nur schwer zu beweisen ist. Vor allem besteht ein Bedürfn für eine AnfMöglichk aber dann, wenn der AnfGrd stärker wirkt als der gleichzeit gegebene NichtigkGrd. Bsp: A hat von B eine Sache erworben, die dieser dem Mj C dch Betrug abgelistet hat. A wußte von dem Betrug, aber nichts von der beschr GeschFgk des C. A kann die aus der beschr GeschFgk entstandene Nichtigk der Vorveräußerg nicht entgg gehalten w, da er insow gutgl war (§ 932). Sein EigtErwerb scheitert aber iF der Anf, da er den AnfGrd kannte (§ 142 II). – Selbstverständl ist es auch dem ursprüngl Nichtigk stat auf die Nichtigk inf Anf zu berufen, etwa um den SchadErsAnspr aus § 122 auszuschl. Der Kl kann seinen auf Nichtigk eines RGesch gestützten Anspr gleichzeit mit ursprüngl u dch Anf herbeigeführter Nichtigk begründen u es dem Ger freistellen, aus welchem Grd es der Klage stattgibt (BGH **LM** § 142 Nr 2).

e) Beschränkung der Nichtigkeitsfolgen: Der Grds, daß nichtige u angefochtene RGesch als von Anfang an unwirks anzusehen sind, w dch Sonderregeln eingeschr. Eine nichtige Ehe w nach EheG 22 erst dann mit Wirkg ex nunc unwirks, wenn die Ehe dch gerichtl Urt rechtskr für nichtig erklärt worden ist. Anstelle der Anf tritt nach EheG 28 ff die nur für die Zukunft wirkde Aufhebg. Bei KapitalGesellsch können Nichtigk- u AnfGrd gleichf nur mit Wirkg ex nunc geltd gemacht w (AktG 262 ff, GmbHG 75, GenG 78 ff). Diese Grds haben Rspr u Lehre iW der RFortbildg auch auf PersonalGesellsch u ArbVertr übertr. Es ist nunmehr allg anerkannt, daß bei vollzogenen Gesellsch- u ArbVertr Nichtigk- u AnfGrd idR nur mit Wirkg *ex nunc* geltd gemacht w können (s Einf 5c vor § 145). Auch bei Erkl auf umlauffäh Wertpapieren insb auf Wechseln, können Nichtigk- u AnfGrde nur bei beschr geltd gemacht werden. Sie sind, abgesehen vom Fall mangelnder GeschFgk, ggü einem gutgl Erwerber nur zul, wenn sie sich aus dem Papier selbst ergeben (vgl § 796, WG 17, HGB 364).

5) Prozeßhandlungen sind keine RGesch. Ihre Voraussetzgen u Wirkgen regelt das ProzR (Baumb-Lauterb Grdz 5 vor § 128, Th-P Einl III). Auf ihre Auslegg ist § 133 entspr anzuwenden (§ 133 Anm 2). Auch der RGedanke des § 140 ist anwendb (BGH **NJW 87**, 1204). Bei Willensmängeln gelten dagg nicht die §§ 119 ff, sond je nach der Art der Willensmängel unterschiedl Grds des ProzR (§§ 290 mwNw, hM, str). Einz ProzHdlgen haben jedoch eine **Doppelnatur,** sie sind zugleich RGesch des PrivR u ProzHdlgen. Sie sind matrechtl nach bürgerl R u prozrechtl nach ProzR zu beurteilen. Das gilt für den ProzVergl (§ 779 Anm 9) u die Aufr im Proz (§ 388 Anm 2) aber auch für den Anf, Rücktr u Künd, soweit sie im Rahmen eines Proz erklärt w. Erkl dieser Art w matrechtl wirks mit dem Zugang des betr Schriftsatzes, prozrechtl jedoch erst mit dem Vortrag in der mdl Verh (RG **63**, 412). Die matrechtl Wirksamk einer derartigen Erkl ist nicht von ihrer prozrechtl Wirksamk abhäng (§ 388 Anm 2). Anerkenntn u Verzicht (ZPO 306, 307) sind dagg reine ProzHdlgen (Th-P § 307 ZPO Anm 1 mwNw). Das gilt ebso für die Unterwerfg unter die ZwVollstr (BGH **NJW 85**, 2423, BayObLG **NJW 71**, 434), den RMittelVerzicht (BGH **NJW 85**, 2334) u die Erteilg einer ProzVollm. Von den ProzHdlgen zu unterscheiden sind sachlrechtl RGesch über proz Beziehgen (Prototyp: Vereinbg über KlRückn). Sie sind zul, soweit keine zwingden prozrechtl Grds entggstehen u begründen bei Nichtbeachtg die Einr der Argl (§ 242 Anm 4 C j). Auch die GerStandsVereinbg ist ein matrechtl Vertr über prozrechtl Beziehgen, ihr Zustandekommen richtet sich nach bürgerl R (BGH **49**, 386, **57**, 72, Wirth **NJW 78**, 460, str). Das gilt ebso für den SchiedsVertr (BGH **23**, 200, **40**, 320, str).

Erster Titel. Geschäftsfähigkeit

Einführung

1) Die GeschFgk ist eine Unterart der **Handlungsfähigkeit,** dh der Fähigk, rechtl bedeuts Hdlgen (Übbl 1 b u 2 v § 104) vorzunehmen. Der Oberbegriff der HdlgsFgk w vom BGB im Ggs zur gemeinrechtl Theorie nicht verwandt. Er umfaßt außer der GeschFgk die DeliktsFgk (§§ 827 f) u die Verantwortlichk für die Verletzg von Verbindlichk (§ 276 I 3).

2) Geschäftsfähigkeit. a) Sie ist die Fgk, RGesch (Übbl 1 b v § 104) selbstd vollwirks vorzunehmen. Das Ges sieht grdsl alle Menschen als geschfäh an. Es enthält daher in den §§ 104 ff keine Vorschr über die GeschFgk, sond regelt die AusnFälle der GeschUnfgk (§§ 104 f) u der beschränkten GeschFgk (§§ 106 ff). Wer geschunfäh ist, w abschließd dch § 104 festgelegt. Dem GeschUnfähigen spricht das Ges jeden rechtsgeschäftl bedeuts Willen ab (§ 105). Die Fälle der beschränkten GeschFgk ergeben sich aus den §§ 106, 114. Dem Willen den beschr GeschFähigen w in ihrem eig Interesse nur teilw RWirksamk beigelegt. Die Rechte u Interessen der GeschUnfähigen u beschränkt GeschFähigen nehmen grdsl die **gesetzlichen Vertreter** wahr, für Mj idR deren Eltern od ein Elternteil (§ 1629), wo diese ausfallen u bei Volljährigen der Vormd (§§ 1793, 1897). – **b)** Die Regeln über die GeschFgk sind **zwingendes Recht.** Der **gute Glaube** an die GeschFgk w nicht geschützt (RG **120**, 174, BGH **NJW 77**, 623, ZIP **88**, 831). Der unerkannt Geisteskranke od Entmündigte u der Mj, der den Eindruck eines Volljährigen macht, sind daher eine Gefahr für den GeschVerkehr. Diese muß aber hingenommen w, da der Schutz des GeschUnfähigen u beschränkt GeschFähigen den Vorrang vor den Belangen ihrer GeschPartner verdient. Rechtl unbedenkl sind Abreden, dch die ein GeschFähiger für den Fall späterer GeschUnfgk den Schaden übernimmt, den sein GeschPartner dadch erleidet, daß er von der GeschUnfgk unverschuldet keine Kenntn erlangt. Auch entspr formularmäß Klauseln in AGB sind zul (BGH **52**, 63 zu den AGB der Banken, str, aA MüKo/Gitter Rdn 9). – **c)** Von der GeschFgk zu unterscheiden ist die **Verfügungsmacht,** dh die Befugn über einen best Gsgt zu verfügen (Übbl 3d v § 104). Währd die GeschFgk eine Eigensch der Pers ist, geht es bei der Vfgsmacht um die Beziehg zu dem Gsgst, über den verfügt w soll. Die Vfgsmacht steht idR dem RInhaber zu; sie kann ihm aber trotz voller GeschFgk fehlen, so dem GemeinSchu im Konkurs (KO 6), dem Erben iF der §§ 1984, 2211, dem RInh iF der Beschlagn.

3) Anwendungsbereich. a) Die §§ 104ff gelten grdsl für **alle Rechtsgeschäfte** des PrivR. Gesetzl SonderVorschr bestehen für die EheSchl (EheG 1–3, 18) u die TestErrichtg (§§ 2064, 2229, 2230, 2247). Auf das Verlöbn sind die §§ 104ff dagg anzuwenden (Einf 1 v § 1297, sehr str). Im ArbR w die §§ 104ff dch die Grds über das fehlerh ArbVerh modifiziert. Bei einem vollzogenen ArbVerh wirkt die Berufg auf die GeschUnfgk des ArbN *ex nunc*; ist der ArbG geschunfäh, bestehen dagg auch bei einem vollzogenen ArbVerh nur BereicherungsAnspr (§ 611 Anm 2b bb, sehr str). Im GesellschR haben die §§ 104ff ggü den Grds der fehlerh Gesellsch den Vorrang, Mängel der GeschFgk können also jederzeit *ex tunc* geltd gemacht w (BGH **17**, 160, Einf 5c v § 145). Auch zur Entstehg von vertragl Pflten aus sozialtyp Verhalten ist entgg LG Brem (NJW **66**, 2360) GeschFgk erforderl (Einf 5b v § 145). Dagg sollen die RFolgen des § 613a auch eintreten, wenn die VertrPart geschäftsunfäh sind (BAG EWiR **85**, 959). – **b)** Die §§ 104ff sind auf geschähnl Hdlgen **entsprechend anzuwenden** (Übbl 2c v § 104). Dagg gelten sie für TatHdlgen idR nicht (Übbl 2d v § 104). Bei sonstigem rechtl relevantem Verhalten hängt die entspr Anwendg der §§ 104ff von der Eigenart des Verhaltens u der typ Interessenlage ab. Die Haftg aus einer RScheinVollm setzt GeschFgk voraus (BGH NJW **77**, 623, Stgt MDR **56**, 673, § 173 Anm 4c aa), ebso die Haftg aus c. i. c. (§ 276 Anm 6a). Die Einwilligg in die Verletzg von VermögensR erfordert GeschFgk (§ 254 Anm 6b). Dagg kommt es für die Einwilligg in die Verletzg höchstpersönl RGüter auf die EinsichtsFgk an (Übbl 2c v § 104). Die verschärfte Haftg des BereicherungsSchu (§ 819) setzt iF der Leistgskondiktion GeschFgk voraus, iF der Eingriffskondiktion sind die §§ 827, 828 entspr anzuwenden (§ 819 Anm 2e). Wird vom Gesch eine WillErkl fingiert, ist keine GeschFgk erforderl (Einf 3c cc v § 116). Auch der Schutz dch die Grds über c. i. c. ist von der GeschFgk des Betroffenen unabhäng (BGH NJW **73**, 1791).

4) Öffentliches Recht und Verfahrensrecht. – a) Im **öffentlichen Recht** entspr der GeschFgk die HdlgsFgk (VwVfG 12, AO 79, SGB 36). Handlgsfäh ist, wer rechtl dch od dch Vorschr des öffR als handlgsfäh anerkannt w, VwVfG 12, AO 79 (Robbers DVBl **87**, 709). Im SozialR ist der Mj grdsl bereits mit Vollendg des 15. Lebensjahres handlgsfäh (SGB 36). Bes Grds gelten für die Anstaltsnutzg (Jauernig NJW **72**, 1, FamRZ **74**, 631). Bei der Benutzg von Einrichtgen der Post steht der nicht voll GeschFähige grdsl einem Volljährigen gleich (BVerwG NJW **84**, 2304, aA, Ehlers JZ **85**, 675, MüKo/Gitter Rdn 103). Auch bei der Wahrnehmg best GrdR ist der Mj selbst handlgsfäh (Hohm NJW **86**, 3107). – **b)** Im **Zivilprozeß** entspr der unbeschr GeschFgk die ProzFgk (ZPO 52). Auch die VerfFgk im Rahmen der freiw Gerichtsbark setzt grdsl unbeschr GeschFgk voraus (Ffm DNotZ **65**, 483). Wer als GeschUnfähiger einen Notar in Anspr nimmt, schuldet keine Gebühren (KG DNotZ **78**, 568). Ausnw kann aber auch ein beschränkt GeschFähiger verfahrensfäh sein (ZPO 607 I, 640b, FGG 59). – **c) Entmündigte** u Geisteskranke sind, wie sich aus GG 1 I ergibt, zur Wahrg ihrer Rechte in allen Verf **prozeßfähig,** die Maßn aus Anlaß ihres Geisteszustandes betreffen (BVerfG **10**, 306, BGH **35**, 4, **52**, 2, **70**, 252). Sie sind daher im Entm- u im EntmAnfVerf voll hdlgsfäh (ZPO 664 II). Entspr gilt für das Verf über die Einrichtg einer Gebrechlichkhtpflegsch (BGH **35**, 4) u die Unterbringg (BVerfG **10**, 306), nicht aber für GrdstAngelegenh (BayObLG MDR **82**, 228) od für Maßn, die die WiederAufn eines StrafVerf vorbereiten sollen (Köln OLGZ **78**, 264). – **d)** Sow der beschränkt GeschFähige od Entmündigte (Geisteskranke) verfahrensfäh ist, kann er auch einen wirks AnwVertr abschließen (Hbg NJW **71**, 199, Nürnb NJW **71**, 1274, LG Bielefeld NJW **72**, 346, Lappe Rpfleger **82**, 10), bedarf aber zur Vereinbg höherer als der gesetzl Gebühren der Zust des gesetzl Vertreters (s Büttner NJW **71**, 1274).

104. *Geschäftsunfähigkeit.* Geschäftsunfähig ist:
1. wer nicht das siebente Lebensjahr vollendet hat;
2. wer sich in einem die freie Willensbestimmung ausschließenden Zustande krankhafter Störung der Geistestätigkeit befindet, sofern nicht der Zustand seiner Natur nach ein vorübergehender ist;
3. wer wegen Geisteskrankheit entmündigt ist.

1) Geschäftsunfähig: Begriff der GeschFgk s Einf 2 v § 104.

2) Geschäftsunfähigkeit wegen Alters (Z 1): Sie ist von der geistigen Entwicklg unabhäng u endet mit dem Beginn des Geburtstages (0 Uhr), an dem das Kind 7 Jahre alt w (§ 187 II).

3) Geschäftsunfähigkeit wegen krankhafter Störungen (Z 2): a) Der Betroffene muß an einer **krankhaften Störung der Geistestätigkeit** leiden. Gleichgült ist, unter welchen medizinisch Begriff die Störg fällt. Z 2 umfaßt nur Geisteskrankh, sondern auch Geistesschwäche iSv § 6 (RG **130**, 71, **162**, 228, BGH WPM **65**, 895). Wer wg Geistesschwäche entmündigt u gem § 114 an sich beschränkt geschfäh ist, kann daher gem Z 2 geschunfäh sein (RG u BGH aaO). – **b)** Die krankh Störg darf **nicht vorübergehender Natur** sein. Z 2 setzt damit einen Dauerzustand voraus. Ein solcher ist auch bei heilb Störgen gegeben, sofern die Behandlg längere Zeit beansprucht, nicht aber bei Störgen, die in Abständen period auftreten. Bei vorübergehenden Störgen (Bewußtlosigk, Volltrunkenh) gilt § 105 II, jedoch ist bei wochenlanger Bewußtlosigk nach einem Unfall § 104 Z 2 anwendb (Mü MDR **89**, 361). In lichten Augenblicken besteht GeschFgk, wie der Wortlaut „sich in einem Zustand befindet" klar ergibt. – **c)** Die krankh Störg muß die **freie Willensbestimmung** ausschließen. Das ist der Fall, wenn der Betroffene nicht mehr in der Lage ist, seine Entscheidgn von vernünftigen Erwäggen abhängig zu machen (RG **130**, 71, BGH NJW **70**, 1681, FamRZ **84**, 1003, BayObLG **86**, 339). Für das Vorliegen dieser Voraussetzg besteht auch dann keine Vermutg, wenn der Betroffene seit längerem an geist Störgen leidet (BGH WPM **65**, 895, RG Warn **28**, 167). Bloße Willensschwäche od leichte Beeinflußbark genügen nicht (RG JW **37**, 35), ebensowenig das Unvermögen, die Tragweite der abgegebenen WillErkl zu erfassen (BGH NJW **61**, 261, OGH **4**, 66). Dagg kann die übermäß krankh Beherrschg dch den Willen und die Anwendg von Z 2 rechtf (RG JW **38**, 1590). – **d)** Die GeschUnfgk gem Z 2 kann sich auf einen best ggständl abgegrenzten Kreis von Angelegenh beschränken (BGH **18**, 187, NJW **70**, 1681, stRspr), sog **partielle Geschäftsunfähigkeit.** Sie kann zB vorliegen bei Querulantenwahn für die ProzFührg (RG HRR **34**, 42, BAG **AP** Nr 1, BVerwG **30**, 25), bei krankh Eifersucht für Fragen der Ehe (BGH **18**, 187, FamRZ **70**, 244), beim Schock eines RAnw wg Fristversäumg für die Führg eines best Proz (BGH **30**, 117). Abzulehnen ist dagg eine relative GeschUnfgk für bes schwier Gesch (BGH NJW **53**, 1342, **61**, 261, **70**, 1680, BayObLG NJW **89**, 1679, aA Köln NJW **60**, 1389). Sie würde zu erhebl Abgrenzgsproblemen u damit zu Unsicherh für den RVerkehr führen.

4) Entmündigung wegen Geisteskrankheit (Z 3). Sie führt unabhängig vom tatsächl Geisteszustand zur GeschUnfgk. Diese besteht auch als iF der Z 2 auch währd lichter Augenblicke. Voraussetzgn der Entm u Reformbestrebgen s § 6 Anm 1, EntmVerf ZPO 645ff.

5) Rechtsfolgen: Eig WillensErkl des GeschUnfähigen sind nichtig (§ 105 I), ihm ggü abgegebene WillErkl w erst wirks, wenn sie dem gesetzl Vertreter zugehen (§ 131). Vgl zur Eheschließg EheG 2, 18, zur TestErrichtg §§ 2229, 2230. In allen Verf, die Maßn wg seines Geisteszustandes zum Ggst h, kann der GeschUnfähige dagg zur Wahrg seiner Rechte selbstd rechtswirks handeln (Einf 4c v § 104).

6) GeschFgk ist die Regel, ihr Fehlen die Ausn. Wer sich auf GeschUnfgk beruft, hat daher ihre Voraussetzgen zu **beweisen.** Das gilt für alle Alternativen des § 104 (BGH **LM** Nr 2, BayObLG Rpfleger **82**, 286, MüKo/Gitter Rdn 13), auch wenn es bei Z 1 darauf ankommt, wann das RGesch vorgenommen worden ist (s Saarbr NJW **73**, 2065). Steht ein allg Zustand nach Z 2 fest, sind lichte Augenblicke vom Gegner zu beweisen (BGH NJW **88**, 3011, Karlsr OLGZ **82**, 281). And Grds gelten für die ProzFgk. Kann nach Erschöpfg sämtl BewMittel festgestellt w, ob die Part prozfäh ist, muß sie als prozunfäh angesehen w, ein Sachurteil darf also nicht ergehen (BGH **18**, 189, **86**, 189, NJW **69**, 1574). Das RevisionsGer kann die ProzFgk vAw prüfen u darf dabei neue BewMittel heranziehen (BGH NJW **70**, 1683).

105 Nichtigkeit der Willenserklärung. ^I Die Willenserklärung eines Geschäftsunfähigen ist nichtig.

^{II} Nichtig ist auch eine Willenserklärung, die im Zustande der Bewußtlosigkeit oder vorübergehender Störung der Geistestätigkeit abgegeben wird.

1) Nichtig (Begriff Übbl 4a v § 104) sind alle WillErkl, auch die obj vernünftigen u rechtl ledigl vorteilh. Das ist *de lege ferenda* fragwürd, entgg Canaris (JZ **87**, 996) hält sich § 105 aber im Rahmen zul gesetzgeberischen Erm u ist nicht verfassgswidr (Ramm JZ **88**, 489, Wieser JZ **88**, 493). Ein vom GeschUnfähigen Bevollmächtigter handelt, da die Vollm nichtig ist, gem § 177ff als Vertreter ohne Vertretgsmacht (RG **69**, 266, BayObLG NJW-RR **88**, 455). Nichtig ist auch die vom GeschUnfähigen als Vertreter für einen and abgegebene WillErkl. Bei GesVertretg tritt daher GesNichtigk ein, wenn ein GesVertreter geschunfäh ist (BGH **53**, 214, aA Hamm NJW **67**, 1041). Auf geschähnl Hdlgen ist § 105 grdsl entspr anzuwenden, nicht aber auf TatHdlgen (Einf 3b v § 104). Für die Abgabe von WillErkl **gegenüber** GeschUnfähigen gilt § 131.

2) Nichtig ist auch die im Zustand der Bewußtlosigk od vorübergeher Störg der Geistestätigk abgegebene WillErkl (II). – **a) Bewußtlosigkeit** iSv § 105 II bedeutet nicht völliges Fehlen des Bewußtseins, da dann bereits tatbestandl keine WillErkl vorliegt. Es genügt eine hochgradig Bewußtseinstrübg, die das Erkennen vom Inh u Wesen der Hdlg ganz od in best Richtg ausschließt. Sie kann bei Trunkenh vorliegen (Nürnb NJW **77**, 1496, ja bei 3,4‰; Düss WPM **88**, 1407, BGH WPM **72**, 972), ferner bei Drogeneinfluß, Fieber od Hypnose. II ist auch dann anwendb, wenn der Betroffene die Bewußtseinstrübg verschuldet hat (Nürnb aaO). – **b)** Die **Störung der Geistestätigkeit** muß ebso wie iF des § 104 Nr 2 die freie Willensbestimmg ausschließen (RG **105**, 272, BGH FamRZ **70**, 641). Sie kann sich auf einz Lebensgebiete beschr (OGH **4**, 66), nicht aber auf bes schwierige RGesch (s § 104 Anm 3d). Die Störg muß vorübergeher Natur sein. Bei Dauerzuständen gilt § 104 Nr 2.

3) Für die **Beweislast** gilt § 104 Anm 6 entspr; wer sich auf § 105 II beruft, muß dessen Voraussetzgn beweisen (BGH WPM **72**, 972, **80**, 521).

106 Beschränkte Geschäftsfähigkeit Minderjähriger. Ein Minderjähriger, der das siebente Lebensjahr vollendet hat, ist nach Maßgabe der §§ 107 bis 113 in der Geschäftsfähigkeit beschränkt.

1) Allgemeines (s zunächst Einf v § 104): Die §§ 107–113 regeln die RStellg der beschr Geschäfigen. Grdfall der beschr GeschFgk ist der Mj von der Vollendg des 7. Lebensjahres (0 Uhr des Geburtstages, § 187 II) bis zur Volljährigk (§ 2). Gleichgestellt ist gem § 114, wer wg Geistesschwäche, Verschwendg, Trunk- od Rauschgiftsucht entmündigt ist od unter vorl Vormsch steht.

Rechtsgeschäfte. 1. Titel: Geschäftsfähigkeit §§ **106, 107**

2) Überblick über das Recht der beschränkt Geschäftsfähigen. a) Die §§ 107ff bezwecken den Schutz der beschr Geschäftsfähigen bei möglichster Wahrg der Interessen des Gegners. RGesch, die lediglich einen **rechtlichen Vorteil** bringen, kann der beschr GeschFähige selbstd voll wirks vornehmen (§ 107). Bei rechtl nachteiligen RGesch unterscheidet das Ges: — **aa) Verträge** sind wirks, wenn sie mit Einwilligg (= vorherige Zustimmg, § 183) des gesetzl Vertreters abgeschl sind (§ 107). Andf ist der Vertr schwebd unwirks, kann aber dch Gen (= nachträgl Zustimmg, § 184) wirks w (§ 108). Währd der Schwebezeit gilt § 109. — **bb) einseitige Geschäfte** sind mit Einwilligg grdsl wirks (§ 107). Bei empfangsbedürft WillErkl besteht aber unter den Voraussetzgen des § 111 S 2 ein ZurückweisgsR. Fehlt die Einwilligg, ist das RGesch unwirks (Ausn: § 111 Anm 1 b aa). — **b)** Die §§ 107ff gelten entspr für **geschäftsähnliche Handlungen**, uU auch für sonstiges rechtl relevantes Verhalten (Einf 3b v § 104). Da der beschr GeschFähige sich nicht dch Vertr selbst verpfl kann, ist er **nicht prozeßfähig** (ZPO 52). Eine partielle Gesch- u ProzFgk besteht dagg in den Fällen der §§ 112, 113. — **c)** Empfangene Leistgen muß der beschränkt Geschäftsfähige gem **§§ 812ff** zurückgewähren. Ers für GebrVorteile u empfangene Dienste braucht er aber (abw von § 818 II) nur unter den Voraussetzungen des § 819 zu leisten (§ 812 Anm 4d). Für die Anwendg des § 819 kommt es iF der Leistgskondiktion auf die Kenntn des gesetzl Vertreters an; iF der Eingriffskondiktion sind die §§ 827ff entspr anwendb (§ 819 Anm 2). Die Saldotheorie ist unanwendb, soweit sie sich zum Nachteil des Mj auswirkt (§ 818 Anm 6 D c aE). — **d)** Weitere SonderVorschr für Mj: §§ 2229 I, 2233 I, 2247 IV, EheG 3, 30; für beschr GeschFähige: §§ 131 II, 165, 179 III, 1411, 1516, 1600d, 1729, 1746, 2229 II, 2275 II, 2296, 2347 II, 2351, StGB 77 III.

107 *Einwilligung des gesetzlichen Vertreters.* Der Minderjährige bedarf zu einer Willenserklärung, durch die er nicht lediglich einen rechtlichen Vorteil erlangt, der Einwilligung seines gesetzlichen Vertreters.

1) Allgemeines. Nach § 107 bedürfen WillErkl des Mj grdsl der **Einwilligung** (Anm 3) des gesetzl Vertreters. Ausgenommen sind Gesch, die **lediglich rechtlich vorteilhaft** (Anm 2) sind, da der Mj insow nicht schutzbedürftig ist. Für rechtl ledigl vorteilh Gesch gelten wg Fehlens eines Schutzbedürfn auch sonst Sonderregeln. Für sie entfallen das Verbot des Selbstkontrahierens (§ 181 Anm 4a). Ebso gelten die Vertretgsbeschränkgen des § 1629 II (dort Anm 4) u des § 1795 (dort Anm 2b cc) nicht. Der ges Vertreter kann aber auch bei rechtl ledigl vorteilh Gesch anstelle des Mj handeln (Staud-Dilcher Rdn 1). Für sie besteht and als iF der §§ 112, 113 keine partielle Gesch- u ProzFgk.

2) Lediglich rechtlicher Vorteil. a): Abzustellen ist allein auf die **rechtlichen Folgen** des Gesch (BGH **LM** Nr 7, stRspr, hM). Auf eine wirtschaftl Betrachtg kommt es nicht an. Stehen dem Vorteil die Aufg eines Rechts od die Begründg einer persönl Verpfl (rechtl Nachteile) ggü, ist das Gesch auch dann zustbedürft, wenn die Vorteile die Nachteile erhebl überwiegen (Bsp: Kauf zu einem bes günst Preis). Maßgebd sind die **unmittelbaren Wirkungen** des Gesch (Staud-Dilcher Rdn 11). Dabei sind nicht nur Haupt- sond auch Nebenverpflichtgen zu berücksichtigen. Abgesehen von der Schenkg (unten b) sind daher alle VerpflGesch des SchuldR zustbedürft. Das gilt wg der entstehenden Rückgabe-, AufwendgsErs- u sonst NebenPflten auch für das Entleihen einer Sache, die Erteilg eines Auftr u die Ann eines BürgschVerspr (Stürner AcP **173**, 421f). Unmittelb dch das RGesch begründete Nachteile sind auch dann zu berücksichtigen, wenn sie nicht aGrd des PartWillens, sond kraft G eintreten (BGH **53**, 178). Zustbedürft ist daher die VermÜbern wg der gem § 419 eintretenden Haftg (BGH aaO). Entspr gilt wg der Haftg des Erben für Nachlaßverbindlichk für die ErbschAnn u die Ann der Schenkg eines ErbT (AG Stgt FamRZ **71**, 182). Wg des Erlöschens der Fdg des Mj ist auch die ErfAnn zustbedürft (Wacke JuS **78**, 83, sehr str, aA Harder JuS **77**, 151, van Venrooy BB **80**, 1017), nicht aber dei die dch die Erf eintretde EigtErwerb (unten b aa, LG Dortm VRS **63** Nr 110). GestaltgsGesch (Übbl 3 d v § 104) wie Anf, Aufr, Künd u Rücktr begründen, abgesehen von Fall der Künd eines zinslosen Darl, auch rechtl Nachteile, erfordern also eine Einwilligg. **Unerheblich** sind dagg nur **mittelbar** dch das Gesch ausgelöste **Nachteile** (Bsp: SteuerPfl, Tierhalterhaftg, RückgewährPflten, zB aus dem AnfG). Wollte man auch sie berücksichtigen, gäbe es keine zustfreien Gesch, da prakt jedes RGesch mittelb zu irgendwelchen rechtl Nachteilen führen kann (s Lange NJW **55**, 1339, Fischer Anm **LM** Nr 1). Dagg geht Köhler (JZ **83**, 224) von einer sorgerechtl Betrachtgsweise aus u unterscheidet danach, ob die Nachteile für die KontrollAufg des gesetzl Vertreters wesentl sind od nicht.

b) Einzelfälle. Nach dem Dargelegten kommen als rechtl ledigl vorteilh — abgesehen von den sog neutralen Gesch (unten c) — allein in Betracht: — **aa) Erwerb von Rechten.** Zustfrei ist die Aneignung, die Übereigng einer Sache od die Abtr einer Fdg an den Mj (BFH NJW **89**, 1632). Das gilt auch dann, wenn die Sache mit öff Lasten (BayObLG NJW **68**, 941), GrdPfdR (BayObLG NJW **79**, 53), einem Nießbrauch (RG **148**, 324, BayObLG **79**, 54) od WohnR (BayObLG NJW **67**, 1912) **belastet** ist, da die Belastg den Vorteil nur einschränkt, aber nicht aufhebt. Da es nicht auf eine wirtschaftl, sondern aussschl auf eine rechtl Bewertg ankommt, bleibt das Gesch auch dann zustfrei, wenn die Belastgen größer sind als der GrdstWert (BayObLG **79**, 53). Gleich zu behandeln ist der Fall, daß sich der Eigtümer bei Übertragg der Sache an den Mj eine Belastg vorbehält (RG **148**, 324, BayObLG **79**, 54, Ffm MDR **81**, 139; str, aA Ffm Rpfleger **74**, 429). Dagg ist der Erwerb eines vermieteten Grdst wg § 571 nicht ledigl vorteilh (Oldbg NJW-RR **88**, 839, Feller DNotZ **89**, 66, aA Jerschke DNotZ **82**, 460), ebsowenig der Erwerb von beschr dingl Rechten, wenn dem Recht zugl Pflten innewohnen u diese nicht als bloße Beschränkg des RInh anzusehen sind. Zustbedürft sind daher der Erwerb eines ErbbR wg der Pflten aus ErbbRVO 9, BGB 1108 (BGH NJW **79**, 103); der Erwerb des Nießbr wg der Pflten aus §§ 1041, 1045, 1047 (BFH NJW **81**, 141, offen gelassen von BGH **LM** Nr 7). Grdsl zustfrei ist dagg der Erwerb von WoEigt (Celle NJW **76**, 2214, krit Jahnke NJW **77**, 960). Das gilt aber nicht, wenn der Mj in eine GemschOrdng eintritt, die wesentl strengere Pflten als das Ges begründet (BGH **78**, 32, BayObLG **79**, 249), od wenn mit dem Erwerb der Eintritt in den VerwVertr verbunden ist (Celle aaO). Der Erwerb eines NachlGrdst dch den Miterben ist ledigl vorteilh, weil der

§§ 107, 108

Erwerber dadch keine AuseinandSAnspr aufgibt (BayObLG NJW 68, 941). Dagg ist eine Zust erforderl, wenn für einen Beteiligten ein schuldrechtl WohnR begründet w (Hamm OLGZ 83, 147), od wenn der Mj eine Kommanditbeteiligg erwirbt, da diese ein Bündel von Rechten u Pflten ist (BGH 68, 232, LG Köln Rpfleger 70, 245). Entspr gilt für den Erwerb einer stillen Beteiligg (BFH Betr 74, 365, aA Tiedtke Betr 77, 1034). – bb) **Verzicht auf Rechte.** Zustfrei ist der Erlaß einer ggü dem Mj bestehden Fdg (§ 397) sowie der Verzicht auf sonst Rechte gg den Mj. – cc) **Ausübung von Gestaltungsrechten.** Sie ist dann ledigl vorteilh, wenn die RLage wie iF der Künd eines unverzinsl Darl od der Mahng ausschl zG des Mj verändert w. – **dd) Schenkung.** Der schuldrechtl Vertr über eine Schenkg an den Mj ist grdsl zustfrei (BGH 15, 170). Das gilt auch für eine Schenkg mit einer AusglAnordng (BGH aaO). Die Schenkg unter einer Auflage begründet dagg eine persönl Verpfl, ist also nicht ledigl vorteilh (BFH NJW 77, 456, Mü HRR 42, 544, Ffm Rpfleger 74, 429), mit der Verpfl zur DarlGewährg (BFH NJW 77, 456) u für die Schenkg, die zu einer Haftg aus § 419 führt (BGH 53, 178). Zustfrei ist dagg die schenkweise Begründg einer DarlFdg dch ein einheitl RGesch (Hamm DNotZ 78, 434, str, s Antenrieth Betr 84, 2547). Die Schenkg als solche bleibt auch dann zustfrei, wenn das ErfGesch mit rechtl Nachteilen verbunden ist (Bsp: Schenkg einer Kommanditbeteiligg unter einem ErbbR oben aa). Bes Grds gelten aber für Schenkgen des ges Vertreters. Hier würde eine isolierte Beurteilg des Verpfl- u des ErfGesch dazu führen, daß auch das rechtl nachteilige ErfGesch gem § 181 letzter Halbs ohne Beteiligg eines Pflegers geschlossen w könnte (Erf des zustfreien SchenkgsVertr). Damit würde der von §§ 107, 181 bezweckte Schutz weitgehd entfallen. Bei Schenkgen des ges Vertreters muß daher die Frage, ob die Schenkg ledigl vorteilhaft ist, aus einer **Gesamtbetrachtung** des schuldrechtl u dingl Vertr heraus beantwortet w (BGH 78, 34, Gitter JuS 82, 253, krit Köhler JZ 84, 18, Feller DNotZ 89, 69, and noch BGH 15, 168). – **c) Neutrale Geschäfte,** die für den Mj weder rechtl Vorteile noch Nachteile bringen, sind zustfrei, da der Mj insow nicht schutzbedürft ist (MüKo/Gitter Rdn 16, v Olshausen AcP 189, 231, hM). Bsp sind RGesch, die der Mj als Vertreter eines and vornimmt (§ 165), die Veräußerg einer fremden Sache an einen Gutgl u die LeistgsBest gem § 317.

3) **Einwilligung. a)** Sie ist die vorherige Zust (§ 183). Um eine Einwilligg u nicht um eine Gen handelt es sich auch, wenn die Zust gleichzeit mit der WillErkl des Mj abgegeben w (RG 130, 127). Die Einwilligg ist eine einseit, empfangsbedürft u bis zur Vorn des RGesch grdsl widerrufl WillErkl (§§ 182, 183). Sie kann sowohl ggü dem Mj als auch ggü dem and Teil erklärt w (§ 182 I). Mögl ist auch eine konkludente Einwilligg (§ 182 Anm 2b). Sie kann zB anzunehmen sein, wenn der ges Vertreter u der Mj das ihnen gehörde Grdst gemeins veräußern (s RG 130, 127). – **b)** Grdsl zul ist eine **Generaleinwilligung** zu einem Kreis von zunächst noch nicht individualisierten RGesch (BGH NJW 77, 622, MüKo/Gitter Rdn 24, einschränkd Scherner FamRZ 76, 673 u Lindacher FS Bosch, 1976, S 535). Sie ist aber im Interesse eines wirks MjSchutzes iZw eng auszulegen u darf nicht zu einer partiell erweiterten GeschFgk führen (BGH 47, 359). Wird die Einwilligg konkludent dch Überlassg von Geldmitteln erteilt, w der Vertr idR erst dann wirks, wenn ihn der Mj erfüllt (§ 110 Anm 1). Die Einwilligg zur Benutzg eines VerkMittel gilt iZw nicht auch für Schwarzfahrten (AG Hbg NJW 87, 448, v Mohrenfels JuS 87, 692, aA AG Köln ebda). Fragl ist vielfach, ob sich die für ein HauptGesch erteilte Zust auch auf **Folgegeschäfte** erstreckt. Auch insoweit rechtf der Gedanke des MjSchutzes eine grdsl restriktive Auslegg. Erlaubn, einen Führerschein zu erwerben, bedeutet iZw nicht die Zust zur Anmietg eines Kfz (BGH NJW 73, 1791, Celle NJW 77, 1850, Pawlowski JuS 67, 302, str). Zust zum Abschluß einer HaftPflVers umfaßt iZw nicht Zust zu späteren RGesch, die bei Durchf der Versicherg notw w (BGH 47, 357), ebsowenig die Einwilligg zur Beauftragg eines Unfallhelferringes (BGH NJW 77, 622). Zust, eine Lehre zu beginnen, bedeutet nicht Zust zur Miete einer selbstd Wohng (LG Mannh NJW 69, 239). Zust zur Verlobg u Aufn eines Darl enthält nicht ow Zust zur Anschaffg von EinrichtsGgstden auf Kredit (LG Bln JR 70, 346). Dagg umfaßt die Einwilligg zum Vereinsbeitritt idR auch die Zust zur Stimmabgabe in der MitglVersammlg (KG OLG 15, 324, Hammelbeck NJW 62, 722). – **c)** Ist wegen des Vertreters zu einem RGesch der Zust des **Vormundschaftsgerichts,** GgVormds od Beistands (§§ 1643, 1685, 1812 f, 1821 f), so ist auch für seine Zust eine entspr Gen erforderl. – **d)** Der Mj hat ggü dem ges Vertreter grdsl **keinen Anspruch auf Einwilligung** (Staud-Dilcher Rdn 8). Sow es sich um RGesch handelt, die mit Ausbildg u Beruf des Mj zushängen, kann das VormschGer die Zust der Eltern aber unter den Voraussetzgen des § 1631a II ersetzen.

108 *Vertragsschluß ohne Einwilligung.* [I] Schließt der Minderjährige einen Vertrag ohne die erforderliche Einwilligung des gesetzlichen Vertreters, so hängt die Wirksamkeit des Vertrags von der Genehmigung des Vertreters ab.

[II] Fordert der andere Teil den Vertreter zur Erklärung über die Genehmigung auf, so kann die Erklärung nur ihm gegenüber erfolgen; eine vor der Aufforderung dem Minderjährigen gegenüber erklärte Genehmigung oder Verweigerung der Genehmigung wird unwirksam. Die Genehmigung kann nur bis zum Ablaufe von zwei Wochen nach dem Empfange der Aufforderung erklärt werden; wird sie nicht erklärt, so gilt sie als verweigert.

[III] Ist der Minderjährige unbeschränkt geschäftsfähig geworden, so tritt seine Genehmigung an die Stelle der Genehmigung des Vertreters.

1) Allgemeines (s zunächst § 106 Anm 2). § 108 gilt für Vertr. Auf einseit RGesch ist er nur ausnw entspr anwendb (§ 111 Anm 1 b aa). ZT wörtl übereinstimmde ParallelVorschr enthalten die §§ 177, 1366 u 1829. Der ohne Einwilligg abgeschlossene nicht ledigl vorteilh Vertr ist zunächst **schwebend unwirksam** (Übbl 4c v § 104). Die Parteien können aus ihm keine Rechte u Pflten herleiten, sind aber an ihn gebunden, dem and Teil steht jedoch grdsl ein WiderrufsR (§ 109) zu. Die dch den schwebd unwirks Vertr begründeten Anwartsch sind beiders vererbl (Staud-Dilcher Rdn 3, hM).

2) Beendigung des Schwebezustandes. – a) Genehmigt der ges Vertreter den Vertr, w dieser von Anfang an wirks (§ 184 I). ZwischenVfgen bleiben bestehen (§ 184 II). Die Gen ist eine einseit empfangsbedürft WillErkl (Übbl 4 a v § 104). Sie kann außer iF des II (Anm 3) sowohl dem Mj als auch dem und Teil ggü erklärt w (§ 182 I). Sie ist grdsl an keine Fr gebunden u formfrei (§ 182 II), kann also auch konkludent erfolgen. Voraussetzg ist jedoch, daß der Genehmigde sich der schwebden Unwirksamk bewußt ist od zumindest mit ihr rechnet (BGH **2**, 153, **53**, 178, BAG NJW **64**, 1641, § 182 Anm 2). Bloßes Schweigen genügt nur dann, wenn der ges Vertreter nach Treu u Glauben verpfl gewesen wäre, seinen abw Willen zu äußern (Einf 3 c bb v § 116). Das w, wenn überhaupt, nur ausnw anzunehmen sein. Der Mj hat keinen Anspr auf Gen. – **b) Verweigert** der ges Vertreter die Gen, w der Vertr endgült unwirks. Die Verweiger der Gen ist – ebso wie ihr begriffl Ggstück die Gen – eine einseit empfangsbedürft WillErkl. Sie ist wg ihrer rechtsgestaldn Wirkg unwiderrufl (BGH **13**, 187, § 184 Anm 1 d). Für sie gelten die Ausführgen zur Gen entspr. Die Rückabwicklg der beiders Leistgen erfolgt nach § 812, uU auch nach §§ 985 ff (§ 106 Anm 2 c). Anspr gg den Mj können nicht auf c. i. c., sond nur auf unerl Hdlg gestützt w. – **c)** Wird der Mj **volljährig**, w der Vertr nicht *ipso jure* wirks. Der nunmehr unbeschr GeschFähige hat vielm dafür zu entscheiden, ob er genehmigen will od nicht (III). Der fr ges Vertreter ist für die Entscheidg über die Gen nicht mehr zust, es sei dann nicht, wenn an ihn die Aufforderg gem II gerichtet worden ist. Zur Gen s oben a; § 182 II gilt auch hier (BGH NJW **89**, 1728). Eine konkludente Gen kann anzunehmen sein, wenn der volljähr Gewordene den Vertr fortsetzt (LG Mainz VersR **67**, 945) od die VertrUrk neu datiert (RG **95**, 71). Sie setzt aber auch hier voraus, daß der Genehmigde die schwebde Unwirksamk kannte od mit ihr rechnete (BGH **53**, 174, oben a). III ist entspr anzuwenden, wenn der Mj stirbt u dch einen GeschFähigen beerbt w.

3) Aufforderung (II). **a)** Der VertrGegner kann den Schwebezustand dadch beenden, daß er den ges Vertreter zur Erklärg über die Gen auffordert. Die Aufforderg ist eine einseit empfangsbedürft Erkl. Sie ist kein RGesch, sond eine geschähnl Hdlg (Übbl 2 c v § 104). Inhaltl übereinstimmde ParallelVorschr enthalten §§ 177 II, 1366 III, 1829 II. – **b) Rechtsfolgen: aa)** Eine bereits ggü dem Mj erklärte Gen od Verweigerg der Gen w unwirks. Der Schwebezustand w also wieder hergestellt, auch wenn der Vertr an sich schon voll wirks od endgült unwirks war. – **bb)** Die Gen od Verweigerg der Gen kann abw von § 182 I nur noch ggü dem GeschGegner erklärt w. – **cc)** Mit dem Zugehen (§ 130) der Aufforderg beginnt eine ZweiwochenFr. Sie kann von dem Auffordernden einseit verlängert w. Abkürzgen erfordern dagg eine vertragl Abrede, die jedoch auch stillschw getroffen w kann (RG HRR **37**, 786 zu § 177). Nach Ablauf der Fr, die gem §§ 187 I, 188 II zu berechnen ist, gilt die Gen als verweigert. Zur Wahrg der Fr ist rechtzeit Zugehen (§ 130) erforderl, rechtzeit Absendg genügt nicht. Die Fiktion der Verweigerg der Gen tritt auch dann ein, wenn der ges Vertreter geschunfäh war (Einf 3 c cc v § 116). – **c)** Auf die **Einwilligung** ist II nach seinem Wortlaut nicht anwendb. Auch iF der Einwilligg kann der VertrGegner aber über die RLage im Ungewissen sein u ein dringdes Interesse an der Beseitigg der Ungewißh haben. II muß daher auf die Einwilligg **entsprechend** angewandt w (Erm-Brox Rdn 7, Jauernig Anm 2 b, aA Kohler Jura **84**, 349 u die hM).

4) Die **Beweislast** für Einwilligg, Gen u deren RZeitigk nach II 2 hat, wer sich auf den Vertr beruft, für die Aufforderg nach II 1 u die Verweigerg der Gen die GegenPart (s BGH NJW **89**, 1728).

109 *Widerrufsrecht des anderen Teils.* ^I Bis zur Genehmigung des Vertrags ist der andere Teil zum Widerrufe berechtigt. Der Widerruf kann auch dem Minderjährigen gegenüber erklärt werden.

^{II} Hat der andere Teil die Minderjährigkeit gekannt, so kann er nur widerrufen, wenn der Minderjährige der Wahrheit zuwider die Einwilligung des Vertreters behauptet hat; er kann auch in diesem Falle nicht widerrufen, wenn ihm das Fehlen der Einwilligung bei dem Abschlusse des Vertrags bekannt war.

1) Allgemeines (s zunächst § 106 Anm 2). Das WiderrufsR trägt den berecht Interessen des gutgl Gesch-Gegners Rechng. Er kann sich von der Bindg an den Vertr befreien, solange auch der Mj noch nicht endgült gebunden ist. ParallelVorschr enthalten die §§ 178, 1366 II u 1830.

2) Widerruf. – a) Er ist eine einseit empfangsbedürft WillErkl. Er kann abw von § 131 II auch ggü dem Mj erklärt w. Der Widerruf ist formfrei, die Erkl muß aber erkennen lassen, daß der Vertr wg der Minderjährigk nicht gelten soll (s RG **102**, 24 zu § 178). Ein auf und Grde gestützter Rücktr ist kein Widerruf. Mit dem Zugang des Widerrufs w der Vertr endgült unwirks. – **b)** Das WiderrufsR **endet** mit der Gen des Vertr, auch wenn die Gen ggü dem Mj erklärt w. Das gilt auch dann, wenn die zum Vertr erforderl Gen des VormschGer noch aussteht (Staud-Dilcher Rdn 4). Eine Aufforderg gem § 108 II beseitigt das WiderrufsR dagg nicht. – **c)** Das WiderrufsR ist grdsl **ausgeschlossen**, wenn der VertrGegner die Minderjährigk kannte (II 1. Halbs). Kennenmüssen genügt nicht. Trotz dieser Kenntn besteht ein WiderrufsR, wenn der Mj den und Teil über das Vorliegen einer Einwilligg getäuscht hat (II). Auch insow ist fahrl Unkenntn des VertrGegners unschädl.

3) Beweislast für den Widerruf u seine Rechtzeitigk hat, wer die Wirksamk des Vertr verneint (s BGH NJW **89**, 1728). Wer sich gem II darauf beruft, der and Teil habe die Minderjährigk od das Fehlen der Einwilligg gekannt, muß diese Kenntn beweisen. Dagg hat der and Teil zu beweisen, der Mj habe die Einwilligg zu Unrecht behauptet.

110 *„Taschengeldparagraph".* Ein von dem Minderjährigen ohne Zustimmung des gesetzlichen Vertreters geschlossener Vertrag gilt als von Anfang an wirksam, wenn der Minderjährige die vertragsmäßige Leistung mit Mitteln bewirkt, die ihm zu diesem Zwecke oder zu freier Verfügung von dem Vertreter oder mit dessen Zustimmung von einem Dritten überlassen worden sind.

§§ 110, 111

1) Bedeutung. § 110 ist lediglich ein bes Anwendgsfall des § 107. In der Überlassg der Mittel liegt eine **konkludente Einwilligung** des gesetzl Vertreters, deren Umfang sich aus der mit der Überlassg der Mittel verbundenen Zweckbestimmg ergibt (RG 74, 235, MüKo/Gitter Rdn 3, hM, str). Die Worte „ohne Zust" sind iSv „ohne ausdr Zust" zu verstehen (s AG Waldshut VersR 85, 938). Die konkludente Einwilligg ist aber inhaltl beschr: Der Vertr w nicht bereits mit seinem Abschl, sond erst dann wirks, wenn der Mj ihn erfüllt. Der ges Vertreter kann seiner Einwilligg einen weitergehenden Inh geben u best, daß der Vertr bereits vor Erf mit seinem Abschl wirks w soll (§ 107 Anm 3b „Generaleinwilligg"). Für einen solchen Willen müssen aber konkrete Anhaltspkte vorliegen. Besteht die Einwilligg lediglich in der Mittelüberlassg, ohne daß bes Umst hinzutreten, w der Vertr erst mit Erf wirks (MüKo/Gitter Rdn 3). And als iF der §§ 112, 113 w die GeschFgk des Mj dch § 110 nicht erweitert (Soergel-Hefermehl Rdn 1, hM, aA Safferling FamRZ 72, 124). Bedarf das RGesch einer Gen des VormschG, gilt § 107 Anm 3c.

2) Überlassung der Mittel. Sie kann auch stillschw erfolgen, zB dch Belassg des ArbVerdienstes (BGH NJW 77, 622, 623, Celle NJW 70, 1850). Ob ein Zweck best ist u wieweit die Zweckbestimmg reicht, ist Ausleggsfrage. Auch die Überlassg zur freien Vfg umfaßt iZw nicht jede Verwendg, sond nur solche, die sich noch im Rahmen des Vernünftigen halten (s RG 74, 235). Bei Surrogaten, die der Mj mit den überlassenen Mitteln erwirbt, ist e Frage des Einzelfalls, welche Verwendg dch das Einverständn des ges Vertreters gedeckt ist (s RG aaO: Spielgewinn). Auch wenn die Mittel von einem Dr überlassen worden sind, kommt es für die Anwendg des § 110 auf die Zweckbestimmg des ges Vertreters an (Soergel-Hefermehl Rdn 4).

3) Als Mittel kommen alle VermGgstde in Betracht. Hauptfälle sind das Taschengeld, der Wechsel des Studenten u das dem Mj belassene ArbEinkommen. Ein Mittel iSd § 110 ist aber auch die ArbKraft des Mj (Weimar JR 73, 143, Staud-Dilcher Rdn 13, str, aA Schilken FamRZ 78, 641).

4) Der Vertr w mit dem Bewirken der Leistung, dh mit der Erf iSd § 362, wirks. Die Ann an Erf Statt, die Hinterlegg u Aufrechng stehen gleich. Bis zur Erf ist die Einwilligg widerruflich § 183 (s auch Celle NJW 70, 1851). Dem and Teil steht in entspr Anwendg des § 109 gleichf ein WiderrufsR zu (MüKo/Gitter Rdn 5, str). **Teilerfüllung** führt nur dann zur TeilWirksamk, wenn Leistg u Ggleistg entspr teilb sind. Beim Miet- u VersVertr w der Vertr dch Zahlg jeweils für den entspr Zeitraum wirks (MüKo/Gitter Rdn 8). Beim LebensVersVertr auf den Todes- u Erlebensfall ist dagg eine derart Teilg nicht mögl (Schilken FamRZ 78, 642), ebsowenig beim KaufVertr. Die Kreditgewährg an den Mj w dch § 110 nicht gedeckt. Schenkgen fallen, abgesehen von Anstandsschenkgen, nicht unter § 110, da nach § 1641 auch der ges Vertreter keine Schenkgen zu Lasten des Mj vornehmen darf. Ggü dem GrdBAmt müssen die Voraussetzgen des § 110 in der Form des GBO 29 nachgewiesen w (LG Aschaffenbg Rpfleger 72, 134).

111 Einseitige Rechtsgeschäfte.

Ein einseitiges Rechtsgeschäft, das der Minderjährige ohne die erforderliche Einwilligung des gesetzlichen Vertreters vornimmt, ist unwirksam. Nimmt der Minderjährige mit dieser Einwilligung ein solches Rechtsgeschäft einem anderen gegenüber vor, so ist das Rechtsgeschäft unwirksam, wenn der Minderjährige die Einwilligung nicht in schriftlicher Form vorlegt und der andere das Rechtsgeschäft aus diesem Grunde unverzüglich zurückweist. Die Zurückweisung ist ausgeschlossen, wenn der Vertreter den anderen von der Einwilligung in Kenntnis gesetzt hatte.

1) § 111 gilt für alle **einseitigen Rechtsgeschäfte** (Übbl 3a v § 104), auch für die Bevollmächtigg (MüKo/Gitter Rdn 5, str), jedoch geht die Sonderregel der §§ 1600a ff für das VaterschAnerkenntn vor. Auf geschäftsähnl Hdlgen ist § 111 entspr anzuwenden. Die Erkl von ohne Zust des ges Vertreters wirks, sow sie, wie etwa die Künd eines zinslosen Darl, rechtl lediglich vorteilh sind (§ 107). Im übrigen gilt: – **a) Nicht empfangsbedürftige** WillErkl wie die Auslobg od EigtAufg sind mit Einwilligg wirks, ohne Einwilligg dagg unwirks (nichtig) (S 1). Eine Heilg kann nicht dch Gen, sond nur dch Neuvornahme erfolgen. Das gilt ebso für die amtsempfangsbedürft WillErkl. Für die Anerkeng der nichtehel Vaterschaft besteht eine Sonderregel in §§ 1600d, 1600e III. – **b) Empfangsbedürftige** WillErkl, wie die Anf, Künd od Bevollmächtigg sind mit Einwilligg grdsl wirks, ohne Einwilligg dagg grdsl unwirks u nicht genfäh. Es bestehen aber nach beiden Richtgen Ausn: – **aa)** Ist der GeschGegner mit der Vorn des Gesch ohne Einwilligg **einverstanden,** sind die für den Vertr geltden §§ 108, 109 entspr anzuwenden (RG 76, 91, MüKo/Gitter Rdn 7, s auch den rähnl § 180 S 2), das Gesch ist also zunächst schwebd unwirks u w mit Gen voll wirks. – **bb)** Trotz Einwilligg ist das RGesch unwirks, wenn die Einwilligg weder in schriftl Form vorgelegt noch vom gesetzl Vertreter mitgeteilt worden ist u der and das RGesch aus diesem Grd unverzügl zurückweist (S 2 u 3). Die Vorlegg der schriftl (§ 126) Einwilligg kann nur nach Beginn des RGesch erfolgen, muß aber bis zur Zurückweisg. Entspr gilt für die Mitteilg gem S 3. Die **Zurückweisung** ist eine einseit empfangsbedürft WillErkl. Sie kann in entspr Anwendg von § 109 I 2 auch ggü dem Mj erklärt w. Aus dem Inh der Erkl od den Umst muß sich ergeben, daß die Zurückweisg deshalb erfolgt, weil die Einwilligg nicht urkundl nachgewiesen worden ist (BAG NJW 81, 2374 zu § 174). Eine auf sonst Grde gestützte Beanstandg reicht nicht aus. Die Zurückweisg muß unverzügl, dh ohne schuldh Zögern (§ 121 I), erfolgen. Hat der Mj die schriftl Bestätigg seines ges Vertreters in Aussicht gestellt, darf der and Teil angem Zeit warten (LAG Hbg ArbRS 35, 30). Dch die Zurückweisg w das RGesch des Mj mit Wirkg *ex tunc* unwirks.

2) Beweislast: für Einwilligg, wer die Wirksamk des Gesch geltd macht; für Zurückweisg u deren Rechtzeitigk der Gegner; für die Vorlegg od Mitteilg der Einwilligg vor Zurückweisg wiederum derj, der die Wirksamk geltd macht.

Rechtsgeschäfte. 1. Titel: Geschäftsfähigkeit §§ 112, 113

112 *Selbständiger Betrieb eines Erwerbsgeschäfts.* ^I Ermächtigt der gesetzliche Vertreter mit Genehmigung des Vormundschaftsgerichts den Minderjährigen zum selbständigen Betrieb eines Erwerbsgeschäfts, so ist der Minderjährige für solche Rechtsgeschäfte unbeschränkt geschäftsfähig, welche der Geschäftsbetrieb mit sich bringt. Ausgenommen sind Rechtsgeschäfte, zu denen der Vertreter der Genehmigung des Vormundschaftsgerichts bedarf.

^{II} Die Ermächtigung kann von dem Vertreter nur mit Genehmigung des Vormundschaftsgerichts zurückgenommen werden.

1) Bedeutung der §§ 112–113. Die §§ 112–113 erweitern die GeschFgk des Mj, wenn er zum Betrieb eines ErwerbsGesch od zur Eingeh eines Dienst- od ArbVertr ermächtigt worden ist. Der Mj ist im Rahmen der §§ 112–113 partiell gesch- u prozeßfäh (ZPO 52). Der ges Vertreter kann, solange die Ermächtigg besteht, nicht für den Mj handeln. Seine ges Vertretgsmacht ruht (hM, s aber § 113 Anm 4d). Seit der Herabsetzg des VolljährigkAlters w Ermächtiggen gem § 112 kaum noch erteilt, dagg ist § 113 weiterhin von nicht unerhebl prakt Bedeutg.

2) Die Ermächtigung ist eine einseitige, formfreie an den Mj zu richtde WillErkl. Sie wird erst mit **Genehmigung** des VormschGer wirks. Das Ger entscheidet nach pflichtmäß Ermessen. Die Gen setzt voraus, daß die Leitg eines geschäftl erforderl Eigensch, Fähigk u Kenntn besitzt (KG JW **37**, 470). Die **Zurücknahme** der Ermächtigg ist gleichf eine einseit empfangsbedürft an den Mj zu richtde WillErkl. Auch sie bedarf der vormschgerichtl Gen (II). § 112 sieht and als § 113 nicht vor, daß das VormschGer die Ermächtigg ersetzen kann. Eine Befugnis hierzu kann sich aber ausnw aus § 1631a II ergeben.

3) Erwerbsgeschäft iSd § 112 ist jede erlaubte, selbstd, berufsmäß ausgeübte u auf Gewinn gerichtete Tätigk (Scheerer BB **71**, 981). § 112 erfaßt daher auch die selbstd Ausübg eines künstlerischen Berufes u die Tätigk als selbstd Handelsvertreter iSd § 84 I HGB (BAG NJW **64**, 1641, ArbG Bln VersR **69**, 97).

4) Der Umfang der vollen GeschFgk beschränkt sich auf Gesch, die der Betr des ErwerbsGesch mit sich bringt. Für die Abgrenzg ist – and als bei HGB 54, 56 – der konkrete GeschBetr maßgebd. Sie hat unter Berücksichtigg der VerkAnschauung zu erfolgen. Zustimmgsfrei sind nicht nur Gesch des normalen laufdn Betr, sond auch außerordentl RHdlgen, sofern sie dem geschäftl Bereich zuzuordnen sind (s BGH **83**, 80 zu § 1456). Ausgenommen sind RGesch, zu denen der ges Vertreter der Gen des VormschGer bedarf (I S 2). Das bedeutet, daß die Ermächtigg der Eltern eine weitergehde Wirkg hat als die des Vormds (s § 1643 im Ggs zu §§ 1821 ff). Ausgenommen sind aber in beiden Fällen KreditAufn, die Eingeh von Wechselschulden u die Prokuraerteilg (§§ 1643 I, 1822 Nr 8, 9 u 11).

113 *Dienst- oder Arbeitsverhältnis.* ^I Ermächtigt der gesetzliche Vertreter den Minderjährigen, in Dienst oder in Arbeit zu treten, so ist der Minderjährige für solche Rechtsgeschäfte unbeschränkt geschäftsfähig, welche die Eingehung oder Aufhebung eines Dienst- oder Arbeitsverhältnisses der gestatteten Art oder die Erfüllung der sich aus einem solchen Verhältnis ergebenden Verpflichtungen betreffen. Ausgenommen sind Verträge, zu denen der Vertreter der Genehmigung des Vormundschaftsgerichts bedarf.

^{II} Die Ermächtigung kann von dem Vertreter zurückgenommen oder eingeschränkt werden.

^{III} Ist der gesetzliche Vertreter ein Vormund, so kann die Ermächtigung, wenn sie von ihm verweigert wird, auf Antrag des Minderjährigen durch das Vormundschaftsgericht ersetzt werden. Das Vormundschaftsgericht hat die Ermächtigung zu ersetzen, wenn sie im Interesse des Mündels liegt.

^{IV} Die für einen einzelnen Fall erteilte Ermächtigung gilt im Zweifel als allgemeine Ermächtigung zur Eingehung von Verhältnissen derselben Art.

1) Allgemeines: s § 112 Anm 1.

2) Zur Ermächtigung s zunächst § 112 Anm 2. Sie bedarf iF des § 113 nicht der Gen des VormschGer. Sie kann daher auch dch schlüssiges Verhalten erteilt w, „resignierdes Dulden" reicht aber nicht aus (BAG **AP** Nr 6). Das VormschGer kann eine vom Vormd verweigerte Ermächtigg ersetzen (III; s dazu FGG 18, 53, 55, 59, 60 Z 6). Haben die Eltern die Ermächtigg abgelehnt, darf das Ger sie nur unter den einschränkden Voraussetzgen des § 1631a II tätig w. Die **Zurücknahme** ist ebso wie iF des § 112 ggü dem Mj zu erklären (MüKo/Gitter Rdn 24, aA Feller FamRZ **61**, 420: mögl ErklEmpfänger auch der ArbG).

3) § 113 regelt die Ermächtigg, in **Dienst od Arbeit** zu treten. Er erfaßt daher alle Dienst- u ArbVertr, auch solche, die eine selbstd Tätigkeit zum Ggst haben. Der selbstd Handelsvertreter fällt sowohl unter § 112 (dort Anm 3) als auch unter § 113 (BAG NJW **64**, 1642, MüKo/Gitter Rdn 6). Da der Umfang der beiden Ermächtiggen unterschiedl ist, können sie gerade iF des selbstd Handelsvertreters auch nebeneinand bestehen. Auch auf WerkVertr kann § 113 anzuwenden sein. Dagg fallen BerufsausbildgsVertr nicht unter § 113, da bei ihnen der Ausbildgszweck (BerBiG 1 II) überwiegt (MüKo/Gitter Rdn 7, Staud-Dilcher Rdn 5, hM, aA RAG **5**, 221). Auf öffr DienstVerh findet § 113 entspr Anwendg, so auf den Dienst im Bundesgrenzschutz (BVerwG **34**, 168) u den Dienst als Zeitsoldat (OVG Münster NJW **62**, 758).

4) Umfang der Teilgeschäftsfähigkeit. **a)** Sie umfaßt die **Eingehung** eines Dienst- od ArbVerh der gestatteten Art (I 1) u gilt auch für Vertr mit dem gesetzl Vertreter (aA FinG SchlH NJW **87**, 1784). Die vom Mj ausgehandelten VertrBdggen sind nur dann dch § 113 gedeckt, wenn sie verkehrsübl u nicht ungewöhnl belastd sind (Brill BB **75**, 287). Im Rahmen des Übl kann der Mj auch VertrStrafVerspr u WettbewVerbote vereinbaren (BAG NJW **64**, 1642: Handelsvertreter). Die für einen Vertr erteilte Ermächtigg erstreckt sich iZw auch auf weitere Vertr gleicher Art (IV). Ob Gleichartigk vorliegt, entscheidet die VerkAnschauung. Sie kann auch bei Arbeit in einem verwandten Beruf anzunehmen sein, scheidet aber aus, wenn sich die rechtl od soziale Stellg des Mj wesentl verschlechtert. – **b)** Die TeilGeschFgk erstreckt sich auch auf RGesch, die mit der Erf u Aufhebg des VertrVerh zushängen (I 1) u gilt damit für den ges Bereich der **Vertragsabwicklung**. Der Mj ist zur Ann des Lohns ermächtigt, nach heutiger Anschauung auch zur Einrichtg eines Gehaltskontos u zu Barabhebgen, nicht aber zu Überweisen u sonst Vfgen über sein ArbEinkommen (Scheerer BB **71**, 981, MüKo/Gitter Rdn 16). Er kann kündigen, gekündigt w, der Künd widersprechen, AusglQuittgen erteilen (LAG Hamm Betr **71**, 779) u Vergl schließen. Auch hier gilt aber, daß RGesch, die zum Nachteil des Mj wesentl vom Übl abw, nicht dch die Ermächtigg gedeckt sind. Unwirks ist daher ein aus Anlaß der Schwangersch geschlossener AufhebgsVertr (LAG Brem Betr **71**, 2318). Die Ermächtigg umfaßt den Beitritt zu einer Gewerksch (LG Essen **AP** Nr 3, LG Ffm FamRZ **67**, 680, Gilles/Westphal JuS **81**, 899, jetzt ganz hM), nicht aber die DarlAufn bei der Gewerksch (LG Münst MDR **68**, 146). Im SozVersR besteht für Mj ab 15 HdlgsFgk gem SGB-AT 36 (Coester FamRZ **85**, 982). Der Übertritt von einer Ortskrankenkasse in eine ErsKrankenkasse fällt nicht unter SGB-AT 36, ist aber dch § 113 gedeckt (Woltereck SozGerbk **65**, 161, sehr str). – **c)** Die Ermächtigg umfaßt kr GesRBestimmg, die im Vorn der ges Vertreter der **Genehmigung des Vormundschaftsgerichts** (§§ 1643, 1821f) bedarf (I 2). S dazu § 112 Anm 4. – **d)** Der ges Vertreter kann die Ermächtigg jederzeit **einschränken** od zurücknehmen (II, oben Anm 2). Die Ausführgen in a) u b) gelten daher nicht, sow der ges Vertreter etwas abw bestimmt h. Widerspricht der ges Vertreter einem vom Mj beabsichtigten RGesch, so liegt darin konkludent eine Einschränkg der Ermächtigg.

114 *Beschränkte Geschäftsfähigkeit Entmündigter.* Wer wegen Geistesschwäche, Verschwendung, Trunksucht oder Rauschgiftsucht entmündigt oder wer nach § 1906 unter vorläufige Vormundschaft gestellt ist, steht in Ansehung der Geschäftsfähigkeit einem Minderjährigen gleich, der das siebente Lebensjahr vollendet hat.

1) Allgemeines. Fassg des AdoptG. Einbezogen sind auch die wg Rauschgiftsucht Entmündigten, eine Ergänzg, die bei Änd des § 6 vergessen worden war (Löwisch NJW **75**, 15, 18).

2) Personenkreis des § 114. a) § 114 erfaßt die wg Geistesschwäche, Verschwendg, Trunk- od Rauschgiftsucht Entmündigten sowie die unter vorl Vormundsch Gestellten, diese auch dann, wenn die Entm wg Geisteskrankh betrieben w. Dagg hat die Anordng einer GebrechlichkPflegsch (§ 1910) als solche auf die GeschFgk keinen Einfluß. – **b)** Die beschr GeschFgk **beginnt** mit dem Wirksamwerden des EntmBeschl (ZPO 661, 683) od des Beschl über die Anordng der vorl Vormsch (FGG 52). Sie **endet** mit der Rechtskr der Entsch, die die Entm aufhebt (ZPO 672, 678, 685, 686), od dem Ende der vorl Vormsch (§ 1908).

3) Rechtsfolgen. Die unter § 114 fallden Personen sind nach Maßg der §§ 107–113 in der GeschFgk beschränkt. Gleichgült ist, ob die Entm od PflegschAnordng materiell zu Recht besteht (s aber § 115). Liegen die Voraussetzgen des § 104 Nr 2 vor, ist der Betroffene auch dann geschunfäh, wenn an sich § 114 auf ihn zutrifft (§ 104 Anm 3a). Weitere Sondervorschriften für beschr GeschFähige s § 106 Anm 2. Sonst Bestimmgen über die RStellg der Mj sind auf die unter § 114 fallden Pers grdsl nicht anwendb. Sow es um die RVerteidigg gg die Entm (PflegschAnordng) od um deren Aufhebg geht, besteht volle Gesch- u ProzeßFgk (Einf 4c vor § 104).

115 *Aufhebung des Entmündigungsbeschlusses.* **I** Wird ein die Entmündigung aussprechender Beschluß infolge einer Anfechtungsklage aufgehoben, so kann die Wirksamkeit der von oder gegenüber dem Entmündigten vorgenommenen Rechtsgeschäfte nicht auf Grund des Beschlusses in Frage gestellt werden. Auf die Wirksamkeit der von oder gegenüber dem gesetzlichen Vertreter vorgenommenen Rechtsgeschäfte hat die Aufhebung keinen Einfluß.

II Diese Vorschriften finden entsprechende Anwendung, wenn im Falle einer vorläufigen Vormundschaft der Antrag auf Entmündigung zurückgenommen oder rechtskräftig abgewiesen oder der die Entmündigung aussprechende Beschluß infolge einer Anfechtungsklage aufgehoben wird.

1) Bedeutung der Norm. a) Die Aufhebg des EntmBeschl auf AnfKlage (ZPO 672, 684) beseitigt diesen rückwirkd u stellt fest, daß ein EntmGrd nicht bestand, der **Entmündigte** also stets **geschäftsfähig** war. Seine RGesch sind daher **wirksam** (I 1). Das gilt ebso, wenn die vorl Vormsch aus den Grden des II wegfällt. Die erste Alternative von II ist auch dann erf, wenn die vorl Vormsch bereits vor der Rückn des EntmAntr aufgehoben worden ist (KG OLGZ **77**, 33). – **b)** Ands war die Entm od vorl Vormsch von zust Staatsorgan ausgesprochen. Das Vertrauen auf einen solchen Staatsakt muß geschützt w. Auch die vom **gesetzlichen Vertreter** vorgenommenen RGesch sind daher **wirksam** (I 2). – **c)** Bei **Unvereinbarkeit** der Gesch des Entmündigten u des ges Vertreters besteht kein Vorrang der VertreterGesch (so aber RGRK/Krüger-Nieland Rdn 2). Es gelten vielm die allg Grds: handelt es sich um kollidierde VerpflGesch, sind beide wirks; bei Vfgen hat die fr den Vorrang (MüKo/Gitter Rdn 6, Staud-Dilcher Rdn 5, hM).

2) Entsprechende Anwendung. Nach dem RGedanken der §§ 115, FGG 32 bleiben RHdlgen des Konk- u Zwangsverwalters trotz Aufhebg des zGrde liegden GerBeschlusses wirks (BGH **30**, 176). Dagg ist § 115 nicht entspr anwendb, wenn für die Bestellg des Verwalters keine gesetzl Grdl besteht (RG **141**, 271) od wenn ein Ges, das Vertretgsmacht verleiht, für verfassgswidrig erklärt w (BGH **39**, 48).

Zweiter Titel. Willenserklärung

Einführung

1) Allgemeines. – a) Begriff. Die WillErkl ist notw Bestandt jeden RGesch (vgl Übbl 1 b vor § 104). Sie ist Äußerg eines auf die Herbeiführg einer RWirkg gerichteten Willens: Sie bringt einen RFolgewillen zum Ausdr, dh einen Willen, der auf die Begründg, inhaltl Änderg od Beendigg eines priv RVerh abzielt. Der subj Tatbestd der WillErkl w üblicherw unterteilt in den das äußere Verhalten beherrschden HdlgsWillen, das ErklBewußtsein (Bewußtsein, überh eine rgeschäftl Erkl abzugeben) u den GeschWillen (die auf einen best rgeschäftl Erfolg gerichtete Absicht). Diese Einteilg w im neueren Schriftt kritisiert (vgl Larenz § 19 I, Flume § 4, 3), sie ist aber wg der bei Fehlen der einzelnen Willensmerkmale eintretden unterschiedl RFolgen nicht zu entbehren (vgl Anm 4). Zum obj Tatbestd genügt jede Äußerg, die den RFolgewillen nach außen erkennen läßt. Die Benutzg von Wort od Schrift ist nicht erforderl; soweit keine FormVorschr bestehen, können WillErkl auch stillschw abgegeben w (vgl Anm 3). Auch **automatisierte** Erkl sind echte WillErkl (Köhler AcP **182**, 133, Redeker NJW **84**, 2391, Clemens NJW **85**, 1998).

b) Schon seit dem Gemeinen R ist umstr, worin der GeltgsGrd der dch die WillErkl ausgelösten RFolge zu erblicken ist. Die **Willenstheorie** (Savigny, Windscheid, Zitelmann) hält den tatsächl subj Willen des Erklärden für entsch. Sie geht davon aus, daß das Fehlen eines RFolgewillens die Wirksamk der WillErkl grdsätzl ausschließt. Die **Erklärungstheorie** (Kohler, Leonhard) stellt dagg darauf ab, wie der ErklEmpfänger das Verhalten des and nach Treu u Glauben deuten durfte; sie will im Interesse des Vertrauensschutzes die Berufg auf das Fehlen eines RFolgewillens grdsätzl nicht gestatten. Die neuere Lehre versucht, diesen dch das Inkrafttr des BGB nicht beendeten Theorienstreit dch eine neue Betrachtgsweise zu überbrücken. Sie geht davon aus, daß die WillErkl ihrem Wesen nach **Geltungserklärung** ist, dh ein Akt rechtl Regelg, eine RSetzg inter partes (Larenz § 19 I, Flume § 4, 7, Soergel-Hefermehl Rdn 7). Auch bei dieser Betrachtg bleibt aber die Frage, ob Grdlage für die in der WillErkl enthaltene Regelg der Wille des Erklärden ist od der obj Sinn seines Verhaltens. Sie ist für empfangsbedürft WillErkl iS eines Vorranges der obj ErklBedeutg zu beantworten. Dieses ist nicht nur dann, wenn der Inhalt der WillErkl dch Ausleg zu ermitteln ist (vgl Anm 2b), sond auch dann, wenn zweifelh ist, ob ein best Verhalten als WillErkl zu werten ist od nicht (BGH **21**, 106, **91**, 328, FamRZ **77**, 312, BAG NJW **71**, 1423, **AP** § 133 Nr 36). Eine Hdlg, die aus der Sicht des ErklEmpfängers als Ausdr eines best RFolgewillens erscheint, ist dem Erklärden grdsätzl auch dann als WillErkl zuzurechnen, wenn er keinen RFolgewillen hatte (Hepting, FS Uni Köln, S 209 ff). Unter den Begriff der WillErkl fallen daher sowohl die **finale** als auch die **normativ zugerechnete** Erkl (MüKo/Kramer Rdn 17). Vertrauenshaftg u RGeschLehre sind keine sich ausschließde GgSätze; der Gedanke des Vertrauensschutzes ist integrierder Bestandt der RGeschLehre (BGH **91**, 330).

c) Für den **Rechtsfolgewillen** genügt es, daß der Wille primär auf einen wirtschaftl Erfolg gerichtet ist, sofern dieser als ein rechtl gesicherter u anerkannter gewollt w. Keine RBindg haben Abreden innerh von Freundsch- u Liebesbeziehgen od im gesellschaftl Verk. Dagg sind Absprachen zw Eheg über persönl Ehewirkgen uU rgeschäftl Natur (§ 1356 Anm 2a). Ob ein Verhalten als Ausdr eines RFolgewillens u damit als WillErkl zu werten ist, ist gem §§ 133, 157 dch Ausleg zu entsch. Die Grenzziehg ist oft schwer, so insb beo sog sozialtyp Verhalten (Einf 5 b vor § 145), bei stillschw WillErkl (unten Anm 3), bei der Abgrenzg ggü GefälligkHdlgen (Einl 2 vor § 241). Ähnl Abgrenzgsprobleme ergeben sich beim stillschw HaftgsAusschl (§ 254 Anm 6) u bei der Frage, wann die Mitarbeit eines Eheg im Gesch des and als Begründg eines VertrVerhältn (Innengesellsch, DienstVertr) angesehen w kann (§ 1356 Anm 4). Wissen die Part, daß ihre Vereinbg nichtig ist, also von der ROrdng nicht anerkannt w, liegen mangels RFolgewillens schon tatbestdl keine WillErkl vor (RG **122**, 140, BGH **45**, 379, **LM** § 139 Nr 42, Düss Betr **70**, 1778). Das soll aber einer Heilg gem § 313 S 2 nicht entggstehen (BGH NJW **75**, 205).

2) Auslegung einer WillErkl ist die Deutg ihres Sinnes, die **Ermittlung des Inhalts der Erklärung.** Für sie gelten die bei § 133 dargestellten Grds. Besteht ein **übereinstimmender Wille** der Beteiligten, so ist dieser rechtl auch dann allein maßgebd, wenn er im Inhalt der Erkl keinen od nur einen unvollkommenen Ausdr gefunden hat (BGH **20**, 110, **71**, 247, § 133 Anm 4b). Von diesem Grds gehen auch die §§ 116 ff aus. Aus ihm folgt, daß der sonst unbeachtl stille Vorbeh die Erkl nichtig macht, wenn der ErklGegner ihn kennt (§ 116 S 2), daß trotz ordngsm Wortlauts das ScheinGesch nichtig ist, weil die Parteien darüber einig sind (§ 117 I), daß ein verdecktes Geschäft als Inhalt der Erkl des ScheinGesch gilt (§ 117 II), ferner, daß das vom Erklärden Gewollte als erkl gilt und sich der Gegner auf eine bestehende Unklarh nicht berufen kann, wenn er den beabsichtigten Sinn richtig erkannt hat (BGH NJW **84**, 721).

3) Sogenannte stillschweigende Willenserklärungen

Schrifttum: Fabricius JuS **66**, 1 ff, 50 ff; Hanau AcP **166**, 220; Hübner FS Nipperdey, 1965 I 373.

Die Bezeichng „stillschw WillErkl" ist mehrdeut; sie umfaßt sowohl die WillErkl dch schlüss Verhalten als auch das bloße Schweigen. – **a)** WillErkl können, soweit keine FormVorschr entggstehen, dch **schlüssiges Verhalten** abgegeben w. Bei WillErkl dieser Art findet das Gewollte nicht unmittelb in einer Erkl seinen Ausdr, der Erklärde nimmt vielm Hdlgen vor, die mittelb einen Schluß auf einen best RFolgewillen zulassen (Larenz § 19 IV b, Flume § 5, 3). Bsp sind die Inanspruchn einer entgeltl angebotenen Leistg, wie das Einsteigen in eine Straßenbahn (Einf 5 b vor § 145), die Ann eines Angebots dch Vollzug od Ann der Leistg (§ 148 Anm 1, § 151 Anm 1), die Fortsetzg eines an sich beendeten Vertr (§ 305 Anm 2 b), die widersprchlose Fortsetzg des Vertr nach Bekanntgabe von veränderten Bdgen (§ 305 Anm 2 b), die Gen (Bestätig) eines RGesch dch Hdlgen, die einen Gen(Bestätiggs)Willen erkennen lassen (§ 182 Anm 2), die Wiederholg der Künd dch KlErhebg (BayObLG NJW **81**, 2199), der Rücktr vom Verlöbn dch Betätigg des Aufhebgswillens (RG **170**, 81). Auf die konkludente WillErkl finden die allg Grds über WillErkl Anwendg. Da der

ErklTatbestd bei ihnen nicht in einem bloßen Schweigen, sond in einem Tun besteht, ist für sie die Bezeichng stillschw WillErkl an sich irreführd. Der Erklärde muß die Umst kennen, die seine Hdlg als Ausdr eines RFolgewillens erscheinen lassen. Er muß außerdem wissen od damit rechnen, daß eine von ihm abzugebde WillErkl erforderl sein könnte (BGH NJW 73, 1789, § 133 Anm 4c). Die Gen eines RGesch dch schlüss Verhalten setzt daher voraus, daß der Genehmigde die Unwirksamk kannte od mit ihr rechnete (RG 118, 335, BGH 2, 153, § 182 Anm 2b). Im übrigen gelten die allg Ausleggsregeln, insb der Grds, daß es bei empfangsbedürft Erkl auf die obj ErklBedeutg des Verhaltens ankommt (§ 133 Anm 4c) u die bestehde Interessenlage zu berücksichtigen ist (BGH 81, 92). Bei DauerrechtsVertr kann eine langjähr vom VertrWortlaut abw tats Übg als eine schlüss ÄndVereinbg aufzufassen sein (§ 305 Anm 2b).

b) Das bloße **Schweigen** ist idR keine WillErkl, sond das Ggteil einer Erkl. Wer schweigt, setzt im allg keinen ErklTatbestd, er bringt weder Zust noch Ablehng zum Ausdr. Hiervon gelten jedoch prakt wicht Ausnahmen. – **aa) Schweigen als Erklärungshandlung.** Schweigen kann in best Situationen obj Erklärgswert haben (beredtes Schweigen). Das gilt etwa, wenn das Schweigen als ErklZeichen vereinb ist, wenn der anwesde GeschInh der in seinem Namen abgegebenen Erkl eines Angest nicht entggtritt, ferner für das Schweigen bei Abstimmgen. In diesen (seltenen) Fällen ist das Schweigen ein echter ErklAkt, es erfüllt alle Voraussetzgen einer WillErkl. – **bb) Schweigen mit Erklärungswirkung.** Das Schweigen hat auch dann die Wirkg einer WillErkl, wenn der Schweigde verpflichtet gewesen wäre, seinen ggteil Willen zum Ausdr zu bringen: *qui tacet, consentire videtur, ubi loqui debuit atque potuit* (RG 145, 94, BGH 1, 355, MDR 70, 136). Die früh hM nahm an, daß das Schweigen auch in diesen Fällen alle Merkmale einer WillErkl erfülle. Inzw hat sich jedoch die Erkenntn durchges, daß das Schweigen hier tatbestdl keine WillErkl ist, sond ledigl in sein RWirkgen einer WillErkl gleichsteht (Larenz § 19 IV c, Flume § 5, 2, Staud-Dilcher Rdn 41 ff, Hanau aaO, Fabricius aaO). Das Schweigen ist keine ErklHdlg, seine rechtl Bedeutg liegt in dem Unterl des mögl u gebotenen Widerspr. Man spricht daher vom Schweigen an Erkl Statt (Larenz) od von normiertem Schweigen. Zur dogmat Konstruktion vgl Hanau, Fabricius u Hübner, alle aaO; krit MüKo/Kramer Rdn 23 ff vor § 116.

c) Erklärungswirkung des Schweigens. – **aa)** Sie beruht zT auf ausdrückl gesetzl Vorschr (fingierte WillErkl). Gem §§ 108 II 2, 177 II 2, 415 II 2, 458 I 2 gilt Schweigen auf die Aufforderg zur Gen als Ablehng. In den Fällen der §§ 416 I 2, 496 S 2, 516 II 2, 1943, HGB 362 I, 377 II hat Schweigen dagg die Bedeutg einer Gen (Ann). Auch dch vertragl Abreden kann best w, daß Schweigen Zust bedeuten soll; entspr formularmäß Klauseln sind aber nur in den Grenzen von AGBG 10 Nr 5 wirks. – **bb)** Prakt wichtiger sind die nicht ausdr geregelten Fälle. Hier steht Schweigen einer WillErkl gleich, wenn der Schweigde nach **Treu und Glauben** unter Berücksichtigg der VerkSitte verpfl gewesen wäre, seinen abw Willen zu äußern (BGH 1, 355, **LM** § 157 (Gb) Nr 4, NJW 72, 820, Köln OLGZ 71, 143, stRspr). Beim kaufmänn **Bestätigungsschreiben** gilt Schweigen kr GewohnhR idR als Zust (§ 148 Anm 3). Im übrigen gilt Schweigen auch im kaufmänn Verk grdsätzl als Ablehng (BGH 61, 285, 101, 364, NJW 81, 44), doch kann bei Würdigg aller Umst eine Pfl zum Widerspr bestehen, Schweigen also als Zust zu werten sein (BGH NJW 75, 1359). BewLast für das Schweigen hat derj, der Rechte daraus herleiten will (BGH aaO). **Einzelfälle:** Schweigen auf Abrechng im HandelsVerk, OGH NJW 50, 385, Düss Betr 73, 1064 (uU Zust); auf Provisionsabrechng, BGH Betr 82, 376 (idR Ablehng); auf Angebot zum VertrSchl, § 148 Anm 1 (idR Ablehng); auf vom Antr abw Bdggen in AuftrBestätigg, § 148 Anm 3 c bb (idR Ablehng); auf Mitteil von AGB, AGBG 2 Anm 6; auf BestätSchr im nichtkaufm Verk, BGH NJW 75, 1359 (Frage des Einzelfalls); auf Angebot zur VertrAufhebg, BGH NJW 81, 43 (idR Ablehng); auf Angebot zur Änderg des Vertr (§ 305 Anm 2b); auf Erkl der Bank, sie behalte den zur Diskontierg eingereichten Wechsel als Sicherh, BGH Warn 69 Nr 253 (idR Zust); DuldgsVollm, § 173 Anm 4; als Gen eines vollmlosen Handelns, § 178 Anm 3; auf Rechng im nichtkaufmänn Verk, OGH NJW 49, 943 (idR Ablehng); auf vertragsändernde Bedingg auf Rechng, BGH BB 59, 826, MDR 70, 136, Dauses Betr 72, 2145 (idR Ablehng); auf Tagesauszüge der Sparkasse, BGH NJW 79, 1164 (keine rgeschäftl Zust); auf Reguliergsschreiben, Köln NJW 60, 1669 (bei Kaufm uU Zust); auf AnsprSchreiben an Versicherer, Brem VersR 71, 912 (idR Ablehng); auf Mitteilg einer Wechselfälschg an Namensträger, BGH **LM** WG Art 7 Nr 1 u 3; NJW 63, 148, BGH 47, 113 (idR keine Gen); im BankVerk, BGH WPM 73, 1014 (uU Zust). – **cc)** Wird Schweigen vom Ges als Ablehng fingiert (oben aa), kommt es auf die GeschFgk des Schweigden u etwaige **Willensmängel** nicht an (hM, Hanau aaO S 224). In den and Fällen des Schweigens mit ErklWirkg (oben bb) ist die Vorschr über GeschFgk u Willensmängel dagg (entspr) anzuwenden (Larenz § 19 IV c, RGRK Rdn 30, 31, Staud-Dilcher Rdn 79), die Anf kann jedoch nicht auf einen Irrt über die rechtl Bedeutg des Schweigens gestützt w (BGH NJW 69, 1711 [Bestätiggsschr], RGRK, Larenz aaO, hM).

d) Die Deutg eines schlüss Verhaltens od eines Schweigens als WillErkl ist idR ausgeschl, wenn hiergg rechtzeit **Verwahrung** eingelegt worden ist (BGH NJW-RR 86, 1496). Das gilt aber dann nicht, wenn das Verhalten nur die Bedeutg haben kann, gg die sich die Verwahrg wendet, *protestatio facto contraria* (BGH NJW 65, 387, vgl Einf 5 b vor § 145).

e) Es ist anerkanntes Recht, daß Anspr des ArbN dch **betriebliche Übung** entstehen können (BAG NJW 71, 163, Betr 85, 1747, Hromadka NZA 84, 241). So verpfl schon die dreimalige vorbehaltl Gewährg einer freiw Leistg zur Wiederholg der Zuwendg (BAG 2, 302, 4, 144, 14, 174). Rspr u Schrifft nehmen hier zT eine VerpflErkl dch schlüss Verhalten an (BAG NJW 87, 2102). Das überzeugt nicht, da sich auch bei obj Ausleg idR kein VerpflWille feststellen läßt. Richtig ist wohl: Der Erwerb beruht nicht auf einem rgeschäftl Tatbestd, sond auf **Erwirkung,** dem Ggstück zur Verwirkg (§ 242 Anm 9, Hanau aaO S 261, Weber Betr 74, 710, BAG 5, 46, ferner umfassd Canaris Vertrauenshaftg, 1971, S 372 ff). Wird ein Anspr längere Zeit nicht geltd gemacht, kann er verwirkt w. Wird eine Leistg längere Zeit erbracht, kann ein auf sie gerichteter Anspr entstehen; Voraussetzg ist jedoch, daß bes Umstände vorliegen, die das Vertrauen auf die Fortsetzg der Leistg schutzwürd erscheinen lassen (strenge Anfordergen!).

4) Willensmängel. Die WillErkl kann fehlerh sein, weil der Wille des Erklärden u der dch Ausleg ermittelte Inhalt seiner Erkl (Anm 2b) auseinandfallen. Folgde Fallgruppen sind zu unterscheiden:

Rechtsgeschäfte. 2. Titel: Willenserklärung **Einf v § 116, § 116**

a) Fehlt der **Handlungswille** (Anm 1 a), liegt tatbestdl keine WillErkl vor. Der Hdlgswille ist notw Voraussetzg für die Zurechng als WillErkl. Ein Verhalten ohne Hdlgswillen (Reflexbewegg, Handeln in Hypnose, vis absoluta) ist auch dann keine WillErkl, wenn es wie die Äußerg eines RFolgewillens erscheint (Soergel-Hefermehl Rdn 15, ganz hM, aA Kellmann JuS **71**, 612).

b) Umstr ist, wie das Fehlen des **Erklärungsbewußtseins** (Anm 1a) rechtlich zu behandeln ist. Bsp sind das Handaufheben währd einer Versteigerg, um einem Bekannten zuzuwinken, das Hissen einer Lotsenflagge ohne Kenntn ihrer Bedeutg, die Unterzeichn einer Sammelbestellg in der Ann, es handele sich um ein Glückwunschschreiben. Die fr hM hielt das ErklBewußtsein für ein notw Erfordern der WillErkl, nahm also an, daß bei seinem Fehlen tatbestdl keine WillErkl vorliege (Staud-Dilcher Rdn 26, Thiele JZ **69**, 407, Düss OLGZ **82**, 241). Diese von der Willenstheorie (Anm 1b) ausgehde Lösg kann aber nicht überzeugen. Die nach dem BGB bestehde Freih in der Wahl der ErklHdlg schließt für den Erklärden eine Verantwortg ein; ihm u nicht dem ErklEmpfänger muß das „ErklRisiko" angelastet w (Schmidt-Salzer JR **69**, 284). Ein Verhalten, das sich für den ErklEmpfänger als Ausdr eines best RFolgewillens darstellt, ist dem Erklärden daher auch dann als WillErkl zuzurechnen, wenn er kein ErklBewußtsein hatte (BGH **91**, 327, WPM **89**, 652, Larenz § 19 III, krit Brehme JuS **86**, 441, Eisenhardt JZ **86**, 875). Voraussetzg für die Zurechng ist aber, daß der Erklärde die mögl Deutg seines Verhaltens als WillErkl bei Anwendg pflgem Sorgf erkennen konnte (BGH, Larenz, Hepting FS Uni Köln S 219, str, aA Kellmann JuS **71**, 614). Fehldes ErklBewußtsein gibt dem Erklärden, mit den sich aus allg Grds ergebden Einschränkgen, ein AnfR analog § 119 I 2. Alternative (Larenz aaO). Mangels eines schutzbedürft VertrauensTatbestd kommt eine Zurechng als WillErkl nicht in Betr, wenn der ErklEmpfänger das Fehlen des ErklBewußtseins kannte (vgl Anm 2). Aus den gleichen Erwäggen schließt fehldes ErklBewußtsein bei nicht empfangsbedürft Erkl den Tatbestd einer WillErkl aus (Bsp: Aufschneiden eines unbestellt zugesandten Buches in der Meing, es sei ein eig; keine Ann gem § 151).

c) Bewußte Willensmängel (§§ 116–118). Der geheime Vorbeh, das Erklärte nicht zu wollen, ist unbeachtl (§ 116 S 1). Der vom and Teil erkannte Vorbeh führt dagg zur Nichtigk (§ 116 S 2); ebso ist die einverständl zum Schein abgegebene WillErkl nichtig (§ 117). In beiden Fällen liegt eine Abw von Wille u Erkl an sich nicht vor, weil der Vorbeh u die ScheinAbs als dem ErklEmpfänger bekannt zum ErklInhalt gehören (vgl Anm 2a). Nichtig ist auch die ScherzErkl, § 118. Diese Regelg ist, soweit der ErklEmpfänger die mangelnde Ernstlichk nicht erkannt h, problemat, w aber dch die SchadErsPfl gem § 122 gemildert. Sie kann als Sonderregel für einen eigentüml AusnFall nicht dahin verallgemeinert w, daß fehldes ErklBewußtsein (oben b) zur Nichtigk der Erkl führt (Larenz § 19 III, Flume § 20, 3, str). Einzeln vgl Anm zu §§ 116–118.

d) Unbewußte Willensmängel (§§ 119–120). Auch wenn der Erkl ein RFolgewille zugrde liegt, kann zw Wille u Erkl ein Widerspr bestehen, näml dann, wenn der Erklärde eine Erkl and Inhalts abgeben wollte od wenn er bei der Willensbildg von falschen Vorstellgen ausgegangen ist (Irrt). Der Irrt berührt die Wirksamk der WillErkl nicht, begründet aber unter den Voraussetzgen der §§ 119–120 ein AnfR. Einzeln vgl Anm zu §§ 119–120.

e) Herkömmlicherw w auch die **Täuschg** u **Drohg** zu den Willensmängeln gerechnet, obwohl es hier nicht um einen Zwiespalt zw Wille u Erkl geht, sond um eine unzul **Beeinträchtigung** der Freih der **Willensentschließung**. Das Ges gibt auch hier ein AnfR. Einzeln vgl Anm zu § 123.

5) Beweislast: Die Tatsachen, die eine WillErkl äußerl als wirks erscheinen lassen (Wille, Erkl, erforderlichenf Form, Zugehen us u beim Vertr Willenseinig) hat zu beweisen, wer sich auf Wirkgen der WillErkl beruft, rechtshindernde (Schein, mangelnde Ernstlichk, Unsittlichk) und rechtsvernichtende Tatsachen (zB Anfechtbark – Irrt, Täuschg, Drohg – und AnfErkl) derjenige, der die Wirkg verneint. Die Auslegg ist Würdigg, läßt sich also nicht beweisen; die Tatsachen, die für die eine od andere Auslegg sprechen, hat zu beweisen, wer für diese Auslegg eintritt.

116 Geheimer Vorbehalt. Eine Willenserklärung ist nicht deshalb nichtig, weil sich der Erklärende insgeheim vorbehält, das Erklärte nicht zu wollen. Die Erklärung ist nichtig, wenn sie einem anderen gegenüber abzugeben ist und dieser den Vorbehalt kennt.

1) Allgemeines. S zunächst Einf 4c v § 116. Satz 1 ist eine im Interesse des rechtsgeschäftl Verk unentbehrl, aber auch selbstverständl Regel. Den geheim gehaltenen Willen des Erklärden, die RFolgen seines Verhaltens nicht zu wollen, kann die ROrdng nicht anerkennen. Das gilt auch für das öffR (RG **147**, 40). Nicht schutzbedürft ist der ErklEmpfänger, wenn er den Vorbeh kennt; in diesem Fall ist die WillErkl daher gem Satz 2 nichtig.

2) Satz 1. a) Geheim ist der Vorbeh, wenn er demj verheimlicht w, für den die WillErkl best ist. Das kann auch ein and als der ErklEmpfänger sein. Wird eine InnenVollm (§ 167 Anm 1a) unter einem geheimen Vorbeh erteilt, ist die Vollm trotz Kenntn des Bevollmächtigten wirks, wenn der Vorbeh dem GeschGegner verheimlicht w (BGH NJW **66**, 1916). Gleichgült ist, aus welchem Motiv der Vorbeh beruht. Auch die gute Absicht des Erklärden (Beruhigg eines Schwerkranken) ändert an der Wirkgslosigk des Vorbeh nichts. –
b) Satz 1 gilt für alle **Arten von Willenserklärungen,** für ausdr u konkludente, für empfangsbedürft u nicht empfangsbedürft. Er ist auf geschäftsähnl Hdlgen (Übbl 2c v § 104) entspr anwendb.

3) Satz 2. a) Erforderl ist **Kenntnis** desj, für den die Erkl best ist (Anm 2a). Bei amtsempfangsbedürft WillErkl ist die Kenntn des Beamten unerhebl (Soergel-Hefermehl Rdn 5, aA Pohl AcP **177**, 62). Wie der and Teil die Kenntn erlangt hat, ist gleichgült. Kennenmüssen (§ 122 II) genügt nicht. – **b)** Satz 2 gilt nach seinem Wortlaut für **empfangsbedürftige** WillErkl. Er ist auf die Auslobg mit der Maßg entspr anzuwenden, daß Nichtigk ggü dem Bösgläubigen eintritt (Erm-Brox Rdn 3, str), gilt aber wg der Sonderregelg in EheG 16, 28 nicht für die Eheschließg. Auch auf ProzHdlgen findet Satz 2 keine Anwendg.

§§ 116, 117 1. Buch. 3. Abschnitt. *Heinrichs*

4) Abgrenzung. a) Bei einer Erkl in der Erwartg, der ErklEmpfänger w die mangelnde Ernstlichk erkennen, sind die §§ 118, 122 anzuwenden. Soll der ErklEmpfänger die Erkl ernst nehmen, liegt dagg ein Vorbeh iSd § 116 vor (sog **böser Scherz**). – **b)** Wissen u wollen **beide Beteiligte,** daß die abgegebene Erkl nicht gewollt ist, gilt § 117. – **c)** Wird eine **erzwungene** Erkl mit einem vom Gegner erkannten Vorbeh abgegeben, ist die Erkl nichtig, ohne daß es einer Anf gem § 123 bedarf (MüKo/Kramer Rdn 13, str).

5) Wer sich auf die Nichtigk gem § 116 beruft, muß den Vorbeh u die Kenntn des and Teils **beweisen** (allgM).

117 **Scheingeschäft.** ^{I} Wird eine Willenserklärung, die einem anderen gegenüber abzugeben ist, mit dessen Einverständnisse nur zum Schein abgegeben, so ist sie nichtig.
^{II} Wird durch ein Scheingeschäft ein anderes Rechtsgeschäft verdeckt, so finden die für das verdeckte Rechtsgeschäft geltenden Vorschriften Anwendung.

Schrifttum: Michaelis, FS Wieacker, 1978, S 444 ff.

1) Allgemeines. S zunächst Einf 4c v § 116. Beim ScheinGesch fehlt den Part der Wille, eine RWirkg herbeizuführen; es soll lediglich der äußere Schein eines RGesch hervorgerufen w. Entgg der Wortfassg von § 117 I liegt daher schon tatbestandl keine WillErkl vor (s BGH **45**, 379).

2) Das Scheingeschäft (I). a) § 117 betrifft nur **empfangsbedürftige** WillErkl. Er ist auf streng einseit WillErkl, wie das Test, nicht anzuwenden (BayObLG FamRZ 77, 348). Für amtsempfangsbedürftige WillErkl gilt er schon deshalb nicht, weil die Behörde dem Scheincharakter des Gesch nicht wirks zustimmen kann (Staud-Dilcher Rdn 7, aA Pohl AcP **177**, 63). Auch auf die Eheschließg ist § 117 nicht anwendb (arg EheG 16, 28). – **b)** Ein ScheinGesch **liegt vor,** wenn die Part einverständl nur den äußeren Schein eines RGesch hervorrufen, die mit dem Gesch verbundenen RFolgen aber nicht eintreten lassen wollen (BGH NJW **80**, 1573). Kennzeichnd für das ScheinGesch ist damit das Fehlen eines RBindgswillens (BGH **36**, 87). Bei mehreren ErklGegnern ist das Einverständn aller erforderl (s Celle NJW **65**, 400); iF der Gesamtvertretg genügt dagg das Einverständn eines Vertreters (RG **134**, 37). Eine Abs, Dr zu täuschen, ist idR vorhanden, gehört aber nicht zum Tatbestand des § 117 (RG **90**, 277). Die unrichtige Angabe einer Tats, wie zB eine Falschdatierg, reicht zur Anwendg des § 117 nicht aus (RG Recht **30**, 1482). – **c) Kein Scheingeschäft** liegt vor, wenn der von den Part erstrebte RErfolg gerade die Gültigk des RGesch voraussetzt (BGH **36**, 88, Celle DNotZ **74**, 732). Der aus steuerl Gründen ungewöhnl gestaltete (möglicherw unter AO 41 fallde) Vertr ist daher kein ScheinGesch (s BGH **67**, 338). Das gilt etwa für das im Gebrauchtwagenhandel zur Vermeidg der MwSt übl AgenturGesch (BGH NJW **78**, 1482, **81**, 388, Kblz NJW-RR **88**, 1137, krit Walz BB **84**, 1696) od für eine VertrGestaltg, die die Entstehg einer GrdErwerbsSteuerPfl verhindern soll (BGH DNotZ **77**, 416). Auch das **Umgehungsgeschäft** ist kein ScheinGesch, da die vereinb RFolgen ernsth gewollt sind (MüKo/Kramer Rdn 15, zur Abgrenzg Michaelis aaO); es kann aber gem §§ 134, 138 unwirks sein (§ 134 Anm 4). Der Vertr zur Umgehg des ReimportVerbots od des einstuf Vertriebssystems fällt daher nicht unter § 117 (Oldbg DAR **87**, 120, Schlesw NJW **88**, 2247). Zur Anwendg des § 117 reicht nicht aus, daß die Part die dch das ScheinGesch typischerw eintretde RWirkgen einschränken od modifizieren. Treuhänderische RÜbertraggen (Einf 3 v § 164) fallen daher nicht unter § 117. Entspr gilt für das **Strohmanngeschäft.** Es ist trotz der getroffenen Nebenabreden idR ernstl gewollt u daher gült (BGH **21**, 381, GmbHGründg; NJW **59**, 333, KaufVertr; **LM** Nr 5, Darl; Düss VersR **70**, 737, AgenturVertr; Köln JMBlNRW **71**, 231, BausparVertr). Der Strohmann ist kein ScheinGesch, berecht u verpflichtet, wenn der and Teil von der Strohmann-Eigensch weiß (Hamm WPM **85**, 346). Ein nichtiges ScheinGesch ist aber anzunehmen, wenn der Strohmann die mit dem RGesch verbundenen Pflten auch im Außenverhältn nicht übernehmen will u der VertrGegner hiervon Kenntn hat (BGH NJW **82**, 569, Karlsr NJW **71**, 619, Kramer JuS **83**, 423). So kann es liegen, wenn bei der DarlGewährg zur Umgehg der BardepotPfl ein Strohmann eingeschaltet w (BGH NJW **80**, 1573).

3) Das ScheinGesch ist ggü jedermann **nichtig** (Begriff s Übbl 4a v § 104). Wird ein GesellschVertr simuliert, ist im Außenverhältn die Berufg auf § 117 ausgeschlossen, dagg sind im Innenverhältn die Grds über die fakt Gesellsch (Einf 5c v § 145) nicht anzuwenden (BGH NJW **53**, 1220). Auch der ScheinArbVertr ist nichtig. Dritte w dch die allg Vorschr (§§ 171, 409, 892, 932 ff, 823 ff) u dch die SonderVorschr des § 405 geschützt. Wer mit einem Vertreter zum Nachteil des Vertretenen kolludiert hat, kann sich nicht auf den Scheincharakter des Gesch berufen (RG **134**, 37).

4) Das verdeckte Geschäft, dh das Gesch, das in Wahrh von den Part gewollt ist, ist wirks, sofern seine GültigkVoraussetzgen (Form, behördl Gen) erf sind (II). Das verdeckte (dissimulierte) Gesch ist nicht bereits deshalb per se verwerfl, weil es verdeckt ist, od weil die Scheinabrede eine Steuerhinterziehg ermöglichen soll (BGH NJW **83**, 1844); das Gesch kann jedoch gem §§ 134 od 138 od nach den Grds über die GesUmgehg (§ 134 Anm 4) nichtig sein. Hauptanwendgsfall des § 117 ist der GrdstVerkauf unter Angabe eines geringeren als des vereinb Preises: Das beurkundete Gesch ist als ScheinGesch nichtig, das gewollte Gesch ist wg § 313 formnichtig (s § 313 Anm 9b). Aufl u Eintr heilen das verdeckte Gesch. Keine Heilg, wenn der Vertr behördl Gen bedarf u nur der beurkundete, nicht aber der verdeckte Vertr genehmigt ist (§ 313 Anm 12b aa). Ist mit einem UnterhBerecht ein ScheinArbVertr abgeschlossen worden, kann als dissimuliertes Gesch nicht ow ein RentenVerspr angenommen werden (BGH NJW **84**, 2350).

5) Wer sich auf die Nichtigk beruft, trägt für den Scheincharakter des Gesch die **Beweislast** (BGH **LM** Nr 4 u 5). Wer aus einem verdeckten Gesch Rechte herleiten will, muß einen entspr Willen der Part beweisen.

Rechtsgeschäfte. 2. Titel: Willenserklärung **§§ 118, 119**

118 *Mangel der Ernstlichkeit.* **Eine nicht ernstlich gemeinte Willenserklärung, die in der Erwartung abgegeben wird, der Mangel der Ernstlichkeit werde nicht verkannt werden, ist nichtig.**

1) Allgemeines. S Einf 4c v § 116. Die Vorschr gilt für WillErkl aller Art, auch für Vfg vTw (RG **104**, 322). Der ErklGegner kann unter den Voraussetzgen des § 122 Ers des Vertrauensschadens verlangen.

2) NichtigkGrd ist die subj **Erwartung** des Erklärden, der ErklGegner w die mangelnde Ernstlichk erkennen. Anwendgsfälle sind der sog gute Scherz (zum bösen s § 116 Anm 4 a) u das mißlungene ScheinGesch, bei dem der Gegner den vom Erklärden beabsichtigten Scheincharakter des Gesch nicht dchschaut. § 118 greift auch dann ein, wenn die fehlde Ernstlichk obj nicht erkennb ist (MüKo/Kramer Rdn 5, str), allerdings w der bewbelastete Erklärde die mangelnde Ernstlichk in einem solchen Fall idR nicht beweisen können. § 118 ist eine gg den Gedanken des VerkSchutzes verstoßde systemwidr AusnVorschr. Erkennt der Erklärde, daß der Gegner die Erkl als ernstl gewollt ansieht, muß er diesen aufklären; tut er das nicht, kann er sich gem § 242 nicht auf § 118 berufen (Larenz § 20 Ib, s auch RG **168**, 204).

119 *Anfechtbarkeit wegen Irrtums.* **I Wer bei der Abgabe einer Willenserklärung über deren Inhalt im Irrtume war oder eine Erklärung dieses Inhalts überhaupt nicht abgeben wollte, kann die Erklärung anfechten, wenn anzunehmen ist, daß er sie bei Kenntnis der Sachlage und bei verständiger Würdigung des Falles nicht abgegeben haben würde.**
II Als Irrtum über den Inhalt der Erklärung gilt auch der Irrtum über solche Eigenschaften der Person oder der Sache, die im Verkehr als wesentlich angesehen werden.

1) Allgemeines. S zunächst Einf 4d v § 116. **a)** Der Erklärde muß seine Erkl grdsl so gg sich gelten lassen, wie sie der ErklEmpfänger nach Treu u Glauben unter Berücksichtigg der VerkSitte verstehen mußte (§ 133 Anm 4c). Das gilt im Grds auch dann, wenn die Erkl nicht dem wahren Willen des Erklärden entspr. Die ROrdng kann im Interesse der RSicherh das Auseinandfallen von Willen u Erkl nur ausnw beachten. Die **Kernfrage der Irrtumslehre** ist, in welchen Fällen der Erklärde berecht sein soll, seinen vom ErklInh abw Willen geltd zu machen. Das BGB sieht eine solche Befugn für 4 Arten des Irrt vor. Rechtl erhebl sind der Irrt in der ErklHdlg (§ 119 I 2. Fall, Anm 4), der Irrt über den ErklInh (§ 119 I 1. Fall, Anm 5), der Irrt über verkwesentl Eigensch (§ 119 II, Anm 6) u der ÜbermittlgsIrrt (§ 120). Alle and Fälle des einseit Irrt, insb der sog reine MotivIrrt (Anm 7a) sind rechtl unerhebl. Bes von der Rspr entwickelte Grds gelten für den beidseit Irrt (Anm 7b). Nach der Regelg des BGB ist es gleichgült, ob der Erklärde den Irrt verschuldet hat od nicht (s RG **62**, 205, **88**, 411). Unerhebl ist auch, ob der Irrt vom Gegner hervorgeruf od für diesen erkennb war. Die Regelg des BGB ist daher rechtspolitisch fragwürd, jedoch sind die als Alternativen in Betracht kommden Lösgsansätze kaum überzeugend (s zur Kritik Soergel-Hefermehl Rdn 2, MüKo/Kramer Rdn 7). – **b) Rechtsfolgen.** Liegt ein rechtl erhebl Irrt vor, steht dem Erklärden ein AnfR zu. Die Erkl gilt zunächst, der Erklärde kann sie aber dch Anf mit rückwirker Kraft vernichten (Übbl 4c v § 104). Zur AnfErkl, AnfBerechtigg u zum AnfGegner s § 143, zur AnfFr § 121. Macht der Erklärde von seinem AnfR Gebrauch, muß er dem gutgl GeschGegner den Vertrauensschaden ersetzen (§ 122). Hat der GeschGegner den Irrt schuldh verursacht, steht dem Erklärden neben dem AnfR ein SchadErsAnspr wg c. i. c. zu (§ 276 Anm 6 Bc). Eine gg Treu u Glauben verstoßde Anf ist unzul (RG **102**, 88); idR besteht daher kein AnfR, wenn der AnfGegner den Vertr so gelten lassen will, wie ihn der AnfBerechtigte verstanden hat (MüKo/Kramer Rdn 129, aA Spieß JZ **85**, 593). – **c)** § 119 kann dch IndVereinbg **abbedungen** w (MüKo/Kramer Rdn 128). Einschränkend dch AGB sind aber gem AGBG 9 II Nr 1 unwirks (s BGH NJW **83**, 1671 zum Ausschluß der Anf wg eines BerechngsIrrt, Mü BauR **86**, 580).

2) Anwendungsbereich. a) Die §§ 119ff gelten für alle **Arten von Willenserklärungen,** empfangsbedürft u nicht empfangsbedürft, ausdr u konkludente (RG **134**, 197, BGH **11**, 5). Wird Schweigen vom Ges als Ablehng fingiert (Einf 3c aa v § 116), sind die §§ 119ff nicht anwendb (Hanau AcP **165**, 224). In den and Fällen des Schweigens mit ErklWirkg steht der Vorschr über Willensmängel dagg nichts entgegen (Larenz § 19 IV c), jedoch kann die Anf nicht auf einen Irrt über die rechtl Bedeutg des Schweigens gestützt w (BGH NJW **69**, 1711). Der Nichtwiderruf eines Vergl ist keine WillErkl u unterliegt daher nicht der Anf (Celle NJW **70**, 48). Auf geschäftsähnl Hdlgen finden die §§ 119ff grdsl Anwendg, nicht dagg auf Realakte (Übbl 2c u d v § 104). – **b)** **Sonderregelungen** bestehen für die Eheschließg (EheG 31f), die Anerkenng der nichtehel Vatersch (§§ 1600 g, 1600 m), letztwill Vfgen (§§ 2078, 2080, 2281, 2283), die ErbschAnn (§§ 1949, 1950) u im Anwendungsbereich der VVG 16ff für den Versicherer (BGH VersR **86**, 1090). Einige famrechtl Erkl sind nicht anfechtb, so die Zustimmg zur Anerkenng der Vatersch (KG NJW-RR **87**, 388) u die Wahl des Ehenamens (Stgt NJW-RR **87**, 455). Beim vollzogenen ArbVertr wirkt die Anf nur *ex nunc* (BAG NJW **62**, 74, **84**, 446, differenziert Picker ZfA **81**, 1); eine Rückwirkg kommt nur in Betracht, wenn die Part den ArbVertr bereits außer Funktion gesetzt haben (BAG NJW **85**, 646). Entspr gilt für GesellschVertr (BGH **13**, 322, **55**, 9, Einf 5c v § 145) sowie für BeitrittsErkl zu Genossensch (BGH Betr **76**, 861). TarifVertr sind grdsl nicht anfechtb (Söllner ArbR § 16 II 2, str); wohl aber VorVertr zu TarifVertr (BAG NJW **77**, 318). Bei Erkl auf umlauffäh Wertpapieren, insb auf Wechseln können dem gutgl Erwerber AnfGrde nur dann entggehalten w, wenn sie sich aus dem Papier selbst ergeben (s § 796, WG 17, HGB 364). – **c)** Im **öffentlichen Recht** sind die §§ 119ff entspr anzuwenden (VwVfG 62), so auch auf verwaltungsrechtl WillErkl des Bürgers (OVG RhPf DVBl **84**, 281). Dagg finden sie auf VerwAkte keine Anwend. Auch für **Prozeßhandlungen** gelten die §§ 119ff nicht (BGH **80**, 392, BVerwG NJW **80**, 136: Rückn des Widerspruchs), es sei denn, daß die ProzHdlg zugl ein matrechtl RGesch ist (Einf 5 v § 104). Der Verzicht auf das PatentR ist eine matrechtl WillErkl u daher anfechtb (BPatG GRUR **83**, 432), ebso das Gebot in der ZwVerst (LG Krefeld Rpfleger **89**, 166).

3) Abgrenzung. Irrt ist das unbewußte Auseinanderfallen von Wille u Erkl (BGH **LM** Nr 21 Bl 2 R). –
a) Die Feststellg, daß Wille u Erkl nicht übereinstimmen, setzt voraus, daß zunächst der Inh der Erkl dch **Auslegung** (§§ 133, 157) ermittelt w. Die Ausleg geht der Anf vor (s OGH **1**, 156, BGH **LM** § 2100 Nr 1). Eine Anf entfällt, wenn die Auslegg ergibt, daß das Gewollte u nicht das Erklärte als Inh der Erkl gilt. Hat der ErklGegner den wirkl Willen erkannt, so ist dieser maßgebd, auch wenn er im Inh der Erkl keinen od nur einen unvollkommenen Ausdr gefunden hat (BGH **20**, 110, **71**, 247, Hbg NJW **86**, 1692). Falschbezeichnungen sind entspr dem Grds falsa demonstratio non nocet unschädl (§ 133 Anm 4 b). – **b)** Ergibt die Auslegg, daß sich der Inh der beiderseit Erkl nicht deckt, liegt versteckter **Dissens** (§ 155) vor. Er ist vom Irrt iSd § 119 streng zu unterscheiden. Zwar unterliegt der Erkläde auch iF des versteckten Dissenses typw einem Irrt. Dieser betrifft aber – and als iFd § 119 – nicht die eig Erkl, sond die des Gegners. Der Erkläde nimmt fälschl an, daß der Erkl des Gegners mit der eig Erklärung nach Inhalt mit der eig übereinstimmt. Ob im Einzelfall Irrt od Dissens vorliegt, ist Frage der Auslegg. Dabei kommt es auf eine sorgf Würdigg aller Umst an. In dem Schulbeispiel: „A erklärt, Hektor verkaufen zu wollen, meint seinen Hund, B akzeptiert das Angebot, meint aber das Pferd des A", kann je nach Lage des Falles Dissens, ein Irrt des A od ein Irrt des B anzunehmen sein. S zur Abgrenzg § 155 Anm 2. – **c)** Irrt ist die **unbewußte Unkenntnis** von wirkl Sachverhalt (BGH WPM **83**, 447, BAG NJW **60**, 2211). Kein Irrt liegt vor, wenn der Erkläde eine Erkl in dem Bewußtsein abgibt, ihren Inh nicht zu kennen (RG **134**, 31, BGH NJW **51**, 705, Betr **67**, 2115). Wer eine Urk **ungelesen unterschreibt**, hat daher idR kein AnfR (BGH BB **56**, 254, NJW **68**, 2102). Das gilt auch für Ausländer (LG Memmingen NJW **75**, 452) u Analphabeten (LG Köln WPM **86**, 821). Hat sich der Unterzeichnde von UrkInh eine best Vorstellg gemacht, kann er dagg anfechten, sofern der ErklInh von seinen Vorstellgen abweicht (RG **88**, 282, BAG NJW **71**, 639). Entspr gilt, wenn jemand bei der notariellen Beurk eine vom Notar eingefügte Klausel bei der Verlesg überhört (BGH **71**, 262). Wer **AGB** ohne Kenntn ihres Inh akzeptiert, hat nur dann im AnfR, wenn er best unricht Vorstellgen über den Inh der AGB nachweist (Erm-Brox Rdn 36). Das AnfR des Verwders wg versehentl Nichteinbez seiner AGB w dch AGBG 6 ausgeschl (Vorbem 4 f v § 8 AGBG). Enttäuschte Erwartgen bei einem Risiko- oder SpekulationsGesch berecht nicht zur Anf. Bsp ist der Kauf eines Gemäldes als Kopie in der irrigen Hoffng, es sei das Original.

4) Irrtum in der Erklärungshandlung (§ 119 I 2. Fall). Er liegt vor, wenn schon der äußere Erklärgstatbestand nicht dem Willen des Erkläden entspr. Bsp sind das Versprechen, Verschreiben od Vergreifen. Auch der Fall unrichtiger Übermittlg gehört eigentl hierher. Er ist aber in § 120 als bes AnfTatbestd geregelt. Wird ein **Blankett** abredewidr ausgefüllt, liegen an sich die Voraussetzgen für eine Anf gem § 119 I 2. Fall vor; bei einem freiwill aus der Hand gegebenen Blankett ist aber ggü einem gutgl Dr die Anf nach dem RGedanken des § 172 II ausgeschl (BGH **40**, 68, 304, § 173 Anm 3 d). Die Abgrenzg von Irrt zw der ErklInh (Anm 5) ist fließd, wg der gleichen RFolgen aber nicht sehr wichtig. Bei **automatisierten** Erkl liegt iF fehlerh Eingabe od Bedieng ein Irrt in der ErklHdlg vor (AK/Hart Rdn 13, aA Köhler AcP **182**, 135). Trägt der Verkäufer in die VertrUrk versehentl einen vom PrSchild abw zu niedrigen Preis ein, wird man § 119 I 2. Fall entspr anwenden können (LG Hann MDR **81**, 579, LG Hbg NJW-RR **86**, 156).

5) Irrtum über den Erklärungsinhalt (§ 119 I 1. Fall), auch Inh- od GeschIrrt genannt. Hier entspr der äußere Tatbestd der Erkl dem Willen des Erkläden, dieser irrt aber über Bedeutg od Tragweite der Erkl. „Der Erkläde weiß, was er sagt, er weiß aber nicht, was er damit sagt" (Lessmann JuS **69**, 480). Der InhIrrt kann darauf beruhen, daß der Erkläde über den Sinn eines von ihm verwandten ErklMittels (Wort, Zeichen) irrt, sog **Verlautbarungsirrtum** (Soergel-Hefermehl Rdn 22). Bsp: Bestellg von 25 Gros Rollen WC-Papier (= 3600 Rollen) in der Ann, es handele sich um 25 große Rollen (LG Hanau NJW **79**, 721); Verkauf des Grdst mit der Flurbuchbezeichng X in der Ann, VertrGgst sei das NachbarGrdst Y. Auch bei Verwendg richtiger ErklMittel kann ein InhIrrt vorliegen, wenn sich aus dem bei der Auslegg zu berücksichtigden GesUmst mit vom Willen abw ErklInh ergibt. Bsp: in der Ann, den Malermeister B 1 beauftragt, ruft aber B 2 an. Nach dem Ggst des Irrt sind folgde Arten des InhIrrt zu unterscheiden:

a) Irrtum über den Geschäftstyp. Er liegt zB vor, wenn die Rentnerin als Mitgl der SozVers im Krankenhaus behandelt w will, sie aber einen Vertr über eine private Behandlg unterschreibt (LG Köln NJW **88**, 1518), od wenn der Erkläde sich verbürgen will, in Wahrh aber einen Schuldbeitritt erklärt. Ergibt die Auslegg, daß kein GefälligkVerh, sond ein Vertr begründet worden ist, scheitert die Anf idR schon deshalb, weil sich der Erkläde über die rechtl Einordng keine präzisen Vorstellgen gemacht hat (s aber Karlsr NJW **89**, 907).

b) Irrtum über die Person des Geschäftspartners. Zum Inh der Erkl gehört auch die Identität des GeschPartners. Wer den ihm bekannten Maurer A beauftragen will, das AuftrSchreiben aber versehentl an den gleichnamigen A 1 richtet, hat einen AnfR. Bei ÜberweisgsAuftr stellt auch der Irrt über die Pers des Gläub einen InhIrrt dar (Karlsr JW **38**, 662). Die Grenze zw Identitäts- u EigenschIrrt (Anm 6) ist fließd, idR aber wg der Gleichheit der RFolgen unerhebl.

c) Irrtum über den Geschäftsgegenstand. Eine falsche Vorstellg über die Identität od den Umfang des GeschGgst begründet einen InhIrrt. Bsp: Irrt über die Identität des gekauften Grdst, Fahrzeugs od Tiers; Irrt über den Inh des erworbenen Rechts (RG **95**, 115); Bestellg von 25 Gros Rollen WC-Papier (= 3600 Rollen) in der Ann, es handele sich um 25 große Rollen (LG Hanau NJW **79**, 721, Kornblum JuS **80**, 259, krit Plander BB **80**, 133).

d) Irrtum über die Rechtsfolgen der Erklärung. Ein InhIrrt ist zu bejahen, wenn das RGesch nicht die erstrebten, sond davon wesentl verschiedene RFolgen erzeugt (RG **88**, 284, **89**, 33, Zweibr VersR **77**, 806); dagg ist § 119 I nicht anwendb, wenn der Irrt sich auf RFolgen bezieht, die sich nicht aus dem Inh des Gesch ergeben, sond *ex lege* eintreten (s RG **134**, 197, BGH **70**, 48, Hamm OLGZ **82**, 49, Lessmann JuS **69**, 481). Als InhIrrt hat die Rspr **anerkannt**: Bestellg einer Hyp in der Ann, sie erhalte die 2. Rangstelle, währd sie tatsächl die 1. Rangstelle erwirbt (RG **89**, 33); Löschg der 1. Hyp zG der 3. Hyp, währd tatsächl die 2. Hyp aufrückt (RG **88**, 284, dazu krit Flume II § 23 4 d); Erkl gem § 1355 III in der Ann, sie verschaffe dem

Erklärden das Recht, den Namen im Einzelfall frei wählen zu können (Celle FamRZ **82**, 267); Ausschlagg der Erbsch in der Ann, sie verschaffe dem Ausschlagden unbeschr PflichttAnspr (Hamm OLGZ **82**, 49); Ann der Erbsch dch Stillschw in Unkenntn des AusschlaggsR (BayObLGZ **83**, 162); VerglSchl des VersNeh mit dem HaftPflVersicherer in der Ann, weitere Anspr der Geschädigten seien ausgeschl, währd tatsächl erhebl weitere Anspr gg den VersNeh geltd gemacht w können u geltd gemacht w (Zweibr VersR **77**, 806); VertrSchl in Unkenntn darü, daß der Vertr eine fr Vereinbg der Part in einem wesentl Pkt ändert (BGH **LM** HGB 119 Nr 10). **Kein** InhIrrt liegt dagg vor, wenn der KonkVerw bei einem ErfVerlangen gem KO 17 nicht weiß, daß hierdch sämtl VertrAnspr Masseschulden w (RG **98**, 138); wenn die KaufVertrPart nicht an das bestehe VorkaufsR denken (Stgt JZ **87**, 571), wenn der Vermieter von der strengen Haftg des § 538 nichts weiß (Karlsr NJW **89**, 907), wenn der ins HandelsGesch Eintretde nicht weiß, daß er kr Ges für GeschSchulden haftet (RG **76**, 440); wenn der Vermögensübernehmer von der RFolge des § 419 keine Kenntn h (s BGH **70**, 48); wenn der ArbNeh nicht weiß, daß dch einen Abschl eines befristeten Vertr der unbefristete endet (BAG Betr **88**, 1704); wenn die schwangere ArbNeh nicht weiß, daß sie dch den Abschluß des AufhebgsVertr ihre Anspr aus dem MutterSchG verliert (BAG NJW **83**, 2958); wenn der Erbe die Erbsch in Unkenntn der Ausschlaggsmöglichk ausdr annimmt (BayObLG **87**, 358); wenn der Erbe bei der Ausschlagg der Erbsch irrtüml glaubt, der Nacherbe werde sie annehmen (Stgt OLGZ **83**, 304).

e) **Erweiterter Inhaltsirrtum.** Der Erklärde kann entspr dem Grds der PrivAutonomie zusätzl zu den essentialia negotii weitere Pkte zum Ggst seiner Erkl machen. Irrt er über einen solchen Pkt, liegt ein nach § 119 erhebl InhIrrt vor (Lessmann JuS **69**, 529). Wenn der Erklärde die Bürgsch für eine dch ein PfandR gesicherte Fdg übernehmen will, das PfandR aber nicht wirks entstanden ist, ist er daher zur Anf berecht (RG **75**, 271). Die Rspr hat einen Irrt über den Inh der Erkl auch bejaht, wenn ein irriger Beweggrund in der Erkl selbst od in den entscheidden Vhdlgen erkennb hervorgetreten u damit zum Bestandt der Erkl geworden ist, sog erweiterter InhIrrt (RG **64**, 268, **101**, 107, **116**, 15, **149**, 239). Der BGH hat diese vor allem für den Fall des BerechngsIrrts (unten f) entwickelten Grds bislang nicht übernommen (BGH **LM** Nr 8 u 21, NJW **81**, 1551). Sie können auch nicht überzeugen (s Flume § 23 4e, Larenz § 20 II a, Soergel-Hefermehl Rdn 27). Sie ziehen den ErklInh zu weit; der Irrt betrifft in den hier fragl Fällen in Wahrh nicht den Inh der Erkl, sond außerh der Erkl liegde Tats. Von einem and dogmat Ansatz aus erweitert die Lehre vom Irrt über die **Sollbeschaffenheit** (Brauer, Der EigenschIrrt, 1942, Soergel-Hefermehl Rdn 25) den Begriff des InhIrrts. Ein unter § 119 I fallder Irrt über die Sollbeschaffenh liegt danach vor, wenn die Eigensch, die Pers oder Sache nach dem Inh der WillErkl haben sollen, nicht mit den Eigensch übereinstimmen, die der Erklärde zum Inh der Erkl machen wollte. Bsp: A bestellt „Deidesheimer" = Rheinwein (vereinbarte Sollbeschaffenh) in der Ann, es sei Moselwein (gewollte Sollbeschaffnh). Diese Lehre ist schon deshalb abzulehnen, weil nach der gesetzl Regelg nicht § 119 I, sond § 119 II *sedes materiae* für den EigenschIrrt ist. Es gibt keine überzeugden Sachgründe, für den nach § 119 II unerhebl Irrt über nicht verwesentl Eigensch dch Ausdehg des § 119 I ein AnfR zu begründen.

f) **Berechnungsirrtum.** Wird dem GeschGegner bei den Vhdlgen ledigl das Ergebn der Berechng, nicht aber die Kalkulation mitgeteilt, so stellen etwaige Fehler der Berechng einen unerhebl MotivIrrt (Anm 7) dar, begründen also kein AnfR (BGH NJW-RR **87**, 1307, LG Ffm NJW-RR **88**, 1331), sog interner od verdeckter KalkulationsIrrt. Umstr ist die Behandlg des sog externen od **offenen** KalkulationsIrrt, dh des Falles, daß die fehlerh Kalkulation ausdr zum Ggst der VertrVhdlgen gemacht worden ist (s BGH NJW-RR **86**, 569). Ihm steht der verdeckte, aber vom and Teil erkannte KalkulationsIrrtum gleich. Das RG hat in diesen Fällen einen erweiterten InhIrrt (oben e) angenommen u ein AnfR bejaht (RG **64**, 268, **162**, 201). Es hat diese Grds nicht nur bei reinen Rechenfehlern (RG **101**, 107 „Silberfall") angewandt, sond auch bei Zugrundelegg von unrichtigen Devisenkursen (RG **105**, 406 „Rubelfall") od Börsenkursen (RG **116**, 15). Diese Rspr w in der Lit mit Recht fast allg abgelehnt (Flume § 23 4e, Larenz § 20 II a, MüKo/Kramer Rdn 74, für die RG-Rspr aber Heiermann BB **84**, 1836). Auch der offene KalkulationsIrrt ist ein MotivIrrt, er betrifft die Willensbildg, nicht den ErklInh (s auch oben e). Der vom RG angestrebte Schutz des Irrden läßt sich aber vielf auf and Weg erreichen: **aa)** Die **Auslegung** (§§ 133, 157) kann ergeben, daß die Part als Preis nicht den ziffernmäß genannten EndBetr, sond die falsch addierten Einzelbeträge (LG Aachen NJW **82**, 1106), den Tageskurs od eine best Methode der PrBemessg vereinb haben (Wieser NJW **72**, 711, John JuS **83**, 176). In diesen Fällen ist die Angabe des unrichtigen Preises lediglich eine unschädl falsa demonstratio. Maßgebd ist der richtig kalkulierte Preis. So lag es wohl im Rubelfall (RG **105**, 406) u in einigen der Börsenkursfälle. – **bb)** Führt die Auslegg zu dem Ergebn, daß der ziffernmäß festgelegte Betr u die Grds seiner Bemessg den gleichen Stellenwert haben, ist der Vertr wg des bestehden Widerspr unwirks. So lag es wohl im Silberfall (RG **101**, 107). UnwirksamkGrd ist **Perplexität** der abgegebenen Erkl (Medicus Rdn 134) bzw Dissens (MüKo/Kramer Rdn 76). – **cc)** Ist der ziffermäß genannte Betrag als Preis vereinb worden, ist zu unterscheiden. Handelt es sich, wie in der Mehrzahl der Börsenkursfälle, um einen gemeins Irrt der Part, sind die Grds über das Fehlen der **Geschäftsgrundlage** (§ 242 Anm 6 C d) anzuwenden (Ffm MDR **71**, 841, Larenz § 20, II a). Der vereinb Pr ist entspr anzupassen. Handelt es sich um die Kalkulation nur einer VertrPart, ist der für den and Teil erkennb Kalkulationsfehler grdsl auch unter dem Gesichtspkt des § 242 unerhebl (BGH NJW **81**, 1551, NJW-RR **86**, 569, John JuS **83**, 176). Ein Anspr auf PrAnpassg besteht nur dann, wenn der and Teil sich die unricht Kalkulation sow zu eigen gemacht hat, daß eine Verweigerg der Anpassg gg das Verbot des venire contra factum proprium verstoßen würde. Entspr zu behandeln ist der Irrt über die Höhe der MwSt (Peusquens NJW **74**, 1644). Anspr aus c. i. c. bestehen grdsl nur, wenn der and Teil den Kalkulationsfehler erkannt hat; Erkennenkönnen genügt nicht (BGH NJW **80**, 180, Hundertmark BB **82**, 16). Sow nach der Art der GeschBeziehg eine BeratgsPfl besteht, genügt aber einf Fahrlässigk. Bei einer Ausschreibg nach der VOB/A darf der AuftrGeb den Bieter nicht an einen vor VertrSchl offengelegten Berechngsfehler festhalten (Köln NJW **85**, 1476). Die Befugn eines Bauhandwerkers, sich auf einen ausnw rechtserhebl KalkulationsIrrt zu berufen, kann dch AGB nicht ausgeschlossen w (BGH NJW **83**, 1671, Mü BB **84**, 1386).

g) Ein AnfR entspr § 119 I besteht auch, wenn dem Handelnden das **Erklärungsbewußtsein** fehlt (s Einf 4 b v § 116, str, zT wird das Fehlen des ErklBewußtseins als NichtigkGrd angesehen).

6) Eigenschaftsirrtum (§ 119 II). a) Beim EigenschIrrt stimmen and als iF des § 119 I Wille u Erkl überein. Der Erklärde irrt nicht über die ErklHdlg od den ErklInh, sond üb Eigensch des GeschGgst u damit über die außerh der Erkl liegde Wirklichk (Stgt OLGZ **83**, 306). Der Irrt des § 119 II ist dementspr nicht als ErklIrrt eig Art aufzufassen (so Soergel-Hefermehl Rdn 35), sond als ein ausnw beachtl MotivIrrt (Larenz § 20 II b, Staud-Dilcher Rdn 45).

b) Verkehrswesentliche Eigenschaften. – aa) Eigenschaften einer Pers od Sache sind neben den auf der natürl Beschaffenh beruhden Merkmalen auch tatsächl od rechtl Verhältn u Beziehgn zur Umwelt, sow sie nach der VerkAnschauung für die Wertschätzg od Verwendbark von Bedeutg sind (BGH **34**, 41, **88**, 245). Dieser weite EigenschBegriff bedarf aber im Interesse der Sicherh des RVerk einer Einschränkg. Unter § 119 II fallen nur solche rechtl od tatsächl Verh, die den Ggst od die Pers **unmittelbar** kennzeichnen, nicht Umst die sich ledigl mittelb auf die Bewertg auswirken (RG **149**, 238, BGH **16**, 57, **70**, 48, hM, str). Ganz vorübergehde Erscheingen kommen als Eigensch iSd § 119 II nicht in Betracht; ebso fallen zukünft Umst nicht unter den § 119 II (Soergel-Hefermehl Rdn 37, Stgt MDR **83**, 751, aA Adams AcP **186**, 478). – **bb)** Umstritten ist, wie die **Verkehrswesentlichkeit** der Eigensch zu bestimmen ist. Die fr herrschde obj Theorie stellte bei der Beurteilg ausschließl auf die VerkAnschauung ab. Die von Flume (EigenschIrrt u Kauf, 1948) begründete Lehre von geschäftl EigenschIrrt verlangt dagg, daß die Eigensch in dem konkreten RGesch als wesentl vereinb worden ist, hält aber auch stillschw Vereinbgen für mögl (zu dieser Theorie krit Lessmann JuS **69**, 478, Soergel-Hefermehl Rdn 34, 37). Im prakt Ergebn stimmen beide Ans weitgehd überein; die Theorie vom geschäftl EigenschIrrt kann zwar auf das UnmittelbarkKriterium verzichten, muß dafür aber and Abgrenzgskriterien einführen, die kaum präziser od plausibler sind. Nach dem Sinn u Zweck des § 119 II ist von dem konkreten RGesch auszugehen (BGH **88**, 246). Aus seinem Inh kann sich ergeben, daß best Eigensch wesentl, and aber unwesentl sind (ähnl beim Fehlerbegriff § 459 Anm 3). Ergeben sich aus dem RGesch keine bes Anhaltspkte, ist die VerkAnschauung BeurteilgsGrdl (Köhler JR **84**, 325).

c) Verkehrswesentliche Eigenschaften der Person. Dabei geht es in erster Linie um Eigensch des GeschGegners. Nach dem Zweck des Gesch können aber auch die Eigenschen eines Dr wesentl iSd § 119 II sein (RG **158**, 170). Auch der Irrt über Eigensch des Erklärden kann uU ein AnfR begründen (MüKo/Kramer Rdn 106). Als wesentl kommen je nach Lage des Falles in Frage: Geschlecht; Alter; Sachkunde; Vertrauenswürdigk u Zuverlässigk bei Vertr, die auf eine vertrauensvolle ZusArbeit der Part angelegt sind (RG **90**, 344, BGH WPM **69**, 292). Das trifft etwa auf den BaubetreuungsVertr zu (BGH WPM **70**, 906), ebso auf den MaklerVertr (aA Köln MDR **63**, 231), nicht aber auf reine GüteraustauschVertr (RG **107**, 212, BGH BB **60**, 152). Bei einem Lizenzfußballspieler begründet die Verwicklg in einen Bestechgsfall, der später zu einem Lizenzentzug führt, eine wesentl Eigensch iSd § 119 II (s BGH NJW **76**, 565, aA Dörner JuS **77**, 226), nicht aber mangelnde WahrhLiebe bei einem Vertr mit einem ungelernten Arbeiter (BAG NJW **70**, 1565). Beim VertrSchl mit einem „Fachbetrieb" kann der fehlde Eintragg in der HandwRolle zur Anf berecht (Nürnbg BauR **85**, 322). War es für den VertrSchl gleichgült, ob es sich bei dem Untern um einen Handwod einen IndustrieBetr handelt, begründet die fehlde Eintragg dagg kein AnfR (BGH **88**, 246), Vorstrafen rechtf die Anf nicht, soweit sie unter BZRG 51 fallen (Hofmann ZfA **75**, 60); sie sind auch iü nur dann erhebl, wenn es nach dem VertrInh auf die Vertrauenswürdigk bes ankommt (s BAG **5**, 165). Zahlgsfähigk u Kreditwürdigk sind bei KreditGesch wesentl (RG **66**, 387, Lindacher MDR **77**, 797), so auch bei der Bürgsch (BayObLG Betr **88**, 1846), nicht aber beim Barkauf (RG **105**, 208) u auch nicht beim Verlöbn (aA RG **61**, 86). Die Schwangersch der ArbNeh ist als ein vorübergehender Zustand keine Eigensch iSd § 119 II (BAG NJW **62**, 74, Betr **89**, 586). Krankh u Leiden des ArbNeh sind nur dann wesentl iSd § 119 II, wenn sie seine Leistgsfähigk dauernd erhebl herabsetzen (BAG AP Nr 3). Irrt über Eigensch des VertrGegners berechtigen nicht zur Anf, wenn sich ihr Fehlen erst aus dem Inh der Leistg ergibt (RG **62**, 284, BGH NJW **67**, 719).

d) Verkehrswesentliche Eigenschaften der Sache. Sachen iSd § 119 II sind auch nichtkörperl Ggst (RG **149**, 235, BGH **LM** § 779 Nr 2, BB **63**, 285). Die Sache muß Objekt des RGesch sein. Das trifft beim FranchiseVertr auch für das zu vertreibde Produkt zu (Ffm MDR **80**, 576). Als wesentl Eigensch (s oben b) kommen je nach Lage des Falles in Betracht: Stoff, Bestand u Größe (RG **101**, 68); Herkunft, beim Kunstwerk insb seine Echth (s RG **124**, 116, BGH **63**, 371, NJW **88**, 2597); Existenz eines Gutachtens, das die Echth eines Kunstwerkes bejaht (BGH NJW **72**, 1658); Herstellgsjahr (BGH **78**, 221, NJW **79**, 160); Fahrleistg (Mü Betr **74**, 1059); Lage u Bebaubark eines Grdst (RG **61**, 86, Köln MDR **65**, 292); seine Freih von BauBeschrkgen (RG JW **12**, 851); der Umsatz eines ErwerbsGesch (Putzo NJW **70**, 654, aA BGH ebda); überhaupt alle wertbildden Faktoren, soweit sie die Sache unmittelb kennzeichnen (RG **61**, 86, BGH **34**, 41 oben b); die Höhe des Erbanteils (Hamm NJW **66**, 1081); der Betrag der gekauften Fdg (Dunz NJW **64**, 1214, aA BGH **LM** § 779 Nr 2); das Bestehen eines KonkVorrechts (BGH WPM **63**, 252, 254); das Bestehen eines LizenzVertr unter einem PatentR (BPatG GRUR **83**, 432). Dagg sind der **Wert** od Marktpreis – and als die wertbildden Merkmale – keine Eigensch iSd § 119 II (BGH **16**, 57, **LM** § 123 Nr 52 u § 779 Nr 2, stRspr). Keine Eigensch sind ferner: das Eigt an der Sache (BGH **34**, 41), die bei Dchführg des Vertr drohde Haftg aus § 419 (BGH **70**, 48), die wirtschaftl Verwertgsmöglichk beim Kauf einer Sache (BGH **16**, 57); die Kaufkraft des Geldes (RG **111**, 259); die subj Verträglichk des Klimas beim GrdstKauf (BGH Betr **72**, 479, 481); die Überschuldg des Nachl (BGH FamRZ **89**, 497); der spätere Wegfall der Überschuldg des Nachl inf Verj der Schulden (LG Bln NJW **75**, 2104, Pohl AcP **177**, 78). Beim GrdPfandR kommt es nur auf seine Eigensch (Rang, Fälligk, Verzinsg) an, nicht auf die des Grdst (RG **149**, 238). Auch sonst fallen **mittelbare** Eigensch nicht unter § 119 II. Die Zahlgsfähigk der Mieter sind daher keine Eigensch des MietGrdst, die Verhältn der AG od des Bergwerks können beim Aktien- od Kuxkauf kein AnfR nach § 119 II begründen (s RG Gruchot **48**, 102, Erm-Brox Rdn 49).

e) Das AnfR aus § 119 II (nicht aus § 119 I od § 123) ist **ausgeschlossen,** wenn die **Sachmängelhaftung** nach § 459 ff eingreift (BGH **34**, 34, Vorbem 2e v § 459). Das gilt auch dann, wenn die Gewl vertragl abbedungen ist (BGH **63**, 376, BB **67**, 96) od die GewlAnspr verjährt sind (RG **135**, 341). Soweit der

Verkäufer für einen Mangel einzustehen hat, ist auch sein AnfR ausgeschlossen (BGH NJW **88**, 2598, Vorbem 2 e v § 459). Das AnfR entfällt aber erst ab Gefahrübergang (BGH **34**, 37, str). Auch danach bleibt die Anf zul, wenn der Irrt eine verkehrswesentl Eigensch betrifft, die kein Sachmangel iSd § 459 ist (BGH **78**, 218, NJW **79**, 160, Stgt NJW **89**, 2547: Alter eines Pkws od eines sonst techn Produkts, krit Müller JZ **88**, 381). Der Vorrang der Sachmängelhaftg ggü der Anf nach § 119 II gilt auch für den WerkVertr (MüKo/Kramer Rdn 29, str) u das MietVertrR (Otto JuS **85**, 852, aA RG **157**, 174). Die RMängelhaftg berührt dagg das AnfR aus § 119 II nicht (Erm-Brox Rdn 19).

7) Motivirrtum. – a) Der **Irrtum im Beweggrund** begründet kein AnfR. Ausn gelten lediglich im ErbR (§§ 2078 II, 2079, 2308). Bsp für den rechtl unerhebl MotivIrrt sind: Irrt über den Wert der Sache (oben Anm 6d); Anerkenntn einer Verpfl in der irrigen Ann, sie bestehe bereits (RG **156**, 74); VaterschAnerkenntn in der irrigen Erwartg, die Kindesmutter habe keinen MehrVerk gehabt (KG JR **49**, 383, s dazu § 1600 m); Irrt über die Schuld am VerkUnfall bei Anerkenng der alleinigen Haftg (KG NJW **71**, 1220); Irrt über die Entwicklg der Kaufkraft des Geldes (RG **111**, 260); Kalkulationsirrtum (oben Anm 5 f); Irrt über das mögl Bestehen eines weiteren Anspr bei einem GlobalVergl (Celle NJW **71**, 145); irrtüml Nichtberücksichtg einer geleisteten Zahlg beim VerglSchluß (aA BAG NJW **60**, 2211), jedoch kann § 779 I anwendb sein; irrtüml Ann des Vertreters, der VertrSchl entspr den Weisgen des Vertretenen (RG **82**, 196). – **b)** Anf liegt es, wenn die Part sich beim VertrSchl über einen für ihre Willensbildg wesentl Umst gemeins geirrt haben. Auf den **gemeinschaftlichen Irrtum** sind die Grds über das Fehlen der GeschGrdl anzuwenden. Vgl dazu § 242 Anm 6 C d aa, zum gemeins KalkulationsIrrt s oben Anm 5 f.

8) Anfechtb ist die Erkl nur, wenn der **Irrtum** für sie **ursächlich** war. Es genügt aber nicht, daß der Erklde die Erkl bei Kenntn der Sachlage nicht od nicht so abgegeben hätte. Erforderl ist weiter, daß er auch bei „verständiger Würdigg des Falles", dh „frei von Eigensinn, subj Launen u törichten Anschauungen" (RG **62**, 206) von der Erkl Abstand genommen hätte. Ein AnfR besteht daher idR nicht, wenn der Erklde dch den Irrt wirtschaftl keine Nachteile erleidet (RG **128**, 121, s aber BGH NJW **88**, 2598), wenn die Abgabe der Erkl rechtl geboten war (Mü WRP **85**, 237) od wenn sich der Irrt ausschließl auf unwesentl Nebenpkte bezieht (RG Recht **15** Nr 2214).

9) Beweislast. Der Anfechtde hat für alle Voraussetzgen des AnfR die BewLast, also für das Vorliegen des Irrt, den UrsZushang zw Irrt u Erkl u auch dafür, daß er die Erkl bei verständiger Würdigg nicht abgegeben hätte (s RG HRR **35**, 1372).

120 *Anfechtbarkeit wegen falscher Übermittlung.* Eine Willenserklärung, welche durch die zur Übermittelung verwendete Person oder Anstalt unrichtig übermittelt worden ist, kann unter der gleichen Voraussetzung angefochten werden wie nach § 119 eine irrtümlich abgegebene Willenserklärung.

1) Allgemeines. § 120 stellt die irrtüml unrichtig übermittelte Erkl dem Irrt in der ErklHdlg (§ 119 I 2. Fall) gleich. Der Erklde muß die Erkl grdsl mit dem Inh gg sich gelten lassen, der dem Empfänger zugeht. Ihn trifft daher das **Risiko der Falschübermittlung.** Die Erkl ist jedoch anfechtb, sofern der Erklde sie bei „verständiger Würdigg" (§ 119 Anm 8) nicht mit dem zugegangenen Inh abgegeben hätte. Macht der Erklde von seinem AnfR Gebrauch, muß er dem gutgl ErklEmpfänger gem § 122 den Vertrauensschaden ersetzen.

2) Voraussetzungen. a) Der Erklde muß sich zur Übermittlg seiner Erkl einer Pers od Anstalt bedient h. Bsp sind der Bote, der Dolmetscher (BGH BB **63**, 204) od eine Post- od Telegrafenanstalt. Dagg sind fernmündl Erkl ausschließl nach § 119 zu beurteilen. Der Übermittler muß für den Erklärenden tät geworden sein. Auf den Empfangsboten ist § 120 nicht anzuwenden. Übermittelt er unricht, so geht dies zu Lasten des Empfängers (§ 130 Anm 3 c). Auch auf Erkl eines Vertreters ist § 120 nicht anwendb. Der **Vertreter** übermittelt keine fremde Erkl, sond gibt eine eig WillErkl ab; nach § 166 kommt es auf seine Willensmängel an. Zur Abgrenzg von Erkl- u Empfangsboten § 130 Anm 3 c, von Boten u Vertreter Einf 3 f v § 164. – **b)** Der Bote (Übermittler) muß die Erkl **unbewußt** unricht übermitteln. § 120 gilt nach dem Gedanken des VerkSchutzes auch dann, wenn die Erkl völl verändert w (RG SeuffA **76** Nr 189, Soergel-Hefermehl Rdn 5). Er ist auch anwendb, wenn die Erkl irrtüml einem falschen Empfänger zugeleitet w, sofern sich nicht aus ihrem Inh ergibt, daß sie für eine and Pers best war (MüKo/Kramer Rdn 5, RGRK Rdn 7). Keine Übermittlg iSd § 120 liegt vor, wenn der Bote (Übermittler) **bewußt** unrichtig die aufgetragene Erkl abgibt; diese ist vielmehr ohne Anf für den Erklden unverbindl (RG HRR **40** Nr 1278, BGH BB **63**, 204, Hamm VersR **84**, 173, Schwung JA **83**, 14, hM, aA Marburger AcP **173**, 143). Der vorsätzl falsch übermittelnde Bote ist wie ein vollmachtloser Vertreter zu behandeln (Oldbg NJW **78**, 951, Flume § 23 3, str). AuftrGeber kann gem § 177 genehmigen, haftet aber dem Boten gem § 179, uU auch aus Delikt. Der AuftrGeb kann dem and Teil wg c. i. c. schadensersatzpflichtig sein (§ 276 Anm 6 C a).

3) Der Bote **haftet** dem **Erklärenden** nach Maßgabe der zw ihnen bestehden RBeziehgn aus pVV od Delikt; die Haftg der Post wg unricht Übermittlg von Telegrammen ist aber dch TelO 22–24 weitgehd eingeschränkt.

121 *Anfechtungsfrist.* ^I Die Anfechtung muß in den Fällen der §§ 119, 120 ohne schuldhaftes Zögern (unverzüglich) erfolgen, nachdem der Anfechtungsberechtigte von dem Anfechtungsgrunde Kenntnis erlangt hat. Die einem Abwesenden gegenüber erfolgte Anfechtung gilt als rechtzeitig erfolgt, wenn die Anfechtungserklärung unverzüglich abgesendet worden ist.

^{II} Die Anfechtung ist ausgeschlossen, wenn seit der Abgabe der Willenserklärung dreißig Jahre verstrichen sind.

§§ 121, 122

1) Allgemeines. Der AnfBerecht kann nach freiem Belieben darü entscheiden, ob er von seinem AnfR Gebrauch machen will od nicht. Die Interessen des AnfGegners erfordern es, daß der Berecht diese Entscheidg möglichst bald trifft. § 121 bestimmt daher für das AnfR eine **Ausschlußfrist**. Ihre Einhaltg ist im Proz vAw zu beachten (RG 110, 34 zu II). Zur AnfErkl, AnfBerechtigg u zum AnfGegner s § 143.

2) Anfechtungsfrist des I. a) Die Fr **beginnt** mit der Kenntn des AnfGrdes, also des Irrt (§ 119) oder der falschen Übermittlg (§ 120). Bloßes Kennenmüssen genügt nicht, ebsowenig das Vorliegen von Verdachts-Grden (BGH WPM **73**, 751, BAG NJW **84**, 447). Ands ist volle Überzeugg vom Bestehen des AnfR nicht erforderl (MüKo/Kramer Rdn 6). Erkennt der AnfBerecht, daß sich Wille u Erkl möglw nicht gedeckt haben, ist zur FrWahrg eine EventualAnf geboten (BGH NJW **68**, 2099, **79**, 765). Liegen mehrere AnfGrde vor, beginnt die Fr jeweils mit Kenntn des einzelnen Grdes (s BGH NJW **66**, 39). Kenntn eines Vertreters ist gem § 166 zuzurechnen, sofern dieser nach seiner Vertretgsmacht zur Anf berecht ist (BGH MDR **65**, 646). – **b)** Die Anf muß **unverzüglich**, dh ohne schuldh Zögern, erfolgen. Die in § 121 I 1 enthaltene Legaldefinition des Begriffs „unverzügl" gilt für das ges PrivR (zB HGB 377 I, III, AktG 92 I, MSchG 9, BAG Betr **88**, 2107) u das öffR (zB ZPO 216 II, StGB 68b I 1 Nr 8, VwVfG 23 II 1, 3, BSHG 91 II, Ffm MDR **89**, 545). Sie ist iZw auch dann maßgebd, wenn der Begriff in einem TarifVertr (LAG Köln Betr **83**, 1771) od in einem RGesch verwandt w (RG **75**, 357). Unverzügl ist nicht gleichbedeutd mit sofort (RG **124**, 118). Dem AnfBerecht steht eine angem ÜberleggsFr zu. Sow erforderl, darf er vor der Anf den Rat eines RKundigen einholen (RG HRR **31**, 584). Er darf uU mit der Anf warten, bis er seine Rechte dch eine einstw Vfg gesichert hat (RG **124**, 117), jedoch sind bei der FrBemessg jeweils auch die Interessen des Gegners zu berücksichtigen. Verzögergen wg RIrrts können entschuldb sein, sofern der AnfBerecht seine RAns aGrd einer sorgfält Prüfg der RLage gebildet hat (s RG **152**, 232, and RG **134**, 32). Ist der geschunfäh AnfGegner ohne gesetzl Vertreter, so muß unverzügl die Bestellg eines Pflegers beantragt w (RG **156**, 337). Bei ArbVertr muß die Anf innerhalb von 2 Wo nach Kenntn der maßgebden Tats erfolgen (BAG NJW **80**, 1302, **81**, 1334). Die Besonderh des ArbR u die funktionelle Ähnlichk zw Künd u Anf rechtf es, die Anf an die §§ 626 II anzugleichen (BAG aaO, krit Picker ZfA **81**, 15 ff). Bei einer Erkrankg währd des Url kann eine Anzeige nach Rückkehr noch rechtzeit sein (LAG Köln Betr **83**, 1771). – **c)** Die Anf unter **Abwesenden** ist rechtzeit, wenn die AnfErkl unverzügl abgesandt worden ist (I 2). Verzögergen bei der Übermittlg gehen zu Lasten des AnfGegners. Wirks wird die Anf aber erst mit dem Zugang der AnfErkl (§ 130 I 2). Geht die erste Erkl verloren, genügt es zur FrWahrg, wenn der Berecht die Anf unverzügl wiederholt (Soergel-Hefermehl Rdn 10). I 2 gilt nicht, wenn der Absender einen umständl Übermittlgsweg auswählt. Nicht rechtzeit ist daher die Anf in der bei Ger eingereichten KlSchrift (BGH NJW **75**, 39, WPM **81**, 1302). Als SonderVorschr für die Anf kann I 2 auf die Künd nicht (entspr) angewandt w (BAG NJW **81**, 1334).

3) Auch bei Unkenntn vom AnfGrd ist die Anf **30 Jahre** nach Abgabe der anfechtb Erkl ausgeschl **(II)**. Die AnfErkl muß innerh der Fr zugehen; I 2 ist nicht entspr anwendb.

4) Die **Beweislast** für die Kenntn vom AnfGrd u vom Ztpkt der Anf trägt der AnfGegner (BGH WPM **83**, 826, BAG NJW **80**, 1303, RG **57**, 362); der Anfechtde muß substantiiert darlegen, daß er unverzügl nach Kenntn angefochten hat (Mü NJW-RR **88**, 497).

122 *Schadensersatzpflicht des Anfechtenden.* ^I Ist eine Willenserklärung nach § 118 nichtig oder auf Grund der §§ 119, 120 angefochten, so hat der Erklärende, wenn die Erklärung einem anderen gegenüber abzugeben war, diesem, andernfalls jedem Dritten den Schaden zu ersetzen, den der andere oder der Dritte dadurch erleidet, daß er auf die Gültigkeit der Erklärung vertraut, jedoch nicht über den Betrag des Interesses hinaus, welches der andere oder der Dritte an der Gültigkeit der Erklärung hat.

^{II} Die Schadensersatzpflicht tritt nicht ein, wenn der Beschädigte den Grund der Nichtigkeit oder der Anfechtbarkeit kannte oder infolge von Fahrlässigkeit nicht kannte (kennen mußte).

1) Allgemeines. a) § 122 soll den auf die Gültigk der WillErkl vertrauenden GeschGegner schützen, wenn diese gem § 118 nichtig od gem §§ 119, 120 angefochten ist. Der ErsAnspr setzt kein Verschulden des Erklärden voraus. § 122 beruht auf dem Gedanken der **Veranlassungshaftung** (BGH NJW **69**, 1380). – **b) Anwendungsbereich**. § 122 ergänzt die §§ 118–120. Aus ihm kann **nicht** der allg RGedanke entnommen w, daß derj, der auf den Bestand einer WillErkl vertraut hat u vertrauen durfte, gg den auf Teil u dem einem SchadErsAnspr hat, wenn die WillErkl allein aus einem beim Teil liegden Grd unwirks ist od w (Soergel-Hefermehl Rdn 2, hM, aA RG **170**, 69). Für das Auftreten eines geschunfäh Vertreters haftet der Vertretene nicht analog § 122, sond nur iF eines Verschuldens nach den Grds der c. i. c. (hM, aA Ostheim AcP **169**, 222). Entspr gilt für die Haftg des Erklärden, wenn der Bote die Erkl absichtl falsch übermittelt (hM, aA Marburger AcP **173**, 137). Dagg ist § 122 anwendb, wenn eine irrtüml erfolgte Gutschrift storniert w (Otto-Stierle WPM **78**, 546). Er kann auch entspr angewandt w, wenn eine vom Erklärden vorbereitete, aber noch nicht abgegebene Erkl dch ein Versehen eines Angeh od Angest abgesandt w u dadch der Schein einer gült Erkl entsteht (Larenz § 21 II a, Canaris JZ **76**, 134).

2) Schadensersatzanspruch. a) Ersatzberechtigter ist bei empfangsbedürft WillErkl nur der ErklGegner, bei amtsempfangsbedürft u nicht empfangsbedürft Erkl jeder Geschädigte. Verpflichtet ist derj, dessen Erkl gem § 118 od §§ 119, 120, 142 nichtig ist, iF der Vertretg der Vertretene. Die ErsPfl entfällt, wenn das Gesch unabhäng vom Willensmangel nichtig od unwirks war (s Übbl 4 e v § 104). – **b)** Der **Umfang** des ErsAnspr ist beschränkt auf den Vertrauensschaden, dh die Nachteile, die dch das Vertrauen auf die Gültigk entstanden sind (sog **negatives Interesse**). Er umfaßt die aufgewandten Kosten, aber auch die Nachteile dch das Nichtzustandekommen eines mögl and Gesch (s BGH NJW **84**, 1950, Laßmann JuS **86**, 113). Zu ersetzen sind auch die Kosten des inf Anf verlorenen Proz, da § 122 den ZPO 91 ff vorgeht (RGRK/Krüger-Nieland Rdn 8, aA BGH NJW **62**, 1670, Celle OLGZ **72**, 193). Der ErsAnspr w dch das ErfInteresse nach

Rechtsgeschäfte. 2. Titel: Willenserklärung §§ 122, 123

oben begrenzt (RG **170**, 284). Es besteht daher keine ErsPfl, wenn das Gesch dem ErsBerecht keine VermVorteile gebracht hätte (Vorbem 2 g v § 249). – **c)** Der Anspr ist **ausgeschlossen,** wenn der Geschädigte den Nichtigk- od AnfGrd kannte od fahrl nicht kannte (II). Die in II enthaltene Legaldefinition von „kennen müssen" gilt im gesamten PrivR. Jede Fahrlässigk genügt. Eine Abwäg entspr § 254 ist ausgeschl (RG **57**, 89). Auch spätere Kenntn od fahrl Unkenntn schadet; sie beseitigt die ErsPfl für weiter entstehde Schäden (RG Gruch **57**, 907). Hat der and Teil den Nichtigk- od AnfGrd schuldlos mitverursacht, ist § 254 entspr anzuwenden (BGH NJW **69**, 1380). Verletzt der Geschädigte seine SchadensmindersgPfl, gilt § 254 II (RG **116**, 19).

3) Trifft den Erklärden ein Verschulden, besteht neben dem Anspr aus § 122 ein ErsAnspr aus **culpa in contrahendo** (§ 276 Anm 6). Für den Anspr aus c. i. c. gilt die Begrenz auf das ErfInteresse nicht (str, Vorbem 2 g v § 249). Statt II ist § 254 anzuwenden (§ 276 Anm 6 D).

4) Wer gem § 122 SchadErs verlangt, muß die Nichtigk gem § 118 od die Anf gem §§ 119, 120, seine Aktivlegitimation, die Kausalität der Erkl für den Schaden u die Schadenshöhe **beweisen.** Der Gegner ist für die Voraussetzgen von II beweispflichtig, ferner dafür, daß der geltd gemachte Schaden größer ist als das ErfInteresse.

123 *Anfechtbarkeit wegen Täuschung oder Drohung.* [I] Wer zur Abgabe einer Willenserklärung durch arglistige Täuschung oder widerrechtlich durch Drohung bestimmt worden ist, kann die Erklärung anfechten.

[II] Hat ein Dritter die Täuschung verübt, so ist eine Erklärung, die einem anderen gegenüber abzugeben war, nur dann anfechtbar, wenn dieser die Täuschung kannte oder kennen mußte. Soweit ein anderer als derjenige, welchem gegenüber die Erklärung abzugeben war, aus der Erklärung unmittelbar ein Recht erworben hat, ist die Erklärung ihm gegenüber anfechtbar, wenn er die Täuschung kannte oder kennen mußte.

1) **Allgemeines.** § 123 schützt die rgeschäftl **Entschließungsfreiheit** (RG **134**, 55, BGH **51**, 147). Er beruht auf dem Gedanken, daß die WillErkl nur dann Ausdruck wirkl rgeschäftl Selbstbestimmung ist, wenn sich die Willensbildg frei von Täusch u Drohg vollzogen hat. § 123 gilt für alle **Arten von Willenserklärungen,** empfangsbedürft u nicht empfangsbedürft, ausdr u konkludente. Gem § 123 anfechtb sind daher zB die Anerkenng der nichtehel Vatersch (RG DR **39**, 1156, BayObLG **58**, 10, § 1600 m), der Vorvertr zu einem TarifVertr (BAG NJW **77**, 318), kann aber TatHdlgen wie der Widerruf ehrkränkender Behauptgen (BGH NJW **52**, 417). Sonderregeln gelten für die Ehe (EheG 33), letztw Vfgen (§§ 2078 ff, 2281 ff), die KindesAnn (§ 1760) u den ZwangsVergl (KO 196, Hbg HRR **31**, 1181), daggg lassen die VVG 16 ff das AnfR aus § 123 unberührt (VVG 22). Für den **Anwendungsbereich** des § 123 gelten im übrigen die Ausführgen in § 119 Anm 2 sinngem. S auch unter Anm 5.

2) **Arglistige Täuschung. – a)** Sie setzt, wie das strafrechtl Betrug, eine Täuschg zum Zweck der Erregg od Aufrechterhaltg eines Irrt voraus; sie erfordert aber im Ggs zum StGB 263 weder eine Bereichergsabsicht des Täuschden noch eine Schädigg des Vermögens des Getäuschten (RG **134**, 55, BGH **LM** Nr 10). Die Täuschg kann dch positives Tun (unten b) od Unterlassen (c) begangen w. Sie muß widerrechtl sein (d) u erfordert in subj Hins Argl (e).

b) Die **Täuschung durch Vorspiegelung oder Entstellung von Tatsachen** muß sich auf obj nachprüfb Umst beziehen (MüKo/Kramer Rdn 12). Bloße subj Werturteile od reklamehafte Anpreisgen begründen kein AnfR; zu prüfen ist aber jeweils, ob die Meingsäußerg in ihrem Kern nicht doch eine Behauptg tatsächl Art enthält. TatsBehauptgen sind die Erkl über wertbildde Merkmale des VertrGgst, wie das Alter eines Teppichs (BGH Betr **77**, 671) od die Kilometerstand eines Pkw (BGH NJW **60**, 237, Köln NJW-RR **88**, 1136), aber auch die Bezeichg eines Ggst als „neu" od „neuartig" (KG OLGZ **72**, 402, Ffm Betr **65**, 1812). Eine Täuschg ist es auch, wenn ein über der PrEmpfehl liegder Pr als „SonderPr" bezeichnet w (Ffm DAR **82**, 294), ebso wenn der Untern zu einem erhebl überhöhten Angebot erklärt, es handele sich um einen „ordentl" Pr (Saarbr OLGZ **81**, 248). Wer sich als Architekt bezeichnet, obwohl er nicht in der ArchListe eingetragen ist, täuscht; and soll es zu beurteilen sein, wenn alle mat Voraussetzgen für die Eintragg vorliegen (Düss BauR **82**, 86). In der Äußerg einer RAnsicht liegt die Vorspiegelg einer Tats, wenn dadch die mat RLage unricht dargestellt w (KG OLGZ **72**, 261). Die Täuschg muß sich auch auf **innere Tatsachen** beziehen, so auf die Abs, ein Recht nicht erfüllen zu wollen (BGH **LM** Nr 12, Staud-Dilcher Rdn 5, aA RG AkZ **41**, 147). Sie kann auch dch **schlüssige Handlung** erfolgen. Wer auf Kredit kauft, erklärt dch den VertrSchl, daß er den KaufPr bei Fälligk zahlen wolle u könne (Köln NJW **67**, 741). Wer einen Mangel offenbart, gibt dadch uU die Erkl ab, im übrigen sei der VertrGgst mängelfrei (Köln OLGZ **87**, 228). Die wahrheitsgem Erkl über den übl Gewinn eines Automaten kann täuschg sein, wenn sie beim and Teil die unricht Vorstellg hervorruft u hervorrufen soll, auch er w diesen Gewinn erzielen (Bambg MDR **71**, 44). Ableugnen anderweit GeschlechtsVerk dch die KindesMu ist auch dann argl Täuschg, wenn es ohne bes eindringl Beteuergen erfolgt (RG **107**, 177, aA KG JR **49**, 383).

c) **Täuschung durch Verschweigen. – aa)** Das **Verschweigen** von Tats stellt nur dann eine Täuschg dar, wenn hins der verschwiegenen Tats eine AufklPfl besteht (RG **77**, 314, BGH **LM** Nr 52). Die RGrdl dieser Pfl ist § 242 (s dort Anm 3 B d). Entscheidd ist, ob der and Teil nach Treu u Glauben unter Berücksichtigg der VerkAnschauung redlicherw Aufkl erwarten durfte BGH NJW **70**, 656, **89**, 764). Grdsl ist es Sache jeder Part, ihre eig Interessen selbst wahrzunehmen. Es besteht daher keine allg Pfl, alle Umst zu offenbaren, die für die Entschließg des and Teils von Bedeutg sein können (BGH NJW **71**, 1799, **LM** Nr 52, WPM **83**, 1007). Ungünst Eigensch der Pers od des VertrGgst brauchen grdsl nicht ungefragt offengelegt zu werden (Mü NJW **67**, 158, Ffm OLGZ **70**, 411). Entspr Fragen muß der Verhandelnde allerd richt u vollst beantworten (BGH NJW **67**, 1222, **77**, 1915). Auch ohne ausdr Frage besteht im Rahmen der VerkAnschau-

§ 123 2c, d

ung eine AufklPfl hins solcher Umst, die den VertrZweck vereiteln od erhebl gefährden können u die daher für den and Teil von ausschlaggebder Bedeutg sind (BGH NJW 79, 2243, 80, 2460, **LM** Nr 45). Entspr gilt, wenn der VertrPartner erkennb bes Wert auf best Umst legt od sich aus dem beabsichtigten Vertr best MindestAnfdgen an die Pers des GeschPartners od den GeschGgst ergeben (s BGH NJW **71**, 1799, **LM** Nr 10, § 276 (Fb) Nr 1, Karlsr Betr **68**, 2075). Auch wenn als Pr 70% des ListenPr vereinb worden sind, braucht der Verkäufer auf eine nach Abschluß der Vhdlgen, aber vor VertrUnterzeichng vollzogene Senkg des ListenPr nicht hinzuweisen (BGH NJW **83**, 2493). Grdl für weitergeh AufklPflten können je nach Lage des Falles sein: das Auftreten als Fachberater (LG Bln NJW-RR **89**, 505); ein dch langjährige intensive GeschBeziehgen entstandenes Vertrauensverhältn (BGH **LM** Nr 52); die Stellg der Part im WirtschVerk (Bankier: RG **111**, 233; Teilzahlgsbank: BGH **47**, 211; Warenterminhändler: BGH **80**, 84); die Art des abzuschließden Vertr (Gesellsch od sonstiges DauerschuldVerh: BGH **LM** § 276 (Fb) Nr 1); vorangegangenes Tun (BGH WPM **85**, 674, Vergl nach wissentl falschem ProzVortrag). Bei Gesch mit spekulativem Charakter u RisikoGesch besteht idR keine AufklPfl. Werden an einen Hauptaktionär u Brancheninsider Aktien verkauft, kann der Verkäufer grdsl davon ausgehen, daß der Käufer hinreichd informiert ist (BGH **LM** Nr 56).

bb) Die angeführten Grds gelten auch für die Anbahng von **Arbeitsverträgen.** Der ArbSuchde braucht ungünst Umst grdsl nicht ungefragt zu offenbaren. Das Verschw von Vorstrafen, der Mitgliedsch in der DKP (LAG Mainz NJW **85**, 510), der Schwangersch, berufl Schwierigk usw ist daher keine Täuschg (Falkenberg BB **70**, 1014). Zur Aufkl verpflichtet ist der ArbNeh, wenn gesundheitl Beschw seine Leistgsfähigk erhebl gefährden (BAG Betr **86**, 2238), wenn eine Schwangere sich um Nachtarbeit bewirbt (BAG NJW **89**, 929) od wenn die Verbüßg einer rkräft erkannten Strafe bevorsteht (LAG Ffm BB **87**, 968); der ArbGeb, wenn der LohnAnspr des ArbNeh dch wirtschaftl Schwierigk gefährdet ist (BAG NJW **75**, 708). Gibt der ArbSuchde auf eine rechtsw gestellte Frage eine unricht Antwort, liegt keine argl Täuschg vor (s unten d).

cc) Einzelfälle (ja = Täuschg, nein = keine Täuschg; da alles von der Würdigg des Einzelfalles abhängt, ist die schemat Übertragg auf and Fälle unzul; s auch § 276 Anm 6 B c). Verschw eines Unfalls beim **Verkauf** eines Kfz idR ja (BGH **29**, 150, **63**, 386, **LM** Nr 10, NJW **67**, 1222, **82**, 1386); nein bei bloßem Bagatellschaden (BGH NJW **82**, 1386), aber ja bei ausdr Befragen (BGH NJW **74**, 392, NJW **77**, 1915, WPM **87**, 138); in diesem Fall muß auch ein bloßer Verdacht mitgeteilt w (Brem DAR **80**, 373). Verschw, daß Boden dchgerostet, ja (Köln DAR **79**, 286); aber keine Pfl unaufgefordert darauf hinzuweisen, daß Händler das Kfz nicht selbst untersucht hat (BGH NJW **77**, 1055). AufklPfl bei aktuellem Befall mit Hausbockkäfern (BGH NJW-RR **89**, 972); bei Verdacht der Trocken- u Naßfäule (LG **463** Nr 8, Celle MDR **71**, 392); bei Verwendg fäulnisbefallener Hölzer (BGH **LM** Nr 50). Der Verkäufer muß idR auch dann aufklären, wenn der KaufGgst für den vertragl vorausgesetzten Zweck ungeeignet ist (BGH NJW **71**, 1799, Karlsr Betr **68**, 2075), wenn das verkaufte Haus ohne BauGen errichtet worden ist (BGH NJW **79**, 2243); wenn die ausgeübte Nutzg baurechtl unzul ist (BGH NJW-RR **88**, 1290); wenn der für die gewerbl Nutzg des Grdst notw Kamin nicht gebaut w darf (BGH NJW-RR **88**, 395); wenn das verkaufte Dressurpferd wg einer Augenerkrankg versichergsrechtl ausgesteuert ist (Nürnb OLGZ **84**, 121); wenn die verkaufte Hyp wertlos ist (RG JW **21**, 680), wenn die verkaufte Bergwerksaktie in ihrem Wert erhebl gemindert ist (RG **111**, 235), wenn das verkaufte Grdst zur Straßenerweiterg in Anspr genommen w soll (BGH **LM** Nr 45), wenn wg einer behördl Anordng zukünft erhebl Beschränkgen der Nutzgsmöglichk des Grdst zu besorgen sind (BGH WPM **79**, 696); wenn das mitverkaufte Vieh eines Landguts (noch) einem Dr gehört (BGH WPM **81**, 793). NichtAufkl über Besonderh der Honorarstruktur beim Verkauf einer Arztpraxis, nein (BGH NJW **89**, 763). Über die Verhältn des Schu bei Verkauf einer Fdg, idR nein (BGH WPM **75**, 157). Verkauf eines einige Zeit eingelagerten Pkws als fabrikneu idR nein (s BGH NJW **80**, 1097, 2127). Verkauf eines „grau" importierten Pkws zum vollen RichtPr ja (LG Düss DAR **87**, 385). Erwerb von FilmverwertgsR zum Pr von 10000 Dollar bei Bestehen einer Weiterverkaufsmöglichk zum Pr von 8,3 Mio DM, ja bei bes Vertrauensverhältn (BGH **LM** Nr 52). Werbg unter Hinw auf **Steuervorteile** ohne Unterrichtg über Bedenken der FinanzVerw, ja (Düss NJW-RR **86**, 320). – NichtAufkl des **Bürgen** über die Verhältn des HauptSchu idR nein (RG **91**, 81, BGH BB **88**, 231, Mü WPM **84**, 471); **Maklervertrag** mit Kaufinteressenten: Verschweigen, daß der Verkäufer die übl Provision zahlt, ja (Ffm NJW-RR **88**, 1199). **Mietvertrag:** Verschweigen, daß das Objekt unter ZwVerw steht, ja (Hamm BB **88**, 1842). Verschw von Tats, die für die Bemessg des AuseinandSGuthabens erhebl sind, uU ja (BGH WPM **72**, 1443), des ZusLebens mit einem and Mann bei UnterhVergl, idR nein (BGH NJW-RR **86**, 1259), von angebrachdrohden Tats im EntschädiggsVerf idR nein (BGH **LM** ZPO 138 Nr 10); von eig **wirtschaftlicher Bedrängnis** idR nein, and aber bei erhebl Gefährdg des VertrZwecks (BGH NJW **74**, 1505), so bei Übern einer GewährPfl (BGH **LM** § 417 Nr 2) od bei Gefährdg des LohnAnspr des ArbNeh (BAG NJW **75**, 708). Verschw der Tats, daß der DarlVermittler neben seinem Honorar von der Bank on Lasten des Kunden ein mehr als doppelt so hohes „packing" erhält, ja (Stgt NJW **82**, 1599, krit Stötter NJW **83**, 1302). Verschw von Vorerkrankgen bei **Abschluß eines Versicherungsvertrages:** Frage des Einzelfalles (Hbg VersR **71**, 902, Köln VersR **73**, 1034); einer Vielzahl ähnl Versichergen uU ja (Düss VersR **72**, 197, Kblz VersR **81**, 31), von strafb Hdlgen idR nein (BGH VersR **86**, 1090).

d) Die Täuschg ist idR ipso facto **rechtswidrig.** Sie kann ausnw rechtmäß sein, wenn die gestellte Frage unzul war. Bei unzul Fragen darf der Befragte die Antwort nicht nur verweigern, sond auch eine unricht Antwort geben (BAG NJW **58**, 516). Vorstrafen brauchen gem BZRG 51 nicht offenbart zu w, wenn sie gem BZRG 30 nicht in ein polizeil Führgszeugn aufzunehmen sind. Fragen nach Vorstrafen sind auch iü ggü ArbSuchden nur zul, wenn u sow die Art des zu besetzden ArbPlatzes dies erfordert, die Strafe also „einschlägig" ist (BAG NJW **58**, 516, BB **70**, 803). Unzul sind Fragen nach GeschlechtsVerk od letzter Regel (LAG Düss Betr **71**, 2071), ebso nach PartZugehörigk u Konfession (Falkenberg BB **70**, 1014, Hümmerich BB **79**, 428, s auch § 611 Anm 1 b dd), uU auch nach fr Einkommen (BAG Betr **84**, 298). Zul dagg Fragen nach SchwerbehindertenEigensch (BAG **AP** Nr 19, NJW **87**, 398) u nach gesundheitl Behindergen, aber nur soweit ein schutzwürdiges Interesse an der Unterrichtg besteht (BAG NJW **85**, 645). Auch nach dem Bestehen einer Schwangersch darf gefragt w (BAG NJW **62**, 74, Donat BB **86**, 2413, Walker Betr **87**, 273), zumindest dann, wenn sich nur Frauen beworben h (BAG NJW **87**, 397).

e) **Arglist** erfordert einen Täuschgswillen. Der Handelnde muß die Unrichtigk seiner Angaben kennen. Bedingter Vorsatz genügt (RG **134**, 53); er ist gegeben, wenn der Handelnde, obwohl er mit der mögl Unrichtigk seiner Angaben rechnet, **ins Blaue hinein,** unrichtige Behauptgen aufstellt (BGH **63**, 386, NJW **77**, 1055, **81**, 864, 1441, BGH NJW-RR **86**, 700). Guter Glaube schließt dagg idR auch dann Arglist aus, wenn dem Handelnden grobe Fahrlässigk zur Last fällt (BGH NJW **80**, 2461; zu Anspr aus c. i. c. s § 276 Anm 6 B c). Bei einer „ins Blaue hinein" abgegebenen obj unricht Erkl liegt aber trotz guten Glaubens Arglist vor, wenn der Handelnde das Fehlen einer zuverläss BeurteilgsGrdl nicht offenlegt (BGH NJW **80**, 2461, **81**, 1441, Celle NJW-RR **87**, 744). Der Handelnde muß außerdem das Bewußtsein haben, daß der and Teil dch die Täuschg zur Abgabe einer WillErkl best w. Auch insoweit genügt bedingter Vorsatz, dh die Vorstellg, die unricht Erkl könne möglicherw für die Willensbildg des and Teils von Bedeutg sein (BGH NJW **57**, 988, **71**, 1795, 1800). Arglist erfordert keinen SchädiggsVors (BGH NJW **74**, 1505). Sie ist aber ausgeschl, wenn der Handelnde nachweisl nur das Beste des and Teils gewollt hat (BGH **LM** Nr 9, str, aA v Lübtow FS Bartholomeyczik, 1973, S 269).

f) **Person des Täuschenden (II). aa)** Bei nicht empfangsbedürft WillErkl (Bsp: Auslobg) ist gleichgült, wer die Täuschg verübt hat. Die WillErkl ist auf jeden Fall anfechtb. Bei empfangsbedürft WillErkl ist dagg zu unterscheiden. Hat der ErklEmpfänger od einer seiner Hilfspersonen getäuscht, besteht ein AnfR. Ist die Täuschg von einem Dr verübt worden, kann die Erkl nur dann angefochten w, wenn der ErklEmpfänger die Täuschg kannte od hätte kennen müssen (§ 122 Anm 2 c). Begründet die Erkl unmittelb ein Recht für einen Dr, so kann auch angefochten w, u zwar ggü dem Dr, wenn der Dr die Täuschg kannte od mußte (II S 2). Der Vertr zGDr ist anfechtb, wenn der Dr getäuscht hat (RG **158**, 328), jedoch begründet beim LebensVersVertr die Täuschg dch den widerrufl Bezugsberecht kein AnfR (Hamm VersR **88**, 459). Den gem § 415 geschlossenen SchuldÜbernVertr kann der vom Schu argl getäuschte Übernehmer trotz Gutgläubigk des Gläub anfechten (BGH **31**, 326, str). – **bb) Dritter** iSv § 123 II ist nur der am Gesch Unbeteiligte. Kein Dr ist, wer auf Seiten des ErklGegners steht u maßgebl am Zustandekommen des Vertr mitgewirkt hat. Das trifft zu für den Vertreter (RG **101**, 98, BGH **20**, 39, NJW **74**, 1505), den VersAgenten (VVG 43), auch wenn er seine Vollm überschritten hat (BGH JW **28**, 1740), den Strohmann einer Part (RG HansGZ **34** B 687), den vollmlosen Vertreter, wenn die Part den VertrSchl genehmigt (RG **76**, 108, BGH WPM **79**, 237), nach dem RGedanken des § 278 auch für den VhdlgsGehilfen, der ohne AbschlVollm an den Vhdlgen mitwirkt (BGH NJW **62**, 2195, **78**, 1453, WPM **80**, 1453, Schubert AcP **168**, 481), nicht aber für den an den VertrVhdlgen unbeteiligten Begünstigten (Hamm VersR **88**, 459), es sei denn, er benutzt den gutgl Verhandelnden argl als Werkzeug (BGH NJW-RR **89**, 1183). **Keine Dritte** sind etwa: der Verkäufer, der als VertrauensPers des DarlGeb auftritt (BGH **47**, 228, NJW **79**, 1594), der Lieferant, der für den LeasingGeb verhandelt (BGH NJW **89**, 287), der Alleinaktionär bei Vhdlgen für die AG (Düss WPM **76**, 1261), der Schu, der ggü dem Bürgen als Beauftragter (Köln OLGZ **68**, 131) od VertrauensPers des Gläub auftritt (s BGH NJW **62**, 1907). Es genügt aber nicht, daß der Gläub die BürgschUrk entworfen u den Anstoß für die Vhdlgen gegeben hat (BGH **LM** Nr 31). Der DarlNeh, der seine Ehefr veranlaßt, die Mithaftg zu übernehmen, handelt im eig Interesse u ist daher nicht VhdlgsGehilfe der Bank (LG Ulm WPM **84**, 27). Der Vermittler (Makler) ist idR Dr (RG **101**, 97, BGH **33**, 309, WPM **86**, 1032). Das gilt auch für den Anlagenberater, der den Beitritt zu einer AbschreibgsGesellsch vermittelt (Immenga BB **84**, 5). And liegt es aber, wenn der Vermittler, wie häuf der Kreditvermittler, als VertrauensPers u Repräsentant einer Part auftritt (Stgt NJW **82**, 1599). VersAgent, der den Antr falsch ausfüllt, um sich eine Prov zu erschleichen, ist im Verhältn zum VersNeh Dr (Hamm VersR **74**, 562).

3) Widerrechtliche Drohung. – **a) Drohung** ist das Inaussichtstellen eines künft Übels (BGH **2**, 295, NJW **88**, 2599); sie muß den Erklärden in eine Zwangslage versetzen (arg § 124 II). Die Anwendg unmittelb Gewalt (gewaltsames Führen der Hand bei der Unterschrift) fällt nicht unter § 123, da hier schon tatbestandl keine WillErkl vorliegt (s BGH Betr **75**, 2075). – **aa)** Als **Übel** genügt jeder Nachteil. Es kann sich auf den Bedrohten beziehen, aber auch auf eine and Pers (RG **60**, 373, BGH **25**, 218). Gleichgült ist, ob das Übel materieller od ideeller Natur ist. Ist der angedrohte Nachteil geringfüg, so bedarf die Kausalität der Drohg (Anm 4) einer eingehnden Prüfg. „Zeitdruck" ist kein AnfGrd (BAG NJW **83**, 2958). – **bb)** Beim Bedrohten muß der Eindruck entstehen, daß der Eintritt des Übels vom **Willen des Drohenden abhängig** ist (BGH **2**, 295, **LM** Nr 23). Der Hinw auf eine obj bestehde Zwangslage genügt nicht (BGH **6**, 351), ebsowenig die Mitteilg einer bereits vollzogenen Maßn. Gedroht werden kann auch mit einem rechtsw Unterlassen so etwa, wenn der zur Beseitigg eines Nachteils Verpflichtete ankündigt, den Nachteil bestehen zu lassen (s RGSt **14**, 265). Es genügt nicht ernst gemeinte Drohg, sofern der Bedrohte sie für ernst hält u halten soll (BGH NJW **82**, 2302). – **cc)** Die Drohg muß nicht ausdr erfolgen; auch eine **versteckte** Drohg ist tatbestdmäß (Staud-Dilcher Rdn 51). Sie kann etwa in einem Hinw od einer Warng enthalten sein; das Ausnutzen einer Zwangslage (Angst vor Strafanzeige) genügt aber nicht (BGH NJW **88**, 2599). – **dd)** Die **Person des Drohenden** ist gleichgült; die Drohg kann auch von einem Dritten ausgehen (BGH NJW **66**, 2399). Die Beschränkgen des § 123 II gelten für den Fall der Drohg nicht. Es ist mögl, daß eine ganze Bevölkergsgruppe, wie im NS-Staat die Juden, von einer Kollektivdrohg betroffen sind (KG SJZ **47**, 257, BAG RzW **59**, 502). Die sich aus den VerfolggsMaßn der NS-Zeit ergebnen Anspr haben aber dch die RückerstattgsGes der MilReg eine Sonderregelg gefunden, die dem § 123 als lex specialis vorgehn (BGH **10**, 340).

b) Die Beeinflussg des Willens dch Drohg muß **widerrechtlich** sein. Diese Voraussetzg ist in drei Fallgruppen erfüllt (s BGH **25**, 217, **LM** Nr 32): bei Widerrechtlichk des angedrohten Verhaltens (unten aa), bei Widerrechtlichk des erstrebten Erfolges (bb) u bei Widerrechtlichk der Mittel/Zweck-Beziehg (cc). – **aa) Widerrechtlichkeit des Mittels.** Bei Drohg mit einem rechtsw Verhalten ist die Willensbeeinflussg widerrechtl, auch wenn sie der Dchsetzg eines bestehden Anspr dient (BGH **LM** Nr 32). Die Drohg mit einem strafb od sittenw Verhalten berecht daher stets zur Anf (Soergel-Hefermehl Rdn 45). Entspr gilt für die Drohg mit einem VertrBruch (RG **108**, 104, BGH WPM **83**, 1019) od einem sonst rechtsw Verhalten, etwa der Drohg, die NotAufn im Krankenhaus erfolge nur, wenn der Patient im Formular über die Wahlleistg Einbettzimmer unterzeichne (Köln VersR **82**, 677). Dabei ist allerdings von der Sicht des Drohden auszugehen: Hält er das angedrohte obj vertrwidr Verhalten in vertretb Würdigg für erlaubt, entfällt die Widerrechtlich des Mittels (BGH **LM** Nr 28). Das AnfR kann sich dann, wenn überhaupt, nur aus der Mittel/Zweck-Beziehg ergeben (s unten cc). Rechtmäß ist die Drohg mit der Anrufg des Ger (BGH **79**, 143), auch wenn der geltd gemachte Anspr obj nicht besteht (BGH WPM **72**, 946), jedoch können die Umst des Einzelfalls eine and Beurteilg rechtfertigen (Karlsr OLGZ **86**, 94), mit ZwVollstr (BGH WPM **84**, 1249), mit einer Strafanzeige (BGH **25**, 219) od einer vertragl zul Künd (BGH Betr **78**, 1174). Wirkt ein GerVorsitzder mit der Drohg auf einen Vergl hin, und werde ohne erneute Beratg ein ungünst Urt ergehen, soll diese Drohg wg Verstoßes gg ZPO 156 rechtsw sein (BGH NJW **66**, 2399). Das überzeugt schon deshalb nicht, weil das Verf des Ger prozessual nicht zu beanstanden war (s Schneider aaO, Kubisch NJW **67**, 1605).

bb) Widerrechtlichkeit des Zweckes. Die Willensbestimmg dch Drohg ist widerrechtl, wenn der erstrebte Erfolg rechtsw ist. Hierzu genügt entgg der älteren Rspr (RG JW **05**, 134) nicht, daß der Drohde keinen RAnspr auf die erstrebte WillErkl h (RG **166**, 44, BGH **2**, 296, **25**, 219, BAG NJW **70**, 775). Der erzwungene Erfolg muß vielmehr verboten od sittenw sein. Damit ist diese Fallgruppe neben §§ 134, 138 prakt wenig bedeuts. Macht der RAnw die Weiterführg des Mandats von der Vereinbg eines Sonderhonorars abhäng, ist sein Verhalten nicht ow rechtsw (BGH **LM** Nr 49).

cc) Inadäquanz von Mittel und Zweck. Die Willensbeeinflussg dch Drohg ist auch dann widerrechtl, wenn zwar Mittel u Zweck für sich betrachtet nicht anstöß sind, aber ihre Verbindg – die Benutzg dieses Mittels zu diesem Zweck – gg das Anstandsgefühl aller billig u gerecht Denkden verstößt (BGH **25**, 220, NJW **83**, 384, BAG NJW **70**, 775). Bei Drohg mit einem an sich erlaubten Mittel (Klage, sonst RBehelf, StrafAnz, Künd) ist die Widerrechtlichk grdsl ausgeschl, wenn der Drohde einen RAnspr auf den erstrebten Erfolg hat (RG **110**, 384, BGH **25**, 219). Ands macht nicht schon das Fehlen eines RAnspr die Drohg rechtsw (s oben bb). Entscheidd ist, ob der Drohde an der Erreichg des verfolgten Zweckes ein berecht Interesse hat u die Drohg nach Treu u Glauben noch als ein angem Mittel zur Erreichg dieses Zweckes anzusehen ist (BGH **2**, 297, NJW **83**, 384, BAG NJW **70**, 775). Die Drohg mit einer StrafAnz kann ausnw auch zul sein, wenn sie einen Angeh des Täters zur Wiedergutmachg des Schadens veranlassen soll, so etwa, wenn dieser Nutznießer war od der Teiln verdächtig ist (BGH **25**, 221, WPM **73**, 36, 575, krit MüKo/Kramer Rdn 38). Erforderl ist eine umfassde Würdigg aller Umst (BGH **LM** Nr 32), der die zZ der Drohg herrschden Anschauungen zu Grde ist zu legen sind. Dabei ist von der Sicht des Drohden auszugehen; nimmt er in vertretb Beurteilg an, daß sein Vorgehen rechtmäß ist, entfällt die Widerrechtlichk (BGH **LM** Nr 28, BAG NJW **70**, 775, sehr str, aA MüKo/Kramer Rdn 39). Dem Drohden ist aber neben seinem tatsächl Wissen auch das Kenntn zuzurechnen, die er bei der Anwendg der im Verkehr gebotenen weiteren Aufklär hätte erlangen können (BAG NJW **83**, 2783). Tats- u RIrrt stehen grdsl gleich (BGH **LM** Nr 28 aE, mißverständl BGH **25**, 224). Unbeachtl ist jedoch der Irrt darü, ob die Drohg im konkreten Fall von der ROrdng mißbilligt w (BGH **LM** Nr 28 aE, WPM **82**, 823). – **Einzelfälle:** AnfR **verneint:** Vergl über einen aus der Sicht des Geschädigten angem SchadErsBetr nach Drohg mit StrafAnz (RG **112**, 228); SchuldAnerkenntn nach Drohg mit StrafAnz (BAG **AP** § 781 Nr 1); AuseinanderSVergl zw Eheg nach Drohg mit StrafAnz wg Bigamie, sofern Leistgen sich im Rahmen des Angem halten (RG **166**, 44); Verz auf MaklerProv ggü Verkäufer bei Aufrechterhaltg des Anspr gg den Käufer nach Drohg mit NichtVerk des Grdst (BGH NJW **69**, 1627); ZuzahlgsVerspr des Maklers nach Drohg mit NichtAbschl des KaufVertr (BGH NJW **83**, 2495); vorbehaltlose Abn eines mangelh Hauses nach Drohg, das Haus werde nur iF der Abn übergeben (BGH NJW **83**, 384); Einwilligg in Adoption dch Mutter nach Drohg, sie w andf aus dem Elternhaus verstoßen (BGH **2**, 295); Bürgsch für weitere Verbindlichk nach Drohg, andf w der Bü aus fr Bürgsch in Anspr genommen (BGH **LM** Nr 28); Vereinbg eines höheren RA-Honorars als das gesetzl vorges mit Drohg mit Mandatsniederlegg, sofern das vereinb Honorar angem (BGH **LM** Nr 49); Drohg mit fristl **Kündigung des Arbeitsvertrages,** sofern die Künd aus der Sicht eines verständ ArbG vertretb war (BAG NJW **70**, 775, **AP** Nr 21, Betr **80**, 1450, krit Kramer Anm zu **AP** Nr 21, Deubner JuS **71**, 71). AnfR **bejaht;** GrdstVerkauf nach Drohg mit Nichteinlös eines Wechsels (BGH **LM** Nr 32); vorbehaltlose Anerkenng einer Abrechng nach Drohg, andf w das Haus nicht übergeben (BGH NJW **82**, 2302, s aber auch BGH NJW **83**, 384).

c) In subj Hins erfordert § 123 I den **Willen** des Drohden, den and Teil zur Abgabe einer WillErkl zu bestimmen. Der Drohde muß sich bewußt gewesen sein, daß sein Verhalten die Willensbildg des and Teils beeinflussen kann (RG **104**, 80, **108**, 104, BGH **LM** Nr 28). Er muß den Zweck verfolgt haben, eine WillErkl mit etwa dem Inh herbeizuführen, wie sie tatsächl abgegeben worden ist (s Hbg MDR **47**, 253, BAG BB **78**, 1467). Nicht erforderl ist ein Schädiggsvorsatz des Drohden od seine Schuldfähigk (Soergel-Hefermehl Rdn 51).

4) Die Täuschg od Drohg muß für die WillErkl **ursächlich** geworden sein. Das ist der Fall, wenn der Getäuschte (Bedrohte) die WillErkl ohne die Täuschg (Drohg) überhaupt nicht, mit einem and Inh (BGH NJW **64**, 811) od zu einem and Ztpkt (RG **134**, 51, BGH **2**, 299) abgegeben hätte. Kein UrsZushang besteht, wenn der Getäuschte (Bedrohte) die WillErkl aGrd eig selbst Überleggen unabhäng von der Täuschg (Drohg) abgegeben hat (BGH WPM **57**, 1363, **74**, 1023). Es genügt aber, daß die Täuschg (Drohg) mitursächl war (RG **77**, 314, BGH **2**, 299). Das kann zu bejahen sein, wenn der Anfechtde die Täuschg erkannt, sich aber über ihr Ausmaß geirrt hat (BGH Betr **76**, 141). MitVersch od eig Argl des Anfechtden steht der Anf nicht entgg (BGH **33**, 310, NJW **71**, 1798), ist aber gem § 254 ggü einem etwaigen SchadErsAnspr zu berücksichtigen. And als bei der IrrtAnf hat die Anf gem § 123 nicht zur Voraussetzg, daß der Getäuschte (Bedrohte) die Erkl „bei verständiger Würdigg des Falles" nicht abgegeben haben würde (RG **81**, 16, BGH NJW **67**, 1222). Bestand eine Verpfl zur Abgabe der Erkl, war die Täuschg (Drohg) unbedeut od – etwa wg offensichtl Unglaubwürdigk – zur Willensbeeinflussg wenig geeignet, w der UrsZushang aber idR nicht nachweisb sein, da iZw anzunehmen ist, daß der Erklärde sich von vernünft Erwäggen hat leiten lassen. Die Ursächlichk kann iW des AnscheinsBew bejaht w, wenn die Täuschg (Drohg) nach der Lebenserfahrg geeignet ist, die Erkl zu beeinflussen (BGH NJW **58**, 177, **67**, 1222, str, einschränkd BGH NJW **68**, 2139, da der AnscheinsBew auf individuell geprägte Verhaltensweisen unanwendb sei).

5) Rechtsfolge und Konkurrenzen. a) Die Täuschg (Drohg) macht die WillErkl **anfechtbar** (Übbl 4 d v § 104). Die WillErkl gilt zunächst, der Getäuschte (Bedrohte) kann sie aber dch Anf vernichten. Die Anf ist ausgeschl, wenn die Interessen des Getäuschten im Ztpkt der Anf nicht mehr beeinträchtigt w (BAG BB **88**, 632, Ffm NJW-RR **86**, 1205), so etwa, wenn die BauGen, deren Fehlen verschwiegen worden ist, vor der Anf erteilt w (BGH WPM **83**, 1055). Zur Wirkg der Anf u zur TeilAnf s bei § 142; zur AnfErkl, zur AnfBerechtigg u zum AnfGegner s bei § 143. Bereits erbrachte Leistgen sind gem § 812 zurückzugewähren. Ist der KaufGgst untergegangen, kann der Getäuschte (Bedrohte) gleichwohl seine Leistg zurückfordern; die im BereicherngsR sonst gilte Saldotheorie ist zu seinen Gunsten eingeschränkt (§ 818 Anm 6 D c). – **b)** Das AnfR gem § 123 konkurriert häuf mit einem SchadErsAnspr aus **unerlaubter Handlung** (§ 823 II iVm StGB 263, 240 bzw § 826). Der Anspr geht auf das sog negative Interesse (Vorbem 2 g v § 249). Das ErfInteresse kann der Getäuschte (Bedrohte) verlangen, wenn er nachweist, daß der Vertr ohne die Täuschg (Drohg) gleichfalls, aber zu günstigeren Bdggen geschl worden wäre (RG **103**, 49, 159, BGH Betr **69**, 877). Die Einr aus § 853 steht dem Getäuschten (Bedrohten) auch nach Ablauf der Fr des § 124 zu (dort Anm 1). – **c)** Täuschg u Drohg begründen idR zugleich eine Haftg aus **culpa in contrahendo** mit der Folge, daß der Getäuschte (Bedrohte) gem § 249 die Rückgängigmachg des Vertr verlangen kann. Die Anspr des Getäuschten (Bedrohten) aus dieser AnsprGrdl w dch den Ablauf der Fr des § 124 nicht berührt (dort Anm 1). Da für Anspr aus c. i. c. jedes Verschulden genügt, besteht im Ergebn auch bei **fahrlässiger Täuschung** idR die Möglichk, als SchadErs (Naturalrestitution) die Rückgängigmachg des Vertr zu verlangen (§ 276 Anm 6 B c). – **d)** Neben dem AnfR aus § 123 kann zugleich ein **Anfechtungsrecht wegen Irrtums** (§ 119) bestehen. Der Erklärde kann wählen, welches AnfR er ausüben will. Ob die Anf wg arglist Täuschg die wg Irrt mitumfaßt, ist Frage der Auslegg (BGH **34**, 39, 78, 221; § 143 Anm 2 b). – **e) Sachmängelansprüche** (§§ 459ff) schließen die Anf gem § 123 nicht aus (BGH NJW **58**, 177, Saarbr NJW-RR **89**, 1212). Verlangt der Getäuschte (zunächst) Wandlg, so beseitigt das sein AnfR nicht (BGH aaO). Das gilt ebso iF des Rücktritts (Mü NJW **53**, 424, Hbg MDR **66**, 49). Die Anf entfällt jedoch wg Bestätigg (§ 144), wenn die Wandlg vollzogen ist (Giesen zu BGH NJW **71**, 1795, Vorbem 2 d v § 459). – **f)** Verhältn zu § 138 s dort Anm 1 f cc.

6) Der Anfechtde trägt die volle **Beweislast** für alle Voraussetzgen des § 123 (BGH NJW **57**, 988, **LM** Nr 23 u 47). Wird die Anf auf ein Verschw gestützt, muß der Gegner behaupten, wann u wie er die erforderl Aufkl gegeben hat; alsdann ist es Sache des Anfechtden, diese Behauptgen zu widerlegen (s RG JW **18**, 814, BGH VRS **31** Nr 142 aE). Das gilt auch dann, wenn der Gegner sich damit verteidigt, er habe den zunächst entstandenen Irrt vor Abschl des Vertr dch Aufkl des Anfechtden beseitigt (BGH **LM** Nr 47). Auch für die Argl u die Tats, die die Widerrechtlichk der Drohg begründen, ist der Anfechtde bewpflicht (BGH NJW **57**, 988; **LM** Nr 23, WPM **83**, 1019, Köln NJW **83**, 1200). Die Ursächlichk der Täuschg (Drohg) kann er aber uU iW des AnschlBew nachweisen (Anm 4). Ist eine AufklPfl verletzt worden, muß der Verletzer uU beweisen, daß die Erkl auch bei gehöriger Aufkl abgegeben worden wäre (BGH **61**, 118, § 282 Anm 2 d bb).

124 Anfechtungsfrist.

I Die Anfechtung einer nach § 123 anfechtbaren Willenserklärung kann nur binnen Jahresfrist erfolgen.

II Die Frist beginnt im Falle der arglistigen Täuschung mit dem Zeitpunkt, in welchem der Anfechtungsberechtigte die Täuschung entdeckt, im Falle der Drohung mit dem Zeitpunkt, in welchem die Zwangslage aufhört. Auf den Lauf der Frist finden die für die Verjährung geltenden Vorschriften des § 203 Abs. 2 und der §§ 206, 207 entsprechende Anwendung.

III Die Anfechtung ist ausgeschlossen, wenn seit der Abgabe der Willenserklärung dreißig Jahre verstrichen sind.

1) Allgemeines. Die Fr des § 124 sind keine Verj-, sond AusschlFr. Ihre Einhaltg ist im Proz vAw zu beachten. VerjRegeln finden nur iRv § 124 II 2 Anwendg. Der Ablauf der Fr des § 124 schließt sonstige Anspr des Getäuschten (Bedrohten) nicht aus. Erfüllt die Täuschg (Drohg) den Tatbestd einer unerl Hdlg, kann der Getäuschte dem VertrGegner auch nach Ablauf der AnfFr die Einrede aus § 853 entgghalten (BGH NJW **69**, 604). Stellt die Täuschg (Drohg) zugl eine c. i. c. dar (§ 123 Anm 5 c), bleibt der Anspr aus diesem RGrd auch nach Ablauf der AnfFr bestehen (BGH NJW **62**, 1198, **79**, 1983, **84**, 2815). Dagg kann ein dch FrAblauf erloschenes AnfR nicht uw aGrd § 242 weiterhin geltend gemacht w. Die Täuschg (Drohg) begründet wg der Sonderregelg in §§ 123, 124 für sich allein nicht den Einwand unzul RAusübg (BGH NJW **69**, 604). – Die Fr des § 124 gilt auch für die Anf von ArbVertr (BAG Betr **84**, 298). Die Anf kann aber gem § 242 ausgeschl sein, falls der AnfGrd für die VertrDchführg keine Bedeutg mehr hat (BAG NJW **70**, 1565).

2) a) Die Fr des § 124 II **beginnt** iF der Täuschg, sobald der AnfBerecht vom Irrt u vom argl Verhalten des and Teils Kenntn erlangt hat. Ein bloßer Verdacht od Kennenmüssen genügt nicht (BGH WPM **73**, 751). Nicht erforderl ist, daß der AnfBerecht alle Einzeln der Täuschg kennt, der GesEindruck entscheidet (RG JW **38**, 2202, s auch § 121 Anm 2 a). Im Fall der Drohg beginnt die AnfFr mit dem Aufhören der Zwangslage. Diese endet mit Eintritt des angedrohten Übels (s RG **90**, 411), od dadch, daß mit dem Eintritt des Übels nicht mehr ernsth zu rechnen ist (s RG **60**, 374). Dabei ist vom subj Standpunkt des Bedrohten auszugehen. – **b)** Bei **nicht empfangsbedürftigen** WillErkl (Bsp: Auslobg) beginnt die AnfFr erst, wenn ein AnfGegner (§ 143 Anm 4 c) vorhanden ist (allgM). – **c) Fristberechnung** s §§ 186ff; Hemmg der Fr nach § 124 II 2 wg höherer Gewalt, fehlder GeschFgk u Erbgangs s bei §§ 203 II, 206 u 207. Die AnfFr wird nur gewahrt, wenn die AnfErkl vor FrAblauf zugeht; § 121 I S 2 ist nicht entspr anwendb. – **d)** Zur Fr des § 124 III s § 121 Anm 3.

3) Der AnfGegner trägt für alle Voraussetzgen des Erlöschens des AnfR die **Beweislast;** er muß daher auch beweisen, wann der AnfBerecht von der argl Täuschg Kenntn erlangt hat (s RG Warn **11** Nr 361).

125 Nichtigkeit wegen Formmangels.
Ein Rechtsgeschäft, welches der durch Gesetz vorgeschriebenen Form ermangelt, ist nichtig. Der Mangel der durch Rechtsgeschäft bestimmten Form hat im Zweifel gleichfalls Nichtigkeit zur Folge.

1) Allgemeines. a) RGesch bedürfen grdsl keiner Form. Das Ges erleichtert damit den RVerk u trägt den Gegebenh des modernen Güter- u Leistgsaustausches Rechng. Soweit das Ges den **Grundsatz der Formfreiheit** einschr, verfolgt es idR den Zweck, den Erklärden wg der Risiken des Gesch vor übereilten Bindgen zu schützen **(Warnfunktion)** u klarzustellen, ob u mit welchem Inh das Gesch zustande gekommen ist **(Beweisfunktion).** Typischerw verfolgt das Formerfordern beide Zwecke (näher Köbl DNotZ **83,** 210). Die not Beurk soll darü hinaus ein sachkund Beratg u Belehrg der Beteil sicherstellen **(Beratungsfunktion).** Ausnw kann die FormVorschr auch den Zweck haben, eine wirks behördl Überwachg zu gewährleisten **(Kontrollfunktion).** Ein Bsp hierfür ist GWB 34, der für wettbewerbsbeschränkde Abreden die Schriftform vorschreibt (s BGH **53,** 306, NJW **78,** 822, Hesse GRUR **84,** 324). Die gesetzl FormVorschr sind aber ggü dem zGrde liegden Schutzzweck verselbständigt. Sie gelten auch dann, wenn ihr Zweck im Einzelfall auf and Weise erreicht worden ist (s BGH **16,** 335, **53,** 194 zu § 313, Merz AcP **163,** 315).

b) Das Ges unterscheidet folgde **Arten der Formen:** 1. Schriftform (§ 126). 2. Notarielle Beurk (§ 128). Teilw w zusätzl die gleichzeit Anwesenh der Beteil gefordert, so beim EheVertr (§ 1410) u beim ErbVertr (§ 2276). 3. Öffentl Beglaubigg der Unterschrift (§ 129). Daneben gibt es einz bes Formen, so die der Aufl (§ 925), das eigenhänd Test (§ 2231) u die Eheschließg (EheG 11, 13), aber auch für die Abtr von Postsparguthaben (PostG 23 IV, BGH NJW **86,** 2107). Bei dem dch RGesch begründeten Formzwang können die Part die einzuhaltde Form frei bestimmen, sie vereinb aber idR eine der gesetzl Formen.

c) Anwendungsbereich. § 125 gilt für alle FormVorschr des PrivR. Er ist im öffR entspr anwendb. VerpflErkl der **Gemeinden** bedürfen nach dem GemO der Länder idR der Schriftform, der eigenhänd Unterzeichn dch ein od zwei best Organwalter u zT noch weiterer Förmlichk (Beifügg des Dienstsiegels od der Amtsbezeichng). Ausgen hiervon sind – außer in *Bay –* Gesch der laufden Verw (s hierzu BGH **14,** 93, **21,** 63, **32,** 378, Celle OLGZ **76,** 441). Bei *Darl* u *ähnl* Gesch ist idR außerdem eine Gen der AufsBeh erforderl (s GemO *BaWü* §§ 54, 94; *Bay* Art 38 II, 71–73; *Hess* §§ 71 II, 109 III; *Nds* §§ 63, 100; *NRW* §§ 56, 61 II, 80; *RhPfl* § 49; *Saarl* §§ 57, 94; *SchlH* §§ 50, 57, 61, 93). Diese Bestimmgen sind nicht als Formvorschriften aufzufassen, da der Landesgesetzgeber keine Kompetenz zum Erlaß von Formvorschriften hat (EG 55, 3). Sie stellen vielmehr **Zuständigkeitsregelungen** (Regelgen der Vertretg) dar. Ihre Beachtg ist Voraussetzg dafür, daß die GemOrgane wirks als Vertreter handeln können; ihre Nichteinhalt führt daher nicht zur Anwendg des § 125, sond der §§ 177ff (BGH **33,** 380, **92,** 174, **97,** 226, BAG **AP** Nr 7, § 178 Anm 3b). Fehlt das Dienstsiegel, kann die Urk zurückgewiesen w. Geschieht das nicht, ist das Fehlen des Siegels privatrechtl unschädl (BAG NVwZ **88,** 1167). Ähnl scheinb als FormVorschr ausgestaltete ZuständigkRegelgen bestehen für and öffR Körpersch, so auch für KirchenGem (Hamm NJW-RR **88,** 467, LG Osnabrück NJW **85,** 388, Hbg MDR **88,** 860). Soweit sie Sparkassen betreffen, handelt es sich aber um wirkl FormVorschr, deren RGrdl EG 99 ist (BGH WPM **78,** 895, NJW **58,** 866).

d) Trotz Fehlens der vorgeschriebenen Förmlichk kann die Körpersch ausnw nach **Treu u Glauben** an der abgegebenen Erkl festgehalten w (s Reinicke RFolgen formwidr abgeschl Vertr, 1969, S 137ff). Dabei ist zu unterscheiden: **aa)** Sind für die Körpersch unzust Organe aufgetreten od fehlt eine Gen, bindet die Erkl nicht, da öffr ZustdgkRegelgen nicht unter Berufg auf § 242 außer acht gelassen w können (BGH **47,** 39, **92,** 174, NJW **72,** 940, **LM** DGO § 36 Nr 1). Nur im ArbR kann der ZustdgkMangel ausnw im Interesse des ArbNSchutzes gem § 242 unbeachtl sein (BAG JVBl **71,** 275, **AP** BAT **22,** 23 Nr 34). Wirks ist der Vertr, wenn die Voraussetzgen für eine Duldgs- od AnschVollm vorliegen (§ 173 Anm 4d bb). Unabhäng hiervon kann die Körpersch aus c. i. c. (BGH **6,** 333, § 276 Anm 6 C a) od HGB 354 haften (BGH **LM** HGB 354 Nr 5). – **bb)** Sind für die Körpersch die zust Organe aufgetreten u fehlen ledigl sonst Förmlich (Schriftform), sind die Grds über die Einschrkg der Formnichtigk dch § 242 entspr anwendb (BGH **21,** 65, NJW **73,** 1494). Zwar handelt es sich nicht um einen Formmangel im eigentl Sinn (s oben), die Interessenlage ist aber dieselbe (BGH NJW **80,** 117, **84,** 607). Die Körpersch ist daher ausnw gebunden, wenn es bei Würdigg aller Umst untragb wäre, den Vertr an der Nichtbeachtg der vorgeschr Förmlichk scheitern zu lassen (Anm 6).

2) Voraussetzungen und Umfang des Formzwanges. a) Ges iSv § 125 S 1 ist **jede Rechtsnorm** (EG 2). Die Länder können für VerpflErkl von Sparkassen FormVorschr erlassen (BGH WPM **78,** 895), nicht aber für den Bereich des NachbarschR (Hamm NJW-RR **86,** 239, Füllenkamp/König BauR **86,** 157). Zu den gesetzl FormVorschr gehören auch die tarifvertragl Bestimmgen, die für den VertrSchl (BAG NJW **58,** 397, **AP** BAT § 4 Nr 1, Betr **77,** 2145) od die Künd (BAG JZ **78,** 317) die Schriftform vorschreiben. Zu prüfen ist aber jeweils, ob der TarifVertr nicht ledigl einen Anspr auf schriftl Festlegg der getroffenen Vereinbg begründen u die Wirksamk der mdl Abrede unberührt lassen will (BAG BB **55,** 669, „deklaratorische Schriftform"). – **b)** Das Formerfordern erstreckt sich auf das **Rechtsgeschäft im ganzen,** beim Vertr auf alle Abreden, aus denen sich nach dem Willen der Part der VertrInh zusetzen soll (BGH **40,** 262, WPM **78,** 846, § 313 Anm 8a). Der Formzwang gilt auch für **Nebenabreden** (BGH DNotZ **66,** 737, **71,** 37, BAG Betr **82,** 1417), sow sich nicht aus dem Zweck der FormVorschr, wie iF des GmbHG 55 I, etwas and ergibt (BGH NJW **77,** 1151). Voraussetzg ist jedoch, daß die Nebenabrede VertrInh w soll. Abreden, von denen anzunehmen ist, daß die Part auch ohne sie abgeschl hätten, sind in entspr Anwendg von § 139 formfrei (BGH NJW **81,** 222, s auch Anm 5 aE). Unschädl ist die Nichteinhalt der Form daher insb dann, wenn sich die RFolge der formnichtigen Nebenabrede bereits aus dem Ges, etwa dem Grds von Treu u Glauben, ergibt (s BGH **53,** 308, **84,** 127). Verbinden die Part **mehrere Rechtsgeschäfte,** von denen eines formbedürft ist, rechtl zu einem Gesch, so ist dieses insg formbedürft (BGH **78,** 349, **84,** 324, zu ScheidgsVereinbgen s

Langenfeld DNotZ **83**, 160, vgl auch § 313 Anm 8 c). In den Fällen der §§ 518, 766, 780, 781, 1154 unterliegt dagg nur die WillErkl einer VertrPart der Form, iF des GmbHG 15 IV nur die Abtr (BGH NJW **86**, 2642). Zur **Auslegung** von formbedürft RGesch u zum Grds *falsa demonstratio non nocet* s § 133 Anm 5 c). – c) Der gesetzl Formzwang gilt grdsl auch für spätere **Änderungen** u Ergänzgen (BGH NJW **74**, 271, § 313 Anm 10). War nur die Erkl einer Part formbedürft (Schenkg, Bürgsch), können deren Verpfl aber formlos eingeschränkt w (BGH NJW **68**, 393). Die **Aufhebung** eines formbedürft RGesch ist, abgesehen von den Fällen des ErbVertr (§ 2290 IV) u des ErbVerzichts (§ 2351), formlos gült (BGH WPM **64**, 509, BAG BB **77**, 94, s aber § 313 Anm 10a). – d) Der **Vorvertrag** zu einem formbedürft RGesch unterliegt grdsl dem Formzwang (BGH **61**, 48, Einf 4 b v § 145); dagg sind die Vollm u die Zust zu einem formbedürft RGesch grdsl formfrei (§§ 167 II, 182 II).

3) Rechtsfolge. a) Die Nichteinhaltg einer gesetzl FormVorschr macht das RGesch grdsl **nichtig** (s Übbl 4 a v § 104). Bei vollzogenen Gesellsch- u ArbVertr wirkt die Geltdmachg der Formnichtigk aber nur ex nunc (BGH **8**, 165 u BAG NJW **58**, 398). Betrifft die Formnichtigk nur einen Teil des RGesch, ist gem § 139 iZw das GesGesch nichtig (BGH **69**, 269). Keine Nichtigk tritt bei Verletzg der Formvorschriften der §§ 566, 585b, 1154 ein (s dort). – **b)** Der Formmangel wird nach ausdr Vorschr iF der §§ 313, 518, 766, 2301, GmbHG 15 IV, ZPO 1027 I dch Erf **geheilt**, s auch die Sonderregeln in AbzG 1 a III. Die Heilg erstreckt sich auf den ges Inh des Vertr (BGH NJW **74**, 136, **78**, 1577); sie hat keine rückwirkde Kraft, die Part haben sich jedoch in entspr Anwendg des § 141 II iZw das zu gewähren, was sie haben würden, wenn der Vertr von Anfang an gült gewesen wäre (BGH **32**, 13, **54**, 63). Ein allg RGrds, daß formungült RGesch stets dch Erf geheilt w, läßt sich aus den angeführten Vorschr nicht ableiten (RG **137**, 175, BGH NJW **67**, 1131, MüKo/Förschler Rdn 40, § 313 Anm 12 d dd, str).

4) Vereinbarte Form (Satz 2). a) Bei rgeschäftl FormVorschr ist ihre Tragweite dch **Auslegung** (§§ 133, 157) zu ermitteln. Soll die FormVorschr lediglich der BewSicherg od Klarstellg dienen, ist RGesch auch bei Nichteinhaltg der Form wirks; es besteht aber ein Anspr auf Nachholg der Form (MüKo/Förschler Rdn 82). Im HandelsVerk kann die Abrede, der Vertr solle schriftl bestätigt w, lediglich deklarator Bedeutg haben (BGH NJW **64**, 1270). Bei der OHG u KG hat der SchriftformVorbeh für ÄndVertr idR nur Klarstellgsfunktion (BGH **49**, 365, krit Hueck Betr **68**, 1207). Das ist insb dann anzunehmen, wenn der GesellschVertr für VertrÄnd einen MehrhBeschl genügen läßt (van Venrooy NJW **78**, 766 gg Düss NJW **77**, 2216). Bestimmt der BauVertr, daß für BürgschErkl ein bes Vordruck zu verwenden ist, so stellt dies für den Bü keine Formvorschr iSd § 125 dar (BGH NJW **86**, 1681). Ist vertragl eine Künd eingeschriebenen Brief vorgesehen, ist zu unterscheiden: Die Schriftform hat iZw konstitutive Bedeutg, die Übermittlgsform dagg nur BewFunktion (RG **77**, 70, BAG **AP** Nr 8). Es genügt daher, daß dem and Teil eine schriftl Künd zugeht. Führt die Auslegg der FormVorschr zu keinem Ergebn, ist gem § 125 S 2 davon auszugehen, daß die vereinb Form Wirksamk Voraussetzg für das RGesch ist (ebso § 154 II). Bes gilt für **Schriftformklauseln in AGB**. Sie sind wg des Vorrangs der Individualabrede ggü mdl Vereinbg ohne Wirkg (AGBG 4 Anm 2, sehr str). – **b)** Das rgeschäftl Formerfordern erstreckt sich, wenn die Part nicht abw vereinb haben, auf das **Rechtsgeschäft im ganzen**, einschließlich aller Nebenabreden (Soergel-Hefermehl Rdn 32). Es gilt auch für Vertragsänderngen (s aber unten c), nicht aber für die Aufhebg des Vertr (s oben Anm 2 c, aA Schmidt-Futterer MDR **71**, 13), da der rgeschäftl Formzwang nach dem PartWillen nicht weiter reichen soll als der gesetzl. Ob der VorVertr formgebunden ist, ist dch Auslegg der Formabrede zu ermitteln (BGH NJW **58**, 1281). – **c)** Die Part können den vereinb Formzwang jederzeit **formlos aufheben** (BGH NJW **68**, 33, Ffm WPM **82**, 724, BAG **AP** § 127 Nr 1, Fischer zu **LM** Nr 28, aA Böhm AcP **179**, 425). Eine stillschw Aufhebg (Einschränkg) der Formabrede ist anzunehmen, wenn die Part die Maßgeblichk der mdl Vereinbg übereinstimmd gewollt haben (BGH NJW **62**, 1908, Betr **67**, 80, WPM **82**, 902, BAG NJW **89**, 2149). Das gilt auch dann, wenn sie an Formzwang nicht gedacht haben (BGH **71**, 164, NJW **65**, 293, **75**, 1654, BAG FamRZ **84**, 692, str). Gleichgült ist, wie die Formabrede gefaßt ist. Die Klausel, auf die Geltdmachg mdl Absprachen w verzichtet, hat keine weitergehde Wirkg als eine Schriftformklausel (Tiedtke MDR **76**, 367). Entgg BGH **66**, 378 ist die mdl Vereinbg auch dann wirks, wenn der Vertr für die Aufhebg der Formabrede ausdr Formzwang vorsieht (Reinecke Betr **76**, 2289, Häsemeyer JuS **80**, 8, Soergel-Hefermehl Rdn 33, Erm-Brox Rdn 8). Die Part können nicht für die Zukunft auf ihre VertrFreih verzichten; das von ihnen zuletzt Vereinbarte hat ggü fr Abreden den Vorrang. Im Ergebn ist der vereinb Formzwang daher ggü späteren mdl Abreden wirkgslos u § 125 S 2 weitgehd leerlaufd. Erforderl ist aber eine beiderseits als verbindl gewollte Übereinkunft. Eine solche liegt (noch) nicht vor, wenn die mdl getroffene Abrede von einer Part schriftl bestätigt w soll (BGH NJW **68**, 33), wenn zu der mdl Abrede die Zust des GeschInh (Vertretenen) eingeholt w soll (Hamm MDR **74**, 577), wenn der ArbNeh eine mdl erklärte, nach dem ArbVertr aber formbedürft Künd widerspruchslos entggnimmt (BAG JZ **78**, 317). Wer sich auf die Änd eines Vertr beruft, die nicht in der vereinb Form vollzogen worden ist, muß der VertrÄnd u die Aufhebg des Formzwanges **beweisen**. Ist der Vertr längere Zeit hindch zu abgeänderten Bdggen dchgeführt worden, besteht aber uU eine tatsächl Vermutg für den Abschl eines ÄndVertr (BGH **LM** § 305 Nr 17, HGB 105 Nr 22, Ffm MDR **81**, 498).

5) Die über ein RGesch aufgenommene Urk hat die Vermutg der **Richtigkeit und Vollständigkeit** für sich (BGH VersR **60**, 812, NJW **80**, 1680, **LM** § 242 (Be) Nr 24 Bl 1 R). Das gilt nicht nur für formgebundene RGesch, sondern auch dann, wenn die Urk nur zu BewZwecken errichtet w (MüKo/Förschler Rdn 26). Die Vermutg betrifft lediglich die getroffene Vereinbg, dagg nicht die bei VertrSchl gegebenen Hinw u Informationen (BGH DNotZ **86**, 79). Sie ist widerlegl; an den Bew der Unrichtigk od Unvollständigk sind aber strenge Anfordergen zu stellen. Das gilt insb dann, wenn der Verwender eines Formulars geltd macht, zu seinen Gunsten sei eine nicht im Formular festgehaltene Nebenabrede getroffen worden (Köln JMBlNRW **70**, 154). Die Vermutg ist entkräftet, wenn die Part unstr eine Nebenabrede getroffen haben (BGH NJW **89**, 898). Nicht ausr ist dagg der Bew, daß die Part währd der VorVhlgen über einen best Punkt einig waren. Es muß nachgewiesen w, daß die Part die Abrede auch noch bei Errichtg der Urk als VertrBestandt wollten

(RG Warn **18** Nr 50). Wird dieser Bew erbracht, ist hins der RFolgen zu unterscheiden: Hat die Nebenabrede im UrkInh einen gewissen Niederschlag gefunden (§ 133 Anm 5 c) ist der Vertr einschließl der Nebenabrede gült. Ist das nicht der Fall, ist bei gesetzl Formzwang iZw das ges RGesch gem § 139 nichtig; dagg ist bei rgeschäftl Formabreden entspr Anm 4c idR die Gültigk des RGesch u der Nebenabrede anzunehmen. Zur **Auslegung** formbedürft RGesch s § 133 Anm 5 c.

6) Formnichtigkeit und Treu und Glauben. A) Allgemeines. Gesetzl FormVorschr dürfen im Interesse der RSicherh nicht aus bloßen BilligkErwäggen außer acht gelassen w (BGH **45**, 182, **92**, 172, NJW **77**, 2072). Ausn sind nur zul, wenn es nach den Beziehgen der Part u den gesamten Umst mit Treu u Glauben unvereinb wäre, das RGesch am Formmangel scheitern zu lassen; das Ergebn muß – nach einer von der Rspr ständ verwandten Formel – für die betroffene Part nicht bloß hart, sond schlechthin **untragbar** sein (BGH **29**, 10, **48**, 398, NJW **84**, 607, **87**, 1070). Ist das der Fall, ist das RGesch als gült zu behandeln, es besteht ein ErfAnspr (BGH **23**, 255). Die teilw im Schriftt vertretene Ans, § 242 rechtfertige es keinesf, ein formnichtiges Gesch als gült anzusehen (Flume II § 15 III 4, Häsemeyer, Form der RGesch, 1971, S 287 ff), überzeugt nicht, da auch § 125 dch § 242 immanent begrenzt w (s aber unten B). Die Einschränkg des § 125 dch § 242 ist vAw zu beachten (BGH **16**, 337, **29**, 12); das formwidrige RGesch darf aber nicht geg den erklärten Willen der schutzbedürft Part aufrechterhalten w (MüKo/Förschler Rdn 54). Die Umst, die für die Aufrechterhaltg des RGesch sprechen, sind von dem zu **beweisen,** der aus dem RGesch Rechte herleiten will (BGH LM § 242 (Ca) Nr 13).

B) Anwendungsbereich. Der Grds, daß der Formmangel ausnw gem § 242 unschädl sein kann, ist von der Rspr zu § 313 herausgebildet worden. Er gilt aber auch für and FormVorschr (s D e), so für § 566 (BGH **LM** § 566 Nr 15, NJW-RR **86**, 944); § 766 (BGH **26**, 151); GmbHG 15 IV (BGH **35**, 277); tarifvertragl FormVorschr (BAG Betr **82**, 1417); Form der ProzVergl (BAG NJW **70**, 349); Form der MieterhöhgsErkl (BGH LM Nr 32, BayObLG NJW **82**, 1293); AO 46 III (FG Ba-Wü NJW-RR **87**, 627); rgeschäftl vereinbarte Form (BGH LM § 127 Nr 2, NJW-RR **87**, 1074). Im formstrengen Erb- u WertpapierR u bei formbedürft Vfgen können Formmängel dagg nicht dch Anwendg des § 242 korrigiert w (Reinicke, RFolgen formwidr Vertrr, 1969, S 81, 83 u 86). Auch bei einem Verstoß gg GWB 34, der die behördl Kontrolle gewährleisten soll (Anm 1 a), ist § 242 unanwendb (BGH NJW **78**, 822). Zur Anwendg des § 242 bei Form- u Zustdgk-Mängeln von RGesch der öff Hand s Anm 1 d.

C) Voraussetzungen und Grenzen. a) Es muß ein, abgesehen vom Formmangel, gült RGesch vorliegen. Sein Inh muß daher **hinreichend bestimmt** sein (BGH **45**, 183). Ein Vertr muß mindestens den Anfordergen eines VorVertr (Einf 4 b v § 145) entspr; uU können die §§ 315 ff anwendb sein. – **b) Schutz-würdiges Vertrauen.** Die Part, die am RGesch festhalten will, muß auf die Formgültigk vertraut h. § 242 ist daher unanwendb, wenn beide Part den **Formmangel kannten** (BGH WPM **65**, 1114, NJW **69**, 1170, **73**, 1456, **LM** § 313 Nr 23 S 3 R, Hamm MDR **88**, 860). Das gilt auch dann, wenn die Part ihr unter Hinw auf seine berufl u soziale Stellg die Erf des formungült Vertr bes zugesichert hatte (RG **117**, 124, MüKo/Förschler Rdn 60, aA BGH **48**, 399). Bei einem beiderseit gesetzw Verhalten, etwa iF eines Schwarzkaufs, ist § 242 unanwendb (BGH NJW **80**, 451). Auch grobfahrl Unkenntn verdient keinen Schutz. Für das Kennen u Kennenmüssen von Vertretern u VhdlgsGehilfen gilt § 166. Wer bei den Vhdlgen dch einen Juristen vertreten w, kann sich daher idR nicht auf § 242 berufen (BGH DNotZ **79**, 335). – **c) Erforderlichkeit.** Die Berücksichtigg des Formmangels muß zu einem untragb Ergebn führen (oben A). Das ist nicht der Fall, wenn der bei einem nichtigen Vertr bestehde RSchutz (Anspruch aus c. i. c. u § 812) die berecht Interessen der schutzbedürft Part ausreichd sichert (BGH **12**, 304, **16**, 337, NJW **65**, 812).

D) Fallgruppen. Die Formel der Rspr, nur bei schlechth unterträgl Ergebn dürfe § 125 dch § 242 korrigiert w, hat, wie die Lit mit Recht beanstandet (Medicus AT Rdn 630, Larenz SchR I § 10 III), wenig Unterscheidgskraft u bedarf einer **tatbestandlichen Konkretisierung** dch Ausbildg von Fallgruppen. Der BGH verweist in seiner neueren Rspr insbes auf zwei Fallgruppen, die der bes schweren Verletzg einer TreuPfl u der Existenzgefährdg (BGH **85**, 318, NJW **87**, 1070, WPM **88**, 1369). Unter Einbez der HöfeR u der nicht § 313 zuzuordnden Fälle sind aber in Wahrh 5 Fallgruppen zu unterscheiden: – **a) Arglist.** Hat eine Part die and arglistig von der Wahrg der Form abgehalten, um sich später auf den Formmangel berufen zu können, ist der Vertr als gült anzusehen (RG **96**, 315, BGH NJW **69**, 1169, im Ergebn allgM, zT w der ErfAnspr aber aus § 826 od c. i. c. iVm § 249 S 1 hergeleitet, s Medicus AT Rdn 631). Dagg genügt es zur Anwendg des § 242 nicht, daß eine Part den Formmangel schuldlos verurs hat (BGH NJW **77**, 2072, and wohl BGH **29**, 12, **LM** Nr 32 Bl 3). Auch die schuldh, nicht arglistige Verursachg des Formmangels dch eine Part reicht nicht aus, um die NichtigkFolge zurücktreten zu lassen (BGH NJW **65**, 812, **69**, 1169, sehr str, aA RG **107**, 362, **117**, 124, BGH DNotZ **73**, 18, **81**, 373). Es kann aber nachfolgd h) zutreffen; außerdem besteht uU ein auf das ErfInteresse gerichteter SchadErsAnspr wg c. i. c. (BGH NJW **65**, 812, § 276 Anm 6 D b). – **b) Schwere Treuepflichtverletzung.** Sie kann nach einer sehr fallbezogenen, nicht widerspruchsfreien u kaum zu systematisierden BGHRspr ein UntragbarkGrd iSv A sein (s zuletzt BGB **85**, 318, NJW **87**, 1070). – **aa)** Der Formmangel tritt zurück, wenn eine Part in unzumutbar schwerer Weise gg eine **Betreuungs-pflicht** verstoßen h u die NichtErf (Rückabwicklg) den and Teil schwer treffen würde. Das kann zu bejahen sein: bei einem formnichtigen Träger-SiedlerVertr (BGH **16**, 336, **45**, 184) u bei einem privschriftl Vertr zw WoBauGenossensch u Mitgl (BGH NJW **72**, 1189). Eine gesteigerte BetreuungsPfl fehlt dagg bei Vertr mit WoBauUntern, auch im sozialen WoBau (BGH NJW **65**, 812, **69**, 1169, LM § 313 Nr 24), ebso bei Vertr zw Angeh (BGH NJW **75**, 43). – **bb) Weitere Fälle.** Eine bes schwere TreuPflVerletzg kann zu bejahen sein, wenn der Verkäufer in argl Weise aus der Nichtbeurk einer Vorauszahlg Vorteile ziehen will (BGH **85**, 318); wenn die Stadt die weitere Durchführg eines KooperationsVertr ablehnt, obwohl sie sich in 276 Fällen nicht auf den Formmangel berufen u der and Teil erhebl Aufwendgen gemacht hat (BGH **92**, 172); wenn der dch eine formunwirks behördl Zusage Begünstigte mehrfach GrdBesitz an die öff Hand abgegeben h (BGH DNotZ **72**, 526); wenn den Verwandten des ErbbBerecht, die das Grdst in Erwartg künft MitErwerbs mitbebaut u bezogen haben, verschwiegen worden ist, daß das ErbbR bereits auf den Namen des Berecht

Rechtsgeschäfte. 2. Titel: Willenserklärung §§ 125, 126

eingetragen ist (BGH NJW **70**, 2211); wenn eine Part in schwerwiegder Weise gg das Verbot des *venire contra factum proprium* verstoßen hat (so wohl BGH **29**, 12, DNotZ **81**, 737); wenn eine Part das aGrd eines ordngsmäß beurk Vertr abgegebene Schuldanerknntn nicht gelten lassen will (BGH NJW **88**, 130). Zur Anwendg des § 242 genügt dagg ein Verstoß gg die gesellschaftsr TreuePfl nicht (BGH NJW **89**, 167). − **c) Existenzgefährdung.** Der Formmangel tritt gem § 242 zurück, wenn die Rückabwicklg (NichtErf) des Vertr dazu führen würde, daß die wirtschaftl Existenz einer Part, die gutgl auf die Wirksamk des RGesch vertraut h, gefährdet od vernichtet würde (Mattern WPM **72**, 678). Dieser zunächst für das HöfeR entwickelte RGrds (unten d) gilt für alle RGebiete (BGH **85**, 318, NJW **72**, 1189). Seine prakt Bedeutg ist aber gering, da die Existenzgefährdg idR schon dch die Anspr aus § 812 od c. i. c. ausgeschl w. Er kann anwendb sein, wenn der Verkäufer den Kaufpreis verbraucht hat u zahlgsunfähig ist (BGH **LM** § 313 Nr 13). − **d) Höferecht.** In seiner Rspr zur HöfeOBrZ u zum RErbhofR hat der BGH anerkannt, daß in der Übertragg der Bewirtschaftg des Hofes auf einen Abkömmling eine trotz des Formmangels wirks Hoferbenbestimm liegen kann (BGH **12**, 286, **23**, 249, **47**, 184). Diese vom Schriftt heftig kritisierte Rspr hat der GesGeber 1976 dch Neufassg des § 7 HöfeOrdng ausdr übernommen. Sie kann aber bei Sachverhalten, die in die Zeit vor 1976 zurückreichen, weiterhin von Bedeutg sein (s BGH **73**, 329, **87**, 237). − **e) Formmangel außerhalb des Anwendungsbereichs des § 313.** Bei der Beurteilg ist auch der Zweck u die Bedeutg der FormVorschr zu berücksichtigen (BGH **LM** § 566 Nr 15). Ist nicht § 313, sond eine and FormVorschr verletzt, tritt der Formmangel uU schon dann zurück, wenn die Part den Vertr längere Zeit als gültig behandelt haben u der Teil daraus **erhebliche Vorteile** gezogen hat, so etwa bei der Bürgsch (BGH **26**, 151, NJW-RR **87**, 42), beim WettbewVerbot (RG **153**, 61), ProzVergl (BAG NJW **70**, 349) u bei arbvertragl Abreden (BAG Betr **72**, 1492). Bei MieterhöhgsErkl ist der allein vom and Teil verursachte Formfehler unschädl (BGH **LM** Nr 32); der Mieter verstößt aber nicht gg § 242, wenn er im RStreit (nachträgl) geltd macht, die Erkl genüge nicht den Anfordergen eines neuen REntscheids (BayObLG NJW **82**, 1293). Bei rgeschäftl vereinbarter Form schadet die fehlde Unterschrift einer Part nicht, wenn sie den RSchein eines wirks VertrSchl hervorgerufen hat (BGH NJW-RR **87**, 1074).

126 *Gesetzliche Schriftform.* ¹ Ist durch Gesetz schriftliche Form vorgeschrieben, so muß die Urkunde von dem Aussteller eigenhändig durch Namensunterschrift oder mittels notariell beglaubigten Handzeichens unterzeichnet werden.

ᴵᴵ Bei einem Vertrage muß die Unterzeichnung der Parteien auf derselben Urkunde erfolgen. Werden über den Vertrag mehrere gleichlautende Urkunden aufgenommen, so genügt es, wenn jede Partei die für die andere Partei bestimmte Urkunde unterzeichnet.

ᴵᴵᴵ Die schriftliche Form wird durch die notarielle Beurkundung ersetzt.

1) Allgemeines (s zunächst § 125 Anm 1). § 126 gilt für alle Fälle, in denen das BGB od ein sonst Vorschr des PrivR die Schriftform vorschreibt (RG VZ **74**, 70, für Beschränkg auf RGesch Köhler AcP **182**, 151). Dazu gehören im BGB die §§ 32 II, 37 I, 81 I, 111 S 2, 368, 409, 410, 416 II, 556a V, 566, 585a, 594f, 761, 766, 780ff, 793ff, 1154. Außerhalb des BGB ist die Schriftform vorgeschrieben im AbzG 1 a; AktG 32 I; 122, 166 I; BBiG 15 III (BAG **AP** BBiG 15 Nr 1), BKleingartenG 6 (BGH NJW-RR **87**, 395); BJagdG 11 (BGH WPM **78**, 846); BMG 18 (BGH NJW **70**, 1078, **LM** § 125 Nr 32); BRAGO 3 I (BGH **57**, 53); FernUSG 3; GenG 5, 11 II 1, 93i III (BGH WPM **77**, 339); GWB 13, 34; HGB 363; HOAI 4 II; RSiedlG 23; RVO 354, 368, 374 (RG **141**, 80); TVG 1 II (BAG NJW **77**, 318); VerglO 9 I, AVBWasserV 32 IV 1 (AG Kulmbach NJW-RR **86**, 1183), insbes auch in AbzG 1 b II (BGH **94**, 230). Der der TarifVertr RNorm ist, fällt auch die dch TarifVertr best Schriftform unter § 126 (§ 125 Anm 2a). Gem VwVfG 62, 57 gilt § 126 auch für öffr Vertr, nicht aber sonst im öffR, auch nicht im ProzR (s BGH **24**, 300). Auch soweit das Recht der EG Schriftformerfordern bestimmt, ist § 126 unanwendb (BGH NJW **83**, 521).

2) Urkunde. − a) Sie muß schriftl abgefaßt sein, gleichgült ist jedoch, wie sie hergestellt w. Sie kann von der Part od einem Dr mit der Hand od der Maschine geschrieben, gedruckt od vervielfältigt w. Unbedenkl ist auch die Benutzg einer unwirks gewordenen alten Urk (RG **78**, 31). Nicht notw ist die Abfassg in dtscher Sprache; die Urk kann in einer od lebden od toten Sprache errichtet w (MüKo/Förschler Rdn 7). Gleichgült ist auch das Material der Urk, vorausgesetzt, es kann Schriftzeichen dauerh festhalten (s RG DJZ **15**, 594: Test auf Schiefertafel). Eine Angabe von Ort u Zeit der Abfassg ist nicht erforderl. − **b)** Die Urk muß das **gesamte** formbedürft **Rechtsgeschäft** enthalten (RG **136**, 424, BGH **LM** Nr 7 Bl 2, § 125 Anm 2b). Welchen MindestInh die Urk haben muß, ist aus den einz FormVorschr zu entnehmen (BGH **76**, 189, BB **89**, 655 zu § 766). Dabei ist der Zweck der FormVorschr mit zu berücksichtigen (BGH **57**, 53 zu BRAGO 3); zT enthält das Ges auch ausdr Festlegen über den notw UrkInh (AbzG 1 a). Der Formzwang erstreckt sich auch iF des GWB 34 grdsl auf den ges Vertr einschließl aller Nebenabreden. Formfrei sind lediglich solche Abreden, die für das Überwachgs- u BeanstandgsR der KartellBeh ersichtl ohne Bedeutg sind (BGH **53**, 306, **54**, 148, **77**, 2, Hesse NJW **81**, 1586). − **c) Einheitlichkeit der Urkunde.** Das formbedürft RGesch muß in **einer** Urk enthalten sein. Besteht die Urk aus mehreren Blättern, muß deren ZusGehörigk dch körperl Verbindg od sonst in geeigneter Weise erkennb gemacht w (RG **136**, 425, JW **24**, 796, BGH **40**, 263, **52**, 29). Die Ergänzg des UrkInh dch and Schriftstücke ist zul. Erforderl ist aber, daß die HauptUrk auf die ergänzde Urk Bezug nimmt od die Schriftstücke mit Willen der Part dch körperl Verbindg zu einer Urk zusgefaßt w (BGH **40**, 262, **50**, 42, BAG WPM **85**, 584). In diesem Fall genügt die Unterschr auf der HauptUrk (RG **148**, 351). Die Verbindg zw beiden Schriftstücken muß nach der wohl zu formalistischen Rspr des BGH so hergestellt w, daß sie nur dch teilw Substanzzerstörg od mit Gewalt aufgeh w kann (BGH **40**, 263, **64**, 52, **79**, 29, 30). Der BGH hat den Grds der UrkEinh auch auf das Verhältn zw AusgangsVertr u ÄndVertr übertragen u verlangt, beide müßten grdsl zu einer Urk zusgefaßt w (BGH **40**, 262, **50**, 41). Diesen unnöt förmelnden Standpunkt hat die Rspr aber inzw weitgeh eingeschränkt. Eine Verbindg der Urk ist nicht erforderl, wenn die neue Urk alle wesentl GeschBestandt enthält (BGH **42**, 338). Sie ist auch dann entbehrl, wenn es sich um einen reinen VerlängergsVertr handelt (BGH **52**, 27, **LM** Nr 7) od

§ 126 2–6

wenn dem ZweitVertr eindeut zu entnehmen ist, daß es hins der nicht in die neue Urk aufgenommenen VertrBestandt bei dem fr formwirks Vereinbarten bleiben soll (BGH **LM** § 566 Nr 22, WPM **88**, 271). Bei TarifVertr sind Bezugn auf nicht beigefügte, aber eindeut bezeichnete Urk zul (BAG Betr **81**, 375). GWB 34 gestattet ausdr die Bezugn auf schriftl Beschlüsse, Satzgen u PrListen.

3) § 126 fordert die eigenhänd **Unterzeichnung** der Urk dch den Aussteller. – **a)** Die Unterschrift muß den UrkText räuml **abschließen** (RG **52**, 280, BayObLG **81**, 238). Nicht ausr ist eine Unterschrift am Rand od auf dem Briefumschlag (RG **110**, 168), vgl aber § 2247 Anm 5 b). Ist eine WillErkl in einem prozessualen Schriftsatz enthalten, genügt die Unterzeichn des Beglaubiggsvermerks (BGH NJW-RR **87**, 395). Nachträge müssen erneut unterschrieben w, nachträgl Änd oberhalb der Unterschrift w von dieser gedeckt, wenn die fr Unterschrift nach dem Willen der Part für den geänderten Inh Gültigk behalten soll (BGH **LM** § 581 Nr 35). – **b)** Nicht erforderl ist, daß die Unterschr erst nach Fertigstell des Textes geleistet w. Sie kann auch vorher als **Blankounterschrift** gegeben w (RG **78**, 26, BGH **22**, 132, Blankoabtretg, stRspr). Wirks wird die Erkl aber erst mit Fertigstell der vollst Urk (RG **63**, 234, BGH **22**, 132, Hamm WPM **84**, 829, s aber BGH **53**, 15 zum Blankowechsel). Zul ist es auch, den ErklText unter Beibehaltg der fr geleisteten Unterschrift auszutauschen (BayObLG **84**, 194). Wird die vom Bü blanko unterschriebene BürgschErkl vom Gläub abredewidr ausgefüllt, kommt aber kein wirks BürgschVertr zustande (BGH NJW **84**, 798, aA Reinicke/Tiedtke JZ **84**, 550). Zum AnfR s § 119 Anm 4. – **c)** Der Aussteller muß die Urk **eigenhändig** unterzeichnen. Eine Schreibhilfe ist zul, sofern der Aussteller ledigl unterstützt u der Schriftzug von seinem Willen best w (BGH **47**, 71, NJW **81**, 1900, BayObLG DNotZ **86**, 299). Bei nicht höchstpersönl Erkl ist eine weitergehde Schreibhilfe idR unschädl, da zu vermuten ist, daß der Aussteller den Schreibhelfer zur Unterzeichng bevollmächtigt hat (RG **81**, 2). Die Schriftart ist gleichgült; auch eine stenograf Unterschr genügt (MüKo/Förschler Rdn 22). Unzul ist die Unterzeichng dch Stempel, Maschinenschrift, Faksimile od sonst mechan Hilfsmittel (RG **74**, 341, BGH NJW **70**, 1078, **LM** GenG 93 i Nr 1, krit Köhler AcP **182**, 147). Ein Telegramm genügt der Schriftform trotz eigenhänd Unterzeichng des Aufgabetelegramms nicht (BGH **24**, 298, und iF des § 127). Zul sind mechanisch vervielfältigte Unterschriften bei InhSchVerschreibgen (§ 793), Aktien (AktG 13), MieterhöhgsErkl (MHRG 8) u iF der §§ 3 I, 39 I, 43 Nr 4 VVG, nicht aber bei kaufm VerpflScheinen gem HGB 363 (RG **74**, 340, aA Schmidt AcP **166**, 7, Köhler aaO S 153). – **d)** Der **Vertreter** ist Aussteller der Urk. Unterschreibt er entspr dem Wortlaut des § 126 mit seinem Namen, muß das Vertretgsverhältn in der Urk irgendwie zum Ausdr kommen (RG **96**, 289). Der Vertreter darf aber auch mit dem Namen des Vertretenen unterschreiben (RG **74**, 69, BGH **45**, 195, stRspr, aA Holzhauer, Die eigenhänd Unterschr, 1973, 15 ff.). – **e)** Die vom Ges geforderte **Namensunterschrift** soll die Pers des Ausstellers erkennb machen. Es genügt die Unterschr mit dem FamNamen ohne Hinzufügg eines Vornamens, bei einem Kaufm auch die Unterzeichng mit der Firma (HGB 17), sofern sie vollständ verwendet w (KG DNotZ **39**, 425). Zul auch die Unterzeichng mit einem tats geführten Namen (Pseudonym), sofern die als Aussteller in Betracht kommde Pers ohne Zweifel feststeht (MüKo/Förschler Rdn 25). Sogar die versehentl Unterzeichng mit einem fremden Namen reicht aus, wenn sich die Identität des Unterzeichnens einwandfrei aus der Urk ergibt (BayObLG NJW **56**, 25). Die Verwendg des Vornamens genügt bei Fürstlich u Bischöfen, ferner bei RGesch mit nahen Angeh (s RG **137**, 214). Keine Namensunterschrift ist die Unterzeichng mit der VerwandtschBezeichng („Euer Vater", RG **134**, 310), einem Titel od einer RStellg (vgl aber § 2247 III 2). Auch die Verwendg der Anfangsbuchstaben (Paraphe) reicht nicht aus (BGH NJW **67**, 2310). Auf die Leserlichk kommt es nicht an, jedoch muß der Schriftzug die ZusSetzg aus Buchstaben erkennen lassen (BGH DNotZ **70**, 595). Er muß individuell u einmalig sein, entsprechde charakterist Merkmale aufweisen u die Identität des Unterschreibden ausr kennzeichnen (BGH NJW **59**, 734, **82**, 1467). Die Verwendg ausl Schriftzeichen ist zul (VGH Mü NJW **78**, 510). Ob ein Schriftzug eine Unterschr darstellt, unterliegt der Beurteilg des Ger; es ist an übereinstimmde PartAns nicht gebunden (BGH NJW **78**, 1255). – **f)** Die Unterzeichng mit einem **Handzeichen** (Kreuze, Striche, Initialen) bedarf der not Beglaubigg (s BeurkG 39 ff). Sie ist auch dann zul, wenn der Aussteller schreiben u lesen kann (allgM).

4) Mit der Errichtg der Urk u ihrer Unterzeichng ist der FormErfordern genügt. Handelt es sich um eine empfangsbedürft Erkl, wird sie jedoch erst mit dem Zugang (§ 130) an den ErklEmpfänger wirks (BGH NJW **62**, 1389). **Zugehen** muß die formgerecht errichtete Erkl (BGH **LM** § 566 Nr 7, BayObLG NJW **81**, 2198, Hamm NJW **82**, 1002, einschränkd u nach dem Formzweck differenzierd Ffm NJW **63**, 113, Heiseke MDR **68**, 899). Erfolgt die formbedürft Künd im Schriftsatz eines RAnw, genügt es, wenn auf dem zugestellten Exemplar der Beglaubiggsvermerk unterschrieben ist (BGH NJW-RR **87**, 395). Die formlose Mitteilg genügt bei einem entspr Verzicht des Empfängers (KG HRR **32**, 940), der auch stillschw erfolgen kann (BGH NJW-RR **86**, 1301).

5) Beim **Vertrag** ist zur Wahrg der Schriftform erforderl, daß die Part **dieselbe Urkunde** unterzeichnen **(II)**. Der des VertrInh muß dch Unterschr beider Part gedeckt w; die Unterzeichng des Angebots dch die eine Part u der Ann dch die and genügt nicht, u zwar auch dann nicht, wenn sich beide Erkl auf einem Schriftstück befinden (RG **105**, 62, **112**, 200). Ein Briefwechsel od ein sonst Austausch einseit Erkl reicht daher and als iF des § 127 nicht aus (RG **95**, 84, JW **34**, 1233, LAG Düss AP **52**, 187). Besteht die Urk aus mehreren Blättern, kann die Unterzeichng auf verschiedenen Blättern unschädl sein, wenn sich die UrkEinheit aus ggs Bezugn einwandfrei ergibt u beide Unterschr den ges Text decken (RG JW **24**, 796). Bei Aufn mehrerer gleichlautder Urk reicht es aus, wenn jede Part die für den and Teil best Urk unterzeichnet **(II 2)**. Beide Urk müssen den ges VertrInh wiedergeben; Abweichgn dch bloße Schreibfehler schaden nicht.

6) Die Schriftform kann dch notarielle Beurk **ersetzt** w **(III)**. Auch ein gerichtl Vergl (§ 127 a) ersetzt daher die Schriftform.

127 *Gewillkürte Schriftform.* Die Vorschriften des § 126 gelten im Zweifel auch für die durch Rechtsgeschäft bestimmte schriftliche Form. Zur Wahrung der Form genügt jedoch, soweit nicht ein anderer Wille anzunehmen ist, telegraphische Übermittelung und bei einem Vertrage Briefwechsel; wird eine solche Form gewählt, so kann nachträglich eine dem § 126 entsprechende Beurkundung verlangt werden.

1) Allgemeines. Haben die Part für eine WillErkl od einen Vertr Schriftform vereinb, können sie die an die Wahrg der Form zu stellenden Anforderungen frei best. Treffen sie hierüber keine Regelg u ergibt auch die Auslegg (§§ 133, 157) keine Anhaltspkte, greifen die **Auslegungsregeln** des § 127 ein. Danach gelten die Vorschr über die gesetzl Schriftform mit den aus § 127 S 2 ersichtl Erleichtergen auch für die gewillkürte Schriftform. Sieht ein dch MehrhBeschl abänderb GesellschVertr für VertrÄnd die Schriftform vor, ist iZw anzunehmen, daß die Protokollierg des Beschl zur Wahrg der Form genügen soll (BGH 66, 86). Haben die Part bei einer Vereinbg den gewillkürten Formzwang nicht eingehalten, kann hierin eine stillschw **Aufhebung der Formabrede** liegen, der (scheinb) Formmangel also unschädl sein (§ 125 Anm 4 c).

2) Erleichterungen gegenüber § 126. a) Zur Wahrg der Form genügt **telegrafische Übermittlung** (§ 127 S 2). Gleichgült ist, ob das Telegramm schriftl od telefon aufgegeben worden ist (MüKo/Förschler Rdn 10). Dagg ist die telefon DchSage des Telegramms nicht, da es dann an einer urkundl Festlegg des ErklInh fehlt. Ein Fernschreiben steht einem schriftl übermittelten Telegramm gleich (Lachmann GRUR 89, 96). Da das nicht eigenhänd unterschriebene Ankunftstelegramm den Anfordergen des § 127 genügt, sind mechan hergestellte Unterschr allgemein als zul anzusehen (im Ergebn ebso RG 106, 332, 125, 74, sehr str). – **b)** Abw von § 126 II ist ein formgleic VertrSchl dch **Briefwechsel** mögl. Ausr auch ein Brief des einen Teils u ein Telegramm (Fernschreiben) des and. – **c)** Jede Part kann die Nachhol einer dem § 126 entspr **Beurkundung** verlangen **(2. Halbsatz).** Sie dient lediglich BewZwecken u ist für die Gültigk des RGesch ohne Bedeutg.

3) Beweislast: Wer bei einem Vertr, der formlos geschl w kann, die Vereinbg einer Form behauptet, ist dafür bewpflicht (Erm-Brox Rdn 9, § 154 Anm 3, str). Wer iF einer Schriftformabrede behauptet, es seien vom § 127 abweichde Absprachen getroffen worden, muß diese beweisen.

127 a *Ersatz für notarielle Beurkundung.* Die notarielle Beurkundung wird bei einem gerichtlichen Vergleich durch die Aufnahme der Erklärungen in ein nach den Vorschriften der Zivilprozeßordnung errichtetes Protokoll ersetzt.

1) Allgemeines. Seit dem Inkrafttreten des BeurkG am 1. 1. 1970 sind für Beurk grdsl nur noch die Notare zust (§ 128 Anm 1). § 127a **stellt klar,** daß der ProzVergl trotz dieser Neuregelg, wie schon fr gewohnheitsrechtl anerkannt, die not Beurk u damit auch die öff Beglaubigg (§ 129 II) u die Schriftform (§ 126 III) ersetzt. Zur Aufl s § 925 I S 3 u dort Anm 4 c, zum VaterschAnerkenntn s ZPO 641 c.

2) Der gerichtliche Vergleich muß in einem bei einem dtschen Ger anhäng Verf abgeschl worden sein (BGH 15, 195). § 127a gilt ebso wie der fr gewohnheitsrechtl Grds für Vergl aller Art, so für das ProzKostenhilfeVerf (ZPO 118 I), FGG-Verf (BGH 14, 381, Celle DNotZ 54, 123), Arrest- u einstw VfgsVerf, VollstreckgsVerf (RG 165, 162, Mü DNotZ 71, 344), PrivKl- u AdhäsionsVerf (Stgt NJW 64, 110) sowie für Vergl vor dem Ger der bes Gerichtsbark. Der Vergl darf über den Rahmen des Streitfalles hinausgehen (BGH 14, 387, 35, 316). Er braucht den RStreit nicht ganz od teilw zu beenden. Es reicht aus, daß er in innerem ZusHang mit dem RStreit steht (BGH 84, 335). Voraussetzg ist, daß die betreffde VerfOrdng überh den Abschl von Vergl gestattet (s ArbGG 54, VerwGO 106, SGG 101). Auch der gerichtl Vergl über Scheidgsfolgen fällt unter § 127a (Appell FamRZ 70, 521, Hamm NJW 68, 1242, s dort den sachl überflüss § 1587o II 2). Vergl vor dem ersuchten od beauftragten Ri steht dem vor dem ProzGer gleich (BGH 14, 387); ebso Vergl vor dem Rpfleger, sofern dieser für das betreffde Verf zust ist (Nürnb Rpfleger 72, 305). Auch der SchiedsVergl ersetzt die not Beurk (Breetzke NJW 71, 1685, MüKo/Förschler Rdn 4, hM), dagg ist der Vergl vor einer Gütestelle (ZPO 794 I 1) zwar VollstrTitel, aber kein gerichtl Vergl iSd § 127a.

3) Die Vorschr der ZPO über die **Protokollierung** (ZPO 160ff) müssen beachtet w. Der Vergl muß auch den übr sachlrechtl u prozessualn Erfordern genügen (BGH 16, 390). Das Merkmal „ggs Nachgeben" (§ 779 Anm 3) muß erfüllt sein. Erforderl ist auch die Beachtg der Vorschr über den AnwZwang (ZPO 78, s BLAH ZPO 307 Anh 4 F), die jedoch für einen beitretden Dr nicht gelten (BGH 86, 162). Der Vergl vor einem örtl od sachl unzust Ger ist wirks (LAG Brem BB 64, 1125); entspr gilt, wenn der Vergl vor dem Ger eines anderen GerZweiges geschl worden ist (OVG Lüneb NJW 69, 206). Unschädl ist auch das Fehlen von sonst ProzVoraussetzgen (Breetzke NJW 71, 179) od die unvorschriftsmäß Besetzg des Ger (BGH 35, 309). Nicht mögl ist die Errichtg eines Test od dessen Widerruf (BGH Betr 59, 790), es sei denn der Widerruf erfolgt dch ErbVertr (Köln OLGZ 70, 115). Ist wie beim ErbVertr od ErbVerz die persönl Erkl eines Teils erforderl (§§ 2274, 2347 II), muß dieser beim Vergl persönl mitwirken (BayObLG NJW 65, 1276); besteht AnwZwang, müssen Part u Anw die Erkl gemeins abgeben (BayObLG aaO).

128 *Notarielle Beurkundung.* Ist durch Gesetz notarielle Beurkundung eines Vertrags vorgeschrieben, so genügt es, wenn zunächst der Antrag und sodann die Annahme des Antrags von einem Notar beurkundet wird.

1) Allgemeines. Für Beurk sind seit dem 1. 1. 1970 (Inkrafttreten des BeurkG) grdsl nur noch die Notare zust (BeurkG 1, 56). Das **Beurkundungsverfahren** ist im BeurkG (hinten unter NebenGes) geregelt. Vor dem Notar findet eine Vhdlg statt, in der die Beteil die zu beurkundden WillErkl abgeben (BeurkG 8). Über den BeurkVorgang wird eine Niederschrift aufgenommen, die vorgelesen, genehmigt u von den Beteil u dem Notar eigenhänd unterschreiben w (BeurkG 9, 13). Nach dem BeurkG führt nur noch die Verletzg wesentl FormVorschr zur Unwirksamk der Beurk; fehlde od falsche Datierg ist unschädl (BeurkG 9 II).

2) § 128 ist **anwendbar**, wenn der Vertr kr Ges einer not Beurk bedarf (§§ 311, 312 II, 313, 873 II, 877, 1491 II, 1501 II, 1587o, 2033, 2348, 2351, 2385). Er gilt nicht, wenn die WillErkl nur einer Part formbedürft ist (§§ 518, 1516 II, 1730, 2282 II, 2291, 2296, 2301) oder wenn das Ges ausdr die gleichzeit Anwesenh beider Part vorschreibt (§§ 925, 1410, 2276, 2290 II). Auf die rechtsgeschäftl vereinb not Beurk ist § 128 iZw entspr anzuwenden.

3) Die Vorschr gestattet eine **sukzessive Beurkundung** an versch Orten dch versch Notare. Zul auch, daß der Notar die Erkl der Part ohne gleichzeit Anwesenh nacheinand protokolliert u die Niederschrift nur einmal unterschreibt (RG **69**, 132, MüKo/Förschler Rdn 5). Der Vertr kommt iZw bereits mit der Beurk der AnnErkl zustande; es ist nicht erforderl, daß die Erkl dem and Teil zugeht (§ 152).

129 *Öffentliche Beglaubigung.*
I Ist durch Gesetz für eine Erklärung öffentliche Beglaubigung vorgeschrieben, so muß die Erklärung schriftlich abgefaßt und die Unterschrift des Erklärenden von einem Notar beglaubigt werden. Wird die Erklärung von dem Aussteller mittels Handzeichens unterzeichnet, so ist die im § 126 Abs. 1 vorgeschriebene Beglaubigung des Handzeichens erforderlich und genügend.
II Die öffentliche Beglaubigung wird durch die notarielle Beurkundung der Erklärung ersetzt.

1) Öffentliche Beglaubigung ist das Zeugn einer UrkPers darü, daß die Unterschr od das Handzeichen in seiner Ggwart zu dem angegebenen Ztpkt von dem Erklärden vollzogen od anerkannt worden ist (BeurkG 39, 40); sie bezeugt zugl, daß die im Beglaubiggsvermerk namentl angeführte Pers u der Erklärde ident sind. Öff Urk iSv ZPO 415 ist nur der Beglaubiggsvermerk, die übrige Erkl ist eine PrivUrk. Die öff Beglaubigg bezieht sich auf die Echth der Unterschr (des Handzeichens), nicht dagg auf den ErklInh (BGH **37**, 86). Sie ist ua vorgesehen in §§ 77, 371, 403, 411, 444, 1035, 1154f, 1355, 1491f, 1560, 1617, 1618, 1945, 1955, 2120f, 2198, 2215, GBO 29, 32, HGB 12, ZPO 726f, 750f, 756f, ZVG 71, 81, 84, 91, 143, 144, FGG 13, 91, 107. Erkl iSd § 129 sind neben WillErkl auch Erkl verfahrensrechtl Inh (Düss OLGZ **84**, 260).

2) Das **Beglaubigungsverfahren** ist im BeurkG 39, 40 geregelt. Zust sind grdsl nur noch die Notare (Ausn: BeurkG 1 Anm 4). Die Beglaubigg dch eine nach LandesR zust Stelle ist auch außerh der Landesgrenzen wirks (LG Bonn Rpfleger **83**, 309). Die Beglaubigg dch VerwBeh od die Polizei genügt für § 129 nicht (VwVfG 34). Es kann auch die Unterschr eines Vertreters beglaubigt w, der mit dem Namen des Vertretenen unterschreibt (MüKo/Förschler Rdn 5, § 126 Anm 3d). Nachträgl Änd der Erkl sind zul. Sie beeinträchtigen die Formgültigk nicht (LG Düss MittBayNot **84**, 207, Winkler DNotZ **85**, 224; str). Sie beseitigen aber für die TextÄnd die Vermutg der Echth der Erkl (BayObLG DNotZ **85**, 222); die Erkl kann daher zurückgewiesen w, wenn Zw daran bestehen, daß die Ergänzg mit Willen u Billig der Erklärden eingefügt worden ist. Die Beglaubigg von BlankoUnterschr ist unter den Voraussetzgen von BeurkG 40 V zul. Zur Beglaubigg von Handzeichen s § 126 Anm 3f.

3) Die notarielle Beurk (§ 128) u der ihr gleichstehde ProzVergl (§ 127a) **ersetzen** die öff Beglaubigg, da sie ein Mehr darstellen (**II**).

130 *Wirksamwerden der Willenserklärung gegenüber Abwesenden.*
I Eine Willenserklärung, die einem anderen gegenüber abzugeben ist, wird, wenn sie in dessen Abwesenheit abgegeben wird, in dem Zeitpunkte wirksam, in welchem sie ihm zugeht. Sie wird nicht wirksam, wenn dem anderen vorher oder gleichzeitig ein Widerruf zugeht.
II Auf die Wirksamkeit der Willenserklärung ist es ohne Einfluß, wenn der Erklärende nach der Abgabe stirbt oder geschäftsunfähig wird.
III Diese Vorschriften finden auch dann Anwendung, wenn die Willenserklärung einer Behörde gegenüber abzugeben ist.

1) Allgemeines. a) Das Wirksamwerden von nicht empfangsbedürft WillErkl (Übbl 3a v § 104) sieht das Ges mit Recht als nicht regelbedürft an. Da es bei ihnen nicht auf die Wahrnehmg dch einen ErklEmpfänger ankommt, ergibt sich aus der Natur der Sache, daß die **nicht empfangsbedürftige** WillErkl mit ihrer Abgabe wirks w (allgM). Dazu genügt, daß der Erklärde seinen Willen, ggf unter Einhaltg der maßgebden FormVorschr, erkennb geäußert hat (Bsp s § 151 Anm 2a). – **b)** Über das Wirksamwerden von **empfangsbedürftigen** WillErkl (Übbl 3a v § 104) bestand im Gemeinen Recht Streit zw der Äußergstheorie, der Absendetheorie (Entäußergstheorie), der Empfangstheorie u der Vernehmgstheorie. Das BGB hat sich für die schon im Gemeinen Recht herrschde **Empfangstheorie** entschieden. Voraussetzg für ein Wirksamwerden ist, daß der Erklärde die Erkl **abgegeben** hat (Anm 2) u diese dem ErklEmpfänger **zugegangen** ist (Anm 3). Wird unter Anwesenden eine nicht verkörperte WillErkl abgegeben (Anm 4), tritt an die Stelle des Zugangs die Wahrnehmg dch den ErklEmpfänger (Anm 4). – **c) Anwendungsbereich.** § 130 gilt für empfangsbedürft WillErkl jeder Art, auch für amtsempfangsbedürft Erkl (Anm 5) u geschäftsähnl Hdlgen (Übbl 2 c v § 104), wie Abmahngen (KG WRP **82**, 467, Burchert WRP **85**, 478). Auch bei arbeitsrechtl Abmahngen gilt (entgg BAG NJW **85**, 823) § 130 n nicht (bw noch wiederbelebte Vernehmgstheorie. Dagg ist § 130 nicht anwendb, wenn es, wie in § 407, auf die Kenntn von best Umst ankommt (BAG aaO). Auch auf ProzHdlgen ist er nicht anzuwenden (Übbl 5 v § 104). Hat die Erkl, wie die ProzAufr, eine Doppelnatur, gilt für das materiellrechtl WirksWerden § 130 (s RG **63**, 412). Die Frage,

Rechtsgeschäfte. 2. Titel: Willenserklärung § 130 1-3

wie lange die Erkl wirks bleibt, kann aber uU ausschließl nach VerfR zu beurteilen sein (BGH **84**, 207 zur EintrBewilligg). Zu abweichden Regelns s Anm 7.

2) Abgegeben ist die Erkl, wenn der Erklärde seinen rechtsgeschäftl Willen erkennb so geäußert hat, daß an der Endgültigk der Äußerg kein Zweifel mögl ist. Bei einer **empfangsbedürftigen** Erkl ist weiter erforderl, daß sie mit Willen des Erklärden in den Verk gebracht w (BGH **65**, 14). Gleichzustellen ist der Fall, daß der Erklärde das „In-VerkBringen" zu vertreten hat, Parallele zum Fehlen des ErklBewußtseins (AK/Hart Rdn 5). Nicht abgegeben ist die Erkl, wenn sie erkennb nur zu Informationszwecken vorab mitgeteilt w (BGH DNotZ **83**, 624). Die einem Übermittlgsboten anvertraute Erkl ist dagg im RSinne bereits abgegeben (aA Hamm NJW-RR **87**, 261). Die Erkl muß an den ErklEmpfänger gerichtet w (BGH NJW **79**, 2032, **89**, 1671, Ffm NJW **84**, 2896, Förschler JuS **80**, 796). Der Erklärde muß davon ausgehen, daß die Erkl den richt Empfänger, wenn auch auf Umwegen erreichen wird; fehlt es hieran, bleibt die Erkl auch dann wirkgslos, wenn sie dem richt Empf zugeht (BGH NJW **79**, 2032, Rücktr ggü Notar; aA offenb BGH NJW **80**, 990, Künd ggü RA). Die ggü einem vollmachtl Vertreter abgegebene Erkl ist gem § 180 S 3 wirks, wenn der Vertreter die Erkl nicht zurückweist u der Vertretene die Passivvertretg genehmigt.

3) Eine unter **Abwesenden** abgegebene WillErkl w in dem Ztpkt wirks, in dem sie dem Empfänger zugeht (§ 130 I S 1). – **a) Zugegangen** ist die WillErkl, wenn sie so in den Bereich des Empfängers gelangt ist, daß dieser unter normalen Verhältn die Möglichk hat, vom Inh der Erkl Kenntn zu nehmen (BGH **67**, 275, NJW **80**, 990, **83**, 930, BAG NJW **84**, 1651, krit John AcP **184**, 403, der auf das Merkmal einer zuverläss „Speicherg" abstellt). Zum Bereich des Empfängers gehören auch die von ihm zur Entgganahme von Erkl bereit gehaltenen Einrichtgen, wie Briefkasten, Postfach u Anrufbeantworter. Vollendet ist der Zugang erst, wenn die Kenntnisn dch den Empfänger mögl u nach der VerkAnschauung zu erwarten ist (RG **142**, 409, BGH LM Nr 2). Die nachts in den Briefkasten geworfene Künd gelten daher erst am nächsten Morgen zu (unten b). Ob die Möglichk der Kenntnisn bestand, ist unter Zugrundelegg „gewöhnl" Verhältn zu beurteilen. Auf Hindern aus seinem Bereich kann sich der Empfänger nicht berufen, da er diesen dch geeignete Vorkehrgen begegnen kann u muß. Ist der Empfänger wg Urlaubs, Krankh, Haft od sonst Ortsabwesenh nicht in der Lage, vom Inh der ihm übermittelten Erkl Kenntn zu nehmen, so steht das dem Zugang nicht entgg (BAG NJW **89**, 606 = JZ **89**, 295 mAv Dilcher, NJW **89**, 2213, Hamm MDR **81**, 965, aA BAG NJW **81**, 1470, Popp Betr **89**, 1133). Wußte der Erklärde von der Ortsabwesenh u kannte er die Interimsanschrift, so hindert das die Wirksamk des Zugangs nicht, jedoch kann § 242 ausnw eine and Beurteilg rechtf (BAG aaO). Die an die Heimatadresse (= UrlAdresse) eines ausl ArbN übermittelte Erkl geht nicht wirks zu, wenn dieser seinen Heimatort bereits wieder verlassen hat (LAG Hamm Betr **88**, 1123). Fehlde Sprach- u Lesefähigk des Empfängers hindern den Zugang nicht (LAG Köln NJW **88**, 1870, str, s unten b aE).

b) Einzelfälle. Briefe gehen mit der Aushändigg an den Empfänger zu. Der Einwurf in einen Briefkasten bewirkt den Zugang, sobald nach der VerkAnschauung mit der nächsten Leerg zu rechnen ist. Der währd der Nacht eingeworfene Brief geht daher am nächsten Morgen bzw mit Wiederbeginn der Gesch-Stunden zu (RG Warn **21**, 131, RG **142**, 407, BAG NJW **84**, 1651). Auch bei Benutzg von Postschließfächern u postlagernden Sendgen ist auf den übl Abholtermin abzustellen (RG **144**, 293, BGH **LM** Nr 2, BVerwG NJW **60**, 1587, Hamm NJW **86**, 996). Kein Zugang, wenn der Brief versehentl in ein falsches Fach einsortiert w (Kiel OLG **35**, 310). Der Eingang bei der **Zweigstelle** eines Untern genügt, wenn diese als Empfangsstelle für Erkl an die Hauptniederlassg zu betrachten ist (BGH NJW **65**, 966). Eine unklare od mehrdeut Anschrift schadet nicht, falls der Brief den richt Empfänger erreicht (s RG **125**, 75). Das an eine Beh (Untern) „zu Händen" einer HilfsPers adressierte Schreiben geht mit dem Eingang zu, auch wenn es der HilfsPers ungeöffnet vorgelegt w (BGH **LM** Nr 8). Wird die Erkl an eine **Deckadresse** gesandt, geht sie erst zu, wenn mit Aushändigg zu rechnen ist (BVerwG VerwRspr **13** Nr 280). Hat der Empfänger wg seiner Ortsabwesenh **Nachsendeantrag** gestellt, so bewirkt erst die Aushändigg am Aufenthaltsort den Zugang (MüKo/Förschler Rdn 16). Kann ein **Einschreibebrief** wg Abwesenh des Empfängers nicht zugestellt w, ist er auch dann nicht zugegangen, wenn der Postbote einen Benachrichtiggszettel hinterläßt (BAG NJW **63**, 554, BGH VersR **71**, 262, Celle NJW **74**, 1386, Hamm VersR **82**, 1070, aber unten Anm 6). Auch Erfahren des ungefähren Inh dch mdl Mitteilg genügt nicht; der Empfänger muß in das Schreiben nehmen können (BAG Betr **77**, 1195). Ein **Telegramm** geht dagg schon mit der telefon Dchsage zu (RG **105**, 256); ein **Fernschreiben** ist zugegangen, sobald mit der Kenntnisn zu rechnen ist, währd der Gesch-Stunden also mit Eingang, sonst mit dem nächsten GeschStundenbeginn (s Buckenberger Betr **80**, 290). Ist der ErklEmpfänger ein der dtschen Sprache nicht mächtiger od leseunkund **Gastarbeiter**, ist bei Erkl seines ArbGebers eine angem Fr für die Inanspruchn eines Dolmetschers hinzuzurechnen (LAG Hamm NJW **79**, 2488, vgl auch BAG NJW **85**, 824).

c) Wird die Erkl ggü einer **Mittelsperson** abgegeben, ist zu unterscheiden: **aa)** Ist die Mittelsperson als **Vertreter** des Empfängers zur Entggnahme von WillErkl berecht (Passivvertretg, § 164 III), müssen die Voraussetzgen des Zugehens in der Pers des Vertreters erfüllt sein. Auf die Weitergabe an den Vertretenen kommt es nicht an (BAG Betr **77**, 546). Die Vollm zur Vornahme eines RGesch umfaßt idR auch die Vollm zur Entggnahme der entspr Erkl des and Teils (MüKo/Förschler Rdn 18). Dagg ist der ProzBevollm im ArbGVerf zur Entggnahme einer Künd des ArbVertr nicht ermächtigt; die Künd geht daher erst nach Weiterleitg an den Mandanten zu (LAG BaWü BB **67**, 1424, s auch BGH NJW **80**, 990). – **bb)** Ist die Mittelsperson **Empfangsbote,** geht die Erkl in dem Ztpkt zu, in dem nach dem regelmäß Verlauf der Dinge die Weiterleitg an den Adressaten zu erwarten war (BGH NJW-RR **89**, 758). Übermittelt der Empfangsbote die Erkl verspätet, falsch od überhaupt nicht, so geht das zu Lasten des Empfängers (BAG **AP** Nr 8, Hamm VersR **80**, 1164, Saarbr WPM **88**, 1228). Empfangsbote ist, wer vom Empfänger zur Entggnahme von Erkl bestellt worden ist od nach der VerkAnschauung als bestellt anzusehen ist (ParallelVorschr: ZPO 181). Das trifft bei schriftl Erkl zu für den Eheg (BGH NJW **51**, 313, Schlesw VersR **82**, 357), auch wenn er außerh der Wohng angetroffen w (Mü OLGZ **66**, 2), den Vater (Hamm VRS **74** Nr 5),

§ 130 3–6

die in der Wohng des Empfängers lebden Angehörigen u HaushaltsMitgl (RG **91**, 62), den Partner einer nichtehel LebensGemeinsch (LAG Brem NZA **88**, 548, OVG Hbg NJW **88**, 1808, and BGH NJW **87**, 1563 zu ZPO 181), die Putzfrau (Karlsr VersR **77**, 902), die Zimmervermieterin (BAG **AP** Nr 7, krit Moritz BB **77**, 400), die kaufm Angest im Betr (RG **102**, 296), den Buchhalter für Erkl ggü dem BetrLeiter (BAG **AP** Nr 8), den Maurerpolier bei einem Lieferschein für Baumaterial (Celle NJW **60**, 870). Bei mdl Erkl muß die Mittelsperson in der Lage sein, die Erkl zuverläss zu erfassen u weiterzugeben. Das ist bei erwachsenen HaushaltsMitgl u Angeh idR zu bejahen (RG **60**, 336, **61**, 127). Wird die Erkl ggü einer nach der VerkAnschauung (od mangels Eigng) nicht ermächtigten Pers (Kind, Nachbar, Handwerker) abgegeben, ist diese **Erklärungsbote;** die Erkl geht nur zu, wenn sie dem Empfänger richt übermittelt w (RG **60**, 337).

d) Die WillErkl muß in der **Form** zugehen, die für ihre Abgabe vorgeschrieben ist (BGH NJW **62**, 1389, BayObLG **81**, 238, Hamm NJW **82**, 1002, § 126 Anm 4). Bei notariell beurkundeten Erkl genügt der Zugang einer Ausfertigg, da die Urschrift in der Verwahrg des Notars verbleibt (BGH **31**, 7, **48**, 377, DNotZ **83**, 118); nicht ausr ist dagg der Zugang einer Abschrift. Ist jemand zur Abgabe einer WillErkl verurteilt, reicht für den Zugang die Zust des Urt an den Empfänger (s RG **160**, 325).

e) Die WillErkl wird nicht wirks, wenn dem Empfänger vorher od gleichzeitig mit der Erkl ein **Widerruf** zugeht (§ 130 I 2). Dabei kommt es allein auf den Ztpkt des Zugangs, nicht der Kenntnisnahme an. Der gleichzeit zugegangene Widerruf ist auch dann wirks, wenn der Empfänger zunächst von der Erkl Kenntn nimmt (BGH NJW **75**, 382, 384). Umgekehrt bleibt der verspätet zugegangene Widerruf auch dann wirkslos, wenn der Empfänger von ihm gleichzeit mit od sogar vor der Erkl Kenntn erhält (RG **91**, 63, MüKo/Förschler Rdn 32, str). § 130 I 2 ist dispositives Recht. Er kann dch IndVereinbg, aber nicht dch AGB abgeändert w (Ffm Betr **81**, 884).

f) Die WillErkl w mit dem Zugehen auch dann wirks, wenn der Erklärde inzw **gestorben** od **geschäftsunfähig** (beschr geschäftsfäh) geworden ist (§ 130 II). Der Erbe od der gesetzl Vertreter des Erklärden ist an die von diesem abgegebene Erkl gebunden, kann sie aber unter den Voraussetzgen von § 130 I S 2 widerrufen. Verliert der Erklärde, etwa dch KonkEröffng, seine VfgsBefugn, ist § 130 II nicht entspr anwendbar, da die VfgsBefugn im Ztpkt des Wirksamwerdens der Vfg gegeben sein muß (BGH **27**, 366). Ob ein gem § 130 II wirks VertrAngebot vom and Teil noch angenommen w kann, regelt § 153. § 130 II gilt auch dann, wenn der Erklärde den Zugang absichtl bis nach seinem Tod zurückgestellt hat (str). Eine Schenkg kann daher Test widerrufen w (RG **170**, 383, str); mögl ist auch eine Schenkg dch eine nach dem Tod des Erbl zu vollziehde Banküberweisg (BGH NJW **75**, 382). Über den Widerruf eines gemeinschaftl Test u dessen Zugehen s § 2271 Anm 2 B.

4) Für das Wirksamwerden von Erkl unter **Anwesenden** enthält das Ges keine ausdr Regelg. Hier ist der Grdgedanke des § 130 zu berücksichtigen u zu unterscheiden: **a)** Bei einer **verkörperten** Erkl ist auf den Zugang abzustellen. Sie wird wirks, wenn sie dch Übergabe in den HerrschBereich des Empfängers gelangt ist (RG **61**, 415, BAG NJW **85**, 824, allgM). – **b)** Eine **nicht verkörperte** (mdl od konkludente) Erkl wird wirks, wenn sie der Empfänger wahrnimmt (BGH WPM **89**, 652, BAG ZIP **82**, 1467, str). Taubh u SprachUnkenntn gehen zu Lasten des Erklärden. Diese der Vernehmgstheorie (Anm 1 b) entspr Lösg bedarf aber im Interesse des VerkSchutzes einer Einschränkg. Eine nicht od falsch verstandene Erkl ist wirks, wenn der Erklärde nach den für ihn erkennb Umst davon ausgehen durfte, daß der Empfänger sie richt u vollständ verstanden habe (Larenz § 21 I c, Soergel-Hefermehl Rdn 21). Zu den Erkl unter Anwesden gehören auch fernmdl Erkl (§ 147 I S 2), Erkl dch od an Vertreter, u zwar auch iF einer vollmenlosen Vertretg (BGH NJW **73**, 798). Erkl dch od an Boten ist dagg Erkl unter Abwesden.

5) Die **amtsempfangsbedürftige Erklärung** stellt § 130 III mit der empfangsbedürft WillErkl unter Abwesden gleich. Sie werden mit dem Zugehen wirks. Dafür reicht es aus, daß die Erkl bei der Eingangsstelle der Beh eingeht (RG **135**, 252). In Frage kommen Erkl ggü der Hinterleggsstelle (§ 376), dem GBAmt (§§ 875, 876, 928, 1168, 1180, 1183), der StiftgsBeh (§ 81 II), der Polizei (§ 976), dem VormschGer (§§ 1681 II, 1726 II, 1750), dem NachlGer (§ 1945) u dem Standesbeamten (§ 1600 c II). Nicht hierher gehören Erkl, die, wie die Aufl (§ 925) vor einer Beh, aber ggü einem priv Empfänger abzugeben sind. S. auch Anm 1 c.

6) **Zugangsverhinderung. a)** Verweigert der Empfänger die Ann der Erkl berechtw, etwa wg fehler Frankierg od unricht Adressierg, so geht das zu Lasten des Erklärden (RG **125**, 75). Bei einer unberecht **Annahmeverweigerung** geht die Erkl dagg im Ztpkt des Angebots zur Aushändigg zu (BGH NJW **83**, 930, Erm-Brox Rdn 23). Der Empfänger muß sich insow das Verhalten seiner Vertreter anrechnen lassen, nicht aber das seiner Empfangsboten (Hamm VersR **82**, 1070). – **b)** Wer mit dem Eingang rgeschäftl Erkl rechnen muß, muß dch **geeignete Vorkehrungen** sicherstellen, daß ihn die zu erwartende Erkl auch erreichen (BGH **67**, 278, VersR **71**, 263). Eine entspr Obliegenh besteht zwar nicht schlechthin; sie kann sich aber je nach Lage des Falles ergeben aus der berufl Stellg des Empfängers (HGB 362), einem ArbVertr (BAG **AP** Nr 5 u 10), MietVertr (BGH **67**, 278, Hbg MDR **78**, 489), VersVertr (BGH NJW **83**, 930), KaufVertr mit RücktrVorbeh (BGH NJW **83**, 930), einem sonst Vertr od dem Eintritt in VertrVhlgen, aber auch aus dem dch einen WettbewVerstoß begründeten gesetzl SchuldVerh (KG NJW-RR **89**, 102). Der GeschMann muß für die Zeit seiner Abwesenh einen EmpfangsBevollm bestellen (RG **95**, 317) u bei Verlegg seines GeschLokals Vorkehrgen (NachsendeAuftr, Anzeige der neuen Anschrift) treffen, daß ihn dort aufgegebene Schreiben rechtzeit zugehen (BGH **LM** Nr 1, Hbg MDR **78**, 489, Hamm NJW-RR **86**, 699). Scheitert der Zugang an einer ObliegenhVerletzg des Empfängers, muß sich dieser **nach Treu und Glauben** so behandeln lassen, wie wenn die Erkl (rechtzeit) zugegangen wäre (BGH **LM** Nr 1, BAG **AP** Nr 5). Holt der Empfänger die abholbereite Einschreibsend trotz ordnungsmäß Benachrichtigg nicht ab, obwohl ihm das mögl wäre, geht das zu seinen Lasten (BGH **67**, 277, BAG NJW **63**, 554, Betr **86**, 2336, Celle NJW **74**, 1386, Behm AcP **178**, 515). Der Empfänger muß das Zugehen aber nur dann als rechtzeit gg sich gelten lassen, wenn der Erklärde alles für einen rechtzeit Zugang Erforderl u Zumutb getan hat (BGH **LM** Nr 1). Wird für ihn erkennb, daß die Erkl den Empfänger nicht erreicht hat, muß er die Erkl unverzügl wiederholen (BGH VersR **71**, 262);

Rechtsgeschäfte. 2. Titel: Willenserklärung §§ 130–132

unternimmt er nichts, treten die RFolgen der Erkl nicht ein (RG **110**, 36). Haben beide Part das Scheitern des Zugangs zu vertreten, kann über pVV od c. i. c. iVm § 254 eine Schadensteilg angem sein (s RG **97**, 337).

7) Abweichende Regelungen. a) § 130 I ist **dispositives Recht.** Die Part können daher abw Vereinbgen treffen (RG **108**, 91). Das WiderrR (I 2) kann aber dch AGB nicht abbedungen w (Anm 3 e); iü gelten die Klauselverbote in AGBG 10 Nr 6 u 11 Nr 16 (s dort). – **b) Gesetzliche Ausnahmen** enthalten die §§ 121 I 2, 478 I 1, AbzG 1 b II, HausTG 2 I 1 u HGB 377 IV, wonach zur FrWahrg die rechtzeit Absendg genügt; auch in diesen Fällen wird die Erkl aber nur u erst wirks, wenn sie dem and Teil zugeht (BGH **101**, 53). Geht die erste Erkl verloren, genügt zur FrWahrg, daß der Erklärde sie unverzügl wiederholt. Wo RFolgen an die Kenntn geknüpft sind, reicht Zugehen als bloße Möglichk der Kenntnisn nicht aus (RG **135**, 251).

8) Der Erklärde hat für das Zugehen der Erkl die **Beweislast** (s BGH **101**, 55). Soweit es für die Rechtzeitigk darauf ankommt, muß er auch den Ztpkt des Zugehens beweisen (BGH **70**, 234). Es besteht weder für normale Postsendgen noch für Einschreiben in der Bew des ersten Anscheins, daß eine zur Post gegebene Sendg den Empfänger auch erreicht (BGH NJW **64**, 1176, BAG NJW **61**, 2132, Köln MDR **87**, 405, Huber JR **85**, 177, krit Brause NJW **89**, 2519, aA BFH DStR **74**, 182). Wer den Zugang der Einschreibsendg erst nach Ablauf der (damals 2 jähr) AufbewahrFr für den Ablieferssschein bestreitet, obwohl er vorher von der Absendg wußte, kann damit aber nicht gehört w (BGH **24**, 312, Hamm VersR **76**, 722). Auch für den Zugang eines Telextextes gibt es keinen *prima-facie*-Bew (Karlsr NJW **73**, 1611).

131 *Wirksamwerden gegenüber nicht voll Geschäftsfähigen.* **I** Wird die Willenserklärung einem Geschäftsunfähigen gegenüber abgegeben, so wird sie nicht wirksam, bevor sie dem gesetzlichen Vertreter zugeht.

II Das gleiche gilt, wenn die Willenserklärung einer in der Geschäftsfähigkeit beschränkten Person gegenüber abgegeben wird. Bringt die Erklärung jedoch der in der Geschäftsfähigkeit beschränkten Person lediglich einen rechtlichen Vorteil oder hat der gesetzliche Vertreter seine Einwilligung erteilt, so wird die Erklärung in dem Zeitpunkte wirksam, in welchem sie ihr zugeht.

1) Allgemeines. § 131 gilt ebso wie § 130 (dort Anm 1 c) auch für geschäftsähnl Hdlgen (AG Meldorf NJW **89**, 2548). Er überträgt die für die Abgabe von WillErkl geltden Regeln auf den ErklZugang: Der Zugang an einen GeschUnfähigen oder einen besch GeschFähigen ist ohne RWirkg, der an einen des ersten Achteins, läßt die Erkl nur unter den Voraussetzgen von § 131 II wirks werden. Erkl an Bewußtlose od vorübergehd Geistesgestörte (§ 105 II) fallen nicht unter § 131, sond unter § 130. Da es auf die Möglichk der Kenntnisn unter normalen Verhältn (§ 130 Anm 3 a) ankommt, gehen Erkl unter Abwesden auch dann wirks zu, wenn sich der Empfänger im Ztpkt des Zugangs in einem § 105 II entspr Zustand befindet. Bei mdl Erkl unter Anwesden gilt § 130 Anm 4 b.

2) Wirksamkeitserfordernisse des Zugangs. – a) WillErkl, die ggü einem **Geschäftsunfähigen** (§ 104) abzugeben sind, werden nur wirks, wenn sie dem ges Vertreter zugehen (§ 131 I). Die Erkl muß an den ges Vertreter gerichtet sein. Es genügt nicht, daß er zufäll von einem Schreiben an den GeschUnfäh erfährt (Düss VersR **61**, 878, LG Bln MDR **82**, 321, § 130 Anm 2, aA LAG Hamm Betr **75**, 407). Besteht GesVertretg, genügt Zugang an einen der GesVertreter (§ 167 Anm 3 c). Der ges Vertreter kann den GeschUnfäh zum Empfangsboten (§ 130 Anm 3 c), nicht aber zum Empfangsvertreter bestellen. – **b)** Bei **beschränkt Geschäftsfähigen** muß die WillErkl grdsl gleichfalls dem ges Vertreter zugehen (§ 131 II 1), hier bestehen aber Ausn. Der Zugang an den beschr GeschFäh genügt, wenn ihm die WillErkl rechtl ledigl Vorteile bringt (§ 107 Anm 2). Das trifft auf ein VertrAngebot unabhäng vom VertrInh zu, weil das Angebot für den Empfänger keine Pflten schafft, ihm aber die Möglichk gibt, den Vertr zustande zu bringen. Zu den rechtl ledigl vorteilh Gesch gehört auch die Bevollmächtigg (Ffm MDR **64**, 756). Hat der ges Vertreter eingewilligt (§ 183), reicht der Zugang an den beschr GeschFäh gleichf aus. Die Einwilligg kann auch stillschw erklärt w (§ 107 Anm 3). Die Gen (§ 184) steht der Einwilligg nicht gleich. Wird dch Erkl ggü einem beschr GeschFäh ein VertrAngebot angenommen, kann der ges Vertreter neben dem Vertr aber auch den Zugang genehmigen, da andf § 108 leerlauf wäre (BGH **47**, 358). Sow der beschr GeschFäh gem §§ 112, 113 partiell geschfäh ist, kann er auch ohne bes Einwilligg WillErkl wirks entggnehmen.

132 *Ersatz des Zugehens durch Zustellung.* **I** Eine Willenserklärung gilt auch dann als zugegangen, wenn sie durch Vermittlung eines Gerichtsvollziehers zugestellt worden ist. Die Zustellung erfolgt nach den Vorschriften der Zivilprozeßordnung.

II Befindet sich der Erklärende über die Person desjenigen, welchem gegenüber die Erklärung abzugeben ist, in einer nicht auf Fahrlässigkeit beruhenden Unkenntnis oder ist der Aufenthalt dieser Person unbekannt, so kann die Zustellung nach den für die öffentliche Zustellung einer Ladung geltenden Vorschriften der Zivilprozeßordnung erfolgen. Zuständig für die Bewilligung ist im ersteren Falle das Amtsgericht, in dessen Bezirke der Erklärende seinen Wohnsitz oder in Ermangelung eines inländischen Wohnsitzes seinen Aufenthalt hat, im letzteren Falle das Amtsgericht, in dessen Bezirke die Person, welcher zuzustellen ist, den letzten Wohnsitz oder in Ermangelung eines inländischen Wohnsitzes den letzten Aufenthalt hatte.

1) Allgemeines. § 132 stellt dem Erklärden die Zust als Surrogat für das Zugehen zur Vfg. Die Erkl wird wirks, auch wenn, wie etwa iF der Zust dch Niederlegg bei der Post (ZPO 182) od der öff Zust (ZPO 203 ff), die Erfordern des Zugangstatbestd nicht erf sind. Ist die Erkl ggü einem GeschUnfäh od beschr GeschFäh abzugeben, muß die Zust (abgesehen von den Fällen der §§ 112, 113) an den ges Vertreter erfolgen (ZPO 171). Wo das Ges RFolgen an die Kenntn knüpft, genügt die Zust nicht (RG **87**, 417).

§§ 132, 133

2) Zustellung. – a) Die Zust dch Vermittlg des **Gerichtsvollziehers** richtet sich nach ZPO 166ff; mögl ist daher auch eine ErsZust (ZPO 181ff). Unverzichtb ist aber die Mitwirkg des GerVollziehers; eine Zust im unmittelb PartAuftr genügt nicht den Erfordern des § 132 (BGH **67**, 277, BVerwG NJW **81**, 2712), ebsowenig die Zust dch Vermittlg der GeschStelle (ZPO 196) od die Zust von Anw zu Anw (ZPO 198). Eine fehlerh Zust kann entspr ZPO 187 als wirks behandelt w (BGH NJW **67**, 824). ZustGgst ist bei öff Urk eine Ausfertigg (BGH **31**, 7, **36**, 204), bei Erkl, die der Schriftform (§ 126) bedürfen, genügt eine beglaubigte Abschrift (BGH NJW **67**, 824). Die Zust ist an die Part, nicht an den ProzBevollm zu richten (LG Wuppertal WPM **86**, 1274). – **b)** Die **öffentliche Zustellung** richtet sich nach ZPO 204ff. Sie setzt voraus: Unverschuldete Unkenntn über die Pers des ErklEmpfängers (s zur ähnl Regelg iF der Hinterlegg § 372 Anm 4c) od Unkenntn über den Aufenthaltsort des Empfängers. Dieses Erfordern ist ebso zu verstehen wie in ZPO 203 I (Staud-Dilcher Rdn 14). Wird der BewilliggsBeschl (ZPO 204 I) dch falsche Angaben erschlichen, ist die öff Zust gleichwohl wirks (BGH **64**, 8), der Berufg auf die eingetretene RFolge kann aber § 242 entggstehen (BGH aaO).

133 *Auslegung einer Willenserklärung.* **Bei der Auslegung einer Willenserklärung ist der wirkliche Wille zu erforschen und nicht an dem buchstäblichen Sinne des Ausdrucks zu haften.**

1) Allgemeines. a) Auslegg einer WillErkl ist Ermittlg ihres rechtl maßgebden Sinnes. Das Ges enthält in den §§ 133, 157 für die Auslegg zwei grdlegde Normen. § 133 gilt seinem Wortlaut nach für die Auslegg der einz WillErkl. Er ist aber auch auf Vertr anzuwenden (MüKo/Mayer-Maly Rdn 19, Staud-Dilcher Rdn 7). Umgekehrt betrifft § 157 seinem Wortlaut nach nur den bereits zustandegekommenen Vertr. Auch die einz WillErkl u einseit RGesch sind aber nach Treu u Glauben mit Rücks auf die VerkSitte auszulegen (RG **169**, 125, BGH **47**, 78). Der Unterschied zw beiden Normen besteht darin, daß § 133 auf den empirischen PartWillen abstellt (sog natürl Auslegg), währd § 157 auf die obj ErklBedeutg verweist (sog obj normative Auslegg). Wie das funktionelle Verh zw den beiden Vorschr im einz aufzufassen ist, ist im Schriftt lebhaft umstritten; das gilt ebso für die Frage, ob § 133 od § 157 die vorrangige Ausleggsnorm ist (s Soergel-Wolf § 157 Rdn 11ff). Dieser Streit ist für die prakt RAnwendg unergieb u kann aber hier auf sich beruhen. Rspr u Lehre haben aus den beiden Normen unter Einbez von allg RGrds einen weitgeh allg anerkannten **Kanon von Auslegungsgrundsätzen** entwickelt. Von diesen Grds beruht das Verbot der Buchstabenauslegg (Anm 5a), die Grds über die Auslegg von nicht empfangsbedürft WillErkl (Anm 4d) u der Vorrang des übereinstimmden PartWillens (Anm 4a) auf § 133; dagg richtet sich die Auslegg von empfangsbedürft WillErkl (Anm 4b) überwiegd u die ergänzde VertrAuslegg (§ 157 Anm 2) ausschließl nach § 157. – **b)** Da die Auslegg nach § 133 u § 157 ineinand übergehen u **nicht sinnvoll** voneinand **getrennt** w können, erstreckt sich die Kommentierg des § 133 auf die ges für die Auslegg von WillErkl u Vertr maßgebden RGrds. Lediglich die ergänzde VertrAuslegg, die ErklBedeutg typ Klauseln u Einzelfälle sind bei § 157 dargestellt. Zur **Auslegung von Gesetzen** s Einf VI v § 1.

2) Anwendungsbereich. a) Die §§ 133, 157 gelten für WillErkl jeder Art, auch für abstrakte Erkl bereich (RG **85**, 196, BGH **21**, 161) u InhSchuldVerschreibgn (BGH **28**, 263), für dingl RGesch wie die Aufl (RG **152**, 192, BayObLG **74**, 115), für ProzVergl (BAG NJW **73**, 918), für formbedürft Erkl (Anm 5c) u konkludente WillErkl (Anm 4c). Auf AGB u FormularVertr, Satzgen sowie Erkl im GrdBuchVerk sind die §§ 133, 157 gleichf anzuwenden, jedoch bestehen hier zT Besonderheiten (Anm 4d u 6). Auch die Frage, **ob** ein best willentl Verhalten eine **Willenserklärung** darstellt, ist ein Problem der Auslegg u daher nach den §§ 133, 157 zu beurteilen (BGH **21**, 106, NJW **84**, 721, BAG NJW **71**, 1423, Kellmann JuS **71**, 609, Einf 4b v § 116, aA AK/Hart Rdn 7). Die Auslegg von geschähnl Hdlgen (Übbl 2c v § 104) richtet sich ebenf nach den §§ 133, 157 (s BGH **47**, 357, JR **81**, 503), ebso die von EinverständnErkl zu Operationen (BGH NJW **80**, 1903). – **b)** Auch **Prozeßhandlungen** (Übbl 5 v § 104) sind nach §§ 133, 157 auszulegen (BGH **22**, 269, FamRZ **86**, 1087, auch solche des Ger, wie zB ein Pfändgs- u ÜberweisgsBeschl (BGH NJW **83**, 886, Ffm NJW **81**, 468, LG Oldbg WPM **82**, 680). Im **öffentlichen Recht** sind die §§ 133, 157 gleichf entspr anzuwenden. Das folgt für öffr Vertr aus VwVfG 62, gilt aber auch für WillErkl des Bürgers (BVerwG DVBl **63**, 894, BFH WPM **82**, 1138) u für solche der Behörden (BVerwG NJW **76**, 304). Entscheid ist, wie der Empfänger die Erkl bei obj Würdigg verstehen durfte (BVerwG **41**, 306, VerwRspr **32** Nr 3); Unklarh gehen zu Lasten der Verw (BVerwG aaO); eine reine Buchstabeninterpretation ist unzul (BVerwG NVwZ **84**, 518). S auch Anm 6.

3) Voraussetzungen der Auslegung. a) Jeder Auslegg vorausgehen muß die **Feststellung des Erklärungstatbestandes,** dh die Ermittlg der gesamten für die Auslegg relevanten Tats. Dabei ist zw Ggst u Mitteln der Auslegg zu unterscheiden. AusleggsGgst ist der konkrete ErklAkt, dessen rechtl Inh festgestellt w soll. Mittel der Auslegg sind die außerh des ErklAktes liegdn Umst, die einen Schluß auf den Sinn der Erkl u damit auf ihren rechtl Inh zulassen (Larenz § 19 IIb). Bsp sind etwa Vorverhandlgen der Part, die Abwicklg fr Gesch od Äußergen der Part über den Inh des RGesch (Anm 5b). Währd die Auslegg rechtl Würdigg ist, ist die Ermittlg der ausleggsrelevanten Umst TatsFeststellg, für die die Grds über die Behauptgs- u Beweislast gelten (Anm 7a). – **b)** Voraussetzg der Auslegg ist, daß die WillErkl **auslegungsbedürftig** ist. Hat die Erkl nach Wortlaut u Zweck einen **eindeutigen Inhalt,** ist für eine Auslegg kein Raum (RG **158**, 124, BGH **25**, 319, **LM** § 2084 Nr 7, BayObLG **81**, 34). Dem insow krit Schrifttum (MüKo/Mayer-Maly Rdn 42) ist zuzugeben, daß die Feststellg der Eindeutigk der Berücksichtigg aller BegleitUmst voraussetzt u dam selbst ein interpretatorischer Vorgang ist. Gleichwohl hat der schon im gemeinen Recht anerkannte Grds, daß eindeut Erkl keiner Auslegg bedürfen, als Hilfsmittel für die jur Praxis seine Bedeutg. Er stellt klar, daß es keiner Sinnmittlg bedarf, wenn am ErklInh kein Zweifel mögl ist (RGRK/Krüger-

Nieland Rdn 5). Ob Eindeutigk vorliegt, ist eine revisible RFrage (BGH **32**, 63). Sie kann auch bei einem (scheinb) eindeut Wortlaut zu verneinen sein (BGH **86**, 46). – **c)** Die WillErkl muß **auslegungsfähig** sein. Das trifft grdsl auch auf widerspruchsvolle u scheinb widersinnige Erkl zu (BGH **20**, 110). And ist es nur, wenn sich nach Ausschöpfg aller Ausleggsmöglichk kein geltsfähiger Sinn ermitteln läßt (RG JW **16**, 405).

4) Wirklicher Wille u objektive Erklärungsbedeutung. a) Nach § 133 ist bei der Auslegg der wirkl Wille zu erforschen. Diese Formulier erweckt den Anschein, daß es für die Auslegg entscheid auf den inneren Willen des Erklärden ankomme. Das trifft jedoch in dieser Allgemeinh nicht zu. Aber auch die gelegentl vertretene GgAns, unter dem wirkl Willen iSd § 133 sei der in der Erkl objektivierte Wille zu verstehen (so fr Manigk, Danz), ist nicht richtig. In Wahrh ist bei der Auslegg von RGesch zu **differenzieren** (Jahr JuS **89**, 252). Je nach der Art der Erkl u der bestehden Interessenlage hat die Auslegg auf den wahren Willen des Erklärden abzustellen (sog natürl Auslegg, nachstehd b u e) od die obj ErklBedeutg seines Verhaltens zu ermitteln (sog normative Auslegg, nachstehd c u d).

b) Besteht ein **übereinstimmender Wille** der Part, so ist dieser rechtl auch dann allein maßgebd, wenn er im Inh der Erkl keinen od nur einen unvollkommenen Ausdr gefunden hat (BGH **20**, 110, **71**, 247, NJW **88**, 202, NJW-RR **87**, 1284, BAG **22**, 174, stRspr). Das übereinstimmd Gewollte hat den Vorrang vor einer irrtüml od absichtl Falschbezeichng (*falsa demonstratio non nocet*, s Reinicke JA **80**, 458). Nicht erforderl ist, daß der ErklEmpfänger sich den wirkl Willen des Erklärden zu eigen gemacht hat; es genügt, daß er ihn erkannt hat (BGH NJW **84**, 721, **LM** § 157 (G) Nr 2). Auch bei formbedürft RGesch ist eine Falschbezeichng unschädl, vorausgesetzt, daß sie unabsichtl erfolgt ist (BGH **87**, 152; zur absichtl Falschbezeichng s § 313 Anm 8d). Zu dem prakt kaum vorstellb Fall, daß innerer Wille u Verständn des Erklärden voneinand abweichen, s Wieser AcP **189**, 112. Mißverständl ist die gelegentl verwandte Formulier, bei einem übereinstimmen PartWillen sei für eine Auslegg kein Raum (so BGH **LM** [B] Nr 7, BAG **AP** Nr 28). Die Feststellg, daß die Part übereinstimmend dasselbe gewollt haben, erfordert idR eine Sinnerfassg u damit eine Auslegg (MüKo/Mayer-Maly Rdn 14). Außerdem kann der übereinstimmde PartWille lückenhaft sein u einer Ergänzg bedürfn.

c) Empfangsbedürftige Willenserklärungen sind – falls nicht b zutrifft – so auszulegen, wie sie der ErklEmpfänger nach Treu u Glauben unter Berücksichtigg der VerkSitte verstehen mußte (BGH **36**, 33, **47**, 78, **103**, 280, NJW **82**, 2235, **86**, 1683, NJW-RR **88**, 803, stRspr). Bei der Auslegg dürfen daher nur solche Umst berücksichtigt w, die bei Zugang der Erkl für den Empfänger erkennb waren (BGH NJW **88**, 2879). Auf seinen „Horizont", seine Verständnismöglichk ist die Auslegg auszustellen, u zwar auch dann, wenn der Erklärde die Erkl anders verstanden hat u auch verstehen durfte (Wieser AcP **184**, 40). Das bedeutet allerdings nicht, daß der Empfänger der Erkl einfach den für ihn günstigsten Sinn beilegen darf. Er ist nach Treu u Glauben verpflichtet, unter Berücksichtigg aller ihm erkennb Umst mit gehöriger Aufmerksamk zu prüfen, was der Erklärde gemeint hat (BGH NJW **81**, 2296, Larenz § 19 II a). Entscheid ist aber im Ergebn nicht der empirische Wille des Erklärden, sond der dch normative Auslegg zu ermittelnde **objektive Erklärungswert** seines Verhaltens (BGH **36**, 33). Wird für die Erkl ein **Formular des Empfängers** benutzt, ist dagg entspr AGBG 5 darauf abzustellen, wie der Erklärde das Formular verstehen durfte (s BGH NJW **83**, 1904 u die Rspr zur AusglQuittg, § 397 Anm 3b). Auch wenn es darum geht, ob ein best ErklAkt als WillErkl aufzufassen ist od nicht, ist nicht der innere Wille des Erklärden, sond die obj ErklBedeutg seines GesVerhaltens maßgebd (BGH **21**, 106, **91**, 328, Einf 1b v § 116). Entspr gilt grdsl für **schlüssige Willenserklärungen** (Einf 3a § 116). Schlüssiges Verhalten ist aber nur dann als WillErkl zurechnen, wenn der Erklärde wußte od damit rechnete, daß eine von ihm abzugebde WillErkl erforderl sein könnte (BGH **LM** § 398 Nr 20 Bl 3, NJW **73**, 1789). Die für die Auslegg von empfangsbedürft WillErkl entwickelten Grds sind unmittelb weder dem § 133 noch dem § 157 zu entnehmen. Sie ergeben sich aber aus dem Gedanken des Vertrauensschutzes u dem §§ 119ff. Die §§ 119ff wären leerlaufd, wenn die Auslegg eine dem wirkl Willen des Erklärden entspr ErklInh herzustellen hätte.

d) Ähnl Grds wie für empfangsbedürft WillErkl gelten für die Auslegg von **Erklärungen an die Allgemeinheit.** Darunter sind solche Erkl zu verstehen, die für eine unbest Vielzahl von Pers Bedeutg erlangen können. Ihre Auslegg richtet sich nach der Verständnismöglichk eines dchschnittl Beteiligten od eines Angeh des gerade angesprochenen PersKreises. Außer dem Text der Erkl dürfen nur solche Umst berücksichtigt w, die jedermann od doch jedem Angeh der angesprochenen Kreise bekannt od erkennb sind (BGH **53**, 307). Das gilt für die Satzg von Vereinen (BGH **47**, 180, **63**, 290, § 25 Anm 2c), von AG und GmbH (RG **165**, 73, Wiedemann DNotZ **77** Sonderheft S 105), auch für eine sog FamGmbH (BGH BB **81**, 926, Düss ZIP **87**, 230), für Hauptversammlgsbeschlüsse (RG **146**, 154), WechselErkl (BGH **21**, 161, **64**, 14, Betr **79**, 1081) u InhSchuldVerschreibgn (BGH **28**, 263). Da die Auslegg **einheitlich** vorzunehmen ist, müssen Umst, die nur einz Beteiligten bekannt od erkennb sind, außer Betracht bleiben (BGH **28**, 264). Auch die Auslobg ist obj nach der Verständnismöglichk eines dchschnittl Beteil auszulegen, obwohl sie an sich eine nicht empfangsbedürft WillErkl ist (Kornblum JuS **81**, 801). Ähnl Grds gelten für die Auslegg von **Allgemeinen Geschäftsbedingungen** (AGBG 5 Anm 3).

e) Eine grdsl and Ausleggsmethode gilt dagg für **letztwillige Verfügungen.** Da sie sich nicht an einen best Adressaten richten, spielt bei ihnen der Gedanke des Vertrauensschutzes keine Rolle. Entscheid für ihre Auslegg ist nicht der Sinn der Erkl, sond der wirkl Wille des Erbl (BGH **80**, 249, **86**, 45, **LM** § 2079 Nr 1, Larenz § 19 II d, allgM). Ist dieser nicht feststellb, ist der mutmaßl Wille maßgebd (BGH **86**, 45, BayObLG **82**, 165). Die für die Auslegg maßgebde Norm ist § 133, nicht § 157. Ergänzd gilt § 2084, wonach von versch Ausleggsmöglichk iZw derj der Vorzug zu geben ist, bei der die Vfg Erfolg hat. Zu ermitteln ist der wirkl Wille des Erbl im Zeitpkt der TestErrichtg (BGH aaO). Es sind alle Umst zu berücksichtigen, die Schlüsse auf die Abs des Erbl zulassen (BGH FamRZ **70**, 193). Verwendet der Erbl einen Begr in einer vom übl Sinn abw Bedeutg, ist dieser auch dann maßgebd, wenn der Erbe diese nicht kennt. Schranken für die subj Auslegg ergeben sich daraus, daß der Wille des Erbl, um rechtl Geltg zu erlangen, in der vorgeschriebenen Form erklärt w muß. Zwar kann die Auslegg einen vom übl Wortsinn abw Inh der letztw Vfg feststellen, Falschbezeichnen berichtigen u Widerspr beseitigen; sie kann aber nicht vergessene od außerh der Urk formunwirks getroffene Anordngen zum Inh der Erkl machen (Anm 5 c). Einzelh zur TestAusleg s bei § 2084.

5) Verfahren bei der Auslegung. a) Trotz des in § 133 enthaltenen Verbots der Buchstabeninterpretation hat die Ausleg vom **Wortlaut** der Erkl auszugehen (s BGH NJW **70**, 321, **84**, 722, 1826). Maßgebd ist iZw der allg Sprachgebrauch (s BGH **LM** (C) Nr 17 zum Begriff „Fenster"). Ein bes Sprachgebrauch des Erklärden ist zu berücksichtigen, bei empfangsbedürft Erkl aber nur dann, wenn er dem ErklEmpfänger bekannt od erkennbar war (Anm 4 c). Wird ein VertrAngebot an ein Untern dch Ausfüllen und Unterzeichng eines Formulars gefertigt, w mdl Erläutergen des Kunden auch dann Inh seiner Erkl, wenn sie ggü einem Vertreter ohne AbschlVollm abgegeben worden sind (BGH NJW **82**, 377). Bei beurkundeten Erkl kommt es auf den Willen u die Vorstellgen des Erklärden an; die Auffassgen der UrkPers sind nur dann erhebl, wenn der Erklärde sie sich zu eigen gemacht hat (BGH DNotZ **61**, 396, BB **67**, 1394). Ähnl wie bei der GesAusleg (Einl VI 3 b v § 1) sind auch bei rechtsgeschäftl Texten der sprachl Zushang der Erkl (grammatikalische Ausleg) u die Stellg der auslegsbedürft Formulierg im GesZushang des Textes (systemat Ausleg) zu berücksichtigen (BGH NJW **57**, 873).

b) Nach der Ermittlg des Wortsinnes sind in einem zweiten Auslegsschritt die außerh des ErklAktes liegden **Begleitumstände** in die Ausleg einzubeziehen, sow sie einen Schluß auf den Sinngehalt der Erkl zulassen (BGH WPM **71**, 40, Betr **75**, 442, BAG NJW **71**, 639, Betr **74**, 1071). Bei empfangsbedürft WillErkl sind aber nur die Umst zu berücksichtigen, die dem ErklEmpfänger bekannt od erkennb waren (Anm 4 c), bei Erkl an die Allgemeinh nur allg bekannte (Anm 4 d). Als auslegsrelevante BegleitUmst kommen neben der VerkSitte (unten d) vor allem in Betracht. – **aa)** Die **Entstehungsgeschichte** des Vertr od RGesch. Aus der Abwicklg fr Gesch od den VorVhdlgen der Beteiligten, etwa einem vom RGesch geggstd gemachten Verkaufsprospekt (BGH NJW **81**, 2295) od einem zunächst abgeschl formunwirks Vertr (BGH NJW **87**, 2437), kann sich ergeben, welche Bedeutg der auslegsbedürft ErklTeil nach dem Willen der Part haben soll (s BGH **LM** (B) Nr 1 u 9). Das GesBild der VertrVhdlgen kann eine vom übl Wortsinn abw Ausleg rechtf (BGH WPM **71**, 40). – **bb) Äußerungen der Parteien** über den Inh des RGesch (RG Recht **30** Nr 1228). Obwohl die Erkl mit dem Zeitpkt ihres Wirksamwerdens ihren grdsl unveränderl ErklWert erhält (BGH **LM** (B) Nr 9), kann auch späteres Verhalten der Part zumindest als Indiz für die Ausleg von Bedeutg sein (BGH NJW **88**, 2878, NJW-RR **89**, 199, BAG **AP** Nr 32, Mü NJW-RR **87**, 1502). – **cc)** Die von den Part in ihrer **Geschäftsverbindung** herausgebildeten Usancen („GeschVerbindgsbrauch", Müller-Graff, Auswirkgen einer laufden GeschVerbindg, 1974, S 134). Sie können die Ausleg einer EinzErkl (Bsp: RG Recht **05**, 127) od des Vertr betreffen. – **dd)** Der mit dem RGesch verfolgte **Zweck** (BGH **2**, 385, **20**, 110) u die bestehende **Interessenlage** (BGH **21**, 328, NJW **81**, 1549, 2295). Ähnl wie bei Ges (Einf VI 3 c v § 1) kommt auch bei RGesch der teleologischen Ausleg bes Bedeutg zu. Aus ihr kann sich ergeben, daß eine Abwohnklausel als Mietvorauszahlg (BGH **LM** § 157 Nr 6), das Bestreiten einer Verpfl als Anf (BGH Betr **71**, 2302) u ein Rücktr als Künd (RG **89**, 398) aufzufassen ist. Sieht das Ges für die Erreichg eines best Zweckes mehrere rechtl Gestaltgsmöglich vor, ist die teleologische Ausleg dagg idR unergiebig. Es muß somit iZw der Wortlaut entscheiden. Eine als Bürgsch bezeichnete Erkl kann daher nicht ow als Schuldbeitritt (BGH **LM** (B) Nr 7) u umgekehrt ein Schuldbeitritt nicht ow als Bürgsch ausgelegt w (BGH **LM** (C) Nr 34). Hauptanwendgsfeld für die teleologische Ausleg ist die ergänzde VertrAusleg (§ 157 Anm 2). Welchen Stellenwert der Wortlaut der Erkl u die BegleitUmst für das Auslegsergebn haben, hängt von den Umst des Einzelfalles ab. Entscheidd ist, wie die Erkl unter Berücksichtigg aller BegleitUmst, insb des GesVerhaltens der Part u der von ihnen verfolgten Zwecke, redlicherweise zu verstehen ist (RG **119**, 25, BGH WPM **64**, 906).

c) Auch bei **formbedürftigen Erklärungen** sind Umst außerhalb der Urk bei der Ausleg mitzuberücksichtigen (RG **154**, 44, BGH **63**, 362, **86**, 46, **LM** (B) Nr 1, 3, strRspr). Das gilt auch für die dingl Einigg (BGH **LM** (B) Nr 13) u für letztw Vfgen (Anm 4 e). Dem Vertretenen ist aber nur die Kenntn von Vertretern zuzurechnen, nicht die von Vhdlgsgehilfen (BGH NJW-RR **86**, 1019, § 166 Anm 2 b). In einem ersten Untersuchgsschritt ist festzustellen, wie die Erkl unter Berücksichtigg aller maßgebden Umst auszulegen ist (BGH **80**, 250, **86**, 47); dabei dürfen Umst außerh der Urk nur berücksichtigt w, soweit sie bewiesen sind (Anm 7 a). Erst anschließd ist zu prüfen, ob die so ausgelegte Erkl der Form genügt (BGH **86**, 47). Bei der Prüfg folgt die Rspr der sog **Andeutungstheorie**. Sie verlangt, daß der aus Umst außerh der Urk ermittelte rechtsgeschäftl Wille in der Urk einen, wenn auch unvollkommenen Ausdr gefunden haben muß (RG **154**, 44, BGH **63**, 362, **80**, 245, 250, **87**, 154), leitet aber bei best FormVorschr (§ 766) aus ihrem Zweck einen weitergehden MindestInh der Urk ab (BGH NJW **76**, 189, BB **89**, 655, krit Tiedtke WPM **89**, 737). Diese Ans, an der der BGH für den Fall ergänzder VertrAusleg offenb selbst nicht mehr festhalten will (BGH **86**, 47f, Flume NJW **83**, 2007), begegnet mehr Bedenken (Soergel-Hefermehl Rdn 28). Sie ist mit dem allg anerkannten Grds unvereinb, daß eine unabsichtl Falschbezeichng auch bei formbedürft Erkl unschädl ist (BGH **87**, 153, § 313 Anm 9 b). Gleichwohl trifft die Rspr im Ergebn weitgehd zu. Bei formbedürft Erkl ist nur der Wille beachtl, der unter Wahrg der vorgeschriebenen Form erklärt worden ist. Auszulegen ist daher der Inh der **abgegebenen** Erkl, dch Ermittlg eines vom übl Sprachgebrauchs, dch Eliminierg von Falschbezeichngen u Beseitig von Widerspr. Dagg können versehentl weggelassene Abreden od formunwirks getroffene Nebenabreden nicht iW der Ausleg zum Inh der Erkl gemacht w (s BGH **74**, 117, Flume NJW **83**, 2009, aA **LM** § 313 Nr 30, Ffm Rpfleger **80**, 87). Besonders liegt es, wenn das FormErfordern, wie etwa GWB 34, eine behördl Kontrolle ermöglichen soll. Hier erscheint es aus dem Zweck der Form, daß der Grds *falsa demonstratio non nocet* unanwendb ist (BGH NJW-RR **86**, 724).

d) Vertr sind gem § 157 so auszulegen, wie Treu u Glauben mit Rücks auf die VerkSitte es erfordern. *Dieser Grds gilt auch für die Ausleg von einz WillErkl u einseit RGesch* (RG **169**, 125, BGH **47**, 78). Die Orientierg an **Treu u Glauben** bedeutet, daß iZw ein AuslegsErgebn anzustreben ist, das die berecht Belange beider Part angem berücksichtigt u mit den Anfordergen des redl GeschVerk im Einklang steht.

Zum Begriff von Treu u Glauben s § 242 Anm 1 c, zur ergänzden VertrAuslegg s § 157 Anm 2. **Verkehrssitte** ist die im Verk der beteiligten Kreise herrschde tats Übg (RG **49**, 162, BGH **LM** § 157 (B) Nr 1). Sie muß eine gewisse Festigk erlangt haben. Ein GeschGebrauch, der überwiegd befolgt, häuf aber auch nicht befolgt w, ist keine VerkSitte iSd Ges (RG **75**, 340). Die zw Kaufleuten bestehende VerkSitte nennt das Ges Handelsbrauch (HGB 346). Dieser kann dch Anerkenng außerh des HandelsVerk zu einer (allg) VerkSitte erstarken (Kblz NJW-RR **88**, 1306: Tegernseer Gebräuche). Die VerkSitte ist keine RNorm, sond ein die Auslegg mitbestimmder tats Faktor (s BGH NJW **66**, 503). Es ist daher nicht erforderl, daß sie von den Betroffenen als verbindl angesehen w (aA Heldrich AcP **186**, 92). Sie ist nur zu berücksichtigen, wenn beide Beteiligten dem VerkKreis angehören, für den sie gilt (RG **135**, 345). Trifft das zu, ist sie auch dann anzuwenden, wenn eine der Part sie nicht kannte (RG **114**, 12, BGH **LM** § 157 (B) Nr 1, Ffm NJW-RR **86**, 912). Selbstverständl kann nur die VerkSitte berücksichtigt w, die bereits bei Vorn des RGesch tats in Geltg war (RG JW **38**, 859). Bestehen regionale Unterschiede, ist die maßgebde VerkSitte nach den in § 269 Anm 1 b cc dargestellten Grds zu ermitteln. Die Einbez der VerkSitte in den Vertr kann dch PartVereinbg ausdr od stillschw ausgeschl w (RG **114**, 12, BGH **LM** § 157 (B) Nr 1). Verstößt die VerkSitte gg Treu u Glauben od ist sie sonst mißbräuchl, ist sie nicht zu berücksichtigen (RG **114**, 12, BGH **16**, 12).

e) **Auslegungsregeln.** Das Ges enthält eine Anzahl von Vorschr, die für best Fälle ein best AusleggsErgebn als iZw zutreffd bezeichnen (Bsp: §§ 314, 328 II, 364 II). Von diesen auf einen vermuteten PartWillen abstelldden AusleggsRegeln zu unterscheiden sind die ergänzden Vorschr des dispositiven Rechts (Bsp: §§ 276 ff, 323 ff, 459 ff). Sie knüpfen nicht an einen vermuteten PartWillen an, sond gelten ex lege, es sei denn, daß die Part eine abw Abrede getroffen h. Im prakt Ergebn wirken Ausleggsregeln u dispositives Recht gleich. Sie sind nur dann unanwendb, wenn ein entggstehder PartWille nachgewiesen w. Weitere Ausleggsregeln hat die **Praxis der Rechtsanwendung** hervorgebracht. – **aa) Unklarheitenregel.** Sie gilt für AGB (AGBG 5). Sie ist entspr anwendb, wenn eine WillErkl mittels moderner Kommunikationstechnik abgegeben w (Paefgen JuS **88**, 595) od wenn der VertrText vom wirtschaftl u intellektuell Überlegenen entworfen worden ist (Ffm OLGZ **73**, 230), gilt aber im übrigen für IndVereinbgen nicht (BGH VersR **71**, 172). – **bb)** Abreden, die **wesentliche Rechte** einer Part **einschränken,** sind iZw eng auszulegen. Hauptanwendgsfall dieser Ausleggsregel sind Freizeichnungsklauseln. Sie sind grdsl eng u gg den auszulegen, der die Haftg abbedingen will (BGH **22**, 96, **54**, 305, § 276 Anm 5 B a aa). – **cc) Gesetzeskonforme Auslegung:** iZw gebührt der Auslegg der Vorzug, die die Nichtigk des RGesch vermeidet (BGH NJW **71**, 1035, Nassall BB **88**, 1264, Hager, Gesetzes- u sittenkonforme Auslegg u Aufrechterhaltg v RGesch, 1983). Für AGB gilt jedoch das Verbot geltungserhaltder Reduktion (Einf 3 b v § 8 AGBG); auch bei IndividualVertr ist geltgserhaltde Reduktion nur zul, soweit der Zweck der verletzten Norm dies zuläßt (s Roth JZ **89**, 411). – **dd)** Es ist iZw anzunehmen, daß die Part das **Vernünftige** gewollt (BGH **79**, 18) u nichts **Unredliches** angestrebt haben (LG Darmstadt NJW **89**, 2067, MüKo/Mayer-Maly Rdn 52). – **ee)** Bei rechtsgeschäftl Texten, insb solchen größeren Umfangs, können als Hilfsmittel der Auslegg die **Argumentationsformen** herangezogen w, die bei der GesAuslegg verwandt w. Bsp sind die Analogie, der Umkehrschluß, die teleologische Reduktion (Einl VI 3 d v § 1).

6) **Sonderfälle. a) Allgemeine Geschäftsbedingungen und Formularverträge** sind ausgehd von den VerständnMöglichk eines Dchschnittskunden obj u einheitl auszulegen (AGBG 5 Anm 3). – **b)** Entspr gilt für die Auslegg **typischer Klauseln,** insb der im HandelsVerk gebräuchl. Sie sind unabhängig von den individuellen Vorstellgen der Part u den Umst des Einzelfalles nach obj Maßstäben einheitl auszulegen (BGH **7**, 368, **22**, 113). Einzelne Klauseln s § 157 Anm 4 c. – **c) Grundbuchverkehr.** Für grundbuchrechtl Erkl gelten grdsl die gleichen Ausleggsregeln wie für sonst WillErkl (RG **121**, 43, BayObLG DNotZ **82**, 256, DNotZ **83**, 175). Zu beachten sind aber die verfahrensmäß Besonderh der GBO. Im GrdBVerf können Umst außerh der Urk nur berücksichtigt w, wenn sie in der Form des GBO 29 nachgewiesen w. Eine Eintragg kann nur erfolgen, wenn sie Nich vorgenommene Auslegg eindeut ist (s BayObLG Rpfleger **80**, 111, **81**, 147, Hamm NJW **66**, 2411). GrdBEintraggen, aber auch TeilgsErkl (KG OLGZ **82**, 135) sind wie Erkl an die Allgemeinh auszulegen (Anm 4 d). Zu berücksichtigen sind der Wortlaut der Eintragg u die in bezug genommene Eintraggsbewilligg. Umst außerh der Urk dürfen nur mit herangezogen w, sow sie für jedermann ow erkennb sind (BGH **59**, 209, **47**, 196, Böhringer Rpfleger **88**, 390, § 873 Anm 4 c). – **d) Satzungen** s Anm 4 d. – **e) Tarifverträge** sind in ihrem normativen Teil nach den für die GesAuslegg gelten Grds (Einl VI v § 1) auszulegen (BAG NJW **61**, 1837, BAG BB **89**, 987). Der übereinstimmde Wille der TarifVertrPart darf nur dann berücksichtigt w, wenn er in den Regelgen des TarifVertr einen erkennb Ausdr gefunden hat (BAG aaO). Die Anpassg des TarifVertr an veränderte Verh ist grdsl Sache der VertrPart; eine ergänzde Auslegg wg nachträgl entstandener Regelslücken kommt nur ausnw in Betracht (s BAG Betr **67**, 820, **82**, 608). Für die Auslegg des normativen Teils von BetrVereinbgen gilt das Ausgeführte entspr (s Staud-Dilcher Rdn 63).

7) **Prozessuale Fragen. – a)** Die Auslegg ist rechtl Würdigg (MüKo/Mayer-Maly Rdn 57). Der Richter hat sie vAw dchzuführen (RG **131**, 350) u ist an PartVorbringen nicht gebunden (RG LZ **30**, 513). Für sie besteht keine Behauptgs- od BewLast (BGH **20**, 111). Sie kann weder zugestanden (RG Recht **31**, 840) noch bewiesen w (BGH **LM** § 242 (A) Nr 7). Der Auslegg vorausgehen muß aber die **Feststellung des Erklärungstatbestandes,** dh die Ermittlg der für die Auslegg relevanten Tats (Anm 3 a). Erst wenn sie vollst festgestellt sind, darf die Auslegg vorgenommen w (RG DR **42**, 38, BGH **20**, 110, **LM** § 157 (Gf) Nr 2). Auf tats Gebiet liegt auch die Ermittlg des Willens der Beteiligten (RG SeuffA **64**, 65). Hinsichtl dieser auslegungsrelevanten Umst besteht eine Darleggs- u BewLast. Dabei ist davon auszugehen, daß iZw die nach der VerkAuffassg gewöhnl u regelmäß Auslegg gilt. Für Urk besteht die zum gleichen Ergebn führde Vermutg der Vollständigk u Richtigk (§ 125 Anm 5). Wer aus Umst außerh der Urk od des ErklAktes für sich günst Rechtsf herleiten will, muß daher den betreffden Umst beweisen (s BGH **20**, 111, BB **70**, 685). Das gilt etwa für die Behauptg einer *falsa demonstratio* (Hbg VersR **88**, 260) od für Behauptgen betreffd die Entstehgsgeschichte des Vertr. – **b) Revisibilität der Auslegung.** Die Feststellg des ErklTatbestdes ist als Tatfrage einer Nachprüfg dch das RevisionsGer entzogen (RG JW **37**, 3025, BAG **22**, 424). Auf tats Gebiet

§§ 133, 134

liegt auch die Feststellg des Bestehens od Nichtbestehens einer VerkSitte (BGH **40**, 333, **LM** § 157 (B) Nr 1, NJW **66**, 503). Dagg ist die Ausslegg rechtl Würdigg. Sie w aber vom RevisionsGer nur darauf nachgeprüft, ob gesetzl Ausleggsregeln, Denkgesetze, Erfahrgssätze od VerfahrensVorschr verletzt sind (RG **131**, 350, BGH **LM** (D) Nr 4, WPM **80**, 247, BVerwG NVwZ **82**, 196, krit May NJW **83**, 980). Zu den Erfahrgssätzen gehört auch ein allg Sprachgebrauch (BGH **LM** (Fb) Nr 4). Nachprüfb ist weiter, ob ein eindeut Wortlaut vorliegt (BGH **32**, 63). Hat der TatRi eine Erkl nicht od in Verletzg von anerkannten AusleggsGrds ausgelegt, kann das RevisionsGer die Auslegg selbst vornehmen, sow weitere tatsächl Feststellgen nicht mehr erforderl sind (BGH **65**, 112, NJW **74**, 1082). Das gilt auch dann, wenn mehrere Ausleggen in Frage kommen (BGH aaO). Auch die Auslegg von ProzVergl ist nur in dem dargelegten Umfang beschränkt nachprüfb (RG **154**, 320, BGH **LM** (D) Nr 4). Dagg w die Auslegg von AGB, FormularVertr u sonst **typischen Klauseln** vom RevisionsGer voll überprüft, wenn sich ihre Anwendg nicht auf einen OLG-Bezirk beschränkt (BGH **7**, 368, **62**, 253, **67**, 103, **83**, 337). Die Auslegg von typ MietVertrKlauseln kann daher Ggst eines REntscheids gem MRÄndG Art 3 sein (BGH **84**, 349, Zweibr OLGZ **81**, 348, Karlsr OLGZ **82**, 87). Revisibel ist auch die Auslegg von Satzgen jur Personen (BGH **14**, 36, **27**, 300), von GesellschVertr von PublikumsKG (BGH Betr **82**, 218), von allg gebräuchl Klauseln in GemeinschOrdngen für EigtWo (BGH **88**, 305) u von Eintraggen im GrdBuch (BGH **59**, 208, Hamm OLGZ **82**, 28). Dagg ist die Auslegg ausl AGB ebso wie die ausl Rechts nicht revisibel (BGH **49**, 362, Betr **86**, 1063).

134 **Gesetzliches Verbot.** Ein Rechtsgeschäft, das gegen ein gesetzliches Verbot verstößt, ist nichtig, wenn sich nicht aus dem Gesetz ein anderes ergibt.

Schrifttum: Canaris, Gesetzl Verbot u RGesch, 1983.

1) Allgemeines. a) Verbotsgesetze iSd § 134 sind Vorschr, die einer nach unserer ROrdng grdsl mögl rechtsgeschäftl Regelg wg ihres Inh od wg der Umst ihres Zustandekommens untersagen. Das Verbot muß sich gerade gg die **Vornahme** des RGesch richten (BGH NJW **83**, 2873). Ein KaufVertr ist nicht desh gem § 134 nichtig, weil der Verkäufer bei der Warenbeschaffg gg gesetzl Vorschr verstößt (BGH aaO, s aber § 138 Anm 5s). Von den VerbotsGes iSd § 134 zu unterscheiden sind die Normen, die **rechtsgeschäftliche Gestaltungsmacht einschränken** (s BGH **13**, 184, **40**, 160, Larenz § 22 II). VerbotsGes betreffen RGesch, die der Betroffene vornehmen kann, aber nicht vornehmen **darf**. Bei ges Beschränkgen der rechtsgeschäftl Gestaltgsmacht ist das RGesch dagg schon deshalb endgült od schweb unwirks, weil der Betroffene es nicht vornehmen **kann**. Die Frage, ob das Gesch erlaubt od verboten ist, stellt sich nicht. Keine Verbotsgesetze sind daher: – aa) Allgemeine Beschränkgen rechtsgeschäftl Gestaltgsbefugn wie §§ 137, 181. – **bb) Gesetzlicher Ausschluß der Übertragbarkeit** eines Rechts wie §§ 399, 400, 719, 847 I 2 (§ 136 Anm 1b). – **cc)** Beschränkg auf **bestimmte Rechts- oder Geschäftstypen** wie den numerus clausus der Sachenrechte. Eine Vereinbg über die Begründg eines nicht akzessorischen PfandR ist nicht wg Verstoßes gg ein VerbotsGes, sond deshalb unwirks, weil sie die Grenzen rechtsgeschäftl Gestaltgsmöglichk überschreitet (BGH **23**, 299). – **dd) Beschränkung der Rechtsmacht** von ges Vertretern od ges VermögensVerw wie TestVollstr u KonkVerw. Ebso liegt es, wenn die Vfgsmacht des RInhabers wie iF der §§ 1365ff u 2211 eingeschränkt ist. In all diesen Fällen ist das RGesch wg Fehlens einer privatonomen Gestaltgs- od Vfgsmacht u nicht wg Verletzg eines VerbotsGes nichtig (BGH **13**, 184, **40**, 160, MüKo/Mayer-Maly Rdn 5f). – **b)** Der **Begriff des Gesetzes** iSd § 134 deckt sich mit dem des Art 2 EG (Einl V 1 v § 1). VerbotsGes können sich aus Ges im formellen Sinn, RVerordngen od GewohnhR ergeben. Auch LandesR kann im Rahmen seiner Zustdgk ges Verbote enthalten (BGH **47**, 30, NJW **86**, 2361). Entspr gilt für TarifVertr u BetrVereinbgen (LAG Saarbr NJW **66**, 2136, str). Ausl VerbotsGes fallen nicht unter § 134 (BGH **59**, 85), auch nicht Ges der DDR (BGH **69**, 296). Die Verletzg od Umgehg ausl VerbotsGes kann aber die Anwendg des § 138 rechtf, wenn sie mittelb auch dtsche Interessen schützen od auf allg anerkannten rechtl Erwäggen beruhen (BGH **34**, 169, **69**, 298, **94**, 271). Verbote der Besatzgsmacht standen nach dem 2. Weltkrieg dtschen VerbotsGes gleich (Brschw NdsRpfl **48**, 60); dagg wurden sie nach dem 1. Weltkrieg als Verbote ausl Rechts bewertet (RG **107**, 174). Sow völkerrechtl Normen gem GG 25 od 59 in innerstaatl Recht transformiert worden sind, fallen auch völkerrechtl Verbote unter § 134. Auf Grund von völkerrechtl Vertr können auch ausl Verbotsnormen zu beachten sein. Gem Art VIII des internationalen WährgsAbk macht ein Verstoß gg ausl Devisenbestimmgen das RGesch aber nicht nichtig, sond führt zur Unklagbark der Fdg (BGH **55**, 338, NJW **80**, 520), auch ggü dem Bü (Düss WPM **83**, 1366). Völkerrechtl Vertr, die ausschließl die RBeziehgen zw den beteiligten Reg regeln, stellen keine Verbote iSd § 134 dar (BGH **69**, 296). Ges können sich auch aus dem **Recht der EG** ergeben. HauptBsp ist das in EG-Vertr 85 enthaltene Verbot wettbewerbsbeschränkder Abreden (Staud-Dilcher Rdn 33). Dagg hat die Rspr das Diskriminiergsverbot des MontanunionsVertr nicht als VerbotsGes aufgefaßt (BGH **30**, 74). – **c)** Das Verbot braucht im Ges **nicht ausdrücklich** ausgesprochen zu sein. Es kann sich auch aus dem Zushang des Ges ergeben (BGH **51**, 262). Verstoßen SchiedsVertr gg die ungeschriebene Verbot partei Rpflege, sind sie gem § 134 nichtig (BGH aaO). Widerspricht das RGesch rechtl Grds od Wertgen, die keine ges Verbote sind, kann sich die Nichtigk aus § 138 ergeben (§ 138 Anm 1f). – **d)** Die **Grundrechtsartikel** des GG betreffen nach ihrer geschichtl Entwicklg, ihrem Inhalt u Zweck das Verh zw Bürger u öff Gewalt. Sie wirken zwar über die Generalklauseln (§§ 138, 242, 826) in das PrivR ein, sie sind aber im allg keine VerbotsGes iSd § 134 (Staud-Dilcher Rdn 12, str, s auch § 242 Anm 1c). Unmittelb wirkde Verbotsschranken enthalten das GrundR der KoalitionsFreih (GG 9 III), der in GG 48 II festgelegte Vorrang der Abgeordnetentätigk vor Pflten aus dem Arb- od GesellschVerh (BGH **43**, 387, NJW **85**, 2635) u die Grds des freien Mandats (GG 38 I S 2). Nichtig ist deshalb zB die Verpfl, bei einem PartWechsel das Mandat niederzulegen od eine VertrStrafe zu zahlen (LG Brschw DVBl **70**, 591). Zur Rspr des BAG, das zahlreiche weitere GrundRArtikel als ges Verbote ansieht, vgl Anm 3a aa. – **e) Verfügungsverbote** zum Schutz von Allgemeininteressen fallen unter § 134. Sow sie den Schutz von best Pers bezwecken, gelten dagg die §§ 135, 136 (dort Anm 1a). – **f)** § 134 ist anzuwenden, wenn der **Tatbestand** des VerbotsGes **objektiv erfüllt** ist (BGH **37**,

366). Gleichgült ist, ob die Part schuldh gehandelt haben. – **g)** § 134 gilt für **Rechtsgeschäfte** (Übbl 1 b v § 104) jeder Art. Er ist auch auf VertrAngebote anzuwenden (MüKo/Mayer-Maly Rdn 25, s zum BaupreisR Nicklisch BB **73**, 53). – **h) Die Beweislast** für die tatsächl Voraussetzgen eines GesVerstoßes trägt derjenige, der sich auf die Nichtigk des RGesch beruft (RG **148**, 6, BGH NJW **83**, 2019).

2) Folgen des Verstoßes. a) Sie werden in einigen Fällen vom Ges ausdr bestimmt, indem das RGesch als nichtig, unwirks od anfechtb bezeichnet w (Bsp: §§ 476, 537 III, 550a, 557 IV, 795 II, BKleinG 4 II 2). Fehlt eine solche Festlegg, ist § 134 heranzuziehen. Er begründet als Auslegsregel die **Vermutung,** daß der GesVerstoß das RGesch nichtig macht (Canaris aaO S 15, MüKo/Mayer-Maly Rdn 1, str, aA Seiler Gedächtnis Schr Martens, 1987, S 719 u wohl auch BGH **45**, 326). Die Ausleg der Verbotsnorm kann aber ergeben, daß keine Nichtigk eintreten soll. Anhaltspunkte für die Einordng können sich aus der **Gesetzessprache** ergeben. Verwendet das Ges Formulierngen wie „kann nicht", „ist unzul", „ist nicht übertragb", liegt idR kein ges Verbot, sond eine zur endgült od schwebden Unwirksamk führde Einschränkg der rechtsgeschäftl Gestaltgsmacht vor (Anm 1a). Die Formulierg „darf nicht" ist für die Auslegg uneigied. Sie wird in ges Verboten mit u ohne NichtigkFolge verwandt (s GmbHG 30, AktG 57, 59; BGB 51, 627 II). Dagg hat „soll nicht" im BGB die Bedeutg einer bloßen OrdngsVorschr, deren Verletzg die Gültigk des RGesch nicht berührt (s §§ 58, 564a I 2, BayObLG NJW **81**, 2197). IdR kann daher die Entscheidg über die RFolge den Vertrbot nicht allein der Diktion der Verbotsnorm entnommen w. Entscheidd sind vielmehr **Sinn und Zweck** des Ges (BGH **71**, 361, **78**, 265, **85**, 43, **88**, 242).

b) Richtet sich das **Verbot gegen beide Teile,** kann idR angenommen w, daß das RGesch nichtig sein soll (stRspr seit RGGrZS **60**, 276); aus der Normrichtg kann iZw auf den Normzweck geschlossen w (s BGH **37**, 365, **78**, 271, NJW **86**, 1104, stRspr). Das gilt insbes dann, wenn die Hdlg für beide Part mit Strafe bedroht ist (BGH **37**, 365, **53**, 157). Es bestehen aber Ausn. Der Verstoß gg bloße **Ordnungsvorschriften** läßt die Gültigk des RGesch auch dann unberührt, wenn sie sich an beide Part richten (BGH **53**, 157, NJW **68**, 2286). OrdngsVorschr in diesem Sinn sind vor allem die gewerbepolizeil u baupolizeil Verbote, die nicht den Inh des RGesch, sond eine im äußeren Umst (Art u Weise) seinen Vornahme mißbilligen (BGH **75**, 368, NJW **68**, 2286). Bsp (die allerdings zT unter c fallen) sind der Ausschank nach Polizeistunde (RG **103**, 264), der Verkauf nach Ladenschluß (RG **60**, 276) u die Abgabe von Arzneimitteln ohne Rezept (BGH NJW **68**, 2286). Devisen- u BewirtschVorschr können je nach ihrem Zweck Verbote iSd § 134, aber auch reine OrdngsVorschr darstellen (BGH NJW **83**, 2873, **LM** Nr 59). Besonderheiten gelten auch für den Verstoß gg **Preisvorschriften.** Das RGesch ist, auch wenn das Verbot sich gg beide Part richtet, nicht nichtig, sond v idR zum zul Preis aufrechterhalten (Anm 3b).

c) Ist das RGesch nur **für einen Teil verboten,** ist das verbotswidr Gesch idR gült (BGH **46**, 26, **78**, 271, **89**, 373, NJW **81**, 1205, stRspr, aA Canaris aaO S 24). Das gilt insbes auch, wenn der GesVerstoß ein bloßes Internum in der Sphäre einer Part bleibt (Canaris aaO S 27). Aus dem Zweck des Verbots kann sich aber die Nichtigk des Gesch ergeben (BGH **65**, 370). Das gilt etwa für Verstöße gg das RBerG (BGH **37**, 262, Anm 3a dd), das ArbVermittlgsVerbot (BGH NJW **69**, 661), das Verbot der Heilmittelwerbg (BGH **53**, 156). Das Verbot von VertrSchl im **Reisegewerbe** (GewO 56) hat das BGH in der Rspr bislang als VerbotsGes iSd § 134 aufgefaßt (BGH **71**, 361, NJW **83**, 868, **84**, 229, ZIP **89**, 972). Sie hat es aber auf LeasingVertr (BGH NJW-RR **89**, 460), Bürgsch (BGH **105**, 364) u Vertr im Zushang mit dem Beitritt zu einer GrdstAbschreibgsGesellsch (BGH **93**, 267, NJW-RR **86**, 206) nicht angewandt. Der BGH hat es auch abgelehnt, den Ehemann als VhdlgsGehilfen der Bank einzustufen (BGH NJW **87**, 184). Seit dem Inkrafttreten des **HausTWG** hat sich die RLage aber grdlegd geändert. Der Kunde wird nunmehr dch das WiderrufsR gem HausTWG 1 geschützt; § 56 GewO ist für Vertr, die nach dem 1. 5. 86 abgeschlossen w, nicht mehr als VerbotsGes iSd § 134 aufzufassen (LG Kassel NJW-RR **89**, 106, Teske ZIP **86**, 635, Schaus ZHR **87**, 186, Knauth WPM **87**, 518, Soergel-Hefermehl Rdn 78, s auch BGH **93**, 269). Das Verbot des Arzneimittelvertriebs im Reisegewerbe (ArzneimittelG 51) ist aber wie bisher (LG Düss NJW **80**, 647) ein VerbotsGes iSd § 134. Zum Verbot der **Schwarzarbeit** s Anm 3a ee. Sow für die **Ausübung bestimmter Berufe** eine behördl Erlaubn (Zulassg) erforderl ist, entscheidet der Zweck der gesetzl Regelg, ob das Fehlen der Erlaubn die abgeschlossenen Vertr nichtig macht. Das ist zu bejahen bei Vertr mit nicht zugel RBerater (BGH **37**, 262, Anm 3a dd), mit nicht zugel ArbVermittler (BGH NJW **69**, 661, Anm 3a aa), mit nicht zugel Veranstalter von Fernunterricht (FernUSG 7), mit nicht zugel Heilpraktiker (Mü NJW **84**, 1826). Gült sind dagg die Kreditgewährg ohne die Erlaubn gem KWG 32 I (BGH Betr **72**, 1477, Anm 3a dd), der WkVertr mit einem nicht in die HandwRolle eingetragenen Handwerker (BGH **88**, 242), der Vertr mit einem Makler, der sein Gewerbe ohne die Erlaubn gem GewO 34c ausübt (BGH **78**, 271, aA Canaris aaO S 43).

d) Bedarf ein RGesch **behördlicher Genehmigung,** so bedeutet das zugl, daß die Vorn des Gesch ohne Gen verboten ist (Staud-Dilcher Rdn 9, str). Nach dem Zweck der ges Regelg ist der ohne Gen abgeschl Vertr aber nicht nichtig, sond schwebd unwirks (Begriff Übbl 4c v § 104). Wird die Gen erteilt od fällt das GenErfordern weg, w der Vertr voll wirks. Wird die Gen rechtskr abgelehnt, w der Vertr endgült unwirks (s näher § 275 Anm 9). Nichtig ist ein genpflicht RGesch aber dann, wenn es von beiden Seiten in UmgehgsAbs abgeschl w (BGH NJW **68**, 1928, Betr **81**, 576). Dagg ist die UmgehgsAbs nur einer Part unschädl (BGH NJW **53**, 1587). Einseit GestaltgsGesch wie die Künd vertragen keine Schwebezustand. Sie sind daher beim Fehlen der erforderl Gen nicht schwebd unwirks, sond nichtig (BGH **11**, 27, **37**, **37**, 235). Wenn der Erklärde dem ErklEmpfänger die nachträgl erteilte Gen mitteilt, liegt darin aber idR eine stillschw Wiederholg des Gesch.

e) Begriff der **Nichtigkeit** s Übbl 4a v § 104. Sie tritt nur ein, wenn das Verbot schon bei Vorn des RGesch bestand (zweifelnd BGH **45**, 326). Fällt das Verbot nachträgl weg, w das RGesch nur dann wirks, wenn es gem § 141 dch Neuvornahme bestätigt w (RG **138**, 55, BGH **11**, 60). War der Vertr von vornherein für den Fall der Aufhebg des Verbots geschl, wird er entspr §§ 309, 308 *ipso facto* gült. Die Nichtig erstreckt sich idR auf das **Rechtsgeschäft im ganzen.** Aus dem Zweck der Verbotsnorm kann sich aber ergeben, daß nur die verbotene Klausel nichtig ist (s § 139 Anm 6b). Die Nichtig des **Verpflichtungsgeschäfts** läßt

§ 134 2, 3

die Gültigk des ErfGesch idR unberührt (Übbl 3 e u f v § 104). Die Auslegg des VerbotsGes kann aber ergeben, daß neben dem VerpflGesch auch das ErfGesch nichtig sein soll (BGH **11**, 61). Das ist bei Verstößen gg BTMG 29 anzunehmen (BGH NJW **83**, 636), ferner wenn das Verbot eine Vermögensverschiebg verhindern soll (BGH NJW **54**, 550). Richtet sich das Verbot gg das ErfGesch, ist das VerpflGesch idR gem § 306 wg rechtl Unmöglk nichtig. In bes gelagerten AusnFällen kann § 242 der Geltdmachg der Nichtigk entggstehen (BGH **85**, 48 – Schwarzarbeit, krit Köhler JR **83**, 106, Tiedtke NJW **83**, 713).

3) Einzelfälle (ja = nichtig, nein = nicht nichtig). Aus prakt Grden sind auch Fälle mitangeführt, in denen die Nichtigk auf fehlder rgeschäftl Gestaltgsmacht beruht (Anm 1 a).

a) aa) Verstoß gg **Abtreibungsverbot** (StGB 218) ja (Brem VersR **84**, 288, Vorbem 3 n v § 249). **Abzahlungsgesetz:** Verstoß gg § 4 II, ja (RG **136**, 140). **Arbeitsvermittlung:** Unerl Vermittlg entgg AFG 4, 13, ja (BGH NJW-RR **86**, 732, LM NJW **70**, WPM **74**, 1186, Düss NJW **70**, 1638, Fotomodell), auch wenn VermittlgsVertr mit künft ArbGeber od mit interessiertem Dr geschl (BGH Betr **78**, 1881); Abgrenzg zur zul Personalberatg s Düss Betr **87**, 1937, zu AnzeigeVertr s LG Osnabrück NJW-RR **89**, 460. ProvVerspr eines Schauspielers ggü Vermittler, der entgg AVAVG 210 (jetzt AFG 228 I Nr 2) die Grenzen der erteilten Gen überschritten h, nein (BGH NJW-RR **86**, 732; s aber BGH NJW-RR **86**, 732); dch verbotene Vermittlg zustandegek ArbVertr, nein (BAG NJW **72**, 973); ArbVertr mit ausl ArbN, ohne Gen gem AFG 19, ja bei gemeins UmgehgsAbs (BAG NJW **69**, 2111); sonst nein (BAG NJW **77**, 1023, 1608). **Arbeitsverträge:** bei Bestehen eines absoluten Beschäftiggsverbots, ja (BAG **3**, 311), aber nein bei einer Dispensmöglichk (BAG NJW **89**, 930); DoppelarbVerh bei sehr erhebl Überschreitg der HöchstArbZeit, ja (BAG **8**, 49, 50); AZO, ja (BGH NJW **86**, 1486); Fehlen des GesundhZeugn nach BSeuchG 17, 18, nein (BAG Betr **70**, 1933, **71**, 1530); ArbVertr während bezahlten Url entgg BUrlG 8, ja (ArbG Herne Betr **65**, 1670, Neumann Betr **72**, 2209, aA Diekhoff Betr **66**, 1235); Verzicht auf UrlAbgeltgsAnspr entgg BUrlG 13 I 3, ja (BAG **20**, 25, Berr **78**, 2323, das Nichtigk auch für einen Verzicht nach Beendigg des ArbVerh annimmt, bedenkl); Vereinbg einer AusschlFr für den gesetzl UrlAnspr, ja wg Verstoßes gg BUrlG 13 (BAG Betr **85**, 48); Vereinbg der Übernahme von Ausbildgskosten, ja wg Verstoßes gg BBiG 5 (BAG Betr **85**, 51); ebso die DarlGewährg an den Lehrherrn (LG Hann NJW-RR **89**, 880); Übern von ArbGAnteilen der SozVers dch ArbN, ja Verstoß gg SGB 32 (BAG NJW **89**, 1693); Verzicht auf Lohnfortzahlg entgg LFZG 9, ja (BAG NJW **72**, 702, **81**, 1061); nein, bei verglweisem Verzicht auf bereits entstandenen Anspr (BAG NJW **77**, 1213); gerichtl Vergl über die tatsächl Voraussetzgen eines VersorggsAnspr, nein (BAG Betr **85**, 1949); Vereinbg auflösd Bedingg der Beendigg des ArbVerh iF der Eheschließg (Zölibatsklausel), nach BAG **4**, 285 wg Verstoßes gg GG Art 1, 2, 6 I ja; Abreden über die Erstattg von Aus- u Fortbildgskosten, Frage des Einzelfalls (BAG NJW **77**, 973); ArbVertr mit verbotener pol Part, ja (BAG **7**, 225, 226); Verpflichtg zur Rückzahlg von Gratifikationen, Frage des Einzelfalles (vgl § 611 Anm 7e ee); ArbVertr entgg Einstellgsverbot in einer BetrVereinbg, nein (LAG Saarbr NJW **66**, 2136); Künd eines Schwerbehinderten ohne Anhörg des Betr vertrauensmanns nein (BAG Betr **84**, 133). Zum geschlechtsbezogenen Benachteiliggsverbot vgl §§ 611a u 612 III. **Arbeitnehmerüberlassungsverträge:** VertrSchl ohne die gem AÜG Art 1 § 1 erforderl Erlaubn ja, AÜG Art 1 § 9 (BGH **75**, 300).

bb) Arzneimittelgesetz: Inverkbringen entgg § 20, nein, da nur Verwaltgsunrecht, ebso Abg entgg §§ 28, 35, nein, da nur Verstoß gg gesundhpoliz OrdngsR (BGH NJW **68**, 2286, aA AK/Damm Rdn 55); Verk im Reisegewerbe vgl Anm 2 c. **Ärztliche Berufsordnung:** Verbot der Zuweisg von Patienten gg Entgelt ja (BGH NJW **86**, 2360). **AuslG** 7 III iVm 47 I 5 (Verbot selbstd Erwerbstätigk) ja (BayObLG NJW **84**, 504, Stgt MDR **84**, 496). **Baupolizeiliche Vorschriften:** Verstoß grdsätzl nein (BGH **75**, 368); Vermietg zu baupoliz unzul Benutzg nein (KG OLG **38**, 86, VGH Kassel NJW **64**, 2444, LG Ffm NJW **77**, 1885); WkVertr über BauWk bei Fehlen der BauGen. nein (BGH JR **62**, 23, Köln NJW **61**, 1023, vgl aber BGH NJW **74**, 1080). **Bauträger:** Verstoß gg Vorschr der MaBV, ja (Kanzleiter DNotZ **74**, 557, Lauer WPM **85**, 713, aA Hepp NJW **77**, 617), nicht aber der Verstoß gg MaBV 11 (Ffm NJW **79**, 878); Vertr bleibt entspr § 139 Anm 2c ii wirks (vgl auch Brem NJW **77**, 638, Halbe NJW **77**, 1437). Fehlen der nach **Beamtenrecht** erforderl Gen, nein (Schlesw SchlHA **74**, 205, offen BGH NJW **74**, 1374, 1377). Vertragl Verpfl zum Erlaß eines **Bebauungsplanes** ja (BauGB 2 VII, BGH **76**, 22, BVerwG NJW **80**, 2538, krit Krebs VerwA **81**, 49). Vertr mit Saniergsträger, der GrdstEigtümer aus planerischen Grden Nutzgsbeschränkgen auferlegt, idR nein (BGH NJW **81**, 916). **Bewirtschaftungsvorschriften:** Verstoß ist u zwar bei bisherg Verstoßes grdsätzl einschl der AusführgsGesch (BGH LM Nr 34); and wenn die Vorschr nur Ordngscharakter haben od es um eine bloße KontrollMaßn geht (BGH LM Nr 34 u 59); KompensationsVertr, ja (BGH **1**, 131, LM Nr 3); u zwar einschl der ErfGesch (BGH **11**, 62); Abrede über die Verteilg von Gewinnen aus KompensationsGesch nach Verbotsaufhebg, nein (BGH NJW **61**, 1204); **BPflVO** 6 S 3 (KoppelgsVerbot) ja (Celle OLGZ **85**, 374). **BSpkG** 4, 6, nein (BGH WPM **89**, 706). **Fernunterricht:** Vertr ohne Erlaubn nach FernUSG 12, ja, FernUSG 7. **Geldstrafenerstattung:** Verspr, Geldstrafen für zukünft strafb Hdlgen zu übernehmen, ist auf Begünstigg (StGB 257 I) gerichtet u daher nichtig (vgl BAG **9**, 249, Hamm RIW **84**, 653); eine nach einer Steuerverfehlg gemachte Zusage, eine evtl Geldstrafe zu bezahlen, soll wirks sein (BGH **41**, 229); Ers einer bereits entrichteten Geldstrafe, nein (vgl RG **169**, 268). Übern von Strafverteidigerkosten idR nein (LG Hann MDR **81**, 494). **Genossenschaftsgesetz** § 22 IV 2 ja (BGH WPM **83**, 115). **Gewerbepolizeiliche Vorschriften:** Verstoß grdsätzl nein (BGH NJW **68**, 2286); GastAufnVertr nach Polizeistunde, nein (RG **103**, 264, 265); KaufVertr über Maschine, die den mäßg SicherhVorschr nicht entspr (Leipzig über techn ArbMittel 3 I), nein (LG Augsbg MDR **70**, 760, für den Vertr mit einem ausl Hersteller zustimmd BGH NJW **81**, 2641); Verk im Reisegewerbe vgl Anm 2c. **Gläubigerbenachteiligung:** Nach dem AnfG u der KO anfechtb RGesch, nein (RGe **69**, 147, BGH BB **68**, 1057, NJW **73**, 513, stRspr); daher auch Verstoß gg KO 241 nein (RG **56**, 230). **Glücksspiel:** DarlGewährg zur Teiln am verbotenen Glücksspiel (Celle NJW-RR **87**, 1190). Als Lotterie ausgestaltete progressive Kundenwerbg, wg Verstoßes gg StGB 286, ja (Köln OLGZ **71**, 392); SpielVertr mit ortsansäss Spieler entgg SpielbankVO 1 I Nr 2, ja (BGH **37**, 365); Verstoß gg landeser Spielordng, die kein zusätzl Spielverbot begründet, nein (BGH **47**, 397, 398). Vertr über die Übertragg einer Erlaubn für den **Güternahverkehr** ja (Celle VersR **82**, 445).

Rechtsgeschäfte. 2. Titel: Willenserklärung § 134 3a

cc) Haftungsausschluß: s § 276 Anm 5 Bb. **Handelsbeschränkungen:** Zahlg auf Interzonenhandels-Vertr abw von der Gen, ja (Bambg BB **61**, 550); ImportGesch unter Benutzg der einem and erteilten EinfuhrGen, nein (BGH **LM** Nr 59); Verpflichtg zum Warenbezug, der einer Gen unterliegt, nein, wenn die Verpflichtg für den Fall der Erteilg der Gen eingegangen w (OGH **3**, 277, 278); Auftr zur Einziehg des Kaufpr aus verbotenem Gesch, wenn der Beauftr von dem Verstoß keine Kenntn hatte, nein (RG JW **23**, 294). **Handelsrechtliche Vorschriften:** EigtVorbeh an Teilen von Handelsbüchern, wg Verstoßes gg HGB 44, 44b u AO 162 ja (vgl KG Rpfleger **72**, 441); GterBeschl über die Gen einer gg BilanzVorschr verstoßd Bilanz, ja (RG **72**, 37, 80, 335); vgl aber die Sonderregelg in AktG 256, die nach hM auch für die GmbH gilt. Verpflichtg zur Rückzahlg u Verzinsg von Aktionäreinlagen entgg AktG 57 I, ja (RG **107**, 168); dagg HypBestellg entgg GmbHG 30 I im Hinbl auf GmbHG 31 II nein, (RG **168**, 302); SatzgsBest, die iF der Pfändg od des Konk eines GmbH-Gters die Einziehg von dessen GeschAnt vorsieht, ja bei unentgeltl Einziehg, nein bei Einziehg gg gleichwert Ers (RG **142**, 377, 378). Verschärfg der gesetzl SchweigePfl des AufsR, ja (Düss Betr **73**, 2441). **Handwerksordnung:** WkVertr mit einem nicht in die HandwRolle eingetragenen Handwerker nein (BGH **88**, 242). **Haushaltsvorschriften:** Verstoß gg den Grds sparsamer VerwFührg, nein (BAG Betr **85**, 394), bei schweren Verstößen kann aber § 138 anwendb sein (§ 138 Anm 5j). Vgl auch unten „Staatsvermögen". **Heilbehandlungsvertrag** ohne die Erlaubn gem BÄrzteO 2 II, ja (Düss NJW **88**, 2308), ohne die Erlaubn gem HeilpraktikerG 5, ja (Mü NJW **84**, 1826, BVerfG NJW **88**, 2290, 2295, Eberhard NJW **85**, 664); das HeilpraktikerG ist aber unanwendb, wenn Räumlich auf eine Belastg mit „Erdstrahlen" untersucht w sollen (BGH VersR **88**, 81). **Heilmittelwerbung:** Zusichg von Einkünften für strafb Heilmittelwerbg, ja, doch kann der VergütgsAnspr für geleistete Tätigk des Werbeleiters nach arbr Grds (Einf 5c bb vor § 145) trotzdem gegeben sein (BGH **53**, 156, 158). **HeimG.** HeimpflegeVertr ohne die BetrGen gem § 6, nein (s Hbg MDR **73**, 758, Parallelfall zu PflG **71**, 271). Zuwendgen unter Verstoß gg § 14, wohl ja (Gössling-Knopp 2. Aufl Rdn 16). **Kartellrecht:** Vertr, der dem Mitgl eines nach dem GWB nichtigen Kartells Sondervorteile einräumt, ja (Ffm OLGZ **68**, 283); GebietsschutzVereinbg, die nach GWB 22, 104 beanstandet w, nein (Ffm BB **71**, 629); Verstoß gg das Verbot unterschiedl Behandlg (GWB 26 II 1), uU ja (Hbg WRP **85**, 433, van Venrooy BB **79**, 555); FolgeVertr, zw KartellMitgl u Dr, in den unzul Kartellabrede übernommen w, nein (Celle NJW **63**, 2126, LG Ravbg NJW **77**, 684); s auch MüKo/Mayer-Maly Rdn 66ff.

dd) Koppelungsgeschäfte: s § 138 Anm 5l. **Kreditwesengesetz:** Kreditgewährg ohne Erlaubn nach KWG 32 I, nein (BGH WPM **66**, 1101, **78**, 1268); Verstoß gg KWG 13 nein (BGH WPM **78**, 785, Mü WPM **84**, 470) gg KWG 22 III ja (LG Ravensbg NJW-RR **87**, 1393). Abbedingg der in KWG 22 I festgelegten KündFr, ja (BGH **64**, 281); Verstoß gg Beleihigsgrenze im SchiffsBG 10 II, nein (BGH LM Nr 93); landesrechtl Vorschr, die den Sparkassen bei Großkrediten Beschrkgen auferlegen, iZw wohl nein (BGH **LM** § 117 Nr 5). **Lebensmittelgesetz:** Inverkbringen verdorbener od irreführd bezeichneter Lebensm, nein (RG **100**, 40, **170**, 156, Hbg DJ **42**, 91). **Letztwillige Verfügungen:** Vgl § 2077 Anm 1 A. **Luftverkehrsgesetz:** Vereinbg eines geringeren Beförderngsentgelts als das Tarifentgelt, nein (LG Ffm NJW **85**, 562). **Maklerverträge:** Verstoß gg Verbot gewerbsm Vermittlg, nein (Nürnb JW **30**, 1425); Vertr mit Makler, der sein Gewerbe ohne die gem GewO 34c erforderl Erlaubn ausübt, nein (BGH **78**, 271); Anbieten von WoRäumen ohne Auftr eines Berecht entgg Gesetz zur Regelg der WohngsVermittlg 6 I, nein (Karlsr NJW **76**, 1408; vgl auch Einf 6 vor § 652). **Notarverweser:** Neue NotariatsGesch nach Ablauf der DreimonatsFr entgg BNotO 56 II 2, nein (KG OLGZ **67**, 240). **Öffentlicher Dienst:** Verbot der VortlAnn, BRRG 48, BAT 10, wohl ja (Stark NJW **88**, 945). **Presserecht:** Werbeanzeigen in Form von ZeitgsArt, ja (Köln MDR **70**, 673, Düss NJW **75**, 2018). **Rechtsberatung:** Vertr, der gg das Verbot der Mehrfachvertidigg (StPO 146) verstößt, ja (Mü NJW **83**, 1688). GeschBesorggsVertr mit nicht zugel RBerater, ja, obwohl sich das Verbot des RBerG nur gg den RBerater richtet (BGH **37**, 262). Der Vertr ist auch dann im ganzen nichtig, wenn er zugl erlaubte Tätigk umfaßt (BGH **50**, 92, **70**, 17). Geschäftsm Besorgg fremder RAngelegenh dch Notar außerh der NotarBerufstätigk, ja (Stgt DNotZ **64**, 734). Anfertigg von VertrEntw für die Veräußerg von EigtWo dch Arch, ja (BGH **70**, 13); Etw eine GesellschVertr dch Steuerberater, ja (Hamm Betr **86**, 32). Auftr an Steuerbevollm, als TrHänder Außenstände einzuziehen u ein Moratorium herbeizuführen, ja (Karlsr OLGZ **65**, 3). RBesorgg dch WirtschPrüfer als TrHänder im eig Namen, aber im Interesse des AuftrGebers, ja (vgl BGH **48**, 18); SaniergsÜbern, ja, jedoch gilt zG des WirtschPrüfers RBeratG 5 (BGH **102**, 130, a A Zuck JZ **88**, 558); entgeltl SchuldenreguliergsVereinbg, die über büro- u formularm DLeistgen hinausgeht, ja (BGH **LM** § 1 RBerG Nr 19, NJW **87**, 3003); Tätigk als Erbensucher, ja (BGH NJW **89**, 2125); Energieberatgsvertr, nein (Düss BB **89**, 523); Umschuldg als rein wirtsch Tätigk u Aufkauf von GläubFdgen im eig Namen u auf eig Rechng, nein (BGH Betr **71**, 1960); Auftr zur Erarbeitg von GeschÜbernVertr, ja (Hbg AnwBl **71**, 15); Abtr von SchadErsAnspr aus KfzUnfällen an MietwagenUntern u KfzWerkstatt, wenn mit der Abtr in der Hauptsache die geschäftsm Dchsetzg der Anspr ermögl w soll, ja (BGH **47**, 366, VersR **70**, 422, NJW **74**, 557, stRspr); and aber, wenn Abtr im wesentl nur Sicherg des MietwagenUntern dient (BGH NJW **74**, 1244); geschäftsm FdgsErwerb zum Zwecke der Einziehg, insbes zu dem u in Wahrh um die Übernahme der Schadensreguliereg geht, ja (BGH **61**, 318, „Unfallhelfer-Ring", BVerwG NJW **78**, 234, MietwagenUntern). Nichtigk erstreckt sich idR auch auf DarlVertr (BGH NJW **77**, 38, VersR **78**, 1041 u Bürgsch (Ffm OLGZ **79**, 56). Nichtigk auch dann, wenn Bank FdgEinzug ohne Abtr übernimmt (BGH NJW **77**, 431); sie betrifft aber nicht HilfsGesch zw Unfallhelfer u Bank (Mü DAR **77**, 267). Abtr von KundenFdgen an Factoring-Bank, beim echten wie unechten Factoring nein, da eigene RBesorgg vorliegt (BGH **58**, 367, **76**, 125 mwN); Beteiligg eines stillen Gters an einem RBeratgsUntern, ja (BGH **62**, 234); Beauftragg eines nicht zur RBeratg zugelassenen Kreditreformvereins mit FdgEinziehg, ja (Celle OLGZ **83**, 351); Abtr einer Fdg zur gerichtl Einziehg an ein Inkassobüro, das nur außergerichtl tät w darf, ja (LG Bln NJW-RR **88**, 1313, aA Lehmann ZIP **89**, 315); Einziehg dch Detektiv, ja (Nürnb OLGZ **76**, 235); rechtl Beratg dch Bauberater, ja (BGH NJW **76**, 1635); SchadReguliergg einschließl ProzFü dch Agenten eines Transportversicherers, wg RBerG 5 nein (BGH VersR **79**, 714); Verstoß gg AO 107a (jetzt StBerG 5), ja (Karlsr Just **75**, 145); Übern von BuchhaltgsArb, idR ja (BGH WPM **77**, 1002); jedoch ist StBerG 5 insow verfassgswidr, als er dem Steuerberater auch das Kontieren von Belegen vorbehält (BVerfG

111

§ 134   3a, b

NJW 81, 33); über RückfdgAnspr des Beraters aus § 812 vgl § 817 Anm 3c dd; gewerbl Tätigk des Steuerberaters entgg StBerG 57 IV, nein (BGH 78, 264).

ee) Reisegewerbe: s Anm 2c. **RVO:** Vereinbg einer vom LohnabzugsVerf der §§ 394, 395 abweichd Erstattgsmöglk, ja (BAG 6, 14); s jetzt SGB I 32. **Scheckgesetz:** Verpfl des Bezogenen, Widerruf vor Ablauf der VorleggsFr zu beachten, nein (BGH 35, 220). **Schiedsverträge:** Vertr zw VereinsMitgl u NichtMitgl, nach dem ein nur aus Mitgl bestehd SchiedsGer entsch soll, ja wg Verstoßes gg das in ZPO 1025 II, 1032 zum Ausdr gek Gebot überparteil Rechtspflege (BGH 51, 262); VertrBest, daß der von einer Part ernannte SchiedsRi zur allein Entsch berecht sein soll, wenn die and Part innerh einer best Fr keinen SchiedsRi ernennt, ja (BGH 54, 399, 400, dazu Kornblum ZZP 84, 339); Ausschl des ord Rechtsweges ohne Abschl eines SchiedsVertr, ja wg Verstoßes gg GVG 13 (BGH **LM** § 1018 Nr 19). **Schwarzarbeit:** Vertr über verbotene SchwarzArb, ja (BGH 85, 44 mwNw); es bestehen keine GewLAnspr (Düss BauR 87, 564); das soll jedoch nicht gelten, wenn der Kunde vom Gesetzesverstoß und Teils nicht weiß (BGH 89, 371, NJW 85, 2404). Sogar bei einem beiderseit Verstoß soll die vom Baubetreuer im Zushang mit Schwarzarbeit gegebene PrGarantie gem § 242 wirks sein (BGH 85, 44; mit Recht krit Köhler JR 83, 106, Tiedtke NJW 83, 713). **Staatsvermögen:** Verringerg des GrdVerm des bayr Staates ohne od gg unzureichd Entgelt, ja wg Verstoßes gg BayVerf Art 81 (BayObLG 47, 36, 37, der dazu neigt, dch öff Gesichtspunkte nicht gerechtf unentgeltl Zuwendungen an Private generell als nichtig anzusehen, zweifelnd BayObLG 69, 281). **Steuerrecht:** Vertr, mit denen eine Steuerhinterziehg verbunden ist, ja wenn diese Hauptzweck (Kblz Betr 79, 833); sonst nein (BGH 14, 30, 31, NJW 83, 1844, **LM** Nr 57, Hamm BB 89, 659). Darl zum Ankauf unverzollter Zigaretten, ja (Köln, MDR 57, 34); KaufVertr über unversteuert Zigaretten, nein, wenn der Verk den Käufer zum Ankauf für berecht hielt (RG SeuffA 81, 2). Verpfl ggü einer öffr Körpersch, einen Steuertatbestand aufrechtzuerhalten, ja (BGH 66, 199 (GewerbeSt), krit Rathjen DStR 77, 472).

ff) Stimmrecht: Gesellschvertragl Best, die StimmAbg in eig Sache zuläßt, ja wg Verstoßes gg den in § 34, AktG 136 I, GmbHG 47 IV u GenG 43 III zum Ausdr kommden RGrds (RG **136**, 245); willkürl unterschiedl StimmRRegelg, ja wg Verstoßes gg den in §§ 32, 35 zum Ausdr kommden RGrds (KG NJW **62**, 1917). **Umgehungsgeschäfte:** Vgl Anm 4. **UWG:** Verstoß gg UWG 1, nein, da er nur die Art des Zustandekommens, aber nicht den Inhalt des RGesch betrifft (Sack WRP 74, 446); gg ZugabeVO od RabattG, nein (BGH **LM** UWG 1 Nr 12, Schlesw VersR 75, 455, str, vgl Lafrenz GRUR 79, 89); Vereinbgen über die Etablierg eines nach UWG 6a unzul Kaufscheinhandels, ja (BGH WPM 78, 783); Schmiergeld-Vertr entgg § 12, ja (RG JW **21**, 338). **Vaterschaftsanerkenntnis:** Bewußt falsches Anerk entgg StGB 169 nein, da § 1600f abschließde Sonderregel (Göppinger JR 69, 403, Firsching Rpfleger 70, 16). **Versteigerung:** Verpflichtg, gg Entgelt in amtl Versteigerg nicht zu bieten, trotz Verstoßes gg PrStGB 270, nein (Celle NJW 69, 1764, vgl aber § 138 Anm 5 v); Gebot des Versteigerers für einen Dr, ohne den gem GewO 34b VI Nr 3 erforderl schriftl Auftr, nein (BGH NJW 81, 1205). **Vollstreckungsvereitelung:** Verwahrgsod SchenkgsVertr mit dem Ziele, die ZwVollstr zu vereiteln, ja, obwohl StGB 288 nur den Schuldner mit Strafe bedroht (Schlesw SchlHA **57**, 96). **WoBindG:** Vermietg an nichtwohnberecht Mieter, nein (LG Aachen MDR 73, 318). **Wohnungsgemeinnützigkeitsgesetz:** Verpfl des WohngsUntern, dem Vorstd Bezüge über den zul Rahmen des § 12 hinaus zu zahlen, nein (BGH **LM** Nr 12). **WZG:** Verpflichtg des WzInh, gg die Anmeldg desselben Wz keinen Widerspr zu erheben, nein (RG HRR 42, 199). **ZVG** § 56 S 2 ja (BGH **99**, 358).

b) Verstöße gegen Preisbestimmungen: aa) Währd in der Zeit von 1936 (PreisstoppVO vom 26. 11. 36) bis zur Währgsreform nahezu alle Güter u Leistgen preisgebunden waren, bilden PrBindgen heute die Ausn. Grdlage für die noch bestehden PrBindgen sind das weiterhin in Kraft befindl PreisG vom 10. 4. 48 (vgl dazu BVerfG 8, 274, Meng DVBl 80, 613 mwN) sowie versch SonderG. Prakt Bedeutg haben insb: die HOAI (Locher NJW 77, 186, Koeble BauR **77**, 372); die BauPrVO 1972, die für öff Auftr u mit öff Mitteln geförderte Auftr gilt (Altmann Betr **74**, 661, **79**, 1685, ferner unter bb); GüKG 20ff; BKleingG 5 (BGH NJW **89**, 2471); der die Mieten im sozialen WoBau beschränkde WoBindG 8. Zum EnergiepreisR vgl Holzapfel BB **74**, 912, Ebel Betr **82**, 889, 2607; zur Preisbindg für Baukostenvorschüsse und Hausanschlußkosten, die an EnergieversorgsUntern zu zahlen sind, BGH WPM 78, 730. PrRegelgen enthalten ferner WiStG 4–6 (Verbot der vorsätzl od leichtfert PrÜberhöhg) u mittelb das WoRKSchG (hinten unter NebenG). Die Vorschr der PreisauszeichnungsVO gehören nicht zum materiellen PreisR, sond zum PreisordngsR; Verstöße gg die VO lassen daher die zivilrechtl Wirksamk der getroffenen Abreden unberührt (BGH NJW **74**, 859, Stgt MDR **78**, 490). Auch eine entspr Anwendg von AbzG 1a III ist nicht mögl (BGH NJW **79**, 540, Celle NJW **78**, 1487, Ffm WPM **79**, 1218).

bb) PrVerstöße führen idR nicht zur Nichtigk; das **Geschäft** bleibt **vielmehr mit dem zulässigen Preis aufrechterhalten** (RG 88, 252, BGH 51, 181, 89, 319, NJW **89**, 2471, ferner WoBindG 8 II, HOAI 4). Das gilt auch bei PrTreiberei iS von WiStG 2a–c (Stgt NJW **81**, 2365, LG Hbg NJW **71**, 1411); für wucher MietVertr (LG Köln NJW **65**, 157); bei Abw von den Prämien der KfzPflVers (BGH Lindenmaier VersR **76**, 977). Bei Verstößen gg WiStG 5 (§ 138 Anm 4c) tritt an die Stelle der unwirks Miete die ortsübl, nicht die höchste gerade noch zul (Stgt aaO, Karlsr NJW **82**, 1160, Kothe NJW **82**, 2803, Pakirnus ZMR **84**, 329, aA BGH **89**, 319, krit Hager JuS **85**, 264), bei Überschreitg der Sätze der HOAI gelten deren Mindestsätze (Weyer BauR **82**, 317); vgl auch die Sonderregelg in BKleingG 5 III. Zur Frage, ob der Anbieter von Bauleistgen an das dch zul Pr herabgesetzte Angebot gebunden ist, vgl Hereth NJW **73**, 1441, Holzapfel BB **73**, 682. Bei einem DauerrechtsVerh lebt die urspr PrVereinbg nach PrFreigabe nicht ow wieder auf (LG Dortmund MDR **54**, 42, LG Hbg WM **76**, 115, § 138 Anm 4c). Nichtigk kommt in Betr, wenn beide Teile bewußt gg die PrBindg verstoßen (RG DR **39**, 1633, 42, 1409). Die Rspr hat ferner Nichtigk angen, wenn es sich um PrVerstöße bei RGesch außerhalb des tägl Bedarfs handelte, so insb bei GrdstKaufVertr (RG 166, 98, **168**, 97). Unzuträglk, die sich hieraus ergaben, führten zur VO vom 7. 7. 42, nach der ein GrdstKaufVertr zum zul Pr aufrechterhalten w konnte (vgl BGH **11**, 95–97). Diese Rspr ist jedenf zZ ggstlos. Die noch bestehden PrBindgen betreffen ausschließl Güter u Leistgen, bei denen der Vertr zum zul Pr aufrechtzuerhalten ist (vgl

Rechtsgeschäfte. 2. Titel: Willenserklärung **§§ 134–136**

auch BGH **51**, 181, wonach PrVerstoß bei WkLeistgen für Kasernenneubau nicht zur Nichtigk, sond zur Aufrechterhaltg zum zul Pr führt). Eine Sonderregelg enthält **GüKG 23 II, III,** das unter best Voraussetzgen die Fdg auf Rückzahlg zuviel berechneten Entgelts auf die BAnst übergehen läßt. Für unzul PrAbreden in RahmenVertr gilt GüKG 22 III nicht, für sie sind die allg Grds maßgebd (BGH **LM** § 139 Nr 42). Zu **Abstandszahlungen an Vermieter** vgl Einf 11 b gg vor § 535. Zur **Preisgenehmigung** vgl Anm 2 d u § 275 Anm 9.

4) Umgehung des Verbotsgesetzes. – a) Das Verbot von UmgehgsGesch ist in einer Reihe von Vorschr ausdr niedergelegt (AbzG 6, AGBG 7, HausTG 5, FernUSG 8, GüKG 22, AO 42). Es gilt als allg RGrds aber auch sonst (vgl RG **155**, 146, BGH **LM** Nr 19, BAG **10**, 70, allgM). Im Schrift ist umstr, ob die Nichtigk des UmgehgsGesch iW der Auslegg aus der umgangenen Verbotsnorm herzuleiten ist (so Soergel-Hefermehl 37 ff, AK/Damm Rdn 104) od ob es sich um einen bes NichtigkGrd u damit um ein eig RInstitut handelt (so MüKo/Mayer-Maly Rdn 12). Für die prakt RAnwendg ist dieser Streit von untergeordneter Bedeutg. Einverständn besteht darüber, daß jeweils von Inh u **Zweck** der maßgebl **Verbotsnorm** ausgegangen w muß. Will diese nur die Vorn eines Gesch best Art, nicht aber einen rechtl od wirtschaftl Erfolg verhindern, ist das den gleichen Erfolg in and Weise herbeiführde Gesch unbedenkl (RG **125**, 211, BGH **LM** Nr 19). Unwirks ist dagg ein Gesch, das einen verbotenen Erfolg dch Verwendg von rechtl Gestaltgsmöglichk zu erreichen sucht, die (scheinb) nicht von der Verbotsnorm erfaßt w (RG **155**, 146, BGH **58**, 65, 85, 46, NJW **59**, 332, 334, BAG **10**, 70). Nichtigk kann auch dann eintreten, wenn eine UmgehgsAbs nicht vorliegt (BAG aaO, Soergel-Hefermehl Rdn 40, str). Ist ein RGesch gem § 134 nichtig, so kann der verbotene Erfolg nicht dch einen Vergl über die Folgen des verbotswidr Gesch erreicht w (RG Recht **21**, 2137), ebsowenig dch Einräumg eines SchadErsAnspr (RG **90**, 306). – **b) Einzelfälle** (ja = nichtig, nein = wirks). Gesch zur Umgehg einer Konzession od ErlaubnPfl, ja (Hamm NJW **86**, 2440, BB **88**, 236), so Anstellg in Gastwirtsch, wenn „Angest" in Wahrh wirtsch Inh sein soll (Stgt NJW **87**, 3270, Düss NJW-RR **87**, 687); „Anstellg" in HandwBetr, wenn in Wahrh Verkauf vorliegt, Käufer aber nicht Meister ist (LG Bln JR **56**, 304); Bestellg zum Bevollmächtigten eines Versicherers, wenn tatsächl selbst VersBetr gewollt (RG **155**, 138). GrdstKauf dch Strohmann einer ausl jur Pers, um GenPfl gem PrAGBG 7 § 2 zu vermeiden, nein (RG SeuffA **80**, 100, bedenkl vgl auch RG HRR **32**, 482). Zurverfüggstellg eines Ausbildgsplatzes gg Kauf eines Lkws, ja (Hamm NJW **83**, 2708). Gründg eines Untern unter Verwendg eines GmbH-Mantels, keine Umgehg der GründgVorschr (Priester Betr **83**, 2291). Bestellg eines Nießbr um gesetzl VorkaufsR der Gem wirkgslos zu machen, ja (BGH **34**, 205). Umgehg von vertragl VorkaufsR vgl § 138 Anm 5 t, Umgehg des tarifl Beförderungsentgelts dch Vereinbg einer Gewinnbeteiligg, uU ja (BGH **LM** GüKG Nr 25, BB **70**, 1069). RGesch zur Umgehg des Ges über die Verbreitg jugendgefährdder Schriften, ja (Hbg MDR **75**, 141). Vereinbg eines ausl GerStandes od der Geltg ausl Rechts, das das dtsche VerbotsG nicht enthält, nein, wenn Sachverhalt Grd zur Anknüpfg an ausl Recht bietet (BGH NJW **61**, 1062). Vereinbg, die im Ergebn auf eine gesellschaftsrechtl unzul Trenng von Mitglsch u StimmR hinauslaufen, ja (BGH **3**, 357, **20**, 366). Vereinbg über die VorausErf eines unverzichtb Anspr, uU ja (BGH **58**, 62, AusglAnspr des HandelsVertr). Umgehg des KündSchG dch Vereinbg von KettenarbeitsVertr od aufschieb bedingten AufhebgsVertr, ja (BAG **10**, 70, NJW **75**, 1531). Zur Umgehg des Testierverbots der §§ 2271 II, 2289 I 2, vgl § 2271 Anm 3, § 2289 Anm 1 c.

5) Über die Haftg des **Vertragspartners,** der das gesetzl Verbot kannte, vgl § 309; über VergütgsAnspr bei nichtigem, aber vollzogenem DauerschuldVerh vgl Einf 5 c vor § 145.

135 *Gesetzliches Veräußerungsverbot.* ^I Verstößt die Verfügung über einen Gegenstand gegen ein gesetzliches Veräußerungsverbot, das nur den Schutz bestimmter Personen bezweckt, so ist sie nur diesen Personen gegenüber unwirksam. Der rechtsgeschäftlichen Verfügung steht eine Verfügung gleich, die im Wege der Zwangsvollstreckung oder der Arrestvollziehung erfolgt.

^{II} Die Vorschriften zugunsten derjenigen, welche Rechte von einem Nichtberechtigten herleiten, finden entsprechende Anwendung.

136 *Behördliches Veräußerungsverbot.* Ein Veräußerungsverbot, das von einem Gericht oder von einer anderen Behörde innerhalb ihrer Zuständigkeit erlassen wird, steht einem gesetzlichen Veräußerungsverbote der im § 135 bezeichneten Art gleich.

1) Allgemeines. a) Der Begriff Veräußergsverbot in den §§ 135, 136 ist iSv **„Verfügungsverbot"** zu verstehen (Staud-Dilcher Rdn 1, allgM). Die Verbote richten sich nicht nur gg Veräußergen im techn Sinn, dh gg RÜbertraggen, sond gg Vfgen jeder Art (s Übbl 3 d v § 104). – **b)** Die §§ 135, 136 betreffen VfgsVerbote zum Schutz best Pers. Ihre Verletzg macht die Vfg **relativ** unwirks. Prakt Bedeutg hat das relative Vfgsverbot nur in Gestalt des gerichtl od behördl Verbots, § 136 (unten Anm 2 a). – **c)** Unter die §§ 135, 136 **fallen nicht: aa) Absolute Verfügungsverbote:** Sie dienen dem Schutz der Allgemeinh u sind Verbotsgesetze iSd § 134. Ihre Verletzg macht die Vfg mit Wirkg ggü jedermann unwirks (BGH **19**, 359, NJW **83**, 636). Bsp sind BetäubMG 3, StPO 290–292. – **bb) Verfügungsbeschränkungen:** Hier fehlt dem RInhaber die für die wirks Vorn einer Vfg erforderl RMacht (s § 134 Anm 1 a). Er **kann nicht** wirks verfügen; die Frage, ob er wg eines entggstehden Verbots nicht verfügen darf, stellt sich nicht. Die Vfg ist absolut unwirks, allerdings tritt in einigen Fällen schwebde Unwirksamk ein. Bsp für ges VfgsBeschränkgen sind §§ 1365 ff (Eheg), §§ 1643 ff (Eltern), § 1812 ff (Vormund), § 2211 (Erbe iF der TestVollstr). Als ges VfgsBeschränkgen sind nach jetzt hM ferner aufzufassen die §§ 717, 719 (BGH **13**, 183) u das Abtretgsverbot des § 399 (BGH **40**, 160, **56**, 231). Da die ges VfgsBeschränkgen in ihrer Wirkg einem absoluten VfgsVerbot gleichstehen, w sie gelegentl gleichf als absolute VfgsVerbote bezeichnet (so BGH **40**, 219, Ruhwedel JuS **80**, 163). – **cc) KO 6, 7.** Unbefugte Vfgen des GemeinSchu nach KonkEröffng sind absolut u

§§ 136, 137

nicht nur ggü den KonkGläub unwirks (RG **71**, 40, Ruhwedel JuS **80**, 164, MüKo/Mayer-Maly Rdn 22, str).

2) Relative Verfügungsverbote. a) Gesetzliche Vfgsverbote mit ledigl relativer Wirkg enthält das BGB allenfalls im § 514 (dort Anm 1d). Sie sind auch außerh des BGB selten (BGH **13**, 184). Sow die §§ 573ff, 1124ff u VVG 97ff Vfgen für relativ unwirks erklären, regeln sie die RFolgen selbstd, ohne daß es eines Rückgriffs auf § 135 bedarf. – **b)** Prakt allein bedeuts sind daher die **gerichtlichen** od behördl Vfgsverbote des § 136. Die wichtigsten Anwendgsfälle sind: Einstw Vfgen (RG **135**, 384), Pfändg von Fdgen u Rechten gem ZPO 829, 857 (BGH **58**, 26, **100**, 45), Zahlgssperre gem ZPO 1019, GrdstBeschlagn gem ZVG 20, 23, 146 (RG **90**, 340), Veräußergsverbot gem KO 106, 113 (Stgt WPM **85**, 1371), VerglO 59, 12, Beschlagn gem StPO § 111c V, Anordnungen gem StGB 73 d II, 74, 74e III. Dage fällt die in einem gerichtl Vergl übernommene Verpfl, nicht über ein Grdst zu verfügen, nicht unter §§ 135, 136, sond unter § 137 (Kblz DRZ **49**, 234, 523). Wann das Vfgsverbot wirks w, richtet sich nach den maßgebden Verf-Vorschr. Bei MobiliarZwVollstr ist idR Zustellg nöt, bei Vollstr nach ZVG die Eintr im Grdbuch. **Wer geschützt** ist, ergibt sich aus den Vorschr, auf denen das Verbot beruht. Die Anordg der ZwVersteigerg wirkt auch zG der HypGläub (s RG **86**, 258). – **c)** Den gerichtl Vfgsverboten steht das gem ZPO 938 I zul **Erwerbsverbot** gleich (RG **117**, 291, **120**, 119, BGH NJW **83**, 565, BayObLG Rpfleger **78**, 306, Hamm DNotZ **70**, 662). Es richtet sich in der Praxis idR an den Käufer eines Grdst. Es untersagt ihm, den EintrAntr gem GBO 13 zu stellen od aufrechtzuerhalten. Erfolgt die Eintr trotzdem, ist sie ggü dem Verbotsgeschützten in entspr Anwendg der §§ 136, 135 relativ unwirks (RG u Hamm aaO, § 888 Anm 5).

3) Rechtswirkungen. a) Die verbotswidr Vfg (Begriff Übbl 3d v § 104) ist nur ggü dem Verbotsgeschützten **unwirksam.** Wird eine Sache in Verletzg eines relativen VfgsVerbots übereignet, w der Erwerber im Verhältn zur Allgemeinh Eigtümer, dagg verbleibt im Verhältn zum Geschützten das Eigtum beim Veräußerer (Staud-Dilcher Rdn 11, zu abw Deutgsversuchen s Soergel-Hefermehl Rdn 18). Das Verbot bewirkt keine GrdbuchSperre (RG **71**, 38). RÄnd dürfen im GrdB eingetragen w, wenn das VfgsVerbot mindestens gleichzeit eingetragen w (BayObLG Rpfleger **60**, 159, KG DNotZ **73**, 304). Das Verbot hindert Maßn der ZwVollstr nicht, der Geschützte kann jedoch gem ZPO 772, 771 WidersprKlage erheben. Im Konkurs ist das VfgsVerbot dagg wirkgslos (KO 13, aA Paulus, Richterl VfgsVerbot u Vormkg, 1981). – **b) Geltendmachung der relativen Unwirksamkeit.** Bei Grdst sind die §§ 888, 883 II entspr anzuwenden (§ 888 II). Der Geschützte kann vom Veräußerer Aufl u Eintr verlangen; gg den Erwerber hat er Anspr auf Zust zu seiner Eintr u der Eintr des Erwerbers (§ 888 Anm 4 u 3). Bei bewegl Sachen hat der Geschützte gg den Veräußerer einen Anspr auf Übereign gd dch Abtr des HerausgAnspr (§ 931). Nach Erwerb des Eigtums kann der Geschützte vom Erwerber die Herausg der Sache verlangen (§ 985). Wenn die Voraussetzgen des ZPO 259 erf sind, kann der Geschützte die Klage gg den Erwerber mit der gg den Veräußerer verbinden. Entspr gilt für Fdgen u Rechte. Ein unmittelb Anspr dg den Erwerber steht dem Geschützten nicht zu (Ruhwedel JuS **80**, 167, Flume § 17, 6 str). Der auf die Gegebenh der GrdbuchR abgestellte § 888 II ist nicht entspr anwendb. – **c)** Die verbotswidr Vfg **wird** voll **wirksam,** wenn das Verbot aufgehoben w od der Geschützte sie genehmigt. – **d)** Sind **mehrere** VfgsVerbote erlassen worden, etwa zG von zwei Käufern, entscheidet die Priorität des Verbots (Kohler JZ **83**, 586); die Reihenfolge der schuldrechtl Vertr ist ohne Bedeutg.

4) Gutgläubiger Erwerb. Die Vorschr über den Erwerb von einem NichtBerecht sind gem § 135 II entspr anwendb. Neben § 185 gelten daher für bewegl Sachen §§ 932ff, 1032, 1207, 1244, HGB 366; für Grdst: §§ 892f, 1138, 1155. Entspr Anwendg bedeutet, daß sich der gute Glaube auf das Nichtbestehen des Verbots beziehen muß (RG **90**, 338). Die Möglichk des gutgläub Erwerbs entfällt, wenn das Verbot im Grdbuch eingetragen ist (§ 892 Anm 5). Sie ist beim Erwerb iW der ZwVollstr ausgeschl (RG **90**, 338). Beim Erwerb von Fdgen u Rechten w guter Glaube gleich nicht geschützt, zG des Schu sind aber die §§ 407, 408 entspr anzuwenden (BGH **86**, 338); ist der DrittSchu bei Leistg an den PfändgsSchu bösgläub, w er dch die Zahlg nicht frei (BGH aaO); er behält aber ggü dem PfändgsGläub alle Einwendgn gg die Fdg, auch den Einwand der Aufr (BGH **58**, 25, krit Reinicke NJW **72**, 793).

137 Rechtsgeschäftliches Veräußerungsverbot.
Die Befugnis zur Verfügung über ein veräußerliches Recht kann nicht durch Rechtsgeschäft ausgeschlossen oder beschränkt werden. Die Wirksamkeit einer Verpflichtung, über ein solches Recht nicht zu verfügen, wird durch diese Vorschrift nicht berührt.

1) Allgemeines. a) Die Vorschr will die **Verfügungsfreiheit** des RInh schützen (BayObLG NJW **78**, 700, 701). Diese kann bei veräußerl Rechten dch rechtsgeschäftl Abreden nicht mit Außenwirkg begrenzt w. § 137 gewährleistet zugl, daß der gesetzl Kreis der dingl Rechte mit ihrem festgelegten Inh nicht dch PartAbreden erweitert w kann. Er dient damit der **Sicherheit des Rechtsverkehrs.** Veräußerl Rechte, die dch priv WillErkl zu „*res extra commercium*" gemacht w können, wären eine Quelle von Unklarh u Streitigk. – **b)** Rgeschäftl Veräußergsverbote haben nach S 1 ggü Dr keine Wirkg, **verbotswidrige Verfügungen** (Begr Übbl 3d vor § 104) sind **vollwirksam.** Das gilt auch dann, wenn das Veräußergsverbot auf einer Vfg vTw beruht (BGH **40**, 117, **56**, 278), od auf einem ausl Güterstd (KG OLGZ **73**, 167). Auch die VfgsBefugn des Treuhänders kann nicht mit dingl Wirkg beschr w (RG **153**, 369, BGH NJW **68**, 147, BB **82**, 891); die SperrkontenVereinbg hat, abgesehen vom Fall des Und-Kontos, gleichf keine dingl Wirkg (Kollhosser ZIP **84**, 389). Wg der Unwirksamk ggü Dr können rgeschäftl VfgsVerbote nicht mit Wirkg ggü Dr ins GrdBuch eingetr w (RG **73**, 18, **90**, 237, KGJ **21**, 133), u zwar auch dann nicht, wenn sie in einem ProzVergl übernommen worden sind (Kblz DRZ **49**, 234, krit Baur DRZ **49**, 523, vgl auch unten c). Eine etwa für das Gesch erforderl behördl Gen darf nicht wg Verletzg des VfgsVerbots versagt w (BGH LM Nr 2) – **c)** Die Abrede, Vfgen über ein Recht zu unterl, ist dagg als **schuldrechtliche Verpflichtung wirksam,** S 2. Ihre Verletzg kann Schad-

ErsAnspr begründen, die gem § 249 S 1 auf Rückerwerb des Rechts gehen können. Der UnterlassgsAnspr kann iW einstw Vfg dch ein gerichtl Veräußergsverbot gesichert w (BGH **LM** Nr 2). Ebso sind vertragl Sichergen der UnterlassgsPfl zul, so dch Bürgsch, Vereinbg einer VertrStrafe, eines Vor- od WiederkaufsR. Wirks auch die Vereinbg einer auflösden Bedingg od einer RückgewährPfl für den Fall einer Veräußerg od Pfändg; eine derart Abrede stellt keine Umgeh des § 137 dar (Düss OLGZ **84**, 90, Timm JZ **89**, 13, Kohler DNotZ **89**, 339, str, vgl aber § 161 III). Unmittelb Sicherg dch Vormkg ist nicht mögl, da § 883 UnterlassgsAnspr nicht verfäßt (Hamm DNotZ **56**, 151); für den Fall einer abredewidr Vfg kann aber eine Vormkg zur Sicherg des RückauflassgsAnspr eingetr w (BayObLG NJW **78**, 700, DNotZ **79**, 27, Zweibr OLGZ **81**, 167, str). Im Fall des § 1136 ist auch die schuldrechtl Verpflichtg wirkgslos (vgl ferner § 2302). Die Verpflichtg, nicht zu veräußern, ist bei Grdst nicht formbedürft (§ 313 Anm 2 a); sie kann auch stillschw begründet w (Pikalo DNotZ **72**, 646, § 2286 Anm 1, § 2174 Anm 2 d). Aus allg RGrds ergibt sich aber wohl eine zeitl Grenze von 30 Jahren (Großfeld JZ **88**, 937). – d) Die Vorschr ist Ausdr des allg RGedankens, daß sich niemand dch RGesch seiner rechtl **Handlungsfähigkeit** entäußern kann (Weitnauer FS Weber, 1975, S 431). Auch die Erwerbs- u VerpflBefugn kann daher nicht mit Wirkg gg Dr ausgeschl w (Weitnauer aaO). Ebso ist die eig RGesch des Vertretenen ausschließde verdrängde Vollm mit § 137 unvereinb (BGH **3**, 358, **20**, 364, WPM **71**, 956, zT abw Hamm OLGZ **75**, 500).

2) Betroffene Rechte: § 137 gilt grdsätzl für Sachen u Rechte aller Art. Sein Anwendgsbereich w aber dch SonderVorschr eingeschr. Nach § 399 kann die Abtr von Fdgen dch Vereinbg zw Gläub u Schu (nicht mit Dr!) mit dingl Wirkg ausgeschl w (vgl dort Anm 3 u 6). Das gilt ebso für die unter § 413 fallden Rechte. Vereinbg, die die VerkFähigk des Rechts iW der Inhaltsbestimmg berühr, w ferner zugelassen in VerlG 28, ErbbRVO 5, WEG 12, 35, AktG 68 II, GmbHG 15 V. Dagg kann die Übertragbark des AnwR des VorbehKäufers nicht mit dingl Wirkg ausgeschl w (BGH NJW **70**, 699); entsprechdes gilt (außerh VerlG 28) für geistige u gewerbl SchutzR, sow diese überh übertragb sind (UrhG 29 S 2, vgl RG **127**, 205, ferner RG **63**, 398, 69, 242). Zur Frage, ob die Übertragbark beschr dingl Rechte gem §§ 413, 399 ausgeschl w kann, vgl Einl 4 c bb v § 854.

138 *Sittenwidriges Rechtsgeschäft; Wucher.* ¹ Ein Rechtsgeschäft, das gegen die guten Sitten verstößt, ist nichtig.

 ² Nichtig ist insbesondere ein Rechtsgeschäft, durch das jemand unter Ausbeutung der Zwangslage, der Unerfahrenheit, des Mangels an Urteilsvermögen oder der erheblichen Willensschwäche eines anderen sich oder einem Dritten für eine Leistung Vermögensvorteile versprechen oder gewähren läßt, die in einem auffälligen Mißverhältnis zu der Leistung stehen.

Übersicht

1) Allgemeines
 a) Zweck der Vorschrift
 b) Rechtsbegriff der guten Sitten
 c) Tatbestand der Sittenwidrigkeit
 d) Zeitpunkt der Beurteilung
 e) Anwendungsbereich
 f) Verhältnis zu anderen Vorschriften
 g) Rechtsfolgen (Allgemeines)
 h) Beweislast, Revisibilität
2) **Sittenwidriges Verhalten gegenüber dem Geschäftspartner**
 a) Wucherähnliche Geschäfte (Abgrenzung zwischen den Absätzen I und II)
 b) Teilzahlungskredite
 c) Weitere Fallgruppen
 d) Rechtsfolgen
3) **Sittenwidriges Verhalten gegenüber der Allgemeinheit oder Dritten**
 a) Voraussetzungen
 b) Fallgruppen
 c) Rechtsfolgen
4) **Wucher**
 a) Voraussetzungen
 b) Rechtsfolgen
 c) Mietwucher
5) Einzelfälle

1) Allgemeines. a) Die dem einz von der ROrdng gewährte Befugn, seine Lebensverhältn dch RGesch eigenverantwortl zu gestalten (PrivAutonomie, vgl Übbl 1 a vor § 104), schließt die Gefahr von Mißbr in sich, ohne daß die vielfält MißbrMöglichk dch best umschriebene Verbote abschließd erfaßt w können. Die PrivAutonomie bedarf daher als notw Korrektiv einer Generalklausel, die der autonomen RGestaltg dort eine Grenze setzt, wo sie in Widerspr zu den Grdprinzipien unserer R- u Sittenordng tritt. Diese Generalklausel enthält § 138. Die Vorschr verweist im Anschl an eine prinziporientl Formel („*boni mores*") auf die „guten Sitten". Ihr Zweck ist, **Mißbräuchen der Privatautonomie entgegenzuwirken**.

b) Rechtsbegriff der guten Sitten. Nach der Rspr ist ein RGesch sittenw, wenn es gg das **Anstandsgefühl aller billig und gerecht Denkenden** verstößt (RG **80**, 221, BGH **10**, 232, **69**, 297, BAG NJW **76**, 1958). Diese Formel, die sich schon in den Mot (II S 125) findet, trägt zur inhaltl Präzisierg des § 138 wenig bei (vgl Larenz AT § 22 III a). – **aa)** § 138 verweist auf die sich aus der Sittenordng ergebden Sittengebote. Dabei ist unter „guten Sitten" keine Sittlichk im gesinnungseth Sinne zu verstehen (Sack NJW **85**, 761), ands aber auch nicht die Sitte iS der tatsächl geübten Konvention. Abzustellen ist vielm auf die in der Gemsch od in der beteiligten Gruppe anerkannten moralischen Anschauungen; der Begr der guten Sitten w durch die **herrschende Rechts- und Sozialmoral** inhaltl bestimmt (Larenz AT § 22 III a, krit Heldrich AcP **186**, 94). Dabei ist ein **durchschnittlicher Maßstab** anzulegen (RG **80**, 221, BGH **10**, 232); bes strenge Anschauungen sind unbeachtl, ebso aber auch bes laxe Auffassgen. – **bb)** § 138 verweist zugl auf die der ROrdng immanenten rechtseth Werte u Prinzipien (Larenz AT § 22 III a u JurJB **7**, 109, Soergel-Hefermehl Rdn 7). Die Vorschr erfaßt auch Verstöße gg die „**ordre public**"; RGesch, die die grdleg Prinzipien der ROrdng verletzen, sind gem § 138 nichtig (vgl BGH **68**, 4, **80**, 158). Dieser Aspekt des § 138 steht, wenn auch unausgesprochen, in der prakt RAnwendg im VorderGrd. Wenn die Rspr RGesch für sittenw erkl, geht es idR nicht um die Rezeption von außerrechtl Wertgen, sond um die Konkretisierg von Wertmaßstäben, die in der ROrdng selbst angelegt sind. – **cc)** Über § 138 wirkt das im **Grundgesetz verkör-**

§ 138 1b–e

perte **Wertsystem** in das PrivR ein (BVerfG 7, 206, **24**, 251, BGH **70**, 324, NJW **86**, 2944, § 242 Anm 1c). Zu den WertEntsch, die den RBegr der guten Sitten mitbestimmen, gehört auch die **Sozialstaatsklausel**, GG 20, 28 (BVerfG **8**, 329, Stgt BB **73**, 773). Der in der Rspr seit langem anerkannte Grds, daß mit Hilfe des § 138 dem Mißbr wirtschaftl Macht entggzuwirken ist, hat nunmehr auch im Sozialstaatsprinzip seine Grdl. Vermeintl Sozialwidrigk eines Vertr kann aber nicht ow mit Sittenwidrigk gleichgesetzt w (BGH **106**, 271). – **dd)** Bei einem **Konflikt** zw außerrechtl moralischen Anschauungen u der im Recht verkörperten Wert-Ordng hat die letztere, sofern sie sich im Rahmen der Verfassg hält, den Vorrang. RGesch, die eine gesetzl Vorschr nach ihrem Zweck als zul anerkennt, können daher nicht gem § 138 für nichtig erkl w (BGH **NJW 70**, 1179, nach StGB 180 III straffreier MietVertr mit Dirne; BGH **63**, 365, PachtVertr über Bordell).

c) Die Sittenwidrigk eines RGesch kann entweder aus seinem Inh oder seinem GesCharakter hergeleitet w (sog Inh- u UmstSittenwidrigk, auch endogene u exogene Sittenwidrigk genannt). – **aa)** Ein RGesch ist sittenw, wenn sein **Inhalt** mit grdlegden Wertgen der R- od Sittenordng unvereinb ist (Bsp: Regelgen, die gg die FamOrdng od der Menschenwürde verstoßen). In diesem Fall kommt es auf eine Würdigg der BegleitUmst grdsätzl nicht an. Unerhebl ist insb, ob die Part das Bewußtsein der Sittenwidrigk hatten od ob sie die Tats kannten, die das RGesch sittenw machen (BGH **94**, 272). RGesch, die nach ihrem Inh sittenw sind, kann die ROrdng auch bei Gutgläubigk der Part nicht als verbindl anerkennen. – **bb)** Die Sittenwidrigk kann sich aus dem **Gesamtcharakter** des RGesch ergeben, dh aus einer zusfassden Würdigg von Inh, BewegGrd u Zweck des Gesch (BGH **LM** (Ca) Nr 1, NJW **51**, 397, BAG **4**, 275). Zu berücksichtigen ist hier nicht nur der obj Gehalt des Gesch, sond auch die Umst, die zu seiner Vorn geführt haben, sowie die Abs u Motive der Part (BGH **LM** (Cb) Nr 6). Der Handelnde braucht sich der Sittenwidrigk seines Tuns nicht notw bewußt zu sein; es genügt, wenn er die Tats kennt, aus denen sich die Sittenwidrigk ergibt (RG **161**, 233, BGH **LM** (Ca) Nr 1, NJW **88**, 1374). Dem steht es gleich, wenn er sich der Kenntn einer erhebl Tats bewußt od grob fahrl verschließt (BGH **10**, 233, **20**, 52, NJW **51**, 397). Zu dem obj Sittenverstoß muß also ein persönl Verhalten hinzukommen, das dem Beteil zum Vorwurf gemacht w kann (BGH **LM** (Ba) Nr 2, BB **53**, 695). Besteht der Sittenverstoß im Verhalten ggü dem GeschPartner (Anm 2 u 4), braucht die Kenntn od grob fahrl Unkenntn der Tats, aus denen sich die Sittenwidrigk ergibt, nur bei dem sittenw Handelnden, nicht aber beim and Teil gegeben zu sein (RG **120**, 149, BGH **WPM 66**, 496, **67**, 323, BGH **50**, 70). Bei einem sittenw Verhalten ggü der Allgemeinh od Dritten (Anm 3) ist § 138 dagg nur dann anwendb, wenn alle Beteil subj sittenw handeln (BGH **114**, 341, vgl näher Anm 3a).

d) Die sich aus den guten Sitten für den rgeschäftl Verk ergebden Anfordergen **unterliegen dem Wandel**. Ändern können sich sowohl die GrdWertgen der RGemsch als auch die in beteil VerkKreisen anerkannten moral Anschauungen. Bsp für die Wandelbark der guten Sitten sind die Rspr zum Verk von Arzt- u RAPraxen (Anm 5o), zum Mätressentestament (BGH **53**, 375, Anm 5f), zu Vertr über Sterilisation (BGH **67**, 48, Anm 5g), zu MietVertr mit Dirnen (BGH **NJW 70**, 1179, Anm 5c), zu Vertr über Bordelle (BGH **63**, 365, Anm 5c), zur Vermietg von Doppelzimmern an Nichtverheiratete (Anm 5g). Maßgebd für die Beurteilg der Sittenwidrigk sind die Verhältn im **Zeitpunkt** der Vorn des RGesch (BGH **7**, 111, **LM** (Cd) Nr 11, NJW **89**, 1277). Eine spätere Änd der tatsächl Verhältn ist unerhebl (Serick III 17), so etwa das Entstehen eines Mißverhältnisses zw Leistg u GegLeistg (BGH **WPM 77**, 399). Ein zZ seiner Vornahme gült RGesch wird dch eine Wandlg der sittl Anschauungen nicht nichtig (allgM), der Schu kann aber gem § 242 berecht sein, die Erf zu verweigern (BGH **NJW 83**, 2693). Soweit die Rspr einen bereits fr vollzogenen Wandel der Wertvorstellgn ledigl feststellt, gilt sie auch für fr geschlossene Vertr (BGH **NJW 83**, 2692, BVerfG **NJW 84**, 2345). War das Gesch bei seiner Vornahme sittenwidr, so w es dch einen Wertgswandel nicht ow gült (Staud-Dilcher Rdn 18, str, aA Hamm OLGZ **79**, 427), jedoch kann die Änderg der sittl Maßstäbe im Rahmen der vorzunehmden GesWürdigg berücksichtigt w (Mayer-Maly JZ **81**, 801). Ein gült SichgÜbereignsVertr w nicht dadch nichtig, daß die Part eine anderweitig nicht bedenkl SichgÜbereigng vornehmen (BGH **7**, 114, BB **58**, 1222). Auch bei letztw Vfgen ist grdsl auf den Ztpkt der Errichtg u nicht auf den des Erbf abzustellen (BGH **20**, 71, vgl näher § 1937 Anm 5). Führt ein RGesch wg veränderter Verh zu sittenw Auswirkgen, kann aber der Einwand unzul RAusübg dchgreifen (vgl § 242 Anm 2b).

e) § 138 gilt für **Rechtsgeschäfte jeder Art.** Er ist auch auf dingl RGesch anwendb (Soergel-Hefermehl Rdn 12, vgl auch Einl 5a cc vor § 854). Die Sittenwidrigk des GrdGesch hat aber nicht ohne weiteres die Sittenwidrigk des wertneutralen abstr **Erfüllungsgeschäfts** zur Folge (RG **109**, 202, BGH **NJW 73**, 615, **85**, 3007). Eine Erstreckg der Nichtigk auf das ErfGesch findet statt beim Wucher (Anm 4b); uU auch in den sonstigen Fällen, in denen der Sittenverstoß in einem Verhalten ggü dem GeschPartner besteht (Anm 2d). Nichtig ist das ErfGesch ferner, wenn die Sittenwidrigk gerade im Vollzug der Leistg liegt (RG **145**, 154, BGH **LM** (Aa) Nr 15, NJW **73**, 615). Das trifft zu auf SichgsÜbereignegen, die wg Knebelg, GläubGefährdg od aus sonst Grden gg § 138 verstoßen (Anm 5i, k, q). Die Nichtigk kann sich auch daraus ergeben, daß das dingl RGesch von der Wirksamk des GrdGesch abhäng gemacht worden ist (§ 139 Anm 3b). – § 138 gilt auch für einseit RGesch wie Künd (Anm 5m) od Rücktr, ferner für geschäftsähnl Hdlgen wie Mahng u FrSetzg. Seit Aufhebg des Sonderregelg des TestG 48 II ist § 138 auch auf letztw Vfgen wieder anwendb (§ 2077 Anm 1 Ab). – Bes Grds gelten für die Anwendg des § 138 im GesellschR. Auf BeitrErkl zu KapitalGesellsch findet § 138 im Interesse des VerkSchutzes keine Anwendg (Überbl 4e vor § 104). GesellschafterBeschl von KapitalGesellsch sind nur nichtig, wenn sie dch ihren Inh gg die guten Sitten verstoßen (AktG 241 Nr 4); der auch für die GmbH gilt (BGH **15**, 385). Sonst Mängel müssen iW dem AnfKl geltd gemacht w. Ist der GesellschVertr einer PersonalGesellsch nichtig, finden idR die Grds über die fehlerh Gesellsch Anwendg (Einf 5c aa vor § 145). Nichtigk von Anfang an kommt im allg nur dann in Betr, wenn der GesellschZweck sittenw ist (BGH **NJW 70**, 1540, Betr **76**, 2106, vgl auch Anm 5h). – Die Anwendg des § 138 w nicht dadch ausgeschl, daß das RGesch zugl eine ProzHdlg ist (BGH **16**, 390, ProzVergl). **Verwaltungsakte**, die gg die guten Sitten verstoßen, sind ebenf nichtig (VwVfG 44 II Nr 6). Entspr gilt für öffrechtl Vertr (VwVfG 59) u für einseit öffrechtl WillErkl, die keine VerwAkte darstellen (RG **134**, 167, JW **38**, 43).

f) Verhältnis zu anderen Vorschriften. – aa) § 134 ist nur anwendb, wenn das RGesch selbst gg ein gesetzl Verbot verstößt (§ 134 Anm 2 a). Sonst bei Vorn eines RGesch begangene RVerletzgen w von der Sanktion des § 134 nicht erfaßt, sie können aber zur Nichtigk gem § 138 führen. Verstößt ein RGesch gg rechtl Prinzipien od Wertgen, die keine VerbotsG iS des § 134 sind, ist uU § 138 anwendb; das gilt insb für RGesch, die gg WertEntsch des GG verstoßen (BGH NJW **72**, 1414, oben b bb). § 138 kann auch anwendb sein, wenn das RGesch selbst nicht verboten ist, die GeschPartner aber im ZusHang mit Abschl od Dchführg des Gesch gg Ges u Recht verstoßen (BGH **36**, 395, Schenkg in Verletzg der Pfl zur spars HaushFührg der öff Hand), vgl ferner Anm 5 p (Schmuggel), 5 s (SteuerzuwiderHdlgen; Vorbereitg, Förderg u Ausnutzg strafb Hdlgen). Schließl ist § 138 u nicht § 134 maßgebd, wenn ein RGesch gg ein ausl Ges verstößt (vgl § 134 Anm 1 b). – **bb) §§ 157 u 242.** Bevor § 138 angewandt w, sind die §§ 157, 242 heranzuziehen. Wo die Auslegg (§ 157) ergibt, daß ein RGesch entgg dem ersten Anschein die Schranken des sittl Erlaubten innehält, ist § 138 unanwendb. Auch soweit übermäß Beschrkgen gem § 242 auf ein vertretb Maß herabgesetzt w können (außerordentl KündR, Einwand unzul RAusübg), ist § 138 nicht anzuwenden (RG **152**, 254, BGH JZ **52**, 366, **LM** (B c) Nr 16). – **cc) § 123.** Ist ein RGesch dch argl Täuschg od widerrechtl Drohg zustande gekommen, ist es nicht gem § 138 sittenw, sond gem § 123 ledigl anfechtb, nur wenn weitere Umst als die unzul Willensbeeinflussg hinzukommen, kann § 138 herangezogen w (RG **114**, 341, BGH **60**, 104, WPM, **72**, 766, Betr **77**, 767). Zielt der Vertr auf eine von den Part gemeinsch begangene Täuschg eines nicht anfberecht Dr ab, kann die Abs der Drittschädigg den Vertr sittenw machen (BGH NJW **88**, 903). – **dd) Gläubigeranfechtung.** Die Ausführgen zu cc gelten entspr. § 138 ist nur anwendb, wenn außerh des AnfTatbestdes liegde sittenw Umst hinzutreten (BGH **53**, 180, **56**, 355, NJW-RR **87**, 1401). – **ee) Inhaltskontrolle gem AGBG 9 ff:** Sie hat ggü einer Anwendg des § 138 den Vorrang. § 138 ist nur dann anwendb, wenn die IndVereinbg sittenw ist od gg die AGB Bedenken bestehen, die nicht in den Schutzbereich der AGBG 9 ff fallen (Vorbem 4 b vor AGBG 8). – **ff) § 826. §§** 138 u 826 haben unterschiedl Funktionen. § 138 versagt sittenw RGesch die rechtl Anerkenng, § 826 knüpft an eine vorsätzl sittenw Schädigg eine SchadErsPfl. In vielen Fällen, in denen § 138 anwendb ist, ist § 826 nicht erf (beiders Sittenverstoß, Fehlen eines SchädiggsVors); das gilt umgekehrt entspr (sittenw Schädigg dch eine nichtrechtsgeschäftl Hdlg). Eine Konkurrenz zw beiden Vorschr besteht idR, wenn ein RGesch wg eines sittenw Verhaltens ggü dem GeschPartner nichtig ist (Anm 2 u 4). Hier kann die Anwendg des § 826 uU dazu führen, daß dem Geschädigten die Vort des sittenw Gesch ganz oder teilw erhalten bleiben. – **gg) UWG.** Ein RGesch ist nicht schon deshalb gem § 138 nichtig, weil es unter dem Einfluß sittenw Wettbew zustandegekommen ist (Sack NJW **74**, 564, WRP **74**, 447). § 138 ist nur anwendb, wenn das RGesch nach seinem **Inhalt** od seinem **Gesamtcharakter** gg die guten Sitten verstößt (Anm 1 c); daß eine nach UWG unzul Werbg für sein Zustandekommen ursächl war, reicht nicht aus (Lehmann NJW **81**, 1237).

g) Rechtsfolgen des Sittenverstoßes. Das sittenw RGesch ist gem § 138 nichtig. Die Nichtigk erstreckt sich grdsl auf das **Rechtsgeschäft im ganzen** (BGH NJW **89**, 26). Gem § 139 Halbs 2 kann ein RGesch ohne den sittenw Teil aufrechterhalten w, wenn dies dem mutmaß PartWillen entspr (BGH **52**, 24, NJW **72**, 1459, WPM **73**, 357). Das gilt aber nur dann, wenn sich der Sittenverstoß eindeut auf einen abtrennb Teil beschr u iü gg Inh u Zustandekommen des Vertr aus § 138 keine Bedenken bestehen (BGH NJW **79**, 1606, krit Hager, Gesetzes- u sittenkonforme Auslegg u Aufrechterhaltg v RGesch, 1983, S 149, Roth JZ **89**, 411). Bsp für die Teilaufrechterhaltg sind: BierbezugsVertr mit zu langer Laufzeit (BGH NJW **72**, 1459, unten Anm 5 c); ebso bei WettbewVerbot (Anm 5 w bb); SchuldAnerkenntn, soweit sie abtrennb, unbedenkl KausalGesch betreffen (BGH ZIP **87**, 519); Geliebtentestamente, soweit die Erbeinsetzg als noch tragb erscheint (BGH **52**, 23, Anm 5 f). Das Entgelt sittenw überhöht, ist dagg idR GesNichtigk anzunehmen (Anm 4 b u c). Läßt sich der Vertreter zum Nachteil des Vertretenen ein Schmiergeld versprechen, ist neben dieser Zusage auch der HauptVertr nichtig (BGH NJW **89**, 26). Die Nichtigk ist vAw zu berücksichtigen (RG **160**, 56). Sie kann von jedermann geltd gemacht w, auch von dem, der selbst gg die guten Sitten verstoßen h (RG **150**, 186, BGH **27**, 180, BAG NJW **76**, 1959). Bei einseit Sittenverstoß kann es aber unzul RAusübg darstellen, wenn der sittenw Handelnde sich zum NachT des und auf die Sittenwidrigk des RGesch beruft (BGH WPM **57**, 1158, **72**, 488). UU kann § 242 der Geltdmachg der Nichtigk auch bei einem beiderseit Sittenverstoß entggstehen (BGH NJW **81**, 1439, BAG NJW **68**, 1648). Hat eine Part die Nichtigk (Sittenwidrigk) zu vertreten, ist sie wg c. i. c. **schadensersatzpflichtig** (BGH **99**, 106). Zur Frage der Sittenwidrigk des ErfGesch vgl oben e. Vgl auch unten Anm 2 c, 3 c u 4 b.

h) Die **Beweislast** für die obj u subj Voraussetzgen der Sittenwidrigk trägt derjenige, der sich auf die Nichtigk des RGesch beruft (BGH **53**, 379, **95**, 85, NJW **74**, 1821, **79**, 2089). Die Würdigg, ob das RGesch nach dem festgestellten Sachverhalt gg die guten Sitten verstößt, ist nach stRspr eine revisible **Rechtsfrage** (RG **128**, 95, BGH **LM** (Cd) Nr 2, WPM **69**, 1257).

2) Sittenwidriges Verhalten gegenüber dem Geschäftspartner. Der zur Nichtigk führde Sittenverstoß kann in einem Verhalten ggü dem GeschPartner bestehen. § 138 hat eine Abwehrfunktion ggü Beeinträchtiggen der wirtschaftl Entscheidgsfreih u gg die Ausnutzg wirtschaftl u intellektueller Übermacht (BGH NJW **81**, 1206). – **a)** Ein wicht Sonderfall des Sittenverstoßes ggü dem GeschPartner ist der in II geregelte Wucher (vgl Anm 4). Sind die Voraussetzgen des II nicht voll erf, so darf aus dem Vorliegen des einen od and Wuchermerkmals nicht ohne weiteres auf die Sittenwidrigk des RGesch geschl w (RG **64**, 181, **72**, 68, **103**, 37). Insb führt ein auffäll MißVerh zw Leistg u GgLeistg (Anm 4 a aa) nicht allein zur Nichtigk; **objektiv wucherische Geschäfte** fallen vielm nur dann unter I, wenn weitere sittenw Umst, wie etwa eine verwerfl Gesinng des Begünstigten hinzutreten (RG **150**, 2, BGH NJW **57**, 1274, **81**, 1206, **LM** (Cc) Nr 4, stRspr, str). Ist das obj wucherische Gesch dadch zustandegekommen, daß der wirtschaftl od intellektuell Überlegene die **schwächere Lage** des and Teils bewußt **zu seinem Vorteil ausgenutzt** hat, ist es gem I nichtig (BGH WPM **66**, 400, **69**, 1256, **71**, 857, NJW **80**, 446, 1156). Dem steht es gleich, wenn der obj sittenw Handelnde sich böswill od leichtfert der Erkenntn verschließt, daß der and nur unter dem Zwang der Verhältn auf den ungünst Vertr einläßt (RG **150**, 5, BGH NJW **51**, 397, WPM **71**, 858). Ein

§ 138 2a, b

besonders grobes Mißverhältnis der beiders Leistgen kann den Schluß auf eine verwerfl Gesinng u dementspr die Anwendg des I rechtf (RG **150**, 6, BGH WPM **66**, 835, NJW **79**, 758, BAG NJW **85**, 2661), so etwa, wenn eine Sache zu 1/6 ihres Wertes verkauft w (BGH WPM **87**, 353). Zur Anwendg dieser Grds auf KonsumentenkreditVertr s unten b. Nichtig kann auch bei unentgeltl Leistgen gegeben sein (BGH Betr **77**, 995). Sie ist zu bejahen, wenn bei einem PartnervermittlgsVertr 9120 DM für wertloses Adressenmaterial zu bezahlen ist (Celle NJW-RR **88**, 1516), wenn sich Untern in Kenntn aller Umst ohne entspr GgLeistg von einem Kunden unangem Vorteile versprechen läßt (Ffm NJW **64**, 254, AutomatenaufstellVertr; Bambg NJW **72**, 1993, LeasingVertr). Kommt ein obj wucherisches Gesch dch Ausnutzg einer Monopolstellg zustande, ist I anwendb, ohne daß es der Feststellg einer verwerfl Gesinng bedarf (BGH **LM** (Cc) Nr 4). Sittenwidrigk gem I kann anzunehmen sein, wenn ein RGesch unter Ausnutzg einer Zwangslage, von Unerfahrenh, mangelndem UrtVermögen od einer erhebl Willensschwäche (Anm 4a bb) zustandekommt, II aber wg Fehlens eines auffäll Mißverhältn der beiders Leistgen nicht anwendb ist. Sittenw ist die Ausnutzg des Leichtsinns eines jugendl u unerfahrenen Menschen zum Abschl eines undchführb Vertr, um auf gefahrl Weise einen SchadErsAnspr zu erlangen (BGH NJW **66**, 1451, **82**, 1457). Weitere Fälle der Sittenwidrigk: Ausbeutg der Geistesschwäche des and Teils zur Erlangg außergewöhnl Vorteile (RG **72**, 68); Ausnutzg eines psych Zwangslage zu einer vertragl Erbeinsetzg (BGH **50**, 71).

b) Ratenkreditverträge. aa) Allgemeines. Wann RatenkreditVertr mit einer im Vergl zum Marktzins überhöhten Verzinsg als sittenwidr anzusehen sind, ist dch eine stRspr im wesentl geklärt. § 138 II ist idR unanwendb, da sein subj TatbestdMerkmal (Ausbeutg einer Zwangslage usw) nicht erfüllt ist. Prüfgsmaßstab ist daher § 138 I. Aus ihm hat die Rspr den **Rechtsgrundsatz** entwickelt, daß der RatenkreditVertr sittenwidr ist, wenn zw Leistg u GgLeistg ein auffäll Mißverhältn besteht u der KreditGeb die schwächere Lage des and Teils bewußt zu seinem Vorteil ausnutzt od sich leichtfertig der Erkenntn verschließt, daß der KreditNeh sich nur wg seiner schwächeren Lage auf die drückden Bdggen einläßt (BGH **80**, 160, NJW **80**, 446, 2077, **88**, 818, stRspr).

bb) Vergleich zwischen Vertrags- und Marktzins. Die vom KreditNeh geschuldeten Kreditgebühren sind in Anwendg des Tabellenwerks von Sievi-Gillardon in Zinsen umzurechnen (s § 246 Anm 2). Die **Vermittlungsprovision** ist beim VertrZins, nicht aber beim Marktzins in die Umrechng einzubeziehen, es sei denn, die Tätigk des Vermittlers lag vorwiegd im Interesse des KreditNeh (BGH NJW **87**, 181, NJW-RR **89**, 303) od die Bank wußte von der Vermittlg nichts (BGH WPM **87**, 1331). Die Provision ist als laufzeitunabhäng Leistg zwar kein Zins im RSinne (§ 246 Anm 1), ist aber Teil des vom KreditNeh geschuldeten Gesamtentgelts (StGB 302a I S 2) u mindert die Personal- u Werbeaufwendgen der Bank (BGH **80**, 166, NJW **81**, 1209, **87**, 181, **88**, 1662). Als Marktzins kann der in den MoBerichten der DBB ausgewiesene **Schwerpunktzins** herangezogen w (BGH **80**, 163, **98**, 176, stRspr); die Teilzahlungsbanken bilden keinen Sondermarkt (BGH **80**, 163, NJW **80**, 2075, **83**, 1421, fr sehr str). Ihrer bes Kosten- u Risikostruktur wird dadch hinr Rechng getragen, daß sie den Marktzins fast bis zu 100% überschreiten dürfen (unten cc). Da der Schwerpunktzins aus Krediten mit Laufzeiten bis zu 48 Mo ermittelt w, ist aber bei Vertr, die während einer Niedrigzinsphase ohne Erhöhgsklausel mit längerer Laufzeit geschlossen w, ein Zuschlag von 0,02–0,04% pm zu machen (LZB NRW v 15. 4. 86 1326/86, and Köln NJW-RR **88**, 936, Düss ZIP **89**, 763, s auch BGH NJW **88**, 1661). Da die **Restschuldversicherung** beiden Part nützt, gehören ihre Kosten an sich zur Hälfte zu der vom KreditNeh zu erbringden Gesamtleistg (BGH **80**, 167). Sie müssen aber einschließl der auf sie entfallden Kreditkosten beim Vergl mit dem Schwerpunktzins außer Betracht bleiben, da dieser aus Krediten ohne eine derart Versicherg ermittelt w (BGH **99**, 336, NJW **88**, 818, 1662, aA Reifner NJW **88**, 1948). Zwar kann die Prämie in einem zweiten Berechngsschritt mitberücksichtigt w, nachdem der Schwerpunktzins um eine entspr Prämie erhöht worden ist; eine solche Berechng verringert aber dchweg die Abweichg vom Marktzins u ist daher für die Anwendg des § 138 unergiebig (BGH NJW **82**, 2435).

cc) Auffälliges Mißverhältnis. Es ist idR zu bejahen, wenn der vereinbarte Zins den marktübl Zins um mehr als 100% überschreitet (BGH **104**, 105, NJW **88**, 818, NJW-RR **87**, 680). Die **100%-Grenze** ist aber nicht starr anzuwenden. Auch geringere Abweichgen begründen ein auffälliges Mißverhältn, wenn der VertrZins den Marktzins absolut um mehr als 12% übersteigt (KG MDR **85**, 582, Stgt EWiR **85**, 455, Brem NJW **86**, 1499, **87**, 1136, Ffm NJW-RR **87**, 304, 998, im Ergebn auch Hamm u Karlsr NJW-RR **86**, 46, 217, ähnl BGH **104**, 106). Auch wenn die 12% Grenze nicht erreicht w, kann bei relativen Abweichgen zw 90 u 100% eine **Gesamtwürdigung** aller Umst die Anwendg des § 138 I rechtf (BGH **104**, 105), so bei 91% (BGH NJW **82**, 2433), 94% (BGH BB **87**, 2263) od 96% (BGH NJW **87**, 183). Dabei kann zu Lasten der Bank berücksichtigt w, daß sie über die Höhe des effektiven Jahreszinses keine od unricht Angaben gemacht hat (BGH NJW **82**, 2437, Ffm WPM **85**, 118), daß die auf ihren Vorschlag abgeschlossene Restschuldversicherg übersteuert ist (Emmerich JuS **88**, 927), daß der Kunde über wesentl KreditBdggen im unklaren gelassen worden ist (Düss WPM **88**, 1692), daß die Verzugsregel den KreditNeh übermäß belastet (BGH NJW **79**, 806, 808, 2090, KG WPM **84**, 1184, LG Essen NJW-RR **89**, 877: ständ ZusArbeit mit einem übermäß teuren Inkassobüro), daß im Zins überhöhte Vermittlgskosten („packing") versteckt auf den Kunden abgewälzt w (BGH NJW **80**, 2074), daß für den Fall einer vorzeitn SelbstAusk vorgesehen ist (BGH NJW **80**, 2078), daß die AGB sonst unangem Regelgen enthalten (BGH NJW **83**, 1421, krit Bruse BB **86**, 478), daß die Übergangsbeihilfe eines Zeitsoldaten im Vertr in Form einer Ballonrate verplant worden ist (Karlsr NJW-RR **87**, 299, a BGH NJW **89**, 829), daß der Kunde zur Ablösg eines günst Kredits veranlaßt worden ist (BGH NJW **88**, 818, 1660). Ist der KreditNeh Vollkaufm, führen Verstöße gg das AGBG aber ledigl zur Nichtigk der betreffden Klausel; bei der Prüfg des § 138 bleiben sie außer Betracht (BGH NJW **80**, 446, Hamm BB **83**, 404). Wg der bes Kosten- u Risikostruktur der Teilzahlungsbanken **abzulehnen** ist die Tendenz, die Wuchergrenze noch **weiter abzusenken**. § 138 I ist daher (idR) unanwendb, wenn der Marktzins um 65,13% (BGH NJW **87**, 2221), um 77,2% (Hamm WPM **85**, 1524), um 80,5% (BGH **99**, 336), um 81,8% (BGH NJW **88**, 1662), um 87,6% (BGH NJW **89**, 829), um 88% (Düss NJW-RR **87**, 1335) od um 94,3% (Köln NJW-RR **88**, 935) überschritten w (aA Ffm WPM **85**, 116, Bambg NJW-RR **87**, 1334, Köln NJW-RR **87**, 1528: 67%, 71% bzw 77% sind ausr).

Rechtsgeschäfte. 2. Titel: Willenserklärung § 138 2b

dd) Subjektiver Tatbestand. Ist der RatenkreditVertr gem cc) obj sittenw, ist auch der subj Tatbestd – vorsätzl od grob fahrläss Ausnutzg der schwächeren Lage des Kunden (oben aa) – bei Vertr mit einer Teilzahlgsbank idR erf (BGH **98**, 178, NJW **84**, 2294, **86**, 2565, stRspr). Die Bank kann sich nicht mit dem Hinw entlasten, das für sie zust Ger habe fr Vertr mit entspr EffektivVerzinsg als rechtmäß angesehen (BGH NJW **83**, 2692, BVerfG NJW **84**, 2345). And ist es höchstens dann, wenn substantiiert dargelegt w, daß der jetzt vorliegde u der fr Vertr in allen für die Beurteilg der Sittenwidrigk maßgebden Umst übereinstimmen (BGH NJW **83**, 1422).

ee) Bei **Kettenverträgen** kann sich die Sittenwidrigk des FolgeVertr daraus ergeben, daß die Zinsen des abgelösten Vertr wesentl niedriger od die Kosten der Umschuldg bes hoch waren (BGH NJW **88**, 818, Stgt NJW-RR **88**, 427). Dagg führt die Sittenwidrigk des fr Vertr nicht zur Nichtigk des FolgeVertr, es sei denn, daß der KreditGeb in Kenntn der Nichtigk des ErstVertr die Sicherg des unberecht Gewinns erstrebt hat od die Bdggen des neuen Vertr schon bei isolierter Betrachtg der krit Grenze nahe kommen (BGH **99**, 336, NJW-RR **87**, 679, Canaris WPM **86**, 1246). Aus dem neuen Vertr stehen dem KreditGeb gem § 242 aber nur die Anspr zu, die ihm bei Berücksichtigg der Nichtigk des fr Vertr billigerw eingeräumt worden wären (BGH aaO u NJW-RR **88**, 363). Die vom BGH angewandte Methode der Anpassg ergibt sich aus folgendem **Berechnungsbeispiel** (krit Stgt NJW-RR **89**, 107, Münstermann WPM **87**, 745, Derleder JZ **87**, 679, Kohte JR **87**, 502):

Nichtiger Kreditvertrag:

Nettokredit	20000,— DM
Maklerprovision	1000,— DM
AntrSumme	21000,— DM
Kreditgebühr 1% pm 48 Mo	10080,— DM
Bearbeitungsgebühr 3%	630,— DM
Gesamtkredit	31710,— DM
47 Raten à 660 DM, Schlußrate	690,— DM.

Nachdem der Schu 25 Raten (16500 DM) gezahlt hat, wird ein **neuer Vertrag** mit einem nicht zu beanstandenden Zinssatz geschlossen:

Nettokredit	20000,— DM
Maklerprovision	1000,— DM
AntrSumme	21000,— DM
Kreditgebühr 0,8% pm 36 Mo	6048,— DM
Bearbeitungsgebühr 3%	630,— DM
	27678,— DM
35 Raten à 770 DM, Schlußrate	728,— DM.

Vom Nettokredit werden 7160 DM an den Schu ausgezahlt; 12840 DM werden für die Ablösg des Erstkredits verwandt (31710 DM − 16500 DM − 2370 DM Rückvergütg der Kreditgebühr). Der Schu zahlt 12 Raten (9240 DM) u lehnt weitere Zahlgen ab. **Anpassung:** Von den auf den ersten Vertr gezahlten 16500 DM entfallen gem § 367 Anm 2 63,07% = 10407 DM auf den allein geschuldeten Kapitalbetrag, so daß eine Restschuld von 9593 DM verbleibt (20000 DM − 10407 DM), die in monatl Raten von 417 DM (20000 DM : 48) abzutragen war. Wg der Zahlg auf die Kreditkosten (36,93% von 16500 DM) stand dem Schu bei Abschluß des neuen Vertr ein sofort fäll BerAnspr von 6093 DM zu. Sein wirkl Kreditbedarf betrug 1067 DM (7160 DM − 6093 DM). Die Anspr des KreditGeb aus dem neuen Vertr errechnen sich wie folgt:

Nettokredit	1067,— DM
Maklerprovision	53,— DM
AntrSumme	1120,— DM
Kreditgebühr 0,8% pm 36 Mo	323,— DM
Bearbeitungsgebühr 3%	34,— DM
Gesamtkredit	1477,— DM

Der Schu hat daher noch 1830 DM zu zahlen (9593 DM + 1477 − 9240). Dieser Betrag ist um eine gem § 246 Anm 2b zu berechnde Rückvergütg der Kreditgebühr des FolgeVertr weiter zu mindern.

ff) Liegt ein **besonders grobes Mißverhältnis** zw Leistg u GgLeistg vor, wird eine verwerfl Gesinng des KreditGeb vermutet; § 138 I ist daher ohne weitere Sachprüfg anzuwenden (BGH NJW **79**, 758 u oben b). Ein bes grobes Mißverhältn ist aber nur zu bejahen, wenn der marktübl Zins um etwa 200% überschritten w (ähnl Köln NJW **79**, 554, Hamm NJW **81**, 877, 993, s auch BGH aaO), ein Fall der im Konsumentenkredit-Gesch nicht mehr vorkommt.

gg) Andere Arten des Konsumentenkredits. Die in aa)–ee) dargestellten Grds können auf ähnl Vertr entspr angewandt w, jedoch muß bei jedem VertrTyp seine bes Risikostruktur berücksichtigt w. Beim Kontokorrentratenkredit kann der marktübl Zins aus dem Zins für Dispositionskredite hergeleitet w (Canaris WPM **87** Beil 4 S 6, aA Hamm EWiR **87**, 855: Schwerpunktzins für Ratenkredite), beim LeasingVertr ist der Vergl auf die übl Leasingraten abzustellen (Mü NJW **81**, 1104, Saarbr NJW-RR **88**, 243, Bunte EWiR **86**, 115, aA Karlsr NJW-RR **86**, 217). Zu prüfen ist aber jeweils, ob nicht in Wahrh ein normaler, lediglich and bezeichneter Ratenkredit vorliegt, „Idealkredit" (Hamm NJW-RR **88**, 937, LG Hann NJW-RR **88**, 625), „Vario-Kredit" (LG Dortm NJW **88**, 269), Scheckrahmenkredit (LG Brem NJW-RR **89**, 171). Bes zu beurteilen sind die mit einem LebensVersVertr kombinierten RatenkreditVertr (BGH NJW **88**, 1319, Reifner ZIP **88**, 817, Schmelz/Klute NJW **88**, 3113, LG Hanau WPM **89**, 780). Beim Vergl von Leistg u GgLeistg müssen alle Vorteile aus der Vers (Gewinnbeteiligg, SteuerErsparn) berücksichtigt w (BGH aaO, str, s auch BGH ZIP **89**, 558); diese sind aber vom DarlGeb konkret darzulegen (Celle NJW-RR **89**, 1134).

hh) Sittenwidrigkeit aus sonstigen Gründen. Der KonsumentenkreditVertr kann unabhäng von den in aa)–ee) dargestellten Grds sittenw sein, so wenn ein 19jähr FamVater bei einem Einkommen von 1670 DM Raten von 1279 DM leisten soll (Düss WPM **84**, 158), wenn die Kreditgewährg von der Ablösg eines erhebl günst Kredits abhäng gemacht w (BGH NJW **88**, 818, 1660), wenn unverhältnismäß Umschuldgskosten entstehen (Stgt NJW-RR **88**, 428). § 138 ist aber nicht bereits dann anwendb, wenn die monatl Raten höher sind als das pfändb Einkommen (BGH NJW **89**, 1666, Hamm WPM **88**, 1226, Celle NJW-RR **89**, 1135, Gaßner NJW **88**, 1131, aA LG Lübeck NJW-RR **88**, 959). Der Schutz der PfändgsVorschr bleibt dem Schu ohnehin; sie beschränken aber seine Verpfl- u VfgsFreih nicht. Übernimmt der – nach der abänderb partnerschaftl AufgTeilg – nicht berufstät einkommens- u vermögensloser Partner die Mithaftg, so ist das eine zul SichergsMaßn u kein Verstoß gg § 138 (Bambg WPM **88**, 1286, Mü WPM **88**, 1365, aA Stgt NJW-RR **88**, 1135, NJW **88**, 836, LG Lübeck NJW-RR **88**, 941). Anwendb ist § 138, wenn die Bank den KreditN bewußt in eine **aussichtslose Lage** bringt (BGH NJW **89**, 1666); das ist bei mehreren KreditN nur anzunehmen, wenn sie die Raten offensichtl auch gemeins nicht aufbringen können (BGH aaO).

c) Das sittenw Verhalten ggü dem GeschPartner kann auch darin bestehen, daß eine **Macht- oder Monopolstellung** dazu mißbr w, um dem and Teil unangem VertrBedinggen aufzuzwingen (vgl Anm 5n). In diesen ZusHang gehören ferner die die Freih des and Teils übermäß beschränkenden Knebelgs-Vertr (Anm 5k), WettbewVerbote (Anm 5w), AutomatenaufstellVertr (Anm 5c) u BierbezugsVertr (Anm 5c).

d) Besteht der Sittenverstoß in einem Verhalten ggü dem GeschPartner, ist idR nicht nur das GrdGesch, sond **auch das Erfüllungsgeschäft** des geschädigten Teils nichtig, da auch die Erf dch das sittenw Verhalten herbeigeführt ist u dch dieses sein Gepräge erhält (Soergel-Hefermehl Rdn 52, 53). Gg den sittenw Handelnden besteht im allg SchadErsAnspr aus § 826, zugl aber auch aus c. i. c. (BGH **99**, 106). Aufrechterhaltg des Gesch mit angem GgLeistg ist nicht mögl (BGH **68**, 207), insow u wg der Anspr aus § 812 gelten die Ausführgen in Anm 4b entspr.

3) Sittenwidriges Verhalten gegenüber der Allgemeinheit oder Dritten. a) Ergibt sich der Sittenverstoß nicht bereits aus dem Inh des RGesch (Anm 1 c aa), sond aus seinem GesCharakter, ist § 138 bei einer Verletzg von Interessen der Allgemeinh od Dr grdsätzl nur anwendb, wenn **alle Beteiligten sittenwidrig handeln** (RG **114**, 341, **140**, 190, BGH BB **52**, 702, WPM **64**, 1087, **66**, 495), dh die Tats kennen, die die Sittenwidrigk des RGesch begründen (Anm 1c bb). Die bloße Kenntn des unsittl BewegGrds des and Teils genügt nicht (RG **71**, 194, JW **26**, 2918), hinzukommen muß die Billigg, Förderg od Ausnutzg der sittenw Abs des and (RG JW **31**, 929). – **b)** Sittenwidrigk wg Verletzg von Interessen der Allgemeinh od Dr kommt insb in Betr bei: **aa)** RGesch, die der Vorbereitg einer Straftat dienen (Einzelfälle Anm 5s); **bb)** RGesch, die der Ehe- u FamOrdng widerspr (Anm 5d, f, u); **cc)** RGesch, die gg die Grds der Sexualmoral verstoßen (Anm 5c, g); **dd)** standeswidr RGesch (Anm 5e, o, r); **ee)** RGesch, die auf eine Schädig Dr abzielen (Anm 5i, p, t); **ff)** RGesch die eine mißbilligte Kommerzialisierg zum Ggst h (Anm 5k). – **c)** Bei sittenw RGesch der hier fragl Art erstreckt sich die Nichtigk idR **nicht auf das Erfüllungsgeschäft** (vgl Anm 1e). SchadErsAnspr aus § 826 bestehen in Verhältn der Part im allg nicht, wohl aber uU für Dr. Die AusglAnspr aus ungerechtf Ber sind häuf dch § 817 S 2 ausgeschl (vgl dort).

4) Wucher (II). **a)** Das 1. WiKG hat § 138 II an den neuen StGB 302a angepaßt. Die nF, die an der geringen Bedeutg des § 138 II nichts geändert hat, gilt nach dem RGedanken des EG 170 für nach dem 1. 9. 1976 abgeschl Vertr. Wucher ist ein Sonderfall des sittenw Gesch. RGesch, die den WucherTatbestd nur zT erf, können uU gem § 138 I nichtig sein (vgl Anm 2a). – **aa)** Erforderl ist ein **auffälliges Mißverhältnis** zw Leistg u GgLeistg. Wucherisch können daher nur auf einen Leistgsaustausch gerichtete VermGesch sein (BGH NJW **82**, 2767, RG HRR **32**, 1430), aber solche jeder Art: Darl, Kauf, Miete, Gesellsch, DienstVertr, WkVertr, Vergl usw, dagg nicht die Bürgsch (BGH NJW **88**, 2602, **89**, 831, aA Wochner BB **89**, 1356). Ausgangspkt für die Beurteilg ist die Ermittlg u Ggüberstellg des obj Werts der beidseit Leistgen (BGH **LM** (Ba) Nr 1, 4, 4a, WPM **69**, 1255), u zwar unter Zugrdelegg der bei VertrSchl bestehen Verhältn (BGH WPM **77**, 399). Ein nachträgl entstehdes Mißverhältn rechtf die Anwendg des II nur, wenn es auf einem ZusatzGesch beruht (RG **86**, 298). Der nachträgl Wegfall des Mißverhältn ist unerhebl. Zu vergleichen sind die beidseit HptLeistgen, die für Leistgsstörgen getroffenen Regelgen können aber unterstützd berücksichtigt w (BGH **80**, 171). Wirken mehrere Pers als Leistde, Vermittler od in and Weise mit, genügt, daß zw der Summe der Leistgen u der Gesamth der GgLeistgen ein auffälliges Mißverhältn besteht (StGB 302a S 2, sog Additionsklausel), die auch für die zivilrechtl Beurteilg heranzuziehen ist (BGH NJW **80**, 1156, Müller-Emmert/Maier NJW **76**, 1658, 1664). Beim Vergl ist das beidseit Nachgeben zu berücks (BGH **51**, 145, **79**, 139, NJW **64**, 1787, BAG NJW **85**, 2661). Wann ein Mißverhältn „**auffällig**" ist, läßt sich nicht allg, sond nur aufgrd einer umfassden Würdigg des Einzelfalls entscheiden. Dabei sind insbes die übernommenen Risiken zu würdigen (BGH **LM** (Aa) Nr 15, KG OLGZ **81**, 125, Verk auf Rentenbasis). Auch der Verwendgszweck der Leistgen kann von Bedeutg sein. Bis etwa 1978 hat die Rspr zur Entscheidg der Frage, ob **Zinsen** wucherisch sind, auf die absolute Zinshöhe abgestellt u die Grenze zuletzt bei etwa 28– 30% gezogen (vgl 46. Aufl). Inzw besteht Einverständn darüber, daß nicht die absolute Zinshöhe entscheid ist, sond, wie immer bei marktgäng Leistgen, das Verhältn der Vertr- zum MarktPr. Die Wuchergrenze liegt etwa beim **Zweifachen des Marktzinses** (BGH NJW-RR **89**, 1068, oben Anm 2b). **Einzelfälle** (ja: auffäll Mißverhältn; nein: kein auffäll Mißverhältn): KaufPr von ⅔ des obj Wertes, nein (BGH **LM** (Ba) Nr 4); KaufPr der den übl um 155% übersteigt, uU ja (LG Trier NJW **74**, 151); ungewöhnl hoher Liebhaberpreis für Grdst in Naturschutzgebiet, idR nein (BGH DNotZ **77**, 102); Verkauf eines Grdst im Wert von 80000 DM zum Pr von 45000 DM, uU ja (BGH WPM **80**, 597); Bewertg einer gesellschaftr Einlage mit nur 40% ihres Wertes, ja (BGH WPM **75**, 327); Vergl über die Abfindg einer VersorggsAnwartsch im Wert von 110000 DM gg Zahlg von 5000 DM ja (BAG Betr **86**, 548); ArbLohn von 1,04 DM/Stunde, ja (LAG Brem **AP** Nr 33); zinsloses Darl mit 40jähr Laufzeit ja (BGH WPM **88**, 195); WkLohn, der das Dreifache des Übl u Angem beträgt, ja (LG Nürnb BB **73**, 777); Maklerprovision, die das Fünffache des Übl ausmacht, ja (BGH Betr **76**, 573); von 6% für die Vermittlg

Rechtsgeschäfte. 2. Titel: Willenserklärung § 138 4a–c

eines Kredits von 1,2 Mio DM, ja (Oldbg NJW-RR **86**, 857); Provision von 50000 DM für Kredit von 450000 DM, ja (LG Aachen NJW-RR **87**, 741); 116000 DM für 40jähr Grabpflege, ja (LG Mü NJW-RR **89**, 197); Vergütg von 3075 DM für 25 Partnervorschläge, nein (LG Krefeld MDR **84**, 491); finanzierter Heißmangelkauf, wenn dem Käufer 10520 DM aufzuwenden hat, die übl Aufwendgen aber nur 4330 DM betragen, ja (BGH NJW **80**, 1156); Preis für ein Spielgerät, der das 2½fache des VerkWertes ausmacht, wohl ja, aber kein bes grobes Mißverhältn iSv Anm 2a (BGH NJW **79**, 758); Jahresmietzins für einen Automaten, der dessen AnschaffgsPr um mehr als das Doppelte übersteigt, ja (LG Ffm NJW **64**, 255); völlige Überbürdg der Produktionskosten auf den Künstler bei einem VerwertgsVertr über U-Musik, ja (BGH NJW **89**, 747); Zuschlag von 13,41%, der von E-Werk mit örtl Monopolstellg ohne eig Marktleistg für die Stromliefergen eines and Werks erhoben w, ja (BGH **LM** (Cc) Nr 4).

bb) Subjektive Voraussetzungen auf Seiten des Bewucherten. Zum Tatbestd des Wuchers gehört weiter, daß das RGesch auf einer Zwangslage, auf Unerfahrnh, mangelndes UrtVermögen od erhebl Willensschwäche des Bewucherten zurückzuführen ist. Fehlt es hieran, ist das obj wucherische Gesch aber gem § 138 I nichtig, sofern der Begünstigte aus verwerfl Gesinng handelt h od sonst anstöß Umst vorliegen (vgl Anm 2a u b). – **Zwangslage:** Sie ist gegeben, wenn dch wirtschaftl Bedrängn od Umst and Art für den Betroffenen ein zwingdes Bedürfn nach einer Geld- od Sachleistg entsteht (BT-Drucks 7/3441); ausr insb ein erhebl Kreditbedürfn (Hamm WPM **84**, 1448). Die von der Rspr aus der aF ("Notlage") abgeleitete Beschrkg auf Fälle existenzgefährdder wirtschaftl Not (vgl BGH **LM** Ba Nr 1) ist dch die nF überholt. Es genügt, daß erhebl Nachteile drohen; auch polit u gesundheitl Gefährdgen sowie Nachteile für sonst nichtwirtschaftl RGüter sind mitzufaßt (s BGH WPM **81**, 1050). Unzufriedenh mit den polit Verh u der Wunsch nach höherem Lebensstandard begründen dagg keine Zwangslage (BGH NJW **77**, 2358); ebsowenig die Schwierigk, die bei einem Bauvorhaben (Kraftwerk) dch Einlegg von RMitteln Dr entstehen (BGH **79**, 137). Gleichgült ist, ob die Zwangslage verschuldet ist. Sie kann auch bei einer an sich vermögden Part vorliegen (BGH NJW **82**, 2767), ebso bei einer jur Pers (RG **98**, 324). Die Bedrängn eines Dr, insb eines Angeh, kann ausr (RG JW **15**, 574, BGH NJW **80**, 1575), wohl auch eine ledigl subj angenommene Zwangslage (str). – **Unerfahrenheit** ist ein Mangel an Lebens- oder GeschErfahrg (RAG JW **30**, 3009). Sie kann insb bei Jugendl (BGH NJW **66**, 1451), Alten od geistig Beschränkten (BGH NJW **67**, 393) gegeben sein. Unerfahrenh auf einem best Lebens- od WirtschGebiet is uU ausr (RG LZ **26**, 819, LG Trier NJW **74**, 151); nicht aber mangelh RKenntn (LAG Mü Betr **86**, 2191) od mangelnde Fachkenntn für Sondergebiete (BGH **LM** (Ba) Nr 2, NJW **79**, 758, WPM **82**, 849). – **Mangelndes Urteilsvermögen** liegt vor, wenn der Betroffene nicht in der Lage ist, die beiderseit Leistgen nicht u Vor- u Nachteile des Gesch sachgerecht ggeinand abzuwägen. Dies Unvermögen w vielf eine Folge von Verstandesschwäche sein. Aber auch bei einem normal Begabten kann im Einzelfall, insb bei schwier od unklar ausgestalteten Gesch, das erforderl UrtVermögen fehlen (Stgt FamRZ **83**, 499). Entscheidd ist allein, ob der Betroffene im konkreten Fall zu einer verständl Beurteilg in der Lage ist. Eine allg Schwäche des UrtVermögens ist wie erforderl noch ausr. – **Erhebliche Willensschwäche:** Sie ist gegeben, wenn der Betroffene zwar Inh u Folgen des Gesch dchschaut, sich aber wg einer verminderten psych Widerstandsfähigk nicht sachgerecht zu verhalten vermag. Mangelndes UrtVermögen u Willensschwäche ergänzen sich ähnl wie Einsichts- u Steuergsunfähigk. Sie erfassen im wesentl auch die Fälle, in denen die Rspr das fr Merkmal „Leichtsinn" bejaht h (vgl dazu BGH DNotZ **77**, 102). Willensschwäche kann insb bei Alkohol- od Drogenabhäng, aber auch bei jungen od alten Menschen vorliegen. Ein krankh Zustand ist nicht erforderl (BGH NJW-RR **88**, 764). Die von der Werbg ausgehdn „Verführgen" reichen grdsl nicht aus (BT-Drucks 7/5291 S 20). Unlautere Werbg, insb sog psychologischer Kaufzwang (LG Trier NJW **74**, 151/564 Anm Sack), kann aber bei den Kunden mangelndes UrtVermögen oder erhebl Willensschwäche hervorrufen.

cc) Der Wucherer muß die Zwangslage, die Unerfahrnh usw **ausgebeutet** haben. Diese Voraussetzg ist gegeben, wenn der Wucherer sich die Zwangslage, die Unerfahrnh usw bewußt zunutze macht u dabei Kenntn von dem Mißverhältn der beiderseit Leistgen hat, eine bes AusbeutgsAbs ist nicht erforderl (BGH NJW **82**, 2767, **85**, 3006). Das Angebot zu dem Gesch kann von dem Bewucherten ausgegangen sein (BGH NJW **85**, 3006). Hat sich der Bewucherte aus Dankbark auf das Gesch eingelassen, so schließt das die Anwendg von § 138 II nicht aus (RG HRR **30**, 693).

b) Rechtsfolge des Wuchers ist die Nichtigk des Gesch. Aufrechterhaltg mit angem GgLeistg ist nach hM nicht mögl (BGH **44**, 162, **68**, 207, NJW **58**, 1772, krit Hager, Gesetzes- u sittenkonforme Auslegg, 1983, S 149, 211). And liegt es beim Mietwucher (unten c) u in den Fällen, in denen der Preis normativ bestimmt ist (§ 139 Anm 4a). Auch bei Lohnwucher steht dem ArbN nach den Grds über das fehlerh ArbVerh gem § 612 II Anspr auf die übl Vergütg zu (BAG **AP** Nr 2; LAG Düss Betr **78**, 165). Wie sich aus der Formulierg „od gewähren läßt" ergibt, ist auch das ErfGesch des Bewucherten nichtig (RG **57**, 96, **109**, 202, BGH WPM **74**, 774, **84**, 1545); ebso die Bestellg von Sicherh (BGH NJW **82**, 2767); dagg erstreckt sich die Nichtigk nicht auf das ErfGesch des Wucherers (Soergel- Hefermehl Rdn 57). Der Bewucherte kann daher seine Leistg gem §§ 985, 812 zurückfordern. Daneben hat er SchadErsAnspr aus § 826 u c. i. c. (Anm 1g). Dagg ist der Wucherer auf den Anspr aus § 812 beschr, der aber uU dch § 817 S 2 ausgeschl w. Beim **Wucherdarlehen** steht § 817 S 2 der RückFdg des DarlKapitals nicht entg (RG (GrZS) **161**, 52, BGH WPM **62**, 606, **63**, 834). Der Wucherer muß dem Bewucherten das Darl aber bis zu dem Ztpkt belassen, in dem es bei Gültigk des Vertr zurückzuzahlen wäre (BGH WPM **56**, 459), ohne für die Zeit der Überlassg der DarlValuta Zinsen fordern zu können (BGH NJW **83**, 1422; § 817 Anm 3c bb).

c) Das StGB enthält in § 302a einen umfassden, mit § 138 II weitgehd übereinstimmden Wuchertatbestd. Wucherische RGesch sind dementspr zugl auch nach § 134 nichtig. Die SonderVorschr für den **Mietwucher** (StGB 302f) ist entfallen. Für den Mietwucher gilt aber weiter die fr Rspr (LG Köln NJW **65**, 158 zu WiStG 2a Z 2 aF), daß der Vertr zum angem Mietzins aufrechtzuerhalten ist. StGB 302a w ergänzt dch das in WiStG 5 enthaltene Verbot von Mietpreisüberhöhen. Auch hier wird der Vertr zum angem Mietzins aufrechterhalten (§ 134 Anm 3b). Nichtigkeit tritt bei Verwirklich des obj Tatbestd ein (Schmidt-Futterer

JR **72**, 136). Ein auffäll Mißverhältn ist idR zu bejahen, wenn die vereinb Miete die angem um mehr als 50% übersteigt (LG Darmstadt NJW **72**, 1244, Köln Betr **75**, 2033); eine wesentl Überhöhg (WiStG 5) bei einer Überschreitg um 25% (Ffm ZMR **75**, 371, Hbg MDR **77**, 582; für Grenze von 20%: Stgt NJW **81**, 2365, LG Mannh NJW **77**, 1729). Seit dem 1. 1. 1983 ist WiStG 5 idR unanwendb, wenn die Entgelte zur Deckg der laufden Kosten des Vermieters erforderl sind (s Gramlich u Vollmer NJW **83**, 421, 555). Die Wirksamk von Vereinbgen aus der Zeit vor dem 1. 1. 1983 richtet sich aber weiter nach WiStG 5 aF (*arg* EGBGB 170, s Hbg NJW **83**, 2455). Nichtige PrAbreden werden dch die Änderg des WiStG 5 nicht wirks (LG Mannh WM **83**, 233).

5) Einzelfälle (ja = sittenw; nein = nicht sittenw). **a) Abtretung** (vgl auch unten i u q): Abtr aller zukünft GeschFdgen, idR nein (Stgt NJW **64**, 666, aA RG **67**, 168, vgl auch BGH **62**, 100); Abtr des ges pfändb ArbEink ohne zeitl Beschrkg, nein, wenn sie der gleichmäß Befriedigg aller Gläub dient (BAG Betr **80**, 835). Globalzession aller KommanditeinlageFdgen einer Publikums-KG, uU ja (BGH Betr **79**, 301); Verpfl zur Abtr von Fdgen nach Zahlgseinstellg od iF der Beantragg des VerglVerf, idR ja (RG JW **33**, 40). SichgAbtr künft KundenFdgen, die der Schu aGrd verlängerten EV seinen Lieferanten abgetreten hat, idR ja (vgl § 398 Anm 6c). Abtr, um ProzKostHilfe zu erlangen od dem KostenerstattgsAnspr des Gegners zu entgehen, ja (RG **81**, 176, BGH NJW **80**, 991, WPM **87**, 1408; vgl aber BGH **47**, 292, der Abtr als wirks behandelt u ProzKostHilfe wg der Verh des Zedenten ablehnt), dagg Abtr, um den Abtretden als Zeugen benennen zu können, nein (RG **81**, 161, BGH WPM **76**, 424, Ffm VersR **82**, 1079, Mü BauR **85**, 210). – Vertragl AbtrVerbot, trotz der Möglichk eines Konflikts mit dem verlängerten EV der Lieferanten idR nein (BGH **51**, 117, § 399 Anm 3b). – **Abwerbung:** ArbVertr mit abgeworbenem ArbN, nein (BAG **13**, 284), wohl aber Anstellg eines mit unlauteren Mitteln zum VertrBruch verleiteten Angest eines Konkurrenten (RG Warn **13**, 322). SchmiergeldVertr s unten p. – **Animierlokal:** Überhöhter GetränkePr (9025 od 15642 DM), ja (Nürnb MDR **77**, 1016, LG Bln NJW **86**, 1940); insbes dann, wenn er Leistgen der Bardamen auf sexuellem Gebiet mit abdeckt (Hamm NJW-RR **86**, 547) s aber auch BayObLG NJW **85**, 873. Gibt der Gast einen Wechsel, Scheck od ein Schuldanerkenntn über einen hohen Betrag, kann sich die – uU auf einen Teilbetrag zu beschränkde – Nichtigk aus der anstößigen Überwälzg der BewLast ergeben: 79749 DM ja (BGH ZIP **87**, 519, krit Tiedtke ZIP **87**, 1089), 4203 u 4110 DM nein (BGH NJW **80**, 1742), 2430 DM für einige Biere ja (LG Hbg MDR **74**, 50). – **Ankaufsverpflichtung:** Einseit Verpfl zum Erwerb eines Grdst, idR nein (BGH **LM** (Bc) Nr 13, Köln NJW **68**, 2199).

b) Arbeitsverträge und ähnliche Abhängigkeitsverhältnisse (vgl auch unten m u w): LohnVereinbg nicht schon bei Unterschreitg des tarifmäß Lohns, sond erst bei erhebl MißVerh zum allg Lohnniveau für vergleichb Arb (BAG **AP** Nr 30). Bindg eines mdj ArbN dch einen 2 Jahre unkündb Vertr mit umsatzabhäng Lohn u weiteren drückden VertrBedingen, ja (BAG **AP** Nr 23). ArbVertr über öffentl Vorführg von GeschlechtsVerk, ja (BAG NJW **76**, 1958). Nicht ohne weiteres Bindg der AgentenProv an Mindesterfolg (RAG **19**, 110). Auferlegg einer übermäß VerschwiegenhPfl, ja (LAG Hamm Betr **89**, 783). Übern einer schuldunabhäng Mankohaftg dch Verkäufer, idR ja (BAG Betr **74**, 878). Vertr über Werbg auf Toilettentüren, wenn der Vertreter eine überhöhte „VertrSumme" zu zahlen hat, ja (LG Paderborn NJW-RR **87**, 672, LG Ffm NJW-RR **89**, 182). Überhohe VertrStrafe nur unter bes Umst (RG HRR **32**, 1644, § 343 Anm 1b). Verfallklausel uU ja (BAG BB **89**, 223, Preis ZIP **89**, 886). Klausel, wonach Gratifikation iF der Künd zurückzuzahlen ist, uU ja (vgl § 611 Anm 7e ff). Arbvertragl Verpfl, Antibabypillen zu nehmen, ja, ohne daß verwerfl Gesinng des ArbG erforderl (im Ergebn ebso LAG Hamm Betr **69**, 2353, das Nichtigk nach § 134 wg Verstoßes gg GG Art 6 I u IV annimmt). – Verpfl eines **Autors**, auf Lebenszeit alle seine Werke einem Verleger zuerst anzubieten, ja, wenn angem GgLeistg fehlt (BGH **22**, 347). Verpfl, das einer Rundfunkanst angebotene Manuskript wiederholt zu ändern, nein, wenn in jedem Fall angem Teilvergütg zu zahlen ist (BGH **LM** (Bb) Nr 32). – **Aussteueranschaffungsverträge** mit AnsparVerpfl ja, wenn der Kunde wg der Ungesicherth der Vorauszahlgen prakt das ges VertrRisiko trägt (BGH NJW **82**, 1455); ebso wenn der Vertr ohne gehörige Aufkl mit einer gerade volljähr Gewordenen geschl w (BGH aaO 1457).

c) Auszeichnungen: Entgeltl Gesch zur Verschaffg von .., ja (s unten k). – **Automatenaufstellverträge:** Vereinbg mit Gastw über DarlVerzinsg u Sichg einer gewissen Laufzeit des AufstellVertr, nein (Düss OLGZ **73**, 11). Übermäß Bindgen, die nicht mehr in einem vertretb Verhältn zu den Investitionen des Aufstellers stehen, ja (vgl v Olshausen-Schmidt, AutomatenR B 53 u B 29ff). VertrBdggen, die den Charakter des Gastwirtsch bedeutd beeinflussen u die BeweggsFreih des Wirtes stark einengen, ja, wenn eine Korrektur nach AGBG 9ff nicht mögl, ohne dem Vertr einen wesentl Inhalt zu geben (BGH **51**, 55, WPM **82**, 1354; vgl auch BGH **94**, 270). Bspe für unangem Bdggen s AGBG 9 Anm 7a. – **Bestechung:** Vertr über die Gewinng eines GesandtschSekretärs dch Bestechg, ja (RG Gruch **70**, 546). Vereinbg, daß ein ausl Beamter dch Zahlg von Schmiergeld zur Vornahme im pflichtwidr Hdlg veranlaßt werden soll, ja (BGH NJW **85**, 2406), vgl auch unten p „Schmiergeld". – **Bierbezugsverträge:** Die Rspr läßt grdsl Laufzeiten bis 15, äußerstenfalls bis 20 Jahren zu (BGH **74**, 293, NJW **79**, 865). Längere Bindgen werden gem § 139 auf das angem Maß zurückgeführt (BGH NJW **72**, 1459, WPM **84**, 89). Wird ein Vertr mit 30jähr (unwirks) Laufzeit nach 20 Jahren von einem neuen Nachf übernommen, bleibt die Laufzeitregelg – einschließl der Verlängergsregelg – unwirks (BGH NJW **88**, 2362). Dingl RGesch zur Begründg einer zeitl unbefristeten VerbotsDbk sind dagg idR wirks (BGH NJW **88**, 2364, Amann DNotZ **88**, 581). Soweit EWGV 85 entspr der Bündeltheorie anwendb ist (Wahl NJW **88**, 1431, 3069, Bunte/Sauter EG-GruppenfreistellgsVO, 1988, S 277ff, Hamm NJW **88**, 1473), gilt nunmehr die VO Nr 1984/83 der EG-Kommission vom 22. 6. 83 (ABl L 173/5ff). Sie gestattet ledigl Laufzeiten von 10 Jahren (Art 8 I d), wenn die BezugsPfl neben Bier auch and Getränke erfaßt von nur 5 Jahren (Art 8 I c). § 138 ist unabhäng von Bindgsdauer anwendb, sofern die BeweggsFreih u Selbstdgk unvertretb eingeengt w (Frage des Einzelfalls: s BGH **54**, 156, **LM** (Bb) Nr 35 u 37, Ffm NJW **77**, 1157); doch kann Korrekturmögl nach AGBG 9ff der Nichtigk entggstehen (RG **152**, 254, BGH **LM** (Bc) Nr 16). Brauerei, die zu ihren Gunsten (§ 328) geschl unsittl Vertr vorbereitet h, muß sich wie VertrPart behandeln lassen (BGH **LM** (Bb) Nr 27). Vgl auch AGBG 9 Anm 7b. – **Bierverlagsvertrag:** Bei unvertretb Einengg der wirtschaftl Beweggsfreih, ja (BGH NJW-RR **87**, 629). – **Bindungsdauer:**

Rechtsgeschäfte. 2. Titel: Willenserklärung § 138 5 c–f

7 Jahre bei HaarpflegeVertr, nein (BGH NJW-RR **86**, 982); Ausschluß des ordentl KündR bei Fernwärme-Vertr aus der Zeit vor dem 1. 4. 80, nein (BGH **64**, 290, **100**, 3); zum WettbewVerbot s Anm 5 w, s auch AGBG 11 Nr 12. – **Bordellverträge** (vgl auch unten g): Die fr Rspr sah Kauf- u PachtVertr über Bordelle als nichtig an, wenn sie auf eine BetrFortführg abzielten (RG **71**, 433, BGH **41**, 341). Nunmehr ist anerkannt, daß BordellpachtVertr wirks sind, wenn die Unterhaltg des Bordells nach dem StGB (§ 180a) straffrei ist u der Pachtzins in keinem auffäll Mißverhältn zum Wert des Pachtobjekts steht (BGH **63**, 365, Hamm NJW **75**, 653). Das gilt entspr für KaufVertr u GesellschVertr über den Betr eines Bordells (BGH NJW-RR **88**, 1379), für MietVertr mit Dirne (BGH NJW **70**, 1179), für GesellschVertr mit dem Zweck, Grdst an Dirnen zu vermieten (BGH DNotZ **75**, 93), für Vertr über Zeitgsanzeigen, in denen verdeckt für Prostituierte geworben wird (LG Ffm NJW **85**, 1639, aA Hbg MDR **85**, 320) u für BierliefergsVertr (BGH NJW-RR **87**, 999). Nichtig dagg der Vertr zw Bordellbesucher u Prostituierter (Düss MDR **75**, 661). – **Bürgschaft** zG eines Angeh, der strafb Hdlgen begangen hat, idR nein (BGH NJW **88**, 2599); wg Vermögenslosigk des Bü, idR nein (BGH NJW **89**, 830, 1605, Köln WPM **88**, 1261, Mü WPM **88**, 1365, Hbg NJW-RR **88**, 1074, Medicus ZIP **89**, 821, oben Anm 2b gg), aber ja, wenn eine risikoreiche Bürgsch erkennb unter Ausnutzg der Unerfahrenh des Bü zustande kommt, die Inanspruchn des Bü vorherseh ist u diese die Folge haben w, daß der Bü für Jahrzehnte, auf das pfändgsfreie Existenzminimum verwiesen w (Honsell JZ **89**, 495, Reinicke/Tiedtke ZIP **89**, 613, aA BGH aaO).

d) Ehe und Familie (vgl auch unten u): Vereinbg eines Entgelts od eines Darl für die Eingeh einer Scheinehe, ja (Stgt FamRZ **83**, 1023). VertrStrafenVerspr zur Sichg ehemäß Verhaltens, ja (RG **158**, 300). Vereinbg zw gesch Ehel über Beschrkg der Freizügk des and Teiles, idR ja (BGH NJW **72**, 1414 unter Hinw auf GG Art 11 I, abl Merten NJW **72**, 1799, zur Frage der Drittwirkg Schwabe NJW **73**, 229). Verlöbn währd Bestehens eines and, ja (RG **105**, 245, BayObLG NJW **83**, 831), mit einem Verheirateten, ja (Karlsr NJW **88**, 3023), Vereinbg zw Eheg über dauerndes Recht zum Getrenntleben ja (Düss FamRZ **81**, 545), über den Ausschluß der Scheidg ja (BGH **97**, 304, aA Hattenhauer FamRZ **89**, 232), über die Geltg des Schuldprinzips ja (Herb FamRZ **88**, 123), über den Verzicht auf ein entstandenes ScheidgsR nein (BGH aaO); SchadErsZusage des Ehebrechers ggü dem Ehem, nein, außer wenn es sich um ein getarntes Schweigegeld handelt (BGH **LM** § 134 Nr 18). ScheidgsVereinbg, die unmittelb darauf gerichtet ist, die Scheidg dch das Vorbringen eines nicht mehr bestehenden ScheidgsGrd zu erwirken, ja (BGH **41**, 169, 170, s näher § 1585c Anm 3). Verzicht der Ehefr auf Unterh, Versorggs- u ZugewinnAusgl nach 20jähr Ehe, uU ja (Köln DNotZ **81**, 445); einseit Verzicht auf ZugewinnAusgl uU ja (Stgt FamRZ **83**, 499); beiderseit Verzicht auf VersorggsAusgl idR nein (Bambg FamRZ **84**, 484, § 1408 Anm 3b). Regelg, wonach Vater die elterl Sorge übernimmt u Mutter von UnterhAnspr des Kindes freistellt, idR nein (BGH NJW **86**, 1168). Verzicht auf UmgangsR gg Freistellg von UnterhPfl, idR ja (BGH NJW **84**, 1952, Hbg FamRZ **84**, 1223); und aber, wenn der Ausschluß des UmgangsR mit dem Kindeswohl vereinb ist (Ffm FamRZ **86**, 596). Entgeltl Gesch bezügl EhelkAnf, ja (Celle NdsRpfl **62**, 188); wirks aber Vereinbg, in der der Erzeuger u Ehebrecher die UnterhPfl für das scheinehel Kind übernimmt (BGH **46**, 56); Vertr über heterolog Insemination u Vertr zw Leihmutter u Wunscheltern ja (Hamm NJW **86**, 781, LG Freiburg NJW **87**, 1488, Kollhosser JZ **86**, 446, AK/Damm Rdn 206, krit Coester-Waltjen JuS **87**, 195). Übernahme einer Schadenswiedergutmachg zw Eheg, idR auch dann nein, wenn keine RPfl zum SchadErs besteht (BGH WPM **74**, 967). Erbeinsetzg unter der Bdgg, daß der Erbe sich von seiner untreuen Ehefr scheiden läßt, nein (BGH **LM** (Cd) Nr 5, bedenkl, vgl Keuk FamRZ **72**, 9). Übertr- u LbRentenVertr, dch den Eltern einem Kind unter Übergeh der übr Abkömml ihr ges Verm zuwenden, idR nein (BGH NJW **89**, 2125 **(Cd)** Nr 19). Testamentarische Regelg, die das schwerbehinderte sozialhilfebedürft Kind auf die NachlErträge beschränkt u den Stamm des Vermögens einer Behindertenorganisation zuwendet, nein (Hbg NJW-RR **89**, 1093). Einsetzg eines nichtehel Kindes zum Alleinerben unter Übergeh der Ehefr u der ehel Kinder, idR nein (Hamm OLGZ **79**, 425), Einsetzg eines Freundes zum Alleinerben unter Übergeh von Ehefr u Kind, idR nein (BayObLG NJW **87**, 910). VertrStrafe von 40 000 DM für den Fall der Aufhebg der nichtehel LebensGemeinsch, ja (Hamm NJW **88**, 2474).

e) Bindg dch **Ehrenwort:** Bindg einer vertragl Verpfl dch Ehrenwort nur zum Schutze bes wicht Interessen zul (RG **74**, 333 u **78**, 263), dagg ehrenwörtl Zusichg einer in der Vergangenh liegden Tats unbedenkl (RG SeuffA **95**, 57). – **Eigenhändlervertrag:** Erschwerg nach 5 Jahren erstmals mögl Künd dch Verpfl, die ges Kundsch zu übergeben u Wettbew für 2 Jahre zu unterl, ja, wenn ohne angem Entsch (BGH **LM** (Bb) Nr 33). – Kaufzwangklausel in **Erbbaurechtsvertrag,** idR nein (BGH **68**, 1, **75**, 15, s näher ErbbRVO 2 Anm 2g). – **Erfolgshonorar:** AnwVertr über Erfolgshonorar, idR ja (BGH **34**, 70 u **39**, 148), auch dann, wenn RA sich um den Abschluß eines Vertr bemühen soll (BGH WPM **76**, 1135, **77**, 552) od wenn für den Fall des Nichterfolges nachträgl eine Teilrückzahlg versprochen w (BGH NJW **87**, 3204). Erfolgshonorar eines ausl RA, idR nein (BGH **22**, 165). Ein an sich zul Erfolgshonorar kann dch Überhöhg anstöß w (KG RzW **58**, 374). Erfolgshonorar eines fr dtsch RA, dem dch BEG 183 I Vertretgsberechtigg in Dtschland gegeben w war, ja (BGH **51**, 294, 295). – **Fernlehrvertrag:** s FernunterrichtsschutzG v 24. 8. 1976 (BGBl I 2325). – **Finanzielle Leistungsfähigkeit:** TeilzahlgsVertr, den der Käufer offensichtl nicht dchhalten kann, ja (RG **145**, 347); ebso bei Gaststätten-PachtVertr (Ffm NJW-RR **88**, 334); s aber auch Anm 2b hh. – Vertr über **Fluchthilfe,** grdsl nein, doch kann sich Sittenwidrigk aus überhöhter Vergütg od aus and Umst (konkr Gefährdg unbeteil Dr) ergeben (BGH **29**, 295, NJW **80**, 1574, Wengler JZ **78**, 64). Grdsl unbedenkl auch Vereinbg, wonach Vorschuß iF des Mißlingens der Flucht nicht zurückzuzahlen ist (BGH **69**, 307). – **Franchisevertrag:** Zahlg einer hohen Lizenzgebühr für eine nicht realisierte u nicht realisierb GeschIdee ja (LG Karlsr NJW-RR **89**, 822).

f) Zuwendgen an **Geliebte:** Vfgen vTw u Zuwendgen dch RGesch unter Lebden verstoßen nicht schon desh gg § 138, weil zw dem Zuwendgen u dem Bedachten ein außerehel LiebesVerh bestanden hat, gleichgült, ob eine der Part oder beide verheiratet waren. Nur wenn die Zuwendg **ausschließlich** den Zweck verfolgt, geschlechtl Hing zu belohnen od zu fördern, ist das RGesch nichtig (BGH **53**, 375, **77**, 59, NJW **73**, 1645, unter Aufg der fr Rspr, allgM). Das gilt ebso für Partner von homoerot Beziehgen (abw RG LZ **22**, 556). Wer sich auf die Unsittlichk der Zuwendg beruft, ist bewpflicht (BGH **53**, 379). Eine tats Vermutg, daß Zuwendgen an einen Ehebruchspartner eine Belohng für geschlechtl Hing darstellen, besteht nicht (BGH FamRZ **71**, 638). Diese von der fr Rspr (zB BGH NJW **64**, 764) abw BewLastVerteilg bedeutet im Ergebn, daß Zuwendgen zG von Geliebten idR rechtl Bestand h (s BGH NJW **83**, 675, **84**, 2150, BAG Betr **84**, 887). Ist die Zuwendg teilw als Entgelt für geschlechtl Hing aufzufassen, ist sie aber iü sittl nicht zu beanstanden, kann sie teilw nichtig u teilw gült sein (BGH **52**, 23); die Geliebte w daher uU nicht Alleinerbin, sond Miterbe neben der Ehefr u den Kindern. Vgl auch § 1937 Anm 5.

g) Geschlechtliche Beziehungen (vgl auch c „BordellVertr"): Entgeltl Vertr über GeschlechtsVerk, ja (BGH **67**, 122). Übereign des Dirnenlohnes, nein (BGHSt **6**, 379, Düss NJW **70**, 1852). Verkauf von Präservativen, nein (vgl BGHSt **24**, 318), von Antibabypillen, nein (vgl die Rspr zur SchadErsPfl bei Unwirksamk der Pille, Vorbem 3n vor § 249). Vertr über Sterilisation, idR nein (BGH **67**, 48, Bambg NJW **78**, 1685). Vertr über Telefonsex, wohl nein (AG Offenbach NJW **88**, 1097, aA Hamm NJW **89**, 2551 u für InsertionsVertr LG Bonn NJW **89**, 2544). KaufVertr über strafb pornograph Schriften, ja (Hbg MDR **75**, 226). VerleihVertr über pornograph Filme, nein, wenn nicht StGB 184 III zutrifft (s Hbg GRUR **84**, 663, im Ergebn zustimmd BGH NJW **81**, 1439, das die Berufg auf die etwaige Nichtigk an § 242 scheitern läßt); Vertr über Herstellg pornograph Aufn bei ausbeuterischem Charakter, ja (Stgt NJW-RR **87**, 1435). DienstVertr nicht schon deshalb unsittl, weil er in zeitl Zushang mit geschlechtl Beziehgen abgeschl (RAG JW **36**, 1246), wohl aber dann, wenn dch ihn die Konkubine an den DienstBerecht gefesselt w soll (RG Warn **26**, 41), od wenn er als Deckmantel für eine wilde Ehe dient (RAG Warn **31**, 137). GesellschVertr zw Ehebrechern, nein, wenn der GesellschZweck selbst nicht unsittl (BGH NJW **70**, 1540), so auch bei einer zur Errichtg eines gemeins zu bewohnden Hauses gegründeten Innengesellsch, wenn der Gedanke an die Förderg des ehebrecher ZusLebens nicht im VorderGrd stand (BGH FamRZ **65**, 368); BeherberggsVertr mit Nichtverheirateten über Unterbringg in Doppelzimmer, nein (BGH NJW **85**, 131, Schickedanz NJW **75**, 1890, aA AG Emden NJW **75**, 1363, s auch Leenen MDR **80**, 353).

h) Gesellschaftsverhältnis (vgl Anm 2e, ferner unten k u s „StimmR"): GewinnVorweg für Kommanditisten ohne Rücks auf JahresAbschl, ja (RG **166**, 72). Best, daß Gter, die Konkurrenten der Gesellsch sind, sich in GterVers dch Mitgl der GeschFg od des AufsR vertreten lassen müssen, nein (RG **80**, 390, 391), dagg ja, wenn alle GterR dch Vertreter ausgeübt w sollen (RG **88**, 221, 222). Verspr ggü NichtGter, die GterR nach dessen Weisg auszuüben, jedenf dann sittnw, wenn nach GesellschVertr Übertr der GeschAnteile von Gen eines GesellschOrgans abhäng (RG **69**, 137). Verspr des geschführd Gters einer PersHandelsgesellsch, Einn aus anderw Tätigk jeder Art an Gesellsch abzuführen, ja, da unzul Eingr in den FreihBereich (BGH **37**, 385). ManagementVertr mit FamKG, der für diese 50 Jahre unkündb ist, ja (BGH Betr **82**, 846). Befreiung des geschführden Gters von Pfl zur RechenschLegg, uU ja (BGH Warn **45**, 126), Globalzession aller KommanditeinlageFdgen einer PublikumsKG, uU ja (BGH Betr **79**, 300). Vertragl Recht, das Ausscheiden und Eintr eines Gters Zahlg eines Entgelts zu verlangen, jedenf dann nicht, wenn Begünstigter die Ausscheidden als Angeh unentgeltl aufgen h (BGH **34**, 83). Einräumg starker „Machtfülle" an neu eintretden Kommanditisten, nein, sofern angem Verhältn zu dem übernommenen Risiko (BGH WPM **74**, 1151). Wiederverheiratsklauseln in GesellschVertr, dch die das den Kindern unentgeltl zugewendete GesellschVerm der Fam erhalten w soll, nein (BGH BB **65**, 1167). Klausel, wonach der ausscheidde Gter zu Buchwerten abgefunden w, grdsl nein (Rasner NJW **83**, 2904). Best, wonach Gter ohne wicht Grd ausgeschl w kann, idR ja (BGH **81**, 266, **105**, 217, Weber/Hikel NJW **86**, 2752, Loritz JZ **86**, 1081), nein, wenn dch außergewöhnl Umst sachl gerechtf (BGH **68**, 215); unwirks aber Best, daß der ohne wicht Grd Ausgeschlossene zu Buchwerten abzufinden ist (BGH NJW **79**, 104, Engel NJW **86**, 345). KündR mit der Folge, daß das Gesch ohne Liquidation mit Aktiven u Passiven auf den Kündigden übergeht, ja (BGH NJW **85**, 2421, krit Flume Betr **86**, 629). Best, wonach gepfändeter GesellschAnteil zum Buchwert eingezogen w, nein, wenn gleiche Regelg iF des Ausschlusses aus wicht Grd gilt (BGH NJW **75**, 1835, Ffm OLGZ **78**, 86). Abrede, wonach GesellschAnteil nach dem Tode eines Gters unentgeltl an die MitGter fällt, nicht schon deshalb unsittl, weil sie das PflichttR verkürzt (BGH WPM **71**, 1338). Einzahlg der GmbH-Stammeinlage aus Mitteln, die dch UntreueHandlgen zu Lasten der Gesellsch beschafft w waren, ja (RG **159**, 331). Bewußter Verstoß gg das Verteilgsverbot in GmbHG 73, ja (BGH NJW **73**, 1695).

i) Gläubigergefährdung (vgl auch unten q „SichgÜbereign"): SichgVertr, mit dem sich eine Bank leichtfert über die Belange etwaiger GeschPartner des Schu hinwegsetzt, uU ja (BGH **20**, 50–52). FinanziersgsVertr mit Abtr, die die ges Einn des Schu an sich ziehen sollen, uU ja, wenn ihm aus dem Kredit die Befriedigg seiner and Gläub aus fr Zeit nicht mögl (BGH **19**, 17, 18). Aneignng sämtl Werte eines konkursreifen Untern dch den GroßGläub unter Ausnutzg der wirtsch Machtstellg, so daß Einstellg mangels Masse nöt, ja (BGH NJW **56**, 417, krit Barkhausen aaO). Für die Sittenwidrigk ausr, daß der SichgNehmer aGrd seiner Kenntn von der VermLage des Schu mind mit der Mögl einer Täuschg and Pers über die Kreditwürdigk des Schu rechnet (RG **143**, 52, vgl auch RG **136**, 296). SichgVertr zur Sanierg, ohne daß der Gläub die Erfolgsaussicht eingeh u obj geprüft h, idR ja, wenn die Mögl besteht, daß Dr über die Kreditwürdigk des Schu getäuscht w (BGH **10**, 228). Fortführg eines konkursreifen Untern zur Prüfg von Saniersgmöglichk, nein, sow die PrüfgFr sich im Rahmen des Vertretbaren hält (BGH **75**, 110, Coing WPM **80**, 1026). Übereign des Warenlagers eines Flüchtlingsbetr zur Sichg an die öff Hand, idR nein, weil and Gläub damit rechnen müssen, daß keine nennenswerte Kapitalausstattg vorh (BGH BB **66**, 12). Entgng von ErfLeistg od Sicherh dch Gläub in Kenntn des bevorstehnden Zusbruchs des Schu, nein (BGH **LM** (Bb) Nr 13). Wg GläubBenachteiligg anfechtb RGesch, idR nein (Anm 1 f dd). Abtr aller Anspr des Spediteurs gg den Versender, ja wg Gefährdg der Anspr des Frachtführers (Hamm NJW-RR **87**, 235). ZwVerst, um Lasten zu beseitigen, die nach Überzeugg des Eigtümers dch das Grdst nicht mehr gedeckt w, nein (RG **160**, 58). Für LohnschiebgsVertr gilt die Sonderregelg in ZPO 850h. – **Globalzession:** ja, wenn sie zu einer Täuschg u Gefährdg später Gläub führt u SichgsNehmer dies in Kauf genommen h (BGH Betr **77**, 949). Für das Verh zum verlängerten EV s § 398 Anm 6c.

j) Glücksspiel: Darl zu Spielzwecken, ja, wenn Darleiher daraus Gewinn ziehen will u es sich für DarlNehmer um nicht unbedeutde Betr handelt (BGH **LM** § 762 Nr 1, Hamm NJW-RR **88**, 871); sonst nein

Rechtsgeschäfte. 2. Titel: Willenserklärung § 138 5j–l

(BGH NJW 74, 1821); entspr gilt bei Darl für WaretermiGesch (Köln WPM 83, 1072). MietVertr über Spielräume nicht schon dann, wenn Spielzweck Verm bekannt, wohl aber, wenn Spiel bewußt gefördert w soll (RG Warn 22, 121). – **Haftungsbeschränkungen und -verschärfungen:** S § 276 Anm 5 A a u B b. – **Haushaltsvorschriften:** Vertr mit Gemeinde, dessen Erf nur unter schwerer Verletzg von HaushVorschr mögl ist, ja (BGH 36, 398). – **Haustürgeschäfte:** in krassen Fällen ja, so Möbelbestellg für 20000 DM (BGH ZIP 88, 582), Fassadenanstrich für 14000 DM bei einem 81jährigen Besteller (Ffm NJW-RR 88, 501). – **Kartellrecht:** FolgeVertr, nein (Celle NJW 63, 2126, vgl § 134 Anm 3a unter „KartellR"). Über Vertr mit Dr, der gült PrBindgsVereinbg widerspricht, vgl Plaßmann NJW 63, 2097 u Paul NJW 64, 129. – **Kaufvertrag** mit Polenaussiedler unter Ausnutzg von dessen geschäftl Unerfahrenh, ja (Hamm JMBlNRW 74, 32); mit einer VorauszahlgsPfl, die der Käufer offensichtl nicht erfüllen kann, ja (KG MDR 84, 405); über ein Heizgerät im Wert von ca 325 DM zum Preis von 1767 DM, ja (LG Brem NJW-RR 88, 570); Bestellg von Möbeln zum Preis von 20000 DM an der Haustür, ja (BGH ZIP 88, 582).

k) **Knebelungsverträge** (vgl auch c „AutomatenaufstellVertr" u „BierbezugsVertr" sowie unten m „LeasingVertr", n „Macht- u Monopolstellg" u q „SichgsÜbereign"): Nicht jede Beschrkg in der wirtsch Freih sittenw (BGH **LM** (Bc) Nr 13), wohl aber Lähmg der wirtsch BeweggsFreih im ganzen od in einem wesentl Teil (RG **130**, 145). Ländl PachtVertr, der die ges wirtsch Existenz des Pächters erfaßt u ihm nicht die Mögl wirtsch Emporkommens läßt, ja (RG JW **29**, 3161). PachtVertr über GewerbeBetr zu drückden Bdggen, uU ja (BGH WPM **76**, 181). Finanzierg zu Bdggen, die dem Schu jegl Freih für wirtsch u kaufm Entschl nehmen, ja (BGH **19**, 18). SchädiggsAbs für Unsittlichk nicht erforderl, selbst die Abs des stärkeren Teiles, dem and zu Hilfe zu kommen, steht Nichtigk nicht entgg (RG JW **19**, 443). SichgVertr, der den GeschBetr zum Erliegen bringen kann, nein, wenn feststeht, daß der Gläub nur im Notfall von Sichg Gebr machen w, etwa wenn der Schu die übereign Ggst weiterveräußern u die abgetretenen Fdgen einziehen darf (BGH NJW **62**, 102). Recht, die Benutzg einer zur Sichg übereigneten Maschine jederzeit zu entziehen, nein, da willkürl Entziehg §§ 157, 242 entggstehen (BGH BB **55**, 331). Unterwerfg eines Schu, der saniert w soll, unter TrHdsch, die ihm die wirtsch Freih u Selbstdk nimmt, uU ja, u zwar einschl der zur Ausführg des TrHdVertr geschl ErfGesch wie SÜ (Ffm NJW **67**, 1043). Übertr aller GterR auf Lebenszeit auf sog TrHänder, auf die der Gter keinen Einfluß h, ja (BGH **44**, 158). Verpfl, dem Gläub mind zweimal mtl die GeschBücher mit allen zur Kontrolle dch Finanzamt u Stadtsteueramt erforderl Unterlagen vorzulegen, ja (Hamm BB **70**, 374). Vertr mit Tankstellenhalter, der diesem eine VertrAuflösg gg den Willen des and Teils prakt unmögl macht, ja (BGH **83**, 315). Beschrkgen der Freizügigk eines Untern, die diesem keine wesentl Nachteile bringt, nein (RG **160**, 265). Verz auf Unpfändbk nach ZPO 811 Nr 1, ja (RG **72**, 183), dagg nein SÜ unpfändb Ggst (s unten q). – Das Versprechen eines Entgelts kann ein RGesch sittenw machen, wenn die **Kommerzialisierung** in dem betreffden Lebensbereich anstöß ist. Nichtig daher Gesch des Ordens- u Titelhandels (RG **86**, 98, JW **19**, 447); entgeltl Vertr über die Ausübg des ZeugnVerweigergsR (RG **79**, 373); uU entgeltl Vertr über die Nichterstattg einer StrafAnz (RG JW **04**, 404); Zusage eines Schweigegelds für Ehebruch (BGH **LM** § 134 Nr 18); erkaufter Verz auf EhelichkAnf (Celle NdsRpfl **62**, 188), auf das UmgangsR (BGH NJW **84**, 1952); od die elterl Sorge (Hbg FamRZ **84**, 1223, s aber BGH NJW **86**, 1168); entgeltl ErsMutterschVereinbg (oben d); Manipulation eines Sportresultats (RG **138**, 137); entgeltl Vermittlg von Patienten (BGH NJW **86**, 2361, Hamm NJW **85**, 679) od von Mandanten eines RA (KG MDR **89**, 451); Vertr über die Gewinng von Mitgl für einen Idealverein gg Beteiligg am Beitragsaufkommen (Stgt NJW **85**, 1401); ProvisionsVerspr an einen Steuerberater, der seinen Mandanten zu einer best VermAnlage veranlassen soll, wenn die Verheimlichg der Zusage billigd in Kauf genommen w (BGH **95**, 84); wird das ProvisionsVerspr offen gelegt, so kann es sein Sicherg dch Schutzabreden wirks (BGH NJW-RR **87**, 1108); Verkauf von Taxenkonzessionen (Düss VRS **64** Nr 40, Bidinger DAR **83**, 370, Frotscher/Becht NVwZ **86**, 81); Vertr, die Glaubens- od Gewissensfragen zum HandelsObj machen (Otto, Personale Freih u soziale Bindg, 1978, 119). Nicht in jedem Fall anstöß dagg, die Hilfe in einer Notlage von einer Vergütg abhäng zu machen (BGH **69**, 299; FluchthelferVertr). IdR unbedenkl auch entgeltl Vertr über den Tausch von Studienplätzen (Mü NJW **78**, 701) u der mit einer Bürgerinitiative vereinbarte entgeltl Verzicht auf RMittel gg einen Kraftwerksbau (BGH **79**, 141, krit Knothe JuS **83**, 18).

l) **Koppelungsgeschäfte:** Koppelg von WohnVermittlg u MöbelVerk ist dch Ges zur Regelg der WohnVermittlg (Art 9 des Ges vom 4. 11. 71) 3 III 1 untersagt (vgl Einf 2b, 6 vor § 652). Nach fr Rspr war eine solche Koppelg nicht ohne weiteres sittenw (BGH NJW **70**, 2017, krit Wolf JZ **71**, 376). Ein entspr Verbot für die Koppelg von GrdstKaufvertr mit Ingenieur- u ArchVertr enthält das Ges zur Regelg von Ingenieur- u ArchLeistgen (Art 10 des Ges vom 4. 11. 71) 3 S 1 (vgl § 631 Anm 1b). Auch derart Vereinbgen waren fr nicht in jedem Fall sittenw (BGH **60**, 33, aA Ffm BB **71**, 1388). – **Krankenhausaufnahmevertrag** mit einem nicht behandlgsbedürft Querschnittsgelähmten, der den hohen Pflegesatz nicht zu tragen hat, ja (BGH **102**, 110). – Ausnutzg von **Hoheitsrechten:** Der Staat darf grdsätzl die Wahrnehmg der öff Aufgaben nicht von einer gesetzl nicht vorgesehenen Geldleistg abhäng machen (BGH **LM** § 134 Nr 50). Gewährg in das Erm gestellter baurechtl Befreiungen gg kostenl Abtr eines GrdstStreifens für eine Straßenbverbreiterg, ja (BGH NJW **72**, 1657, vgl auch Menger VerwA **64**, 203 u RG SeuffA **87**, 182). Steuerl UnbedenklichkBescheinigg gg Abtr zur Sicherg künft SteuerFdgen, ja (BGH **94**, 125). BaudispensVertr, die mit wirtsch GgLeistg verbunden sind, können wirks sein, wenn sie innerl zugehörde Dinge in vernünft Weise miteinand verknüpfen, u der Bauherr nicht schlechter gestellt w als iF einer Enteigng (BGH **26**, 87, 88). Unbedenkl auch Gen, gg die wesentl finanzielle Grde sprechen u auf die kein Anspr bestand, an eine GgLeistg zu knüpfen, wenn diese die finanziellen Nachteile mildert (BGH **LM** § 134 Nr 50). Übern von „Folgekosten" der Bebauung dch Bauherrn, Frage des Einzelfalles (BVerwG NJW **73**, 1895, BGH NJW **75**, 1019). Für die Beurteilg ist gleichgült, ob BeitragsPfl in Vertr mit der Gem od in Vertr mit GrdstVeräußerer zG der Gem begründet w (BGH aaO). Die Ergebn der bisherigen Rspr sind nunmehr in dem für öffrechtl Vertr gelten VwVfG 56 kodifiziert. Danach kann eine GgLeistg vereinb w, wenn diese für einen best Zweck versprochen w, der Erf öff Aufg dient, angem ist u im sachl Zusammenh mit der Leistg der Beh steht. – Ein Forstamt, das die Privatwaldbesitzer iW schlicht hoheitl Tätigk berät u betreut, darf sich bürgerl-rechtl Mittel bedienen u die

§ 138 5l–p 1. Buch. 3. Abschnitt. *Heinrichs*

Unkosten für die Weiterleitg von SammelBestellgen der Waldbesitzer dch eine Prov mindern (BGH MDR 63, 990). – **Kredittäuschung:** S oben i.

m) Kündigung: Sittenwidrigk der Künd kann bei ArbVertr nicht auf Umst gestützt w, die in den Schutzbereich des KSchG fallen; § 138 nur anwendb, wenn Unsittlichk nicht aus Sozialwidrigk iS von KSchG 1, sond aus sonst Grden hergeleitet w (BAG **16**, 26, Betr **73**, 2307); Künd wg Ablehng schamverletzder Untersuchg, ja (RAG JW **36**, 2012). Künd, um die Erlangg des Amts als VertrauensratsMitgl unmögl zu machen, ja (RAG **20**, 319). Künd wg herabsetzder Agitation gg den ArbG, nein (BAG NJW **73**, 77 = JZ **73**, 375 mit abl Anm Schwerdtner), Künd währd der Wartezeit wg Aids, nein (LAG Düss NJW **88**, 2971). – MietKünd aus Vergeltg od sonst unsachl Grden uU ja (vgl LG Mannh NJW **68**, 1833 u AG Siegen MDR **70**, 239), ebso ÄndersKünd, die dem Mieter kaum Zeit zur Überlegg läßt (LG Hbg NJW **71**, 1084). Künd eines TankstellenVertr, weil der Pächter die Einf eines belastden Rabattsystems ablehnt, ja (BGH NJW **70**, 855). – Künd eines wirtsch unzumutb PrivatgleisAnschl trotz Monopolstellg, nein (BGH Betr **71**, 2352). Künd eines StromliefergsVertr, uU ja, wenn die Weiterbelieferg wirtsch zumutb ist (BGH **24**, 152). – **Leasingvertrag** (vgl auch oben k): Einseit zG der Vertriebsfirma gefaßter FormularVertr über Aufstellen einer Softeismaschine u Bezug von Eisbeuteln, ohne daß die Vertriebsfirma ihre Vertreter zur ordngsgem Information angehalten h, ja (Bambg NJW **72**, 1993, vgl auch LG Augsbg NJW **73**, 709 u Mü NJW **81**, 1104).

n) Macht- oder Monopolstellung (vgl auch b, k u m): Festsetzg eines 13,41% über dem übl Tarif liegden Stromtarifs dch allein Stromlieferantin unter Ausnutzg ihrer Monopolstellg u in Kenntn der maßg TatUmst, ja, ohne daß verwerfl Gesinng erforderl (BGH **LM** (Cc) Nr 4, vgl dazu Köhler ZHR **137**, 237). Existenzgefährdde Standgelderhöhg für Tabak- u Süßwarenstand dch Stadtgemeinde, ja (BGH **19**, 94). Überhöhte Vergütg für SondernutzgsR unter Ausnutzg der Zwangslage, ja, ohne daß sie in angem Höhe aufrechterhalten w kann (BGH NJW **58**, 1772). Unbefristetes RücktrR der Gemeinde für den Fall, daß der Käufer das Grdst nicht zweckentspr nutzt, nein (BGH WPM **84**, 1253). Sittenw auch die mißbräuchl Ausnutzg der Machtstellg des **Vermieters;** Mietwucher s oben Anm 4c. Verpfl zur Kinderlosigk im MietVertr, ja (LG Mannh WM **65**, 95). Vereinbg, daß Verp bei Beendigg des PachtVerh unter Ausschl von EntschAnspr die vom Pächter eingebaute Anl behalten darf, nach BGH NJW **67**, 1223 Frage des Einzelfalls. Verbot in PachtVertr über Kiesgrube, dem Verp nicht gehördes Grdst ohne dessen Zust auszukiesen, uU ja (BGH WPM **72**, 882). Verbot, in MietWo elektr Waschmaschine aufzustellen, ja (Roquette NJW **63**, 91, LG Bln JR **63**, 423, Glaser MDR **63**, 364); ebso für Geschirrspülmaschine (AG Hildesheim NJW **73**, 519), u das Verbot der Hausmusik (Hamm MDR **81**, 320); Überbürdg der Instandsetzgskosten auf Mieter, idR nein (LG Hbg MDR **73**, 318, s AGBG 9 Anm 7m). Vergl, den der Versicherer unter Mißbr seiner wirtsch Machtstellg ggü dem in dringder Not befindl Verl herbeigeführt h, ja (RG JW **36**, 2787); ebso Vereinbg einer unverhältnismäß geringen Abfindg für den Tod des Ehem, wenn Versicherer die GeschUnkenntn des and Teils ausgenutzt h (RG **96**, 92, 93). Gen des Eintritts eines Nichtfachmanns ohne Geldmittel in BrauereiVertr unter Auferlegg drückder AbzVerpfl dch Brauerei, die den sicheren wirtsch ZusBruch des Eintretden in Kauf nimmt, ja (RG JW **38**, 2393). Best in LiefergsBdggen eines städt Wasserwerks, daß GrdstErwerber für Wassergeldrückstände u sonst ZahlgsVerpfl des Voreigtümers haftet, ja (KG JW **36**, 1787 gg KG JW **35**, 57), Androhg von Stromsperre für den Fall, daß Eigtümer nicht die Kosten für neuen HausAnschl trägt u vorschießt, ja (LG Mü MDR **52**, 292, zust Neumann-Duesberg ebda). Leistgssperre des StromversorgsUntern, um Eigtümer zu zwingen, das Aufstellen eines Mastes zu dulden, ja (Celle NJW **59**, 2166). Verweigerg eines Messestandes dch Messe- u Ausstellgs-GmbH, nein, wenn sachl Grde maßg, selbst wenn diese nicht mitgeteilt (LG Köln NJW **49**, 715, dazu Möhring aaO). Liegt ein gg das GWB verstoßder Mißbr einer Macht- oder Monopolstellg vor, ist idR auch § 138 anwendbar (Futter BB **73**, 935, 938, Mestmäcker AcP **168**, 235, insb 253). – **Maklervertrag:** IndividualVereinbg über erfolgsunabhängige MaklerProv, nein (BGH Betr **76**, 189); zeitl unbegrenztes AlleinverkaufsR, ja (BGH WPM **76**, 533). Vereinbg, wonach der für Makler vom Kaufinteressenten auch bei Nichtzustandekommen des KaufVertr eine Prov erhalten soll, ja (BGH **61**, 17, Hbg MDR **74**, 580, Lopau NJW **73**, 1971, krit Schulte NJW **74**, 1221, vgl auch § 313 Anm 4c). Das gilt entspr für den Finanzmakler (Nürnb OLGZ **65**, 7). Maklerbindg (Selbstverkaufsverbot) für angem Fr (5 Jahre), nein (BGH WPM **74**, 257).

o) Nachrichtenbeschaffung: Vertr zur Beschaffg pol u handelspol Nachrichten aus dem Ausl, nein (RG JW **24**, 1424). – **Naturalobligation:** Abrede in ggs Vertr, daß die Anspr einer Part nicht klagb sein sollen, idR ja (Celle OLGZ **69**, 1). S auch § 134 Anm 3a unter „SchiedsVertr". – **Pauschalierter Schadensersatz:** S § 276 Anm 5 A b. – **Praxiskauf.** Der Verkauf u der Tausch von Praxen von Freiberuflern ist grdsl zul (BGH **16**, 74, NJW **89**, 763, Arzt; BGH **43**, 47 u NJW **73**, 98, RA; BGH **LM** (Cf) Nr 1 a, Steuerberater); der VertrInhalt darf aber nicht die Gefahr begründen, daß der Erwerber die Praxis in einer den Interessen der Allgemeinh widersprechden Weise fortführt (BGH **43**, 50, Narr, Ärztl BerufsR, 2. Aufl, 1977, Rdn 1147 ff). Das etwaige WettbewVerbot für den fr Inh muß zeitl, örtl u ggständl auf das notw Maß beschränkt w (Anm 5 w bb). Die MitÜbertr der Patientenkartei nebst Behandlgsunterlagen ist zul (BGH NJW **74**, 602, aA Roßnagel NJW **89**, 2303). – **Religionsbekenntnis:** Letztw Vfg, nach der ein Erbe iF des Glaubenswechsels auf den Pflichtt gesetzt w, ja (RG JW **13**, 1100). AuflVerpfl für den Fall, daß der Käufer kath w sollte, ja (KG HRR **33**, 1830); erbrechtl Nachteile wg Zugehörigk zur Scientology Church, ja (Düss NJW **87**, 3141); HeimfallAnspr iF des Glaubenswechsels, ja (Brschw OLGZ **76**, 52, aA LG Mü II Rpfleger **83**, 268).

p) Schiedsgerichtsvertrag, der einer Partei eine übermäß Machtstellg verleiht, ja (BGH NJW **89**, 1477). – **Schmiergeldverträge** (vgl auch oben c „Bestechg" u unten t „Treubruch"): Heiml Zuwendgen an Angest der GgSeite, ja u zwar uU einschl des dch dies Zuwendgen herbeigeführten Vertr (RG **136**, 360, BGH NJW **89**, 26); ob Benachteiligg der GgSeite gewollt u ob Nachteil entstanden, ist unerh (RG **161**, 233). Für Zuwendgen an Vertreter des and VertrTeiles gilt das gleiche (BGH NJW **62**, 1099, **73**, 363, NJW-RR **87**, 42), ebso für Zuwendgen an den künft Pächter (Köln NJW-RR **88**, 144). ProvZusage dch BauUntern ggü Arch, ja (Hbg MDR **70**, 47). Entgeltszusage an BankAngest für Weitergabe von dienstl Wissen, ja (BGH

LM (Aa) Nr 24). Vgl auch § 134 Anm 3 a unter „UWG". – **Schmuggel:** Vertr zur Förderg des gewerbsm Schmuggels, ja (RG **96**, 282, 283). Dagg genügt zur Sittenwidrigk eines KaufVertr nicht, daß Käufer das gekaufte Schiff zum Schmuggel benutzen will u Verk hiervon weiß (RG JW **31**, 928). – **Schneeballsystem:** Vertr über die Mitarbeit in einer auf dem Schneeballsystem aufgebauten Vertriebsorganisation, ja (BGH WPM **78**, 877, Mü NJW **86**, 1880), u zwar einschließl des zur Finanzierg abgeschl DarlVertr (BGH NJW **79**, 868). – **Schweigegeld:** ErlVertr, um zu verhindern, daß der Schu strafb Handlgen des Gläub anzeigt, ja (RG **58**, 205–207). Entgeltl Versp des Ehem ggü dem Ehebrecher, über den Ehebruch zu schweigen, ja (BGH **LM** § 134 Nr 18).

q) **Sicherungsübertragung** (vgl auch oben i u k): Nicht ohne weiteres SÜ des ganzen Warenlagers (RG **132**, 187), insb dann nicht, wenn der Schu die übereign Waren in seinem GeschBetr veräußern u der SichgNehmer nur aus wicht Grd von den SichgsMöglk Gebr machen darf (BGH NJW **62**, 102). Fehlen der Offenkundigk macht die SÜ noch nicht sittenw (RG **160**, 57). Erhebl Übersicherg des Gläub, uU ja (BGH **94**, 113). Ein Verstoß gg § 138 entfällt aber, wenn nach den AGB des SichgNeh bei einer Übersicherg um 20% eine FreigPfl besteht (BGH aaO). Erlangg aller verfügb Werte unter Ausnutzg der Notlage des Schu gg Gewährg eines zur Sanierg unzureichenden Kredites, um sich ausr Sicherh für notleidd gewordene ungedeckte Kredite zu verschaffen, ja (Ffm OLGZ **67**, 260). Hereinnahme neuer Sicherh von einem Schu, der vom SichgNehmer bereits wirtsch abhäng ist, nur zul, wenn SichgNehmer ohne grobe Fahrl einen Schaden für die and Gläub u KreditTäuschg ausschließen kann (BGH NJW **55**, 1272, Köln WPM **86**, 452). SÜ des ganzen Maschinenparks nein, wenn laut Bilanz noch erhebl EigKapital vorh u der Inh als tücht u redl Kaufmann bekannt ist (BGH NJW **56**, 585, vgl auch BGH WPM **71**, 441). SAbtr sämtl pfändb Gehalts-Anspr zur Sicherg eines Bankkredits, idR auch dann nein, wenn Befristg fehlt (BGH Betr **76**, 383). SÜ unpfändb Ggst, nein (BGH WPM **61**, 243, Ffm NJW **73**, 104, Bambg MDR **81**, 50, Wacke JZ **87**, 382). Dch spätere sittenw SÜ w fr nicht nichtig, doch kann die weitere Dchführg der fr Vertr sittenw sein (BGH **7**, 114 u Betr **58**, 1269). – Abreden über gemeins **Spekulation** mit Wertpapieren, Frage des Einzelfalls (BGH WPM **77**, 707). – **Sport:** Entgeltl Vertr zur Fernhaltg aussichtsreicher Mitbewerber, ja (RG **138**, 137). Verspr von Zuwendgen an Fußballspieler unter Verletzg des Bundesligastatuts, idR nein (BAG NJW **71**, 855, krit Reuter NJW **83**, 650), ebso HandgeldVerspr entgg dem VertrSpielerstatut (Köln NJW **71**, 1367), od entgg Amateurstatut (Hamm NJW **76**, 331). Vereinbg einer Transfersumme für Amateurfußballer, nein (Karlsr NJW **78**, 324). SatzgsBest, wonach Freig eines Lizenzfußballspielers von der Zahlg einer Ablösesumme abhäng gemacht w kann, wohl ja (LAG Bln NJW **79**, 2582, krit Reuter NJW **83**, 650).

r) **Standespflichten** (vgl auch e „Erfolgshonorar", o „Praxiskauf", w „WettbewVerbote"): Verletzg von StandesPfl kann Anwendg des § 138 rechtfertigen, wenn der betreffde Berufsstand rechtl anerkannt ist u es sich um einen Verstoß gg anerkannte R- u GemschWerte handelt (RG **144**, 245). Vereinbg, die die Berufsorganisation als standesw mißbilligt, uU ja (BGH **22**, 357), doch macht nicht jeder Standesverstoß eines an eine Standesordng gebundenen VertrTeiles das RGesch sittenw (BGH **60**, 33). Unterschreitg der von der Kammer für verbindl erkl Gebührenordng, nein, da StandesR den Grds freier PreisVereinbg nicht beschr kann (Stgt NJW **80**, 1584, aA Ganten ZHR **139**, 401). Vereinbg überhöhten AnwHonorars, ja, wenn RA rücksichtslos vorgegangen ist od die Honorarzusage in erpressgsähnl Weise herbeigeführt hat (RG **83**, 113). Ebso, wenn RA sich Ggst übereignen läßt, die sein AuftrGeb zur erfolgreichen Dchführg des dem RA erteilten Auftr unbedingt braucht (BGH NJW **67**, 873). Pauschalhonorar in Beitreibgssachen auch dann nein, wenn es mit den Standesrichtlinien nicht voll übereinstimmt (BGH NJW **80**, 1851). Allg Verzicht auf AnwHonorar gg Verpfl, Mandate Dr zu vermitteln, ja, jedoch steht der Nachberechng des Honorars § 242 entgg (BGH NJW **80**, 2407). ProvVerspr für die Vermittlg von Mandanten, ja (KG AnwBl **88**, 482). Vertr über die entgeltl Vermittlg von Patienten, ja (oben k). Stille Beteiligg an Apotheke, nein, wenn die Erf der ordnsgem Arzneimittelversorgg dch den Apotheker nicht behindert w (BGH NJW **72**, 338), ja, wenn der ErlaubnInhaber dch den VertrInh in persönl u wirtschaftl Abhängigk gebracht w (BGH **75**, 215), Umsatzmiete in MietVertr über Apothekenräume, ja (BGH NJW **79**, 2351). Im ZusHang mit einem MietVertr übernommene Verpfl, alle zahnproth Auftr an ein best Labor zu geben, ja (Nürnbg MDR **88**, 861). Vertr, dch den sich ein Arzt zu freier ärztl Behandlg u Rentenzahlg auf Lebenszeit als GgLeistg für die Überlassg eines Grdst verpflichtet, nein (BGH NJW **65**, 2005). – Vertr über freiwill **Sterilisation,** grdsl auch dann nein, wenn keine soziale oder eugenische Indikation besteht (BGH **67**, 48, Bambg NJW **78**, 1685, s aber Narr, Ärztl BerufR, 2. Aufl, 1977, Rdn 818ff).

s) **Steuerzuwiderhandlungen:** Einrichtg eines Bankkontos mit dem Hauptzweck, die eingezahlten Betr der Besteuerg zu entziehen, ja (RG JW **35**, 420), ebso Ohne-Rechng-Vertr zur Steuerverkürzg, wenn diese der Hauptzweck ist (BGH **LM** § 134 Nr 57). Ist die Steuerhinterziehg nicht der Hauptzweck, ist § 138 unanwendb (BGH **14**, 31, DNotZ **69**, 350). Vereinbg, den GrdstKaufpr zwecks Steuerhinterziehg falsch anzugeben, ja, doch bleibt der VeräußergsVertr selbst gült (RG **107**, 364, BGH NJW **66**, 588). Vgl auch § 134 Anm 3 a unter „Steuerzuwiderhandlgen". Zur vertragl Übern einer gg einen and festgesetzten Steuerstrafe vgl § 134 Anm 3 a unter „Geldstrafenerstattg". – **Stimmrecht** (vgl auch oben h): Mitstimmen in eig Sache, ja (RG **136**, 245, s § 134 Anm 3 a unter „StimmR"). Nicht ohne weiteres AbstimmgsVertr unter Aktionären (RG **161**, 300). Vereinbg, daß die Mitgliedsch im AufsR einer GmbH alle 5 Jahre zw zwei Fam wechseln soll, ja (RG **57**, 208). – Vorbereitg, Förderg u Ausnutzg **strafbarer Handlungen:** Verk von wertlosen Aktien zu überhöhten Pr zum Zweck des betrüger WeiterVerk, ja (RG Warn **29**, 39). Ann einer Zahlg, wenn der Empf weiß od annehmen muß, daß die Zahlgsmittel auf strafb Weise erlangt sind, ja (RG **94**, 193). GrdSchBestellg, wenn Gläub nach Abschl des SichgVertr erfährt, daß das Grdst mit auf strafb Weise erlangten Mitteln erworben, nein (BGH NJW **55**, 586; Vertr über Werbg für eine wettbewerbswidr Sonderveranstaltg, nein (Hamm GRUR **88**, 564); Vertr zw Mandant u RA über die „Anlage" von Mandantengeldern, die dieser in Wahrh bereits veruntreut hat, uU ja (BGH MDR **84**, 471). Vgl auch oben c „Bestechg" u p. – **Täuschung von Behörden:** Täuschg des WohnAmtes dch angebl MietVertr über GeschRäume, um VerkGen zu erschleichen, ja (RG Warn **29**, 92); Täuschg der Stadt über die KaufPrHöhe, um ein vertragl WiederkaufsR zu umgehen, ja (BGH NJW **85**, 2953); DarlVertr mit Spark zur Vertuschg einer Kreditüberziehg ggü der AufsBeh, nein, weil das Darl immerhin zeitweise eine Sicherh vermittelt h u als solches nicht sittenw ist (BGH WPM 72, 585). Täuschg ausl Beh, ja, wenn dtsch Interessen berührt w, wie bei Umgehg amerik EmbargoBest (BGH **34**, 177, NJW **62**, 1436).

t) Treubruch: Kollusives ZusWirken des Vertreters (TestVollstr) u des Gegners zum Nachteil des Vertretenen (Nachl), ja (BGH NJW **89**, 26, NJW-RR **89**, 642). PfdRBestellg am Speditionsgut ohne Rücks auf die EigtVerh, ja (BGH **17**, 5). Abk zw HauptSchu u Gläub, daß dieser sich nur aus dem Verm des PfdSchu befriedigen soll, ja (RG **164**, 90). Vereinbg der ZwVerst, um langfrist MietVertr zu lösen, ja (RG LZ **27**, 448). Vertr, dch den der Ablader gg Ausstellg eines unricht Konnossements die Pfl übernimmt, den Verfrachter von Anspr des Empf freizuhalten, ja (BGH **60**, 102, Hbg VersR **86**, 385). Abmachg, dem HaftpflVersicherer den wahren Sachverhalt nicht mitzuteilen, um dadch dem Gläub einen ungerechtf hohen ErsBetrag zu verschaffen, ja (BGH VersR **69**, 733). Treuw Selbstkontrahieren mit SchädiggsAbs, ja (RG SeuffA **86**, 91). Verk eines NachlGrdst dch den GeneralBevollm des Erbl nach dessen Tod zum EinhWert in Erf des vom Erbl erteilten Auftr, nein (BGH NJW **69**, 1245). Vereinbg, gg Verz auf die BeamtenR keine strafr Verfolgg herbeizuführen, grdsätzl nein, aber FürsPflVerletzg, wenn VerzErkl unter dem Druck poliz Haft veranlaßt (RG JW **38**, 43).

u) Unterhalt, Vaterschaft (vgl auch oben d): Entgeltl Vereinbg zw Kindesvater u Mutter, die nichtehel Vatersch zu verschweigen u UnterhAnspr des Kindes nicht geltd zu machen, ja (Mü SeuffA **77**, 58, Düss DAV **67**, 287). Verpfl der Mutter, Vater von UnterhAnspr des gemeins nichtehel Kindes freizuhalten, idR ja (Hamm FamRZ **77**, 556, dort mit § 134 gelöst), FreihaltgsVerpfl hins des UnterhAnspr eines Kindes gg Verzicht auf Sorge- u UmgangsR uU ja (oben d). Vorehel Verzicht auf Unterh u VersorggsAusgl für den Fall der Scheidg, idR nein (BGH NJW **85**, 1833, Hamm FamRZ **82**, 1215), jedoch kann der Geltdmachg des Verzichts § 242 entggstehen (BGH NJW **87**, 2739). UnterhVerz der Eheg zu Lasten des Sozialhilfeträgers, idR wohl ja, es sei denn, daß bes Grde den Verzicht rechtfertigen (BGH **86**, 86, Düss FamRZ **81**, 1081, Karlsr FamRZ **82**, 1215, Zweibr FamRZ **83**, 930, § 1585c Anm 2d). Liegt ÜberleitgsAnz gem BSHG 90, 91 vor, ist Verzicht unwirks, ohne daß es auf § 138 ankommt (BGH **20**, 127). Vertr, dch den sich der gesch Ehem ggü seiner fr Ehefr verpflichtet, für ihren Unterh zu sorgen, um sie zu bewegen, mit ihm in wilder Ehe zu leben, uU ja (BGH **LM** (Ce) Nr 3). Bürgsch der künft Ehefr für UnterhVereinbg zw in Scheidg lebden Eheg, wenn sie nicht die Bereitwilligk zur Scheidg herbeigeführt h, nein (Karlsr JR **53**, 24). UnterhVertr zG der gesch Ehefr u des Kindes, wenn die UnterhRente von Anf an die wirtsch LeistgsFähigk des Ehem übersteigt, so daß die zweite Ehefr als Bürgin in Anspr gen w muß, ja (BGH NJW **57**, 1188). Vereinbg, wonach Ehestörer den gesch Ehem solange von UnterhPfl ggü Kind freizustellen h, als dies im Haush des Ehestörers lebt, uU nein (KG FamRZ **74**, 449). UnterhZusage eines Dr ggü einem Eheg, um ihn zur Scheidg zu veranlassen, uU ja (BGH NJW **51**, 268).

v) Vereitelung von Rechten Dritter: Bewußtes Zusammenwirken, um ein Vorkaufs- oder Wiederkaufs R in unlauterer Weise auszuschalten, ja (BGH NJW **64**, 540, WPM **70**, 1316, NJW **85**, 2953, BB **88**, 235), um das schuldrechtl Recht eines Dr auszuhöhlen, ja (BGH NJW **88**, 902, Heinrichs EWiR **88**, 227). – **Vergleich:** Vereinbg einer unangem niedr Abfindgssumme unter Umgehg des RA der Geschädigten, uU ja (LG Saarbr AnwBl **76**, 131). **Verlängerter Eigentumsvorbehalt:** IdR nein, es sei denn, daß er zu einer die übr Gläub benachteiligden Übersicherg führt (BGH **26**, 190, 191); uU ja, wenn er wie eine Globalzession wirkt (BGH WPM **69**, 1072). Für das Verh zur Globalzession s § 398 Anm 6c. – Bewußte **Verleitung zum Vertragsbruch,** ja (BGH NJW **88**, 1717). – **Verfahrensrecht:** Vertr, die eine Pfl zur Vornahme od zum Unterl einer ProzHdlg begründen, sind zul (vgl § 242 Anm 4 Dj); Wirks auch Verpfl zur Rückn einer StrafAnz (Ffm MDR **75**, 584). – **Versteigerung:** Abhalten vom Mitbieten in der ZwVerst nur unter bes Umst (BGH NJW **61**, 1012, Köln NJW **78**, 47, Ffm WPM **89**, 1104), vgl auch § 134 Anm 3a unter „Versteigerg". – **Vertragsstrafe** s § 343 Anm 1b. – **Vertrauensstellung:** Haben sich Vater, Mutter, Vormd, RAnw, Arzt oder Pers ähnl Stellg unter Mißbr ihrer Autorität unangem Vorteile versprechen lassen, ist die Zuwendg gem § 138 I nichtig (vgl RG JW **37**, 25 Vater; BGH **LM** (Bc) Nr 1 ältere Schwester; ferner ausführl Kempermann, Unlautere Ausnutzg von Vertrauensverhältnissen, Diss Bonn, 1975). – **Wechselrecht:** Austausch von Finanzwechseln unter Einschaltg eines gewerbsm Vermittlers zum Zwecke der Kreditbeschaffg, ja (BGH **27**, 176). Vermittlg u Austausch von Finanzwechseln auch in Einzelfällen idR ja (BGH **LM** (Ca) Nr 3). Diskontierg von „umgedrehten" (vom Akzeptanten eingereichten) Wechseln, nein (BGH **56**, 265, LG Stgt NJW-RR **87**, 1071, u zwar auch dann, wenn die Diskontbank weiß, daß der Akzeptant kein vollstrfähig Vermögen besitzt (BGH NJW **84**, 728). Begebg von Finanzwechseln gg gedeckte Schecks, idR nein (BGH NJW **80**, 931, Mü BB **88**, 95), Diskontierg eines im sog Wechsel-Scheck-Verf ausgestellten Wechsels, idR nein (Hamm NJW **86**, 2839). Begebg eines vierstell Wechsels in einem Animierlokal, uU ja (LG Hbg MDR **74**, 50, Kohlhosser JuS **77**, 513; s ands BGH NJW **80**, 1742).

w) Wettbewerbsverbote – aa) Arbeits- und Ausbildungsverträge. Die SchutzVorschr der HGB 74ff, insbes das Verbot unbezahlter Karenz (HGB 74 a) u die Beschränkgen des HGB 74 a (HöchstFr 2 Jahre), gelten auch für nichtkaufm ArbN (BAG **22**, 6, 125, 324). Einbezogen sind auch Angest von Freiberuflern (BAG BB **72**, 447, **74**, 1531), AuslAngest (BAG NJW **81**, 1174), Hochbesoldete (BAG NJW **76**, 342), Gesellschafter-Prokuristen (Karlsr OLGZ **87**, 271), uU auch FranchiseN (KG MDR **74**, 144), Kundenschutzklauseln (BAG NJW **88**, 1686) u Mandantenschutzklauseln (BAG NJW **71**, 2245, **75**, 79), nicht aber OrganMitgl (BGH **91**, 3) u Vereinbargen nach Beendigg der ArbVerh (BAG Betr **68**, 1717, LAG Mü Betr **86**, 2191). Auch HGB 75f (Unverbindlichk von Sperrabreden) ist auf alle ArbN auszudehnen (BGH **88**, 264, NJW **74**, 1282, 1330). Für § 138 bleiben die (seltenen) Fälle, in denen die Sittenwidrigk aus Umst hergeleitet w, die nicht in den Schutzbereich der HGB 74ff fallen (BAG NJW **70**, 626, **71**, 74, **AP** HGB 74 Nr 24). WettbewVerbote in AusbildgsVertr sind gem BerBG 5 I unzul. Dagg kann eine Mannequinschule mit ihren *Schülerinnen* ein örtl u zeitl angem begrenztes WettbewVerbot vereinbaren (Karlsr MDR **75**, 314). – **bb) Gesellschaftsrecht, Freiberufler.** Der Inh des § 138 w dch die WertEntscheidg von GG 12 mitbestimmt. WettbewVerbote sind daher nur wirks, wenn sie dch ein schutzwürd Interesse des Berecht gefordert w u sich nach ihrem örtl, zeitl u ggständl Umfang im Rahmen des Angem halten (BGH **91**, 6, NJW **86**, 2944, Kanzleiter DNotZ **89**, 196). Ein übermäß Verbot ist im ganzen unwirks (BGH NJW **86**, 2944, krit Lammel AcP **189**, 244) u erfaßt idR auch den übrigen VertrInh (BGH NJW-RR **89**, 801); eine geltgserhaltde Reduktion ist aber ausnahmsw zul, wenn sich die Bedenken allein gg die Verbotsdauer richten (BGH WuW/E BGH 2095). Als **wirksam** hat die Rspr anerkannt: 2- bis 3jähriges Rückkehrverbot nach Tausch von Arztpraxen (BGH **16**, 81); beim Praxisverkauf liegt die zeitl Obergrenze bei 5 Jahren (Narr, ArztR 2. Aufl Rdn 1150); Verpfl, sich nicht in einem best Ort als prakt Arzt niederzulassen (LG Münst NJW **70**, 1974); 3jähriges WettbewVerbot für fr Apothekenpächter (BGH NJW **64**, 2203); zeitl unbegrenztes, aber sachl eingeschränktes WettbewVerbot bei Verkauf einer Steuerberaterpraxis (Kblz BB **89**, 1010); 2- od 3jährige Mandantenschutzklausel für den ausgeschiedenen Gesellschafter einer WirtschPrüfgsGmbH (BGH **91**, 6, NJW **68**, 1717) od den ausgeschiedenen angestellten Steuerberater (BAG BB **89**, 985). Als **nichtig** hat die Rspr angesehen: 10jähriges WettbewVerbot für einen ausgeschiedenen Gesellschafter (BGH NJW **79**, 1605); fehlt eine sachl u örtl Beschränkg, sind bereits 2 Jahre unzul (Hamm ZIP **88**, 1255); zeitl u örtl unbeschränktes WettbewVerbot nach Verkauf einer RAPraxis (BGH NJW **86**, 2944); Wettbewerbsverbot für den aus einer Sozietät ausgeschiedenen RA auch bei zeitl u örtl Beschränkg (LG Arnsberg NJW-RR **89**, 499); 3jährige Wettbewerbssperre für den ausgeschiedenen GeschFü einer WirtschPrüfgsGmbH (BGH NJW **68**, 1717); WettbewVerbot für den ausgeschiedenen nur kapitalmäß beteiligten Gesellschafter (Karlsr WPM **86**, 1473). Zu Mandantenschutzklauseln s Büschen MDR **85**, 898; zur Anwendg von GWB 1 auf gesellschvertragl WettbewVerbote s BGH DNotZ **89**, 238 u Kanzleiter ebda S 198; vgl auch Ivens, Das Konkurrenzverbot des GmbH-Gesellschters, 1987. – cc) **Unternehmensverträge, weitere Fälle.** Beim Verk eines Untern ist das WettbewVerbot idR eine sich unmittelb aus § 433 ergebde VerkäuferPfl. Es ist aber entspr bb) nur wirks, soweit es örtl, zeitl u ggständl angem ist. Eine Fr von 10 Jahren kann je nach Lage des Falles zul (BGH NJW **82**, 2000), aber auch zu lang sein (BGH NJW **79**, 1605). Geht das WettbewVerbot über das zur Erreichg des Leistgsaustauschs Erforderl hinaus, kann auch ein Verstoß gg GWB 1 vorliegen (BGH NJW **82**, 2000, Ulmer NJW **82**, 1975, BB **84**, 1827). Weitere Fälle: Zul: Kundenschutzklauseln in UnternVeräußergsVertr (Jeinsen Betr **81**, 1707), 2jähriges WettbewVerbot für Fahrlehrer als fr selbstd Mitarbeiter (Köln OLGZ **67**, 397). Unzul: Unbefristetes u örtl unbegrenztes WettbewVerbot bei Verkauf eines ReiniggsBetr (BGH NJW-RR **89**, 801). 10jähriges WettbewVerbot für Verpächter eines Imbißstandes (Hamm MDR **87**, 320).

x) Wucherähnliche Geschäfte: s oben Anm 2a. – **Zeugenbeeinflussung:** vgl oben k.

139 *Teilnichtigkeit.* **Ist ein Teil eines Rechtsgeschäfts nichtig, so ist das ganze Rechtsgeschäft nichtig, wenn nicht anzunehmen ist, daß es auch ohne den nichtigen Teil vorgenommen sein würde.**

1) Allgemeines. Abw von dem gemeinrechtl Grds *„utile per inutile non vitiatur"* hat gem § 139 die Nichtigk eines Teils eines RGesch iZw die Nichtigk des ganzen RGesch zur Folge. Die Vorschr beruht auf dem Gedanken der **Privatautonomie** (Übbl 1 a v § 104). Sie soll verhindern, daß den Part anstelle des von ihnen gewollten RGesch ein Gesch mit and Inh aufgedrängt w. Die gesetzgeberische Entsch, daß die GesNichtigk die Regel u die Restgültigk die Ausn ist, w im Schriftt unter Hinw auf die abw Regelg in and ROrdngen kritisiert (Soergel-Hefermehl Rdn 1). Sie w aber dadch entschärft, daß über die Gültigk des RestGesch aufgrund des mutmaßlichen PartWillens u damit einer Abwägg der Interessen der Part zu entscheiden ist (Anm 5). Sie w außerdem dch zahlreiche Ausn eingeschränkt (Anm 6).

2) Anwendungsbereich. § 139 gilt für RGesch, die teilw nichtig sind. – **a) Begriff der Nichtigkeit** vgl Übbl 4 a v § 104. Gleichgült ist, worauf die Nichtigk beruht. § 139 gilt für alle NichtigkGrde. Ist der Vertr wg Formmangels nichtig, kann ein VertrTeil, der für sich allein nicht formbedürft war, aufrecht erhalten werden, sofern dies dem mutmaßl PartWillen entspr (BGH NJW **86**, 2642). § 139 ist auch anwendb, wenn das RGesch wg einer TeilAnf (BGH NJW **69**, 1759, § 142 Anm 1) od wegen anfängl Teilunmöglichk (RG **162**, 123) teilw nichtig ist. Alle Arten der **Unwirksamkeit** (Übbl 4 b–d v § 104) fallen gleichf unter § 139, so etwa die schwebde Unwirksamk (BGH **53**, 179, 318, NJW **74**, 2234, **LM** Nr 24), die dch einen Widerr gem AbzG 1 b IV enstandene Unwirksamk (BGH NJW **83**, 2028, **84**, 2293) u die Unwirksamk gem § 779 (Köln OLGZ **72**, 49). Bei nachträgl Teilnichtigk infolge einer GesÄnd ist § 139 nicht anzuwenden, falls das ÄndGes keine Regelg enthält (BGH NJW **52**, 299, **LM** Nr 9), ebso iF des TeilRücktr (BGH NJW **76**, 1931). Bei nachträgl Teilunmöglichk gelten dagg die Sonderregelgn in den §§ 275 ff, 323 ff. – **b)** § 139 gilt grdsl für **Rechtsgeschäfte jeder Art.** Er bezieht sich aber nur auf das vollst u vollendete RGesch, nicht auf die einz WillErkl, sow diese kein selbstd RGesch bildet. Bei letztw Vfgen geht § 2085 dem § 139 vor (§ 2085 Anm 1). Versammlgsbeschlüsse fallen unter § 139, sow sie einen rgeschäftl Inh haben (RG **140**, 177, Hamm NJW-RR **86**, 501). Unanwendb ist § 139 dagg auf die dch RGesch enstandenen Normen, wie Vereinssatzgen (BGH **47**, 179), TarifVertr (Söllner ArbR S 134, im Ergebn ebso BAG **1**, 258, 272) u BetrVereinbgen (Soergel-Hefermehl Rdn 13), jedoch gilt § 139 für den schuldrechtl Teil. Auf Eintragen im GrdBuch kann § 139 entspr angewandt w (RG **119**, 214), nicht aber auf Eintraggen im Vereins-, Handels- u GenosschRegister (RG **132**, 22). Zu den Einschränkgen, die sich aus dem Schutzzweck der die Nichtigk begründden Norm für den Anwendgsbereich des § 139 insb im Arb- u MietR ergeben, s Anm 6 b. – **c)** Im **öffentlichen Recht** ist § 139 seit dem Inkrafttreten der VwVfG des Bundes u der Länder nicht mehr (entspr) anwendb (MüKo/Mayer-Maly Rdn 10, und die fr Rspr RG **133**, 211, BGH **58**, 395, BVerwG NJW **80**, 2539). Für öffr Vertr gilt der mit § 139 inhaltl übereinstimmde § 59 III VwVfG. Die Teilnichtigk von VerwAkten begründet gem § 44 IV VwVfG nur dann GesNichtigk, wenn der nichtige Teil so wesentl ist, daß die Beh den VerwAkt ohne den nichtigen Teil nicht erlassen hätte. Auf einseit Erkl des öffR, die keine VerwAkte sind, ist nicht mehr § 139 BGB, sond § 59 III VwVfG entspr anzuwenden. Bei **Gesetzen** hat die Nichtigk einzeln Vorschr idR nicht die Nichtigk des ganzen Ges zur Folge (BVerfG **8**, 301). § 139 ist (entgg BGH **16**, 198) nicht anwendb, zumal er nicht einmal für Vereinssatzgen gilt (oben b).

3) § 139 setzt voraus, daß die Teilnichtigk ein **einheitliches Rechtsgeschäft** betrifft. – **a)** Diese Voraussetzg kann auch dann zu bejahen sein, wenn die Part mehrere RGesch unterschiedl Typs, etwa einen KaufVertr über die Einrichtg u einen MietVertr über die Räume (BGH NJW **83**, 2028), abgeschlossen haben. Eine nur äußere Verbindg od ein wirtschaftl Zushang genügen nicht (RG **103**, 298), können aber indizielle Bedeutg haben (BGH **LM** Nr 34). Entscheid ist der **Einheitlichkeitswille** der Part zZ der Vornahme des RGesch; aus den Erkl der Part muß sich unter Berücksichtigg der Interessen der Beteil u der VerkSitte (§ 157) der Wille ergeben, daß die möglicherw äußerl getrennten RGesch miteinand stehen u fallen sollen (s BGH **50**, 13, **LM** Nr 34, NJW **76**, 1931). Es genügt der EinheitlichkWille einer Part, wenn er für die and erkennb war u von ihr gebilligt od hingenommen worden ist (BGH **LM** Nr 46). Bei Aufn in eine Urk besteht eine tatsächl Vermutg für einen EinheitlichkWillen (BGH **54**, 72, DNotZ **75**, 153), die getrennte Beurk spricht dagg prima facie für die Selbständigk der Gesch (BGH **LM** Nr 34). Auch dch die Beteiligg versch Pers an den einzelnen Abreden w das Vorliegen eines einheitl RGesch nicht ausgeschl (BGH **LM** Nr 34, NJW **76**, 1932). **Einzelfälle** (ja = Einh, nein = keine Einh; da es auf die Umst des Einzelfalls ankommt, ist eine schemat Übertragg auf and Fälle unzul): Vertr mit Unfallhelferring über Übern der Schadensreguliergu DarlGewähr ja (BGH NJW **77**, 39, VersR **78**, 1041). Vermietg u MöbelverkaufuU ja (BGH **LM** Nr 29). Grdstkauf- u BaubetreuungsVertr uU ja (BGH NJW **76**, 1931). GrdSchuldBestellg u Bürgsch uU ja (BGH FamRZ **83**, 455); mehrere Bürgsch idR nein (Ffm NJW-RR **88**, 496); Bierliefergs- u DarlVertr uU ja (Mü NJW **68**, 1881); Vertr über Hard- u Software, ja, wenn beide Vertr miteinand „stehen u fallen" sollen; iZw nein bei Vertr über Standardware verschiedener Hersteller (BGH NJW **87**, 2007, Mü BB **88**, 1693, Zahrnt BB **88**, 1687); Franchise- u NebenVertr ja (Düss WPM **87**, 601). Äußerl getrennte Erb- u AdoptionsVertr uU ja (BGH **LM** Nr 34). Erb- u EheVertr Frage des Einzelfalls (BGH **29**, 131, Stgt FamRZ **87**, 1035). Darl- u Pfandbestellg idR nein (RG **86**, 324). Darl u RestSchuldVers nein (Ffm NJW-RR **89**, 591). Finanzierter Kauf nein (§ 6 AbzG Anh Anm 2). – Handelt es sich nicht um ein einheitl RGesch iSd § 139, kann die Wirksamk des einen Vertr **Geschäftsgrundlage** für den and sein (s Einf 5a bb v § 305). –
b) Grund- und Erfüllungsgeschäft (vgl Übbl 3 e u f vor § 104). – **aa)** Auch das Grd- u das ErfGesch können dch den Willen der Part zu einer **Einheit** iSd § 139 zusgefaßt w (BGH **31**, 323, NJW **52**, 60, **67**, 1130, BAG NJW **67**, 751, Hbg NJW **66**, 985, Celle OLGZ **74**, 170, stRspr, aA Soergel-Hefermehl Rdn 20, MüKo/Mayer-Maly Rdn 16, Staud-Dilcher Rdn 19, Flume II § 12 III 4, Larenz § 23 II a). Beide Gesch liegen zwar dogmat auf versch Ebenen; es ist auch richt, daß der AbstraktionsGrds ein wesentl Strukturelement des dtschen PrivR ist. Das ändert nur daran, daß aber die Einheitlich iSd § 139 der rechtsgeschäftl Wille der Part zu entscheiden hat. Wie auch die GgAns einräumt, können die Part Grd- u ErfGesch dch Vereinbg einer Bedingg zufassen. Der damit anerkannte Vorrang des PartWillens ist auch im Rahmen des § 139 zu beachten. – **bb)** Grd- u ErfGesch bilden aber nur dann eine Einh, wenn für einen entspr PartWillen **konkrete Anhaltspunkte** vorliegen. Der prakt immer bestehde wirtschaftl ZusHang genügt nicht. Gleichzeit Abschl u (od) Zusfassg in einer Urk haben indizielle Bedeutg, reichen aber für die Feststellg der Einheitlichk nicht aus (BGH NJW **67**, 1130, zu weitgehd BAG NJW **67**, 751). Es müssen bes Umst vorliegen, die für eine Zusfassg sprechen (BGH NJW **52**, 60). Fehlt es hieran (u das w die Regel sein), bleibt es bei der Selbstdigk der beiden Gesch, so wenn eine wg übermäß Länge sittenw BezugsPfl dch eine Dbk gesichert w (BGH NJW **88**, 2364, NJW-RR **89**, 519). Das GBAmt kann im allg davon ausgehen, daß etwaige Mängel des GrdGesch die Wirksamk des ErfGesch nicht berühren. Nur beim Handkauf w man auch an Anhaltspkte einer Einh annehmen können. Vgl auch Übbl 3 f vor § 104 zur stillschw Vereinbg einer Bedingg u zu dem Fall, daß derselbe UnwirksamkGrd sowohl das Grd- als auch das ErfGesch ergreift. **Einzelfälle:** Fahrnisübereign (BGH NJW **52**, 60); FdgsAbtr (BAG NJW **67**, 751, aA Hamm NJW-RR **88**, 628); vor allem SichgAbtr (BGH NJW **82**, 275, Tiedtke Betr **82**, 1709; Bähr NJW **83**, 1473, krit Jauernig NJW **82**, 268); SchuldÜbern (BGH **31**, 323, Hbg NJW **66**, 986); NießbrBestellg (Celle OLGZ **74**, 170); ErbbRBestellg (Wufka DNotZ **85**, 661); ErbteilsÜbertr (BGH NJW **67**, 1130, DNotZ **71**, 38). Die Nichtigk des GrdGesch kann sich auch auf die **Vollmacht** erstrecken (BGH NJW **85**, 730, ZIP **87**, 1455). – **cc)** Eine **Zusammenfassung** der beiden Gesch kommt **nicht** in Betr: **(1)** wenn das ErfGesch, wie die Aufl (§ 925 II), bedingsfeindl ist, da den Part nicht der Wille einer GesUmgehg unterstellt w kann (s BGH NJW **79**, 1495, BayObLG Rpfleger **69**, 48, Ffm NJW **81**, 876); **(2)** wenn das GrdGesch als ScheinGesch nichtig ist, da die Part hier zw GrdGesch (nicht wirkl gewollt) u ErfGesch (gewollt) unterscheiden, ein einheitl Wille also gerade nicht besteht (s RG **104**, 104, Mü NJW-RR **86**, 13); **(3)** wenn das ErfGesch zur Heilg des GrdGesch führt (§§ 518 II, 766 S 2, GmbHG 15 IV 2; § 313 S 2 hier wg (1) ohne Bedeutg.

4) Teilbarkeit. – a) § 139 setzt voraus, daß sich die Nichtigk auf einen **abtrennbaren Teil** des RGesch beschr. Das nach Abtrenng des nichtigen Teils verbleibde RestGesch muß als selbstd RGesch Bestand haben können (BGH NJW **62**, 913). Ist eine Regelg im ganzen unwirks, kann § 139 entspr anwendb sein, wenn die Part bei Kenntn der Unwirksamk eine and, auf das zul Maß beschränkte Regelg getroffen hätten (BGH **102**, 221, BB **89**, 1500). An der Teilbark fehlt es, wenn die Erkl eines GesVertreters nichtig ist, weil die Erkl der and keine rechtl Bindg zu begründen vermag (BGH **53**, 214). Bei einem Verstoß gg § 138 ist eine teilw Aufrechterhaltg des RGesch nur mögl, wenn der sittenwidrige VertrTeil eindeutig abgegrenzt w kann u iü gg Inh u Zustandekommen der Gesch keine Bedenken bestehen (BGH NJW **79**, 1606, § 138 Anm 1g). Diese Voraussetzgen können gegeben sein, wenn allein die lange VertrDauer zu beanstanden ist (s b cc). Auch eine Erbeinsetzg kann wg Verstoßes gg § 138 teilw nichtig, iü aber wirks sein (BGH **52**, 24). Dagg ist grdsl GesNichtig anzunehmen, wenn ein Vertr wg der übermäß Höhe einer der beiden Leistgen gg § 138 verstößt (BGH **68**, 207, § 138 Anm 4b). Die Teilg der Leistg in einen angem u einen sittenwidr Teil wäre ein Eingriff in das von den Part zu bestimmde Äquivalenzverhältn, zu dem der Ri nicht befugt ist. And liegt es, wenn die Höhe des Entgelts, wie beim Verstoß gg Preisvorschriften (§ 134 Anm 3b), normativ festliegt. Auch beim Mietwucher kann der Vertr zum ortsübl Mietzins aufrechterhalten w (§ 138 Anm 4c). Entspr gilt im Ergebn iF des Lohnwuchers (§ 138 Anm 4b). – **b)** Eine Teilg des RGesch u damit eine Aufrechterhaltg des RestGesch ist in folgden **Fallgruppen** mögl: **aa)** Die Nichtigk beschr sich auf **Einzelbestimmungen** des RGesch od einen Teil eines zusgesetzten RGesch. – **bb)** Auf einer Seite des RGesch sind

mehrere Personen beteiligt; nur im Verh zu einer Pers liegt ein NichtigkGrd vor. Die Rspr hat das RGesch aGrd des mutmaßl PartWillens (Anm 5) hinsichtl einer Pers aufrechterhalten: bei HypBestellg an mehreren MitEigtAnteilen (BGH DNotZ **75**, 152), bei BürgschÜbern dch Mitbürgen (RG **138**, 270), bei FdgsAbtr dch GesGläub (BGH NJW-RR **87**, 1260, Frage des Einzelfalls), bei gemeinschaftl Adoption dch Eheg nach fr R (BGH **24**, 345), bei einer mehrere Erben betreffden Anordg der TestVollstr (BGH **LM** § 2085 Nr 3). GesNichtigk ist dagg angenommen worden: bei PachtVertr, wenn einer der Pächter geschunfäh (RG **99**, 55), ebso bei ProzVergl (RG **141**, 108), bei GrdstVerkauf, wenn die für einen Mj erforderl vormundschgerichtl Gen versagt w (BGH **54**, 72), bei Wucher od argl Täuschg ggü od dch einen von mehreren VertrPartnern (RG **72**, 218, Warn **12**, 360), bei VertrSchl im eig Namen u zugl als vollmloser Vertreter eines and, wenn dieser die Gen verweigert (BGH NJW **70**, 240, s dazu Gerhardt JuS **70**, 326). – cc) Die von beiden Part zu erbringden **Leistungen** sind **teilbar** (§ 266 Anm 2b) u der korrespondierde Teil der GgLeistg läßt sich anhand obj Kriterien ermitteln. Der NichtigkGrd beschränkt sich auf eine Teilleistg (BGH Betr **83**, 1812). – dd) Das RGesch ist wg **überlanger Vertragsdauer** nicht wirks. Sow keine sonst Bedenken bestehen (s BGH NJW **79**, 1606), kann das RGesch mit der zul Dauer aufrechterhalten w, so wenn die für eine längere Bindg erforderl vormundschgerichtl Gen fehlt (RG **114**, 35, 39, BGH NJW **62**, 734 MietVertr, RAG **21**, 129 ArbVertr ohne die gem § 1822 Nr 7 erforderl Gen, s auch BGH **28**, 83 LebensVersVertr), wenn bei einem BierliefergsVertr, einem WettbewVerbot od der AnkaufsVerpfl eines ErbbBerecht die Bindgsdauer gg § 138 verstößt (BGH NJW **74**, 2090, **79**, 865; BGH **68**, 5, WPM **80**, 877), wenn bei einem im GesellschVertr vorgesehenen KündR (AusschließgsR) die fehlde Befristg gg § 138 unvereinb ist (BGH **105**, 221).

5) Rechtsfolgen. Das teilnichtige RGesch ist idR im ganzen nichtig. Ausnw bleibt das RestGesch wirks, wenn anzunehmen ist, daß es auch ohne den nichtigen Teil vorgenommen worden wäre. – **a)** Haben die Part für den Fall der Teilnichtigk ausdr od konkludent eine Regelg getroffen, so geht diese der Ausleggsregel des § 139 vor (Anm 6a). Fehlt eine solche Bestimmg, ist auf den **mutmaßlichen Parteiwillen** abzustellen. Er ist nach den gleichen Grds zu ermitteln, die für die ergänzde VertrAuslegg gelten (§ 157 Anm 2). Maßgebend ist daher, welche Entscheid die Part bei Kenntn der Teilnichtigk nach Treu u Glauben u unter Berücksichtigg der VerkSitte getroffen hätten (RG **107**, 40, **118**, 222, BGH **LM** Nr 13). Das bedeutet idR, daß das obj Vernünftige als PartWille anzunehmen ist (BGH NJW **86**, 2577, Ffm FamRZ **83**, 177, Sandrock AcP **159**, 481). Es genügt nicht, daß die Part auf jeden Fall, wenn vielleicht auch and, abgeschlossen hätten. Das Gesch muß so, wie es sich ohne den nicht Teil darstellt, dem mutmaß PartWillen entspr (RG **146**, 118, BGH NJW **51**, 397), u zwar dem Willen beider Part (RG **99**, 55). Hatten die Part von vornherein von der Teilnichtigkeit **Kenntnis,** liegt hinsichtl dieses Teils kein RFolgewille u daher kein RGesch vor (RG **122**, 140, BGH **45**, 379, BAG **1**, 270, stRspr, str). Das RestGesch gilt ohne den als nichtig erkannten Teil, vorausgesetzt, daß es beide Part mit diesem eingeschränkten Inh gewollt haben (BGH **45**, 380, **LM** Nr 42, Mü WPM **84**, 262). Überwiegen weder die für noch die gg die GesNichtigk sprechen Umst, ist das RGesch im ganzen nichtig (BayObLG MDR **80**, 756). Wer sich auf die Gültigk des RestGesch beruft, trägt für die Tats ist die **Beweislast,** aus denen sich ergeben soll, daß das RGesch auch ohne den nichtigen Teil vorgenommen worden wäre (BGH **45**, 380, **LM** Nr 42 Bl 2, Mü NJW-RR **87**, 1042). – **b)** In einigen **Fallgruppen** kann in typ Bewertg der Interessen der Part idR davon ausgegangen w, daß die Gültigk des RestGesch ihrem mutmaß Willen entspr. So erstreckt sich die Nichtigk des HauptVertr idR nicht auf die GerStandsKlausel (BGH NJW **87**, 10, BGH **LM** ZPO 38 Nr 4, KG BB **83**, 213) od die Schiedsabrede (BGH **53**, 318, **LM** Nr 6, NJW **77**, 1398, **79**, 2568). Umgekehrt läßt die Nichtigk der GerStandsKlausel die Gültigk des HauptVertr unberührt (BGH **22**, 90). Betrifft der NichtigkGrd allein die SchiedsGerKlausel, bleibt die gleichzeit vereinbarte GerStandsKlausel wirks (BGH Betr **84**, 825). Sind einz Bestimmgen eines GesellschVertr nichtig, bleibt die Gesellsch iü idR gült (BGH **49**, 365, WPM **62**, 462, Ulmer NJW **79**, 85). Die Nichtigk einer Wertsicherungsklausel führt iZw nicht zur GesNichtigk, sond zur Substituierg einer rechtl unbedenkl Klausel (§ 245 Anm 5d). – **c)** Die GesNichtigk **wirkt** ggü jedermann u ist im Proz vAw zu berücksichtigen. Betrifft sie einen vollzogenen Arb- od GesellschVertr, gelten aber die Grds über das fehlerh Arb- u GesellschVerh (Einf 5c v § 145). Ausnw kann die Geltdmachg der GesNichtigk als **Rechtsmißbrauch** (§ 242 Anm 4 C) unbeachtl sein, so etwa, wenn die Nichtigk eines bereits abgewickelten Vertr aus einer Best hergeleitet w soll, der für die VertrDchführg bedeutgslos geblieben ist (RG **153**, 61). Begünstigt die unwirks Best nur eine Part (Unterwerfg unter die ZwVollstr, Bestellg einer Sicherh) u will diese an dem Vertr iü festhalten, kann die Geltdmachg der GesNichtigk dch die GgPart gg § 242 verstoßen (BGH NJW **67**, 245, WPM **71**, 99, **83**, 267, ZIP **85**, 668, Stgt NJW **83**, 892, einschränkd RG **91**, 361). Eine unzul RAusübg kann aber auch dann anzunehmen sein, wenn die Part, die dch den Wegfall der unwirks Klausel benachteiligt w, deren Nichtigk als Vorwand benutzt, um sich vom Vertr loszusagen (s Ffm NJW **74**, 2239).

6) Ausschluß. a) § 139 ist **dispositives Recht.** Er kann dch IndVereinbg, aber auch dch formularmäß Regelgn abbedungen w (s BGH NJW **77**, 40, Beyer, Salvatorische Klauseln, 1987). Klauseln, wonach das RestGesch iF der Teilnichtigk gült bleibt, sind aber uU einschr auszulegen u daher nicht anwendb, wenn Bestimmgen von grdlger Bedeutg sittenw od sonst nichtig sind (BGH Betr **76**, 2107, Stgt ZIP **89**, 63). – **b)** § 139 ist unanwendb, wenn sich aus einer ausdr gesetzl Bestimmg od dem GesZweck eine abw Regelg ergibt (Soergel-Hefermehl Rdn 49). Wird gg ein Ges verstoßen, das eine VertrPart vor best nachteiligen Klauseln schützen soll, findet § 139 keine Anwendg. Die Nichtigk beschr sich nach dem **Zweck der Verbotsnorm** auf die verbotene Klausel, das Gesch iü bleibt wirks. Das gilt für Verstöße gg §§ 276 II, 443, 476, 540, 637, 556a VII, 556b I 2, 557 IV, 557a II, 565a III, 651k (Soergel-Hefermehl Rdn 51), gg BPflVO 6 S 3 (Celle OLGZ **85**, 374) u allg für die Unwirksamk von Klauseln in AGB (**AGBG 6**). Wird gg die in and Ges enthaltenen SchutzVorschr verstoßen, bleibt das RGesch gleichf unter Wegfall der nichtigen Bestimmg wirks, so bei Verstoß gg Schutzbestimmgen des AbzG (BGH NJW **77**, 1058, 1059), Schutzbestimmgen zG des Handelsvertreters (RG **146**, 119, BGH **40**, 239, Betr **71**, 2303), zG des ArbN (BAG Betr **75**, 1417, NJW **79**, 2119, ZIP **87**, 595), zG des Mieters (BGH MDR **64**, 495), so bei Verstoß gg MHRG 10 (Celle OLGZ **82**, 221), uU auch bei Verstoß gg SchutzVorschr des GWB (Helm GRUR **76**, 496, v Jeinsen Betr **81**, 1713). Bei Verstößen gg **Preisvorschriften** w das RGesch grdsl mit dem zul Preis aufrechterhalten (§ 134 Anm 3b).

Entspr gilt bei unwirks HonorarAbreden mit einem RA (BGH **18**, 349, NJW **80**, 2407) u bei Erschließgsabreden, die gg BauGB 129 (Kostenbeteiligg der Gemeinde) verstoßen (BGH **65**, 370).

140 *Umdeutung.* **Entspricht ein nichtiges Rechtsgeschäft den Erfordernissen eines anderen Rechtsgeschäfts, so gilt das letztere, wenn anzunehmen ist, daß dessen Geltung bei Kenntnis der Nichtigkeit gewollt sein würde.**

1) Allgemeines: Die Vorschr dient ebso wie § 139 der Dchsetzg des mutmaßl Willens der Part. Der von ihnen erstrebte wirtschaftl Erfolg soll auch dann verwirklicht w, wenn sie im rechtl unzul Mittel gewählt h, aber ein zum annähernd gleichen Ergebn führder rechtl zul Weg offensteht (BGH **68**, 206). Die Umdeutg ist kein Sonderfall der Auslegg, sond ein eigenständ RInstitut (str). Sie tritt **kraft Gesetzes** ein u ist daher kein richterl Gestaltgsakt (Soergel-Hefermehl Rdn 1, Larenz § 23 III, aA BGH **19**, 273). Sie ist im Proz vAw zu beachten (BGH NJW **63**, 340, aA BAG Betr **76**, 634). Im GrdBVerfahren ist wg der dort geltden VerfGrds eine Umdeutg nur zul, wenn die für die Beurteilg maßgebden Umst offenkund sind, das GBA also keine eig Ermittlgen anzustellen braucht (s BayObLG NJW **53**, 1914, Rpfleger **83**, 346, KG NJW **67**, 2359, Düss DNotZ **77**, 307). Für öffr Vertr gilt § 140 gem VwVfG 62 S 2 entspr (BGH **76**, 28, BVerwG NJW **80**, 2538, OVG Münst NJW **81**, 1329). Dagg sind für **Verwaltungsakte** VwVfG 47, AO 128 od SGB X 43 maßgebd (BVerwG NVwZ **84**, 645, Laubinger VerwA **78**, 207, 345).

2) Voraussetzungen: a) objektive. aa) Umgedeutet w können **Rechtsgeschäfte** aller Art, insb auch ggs Vertr (BGH NJW **63**, 339), Vfgen (RG **66**, 28, **124**, 30), RGesch des FamR (Karlsr NJW **77**, 1731) u Vfgen vTw (BGH **40**, 224). – **bb)** Das RGesch muß **nichtig** sein (Begriffs Übbl 4a v § 104). § 140 gilt grdsl für alle NichtigkGrde (s RG **125**, 212, BGH **26**, 328). Er ist auch auf angefochtene RGesch anzuwenden (Soergel-Hefermehl Rdn 3, aA Krampe JZ **75**, 574), ebso auf endgült unwirks gewordene (BGH **40**, 222). Grdsl umdeutgsfäh ist auch die wg Fehlens von ausr KündGrden wirkslose Künd (BGH NJW **81**, 977, BAG Betr **78**, 1454), die endgült unwirks gewordene Vfg eines Nichtberecht (Soergel-Hefermehl Rdn 3, aA RG **124**, 31), u die Verpfändg einer Fdg, die wg Nichtbeachtg des § 1280 (Anzeige an Gläub) wirkslos geblieben ist (Reinicke, RFolgen formwidr abgeschl Vertr, 1969, S 89, aA RG **79**, 308). Dagg kann § 140 auf anfechtb (aber nicht angefochtene) u schwebd unwirks RGesch nicht angewandt w (Staud-Dilcher Rd 2), ebsowenig auf unvollständ RGesch, etwa auf den Fall, daß der Vertr nur von einem GesVertreter abgeschl worden ist (BGH WPM **82**, 156). – **cc)** Die **Auslegung** des RGesch geht der Umdeutg vor (BGH WPM **59**, 328 u 418, Bürck SchlHAnz **73**, 40). Unrichtige Bezeichngen *(falsa demonstratio)* erfordern keine Umdeutg; die Maßgeblichk des wirkl Gewollten ergibt sich bereits aus § 133. Bei einer Anf wg argl Täuschg kann idR schon iW der Auslegg angenommen w, daß sie die Anf wg Irrt mitumfassen soll (BGH NJW **79**, 161, s auch Berg JuS **81**, 179). – **dd)** Das nichtige RGesch muß den Erfordern eines and RGesch (ErsGesch) entsprechen. Hinsichtl des ErsGesch müssen daher sämtl **Wirksamkeitsvoraussetzungen** erfüllt sein (Staud-Dilcher Rdn 4). § 140 gestattet nicht, fehlde Tatbestsmerkmale zu fingieren (RG JW **38**, 44). – **ee)** Der von den Part erstrebte **wirtschaftliche Erfolg** muß dch das ErsGesch im wesentl erreicht w (BGH **68**, 206). Das ErsGesch darf in seinen rechtl **Wirkungen nicht weiterreichen** als das unwirks (BGH **19**, 275, BAG Betr **75**, 214); dagg kann es in seinen RFolgen hinter diesem zurückbleiben. Eine Anf kann daher nie in eine Künd od einen Rücktr umgedeutet w (BGH NJW **75**, 1700, Hamm VersR **81**, 275), nicht aber umgekehrt eine Künd od ein Rücktr in eine Anf (RG **105**, 208, BAG NJW **76**, 592). Eine unwirks Verpfändg kann nicht als SichersgÜbereign aufrechterhalten w (Soergel-Hefermehl Rdn 5), wohl aber eine nichtige Übereigng als NießbrBestellg (RG **110**, 392, JW **37**, 3153). Mögl ist auch, daß das ErsGesch ggü dem unwirks RGesch ein **aliud** darstellt. Ein unwirks RGesch unter Lebden kann daher als Vfg vTw aufrechterhalten w (BGH **40**, 218). Das gilt ebso umgekehrt (BGH NJW **78**, 423, krit Schubert JR **78**, 289, Tiedtke NJW **78**, 2572). Zul ist auch die Umdeutg eines proz Anerkenntn in ein mat-rechtl (Düss FamRZ **83**, 724) u die Umdeutg eines nichtigen in ein weniger fehlerh RGesch (RG **129**, 122). – **ff)** Die Umdeutg setzt voraus, daß nicht der von den Part erstrebte Erfolg, sond nur der von ihnen gewählte rechtl Weg von der **Rechtsordnung mißbilligt** w (BGH **68**, 207, ZIP **86**, 1058, OVG Münst NJW **81**, 1329). Sie ist daher bei sittenwidr, insb wucherischen od wucherähnl Gesch idR ausgeschl (BGH aaO, § 138 Anm 4 b). Entspr kann uU auch iF des § 134 anzunehmen sein. Bei einem formnicht Vertr kann der **Schutzzweck** der Formvorschr einer Umdeutg enggstehen (Zeiß WPM **63**, 906), so etwa iF der Bürgsch (Hamm NJW **88**, 3022) od der FormVorschr des GWB (Celle BB **75**, 390, Emmerich NJW **81**, 1367, aA BGH NJW **80**, 2517). – **b) Subjektive Voraussetzung** ist, daß die Umdeutg dem PartWillen entspr. Maßgebd ist der **mutmaßliche Wille** der Part zZ der Vorn des RGesch (BGH **19**, 273, **40**, 223, NJW **80**, 2517). Er ist nach den Grds über die ergänzde VertrAuslegg (§ 157 Anm 2) zu ermitteln. Entscheidd ist daher, ob die Part bei Kenntn der Nichtigk das ErsRGesch im Hinblick auf die von ihnen verfolgten wirtschaftl Ziele vernünftigerw vorgenommen hätten (BGH aaO). Kann ausnahmsw der **wirkliche Parteiwille** festgestellt w, hat er den Vorrang. Gg den eindeut erklärten Willen der Part ist eine Umdeutg nicht zul (BGH **19**, 274, NJW **71**, 420). Sie ist auch dann ausgeschl, wenn der Erklärde die Nichtigk kannte (Hamm VersR **86**, 759).

3) Einzelfälle (ja = umdeutb, sofern PartWille nicht enttggsteht; nein = nicht umdeutb). – **a) Abtretung** in Einziehgsermächtigg ja (BGH **68**, 125, NJW **87**, 3122). Abtr eines nicht mehr bestehden HerausgAnspr in Abtr des Anspr aus § 816 ja (Hamm MDR **62**, 985, 986). Abtr einer Hyp in Bestellg einer neuen GrdSch ja (RG LZ **31**, 839). Abtr des Nießbr in Überlassg der Ausübg ja (RG JW **10**, 801). **Arbeitsrecht:** Nichtiges BeamtenVerh in ArbVerh idR nein (BAG **8**, 267). Antr des gem § 613a gebundenen neuen ArbG auf Abschl eines AbVertr in Angebot zur VertrÄnd ja (BAG Betr **77**, 1192); nichtige BetrVereinbg in gebündeltes VertrAngebot des ArbGeb ja (LAG Hamm Betr **88**, 1706). Fristlose Künd in fristgem ja, wenn der unbedingte Beendiggswille eindeut erkennb u der BetrR ausdr auch zur fristgem Künd gehört worden ist (BAG NJW **88**, 581, § 626 Anm 3e). Künd in Angebot auf VertrAufhebg ja (BAG **AP** § 626 Nr 64); ebso beim DienstVertr (BGH NJW **82**, 2603). Fristgem Künd in fristlose od Anf nein (Anm 2a ee). – **b) Erbrecht** u

Rechtsgeschäfte. 2. Titel: Willenserklärung §§ 140, 141

ähnl: ErbVertr in Test ja (KGJ **35** A 99), auch in gemeinschaftl Test (KGJ **31** A 114), od in aufschieb bedingten SchenkgsVertr (BGH NJW **78**, 423). Gemeinschaftl Test von NichtEheg in EinzelTest ja (§ 2265 Anm 1). ÜbergabeVertr in ErbVertr ja (BGH **8**, 34, **40**, 224, krit Tiedtke FamRZ **81**, 1). SchenkgsVerspr in Test ja (Kblz NJW **47**/48, 384). Erbeinsetzg mit einer gg § 2302 verstoßden Aufl in Vor- u Nacherbeinsetzg ja (Hamm NJW **74**, 60). Verpfl zum Abschluß eines ErbVertr in VzGDr ja, wenn Verpfl hinr konkreten Inh h (BGH **LM** Nr 3). ErbteilsÜbertr in ErbVerzicht ja (BGH NJW **74**, 43). ErbschKauf in ErbauseinanderS ja (RG **129**, 123), in Abtr des AuseinanderSAnspr ja (RG **137**, 176). Angebot zur Aufhebg eines ErbVertr in Rücktr ja (Hamm Rpfleger **77**, 208). **Gesellschaftsrecht:** OHG-Vertr in BGB-GesellschVertr ja (BGH **19**, 275). Anf in Künd aus wicht Grd ja (BGH NJW **75**, 1700). StimmRAbtr in StimmRAusschl iVm Begründ höheren StimmR ja (BGH **20**, 366). StimmRAbtr in StimmRVollm ja (Hbg NJW **89**, 1866). – **c) Grundstücksverkehr:** Veräußerg in Bestellg eines Nießbr uU ja (RG **110**, 392, JW **37**, 3153). Zusage von WoEigt in Einräumg von DauerwohnR ja (BGH NJW **63**, 339). Begründg von SonderEigt in SondernutzgsR nein, wenn dies dem Berecht eine umfassdere RStellg verschafft (BayObLG MDR **81**, 145). Dingl Vor- od WiederkaufsR in schuldrechtl ja (RG **104**, 124, BGH **LM** § 497 Nr 6). KaufVertr über wesentl GrdstBestandt (Wochenendhaus) in AbstandsVereinbg ja (LG Hann MDR **80**, 310). Grddienstbark in beschr pers Dienstbark nein (Mü NJW **57**, 1765). Nicht wirks angenommenes Angebot in Angebot mit längerer AnnFr (Option) ja (RG **169**, 71). Aufl an GesGut in Aufl an Eheg als BruchteilsEigtümer uU ja (BayObLG **83**, 574). GrdstKaufVertr mit (nichtiger) PlangsZusage der Gemeinde in KaufVertr mit Übern des Plangsrisikos uU ja (BGH **76**, 29). **Miet- und Pachtrecht:** Erbpacht in Pacht ja (RG Warn **28**, 120). Fristlose Künd in ordentl ja, wenn sich aus dem Inh der Erkl eindeut ergibt, daß das VertrVerh auf jeden Fall beendet w soll (BGH NJW **81**, 977); in Angebot zur VertrAufhebg idR nein (BGH NJW **81**, 43, WPM **84**, 171). Formungült **Prozeßvergleich** in materiellrechtl Vereinbg ja (BGH NJW **85**, 1963). – **d) Sicherungsgeschäfte:** Nichtige Verpfändg in Bestellg eines ZbR ja (RG **66**, 27, OGH 4, 164), und angebl, wenn Vfg eines NichtBerecht (RG **124**, 31, str, s Anm 2a bb). Verpfändg in Verpfl zur Bestellg einer SichgHyp ja (Naumbg JW **29**, 70). Verpfändg in Sichgübereigng nein (Anm 2a ee). Bürgsch in Schuldmitübern nein (Anm 2a ff). **Wertpapierrecht:** Eig Wechsel in Schuldanerkenntn od kaufm VerpflSchein ja (RG **136**, 210, BGH ZIP **88**, 18). Akzept in SchuldVerspr od sonst VerpflErkl nein (RG **136**, 210, BGH WPM **55**, 1324, aA Soergel-Hefermehl Rdn 25); Indossament in VerpflErkl nach allg bürgerl Recht nein (RG **130**, 84, BGH NJW **57**, 1837); Erkl des Ausstellers nein (Reinicke Betr **60**, 1028). Scheck in ZahlgsAuftr ja (KG OLGZ **42**, 245), in Anweisg ja (AG Springe WPM **87**, 309), in abstr SchuldVerspr, kaufm VerpflErkl, GarantieVertr nein (Düss WPM **73**, 403, Karlsr NJW **77**, 589). Keine Umdeutg nach Verlust des Rückgriffs (BGH **3**, 239). – **e) Sonstiges:** Vermögensübertragg in Übertr der einz VermGgst ja (RG **76**, 3, **82**, 277). Kauf eig Sachen in Rückgängigmachg des KaufVertr ja (RG JW **24**, 1360). Unwiderrufl Vollm in widerrufl ja (Staud-Dilcher Rdn 3, aA RG Gruch **68**, 538); verdrängde in ausschließl ja (Hbg Betr **89**, 618). Außerordentl Künd eines LebensVersVertr in ordentl, Frage des Einzelfalls (Hamm VersR **84**, 985, **86**, 759), in Angebot zur VertrAufhebg uU ja (BGH WPM **87**, 923). VersichergsVertr s Bach VersR **77**, 881.

141 Bestätigung des nichtigen Rechtsgeschäfts.
I Wird ein nichtiges Rechtsgeschäft von demjenigen, welcher es vorgenommen hat, bestätigt, so ist die Bestätigung als erneute Vornahme zu beurteilen.

II Wird ein nichtiger Vertrag von den Parteien bestätigt, so sind diese im Zweifel verpflichtet, einander zu gewähren, was sie haben würden, wenn der Vertrag von Anfang an gültig gewesen wäre.

1) Allgemeines. a) Ein nichtiges RGesch bleibt grdsl auch dann unwirks, wenn der NichtigkGrd nachträgl wegfällt (Übbl 4a v § 104). Um es gültig zu machen, bedarf es einer **Bestätigung;** so bezeichnet das Ges in den §§ 141, 144 das RGesch, dch das die Part ihr eig bisher fehlerh RGesch als gültig anerkennt. Die Bestätigg ist iF des § 141 als Neuvornahme zu beurteilen. Sie braucht aber nicht von einem Neuabschlußwillen getragen zu sein, es genügt ein Bestätigungswille (Staud-Dilcher Rdn 2). – **b)** Die Bestätigg iSd § 141 ist zu **unterscheiden: aa)** von der Bestätigg eines anfechtb, aber noch nicht angefochtenen RGesch (§ 144, s dort); **bb)** von der Heilg dch Leistgsbewirkg (§§ 313 S 2, 518 II); sie tritt kr Ges ein, erfordert also keinen rgeschäftl Bestätiggwillen; **cc)** von der Gen (§§ 182ff); sie betrifft schwebd unwirks RGesch, ist idR von einem Dr zu erklären u hat rückwirkde Kraft; **dd)** von der Ergänzg eines unvollst RGesch etwa iF eines Dissenses (s RG JW **29**, 575).

2) Voraussetzungen: a) Das RGesch muß **nichtig** sein (Übbl 4a v § 104). Gleichgült ist, worauf die Nichtigk beruht. § 141 gilt auch für das dch Anf nichtig gewordene RGesch (BGH NJW **71**, 1795, 1800), ist aber unanwendb, wenn schon tatbestandl kein RGesch vorliegt (BGH NJW **87**, 1699). – **b)** Die Bestätigg geschieht dch **Neuvornahme.** Daraus folgt: – **aa)** Die Bestätigg muß die vorgeschriebene **Form** wahren. Das gilt auch dann, wenn das ursprüngl Gesch nicht wg Formmangels, sondern aus einem and Grd nichtig war (RG **146**, 238, BGH NJW **85**, 2580). Die Formwahrg kann in der Weise geschehen, daß die neue Urk auf die fr Bezug nimmt (RG Gruch **71**, 389). Gilt das Formerfordern zZ der Bestätigg nicht mehr, ist diese formfrei mögl (BGH NJW **73**, 1367). – **bb)** Die Bestätigg muß allen sonstigen Anfordergen an ein wirks RGesch genügen. Trotz Verstoßes gg ein **Verbotsgesetz** nichtiges RGesch kann dann nur wirks bestätigt w, wenn das Verbot entfallen ist (BGH **11**, 60, Düss NJW **76**, 1638), ein sittenwidriges RGesch nur dann, wenn die Grde für die **Sittenwidrigkeit** nicht mehr fortbestehen (BGH **60**, 102, 108, WPM **88**, 1869). Der Vertr bleibt nichtig, wenn die GesWürdigg ergibt, daß trotz Wegfalls einz Umst die weiterwirkden zus mit neuen Umst auch das neu vorgenommene RGesch als sittenw erscheinen lassen (BGH NJW **82**, 1981, Kothe JuS **84**, 509). – **cc)** Eine Bestätigg setzt voraus, daß die Parteien die **Nichtigkeit kennen** od zumindest Zweifel an der RBeständigk des Vertr h (RG **138**, 56, BGH **11**, 60, BAG Betr **76**, 970). Nicht erforderl aber, daß die Part den vom Gegner geltd gemachten NichtigkGrd anerkennt; es genügt, daß beide Part von der mögl

§§ 141–143

1. Buch. 3. Abschnitt. *Heinrichs*

Nichtigk ausgehen (BGH WPM **77**, 389). Der zu bestätigde Vertr braucht in seinen Einzelheiten nicht noch einmal erklärt zu w; es reicht aus, wenn sich die Part in Kenntn aller Umst auf den Boden des fr Vereinbarten stellen (BGH NJW **82**, 1981, Celle DNotZ **80**, 415). Formlose Gesch können dch **schlüssiges Verhalten** bestätigt w (RG **125**, 7, BGH **11**, 60, Betr **68**, 479). Voraussetzg ist aber, daß das Verhalten für alle Beteiligten eindeut als Bestätigg des nichtigen RGesch zu verstehen ist (BGH NJW **71**, 1800). Eine ErfHdlg kann als Bestätigg aufzufassen sein (BGH WPM **83**, 232, Mü OLG **24**, 266), ebso eine VertrÄnderg (BGH NJW **82**, 1981). Die Weiterbenutzg der dch das nichtige RGesch erworbenen Sache ist keine Bestätigg, wenn sie nur bis zur Beschaffg eines ErsStückes dauert (BGH NJW **71**, 1795, 1800, **85**, 2580).

3) Rechtsfolgen: Die Bestätigg hat als Neuvornahme **keine rückwirkende Kraft;** das RGesch gilt erst vom Ztpkt der Bestätigg an (RG **75**, 115). Nach II sind die Part bei Vertr jedoch iZw verpfl, einand so zu stellen, wie sie gestanden hätten, wenn der Vertr von Anfang an gült gewesen wäre. Diese schuldrechtl Rückbezieh läßt etwaige Rechte Dr unberührt (s RG HRR **26** Nr 790). Sie entfällt, wenn ein abw PartWille unzweideut feststeht (RG JW **31**, 2227).

142 *Wirkung der Anfechtung.* ^I Wird ein anfechtbares Rechtsgeschäft angefochten, so ist es als von Anfang an nichtig anzusehen.

^{II} Wer die Anfechtbarkeit kannte oder kennen mußte, wird, wenn die Anfechtung erfolgt, so behandelt, wie wenn er die Nichtigkeit des Rechtsgeschäfts gekannt hätte oder hätte kennen müssen.

1) Allgemeines. Begriff u Fälle der Anfechtbark vgl Übbl 4d v § 104. Über den Kreis der anfechtb RGesch s bei den einz AnfGrden. Auch **nichtige Rechtsgeschäfte** können angefochten w (Übbl 4d v § 104), uU auch geschäftsähnl Hdlgen (Übbl 2c v § 104), nicht aber TatHdlgen (Übbl 2d v § 104). Eine **Teilanfechtung** ist mögl, wenn das RGesch teilb ist (§ 139 Anm 4a); das RestGesch bleibt gült, wenn dies dem mutmaßl PartWillen (§ 139 Anm 5) entspr (RG **146**, 239, BGH LM HGB 119 Nr 10, DNotZ **84**, 685).

2) Wirkung der Anfechtung (I). Das wirks angefochtene RGesch ist als **von Anfang an nichtig** anzusehen. Die Anf hat rückwirkde Kraft (Wirkg *ex tunc*). Sie wirkt für u gg Dr. Der Zessionar verliert daher seine Fdg, wenn der der Fdg zGrde liegde Vertr angefochten w. Wird der vermittelte Vertr angefochten, entfällt der ProvisionsAnspr des Maklers od Vertreters. Die Anf schließt Anspr aus dem Vertr aus. Wenn Anf u Wandlg nebeneinand geltd gemacht w, ist daher zunächst die Anf zu prüfen (s RG JW **13**, 485); anders ist es aber, wenn die Anf bedingt (hilfsw) erfolgt ist (Honsell JuS **82**, 811, § 143 Anm 2a). Mit dem RGesch w auch die **akzessorischen Rechte,** wie PfandR, Bürgsch, VertrStrafVerspr rückwrkd hinfäll. Die Nichtigk inf Anf ist **endgültig**. Die Rückn der Anf ist ausgeschlossen (RG **74**, 3). Falls ein AnfGrd vorliegt, kann die AnfErkl aber ihrerseits angefochten w (BayObLG MDR **80**, 492). Für die Bestätigg des wirks angefochtenen RGesch gilt § 141 (dort Anm 2a). **Vor erklärter Anfechtung** ist das anfechtb RGesch gült (Übbl 4d v § 104). Die Anfechtbark begründet jedoch für mithaftde Dritte (Bürgen, Eigtümer der mit einem PfandR belasteten Sache) bis zum Ende der AnfFr ein LeistgsVR (§§ 770, 1137, 1211). Bei **vollzogenen Arbeits- und Gesellschaftsverhältnissen** ist eine Anf mit rückwrker Kraft ausgeschlossen; die Anf wirkt hier abw von § 142 I nur *ex nunc* (§ 119 Anm 2b, Einf 5c v § 145). Die Anf des GrdGesch berührt die Wirksamk des **Erfüllungsgeschäfts** an sich nicht. Der Grd, der das VerpflGesch anfechtb macht, kann aber das ErfGesch miterfassen (Übbl 3f v § 104). Außerdem können das Grd- u das ErfGesch nach dem Willen der Part ein einheitl RGesch bilden (§ 139 Anm 3b). Ist auch das ErfGesch nichtig, können die Part ihre Leistgn mit der EigtKlage herausverlangen. Sonst richtet sich die Rückgewähr der beiderseit Leistgn nach **Bereicherungsrecht** (§ 812, Leistgskondiktion). SchadErsAnspr können sich aus § 122, c. i. c. (§ 276 Anm 6) od aus § 826 ergeben.

3) II. Die Anf hat bei VfgsGesch die Folge, daß der RErwerb als von Anfang nichtig gilt. Hat der Erwerber inzw eine Vfg zG eines Dritten getroffen, stellt diese nunmehr die eines **Nichtberechtigten** dar. Die Vfg ist daher für den Fdgen u den unter § 413 fallden Rechten wirkgslos; iü gelten die Vorschr über den Erwerb kr guten Glaubens (insb §§ 892, 932, HGB 366, ferner §§ 893, 936, 1007, 1032, 1138, 1155, 1207, 1244). Kenntn od fahrl Unkenntn der Anfechtbark steht der Kenntn od fahrl Unkenntn der Nichtigk gleich, II. Bezugspkt der Bösgläubigk sind die Tats, die die Anfechtbark begründen (BGH NJW **87**, 1457). Die **Voraussetzungen der Bösgläubigkeit** ergeben sich aus den jeweils anzuwendden Vorschr über den Erwerb von NichtBerecht (Staud-Dilcher Rdn 18). Bei § 892 schadet daher nur Kenntn, bei § 932 auch grob fahrl Unkenntn. Bei Anf von VerpflGesch hat II Bedeut für §§ 819, 818 IV, bei Anf einer Vollm für die Haftg des Vertreters aus § 179.

143 *Anfechtungserklärung.* ^I Die Anfechtung erfolgt durch Erklärung gegenüber dem Anfechtungsgegner.

^{II} Anfechtungsgegner ist bei einem Vertrage der andere Teil, im Falle des § 123 Abs. 2 Satz 2 derjenige, welcher aus dem Vertrag unmittelbar ein Recht erworben hat.

^{III} Bei einem einseitigen Rechtsgeschäft, das einem anderen gegenüber vorzunehmen war, ist der andere der Anfechtungsgegner. Das gleiche gilt bei einem Rechtsgeschäfte, das einem anderen oder einer Behörde gegenüber vorzunehmen war, auch dann, wenn das Rechtsgeschäft der Behörde gegenüber vorgenommen worden ist.

^{IV} Bei einem einseitigen Rechtsgeschäft anderer Art ist Anfechtungsgegner jeder, der auf Grund des Rechtsgeschäfts unmittelbar einen rechtlichen Vorteil erlangt hat. Die Anfechtung kann jedoch, wenn die Willenserklärung einer Behörde gegenüber abzugeben war, durch Erklärung gegenüber der Behörde erfolgen; die Behörde soll die Anfechtung demjenigen mitteilen, welcher durch das Rechtsgeschäft unmittelbar betroffen worden ist.

Rechtsgeschäfte. 2. Titel: Willenserklärung   §§ 143, 144

1) Allgemeines s zunächst § 142 Anm 1. Die Anfechtbk begründet für den Berecht ein **Gestaltungsrecht** (Übbl 4 d v § 104). Es erlischt dch Ausübg (Anm 2), Ablauf der AnfFr (§§ 121, 124, 318, 2082, 2283) u dch Bestätigg (§ 144). Es ist bei DauerschuldVerh gem § 242 ausgeschl, wenn der AnfGrd inf Zeitablaufs bedeutgslos geworden ist (BAG NJW **70**, 1565, § 123 Anm 5 a). Ein von AnfBerecht verschuldeter Untergang des zurückzugewährden Ggst schließt dagg das AnfR nicht aus. § 351 ist nicht entspr anwendb (BGH **57**, 137, 148, NJW **85**, 2580, krit Huber JuS **72**, 444, für eine modifizierte Anwendg LG Lüneb NJW **89**, 1097).

2) Anfechtungserklärung. – a) Sie ist eine formfreie empfangsbedürftige WillErkl (§ 130 Anm 1 b). Sie ist als GestaltgsGesch unwiderrufl u bedingsfeindl (Übbl 3 d v § 104). Zul aber eine **Eventualanfechtung** für den Fall, daß sich die von der Part primär vorgetragene RAns, die Erkl sei nichtig od in einem best Sinne auszulegen, als irrig erweist, da hier eine Bedingg im RSinne nicht vorliegt (BGH NJW **68**, 2099). Sondervorschriften über den Vollzug der Anf s §§ 1955, 2081, 2282, 2308. – **b)** Die Erkl muß erkennen lassen, daß der Part das Gesch **wegen eines Willensmangels nicht gelten lassen** will (BGH **88**, 245, **91**, 331, NJW-RR **88**, 566, LM § 119 Nr 5). Das Wort „anfechten" braucht nicht verwandt zu werden (BGH aaO); die RückFdg des Geleisteten od das Bestreiten der Verpfl kann genügen (BGH aaO, KG Betr **72**, 768). Dagg kann ein auf Umst nach VertrSchl gestützter Rücktr nicht als Anf aufgefaßt w (RG **105**, 208), ebsowenig eine Strafanzeige (BGH Betr **75**, 2075). Der **Anfechtungsgrund** braucht in der AnfErkl nicht angegeben zu werden (RG **65**, 88). Erforderl ist aber, daß für den AnfGegner erkennb ist, auf welchen tats Grd die Anf gestützt w (Soergel-Hefermehl Rdn 2, Flume II § 31, 2, ähnl Larenz § 23 V a, str). Nach FrAblauf kann der AnfBerecht keine neuen AnfGrde nachschieben (BGH NJW **66**, 39, VersR **89**, 466, BAG **AP** § 119 Nr 5). Die Anf wg argl Täuschg kann die Anf wg Irrt mitumfassen (BGH **34**, 39, **78**, 221, krit Berg NJW **81**, 2337).

3) Anfechtungsberechtigt ist derj, der die anfechtb WillErkl abgegeben hat od für den sie dch einen Vertreter abgegeben worden ist (vgl aber § 318). Sind mehrere AnfBerecht vorhanden, kann grdsl jeder von ihnen allein anfechten (RG **105**, 405), und aber wg §§ 2038, 2040 bei der ErbenGemsch.

4) Anfechtungsgegner. a) Bei **Verträgen** hat die Anf ggü dem VertrPartner od dessen Erben zu erfolgen (II). Das gilt auch, wenn für den Teil ein Vertreter aufgetreten ist od wenn er die Rechte aus dem Vertr an einen Dr abgetreten hat (RG **86**, 310, HRR **29**, 796). Auch beim VertrzGDr ist der VertrPartner AnfGegner (BGH **LM** PatG 9 Nr 8), beim GesellschVertr sind es alle Gter (BGH **LM** § 182 Nr 9); bei einer mehrseit VertrÜbern alle Beteiligten (BGH **96**, 309, aA Dörner NJW **86**, 2916: allein der VertrZedent od Zessionar); bei SchuldÜbern auch nach Gen dch den Gläub der ursprüngl Schu (BGH **31**, 325). Im Fall einer argl Täuschg, die einem Dr unmittelb Vorteile gebracht hat, ist dagg der Dr AnfGegner (II Halbs 2). – **b) Bei einseitigen** empfangsbedürft WillErkl (vgl § 130 Anm 1 b) hat die Anf ggü dem ErklEmpf zu erfolgen (III 1). Wenn für die Erkl wahlw auch ggü einer Beh gegenüber werden kann (Bsp §§ 875 I 2, 876 S 3, s § 130 Anm 5) u ist das geschehen, ist nicht die Beh, sond der sachl Beteiligte AnfGegner (III 2). Sow das Ges in and Fällen mehrere mögl ErklEmpfänger vorsieht (VollmErteilg, § 167, Zustimmg, § 182), kann die Anf ggü dem erfolgen, dem ggü die anfechtb Erkl tatsächl abgegeben worden ist (allgM). Wahlw kommt aber auch der mögl und Adressat als AnfGegner in Betracht (Staud-Dilcher Rdn 10, sehr str). – **c)** Bei **nichtempfangsbedürftigen** WillErkl ist AnfGegner derj, der aus dem RGesch unmittelb einen Vorteil gezogen h, iF der EigtAufg also der Aneigner, bei amtsempfangsbedürft Erkl (§ 130 Anm 5) daneben wahlw die Beh (IV). IV 2 Halbs 2 (MitteilgsPfl) ist ledigl eine Ordngsvorschrift. Die Anf ist auch dann wirks, wenn die Mitteilg unterbleibt. Ggü einem unbekannten AnfGegner kann die AnfErkl öffentl zugestellt w (§ 132 II).

144 Bestätigung des anfechtbaren Rechtsgeschäfts.
I Die Anfechtung ist ausgeschlossen, wenn das anfechtbare Rechtsgeschäft von dem Anfechtungsberechtigten bestätigt wird.

II Die Bestätigung bedarf nicht der für das Rechtsgeschäft bestimmten Form.

1) Allgemeines. Die Bestätigg (Begriff s § 141 Anm 1 a) betrifft iF des § 144 ein gültiges RGesch. Sie ist daher and als die Bestätigg des § 141 keine Neuvornahme des Gesch, sond der Sache nach ein Verzicht auf das AnfR.

2) Voraussetzungen. Die Bestätigg ist eine nicht empfangsbedürftige WillErkl u braucht daher nicht ggü dem AnfGegner erklärt zu w (RG **68**, 398, MüKo/Mayer-Maly Rdn 1, str). Sie ist formfrei (II), kann also auch dch schlüssige Hdlg erfolgen (BGH NJW **58**, 177). Der Bestätiggswille erfordert Kenntn der Anfechtbark oder mindestens das Bewußtsein, daß das RGesch fehlerh sein könnte (BGH **128**, 119, BGH WPM **61**, 785), iF der Drohg außerdem den Wegfall der Zwangslage (OGH SJZ **49**, 470, BAG **AP** § 123 Nr 16). Als Bestätigg können angesehen w: die Vfg über den VertrGgst (RG JW **11**, 359), nicht aber wenn die Vfg unabhängig von der Gültigk des Vertr geboten war (RG JW **10**, 574); die freiwillige Erf (RG JW **05**, 76); die Weiterzahlg des in einem gerichtl Vergl vereinb Unterh (Kblz FamRZ **83**, 720); die Ann der GgLeistg (RG SeuffA **62** Nr 51); ausnahmsw auch die Geltdmachg von SchadErsAnspr (RG **65**, 403, BGH NJW **58**, 177) od die Weiterbenutzg der Sache (BGH NJW **71**, 1795), nicht aber ein Wandlgsbegehren (BGH NJW **58**, 177). Es kommt auf den Einzelfall an. Die Bestätigg darf nur bejaht w, wenn das Verhalten eindeut Ausdr des Bestätigungswillens ist u jede and Deutg ausscheidet (BGH NJW **67**, 720, **71**, 1795, WPM **82**, 1249). Die BewLast für die Bestätigg trägt der AnfGegner (BGH NJW **67**, 721). Sie erstreckt sich auch darauf, daß der Berecht die Anfechtbark kannte (RG **68**, 401).

3) Rechtsfolgen. Die Bestätigg beseitigt das AnfR. Bestehen mehrere AnfGrde, kann die Bestätigg auf einen Grd beschr w (RG JW **38**, 2202). Sonstige Rechte, insb SchadErsAnspr, bleiben bestehen (RG JW **11**, 398). Die Bestätigg kann jedoch den Verzicht auf SchadErsAnspr mitumfassen (Staud-Dilcher Rdn 10).

Dritter Titel. Vertrag
Einführung

1) Vertrag. a) Begriff: Vertr ist die von zwei od mehr Pers erklärte **Willensübereinstimmung** über die Herbeiführg eines best **rechtlichen Erfolges**. Er gehört zu den mehrseit RGesch (Übbl 3 a vor § 104) u setzt (mindestens) zwei zusammenstimmende WillErkl versch RSubjekte voraus. – **aa)** Der Vertr ist die **Haupterscheinungsform des Rechtsgeschäfts**. Das unserer ROrdng zugrde liegde Prinzip der Privatautonomie überläßt es dem einzelnen, seine Lebensverhältnisse im Rahmen des Rechts eigenverantwortl zu gestalten (vgl Übbl 1 a vor § 104). Das wichtigste Mittel hierzu ist der Vertr; in ihm legen die Part gemeins fest, was zw ihnen rechtens sein soll. Die überragde Bedeutg, die der Vertr für den RVerk u das System des PrivR hat, kommt im Aufbau des BGB nur unvollkommen zum Ausdr. Das Ges behandelt den Vertr als einen Sonderfall der im 3. Abschn geregelten RGesch u ordnet in den §§ 145 ff im wesentl nur den VertrSchl. Inhalt u Wirkg der Vertr w dch die Normen für die einz VertrArten (zB §§ 305 ff, 320 ff) u Typen (zB §§ 433 ff) best. – **bb)** Der Vertr muß auf die Herbeiführg eines best **rechtlichen Erfolges** gerichtet sein. Erforderl ist daher ein RFolgewille (Bindgswille), Einf 1 c vor § 116. Abreden, die ausschließl auf einen außerrechtl GeltgsGrd, wie Anstand, Ehre od Sitte abgestellt sind, sind keine Vertr im RSinn. Die Abgrenzg im Einzelfall ist, insb bei Gefälligk u *„gentlemen's agreement"* schwier (näher Einf 2 vor § 241). Das GWB erfaßt seit der Novelle vom 3. 8. 1973 neben Abreden rgeschäftl Natur auch abgestimmtes Verhalten (vgl Ebel NJW **73**, 1665). Nicht erforderl ist, daß der mit dem Vertr beabsichtigte rechtl Erfolg allein aufgrd der gemeins WillErkl eintritt. Oft müssen weitere TatbestdMerkmale hinzutreten, wie TatHdlgen (zB Überg bei FahrnÜbereign), Eintraggen (zB bei RÄndergen an Grdst) od behördl Gen. – **cc)** Der Vertr setzt eine **Willenseinigung** voraus. Diese braucht zwar nicht sämtl RFolgen abschließd zu regeln; erforderl ist aber, daß der wesentl Inhalt des Vertr zumindest **bestimmbar** ist. Ein gült Vertr liegt nicht vor, wenn sich die Part über wesentl VertrBestandt *(essentialia negotii,* vgl Übbl 1 c vor § 104) – beim Kauf zB über Ware u Preis (RG **124**, 83) – nicht geeinigt h u sich die Einigg auch nicht aus den Umst entnehmen läßt. Es genügt jedoch, daß die Bestimmg ausdr od stillschw einer Part od einem Dr überlassen w (§§ 315 ff). Ausnahmsw kann ein wesentl Pkt auch späterer Einigg vorbehalten bleiben (BGH BB **66**, 1412, § 154 Anm 1). Schließl kann der Gedanke der *protestatio facto contraria* trotz fehlder Einigg zur Bejahg eines VertrSchl führen (unten Anm 5 b). Bei VertrLücken greifen die gesetzl Regeln u die Grds der ergänzden VertrAusslegg (§ 157 Anm 2) ein.

b) Der **Vertragsschluß** vollzieht sich idR in der Form eines zeitl vorangehden **Antrages** (§§ 145 ff) u seiner **Annahme** (§§ 146 ff). **Ort des Vertragsschlusses** ist derjenige, in dem die AnnErkl wirks w, idR wo sie dem Antragden zugeht, im Fall des § 151 der Ort ihrer Abgabe (RG **62**, 381, vgl auch BGH NJW **58**, 751). **Zeitpunkt des Vertragsschlusses** ist gleichf derjenige des Wirksamwerdens der AnnErkl, idR also der Ztpkt ihres Zugehens, im Fall des § 151 der Ztpkt der Erkl (Soergel-Wolf § 145 Rdn 27). Rückdatierg von RGesch vgl Schneider AcP **175**, 279.

2) Arten der Verträge. a) Im **Privatrecht** kommen Vertr in allen RGebieten vor. Im SchuldR, dem Hauptverbreitgsgebiet der Vertr, unterscheidet man zw einseit verpflichtden Vertr (zB Schenkg, Bürgsch), unvollk zweiseit verpflichtden Vertr (zB Leihe, Auftr) u vollk zweiseit verpflichtden (ggs) Vertr (zB Kauf, Miete), vgl näher Einf 1 vor § 320. Neben diesen verpflichtden Vertr stehen die vertragl VfgsGesch des SchuldR, wie Abtr, Erlaß u SchuldÜbern (vgl Einf 3 a v § 305). Unter den VertrBegr des BGB fallen weiter die Einiggen des SachenR (Begründg, Änderg, Ändrg dingl Rechte), die Vertr des FamilienR (EheVertr, Verlöbn, – für die Eheschließg gelten Sonderregelgen) u des ErbR (ErbVertr u Erbverzicht). Die §§ 104 ff u die §§ 145 ff gelten für alle VertrArten, die §§ 305 ff dagg grdsätzl nur für schuldrechtl Vertr (RG **66**, 99). – **b)** Auch im **öffentlichen Recht** können RVerh dch Vertr begründet, geändert od aufgeh w (vgl näher Einf 7 v § 305). Bei privatrechtl Vertr, die unmittelbr der Erfüllg öff Aufg dienen, unterliegt die öff Hand den sich aus dem öffR ergebden Bindgen (vgl § 242 Anm 1 d cc).

3) Vertragsfreiheit. a) Die VertrFreih, dh die Freih des einzelnen, seine LebensVerhältn dch Vertr eigenverantwortl zu gestalten, ist die Haupterscheingsform der **Privatautonomie** (Übbl 1 a vor § 104). Sie gehört zu den überkommenen grdlegden Prinzipien unserer ROrdng. Sie läßt sich unterteilen in die AbschlFreih u die inhaltl Gestaltg (vgl unten b u c). Die VertrFreih ist als Teil des R u der freie Entfaltg der Persönlichk (GG 2 I) verfassgsrechtl gewährleistet (BVerfG **8**, 328, BVerwG **1**, 323), unterliegt aber den Schranken verfassgsmäß Ordng (BVerfG **12**, 347, BAG **4**, 280, Schmidt-Salzer NJW **70**, 8, **71**, 5, 173). Ihre überkommenen **Einschränkungen** bestehen daher fort; außerdem hat die neuere REntwicklg weitere Einschränkgen hervorgebracht. Von Ausn abgesehen (vgl § 134 Anm 1 d) stellen die GrdRArtikel u die sonstigen Normen des GG zwar keine unmittelb wirkden Schranken der VertrFreih dar, weil sie nach ihrer geschichtl Entwicklg, ihrem Inhalt u Zweck das Verh zw Bürger u öffentl Gewalt betreffen; sie wirken aber über die Generalklauseln (§§ 138, 242, 826) in das PrivR ein (sog Theorie mittelb Drittwirkg, vgl § 242 Anm 1 d). Das gilt auch für die **Sozialstaatsklausel** (GG 20, 28, BVerfG **8**, 329). Sie verpflichtet GesGeber u Rspr, Mißbräuchen der VertrFreih entggzuwirken. Mit der Anerkenng der VertrFreih ist zwar eine allg gerichtl BilligkKontrolle des VertrInhalts unvereinb. Eine sozialstaatl ROrdng kann aber nicht an der Erscheing vorübergehen, daß vielf die wirtschaftl u (od) intellektuell Überlegene dem and einseit die VertrBedinggen aufzwingt u daß der VertrFreih damit in Instrument gesellschaftl Machtausübg sein kann. Sie muß Kriterien u Verf entwickeln, um **Vertragsgerechtigkeit** auch dann zu gewährleisten, wenn die VertrFreih im materiellen Sinne allein von der einen Part in Anspr gen w (vgl unten c).

b) Die **Abschlußfreiheit** wird dch das Institut des Abschlußzwanges (Kontrahierngszwanges) beschränkt. In best Fällen besteht die Pfl, mit einem und den von diesem gewünschten Vertr abzuschließen, sofern nicht wicht Grde eine Ablehng rechtf. – **aa) Unmittelbarer Abschlußzwang.** Für wicht TBereiche der Daseinsvorsorge ist die AbschlPfl ausdr gesetzl festgelegt, so für die Versorgg mit Strom u Gas (Energiewirtsch G 6), für den Bereich des Pers- u Gütertransports (HGB 453, 459; EVO 3, 9; PBeG 22; GüKG 90, 97), die Bundespost (PostG 8) u die PflVersicherg (PflVersG 5 II). Vgl ferner BRAO 48, 49, SchwbG 5, Milch- u FettG 1 u die ZusStellg bei Kilian AcP **180**, 53. – **bb) Mittelbarer Abschlußzwang.** Ist die Ablehng des VertrSchl eine unerlaubte Hdlg, ergibt sich aus dem DeliktsR für den Schädiger eine AbschlPfl. Die Rspr hat diesen Grds ursprüngl für den Anwendgsbereich des § 826 entwickelt (RG **115**, 258, **132**, 276, **133**, 391, **148**, 334). Soweit es um die RBeziehgn zw Unternehmgn geht, hat inzw das **Kartellrecht** den § 826 fast völlig verdrängt. Marktbeherrschde u marktstarke Unternehmgen unterliegen einem Abschlzwang, soweit die Ablehng des VertrSchl gg das Diskriminiergsverbot des GWB 26 II verstößt (BGH **36**, 91, **49**, 98, stRspr). AbschlPflten sind von der Rspr auf der Grdl des GWB 26 II bejaht worden: für den Hersteller von Skiern (BGH NJW **76**, 803); von Farbfernsehern (BGH NJW **79**, 2152); von Faßbier (BGH NJW **79**, 107); für die Zeitschriftenhändler mit Gebietsschutz (Ffm NJW-RR **88**, 229); für Theater im Verhältn zu Besucherorganisationen (Hamm NJW **89**, 406); mit erhebl Einschränkgen auch für die gesetzl Krankenkassen u gemeindl Krankenhäuser als Nachfrager (BGH **36**, 99, **101**, 83). Zu weiteren Einzelfällen s die Kommentare zum GWB. Die Rspr stützt den Kontrahiergszwang konstruktiv auf die Verpfl zur Naturalrestitution, § 249 S 1 (BGH **21**, 1, 8, **44**, 283). Darin liegt aber ein überflüssiger Umweg. Ist der Nichtabschluß verboten, so ist zugl der Abschluß geboten (Bydlinski AcP **180**, 13, Larenz SchR I § 4 Ia). Es genügt ein obj Verstoß, ein Verschulden ist nicht erforderl. – **cc) Verbraucher.** Für den Verbraucher fehlt eine GWB 26 II entspr allg SchutzVorschr. Ihn, abgesehen von oben aa) aufgeführten Fällen, auf den Schutz des § 826 zu beschränken, überzeugt nicht. Aus allg RGrds (Sozialstaatsklausel) u einer RAnalogie zu den unter aa) u bb) angeführten Vorschr läßt sich vielmehr der RSatz ableiten: Der Untern, der lebenswicht Güter öffentl anbietet, darf den VertrSchl nur aus sachl Grden ablehnen, sofern für den Kunden keine zumutb Möglichk besteht, seinen Bedarf anderweit zu befriedigen (ähnl Bydlinski AcP **180**, 41; Medicus SchR I § 11 IV; enger Larenz SchR I § 4 Ia). Eine AbschlPfl besteht daher für Theater (aA RG **133**, 388), Museen und Krankenhäuser (Weimar JR **75**, 145). Sie ist dagg wg zumutb Ausweichmöglichk idR ausgeschlossen bei Lebensmittelhändlern (Celle OLGZ **72**, 281) u Kreditinstituten (Simon ZIP **87**, 1234). Die **Presse** unterliegt hins der Veröffentlichg nicht-politischer Anzeigen keinem Abschlzwang, arg GG 5 (BVerfG NJW **76**, 1627). Dieser besteht aber bei PresseUntern mit regionaler Monopolstellg für Anzeigen unpolit Inh (s Schlesw NJW **77**, 1886, LG Brschw NJW **75**, 782, aA Karlsr NJW **88**, 341, Rath-Glawatz WRP **82**, 625 mwNw). Widerspricht die Anzeige der redaktionellen Linie der Zeitg od ist sie möglicherw das AnzeigenGesch gefährden, entfällt der AbschlZwang (Rath-Glawatz aaO). Der Sportreporter darf wg GG 5, 12 nicht vom Besuch einer Sportveranstaltg ausgeschl w (LG Münst NJW **78**, 1329). Bei nicht lebenswicht Gütern kann sich ein AbschlZwang aus § 826 ergeben, so etwa iF einer **rassischen Diskriminierung** (aA Kühner NJW **86**, 1401). – **dd)** Besteht AbschlZwang, ist bereits dessen **Schweigen** auf ein Angebot als Ann zu werten (OGH **2**, 356, BGH LM § 284 Nr 1, vgl auch PflVersG 5 III). Der Zugang des Angebots reicht dagg zum Zustandekommen des Vertr noch nicht aus (Erm-Hefermehl Rdn 17). Wird der VertrSchl verweigert, kann der Berecht mit der Klage auf Ann seines Angebots die auf die vertragsmäß Leistg verbinden (s zur ähnl Problematik im VorVertr unten Einf 5 b aE). Er kann ferner in den unter aa) und bb) angeführten Fallgruppen SchadErs wg c.i.c. verlangen (BGH NJW **74**, 1904, Enn-Nipperdey § 162 Fußn 40); außerdem besteht idR SchadErsAnspr gem § 823 II od § 826 (vgl BGH NJW **51**, 109). – **ee)** Vom AbschlZwang zu unterscheiden ist der **diktierte Vertrag.** Er kommt, ohne daß es irgendwelcher WillErkl der Beteiligten bedarf, aufgrd gesetzl Ermächtigg durch Hoheitsakt zustande. Die meisten einschläg Ermächtiggen sind im Zuge des Abbaus der Zwangsbewirtschaftung beseitigt worden. Bsp für diktierte Vertr sind die ArbVerpfl gem ArbSichG 10 (nur im Verteidiggsfall u in Spanngszeiten zul), ZwangspachtVertr gem BauGB 97 II od gem Ges vom 28. 7. 69 (BGBl I 1013) § 4, ferner die Einweisg eines Eheg in den MietVertr nach Hausrats-VO 5. Der Hoheitsakt begründet in diesen Fällen ein priv RVerh, das in seinen Wirkgen (nicht in seiner Entstehg) einem VertrVerh gleichsteht (BGH LM § 284 Nr 1, Enn-Nipperdey § 162 Fußn 40).

c) Die **Freiheit inhaltlicher Gestaltung** w gleichf seit jeher dch die ROrdng eingeschr. Im Familien- u ErbR sind Vertr nur statth, sow das Ges sie zuläßt. Im SachenR können dch Vertr nur die Rechte begründet w, die die ROrdng vorsieht. Auch im SchuldR, dem eigentl Wirkgsbereich der VertrFreih, findet die Freih inhaltl Gestaltg ihre Grenze an den §§ 134, 138, den sonstigen Vorschr zwingenden Rechts und an öffrechtl GenVorbeh (§ 275 Anm 9). Die tradierten Einschränkgen reichen aber nicht mehr aus, um die **Spannung zwischen Vertragsfreiheit und Vertragsgerechtigkeit** allein angemessen zu lösen (s Limbach JuS **85**, 10). Der Vertr ist als Gestaltgsmittel der wirtschaftl u sozialen Verh uneingeschränkt geeignet, wenn sich wirtschaftl u intellektuell gleich Starke ggüstehen. Die beim Vertr typischerw gegebene **Richtigkeitsgewähr** (Schmidt-Rimpler AcP **147**, 130) ist dagg gefährdet, wenn der einen Part ein wirtschaftl u/od intellektuelles Übergewicht zukommt. GesGeber u Rspr sind aufgrd der Sozialstaatsklausel gehalten, dieser Gefährdg entggzuwirken u auch bei gestörter VertrParität ein ausr Maß an VertrGerechtigk sicherzustellen: hierzu bedarf es, – da eine allg gerichtl BilligkKontrolle geschl Vertr mit dem Prinzip der VertrFreih u des RStaates unvereinb ist, – eines breit gefächerten Katalogs von gesetzl u richterrechtl Regelgen (vgl bereits oben a): – **aa)** Im MietR u ArbR hat der GesGeber zahlreiche **Schutzvorschriften** zugunsten der wirtschaftl Schwächeren geschaffen (vgl Einf 13 vor § 535, Einf 6 vor § 611). In neuerer Zeit ist der **Gedanke des Verbraucherschutzes** eine wichtige Zielvorstellg der PrivRGesGebg (v Hippel, Verbraucherschutz, 2. Aufl, 1979, Joerges, Verbraucherschutz als RProblem, 1981, krit w Westphalen Betr **81**, 61, Lieb DNotZ **89**, 274, Reuter AcP **189**, 199). Auf ihm beruhen neben dem AbzG u dem AGBG das FernUSG (Einf 2 a ff v § 611), die MaBV, das HausTWG u die dch das ReiseVertrGes neu eingefügten §§ 651 a ff. Die gesetzl Regelgen w dch Grds ergänzt, die die Rspr herausgebildet h, vgl etwa bei der EinwendgsDchgriff beim finanzierten AbzGesch (Anh zu § 6 AbzG) u die Herausbildg von Aufkl- u SchutzPflten. Auch das kollektive ArbR dient dazu, die Interessen der wirtschaftl schwächeren ArbN zu sichern. Das gilt insb für den TarifVertr (Einf 6 b vor § 611). Er ist der Hauptanwendgsfall des sog **Normenvertrages**, dh eines Vertr, in dem Normen vereinbart w, die für schuldrechtl EinzelVertr maßgebd sein sollen (vgl Hueck JherJb **73**, 33).

– bb) Das im GWB enthaltene, allerd dch viele Ausn eingeschränkte **Verbot wettbewerbsbeschränkender Verträge** h (ua) gleichf das Ziel, der Gefahr eines Mißbr der VertrFreih entggzuwirken. Es soll (ua) gewährleisten, daß der Abnehmer zw unterschiedl Angeboten von miteinand im Wettbewerb stehden Untern wählen kann. – **cc)** Für **Allgemeine Geschäftsbedingungen** h die Rspr iW richterl RFortbildg den Grds herausgebildet, daß formularmäß Klauseln nur wirks sind, wenn sie angem sind u der Billigk entsprechen. Inzw hat der GesGeber den Schutz vor AGB dch das am 1. 4. 1977 in Kraft getretene AGBG (hinten unter NebenGes) ausgebaut u verbessert. – **dd)** Es bleiben die Fälle, in denen ein nicht formularmäß abgeschl Vertr den Schwächeren unbill benachteiligt, bes gesetzl SchutzVorschr aber fehlen. Hier muß auf die Generalklauseln (§§ 138, 242) zurückgegriffen w. Sie rechtf es zwar nicht, jede unbill vertragl Regelg dch eine angemessene zu ersetzen. In einer sozialstaatl Ordng ist § 138 aber anwendb, wenn ein VertrPartner sein wirtschaftl u intellektuelles Übergewicht dazu mißbraucht, um einen mit den grdlegden Anfordergen der VertrGerechtigk offenb in Widerspr stehden VertrInhalt festzulegen (§ 138 Anm 2a).

4) Vorverhandlungen, Vorvertrag, Option, Vorhand.

a) Dem VertrSchl gehen regelm **Vorverhandlungen** voraus. Sie sind idR nicht bindd, § 154 I, können aber für die Auslegg des späteren Vertr bedeuts sein (§ 133 Anm 5 b). Währd der Verhandlgen bestehen noch keine VertrPflichten, wohl aber beiders SorgfPflichten aus einem **vertragsähnlichen Vertrauensverhältnis,** deren Verletzg zur Haftg wg c.i.c. führen kann (vgl näher § 276 Anm 6), zum Einiggsmangel inf Versch einer Part vgl auch § 155 Anm 3 aE.

b) Vorvertrag. – aa) Begriff, Zweck. Der VorVertr ist ein schuldrechtl Vertr, dch den die Verpfl zum späteren Abschl eines HauptVertr begründet w (BGH **102,** 388). Seine Zulässigk ergibt sich aus dem Grds der VertrFreih (RG **66,** 120, allgM), er muß auf Abschl eines VerpflGesch gerichtet sein (BGH NJW **62,** 1812); kein VorVertr ist die Verpfl zu einer Vfg (RG **48,** 135). Der VorVertr bezweckt idR eine vorzeit Bindg der Part, wenn dem Abschl des HauptVertr noch tats od rechtl Hindern entggstehen. Zu prüfen aber stets, ob wirkl ein beiderseit Bindgswille zu bejahen ist (BGH WPM **73,** 67, NJW **80,** 1578); ferner ob nicht in Wahrh ein evtl bedingter HauptVertr vorliegt (BGH NJW **62,** 1812, WPM **73,** 238, Brschw OLGZ **76,** 74). An den notw Inhalt eines VorVertr können nicht die gleichen Anfordergen gestellt w wie an eine die Sache endgült regelnde Vereinbg (BGH DNotZ **63,** 36, **LM** § 705 Nr 3, str). Ein wirks VorVertr setzt aber voraus, daß sich die Part über alle wesentl Punkte geeinigt h u der Inhalt des abzuschließden HauptVertr zumindest bestimmb ist (RG **124,** 83, BGH LM § 154 Nr 3 Bl 1 R, BFH NJW **84,** 1655); es muß eine soweit gehde Einigg erzielt worden sein, daß sich der Inhalt des HauptVertr im Streitfall unter Anwendg des ZPO 287 iW ergänzder Auslegg ermitteln läßt (RG **156,** 138, BGH **LM** § 705 Nr 3, WPM **76,** 180). Der VorVertr mit einem Architekten begründet uU nur dann eine AbschlPfl, wenn das Bauvorhaben ausgeführt w (BGH **102,** 388). **Anpassungsklauseln** (VhdlgsKlauseln) stellen daher nur dann einen wirks (aufschiebd bedingten) VorVertr zum Abschl eines ÄndVertr dar, wenn sie für die Anpassg hinr konkretisierte Maßst festlegen (Baur, Vertragl Anpassgsregelgen, 1983, S 120). Der VorVertr ist hinsichtl seiner Anfechtbark ein selbstd RGesch (BGH WPM **73,** 238). – **bb)** Der VorVertr bedarf der **Form** des HauptVertr, wenn diese, wie idR, vor einer übereilten Bindg warnen soll (BGH **61,** 48, stRspr); für ihn gelten daher insb § 313 u das sich aus § 313 ergebde Erfordern der UrkBestimmth (BGH **97,** 147, § 313 Anm 4 a), § 518, § 766 (BGH **LM** § 766 Nr 8 Bl 1 R), GWB 34 (BGH NJW **75,** 1170), GmbHG 2 (BGH NJW-RR **88,** 288), nicht dagg § 566, da Form hier nur BewZwecken dient (RG **86,** 32, BGH LM § 566 Nr 1), ebsowenig TVG 1 II, da Form hier Unterrichtg der Normunterworfenen bezweckt (BAG NJW **77,** 318). Bei gewillkürter Form ist es Ausleggsfrage, ob sie auch für den VorVertr gilt (BGH NJW **58,** 1281, BB **63,** 572). Der formunwirks VorVertr wird mit Abschluß des HauptVertr wirks (RG **169,** 190, Reinicke/Tiedtke NJW **82,** 1432). – **cc)** Der VorVertr **verpflichtet** die Part, ein Angebot auf Abschl des HauptVertr abzugeben u das Angebot des and Teils anzunehmen (BGH JZ **58,** 245). Er kann aber auch so ausgestaltet w, daß nur der eine Teil gebunden w, der and dagg keine Pfl zum VertrSchl übernimmt (BGH LM § 433 Nr 16 Bl 4, WPM **89,** 647). Ein solcher einseit bindder VorVertr kann auch dch die Ann eines **Letter of Intent** zustande kommen (Lutter, Letter of Intent, 1982, 27); typw ist der *letter of intent* aber kein VertrAngebot, sond die rechtl nicht verbindl Fixierg der Vhdlgsposition des Verfassers. Macht der eine Teil ein dem VorVertr entspr Angebot auf Abschl des HauptVertr, so erlischt seine Verpfl dch Erf (aA BGH JZ **58,** 245); er muß dem and aber eine ausreichde Prüfgszeit einräumen u kann zu Klarstellen verpflichtet sein. Bei Weigerg kann der Berecht nicht ohne weiteres auf die nach dem HauptVertr geschuldete Leistg klagen (BGH WPM **71,** 45). Er muß dem and Teil vielmehr ein Angebot machen u auf Ann klagen (BGH **97,** 147), jedoch kann aus Grden der ProzÖkonomie auch eine Klage auf Abgabe eines Angebots zul sein (BGH **98,** 131). Mit der **Klage** auf VertrAbschluß kann der Berecht die nach dem HauptVertr geschuldete Leistg verbinden (BGH NJW **86,** 2820), jedoch muß in die UrtFormel uU der Vorbeh aufgenommen w, daß das Zustandekommen des Vertr Voraussetzg für die Leistg ist (BGH NJW **89,** 2132). Ausnahmsw kann der Berecht die geschuldete Leistg ohne gleichzeit Klage auf Abschl des HauptVertr fordern (BGH NJW **72,** 1189, AuflAnspr als EigenheimbewerberVertr). Er kann aber auch iF der Unmöglichk od gem § 326 SchadErs wg NichtErf verlangen (BGH NJW **63,** 1247, WPM **89,** 447). Zur Anwendg der §§ 320 ff im einzelnen vgl Brüggemann JR **68,** 207. Ein RücktrR wg pVV besteht nur bei eig VertrTreue (BGH NJW **84,** 480). Ist der VorVertr auf Begründg eines DauerschuldVerh gerichtet, besteht dagg unabhäng vom Verschulden gem § 242 ein RücktrR bei Erschütterg der VertrauensGrdl (BGH NJW **58,** 1531).

c) Das **Optionsrecht** ist das Recht, dch eins Erkl einen Vertr, insb einen Kauf- od MietVertr, zustande zu bringen (MüKo/Kramer Rdn 41 ff, Larenz SchuldR II § 44 IV 3), gesetzl Bsp: WiederkaufsR §§ 497 ff. Es unterscheidet sich vom VorVertr dadch, daß es für den Berecht keinen schuldrechtl Anspr auf Abschl des HauptVertr, sond ein GestaltgsR begründet. Das OptionsR ergibt sich idR aus einem aufschiebd bedingten Vertr, der dch die OptionsErkl unbedingt w (BGH **47,** 391, Bambg WPM **89,** 747). Bei dieser Gestaltg gelten etwaige FormVorschr (§ 313) nur für den bedingten VertrAbschl (die OptionsVereinbg), nicht dagg für die OptionsErkl (BGH **LM** § 433 Nr 16 Bl 3, NJW **67,** 153). Von einem OptionsR spricht man aber auch dann, wenn dem Berecht ein langfristig binddes VertrAngebot gemacht worden ist (MüKo/Kramer, Larenz aaO).

In diesem Fall gelten etwaige FormVorschr nicht nur für das Angebot, sond auch für die OptionsErkl (BGH **LM** § 433 Nr 16 Bl 3). Ob die eine od and Art des OptionsR od ein eins bindder VorVertr (oben b) vorliegt, ist Ausleggsfrage (vgl BGH aaO, Düss BB **79**, 962). Wird als GgLeistg für die übernommene Bindg ein sog Bindgsentgelt vereinb, erstreckt sich etwaige Formbedürftig auch auf diese Abrede (§ 313 Anm 4 c).

d) Von Einräumg einer sog **Vorhand** spricht man, wenn jemand sich verpflichtet, einen Ggst, bevor er ihn anderweit veräußert od vermietet, dem VorhandBerecht anzubieten (Larenz SchuldR II § 44 IV 2). Rechtl läßt sich die Vorhand nicht eindeut einordnen (Lorenz FS Dölle I S 118). Vielf beschränken sich die Pflichten aus der Vorhand darauf, mit dem Berecht in Verhandlgen einzutreten u ihm etwaige Angebote and mitzuteilen (RG HRR **33** Nr 913); diese schwächste Art der Vorhand ist auch bei Grdst nicht formbedürft (Hense DNotZ **51**, 124); Die Vorhand kann aber auch ein eins bindder aufschiebd bedingter VorVertr sein (oben b), wobei die aufschiebde Bedingg (Potestativbedingg) der Wille des Verpflichteten ist, nunmehr zu verkaufen (Larenz aaO). Schließl ist denkb, daß die Vorhand als OptionsR (oben c) ausgestaltet ist. Was im Einzelfall gewollt ist, ist gem §§ 133, 157 zu ermitteln.

5) „Faktische Vertragsverhältnisse". a) Allgemeines. Nach einer von Haupt („Über fakt VertrVerhältn", 1941) begründeten Lehre sollen VertrVerh auch ohne WillErkl der Part allein dch ein rein tatsächl Verhalten entstehen können. Diese Lehre hat anfängl im Schriftt Unterstützg gefunden (Simitis, Nikisch), u auch der BGH ist ihr in einigen Entsch gefolgt, so im Parkplatzfall (BGH **21**, 334), Stromversorggsfall (BGH **23**, 175) u Hoferbenfall (BGH **23**, 261). Inzw besteht aber prakt Einverständn darüber, daß die Lehre vom „fakt Vertr" ein Irrweg war (s etwa MüKo/Kramer vor § 241 Rdn 57, Flume AT II § 8, Medicus AT Rdn 248, Esser-Schmidt § 10 I 2, auch Larenz AT § 28 II ist von Haupt abgerückt). Der BGH hat sie seit 1958 nicht mehr angewandt u hat 1985 festgestellt, daß die neuere Rspr die fr als fakt Vertr eingestuften Fälle mit rgeschäftl Kategorien löse (BGH **95**, 399). In der Tat ist die Lehre Haupts **ersatzlos entbehrlich**. Die von ihm behandelten Fallgruppen lassen sich mit der modernen RGeschLehre u dem BerR angem lösen.

b) Massenverkehr, Daseinsvorsorge. Im modernen MassenVerk werden vielf Leistgen in Anspr genommen, ohne daß ausdr vertragl Abreden getroffen w (Straßenbahnfahrten, Parkplätze, Elektrizität, Gas, Wasser). Gleichwohl kommen auch hier, soweit nicht öffR anwendb ist, dch schlüssiges Verhalten vielfach SchuldVertr zustande: – **aa)** Das Leistgsangebot des Versorggsunternehmns bildet eine **Realofferte**. Diese wird vom and Teil gem § 151 dch eine Gebrauchs- od AneigngsHdlg angenommen. Die Ann, die man mit Larenz (AT § 28 II) als **sozialtypisches Verhalten** bezeichnen kann, ist eine rgeschäftl WillensBetätigg. Sie erfordert GeschFgk (AG Mühlheim NJW-RR **89**, 175, Medicus NJW **67**, 354, allgM, verfehlt LG Bremen NJW **66**, 2360); auch die §§ 116 ff sind anwendb, jedoch kann die Anf nicht darauf gestützt w, der Annehmde habe sich über die sozialtyp Bedeutg seines Verhaltens geirrt (Canaris, Vertrauenshaftg, 1971, S 447). – **bb) Protestatio facto contraria.** Ein wirks Vertr kommt auch dann zustande, wenn die Part, die die Leistg in Anspr nimmt, ausdr erklärt, sie werde kein Entgelt zahlen; die Part muß die obj ErklBedeutg ihres Verhaltens gg sich gelten lassen, ihr Vorbehalt ist unbeachtl (BGH **95**, 399; NJW **65**, 387, Parkplatz; Betr **70**, 1686, Taxenstandplatz, str, aA Köhler JZ **81**, 464). Auch die §§ 612 I, 632 I zeigen, daß eine rechtens bestehe VergütgsPfl nicht dch eine einseit Erkl ausgeschlossen werden kann (Medicus AT Rdn 250). Unschädl ist, daß eine vollständ Einigg über die VertrBedgen fehlt, etwaige Lücken sind gem §§ 315, 316 zu schließen (BGH NJW **83**, 1777, **LM** § 315 Nr 12). Dagg kann beim **Dieb** von einem sozialtyp Verhalten keine Rede sein. Er bleibt außerh der Vor- u Nachteile des VertrR u haftet gem §§ 823, 812 (LG Bln JZ **73**, 217, Esser-Schmidt § 10 I 2); entspr gilt für den, der sich heiml in ein Flugzeug einschleicht (BGH **55**, 128). Auch wenn ein zunächst besetzt in Anspr genommener Standplatz wieder geräumt wird, kommt kein Vertr zustande (Nürnb OLGZ **78**, 197). – **cc) Versorgungsverträge.** Wer aus dem Verteilgsnetz eines VersorggsUntern (ohne strafb Manipulationen) Elektrizität, Gas od Fernwärme entnimmt, nimmt die Realofferte des Untern dch sozialtyp Verhalten an; er muß nach der Protestatio-Regel auch bei einem ausdr Widerspr das tarifl Entgelt zahlen (RG **111**, 312, BGH NJW **83**, 1777, **LM** Nr 7 u 14 stRspr). Kündigt er mit der Erkl, er werde weiter Energie entnehmen, ist die Künd wg widersprüchl Verhaltens unwirks (BGH **LM** Allg Bdgg EVersorgg Nr 11). Nunmehr wird in § 2 II AVBEltV/GasV/FernwärmeV auch ausdr bestimmt, daß die Entnahme von Energie an dem Verteilgsnetz als Ann des VertrAngebots des Untern aufzufassen ist. Damit wird der EnergieEntn ErklWirkg beigelegt; es handelt sich um ein „Tun mit ErklWirkg" vergleichb dem „Schweigen mit ErklWirkg"; Einf 3 c cc vor § 116 gilt entspr. Zur Abgrenzg des Entnehmerbegriffs s BGH **100**, 299, Karlsr NJW-RR **88**, 1527, Ffm MDR **89**, 257, Janke-Weddige BB **85**, 758. Der fakt Abnehmer (Pächter) kann neben dem fr Kunden (Verpächter) VertrPart w (Ffm NJW-RR **89**, 889). Erfaßt wird der VertrPart nur die EnergieEntn über zugelassene Anschlüsse; der Energiediebstahl begründet auch nach der AVBV keinen Vertr, sond delikt Anspr (Hermann/Recknagel/Schmidt-Salzer § 2 AVBV Rdn 35).

c) Fehlerhafte Dauerschuldverhältnisse. Bei einem vollzogenen **Gesellschaftsvertrag** können Nichtigk- u AnfGrde grdsätzl nur mit Wirkg *ex nunc* geltd gemacht w (stRspr u allgM, BGH **3**, 285, **55**, 8, **97**, 250, s näher § 705 Anm 3 d). Entspr gilt für das vollzogene **Arbeitsverhältnis** (BAG **5**, 65, **14**, 186, stRspr u hM, s näher Einf 4 a aa v § 611). Darin liegt jedoch keine Anerkenng der Lehre vom fakt Vertr. Auch bei der fehlerh Gesellsch u beim fehlerh ArbVerh sind die, wenn auch fehlerh WillErkl der Part Grdl des VertrVerh (BGH **11**, 190). Es handelt sich nicht um die Anerkenng eines von der Willenseinigg der Part unabhäng VertrpflGrd, sond um eine Beschrkg der Nichtigk- u AnfFolgen, die an den RGedanken der AktG 273 ff, GmbHG 75 ff, EheG 16 ff anknüpft (MüKo/Kramer Rdn 66 v § 241; Staud-Dilcher Rdn 28 v § 104). Die bei allen vollzogenen DauerschuldVerh bestehde erhöhte Bestandsfestigk (statt Rücktr Künd, s Einf 5 b bb v § 241) führt beim Gesellsch- u ArbVerhältn wg der hier gegebenen bes Umst dazu, daß ein nichtiger od anfechtb Vertr id R nur mit Wirkg für die Zukunft vernichtet w kann. Dagg sind auf **Miet- und Pachtverträge** auch nach Überlassg der Sache die normalen Nichtigk- u AnfRegeln anzuwenden (KG MDR **67**, 404, LG Bambg WuM **72**, 119, str).

145 Bindung an den Antrag.

Wer einem anderen die Schließung eines Vertrags anträgt, ist an den Antrag gebunden, es sei denn, daß er die Gebundenheit ausgeschlossen hat.

§ 145 1–4

1) Vertragsantrag. a) Der Antr (Angebot, Offerte) ist eine einseit, empfangsbedürft WillErkl (§ 130 Anm 1b), die gem § 130 mit dem Zugehen wirks w. Er ist kein einseit RGesch, sond soll Teil des zweiseit RGesch „Vertrag" w (Hamm NJW **82**, 2076). Ggst u Inh des Vertr müssen im Antr so **bestimmt** od so bestimmb (§§ 133, 157, 315 ff) angegeben w, daß die Ann dch ein **einfaches Ja** erfolgen kann (s RG HRR **30**, 91, ebso EKAG 4 I). Eine ausr Bestimmbark liegt aber auch dann vor, wenn der Antragde die Festlegg einzelner VertrPunkte dem AntrEmpfänger überläßt (MüKo/Kramer Rdn 4). Sow keine FormVorschr bestehen, kann der Antr auch dch **schlüssige Handlung** erfolgen. – **b)** Der Antr muß den **Willen zu einer rechtlichen Bindung** zum Ausdr bringen (ebso EKAG 4 I, s aber Anm 2). Hierdch unterscheidet sich der Antr von der **Aufforderung zur Abgabe von Angeboten** *(invitatio ad offerendum)*. Ob das eine od das and vorliegt, ist Ausleggsfrage. Maßgeb ist nicht der innere Wille des Antragden, sond der obj ErklWert seines Verhaltens (§ 133 Anm 4c). Anzeigen in Zeitgen u Plakaten, Katalogen, Preislisten, Speisekarten u Ankündiggen von Theatervorstellgen (RG **133**, 391) sind idR keine Angebote, sond Aufforderg zu deren Abgabe (MüKo/Kramer Rdn 8, Staud-Dilcher Rdn 3). Der Unternehmer will sich noch nicht endgült binden, weil sein Vorrat möglicherw nicht reicht od gg den potiellen Kunden Bedenken bestehen können. Gleiches gilt für Warenauslagen im **Schaufenster**, auch wenn sie entspr der PreisauszeichnVO mit einer verbindl Preisangabe versehen sind (BGH NJW **80**, 1388). Auch die in der Werbg herausgestellten Sonderangebote sind im RSinne kein VertrAntr (Soergel-Wolf Rdn 7). Ebso ist die Präsentation von Waren im Bildschirmtext ist iZw als *invitatio ad offerendum* aufzufassen (Brinkmann BB **81**, 1184, Lachmann NJW **84**, 407, Redeker NJW **84**, 2391, aA Hart KritV **86**, 234).

2) Bindung an den Antrag. a) Der Antr ist für den Antragden bindd. Er kann daher grdsl **nicht widerrufen** w (and EKAG 5 II). Die Bindg beginnt mit dem Zugang des Antr (vorher s § 130 I 2) und endet mit seinem Erlöschen (§ 146). Aus der Bindg entsteht ein ggs VertrauensVerh mit beiderseit SorgfPfl; deren Verletzg begründet eine Haftg aus c.i.c. (s RG **107**, 242, § 276 Anm 6). Wird der angebotene Ggst vom Antragden schuldh zerstört, steht der GgPart analog § 160 ein **Schadensersatzanspruch** auf das pos Interesse zu (Flume II § 35 I 3e, MüKo/Kramer Rdn 14, str, die hM gibt aus § 307 od c.i.c. einen Anspr auf das negative Interesse). – **b)** Der Antragde kann die **Bindungswirkung** des Antr **ausschließen** (§ 145 letzter Halbs). Geschieht das dch eine Freiklausel, die sich auf das Angebot im ganzen bezieht (freibleibd, unverbindl), ist die Erkl idR nicht als Antr, sond als eine Aufforderg zur Abgabe eines Angebots aufzufassen (RG **102**, 229, **105**, 12, BGH NJW **58**, 1628, str). Wer eine derart Erkl abgibt, hat aber hinsichtl der ihm zugehden Antr eine ErklPfl; sein Schweigen ist daher als Ann zu werten (RG JW **26**, 2674, RGRK Rdn 14, Staud-Dilcher Rdn 20). Die Freiklausel kann aber auch als **Widerrufsvorbehalt** zu verstehen sein, so etwa, wenn eine Flugreise „freibleibd entspr unserer Verfügbark" angeboten w (BGH NJW **84**, 1885). Hier ist iZw anzunehmen, daß der Widerruf nur bis zur AnnErkl des Empfängers zul ist (Staud-Dilcher Rdn 18, str; ebso EKAG Art 5 IV). Klauseln wie „solange der Vorrat reicht" sind als auflöse Bedingung anzusehen (s Staud aaO, str). Beschr Freiklauseln wie „Preise freibleibd", „Liefermöglichk vorbehalten" können auch dahin auszulegen sein, daß ein Vertr fest angebotet w, die Freiklauseln aber VertrInh w sollen (s RG **103**, 415, BGH **1**, 354; vgl zu diesen Klauseln näher § 157 Anm 4). Wer sich auf das Vorliegen eines Antr beruft, hat dessen Voraussetzgen zu **beweisen;** wer den Ausschluß der Bindg behauptet, ist für deren Fehlen beweispflichtig (MüKo/Kramer Rdn 16).

3) Das dem ErklEmpfänger aus dem Antr erwachsde Recht ist ein **Gestaltungsrecht** (RG **132**, 6, Celle NJW **62**, 744, str). Das Recht kann uU übertragb (§§ 413, 398), pfändb (ZPO 851 I) u vererbl sein. Eine feste Regel für od gg die Übertragbark läßt sich nicht aufstellen (MüKo/Kramer Rdn 16). Maßgeb ist der dch Auslegg (§§ 133, 157) im Einzelfall zu ermittelnde Inh des Antr.

4) Sonderformen. a) Das Ges geht davon aus, daß der Vertr dch zwei zeitl aufeinand folgde WillErkl (Antr u Ann) zustande kommt. Das entspr dem regelmäß Ablauf, jedoch gibt es in der RWirklichk auch den VertrSchl dch **Abgabe gleichzeitiger Erklärungen** (Leenen AcP **188**, 393). Der VertrSchl nach längeren mdl Vhdlgen u der dch Unterzeichng einer von einem Dr entworfenen Urk läßt sich idR nicht unter das Schema von Antr u Ann bringen. Das ist auch nicht erforderl. Bei beiderseit Zust liegt ein wirks Vertr auch dann vor, wenn die EinverständnErkl der Part nicht als Antr u Ann voneinand unterschieden w können (Huber RabelsZ **43**, 445). – **b)** Das Aufstellen eines **Automaten** ist ein Angebot an jedermann *(ad incertas personas)*. Es w dch Einwerfen der richtigen Münze angenommen (Larenz § 27 I a, Padeck VersR **89**, 542). Beim Geldautomaten der Kreditinstitute reichtet sich das Angebot nur an den Berecht (BGH NJW **88**, 981). – **c)** Die Auslage im **Selbstbedienungsladen** ist eine Aufforderg zur Abgabe von Angeboten. Angebot ist die Vorlage der Ware an der Kasse, Ann die Feststellg des RechngsBetr (s Dietrich Betr **72**, 958, Staud-Dilcher Rdn 4, aA Hart KritV **86**, 225, offen gelassen v BGH **66**, 55). Bei Selbstbedienstankstellen ist die betriebsbereite Zapfsäule das Angebot u die Selbstbediengng die Ann (str). Die vom Tankstelleninhaber abgegebene dingl EiniggsErkl (§ 929) ist aber dahin auszulegen (§ 157), daß das Eigt erst mit Bezahlg übergehen soll (str, aA Herzberg NJW **84**, 896). – **d)** Bei einem **Antrag an mehrere** ist es Ausleggsfrage, ob das Recht zur Ann jedem einz od nur der Gesamth zustehen soll. Letzternfalls muß der Antr von allen rechtzeit angenommen w; wenn einer ablehnt od sich nicht erklärt, erlischt der Antr (BGH LM Nr 10). – **e)** Ein wirks Vertr kommt auch dann zustande, wenn sich zwei inhaltl entspr Antr **kreuzen** (Neumayer, FS Riese, 1964, 315, Staud-Dilcher Rdn 7, str). – **f)** Ein VertrAntr ist auch die **Zusendung unbestellter Ware.** Schweigen bedeutet hier keine Ann, u zwar auch dann, wenn der Antragde erklärt, der Vertr gelte bei Nichtablehng od Nichtrücksendg als geschl (allgM). Eine Pfl zur Rücksendg besteht nicht; sie kann auch nicht dch Beilegg des erforderl Portos begründet w. Gleiches gilt, abgesehen von Sonderfällen (HGB 362, ständ GeschVerbindg), für den kaufm Verkehr (MüKo/Kramer Rdn 9). Auch ein VerwahrVertr kommt nicht zustande (Schwung JuS **85**, 450). Die allein verbleibde außervertragl Haftg des Empfängers beschr sich analog § 300 auf Vors u grobe Fahrlässigk (MüKo aaO, Soergel-Wolf Rdn 26, aA Schröder AcP **179**, 592); idR steht einer SchadErsPfl auch § 254 entgg, da die unbestellte Warenzusendg ein grob rechtsw Eingriff in die Privatsphäre des Empfängers ist (BGH LM UWG 1 Nr 77).

Rechtsgeschäfte. 3. Titel: Vertrag §§ 146–148

146 **Erlöschen des Antrags.** Der Antrag erlischt, wenn er dem Antragenden gegenüber abgelehnt oder wenn er nicht diesem gegenüber nach den §§ 147 bis 149 rechtzeitig angenommen wird.

1) Der **Antrag erlischt** dch Ablehng, Ablauf der AnnFr (§§ 147–149, 151 S 2, 152 S 2, s dort) u dch Widerruf eines nicht binddden Antr (§ 145 Anm 2b). Weitere ErlöschensGrde ergeben sich aus §§ 153, 156. Die **Ablehnung** ist eine empfangsbedürft WillErkl (§ 130 Anm 1b) u im Ggs zu Antr u Ann zugleich ein einseit RGesch (Lange, FS Reinhardt, 1972, 100). Sie ist auch bei formbedürft Vertr formfrei (allgM). Der Mj kann nur mit Zust seines gesetzl Vertr ablehnen, da die Ablehng die zG des AntrEmpfängers begründete RPosition (§ 145 Anm 3) vernichtet, also auch rechtl Nachteile (§ 107) mit sich bringt (MüKo/Kramer Rdn 3). Als Ablehng gilt auch die Ann mit Änd (§ 150 II).

2) Das **Erlöschen** des Antr beseitigt nicht nur die Bindg des Antragden; der Antr existiert rechtl nicht mehr u kann daher nicht mehr angenommen w (s RG 93, 175, 176). Die verspätete Ann ist als neuer Antr aufzufassen (§ 150 I). Entspr gilt für die Ann nach Ablehng (§§ 133, 157).

147 **Annahmefrist.** I Der einem Anwesenden gemachte Antrag kann nur sofort angenommen werden. Dies gilt auch von einem mittels Fernsprechers von Person zu Person gemachten Antrage.

II Der einem Abwesenden gemachte Antrag kann nur bis zu dem Zeitpunkt angenommen werden, in welchem der Antragende den Eingang der Antwort unter regelmäßigen Umständen erwarten darf.

148 **Bestimmung einer Annahmefrist.** Hat der Antragende für die Annahme des Antrags eine Frist bestimmt, so kann die Annahme nur innerhalb der Frist erfolgen.

1) Vertragsannahme (§§ 147–152). – **a)** Sie ist eine einseit, empfangsbedürft, iF der §§ 151, 152 ausnahmsw auch nicht empfangsbedürft WillErkl (§ 130 Anm 1b), aber ebso wie der Antr kein einseit RGesch (§ 145 Anm 1a). Ihr Inh besteht aus einer vorbehaltlosen Bejahg des Antr (Staud-Dilcher § 146 Rdn 4), die Ann mit Änd gilt als Ablehng (§ 150 II). Eine telegraf od fernmündl Erkl mit dem Zusatz **„Brief folgt"** bringt idR zum Ausdr, daß der Erklärde sich zumindest Änd in Nebenpunkten vorbehält u ist daher iZw keine Ann (RG **105**, 13, Hamm Betr **83**, 2619). Der Vertr kommt im dem Zugehen der AnnErkl zustande, iF der §§ 151, 152 bereits mit der Ann selbst. – **b) Schlüssige und stillschweigende Annahme.** – **aa)** Sow die Ann nicht formbedürftig ist, kann sie auch dch **schlüssiges Verhalten** geschehen, so etwa dch Bewirken der Leistg (s RG **129**, 113, BGH NJW **80**, 2246) od dch Entggnahme der angebotenen Leistg (s BGH NJW **63**, 1248). Maßgebd ist aber die Lage des Einzelfalles. Beim VersVertr ist die Entggnahme der Erstprämie iZw nicht als Ann zu werten (BGH NJW **76**, 289, Hamm VersR **82**, 844). IdR fällt die Ann dch schlüssige Hdlg unter den § 151 (s dort), so daß der Vertr bereits mit der Betätigg des AnnWillens zustandekommt. – **bb)** Bloßes **Schweigen** ist grdsl keine WillErkl, also auch keine Ann (Einf 3b v 116). In einigen Fällen gilt Schweigen aber kr Ges als AnnErkl (§ 516 II, HGB 362). Außerdem stellt Schweigen einer Ann dann gleich, wenn der AntrEmpfänger nach **Treu und Glauben** (§ 242) verpfl gewesen wäre, seinen abw Willen zu äußern (BGH **1**, 355, NJW **75**, 1359, Einf 3c bb v § 116). Schweigen kann daher als AnnErkl zu bewerten sein: bei einem Angebot aGrd v Vorvhdlgen, in denen über die wesentl VertrBedinggen bereits Einigk erzielt worden war (BGH **LM** § 151 Nr 2); bei VorVhdlgen mit einer namensgl Schwesterfirma (BGH NJW-RR **86**, 456); bei einem Antr nach einer Aufforderg zur Abgabe von Angeboten (§ 145 Anm 1b); iFd § 150 I, wenn die als neuer Antr geltde AnnErkl nur wenig verspätet war (§ 150 Anm 1); iFd § 150 II, bei nur unwesentl Abw vom ursprüngl Antr (§ 150 Anm 2b); bei Angeboten an Untern, für die ein Kontrahierungszwang besteht (OGH NJW **50**, 24); bei einer rügelos angenommenen Mehrlieferg an Kaufm (Hamm BB **78**, 1748); uU bei Angeboten im Rahmen laufder GeschBeziegen (BGH **LM** § 157 [G b] Nr 4), nicht aber wenn üblicherw ausdr Ann erfolgt (BGH **LM** § 148 Nr 2) od wenn es sich um ein außergewöhnl Gesch handelt (BGH **LM** HGB 346 [D] Nr 7); bei einem kaufm BestätSchr (Anm 3).

2) Nur die **rechtzeitige Annahme** führt zum VertrSchl. **a)** Hat der Antragde eine **Annahmefrist** bestimmt, so ist diese maßgebd (§ 148). – **aa)** Die **Fristsetzung** ist eine rgeschäftl Hdlg. Sie erfolgt idR dch Festlegg eines Endtermins, der unmittelb dch ein Datum od mittelb dch einen Zeitraum best w kann. Die FrSetzg kann aber auch konkludent geschehen od sich aus der Natur des Gesch ergeben. Die Aufforderg, „bereits der Akkreditivbank Instruktionen zu geben", kann eine FrBestimmg iSd § 148 enthalten (BGH Warn **69** Nr 221). Bei einer FrSetzg iSd § 148 handelt es sich um eine rgeschäftl Erkl, d h er hält sich für den Zeitraum X an das Angebot gebunden (LG MöGladb VersR **83**, 49). Ein „festes" Angebot erlischt nach angem, nach den Umst zu bemessder Fr (RG **97**, 3). Der Antragde kann die AnnFr jederzeit auch stillschw verlängern (Hamm NJW **76**, 1212), nicht aber nachträgl einseit verkürzen. Eine kürzere als die gesetzl Fr (§ 147) kann daher nur im Antr od in einem gleichzeit zugehden Erkl gesetzt w (Staud-Dilcher § 148 Rdn 7). Der Antragde ist in der Bemessg der Fr frei. Ist die in AGB zG des Verwders bestimmte AnnFr unangem lang, gilt aber das Klauselverbot des AGBG 10 Nr 1. – **bb)** Fristberechnung s §§ 186 ff. Die Fr beginnt idR mit dem Datum des Antr, nicht erst mit dessen Zugang (Soergel-Wolf § 148 Rdn 8, ebso EKAG 8 II). Bei einer Fr bis zu einem best Tag gehört dieser iZw noch zur Fr (RG **105**, 419). Die AnnErkl muß innerh der Fr zugehen, die Abgabe der Erkl reicht iZw zur FrWahrg nicht aus (RG **53**, 60, Ffm VersR **83**, 529, ebso EKAG 8 I). Wird das rechtzeit Zugehen schuldh verhindert, steht dies aber dem Zugehen gleich (§ 130 Anm 6b). Bei Ann dch einen Vertreter ohne Vertretgsmacht muß auch die Gen des Vertretenen innerhalb der AnnFr erfolgen (BGH NJW **73**, 1789, MüKo/Kramer § 148 Rdn 7, str). Wer sich auf eine Befristg beruft, hat diese wg der Abw von der Regel des § 147 zu **beweisen** (aA RG SeuffA **80**, 72, wie hier Staud-Dilcher § 148 Rdn 10, der sich zu Unrecht auf RG aaO beruft).

§ 148 2, 3

b) Ist keine Fr bestimmt, kann der Antr unter **Anwesenden** od mittels Fernsprecher nur sofort angenommen w (§ **147 I**; ebso EKAG 8 I 2). **Sofort** bedeutet so schnell wie obj mögl. And als bei „unverzügl" (§ 121 I) schadet auch schuldloses Zögern. Es kommt aber auch hier auf die Lage des Falles an. Wird das Ferngespräch unterbrochen, bevor die Ann erklärt w konnte, erlischt der Antr (RG SeuffA **80**, 175, RG **104**, 235, MüKo/ Kramer § 147 Rdn 3, str). Erkl mittels Fernschreiber ist Erkl unter Abwesden (Greulich BB **54**, 492). Das gleiche gilt für die Kommunikation über Bildschirmtext (Redeker NJW **84**, 2391, Paefgen JuS **88**, 596) u für Erkl von od an Boten. Dagg ist Erkl von od an Vertreter ein Antr unter Anwesden. Ob ein persönl übergebener verkörperter Antr unter § 147 I (so Flume II § 35 I 2) od unter § 147 II (so Staud-Dilcher § 147 Rdn 2) fällt, hängt von den Umst des Einzelfalls ab. IdR liegt in der Übergabe des schriftl Antr die Einräumung einer angem AnnFr (s RG **83**, 106, BGH NJW **85**, 197). § 147 I gilt nur dann, wenn die schriftl Erkl zur sofort Lektüre u Entsch vorgelegt w (s auch BGH **LM** § 147 Nr 2).

c) Ein Antr **unter Abwesenden,** für den rgeschäftl keine AnnFr best worden ist, kann bis zu dem Ztpkt angenommen w, in dem der Eingang der Antwort unter regelmäß Umst zu erwarten ist (§ **147 II,** ebso EKAG 8 I 1). Die gesetzl AnnFr setzt sich zusammen aus der Zeit für die Übermittlg des Antr an den Empfänger, dessen Bearbeitgs- u Überleggszeit sowie aus der Zeit für die Übermittlg der Antwort an den Antragden (Ffm NJW-RR **86**, 329). Dieser letzte Zeitabschnitt entfällt, wenn die Ann gem § 151 nicht zugangsbedürft ist. Verzögergen in einem Abschn können dch Beschleunigen in einem and ausgeglichen w. Bei einem Antr auf Änderg eines VersVertr kann die nach 27 Tagen zugehde Ann noch rechtzeit sein (Ffm aaO). Verzögernde Umst, die der Antragde kannte od kennen mußte, gehören zu den regelmäß Umst u führen daher zu einer angem FrVerlängerg (RG **142**, 404, BGH **LM** § 147 Nr 1 Bl 2, Mü VersR **76**, 745). Bsp sind etwa saisonbedingter starker ArbAnfall, Urlaub, Einholg von notw Ausk, Beschlußfassg dch das zust Organ des AntrEmpfängers. Für den Antragden nicht voraussehb ungewöhnl Erschwern verlängern die Fr dagg nicht. Das Beförderngsmittel für die AnnErkl muß an Schnelligk grdsl dem für den Antr verwandten Beförderngsmittel gleichstehen (so ausdr EKAG 8 I 1). Telegraf Antr erfordern daher idR eine telegraf Ann (Staud-Dilcher Rdn 12); ein Antr per Telex muß spätestens binnen 4 Tagen angenommen w (AG Ffm NJW-RR **89**, 47). Rechtzeit Absendg genügt nicht. Die Ann muß innerh der AnnFr wirks w, idR also zugehen. Der Antragde ist nicht verpfl, auf den drohden FrAblauf hinzuweisen (BGH Betr **71**, 232).

3) Schweigen auf ein kaufmännisches Bestätigungsschreiben. a) Allgemeines. Es entspr kaufm Übg, einen formlos geschl Vertr ggü dem and Teil schriftl zu bestätigen. Diese Aufzeichng des VertrInh in einem BestätSchr dient BewZwecken. WirksamkVoraussetzg für den VertrSchl (§ 154 II) ist die schriftl Bestätigg nur, wenn die Part dies vereinb haben (BGH NJW **64**, 1270). In diesem, in der kaufm Praxis selten vorkommden Fall spricht man von einem konstitutiven BestätSchr. Auch das deklarator BestätSchr kann aber **rechtserzeugende Wirkung** haben: Nimmt der Empfänger das BestätSchr widerspruchslos hin, muß er dessen Inh gg sich gelten lassen. Dch sein Schweigen wird der Vertr nach Maßg des BestätSchr geändert od ergänzt; war noch kein Vertr geschl, kommt er mit dem aus dem BestätSchr ersichtl Inh zustande (RG **54**, 179, BGH **7**, 189, **11**, 3, stRspr, hM). Die Wirkg der widerspruchslosen Hinnahme des BestätSchr beruht auf **Gewohnheitsrecht** (Medicus AT Rdn 440; K. Schmidt HandelsR 2. Aufl § 18 III 1). Konstruktiv handelt es sich um einen Fall des normierten Schweigens (Einf 3 c v § 116, sehr str, s MüKo/Kramer § 151 Rdn 12 ff). Das Schweigen ist ähnl wie in den Fällen der §§ 416 I S 2, 496 S 2, HGB 362 tatbestandl keine WillErkl, steht aber in seinen Wirkgen einer WillErkl gleich. Die Vorschr über die GeschFgk sind anzuwenden; ebso die über **Willensmängel** (str). Der Irrt über die Bedeutg des Schweigens berecht aber nicht zur Anf (BGH **11**, 5, **20**, 154, allgM). Die Anf kann auch nicht darauf gestützt w, daß BestätSchr u mdl Abrede voneinand abweichen (BGH NJW **69**, 1711, **72**, 45).

b) Persönlicher Anwendungsbereich. Die Grds über das BestätSchr sind als Handelsbrauch (HGB 346) im Verkehr unter Vollkaufleuten entstanden, sind heute aber nicht mehr darauf beschränkt. – **aa)** Mögl **Empfänger** eines BestätSchr ist, wer wie ein Kaufm in größerem Umfang selbstd am RVerk teilnimmt (BGH **11**, 3, NJW **64**, 1223). Das ist bejaht worden für den nicht im Handelsregister eingetragenen Schrotthändler (BGH **11**, 3); Makler (BGH **40**, 42); Gutsbesitzer (RG Gruchot **71**, 253); RA, wenn er im eig Namen handelt (RG JW **31**, 522), od als Konk- od NachlVerw eines Kaufm (BGH NJW **76**, 1402, **87**, 1941, zur Begründg krit K. Schmidt NJW **87**, 1905), nicht dagg bei Handeln für einen sonst Mandanten (BGH NJW **75**, 1358); WirtschPrüfer (BGH Betr **67**, 1362); Architekt (BGH WPM **73**, 1376, Köln OLGZ **74**, 8); öff Untern (K. Schmidt, HandelsR 2. Aufl § 18 III 2); Behörden im fiskal Tätigkeitskreis (BGH NJW **64**, 1223, Frage des Einzelfalls). Die Grds über das BestätSchr sind dagg unanwendb ggü einem Bankdirektor im PrivBereich (Düss Betr **66**, 458); Legationsrat (BGH WPM **81**, 334); Kleinhandwerker (Ffm MDR **66**, 512, Düss MDR **81**, 1022). Sie gelten im Ergebn für alle im größeren Umfang selbstd berufl am Markt Tätigen, sofern die Hdlgen nicht dem PrivBereich zuzuordnen sind (s Hopt AcP **183**, 692). – **bb)** Mögl **Absender** eines BestätSchr ist jeder, der ähnl wie ein Kaufm am RVerk teilnimmt u erwarten kann, daß ihm ggü nach kaufm Sitte verfahren w (BGH **40**, 44, WPM **73**, 1376). Der Kreis mögl Empfänger u Absender von BestätSchr decken sich daher. Schickt ein priv AnsprSteller seinem Versicherer ein BestätSchr, bedeutet Schweigen keine Zust (BGH NJW **75**, 1358, Einf 3 c bb v § 116, aA Flume II § 36/2).

c) Voraussetzungen. – aa) Das BestätSchr muß sich auf eine mdl, fernmdl od telegraf getroffene **Vereinbarung** beziehen (BGH NJW **65**, 965, Betr **70**, 1777). Auch fernschriftl Vereinbgen können in einem BestätSchr fixiert werden (BGH **LM** HGB 346 (Ea) Nr 12). Ist ein mdl Angebot schriftl angenommen worden, kann die Part die Vereinbg bestätigen, die sich bis dahin nur mdl erklärt hatte (BGH **54**, 242). Soweit gesetzl od vertragl FormVorschr bestehen, finden die Grds über das BestätSchr keine Anwendg. Sie sind auch dann unanwendb, wenn der and Teil den VertrSchl von seiner schriftl Ann abhäng gemacht hat (BGH NJW **70**, 2104). Zw den Parteien müssen **Vertragsverhandlungen** stattgefunden haben (BGH NJW **74**, 992). Nicht erforderl ist, daß sie zu einem wirks VertrSchl geführt haben. Es genügt daher, wenn für eine Part ein **vollmachtloser Vertreter** od ein unter ihrem Namen handelnder Unbefugter aufgetreten ist (BGH **64**, 1951, Betr **67**, 1362, Celle MDR **67**, 1016). Das Schreiben braucht die Vhdlgen nicht ausdr zu erwähnen (BGH

Rechtsgeschäfte. 3. Titel: Vertrag §§ 148, 149

54, 242); die Bezugn kann sich aus den Umst ergeben (BGH WPM **75**, 324). – **bb) Auftragsbestätigung.** Währd das BestätSchr den Inh eines nach Ansicht des Absenders bereits geschl Vertr wiedergibt, ist die AuftrBestätigg die schriftl Ann eines VertrAngebots, u zwar idR eine Ann unter Änderegn, § 150 II. And als beim BestätSchr bedeutet das Schweigen auf eine AuftrBestätigg grdsl keine Zust (BGH **18**, 215, **61**, 285, Betr **77**, 1311). Die Abgrenzg im Einzelfall ist Ausleggsfrage. Auf die Bezeichng kommt es nicht an (BGH **LM** HGB 346 (Ea) Nr 12), wenn sie auch indizielle Bedeutg haben kann. Entscheid ist, ob das Schreiben nach seinem Inh den Vertr erst zustande bringen od das Ergebn fr VertrVhdlgen verbindl festlegen soll (BGH Betr **71**, 2302, Schmidt-Salzer BB **71**, 591). – **cc)** Das BestätSchr muß **eindeutig** gefaßt sein (BGH NJW **72**, 820). Unklarh gehen zu Lasten des Absenders (RG JW **38**, 1902). Auf die Bezeichng kommt es nicht an (BGH **54**, 241, oben bb). Das Schreiben muß erkennb dazu bestimmt sein, einen VertrSchl u den Inh der getroffenen Vereinbgen verbindl festzulegen (BGH BB **61**, 271, NJW **65**, 965); ein als Erinnergshilfe übersandter Aktenvermerk stellt kein BestätSchr dar (Köln OLGZ **68**, 396). Bittet der Absender um **Gegenbestätigung**, liegt idR kein BestätSchr im RSinne vor (RG **106**, 415, BGH NJW **64**, 1270). Entspr gilt, wenn eine Zusatzabrede nicht bestätigt, sond vorgeschlagen w (BGH NJW **72**, 820). **Kreuzen** sich zwei inhaltl voneinand abw BestätSchr, so ist idR kein Widerspr erforderl (BGH NJW **61**, 1862). And liegt es aber, wenn die Abw lediql eine ohnehin zu erwartete VertrErgänzg betrifft (BGH NJW **66**, 1070: Haftgsbegrenzg, krit MüKo/Kramer § 151 Rdn 33). – **dd) Zugang.** Das BestätSchr muß in **zeitlich** unmittelb Zushang mit den VertrVhdlgen abgesandt w (BGH NJW **64**, 1223, JZ **67**, 575). Die einzuhaltende Fr richtet sich nach den Umst des Einzelfalls; 5 Tage können noch unbedenkl sein (BGH WPM **75**, 324). Für den Zugang des BestätSchr gilt die Regelg des § 130 (BGH **70**, 234). Auf die Kenntn des Empfängers kommt es nicht an (BGH **20**, 152, NJW **64**, 1951).

d) Grenzen. – aa) Das BestätSchr ist ohne Wirkg, wenn der Bestätigde das VhdlgsErgebn bewußt unricht od entstellt wiedergibt, also **arglistig** handelt (BGH **40**, 45, allgM). Arglist ist aber nicht anzunehmen, wenn der Bestätigde den VertrInh in einem Nebenpunkt ergänzt (BGH Betr **69**, 2172, **70**, 1777, krit Walchshöfer BB **75**, 721). Der Bestätigde muß sich gem § 166 I die Kenntn seines Vertreters anrechnen lassen. Das gilt auch dann, wenn nicht der bösgl Vertreter, sond der falsch unterrichtete gutgl Vertretene das BestätSchr verfaßt (BGH **40**, 46, **93**, 343). And liegt es aber, wenn der and Teil den guten Glauben des Bestätigden dch sein Verhalten, etwa einen mißverständl Vermerk, mitherbeigeführt hat (BGH **11**, 4, **40**, 48). – **bb)** Das BestätSchr bleibt ohne Wirkg, wenn es inhaltl so weit vom Vorbesprochenen **abweicht**, daß der Absender vernünftigerw mit dem Einverständn des Empfängers nicht rechnen konnte (BGH **7**, 190, **40**, 44, **93**, 343, NJW **87**, 1942). Dieser allein auf obj Kriterien abstellde AusschlTatbestd ist wg der geringeren BewAnfordergn prakt wichtiger als der der Argl. Er ist erfüllt, wenn der Absender in das BestätSchr unzumutb od nicht branchenübl Bdggen aufnimmt (BGH **LM** HGB 346 (Ea) Nr 10 u 12). Vgl auch f aa).

e) Widerspruch. Für ihn bestehen keine FormVorschr. Er kann auch konkludent erklärt werden, etwa dch ein Schreiben, aus dessen Zushang sich ergibt, daß das verbindl Zustandekommen des Vertr geleugnet w (Düss MDR **85**, 940). Der Widerspr muß unverzügl (§ 121) binnen einer nach den VerkBedürfn angem kurzen Fr erklärt w (BGH **18**, 216); idR binnen 1 bis 2 Tagen (RG **105**, 390), 3 Tage können noch ausreichen (BGH NJW **62**, 246), dagg ist 1 Woche idR zu lang (BGH NJW **62**, 104, Köln BB **71**, 286). Zu berücksichtigen ist auch, welche Zeitspanne zw den VertrVhdlgen u dem Zugang des BestätSchr gelegen hat (c dd). Der Widerspr muß dem Bestätigden zugehen, § 130. Adressat des Widerspr kann auch der Makler sein, der die Interessen des Bestätigden wahrnimmt (BGH MDR **67**, 584).

f) Rechtsfolgen. – aa) Die widerspruchslose Hinnahme des BestätSchr hat die Wirkg, daß der Inh des Schreibens als VertrInh gilt (oben a). Das Schweigen hat damit eine vertrbegründde od ändernde Wirkg (RG **54**, 179). Mögl ist aber auch eine auf die Beweisbedeutg abstellde Beurteilg: Es wird unwiderlegl vermutet, daß die Part mit dem im BestätSchr niedergelegten Inh geschlossen haben (BGH **40**, 46, K. Schmidt, HandelsR § 18 III 6). – **bb)** Dch das BestätSchr können **AGB** zum VertrInh gemacht w. Das gilt in den Grenzen von d) u AGBG 4 auch dann, wenn die AGB währd der VertrVhdlgen nicht erwähnt worden sind (AGBG 2 Anm 6 c). Voraussetzg ist jedoch, daß der Empfänger Kaufm ist. Soweit Nichtkaufl Empfänger eines BestätSchr sein können, scheitert die nachträgl Einbeziehg von AGB an AGBG 2. – **cc)** Das widerspruchslos hingenommene BestätSchr hat die Vermutg der **Vollständigkeit** für sich (BGH **67**, 381, NJW-RR **86**, 393). Diese ist aber – and als die Vermutg der Richtigk (aa) – widerlegl. Den Part steht der Nachw offen, daß weitere Abreden getroffen worden sind (BGH aaO).

g) Beweislast. Der Bestätigde trägt die BewLast für alle rbegründden Tats: die Zugehörigk beider Part zu dem PersKreis, das die kaufm BestätSchr gelten; dafür, daß VertrVhdlgen geführt worden sind (BGH NJW **74**, 991); für den Zugang des BestätSchr u dessen Rechtzeitigk (BGH **70**, 234). Der Empfänger ist bewpflicht für alle rhindernden Tats: die Argl des Bestätigden od wesentl Abw des BestätSchr vom VhdlgsErgebn (BGH NJW **74**, 992, Betr **76**, 41), den Zugang des Widerspr u seine Rechtzeitigk (RG **114**, 282, BGH NJW **62**, 104).

149 *Verspätet zugegangene Annahmeerklärung.* **Ist eine dem Antragenden verspätet zugegangene Annahmeerklärung dergestalt abgesendet worden, daß sie bei regelmäßiger Beförderung ihm rechtzeitig zugegangen sein würde, und mußte der Antragende dies erkennen, so hat er die Verspätung dem Annehmenden unverzüglich nach dem Empfange der Erklärung anzuzeigen, sofern es nicht schon vorher geschehen ist. Verzögert er die Absendung der Anzeige, so gilt die Annahme als nicht verspätet.**

1) Allgemeines. Die **verspätet zugegangene Annahme** bringt den Vertr nicht zum Entstehen, sond gilt als neuer Antr (§ 150 I). Diese Regelg w dch § 149 zum Schutz des Annehmden eingeschr. Geht die rechtzeit abgesandte Ann erkennb nur wg Unregelmäßigk der Beförderg verspätet zu, gilt die AnnErkl als rechtzeit, sofern der Antragde nicht unverzügl eine Verspätgsanzeige absendet (ebso EKAG 9). Konstruktiv handelt es sich um eine Fiktion, deren Grdl der Gedanke des Vertrauensschutzes ist (aA Hilger AcP 185, 560: ErfAnspr aus c. i. c.). Auch wenn die Voraussetzgen des § 149 nicht vorliegen, kann das Schweigen auf eine verspätete Ann zu einem wirks VertrSchl führen (§ 150 Anm 1).

2) **Voraussetzungen:** – **a)** Der Annehmde muß die Erkl rechtzeitig unter Verwendg eines verkehrsübl Übersendgswegs („regelmäß Beförderg") abgesandt h (MüKo/Kramer Rdn 3). – **b)** Für den Antragden muß bei Anwendg der verkehrserforderl Sorgfalt erkennb sein, daß die Absendg rechtzeit erfolgt ist. – **c)** Die **Verspätungsanzeige** (Satz 2) ist eine einseit, nicht empfangsbedürft geschäftsähnl Hdlg (Übbl 2 c v § 104). Sie muß unverzügl (§ 121) erfolgen. Die rechtzeit Absendg genügt. Bei Unterlassen od Verzögerg der Anzeige gilt die Ann als rechtzeit u der Vertr als geschlossen (RG 105, 257). Ablehng des VertrSchl aus and Grden wahrt die Fr nicht (RG aaO).

3) Der Annehmde hat die **Beweislast** dafür, daß er die Ann rechtzeit abgesandt hat u der Grd der Verspätg erkennb war; der Antragde muß beweisen, daß er die Verspätg unverzügl angezeigt hat (MüKo/Kramer Rdn 5, Staud-Dilcher Rdn 13).

150 *Verspätete und abgeänderte Annahme.* ¹ Die verspätete Annahme eines Antrags gilt als neuer Antrag.
² Eine Annahme unter Erweiterungen, Einschränkungen oder sonstigen Änderungen gilt als Ablehnung verbunden mit einem neuen Antrage.

1) Die **verspätete Annahme** (§ 149 Anm 1) gilt als neuer Antr (**I**, and EKAG 9). Er kann gem § 151 dch Bewirken der Leistg od Entgegnahme der GgLeistg angenommen w. Auch bloßes Schweigen kann, insb bei geringfügiger od erkennb unverschuldeter Verspätg, ausr, wenn der and Teil nach den Umst des Falles verpfl war, seine etwaige Ablehng alsbald zu erklären (s RG 103, 11, 13, BGH NJW 51, 313, Einf 3 c bb v § 116 u den Sonderfall des § 149).

2) **Annahme mit Änderungen.** – **a)** Sie gilt als Ablehng u neuer Antr (**II**, ebso EKAG 7, jedoch mit einer Sonderregel für unwesentl Änd). Ob die AnnErkl ggü dem Antr Änd enthält, ist dch Auslegg (§§ 133, 157) zu ermitteln. Die Änderg muß für den and Teil klar u unzweideut zum Ausdr gebracht w (BGH **LM** Nr 2). Die bloße Beifügg eines vom Inh des Angebots abw Formulars genügt nicht (BGH WPM 83, 313). Setzt der Kfz-Händler in seine AuftrBestätigung wg einer Erhöhg des ListenPr einen höheren Pr ein, ist II anzuwenden (BGH NJW 83, 1603). Bitte um bessere VertrBedinggen schadet nicht unter II, wenn Auslegg ergibt, daß der Annehmde auch mit den angebotenen Bedinggen einverstanden ist (BGH WPM 82, 1330, BAG **AP** § 154 Nr 1). Bei Ann einer größeren Menge als angeboten gilt idR II (RG JW 25, 236); es kann aber auch eine Ann verbunden mit einem Antr auf Abschluß eines weiteren Vertr vorliegen (s RG JW 31, 1181, Bürgsch). Bei Ann eines Teils des Angebotenen ist idR gleichf II anzuwenden; Auslegg des Antr kann aber ergeben, daß eine TeilAnn mögl ist (BGH NJW 86, 1984). Zusätze wie „Brief folgt" s § 148 Anm 1 a. – **b)** Die **Annahme des neuen Angebots** kann gem § 151 dch Bewirken der Leistg od ähnl erfolgen (Anm 1). Bloßes Schweigen ist als Ann zu werten, wenn nach Treu u Glauben ausdr Ablehng geboten war (Einf 3 c bb v § 116), so vor allem iF einer nur unwesentl Änd (s BGH Betr **56**, 474, Köln GRUR **85**, 149, EKAG 7 II). Nimmt der Annehmde erstmals in der AnnErkl, etwa in einer **Auftragsbestätigung** (§ 148 Anm 3 c bb), auf seine AGB Bezug, bedeutet Schweigen keine Zust (BGH **18**, 215, **61**, 285, Betr **77**, 1311); auch die Mitwirkg an der VertrDchführg kann in nichtkaufm Verk nicht ow als Einverständn mit der Einbeziehg der AGB angesehen w (AGBG 2 Anm 4 a str). – **c)** II gilt auch dann, wenn Antragder u Annehmder auf ihre jew **widersprechenden AGB** Bezug genommen haben (BGH **61**, 287, **LM** Nr 3, 5, 6, Betr **77**, 1311). Führen die Part den Vertr gleichwohl dch, ist er trotz des teilw Dissens wirks (§ 154 Anm 1 c). Die Beteiligg an der VertrAbwicklg stellt idR keine Billigg der AGB der Ggseite dar; sow die AGB nicht übereinstimmen, w sie nicht VertrInh, gem AGBG 6 gilt vielmehr das dispositive Recht (AGBG 2 Anm 6 e).

151 *Annahme ohne Erklärung an den Antragenden.* Der Vertrag kommt durch die Annahme des Antrags zustande, ohne daß die Annahme dem Antragenden gegenüber erklärt zu werden braucht, wenn eine solche Erklärung nach der Verkehrssitte nicht zu erwarten ist oder der Antragende auf sie verzichtet hat. Der Zeitpunkt, in welchem der Antrag erlischt, bestimmt sich nach dem aus dem Antrag oder den Umständen zu entnehmenden Willen des Antragenden.

1) **Allgemeines.** Die Ann ist idR eine empfangsbedürft WillErkl, die erst mit ihrem Zugehen wirks w (§ 148 Anm 1). Hiervon macht § 151 eine Ausn (ähnl EKAG 6 II; s ferner § 152); die Ann bedarf iF des § 151 keiner Erkl ggü dem Antragden. Sie ist eine **nicht empfangsbedürftige Willensäußerung**. Eine Ann, dh eine unzweideutige Betätigg des AnnWillens, ist aber auch hier erforderl (Anm 2 a). Sow bloßes **Schweigen** ausnw als Ann gilt (§ 148 Anm 1 b bb), folgt das nicht aus § 151, sond aus and RGrds (Einf 3 c v § 116).

2) **Voraussetzungen: a)** Erforderl ist eine nach außen hervortrtde **eindeutige Betätigung des Annahmewillens** (RG **117**, 314, BGH **74**, 356, WPM **77**, 1020). IdR erfolgt die Ann dch schlüssige Hdlg, insb dch Erf-, Zueigngs- od GebrauchsHdlgen. Rein betriebsinterne Hdlgen können ausr (Staud-Dilcher Rdn 16). Bei Vertr über Warenlieferggen ist aber deren Absendg erforderl (s RG **102**, 370, 372). Weitere Bsp sind die Reservierg von Hotelzimmern, die Überweisg des Kaufpreises (s RG **129**, 113), die Einlösg des vom und Teil übersandten Schecks (BGH NJW-RR **86**, 415), od das Einleiten von Abwässern in die privatrechtl nutzb Kanalisation (BGH MDR **82**, 993). Es genügen auch Erkl ggü Dr, sow diese auf sofort u nicht erst künft Ann gerichtet sind (s RG **60**, 412, OGH NJW **50**, 947). Str ist, ob die Ann gem § 151 WillErkl od WillBetätigg ist (Bydlinski JuS **88**, 36). Der Streit ist im wesentl terminolog Natur u daher für die Praxis unerhebl. Da der

Gedanke des Vertrauensschutzes keine Rolle spielt, ist ein wirkl AnnWille (ErklBewußtsein) erforderl; auf die obj ErklBedeutg kommt es grdsl nicht an (BGH NJW-RR **86**, 415, Hbg ZIP **88**, 837). Es ist daher keine Ann, wenn der AntrEmpfänger das übersandte Buch beim Aufschneiden für sein eig hält. Nimmt er die Sache in voller Kenntn aller Umst in Benutzg, kann er sich aber analog § 116 nicht auf das Fehlen des AnnWillens berufen. Irrt er, etwa über die Pers des Antragden od verkehrswesentl Eigensch, kann er gem § 119 anfechten. – **b)** Das Zugehen der AnnErkl ist in zwei **Fällen** entbehrl: – **aa) Verzicht.** Er ist auch bei formbedürft AnnErkl mögl (BGH NJW-RR **86**, 1301) u kann auch stillschw erfolgen, insb sich aus den Umst ergeben. Bsp: Aufforderg zur sofort Warenlieferg (s RG **102**, 370, 372); Übersendg unbestellter Waren (§ 145 Anm 4 e), eines Maklerangebots (BGH WPM **83**, 865), einer unterschriebenen UnterlErkl (Ffm NJW-RR **86**, 1164), einer Ausk (Hamm NJW-RR **87**, 209, Köln NJW-RR **88**, 335), kurzfristige Bestellg eines Hotelzimmers; entspr Handhabg bei fr Gesch (BGH NJW **57**, 1105). – **bb) Verkehrssitte.** Wenn die Ann nach der VerkSitte nicht zugangsbedürft ist, liegt idR zugl nich stillschw Verzicht vor; bb) ist daher neben aa) im Grde entbehrl. Bei unentgeltl Zuwendgen u and für den AntrEmpf vorteilhaften Gesch braucht die Ann nach der VerkSitte dem Antragden nicht zuzugehen (BAG **11**, 249, Betr **82**, 47, **AP** § 242 [Ruhegehalt] Nr 24, § 516 II). Das gilt auch für das Angebot eines PrNachlasses (BGH WPM **84**, 243) u für die in der Aushändigg einer Garantiekarte liegde VertrAngebot (BGH **78**, 373, **104**, 85). Für die Ann eines Antr dch den Versicherer besteht dagg keine derart VerkSitte (BGH NJW **76**, 289, VersR **87**, 923, Hbg VersR **88**, 1169), ebsowenig für die AnnErkl der Bank im DiskontGesch (BGH NJW **85**, 196). – **c)** Die Ann muß währd der **Annahmefrist des Satzes 2** erfolgen. Der Antragde kann die Länge der Frist im Antr bestimmen. Ist das nicht geschehen, gilt nicht der Maßstab des § 147 II, es ist vielmehr anhand der Umst der mutmaßl Wille des Antragden zu ermitteln (s RG **83**, 106). IdR w sich aus der Interessenlage eine kurze AnnFr ergeben. UU kann aber auch eine längere Fr dem Willen des Antragden entspr (Mü OLGZ **78**, 446, MaklerVertr).

3) Mit der objektiv erkennb Betätigg des AnnWillens **kommt der Vertrag zustande.** Kenntn des Gegners ist nicht erforderl (RG **84**, 323). Rückgängigmachg der AnnHdlg beseitigt die Bindg nicht, sond ist VertrVerletzg. Ein WiderrufsR analog § 130 I 2 besteht nicht (Staud-Dilcher Rdn 11).

152 **Annahme bei notarieller Beurkundung.** Wird ein Vertrag notariell beurkundet, ohne daß beide Teile gleichzeitig anwesend sind, so kommt der Vertrag mit der nach § 128 erfolgten Beurkundung der Annahme zustande, wenn nicht ein anderes bestimmt ist. Die Vorschrift des § 151 Satz 2 findet Anwendung.

1) Auch iF des § 152 ist die AnnErkl **nicht empfangsbedürftig.** Der Vertr kommt bereits mit der Beurk der AnnErkl zustande, nicht erst mit deren Zugang. § 152 gilt für alle Fälle not Beurk, auch wenn das BeurkErfordern auf RGesch beruht. Er gilt entspr für die not beurk Zustimmg des Vertretenen zu einem vom Vertreter ohne Vertretgsmacht geschl Vertr (Karlsr NJW **88**, 2050, aA Tiedtke BB **89**, 924). Auf die einfache Schriftform od die öffentl Beglaubigg einer VertrErkl ist § 152 dagg nicht anzuwenden (allgM). Für die Bemessg der AnnFr gilt nach **Satz 2** § 151 Satz 2 entspr (dort Anm 2 c). § 152 ist **abdingbar.** Setzt der Antragde eine best AnnFr, so will er iZw bis zu deren Ende Klarheit h. § 152 ist daher stillschw abbedungen (str, s BGH NJW **89**, 199). Die AnnErkl muß dem Antragden innerh der Fr zugehen od er muß wenigstens von ihr zuverläss Kenntn erlangen (RG **96**, 275), doch kommt uU auch and Ausleg in Betracht. Wer geltd macht, die Bestimmg einer AnnFr enthalte keine Abbeding des § 152, ist dafür beweispflichtig (RG **96**, 275, Warn **13**, 354 str).

153 **Tod oder Geschäftsunfähigkeit des Antragenden.** Das Zustandekommen des Vertrags wird nicht dadurch gehindert, daß der Antragende vor der Annahme stirbt oder geschäftsunfähig wird, es sei denn, daß ein anderer Wille des Antragenden anzunehmen ist.

1) Eine WillErkl w gem § 130 II auch dann mit ihrem Zugehen wirks, wenn der Erklärde nach ihrer Abgabe stirbt od geschäftsunfähig w. Handelt es sich um einen VertrAntr so bleibt dieser gem § 153 iZw weiter **annahmefähig,** gleichgült ob Tod od GeschUnfgk vor od nach dem Zugehen des Antr eingetreten sind (Hamm NJW-RR **87**, 342). Die Ann muß in diesem Fall ggü dem Erben od gesetzl Vertreter erklärt w; sow die Voraussetzgen des § 151 vorliegen, genügt aber auch hier die erkennb Betätigg des AnnWillens (BGH NJW **75**, 383). Tritt eine VfgsBeschrkg ein, so ist zu unterscheiden: Richtet sich der Antr auf Abschl eines verpflichten Vertr, bleibt er weiterhin annahmefäh. Er wird dagg wirkgslos, sow ein verfügder Vertr abgeschl werden sollte (s BGH **27**, 366 zu § 130 II, str).

2) § 153 gilt nicht, wenn ein **anderer Wille** des Antragden anzunehmen ist (Ausleggsfrage). Das ist bei Bestellgen zum persönl Bedarf od beim Angebot persönl Leistgen idR zu bejahen. Auf die Erkennbark für den AntrEmpfänger kommt es nicht an (str). Dieser hat, wenn der Vertr nicht zustandekommt, in entspr Anwendg des § 122 einen SchadErsAnspr auf das negative Interesse (Clasen NJW **52**, 14, Erm-Hefermehl Rdn 4, str).

3) **Tod oder Geschäftsunfähigkeit des Antragsempfängers.** Stirbt der Empfänger vor od nach Zugang des Antr, aber vor Absendg der AnnErkl, ist dch Ausleg zu ermitteln, ob der Antr auch für die Erben gelten soll (§ 145 Anm 3). Tod nach Absendg der AnnErkl ist gem § 130 II unschädl. Wird der Empfänger geschäftsunfäh, so muß die Ann dch seinen gesetzl Vertreter erklärt w. Ist die GeschFgk für das VertrVerhältn wesentl, wie idR beim DienstVertr, entfällt die Annahmefähigk des Antr (Staud-Dilcher Rdn 12).

154 **Offener Einigungsmangel; fehlende Beurkundung.** ^{I} Solange nicht die Parteien sich über alle Punkte eines Vertrags geeinigt haben, über die nach der Erklärung auch nur einer Partei eine Vereinbarung getroffen werden soll, ist im Zweifel der Vertrag nicht geschlossen. Die

§§ 154, 155

Verständigung über einzelne Punkte ist auch dann nicht bindend, wenn eine Aufzeichnung stattgefunden hat.

II Ist eine Beurkundung des beabsichtigten Vertrags verabredet worden, so ist im Zweifel der Vertrag nicht geschlossen, bis die Beurkundung erfolgt ist.

1) Offener Einigungsmangel. a) Haben sich die Part über den Inh des Vertr noch nicht vollst geeinigt, u sind sie sich dieses Einiggsmangels bewußt, ist der Vertr iZw noch nicht zustande gekommen (I). Gleichgült ist, ob der noch ungeregelte Punkt obj wesentl ist od nicht (BGH **LM** Nr 2). Es genügt, daß eine Part erkennb gemacht h, sie halte eine Einigg über den betreffden Punkt für erforderl. Das kann auch dch schlüssiges Verhalten geschehen (RG SeuffA **78**, 61). Auch wenn die TeilVereinbg aufgezeichnet worden ist (Punktation), bleibt sie iZw unverbindl (I 2). Der Dissens ist kein NichtigkGrd. Wenn I zutrifft, liegt tatbestandl (noch) kein RGesch vor (Übbl 1c v § 104). §§ 154, 155 gelten nicht nur, wenn der Vertr dch Zust zu einem vorbereiteten Text zustande kommt (so Leenen AcP **188**, 382), sond auch für den VertrSchl dch Antr u Ann (hM). – **b)** I enthält aber lediglich eine Ausleggsregel (BGH NJW **51**, 397). Er ist **unanwendbar,** wenn sich die Part trotz der noch offenen Punkte **erkennbar** vertragl **binden** wollen (BGH **41**, 275, WPM **81**, 1141, Düss NJW **63**, 2079, KG NJW **71**, 1139). Ein solcher Wille ist idR zu bejahen, wenn die Part im beiderseit Einvernehmen mit der Dchführg des vollst Vertr begonnen haben (BGH NJW **83**, 1728, BAG **AP** Nr 1, Larenz § 27 III) od das VertrVerhältn trotz der von einem Teil ausgesprochenen Künd fortsetzen (BGH NJW **83**, 1777). Er kann sich aus einem Handelsbrauch ergeben (Ffm NJW **77**, 1015, internationaler Mineralölhandel). Ein Indiz für einen Bindgswillen ist es idR auch, wenn für eine od beide Part Kontrahierungszwang besteht (BGH **41**, 275, **LM** LuftVZO Nr 2). Sow eine PartVereinbg fehlt, greifen die gesetzl Regeln ein (BGH aaO); uU können die verbliebenen Lücken auch iW ergänzder VertrAusleg geschl w (RG Recht **41**, 3853, BGH NJW **75**, 1116, Dauer des Vertr). Haben die Part die Höhe des Entgelts nicht geregelt, sind bei Dienst- u WkVertr die §§ 612 II, 632 II heranzuziehen, bei sonst Vertr, insb KaufVertr, die §§ 315 ff (BGH **41**, 275, **LM** § 315 Nr 12, NJW **83**, 1777). Bei KaufVertr kann der mutmaßl Wille der Part auch dahin gehen, es solle als angem Preis der (im BauGB 141 gesetzl definierte) VerkWert entrichtet w (s Hamm NJW **76**, 1212). UU kann das Berufen auf den Einiggsmangel gg Treu u Glauben verstoßen (BGH **LM** Nr 2). – **c)** Bezieht sich der Dissens auf die **Einbeziehung von AGB**, gilt trotz AGBG 6 grdsl I (Larenz § 29a, AGBG 2 Anm 4b). Wird der Vertr im beiderseit Einvernehmen ganz od teilw ausgeführt, ist die Ausleggsregel des I aber entkräftet (s BGH **61**, 288, AGBG 2 Anm 6e). An die Stelle der nicht einbezogenen AGB tritt gem AGBG 6 das dispositive Recht.

2) Vereinbarte Beurkundung. – a) Haben die Part eine **Beurkundung** des Vertr verabredet, genügt die vollst Willenseinigg zum VertrSchl idR nicht. Der Vertr kommt nach II, einer ParallelVorschr zu § 125 S 2, iZw erst mit der Beurk zustande. Das gilt auch, wenn die Part für den Vertr Schriftform (§§ 126, 127) vereinbart h; Beurk iSd II ist auch die Errichtg einer privatschriftl Urk (Staud-Dilcher, Rdn 7, allgM). Die Formabrede kann auch dch schlüssiges Verhalten getroffen w (Celle MDR **60**, 398: Austausch von schriftl Entw) od sich aus einer VerkSitte ergeben (RG **103**, 75); sie ist hier wicht u langfrist Vertr zu vermuten (BGH WPM **82**, 443). II gilt auch dann, wenn die Beurk nur desh erfolgen sollte, weil die Part den Vertr irrtüml für formbedürft halten (s Düss Betr **70**, 1778). Soll ein gerichtl Vergl geschlossen w, sind die Part gem II iZw bis zur Protokollierg nicht gebunden (Schlesw MDR **84**, 51, aA LAG Ffm NJW **70**, 2229). Ist der Vergl wg Mängel der Protokollierg prozessual unwirks, ist er wg II iZw auch materiell-rechtl nicht bindd (KG FamRZ **84**, 285), doch kann eine Umdeutg (§ 140) mögl sein (BGH NJW **85**, 1943). II gilt entspr, wenn in der GmbH-Satzg für GesellschBeschl eine Protokollierg vorgesehen ist (Stgt Betr **83**, 1488). – **b)** II ist nicht anwendb, wenn die Beurk nach dem Willen beider Part nur **Beweiszwecken** dienen soll (RG HRR **30**, 92, BGH NJW **64**, 1269). Für einen solchen Willen müssen aber konkrete Anhaltspunkte vorliegen. Er ist idR zu bejahen, wenn die Part erst nach VertrSchl eine Formabrede treffen (RG **94**, 335). Die Anwendg von II entfällt, wenn die Part die Formabrede aufheben (§ 125 Anm 4c). Das kann auch stillschw geschehen, etwa dadch, daß die Part den nur mdl geschl Vertr einverständl dchführen (MüKo/Kramer Rdn 19).

3) Beweislast. Zu I: Wer die Verbindlichk von Teilabreden behauptet, hat einen entspr Willen der Part zu beweisen. Auch bei Streit darüber, ob noch weitere Punkte geregelt w sollten, trägt der dle BewLast, der sich auf den VertrSchl beruft (Baumgärtel-Laumen BewLast § 154 Rdn 8, MüKo/Kramer Rdn 10). **II**: Wer bei einem formfreien Vertr eine BeurkAbrede behauptet, muß diese beweisen (Mü WPM **84**, 470, Staud-Dilcher Rdn 11, str, aA RG Warn **22**, 48). Wer bei unstr Formabrede geltd macht, die Beurk solle nur deklaratorische Bedeutg h, ist insow beweispflichtig.

155 *Versteckter Einigungsmangel.*

Haben sich die Parteien bei einem Vertrage, den sie als geschlossen ansehen, über einen Punkt, über den eine Vereinbarung getroffen werden sollte, in Wirklichkeit nicht geeinigt, so gilt das Vereinbarte, sofern anzunehmen ist, daß der Vertrag auch ohne eine Bestimmung über diesen Punkt geschlossen sein würde.

1) Allgemeines. § 155 regelt den Fall, daß die Part glauben, vollst einig zu sein, währd das in Wahrh nicht zutrifft. Die Vorschr ist auch anzuwenden, wenn nur eine Part irrtüml den Vertr für geschlossen hält, die and aber von dem Einiggsmangel weiß, sog einseit versteckter Dissens (s MüKo/Kramer Rdn 2). Haben sich die Part über wesentl Elemente des Vertr nicht geeinigt, ist § 155 dagg unanwendb, der Vertr ist auf jeden Fall nicht zustande gekommen, sog logischer od Totaldissens. Bsp: Beide Part wollen verkaufen (RG **104**, 266); fehlde Einigg über *essentialia negotii*.

2) Voraussetzungen. – a) Ein Einiggsmangel liegt nur vor, wenn die von den Part abgegebenen Erkl sich **in ihrem Inhalt nicht decken;** es genügt nicht, daß die Part Verschiedenes gewollt h (RG **58**, 235, BGH NJW **61**, 1668, **LM** Nr 2, WPM **73**, 1114, KG MDR **83**, 1023). Die beiders Erkl sind daher gem §§ 133, 157

Rechtsgeschäfte. 3. Titel: Vertrag §§ 155–157

auszulegen. Stimmen sie in ihrer obj ErklBedeutg überein, ist § 155 unanwendb; die Part, die ihre Erkl mit einem and als den obj Sinn verbunden h, kann aber gem § 119 zur Anf berechtigt sein (s RG u BGH aaO). – **b)** Auch wenn der Inh der Erkl voneinand abweicht, besteht kein Dissens, sofern der innere **Wille der Parteien übereinstimmt** (RG 99, 148, BGH WPM 72, 1424, § 133 Anm 4b). Entspr gilt, wenn die eine Part den von der obj ErklBedeutg abw wirkl Willen der and Part erkannt hat. Ihr etwaiger Vorbehalt, die GgPart an dem obj Sinn der Erkl festzuhalten, ist gem § 116 unwirks; maßgebd ist das von der GgPart wirkl Gewollte (RG 66, 429, 93, 299, BGH BB 83, 927, LG Aachen NJW 82, 1106). Weicht der Wille beider Part von obj ErklWert ab, ohne daß Willensübereinstimmg besteht, haben an sich beide Part in einem AnfR; auf diesen Fall w man aber unter Wertgesichtspkten § 155 entspr anwenden können (MüKo/Kramer Rdn 10). – **c)** Als **Fälle des § 155** kommen im einz in Betracht: **aa)** Vergessen oder Übersehen eines regelgsbedürft Punktes, sog verdeckte **Unvollständigkeit. – bb)** Abgabe von äußerl voneinand abw Erkl, die auch dem Sinn nach auseinandergehen, von denen die Part aber annehmen, daß sie sich deckten, sog **Erklärungsdissens.** Bsp: Beiderseit Verhören od Verlesen. – **cc)** Die Erkl decken sich äußerl, die Ausleg ergibt aber, daß einer der verwandten Begriffe obj mehrdeut ist u beide Part ihn unterschiedl verstanden haben, sog **Scheinkonsens.** Bsp: Unterschiedl Bedeutg der Begriffe „Eigenkapital" (RG HRR 36, 526), „Typenflug" (RG 116, 274), „Baukostenzuschuß" (Brschw NdsRpfl 54, 150), „Aktien" (Köln WPM 70, 892), „ca Größe" (BGH **LM** Nr 2), Selbstkostenanteil bei zahnärztl Behandlg (AG Köln NJW 80, 2756).

3) Rechtsfolgen. Der versteckte Dissens führt idR zum Nichtzustandekommen des Vertr (Staud-Dilcher Rdn 13). Der Vertr ist aber gült, wenn er auch ohne Einigg über den offenen Punkt geschlossen worden wäre. Maßgebd ist insoweit ebso wie iF des § 139 (dort Anm 5) der mutmaßl PartWille (MüKo/Kramer Rdn 11). Bei einem versteckten Dissens über die Einbeziehg von AGB ist iZw die Gültigk des Vertr zu bejahen (s § 154 Anm 1 c). Betrifft der Einiggsmangel essentialia negotii, scheidet die Aufrechterhaltg des Vertr idR aus (RG 93, 299). Die verbliebenen Einiggslücken sind dch Rückgriff auf das dispositive Recht od dch ergänzde VertrAusleg auszufüllen (RG 88, 379). Ausnw kann die Gültigk des Vertr auch bei einem Dissens über die Höhe des Entgelts zu bejahen sein (s § 154 Anm 1 b). Wer sich trotz eines Dissens auf das Zustandekommen des Vertr beruft, muß ebso wie iF der §§ 139, 154 die Tats **beweisen,** aus denen sich ein entspr PartWille ergibt (MüKo/Kramer Rdn 14). Hat eine Part dch ein von ihr zu vertretdes Verhalten (zB dch mehrdeut Formuliergen) den Dissens verursacht, ist sie wg c. i. c. zum SchadErs verpflichtet (RG 104, 268, 143, 221, str). Bei Mitverschulden gilt § 254, nicht § 122 II (RG JW 32, 735, 739).

156 **Vertragsschluß bei Versteigerung.** Bei einer Versteigerung kommt der Vertrag erst durch den Zuschlag zustande. Ein Gebot erlischt, wenn ein Übergebot abgegeben oder die Versteigerung ohne Erteilung des Zuschlags geschlossen wird.

1) Bei Versteigerungen ist das Gebot der VertrAntr des Bieters, der Zuschlag die AnnErkl des Versteigerers (BGH NJW 83, 1186). Der Bieter hat daher, sow § 156 anwendb ist, keinen Anspr auf den Zuschlag (Staud-Dilcher Rdn 2). Das Gebot erlischt mit der Abgabe eines Übergebotes od dem Ende der Versteigerg; auf die Wirksamk des Übergebotes kommt es nicht an (MüKo/Kramer Rdn 4, hM). Der Zuschlag ist eine nicht empfangsbedürft WillErkl. Er bringt den Vertr auch dann zustande, wenn der Bieter sich inzw entfernt hat (s BeurkG 15 S 2). Der dem Versteigerer erteilte ErsteigergsAuftr ist kein Gebot, sond eine vom Verbot des § 181 freigestellte Vollm zur Abgabe eines Gebots (BGH NJW 83, 1186). § 156 ist dispositives Recht, kann also in den Grenzen von AGBG 9 ff dch abw VersteigergsBdgen ersetzt w. Der Versteigerer handelt idR den Umst nach im Namen des Einlieferers; dieser w also VertrPartner des Bieters (v Hoyningen-Huene NJW 73, 1476, Schneider Betr 81, 199).

2) Anwendungsbereich. § 156 gilt für freiw sowie für die auf dem Gebiet des PrivR ges vorgesehenen Versteigergen: §§ 383, 489, 753, 966, 979, 983, 1219, 1233, HGB 373, 376. Für Versteigergen iW der ZwVollstr gilt ZPO 817, der auf § 156 verweist. Für die ZwVerst von Grdst gelten ZVG 71 ff; § 156 ist nicht anzuwenden. Vgl auch GewO 34 b u die VO über gewerbsmäß Versteigergen idF v 1. 6. 1976 (BGBl 1345).

157 **Auslegung von Verträgen.** Verträge sind so auszulegen, wie Treu und Glauben mit Rücksicht auf die Verkehrssitte es erfordern.

1) Allgemeines. § 157 gilt entgg seinem Wortlaut nicht nur für die Ausleg von Vertr, sond auch für die von einseit RGesch u einz WillErkl (RG 169, 125, BGH 47, 78). Umgekehrt ist § 133 nicht nur auf die Ausleg von WillErkl, sond auch auf die von Vertr u RGesch jeder Art anzuwenden (§ 133 Anm 1 a). Der Anwendgsbereich beider Vorschr deckt sich daher. Ein inhaltl ist eine Trenng in eine Ausleg nach § 157 u nach § 133 nicht mögl. Beide Vorschr sind bei der Ausleg **stets nebeneinander** heranzuziehen. Aus ihnen haben Rspr u Lehre die bei § 133 zusassd dargestellten AusleggsGrds entwickelt. Die Erläutergen zu § 157 können sich daher auf die Kommentierg der ergänzden VertrAusleg (Anm 2), die Anführg von Einzelfällen (Anm 3) u Hinweise zu den im Verk gebräuchl typ Klauseln (Anm 4) beschränken.

2) Ergänzende Vertragsauslegung. a) Die eigentl Ausleg hat festzustellen, ob ein best Verhalten als WillErkl aufzufassen ist u welchen Inh die WillErkl hat. Die ergänzde VertrAusleg hat dagg den Zweck, Lücken der rgeschäftl Regelg zu schließen (BGH 9, 277, 77, 304, **LM** [D] Nr 1, Henckel AcP 159, 106). Ihre Grdl ist § 157, nicht § 242 (Larenz NJW 63, 737). Sie knüpft an die im Vertr objektivierte Regelg an u versteht diese als eine **selbständige Rechtsquelle,** aus der unter Berücksichtigg von Treu u Glauben u der VerkSitte Regelgen für offen gebliebene Pkte abgeleitet w können (s BGH 9, 277, NJW 78, 695). Die ergänzde Ausleg ist bei **Rechtsgeschäften aller Art** mögl. Ihr unterliegen auch formbedürft Gesch (BGH 81, 143, OVG Hbg MDR 70, 537), Vertr, die einer öffrechtl Gen bedürfen (BGH WPM 82, 1331), Ehe- u ErbVertr (BGH NJW 57, 423) u Test (BGH 22, 357, § 2084 Anm 4b), TarifVertr dagg idR nicht (BAG Betr 83, 944). Auch AGB

§ 157 2, 3

können ergänzd ausgelegt w, jedoch ergeben sich insow aus AGBG 6 Schranken (AGBG 5 Anm 4b). Stehen die Part in VertrVhdlgen od sonst in sozialem Kontakt, kann nach der Rspr – trotz Fehlens eines endgült VertrSchl – iW ergänzder Ausleg ein stillschw HaftgsAusschluß angenommen w (BGH NJW 79, 643, 80, 1681, § 254 Anm 6a).

b) Die ergänzde Ausleg setzt voraus, daß der Vertr eine **Regelungslücke** enthält (BGH **LM** [D] Nr 1, **40**, 103, **77**, 304, stRspr). Gleichgült ist, ob sie von Anfang an bestanden hat od nachträgl entstanden ist (RG **164**, 202, BGH NJW **81**, 220). Die Lücke kann darauf beruhen, daß die Part einen Punkt bewußt offen gelassen haben, etwa in der Hoffng, sie würden sich insow noch einigen (BGH NJW **75**, 1116, **82**, 2816, BAG Betr **80**, 934, aA BGH NJW **65**, 1960). IdR ist sie darauf zurückzuführen, daß die Part an einen best regelsbedürft Punkt nicht gedacht haben (BGH **LM** [D] Nr 1). Sie kann sich auch aus nachträgl Änderen der wirtschaftl od rechtl Verh ergeben (BGH **23**, 285, BAG NJW **73**, 822) od darauf beruhen, daß die fr getroffene Vereinbg nicht mehr feststellb ist (Schopp MDR **58**, 291). Auch die Unwirksamk einer VertrBest kann als Regelslücke aufzufassen sein (BGH **63**, 135, **90**, 74). **Keine** Lücke liegt vor, wenn die getroffene Regelg nach dem Willen der Part bewußt abschließd sein sollte (BGH NJW **85**, 1836). Eine Lücke kann auch nicht daraus hergeleitet w, daß sich eine eindeut Regelg als unbill erweist (s RG JW **09**, 169).

c) Eine ergänzde VertrAusleg kommt nicht in Betracht, wenn die Regelslücke dch **Heranziehung des dispositiven Rechts** geschlossen w kann (BGH **40**, 103, **77**, 304, **90**, 75, NJW **82**, 2191). Es versteht sich von selbst, daß die Grds ergänzden Ausleg nicht bei jeder VertrLücke angewandt w dürfen, da dann das dispositive Recht leerlaufd wäre. Entspr der Vertr einem vom Ges dchnormierten GeschTyp (Bsp: Kauf-Vertr), sind Regelslücken (Bsp: Sachmängelhaftg) grdsl dch Anwendg des dispositiven Rechts (Bsp: §§ 459 ff) auszufüllen. Für eine ergänzde VertrAusleg verbleiben folgde Fallgruppen: **aa)** Die Heranzieh dispositiven Rechts **widerspricht** dem ausdr od mutmaßl **Parteiwillen** (BGH NJW **75**, 1116, **79**, 1704). Das ist zu bejahen, wenn die Part bei den Vhdlgen übereinstimmd von einer längeren als der gesetzl KündFr ausgegangen sind (BAG **AP** § 154 Nr 1). Ein mußmaßl entgggstehder Wille kann auch angenommen w, wenn das dispositive Recht, der Interessenlage offensichtl nicht gerecht w (BGH NJW **82**, 2816) od wenn es, wie das GesellschR, veraltet ist u in der Praxis idR abbedungen w (BGH NJW **79**, 1704). – **bb)** Der Vertr entspr keinem gesetzl geregelten GeschTyp od es bestehen ggü dem NormalTyp **Besonderheiten,** für die das dispositive Recht keine sachl wirkl passde Regelg bereit hält (MüKo/Mayer-Maly Rdn 38, Larenz § 29 II). Auch bei dchnormierten Vertr kann daher eine ergänzde Ausleg geboten sein, so etwa bei einer unwirks Tagespreisklausel (BGH **90**, 75), bei einem Verkauf zur Abwendg der Enteign (BGH NJW **81**, 220, einschränkd BGH **84**, 7), beim GrdstKauf, wenn der Käufer unerwartet mit Erschließgskosten belastet w (BGH NJW **88**, 2100), od wenn die Erschließg entgg den anfängl Vorstellgen vom Verkäufer dchgeführt w (BGH NJW-RR **87**, 458), bei einem Praxistausch zw Ärzten (BGH **16**, 71), bei einem MietVertr wg der Abrede über SchönhReparaturen, wenn diese nicht mehr ausgeführt w können (BGH **77**, 304, **92**, 370, Düss Betr **88**, 495, krit Rückert AcP **184**, 107), and dagg, wenn die dem Mieter obliegden UmbauMaßn undchführb w (BGH **96**, 145).

d) Die vertragl Regelg ist entspr dem **hypothetischen Parteiwillen** zu ergänzen (BGH **7**, 235, **9**, 278). Es ist darauf abzustellen, was die Part bei einer angem Abwägg ihrer Interessen nach Treu u Glauben als redl VertrPart vereinb hätten, wenn sie den nicht geregelten Fall bedacht hätten (BGH **84**, 7, **90**, 77, ähnl BGH **16**, 76, BAG Betr **79**, 2281). Dabei ist zunächst an den Vertr selbst anzuknüpfen. Die in ihm enthaltenen Regelgen u Wertgen, sein Sinn u Zweck sind Ausgangspkt der VertrErgänzg (BGH WPM **64**, 235, Larenz § 29 I). Zugl sind mit Treu u Glauben sowie der VerkSitte auch obj Maßstäbe zu berücksichtigen (BGH **7**, 235, **LM** § 133 (A) Nr 5). In die ergänzde Ausleg sind daher sowohl individuelle als auch obj Kriterien einzubeziehen (MüKo/Mayer-Maly Rdn 39 f, sehr str).

e) **Schranken.** Ergänzde VertrAusleg muß den Grds der PrivAutonomie (Übbl 1 a v § 104) u der VertrTreue respektieren u darf nicht zu einer freien richterl RSchöpfg ausufern (s BGH **9**, 279, **40**, 103 ff). Sie hat daher die sich aus dem Willen der Part u dem VertrInh ergebden Grenzen zu beachten: **aa)** Das Ergebn der ergänzden Ausleg darf nicht im **Widerspruch** zum tatsächl **Parteiwillen** od zum VertrInh stehen (BGH **90**, 77, **LM** (D) Nr 31). Sie ist daher ausgeschl, wenn die Part über den (scheinb) regelgsbedürft Punkt bewußt eine abschließde Regelg getroffen haben (BGH **2**, 385) od wenn die Ergänzg eine Änderg des geschl Vertr bedeuten würde (RG **129**, 88, HRR **33**, 1573, **34**, 1275, BGH **9**, 278). Sie kommt wg Verstoßes gg den mußmaßl PartWillen auch dann nicht in Betracht, wenn sie zur Nichtigk des Vertr führen würde (BGH NJW **70**, 468). – **bb)** Die ergänzde Ausleg darf nicht zu einer **Erweiterung des Vertragsgegenstandes** führen (BGH **9**, 278, **40**, 103, NJW **82**, 2191, BAG **AP** Nr 3). Sie muß sich innerh des tats gegebenen Rahmens der getroffenen Vereinbg halten (BGH **12**, 343, **29**, 110). Sie kann eine sinnlos gewordene Verpfl dch eine and ersetzen (BGH **92**, 370), scheidet aber aus, wenn sie eine über den VertrInh wesentl hinausgehde Bindg begründen (BGH **16**, 77) od einer Part dch den VertrInh nicht gedeckte wesentl zusätzl Rechte verschaffen würde (RG **87**, 213). – **cc)** Eine ergänzde VertrAusleg ist auch dann mit dem Grds der PrivAutonomie unvereinb, wenn die Regelslücke **in verschiedener Weise** geschlossen w kann u keine Anhaltspkte dafür bestehen, für welche Alternative sich die Part entschieden hätten (BGH NJW **74**, 1323, BGH **62**, 89, 327, **90**, 80). Sie kommt auch nicht in Betracht, wenn sich im Ereign wg einer grdlegden Änderg der Verhältn einer Beurteilg nach dem PartWillen entzieht (BGH **84**, 368).

f) Für die **prozessuale Behandlung** der ergänzden VertrAusleg gelten die allg Grds (§ 133 Anm 7). Sie gehört, sow sie nicht typ Vereinbgen betrifft, zum Bereich der TatsFeststellg u ist vom RevGer nur beschränkt nachprüfb (BAG **4**, 365). Bei der Ermittlg des mußmaßl PartWillens kann das Ger in entspr Anwendg von ZPO 287 nach freier Überzeugg ohne Bindg an BewAnträge entscheiden (s RG JW **38**, 2743).

3) Die **Judikatur** zu §§ 133, 157 ist unerschöpfl, jede Entsch ist naturgem auf den Einzelfall abgestellt. Verallgemeinergen sind nicht am Platze. Beispielsw sind zu erwähnen: Im KündSchutzProz vereinbarte **Abfindung** für ArbN ist iZw brutto zu zahlen (LAG Düss Betr **70**, 784). Enthält der Vergl in einem BauProz eine Abfindgsklausel, kann sich diese auch auf noch nicht geltd gemachte Mängel erstrecken (Mü BB **81**,

Rechtsgeschäfte. 3. Titel: Vertrag § 157 3, 4

1487). – Vertr über **Alleinverkaufsrecht** begründet idR keinen absoluten Gebietsschutz idS, daß Untern den Händler (Alleinvertreter) gg Liefergen Dr in das VertrGebiet schützen muß (BGH **LM** § 433 Nr 33). – **Anrechnungsklausel** in Ausfuhrgarantie (Hermesgarantie) s BGH **LM** § 133 (Fb) Nr 8. – **Bauherrnmodell:** Auslegg der RückkaufsGarantie BGH VersR **85**, 1159. – Zu den **Betriebskosten** gehören bei der Lieferg von Fernwärme auch Instandhaltgskosten (BGH NJW **84**, 972). – Begriff der **Erschließungskosten** VGH Kassel NJW **84**, 2716, Nieder NJW **84**, 2662. – **Fälligkeitsklauseln** vgl § 271 Anm 2 b. – Abrede über **Freistellungspflicht** verpflichtet idR nicht nur zur Erf begründeter, sond auch zur Abwehr unbegründeter Anspr (BGH NJW **70**, 1594, **83**, 1729). – Auslegg von **Freizeichnungsklauseln** vgl § 276 Anm 5 Ba; stillschw Haftgsfreistellg § 254 Anm 6. – Besteht Vergütg in **Gewinnbeteiligung** od ist sie sonst vom Ertrag abhäng, ist es Frage des Einzelfalls, ob Einnahmen aus Subventionen mitzuberücksichtigen sind (vgl BGH **13**, 123, Platzzuschüsse bei BühnenaufführgsVertr, ja; **LM** (D) Nr 23, Anpassgsbeihilfe bei Förderzins, nein). – **Grundstückskaufvertrag.** Übern von UmstGrdSch kann uU als Pfl zur Freistellg von Kreditgewinnabgabe auszulegen sein (BGH NJW **58**, 705). Übernimmt GrdstKäufer Hyp, w idR neben dem NennBetr des Darl auch ein Agio auf den Kaufpreis anzurechnen sein (zB NennBetr u Auszahlg 100%, bei Rückzahlg 105%, s BGH DNotZ **70**, 247). – Auslegg von sog **Kundenschutzklauseln** vgl BGH MDR **59**, 1004; einer **Kursgarantie**, BGH BB **76**, 1430. – Bei **Lieferungsvertrag** h Lieferer idR gem § 279 für Belieferg dch Unterlieferanten einzustehen (RG **103**, 181), und bei Einschränkg dch VorbehKlauseln (vgl unten 4). – **Mehrwertsteuer** ist ein rechtl unselbstständ Teil des zu zahlden Preises (BGH **58**, 295, **60**, 203, BFH BB **82**, 722). Sie ist, wenn sich aus dem Umst nichts and ergibt, in dem angebotenen Preis enthalten (BGH aaO); das gilt auch beim WerkVertr (Karlsr NJW **72**, 451); beim MaklerVertr (Köln OLGZ **72**, 10, Zweibr OLGZ **77**, 216); MietVertr (Stgt NJW **73**, 2066); AbzGesch (Karlsr NJW **73**, 2067); GrdstKauf (Hamm Betr **73**, 125). Der Architekt kann dagg die MWSt – ebso wie der RA (BRAGO 25 II) – zusätzl zu seinem Honorar fordern (HOAI § 1, und nach Erlr Recht s BGH NJW-RR **89**, 787). Ist Pachthöhe vom Umsatz abhäng, ist iZw der Bruttoumsatz maßgebd (Hamm BB **78**, 1282). Verkäufer kann keine MWSt nachfordern, wenn er irrtüml geglaubt hat, er sei nicht umsatzsteuerpflicht (BGH **LM** (D) Nr 31). Auch bei Angeboten an einen zum Vorsteuerabzug berecht Untern nimmt die hM an, daß die MWSt iZw im angebotenen Preis enthalten ist (BGH WPM **73**, 677, Oldbg NJW **69**, 1486, Mü Betr **70**, 1480, Köln NJW **71**, 894, Schaumburg NJW **74**, 1734). Es hat sich auch kein Handelsbrauch herausgebildet, daß Preisangebote u -vereinbarngen im Verk zw vorsteuerabzugsberecht Untern iZw „netto" zu verstehen sind (Düss NJW **76**, 1268, Karlsr Justiz **77**, 200). Vereinbg ist iZw dahin auszulegen, daß Nettopreis zuzügl der wirkl geschuldeten MWSt zu zahlen ist. Der Preis ist daher entspr herabzusetzen, wenn irrtüml eine zu hohe MWSt berechnet worden ist. Das gilt zumindest dann, wenn der VertrPart vorsteuerabzugsberecht ist (Peusquens BB **78**, 1304). – **Preisänderungsklauseln** bedeuten idR, daß der Verk den Preis gem § 315 an jeweiligen Marktpreis u WirtschLage anpassen darf (BGH **1**, 354); uU enthalten sie aber ein Rücktr-Vorbeh mit Pfl zum Neuangebot (BGH aaO). ZulässigkSchranken für formularmäß Erhöhungsklauseln ergeben sich aus AGBG 9, 11 Nr 1 (AGBG 11 Anm 1). Erhöhgsklauseln geben dem Käufer bei sinkden Gestehgskosten iZw nicht dR, eine Preisherabsetzg zu verlangen (BGH JZ **54**, 356). Dagg verpflichten Zinsändersgklausel bei sinkendem Zinsniveau auch zur Herabsetzg (BGH **97**, 212). Entspr gilt iZw für die Preisklausel im StromliefergsVertr mit einem Sonderabnehmer (BGH JZ **72**, 56). Bei Verkauf zu dem am Liefertag gült Listenpreis ist Preiserhöhg nicht zu berücksichtigen, wenn Verzögerg vom Verk zu vertreten ist (Düss Betr **72**, 35). Zu PreisändKlauseln in langfristigen LieferVertr vgl Kunth BB **78**, 178, in EnergielieferVertr s Baur ZIP **83**, 905. Bei ErbbVertr u Dauerschuldverhältn w zur Anpassg des Entgelts an die veränderten Verhältn vielf Gleitklauseln, Spanngsklauseln od sonst **Wertsicherungsklauseln** vereinbart, vgl dazu §§ 244, 245 Anm 5 u § 315 Anm 2 b. – Zur Frage, ob **Schweigen** als Zust zu gelten h, vgl Einf 3 vor § 116 u § 148 Anm 1. – Bei **Stundungsvereinbarungen** besteht idR RücktrR, wenn Schu den Anspr bestreitet (§ 271 Anm 4 d). – VertragsVerbot (zB WettbewVerbot) verpflichtet idR zugleich zur Unterlassg von **Umgehungs**handlgen (BGH WPM **70**, 1339). – Zur ergänzden Anwendg von Vorschr des FamR auf schuldrechtl **Unterhaltsvereinbarungen** s BGH **LM** (D) Nr 48. – Schließt Schu mit Gläub auf der Grdlage gleichmäß Befriedig außergerichtl **Vergleich,** h Gläub bei Gewähr von Sondervorteilen an und RücktrR (RG **153**, 397, Mü NJW **56**, 1801). – Zur Auslegg des Begr **Verkehrswert** s BGH NJW **89**, 2129, von **Wertgarantien** s Karlsr JZ **82**, 860. – Aus GeschVerkauf kann sich für den Verk ohne ausdr Bestimmg ein **Wettbewerbsverbot** ergeben (RG **117**, 177, Stgt NJW **49**, 27); ebso aus Arztpraxistausch das Verbot, sich in der Nähe der früheren Praxis wieder als Arzt niederzulassen (BGH NJW **55**, 337). Vermieter von GeschRäumen ist idR verpflichtet, im gleichen Haus keinen Wettbewerber zuzulassen (§ 535 Anm 2a). Nachvertragl Wettbewerbsverbot für ArbN gilt idR nicht, wenn ArbG ohne wicht Grd kündigt od selbst wicht KündGrd setzt (BAG BB **67**, 714). Es entfällt, wenn sein Schutzzweck dauernd wegfällt (vgl Zweibr OLGZ **72**, 210, endgült Aufg der schuldnerschen Tätigk). – Der Begriff **Wohnfläche** ist iSd DIN 283 auszulegen (Ffm OLGZ **84**, 366). – Zur Auslegg des Vertr zw **Zeitschriftenverleger** u Händler vgl BGH **LM** (B) Nr 7. – Ob bei Vereinbg banküblich **Zinsen** Soll- od Habenzinsen maßgebd ist, hängt von den Umst ab (Hamm WPM **73**, 794).

4) Typische Klauseln: „Brief folgt" (vgl § 148 Anm 1a); – „Circa-Klausel" (BGH **LM** (Ge) Nr 2, Thamm Betr **82**, 417); – „wie besehen" (RG Warn **13**, 281), „wie besichtigt" (BGH BB **57**, 238, Ffm Betr **80**, 779); – „Kasse gg Lieferschein" (Hertin MDR **70**, 881); – „Kasse gg Dokumente" (RG **106**, 299, BGH **14**, 61), „Kasse gg Dokumente bei Ankunft des Dampfers" (BGH **41**, 215, BGH WPM **67**, 1216), – „netto Kasse gegen Faktura" (RG **69**, 125), „netto Kasse" (BGH **23**, 131, Betr **72**, 1719), „Kasse gegen Akkreditiv" (RG Recht **22**, 1136), „cash on delivery" (BGH NJW **85**, 550), „Zahlg durch Scheck" (RG JW **26**, 2074), „Zahlung bei Empfang" (OLG **44**, 242), „Zahlung nach Eintreffen der Waren" (RG SeuffA **81**, 25), „Zahlung gg Dokumente" (BGH **55**, 342); – „Zurückhaltg des Kaufpreises ausgeschlossen" (BGH NJW **58**, 419); – „cif" (RG **90**, 1), „fob" (RG **106**, 212, BGH **60**, 5); – „frachtfrei X" (Mü NJW **58**, 426); – „freibleibend" bei VertrAngebot (vgl § 145 Anm 2) wird idR nur VertrBestandt, wenn im Vertr wiederholt (RG **102**, 228); als VertrBestandt gewährt die Klausel meist RücktrR, nicht Befugnis zur

Änderg der Abmachgen (RG Warn **23/24**, 101); möglicherw auch nur Befugn zur Preisänderg (RG **103**, 415); jedenf ist sie eng auszulegen (RG **102**, 228, „stets freibleibend"), „freibleibend unter Vorbehalt der Lieferungsmöglichkeit" (RG **104**, 115, 306); „Lieferungsmöglichkeit vorbehalten" (RG **132**, 305, RG JW **25**, 439, BGH NJW **58**, 1628); „richtige und rechtzeitige Selbstbelieferung vorbehalten" (BGH **92**, 397, **LM** HGB 346 (Ea) Nr 12, Celle Betr **74**, 375), derart Klausel bezieht sich uU nur auf Lieferzeit (BGH **24**, 39), zur Selbstbeliefergsklausel bei kongruenten DeckgsGesch vgl BGH **49**, 388. – Bedeutg der Bezeichng „gentleman agreement" für eine Absprache ist nach dem Einzelfall auszulegen (BGH **LM** § 242 (Be) Nr 19). – „Angemessener" Mietzins ist im Streitfall vom Gericht festzusetzen (BGH **LM** (Ga) Nr 14). – „Gegenstände" bei Veräußerg eines Gewerbebetriebs können auch unkörperl Güter (wie Geschäftswert, Kundschaft) sein (RG DR **42**, 465). – „Geschäftsverbindg" in Bankbedinggen (BGH NJW **64**, 2057). – Über Dollarklausel vgl RG **152**, 166, auch RG **163**, 324. – „Triftiger Grund" (BGH **LM** Nr 15). – „Wert der Vorbehaltsware" bei verlängertem EigtVorbeh vgl § 398 Anm 4d cc. – Klauseln im AuslandsGesch vgl die von der Internationalen Handelskammer aufgezeichneten „incoterms" u dazu Baumb/Duden/Hopt 2. Teil III (6).

Vierter Titel. Bedingung. Zeitbestimmung

Einführung

1) Begriffe. a) Bedingung iSd §§ 158 ff ist die dch den PartWillen in ein RGesch eingefügte Bestimmg, die die RWirkgen des Gesch von einem zukünft ungewissen Ereign abhäng macht. Auch dieses Ereign w vom Ges als Bdgg bezeichnet (§ 158 „Eintritt der Bdgg"). Bdggen kommen in zwei GrdTypen vor: Bei der **aufschiebenden** Bdgg hängt der Eintritt, bei der **auflösenden** Bdgg das Fortbestehen der RWirkgen von dem zukünft Ereign ab. Welche Art von Bdgg vorliegt, ist Auslegsfrage (§ 158 Anm 1). – **b) Befristung** ist die dch den PartWillen in ein RGesch eingefügte Bestimmg, wonach ein zukünft gewisses Ereign für den Beginn der RWirkgen (Anfangstermin) oder deren Ende (Endtermin) maßgebd ist (§ 163 Anm 1).

2) Keine Bedingungen iSd §§ 158 ff sind: **a) Vertragsbedingungen,** ein Terminus, der dch AGBG 1 Eingang in die GesSprache gefunden hat. Sie legen die beiderseit Rechte u Pflten fest, machen aber die Wirkgen des RGesch nicht von einem zukünft Ereign abhäng. Die Abgrenzg kann schwier sein, so bei KreditVertr (BGH WPM **60**, 356, **63**, 192) od Bürgsch (BGH WPM **58**, 218). Für sie ist die Interessenlage maßgebd; die Verwendg des Wortes „Bdgg" besagt für die rechtl Einordng nichts, da es sowohl für VertrBdggen als auch für Bdggen im RSinne gebraucht w. Mögl ist auch, daß die Erf einer vertragl Pfl zur Bdgg iS §§ 158ff gemacht w (BGH WPM **83**, 991). – **b) Auflagen** (§§ **525**, 1940, 2192). Sie verpfl den Empfänger einer Zuwendg zu einer Leistg, das RGesch ist aber sofort voll wirks. – **c) Rechtsbedingungen** (s Egert, RBdgg 1974) sind die gesetzl Voraussetzgen für das Zustandekommen u die Wirksamk eines RGesch. Solange eine nachholb RBdgg (Gen dch Dr od Beh) fehlt, besteht ebenf ein Schwebezustand. Für ihn gelten aber SonderVorschr (zB §§ 115, 184, 185 II), die §§ 158 ff sind nicht entspr anwendb (RG **144**, 73, OGH **3**, 253, Egert S 183 ff). Eine RBdgg bleibt idR auch dann bloße RBdgg, wenn sie im Vertr ausdr als Wirksamk-Voraussetzg angeführt w. Haben die Part irrtüml angenommen, die Wirksamk des Vertr sei von einer best RBdgg (behördl Gen) abhäng, so berührt dies die Gültigk des RGesch grdsl nicht (BGH WPM **61**, 407, 410, DNotZ **76**, 370, BFH WPM **81**, 343). – **d)** Die auf ein **vergangenes** od **gegenwärtiges** Ereign abgestellte Bdgg. Es fehlt an dem Erfordern des zukünft ungewissen Ereign. Die bestehde subj Ungewißh reicht zur Anwendg der §§ 158 ff nicht aus. Die Auslegg kann ergeben, daß die Erkl nur wirks sein soll, wenn die Erwartgen des Erklärden zutreffen (Frohn Rpfleger **82**, 56). Fehlt (§ 762) vorliegen. Ist im Vertr unter der „Bdgg" geschlossen worden, daß der Rücktr von einem fr Vertr wirks ist, können die §§ 158 ff entspr angewandt w (BGH **LM** § 159 Nr 1, Staud-Dilcher Rdn 26). – **e)** Hat eine Part erklärt, daß sie von best **Voraussetzungen** ausgehe, ist die rechtl Einordng Frage des Einzelfalls. Es kann eine Bdgg vorliegen (aA Posen SeuffA **63**, 91), uU kommt bei Fehlen einer Voraussetzg ein IrrtAnf in Betracht (§ 119 Anm 5e), möglicherw sind auch die Grds über den Wegfall der GeschGrdl anwendb (§ 242 Anm 6 B b).

3) Bedingtes Rechtsgeschäft, Rechtsstellung des Berechtigten. – a) Das **bedingte Rechtsgeschäft** ist tatbestandl vollendet u voll gült, nur seine RWirkgen sind bis zum Eintritt od Ausfall der Bdgg in der Schwebe. Für die GeschFgk, die VfgsBefugn, die Beurteilg der Sittenwidrigk u alle sonst GültigkVoraussetzgen kommt es daher auf den Ztpkt der Vornahme des RGesch an, nicht auf den des Bdggseintritts. Das gilt auch für die Voraussetzgen des gutgl Erwerbs (BGH **30**, 377). Der für die Zukunft vorgesehene RZustand äußert bereits Vorwirkgen. Zu Gunsten des bedingt Berecht bestehen die SchutzVorschr der §§ 160 ff. Der bedingte Vertr begründet eine ggs TreuePfl (BGH **90**, 308, **LM** § 158 Nr 11, NJW **84**, 2035). Ihre Verletzg kann, auch wenn die Voraussetzgen des § 160 dem VollR nicht vorliegen, zum SchadErs wg pVV verpfl. – **b)** Die RStellg des bedingt Berecht w als **Anwartschaftsrecht** bezeichnet (§ 929 Anm 6 B). Das AnwR ist grdsl vererbl u übertragb, also auch pfändb. Es kann dch Bürgsch, PfandR, Vormerkg sowie dch Arrest od einstw Vfg gesichert w u Ggst der Feststellgsklage od der Klage auf zukünft Leistg sein. Es entsteht nicht nur dch bedingte RGesch, sond immer dann, wenn von dem mehrakt EntstehgsTatbestd eines Rechts schon so viele Erfordern erf sind, daß von einer gesicherten RPosition des Erwerbers gesprochen w kann, die der an der Entstehg des Rechts Beteiligte nicht mehr einseit zu zerstören vermag (BGH **49**, 201, **83**, 399, NJW **84**, 973). Die dogmat Einordng des AnwR ist umstr. Ein Teil des Schriftt bezeichnet es als Vorstufe des erwarteten Rechts (RGRK Rdn 26); der BGH sagt, es sei ggü dem VollR kein aliud, sond ein „wesensgleiches minus" (BGH **28**, 21). Richtig wohl die von Georgiades (EigtAnw beim VorbehKauf, 1963) begründete Einordng des AnwR als **ein Erwerbsrecht eigener Art** (ebso Staud-Dilcher Rdn 51, Larenz § 25 III c). Es ist dadch gekennzeichnet, daß aus ihm beim Eintritt best Voraussetzgen ipso jure das (dingl od schuldrechtl) VollR entsteht. Auf die Übertragg des AnwR sind die Vorschr entspr anzuwenden, die für die Übertragg des VollR gelten (s § 925

Rechtsgeschäfte. 4. Titel: Bedingung. Zeitbestimmung **Einf v § 158, § 158**

Anm 6 b aa, § 929 Anm 6 C). Abw von diesem GleichbehandlgsGrds sind aber für die Pfändg des AnwR die Vorschr über die RPfändg (ZPO 857) maßgebd (§ 925 Anm 6 b aa, § 929 Anm 6 D b). Vgl dazu u zum **Schutz des Anwartschaftsrechts** ggü Dr eingehd § 929 Anm 6 B d bb, f.

4) Gegenstand der Bedingung kann ein zukünft Ereign jeder Art sein, auch eine von einem Dr vorzunehmde Hdlg (BayObLG NJW-RR **86**, 94). Wie § 495 zeigt, kann sogar das freie Belieben einer Part zur Bdgg eines RGesch gemacht w, sog **Potestativbedingung** (RG **104**, 100, BGH **47**, 391, BayObLG NJW-RR **88**, 982). Ein RGesch mit einer derart WollensBdgg w aber nur ausnahmsw, etwa bei Ankaufs- od Wiederkaufs R, anzunehmen sein (Einf 4 c v § 145). Bindet sich nur eine Part, währd sich die GgPart ihre Entschließg vorbehält, liegt idR ein VertrAngebot mit verlängerter Bindgswirkg (Option) u nicht ein bedingter Vertr vor. Eine auflösde Wollensbedingg w iZw als RücktrVorbehalt (§ 346) aufzufassen sein. Bei handlgsabhäng Bdggen kann der and Teil den Schwebezustand dch FrSetzg u Ablehngsandrohg analog § 326 beenden (BGH NJW **85**, 1557).

5) Fehlerhafte Bedingung. Eine unmögl aufschiebde Bdgg macht das RGesch von Anfang an unwirks, ein RGesch mit einer unmögl auflösden Bdgg ist dagg voll wirks. Verstößt die aufschiebde Bdgg gg ein gesetzl Verbot od gg die guten Sitten (§§ 134, 138), ist das RGesch im Ganzen nichtig; eine Aufrechterhaltg unter Wegfall der fehlerh Bdgg ist nicht mögl, da das RGesch iSd § 139 nicht teilb ist (Staud-Dilcher Rdn 28). Dagg kann ein RGesch mit einer gesetz- od sittenw auflösden Bdgg in Anwendg des § 139 aufrecht erhalten w, so ein ArbVertr mit einer Zölibatsklausel (BAG **4**, 285), ein dch Schwangersch auflösd bedingter ArbVertr (LAG Düss Betr **69**, 931), ein ArbVertr mit einer auflösden Bdgg, die das Beschäftiggsrisiko einseit auf den ArbNeh abwälzt (BAG NJW **82**, 788, krit Füllgraf NJW **82**, 738), eine Vergütgszusage mit einer unwirks auflösden Bdgg (BGH Betr **82**, 2407). Wird die Erkl unter der „Bdgg" abgegeben, daß eine best RFolge eintritt, ist sie iF des Fehlschlagens der Erwartg unwirks (BayObLG Rpfleger **82**, 69).

6) RGesch können grdsl unter Bdggen vorgenommen w, sind also idR bdggsfreundl. Es bestehen aber Ausn: – **a)** Kraft ausdr gesetzl Vorschr sind **bedingungsfeindlich:** die Aufl (§ 925 II), die Bestellg u Übertragg des ErbbR (ErbbRVO 1 IV, 11 II), die Eheschließg (EheG 13 II), die Anerkenng der Ehelichk (§ 1600 b), vgl ferner §§ 1724, 1750 II, 1947, 2180 II, 2202 II. – **b)** Bdggsfeindl ist außerdem die Ausübg von **Gestaltungsrechten,** da dem ErklEmpfänger keine Ungewißh u kein Schwebezustand zugemutet w kann (BGH **97**, 267). Das gilt für die Aufr (§ 388 S 2), die AnfErkl (RG **66**, 153, BGH WPM **61**, 157), den Rücktr (BGH **97**, 267), die Künd (RG **91**, 308), die Gen (§ 185 Anm 1 b bb), die Ausübg des VorkaufsR. Unbedenkl sind aber Bdggen, die den ErklEmpfänger nicht in eine ungewisse Lage versetzen (BGH **97**, 267), seine berecht Interessen also nicht beeinträchtigen. Das trifft insb auf PotestativBdggen zu, deren Erf, wie iF der ÄndKünd, vom Willen des ErklEmpf abhängen (BGH **LM** § 609 Nr 4 Bl 3, BAG NJW **68**, 2078). Unbedenkl auch RBdggen, da sie die gesetzl Voraussetzgen ledigl wiederholen (BGH **99**, 239, **LM** § 1477 Nr 1 Bl 2 R, BAG Betr **80**, 1601, Ffm NJW **70**, 1646), ebso die EventualAnf od -Aufr im Proz (BGH NJW **68**, 2099, § 388 Anm 2). Vergangenh- u GegenwartsBdggen (s Anm 2 d) sind nur zul, wenn sie auf ein dem ErklEmpfänger bei Zugang bekanntes Ereign abstellen.

7) Wer aus einem RGesch Rechte herleitet, trägt die **Beweislast** dafür, daß das RGesch ohne aufschiebde Bdgg vorgenommen worden ist (RG **107**, 406, BGH NJW **85**, 497, Karlsr OLGZ **72**, 277, sog Leugnstheorie, str). Er ist ebso für den BdggsEintritt bewpflicht (BGH BB **81**, 1732). Die GgPart trägt die BewLast für die spätere Vereinbg einer aufschiebden Bdgg (RG **107**, 406) sowie für das Vorliegen u den Eintritt einer auflösden Bdgg (BGH MDR **66**, 571, Baumgärtel-Laumen § 158 Rdn 1, aA Reinicke JZ **77**, 164).

158 *Aufschiebende und auflösende Bedingung.*

I Wird ein Rechtsgeschäft unter einer aufschiebenden Bedingung vorgenommen, so tritt die von der Bedingung abhängig gemachte Wirkung mit dem Eintritte der Bedingung ein.

II Wird ein Rechtsgeschäft unter einer auflösenden Bedingung vorgenommen, so endigt mit dem Eintritte der Bedingung die Wirkung des Rechtsgeschäfts; mit diesem Zeitpunkte tritt der frühere Rechtszustand wieder ein.

1) Allgemeines. S Einf. Bei der aufschiebden Bdgg (I) steht dem Erwerber zunächst nur ein AnwR zu, das mit Eintritt der Bdgg zum VollR erstarkt (Einf 3 b v § 158). Bei der auflösden Bdgg (II) tritt zunächst die gewollte RÄnd ein; der dch die auflösde Bdgg Begünstigte hat aber ein AnwR auf Rückerwerb (Wiederherstellg des fr RZustandes). Trotz dieser begriffl klaren Unterscheidg ist die Abgrenzg im Einzelfall oft schwier. Ausleggsregeln für Sonderfälle enthalten §§ 455, 495, 2075. Kauf vorbehaltl des Ergebn einer Probefahrt ist iZw aufschiebd bedingt (LG Bln MDR **70**, 923), ebso der Kauf unter der Bdgg der Weiterveräußerg (BGH NJW **75**, 776, sog Konditionskauf). **Eintritt der Bedingung** ist Eintritt des vorgesehenen Ereign. Er beendigt den Schwebezustand u läßt bei aufschiebder Bdgg ipso jure das RGesch wirks w, bei auflösder Bdgg tritt ipso jure der fr RZustand wieder ein. Das gilt auch dann, wenn derj, der das bedingte RGesch vorgenommen hat, die RFolge nicht mehr will, wenn er verstorben ist, die GeschFgk od die Verfüggsbefugn verloren hat (Einf 3 b). Der **Ausfall** der Bdgg beseitigt ebenf den Schwebezustand aber mit entggesetztem Ergebn: das aufschiebd bedingte RGesch w endgült wirkgslos, das auflösd bedingte RGesch bleibt dauernd wirks. Ausgefallen ist die Bdgg, wenn feststeht, daß sie nicht mehr eintreten kann (BGH VersR **74**, 1168) od wenn der Zeitraum verstrichen ist, innerhalb dessen der BdggsEintritt zu erwarten war (BGH NJW **85**, 1557).

2) Einzelfälle: RäumgsVergl mit ErsRaumKlausel ist iZw ein aufschiebd bedingter MietaufhebgsVertr (Roquette NJW **65**, 678). Hingabe eines Geldscheins mit wesentl höherem Wert als die Schuld ist Übereigng unter aufschiebder Bdgg der Rückzahlg der Differenz (Saarbr NJW **76**, 65). Klausel „Selbstbelieferg vorbehalten" macht NichtErf des DeckgsGesch zur auflösden Bdgg des KaufVertr (BGH **24**, 40). Finanziergsklauseln können aufschiebde od auflösde Bdggen sein, wenn allen Beteil klar ist, daß der Käufer selbst nicht zahlen

§§ 158–161

kann (s BGH NJW **85**, 1080, Celle OLGZ **69**, 309, KG NJW **71**, 1139/1704, Karlsr MDR **76**, 840, Mü WPM **84**, 1335); die angebotene Finanzierg muß für den Käufer akzeptabel sein (s LG Aachen NJW-RR **86**, 411). Auch zw einem Kauf- u einem LeasingAntr kann ein BdggsZushang bestehen (Köln NJW-RR **88**, 504). Wird eine Ehe nur zu dem Zweck geschlossen, dem ausl Eheg eine AufenthaltsErlaubn zu verschaffen, kann eine (unzul) auflösde Bdgg vorliegen (Hbg OLGZ **83**, 20). Eine aufschiebde Bdgg kann anzunehmen sein bei Mietaufhebg für den Fall, daß ein geeigneter ErsMieter gefunden w (LG Mannh DWW **77**, 42), beim Vergl unter WiderrufsVorbeh (BGH **88**, 364) u beim PkwKauf unter dem Vorbeh einer Probefahrt (LG Bln MDR **70**, 923). Bei DarlVertr ist Stellg der vereinbarten Sicherh nicht aufschiebde Bdgg, sond VertrPfl (BGH NJW **69**, 1957); dagg kann die Dchführbark einer geplanten Umschuldg eine aufschiebde Bdgg sein (Saarbr WPM **81**, 1212). Sicherigsübereign u -Abtr sind nur bei ausdr Abrede dch Erf des gesicherten Anspr auflösd bedingt (BGH NJW **84**, 1184, Staud-Dilcher Rdn 5, Soergel-Wolf Rdn 6, str, aA Serick III § 37 I 3). Soll die Maklerprovision erst nach Eingang des KaufPr gezahlt w, ist es Auslegsfrage, ob eine aufschiebde Bdgg od nur eine FälligkRegel vorliegt (BGH NJW **86**, 1035).

159 *Rückbeziehung.* **Sollen nach dem Inhalte des Rechtsgeschäfts die an den Eintritt der Bedingung geknüpften Folgen auf einen früheren Zeitpunkt zurückbezogen werden, so sind im Falle des Eintritts der Bedingung die Beteiligten verpflichtet, einander zu gewähren, was sie haben würden, wenn die Folgen in dem früheren Zeitpunkt eingetreten wären.**

1) Der Eintritt der Bdgg hat **keine rückwirkende Kraft** (BGH **10**, 72). Eine Vereinbg, wonach der BdggsEintritt zurückbezogen w soll, hat nur schuldrechtl Wirkg. Die Rückgewähr richtet sich nach § 812 (BGH **LM** Nr 1, Soergel-Wolf Rdn 2, aA Wunner AcP **168**, 445).

160 *Haftung während der Schwebezeit.* **¹ Wer unter einer aufschiebenden Bedingung berechtigt ist, kann im Falle des Eintritts der Bedingung Schadensersatz von dem anderen Teile verlangen, wenn dieser während der Schwebezeit das von der Bedingung abhängige Recht durch sein Verschulden vereitelt oder beeinträchtigt.**

II Den gleichen Anspruch hat unter denselben Voraussetzungen bei einem unter einer auflösenden Bedingung vorgenommenen Rechtsgeschäfte derjenige, zu dessen Gunsten der frühere Rechtszustand wieder eintritt.

1) § 160 hat für bedingte VerpflGesch nur klarstellde Bedeutg (s Einf 3 a v § 158), für VfgsGesch ist er dagg konstitutiv (MüKo/Westermann Rdn 3). Der SchadErsAnspr entsteht erst iF des BdggsEintritts. Er richtet sich auf das positive Interesse (Staud-Dilcher Rdn 8). § 278 ist anzuwenden, ebso § 282 (MüKo/Westermann Rdn 5).

161 *Zwischenverfügungen.* **¹ Hat jemand unter einer aufschiebenden Bedingung über einen Gegenstand verfügt, so ist jede weitere Verfügung, die er während der Schwebezeit über den Gegenstand trifft, im Falle des Eintritts der Bedingung insoweit unwirksam, als sie die von der Bedingung abhängige Wirkung vereiteln oder beeinträchtigen würde. Einer solchen Verfügung steht eine Verfügung gleich, die während der Schwebezeit im Wege der Zwangsvollstreckung oder der Arrestvollziehung oder durch den Konkursverwalter erfolgt.**

II Dasselbe gilt bei einer auflösenden Bedingung von den Verfügungen desjenigen, dessen Recht mit dem Eintritte der Bedingung endigt.

III Die Vorschriften zugunsten derjenigen, welche Rechte von einem Nichtberechtigten herleiten, finden entsprechende Anwendung.

1) Zwischenverfügungen. – a) § 161 schützt den aus einer Vfg (Übbl 3 d v § 104) bedingt Berecht. Vfgen, die der RInhaber währd der Schwebezeit trifft, w mit Bdggseintritt unwirks, sow sie die Rechte des Erwerbers vereiteln od beeinträchtigen. Die Unwirksamk ist absolut, wirkt also ggü jedermann (Staud-Dilcher Rdn 10). Sie betrifft aber nur die ZwVfg, nicht das zugrundeliegde VerpflGesch (BGH Betr **62**, 331). Sie tritt nicht ein, wenn der bedingt Berecht der Vfg zugestimmt hat (vgl Rn **76**, 91, BGH **92**, 288). Der Erlaß der bedingt abgetretenen Fdg fällt unter § 161 (BGH **20**, 133, Hamm FamRZ **80**, 890), ebso deren Einzieh (MüKo/Westermann Rdn 10), jedoch bleibt der Schu der Schutz des § 407. Den rgeschäftl Vfgen gleichzustellen sind gesetzl PfandR (Soergel-Wolf Rdn 4, str) sowie gem I 2 Maßn der ZwVollstr, der Arrestvollziehg u des KonkVerw. Der aus der ZwVfg Berecht behält seine RStellg, soweit sie der Erwerber nicht beeinträchtigt. Wer nach einer bedingten NießbrBestellg Eigt erworben hat, bleibt daher auch nach BdggsEintritt Eigentümer, vorbehaltlich III jedoch mit den sich aus dem Nießbr ergebden Einschränkgen. Auf den gem § 956 AneigngsBerecht ist § 161 weder unmittelb noch analog anwendb (BGH **27**, 367). – **b)** Keine Vfg iSd § 161 ist die **Prozeßführung**. Der RInhaber ist währd der Schwebezeit weiter aktiv- u passivlegitimiert. Das für od gg ihn ergangene Urt wirkt nach BdggsEintritt gem ZPO 325 auch für den RNachfolger. Der Schutzgedanke des § 161 ist auch nicht analog anzuwenden (Pohle FS Lehmann, 1956, II, 758, str, aA MüKo/Westermann Rdn 16).

2) Zum Schutz des ZwErwerbers sind gem III die Vorschr über den **gutgläubigen Erwerb** entspr anwendb. III beruht auf der Erwägg: Wenn der Erwerber das Recht kr guten Glaubens auch von einem NichtBerecht hätte erwerben können, ist er beim Erwerb vom Berecht erst recht schutzwürd, vorausgesetzt, daß er hinsichtl der Beschrkgen der VfgsMacht gutgl war. Bei Vfgen über Grdst gelten die §§ 892, 893 entspr, bei Vfgen über bewegl Sachen die §§ 932, 936, 1032, 1207, HGB 366. Bei Fdgen u den Rechten des § 413 gibt es keinen gutgl Erwerb, ebsowenig bei Maßn der ZwVollstr.

162 *Unzulässige Einwirkung auf die Bedingung.* ¹ Wird der Eintritt der Bedingung von der Partei, zu deren Nachteil er gereichen würde, wider Treu und Glauben verhindert, so gilt die Bedingung als eingetreten.

ᴵᴵ Wird der Eintritt der Bedingung von der Partei, zu deren Vorteil er gereicht, wider Treu und Glauben herbeigeführt, so gilt der Eintritt als nicht erfolgt.

1) Allgemeines. § 162 ist Ausdr des allg RGedankens, daß niemand aus seinem treuwidrigen Verhalten Vorteile ziehen darf (Anm 4). Er gilt grdsl nur für Bdggen iSd § 158, nicht dagg für RBdggen, insb nicht für behördl Gen (RG **129**, 367, BGH **LM** KRG 45 Art IV Nr 4 u 5, Ffm DNotZ **72**, 180). Bei diesen sind die Part aber idR gem § 242 verpfl, auf die Erteilg der Gen hinzuwirken u alles zu unterlassen, was die Gen gefährden könnte (§ 242 Anm 4 B c u g). Steht die Bindgswirkg des RGesch aGrd einer WollensBdgg (Einf 4 v § 158) im freien Belieben einer Part, ist § 162 idR nicht anwendb (RG **115**, 302), in AusnFällen kann aber die RFolge des § 162 zu bejahen sein (Mü NJW-RR **88**, 59). Wo eine Mitwirkg des bedingt Verpflichteten zur Erf der Bdgg erforderl ist, ist dch Ausslegg zu ermitteln, ob u inwieweit eine Bindg bestehen soll (RG **79**, 98, **88**, 3).

2) Voraussetzungen. a) Die Part muß den Eintritt der Bdgg verhindert (I) od herbeigeführt h (II). Erforderl ist daher eine wirkl **Beeinflussung des Kausalverlaufs,** der bloße Versuch einer Einwirkg schadet nicht. Ein Unterl genügt, sofern, etwa aus § 242 (Düss Betr **87**, 41), eine RPflicht zum Handeln besteht. Ausr auch eine mittelb Einwirkg (BGH BB **65**, 1052), nicht dagg aber die bloße Erschwerg des BdggsEintritts (RG **66**, 226). Wer sich auf § 162 beruft, muß UrsachenZushang zw Einwirkg u Ausfall bzw Eintritt der Bdgg beweisen (BGH **LM** Nr 2). – **b)** Die Einwirkg auf den BdggsEintritt muß gg **Treu u Glauben** verstoßen haben. Die Verletzg einer einklagb VertrPfl ist nicht erforderl (BGH **LM** Nr 3). Es genügt, wenn das Verhalten bei Würdigg von Anlaß, Zweck u BewegGrd als treuwidrig erscheint. Dabei können auch subj Momente mitberücksichtigt w. Die Anwendg v § 162 setzt aber kein absichtl Handeln voraus (RG **122**, 247, BGH NJW-RR **89**, 802); auch ein schuldh Verhalten ist nicht zu fordern, ein obj Verstoß gg Treu u Glauben reicht aus (MüKo/Westermann Rdn 10, str, aA RG u BGH aaO, ähnl wie hier aber RG HRR **31**, 1905). – **c) Einzelfälle:** § 162 ist anwendb, wenn der VorbehVerkäufer die angebotene Restzahlg nicht annimmt (BGH **75**, 228); wenn der Vermieter bei einem bedingten MietaufhebgsVertr den VertrSchl mit dem ErsMieter ohne triftigen Grd ablehnt (LG Köln MDR **67**, 768, LG Mannh DWW **77**, 42); wenn die finanzielle Leistgsfähig aufschiebde Bdgg ist u der Schu nicht leistet (BGH BB **65**, 1052); wenn der Erf einer Verbindlichk aufschiebde Bdgg ist u der Schu nicht leistet; das gilt auch iF des Unvermögens, sofern der Schu bei Vereinbg der Bdgg hiervon wußte (BGH NJW-RR **89**, 802); wenn die aus einer UnterhVereinbg Berecht in einer eheähnl Gemeinsch lebt (Düss NJW **81**, 463, aA BGH NJW **82**, 1997); wenn die für den Fall der Kinderlosigk aufschiebd bedingte Zuwendg vom Pflitgen dch Ann eines Vollj umgangen w soll (Stgt FamRZ **81**, 818); wenn die Verpfl, iF des VertrSchl einen Mitpächter zu beteiligen, dch einen VertrSchl der Ehefrau umgangen w soll (BGH NJW **82**, 2552). Kein Verstoß gg Treu u Glauben ist es, wenn der ArbGeb vor dem Stichtag für die Gratifikationszahlg aus betriebsbedingten Grden kündigt (BAG Betr **86**, 383); wenn Bauherr, der dch Arch iF der BauGen ein Honorar schuldet, auf deren Ablehng auf ein langwieriges RMittelVerf verzichtet (Köln OLGZ **74**, 8); wenn GeschHerr, der dem Makler nur bei DchFührg des Gesch eine Provision schuldet, auf die Ausführg verzichtet (BGH NJW **66**, 1404); wenn der KaufVertr wieder aufgehoben w, um die Ausübg eines VorkaufR zu verhindern (RG **98**, 51); wenn der Käufer wg des für den Verzug vorgesehenen Rückkaufs absichtl nicht zahlt (BGH NJW **84**, 2568).

3) Rechtsfolgen. Die Verhinderg (I) od Herbeiführg (II) des Bdggseintritts führen zu der Fiktion, daß die Bdgg als eingetreten bzw als ausgefallen gilt. Die Fiktion wirkt auch ggü Dr, so etwa zG des Maklers, der einen aufschiebd bedingten Vertr vermittelt hat (RG Warn **29**, 101). Als **Zeitpunkt** des Bdggseintritts (I) gilt derj, an dem die Bdgg bei redl Handeln eingetreten wäre (RG **79**, 96, str), als Ztpkts des Ausfalls (II) der der unredl herbeigeführten Bdgg. Hat sich der Schu der VertrErf schuldh unmögl gemacht, gilt die Bdgg aber bereits mit der Vornahme der treuwidrigen Hdlg als eingetreten (BGH NJW **75**, 205).

4) Analoge Anwendung. § 162 enthält den allg RGedanken, daß niemand aus einem von ihm treuwidr herbeigeführten Ereign Vorteile herleiten darf (s auch § 242 Anm 4 C a u b). Er ist daher bei vergleichb Interessenlage entspr anzuwenden, so auf die treuwidr Herbeiführg des Nacherbfalls (BGH NJW **68**, 2051); auf die treuwidr Künd unmittelb vor Eintritt des KündSchutzes (BAG NJW **58**, 37), vor Fälligk einer Gratifikation (BAG **AP** § 611 Gratifikation Nr 52), vor Unverfallbark der Versorggsanwartsch (BAG WPM **76**, 64), vor Fälligwerden der geschuldeten GeschÜbertr (BGH **170**, 389). § 162 gilt auch dann, wenn der Käufer beim finanzierten AbzKauf die Abn der Sache grundlos ablehnt (BGH NJW **64**, 36) od wenn der Gläub den BürgschFall dadch herbeiführt, daß er den HauptSchu zur NichtErf veranlaßt (BGH BB **66**, 305). Bei VergangenhBdggen (Einf 2 d v § 158) ist § 162 gg denj anwendb, der ihr Nichtvorliegen kannte (RG JW **36**, 987). Der RGedanke des § 162 gilt auch im öffR (BVerwG **9**, 92, JR **70**, 275). Dagg ist er auf behördl Gen nicht anzuwenden (s Anm 1).

163 *Zeitbestimmung.* Ist für die Wirkung eines Rechtsgeschäfts bei dessen Vornahme ein Anfangs- oder ein Endtermin bestimmt worden, so finden im ersteren Falle die für die aufschiebende, im letzteren Falle die für die auflösende Bedingung geltenden Vorschriften der §§ 158, 160, 161 entsprechende Anwendung.

1) Allgemeines. Begriff s Einf 1 v § 158. **a)** Die Übergänge zw **Zeitbestimmung** u Bdgg sind flüss. Abstellen auf ein Ereign, dessen Eintritt ungewiß ist (dies incertus an, incertus quando, zB Heirat) ist idR Bdgg, Abstellen auf ein nur der Zeit nach ungewisses Ereign (dies certus an, incertus quando, zB Tod) idR Befristg (s BGH **LM** § 158 Nr 14). Entscheid für die Abgrenzg ist aber der PartWille (RG **91**, 229); es kommt darauf an, ob die Part das künft Ereign subj als gewiß od ungewiß angesehen haben. – **b)** Von den befristeten sind die **betagten Forderungen** zu unterscheiden. Die befristete Fdg entsteht erst in Zukunft, die betagte Fdg besteht schon, ist aber noch nicht fäll (Staud-Dilcher Rdn 4, RGRK Rdn 2). Bsp für betagte Fdgen sind gestundete KaufpreisFdgen, Bsp für befristete Fdgen künft Mietzins (BGH NJW **65**, 1378, offen gelassen v BGH **86**, 384). Der Unterschied ist im Hinblick auf § 813 II wichtig. Die auf eine betagte Schuld erbrachte Leistg kann nicht zurückgefordert w, wohl aber die Leistg auf eine aufschieb befristete Verbindlichk (hM). Im Fall des Konk kann gem KO 54 mit einer betagten Fdg aufgerechnet w, nicht aber mit einer befristeten (s aber BGH **86**, 385). Wird eine SicherhAbtr „befristet", sind die §§ 163, 158 II anwendb, die Auslegg kann aber ergeben, daß zur FrWahrg eine rechtserhalte Anzeige ausreicht (BGH WPM **83**, 122).

2) Die Regelung des § 163. Der Anfangstermin w der aufschieben Bdgg gleichgestellt, der Endtermin der auflösden. Die Verweisg auf die §§ 158, 160, 161 ist nicht abschließd. Auf den dies certus an incertus quando (zB Tod) ist § 162 entspr anwendb. Auch eine Rückbeziehg entspr § 159 ist mögl (s RG **68**, 145), prakt aber selten.

Fünfter Titel. Vertretung. Vollmacht

Einführung

1) Begriff und Grundprinzipien der Vertretung. a) Vertretg iSd §§ 164 ff ist rgeschäftl Handeln im Namen des Vertretenen mit der Wirkg, daß die RFolgen unmittelb in der Pers des Vertretenen eintreten (sog unmittelb Vertretg). Die §§ 164 ff erfassen damit von den versch Erscheingsformen des Handelns für einen and nur einen Ausschnitt. Sie sind auf rechtserhebl Hdlgen nichtgeschäftl Art unanwendb (unten c); auch für die sog mittelb Stellvertretg, das Handeln im Interesse eines and, aber im eig Namen, gelten sie nicht (unten 3 a). – **b)** Die Regelg der unmittelb Vertretg beruht auf drei Grdprinzipien: – **aa)** Das **Repräsentationsprinzip.** Der rgeschäftl Handelnde ist allein der Vertreter, nicht der Vertretene (MüKo/Thiele Rdn 64). Für Inh u Wirksamk des Gesch kommt es auf seinen Willen an; lediglich die RWirkgen des Gesch treffen den Vertretenen (§ 166 Anm 1, dort auch über Einschrkgen). – **bb)** Der **Offenheitsgrundsatz.** Das VertreterGesch hat nur dann unmittelb Fremdwirkg, wenn der Vertreter erkennb im Namen des Vertretenen auftritt (§ 164 Anm 1, dort auch über Einschrkgen). – **cc)** Das **Abstraktionsprinzip.** Vertretgsmacht u das zugrunde liegde RVerh zw Vertreter u Vertretenem sind voneinand zu trennen. Wie das Bsp der UnterVollm zeigt, braucht der Vertretgsmacht nicht notw ein RVerh zw dem Vertreter u dem Vertretenen zGrde zu liegen (BGH NJW **81**, 1728). Die Vollm ist in ihrer Wirksamk von dem InnenVerh unabhäng. Handeln im Rahmen der Vertretgsmacht wirkt grdsl auch dann ggü dem Vertretenen, wenn der Vertreter gg Pflten aus dem InnenVerh verstoßen hat (§ 167 Anm 2). – **c)** Die §§ 164 ff gelten für den **rechtsgeschäftlichen Verkehr.** Von aktiver Vertretg spricht man, wenn der Vertreter für den Vertretenen eine WillErkl abgibt, von passiver, wenn er für den Vertretenen eine WillErkl entggnimmt (§ 164 III). Auf geschäftsähnl Hdlgen (Übbl 2c v § 104), zB Mahngen u Mitteilgen, sind die §§ 164 ff analog anwendb. Entspr gilt für das tatsächl Anerkenntn iSd § 208 (BGH NJW **70**, 1119, KG DNotZ **70**, 157). Dagg können keine Realakte (Übbl 2d v § 104) nicht in Stellvertretg vorgenommen w. Das gilt insb für den Erwerb des unmittelb Besitzes (BGH **8**, 132, **16**, 263, Ausn: § 854 II), die Verarbeitg, den Fund, doch kann das Handeln auch in diesen Fällen, etwa gem § 855, Fremdwirkg haben. Auch im Recht der Leistgsstörgen, der c. i. c. u der unerl Hdlgen sind die §§ 164 ff unanwendb; für die Zurechng von HilfsPers gelten die §§ 278, 831, 31, 89. – **d) Stellvertretung ist ausgeschlossen** bei höchstpersönl RGesch. Das gilt vor allem für die Eheschl (EheG 13), die TestErrichtg (§ 2064), den ErbVertr (§ 2274) u einige and Gesch des Fam- u ErbR (s §§ 1595, 1600d, 1617 II, 1618 II, 1728, 1729, 1740b III, 1740c, 1750 III, 2282, 2347 II, 2351). Sonst ist Vertretg grdsl zul. Sie kann aber dch vertragl Abreden der Part abbedungen w (BGH **99**, 94, Karlsr OLGZ **76**, 274), sog gewillkürte Höchstpersönlichk.

2) Die Wirkg des VertreterGesch für u gg den Vertretenen tritt nur ein, wenn der Vertreter **Vertretungsmacht** hatte od der Vertretene genehmigt (§ 177). Die Vertretgsmacht ist kein subj Recht, sond eine RMacht eigener Art (str, s Staud-Dilcher Rdn 16 ff). Sie kann dch RGesch begründet w (s näher § 167 Anm 1). Sie ist in diesem Fall ein Mittel, den eig rgeschäftl Wirkgskreis dch ArbTeilg zu erweitern. Sie kann aber auch ein Mittel des Schutzes u der Fürs sein. Pers, die geschäftsunfäh od beschr geschäftsfäh sind, bedürfen eines gesetzl Vertreters. Diese leiten ihre Vertretgsmacht unmittelb aus dem Ges (Eltern § 1629) od aus einem aGrd des Ges erlassenen Akt der freiw Gerbark ab (Vormd, Pfleger, s Einf 2 v § 104). Auch die sog Schlüsselgewalt ist ein Fall gesetzl Vertretg (§ 1357 Anm 1c), ebso die dem Verwalter gem WEG 27 II eingeräumte RStellg (WEG 27 Anm 1a). Weitere Bsp: §§ 29, 1189 u ZPO 57, 58, 494 II. Dem gesetzl Vertr verwandt ist die Vertretg jur Pers dch ihre **Organe** (Einf 3 v § 21). Wer für die jur Pers des PrivR zum Handeln berecht ist, ergibt sich aus der Satzg u w in öff Registern (Vereins- od Handelsregister) verlautbart (§§ 68, 70, AktG 81, GmbHG 39, GenG 28; Ausn: Stiftgen, für die aber zT landesr Register bestehen). Für jur Pers des öffR fehlen entspr Register. Vertretg der Gemeinden s § 125 Anm 1c, der BRep u der Länder s Staud-Dilcher Rdn 28 ff u Freudling BayVerwBl **69**, 11. Bedarf das VertretgsOrgan bei best RGesch der Mitwirkg eines and Organs, hat diese Beschrkg iZw nur Innenwirkg (BGH MDR **78**, 388).

3) Vertretg iSd §§ 164 ff ist rgeschäftl Handeln im fremden Namen mit unmittelb Wirkg für den Vertretenen (Anm 1). Auf sonst Handeln im Interesse u mit Wirkg für and sind die §§ 164 ff **nicht anwendbar:** – **a) Mittelbare** (unechte, verdeckte, indirekte, stille) **Stellvertretung** liegt vor, wenn jemand ein RGesch im eig Namen, aber im Interesse u für Rechng eines and, des GeschHerrn, vornimmt (Hager AcP **180**, 239, Schwark JuS **80**, 777). Sie ist im BGB nicht geregelt, das HGB behandelt nur die Sonderformen des Kommissions- u SpeditionsGesch (HGB 383 ff, 407 ff). Dch das VertreterGesch w nicht der im eig Namen handelnde mittelb Vertreter allein berecht u verpfl. Die Rechte unterliegen dem Zugriff seiner Gläub (Ausn HGB 392, der aber nur für Vertr gem HGB 383, 406 gilt, RG **58**, 276, **84**, 216, aA Hager aaO S 249). Die

Rechtsgeschäfte. 5. Titel: Vertretung. Vollmacht **Einf v § 164, § 164**

Übertr auf den GeschHerrn erfolgt dch Abtr (§ 398) od Übereigng (§§ 929 ff). Die Risiken für den Gesch-Herrn können aber dch eine VorausAbtr (§ 398 Anm 4c) od eine vorweggenommene Einigg u ein antizipiertes BesKonstitut (§ 930 Anm 3) gemindert w. Etwaige Mängel des Vertr zw Vertreter u Vertretenem berühren die Wirksamk des AusfGesch nicht (Hager aaO S 240). Der mittelb Vertreter kann den Schaden des GeschHerrn iW der Drittschadensliquidation geltd machen (Vorbem 6c aa v § 249). Bei Vfgen über Ggst des GeschHerrn handelt er idR aGrd einer Einwilligg (§ 185) u daher mit unmittelb Fremdwirkg. – **b) Treuhand.** Einen allg anerkannten RBegriff der TrHand gibt es nicht (Gernhuber JuS 88, 355). Gemeins Merkmal aller TrHandVerh ist, daß der TrGeber dem TrHänder VermRechte überträgt od Vfgsmacht einräumt, von der der TrHänder nur nach Maßg einer schuldr TrHandVereinbg Gebrauch machen darf (MüKo/Thiele Rdn 30, Soergel-Leptien Rdn 61). Typisch für die TrHand ist damit die über die Bindgen des InnenVerh hinausgehde RMacht des TrHänders im AußenVerh. Bei Mißbrauch dieser RMacht treten die ähnl Fragen auf wie if des VollmMißbrauchs (§ 164 Anm 2). Haupterscheinsformen der TrHandsch sind die fremdnütz VerwaltgsTrHand u die eigennütz SichergsTrHand (Sichersübereign od Abtr). Der Begriff der TrHandsch erfordert nicht, daß der TrHänder für den TrGeber rgeschäftl handelt. Sow dies geschieht, w der TrHänder als mittelb Vertreter für den TrGeber tätig (oben a). Näher zur TrHand s § 903 Anm 6, zur treuhänd Abtr § 398 Anm 6. – **c)** Der **Strohmann** ist mittelb Vertreter (oben a); uU liegt zugl eine VerwaltgsTrHandsch (oben b) vor. Er w von einem Hintermann vorgeschoben, der das beabsichtigte RGesch in eig Pers nicht vornehmen kann od will. Das StrohmannGesch ist idR kein ScheinGesch (§ 117 Anm 2c), es kann aber wg GesUmgehg nichtig sein (§ 134 Anm 4). Der Strohmann w aus dem Gesch berecht u verpfl (BGH WPM **64**, 179). Er kann seiner Inanspruchn nicht entgghalten, der and habe von seiner StrohmannEigensch gewußt (Hbg MDR **72**, 237). Gg den Hintermann können die Gläub des Strohmanns erst vorgehen, wenn sie dessen SchuldbefreigsAnspr gepfändet h (Celle JW **38**, 1591). – **d) Gesetzliche Vermögensverwalter** (Konk-, Zwangs-, NachlVerwalter, TestVollstr). Ihre RStellg entspr der eines TrHänders (oben b). Sie beruht aber nicht auf Vertr, sond auf Ges od (iF der TestVollstr) VfgvTw. Die Verwalter treten nicht im Namen eines Vertretenen auf, sond handeln objektbezogen für das von ihnen verwaltete Vermögen. Sie sind daher keine gesetzl Vertreter (so MüKo/Thiele Rdn 10, Larenz § 30 Ia), sond Träger eines privaten Amtes (KonkVerw: BGH **24**, 396, **88**, 335; ZwangsVerw: RG **53**, 263, **99**, 199; NachlVerwalter: RG **61**, 222, BGH **38**, 284; TestVollstr: BGH **13**, 205, **51**, 214, aA für den KonkVerw K. Schmidt NJW **87**, 1906). Das schließt aber nicht aus, einz Vorschr des VertretgsR entspr anzuwenden, so etwa §§ 177 ff (§ 178 Anm 1 b) u § 181 (s dort Anm 1 aE). Weitere gesetzl TrHänder: Der Verwalter nach dem WEG, sow er zum Handeln im eig Namen ermächtigt ist (BayObLG DNotZ **80**, 751); HypBkG 29 ff; BauFdgG 35 f; VAG 70 ff. – **e)** Der **Gerichtsvollzieher** handelt in der ZwVollstr nicht als Vertreter des Gläub, sond als staatl Organ der RPflege (RG **90**, 194, **156**, 398, LG Bln MDR **77**, 146). Soweit er für die Gläub freiw Leistgen entggnimmt, ist er aber Vertreter iSd §§ 164 ff (RG **77**, 25, aA Fahland ZZP **92**, 432). – **f) Bote.** Währd der Vertreter eine eig WillErkl abgibt, also selbst der rgeschäftl Handelnde ist (Anm 1 b aa), übermittelt der Bote eine WillErkl seines AuftrGebers. Sein Tun ist tatsächl, nicht rgeschäftl Natur. Er braucht daher nicht geschfähig zu sein. Die Form not Beurk (§ 128) w dch die Beurk der von ihm abgegebenen Erkl nicht gewahrt (RG **79**, 202). Zur irrigen Übermittlg s § 120. Die Unterscheidg zw Vertreter u Boten richtet sich nach dem äußeren Auftreten, nicht nach dem zw GeschHerrn u Mittler bestehden InnenVerh (BGH **12**, 334, Staud-Dilcher Rdn 74, hM). Ist der Bote als Vertreter aufgetreten od umgekehrt der Vertreter als Bote, w der GeschHerr gleichwohl verpfl, sofern sich der Handelnde im Rahmen seiner Ermächtigg (Vertretgsmacht) gehalten hat (MüKo/Thiele Rdn 47 ff). Hat der Bote eine and als die aufgetragene Erkl abgegeben, gelten die §§ 177 ff entspr (§ 178 Anm 1 b). Geringe prakt Bedeutg hat dgg die Unterscheidg zw **Empfangsboten** (§ 130 Anm 3c) u Passivvertreter (§ 164 III). Beide nehmen eine WillErkl entgg, tun also dasselbe. Sofern eine Ermächtigg od Vollm vorliegt, ist auch die Wirkg ihres Tuns im wesentl gleich, wenn auch beim Ztpkt des Zugangs Unterschiede bestehen (Vertreter: sofort; Empfangsbote: sobald mit Weiterleitg zu rechnen ist, § 130 Anm 3c) u die Auslegg unterschiedl ausfallen kann. Die ggü dem Boten abgegebene Erkl ist nach dem Empfängerhorizont des GeschHerrn auszulegen, währd es beim Vertreter gem § 166 I auf dessen VerständnMöglichk ankommt (MüKo/Thiele Rdn 53). – **g) Vertreter in der Erklärung.** AdoptionsVertr konnten bis zum Jahre 1961 wg § 1750 aF weder dch Vertreter noch dch Boten abgeschlossen w. Um gleichwohl einen VertrSchl dch einen Vertreter zu ermöglichen, hat die Rspr die RFigur des Vertreters in der Erkl entwickelt (BGH **5**, 348, **30**, 311). Dieser bilde keinen eig Willen, sond gebe nur die vom Vertretenen inhaltl festgelegte Erkl an dessen Stelle ab; Vertretg in der Erkl sei daher auch bei höchstpersönl RGesch zul. Dch die Reform des AdoptionsR ist das Bedürfn für diese ZwStufe zw Vertretg u Botensch weggefallen. Sie läßt sich auch nicht mit den Grds der §§ 164 ff vereinbaren. Die Vertretg in der Erkl ist in Wahrh Stellvertretg iSd §§ 164 ff (Staud-Dilcher Rdn 84). – **h)** RGrdl der **Ermächtigung** ist § 185 (dort Anm 4). Sie unterscheidet sich von der Vertretg in dreifacher Beziehg. Der Ermächtigte handelt im eig Namen. Seine RMacht ist – im Ggs zur persbezogenen Vertretgsmacht – ggstbezogen. Sie begründet auch nur die Befugn zur Vfg od Einziehg; eine VerpflErmächtigg ist unzul (§ 185 Anm 1 a). – **i)** Als **Wissensvertreter** w die Pers bezeichnet, deren Kenntn sich der GeschHerr zurechnen lassen muß, so etwa if der §§ 142 II, 460, 464, 640 II, 819, 892, 932, 990. Die Wissenszurechng ist im Ges nur für die rgeschäftl Vertretg (§ 166 I) u in Vorschr des VVG (§§ 2 III, 19) ausdr vorgesehen. Diese Regelg ist für die Bedürfn einer arbeitsteil Wirtsch zu eng. Sie muß auch auf nicht vertretgsberecht Pers ausgedehnt w. Dafür bietet die entspr Anwendg des § 166 eine rechtl Grdl (s dort Anm 1). – **j) Abschlußvermittler, Verhandlungsgehilfen.** Kein Vertreter iSd § 164 ist den am Abschl von RGesch nur vermittelt, wie etwa der Makler (§ 652). Der Handelsvertreter (HGB 84 ff), der den VertrSchl ohne HandlgsVollm ledigl vorbereitet, fällt gleichf nicht unter § 164. Entspr gilt für sonst VhlgGeh ohne AbschlVollm. Das Wissen derart HilfsPers muß sich der GeschHerr aber uU analog § 166 anrechnen lassen (dort Anm 2 b).

164 **Wirkung der Vertretererklärung.** I Eine Willenserklärung, die jemand innerhalb der ihm zustehenden Vertretungsmacht im Namen des Vertretenen abgibt, wirkt unmittelbar für und gegen den Vertretenen. Es macht keinen Unterschied, ob die Erklärung ausdrücklich im

§ 164 1

Namen des Vertretenen erfolgt oder ob die Umstände ergeben, daß sie in dessen Namen erfolgen soll.

II Tritt der Wille, in fremdem Namen zu handeln, nicht erkennbar hervor, so kommt der Mangel des Willens, im eigenen Namen zu handeln, nicht in Betracht.

III Die Vorschriften des Absatzes 1 finden entsprechende Anwendung, wenn eine gegenüber einem anderen abzugebende Willenserklärung dessen Vertreter gegenüber erfolgt.

1) **Handeln in Namen des Vertretenen. – a)** Das Recht der Stellvertretg beruht auf dem **Offenheitsgrundsatz** (Einf 1b vor § 164). Eine wirks Vertretg setzt voraus, daß die WillErkl erkennb **im Namen des Vertretenen** abgegeben w. Eine ausdr Erkl, im fremden Namen zu handeln, ist nicht erforderl; es genügt, wenn sich ein entspr Wille aus den Umst ergibt (**I 2**). Unbeachtl aber der innere unerkl gebliebene Wille. Das gilt auch umgekehrt. Tritt der Vertreter nach außen im fremden Namen auf, will er aber in Wahrh für sich selbst abschließen, w allein der Vertretene berecht u verpfl (BGH **36**, 33, NJW **66**, 1916, zur Anf s Anm 4). Mögl auch ein Handeln zugl im eig u im fremden Namen (RG **127**, 105, BGH NJW **88**, 1909). Der Name des Vertretenen braucht nicht genannt zu w (RG **140**, 338, BGH **LM** Nr 10, BAG **AP** SeemG 24 Nr 1). Es genügt, daß die Pers des Vertretenen bestimmb ist. Sie kann sich entspr I 2 auch aus den Umst ergeben (BGH Betr **76**, 143, WPM **85**, 451). Eine GmbH & Co KG kann auch dann VertrPart sein, wenn der GeschFü scheinb für die GmbH aufgetreten ist (BGH NJW-RR **88**, 475). Mögl ist auch, daß die Bestimmg der Pers des Vertretenen einer späteren Regelg vorbehalten w, offenes Geschäft, für den, den es angeht (BGH NJW **89**, 166, BayObLG **83**, 278). Es muß festgelegt w, dch wen die Bestimmg getroffen w soll. Die Bestimmg wirkt *ex nunc* (K. Schmidt JuS **87**, 431). Obliegt sie dem Vertreter u unterläßt er sie, gilt § 179 entspr (Anm 1 c aE). Unbedenkl ist die Verwendg von Sammel- od Kurzbezeichngen (BGH **76**, 90). Bei **unternehmensbezogenen Geschäften** geht der Wille der Beteiligten iZw dahin, daß der BetrInh VertrPart w soll (BGH NJW **84**, 1347). Das gilt auch für Vfgen, so etwa iF der Zahlg (Ffm ZIP **87**, 1249). Der Inh wird auch dann aus dem RGesch berecht u verpfl, wenn die GgPart den Vertreter für den BetrInh hält od sonst unricht Vorstellgen über die Pers des BetrInh hat (BGH **62**, 216, 221, **64**, 15, **91**, 152, **92**, 268), jedoch kann die Vermutg der Vollständigk u Richtigk der Urk den Vorrang haben (LG Bln NJW-RR **89**, 686). Daneben besteht uU **Rechtsscheinhaftung** desj, der wie der FirmenInh aufgetreten ist (Oldbg OLGZ **79**, 60). Sie greift ein, wenn jemand für eine GmbH mit einer PersFirma ohne GmbH-Zusatz zeichnet (BGH **64**, 17, NJW **81**, 2569, Hamm NJW-RR **88**, 1309); ausnweise kann auch eine mdl Erkl die RScheinhaftg begründen (LG Aachen NJW-RR **88**, 1174). Entspr gilt seit März 1975, wenn jemand für eine GmbH & Co KG unter einer Firma auftritt, die diese GesellschForm nicht erkennen läßt (BGH **71**, 354, Betr **79**, 1598).

b) Für die **Abgrenzung** zw Vertreter- u EigenGesch gelten die allg AusleggsGrds (§§ 133, 157). Entscheidend ist, wie die GgPart das Verhalten des Handelnden verstehen durfte. Zu berücksichtigen sind alle Umst, insb fr Verhalten, Zeit u Ort der Erkl, die berufl Stellg der Beteiligten, die Art ihrer Werbg (BGH NJW **80**, 2192) u die erkennb Interessenlage. Bleiben Zweifel, ist gem II ein EigenGesch anzunehmen (Karlsr Just **64**, 12). **Einzelfälle:** Der Architekt handelt bei der Beauftragg von BauUntern, Handwerkern u Statikern idR im Namen des Bauherrn BGH RsprBau **2**, 13 Bl 30, Köln BauR **86**, 717). Bauträger handeln dagg iZw im eig Namen. Schließen sie ausdr in Vollm des Bauherrn ab, w dieser auch dann verpfl, wenn er an den Bauträger einen Festpreis zu zahlen hatte u sich dazu auch gezahlt hat (BGH **67**, 336); das gilt auch bei umfangreichen Bauvorhaben (BGH **76**, 90, Crezelius JuS **81**, 494, aA Düss Betr **78**, 583, LG Arnsbg NJW **78**, 1588, Moritz JZ **80**, 714). Der Hausverwalter handelt iZw für den Eigtümer, auch wenn er dessen Namen nicht nennt (KG WPM **84**, 254). Bei einem Tankscheckssystem erfolgt der Kraftstoffverkauf uU im Namen des Betreibers (BGH NJW **85**, 915). Wer Beiziehg eines Arztes od Einweisg in ein Krankenhaus veranlaßt, handelt iZw im Namen des Patienten (s LG Wiesbaden VersR **70**, 69). Bei Behandlg eines Kindes od des Eheg w dagg gem § 1357 idR beide Eheg verpfl (s BGH **47**, 81, aA für KrankenhausVertr Köln NJW **81**, 637, LG Bonn NJW **83**, 344). Vereinbgen zw den Eltern über den KindesUnterh betreffen iZw nur das InnenVerh (BGH NJW-RR **87**, 709). Beim Schiffsmakler hängt es von den Umst des Einzelfalls ab, ob ein Vertreter- od ein EigenGesch vorliegt. Allg Grds lassen sich aufstellen (K. Schmidt/Blaschcok VersR **81**, 398). FrachtFü, der Grenzspediteur beauftragt, handelt iZw im eig Namen (Düss NJW **81**, 1910). Wer eine Reise für eine Gruppe od mehrere Fam bucht, handelt iZw nur hins der eig Pers (Fam) im eig Namen (BGH **LM** Nr 43, LG Ffm NJW **87**, 784); das gilt ebso für die Bestellg von Karten für eine Klassenfahrt (Ffm NJW **86**, 1942). Der als Sammelbesteller zwgeschaltete Vermittler ist iZw nur Bote (LG Ffm NJW-RR **88**, 247). Vertr mit zusarbeitdn RA kommt idR mit allen RA zustande, auch wenn sie keine Sozietät bilden (BGH **70**, 249, NJW-RR **88**, 1299); entspr gilt für eine Sozietät zw RA u Steuerberater (BGH NJW **82**, 1866) u für ärztl GemeinschPraxen (BGH **97**, 277); der Vertr erstreckt sich aber iZw nicht auf den erst später in die Praxis eingetretenen Partner (BGH NJW **88**, 1973, Bambg NJW-RR **89**, 223). Mandat des RSchutzversicherers an RA w iZw im Namen des VersNeh erteilt (BGH NJW **78**, 1003, Bergmann VersR **81**, 513), beim Mandat des HaftPflVersicherers entscheiden die Umst des Einzelfalls (Mü BB **89**, 1718). **Reiseveranstalter,** der wie eine VertrPart auftritt, kann nicht unter Hinw auf formularmäß Klauseln geltd machen, er sei nur Vermittler (BGH **61**, 281, **77**, 310, s jetzt § 651a). Das gilt ebso für ein LufttransportUntern, das wie ein Luftfrachtführer auftritt (BGH **80**, 283) u für den Untern, der Ferienhäuser wie eine eig Leistg anbietet (BGH NJW **85**, 906). Gibt der KfzFührer nach einem VerkUnfall ein Schuldanerkenntn ab, handelt er iZw nur im eig Namen, nicht in dem des Halters (LG Freiburg NJW **82**, 1162). Bei Versteigerungen sind die Versteigerungsbedgngen festgelegt, ob der Versteigerer im eig od im Namen des Einlieferers auftritt (s Hoyningen-Huene NJW **73**, 1473, Schneider Betr **81**, 199). Schließt die Gem in AuftrAngelegenh einen Vertr, handelt sie iZw im eig Namen (BGH **2**, 142).

c) **Geschäft für den, den es angeht.** Bei BarGesch des tägl Lebens ist es für die VertrSchließden idR ohne wesentl Bedeutg, ob der and Teil im eig od fremden Namen handelt. Hier ist die Offenlegg des Vertreterwillens nach der ratio des OffenheitsGrds nicht erforderl, da er die GgPart schützen soll, diese aber nicht schutzbedürft ist (MüKo/Thiele Rdn 45). Der Vertr kommt daher, ohne daß der Vertreterwille erkennb gemacht zu werden braucht, mit dem zustande, den es angeht (RG **100**, 192, BGH NJW **55**, 590, s auch Müller JZ **82**, 777, der die Grds der ergänzden VertrAusslegg anwendet). Voraussetzg ist jedoch, daß der GgPart die Pers des Kontrahenten gleichgült ist. Das ist beim EigtErwerb an bewegl Sachen aGrd eines Barkaufs der Fall (RG **100**, 192, **140**, 231). Entspr gilt für den bei BarGesch des tägl Lebens geschl schuldrechtl Vertr (MüKo/Thiele Rdn 52, str) u wohl auch für die Anlegg von Sparkonten (BGH **46**, 202). Kein Gesch für den, den es angeht, aber idR bei sonst schuldr Vertr, wie etwa beim KrankenhauspflegeVertr (BGH **LM** Nr 33), SchleppVertr (Brem VersR **86**, 461), SeefrachtVertr (LG Brem VersR **80**, 1068) od bei der Aufl von Grdst (BayObLG **83**, 278), jedoch kann es ausnw ang liegen (Hamm WPM **87**, 851, AuskVertr). Systemat nicht hierher gehören die Fälle, in denen der Vertreterwille ausdr erklärt w, der Name od die Pers des Vertretenen aber zunächst offen bleibt (oben a). Diese Fälle werden jedoch als **offenes Geschäft** für den, den es angeht, bezeichnet. Der Vertreter ist ggü dem and Teil verpfl, den Namen des Vertretenen mitzuteilen (Düss MDR **74**, 843, Ffm NJW-RR **87**, 914). Kommt er dieser Pfl trotz Aufforderg nicht nach, haftet er nus § 179 (§ 178 Anm 1b). Stellt ein **Doppelvertreter** nicht klar, für welchen Vertretenen er handelt, w idR ein offenes Gesch, für den, den es angeht, vorliegen (s zT abw K. Schmidt JuS **87**, 432).

d) Auf das **Handeln unter fremden Namen** sind die §§ 164ff, insb die §§ 177, 179, entspr anzuwenden (BGH **45**, 195, NJW **63**, 148, Letzgus AcP **126**, 27, **137**, 327, Lieb JuS **67**, 106). Mögl ist aber auch, daß nach den Umst des Falles ein EigenGesch des Handelnden vorliegt. Für die Abgrenzg kommt es nicht auf den inneren Willen des Handelnden an. Ebso ist gleichgült, ob der Handelnde Vertretgsmacht für den Namensträger hat. Entscheidd ist, wie die GgPart das Verhalten des Handelnden auffassen durfte (BGH aaO, MüKo/Thiele Rdn 37, Larenz § 30 II b). – **aa)** Ein **Geschäft des Namensträgers** ist anzunehmen, wenn das Auftreten des Handelnden auf eine best u Pers hinweist u die GgPart der Ans sein durfte, der Vertr komme mit dieser Pers zustande (BGH NJW-RR **88**, 815, Soergel-Leptien Rdn 23). Das ist der Fall, wenn der Handelnde die Urk mit dem Namen einer best existierden Pers unterzeichnet (BGH **45**, 195), wenn er beim Verkauf eines unterschlagenen Pkws als den im KfzBrief eingetragene Eigentümer auftritt (Düss NJW **85**, 2484, a A Düss NJW **89**, 906, K. Schmidt JuS **85**, 810, Mittenzwei NJW **86**, 2473) od wenn er unbefugt die Bildschirmtextanlage eines and für eine Bestellg benutzt (Redeker NJW **84**, 2393). Aber auch bei einem mdl VertrSchl unter Anwesden kann der Wille des VertrPartners dahin gehen, mit dem Namensträger zu kontrahieren. – **bb)** Ein **Eigengeschäft** des Handelnden liegt vor, wenn die Benutzg des fremden Namens bei der GgPart keine falsche Identitätsvorstellg hervorgerufen hat, diese also mit dem Handelnden abschließen will (Flume II § 44 IV). Das ist anzunehmen, wenn der Handelnde unter einem Phantasie- od Allerweltsnamen aufgetreten ist, od wenn der VertrPart den Namensträger nicht kennt. Entspr gilt, wenn nach der Art des Gesch (BarGesch, Übernachtg im Hotel) Name u Identität der Part für den Abschluß u die DchFührg des Vertr keine Rolle spielen. Hierher gehört auch der Fall, daß die Mu den Lottoschein mit dem Namen der Tochter ausfüllt (Kblz MDR **58**, 687) od der Teilnehmer an einem PrAusschreiben einen and Namen verwendet (RGRK Rdn 9).

2) Wirks Vertretg setzt weiter **Vertretungsmacht** voraus, also ges Vertretgsmacht (Einf 2 v § 164) oder Vollm (§ 167). Fehlt die Vertretgsmacht od w sie überschritten, gelten die §§ 177ff. Verletzt der Vertreter seine Pflten aus dem InnenVerh, ist die Vertretg dagg wirks. Das Risiko eines **Mißbrauchs** der Vertretgsmacht trägt grdsl der Vertretene. Dem VertrGegner obliegt im allg insow keine PrüfgsPfl (BGH NJW **66**, 1911). Wirken Vertreter u VertrGegner bewußt zum Nachteil des Vertretenen zus (sog Kollusion), w dieser aber nicht gebunden (RG **130**, 142). Der Vertretene kann seiner Inanspruchn den Einwand unzul RAusübg entggsetzen, wenn der Vertreter von seiner Vertretgsmacht in ersichtl verdächtiger Weise Gebr gemacht hat, so daß beim VertrGegner begründete Zweifel entstehen mußten (RG **143**, 201, BGH NJW **66**, 1911, WPM **81**, 67, **89**, 1069). Bei der ges unbeschränkb Vertretgsmacht des HandelsR (Komplementär, GeschFü, Prokurist) ist § 242 nur anwendb, wenn der Vertreter bewußt zum Nachteil des Vertretenen gehandelt hat u der VertrGegner dies aus Fahrlk nicht erkannt hat (BGH **50**, 114, Betr **76**, 1278, **84**, 661). Ein vorsätzl Handeln zum Nachteil des Vertretenen ist dagg nicht erforderl, wenn der Inh der Vertretgsmacht rechtsgeschäftl bestimmt ist (BGH NJW **88**, 3012). Nicht ausr ist aber, daß der VertrGegner die dem Vertreter im InnenVerh auferlegten Beschrkgen kannte od kennen mußte (BAG **12**, 155); and aber, wenn der VertrGegner der ständ jur Berater des Vertretenen ist (BGH MDR **78**, 388). Hat der Vertretene zumutb Kontrollmaßn unterl, kommt eine Verteilg der entstandenen Nachteile entspr § 254 in Betracht (BGH **50**, 114, Hamm WPM **76**, 140, krit Heckelmann JZ **70**, 62). Auch ProzHdlgen können wg VollmMißbr unwirks sein (BGH **LM** ZPO 515 Nr 13 u ZPO 565 III Nr 10, RMittelVerz u -Rückn). Bei mißbräuchl Verwendg der Scheckkarte (Einf 3 c v § 765) sind die zum VollMißbr entwickelten Grds gleich anzuwenden (BGH **64**, 82, **83**, 33, NJW **82**, 1513). Sie gelten dagg nicht bei Mißbr der Rechte eines TrHänders, da dieser im eig Namen handelt u über ein eig Recht verfügt (BGH NJW **68**, 1471, krit Kötz ebda, Schlosser NJW **70**, 685, Timm JZ **89**, 22, s auch § 903 Anm 6b cc). VollmMißbr führt grdsl zur **Anwendung der §§ 177ff** (MüKo/Thiele Rdn 102, Larenz § 30 II a, str), nach den Umst des Einzelfalles kann die RFolgenbestimmg aber gem §§ 242, 254 zu korrigieren sein (Prölss JuS **85**, 578).

3) Liegen die Voraussetzgen einer wirks Vertretg vor, treffen die **Wirkungen** des RGesch allein u unmittelb den Vertretenen. Zw dem Vertreter und dem VertrGegner entsteht aus dem VertreterGesch kein RVerh. Eine Haftg des Vertreters kann sich aber aus and RGrden ergeben, etwa aus Vertr, wenn sich der Vertreter ausdr od stillschw neben dem Vertretenen zur Leistg verpfl hat (RG **127**, 105, JW **31**, 1028), aus unerl Hdlg oder aus c. i. c. Prakt Bedeutg hat vor allem die Haftg aus c. i. c. Sie setzt voraus, daß der Vertreter am VertrSchl ein erhebl unmittelb Eigeninteresse hat od daß er in bes Maße für sich persönl Vertrauen in Anspr genommen hat (BGH **56**, 81, **71**, 284, näher § 276 Anm 6 C b). Eine Eigenhaftg des Vertreters kann ausnw auch bei pVV in Betracht kommen (§ 276 Anm 7 E d).

4) **Absatz II und III.** – **a)** Bereits aus allg AusleggsGrds u aus I ergibt sich, daß der für einen and Handelnde selbst aus dem RGesch berecht u verpfl w, wenn er seinen Vertreterwillen nicht erkennb macht (Anm 1a). **II** ist daher insow leerlaufd (MüKo/Thiele Rdn 54). Er schließt aber das AnfR aus, das dem ohne erkennb

§§ 164–166

Vertreterwillen Handelnden an sich gem § 119 I zustehen würde (BGH **LM** ZPO 517 Nr 1). Entspr gilt umgekehrt. Wer im eig Namen handeln will, aber im fremden Namen auftritt, kann in analoger Anwendg von II gleichf nicht anf (Fikentscher AcP **154**, 16, str). II gilt auch, wenn die Erkl obj mehrdeut ist. Er ändert an den anerkannten Dchbrechgen des OffenhGrds nichts. Bei betriebsbezogenen Gesch (Anm 1 a) u bei Gesch für den, den es angeht (Anm 1 d), wirkt das Gesch auch dann für u gg den Vertretenen, wenn der Vertreterwille nicht erkennb gemacht worden ist. Entspr gilt, wenn auch der VertrGegner mit dem Vertretenen abschließen will (s Einf 2 v § 116). – **b) III.** Auf die **passive Stellvertretung** finden nach III die Vorschr über die aktive Vertretg entspr Anwendg. Der passive Vertreter braucht jedoch seinen Vertreterwillen nicht bes kenntl zu machen, da er sich bereits aus den Umst – Enttggnahme einer an den Vertretenen gerichteten Erkl – ergibt. Abgrenzg zum Empfangsboten s Einf 3 f v § 164.

5) Beweislast. Ist str, ob ein RGesch im eig od im fremden Namen vorgen worden ist, so ist derj beweispflicht, der ein VertreterGesch behauptet (Ffm FamRZ **83**, 913). Das gilt auch, wenn zweifelh ist, ob der Empfänger die Zahlg im eig Namen od als Vertreter entgggenommen hat (Ffm NJW-RR **88**, 108). Gleichgült ist, ob der Anspr gg den Vertretenen od gem § 179 gg den Vertreter geltd gemacht w. Wird der Verhandelnde als VertrPart in Anspr genommen, so muß er beweisen, daß er entw ausdrückl im Namen des Vertretenen aufgetreten ist od daß sein Vertreterwille erkennb aus den Umst zu entnehmen war (BGH **85**, 258, NJW **75**, 775, **86**, 1675, hM). Bei unternehmensbezogenen Gesch besteht jedoch eine tatsächl Vermutg, daß der Handelnde für das Unternehmen aufgetreten ist (BGH NJW **84**, 1347, **86**, 1675). Die BewLast für die Vertretgsmacht trägt derj, der sich auf ein gült VertreterGesch beruft (BayObLG **77**, 9), also bei Klagen gg den Vertretenen der and Teil, iF des § 179 der Vertreter. Ein behauptetes Erlöschen der Vertretgsmacht ist von dem zu beweisen, der die Rechte daraus herleitet. Steht das Erlöschen fest, muß Abschl vor diesem Ztpkt von dem bewiesen w, der die Gültigk des Gesch behauptet (BGH NJW **74**, 748, WPM **84**, 603).

165 *Beschränkt geschäftsfähiger Vertreter.* **Die Wirksamkeit einer von oder gegenüber einem Vertreter abgegebenen Willenserklärung wird nicht dadurch beeinträchtigt, daß der Vertreter in der Geschäftsfähigkeit beschränkt ist.**

1) Da der Vertreter aus dem VertreterGesch nicht haftet (§ 164 Anm 3), genügt seine beschr GeschFgk (§§ 106, 115). Bei Handeln ohne Vertretgsmacht stellt § 179 III 2 den beschr GeschFähigen grdsl von Haftg frei. § 165 ermöglicht die Bestellg von beschr GeschFähigen zu ges Vertreter, zum Vorstd einer jur Pers (§ 26), zum Prokuristen u Hdlgsbevollmächtigten. Er gilt aber nicht für das InnenVerh (Auftr, GeschBesorggsVertr usw, § 167 Anm 1 d). Auch im ProzR ist er nicht anzuwenden (ZPO 79). GeschUnfähige (§ 104) können keinen rechtserhebl Willen bilden u sind nicht Vertreter isv (BGH **53**, 215); diese Regelg dient der Sicherh des RVerk u ist verfassgsrechtl unbedenkl (aA Canaris JZ **87**, 998). Der Vertretene haftet dem VertrGegner nicht in entspr Anwendg des § 122 (s dort Anm 1), wohl aber wg c. i. c., wenn er die GeschUnfgk seines Vertreters kannte od kennen mußte.

166 *Willensmängel, Kenntnis, Kennenmüssen; Vollmacht.* **I Soweit die rechtlichen Folgen einer Willenserklärung durch Willensmängel oder durch die Kenntnis oder das Kennenmüssen gewisser Umstände beeinflußt werden, kommt nicht die Person des Vertretenen, sondern die des Vertreters in Betracht.**

II Hat im Falle einer durch Rechtsgeschäft erteilten Vertretungsmacht (Vollmacht) der Vertreter nach bestimmten Weisungen des Vollmachtgebers gehandelt, so kann sich dieser in Ansehung solcher Umstände, die er selbst kannte, nicht auf die Unkenntnis des Vertreters berufen. Dasselbe gilt von Umständen, die der Vollmachtgeber kennen mußte, sofern das Kennenmüssen der Kenntnis gleichsteht.

1) Allgemeines. Die vom Vertreter abgegebene WillErkl ist Ausdr seines rgeschäftl Willens (Einf 1 vor § 164). Die Erkl wirkt für u gg den Vertretenen, der rgeschäftl Handelnde ist aber der Vertreter. Für Inh u Wirksamk des Gesch kommt es daher auf die Willensmängel, die Kenntn u das Kennenmüssen des Vertreters an. Dieser in § 166 I enthaltene **Repräsentationsprinzip** festgelegte Grds w aber dch § 166 II eingeschr (Anm 4). Ands ist § 166 I auch außerh der rgeschäftl Vertretg ieS entspr anwendb. Er enthält für die **Wissenszurechnung** einen allg RGedanken, der bei vergleichb Interessenslage auch dann herangezogen w kann, wenn die Voraussetzgen einer rgeschäftl Stellvertretg ieS nicht vorliegen (Anm 2b u 3b).

2) Persönlicher Anwendungsbereich. a) § 166 I gilt für **alle Vertreter,** den rgeschäftl bestellten, den gesetzl Vertreter (BGH **38**, 66) u die Organe jur Pers (BGH **41**, 287), nicht aber für den Boten (Hoffmann JR **69**, 373). Auf den machtlosen Vertreter ist § 166 I anzuwenden, wenn der Vertretene das Gesch genehmigt hat (RG **128**, 120, BAG **10**, 179). Für gesetzl Verw (KonkVerw, ZwangsVerw usw) gilt § 166 I an sich nicht. Sein Wille ist aber deshalb maßgebd, weil er VertrPart ist. Entspr gilt für den mittelb Vertreter u den TrHänder (BGH BB **84**, 565). – Bei **Gesamtvertretern** (§ 167 Anm 3c) od mehreren Vertretern genügt bereits die Kenntn, der böse Glaube od die Argl eines der am Gesch beteil Vertreter (RG **134**, 36, BGH **20**, 153, **62**, 173, NJW **88**, 1200). Jur Pers müssen sich die Kenntn von OrganMitgl sogar dann zurechnen lassen, wenn diese am VertrSchl nicht beteil waren (§ 28 Anm 2).

b) § 166 I ist, soweit die Zurechng von Kenntn betrifft, auch auf **Verhandlungsgehilfen** anzuwenden, die für den GeschHerrn zur Vorbereitg des Gesch tät geworden sind, den Vertr aber wg Fehlens einer AbschlVollm od aus sonst Grden nicht abgeschl h. Das gilt insb für den Vermittlgsagenten des HandelsR (RG SeuffA **83** Nr 153, BGH NJW **65**, 1174, LM § 307 Nr 1, Ffm OLGZ **76**, 224), das als Vermittler auftretde Reisebüro (BGH **82**, 222), den Anlagevermittler beim Beitritt zu einer Publikums-KG (BGH NJW **85**, 1080), uU für den Kreditmakler (Hamm ZIP **81**, 53), aber auch für sonst VhlgsGeh, sofern sie mit Wissen u Wollen des GeschHerrn ähnl wie ein Vertreter an den Vhlgen mitgewirkt haben (BGH 55, 311, **LM** Nr 14, MüKo/ Thiele Rdn 22, RGRK Rdn 4). Keine Zurechng der Kenntn von HilfsPers, die den GeschHerrn ledigl intern beraten haben (BGH **LM** Nr 8). Auch der Makler ist idR nicht VhlgsGeh einer Part sond Dr (vgl RG **101**, 97, BGH **33**, 309 zu § 123, aA Hoffmann JR **69**, 373). Bedarf der Vertr not Beurk od geht es um die Anwendg des § 419, soll dem Vertretenen dagg nur die Kenntn seiner Vertreter ieS, nicht aber seiner VhlgsGeh zugerechnet w (BGH NJW **65**, 1174, NJW-RR **86**, 1019). Aus § 166 ergibt sich ein allg RGrds: Wer einen and mit der eigenverantwortl Erledigg best Angelegenh betraut, muß sich die Kenntn dieser **Wissensvertreter** zurechnen lassen (BGH **83**, 296, Richardi AcP **169**, 385ff, Ffm OLGZ **76**, 224). Ähnl – allerd abgestellt auf die Umst des Einzelfalls – BGH **41**, 20 („Vertrauensmann"), BGH **102**, 320 (Schalterbeamter bei der Hereinn von Schecks), BGH NJW **84**, 1954 (Bankkassierer hins Kenntn von der Zahlgseinstellg).

3) Sachlicher Anwendungsbereich. a) Gem § 166 I ist bei der Auslegg vom Wissen u Wollen des Vertreters auszugehen (BAG NJW **61**, 2085). Mdl Erläutergen zu einem schriftl VertrAngebot sind auch dann zu berücksichtigen, wenn der Vertreter nur zur Entggn des Angebots, nicht aber zum VertrSchl bevollmächtigt ist (BGH **82**, 222). Auch iF der §§ 119ff kommt es auf das **Wissen und Wollen** des Vertreters an (vgl RG **106**, 204 – Irrt –; **134**, 37 – ScheinGesch –). Zur Anf wg Täuschg od Drohg des Vertreters s § 123 Anm 2f. Willensmängel des Vertretenen können aber die Gültigk der Vollm beeinflussen u daher (ggf nach Anf) zur Anwendg der §§ 177ff führen (s aber § 173 Anm 4c dd). Kommt es auf das **Kennen oder Kennenmüssen** (Begr: § 122 II) best Umst an, entscheid gleichf die Pers des Vertreters. Das gilt etwa für die subj Voraussetzgen des § 138 (RG **100**, 249, BGH **LM** Nr 8), den gutgl Erwerb (§§ 892, 932, HGB 366 usw), die Kenntn von Tats, die in öff Registern zu verlautbaren sind (Hbg MDR **72**, 238, Ffm OLGZ **76**, 224), die Kenntn von Sachmängeln iF des § 460 (RG **101**, 73, **131**, 355), die Zurechng von Argl gem § 463 (BGH **LM** Nr 14); sie ist auch mögl, wenn sich die Tatbestandsmerkmale der Argl (Handeln/Wissen) auf mehrere verteilen, sofern der Bösgläubige in den Vorgang einbezogen od die Weitergabe der Information mögl u unheliegw war (BGH NJW-RR **88**, 1012, ZIP **89**, 1183, Reinking/Kippels ZIP **88**, 894). Außerdem ergibt sich eine Erweiterg der ArglZurechng aus § 123 II. Soweit der gesetzl Vertreter ohne die erforderl vormschgerichtl Gen gehandelt hat, darf dessen Kenntn dem Vertretenen nicht angerechnet w, (RG **132**, 78). Auch wenn es nicht um die unmittelb Wirkgen der WillErkl, sond um and im Zushang mit dem Gesch eintretd RFolgen geht, ist die Kenntn des Vertreters entscheidd (MüKo/Thiele Rdn 28), so iF der Abnahme gem §§ 464, 640 II (die kein RGesch ist) u der GläubAnf gem KO 29ff, AnfG 3 (BGH **22**, 134, **41**, 21, NJW **84**, 1954). Werden Vereinbgen des Vertreters vom Vertretenen unter erhebl Abw vom wirkl VhlgsErgebn bestätigt, so ist diesem die Unredlichk seines Vertreters zuzurechn (BGH **40**, 46). Kenntn des in sich vertragschließen beiderseit Vertreters ist Kenntn beider Teile (BGH **94**, 237). Auf Kenntn des Vertreters, die treuwidr dem Vertretenen nicht mitgeteilt w soll, kann sich Gegner nicht berufen (RG **134**, 71, BGH WPM **72**, 1381). Im VersichergsR gelten als SonderVorschr VVG 2 II u 44.

b) Auch wenn die sachl Voraussetzgen **rechtsgeschäftlicher Vertretung nicht** vorliegen, ist bei vergleichbarer Interessenlage eine entspr Anwendg des § 166 I nicht ausgeschl. Die Vorschr enthält den allg RGedanken, daß derj, der einen and mit der Erledigg best Angelegenh in eig Verantwortg betraut, sich das in diesem Rahmen erlangte Wissen des and zurechnen lassen muß (BGH **83**, 296, s bereits Anm 2b zur Erweiterg des persönl Anwendsbereichs). Daher w dem Besitzer iF des § 990 die Bösgläubigk des Besitzdieners zugerechnet (BGH **32**, 59, NJW **74**, 458, § 990 Anm 1a, str), dem Schu iF des § 819 die Kenntn seines Vertreters (BGH **83**, 296, krit Wilhelm AcP **183**, 1 ff), dem Geschädigten iF des § 852 die von ihm mit der Regulierg des Schadens Beauftragten (BGH NJW **85**, 2583, § 852 Anm 2). Beim Überbau (§ 912) rechnet die Rspr dem Bauherrn analog § 166 I den bösen Glauben des Architekten zu (BGH **42**, 63), nicht aber den des BauUntern (BGH NJW **77**, 375, str; richt Ans: Anwendg des § 278, dort Anm 1b bb). Das soll ebso bei Nichteinhaltg von Vorschr über den Grenzabstand gelten (BayObLG **79**, 23).

4) Kenntnis und Kennenmüssen des Vertretenen ist gem II neben dem Vertreterwissen zu berücksichtigen, wenn der Vertreter nach best Weisgen des Vertretenen gehandelt hat. – **a)** Die Vorschr gilt für **alle Fälle** rgeschäftl erteilter Vertretgsmacht, auch für die UnterVollm, falls der Untervertreter auf Weisg des Hauptbevollm handelt (RG Gruch **58**, 907). Sie ist iF der Gen auf die Vertretg ohne Vertretgsmacht entspr anwendb; dabei steht die Gen einer Weisg gleich (RG **161**, 162, BGH BB **65**, 435). Maßgebd ist die Kenntn des Vertretenen im Ztpkt der Gen (RG **128**, 116). Auch iF „gespaltener" Argl (Auseinanderfallen von Wissen u VertrSchl) kann II anwendb sein (LG Mü ZIP **88**, 924). Für den nicht weisgsgebundenen ges Vertreter u die Organe jur Pers gilt II nicht. Er ist aber entspr anwendb, wenn der ges Vertreter im Einzelfall wie ein weisgsgebundener Bevollm handelt (BGH **38**, 68). Das kann bei einem Ergänzgspfleger (BGH aaO), aber auch bei einem GebrechlichkPfleger der Fall sein. Auch bei RGesch kr SchlüsselgewaIt gilt II analog, wenn der nach außen auftretde Eheg nach Weisgen des and handelt (Weimar JR **76**, 318). Dagg ist die entspr Anwendg des § 166 ausgeschlossen, wenn der Mj bei einem gem § 107 zustimmgsfreien RGesch selbst handelt (BGH **94**, 239, krit Tintelnot JZ **87**, 795). – **b)** Der Begriff der **Weisung** ist weit auszulegen (RG **161**, 161). Es genügt, daß der Vertretene den Bevollm zu dem Gesch veranlaßt hat (s BGH **38**, 68). Der Weisg steht es gleich, wenn der Vertretene trotz Kenntn nicht eingreift, obwohl er es könnte (BGH **50**, 368, BayObLG NJW-RR **89**, 910). Ausr auch, wenn der Bevollm das Gesch in Anwesenh des Vertretenen abschließt u dieser nicht widerspricht (BGH **51**, 145). – **c)** Auf **Willensmängel** des Vertretenen ist II entspr anwendb (BGH **51**, 145, MüKo/Thiele Rdn 41, str). Ist der Vertretene dch argl Täuschg zur Erteilg einer Weisg an den Bevollm veranlaßt worden, kann er das RGesch daher gem § 123 anfechten (BGH aaO). Davon zu unterscheiden ist der Fall, daß die Bevollmächtigg anfechtb ist (§ 167 Anm 1c). Befindet sich der weisgserteilde Vertretene in einem Zustand vorübergehder geistiger Störg (§ 105 II), soll II gleichf entspr anwendb sein (Brschw OLGZ **75**, 441).

§ 167 Erteilung der Vollmacht. [I] Die Erteilung der Vollmacht erfolgt durch Erklärung gegenüber dem zu Bevollmächtigenden oder dem Dritten, dem gegenüber die Vertretung stattfinden soll.
[II] Die Erklärung bedarf nicht der Form, welche für das Rechtsgeschäft bestimmt ist, auf das sich die Vollmacht bezieht.

1) Vollmachtserteilung. a) Vollm ist die dch RGesch erteilte Vertretgsmacht (§ 166 II). Sie w dch eine einseit empfangsbedürft WillErkl (Übbl 3a v § 104), die sog **Bevollmächtigung**, begründet. Die Bevollmächtigg bedarf keiner Ann. Sie kann ggü dem Vertreter **(Innenvollmacht)**, ggü dem GeschGegner **(Außenvollmacht)** od dch öff Bekanntmachg (MüKo/Thiele Rdn 10) erklärt w. Sie kann auch in einer VfgvTw enthalten sein (RG **170**, 380, Köln DNotZ **51**, 36, LG Siegen NJW **50**, 226); mögl ist auch eine Begründg dch Vertr (Karlsr NJW-RR **86**, 101). Die Bevollmächtigg ist grdsl formfrei (II, s unten b). Sie kann auch dch **schlüssiges Verhalten** erfolgen (Auslegg nach §§ 133, 157). Die Übertragg von Aufg, deren ordngsmäß Erf eine best Vollm erfordert, enthält stillschw zugl eine entspr Bevollmächtigg (§ 173 Anm 4e). Das gilt etwa für die Übertragg der GeschFü eines Betr (RG **106**, 203), aber auch für die Beauftragg eines Architekten (Anm 2b). Erklärt der Verkäufer dem Käufer, er solle sich zur Regelg einer Mängelrüge an den Hersteller wenden, so liegt darin die Erteilg einer AußenVollm an das Herstellerwerk (Karlsr MDR **83**, 488, das allerdings eine AnschVollm annimmt). Wer es duldet, daß ein and für ihn wie ein Vertreter auftritt, muß sich dessen Verhalten nach den Grds der **Duldungs- oder Anscheinsvollmacht** uU auch dann anrechnen lassen, wenn er keinen Bevollmächtiggswillen hatte (§ 173 Anm 4). – **b)** Die Bevollmächtigg bedarf grdsl **keiner Form.** Gesetzl Ausn enthalten §§ 1484 II, 1945 III, GmbHG 2 II, AktG 134 III, 135. In and Fällen ist die Vollm zwar formlos gült, bedarf aber ggü dem Ger eines formgebundenen Nachw (ZPO 80, GBO 29, HGB 12, FGG 13). In der für das VertreterGesch vorgeschriebenen Form muß die Vollm erteilt w, wenn die formfreie Bevollmächtigg im Ergebn zu einer Umgehg der FormVorschr führen w (Staud-Dilcher Rdn 20, RGRK Rdn 5). Das ist der Fall, wenn der Vertretene dch die Erteilg der Vollm rechtl u tatsächl in gleicher Weise gebunden w wie dch die Vorn des formbedürft RGesch (MüKo/Thiele Rdn 19). Formbedürft sind daher die unwiderrufl Vollm zum GrdstVerkauf od -Erwerb (§ 313 Anm 6), zur ErbTÜbertr (KG JFG **15**, 205, BayObLG **54**, 234), zur Schenkg od Übern einer Bürgsch (MüKo/Thiele Rdn 22, Flume II § 52, 2, aA hM), zur Abtr von SteuererstattgsAnspr (BFH WPM **83**, 402), uU auch die Vollm zum Abschl eines nach GWB 34 formbedürft KartellVertr (Saarbr OLGZ **68**, 5). Dagg ist wg des and Zwecks der FormVorschr die unwiderrufl Vollm zur Abtr von GmbH-Anteilen formfrei (RG **135**, 71, BGH **13**, 53, **19**, 72). – **c)** Für die Bevollmächtigg gelten dieselben Nichtigk- u AnfGrde wie für and RGesch. **Willensmängel** berecht auch nach Vorn des VertreterGesch zur Anf (Staud-Dilcher Rdn 79, MüKo/Thiele Rdn 85, Soergel-Leptien § 166 Rdn 21, aA AK/Ott Rdn 15, Prölss JuS **85**, 582), jedoch bleibt der Vertretene uU nach §§ 170ff (§ 173 Anm 3) od den Grds der AnschVollm gebunden (§ 173 Anm 4). AnfGegner ist bei InnenVollm der Vertreter, bei AußenVollm der GeschPart (§ 143 III); diesem steht aber auch bei Anf einer InnenVollm Anspr aus § 122 zu (MüKo/Thiele Rdn 85, RGRK Rdn 26); ebso kann der gutgl Vertreter auch bei Anf einer AußenVollm SchadErs gem § 122 verlangen (Staud-Dilcher Rdn 82). – **d)** Die Vollm ist nach dem Abstraktionsprinzip (Einf 1b cc v § 164) unabhäng von dem **Grundgeschäft**, wie Auftr, GeschBesorggs- od GesellschVertr. Die Nichtigk des GrdGesch läßt die Wirksamk der Vollm grdsl unberührt (RG **69**, 234, Köln MDR **74**, 310, Hamm AnwBl **89**, 397); sie kann sich aber auswn auf die Vollm erstrecken, sei es bei Fehleridentität (Übbl 3f v § 104) od wenn GrdGesch u Vollm ein einheitl Gesch iSd § 139 bilden (BGH NJW **85**, 730, Korte DNotZ **84**, 8, § 139 Anm 3b), uU bleibt aber eine AnschVollm mit ihren Wirkgen bestehen (§ 173 Anm 4). GrdGesch u Vollm stehen nicht völl beziehgslos nebeneinand. Das Erlöschen der Vollm richtet sich gem § 168 nach dem GrdGesch. Auch für den Umfang der Vollm kann das GrdGesch von Bedeutg sein (Anm 2). Mögl ist auch eine sog isolierte Vollm ohne GrdGesch (Staud-Dilcher Rdn 2), sie liegt insb dann vor, wenn allein das GrdGesch nichtig ist (Zweibr OLGZ **85**, 46).

2) Umfang der Vollmacht. a) Er w grdsl vom VollmGeber best. Bei einigen Vollm des HandelsR ist der Umfang ges festgelegt, so bei Prokura u HdlgsVollm (HGB 49, 54ff). Bei Zweifeln ist der Umfang der Vollm dch **Auslegung** (§§ 133, 157) zu ermitteln. Maßgebd ist, wie der ErklEmpfänger das Verhalten des VollmGebers verstehen durfte. Bei der reinen InnenVollm kommt es auf die VerständnMöglichk des Bevollm an (BGH LM § 133 [B] Nr 18), bei der nach außen kundgegebenen od in einer Urk verlautbarten Vollm (§§ 171, 172) u der AußenVollm auf die des GeschGegners (BGH aaO, Betr **70**, 1126, NJW **83**, 1906). Bei Ausleg einer InnenVollm können daher Inh u Zweck des GrdGesch mitberücksichtigt w; bei der Ausleg einer AußenVollm u iF der §§ 171, 172 dürfen dagg nur solche Umst herangezogen w, die dem GeschGegner bekannt od erkennb waren (RG **143**, 199). Handelt es sich um eine verkehrstyp Vollm, ist mangels spezieller Anhaltspkte davon auszugehen, daß sie den verkehrsübl Umfang haben soll (MüKo/Thiele Rdn 75), so etwa beim Architekten (unten c), Hausverwalter, Kassierer. Zu beachten auch der Grds von Treu u Glauben. Der zur Vergabe notw Reparaturen bevollmächtigte Kraftfahrer ist daher nicht berecht, weitgehde Haftgsausschlüsse zu vereinb (BGH Betr **53**, 991). Bleiben Zweifel, gilt der weniger weitreichde Umfang (RG **143**, 199, JW **13**, 1034, BGH NJW **78**, 995).

b) Nach dem Umfang der Vollm sind zu unterscheiden: – **aa) Spezialvollmacht** zur Vorn eines best RGesch. Ob Festleggen hins des Inh des RGesch Beschrkgen der Vollm od ledigl Weisgen im InnenVerh sind, ist Ausleggsfrage (oben a). – **bb) Art- od Gattungsvollmacht** zur Vorn einer best Art von RGesch. Sie kann diese betreffen (Inkasso-, BankVollm) od an eine best Funktion anknüpfen (Architekt, Hausverwalter, Kellner, Kassierer). – **cc) Generalvollmacht**. Sie berecht grdsl zur Vorn aller RGesch, sow Vertretg zul ist (s Spitzbarth BB **62**, 851, MüKo/Thiele Rdn 78). Die Ausleg kann aber Einschränkgen ergeben. So sind uU völl außergewöhnl RGesch u RGesch, die eindeut u erkennb den Vertretenen schädigen, von der Vollm nicht gedeckt (Ffm NJW-RR **87**, 482). Die Best, daß der Generalbevollm die Interessen des VollmGebers zu wahren h, ist aber keine Beschrkg der Vollm (RG HRR **31**, 1037).

Rechtsgeschäfte. 5. Titel: Vertretung. Vollmacht §§ 167, 168

Auch wenn sich der Bevollmächtigte in den Grenzen der Vollm hält, ist der Vertretene nicht gebunden, sow die Grds über den VollmMißbr (§ 164 Anm 2) eingreifen.

c) **Einzelfälle. Architekt** (Schmalzl MDR **77**, 622, Jagenburg BauR **78**, 180, Meissner BauR **87**, 497): Wird ein Arch mit der Dchführg eines Bauvorhabens beauftragt, so liegt hierin, falls nichts and vereinb w, zugleich die Erteilg einer Vollm (BGH NJW **60**, 859, sog originäre Vollm). Für den Umfang dieser Vollm gibt es keine allg gült Grds; maßgebd sind die Umst des Einzelfalls. IZw ist die Vollm eng auszulegen, und zwar auch dann, wenn der Arch ausdr als „bevollmächtigter Vertreter" bezeichnet w (BGH NJW **78**, 995). Sie umfaßt idR: die Vergabe einz Bauleistgen (BGH BB **63**, 111), von Zusatzleistgen, die jedoch nicht von untergeordneter Bedeutg sind (Stgt MDR **82**, 1016, Köln BauR **86**, 443); die Anerkennng von Stundenlohnzetteln (Meissner aaO 506); die Rüge von Mängeln, die Entggn von Vorbeh gem VOB/B 16 Nr 3 (BGH NJW **77**, 1634, **78**, 1631); von Erläuterungen zu eingereichten Rechngen (BGH NJW **78**, 994). Dagg sind dch die Vollm idR nicht gedeckt: ZusatzAuftr größeren Umfangs, insb dann nicht, wenn sie die AuftrSumme fast verdoppeln (BGH Betr **75**, 1741); Vergabe von Arb, die der Bauherr als Nachbesserg beansprucht (AG Marbach MDR **86**, 671); Beauftragg von Sonderfachleuten (BGH BB **63**, 111; Jagenburg S 184, Schmalzl S 624, str); Verlängerg der FertigstellgsFr (BGH NJW **78**, 995); rgeschäftl Anerkenntn der Schlußrechng (BGH NJW **60**, 859), des Aufmaßes (Jagenburg S 184); Abnahme im RSinne (Jagenburg S 185, Meissner S 506, aA LG Essen NJW **78**, 108); Entggn von Abtretgsanzeigen (BGH NJW **60**, 1805). Vgl auch § 173 Anm 4 f. – Vollm des **Baubetreuers** s BGH **67**, 334, **76**, 90, **LM** § 164 Nr 39, Pfeiffer NJW **74**, 1449. – Vollm zur Vfg über ein **Bankkonto** berecht nicht zur Kontoüberziehg (BGH MDR **53**, 345), ebsowenig zur eigennützigen Verpfänd von Wertpapieren (BGH WPM **69**, 112); die Vollm hinsichtl eines Girokontos berecht auch zur Vfg dch Scheck (BGH Betr **86**, 1870). Eine PostVollm (PostO 46) hat keine privrechtl Wirkg (BGH **98**, 144). Die dem **Gebrauchtwagenhändler** bei einem VermittlgsAuftr erteilte Vollm kann dch Veränderg des Pkws (Umlackierg) erlöschen (Köln NJW-RR **89**, 1084).

d) **Vollmachtsüberschreitung** führt zur Anwendg der §§ 177 ff. And nur, wenn die §§ 170 ff od die Grds der AnschVollm eingreifen (§ 173 Anm 4) od wenn sich der Vertretene wg mangelnder Überwachg nach § 242 nicht auf die VollmÜberschreitg berufen darf (BGH WPM **74**, 407). Ist das Gesch teilw dch die Vollm nicht gedeckt, gilt § 139 entspr (BGH NJW **70**, 240): Ist das Gesch teilb der dch die Vollm gedeckte Teil gült, sow dies dem mußmaßl PartWillen entspr; nur hins des Restes gelten die §§ 177 ff. GesNichtigk aber, wenn der Vertreter mit dem Käufer vereinb, daß das Gesch zwecks Steuerhinterziehg nicht verbucht w soll (BGH NJW **58**, 57). **Vollmachtsmißbrauch** s § 164 Anm 2.

3) **Arten der Vollmacht. a) Innen-** u **Außenvollmacht** s Anm 1 a; **General-** u **Spezialvollmacht** s Anm 2 b; **widerrufliche** u **unwiderrufliche** Vollm s § 168 Anm 3; **postmortale** Vollm s § 168 Anm 2 c; **Duldungs-** u **Anscheinsvollmacht** s § 173 Anm 4. – b) Die **Hauptvollmacht** w vom GeschHerrn selbst erteilt, die **Untervollmacht** vom Bevollm od ges Vertreter. Ob der Bevollm zur Erteilg von Untervollm berecht ist, ist Ausleggsfrage. Entscheidd ist, ob der Vertretene erkennb ein Interesse an der pers Wahrnehmg der Vertretgsmacht dch den Bevollm hat (BGH BB **59**, 319, Ffm VersR **76**, 173, Mü WPM **84**, 834). Die Untervollm kann nicht weiter gehen als die Hauptvollm. Der von § 181 nicht befreite Hauptbevollm kann daher den Unterbevollm insow nicht freistellen (Staud-Dilcher Rdn 67). Bei widerrufl od zeitl begrenzter Hauptvollm kann die Untervollm nicht unwiderrufl od zeitl unbegrenzt erteilt w. Eine VollÜbertr (sog Abtr) der Vollm ist idR unzul (Staud-Dilcher Rdn 60, RGRK Rdn 21). Der Unterbevollm ist **Vertreter des Geschäftsherrn,** nicht des Hauptbevollm (MüKo/Thiele Rdn 71, Larenz § 31 I b, Flume § 49 V; and BGH **32**, 253, wonach der Unterbevollm auch „Vertreter des Vertreters" sein kann). Er muß daher im Namen des GeschHerrn auftreten. Wenn er zugl offenlegt, daß er als Unterbevollm handelt, haftet er aus § 179 aber nur für Mängel der Untervollm, nicht für solche der Hauptvollm (§ 179 Anm 1). – c) Steht die Vertretgsmacht mehreren Pers zu, können sie jeder für sich allein (Einzelvertretg) od nur gemeins (**Gesamtvertretung**) vertretgsberecht sein. Welche Vertretgsart gewollt ist, ist Ausleggsfrage. Ges Regelgn enthalten §§ 709 ff, 1629, HGB 48 II, 125 II, 150, AktG 78, GmbHG 35 II, GenG 25, ZPO 84. Es genügt, daß nach außen ein GesVertreter auftritt. Die and können ggü diesem od ggü dem GeschGegner zustimmen (RG **75**, 424, BGH **LM** § 164 Nr 15, Mü BB **72**, 114). Die vorher erteilte Zust („Ermächtig" s HGB 125 II 2, 150 II 1, AktG 78 IV) erweitert die GesVertretgsmacht punktuell zur Einzelvertretgsmacht (BGH **64**, 75). Sie ist nur wirks, wenn sachl beschränkt (BGH **34**, 30, WPM **86**, 316). Sie ist keine Vollm, steht dieser aber so nahe, daß neben den §§ 182 ff auch § 174 entspr anwendb ist (BAG NJW **81**, 2374). Sowohl die Ermächtigg als auch die Gen kann dch schlüss Verhalten erklärt w (Staud-Dilcher Rdn 54). Auch sow die GemO eine GesVertretg vorsehen, ist eine Ermächtigg zu best einz Gesch zul (MüKo/Thiele § 164 Rdn 83, str). Die Ermächtigg u die Gen müssen aber in der GemO vorgesehenen Formlichk wahren, an deren Beachtg Voraussetzg für ein wirks Vertreterhandeln ist (BGH NJW **82**, 1036, **84**, 606, § 125 Anm 1 c). Bei GesVertretg muß der Wille aller Vertreter mangelfrei sein. Der Willensmangel jedes einz ist beachtl (RG **78**, 354); hat ein geschunfäh Vertreter mitgewirkt, gelten die §§ 177 ff (s BGH **53**, 214). Zur **Passivvertretung** (Entggn von WillErkl) ist jeder GesVertreter allein berecht (RG **53**, 230, BGH NJW **88**, 1200). Das folgt aus §§ 28 II, 1629 I 2, HGB 125 II 3, AktG 78 II 2, GmbHG 35 II 3, die Ausdr eines allg RGedankens sind. Ebso genügt für § 166 I das Kennen od Kennenmüssen eines GesVertreters (§ 166 Anm 2 a).

4) **Stillschweigende Vollmacht, Duldungsvollmacht, Anscheinsvollmacht** vgl §§ 170–173 Anm 4.

168 *Erlöschen der Vollmacht.* **Das Erlöschen der Vollmacht bestimmt sich nach dem ihrer Erteilung zugrunde liegenden Rechtsverhältnisse. Die Vollmacht ist auch bei dem Fortbestehen des Rechtsverhältnisses widerruflich, sofern sich nicht aus diesem ein anderes ergibt. Auf die Erklärung des Widerrufs findet die Vorschrift des § 167 Abs. 1 entsprechende Anwendung.**

1) **Allgemeines.** Das Erlöschen der Vollm richtet sich entgg dem mißverständl Wortlaut des § 168 in erster Linie nach dem Inh der Vollm. Der VollmGeber kann die Vollm befristen od unter einer auflösden

§§ 168–171

Bdgg erteilen. Betrifft die Vollm die Vorn best RGesch, erlischt sie dch Zweckerreichg, sobald die RGesch abgeschl sind od der Abschl endgült gescheitert ist. Die einseit VerzErkl des Bevollm ist gleichf ein ErlöschensGrd (OVG Hbg NVwZ 85, 350, Staud-Dilcher Rdn 18). Sow die Vollmächtigg selbst keine Regelg enthält, gelten gem § 168 S 1 die ErlöschensGrde des GrdVerh. Bei der isolierten Vollm (§ 167 Anm 1 d) können idR die ErlöschensGrde des AuftrR entspr herangezogen w (str).

2) Erlöschen nach dem Grundverhältnis. a) Das GrdVerh ist idR ein GeschBesorggsVertr (Auftr, Dienst- od WkVertr), es kann aber auch ein Kaufvertrag od eine Schenkg sein. Als EndiggsGrde kommen zB Erf, Zeitablauf, Rücktr od Künd in Betracht. – **b)** ErlöschensGrde im Zushang mit der **Person des Bevollmächtigten**. Sein Tod führt gem §§ 673, 675 idR zum Erlöschen der Vollm. Wenn die Vollm im Interesse des Bevollm erteilt worden ist, etwa eine AuflVollm zG des Käufers, besteht sie aber auch nach seinem Tod fort (Schlesw MDR 63, 675, Köln OLGZ 69, 305). Wird der Bevollm dauernd geschunfäh, erlischt die Vollm (MüKo/Thiele Rdn 7, Staud-Dilcher Rdn 21). Konk ist grdsl kein ErlöschensGrd, und aber, wenn die Vollm auf einem GesellschVertr beruht (§ 728). Die einer jur Pers erteilte Vollm endet erst mit ihrem völligen Erlöschen, nicht schon mit dem Eintritt in die Liquidation. – **c) Person des Vollmachtgebers.** Sein Tod führt idR nicht zum Erlöschen der Vollm (§§ 672, 675, Zweibr DNotZ 83, 105). Die Vollm kann auch von vornherein für den Todesfall erteilt w (RG 114, 354). Nach dem Tode des VollmGebers vertritt der Bevollm die Erben, jedoch beschränkt auf den Nachlaß (RG 106, 187, BGH FamRZ 83, 477). Der Bevollm braucht keine Weisgen der Erben abzuwarten; seine Befugn w aber dch die Grds über den VollmMißbr (§ 164 Anm 2) begrenzt (BGH NJW 69, 1246, Schlesw WPM 83, 547). Jeder Erbe kann die Vollm für sich widerrufen (RG JW 38, 1892, BGH NJW 75, 382), ebso der TestVollstrecker u der NachlVerw (KG OLGZ 71, 161). Ist der Bevollm Alleinerbe des VollmGebers, endet die Vollm jedoch mit dessen Tod (Stgt NJW 48, 627, Soergel-Leptien Rdn 30, aA Hueck SJZ 48, 455). In der Bestellg eines TestVollstreckers kann eine Beschränkg der postmortalen Vollm liegen (Rehmann BB 87, 213, aA Merkel WPM 87, 1001). S zur postmortalen Vollm näher Einf 6 v § 2197. – GeschUnfgk des VollmGebers berührt den Bestand der Vollm idR nicht (§§ 672, 675). Mit dem Konk enden die von ihm erteilten Vollm (KO 23), u zwar auch ProzVollm (RG 118, 162, BGH MDR 64, 50). Dagg erlischt die von einem ges Vertreter erteilte Vollm nicht mit der Beendigg der ges Vertretg (RG 107, 166, BayObLG NJW 59, 1289, Betr 74, 1521), die vom VereinsVorstd erteilte Vollm nicht mit einem Wechsel des Vorstds (LG Stgt Betr 82, 638). Die von einem ges Verwalter (Konk-, Zwangs-, NachlVerw, TestVollstrecker) erteilte Vollm w von einem Wechsel in der Pers des Verwalters nicht berührt. Sie endet aber mit der Beendigg der Verwaltg (MüKo/Thiele Rdn 29).

3) Widerruf. a) Er ist grdsl **jederzeit** zul, auch wenn das GrdVerh fortbesteht (S 2). Der Widerruf ist eine einseit empfangsbedürft WillErkl (Übbl 3 a v § 104). Er kann als actus contrarius zur VollmErteilg ebso wie diese ggü dem Bevollm, dem GeschGegner od dch öff Bekanntmachg (§ 171 II) erklärt w (S 3). Eine Außenvollm kann ggü dem Bevollm widerrufen w, zG des GeschGegners gilt aber § 170. – **b)** Der Widerruf kann dch Vertr **ausgeschlossen** w, nicht aber dch einen einseit Verz des VollmGebers (RG 109, 333, Hopt ZHR 133, 317). Die Vereinbarg kann sich aus den Umst, insb aus dem Zweck der Vollm ergeben. Sie ist anzunehmen, wenn die Vollm im Interesse des Bevollm erteilt wurde (BGH WPM 85, 647), so wenn sie den Bevollm sichern soll (RG 53, 419) od wenn der Bevollm am Erlös des Gesch beteiligt ist (RG JW 27, 1139). Unwirks ist der Ausschl des WiderrufsR bei GeneralVollm (Staud-Dilcher Rdn 9, Soergel-Leptien Rdn 25), bei isolierter Vollm ohne GrdVerh (BGH NJW 88, 2603, Zweibr OLGZ 85, 46) u bei Vollm, die ausschließl im Interesse des VollmGebers erteilt worden ist (BGH DNotZ 72, 229). Den Widerruf kann nicht ausschließen, wer selbst nur widerrufl Vertretgsmacht besitzt (Mü OLGZ 65, 1). Die Unwirksamk beschr sich auf die AusschlKlausel; die Vollm selbst bleibt idR gem § 139 bestehen (MüKo/Thiele Rdn 9, aA RG Gruch 68, 538). Auch die unwiderrufl Vollm kann aus wicht Grd widerrufen w (BGH WPM 69, 1009, WPM 85, 646). Ebso bleibt der VollmGeber seinerseits vfgsberecht (BGH 3, 358). Eine sog verdrängde Vollm ist unzul (§ 137 Anm 1 d).

169 *Kein Fortwirken gegenüber Bösgläubigen.* Soweit nach den §§ 674, 729 die erloschene Vollmacht eines Beauftragten oder eines geschäftsführenden Gesellschafters als fortbestehend gilt, wirkt sie nicht zugunsten eines Dritten, der bei der Vornahme eines Rechtsgeschäfts das Erlöschen kennt oder kennen muß.

1) Der erloschene Auftr, der beendete GeschBesVertr, die aufgelöste Gesellsch u die aufgrd dieser Vertr erteilte Vollm wirken gem §§ 674, 675, 729, 168 S 1 uU zG des gutgl Beauftragten od geschführden Gesellschafters fort. Nach § 169 gilt das nicht zG eines GeschGegners, der das Erlöschen (die Auflösg) kennt od fahrl nicht kennt.

170 *Wirkungsdauer der Vollmacht.* Wird die Vollmacht durch Erklärung gegenüber einem Dritten erteilt, so bleibt sie diesem gegenüber in Kraft, bis ihm das Erlöschen von dem Vollmachtgeber angezeigt wird.

171 *Wirkungsdauer bei Kundgebung.* [I] Hat jemand durch besondere Mitteilung an einen Dritten oder durch öffentliche Bekanntmachung kundgegeben, daß er einen anderen bevollmächtigt habe, so ist dieser auf Grund der Kundgebung im ersteren Falle dem Dritten gegenüber, im letzteren Falle jedem Dritten gegenüber zur Vertretung befugt.

[II] Die Vertretungsmacht bleibt bestehen, bis die Kundgebung in derselben Weise, wie sie erfolgt ist, widerrufen wird.

Rechtsgeschäfte. 5. Titel: Vertretung. Vollmacht §§ 172, 173

172 *Vollmachtsurkunde.* [I] Der besonderen Mitteilung einer Bevollmächtigung durch den Vollmachtgeber steht es gleich, wenn dieser dem Vertreter eine Vollmachtsurkunde ausgehändigt hat und der Vertreter sie dem Dritten vorlegt.

[II] Die Vertretungsmacht bleibt bestehen, bis die Vollmachtsurkunde dem Vollmachtgeber zurückgegeben oder für kraftlos erklärt wird.

173 *Kenntnis des Erlöschens.* Die Vorschriften des § 170, des § 171 Abs. 2 und des § 172 Abs. 2 finden keine Anwendung, wenn der Dritte das Erlöschen der Vertretungsmacht bei der Vornahme des Rechtsgeschäfts kennt oder kennen muß.

1) **Allgemeines. – a)** Die §§ 170–173 schützen den GeschGegner, der auf den Bestand (Fortbestand) einer in Wahrh nicht (mehr) bestehden Vollm vertraut hat. Sie normieren damit eine **Rechtsscheinhaftung** des Vertretenen. Diese setzt voraus, daß die Vollm dem GeschGegner ggü erteilt (§ 170) od ihm ggü in best Weise (§§ 171, 172) kundgegeben worden ist (s Anm 2 u 3). Die §§ 170ff gelten auch dann, wenn eine Vollm in Wahrh nicht od nicht wirks erteilt worden ist (RG **104**, 360, **159**, 369, BGH MDR **65**, 282, NJW **85**, 730, NJW-RR **86**, 467, hM, str iF des § 170). Dch **Anfechtung** kann die RScheinVollm nicht beseitigt w (Staud-Dilcher § 170 Rdn 2, § 171 Rdn 9, Enn-Nipperdey § 184 II 4, str). Voraussetzg für die Anwendg der §§ 170–172 ist aber, daß der Vertretene bei Vorn des **Kundgabeaktes geschäftsfähig** war (BGH NJW **77**, 623, Stgt MDR **56**, 673). – **b)** Ein GeschGegner, der das Erlöschen **kennt** od fahrl nicht kennt (s § 122 II), kann sich auf das Fortbestehen der Vollm nicht berufen (**§ 173**). Dasselbe gilt, wenn er das Nichtentstehen der Vollm kennt od kennen muß (BGH MDR **65**, 282). Keine RScheinhaftg daher, wenn die Unwirksamk aus der VollmUrk (der Mitteilg, der Bekanntgabe) hervorgeht (RG **108**, 123). Kennt der GeschGegner die Beschränkg, kommt es auf Erkennbark nicht an (BGH NJW-RR **88**, 1321). Nichterkennen eines NichtigkGrdes, der sich aus §§ 313, 139 ergibt, ist bei einem kaufm Verk (Bank) idR kein Verschulden (BGH NJW **85**, 730, NJW **88**, 698, krit Brych FS Korbion 1986 S 10). Bei anfechtb Vollm entsch der gute Glaube hins der AnfTats (§ 142 II).

2) **Voraussetzungen. a) § 170:** Die dch Erkl ggü dem GeschGegner erteilte **Außenvollmacht** (§ 167 Anm 1a) wirkt fort, bis ihm das Erlöschen angezeigt ist. Die Anzeige ist eine geschähnl Hdlg (Übbl 2c v § 104). Der Schutz des § 170 endet bereits mit ihrem Zugang. Ein ggü dem GeschGegner erkl Widerruf steht der Anz gleich. § 170 gilt auch dann, wenn die Außenvollm eingeschr oder abgeänd w (RG JW **15**, 998). – **b) § 171:** Die bes Mitteilg u die öff Bekanntmachg sind geschähnl Hdlgen (Übbl 2c v § 104), die, falls eine wirks Vollm fehlt, zur Begründg einer RScheinVollm führen. Sie müssen die Pers des Bevollm ergeben (RG **124**, 386, JW **29**, 576). Die bes Mitteilg kann auch in der Anzeige der notariell beurkundeten Vollm an das GBA od den GeschGegner liegen; sogar der Notar selbst kann Adressat der bes Mitteilg sein (s Hieber DNotZ **52**, 185, Haegele Rpfleger **72**, 306, Köln DNotZ **84**, 570). Ausr ist auch ein schlüssiges Verhalten, etwa die Ankündigg des Besuchs eines Vertreters. Die öff Bekanntmachg muß an einen unbest PersKreis gerichtet sein. In Betracht kommen Zeitgsanzeigen od Aushänge; unter § 171 fallen aber auch Eintraggen im Handelsregister (**RG 133**, 233), nicht aber Anmeldgen zum Gewerberegistert (Hamm Wirkg des § 171 tritt nur ein, wenn der GeschGegner bei Vorn des RGesch **Kenntnis vom Kundgabeakt** hat (MüKo/Thiele Rdn 11). Das w jedoch vermutet, wenn die Kundgabe erfolgt ist. Die Beseitigg der RScheinVollm geschieht gem § 171 II dch *actus contrarius*. Mit dem Zugang der bes Mitteilg od dem Vollzug der öff Bekanntmachg entfällt der Schutz des § 171 auch gegen Gutgläubigen.

3) **Voraussetzungen. § 172. a) Vollmachtsurkunde** ist ein unterschriebenes od mit not beglaubigtem Handzeichen versehenes Schriftstück, das die Pers des Bevollm u den Inh seiner Vollm bezeichnet (RG **124**, 386, JW **34**, 2394). Die Urk muß echt sein, dh von der dch die Unterschrift als Aussteller ausgewiesenen Pers stammen (BSozG NVwZ **83**, 768). Sie muß willentl ausgehändigt worden sein; für abhandengekommene VollmUrk gilt der Schutz des § 172 nicht (Vertreter ist § 172 weder unmittelb noch entspr anzuwenden (RG **74**, 265). – **b) Vorgelegt** ist die Urk, wenn sie dem GeschGegner zur sinnl Wahrnehmg unmittelb zugängl gemacht w (BGH **76**, 78, NJW **88**, 698). Nicht erforderl ist, daß der GeschGegner tats Einsicht nimmt (BGH aaO). Die Urk muß in Urschrift od Ausfertigg vorgelegt w; beglaubigte Abschriften od Fotokopien genügen nicht (BGH **102**, 63, Hamm ZIP **86**, 1109), jedoch kann eine RScheinhaftg analog Anm 4 in Betracht kommen (BGH aaO, krit Bohrer DNotZ **88**, 551). Nicht ausr ist die Bezug auf die bei Ger od einem Notar hinterlegte Urk. Wenn in einem beurk Vertr auf eine vom Notar selbst beurk u bei ihm jederzeit zugängl Vollm verwiesen w, steht die Bezug aber einer Vorlegg gleich (BGH **76**, 79). – **c)** Die RScheinVollm **erlischt**, wenn die VollmUrk zurückgegeben od für kraftlos erkl w. Anspr auf Rückg: § 175, KraftlosErkl: § 176. Der Schutz des § 172 I entfällt auch dann, wenn dem GeschGegner ein Widerruf des VollmGebers zugeht (MüKo/Thiele Rdn 13, hM). – **d)** § 172 ist auf **Blanketturkunden** entspr anzuwenden. Wer ein Blankett mit seiner Unterschr freiw aus der Hand gibt, muß den abredewidr ausgefüllten Inh des Blanketts ggü einem gutgl Dritten als seine WillErkl gg sich gelten lassen (BGH **40**, 68, 304, WPM **73**, 750, krit Müller AcP **181**, 516). Zur Anf gem § 119 ist er nicht berecht (BGH aaO, MüKo/Thiele Rdn 17, aA Reinicke/Tiedtke JZ **84**, 551). Die Grds der Haftg für BlankettUrk gelten entspr, wenn der vom Inhaber eines Btx-Anschlusses Ermächtigte diesen mißbräuchl benutzt (Köhler in RProbleme des Btx, 1986, S 61).

4) **Duldungs- und Anscheinsvollmacht. a) Allgemeines.** Die §§ 170ff gehen davon aus, daß dem GeschGegner die Nachprüfg der Vollm nicht zuzumuten ist, wenn das Verhalten des Vertretenen nach der VerkAuffassg auf das Bestehen der Vollm schließen läßt. Dieser RGedanke, der auch in § 370 u HGB 56 zum Ausdr kommt, bildet die Grdlage für die Anerkennng von Duldgs- u AnschVollm. Beide unterscheiden sich zwar nach ihrem rechtl Charakter u ihren Voraussetzgen; sie beruhen aber letztl gemeins auf dem Gedanken des **Vertrauensschutzes** u damit auf dem Grds von Treu u Glauben (BGH NJW **56**, 1674, **62**, 1003).

b) Duldungsvollmacht. aa) Sie ist gegeben, wenn der Vertretene es **wissentlich** geschehen läßt, daß ein and für ihn wie ein Vertreter auftritt u der GeschGegner dieses Dulden nach Treu u Glauben dahin verstehen

163

§ 173 4b–d

darf, daß der als Vertreter Handelnde bevollmächtigt ist (BGH **LM** § 167 Nr 4, 13, NJW **56**, 460, VersR **71**, 227, stRspr). Besteht für den Vertretenen GesVertretg, müssen beide GesVertreter das Auftreten des Scheinvertreters wissentl geduldet h (BGH NJW **88**, 1200). Von der stillschw erteilten Vollm unterscheidet sich die DuldgsVollm dadch, daß der Vertretene bei der DuldgsVollm keinen Willen zur Bevollmächtigg h (BGH **LM** § 167 Nr 10, § 164 Nr 24). Gleichwohl handelt es sich bei der DuldgsVollm (and als bei der AnschVollm) um einen rgeschäftl Tatbestand (BGH **LM** § 167 Nr 4, Flume § 49, 3, 4, Westermann JuS **63**, 5, sehr str, aA BGH **LM** § 164 Nr 34 u § 167 Nr 15, Soergel-Leptien § 167 Rdn 17: RScheinVollm). Das Fehlen des Bevollmächtiggswillens steht der Wertg als **schlüssige Willenserklärung** nicht entgg: Wer wissentl den Tatbestd einer DuldgsVollm setzt, kann sich wg des Verbots des venire contra factum proprium (§ 242 Anm 4 C e) nicht auf den fehlden Bevollmächtiggswillen berufen (vgl die ähnl Überleggen in Einf 5b vor § 145). – **bb) Voraussetzungen.** Währd das Verhalten des Vertretenen, aus dem der GeschGegner auf die Bevollmächtigg schließt, bei der AnschVollm idR von einer gewissen Häufigk od Dauer sein muß, kann bei der DuldgsVollm, bei der es um bewußtes Dulden geht, schon ein gleichliegder Fall zur Bejahg der Haftg führen. Bei der Würdigg ist darauf abzustellen, ob das **Vertrauen** des GeschGegners nach den Umst des Falles trotz des fehlden Bevollmächtiggswillens des Vertretenen Schutz verdient. Da es sich um die Erteilg einer **Außenvollmacht** dch schlüss Verhalten handelt, muß der GeschGegner den maßgebl VertrauensTatbestd kennen (BGH NJW **56**, 460, VersR **65**, 135); insow dürfen aber keine zu strengen Anforderngen gestellt w; es genügt, wenn der GeschGegner dch Dr von der allg Überzeugg über das Bestehen der Vollm Kenntn erhalten h (BGH NJW **62**, 1003, zur AnschVollm). Ausgeschl ist die Berufg auf den fehlden Bevollmächtiggswillen nur ggü einem **Gutgläubigen;** der GeschGegner muß, ohne daß ihm Fahrlässigk zur Last fällt, auf das Bestehen der Vollm vertraut h (BGH **LM** § 167 Nr 15 Bl 2). – **cc)** Der **Umfang** der DuldgsVollm richtet sich nach dem geschaffenen VertrauensTatbestd iVm dem Grds von Treu u Glauben. Da die DuldgsVollm auf einer schlüss WillErkl beruht, gelten für sie die allg Vorschr über RGesch u WillErkl. Im Fall einer **Anfechtung** haftet der Vertretene aber idR nach den Grds über die AnschVollm (unten c ee). Die DuldgsVollm entfällt, wenn das Dulden des GeschHerrn aufhört, es kann aber eine AnschVollm fortbestehen (BGH **LM** § 167 Nr 10 Bl 2).

c) Anscheinsvollmacht. – aa) Sie ist gegeben, wenn der Vertretene das Handeln seines angebl Vertreters nicht kennt, er es aber bei pflichtgemäß Sorgf **hätte erkennen** u verhindern können, u wenn der GeschGegner nach Treu u Glauben annehmen durfte, der Vertretene dulde u billige das Handeln seines Vertreters (BGH NJW **81**, 1728, **LM** § 167 Nr 4, 8, 17, BAG **15**, 305, stRspr). Bei der AnschVollm handelt es sich nicht um einen rgeschäftl Tatbestd, sond um die **Zurechnung** eines schuldh verursachten **Rechtsscheins** (BGH **LM** § 167 Nr 4, allgM). Die Zurechng erfordert GeschFgk; der GeschUnfäh kann nicht aus einer AnschVollm in Anspr genommen w (Stgt MDR **56**, 673, Nitschke JuS **68**, 542). – **bb) Voraussetzungen.** Das den RSchein einer Bevollmächtigg erzeugde Verhalten muß idR von einer gewissen **Häufigkeit oder Dauer** sein (BGH **LM** § 167 Nr 4, § 157 (Ga) Nr 3, NJW **56**, 1674, WPM **86**, 901). Eine Haftg tritt nur ein, wenn der angebl Vertretene seine **Sorgfaltspflichten verletzt** h, wenn er also das vollmlose Handeln voraussehen u verhindern konnte (BGH **5**, 116, NJW **56**, 1673). Besteht für den Vertretenen GesVertretg, muß beiden GesVertretern ein Verschulden zur Last fallen (BGH NJW **88**, 1200). Ob das Aushändig (Belassg) von VertrFormularen u ähnl Verschulden ist, ist Frage des Einzelfalls (BGH **LM** § 167 Nr 21). Ands muß der GeschGegner **gutgläubig** gewesen sein; er w nicht geschützt, wenn er den Mangel der Vollm kannte od inf Fahrlk nicht kannte (BGH NJW **58**, 2062, **82**, 1513). Eine AnschVollm liegt daher nicht vor, wenn der Vertreter für den GeschGegner erkennb seine Vollm überschreitet (BGH VersR **65**, 134, BAG JZ **61**, 457). Sie scheidet auch bei ungewöhnl Gesch idR aus (BGH **LM** § 164 Nr 34). Inwieweit den GeschGegner eine Prüfgs- od ErkundiggsPfl trifft, hängt von Umfang u Bedeutg des Gesch ab (BGH Warn **70**, 51). Auch bei wicht, einer gründl Vorbereitg bedürft Gesch können die Voraussetzgen einer AnschVollm vorliegen (BGH NJW **81**, 1729), jedoch ist insow Zurückhaltg geboten (BGH NJW **58**, 2061). – **cc)** Der **Umfang** der AnschVollm richtet sich nach dem entstandenen RSchein iVm dem Grds von Treu u Glauben. Die Grds der AnschVollm sind auch dann anwendb, wenn dem Handelnden der Wille gefehlt h, als Vertreter für und aufzutreten, seine Erkl aber von dem GeschGegner bei der Würdigg dahin aufgefaßt w durfte, sie solle zugleich für and gelten (BGH NJW **62**, 2196). – **dd)** Der RSchein der Bevollmächtigt muß zZ des VertrSchl (noch) bestanden h (BGH NJW **56**, 460, MDR **58**, 83, NJW **62**, 1003); er muß für das Handeln des GeschGegners **ursächlich** geworden sein (BGH **LM** § 167 Nr 13, WPM **81**, 171, 172). Der GeschGegner muß daher idR die Tats kennen, aus denen sich der RSchein der Bevollmächtigg ergibt (BGH NJW **56**, 460). Es genügt aber, wenn ihm die allg Überzeugg vom Bestehen der Bevollmächtigg mitgeteilt h (BGH NJW **62**, 1003). Überh dürfen die Anforderngen an den Bew des UrsZushangs nicht überspannt w (BGH WPM **60**, 1329). – **ee)** Die AnschVollm **endet,** wenn der abweichde Wille des Vertretenen nach außen erkennb geworden ist (RG Warn **15**, 273). Eine **Anfechtung** (§§ 119ff) kann die Haftg aGrd der AnschVollm nicht beseitigen, da der gesetzte RSchein nicht rückwirkd vernichtet w kann (Soergel-Leptien § 167 Rdn 22, hM). Wird eine dch RGesch begründete Vollm angefochten, haftet der Vertretene uU aus dem GesichtsPkt der AnschVollm. Der dch eine anfechtb (nichtige) Vollm erzeugde RSchein führt zu einer entspr Anwendg der Grds über die AnschVollm, wenn den Vertretenen hinsichtl des AnfGrdes (NichtigkGrdes) Versch trifft, str (vgl Eujen/Frank JZ **73**, 236). – **ff)** Die AnschVollm steht in ihrer **Wirkung** einer rgeschäftl Vollm gleich. Das Gesch ist für den Vertretenen wirks, es besteht ein ErfAnspr oder ggf ein SchadErsAnspr auf das ErfInteresse (RG **170**, 284, BGH VersR **61**, 82, NJW **81**, 1728, Soergel-Leptien § 167 Rdn 17, AK/Ott Rdn 23, aA Flume § 49, 4, Medicus Rdn 101, die lediglich eine Haftg auf das Vertrauensinteresse annehmen). Liegen die Voraussetzgen für eine AnschVollm nicht vor (etwa weil es an einem ausr RSchein fehlt, weil der Bew des UrsZushangs nicht erbracht w od weil den Vertretenen kein Versch trifft), können Anspr aus **culpa in contrahendo** bestehen, für die uU ein Versch des angebl Vertreters (Verhandlgsgehilfen) ausreicht (vgl § 276 Anm 6 C a).

d) Anwendungsbereich. aa) Die Rspr h die Grds über die Duldgs- u AnschVollm zunächst für den Verk von kaufm od in kaufm Art geleiteten Betr herausgebildet (RG **100**, 49, **162**, 148, BGH **5**, 213). Sie gelten

Rechtsgeschäfte. 5. Titel: Vertretung. Vollmacht §§ 173, 174

aber heute **allgemein,** dh auch für u gg Minder- od Nichtkaufleute (BGH LM § 167 Nr 4, NJW **56,** 1674, RGRK § 167 Rdn 17 aE, aA Canaris, Vertrauenshaftg, 1971, S 48, der AnschVollm auf das HandelsR beschr will); die Beurteilg im Einzelfall, insb der Umfang der SorgfPflten, kann aber davon abhängen, ob es sich um Kaufleute od um Nichtkaufleute handelt. – **bb)** Die Grds der Duldgs- u AnschVollm gelten auch bei der Vertretg des Bürgers ggü der Verw (s BSozG NVwZ **83,** 768). Bei **öffentlich-rechtlichen Körperschaften** ist zu unterscheiden: Die Körpersch haftet, wenn ihr zust Organ (ihre zust Organe) die VertretgsHdlgen duldet od den RSchein einer Bevollmächtigg verurs (BGH NJW **55,** 985, DuldgsVollm im sozialen Wohn-Bau; BGH **40,** 204, AnschVollm des RAnw eines ausl Fiskus, vgl auch § 125 Anm 1 d). Keine Bindg tritt aber ein, wenn die Anwendg der Grds über die Duldgs- u AnschVollm die im öff Interesse bestehden ZuständigkRegeln, GenErfordern od FormVorschr ausschalten würde (RG **116,** 253, **127,** 228, **146,** 49, kommunale Sparkassen; RG **162,** 149, Oberpostrat; BGH **5,** 213, stv Leiter einer Amtskasse; BGH NJW **72,** 941, VertrSchl dch Gemeindedirektor ohne die erforderl Mitwirkg des Ratsvorsitzden).

e) Einräumung einer typischerweise mit einer Vollmacht verbundenen Stellung. Aus dem Gedanken des Vertrauensschutzes, insb aus § 370 u HGB 56, h die Rspr einen weiteren Grds herausgebildet, der sich mit dem Anwendungsbereich der Duldgs- u AnschVollm zT überschneidet: Wer einem und Aufg überträgt, deren ordngsmäß Erf nach der VerkAuffassg eine best Vollm voraussetzt, muß diesen als bevollmächtigt gelten lassen, auch wenn er tatsächl keine od eine zu geringe Vollm erteilt h (Düss ZIP **89,** 495). Angest am Fernsprecher (od Fernschreiber) gelten daher als ermächtigt zur Entgegennahme von Erkl, nicht aber zu deren Abgabe (RG **102,** 296). Vgl ferner RG **86,** 89, **118,** 239 (Schalterbeamte von Banken), RG **100,** 49 (Übertr der Zeichng der GeschPost), RG **117,** 169, (Überlassen der WechselAnn gem WG 25), RG **106,** 203 (zeitweil Übertr der GeschFg), BGH NJW **60,** 859, 1805 (Architekt), BGH WPM **73,** 635 (Ausk dch BankAngest), Düss MDR **78,** 930 (Leiter einer Zweigniederlassg).

f) Einzelfälle (vgl auch vorstehd): Die Beauftragg eines **Architekten** mit der Leitg eines Bauvorhabens begründet idR eine sog originäre Vollm (§ 167 Anm 2 c), rechtf aber nicht ow die Ann einer AnschVollm (Schmalzl MDR **77,** 629, aA Stgt NJW **66,** 1461, Köln NJW **73,** 1798). AnschVollm nur dann, wenn der Untern wg des selbst Auftretens u Verhandelns des Arch ohne Versch von einer entspr Vollm des Arch ausgehen konnte (BGH WPM **83,** 232); iZw muß sich Untern beim Bauherrn erkundign. – Zur Ansch-Vollm von **Angestellten** BGH NJW **56,** 460 (landwirtschaftl Betr), NJW **56,** 1673 (Erledigg von Gesch-Post), LM § 167 Nr 17 (Handlgsbevollmächtigter, der wie GeschF auftritt), LM § 164 Nr 24 (Abschl bei bloßem VermittlgsAuftr), BGH WPM **71,** 40 (Oberrentenmeister mit begrenzter Vollm). – AnschVollm im **Bankverkehr** (BGH LM § 157 (Ga) Nr 3), des **Bauleiters** für die Abn (BGH **97,** 230), von **Behörden** (Grund DVBl **78,** 428). **Betriebsratsvorsitzender** h idR keine Duldgs- od AnschVollm, aGrd derer er verbindl Erkl für den ArbG abgeben könnte (BAG **15,** 305). – **Ehefrau** h im allg keine Duldgs- od AnschVollm für ihren zum Wehr- od ErsDienst einberufenen Ehemann (vgl BGH **LM** § 1357 Nr 1, Beitzke DRZ **49,** 104). Bei getrennt lebden Eheg liegen die Voraussetzgn einer RScheinVollm idR nicht vor (LG Tüb FamRZ **84,** 50); aber auch das Bestehen einer ehel LebensGemsch ist für sich allein kein ausr RSchein-Tatbestd (BSozG NVwZ **83,** 767). – Bei RGesch für gemeins Kind besteht uU AnschVollm des einen **Elternteils** für den and (BGH **105,** 48, LG Deggendorf VersR **73,** 609, krit Pawlowski MDR **89,** 775). – **Gesamtvertreter** kann aGrd von Ansch- od DuldgsVollm uU alleinvertretgsberecht sein (BGH WPM **76,** 503, VorstdsMitgl; Mü BB **72,** 113, Prokurist). – **Inkassovollmacht** (Karlsr BB **70,** 777). – Der **frühere Inhaber** eines Untern haftet uU aGrd von Ansch- od DuldgsVollm, wenn InhWechsel nicht erkennb gemacht w (BGH VersR **71,** 227, WPM **71,** 15). – DuldgsVollm des **Kommanditisten,** wenn Komplementär dessen selbstd Auftreten hinnimmt (BGH WPM **72,** 615). – **Kraftfahrer.** Aushändig des Kfz-Briefes begründet nicht ow AnschVollm für Veräußerg (Köln VersR **74,** 1185). – AnschVollm des **Landesdirektors** einer Kapitalanlagen-VermittlgsGesellsch (BGH NJW-RR **86,** 1477). – AnschVollm für Zusichergen, die **Makler** für seinen AuftrGeb abgibt (BGH WPM **73,** 612). Überläßt der Makler die Vhdlgsführg uneingeschränkt einem Mitarbeiter, hat dieser eine AnschVollm für die Festlegg der Provision (BGH NJW-RR **87,** 308). – Zur AnschVollm von **Miterben** BGH NJW **58,** 2061, **62,** 2196. – Zur Duldgs- (Inkasso)Vollm eines **Provisionsvertreters** vgl BGH VersR **71,** 768. – Die Grds über die AnschVollm gelten auch für die **Prozeßvollmacht** (BGH **40,** 203, NJW **75,** 1652, Warn **81** Nr 82). In leitder Angest kann nach diesen Grds zur Erteilg einer ProzVollm legitimiert sein (BGH LM § 167 Nr 17). – Duldgs- u AnschVollm im **Steuerrecht** vgl Oswald NJW **71,** 1350; des Leiters eines **Verbindungsbüros,** BGH WPM **77,** 1167. – **Verhandlungsbeauftragter** h idR AnschVollm für die Benenng des Bankkontos, auf das der and Teil überweisen soll (BGH WPM **71,** 1500). – **Versicherungsrecht:** Vollm zum Inkasso u zur vorläuf Deckgszusage begründet keine AnschVollm für den Abschluß eines VersVertr (BGH NJW **83,** 631); beim Schadensregulierer besteht idR keine RScheinVollm für die Vergabe von ReparaturAuftr (BGH VersR **65,** 134); dagg kann bei einer Filialdirektion eine AnschVollm bestehen (Köln VersR **58,** 588), ebso bei einem Angestellten hins der Erteilg einer vorläuf Deckgszusage (Köln VersR **65,** 54).

174 **Einseitige Rechtsgeschäfte.** Ein einseitiges Rechtsgeschäft, das ein Bevollmächtigter einem anderen gegenüber vornimmt, ist unwirksam, wenn der Bevollmächtigte eine Vollmachtsurkunde nicht vorlegt und der andere das Rechtsgeschäft aus diesem Grunde unverzüglich zurückweist. Die Zurückweisung ist ausgeschlossen, wenn der Vollmachtgeber den anderen von der Bevollmächtigung in Kenntnis gesetzt hatte.

1) Einseitige Rechtsgeschäfte. – a) § 174 ist eine Konsequenz aus § 180 S 1, wonach bei einseit RGesch Vertretg ohne Vertretgsmacht unzul ist. Er ermöglicht dem GeschGegner, klare Verh zu schaffen. Die Vorschr gilt für einseit empfangsbedürft WillErkl (Übbl 3 a v § 104). Sie ist entspr anzuwenden auf geschähnl Hdlgen, wie die Mahng (BGH NJW **83,** 1542, Übbl 2 c v § 104), die Abmahng (Celle MDR **82,** 410, aA Köln WRP **85,** 361), FrSetzgen (Deggau JZ **82,** 796), ferner auf die VertrAnn (Staud-Dilcher Rdn 2), das Mieterhöhgsverlangen gem MHRG 2 (Hamm NJW **82,** 2076, LG Mü NJW-RR **87,** 1164), die Übermittlg von einseit RGesch dch einen Boten (MüKo/Thiele Rdn 2). Sie gilt auch dann, wenn ein GesVertreter mit Ermächtigg eines and auftritt (BAG NJW **81**, 2374). Sie ist auf das Handeln des ges Vertreters unanwendb (RG **74**, 265), gilt aber für den Verwalter einer WoEigtGemsch (AG Erlangen VersR **84**, 634). Sie kann entspr angewendet w, wenn der WillErkl einer Gemeinde entgg der GO das Dienstsiegel nicht beigefügt ist (BAG NVwZ **88**, 1167). Das ZurückweisgsR besteht auch dann, wenn die WillErkl dch Vermittlg des GerVollz zugestellt w (BGH NJW **81**, 1210). – b) Die **Vollmachtsurkunde** muß im Original vorgelegt w. Die Vorlage einer beglaubigten Abschrift genügt nicht (BGH NJW **81**, 1210), ebsowenig die Vorlage einer Fotokopie (MüKo/Thiele Rdn 3, hM). Nicht ausr ist auch das Angebot, die Urk beim Bevollm einzusehen (LG Mannh Just **76**, 511). – c) Das **Zurückweisungsrecht** entspr dem des § 111 (s dort). Eine Zurückweisg nach 17 Tagen ist nicht mehr unverzügl (Hamm NJW-RR **88**, 282). S 1 gilt auch dann, wenn die Vollm die Befugn zur Vornahme des str einseit RGesch nicht mit der erforderl Eindeutigk ergibt (BAG **AP** Nr 3); nicht notw ist aber die ausdr Erwähng des RGesch im UrkText (LG Mü NJW-RR **87**, 1164). – d) S 2 setzt eine entspr Mitteilg des VollmGebers voraus; es genügt nicht, daß der GeschGegner die Kenntn in and Weise erlangt hat. Ausr aber, wenn der Vertreter eine Stellg bekleidet, die üblicherw mit entspr Vertretgsmacht ausgestattet ist (BAG **AP** Nr 1, krit Bickel SAE **73**, 116). Kein ZurückweisgsR daher, wenn der Bevollmächtigte im Rahmen einer ständ GeschBeziehg bereits wiederholt entspr Hdlgen vorgenommen hat (LG Aachen NJW **78**, 1387) od wenn der Leiter der Personalabteilg kündigt (BAG aaO), wohl aber bei Künd dch einen Sachbearbeiter (BAG **AP** Nr 2) od bei Künd eines MietVertr dch den ProzBevollm (LG Dortm AnwBl **84**, 222). Kein ZurückweisgsR auch bei einseit RGesch (Aufr), das in einem anhäng RStreit aGrd der ProzVollm vorgen w (BAG **AP** ZPO 81 Nr 2 mAv Rimmelspacher).

175 *Rückgabe der Vollmachtsurkunde.* Nach dem Erlöschen der Vollmacht hat der Bevollmächtigte die Vollmachtsurkunde dem Vollmachtgeber zurückzugeben; ein Zurückbehaltungsrecht steht ihm nicht zu.

1) § 175 hat den Zweck, den VollmGeber vor mißbräuchl Weiterbenutzg der VollmUrk zu schützen (KG NJW **57**, 755). Der RückgabeAnspr besteht auch dann, wenn die Vollm nicht wirks erteilt worden ist (Staud-Dilcher Rdn 1). Für ihn ist gleichgültig, wer Eigtümer der Urk ist. Die Urk muß auch dann zurückgegeben w, wenn sie noch and Erkl enthält (RG JW **02** Beil 211). Die HerausgPfl erstreckt sich auch auf Abschriften. Befindet sich die Urk im Besitz eines Dritten, ist § 175 nach seinem Zweck entspr anzuwenden (MüKo/Thiele Rdn 5, Soergel-Leptien Rdn 4, str, s auch § 371 Anm 1). Ggü dem Anspr ist jedes ZbR ausgeschl. Wenn die Voraussetzgen des § 372 vorliegen, kann die RückgabePfl aber dch Hinterlegg erf w (KG NJW **57**, 755).

176 *Kraftloserklärung der Vollmachtsurkunde.* ¹ Der Vollmachtgeber kann die Vollmachtsurkunde durch eine öffentliche Bekanntmachung für kraftlos erklären; die Kraftloserklärung muß nach den für die öffentliche Zustellung einer Ladung geltenden Vorschriften der Zivilprozeßordnung veröffentlicht werden. Mit dem Ablauf eines Monats nach der letzten Einrückung in die öffentlichen Blätter wird die Kraftloserklärung wirksam.

II Zuständig für die Bewilligung der Veröffentlichung ist sowohl das Amtsgericht, in dessen Bezirke der Vollmachtgeber seinen allgemeinen Gerichtsstand hat, als das Amtsgericht, welches für die Klage auf Rückgabe der Urkunde, abgesehen von dem Werte des Streitgegenstandes, zuständig sein würde.

III Die Kraftloserklärung ist unwirksam, wenn der Vollmachtgeber die Vollmacht nicht widerrufen kann.

1) Die KraftlosErkl steht in ihrer Wirkg der Rückgabe gleich (§ 172 II). Sie geschieht dch Erkl des VollmGebers. Der Mitwirkg des Ger bedarf es nur zur Bewilligg der öff Bekanntmachg. Das Ger entscheidet im FGGVerf, hat aber die Voraussetzgen der KraftlosErkl nicht zu prüfen (KG JW **33**, 2153). Veröffentlichg nach ZPO 204 f. KraftlosErkl enthält zugl Widerruf der Vollm (§ 168). Ist die Vollm unwiderrufl, ist auch die KraftlosErkl unwirks (III).

177 *Vertragsschluß durch Vertreter ohne Vertretungsmacht.* ¹ Schließt jemand ohne Vertretungsmacht im Namen eines anderen einen Vertrag, so hängt die Wirksamkeit des Vertrags für und gegen den Vertretenen von dessen Genehmigung ab.

II Fordert der andere Teil den Vertretenen zur Erklärung über die Genehmigung auf, so kann die Erklärung nur ihm gegenüber erfolgen; eine vor der Aufforderung dem Vertreter gegenüber erklärte Genehmigung oder Verweigerung der Genehmigung wird unwirksam. Die Genehmigung kann nur bis zum Ablaufe von zwei Wochen nach dem Empfange der Aufforderung erklärt werden; wird sie nicht erklärt, so gilt sie als verweigert.

178 *Widerrufsrecht des anderen Teils.* Bis zur Genehmigung des Vertrags ist der andere Teil zum Widerrufe berechtigt, es sei denn, daß er den Mangel der Vertretungsmacht bei dem Abschlusse des Vertrags gekannt hat. Der Widerruf kann auch dem Vertreter gegenüber erklärt werden.

1) **Vorbemerkungen zu §§ 177–180. a) Anwendungsbereich.** Die §§ 177 ff gelten für alle Fälle, in denen ein Vertreter ohne Vertretgsmacht ein RGesch in fremdem Namen vornimmt. Sie sind daher anwendb, wenn die Vertretgsmacht nicht od nicht wirks erteilt war od wenn sie dch Anf od Widerruf

Rechtsgeschäfte. 5. Titel: Vertretung. Vollmacht § 178 1–4

erloschen ist. Entspr gilt, wenn der Vertreter seine Vertretgsmacht bewußt od unbewußt überschreitet (§ 167 Anm 2 d), wenn er die Vertretgsmacht mißbraucht (§ 164 Anm 2 aE, str) od wenn er von ihr keinen Gebrauch machen will (BGH DNotZ **68**, 408). Die §§ 177ff gelten auch dann, wenn Organe von öffr Körpersch außerh der Grenzen ihrer Vertretgsmacht handeln (BGH **6**, 333, **32**, 381, Brschw NJW **66**, 59, Celle OLGZ **76**, 440). Hierher gehören auch die Fälle, in denen GemOrgane ohne Beachtg der ges vorgeschriebenen Förmlichk gehandelt haben, da deren Einhaltg Voraussetzg für ein wirks Vertreterhandeln ist (§ 125 Anm 1 c, str). Die §§ 177ff sind dagg unanwendb, wenn eine Vertretg ges ausgeschl ist (BGH **LM** § 177 Nr 10, NJW **71**, 428). Entspr gilt, wenn eine Duldgs- od AnscheinsVollm vorliegt (BGH **86**, 275, für ein WahlR des and Teils Prölss JuS **85**, 580) od wenn gg den Vertretenen aus Grden des Vertrauensschutzes ein ErfAnspr besteht (Karlsr VersR **86**, 33). Entscheidd ist, daß die Vertretgsmacht bei Abgabe der WillErkl bestanden hat (Ffm OLGZ **84**, 12); ihr Erlöschen zw Abgabe u Zugang der Erkl ist unschädl (MüKo/Thiele Rdn 11, *arg* §§ 130 II, 153, str). – **b)** Die §§ 177ff, insb **§ 179**, sind **entsprechend anwendbar,** wenn der Vertreter, der für einen namentl nicht genannten Vertretenen aufgetreten ist, diesen trotz Aufforderg nicht benennt (Ffm NJW-RR **87**, 914, § 164 Anm 1 c aE), wenn der Bote ohne Auftr handelt od bewußt eine and als die aufgetragene Erkl abgibt (Oldbg NJW **78**, 951, § 120 Anm 2), wenn jemand unberecht als ges Verwalter fremden Vermögens auftritt (RG **80**, 417, RGRK Rdn 3, Müller JZ **81**, 370 zum TestVollstr, Einf 3 d v § 164), wenn jemand unter fremdem Namen gehandelt hat u das Gesch als ein solches des Namensträgers anzusehen ist (BGH **45**, 195, NJW **63**, 148, § 164 Anm 1 d). Auch beim Handeln für eine **noch nicht bestehende** jur Pers od **Handelsgesellschaft** gelten die §§ 177ff entspr (BGH **91**, 152, NJW **73**, 798, Hamm NJW-RR **87**, 1110), ebso bei VertrSchl für eine zu errichtde BauherrnGemeinsch (BGH **105**, 285, Köln NJW-RR **87**, 1375). Die Haftg aus § 179 greift in diesem Fall jedoch nur ein, wenn der GeschGegner wußte, daß die jur Pers (Gesellsch) noch nicht rechtl existent war (BGH **63**, 48, **105**, 286, Hamm NJW-RR **87**, 633). Sie entfällt aber – ebso wie der Anspr aus GmbHG 11 (BGH **80**, 182, NJW **82**, 933) –, sobald die jur Pers u der gg sie gerichtete Anspr existent w (BGH **69**, 101, WPM **79**, 146), jedoch bleibt die etwaige Haftg als Gter der VorGesellsch unberührt (BGH NJW **83**, 2822). § 179 ist unanwendb, sow die Sonderregeln in GmbHG 11, AktG 41 eingreifen (RG **122**, 172, 175, hM), die jedoch für das Vorgründgstadium nicht gelten (BGH **91**, 148). Kein Fall der §§ 177ff liegt vor, wenn der Vertreter nicht für die künft jur Pers, sond ausschließl für die GründgsGesellsch auftritt (Soergel-Leptien Rdn 10). Tritt der Vertreter im Namen einer nicht existierden („erdichteten") Pers auf, ist (allein) § 179 analog anzuwenden (s RG **106**, 74, Larenz § 32 II). – **c) Vertretung ohne Vertretungsmacht** (AußenVerh) **und Geschäftsführung ohne Auftrag** (InnenVerh). Sie laufen meist, aber nicht notw parallel. Zw dem Vertretenen u dem Vertreter ohne Vertretgsmacht kann ein VertrVerh bestehen, umgekehrt kann der Vertreter auch ohne Auftr u U Vollm haben. Bei berechtGoA hat der GeschFü gem §§ 683, 670 einen Anspr auf AufwendgsErs, nicht aber auf Gen des abgeschl Vertr (BGH **LM** § 177 Nr 1, Beigel BauR **85**, 40). Dem GeschFü nach §§ 679, 680 steht aber in deren Rahmen ges Vertretgsmacht zu (LG Saarbr NJW **71**, 1894, Bertzel AcP **158**, 109, NJW **62**, 2280, Soergel-Leptien Rdn 8; aA Olschewski NJW **72**, 346, Berg NJW **72**, 1117; vgl auch § 2038 Anm 6).

2) Die ohne Vertretgsmacht abgeschl **Verträge** sind **schwebend unwirksam** (Übbl 4 c v § 104). Das gilt auch für dingl Vertr wie die Aufl (RG **103**, 295, 303). Sie w mit der Gen (Anm 3) vollwirks, mit deren Verweigerg endgült unwirks (nichtig). Der bis zur Entsch über die Gen bestehende Schwebezustand ist ges nicht befristet. Er kann vom GeschGegner aber dch Widerruf (Anm 4) od dch **Aufforderung** gem § 177 II beendet w. Die Aufforderg hat die Wirkg, daß die Erkl über die Gen nur noch ggü dem GeschGegner erfolgen kann, daß eine dem Vertreter ggü bereits abgegebene Erkl nachträgl unwirks w u daß für die Gen eine AusschlFr von 2 Wochen beginnt. Das entspr § 108 II. Vgl daher näher § 108 Anm 3.

3) Genehmigung. a) Sie ist einseit empfangsbedürft WillErkl (Übbl 3 a v § 104), auf die die §§ 182ff anzuwenden sind. Die Gen kann dch den Vertretenen, seine Erben (Hamm Rpfleger **79**, 17), seinen SonderRNachfolger (BGH **79**, 378), seinen ges Vertreter od einen Bevollm erfolgen. Auch der Vertreter ohne Vertretgsmacht kann genehmigen, wenn er nachträgl Vertretgsmacht erlangt (BGH WPM **60**, 611, Ffm FamRZ **86**, 592). Die Gen kann bis zur Aufforderg gem § 177 II (Anm 2) ggü dem Vertreter u ggü dem GeschGegner erkl w. Das gilt auch, wenn von mehreren GesVertretern nur einer aufgetreten ist (BGH **LM** § 164 Nr 15, § 167 Anm 3 c); iF der GesVertretg ist die Gen dch die übrigen Vertreter aber nur dann wirks, wenn der zunächst Handelnde mit dem Gesch noch einverstanden ist (BGH **30**, 313, WPM **76**, 1054). Die Gen kann auch dch **schlüssiges Handeln** erfolgen. Voraussetzg ist jedoch, daß sich der Genehmigde der schwebden Unwirksamk des Vertr bewußt ist od mit ihr rechnet (BGH Betr **76**, 1573, WPM **81**, 171, stRspr). Bloßes Schweigen genügt nur dann, wenn der Vertretene nach Treu u Glauben verpfl gewesen wäre, seinen abw Willen zu äußern (§ 116). Das kann anzuhmen sein, wenn der Ehemann ohne Vertretgsmacht für die Ehefrau aufgetreten ist (LG Hbg WPM **77**, 349), wenn der Vertreter nachträgl Vertretgsmacht erlangt u über die Gen zu entscheiden hat (Ffm BB **80**, 10), wenn es um die Gen eines GesVertreters geht (RG **75**, 424). Bei einem teilb RGesch ist auch eine TeilGen mögl; für ihre Wirkg gilt § 139 entspr (MüKo/Thiele Rdn 35). – **b)** Die Gen bedarf idR der **Form,** die für die genehmiggsbedürft RGesch best ist (§ 182 II). Das gilt auch dann, wenn die Vollm selbst ausnahmsw formbedürft gewesen wäre (Grussendorf DNotZ **51**, 35, § 182 Anm 2). Die Gen dch GemOrgane muß dagg die in den GemO festgelegten Förmlichk wahren, da deren Beachtg Voraussetzg für ein wirks Vertreterhandeln ist (s BGH NJW **66**, 2401, **82**, 1036, **84**, 606, Mü NVwZ **85**, 293, § 125 Anm 1 c). Bei **fristgebundenen** RGesch ist die Gen idR nur wirks, wenn sie vor FrAblauf erteilt w (MüKo/Thiele Rdn 40). – **c)** Die Gen hat **rückwirkende Kraft** (§ 184 II). Sie schließt iZw die Gen der etwaigen GoA ein (BGH ZIP **85**, 536). Das Gesch kommt zustande, wie wenn der Vertreter von Anfang an Vertretgsmacht gehabt hätte. Aus dem Vertr ist allein der Vertretene verpfl (§ 164 Anm 3). Für Willensmängel usw gilt § 166 I, jedoch muß sich der Vertretene gem § 166 II auch seine Kenntn anrechnen lassen (§ 166 Anm 4 a).

4) Widerrufsrecht des GeschGegners (§ 178). Es ist ausgeschl, wenn der GeschGegner den Mangel der Vertretgsmacht kannte. Es endet mit Gen. Der Widerruf ist formfrei, muß aber erkennen lassen, daß der

§§ 178, 179   1. Buch. 3. Abschnitt. *Heinrichs*

Vertr wg des Vertretgsmangels nicht gelten soll (RG 102, 24, BGH NJW 65, 1714, WPM 73, 460). Ein auf and Grde gestützter Rücktr ist daher kein Widerruf, ebsowenig ein ÄndVorschlag, wohl aber die Geltdmachg von Anspr aus § 812 (BGH NJW 88, 1200).

179 *Haftung des Vertreters ohne Vertretungsmacht.* ᴵ Wer als Vertreter einen Vertrag geschlossen hat, ist, sofern er nicht seine Vertretungsmacht nachweist, dem anderen Teile nach dessen Wahl zur Erfüllung oder zum Schadensersatze verpflichtet, wenn der Vertretene die Genehmigung des Vertrags verweigert.

ᴵᴵ Hat der Vertreter den Mangel der Vertretungsmacht nicht gekannt, so ist er nur zum Ersatze desjenigen Schadens verpflichtet, welchen der andere Teil dadurch erleidet, daß er auf die Vertretungsmacht vertraut, jedoch nicht über den Betrag des Interesses hinaus, welches der andere Teil an der Wirksamkeit des Vertrags hat.

ᴵᴵᴵ Der Vertreter haftet nicht, wenn der andere Teil den Mangel der Vertretungsmacht kannte oder kennen mußte. Der Vertreter haftet auch dann nicht, wenn er in der Geschäftsfähigkeit beschränkt war, es sei denn, daß er mit Zustimmung seines gesetzlichen Vertreters gehandelt hat.

1) Voraussetzungen der Vertreterhaftung. a) § 179 begründet eine schuldunabhäng ges Garantiehaftg (BGH WPM 77, 478, MüKo/Thiele Rdn 1). Sie beruht auf dem Gedanken, daß der Vertreter ohne Vertretgsmacht **Vertrauen** veranlaßt u enttäuscht h (BGH 39, 51, 73, 269). Die Vorschr betrifft nicht nur die gewillkürte, sond auch die ges u organschaftl Vertretg (RG 104, 193, BGH 39, 52, s § 178 Anm 1a). Sie gilt für Vertr aller Art, also auch für Vfgen. Zur Anwendg des § 179 genügt es, daß der Vertr wg VollmÜberschreitg teilw unwirks ist (BGH 103, 278, krit Jakobs NJW 89, 697). Die Haftg setzt voraus, daß der Vertretene die Gen verweigert hat od sie gem § 177 II als verweigert gilt. Der dch die Verzögerg der Gen verursachte Schaden fällt nicht unter § 179 (Soergel-Leptien Rdn 5). Keine Haftg, wenn der GeschGegner gem § 178 widerrufen hat (Reinicke/Tiedtke Betr 88, 1203, aA BGH NJW 88, 1200). Da nur des Vertrauens auf die Vertretungsmacht geschützt w, greift § 179 nicht ein, wenn der Vertr aus and Grd (Formmangel, GeschUnfgk, Verstoß gg §§ 134, 138) nichtig ist (RG 145, 43, Staud-Dilcher Rdn 9), jedoch kommt hier uU eine Haftg aus c.i.c. in Betracht (Soergel-Leptien Rdn 12, weitergehd RG 106, 73, 145, 44, die uU § 179 analog anwenden). Entspr gilt, wenn der Vertr wg fehler VfgsMacht des Vertretenen undchführb war (BGH JZ 57, 441) od wg Vermögenslosigk des Vertretenen keine realisierb Anspr begründete (MüKo/ Thiele Rdn 30). Ein etwaiges Anf- od **Widerrufsrecht** (AbzG 1b, HausTWG 1) kann der Vertreter an Stelle des Vertretenen ausüben (AG Reutlingen NJW-RR 88, 826, Teske BB 88, 870). Entnehmen der GeschGegner u der Vertreter die ges Vertretgsmacht übereinstimmend einem verfassgswidrigen Ges (§ 1629 aF), ist § 179 nach seiner *ratio* nicht anwendb, da Veranlasser des enttäuschten Vertrauens nicht der Vertreter, sond der GesGeber war (s BGH 39, 51). Zu weitgehd aber die These, daß § 179 bereits dann unanwendb sei, wenn der Vertreter dem GeschGegner die Tats unterbreitet habe, aus denen er seine Vertretgsmacht herleite (so BGH aaO). Trotz dieser Offenlegg muß der Vertreter als der Sachnähere grdsl das Risiko einer Falschbeurteilg tragen (Prölss JuS 86, 170), doch kann uU § 179 III anwendb sein (s unten c). Zur **entsprechenden Anwendung** des § 179 auf den Boten, den unter fremdem Namen od für eine nicht existierde Pers Handelnden s § 178 Anm 1b. – **b)** Der **Untervertreter** haftet für Mängel der Untervollm. Für Mängel der Hauptvollm muß er einstehen, wenn er ohne Offenlegg der mehrstufigen Vertretg für den Vertretenen aufgetreten ist, nicht aber, wenn er klargestellt hat, daß er seine Vollm von einem Hauptvertreter ableitet (BGH 68, 394, Hbg VersR 87, 1216, Bühler MDR 87, 985, ebso mit and Begr – s § 167 Anm 3b – BGH 32, 254, str). – **c)** Die Haftg w dch III **ausgeschlossen**, wenn der GeschGegner den Mangel der Vertretgsmacht kannte od kennen mußte. Etwas and gilt aber beim Handeln für eine noch nicht bestehde jur Pers (§ 178 Anm 1b). Wer ausdr als Vertreter ohne Vertretgsmacht auftritt u die Gen des Vertretenen zu Unrecht als sicher hinstellt, haftet nicht aus § 179, sond allenfalls aus c.i.c. (s Köln JMBlNRW 71, 270). Zusage, Vollm nachzureichen, bedeutet idR, daß Vollm mdl bereits erteilt sei, macht den Gegner daher nicht bösgläub (Celle DNotZ 77, 33). Eine Nachprüfgs- od ErkundiggsPfl besteht nur dann, wenn die Umst des Einzelfalles Zweifel an der Vertretgsmacht begründen (Soergel-Leptien Rdn 19). Wer mit einem GemOrgan kontrahiert, braucht dessen ges Vertretgsmacht grdsl nicht anhand der einschläg RVorschr zu überprüfen (RG 104, 194), and aber bei Gesch, die über den Kreis laufder Verw hinausgehen u einen bedeutsamen Umfang h (Celle OLGZ 76, 443). Der beschr geschäh Vertreter haftet nur, wenn er mit Zust seines ges Vertreters gehandelt hat (III 2). Es genügt die Zust zur Vertretg als solche, eine Zust gerade zur Vertretg ohne Vertretgsmacht ist nicht erforderl (Soergel-Leptien Rdn 20, aA van Venrooy AcP 181, 220).

2) Rechtsfolgen. Der Vertreter haftet nach Wahl des GeschGegners auf Erf od SchadErs. Es handelt sich nicht um eine Wahlschuld sond um einen Fall elektiver Konkurrenz (§ 262 Anm 3b, sehr str). – **a)** Die Wahl der **Erfüllung** macht den Vertreter nicht zur VertrPart (BGH NJW 70, 241), gibt ihm aber tatsächl deren Stellg. Er hat keinen eig ErfAnspr (Staud-Dilcher Rdn 15, str, s Koch JuS 81, 129), wohl aber die Einr aus § 320 u die Rechte aus §§ 323ff (RG 120, 129, BGH NJW 71, 430); bei mangelh GgLeistg gelten die GewLVorschr zu seinen Gunsten (Hbg SeuffA 62, 201); er hat auch alle sonst in Betracht kommden Einr, so auch die aus VOB/B 16 Nr 3 II (Düss BauR 85, 339). Alle Anspr aus dem SchuldVerh richten sich gg ihn; das gilt auch für RückgewährAnspr (Düss MDR 84, 666). Er haftet wie eine VertrPart für Verzug, Unmöglichk u pVV (s RG 120, 129), u zwar gem § 328 auch ggü Dr (Hamm NJW-RR 87, 1110). Die Kl gg ihn kann am ErfOrt erhoben w (Mü OLGZ 66, 425), die ihn Vertr enthaltene SchiedsGerAbrede bindet ihn dagg nicht (BGH 68, 360). – **b)** Der **Schadensersatzanspruch** umfaßt das ErfInteresse. Er ist nicht auf Naturalrestitution, sond auf GeldErs gerichtet (MüKo/Thiele Rdn 32). Er erstreckt sich auch auf die Kosten eines erfolglosen Proz gg den Vertretenen (LG Mannh MDR 58, 602). Bei ggs Vertr gilt die abgeschwächte Differenztheorie (§ 325 Anm 3). – **c)** Hat der Vertreter den Mangel der Vertretgsmacht **nicht gekannt**, beschr sich seine Haftg gem II auf den Ers des Vertrauensschadens (§ 122 Anm 2b). Kennenmüssen schadet nicht; II ist aber unanwendb, wenn die Ann der Vertretgsmacht auf willkürl Unterstellen beruht (Saarbr OLGZ 89, 235). – d) Alle Anspr aus § 179 **verjähren** in der Fr, die für den ErfAnspr aus dem nicht wirks gewordenen Vertr gegolten hätte (BGH 73, 271).

3) Eine Haftung des Vertretenen kann sich aus c.i.c. ergeben. Er muß für eig Verschulden einstehen (ungenaue Ausdrucksweise, mangelh Auswahl od Überwachg). Er haftet gem § 278 aber auch für das Verschulden des vollmlosen Vertreters, sow er diesen zu seinem VhdlgsGeh bestellt hat (§ 276 Anm 6 C a). Hat das Organ einer jur Pers mit der Überschreitg seiner Vertretgsmacht zugl eine unerl Hdlg (zB Betrug) begangen, greift die Haftg aus § 31 ein (dort Anm 3). Auch die BerHaftg des Vertretenen w dch die Anspr aus § 179 gg den Vertreter nicht ausgeschl (BGH **36**, 35, § 812 Anm 5 B b bb Abs 1 aE); der Vertreter kann ggf analog § 255 die Abtr der BerAnspr gg den Vertretenen verlangen (Beigel BauR **87**, 626).

4) Beweispflichtig für den VertrSchluß u die Verweiger der Gen ist der VertrGegner (KG JW **30**, 3488), für die Begründg der Vertretgsmacht der Vertreter (BGH **99**, 52), für deren Erlöschen der VertrGegner, für die Voraussetzgen von II u III der Vertreter (MüKo/Thiele Rdn 46, allgM).

180 *Einseitiges Rechtsgeschäft.* Bei einem einseitigen Rechtsgeschäft ist Vertretung ohne Vertretungsmacht unzulässig. Hat jedoch derjenige, welchem gegenüber ein solches Rechtsgeschäft vorzunehmen war, die von dem Vertreter behauptete Vertretungsmacht bei der Vornahme des Rechtsgeschäfts nicht beanstandet oder ist er damit einverstanden gewesen, daß der Vertreter ohne Vertretungsmacht handele, so finden die Vorschriften über Verträge entsprechende Anwendung. Das gleiche gilt, wenn ein einseitiges Rechtsgeschäft gegenüber einem Vertreter ohne Vertretungsmacht mit dessen Einverständnisse vorgenommen wird.

1) Die von od ggü einem machtlosen Vertreter vorgenommenen einseit RGesch (Übbl 3 a v § 104) sind nichtig u nicht genfäh (S 1). Das gilt ausnlos für nichtempfangsbedürft WillErkl (Bsp Auslobg, Aneigng) u für amtsempfangsbedürft WillErkl (BPatG NJW **64**, 616, Göppinger FamRZ **87**, 765). Bei sonst empfangsbedürft WillErkl, aber auch bei geschähnl Hdlgen wie die Mahng (s Ffm FamRZ **86**, 592) gelten die §§ 177–179 entspr, wenn der Gegner die behauptete Vertretgsmacht nicht beanstandet od mit dem Handeln ohne Vertretgsmacht einverstanden ist (S 2). Beanstanden ist gleichbedeutd mit unverzügl Zurückweisen iSd § 174. Das Einverständn kann auch dch schlüssige Hdlg erkl w; es setzt aber voraus, daß der Gegner das Fehlen der Vertretgsmacht kennt od für mögl hält (Soergel-Leptien Rdn 71). Besteht für das RGesch eine Fr (Bsp: § 626 II), muß die Gen vor FrAblauf erteilt w (BAG NJW **87**, 1038). Auf ProzHdlgen wie die Unterwerfg unter die sofort ZwVollstr ist § 180 nicht anzuwenden (RG **146**, 313).

181 *Selbstkontrahieren.* Ein Vertreter kann, soweit nicht ein anderes ihm gestattet ist, im Namen des Vertretenen mit sich im eigenen Namen oder als Vertreter eines Dritten ein Rechtsgeschäft nicht vornehmen, es sei denn, daß das Rechtsgeschäft ausschließlich in der Erfüllung einer Verbindlichkeit besteht.

1) Allgemeines. a) Bedeutung. § 181 beschränkt sowohl die rgeschäftl als auch die gesetzl Vertretgsmacht. Diese berecht grdsl nicht zur Vornahme von **Insichgeschäften**, gleichgült, ob es sich um ein Gesch des Vertreters mit sich selbst (Selbstkontrahieren) oder mit einem von ihm vertretenen Dr (Doppel- od Mehrvertretg) handelt. Konstruktiv ist § 181 nicht als Verbot iSd § 134, sond als eine Beschränkg des rechtl Könnens aufzufassen (§ 134 Anm 1a). – **b) Zweck.** § 181 beruht auf dem Gedanken, daß die Mitwirkg derselben Pers auf beiden Seiten des RGesch die Gefahr eines Interessenkonflikts u damit die Schädigg eines Teils in sich birgt (BGH **51**, 210, **56**, 101). Ggü diesem Normzweck ist der Tatbestd des § 181 aber verselbständigt. Für seine Anwendg kommt es grdsl auf die **Art der Vornahme** des RGesch an; die Feststellg eines konkreten Interessenkonflikts ist weder erforderl noch ausr (RG **157**, 31, BGH **21**, 231, **91**, 337). Unglückl ist aber die Bezeichng des § 181 als **formale Ordnungsvorschrift** (so BGH **50**, 11 uö). Bei der Abgrenzg des § 181 ist neben dem Wortlaut u den Erfordern der RSicherh u RKlarh auch der **Schutzzweck** der Vorschr zu berücksichtigen (BGH **56**, 97, **77**, 9). Er führt in best Fallgruppen generell-abstrakt zu einer Einschränkg des § 181 (Anm 4), in and zu einer Erweiterg (Anm 5).

2) Anwendungsbereich. a) Persönlicher. § 181 gilt nicht nur für den rgeschäftl, sond auch den gesetzl Vertreter (RG **71**, 163, BGH **50**, 10), den Vertreter ohne Vertretungsmacht (BayObLG Rpfleger **88**, 61), für Organe von jur Pers der PrivR (BGH **33**, 190, **56**, 101) u des öffR (LG Arnsberg Rpfleger **83**, 63). Es genügt, wenn der Handelnde auf einer Seite als Gesamtvertreter, dh unter Mitwirkg weiterer Vertreter aufgetreten ist (RG **89**, 373, BayObLG **79**, 191). Auf den TestVollstr ist § 181 entspr anzuwenden (BGH **30**, 67, **51**, 213, Betr **89**, 1715, näher § 2205 Anm 3c), ebenso auf den Nachl-, Konk- u ZwangsVerw (Ffm OLGZ **76**, 486). – **b) Gegenständlicher. aa)** § 181 gilt für das gesamte **Privatrecht**, auch für das GesellschR (s aber Anm 4b). Er tritt zurück, soweit SonderVorschr eingreifen. Bei Beschlüssen zur Willensbildg in einem Verein, einer KapitalGesellsch od einer WoEigtGemeinsch enthalten § 34, AktG 136, GmbHG 47 IV, GenG 43 III, WEG 25 IV Sonderregelgen (Karlsr OLGZ **76**, 145, MüKo/Thiele Rdn 17). Für Versteigergen gilt § 456. – **bb)** Auf **Prozeßhandlungen** ist § 181 nicht unmittelb anzuwenden (BGH **41**, 107). Es gilt aber der allg RGrds, daß in einem Proz niemand auf beiden Seiten Part od PartVertreter sein kann. Dieser ist auch im FGG-Verf anwendb, aber nur in echten Streitsachen (BayObLG NJW **62**, 964), nicht dagg für Anmeldgen zum HandelsReg (BayObLG **70**, 134, **77**, 78).

3) Voraussetzungen. a) § 181 gilt grdsl für alle **Rechtsgeschäfte.** Er erfaßt Vertr jegl Art, auch die dingl Einigg (RG **89**, 371) sowie Vertr des FamR (RG **79**, 283) u des ErbR (BGH **50**, 10). Er ist auch auf einseit RGesch, wie Künd, Rücktr, Bevollmächtigg, Zust u Anf anzuwenden (RG **143**, 352, BGH **77**, 9), ebso auf geschäftsähnl Hdlgen, wie Mahng, FrSetzgen (BGH **47**, 357), nicht aber auf streng einseit RGesch (BayObLG **53**, 266). – **b)** Der Vertreter muß **auf beiden Seiten** des RGesch auftreten. – **aa)** Das ist bei **Verträgen** der Fall, wenn er für den Vertretenen mit sich selbst od mit einem von ihm vertretenen Dritten kontrahiert. Dagg ist § 181 unanwendb, wenn jemand einen Vertr zugl im eig u fremden Namen od für mehrere Vertretene mit einem Dr abschließt, also keine ggläuf, sond parallele WillErkl abgibt (RG **127**, 105, BGH **50**, 10). Zu prüfen ist aber jeweils, ob gleichzeit ein RGesch zw dem Vertreter u dem Vertretenen vorliegt. Das ist der Fall bei Gründg einer Gesellsch (Zweibr OLGZ **80**, 213), bei Eintritt mehrerer Pers in eine Gesellsch (BayObLG NJW **59**, 989), idR auch bei ErbauseinanderSVertr (BGH **21**, 231, **50**, 10). § 181 gilt auch, wenn der Aussteller den Wechsel namens des Bezogenen annimmt (Tiedtke BB **76**, 1535). Wird ein Wertpapier dch dieselbe Bank eingezogen u eingelöst, kann ein InsichGesch vorliegen (RG **111**, 349, BGH **26**, 171). – **bb)** Bei **einseitigen Rechtsgeschäften** u geschäftsähnl Hdlgen (Übbl 2c vor § 104) ist § 181 anwendb, wenn der Erklärde u der ErklEmpfänger ident sind. Dagg liegen die Voraussetzgen des § 181 nicht vor, wenn der Vertreter einen von ihm im eig Namen abgeschlossenen zustimmgsbedürft Vertr namens des Vertretenen zustimmt, sofern die Zust gglü dem VertrGegner erklärt wird (RG **76**, 92, BGH **94**, 137, BayObLG **77**, 81). Entspr gilt, wenn der Vertreter den von ihm im fremden Namen geschlossenen Vertr im eig Namen genehmigt (BGH JZ **55**, 243); wenn der vollmachtlose Vertreter den Vertr nach Erwerb der Vertretgsmacht ggü dem Gegner genehmigt (BGH **41**, 107); wenn der Verwalter dem Verkauf seiner EigtWo dch Erkl geg den Erwerber zustimmt (Düss NJW **85**, 390, BayObLG NJW-RR **86**, 1077, aA Sohn NJW **85**, 3060); wenn die Mu der Einbenenng zugl im eig u im Namen des Kindes zustimmt (BayObLG **77**, 58). And ist es bei Eintraggsbewilliggen, wenn diesen eine InsichEinigg zw Vertreter u Vertretenem zugrde liegt, so bei Bewilligg der Eintragg od Abtr einer Hyp zG des Vertreters (s RG **89**, 371, Anm 5b).

4) Einschränkung des Tatbestandes. a) § 181 ist nach seinem Normzweck (Anm 1b) unanwendb, wenn das InsichGesch dem Vertretenen ledigl einen **rechtlichen Vorteil** (§ 107 Anm 2) bringt, da hier ein Interessenwiderstreit ausgeschl ist u Belange Dr nicht entggstehen (BGH **59**, 240, **94**, 235, NJW **82**, 1984, BFH NJW **77**, 456, aA RG **157**, 31). Zul ist es daher auch, wenn GesVertreter einem von ihnen EinzelVollm erteilen, obwohl dieser auf beiden Seiten bei der Bevollmächtigg beteiligt ist (RG **80**, 182, Celle SJZ **48**, 311, Anm 5a). – **b)** Aus ähnl Erwäggen hat der BGH § 181 nicht auf RGesch zw dem **Alleingesellschafter** einer GmbH od GmbH & Co KG u der Gesellsch angewandt (BGH **56**, 97, **75**, 360, aA RG **33**, 189). Der seit dem 1. 1. 81 geltde GmbHG 35 IV bestimmt aber in bewußter Abweichg von dieser Rspr, daß § 181 auch für Vertr zw dem Alleingesellschfter u der Gesellsch gilt. – **c)** Im **Gesellschaftsrecht** ist zu unterscheiden: **aa)** Auf Beschlüsse, die im Rahmen des GesellschVertr über **Maßnahmen der Geschäftsführung** u sonst gemeins Angelegenh gefaßt w, ist § 181 nach seinem Normzweck nicht anzuwenden (BGH **65**, 98). Mj Gesellschfter können daher dch ihre Eltern vertreten w (BGH aaO). Auch zur steuerl Anerkennng ist eine Pflegerbestellg nicht erforderl (BMF BB **76**, 22 u BFH BetrB **76**, 1088. – **bb)** Auf Beschlüsse, die eine **Änderung des Gesellschaftsvertrages** zum Ggst haben, ist § 181 dagg anwendb (BGH NJW **61**, 724, **76**, 1538). Entspr gilt für Änd einer GmbH-Satzg (BGH DNotZ **89**, 26) u für den Beschluß über die Auflösg der Gesellsch (Erm-Brox Rdn 12, aA BGH **52**, 318) u die Wahl des Vertreters in ein GesellschOrgan (BGH **51**, 213, Hübner, Interessenkonflikt u Vertretgsmacht, 1977, S 281). In der StimmRVollm ist aber vielf die Gestattg schlüss enthalten (BGH NJW **76**, 959).

5) Erweiterung des Tatbestandes. a) Bestellt der Vertreter einen **Untervertreter** u nimmt er das RGesch diesem ggü vor, ist § 181 nach seinem Normzweck (Anm 1b) analog anwendb (Ffm OLGZ **74**, 347, MüKo/Thiele Rdn 21, wohl auch BGH **64**, 74, hM, aA RG **108**, 407, BAG FamRZ **69**, 535). Entspr gilt, wenn der Vertreter für den Vertretenen handelt u sich selbst als Vertreter auftreten läßt (Hamm NJW **82**, 1105). Zul ist dagg, wenn ein gesamtvertretgsberecht GeschFü, der mit der Gesellsch kontrahieren will, den and GeschF zur Alleinvertretg ermächtigt, da dieser selbst u aus eig Recht handelt (BGH **64**, 72, aA MüKo/Thiele Rdn 20). Unbedenkl ist es auch, wenn für die GmbH ein Prokurist auftritt, da dieser nicht als Untervertreter des GeschF, sond in eig Verantwortg tät wird (BGH **91**, 336). – **b)** Bei **amtsempfangsbedürftigen** WillErkl ist zu unterscheiden: – **aa)** Hätte der Vertreter die Erkl wie iF der §§ 875 I 2, 876, 1168 II, 1183 auch ggü sich selbst abgeben können, ist § 181 analog anzuwenden, da er der Sache nach ErklEmpfänger ist (BGH **77**, 8, Kuntze JR **80**, 413). Das gilt ebso, wenn die TestErbin namens der gesetzl Erben das Test ggü dem NachlGer anficht (RG **143**, 353). – **bb)** Unanwendb ist § 181, wenn das Amt (Ger) nicht nur formell, sond auch der Sache nach ErklEmpfänger ist. Die Ausschlagg der Erbsch dch den gesetzl Vertreter ist daher auch wirks, auch wenn er hierdch Erbe wird (BayObLG **83**, 220, Coing NJW **85**, 9). – **c)** Dagg ist eine analoge Anwendg des § 181 auf and mögl **Interessenkonflikte** nicht zul (s BGH **91**, 337, MüKo/Thiele Rdn 31). Die Übern, Verbürgg od Bestellg einer dingl Sicherh für die Schuld des Vertreters zu Lasten des Vertretenen (Interzession) wird daher von § 181 nicht erfaßt (RG **71**, 220, MüKo aaO). Der Vertretene wird insow dch die Grds über den Mißbrauch der Vertretgsmacht (§ 164 Anm 2) geschützt.

6) Rechtsfolgen. Dch den Abschluß des InsichGesch überschreitet der Vertreter seine Vertretgsmacht. Trotz des Wortlauts („kann nicht") ist das Gesch daher nicht nichtig, sond entspr § 177 **schwebend unwirksam** (RG **56**, 107, BGH **65**, 125, allgM). Bei einem einseit RGesch ist § 180 anzuwenden. Für die Genehmigg gilt § 178 Anm 3. Bei Doppelvertretg müssen beide Vertretene genehmigen. Mit dem Tod des Vertretenen geht das GenR auf den Erben über (Hamm OLGZ **79**, 45). Das InsichGesch eines gesetzl Vertreters kann von dem geschäftsfäh Gewordenen od einem Pfleger genehmigt w (RG JW **24**, 1862); eine Gen dch das VormschGer ist ausgeschlossen (RG **71**, 164, BGH **21**, 234, Hamm OLGZ **75**, 173). Einen Anspr auf Gen hat der Vertretene nur, wenn die Verweigerg rmißbräuchl wäre (RG **110**, 216).

7) Zulässige Insichgeschäfte. Das InsichGesch ist von Anfang an rwirks, wenn es dem Vertreter gestattet ist (a, b) od es ausschließl in der Erf einer Verbindlichk besteht (c). – **a)** Eine **gesetzliche** Gestattg enthalten §§ 1009 II, HGB 125 II, AktG 78 IV, BerBG 3 III. Sie kann sich auch aus dem KirchenR ergeben,

Rechtsgeschäfte. 6. Titel: Einwilligung. Genehmigung **§ 181, Einf v § 182**

so für den Residenzialbischof (BayObLG DNotZ **74**, 226) od den KirchenVorstd (Hamm Rpfleger **74**, 310). – **b) Gestattung durch Rechtsgeschäft. aa)** Sie kann in der Vollm enthalten sein od dch eine bes einseit empfangsbedürft WillErkl (Einwillig, § 183) erfolgen. Die Gestattg ist auch bei GrdstVertr grdsl **formfrei** (BGH NJW **79**, 2306, § 313 Anm 6 c). Sie kann auch dch schlüss Handeln erklärt w. Bsp: Erteilg eines ErsteigergsAuftr an den Versteigerer (BGH NJW **83**, 1187); Erteilg einer AuflVollm dch beide Part in ders Urk (KG JW **37**, 471, LG Kassel DNotZ **58**, 429); Vollm über ein Konto auch zu eig Gunsten zu verfügen (Mü Betr **73**, 1693); Billigg eines VertrTextes dch das zuständ Organ, wenn dem Umst nach klar ist, daß der Vollzug dch ein InsichGesch erfolgen w (BGH **58**, 118, Betr **71**, 1761, NJW **76**, 1539). Die GeneralVollm, Prokura od HandlgsVollm enthält nicht ow eine Gestattg. Auch die Vollm „soweit die Ges eine Vertretg zulassen", ist idR nicht als Gestattg von InsichGesch aufzufassen (KG DR **43**, 802, JR **52**, 438). – **bb) Zuständig** für die Gestattg ist der **Vertretene**. Bei Doppelvertretg ist die Gestattg dch beide Vertretenen erforderl (vgl aber zu einem Sonderfall LG Bayreuth Rpfleger **82**, 17). Der Vertreter, der keine Erlaubn zum Selbstkontrahieren hat, kann InsichGesch des Unterbevollmächtigten weder gestatten noch genehmigen (Harder AcP **170**, 302, aA KG DR **41**, 997). Dem TestVollstr können InsichGesch dch den Erbl (BGH **30**, 70), aber auch dch alle Erben gestattet werden (v Lübtow JZ **60**, 157). – **cc)** Bei **Organen juristischer Personen** ist zw generellen Gestattgen u solchen für den Einzelfall zu unterscheiden; beide gelten aber iZw nicht für den Liquidator (s Düss ZIP **89**, 917). Enthält der Satzg eine Ermächtigg zur generellen Befreiung, genügt ein einf Beschluß dch das Bestellgsorgan (BGH **33**, 194, **87**, 60, BayObLG **85**, 191, zur GmbH); fehlt eine entspr Ermächtigg bedarf es einer SatzgsÄnd (BGH u BayObLG aaO). Die Befreiung für den Einzelfall kann dch das für die laufde GeschFührg zust Organ (BGH **58**, 117), aber auch dch das Bestellorgan (BGH NJW **76**, 1539) erfolgen; mögl ist auch eine Befreiung dch schlüss Verhalten (BGH aaO u Betr **71**, 1761). – **dd)** Für die **OHG** u KG gilt cc) entspr (s BGH MDR **70**, 398). Die für die laufde GeschFührg unzuständ GesellschterVersammlg der KG kann in Dchbrechg des GesellschVertr im Einzelfall ein InsichGesch des Komplementärs genehmigen (BGH **58**, 118). – **ee)** Generelle Befreiungen von § 181 sind im **Handelsregister** zu verlautbaren, so beim Prokuristen (BayObLG **80**, 200), beim Komplementär (Hamm Rpfleger **83**, 280, Hbg DNotZ **86**, 571) u beim GmbH-GeschFü (BayObLG **87**, 60, BayObLG **85**, 191). Sie erlischt, wenn die GmbH zur EinmannGmbH w (BayObLG **87**, 153, aA Reinicke/Tiedtke WPM **88**, 441) u gilt nicht für den Liquidator (BayObLG **85**, 191). – **c) Erfüllung einer Verbindlichkeit.** Die Verbindlichk muß vollwirks, fäll u nicht einredebehaftet sein. Sie kann ggü dem Vertretenen, dem Vertreter so od (iF der Doppelvertretg) ggü dem Dr bestehen. Auch Verbindlichk aus einem SchenkgsVerspr od einem Vermächtn können dch ein InsichGesch erfüllt w (BayObLG DNotZ **83**, 176). Es genügt aber nicht, daß die Verbindlichk wie iF der §§ 518 II, 313 S 2 erst dch die Erf wirks w (RG **94**, 150). Zul ist nur eine „glatte" Erf, nicht eine Leistg an ErfStatt od erfhalber. Die Aufr steht der Erf gleich, wenn beide Fdgen vollwirks u fäll sind. Ist bei einer Schenkg des gesetzl Vertreters das ErfGesch rechtl nachteilig, kommt es für die Anwendg des § 181 auf eine **Gesamtbetrachtung** des schuldrechtl u dingl Gesch an (BGH **78**, 34, § 107 Anm 2 c dd). Daraus könnte der allg RGrds abgeleitet w, daß bei einem dch den Vertretenen rechtl nachteiligen ErfGesch das GenErfordern auch aus KausalGesch (Schenkg) nicht entfällt (Feller DNotZ **89**, 69). – **d)** Das InsichGesch ist nur wirks, wenn es **nach außen erkennbar** vorgenommen worden ist (RG **140**, 230, BGH NJW **62**, 589, BFH Betr **76**, 2238). Bei einem formbedürft Gesch muß sich das Handeln für beide Teile aus der Urk ergeben (Düss MDR **77**, 1018). Bei nicht formbedürft SchuldVertr genügt jede Feststellbark des Willens, auch aGrd späterer Hdlgen (RG JW **12**, 236, Soergel-Leptien Rdn 11). Dagg ist bei dingl Vfgen, insb die Übertragg von Eigtum od Besitz, eine deutl äußerl Kenntlichmach unentbehrl (RG **116**, 202). Entspr gilt für InsichGesch zw der GmbH u ihrem AlleinGesellschter. Inh u Ztpkt des Gesch müssen sich aus einer schriftl Aufzeichng einwandfrei ergeben; mindestens ist eine ordngsmäß Verbuchg erforderl (BGH **75**, 363, Mü GmbHRdsch **84**, 98).

Sechster Titel. Einwilligung. Genehmigung

Einführung

1) Begriffliches. a) Zustimmung iSd §§ 182 ff ist die EinverständnErkl zu dem von einem and vorgenommenen RGesch. Die vorh erteilte Zust nennt das BGB **Einwilligung** (§ 183), die nachträgl **Genehmigung** (§ 184). Diesen Sprachgebrauch führt das Ges aber nicht streng dch. Vielfach wird die Gen als Oberbegriff für die vorherige u nachträgl Zust verwandt, so etwa in §§ 1643, 1819 ff, KO 133 f, ferner in den Ges, die die Wirksamk von RGesch von der Gen einer VerwBeh abhängig machen (Anm 3). – **b)** Von der Zust iSd §§ 182 ff, die fremde RGesch betrifft, sind zu **unterscheiden**: **aa)** die Bestätigg (§§ 141, 144), dch die die Part ein eig bisher fehlerh RGesch als gült anerkennt; **bb)** die uneigentl Zust (§§ 32 II, 709 I, 744 II); sie bezieht sich nicht auf ein fremdes RGesch, sond ist Mitwirkg an einem gemeins vorzunehmden RGesch (Beschluß). **cc)** die Einwilligg zu nicht rgeschäftl Hdlgen, insb die Einwilligg in ärztl Heileingriffe (Übbl 2 c v § 104).

2) Rechtsnatur. a) Die Zust ist eine einseit empfangsbedürft **Willenserklärung** (Übbl 3 a v § 104). Sie ist WirksamkVoraussetzg (RBdgg) für das HauptGesch, auf das sie sich bezieht. Sie ist damit funktional ein **Hilfsgeschäft**. Ebso wie die Vollm (§ 167 Anm 1 d) ist die Zust abstrakt. Die Normen über RGesch finden auf die ZustErkl Anwendg, so die Vorschr über Willensmängel (§§ 116 ff), über das Zugehen (§ 130 ff) u über die Ausleg (§§ 133, 157). Zu beachten ist aber, daß der Willensmangel die Zust u nicht das zustbedürft RGesch betreffen muß. – **b)** Die Zust macht das RGesch so **wirksam, wie es abgeschlossen worden ist.** Der ZustBerecht kann den Inh des RGesch nicht verändern. Eine TeilZust ist mögl, wenn das RGesch teilb ist u die Teilwirksamk dem hypothetischen PartWillen entspr (§ 139). – **c)** Die Zust kann verschiedenen **Zwecken** dienen. In einigen Fällen ist sie ein Mittel der Aufsicht, so insb bei RGesch Mj od beschr Geschfäh (§§ 106 ff). In and Fällen ist die Zust deshalb erforderl, weil das RGesch in Rechte od rechtl geschützte

Interessen des ZustBerecht eingreift. Hierher gehören die Zust des Vertretenen zu RGesch des Vertreters ohne Vertretgsmacht (§ 177), des Berecht zu Vfgen des NichtBerecht (§ 185), eines Eheg zu best Gesch des and (§§ 1365ff, 1423ff, 1516), des Kindes zur Anerkenng der nichtehel Vatersch (§ 1600c), des Nacherben zu Vfgen des Vorerben (§ 2113 III), des Inhabers eines Rechts zur Änd oder Aufhebg des belasteten Rechts (§§ 876, 1071, 1255, 1276), des Gläub zur SchuldÜbern (§ 415), der WoEigtümer iF des WEG 12 III. Unter die §§ 182ff fallde Zustimmgserfordernisse können nur dch Ges, nicht dch RGesch begründet w (MüKo/Thiele Rdn 13). Mögl ist aber, die „Zust" eines Dritten als Bdgg (§§ 158ff) eines RGesch zu vereinbaren.

3) Öffentlichrechtliche Genehmigungen. In einer Anzahl von Ges wird die Wirksamk von priv RGesch von der Gen einer VerwBeh abhäng gemacht (Bsp s § 275 Anm 9). Diese Gen sind keine RGesch des PrivR, sond privrechtsgestaltde VerwAkte. Ihre Voraussetzgen u Wirkgen bestimmen sich nach öffR (BVerwG **11**, 198, MüKo/Thiele Rdn 25). Die §§ 182ff finden **keine** unmittelb **Anwendung**. Auch eine entspr Anwendg der §§ 182ff kommt grdsl nicht in Betracht (aA RG **125**, 55, **157**, 211, BGH **LM** § 497 Nr 1). Wem die behördl Gen bekanntzumachen ist, richtet sich nicht nach § 182 I, sond, sow SpezialVorschr fehlen, nach VwVfG 41 (s BVerwG NJW **70**, 345, **82**, 2630). Für die Form des VerwAkts sind die Vorschr des VerwR (VwVfG 37) maßgebd, nicht § 182 II. Für die Rückn ot den Widerruf der behördl Zust gelten VwVfG 48 u 49, keinesfalls aber § 183. Dch die behördl Gen w das RGesch idR mit rückwirder Kraft wirks (§ 275 Anm 9). Das folgt aber nicht aus einer Analogie zu § 184, sond aus dem Zweck des GenErfordernisses (BGH **32**, 389, NJW **65**, 41, Staud-Dilcher § 182 Rdn 27); allerdings kann bereits die Verwendg des Wortes Gen ein Hinw darauf sein, daß die Zust Wirkg *ex tunc* haben soll (OVG Münst NJW **82**, 1771). Für die vormschgerichtl Gen enthalten die §§ 1828ff eine im wesentl abschließde Regelg.

182 Zustimmung. ^I Hängt die Wirksamkeit eines Vertrags oder eines einseitigen Rechtsgeschäfts, das einem anderen gegenüber vorzunehmen ist, von der Zustimmung eines Dritten ab, so kann die Erteilung sowie die Verweigerung der Zustimmung sowohl dem einen als dem anderen Teile gegenüber erklärt werden.

^{II} Die Zustimmung bedarf nicht der für das Rechtsgeschäft bestimmten Form.

^{III} Wird ein einseitiges Rechtsgeschäft, dessen Wirksamkeit von der Zustimmung eines Dritten abhängt, mit Einwilligung des Dritten vorgenommen, so finden die Vorschriften des § 111 Satz 2, 3 entsprechende Anwendung.

1) Begriff u RNatur der Zust s Einf v § 182. Die Zust kann sowohl ggü demj **erklärt** w, dessen WillErkl zustbedürft ist, als auch ggü dem GeschGegner (I). Jede and Äußerg der Zust ist rechtl bedeutgslos, so etwa die Gen der von einem vollmachtlosen Vertreter abgegebenen AuflErkl ggü dem Grdbuchamt (KGJ 34 A 253, s aber § 152 Anm 1). Bei Weiterleitg an den richtigen Adressaten w die Zust wirks, sobald sie diesem zugeht (§ 130). Da das Ges zwei mögl ErklEmpfänger vorsieht, kann die Anf der Zust (Einf 2a v § 182) ggü jedem von beiden erklärt werden (§ 143 Anm 4b). Ausn von der Regel des I enthalten die §§ 108 II, 177 II, 876, 1071, 1178, 1245, 1255, 1276 u für die vormschgerichtl Gen § 1829.

2) Zustimmung. – a) Sie ist grdsl **formfrei** u bedarf nicht der für das HauptGesch best Form (II). Formfrei sind daher die Zust zu einem BürgschErkl (RG JW **27**, 1363), WechselErkl (RG **118**, 170) od GrdstVertr (RG **154**, 367, KG NJW **62**, 1062, aA Bellinger, Bezugn in not Urk, 1987, 215), wobei im letzten Fall jedoch GBO 29 unberührt bleibt. Die Zust ist auch dann formfrei, wenn eine Vollm formbedürft wäre (Grusendorf DNotZ **51**, 35, Soergel-Leptien Rdn 4, aA Saarbr OLGZ **68**, 6) od wenn das GenR auf die Part selbst übergegangen ist (BGH DNotZ **81**, 183). Diese ist bes Form der Zust verlangen dass für §§ 1516f, 1600e, 1730, 1750, 2120, ZVG 71. Formbedürft ist auch die Gen von gemeindl VerpflErkl (BGH NJW **84**, 606, § 167 Anm 3c). – **b)** Die Zust kann auch dch **schlüssiges Handeln** erfolgen. Voraussetzg ist jedoch, daß das Verhalten des ZustBerecht einem der mögl ErklEmpfänger (Anm 1) als Zust erkennb ist. Eine Zust dch schlüssige Hdlg erfordert, daß der ZustBerecht von der ZustBedürftig des RGesch wußte od mit ihr rechnete (RG **158**, 44, BGH **2**, 153, NJW **88**, 1200, offen BGH NJW **89**, 1929). Das gilt jedoch iF einer ausdr ZustErkl nicht (BGH **47**, 351). Eine schlüssige Zust ist idR gegeben, wenn der ZustBerecht das RGesch als gült behandelt (RG **170**, 236: vom vollmachtlosen Vertreter gezeichneter Ladeschein), wenn er auf Anfrage erklärt, der gefälschte Wechsel gehe gut (BGH **LM** Art 7 WG Nr 1–3), wenn er vor dem, gegen den das Nichtberecht verfügt hat, die Herausg des Veräußergserlöses verlangt (§ 185 Anm 3a). Eine konkludente Zust kann auch vorliegen, wenn ein MitBerecht die Vfg eines and MitBerecht duldet (s Karlsr NJW **81**, 1278). Bloßes Schweigen genügt nur dann, wenn der ZustBerecht verpfl gewesen wäre, seinen abw Willen zu äußern (Einf 3c bb v § 116). Eine solche Pfl besteht nur in bes liegden AusnFällen (Bsp s § 178 Anm 3a). Eine Anfrage des and Teil genügt nicht, um für den ZustBerecht eine ÄußergsPfl zu begründen (BGH **47**, 113). Die §§ 170ff sind entspr anwendb (MüKo/Thiele Rdn 10, aA AK/Ott Rdn 6). Die bes verlautbarte od dch Vorlage einer Urk belegte Einwilligg gilt gegen einen gutgl ErklEmpfänger auch dann, wenn sie inf Widerrufs nicht mehr besteht. Auch die Grds der Duldgs- u AnschVollm (§ 173 Anm 4) finden iF der Einwilligg entspr Anwendg (Karlsr NJW **81**, 1278, MüKo aaO).

3) Die **Verweigerung** der Zust, die § 182 I hins der ErklAdressaten der Zust gleichstellt, ist ein RGesch (RG **139**, 125, BGH NJW **82**, 1099). Die Verweiger der Einwillig ist analog § 183 widerrufl. Sie w ggstlos, wenn der Berecht nachträgl einwilligt od das inzw vorgenommene RGesch genehmigt. Die Verweigerg der Gen ist dagg unwiderrufl; sie macht das Gesch endgült unwirks RGesch endgült unwirks (BGH **13**, 187, NJW **63**, 1615, **89**, 1673, NJW-RR **89**, 1104, aA Palm, Die nachträgl Erteilg der verweigerten Gen, 1964, differenziert K. Schmidt AcP **189**, 1ff). Auch die Verweigerg der Zust kann dch schlüssiges Verhalten erfolgen, vorausgesetzt, der ZustBerecht wußte von der ZustBedürftig des RGesch od rechnete mit ihr (s BGH NJW **82**, 1099, Anm 2b). Die Verweigerg kann angefochten w. Der Willensmangel (§§ 119ff) muß aber die Verweigerg u nicht das HauptGesch betreffen.

Rechtsgeschäfte. 6. Titel: Einwilligung. Genehmigung §§ 182–184

4) Einseitige empfangsbedürftige Rechtsgeschäfte (III). a) Sie können grdsl **nur mit Einwilligung** vorgenommen w. Das w in den §§ 111, 180, 1367, 1831 ausdr bestimmt, gilt aber als allg RGrds für alle unter die §§ 182 ff fallden einseitigen RGesch. Sie sind, wenn die Einwilligg fehlt, nicht schwebd unwirks, sond nichtig (RG **146**, 316, OGH NJW **49**, 671, BAG Betr **77**, 1191). Eine Einschränkg ergibt sich aber aus dem entspr anzuwendden § 180 S 2. Wenn der ErklEmpfänger mit der Vorn des Gesch ohne Einwilligg einverstanden ist, ist das RGesch bis zur Entsch über die Gen schwebd unwirks (MüKo/Thiele Rdn 22, str). – **b)** Trotz Einwilligg ist das einseit RGesch gem § 182 III iVm § 111 S 2 u 3 unwirks, wenn die Einwilligg nicht in **schriftlicher Form** vorgelegt w u der ErklEmpfänger das RGesch aus diesem Grd unverzügl zurückweist. Die Zurückweisg ist ausgeschl, wenn der ZustBerecht den ErklEmpfänger von der Einwilligg in Kenntn gesetzt hatte (s bei § 111).

183 *Widerruflichkeit der Einwilligung.* **Die vorherige Zustimmung (Einwilligung) ist bis zur Vornahme des Rechtsgeschäfts widerruflich, soweit nicht aus dem ihrer Erteilung zugrunde liegenden Rechtsverhältnisse sich ein anderes ergibt. Der Widerruf kann sowohl dem einen als dem anderen Teile gegenüber erklärt werden.**

1) Widerruflichkeit. – a) Die Einwilligg ist wie die Vollm (§ 168) grdsl **frei widerruflich**. Der Widerruf kann ggü dem Adressaten der Einwilligg, aber auch ggü dem and Teil erfolgen (S 2). Er ist nur bis zur Vorn des RGesch mögl, dh bis zu seiner wirks Vorn. Vfgen, die einer Eintr im Grdbuch bedürfen, sind daher grdsl bis zum Vollzug der Eintr widerrufl (BGH NJW **63**, 36). Ist die Einigg gem § 873 II bindd geworden, entfällt aber der Widerruf (BGH aaO). Die Einwilligg zur Klage kann nur bis zur KlZustellg nicht bis zum Erlaß des Urt widerrufen w (RG **164**, 242). – **b)** Der Widerruf ist iF der §§ 876, 1071, 1178, 1245, 1255, 1276, 1516 f, 1750 kr Ges **ausgeschlossen.** Die Widerruflichk kann auch dch RGesch ausgeschl w. Der Ausschl kann ausdr erfolgen; er kann sich aber auch aus dem Zweck des zugrdeliegden RVerh ergeben. Das zur Unwiderruflichk der Vollm Ausgeführte gilt insow entspr (§ 168 Anm 3 b). Der Widerruf darf in den Grenzen des § 138 auch für den Fall eines wichtigen Grdes ausgeschlossen w (BGH **77**, 397). Die dem VorbehKäufer erteilte Einwilligg zur Weiterveräußer (§ 185 Anm 2 c) kann nur widerrufen w, wenn dch das Verhalten des Käufers die Sicherg des Verkäufers gefährdet w (BGH NJW **69**, 1171). Trotz Widerrufs bleibt die Einwilligg ggü einem gutgl Dr wirks, sow die Voraussetzgen der entspr anzuwendden §§ 170–173 erf sind (Staud-Dilcher Rdn 8).

2) Die Einwilligg kann auch aus and Grden **erlöschen,** so etwa wenn sie befristet od unter einer auflösden Bdgg erteilt worden ist. Darüber hinaus können sich aus dem RVerhältn, das der Einwilligg zugrde liegt, ErlöschensGrde ergeben, so etwa, wenn der Ermächtigte stirbt od geschäftsunfäh w. Auch insow gilt das zur Vollm Ausgeführte (§ 168 Anm 2) entspr.

184 *Rückwirkung der Genehmigung.* **¹Die nachträgliche Zustimmung (Genehmigung) wirkt auf den Zeitpunkt der Vornahme des Rechtsgeschäfts zurück, soweit nicht ein anderes bestimmt ist.**
II Durch die Rückwirkung werden Verfügungen nicht unwirksam, die vor der Genehmigung über den Gegenstand des Rechtsgeschäfts von dem Genehmigenden getroffen worden oder im Wege der Zwangsvollstreckung oder der Arrestvollziehung oder durch den Konkursverwalter erfolgt sind.

1) Genehmigung. Begriff u RNatur s Einf v § 182; ErklEmpfänger u Form § 182; behördl Gen Einf 3 v § 182. – **a)** Bis zur Erkl des ZustBerecht über die Gen ist der Vertr **schwebend unwirksam** (Übbl 4 c v § 104). Die Part sind gebunden, können den Vertr aber aufheben. Für die Gen besteht idR keine Fr; sie kann auch noch nach Jahr u Tag erkl w (Stgt NJW **54**, 36), es sei denn, daß Verwirkg (§ 242 Anm 9) eingetreten ist. Der VertrPartner kann den ZustBerecht iF der §§ 108 II, 177 II, 1366 III zur Erkl über die Gen auffordern. Diese Aufforderung hat die Wirkg, daß die Gen nur binnen 2 Wo erteilt w kann u nach FrAblauf als verweigert gilt. Diese Regel kann auch unter § 184 fallden RGesch entspr angewendet w (MüKo/Thiele Rdn 11). Einseitige RGesch sind idR nicht genfäh (§ 182 Anm 4). – **b)** Dch die Gen w das RGesch, gleichgült, ob es ein Verpfl- od ein VfgsGesch ist, mit **rückwirkender Kraft** vollwirks, bei Vfgen allerdings mit der Einschränkg, daß der Erwerb der VfgsMacht dch den Genehmigden die Rückbeziehg begrenzt (BayObLG FamRZ **83**, 744). Die Rückwirkg steht der Disposition der Part (I letzter Halbsatz) u unterliegt nach dem GesZweck Einschränkgen. Die VerjFr für vertragl Anspr beginnt erst mit der Gen (RG **65**, 248). Entspr gilt für den Beginn der AnfFr nach dem AnfG (BGH NJW **79**, 102). Auch der SchuVerzug tritt mit Wirkg ex nunc ein. Sow für die Vorn des RGesch ges od vertragl AusschlFr zu wahren sind, ist die Rückwirkg der Gen gleichf ohne Bedeutg. Das RGesch w iZw endgült unwirks, wenn die Gen nicht bis zum Ablauf der Fr erteilt worden ist (BGH **32**, 375, NJW **73**, 1789). Sow einseit RGesch ausnw genfäh sind (§ 182 Anm 4), w das RGesch erst mit der Gen *(ex nunc)* wirks. – **c)** Die **Voraussetzungen** der Gen müssen im Ztpkt der Gen gegeben sein (MüKo/Thiele Rdn 22). Vfgen können daher nur dann wirks genehmigt w, wenn dem Genehmigde die erforderl **Verfügungsmacht** noch im Ztpkt der Gen besitzt (RG **134**, 286, BGH NJW **89**, 2050). Gleichgült ist dagg, ob der Ggst der Vfg im Ztpkt der Gen noch existiert. Der Eigtümer einer gestohlenen Sache kann deren Veräußerg daher auch dann noch genehmigen, wenn die Sache dch Verarbeitg, Verbindg od in sonst Weise untergegangen ist (RG **115**, 34, BGH **56**, 133). Da zum RErwerb auch die Eintr im GrdBuch nötig ist, muß diese bei Gen noch bestehen. Ist die Eintr inzw gelöscht, kann das Eigt erst mit NeuEintr übergehen (RG **131**, 97, BGH **LM** § 107 Nr 7). – **d)** Die Gen ist als rechtsgestaltde Erkl **unwiderruflich** (BGH **40**, 164). Das gilt ebso für die Verweigerg der Gen (§ 182 Anm 3). Beide Erkl können aber, sow die Voraussetzgen der §§ 119 ff vorliegen, angefochten w (Einf 2 a v § 182).

§§ 184, 185 1. Buch. 3. Abschnitt. *Heinrichs*

2) Zwischenverfügungen. II schützt die Rechte Dritter, die diese vor der Gen dch Vfg des Genehmigden od dch ZwVollstrMaßn gg ihn erworben haben. Der Schutz setzt keinen guten Glauben voraus, besteht also auch dann, wenn der Begünstigte das schwebde unwirks Gesch kannte. Wird von zwei Vfgen die zeitl spätere genehmigt, bleibt diese entspr II auch dann wirks, wenn nachträgl die fr genehmigt w (BGH **40**, 164, **55**, 37). Auf einen RErwerb, der nicht auf einer Vfg des Genehmigden od einer ZwangsVfg gg ihn beruht, ist II nicht anzuwenden (RG **134**, 123, DR **42**, 1159, BGH **70**, 302). Er gilt auch nicht für die Eintr eines Widerspr im Grdbuch, da diese keine Vfg darstellt (RG **134**, 288).

185 *Verfügung eines Nichtberechtigten.* ¹Eine Verfügung, die ein Nichtberechtigter über einen Gegenstand trifft, ist wirksam, wenn sie mit Einwilligung des Berechtigten erfolgt.

ᴵᴵ Die Verfügung wird wirksam, wenn der Berechtigte sie genehmigt oder wenn der Verfügende den Gegenstand erwirbt oder wenn er von dem Berechtigten beerbt wird und dieser für die Nachlaßverbindlichkeiten unbeschränkt haftet. In den beiden letzteren Fällen wird, wenn über den Gegenstand mehrere miteinander nicht in Einklang stehende Verfügungen getroffen worden sind, nur die frühere Verfügung wirksam.

1) Allgemeines. a) § 185 regelt vier Fälle der **Konvaleszenz** von Vfgen eines NichtBerecht. Nach § 185 I u § 185 II Fall 1 beruht die Konvaleszenz auf der Einwillig od Gen des Berecht. Nach § 185 II Fall 2 u 3 tritt sie deshalb ein, weil der Verfügde den Ggst erwirbt od weil er vom Berecht beerbt w u dieser für die Nachlaßverbindlich unbeschränkt haftet. § 185 gilt nur für Vfgen, die der Nichtberecht im eig Namen trifft. Auf Vfgen im **fremden Namen** finden ausschließl die §§ 164ff (insb die §§ 177ff) Anwendg. Sie können daher nicht nach § 185 II Fall 2 u 3 wirks w (RG HRR **34**, 1276, BayObLG NJW **56**, 1279, Ffm OLGZ **84**, 13).

b) Eine **Verfügung** ist ein RGesch, das unmittelb darauf gerichtet ist, auf ein bestehdes Recht einzuwirken, es zu verändern, zu übertragen od aufzuheben (BGH **1**, 304, **75**, 226, Übbl 1d v § 104). – **aa)** Vfg iSd § 185 ist auch die grundbuchrechtl EintrBewillig (Düss NJW **63**, 162, BayObLG NJW **71**, 514), nicht aber die Vfg vTw (RG **111**, 251). Die Gestattg des Grenzüberbaues steht der Vfg so nahe, daß § 185 entspr angewandt w kann (BGH **15**, 219). Auf einseit **Gestaltungsgeschäfte** (Übbl 3d v § 104) ist § 185 I anzuwenden (RG Recht **24** Nr 1319, LG Stgt MDR **70**, 682), jedoch steht dem ErklGegner analog §§ 174, 111 ein ZurückweisgsR zu. Dagg ist § 185 II unanwendb, da GestaltgsGesch keinen Schwebezustand vertragen (RG **78**, 382, **146**, 316, BGH **32**, 382, NJW **62**, 1345, krit Merle AcP **183**, 90). Vfg iSd § 185 ist auch die Zustimmg zu einer Vfg (s BGH **LM** Nr 7, MüKo/Thiele Rdn 9). – **bb)** Auf **Verpflichtungsgeschäfte** ist § 185 nicht anzuwenden. Eine VerpflErmächtigg ist unzul (BGH **34**, 125, Peters AcP **171**, 234, str, aA Soergel-Leptien Rdn 39). Entspr anwendb ist § 185 jedoch auf die Einräumg von obligator BesitzR an fremden Sachen, insb durch die Vermietg od Verpachtg (RG **80**, 397, **124**, 32, Gursky JR **83**, 266, aA offenb BGH **84**, 90, s dazu aber auch Crezelius JZ **84**, 72). Dagg entsteht iF der Reparatur einem dem Besteller gehörden Sache auch bei Zust des Eigtümers kein ges PfandR (BGH **34**, 125). Eine mit einer Vfg vergleichb Hdlg liegt nicht vor, da die Entstehg des ges PfandR nicht vom Willen der Beteil abhängt. Bei einer entspr Einigg kann der Untern ein vertragl PfandR erwerben (BGH **87**, 279). – **cc)** Auf Vfgen iW der **Zwangsvollstreckung** ist § 185 entspr anzuwenden (RG **60**, 73, BGH **56**, 351, Tiedtke NJW **72**, 747, K. Schmidt ZZP **87**, 316, aA RG JW **34**, 221). Die Pfändg einer nicht dem Schu gehörden Fdg bleibt aber auch dann wirkgslos, wenn der Schu diese nachträgl erwirbt, da die Pfändg hier wg Fehlens eines konkreten Substrats ins Leere geht (BGH **56**, 350, str). Auf die **Unterwerfung** unter die ZwVollstr kann § 185 I entspr angewandt w (Köln OLGZ **80**, 409, str), nicht aber § 185 II (BayObLG NJW **71**, 514, Ffm DNotZ **72**, 85, die allerdings auch § 185 I für unanwendb halten). Ausgeschlossen ist eine entspr Anwendg des § 185 auf die KlErhebg (BGH NJW **58**, 338, VersR **67**, 162) od die Einlegg von RMitteln (Hamm OLGZ **68**, 316).

c) Nichtberechtigter: Es kommt nicht auf die RInhabersch, sond auf die Vfgsmacht an. Nichtberecht iSd § 185 ist, wer über einen Ggst verfügt, obwohl ihm die dafür erforderl Vfgsmacht nicht od nicht allein zusteht (Hamm OLGZ **81**, 282). Unter den Begriff fallen im einzelnen: **aa)** Der **nicht voll** Berecht, so der Miteigtümer od Gesamthandseigtümer, der allein über eine ihm gemeins mit and gehörde Sache verfügt (RG **152**, 380, BGH **LM** § 2040 Nr 3), ebso der Eigtümer einer belasteten Sache, der dem Erwerber die Sache lastenfrei verschaffen will. – **bb)** Der **nicht mehr** Berechte. Die Vfgsmacht muß im Ztpkt der Vollendg des RErwerbs gegeben sein (MüKo/Thiele Rdn 25). Nichtberecht ist daher auch, wer zw Aufl u Eintr im Grdbuch das Eigt verliert (BGH **LM** Nr 6, BayObLG DNotZ **73**, 610). Hat der VorbehKäufer sein AnwartschR weiterübertragen, handelt er als Nichtberecht, wenn er einer Erweiterg des EigtVorbeh zustimmt (BGH **75**, 226, **92**, 290). – **cc)** Der **noch nicht** Berechte (RG **149**, 22). Der VorbehKäufer ist nicht Berechter, wenn er über das VollR verfügt; dagg ist er bei Vfgen über das AnwartschR Berechter (BGH **20**, 94). – **dd)** Der **nicht verfügungsberechtigte Rechtsinhaber,** so der GemSchu im Konk, der Erbe iF der TestVollstr (Düss NJW **63**, 162) od der NachlVerw (BGH **46**, 229). Sow die VfgsBeschrkgen der §§ 2113ff zutreffen, ist auch der Vorerbe Nichtberecht iSd § 185 (RG **110**, 95, Mü FamRZ **71**, 94). – **ee)** Entspr anwendb ist § 185, wenn der Berecht dch die Vfg gg ein **relatives Verfügungsverbot** (§§ 135, 136) verstößt (RG **154**, 368).

d) Der **Begriff des Berechtigten** entspricht spiegelbildl dem des Nichtberecht. Unter ihn fällt nicht nur der voll vfgsberecht RInhaber; Berecht ist jeweils derj, dessen Vfgsmacht od Teilhabe an der Vfgsmacht den Verfügden zum Nichtberecht iSd § 185 w läßt (s die Einzelfälle oben c aa–ee).

2) Einwilligung. a) Für sie gelten die §§ 182, 183 (s daher zunächst dort). Die Einwilligg zur Vfg verschafft dem Nichtberecht die **Ermächtigung** genannte RMacht, über ein fremdes Recht wirks zu verfügen. And als der Vertreter (§ 164) braucht der Ermächtigte nicht kenntl zu machen, daß er über ein fremdes Recht verfügt. Ob im Einzelfall eine Einwilligg od eine Vollm vorliegt, ist Ausleggsfrage (§§ 133, 157). Entscheidd ist nicht die von den Part gewählte Bezeichng, sond Sinn u Zweck ihrer Erkl (RG **53**, 274, Recht **26**, 2124). Eine „Ermächtigg" kann je nach Lage des Falles eine Vollm, eine Einwilligg, aber auch beides darstellen (Mü DNotZ **74**, 229). Wie bei der Vollm ist zw Außen- u InnenVerh zu unterscheiden; Einschränkgen können den Umfang der Einwilligg im AußenVerh begrenzen (BGH **106**, 3). – **b)** Die Einwilligg kann auch dch **schlüssige** Hdlg erfolgen (§ 182 Anm 2b). In der Aufl liegt idR eine Einwilligg zur Weiterveräußerg auch ohne vorherige Eintr des AuflEmpf (RG **135**, 382, BayObLG DNotZ **73**, 298, Hamm FamRZ **75**, 513). Das gilt aber nicht, wenn gleichzeitig die Eintr einer RückAuflVormkg bewilligt w (Düss OLGZ **80**, 343). Die dch Aufl stillschw erteilte Ermächtigg deckt auch nicht ow Belastgen des Grdst (BayObLG NJW **71**, 514). – **c) Anwendungsfälle** der VfgsErmächtigg sind insb die **Verkaufskommission** (HGB 383ff) u die Ermächtigg zum Weiterverkauf beim verlängerten **Eigentumsvorbehalt** (§ 455 Anm 2b bb). Der VorbehKäufer ist idR formulärmäß berecht, Waren im ordngsmäß GeschVerk weiter zu veräußern. Auch wenn eine ausdr Einwilligg fehlt, ist sie beim Verkauf an Wiederverkäufer stillschw anzunehmen (Hbg MDR **70**, 506). Die Beschrkg auf Veräußergen im Rahmen ordngsmäß GeschVerk gilt iZw auch ohne bes Abrede (BGH **10**, 17, 18). Die Ermächtigg besteht nicht, wenn der VorbehKäufer dch eine Abwehrklausel verhindert hat, daß der verlängerte EigtVorbeh VertrInh geworden ist (BGH ZIP **86**, 1054). Sie deckt nicht den Verk zum Schleuderpreis (Hbg MDR **70**, 506), den Verk des Warenlagers im ganzen (RG HRR **35**, 1587), den Verk dch Einzelhändler an Wiederverkäufer (Celle NJW **59**, 1686), den Verk unter Einkaufspreis (BGH LM § 455 Nr 23), den Verkauf mit gleichzeit Rückkauf zu einem höheren Preis (BGH NJW **89**, 897: „NullGesch"), die SichgÜbereign u den Verk im „Sale-and-Lease-Back-Verf" (BGH **104**, 134, krit Weber BB **89**, 1768), den Verk unter Vereinbg eines AbtrVerbots (BGH **27**, 306, **73**, 264, Betr **88**, 647). Ein normal abgewickeltes UmsatzGesch ist auch dann dch die Einwilligg gedeckt, wenn der VorbehKäufer sich in einer wirtsch Krise befindet (BGH **68**, 202). Unbedenkl ist auch der Weiterverkauf unter Vereinbg eines Kontokorrents (BGH **73**, 264). Auf die Einwilligg sind die Grds der Duldgs- u AnscheinsVollm entspr anzuwenden (§ 182 Anm 2b). Ist die Vfg nicht dch Einwilligg gedeckt, kann der Erwerber gleichwohl kr guten Glaubens Eigtümer w (§§ 932ff, HGB 366). Andf gilt das in § 929 Anm 6 A f bb Ausgeführte.

3) II. a) Für die **Genehmigung** (II Fall 1) gelten die §§ 182, 184 (s daher zunächst dort). Sie kann auch dch schlüss Hdlg erfolgen (§ 182 Anm 2b). Erhebt der Berecht gg den Nichtberecht Klage auf Herausgabe des Erlangten (§ 816), so liegt darin idR stillschw die Gen der Vfg (BGH NJW **86**, 2106). Obwohl die Gen bedinggsfeindl ist (Einf 6 b v § 158), ist es nach hM zul, die Gen Zug gg Zug gg Herausg des Erlöses zu erteilen (§ 816 Anm 2c). Haben mehrere Nichtberecht über den Ggst verfügt, kann der Berecht frei entscheiden, welche Vfg er genehmigen will. Hat er die spätere Vfg genehmigt, bleibt diese auch dann (allein) wirks, wenn er später auch die fr Vfg genehmigt (BGH **40**, 156). Ein Fall des § 185 II ist die SchuldÜbern iF des § 415 (s dort). – **b) Erwirbt der Nichtberechtigte** nachträgl den Ggst der Vfg, so wird die Vfg wirks **(II Fall 2).** Das gilt ebso, wenn der Berecht den Nichtberecht **beerbt** u für die NachlVerbindlichk unbeschränkt haftet **(II Fall 3).** Solange die Möglichk besteht, die Erbenhaftg zu beschränken, bleibt die Vfg unwirks (Ebel NJW **82**, 725, str). Die Konvaleszenz tritt iF dem nachträgl RErwerbs u der Beerbg ohne Rückwirkg (ex nunc) ein (RG **135**, 383, BGH WPM **78**, 1406). Sie ist ausgeschl, wenn die Vfg bereits endgült unwirks geworden war (BGH **13**, 187, NJW **67**, 1272) od wenn das KausalGesch inzw hinfäll geworden ist, die Verpfl zur Vfg also nicht mehr besteht (Hagen AcP **167**, 481, str). Zum Begriff des Nichtberecht u Berecht s Anm 1c u d. Danach liegt II Fall 2 auch vor, wenn der nicht vfgsberecht RInhaber (GemSchu, Erbe idF der TestVollstr oder NachlVerw) die Vfgsmacht wiedererlangt (s BGH **46**, 229 zum Wegfall der NachlVerw). II Fall 3 ist gegeben, wenn der Vorerbe, der eine gem § 2113 unwirks Vfg getroffen hat, vom Nacherben beerbt w (RG **110**, 95, Mü DNotZ **71**, 544). Entspr anzuwenden ist II, wenn ein Nichtberecht, der in die Vfg eines Nichtberecht eingewilligt hat, den Ggst erwirbt od den vfg Nichtberecht beerbt (BGH LM Nr 7). – **c)** Für mehrere **kollidierende Verfügungen** gilt in den Fällen 2 u 3 des II das Prioritätsprinzip **(II S 2).** Grdsl wird nur die fr Vfg wirks. Die spätere Vfg erlangt nur dann u nur insow Wirksamk, als sie der fr nicht widerspricht. War die fr Vfg eine Übereign, w die spätere Verpfändg nicht wirks. Dagg steht die fr Verpfändg einer späteren Übereign nicht entg, letztere führt jedoch zum Erwerb des mit einem PfandR belasteten Eigtums (Soergel-Leptien Rdn 33, MüKo/Thiele Rdn 72, str, aA RG **60**, 73). Dasselbe gilt beim Zutreffen von Übereign u Pfändg od Entstehg eines ges PfandR. II S 2 ist entspr anzuwenden, wenn der Berecht mehrere Vfgen gleichzeit genehmigt u über die Reihenfolge ihres Wirksamwerdens keine Bestimmg trifft (RGRK/Steffen Rdn 15, oben a aE).

4) § 185 ist Grdl für die von Rspr u Lehre herausgebildete RFigur der **Ermächtigung.** Sie begründet für den Ermächtigten die Befugn, im eig Namen über ein Recht des Ermächtigden zu verfügen od das Recht dch Einziehg od in sonst Weise auszuüben. Die VfgsErmächtigg ist ein unmittelb Anwendgsfall des § 185 I (Anm 2a), aber auch die auf eine entspr Anwendg des § 185 I gestützte Einziehgsermächtigg ist inzw fast allg anerkannt (s näher § 398 Anm 8). Unzul ist die **Verpflichtungsermächtigung** (Anm 1b bb). Die dogmat Einordng der Ermächtigg, insb die Frage, ob es sich um ein einheitl RInstitut handelt, ist umstr (s dazu eingehd Doris, Rgeschäftl Ermächtigg, Diss, Mü 1974), für die prakt RAnwendg aber ohne Bedeutg.

Vierter Abschnitt. Fristen. Termine

186 *Geltungsbereich.* Für die in Gesetzen, gerichtlichen Verfügungen und Rechtsgeschäften enthaltenen Frist- und Terminsbestimmungen gelten die Auslegungsvorschriften der §§ 187 bis 193.

1) Allgemeines. a) Zweck: Der RVerk braucht für die Berechng der in Vertr u Ges enthaltenen Zeitbestimmgen klare Regeln. Diesem Bedürfn tragen die §§ 186–193 Rechng. Sie enthalten **Auslegungsvorschriften**, sind also unanwendb, sow dch Ges od RGesch etwas Abweichdes best ist. – **b) Anwendungsbereich.** Die §§ 186ff gelten nicht nur für das bürgerl Recht, sond, sow keine Sondervorschriften bestehen, für alle RGebiete (GmS-OGB BGHZ **59**, 397, MüKo/v Feldmann Rdn 1, str). Sie sind daher anzuwenden im Handels- u Wechselrecht (ergänzde Regelgen in HGB 359, WG 36, 37, 72ff), im VerfahrensR (ZPO 222, VwGO 57 II, FGG 17, abw StPO 42f), im öff Recht (VwVfG 31, AO 108, die jedoch Abw vorsehen), im TarifVertrR (BAG **AP** Nr 1), SozVersR (BSG NJW **74**, 920), SchwBG (BAG NJW **81**, 1333) u PStG (BayObLG JW **26**, 2450).

2) Begriffe. – a) Frist ist ein abgegrenzter, also best od jedenf bestimmb Zeitraum (RG **120**, 362); er braucht, wie sich aus § 191 ergibt, nicht zushängd zu verlaufen. Die Frist kann unterschiedl Zwecken dienen; sie kann Rechte begründen (so die ErsatzfrFr des § 937 I), Rechte erlöschen lassen (so die AusschlußFr, Übbl 4a v § 194), eine dauernde Einr gg einen Anspr schaffen (so die VerjFr) od den Zeitraum abgrenzen, in dem eine Leistg zu erbringen ist (so die NachFr gem §§ 326 I, 634 I). Sie kann auf Ges, richterl Anordng od RGesch beruhen. Ihre Dauer kann dch einen unbest RBegriff („unverzügl", § 121 I S 1, „angem") bestimmt w. – **b) Termin** iSd BGB ist ein best Ztpkt, an dem etwas geschehen soll od eine RWirkg eintritt.

3) Grdlage der **Zeitberechnung** ist der 1582 eingeführte Gregorianische Kalender. Die gesetzl Zeit ist die mitteleuropäische Zeit (s ZeitG v 25. 7. 1978 BGBl I S 1110). § 3 ZeitG ermächtigt die BReg, dch VO die Sommerzeit einzuführen (s Ekrutt NJW **78**, 1844).

187 Fristbeginn.

^{I} Ist für den Anfang einer Frist ein Ereignis oder ein in den Lauf eines Tages fallender Zeitpunkt maßgebend, so wird bei der Berechnung der Frist der Tag nicht mitgerechnet, in welchen das Ereignis oder der Zeitpunkt fällt.

^{II} Ist der Beginn eines Tages der für den Anfang einer Frist maßgebende Zeitpunkt, so wird dieser Tag bei der Berechnung der Frist mitgerechnet. Das gleiche gilt von dem Tage der Geburt bei der Berechnung des Lebensalters.

1) Nach der Ausleggsvorschrift des § 187 I gilt für die FrBerechng der Grds der **Zivilkomputation**: Es wird nur nach vollen Tagen gerechnet. Der Tag, in dessen Lauf das für den FrBeginn maßgebde Ereign fällt, wird nicht mitgezählt, der folgde Tag ist der erste Tag der Fr. Dabei ist gleichgült, ob dieser Tag ein Sonnabend, Sonn- od Feiertag ist (RG Recht **37** Nr 1915). Die **Naturalkomputation** rechnet die Fr dagg in ihrer natürl Länge, also von Augenblick zu Augenblick. Sie ist bei Stunden- u MinutenFr anzuwenden. Die Auslegg kann jedoch ergeben, daß die Fr analog § 187 I erst mit dem Anfang der folgden Zeiteinh (Stunde, Minute) beginnen soll. Eine Fr von 24 oder 48 Stunden ist iZw als StundenFr zu verstehen (Staud-Dilcher Rdn 2), jedoch können auch 1 od 2 Tage gemeint sein. Bei einer FrSetzg „ab heute" rechnet der Fr Beginn entspr § 187 I nicht mit (Kbg OLG **40**, 277). Unter § 187 I fallen auch die Fr gem § 477 (BGH NJW-RR **89**, 629) u § 651g (LG Ffm NJW **86**, 594), die Fr für die Lohnfortzahlg (BAG NJW **61**, 479), die ZahlgsFr des VersR (RG JW **38**, 683) u der Beginn der VerzinsgsPfl beim Darl (Karlsr NJW **88**, 75, Pleyer/Huber Betr **89**, 1859).

2) § 187 II enthält Abw von der Regel des I. – **a)** Ist für den FrAnfang der Beginn eines Tages maßgebd, so zählt dieser Tag gem II 1 mit. Wird ein noch nicht vollzogener Miet- od ArbVertr gekündigt, beginnt die KündFr iZw mit dem Zugang der Künd (BGH **73**, 353, BAG NJW **87**, 148); beginnt die Fr nach dem PartWillen erst mit dem Ztpkt des vereinbarten Vollzugs des VertrVerh gilt II 1 (BAG NJW **80**, 1015): Der erste VertrTag beginnt mitternachts. Auch die AusleggsFr des BauGB 3 II (fr BBauG 2a VI) u entspr Fr fallen unter II 1 (GmS-OGB BGH **59**, 396), ebso die Fr gem PatG 17 III 2 (BPatGer GRUR **83**, 641). Ges, die am Tag der Verkündg in Kraft treten, gelten vom Beginn dieses Tages an (RG **91**, 339). – **b)** Bei der Berechng des **Lebensalters** w der Geburtstag entgg I mitgerechnet **(II 2)**. Volljährigk tritt also mit dem Beginn des 18. Geburtstages ein. Das gilt ebso für die strafrechtl Verantwortlichk (RGSt **35**, 37). Wer am Monatsersten geboren ist, vollendet sein Lebensjahr mit Ablauf des vorhergehden Monats; für den am 1. 8. Geborenen beginnt der Ruhestand daher am 31. 7. (s BVerwG **30**, 168, BAG Betr **65**, 1368).

3) § 187 betrifft den Fall, daß der FrBeginn dch Ges, gerichtl Vfg od RGesch festgelegt ist u das FrEnde ermittelt w soll. Er ist aber entspr anwendb, wenn die Fr, wie iF der KO 31, 32, AFG 141b I, MSchG 9, von einem **Endzeitpunkt** (KonkEröffng, Geburt) aus zu berechnen ist; gem § 187 I zählt daher der Tag der KonkEröffng (Geburt) nicht mit (BSG **48**, 61, BAG FamRZ **86**, 901).

188 Fristende.

^{I} Eine nach Tagen bestimmte Frist endigt mit dem Ablaufe des letzten Tages der Frist.

^{II} Eine Frist, die nach Wochen, nach Monaten oder nach einem mehrere Monate umfassenden Zeitraume – Jahr, halbes Jahr, Vierteljahr – bestimmt ist, endigt im Falle des § 187 Abs. 1 mit dem Ablaufe desjenigen Tages der letzten Woche oder des letzten Monats, welcher durch seine Benennung oder seine Zahl dem Tage entspricht, in den das Ereignis oder der Zeitpunkt fällt, im Falle des § 187 Abs. 2 mit dem Ablaufe desjenigen Tages der letzten Woche oder des letzten Monats, welcher dem Tage vorhergeht, der durch seine Benennung oder seine Zahl dem Anfangstage der Frist entspricht.

^{III} Fehlt bei einer nach Monaten bestimmten Frist in dem letzten Monate der für ihren Ablauf maßgebende Tag, so endigt die Frist mit dem Ablaufe des letzten Tages dieses Monats.

Fristen. Termine §§ 188–193

1) Eine **nach Tagen** best Fr endigt vorbehaltl des § 193 mit Ablauf des letzten FrTages (I). Eine Fr von 8 Tagen kann als WochenFr zu verstehen sein. Die in einer behördl Vfg gesetzte Fr von 8 Tagen bedeutet iZw 8 volle Tage (RG DR **44**, 909). Entspr best HGB 359 II für HandelsGesch; im WechselR gilt diese Auslegg gem WG 36 IV in jedem Fall. Bei einer Befristg bis zu einem best Tag gehört dieser noch zur Fr (RG **105**, 419).

2) Bei den **längeren Fristen** des II ist zu unterscheiden: **a)** Fällt das für den FrBeginn maßg Ereign in den Lauf eines Tages (§ 187 I), so endet die Fr mit dem Ablauf des entspr Wochen- od Monatstages. Bsp: FrBeginn 4. 4., FrEnde 4. 5. Fehlt der entspr Monatstag, endet die Fr mit Ablauf des letzten Monatstages. (III) Bsp: FrBeginn 31. 1., FrEnde 28. 2. Dagg endet eine am 28. 2. beginnde Fr am 28. 3. u nicht erst am 31. 3. (BGH NJW **84**, 1358, aA Celle OLGZ **79**, 360). – **b)** Fängt der FrLauf bereits mit dem Beginn des Tages an (§ 187 II), so endet die Fr mit Ablauf des vorhergehden Tages (s auch § 187 Anm 2b). Bsp: FrBeginn Mittwoch, FrEnde Dienstag.

3) Sonstiges. a) Die zur FrWahrg notw Hdlg darf grdsl bis zum Ablauf des letzten Tages (24 Uhr) vorgenommen w. Ist eine **Mitwirkung** des and Teils erforderl, ist dieser aber nur bis zum Ende der übl Zeit zur Mitwirkg verpflichtet, der Kaufmann bis zum Ende der gewöhnl GeschZeit (HGB 358), die Behörde bis Dienstschluß (BGH **23**, 310). Entspr ist abzugrenzen, wenn es auf den Zugang der Erkl ankommt (§ 130 Anm 3b). – **b)** Zur Fr gehört auch ihr **Endzeitpunkt**; was mit FrEnde eintritt, tritt innerh der Fr ein: Der Ablauf des letzten FrTages gehört rechtl noch zu diesem Tag (BAG NJW **66**, 2081). Was nach Mitternacht geschieht, geschieht dagg rechtl am nächsten Tag. Eine Künd in der Nacht vom 31. 3. zum 1. 4. nach Mitternacht setzt KündFr daher erst ab 2. 4. in Lauf (BAG BB **69**, 1135).

189 *Halbes Jahr, Vierteljahr, halber Monat.* ¹Unter einem halben Jahre wird eine Frist von sechs Monaten, unter einem Vierteljahre eine Frist von drei Monaten, unter einem halben Monat eine Frist von fünfzehn Tagen verstanden.
II Ist eine Frist auf einen oder mehrere ganze Monate und einen halben Monat gestellt, so sind die fünfzehn Tage zuletzt zu zählen.

1) § 189 enthält aus sich heraus verständl Auslegsvorschriften. Eine am 20. 1. beginnende Fr von 1½ Monaten endet gem § 189 II am 7. 3., währd sie in umgekehrter Rechenreihenfolge schon am 4. 3. ablaufen würde. Eine vertragl Fr von 4 Wochen darf nur dann einem Monat gleichgesetzt w, wenn ausr Anhaltspunkte für einen entspr PartWillen vorhanden sind (MüKo/v Feldmann Rdn 1).

190 *Fristverlängerung.* Im Falle der Verlängerung einer Frist wird die neue Frist von dem Ablaufe der vorigen Frist an berechnet.

1) Materiellrechtl Fr können auch noch nach ihrem Ablauf verlängert w (BGH **21**, 46). Entspr gilt im öff Recht (VwVfG 31 VII, AO 109 I) u auch im VerfR (BAG GrS NJW **80**, 309, BGH NJW **82**, 52 u BGH GrS **83**, 219 unter Aufg der fr Rspr). § 190 ist sowohl auf laufde als auch auf abgelaufene Fr anzuwenden. Bei einer abgelaufenen Fr läuft die Verlängerg iZw nicht erst von der Bewilligg, sond vom Ende der ursprüngl Fr ab (Karlsr Betr **71**, 1410). Da die alte u die neue Fr eine Einh bilden, hat es auf die Länge der GesFr keinen Einfluß, daß das Ende der ursprüngl Fr auf einen Sonnabend, Sonntag od Feiertag fiel (MüKo/v Feldmann Rdn 1). Bei prozessualen Fr läuft die Verlängerg dagg ab Ablauf der (ggf entspr § 193 verlängerten) ursprüngl Fr (BGH **21**, 45, arg ZPO 224 III, aA RG **131**, 337). § 190 ist unanwendb, wenn anstelle der ursprüngl Fr eine neue Fr bestimmt w (Auslegesfrage); deren Beginn richtet sich nach § 187.

191 *Berechnungen von Zeiträumen.* Ist ein Zeitraum nach Monaten oder nach Jahren in dem Sinne bestimmt, daß er nicht zusammenhängend zu verlaufen braucht, so wird der Monat zu dreißig, das Jahr zu dreihundertfünfundsechzig Tagen gerechnet.

1) Bsp für Fr, die unter § 191 fallen, sind: Verpfl eines GeschReisdn, mind 9 Monate des Jahres auf Reisen zu sein; Aufl, ein vermachtes Grdst 6 Monate im Jahr zu bewohnen; Urlaub von 3 Monaten, sofern er nicht zushängd genommen zu werden braucht (Mot I 286). § 191 ist auf die Hemmg der Verj nicht anwendb (§ 205 Anm 1). Bei einer FrHemmg dch die GerFerien gilt für die Berechng gleichf nicht § 191, sond ZPO 223 I 2 (BGH **5**, 277, NJW **62**, 347).

192 *Anfang, Mitte, Ende des Monats.* Unter Anfang des Monats wird der erste, unter Mitte des Monats der fünfzehnte, unter Ende des Monats der letzte Tag des Monats verstanden.

1) Für Anfang, Mitte u Ende der Woche fehlt eine ges Auslegsregel. Unter Beginn der Woche ist iZw der Montag zu verstehen, unter Mitte der Woche der Mittwoch, unter Ende der Woche der Sonnabend, falls ArbTage gemeint sind, iZw der Freitag. Die Bedeutg von Jahreszeitangaben wie Frühjahr od Herbst richtet sich nach der VerkSitte des Leistgsortes (HGB 359). Fehlt eine solche, ist der kalendermäß Anfang der Jahreszeit bzw ihr Ende entscheidd.

193 *Sonn- und Feiertage; Sonnabende.* Ist an einem bestimmten Tag oder innerhalb einer Frist eine Willenserklärung abzugeben oder eine Leistung zu bewirken und fällt der

§ 193, Überbl v § 194   1. Buch. 5. Abschnitt.

bestimmte Tag oder der letzte Tag der Frist auf einen Sonntag, einen am Erklärungs- oder Leistungsorte staatlich anerkannten allgemeinen Feiertag oder einen Sonnabend, so tritt an die Stelle eines solchen Tages der nächste Werktag.

1) Allgemeines. Die Vorschr gilt seit der Änd dch Ges vom 10. 8. 65 (BGBl I 753) auch für den FrAblauf am Sonnabend. Sie bezweckt die Wahrg der Sonn- u Feiertagsruhe u berücksichtigt, daß sich in Wirtsch u öff Verw weitgehd die 5-Tage-Woche dchgesetzt hat. Entspr **Sondervorschriften** für and RGebiete enthalten ZPO 222 II, FGG 17 II, StPO 43 II, StGB 77b I 2, WG 72, ScheckG 55, VwVfG 31 III, AO 108 III.

2) Voraussetzungen. a) § 193 gilt für Fr u Termine (§ 186 Anm 2), die für die Abgabe einer **Willenserklärung** od zum Bewirken einer **Leistung** best sind. Bei den WillErkl ist gleichgült, ob zu ihrer Abgabe eine RPfl besteht od sie nur der Wahrg eig Rechte dient (BGH **99**, 291). § 193 bezieht sich daher auch auf AusschlußFr (RG **100**, 18), KonkAnfFr (BGH **LM** Nr 1) u VerjFr (RG **151**, 347). Auf geschäftsähnl Hdlgen (Übbl 2c v § 104) ist § 193 analog anwendb, so etwa auf Anzeigen gem § 485 od HGB 377. Entspr gilt für **Prozeßhandlungen,** sow sie gleichzeit materiellrechtl Wirkg haben. Das trifft zu für die zur Unterbrechg der Verj erhobene Klage (RG **151**, 347, BGH **WPM 78,** 464), für die AnfKlage im Konk (BGH **NJW 84,** 1559) u den Widerruf eines ProzeßVergl (BGH **NJW 78,** 2091, Mü **NJW 75,** 933). Ist bei einer Bürgsch vereinbart, daß der Gläub die Inanspruchnahme des Bü bis zu einem best Tag erklärt haben muß u fällt dieser auf ein WoEnde, ist § 193 anwendb (BGH **99,** 291). Dagg gilt § 193 für bloße ZwischenFr wie die des fr VwZG 17 nicht (BFH **Betr 71,** 1043). Auch auf die Fr zur Entlassg eines Richters auf Probe ist er nicht anzuwenden (BGH **DRiZ 74,** 86). – **b)** Für **Kündigungsfristen** gilt § 193 nicht, da sie dem Gekündigten zu ihrem Schutz unverkürzt zur Vfg stehen müssen (BGH **59,** 267, VersR **83,** 876, BAG **NJW 70,** 1470, Betr **77,** 639). Eine Künd am 1. 9. mit einer Fr von 1 Monat wirkt daher auch dann erst zum 1. 11., wenn der 31. 8. ein Sonntag war. Auch die für Versammlgen geltden EinladgsFr (bei Verein, AG, GmbH) fallen nicht unter § 193, da mit ihrem Zweck, dem Geladenen eine ausr Prüfgs- u Überleggszeit zu verschaffen, eine Abkürzg nicht zu vereinbaren ist. Anwendb ist § 193 dagg, wenn sich ein Vertr verlängern soll, falls die Verlängerg nicht bis zu einem best Zeitpkt abgelehnt w; die „Künd" ist in diesem Fall keine wirkl Künd, sond eine WillErkl, dch die das Angebot zur VertrVerlängerung abgelehnt w (BGH **NJW 75,** 40). – **c)** Als bloße Ausleggsregel ist § 193 unanwendb, sow dch Ges od RGesch etwas **anderes bestimmt** ist. StundenFr fallen iZw nicht unter § 193 (MüKo/v Feldmann Rdn 3). Auch bei TagesFr kann die Ausleg ergeben, daß § 193 nicht gelten soll. Handelt es sich um eine Leistg, die für ein Wochenende best ist (zB Festzelt), ist § 193 stillschw abbedungen. Keine Geltg hat § 193 für die Berechng einer VertrStrafe nach VOB/B 11 Nr 3 (BGH **NJW 78,** 2594) u den Eintritt einer Bdgg (Staud-Dilcher Rdn 13).

3) Rechtswirkungen. § 193 verlängert die Fr oder verschiebt den Termin, bedeutet aber nicht, daß die Erkl od Leistg am nächstfolgden Werktag auf den best Tag zurückwirkt (Ffm **NJW 75,** 1971). Er läßt die Fälligk unberührt, so daß bei einer Zahlg am Montag uU für die Sonnabend u Sonntag Zinsen zu entrichten sind (Ffm aaO). Die Vorschr verbietet nicht, daß der Begünstigte am Wochenende (Feiertag) leistet od die Erkl abgibt. Der and Teil kann seine Mitwirkg an diesen Tagen nur ablehnen, wenn Treu u Glauben od die VerkSitte (§§ 157, 242) das rechtfertigen.

4) Gesetzliche Feiertage sind im ges Bundesgebiet: Neujahr, Karfreitag, Ostermontag, Christi Himmelfahrt, 1. Mai, Pfingstmontag, 17. Juni, 1. u. 2. Weihnachtstag. Der 17. Juni ist dch BundesGes (BGBl **53,** 778), die übrigen Feiertage sind dch LandesGes staatl anerkannt. Zu den weiteren dch LandesGes anerkannten Feiertagen vgl *BaWü* GBl **71,** 1, *Bay* GVBl **80,** 215, *Bln* GVBl **54,** 615, **56,** 169, *Brem* GBl **54,** 115, **58,** 61, *Hbg* GVBl **53,** 289, *He* GVBl **71,** 344; *Nds* GVBl **69,** 113, *NRW* GVBl **77,** 98, *RhPf* GVBl **70,** 225, *SchlH* GVBl **69,** 112, *Saarl* ABl **76,** 213, ferner die Übersicht bei Staud-Dilcher Rdn 4.

Fünfter Abschnitt. Verjährung

Überblick

Schrifttum: Spiro, Die Begrenzg privater Rechte dch Verj-, Verwirkgs- u Fatalfristen, 1975.

1) Begriff. Zeitablauf kann unabhäng vom Willen der Part kr Ges die RLage verändern; er kann Rechte entkräften od begründen. Im gemeinen Recht bezeichnete man beide mögl Einwirkgen des Zeitablaufs – RVerlust u RErwerb – als Verj u unterschied daher zw erlöschder u erwerbder Verj. Diesen weiten VerjBegriff hat das BGB nicht übernommen. – **a) Verjährung** iSd §§ 194ff ist der Zeitablauf, der für den Verpflichteten das Recht begründet, die Leistg zu verweigern. Sie greift nur ggü Ansprdch (§ 194) u führt nicht zum Erlöschen des Anspr, sond zur Begründg eines dauernden LeistgsVR (§ 222 I). Ausnw kann die Verj aGrd von sondergesetzl Regelgen aber auch den Anspr erlöschen lassen (§ 222 Anm 4); sie steht dann in ihrer Wirkg einer AusschlußFr gleich (unten Anm 4). – **b)** Den RErwerb dch Zeitablauf, die fr erwerbde Verj, nennt das BGB **Ersitzung.** Sie betrifft nur dingl Recht u ist für beweg Sachen in §§ 937ff, 1033, für Grdst u Schiffe in § 900 u SchiffsRG 5 geregelt. – **c)** Nicht in das BGB übernommen, aber in dem der LandesGesGebg vorbehaltenen RGebieten wirks geblieben, ist die **unvordenkliche Verjährung** (RG SeuffA **80,** 108, BayObLGZ **82,** 406). Sie setzt voraus, daß der als Recht beanspruchte Zustand 40 Jahre als Recht besessen worden ist u daß weitere 40 Jahre vorher keine Erinnerung an einen and Zustand seit Menschengedenken bestanden hat (BGH **16,** 238).

2) Die Verj hat den Zweck, dem RFrieden u der Sicherh des RVerk zu dienen (BGH **59,** 74). Anspr, die lange Zeit nicht geltd gemacht w, sind nach der Lebenserfahrg idR nicht od nicht mehr berecht (BGH **FamRZ 83,** 27). Es ist daher sachgerecht, dem Schu die Befugn einzuräumen, den wahrscheinl unbegründeten Anspr ohne Eingehen auf die Sache abzuwehren, zumal der Zeitablauf die Beweisposition des Schu u seine RStellg, etwa dch den Verlust von Regreßmöglichk, erhebl verschlechtert haben kann. Die Verj entlastet die Ger von Streitigk über veraltete Anspr u trägt dem Bedürfn des RVerk nach einer beschleunigten Abwicklg von RVerhältn Rechng (BGH NJW **83**, 390). Wenn sich der Verpflichtete auf Verj beruft, kann das zwar im Einzelfall bedeuten, daß der Berecht um sein unzweifelh gutes Recht gebracht w. Das muß aber hingenommen w, da es Sache des Berecht gewesen wäre, seinen Anspr rechtzeit vor Ablauf der VerjFr geltd zu machen. Allerdings können auch Anspr verjähren, obwohl der Berecht von der Existenz des Anspr nichts wußte u auch nichts wissen konnte. Das gilt vor allem in den Fällen der §§ 477 u 638 (s BGH **77**, 223, **88**, 140), der VOB/B 13 Nr 4 (Müller-Foell BauR **82**, 538) u der BRAO 51, StBerG 68 (BGH **83**, 19). Die Verj beruht hier auf dem Gedanken der Risikoverteilg. Das ist ein grdsätzl tragfähiger Gesichtspkt; jedoch sind die angeführten Fr, insb die des § 477, unter den ggwärtigen Verhältn erhebl zu kurz.

3) Die Regelg der Verj im BGB u seinen NebenGes entspr nicht mehr uneingeschränkt den Bedürfn des heutigen R- u WirtschVerk (s Peters/Zimmermann Reformgutachten SchuldR, 1981, I S 77–374, Heinrichs NJW **82**, 2021, Zimmermann JuS **84**, 409). Die regelmäß VerjFr von 30 Jahren (§ 195) ist zu lang, die VerjFr des GewährleistgsR u einige and VerjFr (BRAO 52, StBerG 68) sind zu kurz od wg ihres Beginns unabhäng von der Kenntn des Berecht problemat, die Vielzahl von VerjFr, die zT überschneidend VerjFr kompliziert die RAnwendg, die Einordng der auf RichterR beruhden Anspr in das System der VerjFr bereitet Schwierigk, der kasuistisch gefaßte § 196 steht mit dem heutigen Entwicklgsstand von Wirtsch u Technik nur noch teilw im Einklang (s Peters/Zimmermann aaO). Die **Auslegung der Verjährungsvorschriften** muß versuchen, diese Unzulänglichk des geltden Rechts zu mildern. Die Rspr geht in einigen Entsch davon aus, daß das VerjR eine formale Regelg darstelle u daher im Interesse der RSicherh in enger Anlehng an den Wortlaut des Ges ausgelegt w müsse (BGH **53**, 47, **59**, 326, Hamm NJW **85**, 2278). Dabei handelt es sich aber um einen Grds, der Ausn nicht ausschließt. Auch im VerjR hat die Rspr die Aufg, das Recht an die sich ändernden Verhältn anzupassen (s BGH **80**, 281, wonach Lufttransportunternehmen „Frachtfuhrleute" iSd § 196 I Nr 3 sind; ferner BGH **33**, 331). Bei seiner Ausleg muß letztl dem GesZweck der Vorrang vor dem GesWortlaut eingeräumt w (s BGH **54**, 268, **59**, 165); auch eine analoge Anwendg von Vorschr des VerjR ist nicht ausgeschl (s BGH **58**, 122, **86**, 320, **93**, 278, **95**, 242, **98**, 63, NJW **82**, 1514).

4) Sonstige Einwirkungen des Zeitablaufs auf Rechte. a) aa) Die **Ausschlußfrist** unterscheidet sich von der Verj dch ihre Wirkg. Bei der AusschlußFr endet das Recht mit FrAblauf (RG **128**, 47), die Verj begründet dgg nur ein LeistgsVR (§ 222). Der Ablauf der AusschlußFr ist im RStreit vAw zu beachten, der der VerjFr nur auf Einr. Währd die Verj nur Anspr erfaßt (§ 194), betrifft die AusschlußFr auch and Rechte, vor allem GestaltgsR (zB §§ 121, 124, 148, 532, 626 II, 1944, 1949), ausnw aber auch Anspr (zB §§ 561 II, 651 g I, 801 I 1, 864, NTS-AG 6, 12, *Bay*AGBGB 71 (BayObLG **70**, 320). Wo es sich um Verj handelt, spricht das BGB von „verjährt"; bei AusschlFr gebraucht es Wendgen wie „kann nur ... erfolgen", „das Recht erlischt", „ist ausgeschlossen." Bei den Fr and Ges u vereinb Fr ist es Auslegsfrage, ob sie als Ausschl- od VerjFr aufzufassen sind. – **bb)** Die Frage der **Anwendbarkeit von Verjährungsvorschriften** auf AusschlFr läßt sich nicht allg, sond nur von Fall zu Fall nach Sinn u Zweck der jeweil EinzelVorschr entscheiden (BGH **43**, 237, **73**, 102, WPM **82**, 1172). Für einz AusschlußFr bestehen TVerweisen auf das VerjR (§§ 124 II, 210, 215 II, 802, 1002, ua; sog geschwächte od gemischte AusschlußFr). Auch bei Fehlen derart Verweisen (sog „strenge" AusschlußFr) ist uU eine entspr Anwendg von Vorschr des VerjR geboten. Das gilt vor allem für die Best über die AblaufHemmg (§ 206 Anm 1), kann aber auch für and Vorschr zutreffen (BGH **53**, 272 zu § 210; BGH **83**, 270 zu § 209 II Nr 3). Unanwendb auf AusschlußFr sind dgg § 212 (RG **88**, 296) u § 217 (BAG NJW **80**, 359). Die Grds über die unzul RAusübg (unten Anm 5) gelten auch für AusschlußFr (§ 242 Anm 4 D c). – **b)** Für die **Verwirkung** ist der Zeitablauf nur eine von mehreren Voraussetzgen. Der entscheide Grd für den eintretden RVerlust ist, daß die verspätete Geltdmachg des Rechts gg Treu u Glauben verstößt. Von der Verj unterscheidet sich die Verwirkg auch dadch, daß sie vAw, die Verj aber nur auf Einr zu berücksichtigen ist (s näher § 242 Anm 9).

5) Unzulässige Rechtsausübung. – a) Die VerjEinr ist unbeachtl, wenn sie gg das Verbot unzul RAusübg (§ 242 Anm 4) verstößt. Dabei ist ein strenger Maßstab anzulegen (BGH NJW **88**, 2247). Die Einr ist nicht schon deshalb mißbräuchl, weil der Schu weiß, daß der Anspr zu Recht besteht (Mot I 296), od weil der Gläub wg des Ansehens od der Stellg des Schu nicht mit der VerjEinr gerechnet hat; auch öffr Körpersch können sich ggü ihren Bediensteten grdsl auf Verj berufen (BAG NJW **67**, 174, s aber unten b cc). Unzul ist die VerjEinr, wenn der Schu den Gläub dch sein Verhalten von der rechtzeit Klagerhebg abgehalten hat od wenn der Schu nach obj Maßstäben darauf **vertrauen** durfte, sein Anspr werde auch ohne RStreit befriedigt od vom Gläub nur mit Einwendgen in der Sache bekämpft (BGH **93**, 66, NJW **88**, 266, 2247, stRspr). Dabei genügt es, daß der Schu den Gläub unabsichtl an der VerjUnterbrechg gehindert hat (BGH **9**, 5, **71**, 96). Bloßes Schweigen des Schu begründet aber keinen Vertrauenstatbestd (BGH NJW **88**, 2247); es reicht uU nicht, daß der Gläub subj der Ans war, er könne noch zuwarten (BGH NJW **88**, 266). Der Schu muß sich das Verhalten seiner Vertreter u VhdlgsGeh zurechnen lassen, das seines **Haftpflichtversicherers** auch dann, wenn dieser (noch) keine ReguliergsVollm hat (BGH NJW **81**, 2243) od nicht od nur zT deckgspflicht ist (BGH VersR **78**, 533). Die Unzulässigk der VerjEinr beruht in diesen Fällen auf dem Verbot des *venire contra factum proprium* (§ 242 Anm 4 B e). Sie kann sich aber auch aus dem Gedanken ergeben, daß niemand aus einem **unredlichen Verhalten** Vorteile ziehen darf, so etwa, wenn der Schu dch falsche polizeil Anmeldg od häuf Wohngswechsel die rechtzeit Unterbrechg der Verj verhindert hat (Kbg HRR **41**, 111). Zur mißbräuchl Berufg auf gesetzl od tarifl AusschlFr s § 242 Anm 4 C c.

b) Einzelfälle. – aa) Verhandeln die Part über Grd of Höhe des Anspr, wird der Gläub dch § 242 geschützt, wenn er nach dem Verlauf der Vhdlgen darauf vertrauen durfte, der Schu sei mit der Zurückstellg der gerichtl Geltdmachg einverstanden u werde dem Anspr nur sachl Grde entggehalten (BGH **93**, 66, NJW **76**, 2345, VersR **77**, 617, stRspr). Entspr gilt, wenn sich beide Teile auf Vhdlgen vor einer Schlichtgsstelle eingelassen haben (BGH NJW **83**, 2076) od wenn ein Stillhalteabkommen zustande gekommen ist (BGH

VersR 82, 422), vor allem aber bei einem wg § 225 unwirks **Verzicht** auf die VerjEinr (BGH NJW 86, 1861, § 225 Anm 1 b). Bei Anspr aus Delikt od Gefährdgshaftg führen Vhdlgen zur **Hemmung** der Verj, § 852 II; gem § 651g II 3, PflVG 3 Nr 3 wird die Verj bereits dch Anmeldg des Anspr gehemmt (s BGH 83, 165). Eine Hemmg der Verj tritt auch dann ein, wenn die Part ausdr od stillschw ein *pactum de non petendo* abgeschlossen haben (§ 202 Anm 2). – **bb) Verhalten im Prozeß.** Der Schu kann grdsl frei darüber entscheiden, ob u ggf wann er die VerjEinr erheben will (Brschw NJW-RR 89, 800). Ist der Kläger erst längere Zeit nach ProzBeginn AnsprInh geworden, kann sich der Bekl auch dann auf Verj berufen, wenn er sich zunächst sachl auf die Klage eingelassen hat, ohne die Aktivlegitimation zu beanstanden od Verj geltd zu machen (BGH **LM** § 242 (Cb) Nr 4). Es verstößt auch nicht gg § 242, wenn die VerjEinr erst in der Berufungsinstanz erhoben wird (Ffm MDR 81, 228) od wenn der Bekl sich zunächst auf eine KlErweiterg einläßt u später ggü der MehrFdg die VerjEinr erhebt (BGH NJW-RR 88, 1195). Ggü dem RückgriffsAnspr des Versicherers ist die VerjEinr nicht desh ausgeschl, weil dieser die Erledigg des DeckgsProz abgewartet hat (BGH NJW 72, 158). Es ist auch kein RMißbrauch, wenn der Schu in WettbewSachen auf das Abschlußschreiben nicht reagiert u nach Ablauf der VerjFr den Antr aus ZPO 926 stellt (BGH NJW 81, 1955). Die Zustimmg zum NichtBetr od Ruhen des Verf macht die VerjEinr nicht mißbräuchl, *arg* § 211 II (BGH NJW 83, 2498); and kann es liegen, wenn die Part einverständl den Ausgang eines MusterProz abwarten wollten (RG 145, 245). – **cc) Unkenntnis, Irrtum.** Unkenntn von Beginn u Dauer der Verj gehen grdsl zu Lasten des Gläub, es sei denn, daß der Schu eine ihm insoweit obliegde AufklPfl verletzt hat (unten d). Haben sich beide Part über die Dauer der Verj geirrt, kann der Schu auch Aufkl des Irrt ohne Verstoß gg § 242 die VerjEinr erheben (Celle NJW 75, 1603, AnwBl 79, 20). Es ist auch kein RMißbrauch, wenn sich der Schu nach einer Änd der Rspr auf die maßgebde kürzere VerjFr beruft (BGH NJW 64, 1022, BSG MDR 77, 170). Dagg kann § 242 der VerjEinr entggstehen, wenn der Anspr auf ZugewinnAusgl nicht geltd gemacht worden ist, weil die Eheg ihr Haus fälschl als gemeins Eigt angesehen haben (Köln FamRZ 82, 1071), wenn die zust Behörde den Berecht dch ihr Fehlverhalten an der rechtzeit Geltdmachg seines Anspr gehindert hat (BVerwG 23, 172, NVwZ 83, 740), wenn eine öffr Körpersch ihre Bediensteten nicht über die Einräumg zusätzl Anspr unterrichtet hat (BAG NJW 87, 558) od wenn der ArbGeb der ihm bekannten unricht Ans des ArbNeh nicht enttggtritt, wg eines anhäng MusterProz sei eine gerichtl Geltdmachg des Anspr nicht erforderl (BAG **AP** § 242 Unzul RAusübg Nr 6).

c) Nach dem **Wegfall** der die Unzulässigk der RAusübg begründden Umstände beginnt keine neue VerjFrist, auch § 205 (Hemmg) ist nicht anzuwenden; vielm bestimmt sich die Frist für die Geltdmachg des Anspr nach den Anforderngen des redl GeschVerkehrs u den Umst des Falles (RG 115, 139). Das gilt auch für den wg § 225 nicht binddes Verzicht auf die VerjEinr (BGH VersR 60, 517, NJW 74, 1285, 78, 1256, 79, 867). Der Einwand unzul RAusübg entfällt daher, wenn der Gläub nach Wegfall der die Klageerhebg verzögernden Umst zur rechtzeit Klageerhebg noch angemessene Zeit hatte (RG 157, 22). Die dem Gläub zuzubilligde Fr ist knapp zu bemessen (BGH NJW 55, 1834), 3 Monate sind zu lang (BGH NJW 59, 96, 78, 1256), erst recht 4 Monate (BGH NJW 76, 2344); die Höchstgrenze liegt idR bei 4 Wochen (Hbg VersR 78, 45, Düss NJW 83, 1435). 1 Monat kann bereits zu lang sein (Zweibr OLGZ 88, 456); jedoch können nach bes langen Vhdlgen ausnw 6 Wochen zul sein (BGH WPM 77, 870). Die Rückwirkg der Klagezustellg gem ZPO 270 III gilt auch hier (BGH NJW 74, 1285), sofern der Gläub das weitere Verf zügig betreibt (BGH NJW 86, 1861).

d) Hat Schu die Verj dch eine zum **Schadenersatz** verpfl Hdlg mitverursacht, muß er die Fdg als unverjährt gelten lassen. Der Untern, der den Handelsvertreter argl über die Entstehg von ProvAnspr getäuscht hat, kann sich daher nicht auf Verj berufen (BGH Betr 77, 2443, Stötter NJW 78, 799). Der RAnw ist verpfl, den Mandanten auf mögl RegreßAnspr gg ihn selbst hinzuweisen. Tut er das nicht, muß er den Mandanten wg pVV gem § 249 S 1 so stellen, als wäre der Anspr unverjährt (BGH NJW 94, 380, aA Eckert NJW 89, 2084). Entspr gilt (seit dem Bekanntwerden des Urt vom 20. 1. 82) für den Steuerberater (BGH 83, 22, 96, 298, NJW-RR 87, 86) u, wenn auch eingeschränkt, für den Architekten (BGH 71, 149, 92, 258, NJW-RR 86, 182), nicht aber für den Versicherer (Hamm VersR 87, 1081). Die SchadErsPfl setzt aber eine neue schuldh PflVerletzg voraus (BGH 94, 380, NJW 87, 326); sie liegt beim RAnw vor, wenn er keinen Hinw gegeben hat, obwohl er begründeten Anlaß zur Überprüfg seines fr Verhaltens hatte (BGH aaO, Rinsche VersR 87, 239). Ein Anlaß zur Aufkl kann auch nach Beendigg des fr Vertr im Rahmen eines neuen Mandats bestehen (BGH NJW 86, 583). Auch für diesen sog SekundärAnspr gilt BRAO 51. Er verjährt drei Jahre nach der Verletzg der AufklPfl, spätestens 3 Jahre nach Beendigg des Mandats (BGH 94, 389, NJW 88, 266); die Verj des SekundärAnspr kann beginnen, bevor die Verj des PrimärAnspr vollendet ist (BGH aaO). Die BelehrgsPfl erstreckt sich nicht auf die VerjFr für den RegreßAnspr (BGH aaO). Die Beauftragg eines and RAnw beseitigt die ErsPfl nur, wenn dieser rechtzeit auf die Regreßmöglichk hinweist (BGH NJW 88, 2247). Die BelehrgsPfl wird nicht dadch berührt, daß der RAnw annimmt, der Mandant wisse von der drohden Verj (BGH NJW 87, 326). Unerhebl ist auch, daß der Mandant auf and Weg von der ErsPfl des RAnw Kenntn erlangt h (BGH NJW 85, 2941). Die Pfl entsteht erneut, wenn der Mandant den RAnw im ZusHang mit dem ursprüngl Auftr nochmals konsultiert (BGH VersR 84, 162). UU führt § 254 zur teilw Zurückweisg der VerjEinr. Vgl auch § 198 Anm 2.

6) Beweislast. Der Schu hat Beginn u Ablauf der VerjFr zu beweisen (BGH WPM 80, 534), der Gläub die Voraussetzgen von Hemmg u Unterbrechg (Baumgärtel/Laumen § 194 Rdn 1). Das gilt entspr für die AusschlußFr (Kblz OLGZ 76, 459, Baumgärtel/Laumen § 186 Rdn 1 mwNw, hM), jedoch muß der Berecht die Vorn der fristwahrenden Hdlg beweisen (BayObLG NJW 67, 57).

194 *Gegenstand der Verjährung.* ⁱ Das Recht, von einem anderen ein Tun oder ein Unterlassen zu verlangen (Anspruch), unterliegt der Verjährung.

ⁱⁱ Der Anspruch aus einem familienrechtlichen Verhältnis unterliegt der Verjährung nicht, soweit er auf die Herstellung des dem Verhältnis entsprechenden Zustandes für die Zukunft gerichtet ist.

Verjährung **§ 194 1–4**

1) Allgemeines. a) § 194 I enthält eine **Legaldefinition** des Anspr: Er ist das Recht, von einem ein Tun od Unterl zu verlangen. Tun ist jede denkb Hdlg, zB Zahlg, Abgabe einer WillErkl, Herausg einer Sache, Herstellg eines Werkes. Unterl ist jedes denkb Nichthandeln (Unterl von Wettbew, der Firmen- Führg), insb auch das Dulden. Der Anspr richtet sich gg einen od mehrere best Dr. Seine Grdl kann ein RVerh des SchuldR, des SachenR, des FamR od ErbR sein. – **b)** Der Verj unterworfen ist nach § 194 I allein der materiellrechtl **Anspruch,** nicht das prozessuale KlageR, so nicht das Recht, Feststellgs- od Gestaltgs- klage zu erheben (MüKo/v Feldmann Rdn 21). Auch dingl, familien- u erbrechtl Anspr unterliegen grdsl der Verj (s aber Anm 5). Gg unklagb Anspr kann die Einr der Verj zur Abkürzg der AuseinandSetzg zumindest dann erhoben w, wenn (etwa iF des § 762 II) Streit über die Unklagbark besteht (str, aA Staud-Dilcher Rdn 34).

2) Rechte u RStellgen, die keine Anspr sind, können nicht verjähren. Das gilt vor allem für folgde Rechte: **a) Gestaltungsrechte** geben die Befugn, dch einseit RGesch ein Recht zu begründen, aufzuheben od zu ändern (Übbl 3d v § 104). Bsp sind Künd, Anf, Rücktr u Aufr. Die Ausübg eines GestaltgsR kann RückabwicklgsAnspr begründen, die der Verj unterliegen. Das GestaltgsR selbst ist unverjährb; für seine Ausübg können aber AusschlußFr (Übbl 4 v § 194) bestehen. – **b) Absolute Rechte,** wie Eigtum, Persön- lichkR u UrheberR, wirken gg jedermann (Einl 2 v § 854). Sie sind daher kein Anspr u können nicht verjähren. Wird das absolute Recht verletzt, entsteht aus ihm aber ein Anspr, etwa auf Herausg (§ 985), Unterl (§§ 1004, 12) od SchadErs (§ 823). Dieser Anspr unterliegt (vorbehaltl § 902) der Verj, die jedoch das absolute Recht unberührt läßt. Auch wenn der HerausgAnspr des Eigtümers gg den Besitzer (§ 985) verjährt ist, bleibt ihm das Eigtum (s RG **138,** 296, 300 „dominium sine re"). Dieses ist prakt leerlaufd; es kann aber wieder von Bedeutg w, wenn die Sache an einen Dritten gelangt, der sich nicht auf die Verj berufen kann. – **c)** Das **Recht zum Besitz** (§ 986) ist eine dauernde Befugn u kein Anspr. Der Verkäufer kann daher das verkaufte u übergebene Grdst auch dann nicht vom Käufer zurückverlangen, wenn dessen AuflAnspr verjährt ist (BGH **90,** 270). – **d) Einreden** (LeistgVR). Selbständige Einr, die nicht auf einen GgAnspr beruhen, sind unverjährb (allgM). Zu ihnen gehört nach hM auch die Einr des nicht erfüllten Vertr (§ 320, s RG **149,** 328, Roth, Einrede des Bürgerl R, 1988, 56, aA – für Anwendg des § 390 – BGH **53,** 125). And liegt es bei unselbständ Einr; sie verjähren mit dem Anspr, von dem sie abgeleitet sind. Ausn: §§ 478, 490, 639, 821, 853. Das ZbR des § 273 bleibt in entspr Anwendg des § 390 S 2 trotz Verj des GgAnspr bestehen, wenn die Verj bei Entstehg des Anspr des Gläub noch nicht vollendet war (BGH **48,** 116, **53,** 122). – **e) Dauer- schuldverhältnisse** (Einf 5 v § 241), zB MietVerh, sind als solche unverjährb; nur die einz aus ihnen erwachsenen Anspr unterliegen der Verj (BGH **LM** § 138 (Bb) Nr 51 Bl 3). Für die **Leibrente** u ähnl Verpfl zu wiederkehrenden Leistgen ist aber anerkannt, daß auch das **Stammrecht** (der GesAnspr) der Verj unter- worfen ist (RG **136,** 432, BGH VersR **72,** 1079, NJW **73,** 1684). Mit ihm verjähren zugl die EinzelAnspr (RG u BGH aaO). Bei delikt RentenAnspr (§§ 843 II, 844 II) gilt für die Verj des StammR § 852 (BGH aaO); sonst ist mangels bes Vorschr idR § 195 anzuwenden.

3) Anspruchskonkurrenz. a) Begründet ein u ders Sachverhalt mehrere nebeneinand bestehde Anspr, so verjährt grdsl jeder Anspr **selbständig** in der für ihn maßgebden Frist (BGH **9,** 303, **66,** 315, NJW **87,** 2010). Das gilt für den RückgabeAnspr aus Vertr u Eigt (BGH **LM** § 989 Nr 2), den BerAnspr u den Anspr auf SchadErs (RG JW **38,** 2414, BGH **56,** 319) sowie idR für SchadErsAnspr aus Vertr u Delikt (BGH **9,** 303, **66,** 315, VersR **76,** 168, krit Arens AcP **170,** 392 ff). Der für eine AnsprGrdl geltde HemmgsTatbestd (Bsp: § 852 II) kann aber nach seinem Schutzzweck auch auf konkurrierde Anspr (Bsp: aus § 558) anzuwenden sein (BGH **93,** 26). – **b)** Ausnw besteht ein **Vorrang der kurzen Verjährung,** wenn die für sie maßgebl Vorschr nach ihrem Schutzzweck auch die konkurrierden Anspr erfassen will. Das ist insb anzunehmen, wenn das Recht des Gläub, nach Verj des VertrAnspr weiterhin Anspr aus Delikt od and RGrden geltd zu machen, die gesetzl Regelg über die kurze Verj aushöhlen würde (BGH **66,** 317). Die kurzen VerjFr der §§ 558, 606, 1057 gelten daher auch dann, wenn der ErsAnspr des Vermieters (Verleihers) wg Verschlech- terg der Sache auf unerl Hdlg, GefährdgsHaftg od Eigt gestützt w (BGH **47,** 55, **54,** 267, **61,** 229; Einzelh § 558 Anm 2). Das gilt umgekehrt ebso für den Anspr des Mieters auf VerwendgsErs (BGH NJW **74,** 744). In der Fr des § 197 verjährt neben dem Anspr aus § 557 zugl der aus § 286 u § 812 (BGH **68,** 309, krit Heckelmann NJW **77,** 1335). Der SchadErsAnspr gg den HandlgsGeh aus unzul Wettbew verjährt auch insow in der Fr des HGB 61 II, als er auf unerl Hdlg gestützt w (RG DJ **37,** 1290). Die 5-JahresFr des HGB 26 gilt unabhäng davon, ob der fr GeschInh aus HGB 25, aus Schuldbeitritt (BGH **42,** 384) od aus § 419 in Anspr genommen w (MüKo/v Feldmann Rdn 26). Die VerjFr des BinnSchG 117 erfaßt Anspr aus jedem RGrd (BGH **76,** 312, NJW **81,** 2576), die Verj gem UWG 21 geht uU der aus § 852 vor (BGH **36,** 256, Einzelh § 852 Anm 1). Die kurze Verj gem § 638 hat ggü der aus BRAO 51 den Vorrang (BGH NJW **65,** 106), ebso ggü der aus StBerG 68 (KG NJW **77,** 110/766, aA BGH NJW **82,** 2256). Unanwendb ist die kurze VerjFr des HGB 113 III dagg, wenn der WettbewVerstoß des Gesellschafters zugl eine and VertrVerletzg enthält (Düss OLGZ **70,** 328); GmbHG 43 IV entfällt, wenn die PflVerletzg des GesellschGeschFü zugl einen Verstoß gg seine GesellschPflten enthält (BGH NJW **82,** 2869). Auf die konkurrierden delikt Schad- ErsAnspr ist die kurze VerjFr des § 477 nicht anzuwenden (BGH **66,** 315, **67,** 366); das gilt ebso iF des § 638 (BGH **55,** 397) u der Haftg des Spediteurs gem HGB 414 (BGH **9,** 304).

4) Bei Anspr aus **gemischten Verträgen** gelten für die Verj die Grds, die allg für die rechtl Behandlg von gemischten Vertr maßgebd sind (Einf 5 c v § 305). Für jede Leistg sind die VerjVorschr des betreffden VertrTyps heranzuziehen (BGH **70,** 361). Das gilt auch für den typ Vertr mit andersart Nebenleistg. Bei einem KaufVertr mit einer WkNebenleistg sind daher für die Verj von WkMängeln die §§ 638 f maßgebd (vgl BGH **63,** 312, NJW **83,** 2441). Kollidieren versch gesetzl Vorschr, ist das Recht des VertrTyps anzu- wenden, der den rechtl od wirtsch Schwerpkt bildet. Bei einem Vertr über die Herstellg einer EigtWo (eines Hauses) u die Veräußerg eines GrdstAnteils verjährt der VergütgsAnspr daher einheitl in der Fr des § 196 I Nr 1 (BGH **72,** 232, **74,** 275). Das gilt auch dann, wenn der Vertr inhaltl wie ein KaufVertr ausgestaltet ist u die Herstellg der Wo (des Hauses) in einem fr geschlossenen AnwartschVertr geregelt ist (BGH NJW **81,**

§§ 194, 195

273). Haben die Part für das Grdst u die Bauleistg getrennte Entgelte vereinb, gilt § 196 I Nr 1 dagg nur für den VergütgsAnspr hins der Bauleistg (Düss OLGZ 77, 200, s aber § 196 Anm 3 b bb).

5) Grdsl verjähren alle Ansprüche. Ausn enthalten §§ 758, 898, 902 (vgl aber § 1028), 924, 1138, 2042 II. Anspr aus einem **familienrechtlichen Verhältnis** verjähren nicht, soweit sie **auf Herstellung** des dem Verhältn entspr Zustandes für die Zukunft gerichtet sind **(II)**. Das gilt auch für die im famrechtl Verhältn wurzelnden Ansprüche gg Dritte, zB dem Anspr auf Kindesherausg (§ 1632). Unverjährbark ist bedeuts für §§ 1353, 1356, 1360, 1361, 1619, 1632. – UnterhAnspr für die Vergangenh u Anspr aus §§ 1298–1301, 1615 k unterliegen dagg der Verj.

195 Regelmäßige Verjährungsfrist. Die regelmäßige Verjährungsfrist beträgt dreißig Jahre.

1) Die **30jährige Verjährungsfrist** ist die ges RegelFr u zugleich die längste VerjFr. Sie gilt für alle Anspr, sofern dch Ges od RGesch (§ 225) keine kürzere VerjFr bestimmt ist. Neben der Fr des § 195 kennt das Ges eine Vielzahl von **kürzeren Verjährungsfristen.** Sie reichen von 6 Wochen (§ 490 I 1), über 3 Monate (HGB 61 II, 113 III), 6 Monate (§§ 477 I 1, 638 I 1, 558 I, 591 b, 606, 651 j, 1057, 1226, UWG 13 a I 1), 1 Jahr (§§ 477 I 1, 638 I 1, HGB 414 I 1, 423 S 1, 439 S 1, BSchG 117), 2 Jahre (§§ 196, 611 a III, 801 I 2, VOB/B 13 Nr 4, VVG 12), 3 Jahre (§§ 852, 1378 IV 1, 1934 b II 2, 1934 d III, 2332 I, BRAO 51, StBerG 68), 4 Jahre (§§ 196 II, 197, 804), 5 Jahre (§§ 638 I 1, HGB 26 I, 159 I, WirtschPrüfOrd 51 a), bis zu 10 Jahren (AO 169 II 2). Die RegelFr des § 195 ist daher **praktisch** die **Ausnahme** (Anwendungsfälle s Anm 3).

2) Geltungsbereich und Überschneidung von Verjährungsfristen. a) Welche VerjFr maßgebd ist, bestimmt der Sachverhalt zZ der **Entstehung des Anspruchs.** Nachträgl Ändergen sind unerhebl, so iF des § 196 I Nr 1 der nachträgl Erwerb od Verlust der KaufmEigensch (s RG 60, 74), ebso ein Wechsel in der Pers des Gläub (BGH 60, 240, NJW 88, 2606, BAG Betr 84, 139) od des Schu (MüKo/v Feldmann Rdn 17). Auch ein außergerichtl **Vergleich** ändert die maßgebl VerjFr nicht (BGH NJW 72, 158, NJW-RR 87, 1426), ebsowenig ein schuldbestätigdes Anerkenntn (BGH NJW 82, 1809, 84, 795, Brem OLGZ 71, 56, KG NJW 75, 1326). Dagg gilt die 30jährige Verj, wenn ein gerichtl Vergl abgeschl w (§ 218 I 2), das Anerkenntn ein FeststellgsUrt ersetzen soll (BGH NJW 85, 792), od das alte SchuldVerh iW der **Schuldumschaffung** (Novation) dch ein neues ersetzt w, so iF eines abstrakten Schuldanerkenntn (BGH VersR 79, 647, NJW 82, 1809) od der Anerkenng eines Kontokorrentsaldos (BGH 49, 27, 51, 349). – **b)** Die für den Anspr maßgebde VerjFr gilt grdsl auch für **Ersatz- und Nebenansprüche,** die an die Stelle des ursprüngl Anspr treten od ihn ergänzen; hins der Dauer der Verj sehen den PrimärAnspr alle Anspr gleich, die als „ErsWert des ursprüngl Bedingenen" aufzufassen sind (BGH 73, 269, NJW 84, 795). Die kurze VerjFr des § 196 I erfaßt daher auch den Anspr aus § 812 od GoA, soweit dieser wg Unwirksamk des Vertr wirtschaftl den vertragl EntgeltsAnspr ersetzt (BGH 48, 127, 50, 29, 72, 233). Entspr gilt für den SchadErsAnspr wg NichtErf (Anm 3 d), wg Verzuges (Anm 3 d), den Anspr aus § 281 (BGH NJW-RR 88, 904), den aus § 347 S 2 (BGH 86, 320) u den auf Verzugszinsen (Anm 3 d), den VertrStrafAnspr iF des § 340 (s Horschitz NJW 73, 1960, aA RG 85, 242), und aber iF des § 341 (Hamm NJW-RR 89, 489), uU den Anspr wg pVV (Anm 3 d). Die VerjFr für den vertragl ErfAnspr erfaßt auch den Anspr aus einem VorVertr (Hamm MDR 84, 227), aus § 179 (BGH 73, 269), aus §§ 122 u 307 (BGH 49, 83) u aus c. i. c., sofern wg des Versch einer Part kein Vertr od nur ein wirks Vertr zustandegekommen ist (BGH 57, 194, unten Anm 3 d). HilfsAnspr, wie der **Auskunftsanspruch,** unterliegen der 30jährigen Verj; können aber nicht mehr geltd gemacht w, wenn das Informationsbedürfn wg Verj des HauptAnspr entfallen ist (BGH 33, 379, NJW 85, 384). – **c)** Treffen auf einen Anspr die **Voraussetzungen von mehreren kurzen Verjährungsfristen** zu, hat die speziellere Vorschrift den Vorrang. Das ist bei RGesch des tägl Lebens iZw § 196 (BGH 91, 307, Ffm NJW 80, 2531). Der VergütgsAnspr des Wasser- od Fernwärmewerks verjährt daher in der Fr des § 196 I Nr 1, obwohl auf ihn auch § 197 zutrifft (BGH u Ffm aaO). Bei Lohn- u GehaltsAnspr haben § 196 I Nr 8 u 9 den Vorrang vor § 197. Zur Verj bei **Anspruchskonkurrenz** s § 194 Anm 3, bei **gemischten Verträgen** s § 194 Anm 4.

3) Einzelfälle. a) Von den **vertraglichen Erfüllungsansprüchen** unterliegen vor allem folgde der 30jährigen Verj: der Anspr des Käufers, auch wenn für den EntgeltsAnspr des Verkäufers § 196 I gilt (RG 116, 286, BGH 79, 95); der KaufpreisAnspr, wenn ein Grdst VertrGgst ist od der Verkäufer nicht unter § 196 Nr 1 od 2 fällt; das AnkaufsR, wenn es auf einem KaufVorvertr beruht (BGH 47, 392); der Anspr auf VertrSchl aus einem Vor- od RahmenVertr (BGH NJW 83, 1494); der DarlAnspr, auch beim finanzierten AbzGesch (BGH 60, 108, 71, 325; zur Verj der Anspr aus AbzG 2 s § 196 Anm 3 c); der Anspr des Bestellers aus dem WerkVertr (BGH NJW 74, 1707); der Anspr des Vermieters od Verpächters auf Rückg der Mietsache einschließl des Zubeh (BGH 65, 88); der Anspr des ArbGeb aus Bürgsch, auch wenn die Hauptschuld in kürzerer Fr verjährt (Düss MDR 75, 1019, aA Bydlinski ZIP 89, 954); zG des Bü kann aber § 768 anwendb sein; der gesellschaftsvertragl GewinnAnspr (BGH 80, 357); der Anspr aus einem selbstd GarantieVerspr (BGH Betr 71, 520, NJW 82, 1809), dagg gilt für Anspr aus einer Garantie für MängelFreih die VerjFr des GewLR (BGH 75, 80, BB 81, 1238). Der 30jährigen Verj unterliegen weiter: der Anspr aus einem abstrakten Schuldanerkenntn u einem anerkannten Kontokorrentsaldo (oben Anm 2 a); der Anspr des Kommittenten gg den Kommissionär auf Herausg des Erlangten (BGH 79, 92); der Anspr aus einem VorVertr, sofern für den in Aussicht genommenen endgült Vertr keine kürzere Fr gilt (BGH WPM 74, 217); der Anspr aus einem Teilsabkommen (BGH NJW 74, 669, Ffm VersR 82, 66); der Anspr des ArbNeh aus einer Ruhegeldzusage, sofern eine einmalige Kapitalzahlg geschuldet w (BAG AP Nr 4); der ZeugnAnspr des ArbNeh (BAG BB 80, 663).

b) Der HerausgAnspr des **Eigentümers** verjährt in 30 Jahren. Wenn der Besitzer gutgl ist, kann der Anspr aus § 985 aber schon nach 10 Jahren inf Ersitzg erlöschen (§ 937). Die 30jährige Verj gilt auch für SchadErs-Anspr aus § 989 (BGH **LM** § 989 Nr 2), aus § 992 (RG 117, 425), für den Anspr aus § 906 II 2 (LG Münster NJW-RR 86, 954, aA LG Regensbg NJW 86, 2768) u für den BeseitiggsAnspr aus § 1004 (BGH 60, 239).

Verjährung §§ 195, 196

c) Anspr aus **Bereicherung** u **Geschäftsführung ohne Auftrag** verj grdsl in 30 Jahren. Das gilt für den Anspr aus GoA auch dann, wenn die GeschFü in der Tilgg einer kurzfrist verjährden Schuld bestand (RG **86**, 96, BGH **32**, 16, **47**, 375). Für den Anspr aus § 812 gilt dagg iF der Schuldtilgg die VerjFr des getilgten Anspr (BGH **70**, 398, **89**, 87, str). Der Anspr auf Rückzahlg von überzahltem Lohn unterliegt der 30jährigen Verj (BAG MDR **73**, 168) ebso der BerAnspr wg Verletzg eines UrhR (BGH **56**, 317). Dagg gilt die Fr des § 196, wenn der Anspr aus § 812 od GoA wg Nichtigk des Vertr an die Stelle eines unter § 196 fallden EntgeltsAnspr getreten ist (oben Anm 2b). Die VerjFr des § 197 ist anzuwenden, wenn jemand anstelle des UnterhPflichtigen dem Bedürftigen Unterh gewährt hat (BGH **31**, 333). Sie gilt auch für den Anspr auf Rückzahlg überhöhter Zinsen (§ 197 Anm 1 d).

d) **Schadensersatzansprüche** (s oben Anm 2b). **aa)** Der SchadErsAnspr wg **Nichterfüllung** verj wie der HauptAnspr, an dessen Stelle er tritt (BGH **50**, 29, NJW **83**, 1494, **86**, 312; LG Ffm NJW **82**, 1538 zum ReiseVertr), idR aber mit neuem VerjBeginn (§ 198 Anm 2b). Das gilt ebso für den SchadErsAnspr wg Verzuges (BGH **LM** § 286 Nr 3, NJW **82**, 1277) u den Anspr auf Verzugszinsen, § 224 (Düss OLGZ **77**, 200). – **bb)** Der Anspr aus **positiver Vertragsverletzung** unterliegt grdsl der 30jährigen Verj (BGH **35**, 132, **37**, 343, **58**, 307, **67**, 1, NJW **82**, 2245, **89**, 2057, BAG **AP** Nr 1, Betr **71**, 52). Besteht die pVV in der Lieferg einer mangelh Sache, gilt die kurze Verj des § 477 (dort Anm 1d dd). Auch § 558 erstreckt sich im Rahmen seines Anwendgsbereichs auf Anspr aus pVV (dort Anm 2), dagg ist § 638 auf ErsAnspr aus pVV nicht anwendb (dort Anm 1b). Sow der Anspr aus pVV an die Stelle des ErfAnspr tritt od ihn ergänzt, ist auf ihn die VerjFr des ErfAnspr anzuwenden (BGH **50**, 29, **73**, 269). Das gilt zB für den SchadErsAnspr aus VOB/B 6 Nr 5 II wg Behinderg der LeistgsAusführg (BGH **50**, 31). Gestaltet ein Gastwirt die Gastwirtsch in Verletzg der Pflten aus einem AutomatenaufstellVertr um, verjährt der ErsAnspr des Aufstellers erst in 30 Jahren (BGH **71**, 82). SchadErsAnspr gg RA u Steuerberater unterliegen einer 3jähr Verj (BRAO 51, StBerG 68), Anspr gg WirtschPrüfer einer 5jähr Verj (WiPrO 51a), die sich aber wg der Verpfl, auf die eig RegreßPfl hinzuweisen, im Ergebn verlängern kann (Übbl 5 c v § 194). Auf Lohnsteuerhilfevereine findet StBerG 68 keine Anwendg (Mü NJW **88**, 1030). Bei einem **Mehrfachberufler** (RA/Steuerberater/WirtschPrüfer) ist entscheidd, in welchem Berufsfeld er im Einzelfall tät geworden ist (BGH **78**, 335, 343); bei einer gemischten Tätigk tut auf den PartWillen abzustellen, hilfsw auf den Schwerpkt der vertragl Verpfl (BGH **83**, 332, **102**, 223); als TrHänder eines Bauherrnmodells gilt für den Mehrfachberufler iZw WiPrO 51a (BGH **102**, 222). Haften die Mitgl einer gemischten Sozietät (RA u WirtschPrüfer) als GesSchu, gilt für jeden der berufsspezif VerjFr (BGH **83**, 332). – **cc)** Anspr aus **culpa in contrahendo** verj grdsl in 30 Jahren (BGH **49**, 80, NJW **85**, 1771). Werden die Anspr aus Sach- od WkMängeln hergeleitet, gelten die §§ 477, 638 (BGH **88**, 137, NJW **84**, 2938). Wird der Anspr darauf gestützt, daß wg des Versch einer Part kein Vertr od kein wirks Vertr zustande gekommen ist, ist die VerjFr des vertragl ErfAnspr maßgebd, gleichgült, ob das nust od das negat Interesse gefordert w (BGH **57**, 194, **58**, 123). Das gilt ebso, wenn neben dem wertlosen ErfAnspr ein SchadErsAnspr gg den Vertreter wg c. i. c. besteht (BGH **87**, 37). Der Anspr auf Rückzahlg geleisteter Zinsen bei Nichtigk des KreditVertr verj, auch soweit er auf c. i. c. gestützt w, in der Fr des § 197 (BGH **98**, 186). SchadErsAnspr aus Prospekthaftg gg die Gründer u Initiatoren einer PublikumsKG (§ 276 Anm 4 C a) verj analog KAGG 20 V, AuslInvestmentG 12 V in 6 Monaten ab Kenntn, spätestens aber in 3 Jahren (BGH **83**, 222). Entspr gilt für die Prospekthaftg der Initiatoren von Bauherrnmodellen (Brem OLGZ **85**, 322). Es bleibt aber bei der 30jähr Verj, wenn der ErsAnspr auf ein konkretes VhlgsVersch gestützt w (BGH **83**, 227, NJW **84**, 2523, **85**, 380, Schießl NJW **87**, 1684) od auf die Verletzg einer vertragl BeratgsPfl (BGH Betr **84**, 1920); für Steuerberater, RAnw u WirtschPrüfer gelten jedoch auch insow StBerG 68, BRAO 51 od WiPrO 51a (BGH **100**, 132, NJW **84**, 2524, krit Ebel VersR **88**, 875). Wenn der Vermittler od Gehilfe einer Part aus c. i. c. für einen Sachmangel haftet (§ 276 Anm 6 C b), ist § 477 auf die Verj des SchadErsAnspr analog anzuwenden (str). Zur Verj der Anspr aus §§ 122, 179 II, 307 s oben Anm 2b.

e) **Weitere Anwendungsfälle** der 30jährigen Verj sind, der RückgewährAnspr aus §§ 346, 327 (BGH NJW **89**, 219); der VertrStrafAnspr in den Grenzen von Anm 2b; der AusglAnspr unter GesSchu (BGH **58**, 218); der KostenerstattgsAnspr (Mü NJW **71**, 1755, Ffm JZ **77**, 353); der Anspr des Freigesprochenen gg die Staatskasse (LG Wiesbaden AnwBl **83**, 469); der ErbschAnspr gem § 2018; der Anspr des VermNeh aus § 2174. Dagg verjährt der Anspr gg den KonkVerw aus KO 82 in der Fr des § 852 (BGH **93**, 278).

f) Unter § 195 fallen auch Anspr, die ihre Grdlage im **öffentlichen Recht** haben. Der 30jährigen Verj unterliegen Anspr aus Enteign (BGH **13**, 98, NJW **82**, 1273) u Aufopferg (BGH **9**, 209, **36**, 387, Düss NJW **57**, 912), der Anspr aus enteignsgleichem Eingriff (BGH **13**, 89), der Anspr wg Verletzg der beamtenrechtl FürsorgePfl (BGH **14**, 137), der Anspr wg Verletzg der Pflten aus einer sonst öffr Sonderverbindg (s RG DR **43**, 855, BGH WPM **77**, 1459), der Anspr des Dienstherrn auf Rückzahlg zuviel gezahlter Beträge (BVerwG DVBl **83**, 504), der Anspr aus BAFöG 20 (VerwG Düss FamRZ **82**, 546) u der aus einer KreuzgsVereinbg (VerwG Augsburg NVwZ **83**, 307). Es ist aber jeweils zu prüfen, ob für den Anspr VerjVorschr des öffR einschläg sind. Bsp sind SGB 25 I 1, 27 II 1, 45, AG 169, 170, 228, OBG NRW 41, 43 (BGH **72**, 273), Bay AGBGB 71. Der Anspr auf Ers von Kosten für GrdstAnschlLeitgen verj nicht in der Fr des § 195 sond nach AbgRecht (BVerwG NVwZ **82**, 377, OVG Münst NJW **71**, 1330, OVG Kblz NJW **73**, 1341).

196 *Zweijährige Verjährungsfrist.* ¹In zwei Jahren verjähren die Ansprüche:
1. der Kaufleute, Fabrikanten, Handwerker und derjenigen, welche ein Kunstgewerbe betreiben, für Lieferung von Waren, Ausführung von Arbeiten und Besorgung fremder Geschäfte, mit Einschluß der Auslagen, es sei denn, daß die Leistung für den Gewerbebetrieb des Schuldners erfolgt;
2. derjenigen, welche Land- oder Forstwirtschaft betreiben, für Lieferung von land- oder forstwirtschaftlichen Erzeugnissen, sofern die Lieferung zur Verwendung im Haushalte des Schuldners erfolgt;

3. der Eisenbahnunternehmungen, Frachtfuhrleute, Schiffer, Lohnkutscher und Boten wegen des Fahrgeldes, der Fracht, des Fuhr- und Botenlohns, mit Einschluß der Auslagen;
4. der Gastwirte und derjenigen, welche Speisen oder Getränke gewerbsmäßig verabreichen, für Gewährung von Wohnung und Beköstigung sowie für andere den Gästen zur Befriedigung ihrer Bedürfnisse gewährte Leistungen, mit Einschluß der Auslagen;
5. derjenigen, welche Lotterielose vertreiben, aus dem Vertriebe der Lose, es sei denn, daß die Lose zum Weitervertriebe geliefert werden;
6. derjenigen, welche bewegliche Sachen gewerbsmäßig vermieten, wegen des Mietzinses;
7. derjenigen, welche, ohne zu den in Nummer 1 bezeichneten Personen zu gehören, die Besorgung fremder Geschäfte oder die Leistung von Diensten gewerbsmäßig betreiben, wegen der ihnen aus dem Gewerbebetriebe gebührenden Vergütungen, mit Einschluß der Auslagen;
8. derjenigen, welche im Privatdienste stehen, wegen des Gehalts, Lohnes oder anderer Dienstbezüge, mit Einschluß der Auslagen, sowie der Dienstberechtigten wegen der auf solche Ansprüche gewährten Vorschüsse;
9. der gewerblichen Arbeiter – Gesellen, Gehilfen, Lehrlinge, Fabrikarbeiter –, der Tagelöhner und Handarbeiter wegen des Lohnes und anderer anstelle oder als Teil des Lohnes vereinbarten Leistungen, mit Einschluß der Auslagen, sowie der Arbeitgeber wegen der auf solche Ansprüche gewährten Vorschüsse;
10. der Lehrherren und Lehrmeister wegen des Lehrgeldes und anderer im Lehrvertrage vereinbarter Leistungen sowie wegen der für die Lehrlinge bestrittenen Auslagen;
11. der öffentlichen Anstalten, welche dem Unterrichte, der Erziehung, Verpflegung oder Heilung dienen, sowie der Inhaber von Privatanstalten solcher Art für Gewährung von Unterricht, Verpflegung oder Heilung und für die damit zusammenhängenden Aufwendungen;
12. derjenigen, welche Personen zur Verpflegung oder zur Erziehung aufnehmen, für Leistungen und Aufwendungen der in Nummer 11 bezeichneten Art;
13. der öffentlichen Lehrer und der Privatlehrer wegen ihrer Honorare, die Ansprüche der öffentlichen Lehrer jedoch nicht, wenn sie auf Grund besonderer Einrichtungen gestundet sind;
14. der Ärzte, insbesondere auch der Wundärzte, Geburtshelfer, Zahnärzte und Tierärzte, sowie der Hebammen für ihre Dienstleistungen, mit Einschluß der Auslagen;
15. der Rechtsanwälte, Notare sowie aller Personen, die zur Besorgung gewisser Geschäfte öffentlich bestellt oder zugelassen sind, wegen ihrer Gebühren und Auslagen, soweit nicht diese zur Staatskasse fließen;
16. der Parteien wegen der ihren Rechtsanwälten geleisteten Vorschüsse;
17. der Zeugen und Sachverständigen wegen ihrer Gebühren und Auslagen.

II Soweit die im Absatz 1 Nr. 1, 2, 5 bezeichneten Ansprüche nicht der Verjährung von zwei Jahren unterliegen, verjähren sie in vier Jahren.

1) Allgemeines. a) Die im § 196 vorgesehene VerjFr von 2 od 4 Jahren beruht auf dem Gedanken, daß Leistgen aus **Geschäften des täglichen Lebens** idR bald bezahlt, Belege oft nicht erteilt od bald vernichtet w (Mot I 297). Ggü diesem Zweck ist die Regelg des § 196 aber verselbständigt. Sow seine Voraussetzgen zutreffen, ist § 196 auch anzuwenden, wenn es sich um ein wirtschaftl bedeutsdes Gesch, etwa den Bau eines Hauses od einer EigtWo, handelt (BGH **72**, 232). Umgekehrt fallen keinesw alle Gesch des tägl Lebens unter § 196. Der KaufPrAnspr eines priv Verkäufers wird auch dann nicht von § 196 erfaßt, wenn eine bewegl Sache von geringem Wert VertrGgst ist. – **b)** Der kasuistisch gefaßte § 196 steht mit dem heutigen Entwicklgsstand von Wirtsch u Technik nur noch teilw im Einklang. Manche Berufsbilder sind zT **veraltet** („Frachtfuhrleute", „Lohnkutscher", „Tagelöhner"); sie an die wirtschaftl – techn Weiterentwicklg u die gewandelte VerkAnschauung anzupassen, ist Aufg der Rspr (BGH **33**, 331, **39**, 260, **80**, 281). Auch die Anwendg des § 196 auf neue VertrTypen bereitet Schwierigk (vgl zum finanzierten Kauf BGH **58**, 121, **71**, 324, zum AutomatenaufstellVertr BGH **71**, 82). Um sie zu bewältigen, ist eine freie rechtsfortbildde Anwendg des § 196 zul u geboten (s BGH **71**, 324 u Übbl 3 v § 194). – **c)** Ob ein Anspr der kurzen Verj des § 196 unterliegt, richtet sich nach den **Verhältnissen zur Zeit der Entstehung** des Anspr; spätere Änd sind unerhebl (§ 195 Anm 2a). § 196 gilt iF der Unwirksamk des Vertr auch für den Anspr aus § 812 od GoA (§ 195 Anm 2b); er erfaßt auch **Ersatz- und Nebenansprüche**, die an die Stelle des ursprüngl Anspr treten od ihn ergänzen (§ 195 Anm 2b). Dagg gilt § 196 nicht für die Anspr **gegen** den Kaufm, Fabrikanten usw. Sie verjähren idR gem § 195 in 30 Jahren (RG **116**, 281, BGH **79**, 95), jedoch kann der Verkäufer ggü dem Anspr auf Lieferg auch nach Verj des KaufPrAnspr die Einr aus § 320 erheben (§ 194 Anm 2d).

2) Die VerjFr des § 196 **beginnen** mit dem Schluß des Jahres, in dem der Anspr entstanden ist (§§ 201, 198). **Fristberechnung** s §§ 187ff.

3) Nr 1. a) Personenkreis. aa) Wer Kaufmann ist, bestimmen die HGB 1–6. Nr 1 gilt auch für den Minderkaufm (KG OLG **20**, 164) u denj, der nebenberufl ein Handelsgewerbe betreibt. Handelsgesellsch (HGB 6) fallen auch dann unter die Vorschr, wenn sie nicht kaufm tät sind (s BGH **39**, 257, **74**, 256). Zugunsten gutgl Dr ist Nr 1 auch ggü einem Scheinkaufm anzuwenden (Staud-Dilcher Rdn 11, Soergel-Walter Rdn 7, Erm-Hefermehl Rdn 3, hM, aA RG **129**, 403). – **bb)** Der **Fabrikant** ist idR Kaufm. Prakt Bedeutg hat seine bes Anführg nur für den Urerzeuger, wie den Ziegelei- od Steinbruchbesitzer. Fabrikant iSd Nr 1 ist auch der Betreiber eines E-Werkes (s BGH NJW **61**, 453). – **cc) Handwerker** sind Gewerbetreibde, die bewegl Sachen in handwerksmäß, nicht fabrikmäß Betriebsweise hst od be arbeiten. Der Betr muß auf eine persönl Mitarbeit des Inhabers angelegt sein, die jedoch ausschließl leitder od disponierder Natur sein kann (s Mü JW **38**, 2134). Auf die Eintr in die Handwerksrolle kommt es nicht an, sie ist aber BewAnzeichen. Nr 1 gilt für den **Bauunternehmer** auch dann, wenn er weder Kaufm noch Handwerker ist. Da sein Anspr im wesentl aus handwerkl Tätigk herrührt, fällt er unter den insow erweiternd auszuleg-

Verjährung   § 196   3, 4

den Begriff des Handwerkers (BGH **39**, 255, Schmalzl NJW **71**, 2015). Kein Handwerker ist der Architekt (BGH **45**, 226), der Bauingenieur u der Statiker (str), deren Anspr aber gem Nr 7 gleichf der kurzen Verj unterliegen (Anm 8). – **dd) Kunstgewerbetreibender** ist, wer sich dch Ausübg der Kunstfertigk eine gewerbsmäß Verdienstquelle schafft, insb der Kunsthandwerker, wohl auch der Designer (offen Köln GRUR **85**, 80), nicht aber der Künstler. – **b) Gegenstand der Leistung.** – **aa) Waren** sind alle bewegl körperl Sachen des HandelsVerk (RG **130**, 88), auch solche, die, wie ein sichergsübereigneter Pkw, an sich nicht zur Veräußerg, sond zum Gebrauch bestimmt sind (Brschw NdsRpfl **74**, 319). Grdst, Fdgen u Wertpapiere sind keine Waren (RG **74**, 161), ebsowenig techn Ideen (BGH **LM** Nr 36), wohl aber elektr Strom (BGH NJW **61**, 455, **82**, 931), Gas (BGH NJW-RR **87**, 238), Wasser (BGH **91**, 306) u Fernwärme (Ffm NJW **80**, 2532). – **bb) Ausführung von Arbeiten und Besorgung fremder Geschäfte.** Hierunter fallen geistige u körperl Arbeiten jeder Art, so die Tätigk des Statikers (Mü NJW **66**, 1128), des Architekten (BGH NJW **80**, 447), der Bank (BGH **LM** Nr 28), des Kreditvermittlers (Düss Betr **85**, 226), des Schleppschiffahrtsuntern (RG **118**, 27), die Herstellg von Hausanschlüssen dch ein Fernwärme- od E-Werk (Hamm NJW-RR **86**, 350, Nürnbg NJW-RR **88**, 1525). Ausführg von Arbeiten ist auch die Herstellg von Häusern u EigtWo (BGH **72**, 229), u zwar auch dann, wenn der Vertr scheinb wie ein KaufVertr gestaltet ist (BGH NJW **81**, 273). Ist für die Herstellg des Hauses (der EigtWo) u die Lieferung des Grdst (des EigtAnteils) eine einheitl Vergütg vereinb, gilt für diese insges Nr 1 (BGH aaO u § 194 Anm 4). Für Erschließgskosten gilt Nr 1 auch dann, wenn sie im ErwerbsVertr bes ausgewiesen sind (BGH **102**, 170). Der **Baubetreuer** fällt, sofern er Kaufm ist, unter Nr 1, sonst unter Nr 7 (Locher NJW **68**, 704, Anm 8). Kann ein Untern (Kaufm) eine Vergütg für die Ausarbeitg eines Angebots verlangen, gilt Nr 1 (u nicht Nr 7) auch dann, wenn die Vorarbeiten Architektenleistgen sind (BGH NJW **80**, 447). Die entgeltl Überlassg von techn Ideen ist dagg keine Ausführg von Arbeiten iSd Nr 1 (BGH **LM** Nr 36). Auch Lagergeld fällt nicht unter Nr 1 (BGH **89**, 87); ebsowenig der Baukostenzuschuß gem AVBEltV 9 (Nürnbg NJW-RR **88**, 1525). – **c)** Unter die kurze Verj fallen alle Ansprüche, die ein **Äquivalent für die erbrachte Leistung** darstellen (BGH **79**, 92). Hierzu gehören der Anspr auf Ers von Mehraufwendgen gem VOB/B 6 Nr 5 II (BGH **50**, 29), der Anspr auf Nachentrichtg von Erschließgskosten (BGH NJW **82**, 325), der ErsAnspr des Verkäufers od des Kreditgebers aus **AbzG 2** (BGH **58**, 121, **71**, 327, allgM), der Anspr aus § 347 S 2 (BGH **86**, 319), der Anspr auf Erlösherausg beim verlängerten EigtVorbeh (Brschw NJW **74**, 647). Keine GgLeistgsAnspr sind der DarlAnspr der Bank beim finanzierten Kauf (BGH **60**, 108) u der Anspr des Kommittenten gg den Kommissionär auf Herausg des Erlangten (BGH **79**, 92). – Dem GgLeistgsAnspr gleichgestellt ist der Anspr auf Ers von Auslagen. **Auslagen** sind Aufwendgen jeder Art, die der Berecht für Rechng des Verpflichteten gemacht h. Beispiele sind Zahlgen der Bank zur Einlösg des Wechsels eines Kunden (BGH **LM** Nr 28); Auslagen für eine Zwischenfinanzierg (BGH NJW **78**, 39); Kajegebühren u Containermiete (BGH **84**, 257, 261); Anspr auf Rücklieferg od Bezahlg von Leergut (LG Kblz NJW **59**, 1783); Zahlgen des RA aus seinem Vermögen zur Abwendg der ZwVollstr gg den Mandanten (LG Wiesbaden AnwBl **79**, 390). Keine Auslage iSd § 196 ist dagg der Anspr auf Befreiung von einer Verbindlichk (BGH NJW **83**, 1729).

4) **Gewerbebetrieb.** – **a)** Bei Leistgen für den **Gewerbebetrieb** des Schu gilt iF der Nr 1 statt der 2 JahresFr die 4 JahresFr des II. GewBetrieb ist der auf die Erzielg von dauernden Einnahmen gerichtete berufsmäß GeschBetr (BGH **57**, 199, **83**, 386). Eine auf ein EinzelGesch beschr ErwerbsAbs genügt nicht, wohl aber eine nebenberufl Tätigk (LG Bremen NJW **68**, 1384). Kein GewBetr ist die freiberufl Tätigk, wie die des Arztes (BGH **86**, 320, Nürnb NJW **73**, 1414), einer als ärztl Institut organisierten GemeinschPraxis (Düss NJW **88**, 1519), des Architekten (BGH WPM **79**, 559), des Steuerberaters (Celle OLGZ **78**, 65). Ausnw kann aber auch eine freiberufl od wissenschaftl Tätigk als Gewerbe betrieben w, so etwa die Leitg eines Sanatoriums (Hbg BB **66**, 1412) od einer priv Lehranstalt. Die Anlegg u Verwaltg der eig Kapitals ist idR keine berufsmäß u daher auch keine gewerbl Tätigk (BGH **74**, 276). Wer sich Häuser od Wohngen bauen läßt, um diese dch **Vermietung** zu nutzen, fällt daher idR nicht unter II (BGH NJW **63**, 1397, **68**, 1962). Entspr gilt für den Bau (Erwerb) u die Vermietg eines Supermarkts (Ffm Betr **82**, 895), eines Wohnu GeschHauses (Saarbr NJW-RR **88**, 1297) u eines Appartementhotels (BGH **74**, 276). And liegt es aber, wenn die GrdstVerwaltg wg der Größe des Objekts als berufsmäß Tätigk zu werten ist (BGH NJW **67**, 2353) od wenn der Bau u die geplante Vermietg im ZusHang mit einer sonst gewerbl Tätigk des Schu steht u als deren Bestandt aufzufassen ist (BGH **63**, 33). GewBetr ist auch die Errichtg u **Veräußerung von Eigenheimen** (BGH BB **73**, 499, Nürnbg BauR **72**, 318) od von EigtWo in größerer Zahl (BGH NJW **81**, 1665: 21 Einheiten; BFH NJW **87**, 2104: nein bei 3 Einh). Landwirtschaftl Betr sind, soweit die Veräußerg von Erzeugn u Erzielg von Einnahmen bezweckt w, nach heutiger Auffassg GewBetr (BGH **33**, 321, NJW **66**, 1403, Schlesw MDR **83**, 53). Das gilt auch für kleine FamBetr (LG Traunst NJW **66**, 159, Teplitzky MDR **64**, 816, str). Einrichtgen der **öffentlichen Hand** fallen nur dann unter II, wenn sie als ihrem erwerbswirtschaftl Untern betrieben w (BGH **49**, 260). Die Abs, für das investierte Kapital eine marktübl Verzinsg zu erzielen, genügt nicht (BGH aaO). Die DBB fällt, wenn sie BeschaffgsGesch tätigt, unter II (BGH **95**, 157). Keine GewBetr sind dagg idR gemeindl Abwasserbeseitiggsanlagen (BGH **53**, 223), Wasserwerke (BGH **49**, 260, Ffm NJW **73**, 759), öffr Wasserverbände (BGH **83**, 387) u öffr Fernsehanstalten (BGH **57**, 200). And aber, wenn sie in der RForm einer **Handelsgesellschaft** betrieben w. Die GmbH, die AG u die Genossensch fallen als Formkaufleute auch dann unter II, wenn sie nicht gewerbl tät sind (BGH **66**, 49, Mü OLGZ **76**, 444). – **b)** II gilt auch dann, wenn die Leistg für einen **demnächst zu eröffnenden** GewBetr erfolgt (BGH **69**, 104, NJW **67**, 2353). Gleichgült ist, ob die Leistg tatsächl für betriebl Zwecke verwendet w (Köln BB **66**, 265). Ist die Leistg (Bsp: Lieferg von elektrischem Strom) sowohl für den privaten Verbrauch als auch für den GewerbeBetr bestimmt, gilt die 4 JahresFr (Schlesw MDR **83**, 53); and ist es aber, wenn der Vertr seinen Schwerpunkt eindeut im privaten Bereich h. II gilt auch dann, wenn der Schu den RSchein hervorruft, er sei Gewerbetreibder (LG Bochum NJW-RR **87**, 1007 u Anm 1a „Scheinkaufm"). Sind **mehrere Schuldner** vorhanden, gilt II ggü allen, sofern die Leistg für den GewBetr eines von ihnen best ist (Brem NJW **72**, 910, Hamm NJW-RR **86**, 1249). Die 4-JahresFr gilt auch ggü dem Schuldübernehmer, gleichgült, ob er der Schuld nachträgl beitritt (BGH **58**, 254) od sie von Anfang an mitübernimmt (Ffm

NJW 74, 1336). Die **Beweislast** für den AusnTatbestd des II trifft den Gläub (BGH **49**, 261, Baumgärtel-Laumen Rdn 1). Steht fest, daß der Schu Kaufm ist, gilt aber HGB 344 II; dh der Schu muß beweisen, daß die Leistg nicht für den Betr seines Handelsgewerbes erfolgt ist (BGH **63**, 34, allgM).

5) Nr 2. Zur **Land- und Forstwirtschaft** iSd Nr 2 gehört auch der Weinbau. Erzeugn sind auch die dch Be- od Verarbeitg entstandenen Produkte, wie Butter, Käse u Wein (RG **130**, 236). Eine Ausdehng der Vorschr auf and Arten der Urprodukion (Fischerei, Jagd) ist nicht angäng (Staud-Dilcher Rdn 35, hM). Liefrg für den Haushalt des Schu ist Voraussetzg für die kurze Verj; der Schu trägt daher insow die BewLast (MüKo/v Feldmann Rdn 18, allgM).

6) a) Nr 3. Die zT veralteten Berufsbilder der Vorschr müssen an die Gegebenh des heutigen WirtschVerk angepaßt w (Anm 1b). **Eisenbahnunternehmungen** iSd Nr 3 sind auch Straßenbahnen, S- u U-Bahnen. Anspr der Bundesbahn aus der Beförderg von Gütern u Gepäck verjähren gem EVO 94, 31 idR schon in 1 Jahr. **Frachtfuhrleute** sind alle TransportUntern des nicht schienengebundenen Verk. Unter Nr 3 fallen daher Seefrachtführer (BGH **84**, 258), LuftfahrtUntern (BGH **80**, 281), ferner auch die Post, obwohl sie ihre Beförderungsleistgn auf öffr Grdlage erbringt (MüKo/v Feldmann Rdn 19, sehr str), nicht aber der Schleppschiffer (RG **118**, 27). Anspr aus CharterVertr werden erfaßt, wenn VertrGgst die BefördergsLeistg ist (Mü NJW-RR **88**, 223). Für den GüterfernVerk gilt idR die einjähr VerjFr gem KVO 40 (BGH **8**, 71), auf den Möbelfernverk ist aber Nr 3 anzuwenden (BGH **LM** GüKG Nr 28). **Lohnkutscher** sind nach heutigem Verständn auch die TaxiUntern (Staud-Dilcher Rdn 42). Zum Begriff der Auslagen s oben Anm 3c. Die 2-JahresFr gilt auch bei Leistgen für den GewBetr des Schu (BGH **47**, 374). – **b) Nr 4. Gastwirt** iSd Vorschr ist auch der Hotelier u der Pensionsinhaber. Für SchadErsAnspr gg den Gast wg der Beschädigg von Räumen od Inventar gilt § 558 (BGH **71**, 175). Auslagen s oben Anm 3c. Ein dem Gast gewährtes Darl fällt nicht unter diesen Begriff. – **c) Nr 5.** Voraussetzg ist ein berufs- od gewerbsmäß Vertrieb der Lose (RG **60**, 341). Bei Liefrg zum Weiterkauf gilt gem II die 4jährige VerjFr; die BewLast trägt insow der Gläub (Baumgärtel-Laumen Rdn 3).

7) Nr 6 gilt nur für den **gewerbsmäßigen Vermieter** beweglicher Sachen. Anwendgsfälle sind die Vermietg von Kfz, Büchern, Zeitschriften, Schiffen (BGH **LM** Nr 7), Bäckereianlagen (BGH NJW **68**, 693), aber auch LeasingVertr (BGH **97**, 78). Auch der SchadErs- od AusglAnspr des Vermieters iF vorzeitiger Vertr-Beendigg unterliegt der Verj gem Nr 6 (BGH aaO). Zur Miete unbewegl Sachen s § 197.

8) Nr 7 erfaßt alle Pers, die **gewerbsmäßig Dienste leisten oder fremde Geschäfte besorgen,** sow sie nicht bereits als Kaufleute (usw) unter Nr 1 fallen. Für die Abgrenzg zw gewerbl u nicht gewerbl Tätigk gelten die Ausführgn zu II (Anm 4) entspr (s BGH NJW **81**, 1665). Gemeinnützigk schließt die Gewerbsmäßigk nicht notw aus (Nürnb NJW **72**, 2126). Gleichgült ist, ob der Dienstleistg (GeschBesorgg) ein Dienst- od ein WerkVertr zugrunde liegt (BGH **59**, 165, NJW **77**, 375 unter Aufg der fr Rspr). Unter Nr 7 fallen daher der Makler, RBeistand, Heilpraktiker (and LG Tüb NJW **83**, 2093, das Nr 1 anwendet), Dienstmann, Beistand (Celle FamRZ **61**, 385), Hausverwalter, Verwalter nach WEG 26 (Ffm OLGZ **80**, 413) ebso aber auch der **Architekt** (BGH **59**, 165, und noch BGH **45**, 299), Statiker (BGH NJW **83**, 870), Bauingenieur, Bodengutachter (Hamm MDR **74**, 489), Psychologe u Psychotherapeut (AG Köln VersR **88**, 93), der Reiseveranstalter (Staud-Dilcher Rdn 51). Nr 7 gilt auch für den **Baubetreuer** (BGH NJW **78**, 39, **81**, 1665), es sei denn, daß er als Kaufm bereits unter Nr 1 fällt. Zur Verj bei gemischten Vertr über die Herstellg eines Hauses (einer EigtWo) u die Liefg des zugehör GrdstAnteils s § 194 Anm 4. Die 2-JahresFr gilt auch bei Leistgen für den GewBetr des Schu (BGH NJW **83**, 870); das führt etwa bei Baubetreuern zu wenig sachgerechten Unterschieden (längere Verj für die BaubetreuungsGmbH als für den nicht eingetragenen Baubetreuer).

9) Nr 8 und 9. a) Personenkreis. Die Nr 8 u 9, die von dem überholten GgsPaar „PrivBediensteter" u „gewerbl Arbeiter" ausgehen, müssen an den heutigen Entwicklgsstand der ArbWelt u des ArbR angepaßt w (Anm 1b). Die Vorschr erfassen nach heut Verständn **alle Arbeitnehmer,** Nr 8 die Angestellten, Nr 9 die Arbeiter (Soergel-Walter Rdn 43). Sie gelten daher (trotz des Wortes „PrivDienst" in Nr 8) auch für ArbNeh des öffr Dienstes (BAG NJW **66**, 269, **AP** Nr 2, **AP** TOA § 3 Nr 8), den unselbstd Handelsvertreter iSd HGB 84 II (BAG BB **72**, 1056), den Heimarbeiter (BAG **AP** Nr 4), den **Haussohn,** der mit Rücks auf versprochene Zuwendgen vTw Dienste ohne Entgelt geleistet hat (BGH NJW **65**, 1224, BAG NJW **70**, 1701, **78**, 444). Gleichgült ist, ob der Anspr auf Vertr, GoA od Bereicherg gestützt w (BAG NJW **64**, 2178, **66**, 268, BGH NJW **65**, 1224). Die kurze Verj gilt auch für den VergütgsAnspr wg der im KZ geleisteten Zwangsarbeit (BGH **48**, 128). Für Handelsvertreter gilt der SonderVorschr des HGB 88, u zwar auch dann, wenn er arbeitnehmeränhl Pers ist. Unanwendb ist Nr 8 auf alle Pers, die Dienste in wirtsch u soz Selbstdigk leisten, wie VorstdMitgl einer AG (BGH **36**, 143), GeschFü einer GmbH (BGH NJW **64**, 1620), NotGeschFü einer jur Pers (s § 29). – **b)** Die Nr 8 u 9 gelten für alle Anspr, soweit sie ein **Entgelt** für die geleisteten Dienste darstellen (s oben Anm 3c). Sie erfassen daher neben dem GehaltsAnspr den Anspr auf Naturalien, Provisionen, Gewinnanteile, Abfindgen gem KSchG 9 I 1 (MüKo/v Feldmann Rdn 29, aA LAG Brem NJW **83**, 1631), Urlaubsabgeltg (ArbG Wuppertal BB **69**, 1479), Karenzentschädigg (BAG Betr **84**, 2099). Auch RuhegehaltsAnspr fallen unter Nr 8 u 9 (BAG NJW **55**, 1167, **67**, 174, LAG BaWü Betr **78**, 2498), ebso der Anspr auf Ers von Vorstellgskosten, auch wenn der Vertr nicht zustandekommt (BAG **AP** Nr 8). Dagg verjähren erst in 30 Jahren: Einmalige Vergütgen für längere Dienste (BGH NJW **65**, 1224, Stgt FamRZ **85**, 285); einmalige KapitalZahlg anstelle von Ruhegehalt (BAG NJW **68**, 2027, LAG Düss ZIP **88**, 534); Anspr auf Erteilg einer Pensionszusage (BAG NJW **71**, 1424); VergütgsAnspr für ArbNehErfindg (BGH GRUR **81**, 265); SchadErsAnspr aus § 618 (RAG JW **38**, 2308). Zu den Auslagen s oben Anm 3c. Von den Anspr des ArbGeb erfassen Nr 8 u 9 nur die Anspr wg gewährter **Vorschüsse.** Die kurze Verj gilt auch dann, wenn der RückzahlgsAnspr auf § 812 gestützt w (BAG NJW **66**, 268). Die irrige Gehaltsüberzahlg ist kein Vorschuß; nicht § 196 I, sond § 195 ist daher anzuwenden (BAG **AP** § 195 Nr 5).

Verjährung §§ 196, 197

10) Nr 10–14. – a) Nr 10 hat nur noch Bedeutg, sow sie die vom **Lehrherrn** gemachten Auslagen (oben Anm 3c) betrifft. Lehrgeld ist gem BerBG 5 II Nr 1 verboten. – b) **Nr 11** erfaßt nur privrechtl Anspr, nicht aber öffrechtl GebührenAnspr (Staud-Dilcher Rdn 63, aA VGH Mannheim NJW **85**, 1414). Anwendungsfälle sind VergütgsAnspr von PrivSchulen, Kindergärten, Volkshochschulen, **Altenheimen**, Krankenhäusern u Sanatorien, sofern das BenutzgsVerh privrechtl organisiert ist (Einf 7d v § 305). – c) **Nr 12** setzt eine berufs- od gewerbsmäß Tätigk voraus (RG **60**, 341) u erfaßt daher Anspr aus PflegekindVerh (JWG 27) idR nicht. Sie ist, wie so vieles and im Katalog des § 196 I, veraltet u ohne prakt Bedeutg. – d) **Nr 13**. Anspr beamteter **Lehrer** u Anspr aus einer selbstd Lehrtätigk fallen unter § 197 (LG Aachen NJW-RR **88**, 1085). Für angestellte Lehrer wiederholt Nr 13 ledigl das, was sich bei Fehlen der Vorschr ohnehin aus Nr 8 ergeben würde. – e) **Nr 14** gilt nur für approbierte **Ärzte** u Hebammen. Auf nicht approbierte Ärzte, Heilpraktiker u Zahntechniker ist Nr 7 anzuwenden. Soweit der Arzt als Kassenarzt tät w, erwirbt er einen öffrechtl Anspr gg die Kassenärztl Vereinigg; auf die Verj dieses Anspr ist Nr 7 unanwendb (Staud-Dilcher Rdn 72).

11) **Nr 15. a)** GebührenAnspr des **Rechtsanwalts** verjähren in 2 Jahren, auch wenn ihre Höhe auf einer vertragl Abrede beruht (RG Warn **29** Nr 130). Nr 15 gilt auch für die Vergütg des PatentAnw (BGH NJW **82**, 2733) sowie für den Anspr des im ProzKostenhilfeVerf beigeordneten RA (Mü AnwBl **85**, 596, KG JurBüro **87**, 1806, Ffm FamRZ **88**, 1184) u des PflVerteidigers gg die Staatskasse (Hbg JW **38**, 1201). Voraussetzg ist, daß es sich um eine anwaltl Berufstätigk handelt. Die Vergütg für Tätigk, die auch ein Nichtanwalt hätte ausführen können, fällt nicht unter Nr 15 (MüKo/v Feldmann Rdn 35); Bsp sind die Tätigk als NotGeschFü gem § 29 od als TestVollstr (Düss JW **18**, 741). Dagg kann die Tätigk als Pfleger unter Nr 15 fallen (KG AnwBl **82**, 71). Auf den KostenerstattgsAnspr gg den ProzGegner ist § 195 anzuwenden (Mü NJW **71**, 1755, Ffm JZ **77**, 353), u zwar auch iF des ZPO 126 (Ffm JurBüro **88**, 481). – b) Nr 15 gilt außerdem für Anspr der **Notare** u aller Pers, die zur Besorgg best Gesch **öffentlich bestellt oder zugelassen** sind. Dazu gehören Feldmesser, Auktionatoren, Taxatoren, Steuerberater (KG DStR **79**, 296), SteuerberatgsGesellschaft, auch wenn sie als Formkaufl (scheinb) unter Nr 1 fallen (Celle BB **84**, 92), WirtschPrüfer, Prüflng für Baustatik (Schmalzl MDR **72**, 666, aA Steiner/Westermann Betr **75**, 535). Auf EntschAnspr ehrenamtl Ri kann Nr 15 entspr angewandt w (AG Darmst JurBüro **77**, 526), für GerVollzieher gilt dagg GVzKostG 12. Zum Begriff der Auslagen s oben Anm 3c. – c) **Nr 16.** Vorschüsse sind im voraus geleistete Zahlgen auf den zu erwartend GebührenAnspr. Nicht erfaßt w von Nr 16 Anspr auf Rückg von Urk u Akten (Staud-Dilcher Rdn 77). Für SchadErsAnspr gg den RA gilt BRAO 51 (s Übbl 5c v § 194). – d) **Nr 17.** Für den EntschädiggsAnspr der **Zeugen und Sachverständigen** bestimmt ZuSEG 15 eine AusschlußFr, die iF der Zeugen 3 Monate beträgt. Unabhäng von dieser Befristg läuft ab Entstehg des Anspr die Verj gem Nr 17 (MüKo/v Feldmann Rdn 38).

197 *Vierjährige Verjährungsfrist.* In vier Jahren verjähren die Ansprüche auf Rückstände von Zinsen, mit Einschluß der als Zuschlag zu den Zinsen zum Zwecke allmählicher Tilgung des Kapitals zu entrichtenden Beträge, die Ansprüche auf Rückstände von Miet- und Pachtzinsen, soweit sie nicht unter die Vorschrift des § 196 Abs. 1 Nr. 6 fallen, und die Ansprüche auf Rückstände von Renten, Auszugsleistungen, Besoldungen, Wartegeldern, Ruhegehalten, Unterhaltsbeiträgen und allen anderen regelmäßig wiederkehrenden Leistungen.

1) **Allgemeines. a)** § 197 soll das übermäß Anwachsen von Schulden verhindern, die aus den laufden Einkünften des Schu zu tilgen sind (BGH **103**, 169). Er gilt für alle **regelmäßig wiederkehrenden** Leistgen, soweit sie nicht unter § 196 I Nr 1, 6, 7, 8 od 9 fallen (§ 195 Anm 2c). Unerhebl ist, ob die Leistg auf Ges, Satzg od RGesch beruht. Voraussetzg ist aber, daß der Anspr sich seiner Natur nach auf Leistgen richtet, die in zeitl Wiederkehr zu erbringen sind (BGH VersR **57**, 450). Ratenzahlgen auf eine feststehde Schuld fallen daher nicht unter § 197 (BGH WPM **75**, 1281), ebsowenig der in Rentenform zu erfülle Anspr auf SchmerzG od AufopfergsEntsch (BGH VersR **57**, 450). Auch auf Amortisationsbeträge ist § 197, abgesehen vom Fall des Zinszuschlages (Anm 2a), nicht anzuwenden (MüKo/v Feldmann Rdn 1). Die regelmäß Wiederkehr bezieht sich auf die **Zeit, nicht** auf die **Gleichmäßigkeit des Betrages** (RG **153**, 378, BGH **28**, 147). § 197 ist daher auch dann anzuwenden, wenn die Beträge der Höhe wechseln, zeitweise auf ein Minimum absinken od gelegentl ganz ausfallen (BGH LM Nr 2, BAG AP Nr 3). Wie sich aus der ausdr Erwähng der Besoldgen ergibt, gilt § 197 auch im **öffentlichen Recht** (BVerwG **28**, 340, OVG Münst NJW **81**, 1328). – b) Neben der Verj der Einzelleistg ist auch die Verj des **Stammrechts** mögl (§ 194 Anm 2e). Mit dem StammR, dessen Verj sich nach § 852 od StVG 14 richten kann, verjähren auch die Anspr auf die einz Leistgen (BGH VersR **72**, 1079, NJW **73**, 1685). – c) **Rückstände** sind alle nach Fälligk unbezahlten Leistgsteile. Rückständig kann auch die geschuldete Leistg im ganzen sein (allgM). Der Rückstand braucht den Umfang nach nicht festzustehen (RG **72**, 340). Die Verj kann vor Feststellg der Höhe beginnen (RG aaO). Zum VerjBeginn s § 201. – d) Die kurze Verj gilt auch für **Ersatz- und Nebenansprüche**, die an die Stelle des ursprüngl Anspr treten od ihn ergänzen (vgl § 195 Anm 2b). Sie ist auf Anspr auf **Rückzahlung** überzahlter Zinsen oder Kreditgebühren entspr anzuwenden (BGH **98**, 181, krit Kblz NJW-RR **88**, 673), ebso auf den Anspr wg überzahlter Leistgsentgelte für Fernwärme (BGH WPM **89**, 1027), Heizgkosten (Hbg NJW **88**, 1097) u Mieten (s Hbg NJW-RR **89**, 458). Eine analoge Anwendg wird dagg abgelehnt auf den Anspr wg überzahlten Gehalts/Lohns (BVerwG **66**, 251, BAG BB **72**, 1453) u den RückfordergsAnspr wg der nach dem Tod des Versicherten geleisteten Zahlgen (Karlsr NJW **88**, 1920).

2) **Die einzelnen Fälle. a) Zinsen.** Der Begriff der Zinsen ist im § 197 ebso zu verstehen wie in den §§ 246 ff; s daher § 246 Anm 1. Gleichgült ist, ob die ZinsPfl auf Vertr od Ges beruht (MüKo/v Feldmann Rdn 2). Unter § 197 fallen Sparzinsen (LG Kaiserslautern WPM **84**, 1604), Bereitstellgszinsen (Stgt NJW **86**, 436), aber auch Hyp- u GrdSchZinsen (§ 902 I 2), obwohl die Hyp u die GrdSch selbst unverjährb sind. Zinsrückstände verj auch dann in 4 Jahren, wenn sie nur einmal zu zahlen sind, also keine wiederkehrden Leistgen darstellen (Erm-Hefermehl Rdn 2). Den Zinsen gleichgestellt sind **Amortisationsquoten**, die als

§§ 197, 198   1. Buch. 5. Abschnitt. *Heinrichs*

Zuschlag zu den Zinsen zu zahlen sind. Beide Leistgen müssen zu einer GesLeistg verschmolzen sein, die vom Zinsanteil „beherrscht" w (Schwachheim NJW **89**, 2026); § 197 gilt daher für echte Amortisationsquoten, nicht aber für den bei Teilzahlgskrediten in den Raten enthaltenen Tilggsanteil. Sonderregelngen gelten für Anspr aus Zinsscheinen von InhSchuldverschreibgn (§ 801) u ZinsAnspr gg den Annehmer eines Wechsels (WG 70). Gem § 224 verjährt der ZinsAnspr spätestens mit dem HauptAnspr. – **b) Miet- und Pachtzinsen,** ausgen die unter § 196 I Nr 6 fallden Anspr aus der gewerbsmäß Vermietg bewegl Sachen. Gleichgült ist, ob die Miete fortlaufd od in einem einmaligen Betrag zu zahlen ist (s auch oben a). Die Vorschr gilt auch für Mietnebenkosten, wie Wassergeld u Heizgskosten (s LG Bielef MDR **77**, 312), für Anspr aus §§ 557, 597, einschließl der konkurrierden Anspr aus §§ 286 u 812 (BGH **68**, 309, NJW **84**, 794) u für den SchadErsAnspr wg entgangener Miete bei vorzeitiger Beendigg des MietVerh (BGH NJW **68**, 693). Benutzt der Pächter die Sache mit stillschw Duldg des Verpächters weiter, ist auf den Anspr aus § 812 jüngst § 197 anzuwenden (aA KG NJW **71**, 432). – **c) Renten.** Hierher gehören vor allem die Leibrente (§§ 759ff), SchadErsRente (§ 843), Überbaurente (§ 912 II), Notwegrente (§ 917 II) sowie die rückständ Leistgen aus einer Reallast od Rentenschuld (§§ 1107, 1199). Gleichgült ist, ob Geld od and vertretb Sachen geschuldet w. Für Leistgen der ges Renten- od UnfallVers gilt der inhaltl mit § 197 übereinstimmde § 45 SGB I. Auf RentenAnspr nach dem BVersG ist dagg § 197 entspr anwendb (BSG NJW **63**, 1373). **Auszugsleistungen** sind die aufgrund eines AlteilsVertr an den Altenteiler zu erbringden wiederkehrden Leistgen (s RG **104**, 272, Art 96 EGBGB). – **d) Besoldungen, Ruhegehälter.** Sie müssen auf **öffentlichem Recht** beruhen. Die Vorschr gilt für Anspr aus dem BeamtenVerh (BVerwG **23**, 167, ZBR **79**, 334) u für Anspr aus dem DienstVerh der Richter u Soldaten. Anspr aus ArbVertr verjähren, auch wenn der ArbGeb eine jur Pers des öffR ist, nach § 196 I Nr 8 u 9 (dort Anm 9a). Anspr von GeschFü u VorstdMitgl fallen unter sonst regelmäß wiederkehrde Leistgen (unten f). – **e) Unterhaltsansprüche,** vgl §§ 1361, 1569ff, 1601ff; für Anspr auf Sonderbedarf (§ 1613 II) gilt jedoch § 195 (BGH **103**, 167). – **f) Andere regelmäß wiederkehrende Leistungen.** Zum Begriff s oben Anm 1. Anwendgsfälle sind: SchadErsAnspr wg Verdienstausfalls (BGH NJW-RR **89**, 215); ErstattgsAnspr aus GoA od § 812 gg den UnterhPflichtigen wg der Gewährg von Unterh (RG **170**, 253, Nürnb FamRZ **60**, 107); ErstattgsAnspr zw Eltern, wenn einer das gemeins Kind allein unterhalten hat (BGH **31**, 333, Karlsr OLGZ **65**, 138); ErstattgsAnspr wg zu Unrecht gewährter Renten (BGH NJW **63**, 2316, BVerwG ZBR **75**, 323); ErstattgsAnspr nach dem Ges zu GG 131 (OVG Koblz NVwZ **86**, 146); Prov des VersVermittlers (RG **153**, 375); BeitrFdgen einer Versorggskasse (BAG **AP** Nr 3); Vereinsbeiträge; GewinnAnspr aus Patentverwertg (BGH **28**, 144) od aus Filmverwertg (Mü Ufita **48**, 313, str, Mü Ufita **58**, 290 wendet § 196 Nr 1 mit F an); VergütgsAnspr der Organe jur Pers (BGH **36**, 142) u VersorggsAnspr ihrer Hinterbliebenen (BGH NJW **64**, 1620); Anspr gg den Chefarzt auf Abführg eines Teils des Honorars, das er von PrivPatienten erhält (OVG Münst NJW **81**, 1328); Anspr gg Prof wg der Benutzg von Hochschuleinrichtgen (BVerwG ZBR **87**, 340); Anspr des Lagerhalters auf Lagergeld, also für Zeiteinheiten berechnet w (BGH **89**, 87). Unanwendb ist § 197 dagg auf den Anspr des Dienstherrn auf Rückzahlg zuviel gezahlter Bezüge (BVerwG DVBl **83**, 504), auf den gesellschvertragl **Gewinnanspruch,** da dieser von einer Feststellg der Gewinn- u Verlustrechng abhängt (BGH **80**, 359), auf ProvAnspr, sofern dessen Fälligk nicht auf best Termine abstellt (Kblz NJW-RR **88**, 673), auf Anspr gg WoEigtümer wg Rückstände aus genehmigten Jahresrechngen (BayObLG **83**, 292), auf Vergütgen, deren Fälligk von künft ungewissen Ereign abhängen (BGH GRUR **79**, 803).

198 *Regelmäßiger Verjährungsbeginn.* **Die Verjährung beginnt mit der Entstehung des Anspruchs. Geht der Anspruch auf ein Unterlassen, so beginnt die Verjährung mit der Zuwiderhandlung.**

1) Allgemeines. a) Die Verj beginnt grdsl, wenn der Anspr **entstanden** ist. Das ist der Fall, sobald der Anspr **klagweise geltend gemacht** w kann (BGH **55**, 341, **73**, 365, **79**, 178). Voraussetzg dafür ist grdsl, daß der Anspr **fällig** ist (BGH **53**, 225, **55**, 341, **LM** Nr 10, § 271). Bei aufschieb bedingten Anspr beginnt die Verj frühestens mit dem Eintritt der Bdgg (BGH **47**, 391, NJW **87**, 2745). Das gilt auch iF einer PotestativBdgg (BGH aaO) u eines Anfangstermins. Bei Anspr aus genehmiggsbedürft RGesch läuft die VerjFr erst ab Erteilg der Gen, der insow keine rückwirkde Kraft zukommt (RG **65**, 248). Bei verhaltenen Anspr (§ 271 Anm 1a), die jederzeit, aber nur auf Verlangen des Berecht zu erfüllen sind, beginnt die Verj mit der Entstehg, nicht erst mit dem Verlangen (BGH NJW-RR **88**, 904). Anspr auf **wiederkehrende** Leistgen (§ 197) verjähren mit der sich aus § 201 ergebden Maßg von der Fälligk der einz Leistg an. – **b)** Die Möglichk, den Anspr geltd zu machen, braucht **nur objektiv** zu bestehen. Der VerjBeginn hängt **nicht** davon ab, daß der Berecht vom Bestehen des Anspr **Kenntnis** hat od haben konnte (BGH **73**, 365, NJW **68**, 1382; Ausn s Anm 3c), eine bei den kurzen VerjFr für GewLAnspr problemat Regelg (s Übbl 2 v § 194). Davon soll jedoch eine Ausn gelten, wenn der Anspr aus c. i. c. gg den Vertreter in derselben Fr verjährt wie der vertragl ErfAnspr gg den Vertretenen (BGH NJW **83**, 1609), eine mit der sonst Rspr nicht zu vereinbarde u dogmat kaum haltb Entsch. Der VerjBeginn erfordert nicht, daß der Berecht den Anspr beziffern kann (BGH **79**, 178, BauR **79**, 62); es genügt die Möglichk, Stufen- od Feststellgsklage zu erheben (BGH **73**, 365, **96**, 294, BVerwG NVwZ **83**, 740, stRspr). Von der Erteilg einer **Rechnung** od der Hergabe des Aufmaßes ist der VerjBeginn auch dann unabhäng, wenn erst die Rechng den Anspr betragsmäß festlegt (BGH **79**, 178, WPM **78**, 496, Düss BauR **80**, 367). Etwas and gilt nur dann, wenn die Rechngserteilg FälligkVoraussetzg ist (BGH **53**, 225, NJW **82**, 931, Hamm NJW-RR **86**, 350, Anm 2 a cc); eine entspr Vereinbg kann auch stillschw getroffen w (BGH NJW-RR **89**, 148).

2) Einzelheiten. a) Vertragsansprüche. Soweit sie unter §§ 196, 197 fallen, beginnt die Verj erst mit dem **Schluß des Jahres,** in dem der Anspr entstanden ist (§ 201). – **aa) Kaufvertrag.** Die Verj des KaufPrAnspr beginnt nicht erst im Ztpkt der Lieferg, sond bereits mit VertrSchl (RG **62**, 178). Die Klausel „Zahlg gg Dokumente" verschiebt die Fälligk u damit den VerjBeginn auf den Ztpkt der Vorlage der Dokumente (BGH **55**, 342). – **bb)** Bei **Anwaltsgebühren** beginnt die Verj mit dem Schluß des Jahres, in dem der Anspr fäll geworden ist (BGH NJW **83**, 1048). Entscheid ist grdsl, wann der erste FälligkTatbestd des BRAGO 16 verwirklicht worden ist (BGH **LM** Nr 10, Brschw NdsRpfl **87**, 132). Die Gebühren aus einem ScheidsVerf können daher verjährt sein, bevor die abgetrennte Folgesache beendet ist (Brschw NdsRpfl **85**, 15). Der VerjBeginn ist idR von der Festsetzg des Streitwertes unabhäng (Celle NdsRpfl **83**, 94); iF der nachträgl Erhöhg des Streitwertes beginnt die Verj aber erst nach Erlaß der ÄndBeschl, da die MehrFdg erst dch den ÄndBeschl dchsetzb w (BGH aaO, Kblz DAR **83**, 172). Hat der RA nach dem Inh des Auftr einen Vertr zu überprüfen, beginnt die Verj erst nach Ablauf der hierfür erforderl Zeit, auch wenn die Überprüfg nicht dchgeführt worden ist (BGH AnwBl **85**, 257). **Arzt:** Voraussetzg für die Fälligk u den VerjBeginn ist die Erteilg einer Rechng, GOÄ 12 (Narr MedR **86**, 75, s aber § 200 Anm 1). – **cc)** Bei **Werklohnforderungen** beginnt die Verj gem § 640 mit der Abnahme. Nach VOB/B 16 Nr 3 setzt die Fälligk des Anspr u damit der VerjBeginn die Vorlage der Schlußrechng voraus. Entscheidd ist, wann der Untern die Schlußrechng erteilt hat, nicht wann er sie hätte erteilen können (BGH **53**, 225, NJW **82**, 1815, WPM **84**, 340). Auch beim **Architektenhonorar** hängt die Fälligk u damit der VerjBeginn von der Erteilg einer prüfgsfäh Rechng ab (HOAI 8). Das gilt auch bei vorzeit Künd (BGH NJW-RR **86**, 1279). Gleichgült ist, ob die Part eine Vereinbg über die Geltg der HOAI getroffen haben (BGH NJW **81**, 2354, aA LG Kiel BauR **83**, 580). Bei dem nachträgl berechneten Anspr von **Versorgungsunternehmen** beginnt die Verj erst mit Schluß des Jahres, in dem die Nachtragsrechng erteilt worden ist (BGH NJW **82**, 931, NJW-RR **87**, 238, Hbg WPM **86**, 1097, s aber § 200 Anm 1). Beim Bauhandwerker hängt der VerjBeginn dagg nicht von der Rechngserteilg ab (BGH **79**, 178, Anm 1b). – **dd)** **Gewinnansprüche** entstehen idR erst mit der Feststellg der Bilanz (s BGH **80**, 358, Hbg OLG **35**, 319), jedoch sind abw Abreden der Part mögl (RAG JW **34**, 218). Bei **Mietnebenkosten** beginnt die Verj mit dem Zugang einer nachprüfb Rechng beim Mieter (Ffm MDR **83**, 757). – **ee)** **Versicherung:** Die Verj des DeckgsAnspr gg den HaftPflVers beginnt frühestens in dem Ztpkt, in dem der geschädigte Dr Anspr geltd gemacht hat (BGH VersR **76**, 479). Der Rückgriffs Anspr des Versicherers, der an den Geschädigten Teilleistgn erbracht hat, entsteht mit jeder Teilleistg (Hamm VersR **80**, 828).

b) Schadensersatzansprüche. aa) Die Verj von SchadErsAnspr wg **Nichterfüllung,** Verzuges od pVV beginnt mit deren Entstehg, nicht mit der des ursprüngl Anspr (RG **128**, 79, BGH NJW **89**, 1855, aA Peters JZ **89**, 750). Entstanden ist der ErsAnspr: iF der Unmöglichk mit deren Eintritt (BGH NJW **59**, 1819); iF des Verzugs mit der Entstehg eines Schadens (BGH **LM** § 286 Nr 3, VersR **69**, 61); iF der pVV u der c. i. c. gleichf mit der Entstehg von Schaden (BGH **73**, 365, NJW **86**, 2567, vgl aber BGH **87**, 37, wo iF der c. i. c. auf die Kenntn des Geschädigten abgestellt w); iF einer unberecht Künd mit deren Zugang (BGH NJW **71**, 1841, **74**, 2290); iF der pflwidr Anlage von Vermögen mit dieser Anlegg (RG JW **32**, 1648), iF des § 179 mit der Verweigerg der Gen (BGH **73**, 271); iF des ZPO 717 II mit der Aufhebg des Urt (Karlsr OLGZ **79**, 374). Im WkVertrR beginnt die Verj aber gem § 638 I 2 für alle MängelAnspr einheitl mit der Abn (BGH **95**, 382). Haftet der Verpflichtete **in zweiter Linie,** beginnt die Verj erst, wenn feststeht, daß vom ersten Schu nichts zu erlangen ist (BGH NJW **81**, 2343, **87**, 2743). – **bb)** Auch beim SchadErsAnspr gg den **Rechtsanwalt** u den **Steuerberater** kommt es für den VerjBeginn grdsl auf die Entsteh des Schadens an (BGH **83**, 19). Das Bestehen einer risikobehafteten Situation genügt nicht (BGH **100**, 228). Entscheidd ist, ob sich die Vermögenslage im Vergl zum fr Vermögenstand verschlechtert hat (BGH **153**, 106, BGH **73**, 365). Diese Voraussetzg ist vielf bereits mit der Vornahme der pflwidr Hdlg erfüllt, lange bevor die nachteilige gerichtl u behördl Entsch ergeht u der Schaden für den Mandanten erkennb w. Gleichwohl sind dessen Belange gewahrt. RA u Steuerberater müssen ihre Arbeiten aus gegebenem Anlaß auf Fehler überprüfen; bei einem Verstoß gg diese Pfl beginnt unter uU dem s BGH **83**, 21); sie sind außerdem verpflichtet, den Mandanten auf den RegreßAnspr gg sich selbst hinzuweisen; bei verletzg dieser Pfl müssen sie den SchadErsAnspr als unverjährt gelten lassen (Übbl 5 c v § 194). Kann die VertrVerletzg erst dch die BetrPrüfg aufgedeckt w, soll die Verj des Anspr gg den Steuerberater erst mit der Schlußbesprechg über die BetrPrüfg beginnen (BGH **73**, 365, **96**, 296, krit van Venrooy Betr **81**, 2364); das ist mit dem in Anm 1 b dargestellten Grds u BGH **77**, 221 kaum zu vereinbaren: Der SteuerAnspr u der Schaden entstehen obj bereits mit der pVV des Steuerberaters (van Venrooy aaO S 2368). – **cc)** Bei allen SchadErsAnspr beginnt die Verj **einheitlich** auch für den erst in Zukunft entstehden Schaden, sow er voraussehb ist (BGH **50**, 24, NJW **73**, 2285, **79**, 264, BAG AP Nr 8, aA offenb BGH **96**, 294ff). Unvorhersehb können sinds unerwartete Kostensteigerungen sein (RG **102**, 143). Bei RentenAnspr aus §§ 843, 844 kann die Verj des ErhöhgsAnspr erst beginnen, wenn feststeht, daß eine nachhalt Änderg der Verh eingetreten ist (BGH **33**, 118, § 852 Anm 2). – **dd)** Bei **Dauerhandlungen** kann die Verj nicht beginnen, solange der Eingriff andauert (BGH NJW **73**, 2285). Bei **wiederholten** Hdlgen setzt jede Hdlg eine neue VerjFr in Lauf (BGH NJW **85**, 1023); der strafrechtl Begriff der fortgesetzten Hdlg ist auf das bürgerl Recht nicht übertragb (BGH **71**, 94). Verursacht eine Hdlg eine **dauernde Beeinträchtigung** verjährt der Anspr auf SchadErs od Beseitigg ab der Entstehg der Beeinträchtigg (BGH **60**, 240); verstärkt sich die Beeinträchtigg inf einer Änderg der Verhältn, beginnt eine neue Verj (BGH aaO).

c) Bei Anspr auf **Unterlassen** beginnt die Verj nach **Satz 2** erst mit der ZuwiderHdlg, da der Berecht vorher weder einen Anlaß noch eine Möglichk hat, gg den Verpflichteten vorzugehen (BGH **59**, 74). Bei einem Anspr auf einmaliges Unterlassen kommt Verj nicht in Betracht, da die Leistg mit der ZuwiderHdlg unmögl w, also nur noch SchadErs verlangt w kann. Auch hins der UnterlAnspr aus §§ 12, 861, 1004 ist Satz 2 leerlaufd, da der Anspr erst dch die ZuwiderHdlg entsteht. Bei den danach allein unter S 2 fallden Anspr auf **dauernde** Unterlassg, beginnt mit jeder ZuwiderHdlg eine neue Verj (RG **80**, 438, oben b) dd)).

3) Abweichende Regelungen über den VerjBeginn enthalten **a)** §§ 199, 200 (s dort); **b)** §§ 201, VVG 12 I 2: FrLauf erst ab Jahresende (s dazu BGH NJW **83**, 2882). **c)** §§ 852, 1378 IV, 1934 b II, 2332, AGBG 13 IV, HGB 61 II, PatG 48, BBergG 117 I: FrLauf erst ab Kenntn. Weitere Sondervorschriften: §§ 477, 490, 558, 638, 651g II, 801, 1057, 1226, 1302, 1615k, 2287. Vgl auch MüKo/v Feldmann Rdn 12–15 mwNw.

199
Verjährungsbeginn bei Kündigung. Kann der Berechtigte die Leistung erst verlangen, wenn er dem Verpflichteten gekündigt hat, so beginnt die Verjährung mit dem

§§ 199–202   1. Buch. 5. Abschnitt. *Heinrichs*

Zeitpunkte, von welchem an die Kündigung zulässig ist. Hat der Verpflichtete die Leistung erst zu bewirken, wenn seit der Kündigung eine bestimmte Frist verstrichen ist, so wird der Beginn der Verjährung um die Dauer der Frist hinausgeschoben.

200 *Verjährungsbeginn bei Anfechtung.* Hängt die Entstehung eines Anspruchs davon ab, daß der Berechtigte von einem ihm zustehenden Anfechtungsrechte Gebrauch macht, so beginnt die Verjährung mit dem Zeitpunkte, von welchem an die Anfechtung zulässig ist. Dies gilt jedoch nicht, wenn die Anfechtung sich auf ein familienrechtliches Verhältnis bezieht.

1) Allgemeines. Die Entstehg des Anspr, die nach § 198 Voraussetzg für den VerjBeginn ist, hängt iF der Künd u der Anf vom Belieben des Gläub ab, sofern das Künd- od AnfR allein ihm zusteht. Um dem Gläub die Möglichk zu nehmen, die Verj hinauszuzögern, legen die §§ 199, 200 als VerjBeginn den Ztpkt fest, von dem an die Künd od Anf zul ist. Es genügt, daß die Künd- od AnfMöglichk **objektiv besteht**; auf die Kenntn des Gläub kommt es nicht an; gleichgült ist auch, ob die AnfFr bereits begonnen hat (hM). Ist die Entstehg des Anspr von einem Rücktr, Widerruf od einer sonst Hdlg des Gläub abhäng (Vorlage od Erteilg einer Rechng, PotestativBdggn), sind §§ 199, 200 nach hM **nicht** entspr **anwendbar** (BGH 55, 344, NJW 82, 931, NJW-RR 87, 238, Hbg WPM 86, 1097, aA mit beachtl Grden AK/Kohl Rdn 3). Kommt der Gläub seiner Obliegenh zur Rechngserteilg nicht alsbald nach, muß er sich aber gem §§ 162, 242 so behandeln lassen, wie wenn die Fdg fällig geworden wäre (BGH NJW-RR 86, 1279, aA offenb Düss NJW-RR 87, 945). Das gilt insbes dann, wenn der Schu ihn zur Rechngserteilg aufgefordert hat (KG NJW-RR 88, 22).

2) Kündigung (§ 199). Gleichgült ist, ob die Künd Voraussetzg für die Entstehg od die Fälligk des Anspr ist. Tritt die Fälligk erst nach Ablauf einer KündFr ein, verschiebt sich der VerjBeginn entspr **(Satz 2)**. Kann nur der Schu kündigen, beginnt die Verj erst, wenn er gekündigt hat u die Künd wirks geworden ist.

3) Anfechtung (§ 200). a) § 200 gilt nur für solche Anspr, die, wie der aus § 812, dch die Anf **neu entstehen**. Hat der Gläub nach der anfechtb Hdlg geleistet, beginnt die Verj erst mit dem Ztpkt der Leistg (BGH WPM 89, 1028). Lebt dch die Anf ein fr Anspr wieder auf, ist § 200 nicht anwendb (RG 86, 366); die Verj läuft seit der ursprüngl Entstehg des Anspr, jedoch ist § 202 I entspr heranzuziehen (Soergel-Walter Rdn 3). Für den RückfdgsAnspr des AnfGegners beginnt die Verj, wie aus § 142 folgt, mit dem Ztpkt der Leistg. – **b)** Bezieht sich die Anf auf ein familienrechtl Verhältn, beginnt die Verj nach **Satz 2** erst **mit der Anfechtung**. Für den UnterhAnspr des scheinehel Kindes gg seinen wirkl Vater kann die Verj daher erst beginnen, wenn seine Nichtehelichk rechtskr festgestellt worden ist (BGH 48, 366, s auch § 204).

201 *Beginn der kurzen Verjährung.* Die Verjährung der in den §§ 196, 197 bezeichneten Ansprüche beginnt mit dem Schlusse des Jahres, in welchem der nach den §§ 198 bis 200 maßgebende Zeitpunkt eintritt. Kann die Leistung erst nach dem Ablauf einer über diesen Zeitpunkt hinausreichenden Frist verlangt werden, so beginnt die Verjährung mit dem Schlusse des Jahres, in welchem die Frist abläuft.

1) Der einheitl Beginn der kurzen VerjFr mit Ende des Jahres erspart den GeschLeuten eine dauernde Kontrolle des FrAblaufs. Für eine am 15. 3. 1988 entstandene, unter § 196 I Nr 1 fallde KaufPrFdg beginnt die Verj am 31. 12. 1988 24 Uhr u endet am 31. 12. 1990 24 Uhr. Unter **Satz 2** fallen vor allem die Stundg u der Lauf einer KündFr, nicht aber die in § 202 II aufgeführten Einr (allgM). War die Verj gehemmt od unterbrochen, läuft die Fr nach Beendigg der Hemmg od Unterbrechg sofort weiter u nicht erst mit Schluß des Jahres (RG **120**, 362, **128**, 80, BGH **86**, 103, **93**, 294). Endet die Hemmg od Unterbrechg vor Schluß des Jahres, in dem der Anspr entstanden ist, ist sie im Anwendgsbereich des § 201 wirkgslos. Der Anspr auf die Jahresumsatzprämie 1983 entsteht iZw erst am 1. 1. 1984; seine Verj beginnt daher am 31. 12. 1984 24 Uhr (s BAG NJW **74**, 663).

202 *Hemmung der Verjährung aus Rechtsgründen.* ᴵ Die Verjährung ist gehemmt, solange die Leistung gestundet oder der Verpflichtete aus einem anderen Grunde vorübergehend zur Verweigerung der Leistung berechtigt ist.

ᴵᴵ Diese Vorschrift findet keine Anwendung auf die Einrede des Zurückbehaltungsrechts, des nicht erfüllten Vertrags, der mangelnden Sicherheitsleistung, der Vorausklage sowie auf die nach § 770 dem Bürgen und nach den §§ 2014, 2015 dem Erben zustehenden Einreden.

1) Allgemeines. a) Die **Hemmung** der Verj bewirkt, daß die Verj mit Eintritt des HemmgsGrdes zum Stillstand kommt u nach dessen Wegfall weiterläuft (§ 205). Von der Hemmg zu unterscheiden sind die **Ablaufhemmung** (§§ 206, 207), die die Vollendg der Verj hindert, u die **Unterbrechung** (§§ 208 ff), bei der die Verj von neuem beginnt. – **b)** Die Hemmg der Verj beruht auf dem **Gedanken**, daß die Zeit, währd der der Gläub den Anspr wg rechtl od tatsächl Hindern vorübergehd nicht geltd machen kann, bei sachgerechter Interessenabwägg nicht in die VerjFr einbezogen w darf. § 202 erfaßt die Fälle, in denen vorübergehde rechtl Hindern der Dchsetzg des Anspr entggstehen, § 203 tatsächl Hindern der RVerfolgg. Daneben gibt es für einz Anspr spezielle Vorschr, vgl insb §§ 204, 639 II, 651 g II, 802, 852 II, PflVersG 3 Nr 3, CMR 32 II, KVO 40 III (BGH Betr **86**, 685), VerglO 55. – **c)** Im **öffentlichen Recht** können die §§ 202 ff, sow SonderVorschr fehlen, entspr angewandt w (BVerwG NJW **77**, 823, GebührennachFdg bei der Post). Bei **Ausschlußfristen** ist die entspr Anwendg der §§ 202 ff Frage des Einzelfalls (Übbl 4a bb v § 194). § 203 wird bei einer Reihe von AusschlFr ausdr für anwendb erklärt (s dort Anm 1). – **d)** Wer sich auf eine Hemmg der Verj beruft, hat die Tats zu **beweisen**, aus denen sich die Hemmg ergibt (allgM).

2) Hemmungsgründe. a) Stundung iSd § 202 ist nur die nach VerjBeginn getroffene Vereinbg, dch die die Fällig des Anspr hinausgeschoben w (BGH WPM **70**, 548, **77**, 896). Wird die Stundg bei Begründg des Anspr vereinb, folgt bereits aus § 198 S 1, daß die Verj erst nach Ablauf der StundgsFr beginnt (§ 198 Anm 1a). Ein einseit Stundgsangebot hemmt die Verj nicht. Erforderl ist ein vertragl Abrede, die aber auch stillschw getroffen w od sich aus einer ergänzden VertrAusleg ergeben kann (BGH **86**, 104). Hat der ArbGeb dem ArbNeh („Haussohn") versprochen, er werde für die geleisteten Dienste letztwill bedacht, ist der VergütgsAnspr bis zum Widerruf des Versprechens od bis zur TestEröffng gestundet (BAG NJW **63**, 2188, **78**, 444, BGH NJW **65**, 1224); kein HemmgsGrd ist aber die einseit Erwartg des Dienstleistdn, er werde in einer Vfg vTw bedacht w (BAG NJW **70**, 1701). Die Vereinbg des Ruhens eines Proz enthält nicht ow eine Stundg (RG **73**, 394, s aber unten c), wohl aber die Abrede, daß der Gläub seine Befriedigg zunächst aus einer erfhalber abgetretenen Fdg suchen soll (RG **70**, 37). Die StundgsVereinbg **unterbricht** zugl die Verj, da sie ein Anerkenntn iSd § 208 enthält. Nach Ende der StundgsZeit beginnt die Verj daher – abw v § 205 – neu zu laufen. Eine StundgsAbrede zw PfändgsGläub u Schu hemmt die Verj nur im Verh zw diesen (BGH NJW **78**, 1914, BAG Betr **84**, 138). Auch ges Stundgen (Moratorien) fallen unter § 202 (MüKo/v Feldmann Rdn 4).

b) Leistungsverweigerungsrechte. aa) Steht dem Anspr eine **aufschiebende** Einr entgg, ist die Verj gehemmt, so etwa, wenn der Gläub nach der GewlRegelg erst einen Dr in Anspr nehmen muß (BGH DNotZ **82**, 122). Dagg fallen die zerstörden Einr (zB §§ 813 II, 886, 1169, 1254) nicht unter § 202, da sie eine mindestens ebso starke Wirkg haben wie die Verj. Auch Anf- u AufrTatbestde hemmen die Verj nicht (Staud-Dilcher Rdn 17). Entspr gilt für das Recht zum Besitz (§ 986). Da es Einwendg (nicht Einr) ist (§ 986 Anm 1), entsteht der HerausgAnspr ohnehin erst, wenn der Besitzer nicht mehr zum Besitz berecht ist. – **bb)** Aufschiebde Einr können vernünftigerw nicht als HemmgsGrd anerkannt w, wenn sie auf dem eig Verhalten des Gläub beruhen (NichtErf einer Verbindlichk). II bestimmt daher ausdr, daß folgde LeistgVR **keine Hemmung** mit sich bringen: Einr des ZbR (§§ 273, 1000, HGB 369), des nicht erfüllten Vertr (§ 320), mangelnder SicherhLeistg (§§ 258, 811, 867, 997, 1005), die Einr des Bü gem §§ 770, 771. Die dem Erben gem §§ 2014, 2015 zustehden Einr sind miteinbezogen, weil sie den Gläub nicht hindern, die Verj dch Leistgsklage zu unterbrechen (ZPO 305). II ist die analogiefäh Regel, I die Ausn (Roth, Einr des Bürgerl R, 1988, S 238). Er ist entspr anzuwenden, wenn sie nicht im PfandR geltd macht (BGH **101**, 45) od wenn der Schu einer nicht wirks abgetretenen Fdg wg einer unricht AbtrAnzeige (§ 409 I) berecht ist, die Leistg ggü dem wirkl Gläub zu verweigern (BGH **64**, 121). – **cc)** Hauptanwendgsfall des § 202 ist in der Praxis das **pactum de non petendo**, dh die Absprache zw Gläub u Schu, daß der Anspr einstweilen nicht geltd gemacht w soll. Es kann auch stillschw zustandekommen. Der Wille der Part muß aber darauf gerichtet sein, für den Schu vorübergehd ein LeistgVR zu begründen (BGH NJW **83**, 2497). Die Tats, daß die Part über den Anspr miteinand verhandeln, genügt nicht (BGH VersR **63**, 360, **69**, 320, **71**, 1150), ebsowenig die Abrede, einen anhäng Proz vorläuf nicht weiter zu betreiben (BGH NJW **83**, 2497). Ein *pactum de non petendo* kann je nach den Umst des Einzelfalls zu bejahen sein, wenn die Entsch einer VerwBeh, eines Vorprozesses, der Ausgang von Ermittlgen od die weitere Schadensentwicklg abgewartet w soll (BGH **LM** Nr 3, NJW **73**, 316, VersR **79**, 348, NJW **86**, 1338), wenn einverständl ein Schiedsgutachten eingeholt (RG **142**, 263, Hamm NJW **76**, 717, OLGZ **82**, 450) od ein Dr auf Ers in Anspr genommen w soll (BGH **LM** Nr 5). Das TeilgsAbk zw SozVersTräger u HaftPflVers ist ein *pactum de non petendo* zG des Schädigers (§ 328), führt also zur Hemmg der Verj (BGH **LM** Nr 12), bis die Leistgen des Vers die im Abkommen vorgesehene Höchstgrenze erreicht haben (BGH NJW **74**, 698, **78**, 2506). Die Hemmg endet, wenn für den Geschädigten ein Anspr nicht am TeilgsAbk beteil SozVersTräger zust w (Brschw VersR **77**, 450). Auch wenn kein *pactum de non petendo* zustande kommt, können die **Verhandlungen** der Part gem §§ 852 II, 639 II zur Hemmg der Verj führen od einen Einwand aus § 242 begründen (Übbl 5 v § 194).

c) § 202 gilt auch dann, wenn der Geltdmachg des Anspr ein vorübergehdes **rechtliches Hindernis** entggsteht, das nicht auf einer Einr im technischen Sinn beruht (RG **94**, 180, BGH **10**, 310, **LM** Nr 11). Es genügt, daß vorübergehend aus RGründen keine Leistgsklage erhoben w kann; die Möglichk, Feststellgsklage od Klage auf künft Leistg zu erheben, schließt die Hemmg nicht aus (BGH NJW **69**, 1662, **LM** Nr 12, KG VersR **81**, 1080). Das rechtl Hindern muß aber auf **Seiten des Schuldners** vorliegen. Wird der Gläub, etwa dch VermBeschlagn od Konk, an der Geltdmachg des Anspr gehindert, gilt § 202 nicht (BGH **10**, 311, NJW **63**, 2019), iF der VermBeschl kann aber uU § 203 anwendb sein. HemmgsGrde sind: die Anordng des Ruhens der Verf gem ZPO 251 (§ 211 Anm 2); die Einleg von RBehelfen, wenn sie wg ihrer aufschiebden Wirkg die Dchsetzg eines Leistgsbescheids hindern (BVerwG NJW **77**, 823); der eine LeistgsPfl des SozVersTrägers ablehnde Bescheid hins der gem RVO 1542 übergegangenen Fdg (BGH NJW **69**, 1661); Verbot der MilReg an den Schu, die geschuldete Leistg zu erbringen (BGH **LM** Nr 1); Verf gem AUB 12 hins des Anspr des VersNeh (BGH VersR **71**, 435); **Kontokorrentabrede** hins der in das Kontokorrent einzustellden Anspr (BGH **49**, 27), gleichgült, ob sie tatsächl in das Kontokorrent aufgenommen worden sind (BGH **51**, 347), da die einz Posten nicht selbstd eingeklagt w können. Keine HemmgsGrde sind: **Zweifel an der Rechtslage**, auch nicht eine ansprfeindl stRspr (§ 203 Anm 3 b bb), bei SchadErsAnspr gg die Organe einer jur Pers die Tats, daß die Organe noch amtieren u daher wg Interessenkollision eine Geltdmachg des Anspr nicht zu erwarten ist (RG **156**, 291). Der UnterhAnspr des nichtehel Kindes entsteht erst mit der Feststellg der Vaterssch (§ 1600a S 2); erst in diesem Ztpkt kann die Verj beginnen; sie ist daher (entgg BGH FamRZ **81**, 763) nicht bis zur Feststellg der Vaterssch gehemmt.

203 Hemmung aus tatsächlichen Gründen.

I Die Verjährung ist gehemmt, solange der Berechtigte durch Stillstand der Rechtspflege innerhalb der letzten sechs Monate der Verjährungsfrist an der Rechtsverfolgung verhindert ist.

II Das gleiche gilt, wenn eine solche Verhinderung in anderer Weise durch höhere Gewalt herbeigeführt wird.

§§ 203, 204

1) Allgemeines. a) S zunächst § 202 Anm 1. Steht der Geltdmachg des Anspr ein tats Hindern entgg, so tritt grdsl keine Hemmg der Verj ein. Ausn gelten nur bei Stillstand der RPflege u höherer Gewalt. Die HemmgsGrde des § 203 müssen **innerhalb der letzten 6 Monate** der VerjFr vorgelegen haben; es genügt aber, daß sie während eines Teils des Zeitraums gegeben waren (allgM). Die Hemmgszeit wird gem § 205 nicht in die VerjFr eingerechnet (s „solange"; BGH **LM** Nr 21). – **b)** Auf **Ausschlußfristen** findet § 203 in einer Anzahl von Fällen kr ausdr Verweisg Anwendg (zB §§ 210, 212 II, 215 II, 802, 1002 II, 1594 III, 1599, 1944 II, 1954 II, 2082 II, 2283). Fehlt eine solche Bezugn, kann § 203 idR nicht angewandt w (s BGH **19**, 20, 5-JahresFr des ZPO 586; BGH **33**, 363, KlagFr gem FinanzVertr Art 8).

2) Stillstand der Rechtspflege ist ein Unterfall der höheren Gewalt. Sie setzt voraus, daß die Ger ihre Tätigk (etwa wg Kriegs od einer Naturkatastrophe) eingestellt haben. Es genügt nicht, daß der Gläub nur persönl an der RVerfolg gehindert war (RG **128**, 47).

3) Höhere Gewalt (s auch § 651j). – **a)** Sie liegt vor, wenn die Verhinderg auf Ereign beruht, die auch dch die äußerste, billigerweise zu erwartde Sorgf nicht vorausgesehen u verhütet w konnte; schon das geringste Verschulden des Gläub schließt höhere Gewalt aus (BGH **81**, 355, NJW **73**, 698). Der Begriff entspr damit im wesentl dem des unabwendb Zufalls in ZPO § 233 II aF; es gilt ein obj Maßstab. Das Verschulden seines **Prozeßbevollmächtigten** muß sich der Gläub zurechnen lassen; es begründet also keine höhere Gewalt (BGH **17**, 203, **81**, 356, NJW **73**, 699, aA RGZ **158**, 361). Entspr gilt für das Verschulden des ges Vertreters (BGH **LM** § 254 (E) Nr 2). Verschulden des Notars als AmtsPers ist dem Gläub dagg nicht zuzurechnen (KG NJW **59**, 296).

b) Einzelfälle. aa) Bsp für höhere Gewalt: so plötzl auftretde Krankh, daß Vorsorge nicht mehr mögl ist (RG JW **12**, 384, BGH VersR **63**, 94); verzögerl od falsche Sachbehandlg dch das Ger (Ffm OLGZ **66**, 338, Hamm FamRZ **77**, 552), etwa die unricht Belehrg über ein TestAnfFr (BayObLG **60**, 497) od ein unricht Erbschein (BayObLG NJW-RR **89**, 1091); Vermögenssperre gem MRG 52, auch wenn ein TrHänder bestellt worden ist (KG Betr **52**, 368). Keine höhere Gewalt sind: Strafhaft (Schlesw SchlHA **49**, 367); Eröffng des KonkVerf über das Vermögen des Gläub (BGH NJW **63**, 2019, aA von Zwehl NJW **64**, 99). – **bb) Unkenntnis** vom Bestehen des Anspr ist keine höhere Gewalt (BGH NJW **68**, 1381, VersR **84**, 136), auch nicht eine falsche RAuffassg (BGH **24**, 134). And liegt es, wenn der Berecht die äußerste den Umst nach denkb Sorgf angewandt hat. Das kann zu bejahen sein, auch wenn auf die unricht RBelehrg eines RKundigen vertraut hat u er sich dessen Verschulden nicht anzurechnen lassen braucht (RG JW **27**, 1195, Hamm FamRZ **75**, 589). Bei der EhelichkAnfKl kann höhere Gewalt vorliegen, wenn dch eine amtl Äußerg (Tatbestd des ScheidgsUrt) der Schein erweckt w, das Kind sei auch ohne Anf nichtehel (Ffm u Schlesw DAVorm **84**, 405, 704). Wird der geltd zu machde Anspr dch eine „anspruchsfeindliche" ständige Rechtsprechung verneint, so begründet das grdsl keine Hemmg der Verj (BAG NJW **62**, 1077, aA BGH Betr **61**, 1257), da andf jede Änd einer ständ Rspr auf längst abgeschlossene Sachverhalte zurückwirken würde u Anspr, denen eine unricht stRspr entggsteht, prakt unverjährbar wären, ein Ergebn, das unter Ordngsgesichtspkten nicht zu überzeugen vermag (vgl die Überleggn in BGH **37**, 117). Die Anerkenng des unüberwindl RIrrts als HemmgsGrd läßt sich auch schwerl mit der stRspr vereinb, daß es für die Verj von GewLAnspr gleichgültig ist, ob der Gläub den Mangel erkennen konnte od nicht (s BGH **77**, 223). Etwas and kann vielleicht dann angenommen w, wenn die Rspr iW richterl RFortbildg neue Anspr schafft, wie iF der Aufwertg nach dem 1. Weltkrieg (RG **120**, 357), od iF der Entschädig von Impfschäden (BGH NJW **57**, 1595, 1597), doch bleibt die Anwendg der §§ 202, 203 auch in diesen Fällen problemat (s Karlsr NJW **59**, 48 m Anm v Larenz). Keine Hemmg der Verj, wenn dem Anspr ein **verfassungswidriges** vom BVerfG noch nicht für unwirks erklärtes Ges entggsteht (Hamm u KG NJW **80**, 244, 246, str) od wenn der Gläub wg einer unwirks AGB-Klausel (MusterProzKlausel) scheinb nicht klagbefugt ist (BGH NJW **88**, 197). Eine ständ Rspr, die eine längere VerjFr bejaht, ist kein HemmgsGrd (BGH **60**, 101, NJW **77**, 375, **79**, 1162, krit Schubert JR **77**, 325). Das gilt sicher dann, wenn die Dauer der Verj schon immer str war (BGH aaO); aber auch, wenn diese Voraussetzg nicht zutrifft, wird die Verj (entgg BGH NJW **60**, 283) nicht gehemmt, da die angebl längere VerjFr den Gläub nicht hinderte, den Anspr beizeiten geltd zu machen. Keine höhere Gewalt auch, wenn der Gläub wg (später behobener) **Beweisschwierigkeiten** von einer KlErhebg abgesehen hat (BGH NJW **75**, 1466). – **cc)** Ist der Gläub außerstande, die Kosten des RStreits selbst aufzubringen, so tritt Hemmg der Verj ein, wenn er rechtzeit **Prozeßkostenhilfe** beantragt (RG **126**, 61, **168**, 224, Feuring MDR **82**, 898, stRspr). Es genügt, daß das Gesuch am letzten Tag der VerjFr gestellt w (BGH **70**, 235, and noch BGH **17**, 202, **37**, 113). Das Gesuch muß jedoch ordngsmäß begründet u vollst sein (BGH **70**, 237, Zweibr JurBüro **80**, 1102); auch die nach ZPO 117 erforderl Unterlagen müssen dem Ger rechtzeit u vollständ vorgelegt w (BGH NJW **89**, 1149). Voraussetzg ist weiter, daß der Gläub subj der Ans sein durfte, er sei bedürftig iSd Ges (BGH VersR **82**, 41). Macht der Gläub nur einen TeilAnspr geltd, tritt nur insow eine Hemmg der Verj ein, da die Nichtverfolg der MehrFdg auf seinem freien Entschluß beruht (aA RG **163**, 17). Die Hemmg besteht nur solange, als der Gläub die zur Förderg des Verf erforderl Maßn trifft (BGH NJW **81**, 1550, **LM** Nr 6), jedoch dürfen die SorgfAnforderg en nicht überspannt w (BGH NJW **87**, 3120: Feststellg des wechselnden AufenthOrts des Kl). Der Gläub muß von den in Betracht kommden RBehelfen Gebrauch machen (BGH **17**, 201, **37**, 116); für die Einlegg u Begründg der PKH-Beschw steht ihm höchstens eine Fr von 2 Wo zu (s BGH **98**, 301). Hat der Gläub od sein ProzBevollmächtigter das Verf schuldh verzögert, ist die Hemmgszeit entspr zu kürzen (BGH VersR **77**, 623). Die Hemmg endet grdsl mit der unanfechtb gerichtl Entsch, gleichviel ob sie sachl richtig ist od falsch (BGH **37**, 113, **LM** Nr 9, VersR **77**, 623). Erhebt der Gläub GgVorstellg u hat diese Erfolg, läuft Hemmg aber weiter (s zu ZPO 233, 234 BGH **41**, 1). Außerdem steht dem Gläub in Anlehn an ZPO 234 I für die Klagerhebg eine Fr von 2 Wo zu (BGH **70**, 239 f). Für das Gesuch auf Bestellg eines NotAnw (ZPO 78 b) gilt dasselbe wie für das PKH-Gesuch (BGH **LM** Nr 8).

204 *Hemmung aus familiären Gründen.* Die Verjährung von Ansprüchen zwischen Ehegatten ist gehemmt, solange die Ehe besteht. Das gleiche gilt von Ansprüchen zwischen Eltern und Kindern während der Minderjährigkeit der Kinder und von Ansprüchen zwischen dem Vormund und dem Mündel während der Dauer des Vormundschaftsverhältnisses.

1) Allgemeines. § 204 soll den auf ggs Rücksichtnahme gegründeten FamFrieden vor Störgen dch die klagw Geltdmachg von Anspr bewahren (BGH **76**, 295). Er ist vAw zu berücksichtigen (RG JW **08**, 192) u gilt für Anspr jeder Art, auch für solche aus Unfällen im Straßenverk (BGH NJW **88**, 1209). Die Hemmg endet, wenn der Anspr an einen Dr **abgetreten** w od kr Ges auf ihn übergeht (Düss FamRZ **81**, 308). Sie beginnt von neuem, wenn der Anspr auf das FamMitgl zurückübertragen w (AG Hbg DAVorm **73**, 622).

2) Die einzelnen Fälle. – a) Ansprüche zwischen Ehegatten. Die Hemmg gilt auch für Anspr, die vor der Ehe entstanden sind (Nürnb MDR **80**, 668). Sie beginnt mit dem Tag der Eheschließ u endet mit der Auflösg der Ehe. Die Scheidg dch ein ausl Ger beendigt die Hemmg auch dann, wenn sie im Inland nicht anerkannt w, vorausgesetzt, der Gläub hält sich dauernd im Ausl auf (Celle NJW **67**, 783). Auch die nichtige Ehe fällt unter § 204 (MüKo/v Feldmann Rdn 2). Dagg ist die Vorschr auf Nichtehen (EheG 11 Anm 5) u eheähnl LebensGemsch unanwendb. – **b) Ansprüche zwischen Eltern und Kindern.** Für die Hemmg ist gleichgült, ob die Eltern die elterl Sorge haben. Die Vorschr gilt auch für Anspr zw Adoptiveltern u Kind (§ 1754); seit dem 1. 7. 1970 ist sie auch auf die Verh zw nichtehel Kind u Vater anzuwenden (BGH **76**, 295), u zwar auch auf die vorher entstandenen UnterhAnspr (MüKo/v Feldmann Rdn 7). Die Hemmg endet, wenn das Kind 18 Jahre alt (§ 2) od adoptiert w (§ 1755). Anspr geschiedener Eheg wg des Kindesunterh fallen nicht unter § 204 (Hbg FamRZ **82**, 524). – **c) Ansprüche zwischen Vormund und Mündel.** Gleiches gilt für Anspr zw Mündel u GgVormd, Mündel u Pfleger u Mündel u Beistand (MüKo/v Feldmann Rdn 7).

205 *Wirkung der Hemmung.* Der Zeitraum, während dessen die Verjährung gehemmt ist, wird in die Verjährungsfrist nicht eingerechnet.

1) Der Tag, in dessen Verlauf der HemmgsGrd entsteht, w in die Verj nicht einberechnet (RG **161**, 127). Entspr gilt für den Tag, in dessen Verlauf der HemmgsGrd wegfällt. Die Verj läuft auch für die unter §§ 196, 197 fallden Anspr vom Beginn des nächsten Tages an (0 Uhr) weiter; § 201 ist nicht anzuwenden (RG **120**, 362, BGH **86**, 103). Auch § 191 gilt nicht (hM). Die VerjFr ist in konkreter Berechng um die Hemmgszeit zu verlängern. Höchstgrenzen für die Berücksichtigg von Hemmgszeiten gibt nicht (BGH **37**, 113). Die Wirkg der Hemmg beschränkt sich auf die Pers, zw denen der HemmgsGrd besteht (§§ 425 II, 429 II), die eingetretene Verlängerg der VerjFr wirkt jedoch über § 768 zu Lasten des Bürgen.

206 *Ablaufhemmung bei nicht voll Geschäftsfähigen.* **I** Ist eine geschäftsunfähige oder in der Geschäftsfähigkeit beschränkte Person ohne gesetzlichen Vertreter, so wird die gegen sie laufende Verjährung nicht vor dem Ablaufe von sechs Monaten nach dem Zeitpunkte vollendet, in welchem die Person unbeschränkt geschäftsfähig wird oder der Mangel der Vertretung aufhört. Ist die Verjährungsfrist kürzer als sechs Monate, so tritt der für die Verjährung bestimmte Zeitraum an die Stelle der sechs Monate.

II Diese Vorschriften finden keine Anwendung, soweit eine in der Geschäftsfähigkeit beschränkte Person prozeßfähig ist.

1) Allgemeines. a) § 206 soll verhindern, daß ein Gläub, der nicht voll geschäftsfäh ist u keinen ges Vertreter hat, seinen Anspr allein deshalb verliert, weil niemand für eine rechtzeit Unterbrechg der Verj sorgen kann. Auf den umgekehrten Fall des Anspr gg einen nicht voll Geschäftsfähigen ist § 206 nicht anzuwenden, da ZPO 57 auch bei Fehlen eines ges Vertreters des Bekl eine Klagerhebg ermöglicht (BGH NJW **79**, 1983). Auch auf jur Pers kann § 206 nicht entspr angewandt w (BGH NJW **68**, 693, s auch BGH BB **71**, 369 u § 203); hier ist die stattdessen möglich § 29 ZPO. – **b)** § 206 – u ebso § 207 – sind Ausdr eines allg RGedankens; sie sind daher auf **Ausschlußfristen** grdsl entspr anwendb (Haueisen NJW **67**, 235); das ist anerkannt für die Fr gem HGB 89b IV 2 (BGH **73**, 101, WPM **87**, 22); StrEG 12 (BGH **79**, 2); RVO 313 (BSozG **AP** Nr 1); RVO 1290 II (BSozG NJW **74**, 519).

2) Voraussetzungen. § 206 erfaßt nur den Fall, daß der ges Vertreter wirkl fehlt. Eine tatsächl Behinderg des ges Vertreters, etwa dch Krankh od Unkenntn der Angelegenh, fällt nicht unter § 206 (BGH NJW **75**, 260), doch kann uU § 203 eingreifen. Anwendb ist § 206 dagg, wenn der ges Vertreter wg GeschUnfgk od Interessenkollision (§§ 181, 1629, 1795) rechtl verhindert ist (RG **143**, 350, BGH **55**, 271). § 206 gilt auch für den partiell GeschUnfähigen (BGH VersR **69**, 907, 1021, § 104 Anm 3d), nicht aber für den gem §§ 112, 113 partiell Gesch- u ProzFähigen (II u ZPO 52). Das Fehlen des ges Vertreters muß in die letzten 6 Mo der VerjFr fallen, braucht aber nicht währd der ganzen Zeit bestanden zu haben. Der amtl bestellte Vertreter eines RAnw ist nicht dessen ges Vertreter (BGH **57**, 204).

3) Wirkung. Die VerjFr verlängert sich um 6 Monate, bei kürzeren VerjFr um die Dauer der Fr. Das gilt auch dann, wenn der Berecht währd der letzten 6 Monate nur kurze Zeit ohne ges Vertreter war (MüKo/v Feldmann Rdn 5).

207 *Ablaufhemmung bei Nachlaßsachen.* Die Verjährung eines Anspruchs, der zu einem Nachlasse gehört oder sich gegen einen Nachlaß richtet, wird nicht vor dem Ablaufe von sechs Monaten nach dem Zeitpunkte vollendet, in welchem die Erbschaft von dem Erben angenommen oder der Konkurs über den Nachlaß eröffnet wird oder von welchem an der Anspruch von einem Vertreter oder gegen einen Vertreter geltend gemacht werden kann. Ist die Verjährungsfrist kürzer als sechs Monate, so tritt der für die Verjährung bestimmte Zeitraum an die Stelle der sechs Monate.

§§ 207, 208

1) § 207 beruht auf demselben RGedanken wie § 206; er schützt aber nicht nur den Erben, sond auch den NachlGläub (s auch § 2031). Die 6-MonatsFr (od die kürzere VerjFr) beginnt: **a)** mit der Ann der Erbsch (§ 1943), bei mehreren Miterben, wenn sämtl Erben angenommen haben; **b)** mit Eröffng des NachlKonk (KO 214ff); **c)** mit Einsetzg eines NachlVertreters, dh eines NachlVerw (§ 1975), NachlPflegers (§ 1960), AbwesenhPflegers (§ 1911) od TestVollstr (§§ 2197ff), u zwar bei diesem mit der Ann des Amtes (RG **100**, 281), bei den and mit der gerichtl Bestellg.

208 *Unterbrechung der Verjährung durch Anerkenntnis.* Die Verjährung wird unterbrochen, wenn der Verpflichtete dem Berechtigten gegenüber den Anspruch durch Abschlagszahlung, Zinszahlung, Sicherheitsleistung oder in anderer Weise anerkennt.

1) Unterbrechung der Verj tritt ein dch Anerkenntn des Schu (§ 208) od dch Geltdmachg des Anspr dch den Gläub (§§ 209, 210). Sie hat die Wirkg, daß auch bisher bei ihrer Beendigg die volle VerjFr neu beginnt (§ 217). Auch währd einer HemmgsZeit kann die Verj unterbrochen w (BGH NJW-RR **88**, 731). Ausgeschl ist die Unterbrechg dagg nach Vollendg der Verj. Das nach Ablauf der VerjFr abgegebene Anerkenntn beseitigt daher die Verj nicht (RG **78**, 130, BGH VersR **67**, 1092, NJW-RR **87**, 289), kann aber uU als Verzicht auf die VerjEinr aufzufassen sein (§ 222 Anm 2c). Die neue Verj **beginnt** iF des § 208 mit dem auf das Anerkenntn folgden Tag (Spiro I 379). Maßgebd ist der Ztpkt der Abgabe, nicht des Zugangs der Erkl. Auf **Ausschlußfristen** können die Vorschr über die Unterbrechg der Verj idR nur dann angewandt w, wenn dies gesetzl vorgesehen ist (RG **128**, 47, **151**, 347). Bei rgeschäftl AusschlFr kann eine analoge Anwendg von einz Vorschr der §§ 208ff aber dem Partwillen entspr (BGH **83**, 270 zu § 209 II Nr 3).

2) Anerkenntnis. – a) Anerkenntn iSd § 208 ist das rein **tatsächliche Verhalten** des Schu ggü dem Gläub, aus dem sich das Bewußtsein vom Bestehen des Anspr unzweideut ergibt (BGH **58**, 104, NJW **78**, 1914, NJW-RR **88**, 685, stRspr). Einer rgeschäftl WillErkl bedarf es nicht (RG **113**, 238). Das Anerkenntn ist eine geschäftsähnl Hdlg (Übbl 2c v § 104), deren RFolgen unabhäng vom Willen des Schu eintreten (Staud-Dilcher Rdn 5). Ein wirks Anerkenntn setzt GeschFgk voraus (Spiro I § 155); die §§ 133, 157 sind entspr anzuwenden, ebso die §§ 164ff (Anm 4), nicht aber die Vorschr über Willensmängel (RG HRR **30**, 96). Aus einem argl herbeigeführten Anerkenntn können aber wg § 242 keine Rechte hergeleitet w (MüKo/v Feldmann Rdn 10). Das Anerkenntn kann in einem nichtigen RGesch, etwa einer unwirks Abtr, liegen (Karlsr HRR **39**, 549), es kann sich aber auch aus einem gült RGesch ergeben. Das abstrakte Schuldanerkenntn (§ 781) u das bestätigde Schuldanerkenntn (§ 781 Anm 2a) enthalten stets auch zugl ein Anerkenntn iSd § 208 (s Brem OLGZ **71**, 53). – **b)** Das Anerkenntn kann auch in einem schlüss Verhalten liegen; ausnw sogar in einem bloßen Stillschw (BGH NJW **65**, 1430). Erforderl ist aber, daß das Verhalten des Schu das **Bewußtsein vom Bestehen der Schuld** unzweideut zum Ausdr bringt (BGH **58**, 103, WPM **70**, 548). **Nicht** als Anerkenntn aufzufassen sind daher: die Zahlg in Erf einer BewährgsAufl gem StGB 56b (MüKo/v Feldmann Rdn 10, aA LAG Ffm NJW **66**, 1678); die Bezahlg der Kosten des einstw VfgsVerf bezügl des HauptAnspr (BGH NJW **81**, 1955); die Ankündigg einer Kulanzzahlg (Mü DAR **81**, 13); die Ankündigg, leisten zu wollen, wenn ein GgAnspr auf Mängelbeseitigg erfüllt ist (BGH NJW **69**, 1108). Als **Anerkennungshandlungen** kommen dagg neben den im Ges ausdr genannten (Abschlagszahlg, Zinszahlg, Sicherh-Leistg) in Betracht: Stundgsgesuch (BGH NJW **78**, 1914); Bitte um wollwollde Prüfg der wirtschaftl Lage; Hergabe eines Wechsels od Schecks; AuskErteilg über das Vermögen od den Nachl auf Verlangen eines Ausgleichs- od PflichtteilsBerecht (BGH NJW **75**, 1409, **85**, 2945, NJW-RR **87**, 1411); Angebot anderw Verrechng; die Aufr ggü einer unbestrittenen Fdg (BGH NJW **89**, 2461, Frage des Einzelfalls, and BGH **58**, 103); die Vornahme von Nachbessergsarbeiten in dem Bewußtsein, zur GewL verpflichtet zu sein (BGH NJW **88**, 254, Thamm BB **88**, 1477); die Zusage von Nachbessergsarbeiten (BGH BauR **88**, 467). Ein VerglAngebot kann ein Anerkenntn darstellen, wenn sich aus ihm ergibt, daß der AnsprGrd nicht bestritten w soll (BGH VersR **65**, 959, 1150); idR ist aber davon auszugehen, daß VerglVhdlgen unter Aufrechterhaltg der beiderseit RStandpunkte geführt w; die dabei abgegebenen Erkl haben nach dem Scheitern der Vhdlgen keine Wirkg mehr (BGH WPM **70**, 549, Hamm VersR **82**, 806).

3) Es genügt, daß der Schu den Anspr **dem Grunde nach** anerkennt (BGH VersR **60**, 832, **74**, 571, **84**, 442). Leistet der Schu entspr den Anfordergen des Gläub nur auf best Schadensgruppen, so erstreckt sich die Unterbrechg iZw auf die GesamtFdg (BGH NJW-RR **86**, 324). Das gilt auch dann, wenn sich der Schu wg der Höhe Einwendgen vorbehalten hat (BGH VersR **63**, 187, VRS **29**, 328) od er sich über den Umfang des Anspr nicht im Klaren war (RG **135**, 9). Dagg unterbricht das ausdr auf einen **Teil des Anspruchs**, etwa eine best Haftgsquote, beschr Anerkenntn nur hins dieses Teils (BGH VersR **60**, 831, Nürnb VersR **70**, 552). Eine Zahlg mit dem Hinw, die Haftg werde nicht anerkannt, unterbricht nicht über den gezahlten Betrag hinaus (Köln VersR **67**, 463). Bei mehreren Fdgen gg denselben Schu wirkt Anerkenntn nur für diejenige, für die es erklärt ist (BGH VersR **69**, 922). Das Anerkenntn eines GewLAnspr unterbricht die Verj zugl hins der konkurrierden Anspr (BGH **85**, 477, 639 I), auch soweit diese auf SchadErs gerichtet sind (BGH **39**, 190, NJW **78**, 262). Bei **wiederkehrenden** Leistgen wird dch die Bezahlg einer einz Rate zugl auch die Verj des StammR unterbrochen (BGH VersR **60**, 949, NJW **67**, 2353, Köln MDR **87**, 755).

4) Erklärung des Schuldners gegenüber dem Gläubiger. – a) Das Anerkenntn muß vom **Schuldner** od in entspr Anwendg der §§ 164ff von einem legitimierten Vertreter abgegeben w (BGH NJW **70**, 1119, KG DNotZ **70**, 159). AnerkenngsHdlgen des HaftPflVersicherers wirken wg seiner ReguliergsVollm aus AKB 10 V wie solche des Schu (BGH VersR **64**, 1200). Sie sind nicht auf die Deckgssumme beschränkt (BGH NJW **70**, 1119, VersR **72**, 399), wirken auch gg den berecht Fahrer (BGH VersR **72**, 373) u gelten auch dann, wenn der Versicherer ggü dem VersNeh leistgsfrei ist. Aus den Umst kann sich jedoch eine Beschränkg des Anerkenntn auf die Deckgssumme ergeben (BGH NJW **79**, 867, Brschw NJW-RR **89**, 800). Das Anerkenntn des **Pflichtteilsanspruchs** dch den Vorerben wirkt auch ggü dem Nacherben (BGH NJW

Verjährung §§ 208, 209

73, 1690). – **b)** Die Anerkenng muß **gegenüber dem Berechtigten** abgegeben w. Eine Erkl, die nicht zur Weitergabe an den Berecht best ist, genügt nicht. Ausreichd aber ein Anerkenntn ggü einem legitimierten Vertreter, ggü dem PfändgsGläub (BGH NJW **78**, 1914) u ggü einem Dr, wenn dieser es an den Berecht weiterleiten soll (BGH **LM** Nr 1). Leistgen an den SozVersTräger, auf den der Anspr übergegangen ist, sind kein Anerkenntn ggü dem Verletzten (Oldbg VersR **67**, 384).

209 *Unterbrechung durch gerichtliche Geltendmachung.* ¹ Die Verjährung wird unterbrochen, wenn der Berechtigte auf Befriedigung oder auf Feststellung des Anspruchs, auf Erteilung der Vollstreckungsklausel oder auf Erlassung des Vollstreckungsurteils Klage erhebt.

ᴵᴵ Der Erhebung der Klage stehen gleich:
1. die Zustellung eines Mahnbescheids im Mahnverfahren;
1a. die Geltendmachung eines Anspruchs durch Anbringung eines Güteantrags bei einer Gütestelle der in § 794 Abs. 1 Nr. 1 der Zivilprozeßordnung bezeichneten Art;
2. die Anmeldung des Anspruchs im Konkurs oder im Seerechtlichen Verteilungsverfahren;
3. die Geltendmachung der Aufrechnung des Anspruchs im Prozesse;
4. die Streitverkündung in dem Prozesse, von dessen Ausgange der Anspruch abhängt;
5. die Vornahme einer Vollstreckungshandlung und, soweit die Zwangsvollstreckung den Gerichten oder anderen Behörden zugewiesen ist, die Stellung des Antrags auf Zwangsvollstreckung.

1) Allgemeines. Fassg des 2. SeeRÄndG vom 25. 7. 86 (BGBl S 1127). Nach dem Sinn u Zweck der Verj (Übbl 2 v § 194) muß der Gläub die Möglichk haben, die Verj dch Geltdmachg des Anspr zu unterbrechen. Welche Schritte dazu nöt sind, bestimmt § 209. Danach kann der Gläub die Verj nur dch **Klage** (I, Anm 2–6) od eine ihr **gleichgestellte Handlung** (II, Anm 7) unterbrechen. Daneben bestehen für einige Arten von Anspr aufgrund von SonderVorschr bes Unterbrechgsmöglichk (Anm 8).

2) Zur Unterbrechg der Verj ist nach I eine **Klage** erforderl. Die LeistgsKl unterbricht auch dann, wenn sie als **Stufenklage** (ZPO 254) erhoben w (BAG NJW **86**, 2527). Es schadet nichts, wenn in der Vhdlg zunächst nur der AuskAntr gestellt w (BGH NJW **75**, 1409). Die Unterbrechg erstreckt sich auch auf einen zunächst nicht einbezogenen Zeitraum, wenn die zeitl beschränk erkennb auf einem Irrt beruht (BGH NJW **78**, 1157). Auch die Klage auf zukünft Leistg (ZPO 257 ff) u auf **Feststellung** (ZPO 256, 280, 281) unterbricht, selbst wenn sie unzul ist (Anm 3). Das gilt ebso für die Klage auf Erteilg der **Vollstreckungsklausel** (ZPO 731, 796, 797) u auf **Erlaß des Vollstreckungsurteils** (ZPO 722, 1042). Wird die Klage vor Beginn der VerjFr erhoben, tritt die Unterbrechg sofort mit deren Beginn ein (BGH **52**, 49). Die Unterbrechg erstreckt sich auch auf den **hilfsweise** geltd gemachten Anspr (BGH NJW **59**, 1819, **78**, 261). Wird auf den HauptAnspr zuerkannt, ist § 212 entspr anzuwenden, dh die Verj gilt als nicht unterbrochen, wenn der HilfsAntr nicht binnen 6 Mo neu eingeklagt w (BGH NJW **68**, 693, aA Oehlers NJW **70**, 845). Die Klage vor einem **ausländischen Gericht** unterbricht grdsl nur, wenn die Voraussetzgen bes der Anerkenng des Urt (ZPO 328) vorliegen (RG **129**, 389, aA Schütze Betr **77**, 2130). Die Klage vor dem Ger eines VertrStaates des EuGÜbk unterbricht dagg auch dann, wenn das Ger nicht zust ist (Düss NJW **78**, 1752). Die Verteidigg ggü einer **negativen Feststellungsklage** unterbricht die Verj nicht (BGH **72**, 28, NJW **72**, 159, 1043, aA Schlesw NJW **76**, 970), ebsowenig ein Antrag auf Erlaß einer einstw Vfg od auf PKH (Anm 8).

3) Die Verj wird nur dch eine **wirksame** Klage od WiderKl unterbrochen (BGH NJW **59**, 1819). Die Klagschrift muß den wesentl Erfordern des ZPO 253 entsprechen (BGH NJW-RR **89**, 508) u im Anwaltsprozeß von einem beim ProzGer zugelassenen RA unterzeichnet sein (Brschw MDR **57**, 425). Bezeichng mit falschem Namen od mit einer unzul Sammelbezeichng (WoEigtümerGemsch) ist unschädl, wenn ew festgestellt w kann, gg wen sich die Klage richtet (BGH NJW **77**, 1686). Das gilt entspr für sonst Mängel der PartBezeichng (BGH Betr **78**, 2409). Ein Antr auf Terminsanberaumg kann uU eine wirks Klage darstellen (BGH NJW-RR **89**, 508). Fehlt eine ausr **Substantiierung,** so wird dadch die Wirksamk der Klage nicht berührt (BGH NJW **59**, 1819, **67**, 2210, VersR **79**, 764). Bestehen unverzichtb Mängel, tritt die Unterbrechg ohne Rückwirkg nach deren Heilg ein (BGH **LM** ZPO 253 Nr 16). Von der unwirks Klage ist die (bloß) **unzulässige Klage** zu unterscheiden. Wie sich aus § 212 ergibt, wird die Verj auch dch eine unzul Klage unterbrochen (BGH **78**, 5). Das gilt etwa beim Fehlen der ProzFgk (BGH MDR **74**, 388), bei örtl od sachl Unzuständigk (BGH NJW **78**, 1058), Fehlen des FeststellgsInteresses (BGH **39**, 291, **103**, 302) od Nichteinhalten eines vorgeschriebenen Verwaltgsvorverfahrens (BGH MDR **74**, 388).

4) Die Klage muß wirks u rechtzeit erhoben werden. – **a)** Die Erhebg der Kl erfolgt gem ZPO 253, 496, 498 dch **Zustellung** der Klagschrift. Die Zustellg an einen nicht bevollmächtigten Vertreter w rückwirkd wirks, wenn der Bekl die ProzFührg genehmigt, selbst wenn dies erst nach Ablauf der VerjFr geschieht (RG **86**, 246). Entspr gilt für sonst Zustellgmängel, sobald der Bekl gem ZPO 295 I sein RügeR verloren hat (RG **87**, 272, BGH VersR **67**, 398). Der rückwirkend Heilg steht nicht entgg, daß der Bekl bereits vorher die Einr der Verj erhoben h (Brem GmbHRdsch **64**, 10). Die Zustellg dch Niederlegg bei der Post ist wirkgslos, wenn die Kl dem Bekl wg falscher Parteibezeichng nicht ausgehändigt w (LG Paderborn NJW **77**, 2077). KlErweiterg u WiderKl können außer dch Zustellg auch dch Geltdmachg in der mdl Vhdlg erhoben w (ZPO 295 II). Auch insow gilt ZPO 295, iF eines Rügeverzichts tritt die Unterbrechg der Verj bereits mit formloser Übermittlg des Schriftsatzes ein, auch wenn der Antr in der nächsten mdl Vhdlg noch nicht verlesen worden ist (BGH NJW **60**, 1947). – **b)** Die Zustellg wirkt auf den Ztpkt der KlEinreichg zurück, sofern sie **demnächst** erfolgt (ZPO 270 III, 207). Entscheid ist der Eingang bei dem Ger, an das die Klage adressiert ist (Köln NJW-RR **89**, 572). Abweichgen zw der eingereichten u der zugestellten Kl sind un-

195

schädl, sofern beide im wesentl ident sind (BGH NJW **78**, 1058). Auf die Länge der Zeit zw KlEinreichg u Zustellg kommt es nicht an, wenn die aufgetretene Verzögerg nicht vom Kläger zu vertreten ist, sond auf dem GeschAblauf des Ger beruht (BGH NJW **71**, 891, **72**, 1948, **84**, 242). Hat das Verhalten des Klägers zur Verzögerg der Zustellg beigetragen, so ist zu unterscheiden: Wird die Kl alsbald (etwa 2– 4 Wochen) nach Ablauf der VerjFr zugestellt, spielen etwaige Nachlässigk des Klägers keine Rolle, da sich das Verhalten des Klägers im Ergebn nicht nachteilig ausgewirkt hat (BGH NJW **71**, 891, **72**, 1948, **83**, 1052, abw BGH VersR **83**, 662, wonach bereits 3 Wochen schaden sollen). Hätte er die Kl am letzten FrTag eingereicht, wäre die Zustellg unabhäng von seinem Verhalten auch nicht fr erfolgt. Liegt zw Einreichg u Zustellg der Kl eine längere Fr, wirkt die Zustellg nicht zurück, wenn den Kläger od seinen ProzBevollmächtigten an der Verzögerg Verschulden trifft (BGH NJW **71**, 891, **88**, 1082). Einfache Fahrlässigk genügt (BGH aaO); es ist aber kein Verschulden, wenn der Kläger die Aufforderg zur Zahlg des Kostenvorschusses abwartet (BGH NJW **69**, 928) u ihn etwa 1 Woche später überweist (BGH NJW **77**, 1687). – **c)** Der Kläger darf die VerjFr **voll ausnutzen.** Zustellg od – iF des ZPO 270 III – Einreichg der Kl am letzten FrTag genügt. Fällt dieser auf ein Wochenende od einen Feiertag, verlängert sich die Fr gem § 193 bis zum nächsten Werktag (RG **151**, 345, BGH WPM **78**, 464, Düss MDR **70**, 840).

5) Klage des Berechtigten. – a) Der **Berechtigte** muß klagen; die Kl eines NichtBerecht unterbricht nicht. Es genügt, wenn der Kläger im Ztpkt der KlZustellg Berecht war (ZPO 265). Spätere Änd sind verjährgsrechtl auch dann unschädl, wenn die Klage nicht auf Leistg an den neuen RInhaber umgestellt w (BGH NJW **84**, 2102). Der Begriff des Berecht ähnelt dem des § 185 (s dort Anm 1 d). Entscheid ist nicht die RInhabersch, sond die Befugn zur klagw Geltdmachg des Anspr. NichtBerecht kann auch der FdgsInh sein, so der GemSchu iF der KonkEröffng (BGH **LM** Nr 13), der Erbe iF der NachlVerw (BGH **46**, 229). Die gem § 744 II erhobene Kl unterbricht auch für die Miterecht (BGH **94**, 120, krit Reinicke/Tiedtke JZ **85**, 890). Bei einer gepfändeten u zur Einziehg überwiesenen Fdg sind sowohl der PfändgsGläub als auch der Gläub zur Unterbrechg der Verj legitimiert (BGH NJW **78**, 1914; **86**, 423). Berecht iSd § 209 ist auch der zur Einziehg einer Fdg Ermächtigte (§ 398 Anm 8). Seine Kl unterbricht auch dann, wenn sie wg Fehlens eines eig rechtl Interesses unzul ist (BGH **78**, 5, krit Tiedtke Betr **81**, 1317). Voraussetzg ist jedoch, daß er die Ermächtigg offenlegt (BGH **78**, 6, NJW **72**, 1580, Hbg VersR **82**, 872) od sie allen Beteiligten bekannt ist (BGH NJW **85**, 1826). Nach einem gesetzl FdgÜbergang kann nur noch der NeuGläub die Unterbrechg herbeiführen (RG **85**, 429, BGH VersR **85**, 611, Karlsr NJW **61**, 1866). – **b)** Entspr gilt grdsl für die **Abtretung.** Bei der SichersAbtr bleibt dem Zedenten jedoch idR eine Einziehgsbefugn (§ 398 Anm 6 a), iF der stillen SichergsAbtr sogar das Recht, Leistg an sich zu verlangen. In diesem Fall unterbricht seine Kl auch dann, wenn er die Abtr nicht offenlegt (BGH NJW **78**, 698). Bestehen bei mehrfacher SichergsAbtr Zweifel, wer Berecht ist, kann der Zedent dch FeststellgsKl die Verj unterbrechen (BGH NJW **81**, 678). Ist die Abtr unwirks, ist der Zedent auch dann aktivlegitimiert, wenn er die Abtr gem § 409 angezeigt hat (BGH **64**, 120). Dagg unterbricht die Kl des Zessionars iF einer gem § 847 I 2 unwirks Abtr nicht (BGH VersR **62**, 156). – **c) Genehmigt der Berechtigte** die Kl des NichtBerecht od tritt er iW des PartWechsels für diesen in den RStreit ein, wird die Verj mit Wirkg *ex nunc* unterbrochen (BGH **46**, 239, BGH **89**, 1465, **LM** Nr 13); eine Rückwirkg kommt nicht in Betracht, da § 185 auf die ProzFührg nicht entspr anwendb ist. Hat ein Vertreter ohne Vertretgmacht die Kl erhoben, wirkt die Gen der ProzFührg dagg auf den Ztpkt der KlErhebg zurück (BGH **LM** Nr 10). – **d)** Die Kl muß sich **gegen den Schuldner** richten. Die Kl gg eine falschen Schu unterbricht nicht (BAG BB **57**, 822, BGH **80**, 226). Bei einem Anspr gg einen Gesellschafter tritt aber auch dann eine Unterbrechg der Verj ein, wenn die Kl gg die Gesellsch erhoben w (s BGH **80**, 227 in spiegelbildl Anwendg).

6) Umfang der Unterbrechung. – a) Die Unterbrechg tritt nur für den geltd gemachten **Anspruch** ein, dh für den StreitGgst der erhobenen Kl (BGH NJW **88**, 965). AntrÄnd, die die Identität des Anspr unberührt lassen, sind unschädl (BGH **104**, 271: Valuta statt DM). Die Unterbrechg erstreckt sich auf alle in Betr kommen AnsprGrdl (BGH NJW **83**, 2813), nicht aber auf and Anspr iS des ProzR. Die KündSchutzKl unterbricht nicht hins des LohnAnspr (BAG NJW **60**, 838, Rewolle Betr **80**, 1696, aA Becker BB **81**, 1714); die Klage auf Erf nicht hins des SchadErsAnspr (BGH **104**, 12); die Kl auf DchFührg des SachverstVerf nach AVB nicht für den EntschAnspr (BGH VersR **71**, 433); die Kl auf VertrErf od SchadErs aus einem AbzGesch nicht für den Anspr aus AbzG 2 (Hamm MDR **72**, 605); die Kl auf VertrErf nicht für den SchadErsAnspr aus Verzug (Hamm VersR **81**, 947); die Kl aus § 812 nicht für den SchadErsAnspr aus UWG 1 (BGH ZIP **89**, 735); die Kl auf Unterlassg von geschäftsschädigden Äußerigen nicht für den Anspr auf Widerruf (BGH NJW **73**, 2286); die Kl aus einem zur Sicherg übertragenen Recht nicht für den gesicherten Anspr; die WechselKl nicht hins der GrdFdg (Henckel JZ **65**, 338, aA Schaaff NJW **86**, 1029), die Kl auf Zahlg des großen PflTeils nicht für den Anspr auf ZugewinnAusgl (BGH NJW **83**, 388); die Kl auf Auskunft od Rechngslegg nicht für den HauptAnspr (RG **115**, 29, BAG Betr **71**, 1776). Bei GewLAnspr betrifft die Unterbrechg die MangelUrs, nicht nur die erkennb gewordenen Mangelerscheinungen (BGH NJW-RR **89**, 208); bei SchadErsAnspr beschränkt sie sich nicht auf die konkrete Ausgestaltg der ErsPfl, sond betrifft die ErsPfl schlechthin (BGH NJW **85**, 1152), die auf Zahlg gerichtete Klage unterbricht daher auch für die gem § 249 S 1 geschuldete Freihaltg (BGH aaO). Zur StufenKl u zum HilfsAnspr s Anm 2, zur Sonderregelg für GewLAnspr in § 477 III u 639 I s dort. – **b)** Eine **Teilklage** unterbricht nur in Höhe des eingeklagten Betrages (BGH **66**, 147, NJW **78**, 1058, VersR **84**, 391). Das gilt auch dann, wenn der Anspr seinem ganzen Umfang nach dargelegt u die Geltdmachg des Restes ausdr vorbehalten w (RG **77**, 213). Auch wenn der Schu ein Versicherer ist, braucht er auf die drohde Verj des Restes nicht hinzuweisen (BGH NJW **59**, 241). And ist es zu beurteilen, wenn der Gläub den **Anspruch im ganzen** geltd macht, der zunächst eingeklagte Betrag sich aber als zu niedr erweist. Die SchadErsKl unterbricht die Verj auch hins des Mehrbetrages, um den sich der Schaden inf der Änd der PrVerh erhöht (BGH NJW **70**, 1682, **82**, 1809, VersR **84**, 868). Das gilt ebso für die Kl auf Vorschuß zur Behebg von Baumängeln (BGH **66**, 139), nicht aber für die Kl auf Ers der Kosten für eine bereits dchgeführte Mängelbeseitigg (BGH **66**, 147). Die unbezifferte SchmerzG- od FeststellgsKl führt gleich zur Unterbrech der Verj im ganzen (BGH NJW **74**, 1551) auch hins nicht bes erwähnter Positionen (BGH **103**, 301). Eine Kl, mit der **Teilbeträge verschiedener Ansprüche** ohne nähere Aufgliederg geltd gemacht w, unterbricht für jeden Anspr in Höhe der GesKlagesumme (BGH NJW **59**, 1819, **67**, 2210, NJW-RR **88**, 692, Arens ZZP **82**, 145); die Unterbrechg entfällt aber rückwirkd, wenn der Kläger die Aufgliederg bis zum Ende des Proz nicht nachholt (BGH NJW **84**, 2346). Eine **Klageerweiterung** unterbricht die Verj, wenn die Voraussetzgen von ZPO 261 II erfüllt sind (BGH **103**, 25); ZPO 270 III findet Anwendg.

7) Der KlErhebg sind nach II **gleichgestellt: a) Mahnbescheid (Nr 1).** Der Bescheid muß erkennen lassen, welcher Anspr geltd gemacht w. Es genügt eine Individualisierg, eine Substantiierg ist nicht erforderl (BGH WPM **78**, 1296). Ausr auch die Bezugnahme auf ein dem Schu bekanntes Schreiben (BGH NJW **67**, 2354). Unterbrechg tritt auch ein, wenn das Ger unzuständ od der Antr unzul war (BGH **86**, 322, Hamm NJW **84**, 375, oben Anm 3). Auch das Fehlen einer Unterschr unter dem Antrag ist unschädl, sofern der Bescheid erlassen u zugestellt w (BGH **86**, 321). Der Gläub kann den auf Antr eines vollmachtlosen Vertreters erlassenen Mahnbescheid mit Wirkg *ex tunc* genehmigen (BGH **LM** Nr 10). Wer in ProzStandsch handelt, muß klarstellen, daß er ein fremdes Recht geltd macht (BGH NJW **72**, 1580). Ein erst nach KonkEröffg zugestellter Mahnbescheid unterbricht nicht (RG **129**, 344). Erfolgt die Zustellg „demnächst" (Anm 4b) wirkt sie auf den Ztpkt der Einreichg des Antr zurück (ZPO 693 II). Die Rückwirkg erfaßt auch Erweitergen des MahnAntr (BGH **103**, 26). Wird der Antr vom unzuständ Ger (als Irrläufer) an das zust abgegeben, wirkt die Unterbrechg erst seit dem Eingang bei diesem (KG NJW **83**, 2709, Köln NJW-RR **89**, 572). – **b) Güteantrag (Nr 1a).** Unterbrechg tritt nur ein, wenn der Gläub die Voraussetzg für ein sachl Tätigwerden der Gütestelle schafft. Der Antr muß die notwend Formalien wahren (Anm 3), der Gebührenvorschuß muß bezahlt u der Antr „demnächst" (Anm 4b) dem Schu mitgeteilt w (Hbg MDR **65**, 130, Schumacher BB **56**, 1119). Gütestellen iSd ZPO 794 I Nr 1 bestehen in Hbg u Lübeck. – **c) Anmeldung im Konkurs (Nr 2).** Die Verj wird nur für KonkFdgen u nur in Höhe des angemeldeten Betrags unterbrochen (RG **170**, 278); der Gläub kann aber nachträgl geltd machen, der Schaden sei höher, so daß der angemeldete Betrag trotz MitVersch berecht sei (RG aaO). Die Unterbrechg fällt nicht rückwirkd fort, wenn die KonkEröffng auf Beschw aufgehoben w (Celle NJW **59**, 941). Die Anmeldg als Masseschuld unterbricht nicht (LAG Hbg ZIP **88**, 1271). Dauer der Unterbrechg s § 214. Der Anmeldg im Konk steht nunmehr die im Seerechtl VerteilgsVerf gleich; für das Verf gilt die Seerechtl Verteilgsordng vom 25. 7. 86 (BGBl I S 1130). Im VerglVerf tritt nach VerglO 55 Hemmg, nicht Unterbrech ein. – **d) Aufrechnung (Nr 3).** Die Aufr wird im Proz geltd gemacht, wenn eine Part die Aufr erklärt od vorträgt, daß sie bereits außerh des Proz aufgerechnet habe. Die Vorschr betrifft ausschließl die Aufr, die nicht dchgreift. Hat die Aufr Erfolg, erlischt die Fdg u die VerjFrage ist ggstlos. Anwendgsfälle der Nr 3 sind die nicht berücksichtge EventualAufr (allgM), die prozessual unzul Aufr (MüKo/v Feldmann Rdn 19, aA Schreiber JR **81**, 62) u die Aufr, die aus mat Grden, etwa wg eines AufrVerbots, nicht dchgreift (s BGH **80**, 225, **83**, 270). Bei fehlder Ggseitigk ist jedoch Voraussetzg, daß die Aufr auch ggü dem richtigen Schu geltd gemacht worden ist (BGH **80**, 225). Unanwendb ist Nr 3, wenn der Bekl mit einer bereits dch den Aufr des Klägers erloschenen Fdg aufrechnet (Köln MDR **89**, 636). Unterbrechg tritt nur hins des zur Aufr verwendeten Teils des Anspr ein. Sie ist daher der Höhe nach dch den Betrag der KlFdg begrenzt (RG **57**, 375, BGH NJW-RR **86**, 1079, Düss BauR **85**, 342). Werden mehrere Fdgen zur Aufr gestellt, wirkt die Unterbrechg bei alle in Höhe der KlFdg (BayObLG **66**, 361). Wegfall der Unterbrechgswirkg s § 215 II. Auf **Ausschlußfristen**, die in AGB vorgesehen sind, kann Nr 3 uU entspr angewandt w (BGH **83**, 270). – **e) Streitverkündung (Nr 4).** Die Unterbrechg tritt gem ZPO 270 III bereits mit Einreichg des Schriftsatzes ein, wenn die Zustellg „demnächst" (Anm 4b) erfolgt. Sie setzt voraus, daß die Streitverkündg den ZulässigkErfordern des ZPO 72 genügt (BGH **36**, 214, **65**, 131, **70**, 189, KG OLGZ **89**, 74). Diese sind auch erfüllt, wenn der Streitverkündete alternativ zum Streitverkündden als Schu in Betracht kommt (BGH **8**, 80). Die ZulässigkFrage ist erst im FolgeProz zu prüfen (BGH **70**, 189, Saarbr NJW-RR **89**, 1216). Unterbrechg tritt auch ein, wenn der Streitverkündde im Vorprozeß obsiegt (BGH **36**, 214). Sie entfällt aber, wenn die Kl nach der Streitverkündg zurückgenommen w (BGH **65**, 134). Auch eine Streitverkündg erst im BetrVerf unterbricht die Verj (BGH NJW **79**, 264). Streitverkündg im AuslProz unterbricht, sofern sie den wesentl Voraussetzgen des dtschen Rechts entspr (RG **61**, 393) u eine Anerkenng der ausl Entsch zu erwarten ist (Taupitz ZZP **102**, 288). Wegfall der Unterbrechgswirkg s § 215 II. – **f) Vollstreckungshandlungen und Vollstreckungsanträge (Nr 5).** Sowohl der Antr des Gläub auf ZwVollstr als auch der hierauf ergehde Akt des VollstrOrgans unterbrechen (BGH **93**, 295). Das gilt auch dann, wenn ihnen der Entsch in einem summarischen Verf, wie ein Arrest (RG **128**, 80) od eine einstw Vfg (Hamm WRP **78**, 398), zugrunde liegt. Die Unterbrechg betrifft aber nur den unmittelb gesicherten Anspr (Bsp: Eintrag einer SichHyp) nicht den dahinter stehden HauptsachenAnspr (ZahlgsAnspr), s Düss BauR **80**, 475. Keine VollstrHdlgen sind dagg einstw Vfgen, Arrestbefehle u die Antr auf ihren Erlaß (BGH NJW **79**, 217, Düss WRP **73**, 481, Hamm WRP **77**, 40). Bei einer einstw Vfg auf Unterl ist die nachträgl erlassene Strafandrohg (ZPO 890 II) eine VollstrHdlg (BGH NJW **79**, 217); dann ist es aber gerechtfertigt, auch den mit in die einstw Vfg aufgenommenen **Strafandrohungsbeschluß** als VollstrHdlg anzuerkennen (Hamm NJW **77**, 2319, WRP **77**, 816, Dittmar GRUR **79**, 288, aA BGH aaO, Teplitzky GRUR **84**, 307). VollstrHdlgen sind alle das VollstrVerf förderde Maßn, so zB die Anordng der ZwVersteigerg, die Bestimmg des Versteigerungstermins, die Festsetzg des geringsten Gebots, die DchFührg des Termins u die Entscheidg über den Zuschlag (BGH **93**, 296, krit Olzen JR **86**, 56). Dagg bewirkt die Anmeldg einer Fdg im ZwVersteigerungsVerf keine Unterbrechg (KG JW **38**, 45, aA Lucas u Fraeb JW **38**, 2932, 2934). VollstrHdlgen zur Beitreibg von Kosten unterbrechen die Verj der HauptFdg nicht (Hamm GRUR **79**, 326). Wegfall der Unterbrechgswirkg s § 216.

8) Andere Unterbrechungsgründe. Keine Unterbrechgswirkg haben der Antr auf **Prozeßkostenhilfe** (s aber § 203 Anm 3b cc), der Antr auf Erlaß einer **einstweiligen Verfügung** od eines Arrests (s aber Anm 7f), die Verteidigg ggü einer negativen **Feststellungsklage** (Anm 2), die VerfassgsBeschw. Dagg haben Unterbrechgswirkg: der Antr auf **Bestimmung des zuständigen Gerichts** od auf Vorentscheidg der zuständ VerwBeh (§ 210); der **Beweissicherungsantrag**, aber nur in den Fällen der §§ 477 II, 480, 490,

§§ 209–211   1. Buch. 5. Abschnitt. *Heinrichs*

493, 639; die Kl vor einem **Schiedsgericht** (§ 220); das Adhäsionsverfahren (StPO 404 II, s Hbg VersR **89**, 642); der **Widerspruch** u die verwaltgsgerichtl Klage hins des AmtshaftgsAnspr, der aus der angefochtenen Maßn abgeleitet w (BGH **95**, 238); die Einleitg eines Verf gem WHG 10 II (BGH **97**, 112); die Geltdmachg des öffr HerstellgsAnspr hins des AmtshaftgsAnspr (BGH **103**, 246); der Antr auf **Festsetzung von Anwaltsgebühren** (BRAGO 19 IV) u zwar unabhäng davon, ob der Antr demnächst zugestellt w (BGH NJW **81**, 825); die Übersendg der **Kostenrechnung des Notars** gem KostO 154 (Köln DNotZ **57**, 214) u das Verf gem KostO 156 (Düss VersR **77**, 1109, Zweibr MDR **89**, 651, aA Hamm ebda); die **Zahlungsaufforderung** gem KostO 17 III 2, 143, aber nur einmal (Celle DNotZ **76**, 759, Ffm JurBüro **83**, 1245); das **Nachbesserungsverlangen** gem VOB/B 13 (§ 639 Anm 3); der **Abfindungsantrag** nach dem UmwG (BayObLG **82**, 467). Im **öffentlichen Recht** wird die Verj von Anspr der öffr RTräger unterbrochen, wenn zur Dchsetzg des Anspr ein VerwAkt erlassen w (VwVfG 53). Im AbgabenR gilt AO 231, im SozialR SGB I 45 III u X 52.

210 **Unterbrechung durch Antrag auf Vorentscheidung.** Hängt die Zulässigkeit des Rechtswegs von der Vorentscheidung einer Behörde ab oder hat die Bestimmung des zuständigen Gerichts durch ein höheres Gericht zu erfolgen, so wird die Verjährung durch die Einreichung des Gesuchs an die Behörde oder das höhere Gericht in gleicher Weise wie durch Klagerhebung oder durch Anbringung des Güteantrags unterbrochen, wenn binnen drei Monaten nach der Erledigung des Gesuchs die Klage erhoben oder der Güteantrag angebracht wird. Auf diese Frist finden die Vorschriften der §§ 203, 206, 207 entsprechende Anwendung.

1) Fassg: VO v 13. 2. 24 Art IV. Ist der Gläub an der Erhebg einer zul Kl verhindert, weil zunächst ein behördl VorVerf dchgeführt od das zuständ Ger (ZPO 36) bestimmt w muß, ist es sachgerecht, die Unterbrechg bereits mit der Einleitg des VorVerf eintreten zu lassen. Dem trägt § 210 Rechng. § 210/1. Fall ist trotz seines zu engen Wortlauts („Zulässigk des RWegs") immer anwendb, wenn eine behördl Entsch od ein behördl VorVerf **Prozeßvoraussetzung** für die Erhebg einer Kl ist (BGH **LM** Nr 5 Bl 3). Bsp sind StrEG 10ff, Nato-Truppenstatut 6ff, FinanzVertr 8 X. Auch auf das VorVerf bei beamtenrechtl Anspr ist § 210 anwendb; die Verj wird aber nicht schon dch den Antr, sond erst dch den Widerspr gem VerwGO 68 unterbrochen (BVerwG **57**, 308, BayVGH DÖD **79**, 229). Dagg findet § 210 keine Anwendg, wenn die behördl Entsch nicht die Zulässigk, sond die Begründeth der Kl betrifft (BGH **LM** Nr 5 zu AMVO Bln 11 IV), od wenn sie, wie iF der GehaltsAnspr von ArbNeh des öff Dienstes, keine KlVoraussetzg ist (BAG BB **72**, 222). Auch wenn die behördl Entsch nur für einen KlGrd ProzVoraussetzg ist, unterbricht der Antr für alle KlGrde (BayObLG **56**, 65). Untätig des Gläub führt nicht zur Beendigg der Unterbrechg, wenn die Beh vAw für den Fortgang des Verf zu sorgen hat (BGH VersR **77**, 647). Die Unterbrechg tritt nur ein, wenn die Beh od das Ger über das Gesuch eine **Sachentscheidung** trifft (MüKo/v Feldmann Rdn 3). Die Fr von 3 Mo beginnt, wenn die Entscheidg dem Gläub zugeht.

211 **Dauer und Ende der Unterbrechung bei Klage.** ^I Die Unterbrechung durch Klagerhebung dauert fort, bis der Prozeß rechtskräftig entschieden oder anderweit erledigt ist.

^{II} Gerät der Prozeß infolge einer Vereinbarung oder dadurch, daß er nicht betrieben wird, in Stillstand, so endigt die Unterbrechung mit der letzten Prozeßhandlung der Parteien oder des Gerichts. Die nach der Beendigung der Unterbrechung beginnende neue Verjährung wird dadurch, daß eine der Parteien den Prozeß weiter betreibt, in gleicher Weise wie durch Klagerhebung unterbrochen.

1) Allgemeines. Währd die neue VerjFr nach der Unterbrechg dch Anerkenntn (§ 208) od dch VollstrMaßn (§ 209 II Nr 5) sofort wieder zu laufen beginnt (§ 216 Anm 1), **dauert** die Unterbrechg dch KlErhebg bis zur Erledigg des RStreits (I) od zu einem Stillstand des Verf (II) **fort**. Wird der RStreit dch KlRückn od dch ProzUrt beendet, gilt § 212. Die **Beweislast** für die Beendigg der Unterbrechg trägt der Schu (KG HRR **25**, 719).

2) Beendigung des Rechtsstreits (I). Rechtskr Entsch iSd § 211 sind das EndUrt (ZPO 300), das VorbehUrt (§ 219), das TeilUrt hins des entschiedenen AnsprTeils (BGH **65**, 136), nicht aber das GrdUrt (BGH **65**, 135) u das unter § 212 fallde ProzUrt. Zur anderweit Erledigg führt der gerichtl oder außergerichtl Vergl. Auf die Erledigg der Hauptsache ist § 211 idR nicht anwendb, da sie Fälle betrifft, in denen das KlBegehren ggstlos w (Staud-Dilcher Rdn 4). Zur Klagrückn s § 212.

3) Stillstand des Verfahrens (II). a) Vereinbgen der Part (II/1. Fall) können nach geltdem Recht nicht mehr ipso jure zum ProzStillstand führen (s RG **128**, 196). Die Part haben es aber weiterhin in der Hand, den RStreit dch **Nichtbetreiben** zum Stillstand zu bringen. Stillstand des Verf liegt vor, wenn das Ger gem ZPO 251 I, 251a III das Ruhen des Verf angeordnet hat (BGH NJW-RR **88**, 279, unten c). II ist aber auch dann anwendb, wenn das Verf ohne förml GerBeschl fakt in Stillstand gerät (BGH NJW **68**, 694, BAG NJW **72**, 1247, Ffm Betr **72**, 2349), etwa dadch, daß der Kläger den Anspr nicht begründet (Düss NJW-RR **88**, 703) od iF des ZPO 254 nach Erledigg der 1. Stufe den HauptAntr nicht weiterverfolgt (BAG NJW **86**, 2527). Tritt der Stillstand nur hins eines Teils des Anspr ein, so endet die Unterbrechg nur für diesen (RG JW **28**, 100, BAG NJW **61**, 2371). Das kann anzunehmen sein, wenn in KlAntr nicht mehr gestellt w (BAG aaO, BGH VersR **70**, 817), eine stillschw KlRückn aber nicht vorliegt. Unanwendb ist II, wenn die Part zunächst die Entscheidg über die Berufg gg ein TUrt abwarten, weil dieses für den noch nicht erledigten Teil bedeuts ist (BGH NJW **79**, 811). Das gilt ebso, wenn das Verf ruht, um einer Part die Beschaffg von Beweisen zu ermöglichen (BGH VersR **77**, 648, Karlsr BB **73**, 119), wenn der richtige KlAntr wg einer vom Ger angeregten KlÄnd nicht gestellt w (BGH NJW **88**, 128) od wenn sonst trift Grde für ein Zuwarten

198

bestehen (BGH NJW **87**, 371). Dagg soll die Unterbrechg enden, wenn die Part den Proz nicht fördern, um den Ausgang eines MusterProz abzuwarten (BGH NJW **83**, 2496, krit Brommann AnwBl **85**, 5). Auch wenn die Part ohne triftige Grde untät sind, ist II unanwendb, sow die Förderg des Verf **Sache des Gerichts** ist, das Ger also vAw tät w muß (BGH VersR **76**, 37, **77**, 647, **78**, 1143). Das gilt etwa, wenn eine Part die Anschrift eines Zeugen nicht mitteilt (Köln VersR **70**, 1024) od sonst gerichtl Auflagen nicht erfüllt (BGH VersR **78**, 1143). Dagg ist II anzuwenden, wenn die Terminsansetzg auf Wunsch des Gläub unterbleibt (BGH NJW **83**, 2496). Nach RKraft des GrdUrt muß das Ger vAw Termin ansetzen; eine Untätigk der Part rechtfertigt daher nicht die Anwendg von II (BGH NJW **79**, 2307, krit Grunsky ZZP **93**, 179). Das Ger muß auch dann vAw das Erforderl veranlassen, wenn ihm die Akten nicht vorliegen (Köln VersR **70**, 1024). – **b) Unterbrechungen** des Verf (ZPO 239–245) u **Aussetzungen** dch das Ger (ZPO 246ff, 148f) fallen nicht unter II 1 (RG **145**, 240, BGH **15**, 82, VersR **82**, 651, NJW **89**, 1729). Die neue Verj beginnt neu, wenn der Grd der Unterbrechg od Aussetzg wegfällt u die Part gleichwohl nichts unternehmen. Ruht das Verf bereits vor Eintritt des Unterbrechgs- od AussetzgsGrdes, so bewirkt dieser keine Unterbrechg od Hemmg der Verj (BGH NJW **63**, 2019). – **c)** Die Unterbrechg der Verj endigt mit der **letzten Prozeßhandlung**. Darunter fallen alle Hdlgen der Part od der Ger, die der Förderg od Erledigg des RStreits dienen (RG **77**, 324), wie die Zustellg, Ladg, Vertagg, Einreichg eines Schriftsatzes (BGH VersR **76**, 37), nicht aber die Einholg eines NotFrAttestes (Nürnb OLGZ **66**, 390). Kommt der RStreit dch einen Beschl über das **Ruhen des Verfahrens** zum Stillstand, ist die neue VerjFr wg der Sperrwirkg des ZPO 251 II gem § 202 I gehemmt, es sei denn, daß das Ger der vorzeit WiederAufn des Verf mit Sicherh jederzeit zustimmen w (BGH NJW **68**, 693). – **d) Weiterbetreiben** (II 2) ist jede ProzHdlg einer Part, die best u geeignet ist, den Proz wieder in Gang zu setzen, auch wenn die Hdlg im Ergebn erfolglos bleibt (BGH **73**, 10). Nicht erforderl ist, daß der Schu von der Hdlg Kenntn erlangt (BGH NJW **84**, 2104). Ausr daher ein ProzKostenhilfeAntr (BGH aaO), TerminsAntr (BGH **55**, 216), VerweisgsAntr, auch wenn die ohne mdl Vhdlg beantragte Verweisg unzul ist (BGH VersR **76**, 37), Zahlg der ProzGebühr (BGH **52**, 51, NJW **82**, 2662), Einlegen einer Anschlußberufg (BGH ZZP **89**, 204), Auftr zur Zustellg eines VollstrTitels, auch wenn sich diese als undchführb erweist (BGH **73**, 10). Genügd ist auch der Antr, das ruhde Verf auszusetzen (BGH NJW-RR **88**, 279). Das Weiterbetreiben unterbricht auch dann erneut, wenn der Kläger den Anspr inzw abgetreten hat (BGH NJW **84**, 2102).

212 Unterbrechung bei Klagerücknahme.

I Die Unterbrechung durch Klagerhebung gilt als nicht erfolgt, wenn die Klage zurückgenommen oder durch ein nicht in der Sache selbst entscheidendes Urteil rechtskräftig abgewiesen wird.

II Erhebt der Berechtigte binnen sechs Monaten von neuem Klage, so gilt die Verjährung als durch die Erhebung der ersten Klage unterbrochen. Auf diese Frist finden die Vorschriften der §§ 203, 206, 207 entsprechende Anwendung.

1) Absatz I. – **a)** Die **Klagrücknahme** hat zur Folge, daß der RStreit als nicht anhäng geworden gilt (ZPO 269 III); sie bewirkt zugleich, daß auch die Unterbrechg der Verj als nicht eingetreten gilt (I/1. Fall). KlRückn kann auch in dem Übergang zu einem and Anspr liegen, wenn der ursprüngl nicht weiterverfolgt w (BAG NJW **61**, 1787). Wiederholt der Kläger einen fr gestellten Antr nicht mehr, ist es Frage des Einzelfalls, ob eine TeilKlRückn od bloßes Nichtbetreiben (§ 211 II) vorliegt (s BGH VersR **65**, 1154, **70**, 817). – **b)** Der KlRückn gleichgestellt ist das wg Fehlens allg od bes ProzVoraussetzgen ergehde klagabweisde **Prozeßurteil** (I/2. Fall) Daraus ergibt sich zugl, daß auch die unzul Klage die Verj unterbricht (BGH **78**, 5, § 209 Anm 3). Die Abweisg wg fehlder Aktivlegitimation ist SachUrt, führt also, wenn die Verj wirkl unterbrochen worden ist (§ 209 Anm 5), nicht zur Anwendg von I.

2) Die unterbrechde Wirkg der ersten Kl bleibt erhalten, wenn der Kläger innerh einer AusschlußFr von 6 Mo eine **neue Klage** erhebt **(II)**. Die Fr beginnt mit der KlRückn od der RKraft des klagabweisden Urt. Der Kl gleichgestellt sind auch hier die in § 209 II angeführten ProzHdlgen (Köln DNotZ **57**, 217) sowie der Eintritt in einen anhäng RStreit iW des PartWechsels (BGH Betr **89**, 1465). Es schadet nicht, wenn die neue Kl bereits vor Rückn der fr erhoben w (s RG **149**, 326).

3) Auf das **Beweissicherungsverfahren** (§ 209 Anm 8) ist § 212 entspr anzuwenden. Auch der unzul Antr unterbricht, sofern das Ger ihm stattgibt (BGH NJW **83**, 1901). Die Unterbrechgswirkg fällt bei einer Rückn od Zurückweisg des Antr weg, bei der DchFührg der BewSicherg beginnt die Verj neu zu laufen (BGH **53**, 46); iF der Rückn od Zurückweisg bleibt die unterbrechde Wirkg erhalten, wenn der Gläub binnen 6 Mo einen neuen Antr stellt od Kl erhebt (MüKo/v Feldmann Rdn 8). § 212 ist außerdem analog anwendb auf das GebührenfestsetzgsVerf nach BRAGO 19 (BGH **21**, 206); das BeschwVerf gem KostO 156 (Düss Rpfleger **77**, 462); die Geltdmachg eines HilfsAnspr (§ 209 Anm 2), nicht aber auf die Fälle des § 209 II Nr 1 ff (§ 213 Anm 1d), od den dch Klage geltd gemachten Vorbeh gem VOB/B 16 Nr 3 II (BGH NJW **87**, 2582).

212a Dauer der Unterbrechung bei Güteantrag.

Die Unterbrechung durch Anbringung des Güteantrags dauert bis zur Erledigung des Güteverfahrens und, wenn an dieses Verfahren sich ein Streitverfahren unmittelbar anschließt, nach Maßgabe der §§ 211, 212 fort. Gerät das Güteverfahren dadurch, daß es nicht betrieben wird, in Stillstand, so finden die Vorschriften des § 211 Abs. 2 entsprechende Anwendung. Wird der Güteantrag zurückgenommen, so gilt die Unterbrechung der Verjährung als nicht erfolgt.

1) Fassg: VO v 13. 2. 24 Art IV. Da das GüteVerf vor dem AmtsGer dch das REinhG aufgeh worden ist, hat § 212a nur noch aufgrund der Verweisg in § 213 Bedeutg. S daher dort.

§§ 213–216

213 *Dauer der Unterbrechung bei Mahnbescheid.* Auf die Unterbrechung durch Zustellung eines Mahnbescheids im Mahnverfahren finden die Vorschriften des § 212a entsprechende Anwendung. Die Unterbrechung gilt als nicht erfolgt, wenn der Mahnbescheid seine Kraft verliert (§ 701 der Zivilprozeßordnung).

1) Fassg: VO v 13. 2. 24 Art IV. Die **entsprechende Anwendung des § 212a** bedeutet: **a)** Das MahnVerf ist **erledigt** (§ 212a S 1, 1. Hälfte), wenn der VollstrBescheid rechtskr ist (ZPO 700). Damit endet die Unterbrechg u die neue 30jähr Verj beginnt (§ 218). – **b)** Das **Streitverfahren** schließt sich unmittelb an (§ 212a S 1, 2. Hälfte), wenn das AmtsGer den RStreit nach Einlegg von Widerspr od Einspr an das zuständ Ger abgibt (ZPO 696 I, 700 III); auf die Anberaumg eines VhdlgsTermins vor dem StreitGer kommt es nicht an (s BGH **55**, 214 zum fr Recht). Die Unterbrechg dauert gem §§ 211, 212 bis zur Erledigg od zum Stillstand des StreitVerf fort. – **c)** Zum **Stillstand** des MahnVerf (§ 212a S 2) gelten die Ausführgen in § 211 Anm 3 entspr. Er tritt zB ein, wenn der Antr auf DchFührg des streitigen Verf nicht gestellt w (ZPO 696 I); ebso, wenn der VollstrBescheid im PartBetr zugestellt w soll (ZPO 699 IV), die Zustellg aber nicht erfolgt (s BGH **73**, 10, Mü OLGZ **76**, 189). – **d)** Wird der Antr auf Erlaß des Mahnbescheids **zurückgenommen**, so gilt die Unterbrechg als nicht erfolgt (§ 212a S 3). And als iF der KlRückn (§ 212 II) hat der Gläub nicht die Möglichk, die Unterbrechgswirkg dch Einleitg eines neuen Verf zu erhalten (Mü MDR **80**, 501).

2) Satz 2. Der Mahnbescheid verliert seine Kraft, wenn der VollstrBescheid nicht binnen 6 Mo beantragt od der Antr zurückgewiesen w (ZPO 701). Auch hier fällt die Unterbrechg endgült weg; § 212 II ist nicht entspr anwendb.

214 *Dauer der Unterbrechung bei Anmeldung im Konkurs.* **I** Die Unterbrechung durch Anmeldung im Konkurse dauert fort, bis der Konkurs beendigt ist.

II Die Unterbrechung gilt als nicht erfolgt, wenn die Anmeldung zurückgenommen wird.

III Wird bei der Beendigung des Konkurses für eine Forderung, die infolge eines bei der Prüfung erhobenen Widerspruchs in Prozeß befangen ist, ein Betrag zurückbehalten, so dauert die Unterbrechung auch nach der Beendigung des Konkurses fort; das Ende der Unterbrechung bestimmt sich nach den Vorschriften des § 211.

IV Auf die Unterbrechung durch Anmeldung im Seerechtlichen Verteilungsverfahren sind die Absätze 1 bis 3 entsprechend anzuwenden.

1) Der Konk endet dch Aufhebg (KO 163) od Einstell (KO 202 ff), aber nicht schon mit BeschlFassg, sond erst mit öff Bekanntmach (BGH **64**, 3). Wird der EröffngsBeschl auf Beschw aufgeh, ist gleichf I anzuwenden, die Unterbrechg w nicht etwa rückwirkd beseitigt (MüKo/v Feldmann Rdn 2). Die Rückn der Anmeldg (II) führt zum endgült Wegfall der Unterbrechg. Nimmt der Gläub die Anmeldg aufgrund einer Vereinbg mit dem KonkVerw wg einer and Befriediggsmöglichk zurück, ist II nicht anzuwenden (RG **70**, 36). Zu III s KO 146, 168. Gem IV, eingefügt dch das 2. SeeRÄndG vom 25. 7. 86, gelten I–III für das Seerechtl VerteilgsVerf entspr. Dieses wird dch die Seerechtl Verteilgsordng vom 25. 7. 86 (BGBl I 1130) im einz geregelt.

215 *Dauer der Unterbrechung bei Aufrechnung und Streitverkündung.* **I** Die Unterbrechung durch Geltendmachung der Aufrechnung im Prozeß oder durch Streitverkündung dauert fort, bis der Prozeß rechtskräftig entschieden oder anderweit erledigt ist; die Vorschriften des § 211 Abs. 2 finden Anwendung.

II Die Unterbrechung gilt als nicht erfolgt, wenn nicht binnen sechs Monaten nach der Beendigung des Prozesses Klage auf Befriedigung oder Feststellung des Anspruchs erhoben wird. Auf diese Frist finden die Vorschriften der §§ 203, 206, 207 entsprechende Anwendung.

1) Die Unterbrechg dch Aufr od Streitverkündg **dauert** – ebso wie die dch KlErhebg – bis zur Erledigg od zum Stillstand des Prozesses **(I)**. Die Ausführgen zu § 211 gelten daher entspr. Nimmt der Kläger die Kl zurück, gilt die Unterbrechg dch Aufr od Streitverkündg als nicht erfolgt (BGH **65**, 134). Läßt der Beklagte den AufrEinwand fallen, bleibt die Unterbrechg wirks (MüKo/v Feldmann Rdn 3), die 6-MonatsFr des II beginnt aber sofort zu laufen.

2) Die Unterbrechg gem § 209 II 3 u 4 ist auflösd bedingt dch **Klagerhebung** innerh einer AusschlußFr von 6 Mo **(II)**. Ein GrdUrt setzt die Fr nicht in Lauf (BGH **65**, 135, NJW **80**, 2303), ein TeilUrt nur dann, wenn es den für die Aufr (Streitverkündg) vorgreifl ProzStoff vollständ erledigt (BGH **65**, 135). Die Fr beginnt mit der RKraft des Urt. Der Kl stehen die Einleitg eines MahnVerf u die übrigen in § 209 II genannten ProzHdlgen gleich (BGH **53**, 273). Die Fr wird auch dch den Antr auf Bestimmg des zust Ger gewahrt, wenn anschließd in der Fr des § 210 Kl erhoben w (BGH aaO).

216 *Unterbrechung bei Vollstreckungshandlungen.* **I** Die Unterbrechung durch Vornahme einer Vollstreckungshandlung gilt als nicht erfolgt, wenn die Vollstreckungsmaßregel auf Antrag des Berechtigten oder wegen Mangels der gesetzlichen Voraussetzungen aufgehoben wird.

II Die Unterbrechung durch Stellung des Antrags auf Zwangsvollstreckung gilt als nicht erfolgt, wenn dem Antrage nicht stattgegeben oder der Antrag vor der Vornahme der Vollstreckungshandlung zurückgenommen oder die erwirkte Vollstreckungsmaßregel nach Absatz 1 aufgehoben wird.

Verjährung **§§ 216–219**

1) § 216 regelt nur den Wegfall der Unterbrechg, nicht ihre Dauer. Er geht als selbstverständl davon aus, daß die Verj iF des § 209 II Nr 5 sofort wieder zu laufen beginnt (RG **128**, 80, BGH NJW **79**, 217). Die Unterbrechg **fällt** rückwirkd **weg**, wenn die VollstrMaßn auf Antr des Gläub aufgeh w (I; Bsp: Gläub gibt gepfändete Sache frei) od er den VollstrAntr zurücknimmt (II). Das gleiche gilt in Anlehng an den Fall der ProzAbweisg (§ 212), wenn die VollstrMaßn wg Fehlens der ges Voraussetzgen aufgeh w. Das trifft nur zu, wenn die Voraussetzgen für eine ZwangsVollstr schlechthin fehlen (MüKo/v Feldmann Rdn 3), nicht aber, wenn die VollstrMaßn wg Unpfändbark der Sache od aufgrund einer DrittWidersprKl aufgeh w.

217 *Wirkung der Unterbrechung.* Wird die Verjährung unterbrochen, so kommt die bis zur Unterbrechung verstrichene Zeit nicht in Betracht; eine neue Verjährung kann erst nach der Beendigung der Unterbrechung beginnen.

1) Endet die Unterbrechg im Laufe eines Tages, beginnt die neue Verj am folgden Tag (§ 187 I); endet sie mit Beginn eines Tages (Bsp: RKraft eines Urt), ist dieser bereits auf die neue Verj mit anzurechnen (§ 187 II). § 201 gilt nicht (s dort Anm 1). Da auch die neue Verj unterbrochen w kann, kann die GesDauer der Verj ein Vielfaches der ges VerjFr betragen. Die Unterbrechg wirkt auch für den RNachf (RG **163**, 396). Sie betrifft nicht den Anspr gg den Bürgen, hindert diesen aber daran, sich gem § 768 auf die Verj der HptFdg zu berufen (Düss MDR **69**, 655). Bei GesSchu hat die Unterbrechg idR Einzelwirkg; sie kann aber nach dem zw den GesSchu bestehden RVerhältn auch GesWirkg haben (§ 425 Anm 2e).

218 *Verjährung des rechtskräftigen Anspruchs.* ^I Ein rechtskräftig festgestellter Anspruch verjährt in dreißig Jahren, auch wenn er an sich einer kürzeren Verjährung unterliegt. Das gleiche gilt von dem Anspruch aus einem vollstreckbaren Vergleich oder einer vollstreckbaren Urkunde sowie von einem Anspruche, welcher durch die im Konkurs erfolgte Feststellung vollstreckbar geworden ist.
^{II} Soweit sich die Feststellung auf regelmäßig wiederkehrende, erst künftig fällig werdende Leistungen bezieht, bewendet es bei der kürzeren Verjährungsfrist.

1) Verjährung des rechtskräftig festgestellten Anspruchs. – a) Die **rechtskräftige Feststellung** kann dch LeistgsUrt, FeststellgsUrt, VorbehUrt (§ 219), Schiedsspruch (§ 220), VollstrBescheid od Kostenfestsetzgsbeschl (MüKo/v Feldmann Rdn 2) geschehen. Auch ein die ErsPfl nur ganz allg feststelldes Urt ist ausr (BGH NJW-RR **89**, 215). Wird eine negative FeststellgsKl, die sich auf einen konkret umrissenen Anspr bezieht, als unbegründet abgewiesen, wird dadch der Anspr des Bekl positiv festgestellt (BGH NJW **72**, 1043, **75**, 1320, krit Gürich MDR **80**, 359). Umfang u Tragweite der positiven Feststellg sind erfdlf den UrtGrden dch Auslegg zu entnehmen. Ausl Urt fallen unter § 218, wenn sie im Inland anerkannt w (MüKo/v Feldmann Rdn 2). Eine teilw Feststellg wirkt für den festgestellten Betrag (RG **66**, 271). Ein GrdUrt nach ZPO 304 genügt nicht, weil es keine mat RKraft schafft (BGH NJW **85**, 792), wohl aber ein Schiedsspruch über den Grd, wenn das SchiedsGer nur über ihn zu entscheiden hat (RG NJW **100**, 122). **– b)** Der rkräft Feststellg stehen gem I 2 gleich der vollstreckb **Vergleich** (ZPO 794 I Nr 1), nicht der außergerichtl Vergl (s aber § 195 Anm 2a), die **vollstreckbare Urkunde** (ZPO 794 I Nr 5), u die vollstreckb Feststellg zur **Konkurstabelle** (KO 164 II, 194, 206 II). Eine vollstreckb Ausfertigg der Kostenrechng des Notars fällt nicht unter § 218; es bleibt bei der 2jähr Verj gem § 196 I Nr 15 (KG NJW **55**, 633, Hamm Rpfleger **57**, 421, Köln JurBüro **82**, 1555, sehr is, aA Schlesw DNotZ **83**, 580, Oldbg NdsRpfl **89**, 180). **– c)** Dch die rkräft Feststellg wird die bisher maßgebde VerjFr dch die **30jährige Verjährung** ersetzt. Das gilt auch für den Anspr aus HGB 26 gg den fr GeschInh (MüKo/v Feldmann Rdn 4, str), den Anspr gg den Gesellschter (s BGH NJW **86**, 188) u den ausgeschiedenen Gesellschafter (RG JW **38**, 1174) sowie für Anspr, die erst nach Erlaß des Urt gesetzl eröffnet w (BGH NJW **67**, 563). Die 30-JahresFr ist auch dann maßgebd, wenn eine kürzere Verj vertragl vereinb war (RG **109**, 234, Nürnb OLGZ **66**, 388). Nur für regelmäß **wiederkehrende Leistungen** gilt gem II die 4jährige Verj. Der Begriff ist hier ebso zu verstehen wie in § 197 (s dort Anm 1). II ist auch dann anzuwenden, wenn der RentenAnspr aus einem rkräft festgestellten GesAnspr hervorgeht (BGH VRS **59**, 76, Bambg VersR **80**, 852). Die bis zur RKraft des Urt aufgelaufenen Leistgen (Zinsen) verjähren gem I in 30 Jahren, die nach RKraft fäll werdden gem II in 4 Jahren, wobei für den VerjBeginn § 201 gilt (BGH NJW-RR **89**, 215, AG Brem JurBüro **82**, 1240). Die 30-JahresFr gilt auch ggü dem **Rechtsnachfolger**, u dem nachträgl beigetretenen Schuldmitübernehmer (BGH NJW **87**, 2863), nicht aber ggü GesSchu od Bürgen (BGH NJW **80**, 1461, **84**, 794).

2) Beginn und Unterbrechung der neuen Verjährung. – a) Die neue VerjFr von 30 od 4 Jahren **läuft** ab RKraft des Urt. War der Anspr noch nicht fäll, beginnt die Verj erst mit der Fälligk (Celle NJW **64**, 820, § 198 Anm 1). Geht der Anspr auf Unterl, wird die neue Verj gem § 198 S 2 erst dch eine ZuwiderHdlg in Lauf gesetzt (BGH **59**, 74, Borck WRP **79**, 346, MüKo/v Feldmann Rdn 10, str, aA Dittmar GRUR **79**, 290). – **b)** Kommt der Schu dem Urt nicht nach, ist zur Unterbrechg der Verj eine erneute **Feststellungsklage** zul, wenn, wie iF eines flüchtigen UnterhPflichtigen, und Unterbrechgsmöglichk, insbes die des § 209 II 5, fehlen (BGH **93**, 287, Hbg FamRZ **82**, 526).

219 *Verjährung des Anspruchs aus Vorbehaltsurteil.* Als rechtskräftige Entscheidung im Sinne des § 211 Abs. 1 und des § 218 Abs. 1 gilt auch ein unter Vorbehalt ergangenes rechtskräftiges Urteil.

1) VorbehUrt können bei Aufr (ZPO 302) u im Urk- u WechselProz (ZPO 599) ergehen. Auf das Urt unter Vorbeh der beschränkten Haftg sind die §§ 211 I, 218 dagg direkt anzuwenden. Wird der RStreit aufgrund des Vorbeh weitergeführt, wird die Verj wie dch eine neue Kl erneut unterbrochen (allgM).

220 *Unterbrechung der Verjährung bei sonstigen Verfahren.* ¹ Ist der Anspruch vor einem Schiedsgericht oder einem besonderen Gerichte, vor einem Verwaltungsgericht oder einer Verwaltungsbehörde geltend zu machen, so finden die Vorschriften der §§ 209 bis 213, 215, 216, 218, 219 entsprechende Anwendung.

ΙΙ Sind in dem Schiedsvertrage die Schiedsrichter nicht ernannt oder ist die Ernennung eines Schiedsrichters aus einem anderen Grunde erforderlich oder kann das Schiedsgericht erst nach der Erfüllung einer sonstigen Voraussetzung angerufen werden, so wird die Verjährung schon dadurch unterbrochen, daß der Berechtigte das zur Erledigung der Sache seinerseits Erforderliche vornimmt.

1) Die Regeln, die auf die Unterbrechg der Verj dch Geltdmachg vor den ordentl Ger anzuwenden sind, überträgt § 220 auf die RVerfolgg vor den SchiedsGer, den bes Ger (ArbGer, PatentGer, Rheinschiffahrts-Ger) u den VerwGer (VerwGer, FinzGer, SozGer). Soweit die Vorschr außerdem VerwBeh erwähnt, ist sie leerlaufd. VorVerf vor VerwBeh fallen unter § 210, endgült Entsch über RStreitigk sind den VerwBeh entzogen (GG 92). Die Kl vor einem in § 220 angeführten Ger unterbricht auch dann, wenn der RWeg nicht eröffnet od das Ger unzuständ ist (ähnl MüKo/v Feldmann Rdn 3, aA Erm-Hefermehl Rdn 1). Das gilt sicher iF der Verweisg an das zust Ger (GVG 17 III, ArbGG 48a III; SGG 52 III), da dann die Wirkgen der bereits eingetretenen RHängigk erhalten bleiben. Da § 212 für anwendb erklärt worden ist, bleibt die Unterbrechg aber auch iF der ProzAbweisg wirks (aA hM), sofern in der Fr des § 212 II erneut Klage erhoben wird. Auch die Gleichwertigk der GerZweige schließt es aus, die Unterbrechg zu bejahen, wenn vor dem ordentl Ger ein Anspr geltd gemacht w, der vor die Arb- od die VerwGer gehört (s dazu § 209 Anm 3), sie aber zu verneinen, wenn vor dem Arb- od VerwGer ein Anspr erhoben w, über den die ordentl Ger zu entscheiden haben.

2) Kl vor dem **Schiedsgericht** kann idR erst nach dessen Konstituierg erhoben w. II läßt die Unterbrechg der Verj daher bereits eintreten, wenn der Gläub das zu Konstituierg des SchiedsGer Erforderl veranlaßt, dh idR seinen SchiedsRi benennt. Die Erhebg der SchiedsKl unterbricht erneut. § 220 gilt auch für ausl SchiedsGer (Junker KTS **87**, 45). Wird der SchiedsVertr nachträgl aufgeh, ist § 212 I entspr anzuwenden (BGH WPM **71**, 355). Auf SchiedsgutachtenVertr findet § 220 keine Anwendg (Hamm OLGZ **82**, 452).

221 *Verjährung bei Rechtsnachfolge.* Gelangt eine Sache, in Ansehung deren ein dinglicher Anspruch besteht, durch Rechtsnachfolge in den Besitz eines Dritten, so kommt die während des Besitzes des Rechtsvorgängers verstrichene Verjährungszeit dem Rechtsnachfolger zustatten.

1) Bei einem persönl Anspr hat der Wechsel in der Pers des Gläub od Schu keinen Einfluß auf den Lauf der Verj, da der Anspr ders bleibt (BGH **60**, 240). Das gilt ebso für dingl Anspr, soweit es sich um die RNachfolge auf Seiten des Gläub (Eigtümers) handelt. Dingl Anspr gg den Besitzer einer Sache gehen dagg mit der Beendigg des Besitzes unter, u gg den neuen Besitzer entsteht aus dem dingl Recht ein neuer Anspr, für den an sich eine neue VerjFr beginnen müßte. Um dieses prakt Bedürfn widersprechde Ergebn zu vermeiden, bestimmt § 221 für den Fall **abgeleiteten Besitzerwerbes**, daß die unter dem Vorgänger abgelaufene Zeit auch dem Nachf angerechnet w. Bei mehrfacher Besitzübertragg kommt dem letzten Besitzer die Zeit aller Vorgänger zugute (hM, aA Ordemann JR **61**, 93). Die RNachfolge kann Ges- od Einzelnachfolge sein; letztere erfordert eine Willenseinigg zw neuem u fr Besitzer. Hat sich der neue Besitzer die Sache gg od ohne den Willen der fr verschafft, ist § 221 unanwendb (MüKo/v Feldmann Rdn 3).

222 *Wirkung der Verjährung.* ¹ Nach der Vollendung der Verjährung ist der Verpflichtete berechtigt, die Leistung zu verweigern.

ΙΙ Das zur Befriedigung eines verjährten Anspruchs Geleistete kann nicht zurückgefordert werden, auch wenn die Leistung in Unkenntnis der Verjährung bewirkt worden ist. Das gleiche gilt von einem vertragsmäßigen Anerkenntnisse sowie einer Sicherheitsleistung des Verpflichteten.

1) **Absatz I.** – **a)** Die Verj ist vollendet, wenn die VerjFr unter Berücksichtigg etwaiger Hemmgen u Unterbrechgen abgelaufen ist. Die Vollendg der Verj beseitigt den Anspr nicht, gibt dem Schu aber ein dauerndes **Leistungsverweigerungsrecht**. Es bleibt dem Belieben des Schu überlassen, ob er von diesem LeistgVR Gebrauch machen will oder nicht. Bei Streit unter den Part über die Feststellg begehrt w, dem Gläub „stehe der Anspr nicht zu", sond nur, der Schu sei zur LeistgV berecht (BGH **LM** Nr 8, NJW **83**, 392). – **b)** Im **Prozeß** ist die Verj nicht vAw zu berücksichtigen. Sie hindert daher den Erlaß eines VersäumnUrt nicht. Da die Einr auch außergerichtl wirks erhoben w kann, ist die Kl aber dch unechtes VersäumnUrt abzuweisen, wenn der Kläger selbst vorträgt, der Bekl habe sich auf Verj berufen (MüKo/v Feldmann Rdn 3). Im Rahmen des RGesprächs (ZPO 139, 278 III) darf das Ger die Part auf die Verj des Anspr u den Bekl auf sein LeistgVR hinweisen (LG Ffm MDR **80**, 145, LG Hbg NJW **84**, 1905, Wacke u Seelig NJW **80**, 1170, Roth, Einr des Bürgerl R, 1988, 279, sehr str, aA Brem NJW **79**, 2215, Köln MDR **79**, 1027, Hbg NJW **84**, 2710). Die Einr kann bis zum Schluß der mdl Vhdlg erhoben w, die ja auf tatsächl Gebiet liegt aber nicht mehr in der Revision (BGH **1**, 234). Im 2. RZug ist die erstinstanzl geltd gemachte Einr auch ohne ausdr Wiederhol zu beachten (BGH VersR **89**, 581). Wird die Einr hilfsw geltd gemacht, ist diese Einschr nicht zu beachten u die Kl alsbald abzuweisen (Köln MDR **70**, 686, Schneider JurBüro **78**, 1265).

2 Absatz II. – **a)** Die verj Fdg bleibt **erfüllbar**. Der Schu kann die Leistg nicht zurückverlangen, auch wenn er in Unkenntn der Verj geleistet hat (II 1). Der Leistg steht das vertragsmäß Anerkenntn, das nach § 812 II als Leistg gilt, u eine SicherhLeistg gleich (II 2). Das Anerkenntn bedarf gem § 781 der Schriftform

Verjährung §§ 222–224

(RG **78**, 132, DR **42**, 727). Ausn: § 782, HGB 351. Ist wg einer verj Fdg vollstreckt worden, steht dem Schu nach Aufhebg des Titels (ZPO 767) ein RückFdgsAnspr zu. Entspr gilt, wenn der Schu zur Abwendg der ZwVollstr geleistet hat (KG JW **33**, 1262, MüKo/v Feldmann Rdn 5). Die wg vorbehaltl **Annahme der Schlußzahlung** gem VOB/B 16 nicht mehr dchsetzb Fdg steht einer verj Fdg weitgehd gleich; auf sie ist II analog anwendb (BGH **62**, 15, NJW **81**, 1784), dagg nicht auf verwirkte Fdgen (KG NJW-RR **86**, 598). – **b)** Da die verj Fdg **weiter besteht** ist sie noch zur Aufr geeignet (§ 390), auf sie kann ein ZbR (§ 273) u die Einr des nicht erfüllten Vertr (§ 320) gestützt w (§ 223 Anm 2), die Haftg der Hyp u PfandR bleibt bestehen (§ 223), ebso das Recht, den Anspr einredew geltd zu machen (s §§ 478, 490, 639, 821, 853). **Ausnahmen:** §§ 901, 1028. Dch die Verj wird der SchuVerzug beendet; Rücktr- u KündR, die Verzug voraussetzen, entfallen (§ 284 Anm 6). – **c)** Während ein vor Eintritt der Verj erklärter **Verzicht** nichtig ist (§ 225), kann der Schu nach Vollendg der Verj auf die VerjEinr wirks verzichten, u zwar dch einseit, nicht formgebundene Erkl (RG **78**, 131, BGH VersR **72**, 394, NJW **73**, 1690). Ein nicht in der Form des § 781 abgegebenes Anerkenntn kann daher uU als Verzicht aufgefaßt w (BGH Betr **74**, 2005). Bei einer ausdr VerzErkl ist es wg Maßgeblichk der obj ErklBedeutg (§ 133 Anm 4c) gleichgült, ob der Schu vom VerjEintritt Kenntn hatte (BGH VersR **79**, 647, NJW-RR **86**, 649, aA BGH **83**, 389). Schlüss Hdlgen können dagg idR nur dann als Verzicht gedeutet w, wenn der Schu vom Eintritt der Verj weiß od mit ihr rechnet (BGH VRS **20**, 187). Ein Fallenlassen der Einr im Proz ist nicht immer Verzicht (BGH **22**, 267), erst recht nicht die Zahlg von TBeträgen hins des Restes (BGH VersR **67**, 1092). Dch den Verzicht w die Fdg nicht unverjährb; es beginnt vielmehr eine neue VerjFr zu laufen (Karlsr NJW **64**, 1135, Staud-Dilcher Rdn 16, str).

3) Bei einer Mehrh von Gläub u Schu hat die Verj grdsl nur **Einzelwirkung** (§§ 425, 429). Die Geltdmachg der VerjEinr kann gg **Treu und Glauben** verstoßen od deshalb unbeachtl sein, weil der Schu seiner Pfl, den Gläub auf den drohdn VerjAblauf **hinzuweisen,** nicht nachgekommen ist; s dazu Übbl 5 v § 194.

4) Im **öffentlichen Recht** hat die Verj zT aGrd von SonderVorschr das Erlöschen des Anspr zur Folge (s AO 232, 47). § 222 II ist in diesen Fällen nicht entspr anwendb; das auf die verj Fdg Geleistete kann zurückgefordert w (OVG Münst ZMR **74**, 314). Soweit Sonderregelgn fehlen, begründet die Verj aber auch im öffR nur eine Einr (BVerwG **23**, 166, **42**, 353, VerwG Stgt NVwZ **82**, 578, Dörr DÖV **84**, 16, str, s BB **82**, 1367).

223 *Wirkung bei gesicherten Rechten.* I Die Verjährung eines Anspruchs, für den eine Hypothek, eine Schiffshypothek oder ein Pfandrecht besteht, hindert den Berechtigten nicht, seine Befriedigung aus dem verhafteten Gegenstande zu suchen.

II Ist zur Sicherung eines Anspruchs ein Recht übertragen worden, so kann die Rückübertragung nicht auf Grund der Verjährung des Anspruchs gefordert werden.

III Diese Vorschriften finden keine Anwendung bei der Verjährung von Ansprüchen auf Rückstände von Zinsen oder anderen wiederkehrenden Leistungen.

1) Fassg: SchiffsRDVO v 21. 12. 40 (RGBl I 1609). Da die Verj den Anspr nicht erlöschen läßt (§ 222), behält der Gläub das Recht, sich aus den ihm eingeräumten **Sicherheiten zu befriedigen (I, II)**, u zwar auch dann, wenn diese akzessorisch ausgestaltet sind. I gilt auch für Sicherh, die kr Ges od im Wege der ZwVollstr erworben worden sind (BGH WPM **85**, 548). Im einzelnen fallen unter I u II: **a)** Hypotheken (§ 1113), SchiffsHyp (SchiffsRG 8), RegisterPfdR an Luftfz (LuftfzRG 98 II). § 223 gelt § 1169 vor. Grd- u Rentenschulden, die nicht akzessorisch sind, bleiben ohnehin bestehen. – **b)** Pfandrechte (§§ 1204, 1273). I gilt auch für gesetzl PfdR, er stellt auf ein bestehdes PfdR ab, ohne hins des EntstehgsGrdes einen Unterschied zu machen (Schlesw SchlHA **58**, 82). Für SchiffsGläubR gilt dagg die Sonderregel in HGB 759. – **c)** Sicherungsabtretung u Sichergsübereignug. – **d)** Beim **Eigentumsvorbehalt** (§ 455), der gleichf als dingl Sicherh darstellt, ist II entspr anwendb. Der Verkäufer kann daher nach Verj der KaufPrFdg die unter EigtumsVorb gelieferte Sache herausverlangen (BGH **34**, 195, **70**, 98, Dilcher JuS **79**, 331), aber wohl nur zum Zweck der Verwertg (Bodenburg WPM **79**, 1202). Das gilt auch, wenn es sich um ein AbzGesch handelt (BGH NJW **79**, 2195, Tiedtke Betr **80**, 1477, aA Peters JZ **80**, 178, AK-Kohl Rdn 3).

2) § 223 **gilt nicht** für die Vormerkg (§§ 883, 886) u die Bürgsch, § 768 (BGH ZIP **88**, 1448). Beim **Zurückbehaltungsrecht** ist zu unterscheiden: § 223 ist entspr anwendb, wenn der Anspr bei Entstehg des ZbR (§ 273) noch nicht verj war (BGH **48**, 116, § 273 Anm 3); die Einr des nicht erfüllten Vertr bleibt dagg auf jeden Fall wirks (RG **149**, 327, HRR **30**, 1434, Mot I 291). Kann ein Anspr wg vorbehaltl Ann der Schlußzahlg gem VOB/B 16 nicht mehr dchgesetzt w, gilt § 223 entspr (BGH NJW **81**, 1784).

3) Die Ausn des III gilt für **wiederkehrende Leistungen** aller Art ohne Rücks auf die Regelmäßigk der Wiederkehr, nicht aber für Tilggs- od Amortisationsbeiträge (MüKo/v Feldmann Rdn 4).

224 *Verjährung der Nebenleistungen.* Mit dem Hauptanspruche verjährt der Anspruch auf die von ihm abhängenden Nebenleistungen, auch wenn die für diesen Anspruch geltende besondere Verjährung noch nicht vollendet ist.

1) Anspr auf **Nebenleistungen** sind hins des VerjBeginns, der Dauer der Verj, der Hemmg u Unterbrechg von der Verj des HauptAnspr unabhäng (MüKo/v Feldmann Rdn 2). Sie verjähren aber gem § 224 spätestens mit dem HauptAnspr. Zu den Nebenleistgen gehören Zinsen, Früchte, Nutzgen, Provisionen, Kosten (RG **61**, 392, Cahn/Farrenkopf ZIP **86**, 416). Auf den Anspr auf Ers von Verzugsschaden ist § 224

entspr anzuwenden (RG **156**, 121, BGH NJW **82**, 1277, BAG **AP** ZPO 322 Nr 6, Roth, Einr des bürgerl R, 1988, 49), nicht aber auf sonst Anspr auf Ers von Zinsschäden (BGH NJW **87**, 3137), auch nicht auf den Anspr auf eine verfallene VertrStrafe (RG **85**, 242), u den Anspr auf Mietnebenkosten (Ffm MDR **83**, 757). Selbständ wiederkehrde Leistgen fallen nicht unter § 224. Zur Verj des **Stammrechts** s § 194 Anm 2e.

225 *Vereinbarungen über die Verjährung.* Die Verjährung kann durch Rechtsgeschäft weder ausgeschlossen noch erschwert werden. Erleichterung der Verjährung, insbesondere Abkürzung der Verjährungsfrist, ist zulässig.

   1) **Erschwerungen der Verjährung.** – a) Da die Verj nicht nur dem Schutz des Schu, sondern auch dem RFrieden u damit dem öff Interesse dient (Übbl 2 v § 194), hat der GesGeber die VerjRegelg **halbzwingend** ausgestaltet: Die Verj darf erleichtert, nicht aber ausgeschl od erschwert w (Satz 1). Der Anspr, für den die Verj ausgeschl od erschwert ist, verjährt in der gesetzl Fr (BGH NJW-RR **88**, 684). **Ausnahmen** von S 1 enthalten §§ 477, 480, 490, 638 II, HGB 414 I, 423, 429. – b) Auch der **Verzicht** auf die Einr der Verj, der nach Eintritt der Verj zul ist (§ 222 Anm 2c), ist, vorher ausgesprochen, **ungültig**. Er hat aber gem § 242 die Wirkg, daß die VerjEinr bis zum Ablauf der festgesetzten Fr od bis zum Scheitern der Vhlgen zuzügl einer kurzen ÜberleggsFr unzul ist (BGH NJW **74**, 1285, **79**, 867, VersR **82**, 365, VersR **86**, 1081). Die Rückwirkg der KlErhebg gem ZPO 270 III kommt dem Gläub auch hier zugute (BGH NJW **77**, 1686; zur Länge der ÜberleggsFr s Übbl 5b v § 194). Voraussetzg ist jedoch, daß er das Verf im folgden züg weiterbetreibt (BGH NJW **86**, 1861). Da es nicht um rechtl bindde Abreden, sond nur um Vertrauensschutz geht, kann der Schu den Verzicht jederzeit widerrufen (BGH VersR **84**, 689). Es genügt jede Kundgabe des Willens, nicht länger beim Verzicht stehen bleiben zu wollen (Hamm VRS **65** Nr 85). Ob der Verzicht auch für den Fall gilt, daß die Verj bereits eingetreten ist, ist Auslegssfrage (Brem VersR **78**, 135). – c) Nicht erfaßt vom Verbot des § 225 S 1 werden Abreden, die den VerjLauf nur **mittelbar** erschweren (BGH Betr **65**, 1736, NJW **84**, 290, **86**, 1608), wie das Hinausschieben der Fälligk (BGH NJW **84**, 290), die Stundg (BGH NJW **86**, 1608), das *pactum de non petendo* (§ 202 Anm 2b), die Umwandlg einer kurzfrist verjährbden Schuld in ein Darl usw. Die Grenzen für derart Abreden ergeben sich aus dem Verbot von UmgehgsGesch (§ 134 Anm 4). Wird der VerjBeginn davon abhäng gemacht, daß der Gläub die einschläg ErmittlgsAkten hat einsehen können, handelt es sich um eine gg § 225 S 1 verstoßde unmittelb Erschwerg (BGH NJW **84**, 290). Ist die Einsicht bei einem Anspr aus § 558 eine formularmäß FälligkVoraussetzg, verstößt die Regelg gg ABGB 9, da sie es dem Schu unmögl macht, den VerjBeginn zuverl zu beurteilen (BGH NJW **86**, 1608, Karlsr VRS **77** Nr 37).

   2) Die **Erleichterung der Verjährung** ist zul (Satz 2). Sie kann dch Abkürzg der Verj, Festsetzg eines vorzeit VerjBeginns (RG **66**, 413), Rückdatierg (Schneider AcP **175**, 294) od Einschränkg der Hemmgs- u UnterbrechgsGrde geschehen. Sie ist auch bei SchadErsAnspr aus vorsätzl Handeln zul; § 276 II steht nicht entgg (RG **135**, 176, BGH **9**, 5). Unwirks sind aber: Vereinbgen, die einen unverjährb Anspr der Verj unterwerfen (MüKo/v Feldmann Rdn 6); die einseitige Abkürzg der VerjFr des HGB 88 zu Lasten des Handelsvertreters (BGH **75**, 218); die Bestimmg im GesellschVertr einer PublikumsKG, die die VerjFr für SchadErsAnspr gg den AufsR unangem verkürzt (BGH **64**, 244); die Vereinbg von VerjErleichtergen für tarifl Anspr wg Verstoßes gg TVG 4 IV 3 (MüKo/v Feldmann Rdn 7). Die Verj kann auch dch **AGB** erleichtert w; Grenzen für formularmäß Klauseln ergeben sich aber aus AGBG 9, 11 Nr 10f (s dort).

Sechster Abschnitt. Ausübung der Rechte. Selbstverteidigung. Selbsthilfe

Überblick

   1) Die §§ 226 ff enthalten allg Regeln über die **Ausübung und Durchsetzung von Rechten**. Sie gehen davon aus, daß der Schutz u die Dchsetzg von Rechten, sow sie den Einsatz von Zwangsmitteln erfordern, grdsl Aufg des Staates ist. Dieser steht hierfür das in dem ProzGes geordnete Ger- u VollstrVerf zur Vfg. Private Gewaltanwendg zur Dchsetzg vermeintl od wirkl RPositionen („Faustrecht") ist mit den Erfordern des RStaates grdsl unvereinbar, ein Gedanke, den zu betonen gerade heute Anlaß besteht. Nur unter den im Ges festgelegten engen Voraussetzgen ist ausnw die Anwendg von privater Gewalt zum Schutz od zur Dchsetzg von Rechten gestattet.

   2) § 226, den der GesGeber als die zentrale Vorschr über die Ausübg von Rechten angesehen hat, ist neben den §§ 242, 826 weitgehd leerlaufd (§ 226 Anm 1a). Erhebl Bedeutg hat dagg die in den §§ 227 ff enthaltene Regelg der **Selbstverteidigung** (Notwehr, Notstand) u der **Selbsthilfe**. Sie ist aber nicht erschöpfd. Ergänzd gelten StGB §§ 34, 35 (rechtfertigder u entschuldigder Notstand), BGB § 904 (Angriffsnotstand), § 859 (Besitzwehr), sowie die §§ 561, 862, 910, 962.

226 *Schikaneverbot.* Die Ausübung eines Rechtes ist unzulässig, wenn sie nur den Zweck haben kann, einem anderen Schaden zuzufügen.

   1) **Voraussetzungen.** – a) Die Rspr hat aus § 242 iVm § 826 den allg RGrds entwickelt, daß die gg Treu u Glauben verstoßde RAusübg unzul ist (§ 242 Anm 1a). Neben diesem sich aus § 242 ergebden **Verbot der unzulässigen Rechtsausübung** ist der tatbestandl eng gefaßte § 226 weitgehd leerlaufd. Er regelt einen zur Fallgruppe „Fehlen eines schutzwürdigen Interesses" gehörden Sonderfall der unzul RAusübg (§ 242 Anm 4 B c). – b) § 226 gilt ebso wie § 242 (dort Anm 1g) für **alle Rechtsgebiete**, auch im ProzR (RG **120**,

50, Ffm NJW 79, 1613, str, aA RG 162, 67) u im öffR. – c) § 226 setzt voraus, daß nach Lage der gesamten Umst ein **anderer Zweck** als Schadenszufügg obj **ausgeschlossen** ist (RG 68, 425, Ffm NJW 79, 1613). Es genügt nicht, daß jemand subj aus verwerfl Grden von seinem Recht Gebrauch macht; es muß feststehen, daß die RAusübg dem Berecht obj keinen Vorteil bringen kann u ledigl zur Schädigg eines dienen u taugt (Ffm aaO). Wenn ein berecht Interesse auch nur mitbestimmd sein kann, scheidet Schikane aus (RG 98, 17). Der Schaden kann auch in der Verletzg ideeller Interessen bestehen (RG 72, 254). – d) **Einzelfälle.** Die Rspr hat Schikane bejaht, wenn die Wiederbeschaffg best hinterlegter Aktien statt der angebotenen gleichart Aktien and Nummern verlangt w, obwohl die Aktien wertlos sind (RG 96, 184); wenn der Vater seinen Kindern das Betreten seines Grdst verbietet, auf dem die Grabstätte der Mutter liegt (RG 72, 251); wenn der Vater die Zust zur Auszahlg des Kinderzuschlags an die Mutter verweigert, obwohl er den Zuschlag selbst nicht in Anspr nimmt (BAG FamRZ 69, 212); wenn gg den bereits aufgrund eines Klage eines and rkräftig Verurteilten wg desselben WettbewVerstoßes grundlos eine weitere Klage erhoben w (s RG 120, 50); wenn dieselbe Klage gleichzeit bei einer Vielzahl von Ger (74!) anhängig gemacht w (ArbG Hamm MDR 66, 272).

2) Die schikanöse RAusübg ist **unzulässig,** dh rechtsw (RG 58, 216). Gg sie ist daher unter den Voraussetzgen des § 227 Notwehr mögl. § 226 ist SchutzG iSd § 823 II; schikanöses Handeln verpflichtet somit zum SchadErs. Es begründet, falls Wiederholgsgefahr besteht, zugl einen UnterlAnspr (RG 72, 254, Einf 8 b vor § 823).

227 *Notwehr.* [I] Eine durch Notwehr gebotene Handlung ist nicht widerrechtlich.
[II] Notwehr ist diejenige Verteidigung, welche erforderlich ist, um einen gegenwärtigen rechtswidrigen Angriff von sich oder einem anderen abzuwenden.

1) **Allgemeines.** Der Notwehrbegriff des StrafR (StGB 32) stimmt mit dem des § 227 inhaltl überein. Beide Vorschr sind einheitl auszulegen (MüKo/v Feldmann Rdn 1). Sie beruhen auf dem Gedanken, daß das Recht dem Unrecht nicht zu weichen braucht. Die Notwehr bezweckt neben dem Schutz des angegriffenen RGuts zugl die Bewährg der ROrdng (hM).

2) Die **Notwehrlage** (II) setzt einen ggwärtigen rechtsw Angriff voraus. – a) **Angriff** ist die von einem Menschen drohde Verletzg rechtl geschützter Interessen. Ein Verschulden ist nicht erforderl; Angreifer kann daher auch ein Kind oder ein Geisteskranker sein (hM, aA Hoyer JuS 88, 90, s aber Anm 3 c). Dagg fällt der Angriff dch ein Tier unter § 228; nur wenn das Tier von einem Menschen als Werkzeug benutzt w, ist § 227 anwendb. Unterl ist auch dann kein Angriff, wenn eine RPfl zum Handeln besteht (RGSt 19, 298, RG Warn 33 Nr 116, str). Keine Notwehr daher, wenn der Inh der Reparaturwerkstatt den Pkw nach Beendigg der Reparatur rechtsw nicht herausgibt (aA AG Bensberg NJW 66, 733), der ArbNeh den Betr bei Dienstschluß nicht verläßt (Derleder BB 87, 825) od der wirks gekündigte Mieter nicht auszieht. Die unberecht Künd eines ArbVertr ist kein Angriff iSd § 227 II (BAG NJW 79, 237); ebsowenig die Verfolgg eines and zu dem Zweck, seine Personalien dch die Polizei feststellen zu lassen (BGH VersR 71, 629). – **b)** Geschützt sind **Rechtsgüter aller Art,** so vor allem Leben, Gesundh, Freih u Eigtum, außerdem die Ehre (BGHSt 14, 361), das allg PersönlichkR u das Recht am eig Bild (Hbg NJW 72, 1290), das aber uU ggü berecht FahndgsInteressen der Polizei zurücktreten muß (BGH NJW 75, 2076). Der Ehebruch ist kein Angriff iS d § 227 II, da sich die Ehe nicht dch Gewalt schützen läßt (s Köln NJW 75, 2344). Gg wen sich der Angriff richtet, ist gleichgült. Auch die Verteidigg fremder RGüter fällt als **Nothilfe** unter § 227 II; sie darf aber nicht gg den Willen des Angegriffenen ausgeübt w (str s Seier NJW 87, 2478). Bes gilt für die Störg der öff Ordng: Ihr darf der einzelne nur dann entggtreten, wenn der Störer zugl rechtl geschützte Individualinteressen angreift (BGHSt 64, 180). Daher keine Notwehr gg die Ausstellg pornogr Schriften (BGH aaO) u wohl auch nicht gg das Rauchen im Nichtraucherabteil (s LG Bln NJW 78, 2343). Das NothilfeR des § 227 steht trotz der Sonderregelgn in den PolizeiG der Länder auch den Polizeibeamten zu (str, s Amelung JuS 86, 331). – **c) Gegenwärtig** ist der Angriff schon vor seinem Beginn, sofern er unmittelb bevorsteht. Erforderl aber auch ausr ist ein Verhalten, das unmittelb in eine Verletzg umschlagen kann (BayObLG NJW 85, 2601). Es genügt daher der Griff zur Waffe (BGH NJW 73, 255) od das Losgehen auf den Gegner (BGH VersR 71, 630). Der Angriff ist nicht mehr ggwärtig, wenn er beendet ist. Das ist der Fall, wenn er aufgegeben, fehlgeschlagen od dchgeführt ist. Er dauert dagg fort, wenn mit weiteren Tätlichk (BGH VersR 64, 286) od Beleidiggen (BGH VersR 63, 730) zu rechnen ist. Der Angriff des Diebes ist ggwärtig, solange er bestrebt ist, die Beute zu sichern (RG 111, 370, Hamm OLGZ 78, 73). – **d) Rechtswidrig** ist der Angriff, wenn er ohne einen bes RFertiggsGrd in ein fremdes Recht od RGut eingreift (so mit Recht die Lehre vom Erfolgsunrecht gg die Lehre vom Verhaltensunrecht, s § 823 Anm 6 A). Gg rechtmäß AmtsHdlgen ist keine Notwehr mögl, wohl aber gg unrechtmäß (s LG Bln NJW 71, 620).

3) Besteht eine Notwehrlage, ist die NotwehrHdlg rechtmäß, wenn u sow sie die **erforderliche Verteidigung** darstellt. – a) Eine VerteidiggsHdlg setzt einen **Verteidigungswillen** voraus, mögen auch noch and Motive (Haß, Wut) mitbestimmd sein (RGSt 60, 261, BGHSt 3, 198). Wollen die Beteiligten nur raufen, ist § 227 unanwendb (RGSt 72, 183). – b) Welche Verteidigg **erforderl** ist, richtet sich nach der obj Sachlage u nicht danach, ob aber der Angegriffene für erforderl hielt od halten konnte (RG 84, 306, BGHSt NJW 74, 154). Der Angegriffene muß das am wenigsten schädl od gefährl Mittel zur Erreichg des Abwehrerfolges anwenden (BGH VersR 67, 478, BGHSt NJW 72, 1822), braucht sich aber nicht auf das Risiko einer ungenügden AbwehrHdlg einzulassen (BGH NJW 76, 42). **Schußwaffengebrauch** ist nur in ernster Gefahrenlage gerechtfertigt (BGH aaO). Für ihn gilt die Abfolge: Drohg, Warnschuß, Schuß in die Beine (BGH NStZ 87, 322). Ein Ausweichen ist dem Angegriffenen ledigl dann zuzumuten, wenn es ohne Aufg berecht Interessen mögl ist (RG 84, 308, BGHSt NJW 54, 438). Es kann geboten sein, wenn die nach Sachlage an sich erforderl VerteidiggsHdlg zu einer Gefährdg unbeteiligter Dritter führen würde (BGH NJW 78, 2028). Dagg ist ein Zurückweichen unzumutb, wenn es als schmähl Flucht erscheinen würde

§§ 227, 228

(BGH NJW **80**, 2263). Entscheidd ist die Stärke u Hartnäckigk des Angriffs, nicht der Wert des angegriffenen RGutes. Auch zur Verteidigg von Sachgütern ist daher uU eine Leib u Leben des Angreifers gefährdde Abwehr zul (RG **111**, 370, BGHSt NJW **56**, 920); das gilt auch für den Nothelfer (Seier NJW **87**, 2476). Daran hat Art II 2a MRK nichts geändert, da die MRK das Verhältn der Staatsbürger untereinand nicht betrifft (Kreye JZ **79**, 708 mwNw). – **c)** Auch für das NotwehrR gilt das **Verbot unzulässiger Rechtsausübung** (§ 242 Anm 4 C). Ggü Kindern, Geisteskranken od sonst ohne Schuld Handelnden kann es daher geboten sein, auf eine Abwehr zu verzichten od die Verteidigg zu beschränken (MüKo/v Feldmann Rdn 6). Auch bei der Verteidigg gg den Eheg können sich aus § 242 Einschränkgen für das NotwehrR ergeben (BGH NJW **69**, 802, **75**, 63); das gilt aber nur dann, wenn eine mildere Verteidigg mögl u erfolgversprechd ist (BGH JZ **84**, 529). Besteht zw dem angegriffenen u dem dch die VerteidiggsHdlg verletzten RGut ein krasses Mißverhältn, ist die Ausübg des NotwehrR mißbräuchl, die Anwendg des § 227 also ausgeschlossen (Hamm NJW **72**, 1827, OLGZ **78**, 73). – **d)** Hat der Angegriffene die Notwehrlage selbst verursacht, ist zu unterscheiden: **aa)** Hat er die Notwehrlage absichtlich herbeigeführt, um den Angreifer unter dem Deckmantel der Notwehr zu verletzen (sog **Absichtsprovokation**), besteht kein NotwehrR, die angebl VerteidiggsHdlg ist rechtsw (BGH NJW **83**, 2267, allgM). – **bb)** Hat der Angegriffene die Notwehrlage rechtsw u **vorwerfbar,** aber nicht absichtl herbeigeführt, wird sein NotwehrR dch § 242 eingeschränkt. Er muß sich bei der Verteidigg zurückhalten u jeden mögl Weg zur Abwendg der drohdn Gefahr benutzen (BGHSt NJW **72**, 1822, **75**, 1423). Er hat geringfügige Beeinträchtiggen hinzunehmen u muß, wenn mögl, ausweichen (BGH aaO). Diese ZurückhaltgsPfl entfällt aber, wenn der Angreifer trotz der Zurückhaltg des Angegriffenen keine Anstalten zum Einlenken macht, sond den Angriff fortführt (BGHSt NJW **76**, 634).

4) Die dch Notwehr gebotene Hdlg ist **rechtmäßig** (§ 227 I) und begründet daher keine SchadErsPfl. Sow die NotwehrHdlg RGüter unbeteiligter Dritter verletzt, ist sie nicht dch § 227 gerechtfertigt (hM). Als RFertiggsGrd kommt aber Notstand (§§ 228, 904, StGB 34) in Betracht. Ein SchadErsAnspr des Dr gg den Angegriffenen, abgesehen vom Fall des § 904, nur bei Verschulden. Hat der Angegriffene sich der Notwehrlage bewußt ausgesetzt u konnte er die Gefährdg Dritter voraussehen, so trifft ihn Verschulden (BGH NJW **78**, 2029).

5) Sonderfälle. – **a)** Überschreitet der Angegriffene die Grenzen der erforderl Verteidigg, so handelt er rechtsw (**Notwehrexzeß**). Das gilt auch dann, wenn die Tat gem StGB 33 straffrei ist. Eine SchadErsPfl besteht nur bei Verschulden (BGH NJW **76**, 42), sie kann wg Mitverschuldens des Angreifers gemindert w od sogar ganz entfallen (s BGH VersR **67**, 478). – **b)** Wer irrtüml annimmt, in Notwehr zu handeln (**Putativnotwehr**), handelt rechtsw. Eine SchadErsPfl tritt nur bei Verschulden ein, also nicht, wenn der Irrt entschuldigt ist (BGH NJW **76**, 42, **87**, 2509, Hamm OLGZ **78**, 73, aA Schünemann, Selbsthilfe, 1985, S 145, der § 231 für anwendb hält). Auch insow gilt aber der obj FahrlkMaßstab des § 276 (BGH NJW **81**, 745).

6) Beweislast. Wer sich auf Notwehr beruft, erhebt einen rhindernden Einwand; er muß daher die tats Voraussetzgen der Notwehr beweisen (BGH NJW **76**, 42, allgM). Für eine Überschreitg der Notwehr ist dagg der Angreifer darleggs- u bewpflichtig (BGH VersR **71**, 630, NJW **76**, 42). Im Fall der Putativnotwehr muß der vermeintl Angegriffene die Entschuldbark des Irrt beweisen (BGH NJW **81**, 745, Baumgärtel/Laumen Rdn 2).

228 *Notstand.* **Wer eine fremde Sache beschädigt oder zerstört, um eine durch sie drohende Gefahr von sich oder einem anderen abzuwenden, handelt nicht widerrechtlich, wenn die Beschädigung oder die Zerstörung zur Abwendung der Gefahr erforderlich ist und der Schaden nicht außer Verhältnis zu der Gefahr steht. Hat der Handelnde die Gefahr verschuldet, so ist er zum Schadensersatze verpflichtet.**

1) Allgemeines. § 228 behandelt den **Verteidigungsnotstand**; er wird dch die Regeln des **Angriffsnotstandes** in § 904 ergänzt. Währd § 228 zur Gefahrabwehr die Beschädigg der gefahrbringden Sache, also eine VerteidiggsHdlg, gestattet, gibt § 904 das Recht, auf eine Sache einzuwirken, obwohl dch sie keine Gefahr droht. Beide Vorschr beruhen auf dem Gedanken, daß im Konfliktsfall das weniger schutzwürd RGut hinter höherrangigen RGütern zurücktreten muß. Derselbe Gedanke der **Güterabwägung** liegt auch StGB 34 zugrunde. StGB 34 ist in seinen Voraussetzgen strenger, gestattet aber neben dem Eingriff in fremdes Eigtum auch den in persönl RGüter, wie Gesundh u Freih. Wg der Einheitlichk der ROrdng schließt StGB 34 die RWidrigk auch für das bürgerl Recht aus; umgekehrt wirken §§ 228, 904 auch im StrafR als RFertiggsGrde. Auch in and Fällen kann der Gedanke der Güter- u PflenKollision einen RFertiggsGrd darstellen (BAG NJW **83**, 2784: Konflikt zw Arb- u WehrPfl iF eines türk ArbN). Dagg schließt der entschuldigde Notstand des **StGB 35** das nach obj Kriterien zu beurteilde zivilrechtl Verschulden nicht ohne weiteres aus, insb kann trotz § 827 der Täter die Gefahrenlage verschuldet hat. Im übrigen besteht in den Fällen der StGB 34, 35 ein schuldunabhäng SchadErsAnspr analog § 904 S 2 (MüKo/v Feldmann Rdn 1, MüKo/Säcker § 904 Rdn 24, Wilts NJW **64**, 708, str, für eine BilligkHaftg Freibg JZ **51**, 226 mAv Ballerstedt). – Auf dem Gebiet des Jagdschutzes gehen BJagdG 23ff u die ergänzden Regelgen der LandesjagdGes den §§ 228, 904 vor (s RG **155**, 338 zu RJagdG 40). Wg weiterer SpezialVorschr vgl § 904 Anm 1a.

2) Die Notstandslage des § 228 setzt voraus, daß die Gefahr der Verletzg eines RGuts dch eine fremde Sache droht. – **a)** Notstandsfähig sind **Rechtsgüter jeder Art,** auch ein AneigngsR (RGSt **34**, 297) od reine Vermögensinteressen. Unerhebl ist, um wessen RGut es sich handelt. Eine bes Beziehg des Handelnden zu dem bedrohten Gut ist nicht erforderl. – **b)** Genügt ist eine **drohende Gefahr,** and als iF des § 227 braucht es sich nicht um eine ggwärtige Gefahr zu handeln. Eine drohde Gefahr liegt vor, wenn eine auf tats Umst gegründete Wahrscheinlichk des Eintritts eines Schadens besteht (s BGHSt **18**, 272). – **c)** Die Gefahr muß von einer **fremden** Sache drohen. Gleich zu behandeln ist eine herrenlose Sache, an der ein AneigngsR besteht (allgM). – **d)** Die Gefahr muß von **der Sache ausgehen**, auf die dch die NotstandsHdlg **eingewirkt** w. Erforderl ist, daß die Sache selbst unmittelb aus sich heraus die Gefährdg begründet (RG **71**, 242, **88**, 214, MüKo/v Feldmann Rdn 2, sehr str, aA Allgaier VersR **89**, 789). Das ist der Fall, wenn auf einem brennden Schiff wg eines Tanks mit Schmieröl die Gefahr einer Ausweitg des Brandes besteht (RG **143**, 387). Nicht § 228, sond § 904 ist dagg anzuwenden, wenn wg der Einlagerg von Tabak die Gefahr einer Plünderung droht (aA OGH **4**, 102, Ballerstedt JZ **51**, 228) od wenn ein Damm durchstochen w, um aufgestautes Wasser ablaufen zu lassen (RG **71**, 242). Wird die Sache als Werkzeug von einem Menschen benutzt, so gilt § 227. Eine ErsPfl des Angegriffenen besteht auch dann nicht, wenn die Sache einem Dritten gehört.

3) Die **Notstandshandlung** besteht in dem Beschädigen od Zerstören der Sache, von der die Gefahr ausgeht. – **a)** Die Hdlg setzt einen Abwehrwillen voraus (BGH **92**, 359) u muß zur Abwehr der Gefahr **erforderlich** sein. Ebso wie iF des § 227 (dort Anm 3b) ist die Erforderlichk obj zu bestimmen. Kann die Gefahr auf and Weise abgewendet w, ist § 228 unanwendb. Die Möglichk der Flucht schließt – and als iF der Notwehr – die Berufg auf § 228 aus (MüKo/v Feldmann Rdn 3, allgM). – **b)** Der dch die NotstandsHdlg angerichtete Schaden darf nicht **außer Verhältnis** stehen zu der damit abgewendeten Gefahr. Grdl für die Abwägg bilden die in der RGemeinsch herrschden Anschauungen. Danach sind Leben u Gesundheit höherwertig als Sachgüter. Handelt es sich um eine bes wertvolle Sache, muß aber uU eine geringfügige Körperverletzg hingenommen w. Bei Sachgütern kommt es idR auf die Wertrelation an, jedoch sind auch ideelle Gesichtspkte zu berücksichtigen. Der Halter eines Mischlingshundes darf daher zur Rettg seines Lieblings den vielf wertvolleren Rassehund töten, wenn sich dessen Angriff auf and Weise nicht abwehren läßt (Kblz NJW-RR **89**, 541).

4) Die im Notstand vorgenommene VerteidiggsHdlg ist **rechtmäßig**. Sie ist daher nicht strafb u stellt keine unerl Hdlg iSd §§ 823ff dar; gg sie gibt es keine Notwehr. Auch bei einem selbstverschuldeten Notstand bleibt die Hdlg rechtmäß, besteht jedoch nach § 228 S 2 eine SchadErsPfl. Verschulden liegt vor, wenn der Handelnde die Gefahr verursacht od sich vorsätzl od fahrlässig der Gefahr ausgesetzt hat. §§ 827, 828 sind entspr anzuwenden, ebso § 852, da es sich um eine deliktsähnl Haftg für eine actio libera in causa handelt (aA Soergel-Fahse Rdn 29 u die hM, die zwar §§ 827, 828, nicht aber § 852 für anwendb halten).

5) Für den **Notstandsexzeß**, den **Putativnotstand** u die **Beweislast** gelten die Ausführgen in § 227 Anm 5 u 6 entspr. Der Handelnde haftet nur bei Verschulden (s RG JW **26**, 1145). § 228 S 2 ist auf die Notstandsüberschreitg u den vermeintl Notstand nicht entspr anwendb (MüKo/v Feldmann Rdn 7).

229 *Selbsthilfe.* **Wer zum Zwecke der Selbsthilfe eine Sache wegnimmt, zerstört oder beschädigt oder wer zum Zwecke der Selbsthilfe einen Verpflichteten, welcher der Flucht verdächtig ist, festnimmt oder den Widerstand des Verpflichteten gegen eine Handlung, die dieser zu dulden verpflichtet ist, beseitigt, handelt nicht widerrechtlich, wenn obrigkeitliche Hilfe nicht rechtzeitig zu erlangen ist und ohne sofortiges Eingreifen die Gefahr besteht, daß die Verwirklichung des Anspruchs vereitelt oder wesentlich erschwert werde.**

Schrifttum: Schünemann, Selbsthilfe im RSystem, 1985.

1) **Allgemeines.** Selbsthilfe ist die Dchsetzg od Sicherg eines Anspr vermittels privater Gewalt. Sie ist in einem rechtsstaatl geordneten Gemeinwesen grdsl unzul; der Berecht muß seine Rechte in dem dafür vorgesehenen gerichtl Verf geltd machen (Übbl 1 vor § 226). Nur unter den engen Voraussetzgen des § 229 ist sowie eine eigenmächt vorläuf Sicherg des Ansprs erlaubt. Das Recht auf Selbsthilfe ergänzt den staatl RSchutz u ist wie dieser auf Verwirklichg der ROrdng gerichtet (Schünemann S 18ff). Ergänzd gelten § 561 I (Vermieter), §§ 859, 860 (Besitzer, Besitzdiener), § 910 (NachbarR) u § 962 (Bienenschwarm). § 229 ist **zwingendes Recht**; er kann dch PartVereinbg nicht erweitert w (RG **131**, 222, **146**, 186, allgM). Das in den AGB von Abzahlgsverkäufern vorgesehene WegnR muß daher iW der Klage dchgesetzt w (RG aaO).

2) **Voraussetzungen. a)** Dem Handelnden muß ein **Anspruch** zustehen. Maßgebd ist der AnsprBegriff des § 194, nicht der des ProzeßR (aA Schünemann S 65ff); guter Glaube an die Existenz des Anspr genügt nicht. Der Anspr muß in einem gerichtl Verf dchsetzb sein; unklagb, verjährte od rechtskräft abgewiesene Anspr dürfen nicht dch Selbsthilfe gesichert w. Bei bedingten od betagten Anspr ist Selbsthilfe zul, sofern gem ZPO 916 II Arrest od einstw Vfg erlassen w kann (arg § 230 II, III). – **b)** Selbsthilfe ist nur zum Schutze **eigener** Anspr gestattet, nicht zur Sicherg von Anspr Dr (Staud-Dilcher Rdn 7, aA Schünemann S 57ff). Zul aber, daß sich der Berecht der Unterstützg Dr bedient. Handeln in auftragloser GeschFührg fällt nach hM unter § 229, wenn der Berecht die GoA genehmigt (MüKo/v Feldmann Rdn 2; bedenkl, da danach die zunächst rechtswidr SelbsthilfeHdlg dch Gen mit Wirkg *ex tunc* rechtmäß w soll). – **c)** Obrigkeitliche **Hilfe** muß nicht rechtzeit zu erlangen sein. Als Sichergsmittel kommen vor allem Arrest u einstw Vfg in Betracht, uU aber auch polizeil Maßn, sow die Polizei ausnw für den Schutz priv Rechte zuständig ist (Wolff-Bachof III § 125 II a 1). Es genügt, wenn die staatl Hilfe zu Unrecht verweigert w. Das SelbsthilfeR ist aber ausgeschl, wenn der Gläub die Möglichk hat, staatl RSchutz in Anspr zu nehmen, nicht genutzt hat (Schünemann S 74). – **d) Gefährdung der Verwirklichung des Anspruchs**. Es ist nicht erforderl, daß ein unwiederbringl Verlust droht. Eine wesentl Erschwerg der RDchsetzg genügt. Sie kann gegeben sein, wenn der Schu ins Ausl gehen od wesentl Teile seines Vermögens beiseite schaffen will. Drohde Beweisschwierigk rechtfertigen Selbsthilfe nicht (BGHSt **17**, 328), ebsowenig drohde Zahlgsunfähigk (MüKo/v Feldmann Rdn 4). Hinreichde Sicherg des PrimärAnspr schließen die Gefährdg aus (AK/Damm Rdn 7), nicht aber die Möglichk, SchadErs wg NichtErf zu erlangen.

3) **Selbsthilfehandlung.** Sie muß von einem Selbsthilfewillen getragen sein (Schünemann S 31). Als Mittel der Selbsthilfe sind zugelassen: **a) Wegnahme, Zerstörung oder Beschädigung einer Sache.** Die Sache muß dem Schu gehören (hM) u vollstreckgs- u arrestfähig sein (arg § 230 II, IV). Wg eines Zahlgs-Anspr kann jede pfändb Sache, wg eines HerausgAnspr nur die herauszugebde Sache weggenommen w. Die

§§ 229–231, Überbl v § 232

Zerstörg od Beschädigg einer Sache dient idR dazu, die Dchführg der eigentl SelbsthilfeHdlg zu ermöglichen (Aufbrechen der Wohngstür od eines Schrankes). – **b)** Die **Festnahme** des Schu setzt Fluchtverdacht voraus. Sie ist nur zul, wenn die Voraussetzgen des persönl SicherhArrests (ZPO 918) vorliegen (arg § 230 III). Der der Festn entggstehende Widerstand darf gebrochen w (unten c); ein Recht zur Tötg besteht jedoch in keinem Fall (RGSt **69**, 311). – **c)** Der **Widerstand** des Schu darf **beseitigt** w, sofern er zur Duldg einer Hdlg verpflichtet ist. Die DuldgsPfl kann sich aus dem zu sichernden Anspr od dem SelbsthilfeR ergeben. Erlaubt ist in den Grenzen des § 230 I – ähnl wie bei ZPO 892 – sowohl Gewalt gg Sachen als auch die gg Pers. Der Berecht hat an den dch Selbsthilfe erlangten Sachen ein ZbR (Schünemann S 112). Ein Anspr auf Erstattg der entstandenen Kosten kann sich aus § 286 od pVV ergeben (Schünemann S 133).

4) Die SelbsthilfeHdlg ist unter den Voraussetzgen des § 229 **rechtmäßig**. Gg sie ist keine Notwehr gegeben, sie begründet keine SchadErsPfl u ist nicht strafb, es sei denn, daß sie zugl RGüter Dr od der Allgemeinh verletzt (zB als StraßenverkGefährdg).

5) Für den **Selbsthilfeexzeß**, die **Putativselbsthilfe** u die **Beweislast** gelten die Ausführgen in § 227 Anm 5 u 6 sinngem; iF der Putativselbsthilfe u des Selbsthilfeexzesses besteht jedoch auf jeden Fall die schuldunabhäng SchadErsPfl nach § 231.

230 *Grenzen der Selbsthilfe.* **I** Die Selbsthilfe darf nicht weiter gehen, als zur Abwendung der Gefahr erforderlich ist.

II Im Falle der Wegnahme von Sachen ist, sofern nicht Zwangsvollstreckung erwirkt wird, der dingliche Arrest zu beantragen.

III Im Falle der Festnahme des Verpflichteten ist, sofern er nicht wieder in Freiheit gesetzt wird, der persönliche Sicherheitsarrest bei dem Amtsgerichte zu beantragen, in dessen Bezirke die Festnahme erfolgt ist; der Verpflichtete ist unverzüglich dem Gerichte vorzuführen.

IV Wird der Arrestantrag verzögert oder abgelehnt, so hat die Rückgabe der weggenommenen Sachen und die Freilassung des Festgenommenen unverzüglich zu erfolgen.

1) Ebso wie iF der Notwehr muß die SelbsthilfeHdlg zur Abwendg der Gefahr **erforderlich** (I) sein (s § 227 Anm 3b). Verhältnismäßigk zw der drohden Gefahr u den Nachteilen für den Schu braucht nicht zu bestehen, jedoch gilt ebso wie iF der Notwehr die Grenze des RMißbrauchs (s § 227 Anm 3c).

2) Die Selbsthilfe bezweckt nur eine **vorläufige Sicherung** des Anspr. Die endgült Entsch obliegt dem Ger. Ausnw kann aber auch eine Befriedigggsselbsthilfe zul sein (Schünemann S 96). – **a)** II und III. Der Gläub muß iF der Wegn einer Sache, sofern er keinen VollstrTitel hat, dingl Arrest (ZPO 917, 920) beantragen, iF der Festn persönl SicherhArrest (ZPO 918, 920). Der ArrestAntr ist auch dann erforderl, wenn der Gläub zum Besitz der weggenommenen Sache berecht ist (MüKo/v Feldmann Rdn 2, str); und nur, wenn die Voraussetzgen der Besitzkehr (§ 859 II u III) vorliegen. – **b)** IV. Die Pfl zur Rückgabe der weggenommenen Sache besteht – abgesehen vom Fall der Besitzkehr (§ 859 II u III) – auch bei einem BesitzR des Gläub (Staud-Dilcher Rdn 5, str). IV ist SchutzG iSd § 823 II, seine Verletzg begründet daher, wenn dem Gläub Verschulden zur Last fällt, eine SchadErsPfl.

231 *Irrtümliche Selbsthilfe.* Wer eine der im § 229 bezeichneten Handlungen in der irrigen Annahme vornimmt, daß die für den Ausschluß der Widerrechtlichkeit erforderlichen Voraussetzungen vorhanden seien, ist dem anderen Teile zum Schadensersatze verpflichtet, auch wenn der Irrtum nicht auf Fahrlässigkeit beruht.

1) § 231 begründet eine **schuldunabhängige Schadensersatzpflicht**. Sie setzt voraus, daß die SelbsthilfeHdlg rechtsw ist u erfaßt neben der Putativselbsthilfe auch den Selbsthilfeexzeß. Auch wenn der Handelnde sich aus Grden der Selbsthilfe befugt gehalten hat, die nicht in § 229 angeführt sind, ist § 231 anzuwenden (BGH NJW **77**, 1818). Dogmat handelt es sich um einen Fall der GefährdgsHaftg (MüKo/v Feldmann Rdn 1). Deliktsfähigk (§§ 827, 828) ist nicht erforderl (hM). Für die Verj gilt § 852 (str); bei MitVersch ist § 254 anzuwenden (BGH aaO).

Siebenter Abschnitt. Sicherheitsleistung

Überblick

1) Die SicherhLeistg hat den **Zweck**, den SichergsNeh vor drohden RNachteilen zu schützen. Die §§ 232–240 regeln lediglich **die Art und Weise** der SicherhLeistg. Die **Verpflichtung** zur SicherhLeistg setzen sie voraus; sie kann sich aus dem Ges (zB §§ 843, 1039, 1051, 1067, 1389), richterl Anordng (§ 1844) od RGesch (BGH NJW **86**, 1038) ergeben (Kohler ZZP **102**, 58). And ges Vorschr sehen ein Recht zur SicherhLeistg vor, um RNachteile abzuwehren od RVorteile zu erhalten (zB §§ 257, 258, 273 III, 321). Auch auf diese Fälle sind die §§ 232ff anzuwenden (Kohler aaO S 73). Die **Höhe** der SicherhLeistg bemißt sich, sow Sondervorschr fehlen, nach dem Wert des zu sichernden Rechts.

2) Für die **prozessuale** SicherhLeistg gelten ZPO 108ff. Die §§ 232ff sind nur anwendb, sow ZPO 108ff auf sie verweisen.

Sicherheitsleistung **Überbl v § 232, §§ 232–235**

3) Die **praktische Bedeutung** der §§ 232 ff ist gering. Wenn Sicherh zu leisten ist, einigen sich die Part vielf auf eine von den §§ 232 ff abweichde wirtschaftlichere Art der SicherhLeistg (Hinterlegg bei Notar, Einrichtg eines TrHandKontos, BankBürgsch, s VOB/B 17).

232 *Arten.* ⁱWer Sicherheit zu leisten hat, kann dies bewirken
durch Hinterlegung von Geld oder Wertpapieren,
durch Verpfändung von Forderungen, die in das *Reichsschuldbuch* oder in das Staatsschuldbuch eines *Bundesstaats* eingetragen sind,
durch Verpfändung beweglicher Sachen,
durch Bestellung von Schiffshypotheken an Schiffen oder Schiffsbauwerken, die in einem deutschen Schiffsregister oder Schiffsbauregister eingetragen sind,
durch Bestellung von Hypotheken an inländischen Grundstücken,
durch Verpfändung von Forderungen, für die eine Hypothek an einem inländischen Grundstücke besteht, oder durch Verpfändung von Grundschulden oder Rentenschulden an inländischen Grundstücken.
ⁱⁱKann die Sicherheit nicht in dieser Weise geleistet werden, so ist die Stellung eines tauglichen Bürgen zulässig.

1) **Allgemeines.** Der zur SicherhLeistg Verpflichtete hat unter den in § 232 I aufgeführten Mitteln die **Wahl**. Im Streitfall müssen Klage u Urt ihm die Art der SicherhLeistg freistellen. Erst in der gem ZPO 887 I dchzuführdn ZwVollstr geht das WahlR analog § 264 auf den Gläub über (Kblz FamRZ **73**, 382, Düss FamRZ **84**, 704).

2) Grdsl ist eine der in § 232 I genannten **Realsicherheiten** zu leisten. Zu den in das Staatsschuldbuch eingetragenen Fdgen s § 236 Anm 1. Bei Geld u Wertpapieren erfolgt die SicherhLeistg dch Hinterlegg nach Maßg der HintO (s §§ 233, 234). In den übrigen Fällen des § 232 I muß ein PfdR od eine Hyp nach den dafür maßgebdn Vorschr bestellt w (s §§ 235–238). Wird eine Hyp bestellt, genügt eine SichergsHyp. § 238 steht nicht entgg, da er nur die HypVerpfändg betrifft; er ist jedoch hins der SicherhGrenze entspr anwendb. Der SchiffsHyp steht nach LuftfzRG 98 II das RegisterPfandR an einem Luftfahrzeug gleich.

3) Unter **Geld** sind die gesetzl u gesetzl zugelassenen Zahlmittel zu verstehen. Es ist in Höhe des Nennwertes zur SicherhLeistg geeignet. Auch ausl Geld ist ein taugl Sichergsmittel, in entspr Anwendg von § 234 III aber nur in Höhe von ¾ des Kurswertes (hM). Für die and Sichergsmittel stellen die §§ 234 ff TauglichkVoraussetzgen auf (vgl dort).

4) SicherhLeistg dch einen **Bürgen** (§ 239) ist nur zul, wenn der Schu keine Realsicherh erbringen kann (§ 232 II). Beweispflicht ist insow der Schu. In einigen Fällen ist die SicherhLeistg dch Bürgen ausdr ausgeschlossen (zB § 273 III, 1218 I).

233 *Wirkung der Hinterlegung.* Mit der Hinterlegung erwirbt der Berechtigte ein Pfandrecht an dem hinterlegten Gelde oder an den hinterlegten Wertpapieren und, wenn das Geld oder die Wertpapiere in das Eigentum des Fiskus oder der als Hinterlegungsstelle bestimmten Anstalt übergehen, ein Pfandrecht an der Forderung auf Rückerstattung.

1) Über Geld s § 232 Anm 3, über Wertpapiere § 234. Dch Hinterlegg entsteht für den Berecht ein **Pfandrecht**, das gem § 1257 den Regeln des rgeschäftl PfandR folgt. Geld geht mit der Hinterlegg in das Eigt des Landes über (HintO 7) u zwar auch dann, wenn es dem Hinterleger nicht gehört. Ausl Geld u Wertpapiere w dagg unverändert aufbewahrt (HintO 7 II, 9 II), dh bei Einlieferg bestehnde EigtVerhältn bleiben unverändert. Handelt der Hinterleger als NichtBerecht, so erwirbt der Gläub das PfdR bei inländ Geld auf jeden Fall (Darkow JR **56**, 337), bei Wertpapieren u ausl Geld nur bei gutem Glauben (Soergel-Fahse Rdn 7, str). Zur öffr Seite der Hinterlegg s Einf 3 vor § 372.

234 *Geeignete Wertpapiere.* ⁱWertpapiere sind zur Sicherheitsleistung nur geeignet, wenn sie auf den Inhaber lauten, einen Kurswert haben und einer Gattung angehören, in der Mündelgeld angelegt werden darf. Den Inhaberpapieren stehen Orderpapiere gleich, die mit Blankoindossament versehen sind.
ⁱⁱMit den Wertpapieren sind die Zins-, Renten-, Gewinnanteil- und Erneuerungsscheine zu hinterlegen.
ⁱⁱⁱMit Wertpapieren kann Sicherheit nur in Höhe von drei Vierteilen des Kurswertes geleistet werden.

1) Als Sichergsmittel geeignete **Wertpapiere** sind nach § 234 nur InhPapiere, wie die InhSchuldVerschreibgen (§§ 793 ff) u InhAktien (AktG 10), u Orderpapiere mit Blankoindossament. Kurswert ist der dch Angebot u Nachfrage best, im Verk anerkannte Marktpreis; eine amtl Kursnotierg ist nicht erforderl (MüKo/v Feldmann Rdn 1). Über Mündelsicherh s § 1807. Wechsel sind wg fehler Mündelsicherh kein geeignetes Sichergsmittel.

235 *Umtauschrecht.* Wer durch Hinterlegung von Geld oder von Wertpapieren Sicherheit geleistet hat, ist berechtigt, das hinterlegte Geld gegen geeignete Wertpapiere, die hinterlegten Wertpapiere gegen andere geeignete Wertpapiere oder gegen Geld umzutauschen.

1) Der SichergsGeb hat bei Bestellg der Sicherh freie Wahl zw den in § 232 I genannten Sichergsmittel. Nachträgl Änd erfordern grdsl eine Zust des SichergsNeh. Nur bei Geld u Wertpapieren läßt § 235 einen Austausch ohne Zust des SichergsNeh zu.

236 Buchforderungen.
Mit einer Buchforderung gegen das *Reich* oder gegen einen *Bundesstaat* kann Sicherheit nur in Höhe von drei Vierteilen des Kurswerts der Wertpapiere geleistet werden, deren Aushändigung der Gläubiger gegen Löschung seiner Forderung verlangen kann.

1) An die Stelle des Reichsschuldbuches ist gem der VO vom 13. 12. 49 (BGBl **50**, 1) das Bundesschuldbuch getreten (s Meder/Ernst, Schuldbuchrecht des Bundes u der Länder, 1950). Staatsschuldbücher bestehen in den Ländern BaWü, Bay, Bln, Br, Hbg, Hess, RhPf, SchlH (s Art 97 EGBGB Anm 2). BuchFdgen gg eine Gemeinde sind zur SicherhLeistg nicht geeignet.

237 Bewegliche Sachen.
Mit einer beweglichen Sache kann Sicherheit nur in Höhe von zwei Dritteilen des Schätzungswerts geleistet werden. Sachen, deren Verderb zu besorgen oder deren Aufbewahrung mit besonderen Schwierigkeiten verbunden ist, können zurückgewiesen werden.

1) Den Schätzwert muß ggf der SichergsGeb beweisen. Ggst, die nur einen Liebhaberwert haben, sind als Sichergmittel ungeeignet. Die SicherhLeistg geschieht dch Verpfändg gem § 1205, bei Schiffen u Luftfahrzeugen dch Bestellg einer SchiffsHyp bzw eines RegisterPfdR (§ 232).

238 Hypotheken, Grund- und Rentenschulden.
^{I}Eine Hypothekenforderung, eine Grundschuld oder eine Rentenschuld ist zur Sicherheitsleistung nur geeignet, wenn sie den Voraussetzungen entspricht, unter denen am Orte der Sicherheitsleistung Mündelgeld in Hypothekenforderungen, Grundschulden oder Rentenschulden angelegt werden darf.

^{II}Eine Forderung, für die eine Sicherungshypothek besteht, ist zur Sicherheitsleistung nicht geeignet.

1) Die SicherhLeistg geschieht dch Verpfändg gem §§ 1291, 1280, 1273 (§ 232). Zur Mündelsicherh s § 1807 I Z 1 u II. SichergsHyp (§§ 1184ff) sind wg ihrer Abhängigk von der zu sichernden Fdg kein geeignetes Sichergsmittel (II). SchiffsHyp u RegPfdR an Luftfahrzeugen fallen unter § 237. Zur SicherhLeistg dch Bestellg einer Hyp s § 232 Anm 2.

239 Bürge.
^{I}Ein Bürge ist tauglich, wenn er ein der Höhe der zu leistenden Sicherheit angemessenes Vermögen besitzt und seinen allgemeinen Gerichtsstand im Inlande hat.

^{II}Die Bürgschaftserklärung muß den Verzicht auf die Einrede der Vorausklage enthalten.

1) Die SicherhLeistg dch Stellg eines Bürgen ist nur unter den Voraussetzgen des § 232 II gestattet. Das pfändb Vermögen des Bü muß (deutl) größer sein als die Summe seiner Schulden (BayObLG Betr **88**, 1846). Sichere regelmäß Einkünfte stehen einem angem Vermögen gleich. Zum allg GerStand s ZPO §§ 13 ff. Einen ausdr Verzicht auf die Einrede der Vorausklage (§ 771) kann der Berecht zumindest in Zweifelsfällen auch verlangen, wenn die Einrede gem HGB §§ 349, 351 ausgeschlossen ist.

240 Ergänzungspflicht.
Wird die geleistete Sicherheit ohne Verschulden des Berechtigten unzureichend, so ist sie zu ergänzen oder anderweitige Sicherheit zu leisten.

1) Der **Ergänzungsfall** kann eintreten dch Entwertg des Sichersmittels (Untergang, Verschlechterg, Sinken des Kurswertes, VermVerfall des Bürgen) od dch Erhöhg der zu sichernden Fdg. War die SicherhLeistg von Anfang an unzulängl, kann der Berecht gem § 232 eine Ergänzg fordern (Soergel-Fahse Rdn 3), einer Anwendg des § 240 bedarf es nicht (BGH **LM** Nr 1). Die Wahl zw Ergänzg u SicherhLeistg hat der Verpflichtete. Der Berecht ist beweispflicht dafür, daß die Sicherh unzureichd geworden ist. Das etwaige Verschulden des Berecht muß der Verpflichtete beweisen. Haben die Part SicherhLeistg dch einen best Ggst vereinbart, begründet dessen Wertminderg iZw keine ErgänzgsPfl (BGH **LM** Nr 1).

Zweites Buch. Recht der Schuldverhältnisse

Bearbeiter der §§ 241–432: Prof. Dr. Heinrichs, Präsident des Oberlandesgerichts Bremen;
der §§ 433–630: Prof. Dr. Putzo, Vorsitzender Richter am Bayerischen Obersten Landesgericht;
der §§ 631–853: Prof. Dr. Thomas, Vorsitzender Richter am Oberlandesgericht München i. R.

Schrifttum

a) Kommentare: Alternativ-Kommentar 1. Aufl Bd 2 1980, Bd 3 1979. – Erman, 7. Aufl 1981. – Jauernig, 4. Aufl 1987. – Münchener Kommentar, Bd II 2. Aufl 1985, Bd III 1 2. Aufl 1988, Bd III 2 2. Aufl 1986. – Reichsgerichtsrätekommentar, 12. Aufl seit 1974 im Erscheinen; §§ 611–630 noch 11. Aufl. – Soergel-Siebert, 11. Aufl Bd 2–4 1980–1987. – Staudinger, 12. Aufl seit 1978 erschienen: §§ 241–397, 433–610, 620–630, 651a–852; im übrigen noch 11. Aufl. – Studienkommentar, 2. Aufl 1979. – **b) Lehrbücher:** Esser-Schmidt, Allg Teil 6. Aufl 1984; Esser-Weyers, Bes Teil 6. Aufl 1984. – Heck, 1929, unveränd Nachdr 1958. – Kress, 1929, unveränd Neudr 1974. – Larenz, Bd 1 Allg Teil 14. Aufl 1987; Bd 2 Bes Teil 13. Aufl 1. HalbBd 1986, 2. HalbBd 1987. – Medicus, Allg Teil 3. Aufl 1986; Bes Teil 3. Aufl 1987. – Wolf, Bd 1 u 2 1978. – **c) Grundrisse:** Brox Bd I Allg Teil 17. Aufl. 1989: Bd II Bes Teil 15. Aufl 1989.

Einleitung

Übersicht

1) Allgemeines
   a) Begriff des Schuldverhältnisses
   b) Relativität der Schuldverhältnisse
   c) Bedeutung des Schuldrechts
   d) Parteiwille und öffentliche Ordnung
   e) Leistungspflichten und weitere Verhaltenspflichten

2) **Rechtsbindung** (Gefälligkeitszusagen)
3) **Schuld und Haftung**
4) **Unvollkommene Forderungen und Obliegenheiten**
5) **Dauerschuldverhältnisse**
6) **Anwendungsbereich des Schuldrechts**

1) Allgemeines. a) Begriff des Schuldverhältnisses: Das SchuldVerh ist eine RBeziehg zw (mindestens) zwei Pers, kraft deren die eine, der Gläub, von der and, dem Schu, eine Leistg zu fordern berecht ist (§ 241). Es setzt begriffl voraus, daß Gläub u Schu verschiedene Pers sind; eine anfängl Einh von Gläub u Schu ist ausgeschl (BGH NJW **82**, 2381, krit Kohler JZ **83**, 13). Vereinigen sich Gläub- u SchuStellg, erlischt das SchuVerh dch Konfusion (Übbl 2 c aa v § 362). Aus dem SchuldVerh ergibt sich das Recht des Gläub auf die Leistg, die Fdg; ihr entspr als Kehrseite die LeistgsPfl des Schu, die Schuld. Das Ges bezeichnet mitunter als SchuldVerh die einz Leistgsbeziehg (Bsp: der MietzinsAnspr für einen best ZeitAbschn), so etwa in §§ 362, 364, 397. Das SchuldVerh idS fällt mit der einz Fdg (Schuld) zus. Der eigentl Begr des SchuldVerh ist aber umfassder: SchuldVerh ist **die Gesamtheit der Rechtsbeziehungen** zw Gläub u Schu (BGH **10**, 395, Bsp: das MietVerh); so w der Ausdr etwa in §§ 273 I, 292 I, 425, im Titel des 2. Buches u in den Überschriften vor §§ 241 u 433 gebraucht. Das SchuldVerh ist die „Quelle" der einz FdgRechte; aus ihm können eine Reihe von LeistgsPflten, weitere VerhaltensPflten u Gestaltgrechte hervorgehen (Henke JA **89**, 186). Man hat das SchuldVerh daher als „Organismus" (Siber), „konstante Rahmenbeziehg" (Herholz) u „sinnhaftes Gefüge" (Larenz) bezeichnet.

b) Die Relativität der Schuldverhältnisse: Dch das SchuldVerh w grdsätzl nur die an ihm Beteiligten berecht u verpflichtet. Die Fdg des Gläub auf die Leistg besteht als **relatives Recht** nur ggü dem Schu. Sie unterscheidet sich hierdch grdlegd von den absoluten Rechten (HerrschaftsR), deren Haupterscheinsform die dingl Rechte sind (Einf 2 vor § 854). Währd das dingl R ggü jedermann wirkt, verpflichtet das FdgR nur den Schu, nur dch ihn kann es verletzt w. Das FdgR w daher nicht dch § 823 I geschützt (BGH **12**, 317, NJW **70**, 137, § 823 Anm 5 M). Das gilt nach hM auch dann, wenn ausnahmsw ein Dr unmittelb auf das SchuldVerh einzuwirken vermag, wie zB bei Empfang der Leistg dch den NichtmehrGläub gem § 407 (Otte JZ **69**, 253, MüKo/Kramer Rdn 14–27). Delikt Schutz besteht nur im Rahmen des § 826, dh bei vorsätzl sittenw Verleitg zum VertrBruch (§ 826 Anm 8 q). Diese (starre) Beschränkg des SchuldVerh auf die Part ist römrechtl Ursprungs. Sie w dch prakt wicht Ausn aufgelockert. Dch den Vertr zGDr (§§ 328 ff) kann für Dr ein FdgR begründet w. Nach §§ 267 ff ist uU ein Dr befugt, an Stelle des Schu zu leisten. Die aus dem SchuldVerh entstandene Fdg kann auf einen Dr übertragen w (§§ 398 ff), die Schuld von einem Dr übernommen w (§§ 414 ff). Außerdem kann in best Fällen auch das SchuldVerh im ganzen übergehen (vgl §§ 571, 613 a, § 398 Anm 10, ferner dch Erbfolge, § 1922).

c) Bedeutung des Schuldrechts. Das SchuldR, dh der Teil des PrivR, der die SchuldVerh behandelt, ordnet nicht einen in sich geschlossenen Bereich des sozialen Lebens. Unter den für das SchuldR konstitutiven Begr des SchuldVerh fallen vielm Lebensvorgänge der verschiedensten Art. Hauptaufgabe des SchuldR ist die Regelg des **rechtsgeschäftlichen Verkehrs** (GüterVerk, WirtschVerk); dabei w die §§ 241 ff jedoch ergänzt dch die Vorschr des Allg Teils, des SachenR sowie dch zahlreiche SonderGes (zB HGB, VVG, GWB usw). Das SchuldR regelt die Verpflichtg zur Erbringg von Sachleistgen (Kauf, Tausch, Schenkg), die zeitweil Sachüberlassg (Miete, Pacht, Leihe, Darlehn), die Erbringg von ArbLeistgen im weitesten Sinn (Dienst-, Werk-, Reise- GeschBesorggsVertr), ferner SichergsGesch (Bürgsch, GarantieVertr, Schuldmitübern) u sonst VerpflichtgsGesch. Außerdem enthält das SchuldR im GesellschR Regeln, die für die Gestaltg der **Organisationsformen** des WirtschLebens von erhebl Bedeutg sind. Zugl hat es die Aufg des **Personen- und Güterschutzes**. Es regelt Voraussetzgen u Umfang der SchadErsPfl bei unerl Handlgen u einigen Tatbestden der Gefährdgshaftg. Schließl enthält das SchuldR in den §§ 812ff eine **Ausgleichsordnung** für rechtsgrundlose Vermögensverschiebgen. – **Entstehung der Schuldverhältnisse** vgl Einf vor § 305.

d) Parteiwille und öffentliche Ordnung: Das SchuldR w beherrscht von dem **Grundsatz der Vertragsfreiheit** (Einf 3 vor § 145, Einf 4 vor § 305). Der wichtigste EntstehgsTatbestand des SchuldVerh ist der Vertr. Auch soweit SchuldVerh dch einseit RGesch, aus gesetzl Tatbestden (unerl Hdlgen, ungerechtf Ber, GoA) od dch sozialen Kontakt (Anbahng von VertrVerh, § 276 Anm 6) begründet w, steht es den Part frei, das SchuldVerh dch Vertr zu ändern od aufzuheben (§ 305). Die VertrFreih, die sich in Abschl- u Gestaltgsfreih unterteilen läßt, ist aber nicht schrankenlos. In best Fällen besteht ein **Abschlußzwang** (Einf 3b vor § 145). Die Gestaltgsfreih findet ihre Grenze an §§ 134, 138, den sonstigen Vorschriften zwingden Rechts u an öffrechtl GenVorbehalten (Einf 3c vor § 145). Gesetz u Parteiwille dürfen aber nicht als bloßer Ggsatz angesehen w. Der Parteiwille, der seine rechtsschaffde Kraft aus der Anerkenng dch die ROrdng schöpft, muß sich nicht nur negativ innerh der ausdr gesetzl Schranken halten, er muß sich auch positiv in die dch das GG geprägte öff Ordng einfügen. Das SchuldVerh gibt dem Gläub mit der Fdg nicht nur Rechte, sond zugl auch Pflten; die RStellg des Gläub ist zugl auch eine PfltenStellg. Nicht nur Eigt verpflichtet (Art 14 II GG), sond auch die sich aus dem SchuldVerh ergebden Rechte. Diese Pflten wohnen jedem Recht inne u begrenzen seinen Inhalt. Wo die RAusübg diese Schranken überschreitet, insb wo ihr kein **schutzwürdiges Interesse** zugrde liegt, stellt sie einen **Rechtsmißbrauch** dar, dem die Anerkenng zu versagen ist (§ 242 Anm 4 A).

e) Leistungspflichten und weitere Verhaltenspflichten. Das SchuldVerh verpflichtet den Schu, die Leistg zu bewirken. Dabei versteht das BGB unter Leistg zT den Leistgserfolg (so etwa in § 362 dort Anm 1), zT aber auch die LeistgsHdlg (so etwa in §§ 241, 269), die in einem Tun od einem Unterl bestehen kann (§ 241 Anm 3, 4). Die **Hauptleistungspflichten** prägen die Eigenart des jeweil SchuldVerh u sind für die Einordng in die verschiedenen Typen des SchuldVerh entscheidd. Die **Nebenleistungspflichten** dienen der Vorbereitg, DchFührg u Sicherg der Hauptleistg. Sie sind auf die Herbeiführg des Leistgserfolgs bezogen u ergänzen die HauptleistgsPfl (MüKo/Kramer § 241 Rdn 15). Zu den primären LeistgsPflichten können später sekundäre hinzutreten, wie etwa SchadErsPflichten wg verspäteter od schlechter Erf u AbwicklgsPflten nach Künd od Rücktr. Das SchuldVerh erschöpft sich jedoch nicht in der Herbeiführg des geschuldeten Leistgserfolges, sond ist eine von dem Grds von Treu u Glauben beherrschte Sonderverbindg (§ 242 Anm 3 A). Zu den leistgsbezogenen NebenPflten treten daher weitere NebenPflten hinzu, die man als **weitere Verhaltenspflichten** (Larenz) od Schutzpflichten (Stoll, Canaris) bezeichnen kann. Bei ihnen geht es nicht um die geschuldete Leistg, sond darum, die Rechte u sonst RGüter der GgPart zu schützen. Ihr SchutzGgst ist damit das Integritätsinteresse des and Teils, dh sein personen- u vermögensrechtl *status quo*. Der Umfang u Inh der NebenPflten hängt von den jeweiligen VertrZweck, der VerkSitte u den Anfordergen des redl GeschVerk ab (§ 276 Anm 7 C). Die VerhaltensPflten entstehen bereits mit der Aufnahme von VertrVerhandlgen u sind Grdlage für die Haftg aus c. i. c. (§ 276 Anm 6); sie können nach Beendigg des SchuldVerh fortwirken (§ 276 Anm 6 E). Sie erstrecken sich beim Vertr mit Schutzwirkg zGDr auf Pers, die hinsichtl der eigentl LeistgsPfl eine GläubStellg h (§ 328 Anm 3 a). Bei der Anbahng von VertrVerhandlg u der Einbeziehg von Dr in den Schutzbereich eines Vertr sind die VerhaltensPflten der einz Inhalt des SchuldVerh. Die neuere REntwicklg kennt danach auch SchuldVerh **ohne primäre Leistungspflichten.** Deren dogmat Einordng ist str. Ein Teil der Lehre leitet die Haftg für c. i. c., für pVV (außerh des ErfInteresses) u bei Vertr mit Schutzwirkg zGDr aus einem gesetzl SchutzVerhältnis ab (MüKo/Kramer Rdn 72ff) u hält die „quasi-vertragl" Haftg für eine „dritte Spur" zw Vertr u Delikt (Canaris FS Larenz 1983 S 27). And sehen eine allg culpa-Haftg in Sonderverbindgen als HaftgsGrdl an (Picker JZ 87, 1041 uö); wiederum and suchen die Lösg im DeliktsR (v Bar, VerkPflten, 1980 uö). Ggü diesen Ansichten ist daran festzuhalten, daß c. i. c., pVV u der Vertr mit Schutzwirkg zGDr verschiedene RInstitute sind, wenn sie auch Verbindgslinien u Gemeinsamk aufweisen (§ 276 Anm 7 A b aE). Der Lösgsweg über das Deliktsrecht ist trotz der Ausweitg der VerkPflten schon wg der Unzulänglichk des § 831 nicht gangb.

2) Rechtsbindung, Gefälligkeitsverhältnisse. – aa) Abgrenzung. Abreden, die ausschließl auf einem außerrechtl GeltgsGrd, wie Freundsch, Kollegialität od Nachbarsch beruhen, sind kein SchuldVerh im RSinn. Ein rgeschäftl SchuldVerh setzt den Willen voraus, eine RBindg zu begründen (BGH NJW **68**, 1874, **71**, 1404). Entscheid ist dabei nicht der innere Wille; es kommt vielm darauf an, wie sich das Verhalten der Beteiligten bei Würdigg aller Umst einem obj Beurteiler darstellt (BGH **21**, 107, Einf 1b v § 116). Die Verneing einer RBindg setzt ein unentgeltl u uneigennütz Verhalten des Gefälligen voraus (BGH **21**, 107). Wie sich aus den im Ges geregelten GefälligkVertr (§§ 662, 521, 599, 690) ergibt, kann ein RBindgswille aber auch bei einem unentgeltl u uneigennütz Handelnden anzunehmen sein (Einf 2 v § 662). Zu würdigen sind die wirtschaftl u rechtl Bedeutg der Angelegenh, vor allem für den Begünstigten, ferner Art, Grd u Zweck der Gefälligk sowie die Interessenlage (BGH **21**, 107, **88**, 382, **92**, 168). Eine vertragl Bindg liegt nahe, wenn der Begünstigte sich erkennb auf die Zusage verläßt u für ihn erhebl Werte auf dem Spiel stehen (BGH **56**, 210). Eine Kulanzregelg ist idR rechtl bindd (s Köln Betr **75**, 2271). Dagg werden dch ein „gentlemens-agreement" idR keine klagb Verpfl begründet (Hbg MDR **53**, 482, MüKo/Kramer Rdn 39); die Auslegg kann aber im Einzelfall ergeben, daß die Abrede rechtl verbindl sein sollte (BGH **LM** § 242 (Be) Nr 19). – **bb)** Das **Gefälligkeitsverhältnis** (im Ggs zum GefälligkVertr) begründet weder Erf- noch AufwendgsErsAnspr, schafft aber einen RGrd für das Behaltendürfen der Leistg (Willoweit JuS **84**, 915). Der Gefällige haftet gem §§ 823ff, u zwar grdsl auch für einf Fahrlässigk (§ 254 Anm 6 d). Daneben tritt eine SchadErsPfl analog den Grds über c. i. c., wenn u soweit dch den sozialen Kontakt zw den Beteiligten eine verträhnl Sonderverbindg entsteht (MüKo/Kramer Rdn 33, Schwerdtner NJW **71**, 1676, Willoweit JuS **84**, 915). – **cc) Einzelfälle** (ja = RBindg, nein = keine RBindg): Ausk, Frage des Einzelfalls (§ 676 Anm 1). – Beaufsichtigg von Nachbarskindern, idR nein (BGH NJW **68**, 1874). – Aufsicht über die zu einem Kindergeburtstag eingeladenen Kinder, ja (Celle NJW-RR **87**, 1384). – Mitnehmen and Kinder im Pkw bei Fahrt zum Kindergarten, nein (LG Karlsr VersR **81**, 143). – Bereitsch, das Haus eines abwesden Nachb od Verwandten zu beaufsichtigen, nein (Hbg VersR **89**, 468). – **Gefälligkeitsfahrt** idR nein (RG **141**, 263, **145**, 394, BGH **30**, 46, zur Haftgsbeschränkg s § 254 Anm 6d. – GefälligkFlug, nein (BGH **76**, 33). – FahrGemeinsch idR ja (Mädrich NJW **82**, 890). – „Ausleihen" eines Fahrers, idR ja (BGH **21**, 107). – Winkzeichen im StraßenVerk, nein (Ffm NJW **65**, 1334). – Abrede über Fluchthilfe, ja (BGH NJW **77**, 2357). – Nach dem DDR-Ges illegaler Transport von Sachen aus der DDR in die BRep, ja (Celle NJW **65**, 2348). – Übern einer polit Widerstandstätig idR nein (BGH **56**, 210). – Mitarbeit im Beruf od Gesch des Eheg, Frage des Einzelfalls (§ 1356 Anm 4). – Absprache über EmpfängnVerhütg zw Partnern einer nichtehel LebensGemeinsch, nein (BGH **97**, 372, Einf 8c v § 1353). – Einladg zur Treibjagd, nein (RG **128**, 42). – Ausfüllen u Einreichen des Lottoscheins für LottoGemeinsch, idR nein (BGH NJW **74**, 1705, krit Kornblum JuS **76**, 571, Plander AcP **176**, 425). – Gratisbehandlg zw Ärzten, ja (BGH NJW **77**, 2120). – Zusage einer Beteiligg an den Einkünften des Chefarztes, Frage des Einzelfalls (BGH WPM **77**, 739). – Zusagen im Rahmen eines Architektenwettbewerbs, ja (BGH **88**, 382). – Ehrenamtl Hilfe bei Stellg eines RentenAntr, ja (Nürnbg OLG **67**, 140). – Raumüberlassg an Gästegruppe dch Gastwirt, idR ja (Karlsr NJW **61**, 1866). – Erlaubn des GrdstEigentümers zum Abstellen von Pkw, nein (Köln OLGZ **72**, 213). – Erlaubn, beim Beladen eines Seeschiffs vorübergehd ein Binnenschiff als Abstellfläche zu benutzen, nein (Hbg VersR **84**, 58).

3) Schuld und Haftung. a) Erfüllt der Schu die ihm obliegende LeistgsPfl (Schuld) nicht, kann der Gläub die Fdg dch Klage u ZwVollstr erzwingen. In der zwangsw Dchsetzg verwirklicht sich die zur Schuld hinzutretde Haftg. Haftg bedeutet das Unterworfensein des SchuVermögens unter den VollstrZugriff des Gläub. Sie erstreckt sich idR auf das ges pfändb Verm des Schu, aber auch nur darauf; sie kann sich auch auf best VermTeile beschr, so etwa bei der Haftg des Erben (§ 1975) u des VermÜbernehmers (§ 419 II). Außerdem gibt es unvollk Verbindlichk, bei denen eine Haftg völl fehlt (unten Anm 4).

b) Der Ausdr „Haftg" w in der RSprache aber auch in and Sinne gebraucht. – **aa)** Von „Haftg" w vielf iS von Verpflichtetsein gesprochen, so insb beim Schulden von ErsLeistgen (Haftg auf SchadErs, Haftg für Versch, Haftg des Bürgen). Haften heißt hier: Schulden, Einstehenmüssen. – **bb)** Von „Haftg" spricht man ferner bei dingl VerwertgsR (PfandR). Diese begründen eine reine Sachhaftg ohne persönl Schuld. Sie sichern zwar idR eine Fdg, diese braucht sich aber nicht gg den Eigentümer der belasteten Sache zu richten („Haftg" für fremde Schuld).

4) Unvollkommene Forderungen und Obliegenheiten. a) Neben den dch Klage u ZwVollstr erzwingb Fdgen kennt die ROrdng Verbindlichk, die zwar freiw erfüllt, aber nicht gg den Willen des Schu dchgesetzt w können. Diese unvollk Verbindlichk („Naturalobligationen") hat man fr dahin charakterisiert, es handele sich um Schulden ohne Haftg. In Wahrh liegt aber vielf nicht einmal eine Schuld im RSinne vor. Gemeins Merkmal der unvollk Verbindlichk ist, daß sie einen ErwerbsGrd darstellen, so daß das freiw Geleistete nicht gem § 812 zurückgefordert w kann. Im übr bestehen erhebl Unterschiede: **aa)** Die verj Fdg ist voll wirks u einklagb, kann aber nein jedoch nicht dchgesetzt w, wenn der Schu die Einr der Verj erhebt (§§ 222, 223). – **bb)** Die dch ZwVergl im Konk od im VerglVerf erlassene TeilFdg ist nicht mehr dchsetzb, ein auf sie sich gründdes SchuldAnerkenntn kann aber nicht kondiziert w (RG **153**, 342, **160**, 138). – **cc)** Spiel u Wette sowie der Ehemäklerlohn begründen keine Verbindlichk im RSinne. Sie bilden ledigl einen ErwerbsGrd. SchuldAnerk sind unwirks (§§ 656 II, 762 II). – **dd)** Unvollk Fdgen können auch dch Vertr begründet w (Hbg HansGerZ **25**, 165), doch kann § 138 entggstehen (Celle OLGZ **69**, 1, vgl auch BGH LM § 1018 Nr 19).

b) Von den vollk u unvollk Verbindlichk zu unterscheiden sind die **Obliegenheiten** (R. Schmidt, Obliegenh, 1953, Wieling AcP **176**, 345). Sie begründen für den „Berechtigten" weder einen ErfAnspr noch bei Verletzg eine SchadErsFdg (BGH **24**, 382, Hamm VersR **70**, 319); Befolgg der Obliegenh ist Gebot des eig Interesses, da der Belastete bei ihrer Verletzg einen RVerlust od rechtl Nachteile erleidet. Obliegenh kommen vor allem im VersR (§ 242 Anm 4Dk), aber auch in and RGebieten vor; Bsp: die Anzeige gem § 149, die AnnObliegenh des Gläub gem §§ 300ff, InventarFr gem § 1994, Untersuchg u Rüge gem HGB 377, nach hM auch Pflten aus § 254 (dort Anm 1). Zur Anwendg des § 278 auf Obliegenh vgl § 278 Anm 4e.

5) Dauerschuldverhältnisse. – a) Begriff: Das Dauerschuldverh unterscheidet sich von den auf eine einmalige Leistg gerichteten Schuldverh dadch, daß aus ihm währd seines Laufzeit ständig neue Leistgs-, Neben- u SchutzPflten entstehen. Es wird dch seine zeitl Dimension u das Merkmal ständiger PflAnspanng gekennzeichnet (Esser-Schmidt § 15 II). Begriffl setzt es voraus, daß ein dauerndes Verhalten od wiederkehrde Leistgen geschuldet w u daß der GesUmfang der Leistg von der Dauer der RBeziehg abhängt (Larenz § 2 VI, Soergel/Teichmann § 241 Rdn 6). Der Begriff des DauerschuldVerh ist im Anschluß an v Gierke (JherJB **64**, 355) von Rspr u Lehre herausgebildet worden u erst dch das AGBG (10 Nr 3, 11 Nr 1 u 12) in die GesSprache eingegangen. Von den gesetzl normierten Vertr sind Miete, Pacht, Leihe, Darl (Einf 1b v § 607), DienstVertr, Verwahrg, Gesellsch u die VersVertr DauerSchuldverh. Hinzukommen zahlreiche verkehrstyp Vertr, etwa das Factoring (BGH NJW **80**, 44), der BelegarztVertr (BGH NJW **72**, 1128) u wettbewerbsrechtl UnterlVertr (Petersen GRUR **78**, 156, AG Hbg MDR **89**, 645). Auch Kauf, WerkVertr, Bürgsch u MaklerVertr können nach der Ausgestaltg im Einzelfall DauerSchuldverh darstellen (unten b cc). Umgekehrt kann der DienstVertr dch fortlaufd Einzelleistg seinen Charakter als DauerSchuldverh verlieren (BGH NJW **89**, 1479). Beim **Sukzessivlieferungsvertrag** ist zu unterscheiden: Der über eine best GesMenge geschlossene RatenliefergsVertr ist kein DauerSchuldverh, wohl aber der ohne Festlegg auf eine best Liefermenge geschlossene BezugsVertr (Einf 6 v § 305).

b) Kündigungsrecht aus wichtigem Grund. – aa) Die Rspr hat aus §§ 554a, 626, 723, HGB 92 den allg RGrds entwickelt, daß DauerSchuldverh aus wichtigem Grd gekündigt w können (BGH **29**, 172, **41**, 108, NJW **89**, 1483). Dieser RGrds ist in seinem Kern zwingendes Recht. Er kann dch AGB nicht eingeschränkt w (BGH ZIP **86**, 920). IndVereinbgen können das KündR beschränken, aber nicht völlig ausschließen (s BGH BB 73, 819, § 626 Anm 1c). Das KündR muß in angem Fr ausgeübt w (BGH 71, 211, **LM** (Ba) Nr 2). § 626 II findet auf and als DienstVertr keine Anwendg (§ 626 Anm 3b aa); bei einem Eigenhändler-Vertr kann auch eine Künd nach 2 Mo noch rechtzeit sein (BGH NJW 82, 2432). – **bb) Wichtiger Grund:** Er ist gegeben, wenn Tats vorliegen, die unter Berücksichtigg aller Umst u unter Abwägg der beidersei Interessen die Fortsetzg des Vertr für den Kündigden unzumutb machen (BGH 41, 108, NJW 81, 1264, 89, 1483). § 626 II findet auf and als Teils ist weder erforderl noch ausr (BGH Betr 72, 2054). Eig Verschulden schließt das KündR nicht notw aus (BGH Betr 69, 1403, 72, 2054), wohl aber dann, wenn der Kündigde die Störg des VertrauensVerh überwiegd verursacht hat (BGH 44, 275, NJW 81, 1265). KündGrd kann ein **pflichtwidriges Verhalten** des and Teils sein. Voraussetzg ist aber idR eine Abmahng (BGH NJW 81, 1265, BAG NJW 89, 2493). Sie ist entbehrl, wenn sie keinen Erfolg verspricht od das VertrauensVerh so schwerwiegd gestört ist, daß eine sofortige Beendigg des Vertr gerechtfertigt erscheint (§ 626 Anm 2g). Das kann zu bejahen sein, wenn der Schu dem and Teil nicht anzeigt, daß er sein Untern in eine GmbH & Co KG umgegründet hat (BGH **LM** (Bc) Nr 24, Hbg NJW-RR 89, 996). KündGrd kann auch eine **wesentliche Änderung** der Verhältn sein. Dabei gelten aber zwei Einschränkgen: Störgen aus dem eig Risikobereich begründen grdsl kein KündR (BGH NJW 51, 836, **LM** (Bc) Nr 10). Für die Abgrenzg der Risikosphären gelten § 242 Anm 6 B e bb u C a u b entspr. Der Gastwirt kann den BierliefergsVertr nicht wg vorzeit Beendigg des MietVertr über die Gaststätte kündigen, da der Fortbestand des MietVerh zu seinem Risikobereich gehört (BGH NJW 85, 2694). Das KündR entfällt auch dann, wenn sich die Störg dch Anpassg des Vertr an die veränderten Verhältn beseitigen läßt u beiden Part die Fortsetzg des Vertr zuzumuten ist (§ 242 Anm 6 B c ee). – **cc) Einzelfälle.** Die Rspr hat für folgde Vertr ein KündR aus wichtigem Grd anerkannt: Miet- u PachtVertr (BGH 50, 315, NJW 88, 206, Köln NJW-RR 89, 439); die KündVorschr des MietR, insbes § 554a, enthalten keine abschließde Regelg (BGH aaO). KaliabbauVertr (BGH NJW 51, 836, **LM** § 595 Nr 1). AutomatenaufstellVertr (Hbg MDR 76, 577). BierbezugsVertr (BGH **LM** (Bc) Nr 10 u 23). WärmeliefergsVertr (BGH 64, 293). Vertr über die wiederkehrde Herstellg eines Kalenders (BGH **LM** (Bc) Nr 8). EigenhändlerVertr (BGH NJW 82, 2432). Vertr über Fernunterricht (Hbg MDR 71, 216). ReiseVertr (LG Ffm NJW 83, 2884). MaklerAlleinAuftr (BGH NJW 69, 1626). Darl (BGH WPM 80, 380, NJW 86, 1929, § 609 Anm 4). Bürgsch u Schuldmitübern, soweit sich diese auf künft entstehde Anspr beziehen (BGH NJW 86, 252, Zweibr NJW 86, 258, Celle WPM 89, 1224). Vertr über die Stellg einer Bürgsch (BGH NJW 89, 1483). SchiedsVertr (BGH 41, 108, 51, 79). MusikVerlagsVertr (BGH **LM** (Bc) Nr 22). Versorgungszusagen (BGH NJW 83, 2254, 2256). Vgl auch oben a.

c) Weitere Sonderregeln. Die Vorschr des BGB gehen typw von dem auf eine einmalige Leistg gerichteten Schuldverh aus. Sie können auf das DauerSchuldverh zT nur mit Modifikationen angewandt w: – **aa) Leistungsstörungen:** Für die Nicht- oder SchlechtErf einer einz LeistgsPfl gelten die allg Grds. Und ist es, wenn der Gläub Rechte hins des GesVertr geltd machen will. An die Stelle des **Rücktrittsrechts** tritt beim vollzogenen DauerSchuldverh das KündR aus wichtigem Grd (BGH WPM 72, 628, NJW 82, 125, stRspr). Auch der SchadErsAnspr wg NichtErf beschränkt sich auf die noch nicht od fehlerh erbrachten Leistgen (§ 276 Anm 7 D c). – **bb) Beendigung.** Das befristete DauerSchuldverh endet dch FrAblauf, das unbefristete dch die Künd. Soweit Vorschr über ein **ordentliches Kündigungsrecht** fehlen, sind die §§ 624, 723 entspr anwendb (BGH NJW 72, 1129, Soergel-Teichmann § 241 Rdn 9). Die Part können das ordentl KündR aber dch ausdr od konkludente IndVereinbg in den Grenzen des § 138 ausschließen (BGH 64, 290). – **cc) Mängel des Vertragsschlusses.** Sie können bei Arb- u GesellschVertr – and als bei sonst DauerSchuldverh – nur mit Wirkg ex nunc geltd gemacht w (Einf 5c v § 145).

6) Anwendungsbereich des Schuldrechts. a) Der Allg Teil des SchuldR gilt in erster Linie für die in §§ 433–853 geregelten bes SchuldVerh. Er ist außerdem auf die dch SonderGes (HGB, VerlG usw) geregelten SchuldVerh anzuwenden, soweit für diese keine SonderVorschr bestehen. SchuldVerh können darü hinaus kr Ges auch aus sachenrechtl, familienrechtl od erbrechtl Tatbestd entstehen; Bsp sind etwa das Eigtümer/Besitzer Verh (Vorbem 1a vor § 987), der Anspr auf Finderlohn (§ 971), das gesetzl SchuldVerh beim Nießbr (Einf 1 vor § 1030), der UnterhAnspr (§§ 1601ff), das Vermächtn (§ 2174). Auch auf diese SchuldVerh ist das allg SchuldR anzuwenden (so bereits Mot II 4, III 398). Die Anwendg hat jedoch unter Beachtg der jeweiligen Sonderh zu erfolgen; sie ist ausgeschl, soweit nach Inhalt und Zweck der gesetzl Regelg dem entggstehen (BGH 49, 263, vgl eingehd E. Schwerdtner Verzug im SachenR 1972).

b) Auch das **öffentliche Recht** kennt SchuldVerh verschiedenster Art. Für sie gelten in erster Linie die Vorschr u Grds des VerwR, insb das VwVfG, die AO u das SGB. Soweit diese Lücken enthalten, können die §§ 241ff entspr herangezogen w, wobei jedoch die Eigenart des öffR zu berücksichtigen ist. Vgl § 276 Anm 8, ferner § 242 Anm 1g, 4 D, § 254 Anm 2c, § 282 Anm 3d, § 284 Anm 1a, § 291 Anm 1, Einf 7 v § 305.

Erster Abschnitt. Inhalt der Schuldverhältnisse

Erster Titel. Verpflichtung zur Leistung

241 *Schuldverhältnis und Leistungspflicht.* **Kraft des Schuldverhältnisses ist der Gläubiger berechtigt, von dem Schuldner eine Leistung zu fordern. Die Leistung kann auch in einem Unterlassen bestehen.**

1) § 241 gibt keine Begriffsbestimmg des Schuldverhältnisses, sond führt nur seine Wirkgen auf, ohne diese zu erschöpfen (s Einl 1e). Über **Grundbegriffe und Grundsätzliches** vgl Einl zu Buch II.

2) Voraussetzungen. a) Gläub und Schu müssen **verschiedene Personen** sein. Es gibt keine Schuld ohne Schu, daher erlischt eine Schuld bei gänzl Wegfall der jur Persönlichk des Schu, falls weder RNachfolge noch Liquidation eintritt (hM, vgl Übbl 2c vor § 362, Einf 6 vor § 21). Gläub u Schu müssen **bestimmt** od doch bestimmb sein. Das gilt auch für den Gläub des BürgschVertr (RG 57, 66). In Verträgen zGDr kann aber ein FdgsR für den Dritten begründet w, ohne daß dieser schon vorhanden ist, er braucht nicht einmal erzeugt zu sein, es genügt, daß er dch irgendwelche Ereign bestimmb ist (§ 328 Anm 1); er kann auch dch Abrede der VertrSchließenden (§ 328 II), uU dch einseit Akt (§ 332) nachträgl ausgewechselt w.

b) Auch der **Inhalt der Leistung** muß **bestimmt** od eindeutig bestimmb sein (vgl die §§ 315–319), sonst ist das SchuldVerh unwirks (RG **85**, 291, BGH **55**, 250). Bsp: unbestimmter VorVertr (RG **124**, 83), UnterrichtsVertr (Celle NdsRpfl **70**, 13, LG Stgt u LG Duisbg MDR **81**, 140 u 315), Vertr über „Kapazitäts-Vermittlg" (LG Aurich BB **78**, 733), MietVertr mit Lücke hinsichtl der VertrDauer (BGH **55**, 250); Verpfl zur Bildg von WoEigt (KG DNotZ **87**, 103).

3) Unter **Leistung** iSd § 241 ist nicht der Leistungserfolg, sond die LeistgsHdlg zu verstehen (Einl 1e v § 241; MüKo/Kramer Rdn 4). Ihr Ggst kann **positiv oder negativ** sein. **Die positive Leistung,** das **Tun,** umfaßt auch das Geben, zB das Verschaffen eines dingl Rechts, u das Einstehen (zB GewährVertr).

4) Die **negative Leistung:** Das **Unterlassen** kann den Hauptinhalt der Leistg bilden, so zB beim Vertr über Abhalten vom Bieten *(pactum de non licitando)* u bei dem dch UnterwerfgsErkl zustandekommdn UnterlVertr des WettbewR (Petersen GRUR 78, 156). Sie kann auch eine selbstd NebenLeistgsPfl darstellen, so zB das Wettbewerbsverbot bei Verkauf eines gewerbl Unternehmens. Der UnterlAnspr ist in beiden Fällen klagb, wg ZPO 259 aber nur, wenn ZuwiderHdlgen zu besorgen sind (BGH **LM** Nr 2, str, ausdrückl offengelassen in BGH **LM** Nr 10, BGH **42**, 345, NJW-RR **89**, 264, aA MüKo/Kramer Rdn 9). Vollstreckg: ZPO 890. Von den rechtsgeschäftl begründeten selbstd UnterlPfl sind die unselbstd UnterlPfl zu unterscheiden. Jede Verpfl zur positiven Leistg enthält zugl die Pfl, alles zu unterlassen, was den Leistungserfolg beeinträchtigen könnte (§ 242 Anm 4 Ba). Daneben gibt es unselbstd UnterlPflten, die nicht das Leistgs-, sond das Integritätsinteresse des Gläub schützen u daher zu den VerhaltensPflten (Einf 1e v § 241) gehören (Beispiele s § 242 Anm 4 Bb). Auch bei diesen UnterlPflten besteht im KlagR, wenn nach Lage des Falles ein schutzwürdiges Interesse an der klagweisen Geltdmach des Anspr gegeben ist (s § 242 Anm 4 B). Eine Unterart der UnterlPfl ist die Pfl zur **Duldung:** Sie verpflichtet den Gläub zum Unterl der ihm an sich zustehden Abwehr- u GgRechte.

5) Von den auf einer schuldrechtl Sonderverbindg beruhden UnterlPfl zu unterscheiden ist die **vorbeugende Unterlassungsklage.** Sie dient dem Schutz absoluter Rechte u absolut geschützter RGüter u geht bei Unterlassg künft Störgen, als wiederherstellde UnterlKl aber auch auf Beseitigg von Beeinträchtiggen. Einzelh s Einf 8 u 9 v § 823. Zur Unterscheidg von **Haupt- u Nebenleistungspflichten** s Einl 1e vor § 241.

242 Leistung nach Treu und Glauben.
Der Schuldner ist verpflichtet, die Leistung so zu bewirken, wie Treu und Glauben mit Rücksicht auf die Verkehrssitte es erfordern.

Übersicht

1) Allgemeines
a) Bedeutung des § 242
b) Tatbestandliche Voraussetzungen
c) Grundrechte und § 242
d) Einzelne Grundrechte und § 242
e) Funktionskreise
f) Verfahrensrechtliches, Abdingbarkeit
g) Anwendungsbereich
h) Abgrenzungen
2) Art und Weise der Leistung
3) Nebenrechte und Nebenpflichten
A) Allgemeines
a) Grundlage der Nebenpflichten und Nebenrechte
b) Leistungsbezogene Pflichten und weitere Verhaltenspflichten
c) Selbständige und unselbständige Nebenpflichten
d) Zeitlicher Wirkungsbereich
B) Einzelne Nebenpflichten
a) Leistungstreuepflicht
b) Mitwirkungspflicht
c) Schutzpflicht
d) Aufklärungspflicht
e) Auskunftspflicht
4) Unzulässige Rechtsausübung
A) Allgemeines
a) Bedeutung
b) Voraussetzungen, Allgemeines
c) Individueller und institutioneller Rechtsmißbrauch
d) Rechtsfolgen
B) Fallgruppen
a) Unredlicher Erwerb der eigenen Rechtsstellung

b) Verletzung eigener Pflichten
c) Fehlen eines schutzwürdigen Eigeninteresses
d) Geringfügige Interessenverletzung, Unverhältnismäßigkeit
e) Widersprüchliches Verhalten
C) Weitere Einzelfälle
5) Verwirkung
a) Begriff, Grundgedanke
b) Abgrenzung
c) Anwendungsbereich
d) Voraussetzungen
e) Rechtsfolgen, Beweislast
f) Einzelfälle
6) Clausula rebus sic stantibus, Fehlen und Wegfall der Geschäftsgrundlage
A) Clausula-Lehre
B) Geschäftsgrundlage
a) Begriff
b) Anwendungsbereich
c) Abgrenzung
d) Arten
e) Voraussetzungen
f) Rechtsfolgen
C) Fallgruppen
a) Äquivalenzstörung
b) Störung des Verwendungszwecks
c) Große Geschäftsgrundlage
d) Gemeinschaftlicher Irrtum
D) Weitere Einzelfälle
7) Vertragshilfe
8) Aufwertung

1) Allgemeines. – a) Bedeutung des § 242. – aa) § 242 regelt seinem Wortlaut nach („so", „wie") nur die Art und Weise der geschuldeten Leistg. Bestand u Inhalt (das „Ob" u „Was") der LeistgsPfl werden bei wörtl Auslegg von § 242 nicht erfaßt. Es ist aber seit langem anerkannt, daß § 242 eine weit über seinen

§ 242   1 a–d   2. Buch. 1. Abschnitt. *Heinrichs*

Wortsinn hinausgehde Bedeutg zukommt. Rspr u Lehre haben aus § 242 den das gesamte **Rechtsleben beherrschenden Grundsatz** entnommen, daß jedermann in Ausübg seiner Rechte u Erf seiner Pflten nach Treu u Glauben zu handeln hat (BGH **85**, 48). Der Grds von Treu u Glauben gilt für den gesamten RVerk (unten g); das SchwZGB stellt ihn in Art 2 zu Recht an den Anfang seiner Vorschr. § 242 beruht auf dem Gedanken, daß jedem Recht sozialethische Schranken immanent sind; er verpflichtet zu einer sozial angem RAusübg. – bb) Als **Generalklausel** enthält § 242 – ebso wie §§ 138, 826 u AGBG 9 – keinen RSatz mit deskriptiver TatbestdMerkmalen, aus dem dch bloße Subsumtion best RFolgen abgeleitet w können. In einer jetzt fast 100jähr REntwicklg ist der Inhalt des § 242 aber dch Herausarbeitg von Funktionskreisen (unten e) u dch Bildg von Fallgruppen präzisiert u im wesentl abschließd konkretisiert worden. Die Kritik von Staud-J. Schmidt (Rdn 38ff), § 242 sei eine materiell inhaltslose nur methodische Vorschr, überzeugt daher nicht (s Larenz § 10 I). Zu betonen ist aber, daß § 242 **keine Ermächtigung zu einer Billigkeitsjustiz** enthält; er gibt dem Richter nicht die Befugn, die sich aus Vertr od Ges ergebden RFolgen im Einzelfall dch vermeintl „billigere" od „angemessene" zu ersetzen (RG **131**, 177, BGH NJW **85**, 2580, BayObLG **72**, 283, Gernhuber JuS **83**, 767). Die Anwendg u Weiterentwicklg des § 242 hat sich an den RGrds u RInstituten zu orientieren, die Rspr u Lehre auf der Grdl des § 242 herausgebildet haben (s Anm 2ff). Sie setzen der RAusübg dort eine Schranke, wo sie zu untragb, mit Recht u Gerechtigkeit offensichtl unvereinb Ergebn führt (s BGH **48**, 398, NJW **87**, 1070).

b) Tatbestandliche Voraussetzungen. § 242 enthält einen „offenen" Tatbestd, er muß in den einz Funktionskreisen der Vorschr wertd konkretisiert w (Anm 2ff). Generelle, die einz Anwendungsfälle übergreifende Aussagen zu den Voraussetzgen des § 242 sind nur beschränkt mögl. – **aa) Treue** bedeutet nach seinem Wortsinn eine auf Zuverlässigk, Aufrichtigk u Rücksicht beruhde äußere u innere Haltg ggü einem and; **Glauben** das Vertrauen auf eine solche Haltg. Die Wortverbindg „**Treu und Glauben**", die auch in §§ 157, 162, 320 II, 815 u AGBG 9 verwandt w, soll den von dessen Inhalt u in der Gemsch herrschden sozialethischen Wertvorstellgen Eingang in das Recht verschaffen (MüKo/Roth Rdn 4). Sie verpflichtet zur billigen Rücksicht auf die schutzwürd Interessen des and Teils sowie zu einem redlichen u loyalen Verhalten (MüKo/Roth aaO, Larenz § 10 I). Treu und Glauben umfaßt auch den Gedanken des Vertrauensschutzes (BGH **94**, 351). Die **Verkehrssitte** als tatsächl Übg in den beteiligten Kreisen (§ 133 Anm 5b) gibt Anhaltspunkte für das, was Treu u Glauben entspr; die mißbräuchl, insbes die gg Treu u Glauben verstoßde VerkSitte ist aber unbeachtl (RG **114**, 13, JW **22**, 488, BGH **16**, 12). – **bb) Intensität der Einwirkung.** In welchem Umfang § 242 auf das SchuldVerh einwirkt, wird von dessen Inhalt u Dauer wesentl mitbestimmt (Soergel-Teichmann Rdn 40, Staud-J.Schmidt Rdn 98). Die vergleichsweise geringe Intensität der Einwirkg bei AustauschVerh mit ggsätzl Interessen verdichtet sich bei fremdnütziger Tätigk. Am stärksten ist der Einfluß auf RVerhältn, die auf ein Zuswirken gerichtet sind. – **cc) Interessenabwägung.** § 242 erfordert in all seinen Anwendgsfällen (Anm 2ff) eine umfassde Interessenabwägg (BGH **49**, 153, MüKo/Roth Rdn 31). Dabei sind auch subj Elemente zu berücksichtigen; die aGrd des § 242 eintretden RNachteile setzen aber kein Verschulden voraus (BGH **64**, 9). Umgekehrt schließt das Verschulden einer Part eine Interessenwertg zu ihren Gunsten nicht notw aus. – **dd) Sonderverbindung.** Aus der systemat Stellg der Norm ergibt sich, daß der Grds von Treu u Glauben nur innerhalb von rechtl Sonderverbindgen gilt (RG **160**, 357, BGH **95**, 279, 288, Soergel-Teichmann Rdn 30, str, offen BGH **102**, 102). Dieser Begriff ist aber im Zushang des § 242 im weitesten Sinn zu verstehen. Es genügt jeder qualifizierte soziale Kontakt (MüKo/Roth Rdn 55). Neben vertragl u gesetzl SchuldVerh werden daher erfaßt: die dch ein nichtiges RGesch entstandene RBeziehg (BGH **85**, 48, NJW **81**, 1439), VertrVhdlgen, dauernde GeschVerbindgen (§ 276 Anm 6 E), Nachwirkgen eines Vertr (§ 276 Anm 7 D), Verhältn zw ArbNeh desselben Betr (BAG **5**, 16), zw dem GrdstEigtümer u dem, der im Auftr eines Dr Arbeiten an dem Grdst dchführt (BGH **102**, 102), zw den Aktionären einer AG (BGH **103**, 195), zw Bauern u Sohn, dem die Übertragg des Hofes in Aussicht gestellt w (BGH **47**, 189), zw Nachbarn (§ 903 Anm 3 a bb).

c) Grundrechte und § 242. – aa) Die Frage, auf welche Weise u in welchem Umfang die GrdR auf das PrivR einwirken, ist weiterhin str (s Canaris AcP **184**, 201, JuS **89**, 161, Schwabe AcP **185**, 1). Nach der Lehre von der **unmittelbaren Drittwirkung** gelten die GrdR als gesetzl Verbote (§ 134) od SchutzGes (§ 823 II) unmittelbar auch für den priv RVerk (so Enn-Nipperdey § 15 IV 4, BAG **1**, 193, **4**, 243, 276, **13**, 174, and aber jetzt BAG AP § 87 BetrVG 1972 „Überwach" Nr 15). Nach der GgAns, der Theorie **mittelbarer Drittwirkung,** können die GrdR als subj öffR nicht als gesetzl Verbote od SchutzGes in das PrivR übernommen w; sie wirken aber, wie die Wertordng des GG insges, dch Auslegg u über die Generalklauseln auf das PrivR ein (BVerfG **7**, 198, **34**, 280, Soergel-Teichmann Rdn 45, hM). Der BGH hat zu dem Theorienstreit nicht ausdr Stellg genommen, Seine Rspr zum allg PersönlichkR (BGH **13**, 338, **15**, 258, **26**, 354 ua), zum R auf freie Meingsäußerg (BGH **31**, 313, **45**, 308) u zum Verhältn von Glaubensfreih u ehel Pflten (BGH **33**, 149, **38**, 319) geht ohne weitere Erörterungen von einer mittelbar Drittwirkg der GrdR aus; der Entsch (BGH **36**, 95) lassen die Frage offen. – **bb) Eigene Stellungnahme.** Der Theorie mittelb Drittwirkg ist zuzustimmen. Die GrdR betreffen nach ihrer geschichtl Entwicklg, ihrem Inhalt u ihrem Zweck das Verhältn zw Bürger u öff Gewalt. Die in ihnen enthaltenen WertEntsch wirken über das „Medium" privatrechtl Normen u RGrds auf das PrivR ein (BVerfG **7**, 198, 205). Sie sind im PrivR bei der GesAuslegg u Lückenausfüllg zu berücksichtigen. Einz GrdR enthalten VerbotsGes iSd § 134 (dort Anm 1d), und können als subj PrivR od RFertiggsGrde in das PrivR transponiert w. Hierauf beruht die Anerkenng des aus GG 1, 2 hergeleiteten allg PersönlichkR (§ 823 Anm 14) u des R auf freie Meingsäußerg als Grenze des Ehrenschutzes (§ 823 Anm 5 G e). Darüber hinaus w vor allem wirken die GrdR über die **Generalklauseln** (§§ 242, 138, 826, AGBG 9) in das PrivR ein. Was Treu u Glauben entspr, wird entscheidd mitbestimmt dch das in den GrdR verkörperte Wertsystem.

d) Einzelne Grundrechte und § 242. – aa) Zu den grundlegden RWerten, die auf das PrivR einwirken, gehört die in GG 4 verbürgte **Gewissensfreiheit** (BAG NJW **86**, 86, Soergel-Teichmann Rdn 49ff). Bei echter Gewissensnot kann der Schu aus § 242 ein LeistgsV-, Künd- od RücktrR herleiten. Ein solches Recht besteht aber nicht, wenn es dem Schu in Wahrh darum geht, eig ideologische od politische Vorstellgen ggü dem VertrPart dchzusetzen (MüKo/Roth Rdn 38). **Kernkraftgegner** sind nicht berecht, unter Berufg auf GG 4 die Bezahlg ihrer Stromrechng teilw zu verweigern. Es ist unter keinem rechtl Gesichtspunkt zul, die Kraftwerksbetreiber dch NichtErf wirks begründeter Verbindlichk zum Unterl einer erlaubten, wenn auch polit umstrittenen Tätigk zu nötigen (s Hamm NJW **81**, 2473, LG Dortm NJW **81**, 764, AG Hbg NJW **79**, 2315, AG Stgt NJW **80**, 1108, abwegig AG Stgt NJW **79**, 2047). Ein LeistgsVR besteht auch dann nicht, wenn ein Drucker einen Text drucken soll, der nicht seiner polit Einstellg entspr (bedenkl BAG NJW **86**, 85, mit Recht krit Reuter BB **86**, 385) od wenn die Mitarbeit in einer Forschgsabteilg verweigert w, weil die Forschgsergebn möglicherw auch nach einem Atomkrieg verwendb sind (aA BAG Betr **89**, 1191). Erforderl ist eine umfassde Würdigg aller Umst, bei der das Leistgsinteresse des Gläub u das Gewicht der Gewissens-Entsch ggeinand abzuwägen sind (LAG Bay JZ **58**, 514, LAG Düss BB **88**, 1750). Ein allg Vorrang von GewissensEntsch ggü VertrPfl kann nicht anerkannt w. Wer den Konflikt bei VertrSchl vorausgesehen hat, kann aus ihm keine Rechte herleiten (BAG NJW **86**, 86). Entspr gilt für vorherseh Gewissenskonflikte (Wieacker JZ **54**, 467, aA Soergel-Teichmann Rdn 52). And liegt es nur, wenn es sich um eine sachl od zeitl unbedeutde LeistgsV handelt, die das GläubInteresse nicht nachhalt berührt. – **bb)** Eine allg **Pflicht zur gleichmäßigen Behandlung** läßt sich für das vom Grds der PrivAutonomie (Übbl 1 a v § 104) beherrschte bürgerl Recht weder aus GG 3 noch aus § 242 herleiten (BayObLG NJW **81**, 1277, MüKo/Roth Rdn 39, grdlegd G. Hueck, Der Grds gleichmäß Behandlg im PrivR, 1958, S 169 ff). Sie besteht im ArbR (§ 611 Anm 9), im Vereins- u GesellschR (§ 35 Anm 1), im EnergieWirtschR für Tarifkunden (Martinek BB **89**, 1281), nicht dagg im MietR (Weimar MDR **71**, 108, hM, aA Rathjen MDR **80**, 713). Bei einer beschränkten Gattgsschuld kann sie sich aus § 242 ergeben, wenn der Schu mehrere Gläub nur teilw befriedigen kann (RG **84**, 128). – **cc)** **Verwaltungsprivatrecht.** Betätigt sich die öff Verw in den Formen des PrivR, um ihr zugewiesene öff Aufg zu erfüllen, unterliegt sie den sich aus dem öffR ergebden Bindgen u Beschränkgen (BGH **91**, 96, 93, 381, Wolff I § 23 II b). Es gilt daher der GleichhSatz (BGH **29**, 76, **36**, 91, **65**, 287) u das Übermaßverbot (BGH **93**, 381). VerwPrivR ist auch anwendb, wenn die öff Verw Aufg der Daseinsvorsorge dch jur Pers des PrivR erfüllen läßt (BGH **52**, 326, **65**, 287). **Einzelfälle:** Bereitstellg kommunaler Versorggs- u VerkBetr an GG 3 (BGH aaO, Hbg NJW **88**, 1600) u an den Grds der Verhältnismäßigk (LG Brschw NJW **74**, 800). FlughafenGmbH u GG 3 (BGH BB **69**, 1239). Kindergartengebühren u GG 3 (Celle NJW **77**, 1295, LG Ffm NJW **78**, 2555, krit Raacke NJW **77**, 2166). – **dd)** Zu den grdlegden WertEntsch, die den Inhalt von Treu u Glauben mitbestimmen, gehört das **Sozialstaatsprinzip**, GG 20, 28 (Soergel-Teichmann Rdn 55). Es ist, zus mit and rechtl Gesichtspunkten, Grdl für die InhKontrolle von AGB u normähnl Regelgn (Anm 4 A c). Auch bei der Interessenabwägg (oben b cc) kann uU berücksichtigt w, daß der eine Teil der wirtschaftl Schwächere ist. Eine Verpflichtg, unbegrenzt auf die Belange der wirtschaftl Unterlegenen Rücksicht zu nehmen, ergibt sich aber aus dem Sozialstaatsprinzip nicht (MüKo/Roth Rdn 37).

e) Funktionskreise. Der hinsichtl der Tatbestd- u RFolgenseite „offene" § 242 bedarf einer Konkretisierg. Diese läßt sich in einer ersten Stufe dch die Herausarbeitg von Funktionskreisen (Wirkgsweisen) erreichen (Soergel-Teichmann Rdn 58, MüKo/Roth Rdn 41, aA Staud-J. Schmidt Rdn 141 ff). Diese sind wiederum dch Fallgruppen weiter zu konkretisieren. Die Zahl u die Abgrenzg der Funktionskreise ist str. Es empfiehlt sich, wie folgt zu unterscheiden: – **aa) Konkretisierungsfunktion.** § 242 regelt die Art u Weise der Leistg. Er ergänzt die in den §§ 243 ff enthaltenen Einzelbestimmgen (unten Anm 2). – **bb) Ergänzungsfunktion.** § 242 ist Grdl für Nebenpflten verschiedenster Art; zT handelt es sich um leistgsbezogene NebenPflten, zT aber auch um SchutzPflten, die das Integritätsinteresse des Gläub sichern (Anm 3). – **cc) Schrankenfunktion.** Der Grds von Treu u Glauben bildet eine allen Rechten u RPositionen immanente Schranke. Aus ihm ergibt sich das Verbot unzul RAusübg in seinen unterschiedl Erscheingsformen (Anm 4 u. 5). – **dd) Korrekturfunktion.** Die aGrd des § 242 herausgebildeten Grds über Fehlen u Wegfall der GeschGrdl ermöglichen es, den VertrInh bei wesentl Änd der Verhältn anzupassen, sofern einem Teil das unveränderte Festhalten am bisher VertrInh nicht zugemutet w kann (Anm 6). In diesen Zushang gehört auch das KündR aus wicht Grd bei DauerschuldVerh (Einl 5 b bb v § 241). – **ee)** § 242 ist grdsl **keine** selbstd **Anspruchsgrundlage** (BGH **88**, 351, **95**, 399, NJW **81**, 1779). Er kann aber im Anwendungsbereich der GeschGrdl (Anm 6 B f) u im UnterhR (BGH NJW **89**, 1991) Grdl von AusglAnspr sein. Außerdem können die sich aus § 242 ergebden NebenPflten klagb Anspr begründen (Anm 3 A c).

f) Verfahrensrechtliches, Abdingbarkeit. Der Verstoß gg Treu u Glauben ist im Proz v Aw zu berücksichtigen (BGH **3**, 103, **31**, 84, **37**, 152). Ergeben sich die Voraussetzgen für die Anwendg des § 242 nicht aus dem KlVorbringen, sond aus dem des Bekl, so trifft diesen die obj BewLast (BGH **12**, 160, NJW **64**, 1854, **75**, 828). § 242 ist als „Grundgebot der Redlichk" unabdingb (BGH **LM** (Cb) Nr 12 Bl 2, Larenz § 10 I, aA Soergel-Teichmann Rdn 107). Die Part können aber Regelgn treffen, die für best Fallgestaltgen die an sich denkb Anwendg des § 242 ausschließen (Bsp: Keine Rechte wg Wegfall der GeschGrdl bei ausdr Risikoübernahme).

g) Anwendungsbereich. – aa) Die Grds des § 242 gelten für das gesamte SchuldR einschließl des BereicherungsR (RG GrZS **161**, 58, BGH **14**, 10, **29**, 161, **37**, 370); viele schuldrechtl Vorschr sind Ausprägen des § 242, so §§ 254, 266, 273, 299, 320, 618 u AGBG 9. § 242 gilt darüber hinaus für das **gesamte Privatrecht** innerh u außerh des BGB (RG **166**, 49, BGH, **12**, 157), so im SachenR (BGH **10**, 75, **47**, 189, **58**, 157, **96**, 376, § 903 Anm 3 a bb), im FamR (BGH **5**, 189, NJW **82**, 1999, **89**, 1991), im ErbR (BGH **4**, 91, **64**, 8), im ArbR (§ 611 Anm 4, 8 u 9), im gewerbl RSchutz (BGH **1**, 31, **21**, 78, NJW **74**, 2282) u im VersR (BGH NJW **40**, 389, **96**, 92). Vgl auch die Nachw in Anm 4 C, 5 f u 6 D. – **bb) Öffentliches Recht.** Der Grds von Treu u Glauben gilt für das gesamte öffR. § 242 selbst ist als privatrechtl Vorschr nur entspr anwendb (BGH **30**, 236, **94**, 349, BVerwG **9**, 160, **25**, 303, BFH NJW **57**, 1855, **64**, 1825, BSG NJW **58**, 1607, **66**, 125 u 1381). Dabei gilt der Grds von Treu u Glauben in bundesrechtl geregelten Materien als BundesR, ih dagg als LandesR (BVerwG **55**, 339). Treu u Glauben gilt auch für das VerfR, insb das ZivilProzR (BGH **20**, 206, **43**, 292, **57**, 111) u das ZwVollstrR (Bittmann ZZP **97**, 32). Bei Anwendg des Grds von Treu u Glauben im öffR u im VerfR ist jedoch die Eigenart dieser RGebiete zu beachten. Der Vorrang öff Interessen u das Gebot der RSicherh kann dazu führen, daß der RGedanke des § 242 zurücktreten muß. Das gilt im VerfR etwa für die Wahrg von Fr u die Beachtg der RKraft. **Einzelne Anwendungsfälle** s Anm 4 C, 5 f u 6 D bei den einschläg Schlagworten.

h) Abgrenzungen. – aa) §§ 133, 157. Ziel der Auslegg gem §§ 133, 157 ist es, Sinn u Tragweite der PartAbrede zu ermitteln u etwaige Lücken iW ergänzender Auslegg zu schließen. Dagg enthält § 242 einen obj Maßstab, der unabhängig vom PartWillen auf Art u Weise, Bestand u Inhalt der LeistgsPfl einwirkt u auch für RVerh aus nicht rgesch Tatbestd gilt. § 157 betrifft das rechtl Wollen, § 242 das rechtl Sollen (BGH **16,** 8). Die Anwendg der beiden Vorschr, die dieselben Wertmaßstäbe verwenden, greift ineinand über; das gilt vor allem, soweit es um die Begründg von NebenPflten (Anm 3 A a) u die Anpassg des VertrInh an sich ändernde Verhältn (Anm 6 B c) geht. Auch hier gilt aber, daß Auslegg – einschließl der ergänzden Auslegg – den Vorrang hat (BGH **9,** 277, **81,** 143, **90,** 74); erst wenn der PartWille feststeht, ist zu prüfen, wie § 242 auf das RVerh einwirkt. – **bb) § 134, 138.** §§ 134, 138 enthalten Außenschranken für die Gültigk von RGesch. Dagg legt § 242 eine Binnenschranke für die RAusübg fest, berührt aber, auch soweit er Anspr aus RGesch betrifft, deren Gültigk nicht. Auch die Maßstäbe der §§ 138, 242 stimmen nicht überein; der Standard der guten Sitten ist enger als der des § 242. Sittenwidrig ist immer zugl ein Verstoß gg Treu u Glauben; umgekehrt ist aber nicht jede Treuwidrigk zugl ein Sittenverstoß (BAG NJW **64,** 1543, Staud-J. Schmidt Rdn 238). Die Anwendg des § 242 kann dazu führen, einen Anspr auch ganz od teilw zu versagen, wenn das RGesch bei seinem Abschl nicht unsittl war; so kann die Geltdmachg von Anspr aus einem bei seiner Errichtg nicht sittenw Testament bei nachträgl Änderg der Verh gg § 242 verstoßen (BGH **20,** 76, § 138 Anm 1d). Ands können die einer Part auferlegten Belastgen dch § 242 derart begrenzt w, daß der Vertr entg der ersten Anschein nicht sittenw ist (§ 138 Anm 1f bb). – **cc) § 226.** Das Schikaneverbot des § 226 ist neben dem sich aus § 242 ergebden Verbot unzul RAusübg weitgehd leerlaufd. Es regelt einen Sonderfall der Fallgruppe RMißbrauch wg Fehlens eines schutzwürd Interesses (Anm 4 B c). Auch soweit § 242 ausnw mangels einer Sonderverbindg (Anm 1b dd) unabwendb ist, ist § 226 wg seiner engen tatbestandl Voraussetzg ohne prakt Bedeutg. – **dd) § 826.** Aus § 826 ergibt sich, daß die RAusübg unzul ist, wenn sie obj gg die guten Sitten verstößt, gleichgült, ob ein Schaden entstanden ist u den Handelnden Verschulden trifft. Sittenwidrig setzt aber einen groben Verstoß gg Treu u Glauben voraus (oben bb). Auch § 826 hat daher als Schranke der RAusübg neben § 242 nur geringe Bedeutg. Er ist heranzuziehen, wenn § 242 wg Fehlens einer rechtl Sonderverbindg unanwendb ist. Außerdem ist § 826 Grdl für SchadErs-Anspr. § 242 ist kein SchutzG iSd § 823 II, bei einem Verstoß gg Treu u Glauben sind aber idR Anspr aus c. i. c. od pVV gegeben. – **ee) AGBG 9** s Vorbem 4c v AGBG 8.

2) Art und Weise der Leistung. § 242 regelt, wie schon sein Wortlaut ergibt, die Art u Weise das „Wie" der Leistg. Er ergänzt insoweit die in den §§ 243ff enthaltenen Einzelbestimmgen. Der Schu hat seine Verbindlichk so zu erfüllen, wie es nicht nur dem Buchstaben, sond auch dem Sinn u Zweck des SchuldVerh entspr (Larenz § 10 II). Eine Leistg zur Unzeit ist unzul, ebso eine Leistg am unpassden Ort. Ist die Erf am vertragl od gesetzl ErfOrt unmögl od unzumutb, tritt an seine Stelle ein and angem Ort (§ 269 Anm 5a). Eine TeilAufr kann unzul sein, wenn sie den Gläub unzumutb belästigt (RG **79,** 361). Ands muß der Gläub auf schutzwürd Interessen des Schu Rücksicht nehmen. Er kann entgg § 266 zur Ann von Teilleistgen verpflichtet sein (§ 266 Anm 4d). Ausnw kann für den Gläub auch die Verpflichtg bestehen, sich auf Ratenzahlgen einzulassen (RG GrZS **161,** 58, Wucherdarlehen; BGH NJW **77,** 2358, Fluchthilfe). Der Schu kann gem § 242 berecht sein, statt Barzahl einen (gedeckten) Scheck herzugeben (RG **78,** 142). Unerhebl Abweichgen bei der Abwicklg der Leistg sind unschädl, soweit der gleiche wirtschaftl Erfolg herbeigeführt wird (RG JW **09,** 734: SicherhLeistg dch Abtr statt dch Verpfändg; BGH NJW **69,** 320: Überweisg auf ein and Konto).

3) Nebenrechte und Nebenpflichten. – A) Allgemeines. – a) Die für das einz SchuldVerh kennzeichndn HauptleistgsPflten werden dch **Nebenpflichten** ergänzt. Diese können sich aus der – gem § 157 auszulegdn – PartVereinbg od aus bes gesetzl Vorschr (etwa §§ 368, 402, 444, 618, 666) ergeben; daneben u vor allem ist aber § 242 Grdl für zahlreiche NebenPflten. Da der Schu so zu leisten hat, wie Treu u Glauben es gebieten, hat er den Leistgserfolg vorzubereiten, herbeizuführen u zu sichern. Zugl hat er sich so zu verhalten, daß Leben, Gesundh u Eigentum des and Teils nicht geschädigt w (Einl 1 e v § 241). Daraus kann sich ein ganzes Bündel von Pflten ergeben; im einz kann es sich je nach Inhalt u Natur des SchuldVerhältn handeln um AufklPflten, BeratgsPflten, AuskPflten, AnzeigePflten, MitwirkgsPflten, UnterlPflten, FürsorgePflten, ObhutsPflten od SchutzPflten. § 242 kann auch in nicht schuldrechtl Sonderverbindgen Grdl für NebenPflten sein, so etwa für AufklPflten in der RBeziehg zw UnterhBerecht u Verpflichteten (BGH NJW **86,** 1753, **88,** 1966, Kblz NJW-RR **89,** 649). – **b) Leistungsbezogene Pflichten und weitere Verhaltenspflichten.** Vgl zur grdsl Abgrenzg Einl 1 e v § 241. Leistgsbezogene Pflten sind die Leistungstreue- u die MitwirkgsPfl (B a u b). Die SchutzPfl bezweckt in erster Linie den Schutz der RGüterSphäre des and Teils, sichert aber zugl auch das Leistgsinteresse (s B c). Bei der Aufkl- u AuskPfl (B d u e) kann SchutzGgst je nach Lage des Einzelfalles das Leistgs- od das Integritätsinteresse sein. – **c) Selbständige und unselbständige Nebenpflichten.** Selbstständ NebenPflten haben trotz ihrer Unterordng unter die HauptPfl einen Eigenzweck; sie gewähren einen ErfAnspr, sind also klagb. Hierher gehört die AuskPfl (B e) u idR die MitwirkgsPfl (B b). Unselbständ NebenPflten sichern die HauptPfl u die Abwicklg des SchuldVerh, ohne daß ihnen ein Eigenzweck zukommt. Ihre Verletzg kann einen ErsAnspr wg pVV od c. i. c. begründen, ein KlagR besteht aber grdsl nicht (Ffm JZ **85,** 337). Es ist ausnw anzuerkennen, wenn ein schutzwürd Interesse an der klagweisen Dchsetzg der Pfl gegeben ist (str, s Lenzen NJW **67,** 1261, Stürner JZ **76,** 384, Motzer JZ **83,** 884), so uU bei der HinwPfl gem VOB/B 4 Nr 3 (Clemm BauR **87,** 613). Hierher gehören die Leistungstreue-, die Schutz- u die AufklPfl (B a, c u d). – **d) Zeitlicher Wirkungsbereich.** Grdl für die NebenPflten ist das SchuldVerh. Ein SchuldVerh mit primäre LeistgsPflten entsteht aber bereits dch die Anbahng von VertrVhdlgen; schon vor Begründg der LeistgsPfl bestehen Schutz- u AufklPflten (B c u d), deren Verletzg zu einer Haftg wg c. i. c. führen kann (§ 276 Anm 6). Ands können einz NebenPflten auch nach Erf der HauptPfl fortwirken (§ 276 Anm 7 D).

B) Einzelne Nebenpflichten. Eine allg anerkannte inhaltl Einteilg u eine einheitl Terminologie hat sich nicht dchgesetzt (s etwa MüKo/Roth Rdn 106ff u Soergel-Teichmann Rdn 134ff). – **a) Leistungstreuepflicht.** Sie dient als ergänzde NebenPfl der Sicherg der HauptPfl. Der Schu hat alles zu tun, um den

Leistgserfolg vorzubereiten, herbeizuführen u zu sichern; die Part haben alles zu unterlassen, was den Vertr-Zweck od den LeistgsErfolg beeinträchtigen od gefährden könnte (s BGH **93**, 39, NJW **78**, 260, **83**, 998). Welche einz Verpflichtgen sich aus der LeistgstreuePfl ergeben, hängt vom Inhalt u der RNatur des jeweiligen SchuldVerh ab. Im wesentl lassen sich vier Pfltenbereiche unterscheiden; **aa) Vorbereitung und Herbeiführung** des Leistgserfolges. Vom VertrSchl bis zur Erbringg der Leistg hat der Schu hins des SchuldGgst eine Erhaltgs- u ObhutsPfl (MüKo/Roth Rdn 149). Maschinen hat er zu warten, Tiere zu füttern; er ist auch dann weiter zur Obhut verpflichtet, wenn der Gläub in AnnVerzug gerät (RG **108**, 343, s aber §§ 300, 303, 372). Der Verkäufer muß ordngsmäß verpacken (LG Ffm NJW-RR **86**, 967) u muß bei der Versendg sorgfält verfahren, insb darf er nicht zur Unzeit versenden (§ 447 Anm 8). Der Untern muß auf Mängel der Vorarbeiten hinweisen (Hamm NJW-RR **89**, 982). – **bb) Entwertung oder Gefährdung der Leistung.** Die Part dürfen die dem and Teil aGrd des SchuldVerhältn gewährten Vorteile weder entziehen noch wesentl schmälern, noch gefährden (RG **161**, 338, BGH **16**, 10). Der Zedent hat daher alles zu unterlassen, was die FdgsEinziehg dch den Zessionar beeinträchtigen könnte (RG **111**, 303). Der Verkäufer eines Unternehmens od einer Praxis mit Kundsch darf dem Käufer zunächst keinen Wettbewerb machen (RG **117**, 178, BGH **16**, 75). Der Verkäufer von technischen Industrieprodukten kann verpflichtet sein, Ersatzteile für die dchschnittl Nutzgsdauer des Produkts bereit zu halten (AG Mü NJW **70**, 1852, Finger NJW **70**, 2049, Rodig BB **71**, 854). Der Vermieter von Gewerbeflächen ist verpflichtet, vom Mieter Wettbewerb fernzuhalten (BGH **70**, 80, § 535 Anm 2 a). Den Handelsvertreter darf nicht für eine Konkurrenzfirma tät sein (BGH **42**, 61, **LM** (Ba) Nr 53 Bl 4). – **cc) Vertragsuntreue.** Der Schu verstößt gg die LeistgstreuePfl, wenn er die Erf des Vertr ernsthaft verweigert od wenn er dch eine schwere Unzuverlässigk die VertrauensGrdl des Vertr gefährdet; entspr gilt für den Gläub, der sich grdlos vom Vertr lossagt od die Leistg des Schu unberecht beanstandet (§ 276 Anm 7 C a). – **dd) Unterstützung des anderen Teils.** Aus dem SchuldVerhältn ergibt sich im gewissen Umfang eine Pfl zur ggs Unterstütz (BGH Betr **68**, 2210). Der Gläub kann verpflichtet sein, dem Schu Unterlagen für die Kreditbeschaffg zur Vfg zu stellen (BGH NJW **73**, 1793, Brych DNotZ **74**, 414) od eine Bescheinigg, die der Schu zur Wahrnehmg seiner steuerl Belange braucht (Hamm MDR **75**, 401). Keine Part ist aber verpflichtet, gleichwg eig Interessen ggü Belangen des and Teils zurückzustellen (BGH **LM** § 455 Nr 21 Bl 2, § 242 (Be) Nr 36).

b) Mitwirkungspflicht. Gläub u Schu sind verpflichtet, im ZusWirken die Voraussetzgen für die Dchführg des Vertr zu schaffen u ErfHindern zu beseitigen. Die MitwirkgsPfl dient ebso wie die LeistgstreuePfl der Erreichg des VertrZweckes u des Leistgserfolges. Sie ist and als die LeistgstreuePfl eine selbstand einklagb NebenPfl. – **aa) Genehmigungsbedürftige Rechtsgeschäfte.** Sie sind der Hauptanwendgsbereich der MitwirkgsPfl. Sofern das RGesch im übrigen wirks ist, sind beide Part verpflichtet, alles zu tun, um die Gen herbeizuführen u alles zu unterl, was die Gen gefährden od vereiteln könnte (BGH **14**, 2, **67**, 35, BVerwG NJW-RR **86**, 758, § 275 Anm 9 a aa). Wird die Gen unter der Aufl einer VertrÄnd erteilt, sind die Part im Rahmen des Zumutb verpflichtet, den Vertr entspr abzuändern (BGH **67**, 35, NJW **60**, 523, **67**, 830). Ist der Vertr inf Versagg der Gen nichtig geworden, kann uU eine Pfl zum Neuabschluß bestehen (BGH MDR **63**, 837). Ist das ErfGesch genbedürft, kann nach Versagg der Gen eine Pfl zur VertrAnpassg u zur Wiederholg des ErfGesch gegeben sein (BGH **38**, 149, **67**, 35). Bes liegt es bei der unwschgerichtl Gen. Bei ihr kann der gesetzl Vertreter frei darüber entscheiden, ob er von ihr Gebrauch machen will od nicht (BGH **54**, 73). – **bb) Weitere Einzelfälle.** Hat sich der mit der VertrAbwicklg beauftragte Notar als unzuverläss erwiesen, sind die Part verpflichtet, den Vertr entspr zu ändern u einen and Notar einzuschalten (BGH **87**, 165). Wer seine Zust wirks, aber formlos erteilt hat, ist verpflichtet, sie in der Form des GBO 29 zu bestätigen (KG NJW **62**, 1062). Bezieht sich die AbtrErkl inf ergänzder Auslegg auf eine weitere od and Fdg, ist der Zedent zu einer entspr Klarstellg verpflichtet (Hbg MDR **59**, 123). Entspr gilt iF einer *falsa demonstratio* (Köhler JR **84**, 15).

c) Schutzpflicht. – aa) Allgemeines. Gläub u Schu haben sich bei Abwicklg des SchuldVerh so zu verhalten, daß Pers, Eigt u sonstige RGüter des and Teils nicht verletzt w (BGH NJW **83**, 2814, KG NJW **85**, 2137). Die SchutzPflten bezwecken in erster Linie den Schutz der RGütersphäre der GgPart („Erhaltgs- od Integritätsinteresse"). Sie dienen aber entgg der hL (Soergel-Teichmann Rdn 178) zugl auch dem Sicherg des Leistginteresses. Die Pfl der KfzWerkstatt zur Diebstahlssicherg schützt neben dem Kfz auch die Reparaturleistg. SchutzPfl sind bes normiert zB in §§ 536, 618, 701; unabhäng hiervon gilt der allg Grds, daß jede VertrPart „die gebotene Sorgfalt für die Gesundh u das Eigt des and Teils zu beobachten hat" (RG **78**, 240). Aus dem DienstVertr kann sich die Pfl ergeben, den DienstBerecht über schädigde Hdlgen und Dienstverpflichteten zu informieren, es besteht aber keine Pfl zur Selbstbezichtigg (BGH NJW-RR **89**, 614). Die Verletzg von SchutzPflten begründet SchadErsAnspr wg c. i. c. od pVV. **Einzelfälle** s § 276 Anm 6 B d u 7 C b. – **bb) Versicherungsschutz.** Die SchutzPfl umfaßt die Pfl, im erforderl Umfang für VersSchutz zu sorgen. Der KfzHalter ist ggü dem berecht Fahrer verpflichtet, das Kfz ordngsmäß gg HaftPfl zu versichern (BGH VersR **64**, 239, **71**, 430, BAG **14**, 228). Der ArbGeb ist verpflichtet, den angestellten Fahrer dch eine KaskoVers mit angem Selbstbeteiligg gg uU existenzgefährdde ErsAnspr zu schützen (Stgt NJW **80**, 1169, LAG Brem VersR **80**, 1182, LAG Nds Betr **82**, 2628, aA BAG NJW **88**, 2820). Dagg besteht für den ArbG keine Pfl zum Abschl einer RSchutzVers (ArbG Karlsr BB **86**, 868). Der KfzHändler muß für Probefahrten eine Kaskoversicher abschließen (BGH NJW **72**, 1363, **86**, 1099), der Juwelier wg der ihm zur Bearbeitg anvertrauten Sachen eine Versicherg gg Einbruch u Beraubg (s Ffm NJW-RR **86**, 107). Auch bei sportl Betätigung muß im erforderl Maß für VersSchutz gesorgt w; der Reiterclub muß eine HaftPflVers abschließen (s BGH NJW-RR **86**, 573). Dagg soll für den Judoverein keine derart Pfl bestehen (LG Münst VersR **89**, 155).

d) Aufklärungspflicht (Anzeige-, Hinweis-, OffenbargsPfl). Sie besteht nur dann, wenn der and Teil nach den im Verk herrschenden Anschauungen redlicherw Aufkl erwarten darf (BGH NJW **70**, 655). Vgl dazu grdsl § 123 Anm 2 c aa u die Einzelfälle in § 276 Anm 6 B c u 7 C d. Bei argl Verletzg währd der Phase der VertrAnbahng erwirbt der verletzte Teil Anfechtgsrechte; bei schuldh Verletzg der AufklPfl hat der and Teil einen SchadErs-Anspr wg c. i. c. od pVV (s aaO bei §§ 123 u 276).

e) Auskunftspflicht: vgl §§ 259–261 Anm 2b.

4) Unzulässige Rechtsausübung. – A) Allgemeines. – a) Bedeutung. Treu u Glauben bilden eine allen Rechten, RLagen u RNormen **immanente** InhBegrenzg („Innentheorie", BGH **30**, 145, MüKo/Roth Rdn 43). Die gg § 242 verstoßde „Rechts"ausübg od Ausnutzg einer „Rechts"lage ist als RÜberschreitg mißbräuchl u unzul (BGH **12**, 157). Welche Anforderg en sich aus Treu u Glauben ergeben, läßt sich nur unter Berücksichtigg der Umst des Einzelfalles entscheiden. Eine gg § 242 verstoßde RAusübg kann bei Änderg der maßgebl Umst wieder zul w (BGH **12**, 307, **52**, 368, **LM** § 247 Nr 1). § 242 ruft daher eine Relativität des RInhalts hervor. Maßgebder BeurteilgsZtpkt ist die Geltdmachg des Rechts (BGH **13**, 350), im RStreit die letzte TatsVhdlg. – **b) Voraussetzungen, Allgemeines.** Vgl Anm 1 b. Voraussetzg ist das Bestehen einer Sonderverbindg. Ein Verschulden ist nicht erforderl (BGH **64**, 9, NJW-RR **86**, 765), es kann aber bei der gebotenen umfassenden Interessenabwägg von ausschlaggebender Bedeutg sein. Im übrigen gilt, daß sich die tatbestandl Voraussetzgen aus den von der Rspr herausgebildeten einz Anwendungsfällen der unzul RAusübg ergeben (unten B u C). – **c) Individueller und institutioneller Rechtsmißbrauch.** Beim RMißbrauch geht es typw darum, daß die Ausübg eines individuellen Rechts als treuw u unzul beanstandet w. Der Grds von Treu u Glauben als Gebot der Redlichk u allg Schranke der RAusübg beschränkt aber nicht nur subj Rechte, sond auch RInstitute u RNormen. Neben den individuellen tritt daher der **institutionelle** RMißbrauch. Bei ihm geht es darum, daß sich die aus einem RInstitut oder einer RNorm (scheinb) ergebden RFolgen uU zurücktreten müssen, wenn sie zu einem mit Treu u Glauben unvereinb, schlechthin untragb Ergebn führen (s BGH **29**, 10, **48**, 398 zur Formnichtigk). Voraussetzgen u Grenzen des institutionellen Rechtsmißbrauchs werden wesentl dch das jeweils betroffene RInstitut mitbestimmt; seine Anwendgsfälle werden daher bei den einz RInstituten dargestellt. Einschlägig sind vor allem: **(1)** InhKontrolle von formularmäß Regelgen (Mißbrauch der VertrFreiheit). Für AGB geregelt in AGBG 9 ff; weitere Anwendgsfälle Vorbem 2 d v AGBG 8. **(2)** Dchgriffshaftg (Mißbrauch der RForm der jur Pers), Einf 6 v § 21. **(3)** Einwendgsdchgriff (Mißbrauch von Gestaltgsformen des bürgerl Rechts), Einf 5 a bb v § 305, AbzG 6 Anh 2ff. **(4)** Formnichtigk u Treu u Glauben, § 125 Anm 6. **(5)** Nichtig gem § 138 u Treu u Glauben, § 138 Anm 1 g. – **d) Rechtsfolgen.** Rechtsmißbrauch begründet, wenn schon der RErwerb anstößig ist, eine rhindernde, sonst eine rvernichtete Einwendg. Der Mißbrauchseinwand hat bei einer Mehrh von Berecht keine Drittwirkg. Dem von mehreren GesHändern geltd gemachten Anspr kann daher nicht entgggehalten w, daß einer von ihnen mißbräuchl handelt (BGH **44**, 367, NJW **73**, 1604). Der Gesamt- od EinzelRNachfolger muß sich dagg den Mißbrauchseinwand entgghalten lassen (BGH **64**, 10, NJW **83**, 749). – **e) Verfahrensrechtliches.** Vgl Anm 1f.

B) Fallgruppen. Aus der Vielzahl mögl Anwendgen des Verbots unzul RAusübg haben sich einige typ Fallgruppen herausgebildet. Allerdings ist es weiterhin so, daß sich eine allg anerkannte Einteilg u Terminologie nicht dchgesetzt hat (s MüKo/Roth Rdn 249 ff, Soergel-Teichmann Rdn 281 ff). – **a) Unredlicher Erwerb der eigenen Rechtsstellung. – aa)** Die Ausübg eines Rechts ist idR mißbräuchl, wenn der Berecht es dch ein gesetz-, sitten- oder vertragswidriges Verhalten erworben hat (BGH **57**, 111). Dieser Grds hat sich aus der exceptio doli spezialis = praeteriti des röm u gemeinen R entwickelt. Er entspr im angloamerikanischen RKreis dem Einwand der „unclean hands" (Staud-J. Schmidt Rdn 612). Es genügt ein obj unredl Verh, Argl od Versch ist nicht erforderl (BGH **LM** (Cd) Nr. 5). Voraussetzg ist jedoch, daß das unredl Verhalten für den Gläub Vorteile od den Schu Nachteile gebracht hat, die bei redl Verhalten nicht entstanden wären (BGH **LM** (Cd) Nr 226). – **bb) Einzelfälle:** Geltdmachg von Anspr aus einem Vertr, der unter erkanntem Mißbrauch der Vertretgsmacht zustande gekommen ist (BGH **94**, 138, § 164 Anm 2). Künd eines PachtVertr, wenn der Verpächter den Zahlgsrückstand dch argl Verhalten mitverursacht hat (BGH **LM** (Cd) Nr 55). Künd gem ZVG 57 a, wenn der Erwerb iW der ZwVollstr nur zur Umgehg des § 571 erfolgt ist (BGH **LM** (Cd) Nr 213, KG OLGZ **73**, 1). Inanspruchn des Bü, wenn der Gläub den BürgschFall treuw herbeigeführt hat (BGH **LM** § 765 Nr 10, WPM **84**, 586). Geltdmachg eines VertrStrafAnspr, wenn der Gläub das vertragsw Verhalten des Schu veranlaßt hat (BGH NJW **71**, 1126). Geltdmachg eines vorrangigen PfandR, wenn dieses dch Erschleichg einer Zustellg erworben worden ist (BGH **57**, 111). Ausübg eines ÜbernR, wenn der Berecht den ÜbernFall treuw herbeigeführt hat (RG **162**, 394). Geltdmachg eines unredl erworbenen NamensR (Brschw NJW **79**, 1463). Geltdmachg von betriebl VersorggsR dch einen an NS-Maßn gg den Betr beteiligten Funktionär (BGH **9**, 96, **13**, 349). – **cc) Öffentliches Interesse.** Bei einem überwiegden öff Interesse kann die RAusübg zul sein, obwohl der Berecht sich unredl verhalten hat: Die argl Vereitelg der Zustellg setzt die NotFr nicht in Lauf (BGH NJW **78**, 426). Der Anspr auf das Festentgelt nach dem GüKG besteht grdsl auch dann, wenn der Untern den Tarif vorsätzl nicht eingehalten hat u der AuftrGeb gutgl war (BGH NJW **55**, 1755), jedoch kann es ausnw anliegen (BGH **LM** GüKG Nr 37, VRS **58**, 47, **67**, 39). Waren beide bösgl, ist § 242 nur anwendb, wenn ein bes VertrauensTatbestd vorlag u es um Hilfe in einer für den Unternehmer existenzbedrohden Notlage ging (BGH NJW-RR **87**, 433, 821, 1009).

b) Verletzung eigener Pflichten. aa) Die RAusübg kann unzul sein, wenn dem Berecht eine Verletzg eig Pflten zur Last fällt. Es gibt aber keinen allg Grds, daß nur derj Rechte geltd machen kann, der sich selbst rechtstreu verhalten hat (BGH NJW **71**, 1747, BAG Betr **74**, 2357). RVerstöße begründen unter den im Ges vorgesehenen Voraussetzgen SchadErsAnspr u geben dem and Teil die Befugn aus §§ 273, 320, führen aber grdsl nicht zu einem Wegfall eig Rechte (Soergel-Teichmann Rdn 287). **Versorgungsansprüche** bleiben daher auch bei schweren PflVerletzgen des Berecht bestehen (BGH **55**, 277, NJW **81**, 2407, BAG NJW **80**, 1127, **81**, 188); nur in bes kraß liegden AusnFällen entfällt der Anspr, so etwa, wenn der Berecht die wirtschaftl Grdl des Versorggspflichtigen gefährdet (BGH aaO, LAG Hamm Betr **89**, 788), wenn er sich der Erpressg schuldig macht (BAG NJW **84**, 141) od in erhebl Umfang Schmiergelder annimmt (BGH NJW **84**, 1530), dagg reicht die Beteiligg an Unterschlaggen (Schaden 30 000 DM) nicht aus (BAG Betr **83**, 1770). Der RA verliert seinen HonorarAnspr nur iF des Parteiverrats od einer vergleichb schweren PflVerletzg (s BGH NJW **81**, 1212, weitergehd RG **113**, 269). Auch der VergütgsAnspr des SachVerst entfällt nur bei bes groben PflVerletzgen (BGH NJW **76**, 1154, Mü NJW **71**, 257); das gilt ebso für den TestVollstr (BGH DNotZ **76**, 559, WPM **79**, 1116). – **bb) Keine unzulässige Rechtsausübung** ist in folgden Fällen anzunehmen:

Inhalt der Schuldverhältnisse. 1. Titel: Verpflichtung zur Leistung § 242 4 B b–d

Geltdmachg des GehaltsAnspr bei Verstoß gg ein WettbewVerbot (BGH NJW-RR **88**, 353). Klage gg unlauteren Wettbew dch Kläger, der gleichart Verstöße begeht (BGH NJW **60**, 1295, **71**, 1749). Gebrauch einer VollstrMöglichk, die dem Gläub pflichtw von einem Dr mitgeteilt worden ist (BGH **LM** (Cd) Nr 166). Geltdmachg des ÜbernAnspr dch den an der Zerrüttg der Ehe schuld Ehem/Komplementär gg die Ehefr/Kommanditistin (BGH **46**, 396). Berufg auf Mutterschutz bei Verletzg der NachwPfl (BAG Betr **83**, 1770). – cc) **Eine unzulässige Rechtsausübung** ist dagg in folgden Fällen zu bejahen: Geltdmachg von Rechten aus § 326 bei eig erhebl VertrUntreue (§ 326 Anm 4). Berufg auf Bezugsbindg bei NichtErf der eig LieferPfl (Nürnb NJW **72**, 2270). Dchsetzg eines WettbewVerbots bei Nichtzahlg der KarenzEntsch (BAG NJW **64**, 1643). Geltdmachg einer ProvFdg nach treuw Verhalten gerade hinsichtl des provpflicht Gesch (Hamm NJW **59**, 677, Kblz BB **73**, 866). Berufg auf MitwirkgsR bei beharrl Verweigerg der Mitwirkg (BGH NJW **72**, 863). Geltdmachg eines dingl VorkaufsR trotz vertragl Verpflichtg zur Nichtausübg (BGH **37**, 152). Aufr mit GgFdg, wenn die AufrLage bei einem redl Verhalten nicht entstanden wäre (BGH NJW **85**, 1826). Berufg auf Leistgsunfähigk, wenn der UnterhSchu diese selbst vorwerfb herbeigeführt hat (BGH NJW **85**, 733, 806). – dd) **Mißbräuchliche Ausnutzung einer formalen Rechtsstellung.** RStellgen einer Part unterliegen vielf Beschränkgen, die ledigl ggü Dr bestehen od nur im InnenVerhältnis wirks sind. Auf diese Beschränkgen kann sich bei einem offensichtl Mißbrauch ausnw auch der Verpflichtete berufen, so bei Anspr aus einem Akkreditiv (BGH **101**, 91), einer Bankgarantie (BGH **90**, 292, NJW **89**, 160) od einer Bürgsch auf erstes Anfordern (BGH Betr **89**, 1081). Ähnl liegt es beim Mißbrauch der Vollm (§ 164 Anm 2) od des StimmR (BGH **88**, 328).

c) **Fehlen eines schutzwürdigen Eigeninteresses.** – aa) Die RAusübg ist mißbräuchlich, wenn ihr kein schutzwürdiges Eigeninteresse zugrde liegt. Dieser Grds hat sich aus der *exceptio doli generalis = praesentis* des röm u gemeinen R entwickelt. Zu dieser Fallgruppe gehören neben der nutzlosen RAusübg die Fälle, in denen die Ausübg eines Rechts Vorwand für die Erreichg vertragsfremder od unlauterer Zwecke ist, weiter aber auch die Fälle des § 226, dessen Tatbestd von dem des § 242 mitumfaßt w (Anm 1 h cc). – bb) **Einzelfälle** mißbräuchl RAusübg: Ausübg des gesetzl VorkR gem BauGB bei Fehlen eines öff Interesses (BGH **29**, 117, **36**, 158). Wandlg nach Wegfall des Mangels (BGH **90**, 204). Geltdmachg eines Heimfall-Anspr wg meines wieder aufgeh ZwVerstVerf (BGH **LM** RHeimstG Nr 4). Geltdmachg von Informations-Anspr als Vorwand für die Ausspäh von GeschGeheimn (BGH **10**, 387, **93**, 206, 211). EheAufhebgs- od EhenichtigkKlage als Vorwand, um sich einem neuen Partner zuwenden zu können (BGH **5**, 186, **30**, 146). Inanspruchn von SicherhN für Fdgen (BGH NJW **75**, 122, **83**, 1735). Mißbrauch des StimmR (BGH **88**, 328, Hamm OLGZ **78**, 188). Antr auf Teilgsversteigerg, wenn Realteilg, obwohl § 752 nicht zutrifft, mögl u zumutb ist (BGH **58**, 146). – cc) **Pflicht zur alsbaldigen Rückgewähr.** Ein schutzwürdiges Interesse fehlt auch dann, wenn eine Leistg gefordert wird, die alsbald zurückzugewähren wäre: *dolo agit, qui petit, quod statim redditurus est* (BGH **10**, 75, **79**, 204, **94**, 246). **Einzelfälle:** HerausgVerlangen des Eigtümers ggü dem AnwBerecht, der alsbald Eigtümer werden w (BGH **10**, 75). Geltdmachg einer GrdSch, wenn eine schuldrechtl Pfl zur Rückgewähr besteht (BGH **19**, 206). Verlangen auf Löschg eines nicht wirks bestellten Rechts bei Verpflichtg zur Bestellg (BGH **38**, 126, DNotZ **76**, 22). Verlangen, die ohne Gen errichtete Anlage zu beseitigen, wenn eine Verpflichtg zur Gen besteht (BGH Betr **76**, 1058, BayObLG NJW-RR **88**, 589). Geltdmachg einer Fdg, wenn der Gläub das Geleistete als SchadErs (BGH **66**, 305, WPM **88**, 992) od gem § 812 (BGH **56**, 25, **74**, 300, VersR **76**, 1040) zurückerstatten müßte. Geltdmachg der Rechte aus einer SichergsGrdSch, wenn der Gläub wg getrennter Abtr von Fdg u GrdSch ersatzpflicht ist (BGH NJW-RR **87**, 139). Geltdmachg eines RegreßAnspr dch den HaftpflVersicherer, wenn der der Schu bei einem Mitversicherten Regreß nehmen kann u der Versicherer für diesen einstehen muß (BGH NJW **72**, 440). Erhebg der DrittwiderspKl, wenn der Kläger mithaftet (BGH **LM** ZPO 771 Nr 2, Hbg MDR **59**, 580, Celle NJW **60**, 2196). Geltdmachg eines FolgenbeseitiggsAnspr, wenn der rechtsw geschaffene Zustand inzw der mat RLage entspr (s BVerwG NJW **89**, 118).

d) **Geringfügige Interessenverletzung, Unverhältnismäßigkeit.** – aa) **Geringfügigkeit.** Trotz §§ 320 II, 459 I 2, 468 I 2, 542 II, 634 III gibt es keinen allg RGrds, daß geringfüg PflVerletzgen (Mängel) ohne RFolgen bleiben (BGH **88**, 95, WPM **85**, 877). RMißbrauch ist nur gegeben, wenn an einen geringfüg, im Ergebn folgenlos gebliebenen Verstoß weitreiche eindeutig unangemessene RFolgen geknüpft w. Das Rücktr- od KündR kann daher bei einem unerhebl Zahlgsrückstand ausgeschl sein (RG **86**, 335, **169**, 143). Unzul ist die RAusübg auch in folgden Fällen: Berufg auf Leistgsfreih bei unbedeutend Prämienrückstand (BGH **21**, 136) od bei Verletzg einer Obliegenh, die generell nicht geeignet ist, die berecht Interessen des Versicherers ernsth zu gefährden (BGH **53**, 160, **96**, 92, unten C e). Berufg auf Verfallklausel bei geringfüg Verfehlg (RG **152**, 258, WPM **88**, 106). Auch die Berufg auf eine StrafAbrede kann bei geringfüg Überschreitg der ZahlgsFr für den Pachtzins ausnw unzul sein (LG Bln NJW **72**, 1324); idR hat es aber beim Schutz des § 343 sein Bewenden. Eine im Vergl festgelegte Wiederauflebensklausel (Wegfall eines TErlasses) ist auch bei geringfüg Überschreit des Zahlgstermins anwendb (BGH NJW **81**, 2686); and aber, wenn die Verspätg auf einem vom Gläub erkannten u nicht richtig gestellten Irrt des Schu beruht (BGH NJW **80**, 1043). Der Rücktr bleibt auch dann wirks, wenn der Rückstand alsbald nach der RücktrErkl getilgt w (BGH NJW **85**, 260). – bb) **Unverhältnismäßigkeit.** Es gibt keinen allg RGrds, daß die RFolgen einer pflichtw PflVerletzg in einem angem Verhältn zu deren Schwere stehen müssen (Staud-J.Schmidt Rdn 663). Eine geringfüg Fahrlässigk kann eine SchadErsPfl in existenzvernichtder Höhe begründen (Vorbem 5 B b v § 249). Soweit auf PflVerletzgen mehrere Reaktionen mögl sind, kann § 242 aber, vor allem bei DauerSchuldVerh, dazu verpflichten, die mildere Reaktion zu wählen (s auch § 251 II). Die Künd aus wicht Grd ist wg eines pflichtw Verhaltens idR erst nach einer Abmahng zul (Einl 5b vor § 241, § 626 Anm 2 g). Der Ausschl aus der Gesellsch ist mißbräuchl, wenn mildere Mittel mögl u zumutb sind (BGH **16**, 322). Die Entziehg der GeschFü (HGB 117) ist unzul, wenn eine weniger weitreiche Maßn ausr (BGH **51**, 203). Die Geltdmachg von Rechten aus einer PauschaliergsAbrede ist mißbräuchl, wenn die Pauschale im groben Mißverhältn zum tatsächl entstandenen Schaden steht (s BGH **12**, 157).

e) Widersprüchliches Verhalten (venire contra factum proprium): Die ROrdng läßt widersprüchl Verhalten grdsl zu. Die Part dürfen ihre RAnsichten ändern (BGH **LM** ZPO § 549 Nr 81 Bl 3, ähnl BGH **32**, 279), der Kläger die Klagbegründg, der Beklagte seine RVerteidigg. Jeder Part steht es idR auch frei, sich auf die Nichtigk der von ihr abgegebenen Erkl zu berufen (BGH **87**, 177, LAG Bln Betr **89**, 1826). Widersprüchl Verhalten ist aber mißbräuchl, wenn für den and Teil ein VertrauensTatbestd geschaffen worden ist (BGH **32**, 279, BayObLG **71**, 101) od wenn and bes Umst die RAusübg als treuw erscheinen lassen. Ein Verschulden ist nicht erforderl (BGH WPM **68**, 877). Die Fälle, in denen widersprüchl Verhalten die RAusübg unzul macht, als rechtsgeschäftl Verzicht zu interpretieren, ist (entgg Wieling AcP **178**, 334) nicht mögl (MüKo/Roth Rdn 293). – **aa) Vertrauensbegründendes Verhalten.** Die RAusübg ist unzul, wenn dch das Verhalten des Berecht ein Vertrauenstatbestd entstanden ist u der and Teil im Hinbl hierauf best Dispositionen getroffen hat (Canaris, Vertrauenshaftg, 1971, S 278). Aber auch wenn es nicht zu bes weiterwirkden Dispositionen gekommen ist, kann das Vertrauen des and Teils auf das Verhalten des Berecht schutzwürd sein (BGH **94**, 351, NJW **85**, 2590, **86**, 2107). **Einzelfälle:** Wer eine rechtl Regelg längere Zeit in einem best Sinn ausgelegt hat, ist hieran gebunden, wenn der and Teil sich auf eine gleichbleibde Einstellg eingerichtet hat (RG **144**, 92, BGH **LM** WZG 1 Nr 5). Der Versorggsträger, der eine einschläg KürzgsVorschr 8 Jahre lang nicht angewandt hat, ist an diese Handhabg auch für die Zukunft gebunden (BGH **94**, 349). Der ArbN kann nach langjähr VertrDauer nicht geltd machen er sei 9 Jahre älter als bisher angegeben (Schlesw Betr **89**, 1828). Wer jahrelang den Irrt unterhalten hat, er sei der richt Schu, darf nicht nachträgl seine Passivlegitimation bestreiten (BGH **LM** § 164 Nr 33). Wer den mit einer and Firma der Firmengruppe geschlossenen Vertr als eig abgewickelt hat, darf sich später nicht auf fehlde Passivlegitimation berufen (BGH NJW-RR **87**, 335). Hat der geschäftsunf Erbl unter Mitwirkg des Erben ein Grdst verkauft, kann dieser nicht die Nichtig des Vertr geltd machen (BGH **44**, 367). Wer an gefährl Sport (Fußball) teilnimmt, kann keinen SchadErs fordern, wenn er unter Beachtg der sportl Regeln verletzt wird (BGH **63**, 145, § 254 Anm 6b). Der Architekt ist an die in Kenntn aller maßgebden Umst erteilte Schlußrechng gebunden (BGH **62**, 211, NJW **78**, 319, WPM **85**, 1002), auch wenn diese nicht prüffäh ist (Hamm NJW-RR **88**, 727 aA Rieble BauR **89**, 145). Entspr gilt für den Statiker (Kln BauR **78**, 65) u den Bauhandwerker (Mü WPM **84**, 541), nicht aber für den VOB-Vertr (BGH **102**, 395). Hat der Schu den Gläub, wenn auch schuldlos, von der Unterbrechg der Verj abgehalten, ist die Einr der **Verjährung** unzul (Übbl 5 v § 194). – **bb) Treuwidrigkeit aus anderen Gründen.** Auch wenn kein bes Vertrauenstatbestd begründet worden ist, kann widersprüchl Verhalten unzul sein, so wenn der Berecht aus seinem fr Verhalten Vorteile gezogen hat od bei einem unlösb Selbstwiderspr. **Einzelfälle:** Wer im SchiedsVerf dessen Unzulässigk eingewandt hat, kann im anschließenden RStreit nicht die Einr des SchiedsVertr erheben (BGH **50**, 191). Das gilt ebso für den, der ggü der Klage die Einr des SchiedsVertr erhoben hat u später die Zuständigk des SchiedsGer bestreitet (BGH NJW-RR **87**, 1195). Wer das ihm ohne RGrd Geleistete behalten will, kann nicht unter Berufg auf die Nichtigk des Gesch seine GgLeistg zurückverlangen (RG GZS **161**, 59, BGH **LM** § 154 Nr 2). Wer im Hinblick auf den seiner Frau gewährten Kinderzuschlag den Unterh gekürzt hat, kann nicht seinerseits den Zuschlag verlangen (BGH **LM** (Cd) Nr 40). Wer das SachverstHonorar vom Schädiger ersetzt verlangt u erhalten hat, darf die Honorarhöhe nicht nachträgl bestreiten (Celle NJW **67**, 1511, Anm Lueder NJW **68**, 1186). Hat der ArbG dem ArbN im Zeugn vorbehaltlos Ehrlichk u Gewissenhaftigk bescheinigt, kann er Anspr aus Mankohaftg wg eines vorher bekannten Sachverhalts nicht mehr geltd machen (BAG NJW **72**, 1214); mißbräuchl ist auch eine mit dem Inh des Zeugn unvereinb fristlose Künd (LAG Brem BB **84**, 473). Hat der Versicherer an den VersN in Kenntn von dessen PflVerletzg geleistet, kann er die RückFdg nicht auf diese PflVerletzg stützen (FH VersR **89**, 474). Hat eine Part bei dem Eindruck erweckt, sich der Entsch eines schwebden MusterProz zu unterwerfen, kann sie deren Verbindlichk nicht nachträgl bestreiten (BGH **94**, 354). Auf dem Verbot widersprüchl Verhaltens beruhen auch die Grds der **Verwirkung** (Anm 5) u **Erwirkung** (Einf 3 e vor § 116) sowie die Regel, daß die *protestatio facto contraria* unbeachtl sind (Einf 5 b bb vor § 145).

C) Weitere Einzelfälle. Um die systemat Darstellg des Verbots unzul RAusübg nicht mit RsprNachw zu überfrachten, werden am Schluß des Abschnitts alphabetisch geordnet Einzelfälle zugestellt. Die Wiedergabe der Kasuistik will u kann nicht vollst sein. Zu berücksichtigen ist auch, daß gerade im Anwendgsbereich des § 242 alle Umst des Einzelfalls sorgfält abgewogen werden müssen, die Entsch eines (scheinb) ähnl Falles also nicht einf übernommen werden darf.

a) Abfindungsvergleich u Spätschäden s Anm 6 D a. – **Abtretung.** Die TeilAbtr kann gg § 242 verstoßen, wenn sie für den Schu zu unzumutb Erschwern führt (BGH **23**, 56, Düss MDR **81**, 669). Das ist aber nur in AusnFällen anzunehmen; eine gewisse MehrArb genügt nicht (BGH aaO). Die Unzumutbark kann sich auch aus der Pers des Zessionars ergeben (Baumgärtel AcP **156**, 256). – **Abzahlungskauf** u EinwendgsDchgriff s Anhang zu AbzG 6. – **Akkreditiv.** Dem Anspr des Verk (Einf 4 c vor § 783) steht der Einwand unzul RAusübg entgg, wenn er argl zur VertrErf ungeeignete Ware geliefert hat (BGH **101**, 91), wenn die KaufPrFdg rechtskr abgewiesen ist (BGH BB **58**, 541) od wenn aus sonst Grden ein offensichtl RMißbr vorliegt. Das Bestehen eines starken Verdachts genügt nicht (BGH NJW **89**, 160). – **Allgemeine Geschäftsbedingungen:** InhKontrolle s AGBG 9 ff. Individueller RMißbrauch (Ausübgskontrolle) s Anm 4 c v AGBG 8.

b) Arbeitsrecht. Die Künd kann gg das Verbot widersprüchl Verhaltens verstoßen (BAG NJW **72**, 1878, LAG Brem BB **84**, 473). Soweit es um die Sozialwidrigk der Künd geht, wird § 242 dch das KSchG verdrängt. Gem § 242 unzul ist aber die Künd zur Unzeit u die in verletzder Form (Vorbem 2 d cc v § 620). Der Anspr auf Lohnfortzahlg wird dch die Verletzg von Melde- u NachwPflten nicht ausgeschl (BAG NJW **72**, 76); and nur bei bes krassen Verstößen (s BAG **9**, 168). Der ArbN, der in seinem landwirtschaftl NebenBetr einen Unfall erleidet, verstößt nicht gg § 242, wenn er Lohnfortzahlg beansprucht (BAG Betr **72**, 1245). Der UrlAnspr besteht auch dann, wenn der ArbN krankheitsbedingt im UrlJahr nicht einen Tag gearbeitet hat (BAG NJW **82**, 1548, krit Buchner Betr **82**, 1823); er kann bei bes schweren Verfehlgen entfallen (BAG **6**, 300, BB **69**, 273). Tarifl Anspr unterliegen gem TVG 4 IV nicht der Verwirkg; der Einwand unzul RAusübg ist aber zul, wenn er nicht auf illoyale Verspätg, sond auf einen sonst groben Verstoß gg § 242 gestützt w (BAG **3**, 80, **4**, 63, VersR **83**, 768). Rückzahlgsklauseln bei Gratifikationen u § 242 s § 611 Anm 7 e ee; über Ruhegehalt u § 242 s Einf 7 v § 611 u oben B b).

c) Aufrechnung: Ausschluß der Aufr dch § 242 s § 387 Anm 7 c; Einschränkg von Aufr Verboten dch § 242 s § 387 Anm 7 d. – **Auskunftsanspruch:** s § 261 Anm 5. – **Ausschlußfristen:** Die Anwendg **tariflicher** AusschlFr steht unter dem Gebot von Treu u Glauben (BAG **14**, 145). Der Anspr kann aus bes Grden trotz FrAblauf noch zuzulassen sein, jedoch sind strenge Anfordergen zu stellen (s BAG **10**, 7, **17**, 200, Betr **82**, 2250). § 242 ist anwendb, wenn der Schu den Anschein erweckt hat, er werde sich nicht auf die AusschlFr berufen u der Gläub hierauf vertraut hat (BAG Betr **70**, 688, **85**, 659; Parallelfall zu Einl 5 a vor § 194). Entspr gilt, wenn der ArbN vom Anspr nichts wußte, weil der ArbG die geschuldete Abrechng nicht erteilt hat (BAG **AP** TVG 4 AusschlFr Nr 41), bei Argl (BAG NJW **71**, 579) u bei Anspr aus vorsätzl strafb Hdlgen, von denen der and Teil nichts wußte (BAG **AP** aaO Nr 42). Dagg ist § 242 unanwendb, wenn der Anspr wg Zweifelhaftigk der RLage nicht geltd gemacht worden ist (BAG **AP** aaO Nr 34) od wenn der ArbN einseit erwartet hat, der ArbG werde sich nicht auf der FrAblauf berufen (BAG BB **71**, 309). – Bei **gesetzlichen** AusschlFr hängt es von ihrem Zweck ab, ob u inwieweit bei ihrer Versäumg § 242 anwendb ist (BGH **31**, 83). Auf prozessuale Fr, die beamtenrechtl KlFr (BGH **14**, 128) u die Fr des PatG 27 (BPatG GRUR **71**, 569) ist § 242 nicht anzuwenden. Dagg ist § 242 anwendb auf die Fr des § 626 II (BGH NJW **75**, 1698) u die Befristg des HeimfallAnspr (BGH **31**, 83). – Im **Versicherungsrecht** gilt für gesetzl u vertragl AusschlFr der Grds, daß der VersN keine RNachteile erleidet, wenn er die Fr schuldlos versäumt hat (BGH **9**, 208, **43**, 236). Wird der fr Zustand entgg einer AusschlFr nicht rechtzeit wiederhergestellt, so ist das unschädl, wenn der Versicherer die FrWahrg dch Nichtzahlg der VersSumme verhindert hat (BGH **LM** (Cb) Nr 12).

d) Bankgarantie u § 242 s Einf 5 b u c v § 783. – **Bereicherungsrecht.** § 242 ist unanwendb, soweit der Schutz des § 818 III ausr (BGH **55**, 134, VersR **77**, 474). Bei aufgedrängter Ber ist der Anspr mißbräuchl, wenn der Bereicherte die Rückn der verbundenen Sachen verlangen kann u verlangt (BGH NJW **65**, 816, § 951 Anm 2 c dd). Beim BerAnspr gg den Bewucherten können gem § 242 SchongsMaßn (Teilzahlg, Stundg) geboten sein (RG **161**, 58). Ist der erzielte Erlös wesentl größer als der obj Wert der Sache, kann der Anspr s § 816 gem § 242 einzuschränken sein (BGH **29**, 161, § 816 Anm 5b). Auch ggü § 817 S 2 ist § 242 anwendb (§ 817 Anm 3 a ff). Will der Gläub die causalose GgLeistg behalten, ist sein BerAnspr ausgeschl (oben B e bb). – **Bürgschaft.** Der Gläub hat keinen Anspr gg den Bü, wenn er den BürgschFall treuw herbeiführt (oben B a). Hat der Gläub ggü dem Bü SorgfPflten übernommen, kann aus deren Verletzg den Anspr gg den Bü ausschließen (BGH **LM** § 765 Nr 16). Auch wenn die Hauptschuld dch ein in den Konsequenzen nicht bedachtes RGesch (Novation) erlischt, kann der Bü sich hierauf berufen (BGH Warn **69** Nr 330). Erhebt der Bü die Einr aus § 770 II, so kann hierin nur ausnw ein Verstoß gg § 242 liegen (BGH NJW **66**, 2009). Bürgsch auf erstes Anfordern u RMißbr s Einf 1 f v § 765.

e) Eherecht: Bei Ehen, die währd des Krieges u in den Nachkriegsjahren außerh des Reichsgebietes vor einem Geistl geschl worden sind, kann die Berufg auf den Formmangel mißbräuchl sein, wenn die Eheg die Ehe mehr als 20 Jahre als gült anerkannt haben (Stgt FamRZ **63**, 42, Hbg FamRZ **81**, 356). **Ehenichtigkeitsklage:** Langer Zeitablauf (25 Jahre) begründet allein keinen RMißbr (BGH NJW **75**, 872). Die Kl des in bigamischer Ehe lebden Eheg ist nicht schon deshalb mißbräuchl, weil er die 1. Ehe nicht fortsetzen will od kann (BGH **37**, 55). Die RAusübg ist aber unzul, wenn es dem Kläger nur darum geht, eine 3. Ehe einzugehen (BGH **30**, 146). Entspr gilt, wenn die 1. Ehe vor Eingehg der 2. bereits dch ein ausl Ger geschieden war, der Kläger aber keinen AnerkAntr stellt (BGH JZ **62**, 446). RMißbr kann auch vorliegen, wenn der Kläger sich nach dem Partn der inzw geschiedenen 1. Ehe wieder zuwendet (BGH NJW **64**, 1835). Verfolgt die 1. Ehefr mit ihrer Klage versorggsrechtl Interessen, so ist das nicht mißbräuchl (BGH FamRZ **86**, 879). Die **Eheaufhebungsklage** ist nicht schon deshalb mißbräuchl, weil der Kläger sich bereits vor Entdeckg der Täuschg von der Bekl abgewandt u die Ehe zerrüttet hat (BGH **29**, 269, NJW **58**, 1290). Die RAusübg ist aber unzul, wenn der Kläger den AufhebgsGrd als Vorwand benutzt, um sich einer and Frau zuwenden zu können (BGH **5**, 186). – **Einwendungsdurchgriff:** bei AbzGesch s Anh zu AbzG **6**, bei sonst wirtschaftl zushängden Vertr Einf 5 a cc v § 305.

f) Erbrecht. Der Nacherbe, der den Vorerben vorsätzl tötet, wird wg treuw Herbeiführg des NachErbf nicht Erbe (BGH NJW **68**, 2051). Die Anf gem §§ 2278, 2281 ist unzul, wenn der Erbl deren Voraussetzgn dch ein gg Treu und Glauben verstoßdes Verh selbst herbeiführt hat (BGH **4**, 91, FamRZ **62**, 428). Hat der PflichttBerecht sich zunächst mit einem privaten Verzeichn über den Bestand des Nachl begnügt, kann das Verlangen nach Aufn eines amtl Verz (§ 2314 I 3) mißbräuchl sein (BGH **33**, 380). Wer am Abschl eines ErbVertr mitgewirkt hat, kann nicht dessen Unwirksamk wg Verstoßes gg ein ihn begünstigdes gemschaftl Test einwenden (BGH MDR **58**, 490). Läßt den Erbl den Widerr eines gemschaftl Test öff zustellen, obwohl er den AufenthOrt seines Eheg kennt, kann gg den dch ein späteres Test Begünstigten der Einwand unzul RAusübg begründet sein (BGH **64**, 8). Der mit der GesSchuldKl belangte Miterbe kann die Leistg verweigern, wenn sich der Gläub dch Aufr gg den Fdg der ErbGemsch befriedigen kann (BGH **38**, 126). Der Erbe, unter dessen Mitwirkg ein geschäftsunfäh Erblasser ein Grdst verkauft hat, handelt mißbräuchl, wenn er sich auf Nichtigk des Vertr beruft (BGH **44**, 367). Sieht der ErbVertr ein RücktrR bei pflichtw Verhalten vor, ist Rücktr idR erst nach Abmahng zul (BGH MDR **67**, 993); diese ist aber bei einem groben Verstoß gg klare VertrPflten entbehrl (BGH DNotZ **83**, 118). Der Antr des Miterben aus Teilsversteigerg kann gg § 242 verstoßen (Celle NJW **68**, 802). – **Formmangel:** Vgl § 125 Anm 6.

g) Gesellschaftsrecht: Der Gter u die von ihm beherrschte jur Pers sind haftgsmäß als Einh zu behandeln, wenn die Berufg auf die förml Selbständigk gg § 242 verstoßen würde, sog **Durchgriffshaftung** (s Einf 6 v § 21). Der Kommanditist kann sich auf die Beschränkg seiner Haftg grdsl auch berufen, wenn er wirtschaftl Inh der KG ist (BGH **45**, 204), ausnw kann aber RMißbr vorliegen (BGH NJW **72**, 1418). Die Inh einer GmbH & Co KG haften kr RScheins, wenn die Firmierng nicht erkennb macht, daß keiner ihrer Inh unbeschr persönl haftet (BGH **62**, 226, **71**, 354). Die Pflten einer Gesellsch erstrecken sich uU auch auf eine von den Gtern gegründete weitere Gesellsch (BGH **59**, 64, WPM **75**, 777). UnterlPflten obliegen uU auch der vom Schu beherrschten jur Pers (BGH Betr **88**, 701). Das AuskR des Gter ist ausgeschl, wenn es Material für einen offensichtl unbegründeten Anspr od für vertragsw Wettbew liefern soll (RG **148**, 280, oben B c bb). Das ÜbernR entfällt, wenn der Berecht das Untern nicht erhalten, sond einen Liquidationsgewinn erzielen will (BGH NJW **59**, 432), die Anf eines AG-Beschl ist mißbräuchl, wenn es dem Anfechten darum geht, sich das AnfR „abkaufen" zu lassen (BGH ZIP **89**, 984). Wer den PrivGläub eines MitGters zur Künd veranlaßt, kann nicht dessen Ausschl verlangen, wenn dieser den Gläub alsbald befriedigt (BGH **30**, 201). Wer die Liquidation absichtl verzögert, kann ggü dem SchadErsAnspr der MitGter nicht einwenden, dieser sei ein bloßer Rechngsposten (BGH NJW **68**, 2005). Die Künd kann mißbräuchl sein, wenn der MitGter vorübergehd an der Wahrnehmg seiner Rechte gehindert ist (RG DR **43**, 1220, Wehrdienst; OGH NJW **50**, 503, Verschollenh). Wenn der AlleinGter einer GmbH sein Amt als einziger GeschFü ohne wicht Grd niederlegt, ohne einen neuen GeschFü zu bestellen, ist die Amtsniederlegg unwirks (BayObLG Betr **81**, 2219). – **Gewissensnot** s Anm 1 d aa. – **Haftungsbeschränkung** s § 276 Anm 5 B b. – **Kaufvertrag:** Hat der Käufer im VorProz die WandlgsEinr erhoben, kann die nachträgl Geltdmach eines SchadErsAnspr aus § 463 mißbräuchl sein (BGH **29**, 156). Die Wandlg ist unzul, wenn der Mangel nicht mehr besteht (BGH **90**, 204) od wenn der Verkäufer wg der Beseitigg and Mängel bereits erhebl Kosten aufgewandt hat u dem Käufer ein Festhalten am Vertr zumutb ist (Köln Betr **72**, 2458). Beim Gattgskauf kann es gg § 242 verstoßen, wenn der Käufer die sofort angebotene mangelfreie ErsSache ablehnt (RG **91**, 110, § 243 Anm 3 b). Die VorleistgsPfl des Käufers kann entfallen, wenn konkrete VerdachtsGrde für erhebl Mängel bestehen (BGH **41**, 221, § 320 Anm 4 d). Besteht das vertragl R, einen Nachkäufer zu stellen, darf der Verkäufer die VertrÜbern nicht ablehnen, um dch einen weiteren Vertr zusätzl Gewinn zu erzielen (Karlsr OLGZ **87**, 127).

h) Kindschaftsrecht: Die EhelichkAnf ist nicht deshalb mißbräuchl, weil der Kläger die Vatersch anerkannt hat; die Aufhebg des § 1598 aF, der diese RFolge vorsah, darf nicht über § 242 korrigiert w (BGH **2**, 130). Das AnfR des Ehem ist aber ausgeschl, wenn das Kind aus einer mit seiner Zust durchgeführten heterologen Insemination stammt (Düss FamRZ **88**, 762, AG Dieburg NJW **87**, 713, Giesen JZ **83**, 552, ähnl § 1593 Anm 4, aA BGH **87**, 173), dagg bleibt das AnfR des Kindes unberührt. – **Konkursrecht.** Der KonkAntr ist mißbräuchl, wenn er wg einer BagatellFdg od aus unlaut Motiven gestellt w (str, s LG Würzburg BB **84**, 95, Braun DGVZ **79**, 109). Die Klage auf Feststellg einer Fdg zur KonkTabelle verstößt gg § 242, wenn der Kläger den KonkVerw veranlaßt hat, dieselbe Fdg für einen and Gläub anzuerkennen (BGH NJW **70**, 810). Die Ablehng der VertrgErf gem KO 17 kann ausnw mißbräuchl sein (BGH **98**, 168). – **Maklervertrag.** War der Makler längere Zeit nicht mehr für den AuftrGeb tät, ist die Berufg auf den AlleinAuftr mißbräuchl (BGH NJW **66**, 1405). Haben die VertrPart sich nicht auf den Formmangel berufen, hat der Makler trotz der Nichtigk des vermittelten Vertr einen VergütgsAnspr (Köln JR **56**, 461). Es genügt aber nicht, daß eine der Part erfüllungsbereit ist (Celle OLGZ **69**, 418) od daß die Part den Formmangel verschuldet haben (BGH WPM **77**, 1050). Der Kaufinteressent verstößt nicht gg § 242, wenn er eine vor Abschluß eines MaklerVertr erteilte Information dazu benutzt, um das Objekt provisionsfrei zu erwerben (BGH NJW **86**, 178). Er muß aber die vereinbarte Prov zahlen, wenn der KaufVertr statt von ihm, von seinem Eheg (Partner) abgeschlossen w (§ 652 Anm 4 D b). – **Mietvertrag:** Zur Verwendg von Haushaltsmaschinen, zur Umstellg der Heizg dch den Mieter u zur Haustierhaltg s § 535 Anm 2a (2), (4), (6). Die Künd ist im MietR detailliert u unter Brücksichtigg sozialer Gesichtspkte geregelt. Für § 242 bleiben daher nur wenige Anwendungsfälle. Nach § 242 unzul ist die Künd in verletzbr Form, die Künd gem § 542, wenn der Mieter die Sache ohnehin nicht benutzt hätte (BGH Betr **70**, 1633), die Künd gem § 566 S 2, wenn der Formverstoß ausschließl in NichtBeurk einer für den Kündigden günst nachträgl Vereinbg besteht (BGH NJW **75**, 1653), ausnw auch die Künd gem § 567 (BGH LM § 581 Nr 31). Das Räumgsverlangen des Hauptmieters gem § 556 III ist mißbräuchl, wenn der Untermieter den ZwVermieter für den Eigentümer gehalten hat u er bei einem direkten Abschluß mit diesem KündSchutz gehabt hätte (BGH **84**, 97, § 556 Anm 3e bb). RMißbr kann auch vorliegen, wenn der Vermieter, obwohl eine ErsVermietg mögl ist, auf den Anspr gg den ausgezogenen Mieter beharrt (§ 552 Anm 3). Wenn der Vermieter der Erf u nimmt der Vermieter zur SchadMinderg eine ErsVermietg vor, haftet der Mieter trotz § 552 S 3 für die Mietdifferenz (Nürnbg OLGZ **66**, 12, Hamm NJW **86**, 2321, aA Düss NJW-RR **86**, 507).

i) Sachenrecht. Das Verbot unzul RAusübg gilt auch im SachenR, aber nur für sachenrechtl „Sonderverbindgen" (Anm 1 b dd), nicht soweit es um die „Zuordngsfunktion" des SachenR geht (Soergel-Teichmann Rdn 70). Der MißbrTatbestd kann im SachenR mangels and RBeziehgen idR nur aus dem dingl RVerhältn hergeleitet w (BGH NJW **60**, 673). Dem Anspr aus § 985 kann § 242 entggstehen, so bei Pfl zur alsbaldigen Rückg (BGH **10**, 75), bei einem sofort Räumgsverlangen gg den Sohn, der jahrelang auf dem Hof mitgearbeitet hat (BGH **47**, 189); bei einem HerausgVerlangen gg einen Besitzer, zu dessen Gunsten eine öff Baulast besteht (BGH **79**, 210). Das HerausgVerlangen ist auch dann mißbräuchl, wenn der AnsprSteller unberecht über die Sache verfügt u sie anschließd von gutgl ZwErwerber zurückerworben hat (BGH WPM **69**, 657; WPM **72**, 238: Scheck; str s § 932 Anm 5b). Dagg kann der GrdstEigtümer auch dann Herausg verlangen, wenn der and Teil den Besitz vor 70 Jahren aGrd einer Verwechslg erlangt u das Grdst erhebl verbessert hat (LG Itzehoe JZ **83**, 308, krit v Olshausen ebda 288). Auch der Anspr aus § 894 kann an § 242 scheitern, so bei schuldrechtl Verpfl, das eingetr Recht zu bestellen (RG **137**, 336, BGH NJW **74**, 1651) u bei sonst unzul RAusübg (BGH NJW **79**, 1656), so wenn der nur formal berecht TrHänder Löschg eines vom TrGeb bestellten Rechts verlangt (RG JW **34**, 3054). Ggü dem Anspr aus § 861 ist die Berufg auf § 242 zwar nicht schlechtin ausgeschl (so KG NJW **67**, 1915), aber nur in den AusnFällen mögl (BGH NJW **78**, 2157). Die Ausübg einer GrdDbk kann wg veränderter Umst unzul sein, wenn die Nachteile für das diende Grdst in einem Mißverhältnis zu den Vorteilen des herrschden Grdst stehen (RG **169**, 183, BGH NJW **60**, 674, DNotZ **70**, 349). Der Inhalt der GrdDbk kann sich nach den Bedürfn des herrschden Grdst ändern (BGH WPM **74**, 429, § 1018 Anm 4d). Aus einer SichgGrdSch können keine Rechte hergeleitet w, wenn die zuGrde liegde Fdg nicht od nicht mehr besteht (BGH **19**, 206). Beim PfandR kann eine RückgPfl bestehen,

Inhalt der Schuldverhältnisse. 1. Titel: Verpflichtung zur Leistung § 242 4, 5

wenn der Gläub andweit ausr gesichert ist (BGH **LM** § 610 Nr 1). Drohder Verderb macht die Berufg auf die PfandR idR nicht unzul, da der Schu gem § 1218 vorgehen kann (BGH Betr **66**, 378, s aber § 1218 Anm 1c). Dem HeimfallAnspr kann § 242 entggstehen, wenn das ZwVerstVerf wieder aufgehoben ist (BGH DNotZ **69**, 538); idR bleibt ein entstandener Anspr aber auch dann dchsetzb, wenn die verletzte Pfl nachträgl erfüllt w (BGH NJW-RR **88**, 715, **LM** (Bc) Nr 16). Zum **nachbarlichen Gemeinschaftsverhältnis** s § 903 Anm 3 a bb).

j) Schiedsklausel: Die Einr des SchiedsVertr verstößt gg § 242, wenn der Bekl im SchiedsVerf dessen Unzulässigk eingewandt hat (BGH **50**, 191) od wenn das SchiedsVerf wg mangelnder Leistgsfähigk einer Part nicht dchgeführt w kann (BGH **102**, 202). – **Teilungsversteigerung:** Sie kann unzul sein, wenn eine Realteilg mögl u zumutb ist (BGH **58**, 146, **68**, 304) od wenn sie zu einem für den and Eheg schlechth unzumutb Ergebn führt (Mü NJW-RR **89**, 715). Der Antr eines geschiedenen Eheg ist mißbräuchl, wenn er nach Treu u Glauben verpflichtet ist, dem and seinen MitEigtAnteil zu übertragen (BGH **68**, 304, **82**, 237, Anm 6 D c). – **Verfahrensrecht:** Das Verbot unzul RAusübg gilt auch im ProzR, doch muß den Besonderh dieses RGebiets Rechng getragen w. Die argl Vereitelg der Zustellg setzt die NotFr nicht in Lauf, arg ZPO 187 (BGH NJW **78**, 426). Der Empfänger, der das Empfangsbekenntn statt mit der Unterschrift mit einer Paraphe versehen hat, kann sich nicht auf die Unwirksamk der Zustellg berufen (BGH **57**, 165). Führt der Kläger den RStreit fort, obwohl er sich außergerichtl zur KlRückn verpflichtet hat, ist die Kl als unzul abzuweisen (RG **159**, 190). Das gilt entspr für die Verpflichtg zur BerufgsRückn u die außergerichtl Vereinbg eines RMittelVerzichts (BGH **28**, 52, NJW **84**, 805, OVG Hbg NJW **89**, 604); jedoch kann der Verpflichtg eine *replicatio doli* entggstehen (BGH **LM** ZPO 514 Nr 5, NJW **68**, 794). Verstößt der Kläger gg die Verpflichtg, nicht im UrkProz zu klagen od keine PatentnichtigkKl zu erheben, ist seine Klage unzul (RG **160**, 241, BGH **10**, 22). Ggü einem **rechtskräftig festgestellten Anspruch** ist eine Berufg auf § 242 grdsl ausgeschl. Nur wenn die strengeren Voraussetzgen des § 826 vorliegen, kann die RKraft auswn zurücktreten (§ 826 Anm 8 o). Entspr gilt für rechtskr ZuschlagsBeschl (BGH **53**, 50). And liegt es, wenn es um Änderngen geht, die nach Erlaß des Urt eingetreten sind. Hier wird die RKraft nicht berührt, Einwendgen aus § 242 sind daher zul, so etwa der Einwand der Verwirkg (BGH **5**, 194) u der Einwand, die GeschGrdl sei weggefallen (BGH **38**, 149). Über mißbräuchl DrittwidersprKl s oben B c. – **Verjährung:** Die Einr der Verj kann gg Treu und Glauben verstoßen, s Übbl 5 v § 194. Zur KenntnZurechng von Wissensvertretern s § 852 Anm 2 vor a.

k) Versicherungsrecht: Die bei ObliegenhVerletzg vorgesehene LeistgsFreih tritt nur ein, wenn der Versicherer mit ausr Deutlichk auf den drohden RVerlust hingewiesen hat (BGH **47**, 101, **48**, 9). Sie darf nur geltd gemacht w, wenn die ObliegenhVerletzg generell geeignet ist, die berecht Interessen des Versicherers ernsth zu gefährden u den VersNeh ein erhebl Verschulden trifft (BGH **53**, 160, VersR **78**, 77). Dieser Rspr haben die KfzVersicherer inzw dch Neufassg des § 7 V AKB Rechng getragen. Sie ist aber für and VersichergsZweige weiterhin von Bedeutg, so für die FeuerVers (BGH **96**, 92) u die EinbruchdiebstahlsVers (Düss VersR **78**, 833, Hbg VersR **87**, 873). Leistgsfreih wg argl Täusch des VersNeh tritt nicht ein, wenn auch der Vers sich grob pflwidr verhalten h (BGH NJW **89**, 2472). In bes liegden Fällen kann auch die Berufg auf Leistgsfreih wg eines Prämienrückstands mißbräuchl sein (BGH **21**, 136, NJW **63**, 1056), so etwa, wenn der Versicherer bei Anmahng der Erstprämie nicht auf den drohden Verlust der Rechte aus der vorläufigen Deckgszusage hingewiesen hat (BGH **47**, 360, VersR **73**, 811), wenn der Versicherer bei Entggn der Folgeprämie nicht über die Notwendigk der Bezahlg der Erstprämie informiert (BGH VersR **74**, 121) od wenn der VersNeh wg einer vom Versicherer zu vertretden Ungewißh über die Prämienhöhe nicht gezahlt hat (Brem VersR **77**, 855, Düss VersR **78**, 912). Zur AusschlFr s oben c. § 242 ist zG des Versicherers anwendb: Bei einer bes groben Treuwidrigk kann der VersNeh den VersSchutz verlieren, auch wenn für den gegebenen Fall keine RVerwirkg vereinbart war (BGH VersR **87**, 1183).

l) Vertretungsmacht: Mißbr der Vertretgsmacht s § 164 Anm 2. AnschVollm s § 173 Anm 4. – **Vorkaufsrecht.** Die Ausübg des VorkR ist unzul, wenn der Berecht die Erf sich aus seiner Erkl ergebden Pflten ablehnt (§ 505 Anm 1), beim dingl VorkR ferner, wenn sich der Berecht schuldrechtl verpflichtet hat, von ihm keinen Gebr zu machen (BGH **37**, 152). Das ges VorkaufsR der Gem ist ausgeschl, wenn an dem Erwerb des Grdst kein öff Interesse besteht (oben B c). Verweigert der Verpflichtete die Besichtigg der Sache, verlängert sich die Fr für die Ausübg des VorkaufsR (RG DR **41**, 1461, BGH MDR **72**, 128). – **Wechselrecht:** Die Berufg auf die Fälschg einer WechselUnterschr kann gg das Verbot widersprüchl Verhaltens verstoßen (Zeiss JZ **63**, 747). Bloßes Schweigen macht den Fälschgseinwand aber noch nicht unzul (BGH **47**, 113, NJW **63**, 149). Der Akzeptant, der die Einlösg endgült verweigert hat, kann aus der Nichtvorlage des Wechsels beim Domizilaten keine Rechte herleiten (BGH **30**, 322). – **Werkvertrag:** Der Anspr aus § 641 kann nach Treu und Glauben auch gg den GrdstEigentümer geltd gemacht w, wenn dieser in der VertrAbwicklg die beherrschde Position innehat u die Vorteile aus der WkLeistg zieht (BGH **102**, 102). – **Zurückbehaltungsrecht:** § 273 als Ausprägg des § 242 s § 273 Anm 1 a; Einschränkg des ZbR dch § 242 s § 273 Anm 5 d cc.

5) Verwirkung. – a) Begriff, Grundgedanke. Ein Recht ist verwirkt, wenn der Berecht es längere Zeit hindch nicht geltend gemacht hat u der Verpflichtete sich nach dem gesamten Verhalten des Berecht darauf einrichten durfte u auch eingerichtet hat, daß dieser das Recht auch in Zukunft nicht geltd machen werde (BGH **43**, 292, **84**, 281, **105**, 298, NJW **82**, 1999). Die Verwirkg ist damit ein typ Fall der unzul RAusübg wg widersprüchl Verhaltens (MüKo/Roth Rdn 326). Der Verstoß gg Treu u Glauben liegt in der **illoyalen Verspätung** der RAusübg (BGH **25**, 52, NJW **84**, 1684, BAG **6**, 167). Die Verwirkg begründet – in Ergänzg etwaiger Verj- u AusschlFr – eine zeitl Grenze für die RAusübg. Sie kann ebenso wie die Einr der Verj auch gg in Wahrh nicht bestehde Anspr geltd gemacht w.

b) Abgrenzung. – aa) Verwirkung durch pflichtwidriges Verhalten. Das Ges sieht in einer Reihe von Best vor, daß der Berecht sein Recht dch ein pflichtw od ehrloses Verhalten verlieren kann, so etwa in §§ 654, 971 II, 1579 Nr 2 u 5, 2339, GG 18. Für bes AusnFälle kann sich auch aus § 242 ergeben, daß grobe PflVerletzgen zum Ausschl eines Rechts führen (Anm 4 B b). Der RVerlust dch pflichtw Verhalten wird

§ 242 5b–f 2. Buch. 1. Abschnitt. *Heinrichs*

häufig gleichf als Verwirkg bezeichnet, er hat aber mit der hier zu behandelnden Verwirkg wg illoyaler Verspätg nichts zu tun. – **bb) Verzicht.** Er kann auch stillschw erklärt w. Voraussetzg ist aber, daß das Verhalten des Berecht als rechtsgeschäftl Willensäußerg gewertet werden kann, der ein Verzichtswille zGrde liegt. Bei Anspr ist außerdem eine Ann dch den and Teil erforderl (§ 397 Anm 1 a). Die Verwirkg ist dagg vom Willen des Berecht unabhäng. Sie kann auch eintreten, wenn der Berecht von seinem Recht keine Kenntn hatte (unten d bb). – **cc) Verjährung und Ausschlußfristen:** Bei Verj u AusschlFr tritt die RFolge allein aGrd des Ablaufs der gesetzl od vertragl best Zeit ein. Für die Verwirkg genügt dagg ein auch längerer Zeitablauf nicht; es müssen vielmehr weitere Umst hinzutreten, die die verspätete Geltdmach des Rechts als treuw erscheinen lassen (BGH NJW **84**, 1684). Je kürzer die Verj- od AusschlFr ist, desto seltener kommt Verwirkg in Betracht (BGH **84**, 280, NJW-RR **89**, 818). Auch ggü einem bereits verjährten Anspr kann der vAw zu berücksichtigde Einwand der Verwirkg dchgreifen (Ffm MDR **80**, 755). Das hat prakt Bedeutg, wenn der Verpflichtete auf die Einr der Verj verzichtet hat (Ffm aaO) oder wenn er die Einr, etwa aus RUnkenntn, nicht erhebt. – **dd) Erwirkung:** Die rechtserzeugde Erwirkg ist das Spiegelbild der rechtsvernichtden Verwirkg, s Einf 3e v § 116.

c) Anwendungsbereich. – aa) Rechte: Ggst der Verwirkg können grdsl alle subj Rechte sein (Müko/Roth Rdn 328), auch rechtskr festgestellte (BGH **5**, 194), außerdem alle RPositionen, die ggü einem and geltd gemacht w können (Soergel-Teichmann Rdn 335). Es gelten aber die in d dd u in f „Arbeitsrecht" u „Sachenrecht" angeführten Ausn. – **bb) Rechtsgebiete.** Die Grds der Verwirkg gelten in allen RGebieten des PrivR (BGH NJW **60**, 1148, JZ **65**, 682), im öffR (BVerwG **6**, 205, **44**, 339, BGH **35**, 199) einschließl des SozialR (BSG NJW **58**, 1607, **69**, 767) u im ProzR (BGH **20**, 206, **97**, 220, BAG NJW **83**, 1444). Vgl die Einzelfälle unten f.

d) Voraussetzungen. Die Verwirkg ist ein außerordentl RBehelf (BGH NJW **84**, 1684). Grdsl steht es dem Berecht frei, bei der Geltdmachg seiner Rechte die dch Ges od Vertr best Verj- od AusschlFr voll auszunutzen. – **aa) Zeitablauf („Zeitmoment").** Seit der Möglichk, das Recht geltd zu machen, muß längere Zeit verstrichen sein (oben a). Die erforderl Dauer des Zeitablaufs richtet sich nach den Umst des Einzelfalls. Zu berücksichtigen sind vor allem die Art u Bedeutg des Anspr (BAG **6**, 168), die Intensität des vom Berecht geschaffenen VertrauensTatbestd (Jauernig-Vollkommer Anm IV 3a) u das Ausmaß der Schutzbedürftigk des Verpflichteten. Ein Verhalten des Berecht, das einem konkludenten Verzicht nahekommt, mindert die für die Verwirkg erforderl Zeitdauer, so etwa die Nichtgeltdmachg des Anspr bei einer Abrechng od bei Vhdlgen über den zGrde liegden Sachverhalt (RG JW **35**, 2883, BGH WPM **79**, 647) od die widersprlose Hinnahme einer Zurückweisg des Anspr (Ffm BauR **89**, 210). Die Schutzbedürftigk des Verpfl wird wesentl bestimmt dch den Umfang seiner Vertrauensinvestitionen (cc) u seinen Informationsstand, dh ob er vom Recht des and Teils wußte, wissen mußte od ob er gutgl war (s BGH **21**, 83, GRUR **60**, 141). Bei einem RücktrR kann eine Fr von einigen Wochen ausr (BGH BB **69**, 383, s auch § 626 II), während bei dingl Anspr 28 Jahre zu kurz sein können (BGH WPM **71**, 1084). Bei rechtl Zweifeln darf der Berecht die Klärg der RLage abwarten (BGH **1**, 8, BVerwG **5**, 140). Für die NachFdg von Mietnebenkosten ist davon auszugehen, daß das Zeitmoment der Verwirkg idR 1 Jahr nach Ablauf der Abrechnungsperiode erfüllt ist (unten f cc). – **bb) Untätigsein des Berechtigten.** Währd des für die Verwirkg erforderl Zeitraums darf der Berecht nichts zur Durchsetzg seines Rechts getan haben. Eine Verwirkg ist ausgeschl, wenn er dch Mahng, Widerspr od in sonst Weise zu erkennen gegeben hat, daß er auf seinem Recht beharrt (BGH FamRZ **88**, 480, MüKo/Roth Rdn 353). **Kenntnis** des Berecht vom Bestehen des Rechts ist nicht erforderl (RG **134**, 41, BGH **25**, 53, BAG Betr **69**, 1996, aA BVerwG **6**, 206, BAG NJW **78**, 724), ebsowenig ein Verschulden (Saarbr NJW-RR **89**, 559, LG Mü NJW-RR **89**, 852, Staud-J. Schmidt Rdn 494, str). Es genügt, daß der Berecht bei obj Beurteilg Kenntn hätte haben können (LG Ffm NJW-RR **86**, 593). Ausgeschl ist die Verwirkg, wenn der Verpflichtete dem Berecht den Anspr treuw verheimlicht (BGH **25**, 53). – **cc) Vertrauenstatbestand („Umstandsmoment").** Der Verpflichtete muß sich aGrd des Verhaltens des Berecht darauf eingerichtet haben, dieser werde sein (vermeintl) Recht nicht mehr geltd machen. u wegen des geschaffenen Vertrauenstatbestdes muß die verspätete Geltdmachg des Rechts als eine mit Treu u Glauben unvereinbare Härte erscheinen (BGH **25**, 52, **67**, 68, NJW **82**, 1999, oben a). Das „Umstandsmoment" ist idR erfüllt, wenn der Verpflichtete im Hinbl auf die Nichtgeltdmachg des Rechts Vermögensdispositionen getroffen hat (BGH **67**, 68, NJW **84**, 1684). Zul ist aber auch eine bereits typisierende Beurteilg, insbes bei unerwarteten Unterh- u MietNachFdgen. Hier kann uU davon ausgegangen w, daß der Verpflichtete dch die NachFdg in wirtschaftl Schwierigk gerät, währd er bei rechtzeit Geltdmachg des Anspr seine Lebensführg entspr angepaßt hätte (BGH **103**, 71: Unterh). Der Verpflichtete kann aber auch deshalb schutzbedürft sein, weil der Zeitablauf seine BewPosition verschlechtert hat (Verlust von BewMitteln, nachlassdes Erinnergsvermögen von Zeugen). – **dd) Öffentliches Interesse.** Die Verwirkg ist ausgeschl, soweit ihr überwiegde öff Interessen enttgegenstehen (BGH **5**, 196, **16**, 93). Folgde Rechte unterliegen daher nicht der Verwirkg: die verfahrensmäß Befugn zur Anrufg der Ger, insbes das KlagR (KG OLGZ **77**, 428, Hamm JurBüro **80**, 1380, Baumgärtel ZZP **86**, 367, aA BAG NJW **62**, 463); das Beschw- u AntrR in GBSachen (BGH **48**, 354, Hamm OLGZ **73**, 405); die RBehelfe gg unricht Firmenführg od irreführde Werbg (BGH **16**, 93, GRUR **85**, 931, krit Schütz GRUR **82**, 526).

e) Rechtsfolgen, Beweislast. Die Verwirkg begründet, ebso wie die sonst Tatbestde der unzul RAusübg, eine inhaltl Begrenzg des Rechts (BGH **67**, 68). Sie ist eine rechtsvernichtde Einwendg u im Proz vAw zu berücksichtigen (BGH NJW **66**, 345). Der Verpflichtete trägt die BewLast für die Voraussetzgen der Verj; der Gläub ist darleggs- (nicht bew-)pflichtig dafür, wann u wie er den Anspr geltd gemacht hat (BGH NJW **58**, 1188).

f) Einzelfälle. – aa) Arbeitsrecht. Tarifl Anspr unterliegen gem TVG 4 IV nicht der Verwirkg. Auch der gesetzl UrlAnspr kann nicht verwirkt w (BAG Betr **70**, 787), wohl aber die dem ArbN zustehden sonst Rechte, so der Anspr auf UrlEntgelt (BAG aaO), der Anspr auf Ers von Umschulgskosten (SchlH LAG BB **76**, 1418), der Anspr auf die ArbNErfinderVergütg (BGH GRUR **77**, 784), der ZeugnAnspr (BAG NJW **88**,

226

Inhalt der Schuldverhältnisse. 1. Titel: Verpflichtung zur Leistung § 242 5f

1616), der Anspr auf Entferng von Abmahnschreiben aus den PersAkten (BAG NJW **89**, 2564), das Recht, die Unzulässigk einer Künd geltd zu machen (BAG **9**, 334: fristlose Künd; BB **89**, 990: Verstoß gg § 613a IV). Solange das ArbVerh besteht, kommt eine Verwirkg von Rechten des ArbN wg der bestehden Schutzbedürftigk aber nur ausnw in Betracht (BAG NJW **55**, 159). Bei Lohn- u GehaltsAnspr scheidet sie wg der kurzen VerjFr des § 196 idR aus (BAG BB **58**, 117). Für die Anspr des ArbG gelten die allg Grds der Verwirkg, so für SchadErsAnspr (BAG **6**, 166, s aber unten ee), für die RückFdg von überzahltem Lohn (BAG **15**, 275), die Anpassg des Ruhegehalts an Rentenerhöhgen (BAG **17**, 185) u das Recht, die Zinsen für ein MitarbeiterDarl zu erhöhen (Saarbr NJW-RR **89**, 558). Bei der außerordentl Künd verdrängt die kurze AusschlFr des § 626 II die Anwendg der VerwirkgsGrds (BAG NJW **78**, 724, Betr **86**, 1339).

bb) Bereicherungsrecht. Da der Schu dch § 818 III geschützt wird, kommt Verwirkg nur ausnw in Betracht (BGH NJW **76**, 1262). Der Anspr auf Rückzahlg von MaklerProv ist auch nach 7 Jahren noch nicht ow verwirkt (BGH WPM **76**, 1194), bei der RückFdg von überzahltem WkLohn der öff Hand genügt eine Zeitspanne von 6½ Jahren ab Schlußrechng nicht (BGH NJW **80**, 880, Mü BauR **82**, 603, Hbg BB **84**, 14; bedenkl, von der öff Hand kann u muß eine zügige Rechngsprüfg erwartet w), wohl aber ein Zeitraum von 7 Jahren (Köln BauR **79**, 252, LG Mü NJW-RR **89**, 853). Vgl auch unten cc „Miete". – **Bürgschaft:** Der Anspr gg den Bü kann 40 Jahre nach Abschl des BürgschVertr verwirkt sein (Ffm MDR **78**, 52, s aber Mü WPM **89**, 602). – **Entschädigungsansprüche:** Vgl BGH LM (Cc) Nr 38 u 39. – **Erbrecht:** Verwirkg, wenn ein Anspr erstmals nach 20 Jahre nach dem Erbfall geltd gemacht w, obwohl über zushäugige Anspr verhandelt u ein Vergl geschlossen worden ist (BGH WPM **77**, 688). – **Gesellschaftsrecht:** Es gelten die allg Grds, so für das ÜbernR aus HGB 142 (RG JW **35**, 2490), den Anspr auf Änderg des GesellschVertr (BGH WPM **69**, 688), die Berufg auf die Nichtigk eines GterBeschl (BGH Betr **73**, 467). Der SchadErs-Anspr gg den geschführden Gter ist auch nach längerem Zeitablauf nicht verwirkt, wenn dieser die tatsächl Grdl des Anspr verheimlicht hat (BGH **25**, 53, BB **66**, 474). Das KündR aus wicht Grd ist verwirkt, wenn mit der Künd unangem lange gewartet wird (RG JW **36**, 2547); § 626 II ist nicht entspr anwendb (dort Anm 3b aa), kann aber eine Orientiergshilfe sein. – **Gewerblicher Rechtsschutz:** Im Zeichen- u WettbewR setzt die Verwirkg voraus, daß der Verletzer einen schutzwürd Besitzstand erlangt hat: Dch eine längere ununterbroche-ne redl u ungestörte Benutzg muß ein Zustand geschaffen worden sein, der für den Benutzer erhebl Wert hat, u den der Verletzte hinnehmen muß, da er ihn dch seine Untätigk mit ermöglicht hat (BGH **21**, 78, NJW **88**, 2470, NJW-RR **89**, 809). Ein auf einen fest Abnehmerkreis beschränkter Besitzstand kann genügen (BGH GRUR **81**, 60). War der Verletzer bösgl, bedarf es einer längeren Benutzgsdauer, bevor der Besitzstand schutzwürd wird (BGH **21**, 83, GRUR **60**, 141). Verwirkg kann eintreten, obwohl der Verletzte von der Verletzg keine Kenntn hat (BGH **1**, 33, NJW **66**, 346, oben d bb). Sie ist nicht deshalb ausgeschlossen, weil der Berecht wg der ZusArbeit mit dem Verletzer von der Geltdmachg seiner Rechte abgesehen hat (BGH LM (Cc) Nr 29). Sie gibt dem Verletzer aber nicht das Recht, für das von ihm benutzte Kennzeichen ein SchutzR eintragen zu lassen (BGH NJW **69**, 1485). Keine Verwirkg, wenn der Verletzer nicht nur IndividualR beeinträchtigt, sond die Allgemeinh irreführt (BGH **5**, 196, **16**, 93, oben d dd). Die Verwirkg von SchadErsAnspr richtet sich nach allg Grds, setzt also keinen schutzwürd Besitzstand voraus (BGH NJW **88**, 2470). Sie kann zu bejahen sein, wenn der Berecht 9 Jahre lang gg die rechtsw Benutzg seines Kennzeichens nichts unternommen hat (BGH aaO).

cc) Kaufvertrag: Hat der Verkäufer dch Lieferverzögerg den Anschein erweckt, der Vertr sei erledigt, kann der ErfAnspr verwirkt sein (BGH MDR **51**, 281). Das gilt entspr, wenn der Anspr aus einem 1939 geschl GrdstKaufVertr erst 1947 geltd gemacht w (Stgt NJW **49**, 506). Auf Anspr, für die die kurze VerjFr des § 196 gilt, sind die VerwirkgGrds idR nicht anzuwenden (BGH WPM **89**, 354). – **Miete:** Bei Anspr auf Nachzahlg von Nebenkosten, insbes von Heizkosten, ist das Zeitmoment der Verwirkg idR ein Jahr nach Ablauf der Abrechngsperiode erfüllt (s LG Mannh WoM **76**, 225, LG Darmstadt WoM **76**, 253, LG Mü WoM **78**, 5, LG Bln WoM **78**, 116, LG Bonn WoM **79**, 235). Bei nicht erwarteten NachFdgen ist idR in typisierder Betrachtg auch das UmstMoment erfüllt (oben d cc u die zit LGEntsch, aA BGH NJW **84**, 1684). Dagg kommt beim Anspr des Mieters auf Rückzahlg nicht verbrauchter Vorauszahlgen Verwirkg erst in Betracht, nachdem der Vermieter abgerechnet hat (Sternel MietR Rdn III 284). Für die Verwirkg von Mieterhöhgen, die aGrd einer Mietgleitklausel fäll geworden sind, gelten die gleichen Grds wie für die Verwirkg von Nebenkosten (LG Bln ZMR **82**, 87, aA Celle NJW-RR **88**, 724). Hat der Vermieter die zu niedrige Miete vorbehaltlos quittiert, kann sogar von einem konkludenten Verzicht ausgegangen w (LG Osnabrück WoM **76**, 162). Für die Verwirkg von pachtvertragl Anspr gg die strengeren allg Grds (Köln WPM **87**, 1310). Auch der Anspr aus § 556 kann verwirkt w; nach 6 Mo ist aber das Zeitmoment noch nicht erfüllt (BGH NJW-RR **88**, 78); sogar der Anspr aus einem rechtskr RäumgsUrt unterliegt der Verwirkg (Hamm NJW **82**, 341). Der Mieter verliert seinen Anspr aus InstandsetzgsArb, wenn er ihn längere Zeit nicht geltd macht u die Miete vorbehaltlos zahlt (BGH LM § 558 Nr 2). Er hat keinen Anspr auf Rückzahlg, wenn er die überhöhte Miete trotz erkannter Zweifel mehrere Jahre ohne Widerspr gezahlt hat (RG **144**, 90) od wenn er mit seiner Fdg erst längere Zeit nach Beendigg u Abrechng des MietVerhältn hervortritt (RG JW **35**, 2883). Das KündR aus wicht Grd muß nicht sofort, aber innerh angem Fr geltd gemacht w (BGH WPM **67**, 517). – **Namensrecht:** Die Befugn zur Untersagg einer unricht Namensführg entfällt nur dann, wenn der Verletzer auf die Fortdauer des bisherigen Zustands auch für die Zukunft vertrauen durfte (BayObLG **71**, 216).

dd) Öffentliches Recht: Auch Anspr u RStellgen des öffR unterliegen der Verwirkg: Anf von Prüfgsbescheiden (BVerwG DVBl **70**, 928) u und VerwAkten (BVerwG **7**, 56, BSG NJW **72**, 2103); AnliegerBeitrFdgen (BVerwG NJW **57**, 1204, DVBl **72**, 226); beamtenrechtl Anspr einschließl von GehaltsAnspr (BVerwG **6**, 206, ZBR **62**, 196); ErstattgsAnspr wg Überzahlgen (BVerwG DVBl **65**, 728); FolgenbeseitiggsAnspr (OVG Hbg NJW **78**, 658); GebührenFdgen (OVG Hbg MDR **62**, 246); NachbKlage (BVerwG **44**, 343, NJW **74**, 1260); Recht auf Berichtigg eines Rentenbescheids (BSG NJW **73**, 871); SteuerAnspr (BFH BB **85**, 580, FinG Münster BB **87**, 2220). Bei ErstattgsFdgen des Bürgers gg die öff Hand ist eine Verwirkg idR ausgeschl (OVG Hbg MDR **68**, 1039), ebso bei LeistgsAnspr gg SozVersTräger, vor allem wenn der

Anspr aus RUnkenntn nicht geltd gemacht worden ist (BSG NJW **69**, 767). Auch das baupolizeil BeseitiggsR unterliegt wohl nicht der Verwirkg (OVG Bln DVBl **70**, 519). – **Prozeßrecht:** Verfahrensrechtl Befugn u RStellgen unterliegen mit der in d dd dargestellten Einschränkg der Verwirkg. Es können daher verwirkt w: die Beschw, insbes die unbefristete (BGH **20**, 206, **43**, 292, Ffm OLGZ **80**, 425, KG OLGZ **88**, 282), ausnw auch die befristete Beschw (BGH **43**, 292); Einspr gg VersäumnUrt (BGH NJW **63**, 155); Widerspr gg einstw Vfg (Ffm ZZP **69**, 459); KostenfestsetzgsAnspr (Ffm Rpfleger **77**, 261); Nachzahlgs-Anspr gem ZPO 125 (KG Rpfleger **77**, 415); ErstattgsAnspr gg Sachverst (Ffm NJW **75**, 705).

ee) Rücktrittsrecht: Es ist verwirkt, wenn der Gläub nach Ablauf der NachFr Zahlgen entggnimmt, dch die die Schuld im wesentl getilgt w (BGH BB **69**, 383). Entspr gilt bei ungebührl Verzöger der RücktrErkl (BGH **25**, 52). Auch nach Erkl des Rücktr ist Verwirkg nicht ausgeschl (BGH NJW **60**, 2331). – **Sachenrecht:** Das dingl Recht unterliegt nicht der Verwirkg (MüKo/Roth Rdn 328, str), wohl aber die aus ihm entstandenen Anspr, so der Anspr aus § 985 (s RG **133**, 296) u der aus § 894 (OGH **1**, 279: Zeitmoment nach 20 Jahren erfüllt). Bei Anspr aus § 1004 (dort Anm 8) ist zu unterscheiden: Der aus einem abgeschl Eingriff entstandene Anspr kann verwirkt w, so der Anspr auf Beseitig eines Überbaus nach 7 Jahren, wenn der Eigtümer ihn bei den Vhdlgen weder geltd gemacht noch sich vorbehalten hat (BGH WPM **79**, 646). Bei dem mit jeder Einwirkg neu entstehden Anspr (zB unzul Immissionen) ist dagg eine Verwirkg idR ausgeschl (RG JW **35**, 1775). – **Schadensersatzanspruch:** Bei Anspr aus vorsätzl Schädigg scheidet Verwirkg idR aus (BAG **AP** (Verwirkg) Nr 36). Der Anspr gg eine Bank kann nach 11 Jahren verwirkt sein (LG Hof WPM **71**, 882), der Anspr gg einen Arzt nach 10 Jahren, wenn dieser inzw verstorben u sein Nachl verteilt ist (Mü VersR **56**, 543). – **Unterhaltsanspruch:** Der Anspr auf rückständ Unterh unterliegt der Verj, nicht aber das StammR (BGH **84**, 282). Verwirkg kann bei einem str Anspr schon nach 1jähr Untätigk zu bejahen sein (BGH **103**, 68, Düss FamRZ **89**, 777, oben d cc), scheidet aber aus, wenn fortlaufd gemahnt worden ist (BGH FamRZ **88**, 480). – **Urheberrecht:** Die für den gewerbl RSchutz (oben bb) entwickelten RGrds gelten entspr; wg des hohen Ranges des UrhR kommt Verwirkg nur in Betracht, wenn der Verletzer einen bes wertvollen Besitzstand erworben hat (BGH **67**, 68, **LM** (Cc) Nr 3. – **Vorkaufsrecht:** Wg der kurzen AusschlFr (§ 510 II, BauGB 28 II) ist für eine Verwirkg idR kein Raum (Celle NJW **63**, 352).

6) Clausula rebus sic stantibus. Fehlen und Wegfall der Geschäftsgrundlage.

Schrifttum: Chiotellis, RFolgenbestimmg bei GeschGrdlStörgen, 1981; Fikentscher, GeschGrdl als Frage des VertrRisikos, 1971; Köhler, Unmöglichk u Wegfall der GeschGrdl bei Zweckstörgen, 1971; ders, JA **79**, 498; Larenz, GeschGrdl u VertrErf, 3. Aufl 1963; Medicus, FS Flume, 1978, 629; Ulmer AcP **174**, 167.

A) Das ältere gemeine R ging davon aus, daß jedem Vertr auch ohne bes Abrede die *clausula rebus sic stantibus* innewohne. Daraus wurde abgeleitet, daß die Bindg an den Vertr entfalle, wenn eine grdlegde Änderg der bei VertrSchl vorliegdn bes od allg Verhältn eintrete. Das ALR hat versucht, diese Lehre zu kodifizieren (§§ 377ff I 5). Sie wurde jedoch bereits in den jüngeren gemeinen R aufgegeben; das BGB hat sie, von einigen Einzelausprägen abgesehen (zB §§ 321, 610, 519, 528, 530, zT auch §§ 626, 733, 775), nicht übernommen. Der Gedanke der *clausula rebus sic stantibus* stellt danach im geltd R **kein allgemeines Rechtsprinzip** dar (RG **50**, 257 (grdsl), allgM). Der GesGeb hat ihre Geltg für öffr Vertr allerdings in VwVfG 60 anerkannt. Im PrivR ist sie abgesehen von den angefochten EinzelVorschr nur bei **Unterhaltsverträgen** u bei sonstigen Vertr mit Versorggscharakter von Bedeutg. UnterhVertr, aber auch Vereinbgen über SchadErsRenten (BGH **105**, 245), wohnt idR stillschw die *clausula rebus sic stantibus* inne (BGH NJW **62**, 2147; NJW **86**, 2055); zum gleichen Ergebn führt es, wenn man auf den Wegfall der GeschGrdl abstellt, diesen aber bereits bei jeder erhebl Änderg der Verhältn bejaht (s BGH WPM **89**, 289). Die Vereinbg ist an die veränderten Umst anzupassen, sobald sich die für die Bemessg des UnterhAnspr maßgebl Verhältn (Bedürfn des Berecht, Leistgsfähigk des Verpflichteten) wesentl verändert haben. Können dem PartWillen keine Maßstäbe für die gebotene Anpassg entnommen w, ist diese nach Maßgabe der einschläg gesetzl Vorschr dchzuführen (BGH FamRZ **86**, 785). Wer bei UnterhVertr behauptet, daß Leistgen nicht den geänderten Verh angepaßt werden sollen, hat hierfür die BewLast (BGH VersR **66**, 38). Der UnterhVerzicht enthält dagg idR keine *clausula rebus sic stantibus* (BGH FamRZ **84**, 172, ähnl RG **106**, 398, **141**, 200, BGH **2**, 383). Er wird aber wirkgslos, soweit ihm aGrd später Ereign üb schutzwürd Interessen gemschaftl Kinder entggstehen (BGH NJW **85**, 1833, **87**, 777, Herb NJW **87**, 1527), wenn er zur Überwind einer lange zurückliegdn Ehekrise gegeben worden ist (BGH NJW **87**, 2739) od wenn das Vermögen, aus dem der Unterh bestritten werden soll, innerh kurzer Fr ohne Verschulden des Verzichtden entwertet w (Mü FamRZ **85**, 1264).

B) Als Weltkrieg, Revolution u Geldentwertg die Grdl einer Vielzahl von SchuldVerh erschüttert hatten, hat die Rspr dem Schu anfängl mit unterschiedl Konstruktionen (Clausula-Lehre, RG **100**, 130; Lehre von der wirtschaftl Unmöglichk, § 275 Anm 2e) ein Recht auf Änderg od Aufhebg des Vertr zugestanden. Diese Konstruktionen haben aber nur vorübergehd Bedeutg erlangt. Seit 1923 hat das RG im Anschl an Oertmann die sog **Geschäftsgrundlage** als den entscheidden GesichtsPkt für die Berücksichtigg veränderter Verh angesehen, so erstmals RG **103**, 332. Hieran hat es auch nach Überwindg der wirtschl Schwierigk der Kriegs- und Nachkriegszeit festgehalten. Heute sind die Grds über Fehlen u Wegfall der GeschGrdlage trotz Streites über Einzelfragen ein in stRspr anerkanntes RInstitut.

a) Begriff: GeschGrdlage sind nach stRspr die bei Abschl des Vertr zutage getretenen, dem and Teil erkennb gewordenen u von ihm nicht beanstandeten Vorstellgen der einen Part od die gemeins Vorstellgen beider Part von dem Vorhandensein od dem künft Eintritt best Umst, sofern der GeschWille der Part auf diesen Vorstellgen aufbaut (RG **103**, 332, BGH **25**, 392, **40**, 335, **89**, 231, NJW **84**, 1746, **85**, 314, BAG Betr **86**, 2676). Die GeschGrdlage ist daher einers vom einseit gebliebenen Motiv u anders vom VertrInhalt (Bedingg, RGrd) zu unterscheiden. Die von der Rspr gZrde gelegte, auf Oertmann zurückgehende „subj Formel" w von der Lehre überw abgelehnt. Diese ist aber in sich zerstritten u uneinheitl. Chiotellis (aaO S 29) hat **56 verschiedene Theorien** über die GeschGrdl gezählt. Die Lehre tritt zT für eine rein obj Beurteilg ein (Kaufmann, Krückmann, Locher), zT für eine Vbdg von obj u subj Merkmalen (Lehmann), zT unterscheidet sie zw obj u subj GeschGrdl (Larenz, Wieacker); and halten den Gedanken der Risikoverteilg für allein ausschlaggebd (Fikentscher, Koller); wieder and wollen die Grds über die ergänzde VertrAusslegg u die GeschGrdl zu einem RInstitut zusfassen (Nicklisch BB **80**, 949) od lehnen die Lehre von der GeschGrdl völl ab (Flume, Littbarski JZ **81**, 8). Ggü dieser in sich uneinheitl Kritik ist an der auf die Grdl des GeschWillens abstellden BegrBestimmg festzuhalten. Dabei ist der Feststellg der Umst, auf die der GeschWille aufbaut, jedoch kein rein psychologischer, sond ein wertder Vorgang. Die BegrBestimmg erfaßt daher auch die Fälle, die als „obj GeschGrdlage" bezeichnet w (Äquivalenzstörg, Zweckstörg). Die notw Berücksichtigg obj GesichtsPkte ergibt sich daraus, daß die Frage, wann eine rechtl erhebl Störg vorliegt u welche RFolgen sie auslöst, nach dem Grds von Treu und Glauben zu beurteilen ist. Ein Verdienst der Lehre liegt jedoch darin, daß ihre Bemühgen um Systematisierg u schärfere begriffl Konturen die Herausbildg von Fallgruppen ermöglicht (unten C).

b) Anwendungsbereich. – aa) Die Grds über Fehlen u Wegfall der GeschGrdl gelten für alle schuldrechtl Vertr, trotz § 779 auch für den Vergl (BGH NJW **59**, 2210, **84**, 1746, unten D e), für einseit verpflichtde Vertr wie Schenkg (BGH NJW **72**, 248, unten D e), Darlehn (BGH **7**, 243, **15**, 34, unten D b). Bürgsch (BGH NJW **66**, 449, **88**, 2174, unten D b), für abstr SchuldVerspr (BGH Betr **77**, 301) u VorVertr (BGH **47**, 393). Auch nach vollständ Abwicklg des Vertr können ausnw noch Rechte wg Fehlens od Wegfall der GeschGrdl geltd gemacht w (unten d dd). Ist der Vertr noch nicht zustande gekommen, gibt es dagg noch keine GeschGrdl (BGH NJW **56**, 1275, **LM** § 812 Nr 84). Als Ausprägg des § 242 gelten die Grds über die GeschGrdl auch für nicht schuldrechtl Vertr, so für Vertr des Sachen-, Erb- u FamR (unten D c), jedoch müssen die Besonderh dieser RGebiete beachtet w. Für öffr Vertr enthält VwVfG 60 eine Sonderregelg; die zum BGB entwickelten Grds können nur herangezogen w, soweit VwVfG 60 Lücken enthält (Meyer NJW **77**, 1710), so etwa bei Vereinbgen über Vorauszahlgen auf Erschließgskosten (Nierwetberg NVwZ **89**, 537). Die Grds über die GeschGrdl gelten für einseit RGesch, wie das Vermächtn (MüKo/Roth Rdn 531, offen BGH **37**, 241, aA BGH NJW **70**, 1420 für das Anerkenntn gem NTS-AG 11), nicht aber für gesetzl SchuldVerhältn. Soweit es sich um UrtErl handelt, steht dessen RKraft der erfordel Anpassg nicht entgg (BGH **38**, 149). – **bb) Sonderregelungen.** In zahlreichen SonderVorschr werden Fälle der GeschGrdl geregelt od teilw in die Regelg einbezogen. Neben den in Anm 7 angeführten VertrHilfe-Vorschr sind vor allem einschlägig: §§ 321, 519, 527, 528, 530, 554a, 593, 594e, 605, 610, 626, 650 (dazu BGH NJW **73**, 140, Ffm NJW-RR **89**, 209), 651j, 723, 775, 779, 1301, 1612a, 2077, 2079, BetrAVG 16, 17, ArbEG 12 (dazu BGH **61**, 153), EKG 74, VVG 41a (dazu BGH VersR **81**, 622). Die SonderVorschr schließen in ihrem Geltgsbereich die Anwendg der allg Grds aus; diese bleiben aber anwendb, soweit die Sonderregelgn tatbestandl od hinsichtl der geltd gemachten RFolgen nicht zutreffen (BGH **40**, 336, WPM **77**, 735).

c) Abgrenzung. – aa) Vertragsinhalt. Die GeschGrdl gehört nicht zum VertrInh (BGH **90**, 74, NJW **83**, 2036, **LM** (Bb) Nr 41 Bl 2). Enthält bereits der Vertr nach seinem ggf dch ergänzde Auslegg (§ 157 Anm 2) zu ermittelnden Inh Regeln für Fehlen, Wegfall od Veränderg best Umst, scheidet eine Anpassg gem § 242 aus (BGH **81**, 143, **90**, 74). Die Grenze zw ergänzder Auslegg u GeschGrdl ist fließd (Medicus aaO S 629); sie kann im Einzelfall offen bleiben, weil die Anpassg nach §§ 157 u 242, wie idR, zum gleichen Ergebn führt. Entzieht sich ein Ereign wg eines grdlegden Änderg der Verhältn einer Beurteilg nach dem PartWillen, kommt eine ergänzde Auslegg nicht in Betracht; die Anpassg hat daher nach § 242 zu erfolgen (BGH NJW **82**, 2237). – **bb) Einseitige Erwartungen einer Partei.** Einseit Erwartgen, die für die Willensbildg einer Part maßgebd waren, gehören nur dann zur GeschGrdl, wenn sie in den dem Vertr zGrde liegden gemeinschaftl GeschWillen beider Part aufgenommen worden sind (BGH NJW-RR **89**, 753, oben a). Dazu genügt nicht, daß die Part ihre Erwartgen bei den VertrVhdlgen der and mitgeteilt hat. Entscheidd ist vielmehr, ob das Verhalten des and Teils nach Treu u Glauben als bloße Kenntnisn od als Einverständn u Aufn der Erwartg in die gemeins Grdl des GeschWillens zu werten ist. Dabei ist im Zw eine Aufn in die GeschGrdl zu verneinen, so wenn eine Part währd der VertrVhdlgen ihre steuerl Erwartgen mitteilt (BGH NJW **67**, 1082, NJW-RR **86**, 708, unten C d aa), wenn sie die von ihr in Aussicht genommene Finanzierg darlegt (BGH NJW **83**, 1490), wenn der Käufer (Mieter) die beabsichtigte Verwendg der Kaufsache (Mietsache) erwähnt (unten C b), wenn der Bü die Erwartg äußert, der BürgschFall w nicht eintreten (BGH **104**, 242, unten D b). – **cc) Gewährleistung.** Im Anwendgsbereich der GewLVorschr (§§ 459ff, 537ff, 634f, 651c ff) sind die Grds der GeschGrdl unanwendb (BGH **60**, 321, **98**, 103, NJW-RR **89**, 776). Das gilt auch dann, wenn die Voraussetzgen der GewLVorschr im Einzelfall nicht vorliegen (Düss NJW **71**, 438, aA Mü DAR **72**, 329), wenn der GewLAnspr verjährt ist (RG **135**, 346), wenn die GewL vertragl abbedungen ist (BGH **98**, 103), od wenn das Grdst wg Altlasten unbebau ist (LG Bochum NJW-RR **89**, 915). Ausgeschl ist auch der Einwand des GewLPflichtigen, er könne wg unvorhergesehener Umst nicht mangelfrei liefern (BGH Betr **77**, 1862). § 242 kann aber anwendb sein, wenn eine GewLVorschr wg Nichtbebauung des NachbarGrdst Endhaus w (LG Dortmund NJW-RR **89**, 469). – **dd) Unmöglichkeit.** Die Grds der GeschGrdl sind ggü den Vorschr über die Unmöglichk subsidiär. Auf die fr sog wirtschaftl Unmöglichk (§ 275 Anm 2e) ist aber nicht § 275, sond § 242 anzuwenden (unten C a cc). Abgrenzgsprobleme zw Unmöglichk u GeschGrdl bestehen kaum (unten C b). Haben die Part eine dauernde Unmöglichk irrtüml als eine vorübergehende angesehen, kann statt § 306 § 242 anwendb sein (BGH **47**, 52). – **ee) Kündigung von Dauerschuldverhältnissen.** Das bei DauerSchuldVerhältn bestehde KündR aus wicht Grd (Einl 5b v § 241) verdrängt die Grds der GeschGrdl, soweit es um die Auflösg des Vertr geht (MüKo/Roth Rdn 548). Das KündR ist aber ausgeschl, wenn durch die Störg dch Anpassg der Vertr an die veränderten Umst ausgleichen läßt u beiden Part die Fortsetzg des Vertr zuzumuten ist (s BGH NJW **58**, 785). – **ff) Nichteintritt des mit der Leistung bezweckten Erfolgs.** Der Anspr aus § 812 I S 2 2. Alt ist ggü den Grds über die GeschGrdl subsidiär (BGH **84**, 10, NJW **75**, 776, BAG NJW **87**, 918, aA Müko/Roth Rdn 541). Die Grenze zw GeschGrdl u der nach § 812 I S 2 2. Alt erforderl tats Willensübereinstimmg über den Leistgszweck (§ 812 Anm 6 A d) ist aber fließd. Wird ein MietVerhältn vorzeit beendet, leitet die Rspr den Anspr auf

Erstattg von Aufbauleistgen aus § 812 ab (BGH **29**, 291); dagg richtet sich iF der Ehescheidg der Ausgl von Zuwendgen, soweit das GüterR keine abschließde Regelg enthält, nach § 242 (unten D c).

d) Arten. Die möglGrdl u die mögl Arten ihrer Störg können nach versch Kriterien eingeteilt w (s auch die Fallgruppen unter C): – **aa) Subjektive und objektive Geschäftsgrundlage** (Unterscheidg nach Larenz § 21 II): Die subj GeschGrdl besteht aus „best gemeins Vorstellgen od sicheren Erwartgen beider VertrPart, von denen sich beide beim Abschl des Vertr haben leiten lassen". Die obj GeschGrdl bilden „diej Umst u allg Verhältn, deren Vorhandensein od Fortdauer obj erforderl ist, damit der Vertr im Sinn der Intentionen beider VertrPart noch als eine sinnvolle Regelg bestehen kann". Nach der hier vertretenen subj Theorie der Rspr (oben a) ist die obj GeschGrdl lediglich eine bes Fallgruppe der umfassden subj GeschGrdl. Umst, die zur obj GeschGrdl gehören, werden von den Part vielf, insbes bei wichtigen VertrSchl, ausdr erörtert u zur gemeins Grdl des GeschWillens gemacht. Im übrigen ist die Feststellg der Umst, auf der die GeschWille aufbaut, kein rein empirisch psychologischer, sond auch ein wertender Vorgang (s bereits oben a): Die Umst, die für den Vertr als eine sinnvolle Regelg von ausschlaggebder Bedeutg sind, gehören in wertender Beurteilg auch dann zur GeschGrdl, wenn sie von den Part während der VertrVhdlgen nicht bes angesprochen worden sind. Die natürl Auslegg wird insoweit auch auf der Ebene der GeschGrdl dch eine normative ergänzt. – **bb) Fehlen und Wegfall der Geschäftsgrundlage.** Die GeschGrdl kann inf nachträgl Ereign wegfallen od wesentl erschüttert w. So liegt es in der Mehrzahl der Fälle, in denen es um Störgen der GeschGrdl geht (s unten C a–c). Die GeschGrdl kann aber auch von Anfang an fehlen, weil sich die Part hins einer wesentl Voraussetzg des Gesch in einem beiders Irrt befunden haben (unten C d). Rechtl ist das Fehlen der GeschGrdl ebso zu behandeln wie ihr nachträgl Wegfall (BGH **25**, 393, NJW **76**, 566, **86**, 1349). – **cc) Große und kleine Geschäftsgrundlage.** Unter „großer GeschGrdl" versteht man die dem Vertr idR zGrde liegde Erwartg, daß die polit u wirtschaftl Verhältn sich nicht grundlegd verändern (Esser-E. Schmidt § 24 II). Störgen der großen GeschGrdl sind Krieg, kriegsähnl Entwicklgen, Naturkatastrophen u ähnl (unten C c). Alle übrigen Störgen betreffen die kleine GeschGrdl.

e) Voraussetzungen. Im ungeschriebnen Tatbestd des Wegfalls (Fehlens) der GeschGrdl lassen sich drei TatbestdsMerkmale ausmachen. Alle drei sind wertausfüllgsbedürftig, erfordern also eine Konkretisierg dch Fallgruppen (unten C). Die folgden Erläutergen gehen vom Wegfall der GeschGrdl als dem typ Störgsfall aus, gelten aber entspr für das Fehlen der GeschGrdl: – **aa) Wesentliche Änderung.** Nur eine wesentl Änderg der GeschGrdl rechtfertigt eine Anpassg (BGH NJW **89**, 289). Wo die WesentlichkGrenze jeweils zu ziehen ist, hängt von der Art des Vertr u der aufgetretenen Störg ab (s daher unten C u D). Allg gilt aber: Die Störg ist nur dann wesentl, wenn nicht ernstl zweifelh ist, daß die Part oder beide bei Kenntn der Änderg den Vertr nicht od mit and Inhalt abgeschlossen hätten. – **bb) Überschreiten der Grenzen der Risikozuweisung.** Auch wesentl Ändergen der Verhältn begründen kein Recht auf Anpassg des Vertr, wenn sich dch die Störg ein Risiko verwirklicht, das eine Part zu tragen hat (BGH **74**, 373, **101**, 152, NJW **84**, 1747, **85**, 2693). Wie die Risikosphären der Part ggeinand abzugrenzen sind, ergibt sich aus dem Vertr, dem VertrZweck u dem anzuwendden dispositiven Recht (BGH aaO). Danach trägt der GeldleistgsGläub das Risiko der Geldentwertg (unten C a aa), der GeldleistgsSchu das Risiko der Geldbeschaffg u Finanzierg (unten C a cc). Der SachleistgsGläub trägt das Risiko der Entwertgs- u Verwendgsrisiko (unten C a bb u C b), der SachleistgsSchu das Risiko von Leistgserschwergen (unten C cc). Rechte wg Wegfall der GeschGrdl bestehen nur, wenn die der Risikozuweig idR immanenten Grenzen überschritten sind. Dabei ist zu unterscheiden: – **(1) Vertragliche Risikoübernahme.** Bei ausdr vertragl Risikoübern u bei SpekulationsGesch sind Rechte wg Wegfalls der GeschGrdl grdsl ausgeschl (BGH **LM** (Bb) Nr 47, RG **163**, 96, **166**, 49). Anders kann es liegen, wenn nur ein best, klar abgegrenztes Risiko übernommen worden ist (BGH **LM** (Bb) Nr 61). – **(2) Verschulden.** Hat der Schu die Änd verschuldet, ist sie eingetreten, als er sich im Verzug befand od geht sie auf sein eig Tun zurück, bestehen keine Rechte wg Wegfalls der GeschGrdl (RG **103**, 5, BGH **LM** § 284 Nr 2, § 242 (Bb) Nr 61 Bl 2 R). Das gilt aber nicht ausnlos (s BGH **LM** (Bb) Nr 23; FamRZ **68**, 249); so ist für die nach Ehescheidg in Betracht kommden Anspr (unten D c) gleichgült, wer am Scheitern der Ehe schuld ist. – **(3) Vorhersehbarkeit.** Vorhersehb Ändergen begründen keine Rechte aus § 242 (BGH WPM **72**, 656, Ulmer AcP **174**, 185, MüKo/Roth Rdn 506, str). And kann es zu beurteilen sein, wenn beide Part davon ausgegangen sind, daß die obj vorhersehb Entwicklg nicht eintreten werde od sie insow keine Vorsorge treffen konnten (BGH **2**, 188). – **(4) Normative Risikozuweisungen.** Sie betreffen das typ Risiko eines in typ Weise zustande gekommenen Vertr (s Jauernig-Vollkommer Anm V 3d bb). Sie gelten daher nicht, wenn aus dem Umst des konkr VertrSchl eine Risikobeteiligg des Part ergibt, etwa des SachleistgsSchu am Verwendgsrisiko (unten C b bb) od des SachleistgsGläub am BeschaffgsRisiko (unten C a cc). Sie treten auch dann zurück, wenn das typ VertrRisiko eindeut überschritten ist, so etwa wenn der ErbbZins inf Sinkens der Kaufkraft nur noch 40% seines ursprüngl Wertes besitzt (unten C a aa). – **cc) Unzumutbarkeit.** Rechte wg Wegfalls der GeschGrdl bestehen nur, wenn der von der Störg betroffenen Part die unveränderte VertrErf nicht mehr zugemutet werden kann (BGH **2**, 188, **84**, 9, NJW **85**, 314). Wo die Grenze der Zumutbarkeit verläuft, hängt – wie bei aa – von der Art des Vertr u der aufgetretenen Störg ab (s daher unten C u D).

f) Rechtsfolgen. – aa) Allgemeines. Fehlen od Wegfall der GeschGrdl führen grdsl nicht zur Auflösg des Vertr, sond zur Anpassg seines Inh an die veränderten Verhältn (BGH **47**, 52, **83**, 254, **89**, 238, NJW **58**, 785, **84**, 1747). Die Anpassg tritt **kraft Gesetzes** ein, die Aufg des Richters ist eine rechtsfeststellde, keine gestaltde (BGH NJW **72**, 152, MüKo/Roth Rdn 515). Nicht zu folgen ist der Ansicht, es entstehe lediglich eine NeuVhdlgsPfl (so Horn AcP **181**, 276ff). Bei der Anpassg ist aber der VertrWille der Part zu berücksichtigen (Medicus aaO S 637, ähnl BGH **9**, 279, NJW **84**, 1747). – Rechte wg Störg der GeschGrdl können auch vom **Rechtsnachfolger** u gg ihn geltd gemacht werden, so im Erbfall (BGH **40**, 336), aber auch iF der SonderRNachf (BGH WPM **78**, 1355). Beim Vertr zGDr erfolgt die Anpassg zG des Dr (BGH NJW **72**, 152). – **bb) Anpassung.** Das maßgebl Kriterium für die Anpassg ist die **Zumutbarkeit** (MüKo/Roth Rdn 507, Chiotellis aaO S 36ff), die damit sowohl auf der Tatbestds- als auch auf der RFolgenseite bedeuts ist. Als Anpassg kommen je nach Lage des Falles in Frage: Herabsetzg od Aufhebg einer Verbindlichk (BGH

NJW **58**, 758, WPM **71**, 276); Ers von Aufwendgen für eine zwecklos gewordene Leistg (BGH **LM** (Bb) Nr 20); Aufhebg der KäuferPflten u Begründg einer ErsPfl in einem Teil des dem Verkäufer entgangenen Gewinns (Ffm MDR **74**, 401); Stundg (OGH **1**, 69); Gewährg von Teilzahlgen; Einräumg eines AusglAnspr (BGH NJW **58**, 906, **62**, 30, unten C a); Anpassg der ZahlgsPfl an die rechtl Grdl (BGH **25**, 390); hälft Teilg des Risikos (BGH NJW **84**, 1746, krit Wieling JuS **86**, 272); Zuweisg einer and statt der bisher genutzten Wohng (Celle Nds Rpfl **65**, 221). – cc) **Vertragsauflösung.** Sie kommt nur in Frage, wenn die Fortsetzg des Vertr unzumutb ist. Sie geschieht nicht *ipso jure;* es besteht vielmehr ein RücktrR, an dessen Stelle bei DauerschuldVerh ein KündR u bei HandelsGesellsch ggf die AusschlKl tritt (BGH **10**, 51, **101**, 150). Die Rückabwicklg des Vertr erfolgt nach BereicherungsR (Einf 2d v § 346). Verweigert der and Teil seine Mitwirkg an der gebotenen Anpassg, entsteht ein Rücktr- od KündR (BGH NJW **69**, 233). – dd) **Erfüllte Verträge.** Die Störg der GeschGrdl ist idR unerhebl, wenn der Vertr bereits vollständ abgewickelt ist (BGH **2**, 384, **58**, 363, NJW **83**, 2144, Mü BB **84**, 630). Bei teilw abgewickelten Vertr ist die Anpassg idR auf die noch nicht erbrachten Leistgen zu beschränken (BGH **58**, 363, BAG NJW **87**, 918). Da die Zumutbark entscheidet, kann aber auch bei abgewickelten Vertr eine Anpassg in Frage kommen (Soergel-Teichmann Rdn 264), so wenn die GeschGrdl von Anfang an gefehlt hat (BGH **25**, 393) od wenn das Festhalten am bisherigen VertrInh trotz der beiderseit Erf nicht zumutb ist (BGH **74**, 373, NJW **53**, 1585, **LM** § 133 (A) Nr 11). – ee) **Verfahrensrecht.** Die Störg der GeschGrdl hat vAw zu berücksichtigen (BGH **54**, 155, **LM** (Ba) Nr 38). Das Ger hat auf eine sachgerechte AntrStellg hinzuwirken (BGH NJW **78**, 695). Die Klage ist auf die nach dem veränderten VertrInh geschuldete Leistg zu richten, nicht auf Zustimmg zur Anpassg (BGH **91**, 36). Wer sich auf Fehlen od Wegfall der GeschGrdlage beruft, trägt insow die Beweislast, u zwar auch dafür, daß die Part die mögl Änderg nicht in den Kreis ihrer Erwäggen einbezogen h (BGH WPM **69**, 529). Ist Wegfall der GeschGrdlage unstr, muß der Berecht die Voraussetzgen für den Fortbestand seines Rechts beweisen (BGH WPM **73**, 1176).

C) Fallgruppen. – a) Äquivalenzstörung. Bei ggs Vertr gehört der Gedanke der Gleichwertigk von Leistg u GgLeistg zur GeschGrdl (BGH NJW **58**, 906, **59**, 2203, **62**, 251), u zwar als Teil der obj GeschGrdl grdsl auch dann, wenn er während der VertrVhdlgen nicht bes zum Ausdr gekommen ist (oben B d aa). Wird das ÄquivalenzVerh dch unvorhersehb Ereign schwerwiegd gestört, ist der Vertr an die veränderten Umst anzupassen, soweit die Störg das von der benachteiligten Part zu tragde Risiko (oben d b) überschreitet (RG **147**, 289, BGH **77**, 198, NJW **84**, 30). – aa) **Geldentwertung. – (1) Risikobereich des Gläubigers der Geldschuld.** Sinken die Kaufkraft des Geldes begründet grdsl keine Rechte wg Wegfalls der GeschGrdl (BGH **86**, 168, NJW **59**, 2203, **81**, 1668). § 242 bietet keine Handhabe, in langfr Vertr entgg dem für die ROrdng grdlegden Nominalwertprinzip (§ 245 Anm 2) eine stillschw Wertsichergsklausel hineinzuinterpretieren (BGH NJW **74**, 1186). Das Risiko normaler Kaufkraftverwertung trägt der Gläub. Das gilt auch für den zu Anfang des Jhdts festgesetzten Kaliabbauzins (BGH NJW **59**, 2203), den GrdstVerkauf auf Rentenbasis (Düss NJW **72**, 1183/1674), den Mietzins (BGH NJW **76**, 142) u den ErbbZins (BGH **86**, 168, NJW **76**, 846, **81**, 1668). Bei einem zur Schadensabgeltg geschl WasserversorggsVertr kann eine PrErhöhg nicht auf das Steigen der Selbstkosten, sond höchstens auf das Ansteigen der ersparten Eigenaufwendgen des Geschädigten gestützt w (BGH **LM** (Bb) Nr 94). Grdsl auch dann keine Erhöhg, wenn die Part auf eine Anpassgsklausel nur verzichtet h, weil sie diese irrtüml für unzul hielten (BGH BB **76**, 1046). – (2) **Anpassung.** Sie ist ausnw geboten, wenn das Gleichgewicht von Leistg u GgLeistg so stark gestört ist, daß die Grenze des übernommenen Risikos überschritten u das Interesse der benachteiligten Part auch nicht mehr annähernd gewahrt ist (BGH **77**, 198). Diese Voraussetzg ist beim ErbbZins erfüllt, wenn die Lebenshaltgskosten um 150% gestiegen sind, also eine Entwertg um 60% eingetreten ist (BGH **90**, 228, **91**, 34, **94**, 259, **97**, 173). Nicht ausr sind dagg Verändergen, die sich im Rahmen des Vorhersehb halten, wie etwa ein Anstieg der Lebenshaltgskosten um 120–135% in einem Zeitraum von rund 25 Jahren (BGH **86**, 168, NJW **81**, 1668). Der Anspr ergibt sich aus dem schuldrechtl Vertr, nicht aus der dingl RBeziehg (BGH **96**, 371). Ist dtsches Recht anwendb, kann dem Gläub einer ValutaFdg ein AusglAnspr zustehen, wenn die ausl Währg zw Entstehg u Erf der Fdg unerwartet abgewertet w (RG **141**, 216, **155**, 137, **163**, 334); es muß sich aber um eine Abwertg handeln, die über das Maß normaler Paritätsänderungen erhebl hinausgeht. Abzulehnen RG **147**, 289 (AusglAnspr bereits bei Abwertg von 13%). – (3) **Verträge mit Versorgungscharakter.** Bei ihnen sind die Voraussetzgen für eine Anpassg weniger streng. Bei RuhegeldVereinbgen rechtfertigt bereits eine Entwertg um 30% ein Anpassgsverlangen (BAG NJW **73**, 959 u jetzt BetrAVG 16); bei UnterhVertr liegt die Grenze bei etwa 10% (Düss Rpfleger **83**, 462). Keine derartigen „Faustregeln" gibt es für Vereinbgen über SchadErsRenten (BGH **105**, 247) u für AlteinteilsVertr (Nürnbg RdL **71**, 322). Bei einem Kauf auf Rentenbasis gelten die Grds von (2) (Düss NJW **72**, 1183).

bb) Entwertung der Sachleistung. Sie gehört zum Risikobereich des Gläub (Köhler JuS **76**, 787, s auch unten b: Verwendgsrisiko). Der Käufer eines Architektenbüros muß daher eine vereinb KaufPrRaten auch dann weiterrichten, wenn er das Büro wg Unrentabilität aufgegeben hat (BGH **LM** (Bb) Nr 87). Bei außergewöhnl Einwirkgen außerh des typ VertrRisikos kann aber eine Anpassg in Frage kommen, so wenn die auf Rentenbasis verkaufte Fabrik im Krieg zerstört w (OGH **1**, 67) od wenn die verkaufte Apothekenkonzession dch Einführg der Niederlassgsfreih wertlos w (BGH **LM** (Bb) Nr 33, s aber ebda Nr 37). Vgl auch unten D e „Patent".

cc) Leistungserschwerungen. Treten nach Begründg des SchuldVerh Leistgserschwergen auf, so geht das nach der vertragl Risikoverteilg (oben B e bb) grdsl zu Lasten des Schu. Er trägt das Aufwandsrisiko (Willoweit JuS **88**, 833). – (1) **Geldschuldner.** Er kann sich nicht darauf berufen, daß sich für ihn unerwartet Finanziergsschwierigk ergeben haben. § 242 ist daher unanwendb, wenn der Schu den Pkw nicht erhält, den er vereinbgsgem in Zahlg geben wollte (BGH NJW **58**, 1772) od wenn die von ihm geplante KreditAufn scheitert (BGH NJW **83**, 1490). And kann es bei engen persönl Beziehgen der Part liegen (BGH NJW-RR **86**, 946), aber auch dann, wenn der Gläub die Vermittlg des Kredits übernommen hatte (s auch § 158 Anm 2). – (2) **Sachleistungsschuldner.** Der vereinbarte **Festpreis** bleibt auch bei unerwarteten Kostenerhöhgen, witterungsbedingten Schwierigk u ähnl Erschwergen bindd (BGH BB **64**, 1397, WPM **69**,

1021, **79**, 582, Düss MDR **74**, 489, Mü BauR **85**, 330). Bei einem FestPr für Heizöl begründen steigde Selbstkosten keinen Wegfall der GeschGrdl, insbes dann nicht, wenn der Händler sich vor der PrSteigerg rechtzeit hätte eindecken können (BGH **LM** (Bb) Nr 91, zur Begründg krit Braun JuS **79**, 692). Die Zusage des Bauträgers, er werde Fernwärme zum Tarif der Stadtwerke liefern, bleibt auch dann bindd, wenn der Tarif für ihn nicht mehr kostendeckd ist (BGH NJW **77**, 2262). Der Schu kann sich auch nicht darauf berufen, daß er seine Produktionsplang geändert h (Stgt NJW-RR **88**, 312). Bei einem lebenslängl unentgeltl NutzgsR an einer Wo bestehen keine Rechte aus § 242, wenn sich die Hauslasten erhöhen (Oldbg MDR **68**, 499). – (3) **Anpassung.** Sie kommt ausnw in Betracht, wenn dch Umst außerh des Einfluß- u Risikobereichs des Schu ein so krasses Mißverhältn zw Leistg u GgLeistg entsteht, daß ein Festhalten am Vertr nicht mehr zumutb ist (BGH BB **56**, 254, Larenz § 21 II); das sind prakt die Fälle, in denen die fr Rspr wirtschaftl Unmöglichk (§ 275 Anm 2e) angenommen hat. Anpassg od die Gewähr eines RücktrR kommen daher in Betracht: bei übermäß Ansteigen der Herstellgskosten, auf das 15-fache (RG **101**, 81); um 60% (RG **102**, 273); bei Beschlagn der Vorräte (RG **94**, 47); bei Brand im FertiggsBetr (RG **57**, 118); bei nicht vorhersehb übermäß Beschaffgsschwierigk (§ 279 Anm 2b cc); bei schwerwiegden Störgen dch Maßn staatl Wirtschlenkg (Ulmer AcP **174**, 167) od dch ArbKampf (str, s Löwisch AcP **174**, 231 mit einem and Lösgsansatz).

dd) Wertsteigerung bei Geld- und Sachleistungen, Leistungserleichterungen. Sie sind spiegelbildl nach den in aa)–cc) dargestellten Grds zu behandeln (MüKo/Roth Rdn 573, 599), begründen also nur ausnw Rechte wg Änderg der GeschGrdl. Bei GrdstVeräußergen bleibt die PrVereinbg grdsl auch dann bindd, wenn das Preisniveau zw Begründg u Fälligk des Anspr wesentl gestiegen ist (BGH WPM **68**, 1248, **73**, 839). Dagg hat die Rspr Rechte aus § 242 zugebilligt: bei außergewöhnl u unvorhersehb Ansteigen des Aktienkurses (BGH Betr **63**, 448); bei einer außergewöhnl Wertsteigerg eines GmbH-Anteils, für den ein AnkaufsR bestand (BGH BB **70**, 1192).

ee) Rechtsänderungen, Eingriffe von hoher Hand. Auch GesÄnd, Änd der Rspr (BGH **58**, 362, **70**, 298, NJW **83**, 1552) u Eingriffe von hoher Hand können das ÄquivalenzVerh stören. Hier gelten die in aa–dd dargestellten Grds entspr. Bei Äquivalenzstörgen dch die Herabsetzg von Lastenausgl- oder HypGewinnabgaben hat die Rspr die Vorteile, die je nach der VertrGestaltg beim Verkäufer oder Käufer auftraten, im Zw hälft geteilt (BGH NJW **58**, 906, 907, **62**, 30, MüKo/Roth Rdn 582). Sow die BPflVO das LiquidationsR des Chefarztes eingeschränkt hat, muß sein Gehalt angem erhöht w (BAG NJW **80**, 1912); auch bei Kostenerstattgsregelgen kann eine Anpassg notw sein (BAG NJW **89**, 1563). Angesichts der ständ Änderg der SteuerGesGebg sind steuerl Erwartgen dagg nur GeschGrdl, wenn die währd der VertrVhdlgen hinr zum Ausdr gekommen sind (unten d aa).

b) Störung des Verwendungszwecks. – aa) Abgrenzung. Tritt der LeistgsErfolg ohne Zutun des Schu ein (Zweckerreichg) od kann der LeistgsErfolg wg Wegfalls des Leistgssubstrats nicht mehr erreicht w (Zweckfortfall), sind die Unmöglichkregeln anwendb (§ 275 Anm 2d). And ist es, wenn der LeistgsErfolg noch herbeigeführt werden kann, der Gläub an ihm aber kein Interesse mehr hat, sog Zweckstörg (Bsp: die Verlobg, für die Ringe gekauft worden sind, findet nicht statt; die Gaststätte, für die Inventar gekauft worden ist, brennt ab). Unmöglichk liegt hier idR nicht vor; ausnw können aber Rechte wg Störg der GeschGrdl bestehen. – **bb) Verwendungsrisiko des Gläubigers.** Ist die Leistg mangelfrei, trägt grdsl der Gläub das Risiko der Verwertbark (BGH **74**, 374, Willowein JuS **88**, 833, allgM). Der **Käufer** kann daher aus § 242 keine Rechte herleiten, wenn er seinen Betr aufgibt (Stgt NJW **54**, 233); wenn er wg Umsatzrückgangs für die gekaufte Ware keine Verwendg hat (BGH **17**, 327); wenn ihm die Gaststätte, für die er Bier bestellt hat, gekündigt w (BGH NJW **85**, 2694); wenn er wegen der Anlage das Grdst gekauft worden ist, nicht gebaut w (BGH **71**, 293); wenn er wg BetrSchließg an einer weiteren Belieferg mit Energie kein Interesse hat (Salje Betr **80**, 1057); wenn die gekaufte ungeschützte Erfindg für ihn nicht verwertb ist (BGH **83**, 288). Der **Mieter** bleibt an den Vertr gebunden, wenn die Finanzierg des von ihm geplanten Ausbau scheitert (BGH Betr **74**, 918); wenn der geplante Kiesabbau sich als unrentabel erweist (BGH NJW **82**, 2062); wenn er statt der erwarteten Gewinne Verluste macht (BGH NJW **70**, 1313, **78**, 2390, **81**, 2405, Joachim BB **88**, 779); wenn er das bestellte Hotelzimmer wg Ausfalls der Veranstaltg nicht benötigt (Brschw NJW **76**, 570/970, s aber BGH NJW **77**, 386). Der **Darlehnsnehmer** kann sich nicht darauf berufen, daß er das Darl wg and Finanziersmöglichk od Änd seiner Plang nicht (mehr) benötigt (s BGH WPM **86**, 157, Derleder JZ **89**, 166). – **cc) Geschäftsgrundlage.** Die vom Gläub beabsichtigte Verwendg kann ausnw GeschGrdl sein. Dazu genügt aber die Mitteilg u Erörterg der Verwendg währd der VertrVhdlg nicht. Der and Teil muß sich die geplante Verwendg soweit zu eigen gemacht haben, daß sein Verlangen, den Vertr trotz der aufgetretenen Störg unverändert dchzuführen, gg das Verbot widersprüchl Verhaltens verstößt (Köhler aaO S 143ff, ähnl Larenz § 21 II). Das ist insbes anzunehmen, wenn die geplante Verwendg, wie beim Krönungszugfall, bei der Preisbemessg berücksichtigt worden ist (s BGH **LM** (Bb) Nr 83). Die Rspr stimmt hiermit im Ergebn weitgehd überein, wenn auch einz Entsch in der Bejahg von Rechten aus § 242 recht weit gehen. Wegfall der GeschGrdl ist angenommen worden: bei Kauf von Fertighäusern, wenn BauGen versagt w (BGH JZ **66**, 409); bei Tod des Käufers, wenn Vertr ausschl auf seine Pers abgestellt war (Ffm MDR **74**, 401); bei Kauf von Gaststätteninventar, wenn der vom Verkäufer vermittelte PachtVertr den Käufers nicht dchgeführt w (BGH **LM** (Bb) Nr 54); bei Waren, für die nur ein best Abnehmer in Betr kommt, wenn WeiterVerk ohne Versch des Käufers unmögl w (BGH **LM** (Bb) Nr 12, „Bohrhämmerfall"); bei Kauf eines Grdst zu VorzugsPr, wenn die geplante dem Verkäufer förderl Verwendg nicht dchgeführt w kann (BGH NJW **75**, 776); bei einem Vertr über die Lieferg von Bier in den Iran, für das der Käufer wg der islam Revolution keine Abnehmer mehr hat (BGH NJW **84**, 1746); bei Saalmiete für Vorstellg, wenn Hauptdarstellerin erkrankt (Brem NJW **53**, 1393, nimmt Unmöglk an, richtig Kraft NJW **53**, 1751); bei Miete eines Bootshauses, wenn Schiffahrt auf dem angrenzden See beschränkt w (BGH WPM **71**, 1303); bei Pacht von Bauland, wenn Pächter das Bauvorhaben aus von ihm nicht zu vertretden Grden nicht dchführen kann (BGH NJW **58**, 785); bei Miete eines Ladens, wenn der Mieter wg Leerstands großer Teile der Passage Verluste macht (Kblz NJW-RR **89**, 401, s aber BGH NJW

81, 2405). Beim Kauf von **Bauerwartungsland** trägt grdsl der Käufer das Risiko der Bebaubark (BGH **74**, 374, Betr **80**, 83), bei ErbbRVertr der ErbbRBerecht (BGH **101**, 152). And ist es nur, wenn sich aus dem GesInh des Vertr od den Erörtergen bei VertrSchl ergibt, daß insow der Verkäufer risikobelastet sein soll (BGH aaO u **LM** (Bb) Nr 83, WPM **81**, 14, BVerwG DNotZ **80**, 413).

c) Große Geschäftsgrundlage. Grundlegde Verändergen der polit, wirtschaftl od sozialen Verhältn, wie Krieg, kriegsähnl Verhältn, Revolution od Naturkatastrophen sind nach den unter a) u b) dargestellten Grds zu behandeln, soweit sie das Äquivalenzverhältn od die vom Gläub geplante Verwendg stören. Im übrigen gibt allg wirtschaftl Not dem Schu nicht das Recht, sich auf den Wegfall der GeschGrdl zu berufen, auch wenn der Schu von ihr bes betroffen ist. Die Regelg muß insow dem GesGeber überlassen bleiben, der dafür das – zZ allerd prakt bedeutgslose – Institut der VertrHilfe geschaffen hat (Anm 7). Vermögensverlust dch Krieg, Vertreibg, Demontage, Währgsverfall entschädiggslose Enteigng od ähnl Ereign geben dem Schu daher keine Rechte aus § 242 (OGH **1**, 394, BGH **7**, 360). § 242 führt auch denn nicht zur Herabsetzg der Schu, wenn es sich um eine hyp gesicherte Fdg handelt u das Grdst zerstört od entschädiggslos enteignet w (BGH **7**, 360, MDR **58**, 86, 88).

d) Gemeinschaftlicher Irrtum (subj GeschGrdl). – **aa)** Haben sich die Part bei VertrSchl über einen für ihre Willensbildg wesentl Umstand gemeins geirrt, sind nicht die §§ 119f, sond die Grds über das Fehlen der GeschGrdl anwendb (RG **122**, 203, BGH **25**, 392, NJW **72**, 153, **76**, 566). Das gilt auch iF des beidersR Irrt (BGH **25**, 393). – **Fälle:** gemeins KalkulationsIrrt (§ 119 Anm 5f), gemeins Irrt über den Umrechnungskurs (RG **105**, 406, sog Rubelfall, vom RG mit ErklIrrt gelöst), über das UmsteltsVerh (BGH **25**, 393), über die Höhe von übernommenen Aufwendgen (BGH WPM **76**, 1352), über den VerkWert eines verkauften Grdst (BGH NJW **72**, 153), über die wirkl Größe eines mit einer „ca"-Größenangabe verkauften Grdst (Düss OLGZ **78**, 250 – Frage des Einzelfalls), über den wirkl Grenzverlauf bei einem GrenzfeststellgsVertr (BGH **LM** (Bd) Nr 24), über die öffr Voraussetzgen für die Bebauung des verkauften TGrdst (BGH NJW **78**, 695), über den Anschaffungspreis der verkauften Sache (BGH WPM **69**, 498), über die Angemessenh des anerkannten Honorars (BGH **46**, 273), über den Wert der VermGgst, auf die sich der AuseinandSVertr bezieht (RG **131**, 94, **122**, 203), über den Fortbestand der Spielberechtigg des transferierten Fußballspielers (BGH NJW **76**, 566; krit Dörner JuS **77**, 226), über die RFolgen einer VertrÄnderg (BGH **LM** HGB 339 Nr 2), über die RNatur des geschlossenen Vertr – ArbVertr statt GesellschVertr – (BAG NJW **87**, 918), über die Widerruflk eines Test (BGH **62**, 24), über den Umfang des FdgsÜbergangs (BGH VersR **68**, 401), über die Wirksamk der dem Vertr zugrde liegden RNorm etwa der PrAngabenVO (Mü BB **84**, 629, Köln WRP **84**, 433, LG Bln NJW **84**, 1564, Sommerlad NJW **84**, 1495), über die Dauer des EntschZeitraums (BGH Warn **65** Nr 111), über die dch den Vertr begründete Haftg gem § 419 (BGH **70**, 51), über das Nichteingreifen des VorkaufsR eines Dr (BGH NJW **87**, 892, krit Tiedtke ebda 874). Auch der gemeins Irrt über **steuerliche Folgen** eines Gesch führt zur Anwendg der Grds über das Fehlen der GeschGrdl u damit uU zur Anpassg (BGH Betr **76**, 234, KG BB **82**, 944, Kapp BB **79**, 1207). Voraussetzg ist, daß der GeschWille der Part auf einem gemeins Irrt über die steuerl Behandlg aufbaut (oben B c bb). Dabei kann für die Beurteilg von Bedeutg sein, wie eingehd die Part die steuerl Folgen erörtert h (s BGH NJW **51**, 517). Vielf handelt es sich um bloß einseit Erwartgen einer Part, die unerhebl sind (BGH NJW **67**, 1082, Betr **78**, 786, NJW-RR **86**, 708).

bb) Ggst des gemeins Irrt kann auch der **Eintritt oder Nichteintritt eines zukünftigen Ereignisses** sein, sofern dieser Umst von beiden Part zur Grdl ihres GeschWillens gemacht worden ist (oben B a). Das ist idR nicht anzunehmen, wenn es sich um Umst aus dem Risikobereich einer Part handelt (oben B e bb). Scheitern der in Aussicht genommenen Finanzierg stellt daher idR keinen Wegfall der GeschGrdl dar (BGH NJW **83**, 1490). Dagg kann § 242 anwendb sein, wenn ein gleichzeit abgeschl formungült Vertr entgg den Erwartgen der Part nicht dchgeführt w (BGH WPM **71**, 276), wenn die zugesagte Vfg vTw nicht getroffen od wieder aufgeh w (BGH NJW **77**, 950), wenn das gekaufte Bauerwartgsland nicht bebat w kann (BGH **LM** (Bb) Nr 83, oben c cc), wenn die einem Vertr als feststehd zGrde gelegte gesetzl Vorschr od Rspr sich ändert (BGH NJW **58**, 362, **89**, 232), wenn im Vergl wg eines ausländ Verbots nicht dchgeführt w kann (BGH NJW **84**, 1747). IdR ist aber anzunehmen, daß der Bestand einer Vereinbg von der Richtigk der zGrde liegenden RAns unabhäng sein soll (BGH VersR **75**, 375).

cc) Aus dem Willen der Part kann sich ergeben, daß die Wirksamk u Dchführbark eines and Vertr GeschGrdl für den abgeschl Vertr sein soll (BGH NJW **82**, 106). Die beiden Vertr bilden in diesem Fall eine **Vertragsverbindung** eig Art (Einf 5 v § 305).

D) Weitere Einzelfälle. Die Rspr zur GeschGrdl wird überwiegd bereits in der systemat Kommentierg nachgewiesen; s daher zunächst oben A–C. – **a) Abfindungsvereinbarungen** über SchadErsAnspr sind gem § 242 anzupassen, wenn beide Part von irrigen Vorstellgen über den SchadUmfang ausgegangen sind (BGH **LM** § 779 Nr 24). Fehleinschätzgen der künft Entwicklg gehören dagg grdsl zu den von den Part übernommenen Risiken (BGH NJW **84**, 115). Rechte aus § 242 entfallen auch dann, wenn sich die AbfindgsVereinbg auch auf unbekannte Schäden bezieht; hierauf kann sich der Schädiger aber nicht berufen, wenn sich wg unvorhersehb Folgen ein so krasses MißVerhältn zw Abfindgssumme u Schaden ergibt, daß das Festhalten am Vertr gg Treu u Glauben verstößt (BGH VersR **61**, 382, **66**, 243, **67**, 804, Köln NJW-RR **88**, 924). Abfindg von UnterhAnspr s oben A. – **Altenteilsleistungen** können bei erhebl Veränderg der allg wirtschaftl od pers Verh der Beteiligten abgeändert w (BGH **25**, 298, oben C a aa (3)). Bei jeder Änderg ist auf die Leistgsfähigk des Hofes Rücksicht zu nehmen; doch kann sich der Übernehmer nicht auf einen von ihm verschuldeten Einkommensrückgang berufen (Celle RdL **58**, 183). Bei schweren Störgen des persönl Verh können Natural- u Dienstleistgen in Geldleistgen umgewandelt w (BGH Betr **81**, 1615, Düss NJW-RR **88**, 326, LG Duisbg NJW-RR **87**, 1349, LG Göttingen NJW-RR **88**, 327). Das gilt entspr für ähnl VersorggsAbreden (BGH aaO). Soweit Sonderregelgen bestehen, gehen diese vor; vgl insb ReichsG über die anderweit Festsetzg von Geldbezügen aus Altenteilsverträgen vom 18. 8. 23, RGBl 815 (noch in Kraft BGH **25**, 296) u die in EGBGB 96 Anm 2 angeführten LandesG. – **Arbeitsrecht.** Wissen beide Part bei VertrSchl nicht, daß ArbN schwanger ist, kann sich ArbG nicht auf Fehlen der GeschGrdl berufen, da das

Festhalten am Vertr nach den Wertgen des MuSchG zumutb ist (LAG Saarbr NJW **66**, 2137). Kein Wegfall der GeschGrdl für Vereinbg über KarenzEntsch, wenn für ArbN nachträgl WettbewMöglichk entfällt (BAG NJW **69**, 677), für Vereinbg über KündAbfindg, wenn ArbN vor dem vereinb Ausscheidenstermin stirbt (BAG Betr **70**, 259), für AkkordVereinbg bei Einsatz arbsparder Maschinen (LAG Hamm Betr **70**, 113), für Leistgszulage, wenn Leistg nachläßt (BAG Betr **76**, 2404). Haben die Part den Vertr irrtüml für einen GesellschVertr gehalten, kann der ArbG für die von ihm nachzuentrichtdn SozVersBeiträge nachträgl keinen (hälft) Ers vom ArbN verlangen (BAG Betr **88**, 1550). Erhält der Ruheständler wg Änderg der Steuern u SozVersBeiträge eine GesVersorgg in Höhe von 115% der letzten Nettobezüge, kann eine Anpassg geboten sein (BAG Betr **88**, 1231), auch eine existenzbedrohde wirtschaftl Notlage kann Kürzgen rechtfertigen (BGH Betr **88**, 2311). Die Grds über Fehlen u Wegfall der GeschGrdlage sind auch auf BetrVereinbgen anwendb (BAG Betr **64**, 1342), nicht aber auf den normativen Teil des TarifVertr (BAG Betr **77**, 679, **85**, 130).

b) Bürgschaft: Die Erwartg des Bü, der BürgschFall w nicht eintreten, da der HauptSchu leistgswillig u -fähig sei u bleiben w, ist nicht GeschGrdl, weil die Zahlgsfähigk des HauptSchu allein zur Risikosphäre des Bü gehört (BGH **104**, 242, NJW **83**, 1850, **88**, 2174, 3206, stRspr, Geißler NJW **88**, 3184). Umst auf des BürgschRisikos können nach allg Grds GeschGrdl sein (BGH NJW **66**, 449), so die Erwartg, der Gläub werde gg den HauptSchu keine StrafAnz erstatten (BGH WPM **73**, 36), eine geplante Sanierg werde in Angriff genommen (BGH WPM **73**, 752), ein ÜbernVertr werde dchgeführt (BGH Betr **74**, 2244), das ArbVerh zw Bü u HauptSchu werde weiterbestehen (KG BB **85**, 2177), vorausgesetzt jedoch, die Erwartg ist wirkl Grdl des geschäftl GeschWillens geworden (BGH NJW-RR **89**, 753, oben B c bb). Hat sich ein Eheg für den and verbürgt, ist der Bestand der Ehe ggü dem Gläub iZw nicht GeschGrdl der Bürgsch (BGH NJW **87**, 1629). Der bürgde Eheg erwirbt aber gg den and einen Freihltsgs Anspr (BGH FamRZ **89**, 835). – **Darlehen.** Der DarlNeh trägt das Verwendgsrisiko (oben C b bb). Er kann sich nicht darauf berufen, daß er das Darl nicht (mehr) benötigt, aber auch nicht darauf, daß er den mit der DarlValuta angeschafften Ggst unverschuldet verloren hat, ohne einen ErsAnspr zu erlangen (BGH **15**, 34, Betr **72**, 620, oben C c; Ausn: Einwendgsbegriff). Ein Darl kann vorzeit kündb sein, wenn ein korrespondierdes RVerhältn vorzeit beendet w, so das Darl an den Schwiegersohn bei Scheidg der Ehe (BGH FamRZ **73**, 252, Düss NJW **89**, 908, aA Karlsr NJW **89**, 2137), das Darl an den GmbH-GeschFü bei Beendigg des AnstellgsVerhältn (BGH WPM **69**, 335), das Darl an ArbN, wenn dieser Unterschlaggen begeht (Brschw OLGZ **65**, 139), aber nicht bei sonst Beendigg des ArbVertr (LAG BaWü BB **69**, 1268). – **Dauerschuldverhältnisse** oben B c ee. – **Erbbauzins** oben C a aa. – **Erfüllter Vertrag:** oben B f dd.

c) Familienrecht: Unentgeltl Zuwendgen zwischen Eheg kann ein SchenkgsVertr zGrde liegen (§ 1372 Anm 1 b aa). IdR handelt es sich aber um sog unbenannte Zuwendgen (Ausgl für die familiäre Mitarbeit), deren RGrd ein bes famrechtl Vertr ist (BGH **84**, 364, NJW-RR **88**, 964, stRspr). ZuwendgsGgst sind typw MitEigentumsAnteile od Sachen od die Finanzierg ihres Erwerbs, es können aber auch Dienstleistgen sein (BGH **84**, 364). GeschGrdl für die Zuwendg ist idR der Bestand der Ehe (BGH aaO, die fr erwogene Lösg über § 812 I S 2 ist überholt). Der iF der Scheidg notw Ausgl findet aber für die im gesetzl Güterstand lebdn Eheg im Rahmen des ZugewinnAusgl statt (BGH **65**, 322, **68**, 299, Hamm FamRZ **88**, 620). Rechte aus § 242 bestehen grdsl auch dann nicht, wenn der Zuwendgsempfänger mehr erhalten hat, als ihm nach dem Grds des ZugewinnAusgl zusteht (BGH **82**, 232) od wenn der Ausgl am fehlden Zugewinn des Zuwendgs-empfängers scheitert (Reinicke/Tiedtke WPM **82**, 946, DNotZ **83**, 164). Ausnw kann ein Eheg aber nach Treu u Glauben berecht sein, bei Übertragg eines Ggst zu AlleinEigtum zu beanspruchen, jedoch idR nur gg eine angem AusglZahlg (BGH **68**, 299, **82**, 229). Bei **Gütertrennung** ist zu unterscheiden. RückFdgsAnspr sind ausgeschlossen, soweit die Zuwendg eine angem Beteiligg an dem gemeins Erarbeiteten darstellt (BGH NJW **72**, 580, **89**, 1988) od als Ggleist für die Zustimmg zur Gütertrenng aufzufassen ist (Ffm FamRZ **81**, 778, Stgt NJW-RR **88**, 134). Bei Zuwendgen außerh dieses Rahmens kommen dagg AusglAnspr in Betracht, vor allem bei Zuwendg eines Grdst, finanzielle Unterstützg od Mitarbeit beim Hausbau (BGH **84**, 368, DNotZ **87**, 317, NJW-RR **88**, 964, 965) u bei Zuwendgen für den Aufbau einer eig berufl Existenz (BGH NJW **74**, 2045). Auch für Zuwendgen, an denen die **Schwiegereltern** aktiv od passiv beteiligt sind, kann der Bestand der Ehe GeschGrdl sein. Anspr gg den Schwiegervater auf Ausbau einer Wohng in seinem Haus kommen aber erst nach vollständ Räumg in Betracht (BGH NJW **85**, 314). Dch die Trenng entfällt auch die GeschGrdl für die dem Eheg eingeräumte Befugn, über das Bankkonto des and zu verfügen (BGH NJW **88**, 1209, NJW-RR **89**, 834). Auf Einiggen über die **elterliche Sorge** finden die Grds über die GeschGrdl Anwendg (Köln FamRZ **64**, 524, Karlsr OLGZ **65**, 258, FamRZ **88**, 266). Es ist aber idR kein Wegfall der GeschGrdl, wenn die mit der Einigg gem § 1671 od einem UnterhVergl zugl vereinbarte Regelg des UmgangsR nicht dchgeführt wird (BayObLG **66**, 70, Stgt NJW **81**, 1743). AusglAnspr zw Partn einer **eheähnlichen Lebensgemeinschaft** s Einf 8 v § 1353.

d) Gesellschaftsrecht: Fällt bei einer OHG od KG die GeschGrdl für den Eintritt eines Gters weg, kommt eine Ausschl- od Aufhebgskl in Betracht (BGH **10**, 51, NJW **67**, 1082), uU ist aber auch die Aufrechterhaltg des Vertr unter Anpassg an die veränderten Umst mögl (BGH NJW **74**, 1657: Änderg der Nachfolgeregelg nach Scheidg). Sind die Gter bei der AuseinandS von einer unricht Bewertg ausgegangen, kann dem Benachteiligten ein AusglAnspr zustehen (RG **131**, 94). Bei irrigen Vorstellgen über die Folgen einer VertrÄndg kann eine Anpassg an das wirkl Gewollte geboten sein (BGH **LM** HGB 339 Nr 2), bei der irrtüml Beurteilg einer RFrage (Widerruflichk eines Test) die Anpassg an die wirkl RLage (BGH **62**, 24). – **Hofübergabevertrag.** Beruht der Vertr auf der Erwartg, der Hof werde im FamBesitz bleiben, kann der Übergeber bei Weiterveräußerg an einen Fremden eine Erhöhg der GgLeistg fordern (BGH **40**, 334). Wegfall der GeschGrdl ist es auch, wenn ein Bruder dem and den Hof in der Erwartg übertragen hat, er werde eine and LebensGrdl finden u sich diese Erwartg wg völliger Veränderg der Verhältn nicht erfüllt (BGH NJW **53**, 1585). – **Kaufvertrag:** Vorrang der Sachmängelhaftg oben B c cc. Störg des Äquivalenz-verhältn dch Sinken der Kaufkraft od Entwertg der Kaufsache oben C a. Verwendgsrisiko des Käufers oben C b. Mängel der subj GeschGrdl, insb irrige Vorstellgen über die Preisbemessg oder steuerl Folgen oben C d. Beim Verkauf zur Abwendg der Enteigng kann der Käufer bei Wegfall der Enteigngsvoraussetzgen uU

Inhalt der Schuldverhältnisse. 1. Titel: Verpflichtung zur Leistung §§ **242, 243**

Rückgewähr der Kaufsache verlangen, sei es nach § 157 (BGH **84**, 7), nach § 242 (BFH Betr **56**, 734) od nach § 812 I 2 (RG **132**, 241, BayObLG **73**, 173). Nehmen die Part irrtüml an, ein bestehdes Leistgshindern können in Kürze behoben w, ist § 242 u nicht § 306 anzuwenden (BGH **47**, 48). – **Konzessionsvertrag** zw Gem u VersorggsUntern s BGH WPM **74**, 161. – **Leasingvertrag.** Tritt der LeasG seine kaufvertragl GewLAnspr an den LeasN ab, wird der KaufVertr GeschGrdl für den LeasVertr. Wird der KaufVertr gewandelt, entfällt die ZahlgsPfl des LeasN ggü dem LeasG (BGH **68**, 118, **81**, 306, **94**, 48, Einf 4 f dd v § 535, zur Rückabwicklg s Schröder JZ **89**, 717). Währd der Dauer des WandlgsProz besteht keine vorl ZahlgsPfl (BGH **97**, 141). Auch wenn die Sache zeitweilig benutzb war, fällt die ZahlgsPfl von Anfang an weg (BGH NJW **85**, 796). – **Makler.** Besteht seine Prov in dem Teil des KaufPr, der einen MindestBetrag übersteigt, kann bei einem unerwartet günst Verkauf eine Herabsetzg in Frage kommen (Düss MDR **68**, 494). – **Miete und Pacht:** Vorrang des GewLR oben B c cc. Störg des Äquivalenzverhältn oben C a. Verwendgsrisiko des Mieters oben C b. Mangel der subj GeschGrdl oben C d. Nehmen die Part irrig an, der Vertrag mit dem Vorpächter bestehe nicht mehr, kann die GeschGrdl des neuen Vertr fehlen (BGH **LM** (Bb) Nr 20).

e) **Öffentlich-rechtliche Verträge:** oben B b aa. – **Patent:** Der Käufer einer ungeschützten Erfindg hat idR keine Rechte aus § 242, wenn die Patentanmeldg unterbleibt w (BGH **83**, 288). Entspr gilt, wenn sich eine Diensterfindg des ArbN als nicht schutzfäh erweist (BGH **102**, 35). Bei Vertr über den Erwerb od Auswertg eines Patents besteht dagg idR ein LösgsR, wenn das SchutzR ganz od teilw vernichtet w (BGH NJW **57**, 1317); auch wenn die wirtschaftl Verwertbark des Rechts kann GeschGrdl sein (BGH **52**, 60, NJW **78**, 320). – **Schenkung.** §§ 528, 530, 1301 gehen als SonderVorschr den Grds der GeschGrdl vor (BGH NJW **53**, 1585, Karlsr NJW **89**, 2136). Nicht unter diese Vorschr fallde Erwartgen u Vorstellgen können dagg GeschGrdl sein (BGH NJW **53**, 1585, **72**, 248, **LM** § 133 (A) Nr 11, Dürr NJW **66**, 1660), so auch ein gemeins Irrt über die steuerl Folgen der Schenkg (Kapp BB **79**, 1207). Zuwendgen zw Eheg sind iZw keine Schenkg, sond ehebedingt sog unbenannte Zuwendgen (oben c). – **Unterhaltsverträge** oben A. – **Vergleich.** Ergänzd zu der Sonderregelg des § 779 gelten die allg Grds der GeschGrdl (BGH NJW **59**, 2110, **84**, 1746). Sie sind anzuwenden: wenn beide Part von falschen tats oder rechtl Voraussetzgen ausgegangen sind, der gemeins Irrt sich aber nicht auf streitausschließde Umst bezogen hat (BGH JZ **62**, 361, VersR **63**, 1219, **LM** § 779 Nr 2, 24); wenn die dem Vergl als feststehd zugrde liegde Rspr geändert w (BGH **58**, 362); wenn die Part den Eintritt eines best zukünft Ereign irrtüml als sicher angesehen haben (BGH NJW-RR **86**, 946). Beim ProzVergl kann Fehlen u Wegfall der GeschGrdl nur in einem neuen RStreit geltd gemacht w (§ 779 Anm 9b). AbfindsgsVergl s oben a. – **Versicherungsvertrag** oben a.: RG **171**, 185, OGH **4**, 96, Nürnbg VersR **80**, 1137. – **Vertragsstrafe.** Die von einem Kaufm versprochene Strafe kann trotz HGB 348 bei unricht Vorstellgen der Part über den Wert des VertrGgst herabgesetzt w (BGH NJW **54**, 998). Für die dch ein StrafVerspr gesicherte **wettbewerbsrechtliche** UnterlVerpfl entfällt die GeschGrdl *ex nunc*, wenn der BGH die beanstandete Werbg für zul erklärt (BGH NJW **83**, 2143). Entspr gilt, wenn die VO, deren Einhalt gesichert w soll, für unwirks erklärt w (oben C d aa).

7) Vertragshilfe. Die dch SchuldVerh begründeten LeistgsPflten können in Krieg u sonst Notzeiten für den Schu zu einer existenzvernichtenden Härte w. Die hieraus entstehdn Probleme lassen sich mit den überkommenen schuldrechtl Regelgen nicht angem lösen, wenn auch die Rspr versucht h, sie mit den Grds des Wegfalls der GeschGrdl (Anm 6 C c) oder der wirtschaftl Unmöglichk (§ 275 Anm 1e) zu bewältigen. Der GesGeber hat daher das Institut der Vertragshilfe geschaffen, das den Ri in best Fällen ermächtigt, das SchuldVerh rechtsgestaltd zu ändern u an die Leistgsfähigk des Schu anzupassen. Maßgebd ist insow das VertragshilfeG vom 26. 3. 52, das jedoch die VertrHilfe auf die vor dem 21. 6. 1948 begründeten Verbindlichk beschr. Es spielt daher in der Praxis keine Rolle mehr (vgl aber BGH WPM **77**, 730). VertrHilfe kann außerdem in Anspr genommen w nach BVFG 82 ff, HeimkG 26a, HäftlingshilfeG 9, FlüchtlingshilfeG (BGBl 1965 I S 612) 20 III. Auch diese Vorschr sind aber prakt ohne Bedeutg.

8) Aufwertung. a) Nach dem vollst Verfall der Mark-Währg zu Anfang der zwanziger Jahre (bei Stabilisierg der Währg entsprach 1 Goldmark = 1 Billion Papiermark) hat sich das RG für berecht gehalten, den Grds Mark = Mark zu dchbrechen (grdlegd RG **107**, 78). Die Zahlg in entwertetem Geld wurde lediglich als TeilErf behandelt, die Fdg aufgewertet u der Schu zu nochmaliger Zahlg verpflichtet. Die Höhe der Aufwertg wurde unter Berücksichtig eines sog Verarmgsfaktors nach den Umst des Einzelfalles best (RG **110**, 40). Diese sog freie Aufwertg entfiel, soweit die ab 1925 wirks werdde Aufwertgsgesetzgebg anwendb war (abgedruckt bei Mügel, Das ges AufwertgsR). – **b)** Die AufwertgsRspr hat heute nur noch rgeschichtl Bedeutg. In derart tiefgreifder Währgsverfall wie der zur Zeit der Jahre 1920–1923 hat sich nicht wiederholt. Die Geldentwertg des französ Franc (RG **120**, 76), des amerikan Dollars (RG **147**, 380, **154**, 192, **163**, 333) u des engl Pfundes (RG **145**, 55) haben der Rspr mit Recht keinen Anlaß gegeben, die dtschem Recht unterstehdn Fdgen aufzuwerten. Auch währd des Währgsverfalls nach dem 2. Weltkrieg hat die Rspr den Grds Mark = Mark voll angewendet. Sie war hierzu dch das ErgG zu MRG 51 allerd auch ausdr verpflichtet w (BGH **5**, 16). Auf die ggwärt Situation einer langsam fortschreitden weltweiten Geldentwertg sind die Grds der AufwertgsRspr keinesfalls anwendbar (oben 6 C aa).

243 *Gattungsschuld.*
[I] Wer eine nur der Gattung nach bestimmte Sache schuldet, hat eine Sache von mittlerer Art und Güte zu leisten.
[II] Hat der Schuldner das zur Leistung einer solchen Sache seinerseits Erforderliche getan, so beschränkt sich das Schuldverhältnis auf diese Sache.

1) Allgemeines. a) Die Gattgsschuld gehört zu den SchuldVerh mit unbest, aber bestimmb LeistgsGgst. Währd dieser bei der Stückschuld (Speziesschuld) individuell festgelegt ist, ist er bei der Gattgsschuld nur nach generellen Merkmalen best. § 243 enthält für die Gattgsschuld lediglich eine Teilregelg. Ergänzd gelten §§ 279, 300 II, 480, 524 II, 2155, 2182, HGB 360, 373 ff. § 243 betrifft seinem Wortlaut nach nur Sachleistgsschulden; er ist aber auf Dienst- u WkLeistgen, Gebrauchsüberlassgen (Bestellg eines Hotelzimmers; LeasingVertr, BGH NJW 82, 873) u die Verschaffg von Rechten (Abtretg von KundenFdgen) entspr anzuwenden. – **b)** Eine **Gattung** bilden alle Ggst, die dch gemeinschaftl Merkmale (Typ, Sorte, uU auch Preis) gekennzeichnet sind u sich dadch von Ggst and Art abheben. Mögl ist auch, daß die Part Qualitätsmerkmale zu Gattgsmerkmalen machen (RG 86, 92, Seibert MDR 83, 177). Über die Abgrenzg entscheidet der PartWille (BGH NJW 86, 659, Mü OLGZ 73, 455); die Part können dch Festlegg von best Eigensch die Gattg eng begrenzen (BGH NJW 89, 219). Ergeben sich aus dem PartWillen keine bes Anhaltspkte, ist die VerkAnschauung BeurteilgsGrdl (BGH NJW 84, 1955). IdR ist die Gattgsschuld auf Leistg vertretb Sachen (§ 91) gerichtet. Das ist aber nicht notw so, da für § 91 ein obj Maßstab (die VerkAnschauung), für § 243 aber ein subj gilt. Eine Speziesschuld kann eine vertretb Sache zum Ggst haben (etwa ein best Neuwagen), eine Gattgsschuld eine nicht vertretb Sache (etwa ein BauGrdst in der Gemeinde X). Keine Gattgsschuld, sond eine Schuld eig Art ist die Geldschuld (§ 245 Anm 2 a). Zur Abgrenzg von der Wahlschuld s bei § 262. Verkauf der Ernte begründet eine Stückschuld, ebso der Verkauf der „nächsten aus Grube X zu fördernden Erze" (RG 92, 371). Beim Verkauf rollder Ware kann je nach VertrInh eine Gattgs- od Stückschuld vorliegen (Mü NJW 57, 1801). – **c)** Die Gattgsschuld begründet für den Schu grdsl eine **Beschaffungspflicht**. Er wird von seiner LeistgsPfl nur frei, wenn die ges Gattg untergeht, Sachen der betreffden Art also am Markt nicht mehr erhältl sind (§ 279, sog marktbezogene Gattgsschuld). Besonderes gilt für die sog **beschränkte** Gattgsschuld **(Vorratsschuld)**, bei der nach dem Inh des abgeschlossenen Vertr aus einem best Vorrat zu leisten hat. Bei unverschuldetem Untergang des ges Vorrats w der Schu frei (§ 275); bei teilw Untergang des Vorrats ist er berecht, die Fdgen seiner Gläub anteil zu kürzen (RG 84, 125, aA Wolf JuS 62, 103). Eine beschr Gattgsschuld ist iZw anzunehmen, wenn ein Selbsthersteller Erzeugn seiner eig Produktion zu liefern verspricht. Dabei können die beiderseit Interessen auch so liegen, daß der Schu nach Einstellg seiner Produktion mit Waren and Herstellg erf will, der Gläub das aber als nicht vertragsgem ablehnt (Mü OLGZ 73, 454). Bsp für Vorratsschulden: Kohlen aus einer best Zeche (Karlsr JZ 72, 72); Wertpapiere aus einem best Bestand (s Ziganke WPM 61, 234); Holz von einem best Lagerplatz (RG 108, 420), landwirtschaftl Produkte eines best Hofes (RG 84, 126), Bier einer best Brauerei (Mü OLGZ 73, 454), Waren aus einer best Schiffsladg (BGH WPM 73, 364).

2) Der **Schuldner bestimmt** den LeistgsGgst, ist jedoch in der Bestimmg nicht frei. Er hat Sachen **mittlerer Art und Güte** zu leisten (I, s auch HGB 360), doch kann sich aus dem VertrInh, etwa der Höhe des Preises, etwas and ergeben. Bei einer Schlecht- od aliud-Lieferg kann der Gläub die Einrede des nichterf Vertr erheben u die Sache zurückweisen. Er kann sie aber auch annehmen u die Rechte aus §§ 480, 459 ff geldd machen (BGH NJW 67, 33). Weist der Gläub (Käufer) die Leistg zurück, muß der Schu (Verkäufer) die MängelFreih beweisen (s RG 95, 119). Nimmt der Gläub die Leistg als Erf an, kehrt sich die BewLast gem § 363 um.

3) Konkretisierung (s Huber FS Ballerstedt, 1975, 328 ff). **a) Voraussetzungen**. Der Schu muß das zur Leistg seinerseits Erforderl getan haben (II). Mindestvoraussetzg ist daher, daß der Schu eine den Erfordern des Vertr entspr Sache ausgewählt u ausgesondert hat. Was weiterhin erforderl ist, ist je nach Art der Schuld (§ 269 Anm 3) verschieden: **aa)** Bei **Bringschulden** muß die Sache dem Gläub an seinem Wohns in einer AnnVerzug begründen Weise tatsächl angeboten w. – **bb)** Bei **Schickschulden** genügt die Übergabe der Sache an die Transportperson (RG 57, 141, BGH BB 65, 349). – **cc)** Bei **Holschulden** u and Fällen des § 295 genügt die Ausscheidg u das wörtl Angebot zur Leistg u zwar auch dann, wenn der Gläub wg § 299 nicht in AnnVerzug kommt (MüKo/Emmerich Rdn 28, str, aA Huber aaO), jedoch muß dem Gläub eine angem Fr zur Abholg zugebilligt w (Soergel-Teichmann Rdn 10). – **dd) Entspricht** die ausgewählte u angebotene Sache **nicht** dem Vertr, tritt keine Konzentration auf die angebotene Sache ein. Etwas and gilt nur dann, wenn der Gläub die mangelh Sache annimmt (BGH NJW 67, 33, 82, 873, Seibert MDR 83, 178). – **b) Rechtsfolgen**. Mit der Konkretisierg wird die Gattgsschuld zur Stückschuld. Die **Leistungsgefahr** geht daher auf den Gläub über (§ 275). Auch wenn der Schu noch nicht alles seinerseits Erforderl getan hat, wird er gem § 300 II von der Leistgefahr frei, sobald der Gläub in Annahmeverzug kommt (§ 300 Anm 3). Für die Gegenleistgsgefahr gelten §§ 323, 324 II, 447. Die Konkretisierg bindet auch den Schu. Er hat nicht mehr das Recht, die zur Leistg best Sache auszuwechseln (BGH NJW 82, 873, van Venrooy WPM 81, 890). Er kann aber mit and Ggst erfüllen, wenn der Gläub die angebotene Sache zurückgewiesen (RG 91, 113, Brem MDR 58, 919) od die ErsLieferg als Erf angenommen hat (BGH BB 65, 349).

244 *Geldschuld.* [I] Ist eine in ausländischer Währung ausgedrückte Geldschuld im Inlande zu zahlen, so kann die Zahlung in *Reichswährung* erfolgen, es sei denn, daß Zahlung in ausländischer Währung ausdrücklich bedungen ist.

[II] Die Umrechnung erfolgt nach dem Kurswerte, der zur Zeit der Zahlung für den Zahlungsort maßgebend ist.

245 *Geldsortenschuld.* Ist eine Geldschuld in einer bestimmten Münzsorte zu zahlen, die sich zur Zeit der Zahlung nicht mehr im Umlaufe befindet, so ist die Zahlung so zu leisten, wie wenn die Münzsorte nicht bestimmt wäre.

*§ 3 WährG. *Geldschulden dürfen nur mit Genehmigung der für die Erteilung von Devisengenehmigungen zuständigen Stelle in einer anderen Währung als Deutscher Mark eingegangen werden. Das gleiche gilt für Geldschulden, deren Betrag in Deutscher Mark durch den Kurs einer solchen anderen Währung oder durch den Preis oder eine Menge von Feingold oder von anderen Gütern oder Leistungen bestimmt werden soll.*

Inhalt der Schuldverhältnisse. 1. Titel: Verpflichtung zur Leistung § 245 1, 2

*§ 49 AWG. (1) *§ 3 Satz 1 des Währungsgesetzes findet auf Rechtsgeschäfte zwischen Gebietsansässigen und Gebietsfremden keine Anwendung.*
(2) *Für die Erteilung von Genehmigungen nach § 3 des Währungsgesetzes ist die Deutsche Bundesbank zuständig.*

1) Allgemeines. – a) Bedeutung der §§ 244, 245. Die im RVerk am häufigsten vorkommde Geldschuld ist im BGB nicht umfassd geregelt. Die §§ 244, 245 betreffen ausschließl Sonderformen der Geldschuld, die Fremdwährungsschuld (Anm 3) u die Geldsortenschuld (Anm 2b). Weitere Vorschr enthalten §§ 251, 253, 270, 288, 607, 783, ZPO 803ff, KO 69, WährG 3 (Anm 4). Die Begriffe Geld u Geldschuld werden nirgends definiert, sondern vorausgesetzt. – **b) Geld** ist seiner wirtschaftl Funktion nach allg Tauschmittel, Wertmesser (BGH **61**, 391, **65**, 77), RechngsEinh u Wertaufbewahrgsmittel. Rechtl ist zu unterscheiden: **aa) Der institutionelle Geldbegriff** (K. Schmidt, GeldR, A 14f). Geld als Ggst der Geldschuld ist in WährgsEinh ausgedrückte abstrakte Vermögensmacht (K. Schmidt aaO A 15, Larenz § 12 III, Soergel-Teichmann Rdn 2). Objekt der Geldschuld ist nicht ein körperl Ggst, sond ein Quantum Kaufmacht (Anm 2a). – **bb) Der gegenständliche Geldbegriff.** Geld im gegenständl Sinn sind die Geldzeichen (Münzen, Banknoten). Dabei ist zu unterscheiden: Geld ieS sind die gesetzl Zahlgsmittel, die jeder Gläub einer Geldschuld kr Ges annehmen muß. Geld iwS (VerkGeld) sind die im Verk anerkannten Zahlgsmittel, also neben den gesetzl Zahlgsmitteln auch ausl Münzen u Banknoten. Die Vorschr des BGB beziehen sich idR auf das Geld iwS, so in §§ 244, 270, 935. Die ECU ist weder gesetzl Zahlgsmittel noch VerkGeld, sond bloße RechngsEinh (Hafke WPM **87**, 1409). – **c) Währungsrecht** ist der öffrechtl Teil des GeldR. WährgsEinh ist seit der Währgsreform 1948 die „Deutsche Mark" (WährG 1). Gesetzl Zahlgsmittel sind die von der Dtschen Bundesbank ausgegebenen Banknoten (BBankG 14 I) u die vom Bund ausgegebenen Münzen (MünzG 2). Die DM-Währg ist eine reine Papierwährg; Einlösgs- od DeckgsVorschr bestehen nicht. – **d) Wert des Geldes.** Sein **Nennwert** wird dch die staatl Kennzeichn festgelegt; er besteht im Einfachen, Vielfachen od in einem Bruchteil der WährgsEinh. Der **Außenwert** ergibt sich aus dem Verhältn zu ausl Währgen (Valutakurs); dabei können sich aufgrd der teilw festen Wechselkurse Verzerrgen ergeben. Der **Binnenwert** des Geldes entspricht seiner Kaufkraft. – **e) Buchgeld** besteht in einer Fdg gg ein Kreditinstitut, über die der Inh zu Zahlgszwecken jederzeit verfügen kann (K. Schmidt GeldR A 18). Die „bargeldlose" Zahlg mit Buchgeld erfolgt dch Überweisg, Lastschrift od Scheck. Sie ist – sieht man von den typw bar abgewickelten Klein-Gesch ab – die vorherrschde Zahlgsart. Wirtschaftl sind die Barzahlg u die Zahlg mit Buchgeld gleichwert. Hat sich der Gläub ausdr od stillschw mit der Zahlg dch Überweisg einverstanden erklärt, steht diese der Barzahlg auch rechtl gleich (§ 362 Anm 3). Der Streit, ob Buchgeld Geld im RSinn ist (so Larenz § 12 I) od nicht (so K. Schmidt GeldR A 18), ist ein ausschließl terminologischer ohne prakt Relevanz.

2) Geldschuld. – a) Begriff. Die Geldschuld ist eine Wertverschaffgsschuld, keine Sachschuld (s RG **101**, 313); der Schu hat dem Gläub das dch den Nennbetrag der Schu ausgedrückte Quantum an Vermögensmacht zu verschaffen. Das bedeutet zugl, daß die Geldschuld eine **Gattungsschuld** ist (Larenz § 12 II, Esser-Schmidt § 13 II, MüKo/v Maydell Rdn 8, hM, aA BGH **83**, 300). Die Gattgsschuld ist eine Unterart der Sachschuld; Leistgsobjekt der Geldschuld ist dagg keine Sache sond unkörperl Vermögensmacht. Das schließt jedoch nicht aus, daß einzelne der für Gattgsschulden geltenden Vorschr auf die Geldschuld analog anzuwenden sind (unten c). – **b) Abgrenzung.** Keine Geldschuld, sond eine normale Stückschuld ist gegeben, wenn ein best Geldstück („Jubiläumstaler") geschuldet w. Eine normale Gattgsschuld kann vorliegen, wenn der Münzsorte nach best Geldstücke zu leisten sind. Die **Geldsortenschuld,** die seit der Abschaffg der Goldwährg (Goldmünzklausel) kaum noch vorkommt, ist aber gem § 245 iZw eine unechte Geldsortenschuld: Der Schu wird auch bei Wegfall der Münzsorte nicht frei. Die Sortenschuld ist in diesem Fall eine echte Geldschuld mit der Besonderh, daß die Erf, soweit mögl, in einer best Münzsorte zu erfolgen hat. Der auf Heraug best Banknoten od Münzen gerichtete Anspr, etwa aus §§ 985, 667, 696, 818 I bezieht sich auf best Sachen u ist daher keine Geldschuld. Eine Geldschuld liegt dagg vor, wenn Leistgsobjekt eine Geldsumme od ein Geldwert ist; wer ohne RGrd Geld übereignet hat, kann vom Bereicherten den erlangten Geldwert, nicht aber Rückgabe der individuellen Geldzeichen verlangen (K. Schmidt GeldR C 3). – **c) Rechtliche Regelung.** Die auf Sachschulden zugeschnittene Vorschr über Unmöglichk u Unvermögen finden auf die Geldschuld als Wertverschaffgsschuld keine Anwendg (K. Schmidt GeldR C 29, allgM). Daß wirtschaftl Unvermögen den Schu nicht befreit, ist unserer R- u WirtschOrdng immanenter allg RGrds, der vor allem im KonkursR seinen Ausdr findet (§ 279 Anm 1 b cc). Aus ihm ergibt sich zugleich, daß der Sohn seine finanzielle LeistgsFgk zu vertreten hat (Medicus AcP **188**, 501). Von den für Gattgsschulden geltenden Vorschr ist § 300 II auf Geldschulden entspr anwendb (K. Schmidt JuS **84**, 742, Larenz § 25 II b). Eine analoge Anwendg des § 243 scheidet dagg aus: Der Schu hat entgg § 243 I nicht Geldzeichen mittlerer Art u Güte zu leisten, sond ein Quantum Vermögensmacht zu verschaffen; ggü § 243 II hat § 270 den Vorrang (K. Schmidt GeldR Rdn C 10). – **d) Arten.** Nach der Art der geschuldeten Währg ist zw DM-Schulden u Fremdwährgsschulden (Anm 3) zu unterscheiden. Aus der Art, wie die Höhe des geschuldeten Geldbetrages zu bestimmen ist, ergibt sich folgde Unterscheidg: **aa) Geldsummenschuld.** Bei ihr ist die geschuldete Leistg als best Betrag in Währgseinh festgelegt. Für sie gilt der Grds des **Nominalismus** (Nennwertprinzip), der als ungeschriebene RSatz zu den tragdn Grdl unserer R- u WirtschOrdng gehört (BGH **61**, 38, **79**, 194, K. Schmidt GeldR D 33, s auch BVerfG **50**, 57, aA v Maydell, Geldschuld u Geldwert 1974). Ihr Wert wird dch den Nennwert, nicht dch den inneren Wert des Geldes best. Sie erlischt dch Zahlg des Nennbetrages auch dann, wenn sich der innere Wert des Geldes bis zum Ztpkt der Tilgg wesentl geändert hat. Der Gläub trägt daher das Risiko der Geldentwertg. Er kann sich bei Bedarf dch eine Wertsicherungsklausel schützen (Anm 4); ausnw kommt auch eine Anpassg gem § 242 in Betracht (dort Anm 6 C a). – **bb) Geldwertschuld.** Bei ihr wird die Höhe des zu leistdn Betrages dch den jeweiligen Schuldzweck best; eine Festlegg auf einen festen Nennbetrag fehlt (s BGH **28**, 265). Bsp sind: Anspr auf SchadErs, WertErs, AufwendgsErs u Bereicherg, sofern sie nicht von vornherein auf Geld gerichtet sind (RG **114**, 344, **118**, 188, BGH **38**, 358), UnterhAnspr (Ffm DNotZ **69**, 98), bis zum Bewertgsstichtag auch der Anspr auf ZugewinnAusgl u den Pflichtteil (BGH **61**, 391, **65**, 77, and BGH **7**, 138). Für Geldwertschulden gilt, wenn

237

§ 245 2–4   2. Buch. 1. Abschnitt. *Heinrichs*

auch mit Einschränkgen, das Prinzip des **Valorismus;** sie sind bis zu dem Ztpkt, der der Bestimmg der Schuldhöhe zugrde zu legen ist, wertbeständ.

3) Fremdwährungsschuld (§ 244). – a) Allgemeines. Die Fremdwährgsschuld (Valutaschuld) ist eine in ausl Währg ausgedrückte Geldschuld (Maier-Reimer NJW **85**, 2049). Sie setzt voraus, daß die geschuldete Leistg nach dem Inh des SchuldVerh in ausl Währg bezeichnet ist (RG **168**, 245). Abreden nur über die Art der Zahlg genügen nicht. Valutaschulden beruhen idR auf entspr Vereinbgen der Part. Sie können aber auch bei Abwicklg des Vertr entstehen, zB wenn der Beauftragte die von ihm erlangte Valuta gem § 667 herauszugeben hat (BGH WPM **69**, 26). Geldwertschulden (Anm 2 d bb), insbes gesetzl Anspr auf Schadens-, Wert- od AufwendgsErs, lauten nicht von vornherein auf eine best Währg. Sie entstehen, soweit sie sich aus dtschem Recht ergeben, in inländ Währg; der etwa in ausl Währg ermittelte ErsBetrag bildet nur einen Berechnungsfaktor für die in DM festzusetzde Schadenshöhe (BGH **14**, 212, WPM **77**, 479, NJW-RR **89**, 672f, MüKo/v Maydell Rdn 54, aA Alberts NJW **89**, 610). Eine **Genehmigung** für die vertragl Begründg von Valutaschulden ist nur noch erforderl, wenn Gläub u Schu ihren Wohns im Inland haben, WährG 3, AWG 49 (Text s oben); das Fehlen der Gen macht den Vertr schwebd unwirks (Kblz NJW **88**, 2181, 3099). In der Mitteilg Nr 1009/61 v 24. 8. 61 (BAnz 167/61, abgedruckt bei Staud/K. Schmidt Rdn 41) hat die DBB für eine Reihe von Vertr zw Inländern die Eingehg von Valutaschulden generell genehmigt. Da die DDR Währgsausland ist, ist auch die auf **DDR-Währung** lautde Schuld eine Valutaschuld. § 244 ist daher (direkt) anwendb (Staud/K. Schmidt Rdn 79). Einzelh EG 32 Anm 4. – **b) Unechte Valutaschuld. – aa) Begriff.** Die unechte Valutaschuld lautet auf ausl Währg, kann aber vom Schu wahlweise in dtscher od ausl Währg getilgt w, § 244 I. Konstruktiv handelt es sich um eine Ersetzungsbefugn des Schu (RG **101**, 313). Der Gläub ist nicht befugt, seinerseits Zahlg in DM zu verlangen (BGH NJW **80**, 2017). Mögl ist allerdings die ausdr od konkludente Begründg eines WahlR des Gläub, etwa dch Vereinbg einer Wahlschuld mit GläubWahlR (RG **168**, 247) od dch Begründg einer Ersetzbefugn des Gläub (RG **136**, 129, § 262 Anm 3 c c). – **bb) Voraussetzung.** § 244 setzt voraus, daß die Schuld im Inland zu zahlen ist. Entscheid ist, daß für die Schuld ein inländ ErfOrt besteht. § 244 ist auch dann anwendb, wenn der Schu das Geld gem § 270 I ins Ausl zu übermitteln hat. Als einseit Kollisionsnorm gilt § 244 auch für SchuldVerh, die nicht dem dtschen Recht unterstehen (LG Brschw NJW **85**, 1169, Staud/K. Schmidt Rdn 77, aA Maier-Reimer NJW **85**, 2054). – **cc) Umrechnung** (§ 244 II). Es entscheidet der Kurs der Zeit, zu der tatsächl gezahlt wird, nicht der, zu der gezahlt werden sollte (RG **101**, 313, Köln NJW **71**, 2128, Hbg MDR **78**, 930), allerdings kann dem Gläub wg des Kursverlustes zustehen SchadErsAnspr aus § 286 zustehen. Maßgebd ist der Briefkurs, da der Gläub diesen für die Valutabeschaffg aufwenden muß (Karlsr Betr **78**, 2017). § 244 gibt dem Schu zugleich die Möglichk, ggü der unechten Valutaschuld mit einer DM-Fdg **aufzurechnen** (RG **106**, 100, **167**, 62). Für die Umrechng gilt in diesem Fall der Kurs im Ztpkt des Zugangs der AufrErkl (RG aaO; Staud/K. Schmidt Rdn 50). – **dd)** Im **Prozeß** steht die unechte Valutaschuld den Heimwährgsschulden grdsl gleich. Klage u Urteil sind auf Leistg des Fremdwährgsbetrages zu richten, da über die Zahlg in DM allein der Schu zu entscheiden hat (BGH NJW **80**, 2017); mögl ist aber auch, daß die Part die Schuld stillschw in eine DM-Schuld umwandeln (BGH **14**, 217, ZIP **87**, 1175). Der Schu kann den Antr stellen, das Ger möge ihm gem § 244 die Zahlg in DM nachlassen. Er behält seine Ersetzbefugnis aber auch dann, wenn er ohne einen solchen Vorbeh verurteilt worden ist (Staud/K. Schmidt Rdn 108). Die Vollstr erfolgt gem ZPO §§ 803 ff (nicht § 883 oder § 887), ist also in das gesamte Verm zul (RG **106**, 77, Düss NJW **88**, 2185). Für die Umrechng gilt der Kurs in dem Ztpkt, in dem der Gläub den Geldbetrag erlangt.

c) Echte Valutaschuld. – aa) Begriff. Die echte (effektive) Valutaschuld ist nicht nur in ausl Währg ausgedrückt, sond auch nur dch Zahlg in ausl Währg zu erfüllen. § 244 gilt für sie nicht. – **bb) Fälle. (1)** Wie ein Umkehrschluß aus § 244 ergibt, ist eine echte Valutaschuld iZw anzunehmen, wenn die Schuld im **Ausland** zu zahlen ist (Dtsches SeeschiedsGer VersR **77**, 448, aA Birk AWD **73**, 438). Entscheid ist, daß der ErfOrt iSd §§ 269, 270 IV im Ausl liegt (RG **96**, 272). **(2)** Bei inländ ErfOrt ist eine echte Valutaschuld gegeben, wenn die Zahlg in ausländ Währg **ausdrücklich** bedungen ist. Dazu genügt nicht, daß der Vertr od die Rechng den Schuldbetrag in ausl Währg angibt. Erforderl ist vielmehr eine eindeut Willensäußerg der Part, die allerdings auch konkludent erfolgen kann (RG **153**, 385, BGH LM § 275 Nr 5). Sie kann sich insbes aus Wendgen wie „effektiv" od „zahlb in" ergeben, möglicherw aber auch aus dem GeschZweck, so beim Kauf von Devisen für eine AuslReise. Ist der Schu, etwa wg entgstehender ausl DevisenGes, zur Leistg der ausl Währg außerstande, wird er von seiner Verpfl nicht frei (BGH LM § 275 Nr 5). Der SchuldInh ist vielmehr gem § 242 an die veränderten Verhältn anzupassen, notfalls dch Umwandlg der Valutaschuld in eine Heimwährgsschuld (Staud/K. Schmidt Rdn 61 ff). – **cc)** Für den **Prozeß** gilt Anm 3 b dd mit der Maßg, daß § 244 unanwendb ist. Die ZwVollstr führt idR zur Befriedigg in DM (Staud/K. Schmidt Rdn 113). Das ist systemwidrig, muß aber aus prakt Grden hingenommen w.

4) Wertsicherung. – a) Verbot mit Erlaubnisvorbehalt. Wertsicherungsklauseln sind Vereinbgen, die die Höhe einer Geldschuld von dem Preis od einer Menge and Güter od Leistgen abhäng machen; sie haben das Ziel, die Geldschuld vom Nennwertprinzip (Anm 2 d aa) zu lösen u wertbeständ zu gestalten. Gem **WährG 3** (Text s oben) sind Wertsicherungsklauseln nur mit Gen der DBB zul. Dieses Verbot mit Erlaubn-Vorbeh ist verfassgsrechtl unbedenkl (BVerwG NJW **73**, 530); WährG 3 ist aber als Einschrkg der VertrFreih restriktiv auszulegen (BGH **14**, 304, **81**, 140, stRspr). Auf Geldwertschulden (Anm 2 d bb) findet WährG 3 keine Anwendg (BGH NJW **57**, 342, WPM **75**, 55, Ffm DNotZ **69**, 98, aA Immenga/Schwintowski NJW **83**, 2841). Sein Verbot erfaßt nur solche Klauseln (Gleitklauseln), die die Höhe der Geldschuld an einen außerhalb des Schuldverhältn liegden Maßstab binden u bei Änderg der Bezugsgröße eine automatische Anpassg vorsehen (BGH **53**, 318, NJW **69**, 91, Anm 5a). And Klauseltypen, insb Leistgsvorbehalte u Spanngsklauseln, sind genehmigungsfrei (Anm 5b ff). Weitere **Schranken** für Wertsicherungsklauseln ergeben sich aus MHRG 10, ErbbVRO 9a, AGBG 9 u 11 Nr 1 (Anm 5c). Bei Betriebsrenten besteht nach BetrAVG 16 auch **ohne vertragliche Vereinbarung** ein Anspr auf Anpassg. Für LandpachtVertr gilt § 493; ausnahmsw kann auch § 242 Grdl für eine Anpassg sein (dort Anm 6 C a aa). – **b) Genehmigungs-**

Inhalt der Schuldverhältnisse. 1. Titel: Verpflichtung zur Leistung § 245 4, 5

richtlinien. Die DBB hat zu WährG 3 Genehmiggsrichtlinien erlassen, die jetzt in der Fassg vom 9. 6. 78 gelten (BAnz Nr 109 v 15. 6. 78 = NJW **78**, 2381 = DNotZ **78**, 449). Die Richtlinien, die gült sind (BVerwG NJW **73**, 529), enthalten eine **Negativliste** nicht genfähiger Klauseln. Soweit die Richtlinien die Gen nicht ausschließen, kann im allg mit ihrer Erteilg gerechnet w (Nr 4 der Grds). Nicht genfäh sind insbes: **(1)** Wertsichergsklauseln bei Darl u bei Miet- od PachtVertr mit geringerer Laufzeit als 10 Jahre; **(2)** Geldwertklauseln u Valutaklauseln im inländ Verk; **(3)** Klauseln, die den geschuldeten Betrag von der Kaufkraft der DM od einer and unbest Bezugsgröße abhäng machen; **(4)** Einseitigkeitsklauseln, die nur eine Erhöhg, nicht aber umgekehrt bei einem Wertrückgang eine Ermäßigg vorsehen; **(5)** Indexklauseln sind nur für best AuseinandSAnspr sowie für wiederkehrde Leistgen zul, die für einen längeren Zeitraum als 10 Jahre, für die Lebenszeit od bis zur Erreichg der Erwerbsfähigk od ähnl zu entrichten sind (Grds Nr 3a). Ähnl Einschrkgen gelten für Gehaltsklauseln (Grds Nr 3b). Gemischte Index- u Gehaltsklauseln sind nach der Praxis der DBB nicht genfäh (DBB DNotZ **83**, 201, and BGH DNotZ **81**, 258). – **c) Nichtgenehmigte Wertsicherungsklauseln** sind schwebd unwirks (BGH **14**, 313, **53**, 318, WPM **59**, 1160). Mit Erteilg der Gen wird die Klausel mit Wirkg ex tunc vollwirks (§ 275 Anm 9 aa bb). Die Gen kann auch noch nach Beendigg des VertrVerh erteilt w (BGH Betr **79**, 1502). Die für einen gekündigten Vertr erteilte Gen bleibt wirks, wenn die Part die Künd vor FrAblauf einverständl rückgäng machen (BGH NJW **74**, 1081). Fehlt die GenFähigk od wird die Gen **versagt**, besteht prakt immer die Möglichk, die Klausel dch eine in der Wirkg ähnl genfreie od genfäh zu ersetzen; idR bietet sich als ErsKlausel ein LeistgsVorbeh (Anm 5c) an. Die Part sind gem § 242 verpflichtet, in eine entspr Änderg der Klausel einzuwilligen (BGH NJW **73**, 149, **79**, 1546, **86**, 933, NJW-RR **86**, 879); meist bedarf es aber eines solchen ÄndVertr nicht, weil die unwirks Klausel bereits iW ergänzder Auslegg dch eine genfreie od genfäh Klausel ersetzt w kann (BGH **63**, 135, NJW **79**, 2250, **86**, 933). § 139 ist nur anwendb, wenn eine Anpassg dch ergänzde VertrAuslegg od VertrÄnderg nicht mögl ist (BGH **63**, 136, NJW **83**, 1909). Ein solcher Fall ist kaum vorstellb; im übrigen kann, insbes bei kurzer VertrLaufzeit, anzunehmen sein, daß der Vertr auch ohne die Wertsichergsklausel abgeschlossen worden wäre (BGH BB **59**, 1006, NJW **74**, 2233). – **d) Ungeeigneter Wertmaßstab.** Erweist sich der von den Part vereinbarte Wertmesser, etwa der Roggenpreis, als ungeeignet, ist er iW ergänzder VertrAuslegg od gem § 242 dch einen and zu ersetzen (BGH **81**, 139, **LM** § 157 (D) Nr 27). Das kommt aber nur bei offensichtl Ungeeigneth in Betracht (BGH BB **75**, 623, WPM **79**, 250). Ist die Miethöhe vom Beamtengehalt abhängg, genügt es nicht, daß die Beamtengehälter stärker ansteigen als die ortsübl Miete (BGH Betr **73**, 613). Das gilt ebso umgekehrt, wenn der ErbbZins vom Lebenshaltgskostenindex abhängt u dieser langsamer steigt als der GrdstWert (BGH Betr **73**, 1594).

5) Wertsicherung, einzelne Klauseltypen. a) Gleitklauseln. – aa) Begriff. Gleitklauseln sind Vereinbgen, die die Höhe der Geldschuld an eine vertragsfremde Bezugsgröße binden u bei Änderg der Bezugsgröße eine automatische Anpassg vorsehen (BGH **53**, 318, **63**, 134). Die genbedürft Gleitklausel unterscheidet sich von der genfreien Spanngsklausel dch den Bezug auf einen außerh des Schuldverhältn liegden Maßstab, vom genfreien LeistgsVorbeh dch die Automatik der Änderg. – **bb) Anpassung.** Sie vollzieht sich bei Änderg der VerglGröße *ipso facto* (BGH NJW **80**, 589). Der geänderte Betrag wird zum nächsten Termin an geschuldet, jedoch kann einem rückwirkden Zahlgsverlangen uU § 242 entggstehen (Bilda MDR **73**, 538). Änderg der Bezugsgröße sind vorbehaltl Anm 4d auch dann maßgebd, wenn sie stärker od schwächer als die Veränderg der Kaufkraft ausfallen (BGH NJW **71**, 835, **74**, 274, **75**, 105). Ob bei **Gehaltsklauseln** strukturelle Veränderungen zu berücksichtigen sind, hängt von der Fassg der Klausel u der Art der Änderg ab; s Vorschaltg einer Dienstaltersstufe (Hamm BB **70**, 1194); Neueinstufg einer Beamtengruppe (BGH BB **71**, 147); Dchstufg in eine höhere Besoldgsgruppe (Hamm Betr **75**, 542); Einarbeitg eines Sockelbetrages (BGH NJW **76**, 2342, DNotZ **77**, 411); Änderg des Besoldgsdienstalters (Köln DNotZ **72**, 235); Ersetzg des Kinderzuschlags dch Kindergeld (BGH BB **83**, 215). Die Einführg des 13. Monatsgehalts hat bei Vertr mit Versorgungscharakter zu einer entspr Erhöhg geführt (BGH NJW **71**, 835, **80**, 1741), uU auch bei ErbbVertr (BGH **LM** § 157 (Ge) Nr 30, Frage des Einzelfalls), nicht aber bei MietVertr (BGH NJW **75**, 105). Ist die Pacht von der Höhe des Bierpreises abhängg, führt die Erhöhg der **Umsatzsteuer** iZw nicht zu einer Änderg der Pacht (BGH NJW **72**, 677).

b) Spannungsklauseln. – aa) Begriff. Spanngsklauseln sind Vereinbgen, die die Höhe der Geldschuld vom künft Preis od Wert gleichartiger Güter od Leistgen abhäng machen (BGH **14**, 310, NJW **83**, 1910, NJW-RR **86**, 877). Sie sind **genehmigungsfrei** (Anm 4a). – **bb) Abgrenzung.** Das Merkmal Gleichartigk, das die Spanngs- von der Gleitklausel unterscheidet, ist erfüllt, wenn die Bezugsgröße im wesentl gleichart od vergleichb Leistgen betrifft (BGH NJW **79**, 1888, Dürkes Wertsicherungsklauseln 9. Aufl D 25). Nicht genbedürft sind daher: die Bindg von Gehalt od Ruhegehalt an die Entwicklg der Tarifgehälter (BAG Betr **77**, 503) od der Beamtenbesoldg (BGH NJW **74**, 273, **80**, 1741); die Bindg von Miete od Pacht an die Preisentwicklg für vergleichb Räume (BGH NJW-RR **86**, 877, s aber MHRG 10); Die Koppelg von ErbbZins, Miete, Pacht u Kaufpreisrenten an den GrdstErtrag od den Ertragswert (BGH NJW **76**, 422, **79**, 1546); die Bindg des Baupreises an den Baukostenindex (Kblz Betr **75**, 1842). Genbedürft sind dagg: die Bindg von Miet-, Pacht- u ErbbZins od Kaufpreisrenten an Gehälter (BGH **14**, 311, NJW **83**, 1910), die Bindg des ErbbZinses an den Bodenwert (BGH NJW **79**, 1546, aA Hartmann NJW **76**, 404). – **cc) Anpassung.** Die Ausführgen zu Gleitklauseln (Anm 5a bb) gelten entspr.

c) Leistungsvorbehalte. – aa) Begriff. Leistgsvorbehalte (besser Leistgsbestimmgsvorbehalte) sind Vereinbgen, nach denen die Höhe der Geldschuld bei Eintritt best Voraussetzgen (Zeitablauf, wesentl Änderg, Änderg einer VerglGröße) dch die Part od Dr neu festgesetzt w soll (BGH **81**, 142, NJW **67**, 830). Der LeistgsVorbeh ist genfrei (Anm 4a). Er unterscheidet sich von der Gleitklausel dadch, daß die Anpassg nicht automatisch erfolgt, sond daß für sie ein, wenn auch begrenzter ErmSpielraum besteht (BGH **63**, 136, **LM** § 157 (Ge) Nr 14). Die Vereinbg eines Grenzwertes (die Schuldhöhe soll nicht unter einen best Prozentsatz der VerglGröße sinken) begründet idR noch keine GenPfl (BGH BB **78**, 581). – **bb) Anpassung.** Sie wird iZw mit dem Zugang der AnpassgsErkl wirks (BGH **81**, 146, NJW **78**, 154), ggf mit dem Erlaß des sie ersetzden Urteils, § 319 (BGH **81**, 146). Die AnpassgsErkl muß die MehrFdg best bezeichnen (BGH NJW

§§ 245, 246

74, 1464/1947). Nachbessergen sind mögl, wirken aber erst zum nächsten Stichtag (BGH NJW **74**, 1464). Ist die Änderg einer Bezugsgröße **Voraussetzung** der Anpassg, gilt Anm 5a bb entspr. Häufig werden als ÄndVoraussetzgen unbest RBegriffe verwandt: Eine „wesentl Änderg der Verh" ist idR bei einem Kaufkraftschwund von 10–15% gegeben (BGH Betr **75**, 1356). Weitere Fälle: Währgsverfall (BGH NJW **76**, 422, BAG **AP** WährG 3 Nr 1); grobes Mißverhältn zur Kaufkraft des Geldes (BGH NJW **70**, 2103, **71**, 372). –
cc) Durchführung und Maßstab. Wenn nichts and, etwa die Bestimmg dch einen Dr, vereinbart worden ist, hat iZw der Gläub die Anpassg nach billigem Ermessen zu treffen, §§ 316, 315 (BGH **LM** § 535 Nr 35, 139 Nr 51, NJW **74**, 1464). Die Auslegg kann aber auch ergeben, daß die Anpassg entspr §§ 315 III, 319 III dch Urt erfolgen soll (BGH **71**, 283, § 315 Anm 3e). Ist die Anpassg einem Dr übertragen, so ist dieser iZw **Schiedsgutachter** u nicht SchiedsRi (§ 317 Anm 2b). Die Neufestsetzg erfolgt nach den Verhältn im Ztpkt der Anpassg; die spätere Entwicklg darf iZw nicht berücksichtigt w (BGH NJW **75**, 211). Zu berücksichtigen sind die im Vertr zum Ausdr kommden Wert- u Äquivalenzvorstellgen der Part (BGH **62**, 316, NJW **75**, 1557) u die Entwicklg der marktübl Preise für die geschuldete Leistg (BGH **LM** § 139 Nr 51). Die Klausel kann – ausdr od konkludent – auch die Berücksichtigg von Faktoren (Änderg der Lebenshaltgskosten, der Gehälter, des Bodenwertes) vorsehen; für die Anpassg des ErbbZinses gelten aber, falls das Grdst zu Wohnzwecken genutzt w, die Beschränkgen der ErbbRVO 9a.

d) Preisklauseln. – aa) Begriff. PrKlauseln sind Vereinbgen, dch die sich der Gläub, insbes bei langfrist Liefer- u MietVertr, eine PrErhöhg seit dem Umfang vorbehält, in dem eig Kosten od best Kostenelemente steigen (MüKo/v Maydell Rdn 26). – **bb)** PrKlauseln sind **genehmigungsfrei** (BGH BB **79**, 1213, Wolf ZIP **81**, 240, aA Willms/Wahlig BB **78**, 973). Sie werden, auch bei EnergieliefergsVertr (Harms Betr **83**, 322), vom Schutzzweck des WährG 3 nicht erfaßt, da sie nicht auf eine Dchbrechg des Nennwertprinzips abzielen. Voraussetzg für die GenFreih ist aber, daß die Erhöhg ausschließl auf das Steigen der Selbstkosten abstellt (BGH NJW **73**, 1498).

e) Weitere Klauseln. Nicht gem WährG 3 genbedürft sind ferner: **(1)** Beteiliggs- u Umsatzklauseln, nach denen die Höhe des Anspr vom Gewinn od Umsatz des and Teils abhängt (Dürkes aaO – Anm 4b – D 133ff); **(2)** die Vereinbg von Sachschulden anstelle einer Geldzahlg (BGH **81**, 137, Schlesw DNotZ **75**, 720); **(3)** Wahlschuld auf Geld od Naturalien, insbes bei AltenteilsVertr (Schlesw NJW **55**, 65, Celle DNotZ **52**, 126, **55**, 315); **(4)** Ersetzgsbefugn des Gläub, der statt Geld Naturalien fordern kann (BGH **81**, 137, NJW **62**, 1568). Die Naturalleistg muß aber dch eine Mengenangabe, nicht dch den jeweil Preis best w (Dürkes aaO D 109). Vgl auch ErbRVO 9 Anm 3 a cc (ErbbZins).

6) Devisenrechtliche Beschränkungen. Seit dem Inkrafttreten des AWG im Jahre 1961 ist der Kapital- u ZahlgsVerk mit dem Ausl grdsätzl frei. Beschränkgen (Verbote, GenVorbeh, Depot- od MeldePflten) können aGrd der Ermächtiggn in AWG 5, 6, 6a, 7, 22, 23, 26 eingeführt w (K. Schmidt GeldR E 8), spielen aber gegenwärt kaum eine Rolle. Die RProbleme, die dch die von 1972–1974 bestehde BardepotPfl aufgeworfen worden sind (K. Schmidt E 11f), sind zZ nicht mehr von Bedeutg. Das MRG 53, das eine strenge Devisenbewirtschaftg vorsah, gilt nur noch im Verk mit der DDR (EG 32 Anm 4).

246 *Gesetzlicher Zinssatz.* **Ist eine Schuld nach Gesetz oder Rechtsgeschäft zu verzinsen, so sind vier vom Hundert für das Jahr zu entrichten, sofern nicht ein anderes bestimmt ist.**

1) Begriff. a) Zinsen sind die nach der Laufzeit bemessene, gewinn- u umsatzunabhäng Vergütg für den Gebrauch eines auf Zeit überlassenen Kapitals (BGH NJW **79**, 541, 806, Canaris NJW **78**, 1892; MüKo/v Maydell Rdn 3 u 9). Entgg der vom RG (**168**, 285) verwandten Definition brauchen Zinsen nicht „fortlaufd" entrichtet zu w; sie können auch sogleich für die ges Nutzgsdauer berechnet u vom Kapital einbehalten w (Belke BB **68**, 1220, Canaris NJW **78**, 1891, Larenz § 12 VIII). Es ist auch nicht begriffswesentl, daß die Zinsen „in einem im voraus best Bruchteil" des Kapitals bestehen; die Zinshöhe kann von wechselnden Umst (zB Bundesbankdiskontsatz) abhängen (RG **118**, 151, BGH **LM** § 247 Nr 2) u braucht nicht in einem Prozentsatz des Kapitals ausgedrückt zu sein. Bei dem Kapital handelt es sich idR um Geld, es kommen aber auch sonst vertretb Sachen in Betracht. Die Überlassg zur Nutzg ist wirtschaftl zu verstehen; rechtl liegt meist eine Übertr zu Eigt mit einer RückgewährVerpfl vor (s RG **161**, 56 u § 607). Zinsen sind unabhäng von dem wirtschaftl Ergebn der Kapitalüberlassg zu entrichten. Gewinnbeteiliggen u Dividenden sind daher keine Zinsen (RG **86**, 399, **168**, 285, MüKo/v Maydell Rdn 7, and RG **118**, 156). Zinsen w nach der Zeitdauer der Kapitalüberlassg bemessen. Das trifft auch auf **Kreditgebühren** zu, die daher Zinsen im RSinne sind (BGH NJW **79**, 541, 806, 2090, **80**, 446, jetzt allgM, ebso BFH WPM **80**, 170 für das SteuerR). Dagg fallen **laufzeitunabhängige Leistungen** des KreditNeh grdsl nicht unter den Zinsbegriff (BGH NJW **79**, 806, 808, Canaris NJW **78**, 1893, MüKo/v Maydell Rdn 12, str). Das gilt insb für die im KonsumentenkreditGesch berechneten laufzeitunabhäng Vergütgen, wie Bearbeitgs u VermittlgsGeb (BGH NJW **79**, 806, 2090, Ffm NJW **78**, 1928, KG WPM **84**, 430) Canaris u MüKo aaO, str). Diese Kosten sind keine Zinsen iSd bürgerl R, da sie keine Vergütg für den Gebrauch des Kapitals, sond die sonstige Beschaffg u Bereitstellg darstellen. Sie sind aber bei Prüfg des § 138 als Teil der GesLeistg des KreditNeh mitzuberücksichtigen (§ 138 Anm 2b). Sie gehören bis auf die Prämie der RestschuldVers auch zum effektiven Jahreszins iSd PreisangabenVO (Scholz GRUR **86**, 585). Im übrigen ist jeweils zu prüfen, ob nicht in Wahrh eine verschleierte Zinsabrede vorliegt. Das kann etwa bei BearbeitgsGeb zu bejahen sein, deren Höhe den Rahmen des übl deutl überschreitet (Nürnb WPM **81**, 1399). Ob ein **Disagio** zu den DarlBeschaffgkosten gehört od (verschleierter) Zins ist, ist Auslegesfrage (BGH **81**, 126, **LM** § 247 Nr 2, Düss WPM **89**, 1370). Sind Zinshöhe u Disagio voneinand abhäng u austauschb, ist das Disagio in Wahrh laufzeitabhäng u daher als Zins anzusehen (BGH NJW-RR **89**, 947, Hbg Betr **84**, 2398, Schlesw WPM **85**, 84).

b) Keine Zinsen sind nach dem Dargelegten: Renten (RG **141**, 7, BGH **LM** § 248 Nr 2), Gewinn- od Umsatzbeteiliggen (BGH **85**, 63), Mietzinsen, ErbbZinsen (Merkel NJW **55**, 1141) u die in Form einer

Inhalt der Schuldverhältnisse. 1. Titel: Verpflichtung zur Leistung § 246 1, 2

„Verzinsg" des GrdstWertes festgesetzte EnteigngsEntsch für einen Nutzgsentzug (BGH NJW **64**, 294), da sie kein Entgelt für die Überlassg eines in Geld od vertretb Sachen bestehden Kapitals sind. Aus dem gleichen Grd sind auch „Strafzinsen" (BGH WPM **74**, 44), Bereitstellgszinsen (BGH WPM **86**, 157) u Tilggsleistgen (RG **91**, 299) keine Zinsen. Zu laufzeitunabhäng Leistgen u Dividenden s oben a.

c) Die Zinsschuld ist in ihrer Entstehg **von der Hauptschuld abhängig** (Kollhosser ZIP **86**, 1435). Besteht der HauptAnspr nicht, besteht auch kein ZinsAnspr; erlischt der HauptAnspr, so endet die ZinsPfl (RG **86**, 219). Die Verj der Hauptschuld führt zur Verj des ZinsAnspr (§ 224), auch wenn die Verj für den ZinsAnspr (§ 197) noch nicht abgelaufen ist. Ein einmal entstandener ZinsAnspr kann aber selbstd eingeklagt, abgetreten u verpfändet w (RG **94**, 137).

2) Kreditgebühren. a) Die im KonsumentenkreditGesch übl Kreditgebühren sind Zinsen im RSinne, obwohl ihre Höhe nicht in einem Prozentsatz des jeweils geschuldeten Darl, sond in einem gleichbleibden Monatssatz vom ursprüngl KreditBetr ausgedrückt w (Anm 1 a, jetzt allgM). Zur Prüfg der Voraussetzgen des § 138 müssen die Kreditgebühren in den **effektiven Jahreszins** umgerechnet w (vgl § 138 Anm 2 b). Die Praxis verwendet hierfür vielfach die sog **Uniformmethode** (BGH NJW **82**, 2434):

$$\text{Effektivzins} = \frac{2400 \times \text{Kreditkosten}}{(\text{Laufzeit} + 1) \times \text{Nettokredit}}$$

Genauer u zuverlässiger ist aber die **finanzmathematische Methode** (Annuitätenmethode), deren problemlose Anwendg die Tabellen von Sievi/Gillardon ermöglichen. Sie sollte allgemein angewandt werden. Bei Vertr mit einer Laufzeit von mehr als 48 Mo kommt eine Umrechng nach der Uniformmethode nicht in Betracht, da sie zu falschen Ergebnissen (zu hohen Zinssätzen) führt (s BGH NJW **87**, 2221, **88**, 1660, 1662, Ffm NJW-RR **87**, 998, Düss ZIP **87**, 1312).

Beispiel:
Nettokredit	10 000 DM
Kreditgebühr 1% pm bei 36 Monaten Laufzeit	3 600 DM
Bearbeitungsgebühr (2%)	200 DM
GesKredit	13 800 DM

Durchschnittl Monatsrate 383,33 DM (13 800 : 36)
Monatsrate bezogen auf 1000 DM Auszahlgsbetrag:

$$\frac{383{,}33 \times 1000}{10\,000} = 38{,}33 \qquad \text{Effektiver Jahreszins gem Tabelle} = 25{,}1\%$$

b) Wird ein Teilzahlgskredit vorzeit zurückgezahlt od fäll gestellt, muß eine **Rückrechnung der Kreditgebühren** erfolgen (BGH NJW **79**, 541). Entggstehde AGB-Klauseln sind gem AGBG 3 u 9 unwirks (Ffm NJW **78**, 1928, Betr **81**, 1459, Bachmann u Raacke NJW **78**, 867, 2301, vgl auch Canaris NJW **78**, 1898). Der KreditGeb hat zwar Anspr darauf, daß ihm der Gewinn aus dem abgeschl Vertr verbleibt (unten c). Er erspart iF der vorzeit Fälligstellg u Rückzahlg aber die Kosten der Refinanzierg. Es wäre daher eine unangem Benachteiligg des KreditNeh, wenn er gleichwohl die ges Kreditgebühren bezahlen müßte. Bei der Rückrechng der Kreditgebühren ist davon auszugehen, daß die vom KreditNeh geleisteten Zahlgen im Verh des Nettokredits zum GesKredit auf das Darl u die Kreditkosten zu verteilen sind (BGH **91**, 59, NJW **83**, 1420, KG WPM **84**, 429). In dem oben gebildeten Bsp entfallen daher von jeder Zahlg

$$\frac{10\,000}{13\,800} = 72{,}46\% \text{ auf die Tilgg des Kredits u } \frac{3800}{13\,800} = 27{,}54\%$$

auf die der Kreditkosten (26,09% Kreditgebühren; 1,45% Bearbeitgsgebühren). Die Bearbeitgsgebühr ist nicht in die Rückrechng einzubeziehen (KG WPM **85**, 715). Die Formel für die Rückrechng (s dazu Lammel BB **80** Beil 8 S 16, Hamm BB **83**, 405) kann das Kreditinstitut in den Grenzen von AGBG 9 in seinen AGB festlegen (KG WPM **84**, 429). Fehlt eine solche Festlegg, kann gem ZPO 287 nach folgder Formel gerechnet w:

$$\frac{\text{Restlaufzeit} \times (\text{Restlaufzeit} + 1) \times 100}{\text{Laufzeit} \times (\text{Laufzeit} + 1)} = \text{Rediskont in \%}.$$

Wird der Kredit in dem oben gebildeten Bsp nach einer Laufzeit von 10 Monaten u Zahlg von 2500 DM vorzeit fällig gestellt, ergibt sich somit folgde Rechng:

$$\frac{26 \times (26+1) \times 100}{36 \times (36+1)} = \frac{70\,200}{1332} = 52{,}7\% \text{ Rediskont}.$$

Die Kreditgebühren von 3600 DM vermindern sich daher um 1897,20 DM (52,7%) auf 1702,80 DM. Vom KreditNeh sind daher noch zu leisten:

Nettokredit	10 000,– DM
abzügl gezahlter 72,46% von 2500 DM	1811,50 DM
Restkredit	8188,50 DM
BearbeitgsGeb	200,– DM
abzügl gezahlter 1,45% von 2500 DM	36,25 DM
restl BearbeitgsGeb	163,75 DM
KreditGeb	1702,80 DM
abzügl gezahlter 26,09% von 2500 DM	652,25 DM
	1050,55 DM

§§ 246–248　　　　　　　　　　　　　2. Buch. 1. Abschnitt. *Heinrichs*

Der KreditNeh hat daher insg noch 9402,80 DM zu zahlen. Hinzukommen die bis zur Fälligstellg des GesKredits aufgelaufenen Verzugszinsen, die der KreditGeb substantiiert darzulegen hat.

c) Zur Frage, wie der fällig gestellte Gesamtkredit zu **verzinsen** ist, hat sich in Rspr u Lit eine kaum noch überschaubare Fülle von Meingen u GgMeingen herausgebildet (s die ZusStellgen bei Kilimann NJW **87**, 618, Reifner JZ **87**, 952, Wilhelm WPM **88**, 281). Inzwischen hat auch der BGH in zwei GrdsEntsch zur Problematik Stellg genommen (BGH **104**, 337, NJW **88**, 1971, krit Reifner JZ **88**, 1130, Rieble ZIP **88**, 1028). Sein Lösgsvorschlag verdient Zustimmung: **aa) Marktübliche Sollzinsen.** Die Bank kann als abstrakt berechneten Verzugsschaden die zZ des Verzuges marktübl Bruttosollzinsen beanspruchen, u zwar, wenn sie verschiedene KreditGesch betreibt, nach einem Dchschnittszinssatz (BGH aaO). Abzustellen ist bei der Dchschnittsberechng auf den marktübl Zins, bei der Gewichtg der einz Kreditarten aber auf die institutsspezifischen Gegebenh (BGH NJW-RR **89**, 754, 950, Bruchner ZHR **153**, 105). Ersparte Aufwendgen sind nicht abzusetzen, ands kann der Gläub aber auch nicht Ers der Aufwendgen für den gestörten Kredit (Mahnkosten) beanspruchen (BGH **104**, 347, NJW **88**, 1971). Unerhebl ist, daß die Bank tatsächl auf kein NeuGesch verzichtet, sond ihr Refinanziergsvolumen erweitert. Die Ausweitg der Refinanziergsmittel ist eine überobligationsmäß Maßn der Schadensabwehr, die bei der Schadensberechng außer Betracht bleibt (BGH aaO). Der Kunde kann aber den GgBew führen, daß der Bank unter den konkret gegebenen Umst eine Anlage zum Marktzins nicht mögl war; ebso steht der Bank der Nachw offen, daß sie den Geldbetrag alsbald zu einem höheren Zinssatz angelegt hätte (BGH aaO). – **bb) Vertragszins.** Die Bank kann anstelle des marktübl Sollzinses die Weiterzahlg des Vertragszinses verlangen (BGH NJW **88**, 1968, 1971). Das läßt sich allerdings weder aus § 301 (dort Anm 1a) noch aus der mietrechtl SonderVorschr des § 557 herleiten (BGH aaO u NJW **86**, 376, NJW-RR **86**, 207, **87**, 560). Nach Ans des BGH (aaO) soll auch § 288 1 2 unanwendb sein (dort Anm 1c). Grdl für die Verpfl zur Weiterzahlg des VertrZinses ist der RGedanke des § 326 u eine Analogie zu § 628 II. Der KreditNeh schuldet SchadErs wg NichtErf, der auch den in die Verzinsg einkalkulierten Gewinn mitumfaßt (s zur ähnl Problematik beim LeasingVertr BGH **82**, 129, **94**, 194, **95**, 49 u § 276 Anm 7 E c). Der säumige KreditNeh darf nicht bessergestellt w als der vertragsgetreue (Mack WPM **86**, 1337). Der SchadErsAnspr in Höhe des VertrZinses bezieht sich jedoch nur auf das DarlKapital u endet nach Ans des BGH im Ztpkt der vertragl vorgesehenen Fälligk od zum nächsten KündTermin nach § 609a (BGH aaO).

3) Begründung der Zinsschuld: a) durch **Gesetz**. Fälle: Verzugszinsen §§ 288–290, 264: grdsätzl 4%, vgl aber § 288 I u II, bei beiderseitigem HandelsGesch: 5%, HGB 352, bei Inlandswechsel od Schecks 2% über Bundesbankdiskont, mindestens 6%, WG 28, 48, 49, ScheckG 45, 46, im SteuerR § 4a AO § 238. – Prozeßzinsen § 291. – Vgl ferner insb Zinsen bei Verwendgen § 256, Rücktr § 347, Kauf § 452, ungerechtf Ber §§ 819, 820, unerl Hdlg § 849. – **b)** durch **Rechtsgeschäft** (meist Vertrag). Die Part können die Zinshöhe in den Grenzen des § 138 privatautonom bestimmen. Fehlt eine Regelg, gilt § 246, bei beiderseit HandelsGesch HGB 352.

247 **Kündigungsrecht bei hohem Zinssatz.** *[I] Ist ein höherer Zinssatz als sechs vom Hundert für das Jahr vereinbart, so kann der Schuldner nach dem Ablaufe von sechs Monaten das Kapital unter Einhaltung einer Kündigungsfrist von sechs Monaten kündigen. Das Kündigungsrecht kann nicht durch Vertrag ausgeschlossen oder beschränkt werden.*

[II] Diese Vorschriften gelten nicht für Schuldverschreibungen auf den Inhaber und für Orderschuldverschreibungen. Bei Darlehen, die zu einer auf Grund gesetzlicher Vorschriften gebildeten Deckungsmasse für Schuldverschreibungen gehören oder gehören sollen, kann das in Absatz 1 Satz 1 bestimmte Kündigungsrecht durch ausdrückliche Vereinbarung für die Zeit ausgeschlossen werden, während der sie zur Deckungsmasse gehören.

1) § 247 ist aufgrd des Ges zur Änderg wirtschaft-, verbraucher-, arbeits- u sozialrechtl Vorschr vom 25. 7. 86 (BGBl I S 1169) am 31. 12. 86 außer Kraft getreten. Er wird dch den neu eingefügten § 609a ersetzt (s dort). Nach Art 12 II des Ges vom 25. 7. 86 ist § 247 auf Vertr, die vor dem 1. 1. 87 abgeschlossen worden sind, weiter anzuwenden. Vgl im Bedarfsfall die Kommentierg des § 247 in der 45. Aufl, S 243. Zu ergänzen ist ledigl: Auch wenn die VorfälligkEntsch bei VertrAufhebg vereinbart w, ist I 2 verletzt (BGH NJW-RR **89**, 42). II erfaßt auch Deckgsmassen für Sparkassenbriefe (BGH **99**, 44).

248 **Zinseszinsen.** *[I] Eine im voraus getroffene Vereinbarung, daß fällige Zinsen wieder Zinsen tragen sollen, ist nichtig.*

[II] Sparkassen, Kreditanstalten und Inhaber von Bankgeschäften können im voraus vereinbaren, daß nicht erhobene Zinsen von Einlagen als neue verzinsliche Einlagen gelten sollen. Kreditanstalten, die berechtigt sind, für den Betrag der von ihnen gewährten Darlehen verzinsliche Schuldverschreibungen auf den Inhaber auszugeben, können sich bei solchen Darlehen die Verzinsung rückständiger Zinsen im voraus versprechen lassen.

1) **Zinseszinsverbot** (Verbot des Anatozismus). – **a)** Das Verbot ist eine SchutzVorschr zG des Schu. Es soll eine Zinskumulation verhindern u zielt zugl auf Zinsklarh ab (str, s K. Schmidt JZ **82**, 829). – **b)** § 248 gilt für vertragl u gesetzl **Zinsen**. Der Zinsbegriff entspricht dem des § 246 (§ 246 Anm 1), umfaßt also auch Kreditgebühren. – **c)** Verboten ist nur die **im voraus** getroffene Abrede. Vereinbgen nach Fälligk sind zul. Auch eine VertrStrafabrede, wonach sich der Zinsfuß bei unpünktl Zinszahlg erhöht, ist wirks (RG **37**, 274, K. Schmidt JZ **82**, 832), jedoch kann AGBG 11 Nr 6 entggstehen.

2) **Absatz 2** schränkt das Verbot des I dch zwei Ausn ein. Die in II 1 verwandten Begriffe (Sparkasse, Kreditanstalt, BankGesch) werden seit Inkrafttreten des KWG dch dessen Vorschr (§§ 1, 39, 40) inhaltl bestimmt. Eine weitere Ausn ergibt sich aus HGB 355. Danach ist beim handelsrechtl Kontokorrentverhältn der Saldo von seiner Feststellg ab auch insoweit zu verzinsen, als er Zinsen enthält.

Schadensersatz (§§ 249–253)

Vorbemerkung

Übersicht

1) **Allgemeines**
   a) Bedeutung der §§ 249–253
   b) Anwendungsbereich
   c) §§ 249 ff und kollektiver Schadensausgleich
   d) Grundgedanken des Schadensersatzrechts
2) **Begriff und Arten des Schadens**
   a) Vermögens- und Nichtvermögensschaden
   b) Differenzhypothese
   c) Kommerzialisierungsgedanke
   d) Normative Wertungen
   e) Dualistischer Schadensbegriff
   f) Unmittelbarer und mittelbarer Schaden
   g) Nichterfüllungs- und Vertrauensschaden
3) **Einzelprobleme des Vermögensschadens**
   a) Vermögensminderung
   b) Gebrauchsvorteile von Kraftfahrzeugen
   c) Gebrauchsvorteile anderer Sachen
   d) Fehlgeschlagene Aufwendungen
   e) Beeinträchtigung von Genußmöglichkeiten
   f) Arbeitskraft
   g) Vertane Freizeit
   h) Vertaner Urlaub
   i) Verdienstausfallschaden
   k) Hausfrauenarbeit
   l) Vorsorgeaufwendungen
   m) Belastung mit einer Verbindlichkeit
   n) Unterhaltspflicht gegenüber einem nicht gewollten Kind
   o) Treu und Glauben
4) **Schadensberechnung**
   a) Konkrete Schadensberechnung
   b) Abstrakte Schadensberechnung
   c) Abstrakt-normative Schadensberechnung
   d) Mindestschaden
5) **Zurechnungszusammenhang**
   A) Allgemeines
      a) Haftungsbegründende und haftungsausfüllende Kausalität
      b) Äquivalente Kausalität
      c) Adäquate Kausalität
      d) Schutzzweck der Norm
   B) Einzelproblem des Zurechnungszusammenhangs
      a) Mitwirkung weiterer Ursachen
      b) Schadensanlagen
      c) Seelische Reaktionen (Rentenneurose)
      d) Schockschäden
      e) Mittelbare Verursachung
      f) Fehlverhalten Dritter
      g) Freie Entschließungen
      h) Aufwendungen
      i) Unterlassen
      k) Behördliche Entscheidungen
      l) Mehrere Verursacher
      m) Allgemeines Lebensrisiko
      n) Kosten der Strafverfolgung
      o) Schadensfreiheitsrabatt
      p) Zweck des Schadensersatzes
   C) Hypothetische Kausalität, rechtmäßiges Alternativverhalten
6) **Kreis der Ersatzberechtigten, Drittschadensliquidation**
7) **Vorteilsausgleichung**
   A) Allgemeines
   B) Handlungen des Geschädigten
   C) Leistungen Dritter
   D) Andere Vorteile
   E) Gesetzlicher Forderungsübergang
8) **Beweisfragen**
9) **Zeitpunkt der Schadensbemessung**

Schrifttum: Lange, Schadensersatz, 1979; Mertens, Vermögensschaden, 1967; Magnus, Schaden u Ers, 1987; Mommsen, Lehre vom Interesse, 1855; Schiemann, Fortbildung des SchadensR, 1981.

1) **Allgemeines. – a) Bedeutung der §§ 249 ff.** Die §§ 249 ff bestimmen **Art, Inhalt und Umfang** der SchadErsLeistg. Sie enthalten keine AnsprGrdl, sond ergänzen die Normen, die SchadErsAnspr vorsehen. RegelgsGgst der §§ 249 ff ist nicht die Haftungsbegründg (HaftgsR), sond ausschließl die Haftungsausfüllg (SchadensR). – **b) Anwendungsbereich.** Die §§ 249 ff finden grdsl auf alle SchadErsAnspr Anwendg, gleichgült, ob sie auf Vertr, Delikt od Gefährdg beruhen. Sie gelten auch für SchadErsAnspr wg Verletzg sachen-, familien- od erbrechtl Pflten für SchadErsAnspr, die außerh des BGB normiert sind (so vor allem ProdHaftG 1, HPflG 1, StVG 7, LuftVG 33, WHG 22, AMG 84, AtG 25 ff, StrEG 7, BGH **65**, 173). Die einheitl Anwendg der §§ 249 ff auf alle SchadErsAnspr wird dch die Lehre vom Schutzzweck der Norm (Anm 5 A d) eingeschränkt. Zu warnen ist aber vor der bei einigen Autoren festzustellenden Tendenz, die Fragen des Schadensbegriffs u der Zurechng bei jedem Haftgstatbestand unterschiedl zu beurteilen, da an der grdsl einheitl Auslegg der §§ 249 ff festgehalten werden muß. Selbstverständl zu berücksichtigen sind die gesetzl Sonderbestimmgen, die die §§ 249 ff ergänzen od modifizieren: Im DeliktsR u im ReiseVertrR ist im Rahmen der §§ 847, 651 f II auch für Nichtvermögensschäden GeldErs zu leisten. Für die Gefährdgshaftg bestehen zT summenmäß Haftungsbeschränken, so in ProdHaftG 10, HPflG 9 f, StVG 12, LuftVG 37, AtG 31. Bei AusglPflten beschränkt die hM den AnsprInh auf eine nach EnteigngsGrds zu bemessde Entschädigg (§ 906 Anm 4 f, 5 b, 6 b). Auch für die Schadensversicherg gelten Sondervorschriften (VVG 49 ff). – **c) §§ 249 ff und kollektiver Schadensausgleich.** Das BGB geht davon aus, daß sich bei der Schadensregulierg allein der Geschädigte u der Schädiger ggüstehen. Das entspr seit langem nicht mehr der sozialen Wirklichk. Das SchadErsR w von einem **System kollektiver Sicherung** u SchadVorsorge überlagert (Sieg VersR **80**, 1085). Der Geschädigte erhält trotz ArbUnfähigk meist seinen Lohn weiter, die Heilbehandlgskosten übernimmt idR die Krankenversicherg. Für den Schädiger tritt gewöhnl ein KollektivGemsch ein, so etwa bei ArbUnfällen die BerufsGenossensch, bei KfzUnfällen der HaftPflVersicherer. Die unmittelb Beziehg Geschädigter-Schädiger tritt damit vielf in den HinterGrd. Das ändert aber an der Bedeutg der

§§ 249 ff nichts. Sie sind dafür maßgebd, in welchem Umfang der ArbG, SozVersTräger od Versicherer des Geschädigten beim Schädiger od dessen HaftPflVersicherer Regreß nehmen kann (Anm 7 E). – **d) Grundgedanken des Schadensersatzrechts. aa)** Das SchadErsR des BGB beruht auf dem **Ausgleichsgedanken.** Die SchadErsLeistg soll die entstandenen Nachteile ausgleichen, sie hat keinen pönalen Charakter. Zwar gehört zu den Zielvorstellgen des Haftgs- u SchadensR auch der Gedanke der Prävention u der Schadensverhütg (Steiner Schadensverhütg als Alternative zum SchadErs, 1983, Esser/Schmidt § 30 II). Dieser hat aber für die Ausleg der §§ 249 ff u die Abgrenzg des SchadBegriffs keine eigenständ Bedeutg. Ledigl beim SchmerzGAnspr ist neben der im VorderGrd stehden AusglFunktion auch der Genugtuungsgedanke zu berücksichtigen (BGH GrZS **18,** 154). – **bb) Rechtsfortsetzungsgedanke.** SchadErsAnspr entstehen idR aus der Verletzg eines subj Rechts od eines RGuts. Das verletzte Recht od RGut setzt sich in diesen Fällen in dem SchadErsAnspr fort. Der sich hieraus ergebde RFortsetzgsgedanke (Larenz § 27 I) hat neben dem AusglGedanken selbstd Bedeutg. Er rechtfertigt es, dem Geschädigten den obj Wert als Mindestschaden zuzuerkennen (Anm 4 d), u ist auch bei der Lösg des Problems der hypothet Kausalität (Anm 5 C) zu berücksichtigen. – **cc) Totalreparation.** Für die Höhe des Ers gilt das Prinzip der Totalreparation. Der Schädiger hat auch bei leichtester Fahrlk den gesamten Schaden zu ersetzen, selbst wenn die Schadenshöhe die Grenzen seiner Leistgsfähigk bei weitem überschreitet. Den Vorschlag des 43. DJT, bei leichter Fahrlässigk ausnwise aus BilligkGrden eine Reduktion der ErsPfl zuzulassen, hat der GesGeber nicht übernommen: Der Grds der Totalreparation steht, wenn er auch *de lege ferenda* fragwürd sein mag, mit der Verfassg im Einklang (aA Canaris JZ **87,** 1002 u, soweit es um die Haftg von Jugendl u Kindern geht, Celle NJW-RR **89,** 791). Aus dem GG läßt sich nicht entnehmen, daß dem Schädiger ein weitergehder Schutz als der der VollstrSchutzVorschr gewährt w muß. Im ArbR wird das Prinzip der Totalreparation dch die von der Rspr entwickelten Grds über die Haftg bei schadensgeneigter Arbeit erhebl eingeschränkt (§ 611 Anm 14 b, § 276 Anm 5 C).

2) Begriff und Arten des Schadens. – a) Schaden im natürlichen Sinn ist jede Einbuße, die jemand inf eines bestimmten Ereign an seinen Lebensgütern, wie Gesundh, Ehre od Eigt erleidet. Objekt des Schadens können vermögenswerte RStellgen, aber auch immaterielle Güter sein. Auch der **Schadensbegriff des BGB** umfaßt sowohl Vermögens- als auch Nichtvermögensschäden (*arg* § 253). Für beide gelten aber unterschiedl Regeln. Vermögensschäden sind nach Maßg der §§ 249–252 voll zu ersetzen. Bei immateriellen Schäden hat der Verletzte, soweit eine Naturalrestitution mögl ist, den HerstellgsAnspr aus § 249. Ein Anspr auf SchadErs in Geld besteht dagg nach § 253 grdsl nicht (Ausn §§ 847, 651 f II, 1300). Damit ergibt sich zugl, daß der Begriff des Schadens im natürl Sinn für die Praxis u Dogmatik des SchadensR wenig ergiebig ist. Die **Kernfrage des Schadensrechts,** ob ein bestimmter Nachteil ein zu ersetzder Schaden ist, kann nicht dch Aussagen über den allg, materielle u immaterielle Schäden umfassden Schadensbegriff, sond nur dch Abgrenzg von Vermögens- u Nichtvermögensschäden beantwortet werden. Unterscheidgen nach dem real verletzten Objekt helfen insow nicht weiter. Die Verletzg von immateriellen Gütern verursacht vielfach auch Vermögensnachteile (zB Heilgskosten, Verdienstausfall). Umgekehrt ist es mögl, daß der Eingriff in ein materielles RGut, etwa die vorübergehde rechtsw Benutzg einer fremden Sache, nicht zur Entstehg eines Vermögensschadens führt.

b) Vermögensschaden. Ausgangspunkt für die rechtl Beurteilg ist weiterhin die auf Mommsen (Lehre vom Interesse, 1855) zurückgehde in ihrem Kern richtige Differenzhypothese. Der Schaden besteht in der Differenz zw zwei Güterlagen: der tatsächl dch das Schadensereign geschaffenen u der unter Ausschaltg dieses Ereign gedachten. Ein Vermögensschaden ist gegeben, wenn der jetzige tatsächl Wert des Vermögens des Geschädigten geringer ist als der Wert, den das Vermögen ohne das die ErsPfl begründe Ereign haben würde (BGH **27,** 183, **75,** 371, NJW **86,** 2038, BAG NJW **85,** 2545). In einer nicht immer gradlig verlaufenen **Rechtsfortbildung** hat die Rspr Ausn von der Differenzhypothese zugelassen u in bestimmten Fallgruppen einen Schaden auch dann bejaht, wenn sich dch eine Differenzrechng keine Vermögensmindergg feststellen läßt (vgl zuletzt BGH GrZS **98,** 212). Das Schrifft hat diese Entwicklg der Rspr teils zustimmd, überwieg aber krit begleitet u ist mit eig Lösgsvorschlägen hervorgetreten (vgl die umfassde Darstellg des Diskussionsstandes bei Lange, Schiemann u Magnus, alle wie LitVerzeichn). In den Erörtergen um eine neue Abgrenzg des Schadensbegriffes haben vor allem der Kommerzialisierungsgedanke u die Lehre vom normativen Schaden Bedeutg erlangt (s nachstehd c–e). Inzw setzt sich verstärkt die Erkenntn dch, daß die Ausn von der Differenzhypothese nicht dch Deduktion aus dem Schadensbegriff abgeleitet od auf einen einzigen Wertsgesichtspkt zurückgeführt w können, sond **fallgruppenweise** entwickelt w müssen (so im Ergebn auch BGH **98,** 212).

c) Kommerzialisierungsgedanke. – aa) Der BGH hat seit 1956 in einer Reihe von Entscheidgen einen **Vermögensschaden** etwa **wie folgt begründet:** Der Begriff des Vermögens u der des Vermögensschadens seien auf die ROrdng bezogene wirtschaftl Begriffe. Zum Vermögen iSd SchadErsR gehörten daher alle Lebensgüter, die kommerzialisiert seien, dh diej, die im wirtschaftl Verk gg ein Entgelt erworben werden könnten. Werde ein solches vermögenswertes Gut beeinträchtigt od entzogen, stelle der entstandene, in Geld meßbar Nachteil einen Vermögensschaden dar, wenn sich bei einer auf das Gesamtvermögen bezogenen Differenzrechng keine bleibde Einbuße feststellen lasse (vgl BGH NJW **56,** 1235, Seereise; BGH **40,** 347, **45,** 218, **65,** 170, Gebrauchsvorteile eines Pkw; BGH **63,** 98, frustrierter Urlaub). Diese Rspr ist mit Recht kritisiert worden (Diederichsen FS Klingmüller 1974 S 80; Larenz § 29 I c; Lange § 6 III). In einer WirtschOrdng, in der prakt alle immateriellen Güter gg Geld erworben werden können, verwischt eine undifferenzierte Anwendg der Kommerzialisiergsthese die Grenze zw materiellen u immateriellen Schäden u führt zu einer unangemessenen Ausweitg der SchadErsPfl. – **bb)** In seiner **neueren Rechtsprechung** trägt der BGH dieser Kritik ausdr Rechng. Er erkennt an, daß nicht jede Beeinträchtigg eines kommerzialisierbaren Lebensgutes einen Vermögensschaden darstellt (BGH **63,** 393, Pelzmantel; **86,** 128, Wohnwagen; **89,** 64, Motorboot; **86,** 216 vertaner Url; **106,** 32, frustrierte Freizeit). Die gg die Kommerzialisiergsthese sprechden Gesichtspunkte hat der 5. ZS des BGH in seinem VorlageBeschl vom 22. 11. 85 (NJW **86**, 2040) überzeugd zusgefaßt. Dem ist der GrZS (**98**, 212) in der Sache grdsl gefolgt. Auch er geht davon aus, daß nicht jeder Eingriff in ein kommerzialisiertes Lebensgut einen Vermögensschaden begründet und daß Korrekturen der Differenzhypothese nur zul sind, wenn eine wertde, normative u wirtschaftl Gesichtspunkte berücksichtigde Abwägg dies ausnw rechtfertigt. — cc) Dieser **Einschränkung** der Kommerzialisiergsthese ist zuzustimmen (aA 45. Aufl). Ein Vermögensschaden setzt voraus, daß der entstandene Nachteil in Geld bewertet werden kann (BGH **98**, 222, **106**, 31, Medicus NJW **89**, 1892). Das Bestehen einer solchen Bewertgsmöglichk genügt aber zur Bejahg eines Vermögensschadens nicht. Erforderl ist vielmehr bei den einzelnen Fallgruppen (Anm 3) eine sorgfältige Abwägg der in Frage kommenden Sachgesichtspunkte.

d) Bei der Abgrenzg des Schadensbegriffes sind auch **normative Wertungen** zu berücksichtigen (BGH **43**, 381, GrZS **50**, 305, **54**, 47). Das ist in der Sache seit langem anerkannt: Wenn der Verletzte währd seiner Arbeitsunfähigk seinen Lohn weiterbezieht od vom ArbGeber, Dienstherrn od SozVers-Träger Leistgen mit Lohnersatzfunktion erhält, werden diese selbstverständl beim Vermögensvergleich nicht berücksichtigt. Es ist das Verdienst der **Lehre vom normativen Schaden** (s vor allem Selb Schadensbegriff u Regreßmethoden 1963), daß sie diesen Ansatz weiterentwickelt u aufgezeigt hat, daß auch auf allg RGrds beruhde Wertgen korrigiert auf die Differenzrechng einwirken können. Einigk besteht aber darüber, daß der Schadensbegriff nicht ausschließl normativ bestimmt w kann (Lange § 1 IV, Medicus JuS **79**, 234, Hagen FS Hauß 1978, S 83).

e) Im Ergebn gilt daher ein **dualistischer Schadensbegriff** (BGH WPM **80**, 250). Ausgangspunkt bleibt die Differenzhypothese. Die Differenzrechng muß aber in einigen Fallgruppen dch wirtschaftl od normative Wertgen korrigiert w. Wann ein zu ersetzder Schaden vorliegt, läßt sich angesichts der Vielgestaltigk der Probleme nicht dch bloße Deduktion aus dem Schadensbegriff ableiten (ähnl Magnus S 308), sondern erfordert eine wertde Beurteilg nach Maßg von Fallgruppen (Anm 3).

f) Unmittelbarer und mittelbarer Schaden. Unmittelb (Objekt-)Schaden ist die nachteilige Veränderg, die am verletzten Recht od RGut selbst entstanden ist (Larenz § 27 II b 3, MüKo/Grunsky Rdn 35). Er umfaßt bei GeldErs die Kosten für die Herstellg des geschädigten Gutes, also bei Verlust od Zerstörg die Wiederbeschaffgskosten, bei Beschädigg die Reparaturkosten, bei Körperverletzg die Heil- und Pflegekosten. Auch der verbleibde techn od merkantile **Minderwert** (§ 251 Anm 5 B b) gehört zum unmittelb Schaden (BGH VersR **69**, 473). Mittelb Schäden (Vermögensfolgeschäden) sind die dch das schädigde Ereign verursachten sonst Einbußen, insb entgangener Gewinn (§ 252) sowie Nutzgsausfälle. Die ErsPfl nach BGB umfaßt beide Schadensarten. Die Unterscheidg hat aber Bedeutg für den Umfang des Schadens, der im Fall hypothet Kausalität zu ersetzen ist (Anm 5 C e). Im VersR beschränkt sich die ErsPfl idR auf den unmittelb Sachschaden (VVG 52, 53).

g) Nichterfüllungs- und Vertrauensschaden. – aa) Wird aus einem RGesch, insb aus Vertr, wg Nichteinhalt einer LeistgsPfl auf SchadErs gehaftet, ist grdsätzl das volle ErfInteresse **(positives Interesse)** zu ersetzen: der Gläub ist so zu stellen, wie er stehen würde, wenn der Schu ordngsmäß erfüllt hätte (RG **91**, 33). Dieser „SchadErs wg Nichterfüllg" (zB §§ 280, 286 II, 325, 326) geht entg § 249 S 1 idR auf Leistg von Geld (BGH **LM** § 325 Nr 3, § 325 Anm 4 A c), doch ist Naturalherstellg auch hier denkb (vgl § 283 Anm 4 u Pieper JuS **62**, 411). – **bb)** Ist gem §§ 122, 307, 179 II, aus c. i. c. (§ 276 Anm 6) od aus unerl Hdlg SchadErs wg Nichtzustandekommens eines wirks RGesch zu leisten, geht die Haftg dagg auf den **Vertrauensschaden** (negatives Interesse). Hier ist der Gläub so zu stellen, wie er stehen würde, wenn er nicht auf die Gültigk des Gesch vertraut hätte (RG **132**, 79, BGH BB **55**, 429). Das gilt entspr, wenn die Part wg pVV ihres Maklers einen Vertr abgeschl hat, den sie bei gehöriger Aufkl nicht eingegangen wäre (BGH NJW **82**, 1146). Das negat Interesse ist idR, aber nicht immer, niedriger als das positive. In §§ 122, 179 II u 307 I 1 ist das ErfInteresse die obere Grenze des ErsAnspr; das gilt bei Anspr aus c. i. c. nicht (RG **151**, 359, BGH **57**, 193, **69**, 56). Beweist der Geschädigte, daß ohne die unerl Hdlg (c. i. c.) ein günstigerer Vertr abgeschl worden wäre, ist dieser für SchadBemessg maßgebd (BGH BB **69**, 696). Auch unter diesen Bew soll der Geschädigte bei grdsl Aufrechterhaltg des Vertr den dch Täuschg veranlaßten Mehraufwand ersetzt verlangen können (BGH **69**, 56, NJW **80**, 2408, § 276 Anm 6 D c). Das negat Interesse ist auch bei SchadErs wg unricht **Auskunft** maßgebd: Der Geschädigte ist so zu stellen, wie er gestanden hätte, wenn ihm die richt Ausk erteilt worden wäre (BGH NJW **69**, 510, NJW **81**, 1035, Hbg WPM **86**, 13, Hamm MDR **87**, 233, aA Karlsr VersR **88**, 1131). Eine Schadensbemessg, die den Inhalt der Ausk als richtig fingiert, kommt höchstens bei einer entspr Garantieübernahme in Betracht.

3) Einzelprobleme des Vermögensschadens. – a) Vermögensminderung. Die Feststellg eines Schadens entspr der Differenzhypothese (Anm 2b) wird idR nicht dadch ausgeschl, daß der Geschädigte wg der entstandenen Nachteile einen Anspr gg einen Dr, zB auf Herausg hat, arg § 255 (BGH NJW **70**, 461, **82**, 1806, NJW **87**, 3201); der Schädiger kann aber Abtr des Anspr gg den Dr verlangen (BayObLG NJW-RR **87**, 1368). Ein Schaden entfällt, wenn dem Nachteil ein gleich hoher Vermögenszuwachs od eine ausr Sicherh ggüsteht (s BGH **64**, 62, NJW **78**, 426). Wird dem Käufer dch Betrug od sittenw Schädigg eine nicht den Anpreisgen entspr Sache aufgeschwindelt, ist ein Schaden auch dann zu bejahen, wenn der Wert der Sache dem gezahlten Preis entspr (Köln NJW **72**, 498, Staud/Medicus § 249 Rdn 9). Wird eine Bank rechtsw zur Erteilg einer Gutschrift veranlaßt, entsteht der Schaden erst, wenn der Kunde über den Betrag verfügt hat u ein Storno nicht mehr mögl ist (BGH NJW **79**, 2146, **83**, 221). Das Nichtentstehen einer Fdg, etwa bei AmtsPflVerletzg des Notars oder bei Handels ohne Vertretgsmacht, ist kein Schaden, wenn die Fdg nicht dchsetzb gewesen wäre (BGH NJW **86**, 246, Nürnb MDR **87**, 150); der Verletzte kann aber auf Feststellg der ErsPfl für den Fall einer nachträgl Solvenz des Schu klagen (Ffm MDR **89**, 257). Der ErsAnspr wird nicht dadch ausgeschl, daß der Dieb das entwendete Geld bei der bestohlenen Spielbank verspielt (BGH NJW **80**, 2183, krit Zimmermann JR **81**, 65). Vgl auch Anm 7 VortAusgl.

b) Gebrauchsvorteile von Kraftfahrzeugen. – aa) Der Eigtümer eines privat genutzten Pkw, der die Möglichk zur Nutzg seines Pkws einbüßt, hat nach stRspr auch dann einen **Schadensersatzanspruch,** wenn er kein ErsKfz mietet (BGH 40, 345, 45, 212, NJW 85, 2471). Gg diese Ans bestehen Bedenken (Larenz § 29 II c, Lange § 6 VII 4). Der Kommerzialisiergsgedanke rechtfertigt, wie inzw auch der BGH anerkennt, die Bejahg eines Schadens nicht (BGH 86, 131, Anm 2c bb). Auch die Frustriergsthese vermag keinen Schaden zu begründen (unten d). Gleichwohl ist die ErsPfl als Ergebn **richterlicher Rechtsfortbildung** anzuerkennen (BGH 98, 221). Sie beruht letztl auf der Erwägg, daß der auf einen Mietwagen verzichtde vorsichtige u spars Eigtümer nicht schlechter gestellt werden soll als derj, der einen ErsPkw mietet (BGH 66, 278, 86, 132). Sie wird von allen an der Abwicklg von VerkUnfällen Beteiligten seit mehr als 2 Jahrzehnten praktiziert u stellt daher wohl schon GewohnhR dar. – **bb)** Voraussetzg für die ErsPfl ist ein Eingriff in den **Gegenstand des Gebrauchs** (BGH 55, 147), gleichgült, ob die ErsPfl auf Delikt od Vertr beruht (BGH 88, 14). Der Anspr besteht daher bei Beschädigg od Totalschaden des Kfz, aber auch bei verspäteter Rückg (BGH 85, 15), bei verspäteter Lieferg des Pkws od des KfzBriefes (BGH 88, 11), bei Vorenthaltg des Kfz-Kennzeichens (Hamm NJW-RR 89, 56) u bei einem SchadErsAnspr aus § 463 (Hamm BB 80, 962). Dagg begründet der Nutzgsausfall inf Verletzg des Berecht keinen SchadErsAnspr (BGH 55, 147), ebsowenig der dch unberecht Entziehg der Fahrerlaubn (BGH 63, 205, 65, 173). – **cc)** AnsprVoraussetzg ist weiter eine **fühlbare Beeinträchtigung.** Erforderl sind daher Nutzgswille u eine hypothet Nutzgsmöglichk (BGH 45, 219). Hätte der Eigtümer den Pkw wg unfallbedingter Verletzgen nicht nutzen können, besteht kein ErsAnspr (BGH NJW 68, 1778), es sei denn, daß die Benutzg dch einen Angehörigen mögl u beabsichtigt war (BGH NJW 74, 33, 75, 922). Das Vorhandensein eines Zweitwagens schließt den Anspr aus (BGH NJW 76, 286). Dagg wird der Anspr nicht dadch berührt, daß ein Dritter vorübergehd unentgeltl seinen Pkw zur Vfg stellt (BGH NJW 70, 1120, 75, 256). Der Anspr entsteht erst mit Wegfall der Gebrauchsvorteile, entfällt also, wenn der Geschädigte auf die Dchführg der Reparatur verzichtet (BGH 66, 249, VRS 59 Nr 154, Weber VersR 83, 405). Der nichtberecht Besitzer hat keinen ErsAnspr, wenn ihm der Eigtümer das Kfz dch verbotene Eigenmacht entzieht (BGH 73, 362, 79, 237). – **dd)** Die **Höhe des Anspruchs** bemißt die Praxis nach der im Anhang zu § 249 abgedruckten Tabelle von Sanden u Danner. Ist die Nutzgsentschädigg höher als die Miete des angemieteten einfacheren Pkw, kann der Geschädigte die Differenz zusätzl beanspruchen (BGH NJW 70, 1120, Karlsr VRS 77 Nr 2). Für die **zeitliche Abgrenzung** der ErsPfl gelten die gleichen Grds wie bei Mietwagenkosten (§ 249 Anm 3c). – **ee)** **Behörden- und Nutzfahrzeuge.** Die ErsPfl für entgangene Gebrauchsvorteile besteht nach der Rspr auch bei Behörden- u Nutzfahrzeugen, obwohl hierfür überzeugde Sachgründe fehlen u die auf den Schutz der priv Eigennutzg abstellde Abgrenzg des GrZS (BGH 98, 216) gg eine ErsPfl spricht. Bejaht worden ist die ErsPfl für Krankenwagen der Bundeswehr (BGH NJW 85, 2471), Müllwagen (KG MDR 72, 50), Polizei- u BehördenKfz (Oldbg DAR 83, 144, LG Nürnbg NJW 82, 2079). Beim Ausfall eines gewerbl genutzten Kfz bemißt sich der Schaden idR nach dem entgangenen Gewinn (§ 252), der Vorhaltekosten eines Reservefahrzeugs (unten l) od der Miete eines ErsFahrzeugs (§ 249 Anm 3e). Hat sich der Ausfall wg besonderer Anstrenggen des Geschädigten oder der Eigenart seines Betr weder gewinnmindernd noch kostensteigernd ausgewirkt, soll der Geschädigte Nutzgsentschädigg verlangen können (BGH 70, 203, NJW 85, 2471, aA Ffm VersR 79, 745, Stgt VersR 81, 361). Das ist jedoch mit dem Grds des GrZS (BGH 98, 219) unvereinb: Die erwerbswirtschaftl Sachnutzg fällt in den Anwendungsbereich des § 252; eine Korrektur der Differenzhypothese läßt sich insoweit nicht rechtfertigen. Bei gemischt genutzten Kfz ist der Anteil der privaten Nutzg, soweit erforderl, gem ZPO 287 zu schätzen (Ffm VersR 87, 205, Hamm NJW-RR 89, 1194).

c) Gebrauchsvorteile anderer Sachen. Die Rspr hat den Verlust von Gebrauchsvorteilen und Sachen zunächst in Anlehng an die Rspr zu Kfz-Schäden allg als einen ersatzfähigen Schaden anerkannt. In diesem Sinn hat sie entschieden bei Gebrauchsvorteilen von Häusern (BGH NJW 67, 1803, KG NJW 67, 1233), Schwimmhallen (Köln NJW 74, 560), Flugzeugen (Karlsr MDR 83, 575) u Segeljachten (LG Kiel SchlHA 73, 34). Dagg hat die neuere Rspr die ErsPfl für entgangene Gebrauchsvorteile überwiegend **verneint:** so bei Vorenthaltg eines Pelzmantels (BGH 63, 393), verspäteter Herstellg eines Hauses od einer EigtWo (BGH 66, 280, 71, 236), Beschädigg eines Hauses (BGH 75, 370, Brschw VersR 82, 1169), Nichtbenutzbark einer Schwimmhalle (BGH 76, 184), Vorenthaltg eines Wohnwagens (BGH 86, 130), Beschädigg oder unbefugte Benutzg eines Motorbootes (BGH 89, 62, BVerwG DVBl 84, 1224), Ausfall eines Reitpferdes (Hbg VersR 84, 242), eines Autotelefons (LG Hbg DAR 78, 323), eines Fernsehers (LG Bln VersR 80, 830). Dieses widerspruchsvolle, fast schon chaotische Bild der Rspr hat der 5. ZS (NJW 86, 2037) mit Recht zum Anlaß genommen, den GrZS anzurufen. Dieser hat sich, erkennb in dem Bestreben möglichst alle Ergebn der BGH-Rspr zu halten, für eine **mittlere Lösung** entschieden (BGH 98, 212). Bei Sachen, auf deren ständige Verfügbark der Berecht für die eigenwirtschaftl Lebenshaltg typw angewiesen ist, begründet der (delikt) Eingriff in den Ggst des Gebrauchs einen ersatzfähigen Vermögensschaden. Diese aus den Wertgen der §§ 249ff nicht ableitb, aber nicht unvertretb **offene Rechtsfortbildung** bedeutet im einzelnen: – **aa)** Geschützt werden **Lebensgüter,** deren ständ Verfügbark für die eigenwirtschaftl Lebenshaltg von zentraler Bedeutg sind (BGH 98, 222). Dazu gehören die Wo (BGH aaO), WoTeile, etwa die Terrasse (BayObLG 87, 53), die Kücheneinrichtg (LG Tübingen NJW 89, 1613), das Kfz (oben b), das Wohnmobil, soweit es als tägl Transportmittel eingesetzt w (LG Kiel NJW-RR 87, 1515), nach der insoweit maßgebden VerkAnschauung (BGH 98, 223) aber auch das Fahrrad, das Motorrad, der Fernseher, die Waschmaschine, der Kühlschrank, u der Blindenhund (AG Marbg NJW-RR 89, 931), wenn es auch schwerfällt, obj Kriterien für die Bemessg seines Gebrauchswertes zu finden. Nicht geschützt sind Ggst, die nicht zum notw Lebensbedarf gehören, wie das private Schwimmbad (BGH 76, 187), der Pelzmantel (BGH 63, 393), das Motorboot (BGH 89, 64). In den Schutz einzubeziehen sind dagg: der WoWagen (aA BGH 86, 133), die FerienWo (s BGH 101, 334, Fall einer vertragl Gebrauchsmöglichk), u die Garage (BGH 96, 124, der jedoch auf den Normzweck des GewLR zurückgreift). – **bb)** **Vertragliche Gebrauchsmöglichkeiten** sind, soweit sie Lebensgüter des notw Bedarfs betreffen, ebso geschützt wie die Gebrauchsmöglichk des Eigtümers (BGH **101**, 330). Da der obligator Berecht die Nutzg nicht nachholen kann, gibt es gute Grde, ihm auch außerh des Bereichs von aa) Nutzgsentschädigg zuzusprechen (BGH **76**, 184, **101**, 332, Zeuner JZ **88**, 200). – **cc)** Voraussetzg ist ein Eingriff in den **Gegenstand des Gebrauchs.** Die Ausführgen oben b) bb) gelten entspr. Gleichgült ist, ob die ErsPfl auf Delikt (so BGH GrZS **98**, 212) od Vertr beruht (BGH **88**, 14, **101**, 330, BB **88**, 163). Die Störg muß die eigenwirtschaftl Nutzg betreffen. Wird eine geplante Vermietg vereitelt, gilt allein § 252 (BGH NJW **87**, 772). – **dd)** AnsprVoraussetzg ist weiter eine **fühlbare Beeinträchtigung.** Auch insow gilt oben b) bb) entspr. Unerhebl od kurzfrist Beeinträchtiggen, die dch zumutb Umdispositionen aufgefangen od wesentl gemildert werden können, begründen keine ErsPfl (BGH **98**, 224). – **ee) Höhe des Anspruchs.** Entscheid ist, welchen Wert der Verkehr dem Eigengebrauch beimißt (BGH **98**, 225). IdR wird auf die zeitanteil Vorhaltekosten, vermehrt um einen maßvollen Aufschlag, abzustellen sein (BGH aaO). Auch die übl Miete kann als Ausgangspunkt der Schadensbemessg genommen w, muß aber um die Gewinnspanne des Vermieters u die bei priv Nutzg nicht anfallden Kosten gemindert w (BGH aaO u Anhang zu § 249 Anm 1). Ist die Nutzgsentschädigg höher als die Miete der ErsSache, kann der Geschädigte die Differenz zusätzl verlangen (Kblz NJW **89**, 1808). – **ff) Würdigung** (Medicus Jura **87**, 240, Flessner JZ **87**, 271, Schiemann JuS **88**, 20, Magnus, wie LitVerz, S 339). Die Erwäggen, mit denen der GrZS für die dch § 252 nicht geschützte eigenwirtschaftl Sachnutzg die Abweichg von der Differenzhypothese rechtf, sind plausibel. Dagg ist die Beschränkg auf Lebensgüter von zentraler Bedeutg problemat (Medicus NJW **89**, 1892). Sie führt zu Abgrenzgsschwierigk u einer dem Ges unbekannten Unterscheidg zw notw Güter u sonst Ggst („Luxusgütern").

d) Fehlgeschlagene Aufwendungen. – aa) Soweit für enttäuschtes **Vertrauen** gehaftet w, umfaßt der zu ersetzde Schaden auch die Aufwendgen, die inf des schädigden Ereign nutzlos geworden sind (Anm 2g). Beim SchadErsAnspr wg NichtErf kann der Gläub als Mindestschaden die Leistgen u Aufwendgen ersetzt verlangen, die er im Hinbl auf den Vertr gemacht hat (BGH **57**, 80, § 325 Anm 4 B b). Dabei handelt es sich aber ledigl um eine widerlegl Rentabilitätsvermutg (BGH **71**, 238, **99**, 197), also eine BewErleichterg, nicht eine Erweiterg des Schadensbegriffs. – **bb)** Die **Frustrationstheorie** erhebt die für den Vertrauensschaden entwickelten Grds zu einem allg RPrinzip. Aufwendgen des Geschädigten sollen unabhäng von dem maßgebden HaftgsGrd einen Schaden darstellen, soweit sie inf des schädigden Ereign fehlschlagen (Esser-Schmidt § 31 III, Köndgen AcP **177**, 1ff, ähnl AK/Rüßmann Rdn 33). Die Anhänger dieser Theorie berufen sich auf den ökonomischen Vermögensbegriff u meinen, der Frustrationsgedanke ermögliche eine nachvollziehb u sachgerechte Grenzziehg zw Vermögens- u Nichtvermögensschäden. Das trifft jedoch nicht zu. Die Frustrationsthese wird mit Recht von der Rspr (BGH **55**, 151, **71**, 234, **99**, 196) u der hL abgelehnt (s Staud/Medicus § 249 Rdn 128, MüKo/Grunsky Rdn 12c, Soergel-Mertens Rdn 96, Lange § 6 IV, Larenz § 29 II c, Schiemann S 284). Sie bejaht ErsAnspr wg entgangener Gebrauchsvorteile auch dann, wenn nicht in den Ggst des Gebrauchs eingegriffen worden ist, u höhlt deshalb den § 253 noch wesentl weitergeh aus als die Kommerzialisierungsthese (Anm 2c). Im Ergebn macht sie ohne Anhalt im Ges bloße Handlgsmöglichk u Gebrauchsaussichten in einem zu ersetzden Schaden. Schiemann (aaO) weist mit Recht darauf hin, daß die §§ 252, 842 nur Erwerbs-, nicht aber Gebrauchsmöglichk in den Vermögensbereich einbeziehen. Die praktischen Konsequenzen der Frustrationslehre sind wenig einleuchtd: Der Verletzte könnte während seines Krankenhausaufenthaltes die frustrierte Miete seiner Wohng mit allen Nebenkosten bis hin zur Fernsehgebühr ersetzt verlangen. Bei einem aufwendigen Lebensstil (Düsenjet, Butler, mehrere Villen) ergeben sich fast schon groteske Schadenspositionen. – **cc)** Die Rspr hat die ErsPfl daher mit Recht **verneint:** für die frustrierten Pachtzahlgen eines unfallverletzten Jagdpächters (BGH **55**, 151); für die inf unberecht Entziehg der Fahrerlaubn fehlgeschlagenen Pkw-Aufwendgen (BGH **65**, 174); für die wg verspäteter Lieferg der EigtWo fehlgeschlagenen Zinsen u Kosten (BGH **71**, 234); für die zu ideellen Zwecken (polit Veranstaltg) gemachten u inf NichtErf des MietVertr nutzlos gewordenen Aufwendgen (BGH **99**, 196; krit Stoll JZ **87**, 517); für den nutzlos gewordenen Erschließgsaufwand des Pächters (BGH NJW **79**, 2035); für die vom Vermieter vorgenommenen, wg vorzeit Beendigg des MietVertr zT nutzlos gewordenen Verbesserggen (Düss NJW-RR **88**, 652); für den dch eine Betriebsstörg frustrierten Lohnaufwand (BGH NJW **77**, 2266); für die Aufwendgen eines Architekten zur Teilnahme an einem Wettbew, von dem er rechtsw ausgeschl worden ist (BGH NJW **83**, 443). – **dd) Ausnahmen.** Die ErsPfl für frustrierte Aufwendgen kann sich ausnweise in einer VertrBeziehg aus dem Schutzzweck des Vertrages ergeben, so etwa im Rahmen eines ReiseVertr (unten h aa).

e) Muß der Geschädigte wg des schädigden Ereign einen Theaterbesuch ausfallen lassen, steht ihm ein SchadErsAnspr in Höhe des obj Wertes der Theaterkarte zu. Entspr gilt, wenn der Geschädigte eine and geldwerte **Genußmöglichkeit** (Konzert, Klavierstunde, Teiln an einer Kreuzfahrt, Mü NJW-RR **86**, 964) endgült nicht wahrnehmen kann. Über dieses Ergebn besteht allg Einverständn (Staud/Medicus § 253 Rdn 55, Lange § 6 III), die Begründg macht aber Schwierigk. Abzustellen ist auf den Kommerzialisierungsgedanken (Anm 2c), dessen Anwendg in dieser Fallgruppe keinen Bedenken begegnet. Da für zerstörte Schallplatten u Parfum GeldErs zu leisten ist, muß entspr auch für die nicht in einer Sache verkörperten geldwerten Genußmöglichk gelten. Ein Schaden ergibt sich aber auch bei Anwendg der Differenzhypothese: Das schädigde Ereign entwertet den Anspr auf die Genußmöglichk u vermindert entspr den Wert des Vermögens.

f) Die **Arbeitskraft** u die Erwerbsfähigk sind Eigensch der Pers u keine vermögenswerten Güter (Lange § 6 XIII 1). Der bloße Ausfall der ArbKraft begründet daher keinen Vermögensschaden (BGH **54**, 50, **69**, 36, Ffm VersR **82**, 909), ebsowenig die abstr Minderg der Erwerbsfähigk (BGH **38**, 58, VersR **77**, 282). Erforderl ist vielmehr ein konkreter Verdienst- od Gewinnentgang (s aber § 252 Anm 4a). Fällt die Arbkraft eines unentgeltl tät Ordensbruders inf einer Verletzg aus, besteht daher grdsl kein SchadErsAnspr (Celle NJW **88**, 2618). Setzt der Geschädigte zur Schadensbeseitigg eig ArbNeh ein, kann er deren Lohn ersetzt verlangen (BGH VersR **79**, 180, BAG JZ **71**, 380). Zwar kann in diesem

Zushang nicht auf den normativen Schadensbegriff rekurriert w (aA BAG aaO). Dem Geschädigten kommt aber die Rentabilitätsvermutg (BGH **71**, 238, oben d aa) zugute. Es wird vermutet, daß die ArbNeh ohne das schädigde Ereign and, dem Wert ihres Lohnes entspr Arbeitsleistgen erbracht hätten. Läßt ein Vorgesetzter seine Untergebenen rechtsw unentgeltl für eine Gemeinde arbeiten, entfällt eine ErsPfl wg Fehlens eines Schadens (BVerwG NJW **79**, 885). Besteht für die erlaubte InAnsprNahme eine Vergütgsregelg, ist das Entgelt auch bei einem pflichtw Einsatz für priv Zwecke zu zahlen (BVerwG ZBR **87**, 344).

g) Die prakt mit jedem Schadensfall verbundene Einbuße an **Freizeit** stellt keinen Vermögensschaden dar (BGH **69**, 36, BAG NJW **68**, 221, Stoll JZ **77**, 97). Das gilt auch für die Zeit, die der Geschädigte zur **Abwicklung des Schadensfalles** aufwendet (BGH **66**, 112). Sogar wenn der Geschädigte hierfür besonderes Personal angestellt hat, besteht keine ErsPfl (BGH **66**, 112, **75**, 231, aA Wilhelm WPM **68**, 281). Anders liegt es, wenn der Geschädigte dch **überpflichtmäßige** gem § 254 nicht gebotene **Anstrengungen** den Eintritt nachteiliger Folgen verhindert hat. Hier ist bei der Beurteil wertd auf die Güterlage abzustellen, die ohne die Maßn des Geschädigten bestanden hätte (BAG NJW **68**, 222, BGH **55**, 329, Anm 7 B).

h) Urlaub. – aa) Im **Reisevertragsrecht** hat der BGH den Urlaub vor Inkrafttreten des § 651f als ein vermögenswertes Gut u seine Beeinträchtigg od Vereitelg als einen Vermögensschaden angesehen (BGH **63**, 98). SchadErs wg nutzlos aufgewandter UrlTage konnten entspr dem Kommerzialisiergsgedanken (Anm 2 c) aber nur Erwerbstätige einschließl der Hausfrauen (BGH **77**, 124) verlangen, nicht dagg Kinder, Studenten, Arbeitslose u Rentner. Inzw hat sich die RLage des Inkrafttreten des § 651f II verändert. Nunmehr steht auch Nichterwerbstätigen wg nutzlos aufgewandter UrlZeit eine angem Entschädigg in Geld zu (BGH **85**, 168). Damit ist zugl klar, daß der Anspr aus § 651f II nichtvermögensrechtl Charakter hat u die Kommerzialisiergsthese in seinem Anwendgsbereich überholt ist (Larenz § 29 II d, § 651f Anm 3, nicht eindeut BGH NJW **85**, 906). Soweit bei u Vertr (über einz Reiseleistgen, Anmietg einer Ferienwohng, eines Wohnmobils, Bootscharter) der VertrZweck einen Ers für vertane UrlZeit rechtfertigt, ist § 651f II entspr anzuwenden (BGH NJW **85**, 906, Mü NJW-RR **87**, 366, Karlsr NJW-RR **88**, 955). Es ist nicht sinnvoll, fehlgeschlagenen Url im Rahmen des § 651f II als Nichtvermögensschaden, bei ähnl Vertr aber als Vermögensschaden zu qualifizieren. – **bb)** Im **Vertragsrecht** außerh des Anwendgsbereichs des § 651f, im **Deliktsrecht** u im Recht der Gefährdgshaftg kann vertane UrlZeit nur als Folgeschaden auftreten, verursacht etwa dch eine Körperverletzg, dch die Beschädigg od nicht ordngsmäß Reparatur eines Kfz, dch den Verzug mit einer Geldzahlg (LAG Bln Betr **87**, 542). Die Rspr hat in einigen Fällen derart Beeinträchtiggen des Url als Vermögensschaden anerkannt; vgl Brem VersR **69**, 929 (VerkUnfall), KG NJW **70**, 474 (Hundebiß), Hamm VersR **78**, 1147 (Fußverletzg). Diese Rspr ist aber überholt (BGH **86**, 213, LG Bln NJW-RR **88**, 203, LG Karlsr VersR **88**, 1074, Larenz § 29 II d, Müller DAR **83**, 317). Um einen Vermögensschaden zu bejahen, reicht es nicht aus, daß der Urlaub nach heutiger Auffassg kommerzialisiert ist (Anm 2 c). Außerdem ergibt § 651f II, daß das Ges nutzlos aufgewendete UrlZeit in den nichtvermögensrechtl Bereich verweist. Denkb ist die Zubilligg von SchadErs allerdings dann, wenn der Schutzzweck der verletzten Pfl dies rechtfertigt (s BGH NJW **56**, 1235, „Seereisefall", AmtsPflVerletzg der Zollverwaltg). Wird der Urlaub dch eine Körperverletzg beeinträchtigt, kann dies bei der Bemessg des SchmerzG berücksichtigt werden. Holt der Geschädigte den frustrierten Url nach, kann er seinen zusätzl finanziellen Aufwand schon nach der Differenzhypothese (Anm 2 b) ersetzt verlangen.

i) Verdienstausfallschaden. Der ArbNeh, Beamte od Gesellschter, der dch u zum SchadErs verpflichtdes Ereign erwerbsunf wird, erleidet auch dann einen Schaden in Höhe seines Gehalts, wenn ihm dieses weitergezahlt w od er im Rahmen des Systems kollektiver Sicherg Leistgen mit LohnErsFunktion erhält (BGH **7**, 30, **21**, 112, **90**, 338). Die gewährten Leistgen sind beim Vergl der Güterlagen nicht zu berücksichtigen, da sie nach ihrem Zweck dem Geschädigten zugute kommen, aber nicht den Schädiger entlasten sollen (näher Anm 7 C c–e). Die Differenzrechng ist daher normativ zu korrigieren (Anm 2 d).

k) Die Ehefrau od Mutter, die inf einer Verletzg die ihr als UnterhBeitrag obliegde **Hausarbeit nicht leisten** kann, hat auch dann einen SchadErsAnspr in Höhe der Kosten einer ErsKraft, wenn eine solche nicht angestellt w (BGH **38**, 59, GrZS **50**, 305). Das ist als Ergebn der Lehre vom **normativen Schaden** (Anm 2 d) fast allg anerkannt (Lange § 6 IX 6, krit Honsell/Harrer JuS **85**, 161) u rechtfertigt sich aus dem GrdGedanken des § 843 IV (s auch Stürner DAR **86**, 9, der eine Parallele zu den Lohnfortzahlgsfällen zieht). Der Anspr steht auch der berufstät Hausfrau zu (Ffm VersR **80**, 1122). Er kann auch bei einer MdE von nur 20% gegeben sein (Ffm VersR **80**, 1122). Der Witwer kann auch dann gem § 844 II SchadErs wg Verlustes der als Unterh geschuldeten Haushaltsführg verlangen, wenn er sich ohne ErsKraft behilft (BGH NJW **71**, 2067, **72**, 1130, VersR **73**, 940) od Verwandte die Haushaltsführg übernehmen (BGH VersR **73**, 85). Entspr gilt für den Fall der Verletzg od Tötg des haushaltsführden Ehemanns. Die Höhe des ErsAnspr bemißt sich nach der Nettovergütg einer vergleichb ErsKraft (BGH **86**, 372, § 843 Anm 4 A d u § 844 Anm 6 A a).

l) Vorsorgeaufwendungen. – aa) Ein Schaden im RSinne ist auch dann zu bejahen, wenn der Geschädigte zum Ausgl mögl Schäden **Vorsorgemaßnahmen** getroffen hat (BGH **32**, 284, Mertens S 190, krit Lange § 6 VIII 4). Die Schadensvorsorge entlastet den Schädiger nicht; er hat vielmehr die Vorsorgeaufwendgen bis zur Höhe des Schadens zu ersetzen, der ohne die Vorsorgemaßn entstanden wäre. Vgl RG **74**, 365 (Vorsorge für das Heben gesunkener Schiffe), BGH **32**, 284, **70**, 201 (Haltg von Reservefahrzeugen), BGH VersR **86**, 1127 (Rückrufaktion) Hbg MDR **65**, 293 (Reserveschiff). Voraussetzg ist jedoch, daß die Reservehaltg mit Rücks auf fremdverschuldete Ausfälle meßb erhöht ist (BGH **70**, 201). Die Schadenshöhe ist gem ZPO 287 nach den betriebswirtschaftl Kosten der Reservehaltg zu schätzen (BGH VersR **78**, 812, Brem VersR **81**, 861, Danner/Echtler VersR **84**, 820, **86**, 717). Wenn der Geschädigte Ers der Vorhaltekosten beansprucht, entfällt der EntschädiggsAnspr wg entgangener Gebrauchsvorteile (BGH **70**, 203, oben b ee). – **bb) Kosten von Überwachungs- und Sicherungsmaßnahmen** sind kein zu ersatzder Schaden (Lange § 6 VIII A, Staud/Medicus Rdn 123, Esser/Schmidt § 32 III 2 b). Das gilt vor allem für Vorbeugemaßn gg **Ladendiebstähle** (BGH **75**, 237), aber auch für Detekteikosten zur Aufkl (Verhinderg) von Parkverstößen (LG Mü DAR **88**, 383). Da die Mühewaltg bei der Feststell u Abwicklg eines Schadens zum eig Pfltenkreis des Geschädigten gehört, besteht auch kein Anspr auf Ers von Bearbeitgskosten (BGH **75**, 234, aA MüKo/Grunsky Rdn 76 b). Dagg sind **Fangprämien** zu ersetzen, soweit sie in einem angem Verhältn zum Wert der gestohlenen Sache stehen (BGH **75**, 238, Deutsch JZ **80**, 102, Schiemann S 233, aA MüKo/Grunsky Rdn 76 a mwNw). Die Obergrenze bildet der Wert der gestohlenen Sache (aA BGH **75**, 240, der Prämien bis zu 50 DM auch bei geringwert Sachen für ersatzfäh hält). Bei wertvollen Sachen muß der Prämie deutl geringer sein als der Warenwert. Sie darf idR 500 DM nicht überschreiten (LG Bln Betr **84**, 1029). – **cc)** Bei **Verletzung musikalischer Urheberrechte** billigt die Rspr der Gema einen Anspr auf Ers von Kosten der Kontrollorganisation zu (BGH **17**, 383, **59**, 286: 100% Zuschlag auf den Normaltarif). Diese Rspr, die der besonderen Verletzlichk musikal UrhR Rechng trägt, hat inzw wohl den Rang von GewohnhR (Lange § 6 VIII 2). Sie kann keinesf auf all Fallgruppen übertragen w.

m) Ein ersatzfäh Vermögensschaden kann auch in der **Belastung mit einer Verbindlichkeit** bestehen. Ein Schaden ist auch dann gegeben, wenn der Belastete weder Vermögen noch Einkommen hat (BGH **59**, 148, **66**, 4, NJW **86**, 582, aA RG **147**, 280). Der Belastete hat gem § 249 S 1 einen FreihaltsAnspr, der jedoch gem § 250 in einen GeldAnspr übergehen kann (BGH NJW-RR **87**, 43, NJW **89**, 1216). Auch der Abtr an den Gläub bewirkt die Umwandlg in einen GeldAnspr (BGH **71**, 170), ebso die KonkEröffng über das Vermögen des Belasteten (BGH **57**, 83, ZIP **81**, 131).

n) Ein Vermögensschaden ist auch die Belastg mit einer **Unterhaltspflicht** ggü einem nicht gewollten Kind (BGH **76**, 249, 259, NJW **84**, 2625, Engelhardt VersR **88**, 543, aA Ffm NJW **83**, 342). Die ErsPfl besteht nicht nur bei mißlungener Sterilisation od ungeeigneten VerhütgsMaßn, sond grdsl auch bei einer fehlgeschlagenen, sozial indizierten **Abtreibung** (BGH **95**, 207, krit Stürner FamRZ **85**, 752). Sie entfällt aber, wenn die Abtreibg gg StGB 218, 218a verstoßen hätte (Brem VersR **84**, 288, LG Kassel NJW **84**, 1411). Macht der Arzt geltend, für den erfolglosen Eingriff habe keine Indikation bestanden, ist er beweispflichtig (BGH NJW **85**, 2752). Entfällt die schwerwiegde Notlage, entfällt auch die ErsPfl (BGH **95**, 209, krit Dannemann VersR **89**, 679). Entspr gilt, wenn das Kind wg der veränderten Einstellg seiner Eltern zu einem „Wunschkind" wird (BGH NJW **84**, 2626, **85**, 673) od die Mutter die mögl u zumutb Wiederholg des Eingriffs ablehnt (BGH NJW **85**, 672). Handelt es sich um eine fehlgeschlagene Sterilisation, begründet die Verweigerg der Abtreibg od Adoption dagg kein Mitverschulden (BGH **76**, 257). Die **Höhe** der ErsPfl wird vom BGH auf den einem dchschnittl Lebenszuschnitt entspr Unterh begrenzt (BGH NJW **80**, 1455, ähnl Waibl NJW **87**, 1515). Maßgebd sind die RegelunterhSätze für nichtehel Kinder, vermehrt um einen Zuschlag für Betreuungsleistgen (BGH aaO). Die ErsPfl erstreckt sich auch auf den Unterh der Mutter, wenn diese wg der Kindesbetreuung nicht arbeiten kann (BGH NJW **81**, 632, Saarbr NJW **86**, 1549). Ist eine medizinisch indizierte SchwangerschUnterbrechg nicht dchgeführt worden u kommt das Kind mit schweren Mißbildgn zur Welt, gilt Anm 5 B m. Vollen Ersatz des UnterhSchadens schuldet der RA, der die EhelichkAnfFr versäumt hat (BGH **72**, 299). Gg den Ehebrecher bestehen dagg auch nach erfolgreicher Anf nur der Anspr aus § 1615b (§ 823 Anm 5 Fb).

o) Ausnweise kann auch der Grds von **Treu und Glauben** normative Korrekturen rechtfertigen. Besteht der Schaden darin, daß ein VermögensGgst statt dem Geschädigten einem Angeh zugeflossen ist, kann § 242 die ErsPfl beschränken (BGH NJW **79**, 2033, krit Zimmermann FamRZ **80**, 99).

4) Schadensberechnung. – a) Konkrete Schadensberechnung. Der Schaden ist grdsl konkret zu berechnen. Maßgebd ist die tatsächl eingetretene Vermögensminderg (**damnum emergens**) u die ausbleibde Vermögensmehrg (**lucrum cessans**). Zu ersetzen ist das volle wirtschaftl Interesse des Geschädigten. **Affektionsinteressen**, dh persönl Erinnerungs- od Gefühlswerte, sind nicht zu berücksichtigen (§ 251 Anm 4). Bei Sachen mit einem Sammler- od Liebhaberwert besteht dagg ein GeldErsAnspr, sofern sich ein Marktpreis gebildet hat (§ 251 aaO). – **b) Abstrakte Schadensberechnung.** Die Rspr läßt § 252 S 2 für entgangenen Gewinn zuläss. Sie stellt auf den gewöhnl Verlauf der Dinge u den typ Dchschnittsgewinn ab (§ 252 Anm 2c). Systemat handelt es sich um eine **Beweiserleichterung.** Der GgBeweis, es sei kein od ein geringerer Schaden entstanden, ist mögl. – **c) Abstrakt-normative Schadensberechnung.** Hier geht es um die Fälle, in denen das Ges unabhg von dem konkret eingetretenen Schaden einen nach einem dchschnittl Maßstab ermittelten Betrag verbindl, ohne Möglichk eines GgBeweises, als Schaden od Mindestschaden festlegt. Bsp sind HGB § 376 II (Fixkauf), § 288 (Verzugszinsen) u 849 (ZinsPfl des DeliktSchu). Bei der Verletzg von **Urheberrechten** u ähnl AusschließlkR unterliegt der Verletzte neben dem Anspr auf Herausg des Gewinns (UrhG 97 I 2, PatG 47 II 2, GeschmG 14 a I, GebrMG 15 II 2) u dem SchadErsAnspr. Den Schaden kann er konkret, aber auch normativ-abstrakt nach der angem Lizenzgebühr berechnen (BGH **20**, 345, **44**, 372, Lehmann BB **88**, 1680). Der Anspr auf eine angem Lizenzgebühr besteht auch bei Verletzg des UrhR des Architekten (BGH **61**, 93), bei Namens- u Firmenrechten (BGH **60**, 208), bei sklavischer Nachahmg (BGH **57**, 116) u bei rechtsw Verwertg von BetrGeheimn (BGH NJW **77**, 1062, BAG Betr **86**, 2289). Bei Vorenthaltg eines Patents muß der Verletzte dagg gem § 252 S 2 die Wahrscheinlichk eines Gewinns dartun (BGH **LM** § 252 Nr 29). – **d)** Als **Mindestschaden** kann der Geschädigte den obj Wert (VerkWert) des beschädigten od zerstörten Vermögensstücks fordern (Larenz § 29 I b, str). Das ergibt sich für den Fall der Beschädigg aus § 249 S 2 (§ 249 Anm 2) u für den der Zerstörg od Entziehg aus der Differenzhypothese (Anm 2b), da der Wert des Vermögens mindestens um den VerkWert des zerstörten od entzogenen Gutes gemindert w. Für eine MindestSchadErsPfl in Höhe des obj Wertes spricht auch der RFortsetzgsgedanke (Anm 1d). Die Rspr folgt, wenn auch unausgesprochen, dieser Ansicht, soweit sie merkantilen Minderwert unabhäng von einer Verkaufsabsicht des Geschädigten für einen zu ersetzden Schaden hält (BGH **35**, 396, § 251 Anm 5 Bb).

5) Zurechnungszusammenhang. – A) Allgemeines. a) Die SchadErsPfl setzt voraus, daß der Schaden dch das zum SchadErs verpflichtde Ereign verursacht worden ist. Das Verhalten des Schädigers muß für den Schaden kausal sein. Der KausalZushang ist Grund u Grenze der zivilrechtl Haftg (Gottwald Karlsr Forum 1986, S 4). Dabei ist zu unterscheiden: – **aa)** Bei der **haftungsbegründenden Kausalität** geht es darum, ob zw dem Verhalten des Schädigers u der eingetretenen RGutVerletzg, im Fall des § 823 I etwa der Körperverletzg, ein Ursachenzushang gegeben ist. Systematisch gehört dieser Teil der Kausalkette zum Haftgs- u nicht zum SchadensR. – **bb)** Die **haftungsausfüllende Kausalität** ist der Ursachenzushang zw dem Haftgrund (RGutVerletzg) u dem entstandenen Schaden. Dabei können sich im Einzelfall Überschneidgen ergeben: Stürzt das mangelhaft errichtete Haus ein, so gehört die vom Eigtümer (Besteller) erlittene Körperverletzg beim Anspr aus pVV zur Haftgsausfüllg. Soweit es um den Anspr aus §§ 823, 847 od um die Verletzg eines Besuchers geht, handelt es sich dagg um haftgsbegründe Kausalität. Setzt die SchadErsPfl ein Verschulden voraus, gilt dies Erfordern nur für die Haftgsbegründg.

b) Äquivalente Kausalität. – aa) Nach dem UrsachenBegr der Logik u der Naturwissensch ist Ursache die Gesamth aller Bedinggen, Teilursache mithin jede einz Bedingg, die zum Erfolg beigetragen hat. Hieran knüpft die Bedinggs- od **Äquivalenztheorie** an: alle Bedinggen sind gleichwertig. Kausal ist jedes Ereign, das nicht hinweggedacht werden kann, ohne daß der Erfolg entfiele *(condicio sine qua non)*. – **bb)** Auch im bürgerl Recht setzt der Zurechngszushang voraus, daß das Verhalten des Schädigers iSd **condicio-sine-qua-non-Formel** ursächl für den eingetretenen Schaden geworden ist (BGH **2**, 141, **25**, 84). Diese legt das Mindestkausalitätserfordern sowohl für die Haftgsbegründg als auch für die Haftgsausfüllg fest. Zur Feststellg des UrsZushangs muß die pflichtwidr Hdlg hinweggedacht, aber nicht and hinzugedacht w (BGH **96**, 172). In den Fällen der alternativen od Doppelkausalität bedarf die *condicio-sine-qua-non-*Formel allerdings einer normativen Korrektur (unten B l).

c) Adäquate Kausalität. – aa) Bedeutung. Die *condicio-sine-qua-non-*Formel ist ein notw, allein aber nicht ausr Kriterium der Schadenszurechng. Sie bedarf, um eine unerträgl Ausweitg der SchadErsPfl zu verhindern, eine Ergänzg dch weitere Zurechngskriterien. Diese hat die dch v Bar (1871) u v Kries (1888) begründete u 1902 von der Rspr (RG **50**, 222) übernommene Adäquanztheorie zu entwickeln versucht. Sie zielt im Ergebn darauf ab, aus der Schadenszurechng gänzl unwahrscheinl Kausalverläufe auszuscheiden. – **bb)** Zur Umschreibg der Adäquanz hat die Rspr unterschiedl **Formeln** verwandt. Die negativen Formulierungen lauten etwa: die Möglichkeit des Schadenseintritts darf nicht so entfernt sein, daß sie nach der Erfahrg des Lebens vernünftigerweise nicht in Betracht gezogen werden kann (RG **78**, 272); sie darf nicht außer aller Wahrscheinlichk liegen (RG **152**, 401, **158**, 38, BGH **LM** (Bb) Nr 3). Positiv hat die Rspr das Adäquanzerfordern wie folgt umschrieben: das Ereign muß die Möglichk eines Erfolges der eingetretenen Art generell nicht unerhebl erhöht haben (RG **69**, 59, BGH **3**, 266, **57**, 255). Häufig werden beide Formulierngen verbunden: das Ereign muß im allg u nicht nur unter besonders eigenart, unwahrscheinl u nach dem gewöhnl Verlauf der Dinge außer Betracht zu lassden Umst geeignet sein, einen Erfolg der eingetretenen Art herbeizuführen (BGH **7**, 204, **57**, 141, NJW **76**, 1144, **86**, 1331). – **cc) Konkretisierung:** Bei Beurteilg der Adäquanz kommt es, and als beim Verschulden, nicht auf die Einsicht u Voraussicht des Schädigers an, sondern auf eine **objektive nachträgliche Prognose**; alle dem optimalen Betrachter zZ des Eintritts des Schadens erkennb Umst sind zu berücksichtigen (BGH **3**, 266). Das derzeit zZ der Beurteilg zur Vfg stehde Erfahrgswissen ist heranzuziehen (BGH VersR **72**, 69). Vorsätzl herbeigeführte Tatfolgen sind immer adäquat (BGH **79**, 262). Hat sich eine mögl Gefahr auf ungewöhnl Weise verwirklicht, so beseitigt das die adäquate Kausalität nicht (BGH VersR **61**, 465, Spitzhacke, krit Kramer JZ **76**, 338; VersR **67**, 113, Kamineinsturz). Sie ist in einem Impfschadensfall bejaht worden, obwohl die Schadenswahrscheinlichk geringer als 0,01% war (BGH **18**, 286). Bei der Gefährdgshaftg kommt es darauf an, ob der eingetretene Schaden eine spezifische Auswirkg der Gefahr ist, wg derer nach dem Sinn der HaftgsVorschr ein ErsAnspr gewährt w soll (BGH **79**, 262, NJW **82**, 1046, Schünemann NJW **82**, 2796). Gelegentl hat der BGH formuliert, bei Prüfg der Adäquanz gehe es um die Feststellg der Grenze, bis zu der die Haftg noch **zugemutet** w könne (BGH **3**, 267, **18**, 288). Diese vielf kritisierte Formulierg bedeutet aber nicht, daß auf Billigk u Zumutbark im Einzelfall abgestellt w soll (s etwa BGH VersR **59**, 1000, **63**, 263). Es bleibt vielmehr dabei, daß die Adäquanztheorie die Haftg des Schädigers im Ergebn nur bei gänzl unwahrscheinl Kausalverläufen ausschließt. – **dd) Kritische Würdigung.** Ein erhebl Teil der neueren Schrift tritt dafür ein, die Adäquanztheorie aufzugeben u bei der Beurteilg des Zurechngszushanges allein auf den Schutzzweck der Norm abzustellen (MüKo/Grunsky Rdn 42, Esser/Schmidt § 33 II, AK/Rüßmann Rdn 50). Dieser Ansicht ist jedoch nicht zu folgen. Die Adäquanzformel, mit abgeschwächtem Inh des VorhersbarkMerkmal übernimmt, ist ein brauchb Kriterium für die Bestimmg der äußersten Grenze der Zurechng (Larenz § 27 III, Lange § 3 VI 5, Staud/Medicus § 249 Rdn 43, Soergel-Mertens Rdn 120). Richtig ist allerdings, daß Einschränkgen der Zurechng in der prakt RAnwendg idR auf eine wertde Beurteilg gestützt w. Es trifft auch zu, daß sich aus dem Schutzzweck der Norm eine Haftg für unwahrscheinl u inadäquate Folgen ergeben kann (BGH NJW **82**, 572, Schaden dch ZusWirken von BeurkMangel u grobem Fehler des Ger). Das rechtfertigt Einschränkgen der Adäquanztheorie, nötigt aber nicht dazu, diese guter RTradition entspr Theorie völlig aufzugeben. – **ee) Einzelfälle:** s unten B bei den einz Fallgruppen.

d) Schutzzweck der Norm. – aa) Die auf eine WahrscheinlichkBetrachtg ausgerichtete Adäquanztheorie ist allein nicht in der Lage, die zurechenb Schadensfolgen sachgerecht zu begrenzen. Sie bedarf einer **Ergänzung** dch eine **wertende Beurteilung:** Eine SchadErsPfl besteht nur, wenn der geltd gemachte Schaden nach Art u Entstehgsweise unter den **Schutzzweck** der verletzten Norm fällt; es muß sich also um Nachteile handeln, die aus dem Bereich der Gefahren stammen, zu deren Abwendg die verletzte Norm erlassen od die verletzte VertrPfl übernommen worden ist (BGH **27**, 140, **35**, 315, **57**, 412, MüKo/Grunsky Rdn 44, stRspr, hM). Der entstandene Nachteil muß zu der vom Schädiger geschaffenen Gefahrenlage in einem inneren Zushang stehen; eine bloß zufäll äußere Verbindg genügt nicht (BGH NJW **86**, 1332). Soweit für die Schadenszurechng ein **Rechtswidrigkeitszusammenhang** gefordert w (Lange § 3 IX, Esser/Schmidt § 33 III), ist in der Sache dasselbe gemeint. Dieser erfaßt nur die Schadensfolgen, vor deren Eintritt die verletzte Norm schützen soll. – **bb) Anwendungsbereich.** Die auf Rabel (Recht des Warenkaufs I

S 495 ff) zurückgehde Schutzzwecklehre ist von der Rspr zunächst auf Anspr aus SchutzGesVerletzg (§ 823 II) angewendet worden (§ 823 Anm 12a). Sie ist aber nunmehr für SchadErsAnspr aller Art anerkannt: so für Anspr aus § 823 I (BGH **27**, 138, **32**, 205); aus § 826 (BGH **93**, 236); aus § 839 (BGH **39**, 365, Celle NJW **71**, 103); aus BNotO 19 (BGH **70**, 377; VersR **85**, 669); aus StVG 7 (BGH **37**, 315, NJW **71**, 461); aus ZPO 717 II (BGH **85**, 113); aus Vertr (Stgt NJW **84**, 1904, Karlsr NJW-RR **87**, 912, LG Saarbr NJW **84**, 2633, krit Schack JZ **86**, 305); aus § 463 (BGH **50**, 200, NJW **68**, 2375); bei fehlgeschlagener Sterilisation (BGH **76**, 265). Die Schutzzwecklehre schließt bei Verletzg der **ärztlichen Aufklärungspflicht** eine Haftg aus, wenn sich nicht das aufklpflicht, sond ein and Risiko verwirklicht hat (Karlsr NJW **83**, 2643, Hauß VersR **89**, 517, and BGH NJW **89**, 1533, Giesen JR **89**, 291). – cc) **Schutzzwecklehre als Teil des Schadensersatzrechts.** In ihrer klassischen Ausprägg gehört die Schutzzwecklehre zum Recht der Haftungsbegründ. Sie beantwortet die Frage, ob für die eingetretene Erstverletzg der SchadErs eine ErsPfl besteht u stellt dabei auf den konkreten HaftgsGrd ab. Entgg einer im Schrift vertretenen Ansicht (Larenz § 27 III 2b) gilt die Schutzzwecklehre aber auch im Bereich der haftgsausfüllden Kausalität u damit im SchadErsR (Huber FS Wahl 1973, 320). Es gibt eine Reihe von normativen Wertgen, die die Zurechng von Schadensfolgen unabhäng vom konkreten HaftgsGrd einschränken (s zB unten B c, d u m). Sie sind systemat den §§ 249 ff zuzuordnen.

e) Der Schaden muß gerade dch die **Pflichtwidrigkeit** der Hdlg verursacht worden sein. Die Nichteinhaltg des erforderl SicherhAbstandes ist für den Unfall nur ursächl, wenn dieser bei ausr Abstand vermieden worden wäre (BGHSt **11**, 1). Maßgebder **Zeitpunkt** für die Beurteilg ist der Eintritt der konkreten krit Lage, die unmittelb zum Schaden führt (BGH VersR **77**, 524, NJW **85**, 1350, **88**, 58). Eine Geschwindigk-Überschreitg ist nicht desh ursächl, weil der Fahrer ohne sie den Unfallort später erreicht hätte; entscheidd ist, wie der Vorgang von der Erkennbark der Gefahr ab bei richt Verhalten verlaufen wäre (BGH aaO).

B) Einzelprobleme der Schadenszurechnung. – a) Mitwirkung weiterer Ursachen. Die Zurechng wird nicht dadch ausgeschl, daß außer dem zum SchadErs verpflichtden Ereign noch and Ursachen zur Entstehg des Schadens beigetragen haben. Der zum SchadErs verpflichtde Umst braucht nicht die überwiegde od wesentl Ursache zu sein (BGH VersR **68**, 804). Die im *common law* herrschde Theorie der *causa proxima* ist im SchadErsR des BGB unanwendb.

b) Schadensanlagen. – aa) Ein Zurechnungszushang besteht auch dann, wenn der Schaden dch eine **zum Schaden neigende Konstitution** des Geschädigten ermöglicht od wesentl erhöht worden ist. Wer einen Kranken od Geschwächten verletzt, kann nicht verlangen, so gestellt zu werden, als habe er einen Gesunden verletzt (BGH **20**, 139, NJW **74**, 1510, Ffm NJW **84**, 1409, stRspr). Der Schädiger muß daher auch dann vollen SchadErs leisten, wenn der Verletzte Bluter ist u sich die Heilgskosten dadch um mehr als 300000 DM erhöhen (Kblz VRS **72** Nr 145) od wenn seine VertrVerletzg der wirtschaftl Schwäche des VertrPart dessen Betr zusbrechen läßt (BGH **LM** (Ba) Nr 20). Erfüllt ein Behinderter (30% MdE) wg des Unfalls (+ 30% MdE) die Voraussetzgen des vorgezogenen Altersruhegeldes, kann er dieses zu Lasten des Schädigers in Anspr nehmen (BGH NJW **86**, 2763). – **bb)** Eine **andere Beurteilung** ist geboten, wenn es sich um ganz ungewöhnl, keinesfalls zu erwartde Verläufe handelt, wenn eine geringfüg Ehrverletzg zu einer Gehirnblutg führt (BGH NJW **76**, 1143) od eine AuseinanderS über die Schuld an einem VerkUnfall zu einem Schlaganfall (BGH NJW **89**, 2617), wenn ein versehentl Tritt auf den Fuß eine Oberschenkelamputation notw macht (Karlsr VersR **66**, 71), wenn eine verbale AuseinandS zu einem Herzinfarkt führt (KG VersR **87**, 105), wenn ein häuf treten PferdeVerkLärm ausgesetztes Reitpferd bei einer einmalige Lärmeinwirkg dauernd lärmscheu w (Nürnb MDR **78**, 755). § 254 kann den ErsAnspr ausschließen, wenn sich ein gesundheitl Geschwächter einer vermeidb Gefahr aussetzt (Celle VersR **81**, 1058).

c) Seelische Reaktionen. – aa) Der Zurechnungszushang erstreckt sich grdsl auch auf seelische Reaktionen des Verletzten, selbst wenn diese dch eine psychische Labilität wesentl mitbestimmt sind (BGH **20**, 139, **39**, 315, vorstehd b). Der Schädiger muß für auftretde Depressionen (BGH VersR **66**, 931) u Wesensveränderugen des Verletzten (BGH VersR **60**, 225) einstehen. Ihm kann uU auch eine Selbstverstümmelg des Verletzten zugerechnet w (BGH VersR **69**, 160). – **bb) Rentenneurose.** Der Schädiger haftet für eine beim Verletzten auftretde Rentenneurose (Begehrensneurose) nicht, weil es dem Zweck des SchadErs widerspricht, „wenn gerade dch die Tats, daß ein and SchadErs zu leisten hat, die Wiedereingliederg des Verletzten in den sozialen Lebens- od Pfltenkreis erschwert od unmögl gemacht w" (BGH **20**, 142, NJW **79**, 1936, VersR **86**, 242, aA RG **159**, 259). Der ErsAnspr ist auch dann ausgeschl, wenn nicht festgestellt w kann, daß der Verletzte seinen Versagenszustand bei Zurückweisg seiner Anspr überwinden wird (BGH NJW **65**, 2293, **79**, 1936). Anders zu beurteilen bei Rentenneurosen, die auf natsoz GewaltMaßn zurückzuführen sind (BGH **39**, 316). Grdsl von der ErsPfl erfaßt werden Angstneurosen (BGH VersR **70**, 272), zweckfreie Aktualneurosen (BGH VersR **68**, 397) u Konversionsneurosen (BGH NJW **86**, 779), doch ist gem § 254 zu prüfen, ob die Fehlhaltg dch einen zumutb Willensakt od dch RehabilitationsMaßn überwunden w kann (BGH VersR **62**, 280, **70**, 272, § 254 Anm 3b). Steht die neurot Fehlhaltg in einem groben Mißverhältn zum schädigden Ereign, ist sie also Ausdr einer **offensichtlich unangemessenen Erlebnisverarbeitung**, entfällt eine ErsPfl (BGH VersR **70**, 283, Köln VersR **88**, 1049, MüKo/Grunsky Rdn 71, Stoll JZ **82**, 203, aA Ffm JZ **82**, 202, Parallelfall zu b bb).

d) Ein **Schockschaden,** den jemand dch den Tod die Verletzg eines and erleidet, ist grdsl dem allg Lebensrisiko zuzuordnen (unten m). Ein SchadErsAnspr besteht nur unter folgden Voraussetzgen: **aa)** Die GesundhBeschädigg muß nach Art u **Schwere** deutl über das hinausgehen, was Nahestehde als mittelb Betroffene in derart Fällen erfahrgsgem an Beeinträchtiggen erleiden (BGH **56**, 163, VersR **89**, 854, Stgt NJW-RR **89**, 478, Köln VersR **89**, 519, Staud-Medicus § 249 Rdn 58). Nur wenn diese Grenze überschritten ist, liegt eine Körperverletzg iSd § 823 I vor. Der ErsAnspr besteht auch, wenn der Schock dch ein Ereign ausgelöst w, für das der Schädiger gem § 833 einzustehen hat (LG Gießen NJW **87**, 711). Er ist nicht gegeben, wenn sich inf des Todes des Eheg die Alkoholabhängigk verschlimmert (BGH NJW **84**, 1405). – **bb)** Der Anspr steht nur **nahen Angehörigen** zu (Stgt NJW-RR **89**, 478, LG Tübingen NJW **68**, 1178, Berg NJW **70**, 515, str). Geschützt sind aber auch Verlobte u der Partner einer Liebesbeziehg (LG Ffm NJW

69, 2286, MüKo/Grunsky Rdn 54a). Führt der Schock zu einer Frühgeburt, ist auch der *nasciturus* in den Schutz einbezogen (BGH NJW **85**, 1391). – cc) Der Schock muß im Hinblick auf seinen Anlaß **verständlich** sein. Das trifft bei Tod u schweren Verletzgen auch dann zu, wenn der Angeh das Ereign nicht selbst miterlebt, sond entspr benachrichtigt worden ist (BGH **93**, 351). Dagg besteht kein ErsAnspr, wenn der Schock dch die Nachricht von einem unbedeutnden Sachschaden (LG Hildesheim VersR **70**, 720), den Tod eines Hundes (AG Essen JurBüro **86**, 1494) od dch polizeil Ermittlgen wg einer falschen Verdächtigg (LG Hbg NJW **69**, 615) ausgelöst wird.

e) Der ZurechngsZushang erstreckt sich grdsl auch auf **mittelbar verursachte** Schäden. Beispiele mittelb aber zurechenb Verursachg: Plangsfehler des Architekten u Wasserschaden am Mobiliar des Mieters (BGH NJW **87**, 1013); Sturz inf einer bei einem fr Unfall erlittenen Beinverletzg (RG **119**, 204, BGH VersR **71**, 443); und soll es liegen, wenn der Verletzte bei Artilleriebeschuß nicht rechtzeit in Sicherh springen kann (BGH NJW **52**, 1010); Tod des Verletzten dch Infektion im Krankenhaus (RG **105**, 264); Organspende der Mu zur Rettg ihres verletzten Kindes (BGH **101**, 215); Produktionsausfall od Verderb von Sachen inf Beschädigg der Stromleitg u Unterbrechg der Stromzufuhr (BGH **41**, 125, NJW **68**, 1280), jedoch fehlt für nicht unter § 823 I fallde Schäden eine AnsprGrdl, da die einschläg Vorschr der LBauO keine SchutzG iSd § 823 II sind (BGH **66**, 388); Nichtausweig eines Grdst als Bauland inf bergbaubedingter Bodensenkg (BGH **59**, 144); FdgsAusfälle des Käufers u Wiederverkäufers, weil dessen Abnehmer wg mangelhafter Lieferg ein ZbR geldt macht u später in Konk fällt (BGH **LM** (Bb) Nr 27). Auch der der **Leibesfrucht** dch Schädigg seiner Mutter mittelb zugefügte Schaden begründet eine SchadErsPfl (BGH **8**, 246, **58**, 48, NJW **85**, 1390). Schäden aus der Befolgg einer ArbAnweisg sind nur zu ersetzen, wenn sie auch bei völl Beachtg der Anweisg entstanden wären; es genügt nicht, daß einz Elemente der Anweisg falsch waren (BAG Betr **69**, 1466, krit Weitnauer **AP** Nr 9).

f) **Fehlverhalten Dritter** unterbricht den ZurechngsZushang idR nicht. – aa) Das gilt vor allem für Fehler der Pers, die der Geschädigte zur Abwicklg od **Beseitigg des Schadens** hinzuzieht. Der Schädiger haftet daher auch für Folgeschäden, die währd der Behandlg dch ärztl Kunstfehler entstehen (BGH **3**, 268, NJW **86**, 2368, **89**, 768, Brschw VersR **87**, 76). Entspr gilt für Folgeschäden aus Fehlern der Reparaturwerkstatt (BGH **63**, 183), des Anwalts (RG **140**, 9) od eines SchiffsFü (BGH VersR **77**, 325). Der ZurechngsZushang entfällt ausnwise bei ungewöhnl grobem Fehlverhalten, so bei schweren Kunstfehlern des Arztes (RG **102**, 231, BGH NJW **89**, 768, Stgt NJW **87**, 2934) od Anwalts (RG **140**, 9), bei einem inf grober Fahrlässigk bei der Reparatur entstandenen Brandschaden (BGH VersR **77**, 519). Für den dch eine fehlerh Beurk entstandenen Schaden haftet der Notar nach dem Schutzzweck seiner AmtsPfl dagg auch dann, wenn dieser vom **Gericht** dch Übersehen des § 313 S 2 grobfahrläss mitverursacht worden ist (BGH NJW **82**, 572, krit Hanau DNotZ **82**, 500). Auch der KausalZushang zw RAVerschulden u Schaden wird dch gerichtl Fehlleistgen nicht unterbrochen (BGH AnwBl **88**, 641, Düss VersR **88**, 1274). Beurteilt das Ger den ihm richt vorgetragenen Sachverhalt falsch, kann der RA aber nicht wg eines vorprozessualen Fehlers für den Schaden haftb gemacht w (BGH NJW **88**, 486). – bb) Wer eine **Gefahrenlage** schafft, bei der Fehlleistgen and erfahrgsgem vorkommen, hat (auch außerh von vorstehd aa) den dch das Fehlverhalten Dritter entstdehn Schaden idR zurechenb mitverursacht (BGH **43**, 181, **LM** HGB 735 Nr 5); das gilt auch dann, wenn zw der Entstehg der Gefahrenlage u des Schadens ein längerer Zeitraum liegt (BGH NJW **82**, 2669, 6 Tage alte Fahrbahnverschmutzg). Zw dem Teileinsturz eines Hauses u dem behördl Abrißgebot besteht auch dann ein Zurechngszushang, wenn die behördl Vfg nicht gerechtfertigt war (BGH **57**, 254). Der für eine rechtsw Inhaftierg Verantwortl haftet auch für den Schaden, der dem Inhaftierten dch die unberecht Künd von Krediten entsteht (BGH **106**, 316). Wer auf einer Schnellstraße einen Unfall verursacht, haftet auch für Schäden, die dch das Auffahren weiterer Kfz entstehen, sog **Kettenunfall** (BGH **43**, 181, Düss DAR **77**, 186, Karlsr VersR **79**, 1013). Das gilt auch dann, wenn ein Kfz wg des Unfalls auf der nicht versperrten GgFahrbahn anhält u dort angefahren w (Köln VersR **71**, 574/1024). Die Haftg des für den Erstunfall Verantwortl erstreckt sich auch auf Verletzgen, die ein unbeteiligter Dritter dch einen Auffahrden erleidet (BGH NJW **72**, 1804). Wer für den Untergang eines Schiffes verantwortl ist, muß für Schäden einstehen, die ein Dritter dch Auffahren auf das Wrack davon trägt (Hbg VersR **72**, 1119). Wer ein Schiff zu einem harten Rudermanöver veranlaßt, haftet, wenn dieses wg Verrutschens der Decksladg untergeht (BGH **LM** (Bb) Nr 17). Veranlaßt ein Radfahrer schuldh in Kfz zu einem Ausweichmanöver, bei dem 2 Fußgänger getötet w, ist der Radfahrer auch dann mitverantwortl, wenn das Kfz viel zu schnell gefahren ist (BGH VersR **63**, 262). Wer zur Sicherg der von ihm geschaffenen Gefahrenlage alle notw **Schutzvorkehrungen** trifft, haftet aber nicht, wenn es trotzdem zu Schäden kommt (BGH VersR **69**, 895, MüKo/Grunsky Rdn 52a, krit E. Schmidt VersR **70**, 395). Der ZurechngsZushang entfällt wg Fehlens einer Gefahrerhöhg, wenn der wg der Verletzg des Fahrers eingesetzte ErsFahrer einen Schaden verursacht (BGH VersR **71**, 81) od wenn das Kfz, das als Ersatz für das bei Erstunfall beschädigte Fahrzeug eingesetzt wird, einen Schaden erleidet (aA für Sonderfall Düss VersR **76**, 891).

g) **Willensentschlüsse des Verletzten oder Dritter.** – aa) Eine ErsPfl kommt auch dann in Betracht, wenn der Schaden dch eine Hdlg verursacht w, die auf einem Willensentschluß des Verletzten od eines Dr beruht (sog psychisch vermittelte Kausalität). Voraussetzg ist, daß der Schaden nach Art und Entstehg nicht außerh der Wahrscheinlichk liegt u unter die Schutzzweck der Norm fällt (oben A c u d). Die Rspr bejaht diese Voraussetzgen, wenn die Hdlg des Verletzten od Dr dch das haftgsbegründte Ereign **herausgefordert** worden ist u eine nicht ungewöhnl Reaktion auf dieses darstellt (BGH **57**, 25, **63**, 189, NJW **78**, 1006, krit Zimmermann JZ **80**, 10). Diese Formel paßt für die Mehrzahl der Fälle, aber nicht für alle (s unten dd). Hat jemand die Pfl, Schädiggen dch Dr zu verhindern (Veranstalter einer Massenveranstaltg), kommt es auf das Herausforderungskriterium nicht an (BGH NJW **80**, 223). Soweit es anwendb ist, trägt der Geschädigte die Beweislast für eine im RSinn ausr Herausforderg (BGH NJW **81**, 570). – bb) **Nothilfe und rechtlich oder sittlich gebotene Handlungen.** Der Schädiger hat für Schäden einzustehen, die Dr bei einem den Umst nach angem Rettgs- od Hilfeversuch erleiden, so bei Rettg aus einem brennden Kfz (RG **164**, 125, Stgt NJW **65**, 112), beim Anhalten dchgehder Pferde (RG **50**, 221, Celle NJW **79**, 949, bei Entfernig der vom Schädiger umgefahrenen BAB-Leitplanke (Köln NJW-RR **87**, 857), iF einer Organspende der Mu zur Rettg ihres verletzten Kindes (BGH **101**, 215, zur Begründ krit Stoll JZ **88**, 153). Kein ZurechngsZushang besteht, wenn dem Helfer bei der Hilfeleistg eine Uhr gestohlen w (Ffm VersR **81**, 768) od wenn beim Leichtern eines zwei Tage vorher festgefahrenen Schiffs das zur Hilfe eingesetzte Schiff beschädigt w (BGH **59**, 176). Dagg haftet der Schädiger, wenn wg eines von ihm zu vertretden Einsturzes eine Benutzgssperre verhängt w (Bambg OLGZ **71**, 349). – cc) **Verfolgungsfälle.** Der nach einem Verk-Unfall flüchtde Schädiger haftet für die bei seiner Verfolgg entstehden Schäden (BGH NJW **64**, 1363, VersR **67**, 580). Entspr gilt für den nach einem ud Delikt flüchtden Schädiger, sofern sich der Verfolger zum Eingreifen herausgefordert fühlen durfte u sich im Schaden ein verfolggstypisches Risiko verwirklicht hat (BGH **57**, 25, **63**, 189, NJW **71**, 1982, **76**, 568). Zw dem eingegangenen Risiko u dem erstrebten Erfolg muß ein angem Verhältn bestehen (MüKo/Grunsky Rdn 62). – dd) **Vorsätzliches Verhalten Dritter.** Auch hieraus entstehde Schäden können dem Erstschädiger nach dem Schutzzweck der verletzten Norm zuzurechnen sein (BGH **106**, 316). Wer fahrl eine Schwarzfahrt ermöglicht, haftet auch für vorsätzl Verhalten des Schwarzfahrers (BGH NJW **71**, 459). Wer einen Weidezaun beschädigt, muß für das entlaufene u von Dritten entwendete Vieh SchadErs leisten (BGH NJW **79**, 712). Bei Reizg zu einer gefährl Hdlg haftet der Provokateur neben dem Provozierten für die von einem Dritten erlittene Verletzg (BAG Betr **68**, 1996). Wer auf einer stark befahrenen Straße eine Verkehrsstockg verursacht, ist ersatzpflichtig, wenn and Kfz den **Grünstreifen** od Fußweg befahren u hierdch Schäden entstehen, da auch der Straßeneigentümer in den Schutz der straßenverkehrsrechtl Normen einbezogen ist (Brem VersR **70**, 424, MüKo/Grunsky Rdn 58, Staud/Medicus § 249 Rdn 68, aA BGH **58**, 162, Kramer JZ **76**, 344). Dagg besteht kein ZurechngsZushang zw dem Unfall u einem Diebstahl währd der Reparaturzeit, wenn das Diebstahlsrisiko dch den Unfall nicht erhöht worden ist (Mü VersR **80**, 828). – ee) **Willensentschlüsse des Verletzten** unterbrechen den ZurechngsZushang nicht, wenn sie nicht frei getroffen, sond dch das Verhalten des Schädigers herausgefordert od wesentl mitbestimmt worden sind. Die Zurechng entfällt daher nicht, wenn der Geschädigte beim heftigen Hupen einen Bänderabriß erleidet (LG Traunstein NJW **87**, 2590), wenn die Geschädigte bei der Vertreibg eines Hundes wertvollen Schmuck verliert (LG Aurich NJW **85**, 3141), wenn der Geschädigte nach Vortäuschg eines KündGrdes „freiwillig" der VertrAufhebg zustimmt (BGH BB **82**, 516, BayObLG NJW **82**, 2004), wenn der Geschädigte Aufwendgen zur Beseitigg des Schadens macht (unten h), wenn der Geschädigte wg der Unfallverletzg vorzeit in den Ruhestand geht (BGH NJW **86**, 2763), wenn der Geschädigte aus dem wg eines Notarfehlers formnicht Vertr in Kenntn der Nichtigk Anspr geltd machen muß (BGH NJW **88**, 1143, 1262), wenn der hirnverletzte Geschädigte strafb Hdlgen begeht u zwangsweise untergebracht wird (BGH NJW **79**, 1055), wenn die im Alter von 12 Jahren Verführte verwahrlost (BGH NJW **78**, 2028), wenn der erwerbsbehinderte Geschädigte seinen ArbPlatz aufgibt und keinen and findet (BGH NJW **51**, 797), jedoch ist jeweils § 254 zu prüfen. Der vom Geschädigten in vertretb Würdigg der Sach- u RLage geschlossene **Vergleich** unterbricht den ZurechngsZushang nicht (BGH **101**, 219, NJW **89**, 100). Dagg besteht nach dem Schutzzweck der Norm kein ZurechngsZushang zw dem vom Notar verschuldeten Zweifel über die Wirksamk eines Vertr u den Kosten eines Proz, in dem Beteil erfolglos die Nichtigk des Vertr geltd gemacht hat (BGH **70**, 376). Führt ein Bauherr das Bauvorhaben wg Verzuges des Untern nicht zu Ende, wird der ZurechngsZushang idR unterbrochen (Hbg VersR **84**, 1048). Entspr gilt, wenn der Gläub wg einer unbedeutden VertrVerletzg des Schu grdlos vom Vertr zurücktritt (BGH NJW **87**, 253).

h) Aufwendungen. Der Geschädigte kann, soweit § 249 S 2 anwendb ist, den zur Schadensbeseitigg erforderl Geldbetrag u damit im Ergebn die Ers seiner Aufwendgen verlangen (§ 249 Anm 2b). Auch die ErsPfl gem § 249 S 1 erstreckt sich auf Aufwendgen des Geschädigten, soweit er sie nach den Umst des Falles als notw ansehen durfte (BGH **66**, 192, NJW **79**, 2197). Sein Willensentschluß unterbricht den ZurechngsZushang nicht, da er nicht frei getroffen, sond dch das Verhalten des Schädigers veranlaßt worden ist (oben g). Die ErsPfl besteht für Aufwendgen, die ein wirtschaftl denkder Mensch bei einer Betrachtg *ex ante* für notw halten durfte (BGH aaO, Köhnken VersR **79**, 788). Sie kann daher gegeben sein, wenn der VertrPartner Aufwendgen macht, um die dch den VertrBruch des and Teils drohden Nachteile abzuwenden (BGH **LM** HGB 376 Nr 2, WPM **72**, 558, BAG JZ **76**, 721), wenn der Geschädigte zur Abwendg od Beseitigg des Schadens einen RAnw beauftragt (§ 249 Anm 4), wenn das Wasserwerk wg der Einleitg von Schadstoffen Kosten für Wasseranalysen aufwendet (BGH **103**, 140), wenn der Kraftwerksbetreiber nach einer Schornsteinbesetzg seine Wachen verstärkt (LG Itzehoe NJW **87**, 1269), wenn der Geschädigte sich gg Beeinträchtiggen seiner Ehre od seines geschäftl Rufes zur Wehr setzt (BGH **66**, 192, § 253 Anm 2). Keine ErsPfl besteht für Aufwendgen, die der Geschädigte hätte machen können, aber nicht gemacht hat (BGH VersR **70**, 121).

i) Unterlassen. Auch ein Unterlassen kann im RSinn einen Schaden zurechenb verursachen, sofern eine Pfl zum Handeln bestand u die Vornahme der gebotenen Hdlg den Schaden verhindert hätte (BGH **7**, 204, Düss NJW-RR **86**, 576, s StGB 13). Die Pfl zum Handeln kann auf Ges, Vertr, vorangegangenem gefährl Tun od der Aufnahme von VertrVhdlgen (Karlsr VersR **78**, 61) beruhen. Gesetzl HdlgsPflten ergeben sich vor allem aus der VerkSichergsPfl (§ 823 Anm 8) u aus den FürsorgePflten des FamR (BGH **73**, 194). Um den ZurechngsZushang zu bejahen, muß die unterbliebene Hdlg hinzugedacht u festgestellt w, daß der Schaden dann nicht eingetreten wäre, bloße Wahrscheinlichk des Nichteintritts genügt nicht (BGH **64**, 61, NJW **61**, 870, Saarbr NJW-RR **86**, 1416). Für die Verletzg von AufklPflten gilt aber uU eine Umkehr der BewLast (§ 282 Anm 2 d bb). Außerdem können die Grds des *prima-facie*-Beweises anwendb sein (Anm 8 b).

k) Hängt die Beurteilg des ZurechngsZushanges davon ab, wie ein **Gericht** od eine Behörde eine best Frage **entschieden haben würde,** ist davon auszugehen, daß die Sache iS des jetzt zuständ Gerichts richtig entschieden worden wäre (BGH **36**, 144, **51**, 34, NJW **88**, 3015, stRspr, krit Braun ZZP **96**, 89). Es dürfen sämtl BewMittel benutzt werden, auch solche die im fr Verfahren noch nicht zur Vfg standen (BGH **72**, 331). Für die BewLast gelten die gleichen Grds wie im nicht dchgeführten Verfahren (BGH **30**, 232, WPM **85**, 203). Bei Ermessensentscheidgen ist darauf abzustellen, wie die Behörde nach ihrer übl Praxis entschieden hätte (BGH NJW **59**, 1125, VersR **85**, 359, BVerwG **16**, 342, **31**, 1). Die Prüfg des hypothet Ablaufs entfällt, wenn sicher ist, wie entschieden worden wäre (BGH **79**, 226, NJW **86**, 1924). Ist dch ein schädigdes

Ereign eine behördl **Maßnahme ausgelöst** worden, muß das Gericht diese als verbindl hinnehmen. Das gilt (abgesehen vom Fall der Willkür) insb für die vorzeitige Pensionierg eines verletzten Beamten (BGH VersR **69**, 76, 538, **72**, 976, krit Dunz VersR **84**, 906).

l) **Mehrere Verursacher.** Ein ZurechngsZushang ist auch dann gegeben, wenn die Hdlg des Schädigers den Schaden nicht allein, sond nur im ZusWirken mit dem Handeln eines and herbeiführen konnte, sog **Gesamtkausalität,** auch kumulative Kausalität genannt (RG **69**, 58, **73**, 290, BGH VersR **70**, 814). Bei Mittätern, Gehilfen od Anstiftern ist gem § 830 jeder für den Schaden verantwortl. Entspr gilt gem § 830 I 2, wenn sich nicht ermitteln läßt, wer von mehreren Beteiligten den Schaden dch seine Hdlg verursacht hat, sog **alternative Kausalität.** Haben zwei Ereign den Schaden herbeigeführt, von denen jedes auch allein den Schaden verursacht hätte, sind beide im RSinne ursächl, sog konkurrierde od **Doppelkausalität** (BGH VersR **71**, 819, **83**, 732, NJW **88**, 2882, Düss VersR **80**, 536, krit Jung AcP **170**, 429); die *condicio-sine-qua-non-*Formel (oben A b) bedarf insow einer normativen Korrektur. Ist der Schaden **teilweise** dch das eine u teilw dch das and Ereign verursacht worden, besteht dagg ledigl eine gem ZPO 287 voneinand abzugrenzde Teilverantwortlichk (BGH **LM** § 276 (Ca) Nr 11, § 823 (C) Nr 4, VersR **64**, 51). Eine bloß mögl Kausalität begründet außerh des Anwendgsbereichs von § 830 I 2 keine Haftg; das gilt auch für **Umweltschäden** (aA Hager NJW **86**, 1966).

m) Ein Schaden fällt nicht unter den Schutzwzeck der verletzten Norm, wenn er bei wertder Beurteilg die **Verwirklichung eines allgemeinen Lebensrisikos** darstellt (Schack JZ **86**, 312). Entscheid ist, ob der Schaden im inneren Zushang mit der vom Schädiger geschaffenen Gefahrenlage steht, ob er zu dieser eine bloß zufäll äußere Verbindg hat. Der ZurechngsZushang entfällt daher, wenn bei der Behandlg der Unfallverletzg eine and, zur vorzeit Pensionierg führde Krankh entdeckt wird (BGH NJW **68**, 2287); wenn der Verletzte dch einen anläßl der Unfalloperation vorgenommenen, dch diesen aber nicht indizierten zusätzl Eingriff od dch eine der allg Vorbeugg diende Impfg geschädigt w (BGH **25**, 86, NJW **63**, 1671, VersR **65**, 349); wenn die wg eines Fehlers des Rentenberaters erstrecte Überprüfg ergibt, daß sein Mandant zu viel Rente bezieht (BGH NJW-RR **89**, 530), wenn sich der Eigtümer der beschädigten Sache bei deren Abtransport einen Hexenschuß zuzieht (Karlsr OLGZ **81**, 123), wenn ein Pferd wg des Sturzes eines and in Panik gerät u dchgeht (Düss NJW **78**, 2036, krit v Mohrenfels JuS **79**, 775), wenn der argl getäuschte Pkw-Käufer in einen Unfall verwickelt w, sofern dieser mit der Täuschg in keinem Zushang steht (Honsell NJW **73**, 350, v Caemmerer FS Larenz 1973, 611, aA BGH **57**, 137), wenn bei der Aussonderg des angeschafften Ersatzbusses wg zu geringer Laufzeit kein öffentl Zuschuß gewährt wird (Hamm VersR **84**, 1051). Die ErsPfl für einen verspäteten Studiumsbeginn erstreckt sich auch auf Verzögergen dch einen Vorlesgsstreik (BGH NJW **85**, 792). Das mit schweren Mißbildgen geborene Kind kann keinen SchadErs-Anspr darauf stützen, daß seine Abtreibg wg einer fehlerh ärztl Beratg unterblieben ist, sog **wrongful-life** Problematik; es hat keinen Anspr auf Nichtexistenz (BGH **86**, 241, krit Fischer JuS **84**, 434). Dagg steht den Eltern ein SchadErsAnspr wg des gesamten UnterhBedarfs des Kindes zu, vorausgesetzt, es hat sich das Risiko verwirklicht, hins dessen der Arzt seine Pflten verletzt hat (BGH **89**, 104, Mü VersR **88**, 523).

n) **Kosten der Strafverfolgung. – aa) Maßnahmen gegen den Geschädigten.** Die hierdch entstehen-den Kosten sind kein zu ersetzder Schaden (Staud/Medicus § 251 Rdn 88). Die Strafverfolgg gg den Geschä-digten beruht auf dem Verdacht, er habe eine strafb Hdlg begangen, nicht darauf, daß seine Rechte od RGüter verletzt worden sind. Zwischen dem zum SchadErs verpflichteten Ereign u den Kosten besteht daher kein UrsachenZushang iSd *condition-sine-qua-non-*Formel (aA BGH **26**, 76); auf den Schutzzweck der Norm kommt es nicht an (aA BGH **27**, 137). Bei einem Anspr aus dem StrEG sind nach dem Normzweck auch Verteidigerkosten zu ersetzen (BGH **65**, 176, **68**, 87), ebso iF einer falschen Verdächtigg (§§ 823 II, StGB 164), nicht aber, wenn der Anzeigde gutgl war (BVerfG NJW **87**, 1929). – **bb) Maßnahmen gegen den Schädiger.** Die hierdch entstehen Kosten fallen nicht unter den Schutzzweck der privrechtl Haftgs-normen (BGH **75**, 235). Eine SchadErsPfl ist daher ausgeschl für die Kosten einer Strafanzeige (BGH aaO, LG Ffm VersR **75**, 1111), einer PrivKlage (Düss VersR **72**, 52), einer Nebenklage (BGH **24**, 266, LG Köln NJW **64**, 2064, Freundorfer NJW **77**, 2153), einer Vernehmg als Zeuge (AG Waiblingen VersR **77**, 922). Die einem ArbNeh dch eine StrafverfolggsMaßn entstandenen Kosten können aber ein ersfäh Schaden sein (BAG NJW **89**, 317).

o) **Verlust des Schadensfreiheitsrabatts. – aa)** Er ist in der **Kaskoversicherung** vom Unfallgegner als Sachfolgeschaden zu ersetzen (BGH **44**, 387). Der Geschädigte kann auch die gem ZPO 287 zu schätzden zukünft Mehrprämien iW der Leistgsklage geltd machen (LG Rottweil NJW **86**, 1996, aA AG Hadamar NJW-RR **87**, 17). Der Anspr ist aber ausgeschl, wenn § 254 entggsteht (LG Bielefeld NJW-RR **87**, 923) od die KaskoVers nur wg der Neuwertklausel in Anspr genommen w (Saarbr NJW-RR **86**, 194, LG Osnabrück NJW-RR **87**, 18, aA AG Freibg VRS **77** Nr 7). – **bb)** In der **Haftpflichtversicherung** besteht gg den Unfallgegner kein ErsAnspr, da die Rückstufg nicht auf den vom Geschädigten erlittenen Schaden, sond darauf beruht, daß auch dem Gegner Schäden entstanden sind (BGH **66**, 398, VersR **78**, 235). Ist der Unfall dch einen Mieter, einen ArbNeh od einen Schwarzfahrer verursacht worden, kann der Eigtümer umfassd für alle Vermögensschäden Ers verlangen; die ErsPfl erstreckt sich daher auch auf den Rückstufgsschaden (BAG NJW **82**, 846, Honsell JuS **78**, 747).

p) Ein ErsAnspr entfällt, wenn die ErsLeistg dem **Zweck des Schadensersatzes** zuwiderlaufen würde (s oben A d). Entgangener Gewinn aus einer rechtl mißbilligten od verbotenen Tätigk ist daher nicht zu ersetzen (§ 252 Anm 1c). Entspr ein Urt der wirkl RLage, besteht keine ErsPfl, auch wenn der Proz nur wg eines AnwVerschuldens verloren gegangen ist (BGH NJW **87**, 3255). Der aus einem unricht VollstrBescheid Begünstigte hat keinen ErsAnspr, wenn der Bescheid wg Verschuldens eines Beteiligten nicht rechtskr u später aufgehoben wird (BGH NJW **81**, 2345). Wird gg ein richtiges Urt weisgswidr kein RMittel eingelegt, besteht wg des Schadens aus der vorzeit Vollstr keine ErsPfl (RG **162**, 68, Hamm MDR **87**, 582). Der dch eine Fälschg Begünstigte hat keinen ErsAnspr, wenn er wg eines Fehlers des Rpflegers die Vort der Fälschg nicht realisieren kann (BGH **97**, 186). Der Straftäter kann dagg wg der ihm auferlegten **Strafe** ausnw einen

ErsAnspr gg einen VertrPartner (Steuerberater, Bank) haben, wenn dieser ihn vertragswidr nicht gewarnt od ihn von einer strafbefreienden Selbstanzeige abgehalten hat (RG **169**, 267, BGH **23**, 225).

C) Hypothetische Schadensursachen und rechtmäßiges Alternativverhalten

a) Bei der hypothet od überholden Kausalität geht es um das **Problem,** ob sich der Schädiger darauf berufen kann, daß der von ihm verursachte Schaden aGrd eines and Ereign (sog Reserveursache) ohnehin eingetreten wäre. Systemat handelt es sich nicht um eine Frage der Kausalität, sond der Schadenszurechng. Real ursächl ist allein das Ersterreign. Die Reserveursache hat sich nicht mehr ausgewirkt, weil der Schaden bereits eingetreten war (BGH **104,** 360).

b) Das **Gesetz** nimmt zu dem Problem nicht ausdrückl Stellg. § 249 S 1 sagt nur, daß das schädigde Ereign wegzudenken, nicht aber, daß hypothet Ursachen hinzuzudenken sind. §§ 287 S 2, 848 sehen für best Fälle die Berücksichtigg hypothet Ursachen vor, § 440 II u HGB 844 deren Nichtberücksichtigg. Dabei handelt es sich aber um SonderVorschr, die weder dch Analogie noch dch einen Umkehrschluß verallgemeinert werden können.

c) Rechtsprechung und Lehre haben für die hypothet Kausalität trotz einer über 100jähr Diskussion keine allg anerkannte Lösg gefunden. Das RG hat in stRspr die Berücksichtigg hypothet Schadensursachen abgelehnt (RG **141,** 365, **144,** 80, **169,** 117), hiervon aber prakt wichtige Ausn zugelassen (unten d aa). Ein erhebl Teil des neueren Schrifttums tritt für die grdsl Beachtlichk hypothet Ursachen ein (MüKo/Grunsky Rdn 79, AK/Rüßmann Rdn 70, Lange § 4 III–XI, ähnl OGH **1,** 308). Herrschd ist aber eine auch vom BGH favorisierte vermittelnde Ansicht (unten e).

d) Weitgehende **Übereinstimmung** besteht über drei Grds: – **aa) Anlagefälle.** Bestand bei Eintritt des schädigden Ereign eine der geschädigten Pers od Sache innewohnde Schadensanlage, die zu dem gleichen Schaden geführt hätte, beschränkt sich die ErsPfl auf die dch den fr Schadenseintritt bedingten Nachteile (RG **156,** 191, BGH **20,** 280, NJW **85,** 676, allgM). Keine od eine nur beschränkte ErsPfl besteht daher bei Beschädig einer Sache, die ihrer Anlage nach vor der Vernichtg stand (BGH **20,** 280), bei Schädig eines GewBetr, der wg fehlder Rentabilität ohnehin hätte liquidiert werden müssen (BGH **LM** (Ba) Nr 20), bei Unterlassen von Schönheitsreparaturen, wenn das Gebäude abgerissen od umgebaut werden sollte (Köln MDR **71,** 665, s aber BGH **77,** 303 u § 157 Anm 2c bb), bei unberecht Künd eines Handelsvertreters, wenn dieser ohnehin selbst kündigen wollte (BGH **LM** (Ba) Nr 23), bei Verletzg einer Pers, die inf Krankh od Alters ohnehin in Kürze erwerbsunfäh geworden wäre (RG **129,** 321, BGH **LM** § 840 Nr 7a, VersR **65,** 491, Ffm NJW **84,** 1409), bei Versteifg eines Knies dch einen ärztl Fehler, wenn arthrotische Veränderngen gleichf zu einer Versteifg geführt hätten (BGH NJW **85,** 676), bei Schädigg dch eine schuldh fortgesetzte Fehlinjektion, wenn diese dch die ohne Verschulden vorgenommene Erstinjektion ebso entstanden wären (BGH **78,** 213); für einen Verdienstausfall dch eine Kur, wenn diese schon vor dem Unfall bewilligt war (LG Würzbg NJW-RR **86,** 1356). Keine Schadensanlage in diesem Sinne ist aber das allg Risiko von Kriegsschäden (BGH **29,** 216). – **bb) Hypothetische Verantwortlichkeit eines Dritten.** Die Reserveursache entlastet den Schädiger nicht, wenn sie einen ErsAnspr gg einen Dritten begründet hätte (BGH NJW **58,** 705, **67,** 552, Staud/Medicus § 249 Rdn 100f). Der Schädiger kann sich nicht darauf berufen, daß der Anspr gg den Dr summenmäß beschränkt od dchsetzb gewesen wäre. Er haftet für die von ihm verursachten Schäden, nicht für das Nichtentstehen des Anspr gg den Dr (Staud/Medicus aaO). Der Geschädigte darf keinesf mit einem doppelten Insolvenzrisiko belastet w. – **cc) Beweislast.** Der Schädiger hat die BewLast dafür, daß der Schaden auch aGrd der Reserveursache eingetreten wäre (BGH **78,** 214, NJW **67,** 551, **83,** 1053, Karlsr NJW-RR **87,** 868). Die gerade hier hypothet Verläufen vielf verbleibbn Zweifel gehen daher zu Lasten des Schädigers (arg §§ 287 S 2, 848), jedoch kann im Bereich haftgsausfüllder Kausalität ZPO 287 anwendb sein. Geht es darum, welches von 2 realen Ereign den Schaden verursacht h (Unfall, Schlaganfall), ist der Geschädigte beweisbelastet (BGH VersR **87,** 179).

e) Verbleibende Fälle. Umstritten ist, wie die Fälle hypothet Kausalität zu behandeln sind, die sich nicht mit den unter d dargestellten Grds lösen lassen. Bsp: Bei einem VerkUnfall erleidet eine Taxe Totalschaden. Sie wäre ohne den Unfall drei Tage später bei einem Garagenbrand vernichtet worden. Hier ist zu unterscheiden: **aa) Objektschaden.** Der Geschädigte erwirbt mit dem Ztpkt der Schädigg einen SchadErsAnspr gg den Schädiger. Dieser Anspr ist Bestandt seines Vermögens. Er wird dch spätere Ereign, die das Schadensobjekt, existierte es noch, betroffen hätten, nicht berührt (BGH **29,** 215, **LM** (Ba) Nr 15 u 23, VersR **69,** 803, Larenz § 30 I, Staud/Medicus § 249 Rdn 104f, Erm-Sirp § 249 Rdn 43, Deutsch HaftgsR S 172, hM). Der Geschädigte trägt mit dem Schadensfall das FdgsRisiko. Ihn zusätzl mit dem Sachrisiko zu belasten, ist nicht zu rechtfertigen. – **bb) Vermögensfolgeschäden.** Hier gelts es nicht um den Ersatz eines abgeschl Schadens, sondern um Nachteile, die sich im Laufe der Zeit entwickeln. Der weitere Geschehensablauf einschließl hypothet Ursachen ist daher zu berücksichtigen (BGH Betr **79,** 352 u die unter aa Zitierten). Im BspFall braucht der Schädiger daher den Nutzgsausfallschaden nur für drei Tage zu ersetzen. – **cc)** Die **Gegenansicht,** die die hypothet Kausalität unter Berufg auf den AusglGedanken auch bei Objektschäden berücksichtigen will (s die oben c Zitierten), vermag nicht zu überzeugen. Sie zeigt nicht auf, wieso der einmal entstandene SchadErsAnspr wieder erlöschen soll u warum der Geschädigte neben dem Fdgs- auch weiterhin das Sachrisiko tragen soll.

f) Zeitliche und sachliche Grenzen. Ist der SchadErsAnspr dch Erf erloschen, sind spätere hypothet Ursachen nicht mehr zu berücksichtigen (Staud/Medicus § 249 Rdn 106, Soergel-Mertens Rdn 154, str). Entspr gilt für die Fixierg dch Urteil od Vergl, jedoch bleiben bei wiederkehrden Leistgen die Rechte aus ZPO 323 unberührt. Ggü Anspr auf Herausg od Rückgewähr (§§ 556, 604, 667, 696, 812, 985 usw) ist die Berufg auf hypothet Ursachen auch dann ausgeschl, wenn sie mit einem SchadErsAnspr konkurrieren (Lemhöfer JuS **66,** 339); entspr gilt für Anspr aus dem AnfG (BGH ZIP **88,** 1061).

g) Rechtmäßiges Alternativverhalten. – aa) Besonders liegt das **Problem,** ob der Schädiger geltd machen kann, der Schaden wäre auch entstanden, wenn er sich rechtmäß verhalten hätte. Das RG hat diesen Einwand nicht zugelassen (RG 102, 391, 163, 138). Dagg hat der OGH die Berufg auf rechtmäß Alternativverhalten als erhebl angesehen (OGH 1, 308). Das BAG ist ursprüngl dem RG gefolgt (BAG 6, 376, Metallarbeiterstreik), gestattet aber jetzt dem vertragsbrüch ArbNeh den Einwand, die geltd gemachten Inseratskosten wären bei vertrgem Künd ebso entstanden (BAG NJW 81, 2430, 84, 2846). Der BGH stellt bei der Lösg des Problems auf den Schutzzweck der verletzten Norm ab (BGH 96, 173). Nach seiner Rspr darf der auf SchadErs in Anspr genommene Arzt geltd machen, der Patient hätte die wg fehlder Aufklärg unwirks Einwilligg auch bei gehör Aufklärg erteilt (BGH 90, 111, NJW 80, 1333); der Anspr aus § 839 entfällt, wenn die von einer unzuständ Behörde getroffene Maßn von der zuständ ebso erlassen worden wäre (BGH NJW 71, 239). – bb) **Grundsatz.** Das rechtmäß Alternativverhalten ist grdsl beachtl (MüKo/Grunsky Rdn 90, Esser/Schmidt § 33 III 2, Düss VersR 82, 857). Schäden, die auch bei einem rechtmäß Verhalten des Schädigers entstanden wären, werden vom Schutzzweck der Haftgnormen regelmäß nicht erfaßt. Der Schädiger trägt aber die BewLast dafür, daß der Schaden auf jeden Fall eingetreten wäre (BGH 29, 187, 61, 123). Der SchadErsAnspr wg Maßn einer unzuständ Behörde scheitert daher nicht daran, daß die zuständ Behörde im Rahmen ihres Ermessens möglicherw ebso entschieden hätte (BGH NJW 59, 1316). Der Schädiger kann auch nicht einwenden, daß die fehlde RGrdl dch einen Dr hätte geschaffen werden können (BGH 63, 325, fehlde VO). – cc) **Einschränkung.** Ausnahmsw kann sich aus dem Schutzzweck der verletzten Norm ergeben, daß die Berufg auf rechtmäß Alternativverhalten ausgeschl ist (BGH 96, 173, VersR 86, 1183, Lange § 4 XII 5, aA Hanau DNotZ 86, 413). Der Notar, der die FälligkBestätigg rwidr vor Eintr der AuflVormkg erteilt hat, kann nicht geltd machen, daß er dch ein pflgem Verhalten einen fr Eintritt der Fälligk hätte erreichen können (BGH 96, 173). Auch bei Verletzg grdlegder VerfNormen kann die Berufg auf ein rechtmäß Alternativverhalten unzul sein (Soergel-Mertens Rdn 164). Für eine rwidr FreihBeraubg ist auch kann Schmerzensgeld zu zahlen, wenn die Voraussetzgn des dingl Arrests vorlagen.

6) **Kreis der Ersatzberechtigten, Drittschadensliquidation. a) Allgemeines. – aa)** Der Kreis der ErsBerecht wird dch das **Relativitäts-** und das **Tatbestandsprinzip** begrenzt. ErsBerecht ist bei VertrVerletzgen der VertrPart, bei Vertr zGDr od mit Schutzwirkg zGDr auch der begünstigte Dr (RelativitätsGrds, Einf 1 b v § 241), bei unerl Hdlgen derjenige, dessen Rechte od rechtl geschützte Interessen verletzt worden sind (Tatbestdsprinzip). – **bb)** Wer dch die **Verletzung eines anderen** nur mittelb in seinem Vermögen geschädigt wird, hat grdsl **keinen Ersatzanspruch.** Beispiele sind der dch die Verletzg seines Stars geschädigte Theaterveranstalter, der dch die Verletzg eines ArbNeh geschädigte ArbGeb (BGH 7, 36, LG Hildesheim NJW-RR 86, 453) u der ArbNeh, der dch Beeinträchtiggn des Betr seines ArbGeb Schaden erleidet. Von dem Grds, daß dem nur mittelb Betroffenen kein ErsAnspr zusteht, gelten aber (scheinb u wirkl) **Ausnahmen: (1)** Bei unerl Hdlgen haben Dr in den Fällen u im Rahmen der §§ 844 II u 845 Anspr auf SchadErs. Diese Vorschr gelten auch für die Gefährdgshaftg (ProdHaftG 7 II, HaftPflG 5 II, StVG 10 II, LuftVG 35 II) u für DienstVertr (§ 618 III). **(2)** Ein ErsAnspr besteht, wenn dch die Verletzg eines und auch im Verhälltn zu einem mittelb Betroffenen der Tatbestand einer haftgsbegründden Norm erfüllt wird. Bsp sind Schockschäden wg des Todes eines nahen Angeh (oben Anm 5 B d) od die Schädigg der Leibesfrucht dch Verletzg der Mutter (oben Anm 5 B e). Auch bei Anspr, die auf einen allg Vermögensschutz abzielen (Anspr aus Vertr, §§ 823 II, 826, 839), kann ein ledigl mittelb Betroffener ersberecht sein. So umfaßt der Anspr aus § 538 auch den Schaden, der dem Mieter dch Tötg eines Unterh- od Dienstverpflichteten entsteht (RG 77, 100, BGH **LM** § 538 Nr 12/13). **(3)** Das Ges sieht in einer Reihe von Fällen vor, daß die Anspr des Verletzten ganz od teilw auf den mittelb Betroffenen übergehen. Beispiele sind LFZG 4 u SGB X § 116. **(4)** Für einige Fallgruppen ist anerkannt, daß der AnsprInh den Schaden des mittelb betroffenen Dritten liquidieren kann, sog Drittschadensliquidation (unten b u c). – **cc)** Der Anspr des ErsBerecht **beschränkt** sich auf den von ihm selbst erlittenen Schaden (BGH 7, 30). Der Erbe des Geschädigten kann daher nur für die dem Erblasser entstandenen Nachteile Ersatz verlangen (BGH NJW 62, 911, **LM** § 823 (F) Nr 25, VersR 72, 460). Der einer KapitalGesellsch dch Verletzg eines ihres Gesellschters entstandene Schaden kann nicht als persönl Schaden des **Alleingesellschafters** gewertet w (MüKo/Grunsky Rdn 115, AK/Rüßmann Rdn 98, Schulte NJW 79, 2230, aA BGH 61, 380, NJW 77, 1283, NJW-RR 89, 684). Der Gesellschter hat nur insoweit einen SchadErsAnspr, als seine GeschAnteile eine Werteinbuße erlitten haben (Staud/Medicus § 249 Rdn 186). Daneben kann ein eig SchadErsAnspr der jur Pers bestehen, soweit sie selbst Verletzte ist, so etwa wenn sie in den Schutzbereich des von ihrem Gesellschter geschlossenen Vertr einbezogen ist.

b) **Drittschadensliquidation. – aa)** Der Schaden, der typischerw beim ErsBerecht eintreten müßte, wird vielfach aufgrd eines RVerhältn zw dem ErsBerecht u einem Dr auf diesen verlagert. Es besteht Einverständn darüber, daß der Schädiger aus dieser **Schadensverlagerung** keinen Vorteil ziehen darf. Rspr u Lehre lassen daher beim Auseinanderfallen von GläubStellg u geschütztem Interesse eine Drittschadensliquidation zu (BGH 40, 100, 51, 93, Düss WPM 86, 397, Staud/Medicus § 249 Rdn 191, Lange § 8 III, Larenz § 27 IV). Ein Teil der neueren Lit verneint die Zulässigk der Drittschadensliquidation, gelangt aber auf and, meist komplizierteren Begründgswegen zu prakt übereinstimmden Ergebn (s Peters AcP 180, 331). – **bb) Anwendungsbereich.** Die Drittschadensliquidation kommt idR bei vertragl Anspr in Betracht (Hamm NJW 70, 1793). Bei Anspr aus **unerlaubter Handlung** ist sie nur in den Fällen der obligatorischen Gefahrentlastg (unten c cc) zul (BGH VersR 72, 1139, Hbg MDR 74, 668, str), ferner in der Fallgruppe mittelb Stellvertretg (unten c aa), soweit es um Anspr aus AmtspflVerletzg geht (RG JW 27, 1144, BGH NJW 67, 931). Der GrdSchGläub kann bei einer AmtspflVerletzg des Notars nicht den Schaden des Eigtümers geltd machen (BGH VersR 83, 460). Ausgeschlossen ist die Drittschadensliquidation bei Anspr aus § 906 II 2 (Salje DAR 89, 302). Im öffR kann die Drittschadensliquidation ausnw zul sein (BVerwG 12, 254). – **cc) Anspruchsinhaber** ist der Inh der verletzten RStellg (Celle VersR 75, 838). Er kann auf Leistg an sich od den Geschädigten klagen (BGH NJW-RR 87, 880, NJW 89, 452). Der geschädigte Dr kann idR gem § 281 Abtretg des SchadErsAnspr verlangen. Gg seinen Willen ist die Liquidation seines Schadens nicht zul (RG 115, 426, BGH NJW 85, 2412). Mit dem ErsAnspr des Inh der verletzten RStellg kann ein (idR delikt) SchadErsAnspr des Dr konkurrieren (BGH NJW 85, 2412, aA BGH NJW 84, 2569). Beide sind in diesem Fall GesamtGläub (BGH NJW 85, 2412). Der **Umfang** des Schadens richtet sich nach den Verhältn des Dr

(BGH VersR 72, 1140, str). Dieser muß sich MitVersch des AnsprInh, aber auch eig MitVersch anrechnen lassen (BGH NJW 72, 289).

c) Fallgruppen. – aa) Wer als **mittelbarer Stellvertreter** für fremde Rechng einen Vertr geschlossen hat, kann den Schaden des GeschHerrn gg den zum SchadErs verpflichteten VertrGegner geltd machen (RG 90, 246, 115, 425, BGH 25, 258, VersR 72, 68, 199, 274, stRspr). Das gilt insb für den Kommissionär, den Spediteur (Hbg VersR 87, 558), den Frachtführer (Ffm NJW-RR 86, 577), den Empfänger (Piper VersR 88, 202), den Beauftragten, aber auch für den TrHänder (BGH NJW-RR 87, 881) u den Notar (Düss WPM 86, 639). Grdsl mögl ist auch die Liquidation eines Schadens, der in der Belastg mit einer EntschPfl aus enteigngsgleichem Eingriff besteht (BGH 57, 335). – **bb)** Wer als berecht Besitzer einer fremden Sache einen Vertr abschließt, der hinsichtl der Sache eine **Obhutspflicht** begründet, kann bei Verletzg dieser Pfl ggü dem VertrGegner den Schaden des Eigtümers geltd machen (RG 15, 228, BGH 40, 101, NJW 69, 790, 85, 2412). Das ergibt sich für den Fall der Gastwirtshaftg aus dem 1966 neugefaßten § 701, gilt aber allg. Mit dem vertragl SchadErsAnspr des Besitzers kann ein delikt Anspr des Eigtümers konkurrieren (BGH NJW 85, 2412, oben b cc). Liegen zugl die Voraussetzgen des Vertr mit Schutzwirkg zGDr vor, besteht gleichf eine unter § 428 fallde AnsprKonkurrenz (Söllner JuS 70, 163, str, für Vorrang des Vertr mit Schutzwirkg zGDr BGH 49, 355, NJW 85, 2411, § 328 Anm 3 e aa). Ist umgekehrt der Eigtümer VertrSchließder u der Besitzer (Mieter) der Geschädigte, ist eine Drittschadensliquidation nicht zul (Hamm NJW-RR 87, 725). – **cc) Gefahrentlastung.** Erleidet der zur EigtÜbertragg verpflichtete Eigtümer bei Beschädigg od Zerstörg der Sache keinen eig Schaden, weil er ggü seinem Gläub frei wird, kann er das Drittinteresse seines Gläub geltd machen (RG 62, 334, BGH 40, 100, NJW 70, 41, VersR 72, 1139, Hbg MDR 74, 668). Hauptanwendgsfälle sind der Versendgskauf (§ 447) u das Vermächtn (§§ 2174, 275). Beim WerkVertr kann der Besteller den Schaden des Untern geltd machen, wenn das bereits vor Abnahme (§ 644) in sein Eigtum übergegangene Werk dch Dr zerstört od beschädigt w (BGH NJW 70, 41). Soweit der Untern aus Besitzverletzg einen eig SchadErsAnspr hat, bestehen beide Anspr in der RForm der GesamtGläubigersch (§ 428) nebeneinander (oben b cc, aA BGH NJW 84, 2569: Vorrang des delikt Anspr). Ein Anspr in Höhe des VerkWertes der Sache steht dem Eigtümer auch nach der Lehre vom obj Schadenskern als Mindestschaden zu (BGH 49, 361, oben Anm 4 d). Der SchadensAusgl darf aber nicht auf den obj Wert beschränkt w (Lange § 8 III 6; aA Peters AcP 180, 336). Es entspr nicht dem Sinn der Gefahrtraggsregeln, das Risiko des ErsPflichtigen zu mindern u den Dr zu belasten. – **dd) Vereinbarung.** Die Liquidation des Drittinteresses ist mögl, wenn die Part dies ausdrückl od stillschw vereinbart haben (RG 170, 251). Hieran entspr PartWillen müssen aber konkrete AnhaltsPkte vorliegen (BGH NJW 69, 271). Der LizenzGeb kann berecht sein, den Schaden weiterer NutzgsBerecht gg den LizenzNeh geltd zu machen (BGH NJW 74, 502). Bei Kauf od WkVertr kann dagg bei einer sog **Verkäuferkette** nicht angenommen werden, daß der Käufer od Besteller berecht sein soll, den Schaden seines Abnehmers zu liquidieren (BGH 40, 102, **LM** (D) Nr 11, Hamm NJW 74, 2092). Das Problem der Produzentenhaftg läßt sich nicht über die Drittschadensliquidation lösen (BGH 51, 93, § 823 Anm 15), ebsowenig der Fall, daß ein GewerbeBetr dch die von einem Dr verursachte Beschädigg eines Stromkabels geschädigt w (BGH NJW 77, 2209). Der GeneralUntern kann uU berecht sein, ggü dem SubUntern den Schaden des Bestellers od and SubUntern geltd zu machen (Fender BauR 84, 257). Dagg ist bei Verletzg sonst bauvertragl Pflten eine Drittschadensliquidation, etwa des Schadens des NachUntern od des Architekten, nicht zul (BGH NJW 85, 2477, Locher/Löffelmann NJW 82, 970, krit Kraus BauR 86, 27). Beim LeasVertr ist der LeasG nicht berecht, den Schaden des Lieferanten zu liquidieren (Düss NJW-RR 89, 884).

7) Vorteilsausgleichung. A) Allgemeines. – a) Problem. Hat das zum SchadErs verpflichtde Ereign neben Nach- auch Vorteile gebracht, ergibt sich die Frage, ob diese auf den SchadErsAnspr anzurechnen sind. Das Gesetz nimmt zu dem Problem nicht ausdr Stellg. Einzelne Vorschr sehen eine Vorteilsanrechng vor (zB § 642 II), andere schließen sie aus (zB § 843 IV). Aus der Entstehgsgeschichte des BGB ergibt sich, daß der GesGeber die Lösg des Problems Rspr u Lehre überlassen wollte (Mot II 19).

b) Formel. Die Rspr macht die Vorteilsausgleich von zwei Voraussetzgen, einer tatsächl u einer normativen, abhängig: Zw dem schädigden Ereign u dem Vorteil muß ein **adäquater Kausalzusammenhang** bestehen (BGH 49, 61, 81, 275). Weiter muß die Anrechng des Vorteils aus der Sicht des Geschädigten zumutb sein (BGH 10, 108); sie muß dem **Zweck des Schadensersatzes** entsprechen u darf den Schädiger nicht unbillig entlasten (BGH 8, 329, 30, 33, 91, 210, 361, BAG NJW 68, 222). Das neuere Schrifttum stimmt den Ergebn der Rspr weitgehend zu, hält aber die von der Rspr entwickelten Abgrenzkriterien für unbrauchb (Esser/Schmidt § 33 V, Larenz § 30 II, Lange § 9 III). Dieser Kritik ist zuzugeben, daß die von der Rspr verwandten Begriffe (Zumutbark, Billigk, Zweck des SchadErs) wenig aussagekräftig sind u in Fallgruppen konkretisiert werden müssen (s unten B–D). Der Lit ist es aber nicht gelungen, einen der Rspr überlegenen, plausiblen Lösgsvorschlag zu entwickeln (s die Darstellg der Lehrmeing bei Lange § 9 II 4), wenn sie auch einzelne brauchb Wertgsgesichtspunkte herausgearbeitet hat (vgl unten B–D).

c) Kausalitätserfordernis. – aa) Das schädigde Ereign muß *condicio sine qua non* für den anzurechnden Vorteil sein. Der wg eines Kunstfehlers in Anspr genommene Arzt kann sich daher nicht darauf berufen, daß der Patient ohne die Operation verstorben wäre, denn der Behandlgsfehler, nicht die Operation ist das haftb machde Ereign (RG JW 34, 869). Der für einen VerkUnfall Verantwortl kann dem Verletzten nicht entgghalten, dieser habe erbrechtl Vorteile, weil sein Bruder bei dem gleichen Unfall getötet worden sei (BGH NJW 76, 747), denn die Verletzg des Geschädigten, nicht der Tod des Bruders ist der HaftgsGrd. – **bb)** Zw dem schädigden Ereign u dem Vorteil muß ein **adäquater** Ursachenzusang bestehen (RG 80, 160, BGH 49, 61, 81, 275, NJW 89, 2389, stRspr, aA die hL, s Staud/Medicus § 249 Rdn 145 mwNw). Inadäquate Vorteile, die wg der insoweit maßgebden Kriterien (oben Anm 5 A c) schon in den aleatorischen Bereich gehören, sind in spiegelbildl Anwendg des Gedankens des allg Lebensrisikos (Anm 5 B m) dem Geschädigten, nicht dem Schädiger gutzubringen.

d) Wertungsgesichtspunkte. Die Entscheidg, ob ein Vorteil anzurechnen ist od nicht, läßt sich nicht auf einen einzigen Grundgedanken zurückführen (Lange § 9 III 3). Sie muß vielmehr nach den für die einzelnen

Fallgruppen maßgebden Sachgesichtspunkten getroffen werden. Im Anschluß an Thiele (AcP **167**, 193) läßt sich aber eine allg Voraussetzg der Vorteilsausgleichg formulieren: Zw Nach- u Vorteil muß ein **innerer Zusammenhang** bestehen, so daß beide bei werder Betrachtg gleichsam zu einer RechngsEinh verbunden sind (BGH **77**, 154, **91**, 210, 363, NJW **89**, 2117). Auch den Vorschr über die **Legalzession** (SGB X 116, VVG 67, AFG 127, BBG 87a, BRRG 52, LFZG 4) liegt ein allg RGedanke zugrde: Sie setzen voraus, daß der ErsAnspr des Geschädigten dch die Leistg des Legalzessionars nicht berührt wird u schließen daher in ihrem Anwendgsbereich eine VorteilsAusgl aus (unten E c). Im übrigen gilt: Weder die Anrechng noch die Nichtanrechng des Vorteils ist die Regel (Staud/Medicus § 249 Rdn 146). Beides bedarf vielmehr einer auf die Eigenart der Fallgruppe abgestellten Begründg.

e) **Durchführung der Vorteilsausgleichung. – aa)** Der Vorteil wird, ohne daß es einer GestaltgsErkl des Schädigers bedarf, vom ErsAnspr abgezogen. Es handelt sich um einen Fall der **Anrechnung** nicht der Aufr (§ 387 Anm 1 b); die VorteilsAusgl findet daher auch bei gesetzl od vertragl AufrVerboten statt (BGH NJW **62**, 1909). Sind der ErsAnspr u der Vorteil nicht gleichartig, muß der Geschädigte den Vorteil Zug um Zug gg Erf des ErsAnspr herausgeben (BGH **27**, 248). – **bb) Kongruenz von Vor- und Nachteilen.** Der Vorteil ist bei der Schadensposition abzusetzen, dem er sachl entspricht (BGH NJW **79**, 760). Erforderl ist ebso wie beim gesetzl FdgÜbergang sachl u zeitl Kongruenz (unten E 2b). Auf die Kosten der Umschulg kann daher der später erzielte Mehrverdienst nicht angerechnet w (s BGH NJW **87**, 2741); unfallbedingter Mehrbedarf kann nicht mit höherem ArbVerdienst verrechnet w (s Ffm MDR **83**, 752). Ersparte häusl Verpfleggskosten sind von den Heilbehandlgskosten, nicht von Verdienstausfallschaden abzuziehen (unten D b). – **cc) Quotenvorrecht.** Beschränkt sich die ErsPfl gem § 254 auf eine Quote od besteht eine summenmäß Haftgsbeschränkg, ist der Vorteil quotenmäß zu berücksichtigen (BGH NJW **70**, 461); bei einem UnterhSchaden sind Einkünfte der Witwe/des Witwers aber in erster Linie auf den vom Schädiger nicht zu ersetzden Schadensteil anzurechnen (BGH **16**, 274, NJW **83**, 2316, NJW-RR **86**, 1402). – **dd)** Die **Beweislast** für die Voraussetzgen der VorteilsAusgl trägt der Schädiger (BGH **94**, 217, NJW **79**, 761, **83**, 1053).

f) **Anwendungsbereich.** Die Grds der VorteilsAusgl gelten für SchadErsAnspr aller Art, auch für den aus § 845 (Karlsr FamRZ **88**, 1051, unten D b). Dagg finden sie auf ErfAnspr keine Anwend (RG **80**, 154), ebsowenig auf Anspr nach dem AnfG (RG **100**, 90). Auf NachbessergsAnspr ist der Gedanke der VorteilsAusgl anwendb (BGH **91**, 210, NJW **89**, 2389). Entspr gilt für Anspr aus GoA, soweit die Aufwendg in einem Schaden besteht (Oldbg NdsRpfl **72**, 273). Zur VorteilsAusgl im EnteingsR s Übbl 2 G c) v § 903.

B) **Eigene Handlungen des Geschädigten.** Soweit der Geschädigte den Schaden dch eig Leistg abwendet od mindert, entscheidet § 254 II über die Anrechng od Nichtanrechng. Bei Maßn, zu denen der Geschädigte gem § 254 II verpflichtet ist, ist der Vorteil anzurechnen; Vorteile aus überpflichtmäß Anstrenggen des Geschädigten entlasten den Schädiger dagg nicht (BGH **55**, 332, allgM).

a) **Eigener Arbeitsverdienst.** Wg des Grds der Kongruenz (oben A e bb) kommt eine Anrechng nur auf den Verdienstausfallschaden od den Anspr aus § 844 II in Frage. Maßstab für die Anrechng od Nichtanrechng ist § 254 II (s dort Anm 3 b dd). Der Schädiger wird nicht entlastet, wenn der Geschädigte die verhinderte Tätigk dch Mehrarbeit nachholt (BGH **55**, 332, krit Lieb JR **71**, 371), wenn er eine unzumutb Erwerbstätigk aufnimmt (BGH NJW **74**, 602), wenn der ArbGeb die Dienste des vertragsbrüch ArbNeh zusätzl selbst leistet (BAG NJW **68**, 222), wenn die Witwe, ohne hierzu gem § 254 II verpflichtet zu sein, erwerbstät ist (BGH **4**, 176, VersR **69**, 469).

b) Vorteile aus einem vom Geschädigten abgeschlossenen **günstigen Vertrag** sind idR nicht anzurechnen. – **aa)** Der Gewinn aus einem **Deckungsgeschäft** mindert die ErsPfl des Schädigers grdsl nicht. Wenn der Geschädigte den neuen Kunden ohnehin hätte beliefern können, fehlt es bereits an einem KausalZushang zw dem schädigden Ereign u dem Vorteil (RG **52**, 154, **102**, 349, BGH NJW **70**, 32). Auch wenn dieses Erfordern erfüllt ist, ist der Mehrerlös aus dem ZweitGesch grdsl nicht anzurechnen (RG **89**, 284, KG NJW-RR **88**, 1403). Etwas and gilt aber dann, wenn der Geschädigte seinen Schaden auf der Grdl eines konkreten DeckgsGesch berechnet u der Mehrerlös aus diesem Gesch den VerkWert der Sache nicht übersteigt (BGH NJW **81**, 1834, **82**, 326). – **bb)** Verkauft der gutgl Käufer die Sache unter Vereinbg eines **Haftungsausschlusses** od sonst mit Gewinn weiter, so berührt das seinen ErsAnspr aus § 463 nicht (BGH NJW **81**, 45, Hamm NJW **74**, 2091, Mü NJW **80**, 1581). Für SchadErs wg Nicht- od Schlechtlieferg gilt allg, daß der Schädiger nicht entlastet wird, wenn der Abnehmer des Geschädigten keine MängelAnspr geltd macht (BGH NJW **77**, 1819). Der SchadErsAnspr des Vermieters wg unterlassener **Schönheitsreparatur** wird nicht dadch ausgeschlossen, daß der Nachmieter deren Kosten übernimmt (BGH **49**, 61, Staud/Medicus § 249 Rdn 155). – **cc) Anzurechnen** ist der Vorteil, wenn er nach Art u Entstehg mit dem entstandenen Nachteil in einem unlösb inneren Zushang steht (BGH NJW **82**, 326). Wer rechtsw zum Kauf einer Sache veranlaßt worden ist, muß sich den Gewinn aus deren Weiterveräußerg anrechnen lassen (BGH NJW **84**, 229). Bei verspäteter Lieferg ist die Wertsteigerg der Sache anzurechnen, wenn der Geschädigte sie bei rechtzeitiger Lieferg sofort weiterveräußert hätte u nicht in den Genuß der Werterhöhg gekommen wäre (BGH **77**, 154).

c) Hat der Geschädigte bei Dchsetzg seiner Anspr eine Sache in der **Zwangsversteigerung** unter Wert ersteigert, ist der Vorteil idR nicht anzurechnen (s RG **80**, 155, Lange § 9 V 3). Etwas and gilt aber dann, wenn der Geschädigte die Sache ohnehin erwerben wollte u er ohne die Zwangsversteigerg ein höheres Entgelt hätte zahlen müssen (RG **133**, 221). Wird der Zuschlag amtspflwidr versagt, ist der Vorteil aus der späteren Ersteigerg anzurechnen (BGH NJW-RR **87**, 246). Erst nach dem Erwerb eintretde Wertsteigergen sind nicht zu berücksichtigen (BGH VersR **67**, 189).

C) **Leistungen Dritter. – a) Freigiebige Leistungen** Dritter sind nicht anzurechnen, wenn sie, wie idR, nicht den Schädiger entlasten, sond dem Geschädigten zugute kommen sollen (RG **92**, 57, BGH **21**, 117). Nicht auszugleichen sind daher: Ertrag einer Sammlg für den Geschädigten (RG JW **35**, 3369); freiw UnterhLeistgen eines Dritten (RG **92**, 57), etwa des Partners einer eheähnl LebensGemeinsch (BGH **91**, 363), Betreuung dch Angeh (BGH VersR **73**, 85), Dienstleistgen von Angeh od Mitgesellschtern, die für den verletzten BetrInhaber einspringen (BGH NJW **70**, 95), freiw Zuwendgen des ArbGeb (BGH **10**, 107), freiw Leistgen von Unterstützgskassen (Hamm VersR **69**, 1151), „Verwandtenrabatt" bei der ErsBeschaffg (Hamm VersR **77**, 735). Hat die Drittleistg den Zweck, den Schädiger zu entlasten, ergibt sich die Anrechenbark bereits aus § 267.

b) Leistungen aus einer Privatversicherung. – aa) Im Bereich der **Schadensversicherung** scheidet eine VorteilsAusgl schon deshalb aus, weil der SchadErsAnspr hier gem VVG 67 auf den Versicherer übergeht. VVG 67 gilt für die Feuer-, Diebstahls-, Kasko- u TransportVers, ferner für die RSchutzVers (BGH VersR **67**, 774 u ARB 20 II) u die KrankenVers, soweit sie die Behandlgskosten betrifft (BGH **52**, 352). Der FdgsÜbergang beschränkt sich auf die Schäden, die dem versicherten Risiko kongruent sind (BGH **25**, 340, **44**, 383, unten E 2b). Hat der Schädiger den Schaden wg MitVersch od einer summenmäß Haftgbegrenzg nur teilw zu ersetzen, geht die Fdg nur über, soweit nach voller Befriedigg des Geschädigten noch eine ErsPfl des Schädigers verbleibt, Differenztheorie, QuotenVorR des VersNeh (BGH **13**, 28, **44**, 382, **47**, 308). Zur rechnerischen Abwicklg in der Kfz-KaskoVers s BGH **82**, 338, NJW **82**, 829, Müller VersR **89**, 317. – **bb)** In der **Summenversicherung** ist VVG 67 unanwendb; gleichwohl mindert die VersLeistg die ErsPfl nicht, da sie als Ergebn privater Schadensfürsorge nicht den Schädiger entlasten, sond dem Geschädigten zugute kommen soll. Die Leistgen aus der LebensVers sind daher weder mit ihrem Stammwert noch mit ihren Erträgn anzurechnen (BGH **73**, 109). Das gilt nicht nur für die RisikoVers, sond auch für die SparVers (BGH **73**, 109, and noch BGH **39**, 249). Auch bei der UnfallVers ist weder die VersSumme anzurechnen (BGH **19**, 99, **25**, 328) noch deren Erträge (BGH NJW **57**, 905, VersR **69**, 351). Gleichgült ist, ob der Vertr vom Geschädigten od einem Dritten (Angeh, ArbGeb) abgeschlossen worden ist (BGH NJW **68**, 837). Hat der **Schädiger** zugunsten des Geschädigten eine Vers, etwa eine InsassenunfallVers, abgeschlossen, sind deren Leistgen aber auf ein entspr Verlangen des Schädigers anzurechnen (BGH **64**, 266). Entspr gilt, wenn ein naher Angeh des Schädigers VersNeh ist (BGH **80**, 11).

c) Leistungen des Sozialversicherungsträgers und andere Sozialleistungen führen zum FdgÜbergang kr Ges, nicht aber zur Entlastg des Schädigers. Maßgebd ist nunmehr SGB X § 116 (s unten E). Eine Anrechng kommt nach dem Zweck der Sozialleistg auch dann nicht in Betracht, wenn ausnw keine *cessio legis* stattfindet (BGH **4**, 178, JR **56**, 341, FamRZ **61**, 28). Auch die Übernahme der Heilbehandlgskosten dch die Streitkräfte od den staatl GesundhDienst entlastet den Schädiger nicht (BGH NJW-RR **89**, 671, Celle VersR **89**, 491).

d) Leistungen nach den Beamtengesetzen führen gem BBG 87a, BRRG 52 zu einem Übergang des SchadErsAnspr auf den Dienstherrn u entlasten den Schädiger nicht. Der FdgÜbergang vollzieht sich bereits im Ztpkt des schädigen Ereign (BGH BGH NJW **84**, 607, Ffm VersR **87**, 593). Gleichgült ist, ob der Dienstherr Dienstbezüge weiterzahlt od Versorggsleistgen erbringt. Auch Beihilfeleistgen führen zum Fdg-Übergang (BGH NJW **77**, 802, **LM** RVO 1542 Nr 122). Dieser bezieht sich auch auf vertragl SchadErsAnspr (BGH NJW **83**, 1377) u findet auch dann statt, wenn die Versorggslast des Dienstherrn bei Tötg eines pensionierten Beamten im Ergebn geringer w (BGH FamRZ **58**, 210). Der FdgÜbergang darf sich nicht zum Nachteil des Beamten auswirken. Seine volle Befriedigg hat daher vor der *cessio legis* den Vorrang (BGH **22**, 137, VersR **67**, 902). Auch wenn der Beamte seine SchadensmindergsPfl verletzt, geht die AnsprKürzg zunächst zu Lasten des Dienstherrn (BGH NJW **84**, 354). Zur Höhe des übergehden Anspr s § 252 Anm 3a, zum Ausschluß des Übergangs bei Anspr gg Angeh unten E 4.

e) Gehaltsfortzahlung. Erhält der verletzte ArbNeh aufgrd gesetzl Vorschr (§ 616 II, LFZG 1, HGB 63) od vertragl Vereinbg sein Gehalt weiter, so entlastet das den Schädiger nicht. Die Gehaltsfortzahlg muß nach ihrem Zweck (fürsorgerische Leistg zG des Geschädigten) bei der Schadensfeststellg unberücksichtigt bleiben (BGH **7**, 30, **10**, 107, **43**, 381). Das ergibt sich zugl aus dem in LFZG 4 angeordneten FdgÜbergang. Nicht anzurechnen sind aber auch: das Gehalt, das die OHG od KG ihrem verletzten Gesellschafter weiterzahlt (BGH NJW **63**, 1051, **70**, 95); das Gehalt, das die Einmann-GmbH ihrem arbeitsunfäh AlleinGesellschter weitergewährt (BGH NJW **71**, 1136); das vom ArbGeb gezahlte Sterbegeld (BGH NJW **78**, 536); Ruhegehälter des ArbGeb od einer Unterstützgskasse. Ein SchadErsAnspr des verletzten Arbeiters geht gem LFZG 4 auf den ArbGeb über. Diese Vorschr wird man auf Angest entspr anwenden können (Becker Betr **87**, 1090, aA BGH NJW **89**, 2062 u die hM). Soweit kein gesetzl FdgÜbergang stattfindet, muß der Verletzte seinen Anspr analog §§ 255, 281 an den ArbGeb (Dienstberechtigten) abtreten (Thiele AcP **167**, 218). Das BefriediggsVorR steht wie bei VVG 67 u BRRG 52 dem Geschädigten zu (Lange VersR **70**, 486, 493).

f) Unterhaltsleistungen. – aa) Grundsatz. Für RentenAnspr aus §§ 843, 844 ist in §§ 843 IV, 844 II, 618 III, ProdHaftG 9 II, HaftpflG 8 II, StVG 13 II, LuftVG 38 II ausdr bestimmt, daß UnterhLeistgen an den Geschädigten die ErsPfl des Schädigers nicht mindern. Diese Vorschr sind Ausdr des **allgemeinen Rechtsgedankens:** Leistgen des UnterhPflichtigen entlasten nach ihrem Zweck den Schädiger nicht (BGH **9**, 191, VersR **70**, 41, NJW **71**, 2070). Auf den ErsAnspr gg der Vormd, der UnterhAnspr gg den Vater verjähren ließ, sind daher die Leistgen der Mutter nicht anzurechnen (BGH **22**, 72). Auf den Anspr aus § 844 II wg Tötg der Mutter dürfen die UnterhLeistgen des Großvaters u die nach dessen Tod gewährte Waisenrente nicht angerechnet w (BGH NJW **74**, 1236/1653). Dagg sind UnterhVorauszahlgen u Abfindgen zu berücksichtigen (BGH NJW **73**, 2069). Ein SchadErsAnspr besteht nicht, wenn das Kind nach dem Tod des Vaters von der Mutter aus den Erträgen des gleichen Vermögens unterhalten w wie vorher (BGH NJW **69**, 2008). – **bb) Ausnahmen.** Besonders liegt es, wenn das den UnterhAnspr begründde RVerhältn erst dch das **schädigende Ereignis ermöglicht** worden ist. Auf den Anspr der Witwe (des Witwers) aus §§ 844 I od 845 sind nach **Wiederverheiratung** die Leistgen des neuen Ehegn anzurechnen (BGH NJW **70**, 1127, Bambg DAR **77**, 300), jedoch lebt der Anspr nach Tod od Scheidg der neuen Ehe wieder auf (MüKo/Grunsky Rdn 108a). Dagg sind die Leistgen des Partners einer eheähnl LebensGemeinsch nicht anzurechnen (BGH **91**, 359, krit Lange JZ **85**, 90). Ebso bleibt der ErsAnspr der Unfallwaisen aus § 844 II im Fall der **Adoption** unberührt (BGH **54**, 269, § 1755 I 2).

D) Vorteile ohne Zutun des Geschädigten oder eines Dritten. – a) Erbrechtlicher Erwerb. –

aa) Die Hinterbliebenen brauchen sich den **Stammwert** der Erbsch od des Pflichtt auf den Anspr aus § 844 grdsl nicht anrechnen zu lassen, da ihnen dieser später ohnehin zugefallen wäre (BGH **8**, 328, NJW **57**, 905). Anzurechnen ist die Erbsch aber, wenn die Eheg aus dem Stamm ihres Vermögens lebten (MüKo/Grunsky Rdn 109), wenn feststeht, daß der Getötete den Hinterbliebenen enterbt od sich wiederverheiratet hätte (Thiele AcP **167**, 232), od wenn der ErsBerecht eine erhebl geringere Lebenserwartg hatte als der Getötete (Lange § 9 IV 2a, aA BGH VersR **67**, 1154). Das gilt jedoch nur für Anspr aus § 844. Der unmittelb Geschädigte braucht sich die Vorteile, die er dch den gleichzeit verursachten Unfalltod seines Bruders hatte, nicht entggehalten zu lassen (BGH NJW **76**, 747). – **bb) Erträgnisse der Erbschaft** sind anzurechnen, soweit sie ohne das schädigde Ereign vom Getöteten – etwa für den eig Unterh – verbraucht worden wären (BGH NJW **74**, 1236, **79**, 760). Das gilt auch dann, wenn der Geschädigte nur zur Nutznießg berecht ist (BGH VersR **69**, 951) od wenn er den ihm zustehden PflichttAnspr nicht geltd macht (BGH NJW **61**, 119). Maßgebd ist nicht der Brutto- sond der Nettoertrag (BGH VersR **62**, 323). Soweit die Bewirtschaftg der Erbsch ArbLeistgen des Erben erfordert, ist hierfür ein hypothet Gehalt (UnternLohn) anzusetzen (BGH **58**, 14). Der Anspr aus § 844 II wg Todes der Mutter entfällt, wenn das Kind wg des gleichzeitigen Todes des Vaters Vermögen erbt, dessen Erträge seinen UnterhBedarf decken (BGH **62**, 129). Nicht anzurechnen sind die Erträge, soweit der Getötete sie zur Vermehrg seines Vermögens verwandt hätte (BGH NJW **74**, 1236).

b) Ersparte Aufwendungen sind wg ihres engen Zushanges mit dem entstandenen Nachteil (oben A d) nach der Differenzhypothese (oben Anm 2) grdsl anzurechnen (MüKo/Grunsky Rdn 97, allgM), es sei denn, die Erspar beruht auf einem überpflichtmäß Verzicht des Geschädigten. **Anzurechnen** sind daher: auf den Verdienstausfallschaden die ersparten Kosten für Fahrten zur auswärt Arbeitsstätte (BGH NJW **80**, 1787); bei Krankenhaus- od Kuraufenthalt die ersparten häusl **Verpflegungskosten,** u zwar auf die Heilbehandlgskosten, nicht auf den Verdienstausfallschaden (BGH NJW **80**, 1787), jedoch erstreckt sich die *cessio legis* an den SozVersTräger in Höhe der Erspar auch auf den Verdienstausfall (BGH NJW **84**, 2628, krit Klimke NJW **86**, 2356); auf den SchadErsAnspr wg NichtErf bei konkreter Schadensberechng gleichfalls die ersparten Aufwendgen (BGH NJW **69**, 879, **82**, 326); auf den ErsAnspr wg Bruch des ArbVertr das ersparte Gehalt (BAG Betr **70**, 1646); bei SchadErs wg Verletzg einer WettbewAbrede die ersparte Karenzentschädigg (BGH VersR **75**, 132); bei verspäteter Fertigstellg eines Hauses die ersparten Zinsen (BGH NJW **83**, 2137); bei Anmietg eines Pkw die ersparten Eigenkosten (§ 249 Anm 3); bei Nachbesserungskosten die sog „Ohnehin"-Kosten, um die das Werk teurer geworden wäre, wenn es von Anfang an ordngsmäß hergestellt worden wäre (BGH **91**, 210, NJW-RR **88**, 1045); auf SchadErsAnspr wg Betrugs beim Autokauf die ersparte Abnutzg des andf gekauften Pkws (Hamm NJW **70**, 2296); auf ErsAnspr wg pflichtw Kreditgewähr die Unterstützg, die die Gemeinde wg des Hinausschiebens des UnternZusbruchs erspart hat (RG JW **37**, 740). Dagg kann der wg **Anstellungsbetrugs** Entlassene sich nicht darauf berufen, seine ArbLeistg habe die Vergütg für eine and Pers erspart (Mü MDR **65**, 988). Beim Anspr wg entgangener Dienste (§ 845) sind nur die ersparten Aufwendgen für Wohng u Verpflegg, nicht der gesamte ersparte UnterhAufwand anzurechnen (BGH **4**, 129, NJW **53**, 98, VersR **81**, 857, s aber Karlsr FamRZ **88**, 1050). Für den Anspr des Witwers wg **Wegfall der Haushaltsführung** (§ 844 II) gilt diese Beschränkg nicht (BGH **56**, 389, VersR **84**, 876, aA Staud/Medicus § 249 Rdn 171), jedoch sind die ersparten UnterhLeistgen nur im Rahmen der Billigk auszugleichen (BGH aaO). Die beim Vater eintretde Erspar mindert aber nicht den Anspr des Ki wg Todes der Mu (Hamm NJW-RR **87**, 559).

c) Nutzungen. Ist ein VertrVerh rückabzuwickeln, sind die vom Geschädigten gezogenen Nutzgen iW der Vorteilsausgleichg anzurechnen (BGH NJW **62**, 1909, Karlsr OLGZ **75**, 192). Das gilt jedoch nicht bei einer dch die Verhältn erzwungenen obj unzumutb Nutzg (Saarbr NJW-RR **87**, 471). Bewertgsmaßstab ist bei aufgedrängten Nutzgen nicht der VerkWert, sond die ersparte Abnutzg der andf gekauften Sache. Diese können bei Pkw auf 0,10–0,15 DM/km veranschlagt w (Nürnbg DAR **78**, 198, Brem DAR **80**, 373, Hbg VersR **81**, 138, § 347 Anm 3 b).

d) Steuerliche Vorteile sind grdsl im Wege der VorteilsAusgl zu berücksichtigen (BGH **53**, 132, NJW **86**, 245, Steinle SchadErs u ErtragsSteuerR, 1982, zum umgekehrten Fall nachteiliger steuerl Auswirkgen s § 249 Anm 4 a). Die Steuererspar aus folgden Vergünstiggen mindern daher die ErsPfl: Steuerfreih gem EStG 3 für Leistgen der Unfall-, Kranken- u ArbLosenVers (BGH NJW **80**, 1788) u für ArbNAbfindgen (BGH VersR **89**, 856); Steuerfreih gem EStG 22 für ErwerbsunfähigkRenten (BGH NJW **86**, 245, **87**, 1814); Abzugsfähig von Schuldzinsen gem EStG 21a (BGH NJW **83**, 2137); Steuerfreih des ErwerbsunfähigkSchadens gem GewStG 7 (BGH NJW **79**, 915, **87**, 1814); Steuervorteile aus erhebl Verlustzuweisgen (BGH NJW **84**, 2524, NJW-RR **88**, 161); Berechtigg zum **Vorsteuerabzug** gem UStG 15 (BGH NJW **72**, 1460); Umsatzsteuerfreih der ErsLeistg (BGH NJW **87**, 1690, 1814); die Nichtanwendg des ErbStG, wenn der Geschädigte statt der Erbsch SchadErs für deren Verlust erhält (Lange § 6 XIII). Die VorteilsAusgl entfällt, wenn die ErsLeistg gleichf der SteuerPfl unterliegt (BGH **74**, 114, NJW-RR **88**, 788, 856). Auch der **Zweck der Steuervergünstigung** od and Wertgesichtspunkte können nicht berücksichtig des Vorteils ausschließen (Grunsky DAR **88**, 410). Nicht anzurechnen sind: Vorteile aus dem Pauschbetrag für Behinderte gem EStG 33 b (BGH NJW **86**, 245); die Vergünstigg nach EStG 34 für Entschädiggen auf den Entgang von Einnahmen (BGH NJW **74**, 116, NJW **80**, 1788, Boelsen Betr **88**, 2189); Vorteile aus der Verj der Steuerschuld (BGH **53**, 137); Erspar dch eine Tarifsenkg, die inf der Verzögerg der ErsLeistg anwendbar wird (BGH WPM **70**, 637); Vorteile aus einer steuergünstigen Verwendg des SchmerzG (BGH NJW **86**, 983). Vgl hierzu u zur VortAusgl bei Wegfall von SozialVersBeiträgen auch § 252 Anm 3 b.

e) Abzug neu für alt. Wird eine gebrauchte Sache dch eine neue ersetzt od dch den Einbau von Neuteilen repariert, kann dies zu einer Werterhöhg führen. Diese Differenz ist grdsl vom Geschädigten auszugleichen (BGH **30**, 33). Es müssen aber folgde Voraussetzgen erfüllt sein: **aa)** Dch die Schadensbeseitig muß eine meßb **Vermögensvermehrung** eingetreten sein. Daran fehlt es idR, wenn bei einer Kfz-Reparatur Teile ersetzt werden, die im allg die Lebensdauer des Kfz erreichen (KG NJW **71**, 144). – **bb)** Die Werterhöhg muß sich für den Geschädigten wirtschaftl **günstig auswirken** (Celle VersR **74**, 1032). Diese Voraussetzg ist bei Neuerrichtg einer abgebrannten Baulichk wg der längeren Lebensdauer u der Erspar von Reparaturauf-

Inhalt der Schuldverhältnisse. 1. Titel: Verpflichtg z. Leistung **Vorbem v § 249** 7 D, E

wendgen idR erfüllt (BGH **30**, 34, **102**, 331). Entspr gilt für die Erneuerg des Daches (Ffm BauR **87**, 323) od von Dalben (Hbg VersR **87**, 460), jedoch müssen bei der Ermittlg der Wertsteigerg Nebenkosten uU unberücksichtigt bleiben (BGH **102**, 331). Wird allein der Verkaufswert erhöht, muß der Ausgl uU bis zum tatsächl Verkauf zurückgestellt w (Saarbr VersR **75**, 189). – **cc)** Die VorteilsAusgl muß dem Geschädigten **zumutbar** sein (BGH **30**, 34) u darf nicht gg rechtl Wertgen verstoßen. Sie entfällt daher, wenn die wenig getragene Kleidg einer Unterstützungsempfängerin beschädigt wird (Schlesw MDR **52**, 747) od wenn eine Baufirma Nachbessergsarbeiten mit erhebl Verspätg ausführt (BGH **91**, 215, KG BauR **78**, 410).

f) Verschiedenes: aa) Glücksfälle (Schulbeispiel: der Geschädigte entdeckt bei der Entferng des beschädigten Baumes einen Schatz): Der Vorteil ist als inadäquat nicht anzurechnen (oben A c). Außerdem ist der Gedanke des allg Lebensrisikos (oben Anm 5 B m) spiegelbildl anzuwenden (Lange § 9 IV 3). – **bb) Wertsteigerungen** der verspätet zurückgegebenen Sache sind anzurechnen, sofern der Geschädigte sie bei rechtzeit Leistg zu einem geringeren Preis verkauft hätte (BGH **77**, 154). Sie sollen auch bei Bausummenüberschreitgen die ErsPfl mindern (BGH NJW **70**, 2018, krit Steinert BauR **88**, 555). Zu berücksichtigen ist auch die dch den Wegfall des Denkmalschutzes eintretde Werterhöhg (BGH **102**, 332). Keine VorteilsAusgl, wenn der Schädiger das **entwendete Geld** bei der bestohlenen Spielbank wieder verspielt (BGH NJW **80**, 2183).

E) Forderungsübergang gemäß § 116 SGB X

§ 116. Ansprüche gegen Schadensersatzpflichtige

(1) Ein auf anderen gesetzlichen Vorschriften beruhender Anspruch auf Ersatz eines Schadens geht auf den Versicherungsträger oder Träger der Sozialhilfe über, soweit dieser auf Grund des Schadensereignisses Sozialleistungen zu erbringen hat, die der Behebung eines Schadens der gleichen Art dienen und sich auf denselben Zeitraum wie der vom Schädiger zu leistende Schadensersatz beziehen.

(2) Ist der Anspruch auf Ersatz eines Schadens durch Gesetz der Höhe nach begrenzt, geht er auf den Versicherungsträger oder Träger der Sozialhilfe über, soweit er nicht zum Ausgleich des Schadens des Geschädigten oder seiner Hinterbliebenen erforderlich ist.

(3) Ist der Anspruch auf Ersatz eines Schadens durch ein mitwirkendes Verschulden oder eine mitwirkende Verantwortlichkeit des Geschädigten begrenzt, geht auf den Versicherungsträger oder Träger der Sozialhilfe von dem nach Absatz 1 bei unbegrenzter Haftung übergehenden Ersatzanspruch der Anteil über, welcher dem Vomhundertsatz entspricht, für den der Schädiger ersatzpflichtig ist. Dies gilt auch, wenn der Ersatzanspruch durch Gesetz der Höhe nach begrenzt ist. Der Anspruchsübergang ist ausgeschlossen, soweit der Geschädigte oder seine Hinterbliebenen dadurch hilfebedürftig im Sinne der Vorschriften des Bundessozialhilfegesetzes werden.

(4) Stehen der Durchsetzung der Ansprüche auf Ersatz eines Schadens tatsächliche Hindernisse entgegen, hat die Durchsetzung der Ansprüche des Geschädigten und seiner Hinterbliebenen Vorrang vor den übergegangenen Ansprüchen nach Absatz 1.

(5) Hat ein Versicherungsträger oder Träger der Sozialhilfe auf Grund des Schadensereignisses dem Geschädigten oder seinen Hinterbliebenen keine höheren Sozialleistungen zu erbringen als vor diesem Ereignis, geht in den Fällen des Absatzes 3 Satz 1 und 2 der Schadensersatzanspruch nur insoweit über, als der geschuldete Schadensersatz nicht zur vollen Deckung des eigenen Schadens des Geschädigten oder seiner Hinterbliebenen erforderlich ist.

(6) Ein Übergang nach Absatz 1 ist bei nicht vorsätzlichen Schädigungen durch Familienangehörige, die im Zeitpunkt des Schadensereignisses mit dem Geschädigten oder seinen Hinterbliebenen in häuslicher Gemeinschaft leben, ausgeschlossen. Ein Ersatzanspruch nach Absatz 1 kann dann nicht geltend gemacht werden, wenn der Schädiger mit dem Geschädigten oder einem Hinterbliebenen nach Eintritt des Schadensereignisses die Ehe geschlossen hat und in häuslicher Gemeinschaft lebt.

(7) Haben der Geschädigte oder seine Hinterbliebenen von dem zum Schadensersatz Verpflichteten auf einen übergegangenen Anspruch mit befreiender Wirkung gegenüber dem Versicherungsträger oder Träger der Sozialhilfe Leistungen erhalten, haben sie insoweit dem Versicherungsträger oder Träger der Sozialhilfe die erbrachten Leistungen zu erstatten. Haben die Leistungen gegenüber dem Versicherungsträger oder Träger der Sozialhilfe keine befreiende Wirkung, haften der zum Schadensersatz Verpflichtete und der Geschädigte oder dessen Hinterbliebene dem Versicherungsträger oder Träger der Sozialhilfe als Gesamtschuldner.

(8) Weist der Versicherungsträger oder Träger der Sozialhilfe nicht höhere Leistungen nach, sind vorbehaltlich der Absätze 2 und 3 je Schadensfall für nicht stationäre ärztliche Behandlung und Versorgung mit Arznei- und Verbandmitteln fünf vom Hundert der monatlichen Bezugsgröße nach § 18 des Vierten Buches zu ersetzen.

(9) Die Vereinbarung einer Pauschalierung der Ersatzansprüche ist zulässig.

(1) Allgemeines. – a) Die Vorschr regelt den fr in RVO 1542 normierten Übergang von SchadErsAnspr auf den SozVersTräger. In einem übertriebenen Hang zum Perfektionismus übernimmt sie einen Teil der von der Rspr entwickelten Ausleggsergebn in den GesText. Sachl neu ist die Ersetzg des Quotenvorrechts dch die relative Theorie (Anm 3b), die Einbeziehg der SozHilfeTräger in den ges FdgÜbergang (Anm 3a), der Übergang von BeitragsAnspr gem § 119 (Anm 2 d) u der völlig mißlungene III 2 (Anm 3b). § 116 ist **keine selbständige Anspruchsgrundlage**. Der VersTräger kann nur Regreß nehmen, soweit in der Person des Geschädigten ein übergangsfäh SchadErsAnspr entstanden ist. – **b) Zeitlicher Anwendungsbereich.** § 116 gilt für alle seit dem 1. 7. 1983 entstandenen SchadErsAnspr. Für Anspr aus der Zeit vor dem 1. 7. 1983 bleibt das fr Recht (s 42. Aufl) auch dann maßgebd, wenn sich der Schaden weiter entwickelt od der Geschädigte den SozVersTräger wechselt (Art 170 EGBGB). – **c) Sachlicher Anwendungsbereich.** Die Vorschr gilt für alle SozVersTräger (Kranken-, Unfall- u RentenVers), gem AFG 127 auch für die BAnstalt f Arb. Einbezogen sind nunmehr auch die SozHilfeTräger. BSHG 90, 91, wonach der FdgÜbergang nicht kr Ges, sond aGrd Überleitgsanzeige eintritt, gilt für SchadErsAnspr des HilfeEmpfängers nicht mehr.

(2) Voraussetzungen. – a) Dem Geschädigten od seinem Hinterbliebenen muß ein auf gesetzl Vorschr beruhder **Schadensersatzanspruch** zustehen. Der FdgÜbergang erfaßt neben ErsAnspr aus Delikt od

Gefährdg auch solche mit vertragl Grdl (BGH **26**, 371, Vers **69**, 954), nicht aber AufwendgsErsAnspr (Karlsr NJW **88**, 2677). Er setzt voraus, daß dem Verletzten ein Schaden iSd §§ 249 ff entstanden ist. Der VersTräger, der eine Teilrente zahlt, hat daher keine Regreßmöglichk, wenn der Verletzte weiter in der bisher Stellg zu unverändertem Lohn arbeitet (BGH VersR **67**, 1069). – **b)** Der VersTräger muß kr Ges verpflichtet sein, eine Sozialleistg zu erbringen. Soweit ZuzahlgsPflten des Verletzten bestehen, findet kein FdgÜbergang statt (Breuer/Labuhn VersR **83**, 914). Zw der SozLeistg u dem SchadErsAnspr muß sachl u zeitl **Kongruenz** bestehen (I). Der Anspr des Geschädigten auf SchmerzG geht daher nicht über (BGH VersR **70**, 1054), ebsowenig der ErsAnspr wg MehrAufwendgen für die 2. Pflegeklasse (BGH NJW **73**, 1196). Die ErwerbsunfähigkRente u der Anspr wg unfallbedingter Mehraufwendgen sind nicht kongruent (BGH NJW **70**, 1685). Gleichart sind dagg: SchadErs wg Erwerbsnachteile u SozVersLeistgen mit LohnErsFunktion (BGH **90**, 342); Kinderzuschläge zur Rente u SchadErs wg Minderg der Erwerbsfähigk (BGH NJW **75**, 978); Waisenrente nach dem Tod der Mutter od Rente wg Minderg der Erwerbsfähigk u Anspr wg entgangener Betreuungsleistgen (BGH NJW **87**, 2295); vorgezogenes Altersruhegeld u Verdienstausfallschaden (BGH NJW **86**, 2763); Rente wg Minderg der Erwerbsfähigk u SchadErsAnspr wg Beeinträchtigg der Haushaltsführg (oben Anm 3k), soweit die Haushaltsführg einen UnterhBeitrag darstellt, nicht soweit diese den eig Bedürfn dient (BGH NJW **74**, 41, **85**, 735); Sterbegeld u SchadErsAnspr wg Beerdiggskosten (BGH VersR **86**, 698). – **c)** Der FdgsÜbergang ist **unabhängig** davon, ob der VersTräger inf des Unfalls **mehr leisten muß** als ohne ihn (BGH GrZS **9**, 189). Wird ein Rentner getötet, geht der seiner Witwe zustehde ErsAnspr aus § 844 II auf den VersTräger über, obwohl dessen LeistgsPfl sich im Ergebn verringert (BGH NJW **71**, 936). Diese stRspr hat sich § 116, wie sein Abs V zeigt, trotz der im Schrifft vorgebrachten Kritik (Gärtner JuS **72**, 69) zu eigen gemacht. Dagg gehen der Anspr des nichtehel Kindes wg des Todes seines Vaters nicht auf den VersTräger über, sofern es Waisenrente nach seinem Stiefvater bezogen hat u diese nunmehr wegfällt (BGH **54**, 380). – **d)** Hat der Geschädigte einen Anspr auf Ersatz von **Beiträgen zur Sozialversicherung** (§ 252 Anm 3) gilt die Sonderregelg des SGB X 119. Der Anspr geht auf den VersTräger über, obwohl dieser insow keine kongruenten Leistgen zu erbringen hat (Hüffer VersR **84**, 202, 1009, Klaproth VersR **84**, 924). § 119 ist nicht verfassungswidr (Stelzer VersR **86**, 632). Er ist keine AnsprGrdl, setzt also voraus, daß in der Pers des Verletzten ein entspr Schaden entstanden ist (BGH **97**, 333). Er betrifft Beiträge zur RentenVers, nicht dagg Beiträge zur ArbLosenVers (BGH VersR **67**, 390, KG VersR **75**, 863, Celle VersR **79**, 918), zur BerufsGenossensch (BGH NJW **76**, 326) u zur KrankenVers (Küppersbusch VersR **83**, 206, Deinhardt VersR **84**, 703, Schleich VersR **85**, 298). Er gilt auch, wenn unfallbedingter Minderverdienst zu einem teilw Beitragsausfall führt (BGH **97**, 339, Küppersbusch VersR **88**, 665) u wenn es um Beiträge für Monatsteile geht (BGH **97**, 336, VersR **87**, 599).

(3) Rechtsfolgen. Der SchadErsAnspr geht kr Ges auf den VersTräger über (§ 412). Für die RBeziehg zw VersTräger u Schädiger gelten die §§ 399 ff, insb §§ 404 u 407. – **a)** Der FdgÜbergang auf den Träger der Kranken-, Unfall- u RentenVers vollzieht sich im **Zeitpunkt** des schädigenden Ereign (BGH **48**, 188, VersR **87**, 739). Erforderl aber auch ausr ist, daß eine LeistgsPfl des SozVersTrägers in Betracht kommen kann (BGH NJW **83**, 1912). Der Übergang erfaßt den ErsAnspr auch, soweit die SozLeistgen dch spätere Ges erhöht w (BGH **19**, 179), nicht jedoch soweit neue Leistgen in Änd des GesSystems eingeführt w (BGH aaO). Für den FdgÜbergang auf die BAnstalt f Arb ist weiter an der bisher Auffassg (BGH **83**, 247) festzuhalten, daß der ErsAnspr erst im Ztpkt der Bewilligg von Leistgen übergeht, da AFG 127 ledigl die entspr Anwendg des § 116 anordnet (Plagemann NJW **83**, 427, LG Kblz VersR **88**, 923). Der Übergang auf den SozHilfeTräger vollzieht sich, wenn der Geschädigte bedürft iSd BSHG geworden ist (Küppersbusch VersR **83**, 195) od wenn konkrete Anhaltspkte für eine künft Hilfebedürftigk vorliegen (Deinhardt VersR **84**, 698). Dieser Übergang ist aber ausgeschl, soweit dem Geschädigten ein dchsetzb SchadErsAnspr zusteht. – **b)** Reicht der SchadErs wg einer MitVerantwortlichk des Geschädigten nicht zur Deckg des Schadens aus, gilt nunmehr grdsl die sog **relative Theorie** (III 1). Sie löst das sog Quotenvorrecht ab, das bisher dem SozVersTräger zustand. Bsp: Der Geschädigte erleidet einen Verdienstausfallschaden von 2000 DM monatl. Er erhält eine Erwerbsunfähigk-Rente von 1200 DM; seine MitVerschQuote beträgt 50%. Von dem ErsAnspr von 1000 DM gehen 600 DM (50% von 1200 DM) auf den SozVersTräger über; 400 DM (50% von 800 DM) verbleiben dem Geschädigten. – **c)** In vier Fällen räumt das Ges dem Geschädigten ein **Vorrecht** ein, u zwar iF bb ein Befriediggsvorrecht, in den drei übrigen Fällen ein Quotenvorrecht (s Hartung VersR **86**, 903): **aa)** wenn die Haftg des Schu dch Höchstsummen beschränkt ist (II); Bsp sind StVG 12, ProdHaftG 10, LuftVG 37, HaftpflG 9, 10; **bb)** wenn der Dchsetzg des ErsAnspr tatsächl Hindern entggstehen (IV); Bsp sind mangelnde finanzielle Leistgsfähigk od unzureichender VersSchutz des Schu (Denck VersR **87**, 629); **cc)** wenn der VersTräger nach dem schädigenden Ereign keine höheren Leistgen zu erbringen hat als vorher (V) (so schon bish BGH **70**, 69), s dazu Anm 2c; **dd)** soweit der Geschädigte dch den FdgÜbergang sozialhilfebedürftig w (III 3). Zur rechnerischen Abwicklg s Küppersbusch VersR **83**, 198 ff. Völlig mißlungen ist III 2. Er führt dazu, daß sich größeres Mitverschulden zG des Geschädigten auswirkt. Bsp: Schaden jährl 60000 DM; Haftgshöchstgrenze 30000 DM, kongruente Leistgen des VersTrägers 30000 DM. Mitverschulden 20%; Anteil des VersTrägers 24000 DM, des Geschädigten 6000 DM. Mitverschulden 50%; Anteil des VersTrägers 15000 DM, des Geschädigten 15000 DM (s v Olshausen VersR **83**, 1108). – **d)** Dch den FdgÜbergang rückt der VersTräger voll in die RStellg des Gläub ein. Er erwirbt auch die Befugn, Abänderungsklage gem ZPO 323 zu erheben (BGH NJW **70**, 1319). Der Fdgs-Übergang erfolgt auch dann **unbeschränkt,** wenn der HaftpflVersicherer des regreßpflicht KfzFahrers leistgsfrei ist (BGH **88**, 296, **103**, 52). Der VersTräger ist aber gem SGB IV 76 II verpflichtet, den Regreß zur Vermeidg unbilliger Härten zu beschränken. Die RKontrolle obliegt insow nicht den ordentl Ger, sond den SozGer (aA Ahrens NJW **89**, 1704).

(4) VI. SchadErsAnspr gg einen **Familienangehörigen** des Geschädigten od seiner Hinterbliebenen werden abgesehen vom Fall des Vorsatzes vom FdgÜbergang nicht erfaßt. Die Vorschr entspr VVG 67 II u ist Ausdr eines allg RGedankens, der auch für den FdgÜbergang gem BBG 87a, BRRG 52 (BGH **41**, 82, **43**, 77) u gem LFZG 4 (BGH **66**, 107) gilt, nicht aber für den Regreß gem SGB X 119 (BGH **106**, 285) u auch nicht für den RegreßAnspr des HaftPflVers gg den unberecht Fahrer (BGH **105**, 142, aA Schirmer DAR **89**, 14). Die

Inhalt der Schuldverhältnisse. 1. Titel: Verpflichtung zur Leistung **Vorbem v § 249** 7, 8

Ausn für vorsätzl Handeln ist nur anwendb, wenn der Vors die Schadensfolge umfaßt (BGH VersR **86**, 233). Haftet neben dem Angeh ein Dr, beschränkt sich FdgsÜbergang auf den Haftgsanteil des Dr, da andf der Angeh entgg dem RGedanken des § 116 VI ausglpflicht würde (BGH **54**, 256, § 426 Anm 5 b bb). Die häusl Gemsch (s BGH NJW-RR **86**, 385) muß im UnfallZtpkt bestehen, späterer Wegfall schadet nicht (BGH NJW **71**, 1938). Die Haftg entfällt aber gem VI 2 auch dann, wenn es nach dem schädigden Ereign zur Eheschließg u Begründg einer häusl Gemeinsch kommt. Auch in diesem Fall beseitigt eine Scheidg das Regreßverbot nicht (Breuer NJW **84**, 276, str). Dagg sind VVG 67 II, SGB X 116 VI auf den Partner einer eheähnl LebensGemsch nicht anzuwenden (BGH **102**, 259, Mü NJW-RR **88**, 35, aA Schirmer DAR **88**, 289), wohl aber auf ein Pflegekind (BGH NJW **80**, 1468).

(5) *VII–IX. – a)* Hat der Geschädigte Leistgen empfangen, die gem § 407 ggü dem VersTräger wirks sind, besteht nach **VII 1** ein ErstattgsAnspr gg den Geschädigten, für den die Beschränkg des § 818 III nicht gilt. Hat die Leistg an den Geschädigten keine befreiende Wirkg, kann sich der VersTräger nicht nur an den Schädiger, sond auch an den Geschädigten selbst halten; beide haften als GesSchu (VII 2). Der Schädiger hat wg der Sonderregelg in VII 2 gg den Geschädigten keinen Anspr aus § 812; wenn er an den VersTräger geleistet hat, geht aber der Anspr aus VII 2 gem § 426 II auf ihn über. Trotz der Regelg im SGB haben die Anspr aus VII, die die Rückabwicklg von privatrechtl Leistgen betreffen, privatrechtl Charakter (Ebel VersR **85**, 897, aA Plagemann NJW **83**, 427). – **b)** Gem VIII kann der VersTräger die Kosten der ambulanten Heilbehandlg pauschalieren. IX stellt klar, daß Teilabkommen weiterhin zul sind.

8) Beweisfragen. a) Der Geschädigte hat die **Beweislast** für die obj u subj Voraussetzgen des SchadErs-Anspr. Er muß das schädigde Handeln (Ereign) beweisen, wozu auch der Bew gehört, daß ein der Willenslenkg unterliegdes Verhalten gegeben war (BGH **39**, 103). Er hat weiter die BewLast für das Verschulden des Schädigers, den ursächl Zushang zw Handeln u Ersterfolg (haftgsbegründde Kausalität), die Entstehg des (weiteren) Schadens u den ursächl Zushang zw diesem Schaden u dem Ersterfolg (haftgsausfüllde Kausalität). Den Bew für den Ausschl der Widerrechtlichk sowie für mangelnde Zurechnsfähigk muß dagg der Schädiger führen (BGH GrZS **24**, 28, LM § 828 Nr 3). Er ist auch dafür beweispflicht, daß wg seiner Bewußtlosigk keine Hdlg im RSinne vorgelegen habe (BGH **98**, 135). Ist die Berufg auf hypothet Ursachen zul, hat Schädiger BewLast dafür, daß der Schaden auch aGrd der Reserveursache eingetreten wäre (vgl oben Anm 5 C d cc). Die Part können Vereinbgen über die BewLast treffen, formularmäß Klauseln in AGB sind aber grdsätzl unwirks (AGBG 11 Nr 15). Zul sind auch Vereinbgen über eine **Pauschalierung** der Schadenshöhe (§ 276 Anm 5 A b), im AGB aber nur in den Grenzen von AGBG 11 Nr 5.

b) Beweis des ersten Anscheins. – aa) Die dem Geschädigten obliegde BewFührg w vielf dch die von der Rspr herausgebildeten Grds des AnschBew erleichtert. Steht ein Sachverhalt fest, der nach der Lebenserfahrg auf einen best Geschehensablauf hinweist, so ist dieser regelmäß Verlauf, wenn der Fall das Gepräge des Übl u Typ trägt, iW des AnschBew als beweisen anzusehen (vgl BGH **2**, 5, **31**, 357, NJW-RR **88**, 790). Der AnschBew gilt nur für sog **typische Geschehensabläufe**, nur bei diesen darf der Regelablauf ohne Ausschl and denkb Möglichk *prima facie* vermutet w (BGH NJW **51**, 70, **66**, 1264, LM § 123 Nr 21, VersR **78**, 724, stRspr); er ist daher unanwendb, wenn individuell geprägte Verhaltensweisen zu beurteilen sind, wie etwa die Ursächlichkeit einer argl Täuschg (BGH NJW **68**, 2139), die Richtigk der Angaben in einer polizeil Anmeldg (BGH **31**, 357), die Frage, ob der Notar ein Schriftstück vor dem Unterzeichnen gelesen hat (BGH VersR **81**, 1153), das Vorliegen von Vorsatz (RG **163**, 27, Ffm WPM **84**, 1505) od eines Selbstmordes (BGH **100**, 214), die vorsätzl Herbeiführg eines VersFalls (BGH NJW **88**, 2041), die subj Voraussetzgen grober Fahrlk (BGH VersR **72**, 171, 944, § 277 Anm 2 a). Ggü Jugendl ist AnschBew nicht für § 828, wohl aber für Fahrlk zul, da es insow nicht um persönl Schuld, sond um obj Maßstäbe geht (BGH NJW **70**, 1038). Beim AnschBew kann von einem feststehden Erfolg auf eine best Ursache, aber auch umgekehrt von einer feststehden Ursache auf einen best Erfolg geschl w (BGH **LM** ZPO 286 (C) Nr 26). Der AnschBew bedeutet nicht, daß die bewpflicht Part ihre Darstellg nur wahrscheinl zu machen braucht (BGH NJW **62**, 31, **66**, 1264); der festgestellte Sachverhalt muß vielm derart sein, daß er unter Verwendg allg od bes Erfahrgssätze die volle Überzeugg des Richters begründet (BGH **LM** ZPO 286 (C) Nr 7). Der AnschBew kehrt die BewLast nicht um, er ist entkräftet, wenn der Gegner Tats behauptet u beweist, aus denen sich die ernsth Möglichk eines and Geschehensablaufs ergibt (BGH **8**, 239, **11**, 227, DAR **85**, 316, stRspr); die bewpflicht Part muß dann den vollen (strengen) Bew für ihre Behauptg erbringen (BGH **6**, 170, **39**, 108). Kann ein Schaden auf zwei verschiedenen typischen Geschehensabläufen beruhen, von denen nur einer zur Haftg des Bekl führt, muß der Geschädigte diesen Ablauf beweisen (BGH **LM** § 823 (J) Nr 3, VersR **69**, 751, 753), aber nur dann, wenn Schädiger dargetan hat, daß auch der and ernsth in Betracht kommt (BGH NJW **78**, 2033). AnschBew, der mehrere mögl schuldh Verursachgen umfaßt, ist erst dann entkräftet, wenn alle denkb Möglichk ausgeräumt sind (BGH VersR **60**, 317, **62**, 60). – Da die Verletzg von Erfahrgssätzen nach stRspr **revisibel** ist (vgl StJP ZPO 549 Anm III B 2), w die Anwendg des AnschBew vom RevGer prakt voll nachgeprüft (Kollhoser AcP **165**, 46). Ob der AnschBew entkräftet ist, ist dagg eine Frage tatrichterl Würdigg; die RevInst kann nur prüfen, ob der Tatrichter insow von richt rechtl Voraussetzgen ausgegangen ist (BGH NJW **69**, 277).

bb) Vom AnschBew zu unterscheiden ist der **Anzeichensbeweis**. Beim AnschBew w aus dem regelm Verlauf *prima facie* auf den Hergang im einzelnen Fall geschl, ohne daß es (zunächst) auf die bes Umst dieses Falles ankommt. Der AnzeichensBew beruht dagg auf einer Analyse der Einzelumstände des zu beurteilden Falles. Dabei können Erfahrgssätze, die für einen AnschBew nicht ausreichen, zus mit and Indizien dazu führen, daß die str Tats gem ZPO 286 als bewiesen anzusehen ist (BGH NJW **51**, 70, LM § 1006 Nr 8).

cc) Einzelfälle zum AnschBew: Bei einem inf **Alkoholgenuß** fahruntücht Kraftfahrer ist unfallursächl Versch nicht schlechthin, wohl aber dann zu vermuten, wenn er in einer von einem nüchternen Fahrer zu meisternden VerkLage versagt (BGH VersR **18**, 311, VersR **61**, 620, KG NJW **75**, 266, Stgt VersR **80**, 243). Aber auch sonst kann nach den Umst des Falles, insb bei hoher BAK, AnschBew für Ursächlichk der Fahruntüchtigk sprechen (BGH **LM** ZPO 286 (C) Nr 53 d, NJW-RR **86**, 323). Ähnl Grds gelten für den volltrunkenen Fußgänger (BGH NJW **76**, 897), u für sonstige TrunkenhFälle (Hamm VersR **72**, 244, tödl Treppensturz). –

Arzt: Hat die Behandlg einen Schaden zur Folge, der typischerw auf einen Behandlgsfehler zurückgeht, ist dieser *prima facie* bewiesen (BGH **LM** ZPO 286 (C) Nr 25, Celle OLGZ 77, 223, Leberblindpunktion). Ob bei Zurücklassen eines Fremdkörpers in der Operationswunde AnschBew für ein Versch spricht, ist Frage des Einzelfalls (BGH **4**, 144, **LM** ZPO 286 (C) Nr 15). AnschBew für Ansteckg, wenn erkrankter Patient ständ Kontakt mit ansteckgsfäh Mitpatienten hatte (RG **165**, 336, BGH VersR **60**, 416), für UrsZusHang zw Gelenkversteifg u Operation, wenn diese in den entzündl Proz hinein dchgeführt worden ist (Hamm VersR **88**, 808). Zur BewLastUmkehr bei grobem Behandlgsfehler vgl § 282 Anm 3b, § 823 Anm 13c. – Bei groben Mängeln eines Bauwerks uU AnschBew für **Aufsichtspflichtverletzung** des Architekten (BGH Betr **73**, 1846). – Versinkt Nichtschwimmer an tiefer Stelle in **Badeanstalt,** AnschBew, daß Tod dch Tiefe verursacht (BGH NJW **54**, 1119, vgl auch BGH VersR **65**, 713). – **Bauunfälle:** AnschBew für fehlerh Deckenerrichtg, wenn diese kurz nach Fertigstellg einstürzt (BGH VersR **58**, 107). AnschBew bei Einsturz eines Gerüsts (Nürnbg VersR **56**, 557), bei Herunterfallen eines Reklameschilds (Köln VersR **54**, 295). – **Brandschaden:** AnschBew für Verursachg dch einen in der Nähe eingesetzten Propanbrenner (BGH VersR **80**, 532), ebso bei Schweißbrenner (BGH VersR **74**, 750, **84**, 64), bei Ausschütten eines abgebrannten Ofeninhalts (BGH VersR **71**, 642). – Wird **Fußgänger** beim Überqueren einer Straße von Kfz angefahren, Frage des Einzelfalls, ob *prima facie* Versch des Fußgängers anzunehmen ist (BGH VersR **53**, 242, **58**, 169, 550). – AnschBew bei **Explosion** (BGH VersR **70**, 831), bei **Frostschäden** (BGH NJW **72**, 35); bei **Glatteisunfällen** (BGH VersR **84**, 40, Karlsr VersR **70**, 822); bei **Jagdunfall** (BGH VersR **69**, 751). – **Kraftfahrer:** AnschBew für Versch bei Auffahren auf vorausfahrdes Fahrzeug (BGH VersR **62**, 1101, **64**, 263, KG DAR **77**, 20); auf der Unfall währd des Einfahrens in die BAB (BGH VersR **82**, 672); AnschBew für Versch bei Auffahren auf ein zunächst verdecktes Hindern (BGH NJW-RR **89**, 670) od auf ein unbeleuchtetes Hindern (BGH **LM** ZPO 286 (C) Nr 42); gg Baum (BGH **8**, 239, **LM** § 823 (J) Nr 10); gg Begrenzgspfosten (Mü VersR **70**, 630); bei Streifen eines haltdn Kfz (BGH **LM** ZPO 286 (C) Nr 10); uU bei Anfahren von Fußgängern (Mü VersR **70**, 628, Karlsr VersR **89**, 302); beim Einfahren in den Schienenbereich der Straßenbahn (Hamm VersR **88**, 1250); bei Schleudern inf Aquaplaning (Düss VersR **75**, 160); bei Wendemanöver (BGH DAR **85**, 316); uU Überholunfall gg Überholer (BGH VersR **75**, 331). Versch *prima facie* zu vermuten, wenn parkdes Kfz zu rollen beginnt (Köln VersR **74**, 1230), wenn Kfz auf Bürgersteig abkommt (BGH NJW **51**, 195, VersR **58**, 566), wenn es auf GgFahrbahn der Autobahn gerät (BGH VersR **58**, 91, **61**, 444, Düss VersR **82**, 777). Überfahren der Mittellinie reicht bei ZusStoß mit GgKommer nicht in jedem Fall aus, um iW des AnschBew Versch zu bejahen (BGH NJW-RR **86**, 383), wohl aber, wenn Kfz ohne ersichtl Grd auf GgFahrbahn gerät (BGH aaO). Bei KreuzgsZusStoß AnschBew für Versch des Wartepflichtigen (BGH NJW **76**, 1317, **82**, 2668). AnschBew für Versch, wenn Kfz bei Glatteis ins Schleudern gerät (BGH VersR **65**, 690, **71**, 842). Kein AnschBew dafür, daß Fahren ohne Führerschein für eingetretenen Unfall ursächl, wenn keine konkreten AnhaltsPkte für falsches Fahren (BGH VersR **59**, 277, **62**, 374). Bei Auffahren auf unbeleuchtetes Kfz *prima facie* zu vermuten, daß fehlde Beleuchtg für Unfall mitursächl (BGH VersR **57**, 429, **64**, 296), ebso bei ZusStoß mit fahrdem unbeleuchtetem Kfz (BGH VersR **59**, 614, Düss VersR **75**, 143). AnschBew für UrsZushang, wenn Radfahrer beim Passieren eines Pkw stürzt, währd dessen Tür geöffnet w (KG VersR **72**, 1143). UU AnschBew dafür, daß Hochschleudern eines Steins dch Gegenkommer verursacht (BGH VersR **74**, 1510); ebso für Kausalität zw Schockwirkg u Herztod (BGH aaO). – AnschBew uU für UrsZushang zw **Mangel** einer Sache (Kfz) u Folgeschaden (Unfall) (BGH NJW **69**, 1709, VersR **71**, 80, Hbg DAR **72**, 16). – **Ökologische** Schäden s Schulte JZ **88**, 279. – Hat ArbN **Schmiergelder** angen, AnschBew, daß ArbG um dessen Betr geschädigt (BGH NJW **62**, 1099). – Bei Verstoß gg **Unfallverhütungsvorschriften** w vermutet, daß Unfall bei Beachtg dieser Vorschr vermieden worden wäre (BGH **LM** § 823 (E) Nr 5), VersR **84**, 776, Karlsr VersR **88**, 1071). Das gilt ebso bei Verstoß gg anerkannte Regeln der Technik (BGH VersR **72**, 767), gg Feuerverhütgsvorschriften (BGH NJW **78**, 2032), u gg gesetzl Vorschr mit entspr Zweckrichtg (BGH VersR **72**, 105, SicherhFilmG). Zur BewLastUmkehr bei Anspr aus **Schutzgesetzverletzung** s § 823 Anm 13f. – Sind die zur Verhinderg eines eingetretenen Schad gebotenen **Schutzvorkehrungen** nicht getroffen worden, so ist allg *prima facie* zu vermuten, daß der Schaden dch die gebotenen Vorkehrgen verhindert worden wäre, vorausgesetzt, die abzuwehrende Gefahr hat sich verwirklicht, vgl BGH VersR **62**, 231, NJW **78**, 2197 (Verletzg baupolizeil Brandbekämpfgsvorschriften), BGH VersR **57**, 800 (Unterlassen eines gebotenen Pfeifsignals), Hbg VersR **73**, 542, **74**, 1200 (Nichtläuten einer Glocke), Mü VersR **75**, 606 (fehldes Gitter an Maschine), BGH NJW **71**, 431 (Sicherg eines liegengebliebenen Kfz), BGH VersR **74**, 263, 972 (Mängel einer Treppe), BGH Betr **86**, 1815 (fehlder Treppenhandlauf), BGH VersR **86**, 2758 (gefährl Fußbodenbelag), Brem VersR **79**, 1061 (Unterl einer gebotenen ärztl Behandlgsmaßn). Besteht ein **objektiv verkehrswidriger** Zustand, spricht ein AnschBew für ein Verschulden des Pflichtigen (BGH NJW **86**, 2758).

c) Dem Geschädigten w die BewFührg weiter dch **ZPO 287** erleichtert, wonach das Ger nach **freier Überzeugung** über Entstehg u Höhe des Schadens zu entscheiden h. ZPO 287 gibt dem Ger verfahrensmäß eine freiere Stellg, es ist an BewAntr u an die Regelg der BewLast nicht gebunden (BGH **95**, 1, **155**, 39, BGH NJW **58**, 1579, VersR **62**, 1099). Als Beweismaß genügt überwiegde Wahrscheinlichk (BGH NJW **72**, 1516, NJW-RR **87**, 339). Der Bew der schädigdn Hdlg u der haftgsbegründden Kausalität (UrsachenZushang zw Handeln des Schädigers u konkretem HaftgsGrd) fällt jedoch nicht unter ZPO 287, insow gilt vielmehr ZPO 286 (BGH **4**, 196, NJW **68**, 2292, **83**, 998); anzuwenden ist ZPO 287 dagg auf die haftgsausfüllde Kausalität, dh den UrsachenZushang zw konkretem HaftgsGrd u weiterem Schaden (BGH **29**, 398, NJW **69**, 1709, **76**, 1146, stRspr). Diese Abgrenzg gilt ebso bei MitVersch (BGH NJW **68**, 985). Im Fall der Arzthaftg ist HaftgsGrd die Körperverletzg, nicht der Behandlgsfehler (BGH NJW **87**, 705). Zu den BewAnfordergen bei Verletzg einer Leibesfrucht vgl BGH NJW **58**, 48, bei Beurteilg des UrsachenZushangs zw Verletzg u späterem Tod, BGH NJW **73**, 1413, bei doppeltem Auffahrunfall, BGH NJW **73**, 1283, krit Henckel JuS **75**, 221.

d) **Umkehr der Beweislast:** Bei SchadErsAnspr wg Unmöglichk od Verzuges tritt hins des Verschuldens des Schädigers eine echte Umkehr der BewLast ein (§§ 282 Anm 1, 285 Anm 1). Ähnl Grds gelten für die pVV u c.i.c. (§ 282 Anm 2). BewErleichtergen zG des Geschädigten bestehen aber auch bei der Produzentenhaftg (§ 823 Anm 15f), bei der Haftg für Immissionsschäden (BGH **92**, 149), bei groben Behandlgsfehlern od

Inhalt der Schuldverhältnisse. 1. Titel: Verpflichtung z. Leistung **Vorbem v § 249, § 249**

unzulängl ärztl Dokumentation (§ 282 Anm 3b), bei grober Verletzg sonst BerufsPflten (§ 282 Anm 2d), ferner bei Verletzg von AufklPflten (§ 282 Anm 2d).

9) Der Anspr auf SchadErs in Geld bemißt sich grdsl nach den Wert- u Preisverhältn im **Zeitpunkt der Erfüllung** (BGH **79**, 258, NJW **87**, 646). Verfahrensrechtl ist von den Verhältn zZ der letzten mdl Vhdlg vor dem Tatrichter auszugehen (BGH **10**, 10, **55**, 331), wobei die weitere Entwicklg des Schadens bis zur voraussichtl Erf zu berücksichtigen ist (s BGH **27**, 188). Nachträgl Preisänderngen rechtfertigen entspr Nach- od RückFdgen, unwesentl Änderngen bleiben jedoch außer Betracht (Staud/Medicus § 249 Rdn 240, Lange § 1 IV 4). Die Höhe des Anspr kann aber auch schon vor der Erf dch bes Umst endgült festgelegt w (Lent DJ **41**, 770), so etwa, wenn der Geschädigte die Reparatur od ErsBeschaffg dchgeführt hat, wenn entgangener Gewinn für ein Gesch verlangt w, das zu einem best Ztpkt abzuwickeln war (BGH WPM **74**, 391), od wenn die Schadensentwicklg aus sonst Grden endgült abgeschlossen ist. Bes Grds gelten für die Bemessg des merkantilen Minderwerts (§ 251 Anm 5 Bbaa), die abstrakte Berechng des SchadErsAnspr wg NichtErf (§ 325 Anm 4 C d), ferner, wenn Parteien Schätzg auf best Ztpkt vereinbart h (BGH **LM** § 251 Nr 11). Vgl auch RG DJ **40**, 1014 (SchadBerechng bei Aktien mit schwankdem Kurswert). Entstehen nach der letzten mdl Vhdlg weitere Schäden, ist Verletzter nicht gehindert, diese notf in neuem RStreit geltd zu machen.

249 *Art und Umfang des Schadensersatzes.* Wer zum Schadensersatze verpflichtet ist, hat den Zustand herzustellen, der bestehen würde, wenn der zum Ersatze verpflichtende Umstand nicht eingetreten wäre. Ist wegen Verletzung einer Person oder wegen Beschädigung einer Sache Schadensersatz zu leisten, so kann der Gläubiger statt der Herstellung den dazu erforderlichen Geldbetrag verlangen.

1) Satz 1: s zunächst Vorbem v § 249. – **a)** Der Schaden ist grdsl dch **Naturalrestitution** auszugleichen. Diese bedeutet Herstellg des gleichen wirtschaftl Zustandes, der ohne das schädigde Ereign bestehen würde (BGH NJW **85**, 793). Die hypothet Weiterentwicklg des fr Zustandes ist zu berücksichtigen (RG **143**, 274). Naturalrestitution zielt daher nicht notw auf „Wieder"herstellg ab (RG **131**, 178); uU genügt auch eine kostengünstigere Ausführg, etwa die Wiederauffüllg einer Kiesgrube mit Erdaushub (BGH NJW-RR **86**, 875). Auch bei immateriellen Schäden besteht ein Anspr auf Naturalrestitution (§ 253 Anm 2). Er ist aber bei AmtsPflVerletzgen idR ausgeschlossen (BGH **5**, 102, **34**, 104, § 839 Anm 10b). Auch der nach dem PflVG haftde Versicherer schuldet ledigl GeldErs (PflVG 3 Nr 1 S 2). Bei Zerstörg od Verlust vertretb Sachen besteht die Naturalrestitution in der Leistg gleichartiger Sachen (§ 251 Anm 5). Bei unvertretb Sachen wird idR gem § 251 I GeldErs geschuldet; der Geschädigte kann aber im Rahmen von Treu und Glauben, insb in Notzeiten, die Lieferg einer ErsSache verlangen (BayObLG **31**, 193, KG JR **48**, 282). Bei **Belastung mit einer Verbindlichkeit** geht der Anspr aus S 1 auf Freihaltg (Vorbem 3m). – **b)** **Geldersatz**. Ist für den Verlust von Geld od Geldeinkünften od für die Belastg mit Ausgaben SchadErs zu leisten, so besteht bereits die Naturalrestitution in einer Geldzahlg. Unter den Voraussetzgen der §§ 249 S 2, 250 kann der Geschädigte „statt" der Herstellg GeldErs verlangen. Ist die Herstellg unmögl od unverhältnismäß, ist gem § 251 SchadErs in Geld zu leisten. Der SchadAusgl dch GeldErs ist daher prakt die Regel. Die Verpflichtg, einen bestimmten Schaden dch GeldErs auszugleichen, kann je nach Lage des Falles auf einer unterschiedl RGrdl beruhen. So fallen **Mietwagenkosten** (Anm 3) bei Beschädigg des Kfz als Herstellgskosten unter § 249 S 2; bei Verlust od Nichtlieferg ist dagg § 251 I anwendb. Die dch **Fehlleistungen bei der Restitution** entstehenden weiteren Aufwendgen können als Teil der Herstellgskosten (§ 249 S 2), als ein zusätzlicher Schaden neben den Herstellgskosten (§ 251 I), aber auch als innerunmittelb nach § 249 S 1 zu erstetzde AusgPosition gewertet w.

2) Satz 2. a) Bei Verletzg einer Pers od Beschädig einer Sache kann der Geschädigte statt Naturalrestitution **Geldersatz** verlangen. – **aa)** Konstruktiv handelt es sich um eine **Ersetzungsbefugnis** des Gläub (RG **71**, 214, BGH **63**, 184). Sie ermöglicht einen SchadensAusgl, ohne daß der Geschädigte das verletzte RGut dem Schädiger zur Naturalrestitution anzuvertrauen braucht. Verlangt der Geschädigte GeldErs, ist er an die Wahl gebunden (RG JW **37**, 1145, Celle NJW **49**, 223, Stgt VersR **78**, 189), jedoch kann § 242 ausnw den Widerruf der Wahl rechtfertigen. Das Urt, das den Anspr aus S 1 wg Fehlens einer ErsPfl abweist, schafft auch für den Anspr aus S 2 RKraft (RG **126**, 403). – **bb)** Der geschuldete Geldbetrag bemißt sich nach dem, was zur Herstellg erforderl ist (unten b). Gleichwohl ist der Geschädigte in der **Verwendung** der ErsLeistg frei. Wg der für ihn bestehden Dispositionsbefugn braucht er den ErsBetrag nicht zur Wiederherstellg zu verwenden (BGH **61**, 58, **66**, 241, **76**, 221, **81**, 391, Karakatsanes AcP **189**, 19). Dagg besteht bei PersSchäden für den Anspr aus S 2 eine Zweckbindg, da der Geschädigte andf entgg der Wertg des § 253 aus ideellen Schäden ein finanzielles Gesch machen könnte (BGH **97**, 15; aA Rinke DAR **87**, 14). Der Geschädigte, der sich ohne den gebotenen Krankenhausaufenthalt behilft, kann daher keine fiktiven Krankenhauskosten ersetzt verlangen (LG Stgt NJW **76**, 1797). Entsprechdes gilt, wenn der Geschädigte eine gebotene u mögl Narbenkorrektur od SchönhOperation nicht dchführen läßt (BGH **97**, 15). – **cc)** Der Anspr aus S 2 richtet sich ebso wie der aus S 1 auf **Restitution** u ist von dem auf Kompensation abzielden Anspr aus § 251 zu unterscheiden (BGH **5**, 109, NJW **85**, 793). Er setzt voraus, daß die Naturalrestitution **möglich** ist (BGH **102**, 325, NJW **84**, 2282, **85**, 2414, arg § 251 I, dort Anm 2a). Es besteht daher kein Anspr aus S 2, wenn die zu reparierde Sache inzw untergegangen ist (BGH **66**, 243), wenn die notw Pflegekraft nicht eingestellt (aA RG **151**, 298) od das ärztl verordnete Stärkgsmittel nicht gekauft worden ist (aA BGH NJW **58**, 627). Wird die Sache unrepariert **veräußert**, bleibt die Restitution mögl; der Anspr aus S 2 besteht daher weiter. Das gilt nicht nur für die Veräußerg eines beschädigten Kfz (so BGH **66**, 244, NJW **85**, 2469), sond auch für den Verkauf eines reparaturbedürft od mit einem WkMangel versehenen Hauses (BGH **99**, 86, Düss OLGZ **89**, 252, MüKo/Grunsky Rdn 15a, aA BGH **81**, 392, Schulze NJW **87**, 3097). Der Geschädigte kann den Anspr aus S 2 an den Erwerber abtreten. Der Anspr besteht aber auch dann weiter, wenn die Abtr unterbleibt (Werns NJW **83**, 2371, § 251 Anm 5 Be). Ist die Naturalrestitution nur innerhalb eines **beschränkten Zeitraums** mögl (Bsp: Stärkgsmittelfall BGH NJW **58**, 627), wird der Schädiger nicht frei, soweit er sich bei Eintritt der Unmöglichk im Verzug befand (MüKo/Grunsky Rdn 16, arg § 287 S 2, aA Schiemann DAR **82**, 311).

§ 249 2, 3

b) Sachschäden. Satz 2 gilt nur für die Beschädigg, nicht für die Zerstörg der Sache. Die Zerstörg eines Hauses od Baumes fällt aber als GrdstBeschädigg unter S 2 (BGH **102**, 325). Dagg ist die Nichtbeseitigg von Umbauten keine Sachbeschädigg (BGH **104**, 16). – **aa)** Zu ersetzen ist der **erforderliche** Geldbetrag, dh die Aufwendgen, die ein verständiger, wirtschaftl denkbar Mensch in der Lage des Geschädigten für zweckmäß u notw halten durfte (BGH **54**, 85, **61**, 349). Dabei ist § 254 II entspr anzuwenden (BGH **63**, 186, NJW **85**, 794, Vorbem 5 B h v § 249). Der Geschädigte darf bei der SchadBeseitigg die SicherhStandards zugrundelegen, die er allg bei Reparaturen beachtet (BGH **LM** (Gb) Nr 19, Eisenbahnbrücke). Ist der Rechngsbetrag niedriger als die Kostenschätzg des Sachverst, gilt die Rechng, es sei denn, daß die Abweichg auf einer nicht vollst Dchführg der Reparatur od auf einem PrNachl zG des Geschädigten beruht (Stgt VersR **74**, 374, Köln VersR **88**, 1165, Seiwerth DAR **87**, 374, wohl auch BGH BB **89**, 1719). Werden Teile einer **Sachgesamtheit** entwendet, fallen unter S 2 auch die Kosten der Ermittlg des Schadensumfangs (BGH **76**, 219). Soweit zur Schadensbeseitigg die Aufn eines Kredits erforderl ist, gehören auch die Finanziergskosten zum erforderl Geldbetrag (BGH **61**, 346, NJW **66**, 1454, § 254 Anm 3 b e). – **bb)** Die ErsPfl erstreckt sich auch auf Mehrkosten, die ohne Schuld des Geschädigten dch unsachgem Maßn der von ihm beauftragten **Werkstatt** verursacht worden sind (BGH **63**, 184, § 254 Anm 5 c). Auch das **Prognoserisiko** trägt der Schädiger (BGH NJW **72**, 1800, **78**, 2592, Ffm BauR **84**, 69). Er haftet daher für erfolglose Reparaturversuche u nicht notw Aufwendgen, sofern der Geschädigte die getroffene Maßn als aussichtsreich ansehen durfte (BGH aaO, § 251 Anm 5 B a). – **cc)** Der Geschädigte kann, wenn er **selbst repariert** od auf eine Reparatur verzichtet, die im Reparaturgewerbe entstehden Kosten einschließl MwSteuer ersetzt verlangen (BGH **61**, 56, NJW **85**, 1222, KG VersR **85**, 273, Medicus DAR **82**, 356, Grunsky DAR **84**, 268, aA Köhler FS Larenz, 1983, 352, Honsell/Harrer JuS **85**, 161). Das ergibt sich zwingd aus der Dispositionsfreih des Geschädigten (oben a bb). Die MwSteuer wird nicht als solche, sond als Teil des übl Entgelts geschuldet; sie fällt ebso an, wenn der Geschädigte mit dem ErsBetrag ein and Konsumgut erwirbt. Unterhält der Geschädigte eine eig Reparaturwerkstatt, kann er aber nur seine Selbstkosten zuzügl Gemeinkosten u nicht die höheren Kosten einer fiktiven Fremdreparatur fordern (BGH **54**, 83). Bei einer Selbstreparatur dch die DB gehört zum ersatzfäh Schaden auch die Verw- u Fahrvegebenutzgskosten (BGH NJW **83**, 2815, Mü VersR **87**, 362). Unternehmergewinn darf der Geschädigte mitberechnen, wenn er gewerbsmäß auch Fremdreparaturen dchführt (BGH VersR **78**, 243, LG Bochum NJW-RR **89**, 1195). Vergibt der Geschädigte die Reparatur, darf er keine Gemeinkosten berechnen, da die Mühewaltg bei der Schadensabwicklg zum eig Pfltenkreis gehört (Anm 4 c cc). Kann er die MwSteuer zum Vorsteuerabzug verwenden, entfällt insow wg VortAusgl ein ErsAnspr (BGH NJW **72**, 1460, Vorbem 7 D d). – **dd)** Als ErsLeistg wird idR ein einmaliger Kapitalbetrag geschuldet. Bei sich fortlaufd erneuernden Schäden kann der Geschädigte eine **Rente** beanspruchen (RG **68**, 430, **136**, 375). SchadBemessg bei der Beschädigg von **Kraftfahrzeugen** s § 251 Anm 5.

c) Personenschäden. – aa) Die Herstellgskosten bei der Verletzg einer Pers bestehen vor allem in den Kosten der **Heilbehandlung**. Werden diese vom SozVersTräger od einem privaten Versicherer getragen, findet gem SGB 116, VVG 67 ein FdgÜbergang statt (Vorbem 7 E v § 249). Die Aufwendgen müssen sich im Rahmen des Angemessenen halten (BGH NJW **69**, 2281: Behandlg im Ausl); der Verletzte darf aber den Leistgsstandard wählen, den er üblicherw in Anspr nimmt (BGH VersR **89**, 672). Bei der Abwägg kann ebso wie bei § 251 II (dort Anm 3) auch die Schwere des Verschuldens berücksichtigt w (BGH NJW **69**, 2281, str). Die Kosten für die Aufn in die **zweite Pflegeklasse** (jetzt: für Einzelzimmer u Privatbehandlg) sind zu ersetzen, wenn der Verletzte sie auch ohne die Regreßmöglichk aufgewandt hätte (BGH VersR **70**, 130, Düss NJW **66**, 397, Hamm VersR **77**, 151). Auch wenn diese Voraussetzg nicht erfüllt ist, besteht eine ErsPfl, soweit der Mehraufwand medizinisch geboten ist (s BGH VersR **64**, 257, Oldbg VersR **84**, 765). Entspr gilt für die Kosten eines Mietfernsehers (Köln NJW **88**, 2957, Pardey NJW **89**, 2314). Ersparte häusl Verpfleggskosten sind abzuziehen (Vorbem 7 D b v § 249). Die Kosten einer aufwend kosmet Operation sind nicht zu ersetzen, sofern für sie kein ausr Grd vorlag (BGH **63**, 295). Das **Prognoserisiko** hat auch hier der Schädiger zu tragen (oben b bb). Verschlimmergen dch ärztl Kunstfehler gehen zu seinen Lasten (Vorbem 5 B f v § 249). – **bb)** Zu den Heilgskosten gehören auch die **Fahrtkosten von nahen Angehörigen** für Krankenhausbesuche (BGH NJW **85**, 2757, **89**, 766), auch wenn der Verletzte im Koma liegt (LG Saarbr NJW **88**, 2958). Der Anspr besteht im Rahmen des Angemessenen auch bei Reisen aus dem Ausl (Düss NJW **73**, 2112); er erstreckt sich auch auf den notw Verdienstausfall des Angeh (BGH VersR **61**, 545), auf Nebenkosten (Schleich DAR **88**, 145), nicht aber auf die für den Besuch aufgewandte Freizeit (BGH **106**, 30). Dem Angeh selbst steht als mittelb Geschädigten kein SchadErsAnspr, uU aber ein Anspr aus GoA zu (BGH NJW **79**, 598. – **cc)** Zu den Herstellgskosten bei Verletzg einer Person gehören weiter Kur- u Pflegekosten (RG **151**, 299, BGH VersR **78**, 149) sowie Aufwendgen für eine **berufliche Rehabilitation**, insb eine Umschulg (BGH NJW **82**, 1638, Köln VersR **85**, 94, Karlsr NJW **89**, 111); bei einer Umschulg zu einem höher qualifizierten Beruf kann sich die ErsPfl aber auf einen Teil der Kosten beschränken (BGH NJW **87**, 2741). Tritt eine dauernde Vermehrg der Bedürfn ein, gilt die Sonderregel des § 843. Wird eine einmalige Maßn (Anschaffg eines medizinischen Hilfsgeräts, rollstuhlgerechte Einrichtg der Wohng) erforderl, ist § 249 anzuwenden (BGH NJW **82**, 757).

3) Miete einer Ersatzsache. – a) Kann der Geschädigte wg des schädigden Ereign die Sache nicht nutzen, hat ihm der Schädiger die Kosten für die Anmietg einer gleichwert Sache zu ersetzen (BGH GrZS **98**, 220). Das gilt allg (Mü VersR **88**, 1043: Flugzeug), hat aber vor allem für KfzSchäden prakt Bedeutg. Grdl für den Anspr ist § 249 S 2, kann aber ausnw auch § 251 I sein (Anm 1 b). Verzichtet der Geschädigte auf die Miete einer ErsSache, kann ihm ein Anspr wg entgangener GebrVorteile zustehen (Vorbem 3 b v § 249).

b) Der geschädigte KfzHalter darf sich grdsl einen **Pkw gleichen** Typs mieten (BGH NJW **82**, 1519). Ist ein typengleicher Pkw nur zu einem bes hohen Mietzins zu haben, muß er sich mit einem etwas weniger komfortablen Typ begnügen (BGH aaO). Bei einem älteren Pkw mit erhebl herabgesetztem Gebrauchswert sind nur die Kosten für einen in etwa wertgleichen MietPkw zu ersetzen (Hbg VersR **80**, 879, LG Heilbr VersR **82**, 784, Born VersR **78**, 788, str, s Anhang Anm 1). Kommt eine längere Mietdauer in Betracht, muß der Geschädigte **Preisvergleiche** anstellen (BGH NJW **85**, 2639, LG Wiesbaden NJW-RR **87**, 858, bedenkl

Hamm NJW-RR **89**, 730). Mietet er von einem Angeh, muß er sich um angem, unterh der übl Sätze liegde Miete bemühen (BGH NJW **75**, 255/684, LG Mainz NJW **75**, 1421/2019); bei Anmietg von einer PrivPers sind idR nur 50% der gewerbl Miete zu ersetzen (LG Karlsr NJW-RR **89**, 732). Auch bei einem **geringen Fahrbedarf** (tägl 15 km) darf der Geschädigte idR einen Mietwagen in Anspr nehmen (LG Mü DAR **77**, 296, LG Arnsbg VersR **80**, 779). Anders kann es liegen, wenn die Benutzg einer Taxe od öffentl VerkMittel ohne Schwierigk mögl u zumutb ist (LG Wiesbaden VersR **83**, 671, krit Müller JuS **85**, 281). Der Geschädigte muß sich im Wege der VortAusgl **ersparte Eigenaufwendungen** anrechnen lassen, u zwar auch bei Miete eines einfacheren Pkws (BGH NJW **67**, 552, Köln DAR **85**, 385, KG VersR **89**, 56, aA Ffm NJW **84**, 1902). Die ersparten Aufwendgen können gem ZPO 287 auf 15%–20% der Mietkosten veranschlagt w (Mü VersR **70**, 67, KG VersR **77**, 82, Born VersR **78**, 778). Zu prakt gleichen Ergebn führt es, wenn man die ADAC-Tabelle über die Kosten der PkwHaltg als SchätzgsGrdl heranzieht (so BGH NJW **69**, 1478). Bei kurzer Mietzeit u geringer Fahrleistg kann eine Ersparn entfallen (LG Köln VersR **74**, 1231, AG Köln VersR **77**, 70, aA Born aaO). Die Mehrzahl der Versicherer verzichtet entspr der Empfehlg des HUK-Verbandes auf den ErspamAbzug, wenn der Geschädigte einen Pkw einer niedrigeren Modellgruppe mietet u nicht mehr zahlt als die Dchschnittsmiete (VersR **86**, 408).

c) Der Anspr beschränkt sich auf die für die Reparatur od ErsBeschaffg **notwendige Zeit.** Sie beträgt, wenn Ers für einen gebrauchten Pkw zu beschaffen ist, 2–3 Wo (KG VersR **87**, 822). Werden gleichzeit unfallunabhäng Schäden beseitigt, muß die Ausfallzeit entspr geteilt w (BGH **81**, 274 zur Schiffsreparatur). Wird der Unfallschaden ohne Verlängerg der Reparaturzeit bei and Arbeiten miterledigt, besteht kein ErsAnspr (BGH VRS **52** Nr 39). Kann der Geschädigte die ErsBeschaffg nicht finanzieren u erhält er trotz Mahng keinen Vorschuß, so geht das zu Lasten des Schädigers (Nürnbg DAR **81**, 14: Nutzgsausfall für 208 Tage). Auch Schwierigk bei der ErsTeilBeschaffg sind dem Schädiger zuzurechnen (BGH NJW **82**, 1519: Mietwagenkosten 13 712 DM). Der Geschädigte darf grdsl auch dann einen Mietwagen in Anspr nehmen, wenn sein Pkw kurz vor od während einer **Reise** beschädigt w (BGH NJW **85**, 2639, Karlsr VersR **85**, 885). UU ist aber eine provisorische Reparatur (Köln VersR **79**, 965, Stgt VersR **81**, 1061), die Anschaffg eines Interimsfahrzeugs (BGH NJW **82**, 1519, Oldbg VersR **82**, 1154), die Benutzg der Bahn (LG Freib DAR **84**, 153), od eine Umdisposition u der Verzicht auf wenige UrlTage zumutb (BGH NJW **85**, 2639).

d) Der Schädiger hat auch die **Prämien** für eine **Haftungsfreistellung** zu ersetzen, sofern für das beschädigte Kfz eine entspr Versicherung besteht (BGH **61**, 331). Ist das nicht der Fall, gilt nach BGH eine mittlere Lösg (aaO u VersR **74**, 657): Die Prämie ist zu ersetzen, soweit mit der Mietwagennutzg ein Sonderrisiko verbunden ist; der geschädigte muß sich aber das ersparte eig Schadensrisiko anrechnen lassen. Diese vermittelnde Ansicht verdient trotz der Schwierigk bei der Quantifizierg den Vorzug vor einer vollen Bejahg der ErsPfl (so Müller JuS **85**, 285) od deren Verneing (so Oldbg VersR **83**, 470); iZw kann der zu ersetzde Prämienanteil gem ZPO 287 auf 1/2 geschätzt w (Schlesw VersR **75**, 268, Hbg VersR **76**, 371, Mü DAR **76**, 157).

e) Auch bei Ausfall eines **gewerblich genutzten Kfz** (Taxe, Lkw) kann der Geschädigte zu Lasten des Schädigers ein ErsKfz mieten. Die Mietkosten sind bis zur Grenze des § 251 II selbst dann zu ersetzen, wenn sie höher sind als der Gewinn, der zu entgehen drohte (BGH NJW **85**, 793, Karlsr VersR **89**, 226, LG Ffm NJW-RR **88**, 1303). Der Schaden kann auch nach den Vorhaltekosten eines ErsKfz (Vorbem 31 v § 249) od nach dem entgangenen Gewinn berechnet w. Wenn die Miete eines ErsKfz mögl ist u ihre Kosten geringer sind als der entgehde Gewinn, steht dem Anspr aus § 252 aber § 254 II entgg.

4) Die SchadErsPfl erstreckt sich auch auf **Folgeschäden,** sofern diese mit dem schädigden Ereign in einem adäquaten UrsachenZushang stehen u in den Schutzbereich der verletzten Norm fallen (s Vorbem 5 A c u d u die Einzelfälle in Vorbem 5 B). – **a) Steuerliche Nachteile** werden grdsl von der ErsPfl miterfaßt (s spiegelbildl zur VorteilsAusgl Vorbem 7 D d). Zu ersetzen sind daher: die vom Geschädigten zu zahlde Umsatzsteuer (Hamm OLGZ **80**, 20), es sei denn, daß er zum Vorsteuerabzug berecht ist (BGH NJW **72**, 1460); die Gewerbeertragssteuer, die er auf die Verdienstausfallschaden zu leisten hat (BGH NJW **67**, 1462); die EinkSteuer, die er auf Renten gem § 844 II – trotz Steuerfreih der weggefallenen UnterhLeistgen – zahlen muß (BGH NJW **79**, 1501, NJW-RR **87**, 604); steuerl Vorteile, die ihm nach einer ständ, wenn auch gesetzwidr VerwPraxis zugute gekommen wären (BGH NJW **81**, 920, GrdErwerbsSteuerfreih für Ferienhäuser). Bei Ehefr ist in dem Fall getrennter Veranlagg entsthde EinkSteuer maßgebd, nicht die höhere, bei gemeins Veranlagg zu zahlde (BGH NJW **70**, 1271, aA Wais NJW **70**, 1637). Bei Verdienstausfallschäden ist ein besonderer Ausgl für steuerl Nachteile idR nicht erforderl, da bei der SchadBemessg vom **Bruttolohn** auszugehen ist (§ 252 Anm 3 a). Nicht zu ersetzen sind: der Steuermehrbetrag, der wg Verlegg des ArbOrtes vom Aus- ins Inland zu leisten ist (LAG Ffm Betr **86**, 52); die bei Tötg des Eheg weggefallen steuerl Vorteile, wie Freibeträge u Splittingtarif (BGH NJW **79**, 1501). – **b) Höhere Versicherungsprämien** oder der Verlust eines BeitrNachlasses, die dch das schädigde Ereign verursacht w, gehören grdsl zum zu ersetzden Schaden (BGH NJW **84**, 2627, **89**, 2115). Einschränkgen gelten aber für den Verlust des Schadensfreih-Rabatts in der HaftPflVers (Vorbem 5 Bo). – **c) Kosten der Rechtsverfolgung.** – **aa)** Die ErsPfl erstreckt sich auch auf die dch die Geltendmach u Dchsetzg des SchadErsAnspr entstehden Kosten. Es besteht insow ein **unselbständiger** mat-rechtl KostenerstattgsAnspr (Becker-Eberhard, Kostenerstattg bei der Verfolgg zivilrechtl Anspr, 1985, S 92). Die Kosten, die dch Geltendmachg eines nicht auf SchadErs gerichteten Anspr entstehen, kann der Gläub dagg nur unter den Voraussetzgen des Verzuges (§ 286 Anm 2 c bb), der pVV (§ 276 Anm 7 E a), der unerl Hdlg (LG Mannh MDR **70**, 47) od der GoA (BGH **52**, 393, GRUR **84**, 129, sehr str) ersetzt verlangen. Der mat-rechtl KostenerstattgsAnspr steht grdsl rechtl selbstd neben dem aus ZPO 91 ff (BGH **66**, 114). Die Klage ist aber wg Fehlens eines RSchutzbedürfn unzul, soweit sich beide Anspr decken (RG **130**, 218). Sie ist dagg zul, soweit vorprozessual entstandene Kosten geltd gemacht werden (BGH WPM **87**, 248), insb dann, wenn die Kostenfestsetzg wg ZPO 92 zu einem für den Kläger ungünstigeren Ergebn führen könnte (BayObLG **79**, 20, Köln NJW **86**, 1546). Die Abweisg des matrechtl Anspr steht der Geltendmachg derselben Kostenposition im Verf nach ZPO 103 idR nicht entgg (Kblz VersR

75, 932, Mü Rpfleger **76**, 255). Dagg ist die Klage unzul, wenn mit ihr bei unverändertem Sachverhalt ein vom KostenfestsetzgsBeschl abweichdes Ergebn erstrebt wird (BGH **45**, 257, LM § 252 Nr 18, KG OLGZ **89**, 178). ArbGG 12a schließt in seinem Anwendsbereich auch den mat-rechtl KostenerstattgsAnspr aus (BAG NJW **68**, 1740). Er gilt auch für DrittSchuProz (BAG NJW **73**, 1062, Becker- Eberhard S 194ff, aA LG Tüb NJW **82**, 1890) u für eine außergerichtl AnwTätigk (BAG Betr **78**, 895). – **bb)** Der mat-rechtl KostenerstattgsAnspr erstreckt sich auch auf Kosten der **Rechtsverteidigung** (BGH NJW **86**, 2244). Er erfaßt vor allem die entstehden **Anwaltskosten** (BGH **30**, 154, **LM** (Ha) Nr 15). Diese fallen auch bei Anspr aus pVV od c. i. c. (BGH NJW **86**, 2244) aber auch bei Anspr aus § 823 (Oldbg NJW **61**, 613) u StVG 7 in den Schutzbereich der verletzten Norm (Nürnbg OLGZ **69**, 140, aA BGH NJW **68**, 1964). Die ErsPfl besteht auch dann, wenn sich der RAnw selbst vertritt (LG Mainz NJW **72**, 161, LG Mannh AnwBl **75**, 68). Sie setzt voraus, daß die Inanspruchn eines RAnw erforderl war (Köln VersR **75**, 1106) u erstreckt sich daher nicht auf Kosten für Vhdlgen über eine KreditAufn (Düss DAR **83**, 359). Zu ersetzen sind dagg die AnwKosten für die SchadRegulierg beim Kaskoversicherer (KG VersR **73**, 926, Hamm AnwBl **83**, 141, Karlsr VRS **77** Nr 2), bei Schiffsunfällen die Kosten des Verf vor dem Seeamt (BGH **81**, 276), nicht aber Kosten für ein StrafVerf gg den Schädiger (Vorbem 5 Bn). GeschWert ist der Betrag der begründeten Fdg (BGH **39**, 73, NJW **70**, 1122). Dieser ist auch bei einem MitVersch des Geschädigten maßgebd (Klimke u Schütz VersR **69**, 490 u 499). Zu ersetzen ist auch die VerglGebühr, sofern sie bei einer außergerichtl Regulierg entsteht (BGH NJW **70**, 1122, Ikinger VersR **72**, 506). Die Kosten des vom Zessionar beauftragten RAnw sind nur unter den Voraussetzgen des § 286 zu ersetzen, da sich die ErsPfl nach § 249 auf den beim Zedenten entstandenen Schaden beschränkt (LG Moosbach VersR **83**, 571, Nettesheim DAR **89**, 116). – **cc) Weitere Kosten.** Der Schädiger hat die Kosten von **Sachverständigengutachten** zu ersetzen, soweit diese zu einer zweckentspr RVerfolgg notw sind (BGH NJW **74**, 35, NJW-RR **89**, 956, Stgt NJW **74**, 951). In Kfz-Unfallsachen darf der Geschädigte – von Bagatellschäden bis 1000 DM abgesehen (Klimke DAR **84**, 39) – auch dann einen Sachverst hinzuziehen, wenn der Schädiger bereits einen beauftragt hat (KG OLGZ **77**, 317). Zu ersetzen sind weiter: die Kosten eines BeweissichergsVerf (Köln VersR **73**, 91); Detektivkosten (LAG Düss Betr **79**, 1850, Lepke Betr **85**, 1231); **Belohnungen** für die Wiederbeschaffg gestohlener Sachen (BGH VersR **67**, 1169, BAG Betr **70**, 500), für die Überführg von Ladendieben (Vorbem 3l bb), für Unfallzeugen, wg der Gefahr der Falschaussage aber nur in engen Grenzen (s Kblz VersR **75**, 933, Halvescheid DAR **82**, 223); Kosten eines erfolglosen **Vorprozesses** gg einen vermeintl Schädiger od Heransgs-Pflichtigen (BGH NJW **69**, 1109, **71**, 135, VersR **84**, 848) od zur Schadensabwehr (BGH VersR **76**, 731). – **dd)** Kein ErsAnspr besteht dagg für den **Zeitaufwand des Geschädigten** bei der außergerichtl Abwicklg von SchadErsAnspr (BGH **66**, 114, **75**, 231, NJW **77**, 35, Hbg NJW **77**, 1347, Stoll JZ **77**, 97, aA Wilhelm ZIP **87**, 1503). Das gilt auch dann, wenn der Geschädigte für diese Aufg besonderes Personal angestellt hat (BGH aaO). Sind Teile einer Sachgesamth entwendet worden, gehören die Kosten der Ermittlg des Schadensumfangs zum zu ersetzden Schaden (BGH NJW **80**, 1519).

5) Einzelfälle. Vgl die umfangreichen Nachw in der Vorbem vor allem in 3 u 5 B. – **a) Naturalherstellung:** SchadErsLeistg dch Nenng eines vertragsbrüch Dr (RG **148**, 373); dch Nenng seiner Abnehmer (BGH **LM** (Fb) Nr 7) od Lieferanten (BGH WRP **88**, 50), zeitl u sachl begrenztes Beschäftiggsverbot für abgeworbenen ArbN (BGH GRUR **76**, 306; **LM** UWG 1 Nr 10); dch Bekanntgabe der Unwirksamk des Ausschl aus einem Verein (RG **107**, 386); dch Veröffentlchg, die Verwirrg im GeschVerk beseitigt (BGH **LM** UWG 23 Nr 2, GRUR **82**, 491, Leisse GRUR **88**, 88); dch Veröffentlchg eines UnterlVersprechens (BGH **46**, 305, **99**, 140); dch Veröffentlchg einer richtigstelldn Werbeanzeige in der Zeitg, die die unricht Darstellg gegeben h (BGH **70**, 42); dch Weiterbelieferg bei SchadErsAnspr aus GWB 26, 35 wg Diskriminierg (BGH **49**, 98); dch Schaffg einer and Zufahrt bei SchadErs für Verlust eines WegeR (BGH VersR **68**, 896); dch Aufhebg des inf c. i. c. zustandegekommenen Vertr (BGH NJW **62**, 1196, **68**, 986, § 276 Anm 6 B c aa).

b) Geldentschädigung: Abzug neu für alt vgl Vorbem 7 D e. – Bei Unfällen ist dem Geschädigten, sofern es sich um mehr als Bagatellschaden handelt, für Telefon, Porto u Fahrtkosten ohne weitere Spezifizierg eine nach den Umst zu bemessde **Auslagenpauschale** zuzuerkennen, idR 20 DM (Berger VersR **88**, 111). – **Bäume:** SchadBemessg bei Zerstörg: BGH NJW **75**, 2061; KG VersR **76**, 735 (2608 DM für 40jähr Kastanie); MDR **79**, 400 (2184 DM für 22jähr Linde), Hbg MDR **79**, 400 (10000 DM für alte Eiche); Celle VersR **84**, 69 (5172 DM für 20jähr Stieleiche), Oldbg VersR **86**, 1004 (3252 DM für Eiche), Düss VersR **87**, 1139 (29529 DM für eine 80jähr Roßkastanie), Mü NVwZ **89**, 187 (47785 DM für 3 Kastanien); Saarbr OLGZ **89**, 229 (2765 DM für 7 Scheinakazien); Beschädigg: Hbg VersR **79**, 963 (5330 DM für Buche); Celle NJW **83**, 2391 (5380 DM für 2 Linden); Schlesw SchlHA **84**, 14 (7697 DM für Bergahorn); KG VersR **78**, 524 (kein merkantiler Minderwert), NJW **79**, 1167 (uU techn Wertminderg), LG Bln VersR **80**, 1053 (nur 634 DM für baumchirurgische Maßnahmen). Bei der Schadensbemessg folgt die Rspr zT den Veröffentlchgen von Koch (zuletzt VersR **86**, 1160). Dessen Methode führt aber zu übersetzten Entschädiggsbeträgen, die mit den Mehrpreisen, die bei GrdstVerkäufen für Baumbestand zusätzl bezahlt w, offensichtl unvereinb sind (s Staud/Medicus § 251 Rdn 78, Kappus VersR **84**, 1021). – **Bauherrenmodell:** Verzichtet der Bauherr wg falscher Information darauf, weitere Werbgkosten zu machen, besteht eine SchadErsPfl wg fehlder Verlustzuweisgn nur, wenn die weiteren Kosten mindestens „vermögensneutral" gewesen wären (BGH NJW **84**, 863). – Kein SchadErs wg Überschreitg der veranschlagten **Baukosten**, sofern Mehraufwand zur Werterhöhg geführt hat (BGH NJW **70**, 2018, BauR **79**, 74, krit Steinert BauR **88**, 555). – Wegfall der **Beitragsvergünstigung** in der Berufsgenossensch ist bei Anspr wg pVV ein ersfäh Schaden (Nürnbg VersR **82**, 1176). – **Beschädigung** von gebrauchten Sachen, insb Kfz vgl § 251 Anm 5. – Verlust der **Beteiligung** an einer AbschreibgsGesellsch, wenn Geschädigter dch Verlustzuweisgn Steuervorteile erlangt hat (BGH **74**, 113). Vereitelg der Beteiligg an einer OHG (BGH NJW **84**, 2570). – Bei **Bruch des Arbeitsvertrages** umfaßt die ErsPfl ggf entgangenen Gewinn (BAG Betr **72**, 1299), zusätzl Aufwendgen für ErsKraft (LAG Bln Betr **74**, 538), Kosten für Zeitgsinserate (vgl Herger Betr **69**, 2346 mwN), Nachteile aus dem Wegfall des KonkurrenzSchutzes (BAG WPM **76**, 136), nicht aber öff Zuschuß für Schaffg eines DauerArb-

Inhalt der Schuldverhältnisse. 1. Titel: Verpflichtung zur Leistung § 249, Anh zu § 249

Platzes, wenn ArbVerh jederzeit kündb (BAG Betr **77**, 1854). Leistet ArbG die Arb des vertragsbrüch ArbN zusätzl selbst, so schließt das ErsPfl nicht aus (BAG NJW **68**, 221). Keine ErsPfl für Inserate, die auch bei fristgerechter Künd notw gew wären (BAG NJW **84**, 2846, Vorbem 5 C g). – Unter **Denkmalschutz** stehdes Haus s BGH **102**, 326, Schulte JZ **88**, 279. – Beschädig einer **Eisenbahnbrücke** (BGH VersR **77**, 744). – **Fernmeldekabel** (Ffm VersR **81**, 987). – **Finanzierungskosten** vgl oben Anm 2 b aa. – SchadBemessg bei **Fischsterben** s BGH VersR **69**, 928. – SchadErs bei Verletzg einer **Freihalteverpflichtung**, BGH NJW **70**, 1595. – Einbuße an **Freizeit** vgl Vorbem 3 g. – Ers für Verlust von **Gebrauchsvorteilen** vgl Vorbem 3 b u c. – Wer SchadErs für einen inf **Immissionen** entstandenen GrdstMinderwert leisten muß, hat keinen GgAnspr auf Eintr einer entspr DuldgsDbk (BGH NJW **70**, 856). – **Ladendiebstahl:** ErsPfl w nicht dadch ausgeschl, daß Untern Schaden kalkulator u GesKundsch weitergibt (Meier BB **74**, 1376). Kein Ers von pauschalierten Bearbeitsgebühren, da Mühewaltg bei Feststell u Abwicklg eines Schadens zum eig PfltenKreis der Geschädigten gehört (BGH **75**, 234, Anm 4 c dd). Kein Ers von Kosten der **Kontrollorganisation;** dagg sind **Fangprämien** im Rahmen des Angemessenen zu ersetzen (Vorbem 3 l). – **Merkantiler Minderwert** vgl § 251 Anm 5 B. – **Mietwagenkosten** vgl Anm 3. – **Nebenklagekosten** vgl Vorbem 5 B n. – **Neuroseschäden** vgl Vorbem 5 B c. – Haben beide Parteien gleichart **Rabattverstöße** begangen, ist zu vermuten, daß sie sich ggs nicht geschädigt h (BGH NJW **70**, 1365). Wird künft **Rentenanspruch** dch Nichtabführg von Beitr verkürzt, muß Schädiger (schon jetzt) den zur Sicherg der unverkürzten Rente erforderl Betr leisten (BGH LM Nr 25, o aber BGH NJW **83**, 1669). – Ers von **Reparaturkosten** vgl § 251 Anm 5 B. – Kosten der **Reservehaltung** vgl Vorbem 3 l. – SchadBemessg bei Zerstörg einer **Ruine** vgl BGH LM (Hd) Nr 4. – Verlust des **Schadensfreiheitsrabatts** s Vorbem 5 B o. – Schadensbemessg bei **sicherungsübereigneten** Sachen vgl RG **143**, 376. – **Steuern:** Steuerl Nachteile als Schaden s oben Anm 4 a, Steuern u VorteilsAusgl s Vorbem 7 D d, Steuern u Verdienstausfall § 252 Anm 3, u Reparatur oben Anm 2 b. Bei Verletzg von **Urheberrechten** u ähnl AusschließlichkR kann Schaden nach Lizenzgebühr berechnet w (BGH **20**, 345, **44**, 372), idR auch nach Gewinn des Verletzers (vgl § 687 Anm 2 c). – SchadBemessg nach **Verkehrswert** eines Grdst, BGH NJW **82**, 2018. – **Verteidigerkosten** vgl Vorbem 5 B n. – Ers von sog **Währungsschaden** (Geldentwertungsschaden) vgl § 286 Anm 2 b. – Schadensbemessg bei **Waldbrand** vgl BGH LM (Hd) Nr 5, bei unlauterem **Wettbewerb** (Marktverwirrgsschaden) s BGH NJW **82**, 2774, Leisse GRUR **88**, 88. – Bemessg des SchadErsAnspr gg **Wilderer** vgl BGH LM § 823 (F) Nr 10. – Verlust von **Zeitschriften** BGH Betr **75**, 1073 (ErsPfl für Nachdruckkosten uU auch dann, wenn diese höher als VerkErlös).

Anhang zu § 249

Kfz-Nutzungsentschädigung

1) Dem Eigtümer eines priv genutzten Pkw steht auch dann ein Anspr auf eine Nutzgsentschädigg zu, wenn er keinen ErsPkw anmietet (BGH **40**, 345, **66**, 249, **98**, 212, stRspr seit 1963; zu den Voraussetzgen des Anspr s Vorbem 3 b v § 249, zur zeitl Abgrenzg der ErsPfl s § 249 Anm 3 c). Die **Höhe dieses Anspruchs** bemißt die Praxis seit fast zwei Jahrzehnten nach den Tabellen von Sanden u Danner, deren Mitautor nunmehr Küppersbusch geworden ist (s Schlesw VersR **67**, 68, Ffm VersR **68**, 653, Karlsr VersR **68**, 1196, Nürnb VersR **71**, 260, Stgt VersR **80**, 392). Da nicht die fehlgeschlagenen Aufwendgen, sond die entgangenen Gebrauchsvorteile „für die eigenwirtschaftl Verwendgsplang" zu ersetzen sind (BGH **98**, 225), gehen Sanden/Danner/Küppersbusch bei der Wertermittlg wohl mit Recht von den dchschnittl Mietsätzen für Pkw u nicht von den Vorhaltekosten aus. Die Mieten mindern sie um die Gewinnspanne des Vermieters u die bei einer priv Nutzg nicht anfalldn Kosten (Verwaltg, Provisionen, erhöhte Abnutzg u VersPrämien). Der danach verbleibde Betrag stellt den Wert der priv KfzNutzg dar. Er liegt bei 35–40% der üblichen Miete bzw **200–400% der Vorhaltekosten.** Der ADAC, der sich vorübergehd für einen and Lösgsvorschlag eingesetzt hatte, unterstützt seit 1981 ausdr wieder die Tabelle von Sanden/Danner/Küppersbusch. Wünschenswert wäre allerdings eine einfachere Lösg (zB 200% der Vorhaltekosten). Es bleibt auch die Frage, ob die Differenz zw Vorhaltekosten u dem in den Tabellen ausgewiesenen Nutzwert betriebswirtschaftl nicht zT weiterer Gewinn des Vermieters ist. Eine unzweideut u vorbehaltslose Billigg der Tabellen dch die schwankde u widerspruchsvolle Rspr des BGH steht noch immer aus (s BGH NJW **66**, 1262: Bestätigg des BerufgsUrt, das als NutzgsEntsch 40% der übl Miete zugebilligt hatte; NJW **69**, 1477: die Sätze von Sanden/Danner, dh damals 25–30% der übl Miete, sind eher zu hoch als zu niedrig; NJW **70**, 1120: Nutzgsentschädig etwa 30% der übl Miete; BGH **56**, 219: Tabellen von Sanden/Danner im allg als SchätzgsGrdl geeignet; die Nutzgsentschädigg soll die Vorhaltekosten aber nur maßvoll übersteigen, BGH **56**, 217, **98**, 225, währd die Sätze von Sanden/Danner bis zu 300% höher liegen!).

2) Die nachfolgde Tabelle hat den **Stand vom 1. 9. 1987.** Sie ist nicht nach Herstellern, sond nach Gruppen geordnet (s ergänzd NJW **87**, 3167). Die Tabellensätze gelten für Pkw bis zu einem Alter von 5 Jahren (Ffm VersR **85**, 248, Schlesw NJW-RR **86**, 776, Karlsr VersR **89**, 58, aA KG VersR **81**, 536, Ffm DAR **84**, 319, Karlsr DAR **89**, 67). Bei einem Alter bis zu 10 Jahren ist der Satz der nächst niedrigeren Gruppe maßgebd, bei noch älterem Pkw ist auf die Vorhaltekosten abzustellen (s BGH NJW **88**, 484). Zur Bewertg eines Rolls-Royce s LG Aachen NJW-RR **89**, 414. Tabelle zum Nutzwert von Motorrädern s VersR **89**, 573 = NJW **89**, 2044; fr Tabellen zu Kfz s VersR **66**, 697; **73**, 97; **75**, 972; **78**, 1092; NJW **79**, 2083; NJW **80**, 434; VersR **81**, 110; VersR **82**, 527; VersR **83**, 806; VersR **85**, 417; vgl auch VorAufl.

Tabelle von Sanden/Danner/Küppersbusch Stand 1. 9. 1987.

Gruppe A. Wert der Pkw-Nutzung pro Tag 28 DM. **Austin Rover,** Mini Park Lane; Mayfair Sport. **Citroen,** 2 CV 6 Club; Charleston; Visa; Club. **Daihatsu,** Cuore TG; TS; CS. **Fiat,** 126; Panda 750 L. **Seat,** Marbella L; Marbella L; GL, GLX. **Skoda** 105 L; 105 LS; 120 L. **Suzuki,** Alto GA; GL.

Anh zu § 249 2

Gruppe B. Wert der Pkw-Nutzung pro Tag 33 DM. **Austin Rover,** Metro Surf 1,3; LS, Mayfair; Metro Surf 1,0. **Citroen,** AX 10 E; RE;AX 11 E; RE; TRE; Visa 11 RE. **Daihatsu,** Charade TG; TS, C; Charade TS Aut.; C; H/Jet (Sparcar). **Fiat** Panda 1000 CL; Uno 45 Fire; Super; Fiorino Kombi. **Ford,** Fiesta 1,1 Kat.; Ghia, Super; Fiesta 1,0. **Lada,** Nova Jr. Kat.; Nova Jr.; Nova Kat.; Spezial; Nova L Kombi Kat.; Nova GL Kombi Kat.; Nova; Spezial; Nova L Kombi; Nova GL Kombi; Samara LS Kat.; GL; Samara LS; GL; Lada 2107 LS; Kat.; GL; Lada 2107 LS; GL. **Lancia,** Y 10 Fire; LX. **Nissan,** Micra GL; Super; Micra GL Aut; Super. **Opel,** Corsa LS 1,2 N STH; GL, GLS; Corsa LS 1,2 N FLH; GL, GLS; Corsa LS 1,0 S STH; GL; Corsa LS 1,0 S FLH; GL; Corsa LS 1,2 S STH; GL, GLS; Corsa LS 1,2 S FLH; GL, GLS. **Peugeot,** 205 XE 1,2; XL; 205 XE 1,0. **Renault,** R 4 GTL; R 5 L; TL. **Seat,** Ibiza Junior; Ibiza L 1,2; GL, GLX. **Skoda** 130 GL; G Coupé. **Suzuki,** Swift GL 1,0; Super-Carry Kombi Kat.; Super-Carry Kombi. **Toyota** Starlet E 1,0; DX, XL. **VW,** Polo Coupé Fox Kat.; C, CL; Polo Fox FLH Kat.; C, CL; Polo Coupé Fox; C, CL; Polo Fox FLH; C, CL.

Gruppe C. Wert der Pkw-Nutzung pro Tag 40 DM. **Austin Rover,** Metro MG. **Citroen,** AX 14 TRS; TZS; Visa 14 RS; Visa 17 D; RD; C 15 E Familiale; C 15 D; Familiale. **Daihatsu,** Charade Turbo T; C; Charade Turbo Diesel; H/Jet 4 WD. **Fiat,** Panda 4×4; Uno 60 Diesel; Super; Uno 75 I. E. Kat.; S, SX; Fiorino Diesel Kombi. **Ford,** Fiesta 1,6 D; Fiesta 1,4; Ghia, Super; Fiesta Super 1,1; Ghia; Fiesta 1,4 i Kat.; Escort C 1,3 Kat.; CL, Ghia; Escort C 1,1; CL; Escort C 1,4; CL, Ghia; Escort C 1,4 i Kat.; CL, Ghia; Escort C 1,3; CL, Ghia. **Honda,** Civic 1,2; Civic 1,3. **Lada,** Niva UT Kat.; L, Taiga; Niva UT; L, Taiga. **Mazda,** 323 LX 1,1; 323 LX 1,8 D FLH; STH, GLX; 323 LX 1,3 FLH; STH; 323 GLX 1,5 FLH; STH. **Mitsubishi,** Colt EL 1200; GL. **Nissan,** Sunny LX FLH; Sunny LX FLH; SLX Diesel. **Opel,** Corsa LS 1,3 N STH; GL, GLS; Corsa LS 1,3 N FLH; GL, GLS; Corsa LS STH Kat.; GL, GLS; Corsa LS FLH Kat.; GL, GLS, GT; Corsa GL 1,3 S STH; GLS; Corsa GL 1,3 S FLH; GLS, GT; Kadett LS 1,3 N FLH; GL, GLS; Kadett LS 1,3 FLH Kat.; GL, GLS; Kadett 1,3 N STH; GL, GLS; Kadett LS 1,3 S FLH; GL, GLS. **Peugeot,** 205 XR; GR; 205 XLD; XRD, GLD, GRD, SRD; 305 GL; 309 XE; 309 XL Profil; XR, GL, GLR. **Renault,** R 5 TD; GRD; R 5 TS; GTS; R 9 TL; GTL; R 11 TL; GTL; R 11 TD; GTD; Rapid Combi 1,1; Rapid Combi 1,4. **Seat,** Ibiza L 1,7 D; GL; Malaga L 1,2; GL, GLX. **Subaru,** Justy 1000 4WD; Sport; Justy 1200 4WD. **Suzuki,** Swift GLX 1,3; GL; Swift GL 1,3 Kat. Aut.; SJ 410 Q; de Luxe. **Toyota,** Starlet XL 1,5 D; Starlet S 1,3 Kat.; Starlet S 1,3; Corolla SR 1,3 Compact Kat.; Corolla DX 1,3 Compact; Corolla DX 1,3 STH Kat.; Corolla DX 1,3 STH. **VW** Polo STH Kat.; Polo Fox Diesel FLH; C, CL; Polo 1,3 FLH Kat.; CL; Polo Coupé Fox Diesel; C, CL; Polo Coupé 1,3 Kat.; CL, GT; Polo STH; Polo 1,3 FLH; CL; Polo Coupé 1,3; CL, GT; Polo Diesel STH; CL; Polo 1,3 STH Kat.; CL; Polo 1,3 STH; CL; Golf 1,3 Kat.; CL, GL; Golf 1,3; CL, GL; Jetta 1,3 Kat.; CL, GL; Jetta 1,3; CL, GL.

Gruppe D. Wert der Pkw-Nutzung pro Tag 49 DM. **Alfa Romeo,** Alfa 33. **Austin Rover,** Rover 213; Rover 213 S. **Citroen,** BX 14 RE; BX. **Daihatsu,** Charade GT; TI. **Fiat,** Ritmo L Diesel; CL; Ritmo 75 CL I. E. Kat.; Super; Regata 75 I. E. Kat.; Super I.E. **Ford,** Escort C 1,6 D; CL, Ghia; Escort CL 1,3 Turnier Kat.; Escort CL 1,4 Turnier; Escort CL 1,3 Turnier; Escort CL 1,6 D Turnier; Escort CL 1,4 Turnier Kat.; Escort C 1,6 i Kat.; CL, Ghia; Escort CL 1,6; Ghia; Orion CL 1,3 Kat.; Ghia; Orion CL 1,4; Ghia; Orion CL 1,6 D; Ghia. **Honda,** Civic GL 1,5. **Lada,** Niva L Cabrio Kat.; Niva UT Cabrio. **Lancia,** Y 10 Fire 4WD; Y 10 Turbo; Delta 1300. **Mazda,** 323 LX 1,6i Kat. FLH; STH, GLX; 323 GLX 1,8 D Kombi; 323 GLX 1,5 Kombi. **Mitsubishi,** Colt GLX 1500 Kat.; Colt GL 1,8 D; Colt GLX 1500 Aut.; Colt GLX 1500; Colt GLX 1500 Aut.; Lancer GLX 1500 Kat.; Lancer GL 1800 D; Lancer GL 1500 Kombi Kat.; Lancer GLX 1500; Lancer GL 1500 Kombi GLX; Lancer GL 1800 D Kombi; Lancer GLX 1500 Aut. **Nissan,** Sunny SLX FLH Kat.; Cp.; Sunny LX Diesel STH; SLX; Sunny SLX Diesel Traveller; Sunny SLX STH Kat.; Sunny SLX Traveller Kat. **Opel,** Kadett LS 1,3 N Caravan; GL, GLS; Kadett LS 1,6 D FLH; GL, GLS; Kadett LS 1,6 FLH Kat.; GL, GLS, GT; Kadett LS 1,3 Carav. Kat.; GL, GLS; Kadett LS 1,3 STH Kat.; GL, GLS; Kadett LS 1,6 D Caravan; GL; Kadett LS 1,6 D STH; GL, GLS; Kadett LS 1,6 Carav. Kat.; GL, GLS; Kadett LS 1,3 S Caravan; GL, GLS; Kadett LS 1,6 S FLH; GL, GLS, GT; Kadett LS 1,6 STH Kat.; GL, GLS, GT; Kadett LS 1,3 S STH; GL, GLS; Kadett LS 1,6 S STH; GL, GLS, GT; Kadett LS 1,6 S Caravan; GL; Ascona LS 1,6 N STH Kat.; GL, GLS; Ascona LS 1,6i STH Kat.; GL, GLS; Ascona LS 1,6 S STH; GL, GLS, GT. **Peugeot,** 205 XS; GT; 205 Kat. Aut.; 305 GL Kat.; GR; 309 XLD; XRD, GLD, GRD; 309 XR, GR, SR. **Renault,** R 5 GTL; R 5 Aut.; R 9 TD; GTD; R 9 TX Kat.; R 9 Aut.; R 11 TX Kat.; R 11 Aut.; Rapid Combi Diesel; Rapid Combi 1,4 Kat. **Seat,** Ibiza GL 1,5; GLX; Malaga L 1,7; GL; Malaga GL 1,5; GLX. **Subaru,** Libero 1000 4 WD; Libero 1200 4 WD. **Suzuki,** Swift GTI 1,3; GXI; SJ 413 Kat.; de Luxe; SJ 413; de Luxe. **Toyota,** Corolla DX 1,3 FLH Kat.; XL; Corolla SR 1,8 D; Corolla DX 1,3 FLH; Corolla DX 1,6 STH Kat.; Corolla SR 1,3 Compact Aut.; Corolla DX 1,8 D FLH; XL; Corolla DX 1,6 FLH Kat.; Corolla DX 1,3 Kombi; Corolla XL 1,3 FLH Aut.; Carina XL STH Kat.; SX; Carina XL FLH Kat.; SX; Carina XL STH; Carina XL FLH. **Volvo,** 340 FLH Kat.; DL; 340 DL Diesel FLH; 340 DL Diesel STH; 340 DL STH Kat. **VW,** Polo Coupé GT 1,3; Golf 1,6 D; CL, GL; Golf 1,6 Kat.; CL, GL; Golf 1,6; CL, GL; Golf 1,8 Kat.; CL, GL, GT; Golf 1,8 Kat.; CL, GL, GT; Golf 1,8; CL, GL, GT; Jetta 1,6 D; CL, GL; Jetta 1,6 Kat.; CL, GL; Jetta 1,6; CL, GL.

Gruppe E. Wert der Pkw-Nutzung pro Tag 58 DM. **Alfa Romeo,** Alfa 33 Quadr. Verde Kat.; Alfa 33 Quadr. Verde. **Audi,** 80 1,8 Kat.; 80 1,6 D; 80 1,8 S Kat.; 80 1,8 Kat. Aut.; 80 1,8 S Kat. **Austin Rover,** Maestro MGI; Montego HL 1,6; Montego LS 1,6 Estate; Rover 213 S Aut.; Rover 216 Vitesse. **Citroen,** BX 19 RD; TRD; BX 19 RD Break; BX 16 TRS; BX 16 TRI; BX 16 TRS Aut. **Fiat,** Uno Turbo I. E. Kat.; Uno Turbo I.E.; Ritmo Turbo Diesel; Regata Diesel Super; Regata Weekend 75 Super; Regata 90 Super I. E. Kat.; Regata Weekend Diesel; Regata Turbo Diesel Super; Regata Weekend 90 Kat. **Ford,** Fiesta XR-2; Escort CL 1,6 Turnier; Escort CL 1,6 i Turnier Kat.; Escort Ghia 1,4 Cabrio; Orion CL 1,6 i Kat.; Ghia; Orion Ghia 1,6 Aut.; Sierra CL 2,0 FLH Kat.; GL, Ghia; Sierra CL 2,0 STH Kat.; GL, Ghia; Sierra CL 1,6 FLH; Sierra CL 1,6 STH; Sierra CL 2,0 Turnier Kat.; GL, Ghia; Sierra CL 2,3 D FLH; GL; Sierra CL 1,8

Inhalt der Schuldverhältnisse. 1. Titel: Verpflichtung zur Leistung **Anh zu § 249**

FLH; GL, Ghia; Sierra CL 2,3 D STH; GL; Sierra CL 1,6 Turnier; Sierra CL 1,8 STH; GL, Ghia; Sierra CL 2,0 FLH; GL, Ghia; Sierra CL 2,0 STH; GL, Ghia; Sierra CL 2,3 D Turnier; GL; Sierra CL 1,8 Turnier; GL; Sierra CL 2,0 i FLH Kat.; GL, Ghia; Sierra CL 2,0 i STH Kat.; GL, Ghia; Sierra CL 2,0 Turnier; GL, Ghia; Econovan-Bus. **Honda,** Civic Shuttle; Civic GT 1,5 i Kat.; Civic GT 1,5 i; Civic Shuttle 4 WD; Accord 1,6. **Lancia,** Delta 1600 I.E. GT Kat.; Delta 1600 I.E. GT; Delta Turbo Diesel; Prisma 1500; Prisma 1500 Aut.; Prisma 1600 I.E. Kat.; Prisma 1600 I.E. **Mazda,** 323 GT 1,6 i; 626 LX 2,0 D STH; 626 LX 1,6 STH; 626 LX 1,6 FLH; 626 LX 2,0 D FLH; 626 GLX 2,0 Kat. STH; FLH; 626 GLX 2,0 Coupé Kat.; 626 GLX 2,0 STH; FLH; 626 GLX 2,0 Coupé. **Mitsubishi,** Lancer GLX 1800 4 WD Kat.; Lancer GLX 1800 4 WD; Galant GLX 1600; Galant GLS 2000 Kat.; Galant GLX TD; Galant GLS 2000; Space Wagon GLX 2,0 Kat.; Space Wagon GLX 2,0 Kat. Aut.; Space Wagon GLX TD; L 300 1,6 Kombi; L 300 2,0 Bus Kat.; L 300 2,0 Bus. **Nissan,** Sunny SLX 4×4 Kat.; Sunny SLX 4×4 Traveller Kat.; Sunny GTI 16 V Kat.; Prairie SGL; Prairie Kat.; Bluebird SLX Diesel STH; FLH; Bluebird SLX Kat. STH; FLH, Grand Prix; Bluebird SLX STH; FLH, Grand Prix; Bluebird GL Diesel Traveller; Bluebird GL Traveller Kat.; Bluebird GL Traveller; Vanette Bus; Urvan 2,0 Bus. **Opel,** Ascona LS 1,6 D STH; GL, GLS; Ascona LS 1,6 N FLH Kat.; GL, GLS; Ascona LS 1,6 i FLH Kat.; GLS; Ascona LS 1,6 D FLH; GL, GLS, GT; Ascona LS 1,6 S FLH; GL, GLS, GT; Ascona LS 2,0 i STH Kat.; GL, GLS, GT; Ascona LS 2,0 i STH; GL, GLS, GT; Manta GT 1,8; Manta CC GT 1,8. **Peugeot,** 205 GTI 1,6; 205 GTI Kat.; 205 CT Cabrio; 305 GLD; SRD; 305 GL Break Kat.; GR; 305 GLD Break; SRD; 305 GR Break; 305 SR Kat.; GTX; 305 Aut.; 305 Break Kat.; 305 Break Aut.; 309 XRI; GTI, GRI. **Renault,** R 5 GT Turbo; R 9 TXE; R 11 TXE; R 21 TL Kat.; R 21 TL; R 21 TD; GTD; R 21 Nevada TL; R 21 GTS Kat.; R 21 Nevada TD; GTD, Familiale; R 21 GTS; RS; R 21 Nevada GTS Kat.; Familiale; R 21 Nevada GTS; Familiale. **Subaru,** Station 1800 4WD; Super-Station; Sedan 1800 4WD; Coupé. **Toyota,** Tercel Allrad Kat.; Tercel Allrad; Carina GL FLH Kat. Aut.; Carina XL Diesel FLH; SX; Hi-Ace Kombi; Lite-Ace Kombi. **Volvo,** 360 GLI FLH; GLT. **VW,** Golf 1,6 TD; CL, GL, GTD; Golf Syncro Kat.; CL; Golf Syncro, CL; Jetta 1,8 Kat.; CL, GL, GT; Jetta 1,6 TD; CL, GL, GTD; Jetta 1,8; CL, GL, GT; Scirocco GT 1,6 Kat.; GTL; Scirocco GT 1,6; GTL; Scirocco GT 1,8 Kat.; GTL, GTX; Scirocco GT 1,8; GTL, GTX; Passat 1,6 FLH Kat.; CL, GL, GT; Passat 1,6 STH Kat.; CL, GL, GT; Passat 1,6 D FLH; CL, GL, GT; Passat 1,6 D STH; CL, GL; Passat Variant 1,6 D; CL, GL; Passat Variant 1,6 Kat.; CL, GL, GT; Passat 1,6 FLH; CL, GL, GT; Passat 1,6 STH; CL, GL; Passat 1,6 FLH Kat. Aut.; CL, GL, GT; Passat 1,6 STH Kat. Aut.; CL, GL; Passat 1,6 D FLH Aut.; CL, GL; Passat 1,6 D STH Aut.; CL, GL; Passat Variant 1,6; CL, GL, GT; Passat Variant 1,6 Kat. Aut.; CL, GL, GT; Passat Variant 1,6 D Aut.; CL, GL; Passat 1,8 FLH Kat.; CL, GL, GT; Passat 1,8 STH Kat.; CL, GL; Passat 1,6 FLH Aut.; CL, GL, GT; Passat 1,6 STH Aut.; CL, GL; Passat 1,6 TD FLH; CL, GL, GT; Passat 1,6 TD STH; CL, GL; Passat 1,8 FLH; CL, GL, GT; Passat 1,8 STH; CL, GL; Passat Variant 1,8 Kat.; CL, GL, GT; Passat Variant 1,6 Aut.; CL, GL, GT; Passat Variant 1,6 TD; CL, GL; Passat 1,8 FLH Kat. Aut.; CL, GL, GT; Passat 1,8 STH Kat. Aut.: CL, GL; Passat Variant 1,8; CL, GL, GT; Passat 1,8 FLH Aut.; CL, GL; Passat 1,8 STH Aut.; CL, GL; Passat Variant 1,8 Kat. Aut.; CL, GL, GT; Passat Variant 1,8 Aut.; CL, GL, GT.

Gruppe F. Wert der Pkw-Nutzung pro Tag 67 DM. **Alfa Romeo,** Alfa 33 4×4 Giardinetta; Alfa 75 Kat.; Alfa 75. **Audi,** 80 1,8 S Kat. Aut.; 80 1,6 Td; 80 1,8 S Kat. Aut.; 80 1,9 E Kat.; Coupé GT 1,8 Kat.; Coupé GT 1,8 Kat. Aut.; Coupé GT 1,8 Kat.; Coupé GT 1,8 Kat.; 100 1,8 Kat.; CC; 100 1,8 Kat.; CC, CS, CD; 100 1,8 Kat. Aut.; CC, CS, CD; 100 1,8 Kat. Aut.; CC, CS, CD; 100 1,8 Kat. Aut.; CC, CS, CD; 100 Avant 1,8 Kat.; CC. **Austin Rover,** Montego HLI 2,0 Estate; Montego MGI. **BMW,** 316; 318 i Kat.; 324 d; 518 i. **Citroen,** BX 19 TRS Kat.; BX 16 TRI Break; BX 19 TRS Break Kat.; BX 19 TRS; BX 19 GTI; BX 19 TRS Break. **Daihatsu,** Rocky Diesel (Wildcat); Rocky Benzin; Rocky Turbo Diesel. **Fiat,** Regata Weekend TD; Croma I.E. Kat.; Super Croma CHT; Croma I.E. Super; Bertone X 1/9; Bertone X 1/9 I.E. Kat. **Ford,** Escort XR-3 i Kat.; Escort XR-3 i; Escort Ghia 1,6 Cabrio; Escort Ghia 1,6 i Cabrio Kat.; Escort XR-3 i Cabrio Kat.; Escort XR-3 i Cabrio; Escort RS Turbo; Sierra CL 2,0 i Turnier Kat.; GL, Ghia; Sierra S 2,0 i Kat.; Sierra GL 2,0 i STH; Ghia, GL; Sierra GL 2,0 i FLH; Ghia, GL; Sierra Ghia 2,0 i Turnier; Scorpio CL 2,0 Kat.; GL; Scorpio CL 2,5; GL; Scorpio CL 2,0 i Kat.; GL, Ghia; Scorpio CL 2,0 i; GL, Ghia; Scorpio CL 2,0; GL; Econovan-Bus Diesel; FT 80 Kombi; FT 100; FT 80 Diesel; FT 100; FT 120; FT 100 2,0 Bus; FT 120. **Honda,** Prelude EX 1,8 Kat.; Prelude EX 1,8; Accord EX 2,0 Kat.; Accord EX 2,0; Accord Aerodeck 2,0 EX Kat.; Accord Aerodeck 2,0 EX; Accord EX 2,0 Kat. Aut.; Accord Aerodeck 2,0 EX Kat. Aut.; Accord Aerodeck 2,0 EX Kat. Aut.; Accord Aerodeck 2,0 EX Kat. Aut.; Accord Aerodeck 2,0 i; Accord Aerodeck 2,0 i EX. **Isuzu,** Trooper Benzin; Van Bus; Van Diesel Bus. **Lancia,** Prisma Turbo Diesel; Prisma 4 WD. **Mazda,** 626 GT 2,0 i STH; FLH; 626 GT 2,0 i Coupé; 929 LX 2,0; E 2000 Bus; E 2200 D Bus. **Mitsubishi,** Galant GLS 2,4 Kat.; d.L.; Galant GLS 2,4 Kat. Aut.; d.L.; Galant GLS 2000 Aut.; Space Wagon 2,0 4 WD Kat.; L 300 2,5 D Bus. **Nissan,** Prairie GL 4×4 Kat.; Laurel SGL Diesel; Laurel SGL 2,4, d. Urvan 2,3 D Bus. **Opel,** Kadett GSI Kat.; Kadett Cabrio 1,6 Kat.; Kadett GSI; Kadett Cabrio; Ascona LS 2,0 i FLH Kat.; GL, GLS, GT; Ascona LS 2,0 i; FLH; GL, GLS, GT; Manta CC GSi 2,0; Manta GSi 2,0; Exclusiv; Omega LS 1,8 S Car. Kat.; GL, GLS; Omega GL 1,8 S Kat.; GLS; Omega LS 2,3 D Caravan; GL, GLS; Omega GL 2,3 D; GLS; Omega LS 2,0 i Caravan Kat.; GL, GLS; Omega GL 2,0 i Kat.; GLS, CD; Omega LS 1,8 i Caravan; GL, GLS; Omega LS 2,3 TD Caravan; GL, GLS; Omega GL 1,8 i; GLS; Omega GL 2,3 TD; GLS; Omega LS 2,0 i Caravan; GL, GLS; Omega GL 2,0 i; GLS, CD; Bedford F 9 Kombi. **Peugeot,** 205 GTI 1,9; 205 CTI Cabrio; 205 CTI Cabrio Kat.; 305 GTX Break Kat.; 305 Break Kat. Aut.; 309 GTI Kat.; 309 GTI; 505 GLX Kat.; GR; 505 GLX GT; 505 GLD; GRD; 505 GLD Break; GRD, Familiale; 505 GL Break Kat.; GR, GTI, Familiale; 505 GTI Kat.; 505 GTI; J 5 Kombi; J 5 Diesel Kombi. **Renault,** R 11 Turbo; R 21 RX Kat.; TXE; R 21 Turbo D; R 21 Nevada GTX Kat.; TXE, Familiale; R 21 RX; TXE; R 21 Nevade Turbo D; Familiale; R 21 RX Kat. Aut.; TXE; R 21 Nevada GTX; R 25 GTD; R 25 TX Kat.; R 25 GTS; Trafic T 1000 Kombi; Trafic T 1000 Diesel Kombi; Trafic T 1300 Kombi. **Saab,** 90; 900 i Kat.; STH; FLH; 900 i STH; FLH. **Subaru,** Station 1800 4 WD Kat.; Super-Station; Sedan 1800 4 WD Kat.; Coupé; Sedan 1800 4 WD Aut.; Sedan 1800 4 WD Kat. Aut.; Super-Station 1800 4 WD Aut.; Super-Station 1800 4 WD Kat. Aut. **Toyota,** Corolla GT 1,6 16 V; Corolla GT 1,6 Coupé Kat.; Corolla GT 1,6 Coupé; Camry Turbo D; Camry XL Turbo D Kombi; Camry GLI 2,0 Kat.; Camry GLI 2,0 Kombi Kat.; Camry GLI 2,0; Camry GLI 2,0 Kat. Aut.; Camry GLI 2,0 Kombi;

Camry GLI 2,0 Aut.; Modell-F-Super GL; Hi-Ace Diesel Kombi. **Volvo,** 360 GLI STH; GLE; 240 GL Kat.; 240 GL Diesel; 240 GL. **VW,** Golf Cabrio 1,6 Kat.; Quartett; Golf Cabrio 1,6; Quartett; Golf Cabrio 1,6 Kat. Aut.; Quartett; Golf GTI Kat.; Golf GTI; Golf Cabrio 1,6 Aut.; Quartett; Golf GTI 16 V Kat.; Golf Cabrio 1,8 Kat.; Quartett; Golf Cabrio 1,8; Quartett; Golf GTI 16 V; Golf Cabrio 1,8 Kat. Aut. Quartett; Golf Cabrio 1,8 Aut.; Quartett; Jetta GT 1,8 Kat.; Jetta GT 1,8; Scirocco GT 1,8; GTL, GTX; Passat GL 5 FLH Kat.; GT; Passat GL 5 STH Kat.; Passat Variant GL 5 Kat.; GT; Passat Variant Syncro 1,8 Kat.; Passat GL 5 FLH; GT 5; Passat GL 5 STH; Passat GL FLH Kat. Aut.; GT; Passat GL 5 STH Kat. Aut.; Passat Variant Syncro 1,8; Passat Variant GL 5; GT 5; Passat GL 5 FLH Aut.; GT 5; Passat GL 5 STH Aut.; Passat Variant GL 5 Kat. Aut.; GT; Passat Variant GL 5 Aut.; GT 5; Caravelle C 2,0; Caravelle C 1,6 D; Caravelle C 2,0; Caravelle C 1,6 TD.

Gruppe G. Wert der Pkw-Nutzung pro Tag 81 DM. **Alfa Romeo,** Alfa 75 Twin Spark; Alfa 75 V Kat. 2,5; Spider 1,6; Spider 2,0 Kat.; Spider 2,0 E Kat.; Spider 2,0. **Audi,** 80 Quattro 1,8 S Kat.; 80 Quattro 1,8 S Kat.; 80 1,9 E Quattro Kat.; 90 2,0 Kat.; 90 2,3 E Kat.; Coupé 1,8 Kat.; Coupé GT 2,2 Kat.; 100 2,0 D; CC; 100 2,0 Kat., CS, CD; 100 2,0 D Kat.; CC; 100 2,2 Kat.; CC, CS, CD; 100 2,0 Kat. Aut.; CC, CS, CD; 100 2,4 Kat.; CC, CS, CD; 100 2,0 TD; CC, CS, CD; 100 2,2 Kat. Aut.; CC, CS, CD; 100 2,4 Kat. Aut.; CC, CS, CD; 100 CS Quattro 1,8 Kat.; 100 2,0 TD; CC, CS, CD; 100 Avant 1,8 Kat.; CC, CS, CD; 100 Avant 1,8 Kat.; CC, CS, CD; 100 Avant 1,8 Kat. Aut.; CC, CS, CD; 100 Avant 2,0 D; CC; 100 Avant 1,8 Kat. Aut.; CC, CS, CD; 100 Avant 2,0 Kat.; CC, CS, CD; 100 Avant 2,0 D Aut; CC; 100 Avant 2,2 Kat.; CC, CS, CD; 100 Avant 2,0 Kat. Aut.; CC, CS, CD; 100 Avant 2,3 Kat.; CC, CS, CD; 100 Avant 2,0 TD; CC, CS, CD. **Austin Rover,** Montego MG 2,0 Turbo. **BMW,** 320 i Kat.; 325 e Kat.; 524 d; 520 i Kat.; 525 e Kat.; 524 td. **Citroen,** CX 22 TRS; CX 25 RD; CX 25 RD Turbo; TRD, lg.; CX 25 RD Break. **Daimler Benz,** 190 D Kat.; 190 D 2,5; 190 E Kat.; 200 D; 200 Kat.; 210 Kombi; 207 D Kombi. **Fiat,** Croma Turbo Diesel; Croma Turbo I.E. Super Kat.; Croma Turbo I.E. Super; Ducato Bus; Ducato Bus Diesel. **Ford,** Scorpio CL 2,4 i; GL, Ghia. **Honda,** Prelude EX 2,0 i – 16; Accord Aerodeck 2,0 i EX Kat.; Accord EX 2,0 i Kat. Aut.; Accord Aerodeck 2,0 i EX Kat. Aut.; Accord EX 2,0 i – 16. **Isuzu,** Trooper Diesel; Trooper Turbo Diesel. **Lancia,** Delta HF 4 WD; Thema I.E. Kat.; Thema Turbo Diesel. **Mazda,** 323 GT Turbo 4 WD; GTX; 929 GLX 2,2 Kat.; 929 GLX 2,2. **Mitsubishi,** Pajero 2600 Kat.; Pajero 2500 TD; Pajero 2600; L 300 4 WD Bus Kat.; L 300 4 WD Bus. **Nissan,** Silvia Turbo Kat.; Silvia Sport 16 V; Grand Prix; Patrol 2,8; Patrol 3,3 D; Patrol 3,3 TD. **Opel,** Kadett Cabrio GSI Kat.; Senator 2,2 i; C; Senator 2,3 TD; C; Senator 2,3 Komprex D; C; Senator 2,5 i; C; Monza 2,2 i; C; Bedford F 9 Diesel Kombi. **Peugeot,** 505 SR TD; 505 GT TD. **Renault,** R 25 TX Kat. Aut.; R 25 Turbo D; DX; R 25 GTS Aut.; R 25 GTX; Espace GTS; TSE, 2000-1; Espace Turbo D; DX, 2000-1; Espace TSE Kat.; 2000-1. **Subaru,** Sedan 4 WD Turbo; Coupé; Sedan 4 WD Turbo Kat.; Super Station 4 WD Turbo; Super Station 4 WD Turbo Aut. **Toyota,** Celica GT 1,6; Celica GT 2,0 Kat.; Celica GT 2,0; MR 2 Kat.; MR 2; Land Cruiser Diesel; Land Cruiser Benzin. **Volvo,** 240 GL Diesel Kombi; 240 GL Kombi Kat.; 240 GL Kombi; 740 GL Diesel; 740 GL Diesel; 740 GL Kat.; 740 GL. **VW,** Golf Cabrio 1,8 i; Quartett; Scirocco GT 16 V Kat.; GTX; Scirocco GT 16 V; GTX; Passat GT 5 FLH; Passat Variant GT 5; Passat Variant Syncro GT 5 Kat. Aut.; Passat Variant Syncro GT 5; Caravelle C 2,2 Kat.; Caravelle C 2,2; Caravelle C Syncro.

Gruppe H. Wert der Pkw-Nutzung pro Tag 94 DM. **Alfa Romeo,** Alfa 75 V 6 Quadr. Verde Kat.; Alfa 75 V 6 Kat. 3,0; Alfa 75 Turbo IC; Alfa 75 V 6 Quadr. Verde; Alfa 90 V 6 Quadr. Oro. **Audi,** 90 Quattro; Coupé GT 2,2 Kat. Aut.; 100 CS Quattro 1,8 Kat.; 100 Turbo Kat.; 100 Turbo Kat. Aut.; 100 Avant 2,2 Kat. Aut.; CC, CS, CD; 100 Avant 2,3 Kat.; CC, CS, CD; 100 Avant 2,0 TD Aut.; CC, CS, CD; 100 Avant CS Quattro 1,8 Kat.; 100 Avant CS Quattro 1,8 Kat. **Austin Rover,** Rover 825 SI Kat.; Sterling; Rover 825 SI Kat. Aut.; Sterling; Land-Rover 90 TD; Land-Rover 110 TD. **BMW,** 325 i Kat.; 525 i. **Citroen,** CX 25 GTI; CX 25 TRI Break Kat.; RI Fam.; CX 25 TRI Break; RI Fam.; CX 25 RD Turbo Break. **Daimler Benz,** 190 E 2,3 Kat.; 250 D; 230 E Kat.; 200 T Kat.; 200 TD; 300 D; 250 TD; 209 D Kombi. **Ford,** Sierra XR 4×4; Ghia; Scorpio GL 2,9 i Kat.; Ghia; Scorpio GL 2,9 i; Ghia. **Honda,** Legend V 6; Legend V 6 Kat. **Lancia,** Thema I.E. Turbo Kat.; Thema 6 V. **Mazda,** 929 GLX 3,0 Kat.; 929 GLX 3,0; RX-7; S. **Mitsubishi,** Starion 2000 Turbo ECI. **Morgan,** Plus 4. **Opel,** Senator 3,0 i Kat.; C; Senator 3,0 i; C; Monza 2,5 i; C; Monza 3,0 i Kat.; C, GSE. **Peugeot,** 505 GT TD Break Aut.; Familiale; 505 GTI V 6 Kat.; V 6; 505 Turbo Inj. Kat.; 505 Turbo Inj. Kat. **Renault,** R 25 GTX Aut.; R 25 V 6 Kat.; R 25 V 6; R 25 V 6 Aut. **Saab,** 900 Turbo Kat. STH; FLH; 900 Turbo STH; FLH; 900 Turbo 16 Kat. STH; FLH, 16 S; 900 Turbo 16 STH; FLH, 16 S; 9000 i 16; 9000 i 16 Kat. **Subaru,** XT Turbo 4 WD; XT Turbo 4 WD Aut. **Volvo,** 740 GL Kombi Kat.; 740 GL Diesel Kombi; 740 GL Kombi; 740 GLE; 740 GLE Turbo D; 740 GLE Kombi. **VW,** LT 28 Kombi; LT 28 Diesel Kombi.

Gruppe J. Wert der Pkw-Nutzung pro Tag 106 DM. **Audi,** Coupé Quattro Kat.; 100 CS Quattro 2,4 Kat.; 100 Turbo Quattro Kat.; 100 Avant Turbo Kat.; 100 Avant Turbo Kat. Aut.; 100 Avant CS Quattro 2,4 Kat.; 100 Avant Turbo Quattro Kat.; 200 Turbo Kat.; 200 Turbo Kat. Aut. **Austin Rover,** Land-Rover 90 Benzin; Land-Rover 110 Benzin. **BMW,** 325 ix Kat.; 325 i Cabrio Kat.; M 3 Kat.; 528 i, 535 i Kat.; M 535 i Kat.; 730 i Kat. **Citroen,** CX 25 GTI Turbo 2; CX 25 GTI Turbo 2 Kat.; CX 25 Prestige Aut. Kat.; CX 25 Prestige Aut.; CX 25 Prestige Turbo Kat.; CX 25 Prestige Turbo. **Daimler Benz,** 190 E 2,6 Kat.; 190 E 2,3-16 Kat.; 230 TE Kat.; 260 E Kat.; 300 TD; 230 CE Kat.; 300 E Kat.; 300 D 4-Matic; 260 E 4-Matic Kat.; 300 TE Kat.; 300 TD Turo Aut.; 300 CE Kat.; 300 E 4-Matic Kat.; 260 SE Kat.; 300 SE Kat.; SEL; 240 GD; 230 GE Kat.; 300 GD; 280 GE. **Ford,** Scorpio GL 4×4; Ghia. **Lotus,** Excel; Excel SE; Esprit S 3; Esprit Turbo. **Maserati,** Biturbo; E. **Mazda,** RX-7 Turbo Kat. **Morgan,** Plus 8 E. **Nissan,** 300 ZX; 300 ZX Turbo Kat. **Opel,** Omega 3000; Senator DC 3,0 i Kat.; Senator DC 3,0 i Aut.; Monza 3,0 i; C, GSE. **Porsche,** 924 S Kat.; 924 S; 924 S Kat. Aut.; 924 S Aut.; 944 Kat.; 944 Kat. Aut.;944; 944 Kat.; 944 S Kat.; 944 S. **Renault,** R 25 V 6 Turbo; Alpine V 6 GT; Jeep Cheerokee TD. **Saab,** 9000 Turbo 16; 9000 Turbo 16 Kat. **Toyota,** Celica GT 2,0 Cp.; Celica GT 2,0 Cp. K Supra; Land Cruiser HJ 60 Diesel. **TVR,** 350 i. **Volvo,** 740 Turbo Kat.; 740 GLE Turbo D Kombi; 740 Turbo Kombi Kat.; 760 GLE Turbo D Intercooler; 760 GLE Turbo D Intercooler Kombi; 760 GLE Kat. Aut.; 760 GLE Kombi Kat. Aut.; 760 Turbo Intercooler.

Inhalt der Schuldverh. 1. Titel: Verpflichtg z. Leistung **Anh zu § 249, §§ 250, 251**

Gruppe K. Wert der Pkw-Nutzung pro Tag 118 DM. **Audi,** 200 Quattro Kat.; 200 Avant Quattro Kat. **Austin Rover,** Range-Rover Turbo Diesel; Range-Rover Vogue Inj.; Range-Rover Vogue Inj. Aut. **BMW,** 735 i Kat.; L; 628 CSi; 635 CSi Kat. **Daimler Benz,** 300 TE 4-Matic Kat.; 300 TD Turbo 4-Matic Aut.; 420 SE Kat. Aut.; SEL; 300 SL Kat. **Jaguar,** XJ 6 Kat.; Sovereign, Daimler; XJ 6; Sovereign, Daimler; XJ 6 Kat. Aut.; XJ 6 Aut.; XJS 3,6 Kat. Coupé; XJS 3,6 Coupé. **Maserati,** Biturbo Spyder; Biturbo 425. **Porsche,** 944 Turbo Kat.; 944 Turbo; 911 Carrera Kat.; Targa; 911 Carrera; Targa. **Renault,** Alpine V 6 Turbo. **Saab,** 900 Turbo 16 Cabrio Kat.; 900 Turbo 16 Cabrio.

Gruppe L. Wert der Pkw-Nutzung pro Tag 140 DM. **Bitter,** SC Coupé; Spider. **BMW,** M 5; 750 i Kat. Aut.; L; M 635 CSi Kat. **Daimler Benz,** 500 SE Kat. Aut.; SEL; 420 SEC Kat. Aut.; 500 SEC Kat. Aut.; 560 SEL Kat. Aut.; 560 SEC Kat. Aut.; 420 SL Kat. Aut.; 500 SL Kat. Aut. **De Tomaso,** Pantera GT 5; GTS; Deauville; Longchamp; Spyder. **Ferrari,** 328 GTB; GTS; Mondial 3,2. **Jaguar,** XJ 5,3 Sovereign V 12; Double Six; XJ 5.3 Sovereign V 12 Kat.; Double Six; XJSC 3.6 Kat. Cabrio; XJSC 3,6 Cabrio; XJS HE V 12 Coupé; XJS HE V 12 Kat. Coupé; XJSC HE V 12 Kat. Cabrio; XJSC HE V 12 Kat. Cabrio. **Lamborghini,** Jalpa P 350. **Maserati,** Quattroporte 4,9. **Porsche,** 911 Carrera Cabrio Kat.; 911 Carrera Cabrio; 911 Turbo; Targa; 911 Turbo Cabrio; 928 S 4 Kat.; 928 S 4; 928 S 4 Kat. Aut.; 928 S 4 Aut.

250 *Schadensersatz in Geld nach Fristsetzung.* Der Gläubiger kann dem Ersatzpflichtigen zur Herstellung eine angemessene Frist mit der Erklärung bestimmen, daß er die Herstellung nach dem Ablaufe der Frist ablehne. Nach dem Ablaufe der Frist kann der Gläubiger den Ersatz in Geld verlangen, wenn nicht die Herstellung rechtzeitig erfolgt; der Anspruch auf die Herstellung ist ausgeschlossen.

1) Allgemeines. § 250 eröffnet dem Geschädigten die Möglichk, unabhäng von den Voraussetzgen der §§ 249 S 2, 251 zu einem Anspr auf Geldersatz zu gelangen. Die Fristsetzg ist auch zul, wenn zweifelh ist, ob die §§ 249 S 2, 251 anwendb sind. In der Praxis spielt § 250 kaum eine Rolle; GeldErs wird idR auch dann einverständl geleistet, wenn die Voraussetzgen der §§ 249 S 2, 250, 251 nicht erfüllt sind.

2) Voraussetzungen (Satz 1). Erforderl ist eine Fristsetzg u eine Ablehngsandrohg. Die bloße Aufforderg, GeldErs zu leisten, genügt nicht (RG JW **37**, 1145), ebsowenig der Vorbeh, die spätere Herstellg abzulehnen (§ 326 Anm 5c). Die mit einer Ablehngsandrohg verbundene Aufforderg, in angem Fr od unverzügl zu leisten, ist wirks (§ 326 Anm 5b). Die Bestimmg einer zu kurzen Frist setzt eine angem in Lauf (RG **56**, 234). Die Fristsetzg hat keinen Erfolg, wenn vor FrAblauf die Naturalrestitution unmögl w od der ErsAnspr verjährt (s BGH NJW **88**, 1780). Sie ist **entbehrlich,** wenn der Schädiger die Leistg von SchadErs od die Naturalrestitution ernsth u endgült verweigert (BGH NJW-RR **87**, 44, BB **87**, 1202). Dem steht es gleich, wenn der Geschädigte, wie bei Unbenutzbark seines Pkw, raschen Ers benötigt u dieser vom Schädiger nicht zu erwarten ist (BGH **40**, 352). Im Prozeß kann die Frist gem ZPO 255, 510 b im Urteil gesetzt werden (BGH NJW **86**, 1677).

3) Rechtsfolgen (Satz 2). Währd des Fristlaufs kann der Geschädigte, auch wenn ein Fall des § 249 S 2 vorliegt, nur Naturalherstellg verlangen. Nach Fristablauf geht der HerstellgsAnspr endgült in eine GeldFdg über (BGH **LM** § 249 (Gb) Nr 3 Bl 2). Geschuldet wird der erforderl **Geldbetrag iS von § 249 S 2,** nicht die Entschädigg in Geld iSd § 251 (BGH **11**, 163, Staud/Medicus Rdn 2, MüKo/Grunsky Rdn 2, Frotz JZ **63**, 391, aA Lange § 5 VI 1).

251 *Schadensersatz in Geld ohne Fristsetzung.* ¹Soweit die Herstellung nicht möglich oder zur Entschädigung des Gläubigers nicht genügend ist, hat der Ersatzpflichtige den Gläubiger in Geld zu entschädigen.

ᴵᴵDer Ersatzpflichtige kann den Gläubiger in Geld entschädigen, wenn die Herstellung nur mit unverhältnismäßigen Aufwendungen möglich ist.

1) Allgemeines. – a) § 251 regelt zwei ganz **verschiedene Tatbestände.** I dient dem GläubInteresse. Ist Naturalrestitution nicht mögl od für den Geschädigten nicht genügd, besteht ein Anspr auf GeldErs. Dagg begünstigt II den Schu. Er kann die Naturalrestitution ablehnen, wenn die Herstellg unverhältnismäß Aufwendgen erfordert. – **b) Anwendungsbereich.** § 251 gilt für alle SchadErsAnspr. II ist auf Beseitiggs-Anspr aus direkter od analoger Anwendg des § 1004 entspr anwendb (BGH **62**, 391, NJW **70**, 1181, Betr **77**, 908, aA Picker AcP **176**, 53, Staud/Medicus Rdn 31). Sein RGedanke kann uU auch auf ErfAnspr angewandt w, die auf Herstellg gerichtet sind, so auf den pachtvertragl WiederherstellgsAnspr (BGH NJW **76**, 235), aber auch auf den Anspr aus § 667 (BGH NJW **88**, 699). Dagg ist I weder auf den Anspr aus § 985 noch auf den aus § 1004 anwendb (BGH NJW **64**, 2414, MüKo/Grunsky Rdn 1).

2) Unmöglichkeit oder Unzulänglichkeit der Herstellung (I). – a) I erfaßt alle Sachverhalte, die unter § 275 fallen (s dort Anm 2 u 3). Gleichgült ist, ob es sich um anfängl od nachträgl **Unmöglichkeit** handelt. Unerhebl ist auch, wer die Unmöglichk zu vertreten hat. Ist sie vom Geschädigten verschuldet worden, ist aber § 254 anzuwenden (MüKo/Grunsky Rdn 3). Unvermögen steht der Unmöglichk grdsl gleich; es schließt aber nur den Anspr aus § 249 S 1, nicht den aus § 249 S 2 aus (Staud/Medicus Rdn 10). Wirtschaftl Unmöglichk fällt unter II. Unmöglichk aus **tatsächlichen Gründen** ist gegeben: bei Zerstörg einer unvertretb Sache (BGH NJW **75**, 2061, **85**, 2414), bei Sachbeschädigg, wenn eine befriedige Reparatur nicht mögl ist oder einer Neuherstellg gleichsteht (BGH **92**, 88), bei dauernder Mindergder ErwerbsFgk (RG **80**, 28), bei Vereitelg des Rechts zum Eintritt in eine OHG (BGH NJW **84**, 2571). Bei Zerstörg eines Hauses ist die Naturalrestitution mögl, wenn (trotz einer Wertsteigerg) ein wirtschaftl-funktional gleichwert Zustand hergestellt w kann (BGH **102**, 326). Bei SchadErsAnspr wg NichtErf (§§ 325, 326, 634) liegt aus **Rechts-**

gründen Unmöglichk der Herstellg vor, da diese auf die kr Ges ausgeschlossene Erf der ursprüngl Fdg hinauslaufen würde. Bei SchadErsAnspr aus § 839 ist Naturalrestitution gleichf rechtl unmögl, da sie einen unzul Eingriff in die Verw darstellen würde (RG 150, 143). Bei **vertretbaren** Sachen ist Naturalrestitution dch Lieferg gleicher Sachen mögl. Das gilt etwa für neue Kfz. Dagg sind gebrauchte Kfz unvertretb; im Fall eines Totalschadens ist daher I anzuwenden (Jordan VersR 78, 688). – **b)** Ist die Herstellg **nicht genügend,** kann dem Geschädigten je nach Gestaltg des Falls ein den Anspr auf Naturalrestitution ersetzder od ergänzder GeldErsAnspr zustehen. I 2. Alt ist anwendb, wenn eine Reparatur dem Geschädigten wg des Schadensumfangs nicht zugemutet werden kann (Anm 5 B e), wenn ein techn od merkantiler Minderwert verbleibt (Anm 5 B b), wenn die techn mögl Naturalrestitution unzumutb lange dauert (RG 76, 146). Soweit die Herstellg nicht genügt, kann man sie auch als unmögl ansehen. Eine exakte Grenzziehg zw den beiden Alt von I ist daher schwierig, wg der Gleichheit der RFolgen aber auch unnötig. – **c)** In **Notzeiten** muß bei Anwendg von I den besonderen wirtschaftl Gegebenh Rechng getragen w. I 1. Alt ist nach dem 2. Weltkrieg auf bezugsbeschränkte od vom Markt verschwundene Sachen nicht angewandt worden, da anzunehmen war, daß ein auf Naturalrestitution gerichtetes Urt währd der VerjFr vollstreckt w konnte (Hamm SJZ 48, 195, KG JR 48, 282). Für unvertretb Sachen ist in umgekehrter Anwendg von I 2. Alt entschieden worden, daß der an sich geschuldete GeldErs nicht ausreiche, weil der Geschädigte sich mit Geld keine ErsSache beschaffen konnte (OGH 1, 128).

3) **Unverhältnismäßigkeit der Herstellung. – a)** II ist Ausfluß des Grds von Treu u Glauben. Er gilt nicht nur ggü dem HerstellgsAnspr (§ 249 S 1), sond auch ggü dem Anspr aus § 249 S 2 (BGH 63, 297, **102**, 330). Er ist entspr anwendb, wenn es, wie bei einer kosmet Operation, um die Beseitigg immaterieller Schäden geht (BGH 63, 297). Konstruktiv handelt es sich bei II um eine **Ersetzungsbefugnis** des Schu. – **b)** Die **Unverhältnismäßigkeit** ergibt sich idR aus einem Vergl zw dem Herstellgsaufwand (ggf nach einem Abzug „neu für alt", BGH **102**, 326) u dem gem § 251 geschuldeten GeldErs. Für Kfz-Schäden hat die Rspr als Faustregel eine **30%-Grenze** herausgebildet: II ist anwendb, wenn die Reparaturkosten den Wert der Sache vor dem Schadensfall um mehr als 30% überschreiten (Stgt VersR 77, 88, Anm 5 B d). Diese Grenze darf aber nicht schemat angewandt w. Erforderl ist eine umfassde Abwägg der beiderseit Interessen unter dem Gesichtspkt der Zumutbark (BGH VRS 22, 81, WPM 71, 1414). Auch der Grad des Verschuldens ist zu berücksichtigen (BGH NJW 70, 1180, Betr 88, 547, Lange § 5 VIII 1, str), ebso immaterielle Interessen (Oetker NJW 75, 347). **Tierarztkosten** sind daher grdsl auch dann zu ersetzen, wenn sie deutl höher sind als der Wert des verletzten Haustieres (LG Mü NJW 78, 1862, LG Lüneb u LG Traunstein NJW 84, 1243, Karlsr NJW-RR 86, 542, AG Schöneberg NJW-RR 87, 1317, Pütz ZRP 89, 172, das soll dch eine gesetzl Neuregelg ausdr klar gestellt w, aA LG Wuppertal NJW 79, 2213, AG Hbg VersR 88, 700); selbst Aufwendgen von 300% des Wertes können noch verhältnismäß sein (LG Mü aaO). Wird ein **Baum** zerstört, sind die Restitutionskosten idR so hoch, daß II anwendb ist (BGH NJW 75, 2061, § 249 Anm 5b). – **c) Prognoserisiko.** Nimmt der Geschädigte die Herstellg unter unverhältnismäß Aufwendgen vor, bleiben dem Schädiger die Rechte aus II (BGH LM Nr 8). Der Schädiger trägt aber das Prognoserisiko: Er muß auch unverhältnismäß Kosten ersetzen, wenn sich die Unverhältnismäßigk ohne Verschulden des Geschädigten erst nachträgl herausstellt (BGH NJW 72, 1801, Anm 5 B d).

4) **Geldentschädigung.** Währd der gem §§ 249 S 2, 250 geschuldete GeldErs nach den Herstellgskosten zu bemessen ist, ist in § 251 auf das **Wert- od Summeninteresse** abzustellen. Zu ersetzen ist die Differenz zw dem Wert des Vermögens, wie es sich ohne das schädigde Ereign darstellen würde, u dem dch das schädigde Ereign tatsächl verminderten Wert (BGH NJW 84, 2571, 85, 2414). Bei Zerstörg od Verlust eines Ggst ist sein **Wiederbeschaffungswert** (VerkWert) zu ersetzen (BGH 92, 90, NJW 82, 1864). Fehlt bei gebrauchten Sachen mangels ausr Nachfrage ein Marktpreis, kann der VerkWert dch lineare od degressive Abschreibg aus dem Neupreis entwickelt w (Karlsr VersR 73, 471, 79, 776). Ist auch diese Ableitg, etwa bei einem nicht marktgängigen Bastlerstück (Unikat), unmögl, sind Marktpreise ähnl Objekte heranzuziehen (BGH 92, 85, krit E. Schmidt JuS 86, 517). Nicht zu ersetzen ist ein **bloßes Affektionsinteresse** (Liebhaberwert). Hat sich für die Liebhaberei ein Markt gebildet (Briefmarken, Jagdtrophäen, Oldtimer), besteht aber eine ErsPfl in Höhe des Marktpreises (Staud/Medicus § 253 Rdn 17). Anhaltspkte für die Schätzg der Schadenshöhe (ZPO 287) können je nach der Fallgestaltg auch darstellen: der Sach- od Ertragswert des Ggst (BGH NJW 75, 2062); der nach betriebswirtschaftl Grds zu ermittelnde Wert eines GesellschAnteils (BGH NJW 84, 2571), die Herstellgskosten (Köln VersR 83, 377, aA BGH 92, 86), die Kosten der Maßn, die anstelle der zu aufwendigen Herstellg ausgeführt worden ist (Düss VersR 80, 335, Mauer statt Hecke). Die Ansicht, die ausschließl auf den Marktpreis abstellen will (Schmidt aaO), berücksichtigt nicht, daß es zahlreiche vermögenswerte Güter gibt, die keinen Marktpreis haben. Die Beispiele reichen von gebrauchten Panzern bis zu Mitglsch- u NießbrR.

5) **Schadensbemessung bei Zerstörung, Verlust oder Beschädigung von Kfz.** Sie richtet sich zT nach § 249 (Beschädigg, Verlust von neuen Fahrzeugen), zT aber auch nach § 251 (Verlust od Zerstörg gebrauchter Kfz) u wird aus prakt Grden hier zusfassd dargestellt. Mitbehandelt wird zugl die Schadensbemessg bei and **gebrauchten Sachen.**

A) **Zerstörung oder Verlust – a)** Der Umfang des ErsAnspr richtet sich idR nach den Kosten der Wiederbeschaffg einer wirtschaftl gleichwert ErsSache (BGH 92, 90). Bei Kfz ist daher auf den Preis eines gleichwert gebrauchten Kfz abzustellen; etwaige Finanzierungskosten sind hinzuzurechnen, nicht jedoch ein Risikozuschlag (BGH NJW 66, 1455/2159, Schlesw VersR 68, 977, stRspr). Maßgebd ist nicht der Preis, den der Eigtümer bei Verkauf erlöst hätte (Zeitwert), sond der, der bei Kauf von gleichwert Kfz an seriösen Händler zu zahlen wäre, **Wiederbeschaffungswert.** Dieser liegt wg der Händlerspanne idR etwa 20–25% über dem Zeitwert (Stgt NJW 67, 254, Celle NJW 68, 1478). Handelt es sich um einen „Ersthandwagen", so ist dies bei der Wertermittlg zu berücksichtigen, jedoch ist insoweit kein bes ausgeworfener Zuschlag zu machen (Düss NJW 77, 719, im Ergebn ebso BGH NJW 78, 1373). Als Teil des übl Preises ist die MwSt auch dann zu ersetzen, wenn der Geschädigte auf ErsBeschaffg verzichtet od aus priv Hand kauft (BGH NJW 82, 1865, Bambg NJW 79, 2316, hM; vgl zur Reparatur § 249 Anm 2b). Die vom tatsächl Aufwand unabhäng

Inhalt der Schuldverhältnisse. 1. Titel: Verpflichtung zur Leistung § 251 5 A, B

ErsPfl beschränkt sich aber auf den unmittelb Substanzschaden, erfaßt also nicht Begleitschäden (Schiemann DAR 82, 309). Kosten für die An- u Abmeldg, für technische Untersuchgn, für die Umlackierg einer Taxe u ähnl sind daher nur zu ersetzen, wenn sie tatsächl anfallen (Karlsr VRS 75, Nr 151, Ffm VersR 87, 1043, LG Köln DAR 87, 22, str, s Jahnke VersR 87, 645). Hatte der Geschädigte den Pkw vor dem Unfall bereits verkauft, kann er den Kaufpreis gem § 252 auch dann ersetzt verlangen, wenn dieser größer ist als der Wiederbeschaffgswert (BGH NJW 82, 1748), jedoch sind strenge Beweisanfordergn zu stellen (Karlsr VersR 80, 75).

b) Bei prakt neuen Kfz ist bei der Schadensbemessg vom **Neupreis** auszugehen (BGH NJW 82, 433), u zwar unabhäng davon, ob sich der Geschädigte ein ErsKfz anschafft (KG VersR 81, 553). Die Schadensbemessg auf Neuwagenbasis ist grdsl auf Kfz bis zu einer Fahrleistg von 1000 km beschränkt (BGH NJW 82, 433, Karlsr NJW-RR 86, 254). Sie kann aber ausnw bis zu 3000 km zugelassen w (BGH NJW 82, 433, KG VersR 88, 361), jedoch ist bei Fahrleistgn über 1000 km vom Neupreis ein Abschlag zu machen (BGH NJW 83, 2694). Dieser kann pro 1000 km auf 1–1,5% des Neupreises bemessen w (Schlesw VersR 85, 373, ähnl Karlsr DAR 82, 230: 0,2% je 100 km für die ersten 5000 km). Entspr Grds gelten für sonst gebrauchte Sachen, zB Motorräder (Nürnb NJW 72, 2042), für Wohnwagen aber nur im 1. ZulassgsMo (Köln DAR 89, 228). Geschädigter Händler ist mit EinkaufsPr zu entschädigen (Schlesw VersR 76, 1183). Auch bei **LeasingKfz** ist vom KfzWert auszugehen, die Leasingraten hätte der LeasingNeh ohnehin weiter bezahlen müssen (BGH **LM** § 249 (Bb) Nr 23, (Hd) Nr 21), jedoch erfaßt die ErsPfl auch Folgeschäden (Köln NJW 86, 1816). Die im LeasingVertr enthaltenen Schadenspauschalen sind ggü dem Schädiger ohne Wirkg (Dörner VersR 80, 1000). Der dem Geschädigten eingeräumte Werksrabatt mindert die ErsPfl (BGH VersR 75, 127), nicht aber Verwandtenrabatt (Hamm VersR 77, 735).

c) Hat die zerstörte Sache noch einen **Restwert,** muß Geschädigter sie dem Schädiger herausgeben od sich den Wert anrechnen lassen (BGH NJW 65, 1756); die Wahl zw Herausg u Anrechng steht dem Geschädigten auch dann zu, wenn er den ErsAnspr gg den HaftPflVers des Schädigers geltd macht (BGH NJW 83, 2694). Eine Pfl zur Herausg besteht auch bei einer Abrechng auf Neuwagenbasis nicht (KG NJW-RR 87, 16). Kein Verstoß gg § 254 II, wenn der Geschädigte auf die mögl, den Erlös erhöhende Zerlegg des Kfz verzichtet (BGH NJW 85, 2471) od wenn er es beim Händler zu den dort übl Bedingen in Zahlg gibt (KG NJW 70, 1049). Erzielt der Geschädigte einen günstigeren Preis, weil er statt eines gleichwert gebrauchten Kfz einen Neuwagen kauft, ist der Mehrerlös nicht anzurechnen, weil dieser auf einen Entschluß des Geschädigten zurückgeht, der außerhalb der eigentl Schadensabwicklg liegt (BGH 66, 246).

d) Eine SchadBemessg nach dem Wiederbeschaffgswert scheidet aus, wenn gleichwert gebrauchte Sachen nicht erhältl sind od wenn diese Art der ErsBeschaffg aus sonst Gründen (zB wg Unzumutbark) nicht in Betr kommt. Hier kann der Schaden idR nur dch Anschaffg einer **neuer Sachen** beseitigt w. In diesem Fall ist von den Wiederbeschaffgskosten ein Abzug **neu für alt** zu machen (BGH 30, 29, 34, Vorbem 7 D e). Er ist idR dch (lineare od degressive) Abschreibg zu ermitteln (Brem VersR 84, 555, Anm 4).

B) Beschädigung. – a) Der Umfang des ErsAnspr richtet sich idR nach den für die Wiederherstellg aufzuwendnden Kosten einschließl der MwSt (vgl § 249 Anm 2b). Der Geschädigte braucht nicht die billigste Werkstatt zu beauftragen, muß aber die Kosten im Rahmen des Angem halten (Nürnb VersR 68, 506, Köln VersR 69, 1006). Die Reparaturkosten von EinrichtgsGgst sind auch dann zu ersetzen, wenn diese wg ihres Alters unverkäufl sind (Düss NJW-RR 89, 332). Die ErsPfl erstreckt sich in den Grenzen des § 254 auch auf die Kosten eines erfolglosen RepVersuchs (§ 249 Anm 2b). Bei Lackschäden besteht grdsl nur Anspr auf eine entspr TLackierg (KG Betr 78, 1541).

b) Minderwert. – aa) Zu ersetzen ist auch der nach der Reparatur etwa verbleibde techn Minderwert. Dieser wir bei älteren Kfz nicht ow dch geringe Farbunterschiede in der Lackierg begründet (Ffm VersR 78, 378). Auch den **merkantilen Minderwert** muß der Schädiger ersetzen. Das gilt auch dann, wenn der Geschädigte die Sache behält u weiterbenutzt, der Minderwert sich also nicht in einem Verkauf konkretisiert (BGH 35, 396, hM, und noch BGH 27, 181). Der merkantile Minderwert beruht darauf, daß ein Kfz, das Unfallschäden von einigem Gewicht erlitten hat, im Verk idR trotz ordngsmäß Reparatur geringer bewertet w als ein unfallfreies (BGH 35, 397). Entspr gilt für und beschädigte od mangelhafte Sachen (BGH NJW 81, 1663). Voraussetzg ist jedoch, daß ein **Markt** vorhanden ist, auf dem sich der Minderwert in Gestalt eines geringeren Erlöses auswirken kann (KG u Schlesw VersR 79, 260 u 1037; offengelassen v BGH NJW 80, 281). Denkb Objekte von Wertmindergen sind daher: Lkws (BGH NJW 80, 281); Motorräder (LG Ulm VersR 84, 1178, Frank MDR 85, 722); Neubauten (BGH 9, 98, 55, 198, NJW 86, 428); Häuser (Bindhardt BauR 82, 442), etwa bei Bestehen eines Schwammverdachts (BGH **LM** § 463 Nr 8, BB 68, 1355); restaurierte Bilder (RG JW 04, 140), Musikinstrumente (BAG NJW 88, 932). Als Objekte eines merkantilen Minderwerts scheiden dagg aus: Straßenbahnwagen (Köln VersR 74, 761), Krankenwagen (KG VersR 79, 260), Bundeswehrfahrzeuge (Schlesw VersR 79, 1037, aA Riecker VersR 81, 517). Panzer der Bundeswehr (aA Frank MDR 85, 721), Straßenbäume (KG VersR 78, 524). Der Minderwert bemißt sich abw von den sonst geltdn Grds (Vorbem 9 v § 249) nach dem Ztpkt der WiederIngebrauchn (BGH NJW 67, 552). Keine ErsPfl, wenn es sich um eine vorübergehde, inzw endgült weggefallene Wertminderg handelt (BGH NJW 78, 263, vorübergehde Immissionen). Bei **Kraftfahrzeugen** entfällt die Wertminderg idR bei älteren Kfz; bei Pkw liegt die Grenze bei 5 Jahren bzw 100000 km Fahrleistg (Ffm DAR 84, 319, Darkow DAR 77, 64), jedoch kann bei bes langlebigen Kfz auch jenseits dieser Grenze ein merkantiler Minderwert zu bejahen sein (Düss MDR 87, 1023). IdR keine Wertminderg bei erhebl Vorschäden (Celle VersR 73, 717); bei reinen Blechschäden (LG Köln VersR 81, 45) u bei sonst Bagatellschäden, wenn die Reparaturkosten 10% des Wiederbeschaffgswerts nicht übersteigen (s Köln DAR 73, 71, KG VersR 75, 664, 13. VerkGerT S 8); bei neuen Pkw kann auch ein Reparaturaufwand unterhalb der 10% Grenze einen Minderwert begründen (LG Hanau NJW-RR 88, 862). – **bb)** Eine allgemein anerkannte **Schätzungsmethode** hat sich für den merkantilen Minderwert von Kfz noch nicht dchgesetzt. Ungeeignet ist die sog Schweizer Formel, die den merkantilen Minderwert auf 20% der Reparaturkosten veranschlagt. Sie ist zu wenig ausdifferenziert u führt zu übersetzten Beträgen. Brauchbare Ergebn bringt bei Pkw dagg die Methode von Ruhkopf u Sahm (VersR 62, 593; zustimmd BGH NJW 80, 281, Karlsr VersR 83,

§ 251 5 B b–e

1065, Hamm DAR **87**, 83, aA Hbg VersR **81**, 1187, Stgt VersR **86**, 773). Danach ist der Minderwert = x% der Summe vom Wiederbeschaffgswert u Reparaturkosten. Ruhkopf/Sahm sprechen zwar vom Zeitwert; gemeint ist aber wohl der Wiederbeschaffgswert (Himmelreich/Klimke Kfz-Schadensregulierg Rdn 817a, sehr str). x ergibt sich aus der nachfolgenden **Tabelle**:

Zulassgsjahr	Verhältn der Reparaturkosten zum Wiederbeschaffgswert		
	10–30%	30–60%	60–90%
1	x = 5	x = 6	x = 7
2	x = 4	x = 5	x = 6
3 u 4	x = 3	x = 4	x = 5

Brauchb ist auch die Methode Halbgewachs/Berger (Der merkantile Minderwert 10. Aufl., 1987) u das vom 13. VerkGerTag (S 8, 251) vorgeschlagene Schema (sog „Hbger Modell", zustimmd Hbg VersR **81**, 1187, ablehnd BGH NJW **80**, 281):

Betriebsleistg	Merkantiler Minderwert in Prozent der minderwerterhebl Reparaturkosten
bis 20 000 km	30%
bis 50 000 km	20%
bis 75 000 km	15%
bis 100 000 km	10%

Zu eng ist aber der Vorschlag von Schlund (VersR **80**, 417), wonach als minderwerthebl nur die Lohnkosten von Richtarbeiten angesehen werden sollen. Über die Höhe des merkantilen Minderwerts entscheidet der Kaufentschluß des normalen KfzKäufers, der eine Wertminderg nicht nur auf Richtarbeiten annimmt. Praktikabel ist das bei einigen Ger übl Verf, die minderwerthebl Kosten mangels eines ggteiligen substantiierten Vortrags der Part auf ⅔ des Rechngsbetrages zu veranschlagen. Das führt zu Ergebn, die sich von der Anwendg der Methode Ruhkopf/Sahm nicht wesentl unterscheiden. Bsp: Wert des Pkw 16 000 DM; Reparaturkosten 7500 DM; Fahrleistg 15 000 km, 1. Zulassgsjahr. Minderwert nach Ruhkopf/Sahm 6% von 23 500 DM = 1410 DM; nach dem abgewandelten Vorschlag des VerkGerTages: 30% von 5000 DM = 1500 DM. Wert des Pkw 8000 DM; Reparaturkosten 2100 DM, 40 000 km, 3. Zulassgsjahr. Minderwert nach Ruhkopf/Sahm 3% von 10 100 DM = 303 DM; nach dem abgewandelten Vorschlag des VerkGerTages: 20% von 1400 DM = 280 DM.

c) Auch bei Reparaturkosten kann ein Abzug **neu für alt** (Vorbem 7 D e) nöt sein; Voraussetzg ist jedoch, daß dch die Reparatur eine Wertsteigerg eingetreten ist, die sich für den Geschädigten wirtschaftl auswirkt (Celle VersR **74**, 1032), Einbau von neuen Teilen allein genügt nicht (Mü VersR **58**, 407, **66**, 1192), insb dann nicht, wenn Teile ersetzt w, die idR die Lebensdauer des Kfz erreichen (KG NJW **71**, 144).

d) Der Anspr auf Ers der Reparaturkosten u des Minderwerts besteht grdsl auch, wenn diese zus höher sind als der Wert der Sache vor dem SchadFall; nur wenn die bei Reparatur zu zahlde Entsch wesentl (mehr als 30%) über diesem Wert liegt, greift § 251 II **(„unverhältnismäßige Aufwendungen")** ein (Mü VersR **83**, 468, Hamm VersR **88**, 738, Kblz VRS **76**, Nr 158), jedoch sind bei der Verletzg von Haustieren Tierarztkosten auch zu ersetzen, wenn sie höher sind als 130% des Wiederbeschaffgswertes (Rn Anm 3). Entscheidd ist, wie sich die Sachlage bei Wahl der EntschArt für den Geschädigten darstellt (BGH NJW **72**, 1801), das Risiko einer unerwarteten Erhöhg trägt der Schädiger; and ist es aber, wenn die Anschlagsumme höher ist als der Fahrzeugwert (BGH aaO u § 249 Anm 2b). Der Anspr wg der Mehraufwendgen besteht nur bei tats Dchführg der Reparatur, dagg nicht bei Abrechng auf der Basis eines SachverstGutachtens (BGH NJW **85**, 2469, Düss NJW **89**, 1041, Schlegmilch VersR **87**, 1171). Bei unverhältnismäß Aufwendgen richtet sich ErsPfl nach dem Wiederbeschaffgswert u nicht nach den höheren noch verhältnismäß Aufwendgen (BGH NJW **72**, 1801, KG VersR **76**, 391).

e) Der Geschädigte kann den Schaden statt dch Reparatur auch dch **Anschaffung einer gleichwertigen Ersatzsache** ausgleichen. Im Fall der ErsBeschaffg besteht der Schaden in der Differenz von Wiederbeschaffgswert u Restwert, iF der Reparatur in der Summe von Reparaturkosten (einschließl MwSt) u Minderwert. Der Geschädigte kann in den Grenzen des § 254 zw beiden Möglichk der Schadensbeseitigg wählen (BGH NJW **72**, 1800). Er darf grdsl auch dann auf Reparaturkostenbasis abrechnen, wenn er die beschädigte Sache bei der ErsBeschaffg unreparatiert in Zahlg gibt (BGH **66**, 239, § 249 Anm 2a). Ein solcher Anspr auf Ers **fiktiver Reparaturkosten** besteht aber nur dann, wenn dieser Weg der Schadensbeseitigg bei Einbeziehg aller Schadenspositionen nicht teurer ist als die Abrechng nach dem Wiederbeschaffgswert (BGH NJW **85**, 2470, Weber DAR **86**, 175, Dannert VersR **88**, 981). Ist umgekehrt die Reparatur auch unter Berücksichtigg der weiteren Schadenspositionen deutl billiger, ist die Schadensbeseitigg dch ErsBeschaffg unzul. Hiervon gelten aber Ausn: Der Geschädigte braucht sich auf Reparatur nicht verweisen zu lassen, wenn diese keine Betriebssicherh gewährleistet (BGH **LM** § 249 (Hd) Nr 10). Das gilt ebso, wenn die Reparatur unzumutb ist, sog **unechter Totalschaden;** dieser liegt vor, wenn ein prakt neues Kfz erhebl beschädigt w (BGH NJW **76**, 1203). Die Grenze der Neuwertigk liegt bei einer Fahrleistg von 1000 km; sie kann aber je nach Lage des Falles bis zu 3000 km ausgedehnt w (BGH NJW **82**, 433, VersR **83**, 658). Bei Kfz mit einer Fahrleistg von mehr als 1000 km ist eine Abrechng auf Neuwagenbasis aber nur zul, wenn durch eine Reparatur der fr Zustand bei obj Beurteilg auch nicht annähernd wiederhergestellt w kann (BGH NJW **84**, 46, Hamm DAR **89**, 188). Zur Schadensbemessg s oben A b. Bei Kfz ist entscheidd, ob das Kfz so umfangreiche Schäden, erlitten hat, daß die Weiterbenutzg unter Berücksichtigg der Fahrleistg u des Alters sowie des Risikos verborgener Mängel nicht zuzumuten ist (Brem VersR **71**, 912, Hamm DAR **89**, 188); das ist nicht der Fall, wenn die beschädigten Teile „spurlos" ausgewechselt w können (Köln VersR **89**, 60). Ein strengerer Maßstab gilt bei Nutzfahrzeugen; bei ihnen fallen ästhetische Beeinträchtiggen grdsl nicht ins Gewicht (Stgt VersR **83**, 92). Der Geschädig-

Inhalt der Schuldverhältnisse. 1. Titel: Verpflichtung zur Leistung §§ 251, 252

te darf auch dann auf Totalschadensbasis abrechnen, wenn er nach sachverständ Beratg subj der Ans sein durfte, das Kfz sei nicht reparaturwürd (BGH VersR **66**, 490, Karlsr VersR **75**, 335). Das sog Prognoserisiko trägt auch hier der Schädiger (§ 249 Anm 2b).

252 *Entgangener Gewinn.* **Der zu ersetzende Schaden umfaßt auch den entgangenen Gewinn. Als entgangen gilt der Gewinn, welcher nach dem gewöhnlichen Laufe der Dinge oder nach den besonderen Umständen, insbesondere nach den getroffenen Anstalten und Vorkehrungen, mit Wahrscheinlichkeit erwartet werden konnte.**

1) Allgemeines. a) Satz 1 hat nur klarstellde Bedeutg. Die Verpfl des Schädigers, entgangenen Gewinn zu ersetzen, folgt bereits aus § 249 S 1 (BGH GrZS **98**, 219). Unter den **Begriff** des entgangenen Gewinns fallen alle Vermögensvorteile, die im Ztpkt des schädigden Ereign noch nicht zum Vermögen des Verletzten gehörten, die ihm ohne dieses Ereign aber zugeflossen wären (BGH NJW-RR **89**, 981). § 252 ist daher anwendb, wenn der Geschädigte inf des schädigden Ereign in Aussicht stehde unentgeltl Zuwendgen nicht erhält (BGH NJW **73**, 700, Betr **72**, 2202) od wenn sein Anspr auf ArbLosenUnterstützg entfällt (BGH **90**, 336). Die Vorschr erfaßt aber auch Nachteile aus dem Wegfall von do-it-your-self-Arbeiten (BGH NJW **89**, 2539, Mü NJW-RR **86**, 194, Hamm NJW-RR **89**, 160). Entgangener Gewinn gehört zum sog mittelb Schaden (Vorbem 2 f v § 249). Die Grenze zum positiven Schaden ist flüss, für die RAnwendg aber auch unerhebl, da das Ges beide Schadensarten gleich behandelt. ParallelVorschr zu § 252 S 1 sind § 842 (Nachteile für Erwerb u Fortkommen) sowie § 843 I–III (Aufhebg od Minderg der Erwerbsfähigk). – **b) Satz 2** enthält trotz seiner mißverständl Formulierg („gilt") keine mat-rechtl Begrenzg der ErsPfl, sond lediglich eine **Beweiserleichterung** (BGH **29**, 399, **74**, 224, NJW **83**, 758). Der Geschädigte kann bis zur Grenze der Adäquanz auch ungewöhnl entgangenen Gewinn ersetzt verlangen, wenn er den dafür erforderl (vollen) Beweis erbringt (Lange § 6 X 1). – **c)** Nicht zu ersetzen ist der Gewinn, der nur dch eine **rechtswidrige Tätigkeit** hätte erzielt werden können (BGH **75**, 368). Es besteht daher keine ErsPfl für entgangenen Gewinn, der dch unzul Werbemaßn (BGH NJW **64**, 1183) od dch eine Umgehg des PersBefG (KG OLGZ **72**, 408) erzielt werden sollte. Bei rechtsw Vertr ist entscheidd, ob das verletzte Ges ein VerbotsGes iSd § 134 ist (BGH **75**, 365). Gewinne aus Vertr die gg baupolizeil od gewerberechtl Vorschr verstoßen, sind daher grdsl geschützt (BGH aaO, WRP **89**, 257). Dagg besteht keine ErsPfl für entgangene Einkünfte aus verbotener Schwarzarbeit (LG Karlsr NJW **75**, 1420, LG Oldenbg NJW-RR **88**, 1496), für einen nach dem RabattGes unzul PrVorteil (Stgt VersR **73**, 773), bei Verstößen gg PrGes (RG **96**, 286) od gg die AZO (BGH NJW **83**, 440, VersR **86**, 1148). Das Fehlen einer behördl Gen ist unschädl, wenn sie im Fall ihrer Beantragg erteilt worden wäre (BGH NJW **74**, 1376). Das gilt bei einer feststehden VerwPraxis auch dann, wenn die Gen an sich nicht hätte erteilt werden dürfen (BGH **79**, 231). Die ErsPfl ist aber ausgeschl, wenn der Verletzte die Gen bewußt nicht eingeholt hat (MüKo/Grunsky Rdn 4, aA Stürner VersR **76**, 1014). Auch Gewinn, der nur unter Verstoß gg die **guten Sitten** zu erzielen ist, ist grdsl nicht zu ersetzen. Damit die verletzte Dirne nicht der öff Hand zur Last fällt, kann sie aber vom Schädiger den zu einer einfachen Lebensführg erforderl Betrag verlangen (BGH **67**, 127, str, s Müko/Grunsky Rdn 5). Dieser liegt zZ bei etwa 1200 DM (s Mü VersR **77**, 628: 1000 DM; Düss NJW **84**, 2474: 1500 DM).

2) Satz 2. a) Er enthält für den Geschädigten eine ZPO 287 ergänzde **Beweiserleichterung** (Anm 1b). Dieser braucht nur die Umstände darzulegen u in den Grenzen des ZPO 287 zu beweisen, aus denen sich nach dem gewöhnlichen Verlauf der Dinge od den bes Umständen des Falles die Wahrscheinlichk des Gewinneintritts ergibt (BGH **54**, 55, NJW **64**, 662). Dabei dürfen keine zu strengen Anfordergen gestellt w (BGH **29**, 398, **100**, 50, BAG NJW **72**, 1437). Es genügt, wenn die Grdlagen für eine im groben zutreffde Schätzg dargetan werden (BGH **77**, 19). Steht fest, daß ein der Höhe nach nicht bestimmb, aber erhebl Schaden entstanden ist, ergibt sich idR aus dem Umst eine hinr Grdl für die Schätzg eines Mindestschadens (BGH NJW **87**, 909). Nach den getroffenen Anstalten u Vorkehrgen kann auch ein Gewinn aus Aktienspekulationen hinreichd wahrscheinl sein (BGH NJW **83**, 758). Wer zu Unrecht aus formellen Grden von der Teiln an einem PrAusschreiben ausgeschlossen worden ist, kann sich dagg nicht auf S 2 berufen (BGH NJW **83**, 442). Bei Pferderennen entspr es nicht dem gewöhnl Lauf der Dinge, daß das als Favorit gewettete Pferd auch tatsächl gewinnen w (Düss NJW-RR **86**, 517). Grdsl zu berücksichtigen sind auch die vom Geschädigten nach dem Schadensereign gefaßten Entschlüsse (BGH **74**, 225, NJW **83**, 442), es sei denn, daß es diesem wesentl darum geht, höheren SchadErs zu erlangen (BGH **74**, 225). S 2 begründet lediglich eine widerlegl **Vermutung.** Trotz der Ausdrucksweise des Ges („gilt") ist der GgBeweis zuläss (BGH **29**, 398, BAG NJW **85**, 2545). – **b) Maßgeblicher Zeitpunkt** für die Beurteilg gem S 2 ist der der Erfüllg des Anspr, im Proz der Ztpkt der letzten mdl Vhdlg (BGH **29**, 398, Vorbem 9 vor § 249). Auf den Ztpkt des schädigend Ereign kommt es entgg dem mißverständl GesWortlaut nicht an. Maßgebl ist der Standpunkt eines obj Beurteilers, nicht der des Schädigers. – **c)** S 2 ist zugl Grdl für die **abstrakte Schadensberechnung,** da er es gestattet, bei der Ermittlg des Gewinns auf den **gewöhnlichen Lauf** der Dinge abzustellen (BGH **29**, 398, **62**, 105). Im HandelsVerk entspr es dem gewöhnl Lauf, daß der Kaufm Waren zum Marktpreis kaufen od verkaufen kann. Der Kaufm, nicht der Fiskus od ein Privatmann (RG **105**, 285, BGH WPM **80**, 467), kann daher als abstrakt berechneten Schaden die Differenz zw Markt- u VertrPr fordern (BGH **2**, 313, BGH NJW **88**, 2236, § 325 Anm 4 C). Generalunkosten sind nicht abzusetzen, wohl aber ersparte Spezialunkosten (BGH NJW **89**, 1670). Anfallde Gewerbesteuer ist mitzuersetzen (BGH NJW **67**, 1462). Da der entgangene Gewinn nicht der Umsatzsteuer unterliegt, ist bei der Differenzrechng auf die Nettopreise abzustellen (BGH NJW **87**, 1690, Hamm NJW **87**, 446). Der GgBeweis, daß der Verlauf im Einzelfall and gewesen wäre, ist zul. Steht fest, daß Auftr entgangen sind, ist aber offen, wer die Auftr erhalten hätte, kann die Schadenshöhe für jedes der Untern uU gem ZPO 287 geschätzt werden (BGH NJW **29**, 400). Auch bei and HandelsGesch ist die abstr Berechng zul: so für den Frachtvermittler (BGH **29**, 399), im FrachtR (BGH VersR **65**, 351, 374, KG VersR **76**, 464), beim Einbau von ErsTeilen (BAG NJW **72**, 1437), für den Verkäufer, dem die Ware nicht abgenommen worden ist (§ 325 Anm 4 Cc), für den Gewinn aus BankGesch (§ 288 Anm 2).

3) Entgangener Verdienst aus abhängiger Arbeit. Der Streit, ob bei der Schadensbemessg auf das Bruttogehalt (so der 3. ZS BGH VersR **73**, 1028, **75**, 37) od die Nettobezüge (so der 6. ZS BGH VersR **61**, 213) abzustellen ist, ist inzw weitgeh überholt (aA Hartung VersR **86**, 308, Hamm NJW-RR **86**, 327). In der Praxis hat sich als vermittelnde Ansicht die modifizierte Bruttomethode dchgesetzt: – **a)** Währd der Zeit der **Gehaltsfortzahlung** (§ 616 II, LFZG 1, HGB 63, BBG 87a, BRRG 52, Vorbem 7 B d u e) ändert sich an der steuerl u sozialversichergsrechtl Behandlg der Bezüge nichts. Der Schaden besteht daher in den Bruttobezügen einschließl der ArbGebAnteile zur SozVers (BGH **42**, 76, **43**, 378, **87**, 182, NJW **81**, 1847). Zu ersetzen sind außerdem anteiliges Weihnachts- u Urlaubsgeld (BGH **59**, 109, 154, Stgt NJW-RR **88**, 151, Mittelmeier VersR **87**, 846), Beiträge zu den Sozialkassen des Baugewerbes (BGH NJW-RR **86**, 513), nicht aber die Winterbauumlage (BGH aaO), Beiträge zur Berufsgenossensch (BGH NJW **76**, 326) od ein Entgelt für den gem SchwerBG 44 zu gewährden ZusatzUrl (BGH NJW **80**, 285). Die ErsPfl erstreckt sich auch auf **Zuschläge** zum Gehalt, wie ErschwernZulagen (BGH **LM** § 842 Nr 4), Auslöse (Mü VersR **86**, 69), Tantiemen (Hamm VersR **79**, 745), nicht aber auf Aufwandsentschädiggen, FahrtkostenErs, Trennngszulagen (BGH **LM** § 842 Nr 4, LG Kassel NJW-RR **87**, 799). – **b)** Auch nach **Ende der Entgeltsfortzahlung** ist das Bruttogehalt einschließl etwaiger Zulagen (oben a) Ausgangspunkt für die Bemessg der SchadErsLeistg (BGH NJW **86**, 245, Stürner JZ **84**, 462); ein mögl berufl Aufstieg ist zu berücksichtigen, soweit er überwiegd wahrscheinl ist (BGH VersR **56**, 175). Vgl zur Meisterprüfg Köln NJW **72**, 59, zur Diplomprüfg BGH NJW **73**, 701. Ist der mutmaßl PensioniergsZtpkt zu ermitteln, ist auf die konkreten Verhältn des Geschädigten u nicht auf Dchschnittswerte abzustellen (Drees VersR **87**, 741); iZw ist die Vollendg des 65. Lebensjahres als Beginn des Ruhestandes anzunehmen (BGH NJW-RR **88**, 470, VersR **89**, 856). Erspam an Steuern u SozVersBeiträgen sind nach den Grds der VortAusgl wie folgt zu berücksichtigen: **aa) Steuern.** Gem EStG 24 Nr 1 unterliegen auch SchadErsRenten wg Erwerbsunfähigk der Einkommenssteuer. Die Vergünstiggen nach EStG 33b (Freibetrag für Behinderte) u 34 (halber Steuersatz) sind nicht zugunsten des Schädigers zu berücksichtigen (BGH **74**, 116, NJW **80**, 1788, **86**, 245, Vorbem 7 D v § 249). Erhält der Verletzte Leistgen der Unfall-, Kranken-, Arblosen- od RentenVers, sind die Vorteile, die sich aus der Steuerfreih gem EStG 3 u 22 Nr 1a ergeben, aber anzurechnen (BGH NJW **86**, 245, NJW-RR **88**, 470). – **bb) Krankenversicherung.** Soweit der Verletzte gem RVO 383 von der BeitragsPfl freigestellt ist, besteht keine ErsPfl (BGH NJW **81**, 1846, NJW-RR **86**, 1216, **88**, 149). Trägt der Rentenversicherer die Beiträge, geht der ErsAnspr gem SGB X 119 auf ihn über (BGH VersR **78**, 323, Hartung VersR **86**, 521). Entspr gilt, soweit die BerufsGenossensch als Rehabilitationsträger Beiträge für den Verletzten abführt (BGH **89**, 17). Ist der Geschädigte privat versichert, gehen verletzgsbedingte Prämienerhöhgen zu Lasten des Schädigers (§ 249 Anm 4a). – **cc) Arbeitslosenversicherung.** Der Verletzte ist nicht beitragspflichtig u hat auch nicht die Möglichk zu einer freiw WeiterVers (BGH **87**, 181, 187, NJW-RR **88**, 149, vgl aber Hartung VersR **86**, 522). Es besteht daher abgesehen vom Fall der Weiterversicherg dch den Rehabilitationsträger (BGH **89**, 17) keine ErsPfl. Etwa entstehde Nachteile sind erst zu ersetzen, wenn sie sich konkret auswirken (BGH **87**, 187, VersR **86**, 915). **Verliert** der Verletzte seinen Anspr auf **Arbeitslosenunterstützung**, besteht auch dann ein auf den VersTräger übergehder SchadErsAnspr, wenn er in gleicher Höhe Krankengeld erhält (BGH **90**, 336). – **dd) Rentenversicherung.** Der Verletzte kann die zur freiw Fortsetzg der Versicherg erforderl Beiträge ersetzt verlangen (BGH **46**, 332, Fuchs NJW **86**, 2344). Das gilt auch dann, wenn offen ist, ob die etwaige Beitragslücke zu einer Verkürzg der Rente führen wird (BGH **69**, 347, NJW **78**, 157, VersR **79**, 1104). Ausgeschlossen ist die ErsPfl, wenn der Verletzte eine unfallfeste Position erlangt hat u die Weiterversicherg daher unvernünft ist (BGH **101**, 207, **106**, 293, aA Fuchs NJW **88**, 2006, v Einem JR **89**, 21). Kommt eine freiw Weiterversicherg nicht in Betracht, sind etwaige Nachteile erst zu ersetzen, wenn sie sich konkret auswirken (BGH **87**, 189). Einen Anspr auf Finanzierg von privaten VorsorgeMaßn (Rücklagen, private Versichergen) hat der Verletzte nicht, sofern gg die ausreichde Leistgsfähigk des Schu (HaftPflVers) keine Bedenken bestehen (BGH aaO). Zum FdgÜbergang gem SGB X § 119s Vorbem 7 E vor § 249 u Hartung VersR **86**, 523. – **ee) Vermindert** sich der ArbVerdienst inf des Unfalls, kann der Verletzte keinen Ers für die Minderg der SozVersBeiträge fordern (BGH **87**, 181, NJW-RR **88**, 149, aA Fuchs NJW **86**, 2345).

4) Entgangener Verdienst aus selbständiger Arbeit. – a) Wird ein Gewerbetreibder od Freiberufler arbeitsunfäh, darf er den Schaden nach der Rspr nicht nach dem Gehalt für eine gleichwert, tatsächl nicht eingestellte **Ersatzkraft** bemessen; abgestellt werden soll vielm ausschließl auf die anhand des BetrErgebn konkret festzustellde Gewinnminderg (BGH **54**, 53, Karlsr FamRZ **75**, 341). Diese Rspr wird in Schrift mit Recht fast einmüt abgelehnt (Knobbe-Keuk VersR **76**, 408, Grunsky DAR **88**, 404, Staud/Medicus Rdn 48, Larenz § 29 IIIa). Der Verletzte kann sich auf die Vermutg berufen, daß seine ArbLeistg das übl Entgelt wert ist. Diese Vermutg zu entkräften ist Sache des Schädigers. Wird der Ausfall des Inhabers dch überpflichtmäß Anstrenggen von leitden Mitarbeiter und Angeh ausgeglichen, so entlastet das den Schädiger nicht. Wg der Steuerfragen s Anm 3 u Vorbem 7 D d v § 249. – **b) Einzelfälle.** Zur Berechnung des Gewinnentgangs vgl Klimke Betr **78**, 1323; Ruhkopf und Book VersR **70**, 690; **72**, 114; **73**, 781; Bauer DAR **70**, 63; Stürner JZ **84**, 463. Im einzelnen: **Anlageberaterin** LG Dortm VersR **72**, 1180; **Architekt** Ffm VersR **79**, 87; Köln MDR **71**, 215; **Arzt** Düss VersR **73**, 929; Mü NJW **87**, 1484; Belegarzt NJW-RR **88**, 410; **Bauunternehmer** LG Passau MDR **75**, 230; LG Rottweil VersR **73**, 1177; **Betriebswirt** BGH VersR **72**, 1068; **Elektromeister** BGH VersR **61**, 1140; **Erfinder** BGH VersR **67**, 903; **Fahrlehrer** BGH VersR **55**, 329; **Fuhrunternehmer** BGH VersR **60**, 526; **71**, 82; Köln VersR **80**, 240; **Gärtner** BGH VersR **66**, 658; **Geschäftsinhaber** BGH VersR **68**, 970; Karlsr VersR **59**, 56; **Großhändler** BGH VersR **61**, 703; **Handwerksmeister** Stgt VersR **68**, 1074; LG Osnabrück VersR **82**, 255; **Kaufmann** BGH VersR **61**, 247; **62**, 49; **Kfz-Händler** BGH VersR **66**, 851; Celle VersR **70**, 472; Schleswig VersR **76**, 1183; **Kfz-Werkstatt-Inhaber** BGH VersR **69**, 466; VersR **76**, 663; **Landwirt** BGH VersR **66**, 1158; **Maschinenmeister** Ffm VersR **80**, 270; **Modellschneiderin** BGH VersR **64**, 76; **Schlachter** BGH VersR **65**, 141; **Steuerberater** BGH VersR **66**, 957; **Taxiunternehmer** BGH VersR **66**, 595; NJW **79**, 2244; KG VersR **76**, 888; Mü MDR **75**, 755; Spengler VersR **72**, 1008; Klimke VersR **73**, 397; **Vertreter** BGH VersR **63**, 682; **70**, 860; Mü VersR **60**, 1101 (Versichergsvertreter); **Zahnarzt** Nürnb VersR **68**, 481; **77**, 63; **Zahntechniker** BGH VersR **66**, 445. –

Inhalt der Schuldverhältnisse. 1. Titel: Verpflichtung zur Leistung §§ 252–254

c) Wird dem verletzten **Gesellschafter- Geschäftsführer** das Gehalt weitergezahlt, gilt Anm 3a entspr: Es besteht ein SchadErsAnspr in Höhe des Bruttogehalts (BGH NJW **63**, 1051, **70**, 95). Das gilt auch im Fall der Einmann-GmbH (BGH NJW **71**, 1136). Die ErsPfl erstreckt sich auch auf eine weiter gewährte Tantieme, soweit diese Vergütg für die tatsächl nicht erbrachten Dienste ist (BGH **78**, 40, Kuckuk BB **78**, 283, Riedmaier Betr **80**, 64).

5) Zur Schadensbemessg bei Unfällen **vor Eintritt in das Erwerbsleben** s Karlsr VRS **76**, Nr 32, Eckelmann ua DAR **83**, 337, Steffen DAR **84**, 1.

253 *Immaterieller Schaden.* Wegen eines Schadens, der nicht Vermögensschaden ist, kann Entschädigung in Geld nur in den durch das Gesetz bestimmten Fällen gefordert werden.

1) Allgemeines: § 253 beruht auf dem Gedanken, daß bei ideellen Schäden die Herstellg des Zustandes der ohne das schädigde Ereign bestehen würde, dch GeldErs nicht mögl ist (RGRK Anm 1). Da § 251 I für VermSchäden auch bei Unmöglichk der Herstellg GeldErs vorsieht, ist diese Erwägg wenig überzeugd. Entsprechdes gilt für die sonstigen Grde, die in den Mot für die Regelg des § 253 angeführt w (vgl dazu BGH **35**, 367, **39**, 131). § 253 läuft im Ergebn auf einen minderen Schutz ideeller Güter hinaus. Das ist rechtspolit bedenkl (vgl Beschl des 45. DJT, NJW **64**, 2098). Gleichwohl ist das in § 253 enthaltene **Analogieverbot** zu respektieren. Die Rspr des BGH (aaO), die bei schweren Verletzgen des allg PersönlichkR entgg § 253 SchmerzG zuerkennt, ist daher abzulehnen (aA Thomas § 823 Anm 14 F). Die Entsch des BVerfG (NJW **73**, 1221), wonach die BGH-Rspr mit dem GG vereinb ist, ändert an den sich aus dem System des BGB ergebden Bedenken nichts.

2) § 253 betrifft nur die GeldEntsch. Ein Anspr auf **Naturalherstellung** (§ 249 S 1) besteht auch bei ideellen Schäden; er hat aber nur geringe prakt Bedeutg, da Naturalbeseitigg meist unmögl ist. Verletzter kann bei fortwirkden ehrverletzden Äußergen als SchadErs Widerruf verlangen (RG **88**, 133, **148**, 122, BGH NJW **53**, 1386). Dieser ein Versch voraussetzde Anspr w aber in der Praxis dch den aus § 1004 abgeleiteten BeseitiggsAnspr verdrängt, der auch bei nicht schuldh Beeinträchtiggen besteht. Bei Verletzg der Briefgeheimn kann Verletzter Herausg der gefertigten Abschr zwecks Vernichtg verlangen (RG **94**, 3). Auch der gleichf auf Herstellg gerichtete Anspr aus § 249 S 2 w dch § 253 nicht ausgeschl (hM). Die Kosten für die Beseitigg ehrverletzder Inschriften sind daher zu ersetzen, ebso die Kosten für die Richtigstellg unricht ehrverletzender Behauptgen, sofern diese notw ist u sich im Rahmen des Angem hält (BGH **66**, 191, **70**, 42, NJW **79**, 2197). Das gilt jedoch nicht, wenn der Verletzte einen presserechtl Anspr auf GgDarstellg hat u diese zum Ausgl der Rufschädigg ausr (BGH aaO). Bei Sachen, die ledigl einen Affektionsw haben, besteht ein Anspr auf Ers von Reparatur- od Reproduktionskosten, soweit diese mögl ist u die Verhältnismäßigk Grenze (§ 251 II) nicht überschritten w. Ers ideellen Schadens kann vertragl vereinbart w (BGH JZ **55**, 581); ebso ist die Vereinbg einer VertrStrafe zul.

3) Zur **Abgrenzung von Vermögens- und Nichtvermögensschaden** vgl Vorbem 2 u 3 v § 249.

4) Eine **Geldentschädigung** für ideelle Schäden sieht das BGB in §§ 847, 651 f II u 1300 vor. Außerh des BGB besteht ein Anspr auf GeldErs für immaterielle Schäden nach LuftVG 53 III, UrhG 97 II, GWB 35, 27 u SeemannsG 40.

254 *Mitverschulden.* [I] Hat bei der Entstehung des Schadens ein Verschulden des Beschädigten mitgewirkt, so hängt die Verpflichtung zum Ersatze sowie der Umfang des zu leistenden Ersatzes von den Umständen, insbesondere davon ab, inwieweit der Schaden vorwiegend von dem einen oder dem anderen Teile verursacht worden ist.

[II] Dies gilt auch dann, wenn sich das Verschulden des Beschädigten darauf beschränkt, daß er unterlassen hat, den Schuldner auf die Gefahr eines ungewöhnlich hohen Schadens aufmerksam zu machen, die der Schuldner weder kannte noch kennen mußte, oder daß er unterlassen hat, den Schaden abzuwenden oder zu mindern. Die Vorschrift des § 278 findet entsprechende Anwendung.

Übersicht

1) Allgemeines
  a) Begriff des Mitverschuldens, Grundgedanken
  b) Anrechnung von schuldloser Verursachung
2) Anwendungsbereich
  a) Schadensersatzansprüche
  b) entsprechende Anwendung
  c) Anwendung im öffentlichen Recht
  d) Grenzen der entsprechenden Anwendung
  e) Sondervorschriften
3) Mitverschulden des Geschädigten
  a) Bei Entstehung des Schadens (Absatz 1)
    aa) Umfang der Sorgfaltspflichten
    bb) Zurechnungsfähigkeit
    cc) Ursachenzusammenhang
    dd) – hh) Einzelfälle
  b) Schadensabwendung und Minderung (Absatz 2)
4) Abwägung
  a) Allgemeines
    aa) Verursachung
    bb) Verschulden
    cc) Betriebsgefahr
    dd) Sonstige Umstände
    ee) Aufklärung der maßgebenden Umstände
    ff) Abwägung im Rahmen des Absatzes 2
  b) Ergebnis der Abwägung
  c) Abwägung bei mehreren Schädigern
5) Einstehen für mitwirkendes Verschulden Dritter
  a) im haftungsbegründenden Vorgang
  b) bei Schadensabwendung und Minderung
  c) Mittelbar Geschädigte
6) Stillschweigender Haftungsausschluß, Handeln auf eigene Gefahr
  a) Stillschweigender Haftungsausschluß
  b) Stillschweigende Einwilligung
  c) Handeln auf eigene Gefahr
  d) Gefälligkeitsfahrt
7) Verfahrensrechtliches

1) Allgemeines. a) § 254 beschr die ErsPfl des Schädigers, wenn bei der Entstehg (I) od der Entwicklg (II) des Schadens ein „Verschulden" des Geschädigten mitgewirkt h. Dieser Begriff ist in § 254 in einem weiteren uneigentl Sinn gebraucht. Da die ROrdng die Selbstgefährdg u Selbstschädig nicht verbietet, bedeutet Versch iS des § 254 nicht – wie sonst – eine vorwerfb, rechtsw Verletzg einer ggü einem and od der Allgemeinh bestehden RPfl; Versch iS des § 254 ist vielmehr der vorwerfb Verstoß gg Gebote des eig Interesses (Obliegenheiten); es handelt sich um ein **„Verschulden gegen sich selbst"** (RG 149, 7, **156**, 207, BGH **3**, 49, **57**, 145, NJW **70**, 946, MüKo/Grunsky Rdn 2, hM, krit Greger NJW **85**, 1130). § 254 beruht auf dem RGedanken, daß derjenige, der die Sorgfalt außer acht läßt, die nach Lage der Sache erforderl erscheint, um sich selbst vor Schad zu bewahren, den Verlust od die Kürzg seines SchadErsAnspr hinnehmen muß (RG **100**, 44, **112**, 287, BGH **3**, 49, **9**, 318). Die Vorschr ist damit zugl eine **Ausprägung des Grundsatzes von Treu und Glauben** (BGH NJW **72**, 334). Wer für den von ihm erlittenen Schaden trotz eig Mitverantwortg vollen SchadErs fordert, verstößt gg das Verbot des *„venire contra factum proprium"* (§ 242 Anm 4 B e, BGH **34**, 363, NJW **70**, 756, **78**, 2024, 2025, Dunz NJW **86**, 2234, Henke JuS **88**, 753).

b) Sach- oder Betriebsgefahr. § 254 liegt der allg RGedanke zGrde, daß der Geschädigte für jeden Schaden mitverantwortl ist, bei dessen Entstehg er in zurechenb Weise mitwirkt h (BGH **52**, 168). Eine auf seiten des Geschädigten mitwirkde Sach- od BetrGefahr beschr den SchadErsAnspr, u zwar auch dann, wenn der Schädiger aus Delikt od Vertr haftet (BGH **6**, 320, **12**, 128, **LM** (Ba) Nr 5, VersR **81**, 355, stRspr). Der geschädigte Halter eines Kfz muß sich daher, wenn er nicht den AusschlTatbestd des StVG 7 II beweist, die BetrGefahr seines Kfz auch ggü dem SchmerzGAnspr anrechnen lassen (BGH **20**, 262, **26**, 75; stRspr). Im Verhältn zw Halter u Fahrer ist die BetrGefahr dagg nicht anzurechnen (BGH NJW **72**, 1415, aA Düss DAR **74**, 157); ebsowenig im Verhältn zw Fahrer u Dr, sofern Fahrer den EntlastgsBew gem StVG 18 führt (BGH VersR **63**, 380, Böhmer NJW **70**, 1724). Der Grds, daß die auf seiten des Geschädigten mitwirkde Sach- od BetrGefahr den ErsAnspr beschränkt, gilt auch für and Fälle der Gefährdgshaftg (BGH **67**, 129, 130, Tierhalterhaftg), nach Ans des BGH aber nicht iF des § 836 (BGH **79**, 264). Setzt der ErsAnspr kein Versch voraus, beruht er aber auch nicht auf dem Gedanken der Gefährdgshaftg, rechnet der BGH dem Geschädigten eine **schuldlose Mitverursachung** auch dann an, wenn sie nicht Ausdr einer **Sach- oder Betriebsgefahr** ist, so iF des § 122 (BGH NJW **69**, 1380), des § 906 II 2 (BGH NJW-RR **88**, 138), des § 1004 (BGH WPM **64**, 1103) u des ErsAnspr aus GoA bei Selbstaufopferg (BGH **38**, 278). Auf dem Gedanken, daß der Verantwortgsbereich bei Haftgsbegründg u HaftgsBeschrkg korrespondieren, beruht auch die Anwendung des § 829 im Rahmen des § 254 (vgl unten Anm 3 a bb).

2) Anwendungsbereich. a) § 254 gilt, soweit nicht SonderVorschr (unten e) bestehen, ggü **allen Schadensersatzansprüchen**, gleichgült auf welchem RGrd sie beruhen (Henke JuS **88**, 759). Er ist daher anzuwenden auf SchadErsAnspr aus Vertr, auch aus §§ 325, 326, jedoch soll es insow allein auf das Verhalten nach VertrSchl ankommen (BGH NJW **72**, 1702, **87**, 253), aus § 538, Garantiehaftg (BGH **LM** § 537 Nr 10, BGH **68**, 288, aA BGH NJW **71**, 424); aus c. i. c. (RG **151**, 360, BGH Betr **67**, 1085, BAG **14**, 211); aus unerl Hdlg u zwar auch für Anspr aus § 839, sofern nicht das MitVersch den Anspr gem § 839 III ausschließt (BGH VersR **61**, 907, NJW **65**, 962); für Anspr aus § 845 (BGH **69**, 3); für SchmerzGAnspr (§ 847 Anm 1 c); für Anspr aus §§ 989, 990 (BGH **LM** HGB 366 Nr 4 Bl 3 R, § 989 Nr 12 Bl 2, krit Roth AcP **180**, c/o KO 17 (RG **140**, 14). § 254 gilt ferner ggü Anspr aus Gefährdgshaftg, das ist in StVG **9**, ProdHaftG 6, HaftpflG 4, AtomG 27 ausdr best, gilt aber auch sonst, so für Anspr gg Tierhalter (BGH **LM** § 833 Nr 3 a Bl 2 R, VersR **81**, 1179); gg Gastwirt aus § 701 (RG **75**, 394); wohl auch für Anspr aus EVO, soweit die Sonderregeln in EVO 82 u 83 nicht zutreffen (Konow Betr **76**, 471); für Anspr aus ZPO 302 IV, 600 II, 717 II, 945 (BGH Betr **73**, 2342, NJW **78**, 2024).

b) § 254 ist **entsprechend** anzuwenden, wenn in sonstigen, gesetzl nicht geregelten Fällen **beiderseitiges Verschulden** vorliegt, das ggeinand **abzuwägen** ist (RG **71**, 191, BGH **LM** HGB 366 Nr 4 Bl 3, WPM **78**, 367, MüKo/Grunsky Rdn 13). Der RGedanke des § 254 gilt daher für den Ausgl zw mehreren erspflichtigen GesSchu (§ 426 Anm 3 c); für die beiders verschuldete Unmöglichk (§§ 324, 325), u zwar auch, wenn Gläub gem § 325 zurücktritt (Vorbem 3 vor § 323); beim VollmMißbr, wenn Versch des Vertretenen u seines VertrPartners ggeinand abzuwägen sind (BGH **50**, 112); beim Mißbr der Scheckkarte (Hamm WPM **76**, 139); wenn der argl getäuschte Käufer den Untergang der Kaufsache verschuldet (BGH **57**, 144). § 254 ist ferner entspr anwendb auf Anspr aus § 1004 (RG **138**, 329, BGH NJW **55**, 340, WPM **64**, 1104); auf Anspr aus § 667, wenn die Überweisg weisgswidr ausgeführt worden ist (Hamm WPM **89**, 1326); auf Anspr aus § 670, soweit dieser auf SchadErs geht (Celle NJW **65**, 2348, BAG NJW **81**, 702); auf ErsAnspr aus GoA (Düss DAR **62**, 150, BGH **38**, 278); auf Anspr aus NRWOBG (BGH NJW **86**, 182); wohl auch auf Anspr der Berufsgenossensch aus RVO 640: anzurechnen ist MitVersch des Verletzten (Kühne Betr **72**, 730, Marschall v Bieberstein VersR **72**, 996, aA BGH VersR **72**, 171, NJW **73**, 1496, NJW-RR **89**, 341), ebso das der BerufsGenossensch (Saarbr Vers **73**, 183, BGH NJW **74**, 798 wendet in krassen Fällen § 242 an u läßt Anwendbark von § 254 offen, ebso BGH NJW **74**, 860). Keine entspr Anwendg des § 254 auf Regeln über die Tragg von Gefahren (VOB 7, BGH **61**, 144, aA Saarbr NJW **72**, 1761).

c) Auch im **öffentlichen Recht** ist § 254 als Ausprägg des Grds von Treu u Glauben (oben Anm 1 a) sinngem anzuwenden (BGH **56**, 57, MüKo/Grunsky Rdn 18). § 254 gilt daher entspr für SchadErsAnspr aus AFG 145 (BSG VersR **85**, 159), Verletzg vertragsähnl öffrechtl Pflichten (BGH NJW **65**, 962, s § 276 Anm 8), soweit nicht SonderVorschr bestehen (vgl BGH **4**, 291 zu PostG 6 aF, jetzt PostG 14). Er ist auch auf AufopfergsAnspr entspr anwendb (Celle NJW **54**, 559, BGH **45**, 294, aA RG **149**, 37), vgl auch BSeuchenG 51 III; ebso auf EntschAnspr aus Enteigng u enteigngsgleichem Eingr (BGH **90**, 32, vgl die ausdrückl Regelg in BauGB 93 III, BLG 32 II, SchutzberG 13 II, LBG 17 II); ferner auf Anspr aus dem StrEG (Hamm NJW **75**, 2033), jedoch kann das (nur für das BetragsVerf zust) ZivGer den Anspr nicht mehr wg schuldh Mitverursachg der StrafverfolgsMaßn mindern (BGH **63**, 209). Auch auf RegreßAnspr des Staates gg Beamten ist § 254 entspr anzuwenden (s BVerwG **34**, 130, **50**, 108). Wg der gesschuldnerischen Haftg

Inhalt der Schuldverhältnisse. 1. Titel: Verpflichtung zur Leistung § 254 2, 3

mehrerer Schädiger kann sich der Beamte jedoch idR nicht auf mangelnde Überwachg dch seinen Vorgesetzten berufen (BVerwG aaO). § 254 ist entspr anwendb auf den FolgenbeseitiggsAnspr (BVerwG NJW 89, 2484, VGH Mannheim NJW 85, 1482), nach VerwG Hannover ZBR 71, 280 u VGH BaWü ZBR 72, 344 auch auf den RückerstattgsAnspr wg überzahlten Gehalts (zweifelh, vgl unten d).

d) Ausgeschl ist die Anwendg des § 254 auf **Erfüllungsansprüche,** u zwar auch dann, wenn ErfAnspr u SchadErsAnspr nebeneinand bestehen (BGH **25,** 310, NJW **67,** 250, Kblz WPM **89,** 1280). § 254 daher unanwendb auf MietzinsAnspr gg den nicht eingezogenen od vorzeit ausgezogenen Mieter (Ffm ZMR **70,** 49, LG Hbg MDR **69,** 670, s aber § 552 Anm 3b); auf Anspr aus § 557 (BGH **104,** 290); auf den Anspr auf Auszahlg des Spargutabens (BGH NJW **86,** 2106); auf LohnAnspr des unzul gekündigten ArbN (BGH NJW **67,** 250, vgl aber § 615); auf Anspr aus Bürgsch (RG JW **37,** 3104); auf Anspr des Verfrachters gg Empf auf Zahlg der Fracht (BGH **25,** 310); dagg w man § 254 im Fall der MankoHaftg auf Anspr aus § 667 entspr anwenden können (BAG BB **71,** 705); ebso wenn Empfängerbank an NichtBerecht gezahlt h u die Absenderbank hieran mitschuld ist (BGH BB **78,** 556, Hamm BB **78,** 1687). Nicht anwendb ist § 254 auf HerausgAnspr aus § 985 (RG **93,** 281, BGH **LM** HGB Nr 4); auf GewlAnspr (BGH Betr **71,** 1764); auf BereicherungsAnspr (BGH **37,** 370, Betr **70,** 2021); jedoch kann § 242 die Berücksichtigg schuldh Mitverursachg rechtf (BGH **57,** 152, BereicherungsAnspr). Das gilt vor allem für **Gewährleistungsansprüche** (BGH NJW **72,** 447, **84,** 1677). Die Nachbesserg hat in diesen Fällen Zug um Zug gg Ers eines Teils der entstehden Kosten zu erfolgen (BGH **90,** 347, **91,** 211, Düss u Hamm BauR **79,** 246).

e) **Sonderregelungen.** — **aa)** StVG 17 schließt als Sonderregel § 254 aus, soweit es um die Haftgsverteilg zw KfzHaltern u Fahrern geht, ferner für das Verhältn zw Kfz u Eisenbahn od Tierhalter (BGH **LM** § 249 (Bb) Nr 3 Bl 2). Für Schiffskollisionen enthält HGB 736 eine § 254 verdrängde Sonderregel (BGH VersR **59,** 506). StVG 17 u HGB 736 lassen aber § 254 II unberührt (BremVersR **76,** 559); sie verwenden üü prakt die gleichen AbwäggsGrds wie § 254. — **bb)** Der SchadErsAnspr aus §§ 122, 179, 307, 309 entfällt, wenn der Geschädigte das zum Ers verpflichtde Ereign kannte od kennen mußte, MitVersch führt danach zum Verlust des Anspr. BGH NJW **69,** 1380 wendet § 254 auf Anspr aus § 122 aber entspr an, wenn Gläub Irrt schuldlos mitverurs hat (Anm 1b aE). Dagg ist neben §§ 460, 640 II für eine Anwendg des § 254 kein Raum (BGH NJW **78,** 2240).

3) Mitverschulden des Geschädigten. a) Mitverschulden bei der Entstehung des Schadens (I). **aa)** Den Geschädigten trifft ein MitVersch, wenn er diejenige Aufmerksamk u Sorgf außerach läßt, die jedem ordentl u verständ Menschen obliegt, um sich vor Schaden zu bewahren (RG **105,** 119, BGH **3,** 49, **9,** 318, sog Versch gg sich selbst, s Anm 1a). Ein schuldh Verhalten, das eine Haftg ggü einem and begründen könnte, ist nicht erforderl (RG **149,** 7, **156,** 207, BGH **65,** 1075, **78,** 980). Der Geschädigte muß die ihm in zu Angelegenh obliegde Sorgf aber vorsätzl od fahrl verletzt h (RG **54,** 410, **59,** 221). Voraussetzg daher grdsätzl Vorhersehbark u Vermeidbark der Schädigg, bloße Mitverursach genügt, sofern der Geschädigte für Sach- od BetrGefahr einzustehen h (s Anm 1b).

bb) Zum Versch gehört **Zurechnungsfähigkeit** (nicht Geschfgk), §§ 827, 828 gelten entspr (RG **108,** 89, BGH **9,** 317, **24,** 327, VersR **75,** 133 (135), aA Staud-Medicus Rdn 74), ebso § 827 S 2 (BGH VersR **71,** 473, 475). Dabei kommt es auf die Fähigk zur Einsicht an, daß man sich selbst vor Schad zu bewahren h (Celle NJW **68,** 2146). Da Haftgsbegründ u Haftgsbegrenz korrespondieren (s Anm 1b), ist § 829 ebenf entspr anwendb (BGH **37,** 106, VersR **64,** 385, FamRZ **65,** 265). Voraussetzg ist aber, daß die Billigk ausnahmsw die Mithaftg des Unzurechngsfäh gebietet (BGH NJW **69,** 1762, strenge Anforderge!). Es genügt nicht, daß für ihn VersSchutz besteht (BGH NJW **69,** 1762, **73,** 1795).

cc) Das Versch des Geschädigten muß für die Schädigg **mitursächlich** iS der Adäquanztheorie (Vorbem 5 A c vor § 249) gewesen sein (BGH **3,** 47, **61,** 147, NJW **52,** 537, 539, **57,** 217). Zeitl kann es dem Versch des Schädigers vorangehen od nachfolgen (BGH **3,** 47, VersR **88,** 570), jedoch soll bei SchadErsAnspr wg NichtErf od verspäter Erf nur in den VertrSchl folgds MitVersch erhebl sein (BGH NJW **57,** 217, **72,** 1702, VersR **72,** 1052, zweifelh). Wer unberecht vom Vertr zurücktritt, kann idR nicht geltd machen, Gegner habe Rücktr dch sein Verhalten mitverurs (BGH WPM **74,** 1117). Fehlen der vom Geschädigten zu stelldn Sicherngsmittel ist unschädl, wenn Schädiger sie ohnehin nicht benutzt hätte (BGH VersR **70,** 813). War das MitVersch allein ursächl, entfällt Haftg bereits mangels Kausalität; war umgekehrt nur das Versch des Schädigers adäquat ursächl, haftet allein der Schädiger (OGH **1,** 272). Auch für § 254 gilt, daß die Zurechng dch den **Schutzzweck der Norm** begrenzt w (Vorbem 5 A d vor § 249). § 254 setzt daher voraus, daß die vom Geschädigten verletzte Pfl den Zweck hatte, die bei eingetretenen zu verhindern (BGH NJW **70,** 813, **72,** 1016, **78,** 1071, Bambg VersR **88,** 586). Der Arzt kann bei einem Behandlgsfehler nicht geltd machen, der Patient habe die Behandlgsbedürftigk verschuldet (BGH NJW **72,** 334); bei einem Selbstmordversuch ist § 254 unanwendb, wenn der Patient wg Suizidverdachts eingeliefert worden ist (BGH **96,** 101); der Abschleppunternehmer kann sich nicht darauf berufen, der von ihm beschädigte Pkw habe wg falschen Parkens entfernt w müssen (BGH NJW **78,** 2503); die wg unrichtiger Aufstellg eines VerkSchildes haftpflicht Gemeinde kann sich nicht auf die Nichtbefolg des Schildes berufen (Hamm NJW-RR **86,** 771).

dd) Geschäfts- und Rechtsverkehr (Einzelfälle, vgl auch § 276 Anm 4 C): Jedermann hat in seinem geschäftl u priv Bereich im Rahmen des Zumutb die notw Vorkehrgen zu treffen, um sich vor Schad zu bewahren. Schuldh iS des § 254 handelt daher, wer sein eig Konto nicht überwacht (BGH NJW **68,** 742); wer die ordngsmäß Dchführg seiner Überweisgen nicht prüft (Hamm WPM **89,** 1321); wer Scheckformulare unsorgfält verwahrt (RG **81,** 254); wer einen Scheck mit der Post versendet (Hamm WPM **83,** 461); wer Verlust von Paß u Kundenkarte nicht unverzügl der Bank mitteilt (BGH NJW **68,** 37); wer bei Kreditgewähr die Bonität des KreditNeh od der Sicherheiten nicht prüft (Mü NJW **70,** 1926; BGH WPM **70,** 1270); wer als Gewerbetreibder keine Vorsorge gg Veruntreugen od Unterschlagg dch ArbN trifft (BGH **LM** § 989 Nr 12, Betr **74,** 2047, BAG NJW **70,** 1861); wer sich, statt sich an Notar zu wenden, auf den Rat von dessen Angest verläßt (RG **162,** 29); wer als Mieter eine unberecht Künd widerspruchslos hinnimmt (BGH **89,** 307); wer Arb dch Nichtfachmann ausführen läßt (BGH VersR **88,** 570); ebso bei Schwarzarbeiter

§ 254   3a   2. Buch. 1. Abschnitt. *Heinrichs*

(Celle JZ **73**, 246, das jedoch nicht § 254, sond § 242 anwendet); wer seine ArbN mangelh überwacht (BGH Betr **70**, 2224, BAG Betr **71**, 635); wer ArbN Verantwortg überträgt, die in auffäll Mißverhältn zu seinem Einkommen steht (LAG Bln BB **74**, 231); wer einen „entliehenen" ArbN nicht ausr überwacht (Karlsr BauR **85**, 223); wer vom Steuerberater vorbereitete SteuerErkl ungelesen unterschreibt (LG Wuppertal VersR **77**, 95); wer eine ihn gesundheitl überfordernde Arb annimmt (BAG NJW **67**, 1631). Schuldh handelt auch, wer einen Irrt des and Teils nicht richt stellt, obwohl das ohne weiteres mögl u der Irrt schädl Folgen h kann (BGH NJW **64**, 195); wer Koffer mit bes wertvollem Inhalt als Reisegepäck aufgibt (BGH **24**, 188); wer auf einem Wertpaket den Wert statt mit 100000 DM mit 3500 DM angibt (BGH NJW-RR **89**, 676); wer als Hotelgast nachts Balkontür offenstehen läßt, obwohl im Zimmer Wertsachen (Kblz VersR **55**, 439); wer kostbare Schmucksachen im Hotelzimmer läßt, obwohl er sie im Safe hinterlegen könnte (Lindemeyer BB **83**, 1508); wer in dem in der Hotelgarage abgestellten PKW wertvolle Ggst beläßt (BGH NJW **69**, 789); wer an ungesicherter Garderobe wertvollen Pelzmantel ablegt (BGH VersR **74**, 141); wer abgelegten Pelzmantel nicht überwacht, obwohl das mögl (Hbg MDR **70**, 842); wer als AbzK den Empfang einer Ware bescheinigt, die er nicht erhalten h (BGH **33**, 301, Celle NJW **73**, 372); wer in gleicher Eigensch grdlos die Abn einer Sache ablehnt, über die er bereits ein Empfangsbekenntn ausgestellt h (BGH NJW **64**, 36); wer die gebotene Untersuchg der gekauften Ware unterläßt (BGH **101**, 346); wer ohne od aGrd einer nicht rbeständ behördl Gen zu bauen beginnt (BGH NJW **75**, 1968); wer baut, obwohl Nachb gg BauGen möglicherw begründete Einwendgen erhoben h (BGH NJW **85**, 265, 1692); wer als Besteller Hinweise des WerkUntern unbeachtet läßt, auch wenn diese nicht den FormVorschr der VOB entspr (BGH NJW **75**, 1217, WPM **78**, 220); wer dch unbeherrschte Drohgen die Vollziehg eines unberecht Steuerarrests provoziert (BGH NJW **78**, 2024); wer auf mögl ZwVollstrMaßn in den GrdBesitz seines Schu verzichtet u statt dessen den im konkreten Fall wenig aussichtsreichen Weg einer FdgPfändg beschreitet (BGH Betr **82**, 2684). **Kein Mitverschulden** trifft, wer sich beim Aktienkauf auf Richtigk u Vollständigk des Prospektes verläßt (RG **80**, 202); wer unter Verzicht auf GrdBuchEinsicht auf Richtigk des GrdSchBriefes vertraut (RG HRR **28** Nr 2264); wer weiß, daß Verkäufer Ware erst beschaffen muß (BGH NJW **72**, 1702); wer mit einem zahlgsunfäh Käufer einen KaufVertr abschließt (BGH NJW **57**, 217, bedenkl). VertrPartner, der unricht **Auskunft** erteilt, kann and idR nicht entggehalten, daß dieser auf Ausk vertraut h (BGH **LM** § 276 (Hb) Nr 15, NJW-RR **88**, 856), ebso, wenn Bürger auf die Ausk eines Beamten vertraut (BGH NJW **78**, 1522, **80**, 2575). MitVersch kann aber vorliegen, wenn nach den Umst des Falles (werbdes Auftreten eines Anlagevermittlers) Anlaß zu Mißtrauen bestand (BGH NJW **82**, 1095, Assmann NJW **82**, 1083). Schädiger kann sich idR auch nicht darauf berufen, er sei **nicht** ausr **überwacht** (BGH **76**, 218) od falsch ausgewählt worden (BGH NJW **83**, 1856); das gilt insb dann, wenn die nicht sachgem Auswahl od Überwachg einer Pers anzulasten ist, die neben dem Schädiger als GesSchu haftet (BGH NJW **85**, 2195). MitVersch ist dagg die Vermietg von Kfz an Mj ohne Zust der Eltern (Düss MDR **68**, 46, Medicus JuS **74**, 224, aA BGH NJW **73**, 1791.

ee) **Straßenverkehr** (Einzelfälle): **Fußgänger** muß sich vor Betreten der Fahrbahn überzeugen, daß sich kein Kfz nähert (BGH VersR **65**, 959, **68**, 603); er handelt aber nicht in jedem Fall schuldh, wenn er bei Annäherg eines PKW im letzten Augenblick zurückspringt (BGH VersR **70**, 819). Dagg ist es iS des § 254 schuldh, wenn er HauptVerkStraße überquert, ohne nahe gelegenen Überweg zu benutzen (BGH NJW **59**, 1363, **LM** (Da) Nr 37, Mü VersR **78**, 928). Benutzg des Überwegs befreit nicht von jeder Sorgf (Hamm VersR **69**, 139), auch nicht bei Grünlicht (BGH NJW **66**, 1211), jedoch darf der Fußgänger idR darauf vertrauen, daß sein Vorrecht beachtet w (BGH DAR **82**, 289). Auch wenn VerkPosten Übergang freigibt, uU Vorsicht geboten (BGH NJW **60**, 2235). Höchste Sorgf, wenn Fußgänger ausnahmsw Autobahn überqueren darf (BGH **LM** StVO 1 Nr 11). Straßenbenutzg schuldh, wenn auf linker Straßenseite Fußweg (BGH VersR **64**, 1203), ebso wenn Pfad od Sandstreifen vorhanden (BGH VersR **60**, 149). Bei zul Benutzg der Fahrbahn besteht gesteigerte SorgfPfl (Oldbg DAR **61**, 256); bei einer erkennb Gefährdg muß der Fußgänger auf den Randstreifen ausweichen (Hamm VersR **85**, 357). Gewisse Vorsicht auch beim Betreten des Gehweges von einem Hausgang her (BGH NJW **61**, 1622). MitVersch, wenn Fußgänger sich bei näherndem LKW dicht am Straßenrand aufhält (BGH NJW **65**, 1708). **Kraftfahrer:** Nichttragen eines Sturzhelms dch Motorradfahrer ist MitVersch (BGH NJW **65**, 1075, VersR **83**, 440, Nürnbg VRS **77** Nr 8); das gilt auch für Motorroller (Hbg MDR **70**, 326), u Moped, für diese aber erst seit der nF des § 21 StVO (BGH NJW **79**, 980), nicht dagg für Fahrrad mit Hilfsmotor (BGH NJW **69**, 1898). Nimmt ein Bluter als Sozius auf einem Mokick am Straßen-Verk teil, so liegt hierin kein MitVersch (Kblz VRS **72**, 145). Bei Kopfverletzgen ist *prima facie* zu vermuten, daß sie dch das Nichttragen des Helmes mitverursacht worden sind (BGH VersR **83**, 440). Die Nichtverwendg von **Sicherheitsgurten** ist seit dem 1. 1. 1976 (Inkrafttr des § 21a StVO) MitVersch (BGH VersR **74**, 25). § 21a StVO ist verfassgsrechtl unbedenkl (BVerfG NJW **87**, 180, BGH aaO, krit Dehner-Jahn JuS **88**, 30). Er gilt auch für den Taxifahrer auf einer längeren Leerfahrt (BGH **83**, 73) u seit dem 1. 8. 1984 auch für die Benutzer von Rücksitzen. Nichtangurten des Beifahrers ist auch dann MitVersch, wenn der Fahrer sich nicht anschnallt (Karlsr VRS **65** Nr 50). Die Verletzg der NachrüstgsPfl begründet ein MitVersch des Halters, nicht aber des Beifahrers (BGH VersR **83**, 150). Mitursächlich ist bei Verletzgen des Kopfes sowie der oberen u unteren Extremitäten *prima facie* zu vermuten, falls sie dch einen Frontalzusammenstoß, einen Auffahrunfall od dch Herausschleudern entstanden sind (Weber NJW **86**, 2671, s auch BGH VersR **81**, 549, Bambg VersR **85**, 787, krit Ludolph NJW **82**, 2595). *Prima-facie*-Bew entfällt aber bei schweren Frontalzusammenstößen (Karlsr MDR **79**, 845), bei seitl Überschlagen des Kfz (Hamm VersR **87**, 206), od wenn sonst die ernsthafte Möglichk eines and Geschehensablaufs besteht (BGH NJW **80**, 2125). Besonders liegt es, wenn der Verletzte die Kausalität nicht bestreitet, aber geltend macht, er hätte angeschnallt und ähnl schwere Verletzgen erlitten; insoweit trägt der Verletzte die BewLast (BGH NJW **80**, 2125, Düss DAR **85**, 60). Die Mithaftsquote ist je nach Lage des Falles auf ⅕ (KG VersR **79**, 1031, Celle DAR **79**, 305), ¼ (Mü DAR **79**, 306, KG DAR **80**, 341), ⅓ (Ffm Vers **87**, 670) od ½ (BGH NJW **81**, 288, KG VersR **83**, 176, Saarbr VersR **87**, 774, Ffm VRS **73** Nr 57) zu bemessen. Dabei ist vor allem die Schwere des Verschuldens des Unfallverursachers zu berücksichtigen; haftet dieser lediglich aus BetrGefahr, ist auch ein völl Haftgausschl mögl (Landscheidt NZV **88**, 7). Minderg

Inhalt der Schuldverhältnisse. 1. Titel: Verpflichtung zur Leistung § 254 3a

betr nur die Schadenspositionen, für die das Nichtanlegen des Gurts mitursächl war (BGH NJW 80, 2125), jedoch kann die Bildg einer einheitl Quote für alle Verletzgen gem ZPO 287 vertretb sein (BGH aaO). Voraussetzg ist jedoch, daß insow hinreichd konkrete Feststellgen getroffen w (BGH NJW 81, 288). MitVersch eines Fahrschülers (LG Hann NJW-RR 88, 1301), bei der Verfolgg eines Flüchtden (BGH VersR 67, 580), bei Überlassg des Kfz an Fahruntüchtigen (BGH VersR 67, 379). Wer vorsätzl einen groben VerkVerstoß begeht, kann sich idR nicht darauf berufen, der and Teil habe mit einem solchen Verhalten rechnen müssen (BGH NJW 82, 1756). Im übr gilt § 823 Anm 8 B „Kraftverkehr" für das MitVersch sinngem. Vgl auch unten Anm 4. **Insassen** des Kfz sind idR nicht verpfl, die Fahrweise des Fahrers od die VerkLage zu beobachten (BGH VersR 61, 919, 65, 688). Ausn: mitfahrder Halter od WeisgsBerecht (BGH VersR 53, 198, 59, 890), ferner Co-Pilot bei einer Rallyfahrt (Brschw DAR 76, 71); schuldh handelt aber, wer sich einem erkennb fahruntücht Fahrer anvertraut (vgl näher Anm 6 c). **Halter** handelt schuldh, wenn er Kfz dch einen Fahrer ohne Führerschein lenken läßt (Ffm VersR 78, 828) od wenn er es einem unzuverläss Fahrer anvertraut (Düss NJW 72, 637).

ff) Mitverschulden gegenüber Verletzung der Verkehrssicherungspflicht (Einzelfälle): **Gebäude:** MitVersch: Eintreten in einen unbekannten dunklen Raum (RG JW 12, 30, 31, Brschw VersR 54, 357, Betr 56, 940); eiliges Begehen einer frisch gewachsten Bodenfläche (Karlsr VersR 56, 556), Stolpern über verkehrsunsicheren Fußabstreifer (Stgt VersR 64, 1185); Verletzg dch Glaswand (BGH VersR 68, 470). Bes Vorsicht bei Aufsuchen unbekannter Örtlichk (BGH VersR 57, 198), doch auch in vertrauter Umgebg Vorsicht notw (BGH VersR 61, 464). MitVersch Benutzg einer dunklen Treppe (LG Hann, obwohl Beleuchtg mögl (Stgt VersR 54, 232, Karlsr VersR 89, 275). Festhalten am Geländer notw, wenn andf Gefährdg zu besorgen (BGH VersR 58, 245, hohe Absätze, Bambg VersR 53, 289, Glätte, Celle VersR 52, 322, frisch gebohnert). Bes Vorsicht bei Kenntn der Gefährlichk der Treppe (BGH VersR 65, 190, 67, 877); bei ausgetretenen Stufen (Karlsr VersR 53, 342), Marmorstufen (Nürnb VersR 53, 263). Treppenbenutzg in angeheitertem Zustand nicht ohne weiteres schuldh (BGH VersR 66, 684). Ausgleiten auf Gemüseblatt idR schuldh (Neust VersR 55, 90). Schlafen auf Boden einer für eine Fete zur Vfg gestellten Scheune kein MitVersch (BGH NJW-RR 89, 280). **Straßen und öffentliche Anlagen:** Fußgänger muß auf Weg achten u Gefahrenstellen ausweichen (BGH VersR 64, 62); wieweit die SorgfPfl insow gehen, ist Frage des Einzelfalls (BGH VersR 69, 515); das gilt auch in Badeanstalt (Düss VersR 65, 818) u auf Festplatz (BGH VersR 65, 515). MitVersch idR bei Sturz über herausragde Platten od Kanaldeckel (BGH VersR 81, 482, Mü VersR 56, 543, Köln VersR 57, 401, eingeschränkt BGH VersR 69, 515). Tragen seht hoher Absätze uU MitVersch (RG HRR 31 Nr 1083). Bes Vorsicht bei Betreten eines unbekannten Geländes (BGH VersR 59, 889, 64, 781). MitVersch des Kfz-Fahrers, der auf Ölspur ins Schleudern gerät (BGH VersR 64, 925); der auf Straße mit Schlaglöchern unvorsichtig fährt (LG Itzehoe VersR 57, 308); der auf unfert Straße gg Kanaldeckel fährt (Düss VersR 57, 823); der Querrinne nicht beachtet (Schlesw VersR 64, 982). **Schnee- und Eisglätte:** MitVersch: Betreten eines erkennb spiegelglatten Parkplatzes (BGH NJW 85, 483); Benutzg eines glatten Weges, wenn Benutzg eines and mögl u zumutb (BGH VersR 57, 710, LG Augsbg VersR 54, 135, Stgt VersR 54, 548); wieweit Umwege zuzumuten, ist Frage des Einzelfalls. Fußgänger handelt schuldh, wenn er den gestreuten Teil des Weges ohne zwingen Grd verläßt (Hbg VersR 54, 358). Den Gast, der einen eisglatten Hotelweg 7 Tage rügelos benutzt, trifft bei einem späteren Unfall ein überwiegdes MitVersch (Düss NJW-RR 89, 735). Keine Pfl für Berufstätigen, bei Glätte zu Hause zu bleiben (Stgt MDR 57, 675). Ob Nichterkennen von Glätte schuldh, hängt von den Umst ab (BGH VersR 59, 96, Oldbg VersR 56, 598). Doppelamputierte muß sich bei Glätte führen lassen (LG Schweinfurth VersR 53, 216), nicht aber 72jährige Frau (BGH VersR 55, 456). Gehbehinderte Pers müssen Stock benutzen, das gilt uU auch für ältere Pers (Nürnb VersR 55, 218, Oldbg VersR 56, 523, Nürnb VersR 70, 776). SorgfPfl des KfzFahrers bei Glatteisgefahr (Karlsr NJW-RR 89, 612, Schlund DAR 88, 6). **Bauarbeiten:** MitVersch idR bei Stolpern über die Querstange eines Gerüsts (Kblz VRS 11, 4, Celle VersR 55, 396); Anlehnen an Grabenabsperrg, wodch Sturz verursacht w (BGH VersR 57, 393); Eindringen u Herumklettern in einem Rohbau (Karlsr VersR 82, 1010); Benutzg eines wg BauArb gesperrten Weges (LG Essen VersR 55, 586, Hamm VersR 55, 508); Unfall auf Baumaterials, das ungesichert auf Fußweg lagert (Stgt VersR 67, 485). SorgfPfl des Bauhandwerkers bei Betreten eines morschen Dachs (BGH VersR 65, 801), Benutzg einer fremden Leiter (BGH VersR 65, 261, 67, 187), Anbringg einer Dachrinne (Kblz VersR 62, 624), zum MitVersch des AuftrG bei Beschädigg eines Kabels (Bambg VersR 70, 843). **Betriebe und Maschinen:** MitVersch bei Sturz in nicht ausreichd gesicherte Montagegrube (Celle VersR 55, 357, Köln VersR 58, 712). MitVersch von Kindern, die an gefährl Maschinen zu Schad kommen (s BGH VersR 65, 877, Bambg VersR 65, 989); unvorsicht Benutzg eines Fahrstuhls (Düss VersR 72, 159), Unfall bei Besichtigg eines im Bau befindl Schiffes (BGH VersR 72, 553).

gg) Tätlichkeiten (Einzelfälle): Schuldh iS des § 254 handelt, wer einen and zu tätl Ausschreitgen reizt od herausfordert (RG JW 11, 578, Warn 20 Nr 150, BGH VersR 65, 1152), etwa dadch, daß er ihm Grd zur Eifersucht gibt (Köln NJW 82, 2260) od ihm Slibowitz über die Kleidg schüttet (Kblz NJW-RR 89, 476); uU tritt aber MitVersch ggü grobem Versch des Täters zurück (BGH VersR 56, 431). MitVersch des Angreifers bei fahrl Notwehrüberschreitg (BGH VersR 67, 477). Abgrenz der Haftgsanteile bei Schlägerei (BGH VersR 66, 282, Stgt VersR 56, 701). Bei Gaststättenbesuch ist das Nichtanlegen eines Korsetts zum Schutz einer bes gefährdeten Bauchdecke kein MitVersch (BGH NJW 82, 168).

hh) Sonstige Einzelfälle: MitVersch der Getöteten, die in Abtreibg eingewilligt h (BGH 7, 198, 208). MitVersch bei Denunziation (Ffm NJW 47, 24). MitVersch des geschädigten Veranstalters einer Gesellsch-Jagd, der nicht auf Einhaltg der SicherhVorschr hinwirkt (BGH VersR 58, 851); ebso eines Jagdteilnehmers, der sich in das Schußfeld der Jagdgenossen begibt (Oldbg VersR 80, 339). Aufenth in der Nähe friedl Demonstration kein MitVersch (Köln NJW 70, 1322). Schuldh handelt, wer sich ohne ausreichden Grd in die Nähe eines gefährl **Tieres** begibt; so wer eine fremde Katze streichelt (LG Rottweil NJW-RR 88, 539), wer fremden Hund berührt (RG HansGZ 11 B 269), wer Warnschild vor biss Hund nicht beachtet (Stgt VersR 55, 686), wer sich ohne ausr Anlaß in den Einwirkgsbereich eines Hundes begibt

§ 254   3a, b

(Hamm VersR **81**, 85), wer sich beißde Hunde mit ungeschützter Hand zu trennen versucht (Kblz NJW-RR **86**, 704), wer die zur Vermeidg von Hundebeißereien getroffenen Absprachen nicht einhält (Kblz NJW **88**, 1737), wer als Reitschüler trotz einer Indisposition an einer schwierigen Übg teilnimmt (BGH VersR **82**, 349).

b) Schadensabwendungs- und -minderungspflicht. aa) Allgemeines: Nach II S 1 kann das MitVersch auch darin bestehen, daß der Geschädigte es unterläßt, den Schädiger auf die Gefahr eines ungewöhnl hohen Schad aufmerks zu machen od den Schad abzuwenden od zu mindern. II S 1 ist legl ein bes Anwendgsfall des in I ausgesprochenen allg Grds (MüKo/Grunsky Rdn 38, RGRK Rdn 37), der aber hinsichtl der Anrechng des MitVersch von gesetzl Vertretern u ErfGeh eine Sonderstell h (vgl Anm 5). Die Anwendg von II S 1 setzt – ebso wie die von I – keinen Verstoß gg eine bes RPfl voraus (BGH **4**, 174). MitVersch iS von II ist gegeben, wenn der Geschädigte die Maßn unterläßt, die ein ordentl u verständ Mensch zur SchadAbwendg od Minderg ergreifen würde (BGH NJW **51**, 797, VersR **65**, 1173, KG DAR **76**, 154); dabei ist der entscheidde Abgrenzgsmaßstab der Grds von Treu u Glauben (BGH **4**, 174). Kommt der Geschädigte seiner Warngs-, Abwendgs- od MindergsPfl nach, so sind ihm die dabei entstandenen **Aufwendungen** als adäquat verursachter Schaden zu ersetzen, u zwar auch dann, wenn die Maßn ohne Versch des Geschädigten erfolglos geblieben ist (BGH NJW **59**, 933, WPM **82**, 1386); dazu kann auch der Wert der eingesetzten eig ArbKraft gehören (BAG NJW **68**, 222, Vorbem 7 B a vor § 249). Der dem Geschädigten erwachsene Vorteil ist anzurechnen, es sei denn, daß er auf überobligationsmäß Anstrenggn beruht (Vorbem 7 B v § 249). Bei Körperverletzgn obliegt die SchadMindergsPfl dem Verletzten, nicht seinem RNachfolger (BGH NJW **81**, 1100). Der aus SGB X § 116 klagde SozVersTräger muß sich aber Versäumn bei der Rehabilitation gem § 242 entgghalten lassen (BGH aaO).

bb) § 254 II S 1 Halbs 1 begründet eine **Warnpflicht** des Geschädigten, wenn die Gefahr eines ungewöhnl hohen Schad besteht, die der Schädiger weder kannte noch kennen mußte. Sie gilt auch für Schadensfälle wg verspäteter Herausg von ArbPapieren (LAG Ffm Betr **84**, 2200). Ob der Schad als ungewöhnl hoch anzusehen ist, ist unter Würdigg aller Umst nach Treu u Glauben zu beurteilen (BGH VersR **64**, 950). Keine WarnPfl, wenn Schädiger gleiche od bessere ErkenntnisMöglichk h wie Geschädigter (BGH VersR **53**, 14). Die Warng muß den drohden Schad näher bezeichnen (BGH VersR **60**, 526), ausnahmsw kann aber auch ein abstr Hinw genügen (BGH **LM** (Da) Nr 19). Mangels Ursächlichk des Unterlassens w die ErsPfl nicht gemindert, wenn Schädiger Warng nicht beachtet hätte (BGH NJW **89**, 292). Die BewLast trifft insoweit den Geschädigten (BGH Betr **56**, 110, § 282 Anm 2 d bb). WarnPfl besteht zB, wenn Gläub Geld zu ungewöhnl günst Bedinggen anlegen kann od spekulieren will (BGH JW **11**, 35, HRR **31** Nr 127 krit Meyer NJW **65**, 1419), wenn der nach den Umst zu erwartde VersSchutz nicht besteht (s ArbG Mü Betr **89**, 783), wenn bei einem ÜbersetzgsAuftr dch einen Fehler ein Schaden in 40-facher Höhe des Honorars droht (Hamm NJW **89**, 2066), ferner wenn geschädigter KfzHalter Reparatur nicht finanzieren kann u hierdch weiterer Schaden droht (Schlesw VersR **67**, 68, Celle VersR **80**, 633, vgl auch unten ee).

cc) Der Verletzte muß sich bei nicht ganz geringfüg Körperverletzgn in **ärztliche Behandlung** begeben (RG **72**, 219, BGH VersR **64**, 94). Er hat die ärztl Verordngen zu befolgen; uU muß er diät leben (Hamm VersR **60**, 859); er kann auch verpflichtet sein, sich in geschlossener Nervenheilanstalt behandeln zu lassen (RG **60**, 149). Zur Beseitigg des Doppelbildsehens u der Wiederherstellg der Fahrtauglichk kann das vorübergehende Tragen einer Augenbinde zumutb sein (s BGH NJW **89**, 2251). Heranziehg eines Naturheilkundigen statt eines Arztes ist nicht ohne weiteres Versch (RG **139**, 135). Die Höhe der Heilbehandlkosten müssen sich im Rahmen des Angemessenen halten (s § 249 Anm 2 c aa). Der Geschädigte ist zur Duldg einer **Operation** verpflichtet, sofern sie gefahrl u nicht mit bes Schmerzen verbunden ist, sichere Aussicht auf Heilg od wesentl Besserg bietet u der Schädiger für geeignete kostenl Vorn einsteht (BGH **139**, 134, BGH **10**, 19, VersR **61**, 1125, VersR **87**, 408, stRspr). Dementspr keine DuldgsPfl bei risikoreichen Operationen od wenn Aussicht auf Besserg zweifelh (Oldbg NJW **78**, 1200). IdR auch kein MitVersch, wenn Hausarzt von Operation abrät (RG **129**, 399). Bei Prüfg, ob Ablehng der Operation schuldh, ist ggf die verminderte Entschlußkraft des Geschädigten zu berücksichtigen (RG **139**, 135).

dd) Der Geschädigte ist im Rahmen des Zumutb verpflichtet, die ihm verbliebene **Arbeitskraft** zur Abwendg od Minderg des ErwerbsSchad zu verwenden (BGH **10**, 20, VersR **59**, 374, BB **74**, 63); das gilt auch für den inf eines Unfalls vorzeit pensionierten Beamten (BGH NJW **67**, 2053, **84**, 354, Dunz VersR **84**, 905). Als schadensmindernde Erwerbstätigk kommt auch die Übern der Haushaltsführg in Betracht; ihr Wert ist gem ZPO 287 zu schätzen (BGH **74**, 226). Der Geschädigte hat **Begehrensvorstellungen** zu bekämpfen (Vorbem 5 B b vor § 249); er hat bei seiner Rehabilitation mitzuwirken, wobei der Vorschlag geeigneter Maßn jedoch idR Sache des Schädigers ist (BGH VersR **70**, 274). Der Geschädigte muß, sofern das zumutb, mit od ohne Umschulg einen **Berufswechsel** vornehmen (BGH **10**, 19, VersR **61**, 1018); er kann auch verpflichtet sein, den Wohns zu wechseln (BGH VersR **62**, 1100). Die entstehen Kosten hat der Schädiger vorzuschießen (RG **160**, 121, JW **38**, 1648). Verletzter GeschInh muß uU Betr mit Hilfskraft fortführen (BGH **LM** § 843 Nr 1, VersR **71**, 82) u ausgefallene Arb im Rahmen des Zumutb nachholen (BGH NJW **71**, 837). Erträge aus einer neu aufgenommenen Tätigk sind nicht anzurechnen, soweit für diese ohnehin freie Kapazitäten bestanden (Köln Betr **84**, 2137). Aufgabe des ArbPlatzes, die behandelnder Arzt, wenn auch irrig, als notw ansieht, ist nicht schuldh (BGH NJW **51**, 797). MitVersch aber, wenn sich der Geschädigte dch Begehg von Straftaten weitere Erwerbstätigk unmögl macht (RG **164**, 85). – Ob eine gem § 844 schadersatzberecht **Witwe** dch den Schaden dch ArbAufn mindern muß, hängt davon ab, ob ihr nach Treu u Glauben zur Entlastg des Schädigers eine Erwerbstätigk zuzumuten ist (BGH **4**, 170, **91**, 365). Dabei ist an die Erwerbsobliegenh des § 254 II nicht derselbe strenge Maßstab anzulegen, wie er im UnterhR für den geschiedenen Eheg gilt (BGH **91**, 368). IdR keine Pfl zur Erwerbstätigk, wenn mj Kinder zu versorgen sind (BGH **91**, 367), jedoch kann bei einem 15jähr Kind eine Halbtagstätigk zumutb sein (Düss VRS **72**, 27). Keine Erwerbsobliegenh, wenn Berufstätigk Aufg der bisherigen sozialen Stellg bedeuten würde (BGH

Inhalt der Schuldverhältnisse. 1. Titel: Verpflichtung zur Leistung **§ 254** 3, 4

VersR **60**, 159), auch nicht für 52 Jahre alte Frau, die drei Kinder groß gezogen h (BGH VersR **62**, 1176), wohl aber bei junger kinderloser Witwe (BGH NJW **76**, 1502). Vorteile aus einer eheähnl LebensGemsch sind nur anzurechnen, soweit eine ErwerbsObliegenh besteht (BGH **91**, 364, krit Dunz VersR **85**, 509). Die Witwe muß uU nicht benötigte Räume vermieten, ist aber nicht verpfl, von den fr mietfrei wohnden Kindern nunmehr Miete zu fordern (Brschw VersR **79**, 1125). Haftet der Schädiger nur für eine Schadensquote, ist etwaiger Verdienst zunächst auf den nicht zu ersetzden Schad anzurechnen (BGH **16**, 274, Vorbem 7 A e cc v § 249). Nimmt Geschädigter Arb auf, obwohl er dazu ggü dem Schädiger nicht verpflichtet ist, ist ihm Verdienst nicht anzurechnen (BGH **4**, 176, NJW **74**, 602, Vorbem 7 B a vor § 249). Schädiger hat die **Beweislast** dafür, daß dem Geschädigten die Aufn einer and Arb mögl u zumutb ist (BGH NJW **79**, 2142). Der Geschädigte muß jedoch darlegen, was er unternommen hat, um einen angem ArbPlatz zu finden (BGH aaO).

ee) Es hängt von den Umst des Einzelfalles ab, ob der Geschädigte verpflichtet ist, den zur SchadBeseitigg erforderl Betr aus **eigenen Mitteln** od dch **Kreditaufnahme** vorzufinanzieren. Ein Einsatz eig Mittel ist ihm zuzumuten, wenn dies ohne Einschränkg der gewohnten Lebensführg mögl ist (BGH **61**, 350, Zweibr VersR **81**, 343). KreditAufn ist nur ausnweise zumutb, wenn der Kredit leicht zu beschaffen ist u den Geschädigten nur unerhebl belastet (BGH NJW **89**, 291). Vor der KreditAufn muß der Geschädigte dem Schädiger die Möglichk geben, die entstehden Kosten dch Zahlg eines Vorschusses abzuwenden (BGH **61**, 350, Düss NJW **69**, 2051, KG VersR **75**, 909). Er ist verpflichtet, eine wirtschaftl Finanziergsart zu wählen (BGH **61**, 350, Nürnb VersR **65**, 247) u muß ggf seinen KaskoVers in Anspr nehmen (Mü VersR **84**, 1054). Er darf nicht das Finanziergsangebot eines Unfallhelferringes annehmen, wenn er bei seinem Kreditinstitut einen billigeren Kredit bekommen kann (BGH **61**, 350). Die Finanziergskosten sind in den Grenzen des Erforderl u Angemessenen Teil des zu ersetzden Schadens (BGH **61**, 348, NJW **66**, 1455). Bei Einsatz eig Mittel muß der Schädiger den Zinsverlust ersetzen.

ff) Der **geschädigte KfzEigentümer** muß innerh angem Fr entsch, ob der Schad dch Reparatur od dch ErsBeschaffg zu beseitigen ist (Oldbg DAR **63**, 299, Hamm NJW **64**, 406, § 251 Anm 5 B e). Er darf die AuftrErteilg (vom Fall der Leistgsunfähigk abgesehen) nicht von einer ÜbernErkl abhäng machen (Hamm MDR **84**, 490). Er darf keine Wkstatt beauftragen, gg deren Leistgsfähigk erkennb Bedenken bestehen (Ffm Betr **85**, 1837) u muß die Reparatur beschleunigen (Celle VersR **62**, 1212), u neben den Kosten im Rahmen des Angem halten (§ 251 Anm 5 B a). Bei Kauf eines ErsKfz hat er gleichf jede Verzögerg zu vermeiden (Oldbg VersR **67**, 362), das totalbeschädigte Kfz muß er schleunigst veräußern (LG Mü VersR **65**, 145), er kann es aber auch bei Anschaffg des ErsKfz beim Händler zu dessen übl Bedinggen in Zahlg geben (KG NJW **70**, 1048); bietet der Schädiger (HaftPflVersicherer) mehr, muß er darauf eingehen (Köln VersR **86**, 782). Der Ers von Mietwagenkosten u Nutzgsausfall kann er nur für die notw Zeit der Reparatur od ErsBeschaffg verlangen (§ 249 Anm 3 c). Um Mietwagenkosten gering zu halten, muß er zumindest bei längerer Mietdauer PrVergleiche anstellen (BGH NJW **85**, 2639); er kann auch verpflichtet sein, den PKW trotz geringer Schäden (vorübergehend) weiterzubenutzen (Stgt VersR **81**, 1061) u provisorische Reparatur vornehmen zu lassen (Köln VersR **67**, 1081). Taxenhalter muß uU bis zur Lieferg eines Neuwagens ein gebrauchtes InterimsKfz anschaffen (KG VRS **54** Nr 105). ReparaturPfl uU auch dann, wenn vor dem Unfall bereits neues Fzg bestellt w war (KG DAR **76**, 154). Der KfzHalter, der statt des Kaskoversicherers den berecht Fahrer seines Kfz in Anspr nimmt, verstößt nicht gg § 254 II; ob § 242 enttgsteht, ist Frage des Einzelfalls (BGH NJW **86**, 1814).

gg) Der Nichtgebrauch von **Rechtsbehelfen** kann gg II verstoßen (RG **98**, 345, BSozG MDR **68**, 355, RGRK Rdn 49). Der Geschädigte darf aber bei gerichtl Entsch grdsl auf deren Richtigk vertrauen (BGH VersR **85**, 359). RBehelfe braucht er nur einzulegen, soweit hinr Erfolgsaussichten bestehen (BGH VersR **66**, 340). MitVersch kann vorliegen, wenn der dch einen VerwAkt in seinen Rechten Verletzte weder Widerspr noch AnfKl erhebt (BGH **90**, 32), wenn Geschädigter bei drohder Vollstreckg den mögl EinstellgsAntr nicht stellt (RG **167**, 81, JW **32**, 654), wenn er sich bei drohdem Schad aus Arb der öff Hand nicht an die zust Stelle wendet (BGH VersR **59**, 131), wenn Verm die Klage gegen § 561 II S 2 nicht erhebt (RG **119**, 267, BGH ZMR **65**, 376). Nichterhebg der UntätigkKl idR kein Versch (BGH **15**, 305), ebsowenig der Verzicht des Vermieters auf eine RäumgsKl gg den Untermieter (BGH NJW **84**, 1528), auch nicht die Hinnahme eines der hM entspr Steuerbescheids (BGH VersR **70**, 183).

hh) Die **Nichtgeltendmachung von Ansprüchen** gg gesschuldnerisch haftde Mitschädiger begründet keinen Verstoß gg II, arg § 421 (vgl aber § 421 Anm 5). Der Gläub ist auch nicht verpflichtet, zur SchadAbwendg gg Bürgen vorzugehen (BGH **LM** (A) Nr 5 c). Gibt Käufer dem Eigtümer die abhanden gekommene Sache heraus, kann er aber ggü Verkäufer verpflichtet sein, zur Minderg seines Schadens die Verwendungsansprüche des Eigtümers geltd zu machen (BGH **LM** (Dc) Nr 6). Anspr gg Schiedsgutachter wg eines unricht Gutachtens kann nur geltd gemacht w, wenn Geschädigter das Gutachten gem § 319 angegriffen h (LG Stade MDR **76**, 582).

ii) **Verschiedenes:** SchadAbwendg od -Minderg dch Vorn eines Deckgskaufs (Deckgsverkaufs) ist vom Geschädigten nur unter bes Umst zu verlangen (§ 325 Anm 4 C b, D b), doch haftet er ggf bei DeckgsGesch auch für Fahrlk (BGH NJW **68**, 985). Wer Vertr wg argl Täuschg angefochten h, verstößt nicht gg II, wenn er den Abschl eines neuen Vertr ablehnt (RG HRR **29** Nr 185). Macht Behörde eine Maßn von einer nicht im Ges vorgesehden Voraussetzg abhäng, braucht sich Gesuchsteller hierauf auch unter Berücksichtigg von II idR nicht einzulassen (BGH **LM** (Dc) Nr 13). Vereinbg von höheren RBeistandsgebühren als die des Art IX KostÄndG ist MitVersch (LG Ffm VersR **72**, 180, LG Mannh VersR **76**, 154, s auch BGH VersR **79**, 1004 mwN). Hat sicherer Schu (BRD) einer unbestr Fdg baldige Zahlg zugesagt, verstößt Erteilg eines EinziehungsAuftr an RA uU gg II (Mü VersR **74**, 179).

4) Folge der Mitverantwortlichkeit. a) Allgemeines: Trifft den Geschädigten MitVersch od ist ihm eine schuldl Mitverursachg anzurechnen (Anm 1 b), hängt der Umfang der ErsPfl von einer Würdigg u **Abwägung** der Umst des Falles ab, I.

§ 254 4a, b

aa) Nach der Fassg des Ges („insbesondere") ist bei der Abwägg in erster Linie auf das Maß der beiders **Verursachung** abzustellen (RG **142**, 368, BGH NJW **52**, 538, **69**, 790, stRspr, krit Rother VersR **83**, 793); Verstoß hiergg ist revisibler RFehler (RG **169**, 95, BGH VRS **6**, 1). Entscheid ist, mit welchem Grad von Wahrscheinlichk die beiders Verursachsbeiträge zur Herbeiführg des schädigden Erfolgs geeignet waren; „vorwiegd verursachen" bedeutet soviel wie in höherem Grad wahrscheinl machen (BGH NJW **63**, 1447, 1449, **69**, 790, **83**, 622). Unerhebl ist, in welcher zeitl Reihenfolge die beiders Verursachsbeiträge gesetzt worden sind (BGH VersR **88**, 1238). Abzulehnen ist die Ansicht von Rother (aaO), der allein auf das Maß des beiders Versch abstellen will. Richt ist allerd, daß die Schwere des Versch mittelb bereits die Verursachsabwägg beeinflussen kann; denn grobe Verletzgen der gebotenen Sorgfalt führen idR auch zu einer höheren Gefährlichk der gesetzten Ursache (s Dunz NJW **64**, 2133).

bb) Daneben, aber erst in zweiter Linie, ist das Maß des beiders **Verschuldens** abzuwägen (RG **69**, 57, 59, BGH VRS **6**, 1, NJW **69**, 790, LAG Hamm Betr **81**, 1573, stRspr). Das gilt auch für das beiden Teilen etwa anzurechnde Versch von Hilfspersonen (RG JW **38**, 2274). Bloß vermutetes Versch (§ 831) ist nicht zu berücksichtigen (BGH **LM** StVG 17 Nr 10); auch die Zahl der Haftgsgründe ist idR unerhebl (BGH **LM** (Ba) Nr 3). Der höhere Schuldgrad kann dazu führen, daß das mindere Versch des and Teils völl zurücktritt (vgl unten b). Versch von Kindern u Jugendl ist idR geringer zu bewerten als das von Erwachsenen (Tüb DAR **51**, 100, Celle VersR **55**, 396).

cc) Ist an der Entstehg des Schad ein Kfz beteiligt, ist der dem Halter u Fahrer bei der Abwägg anzulastde Umst vor allem die **Betriebsgefahr** des Kfz (BGH **LM** (Ba) Nr 3 u 5). Das gilt ebso für sonst Fälle der Gefährdgshaftg (oben Anm 1 b). BetrGefahr ist die Summe der Gefahren, die das Kfz (die Eisenbahn, das Tier usw) dch seine Eigenart in den Verk trägt (BGH **LM** (Ba) Nr 3). Ist die BetrGefahr dch ein Versch des Fahrers (BGH **12**, 128), dch einen Mangel des Kfz (BGH **LM** HaftpflG 1 Nr 5) od dch seine Bauart (BGH VersR **69**, 539) erhöht, so ist sie bei der Abwägg verstärkt zu berücksichtigen; der geschädigte Halter muß sich insow das MitVersch des Fahrers ohne die Entlastungsmöglichk des § 831 I S 2 (vgl Anm 5a aa) anrechnen lassen (BGH VersR **59**, 731, **65**, 712, 713). Der in der Lit umstr Begr der erhöhten BetrGefahr ist aber nicht schemat anzuwenden, entsch ist, wie die dch die bes Umst des Einzelfalles best BetrGefahr sich konkret ausgewirkt h (BGH VRS **29**, 419, Böhmer MDR **65**, 878).

dd) Umstr ist, ob bei der Abwägg neben der Verursachg u dem Versch auch **sonstige Umstände**, wie wirtschaftl Folgen, das Bestehen von VersSchutz u verwandtschaftl Beziehgen, berücksichtigt w können (bejahd Schlierf NJW **65**, 676, Böhmer MDR **62**, 442 u Celle NJW **79**, 724, das zw Eheg bei hälft MitVersch eine SchadErsPfl verneint). Diese Ans ist jedoch abzulehnen (Dunz NJW **64**, 2133, Klausner NJW **65**, 1894, MüKo/Grunsky Rdn 66). Nach § 254 ist die SchadVerteilg nach adjq BilligkGesichtspunkten, sond danach auszurichten, wieweit dem einen od Teil der Schad zuzurechnen ist. Ein Teil der von den Vertretern der GgAns angeführten Umst (verwandtschaftl Beziehgen, Gefälligk) kann aber ggf bei der Schuldabwägg Berücksichtigg finden.

ee) Die Abwägg darf erst erfolgen, wenn die für das Maß der beiders Verursachg u des Versch entsch Umst aufgeklärt u **festgestellt** sind (BGH NJW **63**, 1447, 1449, VersR **67**, 1187, BAG VersR **66**, 1065). Unterstellen sind nur ausnahmsw zul u setzen voraus, daß der unterstellte Vorgang hinreichd best ist. Wird MitVersch aGrd von Wahlfeststellgn bejaht, muß bei der Abwägg von der weniger belastden Alternative ausgegangen w (BGH NJW **78**, 421).

ff) Die dargelegten AbwäggsGrds gelten auch bei Verletzg der SchadAbwendgs- u MindergsPfl (RG **156**, 206, Soergel-Mertens Rdn 109). Bei der **Verletzung von II** w es jedoch idR angem sein, den Mehrschaden allein dem Verletzten aufzuerlegen (Brem VersR **76**, 560, MüKo/Grunsky Rdn 59, abw Lange § 10 XII 5e).

b) Die Abwägg kann im **Ergebnis** zu einer SchadTeilg, zu einem Wegfall der ErsPfl od zu einer vollen Haftg des Schädigers führen. Ist eine Teilg, etwa iF der Naturalrestitution, nicht mögl, hat der Geschädigte Zug um Zug einen Anteil der entstehden Kosten zu übernehmen (s BGH **90**, 347, **91**, 211, BVerwG NJW **89**, 2484). Maßgebd sind die Umst des Einzelfalles. Allg Grds lassen sich kaum aufstellen. Haftganteile von weniger als 10% w von der Rspr idR nicht berücksichtigt, zT w diese Grenze sogar bei 20% gezogen (Hamm VersR **71**, 914). Soweit die Rspr Richtlinien herausgebildet h, sind sie nicht starr, sond unter Berücksichtigg des jeweiligen Falles anzuwenden. – **aa)** Bei **Vorsatz** des Schädigers tritt ein fahrl MitVersch des Geschädigten idR zurück (BGH **98**, 158, NJW **80**, 1519, BAG Betr **70**, 500); das gilt aber nicht für die Verletzg der SchadMindergsPfl (RG **148**, 58, Hbg NJW **77**, 1347, 1349). Vorsätzl Handeln eines gesetzl Vertreters (§ 31) steht ein Vors gleich (BGH NJW **84**, 922). Hat ein Erf- od Verrichtgsgehilfe vorsätzl gehandelt, kann sich der GeschHerr dagg auf Fahrlk des Geschädigten berufen (BGH Betr **66**, 147, NJW **84**, 2087). In bes gelagerten Fällen (bedingter Vors, Vors umfaßt nur PflVerletzg, nicht aber Schad) kann auch der vorsätzl Täter dem Geschädigten Fahrlk entgghalten (BGH **57**, 145, NJW **88**, 129, BAG NJW **70**, 1861). Ein solcher Sonderfall liegt auch vor, wenn der Geschädigte den vorsätzl Schädigg provoziert hat (LAG Hamm VersR **81**, 1573). Fällt dem Geschädigten Vors zur Last, besteht idR keine ErsPfl (MüKo/Grunsky Rdn 62, vgl BGH NJW **73**, 518). Bei beiderseit Vors ist abzuwägen.

bb) Bei beiders **Fahrlässigkeit** ist idR eine SchadTeilg angem u zwar bei gleicher Ursächlichk je zur Hälfte (RGRK Anm 89). Ist das Versch des einen Teils die weitaus überwiegde SchadUrsache, hat dieser den Schad allein zu tragen (vgl etwa BGH VersR **67**, 187, Kblz VersR **62**, 624, Köln DAR **75**, 17).

cc) Die **Gefährdungshaftung** w idR dch leichte Fahrlk des Geschädigten nicht ausgeschl (BGH NJW **51**, 110). Sie kann entfallen, wenn die im VorderGrd stehde SchadUrsache ein grob verkehrsw Verhalten des Geschädigten ist, vgl zB BGH **LM** (Da) Nr 4 (Aufspringen auf fahrde Straßenbahn), Ffm VersR **87**, 1118 (Abspringen vom fahrden Zug), BGH VersR **62**, 788 (leichtfertiges Verhalten an unbeschranktem Bahnübergang), BGH VersR **66**, 39, **69**, 571 (grobes Versch eines Radfahrers), Stgt VersR **80**, 243, KG NJW-RR **86**, 1287 (ebso bei Fußgänger), Celle VersR **81**, 1059 (ebso bei Straßenbahnfahrgast), Hbg VersR **82**, 779 (grobes MitVersch ggü Tierhalterhaftg). Umgekehrt kann ggü einer dch Versch erhöhten BetrGefahr ein leichtes MitVersch od eine nicht erhöhte BetrGefahr völl zurücktreten, s etwa BGH NJW **66**, 1211, Köln

DAR **75**, 17 (Unfall am Fußgängerüberweg), BGH VersR **69**, 570 (ZusStoß mit unfallaufnehmden Polizisten), KG VersR **70**, 909 (Vorfahrtverletzg). Gesetzl Haftgshöchstgrenzen sind iF von MitVersch nicht herabzusetzen (BGH **32**, 149, Betr **74**, 1713). Zur Quotelg bei Unfällen im **Straßenverkehr** s Berger VersR **87**, 542 u die Hbger Quotentabelle VersR **85**, 513.

c) Ist der Schaden dch **mehrere Schädiger** verurs worden, so ist bei der Abwägg zu unterscheiden:

aa) Handelt es sich um **Mittäter,** muß sich jeder den Tatbeitrag des and anrechnen lassen. Bei Abwägg ist der Verursachgs- u Schuldbeitrag sämtl Mittäter dem des Geschädigten ggüzustellen (BGH **30**, 203, Saarbr OLGZ **70**, 11). Das gilt entspr iF der Anstiftg u der Beihilfe (Saarbr aaO).

bb) Handelt es sich um **Nebentäter,** ergibt sich dann vom Geschädigten insges zu beanspruche Quote aus der Abwägg des Verursachgs- u Schuldbeitrags aller Nebentäter mit dem entspr Beitrag des Geschädigten („Gesamtschau"); wieweit der Geschädigte einen einzelnen Nebentäter in Anspr nehmen kann, bestimmt sich nach der beiders Verursachg u Schuld unter Nichtberücksichtigg der übr Schädiger, Einzelabwägg (BGH **30**, 211, **61**, 354, LM § 840 Nr 6, NJW **64**, 2011; krit Koch NJW **67**, 181, Selb JZ **75**, 193, Ries AcP **177**, 550, Roth, Haftgseinheiten bei § 254 BGB, 1982). Bsp: A, B u C haben einen Schad des G von 12000 DM verurs; jedem der vier fällt ein gleicher Verursachgs- u Schuldbeitrag zur Last. Nimmt man mit der früher hM lediglich eine Einzelabwägg zw G u jedem der Schädiger vor, h G nur ½, also 6000 DM, von A, B u C als GesSchu zu beanspruchen, obwohl sein Verantwortungsanteil nur insges ¼ beträgt. Richt Abwägg: G h insg 9000 DM (¾ von 12000 DM – GesAbwägg) zu fordern, jedoch beschr sich die ErsPfl von A, B u C auf je 6000 DM (½ von 12000 DM – Einzelabwägg). Ergebn: G kann von A, B u C als GesSchu 4500 DM u von jedem von ihnen als EinzelSchu 1500 DM verlangen. Die von BGH VersR **59**, 608 vertretene Ans, die GesSchuld bestehe iH der niedrigsten gemeins Verantwortgsquote, ist unricht (vgl Celle OLGZ **74**, 203, Hartung VersR **80**, 800, MüKo/Grunsky Rdn 71). GesSchuld u Einzelschuld sind so aufeinand abzustimmen, daß Geschädigter das bekommt, was ihm nach der GesAbwägg zusteht u Schädiger insg auf das haftet, was nach der Einzelabwägg auf ihn entfällt (vgl Engelhardt u Dunz JZ **57**, 369). Zu der rechnerischen Dchführung abw Eibner JZ **78**, 50 mit eingehder Stellgn zu allen in Betracht kommden Berechnungsmodellen.

cc) Die Trenng von GesSchau u Einzelabwägg ist ausgeschl, sow die Schädiger (Nebentäter) eine **Haftungseinheit** (Zurechngseinheit) bilden (BGH **54**, 285, **61**, 218, Celle VersR **70**, 1013), ferner bei Schmerz-GAnspr (BGH **54**, 286). HaftgsEinh besteht zw Kfz-Halter u -Fahrer (BGH NJW **66**, 1262). Erf- od Verrichtgsgehilfe u GeschHerr (BGH **6**, 27), ferner immer dann, wenn sich die Verhaltensweisen der versch Schädiger in demselben Ursachenbeitrag ausgewirkt h (BGH **54**, 285, **61**, 218, VersR **71**, 350). Auf die HaftgsEinh fällt im Rahmen des Ausgl eine gemeins Quote (§ 426 Anm 3d). Ggü dem Geschädigten haften die Schädiger iF der HaftgsEinh wie Mittäter (oben aa) gleichf auf dieselbe Quote, da die ihnen zuzurechnden Verursachgsfaktoren ident sind. Das unterschiedl Maß des Versch (zB vorsätzl HindernBereiten u Verletzg der VerkSichgsPfl) kann aber auswn versch Quoten bedingen (Dunz JZ **59**, 592, NJW **64**, 2136, **68**, 679; abw Saarbr OLGZ **70**, 11, Dubischar NJW **67**, 610, Reinelt JR **71**, 177, u Roth wie oben bb).

dd) Alternativtäter (§ 830 I 2) haften auf die geringste (hypoth) Quote (BGH NJW **82**, 2307).

5) Einstehen für das Mitverschulden Dritter: II S 2 ordnet nach seiner Stellg im § 254 eine entsprechde Anwendg des § 278 nur für die Verletzg der Schadensabwendgs- u MindergsPfl (II) an; er bezieht sich aber nach allgM auch auf das MitVersch im haftgsbegründen Vorgang: II S 2 ist so zu lesen, als wäre er ein selbstd Abs III (stRspr seit RG **62**, 107). Bei der Bezug auf § 278 handelt es sich um eine RGrdVerweisg, nicht um eine RFolgenverweisg. **Voraussetzung für die Anwendung des § 278** ist daher, daß zw den Parteien vertragl Beziehgen od eine sonstige **rechtliche Sonderverbindung** besteht; ist eine solche nicht gegeben, ist nicht § 278, sond § 831 entsprechd anzuwenden (stRspr, BGH **1**, 249, **73**, 192, **103**, 342, MüKo/Grunsky Rdn 77, Soergel-Mertens Rdn 94, Hager NJW **89**, 1640, aA Lange § 10 XI 6, vermittelnd Larenz § 31 I d). Für die hier vertretene Ans spricht, daß das schuldh Verhalten von Hilfspersonen bei der HaftgsBeschrkg nicht anders behandelt w sollte als bei der Haftgsbegründg.

a) Mitverschulden im haftungsbegründenden Vorgang. aa) Besteht zw den Parteien **keine rechtliche Sonderverbindung,** haftet Schädiger also allein wg Verletzg von allg RPflichten (unerl Hdlg od Gefährdg), braucht sich Verletzter, soweit es sich um eine natürl Pers handelt, das MitVersch gesetzl Vertreter überh nicht u das von sonstigen Hilfspersonen nur gem § 831 mit der dort gegebenen Entlastgs-Möglk anrechnen zu lassen (stRspr, BGH **1**, 249, **3**, 49, **73**, 192, NJW **80**, 2575). Dagg ist bei jur Pers u OHG sent § 31 MitVersch ihrer Organe ohne EntlastgsMöglk zu berücksichtigen (BGH **68**, 151, **LM** HGB 126 Nr 1); der Schädiger kann sich jedoch nicht auf das MitVersch einer OrganPers berufen, die neben ihm als GesSchu haftet (BGH Betr **85**, 1173). Der Halter eines Kfz muß sich das MitVersch seines Fahrers als einen die BetrGefahr erhöhden Umst (oben Anm 4a cc) ohne die Entlastgsmöglk des § 831 I 2 entgghalten lassen (BGH VersR **59**, 731, **LM** (Ba) Nr 15 Bl 2). Nach den SonderVorschr in StVG 9, ProdHaftG 6, HaftpflG 4, LuftVG 34, AtomG 27, BergG 118 muß sich der Geschädigte iF der Sachbeschädigg ggü dem Anspr aus Gefährdgshaftg das MitVersch seiner **„Bewahrgehilfen"** anrechnen lassen; das gilt aber nicht für Anspr aus §§ 823 ff od aus Vertr (BGH NJW **65**, 1273). Eine Anrechng von MitVersch Dr kann sich nach der Rspr des BGH auch aus den Grds über die **Zurechnungseinheit** (§ 426 Anm 3d) ergeben. Trifft den Geschädigten selbst ein MitVersch u bildet er mit einem der Schädiger eine ZurechngsEinh, weil sich ihr Verhalten in demselben Verursachgsbeitrag ausgewirkt hat, muß er sich dessen MitVersch im Verh zu and Schädigern zurechnen lassen (BGH **61**, 218, VersR **78**, 735, krit Hartung VersR **79**, 97). Das setzt jedoch SchuldFgk des Geschädigten u des Dr voraus (Düss VersR **82**, 300).

bb) Bestehen zw den Parteien **vertragliche Beziehungen,** ist dem Verletzten das MitVersch seiner gesetzl Vertreter u ErfGeh entsprechend § 278 anzurechnen, soweit er sich ihrer zur Wahrnehmg seiner Interessen im Schuldverhältn bedient h (BGH **3**, 50, **36**, 339). Das Kind muß sich daher mangelnde Beaufsichtigg dch Mutter entgghalten lassen (BGH **9**, 319, NJW **68**, 1324); ebso sonstiges MitVersch der Eltern (BGH NJW **64**, 1670) od and AufsPers (BGH **24**, 327), soweit diese mit Willen des gesetzl Vertreters tätig

§ 254 5, 6

geworden sind (BGH **LM** § 276 (Cg) Nr 6). Auch das MitVersch and vom Verletzten zur Wahrnehmg seiner Interessen eingesetzter Pers ist zu berücksichtigen. Bsp: Ehefr (BGH **3**, 48); Architekt (BGH **LM** (E) Nr 2 Bl 3, § 278 Anm 6a), Bank (BGH **36**, 338), RAnw (Hamm VersR **67**, 1057), Verhandlgsbeauftragter (Hbg DAR **72**, 16), ArbN (BGH NJW **65**, 962), es sei denn, daß diese vom Schädiger in seinem PflKreis eingesetzt w (BGH Betr **75**, 2426, Nachbesserg). Bei Bestehen vertragl Beziehgen ist § 278 **auch** anzuwenden, wenn Verletzter seinen Anspr auf **Delikt oder Gefährdung** stützt (BGH **9**, 316, **24**, 327, **LM** (E) Nr 2 Bl 3, NJW **64**, 1670) od wenn er einen allein delikt haftden GesSchu in Anspr nimmt (BGH **90**, 86).

cc) Verletzter muß sich entsprechd den unter bb dargelegten Grds ein MitVersch von gesetzl Vertretern u Hilfspersonen auch dann anrechnen lassen, wenn zw den Part zwar kein Vertr, aber eine **sonstige rechtliche Sonderverbindung** (schuldrechtsähnl Beziehg) besteht. Eine solche ist zu bejahen: bei einem mit dem Schädiger abgeschl Vertr zG oder mit Schutzwirkg zG des Verletzten (BGH **9**, 318, **24**, 327, **33**, 250, **LM** (E) Nr 2, NJW **75**, 868, § 328 Anm 2 u 3); hier ist gem § 334 auch MitVersch des VertrPartners des Schädigten zu berücksichtigen (unten c); bei vertragsähnl Beziehgen zw Geschädigtem u dem aGrd eines Dienstverschaffgs Vertr für ihn Tätigen (BGH VersR **70**, 934); im Fall der Drittschadensliquidation (BGH NJW **72**, 289, Hamm NJW **76**, 2078); bei einer vertragsähnl öffrechtl Beziehg, so im Verh Schule- Schüler (BGH NJW **64**, 1670), Post-Postkunde (BGH NJW **65**, 962), Stiftsaufsicht-Stiftg (BGH **68**, 151), Notar-Mandant (BGH DNotZ **81**, 775); bei Anbahng des VertrVerhältn (BGH NJW **68**, 1967); entgg RG **119**, 155 auch im Eigtümer-BesitzerVerhältn (§ 989 Anm 2). Dagg genügt zur Anwendg des § 278 nicht: das Bestehen einer konkreten Gefährdgssituation (BGH **5**, 384, aA Celle NJW **53**, 990), der Besuch eines publikumsoffenen Reitertrainings (BGH VersR **75**, 134), eines Friedhofs (BGH NJW **77**, 1392, 1394), eines öffentl Kinderspielplatzes (BGH **103**, 342), das Betreten eines fremden Grdst (BGH NJW **80**, 2080), die dch die VerkSichgPfl geschaffene RBeziehg (BGH VersR **59**, 732), das Verh zw VormschRichter u Mündel (BGH **LM** (Ea) Nr 10).

b) Auf **Mitverschulden** von gesetzl Vertretern u Hilfspersonen nach Eintritt des schädigdn Ereign, also **bei Schadensabwendung und -Minderung** ist § 278 gem II 2 uneingeschränkt entspr anwendb (BGH **9**, 319, allgM). Für die Zeit zw Begehg der unerl Hdlg u dem Eintritt des Schad gilt bereits II (vgl RG **141**, 356, BGH **33**, 140, **LM** (Ea) Nr 10, Düss NJW **73**, 1801). Voraussetzg ist, daß der gesetzl Vertreter in dieser Eigensch gehandelt h; das ist nicht der Fall, wenn Vormd jahrelang Veruntreuungen begangen h u die einz Möglichk der SchadMinderg die Offenbarg der Straftat war (BGH **33**, 137); ebsowenig, wenn gesetzl Vertreter für den Schädiger erkennb mißbräuchl zum Nachteil des Vertretenen gehandelt h (BAG Betr **74**, 1632). Eltern eines volljg geschunfäh, aber nicht entmündigten Kindes sind für SchadMinderg nicht dessen ErfGehilfen (BGH VersR **70**, 273). Die vom Geschädigten mit der Schadensbeseitigg beauftragten Pers sind nicht seine ErfGeh, da diese nicht in Erf einer ggü dem Schädiger bestehden Verbindlichk tätig w (Düss VersR **80**, 681). Kein ErfGeh sind daher der vom Verletzten hinzugezogene Arzt (RG **72**, 219), od Sachverst (LG Lünebg MDR **70**, 675, LG Köln VersR **75**, 57); ebsowenig die vom Geschädigten beauftragte **Reparaturwerkstatt** (BGH **63**, 183, Hbg VersR **74**, 1216, Karlsr VersR **76**, 1162, fr str). Beachte aber, daß bei des groben Fehlleistgen des Arztes od der Werkstatt der adäquate UrsachenZushang unterbrochen sein kann (vgl Vorbem 5 B f vor § 249). Außerdem sind Arzt u Werkstatt ggü Erstschädiger ausglpflichtig (§ 426).

c) Der ersatzberecht **mittelbare Geschädigte** (§§ 844, 845) muß sich gem § 846 (neben eig mitwirkdem Versch, s RG **55**, 29) auch das MitVersch des unmittelb Verletzten anrechnen lassen. Das gilt entspr für VertrAnsprüche, die dem mittelb Geschädigten zustehen (RG **81**, 215, SchadErsAnspr des Ehem aus MietVertr wg Verletzg der Frau). Auch wer inf Tötg od Verletzg eines Angeh eine GesundhBeschädigg erleidet (Vorbem 5 B d vor § 249), muß sich dessen MitVersch anrechnen lassen; das w aber entgg RG **157**, 13 nicht aus § 846, sond aus § 242 herzuleiten sein (BGH **56**, 163, str, vgl Deubner JuS **71**, 622, Selb JZ **72**, 124). Keine Minderg des ErsAnspr, wenn der Schock auf dem Tod von zwei Angeh beruht, von denen nur einen ein MitVersch trifft (Hamm VersR **82**, 557). Bei Vertr mit **Schutzwirkung zugunsten Dritter** (§ 328 Anm 3) ist dem geschädigten Dr nach dem RGedanken der §§ 334, 846 das MitVersch des Gläub anzurechnen (BGH **33**, 250, NJW **65**, 1757), dieses darf daher nicht etwa den Schu angelastet w (BGH NJW **75**, 868, Köln NJW-RR **88**, 335, krit Sass VersR **88**, 768). Die Anrechng beschränkt sich aber auf den vertragl ErsAnspr, gilt also nicht für Anspr aus Delikt (BGH **33**, 251, NJW **85**, 1077). Bei nichtiger TestErrichtg soll UrkPerson dem ausgefallenen Erben das MitVersch des Erbl nicht entggehalten können (BGH NJW **56**, 260, sehr zweifelh).

6) **Stillschweigender Haftungsausschluß, Handeln auf eigene Gefahr, Gefälligkeitsfahrt.** – a) **Stillschweigender Haftungsausschluß.** Vgl zu ausdr Abreden, deren Auslegg u Wirksamk § 276 Anm 5 B; zu formularmäß Freizeichngen s AGBG 2 Anm 2 (Einbeziehg) u AGBG 9 Anm 6 (WirksamkSchranken). – aa) Die Haftg kann **stillschweigend** ausgeschl w. Dafür kommen konstruktiv zwei Wege in Betracht: (1) Der Wille zum HaftgsAusschl kann sich **konkludent** aus den Umst des Falles ergeben. Für einen entspr Willen der Part müssen aber konkrete Anhaltspkte vorliegen; das Zurückgreifen auf den PartWillen darf keine Fiktion sein (BGH **41**, 81, **43**, 76). – (2) Der HaftgsAusschl kann sich aus einer **ergänzenden Vertragsauslegung** ergeben (BGH VersR **78**, 625, NJW **79**, 414, **80**, 1681). Sie kommt aber nur in Betracht, wenn feststeht, daß der Schädiger, wäre die RLage vorher besprochen worden, einen HaftgsAusschl gefordert u der Geschädigte diesen billigerw nicht hätte ablehnen dürfen (BGH aaO). Beide Lösgswege, die die Praxis nicht immer unterscheidet, erfordern grdsl GeschFgk der Part; bei einem mj Verletzten ist daher Zust des gesetzl Vertreters erforderl (BGH NJW **58**, 904). Für die Beurteilg sind die versichergsrechtl Gegebenheiten von wesentl Bedeutg. Ein Haftgsverzicht, der nicht den Schädiger, sond seinen Versicherer entlastet, entspr idR nicht den PartWillen (BGH **39**, 158, **63**, 59, NJW **66**, 41, VRS **65** Nr 90). Andererseits kann es für einen HaftgsAusschl sprechen, daß der Geschädigte dch eine Versicherg geschützt ist od geschützt sein könnte, währd umgekehrt für den Schädiger, etwa wg der Benzinklausel der AHB, nicht die Möglichk bestand, sich dch Abschluß einer HaftPflVers zu sichern (BGH NJW **79**, 644, **80**, 1682). Der zG des Geschädigten eingreifde VersSchutz rechtfertigt aber allein nicht den Schluß auf einen

Inhalt der Schuldverhältnisse. 1. Titel: Verpflichtung zur Leistung **§ 254** 6a–c

stillschw Haftgsverzicht (*arg* SGB X 116, VVG 67), ebsowenig das Fehlen von VersSchutz für den Schädiger (BGH VersR **80**, 385). Die mit dem Verletzten in häusl Gemeinsch lebden Angeh w allerdings dch SGB X 116 VI, VVG 67 II geschützt, die prakt wie ein Teilhaftsverzicht wirken (Vorbem 7 E v § 249). Der stillschw HaftgsAusschl gilt ledigl für **einfache Fahrlässigkeit** (BGH VersR **69**, 424 u die unter bb) zitierten Entsch). Ein HaftgsAusschl für grobes Verschulden erfordert eine ausdr Abrede (s zum Vors aber § 276 II). – **bb) Bejaht** hat die nicht immer widersprfreie Rspr einen stillschw HaftgsAusschl: zG des Kfz-Mieters u des bereckt Fahrers, wenn die KaskoVersPrämie offen abgewälzt od auf das Bestehen einer KaskoVers hingewiesen w (BGH **22**, 113, **43**, 299); zG des Kaufinteressenten währd der Probefahrt (BGH NJW **79**, 643, **80**, 1681, Karlsr NJW-RR **88**, 29; vgl auch BGH NJW **86**, 1099, der den Verkäufer wg NichtAbschl einer KaskoVers aus pVV haften läßt u damit zum gleichen Ergebn gelangt); zG des Fahrschülers (LG Freibg MDR **81**, 843); zG des Kunden, dem der Kfz-Händler währd der Garantiereparatur einen ErsPkw leiht, wenn für den Pkw des Kunden, wie der Händler weiß, eine KaskoVers besteht (BGH NJW **79**, 759); zG des ArbKollegen (Eheg, künft Eheg), der auf Wunsch des angetrunkenen Kfz-Halters das Steuer übernimmt (BGH VersR **78**, 625, **80**, 385, Ffm VersR **86**, 1350); zG des Fahrers, der auf einer gemeins, gesellschaftsähnl organisierten UrlFahrt den Kfz-Halter beim Fahren ablöst (BGH NJW **79**, 414); zG des Bekannten, der dem and beim Umzug hilft (LG Aachen NJW-RR **87**, 800). Der HaftgsAusschl betrifft aber nur solche Schäden, für die dem Schädiger kein VersSchutz zusteht (s auch unten d). Vgl zur Teiln an Sport od sportähnl Betätigg unten b. – **cc) Verneint** hat die Rspr einen stillschw HaftgsAusschl bei gemeins Teiln an einer Kfz-ZuverlässigkFahrt (BGH **39**, 158); an einem Kfz-Gefahrentraining (BGH **96**, 28); an einer mäß schwierigen Bergtour (Karlsr NJW **78**, 705); an einer JagdVeranstaltg (BGH **LM** (Da) Nr 7); an Reitunterricht (Düss NJW **75**, 1893); bei Mitbenutzg des Pferdes eines Verwandten (BGH NJW **77**, 2159); bei Fahrt mit einem fahruntücht Fahrer od einem mangelh Kfz (BGH **LM** (Da) Nr 12, Köln VersR **70**, 914, s aber unten c); bei Fahrt mit einem kaskoversicherten Kfz (BGH **30**, 48, BAG JZ **69**, 75), jedoch wirkt AKB 15 II in der seit dem 1. 1. 1977 geltden Fassg prakt wie ein TeilhaftgsAusschl (s § 242 Anm 4 B b).

b) Stillschweigende Einwilligung. Währd der HaftgsAusschl die Widerrechtlichk der Verletzg unberührt läßt u als antizipierter Verzicht ledigl die Entstehg des SchadErsAnspr hindert, beseitigt die Einwilligg die Widerrechtlichk der Schädigg u damit eine Voraussetzg der ErsPfl. Die Einwilligg erfordert bei höchstpersönl RGütern EinsichtsFgk (BGH **29**, 33, Überbl 2 c bb v § 104), bei VermögensR GeschFgk. Sie ist unwirks, wenn sie gg das Ges od gg die guten Sitten verstößt (näher § 823 Anm 6 B h). Die Einwilligg kann auch **stillschweigend** erfolgen. Für die müssen aber konkrete Anhaltspkte vorliegen (BGH **34**, 360); der Lösgsweg einer ergänzden VertrAusslegg (oben a) aa) (2) kommt nicht in Betracht, weil es um eine einseit Erkl des Verletzten geht. In den oben a) cc) angeführten Fällen ist neben dem stillschw HaftgsAusschl zugl auch eine stillschw Einwilligg zu verneinen. Bei der Teiln an **Sport** ist zu unterscheiden: Wer an einer auf körperl Kampf ausgerichteten Sportart (Boxen, Ringen, Judo usw) teilnimmt, willigt in die bei Kämpfen dieser Art übl Verletzgen ein (BGH **63**, 144). Bei sog Kampfspielen (Fußball, Handball, Eishockey, Basketball usw) verneint der BGH dagg eine konkludente Einwilligg u stellt statt dessen auf das Verbot des *venire contra factum proprium* ab (BGH **63**, 140): Wer für eine Verletzg SchadErs verlangt, die trotz Einhaltg der sportl Regeln unvermeidb war, verstößt gg § 242. Außerdem fehlt es an einem Verschulden (BGH NJW **76**, 957, 2161). Sogar bei leichten Regelverstößen, wie sie bei einem Kampfspiel kaum zu vermeiden sind, kann der Schuldvorwurf entfallen (BGH aaO, Mü NJW-RR **89**, 728, LG Stgt VersR **88**, 600, näher § 823 Anm 8 B Sport).

c) Handeln auf eigene Gefahr. – aa) Der nicht gesetzl fixierte, sond von Rspr u Lehre entwickelte Tatbestd des Handelns auf eig Gefahr ist erfüllt, wenn sich jemand bewußt in eine Situation drohder Eigengefährdg begibt (BGH **2**, 163, **34**, 358). Währd die ältere Rspr in diesen Fällen eine konkludente Einwilligg in die mögl Schädigg bejaht hat (RG **141**, 265, BGH **2**, 162), besteht jetzt Einverständn darüber, daß Handeln auf eig Gefahr als **schuldhafte Selbstgefährdung** unter § 254 fällt (BGH **34**, 363, **43**, 77, MüKo/Grunsky Rdn 34, ganz hM). Bes liegt es jedoch bei der Gefährdungshaftg, vor allem der Tierhalterhaftg. Sie greift nach ihrem Schutzzweck nicht ein, wenn sich der Verletzte der Gefahr, dch die der Schaden entstanden ist, wissentl ausgesetzt hat (BGH NJW **74**, 234, **77**, 2158, Lange SchadErs § 10 XIV 1). Abgesehen von diesem Sonderfall führt Handeln auf eig Gefahr zur Schadensteilg, ausnw aber auch zu einem Wegfall der ErsPfl (Anm 4 b). – **bb) Zu verneinen** ist eine vorwerfb Selbstgefährdg bei Teiln an einer Kfz-ZuverlässigkFahrt (BGH **39**, 158); bei Teiln an einem Kfz-Gefahrentraining (BGH **96**, 28); bei gemeins Teiln an einer Bergtour (Karlsr NJW **78**, 705); bei Teiln an einer JagdVeranstaltg (BGH **LM** (Da) Nr 7); bei gemeins Skifahrt (Köln NJW **62**, 1110); bei Besuch eines Autorennens (aA RG **130**, 168) od eines Eishockeyspiels der Bundesliga (BGH NJW **84**, 801); bei rechtl od sittl gebotenen Hdlgen (Beispiele in Vorbem 5 B g bb vor § 249); bei Fahrt mit Fahrer, der über geringe Fahrpraxis verfügt (BGH NJW **65**, 1075); bei Fahrt währd witterungsbedingter Glätte (BGH VersR **70**, 188); bei Mitfahrt eines Bluters als Beifahrer auf einem Mokick (Kblz VersR **87**, 1225). – **cc) Bejaht** hat die Rspr die Anwendg des § 254, sofern die die Gefährdg begründden Tats bekannt od erkennb waren: Bei Fahrt mit einem Fahrer ohne Führerschein (BGH **34**, 363, Bambg VersR **85**, 787); bei Fahrt mit einem nicht zugelassenen Kfz (BGH VersR **69**, 424); bei Fahrt mit einem inf Alkoholgenusses (Übermüdg) fahruntücht Fahrer (BGH **LM** (Da) Nr 12, Kblz VRS **76** Nr 34; die Schadensverteilg muß den Beitrag des Fahrers/Halters idR stärker gewichten; s BGH VersR **66**, 565, **85**, 965, Mü VersR **86**, 925), jedoch reicht bloße Kenntn vom Alkoholgenuß od ein Verdacht der Übermüdg nicht aus (BGH NJW **88**, 2366, KG VRS **76** Nr 39, Ffm VersR **87**, 1142); bei Nichtbeachtg des Warnschildes vor einem bissigen Hund (Stgt VersR **55**, 108) od vor Dachlawinen (Karlsr NJW-RR **86**, 1404); bei Benutzg einer gefährl Sprunganlage (Celle VersR **69**, 1049); bei Teiln am Reitsport, obwohl damit wg gesundheitl Beeinträchtiggen eine erhebl Gefährdg verbunden ist (BGH VersR **84**, 286); bei Mitwirkg an einem „Kraftakt", für den sich der Verletzte als „Gewicht" zur Vfg gestellt hat (Ffm NJW **86**, 2648); bei Ausführg von Bauarbeiten trotz fehlder Gen u vor dem Abschluß wirks Vertr (BGH **LM** § 276 (Fc) Nr 4).

d) Gefälligkeitsfahrt (zum Begriff s Böhmer VersR **64**, 807). – **aa) Allgemeines.** AnsprGrdl ggü dem Gefälligen ist in erster Linie § 823. Die Gefährdhaftg ist dch StVG 8a ausgeschl. Vertragl Anspr scheiden aus, weil id R ein rgeschäftl VerpflWille fehlt (BGH **21**, 107, Einl 2 v § 241). Der Gefällige kann aber, soweit dch den sozialen Kontakt eine vertragsähnl Sonderverbindg entsteht, analog den Grds der c.i.c. auf Schad-Ers in Anspr genommen w (Einf 2b v § 241). Eine gesetzl Haftgsbeschrkg auf Vors u grobe Fahrlk besteht – abgesehen von den §§ 521, 596 – nicht (BGH **30**, 46, LG Mainz NJW **88**, 2116, Larenz § 31 III, aA Hoffmann AcP **167**, 406). Bei einer GefälligkFahrt gelten im GgTeil nicht einmal die Haftmilderungen der §§ 708, 1359, 1664, da der Haftgsmaßstab der konkreten Fahrlässigk im StraßenVerk ungeeignet ist (BGH **46**, 313, **53**, 352, **61**, 104, **63**, 57, stRspr). – **bb) Stillschweigender Haftungsausschluß.** Wer aus Gefälligk einen Fahrgast mitnimmt od sich aus Gefälligk als Fahrer zur Vfg stellt, haftet grdsl auch für einfache Fahrlässigk. Die Unentgeltlichk der Fahrt rechtfertigt noch nicht die Annahme eines HaftgsAusschl (BGH **30**, 46, **43**, 76, stRspr). Auch das Bestehen naher familiärer Beziehgen reicht nicht aus, um einen stillschw Haftgsverzicht zu bejahen (BGH **41**, 81, EheG; **43**, 76, Vater/Sohn). Er widerspricht dem wohlverstandenen Interesse der Beteiligten, da er idR nicht dem HaftPflVers zugute kommen würde, der nach AKB 11 in der ab 1. 1. 1977 geltden Fassg auch für Anspr von Eheg u Kindern u PersSchäden des Halters einzustehen hat (s zu diesen versichergrechtl Beurteilskriterien oben a) aa)). Fehlt der erforderl HaftpflVersSchutz, sind Anspr des Halters gg den Fahrer wg aller Schäden ausgeschl, die von der Vers gedeckt wären (BGH VersR **69**, 50, BAG Betr **70**, 546). Ein wirkl Interesse des Gefälligen an einer Haftgs-freistellg besteht daher nur hins der nicht vom VersSchutz erfaßten Sach- u VermSchäden des Halters od Eigtümers, insb wg der Schäden am Kfz des Halters. Für diese Schäden kann iW **ergänzender Vertrags-auslegung** ein stillschw HaftgsAusschl angenommen w, wenn der Halter ein bes Interesse daran hatte, daß der Gefällige sich als Fahrer zur Vfg stellte (s BGH **65**, 520, **80**, 385, Ffm NJW-RR **86**, 1350), etwa deshalb, weil der Halter angetrunken war. Einzelfälle s oben a) bb).

7) Verfahrensrechtliches. Die Beweislast für das Versch des Geschädigten u dessen Ursächlichk hat der ErsPflichtige (BGH **91**, 260, NJW-RR **86**, 1083). Der Geschädigte muß aber, soweit es um Umst aus seiner Sphäre geht, an der Sachaufklärg mitwirken; er muß erforderlichenfalls darlegen, was er zur Schadensmin-derg unternommen hat (BGH **91**, 260). § 254 begründet einen Einwand, keine Einrede; er ist daher vAw zu berücksichtigen, sofern entspr Tats vorgetragen sind (BAG NJW **71**, 958; str). Für Bew des MitVersch gilt ZPO 286, wobei Grds des AnscheinsBew anwendb sein können (Vorbem 8 vor § 249); dafür, inwiew MitVersch sich ausgewirkt hat, gilt ZPO 287 (BGH NJW **86**, 2946). Bei der Abwägg gem § 254 ist die Beweislastregel des § 282 unanwendb (BGH **46**, 268). – Über den Einwand ist im Grundurteil nach ZPO 304 zu entscheiden, d er darf aber dem BetragsVerf vorbehalten bleiben, wenn er zugleich dieses berührt u zweifellos nicht zum völligen Wegfall des SchadErsAnspruchs führen kann (RG **82**, 197, BGH **1**, 34, **76**, 400). And jedoch, wenn zwei versch Schadensabläufe mögl u das Ergebn der Abwägg bei beiden Alternativen unterschiedl (BGH NJW **79**, 1933). Beim SchmerzGAnspr ist im SchlUrt nicht etwa eine Quote zu erkennen, sond auszusprechen, daß der Anspr unter Berücksichtigg eines MitVerschAnteil dem Grde nach gerechtf ist (BGH VersR **70**, 624, Köln MDR **75**, 148). – Verurteilg zu zukünft Rentenzahlg kann unzul sein, solange die gem § 254 II gebotenen Heilgsversuche noch nicht erfolgt sind (BGH NJW **70**, 1229). Es steht nichts im Wege, zunächst nur einen Teil der Anspr einzuklagen, damit der Einwand des § 254 in diesem Prozeß mit Erfolg erhoben w kann (RG **122**, 360, Mü NJW **70**, 1924, Schlesw VersR **83**, 932). – Die Abwägg der Verantwortlichk ist Tatfrage, also idR nicht revisibel (BGH **3**, 52, **51**, 279, NJW **83**, 622, NJW-RR **89**, 677).

255 *Abtretung der Ersatzansprüche.* Wer für den Verlust einer Sache oder eines Rechtes Schadensersatz zu leisten hat, ist zum Ersatze nur gegen Abtretung der Ansprüche verpflichtet, die dem Ersatzberechtigten auf Grund des Eigentums an der Sache oder auf Grund des Rechtes gegen Dritte zustehen.

1) Allgemeines. a) Aus § 255 ergibt sich, daß der Geschädigte grdsl auch dann vollen SchadErs verlangen kann, wenn ihm zugl ein Anspr gg einen Dr zusteht (BGH NJW **82**, 1806, NJW-RR **89**, 472, Vorbem 3 a v § 249). Die Vorschr ist – ebso wie die Grds der VortAusgl (Vorbem 7 v § 249) – Ausdr des schadensers-satzrechtl **Bereicherungsverbots** (s BGH **60**, 358). Sie will verhindern, daß der Geschädigte sowohl den Schädiger als auch den Dr in Anspr nimmt u einen doppelten Ausgl erhält. – **b)** § 255 geht davon aus, daß im Ergebn allein der Dr, als der dem Schaden näher Stehde, belastet w soll. Das steht im Widerspr zu der im Grds gleichstuf Haftg der GesSchu, bei denen auf die interne Schadensverteilg § 254 entspr anzuwenden ist (§ 426 Anm 3b). § 255 u § 426 sind danach alternative, einander ausschließe Regreßwege. Wenn dem Schädiger u dem „Dritten" ein echtes **Gesamtschuldverhältnis** besteht, ist nicht § 255, sond § 426 II als die speziellere u stärkere Vorschr anzuwenden (BGH **59**, 102, MüKo/Grunsky Rdn 2, hM). § 255 hat daher nur einen sehr **eingeschränkten Anwendungsbereich**. Trotz des Streits um den Begriff der GesSchuld besteht Einverständn darüber, daß in einem Schaden Verantwortliche, auch wenn die §§ 830, 840 nicht zutreffen, idR als GesSchu haften (§ 421 Anm 1c u daa). Für § 255 bleiben die Fälle, in denen es an einer Verpfl zu *gleichen* Leistgen fehlt. Er gilt daher, wenn der Schädiger WertErs, der Dr aber Herausg schuldet (allgM). Er bleibt aber auch dann anwendb, wenn sich die HerausgPfl des Dr in eine Schad- od WertErsPfl verwandelt hat, der Inh der geschuldeten Leistg bleibt in Wahrh weiter ungleich, da der Dr (vollen) Ers, der Schädiger aber nur Übernahme des Ausfallrisikos schuldet (Staud-Selb Rdn 4, Larenz § 32 I, str, aA BGH JZ **84**, 230 mAv Reinicke/Tiedtke). Den Vertretern der GgAns, die § 255 nur anwenden wollen, solange die Sache vorhanden ist u der Dr deren Herausg schuldet (so Lange SchadErs § 11 A II, AK/Rüßmann Rdn 4, Soergel-Mertens Rdn 5), ist auch entggzuhalten, daß das Ges nicht von abzutretendem HerausgAnspr, sond (unter Verwendg des Plurals) allg von abzutretden Anspr spricht. – **c)** Auch die Vorschr über den *gesetzlichen Forderungsübergang* (VVG 67, SGB X 116, LFZG 4, BBG 87a, s Vorbem 7 E v § 249) gehen als speziellere u stärkere Vorschr dem § 255 vor. § 255 ist **keine Generalregreßnorm**. Sie kann aber, sow ausdr Regreßregelgen fehlen, zur Ausfüllg von Lücken mitherangezogen w (§ 421 Anm 3), so

Inhalt der Schuldverhältnisse. 1. Titel: Verpflichtung zur Leistung   §§ 255–257

etwa, wenn dem gem StrEG 7 EntschädiggsBerecht kongruente SchadErsAnspr gg einen Dr zustehen (BGH **105**, 313).

2) Voraussetzungen. a) Die Rechte aus § 255 stehen grdsl **jedem Schädiger** zu, gleichgült ob er aus Vertr, Delikt od aus einem sonst RGrd haftet (MüKo/Grunsky Rdn 2). Gleichf unerhebl ist das Maß des Verschuldens; auch der vorsätzl Handelnde, etwa der Verwahrer, der die Sache rechtsw verliehen hat, kann Abtr der Anspr gg den Dr verlangen. Etwas and gilt jedoch für den Dieb, der die gestohlene Sache an einen gutgl Erwerber veräußert hat; die Abtr an ihn wäre sinnlos, da der Erwerber ihm entggehalten könnte, daß er ihn von dem abgetretenen Anspr freihalten muß (BGH **52**, 42, krit Goette VersR **74**, 526). Wer aus § 816 in Anspr genommen w, hat keinen AbtrAnspr, da § 255 nur zG von SchadErsPflichtigen gilt (BGH **29**, 161, aA Reeb JuS **70**, 214); ihm können jedoch AusglAnspr aus § 426 zustehen (BGH **52**, 43). – **b) Verlust der Sache** liegt nicht nur beim Verlust des Besitzes, sond auch beim EigtVerlust vor, gleichgült ob die Sache untergegangen od in das Eigt eines and übergegangen ist (MüKo/Grunsky Rdn 4, str). Auch wenn § 255 tatbestandl zutrifft, kann er aber wg des Vorrangs von § 426 II unanwendb sein (Anm 1 b). – **c) Verlust eines Rechts.** Unerhebl ist, ob es sich um ein dingl, obligatorisches od sonst Recht handelt. Nicht erforderl ist ein Erlöschen; es genügt eine Entwertg, etwa dch Zahlgsunfähigk des Schu (Bambg OLGZ **76**, 451) od Eintritt der Verj. Der Verlust braucht nicht endgült zu sein; ausr ist auch das vorläuf Wertloswerden einer Fdg (BGH **6**, 61). Auch hier ist § 255 aber unanwendb, sow die Verursacher des Schadens als GesSchu haften (Anm 1 b).

3) Rechtsfolgen. a) Die Anspr gg den Dr gehen nicht kr Ges auf den Schädiger über. Er hat einen **Anspruch auf Abtretung,** den er iW des ZbR (§ 273) geltd machen kann. Hat er bereits SchadErs geleistet, kann er die Abtr nachträgl verlangen (RG **117**, 338, BGH **52**, 42). Keiner Prüfg bedarf, ob u welche Anspr der Geschädigte gg den Dr hat; es genügt, daß solche Anspr möglicherw bestehen (BGH **6**, 61). – **b)** Abzutreten sind **alle Ansprüche**, die dem Geschädigten aufgrd des Eigt an der Sache od aufgrd des Rechts zustehen. Darunter fallen alle HerausgAnspr (§§ 985, 861, 1007), SchadErsAnspr aus § 823 I od §§ 989, 990 (Erm-Sirp Rdn 4, str, s Anm 1 b) u BereicherungsAnspr aus § 816 (BGH **52**, 42, RG JW **37**, 2777, str). Nicht abzutreten sind Anspr, die sich aus einem Dr betreffden bes Vertr, etwa einem VersVertr, ergeben. – **c)** Mit der Abtr des HerausgAnspr (§ 985) **erwirbt** der ErsPflichtige gem §§ 929, 931 zugl das **Eigentum** (RG **59**, 371, RGRK-Alff Rdn 6, str). Erlangt der Geschädigte die Sache später zurück, kann der ErsPflichtige gem § 985 die Herausg der Sache verlangen. Dagg ist er nicht berecht, die Schuld zurückzufordern (aA Reeb JuS **70**, 215, MüKo/Grunsky Rdn 5). § 812 I 2 trifft nicht zu, da SchadErs geschuldet war u die ErsLeistg die Schuld zum Erlöschen gebracht hat. Auch wenn der ErsPflichtige SchadErs geleistet hat, ohne den Anspr aus § 255 geltd zu machen, ist er nach Wiederauftauchen der Sache auf die Rechte aus §§ 255, 929, 985 beschränkt. Dem Geschädigten, der an der wiederaufgetauchten Sache (Stück einer Sammlg) ein bes Interesse haben kann, muß aber ein WahlR zugebilligt w (AK/Rüßmann Rdn 2). Er kann Zug um Zug gg Rückgewähr der ErsLeistg die Rückübereignung der Sache verlangen; hat noch keine Übereignung stattgefunden, darf er die Sache behalten.

256 *Verzinsung von Aufwendungen.* Wer zum Ersatze von Aufwendungen verpflichtet ist, hat den aufgewendeten Betrag oder, wenn andere Gegenstände als Geld aufgewendet worden sind, den als Ersatz ihres Wertes zu zahlenden Betrag von der Zeit der Aufwendung an zu verzinsen. Sind Aufwendungen auf einen Gegenstand gemacht worden, der dem Ersatzpflichtigen herauszugeben ist, so sind Zinsen für die Zeit, für welche dem Ersatzberechtigten die Nutzungen oder die Früchte des Gegenstandes ohne Vergütung verbleiben, nicht zu entrichten.

1) § 256 setzt eine auf Vertr od RGesch beruhde Pfl zum Ers von Aufwendgen voraus. Sie kann sich zB aus §§ 304, 347 S 2, 633 III, 670, 683 od 684 ergeben. **Aufwendg** ist die freiw Aufopferg von VermWerten im Interesse eines and (BGH **59**, 329, NJW **60**, 1568, krit Beuthien JuS **87**, 842). Unter den vom Ges nicht definierten Begriff fallen auch die Übernahme (Eingeh) von Verbindlichk (RG **151**, 99), nicht aber UnterhLeistgen, die ein Eheg anstelle des and für das gemeins Kind erbringt (BGH FamRZ **89**, 853). Mitumfaßt sind auch die Verwendgen iSd § 994. Dch das Merkmal der Freiwilligk unterscheidet sich die Aufwendg vom Schaden. Schäden, die mit dem Einsatz für fremde Interessen notw od wahrscheinl verknüpft sind, werden aber Aufwendgen gleichgestellt (§ 670 Anm 3). Umgekehrt können Aufwendgen des Verletzten unter den Schadensbegriff fallen (Vorbem 5 B h v § 249).

2) Aus der Verwendg des Wortes „Betrag" in § 256 S 1 ergibt sich, daß der Anspr auf AufwendgsErs grdsl auf **Geldersatz** gerichtet ist (BGH **5**, 199). In Zeiten verminderter Kaufkraft od fehlden Tauschwertes des Geldes kann der Schu unter Umst nach Treu u Glauben (§ 242) verpflichtet sein, NaturalErs zu leisten (Brschw BB **47**, 349, MüKo/Keller Rdn 5). AufwendgsErs umfaßt auch die entstandene Mehrwertsteuer (Seltmann NJW **69**, 1153, Schaumburg NJW **74**, 1737). Ob auch für den Einsatz der eig ArbKraft GeldErs gefordert werden kann, richtet sich nach der für das RVerhältn maßgebden AnsprGrdl (BGH **59**, 330, NJW **83**, 1556, Köhler JZ **85**, 359). Diese entscheidet auch darüber, ob bei der Ermittlg der AnsprHöhe ein kalkulatorischer Gewinn zu berücksichtigen ist (s BGH **87**, 43). Die **Zinspflicht** setzt keinen Verzug voraus, sond beginnt im Ztpkt der Aufwendg. Zinshöhe: § 246. Zu Satz 2 vgl §§ 99 u 100.

257 *Befreiungsanspruch.* Wer berechtigt ist, Ersatz für Aufwendungen zu verlangen, die er für einen bestimmten Zweck macht, kann, wenn er für diesen Zweck eine Verbindlichkeit eingeht, Befreiung von der Verbindlichkeit verlangen. Ist die Verbindlichkeit noch nicht fällig, so kann ihm der Ersatzpflichtige, statt ihn zu befreien, Sicherheit leisten.

§§ 257–260

1) § 257 gibt dem ErsBerecht einen **Befreiungsanspruch,** wenn die Eingeh der Verbindlichk eine Aufwendg iSd § 256 war. Ein BefreigsAnspr kann sich auch aus der SchadErsPfl (Vorbem 3 m v § 249) u für den Bürgen aus § 775 ergeben. Der BefreigsAnspr ist nur an den zu befriedigden Gläub, nicht aber an Dr abtretb (BGH **12**, 141, § 399 Anm 2). Durch die Abtr an den Gläub **wandelt** er sich in einen ZahlgsAnspr um (BGH **71**, 170); das gilt ebso, wenn der Gläub den Anspr pfändet (BGH **7**, 246). Im Konk des ErsBerecht gehört der BefreigsAnspr zur Masse; er verwandelt sich auch in diesem Fall in einen Zahlgs-Anspr (RG **139**, 231, BGH **57**, 78, aA Gursky KTS **73**, 27).

2) Der Schu kann **wählen,** wie die Befreig vornehmen will (BGH **91**, 77). Er kann gem § 267 als Dr zahlen od mit dem zu befriedigden Gläub eine SchuldÜbern (§ 414) od einen Erlaß (§ 397) vereinbaren. Dagg wird er dch Zahlg an den ErsBerecht nur dann frei, wenn dieser einverstanden ist (v Olshausen AcP **182**, 255). Der ErsBerecht ist gleichf idR **nicht** befugt, **Zahlung** des zur Tilgg erforderl Geldbetrages an sich zu verlangen. Aus der für das RVerhältn maßgebden AnsprGrdl kann sich aber ein entspr VorschußAnspr ergeben, so iF des Auftr u des GeschBesorggsVertr aus §§ 669, 675 (Reiche WPM **88**, 853), iF des WkVertr aus einer erweiternden Auslegg des § 633 III (BGH **47**, 273), iF der SchadErsAspr aus § 250. Die dch die Aufwendgen erlangten Vorteile sind auf den BefreigsAnspr wg des AusglZwecks der §§ 256, 257 anzurechnen (BGH MDR **55**, 283). **Satz 2** ist Ausdr eines allg RGedankens. Der Anspr auf Sicherheitsleistg (§§ 232 ff) besteht auch für die nicht unter § 257 fallden BefreigsAnspr (Rimmelspacher JR **76**, 89); er ist aber ausgeschlossen, wenn der BefreigsAnspr erst nach Fällig der Verbindlichk fällig w, auf die sich die Freihaltgs-Verpfl bezieht (BGH **91**, 77). Die Vollstr des Urt auf Befreig richtet sich nach ZPO 887 (BGH **25**, 7).

258 Wegnahmerecht.
Wer berechtigt ist, von einer Sache, die er einem anderen herauszugeben hat, eine Einrichtung wegzunehmen, hat im Falle der Wegnahme die Sache auf seine Kosten in den vorigen Stand zu setzen. Erlangt der andere den Besitz der Sache, so ist er verpflichtet, die Wegnahme der Einrichtung zu gestatten; er kann die Gestattung verweigern, bis ihm für den mit der Wegnahme verbundenen Schaden Sicherheit geleistet wird.

1) § 258 regelt nur die **Ausübung des Wegnahmerechts,** setzt also dessen Bestehen voraus. Das BGB gibt insb dem Mieter (§ 547a), Pächter (§ 581 II), Besitzer (§ 997) u dem Vorerben (§ 2125) ein WegnR. **Einrichtung** ist eine Sache, die mit einer and körperl verbunden ist u deren wirtschaftl Zwecken dient. Eine Verbindg zu einem vorübergehenden Zweck genügt. § 258 gilt auch dann, wenn die Einrichtg wesentl Bestandt geworden ist (s § 997). Einrichtgen iSv § 258 sind zB Öfen, Beleuchtgsanlagen, Anschlußgleise (BGH BB **66**, 304), nicht aber Zwischendecken u eingezogene Wände (Celle NdsRpfl **69**, 283).

2) Rechtsfolgen. a) Solange der WegnBerecht die Sache besitzt, hat er ein TrenngsR. Ist die Einrichtg wesentl Bestandt der Hauptsache u damit Eigt des and geworden, umfaßt das TrenngsR zugl ein AneigngsR (BGH **81**, 150). Nach dem Besitzübergang verwandelt sich das TrenngsR in den Anspr auf Gestattg der Wegn (S 2), der dingl Natur sein soll (BGH **81**, 150, **101**, 42). – **b)** Der Berecht hat den vor der Hinzufügg der Einrichtg bestehden **Zustand wiederherzustellen.** Ist das nicht mögl, ist das WegnR gleichwohl gegeben, der Berecht hat aber SchadErs zu leisten (MüKo/Keller Rdn 9). Neben den Schienen des Anschlußgleises hat der Berecht auch den Schotter zu entfernen (BGH BB **66**, 304). Keinesf darf er die Wegn der verwertb Bauteile beschr u alles and zurücklassen (BGH NJW **70**, 754). Auf das LeistgVR des Gestattgsverpflichteten (S 2, 2. Halbsatz) sind §§ 273 f anzuwenden, auf die SicherhLeistg §§ 232 ff.

259 Umfang der Rechenschaftspflicht; eidesstattliche Versicherung.
I Wer verpflichtet ist, über eine mit Einnahmen oder Ausgaben verbundene Verwaltung Rechenschaft abzulegen, hat dem Berechtigten eine die geordnete Zusammenstellung der Einnahmen oder der Ausgaben enthaltende Rechnung mitzuteilen und, soweit Belege erteilt zu werden pflegen, Belege vorzulegen.

II Besteht Grund zu der Annahme, daß die in der Rechnung enthaltenen Angaben über die Einnahmen nicht mit der erforderlichen Sorgfalt gemacht worden sind, so hat der Verpflichtete auf Verlangen zu Protokoll an Eides Statt zu versichern,

daß er nach bestem Wissen die Einnahmen so vollständig angegeben habe, als er dazu im Stande sei.

III In Angelegenheiten von geringer Bedeutung besteht eine Verpflichtung zur Abgabe der eidesstattlichen Versicherung nicht.

260 Pflichten bei Herausgabe oder Auskunft über Inbegriff von Gegenständen.
I Wer verpflichtet ist, einen Inbegriff von Gegenständen herauszugeben oder über den Bestand eines solchen Inbegriffs Auskunft zu erteilen, hat dem Berechtigten ein Verzeichnis des Bestandes vorzulegen.

II Besteht Grund zu der Annahme, daß das Verzeichnis nicht mit der erforderlichen Sorgfalt aufgestellt worden ist, so hat der Verpflichtete auf Verlangen zu Protokoll an Eides Statt zu versichern,

daß er nach bestem Wissen den Bestand so vollständig angegeben habe, als er dazu im Stande sei.

III Die Vorschrift des § 259 Abs. 3 findet Anwendung.

261 **Abgabe der eidesstattlichen Versicherung.** ¹ Die eidesstattliche Versicherung ist, sofern sie nicht vor dem Vollstreckungsgericht abzugeben ist, vor dem Amtsgericht des Ortes abzugeben, an welchem die Verpflichtung zur Rechnungslegung oder zur Vorlegung des Verzeichnisses zu erfüllen ist. Hat der Verpflichtete seinen Wohnsitz oder seinen Aufenthalt im Inlande, so kann er die Versicherung vor dem Amtsgericht des Wohnsitzes oder des Aufenthaltsorts abgeben.

II Das Gericht kann eine den Umständen entsprechende Änderung der eidesstattlichen Versicherung beschließen.

III Die Kosten der Abnahme der eidesstattlichen Versicherung hat derjenige zu tragen, welcher die Abgabe der Versicherung verlangt.

1) Allgemeines. Fassg: Ges vom 27. 6. 70 (BGBl S 911); s Anm 6. **a)** Die Durchsetzg von Anspr ist vielf nur mögl, wenn der Berecht über ihm unbekannte Verhältn od Vorgänge unterrichtet w. Diesem Gedanken trägt das Ges dadch Rechng, daß es Pflichten auf Ausk u RechenschLegg begründet. Beide Pflichten sind nur graduell verschieden. RechenschLegg setzt eine mit Einn u Ausgaben verbundene Verw voraus; ist sie eine bes, genauere Art der Ausk (BGH **93**, 327). Zum Unterschied zw Ausk- u AufklärgsPfl vgl § 242 Anm 4 B vor a. – **b)** Die Pfl zur AuskErteilg u RechenschLegg ist im BGB nicht zushängd u nur unvollk geregelt. § 259 best ledigl die **Art und Weise** der **Rechenschaftslegung,** setzt also das Bestehen einer entspr Pfl voraus. § 260 betrifft bes AuskFälle, in denen der Schu ein bes Bedürfnis nach **Bestandsverzeichnis** vorzulegen h. Grdlage für die Pfl zur Ausk u RechenschLegg sind neben ausdr gesetzl Vorschr (insb §§ 666, 675, 681, 687 II) von der Rspr herausgebildete RGrds, die inzw wohl zu GewohnhR erstarkt sind (Anm 2 d u Anm 3 b).

2) Auskunftspflicht. Voraussetzungen. Eine allg AuskPfl ist dem BGB unbekannt (RG **102**, 236, BGH NJW **57**, 669, **70**, 751, **81**, 1733). Pfl zur AuskErteilg besteht nur innerh rechtl Sonderverbindg u setzt einen bes RGrd voraus (BGH **74**, 380).

a) Grdlage für eine AuskPfl kann ein **Auskunftsvertrag** sein, der auch stillschw abgeschl w kann (vgl näher § 676 Anm 3–5).

b) Bei vielen vertragl od gesetzl SchuldVerh besteht aGrd **ausdrücklicher gesetzlicher Vorschrift** als NebenPfl eine Pfl zur AuskErteilg, so zB §§ 402 (Zedent), 444 (Verkäufer), 1379 (ZugewGemsch), 1580, 1605, 1361 IV (UnterhBerecht u Verpflichteter), 1634 III (sorgeberecht ElternT), 1839, 1799 (Vormd), 2027 (ErbschBesitzer), 2057 (Miterben, die aber keine allg ggs AuskPfl besteht, RG **31**, str), 2127 (Vorerbe), 2314 (Erbe ggü PflichttBerecht). Bes Bedeutg haben die §§ 666, 675, 681, 687 II, 713, die bei Auftr, GeschBesVertr, GoA, unerl EigenGeschFg u für den geschführden Gesellschafter eine AuskPfl u zugl eine Pfl zur RechenschLegg (Anm 3 a) begründen. Der AuskAnspr kann sich auch aus § 249 S 1, aus § 1004 (BGH **91**, 239) od aus BDSG 13, 26, 34 ergeben (s a Auernhammer NJW **80**, 816, BGH NJW **81**, 1738). Dagg begründet ZPO 840 keinen klagb AuskAnspr gg den DrittSchu (BGH **91**, 128).

c) Gem § 260 I ist auskpflichtig, wer einen Inbegr von Ggst (Anm 3 e v § 90) herauszugeben h. – **aa)** Eine Mehrh von Ggst (Sachen od Rechten) bildet einen „**Inbegriff**", wenn sie von einem einheitl RVerh erfaßt w u der Berecht zur Bezeichng der einz Ggst nicht in der Lage ist (RG **90**, 139). Sofern ein einheitl VerpflGrd besteht, sind daher eine Inbegriffe zB Nachl, Unternehmen, SonderVerm, Herde, Bibliothek, Kundsch (RG DR **42**, 465), Gesamth von Vermittlgsgebühren od VerkErlösen (RG LZ **31**, 372), Gesamth von Provisionen (BGH **55**, 202), Gesamth von SchadErsAnspr (RG HRR **28**, 1726), nach BGH **41**, 321 auch Gesamth der Aufgaben des Architekten (zweifelh). – **bb)** Gleichgültig ist, ob die HerausgPfl auf Vertr od Ges beruht. AuskPfl gem § 260 I kann zB bestehen bei AnsprIn aus § 812 (BGH **90**, 139); aus § 985 (BGH **98**, 164); bei SchadErsAnspr (RG HRR **28**, 1726). Kein HerausgAnspr iSd § 260 I ist der Anspr auf Hinterlegg, sofern diese, wie iF des ZPO 853, die Verwertg vorbereiten soll (BGH **86**, 27). Häufig ist bei HerausgPfl wg eines Inbegr unabhäng von § 260 I Pfl zur AuskErteilg gegeben, zB aGrd von § 666 od § 2027 (ErbschBesitzer). Dann ist § 260 ledigl für Inh u Umfang der Ausk von Bedeutg (vgl Anm 4 a aa).

d) Nach **Treu und Glauben** (§ 242) besteht eine AuskPfl, wenn die zw den Part bestehden RBeziehgen es mit sich bringen, daß der Berecht in entschuldb Weise über Bestehen od Umfang seines Rechts im Ungewissen ist u der Verpflichtete die zur Beseitigg der Ungewißh erforderl Ausk unschwer geben kann (RG **108**, 7, BGH **10**, 387, **81**, 24, **95**, 279, 288, stRspr u inzw GewohnhR). – **aa)** Voraussetzg ist, daß zw den Part eine **Sonderverbindung** besteht (BGH NJW **78**, 1002, NJW-RR **89**, 450). Daß jemand über einen Sachverhalt informiert ist, der für einen and von Bedeutg ist, begründet keine AuskPfl (BGH NJW **80**, 2463). Bei der Sonderverbindg kann es sich um eine vertragl RBeziehg handeln (BGH LM § 242 (Be) Nr 5), um eine Dbk (BGH NJW-RR **86**, 876), um ein gesetzl SchuldVerh aus unerl Hdlg (BGH NJW **62**, 731), aus einem AnfTatbestd (Düss OLGZ **85**, 376) od aus der Anbahng eines VertrVerh (BGH LM § 242 (Be) Nr 23) handeln; die AuskPfl kann sich aber auch aus einer RBeziehg des SachenR (RG **137**, 211, Oldbg WPM **85**, 748), des FamR (BGH **82**, 137) od des ErbR (BGH **61**, 184) ergeben; zw Miterben besteht aber grdsl keine AuskPfl, insbes nicht über Umst, die die TestierFgk des Erblasser betreffen (BGH NJW-RR **89**, 450). Es genügt, daß der LeistgsAnspr dem **Grunde** nach besteht u nur die AnsprInh noch offen ist (BGH NJW **78**, 1002, BGH **74**, 381). Dagg ist es grdsl nicht ausr, daß die Ausk Fordernde eine Verpfl des and Teils wahrscheinl macht (BGH aaO, FamRZ **83**, 352, Betr **87**, 2405). Hiervon läßt die Rspr aber fallbezogen Ausn zu. Der PflichttBerecht od der VertrErbe hat gg den vom Erbl Beschenkten bereits dann eine AuskAnspr, wenn er für eine unentgeltl Vfg hinr Anhaltspkte dartut (BGH **61**, 184, **97**, 191, krit v Mohrenfels NJW **87**, 2559). Das gilt ebso für den Nacherben wg etwaiger Schenkgen des Vorerben (BGH **58**, 239), nicht aber für den KonkVerw, wenn er vom mutmaßl AnfGegner über verdächt Transaktionen Informationen verlangt (BGH **74**, 381, ZIP **87**, 245). Ebso soll der Erbe gg einen angebl DarlNeh des Erbl keinen AuskAnspr haben (BGH NJW **70**, 751). Innerhalb besteher VertrBez besteht eine Ausk-

§ 261 2

Pfl bereits dann, wenn ein **begründeter Verdacht** für eine zum SchadErs verpfl Hdlg gegeben ist (BGH **LM** § 242 (Be) Nr 19, BAG BB **67**, 839, Betr **72**, 1831, LG Köln NJW **56**, 1112). Dagg müssen bei SchadErsAnspr aus unerl Hdlg alle AnsprVoraussetzgen, also auch Verschulden, feststehen; lediglich für die SchadEntstehg genügt Wahrscheinlichk (BGH GRUR **57**, 224, Celle GRUR **77**, 262). Ausr ist es aber auch, wenn eine RVerletzg feststeht, die mit hoher Wahrscheinlichk auf weitere Verstöße schließen läßt (BGH NJW **62**, 731).

bb) Voraussetzg ist weiter, daß der Berecht ohne Mitwirkg des and Teils nicht in der Lage ist, sich die **erforderlichen Informationen** zu verschaffen. Bei einer LebensVers mit Gewinnbeteiligg kann der Vers-Neh keine Ausk über die Art der Ermittlg des Gewinns verlangen, da für seine Beteiligg der in der Bilanz ausgewiesene Gewinn maßgebd ist (BGH **87**, 347). Der KonkVerw hat wg des Verdachts anfechtb Hdlgen keinen AuskAnspr gg den AnfGegner, wenn er sich an den GemSchu halten kann (BGH **74**, 381, NJW **78**, 1002); auch wenn dest anfechtb Hdlgen feststehen, hat er gg die Ehefr des GemSchu wg des Verdachts weiterer anfechtb Hdlgen keinen AuskAnspr (BGH NJW **87**, 1812). Der Warenlieferant kann einen späteren Erwerber nicht auf Ausk in Anspr nehmen, soweit ihm sein Abnehmer auskpflicht ist (BGH NJW **80**, 2463). Der Nacherbe hat keinen AuskAnspr gg den möglicherw vom Vorerben Beschenkten, da er die erforderl Informationen gem § 2130 II vom Vorerben erlangen kann (BGH **58**, 239). Der Anspr ist auch dann ausgeschl, wenn der Erwerber fr gegebene Informationsmöglichk schuldh nicht genutzt hat (BGH WPM **59**, 208). Bei RatenkreditVertr kann der Schu aber gg Kostenerstattg vom Gläub die zur Wahrnehmg seiner Rechte aus §§ 138, 826 erforderl Informationen verlangen (sehr str, s LG Ffm NJW-RR **88**, 1929, Düss NJW **88**, 1130).

cc) Der Verpflichtete muß „**unschwer**" in der Lage sein, die begehrte Ausk zu erteilen. Entscheidd ist insow, ob ihm der mit der AuskErteilg verbundene ArbAufwand zugemutet w kann (BGH **81**, 25). Ausk über die Verhältn seiner Ehefr braucht der Verpflichtete grdsl nicht zu erteilen (BGH NJW **79**, 2351). Über strafb Hdlgen Dr kann der Gläub nur dann Ausk fordern, wenn dies zur Berechng seines SchadErsAnspr unbedingt erforderl ist (BGH NJW **76**, 193). Die AuskPfl obliegt dem **Schuldner des Hauptanspruchs**, dh demjenigen, gg den der LeistgsAnspr geltd gemacht w soll (BGH **56**, 262). Der Kunde kann aber vom E-Werk Mitteilg verlangen, wer über seinen Zähler irrtüml mitversorgt worden ist (LG Bln NJW **82**, 2782); der HausVerw muß dem Mieter Name u Anschrift des Vermieters bekanntgeben (AG Köln u Hbg NJW-RR **89**, 269, 666); der Verein muß dem beim Fußballspiel Verletzten Name u Anschrift des Verletzers mitteilen (LG Köln NJW-RR **86**, 832); ebso hat der Urheber gg den Kunsthändler od Versteigerer ein AuskAnspr, wenn dieser ein dem FolgeR (UrhG 26) unterliegdes Gesch vermittelt hat (BGH **56**, 262). Der Krankenhausträger ist auf Verlangen des Patienten verpflichtet, Name u Anschrift des behandelnden Arztes mitzuteilen (Düss NJW **84**, 670).

dd) Der AuskAnspr aus § 242 umfaßt grdsl nicht das Recht, die **Vorlage von Unterlagen** zu fordern (BGH Betr **71**, 1416); Ausn kommen in bes gelagerten Fällen in Betracht (BGH aaO, s auch § 810). Dem pflichtteilsberecht Erben steht gg den vom Erbl Beschenkten im Rahmen des Erforderl ein **Wertermittlungsanspruch** zu (BGH NJW **86**, 127, krit v Mohrenfels NJW **87**, 2559). Beim **Arztvertrag** erstreckt sich die AuskPfl auf Diagnose, Art u Verlauf der Behandlg u den Grd von aufgetretenen Komplikationen (MüKo/Keller § 260 Rdn 15). Der AuskAnspr umfaßt hier auch das Recht auf Einsicht in die Krankenunterlagen (BGH **85**, 327, krit Ahrens NJW **83**, 2609). Bei psychiatrischer Behandlg besteht ein solches Einsichtsk dagg idR nicht (BGH **85**, 341). Das EinsichtsR kann auf Erben od Angeh übergehen, soweit ein berecht Interesse besteht u die ärztl SchweigePfl nicht entggsteht (BGH NJW **83**, 2627).

ee) Einzelfälle. Unter den Voraussetzgen von aa)–dd) sind auskberecht: ein VertrPartner gg den and wg der BemessgsGrdl seines Anspr (BGH **LM** § 242 (Be) Nr 5); der Käufer, der das Haus zu den Gestehgkosten gekauft hat, wg der entstandenen Kosten (BGH Betr **70**, 1533); der Eigtümer wg der vom Besitzer gezogenen Nutzgen (RG **137**, 211, BGH JR **54**, 460); der GrdstEigtümer ggü der Bank wg der Höhe des zur GrdSchuldAblösg erforderl Betrages (Oldbg WPM **85**, 748); der gem § 615 zahlgspfl ArbG wg den ArbN wg anrechenb Einkünfte (BAG NJW **74**, 1348, **79**, 285, wendet HGB 74c II entspr an); der SichgGeb (ggf der SichgNeh) wg des Verbleibs des SichgGuts (Brschw BB **56**, 903); der VorbehEigtümer wg des Verbleibs der gelieferten Ware, beim verlängerten EigtVorbeh auch wg der Außenstände aus Weiterverkaufen (Köln NJW **57**, 1032); dieser Anspr richtet sich im Konk uU gg den KonkVerw (BGH **49**, 11, NJW **80**, 2463); der KonkVerw gg den AnfGegner, wenn der Grd des Anspr feststeht (BGH **74**, 380); der UnterhBerecht u UnterhPflichtige hins der BemessgsGrdl des UnterhAnspr (s §§ 1605, 1361 IV, 1580), die Eltern eines vollj Kindes hins der Voraussetzgen für ihre pro-rata-Haftg (BGH NJW **88**, 1906), uU auch wg Ändergen des GesundhZustandes (Schlesw SchlHA **82**, 110) u der Bemühgen um einen ArbPlatz (Brschw FamRZ **87**, 284); die Eheg untereinand über Vermögensmindergen gem § 1375 II (BGH **82**, 137) u zur Vorbereitg einer AuseinanderS über den vorhandenen Hausrat (KG FamRZ **82**, 68); der weiche Erbe gg den Hoferben wg der BemessgsGrdl seines AbfindgsAnspr (BGH **91**, 171); der nichtehl Sohn gg den Vater wg der Bemessg des Anspr auf vorzeit ErbAusgl (Nürnb NJW-RR **86**, 83); der pflichtteilsberecht Erbe gg den vom Erbl Beschenkten (BGH **61**, 184, NJW **86**, 127); der Nacherbe wg etwaiger Schenkgen des Vorerben (BGH **58**, 239); der ursprüngl aus einem LebensVersVertr BezugsBerecht gg die Erben des VersNeh wg etwaiger Änd des BezugsR (BGH NJW **82**, 1807). Bes häufig greift die aus § 242 hergeleitete AuskPfl bei **Schadensersatzansprüchen** ein (s aa). Der AuskAnspr kann auch iF der Amts- od Staatshaftg im ordentl RWeg geltd gemacht w (BGH **78**, 276, **81**, 24). Dagg sind die VerwGer zuständ, wenn der Postkunde Ausk über den Namen des Beamten verlangt, dch den er geschädigt worden ist (BVerwG **10**, 277, NJW **75**, 1334). Weitere Einzelfälle: Verletzg von WettbewVerbot (BAG NJW **67**, 1879); von Vorschr des UWG (BGH **LM** UWG 1 Nr 144, Pietzner GRUR **72**, 151); kein AuskAnspr darü, ob Werbebehauptgen richtig sind (BGH **LM** § 242 (D) Nr 66); Verletzg von AlleinverkaufsR (BGH NJW **57**, 1026); von KundenschutzAbk (BGH **LM** § 242 (Be) Nr 17); Abbau fremder Kohle (RG **110**, 16); Kiesabbau in Überschreitg der bestehdn Dbk (BGH NJW-RR **86**, 876); AuskAnspr der Gema bei Verletzg musikal VerwertgsR (BGH **95**, 279, 288); Verbreitg von kreditschädigden Behauptgen (BGH NJW **62**, 731). Entspr gilt, wenn nicht SchadErs, sond gem § 1004 Beseitigg verlangt w (RG **158**, 379, BGH BB **84**, 2086, Ffm NJW **71**, 245).

3) Pflicht zur Rechenschaftslegung, Voraussetzungen: Eine allg Pfl zur RechenschLegg besteht nicht, erforderl ist bes RGrd (RG **102**, 236, BGH NJW **57**, 669).

a) Für eine Reihe von Fällen hat das G eine Pfl zur RechenschLegg **ausdrücklich angeordnet.** So bei Auftr (§ 666), GeschBesVertr (§ 675), GoA (§ 681), unerl EigenGeschFg (§ 687 II), für geschführden Gesellschter (§ 713), Eltern (§ 1698), Vormd (§ 1890), Vorerbe (§ 2130 II), TestVollstr (§ 2218). Rähnl ist die Pfl zur Rechngslegg, die dem Vormd (uU auch den Eltern) ggü VormschG obliegt (§§ 1840, 1841, 1667 II). SonderVorschr in WEG 28 III u IV, in § 8 der MaBV für Gewerbetreibde gem GewO 34c, ferner in HGB 87c für Abrechng über Provision des HandelsVertr.

b) Besorgung fremder Angelegenheiten. – aa) Diesen ausdr geregelten Fällen (insb §§ 687 II, 681, 666) ist iVm § 242 der Grds zu entnehmen, daß rechenscheggspflichtig jeder ist, der fremde Angelegenh besorgt od solche, die zugl fremde u eig sind (RG **73**, 288, **110**, 16, **164**, 350, BGH **10**, 385, NJW **59**, 1963, stRspr). Pfl zur RechenschLegg daher bei BauBetrVertr, auch wenn § 675 unanwendb (Locher NJW **68**, 2324), nicht aber bei FestpreisVereinbg (Hamm NJW **69**, 1439), bei MietVertr hinsichtl der Heizkosten (BGH NJW **82**, 574, LG Mannh NJW **69**, 1857), bei vertragl od Zwangslizenz (RG **127**, 243), bei partiarischer Beteiligg an Gewinn (KG OLG **19**, 390, einschränkd RG **73**, 288), bei rechenschpflicht Verw aGrd eines nichtigen Vertr (RG HRR **33**, 3), nicht dagg bei WärmeliefergsVertr, wenn es für die Höhe des Entgelts nicht auf die tats entstandenen Kosten ankommt (BGH NJW **79**, 1304), bei Pfl zur Herausg von Nutzgen an Eigtümer (RG **137**, 212, uU aber AuskPfl). – **bb)** Auch **rechtswidriges Verhalten** kann Pfl zur RechenschLegg begründen (arg § 687 II). SchadErsPfl umfaßt zwar an sich keine Pfl zur RechenschLegg (RG HRR **30**, 966), wohl aber dann, wenn dch die schädigde Hdlg obj ein Gesch des Geschädigten besorgt worden ist u dieser ein schutzwürd Interesse an RechenschLegg h. Demgem RechenschLegg bei Verletzg fremder UrheberR od gewerbl SchutzR (vgl § 687 Anm 2c), bei Verletzg eines vertragl AlleinVerkR (RG **92**, 203), bei verbotswidr abgeschl Gesch eines HandelsVertr (BGH JW **28**, 2092), bei Vereitelg eines Vertr, bei dessen Erf Rechensch zu legen gewesen wäre (RG **89**, 103, BGH MDR **63**, 300), nicht aber bei irreführder Werbg (BGH **LM** § 242 (Be) Nr 35).

4) Inhalt u Erf a) der AuskPfl, b) der Pfl zur RechenschLegg. – **a) Auskunft.** Sie ist eine WissensErkl u bedarf grdsl der Schriftform. Sie muß alle Informationen enthalten, die zur Dchsetzg des GläubAnspr erforderl sind (RG **127**, 244, BGH NJW-RR **87**, 876). Der Schu muß die offenstehden Informationsquellen (eig AuskPfl) ausschöpfen (BGH NJW **89**, 1601). Er kann in den Grenzen des § 242 zur Wiederholg der Ausk verpflichtet sein (BGH NJW-RR **88**, 1073); uU besteht Pfl, eine Wertermittlg zu ermöglichen (Anm 2 d dd). IdR aber kein Anspr auf Vorlage von Belegen (BGH **LM** § 810 Nr 5 Bl 2); and bei Pfl zur RechenschLegg u nach § 1605 I S 2 bei AuskPfl im UnterhR. Entstehde Kosten gehen zu Lasten des Schu (s BGH **84**, 32). Der mit der Erteilg der Ausk verbundene ArbAufwand darf nicht in einem Mißverhältn zur Bedeutg der Ausk stehen, jedoch kann Gläub die erforderl Arb uU selbst übernehmen (BGH **70**, 91). – **aa)** Bezieht sich AuskPfl auf Inbegr von Ggständen (vgl Anm 2c) gilt für ihren Inh § 260 I. Danach hat Schu **Bestandsverzeichnis** vorzulegen. Dieses muß alle Aktiva, aber auch Passiva enthalten (BGH **33**, 374). Es kann in einer Mehrh von Verzeichn bestehen, die zus die Ausk darstellen (BGH **LM** § 260 Nr 14). **Ergänzung** kann Gläub verlangen, wenn Schu inf Irrt einen Teil des Bestandes weggelassen h (RG **84**, 44, BGH **LM** § 260 Nr 1). Im übr begründen materielle Mängel des Verzeichn keinen Anspr auf Ergänzg, sond auf Abgabe einer eidesstattl Vers (BGH **LM** ZPO § 254 Nr 3 u 6, Anm 6). – **bb)** AuskPfl w auch **erfüllt,** wenn Bes eines herauszugebden Inbegr od Vorn auskpflicht Hdlg verneint, uU genügt entspr mündl Erkl (BGH Betr **69**, 1014, s auch BGH **86**, 26 zu ZPO 840). Keine Erf aber, wenn der Pflichtige die Ausk als unricht widerrufen hat (BGH NJW **86**, 423) od wenn er ohne eine entspr Frage die tatsächl Voraussetzgen einer AuskPfl bestreitet (BGH NJW **59**, 1219, WPM **71**, 443).

b) Wesentl Inhalt der **Pflicht zur Rechenschaftslegung** ist die Mitteilg einer Rechng (RG **108**, 7), dh einer übersichtl u in sich verständl ZusStellg der Einnahmen u Ausg (BGH NJW **82**, 573, Betr **89**, 773, Köln NJW-RR **89**, 528). Belege sind, soweit solche üblicherw gegeben w, vorzulegen, beim Auftr sind sie herauszugeben (§ 667). Verzögert sich Rechngslegg, muß Schu uU vorläuf Abrechng vorlegen (LG Stgt NJW **68**, 2337). Keine Erf, wenn Berecht die Posten erst in Büchern od Belegen zussuchen muß od wenn wicht Belege fehlen (RGZ **100**, 150). Erf aber, wenn Schu Einnahmen u Ausgaben verneint (oben a bb). Materielle Unvollständigk begründet keinen Anspr auf **Ergänzung,** sond gem § 259 II Anspr auf Abgabe der eidesstattl Vers (BGH **LM** ZPO § 254 Nr 3 u 6, aA BGH Betr **82**, 2393, vgl Anm 6). ErgänzgsAnspr aber, wenn Rechng aGrd gefälschter Unterlagen aufgestellt (RG HRR **33**, 465), wenn in der Aufstellg best zeitl od sachl Teile völl fehlen (BGH NJW **83**, 2244, Köln FamRZ **85**, 935), ferner in den oben a aa angeführten Fällen.

c) Anspr auf Ausk od Rechensch kann idR nur mit dem zGrde liegden R **abgetreten** w (BGH NJW **89**, 1602, Karlsr FamRZ **67**, 692). Ist der Gläub des AuskAnspr (Erbe) einem and (PflichtBerecht) auskpflicht, kann er den Anspr aber an diesen abtreten (BGH aaO). Abtr des HauptAnspr erstreckt sich iZw auf Ausk- od RechenschAnspr. Anspr aktiv u passiv vererbl, jedoch uU Befreiung des Erben wg Unvermögens, § 275 (RG HRR **33**, 569). Für Pfl auf Ausk oder RechenschLegg gilt iZw der gleiche ErfOrt wie für die zGrde liegde HptPfl (Karlsr NJW **69**, 1968, Düss NJW **74**, 2185, vgl auch § 261 I S 2). Bei Rechngslegg ggü mehreren ist an sich § 432 anwendb, doch ist Schu uU Vervielfältigg zuzumuten (RG DR **41**, 2191); neben den AuskAnspr der PersMehrh kann bei einem berecht Interesse ein IndividualAnspr des einz Gläub treten (BayObLG Rpfleger **72**, 262). Kann endgült Ausk (Rechensch) nicht innerh angem Fr erteilt w, besteht uU Pfl zur vorläuf Ausk od Rechensch (LG Stgt NJW **68**, 2337). Ggü Anspr auf Ausk od RechenschLegg kein ZbR wg ErsAnspr des Schu (vgl § 273 Anm 5c).

§ 261 4–6

d) Anspr auf Ausk od RechenschLegg kann abbedungen w (Stgt NJW **68**, 2338). **Verzicht** kann aber gg § 138 verstoßen; bei BaubetreuungsVertr ist Verzicht idR gem §§ 5, 8 MaBV unzul. EntggNahme von Leistgen des Pflichtigen enthält iZw keinen Verz auf Ausk od RechenschLegg (Mü HRR **41**, 628). Gläub verliert Anspr auf Rechensch über Verletzergewinn nicht dadch, daß er zunächst Ausk zur Vorbereit eines SchadErsAnspr verlangt hat (BGH NJW **73**, 1837, 1839). Anspr **verjährt** idR gem § 195 in 30 Jahren; ist der HauptAnspr verjährt, ist idR auch der AuskAnspr wg Wegfall des Informationsinteresses nicht mehr dchsetzb (BGH NJW **85**, 384).

e) Klage auf Ausk od RechenschLegg kann gem ZPO 254 mit Klage auf Abgabe der eidesstattl Vers u Herausg verbunden w. Bei StufenKl Urt zunächst nur über Ausk od RechenschLegg, erst wenn sie erfolgt ist, auf Abgabe der eidesstattl Vers u schließl auf Herausg (BGH **10**, 386, **LM** ZPO 254 Nr 3 u 7). Urt muß zu erteilde Ausk so konkret wie mögl bezeichnen, uU aber allg Fassg unvermeidl (BGH Betr **70**, 1533); Urt auf Ausk, das SchadBerechng nach entgangener Lizenzgebühr ermöglicht, schließt AuskKl wg Herausg des Verletzergewinnes nicht aus (BGH NJW **73**, 1837). Übergang von Ausk- zur ZahlgsKl ist gem ZPO 264 Nr 2 u 3 keine KlÄnd, ist also jederzeit zul (BGH NJW **79**, 926). ZwVollstr bei Urt auf Ausk od RechenschLegg richtet sich, da es sich um eine nichtvertretb Hdlg handelt, nach ZPO 888 (KG NJW **72**, 2093); ausnahmsw kann auch ZPO 887 (vertretb Hdlg) zutreffen (LAG Ffm Betr **71**, 2220).

5) Der Umfang der AuskPfl u der Pfl zur RechenschLegg bemißt sich nach dem Grds der Zumutbark (BGH NJW **82**, 574). Der Anspr entfällt od ist **eingeschränkt,** wenn Gefahr besteht, daß Berecht Ausk zu vertrfremden Zwecken, insb zum Wettbew, mißbraucht (RG **127**, 245, BGH **10**, 387, NJW **66**, 1117); ebso wenn sonst Treu u Gl entggstehen (RG **148**, 281, BGH **14**, 58). Ggf ist Ausk an zur Verschwiegenh verpflichtete Pers zu erteilen (BGH **LM** § 260 Nr 6, PatG 47 Nr 5). Anspr ist ausgeschl, wenn Gläub sich aus ihm zugängl Unterlagen selbst unterrichten kann (BGH **LM** § 242 (Be) Nr 25, WPM **71**, 1196); wenn der Schu zur AuskErteilg nicht befugt ist (BGH NJW **79**, 2351); wenn die Ausk dazu benutzt w soll, VertrStrafAnspr zu begründen (v Ungern-Sternberg WRP **84**, 59); wenn feststeht, daß Gläub aGrd der Ausk od RechenschLegg keinesf etwas fordern könnte (BGH NJW **85**, 385, Düss NJW **88**, 2389). Dagg kann Schu sich nicht darauf berufen, daß er sich bei wahrheitsgem Ausk od RechenschLegg einer strafb Hdlg bezichtigen müßte (BGH **41**, 318); auch Störg des ErinnergsVerm befreit den Schu nicht (RG DR **41**, 2335). Langes Zuwarten kann Verwirkg begründen (BGH **39**, 92); trotzdem kann nachträgl Ausk verlangt w, wenn Bedenken gg Zuverlässigk erst später auftreten (BGH **39**, 93).

6) Eidesstattliche Versicherung (§§ 259 II u III, 260 II u III, 261), sie ist aGrd des Ges vom 27. 6. 70 an die Stelle des Offenbargseides getreten. Es handelt sich um eine **materiellrechtliche** Pfl, die auch durch mehrere eidesstattl Versichergen erfüllt w kann (BGH NJW **62**, 245). Einen Anspr auf Überprüfg der Rechng dch einen Sachverst sieht das Ges nicht vor (BGH NJW **92**, 64); er kann aber durch Vertr begründet w.

a) Voraussetzung: Begründeter Verdacht, daß die in der Rechng enthaltenen Angaben über die Einnahmen (§ 259 II) bzw das Bestandsverzeichn (§ 260 II) nicht mit der erforderl Sorgf erstellt worden sind. Maßgebd das GesVerhalten des Schu (BGH **LM** § 259 Nr 8). Inhaltl Mängel sind weder erforderl noch ausr, entscheidd ist eine Verletzg der SorgfPfl (BGH **89**, 139). Nicht ausreichd, daß Schu Ausk vor Kl verweigert h (BGH NJW **66**, 1117). Ein Grd zur Abgabe der eidesstattl Vers liegt auch nicht darin, daß das Verzeichnis ohne Zuziehg von Zeugen aufgestellt worden ist od daß Schu Belege erst später vorgelegt h (KG JR **49**, 410). Unschädl auch Weglassg eines Teils des Bestandes inf entschuldb RIrrt (BGH **LM** § 260 Nr 1). Unvollst, mehrf berichtete Angaben können Ann mangelnder Sorgf begründen (BGH **LM** § 259 Nr 8), erst recht das Verschweigen von wesentl Tats (BGH **41**, 322). Der Erbe wird in der Verpfl zur eidesstattl Vers frei, wenn er alle Mängel behebt (BGH **104**, 369). Eidesstattl Vers erstreckt sich bei RechenschLegg nur auf Vollständigk der **Einnahmen.** Grd: Unvollständigk der Ausgaben benachteiligt RechenschPflichtigen selbst. TestVollstr hat nach RG Gruch **58**, 441 auch wg Ausg Pfl zur eidesstattl Vers. Bei Bestandsverzeichn (§ 260 I) bezieht sich Pfl zur eidesstattl Vers uU auf Passiva (BGH **33**, 375).

b) Für Anspr auf eidesstattl Vers besteht **kein Rechtsschutzinteresse,** wenn Gläub auf einfachere Weise umfassde Klarstellg erreichen kann (BGH **55**, 206). Anspr auf eidesstattl Vers tritt daher uU hinter dem an sich gleichrang Anspr auf Bucheinsicht zurück (BGH aaO). Im HandelsvertreterR ist er ggü dem Anspr aus HGB 87 c IV subsidiär (BGH **32**, 302, Saarbr OLGZ **88**, 234). Vgl ferner § 259 III u 260 III. Pfl zur Abgabe der eidesstattl Vers w nicht dadch ausgeschl, daß Schu strafb Hdlg offenb muß (BGH **41**, 322).

c) Verfahren (§ 261). **aa)** Schu kann eidesstattl Vers **freiwillig** vor Ger der freiw Gerichtsbk abgeben (FGG 163, 79). Ger h nicht zu prüfen, ob Grd zur Ann einer unsorgfältigen Ausk (Rechng) besteht (KGJ **45**, 112). Gläub muß aber eidesstattl Vers dch Klage od in sonstiger Weise verlangt h (BayObLG **53**, 135). Eidesstattl Vers im FGG-Verfahren ist auch noch nach Urt mögl, zust ist der RPfleger (RPflG 3 Nr 1b). Abg vor Notar ist nicht ausr (Zweibr MDR **79**, 492). – **bb)** Wird eidesstattl Vers verweigert, muß Gläub **Klage erheben,** die gem ZPO 254 mit Klage auf Ausk (RechenschLegg) u Leistg verbunden w kann (vgl Anm 4e). **Vollstreckung** des Urt: ZPO 889. VollstrG ist AmtsG, zust RPfleger (RPflG 20 Nr 17), jedoch ist die Anordg der Erzwinggshaft dem Ri vorbehalten (RPflG 4 II Nr 2). – **cc) Formel** der eidesstattl Vers kann zur Verdeutlichg geändert w (§ 261 II). Bsp: RG **125**, 260, BGH **33**, 375. Zust bei freiw eidesstattl Vers das Ger der freiw Gerichtsbk, andernf das Proz- oder VollstrG. Änderg dch VollstrG uU auch dann zul, wenn Formel der eidesstattl Vers im Urt rechtskr festgelegt (Bambg NJW **69**, 1304/2244, str). – **dd) Kosten** der eidesstattl Vers trägt gem § 261 III, wer diese verlangt. Gilt für Abn der eidesstattl Vers im FGG-Verf u nach ZPO 889 (KG JW **34**, 1982, aA Hansens JurBüro **86**, 830), nicht dagg für Kosten nach ZPO 889 II, 888. Auch ProzKosten, die dch Streit um Anspr auf Abgabe der eidesstattl Vers entstanden sind, fallen nicht unter § 261 III (MüKo/Keller Rdn 4).

Inhalt der Schuldverhältnisse. 1. Titel: Verpflichtung zur Leistung §§ 262, 263

262 *Wahlschuld; Wahlrecht.* **Werden mehrere Leistungen in der Weise geschuldet, daß nur die eine oder die andere zu bewirken ist, so steht das Wahlrecht im Zweifel dem Schuldner zu.**

1) **Wahlschuld. a)** Sie liegt vor, wenn mehrere **verschiedene Leistungen** in der Weise geschuldet w, daß nach späterer Wahl nur eine von ihnen zu erbringen ist. Es besteht nur ein einheitl Anspr mit alternativen Inh. Die zunächst unbest, aber bestimmb Leistg wird dch die Wahl auf eine best Leistg konkretisiert. Eine Wahlschuld ist auch gegeben, wenn sich das WahlR nicht auf verschiedene LeistgsGgst, sond auf versch **Modalitäten der Erfüllung** (Zeit, Ort) bezieht (RG **57**, 141, Ziegler AcP **171**, 198, MüKo/Keller Rdn 4, aA RG **114**, 395, Larenz § 11 II, wohl auch BGH NJW **83**, 996 für den Fall eines Wahlgerichtsstandes mit SchuWahlR). Dagg sind die §§ 262ff unanwendb, wenn für eine geschuldete Leistg, etwa SchadErs od Honorar, versch **Berechnungsarten** bestehen (BGH NJW **66**, 826, Stgt NJW **70**, 287). – **b)** Das **Wahlrecht** ist ein GestaltgsR. Nach § 262, der keine bloße Ausleggsregel, sond eine Ergänzg des PartWillens ist, steht es iZw dem Schu zu. In der Praxis des RVerk wird es dagg idR dem Gläub übertragen. Es kann dch vertragl Abrede auch einem Dr überlassen w; in diesem Fall sind die §§ 317ff entspr anwendb (Staud-Selb Rdn 13, str). – **c) Entstehung.** Die Wahlschuld kann dch Vertr, Vfg vTw (§ 2154) od Ges begründet w. Bsp vereinbarter Wahlschulden sind: WahlR zw Geld- u Naturalpacht (BGH **81**, 137, NJW **62**, 1568), zw versch Währgen (RG **126**, 197, **168**, 247), zw versch Arten der AuseinandS (RG **114**, 395), zw verschiedenen zu stelllen od freizugebden Sicherh (BGH WPM **83**, 926, 928). Ges Wahlschulden sind selten. Die in diesem ZusHang oft genannten §§ 179, 280 II u 557 I sind nach richt Ans Fälle der elektiven Konkurrenz (Anm 3b).

2) Die Wahlschuld hat im BGB eine **wenig überzeugende Regelung** gefunden. Ihr enger Begriff umfaßt von den SchuldVerh mit Wahlmöglichk nur einen Teil, u zwar gerade den, der in der Praxis selten vorkommt. Die §§ 262ff, insb der § 264, sind in „Gesetzesform gegossene schlechte Begriffsjurisprudenz" (Ziegler AcP **171**, 216). Wenn einer Part nach RGesch od Ges Wahlbefugn zustehen, ist viel keine Wahlschuld, sond je nach der Interessenlage eine der ihr ähnl RFiguren (Anm 3) anzunehmen.

3) **Abgrenzung. a) Gattungsschuld.** Über die Abgrenzg zw der beschr Gattgsschuld (§ 243 Anm 1 d) u der Wahlschuld entscheidet der PartWille. Bei der beschr Gattgsschuld verstehen die Part den Vorrat, aus dem geleistet w soll, als eine Menge gleichart Ggst, bei der Wahlschuld als eine Anzahl von individuell geprägten verschiedenartigen Ggst (MüKo/Keller Rdn 8). Bei der Gattungsschuld sind Sachen mittlerer Art u Güte zu liefern (§ 243), dagg ist der Berecht bei der Wahlschuld in der Leistungsbestimmg frei (§ 263 Anm 1). In der Praxis überwiegt die Gattgsschuld. Der **Spezifikationskauf** (HGB 375), bei dem der Käufer über Form, Maß od ähnl Modalitäten der Kaufsache bestimmen kann, ist idR eine Gattgsschuld (hM); er kann aber im Einzelfall als eine Wahlschuld ausgestattet sein (Ziegler AcP **171**, 207). Mögl ist auch eine Kombination von Wahl- u Gattgsschuld in der Weise, daß jeder der wahlw geschuldeten Ggst nur nach Gattgsmerkmalen bestimmt ist (BGH NJW **60**, 674).

b) Elektive Konkurrenz. Währd bei der Wahlschuld nur eine Fdg mit alternativem Inh besteht, stehen dem Gläub bei der elektiven Konkurrenz wahlw **mehrere**, inhaltl verschiedene **Rechte** (Fdgen od GestaltgsR) zu (Soergel-Wolf Rdn 8). Bsp für ein solches Nebeneinander von GläubR sind: Wandlg u Minderg (§ 462); SchadErs wg NichtErf u Rücktr iF der §§ 325, 326 (RG **109**, 186, Düss NJW **72**, 1051); WegnR u VergütgsAnspr iF des § 951 (BGH **LM** § 946 Nr 6); ErfAnspr u VertrStrafe iF des § 340 (Ziegler AcP **171**, 205, str); Minderg u Nachbesserg iF der §§ 633, 634 (MüKo/Keller Rdn 12, aA Köln OLGZ **68**, 259); Erf- u SchadErsAnspr iF des § 179 (Hilger NJW **86**, 2237, aA RG **154**, 62); SchadErsAnspr u Anspr aus § 281 (MüKo aaO, str); KündR aus 564b II Nr 1 u IV (Hbg NJW **83**, 183). Die §§ 262ff sind weder unmittelb noch analog anzuwenden. Das gilt insb für § 263 (allgM). Ob die Wahl bindd ist od ein *jus variandi* besteht, ist dem RegelgsZusHang der Norm zu entnehmen, die die konkurrierden GläubR begründet.

c) Ersetzungsbefugnis *(facultas alternativa).* **aa)** Das BGB hat sie nicht geregelt, obwohl sie in der Praxis häufiger vorkommt als die Wahlschuld. Die §§ 262ff sind weder unmittelb noch entspr anwendb (RG **132**, 14, **136**, 130). Ob die Wahl bindend ist od der Berecht ein *jus variandi* hat, ist dch Auslegg des Ges od RGesch zu entscheiden, auf dem die *facultas alternativa* beruht. – **bb)** Die Schuld mit einer **Ersetzungsbefugnis des Schuldners** hat im Ggs zur Wahlschuld von Anfang an einen best Inh. Der Schu ist aber berecht, anstelle der an sich geschuldeten Leistg eine and als Leistg an Erf Statt zu erbringen. Ges Bsp sind ua §§ 244 I (RG **101**, 313), 251 II, 528 I S 2, 775 II, 1973 II 2, 2170 II S 2. Ersetzgsbefugn des Schu können auch dch Vertr begründet w, dch formularmäß Klauseln aber nur in den Grenzen von AGBG 10 Nr 4 (s dort). Gibt der KfzKäufer seinen Gebrauchtwagen in Zahlg, liegt darin die Begründg einer Ersetzgsbefugn (BGH **46**, 338, **89**, 128). Das gilt aber nicht, wenn der KfzHändler zur Vermeidg einer MehrwertsteuerPfl hins des Gebrauchtwagens lediglich als Vermittler auftritt (s BGH NJW **80**, 2191). Wird die Primärleistg dch Zufall unmögl, wird der Schu auch dann frei, wenn die ErsLeistg weiterhin erbracht w könnte (Esser-Schmidt § 14 III 1, hM). Dagg bleibt der Anspr auf die Primärleistg unberührt, wenn die ErsLeistg unmögl w (RG **94**, 60). – **cc)** Bei der Schuld mit einer **Ersetzungsbefugnis des Gläubigers** hat dieser das Recht, statt der an sich geschuldeten Leistg eine and zu fordern. Ein ges Bsp ist § 249 S 2 (BGH **5**, 209). Vertragl Abreden über die Begründg einer *facultas alternativa* des Gläub dienen vielf der Wertsicherg; sie sehen zu diesem Zweck vor, daß der Gläub statt des geschuldeten Geldbetrages Naturalleistgen verlangen kann (BGH **81**, 137, NJW **62**, 1568). Der Schu kann die Verbindlichk (anders als iF der Wahlschuld) erfüllen, ohne daß der Gläub die Ausübg der Wahl abwarten od eine Fr gem § 265 II setzen zu müssen. Für die Unmöglichk der Primär- od ErsLeistg gilt dasselbe wie bei der Ersetzgsbefugn des Schu (oben bb). Im übrigen ist der Unterschied zur Wahlschuld mit einem WahlR des Gläub gering (s Erler, Wahlschuld mit WahlR des Gläub usw, 1964).

263 *Ausübung des Wahlrechts; Wirkung.* **I Die Wahl erfolgt durch Erklärung gegenüber dem anderen Teile.**

II Die gewählte Leistung gilt als die von Anfang an allein geschuldete.

§§ 263–266

1) Das WahlR ist ein GestaltsR. Es gehört zum Inh des SchuldVerh u geht daher mit auf den RNachfolger des wahlberecht Gläub od Schu über. Es wird dch eine einseit, empfangsbedürft WillErkl **ausgeübt**. Die Erkl ist wie alle rechtsgestaltdn WillErkl grdsl bedinggsfeindl (Einf 6 b v § 158). Sie kann auch dch schlüss Hdlg erfolgen, etwa dch Angebot od Ann der Leistg od dch Klage. Schlüss Verhalten ist aber nur dann als WillErkl zurechenb, wenn der Berecht von seinem WahlR wußte od er jedenf mit ihm rechnete (§ 133 Anm 4 c). Steht das WahlR mehreren gemeins zu, muß die Wahl von ihnen übereinstimmd erklärt w (s BGH **59**, 190). § 243, wonach iZw eine Sache mittlerer Art u Güte zu leisten ist, ist nicht entspr anwendb (Staud-Selb Rdn 3). Die Wahl ist an Treu u Glauben gebunden (BGH WPM **83**, 926, 928); sie kann, auch wenn sie vor der Leistg erfolgt, **nicht widerrufen** od geändert w (eine wenig zweckmäß Regelg). Da § 263 dispositives Recht ist, können die Part aber vertragl ein *jus variandi* begründen (RG **136**, 130). Die WahlErkl ist nach Maßg der §§ 119 ff anfechtb. Bereits erbrachte Leistgen können nach wirks Anf gem § 812 zurückgefordert w. Auch bei Leistg in Unkenntn des WahlR besteht ein Anspr aus § 812. Auf die Fälle der elektiven Konkurrenz u der Ersetzgsbefugn findet § 263 keine Anwendg (§ 262 Anm 3).

2) Dch die WahlErkl tritt eine **rückwirkende Konzentration** des SchuldVerhältn auf die gewählte Leistg ein **(II)**. Bei Unmöglichk einer einzelnen Leistg w § 263 II aber dch § 265 modifiziert (s dort).

264 *Verzug des Wahlberechtigten.*
I Nimmt der wahlberechtigte Schuldner die Wahl nicht vor dem Beginne der Zwangsvollstreckung vor, so kann der Gläubiger die Zwangsvollstreckung nach seiner Wahl auf die eine oder auf die andere Leistung richten; der Schuldner kann sich jedoch, solange nicht der Gläubiger die gewählte Leistung ganz oder zum Teil empfangen hat, durch eine der übrigen Leistungen von seiner Verbindlichkeit befreien.

II Ist der wahlberechtigte Gläubiger im Verzuge, so kann der Schuldner ihn unter Bestimmung einer angemessenen Frist zur Vornahme der Wahl auffordern. Mit dem Ablaufe der Frist geht das Wahlrecht auf den Schuldner über, wenn nicht der Gläubiger rechtzeitig die Wahl vornimmt.

1) Die Vorschr, bes ihr Abs 1, zeichnet sich dch Lebensferne u Schwerfälligk aus (s auch § 262 Anm 2). Die Wahlschuld begründet **keine Pflicht zur Wahl**. Eine Kl auf Vorn ist nicht mögl. Verzögert der Schu die Wahl, kommt er nicht in Verzug.

2) Ist der **Schuldner wahlberechtigt**, gibt das Ges dem Gläub nicht die Möglichk dch FrSetzg den Übergang des WahlR herbeizuführen. Der Gläub muß vielm LeistgsKl mit alternativen KlAntrag erheben. Nach Erlaß eines entspr Urt kann er bestimmen, wg welcher Leistg vollstreckt w soll (**I 1, 1. Halbsatz**). Gleichwohl hat der Schu weiterhin das WahlR; nach Beginn der ZwVollstr (ZPO 750, 803 ff, 829) kann er das WahlR aber nicht mehr dch Erkl, sond nur noch dch tats Leistg ausüben (**I 1, 2. Halbsatz**, RG **53**, 82). Sobald der Gläub (teilw) befriedigt ist, erlischt das WahlR des Schu. Gem ZPO 815 III, 819 tritt Befriedigg des Gläub bereits ein, wenn der GVz das gepfändete Geld od den Versteigerlös in Besitz nimmt.

3) Ist der **Gläubiger wahlberechtigt**, kann der Schu dch FrSetzg den Übergang des WahlR auf sich herbeiführen (II). Die FrSetzg setzt AnnVerzug voraus. Dazu genügt gem § 295 ein wörtl Angebot. Die FrSetzg ist entbehrl, wenn der Gläub die DchFührg des Vertr ernsth u endgült verweigert (RG **129**, 145).

265 *Unmöglichkeit bei Wahlschuld.*
Ist eine der Leistungen von Anfang an unmöglich oder wird sie später unmöglich, so beschränkt sich das Schuldverhältnis auf die übrigen Leistungen. Die Beschränkung tritt nicht ein, wenn die Leistung infolge eines Umstandes unmöglich wird, den der nicht wahlberechtigte Teil zu vertreten hat.

1) Allgemeines. Die Vorschr trägt den mögl verschiedenart Interessenlagen nicht ausr Rechng (s Ziegler AcP **171**, 211). Sie ist aber nachgieb Recht. Stillschw Abbedingg ist anzunehmen, wenn ihre Anwendg den VertrAbs widerstreiten würde (RG **90**, 395). Der Unmöglichk steht es gleich, wenn das Versprechen einer der Leistgen gg ein ges Verbot (§ 134) verstößt od formunwirks (§ 125) ist (RG Gruch **48**, 973); Voraussetzg ist jedoch, daß die verbleibde Leistg auch ohne die ungült vereinb worden wäre (RG aaO, § 139).

2) Unmöglichkeit. a) Bei **anfänglicher** Unmöglichk aller Leistgen ist der Vertr gem § 306 nichtig; ggf ist § 307 anwendb. Ist nur eine Leistg unmögl, tritt in Dchbrechg des § 139 keine GesNichtigk ein; das SchuldVerh beschränkt sich vielm auf die mögl Leistg **(Satz 1)**. Zu prüfen ist aber jeweils, ob der Wille der Part diesem Ergebn entggsteht (Anm 1). – **b) Nachträgliche** Unmöglichk **vor der Wahl:** Werden alle Leistgen unmögl, gelten die allg Regeln (§§ 275 ff, 323 ff). Wird nur eine Leistg unmögl, beschränkt sich das Schuldverh auf die mögl Leistg **(Satz 1)**. Das gilt jedoch nicht, wenn die Unmöglichk von der nicht wahlberecht Part zu vertreten ist **(Satz 2)**. Wählt in diesem Fall der wahlberecht Schu die unmögl Leistg, gilt § 275 (ggf mit § 324). Der wahlberecht Gläub kann bei Wahl der unmögl Leistg gem § 280 od § 325 SchadErs verlangen. – **c)** Unmöglichk **nach der Wahl:** Unmöglichk der nicht gewählten Leistg ist für das SchuldVerh unerhebl. Wird die gewählte Leistg unmögl, gelten gem § 263 II die allg Bestimmgen (§§ 275 ff, 323 ff); interessengerecht wäre zumindest in diesem Fall ein *jus variandi*.

266 *Teilleistungen.*
Der Schuldner ist zu Teilleistungen nicht berechtigt.

1) § 266 hat den **Zweck**, Belästiggen des Gläub dch mehrfache Leistgen zu verhindern (RG **79**, 361).

Inhalt der Schuldverhältnisse. 1. Titel: Verpflichtung zur Leistung § 266 2–5

2) Teilleistung. – a) Der Begriff wird vom Ges nicht definiert. Die §§ 280 II, 320 II, 323 I 2, 325 I 2, 420, 427, 431, 432, die gleichf Probleme der Teilleistg regeln, sind für die Ausleg des § 266 unergieb. Eine einheitl BegrBildg ist nicht mögl, da jede Vorschr entspr ihrer Zweckbestimmg ausgelegt w muß (Coing SJZ **49**, 532). Teilleistg iS des § 266 ist jede unvollst Leistg (MüKo/Keller Rdn 3). Dabei sind die obj Gegebenh maßgebd, nicht die Auffassg des Schu. § 266 ist auch dann anwendb, wenn der Schu die obj unvollst Leistg subj für vollst hält (Soergel-Wolf Rdn 15, aA Heinzelmann NJW **67**, 534). Von der Teil-Leistg begriffl zu unterscheiden ist die Leistg eines *aliud*. Für die Abgrenzg kommt es darauf an, ob die erbrachte Leistg dch weitere Leistgen zu der geschuldeten GesLeistg ergänzt w könnte (Teilleistg) od nicht („AndersLeistg"). Die prakt Bedeutg der Unterscheidg ist jedoch gering, da Gläub in beiden Fällen ein AblehngsR hat. Das Verbot des § 266 gilt auch für die **Hinterlegung** u die Künd eines TeilBetr dch den Schu (RG **111**, 401).

b) Der Begr der **teilbaren Leistung** (§§ 420, 427, 431, 432) stimmt mit dem der Teilleistg weder überein noch ist er aus ihm ableitb. Er ist aber deshalb für § 266 von Bedeutg, weil die ausnw bestehde Pfl zur Ann von Teilleistgen (Anm 4) grdsl nur bei teilb Leistgen in Betracht kommt. Teilb ist eine Leistg, wenn sie ohne Wertminderg u ohne Beeinträchtigg des LeistgsZwecks in Teilleistgen zerlegt w kann (Staud-Selb Rdn 3, RGRK § 420 Rdn 9). Das trifft idR zu bei Leistg von Geld od und vertretb Sachen (RG **67**, 261, **75**, 310), GattgsLeistgen, Herausg von hinterlegtem Geld (BGH **90**, 196), Lieferg von mehreren aGrd eines Kauf-Vertr geschuldeten Sachen, Dienstleistgen (RG JW **11**, 756). Unteilb sind die Leistgen, deren Ggst nicht geteilt w kann, wie die Verpfl zur Herstellg eines Werkes (RG JW **11**, 756), zur tatsächl Übergabe (Herausgabe) einer best Sache (RG **89**, 207, **119**, 169, BGH **65**, 227, *arg* 432 I 2), zur Verschaffg des Eigt od eines Rechts (RGRK § 420 Rdn 11: TeilEigt ist ggü VollEigt nicht *minus* sond *aliud*, str), zur Naturherstellg gem § 249 S 1 (RG **67**, 275), zur RückÜbertr einer GrdSch (BGH WPM **69**, 211), zur Gebrauchsgewähr an einer Mietsache (Düss NJW-RR **86**, 507), zur Unterlassg (Übbl 3 vor § 420). Auch bei einer im natürl Sinn teilb Leistg kann sich aus dem **Leistungszweck** u der Eigenart der auf den LeistgsGgst gerichteten Fdg die Unteilbark der Leistg (rechtl Unteilbark) ergeben (§ 432 Anm 1a).

3) Sind aus einem SchuldVerh **mehrere Forderungen** entstanden, so ist die Erf einer dieser Fdgen keine Teilleistg, sond vollst Erf. § 266 ist dementspr unanwendb bei Zahlg einer von mehreren rückständ Mietzinsraten (KG OLG **22**, 290). Das gilt ebso für Unterhalt, HypZinsen, Beiträge u Renten. Anspr auf VerspätgsSchaden u VertrStrafe sind kein Teil der HauptFdg, sond auf einem zusätzl RGrd beruhde NebenFdg (§ 284 Anm 6, str, aA Staud-Selb Rdn 3). § 266 daher unanwendb, wenn Schu allein die HauptFdg (NebenFdg) bezahlt. Das gilt ebso für das Verh von HauptFdg zu Zinsen u Kosten, jedoch ist Leistg gem § 367 zunächst auf Zinsen u Kosten anzurechnen. Schuldet der Schu neben einer noch mögl Teilleistg SchadErs wg des unmögl gewordenen Teils, handelt es sich gleichf um zwei Anspr (str).

4) Ausnahmsweise ist Teilleistung zulässig:

a) Das kann sich aus einer **Parteivereinbarung** ergeben, die auch stillschw zustande kommen kann. Beim SukzessivliefergsVertr (Einf 6 v § 305) ist die Abwicklg dch Teilleistg VertrInhalt. § 266 gilt für die jeweilige Teilleistg.

b) Aufrechnung: Es darf mit einer geringeren gg eine größere Fdg aufgerechnet w (allgM). Die §§ 387 ff wären sonst weitgehd leerlaufd, da gleich hohe Fdgen sich selten aufrechenb ggüstehen. Zul auch Aufr mit einem Teil der GgFdg (RG **79**, 360, hM); TeilAufr kann aber gem § 242 unzul sein, wenn sie eine für den Gläub unzumutb Belästigg darstellt.

c) Der **Wechsel- und Scheckinhaber** muß Teilzahlgen annehmen (WG 39 II, ScheckG 34 II). Eine Pfl zur Ann von Teilzahlgen besteht bei Mietkautionen gem § 550 b I 3, in der Zwangsvollstreckg (*arg* ZPO 757) u im KonkVerteilgsVerf (KO 149) sowie nach Erlaß eines TeilUrt (MüKo/Keller Rdn 1). Im **Enteignungsverfahren** darf Eigtümer die behördl festgesetzte Entschädigg auch dann nicht zurückweisen, wenn sie zu niedr ist (BGH **44**, 59, NJW **67**, 2011).

d) Eine weitere Einschränkg ergibt sich aus dem Grds von **Treu und Glauben** (§ 242). Der Gläub darf Teilleistgen nicht ablehnen, wenn ihm die Ann bei verständ Würdigg der Lage des Schu u seiner eig schutzwürd Interessen zuzumuten ist (BGH VersR **54**, 298, **LM** Nr 2). Die Frage hat insb für Teilleistgen von HaftPflVersicherern bei bestr AnsprHöhe prakt Bedeutg (für Zulässigk der Teilleistg in derart Fällen Ruhkopf VersR **60**, 13, Schmidt DAR **68**, 143; einschränkd Rother NJW **65**, 1749, Roidl NJW **68**, 1865). Ihre Entscheidg erfordert in jedem Einzelfall eine sorgf Abwägg der beiderseit Interessen (Baumgärtel VersR **70**, 971). AnnPfl des Gläub ist zu bejahen, wenn Schu in vertretb Würdigg der Umst der Ans sein durfte, er leiste alles, was er schulde (Düss NJW **65**, 1763, Hamm VersR **67**, 383) oder wenn nur ein geringfüg SpitzenBetr fehlt (RG SeuffA **77**, 22, Schlesw FamRZ **84**, 187). Anders liegt es, wenn ein marktstarker Schu (Versicherer) den SpitzenBetr offenläßt, um dem Gläub weg des auf die RestFdg konzentrierten Prozeßrisikos von einer Klage abzuhalten. Wenn Schu nach seiner finanziellen Lage zur vollst Leistg außerstande ist od wenn Schu sich zur zusätzl Zahlg bereit erklärt, sofern ein weitergehder Anspr bewiesen w, muß der Gläub annehmen (Nürnb VersR **65**, 1184). Dagg ist die Ann von Teilleistgen unzumutb, wenn sie als Verz auf die MehrFdg gedeutet w könnte (Düss VersR **66**, 1055) od wenn ein leistgsfähiger Schu eine offensichtl nicht ausr Leistg anbietet.

5) Der Gläub kann die Teilleistg ablehnen, er muß es nicht. Für den Schu treten iF der Ablehng die **Nichterfüllungsfolgen** (§§ 286, 320, 326) hins der GesLeistg ein. Nimmt der Gläub die Teilleistg widerspruchslos an, obwohl Schu sie als vollst bezeichnet, gilt § 363. Die **Zuvielleistung** hat das Ges nicht geregelt (s Reichelt AcP **130**, 176). Gläub kann bei Unteilbark ablehnen. Bei Teilbark muß er das Geschuldete annehmen, sofern dch Trenng keine unzumutb Aufwendgen entstehen u Schu zur Rückn der Mehrleistg bereit ist (Werner BB **84**, 221).

299

6) § 266 gilt nicht **für den Gläubiger.** Dieser kann Teilleistgen fordern u einklagen, es sei denn, daß ausnw § 242 entggsteht. Zul daher auch TeilKl auf Übereign eines GrdstTeils (BGH WPM **78**, 193). Bei Teilklagen kann Gläub den aufrechnden Bekl nicht auf den nicht eingeklagten FdgsTeil verweisen (§ 389 Anm 3). Das gilt entspr bei TeilErf (BGH WPM **66**, 160). Bei TeilErf vor Klagerhebg kann Gläub aber den verbleibden Rest (ganz od teilw) geltd machen u dadch Anrechg auf den nicht eingeklagten FdgsTeil herbeiführen (BGH aaO). Zul ist auch die TeilVollstr (Schlesw Rpfleger **76**, 224).

7) Das **Gericht** kann grdsl keine Teilzahlgen bewilligen. Ausn: § 1615i (rückständ Unterh), § 1382 (ZugewinnAusgl), §§ 1934b u 2331a (ErbErs- u PflTAnspr); in bes AusnFällen kommt auch § 242 als Grdl für eine Bewilligg von Teilzahlgen in Betracht, so uU beim RückzahlgsAnspr des Wucherers (RG **161**, 58) od dem VergütgsAnspr eines Fluchthelfers (BGH NJW **77**, 2358). Im VollstrVerf können gem ZPO 813a ZahlgsFr bewilligt w. Das VertragshilfeG ist auch insow dch Zeitablauf überholt (vgl § 242 Anm 7).

267 Leistung durch Dritte.
I Hat der Schuldner nicht in Person zu leisten, so kann auch ein Dritter die Leistung bewirken. Die Einwilligung des Schuldners ist nicht erforderlich.

II Der Gläubiger kann die Leistung ablehnen, wenn der Schuldner widerspricht.

1) Allgemeines. § 267 beruht auf dem Gedanken, daß der Gläub idR nur an der Herbeiführg des LeistgsErfolgs, nicht aber an der Pers des Leistden interessiert ist. Er gilt grdsl für alle SchuldVerhältn, auch für GrdSchulden (BGH NJW **69**, 2238, WPM **70**, 1517) u für SchuldVerhältn des öffR (s AO 48). Er ist unanwendb, wenn der Schu **in Person** zu leisten hat. Das ist nach gesetzl Ausleggsregeln iZw anzunehmen beim Dienstverpflichteten (§ 613), Beauftragten (§ 664), Verwahrer (§ 691) u geschäftsführden Gesellschaftern (§ 713). Die höchstpersönl LeistgsVerpfl kann sich auch aus einer ausdr od stillschw ParteiVereinbg od der Natur der Sache ergeben, so etwa bei UnterlVerpfl u bei Geldstrafen (BGH **23**, 224, RGSt **30**, 232).

2) Abgrenzung. Dritter iSd § 267 ist nicht: **a)** Wer als **Vertreter** od ErfGehilfe (§ 278) des Schu leistet. – **b)** Wer in Erf einer **eigenen Verbindlichkeit** leistet, so der GesSchu (§ 421), der Bürge (BGH **42**, 56, Celle WPM **88**, 1084), der Versicherer, der aufgrund eines TeilgsAbk zahlt (BGH NJW **70**, 134), der DrittSchu iFd ZPO 829 (LG Brem NJW **71**, 1366), die einen Wechsel einlöse Bank (BGH **67**, 79), der FdgKäufer (RG **167**, 298, 301, BGH Rpfleger **82**, 412, Mü WPM **88**, 1847). Mögl ist aber auch eine sog doppelte TilggsBestimmg (Anm 3b), dh eine Leistg zugl auf die eig Schuld u als Dritter auf die Verbindlichk des Schu (s RG **120**, 208, BGH **70**, 396).

3) Voraussetzungen. a) Der Dritte muß die **Leistung** bewirken. Zu ErsLeistgen ist er nicht berecht; er kann nicht aufrechnen (RG **119**, 4), nicht hinterlegen (MüKo/Keller Rdn 10, aA KG JW **28**, 2563) u keine Leistg an Erf Statt erbringen. – **b)** Der Dritte muß mit dem **Willen** leisten, die Verpfl des Schu zu tilgen (BGH **46**, 325, **75**, 303; NJW **83**, 2106). Dabei kommt es nicht auf den inneren Willen des Dritten, sond darauf an, wie der Gläub sein Verhalten verstehen durfte (BGH **40**, 276, **72**, 248). Das gilt auch dann, wenn zweifelh ist, ob der Leistde als Dr od als Bü gezahlt hat (BGH NJW **86**, 251). Fehlt eine solche TilggsBest, etwa bei der Leistg eines PutativSchu, liegt keine wirks Erf vor; der Anspr des Gläub besteht weiter. Der BereicherungsAusgl findet zw dem Dritten u dem Gläub statt (Anm 4b cc). Der Dritte hat aber in den Grenzen von § 242 die Möglichk, die TilggsBestimmg nachzuholen (BGH NJW **64**, 1898, **83**, 814, **86**, 2700, str, offen gelassen in BGH **75**, 303). Mögl ist auch eine doppelte TilggsBestimmg, wonach zugl die Verpfl des Schu u eine eig Verbindlichk erfüllt w soll (BGH **70**, 396). Auch insow kommt es aber nicht auf den inneren Willen, sond auf den obj ErklWert an (BGH **72**, 249). – **c)** Der Gläub kann die Leistg **ablehnen**, wenn der Schu widerspricht (II). Der Widerspr kann ggü dem Gläub od ggü dem Dr erklärt w. Er bindet den Gläub nicht; dieser bleibt in seiner Entscheidg frei. Ist dem Gläub die Pers des Leistden nicht zuzumuten (zB Ehebrecher), kann er gem § 242 auch ohne Widerspr des Schu ablehnen. Hat der Gläub dem Schu eine Sache unter EigtVorbeh geliefert, entfällt das KlRecht des Gläub aus ZPO 771, wenn der PfändgsGläub den RestKaufPr gem § 267 leistet, da die aufschiebde Bdgg eintritt u der Schu Eigtümer der gepfändeten Sache w. Das WidersprR des Schu aus § 267 II kann der PfändgsGläub dadch ausräumen, daß er das AnwartschR gem ZPO 857 pfänden läßt (BGH **75**, 228, NJW **54**, 1328). Das gilt entspr bei einer auflösd bedingten SichgsÜbereign (Celle NJW **60**, 2196).

4) Rechtsfolgen. a) Das SchuldVerhältn **erlischt** (§ 362), ebso die für den Gläub bestellte Sicherh (BGH Betr **75**, 2432). Lehnt der Gläub die Leistg ab, gerät er (vorbehaltl Anm 3c) in AnnVerzug. Die mangelh Drittleistg bewirkt ebso wie die mangelh SchuLeistg idR keine Erf (§ 362 Anm 1b). Für Folge- u Begleitschäden u SchutzPflVerletzgen haftet der Dr (Rieble JZ **89**, 830). – **b)** Der **Rückgriff des Dritten** regelt sich nach seinem RVerhältn zum Schu. Als AnsprGrdl kommen Auftr, GoA od Gesellsch in Betracht. Ein gesetzl FdgÜbergang findet nicht statt. Bei einer **rechtsgrundlosen** Drittleistg ist zu unterscheiden: **aa)** Bestand zw dem Dritten u dem Schu kein gült RVerhältn, findet der BereichergsAusgl zw dem Dritten u dem Schu statt (BGH **70**, 396, Betr **75**, 2432). Ein BerAnspr gg den Gläub ist nicht gegeben (BGH **72**, 248). – **bb)** Bestand der Anspr nicht, den der Dritte tilgen wollte, hat er einen BerAnspr gg den ScheinGläub (MüKo/Keller Rdn 16, Pinger AcP **179**, 326, Bulla JuS **83**, 758, aA Wieling JuS **78**, 803). – **cc)** Leistet der Dritte in der irrigen Annahme, er sei selbst der Schu, erlischt der Anspr nicht (Anm 3b). Der BerAnspr richtet sich (vorbehaltl einer nachträgl TilggsBestimmg) gg den Gläub (RG HRR **33** Nr 995, LG Frankenthal Rpfleger **81**, 373, BVerwG **48**, 284, § 812 Anm 5 B cdd aE).

268 Ablösungsrecht des Dritten.
I Betreibt der Gläubiger die Zwangsvollstreckung in einen dem Schuldner gehörenden Gegenstand, so ist jeder, der Gefahr läuft, durch die Zwangsvollstreckung ein Recht an dem Gegenstande zu verlieren, berechtigt, den Gläubiger zu befriedigen. Das gleiche Recht steht dem Besitzer einer Sache zu, wenn er Gefahr läuft, durch die Zwangsvollstreckung den Besitz zu verlieren.

II Die Befriedigung kann auch durch Hinterlegung oder durch Aufrechnung erfolgen.

III Soweit der Dritte den Gläubiger befriedigt, geht die Forderung auf ihn über. Der Übergang kann nicht zum Nachteile des Gläubigers geltend gemacht werden.

1) Allgemeines. § 268 gibt dem Dritten, wenn er dch ZwVollstr ein Recht od den Besitz am Ggst der ZwVollstr verlieren könnte, ein eig **Ablösungsrecht** u damit eine wesentl stärkere RStellg als die des § 267: Die Ablösg führt nicht zum Erlöschen, sond zum Übergang der Fdg (Anm 3); der Widerspr des Schu ist ohne Wirkg. § 268 gilt auch bei der Ablösg öffentl Fdgen (BGH **75**, 24, NJW **56**, 1197). Entspr Vorschr enthalten §§ 1142, 1143, 1150, 1223 II, 1224, 1249.

2) Voraussetzungen. a) Der Gläub muß die ZwVollstr betreiben. Nicht erforderl ist, daß das VollstrOrgan bereits tätig geworden ist. Ein VollstrAntr des Gläub genügt. Soweit die in Anm 1 angeführten Sonder-Vorschr anwendb sind, setzt der Schutz bereits früher ein. Das AblösgsR entfällt mit der Beendigg der Vollstr, dh idR mit der Erteilg des Zuschlags (s RG **123**, 340, **146**, 322). – **b)** Die ZwVollstr muß wg einer GeldFdg betrieben w (Staud-Selb Rdn 3) u sich gg einen dem **Schuldner gehörenden** Ggst (Anm 2 v § 90) richten. Ist das nicht der Fall, bleibt dem Dritten nur der Weg des § 267. Wenn er selbst Eigtümer ist, kann er gem ZPO 771 intervenieren. – **c) Drohender Rechts- oder Besitzverlust.** Erforderl ist grdsl das Bestehen eines dingl Rechts. Eine ZwangsHyp genügt (LG Verden Rpfleger **73**, 296), ebso eine Vormkg (Kiel HRR **34**, 1663). Geschützt sind der unmittelb wie der mittelb Besitz. Das AblösgsR besteht grdsl auch dann, wenn der Ablösde unberecht Besitzer ist. – **d)** Der Dritte muß den **Willen** haben, die drohde ZwVollstr abzuwenden (RG **146**, 323, aA Köln WPM **89**, 278). Dagg kommt es iü auf die Willensrichtg des Dr u sein RVerhältn zum Schu nicht an (s BGH NJW **56**, 1197).

3) Der Dritte hat das Recht, den Gläub **zu befriedigen**. Er übt dabei – and als iF des § 267 – ein eig Recht aus (RG **150**, 60). Er kann die geschuldete Leistg bewirken. Wenn die Voraussetzgen des § 372 erfüllt sind, kann die Befriedigg auch dch Hinterlegg erfolgen **(II)**. Ebso ist trotz fehler Ggseitigk der Fdgen Aufr mögl **(II)**. Ein etwaiger Widerspr des Schu berecht den Gläub nicht, die Leistg abzulehnen.

4) Rechtsfolgen. a) Mit der Befriedigg des Gläub geht die Fdg kr Ges (§ 412) mit allen NebenR (§ 401) auf den Dritten über **(III 1)**. Das gilt auch für eine öffrechtl Fdg; sie verwandelt sich aber dch die cessio legis in einen privrechtl Anspr (BGH **75**, 25, Rimmelspacher ZZP **95**, 281). – **b)** Der Gläub darf dch den FdgÜbergang nicht schlechter gestellt w, als wenn der Schu selber geleistet hätte **(III 2):** nemo subrogat contra se (s die entspr Regelgen in §§ 426 II 2, 774 I 2, 1143 I 2, 1164 I 2, 1607 II 3 u Herpers AcP **166**, 454). Bei einer Teilbefriedigg hat die dem Gläub verbleibde TeilFdg den **Vorrang** vor dem auf den Dritten übergehnden TeilAnspr; dementspr erwirbt der Dritte an den akzessorischen SicherngsR (Hyp, PfandR) eine nachrangige Teilberechtigg (RG **131**, 325, BGH LM § 426 Nr 26, Celle NJW **68**, 1140/1936). Im Konk des Schu darf der Dritte seine nachrangige Fdg anmelden (RG **82**, 403), muß aber die auf ihn entfalle Quote an den Gläub auskehren, soweit das zu dessen Befriedigg erforderl ist. Der Vorrang des Gläub beschränkt sich auf die (teilw) abgelöste Fdg u die aus ihr entstandenen sekundären Anspr (SchadErs, Zinsen, Kosten); and Fdgen des Gläub w von ihm nicht erfaßt (RG **76**, 195, **136**, 43, BGH **92**, 379, Herpers aaO S 456).

269 *Leistungsort.*

I Ist ein Ort für die Leistung weder bestimmt noch aus den Umständen, insbesondere aus der Natur des Schuldverhältnisses, zu entnehmen, so hat die Leistung an dem Orte zu erfolgen, an welchem der Schuldner zur Zeit der Entstehung des Schuldverhältnisses seinen Wohnsitz hatte.

II Ist die Verbindlichkeit im Gewerbebetriebe des Schuldners entstanden, so tritt, wenn der Schuldner seine gewerbliche Niederlassung an einem anderen Orte hatte, der Ort der Niederlassung an die Stelle des Wohnsitzes.

III Aus dem Umstand allein, daß der Schuldner die Kosten der Versendung übernommen hat, ist nicht zu entnehmen, daß der Ort, nach welchem die Versendung zu erfolgen hat, der Leistungsort sein soll.

1) Allgemeines. a) Leistgsort ist der Ort, an dem der Schu die **Leistungshandlung** vorzunehmen hat. Begriffl davon zu unterscheiden ist der Ort, an dem der Leistgserfolg eintritt (Erfolgsort, Bestimmgsort). Beide Orte können zusfallen, müssen es aber nicht: Bei der **Bringschuld** ist der Wohns des Gläub sowohl Leistgs- als auch Erfolgsort. Bei der **Schickschuld** (Hauptanwendgsfälle: Geldschuld, § 270, u Versendungskauf, § 447) ist der Wohns des Schu Leistgsort; der Leistgserfolg tritt dagg am Wohns des Gläub ein. Bei der **Holschuld** nimmt der Schu die LeistgsHdlg an seinem Wohns vor; dort tritt auch die ErfWirkg u damit der LeistgsErfolg ein. Den LeistgsOrt bezeichnet das Ges auch als **Erfüllungsort** (s §§ 447 I, 644 II, ZPO 29). Dieser Sprachgebrauch ist nicht unproblemat, weil unter „Erfüllg" nicht die Vornahme der LeistgsHdlg, sond die Herbeiführg des LeistgsErfolgs zu verstehen ist (§ 362 Anm 1). Der Terminus „ErfOrt" hat sich aber so allg dchgesetzt, daß Kritik nicht mehr sinnvoll ist. – **b) Bedeutung:** § 269 legt fest, an welchem Ort der Schu zu leisten hat. Nur wenn der Schu am LeistgsOrt handelt, kann er den Gläub in AnnVerzug setzen, selbst dem SchuVerzug entgehen u bei GattgsSchulden die Konkretisierg herbeiführen (§ 243 Anm 3). Die Part dürfen iZw nicht mehr tun, als sie zu tun verpflichtet sind; der Schu darf daher bei Holschulden auch bringen od schicken, der Gläub bei Bring- od Schickschulden auch holen. Mittelbare Bedeutg hat der Leistgsort für den GerStand, fr auch für das anzuwendde Recht: **aa)** Für Streitigk aus einem VertrVerhältn u über dessen Bestehen ist neben dem Ort des Gerichtssitzes auch der Ort zuständ, an dem die str Verpfl zu erfüllen ist. Welcher das ist, bestimmt § 269. AnknüpfgsPunkt für den **Gerichtsstand** des ZPO 29 ist der gesetzl LeistgsOrt. Vereinbgen der Part über den ErfOrt sind für den GerStand ohne Wirkg; etwas and gilt nur dann, wenn die Part Vollkaufleute, jur Pers des öffR od öffrechtl SonderVerm sind (ZPO 29 II). – **bb)** Welches **Recht** auf das SchuldVerhältn anzuwenden ist, richtet sich nach dem PartWillen (EG 27). Fehlt eine PartVereinbg, unterliegt der Vertr gem EG 28ff dem Recht des Staates, mit dem er die engste Verbindg

§ 269 1–3   2. Buch. 1. Abschnitt. *Heinrichs*

aufweist. Das ist idR der Staat, in dem die Part, die die charakteristische Leistg zu erbringen hat, bei VertrSchl ihren gewöhnl Aufenth hat. Die fr übl hilfsweise Anknüpfg an das Recht des Erfüllgsortes (BGH 57, 72) spielt prakt keine Rolle mehr. – cc) Welche **Verkehrssitte** auf das SchuldVerhältn anzuwenden ist, bestimmt sich bei regionalen Unterschieden nach den gleichen Grds wie zu bb (BGH LM HGB 346 (B) Nr 7 u 8, str). – c) **Anwendungsbereich:** § 269 gilt für SchuldVerhältn aller Art, auch für UnterlAnspr (BGH NJW 74, 410, Anm 4). Er ist auch auf sachenrechtl Anspr anzuwenden, etwa auf den Anspr aus § 985 (BGH 79, 214), ebso auf Anspr aus familien- od erbrechtl Tatbestd (Anm 6a v § 241). § 269 bestimmt an sich nur den Leistgsort iSd kleinsten polit Einh (Gemeinde). Er ist aber auf die Leistgsstelle innerh des Ortes entspr anzuwenden, gilt also auch für **Platzgeschäfte** (RG 78, 141, BGH 87, 110). – d) Der Leistgsort ist grdsl **für jede** einzelne **Verpflichtung besonders** zu bestimmen (MüKo/Keller Rdn 5). Das gilt auch für ggs Vertr (RG 140, 69, Karlsr NJW-RR 86, 351) u für GesSchuldVerhältn (RG LZ 19, 148). Aus Abreden der Part (Anm 2) od der Natur des SchuldVerhältn (Anm 3) kann sich aber ein einheitl Leistgsort ergeben. **Nebenpflichten** sind iZw am Ort der Hauptverpflichtg zu erfüllen (RG 70, 199). Das gilt zB für Rechensch- u AuskPfl (Karlsr NJW 69, 1968, Düss NJW 74, 2185) sowie für den VertrStrafAnspr (RG 69, 12). Anspr gg den Bürgen haben dagg einen selbstd Leistgsort (RG 137, 11), ebso die Verpfl aus einer Schuldmitübernahme (Ffm MDR 80, 318, Schlesw SchlHA 81, 189).

2) Wo der LeistgsOrt ist, unterliegt in erster Linie der **Bestimmung der Parteien. – a)** Erforderl ist eine **Vereinbarung** der Part. Sie kann ausdr od stillschw getroffen w. Einseit Erkl nach VertrSchl, insb Vermerke auf Rechngen, genügen nicht (RG 57, 410, 65, 331). Sie können aber bei ständ GeschVerbindg zw Kaufleuten uU VertrInh w (AGBG 2 Anm 6b). Ausr ist die Festlegg in einem kaufm BestätiggsSchreiben, sofern der Empfänger nicht widerspricht (§ 148 Anm 2b). Entspr gilt für den Vermerk in der Schlußnote des Maklers (RG 59, 350). Erfüllen beide Teile den Vertr sogleich nach Abschluß am selben Ort, so kann darin die stillschw Vereinbg dieses Orts als LeistgsOrt liegen (RG 102, 283). Bei ggs Vertr ist iZw anzunehmen, daß sich die ErfOrtAbrede auf die beiderseit Verpfl erstreckt. – **b)** Die Vereinbg muß den **Ort der Leistungshandlung** (Anm 1a) **festlegen.** Vielfach hat die Vereinbg eines ErfOrts nur den Zweck, den GerStand u das anzuwendde Recht zu bestimmen (Anm 1b). Derart Abreden sind für den Leistgsort iSd § 269 ohne Bedeutg (RG 41, 361). Das gilt auch für Abmachgen, die den Schu zur Übersendg der Sache verpflichten, insow idR ist bei Schickschulden ist der Leistgsort der Wohns des Schu (Anm 1a). Die Übernahme der **Versendungskosten** ändert daher den Leistgsort nicht. Entspr gilt für die Übernahme der Versendgsgefahr (RG 68, 78, 114, 408, *arg* § 270 I, IV) u für die ledigl den § 270 I wiederholde Abrede „zahlb in" (Hbg JW 38, 1891). Auch die Vereinbg einer Akkreditivgestellg läßt den Leistgsort unberührt (BGH NJW 81, 1905), idR kein Klauseln wie „frei Hbg" (RG 111, 24), „bahnfrei" und „franko" (RG 114, 408). Sie können bloße Kostenklauseln od Gefahrtraggsregeln darstellen, ausnw aber auch den Leistgsort festlegen (s BGH NJW 84, 567). Die im ÜberseeGesch übl Transportklauseln verändern den Leistgsort; nach der cif-Klausel ist der Verschiffgshafen Leistgsort (RG 87, 134, Schüssler Betr 86, 1163), ebso der fob-Klausel (RG 106, 212, LG Bochum AWD 76, 42, Hüffer JA 81, 148). – **c)** Der GerStand des ZPO 29 wird dch ErfOrtVereinbgen nur dann begründet, wenn die Part Kaufleute od jur Pers des öffR sind (Anm 1b aa).

3) Natur des Schuldverhältnisses. – a) Bei fehler PartBestimmg entscheiden die **Umstände,** insb die Natur des SchuldVerhältn, über den LeistgsOrt. Zu den wesentl Umst gehört die VerkSitte (§ 157), bei Gesch des HandelsVerk der Handelsbrauch (HGB 346). Bei LadenGesch des tägl Lebens ist nach der VerkSitte für beide Part das Ladenlokal LeistgsOrt (Stgt OLG 41, 244). Übernimmt der Verkäufer bei Gesch des AlltagsVerk die Anliefeg der Ware, ist idR eine Bringschuld anzunehmen (MüKo/Keller Rdn 18), LeistgsOrt ist also die Wohng des Käufers. Das gilt ebso für Lieferg von Heizöl, Kohle, Kartoffeln usw (Staud-Selb Rdn 14). Ist die Zeitg „frei Haus" zu liefern, genügt die Zustellg an der GrdstGrenze (AG Hanau NJW 89, 398). Warenschulden im HandelsVerk sind iZw Schickschulden (§ 447), LeistgsOrt ist mithin der Wohns des Verkäufers. Bei reinen GefälligkVertr ist der jeweilige Aufenthaltsort des Schu LeistgsOrt, bei der Verpfl zur Aufl od HypBestellg der Ort des GBAmtes (Stgt Recht 08, 3399), bei SchadErsAnspr wg der Verpfl zur Naturalrestitution (§ 249 S 1) der Ort der Schädigg (BGH NJW 81, 1158), uU aber auch der Ort, an der sich der entzogne od beschädigte Ggst ohne das schädigde Ereign befinden würde (BGH 5, 143). Für UnterlAnspr ist nicht der Ort der ZuwiderHdlg LeistgsOrt, sond der Wohns des Schu (BGH NJW 74, 410), für DarlAnspr nicht das GeschLokal der Bank, sond ebenf der Wohns des Schu (Vollkommer BB 74, 1316, aA AG Hbg ebda).

b) Bei **gegenseitigen Verträgen** ist der LeistgsOrt für die beiderseit Verpfl nicht notw einheitl (Anm 1d). Daß die beiderseit Leistgn Zug u Zug zu erbringen sind, reicht zur Bejahg eines gemeins LeistgsOrtes nicht aus (RG 49, 421, Hamm JMBlNRW 51, 247, LG Krefeld MDR 77, 1018, aA Stgt NJW 82, 529). Die Rspr tendiert aber vorsichtig dahin, in geeigneten Fällen den Ort, an dem die **vertragscharakteristische Leistung** zu erbringen ist, als Schwerpunkt des Vertr u als ErfOrt für die beiderseit Verpfl anzusehen. Als **gemeinsamer Erfüllungsort** in diesem Sinn gilt ua der Ort der ArbStätte beim ArbVertr (BAG Betr 83, 395, NZA 86, 366, EuGH IPRax 83, 173, s auch BGH 23, 54), u zwar auch für den Anspr auf Herausg von ArbPapieren (LAG Ffm Betr 84, 2200) u den RückFdgsAnspr bei Überzahlgen (BGH NJW 85, 1286); bei einem Reisenden ist aber dessen Wohns ErfOrt (BAG NJW-RR 88, 482); gemeins ErfOrt ist die Kanzlei des RA beim AnwVertr (Celle OLGZ 67, 329, Stgt AnwBl 76, 439, BayObLG MDR 81, 233, Darmstadt AnwBl 84, 503); der Ort der Dienstleistg beim DienstVertr (Düss Betr 72, 1065), nicht dagg beim HandelsvertreterVertr (BGH NJW 88, 966); der Kursusort beim UnterrichtsVertr (Karlsr NJW-RR 86, 351); der Ort der Werkstatt bei Kfz-Reparaturen (LG Brem NJW 65, 203, Düss MDR 76, 496, Ffm BauR Betr 78, 2217); der Ort des Bauwerks beim BauVertr (BGH NJW 86, 935, Düss BauR 82, 298, BayObLG 83, 64, Kblz NJW-RR 88, 1401) u beim ArchitektenVertr (Stgt BauR 77, 72, aA Nürnb BauR 77, 70, EuGH NJW 87, 1132 zu EuGVÜ 5); aber nur, wenn der Vertr das ganze Leistgsbild umfaßt, nicht, wenn nur die Plang übertragen ist (LG Kaiserslautern NJW 88, 652); der BeherberggsOrt beim BeherberggsVertr (Nürnbg NJW 85, 1297, LG Kempten BB 87, 929 mAv Nettesheim); der jeweilige Sitz der Gesellsch beim

GesellschVertr (Anm 5 a); der Ort der Wohng beim MietVertr über eine FerienWo (LG Flensb SchlHA **67**, 267, AG Neuss NJW-RR **86**, 1210). Auch bei sonst MietVertr ist der Ort, an dem sich das Mietobjekt befindet, vielf als ErfOrt für beide Teile anzusehen; jedoch kann auch eine am Beurteil in Betracht kommen (RG **140**, 69, LG Trier NJW **82**, 286). Bei **Kaufverträgen** sind idR getrennte LeistgsOrte anzunehmen. Ein einheitl LeistgsOrt ist aber zu bejahen, wenn der LeistgsAustausch nach ausdr vertragl Abrede Zug zum Zug in der gewerbl Niederlassg des Verkäufers erfolgen soll (s Stgt NJW **82**, 529), wenn das EKG anzuwenden ist (BGH **74**, 141: Niederlassg des Verkäufers), ferner in den oben a) angeführten Fällen.

c) Rückgewähransprüche. Gemeins LeistgsOrt für die Wandlg ist der Ort, an dem sich die Sache vertragsgem befindet (RG **55**, 112, **57**, 12, BGH **87**, 109, MDR **62**, 399). Entspr gilt für das gesetzl RücktrR (BGH WPM **74**, 1073, Nürnb NJW **74**, 2237, aA Muscheler AcP **187**, 386: Wohns des RücktrBerecht) u die Rückabwicklg iF des großen SchadErsAnspr (Hamm MDR **89**, 63). Beim vertragl RücktrR ist iZw anzunehmen, daß der vertragl ErfOrt auch für die RückgewährPfl maßgebd sein soll (Hamm MDR **82**, 141, str). Dagg sind Anspr aus § 812 am Wohns des RückgewährSchu zu erfüllen (BGH MDR **62**, 399). Für den MindergsAnspruch ist der Wohns des Verkäufers LeistgsOrt (RG Gruch **47**, 1150, MüKo/Keller Rdn 21), ebso für den Anspr auf Kaufpreisrückgewähr nach Maßg des EKG (BGH **78**, 260).

4) Gesetzlicher Leistungsort. – a) Versagen PartBestimmg u Umst, so ist LeistgsOrt der **Wohnsitz** (§ 7) des Schu bei Entstehg des SchuldVerhältn (I), für Gewerbeschulden der Ort des **gewerblichen Niederlassung** (II). Dieser Begriff ist ebso zu verstehen wie der in AGBG 14 (s dort Anm 3 a). Fehlt ein Wohns, so ist der Aufenthaltsort LeistgsOrt; bestehen mehrere Wohns, kann der Schu wählen (§ 262). – **b)** § 269 ist unanwendb, soweit das **Gesetz** dch Sonderregeln einen **Leistungsort** bestimmt. Regelgn dieser Art enthalten: §§ 261 I, 374, 604 I (Bringschuld Köln BB **72**, 1526), 697, 700, 811, 1194, 1200 I, VVG 36, ScheckG 2 II u III, WG 2 III, 75 Nr 4, 76 III. Das Ges über Zahlg aus öff Kassen v 21. 12. 38 (RGBl I S 1899) enthält hins des LeistgsOrtes keine bes Bestimmg; es gelten vielmehr §§ 269, 270 (s BGH **LM** § 2 des Ges über Zahlg aus öff Kassen Nr 1, Tappermann NJW **73**, 2095).

5) Änderung der Verhältnisse, Beweislast. – a) Der LeistgsOrt wird dch die **Verhältnisse bei Entstehung des Schuldverhältnisses** bestimmt. Bei bedingtem (befristeten) Gesch ist der AbschlZtpkt entscheidd, nicht der des Bdggseintritts (Stgt NJW-RR **87**, 1076). Die Part können **nachträglich** einen a LeistgsOrt vereinbaren (RG **106**, 211). Dagg ändert ein WohnsWechsel den LeistgsOrt nicht (BGH **36**, 15, LG Bln WPM **77**, 327), auch nicht bei einem DauerschuldVerh (BGH NJW **88**, 1914), ebsowenig der Wechsel der gewerbl Niederlassg (s Kblz MDR **50**, 45). Bei GesellschVertr ist jedoch iZw anzunehmen, daß für die Rechte u Pflten aus dem Vertr der jeweilige Sitz der Gesellsch LeistgsOrt sein soll (Blomeyer MDR **50**, 46). Ist die Erf am ursprüngl LeistgsOrt unmögl od unzumutb, ist gem § 242 ein neuer nach der Sach- u RLage **angemessener** LeistgsOrt zu bestimmen (RG **107**, 122, OGH **1**, 367, BGH BB **55**, 844). Als solcher kommt iF der Vertreibg der neue Wohns des Schu in Betracht (Celle NJW **53**, 1831). – **b)** Gem § 269 I ist iZw der Wohns des Schu LeistgsOrt. Wer aus einer Vereinbg od best Umst einen and LeistgsOrt herleiten will, trägt dafür die **Beweislast** (Baumgärtel-Strieder Rdn 1).

270 *Zahlungsort.* **I** Geld hat der Schuldner im Zweifel auf seine Gefahr und seine Kosten dem Gläubiger an dessen Wohnsitz zu übermitteln.

II Ist die Forderung im Gewerbebetriebe des Gläubigers entstanden, so tritt, wenn der Gläubiger seine gewerbliche Niederlassung an einem anderen Orte hat, der Ort der Niederlassung an die Stelle des Wohnsitzes.

III Erhöhen sich infolge einer nach der Entstehung des Schuldverhältnisses eintretenden Änderung des Wohnsitzes oder der gewerblichen Niederlassung des Gläubigers die Kosten oder die Gefahr der Übermittelung, so hat der Gläubiger im ersteren Falle die Mehrkosten, im letzteren Falle die Gefahr zu tragen.

IV Die Vorschriften über den Leistungsort bleiben unberührt.

1) Allgemeines. a) LeistgsOrt für Geldschulden ist idR der Wohns des Schu zZ der Entstehg des SchuldVerhältn (§ 269 I iVm § 270 IV). Der Schu ist aber verpflichtet, das Geld auf seine Gefahr u Kosten an den Wohns des Gläub zu übermitteln. Die Geldschuld ist danach Schickschuld mit der Besonderh, daß der Schu die Gefahr der Übermittlg trägt (**„qualifizierte Schickschuld"**). Dch die Regelg der Gefahrtragg ist die Geldschuld einer Bringschuld angenähert. Sie unterscheidet sich von dieser aber dadch, daß für die Rechtzeitigk der Leistg auf die Vornahme der LeistgsHdlg am Wohns des Schu ankommt (Anm 2 b) u daß der GerStand des ErfOrtes (ZPO 29) der Wohns des Schu ist. – **b)** § 270 gilt für **Geldschulden** jeder Art (§ 245 Anm 2), gleichgült ob es sich um Geldsummen- od Geldwertschulden handelt. Geldschuld iSd § 270 ist, zumindest wenn man der Konsensualvertragstheorie (Einf 1 b v § 607) folgt, auch der Auszahlgsanspr aus einem DarlVertr (MüKo/Keller Rdn 5). Dagg ist § 270 nicht anwendb, wenn der Beauftragte gem § 667 zur Herausg von Geld verpflichtet ist (BGH **28**, 128); er haftet für die Übermittlg nur im Rahmen der §§ 276, 278 (Coing JZ **70**, 245, Ostler NJW **75**, 2275). Entspr gilt für den Anspr aus § 812. Der Schu kann § 818 III die Kosten der Überweisg absetzen. Er wird, falls er nicht gem § 818 IV, 819, 279 verschärft haftet (BGH **83**, 297), frei, wenn der Geldbetrag bei der Übermittlg ohne sein Verschulden verloren geht (MüKo/Keller Rdn 4). – **c)** § 270 gilt (ebso wie § 269) auch im **Platzverkehr** (RG **78**, 140, BGH NJW **69**, 875, **LM** Nr 3 Bl 3). Er kann, sow Sondervorschr fehlen, entspr auf **öffentlichrechtliche** Geldschulden angewandt w. Das gilt auch für den Grds, daß der Gläub die Verzögergsgefahr (Anm 2 b) trägt (Picker RentenVers **84**, 182). – **d)** § 270 gibt nur eine **Auslegungsregel**. Sie tritt zurück, sow dch Ges od PartVereinbg etwas and bestimmt ist. Bei **gegenseitigen Verträgen** ist der Ort, an dem die vertragscharakteristische Leistg zu erbringen ist, vielfach auch für die vom and Teil geschuldete Geldleistg ErfOrt (§ 269 Anm 3 b); in diesen Fällen ist die Geldschuld daher Bringschuld. Gem AO 224 ist auch die Steuerschuld Bringschuld. Dagg sind

§§ 270, 271

Anspr aus Präsentationspapieren Holschulden (§ 269 Anm 1 a). Eine **Holschuld** liegt auch vor, wenn die Part Zahlg im **Lastschriftverfahren** (§ 675 Anm 5) vereinbart haben (BGH NJW **84**, 872, WPM **85**, 462). Der Schu hat das seinerseits Erforderl getan, wenn auf seinem Konto Deckg vorhanden ist (BGH **69**, 366). Für die rechtzeit Einziehg (Abbuchg) ist der Gläub verantwortl. Der Gläub trägt neben dem Verzögersauch das Verlustrisiko (Canaris, BankVertrR Rdn 642, Soergel-Wolf Rdn 11). Hat er versehentl nicht abgebucht, ist der Schu nach Aufforderg leistgspflicht (Düss BB **88**, 2208).

2) Der Schu hat das Geld an den Wohns des Gläub zu **übermitteln** (I). – **a)** Die **Art der Übermittlung** wird, soweit PartAbreden fehlen, vom Schu bestimmt. Eine Barzahlg kommt bei DistanzGesch kaum noch vor; sie ist bei größeren Beträgen selbst bei PlatzGesch selten. An ihre Stelle sind die verschiedenen Formen der bargeldlosen Zahlg getreten: Banküberweisg, Scheck, Postanweisg u Postscheck. Dagg gehört das LastschriftVerf nicht hierher, da seine Vereinbg eine Holschuld begründet (Anm 1 d). Die Überweisg ist Leistg an den Gläub, nicht an die Bank (BGH **53**, 142, **72**, 319). Zur Schuldtilgg ist der Überweisg ist der Schu berecht, wenn der Gläub sein Konto dch Aufdruck auf Briefen, Rechngen od dergleichen bekannt gegeben (BGH NJW **53**, 897) od in der Vergangenh Überweisgen widerspruchslos hingenommen hat (MüKo/Heinrichs § 362 Rdn 16). Die Tats, daß der Gläub ein Girokonto eröffnet hat, reicht dagg – abgesehen vom Verk zw Kaufleuten – als Einverständn mit einer Überweisg nicht aus (BGH aaO, Möschel JuS **72**, 298, str). Die Übersendg von Schecks erfolgt iZw erfüllshalber (§ 364 II). Ob der Gläub zur Entgtnahme des Schecks verpflichtet ist, ist Frage der Auslegg (§ 157). – **b)** **Leistungsort** ist idR der Wohns des Schu (§ 269 I iVm § 270 IV). Für die **Rechtzeitigkeit** der Leistg ist daher entscheidd, wann der Schu das zur Übermittlg des Geldes seinerseits Erforderl getan hat (BGH **44**, 179, NJW **64**, 499). Die **Verzögerungsgefahr**, dh das Risiko verspäteten Eingangs trotz rechtzeit LeistgsHdlg, geht zu Lasten des Gläub; sie fällt nicht unter § 270 I (MüKo/Keller Rdn 15, allgM). Die mit der Übermittlg befaßten Stellen (Post, Bank) sind insow keine ErfGehilfen des Schu. Die Leistg des Schu ist rechtzeitig, wenn er den Geldbetrag vor FrAblauf am LeistgsOrt bei der Post auf Postanweisg od Zahlkarte eingezahlt hat (RG **78**, 140). Bei einem vom Gläub angenommenen Scheck kommt es bei Übersendg dch die Post auf den Ztpkt der Absendg an (s BSG NJW **88**, 2501, Karlsr NJW **55**, 504, Nürnb MDR **68**, 148, LSG Mü BB **80**, 731), bei Übermittlg dch den Schu selbst od einen Boten auf den Ztpkt, in dem die VfgsGewalt dch Übergabe od Einwerfen in den Briefkasten auf den Gläub übergeht (BGH NJW **69**, 875, BFH Betr **69**, 420). Das gilt auch bei Zahlg dch einen vordatierten Scheck (BGH **44**, 180). Bei Zahlg dch **Überweisung** ist die LeistgsHdlg rechtzeitig, wenn der ÜberweisgsAuftr vor FrAblauf bei dem Geldinstitut (Bank, Postscheckamt) eingegangen u auf dem Konto Deckg vorhanden ist (Celle MDR **69**, 1007, Düss Betr **84**, 2686, BFH WPM **86**, 431). Eine Gutschrift auf dem GläubKonto ist nicht erforderl, da für die Rechtzeitigk auf die LeistgsHdlg, nicht auf den LeistgsErfolg abzustellen ist (BGH NJW **64**, 499). Auch auf die Abbuchg des überwiesenen Betrages vom SchuKonto kommt es daher (entgg Larenz § 14 IV c, Brink EWiR **85**, 357) nicht an (MüKo/Keller Rdn 19). Auch wenn es um die Rechtzeitigk für ein Skontoabrede um die Rechtzeitigk der Leistg geht, trägt grdsl die Gläub die Verzögersgefahr (Kronenbitter BB **84**, 2033). – **c)** Das Geld ist an den **Wohnsitz** des Gläub zu übermitteln, bei gewerbl Anspr an den Ort der gewerbl Niederlassg (II). Empfangsort ist der **jeweilige** Wohns des Gläub od seine jeweilige Niederlassg. Der Gläub trägt jedoch die dch Änderg des Empfangsortes entstehenden Mehrkosten; führt die Änderg des Empfangsortes zu einer Gefahrerhöhg, wird der Schu von der Gefahrtragg im ganzen frei (III). Diese AusnRegel ist aber weder unmittelb noch entspr anwendb, wenn der Gläub nachträgl verlangt, die Überweisg solle auf ein and (auswärt) Konto erfolgen u der Schu diesem Verlangen freiw nachkommt (BGH NJW **52**, 929). Hat der Gläub keinen Wohns, ist das Geld an einen Aufenthaltsort zu übermitteln. **Erfüllung** tritt ein, wenn der Geldbetrag an den Gläub ausgezahlt w. Bei einer Zahlg dch Überweisg, Lastschrift od Scheck erlischt die Schuld dagg bereits, sobald der geschuldete Betrag dem Konto des Gläub von seiner Bank vorbehaltlos gutgeschrieben worden ist (BGH **6**, 124, **53**, 203, NJW **71**, 381, **76**, 1843). Einzelheiten s § 362 Anm 3.

3) Transportgefahr, Kosten. – **a)** Die Gefahr, die I dem Schu auferlegt, ist die **Verlustgefahr** (Transportgefahr, Übermittlgsgefahr). Der Schu wird von seiner LeistgsPfl nur frei, wenn das zu übermittelnde Geld beim Gläub eingeht. Die Transportgefahr umfaßt auch die Gefahr der Geldentwertg u der Beschlagn (Hbg HansGZ **24**, HauptBl 131, Mü BayZ **25**, 98, MüKo/Keller Rdn 17). Bei außergewöhnl Störgen kann nach § 242 eine Teilg des Verlustes gerechtf sein (s BGH **2**, 218, **10**, 320, Fälle der steckengebliebenen Banküberweisgen). Für Gefahren, die aus der Sphäre des Gläub stammen, braucht der Schu nicht einzustehen. Läßt der Gläub seine Postsendgen aus einem Postfach abholen, gehen dabei entstehde Verluste zu seinen Lasten (RG **69**, 139). Zur Verzögersgefahr s Anm 2 b. – **b)** Die Pfl des Schu zur **Kostentragung** besteht idR auch bei einfachen Schickschulden. Sie erstreckt sich bei Geldschulden auch auf Zustellkosten, nicht aber auf die vom Gläub an sein Kreditinstitut zu zahlde Kontoführungsgebühr (BAG Betr **77**, 679, OVG Brem ZBR **76**, 90). Zu III s Anm 2 c.

4) Der Schu hat die Absendg, die Rechtzeitigk der Absendg sowie den Eingang des Geldes zu **beweisen** (Baumgärtel-Strieder Rdn 1). Der Postanweisgsabschnitt begründet eine tatsächl Vermutg für die Absendg u Ankunft des Geldes. Bei einer Geldübermittlg dch Einschreibsendg besteht dagg, auch wenn die Absendg nachgewiesen ist, kein AnschBew für den Zugang (BGH **24**, 312).

271 *Leistungszeit.* ¹Ist eine Zeit für die Leistung weder bestimmt noch aus den Umständen zu entnehmen, so kann der Gläubiger die Leistung sofort verlangen, der Schuldner sie sofort bewirken.

²Ist eine Zeit bestimmt, so ist im Zweifel anzunehmen, daß der Gläubiger die Leistung nicht vor dieser Zeit verlangen, der Schuldner aber sie vorher bewirken kann.

Inhalt der Schuldverhältnisse. 1. Titel: Verpflichtung zur Leistung **§ 271** 1–3

1) Allgemeines. a) Zu den wesentl Modalitäten der Leistg gehört – neben dem Ort der Leistg (§ 269) – die LeistgsZeit. Dabei sind zwei Begriffe zu unterscheiden: **aa)** Unter **Fälligkeit** versteht man den Ztpkt, von dem ab der Gläub die Leistg verlangen kann. Sie ist – zumindest idR – Voraussetzg für die Erhebg einer LeistgsKlage u den VerjBeginn (§ 198 Anm 1). – **bb)** Die **Erfüllbarkeit** bezeichnet den Zpkt, von dem ab der Schu leisten darf, der Gläub also dch Nichtannahme der Leistg in AnnVerzug kommt. IdR wird die Fdg **gleichzeitig** fällig u erfüllbar. Sie kann jedoch, obwohl noch nicht fällig, erfüllb sein (II u unten Anm 3 d). Umgekehrt ist es bei den sog **verhaltenen Ansprüchen**. Bei ihnen darf der Schu nicht von sich aus leisten, der Gläub kann aber jederzeit die Leistg fordern (MüKo/Keller Rdn 2). Bsp sind die Anspr auf Herausg der ErsVorteile (§ 281) u der Anspr auf Rückg aus der Verwahrg (§§ 695, 696 S 2). – **b)** Die Leistgszeit kann dch vertragl Abreden (Anm 2), dch gesetzl Vorschr (Anm 3a) od die Umst (Anm 3b) festgelegt sein. Fehlen Sonderregelgn, gilt als Ausdr des typischen Partwillens u **ergänzender Rechtssatz** sofort Fälligk u Erfüllbark. Wenn der Schu sich auf eine Fälligk hindernde Nebenabrede beruft, ist er daher **beweispflichtig** (LAG Ba-Wü Betr 70, 886, Nastelski JuS 62, 289, Baumgärtel-Strieder Rdn 2). Die GgAns (RG 68, 306, BGH NJW 75, 206, Reinicke JZ 77, 159), die Bestreiten des KlagGrdes annimmt, begünstigt den zahlgsunwilligen Schu u ist praktisch unbrauchbar. Unstreitig ist die BewLast des Schu wg der Vermutg der Vollständigk u Richtigk der VertrUrk jedenf dann, wenn der schriftl Vertr keine Anhaltspkte für eine Hinausschiebg der Fälligk enthält (s BGH NJW 80, 1680). – **c)** § 271 gilt für **Schuldverhältnisse aller Art,** auch für solche, die aus sachen-, familien- od erbrechtl Tatbestden hervorgegangen sind (Anm 6 a v § 241). Hinsichtl der **Tageszeit** der Leistg gelten §§ 242, HGB 358. Danach darf der Schu nicht zu unpasder Zeit leisten, bei HandelsGesch muß er die gewöhnl GeschZeit einhalten.

2) Die Part können die LeistgsZeit in unterschiedl Weise dch vertragl **Vereinbarungen** festlegen. – **a)** Soweit die Vereinbg für die Leistg Fristen od Termine vorsieht, gelten die Auslegsregeln der §§ 187–193. Wird die LeistgsZeit dch unbestimmte Formulierngn wie „in Kürze" od „möglichst bald" festgelegt, ist der Beurteilgspielraum nach billigem Ermessen auszufüllen. Sollen Möbel „baldigst" geliefert werden, w der Anspr spätestens nach 6–8 Wochen fällig (Nürnbg NJW 81, 1104). Soweit AGB im nichtkaufm Verk derart unbestimmte Leistgsfristen vorsehen, sind sie wg Verstoßes gg AGBG 10 Nr 1 unwirks (s dort). AGBG 10 Nr 1 enthält außerdem ein Verbot unangemessen langer LeistgsFristen. – **b)** Typische **Klauseln und Abreden:** „Kasse gg Faktura" bedeutet Fälligk des ZahlgsAnspr schon gg Empfang der Rechng ohne Rücksicht auf die Absendg der Ware (RG 69, 126). „Zahlg gg Dokumente" macht die Fälligk von der Vorlage der VerladgsNachweise abhängig (BGH 55, 342). BesserngsKlauseln s unten 4 c. – **c)** Mögl ist auch, daß die Festlegg der LeistgsZeit einer **Vertragspartei** überlassen wird. – **aa)** Hat der **Schuldner** die LeistgsZeit zu bestimmen, so hat er sie nach § 315 iZw nach billigem Ermessen festzulegen. Ist die Bestimmg in das freie Belieben des Schu gestellt, hat er gleichwohl die Grenzen des § 242 einzuhalten. § 2181, wonach der Vermächtnisbeschwerte iZw erst mit seinem Tode zur Leistg verpflichtet sein soll, kann im SchuldR als GüterVerkR nicht entspr herangezogen w (Staud-Selb Rdn 4). Die Festlegg der LeistgsZeit gehört zur LeistgsPfl des Schu, ihre Nichtvornahme führt zum SchuVerzug (Nastelski JuS 62, 290, str). Im Streitfall hat der Ger die LeistgsZeit festzusetzen. Erst danach steht dem Gläub der Weg des § 326 offen (RG 64, 116, § 315 Anm 3 d). Im HandelsVerk entspr es aber idR dem PartWillen, daß der Gläub die NachFr gem § 326 auch ohne vorheriges Urt setzen darf (RG 90, 29). – **bb)** Hat der **Gläubiger** das BestimmungsR, gelten die Ausführgn unter aa) entspr. HauptBsp ist der Kauf u Abruf. NichtAbruf führt gem § 295 zum GläubVerzug, bei Pfl zur Abnahme auch zum SchuVerzug (s RG SeuffA 63, 6, § 293 Anm 5). – **d)** Die Erteilg einer **Rechnung** ist grdsl **keine Fälligkeitsvoraussetzung,** auch dann nicht, wenn der Schu gem UStG 14 (s dazu BGH 103, 285, NJW 89, 302) od nach der VerkSitte (§§ 157, 242) einen Anspr auf eine spezifizierte Rechng u in ZbR hat (BGH 79, 178, WPM 78, 496, Celle NJW 86, 327, Mü NJW 88, 270, Grimme NJW 87, 468). Eine and Beurteilg würde auch den Interessen des Schu zuwiderlaufen, da sie den VerjBeginn von der RechngsErteilg abhängig machen würde (§ 198 Anm 1). Dch SonderRegelgn kann die Fälligk aber bis zum Zugang einer Rechng hinausgeschoben w, so für WerklohnFdgn, wenn VOB/B 16 Nr 3 anwendb ist (BGH 53, 225, **105**, 293), für das Architektenhonorar, HOAI 8 (BGH NJW-RR 86, 1279), für das Arzthonorar (GOÄ 12 II) für den NachforderngsAnspr von VersorggsUntern (BGH NJW 82, 931), für den HeizkostenAnspr des Vermieters (BGH NJW 82, 574) u für sonst Mietnebenkosten (Ffm MDR 83, 757).

3) Fehlt eine vertragl Regelg, gilt die **gesetzliche Leistungszeitbestimmung** des § 271. – **a)** § 271 I tritt jedoch zurück, wenn die LeistgsZeit dch gesetzl **Sonderregeln** festgelegt ist, so bei Miete (§ 551), Pacht (§ 584), Leihe (§ 604), Darl (§§ 608 f), DienstVertr (§ 614), WerkVertr (§ 641), Verwahrg (§§ 695 ff, s oben Anm 1 a), Gesellsch (§ 721), Unterh (§ 1361 IV, 1585 I, 1612 III, Leistgn des Versicherers (VVG 11). – **b)** Die LeistgsZeit kann sich aus den **Umständen** ergeben (§ 271 I). Zu berücksichtigen sind – ebso wie iF des § 269 – die Natur des SchuldVerh, die VerkSitte u die Beschaffenh der Leistg. Beim WerkVertr ist auf die für die Herstellg des Werkes erforderl Zeit abzustellen (Kühne BB 88, 713). Beim BauVertr tritt Fälligk erst nach Erteilg der BauGen ein (BGH NJW 74, 1080). Der AbfindgsAnspr des ArbNeh w nicht schon mit der Künd sond erst mit dem Ausscheiden fällig (BAG NJW 84, 1650). Der Anspr auf Rückzahlg der Kaution wird fällig, sobald nach Beendigg des MietVerh die GgAnspr des Vermieters betragsmäß festliegen (LG Stgt NJW 77, 1885). Der BefreigsAnspr wird uU erst fällig, wenn die Verbindlichk fällig geworden ist, auf die sich die FreihaltsVerpfl bezieht (BGH 91, 77). – **c)** Fehlt eine abweichde Bestimmg der LeistgsZeit, hat der Schu **sofort** zu leisten (§ 271 I). Das Ges stellt damit and als beim Begriff „unverzügl" (§ 121 Anm 2 b) auf einen ausschließl objektiven Maßstab ab. Sofort bedeutet: so schnell wie der Schu nach den Umst leisten kann. Devisenrechtl Verbote hindern die Fälligk idR nicht (BGH 64, 100). – **d)** Eine Hinausschiebg der LeistgsZeit wirkt iZw nur **zugunsten des Schuldners (II).** Er darf vor dem Fälligwerden der Fdg leisten; nimmt der Gläub die Vorausleistg nicht an, gerät er in AnnVerzug. II ist jedoch unanwendb, wenn der Gläub dch die vorzeit Tilgg ein vertragl Recht verliert od wenn seine rechtl geschützten Interessen beeinträchtigt w. Das Recht zur Vorausleistg ist daher ausgeschlossen bei verzinsl Darl (§ 609 III), bei

§§ 271–273 2. Buch. 1. Abschnitt. *Heinrichs*

GrdSchulden u HypFdgen (KG JW **35**, 1641), bei WechselFdgen (BGH NJW **70**, 42), bei BauDarl, wenn es ein WohngsBeleggsR begründet (BGH NJW **70**, 603). Beim Ruhegehalt ist VorausZahlg nur für eine angemessene Zeit (6 Monate) zul (BGH NJW **72**, 154).

4) Stundung. – a) Begriff. Stundg bedeutet das Hinausschieben der Fälligk einer Fdg bei Bestehenbleiben der Erfüllbark (MüKo/Keller Rdn 15). Sie beruht idR auf vertragl Abrede. Der Richter ist nur in den Fällen der §§ 1382, 1615i, 1934d V, 2331a berecht, die Fdg zu stunden; ausnw kommt auch § 242 als Grdl für eine Stundg in Betracht (BGH NJW **77**, 2358, FluchthelferVertr). – **b)** Von der Stundg sind zu **unterscheiden: aa)** Die aufschiebde **Befristung** iSd § 163. Sie schiebt die Entstehg des SchuldVerh u der Fdg hinaus; dagg ist die gestundete Fdg bereits entstanden, aber noch nicht fällig. – **bb)** Die Abrede, die Fdg zeitweilig nicht geltd zu machen **(pactum de non petendo).** Sie gibt dem Schu die Einr, führt im Proz zur Klagabweisg als unzul (BGH NJW-RR **89**, 1041), die Fälligk bleibt aber bis zur Erhebg der Einr bestehen. – **cc)** Das Versprechen des Gläub, aus einem Titel zeitweilig **nicht zu vollstrecken.** Es handelt sich um eine Abrede mit ausschließl vollstreckgsrechtl Inh (BGH NJW **68**, 700). Die Fälligk der Fdg u der SchuVerzug bestehen weiter. Wie eine getroffene Vereinbg einzuordnen ist, hängt von den Umst des Einzelfalls ab u ist erforderl dch Auslegg (§§ 133, 157) zu entscheiden (BGH NJW-RR **87**, 907). – **c)** Die Stundg kann schon bei VertrSchluß vereinbart w (s § 509). Die nachträgl Stundg ist VertrÄnderg (s § 305 Anm 2) u unterliegt als solche bei formbedürft Vertr grdsl dem Formzwang (§ 313 Anm 10b); sie kann sich uU aus einer ergänzenden VertrAuslegg ergeben (BGH **86**, 102). Wird auf **unbestimmte Zeit** gestundet, kann der Gläub die LeistgsZeit gem §§ 316, 315 nach billigem Ermessen festsetzen. Eine Stundg bis zur Zahlg der Abnehmer des Schu entfällt, wenn diese nicht in angem Frist leisten (Hamm MDR **77**, 928) od wenn ein Weiterverkauf nicht mehr in Betracht kommt (Ffm BB **82**, 208). Die Stundg bis zur **Besserung** der VermVerhältn des Schu endet ipso facto, wenn der Schu zur Leistg imstande ist; der Schu muß daher unaufgefordert zahlen (RG **94**, 290, BGH WPM **75**, 975). – **d)** Der Gläub kann die Stundg **widerrufen,** wenn der Schu den gestundeten Anspr bestreitet od ihn in sonst Weise erhebl gefährdet (RG **90**, 180, BGH NJW **81**, 1667, Celle MDR **62**, 569). Der Gläub ist bei einer nachträgl Stundg auch dann zum Widerruf berecht, wenn sich die VermVerhältn des Schu wesentl verschlechtern (BGH FamRZ **74**, 652). Ist die Stundg bereits bei VertrSchluß vereinbart worden, gilt § 321. **Verfallklauseln,** die an die nicht rechtzeit Zahlg von Raten die sofort Fälligk od Kündbark der RestFdg knüpfen, sind nicht anwendb, wenn die Nichtzahlg vom Schu nicht zu vertreten ist (BGH NJW **85**, 2330.

5) Rechtsfolgen. a) Hält der Schu die LeistgsZeit nicht ein, kommt er, soweit die Voraussetzgen der §§ 284f erfüllt sind, in SchuVerzug. – **b)** Beim **absoluten Fixgeschäft** begründet die Nichteinhaltg der LeistgsZeit dagg dauernde Unmöglichk (BGH **60**, 16); anzuwenden sind daher §§ 275, 280, 323ff. Eine absolute (uneigentl) Fixschuld liegt vor, wenn die Einhaltg der LeistgsZeit nach dem Zweck des Vertr u der gegebenen Interessenlage für den Gläub derart wesentl ist, daß eine verspätete Leistg keine Erf mehr darstellt. Bsp wird etwa die Taxenbestellg für einen bestimmten Zug, die Buchg einer Flugreise (LG Bln NJW **82**, 343), der auf eine best Zeit abgestellte ReiseVertr (BGH **60**, 16, NJW **74**, 1047), Verzögergen des Beginns sind aber gem § 242 zu würdigen (LG Hannover NJW-RR **86**, 603); der Vertr über regelmäß dchzuführde Wartgen (Stgt BB **77**, 118). Fixcharakter haben idR auch **Dauerverpflichtungen,** wie die ArbPfl des ArbNeh (BAG NJW **86**, 1832, krit Nierwetberg BB **82**, 995), sowie UnterlPflten. Ausnahmsweise kann es aber so liegen, daß das Interesse des Gläub dch eine Nachholg der Leistg befriedigt w kann (§ 284 Anm 1b). – **c)** Beim sog **relativen Fixgeschäft** (eigentl FixGesch, FixGesch ieS) tritt bei Nichteinhaltg der LeistgsZeit keine Unmöglichk ein; der Gläub ist aber nach Maßgabe des § 361 berecht, vom Vertr zurückzutreten. Wann ein absolutes od ein relatives FixGesch vorliegt, ist Ausleggsfrage (§§ 133, 157). Auch zur relativen Fixschuld genügt es nicht, daß die LeistgsZeit genau bestimmt ist. Die Einhaltg der LeistgsZeit muß vielmehr so wesentl sein, daß mit der zeitgerechten Leistg das Gesch „stehen u fallen soll" (RG **51**, 347, BGH Betr **83**, 385, **84**, 2190, näher § 361 Anm 2).

272 *Zwischenzinsen.* **Bezahlt der Schuldner eine unverzinsliche Schuld vor der Fälligkeit, so ist er zu einem Abzuge wegen der Zwischenzinsen nicht berechtigt.**

1) Die vorzeitige Zahlg einer unverzinsl Fdg gibt dem Schu nicht das Recht zum Abzug von Zwischenzinsen (Diskont, interusurium), da die Zahlg auf seinem freien Entschluß beruht. Auch wenn der Schu irrtüml zu früh leistet, ist die Erstattg von Zwischenzinsen ausgeschlossen (§ 813 II letzter Halbs). Zum Abzug eines **Barzahlungsskonto** ist der Schu nach § 272 gleichf nicht berecht. Ein hiervon abweichder allg Handelsbrauch besteht nicht. Wer entgg dem dispositiv § 272 Skonto beansprucht, muß daher entweder eine entspr Abrede od Branchenüblichk (§ 157, HGB 346) nachweisen.

2) Das Ges läßt den Abzug von Zwischenzinsen in §§ 1133 S 2, 1217 II, KO 65 II, 70, ZVG 111 ausdr zu. Die Berechng erfolgt nach der von dem Mathematiker Hoffmann (1731) entwickelten Methode. Sie wird in der KO u im ZVG (aaO) ausdr für anwendb erklärt, gilt aber allg. Danach ist der Betrag zu zahlen, der mit dem gesetzl Zinssatz verzinst bei Fälligk die volle Schuldsumme ergeben würde. Formel u Berechnungsbeispiel s MüKo/Keller Rdn 8.

273 *Zurückbehaltungsrecht.* ^I **Hat der Schuldner aus demselben rechtlichen Verhältnis, auf dem seine Verpflichtung beruht, einen fälligen Anspruch gegen den Gläubiger, so kann er, sofern nicht aus dem Schuldverhältnisse sich ein anderes ergibt, die geschuldete Leistung verweigern, bis die ihm gebührende Leistung bewirkt wird (Zurückbehaltungsrecht).**

^{II} **Wer zur Herausgabe eines Gegenstandes verpflichtet ist, hat das gleiche Recht, wenn ihm ein fälliger Anspruch wegen Verwendungen auf den Gegenstand oder wegen eines ihm durch diesen verursachten Schadens zusteht, es sei denn, daß er den Gegenstand durch eine vorsätzlich begangene unerlaubte Handlung erlangt hat.**

Inhalt der Schuldverhältnisse. 1. Titel: Verpflichtung zur Leistung § 273 1–3

III Der Gläubiger kann die Ausübung des Zurückbehaltungsrechts durch Sicherheitsleistung abwenden. Die Sicherheitsleistung durch Bürgen ist ausgeschlossen.

1) Allgemeines. a) Begriff, Normzweck. Das ZbR gewährt dem Schu das Recht, seine Leistg zu verweigern, bis die ihm gebührde Leistg bewirkt w (s die Legaldefinition in I). Es beruht auf dem Gedanken, daß derj treuwidr handelt, der aus einem einheitl RVerh die ihm gebührde Leistg fordert, ohne die ihm obliegde GgLeistg zu erbringen (RG 152, 73, BGH **LM** § 794 Nr 5 ZPO Nr 3). Das ZbR ist damit eine besondere Ausformg des § 242; daraus ergeben sich Einschränkgen (Anm 5 d) sowie § 242 Anm 4 C c „*dolo facit, qui petit, quod statim redditurus est*"). And als das kaufm ZbR (Anm 9) enthält es kein BefriediggsR, sond sichert den Anspr des Schu nur in der Weise, daß es mittelb auf den Gläub Zwang zur Erfüllg seiner Verbindlichk ausübt. Gleichwohl ist das ZbR ein **wesentliches Schutzrecht** zG des Schu. Es kann zwar dch IndVereinbg (Anm 5b), nicht aber dch formularmäß Klauseln abbedungen w (AGBG 11 Nr 2). Mögl ist auch die **vertragliche Begründung** eines ZbR; die unwirks Bestellg eines PfandR an einem HypBrief kann daher u U in die Vereinbg eines vertragl ZbR umgedeutet w (RG 66, 28). Das vertragl ZbR kann sich auch auf nichtfällige u nicht konnexe GgFdgen beziehen (s AGB der Kreditinstitute u BGH NJW **85**, 849). – **b) Anwendungsbereich.** § 273 gilt für SchuldVerh aller Art. Er ist grdsl auch auf SchuldVerh anzuwenden, die aus sachen- od erbrechtl Tatbestden entstanden sind (s Einf 6a v § 241). Ein ZbR kann daher geltd gemacht w ggü dem HerausgAnspr des Eigtümers (BGH **64**, 124, NJW-RR **88**, 282), dem GrdbuchBerichtiggsAnspr (BGH **41**, 35), dem Anspr auf Einwillig in die Löschg einer AuflVormerkg (RG **163**, 62), dem Anspr auf Erbauseinandersetzg (Dütz NJW **67**, 1105). Auch **familienrechtliche** Anspr können Grdl eines ZbR sein (BGH **92**, 196). Ggü familienrechtl Anspr ist § 273 aber nur anwendb, soweit dies mit der Eigenart des familienrechtl RVerh vereinb ist. Ein ZbR kommt daher nicht in Betracht ggü dem UnterhAnspr od dem den UnterhAnspr vorbereitden AuskAnspr (Bambg FamRZ **85**, 610), im HausratsVerf (Hamm FamRZ **81**, 877), ggü der Verpflichtg zur ehel LebensGemeinsch (s RG JRRspr **27**, 1382), dem Anspr auf Herausg der Kindes (Düss HRR **40**, 1104) u dem UmgangsR (s KG ZbJR **78**, 372). Ggü dem AuskAnspr aus § 1379 kann dagg wg einem entspr GgAnspr ein ZbR geltd gemacht w (Stgt FamRZ **82**, 282, aA Ffm NJW **85**, 3083). Im **öffentlichen Recht** ist der GrdGedanke des § 273 gleichf anwendb (Stober DVBl **73**, 351); er muß aber uU hinter höherrangigen RGrds zurücktreten (OVG Hbg NJW **77**, 1251). Hat die Polizei ein verbotsw parkdes Kfz abgeschleppt, kann sie im Rahmen der Verhältnismäßigk bis zur Bezahlg der Abschleppkosten an dem Kfz ein ZbR geltd machen (aA Württenberger DAR **83**, 158). Begriffl ausgeschlossen ist das ZbR ggü FeststellgsKl (RG **163**, 62) u GestaltgsKl wie etwa der VollstrGgKl (BGH **71**, 19, 22).

2) Gegenstand des ZbR kann grdsl jede Leistg sein. Als Ggst des ZbR kommen daher Sachen aller Art in Betracht, auch solche, die keinen selbständ VermWert haben u daher nicht selbständ pfändb sind, wie etwa Versicherggsscheine (RG **51**, 87), Hyp- u Grdschuldbriefe (RG **66**, 28), Sparkassenbücher (RG **68**, 282) u and Legitimationspapiere (s aber Anm 5 d cc). Verweigert werden kann auch die Vornahme von Hdlgen jeder Art, etwa von Dienstleistgen der SchiedsRi (BGH **55**, 347), von BefreigsVerpfl (BGH NJW **84**, 2152), von Grdbuchberichtiggen (BGH **41**, 35, 75, 293) u die Freigabe von hinterlegtem Geld (BGH **90**, 196). Der ArbN kann an der ArbLeistg ein ZbR ausüben, muß aber die sich aus § 242 ergebden Schranken beachten (BAG ZIP **85**, 303). Auch die Erfüllg von DuldgsPfl, wie die aus § 917, kann Ggst des ZbR sein (BGH Betr **76**, 2399), ebso die Einhaltg von **Unterlassungspflichten**. ZuwiderHdlgen gg UnterlPflten sind aber dann nicht dch § 273 gedeckt, wenn sie den UnterlAnspr endgült vereiteln würden (RG **152**, 73, BAG NJW **83**, 2896, Karlsr VersR **73**, 857). Umgekehrt kann der (einmalige) Verstoß gg eine UnterlPfl nur ausnw die Nichterfüllg einer Pfl zur Vornahme einer Hdlg rechtfertigen (RG DR **40**, 795).

3) Gegenanspruch des Schuldners. a) Der zurückhaltde Schu muß zugl Gläub des GgAnspr u der Gläub des Anspr zugl Schu des GgAnspr sein, **Gegenseitigkeit** der Anspr. Besteht der GgAnspr nur ggü einem MitGläub, ist § 273 unanwendb (BGH DNotZ **85**, 551). Dagg genügt es, wenn der GgAnspr dem Schu gemeinschaftl mit und zusteht (BGH **5**, 176, **38**, 125, NJW-RR **88**, 1150). Dch Abtr wird das ZbR des Schu nicht berührt (BGH **19**, 162, **64**, 126, § 404 Anm 2b), dagg entfällt das ZbR des Zedenten (BGH **92**, 196, aA v Olshausen, wie vor § 398, S 68). Beim Vertr zGDr wirkt das ZbR gem § 334 auch ggü dem Dr (BGH NJW **80**, 450), bei mehrseit RVerh uU ggü allen Beteiligten (Gernhuber FS Larenz, 1973, 465). Liquidität (sofortige Beweisbark) des GgAnspr ist nicht erforderl, ebsowenig Gleichartigk der Anspr. Bei gleichart Anspr ist die Geltdmach eines ZbR uU als Aufr zu werten (Anm 5c). – **b)** Der GgAnspr muß **vollwirksam** u **fällig** sein. Anspr aus Spiel u Wette begründen kein ZbR, ebsowenig bedingte od künft Anspr (s Köln Betr **74**, 2301) sowie Anspr, denen eine Einr entgegensteht (§ 390 S 1). Dagg entsteht der GgAnspr mit der Erbringung der geschuldeten Leistg entsteht u fällig w (BGH **73**, 319, **LM** Nr 41 Bl 4, Hbg NJW **71**, 1317); daß sie erst nach der Fdg des Gläub fäll geworden ist, schadet nichts (RG **92**, 217, BGH NJW **71**, 421). Der Anspr auf Quittg (§ 370), auf Rückgabe des Schuldscheins (§ 371), auf eine Rechng gem UStG 14 (BGH NJW **80**, 2710) u auf Rückgabe der Pfandsache gg Tilgg der Schuld (BGH **73**, 319) begründen daher ein ZbR. Die Gesellsch kann ggü dem ausgeschiedenen Gter trotz fehlder Fälligk ihres GgAnspr ein vorläuf ZbR geltd machen, wenn das AuseinandSGuthaben des Ausgeschiedenen mit großer Wahrscheinlichk negativ ist (BGH NJW **81**, 2802). Abgesehen von diesem Sonderfall kommen nicht fällige Anspr höchstens nach § 1000 od bei entspr vertragl Abreden (Anm 1a) als Grdl für ein ZbR in Betracht (s BGH NJW-RR **86**, 543). Auch ein bereits **verjährter** Anspr begründet in entspr Anwendg von § 390 S 2 das ZbR, wenn die Verj noch nicht vollendet war, als der Anspr des Gläub entstand (BGH **48**, 116). Das gilt auch für den wg MängelbeseitiggsAnspr nach VOB/B, sofern die Anzeige (§§ 639, 478) rechtzeitig erfolgt ist (BGH **53**, 122). Nicht erforderl ist, daß der Schu das ZbR vor Eintritt der Verj geltd gemacht hat (BGH aaO, Keller JuS **82**, 666, str). Dagg gibt der dch Ablauf einer AusschlußFr erloschene GgAnspr dem Schu kein ZbR (§ 390 Anm 2). Ein ZbR scheidet auch aus, wenn die Erf des GgAnspr unmögl geworden ist (RG JW **19**, 105).

4) Konnexität. a) Der Anspr des Gläub u der GgAnspr des Schu müssen auf „demselben rechtl Verhältn" beruhen. Dieser Begriff ist im weitesten Sinne zu verstehen. Es ist nicht erforderl, daß die beiderseit Anspr im selben Vertr od SchuldVerh ihre Grdl haben; es genügt, wenn ihnen ein innerl zushängdes **einheitliches Lebensverhältnis** zugrunde liegt (BGH **LM** Nr 16, BGH **92**, 196). Zwischen den beiden Anspr muß ein „innerer natürl u wirtschaftl ZusHang" in der Weise bestehen, daß es gg Treu u Glauben verstoßen würde, wenn der eine Anspr ohne Rücks auf den and geltd gemacht u dchgesetzt w könnte (RG **134**, 146, **158**, 14, BGH **47**, 167, **64**, 125, stRspr). – **b)** Konnexität ist daher zu **bejahen:** bei beiderseit Anspr aus einem nicht zustande gekommenen od nichtigen Vertr (RG **108**, 336); bei Anspr aus ständ GeschVerbindg, sofern die verschiedenen Vertr wg ihres zeitl od sachl ZusHangs als eine natürl Einh erscheinen (s RG **68**, 34, BGH **54**, 250, Düss NJW **78**, 703, OLGZ **85**, 78); Anspr aus zeitl aufeinand folgden VersorggsVertr (LG Bonn MDR **87**, 845, LG Osnabrück NJW-RR **88**, 499), auch wenn der eine die Wo u der and den berufl Bereich betrifft (aA LG Aachen NJW-RR **88**, 500, LG Göttingen NJW-RR **88**, 1520); zw Anspr aus dem Wechsel od Scheck u dem GrdGesch (BGH **57**, 300, **85**, 348, NJW **76**, 1451); zw dem GrdbuchberichtiggsAnspr u dem Anspr auf Ers von aufgewendeten HypZinsen (RG Warn **11**, 391); zw SchadErsAnspr wg Lieferg eines aliuds u GgAnspr wg Verwertg der gelieferten Sache (BGH NJW **79**, 812); dem GgAnspr aus einer dch TeilgsVerst aufgelösten Gemeinsch (BGH Betr **84**, 1392); bei Anspr aus einem aufgelösten Verlöbn (RG Warn **14**, 39); bei beiderseit vermögensrechtl Anspr aus der ehel LebensGemeinsch (BGH **92**, 196, Ffm FamRZ **83**, 1233) od einem eheähnl ZusLeben; zw dem Anspr auf Herausg des abgeschleppten Kfz u dem (abgetretenen) Anspr auf Erstattg von Abschleppkosten (Karlsr OLGZ **78**, 206, aA Dörner DAR **80**, 105). – **c)** Konnexität ist dagg zu **verneinen:** zw Anspr aus dem GesellschVerh u Verbindlichk, die der Gter als Kunde der Gesellsch (Bank) eingegangen ist (RG **118**, 300); zw Anspr aus dem VersVerh u GgAnspr aus versichergsfremden Gesch (RG **158**, 15); zw dem Anspr auf Zustimmg zur Löschg einer EigtümerGrdschuld u dem GgAnspr aus Verwendgen auf das Grdst (BGH **41**, 33); zw dem Anspr auf Zustimmg zur Auskehrg des Versteigerungserlöses u Anspr, die keine Zuteilg aus dem Erlös rechtf (BGH NJW-RR **87**, 892); zw dem Anspr aus ZPO 717 II od III u dem Anspr aus dem materiellrechtl Verhältn (RG **123**, 395).

5) Ausschluß des Zurückbehaltungsrechts: a) Gesetzlich ausgeschlossen ist das ZbR an der VollmUrk (§ 175); das ZbR des Mieters od Pächters unter den Voraussetzgen der §§ 556 II, 580, 581 II, 596 II; das ZbR des GmbH-Gesellschafters ggü der Fdg auf Zahlg der Stammeinlage (GmbHG 19 II); das ZbR des Handelsvertreters an ihm zur Vfg gestellter Unterlagen (HGB 88a II); das ZbR des Dienstherrn bei Beamtenbezügen (BBG 84 II).

b) Das ZbR kann dch **Vereinbarung** ausgeschl w. Erforderl ist aber eine IndVereinbg, formularmäß Klauseln sind gem AGBG 11 Nr 2 im nichtkaufm Verk unwirks. Die Ausschlußabrede kann ausdr od konkludent zustandekommen (RG **146**, 59). Sie kann sich aus der Vereinbg einer VorleistgsPfl (§ 320 Anm 4) od einer BarzahlgsVerpfl (§ 387 Anm 3) ergeben. Ein vertragl AufrVerbot schließt das ZbR aus, wenn die Zb in der Wirkg einer Aufr gleichsteht (BGH NJW **84**, 129, unten c). Trotz einer entggstehden Abrede, kann der Schu zur Zb berechtigt sein, wenn er das ZbR auf einen liquiden GgAnspr stützt (BGH NJW **60**, 859, Betr **77**, 627) od wenn dem Gläub eine grobe VertrVerletzg zur Last fällt (BGH **48**, 270, Betr **72**, 868, Brych DNotZ **74**, 417).

c) Besteht ein gesetzl **Aufrechnungsverbot**, so bedeutet das nicht notw, daß auch das ZbR ausgeschlossen ist (RG **85**, 110). Die Aufr ist ein zum Erlöschen des Anspr führdes RGesch; die Zb die Geltdmachg einer aufschiebden Einrede, die nicht auf Tilgg, sond auf Sicherg des Anspr abzielt. Trotz dieser begriffl Unterschiede kann sich aus dem Zweck der Verbotsnorm ergeben, daß sie neben der Aufr auch das ZbR miterfassen will. Das ist vor allem für § 393 u VAG 26 anerkannt. Das ZbR entfällt daher ggü dem SchadErsAnspr aus vorsätzl unerl Hdlg (BAG NJW **68**, 565) u ggü dem BeitrAnspr des VersVereins (BGH **16**, 49). Die anderen AufrVerbote (§§ 394, 392, 395) schließen das ZbR aus, wenn seine Ausübg einer der unzul **Aufrechnung gleichkommenden** Erfolg haben würde (BGH **38**, 129, NJW **84**, 129, **87**, 3254). Das ist der Fall, wenn der Schu weiß, daß seine GgFdg wg der schlechten Vermögenslage des Gegners nicht beigetrieben w kann (BGH **LM** § 395 Nr 2) od wenn Fdg u GgFdg auf Geld gerichtet u beide Fdgen fällig sind (BGH NJW **74**, 367, JZ **78**, 799, **LM** HGB 355 Nr 12). Die Zb bedeutet in diesem Fall in Wahrh die Erkl der Aufr; der angebl abw Wille des Schu ist unbeachtl, da er auf GesUmgeh abzielen würde (RG **85**, 110). Das AufrVerbot steht dem ZbR ausnahmsweise nicht entgg, wenn es wg einer vorsätzl unerl Hdlg im Rahmen desselben RVerhältn geltd gemacht w (BGH **30**, 38, § 394 Anm 2).

d) Der Ausschluß des ZbR kann sich aus der **Natur des Schuldverhältnisses** ergeben. Die hierher gehörden Fälle entziehen sich einer abschließden Systematisierg. Es lassen sich in etwa folgde Fallgruppen unterscheiden: **aa)** Der Grd für den Ausschluß des ZbR kann die **Eigenart des Gegenstandes** sein, den der Schu zurückhalten will. Kein ZbR besteht an Reisepässen (LG Ba-Ba NJW **78**, 1750), an Führerscheinen (s Clemens NZV **89**, 62), an Schuldscheinen od Wechseln, gleichgült ob die Schuld getilgt od nie entstanden ist (BGH NJW **58**, 2112, Betr **83**, 2621), an Quittgen od Löschgsbewilligungen (BGH **71**, 21, BGH **88**, 831), es sei denn der Kosten dieser Unterlagen (Köln Rpfleger **83**, 307), an ArbPapieren (Peterek Betr **68**, 173), an BetrMitteln u Werkzeugen des ArbG (LAG Düss Betr **75**, 2040), an GeschPapieren (BGH WPM **68**, 1325), an Buchhaltungsunterlagen (Düss NJW **77**, 1201, ZIP **82**, 472, Brenner BB **84**, 842, s auch LG Köln NJW **88**, 1675, aA BGH VersR **80**, 266, Hbg NJW **83**, 2455, Zeiler Betr **87**, 2136), anf aber, wenn diese nie ArbLeistg des Zurückhalten verkörpern (BGH NJW **88**, 2607), an Miet- od Pachtkautionen, wenn nach Beendigg des Vertr eine angem Fr für die Abrechng abgelaufen ist (Celle OLGZ **66**, 6), an zur Ansicht überlassenen Waren (BGH **LM** Nr 16); an Paletten, die als Transportmittel mitgeliefert worden sind (Ffm MDR **85**, 503); an Sachen, besonders dem Verderb od Entwertg zu besorgen ist (aus EnteigngsEntsch (BGH **44**, 58). Dagg können Kundenkarteien Ggst eines ZbR des Handelsvertreters sein (BGH WPM **83**, 864), ebso der vom ArbG zur Vfg gestellte Dienstwagen (Düss NJW **86**, 2513). – **bb)** Das ZbR kann wg der **Natur des Gläubigeranspruchs** ausgeschlossen sein. Kein ZbR besteht ggü dem Anspr auf Unterh od Altenteilsleistgen (Soergel-Wolf Rdn 40, 38). Dagg ist es ggü einem schuldrechtl Anspr, der die Grdl des künft Unterh

Inhalt der Schuldverhältnisse. 1. Titel: Verpflichtung zur Leistung **§ 273** 5–8

sichern soll, grdsl gegeben (BGH NJW **80**, 450). Das ZbR ist ausgeschlossen ggü dem Anspr auf Zustimmg zur Mieterhöhg gem MHRG 2 (LG Bln MDR **84**, 582), ggü dem Anspr auf Ausk od RechenschLegg (RG **102**, 110, BGH NJW **78**, 1157), u zwar auch bei einem gleichf auf Ausk gerichteten GgAnspr (Köln FamRZ **87**, 714); ggü dem Anspr auf Aufhebg der Gemeinsch (BGH **63**, 350); ggü dem RäumgsAnspr nach Beendigg der nichtehel LebensGemeinsch (Hamm NJW **86**, 728); ggü SchadErsAnspr, wenn dieser auf NichtErf eines Anspr beruht, dem kein ZbR enttggstand (BGH WPM **75**, 425); ggü dem VorschußAnspr der EigtGemsch aus WEG 16 II (BayObLG MDR **72**, 145, Ffm OLGZ **79**, 391); ggü dem Anspr auf Zust zur Veräußerg von WoEigt (BayObLG Rpfleger **77**, 173); ggü dem Anspr des GmbHGeschafter auf Zust zur KapitalErhöhg (BGH Betr **87**, 1413); ggü dem Anspr auf Anschluß an Versorggsleitgen. sofern er sich gg die EigtGemsch gem WEG richtet (Hamm NJW **84**, 2708); ggü dem Anspr auf Herausg des Nachl wg eines PflichtteilsAnspr (KG FamRZ **74**, 386); ggü dem Anspr auf Rückg von Sicherh wg Wegfall des Sichergszwecks (BGH NJW **68**, 2139); ggü dem Anspr auf Herausg der dch die GeschBesorgg Erlangten (RG **160**, 59, BGH **LM** § 313 Nr 15); ggü dem Anspr gg den VersVertreter auf Herausg der eingezogenen Prämien (LG Bonn VersR **71**, 543, Höft VersR **70**, 461); ggü dem Anspr auf Beglaubigg der HypAbtr (BGH NJW **72**, 44). Zul ist das ZbR dagg ggü dem GrdBBerichtigsAnspr (BGH **41**, 35), und aber, wenn der Eintragg wg GeschUnfähigk nichtig ist (BGH NJW **88**, 3261), ggü dem NotwegR (BGH MDR **76**, 917), ggü dem Anspr aus KO 37 (BGH NJW-RR **86**, 991) u ggü Wechsel- u ScheckAnspr (BGH **85**, 348, NJW **76**, 1451, Bulla JuS **83**, 755). – cc) Das ZbR ist nach **Treu u Glauben** ausgeschlossen, wenn der Schu für seinen GgAnspr ausr Sicherh besitzt (RG **85**, 137, **136**, 26, BGH **7**, 127, BAG ZIP **85**, 304, *arg* § 273 III), wenn der Schu wg einer unverhältnismäß geringen Fdg die ganze Leistg zurückbehalten will (RG **61**, 128, *arg* § 320 II), wenn ggü einer unbestr Fdg ein GgAnspr geltd gemacht wird, dessen Klärg so schwierig u zeitraubd ist, daß die Dchsetzg der unbestr Fdg unzumutb verzögert w (BGH **91**, 83, Hamm Betr **88**, 2145), wenn die Zb geg den Grds der Verhältnismäßigk verstoßen würde (LG Brschw NJW **74**, 800, WPM **86**, 417). Der Grds der Verhältnismäßigk ist vor allem für das ZbR von VersorggsUntern von Bedeutg (s AVBEltV, AVBWasserV, AVBGasV u AVBFernwärmeV, jeweils § 33). Diesen steht aber grdsl auch wg Anspr aus fr Vertr ein ZbR zu (LG Aachen NJW-RR **87**, 443, LG Bonn MDR **87**, 844, LG Osnabrück NJW-RR **88**, 499, aA LG Saarbr NJW-RR **86**, 674, LG Göttingen NJW-RR **88**, 1520). Zur Einbehaltg von Teilen der Strom-Rechng dch **Kernkraftgegner** s § 320 Anm 2e aE.

6) Rechtsfolgen. a) Das ZbR gibt dem Schu eine aufschiebde **Einrede.** Es ist nicht vAw zu berücksichtigen, sond muß ausdr od stillschw geltd gemacht w, damit der Gläub von seiner AbwendgsBefugn (III) Gebrauch machen kann (RG **77**, 438, BGH WPM **71**, 1021, NJW **83**, 565). Einer bes Geltdmachg bedarf es aber nicht, wenn der Gläub das Bestehen des ZbR von sich aus Rechng trägt u Leistg Zug um Zug verlangt (BGH **60**, 323). Die Ausübg des ZbR setzt voraus, daß die Leistg noch zurückgehalten w kann, also noch nicht bewirkt ist; iF des § 273 II ist erforderl, daß der Schu noch Besitz der Sache hat. Hat der Schu in Unkenntn des ZbR geleistet, steht ihm kein RückgewährAnspr aus § 813 zu, da § 273 keine dauernde, sond eine aufschiebde Einr begründet (RG **139**, 21). Auch bei einem unfreiwilligen Besitzverlust endet das ZbR. Vollstreckt der Gläub aus einem vorläuf vollstreckb Urt, kann der Schu nicht über ZPO 717 II od III die Wiederherstellg der ZbLage fordern (RG **109**, 105, JW **27**, 1468). – **b)** Die Ausübg des ZbR hat **rechtsgestaltende Wirkung** (BGH NJW-RR **86**, 992). Sie schränkt den Anspr des Gläub dahin inhaltl ein, daß der Schu nur noch zur Zug-um-Zug-Leistg verpflichtet ist. Das ZbR beseitigt nicht die Fälligk des Anspr. Seine Geltdmachg schließt aber den SchuVerzug u den Anspr auf ProzZinsen aus (§ 284 Anm 2, § 291 Anm 2). Ist bereits vorher Verzug eingetreten, genügt die Ausübg des ZbR zur Heilg des Verzuges nicht; der Schu muß vielmehr seine Leistg Zug-um-Zug gg Erfüllg des GgAnspr anbieten (§ 284 Anm 6). Das ZbR begründet ein Recht zum Besitz (BGH **64**, 124, NJW-RR **86**, 282, str s § 986 Anm 2d), aber kein BenutzgsR (BGH **65**, 57). Im **Konkurs** ist das ZbR ohne Wirkg (RG **149**, 94, aA Marotzke GgsVertr im Konk, 1985, S 34). Eine Ausn gilt ledigl für das ZbR wg Verwendgen, für das KO 49 I Nr 3 ein AbsondergsR vorsieht. – **c) Prozessuale Wirkungen** s § 274 mit Anm.

7) Absatz II. – a) II betrifft das ZbR ggü HerausgAnspr. Die Vorschrift enthält keine abschließde Sonderregel. Daneben gelten § 273 I (BGH **64**, 125) sowie § 1000 (BGH **75**, 293). – **b)** Der Verpfl zur **„Herausgabe eines Gegenstandes"** ist im weitesten Sinne zu verstehen. Unter § 273 II fallen auch schuldrechtl HerausgAnspr. Ggst (Übbl 2 v § 90) sind neben Sachen auch Rechte, Fdgen u der Buchbesitz, dh die sich aus einer (unricht) GrdBucheintragg ergebde RPosition (BGH **75**, 293). HerausgAnspr iSd § 273 II sind daher auch der Anspr auf GrdBuchberichtigg (BGH **41**, 33), auf Aufl (BGH **LM** Nr 6) od Löschg einer AuflVormerkg (RG **163**, 63). – **c)** § 273 II begründet keinen Anspr auf **Verwendungsersatz**, sond setzt dessen Bestehen voraus. AnsprGrdl können §§ 304, 683 f od 812 f sein. Da es genügt, daß der Verwendgsersatzanspr gleichzeit mit der Herausg fällig wird, kommen auch §§ 994 ff als AnsprGrdl in Frage (BGH **75**, 293, **87**, 277, oben Anm 3b). Die Verwendg muß auf den Ggst des ZbR gemacht worden sein (Schlesw WPM **72**, 1259). An dieser Identität fehlt es, wenn dem Anspr auf Löschg einer Grdschuld od Hyp Anspr aus Verwendgen auf das belastete Grdst entgegenhalten w (RG **141**, 226, BGH **41**, 37, Betr **70**, 2434). § 273 II ist auch dann anwendb, wenn der Schu dch den herzugebde Ggst (Tier) Schaden erlitten hat u der Gläub zum Ers des Schadens verpflichtet ist. Eine bes Prüfg der Konnexität ist für das ZbR des § 273 II nicht erforderl. – **d)** Hat der Schu den Ggst dch eine vorsätzl begangene **unerlaubte Handlung** (Diebstahl, Erpressg, Betrug) erlangt, entfällt sein ZbR aus § 273 II. Das gilt auch dann, wenn sein Vertreter die unerlaubte Hdlg begangen hat (BGH **LM** Nr 6). Der Ausschluß betrifft aber nur GgAnspr wg Verwendgen od SchadErs; iü bleibt das ZbR aus § 273 I unberührt (Kblz MDR **77**, 667). Auf Gsätzl VertrVerletzgen ist § 273 II letzter Halbs nicht entspr anwendb (Staud-Selb Rdn 37, aA Schlesw WPM **72**, 1259, 1478).

8) Da das ZbR kein Befriedigs- sond ein SichergsR ist, kann der Gläub es – and als iF des § 320 – **durch Sicherheitsleistung abwenden (III).** Es genügt nicht, daß der Gläub die SicherhLeistg anbietet; sie muß tats erbracht w (RG **137**, 355). UU kann aber die Vollstr des Urt vom Nachweis der SicherhLeistg abhäng gemacht w (RG aaO). Für die Art der SicherhLeistg gelten die §§ 232 ff (BGH NJW **88**, 484), jedoch ist die

SicherhLeistg dch Bürgen ausgeschlossen (III 2). Die Höhe der SicherhLeistg richtet sich nach dem Wert des GgAnspr des Schu; ist der Wert der zurückgehaltenen Ggst geringer, ist dieser maßgebd (RG **137**, 355, aA RG **152**, 75). Ist der Schu anderweit ausr gesichert, entfällt das ZbR. Das kann aus einer entspr Anwendg von III, aber auch aus § 242 hergeleitet w (Anm 5 d cc).

9) Sonderfälle. a) Das **kaufmännische Zurückbehaltungsrecht** (HGB 369ff) unterscheidet sich vom ZbR des § 273 in mehrfacher Beziehg. Es setzt keine Konnexität der beiderseit Anspr voraus u kann auch an eig Sachen geltd gemacht w. Es begründet ein BefriediggsR (HGB 371) u im Konk ein AbsondergsR (KO 49 I Nr 4). – **b)** Die ZbR der §§ 1000 u 2022 sind Unterfälle des ZbR gem § 273 II. Beide ZbR setzen keine Fälligk der GgFdg voraus u begründen uU ein BefriediggsR. – **c)** Nach richtiger, allerdings bestrittener Ans ist auch die **Einrede des nichterfüllten Vertrages** ein Unterfall des § 273 (§ 320 Anm 1). – **d)** Muß sich der Besteller gem § 254 od nach den Grds der VortAusgl an den **Kosten der Mängelbeseitigung** beteiligen, kann der Untern ledigl eine Absicherg seines BeteiliggsAnspr verlangen (BGH **90**, 350), im RStreit hat eine „doppelte Zug-um-Zug-Verurteilg" zu erfolgen (§ 274 Anm 1b). – **e)** Zum vertragl ZbR s Anm 1 a aE.

274. **Wirkungen des Zurückbehaltungsrechts.** ¹ Gegenüber der Klage des Gläubigers hat die Geltendmachung des Zurückbehaltungsrechts nur die Wirkung, daß der Schuldner zur Leistung gegen Empfang der ihm gebührenden Leistung (Erfüllung Zug um Zug) zu verurteilen ist.

ᴵᴵ Auf Grund einer solchen Verurteilung kann der Gläubiger seinen Anspruch ohne Bewirkung der ihm obliegenden Leistung im Wege der Zwangsvollstreckung verfolgen, wenn der Schuldner im Verzuge der Annahme ist.

1) Wirkung im Rechtsstreit (I). – a) Das ZbR wird im RStreit nicht vAw beachtet, sond muß vom Schu dch Einr geltd gemacht w (§ 273 Anm 6). Nicht erforderl ist, daß der Bekl formell einen Antrag zur Verurteilg Zug um Zug stellt (BGH VersR **77**, 515, 517, NJW-RR **86**, 992). Es genügt, wenn sich aus der Gesamth seines Vorbringens ergibt, daß er ein ZbR geltd machen will. Im 2. RZug ist das erstinstanzl geltd gemachte ZbR auch ohne ausdr Wiederholg zu beachten (BGH Betr **87**, 1836). Die außergerichtl erhobene Einr ist auch dann zu berücksichtigen, wenn der Kläger die maßgebden Tats in den Proz einführt (Münzberg NJW **61**, 542). – **b)** Die Geltendmachg des ZbR führt nicht – wie sonst bei aufschiebden Einr – zur KlAbweisg, sond zur **Verurteilg Zug um Zug.** (I) Das gilt auch, wenn der Kläger eine uneingeschränkte Verurteilg des Bekl anträgt (BGH NJW **51**, 517). Die Verurteilg Zug um Zug ist ggü der unbeschränkten kein *aliud*, sond ein *minus* (Staud-Selb Rdn 4). Auch wenn der Bekl bereits im AnnVerzug ist, ist zur Leistg Zug um Zug zu verurteilen (BGH **90**, 358); stellt das Urt den AnnVerzug fest, gilt für die Vollstr aber § 274 II (Anm 2). Ist die gleichzeit Ausführg der beiderseit Leistgen nicht mögl, muß das Ger gem § 242 eine andere und zweckentspr Lösg finden (Ffm BB **78**, 323). Ist die vom Schu zu erbringde Leistg von einer (weiteren) GgLeistg des Gläub abhäng (Bsp: Zuzahlg zur Nachbesserg), ist auch eine „doppelte Zug-um-Zug-Leistg" zul (BGH **90**, 349, 357). Steht dem Anspr des Gläub gg einen Miterben ein aufrechenb Anspr der Erben-Gemsch gg, führt die Geltdmachg des ZbR ausnw zur KlAbweisg (BGH **38**, 129). Dch die Verurteilg Zug um Zug erwächst nur die Feststellg der LeistgsPfl des Schu in RKraft, nicht die Pfl des Gläub zur GgLeistg (BGH NJW **83**, 1780). Die Darleggs- u **Beweislast** für die Voraussetzgen des § 273 hat der Schu (RG JW **14**, 188). – **c)** Die Einr des ZbR braucht im GrdUrt (ZPO 304) nicht erledigt zu werden (RG **123**, 7). Bei TeilUrt ist Zug-um-Zug zur vollen GgLeistg zu verurteilen (BGH NJW **62**, 628). Die Einr kann in der RevInstanz nicht mehr erhoben w. Sie ist auch dann ausgeschlossen, wenn der Gläub den Anspr bereits aufgrund eines vorläuf vollstreckb Urt beigetrieben hat (§ 273 Anm 6). Zur revisionsrechtl Behandlg, wenn nur die Entscheidg über die GgLeistg fehlerl ist, s BGH **45**, 287 u NJW **66**, 2356.

2) Zwangsvollstreckung (II). Das Zug-um-Zug Urteil gibt nur dem Gläub eine VollstrMöglichk, nicht dem zurückhaltden Schu (RG Warn **21**, 22). Der Gläub erhält eine vollstreckb Ausfertig des Urt – abgesehen vom Fall der Verurteilg zur Abgabe einer WillErkl – ohne den Nachweis, daß der Schu befriedigt od in AnnVerzug ist (ZPO 726 II). Die Vollstr setzt aber entweder Befriedigg od AnnVerzug des Schu od ein Zug um Zug Angebot des Gläub bei Dchführg der Vollstreckg voraus (ZPO 756, 765). Es empfiehlt sich, daß der Gläub den etwaigen AnnVerzug des Schu dch FeststellgsUrt ausdr feststellen läßt (Doms NJW **84**, 1340, Schibel NJW **84**, 1945). Es genügt aber auch, daß sich der AnnVerzug liquide aus dem UrtInh ergibt (KG OLGZ **74**, 312, Köln JurBüro **89**, 873).

Leistungsstörungen (§§ 275 ff)

Vorbemerkungen vor § 275

1) Allgemeines. a) Das SchuldVerh ist eine RBeziehg zw zwei Pers, kraft deren die eine, der Gläub, von der and, dem Schu, eine Leistg zu fordern berecht ist (§ 241). Zweck des SchuldVerh ist es, daß die **Leistung** erbracht w; mit dem Eintritt des LeistgsErfolgs, der Erfüllg (§ 362), hat es seinen Zweck erreicht u erlischt. Unterbleibt die Leistg od wird sie unvollständ erbracht, kann der Gläub seinen ErfüllgsAnspr iW der Klage u anschließend iW der Vollstr dchsetzen. Das Proz- u VollstrR ist damit eine wesentl Ergänzg des Schuld- u VermögensR. Es gewährleistet die Dchsetzg der GläubR u unterwirft den Schu einem **rechtlichen Erfüllungszwang.** – **b)** Die Erfüllg ist der regelmäß, aber nicht der allein denkb ErlediggsTatbestd des SchuldVerh. Bei seiner Abwicklg können Hindernisse auftreten, die den ordngsmäß Erfüllg erschweren od ausschließen; ebso kann es zu einer Schädigg der einen Part dch die and kommen. Für diese Störgsfälle verwendet man seit Heinrich Stoll (Die Lehre von den Leistgsstörgen, 1936) den Sammelbegriff **„Leistungsstörungen".** RFolge der LeistgsStörg ist eine inhaltl Änderg des SchuldVerh; die ursprüngl LeistgsPfl kann ganz od teilw entfallen, sich in eine Rückgewähr- od SchadErsPfl umwandeln od dch eine

Inhalt der Schuldverhältnisse. 1. Titel: Verpflichtung z. Leistung **Vorbem v § 275, § 275**

SchadErsPfl ergänzt w. **Kein** Fall der LeistgsStörg ist die **bloße Nichtleistung**. Sie gibt dem Gläub ledigl den ErfüllgsAnspr. Erst wenn Verzug (§ 284) od ein vertragsgefährddes Verhalten (§ 276 Anm 7 C a) hinzukommt, liegt tatbestandl eine LeistgsStörg vor.

2) Die Verfasser des BGB haben das Recht der Leistgsstörgen nur unvollständ u nicht in jeder Beziehg überzeugd geregelt. Der **Zentralbegriff** des Rechts der Leistgsstörgen ist die prakt nur selten vorkommde **Unmöglichkeit**. Sie wird in doppelter Funktion verwandt: Sie ist einerseits SchuldbefreiungsGrd (§ 275), zugleich aber auch HaftgsTatbestand (§§ 280, 324, 325). Weitere **gesetzlich geregelte Fälle** von Leistgsstörgen sind der Verzug des Schuldners (§§ 284 ff), der GläubVerzug (§§ 292 ff) sowie die Sonderregeln der Mängelhaftg bei Kauf, Miete, Werk- u Reisevertrag (§§ 459 ff, 537 ff, 633 ff, 651 c ff). Den prakt wichtigsten Fall der Leistgsstörg, die **positive Vertragsverletzung**, hat das Ges dagg ungeregelt gelassen (s § 276 Anm 7). Auch für das Verschulden bei den VertrVhdlgen (§ 276 Anm 6), das anfängl Unvermögen des Schu zur Leistg (§ 306 Anm 3) u den Wegfall der GeschGrdl (§ 242 Anm 6) fehlt eine gesetzl Normierg. Die Lücken, die insoweit anfängl bestanden haben, sind aber seit langem dch RichterR geschlossen. Das Recht der Leistgsstörgen umfaßt heute zwei in ihrer Herkunft, ihrem GeltgsGrd u ihrer Struktur unterschiedl Normenbestände: das aus der Tradition der Pandektenwissenschaft stammende, streng begriffl geschriebene Recht einerseits; andererseits aus den in ihren begrifflichen Konturen weniger scharfen, dafür aber elastischeren u für neue Problemstellgen offenen richterrechtl Grds. Trotz der im Schriftt vorgebrachten Kritik fügen sich beide Teile in der Praxis der RAnwendg zu einem dchaus brauchb Ganzen zus. Gleichwohl könnte ein neues, einheitl konzipiertes LeistgsstörgsR für die Praxis u Dogmatik des SchuldR von Vorteil sein. Eine entspr **Reform** wird zZ von einer vom BMJ eingesetzten Kommission vorbereitet (vgl Gutachten u Vorschläge zur Überarbeitg des SchuldR Bd I–III, 1981–1983, vor allem Huber Bd I S 647 ff, krit Jacobs Gesetzgebg im LeistgsstörgsR, 1985, s dazu Medicus AcP **186**, 269). Sie wird ihren Bericht voraussichtl im nächsten Jahr vorlegen. Zum jetzigen Stand der Arbeiten s Medicus AcP **188**, 168, Schlechtriem SchuldRReform, 1987, krit Wiedemann FS 600 Jahre Uni Köln, 1988, S 360 ff.

3) Die §§ 275–283 regeln die **nachträgliche Unmöglichkeit**. Sie stellen obj Unmöglichk u Unvermögen gleich (§ 275 II) u unterscheiden in der RFolge danach, ob die Unmöglichk zu vertreten hat od nicht. Bei zu vertretder nachträgl Unmöglichk ist der Schu schadensersatzpflichtig (§ 280), bei nicht zu vertretder nachträgl Unmöglichk w er von der LeistgsPfl frei (§ 275). Wie sich die Unmöglichk der Leistg bei ggs Vertr auf die beiderseit Rechte u Pflten auswirkt, regeln die § 323 ff. Die anfängl (obj) Unmöglichk behandelt das Ges in §§ 306 ff. Die §§ 276–279 legen fest, wann der Schu die nachträgl Unmöglichk „**zu vertreten**" hat. Sie enthalten Zurechngsnormen, die auch für den Verzug (§ 285), die pVV (§ 276 Anm 7) u die c.i.c. (§ 276 Anm 6) gelten. Dabei geht das BGB vom **Verschuldensprinzip** aus. Der Schu hat nach § 276 Vorsatz u Fahrlässigk zu vertreten. Das Verschuldensprinzip wird aber dch Garantieelemente modifiziert. Der Schu muß nach § 278 für das Verschulden von gesetzl Vertretern u ErfGeh unabhäng von einem eig Verschulden einstehen. Auch für das finanzielle Leistgsvermögen u das Beschaffgsrisiko bei Gattgsschulden besteht eine schuldunabhäng EinstandsPfl des Schu (§ 279).

275 *Nicht zu vertretende Unmöglichkeit.* ^{I} Der Schuldner wird von der Verpflichtung zur Leistung frei, soweit die Leistung infolge eines nach der Entstehung des Schuldverhältnisses eintretenden Umstandes, den er nicht zu vertreten hat, unmöglich wird.

^{II} Einer nach der Entstehung des Schuldverhältnisses eintretenden Unmöglichkeit steht das nachträglich eintretende Unvermögen des Schuldners zur Leistung gleich.

1) **Allgemeines**. Vgl zunächst die Vorbem. – a) Die nicht zu vertretde Unmöglichk ist nach § 275 ein **Befreiungsgrund**. Der Schu wird von seiner LeistgsPfl frei; auch eine sekundäre EinstandsPfl besteht nicht. Es erlischt aber nur die LeistgsPfl, nicht das SchuldVerh im ganzen (Anm 8). – b) § 275 gilt grdsl für **Schuldverhältnisse aller Art** (RG **62**, 227). Auf Geld- u GattgsSchulden ist § 275 II aber unanwendb (§ 279 Anm 1). Zur Abgrenzg der Unmöglichk vom GewährleistgsR s Vorbem 2 a v § 459, § 537 Anm 1 c bb, Vorbem 4 b v § 633 u Vorbem 3 v § 651 c. Zum Verhältn zur Künd aus wicht Grd s Picker JZ **85**, 641. Auf dingl Anspr ist § 275 nur anzuwenden, soweit dies mit der Eigenart der sachenrechtl Regelg vereinbar ist. Die §§ 275 ff können daher auf LeistgsPflten aus einer Reallast (§ 1105 ff) u InstandhaltgsPfl bei einer GrdDbk (§§ 1021 f) angewandt w, nicht aber auf Anspr aus §§ 985 u 1004 (Staud-Löwisch Rdn 15 v § 275). – c) Die **Erläuterungen** in Anm 2–6 beziehen aus prakt Grden die **anfängliche Unmöglichkeit** mit ein. Sie gelten daher nicht nur für die §§ 275 ff u §§ 323 ff, sond auch für §§ 306 ff.

2) **Unmöglichkeit**. Sie liegt vor, wenn die Leistg von niemandem, weder vom Schu noch von einem Dritten, erbracht w kann (sog obj od sachl Unmöglichk). Unvermögen (Anm 3) ist dagg gegeben, wenn der Schu zur Leistg außerstande ist, die Leistg aber von einem and bewirkt w könnte. Unmöglichk ist daher gleichbedeutd mit genereller Unerfüllbark, Unvermögen mit individueller.

a) Die Unmöglichk kann auf **tatsächlichen Gründen** beruhen. Die Leistg ist unmögl, wenn die geschuldete Sache niemals existiert h od untergegangen ist (BGH **2**, 270, 272). Das gilt auch bei Zerstörg der Mietsache (BGH **66**, 350) u den Rechten, so etwa bei Verz nicht mehr existierdes R (RG **78**, 431, Mü NJW **71**, 1807), bei Verk einer dch ZwVerst untergegangenen Hyp (RG Recht **18**, 1126), bei Kauf- od LizenzVertr über ein GeheimVerf, wenn dies bei VertrSchl bereits offenkund war (RG **163**, 7, BGH GRUR **63**, 209), bei Verkauf einer Gattgssache, wenn die betreffde Gattg nicht mehr hergestellt w (Hamm DAR **83**, 79). Die LieferVerpfl wird dch eine Verschlechterg der Sache unmögl, wenn diese ein solches Maß erreicht, daß es sich wirtschaftl nicht mehr um die ursprüngl Sache handelt (Oldbg NJW **75**, 1788). Unmöglichk ist auch gegeben, wenn der Erfolg (Abschirmg gg Erdstrahlgen) nach physikal Erkenntn nicht erreicht werden kann (aA LG Brschw NJW-RR **86**, 479) od wenn er dch Einsatz magischer Kräfte herbeigeführt werden soll (LG Kassel NJW **85**, 1642, NJW-RR **88**, 1517). Schreibt die Bank den überwiesenen Betrag irrtüml dem

§ 275   2   2. Buch. 1. Abschnitt. *Heinrichs*

Konto eines Dr gut, so begründet das keine Unmöglichkeit (Ffm NJW **83**, 1682). Die Unmöglichk kann sich auch aus **Nichteinhaltung der Leistungszeit** ergeben, so insb beim sog absoluten FixGesch (§ 271 Anm 5b). Aber auch bei and RGesch kann Zeitablauf die Leistg unmögl w lassen; zB endet die Verpfl zum Abschl eines ErbVerzVertr mit dem Tod des Erbl (BGH **37**, 329). Die Erfüllg einer UnterlassgsPfl wird mit der ZuwiderHdlg unmögl (BGH **52**, 398, § 284 Anm 1b). Dagg ist keine Unmöglichk gegeben, wenn nur die ursprüngl ErfArt undchführb geworden ist, die Leistg aber vom Schu in and Weise erbracht w kann u die and Ausführgsart beiden Part auch wirtschaftl zumutb ist (RG **92**, 225, BGH **LM** § 242 (Ba) Nr 18). Bei höchstpersönl Leistgen begründet Unvermögen zugl Unmöglichk (s aber § 306 Anm 2b).

b) Unmögl ist auch die Leistg, der dauernde **Rechtshindernisse** entggstehen. Fälle anfängl (Anm 4) rechtl Unmöglichk: Vertr über die Lieferg einer verkunfäh Sache; Übereign einer Sache, die dem Gläub schon gehört (RG JW **24**, 1360); Vereinbg eines NutzgsR, das dem Begünstigten bereits kr GemGebr zusteht (RG **150**, 218); Veräußerg eines Grdst mit der Abrede, daß der Veräußerer Eigtümer eines wesentl GrdstBestandt (Gebäude) bleiben soll (KG OLGZ **80**, 199); Verkauf einer nicht übertragb persgebundenen Konzession (BGH Warn **79**, 279); Vertr zur Erlangg einer Gen, die nach der RLage nicht erteilt w kann (Hamm NJW-RR **88**, 1118); Vertr über eine nicht genfäh Bauleistg (Ffm NJW-RR **89**, 982); Vertr über die Bestellg eines ErbbR an einem nicht bebaub Grdst (BGH **96**, 387); Bestehen eines inländ od ausländ Lieferverbots ohne eine Dispensmöglichk (BGH NJW **83**, 2873). In diesen Fällen ist der Vertr gem § 306 nichtig; die Nichtigk kann sich zugl auch aus § 134 ergeben (§ 306 Anm 2b). Keine anfängl rechtl Unmöglichk ist dagg bei einem Vertr über eine wg Einführ der GewerbeFreih (Art 12 GG) ggstlose Apothekenkonzession gegeben (BGH NJW **60**, 322), ebsowenig bei Einräumg einer Lizenz an einem nachträgl für nichtig erkl Patent (BGH NJW **57**, 1317) od einem nicht schutzfäh Gebrauchsmuster (BGH Betr **77**, 89). – Fälle nachträgl (Anm 4) rechtl Unmöglichk: Übereign einer Sache, die der Gläub inzw wirks von einem Dr erworben h (RG JW **10**, 805); einer Sache, deren Lieferg dch Ges verboten w (RG **102**, 205, **117**, 129); das gilt für eine ins Ausl zu erbringde Leistg auch dann, wenn das Verbot nur dort besteht (RG **93**, 184); Beschlagn einer best Sache od einer ganzen Warengattg inf Krieges (RG **95**, 22); Einreiseverbot bei Reisevertrag (BGH **60**, 16); Entzug der GewerbeErlaubn, die der zur BetrFortführg verpfl Pächter benötigt (BGH **LM** Nr 3 u 323 Abs 1 Nr 5); Wirksamw eines Beschäftiggsverbots (BAG **9**, 301, **AP** 615 Nr 29); Auslaufen der ArbErlaubn eines ausl ArbN (BAG NJW **77**, 1023); Verbot, eine übernommene Architektenbindg weiterzuübertragen (BGH NJW **82**, 2190); Versagg der für das ErfGesch erforderl Gen (BGH **37**, 240 u näher unten Anm 9b).

c) Unmögl ist auch die Leistg, die zwar theoret mögl, nach der Anschauung des Lebens aber **praktisch** nicht erbracht w kann (BGH NJW **83**, 2873, Roth JuS **68**, 102 Fn 21). Schulbeispiele sind der Ring auf dem Meeresboden u die Münzsammlg unter dem Fundament eines Hochhauses. Hierher gehört auch der Fall, daß die verkaufte Sache von unbekannten Tätern gestohlen worden ist (RG **105**, 351, Erm-Battes Rdz 16 vor § 275, sehr str, für Unvermögen BGH **8**, 231, Gudian NJW **71**, 1239).

d) Unter Leistg iSd § 275 ist der Leistgserfolg, nicht die LeistgsHdlg zu verstehen. Unmöglichk liegt daher auch dann vor, wenn zwar die LeistgsHdlg an sich weiterhin mögl ist, sie aber den Leistgserfolg nicht mehr herbeiführen kann (Larenz § 21 Ic, MüKo/Emmerich Rdn 75 v § 275, Staud-Löwisch Rdn 9, Beuthien, Zweckerreichg u Zweckstörg im SchuldVerh, 1969, S 16, Köhler, Unmöglichk u GeschGrdl bei Zweckstörgen im SchuldVerh, 1971, S 18 ff). § 275 ist daher anwendb, wenn der geschuldete Leistgserfolg ohne Zutun des Schu eintritt, sog **Zweckerreichung** (Bsp: das freizuschleppde Schiff kommt wieder frei; der zu behandelnde Patient w vor Eintreffen des Arztes gesund). Das gleiche gilt, wenn der Leistgserfolg wg Wegfalls od Untauglichk des **Leistungssubstrats** nicht mehr erreicht w kann (Bsp: das zu streichde Haus brennt ab, das zu unterrichte Kind stirbt). Entgg der fr hM liegt in diesen Fällen kein AnnVerzug vor, da es sich um ein endgült Leistgshindern handelt, AnnVerzug aber nur bei vorübergehden Leistgshindern in Betr kommt. Auch dauernde Ann- od Mitwirkgsunmöglichk des Gläub begründet keine Unmöglichk im RSinne (§ 293 Anm 2b). Für die GgLeistg gelten die §§ 320 ff. Der von der SachleistgsPfl frei gewordene Schu behält daher seinen VergütgsAnspr, wenn der Gläub die Zweckerreichg od den Zweckfortfall zu vertreten hat (§ 324 u dort Anm 2). Aber auch wenn das nicht zutrifft, hat der frei gewordene Schu Anspr auf eine Teilvergütg. Das ergibt sich aus einer entspr Anwendg des § 645 (dort Anm 3b cc). Diese Vorschr, die auch auf DienstVertr angewandt w kann (Picker JZ **85**, 694), enthält den allg RGedanken, daß Leistgsstörgen, die im weitesten Sinn mit dem Wegfall od der Veränderg des Leistgssubstrats zushängen, zur Sphäre des Gläub gehören u diesen daher zur Zahlg einer Teilvergütg verpflichten (Köhler aaO S 38 ff u S 77 ff; ähnl BGH **40**, 71, **60**, 14, **77**, 324, **78**, 354, **83**, 203, Kln OLGZ **75**, 323). Unanwendb ist § 275 dagg, wenn der Leistgserfolg, zumindest äußerl betrachtet, noch herbeigeführt w kann, der Gläub aber an der Leistg kein Interesse mehr h, sog **Zweckstörung** od Zweckverfehlg (Bsp: Hochzeit, für die Kapelle bestellt ist, findet nicht statt; Fußballspiel, zu dem eine Sonderfahrt dchgeführt w soll, fällt aus). Daß der Gläub an dem weiterhin mögl Leistgserfolg kein Interesse mehr h, ist sein Risiko (MüKo/Emmerich Rdn 30 v § 275, Köhler aaO S 18 ff). Ausnahmsw kann die vom Gläub beabsichtigte Verwendg aber VertrInhalt mit der Folge sein, daß bei Scheitern der geplanten Verwendg Unmöglichk anzunehmen ist (Hamm WPM **72**, 1323, im dort entsch Fall – Verpachtg zum Betr einer Gaststätte – zweifelh). Dazu genügt aber nicht, daß der Gläub dem Schu die Art der beabsichtigten Verwendg mitgeteilt hat. Der Vertr muß vielmehr seinem Inh nach auf die geplante Verwendg ausgerichtet sein; auch wenn das nicht der Fall ist, können dem Gläub uU Rechte wg Wegfalls der GeschGrdl zustehen (§ 242 Anm 6 Cb).

e) Eine fr weit verbreitete Ans will der rechtl Unmöglichk die sog **wirtschaftliche** Unmöglichk gleichstellen. Diese w bejaht, wenn die Leistg zwar an sich mögl ist, ihr aber solche Schwierigk entggstehen, daß sie dem Schu wg Überschreitg der „Opfergrenze" nach Treu u Glauben nicht zugemutet w kann („überobligationsmäß Schwierigk"). Die Gleichsetzg von wirtschaftl u rechtl Unmöglichk diente der Rspr nach dem 1. Weltkrieg dazu, der völl Veränderg der wirtschaftl Verhältn dch Not u Inflation Rechng zu tragen (RG **94**, 47, **100**, 131, **101**, 81, **102**, 273, **107**, 157). Sie versagte jedoch, wenn die Veränderg nicht die Leistg, sond die GgLeistg (Geldleistg) betraf (vgl RG **102**, 101, **106**, 9). Inzw hat sich fast allg die Ans dchgesetzt, daß für

Inhalt der Schuldverhältnisse. 1. Titel: Verpflichtung zur Leistung **§ 275** 2–6

die Fälle von übermäß Leistgserschwergen nicht die Vorschr über die Unmöglichk, sond die Grds über den Wegfall der GeschGrdl (§ 242 Anm 6 C a bb) die sach- u interessengerechte Lösg darstellen (Larenz § 21 I e, Staud-Löwisch Rdn 6, Soergel-Wiedemann Rdn 38f). Im Fall von übermäß Leistgserschwergen ist idR nicht die Befreig von der LeistgsPfl, sond Anpassg an die veränderten Verhältn die angem RFolge. Auch die Rspr hat die Lehre von der wirtschaftl Unmöglichk prakt aufgegeben u wendet idR die Grds über den Wegfall der GeschGrdl an (BGH **LM** § 242 [Bb] Nr 12 u 50 Bl 2, BB **56**, 254; s auch BGH **37**, 241).

3) Unvermögen. a) Es ist gegeben, wenn die Leistg von einem and od unter Mitwirkg eines and erbracht w könnte, der Schu aber (allein) zur Leistg außerstande ist. Voraussetzg ist, daß der Schu auch zur Beschaffg (Wiederbeschaffg) nicht in der Lage ist (BGH NJW **88**, 700, aA Brehm JZ **87**, 1090). Gem § 275 II stehen nachträgl Unmöglichk u nachträgl Unvermögen einand gleich. Das gilt auch iF des § 280 (RG **52**, 95). Für die §§ 275 ff ist die Abgrenzg zw Unmöglichk u Unvermögen daher, abgesehen vom Fall der Gattgsschuld (§ 279), unerhebl. Sie ist aber im Hinbl auf § 306 von Bedeutg: Bei ursprüngl Unmöglichk besteht keine LeistgsPfl (§ 306), für ursprüngl Unvermögen muß der Schu dagg einstehen (§ 306 Anm 4).

b) Das Unvermögen (subj Unmöglichk) kann – ebso wie die Unmöglichk – auf **tatsächlichen od rechtlichen Gründen** beruhen. Beispiele für tatsächl Unvermögen sind: Abschl eines 2. ArbVertr für denselben Zeitraum (BAG **AP** § 306 Nr 1); dauernde ArbUnfähigk eines HandelsVertreter (LG Bln NJW **69**, 514; Nürnb VersR **69**, 1136, offen gelassen von BGH **52**, 17); ebso bei sonst DienstVertr (Stgt FamRZ **85**, 285); und auch, wenn Vertr dch Vertreter erfüllb (BGH **LM** § 323 I Nr 5); völlige Unzumutbark der festgelegten ArbZeit (BAG NJW **82**, 2142); Doppelvermietg ders Wohng (BGH **85**, 271); Mittellosigk des Schu, doch kann Schu aus ihr wg der § 279 zGrd liegden Wertg keine Rechte herleiten (§ 279 Anm 1 b cc); unzureichdes know-how eines Unternehmers, der seinem HandelsVertreter den Vertrieb einer Neuh zugesagt hat (BAG Betr **74**, 1617); Beschaffgsschwierigk bei Gattgsschulden (§ 279 Anm 2). Beispiele für **rechtliches Unvermögen:** Verk od Vermietg einer fremden Sache ohne Zust des Eigtümers (BGH **85**, 271, DNotZ **72**, 530); Verk einer eig Sache ohne die erforderl Zust des Eheg (RG **80**, 249, BGH **47**, 269); Beschlagn der zu liefernden Sache (BGH NJW **84**, 2031); Veräußerg der verkauften Sache an Dr (BGH WPM **73**, 1202); in diesen Fällen liegt kein Unvermögen vor, wenn der Dr zur Zust bereit od ein Rückerwerb mögl ist (BGH WPM **86**, 646). Entspr gilt, wenn der Vermieter, der Konkurrenzschutz zugesagt hat, einen weiteren MietVertr ohne Beachtg dieser Klausel abschließt (BGH NJW **74**, 2317). Unvermögen bei höchstpersönl Leistgen s Anm 2 a aE.

4) Für die Unterscheidg zw **anfänglicher** (ursprüngl) Unmöglichk (§§ 306 ff) u **nachträglicher** Unmöglichk (§§ 275 ff, 323 ff) kommt es darauf an, ob das LeistgsHindern vor od nach Begründg des SchuldVerh entstanden ist. Bei vertragl SchuldVerh ist daher der VertrSchl der für die Abgrenzg maßgebde Ztpkt (BGH **47**, 50, **60**, 16). Das gilt auch dann, wenn der Vertr aufschiebd bedingt od befristet ist. Wird die Leistg nach Abschluß des Vertr, aber vor Eintritt der Bedingg unmögl, liegt daher nachträgl Unmöglichk vor (Staud-Löwisch Rdn 43). Ist für die Leistg (das ErfGesch) die Gen eines Dritten erforderl, begründet deren Versagg gleichf keine anfängl, sond nachträgl Unmöglichk (BGH **37**, 240, Anm 9 b).

5) Dauernde und vorübergehende Unmöglichkeit. – a) Voraussetzg für die Anwendg der §§ 275, 280, 306 ist eine dauernde Unmöglichk (BGH **LM** Nr 4 u 7, allgM). **Vorübergehende Leistungshindernisse** begründen Verzug, sofern sie der Schu zu vertreten hat. Ist das nicht der Fall, ist die LeistgsPfl des Schu für die Dauer der zeitweil Unmöglichk nach dem RGedanken des § 275 ausgeschlossen (Erman-Battes Rdn 10). Ist daher der Schu dauer nicht zu leistg im stande, so ist er sofort, ohne zu künft Leistg zu verurteilen (s RG **168**, 328, ähnl MüKo/Emmerich Rdn 66 v § 275, der jedoch eine Einr des Schu für erforderl hält). – **b)** Vorübergehde Unmöglichk (Unvermögen) steht **dauernder Unmöglichkeit gleich,** wenn sie die Erreichg des Gesch-Zweckes in Frage stellt u dem and Teil die Einhaltg des Vertr bis zum Wegfall des LeistgsHindern nicht zuzumuten ist (BGH **47**, 50, **83**, 200). Ob das zutrifft, ist unter Berücksichtigg aller Umst u der Belange beider Part nach Treu u Glauben zu entscheiden (BGH **LM** Nr 4, OGH **3**, 397). Bei Gesch des Warenhandels ist zu berücksichtigen, daß der Handel kurzfrist zu disponieren pflegt, dem Gläub also ein langes Warten nicht zugemutet w kann (BGH **LM** Nr 4). Dagg kann bei einem GrdstKaufVertr längeres Zuwarten uU zumutb sein (OGH **2**, 252). Wird die Erfüllg eines Vertr dch den Ausbruch eines Krieges zeitweil unmögl, ist idR dauernde Unmöglichk anzunehmen (RG **94**, 49, **101**, 80). Diese kann auch zu bejahen sein, wenn Bauarbeiten wg der polit Verhältn im Lande des Bestellers (Iran) seit 3 Jahren nicht begonnen w konnten u eine Änderg der Lage nicht zu erwarten ist (BGH **83**, 200). Beim absoluten FixGesch begründen vorübergehde LeistgsStörgen dauernde Unmöglichk (§ 271 Anm 5 b); bei **Dauerverpflichtungen** führen sie idR zu einer teilw dauernden Unmöglichk (§ 284 Anm 1 b). Die Versagg der erforderl devisenrechtl Gen ist dagg iZw vorübergehde Unmöglichk (RG **151**, 38, Kühn NJW **83**, 1233). Bei der Abwägg ist auch das Verhalten der Part mitzuberücksichtigen. Hat der Schu zu erkennen gegeben, daß er ein Herstellgsverbot als ein vorübergehdes LeistgsHindern ansieht, so kann ihn der Gläub hieran festhalten (s OGH **3**, 397). Das gilt ebso umgekehrt für eine entspr Erkl des Gläub (s RG **168**, 327). – **c) Maßgebender Zeitpunkt** für die Beurteilg, ob vorübergehde od dauernde Unmöglichk vorliegt, ist grdsl der Eintritt des LeistgsHindern (BGH **LM** Nr 4, 7). Die LeistgsPfl lebt nicht wieder auf, wenn die Leistg infolge einer unerwarteten Entwicklg wieder mögl w (RG **158**, 331, BGH **LM** Nr 4). Aus § 242 kann sich aber eine Verpflichtg zum Neuabschluß ergeben (RG **158**, 331). Im RStreit ist die Bedeutg des LeistgsHindern – bezogen auf den Ztpkt seines Eintritts – ex post nach dem Kenntnisstand der letzten mdl Vhdlg zu beurteilen (so im Ergebn BGH **83**, 201). Ist daher bei einer alsbald erhobenen Klage bis zur letzten mdl Vhdlg behoben, ist sie idR als vorübergehd anzusehen. Entspr gilt, wenn sie bei einem bedingten od befristeten Anspr bis zum Eintritt der Bedingg od der Fälligk wieder entfallen ist (s § 308 II). Ist eine vom Schu zu vertretde od eine währd des SchuVerzuges entstandene Unmöglichk weggefallen, kann sich der Schu nach Treu u Glauben nicht auf Unmöglichk berufen (RGRK-Alff Rdn 23).

6) Teilweise und völlige Unmöglichkeit. a) Bei Teilunmöglichk, vom Ges in §§ 280 II, 323 I u 325 I

„teilw Unmöglichk" genannt, treten die RFolgen der Unmöglichk grdsl nur hins des unmögl Teils der Leistg ein (BGH **77**, 322 Teilunmöglichk bei Schiffspauschalreise). Hins des noch mögl Teils der Leistg bleibt der Schu weiter leistgspflicht (§ 275 I „soweit"). Die Verpflichtg zur GgLeistg wird entspr gemindert (§ 323 I). Hat der Schu die Teilunmöglichk zu vertreten, gelten §§ 280 II, 325 I 2. – **b)** Die Teilunmöglichk kann der **vollständigen Unmöglichkeit gleichstehen** (s Scherner JZ **71**, 533). – **aa)** Handelt es sich um eine **unteilbare** Leistg (§ 266 Anm 2b), begründet die Teilmöglichk idR zugl vollständ Unmöglichk (BGH VersR **77**, 527). Bsp: Das verkaufte Schiff wird teilw zerstört. – **bb)** Teilunmöglichk liegt auch vor, wenn die Leistg nicht in der vertragsmäß Beschaffenh erbracht w kann, sog **qualitative** Unmöglichk (MüKo/Emmerich Rdn 34, aA Soergel-Wiedemann Rdn 48). Auch hier ist idR vollständige Unmöglichk anzunehmen, ab Übergabe gelten jedoch bei Kauf, Miete u WerkVertr die Sondervorschriften des GewährleistgsR (§§ 459 f, 537 f, 633 f). Handelt es sich um RückgewährPflten, begründen Verschlechtergen grdsl nur Teilunmöglichk. – **cc)** Die Leistg ist im ganzen unmögl, wenn der Gläub nach dem Inh u Zweck des Vertr nur an der vollständen Leistg ein Interesse hat, die mögl gebliebene **Teilerfüllung** für ihn also **sinnlos** ist (RG **140**, 383, Zweibr OLGZ **70**, 309). Vollständige Unmöglichk ist daher anzunehmen, wenn die Teilleistg nicht mehr im Rahmen des konkreten SchuldVerh liegt, sond wirtschaftl etwas and bedeutet als die volle Leistg (Scherner JZ **71**, 533). Ausnw kann auch die Unmöglichk von Nebenleistgen dazu führen, daß die Leistg im ganzen als unmögl anzusehen ist (RG **88**, 37, Unmöglichk der Versendg).

7) Der Schu wird nur dann frei, wenn er die Unmöglichk (das Unvermögen) **nicht zu vertreten** hat. Ist er für die Unmöglichk verantwortl, haftet er nach § 280 od § 325 auf SchadErs. Was der Schu zu vertreten hat, ergeben die §§ 276–279. Die Haftg ist erweitert, wenn der Schu in Verzug ist (§ 287 S 2), sie ist eingeschränkt, wenn sich der Gläub in AnnVerzug befindet (§ 300 I). Bei der Prüfg des Verschuldens (§ 276) ist zu berücksichtigen, daß der Schu verpflichtet ist, alles ihm Mögl u Zumutb zu tun, um bei Fälligk leisten zu können. Er haftet daher, wenn er es verabsäumt, sich rechtzeit einzudecken (RG **95**, 264). Der Schu ist aber auch dann verantwortl, wenn er sich uneingeschränkt zur Leistg verpflichtet hat, obwohl er das später aufgetretene LeistgsHindern schon bei VertrSchl voraussehen mußte (RG **93**, 18, BGH **LM** § 275 Nr 8 (Bl 3), § 242 (Be) Nr 24). Vfgen hoher Hand, wie Beschlagn u polizeil Verbote, hat der Schu idR nicht zu vertreten (RG JW **11**, 94), wohl aber einen freihänd Verkauf der geschuldeten Sache, auch wenn der Verkauf zur Abwendg der Enteignung erfolgt ist (s BGH NJW **83**, 275).

8) Rechtsfolgen. a) Nachträgl Unmöglichk u nachträgl Unvermögen lassen die LeistgsPfl des Schu **erlöschen**. Das gilt entgg dem Wortlaut des § 275 auch dann, wenn der Schu die Unmöglichk zu vertreten hat (Staud-Löwisch Rdn 44), der Schu ist in diesem Fall jedoch gem § 280 schadensersatzpflichtig. Die Schuldbefreiung tritt kr Ges ein; sie ist daher unabhäng von einer Einr des Schu zu berücksichtigen. Sie betrifft aber nur die einzelnen LeistgsPfl, nicht das SchuldVerh im ganzen. Der Schu ist daher gem § 281 zur ErsHerausg verpflichtet. Außerdem trifft ihn die Pflicht, dem Gläub die Unmöglichk anzuzeigen. Wird die Leistg wieder mögl, kann er uU zur Neubegründg des SchuldVerh verpflichtet sein (Anm 5c). Aus § 275 ergibt sich, daß die **Leistungsgefahr** der Gläub trägt. Für ggs Vertr wird § 275 dch § 323 ergänzt. Danach erlischt bei nicht zu vertredner Unmöglichk mit der LeistgsPfl zugl die Verpfl zur GgLeistg. Das bedeutet, daß die GgLeistgs- od **Preisgefahr** der Schu trägt. – **b)** **Verfahrensrechtliches.** Steht fest, daß die Leistg obj od subj unmögl ist, ist die auf Verurteilg zur Leistg gerichtete Klage abzuweisen (BGH NJW **72**, 152, **74**, 943, 2317, NJW **86**, 1676, Schlesw NJW **82**, 2672). Ist die Unmöglichk streitig, kann der Schu ohne Beweiserhebg über die Unmöglichk zur Leistg verurteilt w, sofern feststeht, daß der etwaige Unmöglichk zu vertreten hat (RG **54**, 28, **107**, 18, BGH NJW **74**, 1554, Hamm NJW-RR **88**, 269, K. Schmidt ZZP **87**, 61, str, aA Brehm JZ **74**, 575). Der Gläub kann sich aufgrund des Urt dch einen VollstrVersuch selbst davon überzeugen, ob die Erf nicht doch mögl ist. Liegt wirkl Unmöglichk vor, kann er gem § 283 vorgehen. – **c)** **Beweislast** s § 282 Anm 1.

9) Genehmigungsbedürftige Rechtsgeschäfte. Währd in der Kriegs- u Nachkriegszeit auch für eine Vielzahl von RGesch des tägl Lebens behördl Gen erforderl waren, bilden öffr GenErfordern heute die Ausn. Sie sind aber weiterhin in einer Reihe von Ges vorgesehen u von nicht unerhebl prakt Bedeutg. Die Gen kann für das VerpflGesch (a), das ErfGesch (b) oder für beide erforderl sein. UU betrifft das GenErfordern beide Gesch nicht, sond hindert den Schu an der Beschaffg des LeistgsGgst u der Erf der eingegangenen Verbindlichk. In diesen Fällen liegt rechtl Unmöglichk (Anm 2b) od Unvermögen (Anm 3 b) vor, auf die die §§ 275 ff, 306, 323 ff anzuwenden sind. Wird ein einseit GestaltgsGesch ohne die erforderl Gen vorgenommen, ist es nichtig (§ 134 Anm 2 d). Bezieht sich das GenErfordern auf das Verpfl- od ErfGesch u enthält das die GenPfl begründde Ges keine Sondervorschriften, gilt folgdes:

a) Genehmigungsbedürftige Verpflichtungsgeschäfte. Bsp für die GenErfordern nach dem GrdstVerkG (Übbl 4 b cc v § 873), nach VO aGrd des AWG, nach WährG 3 (§ 245 Anm 4), ferner die Gen der AufsBeh nach den GemOrdngn (§ 125 Anm 1 b). Das GenErfordern erstreckt sich uU zugleich auf das ErfGesch. Die Gen ist hier RBdgg des VerpflGesch; sie ist Voraussetzg für seine Wirksamk, nicht aber Teil des rechtsgeschäftl Tatbestdes. – **aa)** Bis zur Entsch der Beh ist das VerpflGesch **schwebend unwirksam** (BGH **23**, 344, BVerwG NJW **78**, 338, Kblz NJW **88**, 3099, stRspr, Begriff Übbl 4 c v § 104). Die Part sind gebunden, es bestehen aber noch keine ErfAnspr (RG **98**, 246, **168**, 267). Auch eine Klage auf Leistg für den Fall der Gen ist nicht mögl (RG **98**, 246, DR **41**, 214). Zul dagg eine Klage auf Feststellg, daß ein Vertr best Inh gesollt worden ist (RG **121**, 157). Sow der Zweck des GenErfordern nicht entggsteht, ist es Sache der Part verpfl, die VertrAbwicklg dch geeignete Maßn vorzubereiten. Bei einem dem GrdstVerkG unterfallden Vertr können die Part daher wirks vereinbaren, daß der KaufPr bereits vor der Erteilg der Gen beim Notar hinterlegt w soll (BGH DNotZ **79**, 306). Die Part sind verpflichtet, alles zu tun, um die Gen herbeizuführen u alles zu unterlassen, was den Erfolg des Gen **gefährden** od vereiteln könnte (BGH **115**, 38, 129, 376, BGH **14**, 2, **67**, 35, § 242 Anm 3 B b). Bei Verletzg dieser Pfl besteht Anspr auf SchadErs wg c. i. c. (RG **114**, 159), der sich uU auf das ErfInteresse erstrecken kann (§ 276 Anm 6 C). Wird eine Gen für den Fall einer VertrÄnd erteilt, kann sich aus § 242 die Pfl zum Abschl eines entspr ÄndVertr ergeben (BGH NJW **60**, 523, § 242 Anm 3 B b;

zu WährG 3 s § 245 Anm 4 c). Keine schwebde Unwirksamk, sondern **Nichtigkeit** tritt ein, wenn der Vertr von beiden Seiten in UmgehgsAbs abgeschl w (BGH NJW **68**, 1928, DNotZ **69**, 351, Betr **81**, 576). – **bb)** Mit der **Erteilung der Genehmigung** w der Vertr **vollwirksam**. Die Gen hat idR rückwirkde Kraft (Einf 3 v § 182). Das ergibt sich aber entgg der älteren Rspr (RG **123**, 330, **125**, 55, **157**, 211) nicht aus einer entspr Anwendg des § 184, sond aus dem Zweck des GenErfordern (BGH **32**, 389, NJW **65**, 41, Einf 3 v § 182). Einen Grds, daß Gen wg ihrer privatrechtsgestaltden Wirkg nicht zurückgenommen w dürfen, gibt es nicht (BVerwG NJW **78**, 338, BGH **84**, 71, str, aA RG **103**, 107, BGH DNotZ **69**, 617). Die erforderl Abwägg zw den öff u priv Belangen w aber idR zum Ausschluß der Rückn (VwVfG 48) führen. Das gilt erst recht für den Widerruf (VwVfG 49), vorausgesetzt, daß der Vertr bereits geschlossen ist. Im übrigen bestehen iF der Rückn u des Widerrufs EntschädiggsAnspr gem VwVfG 48 III u 49 V. Wird der GenBeh zum Zweck der Täuschg ein unvollständ od unricht beurkundeter Vertr vorgelegt, ist die Gen grdsl ohne Wirkg, ohne daß eine Rückn erforderl ist (s BGH NJW **81**, 1958). Ein unricht **Negativattest** kann, auch wenn eine entspr ges Regelg fehlt, einer Gen gleichstehen (BGH **1**, 301, DevisenGen; **14**, 4, preisrechtl Gen). Der Zweck des GenErfordern kann aber uU eine Gleichstellg ausschließen (BGH **44**, 325 zur Gen des VormschG; BGH NJW **80**, 1692 zu BBauG 19 aF; s auch BGH NJW **69**, 923). Der **Wegfall des Genehmigungserfordernisses** macht das Gesch gleichf vollwirks, sofern der Zustand schwebder Unwirksamk noch bestand (BGH **37**, 236, MDR **68**, 829, OGH **3**, 393, stRspr). Die Wirksamk tritt aber ex nunc ein (aA BGH NJW **65**, 41, Zweibr OLGZ **85**, 362). – **cc)** Mit der **Versagung der Genehmigung** w der Vertr nichtig (RG **168**, 351, **172**, 1, BGH NJW **68**, 1918) aber erst dann, wenn der Bescheid unanfechtb geworden ist (BGH JZ **72**, 368). Ersetzt die Beh ihren noch nicht rechtsbeständ AblehnungsBescheid dch eine Gen, wird der Vertr daher wirks (BGH **84**, 71). Dagg hat es bei der Nichtigk sein Bewenden, wenn der unanfechtb gewordene VersaggsBescheid nachträgl aufgehoben w (RG JW **31**, 3450, BGH NJW **56**, 1918, JZ **72**, 368) od die GenPfl wegfällt. **Verzögerungen** der Gen stehen der Verweigerg nur dann gleich, wenn sie wie die Erreichg des VertrZwecks gefährden od den Part ein längeres Zuwarten nicht zuzumuten ist (BGH NJW **78**, 1262, OGH NJW **49**, 821, Anm 5). Die aGrd des nichtig gewordenen Vertr erbrachten Leistgen sind nach § 812 zurückzugewähren. SchadErsAnspr können sich aus c. i. c. ergeben (oben aa). Die Regeln über die Unmöglichk finden keine Anwendg.

b) Genehmigungsbedürftige Erfüllungsgeschäfte. Bsp sind AusfuhrGen nach KRG 53/MRG 53 (OGH NJW **49**, 425), das für den Interzonenhandel noch gilt (BVerfG NJW **65**, 741), BauGB 19, 51, ferner nach dem GrdstVerkG, jedoch ist dort idR auch das VerpflGesch genbedürft. – **aa)** Das VerpflGesch ist, sow es nicht selbst der Gen bedarf, **von Anfang an wirksam**, begründet also beiderseits ErfAnspr. Eine Klage auf Leistg ist grdsl zul (BGH **82**, 296, NJW **78**, 1262); ob der GenVorbeh ausdr in die UrtFormel aufgen w muß, hängt von einer Ausslg des Ges ab, auf dem das GenErfordern beruht (BGH aaO). Aus diesem Ges kann sich auch ergeben, daß eine vorzeit Leistgsklage ausgeschl sein soll (BGH NJW **143**, 328, devisenrechtl Gen; OGH NJW **49**, 425, AusfuhrGen nach KRG 53). Die Pfl der Part, auf die Erteilg der Gen hinzuwirken (oben a aa), ist echte VertrPfl (RG **151**, 39). Ihre Verletzg begründet einen vertragl SchadErsAnspr. Wird die Gen nur iF einer VertrÄnd erteilt, kann sich aus § 242 die Pfl zur VertrAnpassg u Wiederholg des ErfGesch ergeben (BGH **38**, 146, **67**, 34, § 242 Anm 4 B c). Das bereits vorgenommene ErfGesch (Bsp: Aufl) ist bis zur Entscheidg über die Gen **schwebend unwirksam**. Ausnw kann das Fehlen der Gen auch zivilrechtl unschädl sein, wenn die das GenErfordern begründde Norm eine bloße OrdngsVorschr ist (BGH **LM** § 134 Nr 59). Wird die Gen od ein der Gen gleichstehdes Negativattest erteilt od fällt das GenErfordern weg, w auch das ErfGesch wirks, u zwar grdsl mit rückwirkder Kraft. Insoweit gelten die Ausführgen in a) bb) entspr. – **bb)** Wird die **Genehmigung** endgült **versagt** u scheidet eine Anpassg aus, wird die Erf des Vertr nachträgl unmögl. Die RFolgen beurteilen sich in diesem Fall nach den §§ 275 ff, 323 ff (RG **149**, 349, BGH **37**, 240, NJW **69**, 837, **80**, 700, BayObLG NJW-RR **87**, 1417). Die etwaige Rückwirkg des Ablehnsbescheids begründet keine anfängl Unmöglichk, da das Gesch, auf das sich die Rückwirkg bezieht, nicht das VerpflGesch, sond das ErfGesch ist. Die Unmöglichk (Ablehng der Gen) ist idR von keiner Part zu vertreten, so daß beide Teile gem §§ 275, 323 von ihrer LeistgsPfl frei werden (BGH NJW **69**, 837, Düss NJW **65**, 761). Es können aber auch die §§ 280, 324, 325 anwendb sein, wenn eine Part die Ablehng der Gen verschuldet od insow das Risiko übernommen hat (BGH NJW **80**, 700, Kauf von Bauerwartgsland).

276 *Haftung für eigenes Verschulden.* **I** Der Schuldner hat, sofern nicht ein anderes bestimmt ist, Vorsatz und Fahrlässigkeit zu vertreten. Fahrlässig handelt, wer die im Verkehr erforderliche Sorgfalt außer acht läßt. Die Vorschriften der §§ 827, 828 finden Anwendung.

II Die Haftung wegen Vorsatzes kann dem Schuldner nicht im voraus erlassen werden.

Übersicht

1) **Allgemeines**
2) **Verschulden**
   a) Begriff
   b) Zurechnungsfähigkeit
   c) Schuldausschließungsgründe
   d) Rechtswidrigkeit als Voraussetzung des Verschuldens
3) **Vorsatz**
4) **Fahrlässigkeit**
   A) Allgemeines
   B) Sorgfaltsmaßstab und Voraussetzungen
   C) Einzelfälle
5) **Haftungsverschärfungen und -milderungen**
   A) Vertragliche Haftungsverschärfungen
   B) Vertragliche Haftungsmilderungen
   C) Arbeits- und Dienstverhältnisse
6) **Verschulden bei Vertragsverhandlungen**
   A) Allgemeines (Haftungsgrund, Begriff, Abgrenzung)
   B) Fallgruppen
      a) Abbruch der Verhandlungen
      b) Unwirksamkeit des Vertrages
      c) Inhaltlich nachteiliger Vertrag
      d) Verletzung von Schutzpflichten
   C) Gehilfen

D) Rechtsfolgen
E) Dauernde Geschäftsverbindung
7) **Positive Vertragsverletzung**
 A) Allgemeines (Haftungsgrund, Begriff)
 B) Schlechtleistung
 C) Verletzung von Nebenpflichten

D) Nachvertragliche Pflichten
E) Rechtsfolgen
8) **§§ 276, 278 bei öffentlichrechtlichen Verhältnissen**
9) **Verfahrensrechtliches**
10) **Schuldunabhängige Haftung**

1) Allgemeines. Die §§ 276–279 legen fest, was der Schu zu vertreten hat. Sie gelten nicht nur für die Unmöglichk (§§ 275, 280, 325), sond immer, wenn das Ges den Begriff vom Schu „zu vertreten" verwendet (§§ 285, 439 I, 538 I, 548 usw) od wenn es, wie im Fall der pVV u der c. i. c., nach allg RGrds auf das Vertretenmüssen des Schu ankommt (Anm 6 u 7). § 276 ist eine der zentralen Normen des BGB; er faßt Vorschr von ungleichart Inh u mit unterschiedl AnwendgsBereich zus: **a) I 1** bestimmt, daß der Schu Vors u Fahrlässigk zu vertreten hat. – **aa)** Die Vorschr erläutert den Begriff des Vertretenmüssens. Sie regelt, ebso wie etwa §§ 278, 279, eine HaftgsVoraussetzg, ist aber selbst **keine Anspruchsgrundlage** (BGH 11, 83, Larenz § 24 I, Medicus Rdn 316). Die fr vom RG vertretene, in einem Teil des neueren Schrifttum unter Hinw auf die EntstehgsGeschichte wiederbelebte GgAns, I 1 enthalte eine HaftgsAnordng (so RG **66**, 291, **106**, 25, Westhelle NichtErf u pVV, 1978, MüKo/Emmerich Rdn 189 v § 275), ist mit Wortlaut u Systematik des Ges (offensichtl) nicht zu vereinbaren (näher Anm 7 A). – **bb)** I 1 legt für den Bereich der LeistgsStörgen das **Verschuldensprinzip** fest. Der Schu haftet für die LeistgsStörg idR nur, wenn er die Störg dch ein vorwerfbares Verhalten verursacht od mitverursacht hat. Das Ges führt das Verschuldensprinzip jedoch nicht streng dch. Schuldunabhäng EinstandsPfl bestehen für das Verschulden von gesetzl Vertretern u ErfGeh (§ 278), für die finanzielle LeistgsFähigk u das BeschaffgsRisiko bei GattgsSchulden (§ 279), für Sachmängel bei Kauf (§ 459), Miete (§ 537), Werk- u ReiseVertr (§§ 633, 651 c) sowie in den Fällen der ErklHaftg (§§ 122, 307). Auch die Objektivierg des FahrlässigkBegriffs (Anm 4) modifiziert den VerschuldensGrds u führt im Ergebn zur Berücksichtigg von Garantieelementen. Das Deliktsrecht geht gleichfalls vom Verschuldensprinzip aus; es unterliegt aber auch dort Einschränkgen (Anm 10). – **b)** I 2 enthält die Begriffsbestimmg der Fahrlässigk (Anm 4). Sie gilt für das **gesamte Privatrecht** innerhalb u außerhalb des BGB (BGH **LM** (Be) Nr 2), auch für das öffR (BAG **AP** RVO §§ 394, 395 Nr 5), nicht aber für das Strafrecht. – **c)** I 3 legt dch eine Verweisg auf §§ 827, 828 fest, daß vertragl Verschulden ebso wie deliktisches ZurechngsFähigk voraussetzt. – **d)** II enthält ein FreizeichngsVerbot. Er gilt – ebso wie I 2, aber and als I 1 u 3 – auch für SchadErsAnspr aus unerl Hdlg (BGH **9**, 306, Anm 5 B).

2) Verschulden. a) Der **Begriff** des Verschuldens ist im BGB nicht definiert. Er ist nach der Systematik des Ges Oberbegriff der Schuldformen Vorsatz u Fahrlässigk u erfordert als weiteres Verschuldenselement ZurechngsFähigk. Schuldh kann nur ein obj rechtswidriges (pflichtwidriges) Verhalten sein (unten d). Es ergibt sich daher folgde Begriffsbestimmg: Verschulden ist obj rechtsw (pflichtw) u subj vorwerfb Verhalten eines ZurechngsFäh. – **b)** Für die **Zurechnungsfähigkeit** gelten gem der Verweisg in I 3 die §§ 827, 828 (s dort). Die Prüfg der ZurechngsFähigk u der Frage, ob der Part im konkreten Fall schuldh (fahrläss) gehandelt hat, sind sorgfält von einand zu trennen (BGH **LM** § 828 Nr 1). § 829 wird in I 3 nicht in Bezug genommen. Er kann aber im Bereich des VertrR entspr angewandt w (MüKo/Hanau Rdn 72, Staud-Löwisch Rdn 61, sehr str, aA Böhmer NJW **67**, 865). Für diese Analogie spricht auch, daß § 829 nicht nur stRspr im Rahmen des § 254 anwendb ist (§ 254 Anm 3 a) bb)), obwohl § 254 auch außerh des DeliktsR gilt. – **c)** Vorschr über **Schuldausschließungsgründe** enthält das BGB nicht. Die EntschuldiggsGrde des StrafR, vor allem StGB 35, haben für das bürgerl Recht keine unmittelb Bedeutg. Sie schließen das nach obj Maßstäben zu beurteilnd Verschulden nicht ohne weiteres aus (§ 228 Anm 1). Im BGB kann aber ausnw der – restriktiv zu handhabde – Gesichtspunkt der **Unzumutbarkeit** den Schuldvorwurf entkräften (BGH **LM** § 828 Nr 1, RGRK-Alff Rdn 16). Auch echte Gewissensnot kann in AusnFällen ein EntschuldiggsGrd sein (§ 242 Anm 1 d bb). Selbstmord des Schu ist im Verhältn zum Gläub kein Verschulden (str, s Grasmann FS Ferid, 1978, 511, 516, BAG Betr **79**, 1803). – **d)** Verschulden setzt notw **Rechtswidrigkeit** voraus. Rechtsw ist jede Verletzg eines fremden Rechts od RGuts, die nicht dch einen RFertiggsGrd gedeckt ist (§ 823 Anm 6 A a). Im VertrR ist rechtsw gleichbedeutd mit obj pflichtw. Der Begriff der PflWidrigk ist – ebso wie der Begriff der RWidrigk im DeliktsR – **erfolgsbezogen**. Obj PflWidrigk ist gegeben, wenn der äußere Tatbestd einer LeistgsStörg vorliegt. Es genügt daher, wenn die Leistg unmögl ist, der Schu trotz Mahng nicht od schlecht leistet, od der Gläub dch das Verhalten des Schu einen Schaden erleidet. Ausnw kann die PflWidrigk auch verhaltensbezogen sein (MüKo/Hanau Rdn 31), so etwa iF der Begehg dch Unterl (Vorbem 5 B i v § 249). Die im DeliktsR anerkannten RFertigsGrde (§ 823 Anm 6 B, § 228 Anm 1) gelten wg der Einheit der ROrdng auch im VertrR. Bei einer Schädigg dch wissenschaftl Fehlinformationen kann auch GG 5 III einen RFertigsGrund darstellen (Heldrich, Freih der Wissensch – Freih zum Irrt?, 1987, S 53). Eine Sonderstellg hat der von der Rspr als Korrektiv der schuldunabhäng Haftg aus § 831 herausgebildete RFertigsGrd des verkehrsrichtigen Verhaltens (BGH **24**, 21). Wird die Leistg infolge eines allen Sorgfaltsanforderngen genügden Verhaltens des Schu unmögl, entfällt nicht nur der obj Tatbestd der LeistgsStörg, wohl aber ein Verschulden u damit eine Haftg. Nach der von einem Teil des Schrift vertretenen Lehre vom **Handlungsunrecht** soll dagg ein nicht vorsätzl Verhalten nur dann rechtsw sein, wenn der Schu die im Verk erforderl Sorgf außer acht gelassen od gg eine spezielle Verhaltensnorm verstoßen hat (so mit unterschiedl Nuanciergen Nipperdey NJW **57**, 1777, Staud-Löwisch Rdn 6, Esser-Schmidt § 25 IV). Diese Lehre wird jedoch von der hM mit Recht abgelehnt (s Larenz § 20 IV, MüKo/Hanau Rdn 27, Erman-Battes Rdn 10, Baur AcP **160**, 465, Huber FS E. R. Huber 274 ff). Wie § 823 I u die Normen des LeistgsStörgsR zeigen, geht das BGB davon aus, daß die Haftg sowohl RWidrigk (PflWidrigk) als auch Fahrlässigk voraussetzt. RWidrigk (PflWidrigk) u Fahrlässigk sind nach dem Ges zwei verschiedene, von einand zu trennde HaftgsVoraussetzgen. An dieser Unterscheidg hält, wie das allein aus ZuständigkGrden gescheiterte StHG zeigt, auch der heutige GesGeber fest. Eine Notwendigk, den GesGeber in diesem Pkt zu korrigieren, hat die Lehre vom HandlgsUnrecht nicht aufgezeigt. Die plausibleren u prakt

Inhalt der Schuldverhältnisse. 1. Titel: Verpflichtung zur Leistung § 276 2–4

befriedigderen Lösgen bietet vielmehr die Lehre vom Erfolgsunrecht (s § 823 Anm 6 A a). Sie verhindert, daß das subj Recht, eine der zentralen Kategorien des ZivilR, zu einem bloßen Reflex von SorgfPflten denaturiert w (Deutsch HaftgsR S 218).

3) Vorsatz. – a) Vors ist das Wissen u Wollen des rechtsw Erfolges (MüKo/Hanau Rdn 49); das gilt sowohl für das VertrR als auch für das R der unerl Hdlgen. Der Streit zw Vorstellgs- u Willenstheorie ist dch die Erkenntn überholt, daß zum Vors sowohl ein Wissens- als auch ein Willenselement gehört: Der Handelnde muß den rechtsw Erfolg vorausgesehen u in seinen Willen aufgenommen h. Nicht erforderl ist, daß der Erfolg gewünscht od beabsichtigt war (RG **57**, 241), ebso ist der BewegGrd unerhebl. Der Vors braucht sich idR nur auf die Verletzg des Vertr zu erstrecken, nicht auf den eingetretenen Schaden (BGH MDR **55**, 542). Das gilt im R der unerl Hdlgen sinngem: Bei § 823 I genügt Wissen u Wollen der Verletzg des geschützten R od RGutes, bei § 823 II Wissen u Wollen der SchutzGVerletzg, bei § 839 Wissen u Wollen der AmtsPflVerletzg, der eingetretene Schaden braucht vom Vors nicht umfaßt zu sein (BGH **34**, 381, **59**, 39, **75**, 329, VersR **72**, 492, stRspr). Beim SchmerzGAnspr muß sich der Vors dagg auch auf die Verletzg der in § 847 aufgezählten Lebensgüter beziehen (RG **142**, 122). Auch der Anspr aus § 826 u RVO 640 I setzt voraus, daß sich der Vors auf die Schadensfolgen erstreckt (BGH NJW **51**, 596, s § 826 Anm 3 a, BGH **75**, 329). Wie im StrafR umfaßt der VorsBegr im ZivilR neben dem unbedingten auch den bedingten Vors. Bedingt vorsätzl handelt, wer den als mögl erkannten rechtsw Erfolg billig in Kauf nimmt (BGH **7**, 313, VersR **52**, 223, **69**, 435, Brammsen JZ **89**, 71). Bewußte Fahrlässigk liegt dagg vor, wenn der Handelnde darauf vertraut, der Schaden werde nicht eintreten (BGH NJW **71**, 460, VRS **65** Nr 155, BAG VersR **71**, 528, Köln VersR **78**, 265).

b) Der Irrt über tatsächl Umst, aber auch der RIrrt schließt den Vors aus (RG **72**, 6, **84**, 194, **119**, 267). Zum Vors gehört nach hM im ZivilR das **Bewußtsein der Rechtswidrigkeit,** sog VorsTheorie (BGH NJW **51**, 597, **65**, 963, Ffm NJW **71**, 1614, Esser-Schmidt § 37 I, Larenz § 20 II, aA BAG **1**, 79 uö). Die zivilrechtl Lehre steht damit in Widerspr zu der im StrafR geltenden sog Schuldtheorie (StGB 16, 17, BGH GrStS **2**, 194), nach der ein vorwerfb VerbotsIrrt die Schuld nicht beseitigt. Bei Verletzg eines strafrechtl SchutzG ist Bewußtsein der RWidrigk nicht erforderl, es genügt vorsätzl Schuld iS der Schuldtheorie (BGH NJW **62**, 910, **85**, 135). Auch die ErsPfl aus § 826 setzt kein Bewußtsein der Sittenwidrigk voraus, Kenntn der Umst, die das Verhalten als sittenw erscheinen lassen, reicht aus (BGH NJW **51**, 597, s § 826 Anm 3 b). Daraus ist allg abzuleiten, daß der Irrt über grdlegde Anfordergen des Rechts (RBlindh) den Vors nicht beseitigt (Mayer-Maly AcP **170**, 162, str). Unerhebl ist auch der RFolgenIrrt u der Irrt über Einzelh des Kausalverlaufs (Erman-Battes Rdn 18). Bei vorsätzl Verstoß gg grdlegde allg RPfl ist vorsätzl VertrVerletzg auch dann gegeben, wenn Schu nicht weiß, daß sein Verhalten zugl eine VertrVerletzg darstellt (BGH NJW **70**, 1082). Wer sich auf einen der hier ausschließlich den Vors ausschließenden RIrrt beruft, trägt insow die BewLast (BGH **69**, 143). Entfällt Vors inf Irrt, besteht vielf Haftg wg Fahrlk, zum RIrrt vgl § 285 Anm 2. UnzurechngsFgk schließt Vors aus, auch wenn sie auf Alkoholgenuß beruht (BGH NJW **68**, 1132), nicht aber verminderte ZurechngsFgk (BGH VersR **67**, 126).

4) Fahrlässigkeit. A) Allgemeines. a) Fahrlässig ist nach der für das gesamte bürgerl Recht geltden Begriffsbestimmg in I 2 **Außerachtlassung der im Verkehr erforderlichen Sorgfalt.** Sie ist kein Element der RWidrigk, sond eine Schuldform (Anm 2). Fahrlässigk setzt Voraussehbark (B c) u Vermeidbark (B d) des rechtsw (pflichtw) Erfolges voraus (BGH **39**, 285, LM § 828 Nr 1, MüKo/Hanau Rdn 75). – **b) Arten der Fahrlässigkeit.** Bei **bewußter** Fahrlässigk hat der Handelnde mit dem mögl Eintritt des schädl Erfolges gerechnet, hat aber fahrl darauf vertraut, der Schaden werde nicht eintreten. Sie unterscheidet sich vom bedingten Vorsatz dadch, daß der Handelnde den rechtsw Erfolg nicht billig in Kauf nimmt (Anm 3 a). Bei **unbewußter** Fahrlässigk hat der Handelnde den mögl Eintritt des schädl Erfolges nicht erkannt, hätte ihn aber bei gehöriger Sorgf voraussehen u verhindern können. – **c) Grade der Fahrlässigkeit. Grobe** Fahrlässigk liegt vor, wenn die im Verk erforderl Sorgf in bes schwerem Maße verletzt worden ist (§ 277 Anm 2). **Einfache** (leichte, gewöhnl) Fahrlässigk ist gegeben, wenn die bes Merkmale grober Fahrlässigk nicht erfüllt sind. Für die Haftg des ArbNeh iF von gefahrengeneigter Tätigk unterteilt die Rspr die einfache Fahrlässigk weiter in mittlere u **leichteste** Fahrlässigk (BAG **19**, 69, AP § 611 [Haftg des ArbNeh] Nr 55, 63, BGH **16**, 116, NJW **70**, 34). Bei mittlerer Fahrlässigk wird der Schaden zw ArbNeh u ArbGeb geteilt, bei leichtester Fahrlässigk die Haftg des ArbNeh ausgeschlossen (§ 611 Anm 14 b).

B) Sorgfaltsmaßstab und Voraussetzungen der Fahrlässigkeit. a) Abweichd vom StrafR gilt im BGB kein individueller, sond ein der allg VerkBedürfn ausgerichteter **objektiver Sorgfaltsmaßstab** (BGH **39**, 283, NJW **80**, 2465, MüKo/Hanau Rdn 78, Staud-Löwisch Rdn 16, Larenz § 20 III, Esser-Schmidt § 26 II). Der entscheidde Grd hierfür ist der Gedanke des Vertrauensschutzes. Im RVerk muß jeder grdsl darauf vertrauen dürfen, daß die und die für die Erf ihrer Pflten erforderl Fähigk u Kenntn besitzen. Der obj FahrlässigkBegriff gilt auch im Rahmen des § 254 (MüKo/Hanau Rdn 89) u des § 823 II, u zwar selbst dann, wenn als SchutzGes eine strafrechtl Norm anzuwenden ist (BGH **LM** § 823 (Bb) Nr 2). Der Schu kann den FahrlässigkVorwurf daher nicht dadch ausräumen, daß er sich auf fehlde Fachkenntnisse, Verstandeskräfte, Geschicklichk od Körperkraft beruft. Keine EntlastgsGrde sind auch: Sehfehler eines Kfz-Fahrers (BGH JZ **68**, 103); vorhersehb alters- od krankheitsbedingte Ausfallerscheingen (BGH NJW **88**, 909); mangelnde Ausbildg od Erfahrg eines Kfz-Fahrers (BGH Vers **58**, 268, **68**, 395); seelische Erregg eines Notars (BGH **17**, 72); mangelndes Fachwissen des Bürgermeisters einer kleinen Gemeinde (RG **152**, 140); Überbeanspruchg eines Operateurs (BGH VersR **53**, 338). Da die Objektivierg des SorgfMaßstabes dem Schutz des Verk dient, ist es einem einzelnen, bes Kenntn u Fähigk zu Lasten des Betroffenen zu berücksichtigen (BGH VersR **64**, 831, **67**, 777, **68**, 1059), so etwa bes Ortskenntn (BGH VersR **58**, 94, **71**, 667, Ffm VersR **75**, 381). Bei Vertr kann der Sorgfaltsmaßstab dch vertragl Abreden verstärkt od abgemildert w (RG **119**, 399). Deshalb von einer „gleitden Fahrlässigk" zu sprechen (MüKo/Hanau Rdn 92 Fn 217) ist aber problemat, weil für die Masse der Fälle die typisierten SorgfAnfordergen gelten.

b) Der im Ges dch ein Blankett umschriebene SorgfMaßstab bedarf der **Konkretisierung.** Die nach I 2 maßgebde **erforderliche** Sorgf entspr nicht notw der übl (BGH **8**, 141, NJW **65**, 1075, Düss Betr **84**, 1772). Eingerissene VerkUnsitten u Nachlässigk entschuldigen nicht (BGH **5**, 319), auch nicht das Bestehen eines „verbreiteten Brauchs" (BGH **23**, 290). Eine etwaige tatsächl Übg muß aber bei der Festlegg der SorgfAnfordergen mitberücksichtigt w (BGH **65**, 308, MüKo/Hanau Rdn 80). Wenn der Schu sich so verhalten hat, wie es ihm von kompetenten Fachleuten empfohlen worden ist, kann ihm idR kein Schuldvorwurf gemacht w (BGH NJW **71**, 1882). Erforderl ist das Maß an Umsicht u Sorgf, das nach dem Urteil besonnener u gewissenhafter Angehöriger des in Betracht kommden VerkKreises zu beachten ist (BGH NJW **72**, 151). Wie die zur Risikovermeidg erforderl Ausstattg beschaffen sein muß, hängt von den Umst des Falles ab (s Damm NJW **89**, 737); iZw muß sie mindestens dem Normalstandard entspr. Bei der Beurteilg kommt es auf den Erkenntnisstand zZ der Verursachg des Schadens an (BGH **80**, 193), jedoch trifft den Warenhersteller nach dem Inverkbringen eine **Produktbeobachtungspflicht** auf noch unbekannt gebliebene gefährl Eigensch (BGH **80**, 202, **99**, 167, § 823 Anm 15 c aa). Werden SichergsVorkehren unterlassen, die im maßgebden Ztpkt weder von der Rspr gefordert wurden, noch in deren Tendenz lagen, entfällt in Schuldvorwurf (BGH NJW **85**, 620). Besonderh der örtl Verhältn können berücksichtigt w (RG **113**, 426, BGH MDR **82**, 387). Die SorgfAnfordergen sind für die einz **Handlungstypen,** je nach der Größe der damit verbundenen Gefahr, unterschiedl (RG **147**, 356). Sie sind nach dem jeweiligen **Verkehrskreis** (Berufs-, Alters-, Bildgs-, Lebenskreis) zu bestimmen (BGH **39**, 283, NJW **70**, 1038). Bsp: „ordentl" Kaufm (HGB **347**, 408), Frachtführer (HGB 429), Gewerbetreibder (BGH **31**, 358), Hausfrau (Düss NJW **75**, 171), Auszubildder (BGH NJW **79**, 864), Jugendl (BGH **LM** (Be) Nr 2, VersR **67**, 159), Kind (BGH NJW **70**, 1038, **84**, 1958). Auch alte Menschen u **Behinderte** sind in diesem Sinne eine Gruppe, deren Besonderh sich auf den SorgfMaßstab auswirken kann. An untergeordnete Mitarbeiter können nicht die gleichen Anforderungen gestellt w wie an leitde (BGH NJW **88**, 48). Zu prüfen ist aber jeweils, ob ein Übernahmeverschulden vorliegt (MüKo/Hanau Rdn 84). Zu berücksichtigen ist auch das Recht jedes Bürgers auf PrivLeben (Grunsky JuS **89**, 593) u die **besondere Lage,** in der der Betroffene sich befunden hat. Unsachgem Verhalten in einer unverschuldeten u nicht vorhersehb Gefahrenlage ist nicht in jedem Fall schuldh (BGH NJW **76**, 1504, **LM** ZPO 286 (A) Nr 2, Karlsr VersR **87**, 693). Zur Ausfüll des in I 2 verwandten Blanketts kann auch auf RVorschr, etwa die StVO zurückgegriffen w. Der Ri kann auch and Regelwerke heranziehen, so etwa UnfallverhütgsVorschr (BGH NJW **57**, 499, VersR **62**, 358), techn Regeln (BGH **54**, 335, Marburger VersR **83**, 598, Die Regeln der Technik im Recht, 1979, 441 f), DIN-Normen (BGH **103**, 341, Karlsr VersR **84**, 1174) od Sportregeln (BGH **58**, 40); er ist aber zur eig Prüfg u Bewertg verpfl (BGH VersR **84**, 165). Auch wenn der Handelnde die maßgebden technischen Regeln eingehalten hat, kann ausnw ein Verschulden zu bejahen sein (BGH NJW **85**, 621, Hamm BauR **83**, 173). Soweit es ausschließl um Sachschäden geht, ist auch eine **Nutzen-Kosten-Analyse** ein zul Hilfsmittel, um den Umfang der erforderl Sorgf zu bestimmen: SorgfMaßn sind erforderl, wenn der für sie notw Aufwand geringer ist als der dch ihre Nichtanwendg möglw entstehde Schaden.

c) Voraussetzg der Fahrlässigk ist **Vorhersehbarkeit** der Gefahr (BGH **39**, 285, **LM** § 828 Nr 1). Sie braucht sich nur auf den HaftgsTatbestd zu beziehen, dagg nicht auf die weitere Schadensentwicklg. Es genügt die allg Vorhersehbark eines schädigden Erfolges, der konkrete Ablauf braucht in seinen Einzelh nicht vorhersehb gewesen zu sein (s RG **136**, 10, **148**, 165, BGH NJW **53**, 542, Köln VersR **78**, 471). Wann Vorhersehbark zu bejahen ist, hängt von den Umst des Einzelfalles ab. Der Schu muß für mögl Störgen die notw **Vorsorge** treffen (Ehmann NJW **87**, 402). Vorkehrgen für alle abstrakt denkb Schadensrisiken können aber idR nicht verlangt w; es muß vielmehr die nicht ganz fern liegde Möglichk einer Schädigg bestehen (BGH VersR **75**, 812, **LM** § 823 (Dc) Nr 121 Bl 3 R). Die Voraussehbark kann trotz entggstehder Umst zu bejahen sein, weil den Schu nach Maßg des konkreten SchuldVerh eine **Prüfungspflicht** trifft (MüKo/Hanau Rdn 107). Ein **Irrtum** des Schu schließt Fahrlässigk nur aus, wenn er unvermeidb ist. Das trifft beim RIrrt ledigl in AusnFällen zu (§ 285 Anm 2).

d) Der Schu handelt nur dann fahrlässig, wenn er den Eintritt des schädigden Erfolges **vermeiden** konnte u mußte (BGH **39**, 285, **LM** § 828 Nr 1). Grdsl ist der Schu gehalten, jede vorhersehb Verwirklichg eines HaftgsTatbestd zu verhindern. Die erforderl SichergsVorkehren sind auch dann zu treffen, wenn sie mit Unbequemlichk, Zeitverlust od finanziellen Opfern verbunden sind (BGH NJW **53**, 258); sind die Schäden nicht zu verhindern, besteht eine HinwPfl (LG Bln Betr **83**, 652). Eine Ausn besteht, soweit sich das Verhalten des Schu im Rahmen der Sozialadäquanz u damit des **erlaubten Risikos** hält (MüKo/Hanau Rdn 128, Esser/Schmidt § 25 IV). In diesen Fällen ist jedoch uU schon der Zurechngszushang (Vorbem 5 v § 249) od die RWidrigk ausgeschlossen.

C) Einzelfälle der Fahrlässigkeit. Vgl zur c. i. c. Anm 6, zur pVV Anm 7; s ferner § 242 Anm 4 B, § 254 Anm 3, sowie bei den einzelnen SchuldVerh, insb bei §§ 611, 675, 823, 839. – **a) Anlagevermittlung und Prospekthaftung:** Lit: Coing WPM **80**, 206; v Heymann Betr **81**, 566; Pleyer/Hegel ZIP **85**, 1370, **86**, 681; v Teuffel Betr **85**, 373; Wüst JZ **89**, 67. – **aa)** Der **Anlagevermittler** muß den Kunden richtig u vollständ über alle für die Anlage wichtigen Umst informieren (BGH NJW **74**, 106, NJW **82**, 1095, **83**, 1730). Entspr gilt für den Herausgeber eines Börsendienstes (BGH **70**, 356) u die Bank, soweit sie eine Anlageempfehlg an einen unbest PersKreis handelt (BGH NJW **79**, 1595). Bezeichnet ein Kreditinstitut eine Anlage als bankgeprüft od nimmt sie die Anlageempfehlg in ihr Beratgsprogramm auf, haftet sie bei Fahrlässigk (BGH NJW-RR **86**, 1102, Nürnb WPM **86**, 124), dh sie muß mindestens eine PlausibilitätsPrüfg vornehmen (BGH **100**, 118, zur Begründg krit Schwintkowski NJW **89**, 2087). Die Bank, die ledigl zur Finanzierg eingeschaltet w, trifft dagg grdsl keine PrüfgsPfl (unten b ee). Steht der Vermittler erkennb auf der Anbieterseite, kann der Anleger zur bes Vorsicht verpflichtet sein; strenge SorgfAnforderngen sind dagg an denj zu stellen, der als individueller Berater auftritt (BGH NJW **82**, 1096, NJW-RR **85**, 150). Die Empfehlg an einen nicht termingeschäftsfäh Kunden, ein BörsenterminGesch abzuschließen, ist aber nicht ow pflwidrig (BGH NJW **89**, 2120). Die VerjFr für SchadErsAnspr beträgt 30 Jahre (BGH Betr **84**, 1920). – **bb)** Für den Beitritt zur Publikums-KG besteht nach der Rspr eine **Prospekthaftung.** Diese knüpft nicht an persönl, sond an typisiertes Vertrauen an (BGH **83**, 226, WPM **85**, 533, 535). Für die Richtigk u Vollständigk des Prospekts haften die Gründer, Gestalter u Initiatoren der KG (BGH **71**, 286, **72**, 383, **79**, 340), die bes Garanten des

Prospekts, wie RA u WirtschPrüfer (BGH **77**, 177), beschränkt auf den Rahmen ihrer Garantenstellg, je nach Lage des Einzelfalls auch weitere Pers mit maßgebenden Einfluß auf die in Gründg befindl KG (BGH NJW **84**, 865, WPM **85**, 535). Dagg erstreckt sich die Prospekthaftg idR nicht auf BeiratsMitgl (BGH **79**, 348, Betr **85**, 165). Die Haftg setzt nicht voraus, daß der Geschädigte die für den Prospekt Verantwortl, ihre Mitwirkg u ihren Einfluß gekannt hat (BGH **72**, 383, **83**, 227). Unerhebl ist auch, ob sich der Geschädigte direkt od über eine TrHandKommanditistin an der KG beteiligt hat (BGH WPM **85**, 533, BB **87**, 1275). Voraussetzg ist jedoch, daß der Verantwortl nach außen namentl in Erscheing getreten ist (BGH NJW-RR **86**, 1158). Die Prospekthaftg gilt auch für Bauherrenmodelle (Celle NJW **86**, 260, v Heymann Betr **81**, 565, BGH WPM **83**, 1388 läßt offen, str), nicht aber für WarenterminGesch (Anm 6 B c aa) u für Werbeprospekte des normalen GeschVerk (BGH NJW **81**, 2810). Anspr aus Prospekthaftg verjähren analog KAGG 20 V in 6 Mo (BGH **83**, 222, NJW **85**, 380; s aber nachfolgd cc). – **cc)** Die Grds der Haftg für **culpa in contrahendo** sind neben der Prospekthaftg anwendb; für sie gilt, auch wenn bei den Vhdlgen Prospekte vorgelegt worden sind, die 30jährige Verj (BGH **83**, 227, NJW **84**, 2523, **85**, 380). Anspr aus c.i.c. bestehen, wenn ein Vertreter od Sachwalter dch Teilnahme an den Vhdlgen persönl Vertrauen in Anspr genommen hat (BGH **83**, 227, WPM **85**, 533, 535); auch ein VhdlgsGehilfe haftet, wenn er dch Hinw auf seine Sachkunde u sein Ansehen wie ein Garant aufgetreten ist (BGH WPM **86**, 1047). Der künft VertrPartner des Anlegers, etwa der TrHandKommanditist od der Gründgskommanditist, haftet wg § 278 auch dann, wenn einem seiner VhdlgsGehilfen ein Schuldvorwurf zu machen ist (BGH WPM **85**, 380, **87**, 2677, NJW-RR **88**, 161). Mängel eines mit seinem Einverständn benutzten Prospekts sind ihm daher auch bei eig Schuldlosigk zuzurechnen (BGH **84**, 143). Zur Haftg bei **Immobilienfonds** s BB **86**, 1173. – **Architekt** (vgl Bindhardt-Jagenburg, Haftg des –, 8. Aufl 1981, MüKo/Hanau Rdn 144 ff): Er muß eine den Bodenverhältn entspr Gründg wählen (Oldbg VersR **81**, 541). Für die statische Berechng ist er nicht verantwortl; bemerkt er aber Fehler, so muß er Nachprüfg veranlassen (BGH VersR **64**, 1045, **67**, 260). Seine Prüfgs- u BelehrgsPfl erstreckt sich grdsl auch auf die von ihm nicht selbst geplanten Teile der BauMaßn (BGH NJW **82**, 2243). Pfl zur Beratg des Bauherrn hins Geltdmachg von SachmängelR (BGH NJW **73**, 1457), hins des Vorbehalts von VertrStrafen (BGH **74**, 235, krit Ganten NJW **73**, 2513), Pfl bei Plang einer Wärmedämmg (BGH LM § 635 Nr 60); bei der Wohnflächenberechng (Mü BauR **73**, 122); AufsPfl bei örtl BauAufs (BGH VersR **69**, 473, **70**, 571, **71**, 818, **74**, 167, Brschw VersR **74**, 436), bei Abbrucharbeiten (Düss VersR **69**, 1051). Grdsätzl keine Pfl zur Beratg hinsichtl steuerl Vergünstiggen (BGH **60**, 1). Bei Ausführg von (noch) nicht notw Arb hat er wg pVV keinen VergütgsAnspr (Düss BauR **80**, 376). Mängel des Architektenwerkes muß er offenbaren (BGH **71**, 149). Tut er das nicht, kann er sich nicht auf die Verj der GewlAnspr berufen (Übbl 5 c v § 194). – **Arzt:** bei ihm fallen die Voraussetzgen für eine vertragl u delikt Haftg idR zus, s daher § 823 Anm 8 B unter „Ärzte" u „Krankenhaus". Zur AufklärgsPfl des Arztes bei Operationen u sonst gefährl BehandlgsMaßn s § 823 Anm 6 B i. Auch zur Wahrg von Vermögensinteressen des Patienten besteht eine AufklPfl, so bei Zw hins der EintrittsPfl des Versicherers (BGH NJW **83**, 2630), des SozVersTrägers (Köln OLGZ **88**, 212) od über die kostengünst Behandlgsmethode (LG Köln VersR **83**, 290). Entspr Pflten des Arztes bestehen aber nur dann, wenn sich ihm die Möglichk einer wirtschaftl Schädigg aufdrängen mußte (LG Saarbr NJW **84**, 2633, Köln NJW **87**, 2304, LG Hbg NJW **87**, 2301, LG Brschw NJW **88**, 777, Baden NJW **88**, 746). Für eine Wahlleistg kann er kein Honorar verlangen, wenn er verschweigt, daß er diese bei einer Behandlg als Kassenpatient ebso erbringt (LG Hanau NJW **89**, 2335). Zur BewLast s § 282 Anm 3 b. Haftg wg Verletzg der SchweigePfl (BGH NJW **68**, 2288); für Diebstahl im Sprechzimmer (RG **99**, 35), ebso im Krankenhaus (Karlsr NJW **75**, 597).

b) Bank. – aa) Zur Haftg für **Auskünfte** s § 676 Anm 3 b, bei der Anlageberatg s oben a, aus c.i.c. unten Anm 6 B c dd. – **bb) Überweisungsverkehr:** Wg der Massenhaftigk der GeschVorfälle bestehen ggü dem Überweisenden u dem Empfänger grdsl keine Warn- od SchutzPflten (BGH NJW **78**, 1852, **87**, 317); eine Warnpfl kommt aber in Betracht, wenn die Bank von dem ZusBruch des Empfängers (der Empfängerbank) weiß (BGH aaO, Bundschuh RWS-Forum 1, S 9). Auf devisenrechtl Bedenken muß die Bank hinweisen (BGH **23**, 222), ebso auf die Nichtausführbark des Auftr (Hamm WPM **84**, 1222). Vgl auch § 675 Anm 4, zur Drittwirkg § 328 Anm 4 c u zum **Lastschriftverfahren** § 675 Anm 5. – **cc) Scheckverkehr.** Die Bank hat die Echth des Schecks dch einen überschlägigen Vergl mit der Unterschriftsprobe zu prüfen (BGH ZIP **84**, 1074, Bundschuh RWS-Skript 40 S 74). Sie verletzt ihre SorgfPflten, wenn sie einen Scheck ohne diese Prüfg bar auszahlt, ohne daß der Einreicher sich als KontenInh (VfgsBerecht) ausgewiesen hat (BGH NJW **91**, 229). Eine PrüfgsPfl kann sich auch daraus ergeben, daß die Schecksumme die bei dem Aussteller übl Beträge in ungewöhnl Maße übersteigt (BGH NJW **86**, 988) od daß das Feld für den Namen des Schecknehmers mit einem Adreßaufkleber überklebt ist (BGH NJW **88**, 912). Die Bank haftet, wenn sie einen Verrechngsscheck bar auszahlt (BGH **26**, 268) od in einen Barscheck umtauscht (BGH LM § 989 Nr 12). Sie ist beim Scheckinkasso verpfl, den schnellsten u sichersten Weg zu wählen (BGH **22**, 305, ZIP **81**, 149). – **dd)** Beim **Wechseldiskont** ist die Bank idR nicht verpfl, den Einreicher auf Bedenken gg die Zahlgsfähigk der Beteiligten hinzuweisen (BGH WPM **77**, 638, **87**, 679). Sie darf aber nicht schuldh den Anschein erwecken, der Akzeptant sei kreditwürd (BGH aaO). – **ee) Kreditgewährung.** Die Bank ist idR nicht gehalten, auf mögl Bedenken gg die Zweckmäßigk der gewählten Kreditart hinzuweisen (BGH NJW **89**, 1667). Eine AufklPfl besteht aber wg der Nachteile, die sich aus der Kombination von Kredit- u LebensVersVertr ergeben (BGH aaO). Die Bank ist grdsl nicht verpflichtet, über Risiken der geplanten Verwendg des Kredits zu belehren (BGH **72**, 101, NJW **85**, 1023, NJW-RR **88**, 1450, NJW **89**, 1278, Rümker RWS-Forum 1 S 86). Eine AufklPfl besteht aber, wenn sie aGrd eines konkreten Wissensvorsprungs die Gefährlichk des Gesch kennt (BGH NJW-RR **88**, 1071) od wenn sie über die Rolle des KreditGeb hinausgeht, insbes wenn sie gleichsam als Part des zu finanzierden Gesch erscheint (BGH NJW **88**, 1584), so wenn die Bank den Beitritt zu einer saniergsbedürft PublikumsKG finanziert, ohne den HauptGläub sie zu infm (NJW **78**, 2547); wenn sie die Beteiligg an einer AbschreibgsGesellsch finanziert u ihr bekannt ist, daß die Gesellsch vor dem ZusBruch steht (BGH NJW-RR **86**, 1167), wenn sie im ZusWirken mit dem ArbGeb die Beteiligg von ArbNeh an der ArbGebFirma finanziert (BGH **72**, 103); wenn sie im eig Interesse die Plang od Werbg des Untern beeinflußt, an dem sich der KreditNeh beteiligen will (BGH WPM **88**, 562). Bes Grds („Einwendgsdchgriff")

§ 276 4 Cb–d

gelten, wenn der Erwerbs- u der FinanzierungsVertr nach Treu u Glauben als Einh aufzufassen sind (Einf 5 a cc v § 305). Die Bank hat keine AufsPfl hins der ordngsmäß Verwendg der Finanziergsmittel (BGH WPM 87, 1417). Sie haftet aber, wenn sie beim Hauskauf über die zu erwartde Belastg unrichtig berät (Celle NJW-RR 87, 1261), wenn sie das dch eine GrdSch zu sicherde Darl vorzeit auszahlt (BGH WPM 70, 710). Bietet sie für den Kredit eine RestschuldVers an, muß sie über dessen Bdggen eingeh belehren (Nürnbg u LG Köln NJW-RR 89, 815). – **ff) Sicherungsgut.** Bei der Verwertg von Sichersgut muß die Bank auf die Interessen ihrer Kunden Rücksicht nehmen (BGH WPM 72, 72). Sie verletzt aber ihre Pflten ggü dem Kunden nicht, wenn sie die Wertlosigk der von diesem gestellten Sicherh nicht erkennt (BGH NJW 82, 1520). – **gg) Verschiedenes.** Die Bank haftet auch dann, wenn sie ihre VerschwiegenhPfl verletzt (BGH 27, 241), wenn sie beim steuerbegünstigten Sparen nicht auf die Steuerschädlichk einer Vfg hinweist (BGH NJW 64, 2059), wenn sie die Überwachg eines zu sanierden Betr übernommen hat u dieser Pfl nicht nachkommt (BGH Betr 84, 2133), wenn sie ihren Kunden nicht über den Verdacht unterrichtet, daß sein Vertreter seine Vertretgsmacht mißbraucht (BGH WPM 84, 730), wenn sie von den Weisgen des Kunden abweicht (BGH NJW 71, 558, WPM 72, 308). Geringere SorgfAnforderungen sind uU bei spekulativen EffektenGesch zu stellen (Karlsr NJW-RR 88, 1263). – **Bankkunde:** Haftg für Aufbewahrg von Scheckformularen (RG 81, 254, LG Bochum WPM 84, 1639), für Nichtmitteilg des Verlustes von Paß u Kundenkarte (BGH WPM 68, 37), für Nichtanzeige von Falschbuchgen (BGH 72, 14, 73, 207, 211); Kontrolle der Bankauszüge (Düss NJW-RR 88, 106, Hamm OLGZ 88, 444); für den schuldh ermöglichten Mißbr der Geldautomatenkarte (Nürnb WPM 89, 405). – **Bauherrnmodell:** Haftg des TrHänders, der den Prospekt nicht auf seinen WahrhGehalt überprüft (Stgt NJW-RR 88, 277), der Kapitalraten des Bauherrn ohne ausr Sicherg weitergibt (BGH NJW-RR 87, 20, 273), der gg Kostenüberschreitgen nichts unternimmt (BGH NJW-RR 88, 916); keine Haftg aber für nicht vorhersehb Änderungen der Steuergesetzgeb (Ffm Betr 88, 347). Pfl des „MittelverwendgsTrHänders" (BGH NJW-RR 89, 1105); AufklPfl der Bank, die als Kapitalsammelstelle tät w (BGH NJW-RR 86, 1433). – **Bausparkasse:** Pfl zum Hinw auf Untragbark der Belastg, wenn sie Grdst vermittelt (Düss WPM 86, 253). Erkl über den voraussichtl Zuteilgstermin sind grdsl unverbindl (Celle NJW-RR 88, 1076). – **Bedienungsanleitung:** Anforderungen an Verständlichk u Vollständigk (KG VersR 82, 1006). – **Betriebsunternehmer** bei Benutzg neuartigen Gerätes (vgl BGH **LM** (Cd) Nr 4). – **Bundesbank:** Keine Pfl, in Zahlgsschwierigk geratene Bank vom AbrechngsVerk auszuschließen (BGH NJW 78, 1853). Haftg für Fehler beim Scheckeinzug (BGH 99, 16, NJW-RR 88, 560).

c) Fahrlehrer: (BGH NJW 69, 2197, Düss u Ffm NJW-RR 88, 24, 26, Mü DAR 88, 55). – **Fahrschüler:** (Düss VersR 79, 649). – **Finanzmakler:** SorgfPflten ggü Kreditinstitut (BGH WPM 70, 1270, NJW-RR 89, 1924). – **Friseur** ist auch bei Hautempfindlichk nicht unaufgefordert verpfl, vor einer Dauerwelle die in Betr kommden Präparate auf ihre Verträglichk zu prüfen (Ffm VersR 81, 579). – **Gastwirt:** Haftg für Gefahrlosigk der Räume (§ 823 Anm 8 B); Sicherg vor randalierden Gästen (KG VersR 72, 157); Haftg für Garderobe, die der Wirt außerh des Sichtbereichs des Gastes aufhängt (LG Hbg NJW-RR 86, 829); keine Haftg, wenn die Garderobe im Sichtbereich des Gastes bleibt (BGH NJW 80, 1096). – **Gemeinde:** Haftg für Schäden aus einer von ihr betriebenen Wasserleitg (RG 152, 132, BGH 17, 191), für Verunreinigg des abgegebenen Trinkwassers (BGH **LM** (C) Nr 15). – **Heilpraktiker** Eberhardt VersR 86, 110. – **Jahrmarkt.** SorgfAnforderungen des Betreibers einer go-cart-Anlage (Karlsr VersR 86, 478). – **Kindertagesstätte:** (KG OLGZ 74, 191; AG St Blasien VersR 82, 886: Aufbewahrg von WertGgst). – **Kraftfahrer:** § 823 Anm 8 B KraftVerk. – **Kfz-Betriebe:** Nachfüllen von Frostschutzmitteln (Ffm DAR 73, 296); Schließen der Motorhaube, (Oldbg DAR 67, 274); Nichtmitteilg des festgestellten zu geringen Getriebeölstandes (Düss DAR 77, 322); Betanken mit falschem Kraftstoff (LG Hann ZfS 81, 3); Versagen der Tankautomatik einer Selbstbediengstankstelle (AG Bambg DAR 82, 330); Kontrolle des Luftdrucks (Celle VersR 83, 877); Hinw auf nötigen Ölwechsel (LG Nürnb NJW-RR 88, 313; Waschanlage (BGH NJW 75, 685, KG Betr 77, 1501, Saarbr DAR 80, 87, Mü OLGZ 82, 381, Hbg DAR 84, 260, LG Stgt DAR 87, 227, LG Köln NJW-RR 88, 801); Aufwertg im Prozeß gg den KfzBes (AG Ffm VersR 85, 150); Pfl zur Sicherg vor Diebstahl (BGH NJW 74, 900, Brem VRS 37, 252, Köln Betr 73, 615, Düss NJW 75, 1034, Nürnb OLGZ 79, 220). – **Kranführer:** (Hamm VersR 74, 670). – **Krankenhaus:** RG JW 38, 1246, BGH JR 52, 239 (Außerachtlassg öffrechtl Vorschr), BGH NJW 58, 2107 (Pfl, Errichtg eines öff Test zu ermöglichen), Karlsr NJW 75, 597 (SichergsMaßn gg Diebstahl).

d) Notar (vgl § 839 Anm 15). – SichergsPflten beim Befüllen von **Öltanks:** (BGH NJW 78, 1576, 83, 1109, 84, 234, VersR 85, 575, Ffm VersR 81, 1084). – **Patentanwalt:** Pfl, nach entgegstehden älteren Schutzrechten zu forschen (BGH 52, 359). – **Rechtsanwalt** (Borgmann/Haug, AnwHaftg, 2. Aufl 1986; Rinsche, Die Haftg des RAnw u Notars, 3. Aufl 1989; Haftg von RASozietäten s § 425 Anm 3 b; Ausschl der Verj bei Verletzg der Pfl, auf die eig RegreßPfl hinzuweisen, Übbl 5 c v § 194). – **aa) Klärung des Sachverhalts.** Der RA muß dch Befragg seines AuftrG die für die rechtl Beurteilg wesentl Pkte klären (BGH NJW 61, 602). Er darf diese Aufg nicht seinem Büropersonal übertragen (BGH NJW 81, 2741), muß bei lückenh Information auf Vervollständigg dringen (BGH NJW 82, 437), muß die ihm überlassenen Unterlagen sorgf auswerten (Düss NJW 71, 1614) u, soweit nöt (§ 211), die GerAkten einsehen (Düss VersR 89, 40), braucht aber idR keine eig Ermittlgen anzustellen (BGH VersR 85, 1154). – **bb) Rechtskenntnisse.** Der RA hat grdsl jeden RIrrt zu vertreten (BGH VersR 59, 641). Er muß die einschläg Ges, auch die aus neuester Zeit, kennen (BGH NJW 71, 1704, 78, 1486, 82, 97) u sich in den Fachzeitschriften laufd über den Stand der Rspr informieren (BGH NJW 52, 425, 79, 877, Düss NJW 80, 359). Übernimmt er ein Mandat in einem ihm weniger vertrauten RGebiet, muß er sich die erforderl Kenntn aneignen (s BGH NJW 83, 1665). Wird er in einer ArbRSache tät, muß er sich auch über etwaige tarifl AusschlFr informieren (BGH aaO, krit Weisemann AnwBl 84, 174, Lang MDR 84, 458). Ist er nach ausl R unter Beteiligg eines ausl RA ein Vertr geschlossen worden, darf er idR auf dessen Wirksamk vertrauen (s BGH NJW 72, 1044); wird der Mandant in einem ausl Proz von einem ausl RA vertreten, darf er sich iZw auf dessen RKenntn verlassen (Bambg MDR 89, 542). Hat ein KollegialGer seine RAns geteilt, entfällt idR ein Verschulden des RA (strenger aber die Rspr s BGH NJW-RR 86, 1281). – **cc) Beratung und Rechtsbesorgung.** Der RA ist zu einer allg, umfassden u möglichst erschöpfden Beratg seines Mandanten verpflichtet (BGH NJW 61, 602, 86, 566, 88, 2881). Er hat diejenigen Schritte anzuraten, die zu dem erstrebten

Ziel zu führen geeignet sind, u hat Nachteile für den Mandanten, soweit mögl, zu verhindern (BGH aaO). Handelt es sich um einen unerfahrenen AuftrG, ist er zu einer bes eingehnden Belehrg verpflichtet; hat der AuftrG eine eig RAbteilg od ist er selbst Jurist, mindert dieses den Grad der BelehrgsPfl (BGH AnwBl 77, 162, MüVersR **86**, 172). **Einzelfälle.** Die BelehrgsPflicht des RA kann sich je nach dem Inh des Mandats erstrecken auf die versorggsrechtl Risiken einer ScheidgsVereinbg (BGH VersR **71**, 641); die Möglichk zur freiw Weiterversicherg in der KrankenVers (Hamm NJW **88**, 2383); auf die Notwendigk einer KlErhebg, um den·SchmerzGAnspr vererbl zu machen (BGH NJW **60**, 110, Schlesw NJW **88**, 569); auf die Bedenken, die der Dchführg eines KaufVertr über eine EigtWo entggstanden (BGH NJW **88**, 566); auf die Risiken, die sich aus einem unter seiner Beteiligg geschlossenen formunwirks Vertr ergeben (BGH Warn 77 Nr 1); auf die drohde Haftg aus HGB 25 (BGH NJW **86**, 581), auf das Regreßrisiko gem AFG 128 a bei einem arbeitsgerichtl Vergl (Düss VersR **88**, 1048), auf die Möglichk, Konkursausfallgeld zu beantragen (AG Siegburg NJW-RR **89**, 155), im KündSchutzProz auf die Möglichk, einen Auflösgs- u AbfindgsAntr zu stellen (Bambg NJW-RR **89**, 223). Der RA muß den VerjBeginn u die Länge der VerjFr prüfen (Düss NJW **86**, 1938), bei einer TeilKl auch hins des nicht eingeklagten Rests (Düss VersR **89**, 850); er muß für die rechtzeit Unterbrechg der Verj sorgen (BGH NJW **81**, 2741), muß sicherstellen, daß der Unterbrechgstatbestd zu beweisen ist (Köln OLGZ 77, 324) u muß über die Dauer der Unterbrechg belehren (Karlsr NJW **87**, 331). Als RA des Schu muß er die VerjEinr alsbald erheben (Düss NJW-RR **89**, 927). Er muß den seinen Mandanten etwa zustehdn VersSchutz prüfen u die insoweit zur RWahrg notw Schritte vornehmen (BGH LM § 675 Nr 46, Düss VersR **85**, 92). Besonders vielfältig sind die Beratgs- u Belehrgspflten im **Prozeß.** Sie erstrecken sich je nach Lage des Falles auf etwaige Zweifel über die Zulässigk des RWeges (BGH NJW **85**, 264), auf BewRisiken (Ffm VersR **80**, 289), auf den drohden RVerlust, wenn ein Kostenvorschuß zu spät gezahlt w (BGH NJW **74**, 2319) od die Vorschr über den Ausschluß verspäteten Vorbringens nicht beachtet w (Hamm VersR **88**, 192), auf die fehlde KostenerstattgsPfl im ArbGerVerf (Mü VersR **81**, 68), auf die Möglichk, PKH zu beantragen (Düss AnwBl **87**, 147), auf das mit dem Beitritt zu einem verwaltgsgerichtl Prozeß verbundene Kostenrisiko (Düss AnwBl **87**, 283), über das Für u Wider bei der Entscheidg über die Ann eines gerichtl VerglVorschlags (Ffm NJW **88**, 3269). Benennt der Mandant 2 Zeugen, braucht der RA idR nicht nach weiteren Zeugen zu fragen (Köln NJW **86**, 725). Der RA muß aber eindringl u unzweideut belehren, wenn die RVerfolgg od RVerteidigg **aussichtslos** ist (BGH **89**, 182, 97, 376, Celle AnwBl **87**, 491, LG Hbg VersR **89**, 805). Er ist auch dann verantwortl, wenn er den Schriftsatz eines VerkAnw übernimmt (BGH NJW **88**, 1079). Drohen Nachteile aus einem erkennb Fehler des Ger, muß er auf eine Berichtigg des Fehlers hinwirken (BGH NJW **88**, 3015). – **dd) Sicherster Weg, Weisungen.** Der RA hat im Interesse seines Mandanten den sichersten Weg zu wählen (BGH NJW **81**, 2742, **84**, 786, **88**, 566). Er hat sich nicht an seiner RAns, sond an der zu erwartdn rechtl Beurteilg der Ger zu orientieren (Borgmann-Haug S 99). Er darf in der VerjFrage nicht einer ungesicherten RAns folgen, wenn er die Möglichk hat, den Eintritt der Verj in eindeut Weise zu verhindern (BGH VersR **63**, 359, **67**, 704). Nach ZPO 139 gegebene Hinw hat der RA auch dann zu beachten, wenn er sie für unricht hält (BGH NJW **74**, 1866). Weisgen des AuftrG hat der RA grdsl zu befolgen (§§ 675, 665). Er muß aber über etwaige Bedenken gg die Weisg belehren u den richtgen Weg aufzeigen (BGH NJW **85**, 42). Den zur Einzahlg bei Ger bestt Vorschußbetrag darf er auch dann nicht mit eig Fdgen verrechnen, wenn er PKH beantragen soll (BGH NJW **89**, 1148); Nimmt er die Berufg auf Anraten des Ger mit Zust des Mandanten zurück, handelt er nicht schuldh (Köln NJW **89**, 1159). – **Rechtsberatung** dch RBeistände u berufsständ Vereinigen: Sie sind ebso wie der RA verpflichtet, die Sache umfassd zu prüfen u alle geeigneten Schritte zu ergreifen, um dem AuftrGeber vor Schaden zu bewahren (BGH NJW **81**, 1553, **85**, 44, Düss Betr **87**, 1837: RBeratg dch Gewerksch). Hins der RKenntn, insb bei Anwendg von neuen Ges, sollen dagg an den RBeistand geringere Anfordergen zu stellen sein als an den RA (BGH VersR **71**, 866). Sow der RBeistand aGrd des Ges vom 18. 8. 1980 Mitgl der RA-Kammer geworden ist u wie ein RA liquidiert, müssen für ihn der uneingeschränkt die gleichen SorgfAnfordergen gelten wie für einen RA. – **Reeder:** Haftg für körperl Unversehrth der Fahrgäste (RG **126**, 330). – **Reinigungsunternehmen** (LG Freibg NJW-RR **87**, 89). – **Richter** (vgl § 839 Anm 15).

e) Sachverständiger: s § 823 Anm 8 B. – **Schiedsrichter:** keine weitergehde Haftg als Staatsrichter (BGH **15**, 15). – **Schornsteinfeger:** (Ffm VersR **75**, 244). – **Skisport, Sport:** § 823 Anm 8 B. – **Sprengarbeiten:** (BGH **LM** (Cd) Nr 5, VersR **70**, 139, **73**, 1069). – Herabfallen von Drähten bei **Starkstromleitungen:** (RG **147**, 356). – **Steuerberater** (Gräfe/Lenzen/Rainer Steuerberaterhaftg 2. Aufl 1988): SchadErsPfl, wenn er den Mandanten von einer straflos machden SelbstAnz abgehalten hat (RG **169**, 267, Titze AkZ **43**, 15), für falsche Beratg über die steuerl günstigste GesellschForm (BGH NJW-RR **86**, 647); für unvollständ Angabe der BetrAusgaben (BGH Betr **86**, 1915); für falsche Anlageberatg (BGH BB **87**, 2325); für fehldn Hinw auf mögl SteuerErsparn (BGH NJW **81**, 1029), Vermeidg von verdeckten Gewinnausschüttgen (BGH WPM **82**, 556), Beratgsfehler bei Einbringg einer Einzelfirma als stille Gesellsch in eine GmbH (BGH NJW-RR **89**, 152), bei Übertragg des Grdst an Ehefr (Saarbr VersR **88**, 1188), Haftg für Verlust von Steuervergünstigg (BGH VersR **68**, 48, BB **68**, 1263), für Fehler beim Entwurf einer AbtrErkl (BGH NJW **82**, 1289), für die steuerl Nichtanerkennung des Gehalts eines GesellschGeschFü einer GmbH (BGH NJW-RR **87**, 1377), für steuerschädl Dispositionen, die aGrd eines von ihm erstatteten unricht RGutachtens getroffen worden sind (BGH VerR **83**, 177), für Versäumn von AusschlFr (Köln VersR **74**, 671). Überwachg der Buchführg (BGH VersR **71**, 956, Betr **73**, 520, Düss Betr **74**, 1616), AufklPfl über die Risiken der Beteiligg an einer AbschreibgsGesellsch (BGH VersR **82**, 245) od an einem Untern, das keine ordngsmäß Buchführg u kein Eigenkapital hat (BGH Betr **84**, 1138), aber grdsl keine Mitverantwortg für unternehmerische FehlEntscheidgen des Mandanten (BGH NJW-RR **87**, 1375). Keine Pfl, ohne ausr Anhaltspkte nach Änd des Güterstandes seines AuftrGeb zu fragen (BGH VersR **86**, 264). Er muß die eig Arb aus gegebnem Anlaß auf Fehler überprüfen (BGH NJW **82**, 1532) u den Mandanten über die eigene Regreßhaftg belehren (BGH **83**, 22, Einf 5 c v § 194). Gibt er die SteuerErkl nicht rechtzeit ab, haftet er wg Verzuges, evtl wg Unmöglichk, nicht aber wg pVV (BGH **84**, 248). – **Verkehrsunternehmen:** Haftg für gefahrlose Abgangsmöglichk (Karlsr VRS **10**, 81). – **Warenhausunternehmer:** Keine Pfl zur ständ Überwachg der in

Garage abgestellten KundenFzge, sofern übl VollkaskoVers zG der Kunden besteht (BGH NJW **72**, 151, vgl auch Güllemann NJW **72**, 889). – **Wirtschaftsprüfer:** Haftg für Richtigk des von ihm geprüften Jahres-Abschl ggü Kreditgeber (BGH NJW **73**, 321, Durchlaub Betr **74**, 905, § 328 Anm 4k cc), für Empfehlg, sich an einem Untern zu beteiligen (BGH WPM **75**, 763).

5) Haftungsverschärfungen und Haftungsmilderungen. Die Haftg für Vors u Fahrlk tritt (nur) ein, soweit nichts and best ist (I S 1). Für eine Reihe von Fällen sieht das **Gesetz** Verschärfgen od Mildergen der Haftg vor, vgl zu den gesetzl Verschärfgen unten Anm 10 u zu den gesetzl Mildergen § 277 Anm 2 u 3. Die Verschärfg od Milderg der Haftg kann aber auch vertragl ausbedungen w.

A) Vertragliche Haftungsverschärfungen. a) Sie sind in IndividualVertr bis zur Grenze des § 138 zul; zB dch GarantieVertr, Übern jeder Haftg einschl höherer Gewalt, Begründg einer Gefährdgshaftg; diese kann aber nicht bereits aus dem Angebot einer vollautomat Leistg hergeleitet w (BGH NJW **75**, 685). Haftgsverschärfgen in **Allgemeinen Geschäftsbedingungen** u FormularVertr sind nur verbindl, wenn sie sachl angem sind (AGBG 9 Anm 7h). Haftgserweiterungsklauseln sind iZw eng u gg den auszulegen, der die Haftg erweitern will (BGH NJW **72**, 256, vgl auch unten B a a).

b) Abreden, die die Höhe des SchadErs **pauschalieren**, sind aGrd der VertrFreih grdsätzl zul (BGH NJW **70**, 32 u 2017, BAG NJW **67**, 751; arg AGBG 11 Nr 5). Sie sind nach ihrem Zweck (BewErleichterg zG des Gläub) von der **Vertragsstrafe** zu unterscheiden (hM). Soll in erster Linie die Erf der Hauptverbindlichk gesichert w, so handelt es sich um eine VertrStrafe (BGH **49**, 89), die gem § 343 der richterl Kontrolle unterliegt. Bezweckt die Abrede die vereinfachte Dchsetzg eines als bestehd vorausgesetzten Anspr, liegt eine Schadenspauschale vor (BGH **49**, 89, NJW **83**, 1542). Entscheid ist letztl, ob es sich bei Würdigg aller Umst um den ernsth Versuch einer antizipierten Schätzg des typischerw entstehdn Schadens handelt od nicht (Köln NJW **74**, 1953); iZw kann der Wortlaut gewisse Hinw geben, „SchadErs", „entgangener Gewinn" od ähnl sprechen für eine Schadenspauschale (BGH NJW **70**, 32). Abrede, daß bei nicht zurückgegebenes Leergut der Neupreis zu zahlen ist, kann dagg ein VertrStrafVerspr darstellen (Trinkner BB **84**, 1455, LG Waldshut EWiR **87**, 105), ebso die Vereinbg einer Abstandssumme (Ffm BB **84**, 1967). Zinserhöhgsklauseln für den Verzugsfall sind (entgg BayObLG BB **81**, 1418) idR keine Schadenspauschalen, sond Strafregelgen, da sich die Kosten der Refinanzierg im allg dch den Verzug nicht erhöhen. Zur Abgrenzg im MaklerR vgl § 652 Anm 10 F. PauschaliergsKlauseln sind auch in **Allgemeinen Geschäftsbedingungen** grdsätzl zul; sie sind aber nur wirks, wenn die Pauschale den bei normalem Ablauf zu erwartenden Schaden nicht übersteigt u dem Kunden der Nachw gestattet ist, der Schaden sei niedriger als der Pauschalsatz (AGBG 11 Nr 5). Auch für Schadenspauschaliergen in IndividualVertr w eine richterl Reduktionsmöglichk auf den angem Betr anzuerkennen sein; für entspr **Anwendung des § 343** Staud-Kaduk § 343 Rdz 13, LAG Düss Betr **73**, 85, aA BGH NJW **70**, 32; für eine entspr Anwendg des AGBG 11 Nr 5b Schlesw DNotZ **85**, 311; für Begründg der Reduktion aus dem schadensersatzrechtl Bereichergsverbot Beuthien FS Larenz 1973 S 504 ff. Schadenspauschalen in ArbVertr vgl Beuthien BB **73**, 92.

B) Vertragliche Haftungsmilderungen sind ebenf grdsätzl zul, u zwar auch für Anspr aus unerl Hdlg (RG **88**, 436, BGH **9**, 306, stRspr); fragl, ob das auch insoweit gilt, als die §§ 823 ff Leib u Leben schützen (vgl Deutsch VersR **74**, 305). Nicht abbedungen werden kann die Haftg des Schu für Vors (II). Auch summenmäß Haftgsbegrenzgen u Abkürzgen der VerjFr sind insoweit unzul (s Heinrichs RWS-Skript 157 S 1 ff). Dagg kann Haftg für Vors von ErfGehilfen grdsätzl abbedungen w (§ 278 S 2, vgl jedoch unten b). Die Haftungsmilderg kann ausnw auch **stillschweigend** vereinbart w (s § 254 Anm 6a).

a) Auslegung. – aa) Bei vertragl Haftgsmildergen (Freizeichnungsklauseln) ist zunächst ihre Bedeutg dch Auslegg zu ermitteln. Sie sind iZw **eng** u gg den auszulegen, der die Haftg abbedingen will (RG **142**, 335, BGH **22**, 96, **40**, 69, **47**, 318, **54**, 305, NJW **70**, 386, stRspr). Das gilt nicht nur für formularmäß Klauseln (vgl jetzt AGBG 5), sond auch für IndVereinbgen (so wohl auch BGH NJW **78**, 261) u für Satzgen (BGH VersR **77**, 572, **78**, 40, Mü VersR **80**, 725). Ausschl von GewährleistgsAnspr bezieht sich iZw nicht auf SchadErsAnspr wg pVV (BGH VersR **70**, 677); ebsowenig auf ErsAnspr aus unerl Hdlg (Produzentenhaftg, BGH **67**, 366); aus dem Zushang der Regelg ergibt sich aber, daß §§ 823 ff ausgeschl sein sollen (BGH NJW **79**, 2148, BGH **64**, 359: Anspr gg Elektrizitätswerk). GewährleistgsAusschl erfaßt nicht Anspr wg falscher Beratg (BGH **47**, 318, **LM** § 157 (Gf) Nr 6) od wg fehlerl Abliefergsinspektion (BGH NJW **69**, 1708/2043); ebso nicht ErsAnspr wg Verletzg der NachbessergsPfl (BGH NJW **76**, 235, Betr **78**, 1172); HaftgsBeschrkg eines Lagerhalters, gilt uU nicht für Anspr aus §§ 823 ff (BGH NJW **71**, 617, 623); das gilt entspr für Architekten (BGH WPM **75**, 597). Umgekehrt läßt Ausschl von SchadErsAnspr idR die gesetzl GewährleistgsR unberührt (LG Ffm VersR **70**, 871), nicht aber ggü Elektrizitätswerk (BGH **64**, 359). HaftgsAusschl für Material- u Bearbeitgsfehler betrifft iZw nicht Konstruktionsfehler (Celle BB **70**, 513). HaftgsAusschl für mittelb Schäden gilt nicht bei Verzug mit rechtskr festgestelltem Anspr (BGH VersR **69**, 61), iZw auch nicht für Anspr aus unerl Hdlg od Verletzg einer nachvertragl BeratgsPfl (BGH NJW **71**, 1130). UU kann die mit dem Besitzer vereinb HaftgsBeschrkg dem Eigtümer entggehalten w (BGH NJW **74**, 2178, VersR **76**, 1129). Klausel, wonach Kunde auf eig Gefahr handelt, enthält iZw keinen Haftgs-Ausschl, da das Ges unter Gefahr nicht zu vertretde Ereignisse versteht (BGH Betr **72**, 34, Mü VersR **74**, 201).

bb) Zul auch die Vereinbg von Haftgsmildergen mit Wirkg **zugunsten Dritter** (Heinrichs RWS-Skript 157 S 48). Da die §§ 328 ff für schuldrechtl VfgsGesch nicht gelten (vgl Einf 5b vor § 328), nimmt die Rspr bei derart Abreden ein pactum de non petendo zGDr an (BGH VersR **60**, 727); idR läßt sich jedoch über §§ 423, 397 eine dingl Wirkg begründen: Die Fdg kann ggü einem GesSchu mit GesWirkg erlassen w; das hat entspr für Verzicht auf künft Fdg zu gelten (BGH BB **56**, 1086 u § 397 Anm 1b). Haftgsmildergen gelten iZw auch ohne ausdrückl Einschluß für die ArbN des Schu (BGH NJW **62**, 389, **LM** § 328 Nr 66). Das gilt trotz der UnklarhRegel (AGBG 5) auch für formularmäß Freizeichngen (BGH VersR **85**, 595, Heinrichs RWS-Skript 157 S 53), uU sind sie auch auf sonst ErfGehilfen auszudehnen (BGH VersR **60**, 729, **77**, 717,

HaftgsBeschrkg des HauptfrachtFü zG des Schiffers u UnterfrachtFü), sow nicht der Vertr entggsteht (BGH VersR **72**, 40). Insb ist eine Einbeziehg in den Schutzbereich der Haftgsmilderg dann geboten, wenn der ArbNeh einen FreihaltgsAnspr wg gefahrengeneigter Tätigk gg den Untern hätte, eine Freizeichng ohne Ausdehng auf den ArbNeh also sinnlos wäre (BGH NJW **62**, 389, Hbg VersR **72**, 659). Aus diesem Grd sind auch die gesetzl Haftgsbeschränkgen der AVBEltV (usw) (AGBG 27 Anm 1) auf die ArbNeh auszudehnen (Taupitz VersR **82**, 315). Auch Abreden über AusschlFr od Abkürzg der Verj wirken iZw zG der ArbN des Schu (BGH **LM** HGB 612 Nr 4, vgl auch § 328 Anm 3 e cc). Besteht für den Mieter eines Kfz eine Haftgsmilderg (§ 254 Anm 6 a), so gilt diese auch für den von ihm beauftragten Fahrer (BGH **22**, 122, NJW **82**, 987, KG OLGZ **75**, 8, Schlesw VersR **83**, 590). Zw Mieter eines Zelts u Benutzer vereinb HaftgsVerz wirkt uU zG des Vermieters (Hamm Betr **75**, 1650). Dagg hat Haftgsbegrenzg in Garantiekarte des Herstellers keine Wirkg zG des Verk (Bader NJW **76**, 212).

b) Nach der Ausslegg der Haftgsmilderg ist ihre **Wirksamkeit** zu prüfen. Verbote von Haftgsmildergen enthalten StVG 8 a II, HaftPflG 7, ProdHaftG 14, LuftVG 49, BerBildG 5 II, GüKG 26, 85 (BGH **49**, 218, 221, NJW **84**, 125), FuttermittelG 6 (BGH **57**, 298), FernUSG 2 V Nr 3. Außerdem kann die Haftgsmilderg gg § 138 verstoßen. Haftungsbeschränkgen in **Allgemeinen Geschäftsbedingungen** sind nur verbindl, wenn sie mit AGBG 9 u 11 Nr 7 ff vereinb sind (AGBG 9 Anm 6).

C) Im **Arbeitsverhältnis** gelten zT bes HaftgsGrds. Die Rspr erstreckt die Haftg des ArbGeb aGrd des § 242 u der FürsPfl in best Fallgruppen über § 276 hinaus (§ 611 Anm 14b, § 615, Anm 3b). Der ArbNeh haftet grdsätzl gem § 276 für Vors u jede Fahrlk (BAG **7**, 118, 290, NJW **68**, 717, **69**, 2300, aA BAG NJW **86**, 954); bei **gefahrgeneigter Arbeit** gilt jedoch eine richterrechtl entwickelte HaftgsBeschrkg, der jetzt wieder die Dreiteile von leichter, mittlerer u grober Fahrlässigk zGrde liegt (BAG NJW **88**, 2816, näher § 611 Anm 14b). Die Haftgsbeschränkg gilt nur für Anspr des ArbGeb, nicht für Anspr Dr (BGH VersR **79**, 279). Umstr ist, wieweit man diese HaftgsBeschrkg auf and RVerh übertr kann. Bei Schäden, die ein **Beamter** im Rahmen hoheitsrechtl Tätigk Dritten od dem Dienstherrn zufügt, können die arbeitsrechtl Grdsätze nicht angewandt w, weil Beamter hier ohnehin nur bei grober Fahrlk haftet (§ 839, BBG 78, BRRG 46, BVerwG **19**, 249); bei SchadVerursachg im Rahmen fiskal Tätigk, für die keine HaftgsBeschrkg auf grobe Fahrlk besteht, (BVerwG ZBR **70**, 127) muß man sie anwenden (OVG Saarl NJW **68**, 1796); das gilt auch dann, wenn der Beamte haftpflichtversichert ist (BVerwG **29**, 129, BGH VersR **72**, 440, OVG Saarl aaO). Sie sind auch auf VereinsMitgl anwendb, die ehrenamtl für den Verein tätig sind (BGH **89**, 157) u kr ausdr gesetzl Regelg (SeelotsG 25 III) auf den Seelotsen. Dagg ist Anwendg auf AuftrVerhältn ausgeschl (BGH **30**, 49), ebso auf Vertr mit Schwarzarbeiter (Celle JZ **73**, 246), auf DienstVertr mit Organen jur Pers (BGH WPM **75**, 469) od mit selbstd Tätigen (BGH NJW **63**, 1100, **70**, 34, krit Becker-Schaffner NJW **69**, 1235).

6) Verschulden bei Vertragsverhandlungen (culpa in contrahendo).

A) **Allgemeines. a) Rechtsgrund der Haftung.** Eine Reihe von gesetzl Vorschr verpfl zum SchadErs wg Versch währd der VertrVerhandlgen, ohne daß ein wirks Vertr od der Tatbestd einer unerl Hdlg gegeben zu sein braucht (vgl §§ 122, 179, 307, 309, 463 S 2, 663). Aus diesen EinzVorschr haben Rspr u Lehre iW der RFortbildg den Grds abgeleitet, daß bereits dch die Aufn von VertrVerhandlgen od einen diesem gleichzustellden geschäftl Kontakt ein vertragsähnl VertrauensVerh entsteht, das die Partner zur Sorgf von „Schuldnern" verpfl (RG **95**, 58, **120**, 251, **162**, 156, BGH **6**, 333, **66**, 54). Das „RVerhältn der VertrVerhandlgen" (Stoll) u die daraus folgde Haftg für c. i. c., sind heute gewohnheitsr anerkannt (BGH NJW **79**, 1983, Staud-Löwisch Rdn 39 v § 275); sie w im AGBG 11 Nr 7 als selbstverständl bestehd vorausgesetzt. Das dch die Aufn von VertrVerhandlgen entstehde gesetzl SchuldVerh ist dadch gekennzeichnet, daß es keine primär LeistgsPflten kennt, sond lediql Pflten zur ggs Rücks, Fürsorge u Loyalität. Der Grd für die Verpfl ist mit Ballerstedt (AcP **151**, 507) in „der Gewährg von in Anspr genommenem **Vertrauen**" zu erblicken (s BGH **60**, 226, NJW **81**, 1035: Haftg für „enttäuschtes" Vertrauen). Es handelt sich zugl um einen Fall von gesteigertem „sozialen Kontakt" (Dölle ZStaatsW **43**, 67); dieser reicht aber allein zur HaftgsBegrdg nicht aus. Die Haftg tritt unabhäng davon ein, ob es überh zu einem Vertr kommt. **Voraussetzung** ist aber ein Verhalten, das auf Abschl eines Vertr od Anbahng geschäftl Kontakte abzielte. SchadErs wg c. i. c. kann daher nur geltd machen, wer sich als mögl Kunde in Verkaufsräume begeben h, nicht ein sonst Besucher (BGH **66**, 54); ergänzd sind aber die Grds über Vertr mit Schutzwirkg zGDr heranzuziehen (BGH aaO). Die Verpfl aus c. i. c. erfordert GeschFgk, nicht dagg die Berechtigg (Canaris NJW **64**, 1987, BGH NJW **73**, 1791). Wird eine Sache von mehreren gemeins verkauft, ohne daß zw ihnen ein bes RVerh besteht, haften sie einand nicht nach aGrd der Grds über c. i. c. (BGH NJW **80**, 2464, zur Begründg krit van Venrooy JuS **82**, 93). **Grund** der Ausgestaltg der Lehre von der c. i. c. im Recht des BGB: die Haftg aus unerl Hdlg, die sonst eintreten würde, ist gerade für die fahrl VermSchädigg unzulängl geregelt (keine allg Haftg für fahrl VermSchädigg, eingeschränkte Haftg für Gehilfen, § 831).

b) **Abgrenzung.** Die generalklauselartige Haftg aus c. i. c. entfällt, soweit abschließde Sonderregelgen bestehen. Beim Kauf schließen die §§ 459 ff die Haftg für c. i. c. aus, soweit sich das Verschulden auf Fehler u zugesicherte Eigensch bezieht (BGH **60**, 319, **88**, 134, Vorbem 2 d v § 459). Unberührt bleibt jedoch die Haftg für falsche Informationen über den KaufGgst, die nicht in den Anwendungsbereich der §§ 459 ff fallen (unten B c bb), für vorsätzl Handeln (BGH **LM** § 123 Nr 47) u die Eigenhaftg des Vertreters (unten C b). Entspr Abgrenzgen gelten für den MietVertr (BGH NJW **80**, 777, krit Littbarski Betr **81**, 409) u den WerkVertr (BGH Betr **76**, 958, Vorbem 4 d v § 633). Dch die §§ 119 ff u delikt Anspr wird die Haftg für c. i. c. nicht ausgeschlossen (s unten B c aa u Cc).

c) **Anwendungsbereich.** Die Grds der c.i.c. gelten für das gesamte PrivR. Sie finden auch auf **öffentlichrechtliche Körperschaften** Anwendg, u zwar auch dann, wenn für sie ein nicht abschlußberecht Vertreter verhandelt (BGH **6**, 333, **92**, 175) od die erforderl aufsichtsbehördl Gen fehlt (BGH **LM** (Fc) Nr 4). Bei Vhdlgen über einen GrdstKauf zur Abwendg der Enteigng richtet sich die Haftg nach c.i.c. u

§ 276 6 A, B   2. Buch. 1. Abschnitt. *Heinrichs*

nicht nach § 839 (BGH NJW **81**, 976). Die Gem kann bei privr VertrVhdlgen aus c.i.c. haften, wenn sie den and Teil nicht auf öffr Bedenken gg das geplante Bauvorhaben hinweist (BGH **LM** (Fa) Nr 71). Der SozVersTräger kann aus einem auf seine Veranlassg abgegebenen unricht SchuldAnerkenntn wg c.i.c. keine Rechte herleiten (Stgt NJW **82**, 2608). Die Grds der c.i.c. sind auch im **öffentlichen Recht** anwendb (BGH **71**, 392, **76**, 349, BVerwG DÖV **74**, 133), u zwar auch im BeamtenR (Battis ZBR **71**, 300). Für Anspr aus öffr c.i.c. ist, soweit ein SachZushang mit § 839 besteht, der ordentl RWeg gegeben (BGH **76**, 348, NJW **86**, 1110, str).

Ausgestaltung der Haftung. Es wird wie in einem bestehden SchuldVerh gehaftet, also für Vorsatz u Fahrlässigk. Auch § 278 ist anzuwenden (unten Ca). Das Verschulden kann in der Verletzg einer vorvertragl Pfl zur Aufkl, Beratg, Schutz, Obhut od Fürsorge bestehen (s unten B). Bestehen für das angebahnte RVerh gesetzl Haftmilderngen (zB §§ 521, 690), gelten diese auch für die Haftg aus c.i.c. (str, s Gerhardt JuS **70**, 597), nicht aber iF der Verletzg von SchutzPflten, die nicht im Zushang mit dem VertrGgst stehen (BGH **93**, 27). Die Haftg kann dch vertragl Abreden beschr w, dch AGB aber nur in den Grenzen von AGBG 9, 11 Nr 7 (s dort).

B) Fallgruppen. – **a) Abbruch der Vertragsverhandlungen.** Die Part sind bis zum endgült VertrSchl in ihren Entschließgen grdsl frei, u zwar auch dann, wenn der and Teil in Erwartg des Vertr bereits Aufwendgen gemacht hat (BGH NJW **67**, 2199, **75**, 43). Eine ErsPfl besteht nur, wenn eine Part die Vhdlgen ohne triftigen Grd abbricht, nachdem sie in zurechenb Weise **Vertrauen auf das Zustandekommen** des Vertr erweckt hat (BGH **71**, 395, NJW **75**, 1774, BAG NJW **63**, 1843); das gilt grdsl auch, wenn der angebahnte Vertr formbedürft ist (BGH **92**, 175, NJW **67**, 2199, **70**, 1840, s aber bb)). Da noch keine vertragl Bindg besteht, sind an das Vorliegen eines triftigen Grdes seine zu hohen Anfordergen zu stellen (Soergel-Wiedemann Rdn 22). Das günstigere Angebot eines and Interessenten kann ausr sein; sachfremde Erwäggen können dagg den Abbruch der Vhdlgen nicht rechtfertigen (BGH **76**, 351, Fdg einer überhöhten Sicherh). Hins der Schaffg des VertrauensTatbstdes ist zu unterscheiden: – **aa) Verschulden bei den Verhandlungen.** Wer Vertrauen auf das Zustandekommen des Vertr erweckt, obwohl dem VertrSchl ein dem and Teil unbekanntes u verschwiegenes Hindern entggsteht od entggstehen könnte, haftet wg c.i.c. (BGH **71**, 396, NJW **75**, 44). Beispiele sind: fehlde Vertretgsmacht des Verhandelnden (s BGH **6**, 333, BAG NJW **63**, 1843); GenBedürftigk des Vertr (BGH **LM** (Fc) Nr 4); Bedenken gg die Dchführbark (BGH **71**, 397); Bedenken wg einer EinstellgsVoraussetzg (BAG Betr **74**, 2060); innerbetriebl Schwierigk (BGH NJW **84**, 867); fehlder od zweifelh AbschlWille (BGH **LM** § 313 Nr 80 Bl 5; NJW **75**, 44). – **bb) Vertrauenshaftung.** Aus c.i.c. ist auch derjenige haftb, der ohne Verschulden bei der VhdlgsFührg Vertrauen auf das Zustandekommen des Vertr erweckt u anschließd ohne trift Grd den VertrSchl verweigert (BGH **71**, 395, NJW **75**, 1774, **LM** (Fa) Nr 28, grdlegd, aA Reinicke/Tiedtke ZIP **89**, 1093). Das gilt jedoch nicht für Vertr, die kr Ges formbedürft sind (BGH NJW **75**, 44, Betr **79**, 741, DNotZ **83**, 623, Köln NJW RR **87**, 801, alle zu § 313; Stgt Betr **89**, 1817 zu GmbHG 15). Erforderl ist außerdem ein qualifizierter Vertrauenstatbstd. Er ist gegeben, wenn der Abbrechde den VertrSchl als sicher hingestellt hat (BGH NJW **70**, 1840, NJW-RR **89**, 627, Düss NJW-RR **88**, 988); wenn er den and Teil zu Vorleistgen veranlaßt hat (BGH **92**, 176, NJW **61**, 169, **LM** (Fa) Nr 3); wenn die Part mit der Dchführg des Vertr begonnen haben (BGH **6**, 334, **LM** (Fa) Nr 11); wenn die Gen zu einer Abtr od VertrÜbertragg als sicher in Aussicht gestellt worden ist (BGH WPM **68**, 531, **84**, 205). – **cc) Einschränkungen.** Die Bindg an den VertrauensTatbstd beschränkt sich auf eine angem Fr (BGH NJW **70**, 1840). Zu ersetzen sind ledigl Aufwendgen, die nach Lage des Falles vertretb waren, § 254 (BGH **LM** (Fc) Nr 4; WPM **76**, 923). – **dd) Für Verzögerungen** bei der VertrAnn od Ablehng wird idR nicht gehaftet (BGH NJW **66**, 1407). And kann es liegen, wenn der VhdlgsPart dch beruhigde Erkl von einem anderweit VertrSchl abgehalten w (BGH NJW **84**, 867, Grunewald JZ **84**, 709). Auch der Versicherer darf die formularmäß festgelegte AnnFr grdsl voll ausnutzen (BGH NJW **66**, 1407, Kblz VersR **77**, 320, Hamm VersR **78**, 1014). Er muß aber aufklären, wenn sich der and Teil über die Länge der AnnFr u der Bearbeitgsdauer erkennb irrt (BGH VersR **75**, 1093, unten c ii)). – **ee) Öffentliche Ausschreibung.** Sie begründet ein vertrählnl Vertrauensverhältn, das zur ggs Rücksn u Loyalität verpflichtet (BGH **49**, 79, **60**, 223). Der Ausschreibde kann zum SchadErs verpflichtet sein, wenn er unter Überschreitg seines Beurteilgsspielraums einen and Bewerber aus unsachl Grden bevorzugt (BGH NJW **85**, 1466), wenn er die Ausschreibg zu Unrecht aufhebt (BGH NJW **81**, 1673, Düss NJW-RR **86**, 509, krit Lampe-Helbig/Zeit BauR **88**, 659) od er einen Bewerber rechtsw vom Wettbewerb ausschließt (BGH NJW **83**, 442); in den zuletzt genannten Fällen besteht eine ErsPfl aber nur dann, wenn der Bewerber nachweist, daß er bei ordngsmäß Abwicklg den Auftr (Preis) erhalten hätte (BGH u Düss aaO).

b) Unwirksame Verträge. Ist der UnwirksamkGrd von einer Part, etwa wg Verletzg einer Aufkl- od BeratgsPfl, zu vertreten, so besteht eine – uU gem § 254 eingeschränkte – SchadErsPfl wg c.i.c. Fälle: formgült Vertr, wenn der Formmangel nicht schon nach § 242 (§ 125 Anm 6) unschädl ist (BGH **6**, 333, **92**, 175, NJW **65**, 554); Dissens (RG **104**, 267); unwirks VertrSchl dch einen nicht vertretgsberecht VhdlgsGehilfen (BGH **6**, 333, **92**, 174, unten Ba), jedoch kann eine Duldgs- od AnscheinsVollm vorliegen (§ 173 Anm 4); gem § 138 nichtiger Vertr (BGH NJW **99**, 106, Hamm WPM **88**, 1445); wg fehlder DevisenGen unwirks Vertr (BGH **18**, 252). C.i.c. ist auch die Verwendg von unwirks AGB-Klauseln (Vorbem 3b v AGBG 8) u von sittenw VertrBdggen (BGH **99**, 106). Dagg gilt für den gem § 134 nichtigen Vertr die Sonderregelg der §§ 307, 309.

c) Inhaltlich nachteilige Verträge. – **aa) Allgemeines.** Auch bei einem wirks VertrSchl können Anspr aus c.i.c. bestehen, wenn der Vertr dch eine pflwidr Einwirkg auf die Willensbildg des and Teils zustande gekommen ist. Das Verschulden kann in einem Tun, einer Irreführg, od in einem Unterl, der Verletzg einer Aufkl- od BeratgsPfl (§ 242 Anm 3 Bd), liegen. §§ 123 f sind ggü der c.i.c. keine abschließde Sonderregelg. Wer dch argl Täuschg od widerrechtl Drohg zum VertrSchl best worden ist, hat **neben dem Anfechtungsrecht** einen Anspr wg c.i.c. (BGH NJW **79**, 1983, **LM** § 123 Nr 47 Bl 2). Der fahrl Getäuschte kann gleichf wg c.i.c. iVm § 249 S 1 die Rückgängigmachg des Vertr verlangen (BGH NJW **62**, 1196, **69**, 1626, **74**, 851, **85**, 1771, stRspr, krit Liebs AcP **174**, 26). Die Ausübg dieses Rechts ist nicht an die Fr des § 124

Inhalt der Schuldverhältnisse. 1. Titel: Verpflichtung zur Leistung § 276 6 B

gebunden (BGH NJW 79, 1983, WPM 81, 310, 85, 466, str). Bei unricht u irreführden **Werbeangaben** besteht ein schuldunabhäng RücktrR, UWG 13 a (s hinten unter NebenGes); auch UWG 13 a läßt aber die Rechte der Geschädigten aus c. i. c. unberührt (Medicus JuS 88, 6, 7, Lehmann GRUR 87, 199, 211, Köhler JZ 89, 270). Das **Verschweigen** von Tats ist nur dann eine c. i. c., wenn der and Teil nach Treu u Glauben unter Berücksichtigg der VerkAnschauung redlicherw Aufkl erwarten durfte (BGH NJW 89, 1794); vgl dazu grdsl § 123 Anm 2 c aa; Einzelfälle nachstehd bb) – ii).

bb) Beim **Kaufvertrag** begründen unricht Informationen über die Beschaffenh des KaufGgst (Fehler u Eigensch) keine Anspr aus c. i. c., da die §§ 459 ff insow eine abschließde Sonderregelg enthalten (BGH 60, 319, 88, 134, NJW-RR 88, 136, Vorbem 2 c v § 459, stRspr, sehr str). Handelt es sich um wertbildde Merkmale, die nicht in den Anwendgsbereich der §§ 459 ff fallen, haftet der Verkäufer dagg bei irreführden Angaben od Verletzg der AufklPfl aus c. i. c.. Das gilt auch bei unricht Informationen über zusichergsfäh, aber nicht zugesicherte Eigensch (BGH 79, 179, NJW-RR 88, 350). Beim Verkauf eines Untern bestehen daher Anspr aus c. i. c., wenn hins des Gewinns falsche Angaben gemacht w (BGH NJW 77, 1538), wenn eine unricht Bilanz vorgelegt w (BGH Betr 74, 231/1609) od wenn unricht Umsatzzahlen angegeben w (BGH NJW-RR 89, 307). Beim Verkauf eines Grdst w aus c. i. c. gehaftet für unricht Angaben über Steuervorteile (BGH NJW-RR 88, 350) u über die GrdErwerbssteuerFreih (Karlsr OLGZ 80, 226), für falsche Angaben über Einnahmen u Ausgaben des Grdst (BGH NJW-RR 88, 458), für das Verschweigen von Umbauauflagen (BGH NJW 89, 1794) od einer geplanten öffr Nutzgsbeschrkg (s BGH **LM** (Fb) Nr 10) u von Risiken bei der in Aussicht genommenen Vermietg (BGH NJW 80, 350); bei Verkauf einer Maschine für die NichtAufkl über entggstehde UnfallverhütgsVoschr (BGH NJW 85, 1771) u für falsche, die geplante Aufstellg verhindernde Maßangaben (BGH NJW 62, 1196); beim Verkauf eines Pkw für die falsche Zusicherg, es bestehe VersSchutz (BGH NJW-RR 89, 211); beim Verkauf eines GmbHAnteils für falsche Informationen über GesellschSchulden (BGH NJW 80, 2408); beim Kreditkauf für das Verschweigen erhebl wirtschaftl Schwierig (BGH 87, 31, NJW 83, 677, BB 88, 929). Ist eine GmbH insoweit aufklpflicht, kann sich der SchadErsAnspr zugl gg den GeschFü richten (Anm Cb). Anspr gg den Vertreter des Verkäufers od den Vermittler w dch die §§ 459 ff nicht berührt (BGH 63, 382, unten Cb). Sow der Verkäufer bei den VertrVhdlgen konkludent eine BeratgsPfl übernommen hat, haftet er nicht aus c. i. c., sond wg pVV (Anm 7 Bc). Zur Frage, ob der Verkäufer auf bevorstehde Modellwechsel techn u PrÄnd hinweisen muß, s Feudner BB 89, 788. Weitere Einzelfälle: Hat der Käufer, der seinen Pkw zum DAT-Schätzpreis in Zahlg gibt, hins des AnrechngsPr niedrigere Vorstellgen, muß der Verkäufer aufklären (Ffm MDR 82, 847). Haben die Part vereinb, daß der Großhandelspreis berechnet w soll, ist die Inrechnungstellg eines höheren Pr c. i. c. (BGH 80, 84, krit Basedow NJW 82, 1030). Bietet ein Großhändler einem Branchenkundigen eine Maschine zu einem „Sondernettopreis" an, braucht er nicht unaufgefordert darüber aufzuklären, daß es sich um ein älteres Modell handelt (BGH 96, 312). Wer Gesch unter Übern eines WettbewVerbots verkauft, braucht nicht zu offenbaren, daß sein Eheg ein KonkurrenzGesch eröffnen will (BGH NJW 87, 909). Der Verkäufer braucht den geschäftl erfahrenen Käufer nur dann auf Bedenken gg dessen Kalkulation hinzuweisen, wenn er deren Unrichtigk erkannt h (BGH WPM 72, 854). Verlangt der Verkäufer eine Vorauszahlg, muß er den Käufer darüber aufklären, daß er seine Verpfl möglicherw nicht erf kann (BGH **LM** [Fa] Nr 21). Der GrdstVerkäufer muß den Käufer, dem es erkennb auf die Ablösg der Hyp ankommt, auf die Unkündbark der Hyp hinweisen (BGH WPM 71, 1096). Will Käufer das Grdst beleihen lassen, muß Verkäufer über ein anhäng ZwVerstVerf informieren (BGH Betr 78, 979). Wer Automaten vertreibt, ist verpfl, einen erfahrenen Interessenten über alle VertrRisiken zu unterrichten (Hamm MDR 63, 48, Ffm NJW 64, 256). Der Verkäufer (Vermittler) von **Warenterminoptionen** muß unmißverständl u grdsl schriftl über die ungewöhnl Höhe seiner Provision u die idR gg Null tendierden Gewinnchancen informieren (BGH 80, 84, 105, 110). Dagg braucht der branchenkund Käufer eines Anteils an einer GrdstGesellsch nicht über die Tragweite eines MieteintrittsR belehrt zu w (BGH **LM** [Fb] Nr 22).

cc) Werkverträge: Sow sich das Versch auf Fehler od zusichergsfäh Eigensch bezieht, w Anspr aus c. i. c. dch die §§ 633 ff verdrängt (BGH Betr 76, 958, Vorbem 4 d v § 633). Der Architekt muß den erkennb nicht über die GOA (HOAI) unterrichteten Bauherrn auf bes VergütgsPfl hinweisen (Köln BauR 59, 660). Wer sich fälschl als Architekt ausgibt, kann wg c. i. c. kein Honorar verlangen (Köln BauR 80, 372). Der Baubetreuer muß darüber informieren, daß er nicht nach den WoBauVorschr zugel ist (Düss MDR 72, 688). Er muß den Kunden über Belastgen richtig u vollständ aufklären (BGH NJW 74, 851). Der BauUntern muß auf die GenBedürftigk von Bauvorhaben hinweisen (Stgt BauR 80, 67). Er haftet nicht für Rechenfehler, wenn der AuftrGeb das Angebot nach VOB (A) 23 rechnerisch zu prüfen hat (BGH 60, 225). Umgekehrt hat der BauUntern keinen ErsAnspr, wenn der AuftrGeb die für die PrErmittlg maßgebden Umst erkennb lückenh angegeben hat (BGH NJW 66, 498, NJW-RR 88, 785, krit Wettke BauR 89, 292). Ist die Verwirklichg einer BauMaßn finanziell nicht gesichert, muß die Gem hierauf in der Ausschreibg hinweisen (Düss NJW 77, 1064), Reparaturwerkstatt muß AuftrGeb darüber informieren, sie den Auftr gg einen Aufschlag von 10% an fremden Untern vergibt (Köln OLGZ 74, 383, das allerdings pVV annimmt).

dd) Bank- und Kreditgeschäfte: Beim finanzierten Kauf muß Bank auf die von Lieferg u MängelFreih unabhäng ZahlgsPfl hinweisen u vor unricht Empfangsbekenntn warnen (BGH 47, 212, 222). Eine entspr Pfl kann auch bei einem Personalkredit bestehen, sofern ein Irrt des DarlNeh über die Risikoverteilg naheliegt u der Bank die IrrtGefahr zuzurechnen ist (BGH NJW 79, 2093, 80, 177). Verletzt der Verkäufer seine AufklPfl ggü dem Käufer, muß sich die Bank dies uU zurechnen lassen (BGH WPM 81, 869). Teilzahlgsbank muß uU darauf hinweisen, daß der Kreditvermittler nicht zu ihrer Vertretg berecht ist (Ffm WPM 80, 95) u daß ihr GeschStellenleiter keine EinlagenGesch tätigen darf (BGH NJW 80, 2410). Der Kreditvermittler muß offenbaren, daß er neben der Courtage von der Bank zu Lasten des Kunden ein mehr als zweimal so hohes „packing" erhält (Stgt NJW 82, 1599). Die Bausparkasse braucht nicht von sich aus darüber aufzuklären, daß sich die bisher übl ZuteilgsFr verlängern können (BGH NJW 76, 892, 2257). Der DarlGeb haftet wg c. i. c., wenn er über die Aussicht, eine Landesbürgsch zu erhalten, schuldh unrichtige

§ 276   6 B, C   2. Buch. 1. Abschnitt. *Heinrichs*

Angaben macht (BGH VersR **78**, 822). Der Gläub braucht nicht über die mit der **Bürgschaft** verbundenen Risiken aufzuklären, auch dann nicht, wenn der Bürge zu optimistisch ist, er darf aber insow nicht irreführen (BGH NJW **68**, 986, **83**, 1850, NJW-RR **87**, 1188, NJW **88**, 3206). Auch ggü einer 21jähr Bürgin soll keine AufklPfl bestehen (BGH NJW **89**, 1605); der Eheg muß aber darüber belehrt w, daß die Bürgsch auch bei Scheitern der Ehe wirks bleibt (Brandner ZHR **153**, 159). Bei Diskontierg eines Wechsels besteht idR keine Pfl, über die Vermögensverhältn der Beteiligten aufzuklären (BGH WPM **77**, 638).

ee) Gesellschaftsverträge: Die Gründer u Initiatoren einer PublikumsKG haften für schuldh falsche Prospektangaben (BGH **71**, 286, **72**, 382, Anm 4 C a „Anlagenberatg u Prospekthaftg"). Die Gründer einer nicht eingetragenen GmbH haften, wenn ihr GeschF neue Gter über wesentl Umst täuscht (BGH **15**, 205). AG-Gründer muß uU bei VertrSchl mit Dritten auf Bedenken gg die Kreditwürdigk hinweisen (RG **159**, 55). Er kann ggü den Mitgründern schaderspflichtig sein, wenn er dch sein Verhalten die Gründg gefährdet (BGH MDR **61**, 832).

ff) Auch beim **Mietvertrag** w Anspr aus c. i. c. dch die Vorschr des GewLR verdrängt (BGH NJW **80**, 777). Bedarf Vermieter als ErbbauBerecht der Zust des Eigtümers, muß er den Mieter hierüber unterrichten (BGH LM [Fa] Nr 22). Entspr gilt, wenn die vom Mieter geplanten baul Änd von einer Zust des Eigtümers abhäng (BGH LM [Fa] Nr 14). Bei Anmietg einer Halle für ein Gastspiel kann Vermieter verpflichtet sein, auf eine für den gleichen Termin geplante Auffführg hinzuweisen (BGH VersR **71**, 155). Haftg aus c. i. c., wenn ein Vertr über die Erlaubn zur Abwässerversickerg dch die unricht Erkl zustandekommt, die geolog Verh seien genau untersucht (BGH NJW **78**, 41). Kfz-Vermieter braucht Mieter nicht bes darauf hinzuweisen, daß der vereinb HaftgsAusschl bei grober Fahrlk entfällt (BGH NJW **74**, 549).

gg) Makler darf die Unterzeichng eines AlleinAuftr nicht als bloße Formsache hinstellen (BGH NJW **69**, 1625). Er muß den bereits anderweit gebundenen VertrPartner über die rechtl Auswirkgen des AlleinAuftr aufklären (Celle NdsRpfl **63**, 277). Er darf nicht die Voraussetzgen für den Baubeginn bejahen, wenn weder Bebauungsplan noch BauGen vorliegen (Köln NJW **72**, 1813).

hh) Dienst- und Arbeitsverträge: Lehrinstitut, das EDV-Programmierer ausbildet, muß Interessenten eingehd über Anforderngen u Berufsaussichten informieren (Stgt MDR **71**, 216). Dagg hat eine Sprachschule ggü einem berufserfahrenen Vollj mit mittlerer Reife keine entspr AufklPfl (Nürnb BB **72**, 61). ArbNeh braucht Fragen nach Vorstrafen, die das ArbVerh nicht berühren, nicht wahrhgem zu beantworten (§ 123 Anm 2 c bb), er darf aber nicht verschweigen, wg Krankh arbunfäh zu sein (BAG NJW **64**, 1197). ArbGeb muß wirtschaftl Bedrängn offenbaren, wenn diese den LohnAnspr gefährdet (BAG NJW **75**, 708) od wenn sie zur vorzeit Beendigg eines AusbildgsVerh führen kann (BAG Betr **77**, 1323). Beim **Franchisevertrag** muß der FranchiseGeb richtig u vollständ über die Rentabilität des Systems informieren (Mü BB **88**, 865).

ii) Der **Versicherer** braucht den VersN grdsl nicht ungefragt über den genauen Umfang des VersSchutzes aufzuklären, falls nicht die Vorstellgen des VersN erkennb unricht sind (BGH NJW **63**, 1979, Ffm VersR **87**, 579). Er braucht nicht ow auf einz AusschlBest hinzuweisen (BGH aaO). Er haftet aber aus c. i. c., wenn der Vertr entgg dem Wunsch des VersN, umfassd gesichert zu w, best wesentl Risiken nicht abdeckt (Hamm VersR **84**, 853), wenn schuldh der unricht Anschein erweckt worden ist, es bestehe sofort VersSchutz (BGH VersR **78**, 458), wenn der Agent, der das Ausfüllen des AntrFormulars übernommen hat, hierbei einen Fehler macht (Sieg BB **87**, 352), wenn er über die steuerl Behandlg der Prämie unricht Angaben macht (Hamm VersR **88**, 623). Hat der VersAgent den VersN fehlerh beraten, muß der Versicherer den VersN so stellen, wie er bei richtiger Beratg gestanden hätte (BGH **40**, 27, § 278 Anm 4 e). Weist der Versicherer bei einer VertrVerlängerg nicht auf seine neuen, für den VersN günstigeren AVB hin, muß er sich uU so behandeln lassen, wie wenn die neuen AVB VertrInh geworden wären (BGH NJW **82**, 926). Täuscht der VersN fahrl über gefahrerhebl Umst, gelten die VVG 16 f, die Grds über c. i. c. sind unanwendb (BGH NJW **84**, 2815).

d) Verletzung von Schutzpflichten. Bereits währd der VertrVhdlgen besteht die Pfl, sich so zu verhalten, daß Körper, Leben, Eigt u die sonst RGüter des and Teils nicht verletzt w (§ 242 Anm 3 B c). Die Verletzg dieser Pfl begründet – neben etwa konkurrierden delikt Anspr – einen SchadErsAnspr aus c. i. c. (RG **78**, 239: Linoleumrolle; BGH **66**, 54: Gemüseblatt; NJW **62**, 32: Bananenschale; VersR **73**, 993: Wurstpelle; BB **86**, 1185: Fußbodenbelag). Der Schutz beginnt mit dem Erreichen des Eingangsbereichs zu den Verkaufsräumen (s BGH NJW **62**, 32, VersR **68**, 993). Er setzt voraus, daß der Kunde die Räume zur Anbahng geschäftl Kontakte betreten hat (BGH NJW **66**, 55), u erstreckt sich in entspr Anwendg des § 328 auch auf BegleitPers (BGH aaO; § 328 Anm 3c). Außerdem haften aus c. i. c.: der Untern, der den vor VertrSchl in seine Obhut genommene Sache des Bestellers beschädigt (BGH NJW **77**, 376); der Kaufinteressent, der den Pkw bei der Probefahrt beschädigt (BGH NJW **68**, 1472, **72**, 1363, zum Haftgsmaßstab s § 254 Anm 6a); der Ladendieb (Soergel-Wiedemann Rdn 11 v § 275, offen BGH **75**, 231, für pVV Hbg NJW **77**, 1347); der VhdlgsPart, der bei den Vhdlgen einen qualifizierten ArbNeh des and Teils abwirbt (BGH NJW **61**, 1308).

C) Erfüllungsgehilfen, Vertreter. – a) Haftung für Erfüllungsgehilfen. Der GeschHerr haftet gem § 278 für das Verschulden seiner Vertreter u VhdlgsGeh (RG **120**, 152, BGH NJW **73**, 1605, **74**, 1506, allgM); er muß für alle Pers einstehen, denen er sich bei der VertrAnbahng bedient. Schließt ein VhdlgsGeh ohne od in Überschreitg seiner Vertretgsmacht einen Vertr, haftet der Vertretene aus c. i. c. auf das Vertrauensinteresse; die Vertreterordng hat insoweit keinen Vorrang, da sie nur das ErfInteresse betrifft (BGH **92**, 175, **6**, 334, hM, aA Canaris JuS **80**, 332). § 278 bezieht sich auch im Anwendgsbereich der c. i. c. auf den gesamten PflichtenKreis des GeschHerrn (§ 278 Anm 4), dh auf ein sorgfält Verhalten währd der Anbahng u des Abschl des Vertr. § 278 ist daher anzuwenden, wenn der Vertreter den and Teil argl täuscht (BGH NJW **74**, 1505); wenn der Gehilfe das vom and Teil zu unterschreibde Formular schuldhaft unricht ausfüllt (BGH NJW **72**, 822, Nürnb VersR **82**, 361); wenn der Vertreter einen irreführden Prospekt verwendet (BGH **84**, 143); der *Kommanditist* einer Publikums-KG muß sich das Verschulden des Komplementärs aber nur zurechnen lassen, wenn er zu den Initiatoren der KG gehört (BGH NJW **85**, 380, Anm 4 C a). Die Bank muß sich beim AbzahlgsGesch das Verhalten des für sie tät Verkäufers anrechnen lassen (BGH **33**, 312, **47**,

230), der LeasingGeb das des Herstellers od Händlers (BGH **95**, 179, § 278 Anm 6 d). Der VhdlgsGeh kann bei seinem rechtsw Verhalten den GeschHerrn als gutgl Werkzeug benutzen (BGH VersR **89**, 466: VersBetrug). Der GeschHerr haftet aber nicht für Pers, die ohne sein Wissen u gg seinen Willen handeln (BGH NJW **58**, 57, WPM **69**, 524).

b) Eigenhaftung des Vertreters oder Verhandlungsgehilfen. Der Vertreter od VhdlgsGeh kann nach einer stRspr persönl aus c.i.c. in Anspr genommen w, wenn er am VertrSchl ein unmittelb eig wirtschaftl Interesse hat od wenn er ein bes persönl Vertrauen in Anspr genommen u hierdch die VertrVhdlgen beeinflußt hat (BGH **14**, 318, **56**, 83, **87**, 33, NJW **86**, 587). — **aa) Eigenes wirtschaftliches Interesse.** Die Eigenhaftg tritt nur ein, wenn der Vertreter, wirtschaftl betrachtet, gleichsam in **eigener Sache** tätig w; er muß als QuasiPart, als wirtschaftl Herr des Gesch, anzusehen sein (BGH **56**, 84, NJW **84**, 2284, **88**, 2234). Das Bestehen eines bloß mittelb wirtschaftl Interesses genügt nicht. Die Voraussetzgen für eine Eigenhaftg liegen daher idR nicht vor: bei einem Angestellten des GeschHerrn (BGH **88**, 67), beim Handlgsbevollmächtigten (BGH NJW-RR **88**, 328), VersAgent (Karlsr u Hamm NJW-RR **86**, 27, 391), Bezirksleiter einer LottoGesellsch (Celle NJW-RR **86**, 833), Vermittler (BGH NJW-RR **88**, 366), Eheg (BGH NJW **87**, 2512), beim Autor, dessen Werk gedruckt w soll (BGH NJW-RR **89**, 111). Auch das allg Interesse des Gesellschters an den Gesch seiner Gesellsch genügt nicht (BGH NJW **81**, 2810, **86**, 587, NJW **89**, 292, überholt wohl BGH **87**, 33/34, NJW **83**, 676). Erforderl ist vielm eine so enge Beziehg zum VertrGgst, daß der Verhandelnde als eigentl wirtschaftl Interessenträger erscheint (BGH NJW **86**, 587). Das kann anzunehmen sein, wenn ein Eheg das Gesch des and wie ein eig führt (BGH **14**, 318, **LM** § 278 Nr 49), wenn der Verhandelnde die Leistgen des and Teils nicht an den Vertretenen abführen, sondern für sich selbst in Anspr nehmen will (BGH NJW **86**, 587), wenn er für die Verbindlichk des Vertretenen als selbstschuldnerischer Bürge od mit einer GrdSch haftet (BGH NJW **84**, 2284, **88**, 2235), wenn es um die Beseitigg eines Schadens geht, für den er haftbst ist (BGH NJW **63**, 2166). Der GeschFü, der für die Schulden der GmbH die Mithaftg übernommen hat, ist daher aus c.i.c. haftb, wenn er bei KreditGesch die **Überschuldung** der GmbH verschweigt (BGH NJW **86**, 587, **88**, 2235, Karlsr NJW-RR **88**, 999). Die in der Lit vertretene Ansicht, nur der Vertrauensgesichtspkt, nicht aber ein wirtschaftl Eigeninteresse könne die Eigenhaftg des Vertreters begründen, lehnt der BGH in stRspr ab (BGH NJW **88**, 2235). — **bb) Besonderes persönliches Vertrauen.** Der Verhandelnde haftet aus c.i.c., wenn er in bes Maße persönl Vertrauen in Anspr genommen u dadch die Vhdlgen beeinflußt hat (BGH **56**, 84, **87**, 33, **88**, 69, NJW **87**, 2512). Diese Voraussetzg trifft auf Angestellte (BGH **88**, 69), Handlgsbevollmächtigte (BGH NJW-RR **88**, 328) u VersAgenten (Karlsr u Hamm NJW-RR **86**, 27, 391) idR nicht zu. Nicht erforderl ist aber ands eine bes Berufsstellg; entscheid ist allein, ob im Einzelfall tatsächl in Anspr genommene bes Vertrauen (Soergel-Wiedemann Rdn 83 v § 275, str). Haftb können sein: Generalkonsul, der für einen ausl Staat mietet (Hbg MDR **67**, 491); Gesellsch/GeschFü einer GmbH (BGH **87**, 33, NJW **83**, 677, **86**, 587, krit Ulmer NJW **83**, 1577); Kommanditist, der sich maßgebl in die Vhdlgen einschaltet (BGH NJW **84**, 2286); Eigtümer, dessen Kohlevorkommen von KG ausgebeutet w soll (BGH NJW **86**, 1478); Vermittler von Warenterminoptionen (BGH **80**, 82, NJW **87**, 641, Hbg WPM **89**, 1241); Initiator einer GmbH (BGH NJW **86**, 3193); Vermittler einer Kapitalanlage (BGH **74**, 108); Baubetreuer (Scheffler Betr **82**, 633); Kunstauktionator (Düss OLGZ **78**, 317); Gründer, Initiatoren, TrHandkommanditisten einer Publikums KG u die Garanten ihres Prospekts (BGH **71**, 284, **77**, 176, **79**, 340, **84**, 143, Anm 4 C a); Urheber einer PatronatsErkl (Düss NJW-RR **89**, 1118) dagg idR nicht der KonkVerw (BGH **100**, 352, K. Schmidt ZIP **88**, 9), auch nicht der Sequester (BGH **105**, 234) u das für den KonkVerw verhandelnde Mitgl des GläubAusschusses (BGH **LM** (Fa) Nr 68). Der **Sachwalter** einer Part kann auch dann wg c.i.c. haftb sein, wenn er sich nicht direkt in die Vhdlgen einschaltet (BGH **56**, 81: TrHänder eines notleidenden Bauvorhabens). Der von einer Part hinzugezogene RA ist idR auch dann kein Sachwalter, wenn er den VereinbgText entwirft (BGH NJW **89**, 294). — **cc)** Der **Gebrauchtwagenhändler,** der ein in Zahlg genommenes Kfz im Namen des Kunden verkauft, haftet als Sachwalter u "QuasiVerkäufer" für c.i.c. persönl (BGH **63**, 382, **79**, 286, **87**, 304, NJW **80**, 2185). Seine Haftg tritt ggf neben die der Part (BGH **63**, 388, NJW **77**, 1914, Kbz NJW-RR **88**, 1137). Sie ist ausgeschl, sow die Gewährleistg wirks abbedungen ist; der HaftgsAusschl ist aber analog § 476 bei Argl nichtig (BGH **63**, 388, NJW **79**, 1707). Ihn trifft keine allg UntersuchsPfl (BGH **74**, 383). Er haftet aber für das Fehlen von zugesicherten Eigensch (BGH **87**, 305), für die Verheimlichg wesentl Mängel (§ 123 Anm 2 cc) u ins Blaue hinein abgegebene obj unricht Erkl (§ 123 Anm 2 e). Der SichergsGeb, der beim Verkauf formell im Namen des SichergsEigtümers handelt, haftet als QuasiVerkäufer gleichf persönl aus c.i.c. (Karlsr OLGZ **79**, 431).

D) Der Umfang des Schadensersatzanspruchs aus c.i.c. richtet sich nach § 249. Der Geschädigte kann verlangen, so gestellt zu werden, wie er ohne das schädigde Verhalten des and Teils gestanden hätte (BGH NJW **81**, 1673). Trifft den Geschädigten ein MitVersch, gilt § 254; die Sonderregelgen der §§ 122 II, 179 III, 307 I 2 sind nicht anzuwenden (RG **151**, 360, BGH Betr **67**, 1085, WPM **87**, 136, BAG **14**, 211). Für die **Verjährung** gilt idR § 195 (dort Anm 3 d cc), soweit nicht die kürzeren Fr des angebahnten Vertr etwa § 196 (BGH **58**, 123), § 477 (dort Anm 1) od § 638 (dort Anm 1) eingreifen. Für Anspr aus Prospekthaftg ist KAGG § 20 V entspr anzuwenden (§ 195 Anm 3 d cc). — **a)** Der Anspr geht idR auf Ers des **Vertrauensschadens** (Vorbem 2 g v § 249). Er ist and is iF der §§ 122, 179, 307 nach der Höhe nach nicht auf das ErfInteresse beschränkt (RG **151**, 359, BGH **57**, 193, **69**, 56). Der Schaden kann in der Aufwendg von RA-Kosten bestehen (Anm 7 E a). Ist inf des pflwidrigen Verhaltens des and Teils ein Vertr zustande gekommen, hat der Geschädigte Anspr auf Rückgängigmachg des Vertr (BGH NJW **62**, 1196, **74**, 851, oben B c a), nicht aber auf Ers des Gewinns, den er sich aus der DchFührg des Vertr erhofft hatte (Mü OLGZ **83**, 463). Ihm steht ggü dem ErfAnspr des and Teils ein dauerndes LeistgVR zu (Hamm MDR **74**, 488). Hätte der Geschädigte ohne das schuldh Verhalten des Gegners einen Vertr mit einem and geschlossen, gehört zum negativen Interesse auch der aus diesem Vertr entgangene Gewinn (BGH NJW **88**, 2236). Wird eine Ausschreibg ohne ausr Grd aufgehoben, kann der Bieter nur dann SchadErs verlangen, wenn er iF der DchFührg des Auftr den Zuschlag erhalten od bei gehör Aufkl auf eine Teiln an der Ausschreibg verzichtet hätte (BGH NJW **81**, 1673). Obergrenze seines Anspr ist der entgangene Gewinn aus dem nicht erteilten Auftr (BGH NJW **83**, 444). — **b)** Der ErsAnspr erstreckt sich auf das **Erfüllungsinteresse,** wenn das Gesch ohne die c.i.c. mit dem vom Geschädigten erstrebten Inh wirks zustande gekommen wäre (BGH BB **74**, 1040, Düss NJW-RR **86**, 510). Ist ein GrdstkaufVertr wg Versch des Verkäufers formnichtig, kann Käufer als SchadErs den Kaufpreis eines gleichwertigen Grdst verlangen (BGH NJW **65**, 813). Es besteht aber kein Anspr auf Naturalrestitution, dh auf VertrSchl u Lieferg des Grdst (BGH WPM **68**, 1402; für Naturalrestitution Reinicke, RFolgen formwidr abgeschl Vertr, 1969, S 129; für Ers des Vertrauensschadens BGH Betr **88**, 223. – **c)** Ist der Vertr inf der c. i. c. zu ungünstigen Bdggen zustande gekommen, hält der Geschädigte aber gleichwohl am Vertr fest, gibt ihm die neuere Rspr einen Anspr auf **Vertragsanpassung.** Er kann Herabsetzg der von ihm geschuldeten Leistg auf das angem Maß u Rückzahlg des Mehrbetrages fordern (BGH **69**, 56, NJW **80**, 2408, **81**, 1035, 2050, **89**, 1794, NJW-RR **88**, 10, **89**, 151, 307, krit Willemsen AcP **182**, 552, Tiedtke JZ **89**, 569). Schuldet er eine Sachleistg, kann er zum Ausgl der entstehen Mehraufwendgen eine Erhöhg seiner Vergütg verlangen (Staud-Löwisch Rdn 66 v § 275). Damit wird der Geschädigte so behandelt, als wäre es ihm bei Kenntn der wahren Sachlage gelungen, den Vertr zu günstigeren Bdggen abzuschließen, obwohl feststeht, daß sich der and Teil auf diese Bdggen nicht eingelassen hätte. Die Konstruktion eines solchen SchadErsAnspr ist mit § 249 nicht zu vereinbaren, aber vielleicht als Ergebn richterl RFortbildung anzuerkennen.

E) Aus **dauernder Geschäftsverbindung,** dch die sich ein **Vertrauensverhältnis** herausgebildet hat, kann sich eine Haftg nach VertrGrdsätzen auch für Hdlgen ergeben, die nicht unmittelb auf Erf einer VertrPfl od Anbahng eines Vertr gehen, aber mit dem Vertr in Zushang stehen, insb für Ausk- u Ratserteilg (RG **126**, 52, **131**, 246, BGH **13**, 199, **49**, 168, BB **67**, 1309, **69**, 382, Müller-Graff, Auswirkgen einer laufden GeschVerbindg, 1974, S 274ff). Umfang der Verpfl ist nach Lage des Falles verschieden. Diese Haftg ist ein Parallelfall, kein Unterfall der Haftg für Versch bei VertrSchl. Vgl auch § 676 Anm 5. Weitere Parallelfälle: Haftg aus der **Nachwirkung** eines Vertrages (unten Anm 7D); Haftg in GefälligkVerh (Einl 2 vor § 241); Haftg des Vertreters od VertragsGehilfen, der nach VertrSchluß den GeschGegner falsch informiert (Canaris VersR **65**, 114). Auch die Haftg der einen VertrPartei ggü Dritten wg der auf diesen zu erstreckden Schutzwirkgen des Vertr (vgl § 328 Anm 3) dürfte dogmat hierher gehören (der Dritte vertraut mit Recht dem redl u sorgfält Verhalten der VertrPartei).

7) Positive Vertragsverletzung.

A) Allgemeines. a) Die Verfasser des BGB sind davon ausgegangen, daß dch die Vorschr über Unmöglichk u Verz einers u die gesetzl GewährleistgsVorschr bei Kauf, Miete u WerkVertr ands alle denkb Arten von Leistgsstörgen (Vorbem 1 v § 275) geregelt seien. Wie zuerst Staub (1902) nachgewiesen hat, gibt es aber zahlreiche weitere Fälle von VertrVerletzgen, die sich unter keinem dieser rechtl GesichtsPkte einordnen lassen. So zB, wenn der zur Bilanzaufstellg verpflichtete Gesellschafter die Bilanz vor Ablauf der festgesetzten Fr fahrl falsch zieht u die Gesellsch hierdch zu schädl Abschlüssen veranlaßt, w od wenn der Schu fahrl krankes Vieh liefert, das das Vieh des Gläub ansteckt. In beiden Fällen ist der Schaden weder dch Unmöglichk noch dch Verz entstanden; ebsowenig läßt sich aus dem GewährleistgsR eine SchadErsPfl begründen. Staub hat für diese im BGB nicht ausdrückl geregelte dritte Art der Leistgsstörg die Bezeichng **positive Vertragsverletzung** (pVV) geprägt u den Grds entwickelt, daß der Schu für pVV ebso einzustehen habe wie für Unmöglichk u Verz. Dieser Grds hat sich allg durchgesetzt; er bildet einen **gesicherten Bestandteil des Schuldrechts** (RG **54**, 98, **106**, 22, BGH **11**, 83); über den RGrd der Haftg u Einzelfragen der tatbestandl Abgrenzg bestehen allerd unterschiedl Ans (unten b). Die Bezeichng pVV ist an sich ungenau. Die Haftg für pVV greift nicht nur beim Verstoß gg vertragl Pflten, sond auch bei Verletzg von Pflten aus gesetzl SchuldVerh ein, etwa bei PflVerletzgen zw WoEigtümern (Karlsr OLGZ **85**, 138). Die Verletzg braucht auch nicht in einem pos Handeln zu bestehen, auch ein Unterl kann eine pVV darstellen. Der Name pVV hat sich aber so sehr eingebürgert, daß man an ihm festhalten sollte, zumal die vorgeschlagenen Bezeichngen (pFV, SchutzpflVerletzg, sonst Fdgsverletzg) entweder gleichf zu eng oder zu farblos sind.

b) Rechtsgrundlage der Haftung: Die seit mehr als 70 Jahren in stRspr angewandten Grds über die Haftg für pVV stellen inzw **Gewohnheitsrecht** dar (Larenz § 24 Ia, Staud-Löwisch Rdn 21 v § 275). Der Streit um den RGrd der Haftg hat daher heute im wesentl nur noch dogmengeschichtl Bedeutg. Das RG hat die Haftg für pVV unmittelb aus § 276 hergeleitet: die Vorschr, daß der Schu Vors u Fahrlk zu vertreten habe, bedeute zugleich, daß der Schu bei VertrVerletzg SchadErs leisten müsse (RG **66**, 291, **106**, 25). Diese Ans hat der BGH mit Recht nicht übernommen (BGH **11**, 83). § 276 enthält nur einen Haftgsmaßstab, sagt aber nichts über die RFolge, die bei einer schuldh VertrVerletzg eintritt (Anm 1a). Die Fallgruppen der pVV lassen sich auch nicht unter den Begr der Teilunmöglichk einordnen (Schünemann JuS **87**, 3, A Himmelschein AcP **135**, 255; **158**, 273; Düss OLGZ **78**, 204). Es bestand daher für die pVV eine – inzw gewohnheitsrechtl geschlossene – Regelgslücke, die dch eine entsprechende Anwendg der Bestimmgen über Verzug (§§ 286, 326) u Unmöglichk (§§ 280, 325) auszufüllen war (Enn-Lehmann § 55 II, Larenz § 24 Ia, BGH **11**, 83), wobei zugleich der RGedanke des § 242 herangezogen w konnte (BGH **11**, 84). Eine neuere Ans (Canaris JZ **65**, 475) betrachtet als Grdlage der Haftg für pVV nicht den Vertr, sond ein diesem ggü rechtl selbstd allg **Schutzverhältnis,** auf dem auch die Haftg für c. i. c. (oben Anm 6) u beim Vertr mit Schutzwirkg zGDr (§ 328 Anm 3) sowie die Produzentenhaftg (Canaris JZ **68**, 502, § 823 Anm 15) beruhen soll (Einl 1e vor § 241). Gg die Ans spricht, daß sie die Grenze zw vertragl u delikt Haftg verwischt (Giesen NJW **69**, 583). Ihr ist weiter entggzuhalten, daß die pVV neben der Verletzg von Schutzpflichten die Fälle der Schlechtleistg umfaßt, in denen es nicht um Verletzg von Pflten aus dem SchutzVerh sond eindeut um VertrVerletzg geht (Huber AcP **177**, 296). Sie vermag das RücktrR wg pVV nicht zu erklären u läuft im Ergebn auf eine Zweiteilg des Instituts der pVV hinaus. Beim nichtleist Vertr, auf den Canaris hinweist, sind, soweit einem Teil ein schuldh Verhalten zur Last fällt, Anspr aus c. i. c. gegeben; für Anspr aus pVV besteht insow weder eine Grdlage noch ein Bedürfn (wie hier im Ergebn auch Larenz § 9 II, Staud-Löwisch Rdn 22 v § 275).

c) Unter den **Begriff** der pVV fallen alle PflVerletzgen im Rahmen eines bestehden SchuldVerh, die weder Unmöglichk noch Verz herbeiführen u deren Folgen nicht von den gesetzl GewährleistgsVorschr erfaßt w (BGH **11**, 83, NJW **78**, 260). Die pVV ist damit in Wahrh der GrdTatbestd der VertrVerletzg (Vorbem 2 vor § 275). Wg der Vielfalt der VertrInhalte u der denkb Arten von VertrVerletzgen ist eine abschließde Tatbestdbildg nicht mögl; als **Haupttypen** der pVV lassen sich aber die Schlechtleistg (nachstehd B) einers u die Verletzg von Nebenpflichten (nachstehd C) ands unterscheiden. Die Gefährdg des VertrZwecks (unten E b) w man dagg (entgg Staud-Löwisch Rdn 20 v § 275) nicht als selbstd Fallgruppe ansehen können, da sie idR Folge einer Schlechtleistg od der Verletzg von NebenPfl ist.

B) Schlechtleistung. a) Bei **Verträgen ohne gesetzliche Gewährleistungsvorschriften** richten sich die RFolgen der vom Schu zu vertretden Schlechtleistg (vorbehaltl von Anspr aus §§ 823ff) allein nach den Grds über die Haftg für pVV(BGH NJW **83**, 1188). So insb bei DienstVertr (Ullrich NJW **84**, 588), MaklerVertr, Auftr, GeschäftsbesorggsVertr u Gesellsch. *Beispiele:* schuldh falsche Behandlg dch Arzt (BGH **5**, 324), schuldh unricht ProzFührg od Beratg dch RA (BGH VersR **61**, 136), schuldh schlechte ArbLeistg des ArbN (BAG **7**, 121; beachte aber die Haftgmilderg bei gefahrengeneigter Arb, § 611 Anm 14b), Schlechtleistg des Maklers (BGH **36**, 326, NJW **82**, 1146, Hamm NJW-RR **89**, 631), des Beauftragten (BGH BB **64**, 100), der Bank (BGH **22**, 305), des Gesellschafters (BGH **25**, 49). – **b)** Bei **Verträgen mit gesetzlichen Gewährleistungsvorschriften** besteht Haftg für pVV, soweit das GewährleistgsR Regelslücken enthält. Im KaufR regeln die §§ 459ff grdsätzl nur die R, die dem Käufer wg der unmittelb Wirkg mangelh Lieferg zustehen, die Haftg für die dch die Schlechtlieferg entstehden weiteren Schäden („Begleitschäden", **„Mangelfolgeschäden")** richtet sich grdsätzl nach den Regeln über die pVV (BGH **77**, 217, **86**, 260, **101**, 339, Vorbem 2b vor § 459). Nur iF des § 463 erstreckt sich der GewlAnspr uU auch auf Folgeschäden (BGH **50**, 200, § 463 Anm 4). Der Verkäufer haftet wg pVV, wenn das von ihm gelieferte Propangas wg unzureichder Abdichtg der Flasche explodiert (BGH Betr **72**, 1335), wenn er schuldh vergiftetes Viehfutter liefert u hierdch Tiere des Käufers sterben (RG **66**, 290), wenn er vergifteten Tee liefert (Karlsr VersR **89**, 805), wenn der Käufer inf der gelieferten nicht pasteurisierten Milch an Typhus erkrankt (BGH VersR **54**, 100), wenn dch unsachgem Versendg von Batterien Brandschaden entsteht (BGH **66**, 208), wenn schuldh mangelh Putz geliefert w, dessen Verarbeitg zu Folgeschäden führt (BGH MDR **62**, 965), wenn der Käufer dch WeiterVerk der mangelh Sache SchadErsAnspr ausgesetzt w (BGH JZ **67**, 321). Beim Verkäufer, der nicht selbst Hersteller ist (**Zwischenhändler),** w es aber vielf am Versch fehlen; ihm obliegt nach stRspr idR hinsichtl der verkauften Ware keine bes UntersuchgsPfl (BGH VersR **56**, 259, **60**, 855, NJW **68**, 2238, **81**, 929, 1269); über die etwaigen Anspr gg den Produzenten vgl § 823 Anm 15. Im Miet- u PachtR bestehen die schuldh Schlechtleistg wg pVV, soweit nicht ein gleichgerichteter Anspr aus § 538 gegeben ist, der auch Körper- u sonst Mangelfolgeschäden umfaßt (§ 538 Anm 5 b). Zur Abgrenzg von Mangel- u Mangelfolgeschäden s § 463 Anm 4a u Vorbem 4e v § 633.

c) Der Schlechtleistg stehen die (systemat unter C gehörden) Fälle nahe, daß Verk od Untern **Nebenpflichten** verletzt, die sich auf die **Beschaffenheit** der (an sich einwandfreien) **Ware** od Werkleistg beziehen od deren Transport od Auslieferg betreffen: Verletzg einer vom Verk übernommenen BeratgsPfl dch unricht Angaben über Eigensch der Sache (BGH NJW **62**, 1197, **LM** (Hb) Nr 15); NichtAufkl über die Risiken bei Verwendg eines Klebers (BGH **88**, 135); NichtAufkl eines Dauerabnehmers über eine Änd der Produktbeschaffenh (BGH BB **89**, 433); Verletzg der Pfl, den Käufer über Benutzg u Wartg der Maschine zu unterrichten (BGH **47**, 312, falsche Bediengsanleitg); Mangelschäden inf schlechter Verpackg (BGH **87**, 92, Zimmer BB **88**, 2194); Einfüllen von Normalbenzin in den Tank für Superbenzin (BGH NJW **89**, 2118); Nichtmitteilg von weiteren Schäden, die Untern bei den ReparaturArb hätte bemerken müssen (BGH **LM** § 242 (Cd) Nr 37); NichtAnz eines (an sich zul) Zusatzes von Chlor zum Leitgswasser, der bei Konservenfabrik zu Schäden führt (BGH **17**, 131); Verletzg der Pfl, vor gefährl Eigensch der gelieferten Ware zu warnen; Hinw, daß das zu reparierde Gerät nicht mehr den maßgebden behördl Vorschriften entspricht (Ffm NJW **80**, 2756). Hat Käufer den vom Verk eingerichteten Beratgsdienst in Anspr genommen, besteht Verpfl zu umfassder Information (BGH Betr **77**, 1695). Ist der Verk nicht Hersteller, w die Verpflichtg zur Warng mangels einer UntersuchgsPfl (oben b) meist nicht dem Verk sond dem Produzenten obliegen (s BGH VersR **55**, 766, **59**, 523, **60**, 342, **68**, 280); dann gelten die Grds der Produzentenhaftg (§ 823 Anm 15).

C) Verletzung von Nebenpflichten. Neben der Schlechtleistg ist die vom Schu zu vertretde Verletzg von Nebenpflichten der zweite Hauptanwendgsfall der pVV. Angesichts der Vielfalt der in Frage kommden, vom jeweiligen VertrTypus abhäng Nebenpflichten können hier nur einige typ Beispiele angeführt w:

a) Verletzg der **Leistungstreuepflicht,** dh der Pfl, den **Vertragszweck** u den Leistgserfolg weder zu **gefährden** noch zu **beeinträchtigen** (§ 242 Anm 3 B a). Wann eine schuldh Gefährdg od Beeinträchtigg des VertrZweckes vorliegt, ist Frage des Einzelfalls; bei Vertr, die ein dauerndes Zuswirken erfordern, sind an das Verhalten beider Part strengere Anforderungen zu stellen als bei einf GüterumsatzGesch (unten E b u zum SukzessivlieferungsVertr Einf 6 c c v § 305). Hierher gehören vor allem die **Erfüllungsverweigerung** u die Lossagg vom Vertr. Sie stellen eine Gefährdg des VertrZweckes u damit tatbestandl eine pVV dar (BGH **49**, 59, **65**, 374, str). Lehnt der **Konkursverwalter** aGrd von KO 17 die Erf des Vertr ab, so ist das nach hM eine pVV (RG **135**, 170), da sie auf der vom GemeinSchu zu vertretden Zahlgsunfähigk beruht. An die Stelle der beiderseit ErfAnspr tritt daher entspr unten E b ein SchadErsAnspr wg NichtErf (BGH **15**, 336, **68**, 380, NJW **82**, 770, ZIP **86**, 383). Fälle von pVV sind im einzelnen: die ernsth u endgült Weigerg, den Vertr od Anspr zu erfüllen (BGH **93**, 286, **149**, 403, BGH NJW **69**, 40), u zwar auch bei einem obj noch nicht fäll Anspr (BGH NJW **74**, 1080); das unberecht Lossagen vom Vertr, so etwa das Bestreiten eines wirks Vertr (RG **96**, 291), der unberecht Rücktr (RG **57**, 113). Auch eine unberecht **Kündigung** ist eine pVV (BGH **89**, 301, WPM **88**, 555). Das gilt vor allem für die Künd wg eines in Wahrh nicht gegebenen Eigenbedarfs (Karlsr NJW **82**, 54), aber auch für die rechtsw Kündig wg Werk- od DienstVertr (BGH Betr **51**, 192, **53**, 151). Auch wenn bei der Kündigde den maßgebden Sachverhalt wahrheitsgem angibt, ist die unberecht („unschlüssige") Künd eine pVV (aA Hamm NJW **84**, 1045), jedoch w idR § 254 anwendb sein. Fällt der KündGrd nachträgl weg, bleibt die Künd wirks, der Vermieter kann aber verpflichtet sein, dem Mieter die Fortsetzg des Vertr anzubieten (v Stebut NJW **85**, 289). Weitere Fälle von pVV: Weigerg, die vereinbarten VertrBedinggen einzuhalten (BGH **LM** § 326 (H) Nr 10a, NJW **78**, 103); Verschlechterg des verkauften fabrikneuen Pkws

§ 276 7 C, D 2. Buch. 1. Abschnitt. *Heinrichs*

dch Einbau alter Teile (BGH NJW **78**, 260); Verlangen von Barzahlg statt der vereinbarten Zahlg dch Wechsel (BGH **LM** (Hd) Nr 2); unberecht Versagg von VersSchutz (BGH VersR **72**, 970); Erheben von unberecht GgFdg (RG **171**, 301); Täuschg des and Teils dch unricht Angaben über die VertrErf (BGH **11**, 86); Bestechg eines Angestellten des Gläub, um diesen zu einem illoyalen Verhalten ggü seinem ArbGeb zu veranlassen (RG **149**, 189); Einziehg der abgetretenen Fdg dch Zedenten (RG **111**, 303, keine pVV des AbtrVertr, sond des KausalGesch); Gefährdg des nicht dingl gesicherten WohnR dch hohe Belastg des auf Rentenbasis gekauften Grdst (BGH **LM** (Hb) Nr 10); treuwidr Verhalten eines Gesellschafters (RG **123**, 25); Verletzg der GeheimhaltgsPfl bei Vertr über Modeneuheiten (BGH **16**, 11). Die gerichtl Geltdmachg von unberecht Fdgen ist dagg grdsl keine pVV (BGH **20**, 169, **95**, 18, NJW **80**, 190). Über beleidigde Äußergen vgl unten Eb.

b) Verletzg der **Schutzpflicht**, dh der Pfl, sich bei Abwicklg des SchuldVerh so zu verhalten, daß Pers, Eigt u sonstige RGüter des and Teils nicht verletzt w (§ 242 Anm 3 Bc). Damit w die VerkSichergsPfl (§ 823 Anm 8) innerh vertragl Beziehgen zur VertrPfl (BGH Betr **76**, 1282). Beispiele: Verletzg von Eigt od Pers des Best dch Untern od dessen ErfGeh bei Durchführg des WerkVertr, so etwa Verbrennngen beim Legen einer Wasserwelle (RG **148**, 150), Brandschäden bei der DchFührg von Arbeiten (BGH VersR **60**, 345, **76**, 166), Schäden dch gefährl Werkzeuge (BGH VersR **69**, 828), Schädigg des Untern dch den Besteller (BGH VersR **75**, 41), ObhutsPflVerletzg hins der zu reparierden Sache (BGH NJW **83**, 113, Köln Betr **73**, 615), Schädigg beim Einfüllen von Heizöl (BGH VersR **64**, 632, Anm 4 Cd), Wassereinbruch im Miethaus (BGH NJW **64**, 33), Schwarzfahrt eines ArbNeh (BAG NJW **68**, 718), Sicherg abgelegter Garderobe (Hbg MDR **70**, 842), Sicherg vor Tätlichk u Belästiggen beim GastaufnVertr (Hamm VersR **79**, 191), diffamierde Kritik an VertrPart (Hbg BB **73**, 1409, unten Eb). Die SchutzPfl umfaßt zugl die Verpflichtg, für den nach den Umst erforderl **Versicherungsschutz** zu sorgen (§ 242 Anm 3 Bc).

c) Verletzg der **Mitwirkungspflicht**, dh der Pfl, im ZusWirken mit dem and Teil die Voraussetzgen für die Durchführg des Vertr zu schaffen u ErfHindern zu beseitigen (§ 242 Anm 3 Bb); Beispiele: pVV dch Nichteinholg der erforderl AusfuhrGen (Mü BB **54**, 547); dch Vereitelg der notw BauGen (RG **122**, 251); dch Weigerg des Best, die zur Herstellg des Werkes erforderl Mitwirkgshandlgen vorzunehmen (BGH **11**, 89).

d) Verl von **Aufklärungs-** (Anzeige-, Hinweis-, Offenbargs-) od **Auskunftspflichten** (§ 261 Anm 2b). Der SchadErsAnspr setzt voraus, daß die PflVerletzg für den Schaden ursächl war. Hieran fehlt es, wenn der Gläub die Umst kannte, hins der der Schu auskunftspfl war (Köln VersR **83**, 862). ArbNehmer muß ArbG schädigde Hdlgen von ArbKollegen mitteilen, wenn diese in seinem AufgBereich begangen u WiederhGefahr besteht (BAG Betr **70**, 1598). Architekt braucht nicht Richtigk der stat Berechngen nachzuprüfen, wohl aber deren tatsächl Voraussetzgen (BGH VersR **67**, 260); außerdem muß er nachprüfen, wenn er Falschberechng erkannt h od aGrd seiner besseren Sachkenntn erkennen mußte (BGH VersR **64**, 1045, § 276 Anm 4 C). Bank muß Kunden bei steuerbegünst SparVertr über steuerschädl Vfgen belehren (BGH NJW **64**, 2058, § 276 Anm 4 C). Girokunde muß Verlust von Paß u Kundenkarte anzeigen (BGH NJW **68**, 37), Bauunternehmer muß Besteller auf Bedenken gg Leistgen des Vorgängers hinweisen (BGH **LM** § 633 Nr 3). Ergeben sich bei Dchführg der Arb Gefahren für den Besteller, muß er diesen aufklären (Mü Betr **74**, 1227). HandelsVertr h Untern über Bedenken gg Kreditwürdk eines GeschPartners zu unterrichten (BGH BB **69**, 1196). Untern muß Vertreter rechtzeit über beabsichtigte BetrStillegg informieren (BGH NJW **74**, 795). Hersteller muß Käufer vor typ Gefahren der Kaufsache warnen (BGH **64**, 49). Lagerhalter ist bei Gefahr der Entwertg od des Verlustes des Gutes zur Anz verpfl (OGH **1**, 383f). Makler braucht vermitteltes Gesch nicht umfassd auf Zweckmäßigk zu prüfen, er muß AuftrGeb nur die Umst offenbaren, die für dessen Entschließg bedeuts sein können (BGH **36**, 328); so zB die fachl u pers Unzuverlässk des bauleitden Arch (BGH Betr **67**, 2215). Bedenken gg Leistgsfähk des VertrPartners braucht er nicht selbst nachzugehen, doch muß er sie weitergeben (BGH BB **56**, 733). Schließt Stadt MietVertr mit Zirkusunternehmen, muß sie dieses uU auf mögl KonkurrenzVeranstaltg hinweisen (BGH VersR **71**, 155). Stromerzeuger muß Stromabnehmer von längeren Abschaltgen rechtzeit benachrichtigen (BGH NJW **71**, 2267). Der Versicherer muß uU darauf hinweisen, daß eine VertrÄnd nicht sofort, sond erst mit der Ann wirks w (BGH NJW-RR **88**, 23).

e) Verletzg von **sonstigen Nebenpflichten:** Verletzg der TreuePfl dch rechtswidr Ausschl aus Genossensch (OHG **1**, 379); Verletzg der VerschwiegenhPfl (BGH **27**, 246); Verletzg der berecht Interessen des and Teils dch Mitteilg einer wahren Tats an Dr (BGH NJW **62**, 2198); Zuwiderhandlg gg WettbewVerbot (BGH **16**, 11); Erteilg eines falschen od unricht Zeugn dch ArbG (BAG NJW **68**, 1350); Verletzg der tarifl FriedensPfl (BAG **6**, 341); Abschl eines ungünst Vergl dch Zessionar, an den die Fdg erfhalber abgetreten worden ist (RG **160**, 1); ebso dch HaftPflVersicherer (BGH **24**, 320, **28**, 244); Ablehng eines günst VerglAngebots (v Hippel VersR **69**, 1079).

D) Auch ein Verhalten des Schu **nach Vertragserfüllung** kann eine pVV darstellen, soweit vertragl Pflichten über die Erf hinaus weiterwirken (krit v Bar AcP **179**, 452). Die Pfl, den VertrZweck nicht zu gefährden od zu vereiteln, besteht auch bei einem erfüllten WarenumsatzGesch uU fort (BGH **LM** § 362 Nr 2); es ist aber keine pVV, wenn eine VertrPart vermeintl Rechte dch Klage geltd macht (BGH **20**, 169, NJW **80**, 190), od einen unbegründeten KonkAntr stellt (BGH **36**, 18). Bei einem GrdstKaufVertr kann es eine pVV des Verkäufers darstellen, wenn er das RestGrdst bebaut (RG **161**, 338) od es and bebaut als zugesagt (LG Hann NJW-RR **86**, 1278). Entspr gilt, wenn er die im Verhältn zum Käufer von ihm zu tragden Erschließgskosten von der Gem zurückholt (Karlsr NJW **87**, 344). Der Vermieter verletzt seine nachvertragl Pfl, wenn er das VermPfandR an unpfändb Sachen ausübt (Ffm BB **79**, 136). Als weitere VertrNachwirkgen kommen in Frage: ein aus dem VertrZweck sich ergebdes WettbewVerbot (RG **113**, 72, **117**, 178); Benachrichtiggspflichten (OGH **1**, 384, BGH **61**, 178). ObhutsPfl hinsichtl zurückgelassener Sachen des Mieters (BGH Warn **71** Nr 126) od des Taxenkunden (LG Tübingen NJW-RR **89**, 1053); Pfl, schädigde Äußergen zu unterl (BGH NJW **62**, 2198); Pfl, Falschbuchgen anzuzeigen (Ffm WPM **72**, 436);

Inhalt der Schuldverhältnisse. 1. Titel: Verpflichtung zur Leistung § 276 7 D, E

DuldgsPflten (Mü OLGZ **74**, 283). – Bilden **mehrere Verträge** nach dem Willen der Part eine Einh, ist die bei einem Vertr begangene pVV auch für den and erhebl (RG **161**, 104, BGH **LM** (H) Nr 3).

E) Rechtsfolgen. a) Die vom Schu zu vertretende pVV begründet für den and Teil einen **Schadensersatzanspruch**, der sich auf alle unmittelb u mittelb Nachteile des schädigden Verhaltens erstreckt, ausgenommen aber Folgeschäden, die außerh des Schutzzwecks der verletzten VertrPfl liegen (Stgt NJW **84**, 1904, krit Schünemann JuS **84**, 927). Der Anspr besteht grdsätzl auch dann, wenn dem Gläub ebenf eine VertrVerletzg zur Last fällt (RG **123**, 241, BGH NJW **62**, 2198, **71**, 1747 mwN); doch kann die VertrVerletzg des Gläub das Versch des Schu ausschließen od zur Anwendg des § 254 führen (unten b). Der SchadErsAnspr tritt grdsätzl nicht an die Stelle, sond neben den ErfAnspr (BGH **11**, 84). Er unterliegt grdsl der 30jährigen Verj (BGH **67**, 9, **71**, 151), soweit nicht die für den entsprechden VertrTyp geltden kürzeren VerjFr eingreifen (§ 195 Anm 3 d bb). Er kann bei unberecht Künd auf Wiedereinräumg des Vertr gerichtet sein (Karlsr NJW **82**, 54, BayObLG NJW **82**, 2004), aber auch auf Ers der AnwKosten für die Zurückweisg der Künd (Anf) od eines unberecht geltd gemachten Anspr (BGH NJW **86**, 2244, Mü DAR **85**, 383, Becker-Eberhard, Grdl der Kostenerstattg, 1985, S 67 ff). Bei falscher Beratg kann er dahin gehen, daß ein verj Anspr als nicht verj zu behandeln ist (BGH NJW **64**, 1023, Übbl 5 c v § 194).

b) Gegenseitige Verträge. – aa) Bei ggs Vertr kann die pVV – ebso wie bei Unmöglichk u Verz (§ § 325, 326) – für den and Teil ein **Rücktrittsrecht** od einen **Schadensersatzanspruch wegen Nichterfüllung** des ganzen Vertr begründen. Voraussetzg ist, daß die pVV den **Vertragszweck** derart **gefährdet,** daß dem and Teil nach Treu u Glauben das Festhalten am Vertr nicht zugemutet werden kann (BGH **11**, 84, **LM** § 276 (H) Nr 3, NJW **69**, 975, Warn **79** Nr 13, stRspr). Ob diese Voraussetzg erfüllt ist, ist Frage des Einzelfalls. Bei einem auf dauerndes ZusWirken der Part angelegten Vertr sind an das beiders Verhalten strengere Maßstäbe anzulegen als bei einf WarenumsatzGesch. Es muß sich unter Berücksichtigg des jeweiligen VertrZweckes um schwere, die VertrGrdlage erschütternde Verstöße handeln (RG JW **38**, 2010). Hierher gehören die Fälle der ernstl u endgült Weigerg, den Vertr zu erfüllen, der unberecht Lossagg vom Vertr sowie sonst Fälle, in denen der eine Teil die VertrauensGrdlage des Vertr zerstört hat (oben C a). Die ErfVerweigerg rechtfertigt nur dann ein RücktrR od SchadErsAnspr wg Nichterfüllg, wenn sie ernstl u endgült erklärt w; insow sind strenge Anfordergen zu stellen (RG **66**, 421, **67**, 318, BGH **LM** § 326 (Dc) Nr 2); es genügt nicht die mit einem Stundgsgesuch verbundene Erklärg, zZ nicht zahlen zu können (RG **66**, 421); ebso nicht Ablehng mit gleichzeit Angebot über die VertrErf zu verhandeln (BGH **LM** § 326 (Dc) Nr 2). Liegt keine ernstl u endgült ErfVerweigerg vor, kann der Gläub idR erst nach einer NachFrSetzg SchadErs wg NichtErf verlangen od vom Vertr zurücktreten (BayObLG **85**, 66). – **bb)** Ein RücktrR od ein SchadErsAnspr wg Nichterfüllg aus dem GesichtsPkt der pVV ist – neben den oben unter C a angeführten Beispielen – in folgden **Fällen** gegeben: erhebl Leistgsverzögerg, wenn sie allein od zus mit and Umst schwerwiegde Unzuverlässigk des Schu erkennen läßt (BGH NJW **69**, 975); Einbau alter Teile in einen verkauften fabrikneuen Pkw (BGH NJW **78**, 260); Verletzg der vom Verk übernommenen Pfl, nicht in das Absatzgebiet des Käufers zu liefern (RG **54**, 286); mangelnd Teilliefergn, wenn hierdch die VertrauensGrdlage zerstört w (RG **67**, 7); wiederholte Nichtzahlg der Nutzgsentschädigg für eine verkaufte, aber noch nicht dingl übertr EigtWohng (BGH NJW **72**, 1668); schwerwiegde Verletzg der LeistgstreuePfl (BGH Betr **76**, 1956); NichtErf des Anspr auf SicherhLeistg aus MaBV (Brem NJW **77**, 638, s aber BGH NJW **78**, 1054); Beleidiggen od schwere Kränkgen des Teils (RG **140**, 385, DR **39**, 1441); and ist es idR bei einf GüterumsatzGesch (RG **102**, 409, BGH **LM** § 276 (Hd) Nr 1) od einem Vergl (BGH WPM **71**, 1055, vgl aber Hbg BB **73**, 1409). Ein RücktrR ist nicht gegeben, wenn Gläub mit dem Abruf der Leistg säum ist (BGH NJW **72**, 99) od wenn er beide Part der and den Schiedsrichter abspenst macht (BGH **23**, 204). – **cc)** Ebso wie im Fall des § 326 steht das RücktrR u der SchadErsAnspr wg Nichterfüllg auch bei pVV grdsätzl nur dem zu, der selbst **vertragstreu** ist (RG **109**, 55, **149**, 40, § 326 Anm 4), doch w der den ErfAnspr nur ergänzde SchadErsAnspr dch eig vertrwidr Verhalten idR nicht berührt (oben a). Eine Nachfristsetzg od Abmahng ist idR erforderl (BGH Betr **68**, 1575, NJW **78**, 260, and noch BGH **11**, 86), nur bei bes schwerwiegden Verstößen kann auf sie verzichtet w. RücktrErkl muß angeben, in welchem Verhalten die pVV erblickt w (BGH **LM** (Hd) Nr 1), ein Nachschieben neuer Grde ist unzul (BGH **11**, 86), Gläub kann aber nach Kenntn neuer Umst ggf erneut zurücktreten, wenn GesTatbstd Rücktr rechtf (BGH **LM** § 326 (H) Nr 4).

c) Bei **Dauerschuldverhältnissen** tritt an die Stelle des RücktrR ein KündR aus wicht Grd, so bei Gesellsch (RG **158**, 326), DienstVertr (RG **158**, 326), bei Miete u Pacht nach Überg der Sache (BGH **50**, 312). KündR kann, wenn VertrauensGrdlage zerstört ist, auch dem zustehen, der sich selbst vertrwidr verhalten h (BGH NJW **58**, 1531). Wer die Zerrüttg überwiegd verschuldet hat, hat aber idR kein KündR (BGH NJW **81**, 1264). Beim SchadErsAnspr ist zu unterscheiden: Der Gläub kann beim Vertr stehen bleiben u insow neben oben a SchadErs fordern (BGH NJW **86**, 125); in diesem Fall bedarf es grdsl keiner Abmahng (BGH NJW-RR **88**, 417). Er kann aber auch den Vertr kündigen u nach dem Grdgedanken des § 326 od des § 628 den dch die Künd (NichtErf) entstehden Schaden ersetzt verlangen (BGH NJW **84**, 2687, MietVertr; BGH **82**, 130, **94**, 194, **95**, 44, LeasingVertr; Löwisch BB **85**, 960, Ratenkredit; § 628, DienstVertr). Der ErsAnspr ist idR in der Weise zu errechnen, daß die Summe der noch ausstehden Entgelte um einen Abzinsgsfaktor u ersparte Aufwendgn vermindert w (BGH aaO). Er ist uU auch dann gegeben, wenn die Part den Vertr einverständl aufgeh haben (BGH BB **82**, 516, BayObLG NJW **82**, 2003), er entfällt aber, wenn auch der KündEmpfänger aus wicht vom und zu vertretden Grd hätte kündigen können (BGH **44**, 277, NJW **81**, 1265, aA BGH NJW **69**, 1845). Beim MietVertr beschränkt er sich auf die Zeit bis zum nächsten ordentl KündTermin (BGH **82**, 130, NJW **85**, 2255). Bei ErbbauVertr besteht RücktrR bis Eintragg im Grdbuch (BGH MDR **61**, 490), nicht aber danach (BGH NJW **69**, 1112). Beim **W e r k v e r t r a g** kann Besteller unter den Voraussetzgen von b vom Vertr zurücktreten od SchadErs wg Nichterfüllg verlangen (Hbg MDR **71**, 135); aA BGH **45**, 375, der KündR ohne die VergütgsPfl des § 649 gibt; das ist inkonsequent; denn umgekehrt stehen Untern die R aus § 326 zu, wenn der Besteller den VertrZweck gefährdet (s RG **152**, 122, **171**, 301, BGH **11**, 89); §§ 642, 643 enthalten keine abschließde Regelg (BGH **50**, 179); über Sukzessivliefergsverträge vgl Einf 6 v § 305.

d) Der Schu muß bei pVV ebso wie bei Verz u Unmöglichk für das Verschulden seiner **Erfüllungsgehilfen** einstehen (§ 278). Der ErfGeh selbst haftet uU aus unerl Hdlg, vertragl Anspr gg ihn bestehen grdsätzl nicht (BGH NJW **64**, 2009, **LM** (Ha) Nr 4). Eine eig vertragl ErsPfl des ErfGeh ist aber in entspr Anwendg der für c. i. c. geltden Grds (oben Anm 6 Cb) dann zu bejahen, wenn die pVV nicht in einer eigentl Leistgsstörg sond in einer Verletzg von NebenPfl besteht, u der ErfGeh bei Anbahng u Abwicklg des VertrVerh für sich Vertrauen in Anspr genommen h (BGH **70**, 337, 342, weitergehd Canaris VersR **65**, 114, Müller NJW **69**, 2172, Hohloch NJW **79**, 2369, Düss NJW **71**, 942).

8) Öffentlich-rechtliche Sonderbeziehungen. – a) Die RGedanken der §§ 276, 278 gelten auch für **öffentlich-rechtliche Verhältnisse,** soweit diese schuldrechtsähnl Pflichten begründen u die Eigenart des öffR nicht enggsteht (RG **152**, 132, BGH **17**, 192, **21**, 218, BVerwG **13**, 20, stRspr). §§ 276, 278 sind daher auf öffrechtl Vertr (Einf 7 vor § 305) entspr anwendb (VwVerfG 62). Sie gelten außerdem sinngem für sonstige öffrechtl **Sonderverbindungen,** sofern diese eine einem privrechtl SchuldVerh vergleichb Leistgs- od Obhutsbeziehg zum Ggst h (BGH **4**, 149, **17**, 192, **54**, 299, **59**, 305, NJW **77**, 197/954, Anm Palder). Die verletzten Pflichten müssen über allg Amtspflichten iS des § 839 hinausgehen, zw dem einzelnen u der öffentl Körpersch muß ein „besonders enges Verhältn" bestehen (so BGH **21**, 218, NJW **63**, 1828). Als schuldrechtsähnl Beziehgen idS wird insb anerkannt die öffrechtl Verwahrg (BGH **3**, 172, NJW **52**, 658, 931), öffrechtl Anstaltsnutzgsverhältnisse (BGH DVBl **63**, 438, Tiemann VerwA **65**, 388), das RVerh zw dem Krankenhaus u einem aGrd öffR eingewiesenen Kranken (BGH **4**, 138), ferner die FürsPfl des Dienstherrn ggü dem Beamten (BVerwG **13**, 20, BGH **43**, 184, weitere Einzelfälle unter b). Keine schuldrechtsähnl Sonderverbindg besteht nach der Rspr des BGH zw Strafgefangenen u Strafanstalt (BGH **21**, 219, **25**, 231, 238, NJW **62**, 1053, 1054, zweifelh, aA Hbg MDR **55**, 111). Auch im Verhältn zw Schüler u Schule sollen §§ 276, 278 unanwendb sein (BGH NJW **63**, 1828, **LM** § 839 (Fd) Nr 12a). Das kann nicht überzeugen; die Streitfrage ist aber hinsichtl Körperschäden die Einbeziehg der Schüler in die gesetzl UnfallVers ggstlos, da RVO 636 privrechtl SchadErsAnspr ausschließt (BGH NJW **77**, 296, VersR **81**, 849, VRS **73** Nr 2). Für den Geschädigten h der Anspr aus §§ 276, 278, der sich auf den VermSchaden beschr, ggü dem konkurrierenden DeliktAnspr aus § 839, Art 34 GG den Vorteil der günstigeren BewLastVerteilg (§ 282), der Nichtanwendbark des § 839 I S 2 (BVerwG **25**, 145, BGH **63**, 172) u uU der entspr Anwendbark der Grds über die vertragl Schutzwirkg zGDr (BGH NJW **74**, 1817) sowie der 30jähr Verj; ihr Nachteil besteht darin, daß sich der Geschädigte das MitVersch von gesetzl Vertretern u ErfGeh anrechnen lassen muß (§ 254 Anm 5a), u die Haftg dch Satzg beschr w kann (BGH **61**, 13). Für SchadErsAnspr wg Verletzg öffrechtl Pflichten ist gem VerwGO 40 II der **ordentliche Rechtsweg** eröffnet (BGH **43**, 34, **59**, 305, BayOBLG **68**, 35); das gilt jedoch nur für Anspr gg die öff Hand, nicht umgekehrt (BGH **43**, 269). Für SchadErsAnspr gg die Bundespost ist der ord RWeg gem PostG 26 II zul (BGH **67**, 69). Dagg sind SchadErsAnspr wg Verletzg öffrechtl Vertr vor dem VerwGer geltd zu machen (VerwGO 40), ebso Anspr wg Verletzg der beamtenrechtl FürsPfl gem BRRG 126, BBG 172 (BVerwG **13**, 17, BGH **43**, 184).

b) Einzelfälle (ja = entspr Anwendg der §§ 276, 278; nein = nur delikt Haftg): Beziehg zw gemeindl **Deckstation** u Benutzer, ja (BGH VersR **78**, 254); Verletzg der **Fürsorgepflicht** des Dienstherrn ggü dem Beamten, ja (BVerwG **13**, 20, BGH **43**, 184); die Haftg aus §§ 276, 278 erstreckt sich aber, wie stets, nicht auf SchmerzG, insow steht vielm allein § 839, Art 34 GG maßgebd (BGH NJW **65**, 929, vgl § 839 Anm 5 A). – Behandl eines in Ausübg öff Gewalt in einer **Heil- und Pflegeanstalt** untergebrachten Geisteskranken, ja (RG DR **43**, 854, BGH **21**, 219, str). – Betreuung von Kindern u Jugendl im Rahmen öff **Jugendpflege,** uU ja Kinderlandverschickg (RG **130**, 97), gemeindl Spielschule (RG JW **33**, 1389), Kindertagesstätte (KG VersR **74**, 368). – Beziehg zw Gemeinde u GrdstEigentümer hinsichtl **Kanalisation,** ja (BGH **54**, 299, NJW **77**, 197, NVwZ **83**, 571, OVG Münster NVwZ **87**, 1105). – Unentgeltl Krankenhandl aGrd öffR dch gemeindl **Krankenhaus,** ja (RG **112**, 293, BGH **4**, 138). Verhältn zw **Krankenkasse** u Mitgl hinsichtl vertrauensärztl Untersuchg, ja (BGH **131**, 73). – Verhältn zw **Post** u Postbenutzer, grdsätzl ja (RG **155**, 335, BGH **9**, 17, **66**, 305, NJW **64**, 41, **65**, 962); PostG 11 ff enthalten jedoch Sonderbestimmungen, hierdch w die Haftg teilw ausgeschl od beschr, zT werden auch die Amtshaftgvorschriften od die §§ 276, 278 für anwendb erklärt (vgl zB PostG 18 S 2, 19, 20). Sonderregelg für die Schadenshaftg enthalten auch die Telegraphen- u Fernmeldeordng (§ 839 Anm 2 A a dd u Anm 15). – Benutzg von gemeindl **Schlachthof,** uU ja (BGH **61**, 7, NJW **74**, 1816, Hamm VersR **87**, 789). – Beziehg zw Schüler u **Schule** vgl oben a. – Verhältn zw **Sozialversicherungsträger** u Versicherten, uU ja (BSozG NJW **70**, 1254). – Verhältn zw Strafgefangenen u **Strafanstalt** oben a. – RBeziehg zw Land einers u **Universität** u Studentensch ands, ja (Karlsr NJW **74**, 1824). – Verletzg der **Verkehrssicherungspflicht,** nein (RG **113**, 296, stRspr). – Öffrechtl **Verwahrung,** ja (BGH **3**, 173, NJW **52**, 658, 931), auch dann, wenn Bürger Verwahrer (Müller JuS **77**, 232, Einf 3a vor § 372, Einf 4c vor § 688). – Gemeindl **Versorgungsbetriebe:** Wasserwerke, Gaswerke, ja (BGH VersR **80**, 356). – Beziehg zw **Wasserverband** u Mitgl bei Dchführg von MeliorationsMaßn, ja (BGH VersR **87**, 768).

9) Verfahrensrechtliches. Beweislast s Vorbem 8 v § 249 u § 282 Anm 1 u 2, für den den Vorsatz ausschließden Irrt oben Anm 3b. Der Begriff des Verschuldens u der der einz Arten des Verschuldens, wie einfache od grobe Fahrlässigk, sind RBegriffe (BGH **10**, 16, 74, **LM** § 277 Nr 1, BAG NJW **68**, 908, **71**, 957). Die Feststellg ihrer Voraussetzgen liegen aber im wesentl auf tatsächl Gebiet (BGH **LM** § 823 Nr 44 zur Vorhersehbark). Das RevGer kann ledigl nachprüfen, ob der Tatrichter von den richtigen rechtl BeurteilgsMaßstäben ausgegangen ist u DenkGes, ErfahrgsSätze od VerfVorschr verletzt hat (BGH **10**, 16, 74).

10) Haftung ohne Verschulden. a) Der Schu haftet grdsl nur für Verschulden (Anm 2). Entsteht ein Schaden od ein rechtsw Zustand ohne Verschulden, beruht er im RSinn auf **Zufall.** Dabei ist zw einfachem Zufall (§§ 287 S 2, 350, 848) u **höherer Gewalt** (§§ 651j, 701 III) zu unterscheiden. Zufall liegt vor, wenn keinen der Beteil ein Verschulden trifft; höhere Gewalt erfordert dagg ein außergewöhnl Ereign, das unter den gegebenen Umst auch bei äußerster nach Lage der Sache zu erwartder Sorgf nicht verhindert w konnte (Hamm NJW **80**, 244, § 203 Anm 1). – **b)** Zu den Fällen einer schuldunabhäng Haftg **innerhalb eines**

Inhalt der Schuldverhältnisse. 1. Titel: Verpflichtung zur Leistung §§ 276, 277

bestehenden Schuldverhältnisses s oben Anm 1a) bb). **Außerhalb bestehender Schuldverhältnisse** ist vor allem der Gedanke der **Gefährdungshaftung** Grdlage für eine schuldunabhäng SchadErsPfl. Das vom Verschuldensprinzip ausgehde BGB sieht eine GefährdgsHaftg lediglich in §§ 833, 701 u 231 vor. Im übrigen gelten SonderGes: HaftpflichtG, StVG, ProdHaftG, LuftVG, BergG, AtomG, ArznMG. Eine über diese gesetzl geregelten Fälle hinausgehde GefährdgsHaftg läßt sich weder iW der Einzel- noch der GesAnalogie begründen (RG **147**, 153, BGH VersR **72**, 1047). Weitere Fälle einer schuldunabhäng EinstandsPfl sind: die BilligkHaftg gem § 829, AusglAnspr aus Aufopfg od enteigngsgleichem Eingriff (Anm 2 u 3 v § 903), der nachbarrechtl AusglAnspr (§ 906 Anm 5 b dd), der SchadErsAnspr wg der Vollstr aus einem später aufgehobenen Titel (ZPO 717 II, 945).

277 **Sorgfalt in eigenen Angelegenheiten; grobe Fahrlässigkeit.** Wer nur für diejenige Sorgfalt einzustehen hat, welche er in eigenen Angelegenheiten anzuwenden pflegt, ist von der Haftung wegen grober Fahrlässigkeit nicht befreit.

1) Zu den **Fahrlässigkeitsgraden** s § 276 Anm 4 Ac. Das Ges unterscheidet drei Stufen der Fahrlässigk: einfache (leichte), grobe u Verletzg der Sorgf in eig Angelegenh. Für einfache Fahrlässigk, deren Begriff in § 276 bestimmt ist (dort Anm 4), wird idR gehaftet. Eine eingeschränkte Haftg nach einem der beiden and FahrlässigkeitkGrade tritt nur ein, soweit das dch Ges od PartAbrede bes bestimmt ist (Anm 2b u 3b).

2) Grobe Fahrlässigkeit. – a) Sie liegt vor, wenn die verkehrserforderl Sorgf in bes schwerem Maße verletzt worden ist (BGH **10**, 16, 74, **89**, 161). Das ist zu bejahen, wenn schon einfachste, ganz naheliegende Überlegungen nicht angestellt werden u das nicht beachtet w, was im gegebenen Fall jedem einleuchten mußte (RG **163**, 106, BGH NJW **80**, 886, 888, VersR **83**, 1011). Währd der Maßstab der einfachen Fahrlässigk ein ausschließl obj ist (§ 276 Anm 4 Ba), sind bei der groben Fahrlässigk auch subj, in der Individualität des Handelnden begründete Umst zu berücksichtigen (BGH **10**, 17, **LM** Nr 3, NJW **72**, 476, BAG Betr **72**, 780, stRspr). Den Handelnden muß auch in subj Hins ein schweres Verschulden treffen (BGH NJW **88**, 1265, NJW-RR **89**, 340). Ein Augenblicksversagen begründet daher keine grobe Fahrlässigk (BGH NJW **89**, 1354, NJW-RR **89**, 1187); sie kann bei einem obj schweren Verstoß auch wg erhebl geminderter Einsichtsfähigk des Handelnden entfallen (BGH NJW **85**, 2648). Sie setzt idR das Bewußtsein der Gefährlichk voraus (BGH VersR **85**, 1061, NJW-RR **89**, 991, aA BayObLG VersR **76**, 33, Karlsr NJW-RR **88**, 669). Sie kann aber auch dann zu bejahen sein, wenn der Handelnde die Gefährlichk seines Tuns leichtfertig nicht erkennt. Sie braucht sich idR nur auf den haftgsbegründden Tatbestd, nicht auf den konkret eingetretenen Schaden zu erstrecken (BGH VersR **85**, 1061 zu CMR 29 II). Ein Verstoß gg UnfallverhütgsVorschriften ist notw grob fahrlässig (BGH VersR **69**, 39, **81**, 75), idR aber das Führen eines Kfz unter erhebl Alkoholeinfluß (BGH NJW **74**, 1377). **Einzelfälle** grober Fahrlässigkeit: Überschreiten der zul Höchstgeschwindigk um mehr als 100% (Mü DAR **83**, 78); Einfahren in eine Kreuzg bei Rotlicht (Celle VersR **86**, 1094, Hamm NJW-RR **88**, 861, DAR **89**, 116), auch uU bei tiefstehender Sonne (Mü DAR **84**, 18, Hamm NJW-RR **87**, 609); KfzFahren nach erhebl Alkolgenuß (BGH VersR **85**, 441, Köln VersR **89**, 139: 1,3‰); „scherzhaftes" Abfeuern einer Schußwaffe in Richtg auf einen Menschen, die der Handelnde ohne Nachprüfg für ungeladen hielt (Hamm VersR **83**, 566); Fällen eines Baumes, in dessen Fallbereich sich zwei Personen aufhalten (Mü VersR **87**, 596). Weitere Einzelfälle aus dem StraßenVerk Riedmaier VersR **81**, 10; aus dem Bereich der ArbUnfälle Plum VersR **83**, 905, ferner MüKo/Hanau Rdn 9. Die Abgrenzg zw einfacher u grober Fahrlässigk kann vom RevGer nur darauf überprüft w, ob der Tatrichter den Begriff grober Fahrlässigk verkannt od die Grenzen tatrichterl Ermessens überschritten hat (BGH **89**, 160, **LM** Nr 3, VersR **76**, 688). Grobe Fahrlässigk kann wg ihrer subj Voraussetzgen nicht iW des AnschBew nachgewiesen w (BGH NJW **74**, 1377, VersR **83**, 1011, Vorbem 8a aa v § 249). – **b) Anwendungsbereich.** Das BGB sieht in §§ 300 I, 521, 599, 680 u 968 eine HaftgsBeschr auf grobe Fahrlässigk vor. Entspr HaftungsBeschr bestehen nach AVBEltV, AVBGasV, AVBWasserV, AVBFernwärmeV je 6 Nr 2, 3 sowie den SeelotsG 21 III (BGH VersR **89**, 609). Grobe Fahrlässigk ist Voraussetzg für den RegreßAnspr des Dienstherrn gg den Beamten (BBG 78 I 2, BRRG 46 I 2) u den Regreß des SozVersTrägers gem RVO 640 (s BGH NJW **88**, 1265). Sie schließt im SachenR gutgl Erwerb aus (§ 932 II) u ist eine Schranke für die **Freizeichnung** dch AGB (AGBG 11 Nr 7). Weitere Fälle: VVG 61 (LeistgsFreih des Versicherers), WG 16 II (Ausschluß gutgl Erwerbs), Haftg des ArbNeh für gefahrengeneigte Tätigk (§ 611 Anm 14b), ausdr od stillschw vertragl HaftgsBeschr auf grobe Fahrlässigk (§ 254 Anm 6a u d). Der in CMR 29 enthaltene Begriff eines dem Vors gleichstehden Verschuldens ist gleichbedeutd mit grober Fahrlässigk (BGH **88**, 157). Für all diese AnwendungsFälle gilt der Begriff grober Fahrlässigk einheitl in dem dargelegten Sinne (BGH VersR **59**, 223, **66**, 1150).

3) Konkrete Fahrlässigkeit (diligentia quam in suis, Sorgf in eig Angelegenh). – **a)** Abweichd von § 276 gilt hier kein obj, sond ein subj, auf die Veranlagg u das gewohnheitsmäß Verhalten des Handelnden abgestellter Maßstab (MüKo/Hanau Rdn 25, krit Deutsch JuS **67**, 497, Hoffmann NJW **67**, 1207). Verfährt der Handelnde in eig Angelegenh bes sorgfält, so hafetet er auch iF des § 277 nur für die erforderl Sorgf iSd § 276. Der subj Maßstab des § 277 soll die Haftg nicht verschärfen, sond mildern. Die HaftgsMilderg findet aber ihre Grenze daran, daß der Handelnde für grobe Fahrlässigk (Anm 2) auf jeden Fall einstehen muß. Die Beweislast dafür, daß er in eig Angelegenh nicht sorgfältiger zu verfahren pflegt als im konkreten Fall geschehen, obliegt dem Handelnden (Baumgärtel Rdn 7). – **b) Anwendungsbereich:** Das Ges sieht für den unentgeltl Verwahrer (§ 690), den Gesellschafter (§ 708), der Ehegatten (§ 1359), der Eltern (§ 1664), den Vorerben (§ 2131) u den AbzKäufer nach AbzG 1d II eine HaftgsBeschr auf eigenübl Sorgf vor. Die ein wenig antiquierte HaftgsErleichterg hat ihren rechtspolit Grd in der engen persönl Beziehg der Beteiligten. Sie ist nach ihrem Sinn u Zweck auf die gemeins Teilh am StraßenVerk unanwendb (BGH **46**, 313, **53**, 352, NJW **88**, 1208, stRspr, Fall teleologischer Reduktion, s Einl VI 3d cc v § 1).

§ 278 Verschulden des Erfüllungsgehilfen.
Der Schuldner hat ein Verschulden seines gesetzlichen Vertreters und der Personen, deren er sich zur Erfüllung seiner Verbindlichkeit bedient, in gleichem Umfange zu vertreten wie eigenes Verschulden. Die Vorschrift des § 276 Abs. 2 findet keine Anwendung.

Übersicht

1) **Grundsätzliches**
2) **Gesetzlicher Vertreter**
3) **Erfüllungsgehilfe**
   a) Begriff
   b) Hilfspersonen des Erfüllungsgehilfen
   c) Substitution
   d) Elektronische Hilfsmittel
4) **Erfüllung einer Verbindlichkeit des Schuldners**
   a) Handeln im Pflichtenkreis des Schuldners
   b) Verhaltenspflichten (Schutzpflichten)
   c) Innerer Zusammenhang mit der Erfüllungshandlung
   d) Unterlassungspflichten
   e) Obliegenheiten „Gläubigerpflichten", Haftung für Repräsentanten
   f) Höchstpersönliche Schuldnerpflichten
5) **Verschulden des Gehilfen**
6) **Einzelfälle**
7) **Umfang der Haftung**
8) **Beweislast**
9) **Haftungsausschluß**

1) Grundsätzliches: a) Grundgedanke. Währd außerhalb eines SchuldVerh für HilfsPers gem § 831 idR nur bei eig allerd vermutetem Auswahl- od ÜberwachgsVersch gehaftet w, stellt § 278 bei bestehdn SchuldVerh das Versch von gesetzl Vertretern u ErfGeh eig Versch gleich; er begründet damit eine Art von **Erfolgshaftung**, ist aber selbst keine AnsprGrdl, sond eine Zurechnungsnorm. Die Vorschr beruht auf dem Gedanken, daß der Schu ggü dem Gläub für seinen Gesch- u Gefahrenkreis verantwortl ist u daß zum Gefahrenkreis des Schu auch die von ihm eingesetzten HilfsPers gehören (BGH 62, 124, Larenz § 20 VIII, Lüderitz NJW 75, 4). Wer den Vorteil der ArbTeilg in Anspr nimmt, soll auch deren Nachteil tragen, nämlich das Risiko, daß der an seiner Stelle handelnde Gehilfe schuldh rechtl geschützte Interessen des Gläub verletzt (BGH 95, 132).

b) Anwendungsbereich: aa) Die Haftg für fremdes Versch nach § 278 gilt nur **innerhalb bestehender Schuldverhältnisse** (BGH 58, 212). Gleichgültig ist, ob es sich um ein vertragl od gesetzl SchuldVerh handelt. Nach § 278 w daher auch gehaftet für das Versch von gesetzl Vertretern u ErfGeh (Verhandlgs- u AbschlBevollmächtigten od Geh) bei od vor Abschl eines Vertr **(culpa in contrahendo)**; denn schon dch den Eintritt in Verhandlgen entsteht ein vertragsähnl Verh, das SorgfPflten iS des § 278 begründet (s § 276 Anm 6). Es genügt, daß zw Gläub u Schu eine rechtl **Sonderverbindung** besteht, aus der sich Verbindlichk ergeben (BGH 58, 214: Verh zw PfändgsGläub u DrittBerecht; Larenz § 20 VIII), so etwa die Beziehg zw KonkVerw u MasseGläub (BGH 93, 283). Sie kann auch aus dauernder GeschVerbindg (§ 276 Anm 6E) u als Nachwirkg aus einem abgewickelten Vertr (§ 276 Anm 7D) folgen. Dagg gilt § 278 nicht für unerl Hdlgen der HilfsPers (BGH 1, 249, **4**, 3). Hier kommt nur die Haftg nach § 831 mit der Möglichk des EntlastgsBew in Betr. Besteht ein SchuldVerh, kann die unerl Hdlg aber zugl einen Verstoß gg eine schuldr Verpfl darstellen u daher dem Schu gem § 278 zuzurechnen sein (s Anm 4b). Auf die RGemsch (§§ 741 ff) ist § 278 anwendb (Schubert JR 75, 363, aA BGH 62, 246 u hM, vgl auch bb aE), nicht aber auf bloße tatsächl GemschVerh ohne schuldr Beziehgen der Beteiligten zueinand (Erm-Battes Rdz 6), so etwa nicht das Verh zw mehreren Mietern eines Hauses od das Verh zw ArbN desselben Betr. Bei GefälligkVerh kann dagg ein vertragsähnl VertrauensVerh vorliegen, § 278 also anwendb sein (s Einl 2 v § 241). – **bb)** Auch auf **sachenrechtliche Sonderverbindungen** findet § 278 Anwendg (Einl 6a v § 241), so auf das Eigt-Bes-Verh (§ 990 Anm 2), auf das Verh zw WoEigtümern (BayObLG NJW 70, 1551), das gesetzl SchuldVerh beim Nießbr u and beschr dingl R (BGH 95, 146), die Pflten des Finders (Erm-Battes Rdz 3). Auf den BesErwerb ist § 278 dagg unanwendb, da er das Eigt-Bes-Verh erst begründet u es hier auch nicht um die Zurechng von Versch, sond von Kenntn geht (BGH 16, 265). Auf das nachbarrechtl GemschVerh (§ 903 Anm 3 a bb) wendet die hM § 278 nicht an (BGH 42, 377, VersR 58, 834, NJW 77, 375, Staud-Löwisch Rdn 5). Das soll auch für die halbscheid Giebelmauer gelten (BGH 42, 379), für Verstöße gg § 909 (BGH NJW 60, 335 u für die dch wasserrechtl Best geregelten Beziehgen (BGH VersR 65, 689). Das ist prakt unbefriedigd u veranlaßt die Rspr zur Überspanng der Haftg aus § 831. Auch dogmat vermag die hM nicht zu überzeugen. Das dch Bundes- u LandesR geregelte RVerh zw Nachbarn erfüllt alle Merkmale einer rechtl Sonderverbindg, § 278 ist daher anwendb (Mühl NJW 60, 1136, Westermann § 63 IV 2). Das gilt zumindest für das RVerh hinsichtl einer gemeins Kommunmauer (Düss NJW 59, 580, AK/Dubischar Rdn 5). – **cc)** Der RGedanke des § 278 gilt ebso wie der des § 276 auch im **öffentlichen Recht** (§ 276 Anm 8). – **dd)** Wo das Ges ausdr od dem Sinne nach **eigenes Verschulden voraussetzt**, genügt Versch einer HilfsPers nicht, so für den Ausschl des AusglAnspr des HandelsVertr gem HGB 89b III (BGH 29, 278).

2) Gesetzliche Vertreter. a) Der Begr ist im **weiteren Sinn** des Handelns mit Wirkg für and zu verstehen (BGH NJW 58, 670). Unter § 278 fallen daher nicht nur der Inh der elterl Sorge, der Vormd, der Pfleger u Beistand. Er gilt für sonst Pers, die aGrd gesetzl Vorschr mit Wirkg für and handeln können (BGH aaO), so für den TestVollstr (RG 144, 402, BGH **LM** § 823 (Ad) Nr 1), NachlVerw, KonkVerw, ZwVerw, TrHänder („custodian") des MRG 52 (BGH NJW 58, 670), ferner den Eheg iF des § 1357 u den Eheg, der bei Verw des GesGutes mit Wirkg für den and handelt (Erm-Battes Rdz 13). Bei GesVertretg genügt das Versch eines Vertreters (BGH 110, 146). – **b)** Dagg ist § 278 nicht anwendb auf **verfassungsmäßig berufene Vertreter** (Begr § 31 Anm 2) einer **juristischen Person**. Diese sind als Organe anzusehen. Ihr Versch gilt nicht nur bei unerl Hdlgen, sond auch innerh bestehder SchuldVerh nach §§ 31, 89 als eig Versch der jur Pers (MüKo/Hanau Rdn 11, RGRK Rdz 8, RG LZ 33, 310, aA RG 122, 358, **152**, 132, unentschieden RG 110, 147). Beide Ans führen im wesentl zum selben Ergebn, nur bei Anwendg von § 278 S 2 besteht eine Abw (vgl Anm 9). Für die OHG gilt gewohnheitsrechtl dasselbe wie für jur Pers (BGH 45, 312, NJW 52, 537). Dagg w für den Vorst eines nichtrechtsf Vereins nach § 278 gehaftet (RG 143, 214).

Inhalt der Schuldverhältnisse. 1. Titel: Verpflichtung zur Leistung § 278 3, 4

3) Erfüllungsgehilfe. – a) ErfGeh ist, wer nach den tatsächl Gegebenh des Falles mit dem Willen des Schu bei der Erf einer diesem obliegden Verbindlichk als seine HilfsPers tät w (BGH **13**, 113, **50**, 35, **62**, 124, **98**, 334). Währd § 831 idR auf selbstt Untern unanwendb ist (§ 831 Anm 3a), kann ErfGeh auch derj sein, der in seinem Verhalten keinem WeisgsR des Schu unterliegt (RG **101**, 154, BGH **62**, 124). Die Art der zw dem Schu u der HilfsPers bestehden rechtl Beziehg ist gleichgült (BGH **13**, 113, **50**, 35). Sie kann auch öffrechtl gestaltet sein (BGH **62**, 124, NJW **84**, 1748) od in rein tatsächl ZusArbeit bestehen (BGH NJW **85**, 915). Auch wenn das RVerh zw Schu u HilfsPers nichtig ist, ist § 278 anwendb. Gleichgührig ist auch, ob der Schu zu einer Kontrolle u Überwachg des ErfGeh in der Lage ist (BGH **58**, 211, RA; **62**, 124, Notar; Grunewald NJW **80**, 1926). Für das Verhalten eines GeschF oA haftet der Schu dagg nur iF nachträgl Gen (RG LZ **13**, 466, BGH NJW **55**, 297). Unerhebl ist, ob die HilfsPers eine eig Verbindlichk erf will (BGH **13**, 114), ob sie überh weiß, daß dch ihre Tätig eine Verpfl des Schu erf (BGH **13**, 114, VersR **69**, 1108), u ob der Schu imstande wäre, die Leistg in eig Pers auszuführen (RG **64**, 234, **160**, 314). § 278 greift auch ein, wenn sich die HilfsPers nicht an die Weisgen des Schu hält (BGH **31**, 366). Dagg braucht sich der Schu iF eines **Streiks** das Verhalten seiner ErfGeh (ArbN) nicht zurechnen zu lassen (hM, s zu den unterschiedl Begründen u Abgrenzgen Richardi JuS **84**, 825 u Löwisch AcP **174**, 202, 251, aA für den ReiseVertr LG Ffm NJW-RR **87**, 824, Blaurock Jura **85**, 173). And liegt es aber iF eines rechtsw Streiks (BGH NJW **77**, 1875 zu § 839, GG 34). Der ErfGeh kann dem Schu dch den Gläub gestellt w, so etwa ein Pilot, der dem Untern vom Best zur Prüfg zur Vfg gestellt w (Hamm NJW **74**, 1090), ein ArbN des Käufers, der bei der Nachbesserg hilft (BGH Betr **75**, 2426), ein LkwFahrer des Anlieferers, der den Leuten des LuftfrachtFü beim Umladen hilft (BGH VersR **79**, 83). Müssen bei einer WkLeistg mehrere Untern zuswirken, so haftet jeder MitUntern für den vom and Teil best ErfGeh (BGH NJW **52**, 217).

b) Hilfspersonen des Erfüllungsgehilfen sind ErfGeh des Schu, sofern dieser mit ihrer Heranziehg einverst war (BGH NJW **83**, 448, 632, **LM** Nr 76). Das Einverstdn kann auch stillschw erklärt w. Der Schu braucht nicht zu erfahren, welche weiteren Geh der erste ErfGeh beauftragt (BGH NJW **52**, 217). War der Schu nicht einverst, hat er für das Verhalten der HilfsPers des ErfGeh nicht einzustehen. Er haftet aber idR, gleichwohl weil die Eigenmächtig der ersten HilfsPers als Versch ggü dem Gläub anzusehen ist.

c) Substitution: War bei Auftr od Verwahrg dem Schu gestattet, die gesamte Ausführg einem and (dem Substituten) zu übertragen, so haftet er nicht für dessen Versch, sond nur für eig Versch bei der Übertr (nach § 276), insb bei der Auswahl des Betrauten (culpa in eligendo), §§ 664 I 2 (dort Anm 1), 691 S 2. Auf entgeltl GeschBesVertr ist der RSatz des § 664 I 2 nicht anwendb, da § 675 nicht auf § 664 verweist (RG **161**, 70, MüKo/Hanau Rdn 16, unklar BGH **LM** § 664 Nr 1). Der WkUntern haftet daher auch dann gem § 278, wenn er die DchFührg der Arb mit Zust des Best einem and Untern überläßt (Hamm NJW **74**, 1090). § 278 u nicht § 664 I 2 gilt auch für den amtl best Vertreter des RA (RG **163**, 377).

d) Bedient sich der Schu zur Erf seiner Verpfl **elektronischer Hilfsmittel** (Datenverarbeitg), haftet er für Versch bei Betr u Wartg der Anlage. Das gilt auch dann, wenn es sich um einen Fehler ohne sachl od zeitl Bezug zu dem konkreten VertrVerhältn handelt (Köhler AcP **182**, 160) od wenn der Schu insow ein und Untern beauftragt (oben a). Bei einem unverschuldeten techn Versagen ist § 278 dagg unanwendb (Köhler aaO, MüKo/Hanau Rdn 25, Blaurock RWS-Forum 1, 1986, S 42, aA Soergel-Wolf Rdn 25).

4) Der ErfGeh (gesetzl Vertreter) muß **in Erfüllung einer Verbindlichkeit** des Schu handeln, dh die von ihm verrichtete Tätigk muß im Bereich des vom Schu geschuldeten GesVerhaltens liegen. Seine Tätigk fällt idR in die Zeit nach Entstehg der Verpflichtg. § 278 ist aber dann anzuwenden, wenn die HilfsPers des Schu die Leistg schon vor dem VertrSchl hergestellt od vorbereitet haben (MüKo/Hanau Rdn 12).

a) Inwieweit dem Schu fremdes Versch zuzurechnen ist, richtet sich nach seinem konkr **Pflichtenkreis**, wie er dch Art u Inhalt des jew SchuldVerh festgelegt ist. Beim KaufVertr ist der **Hersteller** (Lieferant) im Verh zum Käufer nicht ErfGeh des Verk, da sich dessen Pflten nicht auf die Herstellg der Sache erstrecken (RG **101**, 158, BGH NJW **68**, 2238, NJW-RR **89**, 1190). Das gilt entspr beim WerklieferngsVertr über eine vertretb Sache (BGH **48**, 121, **LM** § 463 Nr 13). Der Hersteller w auch nicht dadch ErfGeh des Verk, daß dessen UntersuchgsPfl (§ 276 Anm 7 B c) inf seines berecht Vertrauens auf die Zuverlässigk des Lieferwerkes entfällt (BGH **LM** § 276 (Hb) Nr 2). Ist der Verk selbst Hersteller od tritt er als solcher auf, muß er sich dagg das Versch seiner HilfsPers anrechnen lassen (Medicus Rdn 806). Liefert der Hersteller auf Weisg des Verk unmittelb an den Käufer, ist er hins der Lieferg, nicht aber iü ErfGeh des Verk (BGH WPM **71**, 1122, weitergeh offenb RG **108**, 223, Hertin MDR **70**, 883, Rathjen MDR **79**, 446). Benutzt der Verk zur Erf der ihm obliegden UnterweisgsPfl eine Bediengsanleitg des HerstWerkes, so ist dieses insow sein ErfGeh (BGH **47**, 316, krit Weitnauer NJW **68**, 1597, Wolff Betr **68**, 1611). Dagg haftet der Verk für Fehler der Gebrauchsanweisg nicht, wenn er diese ohne eig Untersuchgs- od InstruktionsPfl ledigl mitliefert (BGH NJW **81**, 1269). Auch hins der Rechtzeitigk der Leistg muß sich der Verk das Versch des Lieferanten anrechnen lassen (stillschw GewährÜbern, Ffm BB **77**, 13). Beim WerkVertr ist der SubUntern ErfGeh (BGH **66**, 48), der Zulieferer dagg idR nicht (BGH NJW **78**, 1157, krit Rathjen MDR **79**, 446); and aber, wenn der Untern das betreffde Teil nach dem VertrInh (§ 157) nicht nur zu beschaffen, sond herzustellen hat, od wenn es um die Rechtzeitigk der Leistg geht (BGH WPM **79**, 724). – Beim **Versendungskauf** sind die BefördergsPers wg § 447 keine ErfGeh des Verk (RG **115**, 164, BGH **50**, 35, aA Schultz JZ **75**, 240). Übernimmt der Verk die Auslieferg mit eig Leuten, ist dagg § 278 anzuwenden (MüKo/Hanau Rdn 18, Hüffer JuS **88**, 129), u zwar schon deshalb, weil dch die Verwendg eig Leute die sonst bestehde Möglichk der Drittschadensliquidation (Vorbem § 249 Anm 6c cc) prakt abgeschnitten w (Brox JuS **75**, 8). ErfGeh sind der Fahrer od SubUntern, deren der Verk die Auslieferg u das Entladen in eigener Person von Heizöl übernehmen (BGH NJW **71**, 1036, 1038). – Beim **Dienstverschaffungsvertrag** hat der Verpflichtete die Dienste zu verschaffen, aber nicht für ihre Ordngsmäßigk einzustehen; er braucht sich daher das Versch des zur Dienstleistg Bestellten nicht anrechnen zu lassen (BGH **LM** Nr 40, VersR **70**, 934, Becker NJW **76**, 1827). Das gilt entspr beim LeihArb-Verh (BGH NJW **71**, 1129), jedoch muß der „Verleiher" die Eigng des ArbN sorgf prüfen (BGH NJW **75**, 1695; vorbestrafter Buchhalter). Beim sog LohnfuhrVertr (Stellg eines Kfz mit Fahrer) ist der Fahrer dagg idR ErfGeh des Untern (BGH NJW 75, 780). – Unanwendb ist § 278 auf Verbindlichk, die den Schu ledigl zur Beauftragg eines Dr verpflichten, sich aber nicht auf die Tätigk des Dr erstrecken (Erm-Battes Rdz 25). So ist der Arzt weder ErfGeh des zur Vorlage eines ärztl Zeugnisses verpflichteten ArbN (RG **101**, 154) noch des dch eine Körperverletzg Geschädigten (RG **72**, 220). Entspr gilt für die vom Geschädigten beauftragte **Reparaturwerkstatt** (BGH **63**, 184) u den von ihm hinzugezogenen Sachverst (§ 254 Anm 5b). Bei **Pauschalreise** ist Hotel ErfGeh des ReiseUntern (BGH **63**, 98, Köln OLGZ **75**, 185), ebso die Fluggesellsch (LG Ffm NJW **80**, 1230), das Reisebüro (LG Ffm NJW-RR **87**, 178) u das Personal der Leistungsträger (LG Ffm NJW **80**, 1696, Grunewald NJW **80**, 1924, oben Anm 3b), nicht aber der Fluglotse u der Zollbeamte (LG Hann NJW-RR **89**, 820) od der Schiffsarzt (Hbg MDR **85**, 141).

b) Der Ausdr Verbindlichk umfaßt die **gesamte Verpflichtung** des Schu (BGH **95**, 179). Er bezieht sich nicht nur auf die Haupt- u NebenleistgsPflten, sond auch auf die dem Schu oblicgden **weiteren Verhaltenspflichten** (Einl 1 e vor § 241). § 278 gilt daher auch für die Verletzg der **Schutzpflicht**, dh der Pfl, sich bei Abwicklg des SchuldVerh so zu verhalten, daß Pers, Eigt u sonst RGüter des and Teils nicht verletzt w (§ 242 Anm 4 B b). Welche Pers aus dem GeschKreis des Schu insoweit als ErfGeh anzusehen sind, richtet sich nach der Art des SchuldVerh u der Stellg der HilfsPers. Beim MietVertr hat der Vermieter einzustehen für den Hauswart (RG **103**, 143), den Verwalter (BGH NJW **68**, 1323), den von ihm beauftragten RepUntern (RG **102**, 234), Arb, die in seinem Auftr Arbeiten ausführen (BGH **LM** Nr 39), den Nachbarn, der mit seinem Einverständn Abrißarbeiten ausführt (Karlsr NJW-RR **88**, 528), nicht dagg für den einen Mieter im Verh zum and (RG **103**, 374, BGH VersR **69**, 754). Der Mieter haftet gem § 278 für seine FamAngeh (LG Köln NJW-RR **86**, 1087), soweit diese die Mietsache mit seinem Wissen und Wollen benutzen (AG Ffm NJW-RR **88**, 198), den Untermieter (§ 549 III), Dr, den er den Besitz der Sache überlassen hat (Hamm NJW-RR **87**, 1142), sowie für Hauspersonal u gewerbl Angest (RG **84**, 224). Er ist ferner für Gäste, Kunden u Lieferanten verantwortl (auch für den Spediteur bei der Abholen einer eingebrachten Sache beschädigt, RG **106**, 134), nicht dagg für Hausierer u Bettler (Zunft AcP **153**, 373ff), auch nicht für den Hauswart, selbst wenn dieser Hdlgen im Mieterinteresse vornimmt (KG ZMR **76**, 204). Bei **Offenbarungspflichten** hängt die Anwendg des § 278 auf HilfsPers davon ab, welche Aufgaben diesen zugewiesen sind. Die Arb, die an der Herstellg eines Werkes (Ggst) mitwirken, sind hins der Pfl, Mängel zu offenbaren, nicht ErfGeh des Untern (BGH **LM** § 463 Nr 13, KG MDR **70**, 1011), wohl aber der mit Prüfungsaufgaben beauftragte Kolonnenführer (BGH **62**, 66), ebso der Subunternehmer (BGH **66**, 43) u der örtl Bauleiter (Karlsr BauR **79**, 335).

c) Die schuldh Hdlg muß in innerem **sachlichem Zusammenhang** mit den Aufg stehen, die der Schu dem ErfGeh im Hinbl auf die VertrErf zugewiesen hatte; für schuldh Hdlgen des ErfGeh nur bei **Gelegenheit** der VertrErf haftet der Schu nicht (RG **63**, 343, BGH NJW **65**, 1709, VersR **66**, 1154). Die Hdlg des ErfGeh muß in den allg Umkreis des AufgBereichs gehören, zu dessen Wahrnehmg ihn der Schu best hat (BGH **31**, 366, NJW **65**, 1709, NJW-RR **89**, 725). Der Zusammenhang mit der VertrErf w nicht dadch unterbrochen, daß der ErfGeh von den Weisgen des Schu abweicht (BGH aaO) od in die eig Tasche wirtschaften will (BGH NJW **77**, 2259). Er kann auch bei vorsätzl Hdlgen gegeben sein, arg § 278 S 2 (BGH **LM** § 827 Nr 1, **LM** § 549 ZPO Nr 15, sogar dann, wenn der ErfGeh im Zuge des von ihm geplanten VersBetruges den Schu ermorden will (BGH NJW-RR **89**, 1184). § 278 ist anwendb: wenn im Rahmen einer Rep beauftragte Geselle im Zushang mit der Rep eine Sache beschädigt (RG **63**, 343); wenn der Lagermeister (Lkw-Fahrer) eingelagerte (zu befördernde) Sachen stiehlt (BGH **LM** § 549 ZPO Nr 15, VersR **81**, 732, Hbg VersR **83**, 352); wenn der Fahrer des Mieters (Untermieter) den gemieteten Pkw entwendet (Mü NJW-RR **87**, 727); wenn der Lkw-Fahrer die ihm anvertraute Ladg dch einen Schmuggelversuch gefährdet (BGH VersR **85**, 2675); wenn HotelAngest mit eingestelltem GästePkw Schwarzfahrt unternimmt (BGH NJW **65**, 1709); wenn Klempnerlehrling dch unsachgem weisgswidr Einsatz einer Lötlampe Brand verursacht (BGH **31**, 366); wenn Schaden dch eine im Zushang mit der VertrDchführg stehde NeugierHdlg verursacht w (BGH VersR **66**, 1154); wenn Frau der KlinikVerw bei Benutzg der klinikeigenen Bügeleinrichtg Brand verursacht, sofern sie zur Benutzg der Einrichtg berecht od verpfl (BGH **23**, 323); wenn AbschlußGeh bei den VertrVhdlgen falsche Angaben od Zusichergen macht (BGH **LM** Nr 79); wenn er ohne Vollm Vertr schließt (§ 276 Anm 6Cb). Dagg ist § 278 unanwendb, wenn der mit Rep beauftragte ArbN bei Ausführg der Arb stiehlt od den Gläub mißhandelt (Hbg MDR **77**, 752); wenn Bauführer als vollmachtloser Vertreter an Handwerker erhebl Auftr vergibt (BGH NJW **83**, 2167); wenn derj, der die Verspätg des Piloten entschuldigen soll, selbst als Pilot einspringt (BGH NJW-RR **89**, 725). Die Abgrenzg ist vielf schwier u unsicher (dazu krit Zunft AcP **153**, 378, Schmidt AcP **170**, 505, Rathjen JR **79**, 232). § 278 sollte in Weiterentwicklg der bisherigen Rspr immer angewandt w, wenn dem Gehilfen die Schädigg dch die übertragene Tätigk erhebl erleichtert worden ist (Soergel-Wolf Rdn 37, 41, Medicus SchuldR AT § 30 III 1 d).

d) § 278 gilt auch für **Unterlassungspflichten** (RG **63**, 117, **79**, 42, **160**, 313). Bei primären UnterlPfl ist dch Ausslegg (§ 157) zu ermitteln, ob u inwieweit der Schu für seine HilfsPers einzustehen h (so wohl Ffm NJW **74**, 2239, aA Ulmer ebd). Bei den UnterlPflten, die sich als NebenPflten aus § 242 ergeben, muß sich der Schu die ZuwiderHdlgen derj Pers anrechnen lassen, deren Tätigk mit der UnterlPfl in innerem sachl Zushang steht (BGH **23**, 323, WPM **78**, 248, oben c). Hins der Pfl des Mieters, Schädiggen der Mietsache zu unterl, sind alle Pers ErfGeh, denen er die Benutzg der Mietsache gestattet (oben b).

e) § 278 gilt gem § 254 II 2 für die Verl der sich aus § 254 ergebden **Obliegenheiten** (dort Anm 5). Er ist ferner in § 351 für anwendb erkl. Auf den **Annahmeverzug** ist er gleichf entspr anzuwenden (Anrechng des Verhaltens der HilfsPers des Gläub), da die RStellg des Gläub zugl eine PflichtenStellg ist. Aus den gleichen Erwäggen muß der Gläub sich auch im Rahmen des § 324 das Verschul seiner HilfsPers analog § 278 anrechnen lassen. Für die Verl von sonst Obliegenh (Einl 4b vor § 241) gilt § 278 dagg nicht (RG **159**, 352). Er ist insb auf Obliegenh des VersN unanwendb, dieser muß sich aber das Verhalten seiner **Repräsentanten** anrechnen lassen (BGH **11**, 122, VersR **64**, 475, stRspr). Repräsentant ist, wer in dem GeschBereich, zu dem

Inhalt der Schuldverhältnisse. 1. Titel: Verpflichtung zur Leistung § 278 4–6

das versicherte Risiko gehört, aGrd eines Vertretgs- od ähnl Verhältn an die Stelle des VersN getreten ist; der Repräsentant muß zum selbstd Handeln befugt sein, jedoch ist rgeschäftl VertrMacht nicht erforderl (BGH VersR **64**, 475, **65**, 149, NJW **70**, 43). Repräsentant ist der gesetzl Vertreter des mj VersN (RG **135**, 372), in der RSchutzVersicherg der vom VersNeh beauftragte RA (Hamm VersR **84**, 31), nicht aber eine untergeordnete HilfsPers (BGH **11**, 123), nicht der Eheg od Partner einer nichtehel LebensGemeinsch, dem der VersN vorübergehd die Obhut od dauernd die Mitobhut über den versicherten Ggst übertragen hat (RG **117**, 329, BGH VersR **86**, 331, Hamm VersR **89**, 509), nicht der Sohn, der den Hof gemeins mit seiner Mu (der VersNeh) verwaltet (Hamm VersR **77**, 1145; nicht der SchiffsFü für den Eigner des Binnenschiffs (Karlsr VersR **83**, 310). In der Kfz-Versicherg ist Repräsentant, wer die Wartg u die Verantwortg für die VerkSicherh übernommen h (BGH NJW **70**, 43). Das trifft auf den Mieter nicht ow zu (BGH NJW **69**, 1387), auch nicht auf den abhäng Fahrer (BGH VersR **71**, 538), wohl aber dann, wenn dem Fahrer die Prüfg der VerkSicherh übertr worden ist (BGH VersR **75**, 229). Hat der VersNeh eine Pers mit der Erf seiner AufklObliegenh beauftragt, muß er für deren Versch einstehen, auch wenn diese die Voraussetzgen der RepräsentantenEigensch iü nicht erf (s BGH NJW **81**, 1952). – Für den **Versicherungsagenten** gilt der gewohnheitsrechtl Satz, daß der Versicherer den vom Agenten fehlerh beratenen u unvollst aufgeklärten VersN so stellen muß, wie er iF richtiger Beratg gestanden hätte (RG **147**, 188, BGH **2**, 92, **40**, 27, NJW **64**, 244). Es besteht daher uU Anspr auf entspr Erstreckg des VersSchutzes, der jedoch bei erhebl MitVersch des VersN entfällt (BGH **40**, 24, VersR **78**, 458, VersR **86**, 329, Hamm VersR **83**, 381, krit Hohloch VersR **80**, 107).

f) **Höchstpersönliche Schuldnerpflichten:** § 278 ist unanwendb, wenn der Schu die VertrErf einem and überträgt od sich zur Erf einer HilfsPers bedient, ohne hierzu berecht zu sein. Hier haftet der Schu bereits gem § 276 aus eig Versch. Einer entspr Anwendg des § 278 (so RG **152**, 128) bedarf es nicht.

5) Der ErfGeh (gesetzl Vertreter) muß **schuldhaft** gehandelt h, also vorsätzl od fahrl. Für die Zurechngs-fähigk (§ 827) kommt es auf seine Pers an (MüKo/Hanau Rdn 35). Besteht Haftgmilderg, haftet Schu nur für den VerschGrad, für den er selber einzustehen h (RG **65**, 20). Der SorgfMaßstab richtet sich nach der Stellg des Schu, nicht der des ErfGeh (BGH **31**, 367). Meister haftet daher auch dann für die Fehlleistg des Lehrlings, wenn sie diesem nicht vorwerfb (BGH aaO, v Caemmerer FS Hauß, 1978, 33 ff).

6) **Einzelfälle** (ja = ErfGeh; nein = nicht ErfGeh). a) **Abzahlungskredit:** Verk für Bank bei Verhandlg über Kredit, ja (BGH **33**, 299, 312, **47**, 230, WPM **73**, 750); ebso Kreditvermittler für Bank (Stgt NJW **75**, 262, Ffm BB **80**, 124); aber nicht hins der Entggn der DarlValuta (BGH NJW **78**, 2295). – **Architekt:** Für Bauherrn ggü Unternn, ja hins PlangsVersch (BGH NJW **84**, 1677); ja hins Pfl zur Koordinierg (BGH WPM **70**, 357); ja hins Fehler der Ausschreibg (BGH WPM **77**, 1004, Stötter BauR **78**, 16); dagg nein, soweit Arch Pfl zur BauAufs verl (BGH **95**, 131, NJW-RR **89**, 87). Das gilt entspr im Verhältn zw Haupt- u SubUntern (BGH NJW **87**, 644). – **Ärzte** u HilfsPers (Laufs ArztR Rdn 177): Bei einem sog „totalen Krankenhaus-Vertr" (Einf 2 a cc vor § 611) sind Ärzte u sämtl KlinikpersonaI ErfGeh des Krankenhausträgers (BGH **23**, 321, LM Nr 24). Das gilt auch hins der Leistgn, für die ein eig LiquidationsR des Chefarztes besteht (BGH **95**, 67); bei einer ambulanten kassen- od privärztl Versorgg im Krankenhaus ist dagg der Arzt VertrPartner des Patienten (BGH **100**, 363, **105**, 194). Beim „gespaltenen Arzt-KrankenhausVertr", der seit dem Inkrafttreten der BPflVO prakt nur noch bei Belegärzten vorkommt (Musielak JuS **77**, 87), ist Arzt hins der ärztl Betreuung selbst VertrPart (BGH NJW **75**, 1463). Bei den HilfsPers kommt es darauf an, ob sie im PfltenKreis des Arztes od des Krankenhausträgers tät sind (BGH **5**, 324, LM Nr 24, NJW **62**, 1763, LG Aach NJW **76**, 1155). ErfGeh ist die vom Arzt zugezogene Krankenschwester, sein UrlVertreter (BGH NJW **56**, 1834); nicht die städt Röntgenschwester für Arzt ggü Patienten, wenn die Stadt Apparat u Personal dem Kranken zur Vfg stellte; ja, wenn Arzt sich beider unter eig Verantwortg zu bedienen hatte (RG **118**, 44, **139**, 258, Daniels NJW **72**, 306). Apotheker für Arzt im Verh zum Patienten, nein (RG **125**, 377). Zur Anwendbark von § 278 auf Verl der ärztl SchweigePfl s Knefewers u Wilts NJW **63**, 2345, **65**, 333. – **Auslobung:** PreisGer für Auslobnden ja (BGH NJW **83**, 442).

b) **Bankverkehr:** Kontoführde Bank für KontenInh ggü Überweisdem, ja (Hbg HEZ **2**, 84). Bezogene Bank ist ErfGeh des Ausstellers, nicht des vom ScheckInh mit der Einziehg beauftragten KreditInst (Köln BB **53**, 305). Beim LastschriftVerf (§ 675 Anm 5) sind die beteil Banken ErfGeh des Gläub, (LG Bln WPM **75**, 530). Vom Käufer zZw der Zahlg eingeschaltete Bank, ja (RG **105**, 34). BankAngest für Bank ggü Kunden, ja (RG **84**, 353). Die von der beauftragten Bank im ÜberweisgsVerk, LastschriftVerf od Scheckeinzug in die Abwicklg eingeschalteten weiteren Banken, nein (BGH **4**, 248, Hüffer WPM **87**, 641, Heinrichs RWS Forum 1 S 127, aA Köndgen ebda S 149, differenzierd Koller/Faust ZBB **89**, 63); Bauträger im Verh zu finanzierder Bank u GrdstErwerber, idR nein (BGH NJW **76**, 2213); Kreditvermittler, Frage des Einzelfalls (BGH WPM **86**, 1032); ArbG im Verh zw Bank u ArbN bei finanzierter UnternBeteiligg, ja, wenn Beteiligg u DarlGewährg eine wirtsch Einh bilden (BGH **72**, 97). Bevollm des Kunden, der Zahlgs-Auftr fälscht, kein ErfGeh des Kunden im Verh zur Bank (RG **160**, 315). – **Bauvertrag:** BauUntern, insbes VorUntern, für den Bauherrn ggü und BauUntern, nein (BGH **95**, 131). Statiker für Bauherrn ggü Arch, ja (Düss NJW **74**, 704, Oldbg BauR **81**, 400); BauFü für Bauherrn ja, wenn er im Zushang mit seinem AufgKreis unricht Ausk erteilt; nein, wenn er ohne VertrMacht Auftr größeren Umfangs erteilt (BGH LM Nr 37). Verschw von Baumängeln s Anm 4 b. Arch s oben a. – **Bürgschaft:** HauptSchu für Gläub ggü Bü, idR nein (BGH LM § 765 Nr 19).

c) **Chartervertrag:** Vercharterter für Verfrachter (Charterer) nein (Hbg MDR **70**, 56). – **Culpa in contrahendo:** s § 276 Anm 6 C a. – **Dienst- u Arbeitsverträge:** Fügt ein ArbN dem and Schaden zu, so begründet das nicht ow eine Haftg des ArbG, da nicht jeder ArbN hins der dem ArbG obliegden FürsPfl ErfGeh ist (RG **102**, 374, **106**, 294). Anwendb ist § 278, wenn dem schädigden ArbN die Erf von ArbG-Funktionen übertr ist (BAG NJW **69**, 766). – **Dienstverschaffungsvertrag:** s Anm 4 a.

d) **Gastaufnahmevertrag:** Mitwirkde einer Unterhaltgsvorführg für Gastwirt ggü Gästen, ja (RG **169**, 215). „Aufpasser" für Gastwirt ggü Gästen, ja (BGH VersR **75**, 520). Mit Pkw eines Gastes schwarzfahrder

§§ 278, 279

Angest für Hotelier ggü Gast, ja (BGH NJW 65, 1709); nein, wenn Angest dem Gast aus eig Antrieb anbietet, dessen Pkw zu einer Tankstelle zu fahren (BGH NJW 64, 718). – **Gerichtsvollzieher,** der im Auftr des Käufers verderbl Sachen versteigert, ggü Verk nein, da er hoheitl u nicht als Beauftr tät w (RG 104, 285; vgl aber BGH 62, 122). – **Gesellschaftsrecht:** Der zur unechten GesVertr einer Gesellsch berufene Prokurist ist nicht ErfGeh des von ihm ersetzten OrganMitgl (BGH 13, 64), and aber, wenn sich das OrganMitgl des Prokuristen zur Erf eig Pflten bedient (BGH aaO). Gter einer BGB-Gesellsch haben bei GesHandSchulden u GesSchulden für das Versch ihrer MitGter einzustehen (Beuthien Betr 75, 729, 773). – **Gewerkschaftssekretär:** Für Gewerksch hins FriedensPfl, ja (BAG 3, 284). – **Handwerker** (Heizginstallateur) für HausEigtümer im Verhältn zum Heizöllieferanten nein (BGH VersR 83, 395). – Beim **Internatsvertrag** ist das untergebrachte Kind ErfGeh seiner Eltern (BGH NJW 84, 2093; aA Picker JZ 85, 644). – **Jagdherrn:** Für Jagdherrn ggü und Jagdgästen, nein (RG 128, 42).

  e) **Kaufvertrag:** Keine Haftg des Verk für den Hersteller, s Anm 4a, wohl aber für Abrechngsmanipulationen der Mitarbeiter (BGH 90, 302). Beim Versendgskauf keine Haftg des Verk für das Beförderspersonal s Anm 4a. Verschw von Mängeln s Anm 4b. Lagerhalter ist ErfGeh des Verk ggü Käufer (Hertin MDR 70, 884); ebso sonst Pers, denen Verkäufer die Sache in der Zeit zw VertrSchl u Liefer überläßt, ferner Steuerberater, dessen Bilanz vom Verk dem Käufer eines GmbH-Anteils vorgelegt w (BGH Betr 76, 37, 38). – **Lagervertrag:** Hersteller der Lagerräume, nein (Hbg VersR 88, 634). – **Leasingvertrag:** Leasing-Neh für Geb in bezug auf die AbnVerpfl ggü dem Hersteller, ja (BGH Betr 84, 1341). Hersteller, der für LeasingGeb die VorVhdlgn führt, ja (BGH 95, 179, NJW-RR 88, 241, Hbg NJW-RR 88, 438, krit Lieb Betr 88, 2502); idR aber nur bis zum Abschl des LeasingVertr (BGH NJW-RR 89, 1142); für die Übergabe-Pfl des LeasingGeb, ja (BGH NJW 88, 198); für die Mitwirkg bei der Erstellg der ÜbergBescheinigg, ja (BGH NJW 88, 207, Brem ZIP 89, 580); der LeasingNeh für den LeasingGeb im Verhältn zum Lieferanten (Wiederkäufer): s Anm 4a. – **Leiharbeitsverhältnis:** s Anm 4 e. – **Makler** für Verk im Verh zum Käufer, idR nein (BGH WPM 64, 853). Ein Makler für den and, wenn sie in einer „Franchise-Organisation" zusarbeiten, ja (BGH WPM 78, 246). – **Mietverhältnis:** s Anm 4b. – **Nachbarrecht:** s Anm 1 b bb. – **Notar:** Für Verk ggü dem Käufer hins der EigtVerschaffsPfl, ja, wenn er mit Abwicklg beauftragt (BGH 62, 121, dazu krit Lüderitz NJW 75, 1); ebso für Käufer im Verhältn zum GBAmt (BGH NJW 84, 1748) u hins der ZahlgsPfl (Kblz WPM 84, 928); Angest eines Not hins der Erf seiner AmtsPfl, nein, da diese in eig Pers zu erfüllen sind (RG 162, 28, BGH NJW 76, 847).

  f) **Rechtsanwalt:** Für PfändgsGläub ggü dem der Pfändg widersprechenden DrittBerecht, ja (BGH 58, 215). Bürovorsteher für RAnw ggü Mandanten, ja (BGH NJW 101, 249); ebso amtl bestellter Vertreter (BGH NJW 88, 1157, VerkAnw für HauptBevollm, nein (BGH NJW 88, 1082); für Part im Verh zum HauptBevollm, idR nein (RG 167, 80). – **Reisevertrag:** s Anm 4a. – **Seefrachtvertrag** s Kronke TranspR 88, 39. – **Tankstellen:** Gehilfe für Inh hins NebenPfl zur sicheren Aufbewahrg des zum Waschen gegebenen Kfz, ja (BAG NJW 68, 717); Tankwart, der vom Kunden mit Rückführg seines Kfz beauftragt ist, kein ErfGeh des TankstellenInh (BGH VersR 68, 472). – **Versicherungsvertrag:** s Anm 4e. – **Vertragsstrafe:** s § 339 Anm 2.

  g) **Werkvertrag:** Monteur, der Gasuhr unsachgem anbringt, ist ErfGeh des Untern ggü Kunden u dessen ArbN (RG 127, 224). TransportPers, dch die HauptUntern den zu bearbeitdn Ggst zum SubUntern befördern läßt, ja (RG 101, 152). SubUntern, ja (BGH 66, 48); Zulieferer, idR nein (BGH NJW 78, 1157, oben Anm 4a); VorUntern für AuftrGeb im Verhältnis zum NachUntern nein (BGH 95, 131, aA Vygen BauR 89, 391). Rennfahrer für Veranstalter ggü Zuschauern, ja (RG 127, 314). Schiffsbesatzg für Reeder hins der mit der Beförderg zushängden Pflten, ja (RG 124, 50). Verschw von Mängeln s Anm 4b. BauVertr s oben b. – **Wettvertrag:** Buchmacher für TotalisatorUntern, uU ja (BGH LM Nr 17).

7) Umfang der Haftung: Sie entspr dem der Haftg für die Versch bei Erf der Verbindlichk. Da für SchmerzG nur aGrd unerl Hdlg gehaftet w (§§ 847, 253), kann SchmerzGAnspr nicht auf § 278 gestützt w (RG JW 11, 360). Haftg besteht nur ggü dem Gläub u den Pers, die in den Schutzbereich des Vertr einbezogen sind (§ 328 Anm 3). Dritten ggü haftet der Schu nur gem § 831. Der ErfGeh selbst haftet nicht aus Vertr, uU aber aus unerl Hdlg. Für ein Versch bei den VertrVerhandlgen kann der ErfGeh unter best Voraussetzen auch selbst in Anspr genommen w (s § 276 Anm 6 C b).

8) Gläub h die Beweislast für das Versch der HilfsPers, es sei denn, daß § 282 anwendb ist (vgl dort). Es brauchen jedoch keine VerschTats hins best HilfsPers bewiesen zu w, da der Gläub sonst in BewNot geriete.

9) Satz 2 ermöglicht einen **Haftungsausschluß** für vorsätzl Verhalten von ErfGeh u gesetzl Vertretern. Dies gilt nicht für gesetzl Vertreter jur Pers, da sie Organe sind (s Anm 2b). Außerdem w § 278 S 2 dch AGBG 11 Nr 7 begrenzt; danach ist der formularmäß Ausschl der Haftg für Vors u grobe Fahrlässigk des ErfGeh unwirks.

279 Unvermögen bei Gattungsschuld.

Ist der geschuldete Gegenstand nur der Gattung nach bestimmt, so hat der Schuldner, solange die Leistung aus der Gattung möglich ist, sein Unvermögen zur Leistung auch dann zu vertreten, wenn ihm ein Verschulden nicht zur Last fällt.

1) Allgemeines. a) § 279 geht davon aus, daß der Schu, der sich zur Lieferg einer Gattgssache verpflichtet, idR die Gewähr für die Beschaffgsmöglichk u zugl das BeschaffgsRisiko übernimmt. Er begründet daher für den Schu hins dieses Risikos eine **schuldunabhängige Einstandspflicht.** Dabei hat § 279 aber im wesentl nur klarstelle Bedeutg. Da der Schu einer GattgsSchuld nicht ein bestimmtes, sond irgendein Stück der Gattg schuldet, ergibt sich schon aus dem Inh seiner LeistgsPfl, daß seine Schuld fortbesteht, solange die geschuldete Leistg beschafft w kann (Larenz § 21 I d, Erm-Battes Rdn 1). – **b) Anwendungsbereich. – aa)** § 279 gilt für die sog marktbezogene **Gattungsschuld.** Soll der Schu nach dem Inh des abgeschlossenen Vertr nicht zur Beschaffg verpflichtet sein, sond aus seinem Vorrat liefern **(Vorratsschuld)**, ist § 279 unanwendb (RG **108**, 420, Karlsr JZ **72**, 120, § 243 Anm 1 c). Die Anwendg des § 279 entfällt, sobald aus der GattgsSchuld dch Konkretisierg eine Stückschuld geworden ist (§ 243 Anm 3). Auf den Anspr aus § 667 kann § 279 nicht angewandt w (BGH **28**, 128, OGH **3**, 285). Es gilt aber ggü dem gem § 818 IV, 819 verschärft haftden BereicherungsSchu, da sich die Verweis in § 818 IV auch auf § 279 bezieht (BGH **83**, 300, krit Wilhelm AcP **183**, 1, Wandt MDR **84**, 535). – **bb)** Auf **Stückschulden** ist § 279 entspr anzuwenden, wenn der Schu die Verpfl übernommen hat, den geschuldeten Ggst zu beschaffen (RG **75**, 335, sog BeschaffgsSchuld). Auch der WkVertr enthält vielf Elemente einer BeschaffgsSchuld. Die BeschaffgsPfl kann ausdr, aber auch konkludent übernommen w. Ihr Umfang ist erforderl dch Auslegg (§ 157) festzustellen. – **cc)** Dagg fällt die **Geldschuld** nicht unter § 279 (Staud-Löwisch Rdn 2; Soergel-Wiedemann Rdn 7, Larenz § 21 I d, aA BGH **83**, 300). Sie ist Wertschuld, von der der Schu auch bei Untergang der ges Geldsorte nicht frei wird. Der allg anerkannte Grds, daß der Schu für seine finanzielle LeistgsFähigk einzustehen hat (RG **106**, 181, BGH **63**, 139, NJW **89**, 1278), bedarf keiner Ableitg aus § 279. Er ist ein unserer R- u WirtschOrdng immanenter allg RGrds; er kommt in dem Prinzip der unbeschr Vermögenshaftg zum Ausdr u wird verfahrensrechtl dch das ZwVollstr- u KonkursR verwirklicht (Medicus AcP **188**, 501).

2) Inhalt und Grenzen der Einstandspflicht. a) Nicht § 279, sond § 275 I ist anzuwenden, wenn die Leistg obj **unmöglich** w. Zum Begriff der Unmöglichk s § 275 Anm 2. AnwendgsFälle sind der Untergang od die Beschlagn der ges Gattg. Die genaue Abgrenzg der Gattg ist dch Auslegg (§§ 133, 157) festzustellen. Handelt es sich um ein absolutes FixGesch, tritt mit Ablauf der für die Erfüll in Betracht kommden Zeitspanne Unmöglichk ein (§ 271 Anm 5 b). Für die Frage, ob der Schu diese Unmöglichk zu vertreten hat, kann der neben § 276 auch § 279 von Bedeutg sein. – **b)** Liegt keine Unmöglichk, sond **Unvermögen** (§ 275 Anm 3) vor, besteht grdsl eine EinstandsPfl des Schu. Dabei ist aber zu differenzieren. – **aa)** Der Schu ist **verantwortlich,** wenn die Beschaffg an fehlden finanziellen Mitteln, an mangelnder GeschErfahrg, an nicht rechtzeit Eindeckg od sonst an Grden scheitert, die seinem GeschKreis zuzurechnen sind. – **bb)** Nicht § 279, sond §§ 275 II, 276 sind dagg heranzuziehen, wenn das Unvermögen auf **persönlichen Hinderungsgründen,** wie Krankh od FreihBeschränkgen, beruht, die nicht mit der Eigenart der Schuld als GattgsSchuld zushängen (RG **99**, 1, Erm-Battes Rdn 6, hM). Es besteht kein Anlaß, GattgsSchulden insow und zu behandeln als Stückschulden. – **cc)** Die Verantwortlichk des Schu entfällt nach § 279 wenn inf nicht vorherseh Umst so erhebl LeistgsHindern entstanden sind, daß dem Schu die Beschaffg **nicht** mehr **zugemutet** w kann (RG **57**, 116, **88**, 172, **107**, 158, BGH NJW **72**, 1703). Das kann zu bejahen sein, wenn die GattgsSachen nicht mehr im Handel erhältl sind, sond vom Verbraucher zurückgekauft werden müßten, od wenn bei einem reinen InlandsGesch eine Beschaffg nur noch im Ausl mögl ist (s RG **157**, 158). Str ist die Begründg für dieses prakt allg anerkannte Ergebn. Währd die Rspr des RG auf den (inzw aufgegebenen) Gesichtspkt der wirtschaftl Unmöglichk (§ 275 Anm 2 e) abgestellt hat, werden im Schrifttum die unterschiedlichsten Lösgsansätze befürwortet: Auslegg u ergänzde Auslegg der BeschaffgsPfl, teleolog Reduktion des § 279, Heranziehg des Begriffs der erforderl Sorgf des § 242 (s Erm-Battes Rdn 8). Nach richt Ans sind auch hier – ebso wie in den and fr mit wirtschaftl Unmöglichk gelösten Fällen – die Grds über den Wegfall der GeschGrdl (§ 242 Anm 6 C) anzuwenden (Staud-Löwisch Rdn 18). – **dd)** Der Gläub kann sich auf § 279 nicht berufen, wenn er den Unmöglichk des Schu den rechtsw Hdlg **selbst herbeigeführt** hat (RG **97**, 6). Weiß der Gläub bei VertrSchluß, daß sich der Schu die Ware erst beschaffen muß, so steht das der Anwendg des § 279 aber nicht entgg (BGH NJW **72**, 1703).

3) Rechtsfolgen. § 279 schränkt § 275 II ein. Der ErfAnspr bleibt, solange Stücke aus der Gattg erhältl sind, bestehen, auch wenn der Schu wg finanzieller Schwierigk zur Leistg außerstande ist (Roth JuS **68**, 101, MüKo/Emmerich Rdn 5 u 10, aA Coester-Waltjen AcP **183**, 283). Sofern der Schu sich auf Unvermögen beruft, kann der Gläub statt Erfüllg auch SchadErs wg NichtErf (§§ 280, 325) verlangen; ihn in diesem Fall auf §§ 283, 326 zu verweisen, wäre ein überflüssiger Formalismus.

4) Abweichende Vereinbarungen. § 279 ist dispositives R. Für formularmäß Freizeichngen im nichtkaufm Verk ergeben sich aber aus AGBG 10 Nr 1 Beschränkgen (s dort). Die Selbstbelieferungsklausel befreit den Schu, wenn er von seinem Lieferanten, mit dem er ein konkretes DeckgsGesch abgeschl hat, im Stich gelassen w (BGH **49**, 393, NJW **85**, 738). Enger ist die Klausel "Liefergsmöglichk vorbehalten"; hier muß sich der Schu im Rahmen des Zumutb um anderweit Deckg bemühen (BGH NJW **81**, 1628). Zu Arbeitskampfklauseln s Löwisch BB **74**, 1497, Schmid NJW **79**, 15, allg zu Befreiungsklauseln Liesecke WPM **78**, Beil 3 S 45 ff.

5) Der Schu ist dafür **beweispflichtig,** daß die Leistg aus der Gattg unmögl ist (Staud-Löwisch Rdn 14). Im übrigen gilt § 282.

280 *Haftung bei zu vertretender Unmöglichkeit.* **I** Soweit die Leistung infolge eines von dem Schuldner zu vertretenden Umstandes unmöglich wird, hat der Schuldner dem Gläubiger den durch die Nichterfüllung entstehenden Schaden zu ersetzen.

II Im Falle teilweiser Unmöglichkeit kann der Gläubiger unter Ablehnung des noch möglichen Teiles der Leistung Schadensersatz wegen Nichterfüllung der ganzen Verbindlichkeit verlangen, wenn die teilweise Erfüllung für ihn kein Interesse hat. Die für das vertragsmäßige Rücktrittsrecht geltenden Vorschriften der §§ 346 bis 356 finden entsprechende Anwendung.

1) Allgemeines. a) Die Vorschr ergänzt § 275. Hat der Schu die Unmöglichk nicht zu vertreten, wird er nach § 275 von seiner LeistgsPfl frei, ohne daß das Ges ihm eine SchadErsPfl auferlegt. Handelt es sich um eine vom Schu zu vertretde Unmöglichk, fällt die sinnwidr gewordene ursprüngl LeistgsPfl gleichf weg (LAG Koblz MedR **84**, 159, Soergel-Wiedemann Rdn 30, str); sie setzt sich aber in der **Schadensersatzpflicht** gem § 280 fort. Konstruktiv handelt es sich nicht um die Entstehg eines neuen Anspr, sond um die Umwandlg (Inhaltsändrg) des Erfüllgs- in einen SchadErsAnspr (Brehm JZ **74**, 573). Sicherh, wie Bürgen

§§ 280, 281

u Pfänder, bleiben daher verhaftet (§§ 767 I, 1210). – **b)** § 280 gilt für alle **einseitig verpflichtenden Schuldverhältnisse**, gleichgült ob sie auf RGesch od Ges beruhen. Bei ggs Vertr gelten für die im Synallagma stehden LeistgsPflten die Sonderregeln in §§ 324, 325; auf Anspr, die nicht unter das GgseitigkVerh fallen, ist dagg § 280 anzuwenden. § 280 erstreckt sich auch auf den Anspr des AussondergsBerecht gg die KonkMasse (BGH NJW 58, 1534).

2) Voraussetzungen. a) Der SchadErsAnspr aus § 280 setzt voraus, daß die Leistg **unmöglich** geworden ist. Gleichgültig ist, ob es sich um objektive Unmöglichk (§ 275 Anm 2) od um Unvermögen (§ 275 Anm 3) handelt (Prot 1, 321). § 280 betrifft nur die **nachträgliche** Unmöglichk (§ 275 Anm 4). Auf die anfängl Unmöglichk sind §§ 306, 307 u die in den Erläutergen zu § 306 dargestellten allg RGrds anzuwenden. Es muß sich um einen Fall **dauernder** Unmöglichk (§ 275 Anm 5) handeln. Vorübergehde Unmöglichk begründet unter den Voraussetzgen der §§ 284f Verzug. – **b)** Die Unmöglichk muß vom Schu **zu vertreten** sein (s § 275 Anm 7). Ist die Unmöglichk dch das Verschulden beider Teile herbeigeführt worden, ist § 280 anzuwenden, jedoch wird der SchadErsAnspr des Gläub entspr § 254 gemindert (BGH 40, 326, 332, ferner zu §§ 323ff RG 71, 191, 94, 141, Oldbg NJW 75, 1788).

3) Rechtsfolgen. a) Der Gläub hat einen SchadErsAnspr wg NichtErf. Der Anspr richtet sich auf das sog **positive Interesse** (BGH NJW 83, 443). Der Gläub kann verlangen, so gestellt zu werden, wie er bei gehöriger Erfüllg dastehen würde. Der Anspr geht idR auf SchadErs in Geld, da eine Herstellg in Natur wg der Unmöglichk der Leistg im allg ausgeschlossen ist (BGH NJW 84, 2570, arg § 251). Ist die Naturalrestitution, etwa dch Lieferg von vertretb Sachen od Wertpapieren, ausnw mögl, kann der Gläub aber Ersatz in Natur fordern (RG 106, 88, 107, 17, BGH WPM 71, 1414, str, aA Staud-Löwisch Rdn 9). Für den SchadErsAnspr gilt dieselbe **Verjährungsfrist** wie für den ErfAnspr (§ 195 Anm 3 d a), die Verj beginnt aber erst mit dem Eintritt der Unmöglichk (§ 198 Anm 2 b aa). Verlangt der Gläub die Herausg des stellvertretden commodum (§ 281 I 1), ist dessen Wert auf den ErsAnspr anzurechnen (§ 281 II). – **b) Verfahrensrechtliches.** Verlangt der Gläub SchadErs wg NichtErf, trägt er für die Unmöglichk der Leistg die Beweislast (§ 282 Anm 1). Hinsichtl des Vertretenmüssens ist dagg der Schu beweispflicht (§ 282 Anm 2). Bei Zweifeln über die Möglichk der Leistg kann es sich für den Gläub empfehlen, zunächst auf Leistg zu klagen. Wendet der Schu Unmöglichk ein, kann der Gläub gem ZPO 264 Nr 3 zum SchadErsAnspr übergehen, ohne die Einr der Klagänderg befürchten zu müssen (§ 283 Anm 1). ZPO 264 Nr 3 gilt auch dann, wenn die Unmöglichk bereits vor Klageerhebg eingetreten ist, sofern der Schu erst nach RHängigk von ihr Kenntn erlangt hat (RG 88, 405, Ffm FamRZ 81, 979). Zu den verfahrensrechtl Fragen der ErfKlage s § 275 Anm 8 a.

4) Teilweise Unmöglichkeit. a) Bei Teilunmöglichk beschränkt sich der SchadErsAnspr wg NichtErf grdsl auf den unmögl gewordenen Teil der Leistg; im übrigen bleibt die LeistgsPfl des Schu bestehen (arg I „soweit"). Die Teilunmöglichk kann jedoch ausnw der vollständ Unmöglichk gleichstehen (§ 275 Anm 6). Ist das der Fall, hat der Gläub bereits nach I einen SchadErsAnspr wegen NichtErf der ganzen Verbindlichk; auf II kommt es nicht an. – **b)** Auch bei bloßer Teilunmöglichk kann der Gläub SchadErs wg NichtErf der ganzen Verbindlichk fordern, wenn er an der teilweisen Erfüllg **kein Interesse** hat (II 1). Maßgebd ist eine obj Beurteilg, nicht das Belieben des Gläub. Ein Interessenwegfall kann zu bejahen sein, wenn sich der Gläub neu eindecken mußte u es zweckmäß war, für die gesamten Menge nur zu kontrahieren. Hat der Gläub eine Teilleistg angenommen, besteht das AblehngsR aus II nur dann, wenn die Annahme unter dem Vorbeh der Ergänzg erfolgt ist. Dieser Vorbehalt ergibt sich aber idR aus dem Umst (MüKo/Emmerich Rdn 12). Für das Fehlen eines Vorbeh ist der Schu beweispflicht (Staud-Löwisch Rdn 15), für den vollständ Interessewegfall der Gläub. – **c)** Wg der Ausübg des AblehngsR verweist II 2 auf die **Rücktrittsvorschriften**. Danach erfolgt die Ablehng dch rechtsgestaltde Erkl des Gläub (§ 349). Sie ist ausgeschlossen, wenn der Gläub sich die Rückg der empfangenen Teilleistgen schuldh unmögl gemacht hat (§§ 350, 351). Die beiderseits geschuldeten Leistgen (Rückg der Teilleistg, SchadErs) sind Zug um Zug zu erbringen (§ 348). Der Schu kann dem Gläub für die Ausübg des AblehngsR eine AusschlußFr setzen (§ 355). Hat der Schu die GgLeistg des Gläub bereits ganz od teilw erhalten, richtet sich seine RückgewährPfl nach SchadErsR, nicht nach § 346 (v Jaschke MDR 54, 202). Bei ggs Vertr gilt § 325 I 2.

5) § 280 ist **dispositives Recht**. Einschränkgen des I dch AGB sind aber im nichtkaufm Verkehr nur in den Grenzen von AGBG 11 Nr 7 u 8 zul (s dort). II ist gem AGBG 11 Nr 9 dch AGB nicht abdingb.

281 Herausgabe des Ersatzes bei Unmöglichkeit.

I Erlangt der Schuldner infolge des Umstandes, welcher die Leistung unmöglich macht, für den geschuldeten Gegenstand einen Ersatz oder einen Ersatzanspruch, so kann der Gläubiger Herausgabe des als Ersatz Empfangenen oder Abtretung des Ersatzanspruchs verlangen.

II Hat der Gläubiger Anspruch auf Schadensersatz wegen Nichterfüllung, so mindert sich, wenn er von dem im Absatz 1 bestimmten Rechte Gebrauch macht, die ihm zu leistende Entschädigung um den Wert des erlangten Ersatzes oder Ersatzanspruchs.

1) Allgemeines. a) § 281 zeigt, daß die nachträgl Unmöglichk nur die LeistgsPfl des Schu, nicht aber das SchuldVerh im ganzen erlöschen läßt. Die Vorschr beruht auf dem Gedanken, daß dem Gläub, der in der Unmöglichk den Anspr auf die Leistg verloren hat, als Ausgl das stellvertretde commodum gebührt, das im Vermögen des Schu an die Stelle der unmögl gewordenen Leistg getreten ist; sie hat den Zweck, eine in der Sache unricht Verteilg von Vermögenswerten auszugleichen (RG 120, 349, 157, 44, BGH LM Nr 1). Konstruktiv handelt es sich um einen Fall **schuldrechtlicher Surrogation** (Esser-Schmidt § 22 IV 2, Larenz § 22 I). Die in § 281 angeordnete RFolge entspricht idR dem mutmaßl PartWillen. Man kann die Vorschr daher als einen gesetzl geregelten Fall ergänzder VertrAusslegg bezeichnen (BGH 25, 9). – **b)** § 281 ist grdsl auf **alle schuldrechtlichen Ansprüche** anzuwenden, auf den seine Voraussetzgen zutreffen (BGH 75, 206). Der RGrd des Anspr ist gleichgült. § 281 gilt auch für Anspr aus unerl Hdlg, GoA od Rücktr

Inhalt der Schuldverhältnisse. 1. Titel: Verpflichtung zur Leistung § 281 1–3

(BGH NJW 83, 930). Für die ungerechtf Ber enthält § 818 II u III eine Sonderregelg (BGH 75, 206). Auf den verschärft haftden BereichergsSchu ist § 281 dagg anzuwenden, da sich die Verweisg auf die allg Vorschr (§ 818 IV, 819) auch auf § 281 bezieht (BGH 75, 206, Frank JuS 81, 102). – c) Auf den **dinglichen Herausgabeanspruch** des Eigtümers gg den Besitzer (§ 985) findet § 281 keine Anwendg (RG 115, 33, **157**, 44, Staud-Löwisch Rdn 6, stRspr u hM, and fr RG **105**, 88). Die §§ 989, 990 enthalten für die schuldrechtl Folgen der Unmöglichk der Herausg eine Sonderregelg. Es wäre auch offensichtl sinnwidr, wenn dem Eigtümer einer abhanden gekommenen Sache neben dem HerausgAnspr gg den Erwerber gem § 985 ein Anspr auf den VerkErlös gg den Veräußerer zustehen würde. Nur wenn der Eigtümer die Veräußerg genehmigt, kann er gem § 816 die Herausg des Verkaufserlöses verlangen. § 281 scheidet insow auch deshalb als AnsprGrdl aus, weil er nur BesSurrogate betreffen würde, währd der VerkErlös, ebso wie die VersichergsSumme, ein Surrogat des Eigtums ist (Jochem MDR **75**, 177, Merle AcP **183**, 85, Anm 2 d).

2) **Voraussetzungen.** a) Der Anspr muß auf **Leistung eines Gegenstands** (Übbl 2 v § 90) gerichtet sein. Hdlgen u Unterlassgen sind keine Ggst iSd § 281 (Staud-Löwisch Rdn 3). § 281 gilt daher nicht für den WerkVertr (RG **97**, 90). Ist der ArbGeb verpflichtet, das Gehalt an den verletzten ArbNeh weiter zu zahlen, geht der etwaige SchadErsAnspr des ArbNeh gem LFZG 4 auf den ArbGeb über (Vorbem 7 Ce v § 249). Soweit ausnw kein gesetzl FdgÜbergang stattfindet, kann die Verpfl zur Abtr des SchadErsAnspr (§ 616 Anm 5) auch auf den RGedanken des § 281 (Anm 1 a) gestützt w (str). § 281 gilt auch für bedingte Anspr (BGH **99**, 388). Er setzt voraus, daß ein bestimmter individueller Ggst geschuldet w (RG **108**, 187). Er ist daher **auf Gattungsschulden unanwendbar** (RG **88**, 288, **108**, 187), solange diese nicht dch Konkretisierg (§ 243 II) zu Stückschulden geworden sind. Das gilt grdsl auch für die Vorratsschuld (beschränkte Gattgsschuld, § 243 Anm 1 c). Auf diese kann § 281 aber angewandt w, wenn der UnmöglichkGrd (Beschlagn, Brandschaden) den gesamten Vorrat betrifft (RG **93**, 143, **95**, 23). – b) Die Leistg muß **nachträglich unmöglich** geworden sein. Die in § 275 II angeordnete Gleichstellg von Unvermögen u obj Unmöglichk gilt auch hier. Gleichgült ist, ob der Schu die Unmöglichk zu vertreten hat od nicht (BGH WPM **87**, 988). Sogar wenn der Gläub die Unmöglichk zu vertreten hat, ist § 281 grdsl anwendb (BGH LM Nr 1). Hat der Schu die Leistg dch eine pVV entwertet u dadch für die Leistg ein Surrogat erlangt, findet § 281 entspr Anwendg (Erm-Battes Rdn 7). Beispiel: Einziehg der abgetretenen Fdg dch den Zedenten (RG **111**, 303, JW **26**, 981). – c) Der Schu muß **infolge** des Umstandes, der die Leistg unmöglich gemacht hat, für den geschuldeten Ggst **Ersatz** od einen Anspr auf Ers erlangen (sog stellvertretdes commodum). Zw dem Ereign, das die Unmöglichk herbeigeführt hat, u der Erlangg des stellvertretden commodum muß ein adäquater UrsachenZushang bestehen (RG **102**, 205); es genügt jedoch Mitursächlichk (RG aaO, BGH LM Nr 1). Beispiele sind: SchadErsAnspr gg Dritte wg Zerstörg, Beschädigg od Entwendg der geschuldeten Sache; Anspr auf die VersSumme (BGH **99**, 389, VersR **55**, 225, LM Nr 1); Versteigergserlös (BGH WPM **87**, 988), LastenAusglEntsch wg Enteign in der DDR (BGH NJW-RR **88**, 903), EntschädiggsAnspr wg Beschlagn (RG **93**, 143, **95**, 21) (sog commodum ex re). Ersatz ist auch das zur Befriedigg dieser Anspr an den Schu Geleistete. Auch die Befreiung von einer Schuld kann ein auszugleichdes Surrogat darstellen (RG **120**, 350), nicht aber mildtät Zuwendgen Dr an den Schu. Sind das Ereign, das die Leistg unmögl macht (Bsp: Übereigng der Sache), u der Umst, der den ErsAnspr begründet (Bsp: Verk der Sache), nicht identisch, ist § 281 gleichwohl anwendb, sofern beide Ereign wirtschaftl eine Einh bilden. Unter § 281 fällt daher auch das dch RGesch, insb dch Verk, vom Schu erzielte Entgelt, sog **commodum ex negotiatione** (BGH **46**, 264, **75**, 206, NJW **83**, 930, prakt allgM). § 281 gilt auch dann, wenn das VeräußergsGesch gg ein gesetzl Verbot od gg die guten Sitten verstieß (RG **105**, 90, Haselhoff NJW **48**, 289). – d) Zw dem Ggst, dessen Leistg unmögl geworden ist, u dem Ggst, für den der Schu Ers erlangt hat, muß **Identität** bestehen (BGH **25**, 9, MüKo/Emmerich Rdn 9). Ein EigtSurrogat ist daher nur herauszugeben, wenn der Schu zur EigtVerschaffg verpflichtet war, nicht aber wenn er ledigl die Übertragg des Besitzes schuldete (Jochem MDR **75**, 179). Der Mieter, der sein GebrauchsR verloren hat, hat keinen Anspr auf Einräumg eines MietR am ErsObjekt (BGH **8**, 64). Auch hins der für die Sache gezahlten Enteigngsentschädigg stehen dem Mieter keine Rechte aus § 281 zu (BGH **25**, 9). War an einem Grdst eine Dienstbark zu bestellen, kann der Gläub nicht den Mehrerlös herausverlangen, der dch den lastenfreien Verk des Grdst erzielt worden ist (BGH **46**, 264, aA Staud-Löwisch Rdn 19). Ein im PachtVertr vereinbartes AnkaufsR begründet für den Pächter nur dann einen Anspr auf das EigtSurrogat (BrandVersSumme), wenn es vor Eintritt der Unmöglichk ausgeübt worden ist (BGH LM Nr 5). ErsLeistgen gerade für den Nutzgsausfall gebühren dagg dem Mieter (MüKo/Emmerich Rdn 8). Wird dem Mieter bei vorzeitiger Beendigg des Vertr eine Abfindg gezahlt, ist § 281 daher zG des Untermieters anwendb (BGH NJW-RR **86**, 234). Mögl ist es auch, daß dem Gläub nach den Grds der ergänzden VertrAuslegg (§ 157 Anm 2) weitergehende Rechte als die des § 281 zustehen (BGH **25**, 10).

3) **Rechtsfolgen.** a) § 281 hat keine dingl Wirkg (RG **94**, 23); er regelt vielmehr (ähnl wie §§ 667, 816) einen Fall schuldrechtl Surrogation (Anm 1 a). Der dch § 281 begründete Anspr ist weder ein SchadErsnoch ein BereichergsAnspr, sond ein **Ausgleichsanspruch eigener Art**. Er entsteht nicht kr Ges, sond nur wenn der Gläub es verlangt (sog verhaltener Anspr). Da er auf dem ursprüngl SchuldVerh beruht, haften für ihn Bürgen u Pfänder weiter. Der Anspr setzt voraus, daß der Schu den Ers od ErsAnspr wirkl **erlangt** hat (RG **120**, 349); es genügt nicht, daß er etwas hätte erlangen können. Ein Verkaufserlös ist in voller Höhe herauszugeben, nicht nur in Höhe des gemeinen Wertes (RG **138**, 48, MüKo/Emmerich Rdn 15). Späterer Verlust befreit den Schu nur, wenn er ihn nicht zu vertreten hat (§ 275). Andf gilt § 280 (nicht § 818 III). Die HerausgPfl erstreckt sich auch auf gezogene Nutzgen (BGH NJW **83**, 930). Eig Aufwendgen darf der Schu abziehn (RG **138**, 51); soweit er im Rahmen seines Gewerbes tät geworden ist, gebührt ihm auch ein Ausgl für den Wert seiner Dienste. – b) Hat der Gläub neben dem Anspr aus § 281 einen **Schadensersatzanspruch** (§ 280 od § 325), besteht zw beiden Anspr eine elektive Konkurrenz (§ 262 Anm 3 b). Der Gläub hat – and als iF der Wahlschuld – ein jus variandi. Auch wenn er über den einen Anspr ein rechtskr Urt erstritten hat, kann er noch den weitergehen and Anspr geltd machen (BGH NJW **58**, 1041). Der Schu ist dagg nicht berecht, den Gläub auf das stellvertretde commodum zu verweisen (RG **105**, 155). – c) Nach II ist der Wert

des Ers auf den SchadErsAnspr **anzurechnen.** Die Vorschr beruht auf dem Gedanken der VortAusgl. Stellt sich der abgetretene ErsAnspr als nichtdchsetzb heraus, entfällt die Anrechng (Staud-Löwisch Rdn 27, str). II soll einen ungerechtfert Gewinn des Gläub verhindern, ihm aber nicht das Risiko der Bonität des Dritt-Schu überbürden. Bei **gegenseitigen Verträgen** gilt für die Pfl zur GgLeistg § 323 II. – **d)** Die **Beweislast** dafür, daß der Schu Ers od einen ErsAnspr erlangt hat, trägt der Gläub. Ist dieser Bew gelungen, steht ihm hins der Höhe ein AuskAnspr zu (BGH NJW 83, 930, Hamm VersR 87, 316).

282 **Beweislast bei Unmöglichkeit.** Ist streitig, ob die Unmöglichkeit der Leistung die Folge eines von dem Schuldner zu vertretenden Umstandes ist, so trifft die Beweislast den Schuldner.

1) Beweislastverteilung bei Unmöglichkeit. – a) Bedeutung des § 282. § 282 enthält für den SchadErsAnspr aus §§ 280, 325 eine Beweislastumkehr zG des Gläub. Da das Vertretenmüssen in §§ 280, 325 AnsprVoraussetzg ist, müßte es nach allg BewLastGrds an sich vom Gläub nachgewiesen w. § 282 weicht hiervon ab u legt dem Schu den Bew des Nichtvertretenmüssens auf. Das entspr der BewLastVerteilg iF des Verzugs (§ 285 Anm 1). Verlangt der Gläub Erf, ist § 282 dagg leerlaufd. Der Schu, der sich ggü dem ErfAnspr auf § 275 beruft, hat schon nach allg RGrds dessen Voraussetzgen zu beweisen (Hamm NJW-RR **88**, 1087). Die allg Grds der BewLast u nicht § 282 entscheiden auch darüber, wer nachzuweisen hat, ob überhaupt Unmöglichk gegeben ist. Die BewLast hat, wer **Rechte** aus der Unmöglichk **herleiten** will, also der Gläub, wenn er auf SchadErs klagt, der Schu, wenn er ggü der ErfKlage Unmöglichk einwendet (allgM). – **b) Grund** für die in § 282 angeordnete BewLastUmkehr ist der Gedanke, daß idR der Schu am besten die Umst aufklären kann, die die Leistg unmögl machen (BGH NJW **65**, 1584, **LM** § 688 Nr 2 Bl 3). Die § 282 zGrde liegde Vermutg, daß der Schu die Unmöglichk zu vertreten hat, ist zugl Ausdr des mit der Schuld übernommenen Leistgsrisikos (Soergel-Wiedemann Rdn 3). – **c) Anwendungsbereich.** § 282 gilt für alle vertragl u gesetzl SchuldVerh. Gleichgültig ist, welche RFolge der Gläub aus der Leistgsstörg herleiten will. § 282 gilt nicht nur für SchadErsAnspr, sond auch, wenn der Gläub zurücktritt, eine VertrStrafe verlangt, od eine Verfallklausel geltd macht (MüKo/Emmerich Rdn 4). Auch RückgewährPflten werden erfaßt, so die des Mieters (BGH NJW **53**, 59, Düss OLGZ **75**, 319), des Verwahrers (BGH **LM** § 688 Nr 11) u des Käufers nach Wandlg (BGH NJW **75**, 44). § 282 ist auf alle Arten der nachträgl Unmöglichk anzuwenden, auch auf das Unvermögen u die Teilunmöglichk. Er gilt daher auch dann, wenn die herauszugebde Sache nur in beschädigtem Zustand zurückgewährt w kann (BGH **3**, 174, Düss MDR **74**, 1017). Nicht anwendb ist § 282 auf delikt Anspr (unten 4 b) u iF des § 254 (BGH **46**, 268). Zur Anwendg im öffR s Anm 3 d. – **d) Vertretenmüssen.** Der Schu muß dartun, daß er die Unmöglichk nicht zu vertreten hat. Der EntlastgsBew muß sich auch auf das Versch von ErfGehilfen erstrecken (RG **101**, 153, BGH Warn **69** Nr 41). Besteht eine Haftgsmilderg, genügt der Bew, daß der Grad an Sorgf beobachtet worden ist, für den der Schu einzustehen hat (BGH **46**, 267, BAG NJW **85**, 220, BVerwG **52**, 260). – **e) Entlastungsbeweis.** An den Entlastgsbeweis des Schu dürfen **keine zu hohen Anforderungen** gestellt w (Mot II S 48, BGH NJW **53**, 59, Düss OLGZ **75**, 319). Er ist erbracht, wenn der Schu die Ursache der Unmöglichk nachweist u dartut, daß er diese nicht zu vertreten hat. Es genügt aber auch, daß der Schu den Grund der Unmöglichk wahrscheinl macht u beweist, daß er für diesen nicht einzustehen hat (BGH NJW **53**, 59). Ist die Ursache unaufklärb, kann sich der Schu dch den Bew entlasten, daß er alle ihm obliegde Sorgf beobachtet hat (RG **74**, 344, BGH NJW **65**, 1585). Der Schu ist aber beweisfäll, wenn nach den Umst des Falles die ernsth Möglichk offen bleibt, daß er die NichtErf zu vertreten hat (BGH NJW **52**, 1170, Warn **69** Nr 41). Hat er mehrere mögl Ursachen für die Unmöglichkeit gesetzt, muß er für jede den EntlastgsBew erbringen (BGH NJW **80**, 2187 zur pVV). Wird der Anspr erst viele Jahre nach Eintritt der Unmöglichk geltd gemacht, kann sich die BewLast umkehren (BGH WPM **72**, 19).

2) Beweislastverteilung bei positiver Vertragsverletzung. – a) Allgemeines. Rspr u Lehre stimmen darin überein, daß dem Gläub auch iF einer pVV nicht einschränkgslos die BewLast für alle Voraussetzgen des SchadErsAnspr auferlegt werden kann. Streit herrscht aber darüber, in welchem Umfang BewErleichtergen zG des Gläub zul sind u auf welches RPrinzip die BewLastUmkehr gestützt w kann. – **aa)** Das **Schrifttum** hat im Anschluß an Raape (AcP **147**, 212) ursprüngl überwiegd die Ansicht vertreten, § 282 sei auf die pVV **entsprechend anwendbar.** Der Gläub habe die obj PflWidrigk zu beweisen, der Schu das Nichtvertretenmüssen. Die nunmehr hL stellt bei der BewLastVerteilg dagg auf die **Art der verletzten Pflicht** ab (Stoll AcP **176**, 145, Staud-Löwisch Rdn 12, Baumgärtel Anh § 282 Rdn 51, Heinemann BewLVerteilg bei pfV, 1988). Ist ein best **Erfolg** geschuldet, muß sich der Schu iF des Nichteintritts entlasten, dh er muß beweisen, daß das Ausbleiben des Erfolges nicht von ihm zu vertreten ist. Erfolg kann auch die Vermeidg eines Schadens, etwa eines Transport- od Diebstahlsschadens, sein. Ist nur ein best **Verhalten geschuldet,** so hat der Gläub die Verletzg der VerhaltensPfl u deren Kausalität für den Schaden zu beweisen. Auch die BewLast für das Vertretenmüssen soll grdsl dem Gläub obliegen; in welchem Umfang hiervon Ausn zu Lasten des Schu zu machen sind, ist ebso str wie die Abgrenzg zw erfolgs- u verhaltensbezogener Pflten. – **bb)** Die **Rechtsprechung** des RG hat für Wk-, Dienst- u GastaufnVertr eine BewLastUmkehr bejaht, wenn die Schadensursache aus dem Gefahrenkreis des Schu hervorgegangen ist u die Sachlage zunächst den Schluß rechtfertigt, daß der Schu die ihm obliegde SorgPfl verletzt hat (RG **112**, 42, **148**, 150, **171**, 171). Der **BGH** hat diese Rspr, teils unter Hinw auf § 282, teils ohne Bezug auf die Vorschr, zu einer BewLastVerteilg nach **Gefahren- oder Verantwortungsbereichen** weiterentwickelt (BGH **64**, 46, NJW **78**, 51, **66**, 53, NJW **80**, 2197, **80**, 2186 uö mit Hinw auf § 282; BGH **8**, 241, **48**, 312, NJW **87**, 1938 uö ohne Hinw auf § 282). Danach gilt der Grds: Fällt dem Schu obj eine PflVerletzg zur Last od ist die Schadensursache in sonst Weise aus dem Verantwortgsbereich des Schu hervorgegangen, so muß er beweisen, daß er die PflVerletzg nicht zu vertreten hat. Diesen Grds erstreckt die Rspr auf prakt alle VertrTypen u auch auf vertragsunabhängige SchutzPflten (s unten 5). – **cc) Eigene Stellungnahme.** Der Rspr des BGH ist zuzustimmen. Ihre Grds sind entgg der Kritik in der Lit (MüKo-Emmerich Rdn 162 v § 275) hinr bestimmt

Inhalt der Schuldverhältnisse. 1. Titel: Verpflichtung zur Leistung § 282 2

(s unten c–e), ihre Ergebn sachgerecht. Zu berücksichtigen ist außerdem, daß das **AGBG** in § 11 Nr 15 a die BewLastVerteilg nach Verantwortgsbereichen als einen dch richterrechtl RFortbildg geschaffenen **Rechtssatz anerkennt.** Der Vorschlag, zw erfolgs- u leistgsbezogenen Pflten zu unterscheiden, kann ohne Bruch in die von der Rspr entwickelte BewLastVerteilg übernommen w (unten c bb); allerdings ist die Abgrenzg zw erfolgs- u leistgsbezogenen Pflten in Wahrh unsicherer als die der Verantwortgsbereiche der Beteiligten.

b) Anwendungsbereich. Die BewLastVerteilg nach Verantwortgsbereichen gilt für **alle Vertragstypen** (s aber zum ArztVertr u zu weiteren Sonderfällen unten 3), so für BeherberggsVertr (RG **169**, 97), GastAufnVertr (RG **160**, 155), WkVertr (BGH **23**, 290, **48**, 312), BefördergsVertr (BGH **8**, 241), SchleppVertr (BGH **27**, 238), ReiseVertr (BGH NJW **87**, 1938), VerwahrgsVertr (BGH **3**, 174), DienstVertr (BGH **28**, 254, NJW **85**, 264), GeschBesorggsVertr (BGH WPM **72**, 583), MietVertr (BGH NJW **64**, 35, **78**, 2197), KaufVertr (BGH **64**, 51, **LM** § 326 (H) Nr 8), MaklerVertr (BGH NJW **82**, 1147). Sie erfaßt neben den Anspr aus pVV auch **andere Ansprüche,** soweit deren BewSituation vergleichb ist. Das gilt für den Anspr aus § 635 (BGH **48**, 312), aus § 651f (BGH **100**, 188), aus **culpa in contrahendo** (BGH **66**, 54, **67**, 387, NJW **62**, 31, **87**, 640), aus dem gesetzl SchuldVerh zw Ladgsbeteiligten u Schiffer (BGH VersR **77**, 326, Köln OLGZ **72**, 26, Hbg VersR **72**, 658), aus § 989 (dort Anm 2). Auf delikt Anspr ist die BewLastVerteilg nach Verantwortgsbereichen dagg nicht übertragb; eine Ausn bildet allein die Produzentenhaftg (BGH **51**, 104, NJW **73**, 1602).

c) Der **Gläubiger** trägt die BewLast dafür, daß der Schu **objektiv** eine ihm obliegde **Pflicht verletzt** hat (BGH **28**, 253, **48**, 312, NJW **85**, 264, **LM** Nr 18). Dabei ist zu unterscheiden: – **aa)** IdR muß der Gläub den **vollen Beweis** einer PflVerletzg erbringen. Das gilt auch dann, wenn die PflVerletzg in einem Unterl, etwa der Verletzg einer Beratgs- od AufklPfl, besteht (BGH NJW **87**, 1322, **88**, 202, VersR **89**, 473, Mü NJW-RR **88**, 609; aA BGH NJW **82**, 1516 für den Steuerberater u BGH NJW **84**, 1808 für den ArztVertr). Es genügt, wenn beim Wk-, Reise- od Kaufvertr eine im RSinn mangelh Leistg nachgewiesen w (BGH **48**, 312, **100**, 188, **LM** § 433 Nr 36), wenn nachweisl eine gebotene Aufkl unterlassen worden ist (BGH **66**, 53, NJW **78**, 2197), wenn im Verantwortgsbereich des Schu ein verkehrsunsicherer Zustand bestanden hat (BGH **66**, 53, Gemüseblatt; NJW **62**, 31, Bananenschale; Betr **86**, 1771, gefährl Bodenbelag), wenn beim PferdepflegeVertr verdorbenes Futter verfüttert worden ist (BGH NJW **80**, 2186). Die BewLastUmkehr rechtfertigt sich in diesen Fällen aus dem Bestehen einer ggstandl VertrWidrigk. – **bb)** Die PflVerletzg des Schu kann sich auch daraus ergeben, daß der Gläub bei Durchführg des Vertr einen **Schaden** erlitten hat (Hamm NJW-RR **89**, 468). Ein solcher Schluß vom Schaden auf die PflVerletzg ist zul, wenn der Schu nach dem VertrInh die **erfolgsbezogene** Pfl hatte, einen Schaden wie den eingetretenen zu verhindern (oben a aa). Beim BefördergsVertr hat der Untern dafür zu sorgen, daß die zu befördernde Pers „wohlbehalten" am Bestimmungsort anlangt (BGH **8**, 242). Eine Schädigung beweist daher zugl eine PflVerletzg (BGH aaO). Entspr gilt für den SchleppVertr (BGH **27**, 239), den VerwahrVertr (BGH **3**, 174), den LagerVertr (BGH **41**, 153), den BewachgsVertr (LG Mö-Gladb NJW-RR **89**, 859), u den Beherberggs- u GastaufnVertr (RG **160**, 155, **169**, 97). – **cc)** Der Schluß von einer Schädigung auf die PflVerletzg ist auch dann gerechtfertigt, wenn der Gläub dartut, daß die SchadensUrs allein aus dem **Verantwortungsbereich** des Schu herrühren kann. So liegt es, wenn der Schaden entweder dch das Personal od das Gerät des Schu verursacht worden ist (BGH BauR **85**, 705), wenn bei der Arbeit des Untern ein Brand entsteht (BGH VersR **60**, 345), wenn der Pkw beim Dchlaufen der Autowaschanlage beschädigt w (Hbg DAR **84**, 260, LG Bayr NJW **82**, 1766, LG Köln NJW-RR **88**, 801, Pardey DAR **89**, 337, differenziert Bambg NJW **84**, 929, aA LG Hanau DAR **84**, 26, LG Kassel DAR **89**, 28), wenn ein Wasserschaden den Umst nach seine Urs in der Sphäre des Vermieters hat (BGH NJW **64**, 33), wenn für eine Ölverschmutzg allein die Urs aus dem Gefahrenkreis des Mieters in Betracht kommt (BGH VersR **76**, 1085), wenn der Anliefer Heizöl überläuft (BGH VersR **64**, 33).

d) Für den **Kausalzusammenhang** zw der PflVerletzg u dem Schaden trägt der Gläub die BewLast (BGH NJW **78**, 2197, **80**, 2186, **LM** Nr 18, BAG NJW **68**, 1350). Es gelten aber drei Ausn: **aa)** Hat ein Arzt einen **groben Behandlungsfehler** begangen, der geeignet war, einen Schaden wie den eingetretenen herbeizuführen, tritt hins der Ursächlichk eine Umkehr der BewLast ein (BGH **72**, 133, **85**, 216, unten Anm 3 b). Das gilt entspr für die grobe Verletzg **sonst Berufspflichten,** sofern sie dem Schutz von Leben u Gesundh dienen. Bsp: Krankenpflegepersonal (BGH NJW **71**, 243), Bademeister (BGH NJW **62**, 959), Kirmeskiosk (Köln OLGZ **70**, 315), aber auch der Tierarzt (Mü NJW-RR **89**, 988). Eine entspr BewLUmkehr ist auch bei Vermögensschäden zu bejahen, wenn eine grobe PflVerletzg eines **Rechtsanwalts** od eines Freiberuflers mit ähnl Vertrauensstellung nachgewiesen ist (s Giesen JZ **88**, 660, aA BGH NJW **88**, 203). – **bb)** Wer vertragl od vorvertragl Beratgs- od **Aufklärungspflichten** verletzt hat, ist bewpflicht dafür, daß der Schaden auch bei pflichtgem Verhalten entstanden wäre, der Geschädigte sich also nicht „aufklärgsrichtig" verhalten hätte (BGH **61**, 118, **64**, 51, **72**, 106, **89**, 103); die BewLastUmkehr gilt auch ggü demj, der, ohne selbst aufklärgspflicht zu sein, die Aufkl argl verhindert hat (BGH NJW **84**, 1688). Sie gilt auch für konkurrierde delikt Anspr (BGH NJW **84**, 1688, WPM **86**, 735), angebl aber nicht für Instruktionsfehler des Warenproduzenten (BGH NJW **75**, 1829). Sie betrifft allein die mögl Nichtbefolgg des Hinw, im übr bleibt es bei der BewLast des Geschädigten (BGH NJW **74**, 795). Sie setzt voraus, daß ein auf ein best Verhalten gerichteter Rat zu erteilen war (BGH NJW **81**, 630, VersR **89**, 700, Häuser WPM **89**, 845); gilt auch nicht, wenn ledigl eine allg Information geschuldet war (BGH aaO). Sie kann entfallen, wenn die Befolgg des Rats neben Vorteilen auch wesentl Nachteile gebracht hätte (BGH NJW-RR **89**, 153). – **cc)** Ergibt sich die PflVerletzg daraus, daß der Gläub bei der Abwicklg des Vertr einen Schaden erlitten hat (oben c bb u cc), entfällt ein ges Kausalitätsbeweis.

e) Hat der Gläub den ihm gem c) u d) obliegden Bew erbracht, muß der **Schuldner beweisen,** daß er die VertrVerletzg **nicht zu vertreten** hat (BGH **8**, 241, **23**, 290, **27**, 238). Er muß eigenes Versch u das von ErfGeh ausschließen (BGH NJW **87**, 1938). Die Ausführgen in Anm 1 d u e gelten entspr. Kommen als SchadUrs zwei obj pflichtwidr Hdlgen des Schu in Betracht, w er nur dann von der Haftg frei, wenn er hins beider Urs seine Schuldlosigk dartut (BGH NJW **80**, 2186).

§§ 282, 283

3) Sonderfälle. – a) Auch im **Arbeitsrecht** ist § 282 auf die pVV entsprechd anzuwenden (BAG NJW 57, 647, 65, 709, **AP** Nr 7, Betr 75, 356); das gilt insb für Anspr aus § 618 (vgl dort Anm 3 d). § 282 ist aber unanwendb, wenn gg den ArbNeh Anspr aus gefahrgeneigter Arb geltd gemacht w (BAG 19, 70, NJW 71, 958, BGH NJW 73, 2020). – **b) Arzthaftung.** Der Patient hat idR sowohl den Behandlgsfehler als auch den UrsachenZushang zw diesem u dem Schaden zu beweisen (BGH NJW 69, 554, 80, 1333). Der Beweis, daß im Zushang mit der Behandlg ein Schaden entstanden ist, genügt nicht (BGH NJW 69, 554). Die Anforderungen an den vom Patienten zu erbringden Beweis dürfen aber nicht überspannt w (BVerfG NJW 79, 1925). Ist str, ob der Eingriff überhaupt vorgenommen worden ist, ist der Arzt beweisbelastet (BGH NJW 81, 2003); entspr gilt für die Erf der AufklPfl (BGH NJW 84, 1808). Zur Würdigg von med SachVerstGutachten s BGH NJW 75, 1463, 81, 2009. Steht eine PflVerletzg (Behandlgsfehler) des Arztes (Tierarztes) fest, soll § 282 nach der Rspr unanwendb sein (BGH **LM** ZPO 286 (C) Nr 25, NJW 81, 2004, 77, 1102). Nur bei Einsatz eines obj mangelh Geräts läßt die Rspr eine Ausn zu (BGH NJW 78, 584, Hamm VersR 80, 585). Das überzeugt nicht. Der ArztVertr kann hins der BewLastUmkehr für das Verschulden nicht behandelt w als alle and SchuldVertr (Giesen Jura , 81, 20). Bes Bedeutg hat dieser Streit allerdings nicht. Der Fall, daß ein Ger einen Behandlgsfehler feststellt, ein Verschulden des Arztes aber als nicht bewiesen ansieht, kommt prakt kaum vor (Baumann JZ 83, 168). Der Patient kann sich zum Beweis des Kunstfehlers u des UrsZushangs zw Kunstfehler u Schaden vielf auf den Beweis des ersten Anscheins berufen (Vorbem 8 a v § 249). Außerdem findet in folgden Fällen eine echte Umkehr der BewLast statt: **aa)** Hat der Arzt einen **groben Behandlungsfehler** begangen, der geeignet war, einen Schaden, wie den tatsächl eingetretenen, herbeizuführen, muß er auch ggü dem delikt Anspr die Nichtursächlichk seines Versch beweisen (BGH 72, 133, 85, 216). Voraussetzg der BewLastUmkehr ist, daß sich das Risiko verwirklicht, dessen Nichtbeachtg den Fehler als grob erscheinen läßt (BGH NJW 81, 2513). Sie kann entfallen, wenn der UrsZushang zw Behandlgsfehler u Schaden gänzl unwahrscheinl ist (BGH VersR 89, 80). Es muß sich um einen Fehler handeln, der dem Arzt „schlechterdings nicht unterlaufen darf" (BGH NJW 83, 2081, 86, 1540, 88, 1511). Um einen solchen handelt es sich auch, wenn eine indizierte gebotene Untersuchg nicht dchgeführt worden ist (Karlsr NJW 87, 718). Der Arzt muß den vollen KausalitätsGgBew führen, u zwar auch hinsichtl der Frage, ob Vorschäden SchadUrs sein können (BGH VersR 70, 839); Bew der ernsth Möglichk einer and Ursache genügt nicht. Ist str, ob aus dem Erstschaden weitere Schäden entstanden sind, gilt die BewLastUmkehr nicht (BGH NJW 88, 2948). – **bb)** Auch bei unricht od unzulängl ärztl **Dokumentation** u bei groben Verstößen gg die Pfl zur Befundsicherg kann sich die BewLast umkehren, sof dem Patienten wg der aus dem Verantwortgsbereich des Arztes stammden AufklHindern die BewLast nicht mehr zugemutet w kann (BGH 72, 138, 85, 212, NJW 88, 2949). Das gilt entspr, wenn der ZwVerwalter der ihm obliegde DokumentationsPfl verletzt (BGH NJW 86, 61). – **cc)** Bei der Verletzg von **Aufklärungspflichten** kann sich der Patient auf die Vermutg berufen, daß er sich „aufklärgsrichtig" verhalten hätte (oben 2 d bb). – **c)** Die in Anm 2 dargestellten BewLastGrds gelten auch bei **Kassenfehlbeständen** u für die sonstige Mankohaftg; der ArbG (Dienstherr) muß beweisen, daß im Verantwortgsbereich des ArbN (Beamten, GeschFü) ein Fehlbestand entstanden ist (BGH NJW 86, 54); dazu gehört idR Bew, daß der ArbN allein Zugang u Vfg über die Kasse hatte (BAG NJW 85, 220); sodann ist es Sache des ArbN (Beamten, GeschFü), sich zu entlasten (BGH 5, 26, BAG 19, 5, BVerwG 37, 199, 52, 260, LAG BaWü BB 68, 1289, Karlsr Betr 69, 742). – **d)** Der RGedanke des § 282 ist auch im **öffentlichen Recht** anzuwenden, so insb bei öffentl Verwahrg (BGH 3, 174, 4, 195, Einf 3a vor § 372, Einf 4c vor § 688), öffrechtl Liefergsbeziehg (BGH 59, 309), öffrechtl TrhdVerhältn (BGH NJW 52, 659), Haftg des Kassenbeamten für Fehlbestände (oben c), dagg nicht bei Haftg des Soldaten für den Verlust von AusrüstgsGgstden (BVerwG NJW 86, 2523).

4) a) § 282 ist **dispositives Recht.** Er kann dch IndVereinbg, nicht aber dch AGB abgeändert w (AGBG 11 Nr 15). Wird in einem Vertr das Versch ausdr als ApsprVoraussetzg genannt, so enthält das iZw keine Änd des § 282 (Hbg GRUR 80, 874). – **b)** Die BewLastUmkehr für vertragl Anspr gilt nicht für die konkurrierenden Anspr aus **Delikt** (RG 160, 156, 169, 97 stRspr). Der Verletzte muß daher, auch wenn für den VertrAnspr § 282 gilt, für den SchmerzGAnspr das Versch des Schädigers beweisen. Die BewErleichtergen bei groben PflVerletzgen (Anm 2d aa), bei Verletzg der DokumentationsPfl (Anm 3 b bb) u bei Verletzg der AufklPfl (Anm 2 d bb) ist aber auch im DeliktsR anwendb.

283 Fristsetzung nach Verurteilung.

^{I} Ist der Schuldner rechtskräftig verurteilt, so kann der Gläubiger ihm zur Bewirkung der Leistung eine angemessene Frist mit der Erklärung bestimmen, daß er die Annahme der Leistung nach dem Ablaufe der Frist ablehne. Nach dem Ablaufe der Frist kann der Gläubiger Schadensersatz wegen Nichterfüllung verlangen, soweit nicht die Leistung rechtzeitig bewirkt wird; der Anspruch auf Erfüllung ist ausgeschlossen. Die Verpflichtung zum Schadensersatze tritt nicht ein, wenn die Leistung infolge eines Umstandes unmöglich wird, den der Schuldner nicht zu vertreten hat.

^{II} Wird die Leistung bis zum Ablaufe der Frist nur teilweise nicht bewirkt, so steht dem Gläubiger auch das im § 280 Abs. 2 bestimmte Recht zu.

1) Allgemeines. a) Bestehen AnhaltsPkte dafür, daß dem Schu die Leistg unmögl gew ist, h der Gläub für die Geltmachg seiner Rechte folgde Möglichk: **aa)** Er kann **Klage auf Erfüllung** erheben. Für sie besteht wg der SchadErsPfl aus § 283 auch dann ein RSchutzInteresse, wenn das ErfUrt nicht vollstreckt werden kann (BGH 56, 308, 312, NJW 74, 2317). Die ErfKl ist allerd abzuweisen, wenn Unmöglichk od Unvermögen feststehen (§ 275 Anm 8b). Der Gläub kann aber zum Antr auf SchadErs od Herausg des Erlangten (§ 281) übergehen, ohne daß ihm der Einwand der KlÄnd entggehalten w kann (ZPO 264 Nr 3). – **bb)** Der Gläub kann auch alsbald **Klage auf Schadensersatz wegen Nichterfüllung** erheben. Abgesehen von Sonderregelgen, insb im GewlR, besteht SchadErsAnspr wg Nichterf aber nur dann, 1) wenn die Leistg inf eines vom Schu zu vertreten Umst unmögl gew ist (§§ 280, 325); 2) wenn die Leistg inf des Verz

Inhalt der Schuldverhältnisse. 1. Titel: Verpflichtung zur Leistung   § 283 1–5

für den Gläub kein Interesse mehr h (§§ 286 II, 326 II); 3) bei ggs Vertr nach FrSetzg gem § 326 I u in best Fällen pVV (§ 276 Anm 7 E b). – Stützt der Gläub seinen SchadErsAnspr auf § 280 od § 325, muß der den uU schwer Bew der Unmöglichk führen (§ 282 Anm 1 a). Soweit die §§ 286 II, 326 I u II unanwendb sind, w sich der Gläub daher vielf für den Weg der ErfKl entscheiden.

b) Hat der Gläub auf Erf geklagt u ein entspr Urt erzielt, **erleichtert § 283 den Übergang zum Schadensersatzanspruch wegen Nichterfüllung.** Der Gläub braucht dem Schu nach Rechtskr des Urt nur eine angem Fr zu setzen u zu erkl, daß er die Leistg nach FrAblauf ablehnen w; er kann dann nach Ablauf der Fr ohne weitere Voraussetzgen SchadErs wg NichtErf verlangen (BGH **53**, 33). § 283 **fingiert** die **Unmöglichkeit** der Leistg. Der Gläub braucht den UnmöglichkBew daher nicht mehr zu erbringen. Auch ein vorheriger VollstrVersuch ist nicht erforderl. Der Weg des § 283 ist jedoch kein ausschließl. Wenn der Gläub ein Urt auf Erf erstritten h, kann er auch nach Maßg der §§ 286 II, 325, 326 zum SchadErsAnspr übergehen (RG Warn **12** Nr 375), muß aber die Voraussetzgen dieser Vorschr dartun. – § 283 ist auf die Haftgs- u GefahrtraggsGrds der §§ 275, 280 (§§ 323, 325) zugeschnitten (K. Schmidt MDR **73**, 974). Er gilt aber grdsätzl auch dort, wo SonderVorschr die Geltg der §§ 275, 280 ausschließen; jedoch muß sichergestellt w, daß etwaige für den Schu günstigere HaftgsBest dch Anwendg des § 283 nicht unterlaufen w (Anm 2 zum Anspr aus § 985).

2) Anwendungsbereich. § 283 ist grdsätzl bei allen SchuldVerh anwendb. Er gilt nicht nur für ErfAnspr ieS, sond auch für Anspr aus Künd (§ 556, BGH **56**, 308, 312), Rücktr, Wandlg (RG **66**, 67) od ungerechtf Ber (vgl K. Schmidt MDR **73**, 973). Unanwendb ist er bei Urt auf Abgabe einer WillErkl, weil bei diesen mit Rechtskr Erf eintritt (ZPO 894, BGH **53**, 34). Bei einseit ZahlgsAnspr ist § 283 ebenf funktionslos; und aber bei ZahlgsAnspr aus ggs Vertr, da § 325 II dem Gläub hier (neben dem SchadErsAnspr) ein RücktrR u die Rechte aus § 323 gewährt. Auf den Anspr auf Naturalrestitution (§ 249 S 1) ist § 283 entspr anwendb (BGH **97**, 178, Schlechtriem EWiR **86**, 453). Auch auf dingl Anspr findet § 283 Anwendg (vgl Einl 6 vor § 241). Er gilt insb für den Anspr aus § 985 (BGH **53**, 32). Geht der Eigtümer gem § 283 vor, kann der Besitzer analog § 255 Übertr des Eigt verlangen (Wallerath JR **70**, 163, K. Schmidt ZZP **87**, 71, str). Beim mittelb Besitzer könnte die Anwendg des § 283 dazu führen, daß er SchadErs leisten muß, ohne daß die Voraussetzgen der §§ 989, 990, 993 vorliegen (Anm 1b aE). BGH **53**, 29 (zust Wallerath aaO) löst diesen Konflikt dadch, daß er gg den mittelb Besitzer idR nur einen Anspruch auf Abtr des HerausgAnspr gibt, der sich gem ZPO 894 von selbst vollstreckt (str, § 985 Anm 2b aa).

3) Voraussetzungen u Rechtsnatur des Anspruchs. a) Erforderl ist ein **rechtskräftiges Urteil.** Das VorbehUrt im UrkProz sowie der VollstrBescheid stehen gleich, dagg sind ein vorläuf vollstreckb Urt u ein gerichtl Vergl nicht ausr (Staud-Löwisch Rdn 12f, K. Schmidt ZZP **87**, 51). – **b)** Erforderl ist weiter **Fristsetzung** u Erkl der **Ablehnung** (§ 326 Anm 5 u 6). Diese kann gem ZPO 255 bereits im ErstProz erfolgen. Sie ist entbehrl, wenn der Schu erkl od im ErstProz erkl h, daß er nicht leisten könne od wolle (RG **96**, 21, **109**, 236), ebso, wenn Gläub die Vollstr fruchtlos versucht h (RG **109**, 236). Währd des FrLaufs besteht LeistgsAnspr fort. Der Gläub muß die angebotene Leistg annehmen, sonst gerät er in AnnVerz. Er kann vollstrecken u, wenn sein Interesse dch nicht erfüllt, gem § 286 II u § 326 II vorgehen (MüKo/Emmerich, Rdn 20, str). Nach fruchtlosem FrAblauf entfällt der LeistgsAnspr; er wandelt sich ipso jure in SchadErsAnspr um. – **c)** Der Anspr aus § 283 geht auf SchadErs wg NichtErf des LeistgsAnspr, nicht etwa auf SchadErs wg Nichtbefolgg des ErstUrt (RG **117**, 67). Der Gläub kann seinen SchadErsAnspr daher auch auf Umst stützen, die vor dem letzten mdl Verh im ErstProz eingetreten sind (RG aaO); den Unmöglichk-Bew braucht er nicht mehr zu führen. Die **Rechtsnatur** des Anspr aus § 283 u ZPO 767 II schließen es aus, daß sich der Schu auf eine vor dem ErstUrt eingetretene, nicht zu vertretde Unmöglichk berufen kann (RG **107**, 19, **117**, 68, BGH **53**, 33, Hbg MDR **68**, 666). Auch alle übrigen vor dem ErstUrt entstandenen Einwendgen sind ausgeschl (RG **107**, 19, **117**, 68); und ist es nur beim Einwand, der Gläub h auf den Anspr aus § 283, verzichtet (zT abw Kühne JZ **70**, 189, E. Schwerdtner, Verz im SachenR, 1973, S 144). Der Schu kann nur geltd machen, daß die Erf nach der letzten mdl Verh des ErstProz dch einen von ihm nicht zu vertretden Umst unmögl gew sei (I 3). Die prakt Bedeutg dieser Vorschr ist aber gering: Die Fälle, daß der Schu wg der Verurteilg, zumindest aber wg der FrSetzg im Verz befindet, h er gem § 287 S 2 idR auch für zufäll Unmöglichk einzustehen. Zul ist der Einwand, der Gläub habe das ErstUrt sittenw erschlichen (RG HRR **28**, 2265), ferner die Aufr mit GgFdgen (BGH NJW **75**, 1119). – **d) Verfahrensrechtliches.** Örtl u sachl ausschl zust ist das ProzGer des ErstProz (ZPO 893, 802). Der SchadErsAnspr kann nicht bereits hilfsw mit dem LeistgsAnspr im ErstProz verbunden w (Staud-Löwisch Rdn 26). Ein derart (unechter) HilfsAntr ist aber unter den Voraussetzgen des ZPO 259 zul (Staud-Löwisch aaO, K. Schmidt ZZP **87**, 68, vgl Schlesw NJW **66**, 1929, aA Mü OLGZ **65**, 11). Bei Kl vor dem AmtsG auf Vornahme einer Hdlg ist evt Verurteilg zu SchadErs gem ZPO 510b statth, in diesem Fall schließt aber ZPO 888a die Vollstr des LeistgsAnspr aus.

4) Inhalt des Anspruchs. a) Der Anspr aus § 283 geht gem § 249 S 1 auf Naturalherstellg; der SchadErs darf aber nicht zur Wiederherstellg der gem I S 2 Halbs 2 erloschenen ErfAnspr führen (RG **96**, 24). Prakt ist daher idR GeldErs zu leisten, doch sind auch Fälle denkb (vgl RG **73**, 21: Anspr auf SicherhLeistg, SchadErs dch gleichwert and SicherhLeistg). – **b)** Bei **gegenseitigen Verträgen** geht der Anspr aus § 283 gem § 325 II auf SchadErs wg NichtErf des ganzen Vertr. Für ihn gilt die zu §§ 325, 326 entwickelte Differenztheorie (RG **66**, 68, § 325 Anm 4). Die ersparte GgLeistg des Gläub w Rechngsposten; dem Gläub steht es jedoch frei, die GgLeistg anzubieten od sie iF einer Vorleistg dem Schu zu belassen (§ 325 Anm 4 A c, RG **96**, 20, für die an sich nicht unter §§ 320ff fallde Wandlg. Bei ggs Vertr kann Gläub nach FrAblauf statt SchadErs zu verlangen auch vom Vertr zurücktreten oder die Rechte aus § 323 geltd machen (§ 325 II mit I 3). – **c)** Für den Ztpkt der SchadBemessg gilt das gleiche wie für den Anspr aus § 325 mit der Maßg, daß an die Stelle des Eintritts der Unmöglichk der Ablauf der Fr tritt (näher § 325 Anm 4 C d).

5) II. Vgl dazu § 280 Anm 4.

284 Verzug des Schuldners. ¹Leistet der Schuldner auf eine Mahnung des Gläubigers nicht, die nach dem Eintritte der Fälligkeit erfolgt, so kommt er durch die Mahnung in Verzug. Der Mahnung steht die Erhebung der Klage auf die Leistung sowie die Zustellung eines Mahnbescheids im Mahnverfahren gleich.

ⁿIst für die Leistung eine Zeit nach dem Kalender bestimmt, so kommt der Schuldner ohne Mahnung in Verzug, wenn er nicht zu der bestimmten Zeit leistet. Das gleiche gilt, wenn der Leistung eine Kündigung vorauszugehen hat und die Zeit für die Leistung in der Weise bestimmt ist, daß sie sich von der Kündigung ab nach dem Kalender berechnen läßt.

1) Allgemeines. a) Begriff. Der Verzug des Schu ist ein Unterfall der **Leistungsstörung** (Vorbem 2 v § 275). Er liegt vor, wenn der Schu die Leistg aus einem von ihm zu vertretden Grd rechtsw verzögert. Vom SchuVerzug ist der in §§ 293 ff bes geregelte AnnVerzug zu unterscheiden. Währd der SchuVerzug Verletzg einer rechtl Verpflichtg ist, verstößt der Gläub dch die NichtAnn der Leistg ledigl gg ein Gebot des eig Interesses; er ist zur Ann der Leistg berecht, aber nicht verpflichtet. Sofern die Abn der Leistg, wie in den Fällen der §§ 433 II, 640 I, ausnw eine echte RPfl ist, gerät der Gläub dch NichtAbn der Leistg zugl in Ann-u SchuVerzug (§ 293 Anm 5).

b) Abgrenzung. aa) SchuVerzug setzt voraus, daß die Leistg noch mögl, dh **nachholbar** ist (BGH **84**, 248, BAG NJW **86**, 1832). Dauernde **Unmöglichkeit** (Unvermögen) schließen daher den SchuVerzug aus (RG **97**, 9). Vorübergehde vom Schu zu vertretde Unmöglichk begründet dagg Verzug. Ob im Einzelfall dauernde od vorübergehde Unmöglichk anzunehmen ist, ist unter Berücksichtig des VertrZweckes u der Belange der Part nach Treu u Glauben zu beurteilen (§ 275 Anm 5). Beim absoluten **Fixgeschäft** begründet die Nichteinhaltg der Leistungszeit dauernde Unmöglichk (BGH **60**, 16, § 271 Anm 5c). Auch bei **Dauerverpflichtungen** ist die Leistg idR für die zurückliegde Zeit nicht nachholb; eine Leistungsverzögerg führt daher zur Teilunmöglichk (BGH **10**, 189). Das gilt auch für Arb- u DienstVertr (§ 271 Anm 5b). Ausnw kann es aber so liegen, daß ein Nachholen der Leistg mögl ist u das GläubInteresse befriedigt (MüKo/Walchshöfer Rdn 26). Bsp: Nacharbeiten von Fehlstunden, Verlängerg der Mietzeit für die verspätet übergebene Ferien-Wo. Auch bei **Unterlassungspflichten** begründet ein Verstoß idR Unmöglichk (BGH WPM **83**, 170), bei DauerVerpfl Teilunmöglichk (BGH **52**, 398). Es ist aber auch hier denkb, daß ein Nachholen der Unterl dem Leistungsinteresse des Gläub genügt (Staud-Löwisch Rdn 6 v § 284). Bsp: Pfl zur Nichtbenutzg eines Grdst, um die DchFührg von Reparaturarbeiten zu ermöglichen. Tritt **Unmöglichkeit während des Schuldnerverzuges** ein, entfallen die Verzugsfolgen mit Wirkg ex nunc. Dafür gelten die Unmöglichkeitsregeln mit der sich aus § 287 S 2 ergebden Haftgsverschärfg. Der SchadErsAnspr aus § 280 od § 325 tritt grdsl neben den Anspr auf Ers des Verzugsschadens (§§ 286 Anm 2a, § 326 Anm 8). – **bb)** Die §§ 284 ff gehen als SonderVorschr den Grds über die Haftg für **positive Vertragsverletzung** vor (§ 276 Anm 7 Ac). Die Verzögerg der Leistg ist daher keine pVV (Erm-Battes Rdn 10; zu den Kosten der Mahnung s § 286 Anm 2b). Dagg kann eine pVV vorliegen, wenn der Schu die Erfüllg der Fdg ernsth u endgültig verweigert (§ 276 Anm 7 C a) od wenn er seiner AnzeigePfl bei unverschuldeten Leistungshindern nicht nachkommt (RG **68**, 194). – **cc)** **Gläubigerverzug** s § 293 Anm 5.

c) Anwendungsbereich. aa) Die §§ 284 ff gelten grdsl auch für SchuldVerh, die aus sachen-, familien- u erbrechtl Tatbestden entstehen arg §§ 990 II, 1613 (Einl 6a v § 241, E. Schwerdtner, Verzug im SachenR). Die Besondern des jeweiligen RGebietes sind jedoch zu beachten. Bei dingl Anspr ist die Anwendbark der §§ 284 ff für jeden Anspr bes zu prüfen (BGH **49**, 266). Auf den Anspr des VormerkgsBerecht aus § 888 gg den vormerkgswidr eingetragenen Eigtümer sind die VerzugsVorschr nicht anzuwenden (BGH aaO, krit Schwerdtner aaO S 186 ff, Reinicke NJW **68**, 788). Bei Anspr aus §§ 985 od 894 sind die §§ 284 ff nur unter den Voraussetzgen des § 990 anwendb (Saarbr OLGZ **87**, 223). Im FamR begründet Verzug mit einer AuskPfl eine SchadErsPfl gem 286 (Karlsr FamRZ **79**, 170). – **bb)** Verzögert der Schu die Erfüllg einer öffrechtl LeistgsVerpfl, so richten sich die eintretden RFolgen in erster Linie nach **öffentlichem Recht** (Einl 6b v § 241). Einschlägig sind AO 233 ff, SGB 44, RVO 397a (Marburger Betr **74**, 384). Soweit das öffR Lücken enthält, können die §§ 284 ff entspr angewandt w (BGH **36**, 344, sehr str, s Fischer NJW **69**, 1883, Czybulka NVwZ **83**, 125). Eine entspr Anwendg setzt aber voraus, daß zw den Part ein Verhältn der Gleichordng besteht; sie scheidet bei Über- u Unterordnungsverhältn auch dann aus, wenn es sich um GeldFdgen handelt (BGH NJW **82**, 1277). §§ 284 ff sind daher unanwendb bei beamtenrechtl Anspr (BVerwG **16**, 346, **24**, 191), bei RegreßAnspr gg Beamte (BVerwG NVwZ **88**, 440), bei Anspr nach dem BEG (BGH **LM** BEG 1965 § 3 Nr 2) u dem LAG (BVerwG **21**, 44), bei Anspr aus dem SozialversicherungsR (BSG NJW **69**, 575), u zwar auch im Anwengsbereich von SGB X § 61 (BSG VersR **87**, 944), bei Anspr auf Erschließgsbeiträge (BVerwG NJW **71**, 1148), auf Beiträge im FlurbereinigssR (BVerwG NVwZ **89**, 878) auf Investitionszulagen (BFH NJW **76**, 1863), auf Enteignsentschädigg (BGH NJW **82**, 1277) u auf Rückerstattg von rgrdlos empfangenen Entschädiggen (BVerwG DVBl **78**, 609). Anwendb sind die §§ 284 ff, insb § 288, dagg auf GebührenPfl der Notare (Mü DNotZ **84**, 121, aA BGH NJW **89**, 2615), auf Anspr aus öffrechtl Vertr, VwVfG 62 (BVerwG NVwZ **89**, 878, aA BVerwG NVwZ **86**, 554) u auf Rückzahlg von Studienbeihilfen (BVerwG DÖD **79**, 189). Zuständ zur Entscheidg sind gem VerwGO 40 II, GG 34 grdsl die ordentl Ger (BVerwG **14**, 4, DVBl **71**, 412). Das gilt aber nur dann, wenn der SchadErsAnspr unmittelb u ausschließl Ggst der Kl ist (BVerwG **27**, 132, NJW **71**, 1148). Vgl auch § 291 Anm 1.

d) Voraussetzungen (Übersicht). Sie ergeben sich aus den §§ 284, 285: Der Anspr muß vollwirks u fäll sein (Anm 2). Erforderl ist grdsl eine Mahng (Anm 3; Ausn s Anm 4). Der Schu muß die mögl Leistg nicht od nicht rechtzeit erbringen (Anm 5) u muß die Verzögerg zu vertreten haben (§ 285).

e) Rechtsfolgen (Übersicht). Sie sind in den §§ 286–290, 326 geregelt. Der Gläub kann Ersatz des Verzögerungsschadens verlangen (§ 286), bei Geldschulden als Mindestschaden Verzugszinsen (§ 288). Unter den Voraussetzgen des § 286 II steht ihm ein SchadErsAnspr wg NichtErf der ganzen Verbindlichk zu. Beim ggs Vertr kann er nach Maßg des § 326 SchadErs wg NichtErf fordern od vom Vertr zurücktreten.

Inhalt der Schuldverhältnisse. 1. Titel: Verpflichtung zur Leistung § 284 1–3

Verschärfgen u Erweitergen der Haftg ergeben sich aus §§ 287–290. SonderVorschr enthalten die §§ 339, 354, 455, 538, 554, 557, 633 III, 636.

f) Die §§ 284 ff sind **dispositives Recht**. Änderg en dch AGB unterliegen aber den sich aus dem AGBG ergebden Schranken. Einschlägig sind neben der Generalklausel (AGBG 9) die Klauselverbote in AGBG 10 Nr 1 u 2, 11 Nr 4, 5a, 7, 8 u 9 (s dort).

2) Der Anspr muß **vollwirksam und fällig** sein. – **a)** Bei Naturalobligationen u Anspr aus unvollkommenen Verbindlichk (Einl 4 v § 241) kann der Schu daher nicht in Verzug kommen. Auch das Bestehen einer **dauernden oder aufschiebenden Einrede** (§§ 202 I, 222, 379, 478, 771, 821, 853, 2014f) schließt den Verzug aus, u zwar auch dann, wenn der Schu die Einr (zunächst) nicht erhebt (RG 126, 285, BGH 48, 250, 104, 11). Der Verzug erfordert einen dchsetzb Anspr, der schon dch das Bestehen des EinredeR ausgeschlossen ist (MüKo/Walchshöfer Rdn 13, str, s Diederichsen JuS 85, 829). Voraussetzg ist jedoch, daß der Schu die Einr im Proz wirkl erhebt; geschieht das nicht, muß er sich so behandeln lassen, wie wenn er in Verzug gekommen wäre (Larenz § 23 I c mwNw). – **b)** Besonderheiten gelten für das **Zurückbehaltungsrecht** (§ 273) u die **Einrede des nichterfüllten Vertrages** (§ 320). Das ZbR schließt den Verzug nur aus, wenn es vor od bei Eintritt der Verzugsvoraussetzgen ausgeübt w, da der Gläub Gelegenh haben muß, von seiner Abwendungsbefugn (§ 273 III) Gebrauch zu machen (RG 77, 438, BGH WPM 71, 1021). Eine bes Geltendmachg ist nicht erforderl, wenn der Gläub dem Bestehen des ZbR Rechng trägt u Leistg Zug um Zug verlangt (BGH 60, 323). Ausübg des ZbR nach Eintritt des Verzuges beseitigt den Verzug nicht. Erforderl ist vielmehr, daß der Schu seine Leistg Zug um Zug anbietet (BGH NJW 71, 421, Anm 6). Für die Einr des nichterfüllten Vertr gilt die allg Regel, daß bereits das Bestehen des EinredeR den Verzug ausschließt (BGH 84, 44, NJW 63, 1149, 66, 200, 87, 252). Verzug setzt voraus, daß der Gläub die ihm obliegde **Gegenleistung** anbietet; die bloße Bereitsch des Gläub zur Erbringg der Leistg reicht nicht aus (BGH aaO, Staud-Löwisch Rdn 12, MüKo/Walchshöfer Rdn 14, aA RG 126, 285, s auch § 320 Anm 1a). Das Angebot der GgLeistg kann aber in der Mahng konkludent mitenthalten sein. Hat der Gläub die GgLeistg hinterlegt, genügt eine Verweisg auf den hinterlegten Betrag (BGH LM § 320 Nr 8). – **c)** Zur **Fälligkeit** s § 271. Die Gewährg einer richterl RäumgsFr (ZPO 721) beseitigt die Fälligk u den Verzug nicht (BGH NJW 53, 1586, vgl aber § 557 III), ebsowenig die Abrede, aus einem Titel zeitweilig nicht zu vollstrecken (BGH NJW 68, 700), wohl aber die Stundg der Fdg (RG 147, 381).

3) Mahnung. – a) Sie ist die an den Schu gerichtete Aufforderg des Gläub, die geschuldete Leistg zu erbringen. Sie ist eine nicht formgebundene, einseit empfangsbedürft Erkl. Sie ist kein RGesch, sond eine geschäftsähnl Hdlg (BGH 47, 357, NJW 87, 1547, Übbl 2c v § 104). Die Vorschr über RGesch u WillErkl sind aber entspr anwendb (BGH aaO). Die Mahng des GeschBeschränkten ist daher gült, da sie lediglich Vorteile bringt, § 107 (KG FamRZ 89, 537), die Mahng des GeschUnfähigen ist dagg nichtig (§ 105). Soll ein GeschBeschränkter od ein GeschUnfähiger gemahnt w, gilt § 131. Die Mahng muß **nach Fälligkeit** erfolgen. Eine vorher ausgesprochene Mahng ist wirkgslos (BGH 77, 64). Es ist jedoch zul, die Mahng mit der die Fälligk begründden Hdlg (zB Abruf) zu verbinden (RG 50, 261, BGH WPM 70, 1141, KG DNotZ 87, 34). Bei wiederkehren Leistgen (Bsp: Unterh) genügt eine Mahng (BGH 103, 64); eine neue Mahng ist aber bei einem Wechsel der AnsprIdentität erforderl (BGH aaO, Hamm FamRZ 89, 634: Trenngs- u nachehel Unterh). Die Mahng braucht nicht am ErfOrt (§ 269) zu erfolgen. Bei einer Mahng am unpassden Ort kann sich aber aus Treu u Glauben (§ 242) ergeben, daß Verzug nicht sofort, sond erst nach angem Fr eintritt (Anm 5).

b) Die in der Mahng enthaltene Aufforderg zur Leistg muß **bestimmt** u **eindeutig** sein (RG 93, 301, BGH FamRZ 83, 52). Eine FrSetzg ist nicht nötig, ebsowenig die Androhg best Folgen. Es genügt, wenn der Gläub unzweideut zum Ausdr bringt, daß er die geschuldete Leistg verlange (Hbg MDR 78, 577). Der häufig (fr auch hier) zitierte Satz, die Mahng müsse erkennen lassen, daß das Ausbleiben der Leistg Folgen haben w (BGH LM Nr 1, AG Gütersloh NJW 83, 1621), ist mißverständl. Eine bedingte Mahng begründet keinen Verzug (RG 75, 333, MüKo/Walchshöfer Rdn 32), ebsowenig eine vorsorgl Geltdmachg (BAG Betr 86, 2684), wohl aber die befristete Mahng, wobei die Fr iZw mit dem Datum der Mahng beginnt (Ziegeltrum JuS 86, 709). Die Mahng hins eines hilfsw geltd gemachten Anspr ist wirks (BGH NJW 81, 1732). Auch ein in höfl Form od in Versen abgefaßtes Schreiben kann eine Mahng darstellen (Hbg MDR 78, 577, LG Ffm NJW 82, 650). Die Erkl, der Leistg werde gern entggesehen, ist dagg keine Mahng, ebsowenig die Aufforderg, sich über die Leistgsbereitsch zu erklären (LG Bln MDR 83, 319), die Mitteilg, die Fdg sei nunmehr fäll (Düss DNotZ 85, 767), od die Äußerg des Gläub, er wäre dankb, wenn er die Leistg erwarten dürfe (RG 93, 301). Die Mahng kann auch konkludent erfolgen, etwa dch Übersendg eines ProzKostenhilfe-Antr od eines Antr auf Erlaß einer einstweil Anordng (BGH NJW 83, 2320), eines Schreibens, das den Verzugseintritt feststellt (BGH 80, 276), einer quittierten Rechng, dch wiederholte Übersendg einer Rechng od dch Abruf der Ware beim Kauf auf Abruf (Dresden SeuffA 72, 135). Die Wechselvorlage ist Mahng hins der Wechselschuld, nicht aber hins der Fdg aus dem KausalVerhältn (BGH 96, 193). Die Überleitungsanzeige gem AFG 140 stellt keine Mahng dar (BGH FamRZ 83, 52), ebsowenig die erstmalige Zusendg einer Rechng (RG 118, 354). Wenn diese einen Vermerk über den gewünschten ZahlgsZpkt enthält („zahlb binnen 2 Wo"), so ist das iZw als Einräumg eines Zahlgsziels u nicht als befristete Mahng aufzufassen (s auch LG Paderborn MDR 83, 225, aA Wilhelm ZIP 87, 1497). Stehen dem Gläub **mehrere** Anspr zu, muß erkennb sein, worauf sich die Mahng bezieht (BGH LM § 346 Nr 6). Bei betragsmäß **unbestimmten** Anspr (SchmerzG, PflTeil, Unterh) braucht die Mahng nicht in jedem Fall eine Bezifferg zu enthalten. Beim SchmerzGAnspr genügt es, wenn auch konkrete Tats zur Höhe vorgebracht w (s BGH VersR 63, 726). Für den PflTeilsAnspr ist anerkannt, daß der auskpflicht Schu dch eine unbezifferte, einem zuläss Antr in einer StufenKl entspr Mahng in Verzug kommt (BGH 80, 277). Das gilt ebso für den UnterhAnspr (s Oldbg NdsRpfl 82, 10; aA Karlsr FamRZ 80, 917). Abgesehen von diesem Sonderfall muß die Mahng den geforderten Unterh betragsmäß bezeichnen (BGH NJW 82, 1983, 83, 2318, aA Gießler FamRZ 84, 954). Eine Bezifferg ist allerdings nicht in jedem Fall erforderl (BGH NJW 84, 868). Es kann ausr sein, wenn

§ 284 3–6 2. Buch. 1. Abschnitt. *Heinrichs*

Zahlgsaufforderg eine UnterhTabelle beigefügt w (Karlsr FamRZ **80**, 918, s näher § 1613 Anm 2). Ebso ist die Mahng zur Vornahme von Schönheitsreparaturen nur wirks, wenn sie die vorzunehmden Reparaturen näher bezeichnet (LG Bln MDR **83**, 319).

c) Bei einer **Zuvielforderung** ist die Mahng wirks, wenn der Schu die Erkl des Gläub nach den Umst des Falles als Aufforderg zur Bewirkg der tatsächl geschuldeten Leistg verstehen muß u der Gläub zur Annahme der ggü seinen Vorstellgen geringeren Leistg bereit ist (BGH **LM** § 286 Nr 3, FamRZ **83**, 352, Ffm NJW-RR **89**, 409, MüKo/Walchshöfer Rdn 34). Entgg der älteren Rspr (RG JW **24**, 1137 uö) ist nicht entscheidd, wie sich der Schu iF richtiger Mahng verhalten hätte (Staud-Löwisch Rdn 25). Es kommt vielmehr darauf an, ob die Erkl des Gläub gem §§ 133, 157 als Aufforderg zur Erbringg der geschuldeten Leistg aufzufassen ist. Gem § 242 kann der Gläub aber uU aus der Mahng keine Rechte herleiten, wenn er vorsätzl einen erhebl übersetzten Betrag geltd macht (Ffm FamRZ **87**, 1145). Die Fdg einer **zu geringen Summe** begründet nur hins des angemahnten Betrages Verzug (BGH NJW **82**, 1985). – **d)** Ist zur Vornahme der Leistg eine **Mitwirkung des Gläubigers** notw, ist die Mahng nur wirks, wenn der Gläub die erforderl Hdlg vornimmt od anbietet (BGH Betr **71**, 2155). Das gilt etwa bei Holschulden, beim Spezifikationskauf u bei Wahlschulden. Bei einem Anspr aus einem ggs Vertr muß der Gläub mit der Mahng die ihm obliegde GgLeistg anbieten (Anm 2b). Vgl auch RG **108**, 69 zum Anspr auf Aufl. – **e)** Der **Mahnung gleichgestellt** ist dch **I 2** die Erhebg der Leistgsklage u die Zustell eines Mahnbescheids. Eine Widerklage genügt, ebso eine Stufenklage (BGH **80**, 277) u ein HilfsAntr (RG **108**, 281, BGH NJW **81**, 1732). Dagg reichen nicht aus die Feststellgsklage, die Klage auf künft Leistg nach ZPO 257ff u die Anmeldg der Fdg im Konkurs (RG **121**, 211).

4) Verzug ohne Mahnung. a) Eine Mahng ist entbehrl, wenn für die Leistg dch Vertr od Ges eine Zeit nach dem **Kalender** bestimmt ist **(II 1)**. Dazu ist erforderl, daß als Leistgszeit unmittelb od mittelb ein bestimmter Kalendertag festgelegt ist (s RG **103**, 34, BGH WPM **71**, 615). Es genügt daher die Bestimmg „spätestens am 10. April", „noch im Laufe des April" (RG **106**, 89), „Mitte des Monats" (BAG WPM **82**, 246), „1. Dekade des Monats" (BGH NJW **84**, 49), „3 Wochen nach Ostern", od „bis Ende 1983", ebso die Regelg in einem Vergl unter WiderrVorbeh, daß die Zahlg nach Ablauf der WiderrFr erfolgen soll (Düss MDR **87**, 495). Dagg ist bloße Berechenbark nach dem Kalender nicht ausreichd (Umkehrschluß aus II 2, RG **103**, 33, Oldbg NJW **59**, 888). Bei folgden Abreden tritt Verzug daher erst nach Mahng ein: „Bezahlg 2 Wochen nach Lieferg", „Lieferg 3 Wochen nach Abruf" (RG **68**, 22, **103**, 33), „60 Tage nach Rechngsstellg" (BGH **96**, 315), „1 Jahr nach Baubeginn" (Hamm MDR **81**, 844); Fertigstell binnen 160 ArbTagen (BGH NJW **86**, 2049). Bei wiederkehrden kalendermäß bestimmten Leistgen tritt Verzug auch dann ein, wenn der Gläub in der Vergangenh wiederholt unpünktl Leistgen widerspruchslos angenommen hat (BGH NJW **59**, 766). II setzt voraus, daß der Anspr im maßgebden Ztpkt vollwirks u fäll ist (Karlsr NJW-RR **86**, 57). Außerdem muß die **Höhe** des Anspr betragsmäß festliegen. Bei UnterhAnspr tritt daher nur dann aGrd des § 1612 III 1 Verzug ohne Mahng ein, wenn die Höhe des Unterh dch Vereinbg od Urt geregelt ist (s BGH NJW **83**, 2320, Zweibr NJW-RR **88**, 75). – **b)** Eine Mahng ist nicht erforderl, wenn der Leistg eine **Kündigung** vorauszugehen hat u sich die Leistgszeit von der Künd ab nach dem Kalender berechnen läßt **(II 2)**. Bsp ist die Räumg einer Wohng od die Rückzahlg eines Darl „3 Monate nach Künd." Eine entspr Anwendg dieser Vorschr auf ed Fälle ist nicht mögl. Bei einer Abrede „Lieferg 2 Wochen nach Abruf" ist daher eine Mahng erforderl (RG **103**, 34). Entspr gilt, wenn die Leistgszeit von einem sonstigen künft ungewissen Ereign abhängig gemacht w, etwa von einer Lieferg od einer Rechng (RG aaO, Oldbg NJW **59**, 888, LG Mannh BB **68**, 269). – **c)** Nach **Treu und Glauben** ist die Mahng entbehrl: **aa)** wenn der Schu die Leistg vor od nach Fällig ernsth u endgült **verweigert** (BGH **2**, 312, **65**, 377, NJW **83**, 1730), etwa dch die Weisg an den Notar nicht zu zahlen (Ffm DNotZ **89**, 254); bei einem UnterhAnspr genügt es, daß der Schu die Fam verläßt u seine Leistgen einstellt (Schlesw SchlHA **85**, 29); Verzug tritt mit Wirkg *ex nunc* ein (BGH NJW **85**, 488); **bb)** wenn der Schu, wie er weiß, eine falsche od fehlerl Leistg erbracht hat, gleichwohl aber die geschuldete Leistg nicht bewirkt (RG SeuffA **60**, 28, BGH NJW **70**, 1502, **85**, 2526); **cc)** wenn sich die **besondere Dringlichkeit** der Leistg aus dem VertrInhalt ergibt (RG JW **33**, 2204, BGH NJW **59**, 933, **63**, 1823). Bsp sind die Reparatur eines Wasserrohrbruches od die sonst Zusage „schnellstmögl Reparatur" in einem dringl Fall (BGH NJW **63**, 1823). – **d)** Die Mahng kann dch **Parteiabrede** erlassen w. Dazu bedarf es aber einer Individualvereinbarg. Entspr Klauseln in AGB sind gem AGBG 11 Nr 4 unwirks (s dort). – **e)** Eine Mahng ist entbehrl, wenn der Schu zur Herausg einer dch **unerlaubte Handlung** entzogenen Sache verpflichtet ist: fur semper in mora (Kiel SeuffA **59**, 259). Die §§ 848, 849, die ausdr einige Verzugsfolgen ohne Mahng eintreten lassen, stehen einer solchen allg Beurteilg nicht entgg (hM).

5) Verzögerung der Leistung. – a) Leistet der Schu auf die Mahng **nicht,** gerät er in Verzug. Für die Rechtzeitigk der Leistg kommt es auf die Vorn der LeistgsHdlg an, nicht auf den Eintritt des Leistgserfolgs (BGH NJW **69**, 875, § 270 Anm 2b). Der Schu gerät nicht in Verzug, wenn der Gläub zZ der Mahng od am kalendermäß best Termin nicht in der Lage od nicht willens ist, die Leistg anzunehmen (Gursky AcP **173**, 450; entspr Anwendg von § 297). – **b)** Der Verzug **beginnt** mit dem Zugang der Mahng (I), bei kalendermäß festgelegter Leistgszeit (II) mit dem Ablauf des Tages, an dem die Leistg (spätestens) zu erbringen war. Für den Tag des Zugangs der Mahng wären daher an sich anteilige Verzugszinsen (§ 288) zu zahlen (sehr str, s Göhner u Schneider NJW **80**, 570, 1375). Der RGedanke des § 187 (dort Anm 1) rechtfertigt es aber, den Zinslauf erst am nächsten Tag beginnen zu lassen. Eine Prüfgs- od NachFr seit dem Schu grdsl nicht zu. Treu u Glauben können aber ausnw eine and Beurteilg rechtfertigen, so wenn die Erteilg der Rechng u die Mahng gleichzeit erfolgt sind (BGH Warn **70**, 191), wenn der Anspr auf Freihaltg von einer Verbindlichk gerichtet ist (BGH NJW **83**, 1729), od wenn ein Anspr geltd gemacht w, dessen Berechtigg einer Überprüfg bedarf (BGH BB **64**, 820 zu Stationierungsschäden; BGH **LM** VVG 11 Nr 1, Celle NJW **86**, 1205, Kblz VersR **74**, 1215, Köln VersR **83**, 451: ReguliergsFr für Versicherer; KG NJW-RR **87**, 995: wettbewerbsrechtl UnterlAnspr).

6) Beendigung des Verzuges (s Eisenhardt JuS **70**, 489, Scherner JR **71**, 441). – **a)** Der Verzug endet für die Zukunft, wenn eine seiner Voraussetzgen entfällt. Der in der Praxis häufigste BeendiggsTatbest ist die

Inhalt der Schuldverhältnisse. 1. Titel: Verpflichtung zur Leistung §§ 284, 285

nachträgl Erbringg der **Leistung**. Sie beendet den Verzug auch dann, wenn sie zur Abwendg der ZwVollstr erfolgt, das SchuVerh also noch nicht erlischt (BGH NJW **81**, 2244, aA Braun AcP **184**, 161). – **b)** Der Verzug wird auch dann geheilt, wenn der Schu die Leistg in einer AnnVerzug begründden Weise **anbietet**. Dazu ist notw, daß die Leistg vollständ angeboten w. Ein gleichzeitg Angebot von Verzugszinsen u Schaden ist nicht erforderl, da die Anspr aus §§ 286, 288 nicht Teil der HauptFdg, sond auf einem zusätzl RGrd beruhde NebenFdgen sind (Eisenhardt u Scherner aaO, MüKo/Walchshöfer Rdn 47, § 266 Anm 3, str, aA Staud-Löwisch Rdn 65). Auch wenn man die ursprüngl Leistg als Teilleistg ansieht, ist der Gläub uU nach Treu u Glauben zur Ann verpflichtet (BAG BB **75**, 1578, § 266 Anm 4d). – **c)** Weiter können folgde Grde zur Beendigg des Verzuges führen: **aa) Stundung** (RG **147**, 381); **bb) Verjährung** des Anspr (BGH **34**, 197, **104**, 11); **cc) Unmöglichwerden** der Leistg (Anm 1b); **dd)** Ausübg eines **Zurückbehaltungsrechts** (RG **120**, 197, BGH NJW **71**, 421, Anm 2b). Der Erwerb des ZbR genügt nicht. Erforderl ist, daß der Schu das ZbR geltd macht u seine Leistg Zug um Zug anbietet (BGH aaO); zur nachträgl Berufg auf § 321 s dort Anm 3, auf § 410 s dort Anm 1; **ee) Rücknahme** der Mahng od der Klage (BGH NJW **83**, 2320, Köln FamRZ **85**, 932); der Verzug endet mit Wirkg *ex nunc* (BGH NJW **87**, 1546, FamRZ **88**, 479). – **d)** Ein aGrd des Verzuges entstandenes gesetzl **Rücktritts- od Kündigungsrecht** entfällt mit der Beendigg des Verzuges, sofern es nicht vorher ausgeübt worden ist (BGH **34**, 197, Müller Betr **70**, 1209). Dagg kann bei einem entspr vertragl Recht die Auslegg ergeben, daß es auch nach Beendigg des Verzuges ausgeübt w kann (BGH WPM **79**, 422).

7) Der Gläub trägt für die tatbestandl Voraussetzgen des Verzuges die **Beweislast** (Baumgärtel-Strieder Rdn 1), die Leistg u ihre Rechtzeitigk hat dagg der Schu zu beweisen (BGH NJW **69**, 875). Der Schu ist außerdem für die fehlde AnnBereitsch des Gläub beweispflicht (Gursky AcP **173**, 450), ferner für die Voraussetzgen des § 285 (dort Anm 1) u für die Beendigg des Verzuges (BGH NJW **69**, 875).

285 *Kein Verzug ohne Verschulden.* Der Schuldner kommt nicht in Verzug, solange die Leistung infolge eines Umstandes unterbleibt, den er nicht zu vertreten hat.

1) Allgemeines. Verzug tritt entspr dem Verschuldensprinzip (§ 276 Anm 1) nur ein, wenn die Verzögergg der Leistg auf einem vom Schu zu vertretden Umst beruht. Was der Schu zu vertreten hat, regeln die §§ 276–279. Danach hat der Schu für eig Verschulden u das seiner ErfGehilfen u gesetzl Vertreter einzustehen (§§ 276, 278). Bei Gattgs- u Beschaffgsschulden ist der Schu entspr § 279 auch dann für die Verzögergg der Leistg verantwortl, wenn sie in mangelnder finanzieller Leistgsfähigk od in Fehlern bei den geschäftl Dispositionen ihren Grd hat (BGH **36**, 345, WPM **82**, 400, Coester-Waltjen AcP **183**, 288, § 279 Anm 1). Das BGB sieht das Vertretenmüssen nicht als Voraussetzg des Verzuges, sond das Nichtvertretenmüssen als Befreiungsgrd an. Die **Beweislast** trifft damit insow den Schu (BGH VersR **82**, 852, **83**, 61).

2) Als **Entschuldigungsgründe**, die den Eintritt des Verzuges hindern, kommen in Betracht: **a)** **Unverschuldete tatsächliche Leistungshindernisse** vorübergehder Natur. Bsp sind: eine schwere Krankh des Schu (RG JW **03**, Beil 114); Unkenntn der geänderten Anschrift des Gläub (RG SeuffA **60**, 27) od der Anschrift des Zessionars (RG SeuffA **68**, 32); Unkenntn der Erben des verstorbenen Gläub (BGH LM § 581 Nr 35); vom Gläub verschuldete Unklarh über die Höhe der zu zahldn VersPrämie (BGH VRS **54**, 177); Unkenntn der genauen TatUmst bei Anspr aus unerl Hdlg od Gefährdg (BGH BB **64**, 820, Celle NJW **63**, 125, § 284 Anm 5b); Nichtzurverfüggstellg der für die Anfertigg der Steuererklärg erforderl Unterlagen (BGH VersR **83**, 61); uU Schwierigk bei der Beschaffg von ErsRaum (Braunschw NJW **63**, 1110, Celle MDR **67**, 1013, Schmidt-Futterer NJW **62**, 472); BetrStörgen dch Naturereign od sonst höhere Gewalt. Dagg kann sich der UnterhSchu nicht darauf berufen, er habe die für die Bemessg der UnterhHöhe maßgebden Umst nicht zuverläss gekannt (Stgt FamRZ **84**, 1234). – **b) Unverschuldete rechtliche Leistungshindernisse** vorübergehder Natur. Bsp sind: Einfuhrbeschränkgen od Beschränkgen in internationalen ZahlgsVerk (RG **161**, 105); befristetes Neubauverbot (BGH LM § 275 Nr 7); nicht vorausseh b Verzögergen bei der Erteilg der erforderl behördl Gen. – **c)** **Rechtsirrtum** (Lit: Mayer-Maly AcP **170**, 133). Die neuere Rspr geht abw von einer fr strengeren Auffassg zutreffd einmütig davon aus, daß der Schu für einen unverschuldeten RIrrt nicht einzustehen braucht (RG **156**, 120, BGH NJW **51**, 398, 758, **72**, 1045, LM Nr 4). An den Entlastgsbeweis sind jedoch strenge Anfordergen zu stellen (BGH NJW **72**, 1045). Der Schu muß die RLage sorgfält prüfen u, soweit erforderl, RRat einholen (BGH NJW **70**, 464). Er handelt idR schuldh, wenn er sich auf eine von zwei entggesetzten RAusk verläßt (BGH VersR **68**, 148). Die unricht Ausk eines RA ist keinesfalls immer ein EntschuldiggsGrd, insb dann nicht, wenn ein erkennb sittenwidr Verhalten für rechtl unbedenkl erklärt w (BGH **74**, 281, v Caemmerer FS Weitnauer 1980, 275). Auch wenn ein KollegialGer die RAns des Schu gebilligt hat, ist dieser nicht in jedem Fall entlastet (BGH NJW **74**, 1903, Saarbr OLGZ **71**, 322), vor allem dann nicht, wenn er bewußt das Risiko eines VerbotsIrrt eingegangen ist (BGH NJW **82**, 635), wenn das Ger das Verhalten des Schu aus RGrden billigt, die dieser selbst nicht erwogen hat (BGH NJW **82**, 36) od wenn es sich um eine vorläuf Entscheid aGrd einer summar Prüfg handelt (BGH NJW **83**, 2318). Muß der Schu mit einer abw Beurteilg dch das zuständ Ger ernsth rechnen, handelt er auch dann auf eig **Risiko** u damit schuldh, wenn er seine eig RAnsicht sorgfält gebildet hat (BGH **89**, 303, NJW **74**, 1904, LM ADS Nr 2 Bl 3, Betr **69**, 788, WPM **70**, 1514, MüKo/Hanau § 276 Rdn 126ff; and, nur auf die sorgf Prüfg der RLage abstelld aber BGH **17**, 295, **62**, 36, NJW **53**, 1426, LM § 276 (Bd) Nr 2 Bl 3). Entschuldigt ist der Schu, wenn beide Part längere Zeit hindch von derselben RAnsicht ausgegangen sind (RG **96**, 316). Entspr gilt, wenn die RAns des Schu der damals hM entsprach (BGH NJW **72**, 1045, Köln Betr **85**, 2403). – **d)** Das Vorliegen eines EntschuldiggsGrdes ist eine im Proz vAwg zu berücksichtigde **Einwendung**, keine Einrede. Der Schu ist idR nach § 242 verpflichtet, dem Gläub von dem Leistgshindern Mitteilg zu machen. Bei schuldh Verletzg dieser Anzeigepfl haftet der Schu wg pVV auf SchadErs. Fällt der EntschuldiggsGrd weg, tritt Verzug ein, ohne daß es einer erneuten Mahng bedarf (MüKo/Walchshöfer Rdn 12). Ein nach Eintritt des Verzuges entstehender EntschuldiggsGrd beseitigt den Verzug nach dem RGedanken des § 287 nicht (RG **156**, 121).

§ 286 Verzugsschaden.

I Der Schuldner hat dem Gläubiger den durch den Verzug entstehenden Schaden zu ersetzen.

II Hat die Leistung infolge des Verzugs für den Gläubiger kein Interesse, so kann dieser unter Ablehnung der Leistung Schadensersatz wegen Nichterfüllung verlangen. Die für das vertragsmäßige Rücktrittsrecht geltenden Vorschriften der §§ 346 bis 356 finden entsprechende Anwendung.

1) Allgemeines. a) § 286 regelt neben den §§ 287–290 die **Rechtsfolgen des Verzuges**. I gilt für SchuldVerh jeder Art, auch für ggs Vertr u Anspr aus sachen-, familien- od erbrechtl Tatbestden (BGH NJW **84**, 868, Karlsr FamRZ **79**, 170, § 284 Anm 1 c). Er wird beim Räumgsverzug dch § 557 II u III eingeschränkt. II gilt gleich für vertragl u gesetzl Anspr (str), wird aber bei ggs Vertr dch § 326 ersetzt. – **b)** § 286 ist **dispositives Recht**. Für Änderngen dch AGB gelten jedoch die sich aus dem AGBG ergebden Schranken. Formularmäß Klauseln, die die Haftg des Verwders begrenzen sollen, können gg AGBG 11 Nr 7, 8 od 9 od gg die Generalklausel des AGBG 9 verstoßen (s dort). Formularmäß Erweitergen der Verzugsfolgen können die Klauselverbote der AGBG 9, 10 Nr 7, 11 Nr 5 u 6 entggstehen (s dort).

2) I. a) Der Anspr auf Ers des **Verzögerungsschadens** tritt **neben** den bestehenbleibden LeistgsAnspr. Zu ersetzen ist der dch den Verzug entstandene Schaden; zw dem Verzug u dem Schaden muß daher ein UrsachenZusHang bestehen (Vorbem 5 v § 249). Gleichgült ist, ob die Entstehg des Schadens für den Schu voraussehb war. Sein Verschulden braucht sich nur auf den Eintritt des Verzuges, nicht auf die Entstehg des Schadens zu beziehen. Bei einem Verzug mit einem Teil der Leistg kann der Gläub den Anspr aus I nur hins dieses Teils geltd machen. Der Anspr auf Ers des Verzögergsschadens bleibt auch dann bestehen, wenn dem Gläub nachträgl gem §§ 325 od 326 ein SchadErsAnspr wg NichtErf erwächst (BGH NJW **75**, 1740, Hamm NJW **83**, 1332). Der Gläub kann aber wahlweise den Verspätgsschaden als Rechngsposten in den NichtErfSchaden einbeziehen (RG **94**, 206, **105**, 281). Macht der Gläub beide Anspr nebeneinand geltd, darf die gleiche Schadensposition nur einmal berücksichtigt w (BGH NJW **53**, 337). NichtErfSchaden kann nicht aGrd von I, sond nur unter den Voraussetzgen von II od von § 326 gefordert w (RG **105**, 281). Die Kosten eines DeckgsGesch fallen daher idR nicht unter I. Ad kann es liegen, wenn der Gläub (Käufer) von seinem Abnehmer mit den Kosten eines DeckgsGesch belastet worden ist (BGH NJW **89**, 1215) od wenn der drohde Verspätgsschaden größer ist als die Kosten des DeckgsGesch (Peters NJW **79**, 688). Auch die Kosten einer ErsVornahme fallen als NichtErfSchaden nicht unter I (Baier NJW **84**, 2931, aA BGH **87**, 111, krit Rupp/Fleischmann NJW **84**, 219). Für den Anspr aus I gilt die VerjFr des HauptAnspr; die Verj beginnt mit der Entstehg des Schadens (BGH LM Nr 3, WPM **73**, 489). Der Anspr verjährt aber gem § 224 spätestens mit dem HauptAnspr (RG **156**, 121, § 224 Anm 1).

b) Inhalt und Umfang des Anspr richten sich nach den §§ 249–255. Der Gläub ist so zu stellen, wie er bei rechtzeit Leistg des Schu stehen würde. Für den Anspr aus I gilt der Grds der Naturalrestitution (§ 249 S 1). Diese ist aber prakt nur in AusnFällen mögl, so etwa wenn der Gläub inf des Verzuges mit einer Verbindlichk belastet worden ist (BGH BB **61**, 803). IdR ist der Verzögerungsschaden gem § 251 I in Geld zu ersetzen. Die ErsPfl erstreckt sich ggf auch auf die vom Gläub zu zahldē MWSt (Hamm OLGZ **80**, 20, s aber § 288 Anm 2b). Die vorbehaltl Ann der verspäteten Leistg enthält iZw keinen Verzicht auf den Anspr aus I (MüKo/Walchshöfer Rdn 15).

c) Einzelfälle. – aa) Wert- und Kursverluste. Bei einer Fremdwährgsschuld ist ein währd des Verzuges entstandener Kursverlust als Verspätgsschaden zu ersetzen (RG **147**, 381, JW **38**, 946, BGH LM § 282 Nr 25, Mü NJW **79**, 2480, LAG Hbg Betr **72**, 1587); der Gläub muß aber darlegen, daß er die Valuta wertbeständ angelegt hätte (Alberts NJW **89**, 614) od daß sich der Kursverlust sonst für ihn (konkret) nachteilig ausgewirkt hat (Mü NJW-RR **88**, 1019); allerdings besteht nach einem Inländer die Vermutg, daß er Valuta alsbald in DM umtauscht (Düss WPM **89**, 57). Eine ErsPfl besteht auch dann, wenn sich währd des Verzuges des Versicherers die für die Bemessg seiner Leistg maßgebden Taxwerte verschlechtert haben (Hbg VersR **75**, 660). Auch bei einer Fdg auf dtsche Währg kann inf des Verzuges ein zu ersetzder Entwertungsschaden entstehen (RG **107**, 213, Staud-Löwisch Rdn 15), etwa wenn der Gläub das Geld in ausl Valuta (Wertpapieren, WirtschGütern) anlegen will u deren Kurs (Preis) angestiegen ist. Derartige SchadErsAnspr scheitern aber vielf an Beweisschwierigk od wg der Möglichk der KreditAufn an § 254. – **bb) Kosten der Rechtsverfolgung.** Zu ersetzen sind die Kosten von **Mahnschreiben,** sofern die Mahng nach Eintritt des Verzuges erfolgt ist u eine zweckentspr Maßn der RVerfolgg darstellt (BGH VersR **74**, 642). Wenn die Bank ihren Verzugsschaden abstrakt berechnet, sind aber Mahnkosten nicht anzusetzen (§ 246 Anm 2c aa). Die ErsPfl erstreckt sich auch auf die dch die Zuziehg eines RAnw entstehden Kosten, da seine Beauftragg dem adäquaten Kausalverlauf entspr u im allg nicht gg § 254 verstößt (s BGH **30**, 156, § 249 Anm 4c bb). Zu ersetzen sind auch die Kosten eines KündSchreibens, das wg des Verzuges notw wurde (Köln NJW-RR **87**, 593). Auch die dem Gläub im PKHVerf entstandenen Kosten w trotz ZPO 118 I 4 von der ErsPfl umfaßt (Schlesw SchlHAnz **78**, 170). Eine ErsPfl besteht für alle sachdienl Maßn prozessualer RDchsetzg, auch wenn eine prozeßrechtl Kostenerstattg ausgeschl ist. Bsp sind Klageerhebg od VollstrMaßn in Unkenntn der inzw geleisteten Zahlg, ferner der mangels Masse erfolglose KonkAntr (LG Essen MDR **83**, 753, s auch § 249 Anm 4cbb). Die Kosten der den Verzug begründden **Erstmahnung** (Künd) kann der Gläub dagg nicht ersetzt verlangen, weil sie nicht dch den Verzug verursacht worden sind u die eine Mahng nicht bereits Leistg keine pVV darstellt (BGH NJW **85**, 324, Köln VersR **75**, 1106, aA Köln OLGZ **72**, 411). Der Zeitaufwand des Gläub für Mahnschreiben u Besuche beim RAnw (Freizeiteinbuße) ist nicht erstattgsfäh (§ 249 Anm 4cdd). Kosten eines Inkassobüros kann auch der Kaufm ersetzt verlangen (aA AG Hombg MDR **83**, 840), wg § 254 aber selbst bei BagatellFdgen ledigl bis zur Höhe von RAnwKosten (Köln OLGZ **72**, 411, Hamm JurBüro **84**, 1534, Bambg JurBüro **88**, 71, MüKo/Walchshöfer Rdn 8, Soergel-Wiedemann Rdn 27, aA Kblz JurBüro **85**, 295, Löwisch NJW **86**, 1725). Etwas and mag für die Inkassobüros gelten, die nach Art einer Kreditschutzorganisation arbeiten u in ihrer Tätigk über die mechanisch ablaufde Versendg eines Mahnschreibens hinausgehen (Jäckle NJW **86**, 2692). Normale Inkassobüros haben nur in 20–30% der Fälle ohne Einschaltg des Ger Erfolg (Jäckle aaO). Ihre Kosten können daher nicht zusätzl zu den Kosten eines RA geltd gemacht w (Nürnb Betr **73**, 962, Düss OLGZ **87**, 494, LG Bln NJW-RR **87**, 802, Finger WRP **78**, 785). Eine ErsPfl besteht insb dann nicht, wenn der Schu erkennb zahlgsunwill od -unfäh ist, da in einem solchen Fall die Notwendigk, später einen RAnw beauftragen zu müssen, vorhersehb ist (Mü NJW **75**, 832, Karlsr NJW-RR **87**, 15). Sie kann ausnw gegeben sein, wenn der Gläub aus bes Grden darauf vertrauen durfte, daß der Schu ohne gerichtl Hilfe leisten w (Mü MDR **88**, 407, Düss JurBüro **88**, 1513). – cc) Zu ersetzen sind in den Grenzen des § 254 auch alle sonst dch den Verzug verursachten **Aufwendungen** (Vorbem 5 Bh v § 249). Bsp sind die Miete für eine ErsWohng bei verspäteter Herstellg des Wohnhauses (BGH **66**, 281); Mehrkosten bei ArbErschwernissen od Verzögerg der Bauzeit (BGH **97**, 164, Clemm Betr **85**, 2548); die währd des Verzuges weiter zu entrichtde KreditVersPrämie (LG Hbg BB **71**, 932); Kreditzinsen (§ 288 Anm 2). – dd) Zu ersetzen ist auch **entgangener Gewinn** (BGH Betr **56**, 110). Bsp sind das Scheitern des gewinnbringend Wiederverkaufs wg der verspäteten Lieferg, die währd des Zahlgsverzuges entgangene Anlagezins (§ 288 Anm 2), aber auch entgangener Gewinn aus einem Spekulationsgeschäft (BGH NJW **83**, 758), sofern der Gläub diesen „wirkl hereingeholt" hätte (Ffm NJW-RR **88**, 1109). Dagg stellen die dch den Verzug entgangenen **Nutzungsmöglichkeiten** grdsl keinen ersatzfäh Schaden dar (Vorbem 3b u c v § 249).

3) II gibt dem Gläub die Möglichk, anstelle der Leistg **Schadensersatz wegen Nichterfüllung** zu verlangen. Voraussetzg ist, daß die Leistg für ihn inf des Verzuges kein Interesse mehr hat. Das gleiche Merkmal verwendet das Ges in dem prakt wichtigeren § 326 II (vgl dort Anm 6 c). Für den Inh u Umfang des SchadErsAnspr gelten die §§ 249 ff. Der Anspr richtet sich auf GeldErs, da Naturalrestitution prakt Erf wäre, das Ges den ErfAnspr aber ausschließt (MüKo/Walchshöfer Rdn 13). Der Schaden kann konkret, uU aber auch abstrakt bemessen w (s § 325 Anm 4). Bei abstrakter Schadensberechng ist als Stichtag nach Wahl des Gläub entweder der Verzugseintritt oder der Interessenwegfall zugrde zu legen (RG **96**, 160). Vgl im übrigen zur Schadensbemessg §§ 326 Anm 8 u 325 Anm 4. Will der Gläub nach § 286 II vorgehen, muß er die Leistg ablehnen. Wg der Ausübg des AblehngsR verweist II 2 auf die **Rücktrittsvorschriften**. Gleichwohl ist die AblehngsErkl kein Rücktr, sond die Geltdmachg eines VertrR. Eine entspr Verweisg auf die §§ 346 ff enthält § 280 II 2. Die Ausführgen zu § 280 II 2 (dort Anm 4c) gelten sinngem.

287 *Erweiterte Haftung.*
Der Schuldner hat während des Verzugs jede Fahrlässigkeit zu vertreten. Er ist auch für die während des Verzugs durch Zufall eintretende Unmöglichkeit der Leistung verantwortlich, es sei denn, daß der Schaden auch bei rechtzeitiger Leistung eingetreten sein würde.

1) Satz 1. Er **erweitert das Haftungsmaß:** Auch wenn für den Schu gesetzl Haftgserleichtergen gelten (§ 277 Anm 2 u 3), muß er währd des Verzuges für jede Fahrlässigk einstehen. Da der Schu nach Satz 2 für die währd des Verzuges eintretde Unmöglichk unabhäng von einem Verschulden haftet, ist die prakt Bedeutg von Satz 1 gering. Er betrifft nur solche Schäden, die nicht auf einer Unmöglichk der Leistg beruhen (allgM).

2) Satz 2. a). Er erweitert die Haftg des Schu auf die währd des Verzuges **durch Zufall** (s § 276 Anm 10) eintretde Unmöglichk. Ist die Unmöglichk eine adäquate Folge des Verzuges, ergibt sich die Haftg des Schu bereits unmittelb aus §§ 280, 285, 286. Der UrsachenZusHang zw Verzug u Unmöglichk gehört zum Bereich der haftgsausfülldn Kausalität, auf den sich das Verschulden nicht zu erstrecken braucht (Vorbem 5 A v § 249). Satz 2 ist daher nur für die Fälle prakt bedeuts, in denen zw Verzug u Unmöglichk **kein adäquater Kausalzusammenhang** besteht. Er gilt auch für die unter die Unmöglichk, insb für den Fall der Verschlechterg (Erm-Battes Rdn 3). Auch auf die vorübergehde Unmöglichk (zeitweil gesetzl Zahlgsverbot) ist die Vorschr anzuwenden (BGH **LM** § 286 Nr 3). Der Schu hat SchadErs wg NichtErf zu leisten (§§ 280, 325). Seine ErsPfl beschränkt sich auf den adäquat verursachten Schaden, da die Haftgserweiterg nicht für den KausalZusHang zw Unmöglichk u Schaden gilt. – **b) Halbsatz 2** schließt die Zufallshaftg aus, wenn die Unmöglichk auch bei **rechtzeitiger Leistung** eingetreten wäre. Er gestattet dem Schu damit die Berufg auf ein hypothet SchadensEreign. Gleichgült ist, ob dasselbe od ein and Ereign die Unmöglichk beim Gläub herbeigeführt hätte. Der dch Untergang der Sache bereits entstandene SchadErsAnspr wird aber dch eine nachträgl im Bereich des Gläubigers auftretde hypothet Schadensursache nicht mehr berücks. And liegt es nur, wenn der Sache zZ ihres Untergangs eine Schadensanlage innewohnte (Staud-Löwisch Rdn 16, Vorbem 5 B v § 249). Die **Beweislast** dafür, daß die Unmöglichk auch bei rechtzeit Leistg eingetreten wäre, trägt der Schu. Macht der Gläub geltd, er hätte die Sache bei rechtzeit Leistg vor Eintritt der hypothet Schadensursache verbraucht od weiterveräußert, muß der Schu dieses Vorbringen widerlegen. Haftet der Schu nach RGrds für die Unmöglichk, ist Halbsatz 2 unanwendb; für die Berücksichtigg von hypothet Schadensursachen gelten vielmehr die allg Regeln (Vorbem 5 C v § 249).

288 *Verzugszinsen.*
¹Eine Geldschuld ist während des Verzugs mit vier vom Hundert für das Jahr zu verzinsen. Kann der Gläubiger aus einem anderen Rechtsgrunde höhere Zinsen verlangen, so sind diese fortzuentrichten.
II Die Geltendmachung eines weiteren Schadens ist nicht ausgeschlossen.

1) Verzugszinsen (I). a) Der Gläub einer Geldschuld kann iF des Verzuges als **Mindestschaden** Zinsen iH von 4% verlangen. Dabei ist gleichgült, ob dem Gläub tatsächl ein Schaden entstanden ist od nicht (BGH **74**, 231, BFH NJW **82**, 792). Die ZinsPfl besteht bei Geldschulden jeder Art (§ 245 Anm 2), auch bei SchmerzGAnspr (§§ 284 Anm 3, 291 Anm 1), VorschußAnspr aus § 633 III od VOB (B) § 13 Nr 5 (BGH

§§ 288–290

77, 62, NJW **83**, 2191), ohne daß die Zinsen in die Abrechng des Vorschusses einzubeziehen sind (BGH **94**, 333), bei unverzinsl Fdgen (RG **92**, 284, BGH NJW **53**, 337), BereicherngsAnspr (RG **154**, 265) u UnterhFdgen (Hbg, Mü u Hamm FamRZ **84**, 87, 310, 478, s auch BGH NJW-RR **87**, 386 zu § 291), bei Kostenerstattgs-Anspr von BetrRMitgl (BAG BB **89**, 1618), bei KaufPr- od WkLohnFdgen auch für die im Rechngsbetrag enthaltene MwSteuer (Delcker NJW **86**, 2936, and Ernst BB **89**, 929 mit einem schon wg seiner Kompliziert unbrauchb Lösgsvorschlag). Bei GehaltsAnspr betrifft sie den gesamten Bruttobetrag (ArbG Wetzlar Betr **85**, 288, Soergel-Wiedemann Rdn 12; aA BAG **AP** TVAL II § 21 Nr 2). Bei Verzug mit der DarlGewährg braucht sich der Gläub nicht die Zinsen anrechnen zu lassen, die er bei rechtzeit Zahlg des Darl zu leisten gehabt hätte (RG **92**, 284). Bei schuldhafter Nichtbeschaffg eines langfrist zinslosen Darl steht dem Schu in entspr Anwendg von § 288 als Mindestschaden 4% Zinsen zu (BGH **74**, 231). I gilt nicht für die Schenkg (§ 522) u wg der Sonderregelg in WG 48 nicht für Wechselunkosten u Provision (BGH NJW **77**, 1396). Zur Anwendg von I im öffR s § 284 Anm 1 c. Bei einem SchadErsAnspr wg NichtErf kann der Gläub Verzugszinsen von dem Ztpkt an verlangen, an dem der Bemessg des NichtErfSchadens zugrde gelegt w (s BGH NJW **53**, 337). – **b)** Die **Höhe** der Verzugszinsen von 4%, bei beiderseit HandelsGesch von 5% (HGB 352), ist unangem niedrig (krit Peters ZRP **80**, 90). Die notw Anpassg an die veränderten wirtschaftl Verhältn muß aber dem GesGeber überlassen bleiben; die Voraussetzgen für eine richterl RFortbildg contra legem liegen nicht vor (Bartsch NJW **80**, 2564, aA Gelhaar NJW **81**, 851). – **c)** I 2 bedeutet nach seiner Entstehgsgeschichte u seinem Wortlaut, daß der vertragl vereinbarte Zins auch iF des Verzuges maßgebd bleibt (Rieble ZIP **88**, 1028, Nassall WPM **89**, 704). Der BGH weicht hiervon bei RatenkreditVertr zG des DarlNeh ab (BGH **104**, 341); seine Rspr ist aber mit dem Ges schwerl in Einklang zu bringen. – **d)** Beginn der Zinspflicht s § 187 Anm 1, **Ende** mit Ablauf des Tages an dem gezahlt worden ist (Pleyer/Huber Betr **89**, 1859).

2) Der Gläub kann gem II eine **höhere Zinsforderung** geltd machen, soweit die Voraussetzgen des § 286 vorliegen; haben die Part den Verzugszins vertragl auf 14% festgelegt, ist II aber iZw stillschw abbedungen (Ffm DNotZ **89**, 256). Der Zinsschaden kann entweder im Verlust von Anlagezinsen od in der Aufwendg von Kreditzinsen bestehen. – **a) Verlust von Anlagezinsen.** Der Zinsverlust muß grdsl konkret dargelegt u bewiesen w. Die Anforderngen an die Darleggs- u BewLast des Gläub dürfen aber nicht überspannt w. Zu seinen Gunsten ist ZPO 287 anwendb, uU auch § 252 S 2. Eine Bank kann ihren Schaden abstrakt berechnen (§ 252 Anm 2 c), u zwar, wenn sie verschiedene GeschArten betreibt, nach ihrem Dchschnittsgewinn (BGH **62**, 103, NJW **88**, 1969, Roll NJW **74**, 1281), muß diesen aber spezifiziert darlegen (BGH NJW **83**, 1423). Das gilt auch für Teilzahlgsbanken (BGH NJW **88**, 1971, § 246 Anm 2 c) u für VersUntern (Staud-Löwisch Rdn 12, aA Köln NJW **69**, 1388). Handelt es sich um einen größeren Geldbetrag, bei dem nach der Lebenserfahrg eine gewinnbringde Anlage (zB in verzinsl Wertpapieren od als Festgeld) anzunehmen ist, sind zG des Gläub die Grds des AnschBew anzuwenden (s BGH WPM **74**, 128, VersR **80**, 194, NJW **81**, 1732), die Untergrenze ist bei 5000 DM (Baumgärtel/Strieder Rdn 16). Zur ertragsteuerrechtl Problematik Arnd/Dichtl BB **88**, 1125. – **b) Aufwendung von Kreditzinsen.** Wird Ers von Kreditkosten verlangt, genügt zunächst die allg Behauptg, der Gläub habe einen mit X% verzinsl Bankkredit in Anspr genommen (BGH Betr **77**, 582). Bestreitet der Schu, ist ein konkreter Darlegg erforderl (BGH aaO). Die Grds des AnschBew sind idR nicht anwendb (KG NJW **57**, 1561, Köln NJW **61**, 30, str, aA die fr Rspr, vgl Nachw bei Roll DRiZ **73**, 339). Grdsl mögl ist aber eine abstrakte Schadensberechng (BGH NJW **84**, 371). Der Beweis, daß der Gläub gerade wg der KlFdg Kredit aufgenommen hat, ist bei einem Kaufmann nicht zu fordern (BGH BB **65**, 305, NJW **84**, 371, LG Bielef NJW **72**, 1995), ebsowenig bei der öff Hand (BGH LM Nr 7). Bundespost u Bundesbahn können Verzugszinsen in Höhe des Zinssatzes fordern, den sie für ihre zuletzt aufgelegte Anleihe zu zahlen haben (s Celle VersR **78**, 94, Hamm VersR **79**, 191, BVerwG JZ **89**, 687). Der ErsAnspr besteht auch bei einer Kreditgewährg dch ein verbundenes Unternehmen (BGH NJW **75**, 867). Der Einwand, der Anspr, für die eine Verzinsg gem §§ 288 II, 286 in Frage kommen, seien insgesamt höher als der aufgenommene Kredit, ist wg der für die alternative Kausalität geltden Grds unerhebl (Hbg MDR **74**, 930, Vorbem 5 B 1 v § 249). Zu ersetzen ist auch die auf die Zinsen etwa zu entrichtde **Mehrwertsteuer** (BGH NJW **79**, 540). Da die Zinsen nicht in die BemessgsGrdl der MWSt einzubeziehen sind, entfällt aber insow nach geltdm SteuerR eine ErsPfl (EuGH NJW **83**, 505, BGH **90**, 209, Ffm NJW **83**, 394, 459, Erlaß des BFM vom 24. 2. 83 UStR **83**, 78).

289 **Keine Zinseszinsen.** Von Zinsen sind Verzugszinsen nicht zu entrichten. Das Recht des Gläubigers auf Ersatz des durch den Verzug entstehenden Schadens bleibt unberührt.

1) **Satz 1.** Er erweitert das in § 248 enthaltene Verbot der Zinseszinsvereinbg u schränkt zugl den Anwendgsbereich von § 288 I ein. Gleichgült ist, ob die Zinsschuld auf Ges od Vertr beruht. **Zinsen** (§ 246 Anm 1) sind auch Kreditgebühren, nicht aber Bereitstellgszinsen, in Zinsform zu entrichtde Enteignungs-Entsch od ErstattgsAnspr aus nicht wg gezogener Zinsen (KG OLG **24**, 285). Gem ErbbVO 9 I, § 1107 ist die Vorschr auf ErbbZinsen u Einzelleistgn aus Reallasten entspr anwendb (BGH NJW **70**, 243, **78**, 1261, krit Bringezu NJW **71**, 1168). Dagg gilt sie für den kaufm KontokorrentVerk nicht (HGB 355).

2) **Satz 2.** Das Zinseszinsverbot schließt den SchadErsAnspr wg verzögerter Zinszahlg (§§ 288 II, 286) nicht aus (BGH NJW-RR **86**, 207). Ein ErsAnspr besteht aber nur dann, wenn die Verzugsvoraussetzgen auch hins der ZinsFdg vorliegen. Der Verzögersschaden kann entspr § 288 Anm 2 auch im Verlust von Anlagezinsen od der Aufwendg von Kreditzinsen bestehen. Der Schaden muß konkret dargelegt u nachgewiesen w (s RG **152**, 174); Banken können den Zinsschaden aber auch hier abstrakt berechnen (Löwisch NJW **78**, 26, LG Lünebg WPM **86**, 1313).

290 **Verzinsung des Wertersatzes.** Ist der Schuldner zum Ersatze des Wertes eines Gegenstandes verpflichtet, der während des Verzugs untergegangen ist oder aus einem während des Verzugs eingetretenen Grunde nicht herausgegeben werden kann, so kann der Gläubiger Zinsen des zu ersetzenden Betrags von dem Zeitpunkt an verlangen, welcher der Bestimmung des Wertes zugrunde gelegt wird. Das gleiche gilt, wenn der Schuldner zum Ersatze der Minderung des Wertes eines während des Verzugs verschlechterten Gegenstandes verpflichtet ist.

1) a) Die Vorschr setzt voraus, daß der Schu zum **Wertersatz** eines Ggstdes (Begriff Übbl 2 v § 90) verpflichtet ist, der währd des Verzuges unter der HerausgPfl untergegangen (Satz 1) od verschlechtert (Satz 2) worden ist. Wann eine solche Wertersatzschuld besteht, ergibt sich nicht aus § 290, sond aus §§ 280, 325 iVm §§ 285, 286 u vor allem mit § 287. Welcher Ztpkt der Wertermittlg zugrde zu legen ist, richtet sich nach den allg Grds des SchadErsR (§ 286 Anm 3). – **b)** Der ZinsAnspr ist ebso wie iF des § 288 gesetzl **Mindestschaden.** Seine Höhe ergibt sich aus § 288, bei beiderseit HandelsGesch aus HGB 352. Ein weitergehender SchadErsAnspr ist nicht ausgeschl (s § 288 II). Für das Gebiet der unerl Hdlgen enthält § 849 eine entspr Vorschr.

291 Prozeßzinsen.
Eine Geldschuld hat der Schuldner von dem Eintritte der Rechtshängigkeit an zu verzinsen, auch wenn er nicht im Verzug ist; wird die Schuld erst später fällig, so ist sie von der Fälligkeit an zu verzinsen. Die Vorschriften des § 288 Abs. 1 und des § 289 Satz 1 finden entsprechende Anwendung.

1) Allgemeines. a) Nach § 291 ist die ZinsPfl eine materiellrechtl Folge der RHängigk. Die prakt Bedeutung der Vorschr ist beschränkt. Der ZinsAnspr des Gläub ergibt sich idR schon aus § 288, da der Schu grdsl dch Zustellg der Kl od des Mahnbescheids in Verzug kommt (§ 284 I 2). Für § 291 bleiben die Fälle, in denen der Schu die Verspätg der Leistg, etwa wg eines entschuldb RIrrt, nicht zu vertreten hat (RG **92**, 285; § 285). Auch bei der Klage auf künft Leistg (Satz 1 Halbs 2), die noch keinen Verzug begründet, hat § 291 selbstd Bedeutg. – **b)** Bei öffrechtl GeldFdgen richtet sich die Verzinsg in erster Linie nach **öffentlichem Recht** (§ 284 Anm 1c). Einschlägig sind AO 236, 237 u SGB 44. AO 236f sind auch auf öffrechtl Gebühren u Beiträge anwendb (BVerwG **37**, 159, OVG Lünebg VerwRspr **23**, 201). Soweit das öffR Lücken enthält, kann § 291 entspr angewandt w (BVerwG NJW **58**, 1744, **73**, 1854, BGH NJW **70**, 1637, Czybulka NVwZ **83**, 128), aber nur auf Leistgs- nicht auf AnfKlagen (BVerwG NVwZ **88**, 440), so etwa bei Anspr aus dem BeamtenVerh (BGH **10**, 129, BayVGH DÖD **81**, 162) u öffrechtl ErstattgsAnspr (BGH NJW **70**, 1637, BVerwG NJW **73**, 1854). Unanwendb ist § 291 dagg im WiedergutmachgsR (BGH **LM** BEG 1956 § 169 Nr 1, BVerwG DVBl **63**, 507) u bei Anspr aus dem LAG (BVerwG **51**, 287).

2) Voraussetzungen. a) Es muß sich um eine **Geldschuld** (§ 245 Anm 2) handeln. Gleichgült ist, auf welchem RGrd die Fdg beruht. Auch der unbeziffert geldd gemachte SchmerzGAnspr ist ab RHängigk zu verzinsen (BGH NJW **65**, 531 u 1376, KG VersR **72**, 281), ebso der UnterhAnspr (BGH NJW-RR **87**, 386), die FremdwährgsFdg (K. Schmidt NJW **89**, 68) u die in § 288 Anm 1a angeführten Anspr. Die ZinsPfl besteht auch dann, wenn der Gläub das geschuldeten Betrag erst an einen Dr weiterzuleiten hat (Düss VersR **74**, 1075). Stützt der Kläger seinen ZahlgsAnspr im 2. RZug statt auf Wandelg auf Mindergg, stehen ihm ProzZinsen schon seit RHängigk der WandlgsKl zu (Hamm Betr **89**, 1514). Auf Wechselunkosten u Provision ist § 291 wg der Sonderregelg in WG 48 unanwendb (BGH NJW **77**, 1396). – **b)** Voraussetzg ist die Erhebg einer **Leistungsklage** od der Zustellg eines Mahnbescheids (ZPO 690). Ein HilfsAntr genügt (RG **117**, 114), ebso eine Stufenklage (BGH **80**, 277 zu § 284 I 2), nicht aber eine FeststellgsKl (s BGH **93**, 186, aA für Eingruppiergsstreitigk BAG NJW **70**, 1207). Der Eintritt der **Rechtshängigkeit** bestimmt sich nach ZPO 253, 261, 302 IV, 696 III, 700 II; bloße Anhängigk genügt nicht. – **c)** Der Anspr muß **fällig** u dchsetzb sein. Bei Kl auf künft Leistg (ZPO 257ff) beginnt daher die ZinsPfl erst mit der Fälligk des Anspr (Satz 1 Halbs 2). Steht dem Anspr die Einr des ZbR od des nichterf Vertr entgg, entfällt der Verzinsg (BGH **55**, 198, KG NJW **71**, 144, Düss NJW **71**, 2310). Bei einer Kl gem § 315 III wird der Anspr erst mit Erlaß des Urteils fäll; ein ZinsAnspr für die vorhergehde Zeit ist daher ausgeschl (Brschw OLGZ **66**, 19). Entspr gilt für den AbfindgsAnspr gem KSchG 7, 8 (BAG NJW **69**, 1735, LAG Brem NJW **78**, 126).

3) Rechtsfolgen. Der Gläub hat einen Anspr auf ProzZinsen. Der Zinssatz beträgt 4% (Satz 2 iVm § 288 I), bei beiderseit HandelsGesch 5% (HGB 352). Auf Zinsen sind keine ProzZinsen zu entrichten (Satz 2 iVm § 289 I). Einen weitergehenden Schaden kann der Gläub nur ersetzt verlangen, wenn zugl die Voraussetzgen des Verzuges vorliegen. Ist das der Fall, besteht zw den Anspr aus § 288 u § 291 AnsprKonkurrenz; der Gläub kann nicht etwa Proz- u Verzugszinsen kumulativ geltd machen (RG **92**, 285, Saarbr NJW-RR **87**, 471).

292 Haftung bei Herausgabepflicht.
¹Hat der Schuldner einen bestimmten Gegenstand herauszugeben, so bestimmt sich von dem Eintritte der Rechtshängigkeit an der Anspruch des Gläubigers auf Schadensersatz wegen Verschlechterung, Unterganges oder einer aus einem anderen Grunde eintretenden Unmöglichkeit der Herausgabe nach den Vorschriften, welche für das Verhältnis zwischen dem Eigentümer und dem Besitzer von dem Eintritte der Rechtshängigkeit des Eigentumsanspruchs an gelten, soweit nicht aus dem Schuldverhältnis oder dem Verzuge des Schuldners sich zugunsten des Gläubigers ein anderes ergibt.

²Das gleiche gilt von dem Anspruche des Gläubigers auf Herausgabe oder Vergütung von Nutzungen und von dem Anspruche des Schuldners auf Ersatz von Verwendungen.

1) Allgemeines. Die Vorschr begründet als materiell-rechtl Wirkg der RHängigk eine **Mindesthaftung** für den zur Herausg verpflichteten Schu. Soweit wg Verzuges (§ 287) od nach der Art des SchuldVerhältn (zB § 819 I) eine strengere Haftg besteht, bleibt diese unberührt (I letzter Halbs). Da die Klagerhebg idR Verzug begründet (§ 284 I 2), ist die unmittelb Bedeutg des § 292 gering. Zu den Fällen, in denen ausnw

§§ 292, 293

trotz KlErhebg kein Verzug eintritt, s § 291 Anm 1a. Aufgrund der Verweisg in § 818 IV gilt § 292 auch für BereicherungsAnspr (§ 818 Anm 7).

2) Voraussetzungen. a) Gegenstand ist nach dem Sprachgebrauch des BGB alles, was Objekt von Rechten sein kann (Übbl 2 v § 90). § 292 gilt daher auch für den Anspr auf Herausg eines PatentR (RG **62**, 321), eines Erbteils (RG **137**, 179) od einer Apotheke (BGH **LM** § 987 Nr 3). Da es sich um einen „bestimmten" Ggst handeln muß, ist die Vorschr auf Gattgsschulden nicht anzuwenden. – **b)** Eine Verpflichtg zur **Herausgabe** ist sowohl die zur Rückg (zB bei Miete od Leihe) als auch die zur Lieferg (zB beim Kauf). Dagg findet § 292 auf die Verpflichtg zur Vorlegg von Sachen (§§ 809, 810) keine Anwendg. – **c) Eintritt der Rechtshängigkeit** s § 291 Anm 2b.

3) Rechtsfolgen. Die Vorschr, die ab RHängigk für das Eigtümer-BesitzerVerhältn gelten, sind anzuwenden, u zwar in drei Richtgen: **a)** Der Schu haftet entspr § 989 auf **Schadensersatz**, wenn der geschuldete Ggst nach RHängigk dch sein Verschulden verschlechtert w, untergeht od aus einem sonst Grd nicht herausgegeben w kann. Sofern die Voraussetzgen des Verzuges vorliegen (§ 291 Anm 1a), haftet der Schu gem § 287 S 2 auch für Zufall. Auch die strengere Haftg gem § 819 I bleibt unberührt (s RG **137**, 179), da § 292 lediglein Mindestmaß an Haftg festlegt (Anm 1). – **b)** Der Schu hat entspr § 987 die ab RHängigk gezogenen **Nutzungen** herauszugeben; für schuldh nicht gezogene Nutzgen hat er SchadErs zu leisten. – **c)** Der Anspr des Schu auf Ersatz von **Verwendungen** richtet sich nach §§ 994 II, 995. Eine ErsPfl besteht nur bei notw Verwendgen u nur nach Maßg der Vorschr über die GoA (s näher § 994 Anm 3). Bei nützl Verwendgen (§ 996) hat der Schu keinen ErsAnspr, sond ledigl das WegnR des § 997. Entspr anzuwenden sind auch die §§ 1000–1003.

Zweiter Titel. Verzug des Gläubigers

293 *Annahmeverzug.* Der Gläubiger kommt in Verzug, wenn er die ihm angebotene Leistung nicht annimmt.

1) Allgemeines. a) Begriff. Der GläubVerzug (AnnVerzug) ist das Ggstück zum SchuVerzug (§§ 284ff) u fällt wie dieser unter den Oberbegriff der Leistgsstörg (Vorbem 1 v § 275). Er liegt vor, wenn die Erf des SchuldVerh dadch verzögert w, daß der Gläub die seinerseits erforderl Mitwirkg, insb die Ann der Leistg, unterläßt. Die §§ 293ff gehen davon aus, daß der Gläub zur Ann der Leistg nur berecht, aber nicht verpflichtet ist (BGH **BB 88**, 1418; Ausn Anm 2b). GläubVerzug ist daher, anders als der SchuVerzug, nicht Verletzg einer RPflicht, sond ledigl Verstoß gg eine **Obliegenheit** (Larenz § 25 I). Er begründet keine SchadErsPfl, setzt aber auch kein Verschulden des Gläub od ein sonstiges Vertretenmüssen voraus. – **b) Anwendungsbereich.** Die §§ 293ff gelten für alle LeistgsPflten, zu deren Erf eine Mitwirkg des Gläub erforderl ist. Sie sind daher idR auf die Pfl zum Unterlassen, zur Abgabe einer WillErkl u zu einer GeschBesorgg nicht anwendb (Staud-Löwisch Rdn 3 v § 293). Bei Anspr aus sachen-, familien- od erbrechtl Tatbestden ist GläubVerzug nicht mögl, soweit nicht die Eigenart des betreffden Anspr entggsteht. Im öffR ist eine (entspr) Anwendg der §§ 293ff nicht ausgeschlossen. Sie gelten aGrd der Verweisg in VwVfG 62 S 2 insb für Anspr aus öffrechtl Vertr.

2) Abgrenzung. a) Unmöglichkeit der Leistg u Unvermögen des Schu schließen den AnnVerzug aus, *arg* § 297 (RG **106**, 276, BGH **24**, 96, BAG **AP** § 615 Nr 29, aA Picker JZ **85**, 698). Die Grenzziehg zw Unmöglichk u AnnVerzug ist, insb bei Dienst- u WerkVertr, bestr u zweifelh. Sie ist beim DienstVertr von erhebl Bedeutg, da der VergütgsAnspr bei Unmöglichk der Leistg entfällt (§ 323), bei AnnVerzug aber weiterbesteht (§ 615). Die fr hM ging bei der Abgrenzg von der sog Abstrahiergsformel aus (BGH **24**, 96): Entscheidd sei, ob der Schu, wenn man die Mitwirkg des Gläub unterstelle, die Leistg erbringen könne. Bei ArbVertr hat sich die Rspr seit 1923 von den §§ 293f, 615 gelöst u stattdessen darauf abgestellt, in wessen Gefahrenkreis die Störgsursache fällt, sog **Sphärentheorie** (RG **106**, 276, BAG **3**, 346, Betr **83**, 1446, § 615 Anm 4). Diese Theorie ist vorübergehd auch außerh des ArbR angewandt worden; sie hat aber inzw im allg bürgerl Recht keine Bedeutg mehr u befindet sich auch im ArbR auf dem Rückzug (s Rückert ZFA **83**, 1). Im Anschluß an die Arbeiten von Beuthien (Zweckerreichg, 1969) u Köhler (Zweckstörgen, 1971) hat sich mit Recht die Ans dchgesetzt, daß für die Abgrenzg von AnnVerzug u Unmöglichk allein entscheidd ist, ob die Leistg noch **erbracht werden kann** od nicht. AnnVerzug liegt als Unterfall der Leistgsverzögerg nur vor, wenn der Gläub die Leistg nicht annehmen will od wenn ein vorübergehdes Ann- od Mitwirkgshindern besteht. Unmöglichk ist dagg bei allen dauernden Leistgshindern anzunehmen, gleichgült worauf diese im einzelnen beruhen (MüKo/Walchshöfer Rdn 6, Soergel-Wiedemann Rdn 11 v § 293, Larenz § 25 I c u § 21 I c, wohl auch BGH **60**, 17). Sie ist auch gegeben, wenn die an sich weiterhin mögl LeistgsHdlg wg Hindern aus der Sphäre des Gläub nicht mehr den Leistgserfolg herbeiführen kann (§ 275 Anm 2d). Unmöglichk u nicht AnnVerzug liegt daher vor, wenn der Leistgserfolg ohne Zutun des Schu eintritt (Bsp: der wegzuräumde Erdwall wird weggeschwemmt); wenn das Leistgssubstrat wegfällt (Bsp: der zu behandelnde Patient stirbt); wenn die Leistg wg einer dauernden Ann- od Mitwirkgsunmöglichk des Gläub nicht erbracht w kann (Bsp: der Fahrschüler erblindet); beim ReiseVertr undchführb w, weil dem Reisenden eine erforderl Schutzimpfg nicht zugemutet w kann (BGH **80**, 17); wenn die geschuldete Beratgstätigk wg Aufg des GeschBetr des Gläub nicht mehr fortgesetzt werden kann (s BGH **24**, 96, der aber AnnVerzug bejaht). Stammt das Leistgshindern aus der Sphäre des Gläub, kann dem Schu aber gem § 324 od § 645 ein VergütgsAnspr zustehen (§ 275 Anm 2d). – **b)** Der Gläub kann dch NichtAnn der Leistg gleichzeit in Ann- u **Schuldnerverzug** kommen, wenn die Ann nicht bloße Obliegenh ist, sond als RPflicht

Inhalt der Schuldverhältnisse. 2. Titel: Verzug des Gläubigers   §§ 293, 294

geschuldet w. Eine solche Pfl zur Abn besteht nach § 433 II beim KaufVertr u nach § 640 I beim WkVertr (s RG **57**, 109, 405). Beim Spezifikationskauf (HGB 375) begründet das Unterlassen der vom Käufer geschuldeten Spezifikation ebenf zugleich Schu- u AnnVerzug, sofern deren Voraussetzgen erfüllt sind. Entspr gilt, wenn der Käufer beim Kauf auf Abruf den geschuldeten Abruf verzögert (BGH NJW **72**, 100). Sofern die Abn od die sonst geschuldete Mitwirkg HauptPfl ist, ist neben § 286 auch § 326 anwendb (dort Anm 3b). – **c)** Nimmt der Gläub die ihm angebotene Leistg nicht an od unterläßt er eine ihm obliegde MitwirkgsHdlg, so ist das keine **positive Vertragsverletzung**, da der Gläub dch sein Verhalten keine Pfl, sond lediglich eine Obliegenh verletzt. AnnVerzug u pVV können aber zusammentreffen, wenn die Weigerg des Gläub, die Leistg anzunehmen od in der erforderl Weise mitzuwirken, als Lossagg vom Vertr od eine erhebl Gefährdg des VertrZweckes zu werten ist (RG **57**, 112, BAG **11**, 88, **50**, 178, Nicklisch BB **79**, 543, § 276 Anm 7 Ca). RFolge der pVV ist ein SchadErsAnspr; außerdem kann § 326 entspr anwendb sein (§ 276 Anm 7 Eb).

3) Voraussetzungen. Sie sind in den §§ 293–299 geregelt. – **a)** Der Schu muß so, wie er die Leistg anbietet, **leisten dürfen**. Ist für die Leistg eine öffrechtl Gen erforderl, kommt der Gläub nur in AnnVerzug, wenn die Gen vorliegt (BGH **13**, 329, NJW **52**, 743). Der AnnVerzug des ArbGeb ist ausgeschlossen, wenn der ArbNeh (Arzt) nicht die erforderl Erlaubn zur Berufsausübg besitzt (BAG **AP** § 615 Nr 29) od wenn dieser einem gesetzl Beschäftiggsverbot (MuSchG 8) unterliegt (BAG **9**, 300). – **b)** Der Schu muß zur Leistg **bereit und imstande** sein (§ 297 Anm 2a). – **c)** Der Schu muß die Leistg dem Gläub od einem empfangsberecht Vertreter, so wie sie geschuldet w, **anbieten** (§§ 294–296). – **d)** Voraussetzg ist weiter, daß der Gläub die Leistg **nicht annimmt** od die erforderl Mitwirkg unterläßt. Es genügt ein bloßes Unterlassen; eine ausdrückl Ablehng des Angebots ist nicht erforderl. Gleichgült ist, aus welchem Grd der Gläub nicht annimmt. Er kommt, abgesehen vom Fall des § 299, auch dann in AnnVerzug, wenn er die NichtAnn od Nichtmitwirkg **nicht zu vertreten** hat; der AnnVerzug setzt kein Verschulden des Gläub voraus (BGH **24**, 96, BAG NJW **73**, 1949). AnnVerzug tritt daher auch ein, wenn der Gläub das Angebot inf eines entschuldb Irrts für nicht ordngsmäß hält (BAG aaO), od wenn der Gläub das Angebot wg Streiks seiner ArbN nicht annehmen kann (Richardi JuS **84**, 833).

4) Rechtsfolgen. Sie sind in den §§ 300–304 geregelt (s dort). Darüber hinaus besteht ein Recht zur Hinterlegg od zum Selbsthilfeverkauf (§§ 372, 383, HGB 373). Vgl die Übersicht in § 300 Anm 1.

5) Beendigung. a) Der AnnVerzug endet für die Zukunft, wenn eine seiner Voraussetzgen entfällt. Der prakt wichtigste BeendiggsTatbestd ist der, daß der Gläub die Leistg **annimmt** od die ihm obliegde MitwirkgsHdlg vornimmt. Die BereitErkl des Gläub reicht aus, wenn der Schu die zweite Andieng aus von ihm zu vertretden Grden verzögert. Die nach § 304, 615 geschuldeten Beträge braucht der Gläub nicht mitanzubieten (MüKo/Walchshöfer Rdn 13, str); der Schu kann aber wg der ihm insoweit zustehden GgAnspr ein ZbR geltd machen u dadch gem § 298 die Beendigg des AnnVerzuges verhindern (s BAG NJW **82**, 122). Der AnnVerzug des ArbGeb heilt iF einer unberecht Künd nicht schon dadch, daß er sich zur vorläufig weiteren Entggnahme der ArbLeistg bereit erklärt (BAG NJW **82**, 122). Erforderl ist vielmehr grdsl, daß er der weiteren DchFührg des Vertr zustimmt u die Unwirksamk der Künd anerkennt (BAG Betr **86**, 1878, aA Löwisch Betr **86**, 2433, Schäfer JuS **88**, 265). Es genügt aber auch, wenn der ArbGeb den Abschluß eines befristeten ArbVertr bis zur Klärg der Wirksamk der Künd anbietet, sofern dem ArbNeh die Ann dieses Angebots zuzumuten ist (Schäfer NZA **84**, 110, aA BAG aaO). In dem nachträgl Bereiterklären zur Entggnahme der Leistg kann zugl hins des GgAnspr eine Mahng liegen; mit der Beendigg des AnnVerzugs kann daher gleichzeitig SchuVerzug eintreten. – **b)** Weiter können folgde Grde zur Beendigg des AnnVerzuges führen: **aa) Erlöschen** des Anspr, etwa dch Hinterlegg (§ 378), Aufr (§ 389) od Erlaß (§ 397); **bb) Unmöglichwerden** der Leistg (BAG JZ **62**, 68); **cc)** Erklärg des Schu, daß er sein Angebot **zurücknimmt**. – **c)** Der AnnVerzug entfällt mit **Wirkung ex nunc**. Die gem § 300 II eingetretene Konkretisierg der Gattgsschuld bleibt daher bestehen (Staud-Löwisch Rdn 25).

6) Der Schu trägt für die Voraussetzgen des AnnVerzuges die **Beweislast**. Er muß insb nachweisen, daß er die Leistg ordngsmäß angeboten hat. Der AusnTatbestd des § 297 muß dagg vom Gläub bewiesen w.

294 *Tatsächliches Angebot.* Die Leistung muß dem Gläubiger so, wie sie zu bewirken ist, tatsächlich angeboten werden.

1) Allgemeines. Die Vorschr ergänzt u konkretisiert § 293. Sie legt fest, daß der AnnVerzug ein tatsächliches Angebot voraussetzt (Anm 2). Sie stellt außerdem klar, daß AnnVerzug nur dch ein zur Erf taugl Angebot begründet w kann (Anm 3).

2) Tatsächliches Angebot. Das tatsächl Angebot ist keine zusätzl zur Leistg vorzunehmde Hdlg, sond der **Beginn der Leistung** („Anleistg"). Es muß so vorgenommen w, daß der Gläub nichts weiter zu tun braucht, als zuzugreifen u die Leistg anzunehmen (BGH **90**, 359). Seiner RNatur nach ist das tatsächl Angebot ein in der LeistgsHdlg mitenthaltener Realakt, kein RGesch (Larenz § 25 Ia). § 130 ist nicht anwendb; der Gläub kommt auch dann in AnnVerzug, wenn er wg Ortsabwesenh von dem Angebot zunächst keine Kenntn erhält (s aber § 299). Bloße Leistgsbereitsch ist nicht ausreichd. Bei Geldschulden genügt es daher nicht, daß die Bank des Schu das Geld bereit hält (RG **108**, 160). Auch eine Mitteilg der Bank, sie sei vom Schu mit der Leistg beauftragt, stellt kein tatsächl Angebot dar (RG **109**, 328). Sucht der Schu den Gläub selbst auf, genügt es, daß er das Geld bei sich führt u zur Aushändig bereit erklärt; ein Vorweisen des Geldes ist nicht erforderl (RG **85**, 416). Bei Nachnahmesendgn liegt ein tatsächl Angebot dagg nur vor, wenn die Post dem Empfänger die Sendg vorgezeigt hat (RG **102**, 372). Beim ArbVertr muß das Angebot am Ort der Dienstleistg erfolgen (§ 615 Anm 2c). Bei einer **Schickschuld** muß die Leistg dem Gläub am Bestimmgsort angedient w; der bereits mit der Absendg eintretde Gefahrübergang (§§ 270, 447) ist insow ohne Bedeutg (RG **106**, 297, MüKo/Walchshöfer Rdn 3, aA RG JW **25**, 607).

355

3) Ordnungsmäßiges Angebot. Die Leistg muß so, wie sie zu bewirken ist, angeboten w. – **a)** Anzubieten ist die **geschuldete Leistung.** Das Angebot einer Leistg an ErfStatt od einer Leistg erfhalber (Scheck) genügt nicht (BGH WPM 83, 864). Wird die Zahlg des einem Ausländer geschuldeten Geldbetrages dch die Devisengesetzgebg verboten, begründet das Angebot der allein noch zul Zahlg auf Sperrkonto kein AnnVerzug (RG **151**, 116, BGH **13**, 332), es sei denn, die gesetzl Regelg ändere den Inh des SchuldVerh entspr ab. – **b)** Die angebotene Leistg muß nach **Art, Güte und Menge** dem Inh des SchuVerh entsprechen. Weist der ArbG einen betrunkenen ArbN zurück, tritt kein AnnVerzug ein (LAG Schlesw Betr **89**, 630). Aus der Vereinbg der Part, etwa der Verwendg einer Barzahlgsklausel („cash against documents"), kann sich ergeben, daß der Gläub auch eine mangelh Leistg zunächst abnehmen muß (BGH NJW 87, 2436). Die Mietsache muß der Vermieter auch im beschädigten od verwahrlosten Zustand zurücknehmen (BGH **86**, 210). Dch ein Teilangebot kommt der Gläub nur in AnnVerzug, wenn eine Teilleistg ausnw zul ist (§ 266 Anm 4). Ein Mehrangebot begründet AnnVerzug, wenn der Gläub dch die notw Aussonderg nicht unzumutb beschwert w (RG **23**, 126). Ein Herausgeben von Geld (Geldwechseln) ist dem Gläub im Rahmen des Verkehrsübl zuzumuten (§ 242). Das Angebot einer mangelh Leistg begründet auch dann keinen AnnVerzug, wenn der Gläub sich nicht auf den Mangel berufen od diesen nicht einmal erkannt hat (RG **111**, 89). Entspr gilt, wenn die Leistg nicht der vereinbarten Gattg entspr od mangelh verpackt ist (Ffm Betr **84**, 1521). Der Gläub handelt jedoch auf eig Gefahr. Ist die angebotene Leistg in Wahrh mangelfrei, tritt AnnVerzug ein (BAG NJW **73**, 1949). Ein Angebot unter Vorbehalt setzt den Gläub in Verzug, wenn sich der Schu mit dem Vorbehalt lediglich die Möglichk offenhalten will, das Geleistete entgg § 814 wieder zurückzufordern (§ 362 Anm 4b). – **c)** Der Schu muß die Leistg zur rechten **Zeit** (§ 271) u am rechten **Ort** (§§ 269, 270) anbieten. Ist für den ArbVertr, wie idR, die BetrStätte ErfOrt, tritt kein AnnVerzug ein, wenn der ArbNeh seinen ArbPlatz wg witterungsbedingter Schwierigk nicht erreicht (BAG Betr **83**, 396). Auch bei VerkStörgen, Smogalarm u ähnl trägt der ArbN das **Wegerisiko** (§ 615 Anm 4a). – **d)** Die Leistg muß dem **Gläubiger** od einem empfangsberecht Vertreter angeboten w. Handelt es sich um GesamtGläub gelten die §§ 428, 429. Das Angebot muß vom **Schuldner** od einem ErfGehilfen gemacht w. Unter den Voraussetzgen der §§ 267, 268, 1150, 1249 kann auch das Angebot eines Dr AnnVerzug begründen.

295 Wörtliches Angebot.
Ein wörtliches Angebot des Schuldners genügt, wenn der Gläubiger ihm erklärt hat, daß er die Leistung nicht annehmen werde, oder wenn zur Bewirkung der Leistung eine Handlung des Gläubigers erforderlich ist, insbesondere wenn der Gläubiger die geschuldete Sache abzuholen hat. Dem Angebote der Leistung steht die Aufforderung an den Gläubiger gleich, die erforderliche Handlung vorzunehmen.

1) Allgemeines. Die Vorschr legt fest, daß in zwei AusnFällen (Anm 2 u 3) statt eines tatsächl ein **wörtliches Angebot** ausreichd ist. And als das tatsächl (§ 294 Anm 2) ist das wörtl Angebot, wie die Mahng, eine geschäftsähnl Hdlg (MüKo/Walchshöfer Rdn 2, Staud-Löwisch Rdn 12). Die §§ 130ff sind anwendb (hM). Die Aufforderg zur Vornahme der MitwirkgsHdlg steht dem wörtl Angebot gleich (**S 2**). Das Angebot bedarf keiner Form; es kann auch stillschw erfolgen u in der Klage auf Unwirksamk der Künd od in einem Widerspr gg die Künd liegen (BAG **3**, 74, NJW **75**, 1335). Ist der Schu arbeitsunfäh, ist nach Wiedergenesg ein ausdrückl wörtl Angebot erforderl (BAG Betr **71**, 1971, NJW **75**, 1335), es sei denn, daß der Gläub erklärt hat, er verzichte auf weitere Mitarbeit (BAG NJW **85**, 935). Für das **Arbeitsverhältnis** hat die Rspr aber inzw neue RGrds herausgebildet. Der ArbG kommt iF einer unberecht Künd gem § 293 auch ohne jedes Angebot des ArbN in AnnVerzug (s dort). Werden selbstd Dienste geschuldet, ist dagg auch iF einer rechtsw Künd ein wörtl Angebot erforderl (BGH NJW-RR **86**, 794). And als iF des § 294 kann das Angebot gem § 295 nur der Schuldner abgeben. Ein Dritter ist hierzu nicht schon unter den Voraussetzgen des § 267, sond nur dann berecht, wenn ihm gem § 268, 1150, 1249 ein AblösgsR zusteht (RG **83**, 393). Das Angebot muß der geschuldeten Leistg entspr (RG HRR **28**, 414). Es ist nur wirks, wenn der Schu leistgsfäh u **leistungsbereit** ist, § 297 (RG **103**, 15, BAG MDR **74**, 433, NJW **75**, 1336). Bei Gattgschulden ist eine vorherige Aussonderg nicht erforderl (BGH WPM **75**, 920), sie ist jedoch Voraussetzg für den Gefahrübergang (§ 300 Anm 3c). Es genügt, daß sich der Schu die geschuldete Ware jederzeit beschaffen kann (RG **50**, 260). Hat der Gläub die VertrErf ernsthaft u endgült verweigert, kann der Schu auch dann wirks anbieten, wenn er das geschuldete Werk noch nicht vollständ hergestellt hat (BGH **LM** § 651 Nr 3). Besteht Streit, ob der Schu zur Leistg imstande war, trifft die **Beweislast** den Gläub (§ 297 Anm 3).

2) Fall 1: Die Erkl des Gläub, er werde die Leistg **nicht annehmen,** muß bestimmt u eindeutig sein. Sie ist ebso wie das wörtl Angebot (Anm 1) eine zugangsbedürft geschäftsähnl Hdlg (Staud-Löwisch Rdn 3). Ein bloßer Vorbehalt genügt nicht, wohl aber die Erkl des Gläub, er halte den Vertr für nichtig, annulliere ihn od trete zurück (RG **57**, 113). Auch eine unberecht Künd reicht aus (BAG NJW **63**, 1124) od ein sonst schlüssiges Verhalten, aus dem sich unzweideut die AnnVerweigerg ergibt (BGH **LM** § 651 Nr 3). Die AnnVerweigerg muß zeitl **vor** dem Angebot erklärt worden sein (BGH NJW **88**, 1201, BAG NJW **69**, 1734). Die Weigerg des Gläub macht, wie sich aus der gesetzl Regelg ergibt, das wörtl Angebot nicht überflüssig. And liegt es aber, wenn offenkundig ist, daß der Gläub auf der AnnVerweigerg beharrt. In einem solchen Fall ist auch ein wörtl **Angebot nicht erforderlich,** da es eine leere Form wäre (Larenz § 25 Ib, MüKo/Walchshöfer Rdn 6, str, s auch § 296 Anm 1). Widerruft der Gläub seine Ablehng, so muß der Schu nunmehr tatsächl anbieten.

3) Fall 2: Er liegt vor, wenn eine zur Bewirkg der Leistg erforderl **Handlung des Gläubigers** unterblieben ist. Beispiele für derart MitwirkgsHdlgen sind: Abholg bei Holschulden, Abn beim WkVertr (§ 640 I), Erteilg einer Rechng, sofern der zu zahlde Betrag einer Festlegg bedarf (Celle NJW **86**, 327), Bereitstellung von Verpackgsmaterial, Abruf von Waren (RG **73**, 260), Ausübg des GläubWahlR bei Wahlschuld (§ 262), nähere Bestimmg des LeistgsGgstandes, etwa beim Spezifikationskauf gem HGB 375 (RG Warn **18** Nr 177), Anweisg von Diensten, Mitteilg an ArbNeh, daß die Schlechtwetterperiode beendet ist u die Arbeit wieder aufgenommen w kann (LAG Düss BB **69**, 1479). Die Frage, ob eine Mitwirkg des Gläub erforderl ist, muß uU dch VertrAuslegg entschieden w (RG **168**, 327). Hat der Verzug des Schu die Mitwirkg des Gläub erschwert, genügt ein dieses Erschwern nicht berücksichtigdes bloß wörtl Angebot nicht (BGH NJW **86**, 987). Nimmt der Gläub die ihm obliegde MitwirkgsHdlg nachträgl vor, endet der AnnVerzug; der Schu muß nunmehr tatsächl anbieten.

296 *Überflüssiges Angebot.* **Ist für die von dem Gläubiger vorzunehmende Handlung eine Zeit nach dem Kalender bestimmt, so bedarf es des Angebots nur, wenn der Gläubiger die Handlung rechtzeitig vornimmt. Das gleiche gilt, wenn der Handlung eine Kündigung vorauszugehen hat und die Zeit für die Handlung in der Weise bestimmt ist, daß sie sich von der Kündigung ab nach dem Kalender berechnen läßt.**

1) Die Vorschr enthält eine ergänzde Regelg zu § 295 Fall 2 (dort Anm 3). Unterläßt der Gläub eine MitwirkgsHdlg, für die eine Zeit nach dem Kalender bestimmt ist, gerät er in AnnVerzug, ohne daß es eines Angebots bedarf. Die übrigen Voraussetzgen des AnnVerzugs, insb Leistgsvermögen u Leistgswille, müssen aber auch hier vorliegen. Für die kalendermäß Bestimmth (S 1) u Berechenbark (S 2) gelten die Ausführgen in § 284 Anm 4 entspr. Die dem ArbGeb obliegde Zuweisg von Arb ist eine kalendermäß bestimmte MitwirkgsHdlg (BAG NJW **85**, 935, 2662). Der **Arbeitgeber,** dessen **Kündigung unwirksam** ist od der bestimmten ArbNeh rechtswidrig die ArbMöglichk verweigert, kommt daher in Ann Verzug, ohne daß es eines ArbAngebots des ArbNeh bedarf, iF einer unwirks ordentl Künd allerdings erst mit Ablauf der KündFr (BAG aaO u NJW **69**, 1734). Holt der Gläub die Hdlg nach, wird der AnnVerzug mit Wirkg *ex nunc* geheilt (§ 293 Anm 5). Der Schu muß nunmehr tatsächl anbieten.

297 *Unvermögen des Schuldners.* **Der Gläubiger kommt nicht in Verzug, wenn der Schuldner zur Zeit des Angebots oder im Falle des § 296 zu der für die Handlung des Gläubigers bestimmten Zeit außerstande ist, die Leistung zu bewirken.**

1) **Allgemeines.** AnnVerzug tritt nur ein, wenn der Schu zur **Leistung imstande** ist. Ist die Leistg dauernd unmögl, gelten die Vorschr des UnmöglichkR, u zwar auch dann, wenn die Ursache der Unmöglichk aus der Sphäre des Gläub stammt (§ 293 Anm 2a). § 297 schließt den AnnVerzug auch für den Fall aus, daß der Schu **vorübergehend** zur Leistg außerstande ist, die Regeln über die Unmöglichk also unanwendb sind (Larenz § 25 I c). Bsp sind etwa Krankh, Ortsabwesenh od Inhaftierg des ArbNeh (Staud-Löwisch Rdn 2). Wird dem als Lkw-Fahrer angestellten ArbNeh der Führerschein entzogen, kommt der ArbGeb nur in AnnVerzug, wenn eine vorübergehde and Beschäftigg mögl u zumutb war (BAG Betr **87**, 1359).

2) Voraussetzgen des AnnVerzuges sind nach § 297 **Leistungsvermögen und Leistungswille** des Schu (s BAG NJW **73**, 1949). Der maßgebde Ztpkt für die Leistgsbereitsch ist iF des tatsächl Angebots (§ 294) dessen Vornahme, iF des wörtl Angebots (§ 295) dessen Zugang, iF des § 296 der Termin, an dem die GläubHdlg vorzunehmen ist. Bei einem DauerSchuldVerh, insb einem ArbVertr, setzt die Fortdauer des AnnVerzuges voraus, daß die Leistgsbereitsch fortbesteht (BAG NJW **75**, 1336). Zu ihr gehört auch der ernsth Wille, die angebotene Leistg, so wie sie geschuldet ist, zu erbringen (BAG aaO). Für die Fälle des wörtl Angebots (§ 295) u des § 296 ist jedoch die Bereitsch zur sofort Leistg nicht erforderl. Es genügt, wenn die Leistg so weit vorbereitet ist, daß geleistet w kann, sobald der Gläub zur Ann od sonst Mitwirkg bereit ist (RG **50**, 255). Bei der Gattgsschuld ist daher die Ausscheidg nicht notw (BGH WPM **75**, 920, s aber § 300 Anm 3c). Es ist ausreichd, wenn sich der Schu den LeistgsGgst dch einen VertrSchl mit einem Dr jederzeit verschaffen kann (RG **34**, 99, **45**, 30, **50**, 260). Bei einer hartnäckigen AnnVerweigerg des Gläub genügt es uU, daß der Schu den LeistgsGgst in Kürze herstellen kann (BGH LM § 651 Nr 3). Hat der Gläub die Leistgsunfähigk des Schu herbeigeführt, kann er sich gem § 242 nicht auf § 297 berufen.

3) Wie sich aus der Fassg der Vorschr unzweideutig ergibt, trägt der Gläub die **Beweislast** für das Leistgsunvermögen u den fehlden Leistgswillen des Schu (allgM).

298 *Zug-um-Zug-Leistungen.* **Ist der Schuldner nur gegen eine Leistung des Gläubigers zu leisten verpflichtet, so kommt der Gläubiger in Verzug, wenn er zwar die angebotene Leistung anzunehmen bereit ist, die verlangte Gegenleistung aber nicht anbietet.**

1) Schuldet der Gläub dem Schu eine **Zug-um-Zug-Leistung,** steht nach § 298 das **Nichtanbieten der Gegenleistung** der NichtAnn der Leistg gleich. § 298 gilt nicht nur für ggs Vertr (§ 320), sond für alle Fälle des ZbR (§§ 255, 273, 281, 410, 797, 1144, 1233), auch wenn es sich bei der Ggleistg um eine Nebenverpflichtg (§ 368, Quittg, § 371 Schuldschein) handelt. Hat der Gläub vorzuleisten, ist § 298 erst recht anzuwenden (Staud-Löwisch Rdn 2).

2) **Voraussetzung** ist, daß der Schu die ihm gebührde GgLeistg **verlangt** hat. Eine ausdr Verweigerg der GgLeistg dch den Gläub ist nicht erforderl, bloßes Nichtanbieten genügt. Wie anzubieten ist, richtet sich nach den entspr anwendb §§ 294, 295 (BGH **90**, 359). Auf ein Verschulden des Gläub kommt es nicht an, § 299 gilt aber analog. Das Verlangen des Schu stellt gleichzeit eine Mahng dar. Mit dem AnnVerzug tritt daher zugl hinsichtl der GgLeistg **Schuldnerverzug** ein, es sei denn, daß § 285 entggsteht. Währd der Dauer des AnnVerzugs ist ein Leistgsverzug des Schu ausgeschlossen. Um den AnnVerzug zu beenden, muß der Gläub alle GgLeistgen anbieten, wg der der Schu ein ZbR geltd macht (BAG NJW **82**, 122).

§§ 299, 300

299 **Vorübergehende Annahmeverhinderung.** Ist die Leistungszeit nicht bestimmt oder ist der Schuldner berechtigt, vor der bestimmten Zeit zu leisten, so kommt der Gläubiger nicht dadurch in Verzug, daß er vorübergehend an der Annahme der angebotenen Leistung verhindert ist, es sei denn, daß der Schuldner ihm die Leistung eine angemessene Zeit vorher angekündigt hat.

1) Allgemeines. Der Grds, daß der AnnVerzug kein Verschulden des Gläub voraussetzt (§ 293 Anm 3 d), wird dch § 299 für den Fall einer vorübergehden Verhinderg des Gläub eingeschränkt. Die Vorschr beruht auf dem Gedanken, daß es dem Gläub bei unbestimmter Leistgszeit nicht zugemutet w kann, ständ annahmebereit zu sein. Sie ist eine bes Ausformg des § 242.

2) Voraussetzungen. a) Es muß sich um eine Schuld handeln, bei der die **Leistungszeit nicht bestimmt** ist. Gleichgestellt ist der Fall, daß die Leistgszeit zwar bestimmt ist, der Schu aber entspr § 271 II schon vorher leisten darf. In beiden Fällen schließt eine vorübergehde AnnHinderg (Abwesenh, Krankh, zeitweiliger Platzmangel) den AnnVerzug aus. – **b)** Der Gläub kommt aber in AnnVerzug, wenn der Schu die Leistg eine angem Zeit vorher **angekündigt** hat. Die Ankündigg ist eine empfangsbedürft geschäftsähnl Mitteilg. Sie kann auch von einem leistgsberecht Dritten ausgehen. Trotz rechtzeit Ankündigg tritt kein AnnVerzug ein, wenn dem Gläub die Ann nach Treu u Glauben (§ 242) nicht zuzumuten ist (plötzl Krankh, Todesfall). – **c)** Der Gläub trägt die **Beweislast** für die vorübergehde Behinderg, der Schu für die rechtzeit Ankündigg.

300 **Haftungsminderung; Gefahrübergang.** ¹ Der Schuldner hat während des Verzugs des Gläubigers nur Vorsatz und grobe Fahrlässigkeit zu vertreten.
    ᴵᴵ Wird eine nur der Gattung nach bestimmte Sache geschuldet, so geht die Gefahr mit dem Zeitpunkt auf den Gläubiger über, in welchem er dadurch in Verzug kommt, daß er die angebotene Sache nicht annimmt.

1) Allgemeines. Die §§ 300–304 regeln die **Rechtsfolgen** des AnnVerzuges. Im Ggs zum SchuVerzug begründet der AnnVerzug **keine Schadensersatzpflicht** (§ 293 Anm 1a). Nur wenn zugl die Voraussetzgen des SchuVerzuges od der pVV vorliegen, steht dem Schu ein SchadErsAnspr zu (§ 293 Anm 2b u c). Richtet sich die AnnVerweigerg gg einen gem §§ 1150, 1249 AblösgsBerecht, kommt auch eine SchadErsPfl aus § 823 I in Betracht (RG **83**, 393, **123**, 341). Der AnnVerzug bewirkt, abgesehen vom Fall des DienstVertr (§ 615), **keine Befreiung des Schuldners.** Er gibt dem Schu aber die Möglichk, die Schuld dch Hinterlegg der SchuldGgst (§ 372) oder des Erlöses aus dem Selbsthilfeverkauf (§ 383) zum Erlöschen zu bringen. Bei einem Grdst tritt an die Stelle der §§ 372, 383 das Recht zur Besitzaufgabe gem § 303 (s dort). Ein Rücktr- od KündR steht dem Schu nur zu, wenn das Verhalten des Gläub zugl eine pVV darstellt (§ 293 Anm 2c). Weitere Folgen des AnnVerzuges ergeben sich aus §§ 274 II, 322 III sowie aus §§ 264 II, 642–644.

2) Haftungsminderung (I). Sie ist das Ggstück zu der Haftgsverschärfg, die § 287 S 1 für den SchuVerzug vorsieht. Die Haftgserleichterg betrifft trotz des weitergehden Wortlauts nur die Haftg für den LeistgsGgst (BGH **LM** § 651 Nr 3 Bl 2 R, Staud-Löwisch Rdn 3). Die Haftg für die Verletzg sonst Pflten richtet sich nach dem allg Verschuldensmaßstab (MüKo/Walchshofer Rdn 2, aA RG **57**, 107). Das gilt auch für die Vornahme des Selbsthilfeverkaufs (RG SeuffA **76**, 96, JW **21**, 394). Die Vorschr ist auf alle Schuld-Verh anwendb, auch auf das RückgewährSchuldVerh wie Wandlg (RG **56**, 270). Sie erstreckt sich auch auf konkurrierde Anspr aus unerl Hdlg (Staud-Löwisch Rdn 4). Für die Haftg der Bundesbahn gelten SonderVorschr (HGB 453, EVO) schließen dagg eine Anwendg des § 300 I aus (RG **108**, 57). Vorsatz s § 276 Anm 3, grobe Fahrlässigk s § 277 Anm 2, Beweislast s § 282 Anm 1 d.

3) Gefahrübergang bei Gattungsschulden (II). a) Allgemeines. Die Vorschr gilt für alle Arten der Gattgsschuld. Sie ist auch auf die beschränkte Gattgsschuld (Vorratsschuld, § 243 Anm 1 c) u (analog) auf Geldschulden anwendb. Sie betrifft ausschließl die **Leistungsgefahr** (§ 275 Anm 8a): Der Schu wird gem §§ 275, 300 II u I von seiner LeistgsPfl frei, wenn die von ihm erfolglos angebotene Gattgssache während des AnnVerzuges dch Zufall od leichtes Verschulden untergeht od verschlechtert w. Die Preisgefahr, dh die Frage, ob der Schu trotz des Untergangs der von ihm geschuldeten Sache den Anspr auf die GgLeistg behält, ist nicht in § 300 II, sond in § 324 II geregelt (s RG **103**, 15, Staud-Löwisch Rdn 12, hM). Die prakt Bedeutg des § 300 II ist gering. Die Leistungsgefahr geht bei Gattungsschulden idR nicht aGrd des § 300 II, sond gem § 243 II dch Konkretisierg auf den Gläub über (s unten c). – **b) Voraussetzungen.** Der Übergang der Leistungsgefahr aGrd des § 300 II setzt voraus: **aa)** Der Gläub muß in AnnVerzug geraten sein. Die Vorschr gilt auch, wenn der AnnVerzug auf § 295 (wörtl Angebot) beruht (allgM). Sie ist auch iF des § 296 anwendb (Larenz § 25 II b, aA Staud-Löwisch Rdn 17). – **bb)** Der Schu muß die zur Erfüllg erforderl Sachen **ausgesondert** haben, auch wenn dies, wie in den Fällen der §§ 295, 296, für den Eintritt des AnnVerzugs nicht erforderl war (RG **57**, 404, BGH WPM **75**, 920, Hönn AcP **177**, 390, aA Schröder MDR **73**, 466). Die Aussonderg kann dem Angebot zeitl nachfolgen (BGH u Hönn aaO, str). Eine Mitteilg der Aussonderg an den Gläub ist dagg nicht notw (Staud-Löwisch Rdn 16, Erm-Battes Rdn 5, aA RG **57**, 404). – **c) Anwendungsfälle.** Geht die ganze Gattg od bei der beschränkten Gattgsschuld (§ 243 Anm 1c) der ganze Vorrat unter, ist § 300 II unanwendb. Daß der Schu von seiner LeistgsPfl frei wird, folgt bereits aus § 275. Eine weitere wesentl Einschränkg des § 300 II ergibt sich aus § 243 II. Hat der Schu seinerseits Erforderl getan, wird die Gattgs- zur Stückschuld u die Leistgsgefahr geht gem § 243 II auf den Gläub über (§ 243 Anm 3). Für den § 300 II bleiben daher im wesentl nur folgde Anwendgsfälle: **aa)** Der Gläub einer Bring- od Schickschuld ist dch ein wörtl Angebot (§ 295) od gem § 296 in AnnVerzug geraten. Der Schu hat die Sache ausgesondert (oben b bb). Die Voraussetzungen des § 300 II liegen somit vor. Dagg ist § 243 II nicht erfüllt, da die Absendg od Übermittlg der Leistg an den Gläub noch aussteht. – **bb)** Der dem Gläub

Inhalt der Schuldverhältnisse. 2. Titel: Verzug des Gläubigers §§ 300–304

erfolglos angebotene Geldbetrag wird dem Schu auf dem Rückweg gestohlen. §§ 243 II, 275 kommen wg § 270 I nicht als Grdl für einen Gefahrübergang in Frage. – cc) Der Gefahrübergang erfolgt auch dann aGrd des § 300 II, wenn die Part den § 243 II abbedungen haben.

301 *Wegfall der Verzinsung.* **Von einer verzinslichen Geldschuld hat der Schuldner während des Verzugs des Gläubigers Zinsen nicht zu entrichten.**

1) Grundsatz. Die Vorschr befreit den Schu währd des AnnVerzuges von jeder ZinsPfl. Sie gilt für alle Arten von Zinsen (§ 246 Anm 1), gleichgült ob diese kr Ges od RGesch geschuldet w. Die Verpflichtg zur Entrichtg von Verzugszinsen (§ 288 I) entfällt allerdings unabhäng von § 301 schon deshalb, weil der Ann-Verzug den SchuVerzug hinsichtl derselben Leistg ausschließt. Die nach § 301 eintretde RFolge ist keine Stundg, sond endgült Befreiung. Aus der Vorschr ergibt sich iW des Umkehrschlusses, daß vertragl Zinsen über den FälligkZtpkt hinaus bis zum Eintritt des AnnVerzuges (od bis zum Erlöschen der Schuld) weiterzuentrichten sind (RG JW **36**, 2858, Mü OLGZ **78**, 452). Für Ratenkreditvertr ist dieser Umkehrschluß aber wg der bestehden wirtschaftl Gegebenh u vertragstyp Besonderh (zunächst anteilige Verrechng auf Gebühren u Kapital, nach Fälligstellg Anwendg des § 367) nicht tragfäh (Düss NJW-RR **87**, 303, weitergehd BGH **104**, 341, der den Umkehrschluß allg verwirft).

2) Ausnahmen. Hat der Schu tatsächl Zinsen gezogen, muß er diese gem § 302 als Nutzgen herausgeben, sofern nach der Art des SchuVerh eine Verpflichtg zur Herausg von Nutzgen besteht (BGH NJW **58**, 137). §§ 668, 1834, die eine ZinsPfl bei der Verwendg von Fremdgeld begründen, gehen § 301 vor (MüKo/ Walchshöfer Rdn 4).

302 *Nutzungen.* **Hat der Schuldner die Nutzungen eines Gegenstandes herauszugeben oder zu ersetzen, so beschränkt sich seine Verpflichtung während des Verzugs des Gläubigers auf die Nutzungen, welche er zieht.**

1) Die Vorschr gilt (nur) für solche SchuldVerh, die für den Schu eine Verpflichtg zur Herausg von Nutzgen (§ 100) begründen (s §§ 292 II, 347, 987 II, 990). Sie beschränken die HerausgPfl währd des AnnVerzuges auf die tatsächl gezogenen Nutzgen, u zwar auch, wenn der Schu es grob fahrlässig od vorsätzl unterlassen hat, weitere Nutzgen zu ziehen. Bei einem krassen Verstoß gg Treu u Glauben kann sich der Schu aber nicht auf den Schutz des § 302 berufen. Bei Transferschwierigk, die den AnnVerzug ausschließen (§ 293 Anm 3a), muß der Schu die tatsächl gezogenen Nutzgen nach dem GrdGedanken des § 302 an den Gläub herausgeben (BGH NJW **58**, 137).

303 *Recht zur Besitzaufgabe.* **Ist der Schuldner zur Herausgabe eines Grundstücks oder eines eingetragenen Schiffs oder Schiffsbauwerks verpflichtet, so kann er nach dem Eintritte des Verzugs des Gläubigers den Besitz aufgeben. Das Aufgeben muß dem Gläubiger vorher angedroht werden, es sei denn, daß die Androhung untunlich ist.**

1) Allgemeines. Vgl zunächst § 300 Anm 1. Der Schu hat bei bewegl Sachen iF des AnnVerzuges die Möglichk, sich dch Hinterlegg (§ 372) od dch Hinterlegg des Versteigerserlöses (§ 383) von der Schuld zu befreien. Diese Regel ist auf Grdst u gem § 383 IV auch auf eingetragene Schiffe u Schiffsbauwerke (§ 929a Anm 1a) unanwendb; stattdessen besteht nach § 303 **ein Recht zur Besitzaufgabe**. Solange der Schu den Besitz nicht aufgegeben hat, besteht seine ObhutsPfl auch dann weiter, wenn er dem Gläub mitgeteilt hat, er werde sich nicht mehr um die Sache kümmern (BGH **86**, 208).

2) Einzelheiten. a) § 303 gilt sowohl für die Pfl zur Herausg als auch für die zur Leistg (Übereign), gleichgült ob sie auf einem schuldrechtl od sonst RGrd beruht. Der Schu ist nur zur Aufg des Besitzes (§ 856), nicht zur Aufg des Eigt (§ 928) berecht. Dch die BesitzAufg wird er dch zur Besitzübertragg u von der Haftg für das weitere Schicksal des Grdst frei (RG **73**, 70). Dagg besteht eine etwaige Pfl zur Übereign weiter. – **b)** Der Aufg hat eine **Androhung** vorauszugehen. Diese ist eine zugangsbedürftige geschäftsähnl Erkl, die bereits mit dem Angebot der Leistg verbunden w kann (RG **73**, 70). Untunl u daher unnötig ist die Androhg, wenn sie mit unverhältnismäßigen Kosten od mit einem unzumutbaren Verzögerg verbunden ist. Die BewLast trägt insow der Schu. – **c)** Mit dem Grdst darf der Schu den Besitz am **Zubehör** aufgeben. In freier Anwendg der §§ 242, 303 hat RG **60**, 163 dem Verkäufer von Kuxen gestattet, die dem Käufer erfolglos angebotene Kuxe der Gewerksch zur Vfg zu stellen, um sich von Zubußen zu befreien.

304 *Ersatz von Mehraufwendungen.* **Der Schuldner kann im Falle des Verzugs des Gläubigers Ersatz der Mehraufwendungen verlangen, die er für das erfolglose Angebot sowie für die Aufbewahrung und Erhaltung des geschuldeten Gegenstandes machen mußte.**

1) Allgemeines. Vgl zunächst § 300 Anm 1. Der AnnVerzug begründet für den Gläub keine Schad-ErsPfl. Er wandelt eine Bring- od Schickschuld auch nicht in eine Holschuld um (Staud-Löwisch Rdn 1). Der Schu hat aber nach § 304 das Recht, die erforderl **Mehraufwendungen** ersetzt zu verlangen. Die ErsPfl erstreckt sich auch auf die Kosten des erfolglosen Angebots, nicht aber auf die des erfolgreichen Zweitangebots. Nach den Grds des SchadensErsR wäre eine umgekehrte Regel sachgerecht gewesen.

2) Einzelheiten. Der ErsAnspr beschränkt sich auf den obj erforderl Mehraufwand (RG **45**, 302, Staud-Löwisch Rdn 2). Zu den Kosten des erfolglosen Angebots gehören auch die einer etwaigen Mahng od Androhg; zu den der Aufbewahrg u Erhaltg rechnen auch VersPrämien. Zu ersetzen sind aber nur tatsächl aufgewandte Beträge. Ein Entgelt für den Einsatz der eig ArbKraft steht dem Schu nur zu, wenn die Leistg in seinen gewerbl od berufl TätigkKreis fällt (wie bei GoA, § 683 Anm 4). Wg seines ErsAnspr hat der Schu gem § 273 ein ZbR. §§ 256 (Verzinsg) u 257 (Befreiung von etwaigen Verbindlichk) sind anzuwenden. Will der Gläub den AnnVerzug beenden, so muß er auf Verlangen des Schu auch den Ers der Mehraufwendgen anbieten (§ 293 Anm 5). Weitergehde Anspr können sich aus GoA ergeben.

Zweiter Abschnitt. Schuldverhältnisse aus Verträgen

Erster Titel. Begründung. Inhalt des Vertrags

Einführung

1) Allgemeines. Die §§ 305–361 enthalten allg Regeln für SchuldVerh aus Vertr. Sie ergänzen damit die Vorschr des Allg Teils (§§ 145–157), in denen der Abschluß des Vertr normiert ist. Die §§ 305 ff gelten für **alle Schuldverträge** (Anm 2a), sind aber auf Vertr des Sachen-, Fam- u ErbR grdsl nicht anwendb (RG 66, 99; RGRK-Ballhaus Rdn 17). Dagg können sie auf öffrechtl Vertr, soweit diese verpflichtden Charakter haben, entspr angewandt w (Anm 6). Auch auf SchuldVerh aus einseit RGesch sind die §§ 305–361 analog anwendb, soweit nicht ein VertrSchl od ein VertrVerh vorausgesetzt w (hM).

2) Entstehung von Schuldverhältnissen. a) SchuldVerh (Begriff Einl 1 v § 241) können auf **Rechtsgeschäft** od **Gesetz** beruhen. Die in der Lehre weiter angeführten Entstehgsgründe, wie sozialer Kontakt (§ 276 Anm 6 A) od Akte der öff Gewalt (Einf 3b ee v § 145) haben ggü dieser Zweiteilg keine selbstd Bedeutg. In den angeführten Fällen handelt es sich, soweit schuldrechtl Beziehgen entstehen, um gesetzl SchuldVerh.

b) Die typische Art der Entstehg von SchuldVerh dch RGesch ist, wie § 305 hervorhebt, die dch **Vertrag.** Das PrivatR geht von dem Grds der VertrFreih aus. Jeder Bürger hat im Rahmen der Ges das Recht, seine LebensVerh dch Vertr eigenverantwortl zu gestalten (Einf 3a v § 145). In § 305 wird die VertrFreih nicht statuiert, sond als bestehd vorausgesetzt. Die wesentl Aussage des § 305 ist, daß idR nur das vom and Teil angenommene Versprechen RBindgen erzeugt, eine bloß einseit Erkl aber unverbindl ist.

c) Ausnahmsweise kann ein SchuldVerh auch dch ein **einseitiges Rechtsgeschäft** (Übbl 3a v § 104) begründet w. Beispiele sind die Stiftg (§ 82), die Auslobg (§ 657) u das Vermächtn (§§ 1939, 2147), nach der herrschden Kreationstheorie ferner die Schuldverschreibg auf den Inh (§ 793 Anm 2) u die Ann der Anweisg (§ 784 Anm 1c). Dagg ist der VertrAntrag kein einseit RGesch, er soll vielmehr Teil des zweiseit RGesch „Vertr" w (§ 145 Anm 1). Er begründet kein SchuldVerh. Das währd ein VertrVhdlgen bestehde ggs SchutzVerh beruht nicht auf RGesch sond auf Ges (§ 276 Anm 6 A). Einseit GestaltgsGesch, wie Anf, Rücktr, Widerruf, Künd u Aufr, begründen kein SchuldVerh, sond verändern den Inh eines bereits bestehden SchuldVerh (Übbl 3 d v § 104). Zur entspr Anwendg der §§ 305–361 auf SchuldVerh aus einseit RGesch s Anm 1.

d) Gesetzliche Schuldverhältnisse entstehen, wenn die Voraussetzgen der maßgebl RNorm erfüllt sind. Beispiele für gesetzl SchuldVerh sind vor allem die SchuldVerh aus unerl Hdlg (§§ 823ff), aus Gefährdgshaftg (§ 276 Anm 10b), aus BilligkHaftg (§ 829), aus ungerechtfertigter Ber (§§ 812ff) u aus GoA (§§ 677ff). Weitere sind die Gemeinsch (§§ 741ff), die Einbringen von Sachen bes Gastwirten (§§ 701ff), die VorleggsPfl gem §§ 809ff u die SchuldVerh aus Tatbeständen des Sachen-, Fam- od ErbR (Einl 6a v § 241). Auch der Eintritt in VertrVhdlgen begründet ein gesetzl SchuldVerh (§ 276 Anm 6 A); dch ständ GeschBeziehgen kann gleichf ein gesetzl SchuldVerh entstehen (§ 276 Anm 6 E).

3) Arten der Schuldverträge. Die SchuldVertr lassen sich wie folgt unterteilen:

a) Verpflichtende und verfügende Verträge. Der verpflichtde („obligatorische") Vertr ist der eigentl schuldrechtl Vertr (SchuldVertr ieS). Er begründet die LeistgsPfl u damit das SchuldVerh. Der verfügde Vertr wirkt auf ein bestehdes Recht od RVerh unmittelb ein; er ändert es ab, hebt es auf od überträgt die Gläub- od SchuStellg auf einen Dritten (BGH 75, 226, Übbl 3 d v § 104). Das Hauptanwendungsgebiet der verfügden Vertr ist das SachenR. Auch das SchuldR kennt aber die folgden VfgsVertr: den Ändergs- u AufhebgsVertr (§ 305 Anm 2 u 3), den AufrVertr (§ 387 Anm 8), den Erlaß (§ 397), die Abtretg (§§ 398ff), die VertrÜbern (§ 398 Anm 10) u die befreide Schuldübernahme (§§ 414ff). Der schuldrechtl VfgsVertr setzt als Objekt der Einwirkg ein bestehdes SchuldVerh voraus.

b) Kausale und abstrakte Verträge (Übbl 3e v § 104). Kausale Vertr enthalten neben dem Leistgsversprechen zugl die Einigg über den RGrd („causa") der zu erbringden Leistgen. Bei abstrakten Vertr ist der RGrd nicht Bestandt des Vertr; sie sind unabhäng (losgelöst) vom RGrd gült. Kausale Vertr sind grdsl alle verpflichtden Vertr, abstrakte Vertr alle verfügden Vertr, auch die des SchuldR (oben a). Einz VerpflGesch hat das Ges aber als abstrakte RGesch ausgestaltet, so das SchuldVerspr (§ 780), das Schuldanerkenntn (§ 781), die Ann der Anweisg (§ 784) u die Verpflichtg aus umlauffäh Wertpapieren, wie Wechsel, Scheck u Inhaberschuldverschreibg.

c) Entgeltliche und unentgeltliche Verträge. Entgeltl Vertr zielen auf einen Austausch von Leistgen ab (RG **163**, 356). Erforderl ist eine rechtl Verknüpfg von Leistg u GgLeistg (Mü NJW **83**, 759). Sie kann hergestellt w dch Begründg eines GegenseitigkVerh (Synallagma), dch Vereinbg einer Bedingg (§ 158) od dch die Abrede, daß die eine Leistg den RGrd für die and darstellen soll (Einf 1 d bb v § 320). Unentgeltl Vertr begründen LeistgsPflten, denen keine Ggleistg ggüstehen. Beispiele sind die Schenkg (§ 516), die Leihe (§ 598), der Auftr (§ 662), die unentgeltl Verwahrg (§ 690) u das unverzinsl Darl.

d) Einseitige, zweiseitige und gegenseitige Verträge: s Einf 1 v § 320.

e) Konsensual- und Realverträge. Beim KonsensualVertr entstehen die LeistgsPflten dch bloße Willenseinigg der VertrPart. Beim RealVertr werden dagg LeistgsPflten erst begründet, wenn zu der Willenseinigg ein reales Moment, die Sachhingabe, hinzutritt. Die Unterscheid entstammt dem röm Recht. Sie war dort sinnvoll, weil die bloße Willenseinigg nur bei Vertr des tägl Lebens eine klagb Verbindlichk begründete (MüKo/Söllner Rdn 14). Im geltden Recht, das vom Grds der Vertr- u Formfreih ausgeht, ist der Begriff des RealVertr ohne innere Berechtigg u ersatzlos entbehrl. Die fr as RealVertr angesehenen Vertr sind daher als KonsensualVertr aufzufassen. Das gilt auch für das Darl (Einf 1 v § 607).

f) Haupt- und Vorverträge: s Einf 4b v § 145.

g) Formlose und formgebundene Verträge. Für SchuldVertr gilt der Grds der FormFreih (§ 125 Anm 1 a). Sie können daher grdsl ohne Einhaltg einer Form abgeschl w. Notarielle Beurk ist vorgesehen in §§ 311, 312 II, 313, 518, Schriftform in §§ 566, 585 a, 761, 766, 780, 781, 784 II, 793, ferner in den in § 126 Anm 1 angeführten Fällen.

4) Typische und atypische Verträge. a) Wg des im SchuldR herrschden Grds der VertrFreih (Einf 3 v § 145) sind die Part in der Ausgestaltg ihrer vertragl Beziehgen grdsl frei. And als im SachenR besteht im SchuldR **kein Typenzwang.** Für bes wichtige u häufig vorkommende Vertr hat der GesGeber aber spezielle RNormen aufgestellt u zugl die Vertr mit einem Namen bezeichnet, sog **typische** („benannte") **Verträge.** Benannte Vertr sind die in §§ 433ff geregelten Vertr, ferner die außerh des BGB in SonderGes normierten Vertr, wie das KommissionsGesch (HGB 383ff), das SpeditionsGesch (HGB 407ff), das Lager-Gesch (HGB 416ff), das FrachtGesch (HGB 425ff), der AbzKauf (AbzG), der FernunterrichtsVertr (Fern-USG), der VersVertr (VVG) u der VerlagsVertr (VerlG). Die vom Ges normierten Vertr kommen nicht nur in Reinform vor; die Part können sie dch Ändergen od Vermischgen umgestalten. Für die Einordng eines VertrVerh unter einen best VertrTyp ist nicht die von den Part gebrauchte Bezeichng, sond der VertrInh entscheidd (BGH **71**, 191, **74**, 207 u 268, **75**, 301), Vgl näher Anm 5 c.

b) Die Bedürfn des Rechts- u WirtschaftsVerk haben dazu geführt, daß sich neben den vom Ges ausdr normierten u benannten Vertr weitere typ Vertr herausgebildet haben, die **verkehrstypische Verträge.** Dabei handelt es sich zT um Neubildgen eig Art (Bsp: GarantieVertr), zT um Abwandlgen normierter Vertr (Bsp: StahlkammerVertr = abgewandelter MietVertr, s RG **141**, 99), vielfach aber auch um gemischte Vertr (Anm 5 b u c). Beispiele verkehrstypischer Vertr: finanziertes **Abzahlungsgeschäft** (§ 6 AbzG Anm 1); AgenturVertr in der WerbeWirtsch (BGH WPM **72**, 947, Bülow GRUR **78**, 676); **Arbeitnehmerüberlassungsvertrag** (Einf 4 a ee vor § 611); **Automatenaufstellvertrag** (Einf 2j vor § 535); **Bankvertrag** (§ 675 Anm 3b); **Baubetreuungsvertrag** (§ 675 Anm 6); **Bauherrnmodell** (Lauer WPM **82**, 1346, Brych BB **83**, 737, 1761); Vertrag über **Bausatzhäuser** zum Selbstbauen (BGH **78**, 378, Becker BauR **80**, 493); **Beherbergungsvertrag** (Einf 2 vor § 701); **Belegarztvertrag**, BGH NJW **72**, 1128, Narr, Ärztl BerufsR, 2. Aufl, 1977, Rdn 492ff; **Bühnenaufführungsvertrag** (BGH **13**, 119); **Dienstverschaffungsvertrag** (Einf 2c vor § 611); **Diskontierung** von Wechseln (idR Kauf od kaufähnl Vertr, BGH **19**, 292, NJW **72**, 1084); **EDV-Verträge** (§ 433 Anm 1 c c); **Energieversorgungsvertrag** (BGH **64**, 288 u 355, **66**, 62, Futter BB **76**, 1295, Hiddemann WPM **76**, 1294, s jetzt die AVBEltV u die AVBGasV u dazu die bei AGBG 26 angeführte Lit); **Factoringvertrag** (§ 398 Anm 9); **Fernunterrichtsvertrag** (Einf 2a ff vor § 611); **Fernwärmelieferungsvertrag** (BGH NJW **81**, 1361, Köln BB **81**, 1489, AVBFernwärmeV u dazu die bei AGBG 27 angeführte Lit); **Filmbezugsvertrag** (BGH **LM** § 325 Nr 8, Haeger NJW **59**, 656); FilmwertsVertr (BGH **2**, 331, **9**, 264); **Franchisevertrag** (Einf 4 v § 581); **Garantievertrag** (Einf 3c vor § 765); Vertr über **Geldautomatensystem** (Bieber WPM **87**, Beil 6); **Heimvertrag** (BGH **73**, 351, NJW **81**, 341, Köln NJW **80**, 1395, Stober NJW **79**, 97); **Hofübergabevertrag** (BGH **3**, 211); **Inzahlungsgabe** von Altwagen bei Neuwagenkauf (§ 364 Anm 1); **Leasingvertrag** (Einf 4 vor § 535); RahmenVertr zw Zeitschriftenverleger u Händler (BGH JZ **69**, 71); **Schiedsgutachtenvertrag** (§ 317 Anm 2b); **Schiedsrichtervertrag** (RG **94**, 210, **LM** ZPO 1025 Nr 5, Breetzke NJW **68**, 1113); **Schuldmitübernahme** (Übbl 2 vor § 414); **Teilungsabkommen** (Risikozuweisg dch –, Kaiser, Diss 1981, Denck NJW **82**, 2048); **Theaterbesuchsvertrag** (Fessmann NJW **83**, 1164); **Unterrichtsvertrag** (Dörner NJW **79**, 241); **Werkförderungsvertrag** (Einf 11b cc vor § 535); **Wohngemeinschaften** (Bume MDR **89**, 127); **Zeitungsbezugsvertrag** (BGH **70**, 358, Schmidt NJW **79**, 15); Vereinbg über ein eheloses **Zusammenleben** von Mann u Frau (Einf 8 v § 1353).

c) Ein **atypischer Vertrag** ieS liegt vor, wenn der Vertr wg seiner individuellen Prägg weder einem gesetzl normierten VertrTyp (oben a) noch einem verkehrstyp Vertr (oben b) zugeordnet w kann. Beispiele sind etwa der Vertr mit einem GrdstEigt über die Aufstellg von Leitgsmasten (BGH **LM** § 241 Nr 11), der Vertr zw Gemeinde u einem Untern über das alleinige Recht zum Aufstellen von Reklameflächen (BGH NJW **52**, 620) u der FluchthelferVertr (BGH **69**, 295 u 592, NJW **80**, 1575).

d) Rechtliche Behandlung. Sowohl für verkehrstyp Vertr als auch für atyp Vertr ieS gilt das allg SchuldR. Vielf kann das Recht ähnl gesetzl geregelter VertrTypen herangezogen w, u zwar, wenn es sich um gemischte Vertr handelt, nach den in Anm 5c dargestellten Grds. Bei verkehrstyp Vertr sind über § 157 die VerkGewohnh mitzuberücksichtigen. Bei typ Vertr kann das Recht des betreffden VertrTyps ausdr od stillschw abbedungen w. So können die Part etwa auf einen DienstVertr Regeln des WkVertrR für anwendl erklären (BGH **LM** § 611 Nr 3). Das gilt aber nur für IndVereinbg; dch AGB kann der Vertr nicht abweich von seinem Inhalt dem Recht eines and VertrTyps unterstellt w (BGH **74**, 269, oben a).

5) Vertragsverbindungen und gemischte Verträge. – a) Mehrere Vertr zw denselben Part sind idR voneinand unabhängig u rechtl selbstd, u zwar auch dann, wenn zw ihnen ein tatsächl od wirtschaftl Zushang besteht (RG **79**, 439). Der PartWille od der Grds von Treu u Glauben kann aber eine Verbindg herstellen. Dabei kommen vor allem folgde Möglichk in Betracht: **aa) Zusammengesetzte Verträge.** Der PartWille kann mehrere Vertr derart zu einem GesVertr zusfassen, daß sie für die rechtl

Beurteilg eine Einh bilden (RG **79**, 220, BGH **76**, 49). Ob ein solcher einheitl GesVertr vorliegt, ist dch Ausslegg (§§ 133, 157) zu entscheiden (RG **78**, 43, **103**, 297, BGH **50**, 13, **78**, 348, § 139 Anm 3a, § 313 Anm 8c). In den zugesetzten Vertr kann auch der Vertr mit einem Dr einbezogen w (BGH NJW **76**, 1931). Entscheidd ist, ob nach dem PartWillen die einzelnen Vertr miteinander stehen u fallen sollen (BGH **76**, 49, **78**, 349). Der Abschl in einer Urk kann für einen einheitl Vertr sprechen (BGH NJW **70**, 1415), dagg läßt die UrkTrenng Selbständigk vermuten (BGH DNotZ **68**, 665, **75**, 87). Beim zugesetzten Vertr erstrecken sich die für einen VertrTeil geltde FormVorschr (zB § 313) auf den GesVertr (BGH **76**, 49). **Mängel** eines VertrTeils machen iZw den GesVertr nichtig (§ 139 Anm 3a). Auch für die Abwicklg gem §§ 325, 326 u den Rücktr (§ 346) bildet der zugesetzte Vertr eine Einh (BGH NJW **76**, 1931). Einzelfälle: s § 139 Anm 3a, 313 Anm 8c. Für organisatorisch u funktional aufeinand bezogene Vertr, wie sie etwa bei bargeldlosen ZahlgsVerk bestehen, hat Möschel (AcP **186**, 211) als neue dogmat Kategorie den **Netzvertrag** entwickelt, hat diesem aber noch keine klaren Konturen geben können (s Koller u Köndgen RWS-Forum 1, 1986, S 25 u 144). – **bb)** Zwei rechtl selbstd Vertr können auch dadch miteinand verbunden sein, daß die Wirksamk u Durchführbark des einen Vertr **Geschäftsgrundlage** (§ 242 Anm 6 C d) für den and ist. Beispiele: Architekten- u GrdstKaufVertr (BGH DNotZ **70**, 540); Leasing- u KaufVertr (BGH **68**, 126, **97**, 140, § 242 Anm 6 D f); Kauf- u FinanziergsVertr (Ffm BB **77**, 1573); Neuwagenkauf u Vertr über die Inzahlgnahme des Gebrauchtwagens (Hansen NJW **75**, 1521, BGH NJW **80**, 2191). Ebso kann die Auflös des einen Vertr einen wicht Grd für die Künd des and darstellen (BGH MDR **59**, 483, Miet- u DienstVertr). Wird ein Vertr verletzt, kann der verbundene Vertr aber nicht aus wicht Grd gekündigt w, wenn der verletzte aufrecht erhalten w soll (BGH JZ **72**, 493). – **cc)** Wird ein wirtschaftl einheitl, innerl zugeördes Gesch in zwei rechtl selbstd Vertr aufgespalten, kann Treu u Glauben es bei auftreten Störgen rechtfertigen, die Trenng nicht zu beachten u den sog **Einwendungsdurchgriff** zuzulassen (BGH **83**, 303, stRspr), so beim AbzGesch (AbzG 6 Anh 2ff), bei Finanzierg eines DienstVertr (LG Augsb NJW **72**, 637, **73**, 1704), beim finanzierten Kauf eines Waschsalons od eines PrivSchulBetr (BGH NJW **78**, 1427, NJW **87**, 1813), bei Finanzierg eines WerkVertr (BGH BB **82**, 1020), eines MitarbeiterVertr (BGH NJW **79**, 868, **80**, 1515), beim Baubetreuungs Vertr (BGH Betr **84**, 1874, Düss BB **84**, 1579, Baudenbacher JZ **85**, 665), beim finanzierten Fertighaus-Vertr (BGH NJW **84**, 2816), beim GrdstKauf (s BGH NJW **80**, 41) u beim finanzierten EhemaklerVertr (§ 656 Anm 3c), nicht aber beim finanzierten Beitritt zu einer AbschreibgsGesellsch (BGH NJW **81**, 389, BB **86**, 1178) od beim Bauherrnmodell (BGH NJW-RR **87**, 523). Dch formularmäß Klauseln kann der Einwendgsdchgriff nicht ausgeschl w (BGH **83**, 307, **95**, 350).

b) Währd beim zugesetzten Vertr mehrere dch den Parteiwillen verbundene, aber gedankl voneinand trennb Vereinbgen vorliegen, sind beim **gemischten Vertrag** Bestandt versch VertrTypen derart verbunden, daß sie nur in ihrer Gesamth ein sinnvolles Ganzes ergeben. Die Grenze zw zugesetztem u gemischtem Vertr ist flieẞd, vgl zur Abgrenzg BAG Betr **72**, 2358. Die Lehre unterteilt die gemischten Vertr in vier Gruppen (Larenz II § 62, MüKo/Söllner Rdn 45ff; Staud-Löwisch Rdn 27ff): **aa) Typischer Vertrag mit andersartiger Nebenleistung:** Die von den Part zu erbringdn HptLeistgen entspr einem typ Vertr, eine Part schuldet jedoch zusätzl eine andart Nebenleistg, Bsp: Miete eines Zimmers mit Bediengs, Kauf mit MontageVerpfl (die MontagePfl kann aber auch HptPfl sein, BGH Betr **73**, 239), Vertr über zahnprothet Heilbehandlg (BGH **63**, 306, DienstVertr mit WkVertrNebenleistg), Kauf von Wein in zurückzugebden Flaschen, Kauf einer GastWirtsch mit BierbezugsPfl. – **bb) Kombinationsvertrag:** Eine Part schuldet mehreren versch VertrTyp entspr HptLeistgen. Bsp: PensionsVertr über Kost u Unterkunft, EigenheimerwerbsVertr (Kauf- u WerkVertr, BGH **68**, 374, **72**, 232, **74**, 207); Vertr über die Lieferg von Hardware (KaufR) u Software (WkVertr) (LG Nürnb BB **86**, 277); AltenheimVertr (BGH **73**, 351, NJW **81**, 341), BewirtgsVertr (AG Hbg NJW **73**, 2253), Miete einer Maschine mit DienstverschaffgsVertr hinsichtl des Bediengspersonals (RG **69**, 128), FactoringVertr (§ 398 Anm 9), wohl auch der TransportVertr im multimodalen Verk (Koller VersR **89**, 770). – **cc) Gekoppelter Vertrag** (doppeltyp Vertr): Die Part tauschen Leistgen aus, die versch typ Vertr entspr. Bsp: HausmeisterVertr (BAG **21**, 340); Bürgsch gg Dienstleistgen, Warenlieferg gg Werkleistg. Beim ArbVertr u MietVertr über eine WkDienstWo handelt es sich sowohl um einen Kombinations- als auch um einen gekoppelten Vertr (Gaßner AcP **86**, 332). – **dd) Typenverschmelzungsvertrag:** In der von einer Part geschuldeten Leistg sind Elemente versch VertrTypen untrennb miteinander verbunden. Bsp: Vergl mit KaufVertr (OGH **3**, 26); Abonnement eines Börsendienstes (BGH **70**, 356, 359: Kauf u Übern von entgeltl BeratgsPflten); gemischte Schenkg (§ 516 Anm 7), wohl auch Vertr über Theaterbesuch (Faude JuS **69**, 434), Schiffspassage, SanatoriumsAufenth.

c) Für die rechtl Behandlg sind drei Theorien entwickelt worden: **aa)** Die **Absorptionstheorie** hält das Recht der HptLeistg für anwendb. – **bb)** Die **Kombinationstheorie** wendet die jeweils für die betreffden VertrBestandt maßgebden RNormen an und versucht, sich dabei ergebde Ggsätzlich nach dem mutmaßl PartWillen auszugleichen. – **cc)** Die **Theorie der analogen Rechtsanwendung** entspr im prakt Ergebn der Kombinationstheorie, hat aber einen and theoret Ansatz. Sie nimmt an, daß das Ges die Mischformen nicht regelt, die Vorschr des bes SchuldR also nur entspr angewandt w können. – Keine dieser Theorien ist angesichts der Vielgestaltigk der auftretden Mischformen in der Lage, die rechtl Behandlg der gemischten Vertr allein sinnvoll zu lösen (MüKo/Söllner Rdn 48, Staud-Löwisch Rdn 25 f, Esser-Schmidt § 11 II 2). Wenn ausdr Abreden fehlen, ist vom mutmaßl PartWillen auszugehen, für den der VertrZweck, die Interessenlage u die VerkSitte AnhaltsPkte geben können. Dabei w idR folgde rechtl Einordnung sachgerecht sein: Für jede Leistg sind die Vorschr des entspr VertrTyps heranzuziehen (Hbg VersR **77**, 567); das gilt entgg der hM grdsätzl auch für typ Vertr mit andersart NebenLeistg (offen gelassen von BGH **2**, 96, wie hier BGH NJW **72**, 46, BGH **63**, 312). Kollidieren die ges Vorschr, ist das Recht des VertrTyps heranzuziehen, den der rechtl oder wirtsch Schwerpkt bildet (ähnl RG **161**, 324, BGH **2**, 333, NJW **81**, 342). Gleiches gilt für die Auflös, insb Künd (BGH NJW **79**, 1288, BAG NJW **69**, 1192, Köln NJW **80**, 1395, Gaßner AcP **186**, 342). Sind die VertrTypen gleichwert vertreten (wie idR beim gekoppelten u KombinationsVertr, uU aber auch beim TypenverschmelzgsVertr), ist die Vorschr anzuwenden, die dem VertrZweck am besten entspr. Ist unklar, welchem VertrTeil ein entstandener Schaden zuzurechnen ist, muß eine der Interessenlage entspr

Schuldverhältnisse aus Verträgen. 1. Titel: Begründg. Inhalt d. Vertr.   **Einf v § 305** 5–7

Lösg gesucht w (s BGH VersR **87**, 1212, Koller VersR **89**, 770); uU muß, insb beim Typenverschmelzgs-Vertr, für best Fragen (zB Länge der KündFr) iW der RAnalogie aus versch Vorschr die „mittlere Lösg" abgeleitet w (s Raisch BB **68**, 530; KündFr beim AutomatenaufstellVertr). Soweit ein wicht Grd vorliegt, kann die Künd auf einen VertrTeil beschränkt w (BGH **96**, 280). Zur Verj s § 194 Anm 4. Die gerichtl Zustdgk hängt von der Art des geltd gemachten Anspr ab; maßgebd kann der Schwerpkt des Vertr sein (BAG NJW **69**, 1192) uU aber auch der VertrTeil, aus dem der Anspr hergeleitet w (BAG Betr **76**, 539, **AP** ArbG 2 ZuständigkPrüfg Nr 2; ArbVertr mit Zusage gesellschaftsrechtl Beteiligg).

6) Sukzessivlieferungsverträge. a) Begriffe. Der SukzessivlieferungsVertr ist ein einheitl Kauf- od WerklieferngsVertr, der auf die Erbringg von Leistgen in zeitl aufeinand folgden Raten gerichtet ist (BGH NJW **77**, 35, **81**, 680). Er kommt in zwei Unterarten vor: **aa)** Beim **Ratenlieferungsvertrag** („echter" SukzessivliefergsVertr) wird eine von vornherein fest bestimmte Menge geschuldet, die in Teilmengen zu liefern ist (MüKo/Emmerich Rdn 165 v § 275). Es handelt sich um einen zeitl gestreckten Kauf- od WerklieferngsVertr. Da das Merkmal ständiger Leistgsbereitsch fehlt, handelt es sich nicht um ein typ DauerschuldVerhältn (s BGH NJW **81**, 680), jedoch können einzelne der für DauerschuldVerhältn geltden Regeln (Einf 5 v § 241) anwendb sein. – **bb)** Der **Bezugsvertrag** (DauerlieferungsVertr) wird auf unbest, zumindest aber auf längere Zeit ohne Festlegg einer best Liefermenge geschlossen (Musielak JuS **79**, 97). Die Leistgsmenge richtet sich nach dem Bedarf des Abnehmers. Beispiele sind Bierliefergs- u VersorggsVertr (unten b). Der BezugsVertr erfordert ständ Lieferbereitsch u ist daher ein echtes DauerschuldVerh. – **cc)** Das **Wiederkehrschuldverhältnis** unterscheidet sich grdlegd von beiden Arten des SukzessivliefergsVertr. Es ist kein einheitl VertrVerhältn, sond eine Reihe von aufeinand folgenden Vertr; für jeden Abrechnungszeitraum wird erneut ein Vertr abgeschlossen (RG **148**, 330). – **dd)** Der **Alleinvertriebsvertrag** legt als RahmenVertr eine ZusArbeit der Part fest u verpflichtet den einen Teil (VertrHändler), Waren des and (Hersteller) im eig Namen u für eig Rechng zu verkaufen (BGH NJW **86**, 126). Er ist wie der BezugsVertr ein echtes DauerschuldVerh.

b) Wie die **Versorgungsverträge** über Strom, Gas, Wasser u Fernwärme einzuordnen sind, ist umstr. Ausgangspkt für den Streit ist die Behandlg der Anspr der VersorggsUntern im **Konkurs**. Die Einheitlichk des SukzessivliefergsVertr hat die Folge, daß der KonkVerw das WahlR des KO 17 nur einheitl ausüben kann. Fordert er WeiterErf, wird auch der ZahlgsAnspr für die vor KonkEröffng erfolgten Liefergen zum KO 59 Nr 2 Fall 1 Masseschuld (RG **98**, 138, **129**, 228, BGH **LM** KO 17 Nr 3). Um dieses Ergebn zu vermeiden, hat die Rspr den Begriff des WiederkehrschuldVerhältn (oben a cc) entwickelt u auf VersorggsVertr angewandt (RG **148**, 330, Köln NJW **81**, 1105). Die Vorstellg eines sich ständig wiederholenden VertrSchl wird aber den wirkl Gegebenh schwerl gerecht. Der Vertr mit Sonderabnehmern wird bereits seit langem als SukzessivliefergsVertr anerkannt (BGH **LM** KO 17 Nr 3, BGH **81**, 91). Wie die KündRegelgen in AVBEltV, AVBGasV, AVBWasserV u AVBFernwärmeV (jeweils § 32) zeigen, ist auch der Vertr mit Tarifkunden ein einheitl **Bezugsvertrag** (Hermann/Recknagel/Schmidt-Salzer AVBV-Ko § 32 Rdn 4, Horn Gutachten I S 561; aA Fuchs-Wißmann NJW **84**, 28, offen bei BGH **83**, 362). Gleichwohl werden rückständ Fdgen des Versorgs-Untern nicht notw Masseschulden. Der KonkVerw kann den laufden Vertr kündigen u wg des bestehen Kontrahierngszwanges den Abschl eines neuen Vertr verlangen (BGH **83**, 364). Für das VerglVerf gilt ohnehin VerglO 36 II.

c) Leistungsstörungen beim Ratenlieferungsvertrag („echter" SukzessivliefergsVertr, oben a aa). – **aa) Verzug.** Kommt der Schu mit einer od mehreren Raten in Verzug, hat der Gläub nach seiner Wahl folgde Rechte: **(1)** Anspr auf Erfüllg des Vertr (§ 433) u Ers des Verspätgsschadens (§ 286). **(2)** nach Fristsetzg u Ablehnungsandrohg gem § 326 SchadErs wg NichtErf od Rücktr hinsichtl der verzögerten Leistg. In den Fällen des § 326 Anm 6 ist die FrSetzg entbehrl. **(3)** SchadErs wg NichtErf od Rücktr vom Vertr hinsichtl **aller noch ausstehender Raten** (RG **58**, 421, BGH NJW **81**, 680). Die Geltdmach dieser Totalrechte des § 326 setzt aber eine entspr erweiterte Ablehnungsandrohg voraus (RG **61**, 130, BGH NJW **77**, 35, WPM **89**, 646). Außerdem sind §§ 326 I S 3, 325 I S 2 zu beachten. Der Gläub muß dartun, daß er an der Erfüllg des Vertr kein Interesse mehr hat (MüKo/Emmerich Rdn 168 v § 275, str). Dies wird zu bejahen sein, wenn es für ihn günstiger ist, im ganzen neu abzuschließen (§ 325 Anm 6 b). – **bb) Unmöglichkeit.** Wird die Erfüllg hinsichtl einer Teilleistg unmögl, hat der Gläub folgde RBehelfe: **(1)** Er kann die Rechte des § 325 (SchadErs wg NichtErf, Rücktr, Rechte des § 323) bezügl der unmögl gewordenen Rate geltd machen. **(2)** Er kann diese Rechte auf alle noch ausstehden Raten ausdehnen, vorausgesetzt das Interesse an der weiteren Dchführg des Vertr ist entfallen, § 325 I S 2 (§ 325 Anm 6). Der bereits abgewickelte Teil des Vertr bleibt ebso wie im Fall des § 326 unberührt (RG **58**, 421, **61**, 130, BGH NJW **76**, 1354). – **cc) Schlechterfüllung.** Der Gläub hat hinsichtl der einzelnen Rate die Rechte der §§ 459ff. Soweit die SchlechtErf od ein sonstiges vertragswidr Verhalten des Schu den VertrZweck gefährdet, kann der Gläub auch die Totalrechte des § 326 geltd machen (§ 276 Anm 7 E b). Voraussetzg ist aber grdsl eine NachFrSetzg (Abmahng) u eine gem aa (3) erweiterte Ablehnungsandrohg (BGH Betr **77**, 159, NJW **77**, 35, **81**, 679, einschränkd Musielak JuS **79**, 96); außerdem muß ggf HGB 377 gewahrt sein (BGH **65**, 49, BGH **LM** HGB 377 Nr 3). Entbehrl ist die FrSetzg bei ernstl u endgültl ErfVerweigerg (§ 326 Anm 6 b), bei irreparabler Zerstörg des VertrauensGrdl des Vertr (RG **104**, 41, BGH NJW **72**, 246, Hbg VersR **82**, 805), nach dem RGedanken von EKG 75 aber wohl auch dann, wenn berecht Anlaß für die Befürchtg besteht, die PflVerletzg werde sich wiederholen.

d) Leistungsstörungen beim Bezugsvertrag und Alleinvertriebsvertrag (oben a bb u dd). Die Rechte des Gläub beschränken sich grdsl auf die gestörte Teilleistg (BGH NJW **86**, 125, Musielak JuS **79**, 97). Da es sich um ein DauerschuldVerh handelt, treten an die Stelle der Totalrechte der §§ 325, 326 das KündR aus wichtigem Grd u der SchadErsAnspr wg schuldh Herbeiführg der Künd (§ 276 Anm 7 E c).

7) Öffentlichrechtliche Verträge. a) Auch auf dem Gebiet des öffR können RVerh dch Vertr begründet, geändert od aufgeh w (VwVfG 54). Bei den öffrechtl Vertr ist zw koordinationsrechtl Vertr (Vertr zw Gleichgeordneten) u subordinationsrechtl Vertr (Vertr im Über- u UnterordnungsVerh) zu unterscheiden. Die fr umstrittene, von der Rspr aber seit langem bejahte **Zulässigkeit** von subordinationsrechtl Vertr w nunmehr dch das VwVfG 54ff ausdr anerkannt (s Maurer DVBl **89**, 798).

b) Maßgebd für die oft schwier **Abgrenzung** zw öffrechtl u privrechtl Vertr ist der VertrInhalt, entscheidd ist also, ob sich der Vertr auf einen von der ROrdng öffrechtl od privrechtl geregelten Ggst bezieht (GmS-OGB BGH **97**, 314, BGH **32**, 216, BVerwG **22**, 140, krit Lange NVwZ **83**, 313, v Zezschwitz NJW **83**, 1873). Betrifft der Vertr Ggst des öffR u des PrivR, entscheidet sein Schwerpunkt (BGH NJW **80**, 826, Mü OLGZ **80**, 476). Str ist, ob auch Vertr zw PrivPers öffrechtl Charakter haben können, s Karsten/Rapsch NVwZ **86**, 708. **Öffentlichrechtlich** sind zB: AblösgsVertr über Pflichten aus RGaragenOrdng (BGH **32**, 217, BVerwG **23**, 214, VGH Kassel NJW **83**, 2831); Vertr über Beseitig eines nicht genehmigten Bauwerks (OVG Münst DÖV **60**, 798); Vertr zw Gemeinde u Priv über Erschließgs- od StraßenBeitr (BVerwG **22**, 140, BGH **56**, 365, NJW **72**, 585, **74**, 1709, GrdstÜbertragg in Anrechng auf Anliegerkosten); Vertr über eine „freiwill" Umlegg (BVerwG NJW **85**, 989); GrdstTausch in verwgerichtl Vergl (BVerwG NJW **76**, 2360); ErschließgsVertr gem BauGB 123 III (BVerwG NJW **69**, 2162, BGH **54**, 287, **58**, 388, NJW **86**, 1109); Vertr über sog Folgekosten (BVerwG NJW **73**, 1895, BGH **71**, 393); Vertr zw Eigtümer u Gemeinde über Wohnraumbewirtschaftg (BVerwG **4**, 113, BGH **43**, 37, Mü OLGZ **68**, 55); Vertr mit der BAnst für Straßenbau über die Teiln an einer Materialprüfg (BGH **87**, 12); Vergl über öff Last (BGH WPM **71**, 195); Vertr über Steuer mit Steuerpflichtigen (BVerwG **8**, 329, nur aGrd ausdr gesetzl Ermächtigg zul); GarnisonsVertr (BVerwG **25**, 301); Vertr zw Dienstherrn u Beamten über Studienförderg (BVerwG NJW **82**, 1412, **86**, 2589, BGH **LM** § 13 GVG Nr 126, aA Schmidt NJW **69**, 617); Einigen über öffrechtl Entsch, insb nem BauGB 18 II, 40 VI, 110, 111 (BGH NJW **73**, 656), dagg kein Vertr zur Abwendg der Enteigng privatrechtl sein (BGH aaO), ebso Vertr über unentgeltl Abtr von Straßenflächen (BayObLG **73**, 176); Vertr zw Bahn u Gemeinde über Bahnanschluß ist öffrechtl (BGH **34**, 88), ebso der Vertr über den Bahnhofsnamen (BGH NJW **75**, 2015) u zw der Bundesbahn u einer Gem über die Beförderg von Schülern (BVerwG NVwZ **89**, 877). **Privatrechtlich** zB: Vertr zw Verk u Käufer über Tragg öffrechtl Folgelasten (OVG Lünebg DVBl **72**, 154); GrdstVertr mit Gemeinde trotz „Bauplangsabrede", sofern diese keine unmittelb Verpfl begründet, sond die Übern einer GewährPfl beinhaltet (BGH **76**, 16, Papier JuS **81**, 500); Verpfl ggü Gem, sich bei einem Bauvorhaben an einen noch nicht bestandskr BeBauPlan zu halten (BGH NJW **85**, 1892); KonzessionsVertr zw Gemeinde u VersorggsUntern über Leitgsverlegg in öff Straßen (BGH **15**, 114, **LM** FStrG Nr 6, BVerwG **29**, 251); Vertr über Wasserentnahme aus öff Gewässern (BGH **28**, 41, vgl dazu Barocka VerwArch **51**, 1); 1909 geschl Vertr über die unentgeltl Beliferg mit Wasser (BGH NJW **79**, 2615); PflegekindVertr zw PflegePers u Jugendamt (OVG Münst NJW-RR **86**, 1012); Vertr mit Künstler über die Ausstellg seiner Werke (BVerwG VerwRspr **28** Nr 65); Vertr über ZusatzVersorgg dch Versorggsanstalt des Bundes (BGH **48**, 35, **69**, 175, BSozG NJW **72**, 2151); mit PrivFirma über Suche nach Bodenschätzen (BVerwG DVBl **70**, 735); zw Flughafen u Benutzer (BGH VRS **55** Nr 7); zw Bundeswehr u dem Betreiber einer Bundeswehrkantine (BGH **LM** GVG § 13 Nr 150); Vertr des SozVersTrägers über die Belieferg der Versicherten mit Heil- u Hilfsmitteln (GmS-OGB BGH **97**, 315); Bürgsch für SozVersBeiträge (BGH **90**, 189, Ffm NVwZ **83**, 573, Kraushaar/Häuser NVwZ **84**, 217) od für sonst öffrechtl Fdg (Zuleeg JuS **85**, 106). Handelt es sich um einen privrechtl Vertr, der unmittelb der Erfüllg öff Aufgaben dient, unterliegt die Verw den Beschränkgen des VerwPrivR (s § 242 Anm 1 d bb).

c) Rechtliche Behandlung. Maßgebd sind die §§ 54–62 VwVfG. Das VwVfG unterscheidet als VertrArten den VerglVertr (§ 55) u den AustauschVertr (§ 56). Der VerglVertr ist auch dann wirks, wenn er mit der GesLage nicht voll übereinstimmt, sofern die Beh den VerglSchl zur Beseitig der Ungewißh nach pflichtmäß Ermessen für zweckmäß hält. Dagg gelten für den AustauschVertr strengere WirksamkVoraussetzgen. Er ist nichtig, wenn ein VerwAkt entspr Inhalts sachl rechtswidr wäre (VwVfG 59 II Nr 3). Auch bei Verstoß gg das in VwVfG 56 kodifizierte Verbot von KoppelgsGesch (§ 138 Anm 5 I) tritt Nichtigk ein. Öffrechtl Vertr bedürfen der Schriftform (VwVfG 57). Haben sie eine Pfl zur Übereigg od zum Erwerb eines Grdst zum Ggst, gilt § 313 sinngem (dort Anm 5a). Soweit das öffR keine Sonderregeln enthält, sind die Vorschr des bürgerl Rechts als allg RGedanken entspr anzuwenden (VwVfG 62). Wg aller Einzelh vgl die Kommentare zum VwVfG.

d) Bei Anstalten u ähnl Einrichtgen kann das BenutzgsVerhältn dch privrechtl Vertr, öffrechtl Vertr od VerwAkt zustandekommen, die Zulassg kann ferner zweistuf geordnet sein (s unten e). Maßgebd für die Zuordng zum öffR od PrivR ist der in der rechtl Ordng des BenutzgsVerh zum Ausdruck kommde Wille des Anstaltsträgers (BGH NJW **77**, 197). Privatrechtl Benutzg ist auch dann mögl, wenn Anschl- u Benutzungszwang besteht (OVG Lünebg NJW **77**, 450). Sie ist zB gegeben bei Bundesbahn (RG **161**, 344, **162**, 365, BGH **6**, 309), idR bei kommunalen Elektrizitätswerken (BGH NJW **54**, 1323), Sparkassen (RG **91**, 344), Krankenhäusern (BGH **4**, 148, **9**, 145, **89**, 252, Tiemann NJW **85**, 2169), and bei Einweisg in geschl psychiatr Anstalt (BGH **38**, 39). Privrechtl gestaltet ist idR auch die Benutzg von Flughäfen (BGH Betr **69**, 1970, DVBl **74**, 560), Kindertagesstätten (KG OLGZ **74**, 193, VGH Kassel NJW **77**, 452, Celle NJW **77**, 1295) Müllkippen (BGH NJW **75**, 106), uU auch bei einer gemeindl Kanalisation (BGH NVwZ **83**, 59). Dagg öffrechtl Benutzg bei Bundespost (BGH **67**, 70), idR bei kommunalen Badeanstalten (VGH Mannh NJW **79**, 1900, Mü VersR **80**, 725), uU bei kommunalen Wasserwerken (BGH **17**, 192, BayObLG **68**, 350), jedoch ist auch privatrechtl Ausgestaltg mögl (BGH **65**, 285, OVG Lünebg NJW **77**, 450). Auf öffrechtl Vertr u öffrechtl ausgestaltete AnstaltsnutzgsVerh finden die §§ 276, 278 entspr Anwendg (§ 276 Anm 8).

e) Für die Gewährg von Darlehn im Rahmen öff Kreditprogramme haben Rspr u Lehre die sog **Zweistufentheorie** entwickelt: Die Entsch über die Darlehnsgewährg ist VerwAkt, der in Vollzug des Bewilliggsbescheids geschl DarlehnsVertr gehört dem PrivR an (BGH **40**, 206, **61**, 299, WPM **79**, 868, BVerwG **1**, 308, **13**, 307, **18**, 47, s näher Einf 3p v § 607). Dagg soll die Darlehnsgewährg dch Darl gem BSHG 89 ausschließl öffr zu beurteilen sein (Schlesw NVwZ **88**, 76). Bei verlorenen Zuschüssen u bei sonst nicht als Darl gewährten Zuwendgen gilt für das SubventionsVerh idR allein öffR (BVerwG NJW **69**, 809, BGH **57**, 130, VGH Mannh NJW **78**, 2050), u zwar auch dann, wenn die Auszahlg dch ein Kreditinstitut erfolgt (BGH Betr **85**, 1737); umgekehrt ist allein PrivR anwendb, wenn die öff Hand den Kredit ledigl refinanziert u sich für ihn verbürgt h (BVerwG **30**, 211), ebso idR bei WoBauDarl an Angeh des öff Dienstes

(BVerwG DVBl 73, 416). Auch die Benutzg öff Einrichtgen ist vielf zweistuf geordnet; die Entsch über die Zulassg erfolgt dch VerwAkt, der anschließd geschl Vertr ist privatrechtl (BVerwG 32, 334, OVG Münst NJW 69, 1077, Lässig NVwZ 83, 18, krit Jauernig NJW 72, 1, Ossenbühl DVBl 73, 289).

305 *Begründung.* Zur Begründung eines Schuldverhältnisses durch Rechtsgeschäft sowie zur Änderung des Inhalts eines Schuldverhältnisses ist ein Vertrag zwischen den Beteiligten erforderlich, soweit nicht das Gesetz ein anderes vorschreibt.

1) Allgemeines. § 305 legt fest, daß zur rechtsgeschäftl **Begründung** eines SchuldVerh idR ein Vertr erforderl ist. Vgl dazu Einf 2. Zu den Art der SchuldVertr, zu typ u atyp Vertr, zu VertrVerbindgen u gemischten Vertr sowie zu öffrechtl Vertr s Einf 3–6.

2) Änderungsvertrag. – a) Auch zur rechtsgeschäftl Änderg des SchuldVerh bedarf es nach § 305 grdsl eines Vertr. Die Änderg kann die Hauptleistgen, Nebenverpflichtgen od Leistgsmodalitäten betreffen. ÄndVertr sind auch Vereinbgen über die Änd der RNatur (Celle WPM **88**, 1815, Bürgsch im Darl) sowie die nachträgl Stundg (§ 271 Anm 4a). Der ÄndergsVertr läßt das ursprüngl SchuldVerh unter Wahrg seiner **Identität** fortbestehen (s RG **65**, 392). Bürgsch u PfandR haften daher weiter, erstrecken sich aber nicht auf eine Erweiterg der Schuld (§§ 767 I 3, 1210 I 2). Ob im Einzelfall ein ÄndergsVertr, ein AufhebgsVertr verbunden mit dem Abschluß eines neuen Vertr od ein weiterer rechtl selbst Vertr vorliegt, ist Ausleggsfrage (BGH **LM** Nr 10, Karlsr NJW **83**, 1499). Dabei sind vor allem die wirtschaftl u rechtl Bedeutg der Abänderg u die VerkAnschauung zu berücksichtigen (Staud-Löwisch Rdn 43). Der ÄndergsVertr verändert unmittelb den Inh des SchuldVerh, ist also verfügder Natur (Einf 3b). Er ist idR abstrakt (Einf 3b), dh von der Einigg der Part über den RGrd unabhängi. Eine VertrÄnderg ist auch die Verlängerg der vertrDauer, etwa dch einverständl Aufhebg der ausgesprochenen Künd (BGH NJW **74**, 1081). Ein bereits erloschenes SchuldVerh kann aber nicht dch ÄndergsVertr, sond nur dch Neuabschluß wiederbegründet w (RGRK-Ballhaus Rdn 4). VertrÄnderngen iwS sind auch die Abtretg (§§ 398 ff), die SchuldÜbern (§§ 414 ff) u die VertrÜbern (§ 398 Anm 10). Für diese Fälle des Personenwechsels gelten aber Sonderregelgen.

b) Der ÄndergsVertr bedarf grdsl der für die Begründg des SchuldVerh vorgeschriebenen **Form** (§ 125 Anm 2 c). Das gilt insb iF des § 313 (dort Anm 10). And liegt es dagg bei rgeschäftl FormVorschr. Werden sie bei Abschluß eines ÄndergsVertr nicht beachtet, wird idW angenommen, daß die Part die Formabrede stillschweigd aufgeh haben (§ 125 Anm 4 c). Auch die Änderg eines nicht formgebundenen Vertr kann formbedürft sein, so etwa wenn bei Verlängerg eines MietVertr ein VorkaufsR für das Grdst begründet w (§ 313) od die Verlängerg für mehr als ein Jahr fest abgemacht w (§ 566). Sollen dch die Änderg nachträgl AGB in das VertrVerh einbezogen w, ist AGBG 2 entspr anzuwenden (dort Anm 5 b). Soweit der Ändergs-Vertr formfrei ist, kann er auch **stillschweigend** abgeschl werden. Ein ÄndergsVertr kann daher zu bejahen sein, wenn der Vertr nach Mitteilg von veränderten VertrBdggen einverständl fortgesetzt w (Frage des Einzelfalls s BAG Betr **76**, 2478, NZA **86**, 474), wenn der Mieter die SchönhReparaturen mehr als 40 Jahre dchgeführt hat (Ffm MDR **81**, 498), wenn in einer Gesellsch mehr als 20 Jahre eine vom GesellschVertr abweichde Gewinnverteilg vorgenommen worden ist (BGH **LM** HGB 105 Nr 22), wenn bei einem Dauer-rechtsVerh eine vom allg Einverständn getragene dem Vertr widersprechde Übg besteht (BGH BB **67**, 1307). Keine ÄndergsVereinbg ist dagg anzunehmen, wenn eine Part aGrd einer unwirks AGB den Pr erhöht u die GgPart die Erhöhg für wirks hält u hinnimmt (BGH **90**, 71). Haben die Part einen längere Zeit zu abgeänderten Bdggen durchgeführt, besteht uU eine tatsächl Vermutg für das Zustandekommen eines entspr ÄndergsVertr (BGH **LM** Nr 17).

c) Die **Pflicht** zum Abschluß eines ÄndergsVertr kann sich aus vertragl Abreden (Bsp: Wertsichergsklauseln § 245 Anm 5 c), aus ges gesetzl Vorschr (Bsp: MHRG 2 I) sowie aus § 242 ergeben (Bsp: nicht genehmigssfäh Wertsichergsklausel, § 245 Anm 5 c). Zu Neuverhandlgsklauseln s Horn AcP **181**, 257.

d) Eine Änderg dch **einseitiges Rechtsgeschäft** ist nur mögl, soweit Ges od vertragl Abreden dies zulassen. Bsp sind die gesetzl eingeräumten GestaltgsR, wie die Wahl iF des § 263 od die Fristsetzg iF des § 326, außerdem die dch Anpassgsklauseln für eine Part begründeten Rechte (s Bilda Betr **69**, 427, MDR **79**, 89). Zu Ändergsvorbehalten in AGB s AGBG 10 Nr 4 u 11 Nr 1.

3) Aufhebungsvertrag. Die Part können das SchuldVerh, obwohl das Ges dies nicht bes ausspricht, dch vertragl Abrede (contrarius consensus) aufheben. Der AufhebgsVertr unterscheidet sich vom ErlaßVertr (§ 397) dadch, daß er nicht die einzelne Fdg, sond das gesamte SchuldVerh als „Organismus" (Einl 1 a v § 241) betrifft. Der AufhebsVertr bedarf nicht der Form des BegründsVertr (BAG BB **77**, 94 zum TarifVertr, MüKo/Söllner Rdn 28, § 313 Anm 9). Besteht für VertrÄnderngen eine vertragl Formabrede, so gilt diese iZw nicht für den AufhebsVertr (hM, beim MietVertr str). Die auf Aufhebg des Vertr gerichteten WillErkl können auch stillschw abgegeben w. Um SchutzVorschr nicht leerlaufen zu lassen, bedarf das Vorliegen eines AufhebgsVertr aber sorgfält Prüfg. Die Hinnahme einer Künd kann nicht ohne weiteres als stillschw Abschluß eines AufhebgsVertr aufgefaßt werden. Dagg ist es nach der Interessenlage als Angebot einer einverständl Aufhebg u nicht als Künd anzusehen, wenn der Handelsvertreter erklärt, er könne den Vertr wg seines GesundhZustandes nicht länger erfüllen (BGH **52**, 16). Die TAufhebg eines Vertr dch Ausscheiden einer Part (eines Mieters) verändert den VertrInh u bedarf daher der Zust der verbleibdn VertrPart (BayObLG **83**, 32, Celle NdsRpfl **82**, 60). Ob die Aufhebg ex tunc od ex nunc wirkt, ist Frage der Auslegg (BGH NJW **78**, 2198). Wird das SchuldVerh mit Wirkg ex tunc aufgeh, sind die beiderseit Leistgen iZw entspr §§ 346 ff (u nicht gem §§ 812 ff) zurückzugewähren (LG Duisbg VRS **74** Nr 2, MüKo/Söllner Rdn 29, str).

4) Novation (Schuldersetzg). **a)** Sie liegt vor, wenn die Part die Aufhebg des SchuldVerh derart mit der Begründg eines neuen SchuldVerh verbinden, daß das neue an die Stelle des alten tritt (RG **134**, 155, **162**, 245). Die Zulässigk der Novation ergibt sich aus dem Grds der VertrFreih (RG **119**, 24). Ob eine Novation od lediglich ein ÄndergsVertr (Anm 2) vorliegt, ist Ausleggsfrage (RG aaO). Eine Novation darf wg ihrer weitreichden Folgen nur bejaht werden, wenn der auf Schuldumschaffg gerichtete Wille der Part deutl hervortritt (BGH NJW 86, 1490). Sie läßt Bürgsch u PfandR erlöschen (RG 134, 155), dagg bleiben diese iF der Schuldänderg bestehen (Anm 2). IZw ist anzunehmen, daß keine Novation, sond ledigl ein Ändergs-Vertr gewollt ist (BGH **LM** § 138 (Cf) Nr 11 Bl 3). – **b)** Die Novation kann kausal od abstrakt gestaltet sein (Staud-Löwisch Rdn 49ff). Bei der **kausalen** Novation („Schuldumschaffg") ist die Entstehg des neuen SchuldVerh davon abhäng, daß die alte Schuld bestanden hat (RG 62, 52). Bei der **abstrakten** Novation („Schuldneuschaffg") ist das neue SchuldVerh dagg vom Bestand des alten unabhäng (BGH 28, 167). Der Schu kann sein Anerkenntn allenfalls nach § 812 II kondizieren od die Einr aus § 821 erheben. Auch diese Möglichk entfällt, wenn das Anerkenntn ohne Rücks auf das Bestehen oder Nichtbestehen der alten Schuld abgegeben worden ist (RGRK-Ballhaus Rdn 12). Die kausale Novation ist grdsl formfrei; für die abstrakte gelten dagg §§ 780, 781, falls nicht § 782 od HGB 350, 351 anwendb sind. – **c) Einzelfälle** (ja = Novation; nein = Keine Novation): Anerkenng des Kontokorrentsaldos (HGB 355) ja (BGH 26, 150, 84, 376, stRspr), jedoch mit der Besonderh, daß Sicherh nicht erlöschen (HGB 356); Übersendg von Tagesauszügen im Sparkassenkontokorrent nein (BGH 50, 277, 73, 210); VereinbgsDarl (§ 607 II), Frage des Einzelfalls (§ 607 Anm 2); in Betracht kommen ein ÄndersgVertr od eine kausale Novation (RG 62, 51, BGH 28, 166); Leistg an Erf Statt ja (RG SeuffA 62, 202); Abrede zw RA u Mandant, daß der zur Weiterleitg an den Gegner best Geldbetrag vorübergehd zinsgünst angelegt werden soll, nein (BGH NJW 86, 1490). Prolongationswechsel gg Rückg des alten Wechsels ja (RG 107, 35; Hingabe von Schuldverschreibgen an Zahlgs Statt ja (RG 124, 365); Schuldtilgg dch Hingabe eines abstrakten SchuldVerspr ja (RG 119, 12; Vergleich idR nein (BGH 52, 46, NJW-RR 87, 1426); deklaratorisches SchuldAnerkenntn nein (§ 781 Anm 2a).

306 **Unmögliche Leistung.** Ein auf eine unmögliche Leistung gerichteter Vertrag ist nichtig.

1) Allgemeines. a) § 306 übernimmt den röm-rechtl Satz: *impossibilium nulla est obligatio*. Die Vorschr läßt aber nicht nur die Verpflichtg zur Leistg entfallen, sond ordnet zugl die Nichtigk des Vertr an; SchadErsAnspr werden dementspr auf das negative Interesse beschränkt (§ 307). Diese Regelg wird dch Ges der Logik nicht gefordert u ist interessenwidr (MüKo/Emmerich Rdn 40 v § 275). Wenn die anfängl Unmöglichk von einer Part zu vertreten ist, wäre, ebso wie iF nachträgl Unmöglichk (§§ 280, 324 f), die Einräumg eines SchadErsAnspr auf das positive Interesse sachgerecht. § 306 ist daher restriktiv auszulegen. Es ist jeweils zu prüfen, ob für das anfängl Leistgshindern Sonderregelgen bestehen (Anm 5) od der Schu ausdr od stillschw die **Garantie** für die Möglichk der Leistg übernommen hat (Staud-Löwisch Rdn 2). – **b) Anwendungsbereich.** § 306 gilt für alle Vertr, die eine Verpflichtg zu einer Leistg begründen. Er ist auf SchuldVerh aus einseit RGesch entspr anzuwenden. Dagg findet § 306 auf Vfgen keine Anwendg (RG Gruch 57, 942). Bei einer Anzahl von Vertr wird § 306 dch Sonderregeln verdrängt (Anm 5).

2) Voraussetzungen. § 306 gilt nur, wenn es sich um eine anfängl, obj u dauernde Unmöglichk handelt. – **a)** Für die Abgrenzg der **anfänglicher** (ursprüngl) Unmöglichk ist entscheid, ob das Leistgshindern vor od nach Begründg des SchuldVerh entstanden ist (§ 275 Anm 4). Bei Vertr ist der VertrSchl der maßgebde Ztpkt (BGH 47, 50, 60, 16, Hamm NJW-RR 88, 1117), u zwar bei rückdatierten Vertr der des tatsächl Abschl (Karlsr SJZ 49, 412). Wird bei einem bedingten od befristeten Vertr die Leistg nach VertrSchl aber vor BdggsEintritt od Fälligkeit unmögl, ist nachträgl Unmöglichk gegeben (MüKo/Emmerich Rdn 37 v § 275). Ist für die Leistg die Gen eines Dritten erforderl, begründet deren Versagg gleichf keine anfängl, sond nachträgl Unmöglichk (§ 275 Anm 9b bb). Vgl auch unten c). – **b)** § 306 setzt voraus, daß die Leistg **objektiv** unmögl ist. Auf anfängl Unvermögen sind nur die §§ 306 ff, sond die in Anm 4 dargestellten Grds anzuwenden. Gleichgült ist, ob die Unmöglichk auf tatsächl od rechtl Grden beruht. Ist die Leistg wg Verstoßes gg ein gesetzl Verbot unmögl, tritt Nichtigk sowohl nach § 134 als auch nach § 306 ein (RG 95, 348, 120, 45, s auch § 309). Zur Abgrenzg von obj u subj Unmöglichk s § 275 Anm 2 u 3. Bei höchstpersönl Leistgen begründet Unvermögen zugl obj Unmöglichk (MüKo/Söllner Rdn 7, aA Staud-Löwisch Rdn 11). Der Schu haftet aber aGrd einer EinstandsPfl auf das ErfInteresse (Neumann-Duesburg BB 70, 1462). – **c)** Wie § 275 betrifft auch § 306 nur die **dauernde** Unmöglichk. Vorübergehde Unmöglichk steht dauernder aber dann gleich, wenn sie die Erreichg des VertrZweckes gefährdet (s näher § 275 Anm 5). Ist bei einem bedingten od befristeten Vertr die Unmöglichk bis zum Eintritt der Bdgg od des Termins behoben, ist der Vertr wirks (§ 308 II). Haben die Part für den Fall kontrahiert, daß das Leistgshindern wegfällt, ist der Vertr gleichf wirks (§ 308 I). Sind die Part insow von falschen zeitl Vorstellgen ausgegangen, gelten die Grds über den Wegfall der GeschGrdl (BGH 47, 52). – **d)** Ist die Leistg **teilweise** unmögl, gilt § 306 nur für den unmögl Teil (§ 275 Anm 6, s auch § 307 II). Die Frage, ob der Vertr im übrigen nichtig ist, ist nach § 139 zu beurteilen (RG 51, 94). – **e)** Ob eine der Part die Unmöglichk zu **vertreten** hat, ist für die Anwendg des § 306 unerhebl, hat aber für die in § 307 geregelte SchadErsPfl Bedeutg.

3) Rechtsfolgen. Der auf eine obj unmögl Leistg gerichtete Vertr ist nichtig. Ein SchadErsAnspr besteht nur unter den Voraussetzgen des § 307. § 281 ist nicht anwendb. Er setzt einen gült Vertr voraus u betrifft daher nur die nachträgl Unmöglichk (Staud-Löwisch Rdn 29).

4) Anfängliches Unvermögen. a) § 306 ist auf anfängl Unvermögen (subj Unmöglichk, § 275 Anm 3) unanwendb; er enthält keine dem § 275 II entspr Vorschr. Der auf eine sub unmögl Leistg gerichtete Vertr ist daher wirks (allgM, s bereits Mot II 45 f). Der Schu übernimmt dch sein LeistgsVerspr stillschw eine Garantie für sein Leistgsvermögen; der Gläub kann iF anfängl Unvermögens (ohne den Umweg über § 283 od § 326 gehen zu müssen) **Schadensersatz wegen Nichterfüllung** (positives Interesse) verlangen (RG 69, 355, BGH 8, 231, 11, 22, 47, 269, NJW 83, 2874, Ffm NJW-RR 89, 763, BAG **AP** Nr 2, Staud-Löwisch Rdn 30, stRspr, hM) od vom Vertr zurücktreten (BGH NJW 88, 2878). Handelt es sich um einen KaufVertr, ergibt sich der SchadErsAnspr (auch) aus §§ 440, 325 (Larenz II § 40 II 3, § 440 Anm 1 c). Da der Vertr wirks ist, kann der Gläub auch auf Erf klagen (RG **80**, 250) u anschließd gem § 283 vorgehen. Bei ggs Vertr stehen ihm neben dem SchadErsAnspr auch die sonst Rechte des § 325 zu (Planck Anm 8). Bei vorübergehdem Unvermögen kann der Gläub den Schu in **Verzug** setzen u die Rechte aus §§ 286, 326 geltd machen (RG **80**, 250). Bei teilw Unvermögen gilt § 325 I 2 (§ 325 Anm 6) entspr. – **b)** Ein Teil der Lit tritt dafür ein, die **Einstandspflicht** des Schu **zu beschränken.** Einige Autoren wollen die für die nachträgl Unmöglichk geltdn Vorschr (§§ 275, 280, 323, 325) entspr anwenden, den Schu also nur haften lassen, wenn er das anfängl Unvermögen zu vertreten hat (so Gudian NJW **71**, 1239, Evans-von Krbek AcP **177**, 35, Esser-Schmidt § 22 III, s auch BGH **85**, 271); and wollen nach Fallgruppen unterscheiden (Eichenhofer JuS **89**, 778). Wieder and folgen im Ausgangspunkt der hM, bejahen aber für den Fall einen Haftgsausschluß, daß das Leistgshindern nicht aus dem Risikobereich (GeschKreis) des Schu stammt (so Larenz § 8 II). Demggü ist am Standpunkt der stRspr u hM festzuhalten; sie entspricht dem Willen des GesGebers (Mot II 45) u ist grdsl interessengerecht. Handelt es sich um ein unvorhersehbares, nicht aus der Sphäre des Schu stammendes Leistgshindern, kann die Auslegung (§§ 133, 157) od § 242 (dort Anm 6 C a cc) ergeben, daß die EinstandsPfl des Schu ausgeschlossen ist (ebso Staud-Löwisch Rdn 31, ähnl BGH Betr **72**, 1336).

5) Sonderregelungen. § 306 u die für anfängl Unvermögen geltdn RGrds (Anm 4) finden keine Anwendg, soweit sie dch SonderRegelgen verdrängt w. – **a)** Hat der Schu für die Leistg vertragl eine **Garantiehaftung** übernommen, haftet er auch iF obj Unmöglichk auf das positive Interesse (RG **137**, 84, BGH **93**, 145). Der nicht zwinge § 306 kann auch stillschw abbedungen w (Anm 1 a). – **b) Forderungskauf.** Der Verkäufer einer nicht bestehenden Fdg od eines sonst nicht existierd Rechts haftet gem § 437 für den Bestand des Rechts. Das gilt grdsl auch dann, wenn ein Fall anfängl Unmöglichk vorliegt (RG **90**, 244, Mü NJW **71**, 1807). § 306 ist nur dann anzuwenden, wenn das verkaufte Recht von vornherein aus RGründen nicht entstehen konnte (RG **68**, 293, Mü aaO, § 437 Anm 1 a). – **c) Rechtsmängelhaftung beim Kauf.** Im Fall anfängl Unmöglichk (Bsp: Verkauf einer nicht existierd Sache) gilt § 306 (MüKo/Westermann § 440 Anm 3), soweit nicht eine bes GewährPfl übernommen worden ist (oben a); iF anfängl Unvermögens haftet der Verkäufer gem §§ 440, 325 (Anm 4 a). – **d) Sachmängelhaftung.** Hat die verkaufte Sache von vornherein einen (obj) nicht behebb Mangel od fehlt ihr eine zugesicherte Eigensch, deren Herstellg obj ausgeschlossen ist, liegt an sich anfängl Teilunmöglichk (Anm 2 d) vor (sog qualitative Unmöglichkeit, § 275 Anm 6 b bb). § 306 ist aber unanwendb, die GewährleistgVorschr (§§ 459 ff) gehen dem § 306 vor, u zwar auch dann, wenn die Gewährleistg vertragl abgewandelt od eingeschränkt ist (BGH **54**, 238). Das gilt ebso für den WerkVertr (BGH aaO), den ReiseVertr (Teichmann JZ **86**, 161, Vorbem 3 a v § 651 c) u den MietVertr (BGH NJW **80**, 777, BGH **93**, 142, näher § 537 Anm 1). Die Anwendg des § 306 ist auch schon für die Zeit vor Übergabe (Abnahme) ausgeschlossen (s BGH **54**, 238 zum Kauf- u WerkVertr, BGH **93**, 142 zum MietVertr). Eine NichtigkVorschr wie § 306 kann nicht je nach dem Stand der VertrDchführg angewandt od nicht angewandt w. Es wäre auch sachwidr, dem Verkäufer (Unternehmer, Vermieter) bis zur Übergabe (Abnahme) die Möglichk zu geben, sich dch Berufg auf §§ 306, 139 seiner gesetzl Garantiehaftg zu entziehen. Der Käufer (Besteller, Mieter) kann sich ggf durch Anf (§ 119 II) od Wandlg (Künd) vom Vertr lösen.

307 Negatives Interesse.

[I] Wer bei der Schließung eines Vertrags, der auf eine unmögliche Leistung gerichtet ist, die Unmöglichkeit der Leistung kennt oder kennen muß, ist zum Ersatze des Schadens verpflichtet, den der andere Teil dadurch erleidet, daß er auf die Gültigkeit des Vertrags vertraut, jedoch nicht über den Betrag des Interesses hinaus, welches der andere Teil an der Gültigkeit des Vertrags hat. Die Ersatzpflicht tritt nicht ein, wenn der andere Teil die Unmöglichkeit kennt oder kennen muß.

[II] Diese Vorschriften finden entsprechende Anwendung, wenn die Leistung nur teilweise unmöglich und der Vertrag in Ansehung des möglichen Teiles gültig ist oder wenn eine von mehreren wahlweise versprochenen Leistungen unmöglich ist.

1) Allgemeines. § 307 ist ein Fall der Haftg für Verschulden beim VertrSchl (BGH **76**, 22). Er war zusammen mit §§ 122 u 179 II der Anlaß, die inzw gewohnheitsrechtl anerkannte Haftg für c. i. c. herauszubilden (§ 276 Anm 6 A). § 307 gilt auch für öffrechtl Vertr (VwVfG 62) u ist auf einseit RGesch entspr anwendb. Er verdrängt im Rahmen seines Anwendgsbereichs die Geltg der allg Grds der Haftg für c. i. c.

2) Voraussetzungen. a) § 307 setzt voraus, daß der Vertr gem § 306 **nichtig** ist. Er ist nicht anzuwenden, wenn noch ein weiterer NichtigkGrd (zB Formmangel, GeschUnfähigk) gegeben ist. Die Haftg tritt auch bei Teilnichtigk ein (II, s auch Anm 2 d). Über die Unmöglichk bei Wahlschulden s § 265. – **b)** AnsprVoraussetzg ist **Kenntnis** od **fahrlässige Unkenntnis** (§ 122 II) der Unmöglichk der Leistg dch eine der Part. Die PartStellg ist gleichgült. Die Part muß sich das Verhalten ihrer Vertreter u VhdlgsGehilfen anrechnen lassen (§ 276 Anm 6 C a). Zurechnungsnorm ist § 278, nicht § 166. Bestehen für den Vertr gesetzl Haftgsmilderungen (zB §§ 521, 690), gelten sie auch für die Haftg aus § 307 (§ 276 Anm 6 A d). – **c)** Die Haftg **entfällt,** wenn auch der and Teil die Unmöglichk kannte od fahrl nicht kannte (I 2). Die Vorschr schließt eine Abwägg gem § 254 aus (RG **105**, 412, BGH **76**, 22). Auch wenn auf der einen Seite Vors u auf der and und leichte Fahrlässigk vorliegt, besteht keine ErsPfl (RG **110**, 55); sie kann sich aber aus § 826 od § 823 II iVm StGB 263 ergeben. Die allg Haftg für c. i. c. ist I 2 nicht anzuwenden (RG **151**, 361), ebsowenig auf Anspr aus § 839, GG 34 (BGH **76**, 30).

3) Rechtsfolgen. a) § 307 beschränkt die ErsPfl auf den **Vertrauensschaden,** dh die Nachteile, die dch das Vertrauen auf die Gültigk des Vertr entstanden sind (Vorbem 2 g v § 249). Diese Regelg ist rechtspolit verfehlt (§ 306 Anm 1 a); sie ist Folge der in § 306 ausgesprochenen Nichtigk des Vertr u der Vorstellg, daß aus einem nichtigen Vertr kein Anspr auf das ErfInteresse gegeben w kann (Mot II 178). Der ErsAnspr w dch das ErfInteresse nach oben begrenzt. Es besteht daher keine ErsPfl, wenn die DchFührg des Vertr dem

§§ 307–310

ErsBerecht keine Vermögensvorteile gebracht hätte. Für Anspr aus dem allg Anwendgsbereich der c. i. c. gilt diese Begrenzg (§ 276 Anm 6 D a). – **b)** Der ErsAnspr **verjährt** gem § 195 in 30 Jahren; § 852 findet keine Anwendg. Gilt für den VertrAnspr eine kürzere VerjFr, ist diese auch für den Anspr aus § 307 maßgebd (BGH **49**, 83, **73**, 269). – **c)** Anspr aus den allg Grds über c. i. c. sind im Anwendsbereich des § 307 ausgeschlossen (s BGH **76**, 22). Dagg können delikt Anspr, zB aus §§ 823, 826 od 839, mit dem aus § 307 konkurrieren. – **d)** Ob die für den VertrAnspr bestellten **Sicherheiten** auch für den Anspr aus § 307 haften, ist Frage der Ausleg des einzelnen Vertr (Staud-Löwisch Rdn 13); iZw ist die Frage zu bejahen.

308 *Vorübergehende Unmöglichkeit.* ¹ Die Unmöglichkeit der Leistung steht der Gültigkeit des Vertrags nicht entgegen, wenn die Unmöglichkeit gehoben werden kann und der Vertrag für den Fall geschlossen ist, daß die Leistung möglich wird.

II Wird eine unmögliche Leistung unter einer anderen aufschiebenden Bedingung oder unter Bestimmung eines Anfangstermins versprochen, so ist der Vertrag gültig, wenn die Unmöglichkeit vor dem Eintritte der Bedingung oder des Termins gehoben wird.

1) Allgemeines. a) Nichtigk gem § 306 tritt ein, wenn die Leistg im Ztpkt des VertrSchl unmögl ist (§ 306 Anm 2a); ein späteres Möglichwerden der Leistg ändert an der Nichtigk des Vertr idR nichts. Von diesem Grds macht § 308 für zwei Fallgruppen eine Ausn (Anm 2). Wenn die Voraussetzungen des § 308 vorliegen, ist der Vertr von **Anfang an wirksam** (MüKo/Söllner Rdn 4); es handelt sich nicht um eine nachträgl Heilg zunächst bestehder Nichtigk. – **b)** Die Formulierg, die Unmöglichk werde „**gehoben**" entspr dem Sprachgebrauch des 19 Jhdts; sie ist heute iSv „behoben" zu verstehen.

2) Einzelheiten. – a) Absatz 1. Der auf eine unmögl Leistg gerichtete Vertr ist gült, wenn die Unmöglichk behebb ist u die Part ihn für diesen Fall geschlossen haben. Das Ges betrachtet das Möglichwerden der Leistg als aufschiebde Bdgg (s II „and Bdgg"); die §§ 158 ff sind daher anzuwenden. Die Vereinbg kann auch stillschw getroffen w (RG **138**, 55), so etwa, wenn die Lieferg beschlagnahmter Ware für den Fall der Freig versprochen w (RG **102**, 255). Sie kann auch aus einer ergänzden VertrAusleg (§ 157 Anm 2) zu entnehmen sein (Staud-Löwisch Rdn 6). Dagg entfällt § 308, wenn eine sofort Leistg gewollt ist (OGH **3**, 60). Im ArbR ist I bei sog überwindb BeschäftiggsVerboten anwendb, falls die Part die Voraussetzgen für eine zul Beschäftigg herbeiführen wollen (BAG **AP** BBiG 15 Nr 1). Gehen die Part hins des Ztpkts des Möglichwerdens der Leistg von unricht Vorstellgen aus, kann ihrer Abrede die GeschGrdl fehlen (BGH **47**, 51). – **b) Absatz 2.** Ein unter einer aufschiebdn Bdgg od Befristg geschlossener Vertr ist gült, wenn die Leistg vor Eintritt der Bdgg od des Termins mögl wird. Es genügt, der obj Tatbest des MöglWerdens ein entspr PartWille ist nicht erforderl. Wird die Unmöglichk erst später behoben, kann der Vertr gem I gült sein. Wird die Leistg zunächst mögl, noch vor BdggsEintritt aber wieder unmögl, handelt es sich um einen Fall nachträgl Unmöglichk.

309 *Gesetzwidriger Vertrag.* Verstößt ein Vertrag gegen ein gesetzliches Verbot, so finden die Vorschriften der §§ 307, 308 entsprechende Anwendung.

1) Allgemeines. Der auf eine verbotene Leistg gerichtete Vertr ist sowohl nach § 306 als auch nach § 134 nichtig (§ 306 Anm 2a). §§ 307 u 308 sind daher direkt anwendb; § 309 hat insoweit nur klarstellde Funktion. Soweit sich das Verbot nicht auf die Leistg, sond auf den VertrSchl bezieht, ist § 309 dagg **konstitutiv**. Verstößt der Vertr gg die guten Sitten (§ 138), ist § 309 nicht anwendb, u zwar auch dann nicht, wenn zugl ein Verstoß gg ein gesetzl Verbot vorliegt (Staud-Löwisch Rdn 11).

2) Einzelheiten. – a) Anwendung des § 307. Da bereits fahrl Unkenntn des Verbots den SchadErsAnspr ausschließt (§ 307 I 2), hat der Anspr nur geringe prakt Bedeutg. Auch bei argl Täuschg über das Bestehen des Verbots beschränkt sich der SchadErsAnspr auf das Vertrauensinteresse (RG **105**, 366). Mit dem Anspr aus § 307 kann ein delikt Anspr konkurrieren (§ 307 Anm 3c). – **b) Anwendung des § 308.** Der gg ein gesetzl Verbot verstoßde Vertr bleibt auch dann nichtig, wenn das Verbot nachträgl wegfällt (RG **138**, 55, § 134 Anm 2e). Die Anwendg des § 308 I setzt voraus, daß der Vertr von vornherein für den Fall der Aufhebg des Verbots geschlossen worden ist u das Verbot bis dahin beachtet w sollte (BGH **LM** § 134 Nr 7, BVerwG NJW **82**, 2293, BAG Betr **87**, 2048). Im Fall des § 308 II genügt dagg der obj Tatbestd, daß die Verbotsnorm bis zum Eintritt der Bdgg od des Termins außer Kraft getreten ist (s RG **105**, 137).

310 *Vertrag über künftiges Vermögen.* Ein Vertrag, durch den sich der eine Teil verpflichtet, sein künftiges Vermögen oder einen Bruchteil seines künftigen Vermögens zu übertragen oder mit einem Nießbrauche zu belasten, ist nichtig.

1) Allgemeines. a) § 310 hat den **Zweck**, die wirtschaftl BetätiggsFreih des einz vor übermäßigen Beschränkgen zu schützen. Er soll verhindern, daß jemand sich seines Vermögensfähig wird u dadch zugl jede Motivation für eine Erwerbstätigk verliert (Mot II 186). Soweit die Vorschr Vertr über Bruchteile eines zukünft Vermögens verbietet, will sie prakt Schwierigk vermeiden (Mot II 187). – **b) Anwendungsbereich.** Die Vorschr gilt für schuldrechtl VerpflichtgsVertr (Einf 3a v § 305). Sie ist auf einseit schuldrechtl Verpflichtgen entspr anwendb. Dagg werden ErbVertr (§§ 2247 ff) u Vertr des FamGüterR (§§ 1415 ff) von ihr nicht erfaßt. Auch auf Vfgen findet § 310 keine Anwendung. Eine Vfg über das ges künft Vermögen od einen Bruchteil davon ist ohnehin nicht mögl. Auf die Verschmelzg u Vermögensübertragg von KapitalGesellsch ist § 310 gem AktG 341 I 2 nicht anzuwenden, ebsowenig auf die Verschmelzg von VersVereinen auf Ggseitigk (VAG 44a) od die von eGen od Revisionsverbänden (GenG §§ 63e, 93c).

Schuldverhältnisse aus Verträgen. 1. Titel: Begründg. Inhalt d. Vertr. **§§ 310–312**

2) Voraussetzungen. a) Es muß sich um einen **Verpflichtungsvertrag** handeln (Anm 1 b). Die Art des Vertr ist gleichgült, ebso die Frage, ob die Part eine GgLeistg vereinb haben od nicht. § 310 erfaßt neben Kauf u Schenkg auch GesellschVertr u Leibrentenversprechen. Er gilt auch für **juristische Personen** (RG **169**, 83), soweit keine gesetzl AusnVorschr (Anm 1 b) eingreifen. – **b)** Der Vertr muß sich auf das **künftige Vermögen** des Versprechen od einen Bruchteil davon beziehen. Der Vertr über künftiges fremdes Vermögen verstößt nicht gg § 310 (RG **79**, 285 zu § 311). Unter Vermögen iSd §§ 310, 311 sind nur die Aktiva zu verstehen (RG **69**, 285 u 420). Die Verpfl muß die Gesheit der Aktiva od eine Quote betreffen. Unanwendb ist § 310 bei Vertr über einzelne VermögensGgst (BGH WPM **76**, 744) od über Sondervermögen (§ 311 Anm 2 b). Die Verpfl zur Abtr aller künft GeschFdgen wird daher nicht von § 310 erfaßt (Staud-Wufka Rdn 11, aA RG **67**, 168), erst recht nicht die Abtr des künft pfändb ArbEinkommens (BGH NJW **89**, 1277, 1666, Bambg u Hamm WPM **88**, 1226, Mü ZIP **88**, 1382, Medicus ZIP **89**, 818, abweig Stgt NJW **88**, 833). – **c)** Das Verbot gilt für die Verpflichtg zur **Übertragung** od zur Bestellg eines Nießbr. Es erfaßt auch die Verpflichtg zur Sichergsübereign, nicht aber die zur Verpfändg od zur Übertragg der Verw an einen TrHänder (RG **72**, 118 zu § 311).

3) Rechtsfolgen. Der Vertr ist nichtig. Wenn das Vermögen erst im Ztpkt des Todes des Schu übergehen soll, ist aber eine Umdeutg in einen ErbVertr mögl (BGH **8**, 34). Die ErfGesch sind wirks, das Geleistete kann, soweit nicht § 814 entggsteht, gem § 812 zurückgefordert w. § 310 ist als ein gesetzl Verbot aufzufassen, nicht als ein tatbestandl bes festgelegter Fall des § 138. Aus §§ 309, 307 kann sich daher ein Anspr auf Ers des **Vertrauensschadens** ergeben (Staud-Wufka Rdn 16). Dieser wird aber meist an § 307 I 2 scheitern, da idR beiden Part mindestens Fahrlässigk vorzuwerfen ist.

311 *Vertrag über gegenwärtiges Vermögen.* Ein Vertrag, durch den sich der eine Teil verpflichtet, sein gegenwärtiges Vermögen oder einen Bruchteil seines gegenwärtigen Vermögens zu übertragen oder mit einem Nießbrauche zu belasten, bedarf der notariellen Beurkundung.

1) Allgemeines. a) Die Vorschr soll vor dem übereilten Eingehen einer bes gefährl Verpflichtg schützen (Mot II 188, RG **94**, 314, BGH **25**, 5). Der im VorderGrd stehde **Formzweck** (§ 125 Anm 1 a) ist die Warnfunktion, zugl soll eine sachkund Beratg u Belehrg der Beteil sichergestellt w (BeurkG 17). – **b) Anwendungsbereich.** § 311 gilt – ebso wie § 310 – für schuldrechtl VerpflichtgsVertr, nicht aber für Vfgen. Auf einseitige schuldrechtl Verpflichtgen ist § 311 entspr anwendb. Sondervorschriften bestehen für gesellschaftsrechtl Verschmelzgsverträge (AktG 341 ff, VAG 44a, GenG 63e, 93c) u die Umwandlg (AktG 362 ff, UmwG). – **c) Verhältnis zu § 419.** Beide Vorschr unterscheiden sich nach ihrem Zweck. § 311 will den sich Verpflichtden schützen, § 419 die Gläub. Auch die Voraussetzgen der beiden Vorschr decken sich nicht. § 311 erfordert einen Vertr über das Vermögen im ganzen od einen Bruchteil davon (Anm 2 b); § 419 gilt auch bei der Übertragg einzelner VermögensGgst, sofern diese im wesentl das ganze Aktivvermögen darstellen (§ 419 Anm 2 b).

2) Voraussetzungen. Sie entsprechen, abgesehen davon, daß sich § 311 auf gegenwärtiges Vermögen bezieht, denen des § 310. – **a)** Es muß sich um einen **Verpflichtungsvertrag** handeln. Gleichgült ist die Art des Vertr, ebso die Frage, ob eine GgLeistg vereinb worden ist od nicht. § 311 gilt auch für **juristische Personen** (RG **76**, 2, **137**, 348), jedoch bestehen für die Verschmelzg u die Umwandlg SonderVorschr (Anm 1 b). – **b)** Die Verpflichtg muß auf Übertragg des **Vermögens** des Versprechen od eines Bruchteils davon gerichtet sein. Unter Vermögen iSd § 311 sind nur die Aktiva zu verstehen (RG **69**, 285 u 420). Die Vorschr gilt nicht, wenn die Verpflichtg die Übertragg fremden Vermögens betrifft (RG **79**, 282). Sind die Ggst im Vertr einzeln od nach Sammelbezeichnungen angeführt, ist § 311 nur anwendb, wenn die angeführten Ggst prakt das ges Vermögen ausmachen (RG **69**, 420, **76**, 3, BGH **25**, 4). Entscheid ist, ob der Vertr nach dem Willen beider Parteien auf die Übertragg des ges Vermögens in „Bausch u Bogen" gerichtet ist (RG **69**, 420, **94**, 315, Staud-Löwisch Rdn 13). Das kann auch dann zu bejahen sein, wenn einzelne Ggst von verhältnismäß untergeordneter Bedeutg von der Übertragg ausgenommen w (RG **137**, 349, stRspr). Unanwendb ist § 311, wenn VertrGgst ein **Sondervermögen** ist, zB ein Unternehmen (RG Gruch **63**, 88, Warn **17** Nr 49), das Verm einer OHG (RG JW **10**, 242), ein Fideikommiß – (RG **137**, 349) od AllodialVerm (BGH **25**, 4). – **c)** Der Vertr muß auf die Verpflichtg zur **Übertragung** od zur Bestellg eines Nießbr gerichtet sein; insow gelten die Ausführgen in § 310 Anm 2 c entspr.

3) Rechtsfolgen. Der ohne Einhaltg der Form geschlossene Vertr ist nichtig (§ 125). Der Formmangel wird dch Erf nicht geheilt (RG **76**, 3, **137**, 350, BGH DNotZ **71**, 38). Der Schu kann daher die von ihm erbrachten Leistgen zurückfordern, sow nicht § 814 entggsteht. Bei einer unentgeltl Übertragg bedarf nicht nur das SchenkgsVersprechen (§ 518 I), sond der ganze Vertr der Beurk. Der Vollzug der Schenkg heilt nur den Mangel der Form des § 518 I, nicht eine Verletzg des § 311 (Marienwerder OLG **17**, 376). Das gilt entspr, wenn der Vertr sowohl gem § 313 als auch gem § 311 formbedürft ist. Geht die Verpflichtg auf Übertragg des ggwärt u des künft Vermögens, kann der Vertr hins des ggwärt Vermögens gem § 139 gült sein (RG Recht **12**, 3180). Eine **Umdeutung** eines gg § 311 verstoßden Vertr in entspr EinzelVertr ist nicht ausgeschl (RG **76**, 3).

312 *Vertrag über Nachlaß eines lebenden Dritten.* ^I Ein Vertrag über den Nachlaß eines noch lebenden Dritten ist nichtig. Das gleiche gilt von einem Vertrag über den Pflichtteil oder ein Vermächtnis aus dem Nachlaß eines noch lebenden Dritten.

^{II} Diese Vorschriften finden keine Anwendung auf einen Vertrag, der unter künftigen gesetzlichen Erben über den gesetzlichen Erbteil oder den Pflichtteil eines von ihnen geschlossen wird. Ein solcher Vertrag bedarf der notariellen Beurkundung.

§§ 312, 313

1) Das Verbot des Absatzes 1. a) Grundgedanke: Die Vorschr beruht auf sittl u wirtschaftl Erwäggen (Mot II 182, BGH **37**, 323). Abmachgen über den Nachl eines lebden Dritten sind nach der § 312 zGrde liegden Wertg sittl verwerfl, da sie mit dem Tod des Dr spekulieren. Sie können außerdem der Dispositionen des Dr dchkreuzen u stellen daher einen Eingriff in seine TestierFreih dar. Schließl u vor allem sind sie wg ihres aleatorischen Charakters wirtschaftl bedenkl. Darin liegt heute die entscheidde ratio des § 312 (Staud-Wufka Rdn 2). – **b)** § 312 gilt (ebso wie die §§ 310, 311) nur für **schuldrechtliche Verträge** (BGH **37**, 324, s aber unten c). And als die §§ 310, 311 betrifft § 312 aber nicht nur Verpfl zur Übertr od NießbrBestellg, sond grdsätzl alle VerpflGesch mit Bezug auf den Nachl eines lebden Dr. Dem Nachl gleichgestellt sind Pflichtt u Vermächtn (I S 2), neuerd auch der ErbErsAnspr (arg § 1934 b II, s Damrau FamRZ **69**, 585). Unter § 312 fallen die Verpfl zur ErbschAnn od Ausschlagg, zur Nichtgeltdmachg des Pflichtt od zur Unterlassg der TestAnf (Staud-Wufka Rdn 4). Auch AbfindgsVereinbg zw Schlußerben eines Berliner Test sind gem § 312 nichtig (BGH **37**, 323, krit Wiedemann NJW **68**, 771), jedoch kommt uU eine Umdeutg in einen ErbverzichtsVertr in Betr (BGH NJW **74**, 43, krit Blomeyer FamRZ **74**, 421). Dagg sind Vertr über das AnwR des Nacherben zul (ferner 4 vor § 2100). Gleichgült ist, ob sich der Vertr auf den Nachl (Pflichtt usw) im ganzen od nur einen Bruchteil bezieht (BGH **26**, 324). Der Vertr braucht auch nicht auf eine unmittelb Beteiligg am Nachl abzuzielen; es genügt, daß sich der Umfang der Leistg nach dem NachlWert richtet (BGH aaO). Gült ist dagg der Vertr über einz NachlGgst (RG LZ **24**, 587, OGH NJW **49**, 623, BGH **LM** Nr 3 stRspr), ebso die Verpfl, aus dem Nachl eine betragsmäß best Leistg (Rente) zu erbringen (BGH **26**, 325, krit Meincke JuS **76**, 501), ebso die Verpfl, vom Erblasser zu dessen Lebzeiten keine Zuwendgen anzunehmen (BGH WPM **77**, 689). Etwas and gilt aber, wenn die Verpfl prakt alle NachlAktiven erfaßt (OGH NJW **49**, 623, BGH **LM** Nr 3, hM). Maßgebd ist insow der Ztpkt des VertrSchl (BGH aaO). Die VollmErteilg dch einen künft Erben fällt nicht unter § 312 (MüKo/ Söllner Rdn 6); unzul ist jedoch die Erteil einer unwiderrufl Vollm, da sie zur Umgeh des § 312 mißbraucht w könnte. Die Zust des Dritten ändert an der Nichtigk nichts. Maßgebd ist, ob die VertrPart den Dritten als lebd gedacht haben; insow kommt es also nicht auf die objekt Sachlage, sond auf die subj Vorstellgen der Part an (RG **93**, 297, MüKo/Söllner Rdn 10, hM). – **c)** Auch **Verfügungen** über den Nachl eines lebden Dritten sind nichtig (BGH **37**, 324). Das ergibt sich bereits aus allg RGrds (BGH aaO), kann aber auch aus einer entspr Anwendg des § 312 hergeleitet w. Verträge des **Erblassers selbst** fallen nicht unter § 312. Für sie sind die Vorschr des ErbR (ErbVertr §§ 1941, 2274ff; ErbVerzichtVertr §§ 2346ff; Vertr über vorzeit ErbAusgl, §§ 1934d, e) maßgebd.

2) Die Ausnahmevorschrift des Absatzes 2. a) Die in II enthaltene AusnRegelg soll dem uU bestehden Bedürfn nach einer **vorzeitigen Auseinandersetzung** entggkommen. Alle VertrSchließden müssen künft gesetzl Erben sein. Nicht erforderl ist, daß es sich um die nächsten gesetzl Erben handelt; es genügt, daß sie zZ des VertrSchl zu den gem §§ 1924ff möglicherw zur Erbf berufenen Pers gehören (RG **98**, 332, BGH NJW **56**, 1151). – **b)** Der Vertr muß sich auf den **gesetzlichen Erbteil** und den Pflichtt beziehen. Dem steht der ErbErsatzAnspr gleich (§ 1934b II). Nach der neueren Rspr gilt II aber auch für Vertr über testamentar Erbteile u Vermächtn (BGH **104**, 279, aA BGH NJW **56**, 1151 u hier 48. Aufl). Werden die VertrSchließden keine Erben, so ist zu unterscheiden: Die VertrPart, die sich zur Vfg über ihren Erbteil (Pflichtt) verpfl hat, muß Erbe (PflichttBerecht) w, andf w die übernommenen Verpfl ggstlos; dagg ist es unschädl, daß der andere VertrPart enterbt od bedacht w (RG **98**, 333, Staud-Wufka Rdn 34, RGRK Rdn 6, sehr str, vgl auch Wiedemann NJW **68**, 771, Blomeyer FamRZ **74**, 421). – **c)** Die in § 312 II zugel Vertr haben nur **schuldrechtliche Wirkung.** Das VollzugsGesch, etwa die Übertr des ErbAnteils (§ 2033), muß nach dem Erbfall dchgeführt w. Der PflichttAnspr kann dagg als künft Fdg auch schon vor dem Erbfall abgetreten w (s § 398 Anm 4c). Über die Kombination eines Erb- u ErbVerzichtsVertr mit einem Vertr nach § 312 II vgl OGH NJW **49**, 666. Ein nach § 312 nichtiger AbfindgsVertr kann uU in einen ErbVerzVertr od eine Verpfl zum Abschl eines ErbVerzVertr umgedeutet w (BGH NJW **74**, 44, BGH **37**, 328). Umgekehrt ist uU die Umdeutg eines nichtigen ErbVertr in einen Vertr nach § 312 II mögl (RG JR **27** Nr 1403).

313 *Form der Verpflichtung zur Veräußerung oder zum Erwerb eines Grundstücks.*
Ein Vertrag, durch den sich der eine Teil verpflichtet, das Eigentum an einem Grundstück zu übertragen oder zu erwerben, bedarf der notariellen Beurkundung. Ein ohne Beobachtung dieser Form geschlossener Vertrag wird seinem ganzen Inhalte nach gültig, wenn die Auflassung und die Eintragung in das Grundbuch erfolgen.

1) Allgemeines. a) Fassung des Ges vom 30. 5. 73 (BGBl S 501). Auch die Begründg von Erwerbsverpflichtungen ist nunmehr formbedürft. Nach fr Recht war § 313 dagg auf Erwerbsverpflichtgen weder direkt noch analog anwendb (BGH **57**, 394, **61**, 20). – **b) Zweck.** Der BeurkZwang soll die Part auf die Bedeutg des Gesch hinweisen u vor dem Eingehen übereilter Verpflichtgen schützen (Warnfunktion); er soll zugl den Beweis der getroffenen Vereinbg sichern (Beweisfunktion), die Gültigk des RGesch gewährleisten (Gültigkeits-Gewähr) u eine sachgem Beratg der Part (BeurkG 17) sicherstellen (Beratgsfunktion); vgl BGH **87**, 153, NJW **74**, 271. Der Schutz der Part ist aber nur gesetzl Motiv, nicht TatbestdMerkmal; § 313 gilt auch dann, wenn wg bes Umst des Einzelfalles die Part nicht schutzbedürft erscheinen (BGH **16**, 335, **53**, 194).

2) Grundstück als Vertragsgegenstand. – a) Der Vertr muß sich auf die Übereignung eines **Grundstücks** beziehen. Dem Grdst stehen gleich MitEigtAnteile (RG Warn **25**, 19), das WohnEigt (WEG 4 III) u das ErbbR (ErbbRVO 11). Die Einräumg od Veräußerg von Wohnbesitz sind formbedürft, da sie eine bedingte Verpfl zur Übertr od zum Erwerb von WohnEigt begründen (Brambring NJW **76**, 1439, BWNotZ **77**, 89). Nicht formbedürft sind Vertr über GrdstZubehör (s aber Anm 8c), Scheinbestand (§ 95 Anm 1) od wesentl GrdstBestandt (RG Warn **25**, 56). – **b)** Gleichgült ist, ob der Vertr ein eig od ein **fremdes** Grdst betrifft (RG **77**, 131, Mü NJW **84**, 243). Der AusspielVertr ist daher auch dann formbedürft, wenn das als Gewinn ausgesetzte Grdst noch nicht dem Veranstalter gehört (aA Nürnb OLGZ **66**, 278).

Schuldverhältnisse aus Verträgen. 1. Titel: Begründg. Inhalt d. Vertr. **§ 313** 2–4

§ 313 gilt auch für den Vertr über ein **ausländisches** Grdst, sofern auf ihn dtsches Recht anwendb ist (BGH **52**, 239, **53**, 194, **73**, 394). Für den im Ausl über ein dtsches Grdst geschl Vertr genügt nach EG 11 I die Einhaltg der Ortsform (RG **121**, 156, BayObLG DNotZ **78**, 58, EG 11 Anm 2d bb). – **c**) Die Verpflichtg, **Gesellschaftsanteile** zu übertragen od zu erwerben, ist auch dann formfrei, wenn das GesellschVermögen im wesentl aus GrdBes besteht (BGH **86**, 367). Eine Ausn gilt aber dann, wenn die Gesellsch zu dem Zweck gegründet worden ist, den Formzwang zu umgehen, wie etwa im Fall einer „EigenheimGesellsch" (K. Schmidt AcP **182**, 510). – **d**) Für die Übertragg des **Anwartschaftsrechts** des AuflEmpfängers gilt § 925 (BGH **49**, 197). Es ist dem VollR sow angenähert, daß die Verpflichtg zur Übertragg od zum Erwerb des AnwR vom Normzweck des § 313 miterfaßt w (BGH **83**, 400). Dagg fällt die **Abtretung** des Anspr auf Übereign eines Grdst schon deshalb nicht unter § 313, weil sie ein VfgGesch ist, währd § 313 nur für VerpflGesch gilt (BGH **89**, 46, BayObLG NJW **76**, 1895). Auch die Verpflichtg zur Abtr ist formfrei, da sie die Übertr u den Erwerb eines Anspr u nicht eines Grdst betrifft (BGH **89**, 45, Backhaus JuS **85**, 512, aA Köbl DNotZ **83**, 213). § 313 ist aber anzuwenden, wenn der Vertr für den Zessionar eine Erwerbsverpflichtg hins des Grdst begründet (Soergel-Wolf Rdn 14, unten Anm 4c).

3) Übertragung oder Erwerb. Der Formzwang besteht für Vertr, die eine Verpfl zur Übertragg od zum Erwerb eines Grdst begründen. – **a**) Erforderl ist, daß der Vertr auf eine **Änderung der Eigentumszuordnung** gerichtet ist (MüKo-Kanzleiter Rdn 17). Die Verpflichtg zur Belastg eines Grdst ist formfrei (Ausn: ErbbR, ErbbRVO 11, dingl VorkaufsR, Anm 4a), ebso die Verz auf ein schuldrechtl WiederkaufsR (BGH DNotZ **88**, 560) u der Vertr über die Umwandlg eines Grdst in eine Heimstätte (KG JW **35**, 2583, Recke DJ **37**, 748). Die Verpfl des Nacherben, dem Verkauf eines NachlGrdst zuzustimmen, steht der Begründg einer VeräußergsPfl gleich u ist daher formbedürft (BGH **LM** § 2120 Nr 2/3). Entspr gilt für die Verpfl, den BerichtiggsAnspr auf Wiedereintragg als Eigtümer nicht geltd zu machen (Kblz RzW **52**, 252). § 313 gilt auch dann, wenn die EigtÄnderg nicht dch Aufl, sond dch **Zuschlag** in der ZwVerst erfolgen soll (BGH **85**, 250). Der ErsteigersAuftr ist daher wg der für den AuftrGeb u den Beauftragten begründeten ErwerbsPfl idR formbedürft (BGH aaO), ebso die Ausbietgsgarantie (Celle NJW **77**, 52). – **b**) Formbedürft sind auch Vereinbgen über die Umwandlg von **Gesamthands- in Bruchteilseigentum** od AlleinEigt (RG **57**, 432, **129**, 123, Mü DNotZ **71**, 544). Das gilt ebso für die Übertragg des Grdst einer GesHandsGemsch auf eine and (BayObLG **80**, 305), etwa von einer ErbGemsch auf eine persgleiche OHG (KG DR **40**, 977) od von einer GesHands auf eine and persgleiche Gesellsch (RG **136**, 405, KG NJW-RR **87**, 1321); nicht aber für die Umwandlg einer OHG in eine BGB-Gesellsch (RG **155**, 186). – **c**) **Gesellschaftsvertrag** (Wiesner NJW **84**, 95). Er ist formbedürft, wenn sich ein Gesellschter bei Gründg der Gesellsch od späterem Beitritt zur Einbringg eines Grdst verpflichtet (BGH BB **55**, 203, BayObLG BB **87**, 712). Das gilt jedoch nicht, wenn die Grdst nur zur Nutzg in die Gesellsch eingebracht w soll (RG **109**, 383, BGH WPM **67**, 952) od wenn eine bloße InnenGesellsch gegründet w (BGH NJW **74**, 2279). Auch hier besteht aber Formzwang, wenn, etwa für den Fall der Auflösg, eine bedingte ÜbereignsPfl vorgesehen ist (Hamm MDR **84**, 843). Die Gründg einer Gesellsch zum Zweck des Erwerbs von Grdst ist formbedürft, sofern eine, wenn auch bedingte, ErwerbsPfl begründet w (Schwanecke NJW **84**, 1588). Der Beitritt zu einer PublikumsKG ist formbedürft, wenn damit eine Pfl zum Erwerb einer EigtWo verbunden ist (BGH NJW **78**, 2505). Keiner Form bedarf es in allen Fällen, in denen der EigtÜbergang dch **Anwachsung** (§ 738 I 1) erfolgt, da hier keine rgeschäftl Übertr stattfindet (Petzold BB **75**, 906). Formfrei sind daher: Eintritt od Ausscheiden aus einer Gesellsch, der Grdst gehören (RG **82**, 160, BGH MDR **57**, 733); Übernahme des Vermögens einer OHG gem HGB 142 (RG **65**, 240, **136**, 99); ebso bei BGB-Gesellsch, obwohl eine dem HGB 142 entspr Vorschr fehlt (BGH **32**, 314, NJW **66**, 827, stRspr). – **d**) **Negative Verpflichtungen.** Die Verpfl, ein Grdst nicht od nicht an eine best Pers zu veräußern, ist formfrei (BGH **31**, 19, **103**, 238). Entspr gilt für die Verpfl, ein Grdst nicht zu erwerben, etwa in einer ZwVersteigerg kein Gebot abzugeben (Hamm OLGZ **74**, 123, s aber Köln NJW **78**, 47 zu § 138). Ausnweise ist § 313 anzuwenden, wenn die Verpfl die Erf einer formbedürft positiven Verpfl sichern soll (BGH DNotZ **66**, 364, Köln NJW **71**, 1942).

4) Verpflichtung. Der Formzwang setzt voraus, daß der Vertr eine Verpflichtg zur Übertr od zum Erwerb eines Grdst begründet. – **a**) Nicht notw ist, daß der Vertr unmittelb auf die Übertr od den Erwerb gerichtet ist. Formbedürft sind auch **bedingte Verpflichtungen** (BGH **57**, 394, Celle NJW **77**, 52, stRspr, allgM). Kein Formzwang besteht jedoch bei reinen Willensbedingen (Einf 4 v § 158), da hier eine wirkl Bindg nicht begründet w (str). Dagg ist der **Vorvertrag** formbedürft (RG **169**, 189, BGH **82**, 398, NJW **70**, 1915), ebso die Einräumg eines VorkaufsR (RG **72**, 385, **148**, 108), die Verpfl zur Bestellg eines dingl VorkaufsR (RG **110**, 333, BGH DNotZ **68**, 93, BayObLG JurBüro **87**, 1067) u die Begründg eines VerbraucherwerbsR beim Sale-and-lease-back-Verf (LG Düss WPM **89**, 1127). Bei dem gleichf formbedürft **Ankaufsrecht** ist zu unterscheiden (BGH **LM** § 433 Nr 16): – **aa**) Wird ein einseit bindender VorVertr (Einf 4b v § 145) abgeschlossen, ist auch der HauptVertr formbedürft. – **bb**) Wird für den Käufer dch einen aufschiebd bedingten Vertr ein OptionsR eingeräumt (Einf 4c v § 145), ist die OptionsErkl formfrei (RG **169**, 70, BGH **LM** § 433 Nr 16 Bl 3). – **cc**) Wird das OptionsR dch ein langfrist VertrAngebot eingeräumt, ist auch die OptionsErkl (AnnErkl) formbedürft (RG u BGH aaO). – **b**) Formzwang besteht auch dann, wenn die Verpfl zG eines **Dritten** begründet w (BGH **92**, 171, NJW **83**, 1545). Die Vereinbg einer **Wahlschuld** od einer facultas alternativa wird auch dann als mögl LeistgsGgst ist gleichf formbedürft. Dagg wg der aufschiebd bedingten ErwerbsVerpfl des Gläub auch bei einem WahlR des Schu. – **c**) Formbedürft sind alle Vereinbgen, die für den Fall der Nichtveräußerg od des Nichterwerbs **Nachteile** vorsehen u so einen Zwang zur Veräußerg od zum Erwerb begründen (BGH **76**, 46). Das gilt vor allem für VertrStrafVerspr (BGH NJW **70**, 1916, VersR **84**, 946) u für Vergütgen, die sich der **Makler** für den Fall versprechen läßt, daß ein Grdst nicht veräußert od nicht erworben w (BGH NJW **71**, 93, 557, **79**, 307, **80**, 1622, stRspr). Gleichgült ist, wie das Entgelt bezeichnet w („Abstandssumme", „Provision", „Aufwandsentschädigg"). Unbedenkl ist die Verpfl zum Ers nachgewiesener Aufwendgen. Pauschalierungen sind nur formfrei, wenn sie sich am wirkl Aufwand orientieren. 30% od 25% der übl Provision sind zuviel (BGH NJW **80**, 1622, Hbg

NJW **83**, 1502), ebso ein Betrag von 76665 DM, 41040 DM od 10000 DM, mag er auch im Verhältn zur Provision relativ niedrig sein (BGH NJW **87**, 54, BB **89**, 1015, Ffm NJW-RR **86**, 597). ReserviergsVereinbgen sind formbedürft, wenn sie wg der Höhe des **Bindungsentgelts** auf den Interessenten einen Druck zum Erwerb des Grdst ausüben (BGH **103**, 239); die krit Grenze liegt bei 10% der übl Maklerprovision (BGH aaO). Der **Fertighausvertrag** ist nicht schon deshalb formbedürft, weil der Besteller, der noch keinen Bauplatz besitzt, zum Erwerb irgendeines Grdst gezwungen ist (BGH **76**, 43). § 313 ist aber anwendb, wenn ein rechtl ZusHang mit einem GrdstKaufVertr besteht (BGH **78**, 348, ZIP **85**, 292, Anm 8 c) od wenn der Vertr Zwang zum Erwerb eines bestimmten Grdst begründet (Hamm DNotZ **82**, 367, Hbg DNotZ **83**, 626, Hagen DNotZ **84**, 273). – d) **Schuldübernahme.** Die Übern der Veräußergs- od ErwerbsPfl ist formbedürft, nicht dagg die Übern der KaufPrSchuld (MüKo/Kanzleiter Rdn 29, Staud-Wufka Rdn 44). Die **Bürgschaft** u die Garantie für eine Veräußergs- od ErwerbsPfl sind formfrei (BGH **140**, 218, BGH NJW-RR **88**, 1197). Das gilt jedoch nicht, wenn sie Bestandt des VeräußergsVertr sein sollen (BGH NJW **62**, 586).

5) **Begründung durch Vertrag. a)** Die Verpfl zur Veräußerg od zum Erwerb des Grdst muß dch **Vertrag** begründet w. In Betracht kommen nicht nur Kauf od Tausch, sond jeder Vertr, der eine Verpfl zur Veräußerg od zum Erwerb eines Grdst zum Ggst hat. Der WkVertr, dch den sich der Untern zur Bebauung u Übereign eines Grdst verpflichtet, ist auch dann formbedürft, wenn die Bebauung die Hauptleistg ist (BGH **LM** Nr 48). § 313 gilt auch für **öffentlich-rechtliche** Vertr (VwVfG 62 u bereits fr BGH **58**, 386, BVerwG DVBl **85**, 299). Ausn ergeben sich aber aus SonderVorschr, so im BauGB 110 für die Einigg im EnteignsVerf (BGH NJW **73**, 657). Formfrei ist auch die Einigg im Verf nach dem PrEnteignsGes (BGH **88**, 173, Schlesw DNotZ **81**, 563) u die vor Einleitg eines EnteignsVerf abgeschlossene Teileinigg über den BesÜbergang (BayObLG DVBl **82**, 360). Dagg bedarf die außerh dem förml EnteignsVerf getroffene Einigg über den EigtÜbergang der Form des § 313 (BGH **88**, 171). – **b)** Die Zuweisg von Grdst gem der **Satzung einer Genossenschaft** ist nicht beurkundsbedürft (BGH **15**, 182, **LM** Nr 59, Karlsr OLGZ **80**, 447). Dagg unterliegt die Satzg einer PublikumsKG, die eine Pfl zum Erwerb einer EigtWo vorsieht, dem Formzwang (BGH NJW **78**, 2505). Im SiedlgsR ist § 313 anzuwenden (BGH NJW **16**, 334), jedoch kann sich die Pfl zur Übertr einer Siedlerstelle aus dem GleichhGrds ergeben (s BGH **29**, 81, **31**, 37, **45**, 179). Auf **einseitige Rechtsgeschäfte** (StiftgsGesch, Auslobg) ist § 313 entspr anwendb (MüKo/Kanzleiter Rdn 24), nicht aber auf lwVfg (OGH **1**, 166). – **c)** § 313 gilt nicht, wenn die Verpfl zur Veräußerg od zum Erwerb **kraft Gesetzes** od aus einem sonst selbstd RGrd entsteht, das RGesch der Part also nicht RGrdl der Veräußergs- od ErwerbsPfl ist. Formfrei ist daher der Vertr über die Wandlg eines GrdstKaufs, da die Rückgewähr gesetzl Folge der Wandlg ist (RG **137**, 296). Auch die Ausübg von **Gestaltungsrechten** (Rücktr, Anf) bedarf nicht der Form des § 313 (Soergel-Wolf Rdn 41). Hängt der Eintritt der Veräußergs- od ErwerbsVerpfl von der Erkl eines Beteil als Bedingg ab, ist die Erkl formfrei, da die Verpfl in dem geschlossenen Vertr ihre RGrdl hat (MüKo/Kanzleiter Rdn 28). Entspr gilt, wenn der VertrInh von einer Part od einem Dr dch Ausübg eines **Bestimmungsrechts** (§§ 315ff) konkretisiert werden soll (RG **165**, 164, OGH NJW **50**, 463, BGH Rpfleger **73**, 356). Die Ausübg des ÜbernR aus § 1477 II ist formbedürft (Mü FamRZ **88**, 1277); der Vertr über die AuseinanS einer Gemeinsch dagg nur dann, wenn er der Regel des § 752 voll entspr (OGH NJW **49**, 64); in allen ünd Fällen ist er formbedürft (BGH DNotZ **73**, 472). – **d) Auftrag und Geschäftsbesorgungsvertrag.** Der Auftr od der GeschBesorggsVertr (§ 675), der auf die Beschaffg eines Grdst abzielt, ist idR formbedürft (MüKo/Kanzleiter Rdn 22). Die 1. Alternative des § 313 ist allerdings meist unanwendb, weil die Pfl zur Übereign an den AuftrGeb nicht Inhalt, sond gesetzl Folge des Vertr ist, § 667 (BGH **85**, 248, NJW **81**, 1267, **LM** Nr 40, stRspr, aA Schwanecke NJW **84**, 1586). Der Vertr ist aber idR formbedürft, weil er für den AuftrGeb (stillschw) eine bedingte **Erwerbspflicht** begründet (BGH **85**, 250, NJW **85**, 730, Schwanecke aaO). And liegt es jedoch, wenn das Grdst nicht an den AuftrGeb, sond nach Parzellierg dch den Beauftragten (TrHänder) an Dr übereignet w soll (BGH NJW **87**, 2071); unerhebl ist, daß der AuftrGeb bei einem Scheitern des Projekts fakt zur Übern des Grdst gezwungen sein kann. UU entsteht auch für den Beauftragten hins eines best Grdst eine ErwerbsPfl (s BGH NJW **81**, 1267, Mü WPM **84**, 182). **Baubetreuungsverträge** sind bereits nach der 1. Alternative formbedürft, wenn der Betreuer ein eig Grdst bebauen u liefern od wenn er das Grdst für eig Rechng erwerben soll (BGH **LM** Nr 40, 48). Soll der Betreuer das Grdst für Rechng des AuftrGeb erwerben, greift die 2. Alternative (bedingte ErwerbsPfl) ein (BGH NJW **85**, 730).

6) **Vollmacht.** Die Vollm zum Abschluß eines gem § 313 formbedürft Vertr ist grdsl formfrei, § 167 II. And ist es nur in folgden Fällen: – **a)** Ist die Vollm Teil eines einheitl Veräußergs- od ErwerbsVertr, erstreckt sich die für den **Gesamtvertrag** geltde FormPfl (Anm a) auch auf sie (RG **94**, 150, **103**, 300, BGH NJW-RR **89**, 1099). Das gilt aber nicht, wenn die Vollm gerade die Vollziegh des Vertr sichern soll (BGH aaO). – **b)** Wird eine **unwiderrufliche** Vollm erteilt, ist die Bevollmächtigg formbedürft, da sie bereits eine bindende Verpfl zur Veräußerg od zum Erwerb des Grdst begründet (RG **110**, 320, BGH **LM** § 167 Nr 18, DNotZ **65**, 549, Karlsr NJW-RR **86**, 101, stRspr). Das gilt auch für eine zeitl begrenzte unwiderrufl Vollm (BGH WPM **67**, 1039) u die Verpfl zur Erteilg einer solchen Vollm (BGH NJW-RR **88**, 351). Der Ausschluß des WiderrufsR kann sich auch aus den Umst, insb aus dem Zweck der Vollm ergeben (§ 168 Anm 3b). – **c)** Auch die **widerrufliche** Vollm ist formbedürft, wenn sie eine rechtl od tatsächl Bindg des VollmGeb zur GrdstVeräußerg od zum GrdstErwerb begründet (BGH **LM** § 167 Nr 18, DNotZ **65**, 549, NJW **79**, 2306, Korte DNotZ **84**, 84, stRspr). Die Vollm mit der Befugn zum Selbstkontrahieren ist aber nicht schon desh formbedürft, weil der VollmGeb beabsichtigt, die Vollm nicht zu widerrufen (BGH NJW **79**, 2306). Entscheidd ist vielmehr, ob nach den Umst des Falles, insb nach dem zGrde liegden RVerhältn, eine Bindg besteht (BGH aaO u BGH NJW **52**, 1210, DNotZ **66**, 92). Das ist vor allem dann der Fall, wenn der Bevollmächtigte den Weisgen des GeschGegners zu folgen hat (RG **108**, 126, Ffm Rpfleger **79**, 133). – **d)** Die Vollm, die dem TrHänder beim **Bauherrnmodell** erteilt w, ist idR nach oben a) und b) formbedürft (Karlsr NJW-RR **86**, 101). – **e)** Für die **Auflassungsvollmacht** gelten die dargestellten Grds entspr (BGH DNotZ **63**, 672, KG OLGZ **85**, 187). Obwohl sich die AuflVollm nicht auf das Verpfl-, sond auf das

VfgsGesch bezieht, kann auch sie die äußere Einkleidg einer formunwirks begründeten Veräußergs- od ErwerbsVerpfl sein (Korte DNotZ **84**, 88, aA MüKo/Kanzleiter Rdn 42a); sie ist wg der Möglichk zur Änderg der dingl RLage sogar bes gefährl. Auch die unwiderrufl Vollm ist aber formfrei, wenn sie zur Ausführg eines bereits formwirks geschlossenen Vertr erteilt w (Zweibr Rpfleger **82**, 216). – **f)** Schließt der Bevollm in den Fällen a)–e) ab, so handelt er als **Vertreter ohne Vertretungsmacht.** Der Vertretene kann das Gesch genehmigen (§ 177). Der VertrGegner kann sich nicht auf guten Glauben berufen, wenn sich die dem zugrundeliegden RVerhältn anhaftenden Formmängel aus der VollmUrk ergeben (RG **108**, 128); ist das nicht der Fall, können die §§ 170ff anwendb sein (BGH NJW **85**, 730).

7) Einzelne Rechtsgeschäftstypen: Abtretung Anm 2d; **Auftrag** Anm 5d; zur Ersteigerg Anm 3a; **Ausbietungsgarantie** Anm 3a; **Baubetreuungsvertrag** Anm 5d; **Bauherrnmodell** Anm 8c; **Bindungsentgelt** Anm 4c; **Bürgschaft** Anm 4d; **Einseitige Rechtsgeschäfte** Anm 5b; **Fertighausvertrag** Anm 4c; **Garantievertrag** Anm 4d; **Gesellschaftsvertrag:** Anm 3c; Übertragung von **Gesellschaftsanteilen** Anm 2c; Aufhebg der **Gemeinschaft** Anm 5c; **Maklervertrag** Anm 4c; Vereinbg über das Nichtbieten Anm 3d; **Öffentlich-rechtlicher Vertrag** Anm 5a; **Parzellierungsvertrag,** dch den sich der eine Teil verpflichtet, sein Grdst an Dr zu veräußern, ist formbedürft (RG **50**, 108; **68**, 261; Mü OLGZ **72**, 271); **Reservierungsvereinbarung** Anm 4c; **Satzung** einer Genossensch Anm 5b; **Schuldübernahme** Anm 4d; Beim gerichtl **Vergleich** wird die not Beurk dch die gerichtl Protokollierg ersetzt (§ 127a). Der außergerichtl Vergl ist formbedürft, wenn in ihm eins Verpfl zur Übereign od zum Erwerb eines Grdst übernommen od verschärft w (RG **94**, 152; **109**, 26, BGH **LM** Nr 5). Formfrei ist der Vergl über die vom Käufer beanspruchte Wandlg od Minderg (RG **137**, 296). **Vertragsstrafversprechen** Anm 4c; **Vollmacht** Anm 6; **Ankaufsrecht** Anm 4a; **Vorvertrag** Anm 4a; **Wahlschuld** Anm 4b; **Werkvertrag** Anm 5a.

8) Umfang des Formzwanges. – a) Grundsatz. Das BeurkErfordern erstreckt sich nicht nur auf die Veräußergs- u ErwerbsVerpfl, sond auf den Vertr im ganzen. Formbedürft sind alle Vereinbgen, aus denen sich nach dem Willen der Part das schuldrechtl VeräußergsGesch zussetzt (BGH **63**, 361, **74**, 348, BGH NJW **74**, 271, **84**, 974, stRspr). Es genügt, daß der eine Teil die Abrede zum VertrBestandt machen will, wenn der and dies erkannt u hingenommen h (BGH **76**, 49, **78**, 349, NJW **82**, 434). Gleichgült ist, ob es sich um eine obj wesentl od unwesentl Abrede handelt (RG **97**, 220, BayObLG DNotZ **79**, 180). Hätten die Part auch ohne den nicht beurk Teil abgeschlossen, ist der Formverstoß aber gem § 139 unschädl (BGH NJW **81**, 222, **LM** Nr 20). Auch die zw Angebot u Ann getroffenen Vereinbgen sind formbedürft (BGH **LM** Nr 27). Der Formzwang betrifft aber nur Erkl, die rechtl Folgen enthalten, dh RechtsWirkgen erzeugen (BGH **85**, 317). Dazu gehören auch die Vereinbgen, die Inh u Umfang der Leistg beschreiben u konkretisieren (BGH **74**, 351, Brambring DNotZ **80**, 282). Dagg sind bloße Erläutergen nicht formbedürft (§ 9 BeurkG Anm 4).

b) Einzelfragen. – aa) Das zu veräußernde **Grundstück** muß im Vertr hinreichend best bezeichnet w. Beim Verkauf eines Grdst im ganzen genügt die Grdbuch- oder Katasterbezeichng, jedoch ist auch eine and Individualisierg mögl (BGH NJW **69**, 132). Bei einem noch nicht vermessenen GrdstTeil können die Grenzen dch eine Beschreibg im VertrText, dch Verweiz auf Merkmale in der Natur, wie Gräben, Bäume, Hecken, Zäune (BGH NJW **69**, 502) od Zeichen wie Pflöcke (Mü DNotZ **71**, 544) festgelegt w, vorausgesetzt sie sind wirkl vorhanden (BGH NJW **89**, 898). Zul ist auch die Verweiz auf einen Lageplan. Soweit dieser den Umfang der VeräußersPfl nicht nur erläutert, sond inhaltl bestimmt, ist er gem BeurkG 9 I 3, 13 I 1 mitzubeurkunden. Die Angabe der GrdstGröße genügt allein nicht (BGH NJW **69**, 132). Nicht ausr ist auch die Erkl, die Part seien über den Grenzverlauf einig (BGH NJW **79**, 1350); der vertr ist aber formwirks, wenn die Festlegg der Grenze der nachträgl Bestimmg einer Part überlassen w (BGH NJW-RR **88**, 971). Wird die verkaufte Fläche dch einen beigefügten Plan u eine ca-Größe bestimmt, hat bei einem Widerspr iZw der Plan den Vorrang (BGH DNotZ **81**, 235). – **bb)** Ergibt sich der Inh u Umfang der Pflten einer Part aus einer **Baubeschreibung,** einem Bauplan od einer **Teilungserklärung,** gilt das FormErfordern auch für diese (BGH **69**, 266, **74**, 348, NJW **79**, 1495, 1498, 1984, jetzt allgM). Die Beurk kann gem BeurkG 9 I 3, 13 I 1 dch Verweiz auf beizufügde Anlagen erfolgen (§ 9 BeurkG Anm 4). Die vor dem 20. 2. 1980 ohne Beachtg dieser Förmlich geschlossenen Vertr hat das BeurkÄndG für wirks erklärt (Einf 2 v § 1 BeurkG) – **cc)** Der Formzwang erstreckt sich auf alle Abreden über die **Gegenleistung,** auch soweit diese an Dr zu erbringen sind (BGH **11**, 101). Formbedürft sind auch Abreden über **Vorauszahlungen** (BGH **85**, 318, NJW **84**, 974, **86**, 248, krit Waldner JR **86**, 194), über die Tragg von Steuern, Provisionen u Finanzierzgskosten (RG **112**, 68, Düss BB **71**, 846, Pieler DNotZ **83**, 23, 229) u über Zusatzentgelte etwa für baldige Räumg (RG **114**, 233). Regelgen über Zahlsmodalitäten bedürfen gleichf der Beurk (Düss DNotZ **73**, 602), es sei denn, daß sie ohne rechtl Bindg ledigl ZweckmäßigkGrden dienen sollen (Soergel-Wolf Rdn 63). Die Erkl, über die GgLeistg bestehe Einigk, genügt nicht (BGH DNotZ **68**, 481), ebsowenig die Erkl, der Preis sei bezahlt; auch bereits bewirkte Leistgen müssen beurkundet w (BGH NJW **69**, 1629, **86**, 248). – **dd) Leistungsbestimmungsrechte.** Der Vertr kann die Bestimmg des zu übereigdn Grdst, der GgLeistg, von Leistgsmodalitäten dem Berecht gem §§ 315ff einer od einem Dr überlassen (BGH **71**, 280, NJW **86**, 845, **LM** Nr 33, DNotZ **87**, 744, stRspr). Vorausetzg ist jedoch, daß die Bestimmgsbefugn im Vertr genügd abgegrenzt w (BGH NJW **86**, 845). Der KaufVertr über eine EigtWo kann daher schon vor der beabsichtigten Vorratsteilg wirks geschlossen w (BGH NJW **86**, 845, KG OLGZ **84**, 423, Reinelt NJW **86**, 627, Ludwig Rpfleger **86**, 218, str). Die Ausübg des formwirks begründeten BestimmgsR unterliegt nicht dem Formzwang (RG **165**, 163, OHG NJW **50**, 463, BGH Rpfleger **73**, 356). – **ee)** Zum formbedürft VertrInh gehört auch die **Individualisierung der Vertragsparteien.** Bei einem VertrAngebot ist daher die Festlegg der Pers des Empfängers Bestandt des Angebots (Karlsr NJW-RR **89**, 1). Mögl ist aber auch, die Bestimmg des VertrPart entspr 8 od einem Dr zu überlassen (MüKo/Kanzleiter Rdn 45, aA Ludwig DNotZ **88**, 697); die Bestimmgsbefugn des Dr muß aber im Vertr hinreichd abgegrenzt w. – **ff) Nebenabreden** bedürfen der Form, wenn sie nach dem Willen der Part Bestandt des HauptVertr sein sollen (oben a). Formbedürft sind daher: Vertragl Zusichergen (BGH WPM **73**, 612), SichergsAbreden bei einem Verkauf zu Sichergszwecken (BGH NJW **83**, 565), Vereinbgen über die Tragg von Maklerkosten

§ 313 8–10

(Pieler DNotZ 83, 23, 229) u die Zahlg einer Ernteentschädig (BGH NJW 89, 898). Formbedürft ist auch die Regelg der RücktrVoraussetzgen. Hat der Verkäufer ein RücktrR, falls der Käufer nicht einen best FormularVertr abschließt, muß das Formular daher mitbeurkundet w (LG Ellwangen BWNotZ 86, 148). Dagg gilt § 313 nicht für den gem ZPO 1027 in bes Urk errichteten SchiedsVertr (BGH 69, 264).

c) Gemischte und zusammengesetzte Verträge. – aa) Grundsatz. Bei gemischten od zugesetzten Vertr erstreckt sich der Formzwang auf den gesamten Vertr, sofern dieser rechtl eine Einh bildet (BGH **76**, 48). Entscheidend ist, ob die Vereinbgen nach dem Willen der Part nicht für sich allein gelten, sond miteinand „stehen u fallen" sollen (BGH **101**, 396, NJW **87**, 1069). Es genügt ein entspr Wille des einen Teils, wenn der and ihn erkannt u hingenommen hat (BGH **76**, 49, **78**, 349, krit Lichtenberger DNotZ **88**, 534). Ein tatsächl od wirtschaftl ZusHang (gleichzeit Abschl, Veranlassg des einen Vertr dch den and) ist nicht ausr. Erforderl ist grdsl eine ggs Abhängigk derart, daß die Vereinbgen nur zus gelten sollen (BGH **50**, 13, NJW **84**, 870, **86**, 1984). Genügd ist aber auch eine einseit Abhängigk des GrdstGesch vom dem and Vertr (RG **97**, 222). Wird dagg der GrdstVertr unbedingt abgeschl u soll der NebenVertr nur iF der GrdstVeräußerg gelten, erstreckt sich § 313 nicht auf den NebenVertr (Korte DNotZ **84**, 10, Sigle NJW **84**, 2660, Soergel-Wolf Rdn 68, wohl auch BGH NJW **86**, 1984, aA BGH NJW **61**, 1674, **83**, 565). Die Abgrenzg ist vielf zweifelh. UrkTrenng od Mündlichk der Zusatzabrede läßt Selbständigk vermuten (BGH **76**, 49, NJW **87**, 1069), ZusFassg in einer Urk dagg Einheitlichk (BGH **89**, 43). Liegt ein einheitl Vertr vor, muß der rechtl Zushang bei getrennter Beurk in der zeitl später errichteten Urk verlautbart w (BGH **104**, 23). – **bb) Einzelfälle.** Der Vertr über den Verkauf u die Bebauung eines Grdst bilden vielf eine Einheit (BGH **78**, 348). Einheitlich kann trotz UrkTrenng gegeben sein: beim Verkauf eines Untern (AG) u des BetrGrdst (BGH **LM** Nr 80, krit Sigle NJW **84**, 2660), zw Options- u MietVertr im Rahmen des sog Mietkaufmodells (BGH NJW **87**, 1069), zw Kauf- u vorgeschaltetem MietVertr (Mü NJW-RR **87**, 1042), zw PachtVertr u Begründg eines ErwerbsR für den Pächter (BGH NJW **88**, 2881), zw KaufVertr u Schuldanerkenntn (BGH NJW **88**, 131). Beim **Bauherrnmodell** sind neben dem KaufVertr über den MitEigtAnteil idR formbedürft: der TrHandVertr u der GesellschVertr unter den Miteigtümern (BGH **101**, 396, BayObLG DNotZ **84**, 254, Karlsr NJW-RR **86**, 101), die dem TrHänder erteilte Vollm (Karlsr aaO), nicht aber die Bau- u FinanziergsVertr (Hamm BB **85**, 1420, Reinelt BB **81**, 706; s zum ganzen auch Gruner/Wagner NJW **83**, 193). Beim DarlVertr begründet ein bloß wirtschaftl ZusHang mit dem GrdstVertr keine Formbedürftigk (BGH NJW **86**, 1984). Sie ist aber gegeben, wenn das Darlehn (Teil der) GgLeistg ist (BGH DNotZ **85**, 279) od wenn der GrdstVertr von der DarlGewährg abhängen soll (BGH NJW **86**, 1984). Beim DarlVertr zur WoBauFörderg erstreckt sich die Formnichtigk der dem DarlNeh auferlegten VeräußergsPfl uU nicht auf den GesVertr (BGH WPM **79**, 868). Der Vertr über GrdstInventar ist auch dann formfrei, wenn die Preishöhe dch den gleichzeit GrdstKauf beeinflußt w (BGH DNotZ **75**, 89). Er ist dagg formbedürft, wenn der Abschluß od der Inh des GrdstVertr von ihm abhängen (BGH NJW **61**, 1764; Soergel-Wolf Rdn 73). – **cc)** Vereinbgen mit **Dritten** gehören idR nicht zum Vertr u sind daher formlos gült (BGH **LM** Nr 3, DNotZ **66**, 737). Etwas and gilt aber dann, wenn die Abrede nach dem Willen der Beteiligten in den rechtl Zushang des GrdstVertr einbezogen w soll (BGH **11**, 101, NJW-RR **89**, 199). Die oben aa) dargestellten Grds gelten entspr. Ein Einbeziehgswille ist idR nicht anzunehmen, wenn eine Part ohne Beteiligg der and Abreden mit einem Dr trifft (BGH NJW **83**, 2495). Er kann auch bei einer Bürgsch für die KaufPrSchuld gegeben sein, wenn der GrdstVertr mit der Bürgsch stehen u fallen soll (BGH NJW **62**, 586). Die Vereinbg mit dem vollmlosen Vertreter über die Gen des von ihm geschl Vertr ist idR formfrei (BGH **LM** Nr 10).

9) Erfüllung des Formerfordernisses. – a) Für die **notarielle Beurkundung** gilt § 128 u das im Anhang abgedruckte BeurkG. Der gerichtl Vergl ersetzt die notarielle Beurk (§ 127a). Bei **Verweisungen** auf and Urk, Zeichnen od Abbildgen ist zu unterscheiden: Wird der VertrInh dch die in Bezug genommenen Urk (Zeichng usw) mitbestimmt, gelten die FormErfordern der §§ 9, 13, 13a BeurkG. Dienen die in Bezug genommenen Urk ledigl der Erläuterg, ist die Verweisg dagg an keinerlei Förmlichk gebunden (§ 9 BeurkG Anm 4). Hat der Wille der Part in der Urk nur unvollkommen Ausdr gefunden, gelten die allg Grds über die **Auslegung** formbedürft Erkl (§ 133 Anm 5c).

b) Unrichtige Beurkundung. – aa) Haben die Part **bewußt** Unrichtiges beurkunden lassen (Bsp: einen zu niedrigen KaufPr), ist der beurk Vertr als ScheinGesch (§ 117) u der wirkl gewollte Vertr wg Formmangels (§ 125) nichtig (BGH **54**, 62, **89**, 43, allgM). Der verdeckte Vertr kann aber gem § 313 S 2 wirks werden. Bei Ausübg des gesetzl VorkR des SiedlgsUntern ist gem RSiedlgsGes 4 III der beurk Pr maßgebend (s BGH **53**, 32). – **bb)** Haben die Part **unbewußt** Unrichtiges beurkunden lassen, obwohl sie über das in Wahrh Gewollte einig waren, ist der Vertr gült: falsa demonstratio non nocet (BGH **87**, 152, NJW-RR **88**, 971) stRspr seit RG **46**, 227, Köbl DNotZ **83**, 598). Als Bsp unschädl Falschbezeichng hat die Rspr anerkannt: falsche Kataster- od GrdbuchBezeichng (BGH NJW **69**, 2045); versehentl Weglassen eines Flurstücks (BGH **87**, 152); falsche Beschreibg der Grenzlinie (BGH WPM **71**, 1085); versehentl Weglassen von Klauseln, die in einer in Bezug genommenen Urk enthalten sind (BGH **LM** Nr 30), unricht Angabe der Höhe der übernommenen Hyp (RG JR **27**, 1010), unricht Bezeichng des Verpflichteten (BGH WPM **73**, 869). Ist der Verkauf eines ganzen Grdst beurkundet, währd in Wahrh nur eine noch nicht vermessene Teilfläche verkauft werden soll, ist der Vertr jedoch nichtig, da die Beurk auch bei Protokollierg des Gewollten mangelh wäre (BGH **74**, 117, NJW-RR **88**, 265).

c) Ist der Vertr **unvollständig** beurkundet, sind die nicht beurkundeten Abreden nichtig. Die Gültigk des Vertr im übrigen richtet sich nach § 139 (BGH NJW **81**, 222). Wußten die Part um die Formnichtigk eines Teils ihrer Abreden, so ist allein das Beurkundete gült (RG **122**, 140, BGH **45**, 379), jedoch können die nicht beurkundeten Abreden gem § 313 S 2 wirks w (BGH NJW **75**, 205).

10) Aufhebung und Abänderung. – a) Beim **Aufhebungsvertrag** ist zu differenzieren: **aa)** Ist der KaufVertr dch Aufl u Eintragg vollzogen, begründet seine Aufhebg eine Verpfl zur Übertragg u zum Rückerwerb des Grdst. Der Vertr ist daher formbedürft (BGH **83**, 397, BayObLG DNotZ **89**, 363, allgM). – **bb)** Ist der KaufVertr noch nicht vollzogen u besteht für den Käufer auch noch kein AnwartschR, begründet seine Aufhebg weder eine Übertraggs- noch eine ErwerbsPfl. Der Vertr ist daher formfrei (BGH **83**, 398, allgM). Entspr gilt für den Erlaß des AuflAnspr (RG **127**, 218). – **cc)** Hat der AuflEmpfänger dch Stellg des EintraggAntr od dch Eintr einer AuflVormerkg ein **Anwartschaftsrecht** erworben, ist der AufhebgsVertr formbedürftig, da er das AnwR beseitigt (BGH **83**, 398, NJW-RR **88**, 265, aA Reinicke/Tiedtke NJW **82**, 2281). Durch Eintragg einer AuflVormerkg vor Aufl entsteht aber kein AnwR (BGH **103**, 179). Wird zunächst das AnwR aufgegeben, etwa dch Rückn des UmschreibgsAntr, entfällt das FormErfordern für die Aufhebg (Lehmann DNotZ **87**, 142).

b) Abänderung, Grundsatz. Ändergen od Ergänzgen des GrdstVertr sind grdsl **formbedürftig** (BGH **66**, 271, NJW **73**, 37, **82**, 434, stRspr). Gleichgült ist, ob es sich um wesentl od unwesentl Ändergen handelt (s aber unten c bb). Der Formzwang gilt auch dann, wenn die Änderg in einem Vergl erfolgt (RG **109**, 26, BGH **LM** Nr 5). Formbedürft sind zB: Erlaß od Herabsetzg des KaufPr (BGH NJW **82**, 434), es sei denn, sie beruht auf einem berecht Mindergsverlangen (RG NJW **137**, 296); Erhöhg des KaufPr, es sei denn, es handelt sich um eine gem § 242 gebotene Anpassg (RG HRR **28**, 1469); Vereinbg über die Anrechng od Aufr von Leistgen (BGH NJW **84**, 974); Vereinbg einer Leistg an ErfStatt (BGH **56**, 162); Vereinbg über die Übertragbark eines VorkR (RG **148**, 108); Änderg eines bedingten in ein unbedingtes Kaufangebot (BGH NJW **82**, 882); Vorverlegg od Hinausschiebg der Lieferzeit (BGH NJW **74**, 271, **LM** Nr 50); Stundgsabreden (BGH NJW **82**, 434, s aber unten c bb); Verlängerg der Fr zur Erkl der Aufl (RG **76**, 34); Erschwerg des Rücktr (BGH NJW **88**, 3263); NeuÜbern der ÜbereigngsPfl (RG **109**, 27, BGH Betr **66**, 978). Die Nichtigk **beschränkt** sich auf die ÄndVereinbg, läßt also des Wirksamk des ursprüngl Vertr unberührt (RG **65**, 392, Soergel-Wolf Rdn 86); und aber, wenn ein (noch) schwebd unwirks Vertr geändert w (BGH Betr **88**, 2092).

c) Änderung, Formfreiheit. Von dem Grds, daß ÄndergsVertr formbedürft sind, gelten drei **Ausnahmen:** – **aa)** Vertr, die die Veräußergs- od ErwerbsPfl weder unmittelb noch mittelb verschärfen od erweitern, sind formfrei (BGH **66**, 270, Soergel-Wolf Rdn 81, aA MüKo/Kanzleiter Rdn 47). Den Anwendgsbereich dieses AusnTatbestd ist aber eng. Einziges RsprBsp ist die FrVerlängerg für ein vertragl RücktrR (BGH **66**, 270). – **bb)** Vereinbgen, die lediglich der Beseitigg einer bei **Abwicklung des Geschäfts** aufgetretenen Schwierigkeit dienen u an der gss LeistgsPfl im Kern unberührt lassen, sind nicht formbedürft (RG **140**, 339, BGH NJW **73**, 37, **74**, 271, **LM** Nr 14, NJW-RR **88**, 186). Das gilt sicher für nur deklaratorische Ändergen, bei der sich die festgestellte RFolge schon aus einer ergänzden VertrAusleg ergibt. Formfrei besteht aber auch dann, wenn der Vereinbg konstitutive Bedeutg zukommt (Hagen DNotZ **84**, 277, str). Die Ausn ist jedoch restriktiv zu handhaben. Wenn die Part einen Teilerlaß des KaufPr od eine langfrist Stundg vereinbaren, besteht Formzwang (BGH NJW **82**, 434). Formfrei können dagg sein: kurzfrist Stundgen (RG Warn **27** Nr 89), FrVerlängerg für ein WiederkaufsR (BGH NJW **73**, 37), Vereinbgen über R- od Sachmängel (s BGH WPM **72**, 557). – **cc)** Änderungen **nach Auflassung** sind nicht formbedürft, weil die Übereigngs- u ErwerbsPfl mit der Aufl erlischt u daher nicht mehr besteht (BGH NJW **85**, 266, **LM** Nr 49, BayObLG BB **87**, 712, aA Kanzleiter DNotZ **85**, 285). Das gilt ebso für Ändergen nach Aufl u Eintragg. Selbstverständl formbedürft ist aber eine RückkaufsVereinbg (BGH **104**, 276).

11) Rechtsfolge des Formmangels ist **Nichtigkeit** des Vertr (§ 125). Sie ist vAw zu beachten, u zwar auch dann, wenn die Part den Vertr als gült behandelt wissen wollen (BGH **LM** § 125 Nr 29) od auf den Einwand der Formnichtigk „verzichten" (BGH NJW **69**, 1167). Die Nichtigk erstreckt sich auf den **gesamten** Vertr, jedoch ist § 139 Halbs 2 anzuwenden. Die mit dem formnicht Vertr verbundene Aufl ist idR gült (BGH NJW **79**, 1496, § 139 Anm 3b cc). Das gilt auch für Schwarzkauffälle u für AuflVollm (RG **103**, 302, **137**, 339, BGH NJW **76**, 237, Mü NJW-RR **86**, 13). Ausn: Anm 6a. Bei Formnichtigk kann gg den VertrPartner ein Schadensersatzanspruch wg c. i. c. bestehen (§ 276 Anm 6 B b u D b). Ausnahmsw kann der Berücksichtigg des Formmangels **Treu und Glauben** entggstehen (§ 125 Anm 6).

12) Heilung (Satz 2). – a) Allgemeines. Um ein formnicht RGesch gült zu machen, bedarf es grdsl einer formgerechten NeuVorn (§ 141 I). Von diesem Grds macht § 313 S 2 eine Ausn. Der formnicht Vertr wird mit Aufl u Eintragg wirks, weil es mit dem Gedanken der RSicherh unvereinb wäre, trotz Erf der die Formbedürftigk begründden Pfl 30 Jahre (§ 195) BerAnspr bestehen zu lassen (BGH NJW **78**, 1577). Die Heilg setzt voraus, daß der Formmangel der alleinige UngültigkGrd ist. **Andere Mängel,** wie Willensmängel, fehlde Vertretgsmacht, fehlde behördl Gen (RG **137**, 352), werden von der Heilg nicht erfaßt (BGH DNotZ **69**, 350). Daß die Part den Formmangel bei VertrSchl kannten, hindert die Heilg dagg nicht (BGH NJW **75**, 205). Die Heilg erstreckt sich auf den Vertr im ganzen. Sie erfaßt auch **Rückübereignungsverpflichtungen,** ohne daß bereits eine RückAufl erforderl ist (BGH NJW **75**, 206, **LM** Nr 15).

b) Die Heilg setzt die **Auflassung** des Grdst voraus. – **aa)** DieAufl muß **rechtswirksam** sein (RG **137**, 352, BGH **29**, 9). Die dch einen Bevollmächtigten erteilte Aufl heilt nur, wenn die AuflVollm gült ist (BGH DNotZ **66**, 96). Die Unwirksamk, insb die Formungültigk, des GrdstVertr erstreckt sich aber iZw nicht auf die AuflVollm (Anm 11). Ist das ausnw doch der Fall (Anm 6a), tritt Heilg erst mit der formlosen mögl Gen ein (§ 177). Bedarf die Aufl einer behördl Gen wird der Vertr nur wirks, wenn die Gen erteilt w (BGH DNotZ **69**, 350). Die Aufl muß in Erf des formunwirks Vertr vorgenommen w (BGH NJW **83**, 1545). Sie kann gleichzeit mit Abschl des Vertr erfolgen od ihm nachfolgen. Eine vorher erklärte Aufl genügt dagg nicht (BGH aaO). Heilg tritt beim gutgl Erwerb von einem NichtBerecht ein (BGH **47**, 270). – **bb)** Die Aufl muß sich auf das **gesamte Vertragsobjekt** beziehen. Betrifft der Vertr mehrere Grdst, muß sich die Aufl auf alle erstrecken (RG **68**, 386), jedoch kann eine TeilAufl den Vertr nach dem RGedanken des § 139 teilw wirks machen (RG **133**, 294; **137**, 351 läßt offen). Bei einer **Veräußerungskette** heilt die Aufl an den Letzterwerber bei einem entspr ErfWillen auch die formlosen KaufVertr der ZwPers (RG **85**, 274, **132**, 290). – **cc)** Die **Willensübereinstimmung** der Part muß bis zur Aufl fortbestehen (BGH NJW **78**, 1577, **81**, 2293). Sie muß sich auf den ganzen VertrInh erstrecken (BGH **54**, 64, MüKo/Kanzleiter Rdn 60 Fn 241) u wird vermutet, solange nicht eine Part erkennb einen abweichenden Willen äußert (Soergel-Wolf Rdn 103).

Wegfall der Übereinstimmg in der Zeit zw Aufl u Eintragg schadet auch dann nicht, wenn Aufl u VertrSchl in derselben Urk erfolgt sind (BGH WPM **73**, 612).

c) Weitere Voraussetzg ist die **Eintragung** im GrdBuch. **aa)** Die Eintragg muß tatsächl **vollzogen** sein (RG **54**, 147) u das VertrObjekt betreffen (RG **78**, 44). Die Eintragg auf einem falschen GrdbBlatt heilt auch iF einer falsa demonstratio nicht (RG **61**, 265), obwohl diese für die Aufl unschädl ist (Anm 9b bb). Die Eintragg einer AuflVormerkg genügt nicht (BGH **LM** Nr 19). Die Eintragg eines Widerspr ändert wg seiner and Zweckrichtg an der Heilg nichts (RG **109**, 334). – **bb)** Bis zur Eintragg kann der Veräußerer die Aufl **kondizieren** (RG **108**, 329, **109**, 354, stRspr), es sei denn, daß er die Formnichtigk kannte, § 814 (RG **133**, 276). RHängigk der Konditionsklage hindert die Heilg nicht. Der Veräußerer kann aber iW einstw Vfg ein **Erwerbsverbot** erwirken (§ 136 Anm 2c). Die trotz des Verbots erfolgte Eintragg ist analog §§ 136, 135 relativ unwirks u heilt nicht (RG **117**, 291, **120**, 120, Hamm DNotZ **70**, 662). Heilg mit Wirkg ex tunc tritt jedoch bei Aufhebg des Verbots ein (Mü OLGZ **84**, 196).

d) Sonderfälle, entsprechende Anwendung. Der Wortlaut des § 313 S 2 ist auf den typischen dch Aufl u Eintragg zu erfüllden GrdstÜbereignsVertr zugeschnitten. Soweit § 313 auch für Vertr gilt, die nicht diesem Nomaltyp entspr, ist Satz 2 analog, dh mit Modifikationen, anzuwenden: – **aa) Vorverträge** u ähnl Abreden werden bereits mit dem Abschluß des HauptVertr wirks (BGH **82**, 398). Voraussetzg ist, daß die Willensübereinstimmg fortbesteht (BGH DNotZ **68**, 93, oben b cc) u der Inh des VorVertr nicht über den des HauptVertr hinausreicht. Die formunwirks Verpfl, an einen Dr zu verkaufen, heilt daher, sobald der Vertr mit dem Dr formwirks abgeschlossen w (BGH **82**, 398, Reinicke/Tiedtke NJW **82**, 1430). Das formunwirks VertrStrVerspr heilt mit Abschl des HauptVertr (BGH NJW **87**, 1628), der formunwirks ErsteigergsAuftr mit dem Erwerb in der ZwVollstr (BGH **85**, 245), der formungült Vertr über die Bestellg eines dingl VorkaufR mit der Bestellg dieses Rechts (BGH DNotZ **68**, 93), die formunwirks Verpfl zur Abgabe eines Angebots mit dessen formgült Abgabe (RG **169**, 190). – **bb)** Wenn § 313 auf Vertr über **ausländische Grundstücke** anzuwenden ist, tritt Heilg mit dem EigtErwerb nach auslR ein (BGH **73**, 397, Mü OLGZ **74**, 19). Eintragg in das ausl EigtRegister ist nicht erforderl, sofern sie nur deklarator Bedeutg hat (BGH aaO, Düss NJW **81**, 529, Löber NJW **80**, 496). – **cc)** Die Verpfl zur Übertragg eines **Erbbaurechts** heilt auch dann, wenn der Erwerber als Eigtümer eingetragen u das ErbbR gelöscht w (BGH **32**, 11). – **dd)** Auf **andere Formvorschriften** ist § 313 S 2 dagg nicht entspr anwendb, so nicht auf den ErbschKauf, § 2371 (BGH NJW **67**, 1128, DNotZ **71**, 38) u den ErbVerzicht, § 2348 (RG HRR **30**, 713).

e) Wirkung der Heilung. aa) S 2 heilt nur die **Formnichtigkeit**. Andere Mängel werden nicht geheilt (oben a). Auch der Formmangel entfällt nicht, soweit eine vertragl Formabrede besteht (MüKo/Kanzleiter Rdn 67). Die Heilg erstreckt sich auf den **gesamten Inhalt** des Vertr einschließlich aller mdl u schriftl Nebenabreden sowie allen formunwirks Änderungen u Ergänzungen, sowie die Willensübereinstimmg zZ der Aufl noch besteht (oben b cc). Auch die vereinb Verpflichtgen zur Rückübereigng werden wirks (BGH NJW **75**, 205, **LM** Nr 15), soweit sie nicht weiterreichen als der Ggst der Veräußerg. Die Verpfl des Eigtümers, das Grdst nach Beendigg des ErbbR an den ErbbBerecht aufzulassen, wird daher dch die Eintragg des ErbbR nicht geheilt (BGH **32**, 269). Die Heilg erstreckt sich auch auf ein entgg § 761 mdl abgegebenes zum Vertr gehördes LeibrentenVerspr (BGH NJW **78**, 1577) u auf formbedürft Abreden mit Dr (BGH NJW **74**, 136, **81**, 2293). Dagg richtet sich die Wirksamk von vollstreckb Urk ausschließl nach VerfR (BGH NJW **85**, 2423). – **bb)** Der Vertr wird gült, die Heilg hat **keine Rückwirkung**. Eine vorher eingetragene AuflVormerkg bleibt wirkgslos (BGH **54**, 63, NJW **83**, 1545). Die VertrAnspr verjähren erst ab Eintragg u zwar auch bei fr Überg des Grdst (RG **75**, 114, **134**, 86). Auch für § 460 ist der Ztpkt der Heilg entscheidend (Hamm NJW **86**, 136). § 141 ist weder direkt noch analog anzuwenden. Es besteht aber die tatsächl Vermutg, daß die Part den Willen hatten, einand das zu gewähren, was sie haben würden, wenn der Vertr von Anfang an wirks gewesen wäre (BGH **32**, 13, **54**, 63, **82**, 398). Für die Vergangenh tritt jedoch kein Verzug ein (BGH Betr **79**, 938), auch eine VertrStrafe wg verspäteter Erf iZw nicht verwirkt (Reinicke/Tiedtke NJW **82**, 1433, aA BGH NJW **82**, 759).

13) Behördliche Genehmigungen: Die GenPfl für die Veräußerg land- u forstwirtschaftl Grdst ist im GrdstVG geregelt (Übbl 4 b cc vor § 873), die städtebaul GenVorschr sind im BauGB zugefaßt (Überbl 4 b aa vor § 873). Zur zivilrechtl Bedeutg behördl GenPfl s § 275 Anm 9.

314 *Erstreckung auf Zubehör.* **Verpflichtet sich jemand zur Veräußerung oder Belastung einer Sache, so erstreckt sich die Verpflichtung im Zweifel auch auf das Zubehör der Sache.**

1) Die Vorschr enthält eine **Auslegungsregel,** nicht einen ergänzden RSatz. Der GgBew, daß die Verpflichtg das Zubeh nicht mitumfassen soll, ist daher mögl (s AG Esslingen NJW-RR **87**, 750). § 314 gilt für **schuldrechtliche** Verpflichtgen, gleichgült ob sie auf Vertr od einseit RGesch beruhen. Ein Veräußergs-Vertr ist neben Kauf u Tausch auch die Schenkg. Auf GebrauchsüberlassgsVertr (Miete, Pacht, Leihe) ist § 314 entspr anwendb (BGH **65**, 88, hM). Sache: § 90. **Zubehör:** §§ 97, 98. § 314 gilt auch dann, wenn der Verpflichtete nicht Eigtümer des Zubeh ist. Maßgebder Ztpkt für die ZubehEigensch ist der des VertrSchlusses (so ausdr Entw I, in Entw II als selbstverständl weggelassen), doch kann sich aus den Umst ein and Ztpkt ergeben. Für das Vermächtn gilt § 2164, für die GrdstÜbereigng § 926. § 314 ist Ausdr eines allg Erfahrgssatzes; er ist entspr anzuwenden: bei Veräußerg eines Betr hinsichtl der zu ihm gehörden gewerbl SchutzR (RG **112**, 247), einer EigtWo hinsichtl des Anteils am Instandhaltungfond (Röll NJW **76**, 938).

315 *Bestimmung der Leistung durch eine Partei.* ¹**Soll die Leistung durch einen der Vertragschließenden bestimmt werden, so ist im Zweifel anzunehmen, daß die Bestimmung nach billigem Ermessen zu treffen ist.**

Schuldverhältnisse aus Verträgen. 1. Titel: Begründg. Inhalt d. Vertr. **§ 315** 1, 2

II **Die Bestimmung erfolgt durch Erklärung gegenüber dem anderen Teile.**

III **Soll die Bestimmung nach billigem Ermessen erfolgen, so ist die getroffene Bestimmung für den anderen Teil nur verbindlich, wenn sie der Billigkeit entspricht. Entspricht sie nicht der Billigkeit, so wird die Bestimmung durch Urteil getroffen; das gleiche gilt, wenn die Bestimmung verzögert wird.**

Schrifttum: Baur, Vertragl Anpassgsregelgen, 1983; Kronke AcP **183**, 114.

1) Allgemeines. a) Ein wirks SchuldVerh setzt voraus, daß die geschuldete Leistg bestimmt od wenigstens **bestimmbar** ist (§ 241 Anm 2b). Hinreichde Bestimmbark ist gegeben, wenn die Leistg nach obj Maßstäben (Marktpreis od ähnl, Anm 2c) ermittelt w soll. Sie ist aber auch dann gewahrt, wenn die Bestimmg der Leistg einem der VertrPart (§§ 315, 316) od einem Dritten (§§ 317–319) vorbehalten w. Voraussetzg ist jedoch eine – ausdr od stillschw – Einigg der Part darüber, daß eine derart Bestimmg erfolgen u wem das BestimmgsR zustehen soll (s RG **90**, 28). Fehlt eine Einigg hierüber, kann bei ggs Vertr hins der Pers des BestimmgsBerecht § 316 eingreifen, der uU auch auf nicht ggs Vertr angewandt w kann (§ 316 Anm 2a). Ist die Person des BestimmgsBerecht nicht festgelegt od ergibt der Vertr für die Ausübg des BestimmgsR keine Anhaltspkte, ist das SchuldVerh unwirks (s BGH **55**, 248, Baur S 73). – **b)** Das BestimmgsR kann sich je nach der PartVereinbg auf die Leistg als solche, auf die Pers des VertrPartners (RG **20**, 37, **24**, 66), die Anpassg des Vertr an veränderte Verhältn (BGH Betr **76**, 670), die Feststellg von AnsprVoraussetzgen (BAG **AP** § 611 GewerkschAngest Nr 2), die Ergänzg der VertrBdgen (MüKo/Söllner Rdn 32) od auf Leistgsmodalitäten (Zeit, Ort) beziehen (Einzelfälle s Anm 2e). Der **Anwendungsbereich** des § 315 reicht damit weit über den Wortlaut der Vorschr hinaus. § 315 bindet die Gestaltgsmacht des Berecht an billiges Ermessen u unterwirft die von ihm getroffene Bestimmg einer gerichtl **Billigkeitskontrolle** (Kronke aaO 128). Er schützt damit den und VertrPartner, typw den sozial Schwächeren. Diesen in § 315 enthaltenen „Schutzgedanken" (BGH **38**, 186) haben Rspr u Lehre dazu verwandt, um aus § 315 auch in and Bereichen eine **Schranke gegen den Mißbrauch privatautonomer Gestaltungsmacht** abzuleiten: In den RGebieten, in denen die AGBG 9ff nicht gelten, vor allem also im Arb- u GesellschR, ist § 315 zus mit § 242 Grdl der richterl InhKontrolle (AGBG 24 Anm 2). Bes Bedeutg haben die §§ 315ff im ArbR. Auch das für das ArbVerhältn charakteristische **Direktionsrecht** unterliegt grdsl den sich aus § 315 ergebden Grenzen (BAG NJW **86**, 86, MüKo/Söllner Rdn 35, str). – **c)** § 315 enthält **dispositives** Recht (BGH NJW-RR **86**, 164), kann aber dch AGB nicht abgeändert w (AGBG 9 II Nr 1).

2) Voraussetzungen, Abgrenzung. a) § 315 setzt eine ausdr od stillschw **Vereinbarung** voraus, daß einer Partei ein LeistgsbestimmgsR zustehen soll (Anm 1a). Haben sich die Part trotz eines offenen Einiggsmangels (§ 154) erkennb vertragl binden wollen, können zur Schließg der verbliebenen Lücken uU die §§ 315ff herangezogen w (BGH **41**, 275, **LM** Nr 12, Betr **83**, 875). Für Leistgs- u Preisbestimmgsvorbehalte in **AGB** gelten die Klauselverbote der AGBG 10 Nr 4, 11 Nr 1 (s dort). Darüber hinaus ergibt sich aus AGBG 9, daß LeistgsbestimmgsR zG des Verwenders der AGB im nichtkaufm Verk nur begründet w können, wenn für sie wichtige (schwerwiegde, sachl) Grde vorliegen; außerdem müssen sie idR in ihrem Anwendgsbereich beschränkt u, soweit mögl, konkrete Maßstäbe für ihre Ausübg festgelegt w (BGH **82**, 26, **97**, 216, AGBG 9 Anm 7l). Auf **faktische Bestimmungsrechte** findet § 315 grdsl keine Anwendg (Soergel-Wolf Rdn 30). Tarife für Leistgen der Daseinsvorsorge, auf deren Inanspruchn die und Teil im Bedarfsfall angewiesen ist, sind aber einer Kontrolle gem § 315 unterworfen (BGH **73**, 116, NJW **87**, 1828, Gasanschlußkosten). Soll die Bestimmg dch eine VertrPart im **Einvernehmen mit einem Dritten** (zB BetrR) erfolgen, sind nicht §§ 315f, sond §§ 317ff entspr anwendb (BAG **21**, 311, **AP** 319 Nr 2).

b) § 315 I gibt die **Auslegungsregel**, die Bestimmg nach billigem Ermessen zu treffen ist. Die Part können auch einen Bestimmungsmaßstab vereinbaren: Sie können den BestimmgsBerecht an Richtlinien binden, können seinen Spielraum aber auch erweitern. Dazu bedarf es jedoch einer IndVereinbg; dch AGB kann die Regelg des § 315 nicht abgeändert w (AGBG 9 II Nr 1). Auch wenn die Bestimmg in das freie Ermessen (RG **99**, 106, BAG Betr **82**, 1939) od das **freie Belieben** (RG aaO) gestellt w, ist sie doch offenb Unbillig unverbindl (RG u BAG aaO, BAG **AP** § 242 Nr 18). **Willkür** kann nicht zum Bestimmgsmaßstab erhoben w: Wird dem Schu Willkür gestattet, ist er in Wahrheit nicht gebunden (RG **40**, 199); wird dem Gläub gestattet, nach reiner Willkür zu verfahren, verstößt der Vertr gg § 138 (Erman-Battes Rdn 5).

c) § 315 ist unanwendb, soweit der Umfang der Leistg dch **objektive Beurteilungsmaßstäbe** festgelegt ist. Beim Dienst-, Werk- u MaklerVertr wird, wenn die Höhe der Vergütg nicht bestimmt ist, die taxmäß, bei Fehlen einer taxmäß die übl Vergütg geschuldet (§§ 612 II, 632 II, 653 II). Für den Kauf besteht keine derart Bestimmg. Soweit zum Tages-, Laden-, Markt- od übl Preis verkauft w, sind die §§ 315 f, gleichwohl unanwendb. Die betragsmäß Festlegg erfolgt notf dch das Ger, dessen Entsch hier (and als bei III) nicht gestaltden, sond feststellden Charakter hat. Entspr gilt beim Kauf zum VerkWert (BGH NJW **89**, 2129) od mit der Abrede, daß der Preis nach enteigngsrechtl Grds bemessen w soll (BGH WPM **68**, 582). Auch bei Verwendg eines obj Beurteilgsmaßstabes kann aber ein Spielraum bleiben, der dch eine Bestimmg gem §§ 315 f auszufüllen ist. Haben die Part ein „angemessenes" Entgelt vereinb, sind idR §§ 315ff anwendb, uU kann aber eine Bestimmg dch ergänzde VertrAuslegg od nach obj Maßstäben mögl sein (BGH BB **65**, 103; **LM** § 157 (Ga) Nr 14: MietVertr; WPM **69**, 994: MaklerVertr). Entspr gilt, wenn Begriffe wie Billig od Zumutbark verwandt w (BGH **62**, 314, Baur S 70, Vollkommer JZ **85**, 879).

d) Sonder- und Parallelvorschriften enthalten: zur Festsetzg von Rahmengebühren des RAnw BRAGO 12 (Lappe DAR **79**, 94), zur Anpassg der laufden Leistgen der betriebl Altersversorgg BetrAVG 16, zur Erhöhg des ErbbZinses ErbbRVO 9a, zur Auslobg § 660, zum Vermächtn § 2156, zum Spezifikationskauf HGB 375.

e) Einzelfälle: Altenheim: Erhöhg des Entgelts (Karlsr NJW-RR **88**, 1402). – **Arbeitsrecht:** Festsetzg der konkreten UrlZeit dch den ArbGeb (s BAG NJW **62**, 269, Betr **71**, 295); Kürzg der ArbZeit wg betriebl Erschwern (BAG Betr **85**, 132) od wg Verringerg des Bedarfs, jedoch kann eine Umgehg des KSchG vorliegen (BAG NJW **85**, 2151); Eingruppierg in Vergütgsgruppen (BAG **AP** § 611 GewerkschAngest Nr 2), sofern sie keine reine RAnwendg ist (BAG Betr **83**, 2313); Recht auf einseit Änderg der VertrBdggen (BAG Betr **83**, 1368); Widerruf von Leistgszulagen (BAG Betr **71**, 392, **88**, 183); Vergütgsfestsetzgen für Lehrbeauftragte (VerwG Kassel DVBl **72**, 345); Widerruf von Ruhegeldzusagen (BAG NJW **56**, 1693, **57**, 648); Anpassg von Ruhegehalt gem BetrAVG 16 (BAG **AP** BetrAVG § 16 Nr 5); Gewähr von BetrRenten an geschiedene Ehefr des ArbNeh aus BilligkGrden (BAG Betr **82**, 1779); Anrechng von and Einkünften auf die betriebl Altersversorgg (BAG Betr **83**, 289); WahlR des ArbNeh hins arbeitsfreier Tage (BAG NJW **83**, 2600); Festsetzg des Honorars für Mitgl von Einiggsstellen (BAG Betr **81**, 1192), s jetzt BetrVG 76 a u Bauer/Röder Betr **89**, 224. – **Auslobung:** Entscheid über die Vergabe der Belohng (RG **167**, 235). – **Besserungsklauseln:** s Anm 3 d u § 271 Anm 4 c. – **Genossenschaften:** Festsetzg des Entgelts für die Lieferg der Genossen (BGH WPM **83**, 1006). – **Gesellschaftsrecht:** BestimmgsR hinsichtl der Art der AuseinandS (RG **114**, 393). – **Grundstücksverkehr:** Bestimmg des ErwerbsPr dch BauGenossensch (RG **156**, 216); Festsetzg der Überbaurente dch Gemeinde (BGH **65**, 399); Anpassg des Erbbauzinses (ErbbRVO 9 a); Änderungs- od AnrechngsBefugn in Vertr über vorweggenommene Erbfolge (BGH NJW-RR **86**, 164). – Die Festsetzg von **Krankenhauspflegesätzen** unterliegt nicht der Nachprüfg dch die ordentl Ger (BGH **73**, 114, **105**, 161). – Wertsichergsklauseln in der Art von **Leistungsvorbehalten:** Haben die Part eine Anpassg dch Vereinbg vorgesehen, können iF der Nichteinigg §§ 315, 316 anwendb sein (BGH **LM** § 535 Nr 35, DNotZ **68**, 425, Betr **76**, 670, § 245 Anm 5 c bb), mögl ist aber auch, daß die Leistgsbestimmg nach dem PartWillen dch Urt erfolgen soll (Anm 3 e). – Verteilg von **Mietnebenkosten** (Hamm NJW **84**, 984). – Die Klausel „**Preise freibleibend**" gibt dem Verkäufer die Befugn, den Pr unter Berücksichtigg der Marktlage nach billigem Ermessen zu bestimmen (RG **103**, 415). Der Vorbeh einer PrÄnderg ist iZw ebso auszulegen (BGH **1**, 354, § 157 Anm 3). – **Reisevertrag:** Bestimmg des Hotels bei einer sog „Fortuna-Buchg" (LG Ffm NJW **85**, 143). – **Sicherheiten:** Entscheid über die Freigabe (BGH NJW **81**, 571, **83**, 2702); Aufforderg, weitere Sicherh zu stellen (BGH NJW **81**, 1363, das jedoch § 242 anwendet). – Festsetzg von **Vergütungen:** für Kindergärten (Celle NJW **77**, 1295/2166); für die E-Versorgg (BGH **LM** Nr 12); für die Flughafenbenutzg (BGH MDR **73**, 999, **78**, 910); für die Tätigk als Schiedsrichter (BGH BB **78**, 328) od Vorsitzder einer tarifl Schiedsstelle (Stgt ZIP **88**, 864). – Festsetzg von **Vertragsstrafen** s § 339 Anm 1. – Festsetzg od Anpassg von **Zinsen** (BGH **97**, 212).

3) Bestimmungsrecht (II). a) Der Berecht hat, auch wenn er an billiges Ermessen gebunden ist, einen Entscheidgspielraum. Er ist rgestaltd, nicht rfeststelld tät (MüKo/Söllner Rdn 14). Soweit sein BestimmgsR vom Vorliegen best Voraussetzgen abhäng ist, handelt es sich aber um R- u Tatfragen. Was **billigem Ermessen** entspricht, ist unter Berücksichtigg der Interessen beider Part u des in vergleichb Fällen übl festzustellen (BGH **41**, 271). Ist ein Entgelt festzusetzen, kommt es auf den Wert der zu vergütden Leistg an (BGH NJW **66**, 540, WPM **83**, 1006, Hbg MDR **77**, 51), bei einem Gutachten auf die aufgewandte Arbeit u seine wirtschaftl Bedeutg (BGH aaO), bei einem AnkaufsR auf den VerkWert des Grdst (BGH **71**, 276). Das LeistgsbestimmgsR kann uU die Befugn mitumfassen, die Aufr u das ZbR des and Teils auszuschließen (BGH NJW **83**, 1778). Vgl auch Anm 2 e. – **b)** Die **Bestimmung** erfolgt dch eine einseit, empfangsbedürft WillErkl. Die Part können aber vereinbaren, daß die Best dch Vfg vTw erfolgen soll (BGH NJW-RR **86**, 164). Die Erkl konkretisiert den LeistgsInh u ist unwiderrufl (BAG VersR **81**, 942, Hbg MDR **68**, 667, s auch BGH **62**, 211). Eine Regelg, wonach die bankinterne Festsetzg maßgebl ist, kann dch IndVereinbg, wg AGBG 9 aber nicht dch AGB getroffen w (Saarbr NJW **88**, 3210). Für die Erkl gelten die allg Nichtigk- u AnfGrde. Sie ist auch in formbedürft RGesch formlos gült (RG **165**, 163, BGH DNotZ **84**, 240) u kann daher auch dch schlüss Hdlg erfolgen (BGH **LM** AbzG 5 Nr 2, Düss MDR **68**, 321). Die Erkl muß hinreich bestimmt sein (BGH NJW **74**, 1465). Sie kann in eine Teil- u Schlußbestimmg geteilt w (KG Betr **79**, 1124). Sie wirkt, wenn es sich um die Bestimmg der ursprüngl Leistg handelt, auch für die zurückliegde Zeit, iF der Leistgsanpassg (Wertsichergsklausel) dagg iZw nur für die Zukunft (§ 245 Anm 5 c). – **c)** Steht dem **Gläubiger** das BestimmgsR zu, so obliegt ihm auch die Pfl, die Bestimmg zu treffen. Das gilt auch dann, wenn er nach freiem Ermessen od Belieben entscheiden kann (MüKo/Söllner Rdn 22, Staud/Mayer-Maly Rdn 69, sehr str). Bis zur Bestimmg kann kein SchuVerzug eintreten. Der Gläub gerät in AnnVerzug, wenn der Schu sich zur Leistg bereit erklärt od zur Bestimmg der Leistg auffordert. Hat der Gläub nach billigem Ermessen zu entscheiden, kann der Schu gem III 2 Halbs 2 auf richterl Gestaltg klagen; ist das freie Belieben des Gläub maßgebd, ist die Klage auf Vornahme der Bestimmg zu richten (Staud aaO). Die Auslegg der Vereinbg (§ 157) kann aber ergeben, daß das BestimmgsR, ebso wie beim Spezifikationskauf (HGB 375), iF des Verzuges auf den Schu übergehen soll. – **d)** Steht dem BestimmgsR dem **Schuldner** zu, ist die Bestimmg Teil seiner LeistgsPfl. Er ist iF des Verzuges schadensersatzpflichtig (§ 286). Die Klage ist, wenn der Schu nach billigem Ermessen zu bestimmen hat, gem III 2 Halbs 2 auf richterl Gestaltg zu richten, in and Fällen auf Vornahme der Bestimmg. Soweit III 2 anwendb ist, kann der Gläub iF des Verzuges mit der Bestimmg nicht nach § 326 vorgehen. Verzug mit der Leistg selbst tritt ein, wenn das Ger anstelle des Schu die Leistg bestimmt hat (RG **64**, 116, BGH **LM** Nr 11). Erst danach steht dem Gläub der Weg des § 326 offen. Die Auslegg (§ 157) kann aber ergeben, daß das BestimmgsR – ähnl wie beim Spezifikationskauf (HGB 375) – iF des Verzuges dem Gläub zufallen soll. Diese Auslegg liegt vor allem dann nahe, wenn das BestimmgsR ausschließl die Leistgszeit betrifft (BGH NJW **83**, 2934). – **e)** Bei Anpassgsklauseln kann die Auslegg ergeben, daß die **Neufestsetzung,** falls eine Einigg der Part scheitert, entspr §§ 315 III, 319 unmittelb **durch Urteil** erfolgen soll (BGH **71**, 283, **LM** § 157 (Ge) Nr 28, Steindorff BB **83**, 1127, krit Baur S 55, Grunewald ZZP **101**, 156). Eine solche Regelg ist zul, sofern die Vereinbg für die Neufestsetzg einen hinreich konkretisierten Bezugsrahmen enthält.

4) Ersetzung der Bestimmung durch Urteil. a) III ist eine **Sondervorschrift** für den Fall der Bestimmg nach billigem Ermessen. Bei einem and Bestimmgsmaßstab (Anm 2 b) ist III unanwendb: Die *offenb unbillige u daher auch iF freien Beliebens unzul* Bestimmg ist ipso facto unverbindl. Ob der Berecht ein zweites Mal bestimmen darf od das BestimmgsR auf den and Teil übergeht, ist Ausleggfrage. Scheitert die Bestimmg endgült, wird der Vertr (ähnl wie iF des § 319 II) unwirks. – **b)** Die Bestimmg ist **unver-**

Schuldverhältnisse aus Verträgen. 1. Titel: Begründg. Inhalt d. Vertr. **§§ 315–317**

bindlich, wenn sie nicht der Billigk entspr. Das gilt auch dann, wenn die Bestimmg mit behördl Gen getroffen worden ist (BGH **LM** LuftVZO Nr 2). Unverbindlichk ist nicht gleichbedeutd mit Nichtigk sond eine bes Art der Unwirksamk. Wg der Unverbindlichk tritt weder Schu- noch GläubVerzug ein. Das BestimmgsR ist verbraucht. Der and Teil hat ledigl das KlagR aus III 2, ein Rücktr- od KündR steht ihm zumindest idR nicht zu (BGH **LM** Nr 11). – **c)** Für die **Klage** besteht keine AusschlFr. Das KlagR kann aber verwirkt w, wenn sie nicht in angem Fr erhoben w (BAG **18**, 59, BGH **97**, 220). Sie kann iF einer unverbindl Bestimmg des Schu sogleich auf die Leistg gerichtet w, die bei einer der Billigk entspr geschuldet w (BGH **41**, 280, BayObLG NJW-RR **86**, 1081). Ggü der LeistgsKl des bestimmgsberecht Gläub kann der Schu einredew geltd machen, die Bestimmg sei unbillig, eine WiderKl ist nicht erforderl (BGH **LM** § 535 Nr 35). Auch wenn die Leistgsbestimmg in den Grden erfolgt, handelt es sich um ein GestaltgsUrt („verdecktes" GestaltgsUrt). Die Leistg wird erst mit der RKraft des Urt fällig (Brschw OLGZ **66**, 15). Aus der vertragl Abrede kann sich aber ergeben, daß die Leistg rückwirkd neu festzusetzen ist (BGH Betr **79**, 887). – **d)** Das KlagR gem III besteht auch dann, wenn der Berecht die Bestimmg **verzögert.** Es genügt eine obj Verzögerg; Verzug braucht nicht vorzuliegen (BGH **74**, 345).

5) Beweislast. Wer das Recht der Leistgsbestimmg in Anspr nimmt, hat zu beweisen, daß ihm dieses Recht eingeräumt worden ist (RG **57**, 49). Er hat nach hM auch die BewLast für die Billigk der getroffenen Bestimmg (BGH **41**, 279, **97**, 220, NJW **69**, 1809, **81**, 571, *arg* III S 1; S 2 Halbs 1 spricht demggü eher für die BewLast des Gegners). Wer ein BestimmgsR ohne Bindg an billiges Ermessen beansprucht, hat eine entspr Freistellg zu beweisen (RG JW **36**, 3111).

316 **Bestimmung der Gegenleistung.** Ist der Umfang der für eine Leistung versprochenen Gegenleistung nicht bestimmt, so steht die Bestimmung im Zweifel demjenigen Teile zu, welcher die Gegenleistung zu fordern hat.

1) Allgemeines. § 316 enthält eine **Auslegungsvorschrift** für den Fall, daß die Part den Umfang der GgLeistg im Vertr nicht bestimmt haben. Die Regel, daß iZw dem Gläub der GgLeistg das BestimmgsR zusteht, schränkt § 154 ein u ergänzt § 315. Sie beruht auf der Erfahrg, daß VertrSchließde über den Umfang der GgLeistg vielf keine Vereinbg treffen, obwohl an ihrem Willen, sich endgült zu binden, kein Zweifel besteht. Das gilt bes für die Inanspruchn von Diensten od WkLeistgn höherer Art, aber auch für and Fälle.

2) Voraussetzungen, Rechtsfolgen. a) § 316 gilt für **gegenseitige Verträge** (§§ 320 ff); er ist aber auch anwendb, wenn ausnwhse bei einem ggs Vertr (Bsp: MaklerVertr) für eine Leistg eine GgLeistg geschuldet w (BGH **94**, 100). Er setzt voraus, daß die Leistg des einen Teils nach Art u Umfang, die GgLeistg des and aber nur der Art nach bestimmt ist. Die Vorschr ist unanwendb, wenn die Höhe der Vergütg nach dem PartWillen od nach dispositivem Recht (§§ 612 II, 632 II, 653 II) nach obj Maßstäben zu ermitteln ist (§ 315 Anm 2 c). Sie ist auch dann nicht anzuwenden, wenn eine ergänzde VertrAuslegg ergibt, daß die Festsetzg dch den Schu der GgLeistg (BGH **41**, 276, Festsetzg des Milchpreises dch Molkerei) od dch das Ger (BGH **94**, 101, NJW-RR **86**, 50, Vollkommer JZ **85**, 879) erfolgen soll. **Fälle** des § 316: Arzthonorar, wenn die Gebührenordng abbedungen w (Ffm NJW **77**, 1497); VergütgsAnspr von Gutachtern (BGH NJW **66**, 539); Rahmengebühren des RAnw (Schmidt NJW **75**, 1727); Abrede, über den Umfang der Leistg werde man sich schon einigen (BGH NJW-RR **88**, 971). Sieht eine Anpassgsklausel vor, daß die Leistg einvernehml erhöht w soll, kann bei einem Scheitern der Einigg § 316 anwendb sein (§ 245 Anm 5 c bb); vielf w es aber dem PartWillen entspr, daß die LeistgsBestimmg dch Urt erfolgen soll (§ 315 Anm 3 e). – **b)** Inh, Ausübg u **Rechtsfolgen** der Leistgsbestimmg richten sich nach § 315 (dort Anm 3 u 4).

317 **Bestimmung der Leistung durch einen Dritten.** ¹Ist die Bestimmung der Leistung einem Dritten überlassen, so ist im Zweifel anzunehmen, daß sie nach billigem Ermessen zu treffen ist.
II Soll die Bestimmung durch mehrere Dritte erfolgen, so ist im Zweifel Übereinstimmung aller erforderlich; soll eine Summe bestimmt werden, so ist, wenn verschiedene Summen bestimmt werden, im Zweifel die Durchschnittssumme maßgebend.

1) Allgemeines. a) Die Part können die Bestimmg der Leistg aGrd der VertrFreih einem Dr überlassen. § 317 I enthält für diesen Fall die **Auslegungsregel,** daß der Dr die Bestimmg iZw (ebso wie die Part iF des § 315) nach billigem Ermessen zu treffen hat. Mögl ist aber auch, die Bestimmg in das freie Ermessen od Belieben des Dr zu stellen. Das folgt aus dem Grds der VertrFreih, ergibt sich aber auch aus § 319 II. In **AGB** können BestimmgsR Dr nur dann wirks begründet w, wenn die Interessen des Verwendgsgegners ausr gewahrt sind (AGBG 9 Anm 7 s). – **b)** Die Part müssen sich über die Bestimmg der Leistg dch einen **Dritten** od mehrere Dr einig geworden sein. Es genügt, wenn die Pers des Dr bestimmb ist. Die Benenng des Dr kann einer Behörde od neutralen Stelle übertragen w. Das **Gericht** kann innerh seiner gesetzl Zuständigk nicht Dr iSd § 317 sein (RG **169**, 237, BGH **LM** Nr 3, **LM** § 339 Nr 21 Bl 2). Sofern die Leistg nach obj Maßstäben zu ermitteln ist (§ 315 Anm 2 c), bestehen aber gg eine gerichtl Entscheidgsbefugn keine Bedenken (BGH **LM** § 157 (Ga) Nr 14). In vertragl Anpassgsklauseln können die Part vereinbaren, daß die Anpassg iF der Nichteinigg analog §§ 315 III, 319 II dch Urt erfolgen soll, sofern für die Neufestsetzung ein hinreichd konkreter Bezugsrahmen besteht (§ 315 Anm 3 e). Eine VerwBeh kann als Dr iSd § 317 tät w, wenn die gesetzl ZuständigkRegelg nicht entggsteht u die Gefahr von Interessenkollisionen ausgeschlossen ist (BGH NJW **55**, 665). Die behördl Festsetzg von Krankenhauspflegesätzen unterliegt als VerwAkt keiner Nachprüfg dch die ordentl Ger (BGH **73**, 116). Bei RAnwHonoraren kann die Bestimmg ausschließl der zust RAnwKammer übertragen w (BRAGO 3 II). Nicht § 317, sond § 315 ist anzuwenden, wenn das BestimmgsR in einem ArbVertr dem ArbGVerband übertragen ist (BAG Betr **88**, 1273).

2) Leistungsbestimmung, Schiedsgutachten. – a) Der Dr kann je nach dem Inh der getroffenen Abrede eine verschiedene Aufg haben. Die Part können ihm die Befugn übertragen haben, die Leistg od eine Leistgsmodalität zu bestimmen u dadch den VertrInh **rechtsgestaltend** zu ergänzen. Auf diesen Fall sind die §§ 315 ff unmittelb anzuwenden. Der Dr kann aber auch die Aufg haben, Tats od TatbestdMerkmale für die Part verbindl **festzustellen.** Hierauf sind die §§ 315 ff entspr anwendb. Für beide Fallgruppen hat sich die Bezeichng **Schiedsgutachten** dchgesetzt, obwohl sie eigentl nur für die zweite paßt. Schuldet der Dr eine rgestaltde, „billige" Festlegg, spricht man von einem SchiedsgutachtenVertr iwS. Soll der Dr eine rfeststellde „richtige" Festlegg treffen, handelt es sich um einen SchiedsgutachtenVertr ieS.

b) Der **Schiedsgutachtenvertrag** ist im Ggs zum SchiedsVertr (unten d) ein RGesch des materiellen Rechts (MüKo/Söllner Rdn 13, RGRK Rdn 19, str). Die FormVorschr der ZPO 1027 gilt für ihn nicht (RG **152**, 204, BGH NJW **75**, 1556). Er kann auch im ArbR geschlossen w, soweit die Part dispositionsbefugt sind (BAG NJW **58**, 315, Dütz FS Müller, 1981, 129). Der SchiedsgutachtenVertr ist nur wirks, wenn er ausreichde Anhaltspkte dafür enthält, wie der ausfüllgsbedürft Pkt geregelt w soll (BGH **55**, 250). Nach der dem Schiedsgutachter übertragenen Aufg ist **zu unterscheiden** (s RG **96**, 60, **153**, 193, BGH **6**, 335):

aa) Rechtsgestaltende Ergänzung des VertrInh. Das Schiedsgutachten ergänzt den VertrWillen der Part. Bsp sind die Ausfüllg einer VertrLücke (Vergütg, Laufzeit des Vertr) od die Anpassg von DauerschuldVerh an veränderte Verhältn, vorausgesetzt, daß für den Schiedsgutachter ein Ermessensspielraum besteht (s BGH **48**, 28, **62**, 315, NJW **75**, 1556, Zweibr OLGZ **71**, 396, Bilda BB **76**, 389).

bb) Klarstellung des VertrInh. Das Schiedsgutachten stellt einen obj vorhandenen, dem Unkundigen verborgenen, von einem Sachkundigen aber auffindb VertrInh für die Part verbindl fest. Bsp sind die Ermittlg des Wertes eines GesellschAnteils (BGH WPM **76**, 253), des VerkWertes eines BauWerks (BGH WPM **75**, 256), der ortsübl Miete (BGH NJW **65**, 150), der angemessenen Miete (BGH NJW **75**, 1557).

cc) Feststellung von Tatsachen oder Tatbestandsmerkmalen. Das Schiedsgutachten legt Tats od sonst Umst, die für Art od Umfang der Leistg von Bedeutg sind, verbindl fest. Die Feststellgsmacht des Schiedsgutachters kann sich auf die Beurteilg der tatsächl Gegebenh beschränken; sie kann aber auch die Subsumtion u rechtl Beurteilg von Vorfragen mitumfassen (BGH **9**, 144, NJW **75**, 1556, BAG NJW **58**, 315). Bsp: Feststellg eines Schadens (BGH NJW **71**, 1455), des KausalZusHangs zw schädigdem Ereign u Schaden (BGH WPM **75**, 1047), eines Verschuldens; Feststellg von ErwerbsBeschränkgen, der Dienstunfähigk (BAG Betr **79**, 947), eines unfallbedingten Leidens (RG **69**, 167), einer „Überbehandlg" dch die Schiedsstelle einer kassenärztl Vereinigg (RG **124**, 39); Feststellg des KündGrdes (BGH **9**, 144), der Angemessenh von ErsRaum (BayObLG NJW **50**, 909, Bambg NJW **50**, 917), einer angemessenen Lohnkürzg (BAG **AP** § 611 (Akkordlohn Nr 11); Feststellg von Reparaturmängeln dch Kfz-Schiedsstellen (LG Nürnb NJW **75**, 972, AG Erlangen BB **76**, 252, Nicklisch FS Bülow 1981 S 159), der GesBaukosten (BGH NJW **74**, 896), des Schätzpreises für in Zahlg genommene Pkw (LG Hbg NJW **70**, 2064, BGH **LM** § 319 Nr 14, NJW **83**, 1855); Feststellg der aGrd einer Gleit- od Spanngsklausel eingetretenen PrErhöhg (§ 245 Anm 5 a bb u b); bei LeistgsVorbeh ist die Anpassg dagg ein Fall von aa.

c) Schiedsgutachter sind in der Gestaltg des **Verfahrens** grdsl frei. Das gilt sowohl für das rfeststellde Schiedsgutachten ieS als auch für das rgestaltde Schiedsgutachten iwS. Die ZPO 1025 ff finden keine Anwendg (RG **152**, 204, BGH **6**, 341, hM, stRspr). Ein AblehngsR der Part (ZPO 1032) besteht grdsl nicht (RG **152**, 207). Die Part können es jedoch dch vertragl Abrede begründen (BGH NJW **72**, 827), es ist dann aber nicht im Verf gem ZPO 1032 geltd zu machen (Mü BB **76**, 1047). Mögl ist auch, daß der SchiedsgutachtenVertr bei Befangenh des Gutachters aus wicht Grd gekündigt w kann (BGH Betr **80**, 967). Die Versagg rechtl Gehörs berührt die Wirksamk des Schiedsgutachtens nicht (BGH **6**, 341, NJW **55**, 665, Betr **68**, 751, str, aA Staud/Mayer-Maly Rdn 28). Die Kosten des Schiedsgutachtens fallen den Part iZw je zur Hälfte zur Last (LG Hbg MDR **75**, 143). Die Part können iW der FeststellgsKl den Inh eines für die Leistgsbestimmg dch den Gutachter vorgreifl RVerh dch die ordentl Ger feststellen lassen (BGH NJW **82**, 1879). Maßgebder Ztpkt für die Leistgsbestimmg ist in Anpassgsfällen der Zugang des Ändergsverlangens (BGH NJW **78**, 154).

d) Abgrenzung zum Schiedsvertrag (ZPO 1025). Das SchiedsGer entscheidet anstelle des StaatsGer endgült über das RVerhältn. Dagg ist der SchiedsgutachtenVertr, soweit er ggü dem SchiedsVertr abgrenzgsbedürft ist, auf die Feststellg von einzelnen TatbestdMerkmalen gerichtet (Fälle b bb u cc). Dabei kann den Schiedsgutachtern auch die Entscheidg von rechtl Vorfragen mitübertragen w (BGH **48**, 27, NJW **75**, 1556), das Schiedsgutachten unterliegt jedoch (anders als der Schiedsspruch) gem § 319 I 2 einer inhaltl Kontrolle dch das StaatsGer. Die Abgrenzg kann im Einzelfall zweifelh sein. Die von den Part gebrauchten Ausdrücke (SchiedsRi, Schiedsmänner, Gutachter, Sachverst) erlauben vielf keine zuverläss Schlüsse. Auch die unterschiedl AufgStellg (Entscheidg eines RStreits, Feststellg eines TatbestdMerkmals) ermöglicht nicht in jedem Fall eine eindeut Abgrenzg. So kann etwa die Anpassg von Leistgen aus einem Dauerschuldverhältn an sich ändernde Verhältn od die Regelg einer AuseinandS einem SchiedsGer, aber auch einem Schiedsgutachter übertragen w (s BGH **48**, 30, NJW **75**, 1556, VersR **81**, 882). Entscheid ist, welche Wirkg die Feststellg des Schiedsorgans nach dem Willen der Part haben soll: Soll eine Überprüfg auf offenb Unbilligk od Unrichtigk dch das StaatsGer mögl sein, handelt es sich um ein Schiedsgutachten; soll eine derart Überprüfg ausgeschl sein, ist die Vereinbg ein SchiedsVertr (s BGH **48**, 28, NJW **75**, 1556, VersR **81**, 883, Zweibr OLGZ **71**, 396). Bleiben Zweifel, ist ein SchiedsgutachtenVertr als die weniger weitgehde Regelg anzunehmen (Bulla NJW **78**, 399). Preisrichter sind keine Schiedsgutachter, sond haben eine dem SchiedsRi ähnl RStellg (s BGH **17**, 366).

3) Der **Schiedsgutachtervertrag** zw den Part u dem Schiedsgutachtern ist ein dem SchiedsRiVertr ähnl GeschBesorggsVertr. Er begründet idR RBeziehgen zw dem Schiedsgutachter u beiden Part (RG **87**, 194). Der Schiedsgutachter haftet nur bei groben Verstößen gg anerkannte fachwissenschaftl Regeln u überdies nur dann, wenn sein Gutachten wg offenb Unrichtigk unverbindl ist (BGH **43**, 376, Schlesw NJW **89**, 175,

Schuldverhältnisse aus Verträgen. 1. Titel: Begründg. Inhalt d. Vertr. **§§ 317–319**

Hamm NJW-RR **89**, 681). Bei einer Mehrh von Gutachtern muß der überstimmte den Part einen Hinw geben, wenn das Gutachten offenb unbill iSd § 319 I 1 ist (BGH **22**, 346).

4) Mehrheit von Bestimmungsberechtigten (II). Die Vorschr enthält nachgiebiges R. Sie wird in der Praxis vielf dch das MehrhPrinzip ersetzt. Soweit gem II 1. Halbs der EinstimmigkGrds gilt, u die Schiedsgutachter sich nicht einigen, ist die Bestimmg entspr § 319 I 2 dch Urt zu treffen (BAG BB **69**, 579). Das in II 2. Halbs für die Bestimmg von Summen vorgesehene Durchschnittsprinzip ist unanwendb, wenn die Festleggen sow auseinanderklaffen, daß eine von ihnen od beide offenb unrichtig sein müssen (BGH NJW **64**, 2401).

318 **Anfechtung der Bestimmung.** ¹Die einem Dritten überlassene Bestimmung der Leistung erfolgt durch Erklärung gegenüber einem der Vertragschließenden.

ΙΙ Die Anfechtung der getroffenen Bestimmung wegen Irrtums, Drohung oder arglistiger Täuschung steht nur den Vertragschließenden zu; Anfechtungsgegner ist der andere Teil. Die Anfechtung muß unverzüglich erfolgen, nachdem der Anfechtungsberechtigte von dem Anfechtungsgrunde Kenntnis erlangt hat. Sie ist ausgeschlossen, wenn dreißig Jahre verstrichen sind, nachdem die Bestimmung getroffen worden ist.

1) Bestimmungserklärung. I entspr § 315 I (s dort Anm 3). Die Bestimmg ist ein einseit empfangsbedürft RGesch (hM). Die Abgabe ggü einer der Part genügt. Die Bestimmg wird mit dem Zugehen Inh des zw den Part bestehden RGesch. Sie ist unwiderrufl. Auch bei Schiedsgutachten ieS (§ 317 Anm 2 b bb u cc) sind nachträgl Ändergen, etwa wg and Überzeuggen der Gutachter, ausgeschl (RG JW **31**, 3194, Schlesw SchlHAnz **57**, 341).

2) Anfechtbarkeit (II). Als WillErkl gelten für die Bestimmung die allg Nichtigk- u AnfRegeln. Die AnfGrde ergeben sich aus §§ 119, 120, 123, jedoch mit der Maßg, daß § 123 II unanwendb ist (MüKo/Söllner Rdn 4, hM). Das AnfR steht nach § 318 II nicht dem Dr, sond allein den VertrPart zu, da die Bestimmg nur für diese RWirkgen äußert. Der Dr ist aber verpflichtet, die Part auf Willensmängel hinzuweisen (Döbereiner VersR **83**, 712). Wenn die Part selbst die Drohg od Täuschg verübt hat, ist sie im Hinblick auf § 242 nicht anfechtberecht. Abweich von § 124 I muß auch bei Täuschg u Drohg unverzügl angefochten w (II 2). Wenn zugl die Voraussetzgen des § 319 I 1 vorliegen, hat die Part die Wahl, ob sie anfechten od gem § 319 I 1 vorgehen will (RG DR **43**, 296). Ist die Bestimmg von mehreren Dr getroffen worden u liegt nur bei einem ein AnfGrd vor, hat die Anf gleichwohl Gesamtwirkg (RG SeuffA **97**, 15).

319 **Unwirksamkeit der Bestimmung; Ersetzung.** ¹Soll der Dritte die Leistung nach billigem Ermessen bestimmen, so ist die getroffene Bestimmung für die Vertragschließenden nicht verbindlich, wenn sie offenbar unbillig ist. Die Bestimmung erfolgt in diesem Falle durch Urteil; das gleiche gilt, wenn der Dritte die Bestimmung nicht treffen kann oder will oder wenn er sie verzögert.

ΙΙ Soll der Dritte die Bestimmung nach freiem Belieben treffen, so ist der Vertrag unwirksam, wenn der Dritte die Bestimmung nicht treffen kann oder will oder wenn er sie verzögert.

1) Allgemeines. a) § 319 I entspr im wesentl § 315 III. Er unterscheidet sich von dieser Vorschr dadch, daß die Leistgsbestimmg nicht schon bei einfacher, sond nur bei offenbarer Unbilligk unverbindl ist. Der Unterschied beruht darauf, daß der Bestimmg des Dr eine größere **Richtigkeitsgewähr** beizumessen ist als der einer Part. Um Streitigk nach Möglichk zu vermeiden, soll die Bestimmg des Dr kleinl Beanstandgen entzogen w u nur aus wirkl wicht Grd angreifb sein (OHG **4**, 44). – **b)** Sow der Dr nach freiem Belieben entscheiden kann, unterliegt seine Bestimmg keiner gerichtl InhKontrolle (Anm 4). Das RGesch hat aleatorischen Charakter. – **c) Sonder- und Parallelvorschriften:** Vgl VVG **64**, 184.

2) Bei der Anwendg des § 319 I ist zw Leistgsbestimmgen u Schiedsgutachten (ieS) zu unterscheiden:

a) Leistungsbestimmungen nach billigem Ermessen (Schiedsgutachten iwS, § 317 Anm 2 b aa) sind bei **offenbarer Unbilligkeit** unverbindl (I 1). Diese liegt vor, wenn die Bestimmg den Grds von Treu u Glauben in grober Weise verletzt u sich nicht nur dem Geübten, sond auch nicht jedermann, so doch einem sachkund u unbefangenen Beobachter sofort aufdrängt (BGH NJW **58**, 2067, Betr **70**, 827, **LM** Nr 13). „Offenbar" ist nicht gleichbedeutd mit „offenkundig". Eine Beweiserhebg über die offenb Unbilligk ist nicht ausgeschl; sie muß sich aber auf die Frage beschränken, ob die offenb Unbillig für ein Sachkund offensichtl war (RG **96**, 62, **147**, 63). Gleichgült ist, ob den Dr ein Verschulden trifft; es genügt, daß die Unbillig obj vorhanden ist. Offenb Unbillig ist gegeben, wenn der VertrInh außer Betracht gelassen u einseit die Interessen einer Part berücksichtigt w (BGH **62**, 316); wenn trotz Ansteigens der Bezugsgröße (Lebenshaltgsindex) die Leistg (Miete) herabgesetzt w (Ffm OLGZ **81** , 97); wenn die Leistgsbestimmg völlig über die Entwicklg des betreffden Marktes hinwegsetzt (BGH MDR **77**, 660). Fehlschätzgen auch erhebl Umfangs machen die Bestimmg dagg nicht ohne weiteres offenb unbill (BGH **LM** § 317 Nr 8, WPM **82**, 768). Das Schrifft will die Toleranzgrenze bei etwa 25% ziehen (v Hoyningen-Huene, Billigk im ArbR, 1978, S 38, Laule Betr **66**, 770).

b) Auf **Schiedsgutachten** ieS (§ 317 Anm 2 b bb u cc) ist I 2 nicht unmittelb, sond entspr anzuwenden. Da das Schiedsgutachten keine rgestaltden Festsetzgen, sond kognitive Feststellgen enthält, kann nicht seine Billigk, sond nur seine Richtigk PrüfgsGgst sein. Es ist unverbindl, wenn es **offenbar unrichtig** ist (BGH **43**, 376, **81**, 237, **LM** § 317 Nr 7, BGH NJW **65**, 150, stRspr). Das ist der Fall, wenn sich die Unrichtigk dem sachkund u unbefangenen Beobachter, wenn auch möglicherw erst nach gründl Prüfg, aufdrängt (BGH NJW **79**, 1885, **83**, 2245, KG OLGZ **80**, 252). Bsp: Annahme eines Konstruktionsfehlers, währd es sich in Wahrh um einen Bediengsfehler handelt (BGH **LM** Nr 13); Anwendg unrichtiger Bewertgsmaßstäbe (BGH **9**, 198); Außerachtlassg wesentl Bewertgsfaktoren (BGH WPM **76**, 253).

c) Beurteilungsgegenstand und Zeitpunkt. – aa) Für die Frage, ob die Bestimmg des Dr offenb unbillig od unrichtig ist, kommt es grdsl allein auf das **Ergebnis** an, nicht die Art des Zustandekommens (BGH **6**, 341, **9**, 198, **LM** § 157 (Ge) Nr 16 Bl 3 R). Ein im Ergebn nicht angreifb Schiedsgutachten ist auch dann verbindl, wenn ein möglw befangener Gutachter mitgewirkt hat (RG **69**, 167), wenn den Beteiligten kein rechtl Gehör gewährt worden ist (§ 317 Anm 2c) od wenn der Gutachter einen wesentl Teil der Ermittlgen einer HilfsPers übertragen hat (LG Köln HuW **49**, 316). Dagg ist das Gutachten bei schwerwiegenden **Mängeln in der Begründung** als offenb unricht anzusehen (BGH NJW **75**, 1556, **77**, 801, **79**, 1885, NJW-RR **88**, 506), so wenn das Gutachten keine nachprüfb Begründg enthält (BGH aaO), wenn bei einer GrdstBewertg keine VerglPreise angegeben w (BGH WPM **85**, 174) od, wenn ein schlechthin ungeeignetes BewertgsVerf angewandt w (BGH BB **87**, 710). Offenb Unbilligk liegt auch vor, wenn zwei Gutachten zu so stark unterschiedl Ergebnissen kommen, daß entweder eines von ihnen od beide unricht sein müssen, da diese Unrichtigk sich auch auf den gem § 317 II maßgebden Mittelwert auswirkt (BGH NJW **64**, 2401). – **bb)** Bei der Prüfg des Schiedsgutachtens ist von der im **Zeitpunkt** der Gutachtenerstattg bestehden Sachlage u den damaligen Erkenntnismitteln auszugehen (RG **69**, 168, **96**, 62). BeurteilgsGrdl ist der Sach- u Streitstand, den die Part den Gutachtern unterbreitet haben (BGH NJW **79**, 1885, NJW-RR **87**, 21). Soweit die Part zur Prüfg der offenb Unrichtigk auf Informationen der GgPart angewiesen ist, kann ihr gem § 242 ein AuskAnspr zustehen (OGH NJW **50**, 781). – **cc)** Die **Beweislast** für die offenb Unbilligk od Unrichtigk trägt die Part, die sie behauptet. Die RLage ist insow und als iF des § 315 (dort Anm 5) eindeut (MüKo/Söllner Rdn 2, allgM). Erforderl ist ein substantiierter u schlüssiger TatsVortrag, aus dem sich die Unbilligk od Unrichtigk ergibt (BGH NJW **84**, 43).

3) Ersetzung der Bestimmung durch Urteil. a) Die unverbindl Bestimmg od das unverbindl Schiedsgutachten werden dch eine gerichtl Entscheidg ersetzt (I 2 1. Halbs). Eine Bestimmg dch Urt hat ferner zu erfolgen, wenn der Dr die Bestimmg **nicht** treffen **kann** od **will** od **verzögert** (I 2 2. Halbs). Fälle des „Nichtkönnens" sind der Wegfall des Dr (BGH **57**, 47) u die Nichteinigg bei mehreren Dr (BAG BB **69**, 579). „Nichtwollen" liegt vor, wenn der Dr sich weigert, den zwingd vorgesehenen Sühneversuch zu unternehmen (BGH NJW **78**, 631). Verzögerg iSv I 2 2. Halbs erfordert keinen Verzug (BGH **74**, 345). Sie kann auch auf Nichternennng des Dr dch eine Part beruhen (BGH **74**, 345, NJW **71**, 1455, **79**, 1544). – **b)** Für die Klage u Entscheidg gelten die Ausführgen in § 315 Anm 4c entspr.

4) Hat der Dr die Bestimmg nach **freiem Belieben** zu treffen (II), ist seine Festsetzg auch dann verbindl, wenn sie offenb unbill ist. Sie ist nur unwirks, wenn sie gg § 134 od § 138 verstößt (OGH **4**, 45, Alsdorf AnwBl **81**, 83). Kann od will der Dr die Bestimmg nicht treffen od verzögert er sie, sieht das Ges keine ersatzw gerichtl Leistgsbestimmg vor; der Vertr w vielm unwirks, wie wenn eine für seine Wirksamk gesetzte Bdgg ausgefallen wäre. Konstruktiv ist dieser Fall u der Fall der nichtigen Bestimmg ebso zu behandeln wie der des Ausfalls einer rgeschäftl aufschiebden Bdgg (str). Auch § 162 ist anwendb.

5) § 319 ist abdingbar. Die Part können eine Anf der Bestimmg wg offenb Unbilligk od Unrichtigk ausschließen (RG **67**, 75, BGH NJW **72**, 827, Zweibr OLGZ **71**, 399). Ein entspr VertrInh kann aber idR nur angenommen w, wenn die Part sich in Kenntn der nach dem Ges bestehden AnfMöglichk der Bestimmg auch für den Fall der offenb Unbilligk unterworfen haben (RG **150**, 7). Die Part können auch vereinbaren, daß die Entscheidg gem I 2 statt des StaatsGer ein SchiedsGer treffen soll (RG **153**, 195, BGH **6**, 339, str).

Zweiter Titel. Gegenseitiger Vertrag

Einführung

1) Begriff und Abgrenzung. Die SchuldVertr (Einf 3 v § 305) lassen sich nach ihrer Wirkg in einseitig u zweiseitig verpflichtde Vertr einteilen; bei letzteren kann wiederum zw unvollkommen u vollkommen zweiseitigen (ggs) Vertr unterschieden werden:

a) Der **einseitig verpflichtende** Vertr begründet nur für eine VertrPart eine LeistgsPfl. Der and Teil ist nicht zu einer Leistg verpflichtet; er schuldet aber wie jeder Partner eine Sonderverbindg Rücksichtn u Loyalität (Einf 1e v § 241). Bsp für einseitig verpflichtde Vertr sind das SchenkgsVerspr (§ 518), idR die Bürgsch (§ 765) u das DarlVerspr (§ 610).

b) Beim **unvollkommen zweiseitigen** Vertr trifft eine Part die den VertrTyp bestimmde LeistgsPfl. UU kann auch der and Teil zu einer Leistg verpflichtet sein; die beiderseitigen Verpflichtgen stehen jedoch nicht im Verhältn von Leistg u GgLeistg. Es handelt sich daher, von AusnFällen (unten d bb) abgesehen, um unentgeltl Vertr. Bsp sind Leihe (§§ 598ff), Auftr (§§ 662ff, BGH **15**, 105), das unverzinsl Darl (§ 607) u die unentgeltl Verwahrg (§ 690).

c) Beim **vollkommen zweiseitigen (gegenseitigen)** Vertr stehen die beiderseitigen Verpflichtgen in einem AbhängigkVerhältn zueinand. Jeder VertrPartner verspricht seine Leistg um der GgLeistg willen; die Leistg des einen ist Entgelt für die des and (BGH **15**, 105, **77**, 363). Ggs Vertr sind daher notw entgeltl Vertr (Einf 3c v § 305) u können nie abstrakt sein (Übbl 3e v § 104). Kennzeichnend für sie ist die **synallagmatische Verknüpfung** der beiderseitigen Leistgspflichten (Anm 2), dh eine auf dem Grds „do ut des" beruhde ggs Zweckbindg.

d) Die ggs Vertr sind typischerw **Austauschverträge**. Gleichgült ist, **an wen** die Leistg zu erbringen ist. Auch Vertr zGDr können ggs Vertr sein (RG **65**, 48, **150**, 133). Mögl ist auch ein mehrseitiger ggs Vertr über einen ringförmigen LeistgsAustausch (Pfister JZ **71**, 284, Larenz § 15 II). Die Begriffe ggs Vertr u AustauschVertr sind aber nur zT deckgsgleich: – **aa)** Ggs Vertr ist auch der **Gesellschaftsvertrag**, obwohl bei ihm keine Leistgn ausgetauscht, sond zur Erreichg eines gemeins Zweckes vereinigt w (RG **76**, 279, **78**, 305, **147**, 342, BGH NJW **51**, 308, str). Auf den GesellschVertr sind die in erster Linie auf AustauschVertr zugeschnittenen §§ 320ff aber nur mit erhebl Einschränkgen anwendb (§ 705 Anm 3c). – **bb)** Die für den AustauschVertr wesentl Verknüpfg von Leistg u GgLeistg braucht nicht notw synallagmatisch iSd §§ 320ff ausgestaltet zu sein. Mögl ist auch eine konditionelle od kausale Verbindg: Bei der **konditionellen** Verknüpfg wird die Erbringg der einen Leistg zur Bedingg (§ 158) für die Verpflichtg zur Erbringg der and gemacht (BGH NJW **82**, 436, Mü NJW **83**, 759). Der konditionellen Verknüpfg ähnl ist die beim MaklVertr bestehde Abhängigk von MaklLeistg u VergütgsAnspr (Einf 3a v § 652). Die **kausale** Verknüpfg hat in § 812 I 2 Alt 2 ihre Grdl: die eine Part verfolgt den Zweck, die and zur Erbringg der an sich nicht geschuldeten Leistg zu veranlassen. Wird diese Erwartg enttäuscht, kann sie ihre Leistg kondizieren. Mögl ist aber auch, den mit der Leistg bezweckten Erfolg zum Inh eines ggs Vertr zu machen (BGH MDR **52**, 33).

e) Die Part des ggs Vertr suchen den GgWert für ihre Leistg in der des and. Sie gehen typischerw davon aus, daß die Leistg des and Teils die der eigenen (mindestens) gleichwertig ist (RG **107**, 127, BGH **77**, 363, NJW **62**, 251). Die Vorstellg der Part von der **Äquivalenz** der beiderseitigen Leistgen ist daher bei ggs Vertr idR GeschGrdl (§ 242 Anm 6 C a); wird das ÄquivalenzVerhältn dch unvorhersehb Ereign schwerwiegd gestört, ist der Vertr an die veränderten Verhältn anzupassen. Die subj Äquivalenz der beiderseitigen Leistgen ist aber kein notw Merkmal des ggs Vertr. Die Part können wg des Grds der VertrFreih auch Leistgen unterschiedl Werts ggeinand austauschen (Bsp: FreundschKauf u FreundschMiete). Bei einem bes groben Mißverhältn der beiderseitigen Leistgen kann aber uU § 138 anwendb sein.

f) Einzelne Anwendungsfälle. – aa) Hauptbeispiele für ggs Vertr sind Kauf u Tausch, Miete u Pacht sowie Dienst-, Wk- u GeschBesorggsVertr. Darüber hinaus sind zahlreiche weitere typische u verkehrstypische Vertr (Einf 4 v § 305) ggs Vertr. Bsp sind das verzinsl Darl (Einf 1b v § 607), auch soweit vor Auszahlg Bereitstellgszinsen zu zahlen sind (Köln WPM **89**, 526), der GesellschVertr (oben d aa), der Vergl (BGH WPM **74**, 370), der jedoch je nach Lage des Einzelfalls auch ein nicht ggs Vertr sein kann (RG **106**, 87, BAG Betr **70**, 259), der AlleinvertriebsVertr (BGH NJW **86**, 126), die Vereinbg eines WettbewVerbots gg Zahlg einer KarenzEntsch (BAG Betr **82**, 125, **86**, 178), der ein WettbewVerbot enthaltde Vertr über das Ausscheiden eines Gesellschters (BGH WPM **83**, 170), der dem Erbverzicht zugrde liegde AbfindgsVertr zw Erblasser u weichden Erben (Stürzebecher NJW **88**, 2717), der Vertr über die Auflösg eines PachtVertr gg Zahlg einer Abfindg (LG Ffm NJW **76**, 572), wobei aber jeweils zu prüfen ist, welche der beiderseit Pflten im GgseitigkVerh stehen (Köhler JuS **76**, 785). – **bb)** Da nach dem Grds der VertrFreih der **Parteiwille** über das Vorliegen eines GgseitigkVerh entscheidet, können auch die an sich unter a) u b) fallden Vertr als ggs Vertr abgeschl w, so die BürgschLeistg gg Entgelt (RG **66**, 426) u der MaklVertr (Einf 3b v § 652). Auch der idR außerhalb der rgeschäftl Tatbestd stehde mit der Leistg bezweckte Erfolg (§ 812 I S 2) kann zum Inh eines ggs Vertr gemacht w (RG **132**, 242, BGH MDR **52**, 33). **Kein** ggs Vertr ist dagg die Schenkg unter Aufl (RG **60**, 240, **112**, 212). Wenn die Aufl in ihrem Wert der Leistg des Schenkers nahekommt, ist aber, soweit Regelgslücken bestehen, eine entspr Anwendg der §§ 323ff mögl (Staud-Otto Rdn 28). Kein ggs Vertr, sond ein RGesch des PersR ist der Beitritt zu einem Verein (RG **100**, 2). Zw dem VorkaufsBerecht u dem Verkäufer besteht nach Ausübg des Rechts ein ggs VertrVerhältn, nicht aber zw dem VorkaufsBerecht u dem Käufer (BGH **15**, 105). – **cc) Gesetzliche Schuldverhältnisse.** Der Anwendgsbereich der §§ 320ff beschränkt sich grdsl auf vertragl SchuldVerhältn. Einbezogen ist jedoch das RVerhältn zw dem vollmlosen Vertreter u der and VertrPart, sofern ein ggs Vertr abgeschl werden sollte u der and Teil Erf wählt (RG **120**, 129, BGH **15**, 104). Dagg ist das **Rückgewährschuldverhältnis**, das inf Rücktr od Wandlg entsteht, kein ggs VertrVerh iSd §§ 320ff (§ 348 Anm 1, str). Auch auf die Rückabwicklg nichtiger Vertr sind die §§ 320ff unanwendb (RG **94**, 310), jedoch führt die Saldotheorie prakt zur Berücksichtigg des zw Leistg u GgLeistg bestehden Synallagmas (§ 818 Anm 6 D b).

2) Erscheinungsformen des Synallagmas. Die wechselseitige Abhängigk der ggs Verpflichtgen (Anm 1c) ist ein wesentl GrdGedanke der gesetzl Regelg iSd AGBG 9 II Nr 1 (BGH **82**, 127, **96**, 109). Sie wirkt sich in dreifacher Beziehg aus:

a) Genetisches Synallagma. Die Entstehg der Verpfl des einen Teils ist von der des and abhängig. Zur Nichtigk des gesamten Vertr genügt die Unmöglichk (§ 306), Gesetzwidrigk (§ 134) od Unsittlichk (§ 138) einer Leistg. Eine Teilaufrechterhaltg des Vertr entspr § 139 kommt nicht in Betracht.

b) Funktionelles Synallagma. Die Abhängigk der ggs Verpflichtgen wirkt sich auch bei der Dchsetzg der Anspr aus. Der Gläub einer im GgseitigkVerhältn stehden Fdg kann nicht Leistg schlechthin, sond nur Leistg **Zug um Zug** gg Erbringg der GgLeistg verlangen (§ 320). Der Anspr ist inhaltl beschränkt u richtet sich auf DchFührg des LeistgsAustauschs (§ 320 Anm 1a, str).

c) Konditionelles Synallagma. Treten bei einer ggs LeistgsPfl nachträgl **Störungen** auf, so wirkt sich dies auch auf die Verpflichtg zur GgLeistg aus (§ 323ff). Das Synallagma verhindert, daß eine Part leistgspflichtig bleibt, obwohl die GgLeistg ohne ihr Verschulden nicht mehr erbracht werden kann. Das Prinzip der konditionellen Verknüpfg kommt vor allem in § 323 zum Ausdr, liegt aber auch den §§ 324ff zugrde.

3) Gegenseitigkeitsverhältnis. Die §§ 320ff gelten nur für die LeistgsPflten, zw denen eine synallagmatische Abhängigk besteht. Auf die nicht im GgseitigkVerhältn stehden Verpflichtgen sind dagg die allg Regeln (§§ 273, 280, 286) anwendbar (RG **106**, 24). Das GgseitigkVerhältn erstreckt sich auf **Hauptleistungspflichten**, dagg grdsl nicht auf Nebenleistgs- u SchutzPflten. Maßgebd für die Abgrenzg ist der dch Auslegg zu ermittelnde Wille der Part. Handelt es sich nach den Umst des konkreten Falles um eine wesentl VertrLeistg, sind die §§ 320ff anzuwenden (RG **101**, 431, BGH NJW **53**, 1347). Das GgseitigkVerhältn bleibt bestehen, wenn an die Stelle der LeistgsPfl sekundäre Anspr treten, etwa die aus §§ 281, 283, 325, 326 (RG **149**, 328, Staud-Otto Rdn 30) od der NachbesserungsAnspr (BGH **26**, 339, **73**, 144). Es erstreckt sich dagg nicht auf die bei VertrBeendigg entstehden RückgPflten, wie zB die RückgPfl des Mieters aus § 556 (RG **108**, 138). Einzelfälle: § 326 Anm 3 b, aber auch § 320 Anm 2 a.

4) Abdingbarkeit und Konkurrenzen. a) Die §§ 320 ff können als **dispositives Recht** dch IndVereinbgen in den Grenzen der §§ 134, 138 abgeändert od abbedungen w. Ändergen dch AGB sind dagg wg der Klauselverbote der AGBG 9 II 1, 10 Nr 2 u 3, 11 Nr 2, 4, 8 u 9 nur ausnw mögl (s bei den einz Vorschr). – **b)** Die §§ 320 ff gehen hinsichtl der synallagmat Verpflichtgen den allg Regeln des ersten Titels vor. Soweit für einz ggs Vertr SonderVorschr bestehen, haben diese vor den §§ 320 ff den **Vorrang** (s bei den einz Vorschr).

320 *Einrede des nichterfüllten Vertrags.* ¹Wer aus einem gegenseitigen Vertrage verpflichtet ist, kann die ihm obliegende Leistung bis zur Bewirkung der Gegenleistung verweigern, es sei denn, daß er vorzuleisten verpflichtet ist. Hat die Leistung an mehrere zu erfolgen, so kann dem einzelnen der ihm gebührende Teil bis zur Bewirkung der ganzen Gegenleistung verweigert werden. Die Vorschrift des § 273 Abs. 3 findet keine Anwendung.

²Ist von der einen Seite teilweise geleistet worden, so kann die Gegenleistung insoweit nicht verweigert werden, als die Verweigerung nach den Umständen, insbesondere wegen verhältnismäßiger Geringfügigkeit des rückständigen Teiles, gegen Treu und Glauben verstoßen würde.

1) Allgemeines. a) § 320 gibt jeder Part eines ggs Vertr das Recht, die ihr obliegde Leistg bis zur Bewirkg der GgLeistg zu verweigern, **Einrede** des nicht erfüllten (nicht vollständ od nicht gehörig erfüllten) Vertr. Die Vorschr ist Ausdr des funktionellen Synallagmas (Einf 2 b). Der aus einem ggs Vertr Berecht kann nicht Leistg schlechthin, sond nur Zug um Zug gegen Empfang der GgLeistg fordern. Die im GgseitigkVerhältn stehden Anspr sind **inhaltlich beschränkt** u richten sich auf Vollzug des Leistgsaustauschs (Larenz § 15 I, Roth, Einr des Bürgerl R, 1988, S 173, aA hM). Die Mahng ist daher hins eines synallagmatischen Anspr nur wirks, wenn die GgLeistg angeboten w (§ 284 Anm 2 b). Die rechtstechnische Ausgestaltg als Einr (Anm 3 b) beruht nach der Entstehgsgeschichte (Mot II 204) auf prozessualen Überleggen: Der Berecht soll auf Leistg klagen können, ohne ausdrückl eig Erfüllg od die Vereinbg einer VorleistgsPfl behaupten zu müssen. Die Einr ist ein besonders ausgestalteter Fall des allg ZbR (§ 273). Ihr **Zweck** ist ein doppelter: Sie soll den Anspr sichern u auf den Schu Druck ausüben, damit dieser seine Verpflichtg alsbald erfüllt (BGH NJW **81**, 2801, **82**, 2494). Die Einr kann daher (und als das BGB nicht mit SicherhLeistg abgewandt werden (§ 320 I 3). Sie gibt kein BefriediggsR, wird aber im Konk dch KO 17 geschützt. – **b) Anwendungsbereich.** § 320 ist auf alle ggs Vertr (Einf 1 c–f) anwendb. Besonderh gelten beim GesellschVertr (§ 705 Anm 3 c), beim VersorggsVertr (AVB EltV usw 33 u 30) u im GewährleistgsR. Gem § 348 findet § 320 auch den Rücktr u die Wandlg Anwendg. Endet der ggs Vertr dch den Zeitablauf od Künd, ist § 320 dagg unanwendb (RG **54**, 125, Einf 1 f bb). Auch auf die Rückabwicklg nichtiger u angefochtener ggs Vertr ist nicht § 320, sond § 273 anzuwenden (RG **94**, 310). – **c) Abdingbarkeit.** § 320 kann dch IndividualVereinbg abbedungen werden, insb dch Vereinbg einer VorleistgsPfl (Anm 4). Dagg sind Einschränkgen dch AGB im nichtkaufm Verk unwirks (AGBG 11 Nr 2 a).

2) Voraussetzungen. a) Die Fdg, auf die das LeistgVR gestützt wird, muß auf einem ggs Vertr (Einf 1) beruhen u mit der HptFdg in einem **Gegenseitigkeitsverhältnis** stehen. Dieses erstreckt sich auf HauptleistgsPflten sowie auf alle sonst vertragl Pflten, die nach dem VertrZweck von wesentl Bedeutg sind (Einf 3). Beim SukzessivliefergsVertr (Einf 5 v § 305) besteht wg der Einh des SchuldVerh Ggseitigk auch hins etwaiger Fdgen aus und Teilleistgen (RG **68**, 22, **120**, 196). Beim ArbVertr fällt auch die FürsorgePfl des ArbGeb unter das Synallagma (BAG NJW **64**, 883, MüKo/Emmerich Rdn 8, str). Solange die VertrPart Inhaber des erfüllshalber gegebenen Wechsels (Schecks) ist, setzt sich § 320 auch ggü der WechselFdg dch (BGH **57**, 300, Betr **83**, 762). Auch UnterlPflten können Ggst der Einbehaltg sein; ZuwiderHdlgen sind aber nicht mehr dch § 320 gedeckt, wenn sie den UnterlAnspr endgült vereiteln (RG **152**, 73, BAG NJW **83**, 2896). Das LeistgVR besteht auch, wenn die Leistg vereinbggem nicht an den VertrPart, sond an einen **Dritten** zu erbringen ist (RG **65**, 48). Es wird nicht dadch ausgeschl, daß der Schu die GgFdg abgetreten hat (BGH **55**, 356, **85**, 348, krit Ludewig NJW **72**, 516). Zw dem ProvisionsAnspr des Kommissionärs u dem Anspr des Kommittenten auf Abtr von SchadErsFdgen wg Beschädigg des Kommissionsgutes besteht ein GgseitigkVerh (RGRK Rdn 8, offen gelassen v BGH **105**, 128), nicht aber zw dem RäumgsAnspr des Vermieters u GgAnspr des Mieters (s RG **108**, 138).

b) Die GgFdg muß **vollwirksam** u **fällig** sein. Das LeistgVR ist daher idR ausgeschl, wenn der Schu vorleistgspflicht ist (Anm 4). Auch ein bereits **verjährter** Anspr begründet in entspr Anwendg von § 390 S 2 ein LeistgsVR, wenn die Verj bei Entstehg der HptFdg noch nicht vollendet war (RG **149**, 328, BGH **76**, 125). Dagg begründet die dch Ablauf einer AusschlFr erloschene GgFdg kein LeistgVR (s § 390 Anm 2). Dieses scheidet auch aus, wenn die Erf des GgAnspr unmöglich geworden ist (RG Warn **17** Nr 135). Solange die Unmöglichk nicht feststeht, ist die Einr aus § 320 aber zul. Wandelt sich die GgFdg in einen ErsAnspr od in einen sonst **sekundären Anspruch** um, besteht das LeistgsVR weiter (RG **149**, 328). Bsp sind Anspr auf ErsHerausg (§§ 323 II, 281), Nachbesserg (BGH **61**, 45) od SchadErs (Einf 3 vor § 320). Bei SchadErsAnspr wg NichtErf scheidet ein LeistgVR aber idR aus, da die beiderseit Fdgen zu bloßen Rechngsposten in der Differenzrechng w (§ 325 Anm 4 A).

c) Eigene Vertragstreue. – aa) Sie ist ungeschriebene Voraussetzg für das LeistgVR. Der Schu kann sich nach dem Zweck der Einr (Anm 1 a), den eig Anspr dchzusetzen, nur dann auf § 320 berufen, wenn er am **Vertrag festhält** (BGH **50**, 177, NJW **82**, 875, Hamm NJW-RR **86**, 1180). Will er sich endgült vom Vertr lösen, muß er dafür in Frage kommden RBehelfe (§ 326, pVV) geltd machen. – **bb)** Der Schuldner darf sich nicht in **Leistungsverzug** befinden. Er kann die Einr aus § 320 nicht auf Tats stützen, die erst nach der eig VertrUntreue eingetreten sind (RG **120**, 196). – **cc) Annahmeverzug** des Schu hins der ihm geschuldeten Leistg schließt das LeistgVR dagg nicht aus (RG **94**, 311, BGH **90**, 358, Schilken AcP **181**, 376, aA Kirn JZ **69**, 327); Voraussetzg ist jedoch, daß er am Vertr festhalten will (oben aa). Die Belange des and Teils werden dch §§ 372, 383, 322 III, 324 II, 274 II gewahrt.

d) **Nichterfüllung des Vertrags durch den anderen Teil. – aa)** Die GgLeistg muß noch ausstehen; sie darf nicht bewirkt sein u auch nicht gleichzeitig bewirkt w. Die Grde für die NichtErf sind gleichgült; ein **Verschulden** des and Teils ist nicht erforderl (RG **145**, 282, HRR **32**, 438). – **bb)** Unerhebl ist, in welchem **Umfang** die GgLeistg noch aussteht. Das Ges sieht eine Beschränkg des LeistgVR auf einen dem Wert der noch ausstehden Teilleistg entspr Betrag nicht vor. Der Schu kann seine Leistg grdsl **voll** zurückhalten, auch wenn die GgLeistg bereits teilweise erbracht worden ist (BGH **54**, 249), jedoch können sich aus II Beschränkgen ergeben (unten e). Sind **mehrere Gläubiger** anteilig fordergsberecht (§ 420), braucht der Schu gem **I** 2 erst zu leisten, wenn die ganze GgLeistg bewirkt w; es genügt nicht, daß der Gläub, der seine TeilFdg geltd macht, die ihm obliegde Teilleistg erbracht h. – **cc)** Das LeistgVR besteht auch bei einer **nicht gehörigen Leistung** (RG **56**, 153, BGH **55**, 356). Wird eine nicht vertragsgem Leistg angeboten, kann der Schu sie gem § 266 zurückweisen u die Einr aus § 320 wg vollständ NichtErf geltd machen. Der Schu ist aber auch dann zur LeistgV berecht, wenn er die qualitativ mangelh Leistg angenommen hat, vorausgesetzt der Mangel ist behebb u der ErfAnspr besteht weiter. Für einz VertrTypen gelten aber Besonderh. Beim **Dienstvertrag** begründet eine qualitativ mangelh Dienstleistg kein MindergsR (Hbg TranspR **89**, 66). Der Dienstberechtigte hat daher bei mangelh Leistg auch kein LeistgVR aus § 320, da dies im Ergebn auf eine Minderg hinauslaufen würde (BAG **AP** § 611 (Haftg des ArbNeh) Nr 71, Ullrich NJW **84**, 585). Beim **Kaufvertrag** gilt § 320 uneingeschränkt bis zum Gefahrüberg (§ 459 Anm 2). Danach ist zu unterscheiden: Beim Spezieskauf tritt mit der Übereign der mangelh Sache Erf ein. Der Käufer ist auf die Rechte aus §§ 459ff beschränkt; das LeistgVR aus § 320 entfällt (BGH **10**, 248, NJW **79**, 33, Ffm NJW **87**, 3206, Vorbem 2a v § 459). Er kann aber die Einr der Wandlg erheben, auf die gem §§ 467, 348 S 2 die §§ 320, 322 entspr anzuwenden sind. Sofern ein ErfAnspr fortbesteht, ist auch das LeistgVR aus § 320 weiterhin gegeben. Das ist der Fall bei Liefer eines *aliud* (BGH NJW **69**, 787, § 459 Anm 1), wenn dem Käufer gem § 480 od aufgrd vertragl Abrede ein Anspr auf Nachlieferg od Nachbesserg zusteht (RGRK-Ballhaus Rdn 19), ferner bei RMängeln (BGH **108**, 280). Beim **Werkvertrag** begründet der NachbessergsAnspr als ErfAnspr die Einr aus § 320 (BGH **26**, 337, **73**, 144, Vorbem 4a v § 633). Auch beim **Mietvertrag** behält der Mieter neben den Rechten aus §§ 537ff den ErfAnspr u damit die Einr aus § 320 (BGH **84**, 45, Joachim Betr **86**, 2649, § 537 Anm 1 c).

e) Das LeistgVR ist **ausgeschlossen,** soweit Treu u Glauben entggstehen. **II** hebt das für einen wichtigen Sonderfall (Unverhältnismäßigk) zur Klarstellg besonders hervor. Die LeistgV kann treuwidrig sein, wenn die Art der Ggst die Zb verbietet (Bsp § 273 Anm 5 d) od wenn die Zb den Anspr des Gläub endgült vereiteln würde (BGH BB **74**, 671, BAG NJW **83**, 2896). Ist die Leistg bereits teilw erbracht, besteht trotz II grdsl das Recht, die volle GgLeistg zurückzuhalten (BGH **54**, 249, NJW **58**, 706, **62**, 628). And ist es jedoch, wenn die volle Zb, insb wg der Geringfügigk des noch ausstehden Leistgsteils **unverhältnismäßig** wäre. Das Ges gibt dem Ger insow einen Ermessensspielraum (BGH **56**, 316). Zu berücksichtigen sind alle Umst, so eine bereits geleistete Sicherh (RG JW **15**, 1189), bei Teilklagen die Sicherg dch den nicht eingeklagten FdgTeil (BGH **56**, 316), beim NachbessergsAnspr die Schwierigk bei der Vergabe von Kleinreparaturen (Nürnb OLGZ **56**, 13). Von erhebl prakt Bedeutg ist II bei **Mängeln von Bauleistungen.** Zum Teil wird dem Besteller die Einbehaltg des vollen WkLohnes zugestanden, auch wenn dieser mehr als zehnmal so hoch ist wie die Kosten der Nachbesserg (Hbg MDR **70**, 243), währd and die Zb auf den Wert der noch ausstehden Leistg beschränken wollen (Brügmann BauR **81**, 128). Dem Ges entspr eine mittlere Lösg: Der Besteller darf idR das Drei- bis Fünffache der zu schätzenden Nachbesserungskosten zurückbehalten (ähnl BGH NJW **81**, 1449, 2801, **84**, 727: Dreifache; BGH **26**, 337: Vierfache; Ffm BauR **82**, 377: Fünffache). Dabei kann auch ein Teil des vereinbarten Sichergseinbehalts berücksichtigt w; die Vereinbg eines solchen Einbehalts schließt aber die Rechte des Bestellers aus § 320 keinesf aus (BGH NJW **82**, 2494, DNotZ **84**, 478). Auch bei Mängeln der Mietsache kann idR die Drei- bis Fünffache des Beseitigungsaufwandes einbehalten w (LG Hbg MDR **84**, 494, Joachim Betr **86**, 2653). EnergieversorggsUntern haben trotz II bei Zahlgsverzug der Kunden grdsl das Recht, die **Stromversorgung** nach vorheriger Androhg einzustellen (§ 33 II AVBEltV, LG Dortm NJW **81**, 764, BVerfG NJW **82**, 1511). Etwas and gilt bei vorübergehenden Zahlgsschwierigk, wenn hinr Aussicht besteht, daß der Anspr in übersehb Zeit befriedigt w (§ 33 II AVBEltV). Leistet der Kunde deshalb nicht vollst, weil er **Kernkraftgegner** ist u das VersorggsUntern auch aus Kernenergie gewonnenen Strom liefert, steht weder § 320 II noch der Grds der Verhältnismäßigk der Einstellg der Stromversorgg entgg, da keine Aussicht besteht, daß der Kunde seiner ZahlgsPfl ohne richterl Spruch nachkommt u dem VersorggUntern nicht zugemutet w kann, fortgesetzt zu prozessieren (LG Dortm NJW **81**, 764 mwN, § 242 Anm 1 e a).

3) Rechtsfolgen. – a) Das bloße obj Bestehen des LeistgVR **hindert** den Eintritt des **Schuldnerverzuges** (BGH **84**, 44, NJW **66**, 200, § 284 Anm 2 b); einer Geltdmachg der Einr bedarf es dazu – and als iF des ZbR nach § 273 – nicht. Solange das LeistgVR besteht, können weder Prozeß- noch FälligkZinsen gefordert werden, da der Anspr iSd §§ 291, 641 noch nicht fällig ist (BGH **55**, 198, **61**, 46). Der Schu kommt, wenn er nicht vorleistgspflicht ist, nur in Verzug, wenn der Gläub bei der Mahng die GgLeistg anbietet, es genügt nicht, daß der Gläub zur Erbringg der eig Leistg bereit u imstande ist (§ 284 Anm 2 b, str). – **b)** Konstruktiv hat das Ges das LeistgVR als **aufschiebende Einrede** ausgebildet. Sie hemmt die Verj nicht (§ 202 II) u kann wg ihres Zwecks, den auf Zur VertrErf anzuhalten, nicht dch SicherhLeistg abgewandt w (§ 320 I 3). Sie erlischt, wenn die GgPart alles zur Erf Erforderl getan hat, also grdsl mit der Vorn der LeistgsHdlg, nicht erst mit Eintritt des LeistgsErfolgs (Staud-Otto Rdn 21). Die in Unkenntn der Einr erbrachte Leistg kann nicht zurückgefordert w, da § 813 nur für dauernde Einr gilt (BGH NJW **63**, 1869). **Prozessuale Wirkungen** s § 322 mit Anm. – **c) Beweislast.** Wer die Einr aus § 320 erhebt, muß beweisen, daß die geltd gemachte Fdg auf einem ggs Vertr beruht u daß ihm eine unter das GgseitigkVerhältn fallde GgFdg zusteht.

Demgüü obliegt dem Gläub der Bew, daß er schon erfüllt hat od daß der Schu vorleistgspflicht ist. Ausn gelten gem § 442 bei RMängeln u analog §§ 345, 358 bei GgAnspr auf Unterl. Eine weitere Ausn ergibt sich aus § 363, sofern der Schu die GgLeistg des and Teils als Erf angenommen hat (§ 363 Anm 2).

4) Vorleistungspflicht. – a) Allgemeines. Der LeistgsAustausch Zug-um-Zug, der dem Modell des Barkaufs entspricht, stößt in der prakt Dchführg vielf auf Schwierigk (s zum ReiseVertr BGH **100**, 164, zur Mängelbeseitigg BGH **90**, 357). Es ist daher aus prakt Grden häufig notw, einer Part eine VorleistgsPfl aufzuerlegen. – **b) Entstehung.** Das Ges selbst sieht eine VorleistgsPfl für den Vermieter (§ 551), den Dienstverpflichteten (§ 614), den WkUntern (§ 641) u den Verwahrer (§ 699) vor. Der Untern ist aber nur hinsichtl der Herstellg des Wk u der Nachbesserg bis zur Abnahme vorleistgspflicht; nach der Abnahme ist die Beseitigg von Mängeln u die Zahlg des restl WkLohns Zug um Zug abzuwickeln (BGH **61**, 45, **90**, 357, Anm 2d cc, e). Die VorleistgsPfl kann auch ausdrückl od stillschw vereinbart w. Für entspr formularmäß Klauseln gelten aber die Beschränkgen des AGBG (AGBG 11 Anm 2). **Einzelfälle:** Der Käufer ist vorleistgspflicht bei Vereinbg „Kasse (bereits) gg Faktura" (RG JW **23**, 685, BGH **23**, 131), „Zahlg (Kasse) gg Dokumenten" (BGH **41**, 221, **55**, 342), „cash against document" (BGH NJW **87**, 2435), Stellg eines Akkreditivs (RG **102**, 155), Kauf unter Nachnahme (keine Untersuchsmöglichk vor Zahlg). Dagg ist der Verkäufer bei Vereinbg eines Zahlgsziels u beim Versendgskauf (BGH **74**, 142) vorleistgspflicht. Der ArbN, dem ein Anspr auf eine KarenzEntsch zusteht, ist mit seiner AuskPfl hins der anzurechnden Einkünfte vorleistgspflicht (BAG NJW **78**, 2215). – **c) Rechtsfolgen.** Für den Vorleistgspflichtigen entfällt das LeistgVR des § 320. Er kann den and Teil nur in Verzug setzen, wenn er bereits geleistet hat od seine Leistg zumindest anbietet (BGH NJW **63**, 1149, **66**, 200, § 284 Anm 2b). Soweit auch die Leistg des and Teils inzw fällig geworden ist, wird die VorleistgsPfl zur Pfl zur Zug-um-Zug-Leistg (BGH NJW **86**, 1164). Aus der gesetzl od vertragl Regelg, die die VorleistgsPfl begründet, kann sich aber ergeben, daß die GgLeistg notw erst nach Erbringg der Vorleistg fällig werden, die Vorleistg mithin in eine Pfl zur Zug-um-Zug-Leistg also ausgeschl sein soll, sog **beständige** VorleistgsPfl (MüKo/Emmerich Rdn 17). Zur Behandlg der VorleistgsPfl im Proz s § 322 Anm 3. – **d) Schranken** der VorleistgsPfl ergeben sich aus § 321 (s dort), vor allem aber aus § 242. Die VorleistgsPfl entfällt, wenn der and Teil ernsthaft erklärt hat, er könne od wolle den Vertr nicht erfüllen (BGH **88**, 247, NJW-RR **87**, 1159). Entspr gilt, wenn bei einem Sukzessivlieferungsvertr eine fr Vorleistg noch nicht bezahlt ist (RG **66**, 427). Dem Vorleistgspflichtigen steht in diesen Fällen das LeistgVR des § 320 zu. Wenn der and Teil die eig Leistg grundlos u endgültig abgelehnt hat, kann er auf Leistg klagen, ohne daß ihm der Einwand mangelnder Fälligkeit od die Einr aus § 320 entgggehalten werden kann (BGH **50**, 177). Er ist in diesem Fall auch befugt, die Rechte des § 326 geltd zu machen (RG **171**, 306). Wenn der VorleistgsBerecht nach nur vorübergehender Abwendg vom Vertr seine eig Pflten vorbehaltlos wieder anerkennt, entfallen aber die Beschränkgen seiner RStellg (BGH **88**, 96).

321 **Vermögensverschlechterung.** Wer aus einem gegenseitigen Vertrage vorzuleisten verpflichtet ist, kann, wenn nach dem Abschlusse des Vertrags in den Vermögensverhältnissen des anderen Teiles eine wesentliche Verschlechterung eintritt, durch die der Anspruch auf die Gegenleistung gefährdet wird, die ihm obliegende Leistung verweigern, bis die Gegenleistung bewirkt oder Sicherheit für sie geleistet wird.

1) Allgemeines. § 321 ist eine nach Voraussetzg u Wirkg eng beschränkte Ausprägg der *clausula rebus sic stantibus* od nach heutiger Dogmatik der Lehre vom Wegfall der (obj) GeschGrdl (§ 242 Anm 6). Er gibt dem aus einem ggs Vertr Vorleistgspflichtigen ein LeistgVR, wenn sich die Vermögensverhältnisse des and Teils wesentl verschlechtern. Ähnl Regelgen enthalten §§ 610, 775 I Nr 1, 1133; es handelt sich dabei um Sondervorschr, denen kein allg RPrinzip entnommen werden kann. § 321 läßt die sich aus and RGrds ergebden Schranken der VorleistgsPfl unberührt (Bsp: § 242, pVV, c. i. c., s § 320 Anm 4d). Die Vorschr ist **abdingbar**. Einschränkgen dch AGB sind aber unwirks (AGBG 9 II Nr 1, 11 Nr 2a), Erweitergen dch AGB können gg AGBG 9 (BGH NJW **85**, 1220), vor allem aber gg 10 Nr 3 verstoßen (s dort).

2) Voraussetzungen. a) § 321 gilt nur für ggs Vertr (Einf 1 vor § 320), bei denen die eine Part eine **Vorleistungspflicht** trifft (§ 320 Anm 4). Gleichgült ist, ob sich die VorleistgsPfl aus dem Ges od aus Vertr ergibt. – **b) Wesentliche Vermögensverschlechterung.** Die VermögensVerhältn müssen sich nach VertrSchl verschlechtert haben. Wenn die den Anspr gefährdde Vermögenslage bereits bei VertrSchl bestanden hat, ist § 321 weder direkt noch analog anwendb (BGH WPM **58**, 1546, RGRK Rdn 3, hM, aA Lindacher MDR **77**, 797). Der Vorleistgspflichtige kann aber gem § 123 od § 119 II (Irrt über Kreditwürdigk) zur Anf berecht sein; ihm kann auch wg Verletzg der AufklPfl ein Anspr aus c. i. c. zustehen (§ 276 Anm 6 B c). Außerdem ist mögl, daß sich die von Anfang an schlechten VermögensVerhältn weiter verschlechtern u § 321 aus diesem Grd anwendb ist (BGH NJW **64**, 100). Maßgebd ist eine obj wirtschaftl Beurteilg. Bsp für eine Anwendbark des § 321 sind insb: Eröffng des Konk- od VerglVerf (Kornmeier BB **83**, 1312, s aber unten c), Einzelvollstreckg (BGH NJW **64**, 100), Ablehng eines wichtigen Kredits (BGH aaO), Hingabe ungedeckter Schecks (BGH WPM **61**, 1372), Wechselprotest u Ausfall einer Vormerkg (Celle Betr **70**, 581), Einstellg der Ratenzahlg beim LeasingVertr (Ffm NJW **77**, 200). Eine allg Verschlechterg der WirtschLage, etwa dch Inflation oder Krieg, ist für die Anwendg des § 321 nicht ausreichd (RG Warn **16** Nr 5). – **c) Anspruchsgefährdung.** Sie ist eine weitere selbständ Voraussetzg § 321 ist daher trotz einer erhebl Verschlechterg der VermögensVerhältn unanwendb, wenn eine ausreichde Sicherh vorhanden ist (RG **53**, 246), wenn der KonkVerw gem KO 17 Erf verlangt u die Befriedigg der Massschulden nicht gefährdet erscheint (Düss MDR **70**, 1009), wenn der and Teil Dienstleistgen schuldet od eine Unterl schuldet u mit einer Umwandlg des Anspr in eine GeldFdg nicht ernstl zu rechnen ist. – **d) Maßgebder Beurteilungszeitpunkt** ist die Fälligk der VorleistgsPfl. Bei nachträgl Besserg der Vermögenslage entfällt die Einr (Staud-Otto Rdn 28). Das gilt auch dann, wenn der Vorleistgspflichtige vom Wegfall der Gefährdg nichts weiß (str). Der Vorleistgspflichtige wird jedoch dch § 285 geschützt, solange er von der Änderg keine Kenntn

Schuldverhältn. aus Vertr. 2. Titel: Gegenseit. Vertr. **§§ 321, 322, Vorbem v § 323**

hat. Eine ErkundiggsPfl trifft ihn nicht (RG Gruch 52, 412). § 321 ist grdsl auch anwendb, wenn der Vorleistgspflichtige bei Eintritt der VermVerschlechterg bereits im Verzug ist (Soergel-Wiedemann Rdn 32, str), and aber, wenn der Verzug die Verschlechterg mitverursacht h.

3) Rechtsfolgen. Der Vorleistgspflichtige erwirbt ein LeistgVR (Einr), bis die Leistg bewirkt od Sicherh für sie geleistet ist. Gem § 232 II ist auch SicherhLeistg dch einen taugl Bürgen zul. Der Vorleistgspflichtige kann die bereits auf dem Transport befindl Ware zurückrufen (sog StoppgsR, s Staud-Otto Rdn 34, EKG 73 II u III). Sein Verzug wird nicht *ipso facto,* sond nur geheilt, wenn er nunmehr seine Leistg gg Bewirkg der GgLeistg anbietet (BGH NJW **68**, 103). Ist auch der Anspr des Vorleistgspflichtigen auf die GgLeistg inzw fällig geworden (und unbeständ VorleistgsPflten), kann er auf Leistg-Zug-um-Zug klagen u gem § 326 vorgehen (§ 320 Anm 4c, MüKo/Emmerich Rdn 18, str). And liegt es bei dem sog beständ VorleistgsPflten. Hier kann der Vorleistgspflichtige mangels eines fäll Anspr weder Leistgsklage erheben noch die Rechte aus § 326 geltd machen (RG **53**, 62, Staud-Otto Rdn 36, aA Kornmeier BB **83**, 1312); ihm steht aber ein TeilvergütgsAnspr zu, wenn er bereits eine Teilleistg erbracht hat (BGH NJW **85**, 2696). Erklärt der and Teil ernsth u endgült, er könne od wolle nicht leisten, ist der Vorleistgspflichtige wg pVV berecht, SchadErs wg NichtErf zu verlangen od vom Vertr zurückzutreten (§ 276 Anm 7 E b). Ein **Rücktrittsrecht** aus § 242 (kein SchadErsAnspr) ist bereits gegeben, wenn der and Teil trotz Aufforderg zur Leistg Zug um Zug od zur SicherhLeistg nicht bereit ist (BGH **11**, 85, NJW **85**, 1220, 1222, Lindacher MDR **77**, 799, hM).

322 *Verurteilung zur Leistung Zug um Zug.* [I] Erhebt aus einem gegenseitigen Vertrage der eine Teil Klage auf die ihm geschuldete Leistung, so hat die Geltendmachung des dem anderen Teile zustehenden Rechtes, die Leistung bis zur Bewirkung der Gegenleistung zu verweigern, nur die Wirkung, daß der andere Teil zur Erfüllung Zug um Zug zu verurteilen ist.

[II] Hat der klagende Teil vorzuleisten, so kann er, wenn der andere Teil im Verzuge der Annahme ist, auf Leistung nach Empfang der Gegenleistung klagen.

[III] Auf die Zwangsvollstreckung findet die Vorschrift des § 274 Abs. 2 Anwendung.

1) Allgemeines. Die Vorschr regelt die verfahrens- u vollstreckgsrechtl Folgen der Einr aus § 320 (I u III). Sie ist dem § 274 nachgebildet u stimmt mit dessen Inh jedenf im prakt Ergebn vollständ überein (Anm 2). § 322 enthält außerdem eine Sonderregel für die Klage des Vorleistgspflichtigen (II, Anm 3).

2) Einrede des nicht erfüllten Vertrages. – a) Sie wird trotz der ggs Verknüpfg von Leistg u GgLeistg im **Prozeß** nicht vAw berücksichtigt, sond muß vom Schu geltd gemacht w (Hamm MDR **78**, 402, § 320 Anm 1a). Ein formeller Antrag des Bekl zur Verurteilg Zug um Zug ist nicht erforderl (Hamm aaO, § 274 Anm 1a). Es genügt, wenn sich aus der Gesamth seines Vorbringens ergibt, daß er sein LeistgVR geltd machen will. Hat er die Einr außergerichtl erhoben, ist sie auch dann zu beachten, wenn der Kläger hierauf im RStreit hinweist (§ 274 Anm 1a). Die Geltdmachg des LeistgVR führt zur **Verurteilung Zug um Zug.** Vgl näher § 274 Anm 1. Die Ausführgen zur verfahrensrechtl Behandlg des § 320 gelten auch für das LeistgVR aus § 320; zur BewLast s aber § 320 Anm 3c. – **b)** Hinsichtlich der **Zwangsvollstreckung** verweist § 322 III auf § 274 II. § 274 Anm 2 gilt daher entspr.

3) II. Vorleistungspflicht (§ 320 Anm 4). – **a)** Klagt der **Vorleistungsberechtigte**, gelten keine Besonderh. Der Vorleistgspflichtige ist ohne Einschränkg zur Leistg zu verurteilen. – **b)** Klagt der **Vorleistungspflichtige**, ohne die Vorleistg bereits bewirkt od angeboten zu haben, ist die Klage mangels Fälligk des Pflichtigen abzuweisen (BGH **61**, 44, BAG NJW **78**, 2215). Ist der Berecht im AnnVerzug (§ 298), gibt II dem Pflichtigen das Recht, „auf Leistg nach Empfang der GgLeistg" zu klagen. Mit dieser Einschränkg ist der Klage auch dann stattzugeben, wenn der Vorleistgspflichtige einen unbedingten KlAntr stellt, weil der nach II eingeschränkte Antr ggü dem unbedingten kein *aliud,* sond ein *minus* ist (BGH **88**, 94). Die ZwVollstr wird unter „Leistg nach Empfang der GgLeistg" wird ebso bewirkt wie die eines Zug-um-Zug-Urt, da III sich auch auf II bezieht (Karlsr MDR **75**, 938, Köln JurBüro **89**, 873). Handelt es sich um eine sog unbeständ VorleistgsPfl u ist auch der Anspr auf die GgLeistg fällig geworden, kann der Vorleistgspflichtige auch ohne die Beschränkg des II auf Leistg klagen (§ 320 Anm 4c).

Nachträgliche Unmöglichkeit bei gegenseitigen Verträgen (§§ 323–325)

Vorbemerkung

1) Bedeutung. Wg der synallagmat Verknüpfg der beiderseit Verpflichtgen (Einf 2 v § 320) muß sich die Unmöglichk der Leistg des Schu beim ggs Vertr auch auf die GgLeistgsPfl des Gläub auswirken. Die §§ 323–325 enthalten daher für die nachträgl Unmöglichk des ggs Vertr ergänzde, zT auch ersetzde Vorschr. Sie gehen ebso wie die allg Bestimmgen (§§ 275, 279, 280–283) davon aus, daß die Unmöglichk als Zentralbegriff des Rechts der LeistgsStörgen sowohl SchuldbefreigsGrd als auch HaftgsTatbestd sein kann (Vorbem 2 v § 275). Die §§ 323 u 324 betreffen die Unmöglichk als SchuldbefreigsGrd. Sie regeln, wie sich der Wegfall der LeistgsPfl des Schu (§ 275) auf die GgLeistgsPfl des Gläub auswirkt. Ist die Unmöglichk vom Schu zu vertreten, gilt § 325, der für Anspr im GgseitigkVerhältn § 280 ersetzt.

2) Anwendungsbereich. a) Die §§ 323–325 gelten nur für die **nachträgliche** Unmöglichk (§ 275 Anm 4), der entspr § 275 II auch hier nachträgl Unvermögen gleichsteht (KG OLG **33**, 221). Bei anfängl Unmöglichk sind auch bei ggs Vertr die §§ 306 ff anwendb (RG **105**, 351), bei anfängl Unvermögen die in § 306 Anm 4 dargestellten Grds. Bes liegt es jedoch beim KaufVertr: Wie sich aus § 440 I ergibt, haftet der Verkäufer für anfängl Unvermögen gem § 325 (§ 441 Anm 1c). – **b)** Die §§ 323 ff gelten für **alle gegensei-**

387

tigen **Verträge** (Einf 1c–f v § 320), soweit keine Sondervorschr eingreifen. Zur Anwendbark auf Gesellschaftsvertr s § 705 Anm 3c. Wg des unterschiedl Inh u Zwecks der §§ 323–325 kommen als verdrängde od ergänzde Sonderregelg jeweils unterschiedl Vorschr in Frage. Vgl daher bei §§ 323–325. Allg gilt jedoch, daß **Sachmängel** (WkMängel, Reisemängel) nicht unter die §§ 323 ff fallen. Auf sie sind vielmehr die Vorschr des GewLR anwendb (§ 275 Anm 6b).

3) Die von beiden Teilen zu vertretende Unmöglichkeit ist im Ges nicht geregelt. Die Rspr u ein Teil der Lit geht von einer alternativen Anwendg der §§ 324, 325 aus. Sie wendet, je nachdem wessen Verschulden überwiegt, ausschließl § 324 od § 325 an, kürzt aber in einem zweiten Schritt den Anspr aus § 324 od § 325 nach Maßg des MitVersch des Berecht (RG 71, 191, 94, 140, BGH WPM 71, 896). Dieser Lösgsvorschlag versagt bei beiderseits gleichem Verschulden, da § 323 (entgg RG JW 10, 936) für diesen Fall offensichtl nicht paßt (Staud-Otto § 324 Rdn 32). Er läßt auch offen, was gelten soll, wenn der Gläub nicht SchadErs, sond Rücktr od einen and RBehelf des § 325 wählt. Das neuere Schrifttum tritt daher mit Recht überwiegd für eine kumulative Anwendg der §§ 324, 325 ein, wobei aber über viele Einzelfragen nach wie vor Streit besteht (s Baumann/Hauth JuS 83, 273, Staud-Otto aaO, MüKo/Emmerich § 324 Rdn 21, wohl auch BGH **LM** § 254 (Bb) Nr 7, Oldbg NJW 75, 1789, 2295). Die §§ 324 I, 325 sind jeweils insow anzuwenden, als der Verantwortgsanteil des Gläub u Schu reicht (Larenz § 25 III). **Beispiel:** Der noch nicht gezahlte Kaufpreis beträgt 10000 DM, der Wert der verkauften aber untergegangenen Sache 15000 DM (Alt 1), 10000 DM (Alt 2), 5000 DM (Alt 3). Die Verantwortgsbeiträge beider Part wiegen gleich schwer. In der Alt 1 kann der Käufer (K) gem § 325 nach der Differenzmethode 2500 DM beanspruchen ($\frac{1}{2}$ von 15000 − $\frac{1}{2}$ von 10000), der Verkäufer (V) gem § 324 5000 DM ($\frac{1}{2}$ von 10000). In der Alt 2 u 3 läuft der SchadErsAnspr aus § 325 mangels eines Schadens leer; V behält in beiden Fällen gem § 324 den Anspr auf den halben Kaufpreis (5000 DM). Dieser verbleibt V auch dann, wenn K vom Vertr zurücktritt od einen and RBehelf des § 325 geltd macht. Da V in der Alt 3 bei DchFührg des Vertr 5000 DM Gewinn gemacht hätte, ist es nicht unvertretb, ihm neben dem halben Kaufpreis weitere 2500 DM zuzuerkennen. Dann entspr sich die Lösgen der Alt 1 u 3 spiegelbildl. IdR wird V auch ein konkurrierder Anspr aus § 823 zustehen.

4) Terminologie. Das Ges bezeichnet den Schu der unmögl Leistg als „den einen Teil", den Gläub u Schu der GgLeistg als „den and Teil". Da bei Geldschulden Unmöglichk im RSinne nicht in Betracht kommt, ist Schu der unmögl Leistg dchweg der SachleistgsSchu (Verkäufer, Vermieter, Verpächter, Dienstverpflichtete, Unternehmer, Reiseveranstalter). Gläubiger, abgesehen vom Fall des Tauschs, der zu einer GgLeistg in Geld Verpflichtete (Käufer usw).

323 *Nicht zu vertretendes Unmöglichwerden.*

^I Wird die aus einem gegenseitigen Vertrage dem einen Teile obliegende Leistung infolge eines Umstandes unmöglich, den weder er noch der andere Teil zu vertreten hat, so verliert er den Anspruch auf die Gegenleistung; bei teilweiser Unmöglichkeit mindert sich die Gegenleistung nach Maßgabe der §§ 472, 473.

^{II} Verlangt der andere Teil nach § 281 Herausgabe des für den geschuldeten Gegenstand erlangten Ersatzes oder Abtretung des Ersatzanspruchs, so bleibt er zur Gegenleistung verpflichtet; diese mindert sich jedoch nach Maßgabe der §§ 472, 473 insoweit, als der Wert des Ersatzes oder des Ersatzanspruchs hinter dem Werte der geschuldeten Leistung zurückbleibt.

^{III} Soweit die nach diesen Vorschriften nicht geschuldete Gegenleistung bewirkt ist, kann das Geleistete nach den Vorschriften über die Herausgabe einer ungerechtfertigten Bereicherung zurückgefordert werden.

1) Allgemeines. a) § 323 ist Ausdr des konditionellen Synallagmas (Einf 2 c v § 320). Hat der Schu die Unmöglichk nicht zu vertreten, wird er gem § 275 von seiner LeistgsPfl frei; er verliert aber gem § 323 den Anspr auf die GgLeistg, soweit nicht § 324 od and SonderVorschr eingreifen. Der Schu der unmögl gewordenen Leistg trägt damit die **Vergütungsgefahr** (GgLeistgs- od Preisgefahr). Diese schließt das Investitionsrisiko in sich; Aufwendgen, die der Schu zur **Vorbereitung** der unmögl gewordenen Leistg gemacht hat, kann er grdsl nicht ersetzt verlangen (Ausn § 275 Anm 2d). Die Leistgsgefahr hat dagg der Gläub der unmögl gewordenen Leistg zu tragen (§ 275 Anm 8). – **b)** Die Gefahrtragg beginnt mit dem VertrSchl u **endet** idR mit vollständ Erfüllg. Das Ges ordnet aber in einer Reihe von Fällen einen **vorzeitigen Gefahrübergang** an, so in § 446, 447 für den Kauf, in §§ 644 u 645 für den WkVertr u in § 324 II für sämtl ggs Vertr bei AnnVerzug des Gläub. Besteht ein gesetzl od vertragl RücktrR ist der Schu auch nach der Erf weiterhin mit der Vergütgsgefahr belastet (§ 350). – **c) Anwendungsbereich.** Vgl zunächst Vorbem 2. § 323 wird bei manchen dch **Sonderregelungen** eingeschränkt o modifiziert. Der Mieter wird gem § 552 von der MietzahlgsPfl nicht frei, wenn die Ausübg des Mietgebrauchs dch einen in seiner Pers liegden Grd unmögl w. Auf Dienst- u ArbVertr findet § 323 grdsl Anwendg (BGH 10, 190), Ausn ergeben sich aus §§ 615, 616 u der von der Rspr entwickelten Sphärentheorie (§ 615 Anm 4). Auch auf den WkVertr ist § 323 bis zum Gefahrübergang gem §§ 644, 646 anwendb (BGH 60, 18), jedoch enthält § 645 eine Sondervorschr. Ihr ist der allg RGedanke zu entnehmen, daß der Besteller (partiell) die Vergütgsgefahr trägt, wenn die Leistg wg Wegfalls des Leistgssubstrats unmögl w (§ 275 Anm 2d). Für den Anwendsbereich der VOB sieht § 7 Nr 1 VOB/B eine von § 323 abweichde Verteilg der Vergütgsgefahr vor (BGH **61**, 146). § 323 gilt auch für den ReiseVertr (s BGH 77, 323, LG Ffm NJW-RR **86**, 215). Modifikationen ergeben sich aus § 651 j u dem auch hier anwendb § 645 (BGH 60, 18, WPM 85, 58). – **d)** § 323 ist dch IndVereinbg **abdingbar.** Dagg sind Ändergen dch AGB wg AGBG 9 II Nr 1 grdsl ausgeschlossen (BGH NJW 82, 181). Zul sind aber die im Handel übl Klauseln über einen vorzeitigen Gefahrübergang, wie cif, fob, „ab Wk" usw, ferner Klauseln, die, wie VOB/B § 7 Nr 1, dch BilligkGesichtspkte gerechtfertigt sind.

2) Voraussetzungen. a) Die unmögl gewordene LeistgsPfl muß auf einem **gegenseitigen Vertrag** (Einf 1c–f v § 320) beruhen u im **Gegenseitigkeitsverhältnis** (Einf 3 v § 320) stehen. – **b)** Die **Leistung**

muß **nachträglich unmöglich** geworden sein (Vorbem 2a v § 323). Erforderlich ist dauernde Unmöglichk, jedoch kann vorübergehe Unmöglichk dauernder gleichstehen (§ 275 Anm 5). Dauerverpflichtgen wie die des Vermieters od ArbNeh haben idR Fixcharakter. Wenn die Leistg nicht nachholb ist, begründen vorübergehe Leistgshindern daher Teilunmöglichk (BGH **10**, 189, BAG NJW **69**, 766). – **c)** Die Unmöglichkeit muß auf **Zufall** beruhen, weder der Schu noch der Gläub darf sie zu vertreten haben. Vgl zum Vertretenmüssen des Schu § 275 Anm 7, zu dem des Gläub § 324 Anm 2. Über die von beiden Teilen zu vertretde Unmöglichk s Vorbem 3 v § 323.

3) Rechtsfolgen. a) Es **erlischt** der Anspr auf die GgLeistg, nicht das SchuldVerh im ganzen. Das gilt entspr § 275 Anm 8 – abweichd von Normtext – auch, wenn der Schu die Unmöglichk zu vertreten hat (Braun JuS **88**, 215). Für Aufwendgen, die der Schu zur Vorbereitg der unmögl gewordenen Leistg gemacht hat, kann er keinen Ers verlangen; ein Anspr auf eine Teilvergüt kann sich aber aus einer entspr Anwendg des § 645 ergeben (§ 275 Anm 2 d). – **b)** Der Gläub kann vom Schu gem § 281 das **Surrogat** der unmögl gewordenen Leistg verlangen, **II.** Macht er von dieser Befugn Gebrauch, bleibt er entspr dem WertVerhältn zw unmögl gewordener Leistg u Surrogat zur GgLeistg verpflichtet. – **c)** Der Gläub hat einen Anspr auf **Rückgewähr,** soweit er die GgLeistg bereits erbracht hat, **III.** Da das SchuldVerh nicht erlischt, ist III als RFolgenVerweis aufzufassen (RG **139**, 22). § 818 III ist anwendb (BGH **64**, 324). Haben beide Part Teilleistgen erbracht, gilt die Saldotheorie (§ 818 Anm 6 D). Der mit der GgLeistgsgefahr (Anm 1a) belastete Schu kann sich aber nicht darauf berufen, daß er die Anzahlg für die Vorbereitg der unmögl gewordenen Leistg verbraucht hat (BGH **LM** § 818 III Nr 6, MüKo/Emmerich Rdn 37). Haben die Part mit dem Eintritt der Unmöglichk gerechnet, gilt für den Umfang der BereicherungsHaftg § 820 I (RG **123**, 406, BGH NJW **75**, 1510).

4) Teilunmöglichkeit steht auch bei teilb Leistgen nach dem VertrZweck vielf vollständ Unmöglichk gleich (§ 275 Anm 6 b). Die Regelg des I 1 Halbs 2 gilt nur, wenn die mögl gebliebene Teilleistg für den Gläub noch Interesse hat (Scherner JZ **71**, 533). Sie ist insb anwendb, wenn bei DauerschuldVerh die Leistg des SachleistgsSchu vorübergehd od für die Zukunft unmögl w (§ 275 Anm 5 b), so etwa, wenn der GmbH-GeschFü schuldh der Arbeit fernbleibt (BGH NJW-RR **88**, 420). Das Recht auf die GgLeistg mindert sich im Verhältn des Wertes der vollständ Leistg zum Wert der noch mögl Teilleistg. Maßgebd sind die WertVerhältn im Ztpkt des VertrSchl. Zur Berechng s RG **92**, 14, Zweibr OLGZ **70**, 310.

324 *Vom Gläubiger zu vertretendes Unmöglichwerden.* ¹ Wird die aus einem gegenseitigen Vertrage dem einen Teile obliegende Leistung infolge eines Umstandes, den der andere Teil zu vertreten hat, unmöglich, so behält er den Anspruch auf die Gegenleistung. Er muß sich jedoch dasjenige anrechnen lassen, was er infolge der Befreiung von der Leistung erspart oder durch anderweitige Verwendung seiner Arbeitskraft erwirbt oder zu erwerben böswillig unterläßt.

ᴵᴵ Das gleiche gilt, wenn die dem einen Teile obliegende Leistung infolge eines von ihm nicht zu vertretenden Umstandes zu einer Zeit unmöglich wird, zu welcher der andere Teil im Verzuge der Annahme ist.

1) Allgemeines. a) § 324 beruht auf dem Gedanken, daß niemand aus einem eig rechts- od pflwidr Verhalten Rechte herleiten kann. Er legt daher in Abweichg von § 323 dem **Gläubiger** die **Gegenleistungsgefahr** auf, wenn er die Unmöglichk zu vertreten hat od die Unmöglichk währd seines AnnVerzugs eintritt. – **b) Anwendungsbereich.** § 324 gilt grdsl für alle ggs Vertr (Vorbem 2 b v § 323). Wg der bei einz VertrTypen anzuwendden Sonderregeln s § 323 Anm 1 c. – **c)** § 324 ist dch IndVereinbg **abdingbar.** Ändergen dch AGB sind dagg wg AGBG 9 II Nr 1 grdsl unwirks. Klauseln, die die beiderseit Risikosphären (Anm 2 c) ggeinand abgrenzen, sind aber zul, sofern sie mit Inh u Zweck des Vertr im Einklang stehen.

2) Voraussetzungen. Eine im GgseitigkVerhältn (Einf 3 v § 320) stehde Verpfl muß nachträgl unmögl geworden sein (Vorbem 2a v § 323). Die Unmöglichk od das Unvermögen muß der **Gläubiger** zu vertreten haben. Das Ges sagt nicht ausdr, welche Umst der Gläub zu vertreten hat. Die in § 276 ff geltdn §§ 276 ff sind aber entspr anzuwenden. Der Gläub muß daher für eig Verschulden einstehen, analog § 278 aber auch für das seiner **Hilfspersonen** (BAG NJW **69**, 766, BGH BB **69**, 601). Im einz: – **a)** Der Gläub hat die Unmöglichk zu vertreten, wenn er sie dch einen Verstoß gg **vertragliche Pflichten** herbeigeführt hat. Dabei kann es sich um eine Verletzg von HptPflten handeln, so etwa, wenn eine verkaufte Sache wg Zahlgsverzugs des Käufers zwangsversteigert w (RG **66**, 348, Celle WPM **88**, 469). Entspr gilt, wenn sich der Gläub unberecht vom Vertr lossagt (BGH NJW **87**, 1693) od er die dem Schu obliegde Hdlg (Ablösg eines R) selbst vornimmt (Stgt NJW-RR **87**, 722). Es genügt aber auch die Verletzg von NebenPflten. Bsp: Vom ArbGeb verschuldete ArbUnfähigk des ArbNeh (Neumann-Duesberg Betr **69**, 261); ArbAusfall eines vom ArbGeb verschuldeten Brandes (BAG NJW **69**, 766); Untergang der Mietsache inf Verschuldens des Mieters (BGH **66**, 349). Auch bei Verstößen gg MitwirkgsPflten od **Obliegenheiten** ist § 324 I anwendb, so insb wenn der Gläub die Pfl (Obliegenh) verletzt hat, den VertrZweck zu fördern u alles zu unterlassen, was die Dchführg des Vertr gefährden könnte (RG **166**, 147, BGH **38**, 192). – **b)** Der Gläub hat die Unmöglichk zu vertreten, wenn diese Folge einer von ihm begangenen **unerlaubten Handlung** ist. Dieser Fallgruppe kommt aber prakt keine eigenständ Bedeutg zu, da die Zerstörg od Beschädigg des LeistgsGgst dch unerl Hdlg idR zugl den Tatbestd einer Vertragsverletzg (§ 242 Anm 4 Bb) erfüllt. – **c)** § 324 I ist auch anwendb, wenn der Gläub nach der **vertraglichen Risikoverteilung** die Gefahr für ein best LeistgsHindern übernommen hat (BGH NJW **80**, 700, **LM** Nr 1). Eine stillschw Risikoübern darf aber nur dann bejaht w, wenn dafür ausr Anhaltspkte vorliegen. In den Fällen der Zweckerreichg u des Wegfalls des Leistgssubstrats ist § 324 daher idR nicht anwendb; ein Anspr des Schu auf eine Teilvergüt ergibt sich aber aus dem RGedanken des § 645 (§ 275 Anm 2 d). Die **Sonderregelung des § 645,** die einen Kompromiß zw

§§ 323 u 324 enthält, kann uU auch bei sonst LeistgsHindern aus der Sphäre des Gläub analog angewandt w, ohne daß eine stillschw Risikoübern konstruiert zu werden braucht (§ 645 Anm 3b cc). Wird eine Reise wg schwerer Erkrankg eines Angeh nicht angetreten, gilt aber nicht § 645, sond § 324 II (LG Ffm NJW-RR **87**, 494). Scheitert die DchFührg des Vertr an der Kreditunwürdigk des Gläub, ist § 324 I anwendb, da der Gläub ebso wie der Schu für seine finanzielle Leistgsfähigk einzustehen hat (BGH **LM** Nr 5).

3) Rechtsfolgen. a) Der Schu wird gem § 275 von seiner **Leistungspflicht frei.** – **b)** Er behält das Recht auf die **Gegenleistung,** muß sich aber gem I 2 die dch den Wegfall der eig LeistgsPfl entstehnden Vorteile anrechnen lassen (ähnl §§ 552 S 2, 615 S 2, 649 S 2). Anzurechnen ist auch der etwaige Rest des LeistgsGgst od ein Erlös aus seiner anderweitigen Verwertg. Böswilliges Unterl erfordert keine SchädiggsAbs; es genügt, daß der Schu eine zumutb Erwerbsmöglichk kennt u vorsätzl ausläßt (§ 615 Anm 3c). Die Anrechng erfordert keine bes Erkl u ist keine Aufr (§ 387 Anm 1b). Sie scheidet aus, wenn der Schu die Erwerbsmöglichk auch bei Dchführg des Vertr hätte wahrnehmen können. – **c)** Ein **Schadensersatzanspruch** kann sich für den Schu aus pVV od § 823 ergeben. – **d)** Dem Gläub steht der Anspr auf **Ersatzherausgabe** gem § 281 zu (BGH **LM** § 281 Nr 1).

4) Absatz II. – **a)** Wird die Leistg unmögl, nachdem der Gläub in **Annahmeverzug** geraten ist, behält der Schu den Anspr auf die GgLeistg, II. Mit dem Eintritt des AnnVerzug geht daher die Vergütgsgefahr auf den Gläub über. Hat der Schu mehrfach verkauft u befinden sich alle Käufer im AnnVerzug, haften sie als GesSchu (Braun JuS **88**, 217). Da der Schu währd des AnnVerzugs gem § 300 I nur Vors u grobe Fahrlässigk zu vertreten hat, erstreckt sich die Gefahrübergang auch auf die vom Schu leicht fahrläss verursachte Unmöglichk. – **b)** II gilt auch für **Gattungsschulden.** Voraussetzg ist jedoch eine Konkretisierg der Leistg, auch wenn diese, wie in den Fällen der §§ 295, 296, für den AnnVerzug nicht erforderl war (§ 300 Anm 3 bb)). Erstreckt sich die Unmöglichk auf die ganze Gattg, ist II dagg auch nur anwendb, ohne daß es auf eine Aussonderg ankommt (RG **103**, 15). Für den Dienst- u den WkVertr enthalten §§ 615, 642, 644 **Sonderregeln.** – **c) Voraussetzungen des Annahmeverzuges** s §§ 293ff.

5) Beweislast. Der Schu, der Anspr auf die GgLeistg erhebt, muß beweisen, daß der Gläub die Unmöglichk der Leistg verursacht hat. Sodann obliegt analog § 282 dem Gläub der Nachw, daß er die Unmöglichk nicht zu vertreten hat (Soergel-Wiedemann Rdn 34, str, aA 48. Aufl). Steht fest, daß die Mietsache dch den Mietgebrauch zerstört worden ist, muß sich der Mieter nach m Hinblick auf § 548 entlasten (BGH **66**, 352). Im Fall des § 324 II muß der Schu beweisen, daß die Unmöglichk währd des AnnVerzugs eingetreten ist. Sodann muß der Gläub nachweisen, daß der Schu die Unmöglichk dch Vors od grobe Fahrlässigk (§ 300 I) herbeigeführt hat (BGH WPM **75**, 920).

325 *Vom Schuldner zu vertretendes Unmöglichwerden.* ¹ Wird die aus einem gegenseitigen Vertrage dem einen Teile obliegende Leistung infolge eines Umstandes, den er zu vertreten hat, unmöglich, so kann der andere Teil Schadensersatz wegen Nichterfüllung verlangen oder von dem Vertrage zurücktreten. Bei teilweiser Unmöglichkeit ist er, wenn die teilweise Erfüllung des Vertrags für ihn kein Interesse hat, berechtigt, Schadensersatz wegen Nichterfüllung der ganzen Verbindlichkeit nach Maßgabe des § 280 Abs. 2 zu verlangen oder unter den im § 323 Abs. 1 Satz 2, 3 bezeichneten Voraussetzungen von dem ganzen Vertrage zurückzutreten. Statt des Anspruchs auf Schadensersatz und des Rücktrittsrechts kann er auch die für den Fall des § 323 bestimmten Rechte geltend machen.

ᴵᴵ Das gleiche gilt in dem Falle des § 283, wenn nicht die Leistung bis zum Ablaufe der Frist bewirkt wird oder wenn sie zu dieser Zeit teilweise nicht bewirkt ist.

1) Allgemeines. a) § 325 regelt die vom Schu zu vertretde nachträgl Unmöglichk. Er tritt für die im GegenseitigkVerhältn stehdn Anspr an die Stelle des § 280. Ziel des § 325 ist es, die Interessen des Gläub umfassd zu wahren. Die Vorschr räumt dem Gläub daher in einer komplizierten Regelg ein ganzes Bündel von Rechten ein (Anm 3), von denen vor allem dem SchadErsAnspr (Anm 4) u der RücktrR (Anm 5) Bedeutg zukommen. – **b) Anwendungsbereich.** § 325 gilt ebso wie §§ 323, 324 für alle ggs Vertr (Vorbem 2a v § 323), soweit keine **Sonderregeln** eingreifen: Beim Kauf verweist § 440 auf die §§ 323ff, modifiziert aber den SchadErsAnspr in § 440 II–IV. Auf Sachmängel ist § 325 zumindest ab Gefahrübergang unanwendb (Vorbem 2a v § 459). Er gilt aber iF der Lieferg eines aliud (BGH **LM** Nr 12, NJW **86**, 659). Auf den MietVertr findet § 325 grdsätzl Anwendg, jedoch wird das RücktrR ab Überlassg der Mietsache dch das KündR des § 542 verdrängt (BGH **50**, 315). Die Haftg für Sachmängel richtet sich ab Übergabe ausschließl nach §§ 537, 538 (BGH **63**, 137, NJW **63**, 804). Für den DienstVertr gehen die SonderVorschr der §§ 626–628 dem § 325 vor (RG **158**, 326). Auf WkVertr ist § 325 nur bis zur Abnahme anwendb (BGH **62**, 86). § 325 gilt auch für den ReiseVertr (Hbg NJW **82**, 1537). Die Haftg für Reisemängel wird aber dch die §§ 651 cff abschließd geregelt (BGH **97**, 258, Vorbem 3 v § 651c). Zum GesellschVertr s § 705 Anm 3c. – **c)** § 325 kann dch IndVereinbg **abbedungen** w. Für Änderg dch AGB gelten aber die Schranken des § 11 Nr 5, 8 u 9 (s dort).

2) Voraussetzungen. Ebso wie die §§ 323, 324 setzt auch § 325 einen ggs Vertr u den Eintritt nachträgl Unmöglichk (Unvermögens) bei einer im GgseitigkVerhältn stehdn Verpfl voraus (s dazu Einf v § 320 u Vorbem v § 323). § 325 betrifft im Ggs zu §§ 323, 324 den Fall, daß der **Schuldner** die Unmöglichk **zu vertreten** hat. Maßgebd sind insow §§ 276–279 (s dort u § 275 Anm 7). **Eigene Vertragstreue** ist für die Rechte des Gläub aus § 325 und als bei § 326 (dort Anm 4) keine Voraussetzg (Staud-Otto Rdn 19, Erman-Battes Rdn 4, str). Sind Schu u Gläub für den Eintritt der Unmöglichk verantwortl, gelten die in der Vorbem 3 v § 323 dargestellten Grds. Bezieht sich das Mitverschulden des Gläub nur auf den Schaden, ist § 254 anzuwenden. Ausgeschlossen sind die Rechte aus § 325, wenn der Gläub den Anspr auf die Leistg bereits vor Eintritt der Unmöglichk dch pVV od gem § 326 wg Verzuges verloren hat.

Schuldverhältnisse aus Verträgen. 2. Titel: Gegenseitiger Vertrag § 325 3, 4

3) Rechte des Gläubigers. a) Dem Gläub stehen nach seiner Wahl folgde Rechte zu: **aa)** Anspr auf SchadErs wg NichtErf (Anm 4). – **bb)** Recht auf Rücktr vom Vertr (Anm 5). – **cc)** Rechte aus § 323. Dabei handelt es sich um drei konkurrierde Befug: Der Gläub kann sich darauf beschränken, den Wegfall der eig LeistgsPfl geltd zu machen (§ 323 I). Er kann aber auch das stellvertretde commodum fordern (§ 323 II) od seine GgLeistg nach BereichergsR zurückverlangen (§ 323 III). Vgl Anm 7. – **b) Unabhängig von § 325** kann der Gläub, solange die Unmöglichk (das Unvermögen) nicht feststeht, **aa)** den ErfAnspr geltd machen u entweder im ErstProz od nach Erlaß des Urt auf dem Weg des § 283 zum SchadErsAnspr übergehen (Anm 8), – **bb)** die Einr des nicht erfüllten Vertr (§ 320) erheben, soweit er nicht vorleistgspflichtig ist. – **c) Wahlrecht.** Die Rechte des Gläub stehen im Fall der §§ 325, 326 zueinander im Verhältn der elektiven Konkurrenz (§ 262 Anm 3b); die Grds der Wahlschuld (§§ 262 ff) sind unanwendb. Schon vor der Wahl entfällt wg des konditionellen Synallagmas die LeistgsPfl des Gläub (MüKo/Emmerich Rdn 19). Die Wahl hat der Gläub, nicht das Ger vorzunehmen (BGH NJW **71**, 1560). Das Ger darf der Klage nicht aufgrd eines and RBehelfs des § 325 od § 326 stattgeben. Das WahlR ist unbefristet. Der Schu kann dem Gläub aber für die Ausübg des RücktrR gem §§ 327 S 1, 355 eine Fr setzen (RG **73**, 62). Mit FrAblauf erlischt das RücktrR, währd die and RBehelfe weiterbestehen. Hat der Gläub SchadErs verlangt, kann er zum Rücktr **übergehen** (RG **109**, 184, BGH **16**, 393, KG Betr **83**, 1354, stRspr). Auch zw dem SchadErsAnspr u den Rechten aus § 323 kann der Gläub variieren (RG **108**, 187, Anm 7). Erst wenn der von ihm gewählte Anspr dch Erfüllg erloschen ist, endet sein *jus variandi* (RG **85**, 283). Besonders liegt es bei dem **Rücktritt**. Wg des rechtsgestalten Charakters der RücktrErkl ist der Übergang vom Rücktr zum SchadErsAnspr ausgeschlossen (RG **107**, 348, BGH NJW **82**, 1280, aA Lindacher JZ **80**, 51). Die Androhg des Rücktr beseitigt dagg das *jus variandi* des Gläub noch nicht (BGH NJW **79**, 762). Ist die Erkl mehrdeut, ist sie iZw als Wahl des SchadErsAnspr u nicht als Rücktr aufzufassen (BGH NJW **82**, 1280, NJW-RR **88**, 1100, Hamm NJW **87**, 2089). Auch wenn das Wort „Rücktr" verwandt w, kann die Erkl des Gläub uU als Geltdmachg von SchadErs verstanden w (BGH **LM** § 326 (Ea) Nr 5). Dabei ist zu berücksichtigen, daß der Rücktr für den Gläub idR der ungünstigere RBehelf ist (Anm 5b). Der Rücktr kann nach den Grds über den Wegfall der GeschGrdl **widerrufen** w, wenn das Geleistete beim Gegner ohne dessen Verschulden untergegangen ist, der Rücktr also dazu führen würde, daß der Berecht nichts erhält, aber seine Leistg zurückgewähren müßte (§ 347 Anm 1 c).

4) Anspruch auf Schadensersatz wegen Nichterfüllung. – A. Allgemeines. a) Als Grdl für einen SchadErsAnspr wg NichtErf kommen neben § 325 auch § 326 u die Grds über pVV (§ 276 Anm 7 Eb) in Betracht. Der Inh des Anspr u die Methode der Schadensermittlg sind in den drei Fällen grdsätzl gleich (BGH **99**, 189). Die folgden Ausführgen gelten daher auch für den SchadErsAnspr **aus § 326 und aus positiver Vertragsverletzung.**

b) Der SchadErsAnspr wg NichtErf richtet sich auf das **positive Interesse.** Ziel des Anspr ist es, den Gläub so zu stellen, wie er stehen würde, wenn der Schu den Vertr ordngsmäß erfüllt hätte. Dabei kommen für die Schadensermittlg zwei unterschiedl Wege in Betracht: – **aa)** Die **Austausch- oder Surrogationstheorie** stellt bei der Schadensermittlg allein auf die unmögl gewordene od trotz NachFr nicht erfüllte Verpflichtg des Schu ab. Die Verpflichtg des Gläub zur GgLeistg bleibt bestehen. An die Stelle der Leistg des Schu tritt als „Surrogat" ihr Wert. Diesen kann der Gläub im Austausch gg seine GgLeistg verlangen. Schuldet der Gläub als GgLeistg Geld, können beide Part aufrechnen u dadch den Leistgsaustausch hinfällig machen. – **bb)** Nach der **Differenztheorie** ist SchadErs wg NichtErf des ganzen Vertr zu leisten. Die Verpflichtg des Gläub, die GgLeistg zu erbringen, entfällt. Der Schaden besteht in der Differenz zw dem Wert der Leistg des Schu zuzügl etwaiger Folgeschäden (BGH NJW **86**, 1177) u der ersparten GgLeistg des Gläub. Das SchuldVerh wandelt sich in einen einseit Anspr des Gläub auf SchadErs um. Leistg u GgLeistg sowie die entstandenen Folgeschäden sinken zu bloßen Rechngsposten herab (RG **152**, 112, BGH **87**, 159, WPM **83**, 559). Da kein zu versteuernder Umsatz vorliegt, ist MwSt nicht zu entrichten (BGH NJW **87**, 1690). Die für Gewährleistgs-Anspr geltden VerjFr sind unanwendb (BGH NJW **86**, 1177, krit Peters JZ **86**, 669). Bei der Feststellg der Differenz zG des Gläub handelt es sich um einen Fall der Anrechng (§ 387 Anm 1b), nicht um Aufr (RG **141**, 262, BGH NJW **58**, 1915).

c) Der Streit zw Austausch- u Differenztheorie hat heute nur noch dogmengeschichtl Bedeutg. Als ganz hM hat sich in Rspr u Lehre die **abgeschwächte Differenztheorie** dchgesetzt (RG **96**, 20, BGH **20**, 343, **87**, 158, Staud-Otto Rdn 35, Larenz § 23 II b). Der SchadErs ist danach grdsl nach der Differenzmethode (b bb) zu ermitteln. Der Anspr richtet sich abw von § 249 S 1 auf SchadErs in Geld (RG **127**, 248, BGH **LM** Nr 3), u zwar grdsätzl in dtscher Währg (RG **102**, 62). Von der Differenztheorie gelten aber zwei **Ausnahmen:** – **aa)** Der **Gläubiger** hat, auch wenn die Voraussetzen der §§ 325, 326 erfüllt sind, das vertragl Recht, die ihm obliegde GgLeistg zu erbringen. Er ist daher **berechtigt**, nicht verpflichtet, SchadErs nach der **Austauschmethode** zu fordern. Er kann dem Schu die GgLeistg anbieten u Ers wg der weggefallenen Verbindlichk (zuzügl etwaiger Folgeschäden) verlangen (RG **96**, 22, BGH **20**, 343, **87**, 158, VersR **80**, 454). Wenn der Gläub ein berecht Interesse hat, kann er statt SchadErs in Geld auch Naturalrestitution wählen (Staud-Otto Rdn 43, weitergehd Pieper JuS **62**, 414). – **bb)** Hat der **Gläubiger die Gegenleistung** bereits **erbracht,** führt der Gedanke der endgültg Liquidation des SchuldVerh u der Beschrkg des Gläub auf einen GeldAnspr dazu, daß er dem Schu die GgLeistg zu belassen hat u entspr der Austauschmethode Ers für die weggefallene Verbindlichk fordern kann (RG JW **31**, 1183, BGH **87**, 159). Will der Gläub seine GgLeistg zurück haben, muß er vom Vertr zurücktreten od gem § 325 I 3 iVm § 323 vorgehen. Etwas and gilt aber, wenn der Gläub noch Eigtümer der gelieferten Sache ist, etwa im Fall der Lieferg unter EigtVorbeh od der Übergabe des Grdst vor Umschreibg im Grdbuch. Hier kann der Gläub die Sache mit dem Anspr aus § 985 herausverlangen u im übrigen SchadErs wg NichtErf nach der Differenzmethode fordern (RG **141**, 261, BGH **87**, 159, NJW **81**, 1834). Ist für den Schu eine AuflVormerkg eingetragen, kann der Gläub sowohl SchadErs als auch Löschg der Vormerkg verlangen (BGH **87**, 159, WPM **66**, 576, Paschke Betr **83**, 1587). Hat der Gläub (Käufer) seine in Geld bestehde GgLeistg bereits erbracht, scheidet eine RückFdg aus § 985 aus; er kann das Entgelt aber als Mindestschaden zurückverlangen (BGH **62**, 120, unten B b).

B. Berechnung des Schadens. a) Zu ersetzen ist das positive Interesse. Der Schaden besteht in der Differenz zw der VermLage, die eingetreten wäre, wenn der Schu ordngsmäß erfüllt hätte, u der dch die NichtErf tatsächl entstandenen VermLage (Vorbem 2 g v § 249). Im Rahmen des SchadErsAnspr kann auch, ohne anteilige Verpflichtg zur GgLeistg, aber unter Anrechng auf den Schaden, das vom Schu erlangte **Surrogat** herausverlangt werden (RG **108**, 186). Grdsätzl ist der Schaden **konkret** zu ermitteln, dh entspr den im Einzelfall wirkl erlittenen VermEinbußen (unten D). Bei einer konkreten Schadensermittlg muß der Gläub aber GeschInterna (Kalkulation, Abnehmer, Lieferanten) offenlegen; überdies können sich trotz ZPO 287 BewSchwierigk ergeben. Die Rspr gestattet dem Gläub daher, den Schaden auch **abstrakt** zu berechnen (unten C). Zw beiden Berechnungsmethoden hat der Gläub die **Wahl** (BGH **2**, 313). Er kann – auch noch im Proz – von der einen zur anderen Berechnungsweise übergehen (RG Warn **20**, 153, KG OLG **40**, 210). Ein einheitl Schaden kann aber stets nur nach der einen od Methode berechnet w (BGH **2**, 313). Nur wenn der Schaden aus mehreren selbstd Positionen besteht, dürfen beide Berechngsarten nebeneinand angewandt werden (BGH **2**, 313). – **b) Mindestschaden.** Zugunsten des Gläub gilt die Vermutg, daß die vom Schu nicht erbrachte Leistg der GgLeistg des Gläub gleichwertig war. Der Gläub kann daher zwar nicht die GgLeistg zurückfordern, wohl aber einen Geldbetrag in gleicher Höhe als Mindestbetrag seines Schadens (BGH **62**, 120, NJW **82**, 1280, NJW-RR **88**, 420). Zusätzl kann der Gläub die für den Vertr gemachten u jetzt nutzlos gewordenen **Aufwendungen** ersetzt verlangen, da vermutet w, daß er diese bei ordngsmäß Erfüllg des Vertr wieder eingebracht hätte (RG **127**, 248, BGH **57**, 80, **71**, 238, NJW **88**, 564, Vorbem 3 da v § 249). Diese Rentabilitätsvermutg ist aber widerlegl; der Schu kann den GgBeweis erbringen, daß der Gläub bei ordngsmäß VertrAbwicklg Verlust gemacht hätte u mit den str Kosten ganz od teilw belastet geblieben wäre (RG u BGH aaO), so etwa, wenn es sich um einen aus Grden der WirtschLenkg geschlossenen Vertr ohne GewinnErwartg handelt (BGH NJW **86**, 659).

C. Abstrakte Schadensberechnung. a) Vgl zunächst oben B a. Die abstrakte Schadensberechng ist, jedenf im Anwendgsbereich der §§ 325, 326, ledigl eine Beweiserleichterg (Larenz § 29 III). Sie hat in § 252 S 2 ihre rechtl Grdl (dort Anm 2 b) u beruht auf der **Vermutung**, daß der Gläub aus dem nicht dchgeführten Vertr den in seiner Branche übl Gewinn gemacht hätte. Sie gilt für Kaufleute u Gewerbetreibde, nicht aber für Private od den Fiskus (RG **105**, 285, BGH WPM **80**, 467). Hauptanwendgsfall ist der KaufVertr. Die abstrakte Berechng ist dabei zu § 252 Anm 3 b) der Vertr zul (§ 252 Anm 3 b). Der Gläub kann den entgangenen Gewinn in seinen AGB pauschalieren, muß aber die Grenzen des AGBG 11 Nr 5 beachten (s dort). – **b)** Der nicht belieferte **Käufer** kann als Schaden die Differenz zw VertrPreis u Marktpreis od die zw VertrPreis u Weiterverkaufspreis verlangen (RG **68**, 165, BGH **2**, 313). Bei einer marktgäng Gattgsware beschränkt sich die ErsPfl aber auf die Differenz zw dem VertrPreis u dem Markteinkaufspreis (Düss NJW-RR **88**, 1383). Ein Abzug für allg GeschUnkosten erfolgt nicht, dagg sind ersparte spezielle Unkosten (Transportkosten, Provisionen), abzuziehen (Stgt JR **57**, 343). Die Vermutg entfällt, wenn der Käufer für den eig Verbrauch gekauft hat (aA RG **105**, 294). Entspricht der VertrPreis dem Marktpreis ist eine abstrakte Schadensberechng ausgeschl, sofern es sich um Ware handelt, die sich der Käufer anderweit beschaffen konnte (MüKo/Emmerich Rdn 51). Eine Verpflichtg zu einem Deckgskauf besteht nicht schlechthin (Ffm NJW **77**, 1015); sie kann aber im Einzelfall (schwankde Preise, bes günstige Einkaufsmöglichk) eine sachl gebotene u zumutb Maßn der Schadensminderg sein (BGH WPM **65**, 102). – **c)** Der **Verkäufer** kann als Schaden die Differenz zw seinen Herstellgskosten (Anschaffgspreis) u dem VertrPreis od die zw dem (niedrigeren) Marktpreis u dem VertrPreis geltd machen (RG **60**, 346, BGH NJW **70**, 32). Vorteile aus dem anderweit Verkauf der Ware braucht er sich nicht anrechnen zu lassen, da anzunehmen ist, daß er den Zweitabnehmer bei Dchführg des ErstVertr mit und Waren beliefert hätte (BGH aaO; Ausn s unten D b). – **d) Zeitpunkt** (Stichtag) der abstrakten Schadensberechng ist für den Anspr aus § 325 der Eintritt der Unmöglichk od, falls der Schu vorher im Verzug war, nach Wahl des Gläub der des Verzugseintritts (RG **96**, 159, **149**, 157, Lent DJ **41**, 770). Ist § 326 AnsprGrdl, kann der Gläub zw dem Verzugseintritt u dem Ablauf der Nachfrist wählen (RG **90**, 424, **91**, 31, **149**, 137); im Fall der endgült ErfVerweigerg tritt an die Stelle des Ablaufs der Nachfrist der Ztpkt, in dem der Gläub vom Erfüllgs- zum SchadErsAnspr übergeht (RG **91**, 31, **103**, 293, BGH **2**, 313).

D. Konkrete Schadensberechnung. Vgl zunächst oben B. Zur konkreten Schadensberechng ist ein Gesamtvermögensvergleich dchzuführen, bei dem sämtl Vor- u Nachteile des nicht erfüllten Vertr zu saldieren sind (BGH NJW **81**, 1834, **82**, 326). Hauptanwendgsfall ist auch hier der KaufVertr. – **a)** Der nicht belieferte **Käufer** kann konkret darlegen, daß wg der Nichtlieferg der geplante Weiterverkauf nicht habe dchgeführt werden können (BGH NJW **79**, 812, **80**, 1742). Als Schaden kommt neben dem entgangenen Gewinn auch die Belastg mit SchadErsPflten ggü dem Abnehmer in Frage. Der Käufer kann seinen Schaden auf der Grdl eines konkreten DeckgsGesch berechnen od an Stelle der zu liefernden Ware früher von ihm erworbene verwenden (RG **98**, 272). Eine Pfl zum Deckgskauf besteht, wenn sie zur Schadensminderg sachl geboten u zumutb ist (BGH NJW **89**, 291, Karlsr NJW **71**, 1809). Beim DeckgsGesch muß der Käufer mit der erforderl Sorgf vorgehen (RG **50**, 268, BGH NJW **68**, 985). Er muß es baldmöglichst abschließen u darf es nicht in spekulativer Absicht hinauszögern (RG **101**, 91). Den Gewinn aus dem Weiterverkauf braucht der Käufer sich nicht anrechnen zu lassen, da dieser auch bei ordngsmäß Erfüllg erzielt worden wäre (RG **52**, 150, **90**, 161). – **b) aa)** Der **Verkäufer** kann in konkreter Berechng den dch einen **Deckungsverkauf** entstandenen Schaden geltd machen (Mindererlös, zusätzl Kosten). Die ErsPfl erstreckt sich auch auf den mit dem Deckgsverkauf verbundenen Kursverlust (BGH WPM **76**, 352). Auch hier gilt, daß eine Verpflichtg zu einem DeckgsGesch besteht, wenn dieses zur Schadensminderg sachl geboten u zumutbar ist. Der Verkäufer haftet gem § 254 für jede Fahrlässigk (BGH NJW **68**, 985). Der Selbsthilfeverkauf des HGB 373 unterscheidet sich dadch vom Deckgsverkauf, daß er auf Rechng des Käufers geht (RG **110**, 159). Wenn der Verkäufer den Selbsthilfeverkauf mit der erforderl Sorgf dchgeführt hat, kann er aber auch diesen der Schadensberechng zugrde legen (RG **61**, 281). Hat der Verkäufer die Ware selbst ersteigert, muß er sich die Differenz zw ihrem Wert u dem von ihm gezahlten Entgelt anrechnen lassen (RG **110**, 156). – **bb)** Der

Verkäufer kann als Schaden die Differenz zw seinen **Selbstkosten** u dem VertrPreis geltd machen. Behält er die Ware, od verkauft er sie anderwt mit Gewinn, so beruhrt das seinen SchadErsAnspr grdsätzl nicht; denn es ist zu vermuten, daß er bei Bedarf Waren gleicher Art u Güte zu gleichen Kosten hätte beschaffen können (BGH NJW **70**, 32, **89**, 1669). Trifft die Vermutg, etwa bei einem Grdst, nicht zu, muß sich der Verkäufer den Mehrerlös aus dem Zweitverkauf jedenf insoweit anrechnen lassen, als der Erlös den Verk-Wert nicht übersteigt (BGH NJW **81**, 1834). Behält der Verkäufer sich nicht reproduzierb KaufGgst, mindert sich sein SchadErsAnspr um die Differenz zw Anschaffgspreis u VerkWert (s RG **89**, 282). – **cc) Andere Verträge.** Der DarlGeb kann bei NichtAbn des Darl als SchadErs die Differenz zw dem VertrZins u den Refinanziergskosten fordern (Derleder JZ **89**, 174). – **c)** Wird aufgrd eines konkreten DeckgsGesch abgerechnet, so ist für die Schadensbemessg der **Zeitpunkt** der Vorn dieses Gesch maßgebd (Karlsr NJW **71**, 1809, Lent DJ **41**, 770). Wird die Differenz zw Selbstkosten u VertrPreis geltd gemacht, ist für die Selbstkosten auf den Ztpkt der Anschaffg (Herstellg) abzustellen. Zu berücksichtigen sind alle in der letzten TatsVhdlg erkennb Umst (RG **149**, 137). Der Ztpkt der letzten mdl Vhdlg hat aber auch hier nur verfahrensrechtl Bedeutg (Vorbem 9 v § 249).

5) Rücktritt. a) Auf das gesetzl RücktrR finden gem § 327 die Vorschr über das vertragl RücktrR, wenn auch mit Modifikationen, Anwendg (s daher bei § 327 u §§ 346ff). Das RücktrR kann dch AGB nicht ausgeschl w (AGBG 11 Nr 8a). Es wird dch Erkl ggü dem Schu ausgeübt (§ 349). Der Rücktr ist grdsl unwiderrufl (Ausn: § 347 Anm 1c). – **b)** Währd der Gläub vom SchadErsAnspr zum Rücktr übergehen kann, ist der umgekehrte Übergang vom Rücktr zum SchadErs wg der GestaltgsWirkg des Rücktr ausgeschlossen (Anm 3c). Dch den Rücktr **verliert** der Gläub endgült die Möglichk, **Schadensersatz wegen Nichterfüllung** zu verlangen. SchadErsAnspr aus c. i. c., pVV u unerl Hdlg bleiben bestehen, umfassen aber nicht den Nichterfüllsschaden (Einf 1 b v § 346). Der Rücktr ist daher idR im Vergl zum SchadErs-Anspr der **ungünstigere Rechtsbehelf.** Unklare Erkl des Gläub sind demgem iZw als Rücktr aufzufassen (Anm 3 c). Der Anwalt, der zum Rücktr rät, läuft Gefahr, sich regreßpflicht zu machen (s Brem DNotZ **85**, 770). Nur wenn die GgLeistg des Gläub einen höheren Wert hat als die Leistg des Schu zuzügl etwaiger Folgeschäden, kann der Rücktr der richtige Weg sein. Auch in diesem Fall ist es aber uU günstiger, SchadErs zu fordern u die GgLeistg aufgrd Eigtums (Anm 4 A cbb) od als Mindestschaden (Anm 4 B b) zurückzuverlangen.

6) Teilunmöglichkeit, I Satz 2. Sie steht der Vollunmöglichk gleich, wenn die Leistg unteilb ist od wenn die mögl Teilleistg mit Inh u Zweck des Vertr unvereinb ist (§ 275 Anm 6b). Trifft das nicht zu, ist zu unterscheiden: – **a)** Die TeilErf hat für den Gläub **Interesse.** Der Vertr zerfällt in zwei rechtl selbstd Teile (BGH **36**, 318). Die mögl Teilleistg wird mit einer entspr verminderten GgLeistg ausgetauscht. So liegt es idR, wenn bei einem DauerSchuldVerh die einen Teil oblieg de Leistg zeitweil unmögl w (BAG NJW **86**, 1192: WettbewVerbot gg Zahlg einer KarenzEntsch). Hinsichtl des unmögl Teils hat der Gläub die Rechte des § 325 (RG **73**, 61). Wählt er den SchadErsAnspr, kann er mit diesem gg den TeilvergütgsAnspr des Schu aufrechnen (BGH **36**, 218). Ein TeilRücktr ist nur zul, wenn er mit Inh u Zweck des Vertr vereinbar ist (RG **79**, 311, BGH LM § 634 Nr 7 Bl 2). Ist der Vertr nicht in selbstd Teile zerlegb, erstreckt sich der Rücktr auf den Vertr im ganzen (RG **67**, 104, HRR **31**, 925, MüKo/ Emmerich Rdn 67). – **b)** Die TeilErf hat für den Gläub **kein Interesse, I 2.** Diese Voraussetzg ist gegeben, wenn der Gläub an dem eingeschränkten Leistgsaustausch nicht interessiert ist, etwa weil es für ihn günstiger ist, im ganzen neu abzuschließen. And als bei § 280 II ist nicht erforderl, daß die Teilleistg selbst für ihn ohne Interesse ist (RG **50**, 143; **67**, 104, s auch RG **126**, 67). Der Gläub hat die **Rechte** des § 325 hinsichtl des ganzen Vertr. Auf den SchadErsAnspr finden gem §§ 325 I 2, 280 II die Vorschr über den Rücktr entspr Anwendg. Wenn der Schu dem Gläub gem § 355 eine Frist gesetzt hat, kann dieser auch die Wahl des SchadErsAnspr einbeziehen. Die Rechte des Gläub aus § 325 I 2 können dch AGB nicht abbedungen w (AGBG 11 Nr 9). – **c)** Beim **Sukzessivlieferungsvertrag** kann der Ausfall einer Teilliefg das Interesse des Gläub an weiterer Dchführg des Vertr beseitigen. Der Anspr auf SchadErs wg NichtErf u der Rücktr erfassen aber nur die noch ausstehden Raten; der bereits abgewickelte Teil des Vertr bleibt unberührt (RG **58**, 421, **61**, 130, BGH LM § 326 (Ed) Nr 3, Einf 6 v § 305).

7) Rechte aus § 323. Nach § 325 I 3 kann der Gläub die RBehelfe geltd machen, die ihm gem § 323 bei zufälliger Unmöglichk zustehen. Voraussetzg ist, daß der Gläub sich auf den Standpunkt des § 323 stellt, dh dem Schu keinen SchuldVorwurf macht (BGH NJW **71**, 1560). Der Gläub kann nachträgl noch zum SchadErs wg NichtErf od Rücktr übergehen (RG **108**, 187, ao evtl BGH aaO). Er kann gem § 325 I 3, 323 nach seiner Wahl, **a)** den beiderseits noch nicht erfüllten Vertr für **erledigt** erklären, **b)** das **Surrogat** der unmögl gewordenen Leistg gg eine evtl entspr herabgesetzte GgLeistg verlangen, **c)** die **Rückgewähr** des Geleisteten nach BereicherngsR fordern (s näher § 323 Anm 3). Der Weg zu b) ist idR unzweckmäß, weil der Gläub das stellvertrete commodum auch bei Geltdmachg von SchadErs verlangen kann, u zwar dann unter Wegfall seiner GgLeistgsPfl (RG **108**, 186); iZw ist anzunehmen, daß der Gläub diese für ihn günstigere Lösg will (RG aaO). Ggü dem Weg zu c) ist der Rücktr wg der strengeren Haftg (§§ 346ff) idR der günstigere, jedoch bleibt dem Gläub im Fall von c) sein WahlR (Anm 3c).

8) II gibt dem Gläub die Rechte aus § 325 I, wenn im Fall des § 283 die Leistg bis zum FrAblauf ganz od teilw nicht bewirkt ist. Der Gläub hat danach abw von § 283 ein RücktrR u einen SchadErsAnspr wg NichtErf des ganzen Vertr (Einzelh s bei § 283, insbes dort Anm 4b). Beim Kreditkauf steht dem Verkäufer das RücktrR aus § 325 II nicht zu, wenn er voll erfüllt hat (§ 454).

326 **Verzug; Fristsetzung mit Ablehnungsandrohung.** [I]Ist bei einem gegenseitigen Vertrage der eine Teil mit der ihm obliegenden Leistung im Verzuge, so kann ihm der andere Teil zur Bewirkung der Leistung eine angemessene Frist mit der Erklärung bestimmen, daß er die Annahme der Leistung nach dem Ablaufe der Frist ablehne. Nach dem Ablaufe der Frist

§ 326 1, 2   2. Buch. 2. Abschnitt. *Heinrichs*

ist er berechtigt, Schadensersatz wegen Nichterfüllung zu verlangen oder von dem Vertrage zurückzutreten, wenn nicht die Leistung rechtzeitig erfolgt ist; der Anspruch auf Erfüllung ist ausgeschlossen. Wird die Leistung bis zum Ablaufe der Frist teilweise nicht bewirkt, so findet die Vorschrift des § 325 Abs. 1 Satz 2 entsprechende Anwendung.

II Hat die Erfüllung des Vertrags infolge des Verzugs für den anderen Teil kein Interesse, so stehen ihm die im Absatz 1 bezeichneten Rechte zu, ohne daß es der Bestimmung einer Frist bedarf.

1) Allgemeines. a) Auf den SchuVerzug beim ggs Vertr finden grdsl die allg Regeln (§§ 284ff) Anwendg. Es gilt insb § 286 I, wonach der Schu den Verspätgsschaden zu ersetzen hat. Die §§ 284ff berücksichtigen aber nicht, daß die dch den Verzug gestörte Leistgspfl synallagmatisch mit einer GgLeistgsPfl verbunden ist. Dem Gläub ist im Fall des SchuVerzuges nicht zuzumuten, auf unbestimmte Zeit leistgsbereit zu bleiben u auf die Dchführg des Vertr zu warten. § 326 gibt ihm daher die Möglichk, den **Vertrag im ganzen** zu liquidieren. Das kann nach Wahl des Gläub dch Geltdmachg von SchadErs wg NichtErf od Rücktr geschehen. Voraussetzg ist der Ablauf einer Nachfrist (§ 326 I) od (ausnahmsweise) der bloße Wegfall des Interesses (§ 326 II). § 326 ergänzt § 286 I u verdrängt § 286 II. Er ist die **wichtigste Vorschrift des Rechts der Leistungsstörungen.** Auch wenn der Gläub Unmöglichk od Unvermögen vermutet, wird er idR gem § 326 vorgehen, um nicht den Beweis der Unmöglichk führen zu müssen. Bei schweren **positiven Vertragsverletzungen** werden die RFolgen gleichf dem § 326 entnommen (§ 276 Anm 7 Eb).

b) Anwendungsbereich. § 326 gilt grdsl für alle ggs Vertr (Einf 1 c v § 320), auch für gemischte Vertr (RG **67**, 104, **79**, 310) u für VorVertr (BGH **LM** § 145 Nr 8); abgesehen vom Fall der ErfHaftg des Vertreters ohne Vertretgsmacht findet er aber auf gesetzl SchuldVerhältn wie das der Wandlg keine Anwendg (Einf 1 f bb v § 320). SonderVorschr enthalten § 315 III 2 Halbs 2 für den Verzug mit dem Leistgsbestimmgsr (§ 315 Anm 3), VVG § 39 für die Folgeprämie u ZPO 1029 für die Schiedsrichterernennng. Besonderheiten bestehen aber auch bei folgden SchuldVerhältn: – **aa)** Beim **Kaufvertrag** schließt § 454 das RücktrR aus, wenn der Verkäufer vollständ erfüllt u dem Käufer den Kaufpreis gestundet hat. Beim Kauf unter EigtVorbeh kann der Verkäufer gem § 455 auch ohne FrSetzg zurücktreten. Für Sachmängel gilt § 325 Anm 1 b entspr. – **bb)** Beim **Werkvertrag** ist § 326 bis zur Abnahme anwendb (BGH NJW-RR **88**, 311, Hamm NJW **89**, 601), so etwa im Fall der unbegründeten ArbEinstellg des Untern (Hbg MDR **71**, 135). Die VOB/B enthält in § 5 Nr 4 iVm § 8 Nr 3 eine den § 326 verdrängde Sonderregel (BGH **LM** VOB/B Nr 28); bei Gefährdg des VertrZweckes, insb dch ErfVerweigerg, ist § 326 dagg anzuwenden (BGH **LM** (G) Nr 1). Nach Abnahme des Werks schließen die §§ 633ff die Anwendg des § 326 aus (BGH **62**, 86). – **cc)** Auf den **Leibrentenvertrag** ist § 326 wg beiderseitiger vollständ Erf unanwendb, sobald das „Stammrecht" begründet ist (RG **106**, 93). Beim **Erbbaurechtsvertrag** ist der Rücktr nach dem dingl Vollzug im GrdBuch ausgeschlossen (BGH NJW **69**, 1112); bei der Veräußer von **Wohnungseigentum** geht WEG 18, soweit seine Voraussetzgen zutreffen, § 326 vor (BGH **59**, 106). – **dd)** Bei vollzogenen **Dauerschuldverhältnissen** tritt an die Stelle des RücktrR das KündR aus wichtigem Grd (BGH NJW **86**, 125, Einl 5 b v § 241). Das gilt insb für Miet- u PachtVertr (BGH **50**, 312, Hamm OLGZ **84**, 346), DienstVertr (RG **92**, 158, BAG NJW **67**, 2030), GesellschVertr (§ 705 Anm 3 c), aber auch für BierlieferfsVertr (BGH Betr **76**, 1010). Beim SchadErsAnspr ist zu unterscheiden: Der Gläub kann beim Vertr stehen bleiben u SchadErs nur wg der verzögerten od nicht erbrachten Leistg verlangen (BGH NJW **86**, 125). Er kann den Vertr aber auch kündigen u SchadErs wg schuldh Veranlassg der Künd fordern. Dieser Anspr ergibt sich beim DienstVertr aus § 628 II. Er besteht aber auch bei and DauerschuldVerhältn, so bei der Miete (RG **76**, 367) u beim GesellschVertr (RG **89**, 400). Grdl für den SchadErsAnspr sind die Grds der pVV (§ 276 Anm 7 Eb), evtl auch eine Analogie zu §§ 326, 628 II. Auf **Sukzessivlieferungsverträge** ist § 326 dagg anwendb. Im Ergebn gilt aber ähnl wie beim DauerschuldVerhältn, da die Rspr die Wirkgen von Rücktr u SchadErs auf den nicht abgewickelten Teil des Vertr beschränkt (s Einf 6 c v § 305).

c) § 326 ist **dispositiv**. Die Voraussetzgen eines vertragl RücktrR richten sich nicht nach § 326, sond nach dem Vertr (BGH NJW **82**, 1036, **85**, 268). Die Part können insb auf das Erfordern der FrSetzg u der Ablehngsandrohg verzichten (BGH aaO). Ob § 326 neben einer vertragl RücktrRegel anwendb ist, ist Ausleggsfrage (Hamm BB **89**, 1438). Der Grds, daß der Gläub nur bei eig VertrTreue zum Rücktr berecht ist, gilt aber iZw auch für das vertragl RücktrR (Anm 4 c). Änderen dch AGB unterliegen den Beschränkgen des AGBG. Nach AGBG 11 Nr 4 kann sich der Verwender nicht von der Obliegenh freistellen, den Kunden zu mahnen u ihm eine NachFr zu setzen. Die Rechte des Kunden aus § 326 werden dch AGBG 11 Nr 7, 8, 9 u 10 Nr 2 geschützt (s dort).

2) Übersicht. Ist der Schu bei einem ggs Vertr im Verzug, kann der **Gläubiger** zw folgenden Möglichk wählen: – **a)** Er kann die eig Leistg gem § 320 **verweigern** u die weitere Entwicklg abwarten. – **b)** Er kann Erfüllg der Verpflichtg u daneben gem § 286 I **Ersatz des Verspätungsschadens** verlangen. Im RStreit kann der Gläub gem ZPO 264 Nr 3 vom ErfAnspr zum Anspr auf SchadErs wg NichtErf übergehen. Nach Erlaß des ErfüllgsUrt steht ihm der Weg des § 283 offen; er kann aber auch noch in diesem Ztpkt die Rechte des § 326 geltd machen (RG LZ **25**, 258). Beim Übergang von SchadErsAnspr wg NichtErf bleibt der Anspr auf den vorher entstandenen Verspätgsschaden unberührt (Ausn: Anm 8 c aa); der spätere Verzögerungsschaden ist Bestandteil des Anspr aus § 326 (s RG **94**, 206, **105**, 281, HRR **32**, 437). Bleibt der Gläub beim Vertr stehen, kann er die eig Leistg auch dann nicht zurückfordern, wenn er unter EigtVorbeh geliefert hat (BGH **54**, 214, aA § 455 Anm 8). – **c)** Der Gläub kann den Vertr wg des Verzugs des Schu liquidieren u **Schadensersatz wegen Nichterfüllung** verlangen od vom Vertr **zurücktreten**. Diese Rechte bestehen nur, wenn die strengen Voraussetzgen des § 326 erfüllt sind: Der Schu muß sich mit einer HauptleistgsPfl im Verzug befinden (Anm 3); der Gläub muß vertragstreu sein (Anm 4). Voraussetzg ist weiter der fruchtlose Ablauf einer vom Gläub mit Ablehngsandrohg gesetzten NachFr (Anm 5 u 7). Eine FrSetzg ist jedoch bei Interessenwegfall sowie bei ernsth u endgültiger ErfVerweigerg entbehrl (Anm 6).

394

3) Verzug mit einer Hauptleistungspflicht. a) Die **Voraussetzungen des Schuldnerverzuges** (§§ 284f) müssen erfüllt sein. Auch ein Teilverzug kann genügen (Anm 9). Ist Zug-um-Zug zu leisten, setzt eine wirks Mahng voraus, daß der Gläub die eig Leistg anbietet (§ 284 Anm 2b). – **b)** Der Schu muß sich mit einer im GgseitigkVerhältn stehden **Hauptleistungspflicht** im Verzug befinden (Einf 3 v § 320). Das GgseitigkVerhältn erstreckt sich auf die den VertrTyp bestimmden Pflten. Es erfaßt aber auch alle sonstigen Pflten, die nach dem Willen der Part für die DchFührg des Vertr von wesentl Bedeutg sind (RG **101**, 431, BGH NJW **72**, 99). Beim WkVertr ist die AbnPfl des Bestellers (§ 640) HauptPfl (RG **171**, 300). Dagg stellt die AbnPfl des Käufers (§ 433 II) idR keine HauptPfl dar (RG **53**, 161, **57**, 108); das gilt ebso für die Pfl zum Abruf (BGH NJW **72**, 99). Aus den Umst des Einzelfalls kann sich aber ergeben, daß die Pfl zur Abn od zum Abruf als HauptPfl eingeordnet werden muß, so wenn die Ware leicht verderbl ist, ihr Besitz mit Lasten od Risiken verbunden ist od der Verkäufer sein Lager räumen will. Bsp sind der Verkauf von Massengütern (RG Recht **05** Nr 1835, **07** Nr 428), von Lagerbeständen (RG Recht **23** Nr 1229), der Verkauf auf Abbruch (RG Warn **22** Nr 96), aber auch BierliefergsVertr (Mü NJW **68**, 1881). Auch die Entggn der Aufl kann HauptPfl sein, vor allem wenn sie für wichtige RFolgen abhängen (RG **69**, 106). Weitere **Einzelfälle** (ja = HauptPfl; nein = keine HauptPfl): Bestellg eines Akkreditivs ja (Mü NJW **58**, 752); Lieferg des Kfz-Briefs beim Kfz-Kauf ja (BGH NJW **53**, 1347, Schlechtriem NJW **70**, 1995); Verschaffg der Zulassg u der Gebrauchsmöglichk beim Kfz ja (Karlsr OLGZ **69**, 317), Übertragg der Konzession beim Verkauf einer Taxe ja (Mü VersR **80**, 95); Anschließen des verkauften Geräts ja (Stgt Justiz **66**, 283); Anleitg u Einarbeitg bei Kauf einer EDV-Anlage ja (s Stgt BB **86**, 1675); die auf Vereinbg beruhde Pfl zur Nachbesserg od Nachlieferg beim Kauf ja (BGH NJW **70**, 1502); Pfl zur Spezifikation gem HGB 375 ja; Lieferg der Software beim Verkauf von Computern ja (LG Hbg MDR **73**, 931); des Benutzerhandbuchs bei einem EDV-Programm ja (LG Mannh BB **85**, 144); Ausstellg der zur Bahnkontrolle erforderl Rechng ja (RG **101**, 431); AbnPfl beim Darl wohl ja (aA Derleder JZ **89**, 169); Vornahme der vom Mieter geschuldeten **Schönheitsreparaturen** ja (BGH **77**, 305, **85**, 273, **104**, 10); Anspr des Verpächters auf Beseitigg von umfangreichen Anlagen ja (BGH NJW **89**, 1855).

4) Ungeschriebene Voraussetzg der RBehelfe des § 326 ist grdsl die **eigene Vertragstreue** des Gläub (RG **152**, 123, BGH NJW **71**, 1747, **84**, 869, stRspr, krit die Lit s MüKo/Emmerich Rdn 24, Larenz § 23 IIb). An diesem Erfordern, das auf dem *„tu quoque"* Argument u dem Gesichtspkt der *„clean hands"* beruht, ist trotz der Kritik des Schrifttums festzuhalten. Sein Anwendgsbereich ist aber erhebl enger als die von der Rspr gelegentl verwandten Formuliergen vermuten lassen. – **a)** Die VertrUntreue des Gläub führt vielf dazu, daß **kein Schuldnerverzug** eintritt (s BGH NJW **87**, 253). In dieser Fallgruppe liegen bereits die geschriebenen Voraussetzgen des § 326 nicht vor; das Erfordern der VertrTreue des Gläub hat keine eigenständ Bedeutg. Beispiele sind: Der Gläub hat seine VorleistgsPfl nicht erf (BGH **LM** (A) Nr 12); er befindet sich selbst im Verzug (RG **120**, 193); er hat bei seiner Mahng die GgLeistg nicht angeboten (§ 284 Anm 2b); er ist außerstande, die GgLeistg zu erbringen (BGH NJW **74**, 36); der Schu hat wg einer schweren VertrVerletzg des Gläub bereits seinerseits die Rechte des § 326 geltd gemacht (§ 276 Anm 7 Eb). Abgesehen vom Fall des endgült Scheiterns des Vertr steht dem Gläub auch hier der Weg des § 326 offen. Er muß aber zunächst zu einem vertragstreuen Verhalten zurückkehren, ggf seinen eig Verzug heilen (§ 284 Anm 6) u den Schu in Verzug setzen. – **b)** Es bleiben die Fälle, in denen **Schuldnerverzug vorliegt**, dem Gläub aber gleichwohl mangelnde VertrTreue vorzuwerfen ist. Beispiele sind: Der nachleistgspflichtige Gläub ist zur GgLeistg nicht bereit (BGH **50**, 176) od nicht in der Lage (BGH NJW **74**, 36), der Gläub hat dch sein Verhalten den VertrZweck gefährdet (BGH **LM** § 346 Nr 6 Bl 4) od NebenPfl verletzt. Handelt es sich um eine VertrVerletzg von einigem Gewicht, sind dem Gläub die Rechte des § 326 im Hinblick auf § 242 (dort Anm 4 Bb) verschlossen (BGH **152**, 123, BGH NJW **84**, 869); dabei gelten aber **Einschränkungen.** Die PflVerletzg des Gläub ist unschädl, wenn sie dch die VertrUntreue des Schu erst hervorgerufen worden ist (BGH **109**, 56), wenn sie nach Art u Schwere nicht geeignet ist, den VertrZweck zu gefährden (BGH NJW **87**, 253), wenn der Schu auf die Erf der Pfl offenb keinen Wert gelegt hat (BGH **LM** (C) Nr 1a, WPM **72**, 1056), od wenn sich der Schu unabhängig von der Untreue des Gläub von Vertr losgesagt hat (BGH NJW **77**, 581, Ffm JZ **79**, 529). Kehrt der Gläub zu einem vertragstreuen Verhalten zurück, stehen ihm die Rechte des § 326 wieder zu (BGH **LM** (A) Nr 12, § 325 Nr 6, WPM **72**, 1056). Sein verbales Bekenntn zur DchFührg des Vertr reicht aber nicht aus, wenn tatsächl keine ErfMöglichk mehr besteht (BGH NJW **74**, 36, WPM **78**, 732). Nicht erforderl ist, daß det Schu sich schon ggü der VertrUntreue des Gläub berufen hat; es genügt, wenn dies im RStreit geschieht (RG **152**, 124, KG MDR **74**, 319). Unberührt bleibt der ErfAnspr des Gläub, ferner sein SchadErsAnspr aus § 286, der aber gem § 254 gemindert sein kann. Zum KündR aus wichtigem Grd bei DauerSchuldVerhältn s § 276 Anm 7 Ec. – **c)** Stellt ein **vertragliches Rücktrittsrecht** auf eine VertrVerletzg des and Teils ab, so gilt das Erfordern eig VertrTreue auch für die Ausübg dieses Rechts (BGH **LM** § 346 Nr 24, NJW **83**, 990, **85**, 266).

5) Fristsetzung und Ablehnungsandrohung. a) Allgemeines. Die NachFrSetzg u die Ablehngsandrohg müssen in derselben Erkl des Gläub enthalten sein (RG **120**, 195, BGH **74**, 203, **LM** § 242 (Be) Nr 24 Bl 3 R). Die Erkl muß wg ihrer Warnfunktion die im Ges festgelegten Förmlichk strikt einhalten. Sie soll dem Schu eine letzte Chance zur ordngsmäß DchFührg des Vertr eröffnen. Die Erkl ist eine einseitige empfangsbedürftige **Willenserklärung** (RG **53**, 167, Lindacher JZ **80**, 49). Sie ist wg ihrer Gestaltgswirkg bedingsfeindl u unwiderrufl (RG aaO, aA Lindacher aaO). Die Erkl kann an sich erst **nach Verzugsbeginn** wirks abgegeben werden (RG **93**, 180). Es ist aber zul, sie mit der den Verzug begründden Mahng zu verbinden (RG **50**, 262, **93**, 181, stRspr).

b) Fristsetzung. aa) Der Gläub muß den Schu **auffordern, die Leistung zu bewirken.** Die Aufforderg an den Schu zu erklären, daß er zur Leistg bereit sei, genügt nicht (RG **101**, 399). Sie ist aber ausnahmsweise ausreichd, wenn der Schu sich zuvor zur fristgerechten Leistg außerstande erklärt hat (BGH **LM** (Dc) Nr 4). Entspr gilt, wenn bei einem langfristigen Vertr Leistgshindern in der Sphäre des Schu entstanden sind (BGH **LM** § 242 (Be) Nr 24, NJW **83**, 990), ferner dann, wenn der Gläub wg einer pVV des Schu die Rechte des § 326 geltd machen will (§ 276 Anm 7 Eb). Hat der Besteller das mangelhft Wk nicht abgenommen, genügt

§ 326 5, 6

für § 326 die Aufforderg zur VertrErf, eine genaue Bezeichng der Mängel ist nicht erforderl (BGH NJW-RR 88, 311). Für die **Zuvielforderung** gelten die Ausführgen in § 284 Anm 3c entspr. Eine ZuvielFdg erhebl Umfangs kann aber unter dem Gesichtspkt eig VertrUntreue die Rechte des § 326 ausschließen (BGH **LM** § 346 Nr 6 Bl 4). – **bb)** Die NachFr muß **angemessen** sein; dabei ist zu berücksichtigen, daß sie dem Schu eine letzte Gelegenh zur VertrErfüllg eröffnen soll. Sie braucht daher nicht so bemessen zu werden, daß der Schu die noch gar nicht begonnene Leistg erst anfangen u fertigstellen kann (BGH NJW 85, 323, 857). Der Schu soll vielmehr in die Lage versetzt werden, die bereits in Angriff genommene Leistg zu vollenden (BGH NJW 82, 1280). Bei ZahlgsFr ist zu berücksichtigen, daß der Schu für seine finanzielle Leistgsfähigk verantwortl ist (BGH NJW 85, 2640). Einzelfälle s Thamm BB 82, 2018 u AGBG 10 Anm 2. Die Part können über die Dauer der NachFr vertragl Abreden treffen, Festsetzgen in AGB sind aber nur in den Grenzen von AGBG 10 Nr 2 wirks (s dort). – **cc)** Die Bestimmg einer **zu kurzen Nachfrist** setzt idR eine angem NachFr in Lauf (RG 56, 234, BGH NJW 85, 2640). Die FrSetzg ist aber wirkgslos, wenn der Gläub zu erkennen gibt, daß er die Leistg nach Ablauf der von ihm gesetzten zu kurzen Fr keinesfalls annehmen werde, auch wenn sie innerhalb der obj angem Fr erfolgt (RG 91, 207). Ebenso, wenn der Gläub, um vom Vertr los zu kommen, arglistig eine zu kurze Fr setzt (RG JW 11, 92). Die Aufforderg, in angem Fr od „unverzügl" zu leisten, ist zuläss (RG 75, 357). Der Gläub kann die Fr bis zu ihrem Ablauf dch einseit Erkl **verlängern.** Nach FrAblauf ist dagg der Abschluß eines neuen uU formbedürft Vertr erforderl (BGH 20, 340).

c) In der **Ablehnungsandrohung** muß klar u unzweideut zum Ausdr kommen, daß der Gläub nach FrAblauf die **Annahme der Leistung ablehnen werde.** Die Wiederholg des GesWortlautes ist nicht erforderl, wg der strengen Anfordergen der Rspr aber ratsam. Aus der Erkl muß unzweifelh hervorgehn, daß der Gläub nach FrAblauf Erfüllg nicht mehr annehmen werde (BGH NJW 77, 36, 83, 1732). Der Gläub braucht nicht anzugeben, welchen RBehelf er nach FrAblauf geltd machen will. Er kann sich aber insow bereits festlegen (RG 61, 132), jedenfalls auch wenn er sich die Fr zur Rücktr entscheidet, bleibt ihm jedoch bis zum FrAblauf ein *jus variandi* (BGH NJW 79, 762, Düss NJW 72, 1051, Bülow JZ 79, 430). **Einzelfälle** (ja = ausreichde Ablehngsandrohg; nein = nicht ausreichd); Erkl, sich den Rücktr od sonstige Rechte „vorzubehalten", nein (RG 91, 164, BGH **LM** (D) Nr 2). Androhg der übl Schritte od der Übergabe an einen Anwalt nein (RG Recht 16, 351, BGH NJW 68, 103). Androhg einer SchadErsFdg, wenn sich die Androhg eindeut auf den NichtErfSchaden bezieht (BGH 74, 202), nein, wenn auch der Verzögersschaden gemeint sein könnte (RG 120, 194). Androhg des Rücktr ja (Staud-Otto Rdn 89), von Zwangsmaßn nein (BGH WPM 85, 391), der anderweitiger Vfg über die Ware nein (RG JW 21, 1359). Drohg, vom Vertr „abzugehen", ihn „aufzuheben" od zu „annullieren" ja, aber Frage des Einzelfalls (BGH NJW 83, 1732).

6) Entbehrlichkeit der Fristsetzung. a) Verzicht. Da § 326 dispositiv ist (Anm 1c), kann das Erfordern der FrSetzg ausdr od konkludent abbedungen werden (s RG **96**, 257, BGH NJW **82**, 1036). Mögl ist auch eine einseit VerzichtsErkl des Schu (s RG **104**, 375). Es muß sich aber um eine IndividualErkl des Schu handeln; ein formularmäß Verzicht in den AGB des Gläub ist gem AGBG 11 Nr 4 unwirks.

b) Erfüllungsverweigerung. Wenn der Schu die Erfüllg bestimmt, ernstl u endgült verweigert, ist die FrSetzg wg offensichtl Zwecklosigk entbehrl (BGH **2**, 312, **49**, 60, NJW **82**, 2316, **84**, 49, **86**, 661, allgM). Dabei sind konstruktiv zwei Fallgruppen zu unterscheiden: Verweigert der Schu die Erfüllg **nach Fälligkeit** u handelt es sich um eine HauptleistgsPfl, ist § 326 unmittelb anwendb (Staud-Otto Rdn 128). Der Schu muß sich an der von ihm abgegebenen Erkl festhalten lassen; ein Rückgriff auf die Grds der pVV ist nicht erforderl. Handelt es sich um eine ErfVerweigerg **vor Fälligkeit** od betrifft sie keine HauptPfl wird dagg die Grds der pVV anzuwenden (BGH NJW **86**, 843, § 276 Anm 7 Eb). Die Weigerg des Schu muß als sein letztes Wort aufzufassen sein. Nicht ausr sind daher: Ausweichen des Schu (RG **67**, 318); Bitte um Stundg u Erkl, zZ nicht zahlen zu können (RG **66**, 430); Äußerg rechtl Zweifel (BGH Betr **71**, 1203), Meingsverschiedenh über den Inh des Vertr (BGH NJW **71**, 798); Ablehng mit der Erkl, zu Verhandlgen über Streitpunkte bereit zu sein (BGH **LM** (Dc) Nr 2; Weigerg mit der Begründg, die erbrachte Leistg sei ordngsmäß (BGH NJW **86**, 661); Erkl zur fristgerechten Leistg außerstande zu sein, sofern eine Änderg währd der NachFr nicht von vornherein ausgeschlossen ist (BGH Betr **76**, 238). Eine Fristsetzg ist dagg entbehrl, wenn der Schu ohne Grd endgült erklärt, er trete vom Vertr zurück (BGH NJW **87**, 253, § 284 Anm 7 C a). Entspr gilt, wenn der Schu nach seinen Erkl erst zu einem Ztpkt leisten kann, der nach Ablauf der angem NachFr liegt (BGH NJW **84**, 49). Auch in der Stellg des KlAbweisgsAntr kann eine endgült ErfVerweigerg liegen (BGH NJW **84**, 1460). Zieht der Schu aus, ohne die ihm obliegden **Schönheitsreparaturen** auszuführen, so stellt das idR eine endgült ErfVerweigerg dar (BGH **49**, 56, NJW **71**, 1839, **89**, 452, Karlsr NJW-RR **89**, 332; aA Hbg NJW **73**, 2211). Die Umstände können aber eine and Beurteilg rechtfertigen, so etwa im Fall einer Zwangsräumg nach Beginn der Reparaturarbeiten (BGH NJW **77**, 36, s auch unten c) od bei Streit über die Wirksamk der Künd (BGH **104**, 14).

c) Interessewegfall (II). Der Gläub muß infolge des Verzugs das Interesse am Austausch der beiderseit Leistgen verloren haben. Zwischen dem Verzug u dem Interessewegfall muß daher ein KausalZusHang bestehen (RG **70**, 129, BGH **LM** Nr 3 Bl 3). Dagg ist nicht erforderl, daß der Schu den Interessewegfall voraussehen konnte (RG **94**, 326, BGH NJW **71**, 798). Der KausalZusHang fehlt, wenn das Interesse bereits vor Verzugsbeginn, etwa dch Abschluß eines DeckgsGesch, entfallen ist (RG **96**, 129, BGH WPM **71**, 617, Peters NJW **79**, 69) od wenn unabhäng vom Verzug Absatzschwierigk entstanden sind (BGH NJW **70**, 1502). § 326 II ist auch dann anwendb, wenn das Interesse währd des Laufs der NachFr wegfällt (RG **89**, 124). Um die Regelvoraussetzgen des § 326 I 1 nicht auszuhöhlen, sind an den Interessefortfall aber strenge Anfordergen zu stellen. Er ist in folgden Fällen zu **bejahen:** Verzug mit der Lieferg von Saisonartikeln (BGH **LM** (Ed) Nr 3); verzugsbedingte Ablehng der VertrErf dch den Abnehmer des Gläub (BGH NJW **94**, 329); Erhöhg der mit dem Weiterverkauf verbundenen Risiken (RG **104**, 375); wesentl PrErhöhg beim Lieferanten des *Gläub* (RG JW **25**, 935); Auszug des Mieters ohne die Schönheitsreparaturen dchzuführen, sofern die Zeit bis zum Beginn des neuen MietVerhältn für eine NachFrSetzg nicht ausreicht (BGH WPM **81**, 798). Für einen Interessewegfall genügen dagg **nicht:** Preisschwankgen auf dem Absatzmarkt des Gläub (Mü

NJW **58**, 752); Möglichk des Gläub, die Ware anderweitig zu einem höheren Pr zu verkaufen (BGH NJW **80**, 149); hohe Kosten der weiteren Aufbewahrg, etwa bei Chinchillas (Ffm OLGZ **85**, 93).

d) Rechtsfolgen. In den Fällen zu a)–c) entfällt ledigl das Erfordern der NachFrSetzg. Der Gläub behält zunächst seinen ErfAnspr. Will er den Vertr gem § 326 liquidieren, muß er dch eine gestaltbe Erkl die Erfüllg ablehnen u SchadErs wg NichtErf verlangen od zurücktreten (BGH NJW-RR **88**, 1100).

7) Versäumung der Nachfrist. Der Schu muß sich bei FrAblauf weiter im Verzug befinden. Das ist nicht der Fall, wenn der Anspr verjährt ist (BGH **104**, 6). Die Frist ist gewahrt, wenn der Schu die LeistgsHdlg innerh der Frist vornimmt; daß der LeistgsErfolg erst nach FrEnde eintritt, ist unschädl (BGH **12**, 269). Beim Versendgskauf genügt daher rechtzeitige Absendg (BGH aaO), bei Geldschulden rechtzeitige Erteilg des Überweisgsauftrags (§ 270 Anm 2b). Der Schu kann aber gehalten sein, seine Bank auf beschleunigte DchFührg zu drängen (BGH NJW **59**, 1176). Der Gläub kann die NachFr auch so setzen, daß der Schu vor ihrem Ablauf den LeistgsErfolg herbeizuführen hat (s LG Stgt Betr **79**, 787, str). Das muß aber unzweideut aus Ausdr hervorgehen u ist bei der Bemessg der FrLänge zu berücksichtigen. Die Frist ist auch bei geringer Überschreitg versäumt (BGH NJW **74**, 360), doch kann in besonders liegden AusnFällen § 242 anwendb sein. Der Schu muß vollständ u in der geschuldeten Qualität leisten. Erbringt er statt dessen eine Teilleistg, so kann der Gläub sie nach § 266 zurückweisen. Nimmt er die Teilleistg an, gilt Anm 9.

8) Rechtsfolgen. a) Mit fruchtlosem Ablauf der NachFr erlischt der ErfAnspr des Gläub (BGH NJW-RR **89**, 201); wg der Verbindg von Leistg u GgLeistg entfällt gleichzeit auch der ErfAnspr des Schu, eine etwa eingetragene AuflVormerkg wird wirkglos (Muscheler BB **89**, 1440). Das Recht des Käufers zum Besitz der Sache erlischt (BGH **54**, 216, **96**, 187) u das vertragl Austauschverhältn verwandelt sich in ein **Abwicklungsverhältnis**. Zur Wiederherstellg der beiderseitigen LeistgsPflten bedarf es eines neuen Vertr, der die etwa bestehden Formerfordern (zB § 313) wahren muß (RG **107**, 348, BGH **20**, 344).

b) Der Gläub hat die **Wahl** zw SchadErs wg NichtErf u Rücktr. Für dieses WahlR u alle damit zushängden Fragen gelten die Ausführgen in § 325 Anm 3c entspr.

c) Der **Schadensersatzanspruch wegen Nichterfüllung** stimmt nach Inhalt u Umfang mit dem Anspr aus § 325 überein. Die Darstellg in § 325 Anm 4 erstreckt sich daher auch auf den Anspr aus § 326; die meisten dort zitierten Entscheidgen betreffen Fälle des § 326. Hinzuzufügen ist lediigl: **aa)** AnsprGrdl für den bis zum Ablauf der NachFr entstandenen Verspätgsschaden bleibt § 286. Wenn der Gläub als Stichtag für die Ermittlg des SchadErs wg NichtErf den Verzugseintritt wählt (§ 325 Anm 4 C d), wird der Verspätgsschaden aber Teil des NichtErfSchadens (RG **96**, 159, BGH NJW **53**, 337). – **bb)** Wird die Leistg bis zum Ablauf der NachFr **unmöglich**, endet der Verzug (§ 284 Anm 1b), an die Stelle des § 326 tritt § 325. Der Gläub kann als Stichtag der Schadensermittlg den Verzugseintritt wählen u dadch den Verspätgsschaden auch hier in den NichtErfSchaden einbeziehen (RG **94**, 206, BGH **LM** § 198 Nr 3).

d) Das **Rücktrittsrecht** des § 326 entspricht dem des § 325. Es gelten daher die Ausführgen in § 325 Anm 5. Auch im Fall des § 326 ist der Rücktr idR der ungünstigere RBehelf; er ist aber dann der richtige Weg, wenn es dem Gläub ausschließl darum geht, vom Vertr loszukommen.

9) Teilverzug. Seine Probleme treten nur auf, wenn der Gläub eine Teilleistg als Erf angenommen hat. Hat der Gläub die Teilleistg gem § 266 zurückgewiesen, liegt Totalverzug vor, für den die allg Regeln gelten. § 326 I 3 betrifft seinem Wortlaut nach ledigl die Teilleistg nach FrSetzg; er gilt aber entspr für die vor Setzg der NachFr (RG **50**, 141). Ebso wie in § 325 Anm 6 ist zu unterscheiden: **a)** Die TeilErf hat für den Gläub **Interesse**. Der Vertr zerfällt in zwei selbstd Teile (BGH **36**, 318). Der Gläub hat die Pflicht, den bewirkte Teilleistg einen entspr Teil der GgLeistg zu erbringen. Das setzt allerdings voraus, daß neben der Leistg auch die GgLeistg teilb ist (RG **50**, 143). Bezügl des ausstehden Teils hat der Gläub die Rechte des § 326. Wählt er den SchadErsAnspr, kann er mit diesem ggf gg den TeilentgeltsAnspr des Schu aufrechnen (BGH **36**, 318). Ist der Vertr nicht in selbstd Teile zerlegb (Bsp: Verkauf einer Sache), erstrecken sich die Rechte des § 326 notw auf den Vertr im ganzen. – **b)** Die TeilErf hat für den Gläub **kein Interesse**. Der Gläub hat die Rechte des § 326 hinsichtl des ganzen Vertr. Die Ausführgen in § 325 Anm 6b gelten entspr. – **c) Sukzessivlieferungsvertrag** s Einf 6c v § 305.

10) Die **Beweislast** für die Voraussetzgen des § 326 trägt grdsl der Gläub. Er ist auch beweispflicht dafür, daß er seine Leistg bereits erbracht od ordngsmäß angeboten hat (s RG HRR **32**, 436, BGH (H) Nr 8). Hat der Schu sich unberecht vom Vertr losgesagt, muß er aber beweisen, daß der Gläub bis zum Ztpkt der VertrDchFührg nicht hätte leistgsbereit werden können (BGH WPM **74**, 327). Verweigert der Vorleistgspflichtige seine Leistg muß er beweisen, daß der and Teil zur Erbringg der GgLeistg außerstande ist (BGH NJW **65**, 1270).

327 *Regelung des gesetzlichen Rücktrittsrechts.* **Auf das in den §§ 325, 326 bestimmte Rücktrittsrecht finden die für das vertragsmäßige Rücktrittsrecht geltenden Vorschriften der §§ 346 bis 356 entsprechende Anwendung. Erfolgt der Rücktritt wegen eines Umstandes, den der andere Teil nicht zu vertreten hat, so haftet dieser nur nach den Vorschriften über die Herausgabe einer ungerechtfertigten Bereicherung.**

1) Satz 1. Das Ges verzichtet auf eine eigenständ Regelg des gesetzl RücktrR u verweist statt dessen auf die Vorschr über das vertragl RücktrR. Das ist angesichts der unterschiedl Interessenlagen in beiden Fallgruppen wenig überzeugd. Da die RFolgenverweis des § 327 Satz 1 eine „entsprechende" Anwendg der §§ 346ff anordnet, ist es aber mögl, den beim gesetzl RücktrR besthden besondern Gegebenh Rechng zu tragen. Dabei geht es vor allem darum, die in §§ 346, 347 vorgesehene strenge Haftg für den RücktrBerecht zu mildern; vgl dazu § 347 Anm 3 u unten Anm 2. Die Bezugn erstreckt sich auch auf die **Ausschlußgründe** der §§ 351ff. Wg der Einzelh s die Erläuterugen zu den §§ 346ff.

2) **Satz 2** ist eine AusnVorschr zu den §§ 346, 347. Er ersetzt die in § 347 bestimmte strenge Haftg nach den §§ 987ff dch eine Haftg nach **Bereicherungsrecht;** anwendb ist vor allem § 818 III. Begünstigt wird nach dem GesWortlaut der RücktrGegner, sofern er den RücktrGrd nicht zu vertreten hat. Das ergibt keinen vernünftigen Sinn, denn in den Fällen der §§ 325, 326, auf die sich Satz 2 systematisch bezieht, hat der RücktrGegner den Rücktr immer zu vertreten. Das gilt auch für den prakt nie vorkommenden Fall der §§ 325 II, 283, der als Bsp für eine wörtl Anwendg des Satzes 2 angeführt wird. Dagg kann es in § 636 ausnahmsweise so liegen, daß der RücktrGegner den Rücktr nicht zu vertreten hat. Das ändert aber nichts daran, daß Satz 2 bei wörtl Ausleg weitgehd leerlaufg ist u systematisch in den § 636 gehören würde. Die Ausleg muß sich daher vom Text der Norm lösen u auf die in ihm zum Ausdr kommde grdsätzl Aussage abstellen. Satz 2 enthält den **allgemeinen Rechtsgedanken,** daß derj, der den Rücktr nicht zu vertreten hat, nur nach BereicherngsR haftet, gleichgült, ob er od der andre Teil den Rücktr erklärt (RG **130,** 123, BGH **53,** 148, JZ **87,** 676, Köln OLGZ **70,** 455, Staud-Otto Rdn 31, RGRK-Ballhaus Rdn 3, str). Dieser Grds gilt auch für and als die in § 327 S 1 genannten gesetzl RücktrR (RG JW **28,** 57), so für sondergesetzl RücktrR (RG **116,** 380, BGH **6,** 230) u für die Wandlg (Köln OLGZ **70,** 455, Muscheler AcP **187,** 367, str, s § 347 Anm 3). Die GgAnsicht, die im Anschl an Glaß (Gefahrtragg u Haftg beim gesetzl Rücktr, 1959) für eine wörtl Ausleg des Satzes 2 eintritt (Huber JZ **87,** 650, Larenz § 26 I b, Soergel-Wiedemann Rdn 34) kann nicht überzeugen. Sie beruht auf einer (90 Jahre nach Erlaß des BGB unangebrachten) Überbewertg der EntstehgsGeschichte des BGB, zT auch auf einer unzul Gleichsetzg von Erörtergen in der 2. Kommission (Prot I 652) mit dem „klaren Willen des GesGebers" (so MüKo/Emmerich Rdn 9). Satz 2 kann, wenn der PartWille dafür hinr Anhaltspkte bietet, auch auf vertragl RücktrR anzuwenden sein (Ffm NJW **67,** 984). Er stellt das Höchstmaß der Haftg dar. Wenn die Normalhaftg nach § 347 geringer ist, bleibt es bei dieser (Nürnb MDR **72,** 238, Fuchs NJW **60,** 2177). Einzelheiten s § 347 Anm 3.

Dritter Titel.
Versprechen der Leistung an einen Dritten

Einführung

1) Das SchuldVerh ist grdsl eine Zweiparteienbeziehg zw Gläub u Schu; es begründet Rechte u Pflten nur für die an ihm unmittelb Beteiligten (Einf 1b v § 241). Diese Beschränkg w aber dch zahlreiche Ausn dchbrochen. Die wichtigste ergibt sich aus §§ 328ff. Danach können die VertrPart vereinbaren, daß der Schu (Versprechde) die Leistg an einen vom Gläub (VersprEmpf) verschiedenen Dr zu erbringen hat. Die RStellg des Dr kann unterschiedl ausgestaltet sein. Beim **echten (berechtigenden) Vertrag zGDr** erwirbt er einen eig Anspr gg den Schu. Beim **unechten (ermächtigenden) Vertrag zGDr** ist der Schu ermächtigt, mit befreiender Wirkg an den Dr zu leisten; das Recht, die Leistg an den Dr zu verlangen, steht aber allein dem Gläub zu. Die RFortbildg hat als weitere Art der Drittberechtigg den **Vertrag mit Schutzwirkung zGDr** herausgebildet (§ 328 Anm 3). Er unterscheidet sich vom echten Vertr zGDr dadch, daß der Dr keinen eig Anspr auf die Hauptleistg erwirbt; der Dr ist aber in der Weise in die vertragl Schutz- u ObhutsPflten einbezogen, daß er bei deren Verletzg vertragl SchadErsAnspr geltd machen kann. **Regelungsgegenstand** der §§ 328ff ist der echte Vertr zGDr. Der unechte Vertr zGDr bedarf keiner bes Vorschr. Er wird in den §§ 328ff nur angesprochen, soweit es um die Abgrenzg zum echten Vertr zGDr geht (s §§ 328 II, 329, 330).

2) Zweck des Vertr zGDr ist vielf, die Versorgg des Dr sicherzustellen od zu ihr beizutragen. Diese Fallgruppe der Vertr mit Versorggscharakter (Versichergs-, Leibrenten- u HofübergVertr) stand bei den Beratgen des BGB im VorderGrd (Mot II 265). Zweck der Vertr zGDr kann aber auch sein, den Leistgsweg zu verkürzen, dh die doppelte Leistg (vom Versprechden an den VersprEmpf, von diesem an den Dr) dch eine direkte Leistg des Versprechden an den VersprEmpf zu substituieren. Da es sich um ein Dreipersonen-Verh handelt, sind drei RBeziehgen zu unterscheiden:

a) Der Vertr zw Versprechdem (Schu) u VersprEmpf (Gläub) ist das eigentl VertragsschuldVerh. Es best die zu erbringde Leistg u die Pers des Dr. Es ist damit das die RBeziehgen prägde **Grundverhältnis;** es wird idR als DeckgsVerh bezeichnet, weil der Schu aus ihm Deckg, dh den GgWert für seine Leistg, erhält. Der Vertr zGDr ist kein bes VertrTyp. Jeder schuldrechtl VerpflVertr kann als Vertr zGDr abgeschl w (s § 328 Anm 2b). Auf **Mängel** des GrdVerh kann sich der Versprechde (Schu) auch ggü dem Dr berufen (§ 334).

b) Das Zuwendungs- oder Valutaverhältnis zw VersprEmpf (Gläub) u Dr. Aus dieser RBeziehg ergibt sich der RGrd für die Zuwendg an den Dr; es entscheidet darüber, ob der Dr die Leistg behalten darf (BGH **91,** 290, NJW **75,** 383). IdR handelt es sich um ein vertragl Verh, der Gläub kann aber auch als GeschF oA od in Erf einer gesetzl Verpfl handeln. Als RGrd der Zuwendg kommen vor allem Schuldtilgg, aber auch Schenkg in Betracht. Mögl ist, daß das ValutaVerh erst nach dem Tod des VersprEmpf zustande kommt (§ 331 Anm 2b). **Mängel** des ZuwendgsVerh lassen die Wirksamk des Vertr zGDr unberührt. Ein etwa erforderl BerAusgl erfolgt grdsl in der Beziehg zw VersprEmpf u Dr (§ 334 Anm 2).

c) Das Vollzugs- oder Drittverhältnis zw Versprechdem (Schu) u Dr ist kein vertragl RVerh (BGH **54,** 147). Für den Dr besteht ledigl ein aus dem Vertr zGDr abgespaltenes FdgR u für den Schu eine korrespondierde Verpfl. Das VollzugsVerh begründet aber ein vertragsähnl VertrauensVerh. Die dem Schu obliegden NebenPflten bestehen auch ggü dem Dr; umgekehrt obliegen dem Dr aGrd seiner RStellg die vertragl NebenPflten eines Gläub (BGH **9,** 318, § 328 Anm 2c).

3) Das **Forderungsrecht** des Dr entsteht ohne seine Mitwirkg allein aGrd des Vertr zw Versprechdem u VersprEmpfänger. Eines Beitritts des Dr bedarf es nicht (RG **71,** 324), er hat aber das ZurückweisgsR des § 333. Der Dr erwirbt das FdgsR **originär** in seiner Pers. Der Anspr gehört nicht, auch nicht dchgangsw,

Schuldverhältnisse aus Verträgen. 3. Titel: Leistung an Dritte   **Einf v § 328, § 328**

zum Vermögen des VersprEmpf. Er ist daher dem VollstrZugriff der Gläub des VersprEmpf entzogen. Entsteht das Recht erst mit dem Tod des VersprEmpf, gehört es nicht zum Nachl (RG **128**, 189, BGH **41**, 96, § 330 Anm 2a).

4) Die **Form** des Vertr zGDr bestimmt sich nach dem GrdVerh (Anm 2a), dh nach dem zw Versprchden u VersprEmpf geschlossenen Vertr (RG **106**, 2, BGH **54**, 147). Es gilt daher § 313, wenn sich der Versprechde zur Übereign eines Grdst an den Dr verpfl; § 518 ist anzuwenden, wenn der Versprechde schenkw eine Leistg verspricht. Dagg ist das Zuwendgs- od ValutaVerh (Anm 2b) für die vom Vertr zGDr zu wahrde Form ohne Bedeutg. Der Vertr zGDr wird nicht deshalb formbedürft, weil die Zuwendg des FdgsR in der RBeziehg zw VersprEmpf u Dr eine Schenkg darstellt (BGH **54**, 147). Im Fall des § 331 ist die Einhaltg der Formen des ErbR auch dann nicht erforderl, wenn im ValutaVerh eine Schenkg vorliegt, die erst bei od nach dem Tod des Schenkers wirks wird (BGH **41**, 96, **66**, 12, § 331 Anm 1a).

5) Nach der systemat Stellg u dem Wortlaut der §§ 328 ff geht das BGB davon aus, daß nur **schuldrechtliche Verpflichtungsverträge** als Vertr zGDr abgeschlossen w können. Daraus ergibt sich:

a) **Schuldrechtliche Verfügungsverträge** (Einf 3 a v § 305). Eine direkte Anwendg der § 328 ff scheidet aus (allgM). Auch eine analoge Anwendg der § 328 ff ist nicht mögl (BGH **41**, 96, stRpsr, str). Es gibt daher keine Abtr zGDr (LAG Düss BB **58**, 1169, Ffm VersR **84**, 755), keine VertrÜbertr zGDr (BGH **68**, 231) u auch keinen Erlaß zGDr (RG **148**, 262, KG OLGZ **78**, 71). Nur für die befreide SchuldÜbern gilt im Rahmen der Sonderregelg des § 414 eine Ausn. Die im Schrifttum gg diese stRspr erhobenen Einwendgn (s Larenz § 17 IV, Kaduk FS Larenz, 1983 S 309) überzeugen schon desh nicht, weil ein prakt Bedürfn für die entspr Anwendg der § 328 ff auf Vfgen nicht erkennb ist. Das wirtschaftl Ergebn der Abtr zGDr kann dadch erreicht w, daß die Fdg des „Zedenten" erlassen u zG des nicht beteiligten „Zessionars" (Dr) gem § 328 eine inhaltsgleiche Fdg begründet w. Der Erlaß kann, sow er einen Dr begünstigen soll, als schuldr *pactum de non petendo* zGDr aufgefaßt w (RG **127**, 129, BGH **LM** § 328 Nr 15). In Teilzwkabkommen zw SozVersTräger u HaftPflVers ist regelmäß ein derart *pactum de non petendo* zG des versicherten Schädigers enthalten (BGH **LM** § 202 Nr 12, NJW **78**, 2507). Bes liegt der Fall des **Haftungsausschlusses** zGDr (§ 276 Anm 5 B a) bb). Hier bedarf es weder der Konstruktion eines *pactum de non petendo* zGDr (so aber BGH VersR **60**, 727) noch der eines antizipierten Verzichts zGDr. Die Freizeichng verhindert od begrenzt von vornherein das Entstehen eines SchadErsAnspr (Gernhuber JZ **62**, 553, MüKo/Gottwald § 328 Rdn 95, str).

b) **Dingliche Verträge.** Die §§ 328 ff sind weder unmittelb noch analog anwendb (BGH **41**, 95, NJW-RR **86**, 849, stRspr, str). Das gilt für die Übereign u die Übertragg beschränkter dingl Rechte (RG **98**, 282, BGH **41**, 95); die §§ 328 ff sind aber auch dann unanwendb, wenn ein dingl Recht zur Leistg aus dem Grdst begründet w soll, wie iF der Hyp (RG **66**, 97, JW **31**, 525), der GrdSch, des MobiliarpfandR (RG **124**, 221) u der Reallast (BGH **LM** § 1105 Nr 1). Der Dr erwirbt die Hyp od das sonst Recht erst dch Einigg mit dem Eigtümer, die aber formlos (§ 873) u auch stillschw erfolgen kann. Die Lit ist auch hier – ebso wie bei dem schuldr VfgsVertr – überwiegt aA. Einige Autoren halten die §§ 328 ff allgemein auf dingl Vertr für entspr anwendb, verlangen aber, daß die Publizitätsakte (BesErwerb, Eintragg) in der Pers des Dr vollzogen w müssen (Larenz § 17 IV, Erman-Westermann Rdn 3). And beschränken die analoge Anwendg auf die Begründg von dingl Rechten, aGrd deren Leistgen aus dem Grdst zu erbringen sind (MüKo/Gottwald § 328 Rdn 110, Baur § 5 II 2). Für beide Lösgsvorschläge besteht kein Bedürfn. In der Praxis ist es dchweg ein gangb Weg, den „VersprEmpf" als Vertreter ohne Vertretgmacht für den Dr auftreten zu lassen.

c) **Verträge zu Lasten Dritter** sind mit dem Grds der Privatautonomie unvereinb u daher unzul (BGH **54**, 247, **58**, 219, **61**, 361, **78**, 374f, BayObLG **84**, 201). Unwirksam ist demgem eine Nachfolgeregel, wonach der Mitgliedsch in einer PersonalGesellsch ipso jure auch ein Nachfolger übergehen soll (BGH **68**, 231, Martens AcP **177**, 139). Auch wenn der Dr sich mit seiner Belastg einverstanden erkl hat, ist der Vertr zu seinen Lasten unwirks. Eine VerpflErmächtigg ist mit den Grds des BGB unvereinb (Peters AcP **171**, 243, MüKo/Gottwald § 328 Rdn 99, str). Wenn der Handelnde die Drittbezogenh seines Handelns nicht offenlegt, gilt § 164 II; erfolgt eine entspr Klarstellg, ist der Handelnde als Vertreter anzusehen. Dagg ist es selbstverständl, daß der Schu die Verpflichtg übernimmt, sich um die Leistg des Dr zu bemühen od für diese zu garantieren.

328 Vertrag zugunsten Dritter.

I Durch Vertrag kann eine Leistung an einen Dritten mit der Wirkung bedungen werden, daß der Dritte unmittelbar das Recht erwirbt, die Leistung zu fordern.

II In Ermangelung einer besonderen Bestimmung ist aus den Umständen, insbesondere aus dem Zwecke des Vertrags, zu entnehmen, ob der Dritte das Recht erwerben, ob das Recht des Dritten sofort oder nur unter gewissen Voraussetzungen entstehen und ob den Vertragschließenden die Befugnis vorbehalten sein soll, das Recht des Dritten ohne dessen Zustimmung aufzuheben oder zu ändern.

1) **Echte Verträge zugunsten Dritter. – a) Allgemeines.** S zunächst Einf v § 328. – **aa)** Der Vertr zGDr ist **kein besonderer Vertragstyp.** Jeder schuldr VerpflVertr kann dch eine entspr Abrede der VertrSchließden zu einem Vertr zGDr ausgestaltet w (RG **150**, 133), so etwa KaufVertr, MietVertr, Dienstu WkVertr, Schenkg, Auftr u VersVertr. Auch der VorVertr kann als Vertr zGDr abgeschl w (LG Bonn NJW **70**, 1083, Schmalzl AcP **164**, 446), ebso der Bürgsch dch Vertr zur HauptSchu u Bü (BGH Betr **66**, 1307). Mögl ist auch, daß das FdgR des Dr abstrakt ausgestaltet w (RG **71**, 187). Die an den Dr zu erbringde Leistg kann in einem Tun od einem Unterl bestehen. Ggst des FdgsR des Dr kann jede rechtl zul Leistg sein. – **bb) Öffentlich-rechtliche Verträge** können als Vertr zGDr abgeschlossen w (VwVfG 62). Ausnw können sogar völkerrechtl Vertr Anspr von PrivPers begründen (RG **117**, 284, **121**, 9), idR aber erst nach ihrer Übern als innerstaatl Recht (BGH **17**, 313). Dagg sind die §§ 328 ff auf VerwAkte nicht anwendb. Der

§ 328 1, 2

dch eine Aufl Begünstigte hat daher gg den Adressaten des VerwAktes keinen Anspr auf Erf der Aufl (BGH NJW **57**, 668: Aufl bei der Bewilligg öff Mittel). Wenn sich der Veranstalter eines **Motorradrennens** ggü der Behörde verpfl, für Schäden bei Aufl aufzukommen, w aus dieser Vereinbg aber ein geschädigter Teiln u der geschädigte Straßeneigtümer unmittelb berecht (Mü VersR **51**, 21, BGH VersR **63**, 431).

b) Voraussetzungen. – aa) Erforderl ist ein wirks **Vertragsschluß** zw Versprechdem u VersprEmpf. Etwaige Mängel dieses GrdVerh kann der Versprechde auch dem Dr entgghalten (§ 334), dagg lassen Mängel des ZuwendgsVerh die Wirksamk des Vertr zGDr unberührt. – **bb)** Begünstigter **Dritter** kann jede natürl od jur Pers sein. Es können aber auch Rechte für noch nicht einmal gezeugte natürl od für erst geplante jur Pers bedungen w (RG **65**, 280, Hamm VersR **73**, 810). Es genügt, daß der Dr bestimmb ist (RG **106**, 126). Mögl ist daher die Begründg eines AuflAnspr für den jeweil Eigtümer eines and Grdst (RG **128**, 249), eines WettbewVerbots für den jeweil BetrInh (RG **102**, 129), einer Herstellergarantie für den jeweil Endabnehmer (BGH **75**, 78), eines UnterhAnspr für ein Kind, das dch Fremdinsemination gezeugt w soll (LG Duisbg NJW **87**, 1485). – **cc)** Ob der Dr das **Recht erwirbt**, ob also ein echter Vertr zGDr vorliegt, ist dch Auslegg zu ermitteln **(II)**. Maßgebd sind nicht allein die VertrErkl, sond die ges Umst des Falls (§§ 133, 157). Bes Bedeutg hat der von den VertrSchließden verfolgte Zweck (RG **127**, 222, BGH **LM** Nr 6). Der RErwerb des Dr kann sich auch aus einer ergänzden VertrAuslegg ergeben (BGH NJW **75**, 344). War der VertrSchl ein Akt der Fürsorge für den Dr od ist aus sonst Grden ausschließl im Interesse des Dr kontrahiert worden, kann idR ein RErwerb bejaht w. Eine entspr Vermutg besteht aber nicht. Vgl auch die Ausleggsregeln der §§ 329, 330. – **dd)** Das Recht des Dr muß nicht notw alsbald nach VertrSchl als VollR entstehen. Es kann auch **bedingt** od befristet begründet w (BGH NJW-RR **87**, 114). Mögl ist auch, daß sich die Part eine **Aufhebung** od Änderg des Rechts des Dr vorbehalten (II). Der Vorbeh kann sich aus einer ausdr Regelg, aber auch aus den Umst u dem Zweck des VertrSchl ergeben. Eheg können ScheidgsVereinbgen über Zuwendgen an ihre Kinder iZw auch deren Mitwirkg aufheben (LG Mosbach MDR **71**, 222). Die KaufVertrPart sind iZw berecht, die zGd Maklers getroffene Vereinbg über die Tragg seiner Provision aufzuheben (Celle WPM **85**, 1455, Ffm NJW-RR **86**, 1176, aA aber auf den Einzelfall abstellnd BGH NJW **86**, 1165).

c) Rechtsfolgen. – aa) Der **Dritte** erwirbt – ohne Dchgang dch das Vermögen des VersprEmpf – den LeistgsAnspr (Einf 3 v § 328). Er rückt aber nicht in die Stellg des VertrSchließden ein, sond hat nur das FdgR. Bei Leistgsstörgen stehen ihm die Anspr aus §§ 280, 281, 283, 286 u pVV zu, idR aber nicht die Rechte wg NichtErf des Vertr aus §§ 325, 326 (Mü Rpfleger **72**, 32, Lange NJW **65**, 663, Gottwald JZ **85**, 576, str, aA Soergel-Hadding Rdn 42ff). Die Auslegg des Vertr kann aber ergeben, daß dem Dr die Rechte aus §§ 325 f zustehen sollen (s zur Abtr § 398 Anm 5). Bei Wegfall der GeschGrdl kann der Dr die Anpassg des Anspr an die veränderten Verhältn iZw fordern (BGH NJW **72**, 152/1191). – **bb)** Der **Versprechensempfänger** hat iZw einen Anspruch auf Leistg an den Dr (§ 335, zu SchadErsAnspr s dort). Außerdem stehen ihm die das VertrVerh als ganzes betreffden GestaltgsR zu, wie Anfechtg, Rücktr, Künd (VVG **165**, 178), aber auch Wandlg, Minderg u der SchadErsAnspr wg NichtErf (§§ 325, 326). Die Auslegg des Vertr kann jedoch ergeben, daß die dem Vertr als ganzes betreffden Rechte dem Dr zustehen sollen; mögl ist auch eine Abtr an den Dr (§ 398 Anm 5). Ist das Recht des Dr unentziehb, darf der VersprEmpf die GestaltgsR nur mit Zust des Dr ausüben (RG **101**, 276, Lange NJW **65**, 661). Das gilt aber nicht für die Anf, weil hier der Schutz der Willensbildg des VersprEmpf im VorderGrd steht (Erman-Westermann Rdn 7, aA Köhler JZ **89**, 267). – **cc)** Dem **Versprechenden** können SchadErsAnspr gg den Dr zustehen, wenn dieser Pfltnen aus dem vertragsähnl VertrauensVerh verletzt (Einf 2 c v § 328). Zugl haftet auch der VersprEmpf, da ihm das Verhalten des Dr gem § 278 zuzurechnen ist (RGRK-Ballhaus Rdn 27). Zu den Einwendgen des Versprechden ggü dem Dr s § 334.

2) Einzelfälle („volle" Vertr zGDr). – **a) Abfindungserklärungen** ggü dem Versicherer wirken als pactum de non petendo zG des Schädigers (Ffm VersR **51**, 147). – Die Beauftragg eines **Anwalts** dch den KfzHaftpflVers ist idR ein Vertr zG des VersNeh (Köln NJW **78**, 897). Der RSchutzVers tritt dagg bei der AuftrErteilg idR als Vertreter des VersNeh auf (BGH NJW **78**, 1003). – **Arbeitsrecht:** Vertr, die der ArbGeb zur Altersversorgg mit Betr- od Unterstützgskassen schließt, sind Vertr zG des ArbNeh, uU auch zG der Witwe (BAG NJW **73**, 963, 1947). Bei LeiharbeitsVerh kann die Übern der LohnzahlgsPfl dch den Entleiher ein Vertr zG des ArbNeh sein (BAG **AP** § 611 (Lehrer, Dozenten) Nr 1). Der TarifVertr ist in seinem schuldrechtl Teil, insb hins der FriedensPfl, ein Vertr zG der Mitgl der TVPart (BAG **6**, 340). Der gem BetrVG 112 I vereinbarte Sozialplan ist uU ein Vertr zG der leitden Angestellten (BAG NJW **79**, 1621, krit Spinti Betr **86**, 1571). – Das **Ausstattungsversprechen** ggü der Tochter wirkt uU zG des Bräutigams (RG **67**, 206). – **b) Banken.** Der ScheckVertr zw Aussteller u Bank ist kein Vertr zG des ScheckNeh (BGH NJW **74**, 456, zur Scheckkarte s Einf 3 c v § 765); ebso erwirbt der ÜberweisgsEmpf dch den Überweisgs-Auftr keinen ZahlgsAnspr gg eine der beteiligten Banken (BGH **LM** Nr 19, Düss WPM **87**, 1009). In AusnFällen kann aber aGrd bes Umst ein Vertr zG des Empfängers gegeben sein (Celle OLGZ **71**, 6). Der Vertr über Anderkonten von RAnw u Notaren ist idR kein Vertr zGDr (BGH NJW **54**, 191, Liesecke WPM **75**, 222, Nr 6 der AGB für Anderkonten NJW **79**, 1441). Er begründet keine Pfl zur Überwachg des Notars (LG Bln WPM **88**, 1309), kann aber Schutzwirkg zG des Begünstigten haben (Düss WPM **86**, 637). – **Bank- und Sparkonten.** Die Einrichtg eines Kontos auf den Namen eines and läßt idR für sich allein nicht den Schluß auf einen Vertr zGDr zu (RG **73**, 221, BGH **21**, 150, **28**, 369, Mü WPM **83**, 1295). Entscheid ist, wer nach der Vereinbg zw Bank u dem das Konto Eröffnden KontenInh werden soll. Darüber gibt vielf der Inh des KontoeröffngsAntr Aufschluß (Ffm NJW **86**, 64, Kblz u Zweibr NJW **89**, 2545 f). Ein wesentl Indiz kann auch sein, wer Besitzer des Sparbuchs ist (BGH NJW **70**, 1181). Maßgebd ist die Willensrichtg bei Errichtg des Kontos; zu späteren Änderg ist eine Abtr erforderl (Mü WPM **83**, 1295). Legen Eltern od Verwandte ein Sparbuch für ein Kind an, so wollen sie iZw Gläub des Kreditinstituts bleiben (BGH **46**, 201, s aber Ffm NJW **86**, 64); vielf soll dem Benannten der Betr aber mit dem Tod des Einzahlden zugewandt w (BGH **66**, 8, NJW **84**, 480, § 331 Anm 1b). Dagg ist beim Sparkassenbrief idR der in der Urk Benannte fordergsberecht (Hamm EWiR **87**, 547), ebso beim Girokonto (Düss WPM **89**, 91). Zahlt der Vater als Vormund für sein entmündigtes Kind Geld auf dessen Namen ein, kann er als gesetzl Vertreter handeln, das Kind also Gläub sein (Schlesw SchlHA **70**, 113). – **c)** Die im KaufVertr über ein Grdst übernommenen **Baubeschränkungen** wirken uU zG der Nachbarn (BGH NJW **75**, 344, LG Brschw NdsRpfl **75**, 273). – Die beim GrdstErwerb übernommene **Bauunternehmerbindung** ist idR Vertr zG des Untern (LG Bonn NJW **70**, 1083). – Die im PachtVertr übernommene **Bierbezugspflicht** wirkt zG der Brauerei (BGH **54**, 147, DNotZ **70**, 240). – Auch der **Bürgschaftsvertrag** kann als Vertr zGDr zw Bü u HauptSchu abgeschl w (BGH NJW-RR **89**, 317). Der AvalVertr (GeschBesorggVertr) zw Bank u HauptSchu begründet aber idR noch keine Rechte für den Gläub (BGH NJW **84**, 2088). – Die vom Hauptaktionär gegebene **Dividendengarantie** kann ein Vertr zG der Aktionäre sein (RG **147**, 47). – Der **Frachtvertrag** wirkt gem HGB 435 zG des Empfängers (Konow Betr **75**, 137), ebso der CMR-FrachtVertr (BGH **75**, 94) u der LuftfrachtVertr (Ffm BB **77**, 1071). Der FrachtVertr zw Käufer u FrachtFü begründet für den Verkäufer keinen Anspr auf Beibringg von Nachw zur Umsatzsteuerbefreig (LG Düss NJW-RR **88**, 929). – Der **Gesellschaftsvertrag** kann LeistgsPflten ggü außenstehden Dr begründen (RG **145**, 294) od Dr ein EintrittsR einräumen (BGH WPM **77**, 1324). – Die **Herstellergarantie** kann als Vertr zG des Endabnehmers ausgestaltet w (BGH **75**, 77). – **d)** **Krankenhaus, ärztliche Behandlung.** Der von der Krankenkasse abgeschl KrankenhausVertr ist Vertr zG des Patienten (BGH **1**, 386, **80**, 368, **89**, 252). Das gilt ebso, wenn der Sorgeberecht od Eheg einen Vertr zG des Kindes od Partners als PrivPatient abschließt (BGH **89**, 266). Der Kassenpatient hat gem RVO 368d IV ggü dem Arzt einen privrechtl ausgestalteten Anspr auf sorgf Behandlg (BGH **97**, 276, NJW **87**, 2290). Diesem soll angebl ein inhaltsgleicher öffrechtl Anspr der Krankenkasse korrespondieren (BSozG NJW **84**, 1423). Der SchiedsgutachtenVertr zw kassenärztl Vereinigg u Arzt kann als Vertr zG des Patienten aufzuassen sein (KG NJW **80**, 1342). – Der **Prozeßvergleich** kann Vertr zGDr sein. Der Dr kann aber nur vollstrecken, wenn er dem Vergl beigetreten ist (Mü NJW **57**, 1367, Celle NJW **66**, 1367, KG NJW **73**, 2032). Regeln die Eltern in einer ScheidgsVereinbg den KindesUnterh, haben sie idR nicht den Willen, den Kindern eig FdgsR einzuräumen (BGH NJW **83**, 685). Vgl aber jetzt § 1629 III 2. – Die Vertr zw **Reiseveranstalter** u Leistgsträgern sind iZw Vertr zG der Reisenden (§ 651a Anm 4). Das gilt insb auch für die vom Veranstalter beauftragte FlugGesellsch (BGH **93**, 273). – **Teilungsabkommen** u Regreßverzichtsabkommen zw Versicherern sind *pacta de non petendo* zG der VersNeh (BGH VersR **54**, 591, NJW **78**, 2507). – Der **Treuhandvertrag**, der dem TrHänder die Sanier od Liquidation eines Betr überträgt, ist idR Vertr zG der Gläub des BetrInhabers (BGH **55**, 309, **62**, 3, **LM** Nr 30). Auch wenn der GeschNachf dich der Vertr die Sanierg übernimmt, kann ein Vertr zG der Gläub vorliegen (Hamm WPM **73**, 743). – **e)** **Versicherungsvertrag.** Die Vers für fremde Rechng (VVG 75 I 1) ist Vertr zG der mitversicherten Pers (RG **130**, 241). Der HaftPflVersVertr begründet für den geschädigten Dr keine Anspr gg den Versicherer, der KrankenVersVertr keinen Anspr für das Krankenhaus od den behandelnden Arzt (Köln VersR **84**, 1165). Zur LebensVers s § 330 Anm 2. Geschäftsplanmäß Erkl des Vers ggü der AufsBeh können für den VersNeh entspr § 328 eig Rechte begründen (BGH **105**, 151). – **Werkförderungsvertrag** (Aufbaufinanzier mit BeleggsR) ist uU Vertr zG der vom Förderer vorgeschlagenen Mieter (BGH **48**, 245, NJW **67**, 2261). – **Wertpapierdepot:** An den im Depot verwahrten Wertpapieren kann nicht iW eines Vertr zGDr Eigt eines an begründet w (RG **98**, 283, Einf 5b v § 328). Dem Dr kann aber ein Anspr auf Übereigg zugewiesen w (BGH **41**, 96).

3) Verträge mit Schutzwirkung zugunsten Dritter. – a) Allgemeines. Neben dem eigentl Vertr zGDr, der für den Dr einen Anspr auf die vereinb (Haupt-)Leistg begründet, h die Rspr als bes Art der Drittberechtigg den Vertr **mit Schutzwirkg** zGDr (Ausdr von Larenz) herausgebildet. **Wesen:** Der Anspr auf die geschuldete (Haupt-)Leistg steht allein dem Gläub zu, der Dr ist jedoch in der Weise in die vertragl Sorgf- u Obhutspflichten einbezogen, daß er wegen ihrer Verletzg vertragl SchadErsAnspr geltd machen kann (BGH **49**, 353, NJW **59**, 1676, Larenz, § 17 II). Der Vertr mit Schutzwirkg zGDr war der Sache nach schon in der Rspr des RG anerkannt (zB RG **91**, 24, **102**, 232, **127**, 222). Die Erkenntn, daß es sich um einen bes, vom eigentl Vertr zGDr zu unterscheidden VertrTyp handelt, h sich jedoch erst später im Anschl an die Untersuchgen von Larenz (NJW **60**, 78) u Gernhuber (FS Nicklisch, 1958, 249) dhgesetzt (BGH **49**, 353, NJW **59**, 1676). Grd für die Herausbildg des Vertr mit Schutzwirkg zGDr war die Unzulänglichk des DeliktR, insb die unbefriedige Regelg der Gehilfenhaftg in § 831; dch den Vertr mit Schutzwirkg zGDr w der geschädigte Dr hinsichtl der Haftg für Hilfspersonen (§ 278 statt § 831), der BewLast (§ 282 Anm 2) u der Verj ggü einer bloßen Haftg nach §§ 823ff besser gestellt; soweit es um § 254 geht, wirkt sich der Vertr mit Schutzwirkg zGDr dagg zum Nachteil des Dr aus: er muß sich auch ggü delikt Anspr MitVersch seiner gesetzl Vertreter u Hilfspersonen sowie des Gläub anrechnen lassen (§ 254 Anm 5a).

b) Rechtsgrundlage der Schutzwirkg zGDr ist eine ergänzde VertrAuslegg (RG **127**, 222, BGH **56**, 273, NJW **84**, 356). Die Lit nimmt dagg überwiegd an, es handele sich um eine auf § 242 beruhde richterl Fortbildg des dispositiven Rechts (Strauch JuS **82**, 823, Larenz § 17 II, MüKo/Gottwald Rdn 62, Einl 1e v § 241). Im prakt Ergebn stimmen beide Ans weitgehd überein (s BGH **56**, 273, NJW **77**, 2074). Die Auffassg der Rspr macht aber mit Recht den (hypoth) PartWillen (§ 157 Anm 2) zur Grdl der Anspr des Dr. Sie ermöglicht dadch, den Besonderh des Einzelfalls Rechng zu tragen (s BGH NJW **84**, 356, NJW-RR **86**, 485).

c) Anwendungsbereich. Schutzwirkgen zGDr können sich aus schuldr VerpflVertr jeder Art ergeben (Anm 4). Auch bei c. i. c. – u ebso bei einem nichtigen Vertr – kann ein Dr nach dem RGedanken des § 328 in den Schutz der geschuldeten Obhut u Sicherg einbezogen sein (BGH **66**, 56, krit Kreuzer JZ **76**, 778, Hohloch JuS **77**, 302). Entspr gilt für öff-rechtl NutzgsVerhältn (BGH NJW **74**, 1817).

d) Geschützter Personenkreis. Damit die Haftg des Schu nicht uferlos ausgedehnt w, sind an die Einbeziehg von Dr in vertragl Schutz strenge Anfordergen zu stellen (BGH **51**, 96, NJW **76**, 1844, Strauch JuS **82**, 826). Zwar brauchen Namen u Zahl der Geschützten bei VertrSchl nicht bekannt zu sein (BGH NJW **84**, 355); mögl ist auch die Einbeziehg des *nasciturus* in den VertrSchutz (BGH NJW **71**, 242, KG VersR **81**, 682). Es müssen aber folgde Voraussetzgen erf sein: – **aa) Leistungsnähe.** Der Dr muß bestimmgsgem mit der Leistg in Berührg kommen u den Gefahren von SchutzPflVerletzgen ebso ausgesetzt sein wie der Gläub

401

§ 328 3, 4   2. Buch. 2. Abschnitt. *Heinrichs*

selbst (BGH **49**, 354, **70**, 329). Es muß sich daher um ein Leistgsverhalten handeln, das inhaltl (auch) drittbezogen ist. – **bb) Schutzpflicht des Gläubigers** ggü dem Dr. Die Rspr hat eine Schutzwirkg zG Dr ursprüngl nur dann bejaht, wenn der Gläub für das „**Wohl u Wehe**" des Dr mitverantwortl ist, wenn er diesem also Schutz u Fürsorge schuldet (BGH **51**, 96, **56**, 273, NJW **70**, 40). Sie hat dementspr verlangt, zw dem Gläub u dem Dr müsse eine RBeziehg mit personenrechtl Einschlag bestehen, etwa eine familienrechtl, arbeitsrechtl od mietvertragl Beziehg (BGH NJW **68**, 1931, **77**, 2208). Inzw ist aber anerkannt, daß ein Drittschutz auch dann zu bejahen ist, wenn die Leistg nach dem VertrInh „bestimmgsgem" dem Dr zugute kommen soll (BGH NJW **76**, 1844, **83**, 1054, **85**, 489), od wenn sich aus dem Umst des Falles sonstige konkrete Anhaltspkte für einen auf den Schutz Dr gerichteten **Parteiwillen** ergeben (BGH NJW **84**, 356, krit Littbarski NJW **84**, 1667). Bsp für diese Fallgruppe sind die Schutzwirkg zG Dr beim Lastschriftverfahren (BGH **69**, 82, Assmann JuS **86**, 889), im GiroVerk (Anm 4c), beim Scheckinkasso (BGH **96**, 17), bei der ObhutsPfl über fremde Sachen (BGH **49**, 354, unten e) u bei der Beauftragg von Sachverständigen od sonst Fachleuten (BGH NJW **82**, 2431, **84**, 356, **87**, 1759). Dagg hat der KaufVertr zw Produzenten u Händler keine Schutzwirkg zG der Endverbraucher (BGH **51**, 98, unten Anm 4h). Das Problem der Produkthaftg läßt sich daher nicht mit der RFigur des Vertr mit Schutzwirkg zGDr lösen. – **cc) Erkennbarkeit.** Der Schu haftet nur, wenn die Schutzpfl des Gläub für den Dr u die Drittbezogenh der Leistg für ihn erkennb sind (BGH **49**, 354, **75**, 323, NJW **85**, 489, 2411). – **dd)** Der Dr muß **schutzbedürftig** sein. Daran fehlt es idR, wenn der Dr wg der Schädigg vertragl SchadErsAnspr gg den Gläub des HauptVertr hat (BGH **70**, 330).

e) Rechtsfolgen. – **aa)** Dem Dr steht ein eig vertragl **Schadensersatzanspruch** zu (oben a). Die Schutzwirkg kann sich auch auf Sach- u **Vermögensschäden** erstrecken (BGH **49**, 355, **69**, 82, NJW **77**, 2074). Demgem können bei Sachschäden ein eig Anspr des Dr u ein Anspr des Gläub auf Liquidation des Drittinteresses (Fallgruppe „ObhutsPfl über gläubfremde Sachen", Vorbem 6c cc v § 249) nebeneinand bestehen (Söllner JuS **70**, 163, str; für Vorrang der Drittschadensliquidation Berg NJW **78**, 2018; für Vorrang der Schutzwirkg zG Dr Strauch JuS **82**, 824). – **bb)** § 334 ist entspr anwendb. Gesetzl Haftgsbeschränkgen wirken daher zu Lasten des Dr (Köln NJW-RR **88**, 157), ebso vertragl **Freizeichnungen,** sofern sie sich aus § 138 u dem AGBG ergebden Grenzen einhalten (BGH **56**, 269, Ffm AGBE V § 9 Nr 14, str); Der Dr muß sich MitVersch des Gläub anrechnen lassen (BGH **33**, 250, § 254 Anm 5a). – **cc)** Ist umgekehrt der **Dritte schadensersatzpflichtig,** wirken die zw den Part vereinbarten Haftgsbeschränkgen idR zu seinen Gunsten (§ 276 Anm 5 Ba bb). Ebso kann er sich auf die kurze Verj gem §§ 558, 606 od vertragl Abkürzgen der Verj berufen (BGH **49**, 278, **61**, 232, **71**, 178, NJW **76**, 1844).

4) Einzelfälle (Vertr mit Schutzwirkg zGDr). Ja = Einbeziehg des Dr; nein = Nichteinbeziehg. – **a) Anwaltsvertrag.** Ja: Kinder des Mandanten, wenn ihnen dch eine ScheidsVereinbg Vermögenswerte übertragen w sollen (BGH NJW **77**, 2073); wenn die Ehelichk eines scheinehel Kindes angefochten w soll (Hamm MDR **86**, 1028); wenn zu ihren Gunsten eine Wohng gekündigt w soll (LG Mü NJW **83**, 1621); nein: bei allg Beratg in ErbschAngelegenh (LG Köln NJW **81**, 351); der Eheg u ProzGegner bei ScheidsfolgenVereinbgn (Düss NJW-RR **86**, 730); ja: Ehefrau des Mandanten iF einer RuhegehaltsVereinbg (BGH NJW **88**, 201); s auch e; die vom Mandanten beherrschte jur Pers (s BGH **61**, 380); uU ja: die vorgesehene Erbin, zu deren Gunsten ein Testament errichtet w soll (BGH NJW **65**, 1955, krit Zimmermann FamRZ **80**, 99). – **Arbeitsvertrag** mit Wachmann. Nein: Eigtümer der zu bewachten Sache (BGH NJW **87**, 2511). – **b) Ärzte, Krankenhaus.** Ja: zu behandelndes Kind (RG **152**, 176, BGH NJW **84**, 1400); *nasciturus* bei Vertr über Entbindg (BGH **86**, 253, **106**, 162); Eheg bei Vertr über Sterilisation od über Behandlg der Schwangeren (BGH **76**, 262, **86**, 247, **96**, 368). Nein: Angehöriger als Krankenhausbesucher (BGH **2**, 94), Mutter des bei der Behandlg verstorbenen Patienten (Düss NJW **75**, 596); ArbGeb bei Vertr über eine ärztl ArbUnfgk-Bescheinig (Weiland BB **79**, 1098). – **c) Banken.** Ja: Kunde bei Vertr über Kreditauskunft, aber Frage des Einzelfalls (BGH WPM **74**, 686, Musielak VersR **77**, 975); Überweisder u ÜberweisgsEmpf im ÜberweisgsVerk (Düss Betr **82**, 749, Ffm Betr **84**, 1294, Mü DNotZ **87**, 694, krit Hadding/Häuser WPM **89**, 591, enger Düss NJW-RR **87**, 1327, für Drittschadensliquidation Köln WPM **89**, 93), jedoch obliegen den beteiligten Banken grdsl kein WarnPflten (BGH NJW **87**, 317). Nein: Dr, der ohne RGrd auf ein Girokonto überweist (BGH NJW **83**, 1779). LastschriftVerf u Scheckeinzug s oben 3d bb. – **d) Beförderungsverträge.** Ja: mitbeförderte BegleitPers, insb Angeh (RG **87**, 65, HRR **30** Nr 1915 u 2061, BGH **24**, 327); VereinsMitgl bei VertrSchl mit Verein (Schlesw SchlHA **49**, 63); Pkw-Halter bei Vertr zw Polizei u AbschleppUntern (BGH NJW **78**, 2502). Nein: Begleiter des Käufers, der bei Auslieferg der Kaufsache mitfährt (BGH VersR **60**, 153); Käufer bei Vertr zw Verkäufer u FrachtFü iF des Versendgskaufs (BGH NJW **78**, 1577, Mü NJW **58**, 424, aber Drittschadensliquidation Vorbem 6c cc v § 249). – **e) Dienstvertrag und Dienstverschaffungsvertrag.** Ja: Angeh u ArbNeh des DienstVerpflichteten nach Maßg des Einzelfalls (BGH **26**, 371, NJW **75**, 868); GmbH & Co KG bei Vertr zw Komplementär-GmbH u GeschFü (BGH **75**, 332, NJW **80**, 1526, krit Grunewald BB **81**, 581); Gesellschter bei Vertr zw Gesellsch u Steuerberater od RAnw (BGH NJW **83**, 1054, **88**, 556); mittelb Beschäftigter beim DienstverschaffungsVertr (RG **164**, 399); ArbNeh bei Vertr zw ArbGeb u Strafanstalt über die Beschäftigg von Strafgefangenen (BGH LM § 157 (D) Nr 5); Hausbewohner bei Vertr zw Eigtümer u Hausverwalter (BGH NJW **68**, 1324). Nein: Bank bei Vertr zw Kunden u Steuerberater (Schlesw VersR **61**, 1148). – **f) Gaststätten, Hotel.** Ja: Gäste bei Vertr zw Reiseveranstalter u Hotelier (§ 651a Anm 4), ebso bei der Zurverfügstellg von Gaststättenraum für eine Veranstaltg (RG **160**, 155). – **Gesellschaftsrecht:** UU ja: die Gesellschter bei Vertr mit der GmbH (Zweibr WPM **84**, 1636); die Kommanditisten bei Vertr zw Gesellsch u BeiratsMitgl (BGH Betr **85**, 165) od bei Vertr mit TrHänder über die vertragsgem Verwendg der Einlage (BGH NJW-RR **86**, 1158); s auch e. – **g) Kinder:** Ja bei Vertr über Beaufsichtigg (Koblenz NJW **65**, 2347), über Heimunterbringg (Schlesw VersR **78**, 237), über Aufenth im Jugendlager (Mü VersR **79**, 747), über PrivSchulbesuch (RG **127**, 223). – **h) Lieferverträge.** Nein: Hersteller hins des zw Käufer u Verkäufer vereinbarten Veräußergsverbotes (Düss WPM **86**, 397); Endverbraucher bei Vertr zw Hersteller u Händler (BGH **51**, 96, NJW **74**, 1503, BB **89**, 20, krit Canaris FS Larenz 1983, 100, Steinmeyer Betr **88**, 1049). Ja: Angeh des Käufers (Hamm VersR

77, 842); ArbNeh des Käufers, die bestimmgsgem mit der Sache in Berührg kommen (BGH NJW **56**, 1193, betriebsunsichere Dreschmaschine; BGH NJW **59**, 1676, Instruktionsfehler bei Rostschutzmittel); der Abholer der Ware (LG Ffm NJW-RR **86**, 966, aA Strauch JuS **87**, 947); Mieter bei Vertr zw Hauseigtümer u Gemeinde über die Liefergv von Leitgswasser (RG JW **37**, 737). – **i) Mietverträge. – aa) Wohnräume.** Ja: die zur HausGemsch des Mieters gehörden Pers, insb seine FamAngeh u Hausangestellte (BGH **61**, 233, **77**, 124, VersR **83**, 442); der Partner einer eheähnl LebensGemsch (Hbg NJW-RR **88**, 1482, aA Hamm FamRZ **77**, 320); die Aufwartefrau (Zunft AcP **153**, 389), die VereinsMitgl bei MietVertr mit Verein (BGH NJW **65**, 1757; ebso bei Gesellsch (BGH Betr **72**, 577). Nein: Besucher u Gäste (BGH **2**, 97, Hummel ZMR **71**, 1); Lieferanten (Weimar ZMR **70**, 225); Untermieter, da sie einen eig VertrAnspr gg den Hauptmieter haben (BGH **70**, 327, WPM **79**, 307, Krause JZ **82**, 16). – **bb) Geschäftsräume.** Ja: die vom Mieter in diesen Räumen beschäftigten Pers (BGH **61**, 233); Eigtümer von Sachen, die sich berechtigterw in den Räumen befinden (BGH **49**, 355, JZ **68**, 304, **70**, 375, str, s Anm 2e aa), insb Sichg- u VorbehEigtümer u Einlagerer von Waren; aber nein, wenn die Einlagerg nicht zum bestimmgsmäß Gebrauch gehört (BGH NJW **85**, 489). Nein: Untermieter (oben aa). – **cc) Bewegliche Sachen:** Ja: Angeh u HilfsPers des Mieters einschließl selbst Untern beim bestimmgsmäß Gebrauch (BGH **49**, 281, **61**, 233, NJW **76**, 1843). Das gilt entspr beim LeihVertr (Köln NJW-RR **88**, 157). – **dd) Schutzpflicht des Mieters.** Nein: Mitmieter (BGH NJW **69**, 41, Betr **74**, 1222, Celle VersR **84**, 1075), Angeh des Vermieters (Mü VersR **77**, 654, bedenkl). – **j) Steuerberater:** Ja: Ehefr bei gemeins Veranlagg (Löwe EWiR **85**, 705), Mitgl der Gemeinsch bei gemeins Feststellg der Einkünfte (Celle NJW-RR **86**, 1315); s auch e u g. – **k) Werkverträge. – aa) Schutz- und Obhutspflicht des Unternehmers.** Ja: FamAngeh des Best (BGH MDR **56**, 534), insb, wenn sie Eigtümer der zu bearbeitden Sache sind (Nürnb MDR **74**, 401), u zwar auch in den zw Haupt- u SubUntern bestehden Vertr (Brschw NJW-RR **86**, 1314); seine ArbNeh (BGH **33**, 249, **55**, 18); die Aufwartefrau u sonst Pers, denen der Best gem § 618 III Schutz u Fürsorge schuldet (RG **127**, 224); idR seine Mieter u deren Angeh (BGH VersR **59**, 1009) u zwar auch beim KehrVertr (AG Köln VersR **84**, 1179); bei einem vom Mieter abgeschl AufbauVertr uU der Vermieter (BGH NJW **54**, 874, Stgt VersR **83**, 891); der GrdstEigtümer bei Vertr der Stadt über Trümmerbeseitig (KG NJW **58**, 185); ebso bei Vertr einer altrechtl Gemsch über Kultiviergsarbeiten (BGH VersR **72**, 260); die Mieter bei einem vom Vermieter abgeschl HeizVertr (Köln VersR **76**, 1182); der anbauberecht Nachbar bei fehlerh Errichtg einer Kommunmauer (Düss NJW **65**, 539). Nein: and vom Best beauftragte Untern (BGH NJW **70**, 40); ausnw ja, wenn der Besteller einen Untern beauftragt, den and zu unterstützen (BGH BauR **85**, 705); nein: am Bau tät Arbeiter hins des Vertr zw Bauherrn u Architekt (BGH NJW **71**, 753, Köln VersR **69**, 811); künft Mieter hins der BauVertr über die Herstellg des Mietobjekts (Hamm NJW-RR **87**, 725); dch Stromausfall geschädigter GewBetr bei Vertr der Stadt über Erdarbeiten (BGH NJW **77**, 2208); GrdstEigtümer bei Vertr zw VersorggsUntern u Baufirma über Rohrverlegg (BGH VersR **62**, 86); Gemeinde bei Vertr der Post über KabelVerlegg (Köln VersR **84**, 340). – **bb) Schutzpflichten des Bestellers,** soweit er Räume od ArbGeräte zur Vfg zu stellen hat. Ja: ArbNeh des Untern u SubUntern (BGH **5**, 67, **26**, 371), jedoch kann sich der Best ggü dem SubUntern freizeichnen (BGH **56**, 274). – **cc) Gutachterverträge** u ähnl. Aus dem Vertr zw Eigtümer u Sachverständigen kann ein dch das unrichtige Wertgutachten geschädigter KreditGeb od Käufer SchadErsAnspr herleiten, wenn sich aus den Umst des Falles hinr Anhaltspkte für einen auf den Schutz Dr gerichteten PartWillen ergeben (BGH NJW **82**, 2431, **84**, 356, NJW-RR **86**, 485, 1307, Lang WPM **88**, 1004, krit Schmitz Betr **89**, 1911). Das ist idR zu bejahen, wenn das Gutachten erkennb für einen Käufer od KreditGeb bestimmt ist (BGH NJW **87**, 1759, Ffm NJW-RR **89**, 337). Entspr gilt für das Testat des Steuerberaters für einen Jahresabschluß (BGH NJW-RR **89**, 696). Auch der vom Verkäufer beauftragte Tierarzt haftet dem Käufer, wenn er eine erkennb für diesen bestimmte unricht GesundhBescheinigg ausstellt (aA Schlesw VersR **87**, 624). Für einen stillschw Vertr zw Gutachter u dem auf das Gutachten Vertrauenden Köln NJW-RR **88**, 335, Müssig NJW **89**, 769.

329 *Auslegungsregel bei Erfüllungsübernahme.* Verpflichtet sich in einem Vertrage der eine Teil zur Befriedigung eines Gläubigers des anderen Teiles, ohne die Schuld zu übernehmen, so ist im Zweifel nicht anzunehmen, daß der Gläubiger unmittelbar das Recht erwerben soll, die Befriedigung von ihm zu fordern.

1) Allgemeines. – a) Die **Erfüllungsübernahme** ist ein Vertr zw Schu u Übernehmer, dch den sich der Übernehmer verpflichtet, eine Verbindlichk des Schu zu erfüllen. Der Gläub erwirbt aus der Vereinbg keine Rechte; die ErfÜbern ist damit der typ Fall eines unechten Vertr zGDr (Einf 1 v § 328). Eine gesetzl ErfÜbern sieht § 415 III vor. – **b)** Der Schu u der Übernehmer können die Vereinbg auch zu einem echten Vertr zGDr ausgestalten (Anm 2b). Ist in solcher Wille vom VertrSchließden gegeben, handelt es sich rechtl um einen **Schuldbeitritt** (Schuldmitübern), dch den der Beitretde als GesSchu neben den bisherigen Schu in das SchuVerh eintritt (Übbl 2 v § 414). – **c)** Auch die in §§ 414ff geregelte **befreiende Schuldübernahme** kann nach § 415 zw Schu u Übernehmer vereinbart w, bedarf aber der Gen des Gläub (§ 415). Sie führt zu einem SchuWechsel; der Übernehmer tritt an die Stelle des Schu, dieser wird frei.

2) Zustandekommen. – a) Die **Erfüllungsübernahme** ist grdsl **formfrei.** Wird die Erf einer Bürgschftsverpfl übernommen, ist § 766 unanwendb (BGH NJW **72**, 576). Erfolgt die ErfÜbern schenkweise, gilt aber § 518 II, ebso iF eines abstrakten Verspr (§ 780 (RG **58**, 201). Soweit die ErfÜbern keiner Form bedarf, kann sie auch stillschw vereinbart w. In der Ann der Abtr des Anspr aus einem ggs Vertr kann etwa zugl die Übern der korrespondierden Verpfl enthalten sein (RG **130**, 118). Der Vertr zw dem **Kreditkarten-Herausgeber** u seinen Kunden ist als ErfÜbern hinsichtl der Anspr von VertrUntern aufzufassen, für die der Kunde einen Belastgsbeleg ausstellt (Soergel-Hadding Rdn 11). – **b)** § 329 enthält die **Auslegungsregel,** daß das Verspr, eine Verbindlichk des VertrPart zu erf, iZw als ErfÜbern aufzufassen ist, nicht aber als befreide SchuldÜbern od als Schuldbeitritt. Soll der Käufer GrdPfdR ablösen, gilt iZw § 329 (Hoffmann NJW **87**, 3154), ebso, wenn eine Part die Kosten des von der and beauftragten Anw übernimmt (BGH NJW

§§ 329, 330

73, 1373). Das gilt entspr für Vereinbgen über MaklerProv (Schlesw DNotZ **82**, 366, § 652 Anm 9 B b). Sie können aber auch als echter Vertr zGDr ausgestaltet w (Hitzlberger NJW **82**, 2854, Piehler DNotZ **83**, 26) od die Begründg einer von den Voraussetzgen des § 652 unabhäng ZahlgsPfl zum Ggst haben (BGH NJW **77**, 582). Neben § 329 ist gleichgewichtig auch § 328 II zu beachten; es ist daher jeweils sorgf abzuwägen, ob die Umst des Einzelfalls die Ann eines echten Vertr zGDr rechtf (BGH NJW **80**, 2127). Wird das Verspr, eine Verbindlichk zu erf, nicht ggü dem Schu sond einem außenstehden Dr abgegeben, ist es Frage des Einzelfalls, ob neben dem Dr auch dem Gläub od Schu ein eig FdgsR zusteht (s RG **114**, 301). Die im HGB 25 III geregelte Haftg des Übern eines HandelsGesch ist ein einseit rgeschäftl Schuldbeitritt (MüKo/Gottwald Rdn 5), begründet also für die Gläub ein eig FdgR.

3) Rechtsfolgen. Die ErfÜbern begründet für den Schu einen BefreiungsAnspr. Dieser kann nur an den Gläub der zu tilgden Schuld, nicht aber an Dr abgetreten w; dch die Abtr wandelt er sich in einen Zahlgs-Anspr um (§ 257 Anm 1). Ob sich die ErfÜbern auch auf spätere Erweitergen der Schuld erstreckt, ist Ausleggsfrage (RG SeuffA **62**, 204). Der Gläub muß sich bei Leistgsstörgen an den Schu halten; bei der Verletzg von SchutzPflten hat er aber auch einen Anspr gg den Übernehmer (MüKo/Gottwald Rdn 13). Zum BereicherngsAusgl bei nichtiger ErfÜbern s § 812 Anm 5 B c dd.

330 *Auslegungsregel bei Lebensversicherungs- oder Leibrentenvertrag.* Wird in einem Lebensversicherungs- oder einem Leibrentenvertrage die Zahlung der Versicherungssumme oder der Leibrente an einen Dritten bedungen, so ist im Zweifel anzunehmen, daß der Dritte unmittelbar das Recht erwerben soll, die Leistung zu fordern. Das gleiche gilt, wenn bei einer unentgeltlichen Zuwendung dem Bedachten eine Leistung an einen Dritten auferlegt oder bei einer Vermögens- oder Gutsübernahme von dem Übernehmer eine Leistung an einen Dritten zum Zwecke der Abfindung versprochen wird.

1) Allgemeines. § 330 stellt als Ausleggsregel für 4 Fälle die **Vermutung** auf, daß ein echter Vertr zGDr vorliegt. Ein GgBew ist mögl. Hinsichtlich des Ztpkts des RErwerbs gelten §§ 328 II, 331; auch hinsichtl der Ändergs- u WiderrufsMöglichk folgen die unter § 330 fallden Vertr den allg Regeln (§§ 328 II, 332); s aber unten Anm 2 b.

2) Lebensversicherungsverträge (VVG 159ff). – **a)** Die Ausleggsregel des § 330 gilt für alle Arten von Lebensversichergen, Kapital- u Rentenversicherg, auf den Todes- od Erlebensfall, auch für die Kapitalunfallversicherg (VVG 180). Die Anspr aus dem VersVertr stehen grdsl dem VersNeh zu, iF des Todes seinen Erben u zwar als Teil des Nachl (BGH **32**, 46). Vertr zGDr wird der VersVertr nur, wenn der Versicherer zur Leistg an den Dr, den **Bezugsberechtigten**, verpfl w. Der Anspr auf die VersSumme entsteht in diesem Fall ohne Dchgang dch das Vermögen des VersNeh unmittelb in der Pers des Bezugsberecht, fällt also bei einer Versicherg auf den Todesfall **nicht** in den **Nachlaß** (BGH **13**, 232, **32**, 47). Ist Zahlg „an die Erben" ausbedungen, ist bei KapitalVers nach der Ausleggsregel des VVG 167 II iZw anzunehmen, daß diese den Anspr auf die VersSumme nicht kr ErbR, sond als Bezugsberecht erwerben sollen u daß diej bezugsberecht sind, die iF des Todes zu Erben berufen sind, selbst wenn sie die Erbsch ausschlagen. Ist die **Ehefrau** als Bezugsberecht bezeichnet, erlischt ihr BezugsR mit der Scheidg nur dann, wenn der Bestimmg eine hinr deutl auflöse Bdgg beigefügt ist. § 2077 ist nicht analog anwendb; es bedarf vielmehr idR eines Widerr (BGH **79**, 298, NJW **87**, 3131, krit Tappmann DNotZ **87**, 715). Das gilt auch dann, wenn die Ehefr ohne Zusatz des Namens benannt ist (BGH aaO, Köln VersR **83**, 1182, LG Saarbr NJW **83**, 180); sie darf die VersSumme aber nur behalten, wenn dafür in der Beziehg zum Erbl ein RGrd besteht (BGH NJW **87**, 3131). Bei einer LebensVers, die der betriebl Altersversorgg dient, ist iZw die Ehefr begünstigt, die bei Eintritt des VersFalls mit dem VersNeh verheiratet ist (BGH **79**, 295); entspr gilt für die UnfallVers (Stgt NJW-RR **88**, 1180).

b) Währd nach § 328 zur Bestimmg u zur Aufhebg des Rechts des Dr grdsl ein Vertr zw Versprechdem u VersprEmpf erforderl ist, steht bei der KapitallebensVers dem VersNeh nach VVG 166 iZw das Recht zu, ohne Zustimmg des Versicherers einen Dr als Bezugsberecht zu bezeichnen, an dessen Stelle einen and zu setzen od die Bestimmg zu widerrufen, u zwar auch dann, wenn die Bezeichng im Vertr erfolgt ist. Bei and als KapitalVers bedarf es zur Begründg eines entspr WiderrR einer bes Vereinbg. **Bestimmung und Widerruf** sind einseit WillErkl u zugl rgestaltde Vfgen (BGH NJW-RR **89**, 22). Das BestimmgsR ist keine höchstpersönl Befugn, sond abtretb u pfändb (BGH **91**, 289). Die Erkl müssen dem Versicherer zugehn, können aber auch in einer Vfg vTw enthalten sein (§ 332). Erkl ggü dem Dr od and Beteil genügen dagg nicht (RG **140**, 34, **153**, 225). Die Abtr u die Verpfändg der Rechte aus dem VersVertr stellt daher keinen Widerr eines bestehden BezugsR dar (RG **127**, 272, **153**, 226). Dieser kann aber in der Anzeige der Abtr od Verpfändg (§ 1280) enthalten sein. Die im Zushang mit einer SichergsAbtr widerrufene Bezugsberechtigg lebt nach Erledigg der Abtr nicht *ipso facto* wieder auf (BGH VersR **86**, 231, aA Hbg VersR **89**, 389, Bayer VersR **89**, 19). Die GestaltgsErkl kann gg § 138 verstoßen, etwa wenn die Geliebte anstelle der Ehefr begünstigt w (BGH **23**, 78, s aber jetzt BGH **53**, 382 u § 138 Anm 5 f). Der VersVertr selbst bleibt aber mit der Bezugsberechtigg des VersNeh od seiner Erben wirks (RG **154**, 108, BGH NJW **62**, 958). Der Widerr der Bezugsberechtigg ist iZw bis zum Eintritt des VersFalls mögl (VVG 166 II). Er kann aber auch schon vorher auf Antr des VersNeh dch schriftl Bestätigg des Versicherers **ausgeschlossen** w (ALB 13 II). Hierdch entsteht abw von § 331 bereits vor dem Tod des VersNeh ein eig FdgsR des Bezugsberecht (BGH **45**, 165). Dagg wirkt ein mit dem Bezugsberecht vereinbartes WiderrVerbot nur schuldrechtl (BGH NJW **75**, 1360). Trotz Ausschl des WiderrR bleibt der VersNeh VertrPart u kann daher kündigen (RG **154**, 159, BGH **45**, 167). Gläub des VersNeh können mit dem Anspr aus dem VersVertr gem ZPO 857 II auch das (nicht höchstpersönl) WiderrR pfänden u nach Überweisg ausüben (RG **153**, 225). Auch der KonkVerw kann widerrufen.

c) Die Zuwendg des Bezugsrechts kann wg **Gläubigerbenachteiligung** anfechtb sein. Dabei ist nach hM zu unterscheiden: – **aa)** Ist das BezugsR dem Dr **von Anfang an** eingeräumt worden, unterliegt das BezugsR selbst nicht der Anf, da es nur dem VersNeh zugestanden hat; zurückzugewähren ist gem AnfG 7, KO 37 nur die Prämienzahlg der letzten ein od zwei Jahre (RG **51**, 403, **153**, 220). – **bb)** Wurde das BezugsR erst **nachträglich** eingeräumt, ist die Begründg des BezugsR selbst anfechtb, vorausgesetzt, sie fällt in die krit Zeit (RG **66**, 158, **153**, 220). Herauszugeben ist daher der Anspr auf die VersSumme od die VersSumme selbst. Ist die Einräumg des BezugsR wg Zeitablaufs nicht mehr anfechtb, sind auch hier nur die Prämien der letzten ein od zwei Jahre zurückzugewähren. Die Unterscheidg gilt für den etwaigen BereichergsAusgl im ValutaVerh entspr. Sie ist auch dann anzuwenden, wenn beim Anspr auf Pflteilsergänz die Einräumg eines BezugsR zu berücksichtigen ist (s § 2325 Anm 2a, str).

d) § 330 gilt nicht für auf VersicherungsArten, insbes nicht für die **Versicherung für fremde Rechnung**. Zwar ist diese Vertr zGDr (des Versicherten), es gelten jedoch die Sonderregeln der VVG 74 ff. Wird eine Vers gg Unfälle eines Dr genommen, handelt es sich iZw um eine Vers für dessen Rechng (VVG 179 II, s auch III). Der Dr ist Versicherter u hat daher ein eig FdgR; bei seinem Tod fällt der Anspr in seinen Nachl (BGH **32**, 50).

3) Die Vermutg des § 330 gilt außerdem für folgde **weitere Fälle:** – **a) Leibrentenverträge** zGDr (der Witwe, Kinder), vgl §§ 759 ff. – **b) Unentgeltliche Zuwendungen.** Der Begriff umfaßt neben der Schenkg auch die Leihe u unverzinsl Darl. Maßgebd ist, ob im GrdVerh zw Versprechdem u VersprEmpf eine unentgeltl Zuwendg vorliegt; auf das ValutaVerh kommt es nicht an, da allein das GrdVerh über die Entstehg des FdgR des Dr entscheidet (Soergel-Hadding Rdn 22, str). Ob ein Vertr zGDr od ledigl eine Aufl vorliegt, ist Auslegsfrage (Ffm WPM **87**, 1249). – **c) Vermögens- oder Gutsübernahme** (s §§ 311, 312, EG Art 96, Pr AGBGB Art 15). Gut iSd § 330 ist jede landwirtschaftl Besitzg, auch wenn sie kein Hof iSd HöfeR (EG Art 64) ist. Dem Zweck der Abfindg dient die Leistg, wenn der bedachte Dr ein mögl Miterbe ist. Bei Übern eines gewerbl Betr gilt § 330 entspr (RG JW **05**, 717).

331 **Leistung nach Todesfall.** [I] Soll die Leistung an den Dritten nach dem Tode desjenigen erfolgen, welchem sie versprochen wird, so erwirbt der Dritte das Recht auf die Leistung im Zweifel mit dem Tode des Versprechensempfängers.

[II] Stirbt der Versprechensempfänger vor der Geburt des Dritten, so kann das Versprechen, an den Dritten zu leisten, nur dann noch aufgehoben oder geändert werden, wenn die Befugnis dazu vorbehalten worden ist.

1) **Allgemeines.** – **a)** § 331 begründet als Auslegsregel eine **Vermutung** für den Ztpkt des RErwerbs, beschränkt auf die Fälle, in denen die Leistg nach dem Tode des VersprEmpf erfolgen soll. Aus § 331 ergibt sich zugl, daß dem Dr dch Vertr zGDr ohne Einhaltg erbrechtl od sonst FormVorschr mit dem Tode des VersprEmpf ein schuldrechtl Anspruch zugewendet w kann, u zwar auch dann, wenn im ValutaVerh eine Schenkg auf den Todesfall vorliegt (BGH **41**, 96, **66**, 12, WPM **83**, 1356, stRspr, str, s Einf 4 v § 328). – **b)** § 331 gilt für **alle** Vertr zGDr, die LeistgsZtpkt den Tod des VersprEmpf festlegen. **Anwendungsfälle:** LebensVersVertr auf den Todesfall, soweit das BezugsR widerrufl ist (RG **51**, 404, § 330 Anm 2b); BausparVertr mit Drittbegünstigg auf den Todesfall (BGH NJW **65**, 1913); Witwenversorgg im Rahmen der betriebl Altersversorgg od der UnfallVers (BGH Warn **70** Nr 52); gesellschaftsvertragl Eintritts- od NachfKlauseln (BGH **80**, 177); Vereinbg mit Bank, nach dem Tod des KontenInh einen Betrag an einen Dr zu zahlen (BGH **66**, 13, WPM **83**, 1356); Vereinbg, daß die bei der Bank deponierten Wertpapiere nach dem Tod des DepotInh einem Dr auszuhändigen sind (BGH **41**, 96); Anlegg eines Sparkontos auf den Namen eines Dr mit dem Vorbeh eig VfgsBefugn bis zum Tode (BGH **46**, 198).

2) **Rechtstellung der Beteiligten: a) bis zum Eintritt des Todesfalls.** Die Anspr aus dem Vertr gehören zum Vermögen des VersprEmpf (BGH **81**, 97) u sind für dessen Gläub pfändb (§ 330 Anm 2 a aE). Die RStellg der Dr ist frei änderb, sei es dch Vertr zw Versprechdem u VersprEmpf, sei es (kr Vorbehalts) dch einseit Akt des VersprEmpf (§ 330 Anm 2b). Der Dr hat weder ein Recht noch eine Anwartsch, sond ledigl die „Hoffng" (Chance) auf einen künft RErwerb (RG **51**, 404, **71**, 326, BGH NJW **82**, 1808). Etwas and gilt nur dann, wenn die Bezugsberechtg nach den getroffenen Vereinbgen unwiderrufl ist; auch in diesem Fall ist der VersprEmpf aber zur Künd des Vertr berecht (§ 330 Anm 2b). – **b) Zeit nach Eintritt des Todesfalls.** Der Dr erwirbt den LeistgsAnspr gg den Versprechden (Einf 3 v § 328). Die Möglichk zu Ändergen ohne seine Zustimmg entfällt. Im Verh zu den Erben des VersprEmpf ist der RErwerb aber nur dann gesichert, wenn das ValutaVerh wirks ist. Dies ist zu Lebzeiten des VersprEmpf der Fall, wenn mit dem Dr formlos eine Schenkg vereinbart worden, w der Formmangel dch den Erwerb des LeistgsAnspr geheilt ist, § 518 II (BGH **91**, 291). Fehlt eine derart Vereinbg, kann eine **wirksame Schenkung** auch noch **nach dem Tode** des VersprEmpf zustandekommen: In der Übermittlg der DrittbegünstiggsErkl dch den Versprechden liegt ein SchenkgsAngebot des VersprEmpf an den Dr. Dieses Angebot kann der Dr gem § 130 II, 153, 151 stillschw annehmen (BGH **91**, 291); die Erben können den VertrSchl aber dch Widerr des Angebots verhindern (BGH **66**, 13, NJW **75**, 383, sehr str, and Lösgsvorschläge s Soergel-Hadding Rdn 15. – **c) II.** Ist der Dr beim Tod des VersprEmpf noch **nicht geboren,** kann der in I vorgesehene RErwerb noch nicht stattfinden. II begründet aber für die Ungeborenen od noch nicht Erzeugten eine idR unentziehb Anwartsch, die mit der Geburt zum VollR erstarkt. Für den Dr kann gem §§ 1912, 1913 ein Pfleger bestellt w.

332 **Änderung durch Verfügung von Todes wegen bei Vorbehalt.** Hat sich der Versprechensempfänger die Befugnis vorbehalten, ohne Zustimmung des Versprechenden an die Stelle des in dem Vertrage bezeichneten Dritten einen anderen zu setzen, so kann dies im Zweifel auch in einer Verfügung von Todes wegen geschehen.

§§ 332–334

1) Zur Aufhebg des Rechts des Dr bedarf es grdsl eines Vertr zw Versprechdem u VersprEmpf (§ 328 II). Mögl ist aber auch, daß dem VersprEmpf vertragl das Recht eingeräumt w, die Pers des Dr dch einseit Erkl zu ändern. Für diesen Fall best § 332, daß die Auswechselg des Dr auch dch **Verfügung von Todes wegen** (Test od ErbVertr) erfolgen kann. Er schwächt damit die Regel ab, daß für die Ausübg des BestimmgsR eine Erkl ggü dem Versprechden erforderl ist (§ 330 Anm 2b). § 332 gilt auch dann, wenn der VersNeh gem VGG 166, 180 die Befugn hat, die Bezugsberechtigg dch einseit Erkl erstmals zu begründen od ohne Benennung eines and zu widerrufen (MüKo/Gottwald Rdn 1). Dagg wird der im Test erklärte Schenkgswiderr erst wirks, wenn er dem Beschenkten zugeht (RG **170**, 383). Die Bezeichng od Auswechselg des Dr kann der einz Inh der Vfg vTw sein (MüKo/Gottwald Rdn 2). Leistet der Versprechde in Unkenntn der Vfg vTw an den fr Bezugsberecht, gilt § 407 (RG **154**, 109).

2) Auch der dch Vfg vTw Begünstigte erwirbt **nicht** aus dem **Nachlaß**, sond ohne DchgangsErwerb unmittelb aus dem Vertr (Einf 3 v § 328). § 332 ist **dispositiv**. Dch Vertr, aber auch dch AGB kann bestimmt w, daß Änderg des Bezugsberecht nur wirks sind, wenn sie dem Versprechden angezeigt w (BGH **81**, 98 zu ALB 13 III).

333 *Zurückweisung des Rechts durch den Dritten.* Weist der Dritte das aus dem Vertrag erworbene Recht dem Versprechenden gegenüber zurück, so gilt das Recht als nicht erworben.

1) Allgemeines. – a) § 333 beruht auf dem **Gedanken,** daß niemandem gg seinen Willen ein endgült RErwerb aufgezwungen w soll. Er gibt daher dem Dr die Befugn, das ohne sein Zutun erworbene Recht zurückzuweisen. ParallelVorschr enthalten § 516 II (Schenkg) u § 1942 (ErbschAusschlagg). – **b)** Die Zurückweisg geschieht dch einseit empfangsbedürft WillErkl ggü dem Versprechden. Sie ist erst ab Anfall des Rechts mögl (str). Der Dr kann sich aber schon vorher verpfl, von dem Recht keinen Gebrauch zu machen (RG **101**, 306). Für das ZurückweisgsR besteht keine AusschlFr. Es fällt aber weg, wenn der Dr das R ausdr od dch schlüssiges Verhalten **angenommen** hat (RG **119**, 3). Zurückweisg mit dem Ziel, die Entstehg einer AufrLage zu verhindern, ist zul (RG aaO).

2) Die Zurückweisg hat die **Wirkung,** daß das Recht des Dr rückwirkd als niemals erworben gilt. Die RFolgen für das GrdVerh (DeckgsVerh) zw Versprechdem u VersprEmpf ergeben sich aus einer Auslegg des geschl Vertr. Folgde Möglichk kommen in Betracht: – **a)** Das Recht steht nunmehr dem VersprEmpf od seinen Erben zu (so VVG 168, 180). – **b)** Der VersprEmpf kann einen and Berecht best (so VVG 166). – **cc)** Die Leistg w dch die Zurückweisg nachträgl **unmöglich** (§ 275). Für den Anspr auf die GgLeistg gilt idR § 323, die Auslegg kann aber auch ergeben, daß zu Lasten des VersprEmpf § 324 anwendb ist. Bei UnterrichtsVertr sind regelmäß §§ 275, 323 anzuwenden (LG Osnabrück NdsRpfl **73**, 126, LG Limbg MDR **79**, 580, aA LG Freibg MDR **81**, 141).

334 *Einwendungen des Schuldners gegenüber dem Dritten.* Einwendungen aus dem Vertrage stehen dem Versprechenden auch gegenüber dem Dritten zu.

1) Allgemeines. a) Das Recht des Dr beruht ausschließl auf dem Vertr zw Versprechdem u VersprEmpf (sog Grd- od DeckgsVerh, s Einf 2 a v § 328). Der Versprechde (Schu) darf nicht deshalb schlechter gestellt w, weil er statt an den VersprEmpf an den Dr leisten soll. Hieraus zieht § 334 folgerichtig die Konsequenz, daß dem Schu **alle Einwendungen** aus dem Vertr auch ggü dem Dr zustehen. § 334 gilt grdsl auch für die Vers für fremde Rechng (BGH **26**, 287) u für den Vertr mit Schutzwirkg zGDr (§ 328 Anm 3 e bb). Er ist eine ParallelVorschr zu § 404. – **b)** § 334 ist **dispositiv**. Die Verteidiggsmöglichk des Schu können dch vertragl Abreden erweitert od eingeschränkt w. Bei einem Vertr zw Reiseveranstalter u FlugGesellsch zG der Reisdn kann der VertrInh ergeben, daß die FlugGesellsch das Risiko einer Insolvenz des ReiseVeranstalters zu tragen hat (BGH **93**, 275, einschränkd LG Ffm NJW-RR **86**, 852).

2) Einwendungen. – a) Der Schu kann dem Dr alle Einwendgen **aus dem Vertrag** entgghalten. Der Begriff der Einwendg ist im weitesten Sinn zu verstehen; auch Einr u Rechte aus prozessualen Abreden (SchiedsVertr, GerStandVereinbg) sind miterfaßt. Bsp: Nichtzustandekommen des Vertr (§§ 154, 155); Nichtigk (§§ 104, 125, 134, 138) od Anfechtbark (§§ 119 ff) des Vertr; Widerr, Rücktr, Wandlg, Minderg; Verj, Ablauf einer AusschlFr, Wegfall der GeschGrdl (BGH **54**, 145), das ZbR aus § 273 (BGH NJW **80**, 450), die Einr aus §§ 320, 321, die Rechte aus §§ 323, 325 u 326 u aus § 254 (BGH **33**, 250). Die Einwendg muß sich aus dem GrdVerh (DeckgsVerh) ergeben. Es genügt, daß sie im Ztpkt des RErwerbs des Dr im DeckgsVerh „im Keime" angelegt war (s § 404 Anm 3a). Auf spätere Vereinbgen mit dem VersprEmpf (Stundg, Erlaß) kann sich der Schu dagg nur berufen, soweit § 328 Anm 1b dd zutrifft. Wenn sich der Dr (Brauerei) des VersprEmpf (Verpächter) zur Dchsetzg seiner Interessen bedient, ist bei der Beurteilg der Sittenwidrigk auch das Verhältn zw Dr u Schu (Gastwirt) zu berücksichtigen (BGH DNotZ **70**, 240). GestaltgsR sind ggü dem VersprEmpf, nicht ggü dem Dr geltend zu machen. Der Anspr des Schu aus § 346 richtet sich sowohl gg den Dr als auch gg den VersprEmpf (Düss VersR **70**, 739, str, für Anspr gg den Dr Soergel-Hadding Rdn 14; für Anspr gg den VersprEmpf Esser-Schmidt § 36 III 2). Zum **Bereicherungsausgleich** bei Nichtigk des Vertr zGDr s § 812 Anm 5 B b cc. – **b) Ausgeschlossen** sind alle Einwendgen aus dem ValutaVerh (BGH **54**, 146, Hbg MDR **78**, 403, 2 b v § 328). Nur wenn das ValutaVerh GeschGrdl für das DeckgsVerh ist, kann die Nichtigk das ValutaVerh ausnw einen gem § 334 erhebl Einwand begründen (BGH **54**, 156). Der Schu kann sich ggü dem FdgsR des Dr auch nicht auf GgR aus and RBeziehgen zum VersprEmpf berufen. Er kann daher nicht mit Fdgen gg den VersprEmpf aufrechnen (BGH MDR **61**, 481), wohl aber mit Anspr gg den Dr (RG **119**, 3).

Schuldverh. aus Vertr. 4. Titel: Draufgabe. Vertragsstrafe §§ 335–338, Vorb § 339

335 *Forderungsrecht des Versprechensempfängers.* Der Versprechensempfänger kann, sofern nicht ein anderer Wille der Vertragschließenden anzunehmen ist, die Leistung an den Dritten auch dann fordern, wenn diesem das Recht auf die Leistung zusteht.

1) § 335 gibt die **Auslegungsregel,** daß neben dem Dr iZw **auch der Versprechensempfänger** berecht ist, die Leistg an den Dr zu verlangen. Die Befugn des VersprEmpf ist ein selbstd FdgsR, keine bloße Einziehgsermächtigg (hM, aA Hadding AcP 171, 403); es kann dch eine Vormerkg gesichert w (BGH NJW 83, 1543, Denck NJW 84, 1009). Zw dem Dr u dem VersprEmpf besteht keine GesGläubsch, sond eine bes Art der FdgMehrh, die sich nicht in die in §§ 420ff geregelten Fälle einfügen läßt. Das von od gg einen Berecht erstrittene Urt wirkt weder für noch gg den and (BGH 3, 389, aA Schwab ZZP 77, 149).

2) Das Recht des VersprEmpf ist vererbl u zumindest an den Dr abtretbar (RG 150, 133). Es erstreckt sich auch auf FolgeAnsprüche, insb auf **Schadensersatzansprüche** wg Schlecht- od NichtErf (RG HRR 35, 342, BGH NJW 67, 2261, 74, 502). Ist dem VersprEmpf dch die Leistgsstörg ein eig Schaden entstanden, kann er diesen ersetzt verlangen, u zwar dch Leistg an sich selbst (RG HRR 35, Nr 342, BGH WPM 72, 488). Die Auslegg des Vertr kann aber ergeben, daß bei Leistgstörgen nur der Schaden des Dr ersatzfäh sein soll (s BGH 89, 266, ArztVertr). Zur Ausübg der dem VersprEmpf zustehden **Gestaltungsrechte** s § 328 Anm 1c bb.

Vierter Titel. Draufgabe. Vertragsstrafe

336 *Auslegung der Draufgabe.* I Wird bei der Eingehung eines Vertrags etwas als Draufgabe gegeben, so gilt dies als Zeichen des Abschlusses des Vertrags.
II Die Draufgabe gilt im Zweifel nicht als Reugeld.

337 *Anrechnung oder Rückgabe der Draufgabe.* I Die Draufgabe ist im Zweifel auf die von dem Geber geschuldete Leistung anzurechnen oder, wenn dies nicht geschehen kann, bei der Erfüllung des Vertrags zurückzugeben.
II Wird der Vertrag wieder aufgehoben, so ist die Draufgabe zurückzugeben.

338 *Draufgabe bei zu vertretender Unmöglichkeit der Leistung.* Wird die von dem Geber geschuldete Leistung infolge eines Umstandes, den er zu vertreten hat, unmöglich oder verschuldet der Geber die Wiederaufhebung des Vertrags, so ist der Empfänger berechtigt, die Draufgabe zu behalten. Verlangt der Empfänger Schadensersatz wegen Nichterfüllung, so ist die Draufgabe im Zweifel anzurechnen oder, wenn dies nicht geschehen kann, bei der Leistung des Schadensersatzes zurückzugeben.

1) **Allgemeines. a)** Die **Draufgabe** (Angeld, Handgeld), die fr in ländl Verhältn (GesindeVertr, Viehkauf) gebräuchl war, heute aber kaum noch vorkommt, ist Hingabe einer Leistg als BewZeichen für den Abschluß eines Vertr (§ 336 I). Sie begründet eine widerlegl Vermutg für den VertrSchluß (ZPO 292), ersetzt aber nicht die etwa erforderl Form. Die Draufgabe ist idR eine Geldleistg, kann aber in jedem and Ggst (Übbl 2 vor § 90) bestehen. Sie geht idR dch Übereign od Abtr in das Vermögen des Empfängers über, denkb ist aber auch eine Überlassg des Ggst zum Gebrauch. – **b)** Die Draufgabe ist nach der Ausleggsregel des § 336 II iZw kein **Reugeld** (Vorbem 2c vor § 339); der Hingebde ist zwar nicht berecht, unter Preisgabe des Geleisteten vom Vertr zurückzutreten. Besteht dieses Recht nach der getroffenen Vereinbg doch, gilt § 359. – **c)** Keine Draufgabe ist die **Anzahlung.** Sie ist nicht Zeichen des VertrSchl, sond TeilErf, evtl auch VorausErf des Anspr des Empfängers (§ 362 Anm 4a). – **d)** Für das Verlöbn enthält § 1301 eine Sonderregelg.

2) **Rechtsfolgen. a)** Die Draufgabe ist nach § 337 I iZw keine Zugabe, sond ein **Angeld,** das auf die Leistg anzurechnen, od wenn dies, etwa wg Ungleichartigk, nicht mögl ist, zurückzugewähren ist. Wird der Vertr aufgehoben, besteht gem § 337 II gleichf eine **Rückgewährpflicht.** Diese ist in beiden Fällen VertrPfl. Bei Störgen gelten daher die §§ 275 ff u nicht die §§ 812 ff (Erm-Westermann Rdn 1, str), die aber wg § 820 zu ähnl Ergebn führen würden. – **b)** § 338 Satz 1 enthält eine Ausn von § 337. Hat der Geber die Unmöglichk der Leistg od die Aufhebg des Vertr zu vertreten, darf der Empfänger die Draufgabe behalten, sog **Verfall** der Draufgabe. Diese ist damit zugl Mindestschädig. § 338 Satz 1 gilt für die Fälle der §§ 280, 286, 325, 326, 462; iF des § 346 ist § 338 Satz 1 nur anzuwenden, wenn RücktrGrd ein vertragswidr Verhalten des Gebers ist; iF der §§ 360, 361 kommt es darauf an, ob der Geber schuldh Veranlassg zum Rücktr gegeben hat. In allen and Fällen, insb iF des § 323, bleibt es bei § 337. – **c)** Verlangt der Empfänger **Schadensersatz wegen Nichterfüllung** ist die Draufgabe nach § 338 Satz 2 entweder anzurechnen od zurückzugewähren. Diese Regel enthält eine Ausn von § 338 Satz 1 u stellt den Grds des § 337 wieder her. Sie ist folgerichtig, da die SchadErsLeistg an die Stelle der Erf tritt. – **d)** Ist der Vertr **nichtig,** erstreckt sich die Nichtigk auch auf die Nebenabrede über die Draufgabe. Diese ist daher gem § 812 zurückzugewähren (RG 53, 238).

Vertragsstrafe (§§ 339–343)

Vorbemerkung

1) **Allgemeines. a) Begriff:** Die VertrStrafe ist eine meist in Geld bestehde Leistg, die der Schu für den Fall der NichtErf od nicht gehör Erf einer Verbindlichk verspricht. Ihr Zweck ist, die Erf der Hauptverbindlichk als „Druckmittel" zu sichern u dem Gläub den SchadBew zu ersparen (BGH **49,** 89, **63,** 259, **85,** 312, **105,** 27).

Dch diese doppelte Zwecksetzg unterscheidet sie sich von der Vereinbg einer Schadenspauschale (s näher § 276 Anm 5 A b). Soll die Abrede ein Verhalten in der **Vergangenheit** sichern, handelt es sich um ein garantieähnl Versprechen, nicht um eine VertrStrafe (BGH **105**, 27).

b) VertrStrafe iSd §§ 339ff ist nur das **unselbständige,** an eine Hauptverbindlichk angelehnte StrafVersprechen, *arg* § 344, hM. Der RGrd u der Inh der HauptVerbindlichk sind gleichgült. Auch gesetzl Pflten können dch Strafversprechen gesichert w; die HauptVerbindlichk kann auf ein Tun od Unterl gerichtet sein. Besteht die HauptVerbindlichk nicht, ist sie nichtig, wirks angefochten od erloschen, entfällt der StrafAnspr (Mü BB **84**, 630). Er ist auch dann ausgeschlossen, wenn die VertrErf ohne Verschulden des Schu unmögl w (BGH **LM** Nr 2), selbst wenn die Strafe an sich vorher verwirkt war (Mü NJW **75**, 784, Knütel AcP **175**, 69). Kündigt der Gläub wg der PflVerletzg des Schu, verliert er den StrafAnspr (BGH NJW **62**, 1341, Düss MDR **71**, 217); die Part können aber vereinbaren, daß die PflVerletzg zugleich zum Verfall der VertrStrafe u zur Auflösg des Vertr berecht soll (BGH **LM** Nr 2). Der StrafAnspr hat wg seiner **Akzessorietät** den gleichen ErfOrt wie die Hauptverbindlichk (RG **69**, 12). Er ist vor Verwirkg der Strafe nicht selbständ abtretb, geht aber bei Abtr der HauptVerbindlichk mit dieser über (§ 401 Anm 3 b).

c) Das StrafVerspr ist eine **vertragliche Abrede,** keine einseit Erkl. Es kann, sow das AGBG nicht enggsteht, auch in AGB enthalten sein (BGH **72**, 223, AGBG 11 Anm 6). Mögl ist auch, daß Strafbestimmgen in VO VertrInh w (BGH MDR **62**, 209, s jetzt AVB Elt/Gas/Fernwärme/WasserV jeweils § 23). Ein StrafVerspr zur Sicherg arbeitsvertragl Pflten ist grdsl zul (BAG NJW **83**, 1575). Es kann auch formulamäß vereinbart w (BAG NJW **85**, 91, Betr **86**, 1979). Zur Betriebsbuße s Anm 2 e. Das StrafVerspr bedarf der Form des HauptVertr (§ 313 Anm 4 b) u unterliegt der allg AusleggsGrds der §§ 133, 157 (BGH **33**, 164). Es muß die die Strafe auslösde PflVerletzg u die zu leistde Strafe bestimmt od bestimmb bezeichnen (BGH **LM** Nr 19, Kblz WRP **86**, 694). Die Festsetzg der Strafhöhe kann gem §§ 315ff dem Gläub od einem Dr überlassen w (§ 339 Anm 4). Die ausdr Bezeichng als VertrStrafe ist unnötig (§ 133). Als VertrStrafen können anzusehen sein: Flaschenpfand (BGH **LM** Nr 10); WertErs für nicht zurückgegebenes Leergut (Trinkner BB **84**, 1455); „Reueprovisionen" in MaklerVertr (BGH NJW **70**, 1915, unten Anm 2 c), strafbewehrte UnterwerfgsErkl im WettbewerbsR (Petersen GRUR **78**, 156), Blockiergshonorar in AGB einer Bildagentur (Hbg NJW-RR **86**, 1178). Überziehs- u Verzugsgebühren (Belke BB **68**, 1219, Gorniak NJW **69**, 2125). Zu §§ 134, 138 als Grenze für StrafVerspr s § 343 Anm 1 b. StrafVerspr sind auch in öffr Vertr, etwa in StudienfördergsVertr (BVerwG NJW **86**, 2589).

2) Ähnliche Rechtsgebilde. a) Beim **selbständigen Strafversprechen** fehlt eine erzwingb Hauptverbindlichk (BGH **82**, 401). Die Strafe wird für den Fall versprochen, daß eine Hdlg vorgenommen od unterlassen w, ohne daß sich der Versprechde zu der Hdlg od Unterlassg verpflichtet (s § 343 II). Das selbstd Strafgedinge kann Zusagen gesellschaftl od sonst außerrechtl Art schützen, doch wird hier vielfach § 138 enttgsstehen. Es kann auch auf das Verhalten eines Dr abgestellt w (BGH NJW **67**, 1319). Wird für den Fall der Künd eines Dienst- od ArbVertr die **Rückzahlung einer Gratifikation** vereinbart, so handelt es sich um ein selbstd StrafVerspr (Düss Betr **72**, 181, Bötticher ZFA **70**, 19, aA die stRspr des BAG s § 611 Anm 7 e). Das selbstd Strafgedinge ist dch die §§ 339ff nicht geregelt. Die §§ 343, 344 sind aber anwendb (s dort), ebso der Grds, daß die Verwirkg der Strafe iZw ein Verschulden voraussetzt (RG **95**, 203), nicht aber § 341 III (BGH **82**, 401).

b) Verfallklauseln (Verwirkgsklauseln). Währd der Schu beim StrafVerspr eine zur Hauptleistg hinzutretde meist in Geld bestehde Leistg zu erbringen hat, hat die Verfallklausel den Inh, daß der Schu bei NichtErf od nicht gehör Erf seiner Verbindlichk eig Rechte verliert. Sollen alle Rechte wegfallen, so gilt das gem § 360 iZw als RücktrVorbeh (s dort). Sieht die Abrede den Wegfall od die Beschränkg einz Rechte vor, ist § 360 unanwendb, der RVerlust tritt *ipso facto* ein. Auf Verfallklauseln sind aber die §§ 339ff entspr anwendb: der nur formale Unterschied zw zusätzl Leistg u dem Wegfall eig Rechte rechtfertigt sachl keine unterschiedl Behandlg (BGH NJW **60**, 1568, **68**, 1625, **72**, 1893, BAG NJW **61**, 698). § 343 ist daher analog anzuwenden (BGH NJW **68**, 1625), ebso der aus § 339 S 1 zu entnehmde VerschuldensGrds (RG **95**, 202, **145**, 31, **152**, 258, die aber zT auf § 242 abstellen). Auf Vereinbgen über eine **vorzeitige Fälligkeit** iF eines Zahlgsrückstandes sind die §§ 339ff nicht anwendb (BGH **95**, 372), sie können aber gem AGBG 9 (dort Anm 7 v) unwirks sein. Der uU existenzvernichtde Wegfall des VersSchutzes wg der Verletzg einer **Obliegenheit** kann in seiner Wirkg einer VertrStrafe nahestehen (BGH **52**, 90, VersR **77**, 272). Gleichwohl sind die §§ 339ff, insb § 343, unanwendb (BGH VersR **72**, 363, Hüffer VersR **74**, 617, Zuther VersR **74**, 630, aA Kblz VersR **72**, 921, Düss VersR **73**, 1157, Klein BB **80**, 391). Aus § 242 kann aber der Grds entnommen w, daß keine Leistgsfreih eintritt, wenn ein auffäll Mißverhältn zur Schwere od Bedeutg der ObliegenhVerletzg stehen würde (BGH aaO, § 242 Anm 4 C k).

c) Reugeld (§ 359). Der Anspr auf Reugeld setzt den Rücktr vom Vertr voraus, der StrafAnspr dagg das Weiterbestehen des Vertr (BGH **21**, 372). Die Strafe soll den Schu anhalten zu erfüllen, das Reugeld gibt ihm die Möglichk, sich vom Vertr zu lösen. Die §§ 339ff, insbes § 343, gelten für das Reugeld nicht (Köln MDR **68**, 48). Die in einem MaklerVertr vereinbarte Reueprovision ist idR eine VertrStrafe (BGH NJW **70**, 1915, Celle NJW **78**, 326).

d) Vereinsstrafe. Sie ist Ausfluß der in der Satzg begründeten OrdngsstrafgewaIt des Vereins. Sie ist keine VertrStrafe iSd §§ 339ff, sond ein eigenständ verbandsrechtl Institut (BGH **21**, 374, § 25 Anm 4). Die in GemschOrdngen von WoEigtGemeinsch vorgesehenen Strafen fallen gleich nicht unter die §§ 339ff, sond entspr den Vereinsstrafen (BayObLG **59**, 463).

e) Betriebsbuße. Sie erfordert als RGrdl einen TarifVertr od eine BetrVereinbg. Die BetrBuße ist keine VertrStrafe (BAG **20**, 97, str, s Zöllner ZZP **83**, 365), ihre Festsetzg ist aber dch das ArbGer voll nachprüfb (BAG aaO). Zur Abgrenzg der auch im ArbR mögl echten VertrStrafe (oben Anm 1 c) s BAG Betr **86**, 1979, Langheid Betr **80**, 1219.

f) Die Abrede über **pauschalierten Schadensersatz** soll bei SchadErsAnspr wg Nicht- od SchlechtErf den SchadNachw ersparen u an seine Stelle den Anspr auf die vereinbarte Pauschale setzen. Sie ist, weil ihr die für die VertrStrafe typ Doppelfunktionalität fehlt (oben Anm 1 a), kein StrafVerspr iSd §§ 339ff (BGH **49**, 84). Ist sie, wie idR, in einer formularmäß Klausel enthalten, gilt AGBG 11 Nr 5. Aus Inh u Zweck der Abrede kann sich jedoch ergeben, daß in Wahrh eine VertrStrafe vorliegt (s näher § 276 Anm 5 A b).

3) Konkurrenz mit öffentlichen Strafen und Zwangsmitteln. a) Das die VertrStrafe auslösde Verhalten kann eine mit öff **Strafe** bedrohte Hdlg sein (BGH 21, 374). Bsp sind die VertrStrafe bei Entziehg von Energie (AVB Elt/Gas/Fernwärme/WasserV jeweils 23) u das erhöhte Fahrgeld für Schwarzfahrer (AGBG 11 Anm 6 a aa). Hinw, die dem Ladendieb eine VertrStrafe androhen, w dagg idR nicht VertrInh (MüKo/Söllner Rdn 20, aA AG Schöneberg NJW **74**, 1823). – **b)** Die Sicherg dch ein VertrStrafVerspr schließt ein RSchutzinteresse für eine UnterlKl an den Antr gem **ZPO 890** nicht aus (BGH NJW **80**, 1843, Köln NJW **69**, 756, Stgt NJW **69**, 1305). Hat der Gläub die VertrStrafe angenommen, ist der Antr gem ZPO 890 aber rmißbräuchl u unzul (Celle BB **70**, 11, MüKo/Söllner Rdn 21, die ein RSchutzbedürfn verneinen, aA Saarbr NJW **80**, 461, Köln GRUR **86**, 688).

339 *Verwirkung der Vertragsstrafe.*
Verspricht der Schuldner dem Gläubiger für den Fall, daß er seine Verbindlichkeit nicht oder nicht in gehöriger Weise erfüllt, die Zahlung einer Geldsumme als Strafe, so ist die Strafe verwirkt, wenn er in Verzug kommt. Besteht die geschuldete Leistung in einem Unterlassen, so tritt die Verwirkung mit der Zuwiderhandlung ein.

1) Allgemeines. Zum Begriff der VertrStrafe, zum StrafVerspr u zur Abgrenzg von ähnl RFiguren s die Vorbem. § 339 regelt die Verwirkg der VertrStrafe, dh er legt fest, unter welchen Voraussetzgen der StrafAnspr entsteht. Er unterscheidet dabei, ob der Schu ein Handeln (Anm 2) od ein Unterl (Anm 3) schuldet.

2) Satz 1 betrifft den Fall, daß die VertrStrafe für die NichtErf od nichtgehör Erf einer **Handlungspflicht** vereinbart ist. Der StrafAnspr entsteht, wenn der Schu in Verzug kommt. Verschuldete Unmöglichk steht dem Verzug gleich (BGH **LM** Nr 2). Geringfügige PflVerletzgen sind nach § 242 unerhebl; dagg begründen UmgehgsHdlgen einen StrafAnspr (§157, s RG **96**, 174). Auf die Entsteh eines Schadens kommt es nicht an (§ 343 Anm 2). Der Einwand überholder Kausalität ist daher nur im Rahmen des § 343 vob Bedeutg (BGH NJW **69**, 461, **74**, 2089). Der StrafAnspr entfällt, wenn der Schu beweist, daß er die PflVerletzg nicht zu vertreten hat (§ 285). Der Schu muß aber nicht nur für eig **Verschulden,** sond gem § 278 auch für das von HilfsPers einstehen (BGH NJW **86**, 127, **87**, 3253), uU auch für das seiner Handelsvertreter (Hamm MDR **88**, 143) u für den von ihm beauftragten Zeitzgsverlag (BGH NJW **88**, 1907). Das Verschuldenserfordern ist nicht zwingd. Die VertrStrafe kann unabhäng von einem Verschulden versprochen w (BGH **72**, 178, **82**, 402, NJW **71**, 883); sie ähnelt dann einem GarantieVerspr (zur Abgrenzg s BGH NJW **58**, 1483). Erforderl ist hierfür aber grdsl eine IndVereinbg. Entspr formularmäß Klauseln sind nicht wirks, wenn für sie wicht Grde vorliegen (BGH **72**, 179, Celle NJW-RR **88**, 947). Ands kann die Vereinbg für die Verwirkg der Strafe ein qualifiziertes Verschulden fordern. Der ArbN, der für den Fall des VertrBruchs eine Strafe versprochen hat, verwirkt diese nur bei Vors, nicht aber bei einem entschuldb RIrrt (LAG Bln **AP** Nr 4). Beiderseitige Verstöße gg ein zweiseit StrafVerspr begründen idR für beide Part einen StrafAnspr (RG **96**, 174). Der StrafAnspr entfällt aber, wenn die PflVerletzg des Schu eine Folge des vertragswidr Verhaltens des Gläub ist (BGH NJW **66**, 971, NJW **71**, 1126).

3) Satz 2 ist anwendb, wenn die geschuldete Leistg, wie etwa bei einer VerschwiegenhPfl (BGH NJW-RR **86**, 1160), in einem **Unterlassen** besteht. Nach dem Wortlaut der Vorschr genügt für die Verwirkg der Strafe (scheinb) die obj ZuwiderHdlg. Auch für Satz 2 gilt aber der VerschuldensGrds: Der Schu w frei, wenn er beweist, daß er die ZuwiderHdlg nicht zu vertreten hat (BGH NJW **72**, 1893/2264 gg den Mot II 270 u die fr Rspr BGH **LM** § 407 Nr 3). Die Strafe kann aber ebso wie iF des Satz 1 garantieähnl ausgestaltet u unabhäng von einem Verschulden versprochen w (BGH NJW **72**, 1893). Sie entfällt, wenn der Gläub den Schu zu der ZuwiderHdlg verleitet hat (Karlsr GRUR **84**, 75). Für den Umfang der UnterlVerpfl gilt die sog Kerntheorie (Ffm OLGZ **88**, 251).

4) Rechtsfolge der Verwirkg ist die Entstehg des StrafAnspr. – **a)** Inh u **Höhe** der Strafe richten sich nach der getroffenen Abrede. Die Festsetzg kann dem Gläub, § 315 (BGH NJW **85**, 191), einem Dr, § 319 (BGH WPM **71**, 165), einem SchiedsGer (§ 343 Anm 1 c), nicht aber dem staatl Ger übertragen w (BGH **LM** Nr 21, Betr **81**, 533, BAG NJW **81**, 1799). Bei derart Abreden hat die Herabsetzg gem §§ 315 III, 319 vor der nach § 343 den Vorrang. – **b)** Ob bei **mehrmaligen** Verstößen die Strafe einmal od mehrfach anfällt, ist Frage der Ausleg der Strafabrede (RG **112**, 367, BGH NJW **84**, 920). Die ZusFassg mehrerer gleichartEinzelHdlgen ist uU auch dann mögl, wenn die Strafe „für jeden Fall der ZuwiderHdlg" versprochen ist, ohne daß es auf den Begriff des FortsetzgsZushangs entscheidend ankommt (BGH **33**, 163, Düss NJW-RR **87**, 1181, Kiethe WRP **86**, 644).

340 *Strafversprechen für Nichterfüllung.*
¹Hat der Schuldner die Strafe für den Fall versprochen, daß er seine Verbindlichkeit nicht erfüllt, so kann der Gläubiger die verwirkte Strafe statt der Erfüllung verlangen. Erklärt der Gläubiger dem Schuldner, daß er die Strafe verlange, so ist der Anspruch auf Erfüllung ausgeschlossen.

ᴵᴵSteht dem Gläubiger ein Anspruch auf Schadensersatz wegen Nichterfüllung zu, so kann er die verwirkte Strafe als Mindestbetrag des Schadens verlangen. Die Geltendmachung eines weiteren Schadens ist nicht ausgeschlossen.

1) Allgemeines. a) Die §§ 340, 341 (sowie § 342) regeln das **Verhältnis** der verwirkten Strafe zum Erf- u SchadErsAnspr. Sie bestimmen zum Schutz des Schu, daß der Gläub iF des § 340 nur die Strafe od Erf fordern kann u daß iF eines SchadErsVerlangens die VertrStrafe stets anzurechnen ist. – **b)** § 340 gilt, wenn die Strafe für den Fall der (gänzl od teilw) **Nichterfüllung** versprochen ist; § 341, wenn das StrafVerspr den Fall nicht gehöriger Erf betrifft. Bei Zweifeln muß dch Ausleg ermittelt w, ob die Strafe das Interesse an der Erf als

§§ 340–342   2. Buch. 2. Abschnitt. *Heinrichs*

solcher od nur das an der ordngsmäß Erf (zB Unterl einz ZuwiderHdlgen) sichern soll (RG **112**, 366, BAG NJW **71**, 2008). Die Entscheid ist vielf nur aus der Strafhöhe zu gewinnen (s auch Anm 2b). Ein StrafVerspr für NichtErf ist iF nicht gehöriger Erf unanwendb (BAG **AP** Nr 3). – **c)** Die §§ 340, 341 sind **nicht zwingend.** Die Part können zB vereinbaren, daß der Vertr iF einer VertrVerletzg unter Verfall der Strafe hinfäll sein soll (BGH **LM** § 339 Nr 2). Die Änderg erfordert aber eine IndVereinbg, eine formularmäß Klausel reicht nicht aus (BGH **63**, 256, AGBG 11 Anm 6). – **d)** Für Wettbewerbsverbote von ArbNeh gilt die Sonderregel des HGB 75 c.

2) Konkurrenz von Straf- und Erfüllungsanspruch (I). a) Der Gläub kann zw Strafe u Erf **wählen.** Es handelt sich nicht um eine Wahlschuld, sond einen Fall elektiver Konkurrenz (Soergel-Lindacher Rdn 6, § 262 Anm 2b). Die Wahl erfolgt dch einseitiges RGesch. Sie kann auch konkludent, etwa dch KlErhebg, vorgenommen w. Das ErfVerlangen bindet noch nicht (RG JW **13**, 319), wohl aber die ErfAnn. Dagg schließt das Verlangen der VertrStrafe, sofern der StrafAnspr begründet ist (RG **77**, 292, BGH **LM** UWG 17 Nr 2), den ErfAnspr aus (Satz 2). – **b)** Das **Erlöschen** des ErfAnspr erstreckt sich beim ggs Vertr iZw auch auf den GgAnspr (Auslegsfrage; Anhaltspkt: Strafhöhe). Ein UnterlassgsAnspr erlischt nur für die Zeit, auf die sich die verwirkte Strafe bezieht (LAG Mannh NJW **73**, 533); für die verbleibde Zeit besteht der ErfAnspr weiter (BAG NJW **73**, 1717). – **c)** Der StrafAnspr wird erst dch die Wahl **erfüllbar** (BAG NJW **70**, 1146, sog verhaltener Anspr). Solange der Gläub nicht gewählt hat, kann er auch die Erf der HauptVerbindlichk zurückweisen. Ein Recht des Schu, die Strafe dch nachträgl Anbieten der Erf zu „bereinigen", besteht nicht (aA Knütel AcP **175**, 44).

3) Konkurrenz von Straf- und Schadensersatzanspruch. Als Grdl für einen SchadErsAnspr kommen §§ 280, 286 II, 325, 326 od pVV in Betracht. Der Gläub kann zw Strafe u SchadErs **wählen.** Der StrafAnspr besteht auch dann, wenn kein Schaden entstanden ist (RG **103**, 99, BGH **63**, 260). Die Wahl der VertrStrafe, die Mindestentschädig ist, schließt es nicht aus, nachträgl weitergehenden Schaden geltd zu machen (Satz 2 u BGH **LM** UWG 17 Nr 2).

341 **Strafversprechen für nicht gehörige Erfüllung.** ^IHat der Schuldner die Strafe für den Fall versprochen, daß er seine Verbindlichkeit nicht in gehöriger Weise, insbesondere nicht zu der bestimmten Zeit, erfüllt, so kann der Gläubiger die verwirkte Strafe neben der Erfüllung verlangen.

^{II}Steht dem Gläubiger ein Anspruch auf Schadensersatz wegen der nicht gehörigen Erfüllung zu, so finden die Vorschriften des § 340 Abs. 2 Anwendung.

^{III}Nimmt der Gläubiger die Erfüllung an, so kann er die Strafe nur verlangen, wenn er sich das Recht dazu bei der Annahme vorbehält.

1) I und II. a) Der Gläub kann die Strafe wg nicht gehöriger Erf (Verzug, pVV, Schlechtleistg) u Erf – abweichd von der Regel des § 340 – **nebeneinander** fordern (Kumulation). Entspr gilt, wenn an die Stelle des ErfAnspr ein SchadErsAnspr wg NichtErf getreten ist (RG **94**, 207). Der Gläub kann neben der VertrStrafe auch Verzugszinsen auf die Hauptverbindlichk für die Zeit ab Strafverwirkg fordern (BGH NJW **63**, 1197). – **b)** Für das Verhältn zw Strafe u SchadErs wg nicht gehöriger Erf gelten die Ausführgen in § 340 Anm 3 entspr. Es besteht ein durch AGB nicht abänderb **Anrechnungszwang** (BGH **63**, 256).

2) Vorbehalt bei Annahme der Erfüllung (III). a) Währd iF des § 340 der StrafAnspr mit der Erf des HauptAnspr erlischt (§ 340 Anm 2), tritt diese RFolge iF des § 341 nicht ein. Zur Erhaltg des StrafAnspr ist aber ein **Vorbehalt** bei Ann der Erf erforderl. Zum Begriff der Ann der Erf s § 363 Anm 2. Der Vorbeh muß ausdr erklärt w, ein stillschw Vorbeh kann höchstens in AusnFällen angenommen w (BGH **73**, 246). Erforderl ist ein Vorbeh „**bei**" Ann der Erf. Dieses Erfordern ist, und als in §§ 464, 640, strenge auszulegen. Ein fr (od später) Vorbeh genügt nicht (BGH **33**, 237, **85**, 309, NJW **77**, 898, stRspr). Ein Vorbeh ist auch dann erforderl, wenn der Gläub den StrafAnspr bereits dch Streitverkündg od Aufr geltd gemacht hat (BGH **68**, 368, **85**, 243, aA Reinicke/Tiedtke Rdn **83**, 1639) od wenn über den StrafAnspr eine vollstreckb Urk errichtet worden ist (BGH **73**, 246). Er ist ausnahmsw entbehrl, wenn der StrafAnspr bereits rhängig ist (BGH **62**, 328). Eine formularmäß Erkl genügt (BGH NJW **87**, 380). Der Vorbeh muß bei Ann der Hauptleistg erfolgen, bei TeilliefergsVertr bei jeder Teilliefergs (BGH **82**, 402). Bei VOB-Vertr ist der Vorbeh gem VOB (B) 12 Nr 4 in das AbnProtokoll aufzunehmen (LG Tüb NJW **73**, 1975); bei einer Abn gem VOB (B) 12 Nr 5 gilt die in dieser Vorschr festgelegte 6 TagesFr (BGH **33**, 239, NJW **75**, 1702). Mit der vorbehaltlosen Ann **erlischt** der Anspr *ex lege;* ein VerzWille ist nicht erforderl (BGH **97**, 227). Der RVerlust tritt auch ein, wenn der Gläub von der Existenz des Anspr u der RFolge des III nichts wußte. Zur BelehrgsPfl des Architekten s BGH **74**, 238 u Vygen BauR **84**, 245. – **b)** III ist **dispositiv.** Eine Vereinbg, wonach die Strafe bei ZuwiderHdlg sofort fäll ist, enthält aber keine Abbedingg des III (BGH NJW **71**, 883). Dch AGB kann III abgeschwächt w, etwa dch die Bestimmg, daß die Strafe bis zur Schlußzahlg geltd gemacht w kann (BGH **72**, 224). III kann aber dch AGB nicht vollständ abbedungen w (BGH **85**, 310).

342 **Andere als Geldstrafe.** Wird als Strafe eine andere Leistung als die Zahlung einer Geldsumme versprochen, so finden die Vorschriften der §§ 339 bis 341 Anwendung; der Anspruch auf Schadensersatz ist ausgeschlossen, wenn der Gläubiger die Strafe verlangt.

1) Die §§ 339–341 sind nach § 342 auch anzuwenden, wenn die VertrStrafe in einer **anderen Leistung** als einer Geldsumme besteht. Es gilt jedoch eine Modifikation: das Strafverlangen schließt abweichd von §§ 340 II, 341 II den Ers weiteren Schadens aus. Die in § 342 nicht erwähnten §§ 343ff gelten ohnehin auch für und als Geldstrafen. Ob im Einzelfall eine unter § 342 fallde Strafabrede od eine Verwirkgsklausel vorliegt, kann zweifelh sein, ist aber im Ergebn gleichgült, da die §§ 339ff auch auf Verwirkgsklauseln anzuwenden sind (Vorbem 2b).

343 *Herabsetzung der Strafe.* ¹Ist eine verwirkte Strafe unverhältnismäßig hoch, so kann sie auf Antrag des Schuldners durch Urteil auf den angemessenen Betrag herabgesetzt werden. Bei der Beurteilung der Angemessenheit ist jedes berechtigte Interesse des Gläubigers, nicht bloß das Vermögensinteresse, in Betracht zu ziehen. Nach der Entrichtung der Strafe ist die Herabsetzung ausgeschlossen.

II Das gleiche gilt auch außer den Fällen der §§ 339, 342, wenn jemand eine Strafe für den Fall verspricht, daß er eine Handlung vornimmt oder unterläßt.

1) Allgemeines. a) Währd die Ger im VertrR idR auf eine RKontrolle beschränkt sind, gibt § 343 dem Ri ausnahmsw eine freiere Stellg: Er kann VertrStrafen aGrd einer **Billigkeitskontrolle** rechtsgestaltd auf den angemessenen Betrag herabsetzen. Eine ähnl Gestaltgsmacht räumen §§ 315 III, 319 I dem Ri ein; dagg hat der Ri bei Anwendg des § 242 die Grenzen der RAusübg nicht zu gestalten, sond ledigl festzustellen (§ 242 Anm 1c). – **b) Anwendungsbereich.** § 343 gilt auch für und als Geldstrafen (§ 342) u für Strafen, die auf einer dch VO zum VertrInh gewordenen Vorschr beruhen (BGH **23**, 183). Er ist auf das **selbständige Strafversprechen** gleichf anzuwenden, **II** (Vorbem 2a), ebso auf Verfallklauseln, wenn die Art des Nachteils eine Herabsetzg zuläßt, u wohl auch auf Schadenspauschalen (§ 276 Anm 5 A b), nicht aber auf das Reugeld, die Vereinsstrafe u die Betriebsbuße (Vorbem 2c, d, e), für die and Regeln gelten. SonderVorschr enthalten AbzG 4 I, HGB 75c I 2, 75d. Auf **Vollkaufleute** ist § 343 nicht anwendb (Anm 3). – **c)** § 343 ist **zwingendes Recht** (BGH **5**, 136, NJW **68**, 1625). Ein nach Verwirkg der Strafe erklärter Verzicht auf Herabsetzg ist aber wirks. Die Entscheid über die Herabsetzg, aber auch die Festsetzg selbst kann einem SchiedsGer übertr w (RG ZAkDR **37**, 655, Böttcher ZFA **70**, 32).

2) Herabsetzung der Strafe. a) § 343 setzt ein **wirksames Vertragsstrafversprechen** voraus. Dazu ist die Wirksamk der zu sichernden Hauptverbindlichk erforderl (§ 344). Das StrafVerspr selbst (Vorbem 1c) kann nach allg RGrds, insb gem §§ 134, 138 nichtig sein, auch wenn es nicht gem § 139 uU noch die Nichtigk der HauptVerbindlichk begründet (RG **158**, 301). Gesetzl Verbote enthalten: § 550a, § 622 V (BAG Betr **72**, 1245), §§ 723 III, 1297 II, BerBiG 5 II (BAG NJW **83**, 1575), FernUSG 3 V Nr 1, WoVermG 4 (Einf 6 v § 652), nicht aber ZPO 888 II (hM, aA Langheid Betr **80**, 1219). § 138 ist nicht schon bei unverhältnismäß Höhe anwendb, es müssen vielm bes Umst in bezug auf Inh, BewegGrd od Zweck der Abrede hinzutreten (RG **114**, 307, HRR **32** Nr 1644, BGH **LM** Nr 1b, WPM **71**, 641, 643, Weyer BauR **88**, 29). Bsp: Knebelg u Verpfl dch Ehrenwort (RG **68**, 229); Gefährdg der wirtschaftl Existenz (RG **85**, 100); Ausnutzg wirtschaftl Macht ggü ArbN (RG **90**, 181); Koppelg mit familienrechtl Pflten (RG **158**, 300). Für die Beurteilg der Sittenwidrigk, wie auch sonst, der Zeitpkt der VersprAbgabe maßgebd (RG JW **13**, 320, **36**, 179, § 138 Anm 1 d). Weitere Schranken ergeben sich aus **AGBG** 11 Nr 6 (s dort) u der **Generalklausel** des AGBG 9: Diese kann bereits dann die Unwirksamk der Strafklausel begründen, wenn die Strafe unverhältnismäß hoch ist. Das gilt vor allem für VertrStrafen in **Bauverträgen** für Terminüberschreitung (Weyer BauR **88**, 30). Stellen sie auf einen Vomhundertsatz pro Tag ab, halten sie der InhKontrolle auch im kaufm Verk nur bei Festlegg einer Obergrenze stand (BGH NJW-RR **88**, 146). Das gilt auch bei kleineren Auftr (BGH NJW-RR **89**, 527) u bei Vertr mit einem verhältnismäß geringen Vomhundertsatz (BGH NJW-RR **89**, 916). Die Abrede ist unwirks, wenn die Strafe 1,5% der AuftrSumme je ArbTag (BGH NJW **81**, 1509) od 0,5% je Kalendertag ohne zeitl Beschränkg beträgt (BGH **85**, 312). Das gilt ebso, wenn bereits für die NichtEinhaltg von ZwFr Strafe verfällt u dadch eine unangem Kumulierg eintreten kann (Brem NJW-RR **87**, 469); wirks ist dagg eine Klausel, wonach 0,1% je Tag höchstens jedoch 10% der Angebotssumme zu zahlen ist (BGH NJW **87**, 380). Weitere Einzelfälle AGBG 11 Anm 6c. Auch wenn die Verspr nicht gg § 138 AGBG 9 verstößt, kann die Geltendmachg des StrafAnspr eine gem § 242 **unzulässige Rechtsausübung** sein, so etwa wenn der Gläub selbst vertrbrüch ist, wenn er sich mit seinem eig Verhalten in Widerspr setzt, od wenn seine Interessen dch die VertrVerletzg des Schu weder beeinträchtigt noch ernsth gefährdet worden sind (aA BGH NJW **84**, 920).

b) Herabsetzg aGrd des § 343 ist erst **nach Verwirkung** der Strafe mögl, eine vorherige FeststellgsKl ist unzul (RG JW **13**, 604). Entrichtg schließt die Herabsetzg aus (I 3), and aber, wenn ausdr unter Vorbeh geleistet worden ist (str). Bei Verfallklauseln (Vorbem 2b) steht der Verfall der Entrichtg nicht gleich. „**Auf Antrag**" schließt eine Herabsetzg vAw aus, es genügt aber jede Äußerg des Schu, die seinen Willen erkennen läßt, eine Aufhebg od Herabsetzg der Strafe zu erreichen (BGH NJW **68**, 1625), ein bezifferter Antr ist nicht erforderl. Die AntrBefugn des Schu ist weder abtretb noch pfändb (LG Hannover NJW **59**, 1279). Bei der Entsch über die **Angemessenheit** der Strafe sind alle Umst des Einzelfalles zu berücksichtigen (Sieg NJW **51**, 508), insb die Funktion der Strafe als Druck- u Sichergsmittel (BGH NJW **83**, 942), das Interesse des Gläub an der Verhinderg der Hdlg (BGH NJW **84**, 921), die Art des Verstoßes, der VerschGrad u die wirtschaftl Lage des Schu. Das Fehlen eines Schadens rechtf allein eine Herabsetzg nicht (RG **103**, 99, HRR **32** Nr 1645); entscheid ist, welchen Schaden der VertrBruch hätte herbeiführen können (BGH **LM** § 339 Nr 2). Übersteigt die Strafe den entstandenen Schaden nicht, kann sie idR nicht herabgesetzt w (Nürnb MDR **68**, 920). Wäre der Schaden aGrd einer ReserveUrs auch bei VertrTreue des Schu eingetreten, so ist das bei der AngemessenhPrüfg zu berücksichtigen. Unverhältnismäß Höhe ist **Tatfrage;** revisibel ist nur, ob der TatRi von richt rechtl GesichtsPkten ausgegangen ist (BGH **LM** § 339 Nr 2, BAG NJW **71**, 2007). **Beweislast** für die Tats, aus der die Unverhältnismäßigk hergeleitet w soll, hat der Schu (BGH GRUR **53**, 264, LAG BaWü Betr **63**, 1224). Maßgebder **Zeitpunkt** für die Beurteilg ist (and als bei § 138, s oben a) die Geltendmachg des StrafAnspr, da es sich um eine Kontrolle der RAusübg handelt (Sieg NJW **51**, 508, Böttcher ZFA **70**, 25, str, RG Recht **12** Nr 1761 stellt auf Verwirkg ab, RG **64**, 293 läßt offen).

3) § 343 gilt nicht für **Vollkaufleute** (HGB 348, 351). Entscheid für die KaufmannsEigensch ist die VersprAbgabe (BGH **5**, 136, NJW **54**, 998); zur BewLast s RG HRR **32** Nr 1645. In bes liegdn Fällen kann auch bei Nichtkaufleuten, etwa dem AlleinGesellschter u GeschF einer GmbH, der RGedanke des HGB 348 eine Herabsetzg der Strafe ausschließen (BGH **5**, 133). Auch bei Kaufleuten ist aber eine Herabsetzg der

§ 343–345, Einf v § 346   2. Buch. 2. Abschnitt. *Heinrichs*

Strafe wg Fehlens od Wegfalls der GeschGrdl mögl (BGH NJW **54**, 998). Außerdem ist bei formularmäß Klauseln AGBG 9 anwendb, der bei unverhältnis Höhe der Strafe zur Unwirksamk der Strafklausel im ganzen führt (BGH **85**, 314 u oben Anm 2a).

344 *Unwirksamkeit.* **Erklärt das Gesetz das Versprechen einer Leistung für unwirksam, so ist auch die für den Fall der Nichterfüllung des Versprechens getroffene Vereinbarung einer Strafe unwirksam, selbst wenn die Parteien die Unwirksamkeit des Versprechens gekannt haben.**

1) Allgemeines. § 344 ist Ausdr der Akzessorietät der VertrStrafe (Vorbem 1b). Ist die Hauptverbindlichk unwirks, so ist auch das StrafVerspr unwirks, selbst wenn die Part die Unwirksamk der Hauptverbindlichk kannten. § 344 gilt auch für selbständ StrafVerspr (Vorbem 2a), sofern der Zwang zur Erf des Verspr gg §§ 125, 134, 138 od and tragde Prinzipien der ROrdng verstoßen würde (BGH NJW **80**, 1623, MüKo/Söllner Rdn 9).

2) Fälle zB: §§ 134, 138, 306; Nichtig nach Anf od wg Formmangels; daher kein StrafVerspr für die Erf einer formungült Verpfl zur GrdstÜbereign (BGH NJW **70**, 1916, **80**, 1622); Fälle der §§ 762–764; Unverbindlichk gem HGB 74ff (Ffm Betr **72**, 292) od gem HGB 75f (BGH Betr **73**, 428, NJW **74**, 1282).

345 *Beweislast.* **Bestreitet der Schuldner die Verwirkung der Strafe, weil er seine Verbindlichkeit erfüllt habe, so hat er die Erfüllung zu beweisen, sofern nicht die geschuldete Leistung in einem Unterlassen besteht.**

1) § 345 verteilt die **Beweislast** ebso wie § 358. Er bestätigt den allg geltden Grds, daß bei Verpflichtgen zu einem Tun der Schu die Erf auch dann zu beweisen hat, wenn der Gläub aus der NichtErf Rechte herleitet (§ 363 Anm 1). Bei Unterl hat dagg der Gläub die ZuwiderHdlg zu beweisen. § 345 gilt auch iF nichtgehöriger Erf, jedoch ist § 363 zu beachten.

Fünfter Titel. Rücktritt

Einführung

1) Allgemeines. a) Begriff. Rücktr ist Rückgängigmach eines wirks zustande gekommenen Vertr dch einseit Erkl einer Part aGrd einer entspr vertragl od gesetzl Befugn. Das RücktrR ist ein **Gestaltungsrecht.** Es ist daher unverjährb (§ 194 Anm 2a). Für seine Ausübg kann aber eine AusschlußFr gesetzt w (§ 355), außerdem unterliegt es der Verwirkg (§ 349 Anm 1). Das RücktrR ist nicht höchstpersönl Natur, sond mit und VertrR übertragb (BGH NJW **73**, 1793, § 413 Anm 3 c).

b) Der Rücktr wirkt nur schuldrechtl, **nicht dinglich** (RG **108**, 27). Anspr gg Dr begründet er höchstens dann, wenn das ErfGesch auflösd bedingt vorgenommen worden ist u der Dr bösgläub (§ 161 III) war (Anm 2 a). Dch den Rücktr wird der Vertr in ein **Abwicklungsverhältnis** umgestaltet (BGH **88**, 48). Die fr hM beurteilte das allerdings and. Sie sah im Rücktr eine rückwirkde Aufhebg des VertrVerhältn im Ganzen, also einen systemat an sich in den 3. Abschn gehörden Erlöschenstatbestd (RG **50**, 266, **75**, 201). Dementspr faßte sie die beiderseit RückgewährPflten als ein gesetzl SchuldVerh (modifiziertes BereichergsVerh) auf, auf das subsidär die §§ 812 ff anwendb seien. Diese Beurteilg kann aber, wie vor allem Stoll (JW **28**, 58) u E. Wolf (AcP **153**, 102) nachgewiesen h, nicht überzeugen. Richt ist zwar, daß dch den Rücktr die ErfAnspr u die mit dem ErfInteresse zushängden sekundären Anspr erlöschen. Der Rücktr hebt aber den Vertr nicht als Ganzes auf, sond verändert seinen Inh. Das dch den Rücktr entstehde AbwicklgsVerhältn ist kein gesetzl SchuldVerhältn, sond das dch einseit RGesch umgestaltete ursprüngl VertrVerhältn (Stoll aaO, Wolf aaO, MüKo/Janßen Rdn 30, LG Augsbg NJW **78**, 2034, wohl auch BGH **86**, 319, WPM **81**, 794). Daraus folgt: Neben dem vom rechtl Bestand des Vertr unabhäng Anspr aus c. i. c. u Delikt bleiben auch Anspr aus pVV bestehen, soweit sie sich auf Schäden außerh des ErfInteresses beziehen. Das gilt ebso für den Anspr aus § 286 (BGH **88**, 46, krit Wunner NJW **85**, 825, Huber JZ **84**, 409). Da der RGrd der Leistg nicht entfällt, sind die §§ 812 ff nur anwendb, soweit das Ges dies ausdr bestimmt (§ 327 S 2). Konkurrierde Anspr aus § 812 I 2 bestehen nicht. § 988 ist unanwendb (aA BGH NJW **52**, 779). Ob **Sicherheiten** dch den Rücktr frei werden, hängt von der jeweiligen Sichergsabrede ab (BGH **66**, 171, MüKo/Janßen Rdn 34). Da der Erf- u der RückgewährAnspr trotz der gemeins vertragl Grdl einen versch Inh haben, wird es iallg dem PartWillen entspr, daß die Sicherh nicht für den RückgewährAnspr haftet (BGH **51**, 73: Wechsel des AbzKäufers).

2) Anwendungsbereich. a) Die §§ 346ff gelten nur für **schuldrechtliche** (verpflichtde) **Verträge**, nicht für dingl (Vfgen). Eine ähnl Wirkg läßt sich bei dingl Vertr aber dadch erreichen, daß der Rücktr vom GrdGesch zur auflösden Bdgg gemacht wird (RG **54**, 341). Dch eine solche Regelg erlangt der Rücktr auch Wirkg ggü bösgläub Dr (Anm 1b). Sie ist aber ausgeschl, soweit § 925 II od ErbbauRVO 11 I 2 entggstehen. – **b)** Die §§ 346ff sind (unmittelb) anzuwenden, wenn das RücktrR auf einer **vertraglichen Vereinbarung** der Part („RücktrVorbeh") beruht; um ein vertragl RücktrR handelt es sich auch, wenn seine Grdl, wie iF des § 455, eine Auslegsregel ist (BGH NJW **84**, 2937). Auf diesen primären Anwendgsfall sind die Vorschr der §§ 346 ff zugeschnitten. Der RücktrVorbeh kann je nach dem verfolgten Zweck unterschiedl ausgestaltet sein. Er kann der ErfSicherg dienen (s §§ 357, 358, 455, AbzG 1 I) u daher sachl u zeitl beschränkt w. Er kann aber auch allg gefaßt w, um einer noch nicht endgült entschlossenen Part eine Lossagg vom Vertr zu ermöglichen. Einzelfälle s § 346 Anm 1. – **c)** Die Hauptbedeutg der §§ 346ff liegt darin, daß sie aGrd von VerweisgsVorschr auf den **Rücktritt kraft Gesetzes** entspr anzuwenden sind. Das gilt insb für den Rücktr gem §§ 325, 326 (§ 327), aber auch für die Wandlg (§§ 467, 634 IV). Auf die

Schuldverhältnisse aus Verträgen. 5. Titel: Rücktritt **Einf v § 346, § 346**

RückgewährPflten im ZusHang mit SchadErsAnspr (§§ 280 II, 286 II, „großer" SchadErs gem §§ 463, 635) sind die §§ 346 ff gleichf entspr anwendb. Die entspr Anwendg bedeutet, daß die auf den vertragl Rücktr-Vorbeh zugeschnittenen §§ 346 ff nicht schemat auf den Rücktr kr Ges übertragen w können. Modifikationen sind wg der unterschiedl Interessenlage vor allem bei der strengen Haftg des Rückgewährpflichtigen erforderlich (§ 347 Anm 3). – **d)** Soweit das Ges RücktrR vorsieht, ohne auf die §§ 346 ff zu verweisen, sind die §§ 346 ff idR **nicht anwendbar** (RG 116, 397). Das gilt etwa für den Rücktr gem UmstG 20 (BGH 6, 230) u wg Wegfalls der GeschGrdl (RG 130, 123). – **e) Sonderregelungen** bestehen beim RücktrR wg falscher Werbeangaben (UWG 13a), beim AbzKauf (AbzG 2, 5), bei der Wohnmiete (§ 570a), beim ReiseVertr (§ 651 i), beim Verlöbn (§§ 1298 ff), beim ErbVertr (§§ 2293 ff) u beim VersVertr (VVG 16 ff).

3) Ähnliche Gestaltungsrechte. Zu den GestaltgsGesch allg s Übbl 3 d v § 104. – **a)** Die **Kündigung** (§ 564 Anm 3, Vorbem 2 v § 620) beendet das SchuldVerh für die Zukunft. Die bereits erbrachten Leistgen sind nicht zurückzugewähren (RG 90, 330, BGH 73, 354), die §§ 346 ff gelten nicht. Wird der ReiseVertr gem § 651 e gekündigt, ist § 346 aber entspr anzuwenden (BGH 85, 59). Bei DauerschuldVerh (Einl 5 v § 241) ersetzt die Künd das gesetzl RücktrR. In and Fällen (zB beim Darl) dient sie dazu, die Leistgszeit festzulegen u dadch die Fälligk der Fdg herbeizuführen (BGH VersR 88, 1013). Eine Rückn der Künd ist nach Zugang der KündErkl nur dch Vertr mit dem KündEmpfänger mögl. Bei Aufhebg der Künd vor FrAblauf handelt es sich nicht um einen neuen Vertr, sond um die Fortsetzg des bisher VertrVerh (BGH NJW **74**, 1081). Eine TeilKünd ist bei einem einheitl VertrVerhältn grdsl nur bei einer entspr vertragl Abrede zul (BGH VersR **77**, 816, BAG Betr **83**, 1368, Karlsr Betr **78**, 298); sie kann aber ausnw aus wicht Grd statth sein (BGH **96**, 280). – **b)** Der **Widerruf** bedeutet idR, daß die RFolgen einer noch nicht endgült wirks WillErkl *ex tunc* beseitigt w (§§ 109, 130, AbzG 1b, HausTG 1, FernUSG 4, AuslInvestmG 11). Die §§ 346 ff sind nicht anwendb. Der Widerruf der Schenkg gem §§ 530 f führt zur Rückabwicklg nach Bereicherungsgrds. Der Widerruf des Auftr (§ 671) u des DarlVorVertr (§ 610) ist der Sache nach eine Künd. – **c)** Die **auflösende Bedingung** (§ 158) führt zur Unwirksamk des RGesch, ohne daß es einer entspr WillensErkl der Part bedarf. Die §§ 346 ff gelten nicht; die Rückabwicklg erfolgt nach §§ 812 ff. Der **Widerrufsvorbehalt im Vergleich** stellt idR eine aufschiebde Bdgg dar; er kann aber auch als RücktrR aufzufassen sein (BGH **46**, 279, NJW **84**, 312). Der Widerr kann zZw wahlweise ggü dem Ger od dem Gegner erklärt w (Düss OLGZ **87**, 111). – **d)** Die **Anfechtung** (§§ 119 ff) betrifft Mängel, die dem RGesch von vornherein anhaften; sie macht das RGesch von Anfang an nichtig (§ 142). Die Rückabwicklg richtet sich nach §§ 812 ff, nicht nach §§ 346 ff (RG **101**, 390). – **e)** Auf die **Wandlung** (§§ 462, 634) finden die §§ 346 ff gem § 467 mit Abweichgen entspr Anwendg. Die Wandlg wird jedoch nicht dch einseit Erkl wirks sond erst mit Vollziehg (§ 465). – **f)** Der **Umtauschvorbehalt** (Vorbem 1 vor § 494) bedeutet idR kein RücktrVorbeh, sond eine Ersetzgsbefugn des Käufers hins der Ware (§ 262 Anm 3c). Unter Umst kann aber auch für die ErsWare ein neuer Vertr erforderl sein (BGH **73**, 390). – **g)** Zum **Aufhebungsvertrag** s § 305 Anm 3. Beiderseit Rücktr ist iZw Rücktr, nicht vertragl Aufhebg (RG JW **14**, 865).

346 *Wirkung des Rücktritts.* **Hat sich in einem Vertrag ein Teil den Rücktritt vorbehalten, so sind die Parteien, wenn der Rücktritt erfolgt, verpflichtet, einander die empfangenen Leistungen zurückzugewähren. Für geleistete Dienste sowie für die Überlassung der Benutzung einer Sache ist der Wert zu vergüten oder, falls in dem Vertrag eine Gegenleistung in Geld bestimmt ist, diese zu entrichten.**

1) Voraussetzungen. a) Das **Rücktrittsrecht** kann auf Vertr, aber auch auf Ges beruhen (Einf 2). Das vertragl RücktrR („RücktrVorbeh") erfordert eine schuldrechtl Vereinbg. Sie kann ausdr oder auch stillschw zustande kommen (Ffm NJW-RR **86**, 1229), iZw gelten die allg AusleggsGrds (§§ 133, 157). RücktrR kr Handelsbrauchs sind im Rahmen des HGB 346 zu berücksichtigen (BGH NJW **77**, 386, Ffm NJW-RR **86**, 911). Ein RücktrVorbeh in **AGB** ist im nichtkaufm Verkehr nur wirks, wenn er auf einen sachl gerechtf Grd abstellt u dieser in den AGB angegeben w (AGBG 10 Nr 3, s dort). Ist das vertrwidr Verhalten des vom Teils RücktrGrd, setzt das RücktrR grdsl eig VertrTreue des Berecht voraus (BGH **LM** Nr 6, NJW **85**, 266, § 326 Anm 4c). **Einzelfälle** (ja = RücktrVorbeh): Klausel „freibleibend" ja (RG **105**, 370); „höhere Gewalt"-Klausel ja (RG **87**, 92); RückverkaufsR in EigenhändlerVertr ja (BGH NJW **72**, 1191); BarkaufVertr unter Verwendg eines Formulars, das auf das Widerrufsk gem AbzG 1b hinweist, ja (BGH NJW **82**, 2313); vgl auch Einf 3. – **b)** Erforderl ist weiter eine **Rücktrittserklärung**; s dazu § 349. Der Rücktr ist grdsl auch dann wirks, wenn der Berecht zur Rückgewähr der empfangenen Leistg außerstande ist (§ 350). Nur sow die Voraussetzgen der §§ 351 – 353 vorliegen, ist der Rücktr ausgeschlossen.

2) Rechtsfolgen. a) Der Rücktr gestaltet das VertrVerhältn in ein Abwicklgs- u RückgewährSchuldVerhältn um (Einf 1b). Er erstreckt sich auf den Vertr im ganzen (BGH NJW **76**, 1931), hat aber keine Auswirkg auf Dr. Die Leistgen sind dem VertrPartner zurückzugewähren, bei gekoppelten Vertr ausnw auch an od über Dr (Hbg NJW **58**, 1781). Zum **Erfüllungsort** für die beiderseit RückgewährPflten s § 269 Anm 3c. Eine Pfl zur Rückn (Beseitigg) der Leistg besteht beim gesetzl RücktrR jedenfalls dann, wenn der RücktrBerecht ein schutzwürd Interesse an der Rückn hat (BGH **87**, 109 zur Wandlg). § 818 III ist unanwendb; Wegfall der Bereicherg befreit den RückgewährSchu nicht (BGH **77**, 310, 320, **85**, 59); and ist es jedoch beim gesetzl RücktrR für den RücktrBerecht (§ 327 Anm 2). – **b) Einzelne Rückgewährpflichten: aa) Sachen** u **Rechte** sind in Natur zurückzugewähren. Bei Untergang od Verschlechterg gelten §§ 347, 350, uU aber auch §§ 351 ff. – **bb)** Bei **Geldleistungen** wird die Rückgewähr des Geldwertes, nicht die Rückgabe der individuellen Geldzeichen geschuldet. Der abgezogene Skonto mindert die RückgewährPfl (AG Freibg MDR **88**, 494). – **cc)** Für Dienstleistgen u die Überlassg von Sachen zum Gebrauch ist **Wertersatz** zu leisten (S 2). Das gilt entspr für sonst Leistgen, die, wie vielf WkLeistgen, ihrer Natur nach nicht zurückgewährt w können. Satz 2 betrifft aber nur vertragl HauptPflten; ist Nutzg Nebenfolge, gilt § 347 S 2 (Köln OLGZ **80**, 211). Satz 2 Halbs 2, der auf die vertragl Entgeltsabrede verweist, zeigt das Fortwirken des

§§ 346–348　　　　　　　　　　　　　　　2. Buch. 2. Abschnitt. *Heinrichs*

Vertr (Einf 1 b vor § 346). Fehlt eine Entgeltsabrede, ist der gemeine Wert im Ztpkt der Leistg zu vergüten (MüKo/Janßen Rdn 18). § 818 III gilt nicht (oben a). Die Part können über die zu entrichtden Vergütgen Vereinbgen treffen, formularmäß Klauseln zG des Verwders sind aber nur in den Grenzen von AGBG 10 Nr 7 wirks. – **c) Verjährung** s § 196 Anm 3c. Die strenge Haftg des RückgewährSchu kann, uU auch stillschw, **abgemildert** w. Daraus, daß der RückgewährSchu die empfangene Leistg an Dr (Subunternehmer) weiterleiten wollte, ergibt sich aber noch nicht, daß ihm die Einr aus § 818 III zustehen soll (Ffm NJW 67, 984, aA Kblz DRZ 49, 112).

347 *Haftung bei Rückgewähr.* Der Anspruch auf Schadensersatz wegen Verschlechterung, Unterganges oder einer aus einem anderen Grunde eintretenden Unmöglichkeit der Herausgabe bestimmt sich im Falle des Rücktritts von dem Empfange der Leistung an nach den Vorschriften, welche für das Verhältnis zwischen dem Eigentümer und dem Besitzer von dem Eintritte der Rechtshängigkeit des Eigentumsanspruchs an gelten. Das gleiche gilt von dem Anspruch auf Herausgabe oder Vergütung von Nutzungen und von dem Anspruch auf Ersatz von Verwendungen. Eine Geldsumme ist von der Zeit des Empfanges an zu verzinsen.

1) Allgemeines. a) Die im Eigtümer-BesitzerVerhältn ab RHängigk vorgesehene **strenge Haftung** gilt nach § 347 iF des Rücktr bereits vom Ztpkt des Leistgsempfangs an. Diese Regelg beruht auf dem Gedanken, daß die Part wg des RücktrVorbeh mit dem Rücktr rechnen mußten u sich auf ihn einrichten konnten (BGH 87, 300), eine Überlegg, die jedoch auf den Rücktr kr Ges nicht zutrifft (s daher Anm 3). § 347 gilt sowohl für den RücktrGegner als auch für den RücktrBerecht, für diesen jedoch mit der Maßg, daß sein RücktrR bei verschuldetem Untergang od wesentl Verschlechterg vor Ausübung des RücktrR entfällt (§§ 351ff). – **b)** § 347 schließt die Anwendg **anderer Haftungsvorschriften** nicht aus. Bei Verzug mit der Rückgewähr verschärft sich die Haftg gem §§ 286, 287, bei AnnVerzug mildert sie sich nach § 300 I. Bei Verzug des RücktrBerecht kann der Gegner auch gem § 354 vorgehen. – **c)** Trotz der strengen Haftg des § 347 kann der Rücktr dazu führen, daß der RücktrBerecht nichts erhält, das seinerseits Empfangene aber zurückgewähren muß. Bsp: Rücktr des Verkäufers; die verkaufte Sache ist dem Verkäufer abhanden gekommen. In diesem Fall kann der Berecht den Rücktr wg Fehlens der GeschGrdl **widerrufen** (Larenz § 26 I b). Zum prakt gleichen Ergebn führt es, wenn man die IrrtAnf zuläßt (Esser/Schmidt § 19 II 3) od § 812 I 2 anwendet (Saarbr DRZ 49, 280).

2) Vertragliches Rücktrittsrecht. – a) Ein **Schadensersatzanspruch** besteht gem S 1 iVm § 989 bei Unmöglichk der Rückg od Verschlechterg, sofern den RückgewährSchu ein Verschulden trifft. Der Begriff des Verschuldens ist iSd § 276 zu verstehen (BGH NJW 84, 2937, str); auch § 278 ist anwendb. Bsp für Verschulden: sorgfaltswidr od übermäß Gebrauch, Weiterveräußerg, Verbrauch. – **b)** Herauszugeben sind gem S 2 iVm § 987 die tatsächl gezogenen aber auch die schuldh nicht gezogenen **Nutzungen**. Zu vergüten sind auch Gebrauchsvorteile (Anm 3b). § 818 III ist nicht anwendb (BGH NJW 80, 1632). War die Sache zum Gebrauch überlassen, gilt § 346 S 2. – **c)** Zu ersetzen sind gem S 2 iVm §§ 994 II, 995, 998 notw **Verwendungen**. § 996 gilt nicht; bei nützl Verwendgen besteht daher nur ein WegnR (§ 997), aber kein ErsAnspr (BGH 87, 301, NJW 80, 1632, 83, 1480, **LM** Nr 4). Gewöhnl Erhaltgskosten (§ 994 I 2) sind nicht zu ersetzen, wenn dem RückgewährSchu die Nutzgen verbleiben (BGH 44, 239). – **d)** Die **Zinspflicht** (S 3) betrifft ausschließl Geldleistgen, nicht aber Wertvergütgen (RGRK/Ballhaus Rdn 10).

3) Gesetzliche Rücktrittsrechte. Der der strengen Haftg des § 347 zugrunde liegde Gedanke, daß die Part sich auf den Rücktr hätten einrichten können (Anm 1 a), trifft auf den Rücktr kr Ges u die Wandlg nicht zu. Bei der entspr Anwendg des § 347 auf die Fälle der §§ 325, 326, 467, 634 IV muß daher unterschieden w: – **a)** Für den **Rücktrittsgegner** gilt stets dem Empfang der Leistg die strenge Haftg gem § 347. Zwar mag es sein, daß der Rücktr auch für ihn nicht voraussehb war. Die volle Anwendg des § 347 ist aber deshalb gerechtfertigt, weil er den Rücktr zu vertreten hat (MüKo/Janßen Rdn 14, Soergel-Hadding Rdn 9). Der Verschuldensmaßstab ist unterschiedl: § 276 gilt, wenn der RücktrGegner von den RücktrVoraussetzgen wußte od wissen konnte. Vorher ist das Verschulden ebso wie in § 351 (dort Anm 3) als schuldh Unachtsamk in eig Angelegenh zu verstehen. Für Verwendgen gilt Anm 2 c. – **b)** Für den **Rücktrittsberechtigten** setzt die strenge Haftg gem § 347 dagg erst mit Kenntn von den RücktrVoraussetzgen ein (BGH **53**, 148, Köln OLGZ **70**, 455, Hbg VersR **81**, 138, MüKo/Janßen Rdn 12, Soergel-Hadding Rdn 10, str, aA RG **145**, 82, Weitnauer NJW **67**, 2314, Huber JZ **87**, 654). Vorher richtet sich seine Haftg nach BereichergsR, unterliegt also der Beschränkg des § 818 III. Dieses Ergebn rechtfertigt sich aus einer teleologischen Reduktion der in §§ 327, 467, 634 IV bestimmten entspr Anwendg der RücktrVorschr; es entspr zugl dem in § 327 S 2 zum Ausdr kommden RGedanken (s dort Anm 2). Auch **Gebrauchsvorteile** sind nur insow zu vergüten, als der RücktrBerecht noch bereichert ist (Köln OLGZ **80**, 211); iF der Wandlg eines Pkw-KaufVertr ist auf die ersparte Abschreibg des andf gekauften Kfz abzustellen. Diese kann gem ZPO 287 für 1000 km auf 0,67% od 1% des AnschaffgsPr geschätzt w (Köln NJW **87**, 2520, Mü NJW **87**, 3012, Hamm NJW-RR **88**, 1140); aber auch 0,10 – 0,20 DM/km sind vertretb (Brem DAR **80**, 373, Hbg VersR **81**, 138, Zweibr DAR **86**, 89). Der ErsAnspr für **Verwendungen** des RücktrBerecht richtet sich bis zur Kenntnisnahme vom RücktrGrd nach BereichergsR u erst danach nach § 347 (MüKo/Janßen Rdn 21). § 467 S 2 ist weder direkt noch analog anwendb (BGH NJW **85**, 2697, krit Muscheler NJW **85**, 2686); idR ergibt sich aber aus c. i. c. ein ErsAnspr hins der VertrKosten u sonst Aufwendgen (s BGH aaO). – **c)** Die **Zinspflicht** gem S 3 gilt auch für den RücktrBerecht (Thielmann VersR **70**, 1079), zumindest dann, wenn er Kaufm ist (Hbg MDR **74**, 42).

348 *Erfüllung Zug um Zug.* Die sich aus dem Rücktritt ergebenden Verpflichtungen der Parteien sind Zug um Zug zu erfüllen. Die Vorschriften der §§ 320, 322 finden entsprechende Anwendung.

Schuldverhältnisse aus Verträgen. 5. Titel: Rücktritt §§ 348–351

1) Das dch Rücktr entstandene AbwicklgsVerhältn (Einf 1 b vor § 346) ist **kein gegenseitiges Vertragsverhältnis** (MüKo/Janßen Rdn 2, str). Entspr anwendb sind lediql die §§ 320, 322, die auch für den Fall des Rücktr nicht dch AGB abbedungen w können, AGBG 11 Nr 2 (BGH **63**, 238, NJW **80**, 1632). An die Stelle des § 323 tritt § 350 (s dort); § 325 wird dch § 347 ersetzt, § 326 dch § 354. § 348 u der Ausschluß der §§ 323 ff gelten auch für das gesetzl RücktrR u die Wandlg.

349 Erklärung des Rücktritts. Der Rücktritt erfolgt durch Erklärung gegenüber dem anderen Teile.

1) Das RücktrR ist ein **Gestaltungsrecht** (Einf 1 a vor § 346). Es wird dch eine einseit empfangsbedürft WillErkl ausgeübt. Sie bedarf keiner Form, kann daher auch konkludent erfolgen. Die Rücknahme der gelieferten Sache kann die RücktrErkl darstellen, kann aber auch der Realisierung eines SchadErsAnspr dienen (BGH NJW **88**, 2877). Die Angabe des RücktrGrdes ist nicht erforderl (BGH **99**, 192), ebsowenig ein Angebot zur Rückgewähr der empfangenen Leistg (RG **49**, 40). Als GestaltgsGesch ist der Rücktr grdsl unwiderrufl u bdggsfeindl (Übbl 3 d vor § 104). Ein **Widerruf** ist ausnw zul, wenn der vom RücktrGegner herauszugebde Sache ohne dessen Verschulden untergegangen ist (§ 347 Anm 1c). Eine Bdgg ist unbedenkl, wenn für den RücktrGegner keine unzumutb Ungewißh über die RLage entsteht (BGH **97**, 264). Der Rücktr ist grdsl nicht fristgebunden (BGH NJW-RR **89**, 625, s aber § 355). Bei ungebühr Verzögerg kann der Berecht aber das RücktrR **verwirken** (BGH **25**, 52). Mögl ist auch die Verwirkg der dch den Rücktr entstandenen Anspr (BGH NJW **60**, 2331). Der Rücktr ist wg Verstoßes gg das Verbot widersprüchl Verhaltens unzul, wenn der Zurücktrede die an ihn erbrachte Leistg ganz od teilw behalten will (BGH NJW **72**, 155, s auch § 351 Anm 3c). Zum **Verzicht** s § 355 Anm 2.

350 Zufälliger Untergang. Der Rücktritt wird nicht dadurch ausgeschlossen, daß der Gegenstand, welchen der Berechtigte empfangen hat, durch Zufall untergegangen ist.

1) Allgemeines. a) Die §§ 350–353 regeln die Frage, wann Verändergen an dem zurückzugewährden Ggst den **Rücktritt ausschließen**. Sie müssen daher ggü § 347 abgegrenzt w, der die SchadErsPfl bei Veränderungen normiert. Die §§ 350 ff betreffen ausschließl Verändergen vor Erkl des Rücktr, bei der Wandlg vor der Vollziehg dch Einigg od Urt (§ 465). Sie beziehen sich auch nur auf Verändergen des Ggst, den der RücktrBerecht zurückzugewähren hat, u setzen eine wesentl Veränderung voraus. Nicht §§ 350 ff, sond §§ 347, 989 sind daher einschlägig: **(1)** bei allen Veränderungen an dem vom RücktrGegner zurückzugewährden Ggst; **(2)** bei Verändergen an dem vom RücktrBerecht zurückzugewährden Ggst, sofern diese unwesentl od nach Ausübg des RücktrR entstanden sind. – **b)** Die §§ 350 ff sind **dispositiv**. Sie können auch stillschw abbedungen w; für einen entspr PartWillen müssen aber konkrete Anhaltspunkte vorliegen.

2) § 350 ist eine **Gefahrtragungsregel**. Der RücktrBerecht (wandlgsberecht Käufer) soll so gestellt w, als wenn er sich auf den Vertr nicht eingelassen hätte (Mot II S 282). Die Gefahr des zufäll Untergangs der vom RücktrBerecht zurückzugewährden Sache wird daher dem RücktrGegner auferlegt. Diese Regelg des § 350 steht in Widerspr zu dem für ggs Vertr maßgebden § 323 u zu der im BereicherungsR geltden Saldotheorie (§ 818 Anm 6 D). Sie ist sicher angem, wenn der Untergang auf einem von Anfang an bestehden, vom RücktrGegner (Verkäufer) zu vertretenden Mangel beruht (BGH **78**, 223); im übrigen ist sie dagg **rechtspolitisch umstritten** (Leser, Rücktr vom Vertr, 1975, S 192, Flessner NJW **72**, 1780). Das ändert aber nichts an der Verbindlichk der Vorschr; nach AbzG 1 d I 2, HausTWG 3 I 2 u UWG 13a besteht das Widerrufs- od RücktrR sogar dann, wenn der Berecht den Untergang od die Verschlechterg der Sache verschuldet hat. Abzulehnen sind die in der Lit wiederholt unternommenen Versuche, den § 350 dch kunstvolle jur Konstruktionen beiseite zu schieben: so etwa dch Anwendg des § 323 (Leser aaO S 215, Wolf AcP **153**, 142), dch den Gedanken einer GefahrÜbern (Wieling JuS **73**, 397) od dch eine Beschränkg auf den Fall, daß der Untergang auf einem bei Überg vorhandenen Mangel beruht (Honsell MDR **70**, 719). Wie hier: MüKo/Janßen Rdn 4, Esser/Schmidt § 19 II, Staud/Kaduk Rdn 9. Beim vertragl RücktrR kann allerdings im Einzelfall eine stillschw Abbedingg des § 350 anzunehmen sein (Anm 1b).

3) Voraussetzungen. a) Untergang. Der Begriff steht *pars pro toto*. Er umfaßt alle Fälle der Unmöglichk der Herausg sowie Verschlechtergen (s § 351 Anm 1). – **b) Zufall.** Der Begriff korrespondiert mit den §§ 351 ff. Zufall liegt vor, wenn der RücktrBerecht die Veränderg nicht iSd §§ 351–353 zu vertreten hat.

351 Verschuldeter Untergang. Der Rücktritt ist ausgeschlossen, wenn der Berechtigte eine wesentliche Verschlechterung, den Untergang oder die anderweitige Unmöglichkeit der Herausgabe des empfangenen Gegenstandes verschuldet hat. Der Untergang eines erheblichen Teiles steht einer wesentlichen Verschlechterung des Gegenstandes, das von dem Berechtigten nach § 278 zu vertretende Verschulden eines anderen steht dem eigenen Verschulden des Berechtigten gleich.

1) Allgemeines. Vgl § 350 Anm 1. Der Ausschluß des Rücktritts dch § 351 beruht auf dem Verbot des *venire contra factum proprium* (BGH NJW **72**, 155). Er gilt sowohl für vertragl als auch für gesetzl RücktrR, nicht aber für die Anf (§ 143 Anm 1) od für die Widerrufs- od RücktrR nach AbzG 1 d I 2, HausTWG 3 I 2 u UWG 13a.

2) Objektiver Tatbestand. Den im Ges ausdr aufgeführten AusschlGrden – wesentl Verschlechterg, Untergang u sonst Unmöglichk der Herausg – stehen gleich: Unvermögen der Herausg, zumal der RücktrGegner den Rücktr sonst dch FrSetzg (§ 354) hinfäll machen könnte (RG **102**, 315); teilw Untergang (S 2); Belastg mit dem Recht eines Dr (§ 353). Eine bloß unwesentl Verschlechterg schließt das RücktrR nicht aus,

415

§§ 351–354

kann aber gem § 347 zum SchadErs verpflichten. Die Abgrenzg ist Tatfrage; maßgebd ist eine obj Beurteilg. Weiterveräußerg begründet Unvermögen, es sei denn, daß der Berecht zum Rückerwerb in der Lage ist (RG **56**, 261, **128**, 367, stRspr)

3) Verschulden. a) Der **Begriff** ist auch iF eines vertragl RücktrR nicht im techn Sinne des § 276 zu verstehen (Esser/Schmidt § 19 II 2, aA Nierwetberg JuS **84**, 34). Wenn der RücktrBerecht sich die Herausg der Sache unmögl macht, verletzt er keine RPfl, sond ledigl ein Gebot des eig Interesses (Obliegenh). Verschulden bedeutet daher hier ähnl wie in § 254 (dort Anm 1 a) zurechenb Unachtsamk in eig Angelegenh (MüKo/Janßen Rdn 4, Staud-Kaduk Rdn 22, Wieling JuS **73**, 399). Ein Teil des Schriftt nimmt dagg an, jede risikoerhöhde menschl Hdlg, die den Untergang zurechenb bewirkt habe, sei iSd § 351 schuldh (Larenz § 26 b, v Caemmerer FS Larenz, 1973, S 623). Damit wird aber das vom Ges festgelegte VerschErfordern prakt aufgegeben. Erforderl ist eine Verletzg der in eig Angelegenh gebotenen Sorgf. Die Zerstörg des zurückzugewährden Pkw führt zu einem VerkUnfall führt nur dann zur Anwendg des § 351, wenn der RücktrBerecht den Unfall verschuldet hat. **Kenntnis** od fahrläss Unkenntn **vom Rücktrittsgrund** sind nicht erforderl. Das gilt auch für das gesetzl RücktrR od die Wandlg (MüKo/Janßen Rdn 4, Staud/Kaduk Rdn 22, Nierwetberg JuS **84**, 35; ebso stillschw BGH Betr **74**, 2295). Die abw Behandlg des gesetzl RücktrR iF des § 347 (dort Anm 3a), steht nicht entgg. Das Verbot widersprüchl Verhaltens, auf dem § 351 beruht (Anm 1), trifft auch zu, wenn der RücktrBerecht die Sache in Unkenntn seines RücktrR zerstört hat. – **b) Verschulden liegt vor,** wenn der Berecht den Ggst in zurechenb Weise einer über das normale Maß hinausgehden Gefahr ausgesetzt hat. Das Verhalten der Pers, deren sich der Berecht zur Erhaltg od Verwahrg bedient hat, steht gem § 278 eig Versch gleich. Überwiegdes Versch (§ 254) genügt (RG **56**, 270). Versch liegt auch vor, wenn der Berecht die Sache ohne Rückerwerbsmöglichk veräußert (RG **56**, 261), ebso wenn er es zur ZwVollstr der Sache kommen läßt (RG **59**, 93). Herausg einer gestohlenen Sache an den Eigtümer ist dagg kein Versch (BGH **5**, 340, vgl zu diesem Urt aber Wolf NJW **53**, 166, AcP **153**, 130, Mezger JZ **53**, 65; NJW **53**, 812, Boehmer JZ **52**, 521, 588, **53**, 392, Werner NJW **52**, 930 u nochmals Wolf NJW **54**, 708, ferner Müller-Laube AcP **183**, 243. – **c)** Bei der **Wandlung** ist § 351 auch anwendb, wenn die Sache in der Zeit zw dem Verlangen nach Wandlg u deren Vollzug (§ 465) untergeht (wesentl verschlechtert w). Nach der WandlgsErkl hat der Käufer die Benutzg der Sache grdsl einzustellen (RG **145**, 83, vor allm, wenn er wg eines verhältnismäß geringfüg Mangels wandeln will (Hamm NJW-RR **88**, 1461). Das gilt jedoch nicht, wenn die Weiterbenutzg auch im Interesse des Verkäufers liegt (BGH NJW **58**, 1773, Karlsr NJW **71**, 1809), wenn sie zu keiner wesentl Verschlechterg führt od dch überwiegde Interessen des Käufers gerechtfertigt w (BGH NJW **84**, 1526), wenn der Verkäufer wg seines Anspr auf Nutzgsentschädig an baldiger Rückgewähr nicht interessiert ist (BGH WPM **78**, 325), wenn er etwaige Mietwagenkosten gem § 286 ersetzen müßte (Kblz MDR **86**, 317), od wenn die Weiterbenutzg dch die Nichtrückgewähr der GgLeistg erforderl geworden ist (Hamm NJW **77**, 809/1920 mAv Dörner, aA LG Bonn NJW **77**, 1456). Vielf wird auch § 300 (Haftgsmilderg auf grobe Fahrlässigk) anwendb sein, weil der Verk dch die Zurückweisg der Wandlg in AnnVerzug gerät (s RG **145**, 84). – **d)** Die **Beweislast** für NichtVersch trägt in entspr Anwendg des § 282 der RücktrBerecht (BGH NJW **75**, 44).

352 *Verarbeitung oder Umbildung.* **Der Rücktritt ist ausgeschlossen, wenn der Berechtigte die empfangene Sache durch Verarbeitung oder Umbildung in eine Sache anderer Art umgestaltet hat.**

1) Nach § 352 genügt für den Ausschluß des Rücktr der obj Tatbestd der Verarbeitg od Umbildg (§ 950); ein Versch ist nicht erforderl. Die Vorschr beruht auf dem Gedanken des *venire contra factum proprium* (Wolf AcP **153**, 137). Sonderregelg für die Wandlg §§ 467, 487.

353 *Veräußerung oder Belastung.* **I Hat der Berechtigte den empfangenen Gegenstand oder einen erheblichen Teil des Gegenstandes veräußert oder mit dem Rechte eines Dritten belastet, so ist der Rücktritt ausgeschlossen, wenn bei demjenigen, welcher den Gegenstand infolge der Verfügung erlangt hat, die Voraussetzungen des § 351 oder des § 352 eingetreten sind.**

II Einer Verfügung des Berechtigten steht eine Verfügung gleich, die im Wege der Zwangsvollstreckung oder der Arrestvollziehung oder durch den Konkursverwalter erfolgt.

1) § 353 erweitert den Kreis der Pers, deren Verhalten sich der RücktrBerecht zurechnen lassen muß. Er ist unanwendb, wenn bereits die Veräußerg od Belastg ein Verschulden des Berecht darstellt (§ 351 Anm 3b). Das Verhalten des Dr schließt den Rücktr aus, wenn ein entspr Handeln des Berecht zur Anwendg der §§ 351 od 352 führen würde.

354 *Verzug; Fristsetzung für Rückgewähr.* **Kommt der Berechtigte mit der Rückgewähr des empfangenen Gegenstandes oder eines erheblichen Teiles des Gegenstandes in Verzug, so kann ihm der andere Teil eine angemessene Frist mit der Erklärung bestimmen, daß er die Annahme nach dem Ablaufe der Frist ablehne. Der Rücktritt wird unwirksam, wenn nicht die Rückgewähr vor dem Ablaufe der Frist erfolgt.**

1) Die Vorschr ersetzt den auf das RückgewährSchuldVerh nicht anwendb § 326 (RG **93**, 48). Sie gibt dem RücktrGegner die Möglichk, für klare Verhältn zu sorgen, wenn der Berecht nach Abgabe der RücktrErkl die Rückabwicklg verzögert. **Voraussetzungen:** Bereits erklärter Rücktr; Verzug mit der Rückgewähr (§§ 284, 285), fruchtlose FrSetzg nebst Ablehnungsandrohg. Diese ist entbehrl, wenn der Berecht die

Rückabwicklg ernsth u endgült verweigert (§ 326 Anm 6 d). § 354 gilt auch bei Verzug mit der Rückgängigmachg einer wesentl Belastg od mit einer gem §§ 346, 347 geschuldeten ErsLeistg.

2) Rechtsfolgen. Der Rücktr w mit FrAblauf unwirks. Das VertrVerhältn lebt mit dem vor dem Rücktr bestehden Inh, aber ohne den RücktrVorbeh wieder auf (RG **123**, 393). Der RücktrGegner kann statt nach § 354 auch nach §§ 283 od 286 vorgehen (K. Schmidt MDR **73**, 976). Zur Verwirkg s § 349 Anm 1.

355 *Erlöschen des Rücktrittsrechts nach Fristsetzung.* Ist für die Ausübung des Rücktrittsrechts eine Frist nicht vereinbart, so kann dem Berechtigten von dem anderen Teile für die Ausübung eine angemessene Frist bestimmt werden. Das Rücktrittsrecht erlischt, wenn nicht der Rücktritt vor dem Ablaufe der Frist erklärt wird.

1) Fristsetzung. Sie gibt dem RücktrGegner die Möglichk, die Ungewißh über die Ausübg des RücktrR zu beenden. **Voraussetzungen:** Fehlen einer vertragl Fr, Eintritt des RücktrGrdes (BGH NJW-RR **89**, 626). **Rechtsfolge:** Das RücktrR erlischt mit fruchtlosem FrAblauf.

2) Verzicht. Ebso wie auf and GestaltgsR kann auch auf das RücktrR dch einseit Erkl verzichtet w (BGH LM § 326 (J) Nr 2). Der Verzicht kann auch konkludent erfolgen, etwa dch Ann der GgLeistg od Erbringg der eig Leistg in Kenntn der RücktrVoraussetzgen, ebso dch langes Zuwarten, wenn nach Treu u Glauben eine unverzügl Erkl zu erwarten war (RG **107**, 109). Vgl auch § 144 Anm 2 zum konkludenten Verzicht auf das AnfR. Nach Ausübg des Rücktritts ist ein Verzicht ausgeschl; erforderl ist ein Neuabschluß unter Wahrg der etwa bestehden FormVorschr (RG **66**, 432). Zur Verwirkg s § 349 Anm 1.

356 *Unteilbarkeit des Rücktrittsrechts.* Sind bei einem Vertrag auf der einen oder der anderen Seite mehrere beteiligt, so kann das Rücktrittsrecht nur von allen und gegen alle ausgeübt werden. Erlischt das Rücktrittsrecht für einen der Berechtigten, so erlischt es auch für die übrigen.

1) Bei einer Mehrh von Beteiligten kann das RücktrR nach § 356 nur einheitl ausgeübt w, gleichgült ob es sich um eine Mehrheit von Berecht od Verpflichteten handelt. Auf die Art der Beteiligg (§§ 420, 427, 428, 709, 747, 2039, 2040) kommt es nicht an, doch gehen etwaige Sonderregeln der betreffden Gemeinsch vor (RG **151**, 312). Der RücktrGrd braucht nur in der Pers eines Beteiligten vorzuliegen (BGH NJW **76**, 1931). Gemeins Ausübg erfordert nicht, daß die Erkl gleichzeit abgegeben w. § 356 gilt auch bei VertrVerbindgen (BGH NJW **76**, 1931). Besteht das RücktrR ggü mehreren, so ist bereits ein Verzicht ggü einem (BGH NJW **89**, 2388). Die Vorschr ist **abdingbar**. Bei einem außergerichtl Vergl kann das RücktrR idR von jedem Berecht selbstd geltd gemacht w (RG **153**, 398, Mü NJW **56**, 1802), ebso uU auch bei einem gerichtl Vergl (BGH **46**, 279, VersR **62**, 155). Die Vorschr gilt nicht für die Anf (RG **56**, 424, **65**, 405) u die Künd (RG **90**, 330), jedoch kann die Künd bei einem MietVertr ebenf nur einheitl erfolgen (BGH NJW **72**, 699). **Satz 2** setzt voraus, daß jedem Beteiligten ein selbstd RücktrR zusteht; er gilt nicht, wenn, wie iF der ErbenGemeinsch, nur ein einheitl RücktrR besteht (RG **153**, 398). ParallelVorschr: §§ 474, 502, 513.

357 *Rücktritt wegen Nichterfüllung.* Hat sich der eine Teil den Rücktritt für den Fall vorbehalten, daß der andere Teil seine Verbindlichkeit nicht erfüllt, so ist der Rücktritt unwirksam, wenn der andere Teil sich von der Verbindlichkeit durch Aufrechnung befreien konnte und unverzüglich nach dem Rücktritte die Aufrechnung erklärt.

1) Anwendungsbereich. § 357 gilt, wenn der Rücktr nur für den Fall der NichtErf vorbehalten worden ist. Er ist auf den RücktrVorbeh wg nicht rechtzeit od nicht gehöriger Erf entspr anzuwenden, ebso auf den Rücktr kr Ges, sofern dieser wg NichtErf od nicht gehöriger Erf erfolgt. Die **Heilungswirkung** der unverzügl (§ 121) abgegebenen AufrErkl beruht auf dem Gedanken, daß wg der bestehden AufrLage ein Rücktr nicht zu erwarten war. Der Vertr lebt mit dem vorher bestehden Inh wieder auf.

358 *Beweislast bei Rücktritt wegen Nichterfüllung.* Hat sich der eine Teil den Rücktritt für den Fall vorbehalten, daß der andere Teil seine Verbindlichkeit nicht erfüllt, und bestreitet dieser die Zulässigkeit des erklärten Rücktritts, weil er erfüllt habe, so hat er die Erfüllung zu beweisen, sofern nicht die geschuldete Leistung in einem Unterlassen besteht.

1) § 357 Anm 1 gilt hins des Anwendgsbereichs entspr. § 358 ist – ebso wie § 357 – auch iF nicht gehöriger Erf anwendb (BGH NJW **81**, 2404). Die in § 358 angeordnete **Beweislastverteilung** entspr § 345 u allg Grds. Die Vereinbg des RücktrVorbeh hat der Berecht zu beweisen.

359 *Rücktritt gegen Reugeld.* Ist der Rücktritt gegen Zahlung eines Reugeldes vorbehalten, so ist der Rücktritt unwirksam, wenn das Reugeld nicht vor oder bei der Erklärung entrichtet wird und der andere Teil aus diesem Grunde die Erklärung unverzüglich zurückweist. Die Erklärung ist jedoch wirksam, wenn das Reugeld unverzüglich nach der Zurückweisung entrichtet wird.

1) Die ReugeldVereinbg gibt dem Begünstigten das Recht, sich gg Zahlg einer Abfindg vom Vertr zu lösen. Das Reugeld ist keine VertrStrafe u kann daher nicht gem § 343 herabgesetzt w (Vorbem 2 c vor § 339). Der Rücktr ohne Zahlg des Reugeld w nur unwirks, wenn der RücktrGegner die Erkl unverzügl

(§ 121) zurückweist. Unterbleibt eine Zurückweis, hat der RücktrGegner neben dem RückgewährAnspr auch Anspr auf das Reugeld (KG NJW-RR **89**, 1078, aA Mü NJW **69**, 1630). Entsteht für den Berecht ein gesetzl RücktrR, entfällt eine Reugeldzahlg (BGH JW **13**, 918, BGH Betr **84**, 2293). Die Beweislast für die Reugeldzahlg hat trotz des scheinb entggstehden Wortlauts der Zurücktretde (Baumgärtel/Strieder Rdn 1).

360 *Verwirkungsklausel.* **Ist ein Vertrag mit dem Vorbehalte geschlossen, daß der Schuldner seiner Rechte aus dem Vertrage verlustig sein soll, wenn er seine Verbindlichkeit nicht erfüllt, so ist der Gläubiger bei dem Eintritte dieses Falles zum Rücktritte von dem Vertrage berechtigt.**

1) Allgemeines. a) § 360 betrifft die (prakt kaum vorkommde) Abrede, daß der Schu bei NichtErf seiner Verbindlichk alle Rechte aus dem Vertr verlieren soll (Verfall- od Verwirkgsklausel). Er bestimmt im Interesse des SchuSchutzes, daß eine solche Klausel entgg ihrem Wortlaut **nur** ein **Rücktrittsrecht** begründet. Das Ges berücksichtigt dabei, daß die Aufrechterhaltg des Vertr u der ErfAnspr auch im Interesse des Gläub liegen kann. Auf Verwirkgsklauseln für den Fall nicht rechtzeit od nicht gehöriger Erf ist § 360 entspr anwendb (BGH WPM **68**, 1300). – **b)** § 360 ist **dispositiv** (BGH NJW **72**, 1894). Sieht die Klausel einen *ipso facto* eintretden RVerlust vor, sind aber die §§ 339ff, insb § 343, anzuwenden (Vorbem 2b vor § 339). Schranken ergeben sich aus AbzG 1, 4 II, 5 u AGBG 10 Nr 3 u 11 Nr. 6. – **c)** Bei Abreden über den Eintritt von **einzelnen Rechtsnachteilen** gilt § 360 nicht. Die Nachteile treten von selbst ein, die §§ 339ff sind aber entspr anwendb (Vorbem 2b vor § 339).

2) Voraussetzungen. Die Vereinbg muß vorsehen, daß der Schu bei NichtErf alle seine Rechte verliert (Anm 1c). Sie kann neben der NichtErf auch die nicht rechtzeit od nicht gehörige Erf umfassen. Aus § 242 kann sich ergeben, daß geringfüg PflVerstöße, zB unwesentl FrÜberschreitgn, nicht ausr (KG OLG **22**, 162 u RG **117**, 356 zu § 361). Wenn nichts and vereinb ist, setzt das RücktrR voraus, daß der Schu die VertrVerletzg zu vertreten hat (RG **145**, 30, BGH **LM** § 273 Nr 6, NJW **81**, 1601). Die BewLast für die ordngsmäß Erf u für das NichtVersch trifft den Schu (§§ 358, 282).

3) Rechtsfolgen. Der Gläub kann zw Rücktr, Erf u SchadErs wg NichtErf wählen (Anm 1a). Er verwirkt das RücktrR, wenn er es nicht innerh angem Fr geltd macht (RG Warn **13**, 223, § 349 Anm 1).

361 *Fixgeschäft.* **Ist in einem gegenseitigen Vertrage vereinbart, daß die Leistung des einen Teiles genau zu einer festbestimmten Zeit oder innerhalb einer festbestimmten Frist bewirkt werden soll, so ist im Zweifel anzunehmen, daß der andere Teil zum Rücktritte berechtigt sein soll, wenn die Leistung nicht zu der bestimmten Zeit oder innerhalb der bestimmten Frist erfolgt.**

1) Allgemeines. a) Ein **Fixgeschäft** liegt vor, wenn die Einhaltg einer genau bestimmten Leistgszeit (fester Ztpkt od best Fr) wesentl Inh der vertragl LeistgsPfl ist. Dabei ist zu unterscheiden: Beim **absoluten Fixgeschäft** begründet der Nichteinhaltg der Leistgszeit dauernde Unmöglichk; nicht § 361, sond §§ 275ff, 323ff sind anwendb (s näher § 271 Anm 5b). Beim **relativen Fixgeschäft** (eigentl FixGesch) tritt bei Nichteinhaltg der Leistgszeit keine Unmöglichk ein; der Gläub ist aber gem § 361 berecht, vom Vertr zurückzutreten. – **b) Sondervorschriften** für FixGesch enthalten HGB 376 (Fixhandelskauf), BörsenG 50ff (BörsenterminGesch) u KO 18.

2) Voraussetzungen. a) § 361 gilt nur für ggs Vertr. Es genügt nicht, daß die Leistgszeit genau best ist. Die Einhaltg der Leistgszeit muß nach dem **Parteiwillen** derart wesentl sein, „daß mit der zeitgerechten Leistg das Gesch stehen u fallen soll" (RG **51**, 347, BGH Betr **83**, 385, **84**, 2190, WPM **89**, 1181). Auf einen solchen Willen können Klauseln wie „fix", „genau", „präzis", „prompt", „spätestens" iVm einer best Leistgszeit hindeuten (BGH Betr **83**, 385, Mü Betr **75**, 1789, ebso die Abrede „Lieferg zum Verkauf für Weihnachten" (Kassel OLG **43**, 38). FixGesch ist idR das Devisen-TerminGesch (RG **108**, 158) u das überseeische AbladeGesch (RG **88**, 73). Dagg sind die cif-Klausel u die Klausel „ohne NachFr" allein nicht ausr (BGH NJW **59**, 933). – **b)** Es genügt, daß die Leistg **nicht zeitgerecht** erbracht w. Auf Verzug od Versch kommt es nicht an; Mahng, FrSetzg u Ablehngsandrohg sind daher unnöt (RG **108**, 159). Das Anbieten der eig Leistg, vom Fall der VorleistgsPfl abgesehen (BGH **LM** Nr 1), nicht erforderl (RG **108**, 159). Es genügt, daß der Gläub leistgsbereit ist (RG HRR **26**, 1116). Bei geringer FrÜberschreitg ist das RücktrR uU ausgeschlossen (RG **117**, 356). Es entfällt auch dann, wenn die NichtErf vom Gläub zu vertreten ist. Erklärt der Schu ernstl u endgült, er könne nicht fristgerecht leisten, ist der Gläub zum sofort Rücktr berecht (BAG NJW **67**, 415).

3) Rechtsfolgen. Der Gläub kann zw Rücktr (§ 361), Erf u Ers des Verspätgsschadens (§ 286) sowie SchadErs wg NichtErf (§ 326) wählen. Anspr aus §§ 286, 326 kann er jedoch nur dann geltd machen, wenn deren Voraussetzgen vorliegen. Das RücktrR aus § 361 erlischt, wenn es nicht alsbald ausgeübt w, § 242 (RG Recht **30** Nr 1245). Für den Handelskauf gilt die Sondervorschrift des HGB 376.

Dritter Abschnitt. Erlöschen der Schuldverhältnisse

Überblick

1) Begriffe. a) Erlöschen iS der §§ 362 ff bedeutet, daß das SchuldVerh beendigt w u wegfällt. Es begründet keine bloße Einr, sond ist als rechtsvernichtde Einwendg im Proz vAw zu berücksichtigen. Das Erlöschen kann nicht dch einen vertragl Verz rückgäng gemacht w. Zur Wiederherstellg des SchuldVerh bedarf es vielmehr einer – ggf formbedürft – vertragl Neubegründg (RG 66, 432, BGH 20, 340). Sie kann bei formfreien Vertr in der Rückg des Schuldbetrages liegen (BAG Betr 72, 782). Rechte gg Bürgen u Pfänder leben nicht wieder auf. Nach dem Erlöschen wirkt der Anspr als RGrd für die empfangene Leistg fort; er begründet für den Gläub das Recht, die Leistg behalten zu dürfen (BVerwG NVwZ 84, 168). – **b)** Unter SchuldVerh ist in den §§ 362 ff das **Schuldverhältnis ieS** (Einl 1a v § 241), dh der einz schuldrechtl Anspr, zu verstehen (BGH **10**, 395, NJW **86**, 1678). Die in den §§ 362 ff geregelten ErlöschensGrde haben aber zugl für das SchuldVerh iwS mittelb Bedeutg (Anm 3). Die §§ 362 ff gelten für alle LeistgsPflten, auch für (selbstd) UnterlPflten. Dagg fallen Schutz- u ErhaltgsPflten nicht in den Anwendgsbereich der §§ 362 ff (MüKo/Heinrichs Rdn 1). Sie erlöschen nicht dch Erf, sond nach den für das SchuldVerh iwS geltden Grds, können aber als nachwirkde VerhaltensPflten fortbestehen.

2) Erlöschensgründe. a) RegelgsGgst des 3. Abschnitts ist das Erlöschen des SchuldVerh dch **Befriedigung** des Leistgsinteresses des Gläub. Die §§ 362 ff behandeln zunächst die Erf (einschließl der Leistg an Erf Statt), sodann die Hinterlegg, die Aufr u den Erlaß. – **b)** Das SchuldVerh kann aber auch erlöschen, ohne daß das Leistgsinteresse des Gläub befriedigt w, so etwa dch Unmöglichk (§§ 275, 323), Zeitablauf (§ 163), Eintritt einer auflösden Bdgg (§ 158), Verwirkg (§ 242 Anm 9), AufhebgsVertr od Novation (§ 305 Anm 3 u 4). – **c)** Das SchuldVerh setzt begriffl voraus, daß Gläub u Schu **verschiedene Personen** sind. Daraus ergeben sich zwei weitere vom Ges nicht bes geregelte ErlöschensGrde: **aa)** Das SchuldVerh erlischt dch **Konfusion**, dh wenn sich Fdg u Schuld in einer Pers vereinigen (BGH **48**, 219, WPM **80**, 199). Ausnw bleibt die Fdg trotz Vereinigg der Gläub- u SchuStellg bestehen, soweit das Vermögen des Erben u der Nachl rechtl als gesonderte Vermögensmassen behandelt w (§§ 1976, 1991 II, 2143, 2175, 2377). Bei Fdgen aus Wertpapieren bewirkt die Konfusion lediigl ein Ruhen; sie leben mit Neubegebg des Papiers wieder auf (RG **147**, 243). Zugunsten von Nießbrauchern u PfandGläub gilt die Fdg trotz Konfusion als fortbestehend (MüKo/Heinrichs Rdn 4). – **bb)** Das SchuldVerh erlischt, wenn der **Schuldner ersatzlos wegfällt** (RG **148**, 67; **153**, 343). Das ist wg §§ 1922, 1967 nur bei jur Pers vorstellb. Erforderl ist, daß die RPersönlichk endgült erloschen ist; die Löschg im Register genügt wg ihrer nur deklaratorischen Bedeutg nicht (BGH **48**, 307). Sicherh haften weiter. Die Fdg gilt bis zur Abwicklg der Sicherh als fortbestehd (MüKo/Heinrichs Rdn 5). Auch der ersatzlose Wegfall des Gläub würde zum Erlöschen des SchuldVerh führen; ein solcher Fall ist aber auch bei jur Pers nicht vorstellb (MüKo aaO).

3) Das **Schuldverhältnis iwS** (Einl 1a v § 241) ist als Rahmenbeziehg mit dem Bestand der aus ihm erwachsenen Anspr verknüpft. Es endet erst, wenn alle LeistgsPflten einschließl etwaiger Ersatz- u AbwicklgsPflten erfüllt od sonst erledigt sind. Die beiderseit SchutzPflten können auch nach Beendigg des SchuldVerh als nachwirkde TreuePflten fortbestehen (§ 276 Anm 7 D).

Erster Titel. Erfüllung

362 *Erlöschen durch Leistung.* ¹Das Schuldverhältnis erlischt, wenn die geschuldete Leistung an den Gläubiger bewirkt wird.

II Wird an einen Dritten zum Zwecke der Erfüllung geleistet, so finden die Vorschriften des § 185 Anwendung.

1) Erfüllung ist Schuldtilgg dch Bewirken der geschuldeten Leistg. - **a)** Unter **Leistung** ist im § 362 nicht die LeistgsHdlg, sond der Leistgserfolg zu verstehen (BGH **12**, 268, **87**, 162). Hängt dessen Eintritt von weiteren Voraussetzgen, etwa einer Eintr im GrdBuch ab, ist der Schu daher uU zur Wiederholg der LeistgsHdlg verpfl (BGH **LM** § 157 (D) Nr 25 Bl 2). Tritt der Leistgserfolg ohne eine Hdlg des Schu ein (Bsp: Überweisg ohne Auftr), liegt keine Erf vor (Schnauder JZ **87**, 69). Nicht erforderl ist aber, daß der Leistgserfolg allein auf das Handeln des Schu zurückzuführen ist. Die Schuld erlischt auch dann, wenn der Gläub das zu übertragde Eigtum nur kr guten Glaubens erwirbt. – **b)** Erf tritt nur ein, wenn die **geschuldete** Leistg bewirkt w. Ihr Inh ergibt sich aus dem zu erfüllden SchuldVerh. Für die Leistgszeit gilt § 271, für den Leistgsort §§ 269f. Vom Sonderfall der höchstpersönl Leistg abgesehen, kann die Leistg auch dch einen ErfGehilfen (§ 278) od einen **Dritten** (§§ 267, 268) bewirkt w. Wird eine and, unvollständ od mangelhafte Leistg erbracht, tritt – abgesehen vom Sonderfall der mangelhaften Leistg beim Stückkauf (Vorbem 2a v § 459) – keine Erf ein. Nimmt der Gläub gleichwohl an, ist er dafür beweispflichtig, daß die Leistg nicht obligationsgem war (§ 363); nach den §§ 464, 640 II, HGB 377, 378 können auch materiell-rechtl Nachteile entstehen. Verweigert der Gläub die nach dem Inh der Schuld erforderl Ann, tritt keine Erf ein, gleichgült, ob die Weigerg berecht war od nicht. Der Gläub gerät dch eine unberechtigte Weigerg aber in AnnVerzug (§§ 293 ff). – **c)** Die Leistg muß **an den Gläubiger** bewirkt w. Voraussetzg ist jedoch, daß der Gläub zur Ann der Leistg befugt ist. Diese **Empfangszuständigkeit** (Larenz § 18 I) deckt sich, wie die §§ 1812, 1813, 362 II zeigen, mit der VfgsMacht. Die Leistg an den Gläub befreit daher nicht, wenn ihm die VfgsMacht über die Fdg entzogen ist (zB §§ 136, 2211, KO 6, 8, ZPO 829) od wenn er geschäftsunfäh ist. Das gilt ebso für den beschränkt Geschäftsfähigen. Wird die geschuldete Sache an ihn übereignet, erwirbt er zwar Eigt, die Fdg erlischt aber nicht (§ 107 Anm 2a, sehr str). Der Leistg an den empfangszuständigen Gläub steht die Leistg an einen Vertreter (Saarbr OLGZ **88**, 47), eine Zahlstelle (Anm 3) od einen Empfangsboten gleich. – **d)** Die Leistg an einen **Dritten** hat befreide Wirkg, wenn er vom Gläub zur Entggn der Leistg ermächtigt ist (II) od wenn ihm an der Fdg ein Nießbr- od PfandR zusteht (§§ 1074, 1282, ZPO 835, 836 I). Die Bank ist bei Zahlg dch Überweisg kein Dr iSd § 362 II (Anm 3); auch auf Zahlgen an den Notar findet § 362 II keine Anwendg (Einf 2c v § 372). Der Gesellschafter wird von seiner Einlageschuld dch Leistg an die Bank nur frei, soweit der Schutz der GesellschGläub nicht beeinträchtigt w (BGH NJW **86**, 989). Die Leistg an einen nichtberecht Dr erlangt gem § 362 II befreide Wirkg, wenn der Gläub sie nachträgl genehmigt od wenn einer der beiden and Fälle des § 185 II eintritt (Empfänger wird Gläub; Gläub beerbt den Empfänger u haftet unbeschränkt für die NachlVerbindlichk). Leistet der Schu an einen Nichtberecht, den er gutgläub für empfangsberect hält, wird er nur in den gesetzl bes bestimmten Fällen (§§ 370, 407, 408, 893, 2367) frei.

2) Erfüllungstheorien. a) Seit den Tagen des Gemeinen Rechts umstr ist die Frage, ob die ErfWirkg kr Ges als obj TatbestdsFolge der Leistg eintritt od ob zum Tatbestd der Erf auch ein subj TatbestandsMerkmal, eine Willenseinigg der Part od jedenf ein ErfWille des Schu, gehört (s MüKo/Heinrichs Rdn 5ff). – **aa)** Nach der **Vertragstheorie,** die heute kaum noch Anhänger hat, gehört zum Tatbestd der Erf neben der Herbeiführg des Leistgserfolges ein auf Aufhebg des SchuldVerh gerichteter Vertr. Das soll auch dann gelten, wenn die Leistg in einem nicht rechtsgeschäftl Handeln od in einem Unterl besteht. Dagg verlangt die beschränkte VertrTheorie (Enn-Lehmann § 60 II 2) eine vertragl Willenseinigg nur für den Fall, daß auch zur Herbeiführg des Leistgserfolges ein Vertr, etwa eine Übereigg, erforderl ist. – **bb)** Die **Zweckvereinbarungstheorie** (Ehmann JZ **68**, 549, NJW **69**, 1833, Rother AcP **169**, 1, Weitnauer FS v Caemmerer, 1978, 255) fordert neben dem obj Tatbestdsmerkmal, dem Bewirken der Leistg, gleichf eine vertragl Willenseinigg. Diese wird aber nicht als schuldaufhebder Vertr, sond als eine Einigg über den Zweck der Leistg (ZuordngsVertr) verstanden. – **cc)** Die **Theorie der realen Leistungsbewirkung** (Larenz § 18 I, Esser-Schmidt § 17, Medicus § 23 IV 3, LG Hbg NJW **83**, 1860, hM) geht davon aus, daß der Tatbestd der Erf entspr dem Normtext des § 362 I allein in der Herbeiführg des Leistgserfolges besteht. Ein zusätzl subj TatbestdsMerkmal ist – von Ausn abgesehen – nicht erforderl. – **dd)** Nach der **Theorie der finalen Leistungsbewirkung** (Gernhuber, Die Erf u ihre Surrogate, 1983, § 5 II; Wieling JuS **78**, 801) besteht der Tatbestd der Erf aus dem Bewirken der Leistg u der Zweckbestimmg des Leistden, die als geschäftsähnl Hdlg od als einseit RGesch angesehen w. – **b) Eigene Stellungnahme.** Die vertragl ErfTheorien können nicht überzeugen. Das zeigen insb die Fälle, in denen die geschuldete Leistg in einem Unterl od in einem nicht rechtsgeschäftl Tun besteht. Daß hier für die Erf eine rechtsgeschäftl Willenseinigg der Part erforderl sein soll, widerspricht dem VerkBedürfn u der natürl Anschauung. Darüber hinaus u vor allem ergibt sich aus § 366 I, daß die Erf nicht von einer Einigg der Part abhäng ist. Nach § 366 hat der Schu zu bestimmen, welche von mehreren Schulden getilgt w soll. Die von ihm bezeichnete Schuld erlischt dadurch, wenn der Gläub sie and anrechnen will. Von den danach verbleibdn Theorien verdient die Theorie der **realen Leistungsbewirkung** den Vorzug. Zwar setzt die Erf voraus, daß die Leistg einer bestimmten Schuld zugeordnet wird. Diese Zuordnung ergibt sich aber idR bereits daraus, daß die vom Schu bewirkte Leistg die allein geschuldete ist. Richtig ist allerdings, daß eine Tilggsbestimmg im Anwendgsbereich des § 366 mögl u in bestimmten Sonderfällen, so etwa bei Drittleistgen (§ 267 Anm 3a) od Vorausleistgen (Anm 4a), erforderl ist. Außerdem kann der Schu die ErfWirkg dch eine „negative Tilggsbestimmg" od dch das Hinzufügen von Bddgen ausschließen (BGH NJW **72**, 1750, **85**, 377, Düss NJW-RR **87**, 364). Daraus kann aber nicht abgeleitet w, daß zum Tatbestd der Erf allg eine Tilggsbestimmg gehört. Die finale Theorie macht ohne trift Grd Mögliches zu Notwendigem u vermag auch § 366 II nicht schlüssig zu erklären (s näher MüKo/Heinrichs Rdn 9). – **c)** Die **Tilgungsbestimmung** des Leistden ist ein einseit RGesch (MüKo/Heinrichs Rdn 10, str, BGH **106**, 166 läßt offen). Mögl ist aber auch eine doppelte Tilggsbestimmg, etwa die gleichzeit Zahlg auf die persönl u die dingl Schuld (BGH **105**, 157). Nach dem Grds der VertrFreih kann der Schu über die Zuordng der Leistg auch eine **Vereinbarung** mit dem Gläub schließen. Ggü einer solchen Abrede ist eine spätere abw Bestimmg des Schu wirkgslos (RG **66**, 59, BGH **91**, 379, WPM **66**, 337).

3) Geldschulden (§ 245 Anm 2) können dch Barzahlg, dh dch Einigg u Überg der erforderl Banknoten u Münzen, erfüllt w. Zur Zahlg dch **Banküberweisung** ist der Schu berecht, wenn der Gläub ihre BankKto dch Aufdruck auf Briefen, Rechngen od ähnl bekannt gegeben (BGH NJW **53**, 897, LAG Stgt NJW **85**, 2728) od in der Vergangenh Überweisgen widerspruchslos hingenommen hat. Die Tats, daß der Gläub ein Girokonto eröffnet hat, reicht dagg – abgesehen vom kaufm Verk – als Einverständn mit einer Überweisg nicht aus (BGH aaO, str). Teilt der Gläub dem Schu lediglich eine BankKto mit, ist die Überweisg auf ein and Konto idR keine TilggsWirkg (BGH **98**, 30), jedoch kann zG des Schu § 242 anwendb sein (Canaris ZIP **86**, 1022). Die Banküberweisg ist **Erfüllung** nicht Leistg an Erf Statt (MüKo/Heinrichs Rdn 17, sehr str, aA BGH NJW **53**, 897, Hamm NJW **88**, 2115). Leistgempfänger ist der Gläub. Die Bank ist nicht Dr iSd § 362 II, sond Zahlstelle des Gläub (BGH **53**, 142, **72**, 319). Erf tritt mit der Gutschrift auf dem Konto des Gläub ein (BGH **6**, 122, **58**, 109), eine Mitteilg an den Gläub ist nicht erforderl (BGH **103**, 146, LM HGB 355 Nr 8). Die Buchg muß aber endgült geworden sein; das ist der Fall, wenn die Bank die Daten der Gutschrift zur vorbehaltlosen Bekanntgabe an den Empfänger bereitgestellt hat (BGH **103**, 146, Hadding/Häuser WPM **88**, 1141). Die Eingabe der Daten in die EDV-Anlage genügt nicht (BGH aaO, Zweibr NJW **85**, 1034). Eine Buchg auf dem Konto pro diverse ist keine Erf (BGH NJW **87**, 55), ebsowenig die Buchg auf dem Sparkonto (Hamm NJW **87**, 70). Wenn der Gläub eine Information über den Verwendgszweck der Zahlg benötigt, tritt bei schlecht od nicht ausgefüllten Überweisgsträger Erf erst ein, wenn die Information nachgeliefert worden ist (AG Fürstenfeldbruck BB **88**, 1352, Feldhahn NJW **84**, 2929). Bei Zahlg im **Lastschriftverfahren** (§ 675 Anm 5) genügt die Gutschrift auf dem GläubKonto nicht. Voraussetzg ist *weiter, daß die SchuBank das Konto des Schu wirks belastet u der GläubBank den Betrag gutgeschrieben hat* (Bauer WPM **83**, 198). Mögl ist aber auch, daß die SchuBank das Einlösgsrisiko übernimmt. Hier erlischt die Fdg ohne Rücks auf die Wirksamk der Belastg des SchuKontos (BGH **74**, 355, NJW **83**, 220).

Erlöschen der Schuldverhältnisse. 1. Titel: Erfüllung §§ 362–364

Besteht, wie beim sog EinzugsermächtiggsVerf, ein WidersprR, ist die Erf bis zum Ende der WiderrufsFr auflösd bedingt (MüKo/Heinrichs Rdn 19). Zahlt der Käufer, nachdem er den Wechsel als Akzeptantenwechsel hat diskontieren lassen, tritt Erf ein, obwohl der Verkäufer als Wechselaussteller weiter im Risiko ist (BGH **56**, 267, **97**, 201, aA Honsell JZ **86**, 757); s iü zur Zahlg dch **Scheck** u Wechsel § 364 Anm 4.

4) Sonderfälle. a) Eine Zahlg vor Entstehg des Anspr kann je nach Lage des Falles als SicherhLeistg, Darl od **Vorausleistung** anzusehen sein. Aufgrd der Vorausleistg tritt mit der Entstehg des Anspr sogleich Erf ein (KG MDR **79**, 401, Singer JR **83**, 356). Voraussetzg ist aber eine entspr Anrechngsabrede der Part (BGH **85**, 318, NJW **86**, 248, aA Singer aaO). Bei unabdingb Anspr können Abreden über eine VorausErf wg GesUmgehg unwirks sein (BGH **58**, 64); entspr gilt für formularmäß VorausErfAbreden bei BörsenterminGesch (BGH **101**, 306, Häuser WPM **88**, 1288). – **b)** Eine **Leistung unter Vorbehalt** ist eine ordngsmäß Erf, wenn der Schu lediglich die Wirkg des § 814 ausschließen u sich den Anspr aus § 812 für den Fall vorbehalten will, daß er das Nichtbestehen der Fdg beweist (BGH NJW **82**, 2302, **84**, 2826, Seibert JR **83**, 491). And liegt es, wenn der Schu unter der Bdgg des Bestehens der Fdg leistet u dem Gläub weiterhin die BewLast für das Bestehen der Fdg aufbürdet (Hamm NJW-RR **87**, 986). Eine Leistg mit einem solchen Vorbeh darf der Gläub zurückweisen (s BGH **86**, 269), nimmt er aber gleichwohl an, so kann darin ein Einverständn mit dem Vorbeh liegen (BGH NJW **89**, 162, Düss NJW-RR **89**, 28). Mögl ist auch, daß die Vornahme der LeistgsHdlg mit and Bdggen verknüpft w (BGH NJW **85**, 377). – **c)** Befriedigg iW der **Zwangsvollstreckung** führt zum Erlöschen der Fdg (ZPO §§ 815 III, 819, 897). Ob das Erlöschen aufgrd des § 362 (so Schünemann JZ **85**, 49) od der Vorschr der ZPO eintritt, ist für die prakt RAnwendg gleichgült. Erfolgt die ZwVollstr aus einem vorläuf vollstreckb Titel bleibt die Tilgg bis zur RKraft des Titels in der Schwebe (BGH WPM **65**, 1022, MDR **76**, 1005, für eine bedingte Erf Czub ZZP **102**, 273). Das gilt ebso, wenn der Schu erkennb zur Abwendg der Vollstreckg aus einem noch nicht rechtskräft Titel geleistet hat (BGH **86**, 269, BAG Betr **88**, 659). Die Leistg beendigt aber trotz des Weiterbestehens der Fdg den SchuVerzug (BGH NJW **81**, 2244).

363 *Beweislast bei Annahme als Erfüllung.* Hat der Gläubiger eine ihm als Erfüllung angebotene Leistung als Erfüllung angenommen, so trifft ihn die Beweislast, wenn er die Leistung deshalb nicht als Erfüllung gelten lassen will, weil sie eine andere als die geschuldete Leistung oder weil sie unvollständig gewesen sei.

1) Der Schu trägt für die Erf die **Beweislast**. Das gilt sowohl für die Tats der Leistg als auch dafür, daß die Leistg obligationsgem war. Auch wenn der Gläub aus der NichtErf der nicht ordngsmäß Erf Rechte herleitet, ist der Schu beweisbelastet (BGH **69**, 368, **83**, 267, Baumgärtel-Strieder § 362 Rdn 4, str). Nur bei UnterlPfl hat der Gläub die ZuwiderHdlg zu beweisen (arg §§ 345, 358). Außerdem gilt im KaufR für RMängel die Sonderregel des § 442. Eine **Umkehr der Beweislast** tritt ein, wenn der Gläub die Leistg als Erf angenommen hat. § 363 gilt für Leistgen jeder Art, auch für die des Vermieters (BGH NJW **85**, 2328). Wird ein RA (Steuerberater) wg Verletzg einer AufklPfl auf SchadErs in Anspr genommen, ist der Mandant beweispflicht (BGH NJW **85**, 264, **87**, 1322, § 282 Anm 2c). Eine Anwendg des § 363 ist weder nöt noch mögl (Laumen JR **87**, 62, aA BGH NJW **86**, 2570).

2) Eine **Annahme als Erfüllung** liegt vor, wenn das Verhalten des Gläub bei u nach Entgegn der Leistg erkennen läßt, daß er sie als eine im wesentl ordngsmäß Erf gelten lassen will (RG **66**, 282, BGH NJW **58**, 1724, Stgt NJW **69**, 611). Die Ann als Erf entspr in ihren tatsächl Voraussetzgen des Abn iSd § 640 (BGH **33**, 238), sie ist aber and als die Abn kein RGesch, sond ein tatsächl Vorgang (MüKo/Heinrichs Rdn 3). Ein allg Vorbeh des Gläub schließt die Ann als Erf nicht aus (RG **71**, 23), ebsowenig die Rüge einz Mängel. Sie kann je nach Lage des Falles zu bejahen sein bei längerem Schweigen (RG **86**, 214), Gebrauchen (BGH **33**, 238) od Weiterveräußern der Sache. Entgen verpackter Ware ist (noch) keine Ann (LG Ffm NJW-RR **86**, 1055), ebsowenig die Entgen zur Prüfg (RG **66**, 284). Bei EDV-Anlagen kann eine Ann idR erst nach Einweisg u Erprobg bejaht w (Düss Betr **89**, 520). Wer Geld in gebündelten Scheinen entggnimmt, muß sofort nachzählen u ggf Beanstandgen erheben (Mü OLG **43**, 39, s auch BGH NJW **84**, 722).

3) Die **Wirkung** des § 363 besteht in einer Umkehr der BewLast. Diese erstreckt sich auch auf etwaige Mängel der Leistg (RG **57**, 400, **109**, 296, BGH NJW **85**, 2328). Sie entfällt aber, wenn die Part wg der vom Gläub erhobenen Mängelrüge eine ErsLieferg vereinbart haben (Hamm MDR **81**, 756). Materiellrechtl begründet § 363 für den Gläub keine RNachteile. Ihm bleiben alle Rechte, die ihm wg der nicht ordngsmäß Leistg zustehen (OGH **3**, 237). Ein Verlust von GewLAnspr kann sich aber aus §§ 464, 640 II, HGB 377, 378 ergeben.

364 *Annahme an Erfüllungs Statt.* ¹Das Schuldverhältnis erlischt, wenn der Gläubiger eine andere als die geschuldete Leistung an Erfüllungs Statt annimmt.
²Übernimmt der Schuldner zum Zwecke der Befriedigung des Gläubigers diesem gegenüber eine neue Verbindlichkeit, so ist im Zweifel nicht anzunehmen, daß er die Verbindlichkeit an Erfüllungs Statt übernimmt.

1) Allgemeines. – a) Die Part können dem Schu die Befugn einräumen, das SchuldVerh dch eine and als die geschuldete Leistg zum Erlöschen zu bringen. Die Vereinbg über eine solche **Leistung an Erfüllungs Statt** kann (entspr dem Text von I) beim Bewirken der Leistg getroffen w. Sie kann aber auch vorher zustande kommen; sie begründet in diesem Fall eine **Ersetzungsbefugnis** des Schu (§ 262 Anm 3c). Leistet der Schu aufgrd einer vertragl Ersetzungsbefugn, erlischt das SchuldVerh nicht dch Erf, sond dch Leistg an ErfStatt (BGH **46**, 342, **89**, 128). – **b)** Die Leistg an ErfStatt ist kein entgeltl AustauschVertr (Erlaß der ursprüngl Fdg gg Hingabe der Leistg an ErfStatt), sond eine Vereinbg (HilfsGesch) über die Erf der

§§ 364, 365 2. Buch. 3. Abschnitt. *Heinrichs*

ursprüngl Schuld (Harder, Leistg an ErfStatt, 1976, 106ff, MüKo/Heinrichs Rdn 1, wohl auch BGH **89**, 133, aA BGH **46**, 342). **Rechtsgrund** der Leistg bleibt das ursprüngl SchuldVerh, aus ihm ergeben sich die Voraussetzgen für die RBeständigk u Rückforderbark der Leistg. – **c)** Die Leistg an ErfStatt kann **stillschweigend** vereinbart w. Das Verhalten des Gläub muß aber unzweideut den rechtsgeschäftl Willen erkennen lassen, die ErsLeistg als Erf anzunehmen (BAG Betr **76**, 60). Bei nicht klagb Anspr können Vereinbg über Leistgen an ErfStatt wg GesUmgeh nichtig sein (Loddenkämper NJW **84**, 160). – **d) Besteht** die zu erfüllde **Forderung nicht,** od fällt sie dch Rücktr od Wandlg weg, hat der Gläub die Leistg an ErfStatt zurückzugewähren u nicht etwa den angerechneten Betr zu vergüten (BGH **89**, 132, Ffm Betr **70**, 581, Dubischar JuS **85**, 15, aA Karlsr NJW **65**, 111). Bei Leistgsstörgen auf Seiten des Schu gilt § 365.

2) Gegenstand der Leistg an ErfStatt können Leistgen jeder Art sein, Sachen, Anspr gg Dr, aber auch Dienst- und WkLeistgen. Zum Zwecke der Schuldtilgg kann iW der **Novation** auch eine Fdg zw den VertrPart neu begründet u an die Stelle der alten gesetzt w (§ 305 Anm 4), jedoch ist in diesem Fall iZw gem II eine Leistg erfhalber anzunehmen. Die Schuld erlischt nur, wenn das neue SchuldVerh wirks entstanden ist (BGH **LM** § 138 (Cf) Nr 11). Die **Inzahlungnahme** eines Gebrauchtwagens ist nach der Rspr als Begründg einer Ersetzungsbefugn u als Leistg an ErfStatt aufzufassen (BGH **46**, 340, **89**, 128). Dagg nimmt das Schrifttum überwiegd einen typengemischten Vertr mit Tauschelementen an (Mayer-Maly, FS Larenz, 1973, 681, Honsell Jura **83**, 524). Der Streit hat aber nur noch geringe Bedeutg, weil der Käufer dem Verkäufer heute idR zur Ersparn von MwSteuer hins des Gebrauchtwagens formularmäß nur noch einen VermittlgsAuftr erteilt (BGH NJW **78**, 1482, **80**, 2191, **83**, 2326, Behr AcP **185**, 401, s aber BFH Betr **87**, 2291, BB **88**, 2450).

3) Währd bei der Leistg an **Erfüllungs Statt** die Fdg mit dem Bewirken der Leistg erlischt, tritt bei der Leistg **erfüllungshalber** Erf erst ein, wenn sich der Gläub aus dem Geleisteten befriedigt hat (Anm 4). Ob Leistg an ErfStatt od erfhalber vorliegt, muß dch **Auslegung** ermittelt w. Übernimmt der Schu zur Befriedigg des Gläub eine neue **Verbindlichkeit,** so ist iZw eine Leistg erfhalber anzunehmen **(II).** Unter II fallen vor allem die Hing von Wechseln (RG **158**, 317, BGH **96**, 186), Schecks (BGH **44**, 179, **83**, 101, Düss NJW **48**, 264) u von Belastgsbelegen im Rahmen eines Kreditkartensystems (Hadding FS Pleyer, 1986, 24). Das gilt auch dann, wenn der Wechsel als Barzahlg quittiert w (RG Warn **11** Nr 13). Der Gläub ist grdsl nicht gehalten, sich auf eine Zahlg dch Scheck einzulassen (Ffm NJW **87**, 455). Größere Untern sind aber zur Ann von **garantierten Schecks** verpflichtet, § 157. Rückg des ursprüngl Wechsels gg Begebg eines Prolongationswechsels ist idR Leistg an ErfStatt (RG **107**, 35), aber nur hinsichtl der fr wechselmäß Verpfl, nicht hinsichtl der Fdg aus dem GrdGesch. Soll nach dem Willen der Part ein Rückgr auf die ursprüngl Fdg ausgeschl sein, ist eine Leistg an ErfStatt zu bejahen (MüKo/Heinrichs Rdn 8). Es handelt sich um eine Schuldumschaffg (s oben Anm 2). Überträgt der Schu seinen Anspr gg einen Dr, gilt II nicht; auch hier ist aber iZw eine Leistg erfhalber anzunehmen (MüKo/Heinrichs Rdn 9). Das gilt auch für die Bestellg eines Akkreditivs (BGH NJW **81**, 1905), die Abtr einer GrdSchuld (Ffm MDR **79**, 313). Mögl auch, daß die Fdg zugl sichergs- u erfhalber abgetreten w (BGH **58**, 369 für das unechte Factoring). Bei Hing von Sachen entscheiden die Umst des Einzelfalls. Will der Gläub die Sache verwerten, so spricht das für eine Leistg erfhalber (Köhler WPM **77**, 243). And aber, wenn der Gläub die Sache zu einem best AnrechngsBetr hereinnimmt (BGH **46**, 340, **89**, 128). Werden in einem GrdstKaufVertr Belastgen übernommen, ist vielf der KaufPr nur Rechngsgröße u die SchuldÜbern die wirkl geschuldete Leistg (RG **120**, 169, BGH NJW **58**, 906, WPM **64**, 1235). Es kann aber auch and liegen; maßgebd ist der im Einzelfall zu ermittelnde Wille der VertrPart (RG **121**, 38, MüKo/Heinrichs Rdn 11).

4) Wirkung der Leistung erfüllungshalber. Dch die Leistg erfhalber erhält der Gläub bei Weiterbestehen der bisherigen Fdg eine zusätzl Befriediggsmöglichk. Welche Rechte er hinsichtl des erfhalber geleisteten Ggst erwirbt, hängt von den im Einzelfall getroffenen Abreden ab. IdR w eine fiduziarische **Vollrechtsübertragung** ähnl einer SichergsÜbereign od SichergsAbtr anzunehmen sein (MüKo/Heinrichs Rdn 12, Köhler WPM **77**, 242). Der Gläub ist iZw verpflichtet, aus dem erfhalber angen Ggst mit verkehrsübl Sorgf Befriedigg zu suchen (RG **65**, 81, BGH **96**, 193, Celle OLGZ **70**, 451). Zw den Part besteht ein RVerh eig Art, das einem Auftr ähnelt (RG **160**, 1). Keine Pfl des Gläub, sich aus dem übernommenen Wechsel dch Diskontierg vor Verfall zu befriedigen (RG HRR **29** Nr 191) od eine Klage mit zweifelh Erfolgsaussicht zu erheben (Nürnb WPM **76**, 967). Hat er ohne Zust des Schu einen Vergl geschl, muß er darlegen, warum die volle Dchsetzg des Anspr nicht mögl war (RG **160**, 1). Die mit der Verwertg verbundenen Kosten gehen, sow nichts and vereinb ist, gem § 670 zu Lasten des Schu (BGH **92**, 127). Entspr gilt, wenn der Gläub von dem Erwerber wg Sach- od RMängeln in Anspr genommen w (MüKo/Heinrichs Rdn 13). Mit der Leistg erfhalber ist nach hM idR eine **Stundung** der ursprüngl Fdg verbunden, die entweder mit der Erf od dadch endet, daß der Versuch der andweit Befriedigg mißlingt (BGH NJW **74**, 1336, **86**, 426, Hbg WPM **86**, 384). Es kann aber nicht ow angen w, daß der Gläub auf die Rechte aus einem bereits eingetretenen od drohnden Verzug des Schu verzichten will. Die Ausleg w daher vielf ergeben, daß keine Stundg, sond ein vorübergehder Ausschl der Klag- od Vollstreckbark gewollt ist (MüKo/Heinrichs Rdn 14). Die Fdg erlischt, wenn u soweit der Gläub die geschuldete Leistg aus dem erfhalber angen Ggst erlangt (BGH NJW **86**, 425). Bei Zahlg dch **Scheck** tritt Erf mit dessen Einlös dch Barzahlg od Gutschrift ein (Häuser WPM **88**, 1505). Ist der zugeflossene Erlös, wie bei der Diskontierg eines Wechsels mit dem Risiko von RegreßAnspr belastet, kann eine vorläuf Befriedigg angenommen w, die mit dem Wegfall der Regreßgefahr rückwirkd endgült w (Köhler WPM **77**, 251, s auch LG Kiel WPM **84**, 805).

365 *Gewährleistung bei Hingabe an Erfüllungs Statt.* Wird eine Sache, eine Forderung gegen einen Dritten oder ein anderes Recht an Erfüllungs Statt gegeben, so hat der Schuldner wegen eines Mangels im Rechte oder wegen eines Mangels der Sache in gleicher Weise wie ein Verkäufer Gewähr zu leisten.

Erlöschen der Schuldverhältnisse. 1. Titel: Erfüllung **§§ 365, 366**

1) Allgemeines. Die Vereinbg einer Leistg an ErfStatt schafft keinen neuen SchuldGrd; *causa* bleibt das ursprüngl SchuldVerh, zu dem § 365 als ergänzde Regelg hinzutritt (§ 364 Anm 1). Dabei geht § 365 von dem typ Fall voller Haftg aus. Er ist aber unanwendb, wenn sich aus dem ursprüngl SchuldVerh, wie iF der Schenkg (§§ 523, 524) od von Spiel u Wette (§ 762 II), etwas and ergibt (MüKo/Heinrichs Rdn 1, sehr str). Auf die Leistg erfhalber findet § 365 keine Anwendg (RG **65**, 81). Übernimmt der Schu an ErfStatt ggü dem Gläub eine neue Verbindlichk, ist für seine Haftg das neue SchuldVerh maßgebd, nicht § 365.

2) Die **Rechte des Gläubigers** ergeben sich aus den Vorschr des KaufR über die Haftg für Rechts- u Sachmängel (§ 440 iVm §§ 325 ff; §§ 459 ff). Die ursprüngl Schuld lebt nicht von selbst wieder auf (hM). Der Schu ist aber (auch iF des Rücktr od der Wandlg) zur Wiederherstellg der erloschenen Fdg verpflichtet; im Proz kann der Gläub unmittelb auf Erf der wieder zu begründden Fdg klagen (BGH **46**, 342). Haftgserweitergen sind mögl, so etwa dch GewährÜbern für die Bonität einer abgetretenen Fdg (RG JW **07**, 105). Ebso sind Haftgsmildergen zul. Wird ein Gebrauchtwagen in Zahlg genommn (§ 364 Anm 2), kann ein stillschw Haftgsverzicht für nicht erkennb Mängel vorliegen (Köln DAR **73**, 326); außerdem gilt § 460. Hat ein **Dritter** die Leistg an ErfStatt erbracht, so trifft ihn die GewlPfl (MüKo/Heinrichs Rdn 3).

366 *Anrechnung der Leistung auf mehrere Forderungen.* ¹Ist der Schuldner dem Gläubiger aus mehreren Schuldverhältnissen zu gleichartigen Leistungen verpflichtet und reicht das von ihm Geleistete nicht zur Tilgung sämtlicher Schulden aus, so wird diejenige Schuld getilgt, welche er bei der Leistung bestimmt.
 ᴵᴵTrifft der Schuldner keine Bestimmung, so wird zunächst die fällige Schuld, unter mehreren fälligen Schulden diejenige, welche dem Gläubiger geringere Sicherheit bietet, unter mehreren gleich sicheren die dem Schuldner lästigere, unter mehreren gleich lästigen die ältere Schuld und bei gleichem Alter jede Schuld verhältnismäßig getilgt.

1) Allgemeines. a) Bestehen mehrere Fdgen u reicht das Geleistete nicht zur Befriedigg aller Fdgen aus, kann Erf nur eintreten, wenn die Leistg einer Schuld zugeordnet w (§ 362 Anm 2). Nach I entscheidet über diese **Zuordnung** in erster Linie der Schu, hilfsw ist die in II festgelegte Tilggsreihenfolge maßgebd. Aus § 366 ergibt sich zugl, daß die Theorien, die als subj Merkmal der Erf einen Vertrag fordern, mit dem Ges unvereinb sind (Eckert JR **89**, 202). § 366 wäre ersatzlos entbehrl, wenn die Erf eine Einigg zw Gläub u Schu über die Tilgg der Schuld voraussetzen würde (§ 362 Anm 2). – **b) Schuldverhältnis** iSd § 366 ist das SchuldVerh ieS, dh die einz Fdg. § 366 gilt daher auch bei einer Mehrh von Fdgen aus demselben Schuld-Verh, so etwa bei mehreren Mietzinsraten (BGH **91**, 379), mehreren Krediten (BGH WPM **82**, 329), aber auch bei mehreren GrdSchulden (BGH NJW-RR **89**, 1037). Ist zweifelh, ob auf die GrdSch od die persönl Fdg geleistet worden ist, gilt § 1191 Anm 3h ee. § 366 ist auf die rechtl verselbständ Fdg-Teilen zueinand entspr anwendb, so etwa, wenn eine Teilklage erhoben ist (RG **66**, 271), wenn nur eine TeilFdg dch eine Hyp gesichert ist (BGH NJW **73**, 1689), od wenn die Einräumg eines Vorranges nur den Teil einer GrdSchuld betrifft (BayObLG Rpfleger **85**, 434). § 366 gilt auch bei **Forderungen verschiedener Gläubiger**, sofern die Leistg an einen von ihnen ggü den and befreide Wirkg hat (BGH **47**, 170, krit Pfister NJW **68**, 239, Derleder AcP **169**, 107). Bsp sind der verlängerte EigtVorbeh u die stille TeilAbtr. Wußte der Schu von der Aufspaltg der Fdg nichts, ist er hier aber ausnw zu einer nachträgl Bestimmg berecht (MüKo/ Heinrichs Rdn 3). Zum Rangverhältn zw den TeilFdgen s § 398 Anm 4b. Auf das **Kontokorrentverhältnis** ist § 366 dagg nicht anzuwenden, weil die Zahlgen hier nicht best EinzelFdgen betreffen, sond Habenposten der künft GesAbrechng w sollen (BGH **77**, 261, NJW **70**, 561).

2) Bestimmungsrecht (I). – a) Es steht dem Schu od dem für ihn leistdn Dr zu. Die Bestimmg erfolgt dch einseit empfangsbedürft WillErkl. Sie muß **bei Leistung** getroffen w, jedoch können die Part dem Schu eine nachträgl Bestimmg vorbehalten (BGH **51**, 161). Auch ein einseit vom Schu bei Zahlg erklärter „VerrechngsVorbeh" ist wirks (Ffm VersR **71**, 186), muß aber in einer angem Fr ausgeübt w. Die Bestimmg ist unter den Voraussetzgen der §§ 119 ff anfechtb (BGH **106**, 166, Hamm NJW-RR **89**, 701); sie kann auch stillschw getroffen w, zB dch Bezahlg gerade des Betrages einer der Schuldsummen (BGH WPM **63**, 940). Ein Erfahrgssatz, daß der Schu iZw auf die titulierte Fdg zahlen will, besteht nicht (Köln MDR **69**, 482). Ist der zu laufdn Zahlgen (Gehalt, Miete, Unterh) verpflichtete Schu im Rückstand, kann von ihm angenommen w, daß er die zuletzt fällig gewordene Rate bezahlen will; es gilt vielmehr II (BGH NJW **65**, 1373, aA AG Ulm FamRZ **84**, 415). Sonderzahlgen auf ein AmortisationsDarl sind iZw nicht auf die monatl Raten anzurechnen, sond dienen der außerplanmäß Tilgg (Köln ZIP **87**, 25). Bestreitet der Kfz-Fahrer ein Verschulden, können Zahlgen nur auf Anspr aus dem StVG u nicht auf das SchmerzG angerechnet w (BGH VersR **58**, 773). – **b)** I ist **nachgiebiges Recht.** Haben die Part eine best Tilggsreihenfolge vereinbart, so ist diese auch dann verbindl, wenn der Schu bei Leistg eine abw Bestimmg trifft (RGR **66**, 59, BGH **91**, 379). Formularmäß Klauseln zG des Gläub sind nur wirks, wenn sie die Interessen des Schu angem berücksichtigen (BGH aaO). Eine Vereinbg, daß das BestimmgsR dem Gläub zustehen soll, ist bei Leistg eines Vorschusses od einer Sicherh (BGH ZIP **85**, 997), aber auch bei Zahlg im LastschriftVerf idR anzunehmen. – **c) Widerspricht** der **Gläubiger** der Bestimmg des Schu u lehnt er die Ann der Leistg ab, so gerät er in AnnVerzug (§ 293); nimmt er gleichwohl an, so ist sein Widerspr unerhebl, es sei denn, daß der Schu nachträgl zustimmt. Der Bürge ist an die Bestimmg des HauptSchu gebunden, jedoch haben abw vertragl Abreden vor dem Vorrang (RG **136**, 184). Hat der HauptSchu nichts bestimmt, ist der Bürge bestimmgsberecht.

3) II. a) Die in II festgelegte gesetzl Tilggsreihenfolge beruht auf dem vermuteten, **vernünftigen Parteiwillen;** sie ist daher unanwendbar, wo sie ausnahmsw zu Ergebn führt, die mit den berecht Interessen der Beteiligten offensichtl unvereinb sind (BGH NJW **69**, 1846, **LM** Nr 8). Bei VersVertr ist idR die dem VersNeh günstigste Anrechng vorzunehmen, dh diejenige, die zur Begründg od Aufrechterhaltg von

§§ 366–368

VersSchutz führt (BGH NJW **78**, 1524, Kblz VersR **83**, 383). Verrechnet der Gläub Leistgen des Schu in der Reihenfolge des II, so ist das im Verhältn zum Bürgen nicht rmißbräuchl, es sei denn, daß er den Schu argl von einer Tilggsbestimmg zG des Bürgen abgehalten hat (BGH NJW-RR **86**, 519). – **b)** Die einz Tatbestdsmerkmale: **aa) Fälligkeit:** Sie ist entscheidd, nicht die Erfüllbark (§ 271 Anm 1a). – **bb) Geringere Sicherheit:** Maßgebd ist eine wirtschaftl Beurteilg (MüKo/Heinrichs Rdn 13). Die größere Sicherh kann sich aus der Mithaftg eines GesSchu (BGH WPM **68**, 580, Celle NJW **70**, 429), der von einem Dr bestellten GrdSchuld (BGH **LM** Nr 10), einem KonkursVorR (RAG HRR **29** Nr 1918) od dem Vorliegen eines VollstrTitels (BGH WPM **83**, 1338, Hbg MDR **71**, 758) ergeben. Zw mehreren ungesicherten Fdgen bietet die die geringere Sicherh, die fr verjährt (BGH NJW **57**, 1314, **65**, 1374, WPM **86**, 1521) od bei der der Ablauf einer AusschlFr droht (BGH VersR **76**, 138). – **cc) Größere Lästigkeit:** Das ist die höher verzinsl, die dch eine VertrStrafe verschärfte od die bereits rhängige Schuld (RG **66**, 275). Beim VersVertr ist es die, deren NichtErf zum Verlust von Deckgsschutz führt (Kblz VersR **80**, 617, s auch oben a). – **dd) Alter:** Entscheidd die Entstehgzeit, nicht die Fälligk (MüKo/Heinrichs Rdn 15).

4) Entsprechende Anwendung. a) Trotz der Einordng in den Titel Erf kann § 366 auch auf die Hinterlegg angewandt w. Für die Aufr enthält dagg § 396 eine Sonderregelg. § 366 II (nicht I) ist entspr anwendb: bei ZwVollstr aus demselben Titel (Düss HRR **37**, 792); bei der Verwertg von Sicherh (RG **114**, 211, HRR **32**, 1556); bei Zahlgen auf Geldstrafe u Mehrerlös (Hbg MDR **50**, 757). Für Ausschütten dch den KonkVerw gilt § 366 II dagg nicht, soweit die KO die VerteilgsOrdng festlegt (BGH NJW **81**, 762, **85**, 3064). – **b)** Für das SteuerR enthält AO 225 ein dem § 366 vergleichb Vorschr; iü kann § 366 im **öffentlichen Recht** entspr angewandt w. Leistgen auf SozVersBeiträge sind, wenn der Schu keine Bestimmg trifft, idR hälftig auf die ArbG- u ArbNAnteile anzurechnen (BGH VersR **63**, 1034, **75**, 740, Karlsr VersR **81**, 479; aA Wochner Betr **77**, 1092: Anrechng auf den lästigeren ArbNAnteil). Es kann aber auch so liegen, daß die Anrechng wg geringerer Sicherh auf die Rückstände erfolgen muß, für die der GeschFü nicht gem §§ 823 II, RVO 533 haften (BGH NJW **85**, 3064, NJW-RR **89**, 1186). Das gilt aber nicht für Zahlgen des KonkVerw, da insow allein die KO die VerteilgsOrdng festlegt (BGH aaO, oben a).

5) Beweislast. Gläub, der die Leistg auf eine and Fdg anrechnen will, muß deren Existenz beweisen; erbringt er diesen Bew, muß der Schu dartun, warum die Leistg auf die str Fdg anzurechnen ist (RG **55**, 413, BGH Betr **74**, 2005, WPM **78**, 1046). Wer sich auf eine vom Ges abw AnrechngsVereinbg beruft, ist für diese beweispflichtig.

367 *Anrechnung auf Zinsen und Kosten.* [I]Hat der Schuldner außer der Hauptleistung Zinsen und Kosten zu entrichten, so wird eine zur Tilgung der ganzen Schuld nicht ausreichende Leistung zunächst auf die Kosten, dann auf die Zinsen und zuletzt auf die Hauptleistung angerechnet.

[II]Bestimmt der Schuldner eine andere Anrechnung, so kann der Gläubiger die Annahme der Leistung ablehnen.

1) a) § 367 schließt, soweit die Anrechng auf die HauptFdg od Kosten u Zinsen in Frage steht, das BestimmgsR des Schu aus u legt selbst die Tilggsreihenfolge fest. Der **Anwendungsbereich** der Vorschr deckt sich mit dem von § 366 (dort Anm 1b u 4). § 367 ist unmittelb od entspr anwendb: bei Leistgen Dr, bei Erlösen aus der ZwVollstr od der Verwertg von Sicherh (BGH NJW **56**, 1595), es sei denn, die ZwVollstr wird ausdr nur wg der HauptFdg betrieben (LG Hbg NJW-RR **86**, 1445), bei Versteigerungen (Hbg MDR **68**, 47), bei Leistg von SozVersBeiträgen (BGH MDR **68**, 917). Für das KontokorrentVerh gilt § 367 dagg nicht (BGH **77**, 262). – **b)** § 367 ist **nachgiebiges Recht.** Haben die Part eine and Anrechng vereinbart, gilt diese (RG **143**, 70, 76, BGH **LM** § 366 Nr 8, Hamm NJW **74**, 1952). Trifft der Schu eine von § 367 **abweichende Tilgungsbestimmung,** darf der Gläub die Leistg ablehnen (II). Nimmt er an, so gilt die Bestimmg des Schu, *arg* II (Düss Rpfleger **75**, 555).

2) a) Bestehen **mehrere Schulden,** gilt zunächst § 366. Erst nach vollständ Befriedigg der bevorrechtigten Fdg ist die Leistg in der Reihenfolge des § 367 auf die nachrangige Schuld anzurechnen (BGH NJW **69**, 1846). – **b) Kosten** sind Wechsel-, Prozeß- u VollstrKosten sowie alle sonst Aufwendgen, die der Gläub zur Dchsetzg seines Anspr gemacht hat u für die er vom Schu, gleichgült aus welchem RGrd, Ers verlangen kann. – **c) Zinsen:** Es gilt die allg BegrBestimmg (§ 246 Rdn 1). Unter sie fallen auch Kreditgebühren, sie w aber nach den getroffenen Abreden idR nicht vorrangig, sond *pro rata* mit dem Kredit getilgt (BGH **91**, 59). Diese Leistgszweckbestimmg gilt, bis der Schu Einwendgen erhebt, auch, wenn der Vertr, etwa gem § 138, nichtig ist (BGH NJW **87**, 830). Hat der Gläub den Kredit insges fäll gestellt, ist § 367 anzuwenden. Die Anrechng auf verjährte Zinsen ist auch dann ausgeschlossen, wenn der Schu zahlt, ohne die VerjEinr zu erheben (Hamm MDR **81**, 844).

368 *Quittung.* Der Gläubiger hat gegen Empfang der Leistung auf Verlangen ein schriftliches Empfangsbekenntnis (Quittung) zu erteilen. Hat der Schuldner ein rechtliches Interesse, daß die Quittung in anderer Form erteilt wird, so kann er die Erteilung in dieser Form verlangen.

1) Allgemeines. a) Da der Schu für die Erf die BewLast trägt, braucht er ein BewMittel, um in Streitfall zuverläss das Erlöschen der Fdg nachweisen zu können. Diesem Bedürfn trägt das Ges dadch Rechng, daß es dem Schu einen Anspr auf Quittg einräumt. – **b) Quittung** ist das Bekenntn des Gläub, daß er die Leistg empfangen habe. Sie ist das Bekenntn einer Tats, eine WissensErkl, **kein Rechtsgeschäft** (RG **108**, 55). Das schließt nicht aus, daß mit der Erteilg der Quittg im Einzelfall rechtsgeschäftl Abreden einhergehen können, etwa ein Erlaß (§ 397) od ein Schuldanerkenntn (BGH Betr **85**, 2402). Die sog AusglQuittg (§ 397 Anm 3b)

enthält sogar typw zugl einen rechtsgeschäftl Verz. – **c)** Die Quittg ist **schriftlich,** dh in der Form des
§ 126, zu erteilen (BGH NJW-RR **88,** 881). Erforderl ist eine eigenhänd Unterschrift; ein Stempel od eine
faksimilierte Unterschrift genügen nicht (aA Köhler AcP **182,** 151). Aus der Quittg muß hervorgehen, auf
welche Schuld sie sich bezieht (RG **79,** 191). Der Gläub darf in die Quittg einen Vorbeh wg weiterer Anspr
aufnehmen (KG JW **18,** 776); behält er sich das Nachzählen des geleisteten Geldes vor, handelt es sich aber
nicht um eine ordngsmäß Quittg (Kiel JW **23,** 616). Die Erteilg in einer **anderen Form** kann der Schu nur
bei einem rechtl Interesse fordern (S 2). Hauptanwendgsfall ist die „löschgsfäh Quittg" für die Löschg od
Umschreibg im GrdBuch (GBO 29 mit §§ 1144, 1167, 1192). – **d)** Die ordngsmäß errichtete Quittg hat die
formelle **Beweiskraft** des ZPO 416. Hinsichtl der mat BewKraft gilt der Grds freier BewWürdigg (ZPO
286). Aus einer Quittg, insbes einer Bankquittg, ist aber idR der Schluß zu ziehen, daß der Schu auch
tatsächl erfüllt hat (BGH NJW-RR **88,** 881, RG HRR **36,** 661, LG Bochum MDR **70,** 588). Für diesen Bew
kann auch eine Quittg ohne eigenhänd Unterschrift ausreichd sein (BGH aaO). Dem Gläub steht aber der
GgBew offen. Hierfür genügt, daß die Überzeugg des Ger vom Empfang der Leistg erschüttert w (BGH
WPM **78,** 849, Hbg VersR **82,** 1009). Das kann bereits desh anzunehmen sein, weil die Quittg von einem
GeschUnfäh stammt (Karlsr MDR **78,** 667). Bei **Vorausquittungen** genügt der Bew der Vorausrteilg;
wird er erbracht, muß der Schu die spätere Leistg beweisen (RG **108,** 56, BGH WPM **79,** 1157). Hat der
Gläub dem Schu die Quittg längere Zeit unbeanstandet belassen, so kann das aber ein gewicht BewAnzei-
chen für eine nachträgl Leistg sein (RG aaO). Macht der Gläub geltend, die Quittg sei nur zum **Schein** erteilt
worden, ist der GgBew nur geführt, wenn der Gläub sein Vorbringen wahrscheinl gemacht hat (Baumgärtel
JR **78,** 418). Wird der Empfang eines Betrages als **Darlehn** quittiert, kann ein abstraktes od kausales
Schuldanerkenntn vorliegen, das zu einer vollen Umkehr der BewLast führt (BGH Betr **85,** 2402).

2) a) Der **Anspruch auf Quittung** besteht nur iF der Erf od der Leistg an ErfStatt, nicht dagg bei
Hinterlegg od Aufr. Er ist auch bei Teilleistgen gegeben, sofern sie der Gläub angenommen hat, ebso bei
Leistgen Dr. § 368 ist grdsl auch im KleinGesch anwendb (Grimme JR **88,** 179), kann hier aber gem §§ 157,
242 ausgeschl sein (MüKo/Heinrichs Rdn 7). Bei Zahlg dch Banküberweisg kann der Schu jedenfalls bei
einem berecht Interesse eine Quittg fordern (LG Kempten NJW-RR **87,** 997). – **b)** Der Gläub braucht die
Quittg gem S 1 nur **auf Verlangen** zu erteilen (sog verhaltener Anspr). Verweigert der Gläub die Quittg,
steht dem Schu selbst dann ein ZbR zu, wenn er vorleistgspflichtig ist (RG **82,** 27). Dagg steht dem Gläub
wg and Fdgen aus dem SchuldVerh kein ZbR zu (RG JW **11,** 808); er darf die Quittg allenfalls wg seines
VorschußAnspr aus § 369 zurückhalten. Der Anspr auf Quittg kann auch noch **nach der Leistung** geltd
gemacht w, erforderlichenfalls dch Klage (MüKo/Heinrichs Rdn 9). Bestreitet der Gläub die Erf, ist aber die
negative Feststellgsklage (ZPO 256) wg der weitergehen RKraftWirkg des FeststellgsUrt der für den Schu
günstigere Weg.

369 *Kosten der Quittung.* ¹Die Kosten der Quittung hat der Schuldner zu tragen und
vorzuschießen, sofern nicht aus dem zwischen ihm und dem Gläubiger bestehenden
Rechtsverhältnisse sich ein anderes ergibt.
²Treten infolge einer Übertragung der Forderung oder im Wege der Erbfolge an die Stelle des
ursprünglichen Gläubigers mehrere Gläubiger, so fallen die Mehrkosten den Gläubigern zur Last.

1) Da die Quittg im Interesse des Schu erteilt w, hat er die entstehen Kosten zu tragen. Die in I
vorgesehene Ausn gilt für RVerhältn, die ausschließl im Interesse des Gläub begründet worden sind, wie die
unentgeltl Verwahrg (§ 690) od der Auftr (§§ 662, 667). Für seine ArbLeistg kann der Gläub keine Vergütg
beanspruchen, sein Anspr beschränkt sich auf Kosten der Beglaubigg u Übersendg u ähnl. Mehrkosten, die
dch eine Vervielfältigg der GläubZahl entstehen, gehen zu Lasten der Gläub (II). Das gilt ebso für sonst-
Mehrkosten, die ihre Ursache in der Sphäre des Gläub haben (MüKo/Heinrichs Rdn 2, str).

370 *Leistung an den Überbringer der Quittung.* Der Überbringer einer Quittung gilt
als ermächtigt, die Leistung zu empfangen, sofern nicht die dem Leistenden bekannten
Umstände der Annahme einer solchen Ermächtigung entgegenstehen.

1) Allgemeines. In der Überg der Quittg an den Überbringer liegt je nach Lage des Falles die Erteilg
einer InkassoVollm, die Bestellg zum Empfangsboten od eine sonst Ermächtigg zum Empfang der Leistg
(§§ 362 II, 185). Aber auch wenn eine solche Ermächtigg (Vollm) ausnw fehlt, hat die Leistg an den
Überbringer der Quittg grdsl schuldbefreiende Wirkg. § 370 schützt das Vertrauen auf den dch die Ausstellg
der Quittg geschaffenen **Rechtsschein** (BGH **40,** 304, Grimme JR **88,** 178, MüKo/Heinrichs Rdn 2).

2) Voraussetzungen. a) Es muß sich um eine vom Gläub od seinem Vertreter eigenhänd unterschriebe-
ne Quittg handeln. Wer an den Überbringer einer gefälschten od verfälschten Quittg leistet, w nicht frei
(RG **73,** 349, BAG NJW **61,** 622), kann aber uU, etwa bei nachläss Verwahrg der Quittgsformulare, einen
GgAnspr wg pVV haben (RG **160,** 315). Dagg ist § 370 anwendb, wenn ein vom Gläub unterschriebenes
Blankett abredewidr ausgefüllt u als Quittg vorgelegt w (s BGH **40,** 304). Der dch die Quittg begründete
RSchein kann nicht dch Anf beseitigt w (MüKo/Heinrichs Rdn 3); Zurechnungsvoraussetzg ist jedoch, daß
der Aussteller geschäftsfäh ist (MüKo aaO). – **b)** Befreiende Wirkg hat nur die Leistg an den **Überbringer**
der Quittg, nicht die Leistg an denj, der sich auf eine bereits übermittelte Quittg bezieht (RG **102,** 345, HRR
28 Nr 1404). Die Quittg muß vorgelegt w, ihre Überg ist dagg nicht erforderl (MüKo/Heinrichs Rdn 4).
Die nachträgl Übersendg der Quittg genügt nicht (RG HRR **30** Nr 602). Überbringer kann trotz seiner
Amtsstellg auch der Notar sein (MüKo aaO, str). Der Schu w auch dann frei, wenn eine gestohlene od sonst
abhanden gekommene Quittg vorgelegt w (Prot I 341, MüKo aaO, RGRK Rdn 5, hM). – **c)** Der Schutz des
§ 370 entfällt bei **Bösgläubigkeit** des Leistden (Halbs 2), dh wenn er Umst kannte, die der Ann einer

Ermächtigg entggstehen. Kennenmüssen genügt nicht. Ausr ist Kenntn der entspr Tats, es kommt nicht darauf an, ob der Leistde die richt Folgergen gezogen hat. Die BewLast für die Voraussetzgen der Bösgläubigk hat der Gläub (MüKo/Heinrichs Rdn 6). – **d)** § 370 gilt nur, wenn die **geschuldete Leistung** bewirkt w, nicht bei Leistg an ErfStatt od and ErfSurrogaten. Geschützt w auch der für den Schu leistde **Dritte** (RGRK Rdn 7); für den Ausschl der RScheinwirkg kommt es in diesem Fall allein auf die Kenntn des Dr an (MüKo/Heinrichs Rdn 5).

371 *Rückgabe des Schuldscheins.* Ist über die Forderung ein Schuldschein ausgestellt worden, so kann der Schuldner neben der Quittung Rückgabe des Schuldscheins verlangen. Behauptet der Gläubiger, zur Rückgabe außerstande zu sein, so kann der Schuldner das öffentlich beglaubigte Anerkenntnis verlangen, daß die Schuld erloschen sei.

1) Allgemeines. a) Der **Schuldschein** ist eine die Schuld begründde od bestätigde Urk, die der Schu zum Beweis für das Bestehen der Schu ausgestellt hat (RG **120**, 89, BGH WPM **76**, 975). Auch die BürgschUrk fällt unter § 371 (LG Kiel WPM **84**, 805). Mehrere äußerl getrennte Urk können zus einen Schuldschein bilden (RG **131**, 6). Das Eigt am Schuldschein steht dem Gläub zu (§ 952); es folgt dem Recht an der Fdg. Dch Tilgg der Fdg geht das Eigt dagg nicht von selbst auf den Schu über (hM). – **b)** Der Schuldschein hat die formelle **Beweiskraft** des ZPO 416; für seine mat BewKraft gilt ZPO 286. Besitzt der Gläub den Schuldschein, so ist das ein Indiz für das Bestehen der Schuld (s BGH WPM **76**, 975), umgekehrt ist der Besitz des Schu ein Indiz für das Erlöschen der Schuld (RG JW **10**, 64). Ist in dem Schuldschein zugl ein kausales od abstraktes **Schuldanerkenntnis** enthalten, trägt der Schu die volle BewLast dafür, daß die Verpflichtg nicht entstanden ist (BGH NJW **86**, 2572). – **c)** Der RückgAnspr soll den Schu davor schützen, daß der Schuldschein nach Erlöschen der Schuld noch gg ihn als BewMittel verwandt w; er hat zugl den **Zweck** im allg VerkInteresse eine mißbräuchl Verwendg von Schuldscheinen zu verhindern.

2) Der **Rückgabeanspruch** besteht in allen Fällen des Erlöschens der Schuld. Er ist auch dann gegeben, wenn die Fdg nicht entstanden od inf Anf weggefallen ist (MüKo/Heinrichs Rdn 5). Aktivlegitimiert ist der Schu, dem leistden Dr steht der Anspr nur iF eines gesetzl FdgÜberganges (§ 268) zu. Passivlegitimiert ist der Gläub, nicht dessen ProzBevollm (Köln AnwBl **80**, 505); besitzt ein Dr den Schuldschein, ist dieser zur Herausg verpflichtet (MüKo/Heinrichs Rdn 6, hM). Schu kann in entspr Anwendg des § 371 auch die Herausg des VollstrTitels verlangen (Düss MDR **53**, 557, Köln NJW **86**, 1353, Münzberg KTS **84**, 193); bei Streit um die Erf aber nur dann, wenn er gleichzeit VollstrGgKl erhebt (MüKo/Heinrichs Rdn 8).

3) Der Anspr auf ein öff beglaubigtes **Anerkenntnis** (S 2) besteht bereits dann, wenn der Gläub erklärt, zur Rückg außerstande zu sein. Geschuldet wird ein negatives Schuldanerkenntnis iSd § 397 II. Die Kosten hat der Gläub zu tragen. Der Schu kann auch auf Rückg des Schuldscheins klagen, der Gläub muß dann sein Unvermögen zur Rückg dartun. Nach Enttgnahme des Anerkenntn besteht der Anspr aus S 1 aber nur noch bei Darlegg eines bes Interesses.

Zweiter Titel. Hinterlegung

Einführung

1) Allgemeines. Die §§ 372 ff geben dem Schu die Möglichk, sich dch Hinterlegg (erfdlf nach einem Selbsthilfeverkauf) von seiner Verbindlichk zu befreien, wenn er diese wg eines aus der Sphäre des Gläub stammden Grdes nicht od nicht mit Sicherh erfüllen kann. Die Möglichk besteht aber nur, wenn eine bewegl Sache geschuldet w. Sie ist bei Dienst- u WkLeistgen ausgeschlossen. Bei Grdst hat der Schu iF des AnnVerzuges ein Recht zur BesitzAufg (§ 303). Die Hinterlegg iS der §§ 372 ff ist ein **Erfüllungssurrogat**. Sie ist ein Recht des Schu, keine Pfl (RG **61**, 250, BGH NJW **69**, 1662). Der Gläub od iF des Prätendentenstreits die Gesamtheit der Gläub ist nicht berecht, die Hinterlegg zu verlangen. Auf öffrechtl Anspr können die §§ 372 ff entspr angewandt w.

2) Regelungsgegenstand der §§ 372 ff ist ausschließl die Hinterlegg als ErfSurrogat. Daneben kennt das Ges weitere Fälle der Hinterlegg, die sich in ihrem Zweck u ihrer rechtl Ausgestaltg von der Hinterlegg iS der §§ 372 ff unterscheiden: – **a)** In einigen Fällen ist die **Hinterlegung die geschuldete Leistung** (§§ 432 I, 660 II, 1077 I, 1281 I, 2039). Hier ist die Hinterlegg Pfl des Schu (RG **56**, 144), der Anspr setzt aber idR ein entspr Verlangen des Gläub voraus (s vorbehaltener Anspr). Die Schuldtilgg beruht auf § 362. Die §§ 372 ff können analog angewandt w. Der Schu ist idR verpflichtet, unter Verzicht auf das RücknR zu hinterlegen. – **b)** In and Fällen dient die Hinterlegg **Sicherungszwecken.** Auf diese Fallgruppe sind die §§ 372 ff weder unmittelb noch entspr anwendb. Es gelten §§ 232 ff u für die Hinterlegg aus prozessualen Grden die ZPO 108ff. Die Hinterlegg zur Sicherh kann jedoch auf Antr des Schu in eine Hinterlegg gem §§ 372ff umgewandelt w (RG JW **14**, 466). – **c)** Auch die „Hinterlegg" bei einem **Notar** (BNotO 23) ist keine Hinterlegg iS der §§ 372 ff (BGH **LM** § 766 Nr 8). § 378 ist unanwendb. Zahlg an den Notar ist auch keine Erf gem § 362 II; die Schuld wird erst mit Auszahlg an den Gläub getilgt, es sei denn, daß sich aus dem Vertr ein abw Wille der Part ergibt (BGH **87**, 162, **105**, 64, Köln DNotZ **89**, 261). PartVereinbgen, daß die Hinterlegg beim Notar od die Einzahlg auf einem Sparkonto die gleiche Wirkg wie eine Hinterlegg gem § 372ff haben soll, sind aber aufgrd der VertrFreih zul (BGH **82**, 286).

3) Verfahrensrecht. – a) Die verfahrensrechtl Seite der Hinterlegg ist – auch für die in Anm 2a u b angeführten Hinterleggsfälle – dch die HintO geregelt (vgl Bülow/Mecke HintO 2. Aufl 1979). Die HintO, die entgg der RAns der Länder gem GG 125, 74 Nr 1 insges BundesR geworden ist (Bülow/Mecke Rdn 17 v § 1), hat das HinterleggsVerh als ein **öffentlich-rechtliches Verhältnis** ausgestaltet. – **b)** Die Aufg der

Hinterleggsstelle ist dem AmtsG übertr (HintO 1 II), u zwar dem RPfleger (RPflG 30). Das Hinterleggs-
Verh w dch einen Verwaltgsakt, die AnnVfg (HintO 6) iVm der Überg der zu hinterlegden Sache begrün-
det. Es ist auch dann wirks, wenn die materiell-rechtl Voraussetzgen der Hinterlegg nicht vorliegen.
Beteiligte (HintO 13) sind der Hinterleger – es sei denn, er hat auf das RücknR verzichtet (§ 376 II Nr 1) –
sowie alle Pers, die nach dem HinterleggsAntr als EmpfBerecht in Frage kommen. Der Hinterleger kann
auch iF des RücknVerz nachträgl weitere mögl EmpfBerecht benennen (BGH NJW 60, 1003). Dch die
Hinterlegg entsteht ein öffr HerausgAnspr gg die Hinterleggsstelle. Inh des Anspr ist der Gläub, bei
einer Mehrh von Prätendenten der wahre Berecht. Solange der Schu zur Rückn der hinterlegten Sache befugt ist
(§ 376), kann er jedoch den HerausgAnspr des Gläub dch Ausübg seines RücknR die Grdl entziehen. Gläub
muß der Hinterleggsstelle seine Berechtigg dch Vorlage von ZustErkl der Beteiligten od rkräft Urt nach-
weisen (HintO 13). Die Klage des **Forderungsprätendenten**, der nicht freiw in die Herausg einwilligt,
ist auf Abg einer FreigabeErkl zu richten (BGH **35**, 170, **82**, 286, NJW **70**, 463). AnsprGrdl ist § 812, da der
nichtberecht Beteiligte seine RStellg ohne RGrd auf Kosten des wirkl Gläub erlangt hat. – **c)** Gg Entsch der
Hinterleggsstelle sind als **Rechtsbehelf**, der nicht im AufsWeg sowie der Antr auf gerichtl Entsch gem
EGGVG 23 gegeben (HintO 3 I u II). Ist der Antr auf Herausg der Entsch des LGPräs (AGPräs) abgelehnt,
ist Kl im ord RWeg zul (HintO 3 III). Der Antr gem EGGVG 23 ist in diesem Fall nicht statth (Ffm OLG **74**,
538). – **d)** Das HinterleggsVerh ist ein Fall öffrechtl **Verwahrung**. Soweit seine öffrechtl Natur nicht
entggsteht, sind die Grds des VerwahrgsVertr zGDr, vor allem §§ 278, 282, entspr anwendbar (BGH WPM
66, 1018, ferner RG **115**, 241, **166**, 234, BGH **4**, 195, stRspr), nicht aber §§ 700, 607 I, 245 (BGH WPM **66**,
1018). Für SchadErsAnspr aus der Hinterlegg steht gem VerwGO 40 II der ord RWeg offen.

4) Die **dinglichen Wirkungen** der Hinterlegg sind in den §§ 372ff nicht geregelt. Aus HintO 7, 9 ergibt
sich, daß inländ Geld Eigt des Landes w u daß and hinterlegte Sachen unverändert aufbewahrt w. Besteht
eine ÜbereignsPfl u handelt es sich nicht um inländ Geld, liegt in der Hinterlegg zugl das Angebot auf
EigtÜbertr, ggf an den, den es angeht (§ 164 Anm 1c). Dieses Angebot nimmt der Gläub dch die ggü der
Hinterleggsstelle erklärte Ann an. Hierdch w der Gläub mittelb Besitzer (RG **135**, 274) u erwirbt gleichzeit
das Eigt (MüKo/Heinrichs § 372 Rdn 17).

372 *Voraussetzungen.* Geld, Wertpapiere und sonstige Urkunden sowie Kostbarkeiten kann der Schuldner bei einer dazu bestimmten öffentlichen Stelle für den Gläubiger hinterlegen, wenn der Gläubiger im Verzuge der Annahme ist. Das gleiche gilt, wenn der Schuldner aus einem anderen in der Person des Gläubigers liegenden Grunde oder infolge einer nicht auf Fahrlässigkeit beruhenden Ungewißheit über die Person des Gläubigers seine Verbindlichkeit nicht oder nicht mit Sicherheit erfüllen kann.

1) Allgemeines. Vgl zunächst die Einf. Zur Hinterlegg berecht ist der **Schuldner**. Ein Dr kann nur dann
hinterlegen, wenn er gem § 268 II od aufgrd einer and Vorschr ablösgsberecht ist (RG **120**, 211, aA KG JW
28, 2563). Der Fdg muß erfüllb sein (§ 271 Anm 1). Ist der Schu ausnw zur Teilleistg berecht (§ 266 Anm 4),
ist auch eine Teilhinterlegg statth (BGH LM § 378 Nr 6). Die Hinterlegg muß bei der dazu best öffentl
Stelle, dh beim **Amtsgericht,** erfolgen (Einf 3), jedoch können die Part auch der Hinterlegg bei einer and
Stelle die Wirkg der §§ 378, 379 beilegen (Einf 2c). Voraussetzg der Hinterlegg ist, daß der SchuldGgst
hinterleggsfäh ist (Anm 2) u ein HinterleggsGrd vorliegt (Anm 3).

2) Hinterlegungsfähige Gegenstände: – **a) Geld** sind die gesetzl u gesetzl zugelassenen Zahlgsmittel.
Auch ausl Geld kann hinterlegt w (HintO 7 II). – **b) Wertpapiere** sind Urk, bei denen der Besitz des Papiers
Voraussetzg für die Ausübg des Rechts ist. Legitimationspapiere (§ 808) sind keine Wertpapiere iSd 372,
sind aber als **Urkunden** hinterleggsfäh. Zu den Urk gehören auch VollmUrk (KG NJW **57**, 755) u Handak-
ten (KG OLG **6**, 54). – **c) Kostbarkeiten** sind bewegl Sachen, deren Wert im Vergl zu ihrem Umfang u
ihrem Gewicht bes hoch ist (KG Rpfleger **76**, 316). Sie müssen leicht aufzubewahren u unverderbl sein
(MüKo/Heinrichs Rdn 3). Bsp sind Gold, Edelsteine, Schmuck, Kunstwerke u ähnl, nicht aber ein Pelz-
mantel (Hbg VersR **82**, 1081 zu § 702) od Videokassetten (Ffm NJW-RR **88**, 444). – **d)** Wird eine **nicht
hinterlegungsfähige Sache** geschuldet, kann sie der Schu unter den Voraussetzgen des § 383 öffentl
versteigern lassen u den Erlös hinterlegen. Beim Handelskauf darf der Verkäufer iF des AnnVerzugs Waren
aller Art hinterlegen (HGB 373).

3) Hinterlegungsgründe sind: – **a) Annahmeverzug** (§§ 293ff). Er muß wirkl vorliegen, guter Glaube
genügt nicht (BGH **7**, 305). Das HinterleggsR des Schu ist ausgeschl, wenn er den Gläub dch NichtErf einer
AuskPfl daran gehindert hat, die Ordngsmäßigk der Leistg zu überprüfen (BGH LM § 2314 Nr 2). – **b)** Der
Schu ist zur Hinterlegg berecht, wenn er aus einem and in der **Person des Gläubigers liegenden Grund** an
der Erf od an der sicheren Erf gehindert w (S 2 1. Alt). Bsp sind unbekannter Aufenthalt, Verschollenh,
GeschUnfgk, beschränkte GeschFgk iVm Fehlen eines gesetzl Vertreters. Dagg ist der Schu nicht zur
Hinterlegg berecht, wenn er wg der für ihn geltden DevisenVorschr nicht leisten kann (BGH **13**, 332) od
wenn die Zonentrenng die Leistg verhindert (KG NJW **49**, 426). – **c)** Ein HinterleggsGrd besteht auch dann,
wenn der Schu seine Verbindlichk nur auf Fahrlk beruhen **Ungewißheit über die Person des
Gläubigers** nicht od nicht mit Sicherh erf kann (S 2 2. Alt). Die Ungewißh kann schon bei Begründg des
SchuldVerh entstehen, etwa wenn unklar ist, wer VertrPart geworden ist (BGH WPM **65**, 1210) od wem
die beschädigte Sache gehört. IdR geht es aber um eine wirkl eingetretene od nur behauptete RNachfolge
auf seiten des Gläub. So genügt jedoch nicht, daß mehrere FdgsPrätendenten auftreten (BGH **7**, 307, Rpfleger
85, 412). Es müssen vielm begründete, obj verständl Zweifel über die Pers des Gläub vorliegen: die Würdigg
aller Umst muß ergeben, daß dem Schu nicht zugemutet w kann, den Zweifel auf eig Gefahr zu lösen (BGH
7, 307, WPM **60**, 112). Gleichgült ist, ob der Zweifel tatsächl Verh, die Wirksamk oder Auslegg eines
RGesch (BGH WPM **60**, 112, **65**, 1210) od sonst RFragen betrifft (BGH **7**, 307, **27**, 244). Der Zweifel muß

im Ztpkt der Hinterlegg noch bestehen (RG **97**, 174). Er muß sich auf die Pers des Gläub beziehen. Verlangen mehrere Gläub aus versch RGründen vom Schu eine Leistg (der Verkäufer gem §§ 326, 346 Rückg, der angebl bestohlene Eigtümer gem § 985 Herausg), ist § 372 unanwendb (BGH **92**, 385, **LM** Nr 6, NJW **86**, 1038, Mü NJW-RR **88**, 1202). Auch wenn ggü dem Anspr aus einem Akkreditiv der Einwand des RMißbr erhoben w, findet § 372 keine Anwendg (Ffm NJW-RR **88**, 681). Die Ungewißh darf nicht auf Fahrlässigk beruhen. Eine Pfl, auf eig Kosten RRat einzuholen, besteht idR nicht (MüKo/Heinrichs Rdn 11). Hat ein RKundiger die RLage als zweifelh bezeichnet, so darf der Schu dieser Ausk grdsl vertrauen. Bes liegt es aber beim Notar. Er muß die RLage umfassd prüfen u darf höchstens in AusnFällen hinterlegen (Hamm DNotZ **83**, 61, Zimmermann DNotZ **80**, 473). Ein Recht zur Hinterlegg besteht auch dann, wenn zG des Schu die Vorschr anwendb sind, die die gutgl Leistg an einen NichtBerecht schützen (vgl zB §§ 370, 407, 409, 808, 893, WG 16). Das gilt sicher dann, wenn die Anwendg der SchutzVorschr zweifelh ist (vgl RG **53**, 209, **61**, 245, **97**, 175). Der Schu darf aber auch dann hinterlegen, wenn er eine nochmalige Inanspruchn nicht ernsth zu befürchten h (RG **89**, 403, Hamm VersR **77**, 576, MüKo/Heinrichs Rdn 12, aA RG **97**, 173). Die GgAns würde für den Schu mittelb einen Zwang zur Leistg an den ScheinBerecht begründen (s MüKo aaO).

373 Zug-um-Zug-Leistung.
Ist der Schuldner nur gegen eine Leistung des Gläubigers zu leisten verpflichtet, so kann er das Recht des Gläubigers zum Empfange der hinterlegten Sache von der Bewirkung der Gegenleistung abhängig machen.

1) Die Vorschr gilt für alle ZbR (§§ 273, 320, HGB 369, 370). Der Vorbeh kann im HinterleggsAntr, aber auch später bis zum Ausschl des RücknR (§ 376) erklärt w. Die HinterleggsStelle hat das Bestehen des ZbR nicht zu überprüfen. Der Schu behält das Recht, den Anspr auf die GgLeistg iW der Klage geltd zu machen. Macht er die Hinterlegg von and Vorbeh abhäng, hat die HinterleggsStelle sie zurückzuweisen.

374 Hinterlegungsort; Anzeigepflicht.
¹Die Hinterlegung hat bei der Hinterlegungsstelle des Leistungsorts zu erfolgen; hinterlegt der Schuldner bei einer anderen Stelle, so hat er dem Gläubiger den daraus entstehenden Schaden zu ersetzen.

ᴵᴵDer Schuldner hat dem Gläubiger die Hinterlegung unverzüglich anzuzeigen; im Falle der Unterlassung ist er zum Schadensersatze verpflichtet. Die Anzeige darf unterbleiben, wenn sie untunlich ist.

1) **Hinterlegungsort** ist der Ort, an dem der Schu die LeistgsHdlg vorzunehmen hat, bei Schickschulden (§ 269 Anm 1) also der Wohns des Schu (MüKo/Heinrichs Rdn 1, str). Hinterlegt der Schu an einem and als dem Leistgsort, ist er dem Gläub schaderspflichtig, die Hinterlegg ist aber wirks.

2) NichtErf der **Anzeigepflicht** begründet eine SchadErsPfl, läßt aber die Wirksamk der Hinterlegg unberührt. Unverzügl s § 121; untunl ist die Anzeige, wenn die mit der Ermittlg der Anschrift des Gläub verbundenen Schwierigk unverhältnismäß sind. Der HinterleggsSchein braucht nicht beigefügt zu w (RG JW **03** Beil 79 Nr 182). Unter den Voraussetzgen von HintO 11 hat die HinterleggsStelle dem Gläub die Hinterlegg anzuzeigen.

375 Rückwirkung bei Postübersendung.
Ist die hinterlegte Sache der Hinterlegungsstelle durch die Post übersendet worden, so wirkt die Hinterlegung auf die Zeit der Aufgabe der Sache zur Post zurück.

1) Die Gefahr, daß die Sache währd des Transports untergeht, trägt der Schu, soweit sich aus §§ 300 II, 324 II nichts and ergibt. Ist die Sache bei der Hinterleggsstelle eingetroffen, wird die schuldbefreie Wirkg der Hinterlegg (§§ 378, 379) aber auf den Ztpkt der Aufg zur Post vorverlegt. Für Verschlechtergen währd des Transports gilt daher § 379 II. Auf die Übersendg dch and Beförderungsmittel ist § 375 nicht anwendb.

376 Rücknahmerecht.
ᴵDer Schuldner hat das Recht, die hinterlegte Sache zurückzunehmen.
ᴵᴵDie Rücknahme ist ausgeschlossen:
1. wenn der Schuldner der Hinterlegungsstelle erklärt, daß er auf das Recht zur Rücknahme verzichte;
2. wenn der Gläubiger der Hinterlegungsstelle die Annahme erklärt;
3. wenn der Hinterlegungsstelle ein zwischen dem Gläubiger und dem Schuldner ergangenes rechtskräftiges Urteil vorgelegt wird, das die Hinterlegung für rechtmäßig erklärt.

1) Das **Rücknahmerecht** des Schu (I) ist ein GestaltgsR (WiderrufsR), kein Anspr (RG HRR **40**, 419). Der Widerr ist ggü der HinterleggsStelle zu erklären. Er wandelt das HinterleggsVerhältn in ein Abwicklgs-Verhältn um. Der Hinterleger erwirbt einen öffrechtl HerausgAnspr gg die HinterleggsStelle, der erfdlfalls im ord RWeg geltd gemacht w kann (Einf 3 c v § 372). Solange die Hinterlegg widerrufl ist, hat sie keine befreie Wirkg, gibt dem Schu aber die Befugn des § 379.

2) **Ausschluß des Rücknahmerechts (II).** – a) Der **Verzicht** (Nr 1) ist eine einseit empfangsbedürft WillErkl. Er ist ggü der HinterleggsStelle zu erklären. Dch den Verzicht scheidet der Schu aus dem Kreis der Hinterleggsbeteiligten (HintO 13) aus, behält aber die Befugn, noch weitere mögl Gläub zu benennen (BGH NJW **60**, 1003). Zur Herausg an den Gläub ist eine Einwilligg des Schu nicht mehr erforderl (HintO 13 II

Nr 1) u iSd § 380 auch nicht mehr genügd. – **b)** Die **Annahme** dch den Gläub (Nr 2) ist eine einseit empfangsbedürft WillErkl, die ggü der Hinterleggsstelle abzugeben ist. Bei einer Hinterlegg zG mehrerer ist das RücknR bereits ausgeschl, wenn einer der mögl Gläub annimmt. – **c)** Es genügt ein **Urteil** (Nr 3), das in einem RStreit mit einem der mögl Gläub ergangen ist. Es kann sich um ein FeststellgsUrt od ZwFeststellgsUrt handeln, aber auch um ein Urt, das die Klage des Gläub gem § 379 abweist. Dagg genügt das in einem Prätendentenstreit ergangene Urt nicht.

377 *Unpfändbarkeit des Rücknahmerechts.* ¹Das Recht zur Rücknahme ist der Pfändung nicht unterworfen.
II Wird über das Vermögen des Schuldners der Konkurs eröffnet, so kann während des Konkurses das Recht zur Rücknahme auch nicht von dem Schuldner ausgeübt werden.

1) I erklärt das RücknR des Schu (§ 376 I) für unpfändb, weil die mit der Hinterlegg begonnene Befriedigg des Gläub dch ZwVollstrMaßn Dr nicht verhindert w soll. Nach §§ 413, 400 ist das RücknR auch unübertragb, nach KO II fällt es nicht in die KonkMasse. Dch II wird erreicht, daß das RücknR währd das Konk auch vom Schu nicht ausgeübt w kann. Unberührt bleiben das Recht des Schu, auf die Rückn zu verzichten (§ 376 II Nr 1), das Recht des Gläub, die Hinterlegg anzunehmen (§ 376 II Nr 2) sowie das Recht des KonkVerw od and Gläub, die Hinterlegg anzufechten.

2) § 377 ist unanwendb, wenn dem Schu aus einem and RGrund ein Anspruch auf die hinterlegte Sache zusteht. Pfändb u übertragb sind daher: das RücknR des § 382; der nach Ausübg des RücknR entstehe HerausgAnspr des Schu (RG HRR **40** Nr 419), der Anspr aus § 812, der dem Schu bei Nichtbestehen der Fdg od bei Fehlen der HinterleggsVoraussetzgen zusteht (§ 378 Anm 1 b).

378 *Wirkung der Hinterlegung bei ausgeschlossener Rücknahme.* Ist die Rücknahme der hinterlegten Sache ausgeschlossen, so wird der Schuldner durch die Hinterlegung von seiner Verbindlichkeit in gleicher Weise befreit, wie wenn er zur Zeit der Hinterlegung an den Gläubiger geleistet hätte.

1) Wirkung der Hinterlegung. – a) Die **rechtmäßige** Hinterlegg hat schuldbefreide Wirkg, sobald das RücknR des Schu gem § 376 II ausgeschl ist. Der Schu wird auch dann frei, wenn er die Hinterleggsstelle den wahren Gläub erst nachträgl benennt (BGH NJW-RR **89**, 200). Die Schuld erlischt mit Wirkg *ex tunc*, wie wenn der Schu im Ztpkt der Hinterlegg an den Gläub geleistet hätte. Bürgen u Pfänder w frei, Zinsen, VertrStrafen u and Verzugswirkgen fallen rückwirkd weg. Die RFolge des § 363 tritt aber erst ein, wenn die hinterlegte Sache an den Gläub ausgehändigt worden ist (RG HRR **31** Nr 683). – **b)** Eine **unrechtmäßige** Hinterlegg, insb eine Hinterlegg, bei der die Voraussetzgen des § 372 fehlen, führt nur dann zur Schuldtilgg, wenn der Gläub die Hinterlegg annimmt (MüKo/Heinrichs Rdn 4). Bestand die zu tilgde Fdg nicht, od fällt sie nachträgl dch Anf weg, richtet sich die Rückabwicklg nach § 812. Ist die Sache noch hinterlegt, muß der Gläub gem § 812 die RStellg an den Schu übertr, die er dch die Hinterlegg erlangt hat (MüKo Rdn 6).

2) Auf die Hinterlegg bei einem **Notar** ist § 378 nur anzuwenden, wenn die Part dies vereinbart haben (Einf 2 c v § 372). Zu den **dinglichen Wirkungen** der Hinterlegg s Einf 4 v § 372.

379 *Wirkung der Hinterlegung bei nicht ausgeschlossener Rücknahme.* ¹Ist die Rücknahme der hinterlegten Sache nicht ausgeschlossen, so kann der Schuldner den Gläubiger auf die hinterlegte Sache verweisen.
II Solange die Sache hinterlegt ist, trägt der Gläubiger die Gefahr und ist der Schuldner nicht verpflichtet, Zinsen zu zahlen oder Ersatz für nicht gezogene Nutzungen zu leisten.
III Nimmt der Schuldner die hinterlegte Sache zurück, so gilt die Hinterlegung als nicht erfolgt.

1) Die Schuld erlischt aufgrd der Hinterlegg erst, wenn das RücknR des Schu ausgeschl ist (§ 378). Bis zu diesem Ztpkt hat die Hinterlegg, sofern sie rechtmäß ist (RG **59**, 18), folgde **Wirkungen: – a)** Sie gibt dem Schu das Recht, den Gläub auf die hinterlegte Sache zu verweisen, dh ein **Leistungsverweigerungsrecht**. Das LeistgsVR ist im Proz dch Einr geltd zu machen; bereits sein Bestehen hindert aber den Eintritt des Verzuges u hemmt gem § 202 I die Verj. Die Einr kann gem §§ 768, 1137, 1211 auch von Bürgen u Verpfändern geltd gemacht w. Sie stellt dagg keinen Verzicht auf die Rücknahme (§ 376 II Nr 1) dar. – **b)** Währd der Dauer der Hinterlegg trägt der Gläub die **Gefahr** (II). Hierunter ist die sog Preisgefahr zu verstehen (MüKo/Heinrichs Rdn 3). Der Gläub bleibt daher zur GgLeistg verpflichtet, wenn die Sache währd der Hinterlegg untergeht od verschlechtert w. – **c)** Solange die Sache hinterlegt ist, braucht der Schu weder Zinsen noch Ersatz für nicht gezogene **Nutzungen** zu leisten (II). – **d)** Ist wg **Annahmeverzuges** hinterlegt worden, ist II leerlaufd, da die in ihm bestimmten RFolgen gem §§ 300 II, 324 II, 301, 302 schon mit dem AnnVerzug eintreten.

2) Mit der **Rücknahme** (III) fallen alle RFolgen der Hinterlegg rückwirkd wg, der fr RZustand entsteht *ex lege* wieder. Wirks bleibt jedoch das die Verj unterbrechde Anerkenntn (§ 208), das in der Anz gem § 374 II liegt. Da das RücknR ein GestaltgsR ist (§ 376 Anm 1), ist III bereits anwendb, wenn der Schu das Recht dch Erkl ggü der Hinterleggsstelle ausgeübt hat; die tatsächl Rückg der Sache ist nicht erforderl.

§§ 380–383

380 *Nachweis der Empfangsberechtigung.* **Soweit nach den für die Hinterlegungsstelle geltenden Bestimmungen zum Nachweise der Empfangsberechtigung des Gläubigers eine diese Berechtigung anerkennende Erklärung des Schuldners erforderlich oder genügend ist, kann der Gläubiger von dem Schuldner die Abgabe der Erklärung unter denselben Voraussetzungen verlangen, unter denen er die Leistung zu fordern berechtigt sein würde, wenn die Hinterlegung nicht erfolgt wäre.**

1) Wann eine Erkl des Schu zur Dchsetzg des HerausgAnspr des Gläub „erforderl" od „genügd" ist, ergibt sich aus dem **formellen Hinterlegungsrecht,** insb aus HintO 13. Danach ist zu unterscheiden: – **a)** Hat der Schu auf das RücknR **verzichtet** (§ 376 II 1), ist er kein HinterleggsBeteiligter mehr. Seine FreigErkl ist nur erforderl, wenn er gem § 373 ein ZbR geltd gemacht hat. Ein Anspr aus § 380 besteht aber auch dann, wenn er die Fdg nachträgl bestreitet (RG 87, 382). – **b)** Auch wenn der Schu auf das RücknR **nicht verzichtet** hat, ist seine FreigErkl idR entbehrl, da er sich bereits dch die Hinterlegg mit der Herausg an den von ihm bezeichneten Gläub einverstanden erklärt hat. Erforderl ist eine FreigErkl des Schu nur, wenn Zweifel an der Empfangsberechtigg des Gläub bestehen (MüKo/Heinrichs Rdn 4).

2) Der Gläub muß im Streitfall **beweisen,** daß er der wirkl Berecht ist. Er trägt auch dafür die BewLast, daß die Fdg, wg der hinterlegt worden ist, bestanden hat.

381 *Kosten der Hinterlegung.* **Die Kosten der Hinterlegung fallen dem Gläubiger zur Last, sofern nicht der Schuldner die hinterlegte Sache zurücknimmt.**

1) Die Vorschr regelt die Kostenpflicht nur im Verhältn der Part zueinand. Zur KostenPfl ggü der Hinterleggsstelle s HintO 26. Sie gilt nur für die rechtmäß od vom Gläub anerkannte Hinterlegg. Halbsatz 2 hat neben § 379 III ledigl klarstellde Bedeutg.

382 *Erlöschen des Gläubigerrechts.* **Das Recht des Gläubigers auf den hinterlegten Betrag erlischt mit dem Ablaufe von dreißig Jahren nach dem Empfange der Anzeige von der Hinterlegung, wenn nicht der Gläubiger sich vorher bei der Hinterlegungsstelle meldet; der Schuldner ist zur Rücknahme berechtigt, auch wenn er auf das Recht zur Rücknahme verzichtet hat.**

1) Die Vorschr legt für den HerausgAnspr des Gläub gg die Hinterleggsstelle eine **Ausschlußfrist** von 30 Jahren fest. Die Fr beginnt mit dem Zugang der Anzeige, od, wenn die Anzeige untunl war, mit der Hinterlegung. Mit dem HerausgAnspr gg die HinterleggsStelle erlischt auch die **Forderung gegen den Schuldner,** soweit sie nicht bereits vorher gem § 378 erloschen war (MüKo/Heinrichs Rdn 2). Der Schu kann nach Ablauf der 30-JahresFr gem Halbsatz 2 auch dann die Herausg verlangen, wenn er auf sein RücknR verzichtet hat. Für seinen Anspr gilt aber gem HintO 19 eine AusschlFr von einem weiteren Jahr.

383 *Versteigerung hinterlegungsunfähiger Sachen.* **¹Ist die geschuldete bewegliche Sache zur Hinterlegung nicht geeignet, so kann der Schuldner sie im Falle des Verzugs des Gläubigers am Leistungsorte versteigern lassen und den Erlös hinterlegen. Das gleiche gilt in den Fällen des § 372 Satz 2, wenn der Verderb der Sache zu besorgen oder die Aufbewahrung mit unverhältnismäßigen Kosten verbunden ist.**
IIIst von der Versteigerung am Leistungsort ein angemessener Erfolg nicht zu erwarten, so ist die Sache an einem geeigneten anderen Orte zu versteigern.
IIIDie Versteigerung hat durch einen für den Versteigerungsort bestellten Gerichtsvollzieher oder zu Versteigerungen befugten anderen Beamten oder öffentlich angestellten Versteigerer öffentlich zu erfolgen (öffentliche Versteigerung). Zeit und Ort der Versteigerung sind unter allgemeiner Bezeichnung der Sache öffentlich bekanntzumachen.
IVDie Vorschriften der Absätze 1 bis 3 gelten nicht für eingetragene Schiffe und Schiffsbauwerke.

1) **Allgemeines. a)** Schuldtilgg dch Hinterlegg ist nach § 372 nur bei Geld, Wertpapieren, Urk u Kostbark mögl. § 383 gestattet dem Schu daher nicht hinterleggsfäh Sachen versteigern zu lassen u sich dch Hinterlegg des Erlöses von seiner Schuld zu befreien. – **b)** Der Selbsthilfeverkauf ist nur bei **beweglichen Sachen** zul. Bei Grdst sowie eingetragenen Schiffen u Schiffbauwerken (IV) hat der Schu ledigl das Recht zur BesitzAufg (§ 303). Gleichgült ist, ob der Schu zur Übereignung od nur zur Herausg verpflichtet ist. Rechte Dr richten sich nach den allg Vorschr (§§ 985 ff, 823 ff); die §§ 383 ff betreffen nur das Verhältn zw Schu u Gläub. – **c)** Der Schu ist zum Selbsthilfeverkauf berecht, wenn sich der Gläub in **Annahmeverzug** (§§ 293 ff) befindet. Die HinterleggsGrde des § 372 S 2 rechtfertigen einen Selbsthilfeverkauf dagg nur bei drohdem Verderb od unverhältnismäß Aufbewahrgskosten. Beim Handelskauf gilt iF des AnnVerzuges die Sonderregel in HGB 373.

2) **Öffentliche Versteigerung. – a)** Die in III enthaltene Legaldefinition gilt auch für die Fälle der §§ 489, 966, 1219, 1235. Zuständ sind die GerVollz (GVGA 246), Notare (BNotO 20 III) u die gem GewO 34b V bestellten Pers; §§ 156, 456, 458 sind anwendb. Sind wesentl, zum Schutz des Gläub bestimmte Vorschr verletzt worden, ist der Selbsthilfeverkauf unrechtmäß; dagg ist der Verstoß gg bloß instruktionelle Vorschr unschädl (s MüKo/Heinrichs Rdn 7). – **b)** Die Versteigerg an einem and als dem **Leistungsort** macht diese trotz des GesWortlautes nicht unrechtmäß. Der Schu ist aber schaderspflichtig; er muß beweisen, daß die Versteigerg am gesetzl bestimmten Ort keinen höheren Erlös erbracht hätte (RG 110, 270).

Erlöschen der Schuldverhältnisse. 3. Titel: Aufrechnung §§ 383–387

3) Rechtsfolgen. a) Dch den **rechtmäßigen** Selbsthilfeverkauf wandelt sich der Anspr des Gläub in eine GeldFdg auf den Erlös um (MüKo/Heinrichs Rdn 8, str). Der Schu kann sich dch Hinterlegg des Erlöses befreien (§§ 378, 379); er kann die Schuld aber auch dch Zahlg des Erlöses od Aufr tilgen (RG **64**, 373). – **b)** Der **unrechtmäßige** Selbsthilfeverkauf begründet idR eine SchadErsPfl des Schu gem §§ 280 od 325; zG des Schu kann aber die Haftgsmilderg des § 300 I anwendb sein. Unabhängig vom Verschulden kann sich aus § 281 ein Anspr auf Herausg des Erlöses ergeben.

384 *Androhung der Versteigerung.* ¹Die Versteigerung ist erst zulässig, nachdem sie dem Gläubiger angedroht worden ist; die Androhung darf unterbleiben, wenn die Sache dem Verderb ausgesetzt und mit dem Aufschube der Versteigerung Gefahr verbunden ist.

ᴵᴵDer Schuldner hat den Gläubiger von der Versteigerung unverzüglich zu benachrichtigen; im Falle der Unterlassung ist er zum Schadensersatze verpflichtet.

ᴵᴵᴵDie Androhung und die Benachrichtigung dürfen unterbleiben, wenn sie untunlich sind.

1) Zur „Androhg" u zu „untunlich" s § 303 Anm 2b. Die Androhg bedarf keiner Form (RG **94**, 143); sie ist aber – and als die Benachrichtigg – Voraussetzg für die Rechtmäßigk des Selbsthilfeverkaufs.

385 *Freihändiger Verkauf.* Hat die Sache einen Börsen- oder Marktpreis, so kann der Schuldner den Verkauf aus freier Hand durch einen zu solchen Verkäufen öffentlich ermächtigten Handelsmäkler oder durch eine zur öffentlichen Versteigerung befugte Person zum laufenden Preise bewirken.

1) Die Vorschr läßt bei Sachen mit einem Börsen- od Marktpreis ausnw einen **freihändigen Verkauf** zu. Sie regelt ledigl die Art des Verkaufs eigenständ; iü gelten §§ 383, 384. Ein Börsen- od Marktpreis ist gegeben, wenn für Sachen der geschuldeten Art am Verkaufsort aus einer größeren Zahl von Verkäufen ein Dchschnittspreis ermittelt w kann (RG **34**, 120, s auch §§ 453, AbzG 1a III 2). Der erzielte Erlös muß mindestens dem Dchschnittspreis entsprechen. Handelsmakler: HGB 93ff; Kursmakler: BörsenG 34.

386 *Kosten der Versteigerung.* Die Kosten der Versteigerung oder des nach § 385 erfolgten Verkaufs fallen dem Gläubiger zur Last, sofern nicht der Schuldner den hinterlegten Erlös zurücknimmt.

1) § 381 Anm 1 gilt entspr. Zu den Versteigerskosten gehört auch die MwSt (BGH WPM **80**, 778).

Dritter Titel. Aufrechnung

387 *Voraussetzungen.* Schulden zwei Personen einander Leistungen, die ihrem Gegenstande nach gleichartig sind, so kann jeder Teil seine Forderung gegen die Forderung des anderen Teiles aufrechnen, sobald er die ihm gebührende Leistung fordern und die ihm obliegende Leistung bewirken kann.

1) **Allgemeines. – a)** Aufr ist die wechselseit Tilgg zweier sich ggüstehder Fdgen dch einseit RGesch. Die Fdg, gg die aufgerechnet w, ist die HauptFdg (PassivFdg), die Fdg, mit der aufgerechnet w, die GgFdg (AktivFdg, AufrFdg). Die Aufr soll ein unwirtschaftl Hin u Her vermeiden. Sie hat eine **doppelte Funktion:** Sie bewirkt die Tilgg der HptFdg u ist damit ein ErfSurrogat. Zugl gibt sie dem Schu die Möglichk, seine GgFdg iW der Selbsthilfe dchzusetzen (RG **80**, 394, BGH NJW **87**, 2998). Das Recht zur Aufr hat damit auch eine Sicherg- u VollstrFunktion (Bötticher FS Schima, 1969, 95), die vor allem bei Vermögensverfall des AufrGegners von Bedeutg ist. Aus ihr ergeben sich Schranken für den Anwendgsbereich von vertragl AufrVerboten (Anm 7 c). – **b)** Von der Aufr zu unterscheiden ist die **Anrechnung**. Währd sich bei der Aufr zwei selbstd Fdg ggüstehen, handelt es sich bei der Anrechng um Fälle, in denen bei der Ermittlg der AnsprHöhe unselbstd Rechngsposten in Abzug zu bringen sind. Das Ges erwähnt die Anrechng in §§ 324 I 2, 552 S 2, 615 S 2, 616 I 2 u 649. Um Anrechng geht es aber auch bei der VortAusgl (Vorbem 7 v § 249), der Schadensermittlg nach der Differenztheorie (§ 325 Anm 3) u der Anwendg der Saldotheorie im BereichergsR (§ 818 Anm 6 A). Die Anrechng findet vAw statt, ohne daß es einer entspr PartErkl bedarf. AufrVerbote sind weder direkt noch analog anwendb (BGH NJW **62**, 1909, Hamm NJW **70**, 2296). – **c)** Aufr von **öffentlich-rechtlichen Forderungen** s § 395; Aufr im **Prozeß** s § 388 Anm 2.

2) **Voraussetzungen** der Aufr sind die Ggseitigk u Gleichartigk der Fdgen (Anm 3 u 4); die GgFdg muß vollwirks u fällig sein, die HptFdg erfüllb (Anm 5 u 6). Die Voraussetzgen müssen im Ztpkt der **Abgabe der Aufrechnungserklärung** (§ 388) vorliegen (BAG NJW **68**, 813, s aber Anm 3a aE). Rechtl ZusHang (Konnexität) zw den Fdgen ist nicht erforderl. Auch auf die Liquidität der GgFdg kommt es mat-rechtl nicht an (BGH **16**, 129, vgl aber ZPO 302). Die verschiedene Höhe der Anspr steht der Aufr nicht entgg (§ 266 Anm 4b), ebsowenig Unterschiede beim Leistgs- od Ablieferungsort (§ 391).

3) **Gegenseitigkeit.** Der Aufrechnde muß Gläub der GgFdg u Schu der HptFdg sein, der AufrGegner Schu der GgFdg u Gläub der HptFdg. – **a)** Nur der **Schuldner** kann aufrechnen. Der Dr kann erfüllen (§ 267), die Schuld aber nicht dch Aufr zum Erlöschen bringen. Der Bü kann daher dch Aufr mit einer eig Fdg nicht die Hauptschuld, wohl aber die BürgschSchuld tilgen (RG **53**, 404). Soweit dem Dr ein AblösgsR zusteht, kann er ausnw auch aufrechnen (§§ 268 II, 1142 II, 1150, 1249). – **b)** Die GgFdg muß eine **eigene Forderung** des Schu sein. Der GesSchu kann daher nicht mit der Fdg eines and GesSchu aufrechnen (§ 422

II), der Ehem nicht mit der Fdg der Ehefr (RG **78**, 382), der Nebenintervenient nicht mit einer Fdg der unterstützten Part (BGH **LM** ZPO 67 Nr 8), der Bü nicht mit einer Fdg des HauptSchu (RG **122**, 147, BGH **24**, 98), der GesHänder nicht mit Fdgen der GesHand (§§ 719 I, 2040 I), der Nießbraucher nicht mit einer von ihm einzuziehden Fdg (RG **103**, 29, str). Der Bü, der Gesellschter u der Miterbe haben jedoch in direkter od analoger Anwendg von § 770 II, HGB 129 III ein LeistgVR (s BGH **38**, 124). Mit der Fdg eines Dr kann der Schu auch mit dessen Einwilligg nicht aufrechnen (BGH NJW-RR **88**, 1150). And liegt es, wenn der Gläub gleichf einverstanden ist (Anm 8c); ü ist jeweils zu prüfen, ob die Einwilligg als Abtr aufgefaßt w kann. Der PfandGläub kann mit der ihm verpfändeten Fdg gg eine Fdg des DrittSchu aufrechnen (RG **97**, 39); das gilt ebso für den PfändgspfandGläub hins der ihm zur Einzieh überwiesenen Fdg. –
c) Die GgFdg muß sich **gegen den Gläubiger** der HauptFdg richten. Ausgeschlossen ist daher die Aufr gg eine GesellschFdg mit einer Fdg gg den Gesellschter (§ 719 II), eine NachlFdg mit der Fdg gg einen Miterben (§ 2040 II), gg eine gemeinschaftl Fdg iSd § 432 mit der Fdg gg einen MitGläub (BGH NJW **69**, 839), gg die MietzinsAnspr des ZwVerwalters mit GgAnspr gg den Vermieter (AG Usingen NJW-RR **87**, 10), gg den Anspr des Linienagenten mit Anspr gg den Reeder (Hbg VersR **86**, 1191), gg eine Fdg (Guthaben) der WohnEigtümer mit einer Fdg gg den Verwalter (BayObLG MDR **80**, 57) od gg einz WohnEigtümer (KG OLGZ **77**, 5), gg die Fdg des Alleingesellschters mit einer Fdg gg die GmbH (AG) (BGH **17**, 23), gg die PrämienFdg des Versicherers mit einer Fdg gg den VersAgenten (LG Stgt VersR **78**, 174). Dagg besteht zw die Fdg gg den GemeinSchu u die GgFdg der Masse ein GegenseitigkVerh (BGH NJW **87**, 1691). Mit Fdgen gg den TrHänder kann bei verdeckter TrHand aufgerechnet w, nicht aber bei offener (BGH **61**, 77, ZIP **87**, 971). Zul ist auch die Aufr gg die GesFdg mit einer Fdg gg einen GesGläub (BGH **55**, 33), jedoch sind abw Abreden mögl (BGH NJW **79**, 2038). Der VertrPartner des Kommissionärs kann trotz HGB 392 II eine KommissionsFdg aufrechnen (BGH NJW **69**, 276, str, s Dressler u Schwarz NJW **69**, 655, 1942). Die bes ausgewiesene MwSt ist Teil der KaufPrFdg, so daß der Käufer auch insow aufrechnen kann (MüKo/v Feldmann Rdn 4). Gg die Einforderg der Einlage dch den KonkVerw kann der Kommanditist mit Fdgen gg die KG aufrechnen (BGH **58**, 75, NJW **81**, 233). – **d) Ausnahmen** vom Erfordern der Ggseitigk ergeben sich aus §§ 406, 409, 575, aber auch aus dem Grds von Treu u Glauben (§ 242). Die Berufg auf die fehlde Gegenseitigk der beiderseit Fdgen kann rmißbräuchl sein, so in Strohmannfällen (BGH WPM **62**, 1174, NJW **89**, 2387), uU aber auch iF einer InkassoAbtr od TrHandsch (§ 398 Anm 7b). Gg die Fdg einer GmbH (AG) ist eine Aufr mit einer Fdg gg den AlleinGesellschter nur zul, wenn die Voraussetzgen der DchgriffsHaftg (Einf 6 vor § 21) vorliegen (BGH **26**, 33).

4) Gleichartigkeit des **Gegenstandes der Leistung. – a)** Unterschiede in den Leistgsmodalitäten, etwa hins der Verzinsg od des ErfOrtes (§ 391) hindern die Aufr nicht, ebsowenig eine Ungleichartigk des SchuldGrdes (BGH **16**, 127; BAG NJW **65**, 72). Fdgen des öffR u des PrivR können daher grdsl aufgerechnet w (§ 395 Anm 1). Auch die für eine Fdg bestehde Zweckbindg begründet keine Ungleichartigk (BGH **54**, 244). Mit dem VorschußAnspr aus § 633 III od VOB/B 13 Nr 5 kann daher aufgerechnet w (BGH **54**, 244, hM), auch wenn der Aufrechnde sie dch Abtr erworben hat (BGH NJW-RR **89**, 406), ebso mit dem Anspr auf UrlAbgeltg (BAG NJW **65**, 72, s auch Tschöpe BB **82**, 1902). Anspr aus § 667 auf Herausg einer Geldsumme ist (abgesehen vom Fall getrennter Aufbewahrg u Verw) mit GeldFdg gleichart (BGH **71**, 382, Celle OLGZ **70**, 8, Schrader MDR **78**, 622, str). Daß § 270 auf Anspr aus § 667 unanwendb ist (BGH **28**, 128), betrifft nur eine Leistgsmodalität. Bei Anspr aus § 667 w die Aufr aber dch § 242 beschr (unten Anm 7). Anspr auf DarlAuszahlg ist nach der KonsensualVertrTheorie (Einf 1 vor § 607) mit GeldFdg gleichart (aA RG **52**, 306 vom Standpkt der RealVertrTheorie), doch ist Aufr für den DarlGeb vielf dch den VertrZweck ausgeschl (§ 607 Anm 1 e). Gleichartigk muß im Ztpkt der Aufr gegeben sein (Celle OLGZ **70**, 8). Ausnahmsw kann es genügen, daß sie im Ztpkt der AufrLage bestanden h (BGH **2**, 308, **23**, 396, **35**, 253: nicht umgestellte RM-Fdg gg das Reich u in DM umgestellte RM-Fdg des Reiches). Im Konk kann ggü einer GeldFdg des GemSchu mit einer nicht auf Geld gerichteten GgFdg aufgerechnet w (KO 54 I).

b) Das Erfordern der Gleichartigk beschr die Aufr im wesentl auf beiderseit GeldFdgen; denkb ist sie allerd auch bei Gattgsschulden od vertretb Sachen. GeldFdgen in versch Währg sind ungleichart (RG **106**, 99, KG NJW **88**, 2181); die Aufr ist aber mögl, wenn dem Schu die Ersetzbefugn des § 244 I zusteht (RG **106**, 99, **167**, 62, Ffm OLGZ **67**, 17). Ungleichart waren RM- u DM-Fdgen (BGH **23**, 400, vgl aber oben a aE). Geldwert- u Geldsummenschulden (§ 245 Anm 2) w mit der Aufr gleichart, weil diese die Wertschuld betragsmäßig festlegt (Larenz § 18 VI 2 Fn 2, Reinicke NJW **59**, 361, str, s auch § 389 Anm 1). Mit GeldFdgen sind **gleichartig**: Anspr auf Herausg von Geld u auf Einwillig in Auszahlg von hinterlegtem Geld (BGH NJW-RR **89**, 173, Schmitz MDR **89**, 582); titulierter Anspr auf Zahlg an Dr (Hbg MDR **70**, 588); Rückgewähranspr aus KO 37, sow er auf Geld geht (RG **136**, 161); Anspr des ReallastBerecht aus § 1108 (BGH **LM** Nr 60); uU Anspr auf Leistg börsengängiger Wertpapiere (RG **160**, 62, krit Grunsky JuS **63**, 103). Mit GeldFdg **nicht gleichartig** sind: Anspr auf Befriedig aus einem Grdst (RG JW **14**, 402, BGH WPM **65**, 479), jedoch gibt § 1142 II dem Eigtümer (nicht dem Gläub) ein AufrR; der Anspr gg ein Kreditinstitut auf Erteilg einer Gutschrift (BGH NJW **78**, 699); der Anspr auf SchuldBefreiung (BGH **12**, 136; **25**, 6, **47**, 166, NJW **83**, 2438, VersR **87**, 905, krit Geißler JuS **88**, 454); geht er auf den Gläub über, w er jedoch zu einem ZahlgsAnspr, mit u ggü dem aufgerechnet w kann (BGH **35**, 325).

5) Die **Gegenforderung**, mit der der Schu aufrechnet, muß **vollwirksam** u **fällig** sein (BGH **2**, 302, Brem NJW **87**, 847), dh es muß sich um eine Fdg handeln, deren Erf erzwungen w kann u der keine Einr entggsteht (s dazu § 390). Nicht aufrechenb sind daher Anspr aus Spiel od Wette, aufschieb bedingte Anspr, gestundete Anspr (s aber § 271 Anm 4 d), künft Anspr u dch FrAblauf erloschene Anspr (BAG NJW **68**, 813, § 390 Anm 2). Der AbfindgsAnspr des ausscheidden Gesellschters wird erst mit Beendigg der AuseinandS aufrechenb (RG **118**, 299), der GebührenAnspr des RA u Notars mit Erteilg einer Rechng gem BRAGO 18, KostO 154 (KG AnwBl **82**, 71), der KostenerstattgsAnspr mit Erlaß einer vollstreckb KostenGrdEntsch (BGH WPM **76**, 460), mit ihm kann aber nicht in demselben Proz aufgerechnet w (BGH WPM **81**, 795). Hängt die Vollstreckbark von einer SicherhLeistg ab, muß diese erbracht sein (LG Aachen

Erlöschen der Schuldverhältnisse. 3. Titel: Aufrechnung § 387 5–7

NJW-RR **87**, 1406, aA Hamm FamRZ **87**, 1288, Düss NJW-RR **89**, 503). Eine auflösde Bdgg hindert die Aufr nicht (Celle OLGZ **72**, 275), ebsowenig die Anfechtbark der GgFdg. Wird die Anf erklärt, wird die Aufr aber rückwirkd unwirks (hM). Rechnet der Schu in Kenntn seines AnfR auf, bestätigt er das anfechtb Gesch (§ 144). Im Konk- u VerglVerf kann gem KO 54, VerglO 54 auch mit betagten u bedingten Anspr aufgerechnet w.

6) Die **Hauptforderung,** gg die der Schu aufrechnet, muß **erfüllbar** (§ 271 Anm 1) sein; nicht erforderl ist dagg, daß sie vollwirks u fällig ist (BGH **17**, 29). Mögl ist daher die Aufr gg Anspr aus Spiel u Wette (§ 762 I 2), aus DifferenzGesch (§ 764), aus BörsenterminGesch (BörsenG 55, 56, s dazu BGH NJW **81**, 1897), gg gestundete, auflösd bedingte, anfechtb sowie einredebehaftete Anspr. Wer in Unkenntn einer dauernden Einr aufrechnet, kann das Geleistete aber gem § 813 zurückfordern. Unzul ist dagg die Aufr gg aufschiebd bedingte u künft Anspr (BGH NJW **88**, 2543). Die im Konk angemeldete Fdg wird erst mit der Feststellg zur KonkTabelle für den KonkVerw erfüllb (BGH **100**, 227). Gg WechselFdgen kann wg WG 40 vor Fälligk nicht aufgerechnet w (BGH NJW **70**, 41), gg künft Ruhegehaltsraten im voraus nur für einen Zeitraum von 6 Mo (BGH NJW **72**,154). Besteht die HauptFdg nicht od fällt sie inf Anf weg, ist die Aufr unwirks.

7) Ausschluß der Aufrechnung. a) Er kann auf **Gesetz** beruhen: vgl §§ 390–395, AktG 66, GmbHG 19 II (s dazu BGH **53**, 75, NJW **68**, 399), GenG 22 V (RG **148**, 235), VAG 26 (BGH **16**, 38), BRAGO 96a (Karlsr OLGZ **86**, 99). Das Truckverbot des GewO 115 I enthält kein AufrVerbot (BGH NJW **75**, 1515). Aus dem Kreditierungsverbot des GewO 115 II können sich aber Beschränkgen der Aufr ergeben (BAG Betr **79**, 1848, Denck JuS **81**, 484). Die Verrechng der Miete einer WerkWohng mit ArbLohn verstößt nicht gg GewO 115 ff (BAG **AP** Nr 2). – **b)** Die Aufr kann, soweit keine gesetzl Vorschr entggstehen, auch dch **Vertrag** ausgeschlossen w. Vertragl AufrVerbote haben verfügde Wirkg (BGH NJW **84**, 357). Sie können ausdr, aber auch stillschw vereinbart w. – **aa) Handels- u Barzahlungsklauseln.** AufrVerbote enthalten die Klauseln „netto Kasse gg Rechng u Verladepapiere" (BGH **14**, 62, **23**, 134); „Kasse gg Verladedokumente" (BGH NJW **76**, 852); „prompt netto Kasse bei Übern" (Brem NJW **68**, 1139); „cash on delivery" (BGH NJW **85**, 550), iZw auch die Vereinbg Lieferg gg Scheck (Köln NJW **87**, 262). Barzahlgsklauseln begründen ein AufrVerbot, wenn sie in Kenntn einer aufrechnbn GgFdg vereinbart w (BGH **Warn 71** Nr 125); sie können aber auch sonst als AufrVerbot aufzufassen sein (Nürnb MDR **80**, 228). – **bb) Prozessuale Abreden.** Ist für die GgFdg die ausschließl Zustdgk eines ausl Ger vereinb, kann mit ihr vor einem inl Ger nicht aufgerechnet w (BGH **60**, 89, NJW **81**, 2645). Entspr gilt, wenn für die GgFdg ein SchiedsGer zuständ ist (BGH **38**, 254, WPM **83**, 771, Düss NJW **83**, 2149). – **c)** Die Aufr ist nach s 157, sei es nach § 242 ausgeschlossen, wenn die **Eigenart des Schuldverhältnisses** od der Zweck der geschuldeten Leistg die Aufr als mit Treu u Glauben unvereinb erscheinen läßt (BGH **95**, 113, **71**, 383). Die Aufr ist daher **unzulässig:** ggü dem Anspr gg die Hinterleggsstelle auf Rückzahlg des hinterlegten Geldbetrages (BGH **95**, 113); ggü dem Anspr aus einem Akkreditiv (BGH **60**, 264); uU ggü dem Anspr auf Hinterlegg des KaufPr beim Notar (Ffm DNotZ **69**, 515, Frage des Einzelfalls); ggü dem Anspr auf AusglZahlg gem HausrVO (Hamm FamRZ **88**, 745); ggü dem Anspr aus einem Vergl, wenn die GgFdg bei VerglSchl bekannt war (BGH **LM** Nr 63); ggü dem Anspr aus einem AufbauDarl wg nicht konnexer GgFdgen (BGH **25**, 215); ggü dem Anspr aus einem TrHandVerh wg nicht konnexer GgFdgen (RG **160**, 60, BGH **14**, 347, BayObLGZ **76**, 166); ggü dem Anspr gg den Notar auf Auskehrg des Anderkontos wg GebührenFdgens aus und Sachen (Köln DNotZ **89**, 260, str); ggü dem Anspr des LeasingNeh gg den LeasingGeb auf Herausg der zur Reparatur erforderl Leistg des Kaskoversicherers (BGH **93**, 394); ggü dem Anspr des Kunden gg die Bank mit FdgenGen, die nicht in bankübl Weise od nur zu dem Zweck erworben worden sind, dem Zedenten eine Befriediggsmöglichk zu verschaffen (BGH NJW **81**, 1600, **83**, 1735, **87**, 2997); ggü entscheidungsreife KlFdg, wenn der Bekl über die GgFdg pflwidr keine Abrechng erteilt hat (BGH WPM **63**, 509) od er beim Fälligwerden seiner GgFdg bereits längere Zeit im Verzug war (Brem NJW **68**, 1139); wenn der Aufrechnde, wie sich aus der GgFdg zu befriedigen, wie er weiß, daß für diese Waren bestellt u w weiß, daß für diese Waren ein verlängerter EigtVorbeh besteht (BGH **LM** Nr 48). Ggü einem SchmerzGAnspr wg falscher ärztl Behandlg kann die Aufr mit Pflegekosten (teilw) unzul sein (Brem NJW **87**, 846). **Zulässig** ist die Aufr dagg: ggü Anspr aus einer Festgeldanlage (BGH NJW **87**, 2998); ggü dem Anspr aus einer Zahlgsgarantie auf erstes Anfordern (BGH NJW **94**, 171); ggü liquiden GgFdgen (BGH Betr **87**); ggü dem RA aus § 667 mit HonorarAnspr aus fr Auftr (BGH **71**, 382); ggü einem in Verwahrg gegebenen Geldbetrag mit NotariatskostenFdgen (Köln DNotZ **87**, 571, str); ggü der Fdg auf Berichtigg des Bargebots (BGH Betr **87**, 1677); ggü dem Anspr des Verletzten gg den VersNeh auf Auskehrg der UnfallVersSumme mit Anspr aus demselben Unfall (BGH NJW **73**, 1368); ggü dem VorschußAnspr zur Beseitigg von Mängeln (BGH **54**, 246); ggü dem Anspr auf UrlAbgeltg (BAG **16**, 235). – **d) Schranken** für vertragl AufrVerbote ergeben sich aus dem Ges (§ 552a), aber auch aus allg RGrds: – **aa)** Mit einer **unbestrittenen,** rkräft festgestellten od entscheidgsreifen GgFdg kann trotz eines formularmäß Verbots aufgerechnet w, AGBG 11 Nr 3. Das gilt auch für das in einer IndVereinbg enthaltene AufrVerbot, soweit es die zügige Dchsetzg der Fdg gewährleisten soll (BGH WPM **75**, 616, **78**, 621). – **bb)** Das vertragl AufrVerbot tritt im **Konkurs** idR zurück (BGH NJW **75**, 442, **81**, 762, **84**, 357). Entspr gilt bei sonst VermVerfall (BGH ZIP **88**, 1341) od wenn das Verbot aus auf Grden die Dchsetzg einer konnexen GgFdg vereiteln od erhebl gefährden würde (s BGH **23**, 26, **35**, 254, NJW-RR **87**, 883). And ist es aber, wenn die Fdg abgetreten ist u der Zessionar auf das Verbot vertraut hat (BGH **14**, 62). – **cc)** Die Berufg auf das vertragl AufrVerbot verstößt gg § 242, wenn die GgFdg auf einer **vorsätzlich unerlaubten Handlung** beruht (RG **60**, 296, BGH ZIP **85**, 926). And liegt es, wenn zur Aufklärg der angebl unerl Hdlg ine umfangreiche, in ihrem Ergebn zweifelh BewAufn erforderl ist (RG **142**, 144). Bei GgFdg aus vorsätzl VertrVerletzgen hängt es von den Umst des Einzelfalls ab, ob das AufrVerbot zurücktritt (BGH NJW **66**, 1452, Nürnb WPM **72**, 264). – **dd)** Das AufrVerbot ggü einer **Mietkaution** entfällt, wenn der Vermieter nach VertrEnde für die Abrechng hinr Zeit gehabt hat (BGH NJW **72**, 721, Celle OLGZ **86**, 7); nach Ablauf dieser Fr, die längstens 6 Mo beträgt, entsteht umgekehrt ein

§§ 387, 388

AufrVerbot zum Nachteil des Vermieters (Celle NJW 85, 1715, aA BGH 101, 250). – **ee)** Formularmäß Aufrechngsverbote werden auch dch eine entspr Anwendg von **AGBG 11 Nr 2** begrenzt (§ 11 AGBG Anm 3c).

8) Aufrechnungsvertrag. a) Die Aufr kann statt dch einseit Erkl auch dch **Vertrag** vollzogen w. Der AufrVertr ist kein ggs ErlaßVertr, sond ein ErfErsetzgsVertr. Er hat verfügden Charakter. Seine Zulässigk ist (trotz des angebl *numerus clausus* der schuldrechtl VfgsGesch) allg anerkannt (s bereits Mot II 104). Der AufrVertr kann auch dch schlüss Verhalten abgeschlossen w (RG **104**, 188). Die bloße Übg, ggs Fdgen zu verrechnen, genügt aber nicht (BGH VersR **70**, 368). Ein AufrVertr ist auch der in § 782 erwähnte Abrechngs Vertr sowie die sog Skontration, dh die Verrechng von Fdgen einer Vielzahl von Part aufgrd einer allseit Vereinbg. – **b)** Die **Voraussetzungen** der einseit Aufr brauchen nicht vorzuliegen. So ist die Ggseitigk der Fdgen nicht erforderl (RG **72**, 378, BGH ZIP **85**, 747); es genügt, daß die Part über die von ihnen zur Aufr gestellten Fdgen verfügen können. Auch die übrigen Erfordern einseit Aufr können fehlen, so die Gleichartigk (MüKo/v Feldmann Rdn 17, str), die Vollwirksamk u Fälligk der GgFdg (RG **104**, 188, BGH NJW **70**, 42) u die Erfüllbark der HauptFdg. Bezieht sich der Vertr auf künft Fdgen, w diese im Ztpkt ihrer Entstehg getilgt. Bei solchen aufschieb bedingten AufrVertr kann es zu **Konflikten mit späteren Pfändungen** kommen (s dazu § 392 Anm 2). Unverzichtb ist, daß die zu verrechnden Fdgen **rechtsgültig** sind. Besteht eine Fdg nicht, ist der AufrVertr insow unwirks (MüKo/v Feldmann Rdn 17), es sei denn, daß die Fdg dch den Vertr neu begründet od in zul Weise anerkannt w. AufrVerbote gelten auch für die vertragl Aufr, soweit sie, wie GmbHG 19, AktG 66, Drittinteressen schützen (RG **85**, 354, **141**, 210). Bezweckt das Verbot, wie §§ 393, 394, den Schutz des AufrGegners, ist es nach Fälligk der geschützten Fdg entsprechend anwendb (AufrVertr wirks, da der Geschützte mit seiner fäll Fdg auch einseit aufrechnen könnte. – **c) Abgrenzung. – aa) Im Aufrechnungsvorvertrag** verpflichten sich die Part, künft einen AufrVertr zu schließen. Kein AufrVorvertr, sond ein aufschieb bedingter AufrVertr ist die Vereinbg, daß künft Fdgen, sobald sie entstehen, dch Verrechng erlöschen sollen. – **bb)** Das **Kontokorrentverhältnis** (HGB 355ff) enthält einen AufrVertr, der idR dahin geht, daß sich die Verrechng am Ende der Rechngsperiode automat vollzieht (BGH **74**, 255). Seine Darstellg u rechtl Deutg muß dem HandelsR überlassen bleiben. Zum SaldoAnerkenntn s § 305 Anm 4. – **cc) Konzernverrechnungsklauseln** räumen der begünstigten Part die Befugn zur Aufr mit Fdgen und zum Konzern gehörder Gesellsch ein (BGH **LM Nr 43**). Sie werden auch von der öff Hand zG von Fdgen and Körpersch vereinb (BGH WPM **77**, 760). Die Klausel ist kein AufrVertr iSv oben a); sie bedingt vielmehr das Erfordern der Ggseitigk ab u ermöglicht damit eine **Drittaufrechnung**. Sie kann in einem IndVertr vereinb w, ist aber auch bei Aufn in AGB wirks (str, s BGH **81**, 17). Die Fassg der Klausel kann ergeben, daß auch der and Teil zur DrittAufr befugt ist (BGH ZIP **85**, 747). Im Konk des AufrGegners ist die Klausel analog KO 55 Nr 2 u 3 wirkgslos (BGH aaO).

388 *Erklärung der Aufrechnung.* **Die Aufrechnung erfolgt durch Erklärung gegenüber dem anderen Teile. Die Erklärung ist unwirksam, wenn sie unter einer Bedingung oder einer Zeitbestimmung abgegeben wird.**

1) Die **Aufrechnungserklärung** ist eine einseit empfangsbedürft WillErkl; sie ist ein GestaltgsGesch (Übbl 3d v § 104) u daher unwiderrufl u bedingsfeindl (S 2). Unwirks ist die im voraus für den Fall der Entstehg der GgFdg abgegebene AufrErkl (RG JW **03** Beil 124), ebso die Aufr ohne die erforderl behördl Gen (BGH **11**, 37). Die wg Fehlens der AufrVoraussetzgen od wg Verstoßes gg ein AufrVerbot unwirks Aufr muß nach Wegfall des Verbots wiederholt w (BGH NJW **84**, 357). Die Erkl braucht nicht ausdr abgegeben zu w (RG **59**, 211, BFH NVwZ **84**, 469). Sie kann in der Leistgsverweigerg ggü einer gleichart Schuld enthalten sein (Hamm JurBüro **79**, 745), § 273 Anm 5c). Gesetzl Fr bestehen nicht. Sieht der TarVertr für einen Anspr schriftl Geltdmachg innerh einer best Fr vor, gilt dieses Erfordern auch für die AufrErkl (LAG Düss Betr **71**, 1015).

2) Aufrechnung im Prozeß. a) Wird die Aufr im Proz erklärt, ist sie gleichzeit **Prozeßhandlung** (Übbl 5 v § 104) u materielles RGesch (BGH **23**, 23, hM). Scheitert die Aufr aus prozessualen Grden, etwa wg Zurückweisg gem ZPO 296 od 530 II, kann der Aufrechnde die GgFdg anderweit geltd machen (BGH **16**, 140, für ZPO 296 aA BGH **33**, 242). Die verfahrensrechtl Nichtbeachtg der Aufr begründet nach dem RGedanken des § 139 auch ihre sachl-rechtl Unwirksamk (Rosenberg-Schwab § 106 III 2, Lüke JuS **71**, 165, and Begründgen bei Kawano ZZP **94**, 1, MüKo/v Feldmann § 387 Rdn 14). – **b)** Die Aufr kann **hilfsweise** für den Fall erklärt w, daß das Ger die HauptFdg als begründet ansieht (Mot II 104, BGH NJW **97**, 273, allgM). § 388 S 2 steht nicht entg, da das Bestehen der HauptFdg keine echte Bdgg, sond RBdgg ist (s auch §§ 209 II 3, 215 u GKG 19 III, die die Zulässigk der EventualAufr voraussetzen). Im Zw ist jede erst im RStreit erklärte Aufr bloße EventualAufr. Das Ger darf die Aufr erst berücksichtigen, wenn es die HauptFdg für begründet hält. Falls zur Entscheidg über die HauptFdg eine BewAufn erforderl ist, die zur Aufr gestellte GgFdg aber liquide ist, muß das Ger die angebotenen Bew erheben, sog Beweiserhebstheorie (RG **167**, 258, BGH **LM** ZPO 322 Nr 21, BAG **11**, 346). Die insb von Stölzel (ZZP **24**, 50 uö) vertretene KlAbweisgstheorie hat keine Bedeutg mehr. Sofort Abweisg der Kl aufgrd der Aufr ist nur mögl, wenn der Beklagte die anspr begründten Behauptgn nicht mehr bestreitet u seine Verteidig auf die Aufr beschränkt (RG **167**, 258). – **c)** Klagt der Kläger nur eine **Teilforderung** ein, entspr es dem Willen des Aufrechnden, aber auch der iF des Widerspr (§ 396) maßgebden gesetzl Tilggsreihenfolge (§ 366 II „lästigere Fdg"), daß die KlFdg getilgt w (RG **66**, 275, BGH **56**, 314, WPM **75**, 796, stRspr, str). Um der KlAbweisg zu entgehen, muß der Kläger die Kl erweitern (ZPO 264 Nr 2). And liegt es, wenn der Beklagte vor KlErhebg aufgerechnet hatte (RG **129**, 65) od wenn der Kläger die GgFdg in der Kl absetzt u nur den Rest einklagt (RG **57**, 100, BGH **56**, 314). Wird eine TeilFdg eingeklagt, die nach einzubehaltden Sicherh verbleibt, kann mit GgFdgen nur aufgerechnet w, sow sie die Sicherh übersteigen (BGH **56**, 314, NJW **67**, 34). – **d) Unterschiedliche Rechtswegzuständigkeiten.** Das ZivilGer kann u muß über die str GgFdg auch dann ent-

Erlöschen der Schuldverhältnisse. 3. Titel: Aufrechnung **§§ 388–390**

scheiden, wenn für diese die Ger der freiw Gerbark (BGH **40**, 338: LandwirtschGer; BGH NJW **80**, 2467: WoEigtGer), die FamGer (BGH NJW-RR **89**, 173) od die ArbGer (BGH **26**, 304) zuständ sind. Das gilt ebso umgekehrt für das ArbGer, wenn die zur Aufr gestellte GgFdg zur Zuständigk der ord Ger gehört (BAG NJW **72**, 2016). And ist es dagg im Verh zw den ZivGer u den Ger der allg u bes VerwGerbark sowie umgekehrt. Hier muß das Ger gem ZPO 148, 302 verfahren u bei Streit über die GgFdg das **Urteil des zuständigen Gerichts abwarten** (BGH **16**, 124, BVerwG NJW **87**, 2530, BFH NVwZ **87**, 263). Die Ger der allg u bes VerwGerbark bilden dagg insow eine Einh, können also über str GgFdgen und VerwGerZweige mitentscheiden (BSozG NJW **69**, 1368). Ausgeschlossen ist die Berücksichtigg der Aufr, wenn für die GgFdg ein SchiedsGer od kr Prorogation ein ausl Ger zuständ ist (BGH **38**, 258, **60**, 85, stRspr). – e) Die **Rechtskraft** des Urt erfaßt nach ZPO 322 II auch die Entscheidg über die zur Aufr gestellte GgFdg, aber nur bis zur Höhe der KlFdg. Das gilt für die im klagstattgebden Urt enthaltene Entscheidg, wie die GgFdg bestehe nicht. In RKraft erwächst aber auch der im klagabweisden Urt enthaltene Ausspruch, die an sich begründete GgFdg sei dch die Aufr verbraucht (RG **161**, 172, BGH **36**, 319). Dagg begründet die Aufr keine RHängigk der GgFdg (BGH **57**, 243, aA Teubner JR **88**, 401). Die zur Aufr gestellte Fdg kann daher anderweit eingeklagt w; ebso kann die rhäng Fdg in einem and Proz aufgerechnet w (BGH aaO, str). – f) **Prozeßkosten** s § 389 Anm 1b.

389 *Wirkung der Aufrechnung.* Die Aufrechnung bewirkt, daß die Forderungen, soweit sie sich decken, als in dem Zeitpunkt erloschen gelten, in welchem sie zur Aufrechnung geeignet einander gegenübergetreten sind.

1) Wirkung der Aufrechnung. a) Die Aufr bewirkt, daß Haupt- u GgFdg, soweit sie sich decken, **erlöschen** (s Übbl 1 a v § 362). Der AufrGegner kann daher nicht mehr anderweit aufrechnen, es gibt keine „Replik" der Aufr (RG **143**, 388, JW **37**, 3226). Er hat aber uU das WidersprR des § 396. Das Erlöschen der Fdgen kann nicht dch Widerr der Aufr, sond nur dch vertragl Neubegründg rückgäng gemacht w. – **b)** Die Aufr tilgt die Fdgen **mit Rückwirkung** auf den Ztpkt, in dem sich Haupt- u GgFdg erstmals aufrechenb ggüstanden. Wer weiß, daß er aufrechnen kann, braucht sich wirtschaftl nicht mehr als Schu zu fühlen, auch wenn er die Aufr nicht sogleich erklärt. VertrStrafe, ZinsAnspr u Verzugsfolgen entfallen *ex tunc* (BGH **80**, 278); hierauf bereits erbrachte Leistgen können gem § 812 zurückgefordert w. Bei Anspr mit **veränderlicher Höhe** (SchadErs wg Verlustes von Aktien mit schwankdem Kurswert) ist die Höhe im Ztpkt des Eintritts der AufrLage entscheidd (BGH **27**, 125); Erhöhgen bis zum Ztpkt des Zugangs der Erkl sind aber zu berücksichtigen, wenn allein der Gläub der SchadErsFdg zur Aufr berecht ist (BGH aaO, str, and Lösgsvorschläge bei MüKo/v Feldmann Rdn 4a u Dietrich AcP **170**, 551). Wg der Rückwirkg trägt der Kläger die **Prozeßkosten** auch dann, wenn der Beklagte erst im Proz aufrechnet (RG **58**, 417). Dagg hat der Bekl die Kosten des RStreits zu tragen, wenn seine GgFdg erst nach RHängigk entstanden ist u der Kläger nach Aufr die Hauptsache für erledigt erklärt (RG **57**, 384). – **c)** Auch im **öffentlichen Recht** (§ 395 Anm 1) wirkt die Aufr auf den Eintritt der AufrLage zurück. Die ggü einem Abgabenbescheid nachträgl erklärte Aufr ist daher im gerichtl AnfVerf unerhebl, wenn sich der angefochtene Bescheid auf die Festsetzg der Abgabe beschränkt (BVerwG NVwZ **84**, 168). Nur wenn der Bescheid zugl eine ZahlgsAuffordeg enthält, ist die Aufr im AnfProz zu berücksichtigen (BVerwG aaO, Buhmann MDR **84**, 983).

2) Bedeutung der Aufrechnungslage. Hat der Schu in Unkenntn seines AufrR geleistet, steht ihm kein BereichergsAnspr zu. Er zahlt keine Nichtschuld, da erst die AufrErkl den Anspr zum Erlöschen bringt; auch § 813 ist weder direkt noch analog anwendb (RG **120**, 280, **144**, 94, Mot II 109, str). Das Entstehen der AufrLage hindert den Verzugseintritt nicht; die Verzugsfolgen entfallen aber dch die AufrErkl mit Wirkg *ex tunc* (BGH NJW **88**, 259). Gleichwohl trifft es nicht zu, daß sich die beiderseit Fdgen „obj völlig fremd ggüstehen" (s BGH **2**, 303 gg RG **66**, 273). Das Ges knüpft in §§ 357, 390 S 2, 392, 406, 554 I 3, KO 53–55, VerglO 54 an die AufrLage wichtige RFolgen. Es begründet darüber hinaus für Mithaftde ein LeistgVR, wenn sich der Gläub dch Aufr befriedigen kann (§§ 770 II, 1137 I 1, 1211 I 1, HGB 129 III). Dieses LeistgVR steht auch den MitErben zu (BGH **38**, 127).

3) Zur Aufr ggü Teilklagen s § 388 Anm 2c.

390 *Keine Aufrechnung mit einredebehafteter Forderung.* Eine Forderung, der eine Einrede entgegensteht, kann nicht aufgerechnet werden. Die Verjährung schließt die Aufrechnung nicht aus, wenn die verjährte Forderung zu der Zeit, zu welcher sie gegen die andere Forderung aufgerechnet werden konnte, noch nicht verjährt war.

1) Satz 1. a) Die Vorschr ist eine bes Ausprägg des Grds, daß die zur Aufr gestellte **Gegenforderung** vollwirks sein muß (§ 387 Anm 5). Sie betrifft zerstörde u aufschiebde Einr, aber nur materielle, nicht ProzEinr (RG **123**, 349, Hamm WPM **88**, 519, vgl aber zur Einr des SchiedsVertr § 387 Anm 7b). Die Aufr ist bereits ausgeschlossen, wenn die Einr besteht; es ist nicht erforderl, daß sie geltd gemacht w. Will der Schu gem § 406 ggü dem NeuGläub mit einer GgFdg gg den AltGläub aufrechnen, schließen auch die dem AltGläub zustehden Einr die Aufr aus (BGH **35**, 327). – **b) Einzelne Einreden.** S 1 gilt ua für folge Einr: ZbR (§ 273), aber nicht, wenn sich der Zurückhaltde in AnnVerz befindet (BGH **94**, 309, BGH MDR **59**, 386); Einr gem § 320, es sei denn, daß sie beiden Teilen in gleicher Weise zusteht (RG **119**, 4, Karlsr OLGZ **83**, 465); die Einr fehlder Rechng (BGH AnwBl **85**, 257 zu BRAGO 18); Einr der beschränkten ErbenHaftg (§ 1990) bei Aufr gg Fdg des Erben (BGH **35**, 327), dagg nicht bei Aufr ggü NachlFdgen (§ 1990 Anm 1). Eine Einr iSd S 1 kann auch dch eine VermBeschlagn begründet w (BGH **23**, 399). Auf die Anfechtbark ist S 1 dagg nicht anwendb (§ 387 Anm 5).

2) Satz 2 läßt die Aufr mit einer verjährten GgFdg zu, soweit diese bei Eintritt der AufrLage noch unverjährt war. Die Vorschr beruht auf der Rückwirkg der Aufr (§ 389 Anm 1). Sie gilt auch für die Aufr mit verjährten RückzahlgsAnspr aus nichtigen RatenkreditVertr (BGH NJW **87**, 181, Canaris ZIP **87**, 1) u für solche GgFdgen, die rechtskr wg Verj abgewiesen worden sind (BGH Betr **71**, 1619). Ist die Fdg inf Ablaufs einer AusschlFr erloschen, ist S 2 weder direkt noch analog anwendb (BAG NJW **68**, 813, **AP** Nr 2, Betr **74**, 585, BGH Betr **74**, 586 unter Aufg v BGH **26**, 308). Auch auf den gem § 1613 erloschenen UnterhAnspr findet S 2 keine Anwendg (BGH NJW **84**, 2160). Entspr anzuwenden ist S 2 dagg auf Fdgen, die wg vorbehaltloser Ann an der Schlußzahlg gem VOB (B) 16 Nr 3 II 1 nicht mehr geltd gemacht w können (BGH NJW **82**, 2250, **83**, 817). Er ist auch iF des § 273 analog heranzuziehen (dort Anm 3). Zu beachten sind jedoch die SonderVorschr, die die Aufr mit verjährten Fdgen beschränken (s §§ 479, HGB 414 III, KVO 40 V).

391 *Aufrechnung bei Verschiedenheit der Leistungsorte.* ^IDie Aufrechnung wird nicht dadurch ausgeschlossen, daß für die Forderungen verschiedene Leistungs- oder Ablieferungsorte bestehen. Der aufrechnende Teil hat jedoch den Schaden zu ersetzen, den der andere Teil dadurch erleidet, daß er infolge der Aufrechnung die Leistung nicht an dem bestimmten Orte erhält oder bewirken kann.

^{II}Ist vereinbart, daß die Leistung zu einer bestimmten Zeit an einem bestimmten Orte erfolgen soll, so ist im Zweifel anzunehmen, daß die Aufrechnung einer Forderung, für die ein anderer Leistungsort besteht, ausgeschlossen sein soll.

1) Die Aufr ist auch dann zul, wenn für die beiderseit Leistgen verschiedene Leistgs- od Ablieferorte bestehen (I 1), der Aufrechnde ist dem and Teil aber schaderspflicht (I 2). Die ErsPfl erstreckt sich auf den gesamten adäquat verursachten Schaden. Unter den Voraussetzgen von II ist das mit dem GeschZweck unvereinb AufrR ausgeschlossen.

392 *Aufrechnung gegen beschlagnahmte Forderung.* Durch die Beschlagnahme einer Forderung wird die Aufrechnung einer dem Schuldner gegen den Gläubiger zustehenden Forderung nur dann ausgeschlossen, wenn der Schuldner seine Forderung nach der Beschlagnahme erworben hat oder wenn seine Forderung erst nach der Beschlagnahme und später als die in Beschlag genommene Forderung fällig geworden ist.

1) § 392 betrifft die Beschlagn der **Hauptforderung,** gg die aufgerechnet w soll. Das in der Beschlagn enthaltene Verbot, die Fdg zu erfüllen (ZPO 829 I 1), erstreckt sich auch auf ErfSurrogate wie die Aufr. Das AufrVerbot gilt aber nicht, wenn im Ztpkt der Beschlagn die AufrLage (§ 389) bereits gegeben war oder begründete Aussicht auf Aufr bestand (ParallelVorschr: § 406). Es genügt, daß im Ztpkt der Beschlagn die GgFdg dem RGrd nach bestand (BGH NJW **80**, 584, Köln OLGZ **78**, 321), sofern sie spätestens gleichzeit mit der HptFdg fäll w (BGH JZ **78**, 799). Zahlt der Schu nach der Beschlagn an den Gläub, ist die Erf ggü dem PfändgsGläub unwirks (§§ 135, 136). Der Schu ist daher unter den Voraussetzgen von § 392 berecht, ggü der beschlagnahmten Fdg aufzurechnen (BGH **58**, 25, Denck NJW **79**, 2375, a A LAG Saarbr NJW **78**, 2055, wenn die Zahlg nicht dch eine Zwangslage veranlaßt war). Für die Aufr nach KonkEröffng gilt die Sonderregelg in KO 53–56. Weitere SonderVorschr: §§ 1125, VerglO 54 (s dazu BGH **71**, 385).

2) Der nach der Beschlagn geschlossene **Aufrechnungsvertrag** (§ 387 Anm 8) ist ggü dem PfändgsGläub unwirks (BAG **AP** Nr 1 u 2). Ein fr geschlossener AufrVertr ist dagg ohne die Beschränkg des § 392 wirks, da die Beschlagn die Fdg nur in dem Zustand ergreifen kann, in dem sie sich befindet (BGH NJW **68**, 835, Hbg NJW **52**, 388, Böttcher FS Schima, 1969, S 106). Der danach maßgebde Grds der Priorität gilt auch für den KleinVerk des tägl Lebens (MüKo/v Feldmann Rdn 2, aA RG **138**, 258). Bei Lohnpfändgen ergibt aber der RGedanke des ZPO 850h, daß der ArbN nach der Pfändg nicht mehr berecht ist, seine Vergütg von den für den ArbG vereinnahmten Beträgen abzuziehen (BAG NJW **66**, 469, str, zweifelh).

393 *Keine Aufrechnung gegen Forderung aus unerlaubter Handlung.* Gegen eine Forderung aus einer vorsätzlich begangenen unerlaubten Handlung ist die Aufrechnung nicht zulässig.

1) Allgemeines. a) § 393 soll dazu beitragen, daß der dch eine vorsätzl unerl Hdlg Geschädigte in angem Fr – ohne Erörterg von GgAnspr des Schädigers – zu seinem Recht kommt (BGH NJW **87**, 2998). Er soll zugl eine sanktionslose PrivRache verhindern (Deutsch NJW **81**, 735). Ohne § 393 könnte der Gläub einer nicht beitreibb Fdg dem Schu bis zur Höhe der Schuld vorsätzl Schaden zufügen, ohne zivilrechtl Nachteile befürchten zu müssen. Der Vorschlag von Pielemeier (AufrVerbot des § 393, 1988), § 393 nur ggü Anspr aus unzul Selbsthilfe anzuwenden, beruht auf einer Überschätzg der Möglichk des StrafR u ist mit dem Wortlaut, aber auch mit dem Zweck der Norm unvereinb. – **b)** Die Vorschr verbietet die Aufr **gegen** eine Fdg aus vorsätzl unerl Hdlg. Sie betrifft also die HptFdg u richtet sich gg den Schädiger. Dagg steht es dem Geschädigten frei, **mit** der DeliktsFdg aufzurechnen. Das Verbot gilt auch für die jur Person, die für die vorsätzl unerl Hdlg ihres Organs haftet (BayObLG **84**, 272), den Schuldübernehmer, den nach HGB 25 haftden GeschÜbernehmer (RG **154**, 339) u den Bü. Es w dch den Abschl eines Vergl nicht berührt, sofern keine Schuldumschaffg (§ 779 Anm 4a) vorliegt (MüKo/v Feldmann Rdn 1, aA Glötzner MDR **75**, 718). § 393 ist auf die Geltdmachg von ZbR entspr anzuwenden (BAG NJW **68**, 566), nicht aber auf die Anrechng von Vorteilen iW der VortAusgl (BGH NJW **67**, 2013, Hamm NJW **70**, 2296, § 387 Anm 1b). Ggü dem GeldstrafAnspr ist Aufr ohnehin ausgeschl (§ 395 Anm 1), eine entspr Anwendg des § 393 ist daher nicht erforderl. Will der Geschädigte mit seinem ErsAnspr aus vorsätzl Schädigg aufrechnen, ist ein vertragl AufrVerbot idR gem § 242 unbeachtl (§ 242 Anm 4 D c).

Erlöschen der Schuldverhältnisse. 3. Titel: Aufrechnung §§ 393–395

2) Voraussetzungen: a) Unerl Hdlgen iS des § 393 sind die Delikttatbestände des BGB (§§ 823 ff) u der privatrechtl SonderGes. Strafbark ist nicht erforderl. Zum Vors s § 276 Anm 3. ErsAnspr aus vorsätzl VertrVerletzgen sind nicht geschützt (BGH NJW **75**, 1120). Konkurrieren ein delikt u ein vertragl SchadErsAnspr, ist § 393 dagg anzuwenden (RG **154**, 338, BGH NJW **67**, 2013). Das gilt selbst dann, wenn der delikt Anspr wg Verj nicht mehr geltd gemacht w kann (RG **167**, 259, BGH NJW **77**, 529). Unter § 393 fällt auch der Anspr des Dienstherrn gg den Beamten wg vorsätzl Verletzg von DienstPflten (VGH BaWü DÖD **80**, 62), nicht aber der Anspr aus ZPO 717 II (RG **76**, 408) od ZPO 600 II, 302 IV (RG JW **34**, 3193). – **b)** Das AufrVerbot erstreckt sich auch auf **Folgeschäden** einschl von KostenerstattgsAnspr (Karlsr MDR **69**, 483), nicht aber auf Anspr auf Ers von PrivKlKosten (s Glötzner MDR **75**, 718), auch nicht auf Fdgen, die in keinem inneren Zushang mit der unerl Hdlg stehen (Celle OLGZ **69**, 319). Stehen sich zwei Fdgen aus vorsätzl unerl Hdlgen ggü, gilt das AufrVerbot für beide Fdgen (RG **123**, 7, Celle NJW **81**, 766, str, differenziert Deutsch NJW **81**, 735). – **c)** § 393 ist AusnTatbestd. Seine Voraussetzgen, auch den Vors, hat derj zu **beweisen**, der sich auf den AufrAusschluß beruft (MüKo/v Feldmann Rdn 2).

394 *Keine Aufrechnung gegen unpfändbare Forderung.* Soweit eine Forderung der Pfändung nicht unterworfen ist, findet die Aufrechnung gegen die Forderung nicht statt. Gegen die aus Kranken-, Hilfs- oder Sterbekassen, insbesondere aus Knappschaftskassen und Kassen der Knappschaftsvereine, zu beziehenden Hebungen können jedoch geschuldete Beiträge aufgerechnet werden.

1) Allgemeines. Das AufrVerbot soll im öff Interesse verhindern, daß dem Gläub der unpfändb Fdg die LebensGrdlage gänzl entzogen w. Die Vorschr ist zwingd (RG **146**, 401), steht aber der Aufr mit der unpfändb Fdg nicht entgg. Sie gilt auch für AufrVereinbg (VGH Kassel NJW **86**, 147), diese ist aber zul, wenn sie nach Fälligk der unpfändb Fdg geschl w (BAG NJW **77**, 1168). Anrechng von Vorschüssen ist keine Aufr u daher statth (RG **133**, 252, § 387 Anm 1 b). Als Umgeh unzul sind aber Vereinbgen, die best Leistgen entgg der wirkl Sachlage zu Vorschüssen erklären (BAG NJW **56**, 926). § 394 gilt auch für die Zb, wenn diese, wie idR, einen der unzul Aufr gleichkommden Erfolg hat (§ 273 Anm 5 c). Nach Übergang der Fdg auf einen Dr, insb auf den SozVersTräger gem SGB X § 116, entfällt das AufrVerbot (BGH **35**, 327), dagg soll es iF eines FdgÜbergangs gem RVO 182 X od gem SGB X § 115 fortbestehen (BAG Betr **79**, 1848, **85**, 499), SonderVorschr für Aufr gg Anspr aus dem SozialR in SGB (AT) 51 (s dazu BVerwG DVBl **80**, 959).

2) Ausnahmen: Vgl zunächst S 2. Das AufrVerbot tritt zurück, soweit Treu u Glauben dies erfordern. Zul ist daher die Aufr von SchadErsAnspr aus vorsätzl unerl Hdlgen, soweit diese aus demselben LebensVerh entstammen; das ergibt sich für das BeamtenR ausdr aus BRRG 51 II 2, BBG 84 II 2, gilt aber auch ggü Anspr aus ArbVerh (RG **85**, 116, **123**, 8, BAG NJW **60**, 1590, **65**, 70), ggü Anspr des Strafgefangenen auf ArbEntgelt (KG JR **85**, 218) u ggü UnterhAnspr (BGH **30**, 39, Düss FamRZ **81**, 970). Im ArbR ist idR auch die Aufr mit Anspr aus vorsätzl VertrVerletzg zul (BAG NJW **60**, 1590, gg fr Rspr); entspr gilt für die Aufr ggü UnterhAnspr (RGRK Rdn 27, aA BGH **30**, 39). Die Witwe u Erbin des vorsätzl Schädigers kann sich aber idR auf die Unpfändbark ihrer Hinterbliebenenbezüge berufen, wenn ihr ggü aufgerechnet w soll (RAG **11**, 44). Wie weit die Aufr dchgreift, hängt von einer Abwägg der Umst des Einzelfalles ab (BAG NJW **65**, 70). ZPO 850 f II gilt im Ergebn sinngem. IdR w dem Gläub das Existenzminimum (ZPO 850 d) zu belassen sein (BAG **AP** Nr 8, einschränkd BAG NJW **65**, 70), da andf die Sozialhilfe eintreten müßte, die Aufr also im Ergebn zu Lasten der öff Hand gehen würde. Hat ArbN UrlGratifikation bestimmgswidr Verwendg zurückzuerstatten, kann ArbG mit ErstattgsAnspr gg Anspr auf UrlAbgeltg aufrechnen (BAG NJW **63**, 462). Ist Unterh dem mj Berecht zugeflossen u hat dieser ihn bestimmgsgem verwandt, kann der UnterhSchu iF nochmaliger InAnsprn mit seinem Anspr aus § 812 aufrechnen; § 394 steht nach seinem Schutzzweck nicht entgg (Schlesw SchlHA **78**, 66). Entspr gilt für die Aufr mit einem GgAnspr aus ZPO 945 (Schlesw FamRZ **86**, 707).

3) Die Pfändungsverbote befinden sich in and Ges, insb in ZPO 850 ff; s aber auch SGB I § 54. Bedingt pfändb Anspr (ZPO 850 b) stehen unpfändb Fdgen gleich, es sei denn, daß das VollstrG die Pfändg zugel h (BGH **31**, 217, NJW **70**, 282, KG OLGZ **70**, 19, Düss FamRZ **81**, 971). Nicht anzuwenden ist § 394 auf Miet- u Pachtzinsen, da diese pfändb sind (ZPO 851 b), Aufr ist aber gem § 242 unzul, soweit Pfändg gem ZPO 851 b aufzuheben wäre (vgl § 242 Anm 4 D c). Werden Leistgen nach dem SGB auf ein Konto überwiesen, schließt SGB I § 55 für die Dauer von 7 Tagen die Verrechng mit einem Debetsaldo aus (BGH **104**, 311, OVG Münster u Hbg NJW **88**, 156, 157). Verweigert das Kreditinstitut die Auszahlg, ist der FrAblauf unschädl (OVG Lüneb NJW **87**, 91). Dagg besteht bei einer Aufr auf das Konto des Eheg kein Pfändgsschutz (BGH NJW **88**, 709). KO 14 ist kein Pfändgsverbot iS des § 394 (vgl BGH NJW **71**, 1563), wohl aber das VerwertgsVerbot des ZPO 773 (RG **80**, 35). Wer schuldh das Entstehen eines unpfändb Anspr verhindert, kann ggü dem SchadErsAnspr nicht aufrechnen (RG **162**, 197, RAG **12**, 342, LAG Brem BB **56**, 596). Keine Aufr auch ggü vertragl UnterhAnspr, die ohne ges Verpfl übernommen, aber wie gesetzl UnterhAnspr ausgestaltet sind (RG Warn **19**, 69, Hbg OLG **21**, 247).

395 *Aufrechnung gegen Forderungen öffentlich-rechtlicher Körperschaften.* Gegen eine Forderung des *Reichs* oder eines *Bundesstaats* sowie gegen eine Forderung einer Gemeinde oder eines anderen Kommunalverbandes ist die Aufrechnung nur zulässig, wenn die Leistung an dieselbe Kasse zu erfolgen hat, aus der die Forderung des Aufrechnenden zu berichtigen ist.

1) Allgemeines. Auch öffentlich-rechtliche Forderungen sind grdsl ggeinand aufrechenb (BVerwG NJW **83**, 776, **87**, 2531, BFH NVwZ **84**, 199, Schmidt JuS **84**, 28). Ebso ist es zul, öffrechtl u privatrechtl

437

§§ 395–397   2. Buch. 3. Abschnitt. *Heinrichs*

Fdgen ggeinand aufzurechnen (BGH **16**, 127, BFH WPM **73**, 1006). Auf beide Fallgruppen finden die §§ 387 ff entspr Anwendg, soweit nicht SonderVorschr (etwa AO 226) eingreifen od der RNatur der öffrechtl Fdg enttggsteht (allgM). Die Zugehörigk der Fdgen zu verschiedenen Teilen der ROrdng steht ihrer Gleichartigk nicht entgg; die Aufr scheitert auch nicht daran, daß die Fdgen in verschiedenen RWegen geltd zu machen sind (§ 388 Anm 2d). Da die Aufr in erster Linie Tilgg der HauptFdg ist (§ 387 Anm 1), entscheiden iZw die für die HauptFdg maßgebden Vorschr über die Zulassg der Aufr (s Ffm NJW **67**, 502). Aufr gg eine **Geldstrafe** ist ausgeschlossen, dagg ist die Aufr mit einer Geldstrafe zul (AG Hann NJW **75**, 178), Einschränkgen ergeben sich aber aus BRAGO 96 a (Celle NdsRpfl **84**, 219). Die Aufr mit einer öffrechtl Fdg gg eine öffrechtl Fdg ist eine verwaltgsrechtl WillErkl, kein VerwAkt (BVerwG NJW **83**, 776, BFH NVwZ **87**, 1119). Zur Rückwirkg der Aufr im öffR s § 389 Anm 1c.

2) § 395 beschränkt die Aufr gg **Forderungen des Fiskus** dch eine Verschärfg des Merkmals der Ggseitigk. Er gilt sowohl für privrechtl als auch für öffrechtl Fdgen. Die Vorschr betrifft nur die Aufr des Schu; die AufrBefugn des Fiskus bleibt unberührt. **Kassen** iSd § 395 sind alle Amtsstellen mit selbstd KassenVerw (RG **82**, 236). Maßgebd ist die Kassenidentität zZ der AufrErkl; es genügt nicht, daß die gemeins Zuständigk bei AufrLage (§ 389) bestanden hat (RG **124**, 159, BGH **LM** Nr 2). Für die Aufr gg **Steueransprüche** gilt AO 226. Danach kann nur mit unbestr od rechtskr festgestellten GgFdgen aufgerechnet w; auf die Identität der für beide Anspr zuständ Kassen kommt es nicht an (s Rössler NJW **69**, 494).

396 *Mehrheit von Forderungen.* ¹Hat der eine oder der andere Teil mehrere zur Aufrechnung geeignete Forderungen, so kann der aufrechnende Teil die Forderungen bestimmen, die gegeneinander aufgerechnet werden sollen. Wird die Aufrechnung ohne eine solche Bestimmung erklärt oder widerspricht der andere Teil unverzüglich, so findet die Vorschrift des § 366 Abs. 2 entsprechende Anwendung.

IISchuldet der aufrechnende Teil dem anderen Teile außer der Hauptleistung Zinsen und Kosten, so finden die Vorschriften des § 367 entsprechende Anwendung.

1) § 396 überträgt die Regeln der §§ 366, 367 auf die Aufr. Gleichgült ist, ob dem Aufrechnden, dem and Teil od beiden **mehrere aufrechenbare Forderungen** zustehen. Maßgebd ist (zunächst) die Bestimmg des Aufrechnden. Fehlt sie od widerspricht der andere und unverzügl (§ 121 I 1), so gilt § 366 II. Das WiderspR besteht nur, soweit auch der Gegner zur Aufr befugt ist (LG Nürnbg MDR **54**, 100). Es kann daher vom Zessionar nicht hinsichtl der beim Zedenten verbliebenen Fdgen ausgeübt w (v Olshausen, wie vor § 398, S 89). Ist eine der HauptFdgen verjährt, ist iZw anzunehmen, daß sich die Aufr primär gg die nicht verjährten Fdgen richten soll (RG JW **38**, 2041). Schuldet der Aufrechnde neben der HptFdg Zinsen od Kosten, so hat die AufrErkl, die die Zinsen u Kosten nicht erwähnt, keine von § 367 abweichde Bestimmg (BGH **80**, 274). § 367 II gilt entspr: Die Aufr mit der Bestimmg, die HauptFdg solle vor Zinsen u Kosten getilgt w, ist unwirks, wenn der Gegner ablehnt (MüKo/v Feldmann Rdn 5). Auf AufrVertr ist § 396 nicht anwendb (RG **132**, 221).

Vierter Titel. Erlaß

397 *Erlaßvertrag; negatives Schuldanerkenntnis.* ¹Das Schuldverhältnis erlischt, wenn der Gläubiger dem Schuldner durch Vertrag die Schuld erläßt.

IIDas gleiche gilt, wenn der Gläubiger durch Vertrag mit dem Schuldner anerkennt, daß das Schuldverhältnis nicht bestehe.

1) Allgemeines. Der Erlaß ist ein Vertr zw Gläub u Schu, dch den der Gläub auf die Fdg verzichtet. – **a)** Der Erlaß erfordert einen **Vertrag.** Einen einseit Verzicht auf schuldrechtl Fdgen sieht das Ges nicht vor (RG **72**, 171, **114**, 158, BGH BB **87**, 1065). Mögl ist dagg ein einseit Verzicht auf Einr u GestaltgsR (§§ 376 II Nr 1, 671, 768 II), so etwa der der Einr der Verj nach Ablauf der VerjFr (§ 222 Anm 2c) od das RücktrR (BGH LM § 326 (J) Nr 2). Im SachenR genügt für den Verzicht idR eine einseit Erkl (§§ 875, 928, 959, 1064, 1255), so auch iF des EigtVorbeh (BGH NJW **58**, 1231). Entspr gilt für das ProzR (ZPO 295, 306, 346, 514) u das öffR (AO 227, 261, BHO 59). Dagg ist zum Verzicht auf ein VorkR ein Vertr erforderl (RG **110**, 418, MüKo/v Feldmann Rdn 1, str). – **b)** Der Erlaß ist Verzicht auf eine **Forderung.** Er betrifft das SchuldVerh ieS (Einf 1a v § 241) u unterscheidet sich dadch vom **Aufhebungsvertrag** *(contrarius consensus),* der das SchuldVerh iwS erlöschen läßt (§ 305 Anm 3). Der Erlaß setzt das Bestehen der Fdg voraus. Es genügt allerdings, daß die Fdg bedingt od befristet entstanden od dem RGrd nach angelegt ist. Ausgeschlossen ist dagg der Erlaß einer **künftigen Forderung** (RG **124**, 326, **148**, 262, aA BGH **40**, 330); ein derart antizipierter Verzicht hat aber die Folge, daß die Fdg gar nicht erst entsteht (BGH BB **56**, 1086). Eine bereits erloschene Fdg kann nicht mehr erlassen w (Übbl 1a v § 362). – **c)** Der Erlaß ist ein **verfügender** Vertr (Einf 3a v § 305). Er bewirkt das Erlöschen des SchuldVerh u unterscheidet sich damit vom *pactum de non petendo,* das für den Schu ledigl eine Einr begründet. Haben die Part einen unbefristeten Einfordergsverzicht vereinb, ist iZw ein Erlaß anzunehmen (RG **127**, 129), jedoch auch ein unbefristetes *pactum de non petendo* vorstellb (unten d). Für den Erlaß als verfügden Vertr gilt § 185. Wird schenkw erlassen, ist der Erlaß bereits Vollzug der Schenkg; es gilt daher § 518 II (RG **53**, 296, Hbg NJW **61**, 76). – **d)** Der Erlaß erfordert einen Vertr zw **Gläubiger** u **Schuldner.** Ein Erlaß gg eines Dr ist nicht möglich (RG **127**, 128, Einf 5 b v § 328, str). Wirtschaftl kann das gleiche Ergebn aber dch ein unbefristetes *pactum de non petendo* erreicht w, das als VerpflGesch unbedenkl zGDr geschlossen w kann (BGH JZ **56**, 119).

2) Erlaßvertrag. a) Sein Abschluß ist **formfrei** u zwar auch dann, wenn der Erlaß schenkw erfolgt (RG

53, 296, Hbg NJW **61**, 76). Der ErlaßVertr kann auch dch schlüssige Hdlg zustande kommen, zB dch Rückg des Schuldscheins, Erteilg einer Quittg, Abgabe eines negativen Schuldanerkenntn (II, Anm 3). Wird in einem Proz ein nicht als TFdg gekennzeichneter ZinsAnspr geltd gemacht, so kann das als stillschw Erlaß der etwaigen MehrFdg aufzufassen sein (BGH NJW **79**, 720). Stets muß aber ein rechtsgeschäftl Wille, die Fdg zu erlassen, gegeben sein. An die Feststellg eines solchen Willens sind strenge Anfordergen zu stellen. Es ist ein Erfahrgssatz, daß ein **Verzicht nicht zu vermuten** u iZw **eng** auszulegen ist (RG **118**, 66, BGH NJW **84**, 1346, BAG Betr **85**, 1950, Nürnbg OLGZ **84**, 128, stRspr). Das gilt insb, wenn der angebl Verzicht unbekannte Rechte erfassen soll (BGH aaO). Erforderl ist ein unzweideut Verhalten, das vom ErklGegner als Aufg des Rechts verstanden w kann (BGH FamRZ **81**, 763). Eine Erkl des Gläub, daß er die Fdg für uneinbringl halte, ist kein Erlaß. Entspr gilt, wenn der Gläub zum Ausdr bringt, er rechne auf Deckg von dritter Seite (Mü VersR **61**, 568). Ein konkludentes Verhalten kann nur dann als Erlaß gewertet w, wenn der Gläub die Fdg kannte od wenigstens mit der Möglichk ihres Bestehens rechnete (RG **135**, 265, KG OLGZ **74**, 266, MDR **75**, 1020). Bei einer ausdr ErlaßErkl ist dagg ihr obj ErklWert maßgeb (§ 133 Anm 4c). Die Wiederheirat geschiedener Eheg enthält nicht ow einen Verzicht auf den dch die Scheidg entstandenen Anspr auf ZugewinnAusgl (Nürnbg MDR **80**, 668). Auch der Erteilg od widerspruchslose Ann einer Abrechg ist idR kein Erlaß (BGH Betr **57**, 210). Ein Verzicht auf Abrechng kann gegeben sein, wenn der Mieter trotz Fehlens einer ordngsmäß Abrechng Nebenkosten vorbehaltlos zahlt (Hbg NJW-RR **87**, 1495). Jahrelange Nichtgeltdmachg eines Anspr stellt höchstens in AusnFällen einen Erlaß dar (RG Recht **16**, 1865), kann aber der Verwirkg des Anspr begründen (§ 242 Anm 9). – **b)** Das Erlaßangebot bedarf der **Annahme** dch den and Teil. Handelt es sich um ein Angebot des Gläub, liegen idR die Voraussetzgen des § 151 vor, so daß die Ann nicht empfangsbedürft ist. Bei einem Angebot auf unentgeltl Erlaß genügt uU bloßes Schweigen als Ann (RG JW **11**, 87, RAG HRR **32**, 1070). – **c)** Der Erlaß ist unwirks, sow er **unverzichtbare Ansprüche** betrifft. Der Verzicht auf UnterhAnspr w dch § § 1360a, 1614, 1615 eingeschr. Auf den Anspr auf Tariflohn kann nur in den Grenzen des TVG 4 IV verzichtet w (§ 611 Anm 6h). Weitere VerzVerbote enthalten BBesG 2 II, LFZG 9, BUrlG 13 (vgl dazu § 134 Anm 3a) sowie AktG 50, 66, GmbHG 9, 19, 25, 43 u GenG 34. – **d)** Als Vfg (Anm 1c) ist der Erlaß **abstrakt**. Schuldtillg tritt daher auch ein, wenn das KausalGesch unwirks ist (Übbl 3e v § 104). Fehlt der RGrd fällt er weg, besteht nach § 812 ein Anspr auf Wiederbegründung der Fdg in gehör Form (RG **76**, 60, **108**, 107). GrdGesch u Erlaß können aber von den Part zu einer Einh iSd § 139 zugefaßt w (§ 139 Anm 3b), mit der Folge, daß sich die Unwirksamk des GrdGesch auch auf den Erlaß erstreckt.

3) a) Das **negative Schuldanerkenntnis** (II) ist and als das positive (§ 781), aber ebso wie der Erlaß formfrei. Die Unterscheidg zw konstitutiven u deklaratorischen Anerkenntn (§ 781 Anm 2) ist auch beim negativen Anerkenntn begriffl mögl, wg der Formfreih auch das konstitutiven Anerkenntn prakt aber nicht sehr bedeuts. Wird das negative SchuldAnerkenntn in Kenntn des Bestehens od des mögl Bestehens der Fdg abgegeben, kann es idR nicht kondiziert w. Der RGrd ergibt sich aus § 518 od § 779; im übrigen gilt § 814. Ein Anspr aus § 812 ist dagg gegeben, wenn das negative Schuldanerkenntn ein unwirks KausalGesch zugrde liegt (Bsp: angefochtene Abrede über die Hergabe eines negativen SchuldAnerkenntn gg Zahlg einer Abfindg). Er besteht auch dann, wenn die Part fälschl annehmen, die Fdg sei bereits erloschen, sie das Nichtbestehen also nur feststellen wollten (RG **83**, 116, **108**, 107). Der Gläub muß jedoch das Bestehen der Fdg u seinen Irrt beweisen. – **b)** Die bei Beendig des ArbVerh übl **Ausgleichsquittung** stellt idR ein negat Schuldanerkenntn dar (Schulte Betr **81**, 937, krit Moritz BB **79**, 1610). Sie ist iZw eng auszulegen (BAG NJW **79**, 2267, Plander Betr **86**, 1874) u kann uU wg Irrt od argl Täuschg angefochten w (BAG BB **77**, 1401). Nicht erfaßt w idR Anspr auf KündSchutz (BAG NJW **79**, 2267, Betr **85**, 2357), auf Lohnfortzahlg (BAG NJW **81**, 1285), auf KarenzEntsch (BAG NJW **82**, 1479), auf Ruhegehalt (BAG Betr **86**, 1950) u der ZeugnAnspr (BAG NJW **75**, 407). – **c)** Die **Entlastung** im Vereins- u GesellschR ist ein einseit, keiner Ann bedürft RGesch (BGH NJW **59**, 192, **69**, 131). Sie läßt die dem Beschlußorgan bekannten od erkennb ErsAnspr erlöschen (BGH aaO u NJW-RR **88**, 745). Für die GmbH gelten aber die Beschränkgen in GmbHG 9b I, 43 III. Keinen FdgsVerzicht enthält die Entlastung iF der AG (AktG 120 II) u bei öffr Körpersch (BGH **106**, 201: RA-Kammern). Außerh des Vereins- u GesellschR kann die Entlastg ein negatives Schuldanerkenntn iSd § 397 II darstellen (RG **115**, 371, SeuffA **70**, 75).

Vierter Abschnitt. Übertragung der Forderung

398 **Abtretung.** Eine Forderung kann von dem Gläubiger durch Vertrag mit einem anderen auf diesen übertragen werden (Abtretung). Mit dem Abschlusse des Vertrags tritt der neue Gläubiger an die Stelle des bisherigen Gläubigers.

Übersicht

1) Allgemeines
2) Abtretungsvertrag
3) Form
4) Die abzutretende Forderung
5) Wirkung der Abtretung

6) Sicherungsabtretung
7) Inkassoabtretung
8) Einziehungsermächtigung
9) Factoring
10) Vertragsübernahme

Schrifttum: Nörr-Scheyhing, Sukzessionen, 1983, Dörner, Dynamische Relativität, 1985, v Olshausen, GläubR u SchuSchutz bei Fdgübergang u Regreß, 1988.

1) Allgemeines. a) Nach den § § 398 ff können grdsl alle Fdgen unter Wahrg ihrer Identität ohne Mitwirkg des Schu übertragen w. Fdgen sind inf dieser Regelg umlauffäh VermBestandt. Sie können vom Gläub in den **Güteraustausch** einbezogen w u fallen wirtschaftl, aber auch verfassgsrechtl unter den Begriff des Eigt (BGH NJW 80, 2705). Zum Identitätskriterium krit v Olshausen aaO. – **b)** Die §§ 398 ff betreffen, abgesehen von § 411, nur Fdgen des PrivR. Für die Abtr von öffrechtl Anspr gelten in erster Linie die Vorschr des **öffentlichen Rechts,** vor allem AO 46 (s dazu BFH WPM 83, 402, Halaczinsky ZIP 85, 1442) u SGB I 53 (s dazu BSozG FamRZ 81, 481). Soweit Bestimmgen fehlen, können die §§ 398 ff unter Berücksichtigg der Besonderh des öffR entspr angewandt w (BSozG NJW 59, 2087, BFH WPM 73, 1007). Die Übertragg von öffrechtl Anspr mit hoheitl Grdl an PrivPers ist nicht ausgeschlossen (Steckert DVBl 71, 248, aA VerwG Düss NJW 81, 1283, Stober JuS 82, 742). Sie wandeln sich dch die Übertragg in privrechtl Fdgen um (s BGH 75, 24, str).

2) Abtretungsvertrag. a) Die Abtr ist ein Vertr zw dem bisherigen Gläub (Zedent) u dem neuen (Zessionar), dch den der **Zedent** die Fdg auf den **Zessionar** überträgt. Sie ist ein VfgsGesch (Übbl 3 d v § 104) u daher von dem schuldrechtl GrdGesch zu unterscheiden; nicht glückl ist es aber, die Abtr, deren Objekt ein relatives Recht ist, als „dingl Vertr" zu bezeichnen (so ua RG 149, 98). **Rechtsgrund** der Abtr können Kauf, Schenkg, Auftr, GeschBesorgg od sonst Vereinbgen sein. Mängel des KausalGesch lassen die Wirksamk der Abtr nach dem Abstraktionsprinzip unberührt (RG 87, 71, 102, 386). KausalGesch u Abtr können aber von den Part zu einer Einh iSd § 139 verbunden w, daß sich die Unwirksamk des GrdGesch auch auf die Abtr erstreckt (BAG NJW 67, 751, § 139 Anm 3b). Auch in diesem Fall kann sich der Schu aber nicht auf Mängel des GrdGesch berufen, wenn der Zedent dch ein rechtskr Urt mit diesen Einwendgen ausgeschl ist (Nürnbg WPM 84, 607). Die Haftg des Zedenten ggü dem Zessionar richtet sich nach dem KausalGesch; sie betrifft iF des Kaufs nur das Bestehen der Fdg, nicht ihre Güte (§§ 437, 438). Vielfach ist die Abtr im KausalGesch stillschw mitenthalten (RG 126, 184, BGH NJW 69, 40). – **b) Parteien** des AbtrVertr sind Zedent u Zessionar. Eine Abtr zGDr ist nicht mögl (Einf 5b v § 328, aA RG 124, 138). Rechtl zul ist dagg die **Blankozession,** bei der der Empfänger der blanco ausgestellten AbtrUrk ermächtigt w, sich selbst od einen Dr als Zessionar zu bestimmen (RG 90, 279). Zweifelh ist die Zuordng der Fdg bis zum Ausfüllen des Blanketts. Sie als „subjektloses" Recht anzusehen (so Dölle FS Wolff 1953, S 24), widerspr den Grds unserer ROrdng. Auch der unbekannte Zessionar kann noch nicht FdgInh sein, da der AbtrVertr mit ihm noch nicht zustande gekommen ist. FdgInh ist daher idR der TrHänder (die ZwischenPers (MüKo/Roth Rdn 23, Erm-Westermann Rdn 3, Dohm WPM 73, 886, 890). Die Interessenlage kann es jedoch rechtf, zunächst den Zedenten weiter als FdgsInh anzusehen (Esser-Schmidt § 37 I 2d). Der Blankozessionar w frühestens mit Ausfüllg des Blanketts FdgInh, u zwar mit Wirkg *ex nunc* (MüKo/Roth Rdn 23, RGRK Rdn 33, Larenz § 34 I S 465 Fn 1, Esser-Schmidt § 37 I 2d; für Wirkg *ex tunc*: Enn-Lehmann § 78 II 5, Egert RBdgg 1974 S 146). Eine Rückwirkg kommt insb dann nicht in Betr, wenn die Übertr, wie zB bei GrdPfandR, der Schriftform bedarf (RG 63, 235, 90, 279, BGH 22, 132). Hier geht die Fdg unmittelb vom AltGläub auf den Letzterwerber über; der „TrHänder" ist auch zwzeitl nicht FdgInh, da eine formwirks Abtr an ihn fehlt. – **c)** Wird die Fdg **an den Schuldner** abgetreten, erlischt sie inF Konfusion (Übbl 2 v § 362). Das gilt jedoch nicht bei Wechseln (WG 11 III) u InhPapieren (RG 147, 243). Auch iF einer auflösd bedingten Abtr sowie einer SichgAbtr bleibt die Fdg bestehen (Dörstling NJW 54, 1429, str). – **d) Inhalt** des AbtrVertr ist die Übertragg der GläubStellg. Zwar kann die Abtr aufschiebd od auflösd bedingt erfolgen (BGH 4, 163, 20, 131). Der Vertr muß aber – zumindest für die Zukunft – vorsehen, daß der Zessionar zur Einziehg der Fdg berecht ist. Wird ihm diese Befugn auf Dauer u bedinggslos versagt, ist die Abtr unwirks (RG JW 38, 1330). Das gilt ebso, wenn der Zessionar nur für den Fall ein EinziehgsR haben soll, daß Dr gg den Zedenten VollstrMaßn ergreifen (RG 92, 107, 160, 207, BGH LM Nr 9). Zul ist dagg eine **stille Zession** (BGH 26, 192). Sie verschafft dem Zessionar die volle GläubStellg, allerdings mit der schuldrechtl Abrede, von der Zession erst im SichgsFall Gebrauch zu machen (Anm 6 b); iZw bleibt der Zedent aufgrd einer entspr Ermächtigg (Anm 8b) zur Einziehg der Fdg berecht. Soll an einer Fdg eine **Gesamtgläubigerschaft** iSd § 428 gebildet w, ist § 398 weder direkt noch analog anwendb; es handelt sich um ein RGesch eig Art, das der Zust des Schu bedarf (BGH 64, 67).

3) Form. a) Der AbtrVertr ist formfrei. Das gilt auch dann, wenn die abgetretene Fdg auf einem formpflicht Gesch beruht (BGH 89, 46, § 313 Anm 2d) od das der Abtr zugrde liegd KausalGesch formbedürft ist. Die Abtr kann daher auch **stillschweigend** erfolgen u im KausalGesch enthalten sein (Anm 2a aE). Wird die dch Abtretg gesicherte Fdg getilgt, kann in der Tilgg zugl die RückAbtr liegen (BGH NJW 86, 977). Die stillschw Abtr setzt aber das Bewußtsein vrs, daß der WillErkl wenigstens möglicherw erforderl ist (BGH LM Nr 20). Bei Teilzahlgs- od DarlVertr w kleingedruckte od auf der Rückseite der VertrUrk befindl LohnAbtrKlauseln uU nicht VertrInh (AGBG 9 Anm 7 l). Das gilt ebso für AbtrErkl in VollmUrk (LG Nürnb AnwBl 76, 166). Für die **Auslegung** des AbtrVertr gelten die §§ 133, 157 (Anm 4 d). Die Abtr von GehaltsAnspr ist iZw dahin auszulegen, daß sie LohnsteuererstattgsAnspr mitumfaßt (BFH AP Nr 4). – **b)** Bei **verbrieften Forderungen** ist zu unterscheiden: **aa) Inhaberpapiere** werden ausschließl nach sachenrechtl Grds (§§ 929 ff) übertragen. Das Recht aus dem Papier folgt dem Recht am Papier. Eine Abtr ist nicht mögl (Einf 1 a v § 793). – **bb) Orderpapiere** (Wechsel, Scheck) können außer dch Indossament auch dch Abtr übertragen w. Zur Einigg über den Übergang der Fdg muß jedoch die Übergabe des Papiers hinzutreten (BGH 104, 149, krit Muscheler NJW 81, 658); nur beim präjudizierten Wechsel ist sie entbehrl (BGH 104, 150). – **cc) Namenspapiere** (Rektapapiere). Bei BriefHyp u BriefGrdSch gilt für die AbtrErkl (nicht für die Ann) Schriftform; außerdem ist Überg des Briefs notw (§§ 1154 I, 1192). Bei and Rektapapieren ist die Abtr dagg idR formfrei. Zur Abtr eines Sparguthabens ist die Überg des Sparbuchs nicht erforderl (RG 89, 402, BGH NJW 63, 1631), sie kann aber als stillschw Abtr aufzufassen sein (BGH Betr 72, 1226).

4) Die abzutretende Forderung. a) Fdgen sind grdsl **abtretbar,** es gibt jedoch zahlr Ausn (s §§ 399, 400). Auch Fdgen aus einem ggs Vertr können abgetreten w (RG 127, 249), die synallagmatische Verbindg mit der GgFdg besteht aber weiter (Anm 5b). Übertragb sind auch Fdgen aus natürl Verbindlichk.

Übertragung der Forderung §398 4b–d

b) Die **Teilabtretung** einer Fdg ist zul, wenn die Fdg teilb ist u die Part sie nicht dch Vereinbg gem § 399 ausgeschlossen haben (hM). Die TeilFdgen sind selbstd Fdgen u haben gleichen Rang (BGH **46**, 243, Derleder AcP **169**, 97). Das gilt auch bei der Abtr mehrerer TeilFdgen; die fr Zession begründet keinen Vorrang (RG **149**, 98), jedoch sind abweichde Abreden mögl (Karlsr WPM **84**, 875). Der Schu entscheidet bei Zahlg, welche TeilFdg er tilgen will (§ 366 Anm 1). Mindery kann dagg idR nur verhältnismäß geltd gemacht w (BGH **46**, 244, NJW **83**, 1902). Entsteht für die Schu ein SchadErsAnspr aus § 326, w alle TeilFdgen zu bloßen Rechgsposten u fallen daher weg (BGH **LM** § 404 Nr 4). Die Verj der TeilFdgen läuft getrennt u w getrennt unterbrochen (BGH **44**, 388). Soweit die TeilAbtr für den Schu zu unzumutb Erschwernissen führt, ist sie gem § 242 unzul (BGH **23**, 55, Düss MDR **81**, 669). Der Anspr auf Übereigng eines Grdst kann hins einer realen Teilfläche abgetreten w, es sei denn, daß die Teilg den Erstveräußerer unzumutb belastet (BayObLG DNotZ **72**, 223). Bei **Anspruchskonkurrenz** (Einf 2 v § 823) würde die Beschränkg der Abtr auf einen Anspr zur Entstehg einer GesGläubigersch führen (Arens AcP **170**, 406), die aber nur mit Zust des Schu begründet w kann (BGH **64**, 69). Eine auf eine AnsprGrdl beschränkte Abtr ist daher nur mit Zust des Schu wirks. Zur Abtr des Anspr gg einen der GesSchu s § 425 Anm 2h; zur Abtr iF der GesGläubigersch s § 428 Anm 1.

c) Mögl ist auch eine Abtr **künftiger** Fdgen (RG **67**, 167, BGH **7**, 367, **88**, 206, NJW **88**, 3204, allgM). Das ergibt ein *argumentum a fortiori* aus § 185 II. Das RVerhältn od die RGrdl, aus der die Fdg erwachsen soll, braucht noch nicht zu bestehen (RG **55**, 334, BGH NJW **65**, 2197). Auch Ungewißh über die Pers des künft Schu schadet nichts (BAG NJW **67**, 752). Der Erbl kann daher eine erst in der Pers des Erben entstehde Fdg wirks abtreten (BGH **32**, 367). Erforderl ist nur, daß die Identität der Fdg zZ der Abtr mögl erscheint (RG **134**, 227) u die abgetretene Fdg bestimmt od jedenf bestimmb bezeichnet ist (unten d). Vollendet wird der RErwerb erst mit der Entstehg der Fdg (BGH **88**, 206), jedoch braucht die Willensübereinstimmg der Part in diesem Ztpkt nicht mehr fortzubestehen (Nörr-Scheyhing § 9 III 1). Die Abtr wird ggstlos, wenn die Fdg überhaupt nicht (BGH WPM **73**, 489) od nicht in der Pers des Zedenten entstehen sollte (BGH **88**, 207, BB **88**, 2337). Im KonkFall ist sie gem KO 15 ggü den KonkGläub unwirks, es sei denn, daß der RGrd der Fdg bereits bestand, die RStellg des Zessionars also zu einem AnwR erstarkt war (BGH NJW **55**, 544, Medicus JuS **67**, 386, str). Die dch die VorausAbtr geschaffene RPosition ist vererbl u gem §§ 413, 398 auch übertragb. Mögl ist auch die Abtr einer zwar bestehden, aber von Zedenten erst zuerwerbden Fdg (§ 185). Str ist, ob die abgetretene künft Fdg unmittelb in der Pers des Zessionars entsteht, od ob sie eine „logische Sekunde" zum Verm des Zedenten gehört; für **Direkterwerb** Esser/Schmidt § 37 I 3.1, Hbg MDR **56**, 227; für **Durchgangserwerb** Egert, RBdgg, 1974, S 60. Richt ist zu differenzieren: DirektErw findet statt, wenn die RGrdlage der Fdg bereits vorhanden ist, andf tritt DchgangsErw ein (Larenz § 34 III, Erm-Westermann Rdn 12, RGRK Rdz 72, Serick IV § 47 IV, vgl auch BGH **20**, 88: DirektErw bei Übertr des AnwR aus bedingter Übereign). Soweit DirektErw stattfindet, gelten die §§ 399ff entspr (BGH **66**, 385, NJW **69**, 276). Der Schutz der §§ 406, 407 ist auch bei Kenntn von einer VorausAbtr ausgeschlossen (BGH **66**, 385, aA Serick BB **82**, 874). Für einand widersprechde Vfgen gilt auch iF des DchgangsErw der Grds der **Priorität**. Die zeitl spätere Abtr ist unwirks (BGH **32**, 370), es sei denn, daß die ErstAbtr gg § 138 od AGBG 9 verstößt. Eine Pfändg, die erst nach dem Entstehen des RGrdes der Fdg zul ist (BGH **53**, 32, **LM** ZPO 857 Nr 4 Bl 3), ist ggü der zeitl fr Abtr ohne Wirkg (BAG WPM **80**, 662). Dagg wird die VorausAbtr einer AuseinandSFdg gegenstandslos, wenn anschließd das StammR (der GesellschAnteil) übertragen und gepfändet w (BGH **88**, 207, **104**, 353).

d) Die abzutretde Fdg muß, wie jeder Ggst einer Vfg, bestimmt od **bestimmbar** sein (RG **98**, 202, BGH **7**, 367, NJW **74**, 1130). Dieses Erfordern hat vor allem bei der SichgAbtr künft Fdgen u beim verlängerten EigtVorbeh prakt Bedeutg (Anm 6). Die Kautelarjurisprudenz muß bei der Formulierg derart Klauseln zwei widerstreitde Risiken berücksichtigen: Eine weite Fassg hat idR keine Schwierigk mit dem BestimmthGrds, kann aber wg **Übersicherung** gg § 138 od AGBG 9 verstoßen (BGH **98**, 308, NJW **89**, 2385). Eine enge Fassg vermeidet die Probleme der §§ 138, AGBG 9, kollidiert aber uU mit dem BestimmthErfordern. Allerdings werden die Bedenken aus § 138, AGBG 9 bereits ausgeräumt, wenn eine FreigabePfl festgelegt w; diese muß bei einer Globalzession idR bei 50% Überdeckg eingreifen (BGH **98**, 317), beim verlängerten EigtVorbeh bei 20% (BGH **94**, 113, krit Lambsdorff ZIP **86**, 1524); unbedenkl ist, daß sich die Abtr auch auf die bes ausgewiesene MwSt bezieht (BGH NJW-RR **88**, 1013). Nicht erforderl ist, daß der Klausel für **alle denkbaren Fälle** zweifelsfrei entnommen w kann, welche Fdgen sie sich erstreckt; es genügt, daß die im konkreten Fall str Fdg eindeut von der Abtr erfaßt w (BGH **7**, 369, **26**, 183, stRspr, aA RG **155**, 29). Die Abtr ist auch dann wirks, wenn die Feststellg der abgetretenen Fdg erhebl Arb- u Zeitaufwand erfordert (BGH **70**, 90). Ist wg fehler Aufzeichnungen nicht aufklärb, welche Fdgen die Abtr (verlängerter EigtVorbeh) erfaßt, ist der Zedent schadersatzpflichtig, der Zessionar aber nicht berecht, beliebige KundenFdgen in Anspr zu nehmen (BGH NJW **78**, 1632). Auch hins der Pers des Schu genügt Bestimmbark; unbedenkl daher die Abtr von GewlAnspr gg die „am Bau Beteiligten" (BGH NJW **78**, 635, Düss BauR **84**, 201). – **aa)** Bei Abtr einer **Forderungsmehrheit** hat die Rspr die Bestimmbark bejaht bei Abtr aller Fdgen aus einem best GeschBetr (RG JW **32**, 3760), aller Fdgen gg Kunden od AuftrGeb aus einer best Art von RGesch (RG **155**, 30, BGH WPM **61**, 350, Stgt NJW **64**, 660), aller Fdgen aus einem best Zeitraum, auch wenn einz Fdgen ausgenommen w (BGH WPM **66**, 13), „aller künft Fdgen" (s aber § 138 Anm 5a). Unwirks ist die Abtr mehrerer Fdgen in Höhe eines TeilBetr, wenn nicht erkennb ist, auf welche Fdgen od TeilFdgen sich sich bezieht (BGH **98**, 202, BGH Warn **68** Nr 165, WPM **70**, 848). Entspr gilt für die Abtr aller Fdgen bis zu einem Höchstbetrag, soweit sie künft Fdgen betrifft u unbest ist, welche Fdgen jeweils „nachrücken" sollen (BGH **71**, 78). – **bb)** Wird der Umfang der Abtr von der **jeweiligen Höhe** einer and Fdg abhäng gemacht, so ist zu unterscheiden: Es genügt nicht, daß der Umfang der Abtr im Verhältn zw Zedent u Zessionar ermittelt w kann (s RG **92**, 238, aA Wolf NJW **66**, 107). Auch der Schu muß sich in zumutb Weise Gewißh darüber verschaffen können, an wen er zu leisten hat; ist das gewährleistet, ist die Abtr wirks (Celle Betr **67**, 375), andf nicht (BGH NJW **65**, 2198, aA offenb Karlsr OLGZ **84**, 81). Unbedenkl ist daher eine GehaltsAbtr in Höhe der jeweils pfändb Bezüge (BAG **AP** Nr 3). Mögl ist auch eine **Mantelzession**, bei der sich der Zedent verpflichtet, dem

Zessionar Fdgen in best od variabler Höhe abzutreten u ihm zu best Ztpkten Listen der abgetretenen Fdgen zu übergeben. Da die Abtr erst mit Übergabe der Listen wirks w, ist dem BestimmbarkErfordern genügt (LG Bln WPM **84**, 225), der Zessionar hat aber bis zu diesem Ztpkt keinen Schutz gg Pfändgen od Abtr. – **cc)** Bei VorausAbtr dch **verlängerten Eigentumsvorbehalt** (§ 455 Anm 2b) muß die Klausel sowohl dem BestimmbarkGrds als auch den Anfordergen der §§ 138, AGBG 9 Rechng tragen (oben v aa). Hinreich bestimmt ist der Vorbeh „in Höhe des Wertes der VorbehWare" od „entspr dem Wert der Lieferg" (BGH NJW **64**, 150, **68**, 1518, **75**, 1227), ebso die Abtr der Fdg aus der „Verwendg des Materials" (BGH **LM** § 157 (Ga) Nr 18) u der gesamten dch Verarbeitg entstehden Fdg (BGH **7**, 369, NJW **74**, 1130). Nicht hinreich konkretisiert ist der EigtVorbeh, der auf die an die Stelle der Kaufsache tretden Fdgen abstellt (BGH **LM** Nr 8), ferner ein Vorbeh ohne eine Abgrenzg des Umfangs der VorausAbtr (BGH **26**, 183, WPM **75**, 977). Fehlt eine derart Konkretisierg, kann wg des Verbots geltgserhaltder Reduktion nicht angenommen w, daß die Abtr auf den Rechngswert der VorbehWare beschränkt w soll (s BGH **98**, 311, Lambsdorff ZIP **81**, 243, Meyer-Cording NJW **81**, 2338, v Westphalen Betr **85**, 425, aA BGH **79**, 20, ZIP **85**, 752).

5) Rechtsfolgen. – a) Die **Wirkung** der Abtr ist der Übergang der GläubStellg vom Zedenten auf den Zessionar. Grdsl geht die gesamte Fdg über, wg Neben- u SichergsR vgl § 401. SchiedsGerKlauseln bleiben in Kraft (BGH **71**, 165, NJW **86**, 2765), GerStandsKlauseln dagg nur dann, falls auch der Zessionar prorogationsbefugt ist (LG Trier NJW **82**, 286, str, aA Ackmann ZIP **82**, 462). Bei Leistgsstörgen stehen ihm die Anspr aus §§ 280, 281, 283, 286 u pVV zu; iZw sind auch die GewLAnspr u die SchadErsAnspr wg NichtErf mitabgetreten (s Dörner S 304, 312, str). Leistgsbezogene SchutzPflten wirken bei offener Zession zG des Zessionars (Seetzen AcP **169**, 352, MDR **70**, 809). Der SchadErsAnspr wg Unmöglichk, Verz od pVV bemißt sich nach der Pers des Zessionars (Röder JuS **84**, 619, Dörner S 257, aA Peters JZ **77**, 119, sehr str), der jedoch gem § 254 II 1 auf die Gefahr eines erhöhten Schadens hinweisen muß. Unselbstd GestaltgsR gehen mit der Fdg über (§ 401 Anm 2b). Selbstd GestaltgsR, wie das Anf-, Rücktr- od KündR stehen weiterhin dem Zedenten zu, es sei denn, daß sie ausdr od stillschw mitübertragen worden sind (BGH NJW **85**, 2641, § 413 Anm 3c). Der Zedent kann die Rechte aber nur mit Zust des Zessionars ausüben (Seetzen AcP **169**, 366, aA Schwenzer AcP **182**, 214). Der Leistgsort bleibt unverändert, da es gem § 269 I auf die Verhältn zZ der Entstehg des SchuldVerh ankommt (Dörner S 261). – **b)** Wird eine Fdg aus einem **gegenseitigen Vertrag** abgetreten, bleibt die synallagmat Verbindg der beiderseit Anspr bestehn. Die Einr des nichterf Vertr verbleibt dem Zedenten (BGH **55**, 356, **LM** Nr 17, § 320 Anm 2a); dagg stehen das Recht zur NachFrSetzg u der SchadErsAnspr wg NichtErf dem Zessionar zu (BGH NJW **85**, 2641). Zum Anf-, Rücktr- u KündR s oben a), zu Einwendgen u Einr des Schu s § 404.

6) Sicherungsabtretung. a) Sie wird – ebso wie ihr Ggstück die SichgÜbereign (§ 930 Anm 4) – dch einen Widerspr zw ihrer rechtl Tragweite u ihrem wirtschaftl Zweck gekennzeichnet. Der SichgNeh erwirbt rechtl die volle GläubStellg, nach der getroffenen Zweckabrede sollen ihm aber nur Befugn ähnl denen eines PfandGläub zustehen. Es muß daher ebso wie bei and **fiduziarischen Rechtsverhältnissen** unterschieden w: – **aa)** Im **Außenverhältnis** zum Schuldner erlangt der SichgNeh alle GläubR. Er kann die Fdg gerichtl geltd machen; eine von ihm vorgenommene WeiterAbtr ist auch dann wirks, wenn sie gg Abreden in InnenVerh verstößt (BGH WPM **82**, 443). Der Schu hat keine Einwendgen aus der der Abtr zugrde liegden SichgAbrede (RG **102**, 386, BGH NJW **74**, 186). Diese kann jedoch stillschw ein *pactum de non petendo* zG des Schu enthalten (Nürnb OLGZ **83**, 481, Willowelt NJW **74**, 974). Bei offensichtl Mißbrauch ist § 242 anwendb (s Lange DR **39**, 851). Das Erlöschen der gesicherten Fdg kann eine auflösde Bdgg der Abtr darstellen; iZw ist das jedoch nicht anzunehmen (BGH WPM **60**, 1407, NJW **84**, 1184). Bei der sog **stillen Zession** ist der SichgGeb ermächtigt, Leistg an sich zu verlangen u in gewillkürter Proz-Standsch zu klagen (Anm 8). Ein KlagR auf Leistg an den SichgNeh steht dem SichgGeb aber auch iF offener Abtr zu (RG **155**, 52, BGH **32**, 71, WPM **81**, 63). – **bb)** Im **Innenverhältnis** darf der SichgNeh nur nach Maßg des SichgZwecks über die Fdg verfügen. Er ist iZw nur zur Einziehg berecht, wenn der SichgGeb in Verzug kommt (RG **142**, 141, BFH NVwZ **84**, 469). Bei der Einziehg muß er die Interessen des SichgGeb wahren u übersteigde Beträge herausgeben. Die RückAbtr kann auch stillschw erfolgen u in der Tilgg der gesicherten Fdg mitenthalten sein (BGH NJW **86**, 977).

b) Vollstreckungsrecht. – aa) Der **Zessionar** (SichgNeh) kann der Pfändg der Fdg dch Gläub des Zedenten (SichgGeb) gem ZPO 771 widersprechen (Grunsky JuS **84**, 501, s auch RG **124**, 73); dagg hat er im Konk des Zedenten nur ein Absondergs-, kein AussondergsR (BGH **LM** § 157 (Ga) Nr 18). – **bb)** Pfänden Gläub des Zessionars die Fdg, steht dem **Zedenten** die DrittwiderspKl zu (BGH NJW **59**, 1224, MüKo/Roth Rdn 84, aA Nörr-Scheyhing § 11 I 9b). Das gilt jedoch dann nicht, wenn hins der Fdg Verwertgsreife eingetreten ist (BGH **72**, 146 zur SichgsÜbereign). Im Konk hat der Zedent ein AussondergsR, das aber mit Eintritt der Verwertgsreife entfällt.

c) Die prakt wichtigsten Fälle der SichgAbtr sind die **Globalzession**, das typ SichgMittel des Geldkredit-Geb, u der **verlängerte Eigentumsvorbehalt**, das typ Sichgmittel des Warenkreditgeb. Beide Arten der SichgAbtr sind nur wirks, wenn sie dem BestimmbarkErfordern genügen (Anm 4d). Bei einem **Konflikt** zw Globalzession u verlängertem EigtVorbeh ist vom Grds der **Priorität** auszugehen (BGH **30**, 151, **32**, 363, stRspr), vorausgesetzt, daß beide Vfgen an sich wirks sind. Zur Globalzession s § 138 Anm 5 i, k, q. Der verlängerte EigtVorbeh ist wg Übersicherg unwirks, wenn der Umfang der VorausAbtr in einem MißVerhältn zum Wert der VorbehWare steht (Anm 4d). Er kann vor allem dann gg § 138 verstoßen, wenn er mit einer Globalzession verbunden w (BGH NJW **77**, 2261, Lambsdorff/Skora BB **77**, 922). Die zum Verh der beiden SichergsR im fr Schrifft teilw vertretene Ans (s Neubeck NJW **59**, 581 ua), der verlängerte EigtVorbeh habe aGrd Surrogation od wg „größerer Nähe" vor abgetretenen Fdg den Vorrang vor der Globalzession, findet im Ges keine Stütze (BGH **30**, 152). Beachtl, aber prakt undchführb sind die Versuche, *die Fdg nach Wertquoten* (Esser JZ **68**, 281, Franke JuS **78**, 373) od nach der Kredithöhe (Beuthien BB **71**, 375) zw Geld- u Warenkreditgeber zu teilen (BGH NJW **32**, 364, **51**, 118). Der Grds der Priorität w im Verh zw Globalzession u verlängertem EigtVorbeh aber dch § 138 od AGBG 9 (v Westphalen Betr **78**, 68) modifiziert: Die **Globalzession** ist wg Verleitg des Zedenten zur Täuschg u zum VertrBruch **nichtig**, soweit sie sich auf Fdgen erstreckt, die von einem verlängerten EigtVorbeh erfaßt w (BGH 30, 152, 72, 310, NJW 68, 1516, WPM 87, 776, aA für die Globalzession bei objektbezogenen Krediten Beise Betr 81, 1272). Das gilt auch dann, wenn Fdg nur mit Zust des Schu abgetreten w kann (BGH 55, 34), doch ist jeweils auch der subj Tatbestd zu prüfen (BGH 32, 366, NJW 60, 1003, BB 62, 79, NJW 68, 1517, aA Esser ZHR 135, 320, offengelassen in BGH NJW 69, 320). § 138 ist daher unanwendb, wenn Globalzessionar einen Konflikt mit verlängertem EigtVorbeh für ausgeschl halten darf (BGH 32, 366, BB 62, 79), od wenn nach dem Willen der VertrPart der verlängerte EigtVorbeh Vorrang h soll (BGH NJW 74, 942). Von den in der Bankpraxis bei Globalzessionen übl Klauseln (Serick BB 74, 849, Lambsdorff/Skora NJW 77, 701, Finger Betr 82, 475) räumt die sog dingl VerzKlausel (Vorrangsklausel) den Vorwurf der Sittenwidrigkeit aus (BGH NJW 74, 942). Das gilt auch, wenn der Vorrang auf den branchenübl verlängerten EigtVorbeh beschränkt w (BGH 98, 314), nicht aber für die sog VerpflKlausel, die dem Schu die Verpfl zur Befriedigg des VorbehVerk auferlegt (BGH NJW 69, 318, 74, 942; and noch BGH NJW 60, 1003). Auch die sog schuldr TeilVerzKlausel (Anspr des VorbehVerk auf teilw Freigabe), genügt nicht, da sie der Dchsetzg der Rechte des VorbehVerk unangem erschwert u ihm das Risiko einer Insolvenz des Globalzessionars aufbürdet (BGH 72, 308, Betr 80, 683). Die Nichtigk erstreckt sich auch auf Klausel, wonach der Globalzessionar Zahlstelle des Zedenten ist (BGH 72, 316, Ffm ZIP 81, 492, abw Blaschczok JuS 85, 89). Der VorbehVerk kann daher den Anspr aus § 816 II gg den Globalzessionar richten (Ffm ZIP 81, 492). Globalzession bleibt aber iZw insow wirks, als sie nicht geschützte Anspr betrifft (BGH 72, 315, Betr 80, 683). Diskontieren eines Wechsels verstößt auch dann nicht gg § 138, wenn Kunde die dem Wechsel zGrde liegde Fdg dch verlängerten EigtVorbeh an seinen Lieferanten abgetreten hat (BGH NJW 79, 1704, krit Muscheler NJW 81, 657). Zum **Factoring** s Anm 9. – Zu weiteren Kollisionsfällen s Bette/Marwede BB 79, 121, Canaris NJW 81, 249, vgl ferner Kaduk FS Larenz 1973 S 683, u Serick IV § 48 ff.

7) Inkassozession. – a) Sie ist ebso wie die SichgAbtr (Anm 6) ein fiduziarisches RVerh. Der Zessionar erlangt im AußenVerh die volle GläubStellg; nach dem im InnenVerh getroffenen Abreden (§§ 675, 667) soll er die Fdg dagg ledigl einziehen u den Erlös an den Zedenten abführen (RG 99, 143). Dch diese Zwecksetzg ähnelt die Inkassozession der Einziehgermächtigg (Anm 8). Währd der Inkassozessionar VollGläub ist, überträgt die Einziehgermächtigg aber nur eine Einziehgsbefugn. Zur Abgrenzg im EinzFall s Anm 8. – **b)** Der Inkassozessionar kann die Fdg ohne Nachw eines Eigeninteresses iW der Klage geltd machen (BGH NJW 80, 991). Treuwidr Vfgen sind wirks (RG 99, 143), es sei denn, daß der VfgsBegünstigte kollusiv mit dem Zessionar zuwirkt (RG 153, 370). Die im Schriftt vertretene Ans, die Grds des VollmMißbr (§ 164 Anm 2) seien bei Mißbr der Rechte eines TrHänders entspr anwendb, hat sich in der Rspr nicht dchgesetzt (BGH NJW 68, 1471, § 903 Anm 6 b cc). Einwendgen aus der der Abtr zugrde liegden ZweckVereinbg hat der Schu nur im Rahmen von Anm 6 a aa. Der Schu kann ohne die Beschränkg des § 406 mit Fdgen gg den Zedenten **aufrechnen** (BGH 25, 367). Entspr gilt, soweit Treu u Glauben dies erfordern, auch bei und TrHandVerh insb in Strohmannfällen (BGH aaO, NJW 68, 595, WPM 75, 80, NJW 89, 2387). Der SchadErs bemißt sich, da der Zessionar idR keinen eig Schaden erleidet, nach der Pers des Zedenten (RG 107, 134, Vorbem 6 b aa v § 249). Bei VollstrMaßn von Gläub des Zessionars hat der Zedent das KlagR aus ZPO 771 (BGH NJW 59, 1224), im Konkurs steht ihm ein AussondergsR zu (RG 123, 381, 153, 369). Wird die Fdg vom Gläub des Zedenten gepfändet, soll auch der Zessionar gem ZPO 771 widersprechen können (BGH 11, 41). Der Konk des Zedenten beendet das TrHandVerh (KO 23 II). Der Zessionar hat kein Aussondergs- od AbsondergsR (s RG 145, 256). – **c)** Die geschäftsmäß Inkassozession bedarf einer **Erlaubnis** nach dem RBerG. Fehlt die Erlaubn, ist die Zession nichtig (BGH 47, 366, 61, 318, § 134 Anm 3 a dd).

8) Einziehungsermächtigung. – a) Sie ist – and als die Inkassozession – ledigl Übertr eines FdgsAusschnitts. Die Fdg selbst verbleibt beim Übertragden; der Ermächtigte kann die Fdg im eig Namen geltd machen u je nach dem Inh der Ermächtigg Leistg an den Gläub od an sich verlangen. Die Zulässigk der Einziehgermächtigg w aus § 185 hergeleitet (s RG 133, 241, BGH 4, 164, 70, 393). Dagg bestehen schon deshalb Bedenken, weil die Einziehg einer Fdg keine Vfg ist. Außerdem vermag die Anwendg des § 185 nicht zu erklären, warum der Schu zur Leistg an den Ermächtigten verpfl sein soll. Die seit vielen Jahrzehnten im geschäftl Verk praktizierte u von den der Ger als ihr zul angesehene Einziehgermächtigg ist aber als Ergebn richterl RFortbildg anzuerkennen (Rüssmann JuS 72, 170). – **b) Hauptanwendungsfälle** der Einziehgermächtigg sind das EinziehgsR des Zedenten iF der SichergsAbtr u des verlängerten EigtVorbeh (Anm 6 a aa), die Ermächtigg des Bauträgers zur Geltdmachg der an den Bauherrn abgetretenen GewlAnspr gg den BauUntern (Handwerker) (BGH 70, 393, NJW 78, 1375), des Verwalters zur Geltdmachg von Anspr der WoEigtGemsch (BGH 74, 267, 81, 37), des Fdgsverkäufers zur Dchsetzg der abgetretenen Fdg (BGH NJW 79, 925), des herrschden Gters zur Geltdmachg von Anspr der Gesellsch (BGH NJW 65, 1962). Ob im Einzelfall eine VollAbtr od eine Einziehgermächtigg vorliegt, ist dch Ausleg (§§ 133, 157) zu entscheiden (Rehmann WPM 87, 225). Ein wesentl GesichtsPkt kann sein, ob die Part die mit der VollAbtr verbundene überschieße Außenstellg des Zessionars gewollt haben od nicht (BGH WPM 85, 614). Soll einer Inkassostelle die Einziehg einer Fdg übertragen w, ist – wg der andf bei der gerichtl Geltdmachg entstehdn Schwierigk – iZw eine fiduziar VollAbtr anzunehmen (Köln JMBlNRW 71, 7). – **c)** Die **Befugnisse des Ermächtigten** richten sich nach dem Inh der Ermächtigg. Neben dem EinziehgsR (oben a) steht ihm iZw die Befugn zu, die Erkl abzugeben, die im ZusHang mit der Erf erforderl w, wie Vorbeh, Ann als Erf (§ 363) usw (Nörr-Scheyhing § 11 IV 4 d). Zu Vfgen über die Fdg, insb zur Abtr, ist er grdsl nicht berecht. Der VorbehKäufer kann er iZw befugt, die von verlängerten EigtVorbeh erfaßte Fdg im Rahmen echten Factorings an den Factor abzutreten (BGH 69, 258, Anm 9), auch besteht diese Befugn iF unechten Factorings nicht (BGH 82, 56). Der SichgGeb, der die Fdg dch Globalzession abgetreten hat, ist zur nochmaligen Abtr an einen Factor nicht befugt (BGH 75, 394); er kann aber wirks über die Fdg verfügen, wenn er aufgrund der Abtr den GgWert der Fdg ungeschmälert u endgült erhält (BGH 82, 283, krit Bülow NJW 82, 1630). Die Einziehgermächtigg ist iZw frei widerrufl (BGH 82, 290), die iF der stillen SichergsAbtr dem

§ 398 8–11

Zedenten erteilte Ermächtigg aber nur im Rahmen des SichergsZweckes (Mü BB **85**, 2270). – **d)** Der Schu kann dem Ermächtigten alle ihm gg den Gläub zustehden **Einwendungen** entgghalten. Er kann, da der Ermächtigde weiterhin Gläub ist, auch mit Fdgen aufrechnen, die er nach Kenntn von der Einziehsermächtigg gg den Ermächtigden erworben hat, nicht aber mit Fdgen gg den Ermächtigten (OLG **23**, 19). Auch aus dem InnenVerh zw Gläub u dem Ermächtigten kann er Einwendgen herleiten (RG **53**, 419), nicht aber aus seinen eig RBeziehgen zum Ermächtigten (BGH NJW **83**, 1424). Zugunsten des Schu finden die §§ 170 ff entspr Anwendg (§ 182 Anm 2b). Die bes verlautbarte od dch Vorlage einer Urk belegte Ermächtigg gilt daher ggü einem gutgl Schu auch dann, wenn sie inf Widerrufs nicht mehr besteht. – **e)** Zur gerichtl Geltdmachg der Fdg im eig Namen ist der Ermächtigte nur berecht, wenn er hieran ein eig schutzwürd Interesse hat (BGH **4**, 165, **92**, 349, **96**, 153, NJW **89**, 1933, stRspr), sog **gewillkürte Prozeßstandschaft.** Dieses fehlt, wenn der Ermächtigte vermögenslos ist (Boecken-Krause NJW **87**, 420, str). Das Urt schafft für u gg den Ermächtigden RKraft (BGH NJW **57**, 1636). Der ProzGegner kann mit seinem Kostenerstattgsanspr gg Anspr des Ermächtigden aufrechnen (KG MDR **83**, 752). – **f)** Ist die Fdg kr PartAbrede od kr Ges **nicht abtretbar** (§§ 399, 400), kann für sie idR auch keine Einziehsermächtigg erteilt w (BGH **56**, 236, **LM** § 847 Nr 3, NJW **69**, 1110, aA Köln MDR **79**, 935). Mögl ist aber auch, daß der Zweck des AbtrVerbots einer Einziehsermächtigg nicht entggsteht (BGH **68**, 125, NJW **87**, 3122, Köln ZIP **87**, 868). Sow das AbtrVerbot des § 400 nach dem GesZweck entfällt (§ 400 Anm 2), ist auch eine Einziehsermächtigg zul (BGH **4**, 166).

9) Beim **Factoring** überträgt ein Unternehmer eine sämtl Fdgen gg seine Abnehmer dch Global- od Mantelzession auf den Factor. Nach Entstehg der Fdg zahlt der Factor deren GgWert, vermindert um seine Provision an den Unternehmer u zieht die Fdg ein (s Bette FactoringGesch, 1973, Montenbruck MDR **71**, 541, Wolf WPM **79**, 1374). Die RNatur des FactoringVertr ist str. Er wird von einigen als KaufVertr eingestuft (so Blaurock ZHR **142**, 340, **143**, 71), von and als DarlVertr (Canaris NJW **81**, 250). Im Anschluß an Serick (IV § 52) u in Übereinstimmg mit der BGHRspr muß bei der rechtl Beurteilg zw echtem u unechtem Factoring unterschieden w: – **a)** Beim **echten** Factoring trägt der Factor das Delkredererisiko. Rechtl handelt es sich um einen Fdgskauf (BGH **69**, 257, **72**, 20). Die Globalzession an den Factor ist auch insow wirks, als sie Fdgen betrifft, die von einem verlängerten EigtVorbeh erfaßt w, da der VorbehVerkäufer wirtschaftl u rechtl ebso dasteht, wie wenn der VorbehKäufer die Fdg selbst eingezogen hätte (BGH **69**, 258). Auch wenn die Abtr an den Factor der Vereinbg des verlängerten EigtVorbeh zeitl nachfolgt, ist sie wirks, da sie dch die dem VorbehKäufer erteilte Ermächtigg zur Vfg über die Sache u deren Ggwert gedeckt ist (BGH **72**, 20, **82**, 288). Wenn der FactoringErlös nicht an den VorbehKäufer, sond an einen Dr abgeführt w soll, kann sich der Factor aber nicht auf sein VorR berufen (BGH **100**, 360, Ffm BB **88**, 233). Der VorbehVerkäufer kann sich gg mögl Gefahren dch entspr Klauseln sichern (s Peters/Wiechmann NJW **85**, 2932). Ist das Delkredere des Factors weitgehd ausgehöhlt, gilt b (Kblz WPM **88**, 45). – **b)** Beim **unechten** Factoring trägt der Factoringkunde das Risiko des Fdgsausfalls. Die Gutschrift des GgWerts der Fdg ist rechtl als KreditGesch aufzufassen (BGH **82**, 61); die Abtr erfolgt zur Sicherg des Kredits u zugl erfhalber (BGH **58**, 367, NJW **78**, 1521). Bei einem Konflikt mit dem verlängerten EigtVorbeh ist die Abtr an den Factor entspr der Vertragsbruchtheorie (Anm 6c) grdsl unwirks (BGH **82**, 56, Serick NJW **81**, 794, Bähr Betr **82**, 183, Lambsdorff BB **82**, 336 str, aA Brem BB **80**, 803, Brink ZIP **87**, 822). Sie ist aber wirks, wenn die rückbelasteten od nicht bevorschußten Fdgen dch Vereinbg einer entspr auflösden Bdgg *ipso jure* an den Factoringkunden u damit gem § 185 II Fall 2 an den VorbehVerkäufer zurückfallen; denn bei einer solchen VertrGestaltg stehen echtes u unechtes Factoring, sow es um die Berücksichtigg der Interessen des VorbehVerkäufers geht, im Ergebn einand gleich.

10) Vertragsübernahme: Das BGB regelt die Abtr einz Fdgen u die Übern einz Schulden. Es enthält dagg keine Vorschr über eine rechtsgeschäftl **Übertragung eines Schuldverhältnisses im ganzen,** dh den Eintritt einer VertrPart anstelle der bisherigen. Eine VertrÜbern sieht das Ges nur als Folge and RGesch vor, so in den §§ 571, 581 II, 613a, 1251, VVG 69 (vgl ferner § 569a, VVG 141 II, 177). Lehre u Rspr haben aber iW der RFortbildg den nunmehr allg anerkannten Grds herausgebildet, daß die rechtsgeschäftl Übertr eines ganzen SchuldVerh zul ist (BGH **95**, 94, Larenz § 35 III, Coester MDR **74**, 803). Einzelfälle: Parteiwechsel im PachtVertr (BGH **LM** § 581 Nr 16); MietVertr (BGH NJW **78**, 2504); Eintritt des LeasingGeb in den vom LeasingNeh abgeschlossenen KaufVertr (BGH **96**, 307); ArbVertr (BAG Betr **73**, 924); ElektroVersorggsVertr (BGH NJW **61**, 454); SukzessivliefergsVertr (BGH WPM **73**, 489); BierbezugsVertr (Nürnb NJW **65**, 1920); PersonalGesellsch (BGH **44**, 231). Die VertrÜbern ist ein einheitl RGesch (BGH **LM** § 581 Nr 16, BAG Betr **73**, 924, hM), nicht eine Kombination von Abtr u SchuldÜbern (so aber BGH NJW **61**, 454). Sie ist Vfg über das SchuldVerh im ganzen u bedarf des Zutr aller Beteiligten. Sie kann als „dreiseitiger Vertr" abgestellt werden; (BGH **96**, 302, aA Dörner NJW **86**, 2916, da für eine derart Transfertechnik im Ges kein Anhaltspkt bestehe). Mögl u der Interessenlage idR besser entspr ist aber auch ein Vertr zw der ausscheidden u eintretden Part unter Zust des and Teils (vgl BGH **LM** § 581 Nr 16). Zust kann im voraus erteilt w, in AGB aber nur in den Grenzen von AGBG 11 Nr 13. Der Vertr bedarf der **Form** des übernommenen Vertr (BGH **72**, 396, Nörr-Scheyhing § 19 III). Dem Eintretden stehen alle Einwendgen aus dem SchuldVertr zu. Außerdem kann er sich auf Mängel der VertrÜbern berufen, nicht aber auf Mängel des GrdGesch, da die VertrÜbern als Vfg abstrakt ist (Übbl 3e vor § 104). Ist der Vertr anfechtb, muß die Anf ggü den beiden übrigen Beteiligten erklärt w (BGH **96**, 309, krit Dörner NJW **86**, 2916). Das WiderrR gem AbzG 1b besteht auch bei Übernahme eines AbzVertr (Mü NJW-RR **86**, 150). Die §§ 398ff, 414ff sind nur eingeschr anwendb. So sind insb §§ 406–410 leerlaufd, da der verbleibde VertrPartner vom Wechsel seines Gegners idR Kenntn erhält; iF einer im voraus erteilten Zust sind §§ 406ff jedoch entspr heranzuziehen. In gleicher Weise ist auch ein VertrBeitritt zul, wobei die Art der Mitberechtigg u Mitverpflichtg von dem jeweiligen SchuldVerh abhängn. Beitritt zu MietVertr bedarf ggf der Form des § 566 (BGH **65**, 49, **72**, 397).

11) Der Zessionar trägt die **Beweislast** für die Abtr; für UnwirksamkGrde ist derj beweispflicht, der sich

Übertragung der Forderung §§ 398, 399

auf die Unwirksamk der Abtr beruft (BGH NJW 83, 2019). Konnte der Zedent die Fdg nach einem best Ztpkt nicht mehr wirks abtreten, muß der Zessionar beweisen, daß die Abtr vorher erfolgt ist (BGH NJW 86, 1925).

399 *Ausschluß der Abtretung bei Inhaltsänderung oder Vereinbarung.* Eine Forderung kann nicht abgetreten werden, wenn die Leistung an einen anderen als den ursprünglichen Gläubiger nicht ohne Veränderung ihres Inhalts erfolgen kann oder wenn die Abtretung durch Vereinbarung mit dem Schuldner ausgeschlossen ist.

1) Allgemeines. a) Der Grds, daß Fdgen idR abtretb sind (§ 398 Anm 1a), wird dch § 399 **einge-schränkt.** Die Vorschr regelt zwei Fälle der Unübertragbark. Der Ausschluß der Abtretbark kann sich aus dem Inh der Leistg (Anm 2) od aus einer Vereinbg der Part (Anm 3) ergeben. – **b)** Die Regelg des § 399 ist **nicht abschließend.** Das Ges enthält zwei weitere AbtrVerbote (§§ 400, 847 I 2, 1300 II), die zT auf dem gleichen RGedanken wie der 1. Halbs § 399 beruhen. Schranken ergeben sich auch aus **§ 242** (Baumgärtel AcP **156**, 265). Die Abtr ist eine unzul RAusübg, wenn sie den Schu unzumutb beschwert. Das kann in AusnFällen bei TeilAbtr zu bejahen sein (RG **146**, 402), die für den ArbGeb bei der TeilAbtr von LohnFdgen anfallde MehrArb genügt aber nicht (BGH **23**, 56). Anwendb ist § 242 dagg bei Abtr u Aufr mit dem Teilbetrag einer Fdg, über die seit vielen Jahren ein RStreit anhängig ist (Düss MDR **81**, 669), in krassen Fällen auch, wenn die Pers des Zessionars unzumutb ist. Die Abtretbark der Fdg kann auch dch TarifVertr u BetrVereinbgen ausgeschl w (BAG **AP** Nr 1 u 4, LAG Ffm Betr **72**, 243). – **c)** § 399 gilt auch für den **gesetzlichen Forderungsübergang,** § 412 (RG **97**, 78, Nörr/Scheyhing § 13 II 1). Aus dem Zweck der Norm, die die Legalzession anordnet, kann sich aber ergeben, daß sie auch unabtretb Fdgen erfassen will (Nörr/Scheyhing § 3 IV 1). Hat der SozVersTräger den Unterh des ArbNeh für einen best Zeitraum getragen, geht der entspr LohnAnspr trotz einer entggstehden Vereinbg über (BAG NJW **66**, 1727).

2) Unabtretbarkeit kraft Leistungsinhalts. Sie umfaßt drei Fallgruppen, die jedoch ineinand übergehen: – **a)** Die Fdg ist nicht abtretb, wenn sich dch die Abtr der **Inhalt der** vom Schu zu erbringden **Leistung** verändern würde. Fälle: Anspr auf Unterh in Natur (für UnterhRenten s § 400 iVm ZPO 850b I Nr 2 u 3); VorkaufsR (§ 514); Anspr auf GebrauchsÜberl (RG **134**, 96); Anspr aus einem VorVertr auf VertrSchl; Anspr auf Bestellg einer persönl Dienstbark; Anspr auf Dienstleistgen (§§ 613 I S 2, 664 II), UnterlAnspr aus PrBindgsVertr (Hbg NJW **63**, 2128). **Abtretbar** sind dagg: der Anspr auf Wandlg u Minderg (BGH **95**, 252); der NachbessergsAnspr (BGH **96**, 147); der Anspr aus § 249 S 1 u 2 (aA offenb BGH **81**, 392); der Anspr aus einer Bankgarantie (BGH NJW **84**, 2031). Besonders liegt es beim Anspr auf **Schuldbefreiung.** Er kann nur an den Gläub der zu tilgden Schuld (ausnweise auch an den für die Schadensregulierg zuständ Versicherer) abgetreten w u wandelt sich dch die Abtr in einen ZahlgsAnspr um (BGH **12**, 136, VersR **85**, 753, § 257 Anm 1, krit Ebel JR **81**, 485). Auch in and Fällen besteht eine AbtrMöglichk nur hinsichtl best Zessionare. Der Anspr aus einem Wettbewerbsverbot ist nur an den GeschNachf abtretb (RG **96**, 172, **102**, 129), ebso das BelegR aus einem WerkfördergsVertr (BGH NJW **72**, 2036) u der UnterlAnspr wg Verletzg des R am eingericheteten GewBetr (Reuter JuS **86**, 21). Der Anspr des VerspEmpfängers aus einem Vertr zGDr kann an den Dr abgetreten w (RG **150**, 153), das Recht eines WoBauUntern auf Zust zu baul Änd an einen zu diesem Zweck gegründeten eV (BGH NJW **79**, 1707), der BeihilfeAnspr gg den Dienstherrn an den Gläub der beihilfefäh Kosten (BGH Betr **70**, 1327). Die **Zweckbindung** der Leistg kann die Abtretbark in weiteren Fällen beschränken, so etwa bei AuskAnspr gg die Bank (BGH NJW **89**, 1601), einem AufbauDarl (s BGH **25**, 211), dem Anspr aus § 528 (Wüllenkemper JR **88**, 356), dem Anspr auf Ers von Bürokosten aus einem SaniergsVergl (BGH Betr **78**, 1493), Leistgen nach dem UnterhSichG (Wagner Rpfleger **73**, 206). Die bes ausgewiesene MwSteuer ist dagg als Teil des KaufPr abtretb (Gößler Betr **70**, 2095). Abtretb ist auch die ArbNehSparzulage (BAG Betr **76**, 2117), der Anspr aus dem GiroVertr auf den Tagessaldo (BGH **84**, 374), der Anspr auf Auszahlg der DarlValuta (RG **68**, 356, LG Hbg NJW **86**, 998, Wagner JZ **85**, 718, str). – **b)** Nicht abtretb sind **höchstpersönliche Ansprüche,** wobei jedoch vielf zugl die Voraussetzungen von a) vorliegen. Fälle: §§ 847 I S 2, 1300 II, 717, Anspr auf Urlaub u auf UrlaubsAbgeltg (BAG **AP** § 611 (UrlaubsR) Nr 3, 7, 17, 42), Anspr auf Unterl vor Ehrverletzgen (RG HRR **33**, 919). Weitere Bsp s vorstehd a). – **c)** Nicht selbstd abtretb sind **Nebenrechte,** soweit sie akzessorisch od als bloße HilfsR rechtl unselbstd sind. Der Anwendgsbereich dieses AusschlußGrdes stimmt spiegelbildl mit dem des § 401 überein. Hauptfälle: der Anspr aus Bürgsch (BGH WPM **80**, 372, aA Bydlinski ZIP **89**, 957), Hyp u PfandR (§§ 1153 II, 1250 I 2), der Anspr auf Rechnslegg (RG JW **31**, 525) u auf Quittg (Köln OLGZ **71**, 153), akzessor GestaltgsR (BGH NJW **73**, 1794, § 413 Anm 3c). Nicht selbstd übertragb sind auch der Anspr aus § 894 (dort Anm 6) u aus § 985 (dort Anm 1). Anspr auf Zinsen u VertrStrafen können dagg abgetreten w, auch wenn sie noch nicht fällig sind.

3) Unabtretbarkeit kraft Vereinbarung. a) Die Vereinbg kann bei Begründg der Fdg, aber auch später getroffen w. Mögl ist auch ein stillschw Ausschl. Er ist in der Kontokorrentabrede enthalten (BGH NJW **70**, 92), ist aber bei LohnFdgen nicht anzunehmen (BGH **23**, 55), zumal für sie der Weg eines Ausschlusses dch TarifVertr od BetrVereinbg offensteht (Anm 1b). Die Klausel „Abtr w nicht anerkannt" enthält einen AbtrAusschl (BGH WPM **80**, 195). § 399 gilt auch dann, wenn die Part die Wirksamk der Abtr von best Erfordern (Zust, AbtrAnzeige) abhäng macht h, diese aber nicht eingehalten worden sind (BGH **102**, 300, NJW-RR **89**, 1104). Ist die Abtr formbedürft, ist aber § 125 anzuwenden (BGH NJW **86**, 2107 zu PostG 23 IV 3, aA Wagner NJW **87**, 928). Der AbtrAusschluß kann auch hins zukünft Fdgen vereinbart w (RG **97**, 78); in diesem Fall w die Fdgen dch von einer fr VorausAbtr nicht erfaßt (BGH **27**, 306, **77**, 276, **LM** Nr 8). Unanwendb ist § 399 dagg, wenn die Vereinbg keine dingl, sond lediglich verpflichtde Wirkg haben soll (BGH NJW **82**, 2769). – **b) Schranken.** Das insb im Baugewerbe verbreitete AbtrVerbot hindert den Unternehmer, die Fdg als Kreditunterlage zu verwenden u macht den für einen Warenlieferanten vereinb verlängerten EigtVorbeh wirkgslos. Gleichwohl verstößt es wg des berecht Interesses des Schu an einer Vereinfach der

445

§§ 399-401

VertrAbwicklg idR weder gg § 138 noch gg AGBG 9 (BGH **51**, 113, **56**, 175, **77**, 275, **102**, 300, krit Hadding/van Look WPM **88**, Beil 7). Es bleibt auch iF des Konk wirks (BGH **56**, 230), kann aber bei einem Konflikt mit einem verlängerten EigtVorbeh zu einer Haftg des Schu aus § 990 od aus Delikt führen (BGH **77**, 274, Kblz WPM **89**, 535, Sundermann WPM **89**, 1197). Wirks ist auch das formularmäß Abtr- u Weiterverkaufsverbot in den AGB für das Kfz- NeuwagenGesch (BGH NJW **82**, 180). Zul bleibt aber iF des verlängerten EigtVorbehalts die Abtr im Rahmen des echten Factorings (BGH **72**, 22, Canaris NJW **81**, 254). Unwirks sind der formularmäß Ausschl des FdgÜbergangs gem VVG 67 (BGH **65**, 366) u der Abtr an den TransportVers (BGH **82**, 171), ferner das mit der Beschränkg aller Anspr auf den Anmelder gekoppelte AbtrVerbot in einem ReiseVertr (BGH WPM **89**, 1430). Ist die zur Reparatur des Kfz bestimmte Leistg des Kaskoversicherers an den LeasingGeb ausgezahlt worden, kann sich dieser ggü der Abtr des Anspr dch den LeasingNeh an die Reparaturwerkstatt nicht auf ein vertragl AbtrVerbot berufen (BGH **93**, 399). Trotz des AbtrVerbots bleibt die Fdg unter den Voraussetzgen von ZPO 851 II **pfändbar. – c)** Zur Vereinbg eines ÜbertraggAusschl bei beschr dingl Rechten s Einl 4c bb v § 854, bei sonst Rechten Däubler NJW **68**, 1117.

4) Die gegen § 399 verstoßende Abtr ist auch iF des vereinbarten AbtrAusschl **unwirksam** (BGH **40**, 159, **70**, 301, **102**, 301, ganz hM, krit Wagner JZ **88**, 700). Die Unwirksamk kann nicht nur vom Schu, sond von jedermann geltd gemacht w, soweit nicht § 242 entggsteht (BGH **56**, 176). Die Fdg gehört weiterhin zum Verm des Zedenten u kann bei diesem gepfändet w (RG **136**, 399). Die GgAns (RG **148**, 110, Scholz NJW **60**, 1837), nach der die Abtr idR entspr § 135 nur relativ unwirks sein soll, übersieht, daß § 399 keine das rechtl Dürfen beschränkde Verbotsnorm ist, sond der Fdg die VerkFähigk nimmt (BGH **40**, 160, § 134 Anm 1a). Die gg einen vereinb AbtrAusschl verstoßde Abtr ist aber in entspr Anwend des § 185 wirks, wenn sie mit Zust des Schu erfolgt (Celle NJW **68**, 652, MüKo/Roth Rdn 34, Dörner, wie vor § 398, S 143, wohl auch BGH **LM** 406 Nr 2, str). Ein ÄndVertr ist mögl, aber nicht erforderl (aA Larenz § 34 II 1). Eine Gen wirkt in entspr Anwendg des § 184 zurück (Celle NJW **68**, 652, Schlesw ZIP **88**, 1139, aA BGH **70**, 302, **102**, 301, BB **89**, 1584), jedoch bleiben Pfändgen u sonst Vfgen gem § 184 II wirks (RG **136**, 399, BGH **40**, 163, **102**, 301).

400 *Ausschluß bei unpfändbaren Forderungen.* **Eine Forderung kann nicht abgetreten werden, soweit sie der Pfändung nicht unterworfen ist.**

1) Allgemeines. a) § 400 ist – ebso wie das AufrVerbot des § 394 – zwingd; er soll im öff Interesse verhindern, daß dem Gläub der unpfändb Fdg die LebensGrdl gänzl entzogen w (RG **146**, 401). Das in ihm enthaltene Verbot erstreckt sich auch auf die EinziehsErmächtig (RG **146**, 402, BGH **4**, 165) u auf Vereinbgen über die „Verwaltg" von unpfändb Einkommen (Celle OLGZ **71**, 345). – **b)** Auf den **gesetzlichen Forderungsübergang** (§ 412) findet § 400 nur Anwendg, soweit der Gedanke des GläubSchutzes dies erfordert (RG JW **30**, 3638, BGH **13**, 370). Er ist daher auf den FdgÜbergang gem SGB X § 116, LFZG 4, BSHG 90 unanwendb. Die Unpfändbark des SteuerAnspr steht dem Übergang auf den Bürgen nicht entgg (RG **135**, 31).

2) Das AbtrVerbot des § 400 ist nach seinem **Zweck unanwendbar**, wenn der Zedent von dem Zessionar eine wirtsch gleichwert Leistg erhält (so auch SGB I § 53 II), sei es freiw (BGH **4**, 153), sei es aufgrd gesetzl Verpflichtg (BGH **13**, 360, **54**, 115, **LM** Nr 5). LohnFdgen können daher an die Gewerksch abgetreten w, die Streikunterstütz zahlt (BAG NJW **80**, 1652), rückständ GehaltsAnspr an einen DarlGeb, der für den Lebensbedarf des Beamten aufgekommen ist (Mü ZBR **55**, 87). Dagg ist die Abtr von UnterhAnspr an den behandelnden Arzt ausgeschl (LG Mü NJW **76**, 1796); unwirks ist auch die Abtr einer unpfändb Fdg (Blindengeld) zum Zweck einer Anrechng (BGH NJW **88**, 819). Nach Übergang der unpfändb Fdg auf einen Dr kann dieser frei über die Fdg verfügen; § 400 ist unanwendb (BGH **35**, 327, Rpfleger **82**, 65).

3) Zu den Pfändungsverboten s § 394 Anm 3. Das VollstrVerbot des KO 14 I ist kein Pfändgsverbot iSd § 400 (LG Krefeld MDR **67**, 761, aA LAG Tüb NJW **70**, 349).

401 *Übergang der Neben- und Vorzugsrechte.* ^I**Mit der abgetretenen Forderung gehen die Hypotheken, Schiffshypotheken oder Pfandrechte, die für sie bestehen, sowie die Rechte aus einer für sie bestellten Bürgschaft auf den neuen Gläubiger über.**
^{II}**Ein mit der Forderung für den Fall der Zwangsvollstreckung oder des Konkurses verbundenes Vorzugsrecht kann auch der neue Gläubiger geltend machen.**

1) Allgemeines. a) § 401 hat den **Zweck**, dem Zessionar mit der Fdg zugl die zu ihr gehörigen Neben- u VorzugsR zu verschaffen, zumal diese nach der Abtr für den Zedenten idR wertlos wären. Die NebenR, die gem § 401 I automat mit der Fdg übergehen, können nicht selbstd abgetreten w (§ 399 Anm 2c). Das gilt aber nur für die unmittelb unter § 401 fallden Rechte. Die NebenR, auf die § 401 I ledigl analog angewandt w, können Ggst eines selbstd AbtrVertr sein (Anm 3a). – **b)** Auf den **gesetzlichen Forderungsübergang** (§ 412) ist § 401 entspr anwendb (BGH **46**, 15, NJW **72**, 439). Dabei ergeben sich Zweifel, wenn mehrere Sicherh bestehen u ein SichgGeb den Gläub befriedigt (s § 774 Anm 2g, § 1225 Anm 2).

2) Nebenrechte (I). a) Mit der Fdg gehen wg ihrer Akzessorietät über: Hyp (§ 1153), SchiffsHyp (Fassg der VO v 21. 2. 40, RGBl 1609), PfandR (§§ 1250, 1273), RegisterPfandR an Luftfahrzeugen (LuftfzRG 98 II) u die Bürgsch. Wird ihr Übergang ausgeschl, erlischt sie analog § 1250 II (RG **85**, 364). Die Bürgsch erstreckt sich nicht auf weitere Kredite aus der GeschVerbindg mit dem Zessionar (BGH **26**, 147). Bei einer GesRNachf auf GläubSeite gilt diese Einschränkg aber nicht (BGH **70**, 170). Eine Mietbürgsch haftet iF einer VertrÜbern auch für die in der Pers des neuen Vermieters entstehden Anspr (BGH **95**, 97). Der Zessionar erlangt zugl das Recht, die zur Fälligstellg der Bürgsch erforderl Erkl abzugeben (BGH NJW **87**, 2075). – **b)** § 401 I ist auf folgde Rechte u RStellgen entspr anwendb: – **aa) And unselbständige Siche-**

rungsrechte, wie der Anspr auf Bestellg von akzessor SichgR (RG **126**, 384), der Anspr aus § 648, die Vormerkg (BGH **25**, 23, BayObLG Rpfleger **72**, 16), der aus der Hyp entstandene Anspr auf Befriedig aus dem VersteigergsErlös (RG **65**, 418), der Anspr aus ErfÜbern (RG **65**, 170) od einer sichernden Schuldmitübern (BGH NJW **72**, 437), das kaufm ZbR (str). – **bb) Hilfsrechte,** die zur Dchsetzg der Fdg erforderl sind, wie Anspr auf Ausk u Rechngslegg (Mü VersR **85**, 846, and für den FdgÜbergang gem BSHG 90 BGH NJW **86**, 1688, Baur FamRZ **86**, 1175), die GenBefugn (§ 185 II) bei einem Anspr aus § 816 (BGH NJW **71**, 1452), GestaltgsR, die sich auf die einz Fdg beziehen, so das FrSetzgs- u LeistgsablehngsR gem §§ 280 II, 283, 286, das Recht zur FrSetzg u Ablehngsandrohg gem § 326 (BGH NJW **85**, 2640), das WahlR u die Ersetzbefugn des Gläub sowie das Recht zur FälligkKünd (BGH NJW **73**, 1794, § 413 Anm 3b). – **cc)** Zum Übergang von **Schiedsklauseln** u GerStandVereinbgen s § 398 Anm 7.

3) Keine Nebenrechte iSv § 401 sind: – **a) alle selbständigen Sicherungsrechte,** wie das Sichg- od VorbehEigt (BGH **42**, 56), die SichgGrdSch (RG **135**, 274, BGH NJW **74**, 101) u die für Sichg abgetretene Fdg (BGH **78**, 143, LM Nr 5). Der Zedent ist aber nach dem RGedanken des § 401 iZw schuldrechtl verpfl, die bestehden SichgR auf den Zessionar zu übertragen, sofern nicht die Abrede mit dem SichgGeb entggsteht (BGH **80**, 232, **92**, 378, Scholz NJW **62**, 2228, Friedrich NJW **69**, 485, krit Pulina NJW **84**, 2872). Eine solche AbtrPfl, die iF einer rechtsgeschäftl Abtr auch auf Auslegg (§ 157) gestützt w kann, hat die Rspr bejaht: für eine SichgGrdSch iF eines gesetzl FdgÜbergangs gem § 426 II (BGH **80**, 232), für das SichgEigt im gleichen Fall (LG Darmstadt NJW **77**, 251, 719) u für das VorbehEigt iF des gesetzl FdgÜbergangs auf den Bü (BGH **42**, 56). – **b) Andere Ansprüche und Rechtsstellungen** aus demselben SchuldVerh, wie bereits entstandene SchadErsAnspr (RG **72**, 141), ZinsAnspr (BGH **35**, 173), VertrStrafen, Anspr aus Garantiezusagen (Hadding ZGR **82**, 493), Anspr auf Rückgewähr vorrangig eingetragener GrdSch (BGH **104**, 29), Kautionen (Ffm NJW-RR **89**, 891), GestaltgsR, die, wie das Rücktr- u KündR, das ganze SchuldVerh betreffen (BGH NJW **73**, 1794). Im Zweifel ist aber anzunehmen, daß künft ZinsAnspr mitabgetreten sind (RG **74**, 84, BGH **35**, 173), ebso künft VertrStrafAnspr (RG JW **07**, 171). Auch rückständ Zinsen können stillschw von der Abtr miterfaßt sein (BGH WPM **72**, 560), uU auch Rücktr- u KündR (§ 413 Anm 3c). Dagg ist das ZbR des § 273 nicht übertragb.

4) Vorzugsrechte (II): Vgl ZPO 804 II, KO 47ff, 61, 62. Bei Überleitg des UnterhAnspr gem BSHG 90, 91 geht das VorzugsR aus ZPO 850 d mit über (BAG NJW **71**, 2094, krit Friesinger NJW **72**, 75). Der Bürge od GesSchu, der iW des gesetzl FdgÜbergangs eine Steuer- od ZollFdg erwirbt, kann die KonkVorR des KO 61 in Anspr nehmen (RG **135**, 32, BFH BStBl III **76**, 580, Düss MDR **78**, 853). Dagg gehen die DchgriffsAnspr gem AO 34, 69 nicht mit über (BGH **75**, 24).

402 *Auskunftspflicht; Urkundenauslieferung.* **Der bisherige Gläubiger ist verpflichtet, dem neuen Gläubiger die zur Geltendmachung der Forderung nötige Auskunft zu erteilen und ihm die zum Beweise der Forderung dienenden Urkunden, soweit sie sich in seinem Besitz befinden, auszuliefern.**

1) Allgemeines. a) Die Abtr ist ein VerfüggVertr; die Verpfl des Zedenten bestimmen sich nach dem KausalGesch. Gleichwohl knüpft das Ges die Pflten der §§ 402, 403 an die Abtr. Dabei handelt es sich aber um eine Typisierg des Inh des KausalGesch, der auch konkludent abgeändert w kann. Bei Nichtigk des KausalGesch entfallen die Rechte aus §§ 402, 403 (MüKo/Roth Rdn 2). ParallelVorschr beim Kauf § 444. – **b)** § 402 gilt auch beim gesetzl FdgÜbergang (§ 412).

2) Die einzelnen Pflichten. – a) Die Pfl zur **Auskunft** bezieht sich auf alle Umst, die für die Fdg, die mitübergegangenen NebenR u deren Dchsetzg erhebl sind. Sie kann sich auch auf Umst erstrecken, die dem Zedenten erst nach der Abtr bekannt geworden sind. Sow zur RDchsetzg erforderl, kann der Zessionar auch Ausk über persönl u wirtschaftl Verhältn des Schu verlangen. – **b)** Die Pfl zur **Auslieferung von Urkunden** erstreckt sich auf alle Urk, aus denen sich etwas BeweisErhebl über die Fdg ergibt. Bei Urk, deren Überg notw Erfordern der Übertr ist (§ 398 Anm 3b), hat § 402 nur iF des gesetzl FdgÜbergangs (§ 412) Bedeutg. § 402 betrifft ausschließl solche Urk, die sich im mittelb od unmittelb Bes des Zedenten befinden, verpfl also nicht zur Verschaffg aus dritter Hand. Bei TeilAbtr besteht entspr § 444 S 2 Anspr auf eine beglaubigte Abschr. Das gilt ebso, wenn die Urk sich nicht nur auf die abgetretene Fdg bezieht, sond auch noch einen and Inh hat. Der Zedent muß die Urk ausliefern, dh den Besitz übertragen, nicht übereignen. Eine Pfl zur Übereignq ergibt sich aber idR aus § 242 (hM). Bei Abtr von GewlAnspr aGrd eines BauBetrVertr erstreckt sich AusliefergsPfl auch auf das Leistgsverzeichn, Ausschreibgsunterlagen, Zeichnungen, Schlußrechngen u Korrespondenz (BGH NJW-RR **89**, 467, Hamm MDR **76**, 43, Jagenburg NJW **72**, 1222).

403 *Pflicht zur Beurkundung.* **Der bisherige Gläubiger hat dem neuen Gläubiger auf Verlangen eine öffentlich beglaubigte Urkunde über die Abtretung auszustellen. Die Kosten hat der neue Gläubiger zu tragen und vorzuschießen.**

1) Vgl § 402 Anm 1. Die Vorschr gilt auch beim gesetzl FdgÜbergang, § 412 (RG HRR **32**, 2141). Die Urk gibt dem Zessionar die Möglichk, den Anfordergen des § 410 zu genügen. Der Anspr besteht aber auch dann, wenn der Zedent die Abtr gem § 409 angezeigt hat. Der Zedent hat wg der Kosten ein ZbR (§ 273). Öffentl Beglaubigg: § 129.

404 *Einwendungen des Schuldners.* **Der Schuldner kann dem neuen Gläubiger die Einwendungen entgegensetzen, die zur Zeit der Abtretung der Forderung gegen den bisherigen Gläubiger begründet waren.**

§§ 404, 405

1) Allgemeines. a) § 404 beruht auf dem Gedanken, daß der GläubWechsel den Inh der Fdg nicht verändert. Er **schützt** zugl die Interessen des Schu, der dch die ohne seine Mitwirkg vollzogene Abtr nicht benachteiligt w soll (s BGH **19**, 156). Auf guten Glauben kann sich der Zessionar nur im Sonderfall des § 405 berufen. Mögl ist aber, daß eine Fdg, deren Ausübg dch den Zedenten mißbräuchl gewesen wäre, in der Hand des Zessionars wieder inhaltswirks ist u umgekehrt (Mü NJW **70**, 664). – **b)** Auf den **gesetzlichen Forderungsübergang** (§ 412) ist § 404 entspr anzuwenden (s Anm 3b). – **c)** § 404 betrifft Einwendgen aus der RBeziehg zw Zedenten u Schu. Der Schu kann darüberhinaus die **Unwirksamkeit der Abtretung** geltd machen. Einwendgen aus dem der Abtr zugrde liegdn KausalVerh sind dagg idR ausgeschl (§ 398 Anm 2a).

2) Einwendungen. Der Begriff ist im weitesten Sinn zu verstehen. Er umfaßt alle rechtshindernden Einwendgen (zB §§ 104, 125, 134, 138) u ebso alle rechtsvernichtden. Bsp: Anf, Widerr, Rücktr, Erf, Aufr (s aber § 406), unzul RAusübg (BGH **LM** § 242 (Bb) Nr 52), Ablauf einer AusschlFr (BAG VersR **69**, 337), Bestehen einer FreihalteVerpfl (BGH NJW **85**, 1768). Unter § 404 fallen auch alle Einr, so die der Verj (Anm 3b), die aus §§ 273, 320 (Anm 3c) u die aus § 821 (RG **86**, 304). Auch prozessuale Einr sind miterfaßt. Der Schu kann sich daher auf den abgeschl SchiedsVertr berufen, ebso auf eine GerStandVereinbg (§ 398 Anm 5).

3) Die Einwendg muß zZ der Abtr **begründet** gewesen sein. – **a)** Dazu ist nicht erforderl, daß die TatbestdVoraussetzgen der Einwendg im Ztpkt der Abtr bereits sämtl vorlagen. Es genügt, daß sie ihrem **Rechtsgrund** nach in dem SchuldVerh angelegt waren (BGH **25**, 29, NJW **85**, 864, NJW-RR **89**, 1208, krit Dörner, wie vor § 398, S 239). Beim ggs Vertr kann der Schu dem Zessionar auch Einwendgen entgghalten, die sich aus der Weiterentwicklg des VertrVerh ergeben (BGH **LM** § 326 (Ea) Nr 3, NJW **83**, 1905, WPM **89**, 1010, Pick AcP **172**, 39). Will er gem § 326 vorgehen, muß er FrSetzg u Ablehnungsandrohg ggü dem Zedenten erklären (Braga MDR **59**, 441). Auch GestaltgsR des Schu (Anf, Rücktr, Widerr) bestehen weiter; (BGH NJW **86**, 919). Sie können auf ein Verhalten des Zedenten nach der Abtr gestützt w u sind diesem ggü auszuüben (RG **86**, 310, aA Dörner aaO S 249; Empfangszuständig sowohl des Gläub als auch des Schu), jedoch gilt für die Aufr die Sonderregel des § 406. Stehen der Geltdmachg des GestaltgsR tatsächl Hindern, zB der unbekannte Aufenth des Zedenten, entgg, hat der Schu ggü dem Zessionar die Einrede der Anfechtbark usw (Pick AcP **172**, 52, aA Köhler JZ **86**, 517, der den Schu auf § 132 II u auf § 242 verweist). Schließen der Zedent u der Schu nach der Abtr einen AufhebgsVertr, ist dieser nur unter den Voraussetzgen des § 407 ggü dem Zessionar wirks (aA BAG NJW **81**, 1059 für den im KündSchutzProz geschlossenen Vergl. – **b)** *Verjährung.* Die VerjFr läuft ohne Rücks auf die Abtr weiter (RG **124**, 114). Der Zessionar muß sich die für den VerjBeginn maßgebde Kenntn (§ 852) des Zedenten anrechnen lassen (BGH NJW **73**, 702, **LM** Nr 17). Das gilt grdsl auch für den gesetzl FdgÜbergang gem SGB X § 116 (BGH NJW **82**, 1762, VersR **84**, 136), and aber wenn die Fdg sofort mit der Entstehg übergeht (BGH **48**, 181). – **c)** Ein **Zurückbehaltungsrecht** (§ 273) kann dem Zessionar entgegehalten w, wenn die GgFdg zZ der Abtr fäll war (BGH **19**, 162). Wird die GgFdg erst später fäll, gilt § 406 entspr, dh der Schu darf nur zurückhalten, wenn sein GgAnspr spätestens mit der abgetretenen Fdg fäll wird (BGH **58**, 331, **64**, 126).

4) § 404 ist **nachgiebiges Recht.** Der Schu kann dch Vertr mit dem Zedenten (RG **71**, 32) od dem Zessionar (BGH NJW **70**, 321) ganz od teilw auf den Schutz des § 404 verzichten. Der Vertr mit dem Zessionar ist auch dann wirks, wenn er vor der Abtr abgeschl w (BGH BB **64**, 1396). IdR handelt es sich darum, daß der Schu die Erkl abgibt, er **anerkenne** die Fdg, bestätige die Abtr od nehme sie an. Eine solche Erkl kann je nach Lage des Falles als schuldbestätigtes Anerkenntn (BGH NJW **70**, 321; **83**, 1904) od bloße WissensErkl (BGH **69**, 330 zu ZPO 840) aufzufassen sein; eine Deutg als abstr Schuldanerkenntn (§ 781) kommt dagg höchstens ausnw in Betracht (RG **83**, 187). Die im Schriftt (Marburger Betr **73**, 2125, Benöhr NJW **76**, 174) vertretene Ans, die in derart Fällen stets eine bloße WissensErkl annimmt u die Haftg daher auf c. i. c. (falsche Ausk) beschränkt, überzeugt nicht. Ein Verzicht ist aber nur anzunehmen, wenn er unzweideut erklärt worden ist. Er ist iZw eng auszulegen, insb dann wenn er unter Verwendg eines ErklFormulars des Zessionars abgegeben w (BGH NJW **73**, 39). Er betrifft idR nur die dem Schu bekannten od erkennb Einwendgen (BGH Betr **71**, 1347, NJW **73**, 2019, NJW **77**, 539), kann aber bei einer eindeut Fassg auch weiterreichen (BGH NJW **70**, 321). Betrifft die Erkl die Abtr einer Fdg aus einer Teillieferg, behält der Schu iZw seine Einwendgen hins der noch ausstehdn Lieferg (BGH NJW **83**, 1904). Vgl auch § 781 Anm 2a.

405 *Abtretung unter Urkundenvorlegung.*

Hat der Schuldner eine Urkunde über die Schuld ausgestellt, so kann er sich, wenn die Forderung unter Vorlegung der Urkunde abgetreten wird, dem neuen Gläubiger gegenüber nicht darauf berufen, daß die Eingehung oder Anerkennung des Schuldverhältnisses nur zum Schein erfolgte oder daß die Abtretung durch Vereinbarung mit dem ursprünglichen Gläubiger ausgeschlossen sei, es sei denn, daß der neue Gläubiger bei der Abtretung den Sachverhalt kannte oder kennen mußte.

1) Allgemeines. a) Von dem Grds, daß Fdgen nicht kr **guten Glaubens** erworben w können, macht § 405 eine, allerdings eng begrenzte, Ausn. Er schließt bei verbrieften Fdgen zG des gutgl Zessionars den Einwand des ScheinGesch (§ 117) u der vereinbarten Unabtretbark der Fdg (§ 399) aus. – **b)** Auf den gesetzl FdgÜbergang ist § 405 nicht anzuwenden (§ 412), wohl aber auf die Verpfändg (Weimar JR **73**, 277) u auf die Abtr and Rechte (§ 413), so auf die Abtr eines unübertragb VertrAngebots (RG **111**, 46).

2) Voraussetzungen. Es muß eine Urk vorliegen, die dazu bestimmt ist, das Bestehen der Fdg zu beweisen. Ein Lagerschein genügt (BGH Betr **75**, 831), nicht aber die gelegentl Erwähng in einem Schriftstück. Die Urk muß vom Schu ausgestellt u mit seinem Willen in den Verk gebracht worden sein. Eine abhanden gekommene Urk genügt nicht. Irrt, Drohg od Täuschg schließen die Anwendg des § 405 nicht aus. Die Vorlegg muß im zeitl Zushang mit der Abtr erfolgen; eine fr Vorlage genügt nicht (RG 111, 47); iü gilt § 173 Anm 3b entspr. Der Zessionar muß gutgläub sein; bereits einf Fahrlässigk schließt den Schutz des § 405 aus (§ 122 II).

3) Die Wirkung des § 405 besteht im Ausschluß der beiden genannten Einwendungen, alle and bleiben erhalten (RG 74, 421). Da die Fdg in der Pers des Zessionars entstanden ist, kommt es auf den guten Glauben eines Nacherwerbers nicht an, jedoch führt eine Rückübertragg auf den bösgläub Zedenten zum Wegfall der Fdg. Tritt der Gläub die Fdg mehrfach ab, ist nur der Ersterwerber geschützt (Weimar JR 80, 406). Ggü der kr RScheins entstandenen Fdg kann der Schu aufrechnen (RG 87, 420).

4) Ist eine Abtr zum Schein erfolgt, gilt § 405 **entsprechend;** der Zedent kann daher dem gutgl Zweiterwerber nicht den Einwand des Scheins entggehalten (RG 90, 279, 115, 308). Wird dch eine zum Schein über eine Fdg ausgestellte Urk der Eindruck der Kreditwürdigk hervorgerufen, kann ein etwaiger ErsAnspr auf Delikt od Vertr, nicht aber auf § 405 gestützt w (BGH 12, 110).

406 *Aufrechnung gegenüber dem neuen Gläubiger.* Der Schuldner kann eine ihm gegen den bisherigen Gläubiger zustehende Forderung auch dem neuen Gläubiger gegenüber aufrechnen, es sei denn, daß er bei dem Erwerbe der Forderung von der Abtretung Kenntnis hatte oder daß die Forderung erst nach der Erlangung der Kenntnis und später als die abgetretene Forderung fällig geworden ist.

1) Allgemeines. a) Der Gedanke, daß sich die RStellg des Schu dch die Abtr nicht verschlechtern soll (§ 404 Anm 1a), gilt auch für die Aufr. Das Ges hat ihn für die Aufr in eine unnötig komplizierte Regel umgesetzt: **aa)** Für die vor der Abtr erklärte Aufr gilt § 404. – **bb)** Für die Aufr, die nach der Abtr aber in Unkenntn von ihr erklärt worden ist, gilt § 407 (BGH NJW-RR 86, 538). – **cc)** Nur auf die Aufr **in Kenntnis der Abtretung** ist § 406 anwendb. Er legt fest, daß die AufrErkl (und als bei den übr Gestaltgs-Gesch, § 404 Anm 3a) nicht ggü dem Zedenten sond ggü dem Zessionar abzugeben ist. Er erhält dem Schu die Vorteile einer bestehden **Aufrechnungslage** u schützt zugl die Aussicht, daß die AufrLage bis zur Fälligk der Fdg eintreten könnte, ist aber gleichwohl enger als § 404. Gute Gründe sprechen daher für den Vorschlag (v Olshausen, wie vor § 398, S 40), die Einschränkgen des 406 nur auf die Aufr mit Fdgen aus und SchuldVerh anzuwenden. – **b)** § 406 gilt auch für den **gesetzlichen Forderungsübergang,** § 412 (BGH 35, 325, Denck JZ 76, 669, AcP 176, 350). Auf den AufrVertr ist nicht § 406 anwendb, sond § 404 od § 407. Beruft sich der Schu ggü dem Zessionar auf die Rechte aus §§ 320, 326, gilt § 404 (BGH NJW 58, 1915, 83, 1904). Eine § 406 ausschließde SonderVorschr enthält BRAGO 96 a (Celle Nds Rpfl 85, 219). – **c)** Die Anspr des **Zessionars** gg den Zedenten richten sich nach § 816 II analog u dem KausalVerh (§ 437 od pVV).

2) Voraussetzungen. a) § 406 erhält dem Schu die AufrBefugn, wenn die AufrLage (§ 389) bereits bestand, als er von der Abtr Kenntn erlangte. Die Vorschr gibt dem Schu aber auch dann eine AufrBefugn, wenn sich aus der RLage, wie sie bei Kenntniserlanggung von der Abtr bestand, ohne die Abtr bis zur Fälligk der abgetretenen Fdg eine AufrLage entwickelt hätte. Der Schu darf daher mit AufrFdgen aufrechnen, die er vor Kenntn der Abtr erworben hat. Handelt es sich um eine GgFdg, die bei Kenntniserlangg von der Abtr noch nicht fäll war, besteht die AufrBefugn aber nur, wenn die GgFdg spätestens mit der abgetretenen Fdg fäll w. Diese Voraussetzgen w im Ges nicht positiv, sond im Halbs 2 als AusnTatbestde formuliert. Dadch w klargestellt, daß insow der Zessionar die BewLast trägt. – **b) Erwerb vor Kenntnis der Abtretung:** Bei GgFdg aus eig R ist genügd, daß ihre rechtl Grdl im Ztpkt der KenntnErlangg besteht (BGH 58, 330, 63, 342, NJW 74, 2001, 80, 584, vgl aber LG Nürnbg NJW-RR 89, 503 für einen Anspr aus Bürgsch). Unbedingth u Gleichartigk brauchen noch nicht vorzuliegen (BGH 12, 144, 19, 158, 35, 326). Der Schu kann daher vorbehaltl rechtzeitiger Fälligk mit SchadErsAnspr aufrechnen, der erst nach Abtr u Kenntn entsteht, aber aus einem vorher geschl Vertr herrührt (BGH JZ 62, 92). Bei GgFdg aus abgeleitetem R muß Erwerb vor Kenntn der Abtr erfolgt sein (Hamm NJW-RR 89, 51), fehlde Unbedingth u Gleichartigk in diesem Ztpkt ist auch hier unschädl (RGRK Rdn 4). Wird ein BefreigsAnspr an den Gläub des zu tilgden Anspr abgetreten, kann der Befreigspflichtige aber nicht mit ZahlgsAnspr gg den Zedenten (Schu der zu tilgden Fdg) aufrechnen, da ihm hierdch ohne ausr Grd eine vor der Abtr nicht mögl Art der Schuldtilgg eröffnet würde (Olshausen AcP 182, 255, aA BGH 12, 144). Hat der Schu die GgFdg nach Entstehg der AufrLage zur Sichg abgetreten u nach KenntnErlangg von der Abtr der HauptFdg wiedererworben, ist er wohl (trotz des scheinb entggstehden Normtextes) zur Aufr berecht (Fricke NJW 74, 1362, Kornblum BB 81, 1303). – **c) Kenntnis der Abtretung.** Kenntn von der VorausAbtr steht Kenntn der Abtr gleich (BGH 66, 384, mit guten Grden krit Serick BB 82, 873). Vgl iü § 407 Anm 3. – **d) Rechtzeitige Fälligkeit.** War die GgFdg zZ der KenntnErlangg fäll, ist die Reihenfolge des Fälligwerdens ohne Bedeutg. In and Fällen kann der Schu nur aufrechnen, wenn die GgFdg spätestens mit der HauptFdg fäll w (BGH 35, 326, BAG NJW 67, 752). Eine Fdg, der ein ZbR entggsteht, gilt iSd § 406 als nicht fäll (BGH 58, 331). Spätestens mit Fälligk der HauptFdg muß die GgFdg auch gleichart geworden sein (BGH 19, 158). Stammt die GgFdg aus demselben SchuldVerh, kommt eine nach § 406 noch mögl Aufr auch bei späterer Fälligk in Betracht (s Kornblum BB 81, 1306). So kann der Kommanditist ggü dem abgetretenen Anspr auf die Kommanditeinlage mit einem später fäll ErsAnspr gg die KG aufrechnen (BGH 63, 342, krit Recker DNotZ 76, 237). Gg die vom KonkVerw abgetretene Fdg ist wg KO 54 auch die Aufr mit später fäll GgFdgen zul (BGH NJW 74, 2001). – **e)** Der Zessionar kann sich ggü der AufrFdg auf alle **Gegenrechte des Zedenten** berufen (BGH 35, 327, BFH WPM 85, 430), auch auf ein gesetzl AufrVerbot (BGH 95, 117) od einen vertragl Ausschl der Aufr (BGH LM Nr 12, WPM 80, 215). Bei TeilAbtr kann der Schu wählen, gg welche TeilFdg er aufrechnen will. Bei mehrfacher Zession kann er auch mit Anspr gg ZwGläub aufrechnen. Selbstverständl zul ist auch die Aufr mit GgFdgen gg den Zessionar.

§ 407 Leistung an den bisherigen Gläubiger.

^{I} Der neue Gläubiger muß eine Leistung, die der Schuldner nach der Abtretung an den bisherigen Gläubiger bewirkt, sowie jedes Rechtsgeschäft, das nach der Abtretung zwischen dem Schuldner und dem bisherigen Gläubiger in Ansehung der Forderung vorgenommen wird, gegen sich gelten lassen, es sei denn, daß der Schuldner die Abtretung bei der Leistung oder der Vornahme des Rechtsgeschäfts kennt.

^{II} Ist in einem nach der Abtretung zwischen dem Schuldner und dem bisherigen Gläubiger anhängig gewordenen Rechtsstreit ein rechtskräftiges Urteil über die Forderung ergangen, so muß der neue Gläubiger das Urteil gegen sich gelten lassen, es sei denn, daß der Schuldner die Abtretung bei dem Eintritte der Rechtshängigkeit gekannt hat.

1) Allgemeines. a) § 407 ist **Schutzvorschrift** zG des Schu. Da die Abtr keine Unterrichtg od Mitwirkg des Schu voraussetzt, ist es ein Gebot der Gerechtigk, daß alle RHdlgen, die der Schu in Unkenntn der Abtr ggü dem Zedenten vornimmt, im Verh zum Zessionar wirks sind. – **b)** § 407 gilt gem § 412 auch für den **gesetzlichen Forderungsübergang**, jedoch bestehen für ihn hins der Kenntn des Schu vom RÜbergang Besonderh (Anm 3c). Ändert sich die Bezugsberechtigg aus einem VersVertr mit Kenntn des Versicherers, ist § 407 entspr anwendb (RG **154**, 109). Er gilt auch dann, wenn die Sparkasse ohne Vorlage des Sparbuchs an den fr FdgsInh zahlt (LG Augsbg WPM **83**, 718); die Zahlg hat aber keine befreide Wirkg, wenn die Sparkasse nach ihren Bdggen nur gg Vorlage des Buches leisten durfte (Hamm WPM **84**, 801 mAv Kümpel). – **c)** Die **Ansprüche des Zessionars** gg den Zedenten richten sich nicht nach § 407, sond nach § 816 u dem KausalVerh uU iVm den Grds der pVV (§ 276 Anm 7 C a).

2) Absatz 1. a) Die Vorschr gilt für: **aa) Rechtsgeschäfte** in Ansehg der Fdg, wie Stundg, Erlaß, Vergl, ZwangsVergl (RG **125**, 410), Aufr (§ 406 Anm 1 a), AufrVertr (BGH **94**, 137), Künd (Düss WPM **80**, 95), aber auch für geschäftsähnl Hdlgen wie Mitteilgen gem § 416 (RG **67**, 414) u das Anbieten der Leistg als Voraussetzg des AnnVerz. – **bb) Leistung.** Hierunter fallen der Erf ggü dem Zedenten (RG **111**, 303) od seiner Bank als Zahlstelle (BGH **72**, 319), Leistg an ErfStatt u Leistg erfhalber, insb die Wechsel- od Scheckhingabe (RG **158**, 137, BGH NJW **79**, 1704), u zwar auch dann, wenn Erf erst nach Bekanntwerden der Abtr eintritt (BGH **102**, 71). § 407 ist aber unanwendb, wenn der Schu den wirks gesperrten Scheck in Kenntn der Abtr wieder freigibt (BGH NJW **76**, 1842). – **b)** Da § 407 ausschließl dem Schu schützen will, hat dieser eine **Wahlmöglichkeit:** Er kann dem Zessionar die Wirksamk der Leistg od Hdlg entgghalten, muß dies aber nicht (BGH **52**, 153, **102**, 71). Er ist daher berecht, die Leistg beim Zedenten zu kondizieren (RG **83**, 188, BGH **LM** Nr 3), etwa weil er sich ggü dem in Konk gefallenen Zessionar dch Aufr befreien kann. Der Schu ist aber an die einmal getroffene Wahl gebunden (v Olshausen, wie vor § 398, S 104). RGesch, die die RStellg des Schu **verschlechtern**, etwa Mahng od FrSetzg des Zedenten, fallen nicht unter § 407, sond sind wg fehlder GläubStellg des Zedenten unwirks (RG **125**, 409, BGH **52**, 153, aA Knütel JR **85**, 10). Der gem § 267 leistde Dr wird dch § 407 nicht geschützt, wohl aber der AblösgsBerecht u der Bürge (Nörr-Scheyhing § 7 I 2).

3) Kenntnis. Entscheid ist der Ztpkt der LeistgsHdlg, nicht der des Eintritts des Leistgserfolgs (BGH **105**, 360). **a)** Erforderl, aber auch ausr ist Kenntn der Tats, die den FdgÜbergang bewirken (RG **102**, 387, BGH **LM** Nr 7, Oldbg WPM **86**, 1278). Kennenmüssen genügt nicht. Eine AbtrAnz des Zedenten macht idR bösgläub (RG **102**, 387), die des Zessionars jedenfalls dann, wenn er vertrauenswürd erscheint (RG **74**, 120, BGH **102**, 74, Hamm VersR **85**, 582, krit Dörner, wie vor § 398, S 274), nicht aber ein Aufkleber „wir nehmen am Factoring teil" (Brem NJW **87**, 912). Nicht jeder mögl, sond nur ein obj begründeter Zweifel schließt die Kenntn aus (RG **88**, 6). Verspricht der Zessionar, Bedenken des Schu dch Übersendg der AbtrUrk auszuräumen, ist der Schu bis zum Eintreffen der Urk idR gutgl (Brschw NdsRpfl **72**, 60). Eine Pfl des Schu, eig Erkundiggen einzuziehen, besteht grdsl nicht (Oldbg VersR **75**, 415). Bei einer VorausAbtr genügt die Kenntn vom AbtrGesch auch dann, wenn die Fdg noch nicht entstanden ist (BGH NJW **82**, 2372). Durfte der Schu annehmen, die ihm bekannte Abtr sei rückgäng gemacht worden, gilt er als gutgl (Ffm NJW-RR **88**, 1270). – **b)** Da es nicht auf den Zugang (§ 130), sond auf Kenntn ankommt, reicht es nicht, daß eine AbtrAnz od Urk in den Bereich des Schu gelangt ist (RG **135**, 251). Die Berufg auf fehlde Kenntn trotz Zugangs kann aber mißbräuchl sein (BAG Betr **84**, 2703). Kenntn einer **Hilfsperson** genügt grdsl nur, wenn diese hins der Erf der Fdg Vertretgsmacht hat (BGH NJW **60**, 1805). Der Schu muß sich aber als bösgläub behandeln lassen, wenn er seinen Betr so organisiert, daß die zuständ Mitarbeiter, die für die KenntnErlangg wesentl Informationen nicht erhalten (Kohte BB **88**, 638), so etwa, wenn der Einsatz einer EDV-Anlage dazu führt, daß Vermerke auf Rechngen nicht beachtet (BGH NJW **77**, 581) od Eingänge nicht dem Sachbearbeiter vorgelegt w (LG Göttingen VersR **82**, 1186). – **c)** Beim **gesetzlichen Forderungsübergang** dürfen an die Kenntn des Schu keine zu hohen Anforderen gestellt w, da sonst der Schutzzweck des *cessio legis* vereitelt w (BGH NJW **84**, 608). Es genügen daher: iF des SGB X § 116 Kenntn der Tats, die versicherergspflichtig machen (BGH **19**, 181); ähnl iF des BVG 81a (Ffm VersR **87**, 593); iF eines nachträgl FdgÜbergangs aufgrd von GesÄnd die Verkündg des Ges im BGBl (BGH NJW **84**, 608); iF von RVO 182 X Mitteilg der Krankenkasse an den ArbG, daß sie Krankengeld zahle (BAG NJW **81**, 1062). Strengere Anforderungen sind dagg beim FdgÜbergang gem § 1615b (LG Bochum FamRZ **80**, 938) u gem LFZG 4 zu stellen (Kblz VersR **80**, 971). Bloße Kenntn der maßgebden Tats genügt nicht, wenn nach dem damaligen Stand der Rspr die Voraussetzgen für einen FdgÜbergang nicht vorlagen (Celle VersR **77**, 549). – **d)** Die **Beweislast** für die Kenntn hat der Zessionar. Ist dem Schu eine AbtrAnz od Urk zugegangen, tritt jedoch eine BewLastUmkehr ein (LAG Bln BB **69**, 1353).

4) Absatz 2. a) Ist die Fdg erst **nach Rechtshängigkeit** abgetreten worden, ist § 407 II unanwendb, es gelten ausschließl ZPO 265, 325. Der Zedent bleibt aktivlegitimiert (ZPO 265), muß den Antr aber auf Leistg an den Zessionar umstellen (BGH **26**, 37). Das Urt schafft für u gg den Zessionar RKraft (ZPO 325). – **b)** Ist die Fdg schon **vor Rechtshängigkeit** abgetreten worden, wird der Schu, sofern er bei Eintritt der RHängigk gutgl war, dch § 407 II geschützt. Die RKraft des ergehden Urt wirkt zG des Schu, nicht aber zG

Übertragung der Forderung §§ 407–409

des Zessionars (BGH **52**, 152, oben Anm 2a). Das Urt bindet den Zessionar in dem Umfang, in dem es nach ZPO 322 auch den Zedenten bindet (BGH **35**, 168), dh bei Identität des StreitGgst. Entspr ZPO 322 II wirkt das Urt auch insow gg den Zessionar, als es das Bestehen einer GgFdg des Schu feststellt (Olshausen JZ **76**, 85). Auf das SchiedsVerf zw Zedent u Schu ist § 407 II anzuwenden (MüKo/Roth Rdn 26). Erfährt der Schu währd des RStreits von der Abtr, kann er sich hierauf berufen od nach ZPO 72, 75 vorgehen, er kann den Proz aber auch ohne Bestreiten der Aktivlegitimation weiterführen. Wird er verurteilt, darf er nach hM nicht an den Zedenten leisten, da § 407 II insow nicht zutrifft u § 407 I wg Kenntn der Abtr nicht anwendb ist. Da eine VollstrGgKlage an ZPO 767 II scheitert, bleibt nach hM nur die Hinterlegg (RG **84**, 291, BGH **86**, 340), dch die aber eine Vollstr aus dem Urt nicht verhindert w kann. Der Schu, der den ihm bekannt gewordenen GläubWechsel im Proz nicht vorträgt, handelt daher für den Fall des Unterliegens auf eig Risiko.

408 *Mehrfache Abtretung.* ¹Wird eine abgetretene Forderung von dem bisherigen Gläubiger nochmals an einen Dritten abgetreten, so finden, wenn der Schuldner an den Dritten leistet oder wenn zwischen dem Schuldner und dem Dritten ein Rechtsgeschäft vorgenommen oder ein Rechtsstreit anhängig wird, zugunsten des Schuldners die Vorschriften des § 407 dem früheren Erwerber gegenüber entsprechende Anwendung.

ⁱⁱDas gleiche gilt, wenn die bereits abgetretene Forderung durch gerichtlichen Beschluß einem Dritten überwiesen wird oder wenn der bisherige Gläubiger dem Dritten gegenüber anerkennt, daß die bereits abgetretene Forderung kraft Gesetzes auf den Dritten übergegangen sei.

1) Absatz 1. Bei mehrf Abtr wird wg des PrioritätsGrds der Erstzessionar der wirkl Gläub, der Zweitzessionar („Dritte") ist dagg NichtBerecht. Er steht bei der entspr Anwendg des § 407 als ScheinGläub dem Zedenten gleich. Geschützt w wie iF des § 407 die Unkenntn von der wirks ersten Abtr. Die weitere Zession muß tatsl stattgefunden haben. § 408 gilt auch dann, wenn die 2. Abtr unter der RBedingg erfolgt, daß keine 1. Abtr vorausgegangen ist (BGH NJW **89**, 899). Gleichgültig ist, wie der Schu von ihr Kenntn erhalten hat u wie sicher seine Kenntn war (BGH Warn **66** Nr 253). Neben § 407 ist auch § 406 entspr anwendb (RGRK-Weber Rdn 8, str). I gilt auch, wenn eine gepfändete Fdg abgetreten wird. Der Schutz besteht aber nur, wenn der Schu von der Pfändg nichts weiß. Nimmt der Schu an, etwa wg einer Rückdatierg an, die Abtr sei vor der Pfändg erfolgt, wird er nicht geschützt (BGH **100**, 47).

2) Absatz 2. Weiß der Schu von der Abtr nichts, wird er dch II auch dann geschützt, wenn die Fdg dch einen (leerlaufden) gerichtl Beschl einem Dr als ScheinBerecht überwiesen w. Die bloße Pfändg od ein ZahlgsVerbot rechtf die Anwendg von II nicht (LG Hildesheim NJW **88**, 1916). II gilt aber entspr, wenn sich nach der Abtr scheinb der Tatbestd eines gesetzl FdgÜbergangs verwirklicht u der Zedent die *cessio legis* anerkennt. Gleichgültig ist, ob das Anerkenntn schriftl od mdl abgegeben w (BGH **11**, 302). Dagg wird der Schu nicht geschützt, wenn er in Unkenntn der Abtr ohne ein Anerkenntn des Gläub an den aus einer Legalzession ScheinBerecht leistet (Nörr-Scheyhing § 7 II 5, aA MüKo/Roth Rdn 14).

409 *Abtretungsanzeige.* ¹Zeigt der Gläubiger dem Schuldner an, daß er die Forderung abgetreten habe, so muß er dem Schuldner gegenüber die angezeigte Abtretung gegen sich gelten lassen, auch wenn sie nicht erfolgt oder nicht wirksam ist. Der Anzeige steht es gleich, wenn der Gläubiger eine Urkunde über die Abtretung dem in der Urkunde bezeichneten neuen Gläubiger ausgestellt hat und dieser sie dem Schuldner vorlegt.

ⁱⁱDie Anzeige kann nur mit Zustimmung desjenigen zurückgenommen werden, welcher als der neue Gläubiger bezeichnet worden ist.

1) Allgemeines. Währd der Schutz der §§ 407, 408 darauf abstellt, daß der Schu von der Abtr keine Kenntn erhalten hat, geht es in § 409 um den umgekehrten Fall: Der Schu nimmt im **Vertrauen** auf eine Erkl (Anz, AbtrUrk) des Gläub an, daß die Fdg an einen Dr abgetreten sei, währd sie in Wahrh weiter dem Gläub zusteht. § 409 gilt auch für öffentl Anspr, so für Anspr aus der SozialVers (BSozG NJW **59**, 2087), für Versorggsbezüge (BSozG NJW **60**, 264) u Anspr aus dem BEG (BGH MDR **65**, 119). Auch auf den **gesetzlichen Forderungsübergang** ist § 409 anwendb (§ 412). Erforderl ist aber eine anerkennde Erkl des Gläub (Denck Betr **79**, 892), eine Anz des Legalzessionars (ScheinGläub) genügt nicht (aA LAG Düss Betr **78**, 1087). § 409 gilt nicht für Erkl über die BezugsR aus einem VersVertr (RG **154**, 109). Der Ausgl zw dem wahren Berecht u dem ScheinGläub richtet sich nach § 816. Hat der Zessionar den Schu über den Umfang des Fdgsübergangs unricht informiert, haftet er wg pVV (Ffm NJW-RR **89**, 891).

2) Abtretungsanzeige. – a) Die **Anzeige** ist eine rechtsgeschäftähnl Hdlg (BGH **LM** § 399 Nr 17). Sie setzt GeschFgk voraus u ist anfechtb. Sie bedarf keiner Form, kann also auch mdl erfolgen. Für die AbtrUrk (I 2) genügt einf Schriftform. Sie muß vom Gläub ausgestellt (BGH **100**, 46) u mit seinem Willen in den Verk gebracht worden sein. Für die Vorlegg gilt § 173 Anm 3b entspr. – **b) Wirkung.** § 409 gilt nur, wenn die mitgeteilte Abtr nicht od nicht wirks erfolgt ist. In diesem Fall ist zu unterscheiden: **aa)** Der **Gläubiger** ist weiterhin wirkl FdgInh. Er kann dch KlErhebg die Verj unterbrechen (BGH **64**, 119, NJW **78**, 2025). Dem Schu steht aber ein ZbR zu, das erst entfällt, wenn der Gläub ihm **II Zustimmung** des ScheinBerecht vorlegt (BGH aaO). Es ist auch dann ausgeschl, wenn eine Inanspruchn dch den ScheinBerecht mit Sicherh nicht mehr zu erwarten ist (BGH **56**, 349). Zur Zustimmg (II) ist der ScheinBerecht gem § 812 verpflichtet. – **bb)** Der **Scheinberechtigte** hat kein FdgR. Der Schu kann an ihn leisten, braucht es aber nicht (RG **93**, 75, Nürnbg WPM **84**, 607). Er kann – allerdings auf sein Risiko – ggü dem Gläub erfüllen od hinterlegen (RG **70**, 89, Köln VersR **77**, 576). Auch wenn der Schu positiv weiß, daß die Abtr nicht od nicht wirks erfolgt ist, wird er dch § 409 geschützt (RG **126**, 185, BGH **29**, 82, BB **56**, 639). Der Schutz entfällt aber, wenn die fehlde Legitimation des ScheinBerecht offen zutage liegt u der Schu bei einer

Leistgsverweiger prakt keinerlei Risiko läuft (s BGH Betr **55**, 603), ferner, wenn die angebl Abtr gg ein gesetzl Verbot verstößt (BGH **56**, 345, BAG Betr **87**, 2314).

410 *Aushändigung der Abtretungsurkunde.* [I]Der Schuldner ist dem neuen Gläubiger gegenüber zur Leistung nur gegen Aushändigung einer von dem bisherigen Gläubiger über die Abtretung ausgestellten Urkunde verpflichtet. Eine Kündigung oder eine Mahnung des neuen Gläubigers ist unwirksam, wenn sie ohne Vorlegung einer solchen Urkunde erfolgt und der Schuldner sie aus diesem Grunde unverzüglich zurückweist.
[II]Diese Vorschriften finden keine Anwendung, wenn der bisherige Gläubiger dem Schuldner die Abtretung schriftlich angezeigt hat.

1) a) Die Vorschr soll dem Schu den Schutz des § 409 sichern. Sie begründet keinen Anspr auf Aushändigg, sond ein LeistgVR eig Art, auf das § 274 entspr anzuwenden ist (BGH NJW **69**, 1110, **86**, 977); beim Akkreditiv führt das Fehlen einer AbtrUrk dagg zur KlAbweisg (BGH WPM **76**, 115). – b) Die **Urkunde** muß den Anforderngen des § 126 genügen. Öff Beglaubiggen kann der Schu (and als der Zessionar, § 403) nicht verlangen, hat aber bei begründeten Zweifeln ein HinterleggsR (§ 372). Aushändigg einer Fotokopie soll genügen (BAG NJW **68**, 2078, bedenkl wg gegen Widerspr zu § 174 Anm 1b). Kann (etwa wg des Todes des Zedenten) keine AbtrUrk vorgelegt w, muß der Zessionar eine and Erkl beibringen, die den Schu vor doppelter Inanspruchn sichert (BGH **LM** § 285 Nr 10). Das gilt aber nicht, wenn der Zessionar ledigl Ausk verlangt u sich dch den Besitz des Sparkassenbuchs legitimiert (BGH WPM **82**, 706). Beim gesetzl Fdg-Übergang (§ 412) muß der Urk den RÜbergang anerkennen. Ist die Abtr schriftl angezeigt worden, entfällt das LeistgVR (**II**). Es genügt, wenn der Schu von der in seiner Ggwart protokollierten AbtrErkl eine Abschrift erhält (BGH WPM **69**, 1416). I 2 gilt auch für and **Gestaltungsrechte** wie die Aufr (BGH **26**, 246). Unverzügl s § 121. Erhebt der Schu nachträgl die Einr aus § 410 wird der Verzug *ex nunc* geheilt.

411 *Gehaltsabtretung.* Tritt eine Militärperson, ein Beamter, ein Geistlicher oder ein Lehrer an einer öffentlichen Unterrichtsanstalt den übertragbaren Teil des Diensteinkommens, des Wartegeldes oder des Ruhegehalts ab, so ist die auszahlende Kasse durch Aushändigung einer von dem bisherigen Gläubiger ausgestellten, öffentlich oder amtlich beglaubigten Urkunde von der Abtretung zu benachrichtigen. Bis zur Benachrichtigung gilt die Abtretung als der Kasse nicht bekannt.

1) a) Die Vorschr privilegiert ohne einleuchtden Grd die öff Hand u ist heute kaum noch zeitgem. Sie betrifft Dienstbezüge (usw) der Beamten, Soldaten u Richter, wird aber von der hM auch auf die Angestellten u Arbeiter des öff Dienstes angewandt (BAG Betr **66**, 1936, MüKo/Roth Rdn 8). Zur öff Beglaubigg s § 129, zur amtl s BeurkG 65. – b) Die Abtr ist auch ohne die förml Urk wirks (BGH **11**, 302). Die Kasse hat aber bis zur Vorlage der Urk ein LeistgVR (S 1 mit § 410) u gilt bis zu diesem Ztpkt als gutgl (S 2 mit §§ 407, 406). Wird die Kasse nur von einer unwirks ZweitAbtr benachrichtigt, kann sie an den aus dieser Abtr ScheinBerecht nur unter den Voraussetzgen des § 408 mit befreider Wirkg leisten (BGH **11**, 302).

412 *Gesetzlicher Forderungsübergang.* Auf die Übertragung einer Forderung kraft Gesetzes finden die Vorschriften der §§ 399 bis 404, 406 bis 410 entsprechende Anwendung.

1) **Fälle** des gesetzl FdgÜbergangs sind vor allem: §§ 268 III, 426 II, 774 I, 1143 I, 1225, 1249, 1607 II, 1615b, BRAGO 130, LFZG 4, VVG 67 u SGB X 116 (s Vorbem 7 E v § 249). Die **Gesamtrechtsnachfolge** unter Lebden fällt unter § 412, so §§ 1416, 613a, AktG 346 III (str), nicht aber die erbrechtl GesNachf (§ 1922). Der FdgsÜbergang kr **Hoheitsakts** (ZPO 835, BSHG 90, SGB 50) steht dem gesetzl FdgÜbergang gleich (BAG NJW **71**, 2094, Lüke JZ **59**, 270). Überleitg einer künft Fdg gem BSHG 90 h der Wirkg einer Abtr, bedingt dch die weitere Unterstützg des Hilfsbedürft (BGH **20**, 131, NJW **88**, 1147). Aktivlegitimiert zur Geltdmachg der künft fäll werdden UnterhRaten bleibt weiterhin der UnterhBerecht (BGH NJW **82**, 232, Brem FamRZ **80**, 725, hM). Entspr gilt für den FdgÜbergang gem UnterhSichG 12 (Karlsr FamRZ **81**, 73). Unter den Voraussetzgen von ZPO 259 kann aber auch der SozHilfeTräger Klage hins des zukünft Unterh erheben (Düss FamRZ **79**, 1010, Hamm FamRZ **80**, 890, aA Schlesw SchlHA **85**, 111).

2) Das Ges best eine **entsprechende Anwendung** u nimmt davon die auf den rgeschäftl Verk abstelldden §§ 405, 411 aus. Zu berücksichtigen ist daher jeweils der Zweck der Norm, der die *cessio legis* anordnet. Vgl iü bei den einz Vorschr jeweils Anm 1.

413 *Übertragung anderer Rechte.* Die Vorschriften über die Übertragung von Forderungen finden auf die Übertragung anderer Rechte entsprechende Anwendung, soweit nicht das Gesetz ein anderes vorschreibt.

1) **Allgemeines.** Die Vorschr spricht aus, daß auch and Rechte als Fdgen grdsl übertragb sind. Sie legt zugl fest, daß zur Übertragg idR eine formlose Willenseinigg zw dem fr u dem neuen RInh ausr ist. **Andere Rechte** sind alle nicht unter § 398 falldden Rechte, vor allem also SachenR, UrhR u gewerbl SchutzR, Fam- u ErbR, MitgliedschR u GestaltgsR. Ob für Anspr aus Tatbestden des Sachen-, Fam- u ErbR (Bsp: §§ 985, 1360d VI, 2174) § 398 od § 413 gilt, ist str, aber prakt gleichgült, da bei beiden rechtl Einordngen die gleichen Vorschr anwendb sind (s § 399 Anm 2).

2) Da § 413 ggü spezialgesetzl Vorschr, die die Übertragbark ausschließen od die Übertragg and regeln, **subsidiär** ist, ist seine prakt Bedeutg gering: – a) **Sachenrechte** werden nach den §§ 873, 925, 929 übertragen. Die Übertragg der EigtAnwartsch richtet sich gleichf nicht nach § 413, sond nach den Vorschr für das

VollR (BGH **28**, 21, **49**, 202, NJW **70**, 699). – **b)** Das **Urheberrecht** ist unübertragb (UrhRG 29 S 2). Dagg können NutzgsR an UrhR u **gewerbliche Schutzrechte** übertragen w. § 413 wird aber zT dch Sondervorschr verdrängt (PatG 15, GebrMG 13, WZG 8). – **c)** Die **Familienrechte** sind unübertragb, ebso das **Erbrecht** als solches. Die Vfg des Miterben über seinen Anteil am Nachl ist in § 2033 geregelt. – **d) Mitgliedschaftsrechte** an Vereinen u PersonalGesellsch sind grdsl unübertragb (§§ 38, 719). Für die Übertragg von MitgliedschR an KapitalGesellsch gelten Sonderregeln (AktG 68, GmbHG 15). – **e)** Ein **Unternehmen** im ganzen kann nicht gem § 413 übertragen w. Es ist weder Sache noch Recht, sond ein Inbegriff von Ggst. Die Übertr richtet sich nach den für die einz Ggst maßgebden Vorschr (BGH **LM** Nr 2). Das gilt ebso für die Übertr des Nachl dch den Alleinerben (RG **88**, 117, BGH MDR **67**, 913).

3) Gestaltungsrechte: – **a) Selbständige** GestaltgsR sind grdsl übertragb, so das AneigngsR u das WiederkaufsR (MüKo/Roth Rdn 12), bei einer entspr Vereinbg auch das VorkaufsR (RG **148**, 112) u das Recht aus einem VertrAngebot (RG **111**, 47). – **b)** Unter den **unselbständigen** GestaltgsR gibt es **Hilfsrechte**, die der Ausübg od DchSetzg der Fdg selbst dienen u damit dem Gläub als solchem zustehn, zB das Recht auf FälligkKünd, das GläubWahlR, die Ersetzungsbefug. Diese Rechte gehen zwangsläuf mit der Fdg auf den neuen Gläub über (BGH NJW **73**, 1793, RGRK Rdn 26) u sind daher nicht selbstd abtretb (§ 401 Anm 2). – **c)** Eine weitere Art der **unselbständigen** GestaltgsR dient der Umgestaltg des gesamten SchuVerh, **ohne höchstpersönlichen Charakter** zu tragen, so das Recht zur VertrKünd (Mü SeuffA **80**, 116), zum Rücktr u das allerdings als Anspr konstruierte Recht auf Wandlg. Diese GestaltgsR sind nicht wesensmäß mit dem HauptR verbunden u können zus mit der Fdg od auch nur einem Teil von ihr abgetreten w, ohne daß auf den AbtrEmpf sämtl Rechte u Pfl aus dem VertrVerh übergehen müssen. Das gilt vor allem für das gesetzl u vertragl RücktrR (BGH NJW **73**, 1793, **85**, 2640). Soweit die der Umgestaltg des SchuVerh gerichteten GestaltgsR **höchstpersönlicher Natur** sind, bleiben sie an die Pers des ursprüngl RechtsInh gebunden u gehen nur auf dessen Erben über. Das gilt vor allem für das AnfR (Larenz § 34 VI, str, differenzierd Dörner, wie vor § 398, S 319); iF der VertrÜbertr (§ 398 Anm 10) geht es aber mit dem Vertr im ganzen auf den RNachfolger über (Coester MDR **74**, 803).

Fünfter Abschnitt. Schuldübernahme

Überblick

1) Die in den §§ 414 ff geregelte **befreiende Schuldübernahme** ist das GgStück zur Abtr. Sie führt unter Wahrg der Identität der Schuld zu einem SchuWechsel. Der Übernehmer („Dritte") tritt an die Stelle des Schu; dieser wird frei. Der ÜbernVertr kann zw Gläub u Übernehmer (§ 414) od zw Schu u Übernehmer unter Zust des Gläub (§ 415) geschlossen w; das Einverständn des Gläub ist zwingdes Erfordern, da die Bonität des Schu für den Wert der Fdg von ausschlaggebder Bedeutg ist. Der ÜbernVertr hat, gleichgült wie er abgeschlossen w, **Verfügungscharakter** u ist daher auch **abstrakt** (§ 417 Anm 3). Er enthält aber zugl die Übern einer – mit der bisherigen Verpfl inhaltsgleichen – Verbindlichk u ist daher auch ein **Verpflichtungsgeschäft**. Übernommen wird die Schuld, wie sie bei Übern besteht (§§ 416, 417). Gleichwohl liegt keine RNachf iSd ZPO 265, 325, 727 vor (BGH **61**, 140, MüKo/Möschel Rdn 7, str). Übernommen w können Schulden jeder Art, auch zukünft, klaglose u rhäng (§ 417 Anm 1). Eine Ausn gilt für dingl Anspr, bei denen (wie iF des § 985) die Passivlegitimation dch die tatsächl Lage bestimmt w. Einer Einschränkg wie in § 399 bedarf es wg der Mitwirkg des Gläub nicht. Der ÜbernVertr ist grdsl **formfrei**. Wenn für die Begründg einer Verpfl eine FormVorschr besteht, gilt sie aber auch für die Übern der Verpfl; der ÜbernVertr ist daher in den Fällen der §§ 313 (dort Anm 4d), 518 u 780 formbedürft (str).

2) Schuldbeitritt (Schuldmitübern, kumulative SchuldÜbern). **a)** Beim Schuldbeitritt tritt der Mitübernehmer zusätzl neben dem bisher Schu in das SchuldVerh ein; beide werden GesSchu iSd §§ 421 ff. Das Ges sieht in einer Reihe von Fällen einen solchen Schuldbeitritt vor: §§ 419, 556 III, 2382, HGB 25, 28, 130, WG 28. Dagg ist der **rechtsgeschäftliche** Schuldbeitritt im BGB nicht geregelt; er ist aber als reiner VerpflVertr nach § 305 zul (stRspr seit RG **59**, 233, allgM). Er kann zw Gläub u Beitretdem geschlossen w, jedoch bestehen dann Abgrenzgsprobleme zur Bürgsch (unten b). Part des SchuldmitübernVertr können auch der Schu u der Beitretde sein. In diesem Fall handelt es sich um einen Vertr zGDr mit dem Inh der bereits vorhandenen Schuld (BGH **72**, 250). Hier wird der ZurückweisgR des § 333. Der Schuldbeitritt ist grdsl **formfrei;** § 766 ist weder direkt noch analog anwendb, da der Beitretde und als der Bü typw ein eig unmittelb sachl Interesse an der Erf der Verbindlichk hat (stRspr seit RG **59**, 233, allgM). Die für die Begründg einer Verpfl bestehnden FormVorschr (zB §§ 313, 518, 780) gelten aber auch für den Schuldbeitritt (Anm 1). Die vom Sozialamt zG eines Hilfsempfängers gegebene Mietgarantie ist idR ein Schuldbeitritt (OVG Bln NJW **84**, 2593, aA LG Saarbr NJW-RR **87**, 1372, VerwG Würzbg NJW **88**, 2815), sie erstreckt sich aber iZw nicht auf Renovierungskosten (LG Lünebg NJW **89**, 1288). Ob kumulative od befreide SchuldÜbern vorliegt, ist Auslegsfrage; iZw ist Schuldbeitritt anzunehmen, da er den Gläub nicht belastet (BGH Betr **78**, 2216). Bei der Übern einer dch Hyp gesicherten Schuld (§ 416) ist aber iZw eine befreide SchuldÜbern gewollt (§ 415 Anm 2).

b) Schuldbeitritt u **Bürgschaft** stimmen darin überein, daß sie dem Gläub als zusätzl Sicherh einen Anspr gg einen „Mithaftden" verschaffen. Dogmatisch bestehen aber zw beiden Vertr grdlegde Unterschiede: Der Bürge haftet akzessorisch für fremde Schuld (§§ 765, 767), dagg begründet der Schuldbeitritt eine eig Verbindlichk gg den Beitretden, die nach dem Beitritt eig Wege gehen kann (unten c). Ob Schuldbeitritt od Bürgsch vorliegt, kann im Einzelfall zweifelh sein, insb bei einem VertrSchl zw Gläub u Beitretdem. Entscheidd ist, ob nach dem Willen der VertrPart (§§ 133, 157) eine selbständige od nur eine angelehnte Schuld begründet w sollte (BGH NJW **86**, 580). Bleiben Zw, ist eine Bürgsch anzunehmen (BGH aaO, Betr

87, 1139, Hamm NJW **88**, 3022). Entgg einer älteren Rspr (RG **90**, 417, Köln MDR **57**, 674, Mü MDR **65**, 573) ist das beim Schuldbeitritt typw vorliegde eig wirtschaftl Interesse des Übernehmers an der Erf der Verbindlichk für die Bejahg einer Schuldmitübern weder erforderl noch ausr. Auf die Art des Interesses kommt es nicht an, wenn die abgegebene Erkl eindeut den Willen zum Schuldbeitritt od umgekehrt zur Verbürgg erkennen lassen (BGH **LM** § 133 [C] Nr 33 u [B] Nr 7). Sind die Erkl mehrdeut, kann das eig sachl Interesse des Übernehmers ein wicht Indiz für das Vorliegen eines Schuldbeitritts sein (BGH NJW **81**, 47), jedoch ist auch hier bei verbleibendem Zweifel eine Bürgsch anzunehmen (BGH NJW **68**, 2332, BB **76**, 1431). Die Umdeutg einer formunwirks Bürgsch in einen Schuldbeitritt verstößt gg den Schutzzweck des § 766 u ist daher ausgeschlossen.

c) Rechtsfolgen: Der Schuldmitübernehmer tritt als **Gesamtschuldner** (§§ 421 ff) mit in das Schuld-Verh ein. Für Einwendgen u Einr gilt § 417 entspr. Besteht die mitübernommene Verbindlichk nicht, geht die Schuldbeitritt ins Leere (BGH WPM **87**, 1699), jedoch kann uU eine garantieähnl selbstd HaftgsÜbern vorliegen (BGH WPM **71**, 1498). Der Beitretde kann die Unwirksamk des Beitritts einwenden. Ist der Beitritt dch einen Vertr zGDr erfolgt, kann der Beitretde in Abw von § 417 II gem § 334 auch Einwendgen aus dem KausalGesch erheben (BGH WPM **59**, 22, **73**, 1291), jedoch können sich aus dem Gedanken des Vertrauensschutzes Einschränkgen ergeben (Oldbg BauR **86**, 586). Der vor dem Beitritt begonnene Lauf der **Verjährung** sowie Hemmgen u Unterbrechgen der Verj wirken auch für u gg den Beitretden (RG **143**, 157, BGH NJW **84**, 794). Die VerjFr der übernommenen Schuld gilt für den Beitretden selbst dann, wenn die für die FrLänge maßgebden Voraussetzgen (GewBetr) in seiner Pers nicht erfüllt sind (BGH **58**, 251, Brem NJW **72**, 910, Ffm NJW **74**, 1336); liegt gg den Schu ein kräft Urt vor, gilt § 218 auch ggü dem Beitretden (BGH NJW **87**, 2864). Nach dem Beitritt können die Anspr gg den ursprüngl Schu u den Beitretden eine unterschiedl Entwicklg nehmen (§ 425). Ein KündR steht dem Beitretden höchstens in AusnFällen zu (BGH Betr **85**, 2035). Auch der LeistgsOrt kann verschieden sein (Schlesw NJW **52**, 1018).

414 *Vertrag zwischen Gläubiger und Übernehmer.* Eine Schuld kann von einem Dritten durch Vertrag mit dem Gläubiger in der Weise übernommen werden, daß der Dritte an die Stelle des bisherigen Schuldners tritt.

1) Vgl zunächst Übbl 1. VertrPart sind der Gläub u der Übernehmer. Rechtl handelt es sich um eine ausnw zul Vfg zG eines Dr, des Schu, zugl aber um einen VerpflVertr. Die Schuldbefreig tritt ohne Mitwirkg des Schu ein. Der Schu hat auch kein ZurückweisgsR; § 333 ist weder direkt noch analog anwendb (Weimar JR **72**, 285, MüKo/Möschel Rdn 5, str, aA Dörner, wie vor § 398, S 131). Der Übern-Vertr ist grdsl **formfrei** (Übbl 1). Er kann daher auch konkludent geschlossen w (RG **107**, 216), etwa dch Umschreibg eines Flugscheins (BGH **62**, 76), doch muß der Gläub den Entlassgswillen deutl erklären (RG HRR **28** Nr 8), sonst liegt ein bloßer Schuldbeitritt vor (Übbl 2a). Inh u Modalitäten der Schuld w dch die Übern nicht verändert (§ 417 Anm 1).

415 *Vertrag zwischen Schuldner und Übernehmer; Genehmigung des Gläubigers.*
^IWird die Schuldübernahme von dem Dritten mit dem Schuldner vereinbart, so hängt ihre Wirksamkeit von der Genehmigung des Gläubigers ab. Die Genehmigung kann erst erfolgen, wenn der Schuldner oder der Dritte dem Gläubiger die Schuldübernahme mitgeteilt hat. Bis zur Genehmigung können die Parteien den Vertrag ändern oder aufheben.
^{II}Wird die Genehmigung verweigert, so gilt die Schuldübernahme als nicht erfolgt. Fordert der Schuldner oder der Dritte den Gläubiger unter Bestimmung einer Frist zur Erklärung über die Genehmigung auf, so kann die Genehmigung nur bis zum Ablaufe der Frist erklärt werden; wird sie nicht erklärt, so gilt sie als verweigert.
^{III}Solange nicht der Gläubiger die Genehmigung erteilt hat, ist im Zweifel der Übernehmer dem Schuldner gegenüber verpflichtet, den Gläubiger rechtzeitig zu befriedigen. Das gleiche gilt, wenn der Gläubiger die Genehmigung verweigert.

1) **Allgemeines.** § 415 ermöglicht eine SchuldÜbern dch Vertr zw Schu u Übernehmer, der aber der Gen des Gläub bedarf. Der Vertr hat – ebso wie bei § 414 – einen Doppelcharakter: Schu u Übernehmer verfügen als Nichtberecht über die Fdg u begründen zugl eine mit der ursprüngl Schuld inhaltsgleiche Verpfl des Übernehmers, sog **Verfügungstheorie** (RG **134**, 187, BGH **31**, 325, Larenz § 35 I, hM). Die Angebotstheorie (Heck § 73 ua), wonach in der Mitteilg (I 2) die Offerte an den Gläub zum Gen der VertrAnn steht, will mit Wortlaut, Systematik u Entstehgsgeschichte des Ges unvereinb (Mot II 144 ff, MüKo/Möschel Rdn 2). Genehmigt der Gläub aGrd einer Mitteilg des Übernehmers, kann aber im Einzelfall, wenn kein nach § 415 wirks Vertr zustande kommt, der Ausleg od Umdeutg ein ÜbernVertr nach § 414 angenommen w (BGH **31**, 323, § 417 Anm 3). Mögl ist auch ein VertrSchl zw Gläub u Schu unter Zust des Übernehmers u (wie iF der VertrÜbern, § 398 Anm 10) ein „dreiseitiger" VertrSchluß (Nörr/Scheyhing § 26).

2) **Voraussetzungen. a)** Der **Vertrag** zw Schu u Übernehmer ist abstrakt u grdsl formfrei (Übbl 1). Er muß klarstellen, daß eine befreide SchuldÜbern u nicht bloß ein Schuldbeitritt od eine ErfÜbern gewollt ist (Übbl 2). Wird eine dch eine Hyp gesicherte Fdg in Anrechng auf den KaufPr übernommen, ist iZw eine befreide SchuldÜbern zu bejahen (RG **75**, 340, JW **32**, 1043, KG JW **38**, 1916). Täuschg dch den Schu s § 417 Anm 3. – **b)** Der Vertr bedarf der **Zustimmung** des Gläub. Obwohl der Normtext nur von Gen (§ 184) spricht, genügt auch eine Einwilligg, § 183 (RG **60**, 415, BGH Warn **76**, 61). Eine Mitteilg (I 2) ist in diesem Fall nicht erforderl. EinwilliggsKlauseln in AGB sind nur in den Grenzen von AGBG 11 Nr 13 wirks (s dort). Die Zust kann dem einen od and Teil erklärt w (§ 182 I). Sie ist nach § 182 II auch dann formfrei, wenn der ÜbernVertr (entspr Übbl 1) ausnw formbedürft ist (und die Angebotstheorie, Anm 1). – **c)** Der

5. Abschnitt. Schuldübernahme §§ 415, 416

Gen muß eine **Mitteilung** der SchuldÜbern dch einen der VertrPart an den Gläub vorangehen (I 2). Die Mitteilg ist eine geschäftsähnl empfangsbedüft Hdlg. Sie kann auch konkludent erfolgen (RG 125, 104) u uU in jahrelanger Zinszahlg dch den Übernehmer liegen (RG JW 37, 1233); iF des ZVG 53 genügt die Mitteilg, daß das Grdst unter Bestehenbleiben der Hyp zugeschlagen worden sei (RG JW 29, 733). Die Mitteilg eines Vertr, dessen Gültigk gleichzeit bestritten w, ist nicht ausr (RG 119, 421), ebsowenig eine anderweit KenntnErlangg (RG HRR 28 Nr 825, 37 Nr 500). – **d)** Die gem § 182 II formfreie **Genehmigung** kann auch dch schlüssige Hdlg erfolgen, etwa dch KlErhebg gg den Übernehmer (RG 107, 216, BGH WPM 75, 331) od dch Fortsetzg der Bierabnahme nach Anzeige der Brauereiveräußerg (Nürnbg NJW 65, 1919). Das Verhalten des Gläub muß aber unzweideut seine Zust zur Entlassg des Schu aus der Haftg erkennen lassen (BGH WPM 78, 352). Bloßes Schweigen auf die Anzeige der SchuldÜbern (LAG Hamm Betr 85, 287) od die Mitteilg von der Umgründg in eine GmbH & Co genügt nicht (BGH NJW 83, 679), ebsowenig die Ann von HypZinsen od -Tillg von dem GrdstErwerber u Übernehmer (RG JW 37, 1233). – **e)** Bei einer **Kettenschuldübernahme** genügt Mitteilg u Gen der Übern, aus der der Gläub Rechte herleiten will (RG 121, 316, stRspr). Eine bes Gen der zwischenliegend Übern ist nicht erforderl.

3) Rechtsfolgen. a) Bis zur Genehmigung besteht ein Schwebezustand. Der Gläub hat auch nach Zugang der Mitteilg ggü dem Übernehmer keine Rechte. Die VertrPart können den ÜbernVertr ändern od aufheben (I 3). Jeder von ihnen kann dem Gläub eine Fr setzen (II 2); bei Schweigen gilt die Gen als verweigert. Bei mehrfacher FrSetzg ist die zuerst gesetzte maßgebd (MüKo/Möschel Rdn 12). Im InnenVerh ist der Übernehmer iZw zur rechtzeit Befriedigg des Gläub verpflichtet (II). – **b)** Durch die **Genehmigung** w die SchuldÜbern wirks u zwar gem § 184 I rückwirkd auf den Ztpkt des VertrSchl (RG 134, 187, and die Angebotstheorie Anm 1). – **c)** Wird die Gen **verweigert** (III 2) od gilt sie als verweigert (II 2), wird die SchuldÜbern endgült unwirks (RG 139, 127). Die Verweigerg ist RGesch u daher anfechtb (§ 182 Anm 3). Die abgelehnte Gen kann, vom Fall der Anf abgesehen, nicht nachgeholt w. Die verspätete Gen u eine vorherige od nachträgl Zust des Übernehmers können aber als Vertr nach § 414 aufgefaßt w (Anm 1). Die gescheiterte SchuldÜbern gilt nach § 415 III iZw als **Erfüllungsübernahme** (§ 329).

416 **Übernahme einer Hypothekenschuld.** ¹Übernimmt der Erwerber eines Grundstücks durch Vertrag mit dem Veräußerer eine Schuld des Veräußerers, für die eine Hypothek an dem Grundstücke besteht, so kann der Gläubiger die Schuldübernahme nur genehmigen, wenn der Veräußerer sie ihm mitteilt. Sind seit dem Empfange der Mitteilung sechs Monate verstrichen, so gilt die Genehmigung als erteilt, wenn nicht der Gläubiger sie dem Veräußerer gegenüber vorher verweigert hat; die Vorschrift des § 415 Abs. 2 Satz 2 findet keine Anwendung.

II Die Mitteilung des Veräußerers kann erst erfolgen, wenn der Erwerber als Eigentümer im Grundbuch eingetragen ist. Sie muß schriftlich geschehen und den Hinweis enthalten, daß der Übernehmer an die Stelle des bisherigen Schuldners tritt, wenn nicht der Gläubiger die Verweigerung innerhalb der sechs Monate erklärt.

III Der Veräußerer hat auf Verlangen des Erwerbers dem Gläubiger die Schuldübernahme mitzuteilen. Sobald die Erteilung oder Verweigerung der Genehmigung feststeht, hat der Veräußerer den Erwerber zu benachrichtigen.

1) Allgemeines. a) In GrdstKaufVertr wird, abweichd von § 439 II, häuf vereinb, daß der Käufer die auf dem Grdst lastde Hyp in Anrechng auf den KaufPr übernehmen soll. Eine solche Vereinbg, bei der die Übern iZw der ursprüngl geschuldete VertrLeistg ist (§ 364 Anm 3), enthält regelmäß zugl die Übern der persönl Schuld (RG JW 32, 1043, BGH **LM** Nr 1, § 415 Anm 2a). Für diese, aber auch für auf Fälle gibt § 416 einen Weg, der die Herbeiführg der Gen erleichtern soll: Schweigen des HypGläub gilt unter den Voraussetzgen des § 416 als Gen (I 2). Das Ges will hierdch die unerwünschte Trenng von dingl u persönl Haftg nach Möglichk verhindern (RG 128, 71). Es berücksichtigt zugl, daß bei dingl gesicherten Fdgen typw die Pers des Schu u dessen VermögensVerh für den Gläub weniger wichtig sind. – **b)** § 416 ist keine in sich abgeschlossene Regelg, sond **ergänzt** § 415. Die SchuldÜbern kann daher trotz des mißverständl „nur" in I 2 ohne Einhaltg der Voraussetzgen des § 416 nach Maßg der §§ 414, 415 erfolgen (RG 63, 50, MüKo/Möschel Rdn 2, allgM). Soweit § 416 keine Sonderregelg enthält, gilt § 415. § 415 III ist daher anwendb (RG Warn 08 Nr 136), die Gen wirkt *ex tunc* (RG 134, 187), die Verweigerg der Gen kann nicht zurückgenommen w (RG 139, 127, § 415 Anm 3c). – **c)** Die Vorschr setzt voraus, daß der Veräußerer zugl persönl Schu ist (BGH **LM** Nr 1). Sie gilt für vorgemerkte Hyp entspr (hM). Auch auf **Grundschulden,** die zur Sichg einer Fdg eingetragen sind, kann § 416 analog angewendet w (Brschw MDR 62, 737, MüKo/Möschel Rdn 4, str). ZVG 53 verweist ausdr auch für Grd- u Rentenschulden auf § 416. Auf SchiffsHyp ist § 416, die dch die VO v 21. 12. 40 (RGBl 1609) nicht geändert worden ist, unanwendb.

2) Mitteilung. – a) Sie muß vom Veräußerer ausgehen, schriftl sein u den Hinw des II 2 enthalten. Stellvertretg ist mögl, Handeln ohne Vertretgsmacht kann der Veräußerer genehmigen (RG 67, 416). Sie kann erst nach Eintragg des Erwerbers im GrdBuch erfolgen. Späterer Verlust des Eigt ist unschädl (RG 56, 203). Für die Hyp ist erforderl aber auch ausr, daß sie im Ztpkt des EigtErwerbs bestanden hat (RG 128, 72). Alle angeführten Erfordern sind **zwingend,** jedoch bleibt den Beteiligten der Weg der §§ 414, 415 (Anm 1). – **b) Schweigen des Gläubigers** gilt nach Ablauf von 6 Monaten als Gen (I 2). Die Verweigerg der Gen ist nur wirks, wenn sie vor Ablauf w u innerhalb w erklärt w (RG HRR 32 Nr 713). – **c)** Bei Verletzg der Pflten aus III ist der Veräußerer schaderspflicht. Will der Gläub nach Verweigerg der Gen die ZwVollstr des Grdst betreiben, muß er den Veräußerer unverzügl benachrichtigen (§ 1166).

§§ 417, 418 2. Buch. 5. Abschnitt. *Heinrichs*

417 *Einwendungen des Übernehmers.* [I]Der Übernehmer kann dem Gläubiger die Einwendungen entgegensetzen, welche sich aus dem Rechtsverhältnisse zwischen dem Gläubiger und dem bisherigen Schuldner ergeben. Eine dem bisherigen Schuldner zustehende Forderung kann er nicht aufrechnen.

[II]Aus dem der Schuldübernahme zugrunde liegenden Rechtsverhältnisse zwischen dem Übernehmer und dem bisherigen Schuldner kann der Übernehmer dem Gläubiger gegenüber Einwendungen nicht herleiten.

1) Einwendungen aus dem Schuldverhältnis. – a) Die Schuld geht mit gleichbleibdem **Inhalt** u unveränderten Leistgsmodalitäten (Zeit u Ort der Leistg) auf den Übernehmer über. Ob sie den Übern auch auf NebenVerpfl (Zinsen, VertrStrafe, SchadErsAnspr) erstreckt, ist Auslegsfrage; § 401 Anm 2b gilt entspr. – **b)** Der Übernehmer hat alle **Einwendungen** aus dem SchuldVerh, die zZ der Übern „begründet" waren. Der Begriff der Einwendg ist ebso wie bei § 404 im weitesten Sinn zu verstehen (dort Anm 2). Er umfaßt rhindernde u rvernichtete Einwendgen, aufschiebde u dauernde Einr sowie prozessuale Einr. Maßgebder Ztpkt ist auch iF des § 415 wg der Rückwirkg der Gen der VertrSchl (MüKo/Möschel Rdn 3). Es genügt, daß die Einwendg im übernommenen SchuldVerh dem RGrd nach angelegt war (§ 404 Anm 3). Teilw Ablauf der Verj sowie Hemmgen u Unterbrechgen der Verj wirken fort (RG **135**, 107, **143**, 157). Der Übernehmer kann mit einer eig, nicht aber mit einer Fdg des Schu aufrechnen (I 2), auch eine dem § 770 II entspr Einr hat er nicht (Dörner, wie vor § 398, S 238). Von den GestaltgsR gehen nur die über, die, wie das WahlR nach § 262, ausschließl die übernommene Verbindlichk betreffen. Alle and GestaltgsR (Anf-, Widerrufs-, Rücktr-, KündR) u das WandlgR bleiben grdsl beim Schu. § 770 I ist weder direkt noch entspr anwendb (RGRK-Weber Rdn 7, hM). Die SchuldÜbern kann aber die Übertragg der GestaltgsR ausdr od stillschw mitumfassen (§ 413 Anm 3b). Mögl ist auch, daß der Übernehmer aus dem GrdVerh gg den Schu einen Anspr auf Ausübg der GestaltgsR hat.

2) Der Übernehmer haftet nur bei **Wirksamkeit** der Übern. Er kann daher dem Gläub alle Einwendgen entggsetzen, die die Gültigk des ÜbernVertr betreffen. Fälle: §§ 117, 118, 134, 138, Anf wg Irrt u Dissens (RG **119**, 420). Ist der Übernehmer vom Schu **getäuscht** worden, ist zu unterscheiden: Handelt es sich um einen Vertr gem § 414, ist der Gläub Vertr Dr; ein AnfR besteht nur bei Bösgläubigk des Gläub. Ist der ÜbernVertr gem § 415 zw Übernehmer u Schu geschlossen worden, ist der Schu ErklGegner; der Übernehmer kann auch bei Gutgläubigk des Gläub dch Erkl ggü dem Schu anfechten (BGH **31**, 323, LM Nr 2). Es ist aber jeweils zu prüfen, ob die Mitteilg des SchuldÜbern u ihre Gen als ein Vertr gem § 414 aufgefaßt w können (§ 415 Anm 1). Ein Teil der Schrifts will dagg auch iF des § 415 die Anf nur bei Bösgläubigk des Gläub zulassen, zT in Anwendg der Angebotstheorie, zT unter Hinw auf den Normzweck des § 417 II, zT in analoger Anwendg des § 123 II 2, zT aus dem Gesichtspkt des Vertrauensschutzes (s Rimmelspacher JR **69**, 2071, MüKo/Möschel Rdn 14ff). Dieser Ans ist jedoch nicht zu folgen. Gg sie spricht bereits ein Umkehrschluß aus § 417 II; auch unter Wertgesichtspkten verdienen die Interessen des von seinem VertrPart argl getäuschten Übernehmer den Vorrang (im Ergebn ebso Larenz § 35 Ib, Nörr-Scheyhing § 26 III). Hat der Übernehmer dem Gläub die Übern mitgeteilt, haftet er aber analog § 409 (Dörner NJW **86**, 2918); trifft ihn ein Verschulden, ist dem Gläub auch wg c. i. c. verantwortl. Außerdem hat der Gläub idR einen SchadErsAnspr o pVV gg den Schu (Düss WPM **86**, 1140).

3) Einwendungen aus dem Grundverhältnis. Die SchuldÜbern ist abstrakt (Übbl 1 v § 414). Mängel der RGrdBeziehg berühren daher ihre Wirksamk nicht. Im übrigen ist zu unterscheiden: – **a)** Liegt der SchuldÜbern ein RVerhältn zw **Gläubiger und Übernehmer** zugrde, begründen Mängel des GrdGesch die Einr aus § 821. Der Übernehmer kann sich auch auf alle sonst Einwendgen aus seinen RBeziehgen zum Gläub berufen. – **b)** Liegt der SchuldÜbern dagg ein RVerhältn zw **Schuldner u Übernehmer** zugrde, so kann der Übernehmer daraus keine Einwendgen gg den Gläub herleiten **(II)**. Mögl ist aber, daß der Mangel, der das KausalGesch nichtig macht, zugl auch die Nichtigk des ÜbernVertr begründet (Übbl 3 f v § 104). Außerdem kann der Wille der Part das GrdGesch u die SchuldÜbern zu einer Einh iSd § 139 mit der Folge zusfassen, daß die Unwirksamk des GrdGesch sich auch auf die SchuldÜbern erstreckt (RG **58**, 386, BGH **31**, 323, Hbg NJW **66**, 985, sehr str, aA Rimmelspacher JR **69**, 201). Für einen entspr PartWillen müssen aber konkrete Anhaltspkte vorliegen (§ 139 Anm 3b). Außerdem ist ggf zu prüfen, ob die Mitteilg des Übernehmers als VertrAngebot gem § 414 u die Gen des Gläub als Ann aufgefaßt w können (§ 415 Anm 1).

418 *Erlöschen von Sicherungs- und Vorzugsrechten.* [I]Infolge der Schuldübernahme erlöschen die für die Forderung bestellten Bürgschaften und Pfandrechte. Besteht für die Forderung eine Hypothek oder eine Schiffshypothek, so tritt das gleiche ein, wie wenn der Gläubiger auf die Hypothek oder die Schiffshypothek verzichtet. Diese Vorschriften finden keine Anwendung, wenn der Bürge oder derjenige, welchem der verhaftete Gegenstand zur Zeit der Schuldübernahme gehört, in diese einwilligt.

[II]Ein mit der Forderung für den Fall des Konkurses verbundenes Vorzugsrecht kann nicht im Konkurs über das Vermögen des Übernehmers geltend gemacht werden.

1) I. Die Größe des Risikos, das für die Sicherheiten einer Fdg besteht, wird wesentl dch die Solvenz des Schu bestimmt. I sieht daher vor, daß alle akzessorischen SichgR dch die SchuldÜbern – and als iF der Abtr (§ 401) – erlöschen. Die Vorschr gilt auch für SchiffsHyp (Fassg der VO v 21. 12. 40, RGBl 1609) u das RegisterPfandR an Luftfahrzeugen (LuftfzRG 98 II), da sie von „bestellten" Sicherh spricht, aber nicht für gesetzl PfandR u Bürgsch (RGRK-Weber Rdn 1, str). Dagg ist sie auf die Vormkg (Hoche NJW **60**, 464), die SichgGrdSch (BGH DNotZ **66**, 667, aA Scholz NJW **66**, 1740) sowie SichgÜbereign u -Abtr entspr anwendb. I 2 bedeutet, daß das GrdPfandR auf den Eigtümer übergeht, nachgehde Rechte also nicht

5. Abschnitt. Schuldübernahme §§ 418, 419

aufrücken (§ 1168). Bei **Einwilligung** des SichgGeb bleiben die SichgR bestehen (I 3). Die Einwilligg des Bürgen bedarf der Form des § 766 (MüKo/Möschel Rdn 6, aA RG **70**, 415). Eine nachträgl Zust (Gen) genügt nicht (RG HRR **33**, 1742, Soergel-Zeiss Rdn 4, str); die Sicherh muß neu bestellt w.

2) II dient dem Schutz der Gläub des Übernehmers. Er soll verhindern, daß der (spätere) GemeinSchu dch SchuldÜbern in die zwingde RangOrdng des KO 61 eingreift (BGH **34**, 298).

419 *Vermögensübernahme; Haftung des Übernehmers.* ¹Übernimmt jemand durch Vertrag das Vermögen eines anderen, so können dessen Gläubiger, unbeschadet der Fortdauer der Haftung des bisherigen Schuldners, von dem Abschlusse des Vertrags an ihre zu dieser Zeit bestehenden Ansprüche auch gegen den Übernehmer geltend machen.

IIDie Haftung des Übernehmers beschränkt sich auf den Bestand des übernommenen Vermögens und die ihm aus dem Vertrage zustehenden Ansprüche. Beruft sich der Übernehmer auf die Beschränkung seiner Haftung, so finden die für die Haftung des Erben geltenden Vorschriften der §§ 1990, 1991 entsprechende Anwendung.

IIIDie Haftung des Übernehmers kann nicht durch Vereinbarung zwischen ihm und dem bisherigen Schuldner ausgeschlossen oder beschränkt werden.

Schrifttum: Eisemann AcP **176**, 488; Paulus ZZP **64**, 169; Wilburg FS Larenz, 1973, 661.

1) Allgemeines. a) § 419 beruht auf dem deutschrechtl **Gedanken,** daß Schulden Lasten des Vermögens sind u daher bei dessen Übertragg mit übergehen müssen (RG **69**, 286, BGH **62**, 101). Er berücksichtigt zugl, daß das Vermögen des Schu die natürl Grdl für den ihm gewährten Kredite ist u der Gläub demgem ein dringendes Interesse daran hat, daß ihm das SchuVermögen als Zugriffsobjekt erhalten bleibt (BGH **27**, 260, **66**, 219, NJW **84**, 794). Die Vorschr ordnet daher für den Fall der VermÜbern einen inhaltl beschränkten gesetzl Schuldbeitritt an. – **b)** Das neuere Schrifttum übt am § 419 heftige **Kritik.** Da der Gläub bei wortgetreuer Ausleg iF einer entgeltl VermÜbern sowohl in das „alte" als auch in das „neue" Vermögen des Schu vollstrecken kann, wird eine teleologische Reduktion befürwortet, die den entgeltl VermÜbernehmer von der Haftg aus § 419 freistellt (Paulus, Larenz § 35 II). Die Vorschläge zur Insolvenzrechtsreform sehen sogar eine ersatzlose Aufhebg des § 419 vor (K. Schmidt ZIP **89**, 1025). Dem ist entggzuhalten, daß § 419 eine für die Praxis der RAnwendg wicht GläubSchutzVorschr ist (Anm 3b), dessen Funktion nicht einf dem AnfR überlassen werden darf. Nachdem die Rspr den Anwendgsbereich der Vorschr immer weiter ausgedehnt hat, ist aber jetzt iZw eine Tendenz zur **Restriktion** angebracht (so im Ergebn auch BGH **54**, 104, **71**, 306, **80**, 300). – **c)** Besondere **Sondervorschriften** enthalten HGB 25 für die Übertragg eines HandelsGesch u § 613a für die RNachf in ArbVerh bei Übergang eines Betr. Soweit die Voraussetzgen des § 419 erfüllt sind, tritt die Haftg aus § 419 neben die aus HGB 25 u BGB 613a (Anm 2d). In den Nachkriegsjahren hat die Rspr den Gesichtspkt der **Funktionsnachfolge** dazu verwandt, um Anspr gg weggefallene od handlgsunfäh gewordene Körpersch ggü dem neuen Funktionsträger dchzusetzen (BGH **8**, 177, **16**, 187, BAG NJW **58**, 844). Inzw hat das AKG die insow offenen Fragen geregelt. Funktionsnachfolge kommt daher prakt als AnsprGrdl nicht mehr in Betracht (s BGH **36**, 245, **40**, 318). – **d)** Auf die Übertragg des Vermögens im ganzen beziehen sich auch **§§ 311** u **1365.** § 311 verwendet aber einen abw VermBegr (dort Anm 1c). Dagg stimmen die AusleggsErgebn bei §§ 419 u 1365 trotz unterschiedl Schutzzwecke (GläubSchutz, Schutz des Eheg) weitgehd überein (BGH **35**, 143).

2) Vermögen. a) Vermögen iSd § 419 ist das **Aktivvermögen** (BGH **66**, 220, **93**, 138), dh die Gesamth der dem Schu zustehden VermWerte, aus denen sich der Gläub befriedigen konnte. Gedankl Ausgangspkt der Regelg ist die in der Praxis nur selten vorkommde Übern des Gesamtvermögens. § 419 gilt aber auch dann, wenn der Schu nahezu sein gesamtes Vermögen überträgt (Prot I 428, BGH **66**, 218, stRspr). Unerhebl ist daher der Ausschluß unpfändb Ggst u solcher VermStücke, deren Wert im Verhältn zum Gesamtvermögen unbedeut ist (RG **139**, 203, BGH **66**, 218). Auch die Übertragg eines **einzelnen Gegenstandes** genügt, wenn dieser nahezu das ganze Vermögen des Schu darstellt. Fälle: Grdst (RG **134**, 124, BGH **LM** Nr 14), GmbH-Anteil (BGH NJW **72**, 720), BetrEinrichtg (RG **160**, 13), GrdSch (Stgt NJW **52**, 1019). Die Übertragg unpfändb Ggst begründet dagg nach dem Zweck des § 419 auch dann keine Haftg, wenn der Schu sonst nichts mehr besitzt (MüKo/Möschel Rdn 6). Wird allein der *„good will"* od die Kundsch eines Untern übertragen, ist § 419 daher unanwendb. And liegt es aber, wenn dch Weiterveräußerg für den *good will* ein Surrogat erzielt worden ist (Hamm EWiR **85**, 651). Nach st Rspr ist § 419 unanwendb, wenn der Schu sein ggwärt u zukünft ArbEinkommen abtritt (BGH **62**, 101) od wenn er wirtschaftl unbedeute Güter, wie Kleidg, Möbel, Haustiere, als letzte VermStücke überträgt (RG **134**, 124, BGH Betr **71**, 377). Auch die Übertragg eines wechselnden FdgsBestandes im Rahmen eines DauerSchuldVerh (Factoring) stellt keine VermÜbertragg iSd § 419 dar (BGH **71**, 306).

b) Bei einer Übertragg, die **nahezu das gesamte Vermögen** umfaßt, muß der Wert der übertragenen u der verbliebenen VermStücke verglichen w. Dieser Vergl ist nach wirtschaftl Gesichtspkten dchzuführen (BGH **66**, 219, BAG **AP** § 613a Nr 6). Etwaige Belastgen sind sowohl bei den übertragenen als auch bei den verbliebenen Ggst vom Wert abzusetzen (BGH **66**, 220, Spieß JuS **77**, 578). Zu berücksichtigen ist hier auch der UnternWert (Ffm WPM **79**, 1017), nicht aber die **Gegenleistung des Übernehmers** (BGH **66**, 219, **93**, 138, Kblz NJW-RR **89**, 421, Anm 3b). Bewertgsstichtag ist der Ztpkt der VermÜbern (BGH **66**, 223). Auf best **Prozentzahlen** hat sich die Rspr nicht festgelegt. Fälle (ja = VermÜbern; nein = keine VermÜbern): BGH NJW **58**, 668: nein, nicht übertragen 18–20%; RG **139**, 209: nein, nicht übertragen 30000 RM von insges 300–400000 RM; RG **69**, 291: ja, nicht übertragen 63000 RM von 5,48 Mio RM; BGH DNotZ **83**, 762: ja, nicht übertragen (kurzfristig fällige) 170000 DM von 1,5 Mio DM; vgl auch zu der entspr Abgrenzg bei § 1365 dort Anm 2a. Bei kleinerem Vermögen wird die Grenze bei etwa 15% zu ziehen sein (BGH **77**, 299 zu § 1365), bei größerem bei etwa 10%.

c) Der Übernehmer muß **wissen,** daß ihm das ganze od nahezu das ganze Vermögen des Schu übertragen w. Diese Kenntn ist notw gegeben, wenn die Übertragg dch einen Vertr gem § 311 erfolgt. Sie ist dagg vielfach problemat, wenn nur einzelne VermGgst übernommen w. Es genügt, daß der Übernehmer die Tats kennt, aus denen sich die Übertragg des ganzen od nahezu des ganzen Vermögens ergibt; unricht Bewertgn u Schlußfolgergen gehen zu seinen Lasten, **eingeschränkte subjektive Theorie** (BGH 55, 107, **LM** Nr 16, stRspr, hM). Die kaum noch vertretene obj Theorie (Bergenroth MDR 53, 140) entwertet den Schutz des GrdstErwerbers (§ 892) u ist daher im Interesse des VerkSchutzes abzulehnen (MüKo/Möschel Rdn 10). Fehlbeurteilgn hins des Wertes der übernommenen od der verbliebenen VermStücke gehen zu Lasten des Übernehmers (BGH NJW 76, 1400). Sie berecht ihn auch nicht zur Anf (BGH 70, 48). Die Kenntn von HilfsPers, die nicht Vertreter iS von § 166 sind, steht der des Übernehmers nicht gleich (BGH NJW 65, 1174). Für das „Wissen" kommt es idR auf den Ztpkt des dingl Erwerbs an (BGH NJW 88, 140). Handelt es sich um die Übereigng eines Grdst, ist jedoch der Ztpkt der Beantragg der AuflVormerkg od der Umschreibg entscheidd (BGH 55, 105, Futter NJW 76, 551, aA noch BGH NJW 66, 1748). Die BewLast für die Kenntn des Übernehmers hat der Gläub (BGH WPM 72, 610).

d) Auf die Übertragg von **Sondervermögen** (etwa des Vermögens einer OHG od KG) ist § 419 nicht anwendb (BGH 27, 263). Die Übern eines HandelsGesch begründet daher nur dann eine Haftg aus § 419, wenn das GeschVerm, wie idR bei jur Pers, das GesamtVerm darstellt (RG 69, 290, 71, 377; zu HGB 25 s Anm 1c). Bei Einbringg des GesamtVerm in eine jur Pers ist § 419 anzuwenden, nicht aber bei Einbringg in eine PersGesellsch, da der Übertragde Inh des Vermögens bleibt (BGH BB 64, 8). Scheidet ein Gesellschafter aus u übernimmt der und das gesamte GesellschVermögen, gilt § 419, sofern der Ausscheidde kein sonst Vermögen hat (BGH BB 54, 700). Dagg ist § 419 auf die Übertragg eines VermBruchteils nicht anwendb (MüKo/Möschel Rdn 19, aA RG 123, 54).

3) Übernahme durch Vertrag. a) Übernahme iSd § 419 ist gleichbedeutd mit RÜbergang dch Übereigng u (od) Abtr (BGH 54, 103). Die Begründg von Nutzgs- od SichgR genügt nicht. Auf die Bestellg eines NutzgsPfandR ist § 419 daher weder direkt noch analog anwendb (BGH aaO), ebsowenig auf die Überlassg der Ausübg des Nießbr (BGH 55, 111 od die Begründg eines dingl WohnR (BGH NJW-RR 88, 840). Keine VermÜbern ist das FactoringGesch, da es nicht auf die Übertragg eines GesamtVerm, sond eines wechselnden FdgsBestandes im Rahmen eines DauerSchuldVerh gerichtet ist (BGH 71, 306). Dagg fällt die **Sicherungsübereignung** des ganzen od nahezu ganzen Vermögens unter § 419 (RG 139, 200, BGH WPM 64, 743, sehr str, aA Düss EWiR 85, 461, Paulus ZZP 64, 187, für eine nur subsidiäre Haftg des SichgNeh Becker-Eberhard AcP 185, 430). Das gilt zumindest dann, wenn dem Schu das Vermögen auf Dauer entzogen u dem Übernehmer von vornherein eine Verwertgsbefugn eingeräumt w (BGH 80, 300, WPM 85, 867). Aber auch bei einer SichgÜbereigng zu normalen Bdggen muß der SichgNeh neben der Vorteilen der formellen Eigtümerstellg (ZPO 771) auch deren Nachteile (§ 419) hinnehmen. Auf sonstige treuhänderische VermÜbertraggn ist § 419 gleichf anwendb (Köln NJW 60, 966). Er gilt aber nicht, wenn die SichgÜbereigng wg ihrer bes Gestaltg den Zugriff der Gläub des SichgGeb nicht hindert (BGH NJW 86, 1985).

b) Unter § 419 fällt auch die VermÜbern aufgrd eines **entgeltlichen Vertrages** (RG 69, 288, 148, 265, BGH 33, 126, NJW 88, 1913). Abweichd von dieser stRspr will das neuere Schrifft § 419 grdsl nur iF einer unentgeltl VermÜbern anwenden (Erm-Westermann Rdn 9, Larenz § 35 II, Eisemann, Wilburg, beide wie LitVerzeichn). Bei einer VermÜbern ohne gleichwert Entgelt soll der Übernehmer, wenn überh, ledigl in Höhe der Wertdifferenz haften. Auf den Übernehmer, der ein angem Entgelt bezahlt h, soll § 419 unanwendb sein: Es sei eine sachwidr Begünstigg des Gläub, wenn er sowohl in das neue wie in das alte Verm seines Schu vollstrecken könne; denn das übernommene Verm wird bezahlt habe, dürfe nicht dem Risiko eines Zugriffs von Gläub des fr VermInh ausgesetzt w. Die Rspr ist dieser Ans mit Recht nicht gefolgt (BGH 66, 219, 93, 135, BFH NJW 86, 2729, wie hier auch Nörr-Scheyhing § 29 VII). § 419 ist nach seinem Wortlaut u dem ihm zugrde liegdn Gedanken des GläubSchutzes auch auf entgeltl VermÜbertraggen anwendb. Etwas and mag in dem (in der gerichtl Praxis kaum vorkommden) Fall gelten, daß das neue Verm die gleiche Sicherh u Befriedigsmöglichk bietet wie das übernommene (so Deutsch JuS 63, 179, offen gelassen vom BGH, zuletzt BGH 66, 220).

c) Die Übern muß dch **Vertrag** erfolgen. Das ist aber iwS zu verstehen. Es genügt, daß der VermÜbergang auf einer Abrede der Part beruht u mit Einverständn des Übernehmers zustande kommt (BGH 53, 177, 93, 139, NJW 66, 1748). Ein Vertr iSd § 419 kann auch aus einer Mehrh von Vertr bestehen, sofern zw diesen ein zeitl u wirtschaftl ZusHang besteht (BGH 93, 138). Nicht notw ist also gleichzeit Übergang aller VermStücke, wohl aber Zushang der verschiedenen ÜbertrAkte, weil sonst nicht eine „Vermögens"-Übern, sond eine Übern einzelner VermStücke vorliegen würde (vgl BGH 55, 114). Fortlaufde Übertr der Außenstände im Rahmen eines unechten Factorings stellt daher keine VermÜbern dar (BGH 71, 306). Nicht notw ist die Übern dch nur einen Erwerber. Übertragg an mehrere (zu ideellen Bruchteilen od verteilt) erfüllt § 419, wenn es sich um einen einheitl Vorgang handelt u die Erwerber dies wissen (BGH 93, 138, BAG NJW 86, 449). Unter Vertr iSd § 419 ist grdsl der **schuldrechtliche Vertrag** zu verstehen, nicht das VfgsGesch (BGH 66, 225, **LM** Nr 16, MüKo/ Möschel Rdn 31ff, str). Mit seinem Abschluß beginnt die Haftg des Übernehmers. Weiß der Übernehmer beim VertrSchl davon, daß er nahezu das ganze Vermögen erwirbt, ist § 419 gleichwohl anwendb, wenn der Übernehmer bei Vorn des dingl Gesch die erforderl Kenntn besitzt (BGH 55, 108, Anm 2c). Auf diesen Ztpkt ist auch dann abzustellen, wenn eine wirks schuldrechtl Vereinbg fehlt (MüKo/Möschel Rdn 34) od wenn zu prüfen ist, ob zw einer Mehrh von Vertr in einer engen zeitl Zushang besteht (BGH 93, 135).

d) VermÜbertraggen **ohne vertragliche Grundlage** führen nicht zu einer Haftg aus § 419. Die Vorschr ist daher auch auf die kr Ges eintretde GesamtRNachf unanwendb. Das gilt für den Erbfall (§ 1922), die Begründg einer GüterGemsch (§ 1415), Verschmelzgen (AktG 339–358), VermÜbertraggen nach AktG 359, 360, Umwandlgen von KapitalGesellsch nach AktG od UmwG. VermÜbertraggen gem AktG 361 begründen dagg eine Haftg gem § 419. Wegen Fehlens einer vertragl Grdl ist die Anwendg des § 419 auch in folgden Fällen ausgeschl: Staatensukzession (BGH **8**, 169, **14**, 285, **16**, 185, 189, s aber Anm 1 c), Enteignung, VermÜbergang einer aufgelösten Part auf die BRep (BAG NJW **59**, 1245), Erwerb iW der ZwVollstr (RG **144**, 219, BGH WPM **55**, 1231), eigenmächt Aneignung eines Vermögens (RG JW **37**, 1059). Auch der Erwerb der **Konkursmasse** als ganzes fällt unter Wertgsgesichtspkten nicht unter § 419 (BGH **66**, 228, aA für Masseschulden Gotthardt BB **87**, 1896). Entspr gilt für das VerglVerf, den Verkauf dch den Sequester (Köln ZIP **87**, 178, LG Mö-Gldb NJW **87**, 2092, aA BGH **104**, 153) od den NachlVerw (BGH NJW **87**, 1019). Die Aufhebg eines Rechts an einem Grdst dch **einseitiges Rechtsgeschäft** (§ 875) kann nur dann eine Haftg aus § 419 begründen, wenn ihr eine vertragl Absprache zugrde liegt (BGH **53**, 177).

4) Rechtsfolgen. a) Die VermÜbern hat die Wirkg eines **Schuldbeitritts** (Übbl 2 v § 414). Der Übernehmer tritt mit Abschluß des VerpflVertr, bei dessen Unwirksamk mit dem dingl VollzGesch (Anm 3 c) als GesSchu in das SchuldVerh ein, jedoch mit der sich aus II ergebnden Beschränkg. Der gesetzl Schuldbeitritt erstreckt sich auf Anspr aller Art, nicht nur auf GeldFdgen (BGH **90**, 272). Der Übernehmer kann seine Haftg nicht dch Vereinbg mit dem Schu ausschließen (III), wohl aber dch Vertr mit dem Gläub. Dieser kann auch stillschw zustande kommen, liegt aber nicht notw in einer Zust zum ÜbernVertr (RG **148**, 264). Der bish Schu bleibt für GestaltgsErkl wie Anf u Rücktr ErklEmpfänger (BGH WPM **74**, 724). Der Übernehmer ist nicht RNachfolger des Schu (BGH NJW **57**, 420, WPM **70**, 1291). Begründet der Anspr ein Recht zum Besitz, kann dieses auch dem Übernehmer entgggehalten w (BGH **90**, 272). Der vor dem gesetzl Schuldbeitritt begonnene Lauf der Verj sowie Hemmgen u Unterbrechgen der Verj wirken auch für u gg den Übernehmer (Übbl 2 c v § 414). Der Übernehmer kann idR beim Schu in voller Höhe **Regreß** nehmen (s Dittmann NJW **79**, 1395), es sei denn, daß der ÜbernVertr dies ausschließt (BGH FamRZ **86**, 987). Grdl des Regresses ist nicht § 434 (s BGH **70**, 51), sond GoA od § 812 (Messer NJW **78**, 1257), zugl aber auch § 426.

b) Der Übernehmer haftet **für alle Ansprüche,** die im Ztpkt des VertrSchl gg den Veräußerer bestehen. Fallen das VerpflGesch u der dingl ÜbertraggsAkt auseinander, erstreckt sich die Haftg auf alle bis zum dingl Vollzug begründeten Anspr (BGH **66**, 226, NJW **84**, 794, BFH NJW **71**, 2327). Bei Übertragg eines Grdst ist der Ztpkt entscheid, in der der Antr auf Umschreibg od Eintragg einer AuflVormerkg beim GrdBA eingegangen ist (BGH **33**, 128, **55**, 111, **LM** Nr 17). Die erst dch die Übertragg gg den Veräußerer entstehden Anspr können nicht ga dem Übernehmer geltd gemacht w, da für sie das übernommene Vermögen niemals BefriediggsObj war (BGH **39**, 277). Etwas and gilt bei einer zeitl gestreckten Übertragg aber dann, wenn bereits der Abschluß des schuldrechtl Vertr eine SchadErsPfl ggü einem Dr begründet (BGH **LM** Nr 16). Es genügt, daß die Anspr im maßgebden Ztpkt **im Keime** entstanden waren (BGH **39**, 277, NJW **81**, 2307, BAG Betr **77**, 1467). Für Ger- u VollstrKosten haftet der Übernehmer, wenn die Klage eingereicht war u die Zustellg demnächst erfolgt (BGH NJW **75**, 304). Zu UnterhAnspr s BGH **LM** EheG 60 Nr 1, zu Anspr eines erzeugten aber noch nicht geborenen Kindes s Kgb HRR **37**, 1076. Der **Rechtsgrund** des Anspr ist gleichgült. Die Haftg erstreckt sich auch auf öffentlrechtl Verbindlichk (BGH **72**, 56, BFH **57**, 209, BSozG DVBl **87**, 247), jedoch ist der ordentl RWeg insow nicht zul.

c) Der Übernehmer haftet im Grds unbeschränkt, kann die Haftg aber auf **das übernommene Vermögen** u die Anspr aus dem ÜbernVertr beschränken **(II)**. Die Haftg ist dch die Verweisg auf §§ 1990 f der Erbenhaftg nachgebildet, doch gibt es kein der NachlVerw (Konk) entspr LiquidationsVerf. Bei Erwerb mit Mitteln des übernommenen Vermögens u ErsBeschaffg tritt Surrogation ein (RG **137**, 55, BGH **30**, 270, WPM **57**, 248). Auch etwaige Surrogate eines übernommenen „good will" gehören zur Haftgsmasse (s aber Röding JZ **71**, 212). Solange der Übernehmer annehmen darf, daß das Vermögen zur Befriedigg aller Gläub ausreicht, darf er an die Gläub freiw leisten. Ist das nicht od nicht mehr der Fall, muß er freiw Leistgn verweigern u nach § 1990 im Wege der ZwVollstreckg herausgeben, dh er hat die **Zwangsvollstreckung zu dulden** (BGH **30**, 270). Schuldhafte Vereitelg der GläubBefriedigg verpflichtet den Übernehmer zum SchadErs ohne die Möglichk einer HaftgsBeschränkg, §§ 419 II 2, 1991, 1978, 662, 276 (BGH NJW **57**, 420, **72**, 720). Da das Ges keine konkursähnl anteilige Befriedigg vorsieht, sond das Präventionsprinzip maßgebd sein läßt, hat der Übernehmer ein Recht zu **Vorwegbefriedigung** (MüKo/Möschel Rdn 47). Der Übernehmer, der sich wg seiner Anspr gg den Schu nicht selbst verklagen kann, steht einem titulierten Gläub nach § 1991 III gleich (RG **139**, 202, BGH Betr **62**, 1139, VersR **84**, 846). Das VorwegbefriediggsR gilt für Aufwendgen auf das übernommene Vermögen gem II 2, 1991 I, 1978 III (Celle OLGZ **78**, 201), für Zahlgen zur Einschuldg des Vermögens (BGH **66**, 225) u für alle im Ztpkt der VermÜbern dem RGrd nach angelegten Anspr des Übernehmers gg den Schu (RG **139**, 202, BGH **LM** AnfG § 3 Nr 1). Bei einer **Sicherungsübereignung** (Abtr) ist die Haftg aus § 419 daher leerlaufd, wenn die Fdgen aus der Zeit vor der VermÜbertragg den Wert des übertragenen Vermögens ausschöpfen (BGH NJW **86**, 1987, MüKo/Möschel Rdn 48). Kein VorwegbefriediggsR besteht dagg für die Anspr gg den Veräußerer auf Rückzahlg des Entgelts od für sonst dch die VermÜbern begründete ErsAnspr (RG **137**, 52, BGH **66**, 225). Es ist auch dann ausgeschl, wenn der Gesellschafter das GmbH-Vermögen in Verletzg von GmbHG 30 übernommen hat (BGH NJW **83**, 120).

d) Prozessuales. Der Gläub kann nach seiner Wahl **Klage** auf Zahlg od auf Duldg der ZwVollstr in die – näher zu bezeichnen – Ggst des übernommenen Vermögens erheben (BGH WPM **68**, 1405, NJW **84**, 794). Liegt gg den Schu ein rkräft Titel vor, kann er diesen gem ZPO 729 auf den Übernehmer umschreiben lassen. Der Übernehmer kann die etwaige Kl dadch abwenden, daß er sich gem ZPO 794 I Nr 5 der ZwVollstr in das übernommene Vermögen unterwirft (s RG **137**, 53). Er kann auch die Schuldsumme begleichen, hat aber kein AblösgsR dch Zahlg des Wertes wie § 1992 (BGH **30**, 267, **66**, 224). Bei der ZahlgsKl muß der Übernehmer den Vorbeh der HaftgsBeschränkg in das Urt aufnehmen lassen (ZPO 786, 780). Er ist ohne weiteres zu geben, erstreckt sich aber nicht auf die ProzKosten (Ffm Rpfleger **77**, 372). Die Kl ist abzuweisen, wenn das übernommene Vermögen unstr keine VollstrMöglichk bietet (BGH NJW **74**, 943). Besteht hierüber Streit, kann das Ger Bew erheben, es kann den Einwand aber auch in das VollstrVerf verweisen (BGH **66**, 222). Vollstreckt der Gläub in and Ggst, muß der Übernehmer VollstrGgKl erheben

§ 419, Überbl v § 420

(ZPO 786). Der Gläub kann ggü dieser Kl ggf einredew geltd machen, der Übernehmer sei wg schuldh Vereitelg der Befriedig schaderspflicht (oben c) u hafte daher unbeschränkt (Kiel OLG **29**, 192, Ffm JW **29**, 2899). Hat der Gläub beim Schu sichergsübereignete Ggst pfänden lassen, kann er der Kl des SichgNeh aus ZPO 771 ggf entgghalten, dieser hafte aus § 419 (BGH **80**, 302, WPM **85**, 866, krit Arens/Lüke JuS **84**, 263). Wird der Übernehmer für eine öffrechtl Verbindlichk in Anspr genommen, muß er die HaftgsBeschränkg ggü der AnordngsBehörde u notf dch Klage vor dem VerwG geltdmachen (VGH Mü NJW **84**, 2307).

Sechster Abschnitt. Mehrheit von Schuldnern und Gläubigern

Überblick

1) Eine **Mehrheit von Gläubigern** kann in folgenden RFormen auftreten: **a) Teilgläubigerschaft:** Sie besteht gem § 420 iZw bei teilb Leistgen. Die Fdg jedes Gläub ist ggü der des and rechtl selbstd (§ 420 Anm 1). Teilb sind idR nur Leistgen von Geld u and vertretb Sachen. Auch wenn die Leistg im natürl Sinne teilb ist, besteht vielf aGrd des RVerhältn zw den Gläub eine gemeins EmpfangsZustdgk u damit Unteilbark iS des § 420 (BGH NJW **58**, 1723, **69**, 839, BGH **39**, 15). Dann liegt keine Teil- sond Mitgläubigersch vor. Teilgläubigersch ist daher prakt die Ausn. Ihr GgStück ist die Teilschuld.

b) Gesamtgläubigerschaft: Jeder der GesGläub kann die ganze Leistg fordern, der Schu braucht aber nur einmal zu leisten (§§ 428–430). An welchen Gläub er leisten will, steht in seinem Belieben. Auch die GesGläubigersch ist prakt von geringer Bedeutg (§ 428 Anm 1 u 2). Ihr GgStück ist die GesSchuld.

c) Mitgläubigerschaft (Ausdr von Larenz § 36 Ib): Die Fdg steht mehreren in der Weise gemschaftl zu, daß die Gläub nur Leistg an alle verlangen können u der Schu nur an alle leisten kann. Sie ist der prakt wichtigste Fall der GläubMehrh. Vgl zu ihr bei § 432.

d) Keine Gläubigermehrheit liegt vor, wenn an der Fdg ein Recht eines Dr besteht od die RStellg des Gläub dch ein Einziehgs- od ZustimmgsR eines Dr beschr ist. §§ 420ff sind daher unanwendb auf das Verhältn zw Gläub u Nießbraucher (§ 1077), zw Gläub u Pfandgläub (§§ 1281, 1282), zw Gläub u EinziehgsBerecht (§ 398 Anm 8). Eine bes Art der FdgMehrh besteht beim echten Vertr zGDr, wenn sowohl der Versprechensempfänger als auch der Dr fdgsberecht ist (§ 335 Anm 1).

2) Bei der **Mehrheit von Schuldnern** treten die gleichen RFormen auf wie bei der GläubMehrh:

a) Teilschuldnerschaft: Sie besteht gem § 420 iZw bei teilb Leistgen. Der Gläub h ggü jedem Schu einen selbstd Anspr auf die von diesem zu erbringe Teilleistg. Die Teilschuld ist trotz § 420 prakt selten; vgl zu ihr § 420 Anm 1.

b) Gesamtschuldnerschaft: Jeder der Schu ist zur ganzen Leistg verpflichtet, der Gläub kann sie aber nur einmal fordern (§§ 421–427). Sie ist prakt die Regelform der SchuMehrh u gilt (insb aGrd der §§ 427, 840) entgg § 420 meist auch bei teilb Schulden. Zum Begr der GesSchuld vgl § 421 Anm 1 u 2.

c) Gemeinschaftliche Schuld: Sie besteht, wenn die Schu in ihrer Verbundenh zu einer GesLeistg verpflichtet sind; die LeistgsPfl des einzelnen Schu beschr sich nicht (wie oben a) auf eine selbstd Teilleistg, erstreckt sich aber auch nicht (wie oben b) auf die ges Leistg, sond geht dahin, im ZusWirken mit den and Schu den Leistgserfolg herbeizuführen (Schlesw NJW **82**, 2672). Sie kommt als GemeinschaftsSchuld u als gemeinschaftl Schuld ieS vor: **aa) Gesamthandschuld:** Die GesHänder schulden, soweit die Fdg das GesHandVerm als **Sondervermögen** betrifft, in geshänderischer Verbundenh, also gemschaftl (Soergel-Wolf Rdn 12). Der Gläub muß ggü allen GesHändern kündigen, er bedarf zur Vollstr in das SonderVerm eines Titels gg alle (ZPO 736, 740 II, 747); der Titel braucht aber nicht einheitl zu sein, getrennte Titel genügen (RG **68**, 223, stRspr), doch müssen GesHänder aus demselben RGrd haften (BGH Betr **70**, 1173). Bei GütGemsch u fortges GütGemsch reicht Titel gg den verwaltden Eheg aus (ZPO 740 I, 745). Gläub der GesHand kann auch ein Ehänder sein. Daneben **haften** die GesHänder idR **auch persönlich** mit ihrem nicht geshänderisch gebundenen Verm. Die GesHänder sind insow meist GesSchu, vgl bei der Gesellsch §§ 427, 431, bei der GütGemsch § 1437 II, bei der ErbenGemsch § 2058, bei der OHG HGB 128. Gelegentl haften sie aGrd bes Abrede od gem § 420, § 2060 auch als TeilSchu. – **bb) Gemeinschaftliche Schuld ieS:** Sind mehrere, die keine GesHandSchuld bilden, zu einer Leistg verpfl, die nur zus zu erbringen können, ist es Auslegsfrage, welche RForm der SchuMehrh vorliegt. Vielf ist GesSchuld gegeben, so etwa wenn mehrere Untern sich zur gemeins Herstellg eines Werkes verpflichten (BGH NJW **52**, 217), od wenn mehrere MitEigtümer gemeins eine Sache verkaufen (van Venrooy JuS **82**, 95). Daß der einzelne Schu nicht allein leisten kann, schließt die GesSchuld nicht aus (arg § 431); da auch ein auf eine subj unmögl Leistg gerichteter Vertr wirks ist (§ 306 Anm 4), kann Schu sich verpflichten, auch für das Verhalten des and miteinzustehen (Reinicke/Tiedtke, GesSchuld u SchuldSichg, 2. Aufl S 18). Bei den Mitgl einer sog Eigengruppe od bei gemschaftl Verpflichtg mehrerer Musiker zu einer Orchesterveranstaltg w dagg iZw keine GesSchuld, sond eine gemschaftl Schuld ieS vorliegen. Sie kann auch kr Ges entstehen, so wenn mehrere MitEigtümer einen Notweg (§ 917) zu dulden haben (BGH **36**, 187) od wenn mehrere MitUntern gem UStG 14 die Ausstellg einer Rechng schulden (BGH NJW **75**, 311). Eine SchadErsPfl besteht nur für eig Verschulden (BAG NJW **74**, 2255). Wenn schuldh SchadVerursachg dch eine Akkordgruppe feststeht, müssen die einz GruppenMitgl sich aber entlasten (BAG aaO, str). Bei von ArbG zugestellten sog Betriebsgruppen besteht SchadErsAnspr gg ein KolonnenMitgl dagg nur, wenn ihm eine schuldh Schlechtleistg nachgewiesen w (LAG Brem Betr **70**, 1696, Dütz zu BAG **AP** TVG 4 AusschlFr Nr 50). Entspr gilt in sonst Fällen der gemeinschaftl Schuld (Reinicke/Tiedtke aaO S 17).

d) Keine Schuldnermehrheit bilden: **aa)** der Schu u der akzessor haftde **Bürge** (Einf 1 d, e v § 765). – **bb)** der ErsPflichtige u die gem § 839 I S 2 nur **subsidiär** haftde Körpersch (BGH NJW **60**, 240, NJW **84**, 2097, BGH **61**, 352, aA Baumann AcP **169**, 321).

3) Sind mehrere zur **Unterlassung** verpflichtet, sind idR mehrere rechtl selbst SchuldVerh anzunehmen, da jeder eine und Leistg schuldet (Kblz WRP **85**, 45). Das gilt ebso umgekehrt, wenn mehrere Gläub von einem Schu Unterlassg verlangen können (RGRK Rdn 18). Treten mehrere in die UnterlassgsPfl ihres RVorgängers ein, so vervielfältigt sich die Schuld (Enn-Lehmann § 88 I 4). Mögl ist jedoch auch eine gesschuldnerische Verpflichtg idS, daß jeder auch für die Unterlassg des and einzustehen h (Tilmann GRUR **86**, 694, § 425 Anm 3 a). Auch die DuldgsPfl aus einer GesGrdSch od Hyp kann eine GesSchuld darstellen (BayObLG NJW **73**, 1881).

4) Stehen auf einer Seite des SchuldVerh mehrere Pers, sind häufig beide **sowohl Schuldner als auch Gläubiger**. Die Art ihrer Gläub- u SchuStellg ist dann vielf verschieden. So schulden mehrere **Käufer oder Mieter** das vertragl Entgelt iZw gem § 427 als GesSchu, sie sind aber idR gem § 432 nur gemeins fdgsberecht (§ 432 Anm 1). Entspr gilt idR, wenn beide Eheg gem § 1357 aus einem Vertr berecht u verpflichtet sind. Das KündR kann von mehreren Mietern u ggü ihnen nur gemeins ausgeübt w (RG **138**, 186, § 425 Anm 3b), der mit einem Mieter geschl AufhebgsVertr ist nur dann wirks, wenn die and zugestimmt haben (BayObLG FamRZ **83**, 701). Kenntn eines Mieters ist dem and zuzurechnen (BGH NJW **72**, 249). Der Vermieter kann nach der GesKünd verpflichtet sein, dem vertragstreuen Mieter einen neuen Vertr anzubieten (LG Darmstadt NJW **83**, 52). Mehrere **Verkäufer oder Vermieter** schulden idR gem §§ 427, 431 als GesSchu; die Kaufpr- oder MietzinsFdg steht ihnen gem § 432 meist als MitGläub zu (vgl § 432 Anm 1), doch sind gem § 420 auch TeilFdgen mögl. Die Vermieter können nur gemschaftl kündigen (RG **138**, 186), grdsätzl kann nur ggü allen gekündigt w (RG aaO). Auch beim GruppenArbVerh ist idR nur gemschaftl Künd zul (BAG Betr **72**, 244).

420 **Teilbare Leistung.** Schulden mehrere eine teilbare Leistung oder haben mehrere eine teilbare Leistung zu fordern, so ist im Zweifel jeder Schuldner nur zu einem gleichen Anteile verpflichtet, jeder Gläubiger nur zu einem gleichen Anteile berechtigt.

1) Vgl Übbl 1a u 2a. – **a)** Teilb ist eine Leistg, wenn sie ohne Wertminderg u ohne Beeinträchtigg des Leistgszwecks in Teilleistgen zerlegt w kann (s näher § 266 Anm 2b). § 420 stellt bei teilb Leistgen zwei **Vermutungen** auf, die der Teilg des SchuldVerh sowie die der Gleichh der Anteile. Beide Vermutgen haben aber nur geringe prakt Bedeutg. – **b)** Bei einer **Schuldnermehrheit** mit vertragl Grdl wird § 420 dch § 427 weitgehd verdrängt. Bei gesetzl Verpfl besteht idR gleichf GesSchuldnersch, §§ 830, 840 (§ 421 Anm 2). Bsp für Teilschulden sind: Verpfl aus BauVertr, wenn künft WoEigtümer die Bauarbeiten gemeins vergeben (BGH **75**, 27, Karlsr BauR **85**, 697) od wenn auf einem Grdst für mehrere AuftrGeb verschiedene Baulichk zu errichten sind (BGH **76**, 90); and aber bei Auftr Erteilg dch eine Bauherrn-Gemeinsch (BGH NJW-RR **89**, 465); KaufPrVerpfl, wenn mehrere ein Grdst zu ideellen Anteilen kaufen (Köln OLGZ **79**, 487), doch w hier häufig gem § 427 eine GesSchuld anzunehmen sein; gleiches gilt bei Verpfl aus § 906 II 2 (BGH NJW **79**, 165). Bsp für Unteilbark: Verpfl von MitEigentümern, aus dem Verkauf der gemeins Sache (RGRK Rdn 2) sowie die in § 266 Anm 2b angeführten Fälle. – **c) Gläubigermehrheit:** Steht mehreren eine Fdg in Gemsch zu, ist sie wg der gemeinschaftl Empfangszuständigk im RSinn auch dann unteilb, wenn sie auf Geld od vertretb Sachen gerichtet ist (§ 432 Anm 1). Der Regelfall der GläubMehrh ist daher die MitGläubigersch. § 420 kann anwendb sein, wenn mehrere Eheg ein Anspr aus § 812 zusteht (Hamm NJW-RR **88**, 1006), od wenn der für mehrere Gläub zu leistde Unterh in einer Summe ausgedrückt ist (KG OLGZ **71**, 386). – **d)** Trotz der Teilg besteht zw den TeilSchuldVerh eine **Verbindung:** Die Einr aus § 320 hat GesWirkg (§ 320 I 2), RücktrR (356) u Minderg (474) sind gleichf unteilb.

421 **Gesamtschuldner.** Schulden mehrere eine Leistung in der Weise, daß jeder die ganze Leistung zu bewirken verpflichtet, der Gläubiger aber die Leistung nur einmal zu fordern berechtigt ist (Gesamtschuldner), so kann der Gläubiger die Leistung nach seinem Belieben von jedem der Schuldner ganz oder zu einem Teile fordern. Bis zur Bewirkung der ganzen Leistung bleiben sämtliche Schuldner verpflichtet.

1) Allgemeines. Die GesSchuld ist dadch gekennzeichnet, daß der Gläub die Leistg von jedem GesSchu nach seinem Belieben ganz od teilw fordern kann, die Leistg aber nur einmal zu beanspruchen hat. Das GesSchuldVerh bedeutet für den Gläub eine starke Sicherg (Heck: „Paschastellg"). Es besteht aus mehreren Fdgen (Schulden), die zu einem SchuldVerh höherer Ordng zusgefaßt sind (BGH **46**, 15). Durch die Leistg des einen GesSchu verliert der Gläub auch die Fdg gg den and (TilggsGemsch). Obwohl über das „Wesen" der GesSchuld weiter heftiger Streit herrscht (Anm 2), besteht Einverständn darüber, daß folgde **Mindestvoraussetzungen** erfüllt sein müssen:

a) Der Anspr des Gläub muß sich gg **mehrere** Schu richten. Haupt- u SubUntern sind keine GesSchu, da der Besteller nur Anspr gg den HauptUntern hat (BGH NJW **81**, 1779). Die Schu müssen – and als bei der gemeinschaftl Schuld (Übbl 2c v § 420) – **auf das Ganze** verpflichtet sein. Nebenbürgen, die für verschiedene Teile ders Hauptschuld haften, sind kein GesSchu (Wolf NJW **87**, 2473). Nicht erforderl ist, daß jeder die Leistg auch tatsächl erbringen kann (BGH NJW **85**, 2644).

b) Voraussetzg ist weiter, daß der Gläub die **Leistung** ledigl **einmal** fordern darf. Keine GesSchuld, sond sog Leistgskumulation liegt vor, wenn der Gläub zur Befriedigg desselben Bedarfs vorsorgl mit mehreren Lieferanten selbst Vertr abschließt. Besteht bei unterl SchönhReparatur Anspr gg den fr u gg den Neumieter, entscheidet nicht § 421, sond die Auslegg der Vertr, ob AnsprKumulation od GesSchuld vorliegt. Die Auslegg wird idR zur Bejahung einer AnsprKumulation führen (BGH **49**, 61, Hbg OLGZ **84**, 106, aA Kassel NJW **75**, 1842). Der fr u der nachfolgde Schu, etwa beim UrlAnspr der fr BetrInh u der Übernehmer, sind keine GesSchu (Leinemann/Lipke Betr **88**, 1217, aA BGH NJW **85**, 2643).

c) Die Pflten der GesSchu müssen sich auf **dasselbe Leistungsinteresse** beziehen. Eine völl Identität von LeistgsInh u -Umfang ist jedoch nicht erforderl; es ergibt eine an der Grenze zur inhaltl Gleichh liegde an enge Verwandtsch (BGH **43**, 233). Die eine Fdg kann daher bedingt od befristet sein, die and nicht (RG Gruch **54**, 149). Auch in NebenBest können Unterschiede bestehen, so im Leistgsort (Schlesw NJW **52**, 1019). Die persönl Schuld u die inhaltl and angelegte GrdSchuld bilden aber keine GesSchuld (BGH DNotZ **89**, 359). Bei versch Umfang ist eine GesSchuld insow gegeben, als die Pflten decken (RG **82**, 439, BGH **52**, 45). Die eine Schuld kann auf Naturalherstellg od Nachbesserg gehen, die and auf GeldErs (BGH GrZS **43**, 232). Arch u BauUntern sind zwar für die Errichtg des Bauwerkes keine GesSchu (BGH **39**, 264), wohl aber hinsichtl der von ihnen gemeins zu verantwortden Baumängel, u zwar auch dann, wenn der Arch auf SchadErs, der Untern dagg auf Nachbesserg od Wandlg haftet (BGH **43**, 230, **51**, 275, Kaiser ZfBR **85**, 103). Das gilt entspr für die gemeins Verantwortlich von Arch u Statiker (BGH VersR **71**, 667). Muß sich Bauherr gem §§ 254, 278 das Versch des Arch anrechnen lassen, beschr sich die GesSchuld auf die gemeins Haftgquote von Arch u Untern (BGH WPM **70**, 355).

d) Nicht erforderl ist, daß die beiden Fdgen auf **demselben Rechtsgrund** (EntstehgsGrd) beruhen (RG **77**, 323, BGH **19**, 124, **52**, 44). Der eine GesSchu kann aus Vertr, der and (ErfGehilfe) aus Delikt haften (BGH **59**, 101, **LM** § 426 Nr 9). Weitere Bsp für GesSchuldVerh ohne gleichart RGrd: Haftg der Straßenbahn aus Vertr, des Kfz-Halters aus Gefährdg (RG **84**, 415), Haftg des VertrPartners gem § 324 auf Erf, des ErfGehilfen auf SchadErs aus Delikt (BGH VersR **69**, 788); Anspr gg Dieb u gg den aus § 816 haftden Abnehmer u Weiterverkäufer (BGH **52**, 43, krit Goette VersR **74**, 526); Anspr gg Verkaufskommissionär aus § 823 u gg die in die Abwicklg eingeschaltete Bank aus pVV (BGH **59**, 101, krit MüKo/Selb Rdn 24); delikt SchadErsAnspr gg Architekt u AusglAnspr gg Nachbarn (BGH **85**, 386); Anspr auf Herausg der Nutzgen eines Grdst gg den Nießbraucher u Vertr u gg den Besitzer aus § 987 (Köln OLGZ **83**, 446); GesSchuldVerh auch zw Schu der Leibrente u der zu deren Sicherg eingetr Reallast (BGH **58**, 191). Mögl ist auch, daß ein GesSchu aGrd öffR u der and aGrd PrivR haftet (Düss MDR **78**, 853).

2) Notw ist weiter eine **innere Verbundenheit** der Fdgen, die diese zu einem SchuldVerh höherer Ordng (BGH **46**, 15) u zu einer TilggsGemsch zufaßt. Das entspr stRspr (RG **77**, 317, BGH **13**, 365, **19**, 123, **43**, 229, BSozG Betr **84**, 939) u hL (Larenz § 37 I, Medicus § 35 II 1b, MüKo/Selb Rdn 7, ähnl Soergel-Wolf Rdn 10ff), ist aber nicht unumstr. Die GgAns (Ehmann GesSchuld 1972, Rüßmann JuS **74**, 292), die auf das Merkmal des rechtl ZusHangs verzichtet u auch die Fälle des gesetzl FdgsÜbergangs (Anm 3a) mit in den GesSchuldBegriff einbeziehen will, kann nicht überzeugen: Da der SchadErsAnspr gem SGB X § 116 mit seiner Entstehg auf den SozVersTräger übergeht (Vorbem 7 E v § 249), ist es einf unricht, daß der Geschädigte sich nach seinem Belieben an den SozVersTräger od den Schädiger halten könne; soweit der SozVersTräger eintrittspfl ist, wird die Kl des Geschädigten gg den Schädiger vielmehr mangels Aktivlegitimation abgewiesen. Auch die §§ 422ff passen für die Fälle der *cessio legis* nicht (Anm 3). Zweifelh ist aber, **welches Merkmal** die für das GesSchuldv kennzeichnde innere Verbundenh begründet.

a) Die Rspr sieht das entscheidde Strukturmerkmal der GesSchuld im Bestehen einer **Zweckgemeinschaft** (RG **77**, 323, BGH **13**, 365, **19**, 123, **43**, 229, BSozG Betr **84**, 939). Diese ZweckGemsch kann **gewollt** sein, so bei Begr dch gemschaftl Vertr (§ 427) od dch nachträgl Erstreckg etwa dch Schuldmitübern (RG **116**, 285). Eine ZweckGemsch besteht auch bei getrennten RGesch, wenn jeder Schu mit der Schuld des and rechnet (BGH NJW **59**, 2161). Es genügt jedoch auch, daß die ZweckGemeinsch **objektiv** vorhanden ist (BGH **52**, 43, **59**, 101). Dem steht es gleich, daß der Zweckzushang vom Ges geschaffen ist, so bei der Doppelversicherg (VVG 59), auch wenn sie den Versicherten unbekannt ist (RG **149**, 367), ferner bei Verbürgg mehrerer (§ 769) u in den Fällen der §§ 830, 840. Geht es um den Ausgl eines Schad, bejaht die Rspr im Ergebn eine ZweckGemsch zw allen Beteiligten, die den Schaden verantwortl **mitverursacht** h, gleichgült, ob sie aus Vertr, Delikt, Gefährdg od ungerechtf Ber haften (RG **159**, 89, BGH **43**, 230, **59**, 101, WPM **83**, 1191, vgl dazu Dilcher JZ **73**, 199). Wird ein Kind bei einem VerkUnfall verletzt, sind daher der PKWFahrer u die für den Unfall mitverantwortl aufsichtspfl Mutter GesSchu (BGH **73**, 191). GesSchu sind auch der KfzHaftPflVers u dritte Unfallbeteiligte (Celle VersR **80**, 563, aA BGH NJW **81**, 681, Karlsr VersR **86**, 156, Denck NJW **82**, 2054); ebso mehrere HaftpflVers, die einem SozVersTräger aGrd von TeilgsAbk für denselben Schaden Ers zu leisten haben (BGH **LM** Nr 10 läßt offen); ebso der KaskoVers u der LeasingNeh, die für einen Schaden des LeasingGeb einzustehen haben (Mü OLGZ **83**, 446); ferner BruchteilsBerecht an EigtWohn hinsichtl der an die EigtümerGemsch zu zahlden Lasten (Stgt NJW **69**, 1176). Kein GesSchuVerhältn besteht zw dem Schädiger u dem gem StrEG 7 entschädiggspflicht Land, da die Haftg des Landes mat nachrang ist (BGH **106**, 319).

b) Die Lehre stimmt dieser Rspr im Ergebn weitgehd zu. Sie kritisiert aber den Begriff der ZweckGemsch als eine beliebig anwendbare Leerformel u sieht überw in der **Gleichstufigkeit** (Gleichrangigk) der Verpfl das für die GesSchuld entscheidde Strukturmerkmal (Larenz § 37 I, Medicus § 35 II 1b, MüKo/Selb Rdn 7, so jetzt auch BGH **106**, 319, NJW **89**, 2530, krit zur ZweckGemsch bereits BGH **52**, 44, **59**, 99). Dieser Kritik ist zuzustimmen. Die Rspr hat das Merkmal der ZweckGemsch so weit ausgedehnt, daß es prakt mit der Identität des GläubInteresses (Anm 1c) zufällt u daher leerlaufd ist (BGH **52**, 44, Reinicke/Tiedtke, GesSchuld u SchuldSicherg, 2. Aufl S 22). Das Erfordern der Gleichstufigk drückt prägnanter aus, worum es geht: Eine GesSchu liegt nicht vor, wenn es einen endgült zur Leistg Verpflichteten u daneben einen nur zum vorläufigen Eintreten Verpflichteten gibt. Zum prakt gleichen Ergebn führt es, wenn man auf die „GesSchuldInteressenlage" (Kaiser BauR **84**, 36) abstellt, od mit Reinicke/Tiedtke (aaO) auf das Merkmal der Gleichstufigk verzichtet, gleichzeit aber die Fälle des gesetzl FdgsÜbergangs u die ihnen gleichstehden Fälle aus dem GesSchuldBegriff ausgrenzt.

3) Besteht zw den Fdgen **keine innere Verbundenheit** (Gleichstufigk, ZweckGemsch), ist **keine Gesamtschuld** gegeben (Nachw in Anm 2), sog unechte od (besser) scheinb GesSchuld. Bei der scheinb GesSchuld besteht keine wechselseit Tilggswirkg. Die Verpfl im ganzen erlischt zwar, wenn der endgült Verpflichtete (Schädiger) leistet, nicht aber bei Leistg des zur vorläuf Befriedigg Verpflichteten (Dritten).

Mehrheit von Schuldnern und Gläubigern §§ 421–423

Eine sog scheinb GesSchuld liegt vor, wenn wg eines Schadens neben dem Anspr gg den Schädiger ein nicht auf schadersatzrechtl Grds beruhder Anspr gg einen Versicherer (Hamm NJW-RR **89**, 682), SozVersTräger, ArbG, Dienstherrn, SozHilfeTräger, UnterhPflichtigen, Mieter (Köhler JuS **77**, 655) od Baulastpflichtigen (RG **82**, 214) besteht (and bei schadersatzrechtl Mitverantwortlich BGH **6**, 21), ferner iF des § 255. Die §§ 421–425 passen für diese Fälle nicht (s bereits Anm 2b), insb wäre es offensichtl verfehlt, AnnVerz ggü dem Schädiger anzunehmen, wenn der Geschädigte die Versichergs- od Versorggsleistg zurückweist (§ 424). Für den **Regreß** (§ 426) gelten gleichf bes Grds:

a) Gesetzlicher Forderungsübergang: Hat der Vers, SozVersTräger, ArbG od Dienstherr den Schaden wiedergutgemacht, geht der SchadErsAnspr kr Ges auf ihn über, VVG 67, SGB X 116, LFZG 4, BBG 87a (Vorbem 7 C u E vor § 249), LFZG 4 gilt zwar seinem Wortlaut nach nur für Arbeiter, kann aber auf Angest entspr angewandt w; folgt man dem nicht, ergibt sich aus § 281 für den Angest die Pfl, den SchadErsAnspr an den ArbGeb abzutreten. SozHilfeTräger kann Fdg gem BSHG 90, 91 auf sich überleiten; iF des § 255 ist Anspr auf Abtr gegeben. Für eine Anwendg des § 426 besteht hier weder eine Grdlage noch ein Bedürfn.

b) Sonstige Fälle: Ausdr Regreßregelgen fehlen insbes iF des Baulast- u UnterhPflichtigen sowie des Mieters. GoA, auf die RG **82**, 214 u **138**, 2 abstellen, w idR nicht gegeben sein, weil der Leistde nicht den Willen hat, ein Gesch des Schädigers zu besorgen. Ungerechtf Ber scheidet aus, weil der Schädiger dch die Leistg des Dr nicht von seiner SchadErsPfl befreit w (Vorbem 7C a u f aa vor § 249). Der Leistde hat aber Anspr auf Abtr der SchadErsFdg; das kann man aus iher entspr Anwendg des § 255, aus § 242 od aus allg RGedanken herleiten (MüKo/Selb Rdn 21, Larenz § 32 II). In best Fällen kann auch eine Analogie zu Vorschr über den gesetzl FdgÜbergang in Betr kommen (MüKo aaO). Wird das nachrang haftende Land gem StrEG 7 in Anspr genommen, kann es vom Geschädigten die Abtr aller kongruenten SchadErsAnspr gg Dr verlangen (BGH **106**, 319).

4) Das Gesetz ordnet in einer Reihe von Fällen die **gesamtschuldnerische Haftung** ausdr an, so in §§ 42 II, 53, 54, 86, 88, 89 II, 419 I, 427, 431, 556 III, 769, 830, 840 (oben Anm 1 d u 2a), 1108 II, 1357 I 2, 1437 II, 1459 II, 2058, 2382, 2385, VVG 59, HGB 128. Die OHG u ihre **Gesellschafter** sind keine GesSchu (BGH **47**, 378); die §§ 421ff können aber, auch im Verhältn zum ausgeschiedenen Gesellschter, entspr angewandt w, soweit die Interessenlage übereinstimmt (BGH **36**, 226, **44**, 233, **48**, 204, **104**, 78). Für die Lohnsteuer haften ArbNeh u ArbGeb als GesSchu (BAG **6**, 54). Zum nichtigen Vertr s § 427.

5) Rechtsfolgen. Der Gläub kann nach Belieben jeden GesSchu ganz od teilw in Anspruch nehmen. Er ist trotz entstehder Mehrkosten berecht, in getrennten Verf zu klagen, der GesSchu haftet aber nur für die Kosten der gg ihn gerichteten RVerfolgg (Lappe NJW **77**, 95). Im Konk jedes GesSchu kann der Gläub bis zur vollen Befriedigg die ganze Fdg geltd machen (KO 68). Nachlässig bei der RVerfolgg gg einen GesSchu begründet, abgesehen vom Fall der Argl, keine SchadErsPfl ggü and GesSchu (BGH NJW **83**, 1424, WPM **84**, 906). Auch wenn Architekt u BauUntern für einen Mangel als GesSchu haften, kann der Bauherr frei wählen, gg wen er vorgehen will (BGH WPM **71**, 101). Haften der ArbGeb u ein Dr (unmittelb Schädiger) als GesSchu, muß sich der ArbNeh u in erster Linie an den Dr halten (BAG **18**, 199); das gilt ebso umgekehrt bei gesamtschuldnerischer Haftg des ArbNeh u eines Dr. Im öffR tritt an die Stelle des freien Beliebens pflichtmäß Ermessen; der Gläub hat aber einen weiten Ermessensspielraum (BVerwG NVwZ **83**, 222). Im **Prozeß** sind die GesSchu idR nur einf Streitgenossen (ZPO 59). Der allein gerichtl in Anspr genommene GesSchu hat keinen Anspr darauf, daß die sich aus § 422 ergebde Beschränkg seiner Haftg in der UrtFormel zum Ausdr kommt (LG Bielef NJW **62**, 111). Auch scheinb GesSchu (Anm 3) können „als GesSchu" verurteilt w, weil so klargestellt w, daß die Leistg nur einmal zu erbringen ist (LG Hbg MDR **67**, 401, Karlsr MDR **68**, 755, str).

422 *Wirkung der Erfüllung.* **¹Die Erfüllung durch einen Gesamtschuldner wirkt auch für die übrigen Schuldner. Das gleiche gilt von der Leistung an Erfüllungs Statt, der Hinterlegung und der Aufrechnung.**

IIEine Forderung, die einem Gesamtschuldner zusteht, kann nicht von den übrigen Schuldnern aufgerechnet werden.

1) I. Da der Gläub die Leistg nur einmal zu beanspruchen hat, muß die **Erfüllung** nach dem Begr der GesSchuld notw **Gesamtwirkung** haben (I). Das gilt ebso für die Erf dch Dr (§§ 267f) u die TeilErf (§ 266), sow sie zul ist od angenommen w. Auch alle ErfSurrogate wirken zugl für die übrigen Schu, so die Leistg an ErfStatt (§ 364), die Hinterlegg (§§ 372ff) u die Aufr (§§ 387ff). Sow der Schu, der geleistet hat, Ausgl von seinem MitSchu verlangen kann, erlischt die Fdg aber nicht, sond geht gem § 426 II über. § 422 ist **zwingendes Recht**. Die Abrede zw Gläub u einem GesSchu, die Leistg solle Einzelwirkg haben, ist unwirks (BGH VersR **84**, 327), ebso ihre Vereinbg, die die Leistg zur Benachteiligg der MitSchu als KaufPr für die abzutretde Fdg deklariert (BGH **17**, 222, NJW **63**, 2067).

2) II. Der GesSchu kann wg fehlder Ggseitigk nicht mit Fdgen and GesSchu **aufrechnen**. Dem als GesSchu in Anspr genommenen Miterben steht aber wg eines GgAnspr der ErbenGemsch analog §§ 770 II, HGB 129 II ein LeistgVR zu (BGH **38**, 127, § 387 Anm 3b).

423 *Wirkung des Erlasses.* **Ein zwischen dem Gläubiger und einem Gesamtschuldner vereinbarter Erlaß wirkt auch für die übrigen Schuldner, wenn die Vertragschließenden das ganze Schuldverhältnis aufheben wollten.**

1) Beim **Erlaß** (§ 397) bestimmt sein erfdlf dch Ausleg (§§ 133, 157) zu ermittelnder Inh, ob er Ges- od Einzelwirkg hat (Wacke AcP **170**, 42). Soweit er GesWirkg hat, ist er eine ausnw zul Vfg zGDr. Rechtl mögl

§§ 423–425

ist aber auch die Vereinbg eines *pactum de non petendo* zG der übrigen GesSchu. Folgde Ausgestaltgen sind zu unterscheiden: – **a)** Der Erlaß hat **Gesamtwirkung**. Auch die Anspr gg die and GesSchu erlöschen; AusglPflten (§ 426) entfallen. Erläßt der Geschädigte dem Schädiger den SchadErsAnspr, so wirkt das gem PflVersG 3 Nr 2 auch zG des HaftPflVers (Köln VersR **69**, 1027). – **b)** Der Erlaß hat **Einzelwirkung**. Die Anspr gg die and GesSchu bleiben bestehen; diese können beim Part des ErlaßVertr gem § 426 Regreß nehmen (BGH NJW **86**, 1098). EinzelWirkg hat der im Konk- od VerglVerf geschlossene ZwVergl (KO 193 S 2, VerglO 82 II). – **c) Beschränkte Gesamtwirkung** (Hamm NJW-RR **88**, 1174): Der Partner des ErlaßVertr wird völlig frei, die and GesSchu hins des FdgsAnteils, den dieser im InnenVerh zu tragen hat. Ein Regreß gg den begünstigten GesSchu scheidet aus. Eine beschränkte GesWirkg ist idR anzunehmen, wenn der mit einem GesSchu geschlossene **Vergleich** dessen Verpfl endgült erledigen soll (RGRK Rdn 8). Auch ein TeilgsAbk zw SozVersTräger u HaftPflVers ist iZw dahin auszulegen, daß dem SozVersTräger Anspr gg etwaige zweitrangig geschädigte Zweitschädiger nur hins der von diesem im InnenVerh zu tragden Quote verbleiben (BGH **LM** TeilgsAbk Nr 5, Denck NJW **82**, 2052). – **d)** Erlaß der Fdg ggü der **OHG** bei Fortbestand der Fdg gg den Gesellschter ist unzul (BGH **47**, 379), es sei denn, daß dieser zustimmt (BGH WPM **75**, 974). Mögl ist dagg ein Erlaß ggü dem Gesellschter bei Aufrechterhaltg der Fdg gg die OHG (BGH BB **71**, 975).

424 **Wirkung des Gläubigerverzugs.** Der Verzug des Gläubigers gegenüber einem Gesamtschuldner wirkt auch für die übrigen Schuldner.

1) Da die Erf GesWirkg hat (§ 422), muß konsequenterw auch der dch einen ErfVersuch begründete **Gläubigerverzug** (§§ 293 ff) für alle GesSchu wirken. Erklärt sich der Gläub ggü dem GesSchu zur Ann der Leistg bereit, der ihn in GläubVerz versetzt hat, so wird der AnnVerz mit GesWirkg geheilt (Erm-Westermann Rdn 2, str), BereitErkl ggü einem and GesSchu hat dagg nur EinzWirkg.

425 **Wirkung anderer Tatsachen.** ¹Andere als die in den §§ 422 bis 424 bezeichneten Tatsachen wirken, soweit sich nicht aus dem Schuldverhältnis ein anderes ergibt, nur für und gegen den Gesamtschuldner, in dessen Person sie eintreten.

IIDies gilt insbesondere von der Kündigung, dem Verzuge, dem Verschulden, von der Unmöglichkeit der Leistung in der Person eines Gesamtschuldners, von der Verjährung, deren Unterbrechung und Hemmung, von der Vereinigung der Forderung mit der Schuld und von dem rechtskräftigen Urteile.

1) Allgemeines § 425 I legt den Grds der **Einzelwirkung** fest, soweit nicht §§ 422–424 anwendb sind od sich aus dem SchuldVerh etwas and ergibt (Anm 3). Die Vorschr macht deutl, daß die zu einer GesSchuld verbundenen Fdgen, abgesehen von der bestehden TilggsGemsch, selbst Fdgen sind. Aus ihr ergibt sich, daß sich die Fdgen gg die einz GesSchu unterschiedl entwickeln können. Für die GesSchuschaft gem PflVG 3 Nr 2 enthält PflVG 3 Nr 3 eine Sonderregel (Anm 2d).

2) Fälle der Einzelwirkung. Die Aufzählg in II bringt Bsp, ist aber nicht abschließd. – **a)** Die in II zunächst genannte **Kündigung** ist die FälligkKünd (s BGH NJW **89**, 2383), nicht aber die Künd zur Beendigg eines DauerSchuldVerh (Anm 3b). – **b) Verzug**. Die Voraussetzgen, insb die Mahng, wirken nur ggü dem einz GesSchu. Die Mahng ggü dem KfzPflVers hat jedoch gem AKB 10 V GesWirkg (Nürnb NJW **74**, 1950). Sind mehrere GesSchu in Verzug, erstreckt sich ihre gesamtschuldnerische Haftg nicht auf die Kosten eines RStreits, der nur gg einen von ihnen geführt w (Soergel-Wolf Rdn 10). Verlangt der Gläub unter Ablehng der Erf gem §§ 286 II od 326 von einem GesSchu SchadErs, bleibt der ursprüngl Inhalt der Schuld ggü den and GesSchu bestehen; das gilt auch dann, wenn der Gläub alle Schu in Verzug gesetzt hat (RG **65**, 28, **140**, 18). Für den Rücktr gelten dagg §§ 356, 327. Er muß ggü allen GesSchu erklärt w; es genügt aber, wenn seine Voraussetzgen ggü einem GesSchu vorliegen (BGH NJW **76**, 1932, Hamm WPM **87**, 105, aA MüKo/Selb Rdn 6). Das für den SchadErsAnspr erforderl Vertretenmüssen ist idR ipso facto bei allen GesSchu gegeben (Düss NJW-RR **87**, 911). – **c) Verschulden**. Anspr wg pVV richten sich grdsl nur gg den GesSchu, der die VertrVerletzg zu vertreten hat (s aber Anm 3a). Das **Mitverschulden** eines ErfGeh des Geschädigten wirkt zG allen GesSchu, bei Delikt aber nicht (BGH **90**, 86, krit Hofmann MDR **86**, 981). – **d) Unmöglichkeit**. Obj nicht zu vertrebde Unmöglichk (§ 275 I) hat GesWirkg, Unvermögen (§ 275 II) dagg EinzWirkg. SchadErsAnspr (§§ 280, 325, aber auch § 307) bestehen nur ggü dem GesSchu, der die Unmöglichk zu vertreten hat. Bei vertretdem Unvermögen haftet der betroffene GesSchu auf SchadErs, die and dagg weiter auf Erf. – **e)** Ablauf, Hemmg u Unterbrechg der **Verjährung** haben EinzWirkg (RG **116**, 285). Das gilt auch für den rechtsgeschäftl od gesetzl Schuldbeitritt (BGH NJW **77**, 1879, **84**, 794), die vor der SchuldMitÜbern eingetretenen Tats (Beginn, Hemmg, Unterbrechg der Verj) bleiben aber für u gg den Beitretden wirks (BGH aaO, Übbl 2c v § 414). Die Unterbrechg von nicht zw den GesSchu bestehden RVerh wird GesWirkg haben, so bei einem gemeins Kauf von Eheg (Köln NJW **72**, 1899). Die Klage ggü der OHG unterbricht auch ggü den Gesellschtern (BGH **73**, 223). Hat der Gläub die Verj gg den Gesellschter rechtzeit unterbrochen, kann sich dieser nicht auf die ggü der OHG eingetretene Verj berufen (BGH **104**, 79, NJW **81**, 2579). Vgl auch die Sonderregel in PflVersG 3 Nr 3 u dazu BGH **83**, 166. EinzWirkg hat nach dem Ablauf einer **Ausschlußfrist** (Karlsr Vers **78**, 968). Bei einer tarifl AusschlFr wirkt die Geldmachg des Anspr beim ArbGeb auch ggü einem Gesellschter (BAG Betr **85**, 1536) u ggü dem Schuldmitübernehmer (BAG Betr **72**, 396). – **f) Konfusion**. Der GesSchu, der RNachfolger des Gläub geworden ist, muß von der Fdg seinen AusglBetrag (§ 426) abziehen. Die and GesSchu haften ihm zur Vermeidg eines Regreßkarussels (entspr § 426 Anm 2d) nur *pro rata* (BAG NJW **86**, 3104, aA Rüßmann JuS **88**, 186). Das gilt vor allem iF gewillkürter Konfusion (Abtretg gg Zahlg, s Stolterfoth Gedächtnisschrift Röding 1978, 240ff). – **g)** Die Einzelwirkg der **Rechtskraft** gilt auch im Verhältn zw OHG u dem vor ProzBeginn ausgeschiedenen Gesellschter (BGH **44**, 233, NJW **81**, 176). Dagg muß der nicht ausgeschiede-

Mehrheit von Schuldnern und Gläubigern §§ 425, 426

ne Gesellschter das Urt gem HGB 129 gg sich gelten lassen (BGH **64**, 156, NJW **80**, 785). EinzWirkg hat auch die RHängigk (Celle OLGZ **70**, 360). – **h**) **Abtretung** der Fdg gg nur einen GesSchu ist mögl (RG JW **05**, 428). Sie bedarf aber der Zust des Schu, da Zedent u Zessionar GesGläub w u eine GesGläubsch nur mit Einverständn des Schu begründet w kann (BGH **64**, 67). – **i**) Der **Schutz des Abzahlungsgesetzes** erstreckt sich auf die Pers, die die Mithaftg im Interesse des AbzKäufers übernommen haben (BGH **64**, 271, **91**, 44), nicht aber auf and GesSchu (BGH **47**, 251, WPM **84**, 1309, Köln NJW-RR **89**, 49). Auch die SchutzVorschr des BVFG 82 hat grdsl nur EinzWirkg (BGH MDR **61**, 219). – **k**) **Änderungsvereinbarungen** wirken nur für u gg den GesSchu, mit dem sie geschlossen worden sind (RG **102**, 399). Auch das **Mieterhöhungsverlangen** gem MHRG 2 hat nur Einzelwirkg, jedoch kann ihm im MietVertr GesWirkg beigelegt w (KG NJW-RR **86**, 173); die Klage muß jedoch notw gg alle Mieter gerichtet w (KG NJW-RR **86**, 439). – **l**) **Konkurs**. Die ErfAblehng (KO 17) hat grdsl EinzWirkg. Dagg wirkt sie im OHG-Konkurs auch gegü bereits ausgeschiedenen Gesellschtern (BGH **48**, 204). Bei einer BGB-Gesellsch (ARGE) ist sie ggü den nicht in Konk gefallenen u weiter erfbereiten Gesellschtern wirkgslos (BGH NJW **79**, 308).

3) **Gesamtwirkung** (vgl zunächst Anm 2 bei den einz Schlagworten). Sie kann sich aus der Vereinbg, (KG NJW-RR **86**, 174), dem Inhalt od Zweck des SchuldVerh ergeben. – **a**) Der Vertr zw Gläub u GesSchu kann stillschw die Abrede enthalten, daß jeder GesSchu für das **Verschulden** der and einstehen soll. Eine solche Mithaftg für das Verschulden der and GesSchu ist anzunehmen, wenn mehrere Untern sich zur gemeins Herstellg eines Werks verpflichten (BGH NJW **52**, 217), wenn die sich aus dem GastAufnVertr ergebde SchutzPfl von einem MitInhaber der Gaststätte verletzt wird (BGH VersR **69**, 830), wenn der gemietete Pkw von einem Mitmieter ohne Führerschein beschädigt w (BGH **65**, 226, Frage des EinzFalls). Bei Beauftragg einer **Anwaltssozietät** haftet jeder RAnw für das Verschulden seines Partners (RG **85**, 307, BGH **56**, 355, § 164 Anm 1b), u zwar auch dann, wenn ledigl der Anschein des Bestehens einer Sozietät hervorgerufen w (BGH **70**, 247, WPM **88**, 986). Entspr gilt für ärztl GemeinschPraxen (BGH NJW **86**, 2364), aber auch in and Fällen für zusarbeitde Freiberufler. Bei VertrSchl mit BGB-Gesellsch kann auch sonst iZw angenommen w, daß jeder Gesellschter für das Verschulden seiner Partner mit einstehen soll (Beuthien Betr **75**, 773). – **b**) Bei **Mietverträgen** kann das KündR von mehreren Mietern u ggü ihnen nur gemeins ausgeübt w (RG **138**, 186, BGH **26**, 104, **LM** § 425 Nr 6). Der Konk eines Mieters begründet für den Vermieter kein KündR (BGH **26**, 104), wohl aber für den KonkVerw (Celle NJW **74**, 2012). Sow die Künd auf ein vertrwidr Verhalten (zB § 553) gestützt w, genügt es, wenn der KündGrd ggü einem Mieter vorliegt (Düss NJW-RR **87**, 1371), jedoch müssen alle abgemahnt worden sein (s LG Darmstadt NJW **83**, 52). Der Vermieter kann verpflichtet sein, dem vertragstreuen Mieter einen neuen Vertr anzubieten (LG Darmstadt aaO). Bei sonst **Dauerschuldverhältnissen** ist gleichf idR nur eine einheitl Künd zul, so beim Darl (Karlsr NJW **89**, 2136), beim GruppenArbVerh u bei einem einheitl ArbVerh mit mehreren ArbGeb (BAG Betr **72**, 244, NJW **84**, 1703).

426 *Ausgleichungspflicht der Gesamtschuldner.* ¹Die Gesamtschuldner sind im Verhältnisse zueinander zu gleichen Anteilen verpflichtet, soweit nicht ein anderes bestimmt ist. Kann von einem Gesamtschuldner der auf ihn entfallende Beitrag nicht erlangt werden, so ist der Ausfall von den übrigen zur Ausgleichung verpflichteten Schuldnern zu tragen.

ᴵᴵSoweit ein Gesamtschuldner den Gläubiger befriedigt und von den übrigen Schuldnern Ausgleichung verlangen kann, geht die Forderung des Gläubigers gegen die übrigen Schuldner auf ihn über. Der Übergang kann nicht zum Nachteile des Gläubigers geltend gemacht werden.

1) **Allgemeines.** – **a**) § 426 regelt das InnenVerh zw den GesSchu. Er begründet ein gesetzl SchuldVerh (AusglVerh), aus dessen Verletzg sich Anspr wg pVV ergeben können. Das gesetzl AusglVerh wird häufig dch ein zw den GesSchu bestehdes VertrVerh, etwa Gesellsch, od eine vertragsähnl RBeziehg, etwa GoA (BGH NJW **63**, 2068), überlagert. In diesen Fällen hat der Regreß Anspr des leistden GesSchu eine dreif Grdl, (1) ein vertragl od vertragsähnl RBeziehg, (2) § 426 I u (3) die gem § 426 II übergegangene GläubFdg. In welchem Umfang er Ausgl verlangen kann, bestimmt der Vertr od das vertragsähnl Verh (Anm 3). – **b**) Grund der AusglPfl ist die zw den GesSchulden bestehde innere Verbundenh (§ 421 Anm 2). Es muß daher ein wirkl GesSchuldVerh vorliegen. Bei der sog **scheinbaren Gesamtschuld** richtet sich der Regreß nicht nach § 426, sondern nach den in § 421 Anm 2 dargestellten Grds. Auch auf das Verhältn zw mehreren Störern iSd PolizeiR ist § 426 unanwendb (BGH NJW **81**, 2457, Schwachheim NVwZ **88**, 225). Stehen mehrere **Sicherungsgeber** auf gleicher Stufe, ist bei Fehlen einer AusglAbrede § 426 entspr anwendb (BGH NJW **89**, 2530).

2) **Der Ausgleichsanspruch** (I). **a**) Die AusglPfl entsteht als **selbständige** Verpfl bereits mit der Begründg der GesSchuld, nicht erst mit der Befriedigg des Gläub (BGH **35**, 325, NJW **81**, 1667, **88**, 134). Sie kann daher als BefreiungsAnspr bereits vor der Leistg an den Gläub geltd gemacht w. Der AusglPfl steht nicht entgg, daß der Anspr des Gläub gg den AusglPflichtigen verjährt (RG **69**, 426, **146**, 101) od wg Ablauf einer AusschlFr erloschen ist (BGH NJW **81**, 681). Der AusglAnspr hat seine eig 30jähr **Verjährung**, § 195 (BGH **58**, 218). Tarifvertragl AusschlFr gelten dagg uU auch für den AusglAnspr (BAG NJW **86**, 3104, Rüßmann JuS **88**, 185). Rechtskr Urt zw Gläub u einem GesSchu sind für das InnenVerh zw den GesSchu ohne Bedeutg (RG **69**, 426, BGH VersR **69**, 1039). Die Selbständigk des AusglAnspr zeigt sich auch daran, daß er priv-rechtl Charakter haben kann, obwohl das AußenVerh zw Gläub u GesSchu **öffentlich-rechtlich** ausgestaltet ist. Priv-rechtl ist die AusglPfl zw öff-rechtl Körpersch, die aus § 839, Art 34 GG haften (BGH **9**, 65), ferner zw den nach § 96 PrWasserG Unterhaltspflichtigen (BGH NJW **65**, 1595). Entspr gilt für den Ausgl zw Eheg bei gemeins Veranlagg zur EinkSteuer (BGH **73**, 38) u zw ArbGeb u ArbNeh hins der Lohnsteuer (BAG **AP** Nr 3). – **b**) Die GesSchu haben wechselseit die Pfl, zur Befriedigg des Gläub **mitzuwirken**. Der Anspr auf Mitwirkg besteht schon vor der eigenen Leistg (BGH **23**, 363). Er setzt die Fälligk der GesSchuld voraus (BGH NJW **81**, 1667, **86**, 979) u geht auf Befreiung von dem Teil der Schuld, den der MitSchu im InnenVerh zu tragen hat (BGH **47**, 166, NJW **86**, 3132). Er kann dch Kl u

§ 426 2, 3   2. Buch. 6. Abschnitt. *Heinrichs*

ZwVollstr dchgesetzt w (BGH NJW **58**, 497) u begründet unter den Voraussetzgen des § 273 ein ZbR (Celle OLGZ **70**, 359). Bei schuldh NichtErf der MitwirkgsPfl hat der AusglBerecht einen SchadErsAnspr (RG **79**, 291, **92**, 151). Dieser Anspr erstreckt sich uU auch auf ProzKosten der AusglBerecht (BGH NJW **74**, 694, Neust NJW **63**, 494), insb dann, wenn der AusglPflichtige den Schaden im InnenVerh allein zu tragen hat (BGH VersR **56**, 161, **69**, 1039). – **c)** Nach Befriedigg des Gläub wird aus dem BefreiungsAnspr ein Anspr auf **Ausgleich** des Geleisteten. War eine Dienst- od WkLeistg geschuldet, ist Wertersatz zu leisten (BGH **43**, 234). Der AusglAnspr besteht auch dann, wenn der GesSchu den Gläub aus eig Interesse (Erhaltg von Sicherh) befriedigt hat (BGH NJW **80**, 339). Er setzt aber voraus, daß der GesSchu mehr als den von ihm im InnenVerh zu tragden Anteil geleistet hat (BGH NJW **86**, 1097). Dabei ist nur auf den fälligen Teil der Schuld abzustellen (Mü MDR **72**, 239). Mitbürgen können dagg nach jeder Teilleistg Ausgl verlangen (BGH **23**, 364, NJW **86**, 3132). Ihr AusglAnspr beschränkt sich nur dann auf den ihre Quote übersteigenden Teil der Leistg, wenn der HauptSchu zahlgsunfäh ist (BGH NJW **86**, 1097). Die AusglPfl besteht nur zw GesSchu. Die Zahlg eines **Nichtschuldners** (§ 267) löst Anspr aus § 812, aber keine AusglPfl aus (RG **163**, 34). Haftet ein GesSchu auf mehr als der and, beschränkt sich der Ausgl auf den Teil der Leistg, für den beide einzustehen haben (BGH **12**, 220, NJW **66**, 1263). **Prozeßkosten** aus dem RStreit mit dem Gläub sind nicht ausglfäh (RG **92**, 148, BGH VersR **57**, 800, VRS **54** Nr 144). Werden die GesSchu gemeins verklagt, tragen sie die Kosten im InnenVerh nicht nach der AusglQuote sond idR nach Kopfteilen (BGH NJW **74**, 693). And liegt es, wenn ein GesSchu ProzKosten zur Abgeltg der HauptFdg übernommen hat (BGH NJW **71**, 884). Ein ErsAnspr kann sich auch daraus ergeben, daß der AusglSchu seine MitwirkgsPfl schuldh verletzt hat (oben b). – **d)** Die AusglPfl beschränkt sich auf den vom AusglSchu zu tragden Anteil. Bei **Ausfall eines Gesamtschuldners,** insb wg Zahlgsunfähigk, erhöht sich der Anteil der verbleibden Schu entspr **(I 2)**, natürl auch der des AusglBerecht (RG **92**, 146). UU ist der AusglBerecht dem AusglSchu wg säumiger RVerfolgg gg den Ausgefallenen schaderspflicht (RG **142**, 267). Mehrere AusglPflichtige haften dem AusglBerecht **nicht gesamtschuldnerisch,** sond entspr ihren Anteilen (RG **92**, 146, BGH **6**, 25). Das gilt auch dann, wenn der AusglBerecht im InnenVerh von jeder Haftg freigestellt ist (MüKo/Selb Rdn 11, aA RG **87**, 68, **136**, 287, BGH **17**, 222). Soweit mehrere GesSchu eine **Haftungseinheit** bilden, haften sie aber für ihre gemeins Quote auch im Rahmen des Ausgl gesamtschuldnerisch (BGH **55**, 349, **61**, 220, NJW-RR **89**, 920, Anm 3 d).

3) Umfang des Ausgleichs. Der AusglAnspr kann je nach Lage des Falles auf einen Anteil od vollen Ers gerichtet sein, er kann auch völlig entfallen.

a) Die in I 1 als Grundregel vorgesehene **Haftung zu gleichen Teilen** ist nur anzuwenden, wenn jeder Verteilgsmaßstab fehlt. Sie ist daher prakt die Ausn u nicht mehr als eine bloße Hilfsregel. Aus ihr ergibt sich aber, daß der GesSchu, der eine von I 1 abw Verteilg verlangt, für die Tats **beweispflichtig** ist, die die Abw rechtfertigen sollen (RG **88**, 125). Bsp für gleiche Anteile sind die VorschußPfl von Kläger u Bekl ggü den SchiedsRi (BGH **55**, 349) u das GesSchuldVerh zw dem Schu der Leibrente u dem der sichernden Reallast (BGH **58**, 191, Frage des Einzelfalls).

b) Eine anderweit Bestimmg kann sich aus **Rechtsgeschäft** ergeben, etwa aus einem Vertr zw den GesSchu (RG **77**, 322), der auch stillschw zustande kommen kann (RG **61**, 60). Besteht zw den GesSchu ein Vertr od vertragsähnl **Rechtsverhältnis,** kann ihm idR der AusglMaßstab entnommen w: Gesellschafter haften iZw nach dem BeteiliggsVerh (RG **88**, 125, BGH **47**, 165), u zwar auch, wenn sie sich im GesellschInteresse verbürgt haben (BGH BB **73**, 1326, NJW-RR **89**, 685). Der AusglBerecht muß sich in erster Linie an das GesellschVerm halten (BGH **37**, 303, NJW **81**, 1096). Mithaftde NichtGesellschter sind ggü OHG-Gesellschtern nicht ausglpflicht (BGH **LM** § 774 Nr 3). And kann es dagg liegen, wenn Außenstehde neben den Gesellschtern die Mithaftg für eine GmbHSchuld übernommen haben (BGH NJW **86**, 1098). Befindet sich die Gesellsch im Abwicklgsstadium, wird der AusglAnspr zum unselbstd Rechngsposten der Auseinandersetzgsrechng (BGH **103**, 77). Aus dem ArbVerh ergibt sich, daß der ArbNeh dem ArbGeb für vorausgelagte Lohnsteuer vollen Ausgl schuldet (BAG **AP** Nr 3); bei schadensgeneigter Arb ist hinter dem Ausgl die FreistellgsPfl des ArbGeb zu berücksichtigen (BAG NJW **69**, 2299). Die GrdErwSt fällt iZw allein dem Erwerber zur Last (Karlsr NJW-RR **88**, 1238). Für WoEigt ergibt sich der VerteilgsMaßstab aus WEG 16 (BayObLG NJW **73**, 1881). Für die Pflichtteilslast gilt die Sonderregel des § 2320. Ist ein GesSchu für den and als Beauftragter od in GoA tät geworden, kann er gem §§ 670, 683 vollen Ausgl beanspruchen (BGH VersR **70**, 621). Mitbürgen s § 774 Anm 3. Zw gesamtschuldnerisch haftden **Ehegatten** besteht grdsl eine AusglPfl (BGH NJW **88**, 134, NJW-RR **88**, 966, 1154, Kotzur NJW **89**, 817), so insb bei gemeins aufgenommenen Darl (BGH aaO, Hamm NJW-RR **88**, 55). Hinsichtl der Aufwendgen für ein gemeins Haus ist der nichtverdienende Eheg aber idR erst für die Zeit ab Trenng ausglpflicht (BGH **87**, 269, FamRZ **83**, 799), u zwar in den Grenzen des § 242 (Oldbg NJW-RR **86**, 752). Verdienen beide Eheg, kann die Relation ihrer Einkommen den Umfang der AusglPfl bestimmen (BGH NJW-RR **89**, 67), jedoch ist auch das etwa vorhandene Vermögen zu berücksichtigen (BGH NJW-RR **88**, 259). Befindet sich im gemeins Haus der GewerbeBetr eines Ehegatten, kann die AusglPflicht des and entfallen od eingeschränkt werden (BGH NJW-RR **86**, 1197). Bei steuerl ZusVeranlagg richtet sich der Ausgl nach den Steuerbeträgen, die bei getrennter Veranlagg festgesetzt worden wären (BGH **73**, 38, AG Schweinfurt NJW **83**, 2508, LG Düss NJW-RR **86**, 1334). Zw den Partnern einer eheähnl LebensGemsch besteht idR keine AusglPfl (BGH **77**, 57).

c) Das **Gesetz** enthält in §§ 840 II, III 1833, BNotO 46 S 2, VVG 59 II, PflVersG 3 Nr 9 ausdr Regelgen über den Ausgl. Bei **Schadensersatzansprüchen** richtet sich die Verteilg des Schadens auf mehrere ErsPflichtige nach § 254 (RG **75**, 256, BGH **17**, 214, **59**, 103, stRspr) od den inhaltl übereinstimmden StVG 17, LuftVG 41, AMG 93. Entscheid ist daher in erster Linie das Maß der Verursachg, daneben, aber erst in zweiter Linie, das Verschulden (§ 254 Anm 4a). Dabei kann die Abwägg zu einer wesentlichen Schadensteilg, aber auch zur alleinigen Belastg eines ErsPflichtigen führen (§ 254 Anm 4b). Beruht die Mithaftg eines GesSchu allein darauf, daß er den and GesSchu nicht ausr beaufsichtigt hat, ist er idR nicht ausglpflicht (BGH NJW **80**, 2348). Zu berücksichtigen ist auch, wenn der eine GesSchu ggü dem and eine bes VertrPfl verletzt hat (BGH VersR **84**, 444). Zur Schadensverteilg zw mehreren Verantwortl bei Baumängeln s Ganten BauR **78**, 187 u Brem BauR **88**, 745. Die Kirchhofsordng kann den NutzgsBerecht an einer Grabstelle im InnenVerh allein den Schaden aus der Verletzg der VerkSichgPfl auferlegen (KG NJW **74**, 1560). Dagg kann der GesSchu die sich aus §§ 426, 254 ergebde Beschränkg des Ausgl **nicht** dadch unterlaufen, daß er die auf ihn entfallde Quote gem §§ 823 II od 839 als **Passivschaden** gg den and GesSchu geltd macht (BGH **20**, 378, **61**, 356). Etwas and gilt nur dann, wenn ein GesSchu den and vorsätzl in die Mithaftg gedrängt hat (BGH NJW **78**, 817, Fluglotsenstreik). Besteht ledigl eine subsidiäre Haftg, wie beim AufopfergsAnspr (BGH **20**, 81, **28**, 301) od gem § 839 I 2, liegt bereits begriffl keine GesSchuld vor (BGH **61**, 354). Wird ein Beamter bei einem and u zugl dch einen Dr geschädigt, besteht aber zw dem Dienstherrn u dem Dr eine AusglPfl, da der Dienstherr dem geschädigten Beamten auch wg Verletzg der FürsPfl haftet (BGH **43**, 184).

d) Mehrere GesSchu können aus rechtl od tatsächl Grden eine **Haftungseinheit** idS bilden, daß auf sie nur eine gemeins Quote entfällt, sie also für den Ausgl so behandelt w, als wären sie eine Pers. Bsp sind Kfz-Halter u Fahrer (BGH NJW **66**, 1262, VersR **70**, 64), Erf- od VerrichtsGehilfen u GeschHerr (BGH **6**, 27, Betr **70**, 1682) u ebso sonstige Schädiger, sofern sich ihr Verhalten in demselben Verursachgsbeitrag ausgewirkt hat (BGH **61**, 218, NJW **83**, 623, Ffm NJW-RR **89**, 920, § 254 Anm 4c cc, krit Hartung VersR **83**, 635). „HaftgsEinh" kommen aber auch außerh des SchadErsR vor. Sie bestehen etwa zw den MitEigtümern einer EigtWo für den Ausgl gem WEG (oben b), zw Streitgenossen für die VorschußPfl ggü den SchiedsRi (BGH **55**, 349), bei einer entspr Abrede zw einem Ehepaar, das gemeins mit einem and einen Kredit aufgenommen hat (BGH NJW **86**, 1491). Die Leistg eines Mitgl der HaftgsEinh bringt die AusglPfl auch für die übr zum Erlöschen. Hat ein and GesSchu erfüllt, haften die Mitgl der HaftgsEinh für seinen AusglAnspr als GesSchu (Anm 2d). Auch der Geschädigte kann mit einem ErsPflichtigen eine HaftgsEinh bilden (BGH **61**, 218). Nimmt der Geschädigte in diesem Fall den außerh der HaftgsEinh stehden ErsPflichtigen in Anspr, kann dieser vom and ErsPflichtigen keinen Ausgl verlangen, weil dessen Tatbeitrag schon bei der Bemessg der vom Geschädigten zu tragden Quote berücksichtigt worden ist. Ist in einem VorProz die HaftgsEinh zw Geschädigten u einem ErsPflicht nicht berücksichtigt u ein Nebentäter daher mit einer zu hohen Quote belastet worden, soll dieser aber gem § 812 Regreß nehmen können (BGH NJW **78**, 2392).

e) Soweit sich aus RGesch, Ges od dem RVerh zw den GesSchu eine and Quotelg als die nach Kopfteilen ergibt, handelt es sich ledigl um eine Ausgestaltg der gesetzl AusglPfl. Der Anspr **bleibt**, auch wenn er mit Anspr aus dem InnenVerh konkurriert, der **gesetzliche Ausgleichsanspruch** aus § 426 I (RG **92**, 147, MüKo/Selb Rdn 11).

4) Übergang der Gläubigerforderung (II). Er tritt ein, wenn ein GesSchu den Gläub ganz od teilw befriedigt hat, beschränkt sich aber auf den Umfang des AusglAnspr. Über § 412 finden die §§ 399ff Anwendg. Es gelten vor allem §§ 404, 406, aber auch § 401. VVG 67 II (AngehPrivileg) ist weder direkt noch entspr anwendb (BGH VersR **84**, 327). Bei nicht übertragb Anspr, wie dem SchmerzG, ist der FdgÜbergang ausgeschl (Celle OLGZ **70**, 360). Abreden, daß die GläubFdg nicht nur in Höhe des AusglAnspr sond voll übergehen soll, sind unwirks (BGH **17**, 221). Die übergegangene Fdg u der AusglAnspr bestehen nebeneinand (BGH NJW **81**, 681). Der GesSchu kann zw ihnen wählen (s BGH **59**, 102); er kann sie aber nur zus abtreten (Larenz § 37 III). Beschränkgen od inhaltl Änd des AusglAnspr erstrecken sich uU auch auf die übergegangene Fdg (BGH **103**, 78). Zu II 2 s § 268 Anm 4.

5) Haftungsfreistellung und Ausgleichspflicht. – a) Vertragliche Haftungsfreistellung. – aa) Dch einen **nach Entstehg** der GesSchuld vereinbarten Erlaß wird die AusglPfl des freigestellten GesSchu nicht berührt (BGH **11**, 174, allgM). Etwas and gilt nur dann, wenn der Erlaß ausnwise GesWirkg hat (§ 423 Anm 1). – **bb)** Umstr ist dagg, wie sich die **vor Entstehung** der GesSchuld mit einem GesSchu vereinbarte Haftungsfreistellg auf das GesSchuldVerh auswirkt. **(1)** Die Rspr erkennt der Haftungsfreistellg auch in diesem Fall für das InnenVerh zw den GesSchu keine Wirkg zu, bejaht also eine AusglPfl des haftgsbegünstigten GesSchu (BGH **12**, 213, **35**, 323, **58**, 220, NJW **89**, 2387). **(2)** Die hL löst den Konflikt zw Haftgsfreistellg u AusglPfl dagg zu Lasten des Geschädigten. Sein ErsAnspr gg den Zweitschädiger wird um den Haftganteil des freigestellten GesSchu gekürzt. Dieser dürfe, wenn er gemeins mit einem and hafte, nicht schlechter stehen als bei alleiniger Verantwortg (Larenz § 37 III, Esser/Schmidt § 39 II 2.2, Hager NJW **89**, 1642, Reinicke/Tiedtke GesSchuld 2. Aufl S 77, hier 48. Aufl). **(3)** Einheilig abgelehnt wird die fr gelegentl vertretene Ans, der nicht haftgsbegünstigte Zweitschädiger müsse den Schaden voll ersetzen, ohne vom freigestellten Schädiger Ausgl verlangen zu können. Für diese Lösgsmöglichk könnte aber die Argumentation von BGH **103**, 346 (zu § 1664) sprechen. **(4) Eigene Stellungnahme.** Welche Tragweite die Haftgsfreistellg hat, ist dch Auslegg zu ermitteln. IdR handelt es dch in Anwendg von AGBG 5 u des für Freizeichnen geltden Restriktionsprinzips (§ 276 Anm 5 B a aa) eng, dh iS des Lösgsvorschlags der Rspr (1) auszulegen sind. Im Einzelfall kann sich aber aus dem Inhalt od dem Zweck der Haftgsfreistellg ergeben, daß die Vereinbg entspr dem Lösgsvorschlag der Schrifft (2) als *pactum de non petendo* zG des Zweitschädigers aufzufassen ist u seine ErsPfl um den Haftganteil des freigestellten GesSchu gemindert werden soll (im Ergebn ebso BGH **58**, 220, NJW **89**, 2387, Hbg NJW-RR **87**, 915, MüKo/Selb Rdn 20). – **cc)** Für sonst vertragl **Haftungsbeschränkungen**, etwa die Abkürzg der VerjFr, gilt bb) entspr. Sie lassen die AusglPfl u die für sie geltde 30jähr VerjFr unberührt (BGH **58**, 216). And kann es liegen, wenn der Zweitschädiger gem § 328 in den Schutzbereich der Haftungsbeschränkg einbezogen worden ist.

b) Gesetzliche Haftungsfreistellungen. Auch hier gibt es für den Konflikt mit der AusglPfl die drei unter a) dargestellten Lösgen: (1) Die Haftgsfreistellg ändert an der AusglPfl des haftgsbegünstigten GesSchu nichts. (2) Der ErsAnspr des Geschädigten mindert sich um den Verantwortgsanteil des freigestellten GesSchu. (3) Der nicht freigestellte GesSchu muß den Schaden voll ersetzen, kann aber vom Mitschädiger keinen Ausgl verlangen. Die hL spricht sich auch hier in allen einschläg Fällen für die Lösg zu Lasten des Geschädigten (2) aus (Medicus Rdn 933, Hager NJW **89**, 1644, Reinicke/Tiedtke, aaO S 79, hier 48. Aufl). Das ist auch in der Mehrzahl der Fälle, aber nicht in allen die richt Lösg: – **aa)** Ist ein **Arbeitsunfall** dch den ArbGeb od einen ArbKollegen u einen nicht dch RVO 636, 637 haftgsbegünstigten Zweitschädiger verursacht worden, beschränkt sich der ErsAnspr des Geschädigten auf den Verantwortgsanteil des Zweitschädigers (BGH **61**, 53, NJW **81**, 760). Das gilt entspr für **Schulunfälle**, sofern die Haftg eines Mitschädigers dch

§§ 426–428

RVO 636, 637 ausgeschlossen w (BGH VRS **73**, 20). Hat der nicht haftbegünstigte Zweitschädiger den Schaden weitaus überwiegd verursacht, haftet er voll (BGH NJW **76**, 1975). Ist umgekehrt der Haftbegünstigte weitaus überwiegd verantwortl, entfällt der Anspr gg den Zweitschädiger (Hamm VersR **88**, 191). Entspr gilt, wenn der ArbGeb den außerh des SozialVersVerhältn stehden Zweitschädiger vertragl von Haftg freigestellt h (BGH NJW **87**, 2669, krit Burkert/Kirchdörfer JuS **88**, 341). Ist für einen **Dienstunfall** ein Beamter u ein nicht haftbegünstigter Zweitschädiger verantwortl, kann der Geschädigte gleich nur den Schaden ersetzt verlangen, der dem Haftanteil des Zweitschädigers entspr (BGH **94**, 176).

bb) Ist ein Schaden von einem gem VVG 67 II, SGB X 116 VI haftbegünstigten **Angehörigen** u einem Zweitschädiger verursacht worden, beschränkt sich der ErsAnspr des Versicherers/SozVersTrägers/ArbGeb/Dienstherrn auf den Verantwortsanteil des Zweitschädigers (BGH **54**, 256, **73**, 195). So muß der Kaskoversicherer beim Regreß gg den Zweitschädiger den Haftanteil des berecht **Fahrers** abziehen (BGH NJW **86**, 1814).

cc) Gefahrgeneigte Arbeit. Der SchadErsAnspr des ArbGeb gg einen neben dem ArbNeh verantwortl Zweitschädiger vermindert sich um die auf den ArbNeh entfalde Haftquote (Karlsr OLGZ **69**, 158).

dd) Haftungsfreistellungen des bürgerlichen Rechts (zB §§ 708, 1359, 1664). Währd der BGH den hier uneinschläg Haftungsfreistelgen fr für das AusglVerh keine Wirkg zuerkannt u eine AusglPfl des haftbegünstigten Mitschädigers bejaht hat (BGH **35**, 317), hat er nun für § 1664 u wohl auch für § 1359 die Lösg zu Lasten des Zweitschädigers gewählt (BGH **103**, 346, dem BGH im Ergebn mit and Begründg zustimmd Hager NJW **89**, 1646): Dieser haftet voll, kann aber vom haftbegünstigten Mitschädiger keinen Ausgl verlangen. Da nach stRspr §§ 708, 1359 für VerkUnfälle nicht gelten (BGH **46**, 313, **53**, 352, **61**, 104, **63**, 51), hat das Problem erhebl an prakt Bedeutg verloren. Soweit sich aus § 1353 eine Haftgfreistellg ergibt, mindert sie den ErsAnspr gg den nicht haftbegünstigten GesSchu nicht (BGH NJW **83**, 625).

427 *Gemeinschaftliche vertragliche Verpflichtung.* **Verpflichten sich mehrere durch Vertrag gemeinschaftlich zu einer teilbaren Leistung, so haften sie im Zweifel als Gesamtschuldner.**

1) § 427 enthält eine **Auslegungsregel**. Er ist Ausn zu § 420 u schränkt dessen Anwendgsbereich wesentl ein. Eine gemeinschaftl Verpfl ist nicht nur bei einem gleichzeit Abschl gegeben, sond auch bei getrennten Vertr, sofern diese subj eine Einh bilden (RG **70**, 410, BGH NJW **59**, 2161). Ein Vertr, der von einem Vertreter für mehrere VollmGeb geschlossen w, genügt (Karlsr Justiz **67**, 313, einschränkd BGH NJW **77**, 295), ebso der Verkauf einer Mehrzahl von Sachen dch verschiedene Eigtümer, sofern es sich um eine wirtschaftl Einh handelt (Soergel/Wolf Rdn 4), ferner der Übergang einer vertragl Pfl auf mehrere Nachf (BGH NJW **73**, 455). Unter § 427 fällt auch der RealVertr (RG **71**, 117) u die RückgabePfl des § 556 (Düss NJW-RR **87**, 1371). Die Vorschr ist auf einseit SchuldVerspr, wie die Auslobg (§ 657), entspr anwendb, ebso auf die GoA für mehrere GeschHerren (BGH **LM** § 426 Nr 26, BayObLG NJW-RR **87**, 1038). Weitere Bsp: Verpfl der Eheg aus einem gem § 1357 geschl Vertr (Büdenbender FamRZ **76**, 667); Vergütgsanspr des SchiedsRi, auch wenn er ledigl von einer Part ernannt worden ist (BGH **55**, 347); Vertr, die der Verwalter zur laufden Unterhaltg u Instandhaltg einer WoEigtAnlage abschließt (BGH **67**, 235, NJW **77**, 1964); gemeins Heizöleinkauf von Nachbarn (LG Konstanz NJW **87**, 2521); Bestellg von Fahrausweisen für eine Klassenfahrt (LG Wiesbaden NJW **85**, 1905, aA Ffm NJW **86**, 1942); Übern einer ZahlgsPfl in einem gerichtl Vergl (KG MDR **89**, 77). Wird eine bes umfangr Verpfl kontrahiert, kann sich aber aus der **Interessenlage** ergeben, daß Teilschulden gewollt sind (§ 420 Anm 1).

2) Ist der Vertr **nichtig**, ist § 427 unanwendb. Jeder Schu haftet gem § 812 nur auf das Erlangte (Hamm NJW **81**, 877, hM, aA Berkenbrock BB **83**, 278). Das gilt auch für den dch Anf nichtig gewordenen Vertr (hM, aA RG **67**, 261). Ist das Erlangte GesHandVerm geworden, ist § 431 anzuwenden. Anspr aus Rücktr, Wandlg u Minderg sind als Nachwirkgen des Vertr GesSchulden (hM). Gesellschter haften für Anspr aus § 812 als GesSchu (Ffm NJW **86**, 3144); das gilt insb dann, wenn die ungerechtf bereicherte Gesellsch aufgelöst u das Vermögen verteilt ist (BGH **61**, 342, NJW **83**, 1908, **85**, 1828, Crezelius JuS **86**, 685).

428 *Gesamtgläubiger.* **Sind mehrere eine Leistung in der Weise zu fordern berechtigt, daß jeder die ganze Leistung fordern kann, der Schuldner aber die Leistung nur einmal zu bewirken verpflichtet ist (Gesamtgläubiger), so kann der Schuldner nach seinem Belieben an jeden der Gläubiger leisten. Dies gilt auch dann, wenn einer der Gläubiger bereits Klage auf die Leistung erhoben hat.**

1) Allgemeines. Die GesGläubschaft ist das GgStück zur GesSchuld (§ 421). Jeder Gläub kann die Leistg ganz od teilw fordern. Der Schu kann nach seinem Belieben an jeden der Gläub leisten, auch wenn ein and schon Klage erhoben hat od die Vollstr betreibt. Vertragl Abreden, die die RStellg des Gläub stärken, sind zul (BGH NJW **79**, 2038, KG NJW **76**, 807). Ebso wie bei der GesSchuld bestehen mehrere selbstd, allein abtretb Fdgen (BGH **29**, 364, WPM **84**, 411, Brem OLGZ **87**, 30), die aber dch die Einheitlichk der Tilggswirkg miteinand verbunden sind. Zum Nachw der Erf genügt die Quittg eines Gläub (KG OLGZ **65**, 95). Etwaige GestaltgsR (WahlR) können die GesGläub idR nur gemeins ausüben (BGH **59**, 187, NJW **79**, 2207); auch die Umwandlg in eine MitGläubigersch bedarf der Zust des Schu u aller GesGläub (aA Köln Betr **89**, 2017). Die GesGläubsch kann auf Ges od Vertr beruhen. Für sie besteht – and als für die GesSchuld – keine Vermutg (BGH NJW **84**, 1357). Sie kommt prakt nur selten vor. Die vorherrschde Form der GläubMehrh ist die MitGläubsch (§ 432).

2) Einzelfälle. a) Bsp für die GesGläubsch **kraft Gesetzes** sind: § 556 I u III; § 2151 III; der Anspr auf Ers des Drittinteresses u der etwaige eig Anspr des tatsächl Geschädigten (BGH NJW **85**, 2412); der AusglAnspr von Mitbürgen gg einen and (RG **117**, 5); der GesSchu zustehde Anspr aus § 812 (Ffm OLGZ **82**, 358, abw

Mehrheit von Schuldnern und Gläubigern §§ 428–432

BFH NJW **71**, 1288, **76**, 2040); mehrere KostenGläub aus einem KostenfestsetzgsBeschl (BGH Rpfleger **85**, 321, Düss JurBüro **87**, 1824, AG Wiesbaden NJW **86**, 1996); AnsprÜbergang auf mehrere SozVersTräger od Dienstherrn gem SGB X § 116, BBG 87a (BGH **28**, 68, **40**, 108, NJW-RR **89**, 610 u jetzt SGB X § 117). **Keine** GesGläubsch besteht dagg in folgdn Fällen: Teilw FdgÜbergang gem VVG 67 (BGH **44**, 383); gleichzeit FdgÜbergang gem VVG 67 u SGB X 116 (BGH VersR **80**, 1072), Steuererstattgs-Anspr der zus veranlagten Eheg (LG Düss NJW-RR **86**, 1333, aA LG Hildesheim NdsRpfl **89**, 106); Anspr von Ehemann u Kind wg der dch Tötg der Ehefr (Mutter) entgehdn Betreuungsleistgn (BGH NJW **72**, 1717, VersR **73**, 84, aA Medicus JuS **80**, 701). Auch bei der Verletzg eines „Hauskindes" entsteht keine GesGläubsch; der Anspr des Kindes aus § 842 hat vielmehr den Vorrang vor dem der Eltern aus § 845 (BGH **69**, 385). – **b)** Bei Anspr aus **Vertrag** besteht keine Vermutg für eine GesGläubsch. Eine EinzFdg kann nachträgl nur mit Zust des Schu in eine GesFdg umgewandelt w (BGH **64**, 67). Bsp für die auch im vertragl Bereich nur selten vorkommde GesGläubsch: GemschKonten („Oder-Konten") mehrerer Inh (BGH **95**, 187, **93**, 320, Köln FamRZ **87**, 1139, aA Karlsr NJW **86**, 63, das eine widerrufl Ermächtigg annimmt), jedoch mit der Besonderh, daß der Schu an den Fordernden leisten muß; GewlAnspr von WoEigtümern hins des GemschEigt (BGH **74**, 265, str, s Vorbem 5 vor § 633). – **c)** GesBerechtiggen gem § 428 können auch an **dinglichen Rechten** bestehen (allgM). Sie müssen wg GBO 47 im GB entspr gekennzeichnet w, etwa als „GesBerecht gem § 428" (BGH NJW **81**, 176); sie sind bei prakt allen beschr dingl Rechten zul, so bei Hyp (BGH **29**, 364), GrdSch (BGH NJW **75**, 445), ErbbauR (s LG Hagen DNotZ **50**, 381), Reallast (BayObLG Rpfleger **75**, 300), Nießbr (BGH NJW **81**, 176, BFH NJW **86**, 1634), WohnR (BGH **46**, 253, § 1093 Anm 2), GrdbK (BayObLG NJW **66**, 56, LG Traunstein Rpfleger **87**, 242). Selbstverständl mögl ist auch eine AuflVormerkg für GesGläub (BayObLG **63**, 128, Kln Rpfleger **75**, 20).

429 *Wirkung von Veränderungen.* ¹Der Verzug eines Gesamtgläubigers wirkt auch gegen die übrigen Gläubiger.

II Vereinigen sich Forderung und Schuld in der Person eines Gesamtgläubigers, so erlöschen die Rechte der übrigen Gläubiger gegen den Schuldner.

III Im übrigen finden die Vorschriften der §§ 422, 423, 425 entsprechende Anwendung. Insbesondere bleiben, wenn ein Gesamtgläubiger seine Forderung auf einen anderen überträgt, die Rechte der übrigen Gläubiger unberührt.

1) I entspr § 424. Da die Erf GesWirkg hat, wirkt auch der dch ein ErfVersuch begründete AnnVerzug gg alle Gläub. Nach II hat die Konfusion als nach § 425 GesWirkg, da der Schu sonst Leistg an sich selbst wählen könnte. Den and Gläub bleibt der Anspr aus § 430. Nach III findet iü die Regelg der GesSchuld (§§ 422, 423, 425) entspr Anwendg (s dort). Verlust der Anspr dch Versäumg der KlFr des Art 12 III NTSAG hat daher EinzWirkg (BGH NJW **79**, 2039), ebso die Verj (BGH NJW **85**, 1552) u ein Urt für od gg einen GesGläub (BGH NJW **84**, 127, **86**, 1047). Der GesGläub kann idR nicht mit GesWirkg erlassen (BGH NJW **86**, 1862, aA Brem OLGZ **87**, 29); mögl ist aber eine eingeschränkte GesWirkg spiegelbildl zu § 423 Anm 1c (BGH aaO, Weber DAR **87**, 166).

430 *Ausgleichungspflicht der Gesamtgläubiger.* Die Gesamtgläubiger sind im Verhältnisse zueinander zu gleichen Anteilen berechtigt, soweit nicht ein anderes bestimmt ist.

1) § 430 entspr § 426 (s dort). Der AusglAnspr besteht nur, sow der Gläub mehr als den ihm zustehdn Anteil erhalten hat (§ 426 Anm 2c). Er ist unabhäng hiervon gegeben, wenn die RestFdg nicht beitreibb ist. Die Regel, daß dern gleiche Anteile zusteh, ist ebso wie bei § 426 bloße Hilfsregel. Sie ist iF des § 2151 III 3 unanwendb. Dagg kann sie im Verhältn zw Eheg zutreffen (Zweibr FamRZ **87**, 1138, Köln FamRZ **87**, 1139, Düss WPM **88**, 98, str), ebso auf die Part einer eheähnl LebensGemsch (Celle FamRZ **82**, 63). Die Tats, daß ledigl eine Part über ArbEinkommen verfügt, reicht zur Widerleg der Vermutg nicht aus (Köln aaO). Bei mehreren SozVersTrägern richtet sich die Verteilg nach den für den Verletzten erbrachten Leistgen (BGH NJW **69**, 1901, SGB X § 117).

431 *Mehrere Schuldner einer unteilbaren Leistung.* Schulden mehrere eine unteilbare Leistung, so haften sie als Gesamtschuldner.

1) Über Unteilbark der Leistg s § 266 Anm 2b. And als §§ 420, 427 ist § 431 nicht nur eine Vermutg, sond zwingdes Recht. Wg der Unteilbark der Leistg kann eine Behandlg als Teilschuld nicht vereinb w. Sofern die Schu die Leistg nur gemeins erbringen können, ist aber jeweils zu prüfen, ob nicht die in den RFolgen weniger strenge gemschaftl Schuld vorliegt (zur Abgrenzg s Übbl 2 c v § 420). Auf den RGrd der Leistg kommt es für die Anwendg des § 431 nicht an. Die GesHaftg bleibt auch bei nachträgl Umwandlg in eine teilb Leistg (SchadErs in Geld) bestehen (RG **67**, 275). Die Mithaftg erstreckt sich uU auch auf ErfGehilfen des MitSchu (BGH **LM** § 278 Nr 2/3). UnterlPfl s Übbl 3 v § 420.

432 *Mehrere Gläubiger einer unteilbaren Leistung.* ¹Haben mehrere eine unteilbare Leistung zu fordern, so kann, sofern sie nicht Gesamtgläubiger sind, der Schuldner nur an alle gemeinschaftlich leisten und jeder Gläubiger nur die Leistung an alle fordern. Jeder Gläubiger kann verlangen, daß der Schuldner die geschuldete Sache für alle Gläubiger hinterlegt oder, wenn sie sich nicht zur Hinterlegung eignet, an einen gerichtlich zu bestellenden Verwahrer abliefert.

§ 432 1, 2

^(II)Im übrigen wirkt eine Tatsache, die nur in der Person eines der Gläubiger eintritt, nicht für und gegen die übrigen Gläubiger.

1) Voraussetzungen, Anwendungsfälle. Haben mehrere eine unteilb Leistg zu fordern, können sie GesGläub (§ 428) od MitGläub (§ 432) sein. GesGläubigersch kommt jedoch prakt nur selten vor (§ 428 Anm 2); die **Mitgläubigerschaft** ist daher die Regel. Zum Begr der unteilb Leistg vgl § 266 Anm 2 b. Auch wenn die Fdg auf Geld od einen und teilb Ggst gerichtet ist, besteht aGrd des InnenVerh zw den Gläub (BruchteilsGemsch, GesHandsGemsch) vielf eine gemeins Empfangszuständig. Auch auf diese Fälle ist § 432 grdsl anzuwenden (s unten a u b, str), jedoch müssen die sich aus der Regelg des GemschVerhältn ergebden Besonderh berücksichtigt w. Gemeinschaftl Berechtiggen iSd § 432 können auch an dingl Rechten bestehen. Bei Eintraggen im GrdB muß aber die konkrete Art der gemeinschaftl Berechtigg angegeben w; ein bloßer Verweis auf § 432 genügt nicht (KG OLGZ **86,** 48). Folgde Arten der Mitgläubigersch sind zu unterscheiden:

a) Einfache Forderungsgemeinschaft: Steht mehreren Teilh ein Recht in BruchteilsGemsch (§ 741) zu, erstreckt sich die anteilige Berechtigg auch auf die der Gemsch erwachsden Fdgen. Für das InnenVerh zw den Teilh gelten die §§ 741 ff, für das AußenVerh ggü dem Schu ist § 432 maßgebd (BGH **106,** 226, NJW **58,** 1723, **69,** 839, aA Hadding FS Wolf, 1985 S 123). Der Teilh kann daher auch hinsichtl seines Anteils nicht Leistg an sich sond nur Leistg an die Gemsch fordern. Das gilt auch bei einer im natürl Sinne teilb Leistg, da der gemeinschaftl Verwendgszweck (vgl insb § 748) eine rechtl Unteilbark begründet (BGH NJW **58,** 1723, **69,** 839, **83,** 2020, stRspr). Daneben ist entspr § 747 S 2 Geltdmachg der Fdg dch alle mögl (§ 747 Anm 3). Abreden, dch die das KlagR des einzelnen Teilh erweitert oder ausgeschl w, sind zul. Bsp einfacher FdgsGemsch: Anspr der WoEigtümerGemsch gg Eigtümer auf Kostenbeteilig (KG OLGZ **77,** 3, BayObLG **79,** 58); Anspr der WoEigt gg den Verwalter od Dr können dagg nur aGrd eines entspr Beschl der Gemeinsch geltd gemacht w (BGH **106,** 226, Düss NJW-RR **89,** 978); Anspr von Eheg aus einem BauanwärterVertr (BGH NJW **84,** 796) od auf Rückübertragg einer GrdSchuld (BGH DNotZ **85,** 551); Anspr mehrerer AuftrGeb auf Vorschuß zur Mängelbeseitig (BGH **94,** 119); MietzinsAnspr mehrerer MitEigtümer (BGH NJW **58,** 1723); MietzinsAnspr mehrerer Vermieter gegen Mieter des Untermieter (BGH NJW **69,** 839); Anspr aus § 556, sofern sie einer BruchteilsGemsch zustehen (RG **124,** 199); SchadErsAnspr, soweit sie aus der Verletzg von gemeinschaftl Fdgen hervorgegangen sind (BGH NJW **84,** 796). Bei mehreren Mietern ist iZw keine Bruchteils-, sond eine ZweckGemsch, also Gesellsch, anzunehmen (RG **138,** 186, LG Bln NJW **56,** 1282, BGH NJW **72,** 249); der Mitmieter kann daher Gläub zur ges Hand (unten b). Das gilt vor allem, wenn Eheg gemeins einen MietVertr abschließen (Celle OLGZ **82,** 254: GesellschVerh mit familienrechtl Einschlag). Sind gem § 1357 I 2 beide Eheg aus einem Vertr berecht, ist idR eine FdgsGemsch auf familienrechtl Grdlage anzunehmen. Jeder Eheg ist gem § 432 klagberecht, die Klage ist jedoch auf Leistg an beide Eheg zu richten, soweit sich nicht aus den Umst etwas and ergibt (Büdenbender FamRZ **76,** 667, Roth FamRZ **79,** 362, für Anwendg des § 428 Wacke FamRZ **80,** 15, Käppler AcP **179,** 284, vermittelnd Medicus JuS **80,** 702). Der Schu kann jedoch an jeden Eheg mit befreider Wirkg leisten, da sie nach dem Sinn des § 1357 insow wechselseit zur Entggn der Leistg ermächtigt sind (aA Roth FamRZ **79,** 366).

b) Gesamthandsgläubigerschaft: Sie liegt vor, wenn die Fdg zu einem SonderVerm gehört, das den Gläub „**zur gesamten Hand**" zusteht. Das Ges kennt folgde GesHandsGemsch: GesellschRecht § 718 ff; nichtrechtsfäh Verein § 54; OHG u KG HGB 105 II, 161 II, ehel GütGemsch §§ 1416 ff; fortgesetzte Güter-Gemsch §§ 1485 ff; ErbenGemsch §§ 2032 ff; Gemeinsch der Miturheber UrhG 8. Eine vertragl Begründg von GesHandsGemsch außerh dieser Fälle ist nicht mögl (RG **152,** 355), jedoch kann eine derart Abrede als Abschl eines GesellschVertr aufzufassen sein. Die Fdgen der GesHand sind als Bestandt des SonderVerm geshänderisch gebunden. Der einz GesHänder kann über sie weder ganz noch teilw verfügen; der Schu kann nur an die Gemsch leisten, Aufr mit einer Fdg gg einen GesHänder ist unzul (§§ 719, 1419, 2033 II, 2040). Außer bei der ErbenGemsch (§ 2033 I) kann der einz GesHänder auch nicht über seinen Anteil am ganzen SonderVerm verfügen (§§ 719 I, 1419 I). Da die Fdgen der GesHand wg der bestehden rechtl Gebundenh im RSinne unteilb sind, ist auf sie an sich § 432 anwendb (BGH **39,** 15, Soergel-Wolf Rdn 5, str, aA Larenz § 36 Ib, Hadding FS Wolf, 1985, S 113). Das **Forderungsrecht** des einz MitGläub **aus § 432** w aber dch die gesetzl Regelg der Verw **weitgehend ausgeschlossen** (vgl dazu Nitschke ZfHK **128,** 48). – **aa)** Bei der **Gesellschaft** ist die FdgEinziehg ein Akt der GeschFührg, für die unter Ausschl des § 432 die Regelg der GeschFührg maßgebd ist (BGH **39,** 15, **102,** 154). Die Fdg kann grdsätzl nur von den Gesellschaftern gemeins geltd gemacht w, wobei für diese die geschführgsberecht Gesellschafter handeln (BGH aaO). § 432 ist auch dann anwendbar, wenn die GeschFührg gem § 709 den Gesellschaftern gemeins zusteht (BGH **12,** 312, str, Nitschke aaO S 71). Ein EinzelklagR eines Gesellschafters besteht nur, wenn die and FdgsEinziehg gesellschwidr verweigern u Schu am gesellschwidr Verhalten beteiligt ist (BGH **39,** 16, **102,** 155). Kein EinzelklagR dagg bei OHG u KG (BGH NJW **73,** 2198). Zul ist dagg die **actio pro socio,** dh der Anspr eines Gesellschafters gg den and auf Leistg an die Gesellschaft (BGH **10,** 101, **25,** 49, NJW **60,** 433, **73,** 2198). – **bb)** Bei der **Erbengemeinschaft** ist jeder Miterbe berecht, Leistg an die ErbenGemsch zu verlangen, § 2039, der insow § 432 entspricht. – **cc)** Bei der **ehelichen Gütergemeinschaft** ist allein der Verwalter einziehgs- u klageberecht (§ 1422). Der and Eheg hat nur in den Fällen der §§ 1428–1431, 1433 ein eig KlagR. Das gilt entspr bei der fortges GütGemsch (§ 1487). Nach deren Beendigg (§§ 1494 ff) kann aber jeder Teilh analog §§ 432, 2039 Leistg an die GesHand verlangen (BGH FamRZ **58,** 459).

c) Einfache gemeinschaftliche Berechtigung: § 432 gilt auch dann, wenn mehrere Gläub Anspr auf eine unteilb Leistg haben, ohne daß zw ihnen eine Bruchteils- od GesHandsGemsch besteht. Diese Gestaltg hat nur geringe prakt Bedeutg. Sie kann gegeben sein, wenn Besitzer u Eigentümer gemeins dch eine unerl Hdlg geschädigt worden sind (Köhler JuS **77,** 654). Bei den in den Schrift weiter angeführten Bsp (gemeins Bestellg einer Taxe usw) handelt es sich idR um GelegenhGesellsch, also um Fälle, die zu b) gehören.

2) Rechtsfolgen. – a) I 1: Jeder Gläub hat ein **Forderungsrecht,** aber nur auf Leistg an alle. Aufr mit

GgAnspr gg einen der Gläub ist mangels Ggseitigk unzul (BGH NJW **69**, 839). Leistg an den einz Gläub befreit grdsl nicht. Etwas and gilt, wenn der Gläub nach dem bestehden InnenVerh od kr Vollm zur Entggn der Leistg befugt ist. Soweit der Gläub selbstd fdgsberecht ist, kann er auch mahnen. Die Ausübg von GestaltgsR (Anf, Aufr, Künd) richtet sich nach dem zw den Gläub bestehden RVerh, u zwar nach den Vorschr über Vfgen (§§ 714, 747 S 2, 1422, 1487, 2040 I). Zum RücktrR vgl § 356. – **b) I 2:** Jeder Gläub kann außerdem **Hinterlegung** für alle fordern. Dieses Recht steht, wenn eine ErbenGemsch Teilhaberin einer MitEigtümerGemsch ist, trotz § 2039 jedem Erben zu (BGH NJW **83**, 2020); über Verwahrerbestellg vgl FGG 165. – Der Anspr geht auf Hinterlegg unter RücknVerzicht (Einf 2a v § 372). Erfolgt sie, dann ist sie Erf u befreit nach § 362. Aus der Interessenlage kann sich aber ergeben, daß der uU wenig prakt HinterleggsAnspr stillschw abgedungen ist. –. **c) II. Andere** nur in der Pers eines Gläub eintretende **Tatsachen** wirken grdsl nur für u gg diesen. Das gilt auch für die RKraft eines Urt (RG **119**, 169). Argl Verhalten eines MitGläub genügt nicht, um Einwand unzul RAusübg zu begründen (BGH **44**, 367); macht jedoch dieser MitGläub nach dem Anspr gg den Widerspr der and geltd, ist Kl als unzul abzuweisen (BGH aaO). Kann ein MitGläub nach dem zw ihnen bestehden RVerh mit Wirkg für die and handeln, h sein Verhalten GesWirkg (BGH **94**, 120). Die für das InnenVerh geltde Sonderregelg geht insow § 432 II vor. – Verwandelt sich die Fdg in eine teilb, so entstehen TeilFdgen (§ 420, hM, und bei der unteilb Schuld, § 431 Anm 1). – **d)** Über einen **Ausgleich** zw den Gläub sagt § 432 – and als iF der GesGläubigersch (§ 430) – nichts. Es gelten die für das Innenverhältn zw den Gläub maßgebden Grds, notf die §§ 741ff (BGH NJW **82**, 928).

Siebenter Abschnitt. Einzelne Schuldverhältnisse

Überblick

1) Schuldverhältnisse als RBeziehg von einer Pers zu einer and Pers, die den einen (Gläubiger) zum Fordern einer Leistg vom and (Schuldner) berecht (vgl Einl 1a vor § 241) gibt es in vielen unterschiedl Formen. Bestimmte typ SchuldVerh sind ges geregelt, der wesentl Teil in den 25 Titeln des 7. Abschn (sog Bes SchuldR), weitere insb im 3.–5. Buch des BGB zB Fund (§§ 965ff), das Eigtümer-BesitzerVerh (§§ 985ff), ZugewinnAusgl (§§ 1371ff), Unterh (§§ 1601ff), Vermächtn (§§ 2147ff), Pflichtteil (§§ 2303ff), im HGB zB HandelsvertreterVerh (§§ 84ff), oHG (§§ 105ff), KG (§§ 161ff), KommissionsGesch (§§ 383ff), SpeditionsGesch (§§ 407ff), FrachtGesch (§§ 425ff), ferner in bes G wie VVG, WG, SchG, UrhG, VerlG ua. Daneben gibt es, da im Ggsatz zum SachenR TypenFreih gilt, typ SchuldVerh, die nicht ges geregelt sind, zB GarantieVertr, Schuldbeitritt, SchiedsrichterVertr u sog atyp SchuldVerh, die keinem bestimmten VertrTyp zugeordnet w können (Einf 4 v § 305).

2) Einteilung. Die einzelnen SchuldVerh werden nach dem RGrund ihrer Entstehg (vgl Einf 2 vor § 305) eingeteilt in: **a) Rechtsgeschäftliche** SchuldVerh: hierzu ist nach § 305 grdsätzl ein Vertr erforderl (zB Kauf, Miete, WerkVertr); nur wenn es das G vorschreibt genügt ein einseit RechtsGesch (zB Auslobg, Vermächtn). **b) Gesetzliche** SchuldVerh: sie entstehen kr G, indem bestimmte tatsächl Voraussetzgen erfüllt w (zB unerlaubte Handlg, ungerechtfertigte Bereicherg, GeschFührg ohne Auftr, Eigtümer-Besitzer-Verh). **c) Sonstige** Entstehgsgründe von SchuldVerh sind daneben entweder umstr (das soztyp Verhalten od fakt, dh ohne WillErkl zustandekomme VertrVerh) od prakt bedeutgslos, näml die dch staatl Hoheitsakt zustandekommden, sog diktierten Vertr, zB ArbVerpfl (§ 10 ArbSichG).

3) Zuordnung eines SchuldVerh zu einem bestimmten Typ geschieht bei ges SchuldVerh (Anm 2b) ausschl dch Subsumtion der Tats, bei rechtsgeschäftl, indem der Inhalt der zugrdeliegden WillErklen ermittelt u zunächst festgestellt w, zu welcher Leistg (§ 241) sich die am SchuldVerh beteiligten Pers verpfl haben. Entspricht diese einem bestimmten VertrTyp (zB § 433, § 535 od § 631), so ist ihm das SchuldVerh zuzuordnen, auch wenn der Vertr and bezeichnet ist. Wenn der rechtsgeschäftl LeistgsInhalt sich nicht od nicht eindeut feststellen läßt, entscheidet grdsätzl die Bezeichng, die dem RGesch im Einzelfall von den vertrschließden Pers gegeben wurde.

4) Rechtsanwendung. Für jedes einzelne SchuldVerh gilt das allg SchuldR (1.–6. Abschn) u der Allg Teil (1. Buch), soweit sie im Einzelfall anwendb sind. Es wird rechtl beurteilt nach den zwingden ges Vorschr, nach den rechtsgeschäftl getroffenen Bestimmgen u den dispositiven ges Vorschr, soweit sie nicht dch Gläubiger u Schuldner abbedungen sind. Soweit eine ges Regelg des bes SchuldR für das einzelne Schuld-Verh der des allg SchuldR widerspricht, geht sie als spezielleres G vor (zB § 690 dem § 276).

Erster Titel. Kauf. Tausch

Einführung

1) Allgemeines. Neue Literatur: Reinicke/Tiedtke, KaufR 3. Aufl, 1987; Walter, KaufR, 1987. **a) Begriff:** Kauf ist ein schuldrechtl ggs Vertr (§§ 320ff). Er ist wg des geltden Abstraktionsprinzips stets vom ErfGesch zu trennen u zu unterscheiden (vgl Anm 2a). Er begründet für den Verk die Pfl, dem Käufer den KaufGgst zu verschaffen, dh Sachen zu übergeben u zu übereignen, Rechte zu übertr; für den Käufer die Pfl zur KaufPrZahlg u Abn. Diese Pfl sind im einz bei § 433 dargestellt. Kauf ist die häuf u wicht UmsatzGesch mit dem Zweck des Austausches v Ggsden gg Geld. **b) Abschluß:** Es gelten die Regeln für den Vertr (§§ 145ff). Es haben sich im PrivRVerk, insb im kfm Bereich, zahlr Formen und typ Inhalte herausgebildet. Stets müssen beim Kauf bestimmte Pers (oder eine Mehrh v Pers) sich als Verk u Käufer ggs gg stehen. Notw ist die Einigg üb KaufGgst u KaufPr als MindErfordern des VertrInhalts. **c) Vertragspartner** sind diejen, in deren Namen der KaufVertr abgeschl w. Grdsätzl kann darin (dch ausdrückl Vereinbg) den Part vorbehalten w, daß ein Dr an ihrer Stelle in den Vertr (dch entspr WillErkl) eintritt, auch in einz Re u Pfl (zB im Wege der §§ 398, 414). Im AGBG ist das zwingd eingeschr dch § 11 Nr 13.

2) Abgrenzung des Kaufs als schuldrechtl Vertr (Anm 1a): **a) Zu den Erfüllungsgeschäften** (KaufPr-Zahlg u Übertr des KaufGgst). KaufR verschafft nur einen schuldrechtl Anspr auf die Sache od das R. Das ErfGesch (insb Übereign der gekauften Sache od des Bargelds, Abtretg des verkauften Rs, Überweisg des KaufPr) ist vom Kauf rechtl getrennt (hierzu Einf 5 b vor § 854); das gilt auch dann, wenn Kauf u ErfGesch in einen einz tats Vorgang zusfallen (sog Handkauf; vgl Anm 3d). **b) Zum öffentlichen Recht:** KaufR ist entspr anwendb auf Liefergen dch öff VersorggsEinrichtgen, insb v Gemeinden für Strom, Wärme, Gas, Wasser (BGH NJW **72**, 2300); vgl auch § 433 Anm 1c, bb. ÜbernVertr der Einfuhr- u Vorratsstellen sind KaufVertr (BGH WM **65**, 875). Hingg bewirken staatl Beschlagn (Requisitionen) u ähnl Eingriffe, insb Ent-eigng keinen KaufVertr od kaufähnl RVerh (BGH **13**, 145).

3) Arten des Kaufs. Es bestehen in der gesetzl Regelg zahlr Modalitäten je nach KaufGgst u VertrInhalt (insb Zahlgsw, Bedingen) mit unterschiedl RFolgen. **a) Stück- und Gattungskauf:** Abgrenzg in § 243 Anm 1. **b) Sach- und Rechtskauf:** Abgrenzg in § 433 Anm 1. **c) Bar- und Kreditkauf:** Bei Barkauf findet Vorauszahlg oder Zahlg des KaufPr Zug um Zug gg Lieferg statt. Kreditkauf: alle Formen v vertragl bestimmter Zahlg des KaufPr nach Lieferg od Übertragg des KaufGgst, insb Zahlgsziel u Abzahlg (mit den SoRegeln des AbzKaufs im AbzG). **d) Verpflichtungs- und Handkauf:** Nach dem gesetzl Regelfall sind der schuldrechtl VerpflVertr (Kauf) u die ErfGesch (vgl Anm 2a) auch getrennte RGesch in versch, zeitl getrennten tats Vorgängen. Beim Handkauf fallen KaufVertr u ErfGesch in einen einz Vorgang aus (vgl Anm 2a); seine rechtl Behandlg ist umstr. Für Trenng v VerpflGesch (§ 433) u ErfGesch (Anm 2a) hinsichtl der RFolgen: Fikentscher § 66 III 2, 3. Für unmittelb LeistgsAustausch unter der Bedingg wirks erbrachter GgLeistg mit Folge eines RückfordergsAnspr aus § 985: Erm-Weitnauer 14 vor § 433 mwN. Die erstge-nannte Meing entspr dem Abstraktionsprinzip des geltnden Rs u ist vorzuziehen. **e) Bürgerlich-rechtlicher Kauf und Handelskauf:** Für den einb- u beiderseitigen Handelskauf gelten SondVorschr (§§ 373–382 HGB). Einordng dch den Begr des HandelsGesch (§§ 343–345 HGB). **f) Vorkauf:** Es gibt das schuldrechtl VorkR (§§ 504 ff) u das dingl (§§ 1094 ff; nur an Grdst). **g) Wiederkauf:** vgl § 497 Anm 1, auch zur Unterscheidg vom WiederVerkR. **h) Probekauf:** Zu unterscheiden sind: Kauf nach Probe (§ 494), Kauf auf Probe (§ 495), Kauf auf Umtausch (Vorb § 494). Kauf zur Probe ist ein Kauf, bei dem die RFolgen des Kaufs nach Probe (§ 494) für spätere, neue KaufVertr über gleiche Waren eintreten (Larenz § 44 I). **i) Versteigerung:** Bei der privat-rechtl Versteigerg (vgl Anm 4h) kommt im Verh Auktionator u Ersteher (Bieter) ein Kauf-Vertr zustande (v. Hoyningen-Huene NJW **73**, 1473), u zwar dch den Zuschlag (§ 156). Die Erf geschieht wie beim gewöhnl Kauf. Die privatrechtl Versteigerg gibt es als freiw (Auktion; hierzu Schneider Betr **81**, 199) u als öffentl Versteigerg aGrd bes gesetzl Vorschr (zB §§ 383 ff, §§ 979 ff, §§ 1233 ff). Davon zu untersch ist die öff Versteigerg iW der ZwVollstr (§§ 814 ff ZPO). **j) Weiterverkauf** liegt vor, wenn der Käufer einer noch nicht übergebenen Sache mit einem Dr vereinb, daß dieser mit od ohne Aufgeld od mit Abschlag den Vertr mit dem Verk übernimmt; Abwicklg nach §§ 398 ff, §§ 414 ff bei 2 getrennten KaufVertr (Strack BB **68**, 488). **k) Fixkauf:** Bei Handelskauf gilt § 376 HGB, sonst § 361. **l) Spezifikations-kauf:** ist ein SondFall des Gattgskaufs (Anm a; § 375 HGB). **m) Sukzessivlieferungsvertrag:** Begr: Einf v § 305 Anm 6. RNatur: Kauf od WerkliefergsVertr (Anm 4c). Die KaufVorschr finden (getrennt) in den ganzen einheitl Vertr u für die einz LiefergsRaten Anwendg. RFolgen bei Verz, Unmöglk u den VertrVerl: § 326 Anm 1b, dd. Sach- u RMängelGewLeistg für die einz Liefergen beschränkt sich auf diese, zB Wandelg od Minderg einz Liefergen bei Fortbestand des ganzen Vertr. Auswirkg mangelh Einzelliefergen auf den ganzen (einheitl) Vertr: Einf 6c vor § 305. In *Bay* gelten für den BierliefergsVertr die SoVorschr in *Bay*AGBGB Art 5, 6. **n) Konditionsgeschäft** (aufschiebd od auflösd bedingter Kauf) liegt insb vor: bei Kauf mit RückgR (§ 158 II; Klausel: „Auswahl bis…", Karlsr BB **72**, 552), Kauf bei vollz Weiterveräußerg (§ 158 I; BGH NJW **75**, 776). GefahrÜberg: § 446 Anm 3b. Diese Gesch, im Sortimentsbuchhandel übl, im Textileinzelhandel vorkommd, werden häuf als Kommission bezeichnet. Abgrenzg: BGH aaO u Anm 4i. **o) Factoringvertrag** (vgl § 398 Anm 9): Er kann nur insof einen KaufVertr enthalten, als der AuftrG seine KundenFdg auch verkaufen u dch Abtretg der Fdg erf kann. Abgrenzg zw echtem u unechtem Factoring: BGH **69**, 257; **72**, 15; **75**, 391. **p) Erwerb vom Bauträger:** § 631 Anm 1 u § 675 Anm 6. **q) Streckenge-schäft** (Kettenhandel) liegt vor, wenn dieselbe Ware, auch schon vor der Konkretisierg (§ 243 II), vom Käufer weiterverk w bis zum Letztkäufer, mögl üb mehrere Zwischenkäufer u -verkäufer. Die KaufVertrPfl bestehen nur zw den jeweil VertrPartnern. Die Übereign geschieht nach Konkretisierg dch stillschweige Einigg (§ 929 S 1) mit Abschl des KaufVertr; der Bes wird auf den Letztkäufer dadch übertragen, daß der Erstverkäufer über die jeweil Käufer angewiesen w, seinen Bes auf den Letztkäufer zu übertr (BGH NJW **82**, 2371). **r) Testkauf** ist ein vollwirks KaufVertr, bei dem der Käufer den KaufGgst erwirbt, um ihn einem Test zu unterziehen. Damit ist kein RücktrVorbeh verbunden (Zweibr JurB **83**, 1874). **s) Sale- und Leasback-Vertrag** ist der Kauf einer Sache verbunden mit ihrer Vermietg an den Verk. Ein solcher Vertr ist idR als FinanzierugsLeasVertr ausgestaltet (4c, aa vor § 535) u ist ein zusgesetzter Vertr (5a, aa vor § 305).

4) Unterscheidungsmerkmale zu anderen Vertragstypen. a) Tausch (§ 515): An Stelle eines KaufPr (§ 433 Anm 5a, aa) w ein VermWert (insb Sache od R) als vertrgem GgLeistg erbracht. **b) Auftrag** (§ 662): Der alltägl, insb der kfm SprachGebr sagt hierü nichts aus. Wenn der AuftrN für den AuftrG Ggste beschaffen soll, liegt Auftr vor, wenn Vertretg (Einf 1 vor § 164) od Vermittlg mit noch ungewissem Erfolg stattfindet. Demggü setzt Kauf die unmittelb Verpfl aus § 433 I u II voraus. **c) Werklieferungsvertrag** (§ 651). Der Vertr über vertretb Sachen (§ 91), sog Lieferkauf (für den sowieso KaufR gilt, § 651 I), setzt die HerstellgsPfl des WerkUntern als VertrGgst voraus (vgl § 651 Anm 1a). Der sog Kauf eines FertHauses einschl Aufstellg ist reiner WerkVertr (Graba MDR **74**, 975; vgl auch § 433 Anm 1a). **d) Werkvertrag:** Einf 4b vor § 631. Kombination v Kauf (eines Grdst) mit WerkVertr (üb Errichtg eines Bauwerks) kann beim Erwerb vom Bauträger vorliegen (vgl § 675 Anm 6). **e) Pacht:** Einf 1b vor § 581. **f) Darlehen:** Einf 4b vor § 607. **g) Vergleich** (§ 779). Enthält der Vertr Austausch v Sachen od Ren gg Geld, daneben

weitere (auch stillschw) Abreden, liegt ein Vergl, kein Kauf vor (OGH NJW 50, 103); die RFolgen für diesen LeistgsAustausch richten sich nach KaufR (§ 779 Anm 1a). **h) Versteigerung:** Zu untersch ist das RVerh des AuftrG, der den Ggst dem Versteigerer zur Versteigerg einliefert (GeschBesorggsVertr, § 675, od Kommission, § 383 HGB, BGH **63**, 369), v dem Vertr zw Versteigerer u Ersteher, der gem § 156 zustdekommt; dieser ist eine bes Art des KaufVertr (vgl Anm 3i). Hierzu VO v 1. 6. 76 (BGBl 1345).
i) Kommission: Der Kommissionär kauft u verk (ggü Dr) im eigenen Namen, aber für Rechng des Kommittenten (bei gewerbsmäß Komm: §§ 383ff HGB). Merkmale eines KommGesch (Verh Kommittent zu Kommissionär) sind: Vereinbg eines bestmögl Pr od MindestPr, Prov, WeisgsR, Auswahl des VertrGgst dch den Lieferanten, VerkAbrechng (Kln MDR **73**, 230). Bei „Auswahl bis ..." od R zur Weiterveräußer od Rückg bis zu bestimmtem Ztpkt liegt ein KonditionsGesch vor (Karlsr BB **72**, 552, vgl Anm 3n). Ist ein fester Pr vereinb u ein RückgR ausgeschl, liegt stets Kauf vor (Ffm BB **82**, 208). **j) Lizenzvertrag:** Bei Übertr gewerbl SchutzRe (Patente, GebrMuster, GeschmMuster, Warenzeichen), liegt ein Kauf nur dann vor, wenn das R voll (od wenigstens im wesentl Umfang) u endgült übergehen soll; Indiz hierfür ist, wenn das R an Dr mitübertr od zur Benutzg überl w darf (umstr; vgl Soergel-Huber 57). Beim LizenzVertr w dem LizenzN nur die Verwertg od Nutzg gestattet, nicht das R selbst übertr. **k) Transfer** eines Sportlers, insb Fußball- od Eishockey-Spielers (als Spielerkauf bezeichnet), ist ein Vertr eigener Art, jedenfalls kein Kauf. Die RsNatur ist umstr (vgl Reuter NJW **83**, 649 mwN). Begründg u DchFührg des Transfers unterliegen dem SatzgsR der zuständ SportVerb.

5) Internationale Kaufverträge. Für die (Nicht)Anwendg deutschen Rs bei KaufVertr mit Auslandsberührg ist zu beachten (Piltz NJW **89**, 615): **a) Anwendbarkeit des BGB** sowie sonst deutschen Rs regelt sich nach dtsch IPR u kommt in Betr: **aa)** Infolge ausdrückl od stillschw Vereinbg, daß dtsch R anzuwenden sei (Grdsatz der Parteiautonomie; Art 27 EG); berücksichtigt in Art 6 CISG (vgl Anm c). **bb)** Mangels einer RWahl (Anm aa) Anknüpfg nach Art 28 EG. **cc)** Für VerbraucherVertr gilt Art 29 EGBGB. Diese kollisionsrechtl Regeln entfallen im Anwendungsbereich einheitl internat Kaufrechts (Anm b u c). **b) Haager einheitliches Kaufrecht** beruht auf dem Haager KaufRÜbk v 1. 7. 64 (BGBl 73 II 885) u wird ggwärt verwirkl, indem die VertrStaaten die im wesentl gleichlautenden Ge als innerstaatl R in Kr setzen: Einheitl G über den intern Kauf bewegl Sachen v 17. 7. 73 (BGBl 856) = EKG u Einheitl G über den Abschl v intern KaufVertr über bewegl Sachen v 17. 7. 73 (BGBl 868) = EKAG; beide in Kr seit 16. 4. 74 (BGBl 358). VertrStaaten sind: Belgien, Dänemark, Deutschland, Gambia, Großbritannien (mit Vorbeh gem Art V des Übk), Israel, Italien (nicht mehr seit 31. 12. 87, weil gekünd), Luxemburg, Niederlande, San Marino. Komm Soergel-Lüderitz Bd 2/2 S 1496ff. Nachdem die BRep das UN-Übereinkommen (CISG) am 26. 5. 1981 unterzeichnet u ihm dch Art 1 S 1 G v 5. 7. 89 (BGBl II 586) zugestimmt hat, läuft die Anwendbk des EKG u des EKAG aus, weil dch Art 5 I diese beiden Ge mit Inkrafttreten des CISG (Anm c) für die BRep aufgehoben w (Art 7 I). Dies geschieht am ersten Tag des Monats, der nach Ablauf eines Jahres seit der Hinterlegg der RatifikationsUrk (Art 99 II CISG) folgt. Für die bis zum Inkrafttreten des CISG abgeschlossenen Vertr bleiben das EKG u das EKAG anwendb (Art 5 II). Der Tag, an dem das CISG in Kr tritt, wird im BGBl bekanntgemacht (Art 7 II). Zum EKAG u EKG vgl die 48. Aufl. **c) Einheitliches UN-Kaufrecht** beruht auf dem CISG (Convention on Contracts for the International Sale of Goods vom 11. 4. 80, BGBl II **89**, 588), gilt für grenzüberschreitde KaufVertr u seit 1. 1. 88 in Kraft, für die BRep gem ZustG v 5. 7. 89 (BGBl II 586) aber erst zu dem unter Anm b dargestellten Ztpkt. Das CISG ist dispositiv (Art 6), für Kauf- u WerkLiefergsVertr anwendb, aber grdsätzl nicht für Waren, die dem persönl Gebr oder für den Fam u Haush dienen (Art 2a). Das CISG gilt auch für den Abschl des Vertr (Art 14–24), regelt die LieferPfl (Art 31–34), die VertrMäßigk der Ware (Art 35–44), RBehelfe wg VertrVerletzg (Art 45–52 u 61–65), KaufPrZahlg (Art 54–58), GefahrÜbgang (Art 66–70) u enthält gemeins Bestimmgen üb die Pfl der VertrPart (Art 71–88), insb üb die Erhaltg der Ware (Art 85ff).

I. Allgemeine Vorschriften

433 *Vertragliche Hauptpflichten.* ¹Durch den Kaufvertrag wird der Verkäufer einer Sache verpflichtet, dem Käufer die Sache zu übergeben und das Eigentum an der Sache zu verschaffen. Der Verkäufer eines Rechtes ist verpflichtet, dem Käufer das Recht zu verschaffen und, wenn das Recht zum Besitz einer Sache berechtigt, die Sache zu übergeben.

IIDer Käufer ist verpflichtet, dem Verkäufer den vereinbarten Kaufpreis zu zahlen und die gekaufte Sache abzunehmen.

1) Kaufgegenstand sind Sachen (Anm a) u Rechte (Anm b) sowie sonst Ggst wirtschaftl TauschVerk (Anm c). **a) Sachen** sind körperl Ggste (§ 90) in jedem AggregatZust; daher insb Wasser, Gas jeder Art. Grdsätzl ist bedeutgslos, worin GebrZweck u Wert der Sache liegt; daher ist Kauf v Druckwerken, insb Zeitg u Zeitschr Sachkauf (BGH NJW **78**, 997); für WertP vgl Anm b. Ausl Geldscheine u -münzen (als Devisen) u außer Kurs gesetzte (als SammelObj) sind Sachen. Wechseln v Geld derselben geltden Währg ist nicht Kauf, sond Tausch (§ 515). Auch künft, noch nicht entstanene Sachen können verk w; hier sind folgde VertrGestaltgen mögl: Kauf ist aufschiebd bedingt (§ 158 I) mit Entstehg der Sache; oder: Verk ist zur Herstellg der Sache verpfl (dann gilt § 651); od KaufPr ist auch geschuldet, wenn Sache nicht entsteht (Kauf einer Chance, vgl Anm c, cc; sog Hoffngskauf, Erm-Weitnauer 16 vor § 433). Bei Erwerb v GrdstT verbunden mit Vertr üb zu errichtde Gebäude u GebäudeT, insb EigtWohng (Baubetreugs- u BauträgerVertr): § 675 Anm 6. **b) Rechte** im weitesten Sinne: **aa) Begriff:** grdsätzl alle, soweit sie übertragb sind; auch bedingte u künft, dingl Re, Fdgen, AnwartschR, Anteile an Sachen u Ren, Gesellsch, Gemsch, gewerbl SchutzRe (BGH **83**, 285, mine Patente, GebrMuster, GeschmMuster, Warenzeichen), VerlagsR, subj öff Re, soweit sie übertragb sind (zB Konzession); WohnBes (Einf 2i vor § 535). Nicht: Besitz (§ 854); höchstpersönl Re, zB NamensR (Ausn für Firma gem § 23 HGB). **bb) Wertpapiere:** in erster Linie RKauf, aber zugl hinsichtlich der

Papiere Sachkauf, hierzu: § 437 Anm 3. **cc) Gesellschaftsanteile:** Grdsätzl RsKauf; das gilt stets auch für das ErfGesch, insb auch für den sog Mantelkauf (Kauf aller Anteile einer vermögensl gewordenen KapGesellsch); Zulässigk umstr (vgl Soergel-Huber 213 vor § 433). Bei Erwerb aller oder beherrschder Anteile kann aber SachkaufR, insb für Gewl eingreifen (Anm c, aa; 3d vor § 459). **c) Andere Gegenstände** wirtschaftl TauschVerkehrs: **aa) Sach- und Rechtsgesamtheiten:** Untern (Lit: Beisel/Klumpp, Der UnternKauf, 1985; Hölters, Handb des Untern- u BeteiliggsKaufs, 1985; zur RGestaltg mwN: Hommelhoff ZHR **86**, 254); als ZusFassg pers u sachl Mittel, einschl aller zugehör Güter, näml Kundsch, Ruf, GeschGeheimnisse, Warenzeichen, Firma, Re aus Wettbewerbsregelg, know-how (Einf 1 g vor § 581; RBeistd, BGH WM **88**, 1700). Aus dem UnternKauf folgen Einweisgs-, Mitt- u AufklärgsPfl unmittelb aus dem KaufVertr. Die ErfGesch (zB § 398, § 929) u RFolgen richten sich teils nach Sach-, teils nach RKauf, je nachdem, welcher BestdTeil betroffen ist (§ 437 Anm 1 d). Für Mängel des Untern als solches gilt SachmängelGewl (3 d vor § 459). Der Kauf eines Untern ist jedenf reiner KaufVertr. Zu Sicherh vgl Hadding ZGR **82**, 476. Bei Kauf einer Gaststätte in gemieteten Räumen liegt NichtErf vor, wenn der Verk nicht die Zust gem § 549 beibringt (BGH NJW **86**, 308). UnternKauf liegt auch vor, wenn alle GesellschAnteile (zB alle Aktien, alle GeschAnteile einer GmbH) einheitl verk w (RG stRspr **150**, 401). Bei Kauf einer GmbH & Co KG ist der Formzwang des § 15 GmbHG zu beachten (vgl Sieveking (MDR **84**, 989). Hingg ist der Kauf v GesellschAnteilen RKauf (§ 437 Anm 2 e). Bei BestandT des BetrVermögens (Grdst, Warenvorräte, Außenstände) liegt Sach- od RKauf vor, nicht UnternKauf. Zur Abgrenzg v InvKauf vgl BGH NJW **88**, 1668. Auch der Kauf einer Praxis ist zul, insb Arzt (BGH NJW **89**, 763; BayObLG NJW-RR **86**, 690; zur Bewertg des goodwill vgl Karlsr Betr **89**, 1401), RA (BGH **43**, 46), Steuerberater (Celle Betr **60**, 1181). Erbsch: §§ 2371 ff. Wg Sittenwidrigk beis Abreden vgl § 138 Anm 5 o. **bb) Strom und Wärme:** (vgl Einf 6 b vor § 305). Ihre Lieferg wird nach der VerkAuffassg wie die Lieferg v Waren behandelt, entspr dem Kauf bewegl Sachen (hM). VertrInhalt (SukzessivliefergsVertr) wird idR dch AVB gestaltet (vgl §§ 26, 27 AGBG). Bei DauerSchuldVerh kann dabei die ord Künd ohne zeitl Begrenzg ausgeschl w (BGH NJW **75**, 1269). Für BGH-Rspr zum EnergieversorggsVertr vgl Hiddemann WM **76**, 1294. **cc) Software** (insb EDV-Programme). Werden Standard-Programme dauernd überlassen, liegt Kauf vor (vgl BGH **102**, 135 = JZ **88**, 461 m Anm v Junker; Köhler CR **87**, 827; Hoeren CR **88**, 908 [Sachkauf]; aA Mehrings NJW **88**, 2438: WerkVertr). Geschieht dies auf best R tod mit KündR, so dürfte Miete od Pacht vorliegen (Köhler aaO). Zweifelh ist, ob Sachkauf (nur bei Datenträger denkb) od Kauf eines Immaterialgutes vorliegt (Junker JZ **89**, 316 [321]). Bei individuell hergestellter Software ist WerkVertr gegeben (vgl BGH NJW **87**, 1259), auch bei Umarbeitg für die Bedürfn des Kunden (Köln CR **89**, 391). Bei Verbindg mit Kauf v Hardware liegt ein einheitl KaufVertr vor (BGH **102**, 135; aA Mehrings aaO). **dd) Sonstiges.** KaufGgst können sein: Reklameidee, Gewinnchance, Herstellgs-Verf, know-how, eine Erfindg, auch wenn sie noch nicht geschützt ist (BGH Betr **82**, 1612).

2) Verkäuferpflichten beim Sachkauf (Abs I S 1). Pfl zur Überg (Anm a) u zur EigtVerschaffg (Anm b) bestehen selbstd nebeneinander; außerdem die NebenPfl (Anm 4). Der Vertr ist nicht vollst erf, solange eine der beiden Pfl nicht erf ist; daher ist Unmögk u Verz hinsichtl der einen Pfl Unmöglk od Verz für den ganzen Vertr. RFolgen der NichtErf: § 440.

a) Übergabe der verk Sache (iZw einschließl Zubeh, § 314). **aa) Begriff:** Bedeutet Verschaffg unmittelb Bes gem § 854 I od II. ÜbergErs, näml Vereinbg eines mittelb BesVerh (§§ 930, 868) zw Verk u Käufer od Abtretg des HerausgAnspr (§ 931) genügt nur, wenn das im KaufVertr od VertrÄnd (§ 305) vereinb w. Gleiches gilt für kfm TradPap (Konnossement, Ladeschein, Orderlagerschein); hier genügt insb die Klausel Zahlg gg Dokument. Die ÜbergPfl kann in gleicher Weise inf vereinb Überg an Dr (RG **74**, 354) od dch Dr (zB Lieferant des Verk) erf w. Beim VersendgsKauf (§ 447) genügt der Verk seiner ÜbergPfl dch Überg an den Beförderer. Vollzogen u erf ist die Überg aber erst, wenn der Käufer od sein BesDiener (§ 855; dieser ggf als befördernde Pers) den Bes erlangt (Soergel-Huber 54; Jau-Vollkommer 7 d, aa).
bb) Ablieferung. Sie ist von der Überg zu unterscheiden. Sie ist der Vorgang, dch den der Käufer tatsächl in die Lage versetzt w, sich den Gewahrs üb die Kaufsache zu verschaffen u sie zu untersuchen. Das geschieht, indem der Verk sie aus seiner VfgsGewalt entläßt (vgl § 477 Anm 2 b, aa).

b) Eigentumsverschaffung der verk Sache (iZw einschl Zubeh, § 314) bedeutet Übertr des Eigt auf den Käufer od auf v ihm benannten Dr (vgl § 328). **aa) Formen:** Übereignet wird gem §§ 929 ff, 873, 925 od Übereignig kfm TradPap (vgl Anm a; §§ 424, 450, 650 HGB). Hierfür genügt nicht das Frachtbriefduplikat (BGH WM **71**, 742). Bei gutgl Erwerb verschafft auch der NichtBer Eigt u erf (§§ 932 ff, 892; § 366 HGB).
bb) Umfang: Der Verk schuldet nicht den EigtÜberg, sondern die Handlgen, die seinerseits dazu erforderl sind, insb die rechtsgesch Erkl abzugeben, erforderl Zust Dr (zB die Eigt gem § 185) od die Gen einer Beh (zB § 19 II Nr 1 BBauG; BGH NJW **69**, 837) zu beschaffen, sow nicht im KaufVertr od später dch VertrÄnd (§ 305) etwas and vereinb w. Bei Grdst muß der Verk alles tun, um die Umschreibg des Eigt im Grundbuch zu fördern, insb die notw Erkl ggü dem GBA abzugeben, notw Voreintragg (§ 39 GBO) herbeizuführen (RG **113**, 405) u EintrHindern zu beseit (RG **118**, 100). Mangels and Vereinbg ist unbelastetes Eigt zu verschaffen (§ 434; Ausnahme: § 439). Bloßes BuchEigt (§ 891 I) genügt nicht (RG **132**, 148). **cc) Vorbehalte:** BewLast trägt Verk. **(1)** EigtVorbeh: § 455; Erf tritt erst ein, wenn vertrgem die EigtVorbeh erlischt u Käufer Eigt erwirbt (vgl § 455 Anm 1 e). **(2)** LiefermöglkVorbeh: Verk bleibt zur Lieferg verpfl, solange die Herstellg od Beschaffg der Sache mögl ist, ggf auch unter finanziellen Opfern (BGH NJW **58**, 1628). Der Verk wird von der LeistgsPfl erst frei, wenn er sich in zumutb Umfang erfolglos bemüht hat. **(3)** Selbstbelieferg (Salger WM **85**, 625): ist Kauf unter auflöser Bedingg (§ 158 II), daß dem Verk die Beschaffg der Sache von Dr nicht gelingt, mind RücktrVorbeh (§ 346). Ist im kaufmänn Verk üb § 9 AGBG nicht zu beanstanden (hM; BGH NJW **83**, 1320). Der Verk wird von der LiefergsPfl frei, wenn sein Lieferant nicht od nicht rechtzeit liefert (BGH **49**, 388); idR kann dann der Käufer auch nicht aus vom Verk abgetretenem R SchadErs vom sog ErstVerk (Lieferanten des Verk) verlangen (vgl BGH **LM** § 249 D Nr 11). Nur ausnahmsw liegt bei Selbstbeliefergsklausel lediglich Freizeichn von der LiefergsFr vor (BGH **24**, 39). Das DeckgsGesch muß kongruent sein (BGH **49**, 388 [391]). Der Verk darf das Lieferrisiko aber nicht auf den

Käufer abwälzen, wenn er selbst nicht die Sorgfalt eines ordentl Kaufmanns beachtet (BGH **92**, 396). Die NichtBelieferg ist dem Käufer unverzügl anzuzeigen. **dd) Sachen des Käufers:** Die EigtVerschaffg ist obj unmögl (RFolgen § 306 od §§ 323–325); idR ist Umdeutg (§ 140) mögl u angebracht, entw in entgeltl Verzicht des Verk auf BesR od Aufhebg eines vorangegangenen Kaufs derselben Sache dch den Verk u Käufer (RG JW **34**, 1360).

3) Verkäuferpflichten beim Rechtskauf (Abs I S 2). Auch beim RKauf besteht das Abstraktionsprinzip (Einf 2a): Der KaufVertr bewirkt noch nicht den Überg des Rs auf den Käufer, auch wenn hierfür ein forml Vertr genügt (vgl § 398); es ist als ErfGesch nach der RÜbertr notw (Anm a). Auch für den RKauf gilt iü, was unter Anm 2 einleitd steht. RFolgen bei NichtErf: §§ 440, 441. **a) Rechtsübertragung.** Sie geschieht in den Formen, die für das betr R vorgeschrieben sind, näml Fdg u and Re grdsätzl formfrei dch Vertr gem §§ 398, 413. Dieser Vertr w idR zugleich mit dem KaufVertr geschl, wobei die WillErkl, das R zu übertr, meist stillschw erfolgt. Stets müssen die gesetzl Formvorschr eingehalten w: GBEintr (§ 873), Schriftform (zB § 1154), not Beurk (zB § 15 III GmbHG). Bedingten (§ 158) sind zul, sow sie bei dem betr R nicht ges verboten sind (Vorbem 6 vor § 158); insb ist zul: die vollst Zahlg des KaufPr (entspr § 455). Bei gutgl Erwerb (zB § 892, Art 16 WG) verschafft auch der NichtBer das R u erf. Für den Umfang der VerkPfl gilt Anm 2b, bb ensinngem. **b) Übergabe von Sachen** an den Käufer ist HauptPfl beim RKauf, wenn das R zum Bes an der Sache berecht (Abs I S 2). Solche Re sind: ErbbauR (§ 1 ErbbRVO), Nießbr (§§ 1036 I, 1059), WohnR (§ 1093), DauerwohnR (§ 31 WEG), pfandgesicherte Fdg (§§ 401, 1251). Die ÜbergPfl w erf wie bei Anm 2a. Über § 451 sind die §§ 446–450 entspr anwendb. Von dieser ÜbergPfl zu untersch ist die Eigtu BesLage bei SchuldUrk (vgl § 952), bei WertP (insb Wechsel u Scheck), die zum Zwecke der RÜbertr (Anm a) übereignet u übergeben w müssen, ferner bei BewUrk (vgl § 444).

4) Nebenpflichten des Verkäufers. Sie folgen unmittelb aus dem Vertr, auch wenn sie darin nicht ausdrückl übernommen sind. Sie stehen aber nicht im GgskVerh der §§ 320ff u bestehen grdsätzl bei allen KaufGgst (Anm 1), je nach deren Art u dem Inhalt des Vertr. RFolgen der Verletzg: bei Unmöglk §§ 275, 280; bei Verzug § 286; bei SchlechtErf (pVV): § 276 Anm 7. Es gelten weder § 477 noch § 377 HGB (BGH **66**, 208 [213]). **a) Auskunft und Urkundenübergabe:** Für Re gelten §§ 402, 413 schon für den KaufVertr; für Sachen: § 444. **b) Rat, Warnung, Belehrung und Aufklärung:** Hierzu ist der Verk grdsätzl weder bei Abschl noch bei Erf des Vertr verpfl, ausnahmsw aber: wenn v der Sache bestimmte Gefahren ausgehen, die dem Käufer unbekannt sind od wenn der Verk eine derart Pfl vertr übernommen hat, sie nach VerkSitte (§ 157) od nach Handelsbrauch (§ 346 HGB) besteht, ferner wenn der Käufer für den Verk ersichtl auf dessen Sachkunde vertraut hat (Giesen NJW **71**, 1798) od die Umst des Falles eine Aufklärg nahelegen, insb der VertrZweck dch angem Umst verwirkl w kann (BGH NJW-RR **88**, 394). Bsp: Notw Unterweisg für Gebr, Behandlg u Wartg einer Kaufsache, insb einer Maschine (BGH **47**, 312 = JZ **68**, 228 m Anm v Diederichsen); Warng vor Feuergefahr (BGH JZ **60**, 124); Hinw auf konkrete GesundhGefährdg bei Körperpflegemittel (Zweibr OLGZ **66**, 8), insb Gefahr allerg Reaktionen in seltenen Fällen (BGH NJW **75**, 824); Beratg wg Risiken bei Verwendg eines Pflanzenschutzmittels (BGH LM Nr 49); Einweisg in die GeschFührg bei Verk eines Untern; Unterlassen v Bezugn auf irreführde Werbg (vgl Trinkner BB **75**, 1493); bei laufder Gesch Verbindg HinwPfl auf veränd Beschaffenh einer mangelfr Ware, wenn sie zur Verarbeitg geliefert w (BGH NJW **89**, 2532). Nicht: idR die Unterrichtg darü, daß der Käufer seiner Kalkulation unzutreffde Werte zugrdelegt (BGH WM **72**, 854); beim Zwischenhändler die Prüfg, ob eine GebrAnweisg richt ist (BGH NJW **81**, 1269). **c) Prüfung** der Kaufsache: wie Anm b; insb besteht grdsätzl keine Pfl zu prüfen, ob die Sache für den Verwendgszweck beim Käufer geeignet ist (vgl RG **125**, 78), aber zu bejahen für Ablieferungsinspektion eines fabrikneuen Kfz (BGH NJW **69**, 1708), Untersuchg v gefahrdrohden Vorrichtgen, zB Propangasflaschenventil (BGH VersR **72**, 953). Der ZwHändler hat grdsätzl nicht die Pfl, die Ware auf Mängel zu untersuchen (BGH stRspr, zuletzt NJW **81**, 1269). **d) Schutz** des KaufGgst, insb Pflege, Obhut, Verwahrg od Lagerg (BGH Betr **72**, 34) bis zum Gefahrübergang (§§ 446, 447). **e) Mitwirkung** des Verk bei Hdlgen des Käufers zur Verwendg der Kaufsache (aus § 157). Abg erforderl Erkl für Zulassg des verkauften Kfz; bei Verwertg eines Warenlagers nach Beendigg eines EigenhändlerVertr (BGH **54**, 338); bei Verk eines Gesch in gemieteten Räumen hat der Verk im Rahmen des Zumutb auf den Verm einzuwirken, damit er den MietVertr mit dem Käufer fortsetzt (MüKo-Westermann 65). Nicht unter die NebenPfl, sond unter die HauptPfl fallen alle Hdlgen, die erforderl sind, daß die Sache übereignet u übergeben, das verkaufte R verschafft w (vgl Anm 2, 3); zB Überg des Warenbegleitscheins für Transp nach Bln (KG NJW **65**, 1605). **f) Unterlassung** v Wettbew bei Verk eines Gesch od einer Praxis (nur örtl begrenzt) ist nach § 157 dann anzunehmen, wenn der KaufPr überwiegd oder zu einem erhebl Teil für den Fassonwert gezahlt w (RG **163**, 311). **g) Verpackung** dch den Verk für die erforderl Transp beim Käufer ist so vorzunehmen, daß Schäden bei normaler Behandlg vermieden w (vgl Zimmer BB **88**, 2192; Bsp: Batterien: BGH **66**, 208 = JR **77**, 65 m Anm v Schneider); Bodenplatten (BGH **87**, 91); Turbo-Verdichter (BGH WM **83**, 1155). Im Einzelfall kan Fehler vorliegen (vgl § 459 Anm 5c, aa). Kosten: § 448. **h) Versendung** der Kaufsache: **aa)** Sie ist grdsätzl HauptPfl (Anm 2a), wenn § 433 I die Überg der Sache an den Käufer am regelm ErfOrt, dem Wohns od der Niederlassg des Verk (§ 269 I, II) vorsieht, keine NebenPfl des Verk. **bb)** Beim Versendgskauf (§ 447) liegt Schickschuld vor. Verk ist verpfl, die Sache zum Transp zu bringen (an Bahn, Post, Frachtf od Spedition anzuliefern); zur Beförderg selbst ist der Verk nicht verpfl. Versch bei Auswahl v Beförderungsp u -Pers führt zu pVV (§ 276 Anm 7). Führt der Verk den Transp selbst od dch eigenes Personal aus, so wird dadch zwar keine Pfl zum Transp begründet, jedoch haftet der Verk gem §§ 276, 278 (hM; BGH NJW **68**, 1929; hierzu krit Kuchinke Festschr für H. Lange S 259 mwN). Die Haftg für selbstd TranspBeauftragte gem § 278, wird v der hM wg § 447 verneint, wohl zu Unrecht, da die Differenzierg ggü der Haftg bei EigenTransp ungerechtf ist (Schultz JZ **75**, 240 mwN). **cc)** Bringschuld (mit Pfl des Verk zum Transp u Ablieferg beim Käufer) liegt grdsätzl nicht vor, nur bei ausdrückl od stillschw Vereinbg, die schon dann anzunehmen sein wird, wenn der Verk den Transp (auch mit eigenem Personal) übernimmt, weil dann Bringkauf vereinb ist (Jau-Vollkommer § 447 Anm 2b, aa; aA Kuchinke aaO S 273. **i) Erteilung von Schriftstücken:** Rechngen müssen im kfm Verk wg der MWSt immer erteilt w; auch sonst, wenn es geschübl ist u der KaufPr vom Käufer nicht ohne weiteres errechnet w kann (Dauses Betr **72**, 2145). Gesond ausgewiesen sein muß die MWSt bei Rechngen gem § 14 I UStG, insb wenn den FinAmt den Vorgang bestdskräft der UmsatzSt unterworfen hat (BGH **103**, 284). Nichterteilg berecht gg den KaufPr nicht zur Einr gem § 320, weil NebenPfl. Bescheinigen zur Vorlage beim FinAmt müssen erteilt w, wenn der Käufer sie für einen SteuerVort benöt (Hamm MDR **75**, 401). **j) Ersatzteile** bei Kfz, Maschinen und techn Geräten muß der Hersteller (nicht notw der Verk) serienmäß produzierter Sachen auch ohne bes Vereinbg, aber nur für eine gewisse Zeit zur Belieferg des Käufers bereithalten (Kühne BB **86**, 1527 mwN). Das ist im Einzelfall nur aus § 242 zu begrden. **k) Einweisung** (Einarbeitg) zum Gebr v Software: Eine solche Pfl kann im Einzelfall ohne ausdrückl Vereinbg bestehen (Stgt CR **87**, 172; hierzu krit Nauroth CR **88**, 24).

5) Pflicht zur Kaufpreiszahlung (Abs II) ist die stets im GgseitkVerh (§§ 320 ff) stehde HauptPfl des Käufers, grdsätzl Zug um Zug (§§ 320 I, 322) gg die Übertr des KaufGgst (Anm 2, 3) zu erf. **a) Kaufpreis. aa) Begriff:** Er ist das vereinb Entgelt für den KaufGgst; muß in Geld (auch in ausl Währg, vgl § 244) bestehen; anderenf liegt Tausch vor (§ 515); umfaßt die MWSt (BGH WM **73**, 677 mwN; vgl cc), aber nicht die Zinsen für den gestundeten od verspätet gezahlten KaufPr (zur Abgrenzg BGH WM **71**, 42). **bb) Höhe:** Sie unterliegt der Vereinbg der Part u muß in Geld best od bestimmb sein. Auch Schiedsgutachterklausel (§§ 317 ff) ist zul u wirks (§§ 5, 9 AGBG), zB DAT-SchätzPr, auch mit dem Zusatz abzügl 20% (vgl BGH WM **83**, 731). Die Part können hierbei verpfl sein, eine best Höhe zu vereinb od nicht zu überschreiten, zB bei Kauf v WohnBes (§ 62c II u § 62d III, IV II. WoBauG). α) **Fehlen ausdrücklicher Vereinbarung** über die Höhe. Es ist mögl: (1) Offener EinigssMangel (§ 154 I); (2) Börsen- od MarktPr (Begr: Anm β u § 453 Anm 1c) als vereinb anzunehmen. (3) Der im GeschBetr des Verk übl Pr (insb Laden- u ListenPr) ist als vereinb anzunehmen. Das gilt bei derart KaufVertr idR. (4) Bestimmg dch Verk gem §§ 315, 316. (5) Ergänzde VertrAuslegg (Hamm NJW **76**, 1212). Gelten AGB, ist eine Erhöhg bei Lieferg innerh 4 Monaten nach VertrAbschl unwirks, zB TagesPrKlausel (§ 11 Nr 1 AGBG; BGH st Rspr zur LückenAusfüllg NJW **85**, 621). β) **Klauseln:** (1) „Börsenpreis": der zur ErfZt an der zum ErfOrt nächstgelegenen Börse amtl bekannt gegebene Pr (Kurs). (2) „Brutto für netto": KaufPr wird nach dem Gewicht der Ware zuzügl Verpackg berechnet. (3) „Preis freibleibend": Verk ist berecht, bei veränd wirtsch Verh zZt der Lieferg eine entspr Erhöhg des KaufPr einseit festzusetzen, wobei die Lieferg nicht unangem verzögert w darf (vgl OGHZ **4**, 172); od Vereinbg des MarktPr (§ 453 Anm 1c) zZ der Lieferg (HK Hbg BB **65**, 956); od Berechtig des Verk, höheren Pr vorzuschlagen, der bei beiderseit HandelsGesch als vereinb gilt, wenn Käufer nicht unverzügl widerspricht (BGH **1**, 353). (4) „Kassenskonto ... %": Käufer darf den Rechngs-Betr um den Skontosatz kürzen, wenn er sof bar bezahlt; bei angegebener Fr nur, wenn innerh dieser Fr das Geld beim Verk eingeht. (5) „Tagespreis": grdsätzl wie „freibleibd" (vgl 3); jedoch darf der Verk nicht über den Pr hinausgehen, den er von and vergleichb Kunden fordert. (6) „Netto Kasse": Zahlg ist ohne jeden Abzug zu leisten. (7) „Selbstkostenpreis": Summe der GestehgsKosten, dh EinstandsPr zuzügl aller Unkosten (Hamm BB **65**, 1369), jedoch ohne einen Anteil an allg, auch ohne diesen Kauf anfalldn GeschUnkosten. **cc) Mehrwertsteuer.** (UmsatzSt) ist Teil des KaufPrFdg (vgl Anm aa u § 157 Anm 3). Ob der KaufPrBetr ohne od einschl MWSt vereinb ist, hängt von der ausdrückl od stillschw Vereinbg im Einzelfall ab. Bei Preisauszeichng ist die MWSt idR inbegriffen. Wird erkl „Preise sind Nettopreise + MWSt", so ist auszulegen, daß der angegebene Pr der GesPr ist (Mü BB **70**, 512). Auch iW ergänzder VertrAuslegg (§ 157) kann nicht bei einem zum Vorsteuerabzug berecht Käufer die MWSt nicht dann als vereinb KaufPr verlangt w (BGH WM **73**, 677 u MDR **78**, 834 m Anm v Weiß; Karlsr Justiz **77**, 200; Schaumburg NJW **74**, 1734 mwN), auch nicht nachgefordert w, wenn der Verk seine MWStPfl beim Kauf falsch eingeschätzt hat (BGH aaO). Hingg ist nach einer Umfrage des DIHT ein Handelsbrauch dahin zu bejahen, daß zw vorsteuerabzugsberecht Untern, die ohne Erwähng der MWSt genannten KaufPr den NettoPr (ohne MWSt) darstellen (Schaumburg NJW **75**, 1261; RGRK-Mezger 23; aA Düss NJW **76**, 1268). **dd) Fälligkeit:** α) **Grundsätze:** Wg § 271 I ist der Kaufpr mit seiner Entstehg (dh Abschl des KaufVertr) fäll; jedoch ist in der Praxis die Ausn (näml spätere Fälligk) die Regel. Es besteht keine ges VorleistgsPfl des Verk. Wenn sich aus dem Vertr (insb aus FälligkKlauseln) u aus dem Umst nichts and ergibt (§ 271 I), sind die Leistgn beider VertrPart so fäll u bei Einr gem § 320 Zug-um-Zug zu erf (§ 322). Der bei Lieferg sof (Rest-)Zahlg verlangde Verk muß wg § 271 I nicht beweisen, daß Barzahlg vereinb war, wenn der Käufer behauptet, es sei ein AbzK vereinb (aA BGH NJW **75**, 206; krit gg BGH MüKo-Westermann 70). β) **Klauseln: (1)** „Ziel": FälligkEintritt nach Ablauf der dabei genannten Fr, iZw gerechnet ab Datum der Rechng. **(2)** „Valuta 1. 12. Ziel 30 Tage": Fälligk tritt am 31. 12. ein; kfm FälligkZins (§ 353 HGB) bleibt vorbehalten. **(3)** „Kasse gg Lieferschein": SofZahlg (unter Ausschl der Aufrechng) bei Lieferg mit VorleistgsPfl des Käufers (BGH NJW **65**, 1271). **(4)** „Kasse gg Faktura": Sof Fällig bei Zugang der Rechng unter Ausschl der Aufrechng (BGH **23**, 131). **(5)** „Kasse gg Dokumente" (TradPap od DispositionsPap, zB FrachtbriefDuplikat): Käufer hat die Dokumente bei Vorlage dch KaufPrZahlg einzulösen, grdsätzl ohne vorher Besichtigg der Ware (vgl BGH WM **63**, 844; Ausn bei entspr Handelsbrauch, BGH **41**, 216); bei Zusatz des Ztpkts (zB „... bei Ankunft des Schiffs") auch ohne Rücks auf Beschaffenh der Ware (BGH WM **67**, 1259) u stets ohne Aufrechng (BGH **14**, 61). **(6)** „Dokumente gg Akkreditiv": Zahlg ist bei Vorlage der DispositionsPap (insb FrachbriefDuplikat) von der Bank zu leisten, bei der Käufer das vertrgem Akkreditiv gestellt hat. **(7)** „Zahlg nach Belieben": KaufPr ist für eine angem, aus den Umstdn des Einzelfalls zu bemesse Zeit gestundet. **(8)** „Lieferung gg Nachnahme": KaufPr ist bei Anlieferg u Vorlage des NachnScheins dch die Post fällig. **(9)** „Tagespreisklausel" bei Kfz-Kauf: § 11 AGBG Anm 1c. **ee) Kaufpreisersatz:** Eine andersart Leistg des Käufers für den KaufPr anstelle v Geld erfordert stets entspr vertragl Vereinbg; auch später (§ 305). Abgrenzg zum Tausch: Einf 4a. Kauf liegt jedoch dann vor, wenn ein in Geld bemessener KaufPr ganz od teilw dch eine and Leistg an ErfStatt (§ 364 I) od erfüllshalber (§ 364 II) beglichen (erlegt) w soll. Bsp: Inzahlungnehmen eines gebr Kfz (BGH **46**, 338); bei GrdstKauf Übern v Hyp od dch Grdschuld gesicherter Verbindlk, wobei insow eine GeldFdg des Verk nicht entsteht. **b) Zahlung:** Sie hat grdsätzl in bar (dh Übereigng v Geldscheinen u -stücken) zu erfolgen; in inländ Währg. Ist der KaufPr in ausländ Währg bestimmt, gelten §§ 244, 245. Vereinbg od Gestattg bargeldloser Zahlg ist in der Praxis häuf. Gestattg liegt insb in der Angabe der

Einzelne Schuldverhältnisse. 1. Titel: Kauf. Tausch　　　　§§ 433, 434

KontoNr auf Rechng od Auftragsbestätigg. Erf (gezahlt) ist erst mit Gutschr auf Kto des Verk, bei Nachn mit Zahlg an die Post. Grdsätzl gilt bei Scheck u Wechsel § 364 II, so daß die (bis dahin gestundete) KaufPrFdg iZw erst mit Einlös erlischt (§ 364 Anm 4 aE). Dasselbe gilt bei Akkreditiv (Erm-Weitnauer 10). Nur ausnahmsw kann bei vereinb Zahlg dch Scheck bereits mit ScheckÜberg gezahlt sein; das ist insb bei ordngsgem ausgefülltem Euro-Scheck anzunehmen. Ist Übern v Kundenwechseln des Käufers vereinb, so müssen sie diskontfäh sein. Zahlg dch Nachn per Post muß vertr vereinb sein u darf nicht vom Verk einseit verlangt w.

6) Abnahmepflicht (Abs II) des Käufers besteht nur bei Sachen (Anm 1 a). **a) Begriff:** Abn ist der tats Vorgang, dch den der Verk vom Bes der Sache befreit w. Sie deckt sich idR mit der Handlg, dch die der Käufer bei der Überg (Anm 2 a) mitwirkt. **b) Voraussetzungen:** Der Verk muß zur Überg imstande sein (dh er od ein herausgabebereiter Dr muß die Sache in Bes haben, Erm-Weitnauer 13) und sie dem Käufer anbieten; außerdem muß die Sache vertrgem sein. Bei nur geringfüg Mängeln und Abweichgen ist der Bestand der AbnPfl nach § 242 zu beurteilen (BGH BB **57**, 92). **c) Rechtsnatur:** Sie ist idR NebenPfl (hM; MüKo-Westermann 75 mwN; dagg krit Soergel-Huber 293), steht daher nur ausnahmsw im GgseitkVerh (§§ 320ff), wenn sie im Vertr ausdrückl od stillschw zur Hauptpfl gemacht w. Bsp: Verk einer großen Warenmenge mit dem für Käufer erkennb Zweck der LagerRäumg (RG **57**, 108); Verk v Holz auf dem Stamm (Erm-Weitnauer 11); Verk v Abfallmaterial od leicht verderbl Ware. Andseits kann die AbnPfl dch Vertr (auch nachträgl, § 305) ausgeschl w, ohne daß das RGesch seine Eigensch als KaufVertr verliert. **d) Nichterfüllung** der AbnPfl dch Unterl od Verweigerg führt unter den Voraussetzgen der §§ 284, 285 zum SchuVerz u zur SchadErsPfl des § 286; jedoch ist § 287 unanwendb, weil der Verk dch §§ 324 II, 300 II genügd geschützt ist. Bei GgseitkVerh (vgl Anm c) können §§ 320 ff eingreifen. AnnVerz (§§ 293 ff) hinsichtl der VerkHauptPfl (Abs I) tritt mangels v NichtErf der AbnPfl idR gleichzeit mit dem SchuVerz ein. **e) Prozessuales:** Auf Abn kann geklagt w, unabhäng von od verbunden mit einer KaufPrKl; jedoch nie (Zug-um- Zug) gg Zahlg od die Verpfl aus Abs I. ZwVollstr: § 887 ZPO; vertretb Hdlg, da Einlagerg idR genügt.

7) Nebenpflichten des Käufers. Es gilt grdsätzl, was in Anm 4 einleit ausgeführt ist. **a) Lasten** sind bei bewegl Sachen zu tragen ab Übergabe (§ 446 I S 2), ab Eintr (§ 446 II) bei Grdsten u gleichstehden Ren. **b) Kaufpreisverzinsung** ab Übergabe der Nutzgen (§ 452), dh ab Übergabe bei bewegl Sachen (§ 446 I S 2), ab Eintr bei Grdst u gleichstehden Ren (§ 446 II). Bei Handelskauf ab Fälligk des KaufPr (§ 353 HGB). **c) Versendungs- und Abnahmekosten:** nach Maßg des § 448. **d) Beurkundungs- und Eintragungskosten:** bei Grdsten, Ren an Grdst, Schiffen und Luftfz (§ 449). **e) Verwendungsersatz:** nur nach § 450. **f) Aufbewahrung** für Sachen, die der Käufer beanstandet hat, bei Kaufleuten gesetzl (§ 379 HGB), bei Nichtkaufleuten aus § 242 abzuleiten. **g) Verpackungsrückgabe:** Pfl hierzu besteht bei den ggwärt WirtschVerh nur ausnahmsw bei entspr Vereinbg, die aber bei Behältern u Flaschen als Leihmaterial häuf ist; bei Flaschenpfand vgl BGH NJW **56**, 298. Kosten der Rücksendg trägt iZw der Käufer. **h) Abruf:** Ist die Lieferg auf Abruf vereinb, ist der Käufer verpfl, innerh angem Fr den Ztpkt der Lieferg zu best. Unterbleibt dies, so kann wg der gem § 271 I eintretden Fälligk der Verk auf Zahlg u Abn klagen. **i) Untersuchung** der gelieferten Sachen bei beiderseit HandelsGesch (§§ 377, 378 HGB). **j) Aufklärung:** Hierzu ist der Käufer nur aGrd Vereinbg verpfl od aGrd bes Umstde, zB bei Kreditkauf, wenn der Käufer weiß, daß er zur Zahlg nicht imstande sein werde.

8) Beweislast trägt: **a) Verkäufer** für Abschl des Vertr, Einigg über den VertrInh, näml alle vom Verk behaupteten Teile u Pkte des Vertr, soweit sie der Käufer bestreitet. Das gilt auch für die Höhe des KaufPr, somit auch für das Fehlen v Waren- u ZahlgsSkonti, die beim KaufAbschl eingeräumt worden sein sollen (BGH NJW **83**, 2944 = BB **83**, 2140 m Anm v Baumgärtl; bestr). Beim Handkauf hat der Verk wg der Vermutg v Barzahlg zu beweisen, daß eine Zahlg des KaufPr (wenn sie der Käufer behauptet) unterblieben sei (diffenzierd für AnscheinsBew u zT aA Maier/Reimann Büro **85**, 175). **b) Käufer** für die KaufPrZahlg (ausgen bei Handkauf, Anm a), für Stundg des KaufPr (umstr; vgl MüKo-Westermann 70) u eine von der VerkSitte abweichde Vereinbg.

434 Gewährleistung wegen Rechtsmängel.
Der Verkäufer ist verpflichtet, dem Käufer den verkauften Gegenstand frei von Rechten zu verschaffen, die von Dritten gegen den Käufer geltend gemacht werden können.

1) Allgemeines. a) Zweck: Ergänzg des § 433 I u Folge des ErfAnspr. Dem Käufer ist der KaufGgst so zu verschaffen, daß er darüber nach Belieben verfügen kann, ohne dch Re Dr beschr zu sein. **b) Abdingbarkeit** ist zu bejahen, uneingeschr bis zum völl Verzicht (BGH **11**, 24), zB beim Übern mit allen Ren u Pfl" (RG **66**, 316), bei Grdst nur, soweit sie eingetragen sind. Jedoch Nichtigk bei Argl des Verk (§ 443). **c) Anwendungsbereich:** Alle KaufGgstde, Sach- u RKauf, insb auch von Wertpapieren (BGH **8**, 222). Entspr anwendb beim VerlagsR (§ 39 VerlG). § 434 gilt nicht bei Veräußerg im Wege der ZwVollstr (§ 806 ZPO, § 56 ZVG). **d) Ausschluß der Gewährleistung:** Außer dch Verz (Anm b), insb dch § 439 sowie dann, wenn der Käufer kr guten Glaubens lastenfrei erwirbt, insb gem §§ 936, 892. **e) Maßgebender Zeitpunkt** für die Freih von Ren Dr ist nicht der des KaufVertrAbschl, sond Übergang: bei bewegl Sachen der des Eigt (RG **120**, 295), bei EigtVorbeh daher zZ des Eintritts der Bedingg (BGH NJW **61**, 1252), auch bei Grdst der Ztpkt des EigtÜberg (aA RGRK-Mezger 2 s Auflassg), bei Ren der der Übertragg (insb §§ 398, 413), bei GrdstRen der des RÜberg (zB § 873). Gleichgült ist, zu welchem Ztpkt die Re Dr geltd gemacht w können (RG **111**, 86); entscheidd, daß das RVerh, auf dem das R beruht, zu diesem Ztpkt schon besteht.

2) Rechte Dritter. Sie müssen an dem od in Bezug auf den KaufGgst bestehen u auch nur möglw gg den Käufer bei od nach dem Kauf geltd gemacht w können (vgl Anm 1 e). **a) Dingliche Rechte:** Alle außer dem

§§ 434–436 2. Buch. 7. Abschnitt. *Putzo*

Eigt (hierfür gilt § 433 I). Bei bewegl Sachen insb AnwartschR, PfdR, Nießbr, soweit sie GrdstZubeh od -Bestandt sind, auch die GrdPfdRe (wg §§ 1121 ff). Bei Grdst auch alle in Abt II des Grdbuchs eingetr Re, insb auch GrdDienstbk (RG 66, 316), VorkaufsR (RG 133, 76); wenn eine Hyp entgg §§ 434, 439 übernommen w u Inhalt od Umfang v der Zusicherg des Verk abweichen (bestr; vgl Michaelis NJW 67, 2391). NacherbenR (§§ 2113 ff). Nachbarrechtl Beschränkgen sind kein RMangel, können aber Sachmangel sein (BGH NJW 81, 1362; § 459 Anm 5 a). **b) Obligatorische Rechte:** Nur soweit sie einem Dr berecht Bes verschaffen, dch ZbR dem Käufer entgegesetzt w können od ihn in seiner VfgsBefugn in der Nutzg des KaufGgst beeinträcht, insb: Miet- u PachtR wg § 571 (BGH NJW-RR 88, 79; Stgt NJW-RR 87, 721); bei Grdst u grdstgleichen Ren die dch Vormerkg gesicherten Anspr (RG 149, 195), rückständ Einlage bei GesAnteil; Unbenutzbk wg enttgstehenden Patents (RG 163, 1 [8]), Patentanmeldg (BGH NJW 73, 1545; vgl § 30 I PatG) od GebrMuster; bei Kauf v UrhR, Patent od GebrMuster erteilte Re, Lizenzen; auf privatrechtl Titeln beruhde BauBeschrkgen (BGH BB 65, 1291). Nicht: die Haftg aus § 419 (BGH NJW 78, 370). **c) Öffentliche Rechte:** Bei GrdstKauf gilt für Abgaben u und Lasten § 436. **aa) Rechtsmängel** können öff-rechtl Eingriffe, Bindgen od Beschrkgen darstellen (BGH 67, 134 u NJW 83, 275). Die Abgrenzg, ob ein Sachmangel vorliegt, ergibt sich aus der Art der Beschränkg. Solche, die aus Grden des Gemeinwohls bestehen u vom Verk nicht beseit w können, fallen nicht unter § 434, können aber einen Sachmangel (§ 459) darstellen. Als RsMängel werden behandelt: GenehmiggsZwang gem § 6 WoBindG (BGH 67, 134 u WM 84, 214); die Pfl, einen GrdstT als Straßengrund an die Gemeinde zu veräußern (BGH NJW 83, 275); gesetzl u behördl VerfüggsVerbote iS der §§ 135, 136 (RG 132, 145); behördl Einziehg wg verbotener Einfuhr (RG 111, 86); Bauverbot bei Bestellg eines ErbbauR (BGH 96, 385). Baulasten, die bei Bestellg des Pfl in den Nutzg bereits errichteter Gbde begrden (Hamm NJW-RR 89, 524). **bb) Keine Rechtsmängel sind:** Baubeschränkgen (§ 459 Anm 5 a); Baulasten, die eine Baubeschränkg zum Inh haben (BGH NJW 78, 1429), auch Stellplatzbaulasten (Ziegler BauR 88, 18); priv Vfgs- u NutzgsBeschränkg (Soergel-Huber 13); versagte Steuerbegünstigg (Landsberg JuS 82, 335 mwN), Beschlagn gem § 94 StPO (LG Bonn NJW 77, 1822).

3) Rechtsfolgen. Es ist davon auszugehen, daß der Verk zur Erf seiner HauptPfl aus § 433 I dem Käufer den Ggst frei von Ren Dr verschaffen muß. Solange der Verk diese Re nicht beseitigt, hat der Käufer die Re aus § 440 I: Einr des nichterf Vertr (§§ 320, 321), Befreiung von der GgLeistg (§ 323), SchadErs (unter best Voraussetzgen, §§ 440 II–IV, 441) u Rücktr (§§ 325, 326). Der ErfAnspr (auf Beseitigg der enttgstehenden Re gerichtet) besteht bis zum Rücktr od bis Ablauf der NachFr (§ 326 I 2). BewLast für RMangel trägt Käufer (§ 442).

435 *Nichtbestehende Buchbelastungen.* ¹Der Verkäufer eines Grundstücks oder eines Rechtes an einem Grundstück ist verpflichtet, im Grundbuch eingetragene Rechte, die nicht bestehen, auf seine Kosten zur Löschung zu bringen, wenn sie im Falle ihres Bestehens das dem Käufer zu verschaffende Recht beeinträchtigen würden.

²Das gleiche gilt beim Verkauf eines eingetragenen Schiffs oder Schiffsbauwerks oder einer Schiffshypothek für die im Schiffsregister eingetragenen Rechte.

1) Allgemeines. Erweitert § 434 auf eingetragene, aber mat nicht bestehde Re. **a) Zweck.** Verk schuldet diese sog Buchreinh (Jau-Vollkommer 1), insb wg der Mögl gutgläub Erwerbs (§§ 892, 893), aber auch wg der Löschgskosten, der Mögl des Streits mit dem Eingetragenen u der Beeinträchtigg für einen Weiter-Verk. **b) Anwendbar** bei Kauf v Grdst, aller GrdstRe, auch inhaltl unzul (RG 88, 22 [28]), unwirks Vormerkg (RG 149, 195); bei Kauf im SchiffsReg eingetr Re (Vorbem § 929 a). Entspr anwendb gem § 98 LuftfzRG. **c) Wirkung.** § 435 gibt dem Käufer Anspr auf Löschg u stellt eine HauptLeistgsPfl dar, sodaß die §§ 320 ff gelten, insb auch § 326 u § 320 II nach Eintragg u Überg (RGRK-Mezger 1). Der Käufer kann desh auch bis zur Löschg die Mitwirkg bei der Auflassg verweigern. Sein eigener Anspr auf Löschg steht dem Anspr aus § 435 nicht entgg (allgM). Der Verk kann daher den Käufer nicht darauf verweisen (BGH NJW-RR 86, 310).

2) Voraussetzungen und Durchführung. a) Der Anspr setzt voraus: **aa)** Nichtbestehen eines eingetr Rs im AnwendgsBer (Anm 1 b). Unerhebl ist, ob es von vorneherein nicht bestanden hat od später weggefallen ist (Erm-Weitnauer 2). **bb)** Beeinträchtigg des verk Grdst od Rs dch das eingetr R, falls es bestünde. Das trifft auch zu, wenn es im Rang (§ 879) vorgeht. Erfüllt wird, indem der Verk das Grdbuch bericht läßt (§ 894). Das kann er im eigenen Namen auch noch nach EigtÜbergang, wenn der Käufer die Löschg v ihm verlangt (stillschw Ermächtigg, RGRK-Mezger 2 mwN).

436 *Öffentliche Lasten bei Grundstücken.* Der Verkäufer eines Grundstücks haftet nicht für die Freiheit des Grundstücks von öffentlichen Abgaben und von anderen öffentlichen Lasten, die zur Eintragung in das Grundbuch nicht geeignet sind.

1) Allgemeines. a) Zweck. Abgrenzg der VerkPfl zu §§ 434, 435. **b) Anwendbar** nur auf Grdst u grdstgleiche Re, insb ErbbauR, WoEigt, DauerWoR (§ 31 WEG); entspr auf Re an Grdst; nicht auf bewegl Sachen (RG 105, 391) u Schiffe. **c) Abdingbarkeit** ist zu bejahen (Hamm NJW-RR 89, 335); insb kann Verk Haftg für Freih v best öff Lasten übernehmen. Ob Zusicherg v LastenFreih sich auch auf öff Lasten bezieht, ist Ausleggsfrage. Ausdrückl vertr Regelg für AnliegerBeitr u ErschließgsKosten ist idR geboten (hierzu Nieder NJW 84, 2662).

2) Öffentliche Lasten richten sich nach Bundes- u LandesR. Unerhebl ist, ob sie im GrdB eingetr sind od nicht. Für rückständ Leistgen gilt § 436 nicht. **a) Begriff:** Leistgen, die kr öff Rs auf dem Grdst ruhen, od aus dem Grdst zu entrichten sind (Staud-Köhler 2 u 3). **b) Einzelheiten. aa)** Öff Lasten sind Grdst- u Gebäudesteuer, kommunale Abgaben, ErschließgsKosten (BGH NJW 82, 1278), Straßenanliegerbeiträge u

Einzelne Schuldverhältnisse. 1. Titel: Kauf. Tausch §§ 436, 437

-baukosten, Kirchen- u Schulbaulast (RG **43**, 207). **bb)** Nicht: GrdErwerbsteuer (RG **75**, 208); Müllabfuhrgebühr (LG Bln JR **56**, 185); Räum- u StreuPfl (Schlesw VersR **73**, 677); Bestehen eines Bebauungsplans vor Einleitg eines FlurbereiniggsVerf (Köln MDR **76**, 931); Baubeschränkg (vgl § 434 Anm 2c).

437 *Gewährleistung bei Rechtskauf.* ¹Der Verkäufer einer Forderung oder eines sonstigen Rechtes haftet für den rechtlichen Bestand der Forderung oder des Rechtes.
ᴵᴵDer Verkäufer eines Wertpapiers haftet auch dafür, daß es nicht zum Zwecke der Kraftloserklärung aufgeboten ist.

1) Allgemeines. a) Verhältnis zu § 306: Hierzu stellt § 437 (dch die Gültigk des KaufVertr) eine Ausn dar, aber nur sow das Bestehen des Rs od der Fdg zZ des VertrAbschl obj mögl war. § 306 gilt daher, wenn Bestand od Entstehg des Rs od der Fdg aus rechtl (oder aus tats) Grden unmögl war (RG **90**, 240 [244]). Für die Veräußerg nicht bestehder gewerbl SchutzR kann das nicht allg gesagt w; es kommt auf den Einzelfall an, ob die Schutzfähigk klar ersichtl ausscheidet (vgl Soergel-Huber 61). **b) Zweck:** Der Verk, der den Bestand eines (sinnl nicht wahrnehmb) Rs dch den Verkauf behauptet, soll dafür grdsätzl uneingeschr einstehen müssen. **c) Abdingbarkeit:** ist zu bejahen (allg M), insb dch HaftgsAusschl (zB „ohne Gewähr") u dch Übern weitergehder Haftg. Ist Zweifelhk des Rs dem Käufer bekannt, so kann stillschw HaftgsAusschl vorliegen. **d) Anwendungsbereich:** Nur für den Kauf eines (auch künft) Rs; aber auch dann, wenn das R zu einer Sach- u Rechtsgesamth (insb zu einem gewerbl Untern) gehört u diese verk w; in diesem Fall wird nach § 437 gehaftet, ggf neben §§ 459 ff (BGH NJW **70**, 556 u WM **75**, 1166; vgl § 433 Anm 1c, aa), näml soweit der RsMangel für den KaufGgst (Untern als solches) einen (Sach-)Mangel darstellt (Vorbem 3d vor § 459). § 437 gilt nicht für den entgeltl Verz auf ein R (Mü NJW **71**, 1808). **e) Ausführung.** Es ist stets zu unterscheiden: der KaufVertr u das ErfGesch, näml die Übertrg des Rs (insb nach § 398, 413). Beide Vertr können in einem einz Vorgang liegen u sich zeitl decken. Ist ein R verk, das zum Bes berecht, so ist der Bes zu verschaffen (§ 441). **f) Beweislast:** § 442.

2) Haftung. a) Voraussetzungen: Im Anwendungsbereich (Anm 1d) haftet der Verk allein aGrd des KaufVertr, ohne Rücks auf Versch. **b) Umfang.** Es wird für den Bestand gehaftet, gleich ob das R nie entstanden, wieder erloschen (insb dch Anf od Aufrechng), mit einer Einr behaftet u aus diesen od and Grden nicht dchsetzb ist; zB inf einer Beschlagn (BGH NJW **63**, 1971). Die Haftg bezieht sich auf den Inhalt u Umf des Rs, wie es im KaufVertr best ist, ohne eine solche Bestimmg auf den gewöhnl, insb gesetzl Inhalt, ferner auf die NebenR des § 401 (RG **90**, 240). Für den Rang eines Rs am Grdst kommt es daher nur auf den Inhalt des KaufVertr an, ob ein best Rang darin angegeben u vorausgesetzt w (Soergel-Huber 16). Der Verk haftet auch für die Übertragbark des Rs (BGH NJW **70**, 556), aber nur wenn sie rechtsgesch ausgeschl ist; denn bei gesetzl Unübertragbk gilt § 437 nicht (vgl Anm 1a). Der Verk haftet nicht dafür, daß das R auch brauchb ist u den vertragl vorausgesetzten Wert hat; ohne bes Abrede, insb nicht dafür, daß eine Fdg eingebracht w kann (vgl § 438) u grdsätzl nicht für Mängel der Sache, auf die das R sich bezieht (Larenz § 45 I). Ausschl der Haftg bei Kenntn des Mangels: § 439. **c) Maßgebender Zeitpunkt** ist grdsätzl der des KaufVertrAbschl, nicht der der Übertr des Rs. Es wird gehaftet, wenn der RGrd für das Erlöschen od die Beeinträchtigg zum maßgebden Ztpkt entstanden war. Ist ein künft R verkauft, wird für die Entstehg des Rs zur best Zeit gehaftet. Ist ein bedingtes R verk, wird nur dafür gehaftet, daß zZ des VertrAbschl die auflösde Bedingg noch nicht eingetreten, die aufschiebde Bedingg nicht ausgeschl war. **d) Wirkung.** Der Käufer hat zunächst den ErfAnspr u kann vom Verk die Verschaffg des Rs od ggf die Herstellg des dem KaufVertr entspr Inhalts des Rs verlangen. Davon unabhäng kann er auch über § 440 I die R aus §§ 320–327 geltd machen, insb Leistgsverweigrg, SchadErs od Rücktr. **e) Besonderheiten bei Gesellschaftsanteilen.** Hier wird dafür gehaftet, daß der Anteil in der entspr Größe u die betr Gesellsch besteht u nicht in Liquidation ist (offengelassen v RG **99**, 218), ferner für die rechtl Eigensch des GesAnteils, zB Höhe der Gewinnbeteiligg, Umfang des StimmRs (U. Huber ZfUG **72**, 395). Für den Wert des Anteils sowie für Mängel des von der Gesellsch betriebenen Untern od der Bestandteile des GesellschVerm wird grdsätzl nicht gehaftet (hM; BGH **65**, 246), auch nicht für eine ÜbSchuldg (BGH NJW **80**, 2408, wohl aber aus c. i. c.), aus § 437 nur dann, wenn hierfür Gewl od Garantie vom Verk vertragl übernommen w (U. Huber aaO mwN). SachmängelGewl kann aber ohne bes Vereinbg bestehen, wenn der od die verkauften Anteile mehr als eine MinderhBeteiligg darstellen (vgl Vorbem 3 vor § 459). Entspr gilt für Aktien, insb Pakete.

3) Wertpapiere. Ihr Kauf stellt in erster Linie einen RKauf dar. Da bei WertP aber das R nur dch Vorlage des Papiers, das eine Sache darstellt, ausgeübt w kann, liegt zugleich ein Sachkauf (§ 433) vor, dch den der Verk zur Überg u Übereigng der WertP verpfl ist (hM; Larenz § 45 I; RG **109**, 295). Davon zu unterscheiden sind die Urk, für die § 952 anwendb ist; bei diesen Urk folgt das R am Papier dem Papier kraft G ohne Übereigng (§ 952 Anm 2, 3). § 437 setzt das alles voraus u erweitert lediglich in Abs II die Haftg. **a) Art der Gewährleistung:** Haftg für RMängel (§§ 437 ff) u Sachmängel (§§ 459 ff) sind nebeneinander anwendb (RG aaO), soweit deren Voraussetzgen vorliegen. **aa) Rechtsmängel:** Formungültigk eines Wechsels od Schecks, Unwirksk einer Verpfl aus dem WertP, Künd des verbrieften Rs, Aufgebot zur KraftlosErkl (Abs II; § 947 II ZPO); Zahlgssperre ist § 1019 ZPO (RG aaO). **bb) Sachmängel** (§ 459) sind nur solche, die dem WertP als Sache anhaften, zB Abtrenng eines Teils, Fälschg einer notw Unterschr, Fehlen einer notw Stempelg, Zerstörg der Schrift (insb teilw). Bewirkt der Sachmangel zugleich einen Mangel des Rs (zB Verfälschg, Fehlen des notw BestandT eines Wechsels) so herrscht grdsätzl der RMangel im Verh des Käufers zum allein die Re daraus zu (hM; MüKo-Westermann 14 mwN). **b) Umfang, aa)** Bei RMängeln: Der Verk haftet grdsätzl wie in Anm 2 dargestellt. Er haftet insb nicht für den Kurs des WertP, seine Börsenfähigk, künft Dividende. **bb)** Bei Sachmängeln: Wandelg od Minderg (§ 462), ggf SchadErs (§ 463). Nachbesserg od Nachlieferg einer einwandfreien Urk (abgesehen vom Gattgskauf, § 480) nur bei entspr Vereinbg der VertrPart (beachte aber Anm c, aa). **c) Besonderheiten** bei **aa) Banknoten:** KaufVertr kann, weil der Kaufpr in Geld bestehen muß (§ 433 Anm 5) nur vorliegen bei Kauf von Geld in and Währg. Sind

§§ 437–440   2. Buch. 7. Abschnitt. *Putzo*

die Banknoten gefälscht, verfälscht od außer Kurs, so liegt ein RMangel vor (MüKo-Westermann 15; aA Staud-Köhler 20; Soergel-Huber 57), ein Sachmangel nur, wenn eine Banknote umtauschunfäh beschäd ist. **bb) Inhaberpapiere:** Bei Kauf von Aktienpaketen beachte Anm 2e aE. **cc) Wechsel:** Es ist zu unterscheiden: die Haftg aus dem Wechsel (Art 9, 15, 28 WG) von der GewLeistg aus dem (häuf zugrdeliegdn) Verkauf des Wechsels. Hierfür gilt § 437 unmittelb. Der Verk haftet (abdingb, Anm 1c) insb für die Formgültigk des Wechsels (aber § 439 beachten), für die Echth der Untersch, das Fehlen von dch Art 17 WG nicht ausgeschl Einwendgen, für die abredegem Ausfüllg eines Blankowechsels. Beim Wechseldiskont-Gesch (idR RKauf, Einf 4b vor § 607) wird nicht für den unveränd Fortbestd des Devisenkurses gehaftet, so daß Währgsverluste dch Auf- od Abwertg der Diskontgeber (Käufer) trägt (vgl RG **142**, 23). **dd) Scheck:** Wer einen Scheck verkauft (auch als dessen Aussteller), haftet aus dem KaufVertr nicht für die Einlösg (hierfür nur nach Art 12, 18 ScheckG), sond nur für die Echth u Formgültk (hM; Soergel-Huber 55 mwN). Der Verkauf eines Schecks liegt aber nicht vor, wenn er (wie es idR geschieht u dem Zweck des Schecks entspr) gem § 364 II begeben od weiterbegeben w.

438 *Haftung für Zahlungsfähigkeit.* **Übernimmt der Verkäufer einer Forderung die Haftung für die Zahlungsfähigkeit des Schuldners, so ist die Haftung im Zweifel nur auf die Zahlungsfähigkeit zur Zeit der Abtretung zu beziehen.**

1) Allgemeines. a) Bedeutung. § 438 ist eine (abdingb) AusleggsRegel für den Fall, daß der Verk einer Fdg die Gewährleistg über § 437 hinaus auch für die Zahlgsfäh des Schu vertr übernimmt. **b) Anwendbar** bei Kauf einer Fdg (jeder schuldrechtl Anspr, 1 vor § 398), entspr bei Kauf einer Hyp od GrdSch, ferner iF des § 365 (Erm-Weitnauer 6). **c) Rechtsnatur:** selbstd kaufrechtl Verbindlk (RGRK-Mezger 3), keine Bürgsch, daher keine Form. **d) Erweiterung** der Haftg auch für den ZtRaum nach Abtretg ist dch Vertr mögl (vgl 3c vor § 765), zB Übern der Haftg für Eingang od Einbringlk der Fdg.

2) Voraussetzungen der Haftg: **a) Übernahme** der Haftg dch den Verk im KaufVertr (als Nebenabrede) od in einem gesond Vertr. Zahlgsfähigk od ein einspr Begr (zB Bonität) muß darin enthalten sein. **b) Zahlungsunfähigkeit** des Schu bedeutet, daß er nicht in der Lage ist, die Fdg bei Fälligk zu begleichen, od sie nur in Raten zahlen kann. Grdsätzl ist ein VollstrVersuch notw, wenn die Insolvenz nicht offenliegt, zB OffenbVers (§ 807 ZPO), KonkAblehng mangels Masse. GrdGedanken der §§ 773, 776 gelten entspr (Erm-Weitnauer 4). Unerhebl ist, ob Käufer die ZahlgsUnfäh kennt. **c) Zeitpunkt.** Die ZahlgsUnfäh muß auf die Abtretg (§ 398) nicht auf den KaufVertr (§ 433) bezogen w; jedoch geschieht dies meist gleichzeit. **d) Beweislast** trägt der Käufer, genügt ihr jedoch, wenn er die Zahlungsunfähigk für einen Ztpkt alsbald nach Abtretg beweist; dann trägt Verk die BewLast für ZahlgsFähk zZ der Abtretg.

3) Wirkung. Der Verk haftet über § 437 nach § 440 auf Erfüllg (§ 438 ist als AusleggsRegel in § 440 nicht erwähnt) auch dann, wenn die ZahlgsUnfäh zw KaufVertr u Abtretg eintritt. Käufer kann dann die Erf (§ 398) ablehnen u sofort nach § 440 vorgehen.

439 *Kenntnis des Käufers vom Rechtsmangel.* **I Der Verkäufer hat einen Mangel im Rechte nicht zu vertreten, wenn der Käufer den Mangel bei dem Abschlusse des Kaufes kennt.**

II Eine Hypothek, eine Grundschuld, eine Rentenschuld, eine Schiffshypothek oder ein Pfandrecht hat der Verkäufer zu beseitigen, auch wenn der Käufer die Belastung kennt. Das gleiche gilt von einer Vormerkung zur Sicherung des Anspruchs auf Bestellung eines dieser Rechte.

1) Allgemeines. § 439 entspr dem § 460, der für Sachmängel gilt. Beseit nicht den ErfAnspr des Käufers (BGH WM **87**, 986). **a) Anwendungsbereich:** RMängel: § 434 Anm 2; nur für die gesetzl Haftg, nicht für eine vertr Zusicherg (RG **88**, 165). Abs II gilt entspr für das RegisterPfdR gem § 98 LuftfzRG. **b) Zeitpunkt.** Maßgebd ist allein der des VertrAbschl, bei formbedürft VertrAbschl zu dem die Form erf w. Der Verk haftet daher auch, wenn der Käufer später Kenntn erlangt u bei Erf die Sache vorbehaltlos annimmt. **c) Beweislast** für die Kenntn hat der Verk. **d) Abdingbarkeit** ist gegeben, insb für Abs II. Auch stillschw mögl. VertrAbschl in beiderseit Kenntn des Mangels kann bedeuten, daß Verk sich verpfl, den Mangel zu beseit (Erm-Weitnauer 4). § 439 gilt nicht, wenn der Verk vertr zusichert, den bei VertrAbschl vorhandenen RMangel zu beseit (BGH WM **87**, 986).

2) Kenntnis (Abs I) ist pos Gewißh. Auch grob fahrläss Unkenntn genügt nicht (BGH NJW **60**, 720). Die Kenntn der Tats allein reicht nicht aus; der Käufer muß daraus auch die zutreffden Folgergen ziehen u den RMangel (die rechtl Beschränkg od den fehlden Bestand des Rs) als solchen erkennen (BGH **13**, 341). Es genügt aber, wenn der Käufer mit dem Vorliegen des RMangels rechnet u dieses Risiko bewußt in Kauf nimmt (BGH NJW **79**, 713). Unerhebl ist ein Irrt üb die rechtl (RG **52**, 167) od wirtsch (BGH NJW **51**, 705) Tragweite des erkannten RMangels. Ein Käufer der im Vertr erkl, bestimmte RMängel zu kennen, trägt die BewLast dafür, daß er sie nicht gekannt hat (BGH NJW-RR **88**, 79).

3) Pfandrechte, einschl GrdPfdR (Abs II). Hier besteht in Ausn zu Abs I BeseitigPfl (§§ 434, 435) trotz Kenntn des RMangels. Abs II ist auf and Re auch nicht entspr anwendb, wird aber häuf abbedungen, insb dch Übern der bestehden Belastgen. Gilt auch für bewegl Sachen, zB GrdstZubehör (BGH WM **61**, 484).

440 *Rechte des Käufers.* **I Erfüllt der Verkäufer die ihm nach den §§ 433 bis 437, 439 obliegenden Verpflichtungen nicht, so bestimmen sich die Rechte des Käufers nach den Vorschriften der §§ 320 bis 327.**

480

Einzelne Schuldverhältnisse. 1. Titel: Kauf. Tausch §§ 440–442

II Ist eine bewegliche Sache verkauft und dem Käufer zum Zwecke der Eigentumsübertragung übergeben worden, so kann der Käufer wegen des Rechtes eines Dritten, das zum Besitze der Sache berechtigt, Schadensersatz wegen Nichterfüllung nur verlangen, wenn er die Sache dem Dritten mit Rücksicht auf dessen Recht herausgegeben hat oder sie dem Verkäufer zurückgewährt oder wenn die Sache untergegangen ist.

III Der Herausgabe der Sache an den Dritten steht es gleich, wenn der Dritte den Käufer oder dieser den Dritten beerbt oder wenn der Käufer das Recht des Dritten anderweit erwirbt oder den Dritten abfindet.

IV Steht dem Käufer ein Anspruch auf Herausgabe gegen einen anderen zu, so genügt an Stelle der Rückgewähr die Abtretung des Anspruchs.

441 *Weitere Rechte des Käufers.* Die Vorschriften des § 440 Abs. 2 bis 4 gelten auch dann, wenn ein Recht an einer beweglichen Sache verkauft ist, das zum Besitze der Sache berechtigt.

1) Allgemeines. Nur die NichtErf der in § 440 I bezeichneten Pfl löst die allg Folgen der NichtErf von Vertr aus, u zwar gleicherm bei NichtErf dch Verk od dch Käufer. Wandlg u Minderg (§ 462) sind bei RMangel nicht mögl. Bei teilw Unmöglk gelten § 323 I Hs 2 u II Hs 2, somit die §§ 472, 473. Für Verletzg der VerkPfl hebt § 440 I ausdr hervor, daß jede der in §§ 433–437, 439 festgestellten Pfl die §§ 320–327 anwendb macht, es sich daher um Teile der HauptVerpfl des Verk handelt. Bei BesVerlust v verkauften bewgl Sachen stellen §§ 440 II–IV, 441 zusätzl Erfordern auf. **a) Anwendungsbereich:** Kauf v Sachen u Ren. § 440 II–IV u § 441 nur bewegl Sachen u Re, die zum Bes berecht, zB Nießbr (§§ 1036, 1059), PfandR (§ 1251), DauerWohnR (§ 31 WEG), nicht Miete u Pacht. **b) Rechte des Käufers:** ErfAnspr, auch wenn seine GgLeistg dch Versch des Verk unmögl w (§ 324); Einr des nichterf Vertr (§§ 320, 322); SchadErs wg NichtErf auch bei subjektivem Unvermögen des Verk (BGH **11**, 16), desgl bei verzö nach § 326; Rücktr nach §§ 325 ff. Der Käufer hat diese Re auch dann, wenn der Verk trotz eines ihm zustehdn ZbR vorzeit erf hat; auch in diesem Fall hat der Verk dafür einzustehen, daß die Sache im Ztpkt ihrer Überg nicht mit Ren Dr belastet ist, die ihre Benutzg dch den Käufer hindern (BGH WM **60**, 1417). Auch wenn die Sache schon zZ des KaufAbschl dem Verk nicht gehört, gelten die §§ 320ff. **c) Verhältnis zu anderen Vorschriften:** Das RücktrR (§§ 325, 326) richtet sich nach den allg Vorschr, insb §§ 351, 352, 354; § 327 S 1; jedoch ist der Käufer trotz § 351 zum Rücktr berect, wenn er die Sache dem bestohlenen Eigter zurückgegeben hat (BGH **5**, 337). Bei anfängl Unvermögen des Verk gilt § 325 entspr, nicht § 306, weil der Verk dieses Unvermögen stets zu vertreten hat (BGH **8**, 231; Soergel-Huber § 440 RdNr 15; aA Erm-Weitnauer 7). IrrtAnf wg RMangel ist dch § 440 I grdsätzl nicht ausgeschl; jedoch die aus § 119 II, soweit wg der betreffden Eigensch Haftg aus § 440 in Betr kommt (Erm-Weitnauer 3); Eigt ist keine Eigensch iS des § 119 II (BGH **34**, 32).

2) Voraussetzungen des Schadensersatzanspruchs (Abs II). Dem Käufer entsteht dch die bloße Behauptg eines zum Bes berecht Rs dch einen Dr noch kein Schad, solange er nicht herausgibt. Die Unbilligk, die darin liegt, daß der Käufer die Sache behält, dem RückgAnspr des Verk den Einwand aus dem KaufVertr entggsetzt u gleichzeit SchadErs verlangt, (doppelter Vorteil), soll Abs II verhindern. Zur Bedeutg dieser Best: RG **117**, 335 (für Häuserverk) u BGH **5**, 337. **a) Herausgabe an Dritten** (Abs II 1. Fall). **aa)** Käufer gibt die Sache dem Dr mit Rücks auf dessen R heraus. Er ist nicht verpfl, aber berechtigt, sich mit dem den HerausgAnspr erhebenden Dr auf einen RStreit einzulassen u dem Verk den Streit zu verkünden. Gibt Käufer die Sache dem Dr freiw heraus, so trifft ihn hins des RMangels die BewLast, wenn er von dem Verk in Anspr nimmt. Ist die Sache dem Käufer früh Besitzer abhanden gekommen, so genügt der Käufer seiner BewPfl mit Nachw dieses Tatbestandes; er braucht nicht zu beweisen, daß der Dr Eigtümer geblieben ist (BGH **16**, 307). **bb)** Der Herausg steht nach Abs III gleich, wenn durch RNachfolge Identität zw Käufer u dem Dr entsteht; ferner eine Abfindg, dch die der Käufer die Anspr des Dr erwirbt od beseitigt; sie muß jedoch eine endgült sein. **cc)** Maßgebder Ztpkt für die Berechng des Schad ist der Wert der Sache zZ der Herausg an den Eigtümer. Bei einem Kfz, das der Käufer bis zur Herausg ungestört nutzen kann, tritt der Schad überh erst mit der Herausg ein (Hamm NJW **75**, 2197). **b) Rückgabe an Verkäufer** (Abs II 2. Fall), Käufer braucht sich nicht mit dem Dr auseinanderzusetzen, kann vielm die Sache wg des Rs des Dr dem Verk zurückgeben od den HerausgAnspr abtreten (Abs IV); auch dann ist der Weg für SchadErs (Abs I) frei. **c) Untergang der Kaufsache** (Abs II 3. Fall). Ist die dem Käufer übergebene Sache bei diesem untergegangen, so entfällt auch der Grd, den SchadErsAnspr zu versagen; ebenso, wenn der Käufer dem Dr nach §§ 989, 990 wg verschuldeten Untergangs SchadErs leisten mußte. Bei zufäll Unterg der Kaufsache ist nur der Schaden zu ersetzen, der unmittelb durch den RMangel entstanden ist, zB wenn Käufer seinem weiteren Abkäufer vor Unterg der Sache SchadErs gg Rückgewähr der Sache hatte leisten müssen; denn die Gefahr des zufäll Untergangs geht trotz RMangels mit Übergabe auf den Käufer über (§ 446; RGRK-Mezger 14). Dem Käufer bleibt auch in diesen Fällen der Rücktr (§§ 323 ff).

442 *Beweislast für Rechtsmängel.* Bestreitet der Verkäufer den vom Käufer geltend gemachten Mangel im Rechte, so hat der Käufer den Mangel zu beweisen.

1) Allgemeines. a) Regelungsinhalt. Verlangt der Verk den KaufPr (§ 433 II), so muß er nach allg Regeln die vollständ (mangelfreie) Erf beweisen, wenn er verurteilg ohne Zug-um-Zug-Leistg (§ 322) erreichen will. Davon macht § 442 die Ausn dahin, daß den Käufer die Beweislast dafür trifft, daß ein RMangel vorliegt. **b) Anwendungsbereich:** § 442 gilt für die Verschaffg des Eigtums, für alle Streitfälle des § 434 u für jeden daraus abgeleiteten RBehelf (§ 434 Anm 3), auch für NebenRe (MüKo-Westermann 2), nicht für die Vornahme der Erfüllg (Einigg, Übergabe, Abtretg). **c) Verhalten im Prozeß:** Der

Käufer ist bei einem Prozeß mit dem Dr gehalten, dem Verk den Streit zu verkünden (§§ 74, 68 ZPO), um im RegreßProz den RMangel nicht beweisen zu müssen. **d) Abdingbarkeit** ist zu bejahen (vgl § 443).

2) Beweislastregelung. Der beweisbelastete Käufer muß nicht nur Geltmachg, sond auch Berechtigg der Anspr des Dritten, aus denen der RMangel (§ 434) folgen soll, beweisen. Verteidigt sich Verk damit, daß Käufer den RMangel gekannt habe (§ 439), so hat Käufer trotzdem die Tatsachen darzulegen u zu beweisen, aus denen der RMangel folgt (BGH **40**, 264). Hat der Käufer einem Dr, dem die Sache gestohlen war, diese Sache freiwill herausgegeben, genügt der Nachw des Diebstahls, wenn der Dr sich auf § 1006 I 2 od § 1007 berufen kann (BGH **16**, 307). Entspr gilt, wenn Verk behauptet, die Haftg für diesen Mangel sei vertragl ausgeschl (§ 443). BewLast für diese Verteidigg trägt im übr der Verk, jedoch muß der Käufer die Replik, daß der Verk RMangel argl verschwiegen habe (§ 443), beweisen.

443 *Vertraglicher Ausschluß der Gewährleistung.* Eine Vereinbarung, durch welche die nach den §§ 433 bis 437, 439 bis 442 wegen eines Mangels im Rechte dem Verkäufer obliegende Verpflichtung zur Gewährleistung erlassen oder beschränkt wird, ist nichtig, wenn der Verkäufer den Mangel arglistig verschweigt.

1) Allgemeines. Vertr Vereinb üb den Ausschluß der Haftg für RMängel sind wg der geltdn VertrFreih grdsätzl zuläss, ebso wie bei Sachmängeln (4 vor § 459). § 443 hat dieselbe Funktion wie § 476 für Sachmängel. **a) Anwendbarkeit:** Der vorstehde Grdsatz u die Nichtigk bei Argl (§ 443) gilt für alle VerkäuferPfl, die der GText aufführt, bei allen RMängeln (§ 434 Anm 2). **b) Abdingbarkeit:** § 443 ist zwingd, seine Wirkg kann nur dch wahrgem Aufkl des Käufers beseit w. **c) Wirkung:** Dogmat ist Nichtigk (§ 139) gegeben. Prakt ist es zutreffder anzunehm, daß der Verk sich auf den HaftgsAusschl nicht berufen kann (MüKo-Westermann 3; vgl weiter Anm 2e). **d) Beweislast** für HaftgsAusschl trägt der Verk, für Argl der Käufer (Baumgärtel mwN).

2) Voraussetzungen. a) Haftungsausschluß: Vereinbg ausdrückl im KaufVertr, Zusatz od Nachtrag (§ 305), auch stillschweigd mögl, aber ebso wie bei Handelsbrauch, nur eng u zurückhaltd anzuwenden, idR nur bei RisikoGesch (MüKo-Westermann 2 mwN). **b) Unkenntnis** des Käufers hinsichtl des Mangels zZ des KaufAbschl. Später erlangte Kenntn u grobfahrl Unkenntn des Käufers stehen nicht entgg. Der Verk kann dem ArglEinwand nur entgghalten, daß der Käufer den Mangel zZ des VetrAbschl kannte (§ 439). **c) Arglist** (grdsätzl wie § 476). **aa) Des Verkäufers:** Kenntn des RMangels bei Abschl der Vereinbg, mind daß er mit seinem Bestehen rechnete (RG JW **13**, 1153). Wissen od damit rechnen, der Käufer kenne den Mangel nicht u würde bei Kenntn den Kauf od den HaftgsAusschl nicht vereinb (RG **62**, 300). **bb) Dritter:** Bei Stellvertretg gilt § 166. Der Verk haftet auch, wenn er das Verhalten Dr bewußt ausnützt. Keine Haftg nach § 278, da nicht bei Erf, sond bei Begründg einer Verbindlichk gehandelt w. Hingg ist Haftg nach § 831 denkb, da der Gehilfe zur Verrichtg unters VertrAbschl bestellt sein kann. **d) Verschweigen** des RMangels. Kann aktives Tun zur Verdeckg des Mangels sein (MüKo-Westermann 3) od Unterlassen einer Aufklrg bei besthder Offenbarsgsfl. Bsp: Darstellen eines RMangels, der gewiß besteht, als zweifelh (RG **75**, 437). **e) Umfang:** Nur soweit die Voraussetzgen (Anm a-d) vorliegen, gilt für diesen Mangel § 443. Auf andere Mängel bezieht sich § 443 deshalb noch nicht, sodaß der HaftgsAusschl für den einen nichtig, für einen and wirks sein kann.

444 *Auskunftspflicht; Urkundenherausgabe.* Der Verkäufer ist verpflichtet, dem Käufer über die den verkauften Gegenstand betreffenden rechtlichen Verhältnisse, insbesondere im Falle des Verkaufs eines Grundstücks über die Grenzen, Gerechtsame und Lasten, die nötige Auskunft zu erteilen und ihm die zum Beweise des Rechtes dienenden Urkunden, soweit sie sich in seinem Besitze befinden, auszuliefern. Erstreckt sich der Inhalt einer solchen Urkunde auch auf andere Angelegenheiten, so ist der Verkäufer nur zur Erteilung eines öffentlich beglaubigten Auszugs verpflichtet.

1) Allgemeines. Entspr der Regelg bei FdgsAbtretg (§ 402) u besteht nicht vor Abschl des KaufVertr. **a) Rechtsnatur** des Anspr: grdsätzl NebenPfl; nur ausnahmsw HauptPfl (§§ 320 ff), wenn Gebr der Kaufsache ohne Ausk od Urk unmögl ist (allgM; RGRK-Mezger 3), zB KfzBrief (BGH NJW **53**, 1347). **b) Anwendungsbereich:** nur Ausk u Urk, welche die rechtl Verh des KaufGgst (Sache od R) betr, insb den Bew des Rs, zB Eigt oder Inhsch. Die enge Fassg des § 444 rechtfert in der Praxis eine rasche Anwendg (vgl die Bsp zu Anm 3). Bei Kauf v Sachen für Gebr, Behandlg u Wartg besteht die NebenPfl gem § 433 Anm 4 b. **c) Unmöglichkeit:** bei NebenPfl §§ 275, 280 ff; bei HauptPfl §§ 320 ff. **d) Verzug:** § 286 für VerzSchad, ggf § 326 bei HauptPfl. **e) Abdingbarkeit** ist gegeben (MüKo-Westermann 6). **f) Vollstreckung:** bei Ausk § 888 ZPO, bei Herausg § 883 ZPO.

2) Auskunftsanspruch (S 1 1. Fall) richtet sich auf Verschaffg der auf die rechtl Verhältn bzgl Unterlagen u ihre Erläuterg, nicht dagg auf eine RBelehrg u auf die mit SachEigensch verbundenen Gefahren. Auch wenn Käufer selbst die Möglichk hat, sich anderweit (zB dch Grdbucheinsicht) die Ausk zu verschaffen, wird Verk von AuskPfl nicht befreit.

3) Urkundenauslieferung (S 1 2. Fall). Die Urkunden müssen sich auf das R an dem KaufGgstd beziehen. BewUrk sind solche üb Vorgänge u Tats (vgl §§ 415 ff ZPO), üb private u öff-rechtl Verh. Sie müssen in unmittelb od mittelb Bes des Verk sein, wenn vertr nichts anderes vereinb ist (vgl Anm 1 e); sonst Abtretg des HerausgAnspr. Ausliefern bedeutet Herausg. Im Einzelfall kann Pfl zur Erläuterg der Urk bestehen. Bsp: KfzBrief (vgl Anm 1 a); Miet- u VersVertr; Unterlagen zur Ermittlg der Kostenmiete (LG Essen NJW **65**, 920); die genehm Baupläne eines HausGrdst (AG Traunst NJW-RR **89**, 598), insb techn u wirtsch Planunterlagen des Bauträgers (MüKo-Westermann 4; umstr).

Einzelne Schuldverhältnisse. 1. Titel: Kauf. Tausch §§ 444–446

4) Auszugserteilung (S 2) beschr den UrkAusliefersAnspr (Anm 3). Voraussetzg ist, daß der Verk die Urk noch für eine und Angelegenh als das KaufGgst benöt kann, wie sich auch auf and bezieht. Zu erteilen ist dann ein behördl od notariell begl Auszug auf Kosten des Verk. RFolge: § 810, wenn UrkAuszug erteilt ist. Dem Verk steht es jederzeit frei, eine begl Abschr der ganzen Urk zu erteilen.

445 Kaufähnliche Verträge.
Die Vorschriften der §§ 433 bis 444 finden auf andere Verträge, die auf Veräußerung oder Belastung eines Gegenstandes gegen Entgelt gerichtet sind, entsprechende Anwendung.

1) Voraussetzungen der Anwendbk v § 445. Es darf kein Kauf (§ 433) vorliegen. **a) Begriffe.** Vertr: 1a vor § 145. Veräußerg ist Übertragg eines Ggst (Sache od R; 2 vor § 90). Belastg: Begründg eines Rs an einem Ggst. Entgelt: vertragl GgLeistg (Geld, RVerschaffg, Handlg). **b) Entgeltliche Veräußerung:** Einräumg eines ErbbauR gg Erbbauzins; FilmverwertgVertr; Vertr üb Auswertg gewerbl SchutzRe, wenn sie weder Kauf noch MietVertr sind; Übern von NachlaßGgst dch Miterben gg Entgelt (BGH **LM** § 433 Nr 4); Abgeltg des PflTAnspr dch Übereigng eines NachlaßGgst (BGH **NJW 74**, 363 für § 493); Vergleich (§ 779) üb Veräußerg eines Ggst (RG **54**, 167); Kauf eines Vertr als Gesamth von Ren u Pfl (Koller **JR 82**, 353); AuseinandersetzgsVertr des ausscheidden Gesellsch, dem ein Ggst zur Abfindg überl w (BGH **WM 55**, 224). **c) Entgeltliche Belastung:** DarlGewähr gg SicherggsÜbereigng; DarlGewähr gg Bestellg eines GrdPfdR (Ffm **NJW 69**, 327 m abl Anm v Schütze).

2) Unanwendbarkeit v § 445 ist gegeben: **a) Kraft ausdrücklicher gesetzlicher Regelung** gelten alle od einzelne Vorschr des KaufR bei: § 365 (Hingabe an Erf Statt), § 515 (Tausch), § 651 (WerklieferrgsVetr), § 757 (GemeinschTeilg), § 2182 (Vermächtn), §§ 2374 ff (ErbschKauf). **b) Wegen der Rechtsnatur** des Vertr: **aa)** Unentgeltl Vetr, weil die Schärfe der VerkHaftg hier unangemessen wäre u eine bes Regelg besteht: § 523 (Schenkg), § 1624 (Ausstatt), § 2385 II (ErbschSchenkg). **bb)** Übereigng Kraft hoheitl Handelns; insb Enteignug, Übereigng in der ZwVollstr (§ 806 ZPO, § 56 S 3 ZVG).

446 Gefahrübergang; Nutzungen; Lasten.
I Mit der Übergabe der verkauften Sache geht die Gefahr des zufälligen Unterganges und einer zufälligen Verschlechterung auf den Käufer über. Von der Übergabe an gebühren dem Käufer die Nutzungen und trägt er die Lasten der Sache.
II Wird der Käufer eines Grundstücks oder eines eingetragenen Schiffs oder Schiffsbauwerks vor der Übergabe als Eigentümer in das Grundbuch, das Schiffsregister oder das Schiffsbauregister eingetragen, so treten diese Wirkungen mit der Eintragung ein.

1) Allgemeines. a) Anwendungsbereich: Nur Sachen iS des § 90, auch unter EV (§ 455) verkaufte, sowie analog für Re, die zum Bes an einer Sache berecht (§ 451). Die Regelg des GefahrÜberg bezieht sich demgem nur auf den Untergg u die Verschlechterg der Sache. Ferner Sachgesamth u Inbegriff von Sachen u R (zB ein Untern), bei dem eine der Überg entspr Verschaffg der tatsächl Herrsch in Betracht kommt, auch BruchT v Sachen u WoEigt. Sonderregel für Versendungskauf: § 447; für ErbschKauf: § 2380. **b) Abdingbarkeit** für Vorverlegg u Verschiebg des GefahrÜberg ist zu bejahen (BGH **NJW 82**, 1278). Zu Gefahrklauseln vgl § 448 Anm 3. Die Vereinbg wird bei Grdst vom Formzwang des § 313 erfaßt (BGH **WM 71**, 636). **c) Beweislast** dafür, daß die Unmöglichk der Leistg nicht auf Zufall beruht, trägt der Käufer (Baumgärtel 1).

2) Gefahrtragung. a) Begriff: Gefahr ist die Lage, bei der der Betroffene die Nachteile, für die er die Gefahr trägt, nicht auf einen and (hier den VertrGegner) abwälzen kann. **b) Grundsatz:** Die Gefahr der zufäll (v keinem VetrTeil zu vertretden) Unmöglichk der Leistg trägt beim ggseit Vetr gem § 323 bis zur vollständ Erf der zu dieser Leistg Verpflichtete. Davon machen §§ 446, 447 beim Kauf Ausnahmen, aber nur (RG **106**, 16) für zufäll Untergang, Verlust od Beschädigg der Kaufsache. **c) Zweck** der Vorschr: Dem Käufer wird die mit dem SachBes verbundene Gefahr deshalb auferlegt, weil der Verk sich nach Überg dagg nicht mehr schützen kann. **d) Untergang:** Körperl Vernichtg u BesVerlust, insb widerrechtl Entziehg od einen Dr. **e) Verschlechterung:** jede Qualitätsminderg, insb Beschädigg od Verderb der Sache. **f) Zeitpunkt:** Liegen die Umstde, die Untergg od Verschlechterg bewirken, vor der Überg u haften der Sache an, bleibt die Haftg aus § 323 unberührt. **g) Wirkung** des § 446: Die GgLeistgsGefahr aus § 323 (für § 324 II vgl Anm 4a) geht auf den Käufer üb. Dies gilt iF des Untergg der Sache auch dann, wenn der Verk das Eigt an den Käufer noch nicht übertragen hat (§ 433 I) od auf der Sache ruhde Re Dr (§ 434) noch nicht beseit sind (RG **85**, 320; **93**, 330). Der Verk behält also den Anspr auf die GgLeistg (KaufPr, § 433 II). IF der §§ 325, 440 bleibt jedoch die Haftg des Verk bestehen, weil § 446 nur den Zufall umfaßt.

3) Eintritt des Gefahrübergangs (Abs I S 1). Setzt stets gült, insb auch formgült KaufVertr voraus. **a) Zeitpunkt:** Maßgebd ist die Überg der Kaufsache (§ 433 Anm 2a). Daß mittelb Bes (§ 868) verschafft w, genügt nur dann, wenn vertrgem nur dieser verschafft w soll. Abw Vereinbg über den Ztpkt des GefahrÜberg ist zul (Anm 1b). Auf den EigtÜberg kommt es nicht an, EigtVorbeh (§ 455) ist daher bedeutgsl. **b) Bedingter Kauf** (sog KonditionsGesch). Auch hier gilt der Grds, daß nur bei wirks KaufVertr ein GefahrÜberg stattfindet, sofern nichts and vereinb ist (vgl § 159; RGRK-Mezger 4). **aa) Auflösend** (§ 158 II): GefahrÜberg mit Überg der Sache. Bei Ausfall der Bedingg ist der Vertr wie von Anfang an unbedingt zu behandeln; bei Eintritt besteht kein Vetr mehr, der Verk hat keinen KaufPrAnspr, bei zufäll Unterg od zufäll Verschlechterg der Sache auch keinen ErsAnspr (diesen nur bei Versch des Käufers). **bb) Aufschiebend** (§ 158 I): Wird die Kaufsache schon vor BedingsgEintritt übergeben, ist Rückbeziehg (§ 159) als vereinb anzusehen. Tritt die Bedingg nach zufäll Unterg od Verschlechter der Sache ein, muß KaufPr bezahlt w. Fällt die Bedingg aus, besteht kein KaufVetr u kein KaufPrAnspr (BGH **NJW 75**, 776).

§§ 446, 447   2. Buch. 7. Abschnitt. *Putzo*

c) Genehmigungsbedürftiger Kauf: Bei rechtsgeschäftl Gen (§ 182) gilt Anm b, bb entspr. Wenn der Kauf v behördl Gen abhäng gemacht w, liegt sowieso ein aufschiebd bedingter Kauf vor.

4) Früherer Gefahrübergang als mit Übergabe tritt ein bei: **a)** AnnVerzug des Käufers §§ 324 II, 300 II. **b)** Versendungskauf § 447. **c)** ErbSchKauf § 2380. **d)** Grundstückskauf (Abs II): Gefahrüberg schon, wenn Käufer als Eigtümer ins GB eingetr w; das gilt aber nur, wenn der Käufer dadch auch das Eigt erwirbt (Brox JuS 75, 1 [5]; bestr), sei es rückwirkd, zB dch Genehmigg (§ 184 I). Wird jedoch Grdst vor Eintr übergeben, so bleibt es bei 446 I. Sonderregelg des Gefahrüberg bei ZwVerst: § 56 ZVG. **e)** Schiffskauf: entspr Anm d. Bei ZwVerst: §§ 162, 56 ZVG.

5) Nutzungen und Lasten (Abs I S 2) gehen zugleich mit der Gefahr über (aber nicht bei § 447). Nutzgen: § 100. Lasten: § 103; auch die öff (vgl § 436 Anm 2); dazu gehört nicht die GrdErwerbsteuer, die der Käufer nach § 449 zu tragen hat. Abs I S 2 betrifft nur das InnenVerh zw Verk u Käufer.

447 **Gefahrübergang bei Versendungskauf.** ¹ Versendet der Verkäufer auf Verlangen des Käufers die verkaufte Sache nach einem anderen Orte als dem Erfüllungsorte, so geht die Gefahr auf den Käufer über, sobald der Verkäufer die Sache dem Spediteur, dem Frachtführer oder der sonst zur Ausführung der Versendung bestimmten Person oder Anstalt ausgeliefert hat.

II Hat der Käufer eine besondere Anweisung über die Art der Versendung erteilt und weicht der Verkäufer ohne dringenden Grund von der Anweisung ab, so ist der Verkäufer dem Käufer für den daraus entstehenden Schaden verantwortlich.

1) Allgemeines. § 447 stellt eine AusnRegelg zu § 446 für den VersendgsKauf (Anm 2) dar. **a) Zweck.** Der Käufer, auf dessen Verlangen die gekaufte Sache nach einem and Ort als dem ErfOrt versandt w, soll das dadch erhöhte Risiko ordnggem Erf tragen, insb das für TranspSchäd u Verluste. **b) Beförderer** (auch BefördergsPers genannt) sind der Spediteur, der Frachtführer, die Bahn od der Post (Anst), sowie sonst Pers, die den Transp dchführen. **c) Anwendungsbereich.** Nur bei Kauf bewegl Sachen; wg der VersendgsFähigk enger als § 446. Nicht gilt § 447, wenn die Sache an den ErfOrt versandt w soll (Bringschuld); dann ist § 446 anzuwenden; ebso im Verk zu DrAbnehmer (BGH NJW 68, 1929). Wird eine bereits versandte (rollde) Ware verk, so gilt § 447 nur beschr (BGH 50, 32). **d) Abdingbarkeit** ist zu bejahen (allgM). **e) Hauptpflicht** ist Versendg wg der ÜbergPfl idR (§ 433 Anm 4h, aa). In diesem Falle gilt § 447 dann nicht.

2) Versendungskauf. a) Begriff: Es ist ein gewöhnl Kauf, bei dem der Verk die NebenPfl übernommen hat, für die Versendg der Ware an den vom Käufer gewünschten AbliefergsOrt zu sorgen. **b) Wirkung** ist der Gefahrüberg (Anm 6). § 447 ändert nichts an der ÜbergabePfl (§ 433 Anm 2a). Der Verk kann zwar nicht am Ort seiner Niederlassg erf; denn der Käufer ist hier nicht anwesd. Der Verk befreit sich jedoch von der Gefahr des zufäll Unterg od der Beschädigg der Kaufsache dadch, daß er sie dem Beförderer (Anm 1b) übergibt. Ohne bes Vereinbg einer ÜbersendgsPfl wird eine solche idR nicht nach § 242 dem Verk aufzuerlegen sein, da er nur Zug um Zug zu leisten hat (§§ 320, 322) u Übergabe an den Beförderer regelm eine Vorleistg des Verk ist. Hat der Käufer Kaufpr u VersendgsKosten bezahlt, kann sich regelm der Verk regelm nicht der Versendg entziehen ohne in SchuVerzug zu geraten. Vielf besteht der Handelsbrauch, daß Verk bei allen Distanzkäufen (die Versendg erfordern) vor Zahlg die Ware übersenden u Untersuchg dch Käufer wg § 377 HGB ermögl muß; dies gilt insb bei Verkauf „frei Waggon" (RG 103, 129). Üb weitere Klauseln vgl § 448 Anm 3.

3) Voraussetzungen (Abs I) der Wirkgen (Anm 2b). Stets muß ein wirks KaufVertr im AnwendgsBer (Anm 1c) vorliegen. Ferner: **a) Versendungsverlangen** des Käufers. Es kann nach KaufAbschl ausgesprochen w. Versendg bei fehldem Einverständn des Käufers genügt nicht. **b) Versendung** nach einem and Ort als dem ErfOrt (Anm 4a). **c) Auslieferung** an Beförderer: Anm 5.

4) Versendung. Sie muß nach einem and Ort als dem ErfOrt geschehen. **a) Erfüllungsort** ist mangels abweichder Vereinbg der Wohnsitz od die Niederlassg des Schu (§ 269), also des Verk für seine Übereignungs- u ÜbergabePfl. Daran ändert sich nichts, wenn dem Vertr zufolge BesÜberg u Übereigg außerh des Wohnsitzes (Niederlassg) des Verk vollzogen w soll; denn der Verk hat am ErfOrt diejen Hdlgen vorzunehmen, die den Eintritt des Erfolgs am AbliefergsOrt bewirken. Versendg nach außerhalb ist also mögl, ohne daß in der VersendgsPfl od Übern der Kosten dch den Verk (§ 269 III) eine Vereinbg üb den ErfOrt liegt. Auch eine Versendg innerh desselben Ortes (Stadt, Gemeinde), sog Platzkauf, fällt unter § 447, weil ErfOrt nur die Wohng od die Niederlassg des Verk ist (§ 269). Zur Versendg gehört auch der Transp der Ware zur Bahn od Post, u zwar ohne Rücks darauf, ob der Verk sich hierbei eigener od fremder Gehilfen od Pers bedient. § 447 gilt auch für den GesamtTransp dch Verk u seine ErfGehilfen (bestr; MüKo-Westermann 15). Auf jeden Fall gelten §§ 276, 278, sodaß der Käufer nur die Gefahr des Zufallsrisiko trägt (§ 433 Anm 4h, bb mwN). **b) Durchführung.** Versandt werden muß vom ErfOrt aus; andernf liegt kein Gesch des Käufers vor, sond eine HauptPfl des Verk, sodaß dieser die TranspGefahr trägt (RG 111, 25). Es gilt jedoch § 447, wenn sich der Käufer mit einer solchen Versendg ab auswärt Lieferwerk (ab auswärt Lager od ab Einfuhrhafen) einverst erkl (BGH NJW 65, 1324). Dabei muß jedoch diese Versendg im Interesse des Käufers liegen, sodaß die Gefahr nicht auf ihn übergeht, wenn nach dem ErfOrt versandt wird. **c) Wirkung.** Erst mit der Auslieferg an den Beförderer (Anm 1b) geht die Gefahr auf den Käufer über (Anm 5). Hat der Verk im eigenen Interesse ohne Rücks auf den Käufer dem Beförderer eine best Anweisg für den Transp gegeben u wird diese für einen eintretden Schad ursächl, so sind auch insow §§ 276, 278 anwendb (RG 115, 164). Die Beförderer sind idR nicht ErfGehilfen od Vertr des Käufers.

Einzelne Schuldverhältnisse. 1. Titel: Kauf. Tausch   §§ 447, 448

5) Auslieferung an den Beförderer (Anm 1 b) bewirkt den GefahrÜberg (Anm 6). **a) Begriff:** Die Auslieferg ist ein tats Vorgang u umfaßt alles, was iS des kaufmänn Verk erforderl ist, um den dch eine Beförderg vermittelten Eingang der Ware beim Käufer zu bewirken. Sie verschafft dem Käufer weder Bes noch Eigt; denn zum BesÜberg (für § 929) bedarf es der tats Ann der Sache dch den Käufer. Das ist nur dann and, wenn der Beförderer ausnahmsw Vertr des Käufers ist od SondAbreden der Part über die Einlagerg der Ware bei einem Spediteur getroffen worden sind (BGH NJW **60**, 1952). Die Überg eines kaufmänn Traditionspapiers an den Beförderer genügt nicht, da die Ware der KaufGgst ist. Beim GattgsKauf ist für den GefahrÜberg die Konkretisierg erforderl (§ 243). **b) Abgrenzung.** Der bloße Auftrag an den Beförderer genügt nicht. Vielmehr muß die Ware dem Beförderer (Anm 1 b) unter Berücksichtigg v Weisgen des Käufers mit der vom Käufer angegebenen Anschrift zum Versand od zur Beförderg übergeben sein (RG **115**, 162). Das ist zB bei einem polnischen Verk bei Überg an die polnische Bahn auch dann gegeben, wenn „frei deutsch-polnische Grenze" vereinb ist (Nürnbg MDR **78**, 492).

6) Gefahrübergang. Bewirkt den Überg der PrGefahr (Pfl zur Zahlg des KaufPr, § 433 II) u der Leistgsu VerschlechtergsGefahr. **a) Umfang.** § 447 bezieht sich nur auf die BeförderngsGefahr, also auf solche Schäd, für welche der Beförderg ursächl od mitursächl ist. Bsp: Fehler des Beförderers u seiner ErfGehilfen (BGH NJW **65**, 1324); Versicherg der Ware dch den Spediteur, der die Auslieferg v einer Prämienerstattg abhäng machen läßt (RG **99**, 561); eine erst dch den Transp ermögliche Beschlagnahme. **b) Abgrenzung.** Es gehören nicht zur BeförderngsGefahr: Behördl Beschlagnahme der Ware im Inland, die nicht dch den Transp verurs wurde (RG **106**, 17; Ulmer SJZ **46**, 224); Rückruf der rollden Ware dch den Lieferanten des Verk, weil dieser nicht bezahlt hat (RG **93**, 330); Unterg od Verschlechter der Ware währd der Beförderg inf eines zZ der Überg zur Versendg bestehden Sachmangels (BGH LM Nr 3: Verk haftet nach §§ 459 ff). Untergang od Verschlechterg inf nicht ordngsgem Verpackg od Verladg (BGH NJW **68**, 1929: VerkHaftg bei Verschulden aus pVV; vgl hierzu Zimmer BB **88**, 2192).

7) Abweichung von Anweisung des Käufers (Abs II). **a) Bedeutung.** Es bleibt beim GefahrÜberg gem Abs I, wenn der Verk von der Anweisg abweicht. Abs II gewährt jedoch unter den Voraussetzgen der Anm b dem Käufer einen SchadErsAnspr. **b) Voraussetzungen** des SchadErsAnspr: **aa)** Vorliegen eines VersendgsKaufs (Anm 2). **bb)** Dch Käufer (formlos) erteilte bes Anweisg für eine bestimmte Art der Beförderg (Wahl der VersendgsArt, Verpackg, Verladg),; die Anweisg muß dem Verk bekannt sein. **cc)** Abweichg: Tats u schuldh (Jau-Vollkommer 2 c, bb) vorgenommene u Art der Beförderg. **dd)** Fehlen eines dringden Grdes; ein solcher liegt dann vor, wenn die Anweisg nach VertrSchluß erfolgt ist u wg ungewöhnl Schwierigk, die damit verbunden sind, es unzumutb ist, sie zu befolgen. **c) Wirkung:** Haftg des Verk für denjen Schad, der gerade dch die abweiche Art der Beförderg entstanden ist u nicht entstanden wäre, wenn der Verk die Anweisg eingehalten hätte: § 287 ZPO. Der Verk ist verpfl, den Käufer auf die Unzweckmäßigk von Anweisgen aufmerks zu machen (BGH LM Nr 2). Zur Pfl des Verk eine Versendg zur Unzeit zu unterl vgl 43. Aufl Anm 8.

8) Beweislast. Für Vereinbg eines VersendgsKaufs hat sie derjen, der sich darauf beruft (Baumgärtel 1). **a) Käufer.** Für Bringschuld; für Vereinbg über die VersendgsArt; für VersendgsFehler des Verk u seiner ErfGehilfen; Abweichg von Anweisgen gem Anm 7 b, bb; Kausalität des Schadens; Unzweckmäßigk der VersendgsAnweisg (Anm 7 c). **b) Verkäufer:** Für Übergabe an Beförderer; für fehldes Verschulden bei pVV; Vorliegen eines dringden Grdes (Anm 7 b, dd); fehlde Kausalität bei Abweichg von der VersendgsArt (Anm 7 c).

448 **Kosten.** ^{I} Die Kosten der Übergabe der verkauften Sache, insbesondere die Kosten des Messens und Wägens, fallen dem Verkäufer, die Kosten der Abnahme und der Versendung der Sache nach einem anderen Orte als dem Erfüllungsorte fallen dem Käufer zur Last.

^{II} Ist ein Recht verkauft, so fallen die Kosten der Begründung oder Übertragung des Rechtes dem Verkäufer zur Last.

1) Allgemeines. a) Grundsatz. Der Verk muß den KaufGgst so anbieten, daß der Käufer am ErfOrt zur vertrgem ErfZt nur noch abzunehmen braucht. Dementspr sind die Kosten verteilt. **b) Anwendungsbereich:** Bewegl Sachen u Re. Für Grdst u Re an ihnen gilt § 449 als SoRegelg. **c) Abdingbarkeit** wird uneingeschr bejaht. Hierzu Klauseln gem Anm 3.

2) Sachkauf (Abs I) Begr: § 433 Anm 1 a. **a) Verkäufer** hat zu tragen: Kosten der Lagerg, der Übergabe (§ 433 Anm 2 a), also des Transp bis zum ErfOrt. Kosten des Messens u Wiegens trägt der Verk nur, wenn es zur Ausscheidg der Kaufsache aus größerem Vorrat erforderl ist, nicht aber, wenn nur Nachprüfg dch den Käufer bezweckt wird. Kosten der Verpackg bei Versendg zum ErfOrt. Verzollg, die zur Bereitstellg der Ware am ErfOrt notw ist (MüKo-Westermann 2). Die zur Überg erforderl Verpackg (vgl § 433 Anm 4 g). **b) Käufer:** Kosten der Abnahme (§ 433 Anm 6). Das sind die dch Übern der Sache in VfgsGewalt des Käufers entstehden Kosten. Hierzu gehören auch Kosten der Untersuchg der Sache auf Mängel u zugesicherte Eigsch. VersendgsKosten ab ErfOrt (§ 447 Anm 4). Dazu gehören auch die dch die Versendg anfallden Steuern u Zölle ab Verlassen des ErfOrts, die TranspVergütg, Entgelt für Mehrwegverpackg, die der Verk stellt.

3) Klauseln. § 448 wird häuf abbedungen (Anm 1 c). Insb sind im internationalen HandelsVerk zu beachten die Incoterms u die Tradeterms (Anh 6 in Baumb-Duden-Hopt), Bsp (auch für den deutschen HandelsVerk): „Ab Fabrik", „ab Lager": alle BeförderngsKosten trägt der Käufer; „cif": der Verk trägt die Kosten der Abladg u Löschg, der Versicherg u Beförderg; „fob-Bremen": der Verk trägt die Kosten bis die Ware in Bremen die Reling passiert (RG **106**, 212; Gänger BB **53**, 931); „frei Bahn": der Verk trägt die Kosten bis zur Bahn; „frei Waggon": der Verk trägt die Kosten bis der geladene Waggon od die Ware, falls sie keine volle

§§ 448–451 2. Buch. 7. Abschnitt. *Putzo*

Waggonladg ergibt, der Eisenbahn ausgehändigt worden ist; „fio" = „free in and out": der Käufer trägt die Kosten der Einladg u Ausladg; ebenso bei „fas" = „free alongside ship"; „frei Haus": der Verk trägt die Kosten bis in das Lager des Käufers; „ab Kai Hamburg": der Verk trägt die Kosten des Aufnehmens, der Käufer die des Absetzens, Kaiumschlagsgebühren sind daher vom Verk u Käufer je zur Hälfte zu tragen (HK Hbg BB **51**, 685); „frei ab Kai Hamburg": der Verk trägt die Kosten des Aufnehmens u Absetzens u damit die Kaiumschlagsgebühren (HK Hbg aaO).

4) Rechtskauf (Abs II). Begriff: § 433 Anm 1b. Gesetzl SoRegelg für Re an Grdst: § 449. **a) Verkäufer** trägt grdsätzl die unmittelb anfallenden Kosten der Begründg u Übertragg (§§ 398, 413), insb die Kosten einer notw Beurk od notar Beglaubigg, zB für eine RegEintragg des Käufers (§ 24 II PatG; § 8 WZG). Nicht: Börsenumsatzsteuer bei Aktienkauf (aA Hamm Betr **79**, 886). **b) Käufer** trägt die Kosten, wenn es so vereinb ist (Anm 1c) od wenn er eine nicht notw Beurk od Beglaubigg gem § 403 verlangt.

449 *Grundbuch-, Beurkundungs- und Schiffsregisterkosten.* ^{I} Der Käufer eines Grundstücks hat die Kosten der Auflassung und der Eintragung, der Käufer eines Rechtes an einem Grundstücke hat die Kosten der zur Begründung oder Übertragung des Rechtes nötigen Eintragung in das Grundbuch, mit Einschluß der Kosten der zu der Eintragung erforderlichen Erklärungen, zu tragen. Dem Käufer fallen in beiden Fällen auch die Kosten der Beurkundung des Kaufes zur Last.

^{II} Der Käufer eines eingetragenen Schiffs oder Schiffsbauwerks hat die Kosten der Eintragung des Eigentumsübergangs, der Käufer eines Rechts an einem eingetragenen Schiff oder Schiffsbauwerk hat die Kosten einer zur Begründung oder Übertragung nötigen Eintragung in das Schiffsregister oder das Schiffsbauregister mit Einschluß der Kosten der zur Eintragung erforderlichen Erklärungen zu tragen.

1) Allgemeines. a) Anwendungsbereich: Abs I gilt für Grdst u grdstgleiche Re, Abs II für eingetr Schiffe u Schiffsbauwerke (insb Docks), ferner entspr für Luftfahrz u die an ihnen bestellten RegPfdR (§ 98 LuftfzRG). Gilt nicht für Enteigng (Erm-Weitnauer 4), auch nicht entspr für kaufähnl Vertr (vgl § 445; bestr; aA Staud-Köhler 1). **b) Abdingbarkeit:** ist uneingeschränkt zu bejahen; and Vereinbg ist insb auch stillschw mögl. **c) Innen- und Außenverhältnis:** § 449 betr nur das InnenVerh der KaufVertrPart, nicht ihre Schuld od Haftg für die Kosten gg Dr, insb Behörden u Notare.

2) Kosten, a) Begriff: Darunter sind nur die dch Eintr u Beurkundg unmittelb verursachten Kosten zu verstehen, näml Gebühren u Auslagen gem KostO, nicht sonstige Aufwendgn der VertrPart; auch nicht sonstige Eintr- u BeurkKosten, die notw sind, um die Voraussetzgn dafür zu schaffen, daß die Übereign vorgen w kann (zB KaufPrHyp; aA Staud-Köhler 3), erst recht nicht Vermessgskosten, die unter § 448 fallen (LG Kassel MDR **57**, 228). **b) Voraussetzungen:** Die KostenPfl greift auch ein, wenn die Beurkundg nicht notw war, ist unabhäng vom Vollz im GrdBuch u besteht auch, wenn der KaufVertr später wieder aufgeh w (Karlsr DNotZ **63**, 242). **c) Einzelheiten:** Kosten einer AuflassgsVormkg fallen unter § 449 (Hamm NJW **65**, 303; Oldbg NdsRpfl **65**, 108; bestr), ebso die GrdErwerbsteuer (Brem DNotZ **75**, 95 mwN; bestr).

450 *Ersatz von Verwendungen.* ^{I} Ist vor der Übergabe der verkauften Sache die Gefahr auf den Käufer übergegangen und macht der Verkäufer vor der Übergabe Verwendungen auf die Sache, die nach dem Übergange der Gefahr notwendig geworden sind, so kann er von dem Käufer Ersatz verlangen, wie wenn der Käufer ihn mit der Verwaltung der Sache beauftragt hätte.

^{II} Die Verpflichtung des Käufers zum Ersatze sonstiger Verwendungen bestimmt sich nach den Vorschriften über die Geschäftsführung ohne Auftrag.

1) Allgemeines. a) Zweck. GefahrÜberg ist für die Interessenlage der VertrTeile zur Erhaltg der Kaufsache ein Wendepunkt. Daher knüpft das G an dieses Ereign eine Änderg der Anspr des Verk auf VerwendgsErs. **b) Anwendungsbereich:** GefahrÜberg vor Übergabe an Käufer kann eintreten nach § 446 II, § 447 od bei vertragl Ersetzg der Überg (§ 433) dch BesitzmittlgsVerh (§§ 868, 930). **c) Abdingbarkeit** ist gegeben (allgM). **d) Wirkung.** Die hier geregelten Anspr auf VerwendgsErs besagen nichts über Verpfl des Verk zu solchen Verwendgn. Anspr aus § 450 begründen für Verk ZbR (§ 273).

2) Verwendungen nach Gefahrübergang (Abs I, Anm 1b). Notw Verwendgn wie § 994 Anm 1. Die Notwendigk muß nach GefahrÜbergang eingetreten, die Verwendg vor der Überg (§ 929 Anm 3) gemacht worden sein. Der AnsprInhalt richtet sich iü nach den §§ 662ff, daher insb nach § 670.

3) Sonstige Verwendungen (Abs II) sind solche vor GefahrÜberg nach KaufAbschl sowie solche Verwendgn (§ 994 Anm 1), die nicht zur Erhaltg der Kaufsache notw sind, zB nützl Verwendgn. Der Anspr richtet sich nach § 683 u zwar auch nach dessen Voraussetzgn u umfaßt nicht die Aufwendgn des Verk, die der Erhaltg der Kaufsache dienen; denn insow erf er eigene Pflichten.

451 *Gefahrübergang und Kosten bei Rechtskauf.* Ist ein Recht an einer Sache verkauft, das zum Besitze der Sache berechtigt, so finden die Vorschriften der §§ 446 bis 450 entsprechende Anwendung.

1) Diese Re sind insb in § 433 Anm 3b aufgeführt. Entspr anwendb sind auch die §§ 459ff (BGH NJW **86**, 1605).

486

452 Verzinsung des Kaufpreises. Der Käufer ist verpflichtet, den Kaufpreis von dem Zeitpunkt an zu verzinsen, von welchem an die Nutzungen des gekauften Gegenstandes ihm gebühren, sofern nicht der Kaufpreise gestundet ist.

1) Allgemeines. a) Zweck: Der Käufer soll nicht gleichzeit KaufGgst u KaufPr nutzen dürfen. **b) Abdingbarkeit** ist uneingeschr gegeben, insb dch vereinb Fälligk bei Zug-um-Zug-Leistg, bei RechngStellg, nach Überg od bestimmte Zt danach, vereinb Verzinsg der gestundeten KaufPrFdg, schlüss ZinsVerzicht dch SchlußRechng (MüKo-Westermann 3). § 452 gilt nicht für AbzKäufe u kaufähnl Vertr (§ 445). **c) Zinsen** sind die gesetzl in der Höhe v § 246 od § 352 HGB.

2) Voraussetzungen für Verzinsg. **a) Nutzungsrecht** des Käufers. Es genügt die bloße Möglichk, berecht Nutzgen (§ 100) zu ziehen (§ 446 I S 2). **b) Zeitpunkt.** Prakt ab Überg der Sache (§ 433 Anm 2a) od Übergang des Rs (§ 398), wenn nichts and vereinb ist (Anm 1b). Nicht vor Fälligk (MüKo-Westermann 3; aA Oldbg DNotZ **86**, 369 m abl Anm v Kanzleiter; Hamm NJW-RR **89**, 333). Unerhebl ist, ob der Käufer die Nutzgen tats zieht od ziehen kann. **c) Unterbliebene Stundung** (Begr: § 271 Anm 4a). Vereinbg v Zug-um-Zug-Leistg od Vorleistg des Käufers ist keine Stundg; diese muß dem Käufer ein R auf Vorleistg des Verk gewähren. Bei gewährter Stundg ist iF einer VermVerschlechterg des Käufers § 321 anwendb, idR mit Folge der Zug-um-Zug-Leistg (§ 322). Nach Ablauf der Stundg beginnt die ZinsPfl von selbst (umstr).

453 Marktpreis. Ist als Kaufpreis der Marktpreis bestimmt, so gilt im Zweifel der für den Erfüllungsort zur Erfüllungszeit maßgebende Marktpreis als vereinbart.

1) Allgemeines a) Rechtsnatur. § 453 ist eine Auslegungsregel. **b) Voraussetzung:** Vereinbg des MarktPr (Anm c) als KaufPr (§ 433 Anm 5a). **c) Marktpreis** eines Ortes ist der DchschnittsPr, der sich unabhäng v bes zufäll Umst der PrBildg aus dem Vergl einer größeren Anzahl an diesem Orte zur maßg Zeit geschlossener KaufVertr für Waren der betreffden Beschaffh ergibt. Ist am ErfOrt ein MarktPr nicht zu ermitteln, so ist Markt des Ortes maßg, zu dessen WirtschGebiet der ErfOrt gehört. Der ListenPr eines neuen Kfz ist nicht der MarktPr (vgl BGH **90**, 69 [72]). **d) Wirkung:** IZw gilt der MarktPr (Anm c) des ErfOrts (§ 447 Anm 4a) als vereinb. ErfZt ist der Ztpkt, wann vertrgem zu erf ist. **e) Beweislast** für Vereinbg des MarktPr trägt der Verk, wenn er ihn verlangt, der Käufer, wenn er nicht mehr als den MarktPr bezahlen will.

454 Ausschluß des Rücktrittsrechts. Hat der Verkäufer den Vertrag erfüllt und den Kaufpreis gestundet, so steht ihm das im § 325 Abs. 2 und im § 326 bestimmte Rücktrittsrecht nicht zu.

1) Allgemeines. a) Zweck: Der Käufer, der die Sache zur Benutzg, Weiterveräußerg od zum Verbrauch erworben u dieser Bestimmg zugeführt hat, soll dch die Rückg nicht unbill belastet w. § 454 ist eine eng auszulegde AusnVorschr. **b) Anwendungsbereich.** Dem Wortlaut zufolge bei jedem KaufGgst u auch dann, wenn der Käufer neben dem KaufPr auch noch and Pfl übnommen hat (BGH NJW-RR **88**, 630). Gilt nicht bei AbzKauf (allgM); EigtVorbeh, weil Erf erst mit Restzahlg eintritt (RG JW **27**, 667) u § 455 das RücktrR ausdrückl gewährt; ebensowenig bei Fixkaufmann u (§ 376 HGB; Erm-Weitnauer 1) u TauschVertr (BGH LM Nr 1: auch keine entspr Anwendg. **c) Abdingbarkeit** ist uneingeschr zu bejahen (allgM). **d) Verhältnis zu anderen Vorschriften:** Vertr RücktrR (§§ 346, 360), SchadErsAnspr (§§ 325, 326) u Einreden aus §§ 320, 321 (BGH **LM** Nr 4).

2) Voraussetzungen sind kumulativ: **a) Erfüllung** der HauptPfl des KaufVertr dch den Verk gem § 433 (dort Anm 2, 3), mindestens im wesentl (Soergel-Huber 14). Bei Grdst genügt die lastenfreie Auflassg des zu übergebenden Grdst dch den bisher Verkäufer nur vor Eintragg in GrdBuch. Der Erf steht nicht entgg, daß unwesentl Teile (zB Zubehör) noch ausstehen. Auch gilt § 454 bei vereinb TLeistg hinsichtl derer, die bereits erbracht sind (MüKo-Westermann 5 mwN); iü steht TLeistg des Verk dem Rücktr nicht entgg (RG **50**, 139). Hat der Verk den noch ausstehnden Teil seiner Leistg schuldh nicht erbracht, so ist ArglEinwand (§ 242) des Käufers gg RücktrR mögl (vgl RG **118**, 100). **b) Stundung** des KaufPr (§ 271 Anm 4). Es muß also ein Kreditkauf (Einf 3c vor § 433) vorliegen. Vereinb ZahlgsZiel od Zahlg dch Wechsel ist Stundg u kann zur Anwendg v § 454 führen, wenn nicht ein EigtVorbeh vereinb ist (vgl Anm 1b). Stundg kann vor od nach KaufAbschl gewährt sein; insbes auch der Widerruf ist für § 454 unerhebl (BGH **LM** Nr 2). Die Stundung muß sich auf den KaufPr beziehen, sodaß Verzug des Käufers mit nebensächl GgLeistgen dem Rücktr des Verk nicht entggsteht (BGH **LM** Nr 1).

3) Wirkung des § 454. Das gesetzl RücktrR aus § 325 II u § 326 ist ausgeschl. Wg der gebotenen engen Auslegg (Anm 1a) ebenf der RückFdgsAnspr aus §§ 283, 325 I, 323 III (MüKo-Westermann 8). Unberührt v § 454 bleiben vertr RücktrR (§§ 346, 360), SchadErsAnspr (§§ 325, 326) u Einreden aus §§ 320, 321 (BGH **LM** Nr 4). Bei Insolvenz des Käufers schützt nur der EigtVorbeh.

455 Eigentumsvorbehalt. Hat sich der Verkäufer einer beweglichen Sache das Eigentum bis zur Zahlung des Kaufpreises vorbehalten, so ist im Zweifel anzunehmen, daß die Übertragung des Eigentums unter der aufschiebenden Bedingung vollständiger Zahlung des Kaufpreises erfolgt und daß der Verkäufer zum Rücktritte von dem Vertrage berechtigt ist, wenn der Käufer mit der Zahlung in Verzug kommt.

1) Allgemeines. Schrifft: Serick: EV u Sicherngsübertragg (6 Bde) 1963/65/70/76/82/86. Vgl auch weiter zur sachenrechtl Seite des EV § 929 Anm 6. **a) Bedeutung.** § 455 ist eine Auslegregel. Der EV hat im

§ 455 1, 2   2. Buch. 7. Abschnitt. *Putzo*

WarenVerk umfassde Bedeutg. Bei Zwischenhandels-, Fabrikations- u AbzGesch w er regelm vereinb. Über § 455 hinausgreifd gibt es versch Formen (vgl Anm 2b). Der EV ist im WarenVerk das weitaus häufigste u wichtigste Kreditsichergsmittel. **b) Zweck:** Der EV dient dem Sichergsbedürfn des Verk, der den Kaufpr nicht im voraus od Zug um Zug gg Übergabe der Kaufsache erhält. Dieser Zweck w erf, indem bei EV das Eigt nach aufschieb bedingter Einigg (§§ 929, 158 I) mit der Zahlg des Kaufpr, ex nunc wirkd, ohne weitere WillErkl des Verk auf den Käufer übergeht. Dch diese Sicherg (in der Praxis dch gutgl Erwerb Dr u Verlust, insb Beseitigg, Verbindg, Verarbeitg u Verbrauch der Sache stark gefährdet) w die Neigg, auf Kredit zu verkaufen, damit der Umsatz gefördert. Zugl w dem Käufer vorzeit Gebr od Weiterverkauf ohne sofortige volle Bezahlg des Substanzwerts ermögl (daher mietrechtl Einschlag). Zweck u Wesen des EV erschöpfen sich nicht im Schutz des Verk vor unberecht Vfgen des Käufers u Schutz vor dessen Gläub (so aber offenb BGH NJW **70**, 1733), sond erstrecken sich neben der Sicherg der KaufprFdg auch auf die Funktion, den dingl RückFdgsAnspr (Anm 5) zu erhalten (Serick I S 77 f). Der Zweck des EV beschr sich nicht auf die Sicherg der R des Verk, die diesem bei VertrAuflösg zustehen (aA J. Blomeyer JZ **71**, 186; dagg BGH **70**, 96). **c) Verhältnis zur Sicherungsübereignung** (vgl § 930 Anm 4): Zweck u Art der Sicherg (idR dch besitzlose Eigtümerstellg) sind teilw gleich, teilw ähnl; als (teilw gewohnheitsrechtl) Rechtsinstitute sind sie voneinander unabhäng. **d) Anwendungsbereich:** Nur bei Kauf u beim WerklieferungsVertr in den Fällen des § 651 I. Nur bei bewegl Sachen, auch wenn sie unwesentl BestandT (vgl §§ 93ff) od Zubeh (§§ 97, 98) sind, auch wenn sie zu einem GesPr verkauft w (RG **144**, 62). Bei Sachgesamth (insb Warenlager, Untern, Inv) muß sich der EV auf die einzelnen bewegl Sachen beziehen (SpezialitätsGrdsatz des SachenR); daher kann der EV nicht auf ein HandelsGesch im ganzen bezogen w (RG **67**, 383; BGH NJW **68**, 392 für die SichergsÜbertr). Nicht anwendb: auf Grdst (§ 925 II), Fdgen u sonst Re, wesentl Bestandt einer and bewegl Sache (§ 93). **e) Schuldrechtliche Seite:** Der Kauf ist unbedingt geschl. Wird der EV im KaufVertr vereinb, so ist der Verk nur zur bedingten Übereigg (§§ 929, 158 I) verpfl u darf den Eintritt der Bedingg nicht verhindern (§ 160), währd die ÜbergabePfl (§ 433 I) unberührt bleibt. Der KaufVertr ist mit bedingter Übereigng u Überg von Seiten des Verk noch nicht erf, sond erst mit Erwerb des VollEigt dch den Käufer (hM; aA m guten Grden Fikentscher § 71 V 3 b). Im Falle des Verzugs (§§ 284 ff) mit der KaufprZahlg (§ 433 II) ist der Verk zum sof Rücktr berecht (unabhäng von § 326). **f) Sachenrechtliche Seite:** Der Käufer erlangt dch die aufschieb bedingte Übereigg (§§ 929, 158 I) mit der Überg (od ihrem Ers, §§ 930, 931) zunächst ein (übertragb) AnwR (§ 929 Anm 6 B; Brox JuS **84**, 657), erst mit Eintr der Bedingg (gem § 455 iZw die volle Bezahlg des Kaufpr) das volle Eigt. Bis dahin hat der Verk die bedingt aufgelöste (§ 158 II) Eigt, sog VorbehEigt mit HerausgAnspr des § 985 (Anm 5). Er ist bis dahin mittelb Besitzer (hM; dagg krit Wochner BB **81**, 1802), der Käufer (als BesMittler) Fremdbesitzer (vgl § 929 Anm 6 A b). **g) Abdingbarkeit:** Da § 455 ledigl eine Ausleggsregel darstellt, können die VertrPart im Rahmen der VertrFreih (Grenze insb § 138) etwas and vereinb als § 455 vorsieht, insb für die Voraussetzgen des Rücktr, für den Inhalt der Bedingg u weitere Pfl des Käufers. **h) Zusätzliche Sicherung** gg gutgl Erwerb Dr (§§ 932 ff) ist bei Kfz dadch mögl u übl, daß der Verk den Kfz-Brief einbehält, weil dadch bei WeiterVerk Gutgläubk gehindert w (vgl § 932 Anm 3d cc; BGH NJW **65**, 687). Im Einzelfall ist auch ein unmittelb Kennzeichn der Ware mit EV denkb. **i) Konkurs, Zwangsvollstreckung und Vergleich:** § 929 Anm 6 D. **j) Beweislast** für die Vereinbg des EV trägt derjen, der sich auf ihn für sein Eigt beruft (BGH NJW **75**, 1269); für Eintritt der aufschiebden Bedingg trägt sie hingg der Erwerber. **k) Allgemeine Geschäftsbedingungen.** Der EV ist als angemessenes SichergsMittel bei WarenkreditGesch allgemein unbedenkl (allgM). Auch die erweiterten Formen des EV (Anm 2b) verstoßen grdsätzl nicht gg §§ 3, 5, 9 AGBG (hM; BGH **94**, 105; Thamm BB **78**, 20 u Übersicht für zahlr typ Klauseln in BB **78**, 1038), jedenf nicht im kaufm Verk (BGH **98**, 303). Sie dürfen aber nicht zu einer Übersicherg führen (BGH aaO). **aa)** Unwirks kann der KonzernVorbeh (Anm 2b, ee) als überraschde Klausel sein (§ 3 AGBG; v. Westphalen Betr **77**, 1639; Ul-Br-He Anh zu § 11 RdNr 657). **bb)** Ob der KontokorrentVorbeh (Anm 2b, dd) im Verh zum Letztverbraucher unwirks sei, ist umstr (Ffm NJW **81**, 130; Braun BB **81**, 633); unter Kaufleuten ist er unbedenkl. Kollisionen v AGB: § 2 Anm 6e AGBG. Speziell für EV: de Lousanoff NJW **85**, 2921. Bei Globalzession: § 398 Anm 6c. **l) Abwehrklauseln.** In AGB für Einkauf wird häuf ein EV des Verk ausgeschl (vgl Anm k, bb u BGH NJW **81**, 281). Das ist aber, falls der Käufer die Sache abnimmt, unwirks, sodaß der EV besteht, wenn der Käufer den EV kannte od von ihm zumutb Kenntn nehmen konnte (hM; BGH NJW-RR **86**, 1378 mwN). Kommt bei verlängertem EV (Anm 2b, cc) die VorausAbtretg wg der Abwehrklausel nicht zustande, so kann sich der Käufer nicht auf eine Einwilligg zur Weiterveräußerg berufen (BGH aaO). Für Ausdehng auf einf EV: v. Westphalen ZIP **87**, 1361; LG Düss ZIP **87**, 1396.

2) Eigentumsvorbehalt. Anwendgsbereich: Anm 1 d. Sachenrechtl wird der EV idR dch aufschiebd bedingte Übereigg (§§ 929–931, 158 I) verwirkl (vgl Anm 3). Schuldrechtl muß der (vertrgem) EV Inhalt des KaufVertr sein; das wird meist dch AGB, FormularVertr, Aufdruck auf Briefbogen u Bestätigungsschreiben bewirkt, kann aber auch ohne ausdrückl Erkl dch Ausleg (§ 157) sich ergeben (vgl hierzu Schulte BB **77**, 269). Ist ausdrückl unter EV verkauft, kann angenommen w, daß auch ohne bes Erkl des Verk nur unter EV übereignet w. Wird ohne od entgg einer Vereinbg im KaufVertr nur unter EV geliefert (sog vertrwidr EV; vgl Anm b, ff (1)), so verletzt der Verk seine VertrPfl (vgl § 433 Anm 2b). Der EV muß spätestens bei Überg erkl w (hierzu § 929 Anm 6 A b). Inwieweit dies stillschw oder ausdrückl geschehen muß, ist umstr; für deutl Erkl an Empfänger BGH **64**, 395; für geringere Anfdgen Schulte BB **77**, 269. Zeitl genügt die Erkl des (auch vertrwidr) EV im Lieferschein, aber nicht in der nach Überg übersandten Rechng (§ 929 aaO). Die nach unbedingter Übereigng u Überg zugehde Erkl des EV ist unwirks (vgl aber Anm b, ff). Auch der vertrwidr EV bewirkt sachenrechtl, daß der Verk Eigtümer bleibt. Dch Ann der Sache kann der Käufer ledigl bedingtes Eigt erwerben. **a) Einfacher Eigentumsvorbehalt** erstreckt sich ledigl auf die verkaufte, unter EV übereignete Sache u enthält dch: **aa)** Zahlg des KaufPr: hierzu Anm 3 b. **bb)** Erwerb des Eigt dch Dr über § 185 od §§ 932 ff. Der Verk kann dch Vertr die Vfg über die Sache verbieten. Das ergreift nur, wenn es ausdrückl erwähnt ist, auch die Vfg über das AnwartschR, wirkt dann aber ledigl nach § 137 (BGH NJW **70**, 699). Ist Käufer eine Pers, die die Sache zum Weiterverkauf erwirbt u ist dies für den Verk erkennb, so ist auch ohne ausdr Erkl trotz EV im Verkauf die Einwilligg (§ 185 I) zur Weiterveräußerg im Rahmen

Einzelne Schuldverhältnisse. 1. Titel: Kauf. Tausch **§ 455** 2

eines ordngsgem GeschBetr enthalten, vgl (auch zu § 185 II) § 929 Anm 6 A e. Hierzu ist aber der Käufer grdsätzl nur ermächt, wenn er die Vorausabtretg nicht dch Vereinbg mit dem Abnehmer vereitelt (BGH stRspr NJW **88**, 1210). Der Verk kann sich dch verlängerten EV (Anm b, cc) sichern, die Einwilligg bis zur Veräußerg auch widerrufen (BGH NJW **69**, 1171). Die Einwilligg erstreckt sich idR nicht darauf, daß der Käufer an einen Dr veräußert u die Sache least (vgl 4 vor § 535), um sie dann unterzuvermieten, sog Sale-and-Leas-Back-Vertr (BGH **104**, 128). **cc)** Einseit Verzicht des Verk. Er ist auch konkludent mögl, zB dch Herausg des KfzBriefes an den Käufer (BGH NJW **58**, 1231), nicht aber idR an das FinanziersgsUntern (BGH **LM** Nr 15). **dd)** Realakte, insb Verbindg (§§ 946, 947), Vermischg (§ 948) u Verarbeitg (§ 950). RFolgen u Schutzmögl für den Verk: Serick BB **73**, 1405. Außerdem erlischt der EV dch Untergang der Sache. **b) Erweiterter Eigentumsvorbehalt** ist in 6 Formen mögl, weitgehd übl; sie können zT miteinander verbunden w (vgl Serick BB **71**, 2). Grdsätzl gelten für sie die Regeln des einf EV. **aa) Weitergeleiteter** EV liegt vor, wenn der Käufer sich dem Verk ggü verpfl, die unter EV gekaufte Sache nur in der Weise weiterzuübereignen, daß der Verk VorbehEigtümer bleibt. Ist in der Praxis ungebräuchl geworden. Es kann geschehen dch Übertr des AnwartschR (§ 929 Anm 6 C) od dch bedingte Übereign an den Dr mit Einwilligg des VorbehEigtümers (§ 185 I). Veräußert der Käufer, ohne den EV offenzulegen (dann gutgläub Erwerb dch Dr mögl; vgl § 929 Anm 6 A f), so ist er seinem Verk nach § 280 schaderspfl. Zur Sicherg des ErstVerk ist für diesen Fall eine vorherige (damit verbundene) Vereinbg eines verlängerten EV (Anm cc) sinnvoll. **bb) Nachgeschalteter** EV (Begr v Serick I S 80 ff) liegt vor, wenn der Käufer ohne den EV offenzulegen, die Sache seiner unter (eigenem) EV weiterverkauft; insb im ZwHandel übl. Das kann mit dem (ersten) Verk vereinb sein (pflgem nachgeschalteter EV) u wird dann regelm mit der Vorausabtretg (Anm cc) verbunden (eigentl Anwendgbereich des verlängerten EV als Sicherg des ersten Verk). Ist das nicht vereinb u veräußert der VorbehKäufer (mit Einwilligg des ersten Verk, Anm a, bb, § 185 I) unter eigenem EV weiter (freiw nachgeschalteter EV), so erwirbt der erste Verk nicht einmal das neue KaufprFdg nur, wenn Vorausabtretg (Anm cc) vereinb ist. Überträgt der erste VorbehKäufer abredewidr das Eigt bedingt od (ohne EV) voll, ist er dem ersten Verk schaderspfl (§ 280), insb dann, wenn der Käufer das Eigt über §§ 932 ff gutgl erwirbt. Bei nachgeschaltetem (also doppeltem) EV tritt, weil 2 versch Erwerber auftreten, eine Verdoppelg des AnwR ein (§ 929 Anm 6 A e bb, faa). Der Verk verliert das Eigt erst, wenn eine der beiden KaufprFdgen getilgt w (BGH NJW **71**, 1038 = JR **71**, 287 m Anm v Bähr). **cc) Verlängerter** EV (vgl § 398 Anm 6 c) liegt vor, wenn Verk u Käufer vereinb, daß an Stelle des EV, wenn dieser erlischt (insb dch Weiterveräußerg, Verbindg, Verarbeitg, vgl Anm a) die neue Sache (das ArbProdukt, hierzu § 950 Anm 3 a, bb) od die daraus entstehde Fdg treten soll. Das setzt die Einwilligg zur Weiterveräußerg voraus (vgl Anm a, bb); sie erstreckt sich aber nicht auf die Veräußerg an einen Dr, der die Abtretg der von ihm geschuldeten Fdg von seiner Zust abhäng macht (BGH **27**, 306). Die Abtretg der künft Fdg (sog Vorausabtretg) ist eine Sichergsabtretg. Sie ist unwirks, wenn sie der Abtretg dch Vertr zu VorbehKäufer u Dritten verboten war (hM; § 399 Anm 4; hierzu krit Wagner JZ **88**, 698 [701]). Sie ist wirks, auch wenn die Bestimmbark der einzelnen Fdgen weder zZ ihrer Abtretg noch zZ ihrer Entstehg in jedem Fall gewährleistet ist; es genügt, daß die Fdg individualisierb, dh von und unterscheidb ist (BGH **7**, 365 u **27**, 306 gg die Rspr des RG, zB **155**, 26). Ist an § 9 AGBG gemessen grdsätzl unbedenkl, jedenf im kfm Verk (BGH NJW **87**, 487 mwN). Bei Einstellg in ein Kontokorrent ist die Vorausabtretg wg Unabtretbk nur dann wirks, wenn sie sich auf den Schlußsaldo bezieht (BGH NJW **78**, 538). Wird bis zur Höhe des Wertes der VorbehWare od mit ähnl Klausel abgetreten, so ist der KaufPr maßgebd, den Verk mit dem (vorausabtretden) Käufer vereinb (BGH NJW **64**, 149). Darüberhinaus können Fdg aus Dienst- od Werkleistgen (§§ 611, 631), dch die der EV inf der §§ 946–950 erlischt, od die mit dem KaufGgst zushängen (insb ReparaturkostenFdg, BGH WM **72**, 43), voraus abgetreten w. Das bedarf aber einer ausdr Erkl. Sie liegt nicht in dem verlängerten EV, den die VertrPartner auf die verkaufte Sache beziehen (BGH NJW **68**, 1516), u muß den Umfang der Abtretg erkennen lassen (BGH **26**, 178). Bei mehrf Abtretg gilt allg der Grdsatz zeitl Priorität; es ist nur die erste Abtretg wirks (BGH **32**, 361). Verh zum FactoringVertr: BGH **69**, 257; **72**, 15 u **75**, 391; Peters/Wichmann NJW **85**, 2932. Verh zur Globalzession: § 398 Anm 6 c. **dd) Kontokorrentvorbehalt** liegt vor, wenn der EV nicht schon dann erlischt, sobald der Käufer den Kaufpr der VorbehSache bezahlt, sond erst, wenn er alle od nicht einen best Teil der Fdgen aus der GeschVerbindg beglichen, insbes den Saldoausgleich herbeigeführt hat. Der KontokorrentVorbeh ist vor allem aGrd von AGB weitgehd übl, grdsätzl zul (hRspr BGH **42**, 58 u NJW **78**, 632; dagg Larenz Sch § 43 II e 3 mwN), jedenf unter Kaufleuten. Er erlischt mit jedem FdgAusgleich u lebt nicht wieder auf (BGH aaO). Über den ausdr im Einzelfall vereinb Umfang darf der KontokorrentVorbeh nicht ausgedehnt w; er ist auch mögl, wenn kein KontokorrentVerh besteht (vgl BGH WM **69**, 1072) u wird dann auch Globalvorbehalt (Braun BB **78**, 22) od GeschVerbindgsKlausel genannt (gem AGBG für unwirks gehalten v. Westphalen Betr **85**, 475). Zur Wirkg im Konk des Käufers krit Serick BB **78**, 1477. **ee) Konzernvorbehalt** liegt vor, wenn der KontokorrentVorbeh (Anm dd) noch auf die Fdgen and, idR zum selben Konzern des VorbehEigtümers gehörde Gläub erstreckt w. Er ist, wenn vertragl genügd bestimmt, jedenf außerh der Anwendg des AGBG (v. Westphalen Betr **85**, 475 [478] mwN) grdsätzl zul (Serick, Festgabe f Weitnauer 145 mwN; Mittmann NJW **73**, 1108; bestr). **ff) Nachträglicher** EV. **(1) Einseitiger** EV ist der bei od nach Übereign u Übergabe einseit bewirkte (vertrwidr) EV, insb dch einen Lieferschein, der auf jeden Fall dem Käufer bei der Lieferg zugehen muß (vgl BGH NJW **79**, 213), um einer bedingsgl Übereign entgegenzustehen (BGH NJW **79**, 2199). Der Verk behält (bei kollidierden AGB) das Eigt auch, wenn der Käufer, bei dem er den EV kannte, in seinen Einkaufsbedingungen eine sog Abwehrklausel hatte (BGH NJW **82**, 1749), sogar dann, wenn die Abwehrklausel VertrInhalt geworden ist (BGH NJW **82**, 1751); dies beruht sachenrechtl auf dem fehlden Übereignungswillen (vgl de Lousanoff NJW **82**, 1727). **(2) Vereinbarter.** Der nachträgl vereinb EV kann üb § 140 in eine bedingte Rückübereignung umgedeutet w (§ 929 Anm 6 A b, cc) u den KaufVertr entspr abänd. **(3) Anerkannter** EV. Dch Vertr (§ 305) kann zw der Part mit schuldrechtl Wirkg festgelegt w, daß üb das VorbehEigt des Verk nicht gestritten w solle (BGH NJW **86**, 2948).

§§ 455–457 2. Buch. 7. Abschnitt. *Putzo*

3) Bedingung (aufschiebd, § 158 I) für den Erwerb des VollEigt dch den Käufer. **a) Inhalt:** IZw die vollst Bezahlg des Kaufpr, einschl der MWSt. Dazu gehören vereinb Versandkosten u Abgaben, jedoch Zinsen (insb VerzZinsen), Finanziergsspesen u ähnl NebenFdgen nur, wenn es vereinb ist (umstr; vgl MüKo-Westermann 23; aA zT RGRK-Mezger 39). Der KaufPrSchuld steht iZw die erfüllshalber (§ 364 II) eingegangene WechselVerbindlk gleich (BGH 96, 182), sodaß Verzug mit ihr grdsätzl zum Rücktr berecht (BGH aaO; vgl Anm 4); iZw erlischt die KaufprFdg auch dann, wenn der Käufer im sog AkzeptantenwechselVerf zahlen läßt u der Verk noch dem Regreß ausgesetzt ist (BGH 97, 197 mwN). Der Inhalt der Bedingg kann bis zu ihrem Eintritt dch Vertr (§ 305) geänd w (BGH 42, 58); jedoch kann nach Übertr des AnwR zw den KaufVertrPart der EV wg § 185 ohne Zust des AnwRInh nicht mehr erweitert w (BGH NJW 80, 175). **b) Eintritt** (vgl § 158 Anm 1) dch restlose Zahlg des Kaufpr (Anm a). Bei Überweisg auf Konto erst mit Gutschr, bei Wechsel u Scheck mit Einlösg, bei Aufrechng (selbstverständl nur wenn sie wirks ist) mit Zugang der Erkl (§§ 388, 130); sonst mit Erlöschen der KaufprFdg aus and Grden. Teilzahlg bewirkt auch kein teilw Erlöschen des EV (RGRK-Mezger 39), auch nicht bei einem GesamtPr hinsichtl einzelner Sachen (Serick I S 419); und vertraglich ist dies mögl (Anm 1 g). Bei FdgsMehrh ist § 366 anzuwenden, wenn nicht ein KontokorrentVorbeh (Anm 2 b, ee) vereinb ist. **c) Wirkung.** Wg der sachenrechtl Lage s Anm 1 f. Solange der EigtErwerb dch den Käufer nicht vollz ist, hat der Verk nicht voll erf (vgl Anm 1 e), obwohl er seine Leistungshandlg vorgen hat; denn der Leistungserfolg ist noch nicht eingetreten (hM; vgl Anm 1 f; aA bis 44. Aufl). Ein and Ergebn ist dch entspr Vereinb zu erzielen, insb bei Gestattg der Weiterveräußerg od wenn nur die Übertragg des AnwartschR geschuldet ist.

4) Rücktrittsrecht (vom KaufVertr) steht dem Verk iZw bei ZahlgsVerz des Käufers zu. Verz muß sich auf den Kaufpr (wie Anm 3a) beziehen; grdsätzl genügt der Verzug mit der erfüllshalber (§ 364) eingegangenen WechselVerpflichtg (BGH 96, 182). Fristsetzg nach § 326 nicht erforderl (hM; RG 144, 62 [65]; aA Bydlinski JZ 86, 1028); denn es handelt sich um einen vertr vorbehaltenen Rücktr, auf den §§ 346 ff unmittelb anzuwenden sind (BGH NJW 84, 2937 mwN). Ab Verj der KaufprFdg ist Rücktr ausgeschl (hM; K. Müller Betr 70, 1209 mwN). Will Verk dagg nicht zurücktreten, sond SchadErs wg NichtErf verlangen, so kann er dies nur gem § 326. NachFr ist nöt. HerausgVerlangen aus Eigt enthält Rücktr nur, wenn ein AbzGesch vorliegt u § 6 AbzG anwendbar ist (vgl dort Anm 3 b).

5) Herausgabeanspruch des Verk besteht (auch vor Rücktr) aus § 985 u aus Vertr (vgl Einf 3 a, vor vor § 985). Demggü hat der Käufer das R zum Bes (§ 986) aus dem KaufVertr. **a) Vertragsverletzung** dch den Käufer kann das R zum Bes (§ 986) beseitigen, insb dch Rücktr des Verk wg ZahlgsVerz; aber auch vorher bei einem nach der Differenztheorie berechneten SchadErsAnspr aus § 326, bei unsachgem Behandlg der Kaufsache od sonst vertrwidr Verhalten des Käufers, insb bei pflwidr Weitergabe (vgl K. Müller Betr 69, 1493 mwN; aA BGH 54, 214 mwN: kein RücknR wg Verz vor Rücktr aus § 455 od fruchtlosem Ablauf der Nachfr des § 326). Entspr geht in diesen Fällen das R zum Bes (§ 986) verloren (zu diesen Fragen näher § 929 Anm 6 B d, aa). Der BGH (54, 214) berücksicht weder der mietrechtl Einschlag des EV (§ 929 Anm 6 B d, aa) noch die vom Eigt des Verk unabhäng Funktion des EV, den RückFdgsAnspr zu sichern (dazu treffd Serick I S 136 ff). Solche Rücknahmeklauseln sind nicht wg § 9 AGBG unwirks (umstr). **b) Verjährung** der (auch restl) KaufprFdg u Erheben der Einr läßt den HerausgAnspr unberührt (hM; BGH 70, 96), da der Verk mangels BedinggsEintritt (§ 158 I) Eigentümer geblieben ist. Der KaufVertr, der das R zum Bes gibt, bleibt aber mangels Rücktr bestehen. Der Verk kann die Sache jedoch in enspr Anwendg v § 223 herausverlangen (hM; BGH 34, 197), auch bei AbzGesch (BGH 70, 96; zust Tiedtke Betr 80, 1477; dagg Peters JZ 80, 178). Weitere Abwicklg: Bei gewöhnl KaufVertr darf der Käufer die Nutzgen vergütgslos behalten, aber den (teilw) bezahlten KaufPr nicht zurückfordern, weil der KaufVertr fortbesteht, solange Rücktr nicht wirks erklärt ist. Bei AbzGesch kann der AbzK die Nutzgen (§ 100) behalten u darf den (teilw) bezahlten KaufPr zurückfordern. In diesem Fall darf der Verk eine nach § 2 AbzG berechnete NutzgsVergütg davon abziehen (zust Tiedtke aaO, der diese Regel auch auf gewöhnl KaufVertr anwenden will). Nach Serick I S 441 kann den verjährten KaufPrFdg der Verk die herauszugebende Sache verwerten u sich für den RestKaufPr am Erlös befried, wenn der Käufer endgült die Zahlg verweigert, währd er keinen Anspr auf Rückzahlg der geleisteten Raten erlangt. Der ÜbErlös ist an den Käufer auszuzahlen.

456 *Ausgeschlossene Käufer bei Zwangsvollstreckung.*

Bei einem Verkauf im Wege der Zwangsvollstreckung dürfen der mit der Vornahme oder Leitung des Verkaufs Beauftragte und die von ihm zugezogenen Gehilfen, mit Einschluß des Protokollführers, den zum Verkaufe gestellten Gegenstand weder für sich persönlich oder durch einen anderen noch als Vertreter eines anderen kaufen.

1) a) Zweck: Unparteil Leitg des Verf. **b) Anwendungsbereich:** Verk (insb öff Verst) bewegl Sachen uRe gem §§ 814–817a, 821, 844, 857 ZPO, sowie ZwVerst v GrdSt u grdstgleichen Ren (§ 866 I ZPO). Weitere Anwendbk: § 457. **c) Personenkreis:** Das Erwerbsverbot gilt insb für GerVollz (§ 814 ZPO), Versteigerer od VerkBeauftragte (§ 825 ZPO), VerstRichter od -Rpfleger (§ 1 ZVG), alle HilfsPers auch mit untergeordneten Aufgaben. **d) Erwerbsverbot:** Auch in allen Formen der Vertr, insb auch mittelb StellVertr u TrHänder (vgl Einf vor § 164). **e) Wirkung:** § 458. Erwerb v Ersteher aGrd eines weiteren Kaufs berührt § 456 nicht. § 181 bleibt daneben anwendbar (RG 56, 105 [108]).

457 *Ausgeschlossene Käufer bei Pfandverkauf.*

Die Vorschrift des § 456 gilt auch bei einem Verkauf außerhalb der Zwangsvollstreckung, wenn der Auftrag zu dem Verkauf auf Grund einer gesetzlichen Vorschrift erteilt worden ist, die den Auftraggeber ermächtigt, den Gegenstand für Rechnung eines anderen verkaufen zu lassen, insbesondere in den Fällen des Pfandverkaufs und des in den §§ 383, 385 zugelassenen Verkaufs, sowie bei einem Verkaufe durch den Konkursverwalter.

1) a) Anwendungsbereich: Folge Fälle v Verk, insb iW öff Verst: §§ 383, 385, 753, 966, 979, 983, 1003, 1219, 1221, 1228 ff, 2042 (753); weiter §§ 368, 371, 373, 376, 379, 388, 391, 437, 440 HGB sowie §§ 117 ff KO. **b) Freiwillige Versteigerung:** Hierfür gelten die §§ 456, 457 nicht. Für gewerbsmäß Verst gelten die dem § 456 ähnl Verbote des § 34b VI GewO mit NichtigkFolge (§ 134) u die VO v 1. 6. 76 (BGBl 1345). Bei Verst dch Notare (§ 20 III BNotO) greift im engeren Umfang § 16 BNotO ein.

458 **Kauf trotz Kaufverbots.** ^I Die Wirksamkeit eines den Vorschriften der §§ 456, 457 zuwider erfolgten Kaufes und der Übertragung des gekauften Gegenstandes hängt von der Zustimmung der bei dem Verkauf als Schuldner, Eigentümer oder Gläubiger Beteiligten ab. Fordert der Käufer einen Beteiligten zur Erklärung über die Genehmigung auf, so finden die Vorschriften des § 177 Abs. 2 entsprechende Anwendung.
^{II} Wird infolge der Verweigerung der Genehmigung ein neuer Verkauf vorgenommen, so hat der frühere Käufer für die Kosten des neuen Verkaufs sowie für einen Mindererlös aufzukommen.

1) a) Zustimmungsbedürftigkeit: Bei einem Kauf, der gg §§ 456, 457 verstößt, besteht entgg § 134 schwebde Unwirksk. Zust: Einwillgg (§ 183) u Gen (§ 184). Sie muß v Seiten aller Beteil vorliegen; außer Schu, Gl u Eigentümer auch and PfandGl. **b) Rechtsfolgen:** Kauf (Verst) u ErfGesch (insb Übereign) w nichtig, wenn die Zust auch nur v einem der Beteil (Anm a) verweigert w. Erkl über die Gen kann nur der Erwerber über § 177 II herbeiführen (Abs I S 2). **c) Ersatzansprüche:** Der Anspr aus Abs II ist v Versch unabhäng. Weiter können Anspr aus § 823 II u aus § 839, Art 34 GG bestehen.

II. Gewährleistung wegen Mängel der Sache

Schrifttum: Flume, Eigenschaftsirrtum u Kauf, 1948; Raape, Sachmängelhaftg u Irrtum beim Kauf AcP **150**, 481; M. Wolff, Sachmängel beim Kauf, JhJ **56**, 1; v. Caemmerer, Falschlieferung, Festschr M. Wolff **52**, 3; Fabricius, Schlecht- u Falschliefergn beim Kauf, JuS **64**, 1 u 46, JZ **67**, 464; Köhler, Verh der GewlAnspr zu and RBehelfen des Käufers, JurA **82**, 157.

Vorbemerkung

1) Allgemeines. Bei der GewlPfl des Verk von Sachen ist zw RMängeln (§§ 439–443 mit RFolgen der NichtErf gem §§ 320–327) u Sachmängeln (§§ 459–480) zu unterscheiden (vgl zur Abgrenzg Anm 3). **a) Abdingbarkeit:** die §§ 459–480 sind größtenteils dispositiv. Grenzen: § 476 u Anm 4. **b) Gewährleistungsansprüche** des Käufers sind (grdsätzl wahlw): Wandelg (§ 462), Mindern (§ 462), SchadErs wg NichtErf (§§ 463, 480), Nachlieferg (§ 480, nur bei Gattgskauf) u Nachbesserg (nur wenn vereinb, § 462 Anm c). **c) Allgemeine Voraussetzungen** der GewlAnspr: Sachmängel (§ 459), fehlde Kenntn des Mangels ohne grobe Fahrlk beim Kauf (§ 460) u fehlde Kenntn od Vorbeh bei Ann (§ 464).

2) Verhältnis zu anderen Rechten ist sehr umstr. Übsicht bei Köhler JurA **82**, 157. **Sonderregelung:** Einigk besteht darin, daß die §§ 459–480 eine SoRegelg darstellen, die in ihrem Anwendgsbereich alle allg Vorschr ausschließt. Daraus folgt zunächst unstreit, daß Anspr aus Verletzg von NebenPfl aus dem Kauf-Vertr, die mit Sachmängeln nichts zu tun haben, zB BeratgsPfl (BGH NJW **62**, 1196), AuskPfl (§ 444), dch die §§ 459 ff nicht berührt w (vgl § 433 Anm 4). **Gefahrübergang:** Sehr umstr ist, ob der Gefahrüber (vgl § 459 I) auf die Anwendbk und Anspr einwirkt. Nach hRspr (RG **138**, 356; BGH **34**, 32) sollen bis zum Gefahrüberg die allg Vorschr, insb die IrrtAnf gem § 119 II unbeschr zugelassen w. Nach richt Auffassg (hL; Soergel-Huber 173) ist der Anwendg der allg Vorschr grdsätzl vor u nach dem Gefahrüberg in gleichem Umfang ausgeschl, weil die GewlAnspr auch schon vor Gefahrüberg entstehen können (vgl § 459 Anm 2). **Gewährleistungsausschluß** (Anm 4): Die Anwendbk dieser Re wird, sow sie wg der SoRegelg ausgeschl ist, nicht dadch herbeigeführt, daß im Einzelfall der Ausschl der Gewl zul vereinb ist (hM; Soergel-Huber 177).

a) Unmöglichkeit und Verzug. Die §§ 306, 320–327 sind ab Gefahrüberg (vgl § 459 Anm 2) nicht anwendb, weil auch die Überg u Übereign einer mangelh Sache Erf des KaufVertr ist, solange ledigl ein Sachmangel u nicht ein aliud (dh eine and als die verk Sache) vorliegt; das kommt in erster Linie beim GattgsKauf (§ 480) in Betr, beim Stückkauf nur, wenn der Verk die Sache vertauscht od verwechselt. Diese RFolge u ihre Begründg sind sehr umstr; von der wohl hM wird die Unanwendbk auf den Stückkauf beschr, weil bei Gattgskauf wg § 480 I Anspr auf Lieferg mangelfreier Sache besteht (Soergel-Huber 172). Die richt Begründg ist, daß die NichtErf der LeistgsPfl u die Gewl für Sachmängel nach Voraussetzg u Wirkg zweierlei sind (Larenz § 41 II c). Vielf w dies auch damit begründet, daß die §§ 459 ff eine Sonderregelg darstellen (Enn-Lehmann § 112 I). Auf jeden Fall kann der zur Wandelg berecht Käufer die Zahlg des Kaufpr verweigern, weil er ihn dch die Wandlg sof wieder zurückfordern kann (§ 242 Anm 4 B c, cc).

b) Positive Vertragsverletzung (vgl § 276 Anm 7) ist neben §§ 459 ff (mit Ausn der SoRegelg des § 463, vgl dort Anm 5 d) anwendb; denn GewlR enthält Sonderregelg nur bzgl der unmittlb Wirkg mangelh Lieferg, schützt jedoch mit dem Regelbehelf der Wandelg u Mindern den Käufer nicht hinreichd vor solchem Schad, der über den den Mangel begründden Nachteil an der verk Sache hinausgeht (hM; st Rspr des BGH, zuletzt NJW **80**, 1950), insb dch Verarbeitg der mangelh Sache u dadch (zB Unfall) an and Sachen od RGütern verursachte Schäden (vgl auch § 463 Anm 4). Diese Schäd können aus pVV verlangt werden, wenn der Verk eine über die bloße Lieferg hinausgehde VerhaltensPfl schuldh verletzt, insb Aufklärgs-, Beratgs- u UntersuchgsPfl (hM; vgl § 433 Anm 4). Dazu gehört auch das schuldh Herbeiführen eines Mangels zw Kaufabschluß u Gefahrüberg (Larenz § 41 II e). In allen diesen Fällen kann jedoch im GeltgsBer der §§ 459 ff aus pVV immer nur der MangelfolgeSchad (§ 463 Anm 4 a) verlangt w; für den eigentl Mangel (NichtErf) Schad sind §§ 463, 480 SondRegel (hM; BGH 77, 215). Die Abgrenzg im Einzelfall ist schwierig.

c) Verschulden bei Vertragsschluß (c. i. c.; vgl § 276 Anm 6). Anspr daraus sind ausgeschl, soweit sich das Versch des Verk auf die Beschaffenh des KaufGgst (Fehler u zusichergsfäh Eigensch, § 459) bezieht, da die §§ 459ff eine abschließde Sonderregelg darstellen (RG stRspr, zB **161**, 337, vom BGH für Fahrlk übernommen in **60**, 319 u NJW-RR **88**, 10; bestr). Nur soweit sich das vorvertragl Versch des Verk nicht auf Fehler od Eigensch bezieht, haftet er aus c. i. c. auf Ers des VertrauensSchad (BGH **60**, 319; Soergel-Huber 198–203b), u zwar bei Verletzg von Offenb- (BGH NJW-RR **88**, 10), Aufklärgs- u BeratgsPfl (BGH NJW **58**, 866), zB Vorlage einer unricht od manipulierten Bilanz bei Verkauf eines Untern (BGH NJW **77**, 1536 mwN) od Angaben zum Reinertrag (BGH NJW **77**, 1538) u Umsatz (BGH NJW-RR **89**, 306). Für weitergehende Anwendg von c. i. c.: Diederichsen BB **65**, 401 mwN; Schaumburg MDR **75**, 105. Unmittelb Haftg aus c. i. c. v Vertretern u Vermittlern, die für den Verk handeln, ist nicht ausgeschl (BGH **63**, 382), prakt bedeuts im Kfz-Handel, wenn der Kfz-Händler zwecks Wegfall der MWSt im Namen u in Vertretgs-Macht eines Dr verk (vgl BGH NJW **88**, 1378).

d) Anfechtung wegen Täuschung (§ 123) ist grundsätzl neben GewlAnspr zul, da zu einer Begünstigg des betrüg Verk des Käufers auf Gewl kein Anlaß besteht (hM; RG **104**, 3). Daß ArglAnf mögl ist, bewirkt für den Verk keine zusätzl Belastg (Köhler JurA **82**, 157). Da bei Anf SchadErsAnspr nur aus §§ 823 II, 826, idR auf den VertrauensSchad gerichtet (2g vor § 249), od BereichergsAnspr (§§ 812, 818) bestehen, kann es im Einzelfall für den Käufer günst sein, nicht anzufechten sond SchadErs wg NichtErf (§ 463) zu verlangen (vgl Weitnauer NJW **70**, 637). Eine erfolgl AnfErkl kann in eine WandelgsErkl (§ 462) umgedeutet w. Anf u GewlAnspr (§§ 462, 480) schließen sich aus; jedoch hat der Käufer die Wahl, solange nicht eine der beiden Erkl zum erstrebten Erfolg geführt hat, insb schließt erst die begrdte Anf die Wandelg aus (Giesen zu BGH NJW **71**, 1795). Vgl weiter § 463 Anm 5a, b.

e) Anfechtung wegen Irrtums des Käufers. **aa)** Die aus § 119 I ist zul. **bb)** Ausgeschl ist die über verkwesentl Eigensch (§ 119 II), soweit aus gleichem Grd Gewl geltd gemacht w könnte (hM; BGH **34**, 32; RG stRspr zB **138**, 354; Soergel-Huber 175); denn die §§ 459ff regeln gerade den Fall, daß die Kaufsache verkwesentl Mängel aufweist u hieran RFolgen knüpfen, die als Sonderregel der allg Vorschr des § 119 II vorgehen. Auch wird dch das GewlR mit seinen kurzen VerjFr (§ 477) eine schnelle, endgült Abwicklg bezweckt, die dch Zulassg der IrrtAnf wg Sachmangels (30 Jahre VerjFr) prakt wieder aufgeh würde. Der Ausschl der IrrtAnf bezieht sich jedoch wiederum nur auf den Bereich des GewlR. **cc)** Eine Anf wg Irrt des Verk ist nur zul, soweit sich der Irrt nicht auf Vorhandensein eines Fehlers od auf zugesicherte Eigensch bezieht, weil er sich sonst der Gewl entziehen könnte (hM; BGH NJW **88**, 2597). **dd)** Der Käufer darf anfechten, wenn sich sein Irrt auf and verkwesentl Eigensch bezieht, die nicht zugleich GewlMängel darstellen (wohl hM; BGH **16**, 54 u NJW **79**, 160; hierzu krit Müller JZ **88**, 381 [385]; vgl Hönn JuS **89**, 293 [295]). **ee)** Soweit die Gewl zul vertragl ausgeschl ist, bleibt auch die Anf ausgeschl (Staud-Honsell 23 mwN). **ff)** RFolgen der Anf: Nichtigk (§ 142), Anspr aus §§ 812, 818 u Ers des VertrauensSchad (§ 122).

f) Unerlaubte Handlung (§§ 823, 826). Anspr daraus werden dch §§ 459ff nicht ausgeschl (hM; BGH **86**, 256, einschränkd Schwark AcP **179**, 58; krit Stoll JZ **83**, 501), selbst wenn die uH gleichzeit das argl Verschweigen eines Mangels enthält (BGH NJW **60**, 237; vgl auch § 463 Anm 5) od wenn nur ein Teil der verk Sache mangelh ist u ein and Teil od die Restsache als Mangelfolge später beschädigt od zerstört w (aA LG Karlsr JZ **87**, 828). Bei der EigtVerletzg ist zu beachten, daß sie nur dann relevant ist, wenn die verkaufte Sache nach dem GefahrÜberg weiter beschäd w, weil bei GefahrÜberg bereits eine beschäd Sache (Eigt) erlangt w ist (Ganter JuS **84**, 592 mwN). Der SchadErsAnspr aus §§ 823ff unterliegt trotz § 477 der dreijähr Verj nach § 852 (BGH **66**, 315).

g) Fehlen und Wegfall der Geschäftsgrundlage. RFolgen daraus sind, soweit es sich um Fehler od Eigensch des KaufGgst handelt, ausgeschl (vgl § 242 Anm 6 A c, cc mwN), auch bei vereinb Ausschl der SachmängelGewl (vgl vor Anm a; Hamm JZ **79**, 266). Das gilt sogar bei Fehlen der VertrZweck nicht inf eines außerh der Beschaffenh der Sache liegenden Umst (sog Umweltfehler) unerreichb w (vgl Köhler, Unmöglk u GeschGrdlage, 1971, S 176ff). Ferner ist Wegfall der GeschGrdlage anwendb, wenn die Abweichg der Kaufsache von der beiderseits vorgestellten Beschaffenh nur zuungunsten des Verk wirkt.

3) Anwendungsbereich. Allg Voraussetzg ist, daß ein Kauf (§ 433) od kaufähnl Vertr (§ 493) vorliegt. Erwerb v Bauträger: § 631 Anm 1 u § 675 Anm 6. **a) Sachen:** alle beweg u unbewegl (§ 90), einschl ihrer Bestandt u Zubehör (§§ 93–98), auch wenn sie der Verk veräußert (§ 493) u wenn es sich um MitEigtAnteile handelt (Hamm MDR **85**, 1026), insb gmschaftl Einrichtgen bei EigtWo (BGH WM **71**, 1251). Bei Standard-Software gelten die §§ 459ff mindestens entspr (BGH **102**, 135; vgl § 433 Anm 1b, cc; aA Mehrings NJW **88**, 2438: §§ 633ff). Bei Druckschriften keine Anwendg für fehlerh Rat (BGH WM **78**, 306 für Anlageempfehlg eines Börsendienstes). **b) Wertpapiere:** nur sow es sich um Mängel der Urk handelt (vgl § 437 Anm 3a). **c) Rechte:** grdsätzl nicht; es gilt § 437. Ausnahmsw anwendb in den Fällen des § 451 (BGH NJW **86**, 1605) u der Anm e. Abzulehnen bei Patent, Erfindg, Verfahren (zT aA RG **163**, 6), know-how-Vertr. **d) Sachgesamtheiten:** wenn Re dazugehören (vgl § 433 Anm 1c, aa), insb gewerbl u kaufm Untern (hierzu Hommelhoff: Die Sachmängelhaftg beim UnternKauf, 1975). §§ 459ff sind einers für Mängel betrzgehör Sachen anwendb, (Gewl für fehlerh Einzelsache) aber auch für Mängel des Untern als solchem (hM; aA stark einschränkd auf konkrete „Sollfestlegung": Kantenwein, SachmGewl beim UnternK, 1987 S 122ff mit Übersicht zum neuesten Meingsstand). Damit Mängel im Einzelfall zu verstehen ist, muß auf den KaufGgst (das Untern) bezogen w. Einzelne Substanzstücke begrden einen Mangel des Untern nur, wenn sie seine Marktstellg gefährden (Hommelhoff aaO S 38). Für einzelne RMängel vgl § 437 Anm 1d; Sachmängel: § 459 Anm 5f. Zur Behandlg v SicherungsRen vgl Hadding ZGR **82**, 476. Für sog AbschlAngaben des Verk (zu Gewinn- u Verlustrechg, Umsatz, Bilanz, Inv) haftet er nur nach § 459 II, ggf § 463 S 2 (Hommelhoff S 59ff; aA BGH NJW **70**, 653 mit abl Anm v Putzo u WM **74**, 51: keine Haftg

Einzelne Schuldverhältnisse. 1. Titel: Kauf. Tausch **Vorbem v § 459** 3, 4

aus § 459, sond aus c. i. c., vgl Anm 2c), auch wenn der Verk am Vertr festhält (BGH NJW 77, 1538). Über die gesetzl Gewl (§§ 459ff) besteht ein NachbessergsAnspr, wenn die LeistgsStörg nur dch den Verk beseit w kann (Hommelhoff S 109ff). § 477 gilt, § 377 HGB nicht (Hommelhoff S 117ff). **e) Gesellschaftsanteile u MitgliedschR:** ihr Kauf ist der eines Rs. Gewl grdsätzl nach § 437 (dort Anm 2e); jedoch gelten die §§ 459ff (unter Ausschl der IrrtAnf, BGH NJW 69, 184) u mit Beschränkg der Wandelg (Mössle BB 83, 2146; umstr), soweit es sich um Mängel des von der Gesellsch betriebenen Untern od einz ihrer VermGgst handelt (vgl die zusfassden Darstellgen: Wiedemann FestSchr für Nipperdey I 815; Neumann-Duesberg WM 68, 494; U. Huber ZGR 72, 395; Mössle BB 83, 2146). Solche Mängel des Untern können auch sein: nicht ausgewiesene GesellschSchulden, zu hoch bewertete Aktiva od zu hoch angegebene Erträge od Umsätze (Prölss ZIP 81, 337). In diesen Fällen ist aber Voraussetzg, daß der Part des KaufVertr darin von einer best Beschaffenh des Untern od eines Ggst des GesellschVerm ausgegangen sind (U. Huber aaO [406]). **aa)** Verk aller Anteile. Damit ist nach der VerkAuffassg u dem wirtsch Zweck auch das Untern selbst (zusätzl) verkauft (hM seit RG 120, 283; BGH NJW 69, 184 u WM 78, 59). Das gilt auch, wenn mehrere Verk u Käufer an einheitl Vertr beteiligt sind (RG 122, 378). **bb)** Verk von beherrschden Anteilsquoten (insb MehrhBeteiligg; aA BGH NJW 80, 2408), auch bei mehreren VertrPart (wie Anm aa): Kriterium ist, ob dadch unternehmer Leitgsmacht (satzgsändernde Mehrh) verschafft w (hierzu Hommelhoff ZHR 76, 271 [283]). Die Rspr ist uneinheitl. Bejahd: BGH WM 70, 819; Mü NJW 67, 1327; Wiedemann aaO S 835. Verneind für ein GmbHAnteil v 49% BGH 65, 246 mwN, für 60%, an satzgsändernden Beschlüssen orientiert (BGH NJW 80, 2408). Umstr ist ferner, ob es für die beherrschende Stellg auf den Verk od Käufer ankommt (vgl Neumann-Duesberg WM 68, 494). **cc)** Bei Verk kleinerer Anteile grdsätzl nicht, nur ausnahmsw dann, wenn der Verk eine beherrschde Stellg innehat u der Kaufpr am GesellschVerm orientiert ist (vgl Neumann-Duesberg aaO S 502, Wiedemann aaO S 836). **dd)** Haftg aus c.i.c. (Anm 2c) kann im Einzelfall gegeben sein (BGH NJW 80, 2408). **ee)** Verj der GewlAnspr nach § 477 I 2. Alt (Mössle BB 83, 2146 mwN; sehr umstr).

4) Vertragliche Abänderung. Die nachfolgde Darst gilt uneingeschr nur für Vertr außerh des GeltgsBer des AGBG, näml des sachl (§ 1 AGBG), zeitl (§ 30 AGBG) u des persönl (§ 24 AGBG). GewlAnspr können insb dch AGB ausgeschl u beschr w (sog Freizeichnungsklauseln), aber auch (insb dch EinkaufsBedingg) erweitert w. **a) Allgemeines.** Grdsätzl sind die GewlVorschr des § 459ff vertragl abdingb. Ausn: Argl am § 476 (vgl dort) u zwingde gesetzl Vorschr (zB § 7 III FuttermittelG; BGH 57, 292). Grenzen: § 138 u § 242 (vgl § 276 Anm 5 Bb). Das gilt auch für formularmäß Regelg der GewlAnspr, soweit die Abweich von dispositiven ges Vorschr nicht gg das ges Leitbild des VertrTyps verstößt (§ 9 AGBG). Für individuell vereinb Vertr sind die Regeln richterl Inhaltskontrolle (Einf 6 D vor § 145) zu beachten. Sie unterliegen nicht so engen Grenzen (BGH 22, 90 [97]). Sow es sich um eine zul Beschrkg der Gewl handelt, dürfen eindeut vereinb, auch umfassde Freizeichnungsklauseln nicht einschränkd ausgelegt w (BGH NJW 67, 32). Ein Ausschl der GewlAnspr bezieht sich nicht auf Haftg aus c.i.c. (Anm 2c). **b) Zweck:** Ausnutzg der VertrFreih u je nach Interessenlage die Auswirkg auf den Kaufpr, die gerade auch in Hinbl auf den Umf der Gewl kalkuliert w, insb bei Beschrkg der Gewl niedr angesetzt w kann. **c) Form und Inhalt:** Notw ist die Form der KaufVertr (insb § 313), nicht nur bei ges, auch bei rechtsgeschäftl vereinb Form. RFolgen bei Verstoß: § 125 gilt nur für den GewlAusschl. Es ist nicht über § 139 der ganze Vertr nichtig. Die GewlBeschrkg muß eindeut sein. Beschr ein Händler ggü seinem Käufer die Gewl auf die des Herstellers der Sache, so liegt darin noch kein GewlAusschl (Hamm NJW 74, 909). **d) Art der Mängel:** Es kann die Haftg für jeden Mangel in dem unter e) dargelegten Umf erweitert od ausgeschl w. Für zugesicherte Eigensch (§ 459 II) ist jedenf ein formularmäß Ausschl nicht mögl (vgl damit die Bedeutg der Zusicherg beseit w (BGH 50, 200; vgl BGH JR 85, 364 m Anm v Köhler); das gilt auch, wenn die gesamte Gewl ausgeschl w kann (zB bei gebrauchtem Kfz, BGH BB 77, 1623) u dann auch für Begleit(Mangelfolge)schäden, die gem § 463 zu ersetzen sind. Der GewlAusschl versagt zB gg einen WandelgsAnspr, wenn bei einem gebr Kfz das am Tachostand orientierte GesFahrLeistg 58000 km zugesichert ist, das tats 158000 km betrug (BGH NJW 75, 1693). Hingg kann, auch wenn nur dch ausdr Erkl, auch für versteckte (geheime) Mängel die Gewl dch angem Rügefristen beschr w (vgl Schmidt-Salzer NJW 69, 718), aber Argl ausgen (§ 476). Für sog Verschleißmängel eines Kfz ist die Gewl des GebrWagenVerk bei Fehlen anderweit vertr Regelg dann stillschweigd ausgeschl, wenn der NeuwagenVerk den GebrWagen auch in gesond KaufVertr in Zahlg nimmt (BGH 83, 334; dagg krit Schack NJW 83, 2806). Bei Software wird ein GewlAusschl für unvermeidb Fehler im Rahmen der §§ 9–11 AGBG als unwirks angesehen v Börner CR 89, 361. **e) Umfang:** Es kann insb SchadErs, Wandelg, Minderg u Nachlieferg ausgeschl w. Es können Fr festgelegt, verlängert u verkürzt, Mängelrügen in best Form u Fr verlangt w (im GeltgsBer des AGBG eingeschr dch § 11 Nr 10e AGBG). Jedenf bei vertretb Sachen kann die Gewl auf Umtausch beschr w (umstr; vgl Muscheler BB 86, 2279 mwN). Es kann auch das Verbot vereinb w, Kaufpr wg GewlAnspr zurückzuhalten (vgl § 433 Anm 5a dd). Nur in engen Grenzen u nicht in den jew gegner Verantwortgsbereich hinein kann die BewLast umgekehrt w (BGH 41, 151 [154]). Mögl ist Übern der Haftg des Verk für Mangelfolge- u BegleitSchad ohne Versch. Es ist zul, den Verlust von GewlAnspr daran zu knüpfen, daß die beanstandete Ware nicht auf Verlangen dem Verk zur Untersuch überl w (BGH LM § 138 [Bc] Nr 11). Nachbesserg: mind dieser (in den §§ 459ff nicht vorgesehene) Anspr muß dem Käufer verbleiben. **aa) Gebrauchte Sachen** (insb Kfz, Maschinen u Altbauten; BGH NJW 86, 2824). Es kann auch der NachbessergsAnspr, damit jede Gewl (außer bei Argl, § 476) ausgeschl w (hM; vgl BGH NJW 70, 29 u WM 83, 363; einschränkd Hager NJW 75, 2276), insb dch die Klausel „gebraucht wie besicht u unter Ausschl jeder Gewl" (BGH 74, 383); jedoch immer nur für best Kfz, nicht für Lieferg eines beliebigen Typs (Brschw BB 72, 1529), weil Besichtigg u Überprüfg vor dem KaufAbschluß mögl sein muß. Das ist auch dch Formular zul, bei GebrWagenhändlern u bei priv Verk, die nicht ErstBes sind (BGH st Rspr, zuletzt NJW 84, 1452). Die Klausel „wie besicht u probegefahren" schließt bei Kfz die Gewl für techn Mängel aus, die Fahrtüchtigk u BetrSicherh betreffen (Schlesw VersR 80, 98); jedoch nur für solche techn Mängel, die auch ohne Hilfe eines SachVerst bei Besichtigg u Probefahrt idR festgestellt w können (Schlesw MDR 83, 54). § 476 bleibt unberührt. Haftg

493

besteht jedoch trotz allg vereinb HaftgsAusschl für wirks u konkret vereinb zuges Eigensch (BGH stRspr, zB NJW **78**, 2241). **bb) Kunsthandel.** Im gleichen Umfang wird GewlAusschl zugelassen beim Kunstauktionator (BGH **63**, 369 m abl Anm v v. Hoyningen-Huene NJW **75**, 963: Verbleib eines WandelgsR), insb dch Namhaftmachen des Verk (Düss OLGZ **78**, 317). Bestehen bleibt jedoch die Haftg des Auktionators für Fahrlässk bei Prüfg der Echth des Ggst währd der Einliefer (BGH NJW **80**, 1619). **f) Grenzen:** Im übr kann die Gewl nicht ganz ausgeschl w (BGH NJW **71**, 1795 [Konstruktionsmängel]); insb ist bei Konstruktionsmängeln eine Beschr auf Nach(Ers)Liefer unwirks, weil der Käufer damit nicht mangelfrei beliefert w kann (Schmidt-Salzer BB **72**, 1161). Die Beschr auf Nachlieferg ist aber insb mögl, wenn lediglich Fabrikationsfehler vorliegen, od wenn dem Käufer ein RücktrR eingeräumt w, falls der Verk die Beschrkg auf Nach(Ers)Lieferg geltd macht (Schmidt-Salzer aaO). Wird der GewlAnspr, auf den der Käufer beschr ist, insb die Nachbesserg, nicht erf (Unmöglk od Verz) od nicht unter Beseitig des Mangels od mit neuem Mangel erf so kann der Käufer grdsätzl auf die ges GewlAnspr zurückgreifen (hM; Schmidt-Salzer NJW **69**, 718 mwN). Stötter Betr **69**, 647). Dieser Anspr kann wiederum nicht ausgeschl, wohl aber darauf beschr w, daß nur Wandelg, Minderg od Nachlieferg (od nur eins von diesen) verlangt w kann u SchadErs ausgeschl ist (im einzelnen bestr, vgl Schmidt-Salzer NJW **69**, 718). Bei Nachbesserg sind je nach Lage ein od mehrere Versuche des Verk zuzulassen, bei Nachlieferg grdsätzl nur einer (Schmidt-Salzer aaO). Das WahlR zw den jeweils verbleibdn GewlAnspr steht grdsätzl dem Käufer zu (BGH NJW **67**, 32). Die Verkürzg v MängelrügeFr darf nicht grob unbill sein (zB 3-Tage-Fr ab Überg bei einer Rechenmaschine, Hbg MDR **74**, 577). **g) Abtretung** v GewlAnspr gg Dr als Ers für eigene Gewl. Bei Verkauf eines neu errichteten EigtWohng kann der Verk ggü dem Erwerber seine eigenen GewlPfl dch Abtretg der GewlAnspr gg die BauBeteil ersetzen; jedoch nicht im GeltgsBer des AGBG (dort § 11 Nr 10a). Ist bei einem Kauf jede Gewl ausgeschl (zB gebrauchtes Kfz) u hat der gutgläub Verk als sog Erstkäufer gg seinen Verk Anspr aus § 463, so ist er verpfl, seinen Anspr an den (Zweit-)Käufer abzutreten (Wolter NJW **75**, 623 mwN). Dieser abzutretde SchadErsAnspr ist nicht dch den Vorteil gemindert od ausgeglichen, der dch den günst Weiter-Verk erwächst (Büdenbender JuS **76**, 153). **h) Produzentengarantie.** Garantiescheine, die der Produzent dem dann vom Händler weiterverkauften Produkt (insb Geräte) beigibt, begründen einen bes Vertr zw Produzenten u Käufer, der die GewlAnspr gg den Verk nicht ausschließt (BGH **78**, 369 mwN), wobei der Produzent sich zur Erfüllg der Gewl seiner VertrUntern bedienen kann (BGH aaO).

§ 459 Haftung für Sachmängeln.
¹Der Verkäufer einer Sache haftet dem Käufer dafür, daß sie zu der Zeit, zu welcher die Gefahr auf den Käufer übergeht, nicht mit Fehlern behaftet ist, die den Wert oder die Tauglichkeit zu dem gewöhnlichen oder dem nach dem Vertrage vorausgesetzten Gebrauch aufheben oder mindern. Eine unerhebliche Minderung des Wertes oder der Tauglichkeit kommt nicht in Betracht.

II Der Verkäufer haftet auch dafür, daß die Sache zur Zeit des Überganges der Gefahr die zugesicherten Eigenschaften hat.

1) Allgemeines. § 459 ist die grdlegde Vorschr für die Sachmängelhaftg des Verk, zugleich Voraussetzg des Anspr aus § 462 u enthält den für § 463 S 2 maßg FehlerBegr. **a) Anwendungsbereich:** Vorbem 3 vor § 459. **b) Abdingbarkeit:** Vorbem 1a, 4 vor § 459. **c) Begriff des Sachmangels:** umfaßt Fehler (Anm 3) u Fehlen zugesicherter Eigensch (Anm 4). **d) Quantitätsmängel:** Ist die Sache zu klein od zu groß, hat sie vom VertrInhalt abw Abmessgn, kann ein Sachm vorliegen. SoRegelg für Grdst: § 468. Sind in Behältn weniger Stücke od geringere Menge als vereinb (zB 45 statt 50 pro Kiste, 80 statt 90 kg pro Faß), liegt teilw NichtErf vor (§§ 320 ff). Bei beidersei Handelskauf unterliegen Fehlmengen der RügePfl (§§ 377, 378 HGB). **e) Falschlieferung** (aliud = and als die gekaufte Sache): vgl Vorbem 2a. Sie liegt vor, wenn die gelieferte Sache v der verkauften ggständl abweicht (BGH NJW **84**, 1955). Es gelten die §§ 320 ff, nicht SachmHaftg, jedenf nicht beim Stückkauf (hM), auch wenn ein beiderseit HandelsGesch zugrdeliegt (BGH BB **79**, 346). Ebso beim Gattgskauf (Abgrenzg § 480 Anm 1a, BGH NJW **69**, 787; Knöpfle JZ **79**, 11 mwN u NJW **79**, 693; sehr bestr). Nur ausnw wird bei beiderseit HandelsGesch wg der Gleichstellg in §§ 377, 378 HGB auch bei genehmiggsfäh Falschlieferg SachmängelGewl (insb auch §§ 477, 480) angewendet (hRspr seit RG **86**, 90; auch hM im Schrifttum). **f) Verschulden** (§§ 276, 278) ist für die Haftg aus § 459 bedeutgsl (auch bei § 463), weil ohne Versch gehaftet w. Versch ist aber Voraussetzg für die Haftg aus Ansprüchen der Vorbem 2a, b, c, f. **g) Verhältnis zu anderen Rechten:** Vorbem 2.

2) Gefahrübergang der VerkPfl aus § 433 I ist der maßg Ztpkt für die SachmHaftg aus § 459 (vgl Abs I S 1, II). **a) Begriff:** Es ist der Übergang der Preis(Vergütgs)Gef bei zufäll Unmöglk (§ 323 I), Untergg od Verschlechterg der Kaufsache (§§ 446, 447) gemeint. **b) Zeitpunkt:** Frühestens mit AnnVerz (§§ 293 ff) des Käufers, weil dadch VergütgsGef übergeht (§ 324 II). Grdsätzl mit Überg der Kaufsache (§ 446), bei VersendgsKauf nach § 447. **c) Entstehung des Sachmangels:** Seine Urs muß zZ des GefÜberg gesetzt sein (Staud-Honsell 33). Der Verk haftet auch für Mängel, die erst nach KaufAbschl aber bis zum GefÜberg entstanden sind; hingg nicht für solche, die bei VertrAbschl vorlagen, aber bis zum GefÜberg beseit sind; insb ist der Verk berecht, nach VertrAbschl bis zur Überg den Mangel zu beseit (hM; weitergehd Köhler JZ **84**, 393). IF des § 447 entfällt idR die SachmHaftg, wenn der Mangel nach GefÜberg, aber vor Ankunft beim Käufer entfällt (RG **55**, 201 [207]). **d) Vor Gefahrübergang** kann beim Stückkauf (bei Gattgskauf: § 480 Anm 1b), wenn ein Sachm vorliegt, der Käufer die Ann der Sache verweigern u die Re aus den §§ 320 ff geltd machen od SachmHaftg vor Überg verlangen, auch bei behebb Mangel, wenn der Verk dessen Beseitig endgült verweigert (hM; BGH **34**, 32). **e) Nach Gefahrübergang** bestehen nur die Re aus SachmHaftg; die aus §§ 320 ff sind ausgeschl (vgl Vorbem 2a).

3) Fehler (Abs I) ist die eine Art eines Sachm (vgl Anm 4). **a) Begriff:** Die Definition ist dem Abs I S 1 zu entnehmen. Ein Fehler liegt vor, wenn der tats Zustd der Kaufsache von dem Zustd abweicht, den die VertrPart bei Abschl des KaufVertr gemeins vorausgesetzt haben u diese Abweichg den Wert der Kaufsache od ihre Eigng zum vertragl vorausgesetzten od gewöhnl Gebr herabsetzt od beseit. Der Fehler kann in körperl (phys) Eigensch od in solchen (voraussichtl andauernden) tats, rechtl, soz u wirtsch Beziehgen zur Umwelt liegen, die nach der Verkehrsauffassg Wert u Brauchbk der Kaufsache unmittelb beeinflussen (allgM). Grdsätzl ist der jeweils vertragl vorausgesetzte bes Zweck (VertrZweck), Gebr od Zustd (Beschaffenh) der Kaufsache maßg (hM; so gsubj od konkr FehlerBegr; hierzu Soergel-Huber 39 ff vor § 459). Sind solche Voraussetzgen im Einzelfall nicht festzustellen, kommt es auf die Abweichg vom gewöhnl (normalen) Zustd (Beschaffenh) derart Sachen an (sog obj FehlerBegr; für dessen generelle Anwendg: Knöpfle NJW **87**, 801 mwN u JuS **88**, 767). Dies ist wohl hRspr u Meing (vgl MüKo-Westermann 11). **b) Wert der Kaufsache** (Verkehrs- od Tauschwert). Er wird aus den sog wertbildden Faktoren ermittelt. Das ist nicht der KaufPr selbst, sond sind die Umst, die den KaufPr der Sache beeinflussen (zB Bebaubark eines Grdst, Baujahr u Tachostand des Kfz, Werk eines best Malers). Ein solcher Umstd kann (muß aber nicht) zugleich die GebrTauglk (Anm c) beeinträcht. **c) Gebrauchstauglichkeit.** Auch hierbei ist darauf abzustellen, wie der Käufer es nach Lebenserfahrg u dem Inhalt der VertrVerhandlg erwarten durfte. Gewöhnl Gebr ist die Benutzg gleichart Sachen bei dchschnittl Lebens-Verh (auch örtl) des konkr Falles (obj Maßstab). Subj Unfähigk des Käufers u dessen pers Anschauung bleiben außer Betr; ebso Häufigkeit od Seltenh des Fehlers. Fehlde techn Zuverlässk (Haltbark) allg u ohne bes AnknüpfgsPkte als Fehler anzusehen (so Gross/Wittmann BB **88**, 1126), ist mind sehr bedenkl. **d) Aufhebung** v Wert od GebrTauglk bedeutet deren völl Beseitigg (Wertlosk, GebrUntauglk). Sie ist immer erhebl (vgl Abs I S 2). Alternat Vorliegen genügt (zB betriebsunfäh Maschine trotz Schrottwert). **e) Minderung** v Wert od GebrTauglk bedeutet deren Herabsetzg od Beeinträchtigg ggü dem, was vertragl vorausgesetzt od bei derart Sachen gewöhnl (normal) ist (vgl Anm a). Es kommt mithin darauf an, „als was" die Sache verkauft ist (BGH NJW **83**, 2242). Die Minderg muß immer erhebl sein (Anm f). **f) Erheblich** (Abs I S 2) muß Wert od GebrTauglk gemindert sein. Maßg ist hierfür die Verkehrsauffassg, ggf ein Handelsbrauch (§ 346 HGB), bei Mehrh v Fehlern ihre Auswirkg in Gesamth. Stellt Tat- u RFrage dar u ist insow der Rev zugängl (BGH **10**, 242). Unerhebl ist ein Fehler, wenn er in Kürze v selbst verschwindet od v Käufer mit nur ganz unerhebl Aufwand selbst schnell beseit w kann (KG NJW-RR **89**, 972 mwN).

4) Fehlen zugesicherter Eigenschaften (Abs II). Das Fehlen einer zuges Eigensch ist neben dem Fehler (Anm 3) die and Art eines Sachm; im Ggsatz zum Fehler (vgl Anm 3f) wird auch für das Fehlen einer unerhebl Eigensch gehaftet, selbst wenn Wert od GebrTauglk nicht beeinträcht w, sofern die Eigensch zuges ist. Hingg bleiben bedeutgsl Abweichgen v der Zusicherg außer Betr. **a) Zugesichert** ist eine Eigensch, wenn der Verk dch eine ausdrückl od stillschw Erkl, die VertrInhalt geworden ist, dem Käufer zu erkennen gibt, daß er für den Bestand der betr Eigensch in der Kaufsache einstehen will. Die Abgrenzg zur unverbindl Beschreibg, Bewertg od Anpreisg der Kaufsache ist im Einzelfall zu treffen. **aa) Zustandekommen:** Zur vertragm Vereinbg genügt Willensübereinstimmg der VertrPart ohne ausdrückl Bestätigg. Eine Zusicherg kann insb abgeleitet w aus VerkehrsÜbg u Handelsbrauch, bes Vertrauen des Käufers, bes Bedeutg der Eigensch u Eigng der Kaufsache für bestimmten vertragl Verwendgszweck (vgl Semler NJW **76**, 406), aus Eindringlk, auch Wiederhholg der Angabe (BGH NJW **59**, 1489). Es kann auch der Käufer die Eigensch festlegen, deren Zusicherg verlangen u der Verk braucht ledigl zuzustimmen (BGH **LM** § 463 Nr 2). Hierfür genügt idR nicht, daß der KaufVertr aGrd eines mit einer Ausschreibg übereinstimmden Angeb geschl w (BGH NJW **81**, 222). Bei VertrAngebot des Verk muß dieses die Zusicherg ausmachde Erkl enthalten od sie muß bis zum VertrAbschl in den VertrInhalt aufgenommen w, zB muß die Höhe der Mieteingänge eines Grdst ihren Niederschlag im KaufVertr gefunden haben (BGH WM **82**, 696). Sie kann mit subj Einschränkg versehen sein, zB daß der Verk unter best pers Voraussetzgen nicht hafte (BGH **LM** § 436 Nr 6). **bb) Stillschweigende Zusicherung** ist nur mit Vorsicht u Zurückhaltg anzunehmen (bes bei EDV-Anl, Düss WM **89**, 459), dabei der Gesamtzusammenhang zu berücks. Sie liegt grdsätzl nicht in der Beschreibg eines Auktionskatalogs (BGH NJW **80**, 1619), in Angaben einer GebrAnweisg (BGH NJW **81**, 1269), im Inhalt einer ZeitgsAnz (Schlesw MDR **79**, 935) od in bloßer Warenbezeichng, auch wenn diese einer DIN entspr müßte (BGH stRspr, zuletzt NJW **81**, 1501); ebsowen in der auf AnFdg des Käufers abgegebenen zusichernden Erkl des Verk, die Ware sei bisher noch nie aus diesem Grd beanstandet w (BGH WM **74**, 1204). Hingg kann die Zusicherg darin liegen, daß die Sache für einen VertrInhalt gewordenen od beiden VertrPart bekannten bes Verwendgszweck geeignet sei (BGH **59**, 158 [Kunstharz]; hierzu v. Westphalen BB **72**, 1071 u Hüffer JuS **73**, 607); bei Verk v Sachen mit geschütztem Warenzeichen auch dch Bezugn auf bes gestaltete Werbg (Qualitätskontrolle; BGH **48**, 118 [Trevira] u bei Verwendg eines Gütezeichens dafür, daß die Gütebedinggen erf sind (K. Müller Betr **87**, 1521). **cc) Form:** Da die Zusicherg VertrInhalt geworden sein muß, bedarf sie der für den Vertr vorgeschriebenen Form (BGH WM **70**, 819); jedoch heilt der Formmangel bei Grdst dch Auflassg u Eintr gem § 313 (RG **161**, 330 [337]). **dd) Genehmigungen,** die ges vorgeschr sind (zB des VormundschG), müssen sich auf die Zusicherg erstrecken. **ee) Mehrere Verkäufer:** Nur wer (auch stillschw) zugesichert hat, haftet. Hat dies nur einer getan, haften die and nur, wenn der Zusichernde bes zur VertretgsMacht hatte (§ 164). **ff) Zeitpunkt:** Maßg ist der des GefahrÜberg (Anm 2). Darauf muß sich für § 459 auch die Zusicherg beziehen, jedoch nicht ohne weiteres darauf, daß die Eigensch danach auch bestehen bleiben sollen. Hierfür ist die Übern einer unselbstd Garantie mögl (vgl § 477 Anm 4b; Vorbem 3d vor § 633) od ein selbstd GarantieVertr (Vorbem 3c vor § 765). **gg) Kraft Gesetzes** ist dch den bloßen KaufAbschl zuges: beim Kauf nach Probe (§ 494); bei Futtermittel für handelsübl Reinh u Unverdorbenh (§ 7 III FuttermittelG, BGH **57**, 292); bei Saatgut best MindestAnfdgen (§ 24 SaatgutverkehrsG 1985). **b) Eigenschaft** ist jedes der Kaufsache auf gewisse Dauer anhaftde Merkmal, das für deren Wert, ihren vertragl vorausgesetzten Gebr od aus sonst Grd für den Käufer erhebl ist (allgM; zB BGH **87**, 302). Der Begr umfaßt daher alles, was (dch Vorhandensein od Abwesenh) einen Fehler ausmacht (Anm 3a), darüberhinaus auch jedes der Sache anhaftde Merkmal, das ihren Wert od ihre GebrTauglk nicht beeinflußt, aber für den Käufer v Interesse sein kann (zB Liebhaberinteresse an Herkunft). Auch die Abwesenh eines bestimmten Fehlers ist eine Eigensch; dann folgt bei Zusicherg die SachmHaftg sowohl aus Abs I wie Abs II, ggf neben § 463. Hingg ist nur Abs II (ggf § 463) anwendb, wenn die Eigensch nicht Wert u GebrTauglk berührt, aber der Käufer sich aus Interesse an der Eigensch diese sich hat zusichern lassen. Die techn Zuverlässk (Haltbark) ganz allg, ohne bes AnknüpfgsPkte als Eigensch anzusehen (so Gross/Wittmann BB **88**, 1126) ist mind sehr bedenkl. Die Eigensch kann auch in einer Umweltbeziehg der Sache bestehen (BGH NJW **81**, 864; dagg mit guten Grden Koller NJW **81**, 1768); doch muß diese auf Umstden beruhen, die außerh der Sache selbst liegen; daher ist keine Eigensch das Eigt an der Sache (BGH **34**, 32), die Freih v Ren Dr (es gilt § 434) u v öff Lasten (es gilt § 436). Keine Eigensch ist der Wert (auch Marktwert) od Preis (auch Fabrik- od GroßhandelsPr) der Kaufsache selbst. **c) Fehlen** bedeutet, daß die Kaufsache die Eigensch nicht aufweist. Nur bedeutgslose Abweichgen v der Zusicherg bleiben außer Betr.

5) Einzelheiten.

a) Grundstücke. aa) Fehler: Funktionsmängel der EntwässergsAnlage eines Hauses (BGH **LM** Nr 17); Hausschwamm sowie uU Trockenfäule (BGH **LM** § 463 Nr 8); beseitigter Schwammbefall, wenn Verdacht besteht, er könne neu auftreten (BGH NJW-RR **87**, 1415); Unbebaubk od beeinträcht Bebaubark eines Grdst, insb in öff BauR (BGH stRspr; zuletzt NJW **79**, 2200; Johlen NJW **79**, 1531 mwN); beschr Vermietbk v Räumen wg baurechtl (BGH WM **70**, 162) od sonst Vorschr; baurechtswidr Zustd, sofern nicht zZ des GefahrÜbgangs v der BauBeh der künft Duldg zugesagt ist (BGH NJW-RR **87**, 457 mwN). Lage u Größe eines Grdst als BeschaffenhAngabe (Erm-Weitnauer 4 mwN); uU Bebaubk der NachbGrdst, wenn Unbebaubk vertragl vorgesehen ist (RG **161**, 330 [335]); Bewohnbk v Kellerräumen nur, wenn vertragl vorausgesetzt (BGH WM **77**, 1088), ebso die Unvermietbk mangels BauGen (BGH NJW **87**, 2511). Entschuldigter Überbau auf einem zwecks Bebauung gekauften Grdst (BGH NJW **81**, 1362); ungeeignete Bodenbeschaffenh (Karlsr NJW-RR **87**, 1231); bestehder Denkmalschutz (Celle DNotZ **88**, 702); abgedeckte Jauchegrube unter einem WoGbde (BGH NJW-RR **89**, 650). **bb) Keine Fehler:** Öff Lasten (§ 436); Rechte Dr (§ 437). GenZwang gem § 6 WoBindG für EigtWo (BGH **67**, 134 u WM **84**, 214: RMangel); vorübergehde Baufeuchtk; geringerer Mietertrag (BGH NJW **80**, 1457); Entstehg eines EntschädiggsAnspr aus § 951; Haftg aus § 419 (BGH NJW **78**, 370 für ErbbauR m Anm v Messer 1257); bei Wohnhaus die Bebaubk v NachbarGrdst (Celle OLGZ **80**, 380); Fertigbauweise eines Hauses (Düss NJW **89**, 2001). **cc) Eigenschaften:** Größe (§ 468); Mietertrag (BGH NJW **80**, 1456), auch bei preisgebundenem WoRaum (BGH NJW **89**, 1795); Bebaubk (wg RBehelf gg Ablehng vgl Karlsr NJW-RR **86**, 1205) sowohl sof (BGH NJW **87**, 2513) wie spätere zu best Ztpkt, zB GefahrÜbgang (BGH NJW **79**, 2200); Nichtbebaubk eines NachbGrdst (RG **161**, 330); baurechtl zul Bewohnbk eines GbdeTeils (BGH WM **73**, 612); Möglk erhöhter Abschreibgen gem § 7b EStG (BGH **79**, 183 u NJW-RR **86**, 700; vgl aber Anm dd; aA Hamm MDR **80**, 228; Koller NJW **81**, 1768); erfolgte Zahlg v ErschließgsBeiträgen (Mü NJW **70**, 664); Grad landwirtsch Nutzbk (RG **129**, 280); Baujahr eines Hauses (Schleswig MDR **77**, 929); objektbezogene VersaggsGrde für GaststättenErl (BGH NJW-RR **87**, 908); Freih v Geruchsbelästiggen (BGH NJW-RR **88**, 10). **dd) Keine Eigenschaft:** ständ Vermietbk u Belegg (RG **148**, 286 [Fremdenheim]); GrdErwerbssteuerFreih (Karlsr NJW **80**, 225; aA Landsberg JuS **82**, 335); abgeschlossene Tilgg v Kosten eines priv Abwasserkanals (BGH NJW **81**, 1600); Käufer sei Ersterwerber (Celle OLGZ **78**, 454). **ee) Zusicherung.** Sie kann in der Angabe einer „ca-Größe" bestehen (BGH NJW **84**, 941) od in Vereinbg eines bestimmten Umfangs der Bebaubk (BGH NJW-RR **87**, 1158). **ff) Keine Zusicherung:** Künftiges Verhalten der Baubehörde (BGH NJW **85**, 662); Bezeichng als Bauplatz für die Bodenbeschaffenh (BGH NJW **88**, 1202).

b) Kraftfahrzeuge. aa) Fehler. Das sind grundsätzl alle techn Mängel des Kfz, die die Zulassg od die TÜV-Plakette hindern. Stets ist zw Neu- u Gebrauchtwagen zu unterscheiden (beachte auch Vorbem 4e). Bsp: Fehlde Übereinstimmg v KfzBrief u Daten des Kfz (BGH **10**, 242; umstr; aA Schlechtriem NJW **70**, 1993); erhebl höhere tats km-Leistg als die gem Tachostand vertr vorausgesetzte, zB 100000 km (Ffm BB **80**, 962 mwN); bei Verk fabrikneuen Kfz Herkunft aus früherer Serie u Fehlen techn Veränd (Düss NJW **71**, 622); der dch einen Unfall begrdete merkantile Minderwert (Brem MDR **68**, 1007); undichtes Motorgehäuse (Nürnb **59**, 137); Rostflecken u Lackkratzer bei Lieferg zum WeiterVerk als fabrikneu (BGH BB **67**, 1268 [Vorführwagen]); dch lange StandZt entstandene gehäufte Mängel an fabrikneuem Kfz (LG Bln NJW **76**, 151); mehrjähr Verwendg als Taxi (BGH MDR **76**, 1012) od Fahrschulwagen (Nürnb NJW **85**, 672); erhebl Abweichg des tats Benzinverbrauchs v den Werksangaben (Mü NJW **87**, 3012); Zugluft im Wageninnern (Düss NJW-RR **87**, 635). **bb) Keine Fehler:** Austausch- statt Originalmotor (BGH BB **69**, 1412); Fehlen einer einzelnen techn Neuerg der letzten Bauserie (BGH NJW **69**, 2145; abl Anm v Weber NJW **70**, 430); Eintragg eines VorEigtümers im Kfz-Brief bei fabrikneuem Kfz, wenn es tats noch nicht gefahren ist (RGRK-Mezger 14; aA Karlsr NJW **71**, 1809); bei fabrikneuem Kfz Herkunft aus Vorratsproduktion, wenn es keine Mängel aufweist (hM; BGH NJW **80**, 1097 mwN); Einstellg der Produktion eines Kfz-Typs (aA Celle BB **70**, 9). Bei GebrWagenKauf auch solche normalen Verschleißerscheinungen, die die GebrTauglk beeinträcht (Hbg MDR **82**, 406; Kblz MDR **86**, 316); wg Rost vgl Karlsr NJW-RR **88**, 1138. Bei Kauf eines einwandfrei reparierten Unfallwagens die Art des Unfalls (BGH NJW **83**, 2242). **cc) Eigenschaften:** Baujahr (BGH NJW **79**, 160 für § 119 II); Hubraum u PS-Zahl (BGH NJW **81**, 1268); neu, fast neu od neuwert (RGRK-Mezger 26); fabrikneu bedeutet (außer der Überführg) noch nicht benutzt, unveränderter Fortbau des Modells u Fehlen standzeitbedingter Mängel (BGH NJW **80**, 1097 u 2127), nicht notw fehlerfrei (BGH NJW **80**, 2127), zB dürfen produktionsbedingte LackiergsFehler dch überlange Standzeit nicht zu Rost geführt haben (Düss NJW **82**, 1156); km-Leistg, auch des Motors (BGH WM **76**, 614); TreibstoffVerbr; Austausch- od Originalmotor (BGH BB **69**, 1412); Ausrüstg mit typengerechtem Motor (BGH NJW **83**, 1424); Bezeichng als werkstattgeprüft (BGH **87**, 302); fahrbereit (LG Freibg MDR **83**, 667) od als schadstoffarm u steuerermäß (AG Essen NJW-RR **87**, 828). Vorhandensein best techn Einrichtgen (KG NJW **69**, 2145); „TÜV neu . . ." (BGH **103**, 275 = JZ **88**, 921 m Anm v Huber; bedeutet mit der Abrede, das Kfz werde noch einer Hauptuntersuch unterzogen, nicht nur, daß sie dchgeführt ist, sond dann auch, daß das Kfz den entspr Zustd aufweist); Zahl der VorBes (Köln VersR **74**, 584, LG Saarbr VersR **85**, 507); Unfallfreih (BGH NJW **78**, 261 u **82**, 435), dh kein eine Blechausbesserg übersteigder Schad (vgl hierzu auch BGH NJW **81**, 1386); Bezeichng als ErsthandFahrz (LG Bln VersR **76**, 396; Fehlen der Eigensch bejaht, da als Mietwagen gelaufen); Einsatzfähk zu Ferntransp (BGH NJW **55**, 1313); Bezeichng als „generalüberholt" od

Einzelne Schuldverhältnisse. 1. Titel: Kauf. Tausch § 459 5 b–e

„überholt" (Karlsr OLGZ 79, 431). Übergabe in techn einwandfr Zustd (BGH NJW 78, 2241); gebräuchl ZustdsNote für Oldtimer (Ffm NJW 89, 1095). **dd) Zusicherung:** Verk eines Neuwagens bedeutet fabrikneu (BGH NJW 80, 2127; vgl dazu Nürnb OLGZ 85, 119), nicht Zusicherg, daß er noch nicht auf eine and Pers zugelassen war (aA Karlsr NJW 71, 1809 u 2311 m abl Anm v Andres). Verkauf eines Neuwagens od fabrikneuen Kfz bewirkt die Zusicherg, daß das Kfz (abgesehen v der Überführg) noch nicht gefahren ist u keine nicht ganz unerhebl, wenn auch behobene Schäden aufweist (BGH NJW 80, 2127). Zusage für TÜV-Abnahme zu sorgen, bedeutet nicht die Zusicherg v Mangelfreih (Hamm NJW 80, 2200). Verk zum ListenPr mit für Neuwagenkauf typ Hdlgen führt zur Zusicherg der Neuwagen- Eigensch (LG Bln NJW 76, 151). Angabe v Marke u Typ bei GebrWagen führt zur Zusicherg, daß der v Hersteller vorgesehene typgerechte Motor eingebaut ist (BGH NJW 83, 217; einschränkd NJW 85, 967). Bezeichng in ZeitgsAnz (Karlsr OLGZ 79, 431), auch wenn Hinw auf fehlde Identität bei Besichtigg des Kfz unterbleibt (LG Bln VersR 76, 396); Anbringen eines Beschriebzettels üb km-Leistg (BGH NJW 75, 1693), was nicht mit Tacho-Stand ident sein muß (Hamm MDR 80, 847). Angaben üb techn Daten auf dem Verkaufsschild eines KfzHändlers für gebr Kfz (BGH NJW 81, 1268), aber nicht die Angaben eines privaten Verk (BGH NJW 84, 1454). **ee) Keine Zusicherung.** Zweifelh: Angabe der bisher GesFahrLeistg in vorgesehener Rubrik der KaufUrk (umstr; Celle NJW-RR 88, 1135; aA 48. Aufl u Mü NJW-RR 86, 1180); ob die Angabe eines bestimmten Schad die Zusichg enthält, daß and Schäd nicht vorhanden sind (vgl Ffm u Oldb NJW-RR 87, 1268). „TÜV abgenommen bis . . ." ist keine Zusicherung der VerkSicherh (LG Köln NJW-RR 89, 699).

c) Verschiedene Waren: aa) Fehler: Nicht ausräumb Verseuchsverdacht von Lebensmitteln (BGH 52, 51 [abl Fabricius JZ 70, 29] u NJW 72, 1462). Verpackgsmängel nur, wenn Verderb eintritt od die Verkäuflk hiervon abhängt (Zimmer BB 88, 2192); übschrittenes MindesthaltbkDatum bei verpackten Lebensmitteln (Köhler Betr 85, 215; Lindacher NJW 85, 2933; a A Meyer BB 87, 287), jedenf wenn sie zum WeiterVerk im Einzelhandel best sind. **bb) Kein Fehler:** Lieferg einer Ware, die nach EWG-AgrarO entgg der KaufVertrBestimmg nicht interventionsfäh ist (BGH NJW 86, 659: aliud); glykolversetzter Wein statt Auslese (BGH NJW 89, 219: aliud); Formaldehyd in Einbauküche (aA Ffm WoM 89, 4); drohde Beschlagn nicht verderbl Ware wg Herkunft aus Schmuggel (RG 101, 413); Abfüllg des gekauften Normalbenzins in den Superbenzintank (BGH NJW 89, 2118); geringe Umsatzchancen; bei Massenartikel zum weiteren Verk fehlerh Zustd einzelner Stücke (vgl Soergel-Huber 189). **cc) Eigenschaft:** Neutrale Ausstattg (RG 130, 379); längere Haltbk (BGH LM § 480 Nr 2); Dauerklebefestigk (BGH NJW 81, 1269); ReinhGrad v Edelsteinen (Mü OLG 22, 224); Provenienz eines Orientteppichs (Kblz MDR 87, 322). Originalprodukt eines bestimmten Herstellers (Oldenbg CR 89, 107 für Computer). **dd) Keine Eigenschaft:** Verpackg in Säcken des Käufers (Brschw OLG 22, 221); beschränkte Versicherbk eines Tresors (BGH NJW 84, 2289). **ee) Zusicherung:** Verwendg v Warenzeichen u Bezugn auf best Werbg (BGH 48, 118 [Trevira]); Mitt eines pos VersuchsErgebn iVm Rat zur Verwendg eines Lacks (BGH 59, 158). **ff) Keine Zusicherung** dch Verk einer im Ausland hergestellten, als patentiert bezeichneten Sache für Patentschutz im Inland (BGH NJW 73, 1545); idR die aus dem Pfandbuch übernommene Bezeichn der Pfandsache bei öff Versteiggerg (BGH 96, 214); beim MindesthaltbkDatum verpackter Lebensmittel (Köhler Betr 85, 215). Bezeichng als fabrikneu schließt beschädiggsfreie längere Lagerng nicht aus (Thamm BB 71, 1543). Qualitätsbezeichng Güteklasse A (Schlesw MDR 83, 1023).

d) Schiffe, Maschinen, Geräte und EDV. Lit: Brandi-Dohrn, GewLeistg bei Hard- u Softwaremängeln, 1988. **aa) Fehler:** Ausstellgsstück statt fabrikneu (Hamm MDR 83, 576 [Küchenblock]); öff-rechtl Beschränkgen der GebrTauglk (BGH 90, 198 [Kran] = JZ 84, 842 mit Anm v Vollkommer/Teske); bei Software eingebaute Programmsperre (BGH NJW 84, 2684; WM 87, 827 [831]) u gestörter Programmablauf (BGH 102, 135). Sog unvermeidb Software-Fehler (Börner CR 89, 361). Bei Hardware unzulängl Mengengerüst für eine bestimmte, insb zugleich gelieferte Software (Mü NJW-RR 88, 436); bestimmte Funktionsmängel der Software (vgl Köln NJW 88, 2477). Fehlen einer schriftl BediengsAnleitg für EDV-Anl (Ffm NJW 87, 3206; Schneider CR 89, 107; aA 48. Aufl) u Ann v Falscheingaben des Anwenders (LG Heilbr CR 89, 603 m Anm v Schnell; sehr bedenkl). Abweichgen v SchutzBestimmgen gem § 3 I GeräteSicherhG idR (BGH NJW 85, 1769). Beschr BenutzgsMöglk einer Segelyacht (Hamm MDR 85, 1026). **bb) Kein Fehler** ist das Alter (Baujahr) bei gebr gekauften (vgl BGH BB 81, 12); fehlde Indikationsbreite eines medizin Geräts (BGH 16, 54); fehlerh Verpackg (BGH WM 83, 1155); beschr Versicherbk eines Tresors der Stufe C (BGH NJW 84, 815); zur Einteil in typ Fehlerkategorien bei EDV Heussen CR 88, 894. **cc) Eigenschaft:** fabrikneu, kaum gebraucht, fast neu od neuwert (BGH NJW 59, 1489); das Alter (BGH BB 81, 12); Originalprodukt eines bestimmten Herstellers (Oldbg CR 89, 107). **dd) Zusicherung:** Bezeichng als fabrikneu bedeutet, aus neuem Material hergestellt u ungebr, so daß Lagerg nicht entggsteht (vgl Anm b, aa) u Baujahr unerhebl ist (Ffm OLGZ 70, 409). **ee) Keine Zusicherung:** Die Erkl, Hard- u Software seien aufeinander abgestimmt (Düss WM 89, 459). Erkl des Verk, die Maschine könne an einem best Platz aufgestellt w (BGH NJW 62, 1196; vgl aber § 433 Anm 4 b). Angebot eines Fernsehgeräts zum normalen Preis (aA LG Gött NJW-RR 89, 698). **ff) Keine Eigenschaft:** Ein Umstd, der nicht in der Beschaffenh der Sache selbst, sond in der baul Gegebenh ihres AufstellgsOrts seinen Grd hat (BGH NJW 85, 2472 [Wäschetrockner]).

e) Kunstwerke, Literatur, Antiquitäten und Sammelobjekte. Lit: Schneider Betr 81, 199 mwN; Thomsen, Käuferschutz bei Kunstauktionen, 1989. **aa) Fehler** ist ihre Unechth (RG 135, 340; Hamm NJW 87, 1028), zB Urhebersch eines and als desjen Künstlers, der vertragl vorausgesetzt w (BGH 63, 369), Herkunft aus einer and Manufaktur; StilmöbelNachfertig aus späterer Zeit(Ffm NJW 82, 651; statt Originalstanduhr zugesetzte Teile (Hamm aaO). Bei Druckwerken fehlde Teile, falsche Bindg, Verschmutzg; bei Druckfehlern ist zu differenzieren (vgl Röhl JZ 79, 369). **bb) Kein Fehler:** unerwünschte Tendenz eines Buches idR (BGH NJW 58, 138). **cc) Eigenschaft:** Echth eines Kunstwerks (RG 115, 286); Herkunft aus PrivBes (RG DJ 35, 268); Zuordng als Werk eines best Künstlers dch SachVerst (BGH NJW 72, 1658); Original- u Nachgummierg einer postfrischen Briefmarke (LG Aach MDR 81, 845); Katalogwert (sog Michelwert) einer Briefmarkensammlg (Stgt NJW 69, 610 m Anm v Schmidt 1118); inhaltl Richtigk eines Anleitgsbuches (BGH NJW 73, 843). **dd) Keine Eigenschaft:** Rentabilitätsberechng für Film (RG LZ 27, 606). **ee) Zusicherung** kann in EchthZertifikat od dch Hinw auf Signatur iVm KaufPr erfolgen (v. Wester-

§§ 459, 460　　　　　　　　　　　　　　　　　　　　　　　　2. Buch. 7. Abschnitt. *Putzo*

holt/Graupner NJW **78**, 794). Eine Beschreibg im Auktionskatalog ist stillschweigde Zusicherg nur unter ganz bes Umstden (BGH **63**, 369 [Jawlensky]), grdsätzl nicht (BGH NJW **80**, 1619 [auch 4e vor 459]).

f) Unternehmen (vgl Vorbem 3d). **aa) Fehler:** Bei Getränkegroßhandel unbekannter LagergsOrt des mitverkauften Leerguts (BGH WM **74**, 312); bei SteuerberatgsPraxis nicht aufgearb Rückstände, für die VergütgsAnspr entfallen ist (Karlsr BB **74**, 1604); uU fehlde Gen zur Fortführg des Betr (Mü HRR **36**, 590); eine v Betr ausgehde gesetzwidr Abgasführg (BGH Warn **73**, 313); Brauchbk u kaufmänn Verwertbk des entwickelten Geräts (BGH WM **78**, 59); beträchtl Fehlbestd v Gerüstbaumaterial bei GerüstbauUntern (BGH NJW **79**, 33; daneben ist Fehlbestd RMangel, v. Friesen NJW **79**, 2288); Nichtbestehen u Unübertragbk v MietRen (BGH NJW **70**, 556). **bb) Kein Fehler:** Ertragsfähk u Umsätze (hM; RG **67**, 86; aA Immenga AcP **171**, 1); unricht Bewertg v Sachen (BGH WM **79**, 944); **cc) Eigenschaft:** Ertragsfähk (BGH NJW **59**, 1584); Höhe der Verbindlk (RG **146**, 120 [124]; BGH WM **79**, 944); zurückliegde Jahresumsätze (Putzo in abl Anm zu BGH NJW **70**, 653; aA auch BGH NJW-RR **89**, 307) u Reinerträge (BGH NJW **77**, 1538); unricht od manipulierte Bilanz (Goltz Betr **74**, 1609; aA BGH WM **74**, 51). **dd) Keine Eigenschaft:** in Zukunft keinen Wettbewerb zu betreiben (RG JW **36**, 2705); Warenzeichen für Betr (RG Warn **11**, 72).

g) Wertpapiere: Kein Fehler ist der Kurs des WertP; ein best Kurs kann Eigensch sein. Keine Eigensch sind NebenRe einer Aktie (RG **56**, 255; es gilt § 437 I).

6) Beweislast. a) Beim Stückkauf. Bei Kl auf KaufPr od SchadErs wg § 326 muß Verk bis zur Überg beweisen, daß die Sache fehlerfrei ist (hM; Baumgärtel 3 mwN). Nach Überg muß Käufer, der GewlAnspr geltd macht, den Mangel, ggf Zusicherg beweisen (§ 363; hM; Baumgärtel 4). **b) Beim Gattungskauf.** Verk hat grdsätzl zu beweisen, daß die Sache mangelfrei ist, insb, wenn die Ann bei gleichzeit Fdg mangelfreier Lieferg verweigert w (hM; BGH **6**, 224), ferner die Ann der Sache als Erf dch den Käufer (Baumgärtel 6). Nach Ann der Sache hat der Käufer den Mangel zu beweisen (allgM). **c) Beim Versendungskauf** (§ 447) ist entspr der Ann maßgebder Ztpkt die Überg an den Beförderer, sodaß der Verk nur beweisen muß, daß dabei die Sache mangelfrei war (Staud-Honsell 95; RG **106**, 294). Ab Überg trägt der Käufer die BewLast. **d) Sonstiges:** Der Verk hat die Unerheblichk eines Fehlers zu beweisen (hM; RGRK-Mezger 33).

460 **Kenntnis des Käufers.** Der Verkäufer hat einen Mangel der verkauften Sache nicht zu vertreten, wenn der Käufer den Mangel bei dem Abschlusse des Kaufes kennt. Ist dem Käufer ein Mangel der im § 459 Abs. 1 bezeichneten Art infolge grober Fahrlässigkeit unbekannt geblieben, so haftet der Verkäufer, sofern er nicht die Abwesenheit des Fehlers zugesichert hat, nur, wenn er den Fehler arglistig verschwiegen hat.

1) Allgemeines. § 460 bewirkt HaftgsAusschl gem Anm 2 od 3. **a) Zweck.** Er wird verschieden gedeutet (vgl Köhler JZ **89**, 761). Überzeugd ist die Ans, daß für beide Part die Kosten u die Risiken der VertrDchFührg gemindert w sollen (Köhler aaO). **b) Untersuchung** der Kaufsache dch den Käufer ist weder Pfl noch Obliegenh (and § 377 HGB). Er muß nicht mehr tun, als grobe Fahrlk (S 2) vermeiden. **c) Anwendbar** ist § 460 nur beim Stückkauf (Begr: § 480 Anm 1 a; umstr; vgl BGH NJW **81**, 2640). S 1 für § 459 I u II, S 2 nur für § 459 I. **d) Abdingbarkeit** ist nur dch Vertr (§ 305) mögl. Keinesf genügt einseit Vorbeh des Käufers (Staud-Honsell 12). Daran könnte aber der KaufVertr scheitern (§ 150 II) od ein Dissens (§ 155) vorliegen (Koch NJW **89**, 1658). **e) Ausschluß anderer Vorschriften.** Soweit es sich um die RFolgen des Umstds handelt, daß dem Käufer Mängel der Kaufsache unbekannt geblieben sind, ist § 460 abschließde Regelg, insb ggü § 254 I (BGH NJW **78**, 2240; vgl § 463 Anm 4b, ee) u c.i.c. (Soergel-Huber 1). **f) Beweislast** trägt der Verk für Kenntn des Käufers v Mangel sowie für grobfahrl Unkenntn (RG **102**, 394), der Käufer für Argl, Zusicherg od Verspr nachträgl Beseitigg.

2) Kenntnis des Mangels (S 1). **a) Kennen** bedeutet pos Wissen des Käufers (od seines Vertreters, § 166) vom Mangel in seiner Gesamth (nicht nur v Teilen), seiner rechtl Bedeutg u Erheblk (vgl BGH NJW **61**, 1860), sowie in seinem Umfang (RG **149**, 402). Dringender Verdacht genügt nicht (RGRK-Mezger 1). **b) Zeitpunkt.** Maßgebd ist der des VertrSchl, bei Grdst also die Beurk (§ 313 S 1). Das gilt auch bei Heilg gem § 313 S 2, sodaß die Kenntn des Mangels bei Eintragg im GrdBuch den S 1 nicht begrdet (Köhler JZ **89**, 761 [767]); einschränkd BGH NJW **89**, 2050), gleich ob der Käufer die FormNichtk des KaufVertr kannte (aA Hamm NJW **86**, 136 = DNotZ **86**, 745 m abl Anm v Kanzleiter) od nicht. Ist der Kauf unter eine Bedingg (§ 158) geschl, ist maßgebd der Eintritt der Bedingg; daher bei Kauf auf Besicht (§ 495) die Billigg der Sache dch den Käufer (RG **94**, 287). Dies gilt nicht für Bedinggen, deren Eintritt v Käufer nicht beeinflußt w kann (vgl Köhler JZ **89**, 761 [765]). Erlangt er die Kenntn später, bleibt § 464. **c) Wirkung.** Gewl des Verk für Fehler (§ 459 I) u zugesich Eigensch (§ 459 II) ist ausgeschl, auch bei argl Verschweigen (RG **55**, 214). Haftg des Verk bleibt aber bestehen, wenn er sich verpfl, den v Käufer beim Kauf erkannten Mangel bis zum GefÜberg (§§ 446, 447) zu beseit od eine Eigensch herzustellen (Staud-Honsell 6 mwN).

3) Grobfahrlässige Unkenntnis (S 2). Sie muß sich auf einen Fehler (§ 459 I) beziehen; auf zuges Eigensch (§ 459 Anm 4b, also einschl der Abwesenh v Fehlern) darf sich hingg der Käufer immer verlassen. Bei Kauf dch Vertreter gilt § 166. **a) Zeitpunkt.** Die grobe Fahrlk muß bei VertrSchl od in dem ZtRaum bis dahin gegeben sein (RG **131**, 343 [353]). Für die Zt danach ist sie unbeachtl. **b) Grobe Fahrlässigkeit** (§ 277 Anm 2) ist bes schwere Vernachlässigg der im konkreten Fall erforderl Sorgf (gebotener MindInformationsAufwand, Köhler JZ **89**, 761 [767]). Sie liegt idR nicht vor, wenn der Käufer sich auf die Angaben des Verk verläßt u keine Untersuchg der Sache vornimmt (Staud-Honsell 7). Der Käufer muß nicht in Grd- u Bauakten Eins nehmen (BGH NJW-RR **88**, 1291), auch nicht einen Sachkund zur Besichtigg der Sache zuziehen (Köln NJW **73**, 903). Bei einem EDV-Programm kann ein Probelauf geboten sein (Schlesw MDR **82**, 228). **c) Untersuchung** der Kaufsache als Obliegenh des Käufers. Ihr Unterl kann ausnw grobe Fahrlässk begrden: **aa)** Bei bes Sachkunde des Käufers, falls diese dem Verk fehlt (RG **131**, 343 [354]), zB KfzHändler übernimmt gebr Auto von einem Nichtsachkund (Celle Nds Rpfl **74**, 83). **bb)** Wg Verkehrssitte

Einzelne Schuldverhältnisse. 1. Titel: Kauf. Tausch §§ 460–462

bei Kauf v Ggstden, wenn eingehde Besichtigg übl ist, insb Gebde, Kunstwerke, Antiquitäten, Kostbk. **cc) Konkrete Warng vor Mängeln,** entw dch Verk, Dritte od bes Umstde (Staud-Honsell 8). HaltbkDatum bei verpackten Lebensmitteln (Köhler Betr **85**, 215; aA Lindacher NJW **85**, 2933). **d) Haftung** wegen Argl: wie § 463 Anm 3 b, aa.

461 *Pfandverkauf.* **Der Verkäufer hat einen Mangel der verkauften Sache nicht zu vertreten, wenn die Sache auf Grund eines Pfandrechts in öffentlicher Versteigerung unter der Bezeichnung als Pfand verkauft wird.**

1) Bedeutung. Ausn v § 459, weil bei öff Versteigerg dem Verk die Haftg nicht zugemutet w kann. **Anwendbar** nur bei § 1235 I, nicht bei SelbsthilfeVerk (§ 383 III) u bei freihänd PfandVerk nach §§ 1235 II, 1221, 1210 II, 1245, 1246. Gleiche Regelg in § 806 ZPO u § 56 ZVG. **Voraussetzungen:** Bestehen des PfandR, Bezeichng der Sache als Pfand, Verk in öff Versteigerg. Beachtge derjenigen Vorschr der VO üb gewerbsmäß Versteigerg (BGBl **76**, 1346), die eine angemessene BesichtiggsMöglk dch den Interessenten gewährt. Die Berufg auf § 461 ist nur ausnwiese dch § 242 eingeschr (vgl BGH **96**, 214). **Wirkung:** HaftgsAusschl für Fehler (§ 459 I), trotz des Wortlauts (Mangel) nicht für zuges Eigensch (§ 459 II), weil dch Zusicherg § 461 zuläss abbedungen ist (hM). Bei argl Verschweigen des Fehlers gilt § 461 auch nicht (hM; Köhler JZ **89**, 761 [775]). §§ 812, 123 u §§ 823 II, 826 sind sowieso nicht ausgeschl.

462 *Wandelung; Minderung.* **Wegen eines Mangels, den der Verkäufer nach den Vorschriften der §§ 459, 460 zu vertreten hat, kann der Käufer Rückgängigmachung des Kaufes (Wandelung) oder Herabsetzung des Kaufpreises (Minderung) verlangen.**

1) Allgemeines. § 462 gibt den Anspr auf Wandelg u Minderg (Inhalt: § 465 Anm 1 c). Gilt bei jedem Kauf. Bei GattgsKauf gilt zusätzl § 480. Vollzogen u dchgeführt werden Wandelg u Minderg nach den §§ 465–474. Grdsätzl nur ggü dem Verk (vgl BGH WM **85**, 917). **a) Gewährleistungsansprüche** sind außer Wandelg u Minderg kraft G nur SchadErs wg NichtErf (§§ 463, 480 II) u Nachlieferg bei § 480 I. Vereinbart werden (4 vor § 459) kann Nachbesserg (Anm c) und Nachlieferg auch beim Stückkauf. **b) Wahlrecht** des Käufers. Dem Käufer stehen die Anspr (Anm a) alternativ zu, sofern sie nicht im Einzelfall ausgeschl sind. Bis das WahlR dch Vollzug (§ 465) od dch Erfüll des geltdgemachten Anspr erlischt, kann der Käufer von einem zum anderen übergehen, die getroffene Wahl also frei widerrufen. Auch im HilfsVerh (eventual) können die Anspr geltd gemacht w (RG **131**, 346). **c) Nachbesserung** kann kraft G u ohne Vereinbg nicht verlangt w (hM; vgl Köhler JZ **84**, 393 mwN; aA Peters JZ **78**, 92), nur ausnw beim UnternKauf (3 d vor § 459) u eng begrenzt aus § 242 (Erman JZ **60**, 40). **aa)** Der NachbessergsAnspr kann schon im KaufVertr neben od anstelle von Wandelg u Minderg vereinb w (in AGB häuf), aber auch nachträgl, insb nach verlangter Gewl. Für das NachbessergsVerlangen muß kein RepAuftr unterschr w (Köln NJW-RR **86**, 151). Davon zu untersch ist das NachbessergsR des Verk bis zum Gefahr Übgang (§ 459 Anm 2 c). **bb)** Fehlschlagen (Unterbleiben od Mangelhaftigk) der Nachbesserg (§ 11 AGBG Anm 10 b, aa) führt bei Anwendbark des § 11 Nr 10 b AGBG ohne weiteres zum Anspr auf Minderg od Wandelg. Soweit § 11 AGBG nicht anwendb ist, richten sich die RFolgen fehlgeschlagener Nachbesserg primär nach der getroffenen Vereinbg. Fehlt eine solche, bietet sich die entspr Anwendg v § 634 I 2 (nach Köhler JZ **84**, 393 nur kfm Verkehr) u § 326 an, weil der Verk mit der vereinb Nachbesserg einen bestimmten Erfolg (wie bei § 631) schuldet. Daher muß der Käufer eine Fr setzen (hM; MüKo-Westermann 10 mwN; BGH NJW **76**, 234 für AGB; aA Jauernig-Vollkommer 4. Bei deren fruchtlosem Ablauf kann der Käufer den Mangel mit der Folge des § 633 III selbst beseit (BGH aaO; bestr) od von der vereinb Nachbesserg (nicht vom Kauf-Vertr) zurücktreten, SchadErs verlangen, aber nur bei Versch (§§ 276, 278) des Verk (hM; Jauernig-Vollkommer 4; BGH aaO mwN). Unabhäng davon muß der Käufer sich auf einen dritten Nachbessergs-Versuch einlassen (Köln NJW **87**, 2520). Bei Rücktr stehen dem Käufer Wandelg u Minderg offen (allgM), wenn die Wandelg nicht wirks ausgeschl ist. **d) Nachlieferung** (in § 11 Nr 10 b AGBG Ersatzlieferg genannt). Hierfür gilt grdsätzl das gleiche wie in Anm c u § 480 Anm 2. **e) Abtretung.** Als NebenRe sind die Anspr auf Wandelg u Minderg nicht selbstand abtretb (hM; § 399 Anm 2 c). Hingg sind abtretb: die Re aus vollzogener Wandelg u Minderg, näml auf Rückzahlg des (zuviel gezahlten) KaufPr; des Anspr auf SchadErs (RG **59**, 238), auf Nachbesserg u -lieferg. Auch wird man die Abtretg der Anspr auf Wandelg u Minderg zusammen mit den zugrdeliegdn GewlAnspr od mit allen Anspr aus dem KaufVertr zulassen müssen, insb bei Weiterveräußerung der mangelh Sache (BGH NJW **77**, 848; MüKo-Westermann 13 mwN; einschränkd wg § 465: Seetzen AcP **169**, 370). **f) Bürgschaft:** Wer für den KaufPr bürgt, hat die Einr aus § 768. Auch § 770 I gilt entspr (§ 770 Anm 4). **g) Passivlegitimation:** nur der Verk, nicht and Pers, die kr Vertr zur Nachbesserg verpfl sind (BGH NJW **85**, 2819 [Kfz-Marke]).

2) Voraussetzungen für Wandelg u Minderg, sowie Nachbesserg (Anm 1 c) u Nachlieferg (Anm 1 d). Für SchadErs gilt § 463 Anm 2, 3. **a) Kaufvertrag.** Er muß bei GefahrÜbgang (§ 459 Anm 2) wirks sein. **b) Sachmangel:** (§ 459). Da der KaufVertr zu mangelfreier Lieferg verpfl, können die GewlAnspr schon vor dem GefahrÜbgang geltdgemacht w (§ 459 Anm 2 c, d). Nach GefahrÜbgang muß der Sachmangel zZ der Geltendmachg der GewlAnspr vorliegen bis zum Vollzug (§ 465). **c) Verlangen** muß der Käufer Wandelg, Minderg, Nachbesserg od -lieferg. Das geschieht: **aa)** Außerprozessual dch formlose empfangsbedürft WillErkl (§ 130), auch konkludent; **bb)** Prozessual schon dch LeistgsKl auf Rückzahlg des KaufPr (§ 465 Anm 1 c, dd), aber auch dch Kl auf Einverständn zur Wandelg od Minderg (§ 465 Anm 1 c, aa). Dch Erheben der Einr ggü der KaufPrKl, auch schon vor Verjährg des GewlAnspr (§ 478). **d) Vertretenmüssen** des Mangels gem § 460. **e) Kein Erlöschen** des GewlAnspr: **aa)** Vorbehalt iF des § 464. **bb)** Wirksame Mängelrüge ist grdsätzl nur beim Handelskauf notw (§ 377 HGB), sonst nur bei vereinb Fr zur MängelAnz (vgl § 11 Nr 10 e AGBG). Eine Verwirkg (§ 242

499

§§ 462, 463

Anm 9) des GewlAnspr wg unterlassener Mängelrüge kann somit nur in AusnFällen befürwortet w (vgl Staud-Honsell § 464, 12), da § 477 sowieso eine kurze VerjFr setzt. **cc)** Ingebrauchnahme od Weiterbenutzg der Kaufsache hindert den Anspr nicht, kann aber im Einzelfall wg unzuläss RsAusüb die Wandelg ausschließen (BGH NJW **84**, 1525 mwN; Hamm NJW-RR **88**, 1461).

3) Wandelung. Legaldefinition des § 462: Rückgängigmachg des KaufVertr. Der Anspr (§ 194 I), den § 462 gibt, ist schuldrechtl, gg den Verk gerichtet, kein GestaltgsR (hM; Jauernig-Vollkommer 2 mwN). Er richtet sich darauf, daß mit Einwilligg des Verk (§ 465) der KaufPr zurückgezahlt w od die offene KaufPr-Schuld erlischt, mit den sonstigen RFolgen, auf die § 467 verweist.

4) Minderung. Legaldefinition des § 462: Herabsetzg des KaufPr. RNatur u Inhalt wie Anm 3; jedoch mit dem Unterschied, daß der KaufVertr mit allen sonstigen Ren u Pfl auch bestehen bleibt, wenn die Minderg gem §§ 472–474 dchgeführt w. Es entsteht, anders als bei Wandelg, kein RückgewährSchuldVerh (vgl § 465 Anm 3a), sond nur die einseit RückzahlgsPfl od das teilw Erlöschen der KaufPrFdg.

463 *Schadensersatz wegen Nichterfüllung.* **Fehlt der verkauften Sache zur Zeit des Kaufes eine zugesicherte Eigenschaft, so kann der Käufer statt der Wandelung oder der Minderung Schadensersatz wegen Nichterfüllung verlangen. Das gleiche gilt, wenn der Verkäufer einen Fehler arglistig verschwiegen hat.**

1) Allgemeines. a) Rechtsnatur: Der SchadErsAnspr aus § 463 ist ein vertr GewlAnspr; er setzt daher einen gült KaufVertr voraus (allgM) u ist ausgeschl, wenn der Vertr wg § 123 angefochten ist (vgl Anm 5 a, b). **b) Anwendungsbereich:** Nur bei Spezies-(Stück-)Kauf; bei Gattgskauf gilt § 480 II. RGedanke des § 463 ist für entspr anwendb erkl auf LizenzVertr (BGH NJW **70**, 1503). Für Saatgut SoRegelg in § 24 II SaatgutverkehrsG 1985. **c) Abdingbarkeit:** Sie ist für die Tatbestde der Argl dch § 476 ausgeschl; bein Fehlen einer zugesicherten Eigensch, zZ des Kaufs (S 1), also ohne Argl auch für den Fall, daß die Sache für den vorgesehenen Verwendungszweck ungeeignet ist, wenn die Eigng hierfür zugesichert wurde (BGH **50**, 200); iü kann S 1 abbedungen w (BGH NJW **70**, 2021 [2023]), jedoch nicht im GeltgsBer des AGBG, die Haftg auch nicht eingeschr (AGBG 11 Nr 11). Ausn: § 33 III SaatgutverkehrsG. **d) Verhältnis zu § 462 und Wahlrecht.** SchadErs aus § 463 kann nur statt Wandelg od Minderg (§ 462) verlangt w, also wahlw (BGH **29**, 148 [151]). Diese drei Anspr können im Proz daher nur im Eventual-Verh geltd gemacht w. § 263 ist unanwendb. Das WahlR (ius variandi) erlischt erst mit dem RKraft eines Urt, das auf einen der 3 Anspr gerichtet ist (hM) od mit Vollz v Wandelg od Minderg dch Einverständn des Verk (§ 465), entspr dem Einverständn des Verk mit dem SchadErsAnspr (vgl § 465 Anm 1a). Bis zur Bindg kann der Käufer noch v einem zum and Anspr übergehen (vgl § 465 Anm 3d). SchadErsAnspr ist nicht ausgeschl, wenn der Käufer gg Rückg der Sache sich KaufPr erstatten läßt, aber SchadErs vorbehält (RG **90**, 332). **e) Verjährung:** Für S 1 gilt § 477, für S 2 u die sonst Fälle v Argl § 195 (30 Jahre). **f) Leistungsort** (§ 269): wie § 465 Anm 2 d (Hamm MDR **89**, 63).

2) Allgemeine Voraussetzungen: Für alle aus § 463 abgeleiteten Anspr ist zu beachten: **a) Grundregel.** Es müssen die Voraussetzgen für Wandelg u Minderg (§ 462) vorliegen, also § 459 u § 460. Daraus folgt, daß der Mangel noch bei GefahrÜberg (§ 459 I) vorliegen muß u daß Gewl trotz Argl u Zusicherg des Verk ausgeschl ist, wenn der Mangel nicht ausgeschl (§ 460 S 1). **b) Haftung für Dritte:** Handelt bei VertrAbschl für den Verk ein Vertreter, gilt für Argl, Verschweigen u Vorspiegeln § 166, soweit der Vertreter im Rahmen der VertretgsMacht handelt (RG **83**, 244). Verk haftet für seine ErfGehilfen (§ 278), die bei Abschl des KaufVertr mitwirken. Ein Vertreter u Vermittler selbst kann unmittelb dem Käufer aus c. i. c. auf VertrauensSchad haften (BGH NJW **75**, 642), insb wenn er im Namen des Verk weg Fachkunde ein bes Vertrauen v VertrPartner entggebracht w (BGH WM **76**, 614). Keine ErfGehilfen sind: der Zulieferant, auch nicht bei einem WerkLiefergsVertr (BGH **48**, 118); bei der serienmäß Herstellg einer Maschine alle dabei tät ArbN (BGH **LM** Nr 143). § 831 ist nur anwendb, wenn § 823 II vorliegt. Ist die argl Vorspiegelg v einem Dr begangen, für den § 278 nicht eingreift, haftet der Verk, wenn er diese Vorspiegelg ausnutzt. Zu verneinen ist eine entspr Anwendg v § 166 für § 463 auf Vermittler (aA Hoffmann JR **69**, 372). Überh keine Haftg für Boten (allgM). Bei Mehrh v Verkäufern haftet nur derjen nach § 463, der argl handelt (RG **99**, 121). Nur bei Hinzutreten bes Umst liegt bei dem Verk, der selbst nicht arglist handelt, eine Übern der Haftg gem § 463 vor (BGH WM **76**, 324). **c) Zeitpunkt.** Der Mangel muß sowohl bei VertrAbschl wie auch bei GefahrÜberg (vgl Anm a) vorhanden sein; jeweils derselbe Mangel od ein am Mangel, der aus dem bei VertrAbschl vorhandenen entstanden ist. Die Zusicherg beim Kauf kann auch darauf bezogen w, daß die Eigensch, die zZ des Kaufs noch fehlt, bei Gefahrüberg vorhanden sein w (vgl Anm 3a); S 1 gilt dann jedenf entspr (RGRK-Mezger 2). Soll die Sache erst nach VertrAbschl hergestellt w (WerkliefergsVertr ü vertretb Sache, § 651), so liegt eine (beschr) Gattgsschuld vor u es gilt nicht § 463 sond § 480 II. **d) Ursächlichkeit** zw Zusicherg, argl Verschweigen od Vorspiegeln u dem KaufAbschl muß v Käufer nicht dargelegt w; jedoch entfällt Anspr aus § 463, wenn der Verk (bei strengen AnFdgen) beweist, daß Zusicherg, Verschweigen od Vorspiegelg für den KaufAbschl bedeutgsl waren (BGH NJW **81**, 45; KG NJW-RR **89**, 972; Staud-Honsell 11 mwN).

3) Besondere Voraussetzungen. Es muß alternativ vorliegen: **a) Fehlen zugesicherter Eigenschaft** schon zZ des Kaufs (S 1). Zusicherg wie § 459 Anm 4a. Eigensch wie § 459 Anm 4b. Wie bei § 459 kommt es nicht darauf an, ob die Eigensch für Wert u Tauglk der Sache zum vertrgem Gebr erhebl ist od nicht. ZZt des Kaufs: Damit ist das ZustdeKommen des KaufVertr gemeint. Die Zusicherg kann sich auf eine Eigensch beziehen, die zZ des Kaufs nach Kenntn der Part nicht vorliegt, aber bis zu einem späteren bestimmten Ztpkt gem Zusicherg eintreten werde (vgl Anm 2c u BGH WM **76**, 978). Der GewlAnspr setzt kein Versch voraus. Der Verk haftet gem S 1 auch, wenn er das Fehlen der Eigensch nicht kennen konnte u nicht kannte. **b) Arglistige Täuschung.** Maßgebder Ztpkt ist VertrSchluß. Kommt in den folgenden Formen vor: **aa) Verschweigen eines Fehlers** (S 2). **(1)** Fehler: wie § 459 Anm 3 u zwar nur erhebl gem § 459 I 2 (Erm-Weitnauer 6; Soergel-Huber 22; aA Staud-Honsell 10; Köln NJW-RR **86**, 988). **(2)** Arglist: Es ist keine betrüg Abs erforderl. Es genügt, daß der Verk den Fehler kennt od mit seinem Vorhandensein rechnet (BGH **63**, 388), ebso daß er es weiß od damit rechnet, dem Käufer sei der Fehler unbek u er werde den Kauf nicht abschließen, wenn er den Fehler kennen würde (vgl hierzu BGH NJW **77**, 1055 mwN) od ohne Sachkenntn grdlagenlose Behauptgen aufstellt (Mü NJW **88**, 3271; Celle NJW-RR **87**, 744). Fahrlässigk des Verk genügt nicht. **(3) Verschweigen:** liegt vor, wenn Pfl zur Aufklärg bestd (BGH NJW **79**, 2243 u NJW-RR **87**, 436) od v Käufer nach dem Fehler gefragt wird (Köln OLGZ **87**, 439). Setzt nicht ein Unterdrücken voraus. Nach § 242 zu beurt. Der Verk eines unfallbeschäd Kfz hat grdsätzl eine OffenbPfl (BGH stRspr; vgl NJW **82**, 1386 mwN; Kblz NJW-RR **88**, 1137). Im allg genügt der Hinweis des Verk, daß das Kfz einen Unfall erlitten hat (BGH NJW **65**, 35 für Verk an Kfz-Händler); jedoch müssen BagatellSchäd grdsätzl nicht ungefragt offenb werden (BGH NJW **82**, 1386; andseits dürfen UnfallSchäd nicht verharmlost w (vgl Köln NJW-RR **86**, 1380). OffenbargsPfl besteht auch für schwere Mängel (vgl Strutz NJW **68**, 436 mwN). Bei GebrFahrz besteht jedenf keine UntersuchgsPfl auf versteckte Mängel (vgl Hamm NJW-RR **86**, 932). **bb) Vortäuschung der Abwesenheit von Fehlern** dch Hdlgen in argl Abs steht dem Verschweigen (Anm aa) gleich (allgM). Es kommt dch nicht auf die Pfl zur Aufklärg an. **cc) Vorspiegelung einer nicht vorhandenen Eigenschaft** in argl Abs führt zu entspr Anwendg des S 2 (hM; RG **132**, 78). Die argl Vorspiegelg muß sich auf eine Eigensch der Kaufsache (§ 459 Anm 4b) beziehen. Argl: entspr Anm aa. Zurechtmachen u äußere Aufbesserg der Kaufsache kann im Einzelfall Vorspiegeln darstellen.

4) Schadensersatz. Für Grd u Umfang muß im Einzelfall differenziert w.

a) Grundsätze. aa) Schadensersatz wegen Nichterfüllung (sog pos Interesse) ist zu leisten (Vorbem 2g vor § 249). Bei Fehlen einer zugesicherten (S 1) od argl Vorspiegelg einer nicht vorhandenen Eigensch ist der Käufer so zu stellen, wie er stehen würde, wenn die Sache diese Eigensch besäße. Bei argl Verschweigen eines Fehlers od argl Vorspiegelg des Abwesenh v Fehlern (Fälle des S 2), ist der Käufer so zu stellen, wie wenn die Kaufsache den Fehler nicht hätte. Der SchadErs ist nicht dadch ausgeschl, daß der Käufer nicht mehr im Bes der Kaufsache ist (vgl Anm b, dd). Unter § 463 fällt auf jeden Fall der MangelSchad (unmittelb NichtErfSchad). **bb) Mangelfolgeschaden** (insb sog BegleitSchad). Ob er dazugehört, ist im einz bestr (vgl Staud-Honsell 36–41). Er kann ggf aus pos VertrVerletzg verlangt werden (Anm 5 d u 2 b vor § 459). Zur Abgrenzg vgl Peters NJW **78**, 665. **(1)** Bei Argl (Anm 3 b, aa [2]) wird das für die pos VertrVerletzg erforderl Versch idR vorliegen, wenn hier die MangelfolgeSchäd nicht schon von vorneherein von § 463 umfaßt w (Larenz § 41 II c 3), weil er adaequat verurs ist u daher unter Anm aa fällt (vgl Soergel-Huber 65 mwN). **(2)** Bei Zusicherg von Eigensch fallen die MangelfolgeSchäd unter § 463, wenn sie vom obj Sinn der Zusicherg umfaßt werden, insb wenn die Zusicherg bezweckt, den Käufer vor solchen Schäd zu schützen (BGH **50**, 200 u NJW **73**, 843 mwN). Bsp: Verkehrsunfall inf Vertrauens auf zugesicherte Eigensch (BGH NJW **78**, 2241; jedoch als NichtErfSchad angesehen). **cc) Entgangene Gebrauchsvorteile.** Ers kann nur verlangt w, wenn nach der VerkAuffassg die ständ Verfügbk der Sache einen geldwerten Verm-Vorteil darstellt (zB Auto, nicht ein Pelzmantel, vgl BGH NJW **75**, 733). Zweifelh u umstr ist, ob u inwiew Aufwendgen des Käufers, die inf der Mangelhaftk der Sache nutzlos waren, dazugehören (vgl Streck JZ **79**, 398). Für NachbessergsAnspr im Rahmen der Naturalrestitution: Peters JZ **78**, 92.

b) Berechnung ist auf zwei Arten zur Wahl des Käufers mögl, näml sog kleiner SchadErs (Anm aa) od großer SchadErs (Anm bb). **aa) Wertdifferenz.** Der Käufer kann Sache behalten u verlangen, so gestellt zu w, als ob gehör erf wäre, also Ers des Wertunterschieds zw mangelfreier u mangelh Sache (BGH NJW **65**, 34), wobei er gg den KaufPr mit dem SchadErsAnspr aufrechnen kann (vgl § 479). Ers in Geld, kein Anspr auf Beseitigg des Mangels od Herstellg zugesicherter od vorgespiegelter Eigensch (BGH WM **75**, 230 u **83**, 363), zB Kosten der Umrüstg eines Kfz auf den typengerechten Motor (vgl BGH NJW **83**, 1424). Der Käufer kann daher Ers der zur Beseit des Mangels erforderl Kosten verlangen (BGH aaO; Karlsr OLGZ **79**, 431 mwN; aA LG Boch NJW **80**, 789). **bb) Austausch:** Der Käufer kann auch Ann der Sache gänzl ablehnen oder angen Sache zur Vfg stellen u den dch NichtErf des ganzen Vertr entstandenen Schad verlangen (hM; BGH **29**, 148). Nachw fehlden Interesses des Käufers an mangelh Leistg ist nicht erforderl (Soergel-Huber 42; BGH aaO; bestr); jedoch kann der Käufer gegen § 242 verstoßen, wenn er wg nur geringfüg Mängeln den großen SchadErs verlangt (BGH NJW **86**, 920 mwN). Als SchadErs stets Erstattg des KaufPr (RG **134**, 90) u der VertrKosten, sowie der Untersuchungskosten, ferner Kosten des RStreits, den Käufer wg seinen Abnehmer führen mußte. Bei einem Grdst kann der Verk Mitwirkg zur RückAuflassg verlangen (BGH NJW-RR **89**, 650). **cc) Maßgebender Zeitpunkt** für SchadBerechng ist derjenige, zu dem der KaufVertr vertrgem erf w sollte; daher ist eine spätere Werterhöhg inf Beseitgg des Mangels dch Käufer unerhebl. Ebso, wenn es ihm gelingt, die Mieteinnahmen zu erzielen, die bei KaufAbschl entgg der Zusicherg des Verk nicht erzielt w konnten (BGH WM **65**, 273). **dd) Weiterverkauf.** Der Verk wird im Verh zum Erstkäufer nicht dadch entlastet, daß dieser die Sache günst weiterverk (hM); es findet also insoweit keine Vorteilsausgleich statt (vgl 7 a vor § 249; BGH NJW **81**, 45). Den Gewinn hieraus, den der Käufer ohnehin gemacht hätte, braucht er, wie auch die Kosten des Deckgskaufs verlangt, bei der SchadBerechng nicht abzusetzen. Hat er die mangelh Sache weiterverk u hat der Abnehmer gewandelt (§ 462), so kann er den Gewinn nur verlangen, wenn er keine und Zusichergen als sein Verk gemacht hat (BGH NJW **68**, 2375). Andernf muß der Käufer den Schad berechnen, indem er je nach Bedeutg des Mangels ausgeht; so können auch die Kosten verlangt w, die aufgewendet w mußten, um die Sache in den mangelfreien Zust zu versetzen (BGH NJW **65**, 34). Hatte Käufer zwecks Weiterveräußerg gekauft, so besteht für abstr SchadBerechng die Vermutg, daß er zu dem Preise hätte weiterverk können, den andere für gleiche Ware zu derselben Zeit in demselben WirtschGebiet erzielt haben (RG **90**, 306). Adäquat verurs ist auch der Schad, der darin besteht, daß der Käufer seinem Abnehmer den von ihm geforderten entgangenen Gewinn ersetzt, der auf dem Mangel beruht (BGH NJW **82**, 435). Wg Haftg für Schad aus § 463 nach günst WeiterVerk dch den Erstkäufer u AbtretgsPfl: Vorbem 4 g vor § 459. **ee) Mitverschulden** des Käufers: § 254 ist grdsätzl anwendb; jedoch nicht im Bereich des § 460, der eine SondRegelg für Kenntn u grobfahrl Unkenntn v Mängeln auf Seiten des Käufers darstellt. Daher kann dem Käufer auch nicht Versch bei

§§ 463, 464

VertrSchluß entggesetzt w, wenn er eine zumutb Prüfg der Kaufsache unterläßt u den Verk nicht über den Mangel belehrt od es unterläßt, den Verk auf solche Zweifel hinzuweisen, die diesen vom VerkEntschl abgehalten hätten.

5) Anspruchskonkurrenzen. Es kommen in Betr: **a) Unerlaubte Handlung** (§ 823 II wg § 263 StGB, § 826; vgl hierzu 2 f vor § 459). Nichtjede Argl erf schon die Voraussetzgen einer unerl Hdlg. Anf des KaufVertr aus § 123 ist für Anspr aus unerl Hdlg unerhebl. Der SchadErsAnspr geht hier regelm auf das negat Interesse (Vorbem 2g vor § 249), wenn der KaufVertr angefochten w ist. Verk hat also den Käufer so zu stellen, wie er gestanden haben würde, wenn er nicht getäuscht worden wäre, wobei sich der Käufer den Vorteil anrechnen lassen muß, der ihm aus dem Gebr der Sache erwachsen ist (BGH WM 63, 1252; § 823 Anm 12c). Ist KaufVertr unangefochten geblieben, kann Käufer auch ErfInteresse (Vorbem 2g vor § 249) verlangen, aber nur, wenn er nachweist, daß der Kauf mit dem Verk bei Angabe der richt Tats zu günstigeren Bdggen zust gekommen wäre (vgl § 123 Anm 1c). ErfInteresse kann auch verlangt w, wenn dasselbe, wie wenn Ers wg argl Täuschg der Käufer den SchadErsAnspr auf dieselben Grde stützt wie die Anf, sofern der Verk die Eigensch der Kaufsache vertragl zugesichert (BGH NJW 60, 237) od eine Eigsch (ohne Zusicherg) argl vorgespiegelt hatte. **b) Ungerechtfertigte Bereicherung** (§ 812I). Dieser Anspr besteht nach wirks Anf aus § 123 (vgl 2d vor § 459). Die Rückabwicklg des KaufVertr ist im Ergebn das gleiche, wie wenn Ers des negativen Interesses (wie bei Anm a) verlangt w. Auch hier muß sich der Käufer den Wert der von ihm gezogenen Nutzgen anrechnen lassen (§ 818 I, II); ist er höher als der VorteilsAusgl (Vorbem 7 vor § 249), braucht nur dieser ausgeglichen zu w, weil für die Differenz ein SchadErsAnspr besteht (BGH NJW 62, 1909). **c) Verschulden bei Vertragsschluß** (2c vor § 459): Dieser Anspr scheidet im Bereich des § 463 aus, weil diese Vorschr in Bezug auf Fehler u Eigensch der Kaufsache eine abschließde SondRegelg darstellt. Für Anwendbark bei NebenPfl: Honsell JR 76, 361. **d) Positive Vertragsverletzung** (2b vor § 459). Auch dieser Anspr scheidet wg der Grde der Anm c aus, soweit § 463 gilt. Nur wenn der Verk and Pfl verletzt als diejen, welche sich aus § 463 für den Abschl des KaufVertr ergeben (Verk darf nicht fehlde Eigensch zusichern usw, vgl Anm 3), kommt eine Haftg aus pVV in Betracht u zwar nur für den Schad, der inf eines Fehlers (§ 459 I) entsteht, sog MangelfolgeSchad (Anm 4a, bb; hM; Soergel-Huber 66 mwN), also nicht für den eigentl MangelSchad (Anm 4a, aa).

6) Beweislast. a) Grundsatz. Für die Gewl kommt es allein auf den Zust der Sache zZ der Überg an. § 363 ist anzuwenden, obwohl die §§ 459 ff SchlechtErf, keinen Fall der NichtErf darstellen (Soergel-Huber 102; bestr). **b) Käufer** trägt die BewLast für den Mangel, einschließl Zusicherg der Eigensch, hinsichtl der Argl für den ges Inhalt der Erkl des Verk, aus der die Argl zu entnehmen ist (RG 102, 394; BGH WM 70, 162; aA für den Fall, daß der Käufer, der auf Zahlg des KaufPr verklagt w, Fehlen einer zugesicherten Eigensch einwendet: Staud-Honsell 53); nicht für den Irrt (BGH BB 89, 1583). Bei kleinem SchadErs (Anm 4b, bb) BewLast dafür, daß er zu günstigeren Pr gekauft hätte (BGH BB 69, 696; bestr). **c) Verkäufer** hat BewLast dafür, daß argl Verschweigen od Vorspiegelg für den KaufAbschl bedeutgslos gewesen sei (BGH NJW 81, 45).

464 Vorbehalt bei Annahme.

Nimmt der Käufer eine mangelhafte Sache an, obschon er den Mangel kennt, so stehen ihm die in den §§ 462, 463 bestimmten Ansprüche nur zu, wenn er sich seine Rechte wegen des Mangels bei der Annahme vorbehält.

1) Allgemeines. § 464 schließt sich in Zweck u Inhalt dem § 460 an. **a) Zweck.** Wer bei Lieferg Mangel entdeckt, pflegt ihn zu beanstanden, wenn er ihm wichtig erscheint. Schweigen in solchem Fall ist argl, weil es idR BewSchwierigk od Schädigg des Verk verursacht (ähnl Köhler JZ 89, 761 [769]). Deshalb verliert der in Kenntn schweigde Käufer die Re auf Gewl. **b) Anwendungsbereich.** Grdsätzl wie 3 vor § 459. Anspr aus §§ 462, 463 analog dch pVV (Vorbem 2b, c vor § 459). § 464 gilt auch, wenn der Käufer sich in seinen AGB für Einkauf v MängelRügeFr freizeichnet (BGH WM 78, 1094). § 464 gilt nicht, wenn Käufer den Mangel erst nach Ann erkennt (BGH NJW 58, 1724). Entspr Anwedg auf RMängel ist ausgeschl; es gilt § 439 (MüKo-Westermann 2). Wg der Bezugn auf § 463 gilt § 464 auch bei Argl des Verk, aber nicht, wenn der Anspr auf §§ 823, 826 od § 812, 123 gegründet ist (Köhler JZ 89, 761 [770]). Fallen Kauf u Überg der Sache zeitl zus, wird § 464 dch den weitergehden § 460 überflüss. **c) Mehrheit von Sachen.** Ist sie als zugehörd verkauft (§ 469 S 2), muß vorbehaltene Ann alle Sachen betreffen, wenn § 464 für alle eingreifen soll; sonst tritt die Wirkg des § 464 nur hins der einz mangelh Teillieferg ein; jedoch kann die vorbehaltlose Ann einz Sachen in Kenntn des Mangels stillschw Verzicht auf Wandelg wg dieses Mangels auch bzgl der übr Sachen enthalten (RGRK-Mezger 1). **d) Voraussetzung** für Erhaltg des GewlAnspr ist im Falle der Kenntn (Anm 2) u Ann der Sache(n) (Anm 3) der Vorbeh (Anm 4). **e) Wirkung:** Verlust des GewlAnspr bei unterbliebenem Vorbeh trotz Kenntn mit Ann der Sache(n). **f) Beweislast:** Verk für Kenntn des Käufers bei Ann der Sache, Käufer für den Vorbeh bei Ann (Baumgärtel 1 mwN).

2) Kenntnis (vgl § 460 Anm 2a) muß posit Bewußtsein vom Mangel umfassen, sowie die Erkenntn der Wert- od BrauchbarkMinderg (MüKo-Westermann 4 mwN). Maßgebder Ztpkt ist der der Ann (Anm 3), auch wenn der Vertr noch nicht wirks geworden ist (Köhler JZ 89, 761 [769]). Späteres Erkennen des Mangels führt zum Verlust des GewlAnspr nur bei Verzicht (vgl MüKo-Westermann 9). Grobfahrl Unkenntn des Mangels u dringender Verdacht reichen nicht aus (allgM). Mängelrüge nach § 377 HGB ist nur erforderl bei zweiseit HandelsGesch. Inwieweit Käufer auch außerh § 377 HGB zu alsbaldiger Untersuchg der Sache u MängelAnz verpfl ist, beurteilt sich nach § 242 (RG 104, 96; Lehmann WM 80, 1162 [1166]). Kenntn des Vertreters bei Ann steht nach § 166 der Kenntn des Käufers gleich (RG 101, 73). Bei Mißbr der VertretgsMacht dch Vertr, den Verk erkennt, kann dieser aus Mißbr keine Rechte gg den vertretenen Käufer herleiten (RG 101, 73).

3) Annahme. a) Begriff ist der gleiche wie in § 363, nicht der des § 433 II: EntggNahme der Sache als eine dem Vertr in der Hauptsache entspr Erf (BGH NJW 58, 1724). Die Ann kann auf Teile der Lieferg

Einzelne Schuldverhältnisse. 1. Titel: Kauf. Tausch §§ 464, 465

beschr w (RG **54**, 165). Mit Vorbehalten u Mängelrügen ist Ann dchaus vereinb. **b) Einzelheiten:** Bei Grdst enthält sowohl Überg wie Auflassg eine Ann (BGH **50**, 364). Bei der rein behördl Maßn der Eintr ist Vorbeh selten mögl u nie erforderl (RG **134**, 88). Bei Versendgskauf braucht AnnWille nicht ggü Verk erklärt zu werden (RG **64**, 145). Bei Verk eines Warenlagers liegt Ann u Ztpkt für Vorbeh in Abschl der Inventur dch den Käufer.

4) Vorbehalt. a) Begriff. Der Vorbeh ist eine einseit empfangsbedürft WillErkl, in der der Käufer dem Verk einen bestimmten Mangel bezeichnet u aus der der Verk erkennen kann, daß der Käufer hierfür auf Gewl nicht verzichten will. Ein allg Vorbeh ohne Angabe einzelner Mängel ist unwirks. Eine MängelAnz muß RVorbeh ergeben, wie er für die Anz nach § 478 und § 377 HGB erforderl ist. **b) Form.** Der Vorbeh ist formlos, auch dch schlüss Verhalten mögl. **c) Zeitpunkt.** Der Vorbeh muß zZ der Ann (Anm 3) erkl w. Es genügt sofortiger schriftl Vorbeh nach Erhalt zugesandter Ware. Ein vorangegangener Vorbeh wirkt auch bei Ann fort (RG **58**, 262). **d) Empfänger.** Der Vorbeh muß ggü dem Verk od dessen StellVertr, nicht bloßem Boten od Überbringer erkl w (vgl Staud-Honsell 5).

465 **Vollzug der Wandelung oder Minderung.** Die Wandelung oder die Minderung ist vollzogen, wenn sich der Verkäufer auf Verlangen des Käufers mit ihr einverstanden erklärt.

1) Allgemeines. a) Anwendungsbereich: Unmittelb auf Wandelg u Minderg; entspr auf Nachlieferg (§ 480), sow es sich um das Erlöschen des dem Käufer zustehde WahlR zw den GewlAnspr handelt, auch für den SchadErsAnspr (§ 463; MüKo-Westermann 1) u die vereinb Nachbesserg u Nachlieferg (BGH NJW **70**, 1502). **b) Abdingbarkeit** ist uneingeschränkt zu bejahen; insb kann nach vollz Wahl ein and GewlAnspr vereinbart w (§ 305). **c) Bedeutung.** Es bestehen versch Auffassgen, die in Bezug auf das Erlöschen des WahlR übereinstimmen, aber das Zustandekommen der Wandelg u Minderg u den Inhalt der Anspr daraufunterschiedl beurt. § 465 gilt aber (abgesehen v WahlR, vgl Anm 1a) nicht für Nachlieferg, Nachbesserg u SchadErs. **aa) Vertragstheorie:** (Leonhard: Bes SchuldR S 67 ff; Oertmann 1 d mwN). Der Käufer hat einen (Wandelgs- od Mindergs-)Anspr gg den Verk auf Abschl eines Vertr (übereinstimmde WillErkl), durch den die Wandelg od Minderg vollz w. Erst mit der EinständnErkl u dem dadch herbeigeführten Vertr wird der KaufVertr geänd (§ 305) u entstehen die RFolgen des § 467 (Wegfall der noch nicht erf Pfl aus dem KaufVertr od Rückgewähr-Anspr) u des § 472 (Wegfall der ZahlgsPfl od RückgewährAnspr für den herabgesetzten Teil des Kaufpr). Kommt dieser Vertr nicht freiw zustande, kann der Käufer nur auf Einverständn zur verlangten Wandelg od Minderg klagen. Vollz u VertrAbschl treten erst über § 894 ZPO mit Rechtskr ein. Erst dadch veränd sich die Re u Pfl aus dem KaufVertr u entstehen die Anspr auf Rückgewähr. Verj des Anspr aus dem Vertr: 30 Jahre (§ 195); § 477 nur für Anspr auf Abschl des Vertr. Die VertrTheorie wird heute nicht mehr vertreten. **bb) Herstellungstheorie:** (Esser-Weyers § 5 III 1; Soergel-Huber § 462 RdNr 44; Jauernig-Vollkommer § 462 Anm 2b). Der Käufer hat von vornherein den Anspr auf Herstellg des Zustands, der der Wandelg od Minderg entspr (§ 467 od § 472), näml Rückzahlg des Kaufpr od Befreiung von der ZahlgsPfl (bei Minderg zum entspr Teil). Die Bedeutg des § 465 erschöpft sich danach im Verlust des WahlR zw den GewährleistgsAnspr; denn auch die Herstellgstheorie läßt zu, daß der Verk sich freiw mit dem Anspr des Käufers einverst erkl u de Handlg vornimmt, die dieser RLage entspr. Andernf kann aber der Käufer sof u unmittelb auf Rückzahlg des KaufPr klagen u gg eine KaufPrKl Wandelg od Minderg mit der Wirkg geltd machen, daß die KaufPrFdg insoweit erlischt. Verj: § 477. Aus vollz Wandelg od Minderg: wie Anm aa. **cc) Theorie des richterlichen Gestaltungsakts:** (auch modifizierte VertrTheorie; Bötticher: Die Wandlg als Gestaltgsakt, 1938; Larenz § 41 II a). Wandelg u Minderg wird (wie bei der VertrTheorie) dch Vertr vollz, aus dem die Anspr auf Herstellg des entspr Zustands erwachsen. Schließt der Verk den Vertr nicht freiw ab, so kann der Käufer sof auf Leistg klagen od die Einwendg (Erlöschen des KaufprAnspr) unmittelb erheben. Das Urt (über die LeistgsKl) wirkt aber zugleich rechtsgestaltd: Wandelg od Minderg wird dch einen Urteilspruch v Umgestaltg des KaufVertr vollz, auch wenn die Formel ausdrückl nur über die LeistgsKl befindet. Der Vertr w dch das in der Sache rechtsgestaltd Urt ersetzt. Verj wie bei der VertrTheorie (Anm aa). **dd) Gemischte Theorie:** Vom RG (zB **101**, 64) begründet, vom BGH **29**, 148) übernommen. Stellt auf die prakt Bedürfn ab: Sie gestattet dem Käufer (wie bei der HerstellgsTheorie) sof die Kl auf die aus der Wandelgs- u MindergsR RFolgen, hält aber für die freiw vertragl Regelg der KaufVertrPart den Abschl eines Vertr für erforderl u genügd. In der Wirkg entspr sie (in der Praxis allg befolgt) der Theorie des richterl Gestaltgsakts (Anm cc), da auch die Verj nach der VertrTheorie (Anm aa, aE) behandelt w. Da die umständl, zeitraubden, uU 2 aufeinanderfolgde Klagen erfordernden Folgen der VertrTheorie vermieden w, sind trotz dogmat Bedenken (§ 349 in § 467 ausgelassen) die Theorien zu cc u dd vorzuziehen.

2) Geltendmachung v Wandelg od Minderg gibt es als WillErkl (Anm a), als Klage (Anm b) u als Einrede (Anm c). Aufrechtg: § 467 Anm 3. **a) Verlangen.** Einseit empfangsbedüft WillErkl des Käufers (stets an den Verk), die einen VertrAntr enthält, dementspr auch die Erkl des Verk. **bb) Form:** Keine, auch wenn der Kauf formbedürft war (RG **137**, 294). **cc) Inhalt:** Wird wahlw Wandelg od Minderg begehrt, geht WahlR auf Verk über. **dd) Einigung.** Abw v § 151 muß Einverständn des Verk mind stillschw erkl w, damit der Vertr (vgl Anm 1c) zustande kommt. Daher besteht bis zur EinverständnErkl keine Bindg des Käufers; er kann sein Verlangen bis zur Ann zurückziehen. In der Rückn der Kaufsache liegt nicht notw das Einverständn des Verk (RG **91**, 110). **ee) Wirkung:** Berecht Wandelgsbegehren setzt den Verk in AnnVerz (§§ 293ff), wenn er die entspr angebotene Sache nicht zurücknimmt. **b) Klage** (vgl Anm 1c, aa–dd). Es kann nur entweder Wandelg od Minderg verlangt w, HilfsVerh ist nicht mögl. Einverständn mit Verlust des WahlR kann dch den Verk im Proz erkl w. Sonst besteht das WahlR des Käufers bis zur rechtskräft Verurt fort (Anm 1c, aa). Bei Übgang v Wandelg zu Minderg im Proz können Zinsen ab RHängK verlangt w (Hamm MDR **89**, 815). **c) Einrede** der Wandelg od Minderg gg den KaufPrAnspr ist insb bei Verj des GewlAnspr (§478) v Bedeutg. Wirkg auf Verjährg u WahlR: Anm 3c, d. **d) Leistungsort** (§ 269, auch ErfOrt) ist einheitl der Ort, an dem sich die Sache zZ der Wandelg vertrgem befindet (hM).

503

§§ 465–467　　　　　　　　　　　　　　　　　　　2. Buch. 7. Abschnitt. *Putzo*

3) Vollzug setzt einen Vertr der Part od die rechtskräft Verurt voraus (vgl Anm 2b), selbstverständlich im Verh zw den Part des KaufVertr (vgl Kblz WM **89**, 222). Vollz der Wandelg od Minderg wirkt nur verpflichtd, nicht dingl. **a) Rückgewährschuldverhältnis** (§ 467). Anspr aus § 433 können nicht mehr erhoben w. §§ 325, 326 sind auf die vollz Wandelg od Minderg nicht anwendb, so daß insb ein Rücktr v der Wandelg ausgeschl ist (RG **93**, 49). **b) Umfang der Rechtskraft.** Die Wandelgs- od MindergsEinr äußert RechtskrWirkg nur im Rahmen der streit Anträge. **c) Verjährung.** Aus Anm b folgt: Wird Kl auf RestkaufPr wg WandelgsEinr abgewiesen, so kann der Verk ggü zweiter Kl auf Rückgewähr der Anzahlg Verj einwenden (§ 477; hM; Staud-Honsell 15; dagg Larenz NJW **51**, 500). Klagt Käufer nur einen Teil des RückzahlgsAnspr aus Wandelg u verlangt er nach Obsiegen des Rest, kann der Verk die kurze Verjährg aus § 477; hM, Staud-Honsell 15 mwN; aA Larenz aaO). Hat der Käufer die Vollstreckg der RestKaufPreisKl über § 767 ZPO wg Minderg abgewehrt, kann der Verk ggü einer auf Minderg gestützten Kl auf Rückzahlg des geleisteten KaufPrTeils sich auf § 477 berufen (BGH **85**, 367). **d) Wahlrecht** zw den GewlAnspr (Anm 1a) wg desselben Mangels erlischt. Das kann nicht mehr einseit rückgäng gemacht od geänd w (BGH **29**, 151). Macht der Käufer Wandelg od Minderg als Einr geltd, verliert er das WahlR erst mit Abweisg der Kl auf den vollen od einen entspr Teil des KaufPr (hM; Staud- Honsell 24 mwN). Ist KaufPrKl wg WandelgsEinr abgewiesen, so kann Käufer noch zu SchadErs (§ 463) übergehen: **aa)** Wenn nach Lage des Falles Wandelg u SchadErs sich weitgehend decken, insbes weil Rückg der Kaufsache auch bei Wandelg nicht mögl wäre (RG **147**, 390). **bb)** Wenn Überg zur Kl auf SchadErs nicht gg § 242 verstößt (BGH **29**, 148). Danach bleibt idR der Überg v der WandelgsEinr zum großen SchadErs (§ 463 Anm 4b, bb) u v der MindergEinr zum kleinen SchadErs (§ 463 Anm 4b, aa) mögl (Staud- Honsell 25).

466 *Ausschlußfrist für Wandelung.* **Behauptet der Käufer dem Verkäufer gegenüber einen Mangel der Sache, so kann der Verkäufer ihn unter dem Erbieten zur Wandelung und unter Bestimmung einer angemessenen Frist zur Erklärung darüber auffordern, ob er Wandelung verlange. Die Wandelung kann in diesem Falle nur bis zum Ablaufe der Frist verlangt werden.**

1) Allgemeines. a) Zweck. Das WahlR (§ 465 Anm 3d) kann dem Verk lästig sein, weil er sich bis zum Ablauf der Verj (§ 477) bei Wandelg auf die Rückn der Sache einrichten muß u das WahlR erst mit Vertr od rkräft Verurteil erlischt (§ 465 Anm 3). **b) Anwendungsbereich.** Nur für Wandelg, weil bei Minderg der Verk die Sache nicht zurücknehmen muß u anderweit verwerten kann u weil bei SchadErs (§ 463) dem Verk der Vorzug des § 466 nicht eingeräumt w soll.

2) Voraussetzungen. a) Behauptung eines Sachmangels (§ 459) dch den Käufer ggü dem Verk. **b) Angebot der Wandelung** dch den Verk als VertrAngebot (vgl § 465 Anm 1a, aa) auf vorbehaltlose Rückabwicklg des KaufVertr (§ 465 Anm 3a). **c) Fristsetzung.** Sie muß in der Auffdg zur Erkl der Wandelg enthalten. Ist die Fr unangemessen kurz, verwandelt sich ihre Dauer v selbst in eine angemessene (RG **166**, 274; BGH WM **70**, 1421).

3) Wirkung. a) Wandelung kann der Käufer nur bis zum Ablauf der Fr verlangen (S 2). Danach bleibt sie nur mit Einverständn des Verk mögl. Hat sich Verk ohne FrSetzg zur Wandelg erboten u lehnt sie der Käufer ab, ist die Wandelg ebenf ausgeschl (Hbg MDR **69**, 923). **b) Beschränkung des Wahlrechts** (§ 465 Anm 3d) auf Minderg, SchadErs, ggf Nachbesserg u Nachlieferg. Gg den FrAblauf gibt es keine Wiedereinsetzg analog § 233 ZPO; nur Einwand der Argl od unzul RAusübg ist denkbar (RG **166**, 276).

467 *Durchführung der Wandelung.* **Auf die Wandelung finden die für das vertragsmäßige Rücktrittsrecht geltenden Vorschriften der §§ 346 bis 348, 350 bis 354, 356 entsprechende Anwendung; im Falle des § 352 ist jedoch die Wandelung nicht ausgeschlossen, wenn der Mangel sich erst bei der Umgestaltung der Sache gezeigt hat. Der Verkäufer hat dem Käufer auch die Vertragskosten zu ersetzen.**

1) Allgemeines. Die vollzogene Wandelg hat nur schuldrechtl Wirkg u führt zu einem RückgewährSchuldVerh. **a) Bedeutung.** § 467 behandelt Durchf der nach § 465 bindd gewordenen Wandelg. Auf das RückgewährSchuldVerh finden best Vorschr des vertragsm RücktrittR entspr Anwendg. An Stelle des bisher Vertr tritt die Pfl aus § 346, einander die empfangenen Leistgn zurückzugewähren. **b) Umfang:** Grdsätzl kann sich die Wandelg nur auf den gesamten einheitl KaufVertr u auf den vollen KaufGgst beziehen, nicht auf einz mangelh Bestdteile (BGH NJW **72**, 155; hierzu krit Jakobs JuS **72**, 377). Ausn: bei einheitl KaufVertr über mehrere Sachen s § 469. Klage des Käufers aus einem TeilBetrag bewirkt nicht Wandelg des gesamten KaufVertr (MüKo-Westermann § 465 Rdn 12). **c) Verhältnis zum Rücktritt:** Für Rücktr genügt einseit Erkl (vgl § 349), um die RFolgen auszulösen; die Wandelg erfordert entweder Einverständn des Verk od an dessen Stelle ein Urt (§ 465 Anm 3). Für die entspr Anwendg der §§ 346 ff ist an Stelle der RücktrErkl (§ 349) nicht das (einseit) Wandelgsbegehren, sond die vollz Wandelg (§ 465 Anm 3) zu setzen, insb für den Ztpkt in den Fällen der Anm 2. **d) Erfüllungsort** ist einheitl, sowohl für begehrte wie für vollzogene Wandelg der Ort, wo die Sache sich vertrgem befindet (RGRK-Mezger 12 mwN; bestr; aA: §§ 269, 270 für Pfl des Verk LG Krfld MDR **77**, 1018). Daher hat der Käufer idR nicht auf seine Kosten u Gefahr an den Verk zu senden (RG **57**, 15); er muß aber zB nicht die mangelh Dachziegel auf eigene Kosten abdecken lassen (BGH NJW **83**, 1479). **e) Mehrheit** v Verk od Käufern: Wandelg nur dch alle u gg alle (allgM); and bei Minderg (§ 474 I). Erlöschen des WandelgsR für einen wirkt gg die übr (§ 356), insb wenn einer der Verk ggü verzichtet wird (BGH NJW **89**, 2388). **f) Beweislast.** Es gilt § 282. Daher hat der Käufer sein NichtVersch in den Fällen der §§ 351, 353 (Anm 2a–c, e) zu beweisen, insb bei Untergang der Kaufsache (BGH NJW **75**, 44).

Einzelne Schuldverhältnisse. 1. Titel: Kauf. Tausch §§ 467, 468

2) **Ausschluß** der Wandelg kann eintreten dch **a) Untergang** des KaufGgst, aber nur bei Versch (§ 276) des Käufers od ErfGeh (§§ 278, 351), nicht bei Zufall (§ 350). Die Haftg für Versch kann sich wg § 300 auf grobe Fahrlässigk beschr, wenn der Verk dch berecht Wandelgsbegehren in AnnVerzug (§§ 293ff) gerät (RG **145**, 79 [84]). **b) Wesentliche Verschlechterung** des KaufGgst (§ 351), nur bei Versch (wie Anm a), wg Zufall vgl § 350 Anm 2. Ob Verschlechterg wesentl ist, stellt Tatfrage des Einzelfalls dar u ist nicht ohne weiteres dch bloßen WeiterVerk und Gebr gegeben. **c) Unmögliche Herausgabe** (§ 351) nur bei Versch (wie Anm a u b). Subj Unvermögen steht der obj Unmöglk gleich (§ 351 Anm 1). **d) Umgestaltung** des KaufGgst (§ 352) dch Verarbeitg od Umbildg (beides wie § 950), sowie untrennb Vermischg (Soergel-Huber 182); auch dch Dr, wenn der Käufer diesen hierzu beauftragt od angewiesen hat. Versch ist bedeutsglos (vgl § 350). Trotz Umgestaltg ist Wandelg zul, wenn der Mangel sich erst dabei zeigt (S 1 Hs 2) od später (Staud-Honsell 9). **e) Veräußerung und Belastung** (§ 353) des KaufGgst für sich allein schließen nicht bei Versch u Unmöglk der Herausg (vgl §§ 350, 351) die Wandelg aus. Fehlt ein Versch des Käufers, so ist die Wandelg auch ausgeschl, wenn bei dem Dr, an den veräußert od für den belastet ist, die Voraussetzgen der §§ 351, 352 (einschl Versch) erf sind. Auch da gilt dann S 1 Hs 2, weil § 353 auch auf § 352 verweist. § 353 geht davon aus, daß dem bei § 350 schuldlosen Käufer der Rückerwerb der mangelh Sache v Dr grdsätzl mögl ist. **f) Verwirkung** des WandelgsAnspr ist mögl (vgl § 242 Anm 9), dabei auf die Umstde des Einzelfalls abzustellen (vgl BGH WM **84**, 479 mwN). Es ist Zurückhaltg angebracht, soweit die Anwendg der §§ 350–353 in Frage steht, wobei auch für den ZtAblauf zw Wandelg u Geldmachg des GewlAnspr bedeuts ist (vgl RG **104**, 96). Die übl Benutzg bis zum Wandelgsbegehren, selbst wenn sie zu Abnutzg führt, begründet idR keine Verwirkg (zB bei gebr Kfz, Hamm NJW **77**, 809, bei neuem Nürnb MDR **80**, 1019). gleichf nach dem Wandelgsbegehren, wenn der zu ersetzde GebrVorteil auch im Interesse des Verk liegen kann (vgl BGH NJW **58**, 1773), wohl aber, wenn der Verhandlg über SachmängelGewl der Käufer den Verk zu erhebl Aufwendgen veranlaßt u der Käufer danach wg and Mängel Wandelg fordert (ähnl Köln MDR **73**, 314).

3) **Durchführung.** Verk u Käufer haben sich grdsätzl so zu stellen, als ob der Kauf nicht geschl worden wäre. Rückgewähr Zug um Zug (§ 348), bei Verändergen (insb Verschlechterg, Verwendgen, Nutzgen) im Umfang des § 347. Aufrechng ist nach der VertrTheorie jedenf außerh des Proz ausgeschl (Thielmann VersR **70**, 1069), nach der and Theorien (§ 465 Anm 1 c) zuläss (BGH WM **83**, 1391).

a) Pflichten des Käufers. aa) Rückgabe der empfangenen Sache frei v Belastgen, die seit Empfang begründet w (§ 346), u zwar in der für Übertragg jeweils vorgeschriebenen Form. **bb) Nutzungen.** Herausg der gezogenen u Ers für nicht gezogene richtet sich nach § 347 S 2 (vgl dort Anm 2, 3), Verzinsg einer Geldsumme nach § 347 S 3 (dort Anm 2 aE). Für nicht gezogene Nutzgen besteht keine ErsPfl, wenn die Nutzg der mangelh Sache den typ Affektionsinteressen des Käufers zuwider gelaufen wäre (Koller Betr **74**, 2458). **cc) Schadensersatz** wg schuldh Verschlechterg od Untergang der Sache od Unmöglichk der Herausg nach Erhebg des Wandelgsbegehrens (§§ 347, 989). Es ist umstr, ob die strenge Haftg, die den Besitzer erst mit RHängigk trifft, für den Käufer schon seit Empfang der Leistg besteht (vgl Staud-Honsell 16 mwN). Vertretb ist, die strengere Haftg erst beginnen zu lassen, sobald der Käufer Kenntn von den WandlgsVoraussetzgen erlangt (vgl § 347 Anm 2). **dd) Verzugsfolgen:** Kommt der Käufer mit Rückgewähr der Sache od sonst Verpfl aus Wandelg in Verz, so kann ihm Verk nach § 354 Fr mit Ablehngsandrohg setzen. Mit fruchtl FrAblauf wird Wandelg unwirks u Käufer verliert GewlAnspr (RG **123**, 393). Daneben bleibt der Weg des § 283 (Staud-Honsell 30).

b) Pflichten des Verkäufers. aa) Rückzahlung des empfangenen KaufPr, bei verändertem ListenPr nicht der neue (aA falsch gefaßter Leitsatz zu Karlsr NJW **71**, 1809). 4%, bei zweiseit HandelsGesch 5% Zinsen seit Empfang (§§ 347 S 3, 246; § 352 HGB). Ist ein Ggst (insb eine gebrauchte Sache) in Zahlg gegeben, ist diese, nicht ihr Wert in Geld, zurückzugeben (BGH NJW **84**, 429; MüKo-Janßen § 346 Anm 11; bestr). Anders bei Doppelkauf u ähnl VertrGestaltgen, insb Inzahlnahme eines gebrauchten Kfz, vgl § 515 Anm 1. **bb) Verwendungsersatz:** Nur notw Verwendgen auf die Kaufsache sind zu ersetzen (§§ 347, 994 II). Verwendgen sind nur solche Aufwendgen, die der Erhaltg, Wiederherstellg od Verbesserg der Sache dienen (BGH **87**, 104 [106]). Das Erlöschen dieser Ansprüche richtet sich nach § 1002 (BGH **87**, 104). **cc) Vertragskosten** (S 2) nach §§ 448, 449. Telegrammkosten; Maklergebühren; Kosten der auf VertrAuflösg bezogenen WillErkl, auch von erforderl MängelAnz; Fracht, Zölle, auch Einbau-, Montage- Untersuchgs- u TranspKosten des Käufers (hM; BGH **87**, 104; Staud-Honsell 24; bestr; einschränkd Roussos BB **86**, 10), nur im Einzelfall u ausnahmsw die RA-Kosten bei schwieriger RLage (LG Nürnb-Fürth MDR **82**, 668); nicht die Gutachterkosten zur Feststellg des Mangels (Kblz NJW-RR **89**, 337). S 2 gilt bei Rücktr gem §§ 440 I, 326 I (hM; BGH NJW **85**, 2697). **dd) Rücknahmepflicht.** Verk muß auch ohne bes Interesse des Käufers Sache zurücknehmen (Staud-Honsell 25); insow ist § 433 II entspr anwendb.

468 *Zusicherung der Grundstücksgröße.* Sichert der Verkäufer eines Grundstücks dem Käufer eine bestimmte Größe des Grundstücks zu, so haftet er für die Größe wie für eine zugesicherte Eigenschaft. Der Käufer kann jedoch wegen Mangels der zugesicherten Größe Wandelung nur verlangen, wenn der Mangel so erheblich ist, daß die Erfüllung des Vertrags für den Käufer kein Interesse hat.

1) **Allgemeines.** GrdstGröße ist Mengen- nicht EigenschAngabe. **a) Anwendbar:** als AusnVorschr nur bei Grdst u Teilen v solchen, nicht bei bewegl Sachen, GrdstR u GrdstBestandT. **b) Voraussetzungen:** Der Zusicherg (§ 459 Anm 4a) steht wg § 463 das argl Vorspiegeln einer GrdstGröße gleich (RG **66**, 338); Größenangabe muß wie § 459 Anm 4a v der Zusicherg u v Vertr umfaßt sein. § 468 gibt keine Vermutg (Soergel-Huber 1). Soll das Grdst erst aus einem größeren herausgemessen w, genügt für die Zusicherg die ungefähre Angabe der qm-Zahl dch „ca" (BGH WM **78**, 1291). **c) Wirkung:** Bei Zusicherg wird Größe wie Eigensch (§ 459 Anm 4b) behandelt. S 2 schränkt nur das R auf Wandelg ein; Gewl nach §§ 462, 463 bleibt mögl (hM; BGH **96**, 283 = JZ **86**, 495 m krit Anm v Honsell); nur Wandelg nach S 2

§§ 468–471 2. Buch. 7. Abschnitt. *Putzo*

(Anm 2) ist eingeschr. §§ 460, 464, 477–479 gelten. In einer (nicht zugesicherten) Mindergröße kann auch ein Fehler (§ 459 I) liegen (KG MDR **89**, 353). **d) Anfechtung** wg Irrt ist wie bei 2e vor § 459 ausgeschl.

2) Wandelungsanspruch ist nach Maßg des S 2 beschr, nicht aber der SchadErsAnspr aus § 463 (BGH aaO). Dies gilt jedoch nur für den Fall, daß die zugesicherte GrdstGröße fehlt. Setzt (üb § 459 hinaus) die Erheblk dieses Mangels voraus (mehr als der Maßstab des § 459 I 2), nicht Mindery des Wertes od der Tauglk. Es kommt auf den Einzelfall an. BewLast für Erheblk u ErfInteresse trägt der Käufer.

469 *Wandelung bei Verkauf mehrerer Sachen.* Sind von mehreren verkauften Sachen nur einzelne mangelhaft, so kann nur in Ansehung dieser Wandelung verlangt werden, auch wenn ein Gesamtpreis für alle Sachen festgesetzt ist. Sind jedoch die Sachen als zusammengehörend verkauft, so kann jeder Teil verlangen, daß die Wandelung auf alle Sachen erstreckt wird, wenn die mangelhaften Sachen nicht ohne Nachteil für ihn von den übrigen getrennt werden können.

1) Grundsatz der Einzelwandelg (S 1). Bei einheitl Kauf mehrerer Sachen, auch wenn ein Gesamtpr vereinb ist, kann Wandelg nur für die mangelh Sachen verlangt w. In diesem Fall w der Gesamtpr nach § 471 herabgesetzt. Die Wandelg w nicht dadch ausgeschl, daß mangelfreie Sachen weiterveräußert od aus and Grden nicht herausgegeben w können (vgl §§ 350–354), auch wenn der Rest der Sachen, für die gewandelt w kann, für den Verk dadch geringeren Wert hat (Ausn S 2). S 1 ist nicht anwendb auf Minderg od bei mangelh Bestandt einer einheitl Sache (Rohlff zu BGH NJW **72**, 575; vgl auch § 467 Anm 1b). Für Nebensachen, insb Zubeh gilt § 470.

2) Gesamtwandelung (S 2) ist die Ausn von S 1. **a) Anwendungsbereich:** Kauf mehrerer Sachen (wie Anm 1), auch wenn mehrere, äußerl selbstd VertrAbschl vorliegen, die ein einheitl RGesch bilden (Wallerath MDR **70**, 636). Gilt auch, wenn für einen Teil der Sachen die Mängelrüge nach § 377 HGB versäumt ist (RG **138**, 331). Entspr anwendb auf SchadErsAnspr aus §§ 463, 480 II, wenn ein Teil der gekauften Sachen dem Verk zur Vfg gestellt w (RG aaO). Nicht anwendb, wenn Bestandt einer einheitl Sache mangelh sind (BGH **102**, 135 = JZ **88**, 460 m Anm v Junker); bei Minderg; bei SukzessivliefergsVertr in Bezug auf künft Lieferg, weil hierfür selbstd RücktrR besteht (RG **57**, 115). **b) Voraussetzungen: aa)** Als zugehörd verkauft: ist nach den Abs u Interessen der VertrPart zu beurt (and BGH aaO: nach Verkehrsanschaug): IdR zu bejahen, wenn die Part beabsicht, den Kauf nur in der dch den gemschaftl Zweck der Sachen hergestellten Verbindg abzuschließen, so daß die Sachen dazu best erscheinen (jedenf bis zur Erf eines best Zwecks) zuzubleiben, zB Hard- u Software bei EDV (BGH **102**, 135 u NJW-RR **89**, 559; hierzu krit Mehrings NJW **88**, 2438); mehrbänd Werk; Tafelgeschirr; Zimmereinrichtg, HandelsGesch mit Grdst, GeschGebäude u -einrichtg, Maschinen für einheitl Fabrikationsanlage; zum WiederVerk best Waren derselben Art, wie der von einem Großhändler abgepackte Inhalt eines Waggons mit Obst. **bb)** Trenng ohne NachT unmögl: u zwar für die VertrPart, die die Gesamtwandelg verlangt. NachT (zB EDV-Drucker u zugehör Papier, Hamm CR **89**, 490), ist weit auszulegen, damit die unwirtsch, wertmindernde Zerteilg von Sachgesamth verhindert w, insb gegeben, wenn die Sachen einzeln erhebl weniger brauchb sind, wenn der Käufer den restl Teil nicht gebrauchen, der Verk den gewandelten Teil allein nicht verkaufen kann, wenn passde ErsStücke nicht od nur schwer zu beschaffen sind, wenn Trenng nur dch zeitraubdes Aussortieren mögl ist (BGH **LM** Nr 1). Generell sollte v Seiten des Käufers auf den vertr vorausgesetzten Gebr abgestellt w (Jersch Jura **88**, 580). **c) Wirkung:** Jede VertrPart kann verlangen, daß die Wandelg auch auf alle, also auch die mangelfreien Sachen erstreckt w, aber nur auf alle, nicht auf einen Teil des Rests. Es kann also auch der Verk Wandelg verlangen, wenn vorher der Käufer für einen Teil Wandelg begehrt hat. Durchführg: §§ 465, 467. **d) Beweislast** für Zusgehörk u NachT trägt der, der GesamtWandelg verlangt.

470 *Erstreckung der Wandelung auf Nebensache.* Die Wandelung wegen eines Mangels der Hauptsache erstreckt sich auch auf die Nebensache. Ist die Nebensache mangelhaft, so kann nur in Ansehung dieser Wandelung verlangt werden.

1) Allgemeines. § 470 ist Ausnahmeregel v § 469 S 2. **a) Haupt- und Nebensache.** Diese Beziehg besteht zw 2 Sachen, wenn die eine KaufS (NebenS) v der and (HauptS) so abhängt, daß sie ohne die HauptS nicht gekauft worden wäre (MüKo-Westermann 2). Dies wird nach Parteiwillen v VertrZweck beurteilt. Zubehör (§ 97) ist idR NebenS: **b) Wesen.** § 470 ist eine AusleggsRegel; daher abdingb. **c) Wirkung.** Liegen eine HauptS u eine od mehrere NebenS vor, so umfaßt krG od ergänzten Parteiwillens die Wandelg wg eines Mangels der HauptS ohne weiteres die NebenS (S 1). Nicht aber kann wg eines Mangels der NebenS auch hinsichtl der HauptS gewandelt w (S 2). **d) Beweislast** trägt derjen, der sich auf das Verh von Haupt- u NebenS beruft.

471 *Wandelung bei Gesamtpreis.* Findet im Falle des Verkaufs mehrerer Sachen für einen Gesamtpreis die Wandelung nur in Ansehung einzelner Sachen statt, so ist der Gesamtpreis in dem Verhältnisse herabzusetzen, in welchem zur Zeit des Verkaufs der Gesamtwert der Sachen in mangelfreiem Zustande zu dem Werte der von der Wandelung nicht betroffenen Sachen gestanden haben würde.

1) Allgemeines. § 471 ist abdingb. **a) Anwendbar,** wenn ein GesPr im Falle der §§ 469 S 1, 470 S 2 vereinb ist. **b) Zweck:** wie bei Minderg gem § 472 Anm 1b. **c) Kaufpreis** (§ 433 II) umfaßt auch Sachleistgen gem § 473 u Dienste, die als Entgelt geleistet w. Sie sind nach § 473 zu behandeln.

Einzelne Schuldverhältnisse. 1. Titel: Kauf. Tausch §§ 471–473

2) Errechnung. Für die Wertermittlg ist maßgebder ZtPkt der des Verkaufs. Im Regelfall ist der Pr u der Wert der verkauften Sachen ident. Dann ist zu berechnen wie bei § 472 Anm 3a. Trifft dies nicht zu, ist folgde Rechng aufzumachen: GesWert der Sachen, wenn alle mangelfrei gewesen wären, ist 6000 DM = a. GesWert der von Wandelg unberührten Sachen ist 4000 DM = b. Vertragl GesPr ist 4500 DM = c. Herabgesetzter Pr (Ergebn) ist 3000 DM. Es ist nämlich a mit b zu dividieren u dieser Betrag mit c zu multiplizieren. Im Ergebnis ist somit der GesPr um 1500 DM herabgesetzt. Entspricht der Wert dem vereinb KaufPr, wird einfach subtrahiert (Staud-Honsell 2).

472 *Berechnung der Minderung.* [1]Bei der Minderung ist der Kaufpreis in dem Verhältnisse herabzusetzen, in welchem zur Zeit des Verkaufs der Wert der Sache in mangelfreiem Zustande zu dem wirklichen Werte gestanden haben würde.

[II] Findet im Falle des Verkaufs mehrerer Sachen für einen Gesamtpreis die Minderung nur wegen einzelner Sachen statt, so ist bei der Herabsetzung des Preises der Gesamtwert aller Sachen zugrunde zu legen.

1) Allgemeines. a) Begriff der Minderg: Herabsetzg des KaufPr, legal definiert in § 462 (dort Anm 4). **b) Zweck:** Minderg dient als ein bes RBehelf dazu, bei FortBestd des KaufVertr die dch eine mangelh Kaufsache hervorgerufene Störg des AequivalenzVerh zwischen vereinb Pr u Wert der Kaufs zu beseit (Jauernig-Vollkommer 1 c, bb). **c) Anwendungsbereich:** Direkt bei Sachkauf (Mangel, § 459); entspr bei § 323 I u II (daher beim RMangel, § 440 I u beim Kauf v Rechten; §§ 440, 441 Anm 1a); § 515, § 537 I S 1, § 634 IV; § 651 d I. **d) Wirkung der Minderung.** Sie läßt (and die Wandelg, § 462) den KaufVertr bestehen u setzt (bei Vollzug, § 465) lediql den KaufPr herab. **e) Verhältnis zu anderen Gewährleistungsansprüchen:** Minderg u SchadErs (§ 463) schließen sich ggseit aus (§ 463 Anm 1 d). Das WahlR zw Wandelg, Minderg u SchadErs erlischt grdsätzl mit Vollzug des § 465 (dort Anm 3 d), RKraft des Urt auf SchadErs-Anspr od Einverständn des Verk mit dem SchadErsAnspr (§ 465 Anm 1a). **f) Abdingbarkeit.** Die Zulässigk v Vereinbg üb die Dchführg der Minderg ist grdsätzl zu bejahen. **g) Erfüllungsort** ist gem § 269 der (Wohn)Sitz des Verk (§ 269 Anm 3c; bestr; aA 48. Aufl.). Bes Gerichtsstand ist dann § 29 ZPO.

2) Durchführung. Es ist zu unterscheiden: **a) Voraussetzungen: aa)** Bestehen des KaufVertr. **bb)** Anspr aus § 462 wg Sachmangels (od entspr im AnwendgsBer; Anm 1c). **cc)** Kein Verlust des WahlR (Anm 1d). **b) Art:** Der Anspr auf Minderg wird geltd gemacht dch WillErkl, Klage auf Herabsetzg des KaufPr (§ 465 Anm 2) od als Einrede gg die Klage des Verk (vgl § 478). **c) Umfang:** Berechng gem Anm 3. Keine Schätzg nach § 287 I ZPO. § 287 II ZPO ist anwendb. **d) Teilweise gezahlter Kaufpreis:** Die Minderg trifft nach hM den gezahlten u offenen KaufPrT gleich- u verhältnsmäß, auch bei Stundg. Besser erscheint es, dem Käufer die Verteilg zu überlassen (MüKo-Westermann 11 mwN). **e) Teilweise Abtretung** der KaufPrFdg: Der Käufer kann ggü jeder TFdg nur anteil Minderg verlangen (Staud-Honsell 11; BGH **56**, 312 für Werklohn).

3) Berechnung. a) Grundregel. Es soll der Eigenart der vertr KaufPrBildg erhalten bleiben nach der sog relativen Methode zur Feststellg des geminderten (geschuldeten) KaufPr: Er verhält sich zum vereinb Pr wie der wirkl Wert der Sache zum Sollwert. Bsp: KaufPr 1000 DM – Wert einer beim Kauf mangelfreien Sache 1200 DM – der mangelh Sache 600 DM – MindergsBetr = 500 DM. **b) Maßgebender Zeitpunkt:** der des VertrAbschl. Spätere Wert-Veränderungen od -erhöhgen bleiben außer Betr. **c) Wert:** Es gibt 3 Ansichten (hierzu krit Peters BB 83, 1951): **(1)** Die Praxis richtet sich idR nach dem vereinb Pr, ausgehd davon, daß dieser idR dem obj Wert der Sache entspr u die RepKosten für Herstellg mangelfr Sache als Minderg abgezogen w (vielfach sehr bedenkl.). **(2)** Objektiver Wert der Sache (Staud-Honsell 4 mwN). **(3)** Wahrer Wert der Sache: das ist derjen, der für den Käufer nach Abzug des Werts der Mängel verbleibt (Peters aaO). **d) Wirkung:** Es entfällt der letzte Teil der KaufPrFdg, weil sie herabgesetzt w. Daher ist bei einer TKlage des Verk entscheidd, inwieweit nach der Minderg noch eine Fdg in Höhe der Klage übrigbleibt (BGH **56**, 312). Ist die Sache inf des Mangels wertlos, wird der KaufPr auf 0 herabgesetzt, jedoch muß der Käufer die Sache dem Verk zurückgeben (Staud-Honsell 8 mwN). **e) Beweislast** für Verkauf über den obj VerkWert trägt der Verk, für Vereinbg eines niedrigeren Pr unter dem obj VerkWert trägt der Käufer.

4) Mehrere Sachen (Abs II). Vgl § 471. Nur bei Verk gg GesamtPr, aber auch, wenn als zusgehörd gg getrennte Preise verkauft ist (allgM), weil sonst der Käufer immer zur Wandelg gezwungen wäre. Die eine Sache muß dch die Mangelhaftigk der and entwertet sein (BGH NJW **89**, 2388). Berechng wie Anm 3; anstelle des Pr tritt der GesamtPr, anstelle des Wertes der Gesamtwert der mehreren Sachen.

473 *Sachleistungen als Kaufpreis.* Sind neben dem in Geld festgesetzten Kaufpreise Leistungen bedungen, die nicht vertretbare Sachen zum Gegenstande haben, so sind diese Leistungen in den Fällen der §§ 471, 472 nach dem Werte zur Zeit des Verkaufs in Geld zu veranschlagen. Die Herabsetzung der Gegenleistung des Käufers erfolgt an dem in Geld festgesetzten Preise; ist dieser geringer als der abzusetzende Betrag, so hat der Verkäufer den überschießenden Betrag dem Käufer zu vergüten.

1) Anwendbar bei Wandelg einzelner von mehreren verk Sachen (§ 471) u Minderg (§ 472). Für Wandelg bei Einzelkauf gelten §§ 467, 346. Nicht vertretb Sache: andere als § 91. **Errechnung:** Es werden die nicht vertretb Leistgen dem KaufPr zugerechnet u dann VerhältnRechng nach § 471 od § 472 aufgestellt; der errechnete wg Gewl geminderte Preis ist v GesamtPr, wie nach § 473 berechnet, zu kürzen. Der Untersch ergibt den Betr, um den der bar vereinb KaufprT zu mindern ist. Der Verk muß zuzahlen, wenn der bar vereinb KaufPr geringer ist als diese Minderg (RG **72**, 299). **Tausch:** Es ist statt KaufPr der Wert derj Sache zu setzen, die MindergsBerecht seiners schuldet, dann nach § 472 zu verfahren (RGRK-Mezger 2).

507

§§ 474–476 2. Buch. 7. Abschnitt. *Putzo*

474 *Mehrere Vertragsbeteiligte.* ¹Sind auf der einen oder der anderen Seite mehrere beteiligt, so kann von jedem und gegen jeden Minderung verlangt werden.

²Mit der Vollziehung der von einem der Käufer verlangten Minderung ist die Wandelung ausgeschlossen.

1) Minderung (Abs I). **a) Verhältnis zur Wandelung:** Für diese gilt das EinhPrinzip (§ 467 Anm 1c). **b) Beteiligte:** Nur solche Pers, die dem VertrInh zufolge Verk od Käufer sind, gleich ob TeilSchu u -Gl, GesamtSchu u -Gl (§§ 420–432). Bei einer Gesamthand als Käufer ist § 474 unanwendb (Staud-Honsell 1), wohl aber, wenn eine Mehrh v Käufer von einer Gesamthand gekauft hat. **c) Entstehung** der Mehrh ist gleichgült: direkt dch Vertr, VertrÄnd (§ 305), Erbfolge, TeilAbtretg. **d) Wirkung:** Jeder Käufer kann von jedem Verk unabhäng v anderen Minderg verlangen. Für das InnenVerh gelten die §§ 420–432. Ob bei Mehrh v Verk jeder von ihnen unabhäng v und zum Einverständn (§ 465) berecht ist, hängt vom InnenVerh auf der VerkSeite ab. Im Zweifel ist es zu bejahen. Bei Argl nur eines v mehreren Verk besteht der Anspr aus § 463 nur gg den betrüg Verk, den MindergsAnspr aber nur, wenn ein Fehler vorliegt (RGRK-Mezger; Staud-Honsell 2. **e) Abdingbarkeit** ist für Abs I zu bejahen, zB, daß die Minderg nur gemeins verlangt w kann od die vollzogene Minderg einzelner VertrPart die Wandelg dch andere nicht ausschließt.

2) Ausschluß der Wandelung (Abs II) ist notw wg ihrer Unteilbark. Der Ausschl tritt erst mit Vollz der Minderg ein (§ 465).

475 *Mehrmalige Gewährleistung.* Durch die wegen eines Mangels erfolgte Minderung wird das Recht des Käufers, wegen eines anderen Mangels Wandelung oder von neuem Minderung zu verlangen, nicht ausgeschlossen.

1) Allgemeines. a) Anwendbar. In allen Fällen bewirkter Minderg (§§ 472–474). **b) Zweck:** Das WahlR für eine zweite GewLeistg (§ 462 Anm 1b) soll erhalten bleiben, weil sich die GewLeistg stets auf den einz Mangel bezieht. **c) Voraussetzung.** DchFührg einer Minderg (Anm a) wg eines Mangels, der zum damal ZtPkt noch nicht entdeckt war; denn in diesem Falle wird idR die GewLeistg für den nicht geltd gemachten Mangel verwirkt sein (§ 242 Anm 5).

2) Berechnung der zweiten Minderg. AusgangsPkt ist der bereits geminderte KaufPr. Es ist im Verh des Sollwerts (Wert der mit dem ersten Fehler behafteten Sache) zum Istwert (wirkl Wert der Sache mit den mehreren Fehlern) herabzusetzen (hM; Staud-Honsell 2).

476 *Vertraglicher Gewährleistungsausschluß.* Eine Vereinbarung, durch welche die Verpflichtung des Verkäufers zur Gewährleistung wegen Mängel der Sache erlassen oder beschränkt wird, ist nichtig, wenn der Verkäufer den Mangel arglistig verschweigt.

1) Allgemeines. Zur Zulässigk vertragl Abreden üb Ausschl od Beschränkg der Haftg für Sachmängel: Vorbem 4 vor § 459; für RMängel: § 434. **a) Zeitpunkt für Argl:** regelm bei VertrAbschl, bei GattgsKauf auch der GefÜbergang (§§ 446, 447; Soergel-Huber 40). Für Verz auf GewLeistg nach GefÜbergang gilt § 476 nicht; insb nicht für einen nachträgl GewlAusschluß auch argl verschwiegener Mängel, die dem Käufer dabei bekannt waren. War der Mangel dem Käufer unbekannt, gilt § 476 immer. **b) Form:** ausdrückl od stillschweigd; iü wie der KaufVertr (wichtig bei § 313). Der HaftgsAusschl kann sich aus VerkSitte (§ 157) od Handelsbrauch (§ 346 HGB) ergeben. **c) Umfang:** Der HaftgsAusschl erstreckt sich idR nicht auf eine in selben Vertr gewährte Zusicherg (Staud-Honsell 12; umstr). Erstreckg auf NebenPfl, die nicht Sachmängel betr (§ 433 Anm 4), muß unmißverständl vereinb sein. Ob sich der HaftgsAusschl auch auf pVV erstreckt, ist AusleggsFrage (Staud-Honsell 13 mwN). **d) Beweislast** für Vereinbg u Voraussetzgen trägt der Verk (Ffm MDR 80, 140). **e) Verhältnis** zu AGBG. Weitergeh unwirks ist der vertragl GewlAusschl im GeltgsBereich des AGBG dch dessen § 11 Nr 10, 11.

2) Einzelheiten. Klauseln sind idR ausleggsfäh u -bedürft (§§ 133, 157). **a) Arbitrage.** Käufer kann nur Minderg verlangen; wg Höhe soll Schiedsgutachten verbindl sein (RG 73, 257; vgl hierzu § 317 Anm 2b); hingg ist „Hamburger Arbitrage" od „Hamburger freundschaftl Arbitrage" SchiedsgerichtsVereinbg (vgl § 317 Anm 2a), bedarf daher schriftl Form (BGH BB 60, 679). Es befreit nicht v Qualitätsmängel (BGH BB 60, 679). **b) Sache wie sie steht und liegt:** ordnggsm Ausschl jeder Gewährleistg auch für verborgene Fehler, u zwar auch dann, wenn iü bemerkt w, daß der Käufer die Kaufsache besicht hat (BGH BB 64, 906. **c) Tel quel:** Verk kann die geringwertigste Qualität der vereinb Gattg (aber auch nur dieser) liefern (BGH BB 54, 116). **d) Wie besichtigt:** nur solche Mängel sind v Gewährleistg ausgeschl, die bei ordnggsm Besichtigg ohne Zuziehg v Sachverst wahrnehmb waren (Staud-Honsell 5). **e) In Bausch und Bogen** (Briefmarkensammlg, vgl Stgt NJW 69, 610 u 1118): idR stillschw Ausschl der Gewl. **f) Grundstückskauf:** Die Klauseln sind hier eher eng auszulegen. Bsp: Zustd, wie es sich zZ befindet, ist kein Gewl-Ausschl (Staud-Honsell 6). Bei neuen od zu errichtden Gebden kann nur die gesamte Gewl formularmäß ausgeschl w (BGH 62, 251), dch Individu-alVereinb nur bei eingeher vorher Erörterg (BGH 74, 204). Bei Altbauten gilt dies nicht (BGH NJW 86, 2824; vgl 4e, aa vor § 459). Bei Ausschl jeder Gewl, kann sich der Käufer auch nicht dann auf den Mangel der Bebaubk berufen, wenn sie vertr vorausgesetzt war (BGH WM 69, 273).

3) Nichtigkeit des HaftgsAusschl. Unwirks ist nur der HaftgsAusschl, nicht der ganze Vertr. § 139 ist unanwendb. **a) Mehrere Mängel:** Ist davon ein Teil dem Verk unbekannt, so ist der HaftgsAusschl nur hinsichtl der ihm bekannten Mängel nichtig (RG 62, 125); jedoch ist der ganze Vertr nach § 123 anfechtb. **b) Mehrheit von Vertragsparteien:** Argl bei einem genügt (Staud-Honsell 9). **c) Arglist:** wie § 463

Einzelne Schuldverhältnisse. 1. Titel: Kauf. Tausch §§ 476–477

Anm 3b; daher genügt grobe Fahrlk nicht (BGH NJW 77, 1055). Es genügt aber, daß der Verk mit dem Fehler rechnet, zB der Gebrauchtwagenhändler aGrd seiner Erfahrung im konkreten Fall mit starker DchRostg (BGH NJW 79, 1707) od wenn er ohne tats Grdlage („ins Blaue hinein") eine obj unricht Erkl üb den Zustd des Kfz („nur kleine Blechschäden") abgibt (BGH NJW 81, 1441); nicht jedoch, wenn er auf Frage wahrhgem erkl, er wisse nichts v einem Unfall, nachdem er die Untersuchg des verk (Unfall)Kfz unterl hatte (BGH NJW 81, 928). Auch Ausschl der Haftg für Argl ist nichtig. **d) Verschweigen** von Mängeln (§ 459). Dem steht gleich: Vorspiegeln v Eigensch (auch dch Zusicherg, BGH NJW 68, 1622) od der Abwesenh v Fehlern (RG 83, 242): zB wenn der Autohändler argl verschweigt, daß das Kfz mit einem nicht typengerechtem Motor ausgerüstet ist (BGH NJW 83, 1424). Es muß eine AufklärgsPfl des Verk bestehen, die ihrerseits Kenntn des Mangels od Kennenmüssen inf eigener UntersuchgsPfl voraussetzt (BGH NJW 79, 1707).

476 a *Aufwendungen bei Nachbesserung.* **Ist an Stelle des Rechts des Käufers auf Wandelung oder Minderung ein Recht auf Nachbesserung vereinbart, so hat der zur Nachbesserung verpflichtete Verkäufer auch die zum Zwecke der Nachbesserung erforderlichen Aufwendungen, insbesondere Transport-, Wege-, Arbeits- und Materialkosten, zu tragen. Dies gilt nicht, soweit die Aufwendungen sich erhöhen, weil die gekaufte Sache nach der Lieferung an einen anderen Ort als den Wohnsitz oder die gewerbliche Niederlassung des Empfängers verbracht worden ist, es sei denn, das Verbringen entspricht dem bestimmungsgemäßen Gebrauch der Sache.**

1) Allgemeines: Eingefügt dch das AGBG, iKr seit 1. 4. 77. **a) Zweck:** Der häuf als einz GewlAnspr vereinb NachbesgersAnspr wird bes dch AGB in der Weise beschr, daß der Käufer einen Teil der damit verbundenen Kosten zu tragen hat. Volle KostenPfl des Verk soll für den Kauf in Angleich an den WerkVertr (§ 633 II S 1 u 2 nF) dch § 476a als ges Regelg eingeführt w. **b) Anwendungsbereich:** Gilt für alle KaufVertr; auch wenn sie nicht unter den GeltgsBer des AGBG fallen. **c) Abdingbarkeit:** Uneingeschr gegeben, wenn AGB bei VertrAbschl nicht verwendet od nicht wirks zugrdegelegt w (Staud-Honsell 1). Grenze: §§ 138, 242 u wenn dch IndividualAbrede vereinb. Zwingd bei Verwendg v AGB beim Kauf neu hergestellter Sachen ggü Pers, die den KaufVertr nicht als Kaufmann für den Betr ihres HandelsGew abschl (§ 24 Nr 1 AGBG) u die nicht jur Pers des öffR od ein öff-rechtl SoVerm darstellen (§ 24 Nr 2 AGBG; das folgt aus §§ 1, 11 Nr 10c AGBG). Für KaufVertr, die unter AGB mit Kaufleuten für deren HandelsGew, jur Pers d öff R u öff SoVerm abgeschl w, wenn Nachbesserg in AGB vereinb ist, kann die Geltg des § 476a nur abbedungen w, wenn damit nicht gg § 9 AGBG (unangemessene Benachteiligg) verstoßen w (vgl hierzu Nickel NJW 81, 1490). Abdingg ist unwirks, wenn gg § 9 AGBG verstoßen w.

2) Voraussetzungen (S 1). **a) Kaufvertrag,** bei dem die Wirkg des § 476a nicht zul abbedungen ist (vgl Anm 1c). **b) Vereinbartes Nachbesserungsrecht** (§ 462 Anm 1b). Es muß an Stelle, nicht wahlw neben Wandel od Mind (§ 462) vereinb, somit der einz GewlAnspr des Käufers (abgesehen v § 463) sein; auch bei Nachdelgg bes Dr, insb Hersteller. **c) Gewährleistungsanspruch** gem § 462 muß gegeben, daher auch § 459 erf sein, so daß der Verk zur Nachbesserg verpfl ist (vgl § 462 Anm 1b) § 476a ist entspr anwendb auf NachliefergsAnspr (Staud-Honsell 6).

3) Wirkung: Der Verk muß nicht nur die Nachbesserg selbst kostenlos dchführen, sond auch die Aufwendgen (Anm a) tragen, entweder unmittelb selbst begleichen od dem Käufer ers. Er darf sie daher dem Käufer nicht in Rechng stellen. Ausn: Anm b. **a) Aufwendungen:** Begr: § 256 Anm 1; insb die ausdrückl in § 476a genannten, ferner Abschleppkosten. Sie müssen erforderl gewesen sein, um die Nachbesserg für dem den Käufer wirtsch u nicht unzumutb verzögernden Wege zu ermögl. **b) Erhöhte Aufwendungen** (S 2): Sind dem Käufer nicht zu ers u dürfen, soweit vom Verk erbracht, von ihm in Rechng gestellt w. Setzt voraus, daß die gekaufte Sache nach Lieferg (BesErlangg dch Käufer od dessen BesDiener od in den Bes eines vertrgem best Empfängers) an einen and Ort verbracht w ist, als an den Wohns od Sitz (§ 269 Anm 4a) des Empf (nicht notw des Käufers), auch wenn dies nicht der LiefergsOrt ist. Ist die Sache nicht an diesen, sondern an einen anderen Ort geliefert worden, so ist der LiefergsOrt maßg. Ausn: (letzter Hs): bestimmgsgem Verbringen an einen and Ort kann insb vorliegen bei Kfz, mobilen Maschinen, Flugzeugen.

477 *Verjährung der Gewährleistungsansprüche.* **¹Der Anspruch auf Wandelung oder auf Minderung sowie der Anspruch auf Schadensersatz wegen Mangels einer zugesicherten Eigenschaft verjährt, sofern nicht der Verkäufer den Mangel arglistig verschwiegen hat, bei beweglichen Sachen in sechs Monaten von der Ablieferung, bei Grundstücken in einem Jahre von der Übergabe an. Die Verjährungsfrist kann durch Vertrag verlängert werden.**

II Beantragt der Käufer gerichtliche Beweisaufnahme zur Sicherung des Beweises, so wird die Verjährung unterbrochen. Die Unterbrechung dauert bis zur Beendigung des Verfahrens fort. Die Vorschriften des § 211 Abs. 2 und des § 212 finden entsprechende Anwendung.

III Die Hemmung oder Unterbrechung der Verjährung eines der im Absatz 1 bezeichneten Ansprüche bewirkt auch die Hemmung oder Unterbrechung der Verjährung der anderen Ansprüche.

1) Allgemeines. a) Zweck: Verk soll nur kurze Zt mit Anspr aus Mängeln rechnen müssen, die ihm möglw selbst unbekannt waren; außerdem BewUnsicherh. Röm-rechtl Ursprungs. **b) Bedeutung:** Echte Einr (§ 222), keine AusschlFr. **c) Abdingbarkeit:** Ausschl der Verj. Verkürzg (§ 225) u Verlängerg (Anm 4) ist dch Vertr mögl. **d) Anwendungsbereich. aa) Sachkauf:** wie 3a vor § 459. Gilt auch bei Kauf eines Untern (umstr; vgl hierzu 3d vor § 459). § 477 gilt insb nicht (sond § 638) bei Kauf eines Grdst mit einem v Verk darauf zu errichtden Bauwerk für Mängel des Bauwerks (vgl 3p vor § 433; BGH NJW 79, 1406).

§ 477 1–3 2. Buch. 7. Abschnitt. *Putzo*

bb) Sachmängel: nur Anspr aus solchen, also wg Fehler od Fehlen zugesicherter Eigensch (§ 459). Gleichgült ist, ob der Mangel erkennb od verborgen ist. **cc) Falschlieferung** (falsche Sache, Art od Menge). Grdsätzl ist nicht erfüllt (§ 440 I), § 477 unanwendb (BGH NJW **84**, 1955 mwN). Das gilt stets für den Stückkauf. Bei Gattgskäufen (vgl § 243 Anm 1) wird § 477 angewendet, sow dch § 378 HGB die Falschlieferg als Sachmangel behandelt w (BGH **LM** Nr 5). Das trifft nur innerh derselben Gattg zu, wenn and Art od Sorte geliefert ist (BGH NJW **68**, 640 mwN). Die Anwendg auch auf Käufe, die HandelsGesch sind, ist zweifelh (dafür: Soergel-Huber 21). **dd) Ansprüche:** nur solche, die sich unmittelb aus Nachteilen wg eines Sachmangels ergeben, gleichgült, ob krG od vertragl modifiziert (BGH NJW **71**, 654 mwN u Anm v Schmidt-Salzer). **(1)** GewlAnspr: Wandelg u Minderg (§ 462), Nachlieferg (§ 480 I 2) od vereinb Nachbesserg (§ 462 Anm 1 c), auch aus mangelh ausgeführter Nachlieferg u Nachbesserg (Soergel-Huber 11, 17), SchadErs wg Fehlen zugesicherter Eigensch (§§ 463, 480 II), wg NichtErf des Anspr auf mangelfreie Nachlieferg (BGH NJW **73**, 276 mwN). **(2)** Sonst Anspr: wg c.i.c. (RG **129**, 280) u pos VertrVerletzg, soweit sie auf Sachmängeln beruhen (BGH st Rspr zB **77**, 215; hierzu Köhler JuS **82**, 13; aA Rebe/Rebell JA **78**, 605 [610]; auch Peters VersR **79**, 103: § 852 analog), insb bei Verletzg einer NebenPfl (Beratg), wenn sie sich auf Eigensch der Kaufsache bezieht (BGH **88**, 130 u NJW **65**, 148) u bei Verletzg einer NebenPfl (Verpackg), wenn sie ausschließl zur Mangelhaftk der Kaufsache führt (BGH **87**, 88 [Verpackg] u NJW **89**, 2118) od wenn bei Aufkl u Beratg über eine Eigensch der Kaufsache, die keinen Mangel darstellt, deren Verwendgsmögl abhängt (BGH **88**, 130). Das gilt auch, wenn die NebenPfl die Anleitg v Personal des Käufers betrifft (BGH NJW **83**, 392 u **84**, 2938). **(3)** Bei SukzessivliefergsVertr (BGH NJW **72**, 246), sofern sich das Versch auf Fehler oder Eigensch bezieht (BGH aaO). **(4)** Auf sog MangelfolgeSchäd (hM; BGH NJW **73**, 276; Schmitz NJW **73**, 2081 mwN). **(5)** Auf GarantieAnspr gg den Warenhersteller, der nicht als Verk auftritt (BGH NJW **81**, 2248). **ee) Nicht** bei Anspr aus vollzogener Wandelg od Minderg u in den sonst Fällen, in denen sich die VertrPart über die Gewl geeinigt u damit neue Anspr begründet haben (vgl § 465 Anm 1), insb dch vereinb Nachlieferg od Nachbesserg (RG **144**,162; Köln VersR **80**, 1173), Vergl (§ 779) sowie Mängelhaftg (RG **90**, 169), insb SchadErsPfl; auswn gilt dann aber § 477, wenn sich die Part über den Umfang, insb der Nachlieferg nicht geeinigt haben (BGH NJW **61**, 117). Abzulehnen ist die Anwendg des § 477 auf Anspr aus § 823, wenn sie im Einzelfall mit GewlAnspr konkurrieren (2 f vor § 459): es gilt die Frist des § 852 (BGH **66**, 315). § 477 gilt auch nicht für Anspr aus Verletzg v NebenPfl (pVV), die mit Mangel der Kaufsache in keinem unmittelb Zushang stehen (BGH **47**, 312 [319]; NJW **76**, 1353; Staud-Honsell 19 mwN) od wenn ein Sachmangel nicht vorliegt (BGH NJW **89**, 2118); hierfür gilt § 195 (prakt unbefriedig u umstr). **e) Arglistiges Verschweigen** eines Mangels: wie § 463 Anm 3 b. Beim Stückkauf bewegl Sachen ist auf den Ztpkt des VertrAbschl abzustellen, beim GattgsKauf (§ 480 I S 2) idR auf den GefahrÜbgang (BGH WM **89**, 2118). BewLast: Käufer (BGH aaO). Es gilt dann § 195.

2) Verjährung. a) Frist. Bei bewegl Sachen 6 Monate, bei Grdst u Saatgut (§ 24 III SaatgutverkehrsG) 1 Jahr. Berechg: §§ 187–193 mit AusleggsVorschr (BGH WM **89**, 826). Sachen, die in Grdst eingefügt w, sind bewegl (Nürnb MDR **63**, 499), auch GrdstZubeh, wenn § 470 S 2 gilt. Bei SachInbegr (zB Untern) gelten für bewegl Sachen u Grdst getrennte Fristen (sehr bestr; aA RG **138**, 354). **b) Beginn:** Setzt grdsätzl Entstehg des Anspr voraus. Daher kein Beginn vor Wirksk des KaufVertr, insb Erf der Form (RG **134**, 87 für § 313), Eintritt der aufschiebden Bedingg (§ 158), Erteilg behördl od rechtsgeschäftl Genehmigg trotz Rückwirkg (allgM). Umstr ist der VerjBeginn bei SchadErsAnspr. Der BGH (**77**, 215 u WM **81**, 525 mwN) behandelt nunmehr den Mangel- u den MangelfolgeSchad insoweit gleich u läßt die Verj stets mit Ablieferg beginnen (dagg Littbarski NJW **81**, 2331: Beginn mit Erkennbark des Schad), neigt dafür zu geringeren Voraussetzgen für Mißbr der VerjEinr. **aa) Bewegliche Sache:** mit Ablieferg. Diese ist seit Realakt, von der Übergb (§ 433 Anm 2 a) zu untersch, muß sich daher mit ihr nicht decken. Ist aber übgeben, so ist idR abgeliefert. Die Ablieferg setzt voraus, daß der Verk in Erf des KaufVertr die Sache aus seiner VfgGew entlassen u so in den MachtBer des Käufers gebracht hat, daß dieser sie, wo sie sich befindet, untersuchen kann (BGH stRspr **44**, 338 [345]). Hier ist zw VersendgsKauf (§ 447) u Holschuld (§ 269 Anm 1) zu untersch (Tiedtke NJW **88**, 2578). Bei § 447 ist abgeliefert, wenn die Sache am BestimmgsOrt eintrifft u dem Käufer vertrgem zur Vfg gestellt w (BGH NJW **88**, 2608, VersendgsKauf verfehlt angenommen). Bei der Holschuld ist abgeliefert, wenn der (auch vorleistgspflichtig) Käufer die Sache abgeholt hat (Tiedtke aaO mwN). Ist der Verk zur Aufstellg od Montage verpfl, so ist erst damit abgeliefert (BGH NJW **61**, 730). Bei EDV-Anlagen kann noch ein störgsfreier Probelauf hinzukommen, aber nicht mehr (vgl Düss WM **89**, 459). Bei SukzessivliefergsVertr läuft Fr für jede Rate bes. **bb) Grundstücke:** mit Übergb; das ist die einverständl BesÜbertr dch den Verk auf den Käufer. **c) Eintritt** der Verj auch bei versteckten Mängeln, ohne Rücks auf die Untersuchgsmöglichk (hM; Köln OLGZ **78**, 321 mwN).

3) Hemmung und Unterbrechung. Es gelten grdsätzl §§ 202–217; MängelAnz genügt zur Unterbrechg also nicht; vgl aber §§ 478, 479. Die VglVerhandlgen üb der Gewl üb die VerjFr hinaus kann unzul RAusübg vorliegen (vgl 3 vor § 194; Hbg VersR **78**, 45). Besonderh: **a) Klageerhebung** (§ 209 I) aGrd eines Anspr unterbricht auch für alle and Anspr (Abs III; RG **134**, 272), ohne Rücks darauf, ob sie sich ggs ausschließen (aA RG **93**, 160); für § 209 II Nr 1 wg Anf aus § 123 I für WandelgsAnspr bejaht v BGH NJW **78**, 261. Es war aber nur wg des best, mit Kl geltd gemachten Sachmangels unterbrochen, nicht wg and (BGH **LM** Nr 1). Bei mehreren Sachen (§ 469) unterbricht Wandelg für einen Teil v ihnen nicht für die and Sachen (Kblnz VersR **81**, 140). **b) Beweissicherungsverfahren. aa) Unterbrechung** (Abs II S 1) zusätzl zu den in § 209 genannten Tatbestdn. Es muß sich gg den Schuldner richten (BGH NJW **80**, 1458). Nicht unterbricht ein BewAntr im laufden Proz (BGH **59**, 323). **bb) Dauer** (Abs II S 2). Beendet ist das BewSichergsVerf, wenn ein Sachverst mdl sein Gutachten erstattet oder erläutert, mit der Verlesg des Protokolls (BGH **60**, 212) od Mitt des schriftl Gutachtens an die Parteien (BGH aaO), auch wenn kein Termin stattfand (BGH **53**, 43). **cc) Erneuter Fristenlauf** (Abs II S 3): Mit Abschl des dchgeführten BewSichergsVerf beginnt die VerjFr des Abs I erneut zu laufen (§ 217; hM; BGH **53**, 43 für § 639). Die entspr Anwendg v §§ 211 II, 212 bezieht sich auf Betreiben, Rückn, Zurückweisg od einen neuen BewSichergsAntr als unzu-

Einzelne Schuldverhältnisse. 1. Titel: Kauf. Tausch §§ 477–479

läss (vgl § 212 Anm 3). **c) Bei Nachbesserung** wird Verj gehemmt entspr § 639 II (BGH **39**, 293), auch wenn sich der Verk auf eine Nachbesserg nachträgl einläßt (BGH NJW **84**, 1525). Zur Abgrenzg v VerjUnterbrechg vgl BGH NJW **88**, 254 u Thamm BB **88**, 1477.

4) Verlängerte Verjährungsfrist (Abs I S 2) dch ausdrückl od stillschw Vertr; auch für best Mängel mögl. **a) Umfang:** Es kann FrBeginn hinausgeschoben (BGH BB **53**, 186), die Fr bis auf 30 Jahre erstreckt, Unterbrechg u Hemmung vereinb w. Zur Auslegg vgl Schmidt NJW **62**, 713. Auch im Rahmen des § 9 AGBG ist eine maßvolle Verlängerg unbedenkl. **b) Garantiefrist.** Dadch kann, üb den grdsätzl maßgebden Ztpkt des GefahrÜbgangs hinaus (vgl § 459 Anm 4a, ff), der Verk die Haftg dafür übernehmen, daß innerh der GarantieFr ein Mangel nicht auftreten werde. Das ist von der bloßen Zusicherg einer Eigensch (§ 463) abzugrenzen u es ist zu untersch (hierzu grdsätzl G. Müller ZIP **81**, 707): **aa) Selbständige Garantie:** Bei Kauf entspr Vorbem 3 d, cc vor § 633 mögl, aber nur ausnahmsw anzunehmen; führt zu 30jähr Fr (§ 195). **bb) Unselbständige Garantie:** Die Fr läuft grdsätzl unabhäng von der VerjFr (RG **128**, 211 [213]). Reicht sie über die VerjFr nicht hinaus, berührt sie die Verj nicht u ist idR nicht zugleich RügeFr (BGH BB **61**, 228). Ist die GarantieFr länger als die VerjFr, so gilt grdsätzl: Wird innerh der GarantieFr ein Mangel entdeckt, so beginnt damit die VerjFr für diesen Mangel zu laufen (BGH NJW **79**, 645 mwN). Bei einem Konstruktionsfehler, der einer Vielzahl zu liefernder Ggstde anhaftet, genügt die Kenntn der Mangelhaftk v nur einigen Stücken (BGH WM **83**, 1391). Nur bei bes Umstd des Einzelfalls kann auch die VerjFr entspr der GarantieFr verlängert sein (BGH NJW **79**, 645 mwN). Ein solcher Umstd ist für sich allein noch nicht das wiederholte Auftreten eines Mangels währd der GarantieFr (KG MDR **81**, 403).

478 *Erhaltung der Mängeleinrede.* ¹Hat der Käufer den Mangel dem Verkäufer angezeigt oder die Anzeige an ihn abgesendet, bevor der Anspruch auf Wandelung oder auf Minderung verjährt war, so kann er auch nach der Vollendung der Verjährung die Zahlung des Kaufpreises insoweit verweigern, als er auf Grund der Wandelung oder der Minderung dazu berechtigt sein würde. Das gleiche gilt, wenn der Käufer vor der Vollendung der Verjährung gerichtliche Beweisaufnahme zur Sicherung des Beweises beantragt oder in einem zwischen ihm und einem späteren Erwerber der Sache wegen des Mangels anhängigen Rechtsstreite dem Verkäufer den Streit verkündet hat.

ᴵᴵHat der Verkäufer den Mangel arglistig verschwiegen, so bedarf es der Anzeige oder einer ihr nach Absatz 1 gleichstehenden Handlung nicht.

1) Allgemeines. § 478 enthält eine Ausn zu § 477, indem er die MängelEinr unter bestimmten Voraussetzgen (Anm 2) perpetuiert u die kurze Verj des § 477 ausschaltet. **a) Anwendungsbereich:** Nur bei Wandelg u Minderg (§ 463), entspr bei Nachbessergs- u NachlieferungsAnspr (Staud-Honsell 16). Bei SchadErsAnspr gilt § 479). **b) Abdingbarkeit:** Die Fr für die MängelAnz kann verkürzt w (Staud-Honsell 6). Für nicht offensichtl Mängel im GeltgsBereich des AGBG auch nicht zul (§ 11 Nr 10e AGBG). **c) Beweislast** für Rechtzeitigk der Anz u der gleichgestellten Maßn (Anm 2 dd) trägt der Käufer. **d) Arglist** (Abs II): Ist prakt bedeutgsl, weil die VerjFr ohnehin 30 Jahre läuft (§ 477 I S 1).

2) Voraussetzungen für das Fortbestehen der MängelEinr: **a) Anzeige** (Abs I S 1) des Mangels (§ 459) dch den Käufer. **aa) Rechtsnatur:** geschäftsähnl Hdlg (hM); nicht empfangsbedürft (Soergel-Huber 10; aA BGH NJW **87**, 2235 mwN = JR **88**, 285 m Anm v Hager). **bb) Form** ist beliebig: mdl, telefon, auch dch Erhebg der WandelgsKl (RG **59**, 150). **cc) Inhalt:** Die Anz muß den bestimmten Mangel (§ 459) bezeichnen, der später geltd gemacht w. Sie muß erkennen lassen, daß der Käufer daraus Re herleiten will. Allg Mißbilligg der gekauften Sache genügt nicht. **dd) Zeitpunkt.** Die Anz muß vor Ablauf der nach § 477 zu berechnden VerjFr dem Verk zugegangen od an ihn abgesandt sein. Weiter notw muß die VerjFr laufen (Staud-Honsell 7 mwN). **ee) Empfänger:** Verk od Zessionar der KaufPrFdg (MüKo-Westermann 4). **b) Streitverkündung und Beweissicherungsantrag** (§§ 72, 485 ZPO) stehen der Anz gleich (Abs I S 2). Sind wegen ihrer die Verj unterbrechden Wirkg (§ 477 II S 1 u § 209 II Nr 4) prakt nur dann bedeutsl, wenn die GewlAnspr erst nach beendeter VerjUnterbrechg verjähren. Sie müssen sich auf den konkreten Mangel beziehen.

3) Wirkungen: § 478 gibt dem Käufer keinen Anspr, sond erhält ihm nur dauernd die MängelEinr (2a vor § 459) gg den fortbestehden KaufPrAnspr (allgM; RG **128**, 211). Ist der KaufPr teilw gezahlt, kann nur der RestKaufPr verweigert w; es besteht kein Anspr auf Rückgewähr der geleisteten Anzahlg (allgM). Es besteht insoweit auch kein Anspr aus § 813 I (hM; RG **144**, 93). Die geleistete Anzahlg kann nur dadch zurückerlangt w, daß die WandelgsEinr erhoben u die KaufPrKl abgewiesen w, weil dann eine Wandelg nach § 467 dchzuführen ist (Staud-Honsell 3). Selbstverständl kann der Verk nach erhobener WandelgsEinrede die Kaufsache zurückfordern u auf den KaufPr verzichten. Die MindergsEinr steht dem KaufPrAnspr nur insoweit entgg, als Minderg verlangt w kann (§§ 472 ff). Aufrechng od Einr gg einen and Anspr als den KaufPrAnspr ist ausgeschl (BGH WM **83**, 1391), wohl aber bleibt die Einr ggü dem für den KaufPr begebenen Wechsel erhalten (BGH NJW **86**, 1872; zust Tiedtke ZIP **86**, 953).

479 *Erhaltung des Aufrechnungsrechts.* Der Anspruch auf Schadensersatz kann nach der Vollendung der Verjährung nur aufgerechnet werden, wenn der Käufer vorher eine der im § 478 bezeichneten Handlung vorgenommen hat. Diese Beschränkung tritt nicht ein, wenn der Verkäufer den Mangel arglistig verschwiegen hat.

1) Allgemeines. § 479 schränkt den § 390 S 2 ein, indem die Aufrechnung nur unter den Voraussetzgen des § 478 (dort Anm 2) zugelassen w. **a) Anwendbar** auf die SchadErsAnspr aus §§ 463, 480 II, ferner auf die aus NebenPflVerletzgen (pVV; 2b vor § 459) u auf MangelfolgeSchad (§ 463 Anm 4a). Vgl hierzu auch Anm 2. **b) Arglist** (S 2). Die Beschränkg der Aufrechng gilt nicht; dies entspr § 478 Anm 1 d.

511

2) Wirkungen. Nur gg den KaufPrAnspr ist bei rechtzeit Mängelanzeige (§ 478) die Aufrechng zul. Das ist eine Einschränkg ggü § 390 S 2. Umfaßt der KaufVertr eine Mehrh v Sachen, so ist der Käufer nicht darauf beschr, nur gg den Teil des KaufPr aufzurechnen, der sich auf die mangelh Sachen bezieht (BGH NJW **88**, 1018 = JZ **88**, 252; hierzu Tiedtke 233). Gg Anspr aus and RGesch zw denselben Part ist die Aufrechng ausgeschl (BGH **88**, 130; bestr). In bes gelagerten AusnFällen ist die Aufrechng auch gg solche Fdgen zugelassen worden, die mit der KaufPrFdg wirtsch eng zusammenhängen (BGH NJW **61**, 1254). R zur Aufrechng bleibt bei einheitl SchadErsAnspr erhalten, wenn weiterer Schaden erst nach Ablauf der Verj eintritt (BGH **50**, 21 für § 639) od wenn sich der Käufer nach MängelAnz ggü dem Verk nicht mehr mit allen Ursachen des Mangels befaßt (BGH NJW-RR **89**, 667 für § 639). Zahlgen, die in Unkenntn der AufrechngsMöglk geleistet w, können nicht zurückverlangt w (RG **144**, 93).

480 **Gattungskauf.** ¹Der Käufer einer nur der Gattung nach bestimmten Sache kann statt der Wandelung oder der Minderung verlangen, daß ihm an Stelle der mangelhaften Sache eine mangelfreie geliefert wird. Auf diesen Anspruch finden die für die Wandelung geltenden Vorschriften der §§ 464 bis 466, des § 467 Satz 1 und der §§ 469, 470, 474 bis 479 entsprechende Anwendung.

 ²Fehlt der Sache zu der Zeit, zu welcher die Gefahr auf den Käufer übergeht, eine zugesicherte Eigenschaft oder hat der Verkäufer einen Fehler arglistig verschwiegen, so kann der Käufer statt der Wandelung, der Minderung oder der Lieferung einer mangelfreien Sache Schadensersatz wegen Nichterfüllung verlangen.

1) Allgemeines. a) Anwendbar nur bei Gattgskauf (§ 243 I), auch bei beschr. Bei Kauf best Sachen (Stückkauf) gilt § 480 nicht (vgl auch § 463 Anm 1). Stückkauf liegt nur dann vor, wenn nach dem VertrInhalt die Erf nur dch die best Sache vorgesehen od mögl sein sollte. § 480 ist auch anwendb auf eine Falschlieferg (aliud), wenn sie iS des § 378 HGB genehmiggsfäh ist (hM; aA Knöpfle NJW **89**, 871 mwN). Ist die ganze Gattg mangelh, steht es dem Käufer frei, statt Nachlieferg die Re aus §§ 462, 463 od Abs II geltd zu machen. **b) Verhältnis zur Nichterfüllung:** Der Käufer hat Anspr auf Lieferg einer mangelfreien Sache mittlerer Art u Güte (§ 243 I) u kann eine dem nicht entspr zurückweisen (allgM). Mit Lieferg der mangelh Sache od einer solchen, die nicht mittl Art u Güte ist (§ 243 I), hat der Verk nicht erf; die Schuld ist nicht konkretisiert (§ 243 II), sond besteht als GattgsSchuld weiter, auch wenn der Käufer die Sache angenommen hat (hM; aA 48. Aufl). Konkretisiert wird erst, wenn Minderg gem § 465 vollzogen ist, die VerjEinr (§ 477) dchgreift od beim Handelskauf die RügeFr (§§ 377, 378 HGB) versäumt w (Soergel-Huber 14; sehr umstr). Die Re aus § 326 hat der Käufer nur bei aliud-Lieferg. Der Anspr auf VerzögergsSchad (§ 286) bleibt mögl (Anm 2 c).

2) Nachlieferungsanspruch. Der Sachmangel (§ 459) muß als Voraussetzg wie bei § 462 zZ des GefahrÜbgangs vorliegen. **a) Rechtsnatur:** (Nach)ErfAnspr (hM; BGH NJW **58**, 418); wird daher als unechter GewlAnspr angesehen, weil nach hM die Konzentration (§ 243 II) ausbleibt, wenn der Käufer bei mangelh Sache nicht Wandelg od Minderg, sond Nachlieferg verlangt (vgl hierzu Anm 1b). Kein Anspr auf Nachbesserg (vgl § 462 Anm 1c). **b) Wahlrecht:** Endet erst mit Vollzug von Wandelg od Minderg od mit Einigg über Nachlieferg entspr § 465 (hM). WahlR hat Käufer, Verk kann nicht Wahl der ErsLieferg erzwingen (BGH NJW **67**, 33). Ablehng einer dch Verk sof angebotenen ErsLieferg (zweite Andieng) kann jedoch gg Treu u Glauben verstoßen (RG **91**, 112, vgl hierzu auch BGH aaO). **c) Wirkung:** Verlangt der Käufer Nachlieferg, so hat der Verk, wenn er Einverständn erkl (§ 465), gegen Rückg der mangelh Sache Zug um Zug (Abs I S 2; §§ 467, 348). Ist der NachliefergsAnspr berecht, so tritt mit dem NachliefergsVerlangen grdsätzl Verzug (§ 284) ein u es besteht Anspr auf Ers des VerzögergsSchad (BGH NJW **85**, 2526); jedoch ist § 285 zu beachten. Unterbleibt die Nachlieferg, ist § 326 anwendb (hM; Soergel-Huber 19). Ist auch die Nachlieferg mangelh, kann der Käufer wieder (wie bei § 462 Anm 1b) auf die and GewlAnspr zurückgreifen (BGH NJW **83**, 1495). **d) Regelung** (Abs I S 2) entspr der Wandelg. Über § 467 gelten auch RücktrVorschr. **e) Verjährung:** grdsätzl § 477 (Abs I S 2); entfällt aber, wenn sich Verk u Käufer auf Nachlieferg u ihren Umfang geeinigt haben (BGH NJW **58**, 418; vgl § 465 Anm 1). **f) Beweislast** für Mängel trägt ab GefahrÜberg des Käufers, bis dahin der Verk für Fehlen v Mängeln.

3) Schadensersatzanspruch (Abs II). Voraussetzgen: wie § 463 Anm 2 u 3; jedoch ist hier maßgebder Ztpkt der Gefahrübergang (§ 446), weil vorher die Sache, die geliefert w, noch nicht feststeht, Berechng u Umfang: § 463 Anm 4.

481 **Viehkauf.** Für den Verkauf von Pferden, Eseln, Mauleseln und Maultieren, von Rindvieh, Schafen und Schweinen gelten die Vorschriften der §§ 459 bis 467, 469 bis 480 nur insoweit, als sich nicht aus den §§ 482 bis 492 ein anderes ergibt.

1) Allgemeines. a) Sonderregelungen ggü den §§ 459–480 (nicht ggü den allg KaufVorschr) mit kurzen GewährFr. Der Verk haftet ges nur bei Hauptmängeln (§ 482), grdsätzl auf Wandelg (§ 487) u nur, wenn sie innerh der GewlFr hervortreten, mit 6-wöch VerjFr (§ 490). **b) Anwendungsbereich:** Nur lebde Tiere, der in § 481 genannten Tiergattgen; daher zB nicht Hunde, Katzen; hierfür gelten die §§ 459 ff. Bei and entgeltl Vertr ist § 481 gem § 493 anwendb. Gilt nicht, wenn Tiere als Zubeh eines fremden Grdst mitverk w (RG **192**, 309). **c) Abdingbarkeit:** ist für Verschärfg, Erweiterg (§ 492) u Milderg der Haftg zu bejahen (allgM); auch völl Ausschl mögl. Grenze: § 476. Auch können die §§ 481–492 überh abbedungen w, sodaß die §§ 459 ff, 469 ff uneingeschr gelten. **d) Sonstiges:** GewohnhR besteht nicht. Zu beachten ist ferner das G üb Verkehr mit Vieh u Fleisch (BGBl **51**, 272).

Einzelne Schuldverhältnisse. 1. Titel: Kauf. Tausch §§ 481, 482

2) Wirkung. § 459 I ist völl unanwendb (allgM; RG **123**, 148), ebso alle Vorschr, die die Minderg betr (§ 487 I). Die Anwendbark der and in § 481 genannten Vorschr ist eingeschr, je nachdem, was die §§ 482 bis 492 and best. Bei Zusicherg od Argl ist § 463 anwendb. Wg § 382 HGB gelten §§ 377, 378 HGB auch dann nicht, wenn ein Handelskauf vorliegt (RGRK-Mezger 3).

482 *Hauptmängel und Gewährfristen.* ¹Der Verkäufer hat nur bestimmte Fehler (Hauptmängel) und diese nur dann zu vertreten, wenn sie sich innerhalb bestimmter Fristen (Gewährfristen) zeigen.
^{II}Die Hauptmängel und die Gewährfristen werden durch eine *mit Zustimmung des Bundesrats zu erlassende Kaiserliche* Verordnung bestimmt. Die Bestimmung kann *auf demselben Wege* ergänzt und abgeändert werden.

1) Allgemeines. § 482 beschr die ges Gewl auf die Hauptmängel, die in der nachstehden VO geregelt sind; dch Auslegg nicht erweitersgfäh (Schlesw SchlHA **57**, 72). **a) Abdingbarkeit:** § 481 Anm 1c. **b) Andere Ansprüche: aa)** Gewl für den Mängel als Hauptmängel wurd üb § 492 (vgl dort). **bb)** Keine Haftg aus c. i. c. für fahrl unricht Angaben od fahrl Verschw v Fehlern, die nicht Hauptmängel darstellen (BGH NJW **66**, 2353). **cc)** Anspr aus pVV nur für Hauptmängel, die sich innerh der GewlFr gezeigt haben (RGRK-Mezger 6). **dd)** Anf aus § 119 II ist ausgeschl, weil für Hauptmängel Sonderregelg besteht u Nebenmängel nicht verkehrswesentl sind (allgM). Anf aus § 123 ist zul (BGH NJW-RR **88**, 1010). **ee)** SchadErsAnspr aus §§ 823, 826 sind mögl (BGH aaO). **ff)** HauptPfl iS der §§ 320ff können bei Turnierpferden die AbstammgsPapiere sein (Stgt AgrarR **77**, 232).
2) Voraussetzungen für die ges Gewl: **a) Hauptmängel:** Nur die der VO, dch Auslegg nicht erweitersgfäh (Schlesw SchlHA **57**, 72). Der Verk haftet auch ohne Nachw für den Erheblichk einer Wertminderg. Die VO untersch Nutz- u Zuchttiere (§ 1) sowie Schlachttiere (§ 2). Maßgebd für die ZweckBest ist der Abschl des KaufVertr. BewLast für dem Kauf zugrdegelegten Verwendgszweck: Käufer. IZw ist als Nutztier verk. **b) Gewährfristen:** Sind AusschlFr (keine Hemmg od Unterbrechg) u in der VO festgesetzt. Sie können dch Vertr verkürzt od verlängert w (§ 486). Innerh dieser Fr muß sich der Mangel zeigen, nicht notw am lebden Tier. Er muß von irgend einer Pers, nicht notw vom Käufer wahrgenommen w. Es genügt nicht, daß der nach Ablauf der Fr erkannte Mangel innerh der Fr schon vorhanden war. Auch Argl des Verk hindert Ablauf der Fr nicht (BGH NJW-RR **88**, 1010), begründet aber Einr gem § 242 (offengel v BGH aaO).
3) Wirkungen. a) Haftung. Der Käufer kann Wandelg verlangen (§ 487 I), SchadErs gem § 463 bei Zusicherg, daß Hauptmängel nicht vorliegen, od für argl Verschweigen (vgl § 490 I). Für Nebenmängel gilt § 492. **b) Haftungsausschluß: aa)** Bei Kenntn des Mangels zZ des Kaufs (§ 460 S 1). **bb)** Bei Ann des Tiers in Kenntn des Mangels ohne Vorbeh (§ 464). Ist der Mangel bei Kauf erkennb u erkl Käufer, sich von Beschaffenh des Tieres überzeugt zu haben (od ähnl), besteht HaftgAusschl, wenn der Mangel wg grober Fahrlässk unerkannt blieb (§ 460 S 2; RGRK-Mezger 9). **cc)** Bei VertrVereinbg u HaftgsAusschl (vgl § 481 Anm 1c) ohne Argl des Verk (§ 476).

Verordnung betreffend die Hauptmängel und Gewährfristen beim Viehhandel
Vom 27. März 1899 (RGBl S 219):

§ 1. Für den Verkauf von Nutz- und Zuchttieren gelten als Hauptmängel:
I. bei Pferden, Eseln, Mauleseln und Maultieren:
  1. Rotz (Wurm) mit einer Gewährfrist von 14 Tagen;
  2. Dummkoller (Koller, Dummsein) mit einer Gewährfrist von 14 Tagen; als Dummkoller ist anzusehen allmählich oder infolge der akuten Gehirnwassersucht entstandene, unheilbare Krankheit des Gehirne, bei der das Bewußtsein des Pferdes herabgesetzt ist;
  3. Dämpfigkeit (Dampf, Hartschlägigkeit, Bauchschlägigkeit) mit einer Gewährfrist von 14 Tagen; als Dämpfigkeit ist anzusehen die Atembeschwerde, die durch einen chronischen unheilbaren Krankheitszustand der Lungen oder des Herzens bewirkt wird;
  4. Kehlkopfpfeifen (Pfeiferdampf, Hartschnaufigkeit, Rohren) mit einer Gewährfrist von 14 Tagen; als Kehlkopfpfeifen ist anzusehen die durch einen chronischen und unheilbaren Krankheitszustand des Kehlkopfs oder der Luftröhre verursachte und durch ein hörbares Geräusch gekennzeichnete Atemstörung;
  5. periodische Augenentzündung (innere Augenentzündung, Mondblindheit) mit einer Gewährfrist von 14 Tagen; als periodische Augenentzündung ist anzusehen die auf inneren Einwirkungen beruhende, entzündliche Veränderung an den inneren Organen des Auges;
  6. Koppen (Krippensetzen, Aufsetzen, Freikoppen, Luftschnappen, Windschnappen) mit einer Gewährfrist von 14 Tagen;
II. bei Rindvieh:
  1. tuberkulöse Erkrankung, sofern infolge dieser Erkrankung eine allgemeine Beeinträchtigung des Nährzustandes des Tieres herbeigeführt ist, mit einer Gewährfrist von 14 Tagen;
  2. Lungenseuche mit einer Gewährfrist von 28 Tagen.
III. bei Schafen:
Räude mit einer Gewährfrist von 14 Tagen;
IV. bei Schweinen:
  1. Rotlauf mit einer Gewährfrist von 3 Tagen;
  2. Schweineseuche (einschließlich Schweinepest) mit einer Gewährfrist von 10 Tagen.

§ 2. Für den Verkauf solcher Tiere, die alsbald geschlachtet werden sollen und bestimmt sind als Nahrungsmittel für Menschen zu dienen (Schlachttiere), gelten als Hauptmängel:
I. bei Pferden, Eseln, Mauleseln und Maultieren:
Rotz (Wurm) mit einer Gewährfrist von 14 Tagen;
II. bei Rindvieh:
tuberkulöse Erkrankung, sofern infolge dieser Erkrankung mehr als die Hälfte des Schlachtgewichts nicht oder nur unter Beschränkungen als Nahrungsmittel für Menschen geeignet ist, mit einer Gewährfrist von 14 Tagen;
III. bei Schafen:
allgemeine Wassersucht mit einer Gewährfrist von 14 Tagen; als allgemeine Wassersucht ist anzusehen der durch eine innere Erkrankung oder durch ungenügende Ernährung herbeigeführte wassersüchtige Zustand des Fleisches;
IV. bei Schweinen:
1. tuberkulöse Erkrankung unter der in der Nummer II bezeichneten Voraussetzung mit einer Gewährfrist von 14 Tagen;
2. Trichinen mit einer Gewährfrist von 14 Tagen;
3. Finnen mit einer Gewährfrist von 14 Tagen.

483 Beginn der Gewährfrist.
Die Gewährfrist beginnt mit dem Ablaufe des Tages, an welchem die Gefahr auf den Käufer übergeht.

1) Gewährfrist: vgl § 482 Anm 2b; ist vAw zu beachten. Beginn: Gefahrübgang (§§ 446, 447, 300 II); mit Tagesablauf (§ 187). Ende: § 188. Unanwendb ist § 193, da Mangel sich auch an diesen Tagen zeigen kann u keine WillErkl abzugeben ist (RGRK-Mezger mwN).

484 Mängelvermutung.
Zeigt sich ein Hauptmangel innerhalb der Gewährfrist, so wird vermutet, daß der Mangel schon zu der Zeit vorhanden gewesen sei, zu welcher die Gefahr auf den Käufer übergegangen ist.

1) Anwendbar: Auch für Nebenmängel bei vereinb GewFr (§ 492). **Vermutung** des § 484 ist widerlegb. An GgBew dch Verk, daß Mangel zZ des GefahrÜberg noch nicht vorlag, sind bes strenge Anfordergen angebracht.

485 Rechtsverlust.
Der Käufer verliert die ihm wegen des Mangels zustehenden Rechte, wenn er nicht spätestens zwei Tage nach dem Ablaufe der Gewährfrist oder, falls das Tier vor dem Ablaufe der Frist getötet worden oder sonst verendet ist, nach dem Tode des Tieres den Mangel dem Verkäufer anzeigt oder die Anzeige an ihn absendet oder wegen des Mangels Klage gegen den Verkäufer erhebt oder diesem den Streit verkündet oder gerichtliche Beweisaufnahme zur Sicherung des Beweises beantragt. Der Rechtsverlust tritt nicht ein, wenn der Verkäufer den Mangel arglistig verschwiegen hat.

1) Allgemeines. a) Anwendungsbereich: Hauptmängel (§ 482), Nebenmängel u Fehlen zugesich Eigensch, wenn GewFr vereinb ist (§ 492; RG **123**, 214; iü § 481 Anm 1b). **b) Beweislast:** Für Ztpkt des Ablaufs der AusschlFr: Verk. Für Ztpkt der Erstattg od Absendg der Anz sowie für argl Verschw dch Verk: Käufer.

2) Voraussetzungen für Behalten der GewlAnspr (vAw zu prüfen): **a) Rechtshandlungen** (S 1): Wahlw: MängelAnz (formlos); genaue Bezeichng der Art des Mangels od der Merkmale; allg Rüge „krank" genügt nie, KlErhebg (§§ 253, 261b III ZPO) StreitVerkündg (§ 72 ZPO) od BewSichergsAntr (§ 485 ZPO). **b) Fristwahrung:** Die 2-TageFr (bis 24 Uhr) schließt sich unmittelb dem Ablauf der GewFr an (§ 483 Anm 1). Im Ggsatz zu § 483 gilt § 193 (vgl dort Anm 2 für Anz). FrBeginn vor Ablauf der GewFr bei Tod des Tieres tritt ein (S 1), um GgBew (§ 484) zu ermögl.

3) Wirkung: Der GewlAnspr erlischt u kann auch nicht als Einr geltd gemacht w. Ausn nur bei argl Verschw des Verk (S 2); Argl: wie § 463 Anm 3b, aa.

486 Änderung der Gewährfrist.
Die Gewährfrist kann durch Vertrag verlängert oder abgekürzt werden. Die vereinbarte Frist tritt an die Stelle der gesetzlichen Frist.

1) Fristveränderung: Der GewFr (§ 482 Anm 2b) dch forml Vertr. Wird die Fr so verlängert, daß der GZweck v § 482 vereitelt w, ist die Verlängerg unwirks; ist sie unangemessen kurz (je nach Art der Krankh zu beurt), kann § 138 od § 476 zutreffen. **Ausschluß** jeder GewFr ist unwirks, weil dies keine Abkürzg darstellt (hM; RGRK-Mezger 1; Erm-Weitnauer 1).

487 Ausschluß der Minderung.
^{I} Der Käufer kann nur Wandelung, nicht Minderung verlangen.

^{II} Die Wandelung kann auch in den Fällen der §§ 351 bis 353, insbesondere wenn das Tier geschlachtet ist, verlangt werden; anstelle der Rückgewähr hat der Käufer den Wert des Tieres zu

Einzelne Schuldverhältnisse. 1. Titel: Kauf. Tausch §§ 487–490

vergüten. Das gleiche gilt in anderen Fällen, in denen der Käufer infolge eines Umstandes, den er zu vertreten hat, insbesondere einer Verfügung über das Tier, außerstande ist, das Tier zurückzugewähren.

III Ist vor der Vollziehung der Wandelung eine unwesentliche Verschlechterung des Tieres infolge eines von dem Käufer zu vertretenden Umstandes eingetreten, so hat der Käufer die Wertminderung zu vergüten.

IV Nutzungen hat der Käufer nur insoweit zu ersetzen, als er sie gezogen hat.

1) Allgemeines. a) Ausschluß der Minderung bei Viehkauf gem § 481 Anm 1b. Es verbleiben Wandelg u SchadErsAnspr (§ 463), auch ErsLieferg (§ 491). Wird bei SchadErs Minderwert abgezogen (§ 463 Anm 4b, aa), darf nicht § 472 angewendet w (RG **60**, 234). **b) Abdingbarkeit** ist auch für Abs I zu bejahen. Wird Minderg als GewlAnspr vereinb, gilt diese Abrede, nicht §§ 462, 467 (RG aaO). **c) Prozessuales:** für die unter § 487 fallden Beträge gilt § 287 ZPO.

2) Erweiterte Wandelung (Abs. II) ist wg § 467 u des Auschl der Minderg nöt. **a) Voraussetzungen: aa)** Allg: Hauptmangel (§ 482 Anm 1a), Nebenmangel (§ 492) u GewährFr (§ 482 Anm 2b), fehlder HaftgsAusschl (§ 482 Anm 3b). **bb)** Bes (vgl Abs II): WgAusschl v §§ 351–353 darf die Unmöglk der Rückgewähr schuldh sein, insb auf Weiterveräußerung beruhen, nur dann nicht, wenn die Weiterveräußerg in Kenntn des Mangels zwecks Schlachtg erfolgt (RGRK-Mezger 2). **b) Durchführung:** Rückgewähr Zug-um-Zug (§§ 467, 348). Bei Verk mehrerer Tiere, auch Kuh mit Kalb gilt § 469. Ist Rückgewähr unmögl (Fälle der §§ 351–353) u S 2, muß der Käufer gg Rückgewähr des KaufPr den Wert vergüten (statt SchadErs, § 347). Maßgebd ist obj Wert des Tieres in mangelh Zustd für die Zt des Vollz der Wandelg (Soergel-Huber 4 mwN; bestr). Abs III: Bei unwesentl Verschlechterg vor Vollz der Wandelg, vom Käufer zu vertr (§§ 276, 278), ist Rückg mit Vergütg der WertMind in Geld Zug-um-Zug gg KaufPr vorzunehmen. Bei wesentl Verschlechterg, die vom Käufer zu vertr ist (§§ 276, 278), muß er SchadErs leisten (§§ 467, 347). Ebso wie unwesentl Verschlechterg nach Vollz der Wandelg, weil Abs III diese Verschlechterg nicht umfaßt (allgM).

3) Nutzungen: Abs III ändert §§ 467, 347 ab. Begr. § 100. Nutzg kann zur ordngsgem Behandlg erforderl sein (zB Melken). Wird sie unterl, kann die dadch eingetretene WertMinderg (Anm 2b) eine ErsPfl nach Abs III begrden.

488 *Ersatz von Nebenkosten.* Der Verkäufer hat im Falle der Wandelung dem Käufer auch die Kosten der Fütterung und Pflege, die Kosten der tierärztlichen Untersuchung und Behandlung sowie die Kosten der notwendig gewordenen Tötung und Wegschaffung des Tieres zu ersetzen.

1) Allgemeines. § 488 erweitert den Anspr des Käufers über § 467 S 2 (VertrKosten) u notw Verwendgen (§§ 467 S 1, 347, 994, 995) hinaus, ist aber abdingb (RGRK-Mezger 2). Stellt eine von der Wandelg abhäng NebenFdg dar. Sie verjährt mit dem WandelgsAnspr (§§ 224, 490) od mit dem R aus vollz Wandelg in 30 Jahren (§ 195; Soergel-Huber 2 mwN), aber mit frühzeit Verwirkg (242 Anm 9). § 488 schließt weitergehde Anspr auf Ers v Schad od Aufwendgen nicht aus; mögl aus vertragl HaftgsErweiterg (§ 481 Anm 1c), pVV, unerl Hdlg od Geschf oA.

2) Anspruchsumfang. Als AusnVorschr ist § 488 eng auszulegen, Erweiterg dch entspr Anwendg unzul. Stets sind nur die nach Art u Umfang übl Kosten zu ers. Pflegekosten: auch solche, die wg des Mangels im bes Umfang erforderl sind. Tierarzt: auch wenn die Untersuch sich auf and Mängel erstreckte. Tötg: sog Notschlachtg, um den Mangel festzustellen; auch bei Schlachtvieh (VO § 2; RGRK-Mezger 1 mwN). Wegschaffg: Damit ist nicht der Rücktransport gemeint, sond Kosten zur Absonderg des Tiers, um Ansteckg zu vermeid od Transp zur Schlachtg. Kosten des Hin- u Rücktransp sowie die der MängelAnz fallen unter § 467 (dort Anm 3b).

489 *Versteigerung des Tieres.* Ist über den Anspruch auf Wandelung ein Rechtsstreit anhängig, so ist auf Antrag der einen oder der anderen Partei die öffentliche Versteigerung des Tieres und die Hinterlegung des Erlöses durch einstweilige Verfügung anzuordnen, sobald die Besichtigung des Tieres nicht mehr erforderlich ist.

1) Allgemeines. VerfRegelg als SondVorschr ggü §§ 935, 937 ZPO. Keine Ablehng wg fehlder Dringlk zul. Vollz: §§ 936, 929 II ZPO gelten. Zust ist das ProzGer (AG wg § 23 Nr 2c GVG). HauptProz ist der üb die Wandelg. Öff Versteiger: § 383. Der für beide Part zu hinterlegde VerstErlös (in einstw Vfg anzuordnen) tritt an Stelle des Tieres. Das ist bei Dchführg der Wandelg (§ 487 Anm 2b) zu beachten.

2) Voraussetzungen: a) Rechtsstr üb Wandelg (auch WandelgsEinr) muß anhäng (nicht notw rechtshäng, § 261 ZPO) sein. Bei Anspr auf SchadErs od Nachlieferg gilt § 489 nicht; nur §§ 935, 940 ZPO gelten. **b)** Besichtigg des Tieres darf nicht mehr erforderl sein; regelm gegeben bei BewSicherg (§ 485 ZPO) od Gutachten eines unpart SachVerst. **c)** Antrag an das ProzGer (Anm 1).

490 *Verjährung der Mängelansprüche.* I Der Anspruch auf Wandelung sowie der Anspruch auf Schadensersatz wegen eines Hauptmangels, dessen Nichtvorhandensein der Verkäufer zugesichert hat, verjährt in sechs Wochen von dem Ende der Gewährfrist an. Im übrigen bleiben die Vorschriften des § 477 unberührt.

II An die Stelle der in den §§ 210, 212, 215 bestimmten Fristen tritt eine Frist von sechs Wochen.

§§ 490–492

III Der Käufer kann auch nach der Verjährung des Anspruchs auf Wandelung die Zahlung des Kaufpreises verweigern. Die Aufrechnung des Anspruchs auf Schadensersatz unterliegt nicht der im § 479 bestimmten Beschränkung.

1) Allgemeines. a) Anwendungsbereich: Alle GewlAnspr wg Hauptmängel (§ 482) u Nebenmängel (§ 492). **b) Verhältnis zu § 485:** Die Verj läuft neben der AusschlFr. Daher muß Käufer, wenn er Mängel-Anz erstattet, auch dch geeignete Handlgen die Verj unterbrechen (§ 209; deckt sich mit den die Anz ersetzden ProzHdlgen, § 485 Anm 2a). **c) Abdingbarkeit:** Abkürzg (§ 225) u Verlängerg zul (§ 477 I 2).

2) Dauer. Beginn: Stets am Tage u unmittelb nach Ablauf der GewFr (Abs I 1, § 483). Sonderregelg in § 492 S 2. Berechng: §§ 187 I, 188 II. § 193 gilt. **a) 6 Wochen:** Anspr auf Wandlg (§ 487), SchadErs wg Hauptmangel, dessen Fehlen zugesichert ist (§ 463) u wg der Anspr aus § 492 (dh für Nebenmängel ohne vereinb GewährFr; hM; Hamm NJW 84, 2298 mwN), auch wg des Schad, der nicht an dem betr Tier entstanden ist. **b) 30 Jahre:** Bei Argl des Verk wg Abs I S 2 (§ 477 I S I) u bei Anspr aus vollz Wandelg (§ 477 Anm 1 d, ee). **c) Unterbrechung und Hemmung:** nach allg Vorschr u mit gem Abs II verkürzten Fr (§§ 202 ff) Nur für den geltdgemachten Mangel (BGH LM § 477 Nr 1).

3) Geltendmachung der VerjEinr grdsätzl nach § 222 I. Die Einr gg die Zahlg des KaufPr ist üb § 478 hinaus erweitert (Abs III); sie bedarf nicht der Maßn des § 478, weil § 485 diese voraussetzt, um den GewlAnspr zu erhalten. Dasselbe gilt für die Aufrechng hins § 479. Für Anspr aus § 492 ohne GewährFr vgl dort Anm 4.

491 *Gattungstierkauf.* Der Käufer eines nur der Gattung nach bestimmten Tieres kann statt der Wandelung verlangen, daß ihm anstelle des mangelhaften Tieres ein mangelfreies geliefert wird. Auf diesen Anspruch finden die Vorschriften der §§ 488 bis 490 entsprechende Anwendung.

1) Anwendbar: Bei Gattgkauf (§ 480 Anm 1a). **Voraussetzung:** GewlAnspr gem § 482 Anm 2, § 492 Anm 2. **Wirkung:** ErsLieferg (S 1) kann an Stelle der Wandelg verlangt w (wie § 480 Anm 2), u zwar ein Tier mittlerer Art u Güte der betr Gattg (§ 243). Statt dessen kann auch SchadErs verlangt w, wenn die Voraussetzgen (§ 482 Anm 3a, § 492 Anm 2, 3b) vorliegen.

492 *Erweiterte Haftung beim Tierkauf.* Übernimmt der Verkäufer die Gewährleistung wegen eines nicht zu den Hauptmängeln gehörenden Fehlers oder sichert er eine Eigenschaft des Tieres zu, so finden die Vorschriften der §§ 487 bis 491 und, wenn eine Gewährfrist vereinbart wird, auch die Vorschriften der §§ 483 bis 485 entsprechende Anwendung. Die im § 490 bestimmte Verjährung beginnt, wenn eine Gewährfrist nicht vereinbart wird, mit der Ablieferung des Tieres.

1) Anwendungsbereich: Grdsätzl § 481 Anm 1 c. Nur die nicht zu den Hauptmängeln zähldn Fehler u Eigensch, sog Nebenmängel (vgl Hamm NJW 84, 2298); denn soweit Zusicherg einen Hauptmangel betreffen, folgt Gewl schon aus § 482. Auch § 492 gilt nur für die in § 481 aufgeführten Tiergattgn.

2) Voraussetzungen. Die GewlÜbern u die Zusicherg erfordern ausdrückl rechtsgesch Willen u Erkl des Verk, sich zu verpfl (RG 161, 337); sie müssen ausdrückl erkl w, weil § 492 eine AusnVorschr darstellt (Schlesw MDR 78, 314). **a) Gewährleistungsübernahme:** für alle Nebenmängel möglich, auch insges u allg. Zur Auslegg: RGRK-Mezger 2. **b) Zusicherung** einer Eigsch (wie § 459 II; vgl dort) muß diese best bezeichnen, kann aber auch den Inhalt haben, daß das Tier an keinen gesundheitl Fehlern leide (BGH NJW-RR 88, 1010). Die Zusicherg kann sich insb auf Abstammg, Fähigk u GebrMöglk beziehen, zB als Turnierpferd (Schlesw SchlHA 85, 177). „Vollgesund" kann Gewl für alle Krankh begründen. Ob Bezug auf tierärztl Untersuchg u Überg eines Attests, eine GewlÜbern gem § 492 bedeuten, ist umstr (vgl BGH NJW-RR 86, 1438 = JZ 86, 955 m Anm v Kohler u Schlesw VersR 87, 624 m Anm v Kiel). Angaben in einem Auktionskatalog sind idR als Anpreisg zu bewerten (Celle NJW 76, 1507; abl Fellmer AgrarR 77, 226). Trächtk bedeutet nur, daß die Stute das Fohlen trägt; ihre Eintrgg ins Zuchtbuch ist Eigensch (Karlsr NJW-RR 87, 1397).

3) Wirkung. Es ist zu untersch: **a) Wandelung.** GewlÜbern im Rahmen des § 459 I od II führt zum Anspr auf Wandelg (§ 487 I). **b) Schadensersatzanspruch,** wenn die Voraussetzgen des § 463 vorliegen. Gilt auch für argl verschw Nebenmängel (RGRK-Mezger § 482 Rdn 7; sehr bestr). **c) Sonstige Ansprüche:** wie § 482 Anm 1 b. **d) Gewährfristen** für Hauptmängel eignen sich nicht für vertragl Zusicherg; desh entfällt GewFr hins vertragl Haftg für Nebenmängel u Eigensch, wenn nicht vertragl GewFr vereinb ist (BGH NJW-RR 88, 1010). § 485 ist bei fehldr GewFr unanwendb. Der Beginn der VerjFr ist bei zugesicherter (Nicht)Trächtk bis zur Kenntn des Mangels, spätest bis zum Ende der längsten TrächtkDauer hinausgeschoben (Fellmer AgrarR 77, 226).

4) Verjährung. Beginn nach § 490, wenn GewFr (Anm 3) vereinb ist, sonst mit Ablieferg (S 2; § 477 Anm 2b, aa). Der verjährte Anspr aus § 492 kann als Einr geltd gemacht w, wenn nur die Anz nach § 478 od gleichgestellte Maßn erfolgt ist (hM; Erm-Weitnauer 2). TrächtigkZusage schiebt den VerjBeginn (§ 490) stillschweigd bis zur Kenntn des Mangels hinaus (hM; Staud-Honsell 13), äußerstf bis zum Ablauf der längsten TrächtigkFr (LG Landsh RdL 60, 49).

493 Kaufähnliche Verträge. Die Vorschriften über die Verpflichtung des Verkäufers zur Gewährleistung wegen Mängel der Sache finden auf andere Verträge, die auf Veräußerung oder Belastung einer Sache gegen Entgelt gerichtet sind, entsprechende Anwendung.

1) Allgemeines. Entspr allg RGedanken der Gewl im SchuldR; vgl auch § 445. **a) Anwendbar** bei: Hingabe an Erf Statt (§ 365); Tausch (§ 515); SachDarl (§ 607; BGH NJW **85**, 2417); Einbringen in eine Gesellsch (§ 705); AuseinandS der Gesellsch od Gemsch (§§ 731 S 2; 757); Vergl (§ 779); insb über einen PflTeilAnspr (BGH NJW **74**, 363); Mischformen dieser VertrTypen; Lieferg von Sachen gg Leistg von Diensten; Zugabe, die wg Kaufs and Ware gewährt w; Bestellg eines Nießbr od ErbbR (BGH NJW **65**, 533). Verpfändg kann im Einzelfall entgeltl sein, **b) Unanwendbar:** wg fehlden Entgelts bei Schenkg (vgl aber § 524 II); Ausstattg (§ 1624); Vermächtn (vgl aber § 2183). Weil keine Veräußerg od Belastg vorliegt, bei Miete u Pacht. Desh keine Gewl des früh Pächters, wenn neuer Pächter von ihm das dem Verpächter gehörde Inventar übernimmt (KG JW **31**, 3460), and aber, wenn Pächter Eigt am Inventar hat (RG JW **36**, 3232). Grdsätzl nicht auf Re (vgl aber Vorbem 3 vor § 459), insb nicht auf Verpfl, die Re aus Meistgebot zu verschaffen (RG **150**, 397), od bei AusbietgsGarantie (RG **157**, 177). **c) Entsprechende Anwendung** bedeutet, daß die §§ 459 ff nur so angewendet w dürfen, wie es den Besondersh des jeweil Gesch entspricht.

III. Besondere Arten des Kaufes

Vorbemerkung

1) Kaufarten. Gewisse Formen des Kaufs sind so eigenartig u häufig, daß sie eine gesonderte gesetzl Regelg erfordern. Das gilt für Kauf nach u auf Probe (§§ 494–496), Wiederkauf (§§ 497–503) u Vorkauf (§§ 504–514). Andere Eigenarten von Kaufverträgen sind selten u müssen daher, wenn sie vorkommen, ausdrückl vertragl geregelt w, zB Kauf unter Vorbeh eines besseren Angebots, durch das Verk vom Vertr frei wird. Der Kauf unter Vorbeh der RVerwirkg durch einen VertrTeil bei VertrStörg. Dieser Kauf steht dem Kauf auf Probe nahe, jedoch erstreckt sich AblehngsBefugn des Käufers nur auf den KaufGgst, nicht auf den KaufVertr.

2) Kauf mit Umtauschvorbehalt. a) Begriff: Es ist ein unbedingter Kauf, bei dem der Käufer das R hat, den KaufGgst umzutauschen. **b) Rechtsnatur:** Der UmtauschVorbeh ist die vereinb einseit ErsetzgsBefugn des Käufers hinsichtl des dch Umtauschbegehren (WillErkl, § 130) veränd KaufGgst (umstr; vgl MüKo-Westermann § 494 Rdn 11). Steht § 495 nahe. **c) Inhalt:** Im Zweifel kann zum selben Pr od gg AufPr umgetauscht w, gg RückZahlg des KaufPr nur bei entspr Vereinbg, § 157 ist hierfür anwendb. Das UmtauschR kann nur in vertr bestimmter Fr od, falls eine solche nicht vereinb ist, innerh angemessener Fr ausgeübt w (BGH BB **63**, 1237). **d) Wirkung:** Gg Rückg des unversehrten Ggst kann der Käufer Leistg eines and Ggst verlangen, iZw einen aus dem GesVorrat des Verk, zum gleichen Pr, gg AufPr oder eine entspr Gutschrift; zu geringerem Pr mit Rückzahlg nur bei entspr Vereinbg. GefahrÜberg gem §§ 446, 447. AnnVerz des Verk ist mögl. **e) Beweislast:** Käufer für Vereinbg des UmtauschVorbeh u TRückzahlg, Verk für Vereinbg u Ablauf der Fr.

1. Kauf nach Probe. Kauf auf Probe

494 Kauf nach Probe. Bei einem Kaufe nach Probe oder nach Muster sind die Eigenschaften der Probe oder des Musters als zugesichert anzusehen.

1) Allgemeines. Bes Art eines Kaufs (§ 433). **a) Zweck:** Die Beschreibg von Eigensch der Kaufsache, die zugesichert w sollen, ist oft schwier. Daher ist es einfacher u zweckmäß, diese Beschreibg dch eine Probe (Muster) zu ersetzen. **b) Begriff:** Kauf nach Probe ist ein unbedingter Kauf (§ 433), bei dem die Eigensch der Probe (des Musters) als bei der Lieferg der Sache vorhandene Eigensch der Kaufsache zugesichert sind (MüKo-Westermann 2). **c) Abdingbarkeit** ist zu beachten. Es kann die Wirkg des § 494 auf einzelne Eigensch beschr, es kann die Haftg für heimtück Fehler der Probe ausgeschl w (RG **95**, 45; „nur nach Muster"). Auch kann SchadErs (§ 463) ausgeschl u Gewl auf Wandelg u Mindergn beschr w (BGH Betr **66**, 415). **d) Anwendungsbereich:** IdR bei GattgsKauf (§ 480); aber auch bei Stückkauf (der einer best Sache), wenn der Verkäufer von dieser Sache die Eigensch der Probe (des Musters) behauptet, die er dem Käufer vorgezeigt od zur Prüfg (Besichtigg) übergeben hat.

2) Voraussetzungen. a) Kaufvertrag (§ 433) über eine od mehrere gleiche Sachen, wie sie die Probe (das Muster) darstellen. Bei Lieferg eines aliud (§ 378 Hs 2 HGB) ist § 494 ausgeschl (BGH MDR **61**, 50). **b) Nach Probe oder Muster.** Daß deren Eigensch zugesichert sein sollen, muß VertrInh geworden sein. Ob dies zutrifft, ist grdsätzl eine AusleggsFrage (§§ 133, 157). Ob zugesichert sein soll, entscheidet sich nach dem Zweck, der mit Vorlegg der Probe od Bezugn darauf verfolgt w. Die ZusichergsHaftg kann auf einzelne Eigensch der Probe beschr w (BGH NJW **88**, 1018). Bei VertrAngebot kann die Vorlage od Überg von Mustern verschiedenen Zwecken dienen, nicht notw der Zusicherg probemäß Eigensch, zB bei Kostproben, bloßen Orientiergs- od Ausfallmustern (RG **94**, 336), auch nur um Kaufinteresse zu wecken, zB Probefahrt mit einem Kfz. Die Probe muß bei VertrSchluß vorliegen, kann sich bei Dr befinden, muß nicht noch vorhanden sein, kann schon früher an den Käufer geliefert u verbraucht sein. Es genügt, wenn die Probe einem BestätiggsSchreiben beigelegen hat (BGH Betr **66**, 415) od wenn auf früher gekaufte Ware „wie gehabt" nachbestellt w (Colmar Recht **11**, 1112). Sind Eigensch der Probe zw deren Überg od Vorzeigen u Lieferg der Ware veränderl, wird iZw die Eigensch zugesichert sein, die die Probe bei Überg od Ankunft beim Käufer od beim Vorzeigen hatte. Bei Kauf „nach Typ" gelten nur die typ Eigensch der Probe (des Musters) als zugesichert (BGH NJW 58, 2108). Ist die Probe nicht ausgehänd worden, spricht dies gg § 494. **c) Andere Eigenschaften** können neben der Probenmäßigk zusätzl (gem § 459 II) zugesichert w (BGH Betr **59**, 1083).

3) Wirkung. a) Sachmängelgewährleistung. Die Eigensch der Probe gelten als zugesichert, sodaß § 459 II erf ist, uU § 463, wenn die gelieferte Kaufsache die Eigensch der Probe nicht aufweist. **b) Rechtshindernde Einwendungen.** Es gilt § 460, sodaß insb die Gewl für solche Mängel entfällt, die bereits der Probe (dem Muster) anhaften u v Käufer erkannt od grob fahrläss nicht erkannt w (BGH **LM** Nr 1). Bei Kauf „nur nach Muster" beschr der Verk seine Haftg auf diejen Mängel, welche aus der Probe (dem Muster) nicht zu ersehen waren (BGH Betr **57**, 66). Liefert der Verk eine Sache, die ggü der Probe (dem Muster) ein aliud (§ 378 Hs 2 HGB) darstellt, hat der Verk nicht erfüllt (BGH MDR **61**, 50; vgl 2a vor § 459). **c) Untersuchungs- und Rügepflichten** (§§ 377, 378 HGB; § 464) gelten auch beim Kauf auf Probe (nach Muster) uneingeschr.

4) Beweislast ist prakt erhebl, weil sehr häuf der Bew nur dch Vorlage v Probe od Muster geführt w kann. **a) Verkäufer** bei KaufPrKl für Fehlen einer ProbeVereinbg, wenn Käufer Probewidrigk einwendet; auch für eingeschr Bedeutg der Probe (Anm 1c, 2b). Umkehr der BewL dann für Probewidrigk, wenn die Probe im Bes des Verk war u nicht zufäll untergegangen ist (BGH **6**, 224). **b) Käufer** für Vereinbg des Kaufs nach Probe (Muster) u für Probewidrigk, wenn er Gewl geltd macht, insb dann, wenn er die Ware als Erf angenommen hat (§ 363); für Identität des vorgelegten Stücks als Probe (Muster), auch dann, wenn der Verk sie vorlegt (MüKo-Westermann 9).

495 *Kauf auf Probe.* ¹Bei einem Kaufe auf Probe oder auf Besicht steht die Billigung des gekauften Gegenstandes im Belieben des Käufers. Der Kauf ist im Zweifel unter der aufschiebenden Bedingung der Billigung geschlossen.
II Der Verkäufer ist verpflichtet, dem Käufer die Untersuchung des Gegenstandes zu gestatten.

1) Allgemeines. a) Begriff. Kauf auf Probe od auf Besichtigg ist ein KaufVertr (§ 433) unter der aufschiebden od auflösden Bedingg (§ 158), daß der Käufer den Kauf dch eine gesonderte WillErkl billigt od mißbilligt. Ist insb im Versandhandel gebräuchl (vgl Bambg NJW **87**, 1644). **b) Abgrenzungen. aa)** Zu § 494: Dort ist der KaufVertr unbedingt, bei § 495 bedingt. **bb)** Zu UmtauschVorbeh (2 vor § 494): Dieser ist wie der Kauf nach Probe (§ 494) unbedingt; der Käufer kann nur dch das Umtauschbegehren den KaufGgst verändern. **cc)** Zum Erprobgs(Prüfgs)Kauf od Kauf zur Probe: Der KaufVertr steht unter der auflösden Bedingg (§ 158 II), daß die Kaufsache sich zum vorgesehenen Zweck nicht eignet (RGRK-Mezger 3), zB Kauf einer Maschine „auf Feldprobe" (Mü NJW **68**, 109). Der Verk muß dem Käufer die Erprobg ermögl, der Käufer die Erkl, ob Eigng gegeben ist, so rechtzeit abgeben, als er dazu imstande ist; unterbleibt dies innerh angemessener Fr, wird der Kauf endgült wirks (BGH WM **70**, 877). **dd)** Binddes VertrAngebot des Verk u Übergabe der Sache zum Zweck der Prüfg od Probe (RG **104**, 276); hier ist noch kein Vertr geschlossen, dies hängt v der Ann ab (§ 151). **ee)** Zum WerkVertr: Herstellg eines Portraits ist Kauf auf Pr, wenn Bezahlg u Abnahme v Gefallen abhäng gemacht w (LG Regbg NJW **89**, 399). **c) Beweislast** trägt der Verk für das Zustdekommen des Vertr, daher für die vertragl Einigg, für das Eintreffen der Kaufsache beim Käufer (Bambg NJW **87**, 1644 mwN) u die Billigg gem § 496.

2) Voraussetzungen. a) Kaufvertrag mit den Erfordern der Einf 1 vor § 433. **b) Bedingung.** Sie muß aufschiebd (Billigg, § 158 I) od auflösd (Mißbilligg, § 158 II) sein. Nach Auslegg (§ 157) zu ermitteln. Abs I S 1 bestimmt als AusleggsRegel, daß iZw die aufschiebde Bedingg vorliegt. Für auflösde Bedingg spricht, wenn der Käufer den KaufPr bereits bezahlt hat (RGRK-Mezger 1). **c) Billigung oder Mißbilligung** müssen in der Weise VertrInh sein, daß sie im freien Belieben des Käufers stehen (allgM). Umstr ist ledigl, ob die (Miß)Billigg als sog PotestativBedingg (4 vor § 158) als auflösde Bedingg iS des § 158 sein kann. Nach hM ist das zu bejahen. Die (Miß)Billig ist eine rechtsgestaltde, dem Verk ggü abzugebde WillErkl (RG **137**, 299). Angabe v Grden ist nicht notw (RG **94**, 287). Sie beziehen sich auf den Kauf u sind auch dann wirks, wenn der KaufGgst nicht besicht w. § 162 ist unanwendb.

3) Wirkungen a) Bindung besteht währd des Schwebezustds bis zum BedinggsEintritt insofern, als eine einseit Änderg der VertrBedinggen ausgeschl ist (Erm-Weitnauer 2). Der Verk ist bereits gem § 433 I verpfl (RG **94**, 285). Vor Entscheid des Käufers darf der Verk die Sache nicht anderweit veräußern. **b) Gewährleistung** richtet sich nach den §§ 459 ff. Für § 460 ist maßgebder ZtPkt neben dem KaufAbschl auch der der Billigg (RG **94**, 287). **c) Gefahrübergang** tritt bei aufschiebder Bedingg (Billigg) anders als bei §§ 446, 447 erst mit der Billigg ein, sodaß bis dahin die Gefahr beim Verk verbleibt (RGRK-Mezger 7). **d) Untersuchungsanspruch** (Abs II) soll dem Käufer Entschließg über Billigg od Kaufs ermöglichen. Anspr auf Gestattg der Untersuch ist selbstd klagb u nach § 888 ZPO vollstreckb. Weigert sich der Verk, kann der Käufer auch üb §§ 283, 326 SchadErs fordern (Erm-Weitnauer 4). Gg Anspr auf Untersuch kann Verk nicht einwenden, daß der Kauf wg Mangelhaftigk doch nicht gebilligt würde (RG **93**, 254). **e) Kosten** der Besichtigg u Aufbewahrg trägt der Käufer. Über Kosten der Rücksendg entscheidet VertrAuslegg, ev Handelsbrauch. Kein Anspr des Verk auf NutzgsVergütg, wenn Käufer nicht billigt (Celle BB **60**, 306).

496 *Billigungsfrist.* Die Billigung eines auf Probe oder auf Besicht gekauften Gegenstandes kann nur innerhalb der vereinbarten Frist und in Ermangelung einer solchen nur bis zum Ablauf einer dem Käufer von dem Verkäufer bestimmten angemessenen Frist erklärt werden. War die Sache dem Käufer zum Zwecke der Probe oder der Besichtigung übergeben, so gilt sein Schweigen als Billigung.

Einzelne Schuldverhältnisse. 1. Titel: Kauf. Tausch §§ 496–498

1) Frist (S 1): Gilt für Billigg wie für Mißbilligg (§ 494 Anm 2c). Die FrVereinbg kann ausdrückl od stillschw geschehen u muß sich auf die (Miß)Billigg beziehen. VertrVerlängerg ist zuläss. Die WillErkl (§ 494 Anm 2c) muß innerh der Fr zugehen. Ist die Billigg verspätet, gilt § 150 I. Bitte um FrVerlängerg ist nach § 150 II zu behandeln. FrSetzg muß sich auf die (Miß)Billigg beziehen. Eine nicht angemessene Fr setzt eine angemessene in Lauf (Erm-Weitnauer 1). **Billigungsfiktion** (S 2) führt die aufschiebde Bedingg (§ 494 Anm 1a) herbei. Setzt Übergabe der Kaufsache zum Zwecke der Probe (Besichtigg) zwingd voraus, ebso den Ablauf der Fr (S 1). Gilt auch nicht entspr, wenn eine Probe od ein Muster (nicht die Kaufsache selbst) übergeben od übersandt war (RG **137**, 297).

2. Wiederkauf

497 *Zustandekommen des Wiederkaufs.* [I]Hat sich der Verkäufer in dem Kaufvertrage das Recht des Wiederkaufs vorbehalten, so kommt der Wiederkauf mit der Erklärung des Verkäufers gegenüber dem Käufer, daß er das Wiederkaufsrecht ausübe, zustande. Die Erklärung bedarf nicht der für den Kaufvertrag bestimmten Form.

[II]Der Preis, zu welchem verkauft worden ist, gilt im Zweifel auch für den Wiederkauf.

1) Allgemeines. a) Zweck: Es kann wirtsch dasselbe erreicht w, wie bei einer SichergsÜbereign od einem FaustPfdR; ferner kann eine Zweckbindg verwirkl w (ges WdkRe: §§ 20, 21 RSiedlG; § 12 RHeimstG). **b) Anwendbar** nur auf das nichtgewerbsmäß eingeräumte WdkR, weil gewerbsmäß eingeräumtes Rück- od WdkR als PfandleihGewl gilt (§§ 34, 38 GewO) u üb Art 94 EGBGB hierfür LandesR anzuwenden ist. **c) Begriff.** Das WdkR ist die Vereinbg in einem KaufVertr, dch das der Käufer aufschiebd bedingt verpfl w, den KaufGgst aGrd einer Erkl des Verk an diesen gg Zahlg des WdkPr zurückzuübereignen. Damit wird ein aufschiebd bedingter Kaufvertr geschaffen (RG **121**, 369; BGH **29**, 107). Das bedingte R wird bereits mit Abschl der WdkVereinbg geschaffen (BGH **38**, 369). Dem steht nicht entgg, daß nach aA die Erkl des WdkäufersAusübg eines GestaltgsRs darstellt (Mayer-Maly FS f Wieacker S 424 [433]). Der Eintritt der Bedingg (Ausübg des WdkR) steht im Belieben des Verk (PotestativBedingg, 4 vor § 158). **d) Abgrenzung. aa)** Bei einem WdVerkR steht dem Käufer das R zu, für gekaufte den Verk zum Rückkauf zu verpfl (BGH NJW **84**, 2568). Das ist prakt bedeuts bei Beendigg eines Eigenhändlervertr (vgl BGH NJW **72**, 1191); die entspr Anwendg der §§ 497ff ist zweifelh (für § 498 II bejaht v Ffm NJW **87**, 1328). **bb)** Bei einem OptionsVertr (4d, ee vor § 504) liegt kein bedingter Kauf vor; ein Kauf kommt erst dch Ausübg des AnkaufsR zustande. WdkR zugunsten eines Dr ist im Rahmen d § 305 mögl. Es gelten außer §§ 328ff die §§ 497ff entspr (RGRK-Mezger 5 mwN). **e) Beweislast** für Bestehen des WdkR trägt der Verk.

2) Voraussetzungen des WdkR (Abs I). **a) Kaufvertrag** (§ 433) üb einen Ggst (§ 433 Anm 1). **b) Wiederkaufabrede** (Vorbeh des WdkR). Sie muß nicht notw bei Abschl des KaufVertr vereinb w; auch nachträgl mögl (RG **126**, 311; BGH LM Nr 1). Das Wort WdkR muß nicht ausdrückl verwendet w. Es muß die für den KaufVertr vorgeschr Form erf sein, insb § 313 (allgM; BGH NJW **73**, 37 mwN). Auch weitere Bedingen als die Ausübg sind zuläss. **c) Ausübung.** Sie ist eine einseit empfangsbed unwiderrufl WillErkl, die der Verk dem Käufer ggü abgibt u die den WdkWill (Rückkauf) zustandebringt, wenn sie fristgem erfolgt (§ 503). Bedarf nicht der Form des KaufVertr (Abs I S 2), auch nicht der Form einer VerpflErkl v Gemeinden (BGH **29**, 107). Der WdkPr muß weder angegeben noch angeboten w (BGH LM Nr 2). Die Ausübg ist bedinggsfeindl (allgM); eine RBedingg (2c vor § 158) ist aber zul (RG **97**, 269 [273]: Eventual-Erkl für den Fall vorrang erkl unwirks Anf des WdkVertr). Die Ausübg kann uU auf einen Teil des KaufGgst beschr w (BGH WM **78**, 192). Stets ist die Ausübg v dem ÜbereignsAnspr (Anm 3b) zu untersch (BayObLG NJW-RR **86**, 1209).

3) Wirkungen. a) Vor Ausübung besteht ein schuldrechtl. bedingter Anspr auf Übereign. Er kann dch Vormerkg gesichert w (RG **125**, 247; BayObLG **61**, 63), ist übertragb, pfändb u verpfändb; dies kann in den Vereinbgen ausgeschl w (RGRK-Mezger 4). **b) Nach Ausübung.** Die Pfl des Käufers u WiederVerk sowie des Verk u Wiederkäufers werden schuldrechtl wirks. Wird die Ausübg behördl genehm, so wird auch ein wg fehler Gen unwirks begrdetes WdkR wirks (BGH NJW **51**, 517).

4) Wiederkaufpreis (Abs II). Er ist wie der KaufPr frei vereinb. Es kann auch der SchätzPr vereinb w (vgl § 501). Ist eine Vereinbg unterblieben od ist sie unklar, gilt die AusleggsRegel des Abs II. Ist ein and Pr bezahlt worden als vereinb, so liegt darin eine PrÄnd, sodaß WdkPr der bezahlte KaufPr ist (RGRK-Mezger 8). Grdlgde GeldwertVeränd sind zu berücks (allgM).

498 *Haftung des Wiederverkäufers.* [I]Der Wiederverkäufer ist verpflichtet, dem Wiederkäufer den gekauften Gegenstand nebst Zubehör herauszugeben.

[II]Hat der Wiederverkäufer vor der Ausübung des Wiederkaufsrechts eine Verschlechterung, den Untergang oder eine aus einem anderen Grunde eingetretene Unmöglichkeit der Herausgabe des gekauften Gegenstandes verschuldet oder den Gegenstand wesentlich verändert, so ist er für den daraus entstehenden Schaden verantwortlich. Ist der Gegenstand ohne Verschulden des Wiederverkäufers verschlechtert oder ist er nur unwesentlich verändert, so kann der Wiederkäufer Minderung des Kaufpreises nicht verlangen.

1) Herausgabepflicht (Abs I). Sie ist nur als eine der dch den Wdk ausgelösten Pfl zu verstehen, die v G bes hervorgehoben sind. Die Pfl zur (Rück)Übereign (vgl § 433 I) besteht im Umfang der HerausgPfl (allgM). Sie umfaßt das Zubehör (§§ 97, 98); auch wenn es erst nach WdkAbrede (§ 497 Anm 2b) ange-

§§ 498–502

schafft wurde. Es kommt auf die ZubehörEigensch zZ der Ausübg des WdkR an (hM). Kaufsache u Zubeh sind im Zustd des HerausgZtpkts herauszugeben, Zug-um-Zug gg Zahlg des WdkPr. Nicht herauszugeben od zu ersetzen sind die gezogenen Nutzgen (allgM). Dementspr ist der KaufPr nicht zu verzinsen.

2) Verschlechterung, Untergang und Veränderung der Sache (Abs II) ist darin für den ZtRaum zw WdkAbrede u Ausübg abschließd auch für Gewl geregelt (RG **126**, 313). Daraus läßt sich eine Pfl zur Erhaltg der Sache entnehmen (MüKo-Westermann 3). **a) Vor Ausübung** des WdkR: **aa)** Vom WdVerk versch (§§ 276, 278) Untergg od sonst Unmöglk der Heraus od Verschlechterg führt zur SchadErsPfl. Verschlechterg ist an einem ordngsgem Gebr zu messen. Bei zufäll Unterg gelten die §§ 323, 281 (RGRK-Mezger 4). Bei zufäll Verschlechterg besteht keine ErsPfl; der Verk kann den Wdk unterl, uU Ausübg als WillErkl gem § 119 II anf. **bb)** Veränderg dch WdVerk: Haftg nur bei wesentl Veränderg. In allen Fällen, in denen keine SchadErsPfl besteht, ist nicht nur Minderg (Abs II S 2), sond jede Gewl ausgeschl. Da Re des WdKäufers währd der Schwebelage gg Vereitelg dch WdVerk geschützt w sollen, ist § 460 dch unanwendb, wenn WdKäufer Mängel bei Ausübg des WdkR kennt. **b) Nach Ausübung** des WdkR haftet der WdVerk für danach eintretde Beschädigg, Unterg u Unmöglk der Heraus (insb wg Weiterveräußerg), wie bei jedem Kauf, ohne Beschränkgen des Abs II. Auch für Mängel, die vor Überg der Sache dch WdKäufer an WdVerk vorhanden sind, haftet letzterer nicht.

499 *Beseitigung von Rechten Dritter.* Hat der Wiederverkäufer vor der Ausübung des Wiederkaufsrechts über den gekauften Gegenstand verfügt, so ist er verpflichtet, die dadurch begründeten Rechte Dritter zu beseitigen. Einer Verfügung des Wiederverkäufers steht eine Verfügung gleich, die im Wege der Zwangsvollstreckung oder der Arrestvollziehung oder durch den Konkursverwalter erfolgt.

1) Grund der Vorschr: Das WdkR wirkt nur schuldrechtl, nicht dingl. Wg der Bedingg besteht ein schuldrechtl SchwebeZustd (§ 497 Anm 3a), der den Käufer nicht hindert, üb den KaufGgst wirks zu verfügen. **Anwendbar** ist § 499 für alle Verfüggen (insb Belastgen) mit Ausn der Veräußerg; diese fällt unter § 498 II. Gleichgestellt sind alle zwangsw Verfüggen gem S 2, zB Pfändg, öff Versteigerg, ZwVersteigerg. **Rechtsfolgen:** Der WdKäufer hat gg den WdVerk ab Ausübg des WdkR den endgült Anspr auf Beseitigg v Ren Dr (RsMängel wie § 434). Ist dies unmögl, so besteht bei Versch (idR gegeben) der Anspr aus § 325. Nach Ausübg des WdkR gelten die §§ 323ff direkt. **Ansprüche gegen Dritte** bestehen nur, wenn der bedingte Anspr (§ 498 Anm 3a) dch Vormerkg gesichert ist, weil dann der WdKäufer nach §§ 883 III, 888 vorgehen kann.

500 *Ersatz von Verwendungen.* Der Wiederverkäufer kann für Verwendungen, die er auf den gekauften Gegenstand vor dem Wiederkaufe gemacht hat, insoweit Ersatz verlangen, als der Wert des Gegenstandes durch die Verwendungen erhöht ist. Eine Einrichtung, mit der er die herauszugebende Sache versehen hat, kann er wegnehmen.

1) Zweck: § 500 regelt die Risikogrenze des WdVerk für den Fall v Verwendgen (MüKo-Westermann 1). Verwendungen (S 1) können in der notw Erhaltg, einer wertsteigernden Verbesserg, der Beschaffg von Zubeh od von Einrichtgen bestehen. Verwendungen, die zur Erhaltg notw sind, müssen vom WdVerk geleistet w u sind nicht zu ersetzen. Andere Verwendg vor WdkAusübg sind zu ersetzen, soweit dadurch Werterhöhg eintritt. Wertberechng geschieht dch Vergl des obj Werts bei WdkRAbrede mit obj Wert bei Herausg an den WdKäufer (RGRK-Mezger 3). Gilt nicht bei § 501. **Einrichtungen** (§ 258) können bei Wertsteigerung VergütgsAnspr begrdn. Statt dessen kann WdVerk an Stelle des VergütgsAnspr die Einrichtg zurückbehalten. Auch Einrichtg, die nach WdkAusübg angebracht w, kann er wegnehmen.

501 *Wiederkauf zum Schätzungswert.* Ist als Wiederkaufpreis der Schätzungswert vereinbart, den der gekaufte Gegenstand zur Zeit des Wiederkaufs hat, so ist der Wiederverkäufer für eine Verschlechterung, den Untergang oder die aus einem anderen Grunde eingetretene Unmöglichkeit der Herausgabe des Gegenstandes nicht verantwortlich, der Wiederkäufer zum Ersatze von Verwendungen nicht verpflichtet.

1) Wirkung: Beschr die ggseit Re aus §§ 498, 500. Es bleibt nur die Haftg für wesentl Veränderg aus § 499 u das WegnR (§ 500 S 2) bestehen. **Unanwendbarkeit** des § 501 wird bei Argl des WdVerk bejaht (hM).

502 *Gemeinsames Wiederkaufsrecht.* Steht das Wiederkaufsrecht mehreren gemeinschaftlich zu, so kann es nur im ganzen ausgeübt werden. Ist es für einen der Berechtigten erloschen oder übt einer von ihnen sein Recht nicht aus, so sind die übrigen berechtigt, das Wiederkaufsrecht im ganzen auszuüben.

1) Zweck: Schutz des Käufers vor zwangsweisen Eintr in eine bestehde Gemsch v WdkBerecht. **Anwendbarkeit** auf Mehrh v WdVerk ist umstr (vgl MüKo-Westermann 3 mwN). **Gemeinschaft** (S 1) an WdkR liegt stets vor, wenn mehrere Berechtigte vorhanden sind; unerhebl, welcher Art die gemeins Berechtigg ist (zB § 741, BayObLG NJW-RR **86**, 1209) u ob Mehrh von Berechtigten schon bei WdkAbrede vorhanden waren. **Übergang** (S 2) findet statt, wenn einer von mehreren WdKäufern das Recht verliert (§ 503) od zu erkennen gibt, daß er es nicht ausüben werde. Dann können die übr Berechtigten (gemeinsam; S 1) die Erkl nach § 497 abgeben; sie müssen den ganzen Ggst des WdkR übernehmen. Re u Pfl aus Wdk erwachsen nur zw ausübenden WdKäufern u WdVerk.

Einzelne Schuldverhältnisse. 1. Titel: Kauf. Tausch § 503, Vorbem v § 504

503 *Ausschlußfrist.* **Das Wiederkaufsrecht kann bei Grundstücken nur bis zum Ablaufe von dreißig, bei anderen Gegenständen nur bis zum Ablaufe von drei Jahren nach der Vereinbarung des Vorbehalts ausgeübt werden. Ist für die Ausübung eine Frist bestimmt, so tritt diese an die Stelle der gesetzlichen Frist.**

1) Wesen: AusschlußFr (BGH **47**, 387), daher sind VerjVorschr über Hemmg u Unterbrechg auch nicht entspr anwendb. **Anwendungsbereich:** nur WdkR; grdsätzl nicht bei AnkaufsR (vgl Vorbem 4d vor § 504) u KaufVorvertr (BGH aaO). **Berechnung** der Fr §§ 187 ff. Die Fr gilt nur für die Ausübg des WdkR (§ 497 Anm 2c), nicht für den ErfAnspr aus § 498 I. **Abweichende Vereinbarungen** sind zul (S 2), insb kann Fr u Ablauf der Fr dch Eintritt eines best Ereign, auch Beginn dch ein best künft Ereignis (Hbg MDR **82**, 668); jedoch ist ein unbefristetes WdkR unzuläss. Ändergen der Fr, auch nachträgl mögl, unterliegen nicht der Form des § 313 (BGH NJW **73**, 37).

3. Vorkauf

Vorbemerkung

1) Allgemeines. Schrifttum: Schurig, Das VorkR im PrivatR, 1975. **a) Begriff:** Das VorkR ist die Befugn, einen Ggst dch einen Kauf zu erwerben, wenn der VorkVerpfl diesen Ggst an einen Dr verkauft. Mit der Ausübg des VorkR kommt dann der KaufVertr zw VorkBer u VorkVerpfl (Verk) mit dem gleichen Inhalt zustde wie der zw dem VorkVerpfl u dem Dr. Das VorkR der §§ 504 ff ist ein GestaltgsR (Larenz § 44 III; Jau-Vollkommer 3b; aA: binddér KaufVertr unter doppelter aufschiebder Bedingg des Kaufs u der Ausübg des VorkR); rein schuldrechtl. Verh zum dingl VorkR: Anm 2. **b) Anwendungsbereich:** Alles, was Ggst eines Kaufs sein kann (§ 433 Anm 1). Die §§ 504 ff gelten auch für die gesetzl VorkRe, insb grdsätzl entspr anwendb auf Vorpacht u Vormiete (Einf 1e vor § 535). **c) Abdingbarkeit:** ist zu bejahen, insb kann der KaufPr limitiert od die Ausübg in der Weise erleichtert w, daß sie bereits vor Abschl des Kaufs vorgenommen w kann. **d) Gesetzliche Vorkaufsrechte:** Währd das VorkR der §§ 504 ff dch Vertr begrdet w (§ 504 Anm 1), gibt es gesetzl VorkRe: Für Miterben (§ 2034), für Mieter öff geförderter MietWo (§ 2b WoBindG), für Gemeinden (§§ 24–29 BauGB), für gemeinnütz SiedlgsUntern (§§ 4–10, 14 RSiedlG; hierzu Herminghausen AgrarR **83**, 398), für Heimstättenausgeber (§ 11 RHeimstG), für ArbNErfinder (§ 27 ArbEG); ferner nach LandesR. Für diese gesetzl VorkRe gelten die §§ 504 ff grdsätzl (Anm b).

2) Unterschied zum dinglichen Vorkaufsrecht (§§ 1094 ff). Die §§ 504 ff gelten für das dingl VorkR ergänzd (§ 1098), die §§ 1094 ff aber nicht für das schuldrechtl VorkR. Währd das dingl VorkR eine unmittelb Belastg des Grdst mit Wirkg gg jeden Dr darstellt, kann das schuldrechtl VorkR bei Grdst auch vor Vormkg dingl gesichert w (RG **72**, 392). **a) Schuldrechtliches Vorkaufsrecht: aa)** Dingl Sicherg nur dch Vormkg mögl (BayObLG NJW **78**, 700). **bb)** Verpflichtet denjen, der das VorkR bestellt hat (VorkVerpfl) u gilt nur für einen VorkFall. **cc)** Kann auf einen best KaufPr begrenzt w. **dd)** Ausschl des VorkR bei Verkauf in ZwVollstr u dch KonkVerw (§ 512). **b) Dingliches Vorkaufsrecht: aa)** Dingl Sicherg dch unmittelb Belastg des Grdst u Eintr ins Grdbuch. **bb)** Verpflichtg für den jeweil Eigt. Bestellt werden kann für mehrere u alle VerkFälle (§ 1097). **cc)** Kann nicht für fest best KaufPr bestellt w (§ 1098 Anm 2). **dd)** Gilt auch bei ZwVerst u Verkauf dch KonkVerw (§ 1098 I 2; § 1097 Anm 1a).

3) Rechtsverhältnis zum Käufer (DrKäufer). Die §§ 504 ff regeln nur das Verh zw VorkBer u VorkVerpfl, nicht ihn RVerh zum sog DrKäufer. **a) Verkäufer** (VorkVerpfl). Sein KaufVertr mit dem DrKäufer wird dch die Ausübg des VorkR grdsätzl nicht berührt; der Vertr u die VertrPfl bleiben bestehen (RG **121**, 138). Gegen den Verk bestehen bei Ausübg des VorkR zwei ErfAnspr (des DrKäufers u des VorkBer). Je nachdem, wem ggü er erf ist, ist er dem and aus §§ 325, 326 zum SchadErs verpfl. Er muß selbst Vorsorge treffen, indem er den Verkauf an den Dr davon abhäng macht (Bedingg, § 158), daß das VorkR nicht ausgeübt w od ihm der Rücktr vorbehalten bleibt (vgl § 506). Eine Vereinbg, wonach dem VorkBer Gelegenh zur Ausübg des VorkR zu gewähren sei, ist nicht als Bedingg od RücktrVorbeh auszulegen, sond als Vertr zGDr, dch den der DrKäufer zur Weiterveräußerg an VorkBer verpfl sein kann (RG **163**, 155). **b) Vorkaufsberechtigter:** Es entstehen auch bei Ausübg grdsätzl keine RBeziehgen zum DrKäufer (RG **121**, 138), insb kein ErstattgsAnspr des Dr für VertrKosten (Erm-Weitnauer § 505, 5). Ausn: bei Vertr zGDr (Anm a aE) u bei Vormkg (§§ 883, 888).

4) Abgrenzung. Es gibt zahlreiche Ausgestaltgen von Vertr, die dem VorkR u WdkR ähnl sind. Die Terminologie ist uneinheitl. Die wicht Formen sind: **a) Vorvertrag.** Begr: Einf 4b vor § 145. Bei einem VorVertr für einen Kauf muß mind der KaufGgst best od bestimmb sein. **b) Vorhand.** Begr.: Einf 4d vor § 145. In bezug auf KaufVertr ist zur Abgrenzg ggü dem AnkaufsR (Anm d) ledigl die Pfl zu verstehen, dem VorhandBerecht die Angebote and VertrInteressenten mitzuteilen u ihm der Entscheidg vor den and zu überlassen, den Kauf abzuschließen. IZw ist mit Vorhand ledigl diese Verpfl gemeint. Sie kann sich auch auf künft Sachen od Re beziehen (RG **79**, 156). Schuldh Verletzg der Pfl aus der Vorhand kann SchadErsAnspr begrden (§ 280). **c) Eintrittsrecht** ist das R eines Dr, in einen bestehenden KaufVertr mit dem gleichen od veränderten Inhalt unter best Voraussetzgen als Käufer einzutreten. Führt zu einer SonderRNachf mit den RFolgen einer FdgsAbtretg (§§ 398 ff) u einer SchuldÜbern (§ 414 ff). **d) Ankaufsrecht** (OptionsR in bezug auf einen Kauf, vgl Einf 4c vor § 145). Es kann auf verschiedene Weise begrdet w u ist im Einzelfall dch Auslegg zu ermitteln. Der Anspr aus dem AnkaufsR ist übertragb (§ 398); er unterliegt grdsätzl der 30jähr Verj (BGH **47**, 387); er kann dch Vormkg als künft Anspr auf EigtÜbertr (§ 883 I 2) gesichert w (BGH JR **74**, 513 m Anm v U. H. Schneider). **aa)** Binddes VerkAngebot (§ 145), das innerh einer best Fr angenommen w kann, so daß es allein vom AnkaufsBer abhängt, den KaufVertr zustdezubringen. Das AnkaufsR entsteht in diesem Fall ohne Vertr, allein dch das bindde Angebot, das aber so best sein muß (dh den notw VertrInhalt umfaßt), daß einf Ann genügt (§ 145 Anm 1). Das AnkaufsR ist in diesem Fall ein GestaltgsR

Vorbem v § 504, §§ 504, 505 2. Buch. 7. Abschnitt. *Putzo*

(§ 145 Anm 3). Sobald das Angebot abgegeben ist, kann der künft Anspr aus dem erst infolge Annahme entstehen KaufVertr dch Vormkg (§ 883) gesichert w. **bb)** Aufschiebd bedingter KaufVertr od KaufVorvertr (Anm a). Die Bedingg kann in den freien Willen beider VertrPart gestellt w (BGH NJW **67**, 153). Die erforderl WillErkl muß dem VertrPart, nicht einem GrdstErwerber zugehen. **cc)** OptionsVertr, der dem Berecht das Recht einräumt, dch WillErkl (§ 130) einen KaufVertr mit festgelegtem Inhalt zustdezubringen. Der OptionsVertr ist nicht mit dem KaufVertr od VorVertr ident (and als bei Anm aa u bb). Beim OptionsVertr kommt der KaufVertr erst dch die Ausübg des AnkaufsR zustande.

504 *Voraussetzung der Ausübung.* **Wer in Ansehung eines Gegenstandes zum Vorkaufe berechtigt ist, kann das Vorkaufsrecht ausüben, sobald der Verpflichtete mit einem Dritten einen Kaufvertrag über den Gegenstand geschlossen hat.**

1) Allgemeines. a) Entstehung des VorkR beruht auf G (Vorbem 1d) od auf Vertr (VorkVereinbg) zw VorkVerpfl u VorkBerecht (üb deren RVerh zum sog DrKäufer vgl Vorbem 3). **b) Form:** Vertragl Begründg setzt formgült VorkVertr voraus: not Beurk bei Grdst (§ 313 Anm 2d) u bei GmbH-Anteilen (§ 15 IV GmbHG). Auch Vorvertr über Verpflichtg zur Bestellg von VorkR bedarf der Form des KaufVertr (RG **107**, 39). **c) Inhalt:** Die Part können für den Fall, daß das VorkR ausgeübt w, and Bestimmgen für den dch Ausübg des VorkR entstehenden Vertr vereinb (BGH WM **71**, 46). Das VorkR kann auch für einen Dr begrdet w (§ 328). Das VorkR ist iZw nicht übtragb u unvererbl (§ 514). **d) Verjährung** des VorkR ist ausgeschl (RGRK-Mezger 9).

2) Vorkaufsfall. Er hat folgde Voraussetzgen: **a) Kaufvertrag** zw VorkVerpfl u DrKäufer. Er kann bedingt sein (vgl § 506 Anm 1a). Das VorkR kann sich nur auf solche KaufVertr beziehen, die nach seinem Entstehen geschl w, auf frühere auch dann nicht, wenn sie erst nach der Begrdg des VorkR behördl genehmigt (BGH **LM** § 1098 Nr 4) od dch einen neuen VorkR lediglich abgeäd w (BGH WM **70**, 283). Das gilt auch dann, wenn es sich um gesetzl VorkRe handelt (BGH **32**, 383). Da ein KaufVertr vorliegen muß, gilt das VorkR nicht bei Einbringg in Gesellsch, Schenkg (BGH WM **57**, 1164), Tausch (BGH NJW **64**, 540; RG **88**, 361) od Ringtausch (BGH NJW **68**, 104). **b) Wirksamkeit** des KaufVertr (Anm a). Er muß rechtsgült sein (BGH WM **60**, 552). Es dürfen keine NichtigkGrde vorliegen (zB §§ **125**, 134, 138). Eine Anfechtg muß trotz § 142, jedenf nach Ausübg des VorkR, diesem nicht entggstehen (vgl BGH NJW **87**, 890). Eine erforderl behördl Genehmigg muß vorliegen (hM; BGH **14**, 1; **23**, 342; aA Dietzel JR **75**, 8). Dch nachträgl Aufhebg des wirks DrKaufs wird jedoch VorkFall nicht beseitigt (RG **118**, 8), insb auch nicht dch Rücktr des Käufers vor Ausübg des VorkR (BGH NJW **77**, 762). Ein vertr RücktrR des DrKäufers steht nicht entgg (BGH **67**, 398); ebsowenig ein RücktrVorbeh des VorkVerpfl (Jauernig-Vollkommer 5c). **c) Dritter** muß der Käufer des KaufVertr (Anm a) sein. Daher ist kein VorkFall gegeben bei ErbTKauf u Miterbenauseinandersetzg (BGH WM **70**, 321), bei Veräußerg an MitEigt bei TeilgsVersteigerg (BGH **13**, 133). In der VertrGestaltg ist der Verk mit dem Dr frei, darf aber keine Bestimmg vereinb, die auf Vereitelg des VorkR abzielt, andfalls ist dies ggü dem VorkBer unwirks (BGH WM **70**, 321; *arg* § 162 I). Abänderg des KaufVertr ist mit Wirkg gg den VorkBerecht nur zul, solange VorkR noch nicht ausgeübt ist (§ 505 II; RG **118**, 8).

3) Ausschluß der Ausübungsbefugnis tritt ein dch: **a) Erlaßvertrag** (§ 397). **aa)** Vor Eintritt des VorkFalls (Anm 2) dch Vertr zw VorkBer u VorkVerpfl; damit entfällt die AusübgsBefugn beim VorkFall, auch ohne Aufhebg gem § 875 (BGH **LM** Nr 1). Der Vertr ist auch dch schlüss Verhalten mögl (BGH **LM** Nr 7). **bb)** Nach Eintritt des VorkFalls (Anm 2) ebfalls dch Vertr zw VorkVerpfl u dem zum Käufer gewordenen VorkBerecht (RGRK-Mezger 9). **b) Nichtausübung** innerh der Fr des § 510 II. **c) Treuwidrigkeit** (§ 242 Anm 4 C) des VorkBerecht ist gegeben, wenn er dem DrKäufer zusagt, von seinem R keinen Gebr zu machen (BGH WM **66**, 893). **d) Gesetzlicher Ausschluß** in den Fällen der §§ 507 S 2, 511, 512.

4) Teilverkauf. Der VorkFall (Anm 2) besteht auch bei einem TeilVerk hinsichtl dieses Teils. Wird das VorkR nicht ausgeübt, besteht es für den Rest des Ggst weiter.

505 *Ausübung.* [I]**Die Ausübung des Vorkaufsrechts erfolgt durch Erklärung gegenüber dem Verpflichteten. Die Erklärung bedarf nicht der für den Kaufvertrag bestimmten Form.**

[II]**Mit der Ausübung des Vorkaufsrechts kommt der Kauf zwischen dem Berechtigten und dem Verpflichteten unter den Bestimmungen zustande, welche der Verpflichtete mit dem Dritten vereinbart hat.**

1) Ausübung (Abs I) erfolgt dch einseit empfangsbedürft WillErkl ggü Verpfl od dch Vertr mit ihm (§ 305). **a) Wirksamkeit:** Die Erkl ist ihrem Inhalt nach nicht nur Ausübg eines vertragl od gesetzl R, sond begründet auch Pfl des Erklärden (Anm 2). Sie bedarf daher, soweit VerpflichtgsErkl genbedürft sind (zB nach GemO), der Gen (BGH **32**, 375). Die Erkl des VorkBerechtigten unterscheidet sich daher insow von der Erkl des Wiederkäufers; hierzu § 497 Anm 2c. Ausübgsfrist: § 510. AusübgsErkl ist bedinggsfeindl; daher muß auch eine genehmiggsbedürft AusübgsErkl innerh der AusschlFrist des § 510 genehmigt w (BGH **32**, 375). Die AusübgsErkl ist abzugeben ggü VorkVerpfl auch dann, wenn der DrKäufer nach § 510 I VorkFall mitteilt. Die Erkl ist formfrei, weil für die Begründg des VorkR Form schon gewahrt sein muß (§ 504 Anm 1b); so daß mit formloser Ausübg des VormietR (Einf 1e vor § 535) der Vertr auf jeden Fall zustdekommt (BGH NJW **71**, 422). **b) Unwirksam** ist die AusübgsErkl, wenn sie gg Treu u Glauben verstößt; zB wenn VorkBerechtigter offenb nicht in der Lage ist, seine Verpflichtg aus dem KaufVertr zu erfüllen, od deren Erf ablehnt (BGH **LM** Nr 3); wenn er die Zahlg des Kaufpr von vorheriger gerichtl

Prüfg abhäng macht, ob KaufprVereinbg Ausüb des VorkR erschweren od vereiteln sollte (§ 506; BGH **LM** Nr 6). Unwirks ist die Ausübg auch, wenn der VorkBerechtigte schuldrechtl verpflichtet ist, das VorkR nicht auszuüben (§ 504 Anm 3a, BGH **37**, 147 zum dingl VorkR).

2) Wirkung (Abs II). **a) Zweck:** VorkBerecht soll sich nicht schlechtere Bedinggen gefallen lassen müssen als der DrKäufer. Ebsowenig soll der VorkVerpfl nicht schlechter gestellt w. Nicht: SchutzVorschr für den DrKäufer. **b) Allgemein:** Dch Ausübg wird neuer selbstd KaufVertr zw den Parteien des Vorkaufs begrdet. Der Ausübende tritt also nicht in den DrKauf ein (allgM; zB BGH **98**, 198), hat jedoch alle Leistgen zu erbringen, die der Erstkäufer nach dem KaufVertr zu erf hätte, sow sich nicht aus dem G (§§ 507–509) od aus dem KaufVertr etwas anderes ergibt (BGH **LM** Nr 3). Vereinbg zw Verk u Erstkäufer, daß dieser einen Teil der KaufPrFdg dch Aufrechng tilgt, berührt AusübgsR nicht. Die Ausübg des VorkR schafft keine vertr Beziehgen zw VorkBer u DrKäufer. **c) Vertragsinhalt:** Entggstehende Erkl des Vorkäufers dahin, daß er zwar sein VorkR ausübe, jedoch bestimmte, hiermit verbundene Pfl ablehne, ist regelm bedeutgslos, wenn VorkVerpfl auf die RWirksamk der AusübgsErkl vertraut (BGH **LM** Nr 5 zur Vormiete). Falls bei Vereinbg des VorkR bes Bedinggen für Vertr zw Vorkäufer u VorkVerpfl festgelegt waren (zB fester VorkPreis, WdkR), so gelten zunächst diese, u die Vereinbg gehört in den DrKaufs. SonderVereinbgen sind nach d § 505 die VertrFreih nicht einschr (RG **104**, 123), u zwar bis zur Ausübg des VorkR (RG **118**, 5; BGH NJW **69**, 1959). Ein zugunsten Dr (§ 328) eingeräumtes NutzgsR kann auch gg den wirken der die Sache vom Vorkäufer erwirbt (vgl BGH NJW **87**, 396). **d) Pflichten.** Der VorkVerpfl ist nicht gehalten, dem VorkBerecht die Ausübg des VorkR zu ermögl (BGH aaO), insb hat der Vorkäufer keinen Anspr auf and VertrInh u längere Fr wg Schwierigk bei Beschaffg des KaufPr (BGH WM **73**, 1403). Bestimmgen des ErstVertr, die wesensgem nicht zum KaufVertr gehören, verpfl jedoch den Vorkäufer nicht (BGH **77**, 359). Die Vereinbg zw VorkVerpfl u DrKäufer, die Kosten des Vertr zw ihnen seien v DrKäufer zu tragen, geht letztl zu Lasten des Vorkäufers (BGH **LM** Nr 2). MaklerProv des Verk hat der VorkBerecht nicht zu erstatten (RGRK-Mezger 5). **e) Verhältnis Verkäufer zu Drittkäufer.** Auf deren VertrVerh ist die Ausübg des VorkR ohne Einfluß. Der VorkVerpfl muß daher als Verk den KaufVertr mit dem DrKäufer so gestalten, daß ihm daraus keine Nachteile erwachsen (RücktrR, auflöse Bedingg od Ausschl v Erf- u SchadErsAnspr); vgl § 506 u Vorb 3 vor § 504. **f) Prozessuales:** Der DrKäufer kann zul FeststellgsKl gg VorkBerecht erheben, daß die Ausübg des VorkR unwirks war (BGH WM **70**, 933).

506 *Unwirksame Vereinbarungen.* **Eine Vereinbarung des Verpflichteten mit dem Dritten, durch welche der Kauf von der Nichtausübung des Vorkaufsrechts abhängig gemacht oder dem Verpflichteten für den Fall der Ausübung des Vorkaufsrechts der Rücktritt vorbehalten wird, ist dem Vorkaufsberechtigten gegenüber unwirksam.**

1) Allgemeines. a) Grundsatz. Der VorkVerpfl ist trotz VorkR in der Gestaltg des Vertr mit dem Dr frei. Auch RücktrR u auflöse Bedingg für den Fall der Ausübg des VorkR (od als RBedingg dessen Bestehen, BGH NJW **87**, 890) ist dem DrKäufer ggü gült; sie ist für den VorkVerpfl sogar zweckm, um sich vor SchadErsAnspr des DrKäufers (Vorbem 3 vor § 504) zu schützen. **b) Zweck:** Schutz des VorkBerecht vor UmgehgsGesch. **c) Folge.** Die VertrTreue verlangt, daß VorkVerpfl sich einer solchen Vereinbg nicht bedienen darf, um das VorkR zu vereiteln; desh ist sie im Verhältn zum VorkBerecht unwirks. Verpflichteter kann weder den VorkFall leugnen noch enthält der neue selbstd KaufVertr zw d Part des Vork (§ 505 Anm 2b) eine solche Bedingg od ein RücktrR. BGH NJW **87**, 890 läßt zu, daß der Verk das Fehlen der GeschGrdl (§ 242 Anm 6) beim KaufVertr auch dem Vorkäufer entgghalten kann (zust Burkert NJW **87**, 3157; dag Tiedtke NJW **87**, 874). Nach BGH aaO fehlt die GeschGrdl, wenn Verk u DrKäufer irrtüml davon ausgehen, der Vertr unterliege nicht dem VorkR.

2) Entsprechende Anwendung des GrdGedankens, daß VorkVerpfl sich nicht auf Klauseln des DrKaufs, die VorkR vereiteln sollen, berufen kann, wenn der gült zustande gekommene DrKauf wieder aufgeh w (RG **118**, 8), ist mit RFolge des § 138 zu bejahen bei Gesch, die Ausübg des VorkR verhindern sollen: **a) Umgehungsgeschäft.** Vereinbg des VorkVerpfl mit einem Dr, wodch ein and, bes ausgestaltetes RVerh anstatt eines KaufVertr begrdet w, zB Bestellg eines Nießbr (BGH BB **61**, 311). **b) Vereitelungsgeschäft.** Hierfür reichen Absicht od Bewußts nicht aus (RGRK-Mezger 2). Es müssen verwerfl Motive, Anwendg unlauterer Mittel od Zwecke hinzukommen (BGH NJW **64**, 540 u WM **70**, 321). Bsp: Vereinbg einer Abfindg des DrKäufers, der zugleich Mieter ist (BGH **LM** § 505 Nr 3).

507 *Nebenleistungen.* **Hat sich der Dritte in dem Vertrage zu einer Nebenleistung verpflichtet, die der Vorkaufsberechtigte zu bewirken außerstande ist, so hat der Vorkaufsberechtigte statt der Nebenleistung ihren Wert zu entrichten. Läßt sich die Nebenleistung nicht in Geld schätzen, so ist die Ausübung des Vorkaufsrechts ausgeschlossen; die Vereinbarung der Nebenleistung kommt jedoch nicht in Betracht, wenn der Vertrag mit dem Dritten auch ohne sie geschlossen sein würde.**

1) Grundsatz: Vorkäufer muß jede Nebenleistg erbringen, wenn er dazu imstande ist. Ist dazu außerstande, greift § 507 ein. **Abdingbar** ist S 2 bei Begrdg des VorkR. **Anwendungsfall:** Nebenleistg ist in Geld nicht schätzb, wenn Pflege dch Verwandte vereinb ist (RG **121**, 140). Anwendb § 507 auf Vormiete (Vorpacht) nicht durchweg (RG **125**, 127).

508 *Gesamtpreis.* **Hat der Dritte den Gegenstand, auf den sich das Vorkaufsrecht bezieht, mit anderen Gegenständen zu einem Gesamtpreise gekauft, so hat der Vorkaufsberechtigte einen verhältnismäßigen Teil des Gesamtpreises zu entrichten. Der Verpflichtete kann ver-**

langen, daß der Vorkauf auf alle Sachen erstreckt wird, die nicht ohne Nachteil für ihn getrennt werden können.

1) Allgemeines. § 508 bewirkt, daß VorkR auch ausgeübt w kann, wenn sein Ggst mit and, v VorkR nicht erfaßten Ggsten zus verk w. **a) Anwendbar** auch, wenn VorkR nur Teil eines Grdst betrifft u das ganze Grdst verk w (BGH **LM** Nr 1); entspr auf Vormiete u Vorpacht (KG OLG 17, 26). **b) Abdingbarkeit** ist zu bejahen (RG 97, 283). **c) Preisberechnung** (S 1) wie nach §§ 472 ff. Bsp: GesWert aller verkauften Ggst (1000.–) verhält sich zu Wert der VorkSache (800.–) wie Kaufpr aller Ggst (900.–) zum Preis der VorkSache (720.–).

2) Ausdehnung des Vorkaufs auf alle Sachen (S 2). **a) Voraussetzungen: aa)** Ausübg des VorkR für einen Ggst, der mit and Ggsten zu einem GesPr verkauft w (S 1 Hs 1). **bb)** Trenng der Sachen v dem Ggst, für den das VorkR ausgeübt w, darf nur mit Nachteil für den Verk mögl sein. BewLast: VerK. **b) Wirkung: aa)** Der Verk hat gem S 2 eine Einr. Diese Einr versagt wg § 242 dann, wenn die wirtsch Einh der mehreren Ggste schon bei Begrdg des VorkR bestand (RGRK-Mezger 3). **bb)** Der Vorkäufer hat nach Ausübg des Vork (§ 505) ein WahlR: Er kann die Ausübg des Vork im ganzen ablehnen (umstr; vgl RGRK-Mezger 4) od es für alle verkauften Ggst gelten lassen (vgl RG **133**, 79).

509 *Stundung des Kaufpreises.* [I]Ist dem Dritten in dem Vertrage der Kaufpreis gestundet worden, so kann der Vorkaufsberechtigte die Stundung nur in Anspruch nehmen, wenn er für den gestundeten Betrag Sicherheit leistet.

[II]Ist ein Grundstück Gegenstand des Vorkaufs, so bedarf es der Sicherheitsleistung insoweit nicht, als für den gestundeten Kaufpreis die Bestellung einer Hypothek an dem Grundstücke vereinbart oder in Anrechnung auf den Kaufpreis eine Schuld, für die eine Hypothek an dem Grundstücke besteht, übernommen worden ist. Entsprechendes gilt, wenn ein eingetragenes Schiff oder Schiffsbauwerk Gegenstand des Vorkaufs ist.

1) Abs I: Stundg ist Angelegenh persönl Vertrauens. Vorkäufer kann insow nicht Gleichstellg mit DrKäufer verlangen; daher bewirkt Abs I Ausn vom Grds der Gleichh des Vorkaufs mit DrKauf. Abs II S 1: Wg HypÜbern in Anrechng auf Kaufpr (§ 416) hat der Verk die Auflassg auch vor Gen der SchuldÜbnahme nicht verweigern. Abs II S 2 ist entspr anwendb auf Luftfahrzeuge (§ 98 LuftfzRG).

510 *Mitteilungspflicht; Frist zur Ausübung.* [I]Der Verpflichtete hat dem Vorkaufsberechtigten den Inhalt des mit dem Dritten geschlossenen Vertrags unverzüglich mitzuteilen. Die Mitteilung des Verpflichteten wird durch die Mitteilung des Dritten ersetzt.

[II]Das Vorkaufsrecht kann bei Grundstücken nur bis zum Ablaufe von zwei Monaten, bei anderen Gegenständen nur bis zum Ablaufe einer Woche nach dem Empfange der Mitteilung ausgeübt werden. Ist für die Ausübung eine Frist bestimmt, so tritt diese an die Stelle der gesetzlichen Frist.

1) Mitteilung des DrKaufs (Abs I) kann sowohl dch VorkVerpfl (Abs I S 2) wie dch DrKäufer erfolgen. Vorkäufer hat aber nur gg VorkVerpfl Anspr auf Mitteilg. Dieser macht sich bei Unterl der Mitt schaderspflichtig u verhindert FrBeginn nach Abs II. Die Mitt ist auch mdl zul (BGH **LM** Nr 3), muß sich nicht nur auf Tats, sond auf Inhalt des Vertr in den Vorkäufer so vollständ unterrichten, daß ihm Entscheid über Ausübg seines VorkR innerh der gesetzten Fr mögl ist (BGH WM **66**, 891). Mitzuteilen ist auch die Genehmiggsbedürftigk des Vertr u daß Vertr genehmigt worden ist (BGH aaO; BGH **23**, 342), auch VertrÄnd (BGH NJW **73**, 1365). Die Mitt ist nicht WirkskVoraussetzg für Ausübg des VorkR.

2) Fristen (Abs II). Sie können vertragl verlängert od verkürzt w. Voraussetzg für FrBeginn ist Empfang der vollst u richt Mitt gem Anm 1. Außerdem muß zu dieser Zeit bereits ein rechtswirks DrKauf vorliegen, einschl einer erforderl behördl Gen (BGH WM **66**, 891). Die Fr ist Ausschl-, nicht VerjFr, daher keine Hemmg od Unterbrechg. FrBerechng §§ 186 ff. Falls AusübgsErkl genehmiggsbedürft ist, muß auch sie innerh der Fr des Abs II genehmigt w.

3) Entsprechende Anwendung v Abs I u II auf and Eintritt in Vertr mit Dr (RG **126**, 126), insb auf Vormiete u Vorpacht (BGH NJW **71**, 422).

511 *Verkauf an Erben.* Das Vorkaufsrecht erstreckt sich im Zweifel nicht auf einen Verkauf, der mit Rücksicht auf ein künftiges Erbrecht an einen gesetzlichen Erben erfolgt.

1) § 511 ist eine AusleggsRegel. Ges Erbe ist nicht der Test- od VertrErbe, wohl aber der nachberufene ges Erbe, insb der Enkel, wenn dessen Eltern noch leben (RGRK-Mezger II). Käufer darf gemeins mit dem ges Erben auch dessen Ehegatte sein (RG JW **25**, 2128). Die ErbenStellg kann ein Motiv unter and sein (BGH NJW **87**, 890).

512 *Ausschluß bei Zwangsvollstreckung und Konkurs.* Das Vorkaufsrecht ist ausgeschlossen, wenn der Verkauf im Wege der Zwangsvollstreckung oder durch den Konkursverwalter erfolgt.

1) Zweck: Das VorkR darf als obligator R ZwVollstr u ZwVerk nicht beinträcht; außerdem ist der VollstrSchu nicht Verk. **Anwendbar** auf jedes VorkR (beim dingl aber eingeschr dch § 1098 I 2); gilt auch iF des § 2034 (BGH NJW **77**, 38). Entspr gilt § 512 für das vertr AnkaufsR (Vorb 4d vor § 504; RG **154**, 355)

Einzelne Schuldverhältnisse. 1. Titel: Kauf. Tausch §§ 512–515

u bei Verk dch den PfandGl (§ 1228; RGRK-Mezger I). **Voraussetzungen:** Verk dch KonkVerw. ZwVollstr gem §§ 814, 821, 825 ZPO sowie nach §§ 15 ff ZVG, jeweils in den Ggst des VorkR. Nicht bei Aufhebg der Gemsch (§ 753), auch wenn sie dch ZwVerst geschieht (§§ 180 ff ZVG); jedoch ist in diesen Fällen, obwohl § 512 nicht entgstsht, das VorkR wg § 504 dann ausgeschl, wenn ein MitEigter das Grdst ersteigert, weil er nicht Dr iS v § 504 ist (BGH **13**, 133), jedenf wenn das VorkR nur einen MitEigtAnteil belastet u den Zuschlag ein MitEigner erhält (BGH **48**, 1). ZwVerst gem §§ 175–179 ZVG steht der nach §§ 180 ff ZVG gleich (Stöber NJW **88**, 3121). **Wirkung:** Das VorkR kann für diesen Fall nicht wirks vereinb w; § 512 ist zwingd. Der VorkBerecht hat daher grdsätzl auch keinen SchadErsAnspr gg den VorkVerpfl.

513 *Mehrere Vorkaufsberechtigte.* Steht das Vorkaufsrecht mehreren gemeinschaftlich zu, so kann es nur im ganzen ausgeübt werden. Ist es für einen der Berechtigten erloschen oder übt einer von ihnen sein Recht nicht aus, so sind die übrigen berechtigt, das Vorkaufsrecht im ganzen auszuüben.

1) Die auf Mehrh von Verpflichteten entspr anwendb Vorschr entspricht der Regelg des WdkR (vgl § 502). S 2 ist eng auszulegde AusnVorschr. § 513 gilt insb für ErbenGemsch (BGH NJW **82**, 330).

514 *Unübertragbarkeit.* Das Vorkaufsrecht ist nicht übertragbar und geht nicht auf die Erben des Berechtigten über, sofern nicht ein anderes bestimmt ist. Ist das Recht auf eine bestimmte Zeit beschränkt, so ist es im Zweifel vererblich.

1) **Allgemeines. a) Grundsatz.** Das VorkR ist unübertragb. Hierdch wird der VorkVerpflichtete vor einem ihm nicht genehmen Wechsel in der Pers des Berecht geschützt (BGH WM **63**, 619). **b) Abdingbarkeit** ist gegeben u folgt aus S 1. **c) Gesetzlicher Übergang** ist bei Tod des VorkBerecht dch Erbfolge vorgesehen, aber nur iZw (S 2). **d) Rechtsnatur.** Das ÜbertrVerbot ist relatives Veräußerungsverbot iS des § 135 (RG **163**, 155). Bei formbedürft Vork ist Änderg des Vertr iS der Übertragbark formbedürft; Verpflichteter kann aber dch formfreie Erkl der schwebd unwirks Übertr volle Wirksamk verleihen (RG **148**, 105). Gesetzl VorkR des Miterben ist vererbl (§ 2034 II).

2) **Übertragung** liegt vor, wenn an Stelle des VorkBerecht eine and Pers tritt, gleich ob dch Einzel- od GesRechtsNachf. Wird ein Unternehmen nach UmwandlgsG umgewandelt, so wechselt zwar begriffl die RPersönlichk, wirtschaftl wird jedoch die Identität gewahrt; daher liegt keine Übertr iS des § 514 vor u VorkR bleibt daher bestehen.

3) **Ausgeübtes Vorkaufsrecht.** Hierfür gilt § 514 nicht. Die dch Ausübg des VorkR erwachsenen Rechte sind frei übertragb (RG **163**, 154). Sie sind auch vererbl, wenn nicht der Sachverh ergibt, daß das VorkR nur zur eigenen Ausnutzg gewährt werden sollte. Daher verstößt es nicht gg § 514, wenn sich der Berecht einem Dr ggü zur Ausübg des VorkR u Übertragg der hieraus entstandenen Rechte verpfl (BGH WM **63**, 619). Befristg spricht für Vererblichk, nicht für Übertragbark.

IV. Tausch

515 Auf den Tausch finden die Vorschriften über den Kauf entsprechende Anwendung.

1) **Allgemeines. a) Begriff.** Ggseit Vertr über den Umsatz eines individuellen Werts gg einen anderen individuellen Wert (Mot II 366) od eine GattgsSache (MüKo-Westermann 1). Wesentl ist Fehlen eines KaufPr in Geld. Zahlt derj, der geringeren Ggst leistet, Wertunterschied in Geld, so wird dadch Tausch nicht ausgeschl, es sei denn, daß Geld die Hauptleistg ist. Vertragl genannter Geldbetrag kann bloße Rechnungssumme sein. **b) Ringtausch** liegt vor, wenn bei einem Tausch ein Dr eingeschaltet w, zB wenn A das Grdst des B entgeltl erwirbt u zugl sein Grdst an C entgeltl veräußert, wobei B sein Grdst dem C für Tausch zur Vfg stellte (RG **161**, 3 zum oesterreich AGBG). Die Alternative zum Ringtausch ist eine Abfolge v KaufVerträgen. **c) Abgrenzungen** vom Tausch zu: **aa) Doppelkauf.** Hierbei ist der Wortlaut nicht entscheidd; getrennte Urk stehen nicht entgg; Tausch liegt vor, wenn nach dem VertrInhalt die Leistg jeden Teils im Verschaffen des Ggst besteht (BGH **49**, 7). **bb) Wohnungstausch** ist nur BesWechsel, kein Tausch zw den Mietern, wenn nur MietVertrag mit den Vermietern abgeschl w. Das ist anders zu beurt, wenn die Re aus dem MietVertr zugunsten des and aufgegeben u übertr w. **cc) Inzahlungnahme** eines Ggst beim Kauf. Hierbei ist mögl: Kauf u Ann an Erf Statt (§§ 364 I, 365) mit Ersetzgsbefugn des Käufers (BGH **46**, 338), Doppelkauf mit Aufrechngsabrede od gemischter Vertr aus Kauf u Tausch (vgl Pfister MDR **68**, 361). Beim Kauf eines neuen Kfz (typ Vertr, v RevGer frei nachprüfb, BGH **83**, 334) ist es wg der zT noch anfallden MWSt allg übl, 2 Vertr abzuschließen, näml Kauf der neuen Kfz u Vertr üb die gebr Kfz, als AgenturVertr (§ 675; BGH NJW **78**, 1482) od KommissionsVertr (BGH NJW **80**, 2190) mit MindestPrGarantie u Stundg des KaufPr bis zum Verk des Gebrauchtwagens sowie AufrechnungsAbrede (BGH aaO). Wird der Neuwagenkauf gewandelt, gilt nach BGH aaO aGrd des § 467, 346: 1. War zZ der Wandelg der Gebrauchtwagen noch nicht weiterverk, kann nur dieser vom Käufer verlangt w. 2. War er bereits an Dr verk od hat der Kfz-Händler den Selbsteintritt als Kommissionär erkl, kann der GeldBetr gefordert w.

2) **Entsprechende Anwendung** der §§ 433 ff. Die Verweisg ist zu pauschal (MüKo-Westermann 6). Jedenf ist jede VertrPartei hinsichtl des hingegebenen Ggst Verk, hinsichtl des empfangenen Käufer. **a) Anwendbar** sind alle Vorschr üb Sach- u RMängel wie beim Kauf, wobei GewlAusschl mögl ist. WandelgsAnspr (§ 462) führt direkt darauf, den Tausch rückgäng zu machen (Erm-Weitnauer 2). Bei Minderg ist der vertragl etwa vorgesehene AnnPreis nicht als Kaufpr zu behandeln, vielmehr ist zunächst der obj Wert der

§§ 515, 516　　　　　　　　　　　　　　　2. Buch. 7. Abschnitt. *Putzo*

Sachen in mangelfreiem Zustande zu ermitteln. Die Minderg (§ 472) berechnet sich aus dem Verhältn des Werts der Sache, wenn sie fehlerfrei wäre (1000.–), zu dem der mangelh Sache (800.–), das gleich ist dem Verhältn des obj Werts der GgLeistg (900.–) zum entspr GgWert (720.–). Der UnterschiedsBetr zw obj Wert der GgLeistg und den 720.– (180.–) ist der dem MindergsBerecht zu erstattende Betrag (RG **73**, 152). Uneingeschr passen §§ 446–450. Die Vereinbg eines Vortauschs (§§ 504 ff) ist mögl (MüKo-Westermann 7).
b) Unanwendbar sind alle Vorschr, die einen KaufPr betreffen, insb §§ 452–458, 461.

Zweiter Titel. Schenkung

516 **Begriff.** ¹ Eine Zuwendung, durch die jemand aus seinem Vermögen einen anderen bereichert, ist Schenkung, wenn beide Teile darüber einig sind, daß die Zuwendung unentgeltlich erfolgt.

ᴵᴵ Ist die Zuwendung ohne den Willen des anderen erfolgt, so kann ihn der Zuwendende unter Bestimmung einer angemessenen Frist zur Erklärung über die Annahme auffordern. Nach dem Ablaufe der Frist gilt die Schenkung als angenommen, wenn nicht der andere sie vorher abgelehnt hat. Im Falle der Ablehnung kann die Herausgabe des Zugewendeten nach den Vorschriften über die Herausgabe einer ungerechtfertigten Bereicherung gefordert werden.

1) Allgemeines. Schenkg ist neben Leihe, Auftrag u unentgeltl Verwahrg eine Art des unentgeltl RGesch. **a) Begriff:** Die Schenkg ist ein Vertr u setzt voraus: **aa) Objektiv:** Bereicherg des Empf (Anm 3) dch Zuwendg (Anm 2) aus dem Verm eines and. **bb) Subjektiv:** Einigg (Anm 5) über Unentgeltlk (Anm 4) der Zuwendg. **b) Form:** Die sof vollz Schenkg (Handschenkg; vgl § 518 Anm 5 a) ist forml gült. Für das SchenkgsVerspr gilt § 518. **c) Verträge zugunsten Dritter** (§ 328) kommen häuf im Zushang mit einer Schenkg vor: Mit sof Wirkg uU bei Zahlgen von Spargutabben eines Dr (BGH **46**, 198); mit Wirkg ab dem Tode des Zuwendenden, zB LebensVers zGDr (RG **128**, 189); BezugsBerechtigte eines Dr für den Fall, daß der Zuwendende nicht mehr die Re aus dem Vertr erwirbt (BGH NJW **65**, 1913 [BausparVertr]). Solche Vertr sind nicht nach ErbR als Vermächtn, sond allein nach den §§ 328 ff zu beurt (BGH NJW **65**, 1913). Ggst der Schenkg (Zuwendg, Anm 2) sind in diesen Fällen die Prämie, Beitr u sonst Zahlgen, die der Zuwendende leistet (BGH WM **76**, 532). **d) Abgrenzung** zu and unentgeltl Zuwendungen unter Lebenden: Stiftg (§§ 81, 84), Auslobg (§ 657; vgl Mü JZ **83**, 955), Ausstattg (§ 1624), Leihe (Einf 2b vor § 598), Schenkg v Todes wg (§ 2301). **e) Verfügungsbeschränkungen** hinsichtl einer Schenkg bestehen für Vorerben (§ 2113 II), TestVollstrecker (§ 2205), das Gesamtgut verwaltde Eheg (§ 1425), Eltern (§ 1641) u Vorm (§ 1804). **f) Rechtsstellung** des Beschenkten. Sie ist ggü Gläub des Schenkers schwächer als iF des entgeltl Erwerbs (vgl §§ 816 I S 2, 822); insb im Konk (§§ 32, 37 II, 63 Nr 4, 226 II Nr 3 KO) u bei GläubAnfechtg (§ 3 Nr 3 u 4, § 7 II AnfG).

2) Zuwendung (Abs I) aus dem Verm ist Hingabe eines VermBestandT v einer Pers zG einer and. Das geschieht meist dch RGesch, insb Übertr od Belastg v Sachen u Ren, Erlaß einer Fdg, konstitutives Schuldanerkenntn (§ 781; BGH NJW **80**, 1158), aber auch dch tats Hdlgen; dch Unterl nur nach Maßg des § 517. Es muß VermVerminderg auf seiten des Zuwendenden eintreten. Das wird für die unentgeltl Gebr-Überlassg einer Wohng auf Lebenszeit verneint v BGH **82**, 354. Nicht erforderl ist, daß geschenkter Ggst zuvor Eigt des Schenkers war. Wenn GeldBetr zur Anschaffg einer Sache gegeben w, so kommt es auf den Einzelfall an, ob das Geld od die Sache geschenkt ist (BGH NJW **72**, 247). Schenkg des Verm im ganzen: § 311; nicht des künft Verm (§ 310).

3) Bereicherung des Beschenkten muß das Ergebn der Zuwendg (Anm 2) sein. Das ist rein obj zu beurt. **a)** BereichergsAbs ist nicht erforderl. Das Motiv der Zuwendg kann daher selbstsücht sein (RG **95**, 14). **b)** Es fehlt an einer Bereicherg, wenn der VermGgst nur treuhänder übertragen wird od wenn ihn der Empf bestimmgsgem zu wohltät od gemeinnütz Zwecken zu verwenden hat (insb Spenden; allgM). Hingg ist die Zuwendg an eine jur Pers, die satzgsgem solche Zwecke verfolgt, Schenkg (allgM; MüKo-Kollhosser 8 mwN). **c)** Bestellg einer Sicherh: Geschieht sie für eigene Schuld, ist es nie Schenkg, weil der Gläubiger nicht bereichert w (allgM). Geschieht sie für fremde Schuld, so kann der Gläubiger bereichert sein, wenn er dadch einen VermWert erlangt, indem beide Part üb die Unentgeltlichk einig sind (BGH BB **56**, 447). Bereichert ist aber auch der Schu, wenn es unter Verzicht auf Rückgriff geschieht (BGH **LM** Nr 2).

4) Unentgeltlichkeit. Sie ist stets nach der obj Sachlage zu beurt, muß v den VertrPart aber gewollt sein (vgl Anm 5). **a) Begriff:** Unentgeltl ist die Zuwendg (Anm 2), wenn sie unabhäng v einer GgLeistg (auch von od an einen Dr) geschieht (BGH NJW **82**, 436). Dies ist dem Inhalt des RGesch zu entnehmen. Unentgeltl bedeutet nicht kostenlos (RG [GZS] **163**, 355). Die GgLeistg muß nicht geldwert od vermögensrechtl sein (MüKo-Kollhosser 21 mwN). Ein bloßes MißVerh zw Zuwendg u GgLeistg genügt auch für eine teilw Schenkg nicht (BGH NJW **61**, 604; vgl aber Anm 7). Entgeltlich (also eine GgLeistg) ist gegeben: **aa)** Beim ggseit Vertr (§§ 320 ff), aber nicht, wenn bei unentgeltl Überlassg eines Grdst dafür dingl Belastgen übnommen w (BGH NJW **89**, 2122). Die im ÜbgabeVertr übnommene Versorgg ist idR nicht Ggleistg (BGH aaO). **bb)** Bei kausaler Verknüpfg, dh wenn die Zuwendg rechtl (nicht nur tats od wirtschl) die GeschGrdlage hat, daß dafür (auch v einem Dr) eine Verpfl eingegangen od Leistg bewirkt w (RG **163**, 348), insb bei der unbenannten od ehebedingten Zuwendg (Morhard NJW **87**, 1734 mwN). Davon ist die ZweckSchenkg (§ 525 Anm 2 g) zu unterscheiden. **cc)** Bei konditionaler Verknüpfg, dh wenn das Eingehen einer Verpfl od das Bewirken einer Leistg die Bedingg (§ 158) der Zuwendg ist (BGH NJW **51**, 268). **b) Beispiele:** Unentgeltlich ist: **aa)** Bejaht: bei belohnender (remuneratorischer) Schenkg (allgM; Düss OLGZ **78**, 323; Bsp in Mü NJW **83**, 759); Pfl- u Anstandsschenkg (§ 534); Prämienzahlg auf Vers- od BausparVertr zGDr (vgl Anm 1 c) idR (BGH NJW **65**, 1913); finanzielle Zuwendgen im Rahmen eines LiebesVerh auf Dauer (vgl BGH NJW **84**, 797); möglw bei Gewährg zinsloser Darl (RG Gruch **71**, 531); bei Abnahme einer für den Schenker

Einzelne Schuldverhältnisse. 2. Titel: Schenkung §§ 516, 517

zur Aufbewahrung lästigen Sache (BGH NJW 85, 794). **bb) Verneint:** Leistg in Erf einer rechtswirks Schuld (wg § 362; RG 105, 248), auch bei einer sog unvollkommenen Verbindlk (Larenz § 47 I). Aufn in eine oHG, auch wenn sie ohne EinlagePfl erfolgt (BGH **LM** Nr 3; aA Brox FS für Bosch S 75), jedenf grdsätzl, jedoch and zB bei Vereinbg eines ÜbernahmeR dch den überlebden Gesellsch bei Ausschl jegl Abfindg (BGH NJW 81, 1956). Freiwill ZusatzLeistgen des ArbG (zB Gratifikation, Ruhegeldzusage); das sog Trinkgeld (bestr); Ausstattg im Rahmen des § 1624; unentgeltl Arb- u DLeistgen (BGH FamRZ **87**, 910); UnterhVerspr zw Eheg aus Anlaß der Scheidg; Zusage von Zuwendgen aus Anlaß der Vereinbg von Gütertrenng zum Ausgleich der Nichtteilhabe am Zugewinn iZw (BGH MDR 77, 654); Verm-Rücklagen aus dem Verdienst eines Eheg zur gemeinsch Altersvorsorg bei gemsch VfgsBefugn (BGH NJW 72, 580); Geschenke zw Eheg, wenn sie in Wirklk Unterh darstellen (Bambg FamRZ **73**, 200); gemeins Erwerb eines HausGrdst dch Ehegatten, auch wenn nur der eine von beiden die GgLeistg erbringt (BGH NJW 82, 1093), allg Zuwendgen unter Eheg, wenn sie der ehel LebensGemeinsch dienen, sog ehebedingte od unbenannte Zuwendgen (vgl BGH **87**, 145; Morhard NJW **87**, 1734 mwN).

5) Schenkungsabrede ist die Einigg der VertrPart (gem §§ 145ff) üb die Unentgeltlk (Anm 4) der Zuwendg (Anm 2). Sie ist erforderl, auch stillschw mögl (RG **111**, 151). Hierfür ist allein die obj Sachlage maßgebend, so daß eine obj unentgeltl Leistg nicht dch den Parteiwillen zu einer entgeltl gemacht w kann (sog verschleierte Schenkg). Es gilt dann § 117 (MüKo-Kollhosser 25). Es genügt nicht, daß den VertrPart das Fehlen einer GgLeistg bekannt ist (BGH WM 80, 1286). Irrige Ann einer Partei, es bestehe eine Pfl zur Zuwendg, schließt die erforderl Einigg aus (allgM).

6) Zuwendung vor Schenkungsabrede (Abs II). Eine Zuwendg (Anm 2) kann auch ohne den Willen des and (der beschenkt w soll) vollz w, zB dch Bezahlg einer Geldschuld. Das ist aber nur das Angebot (§ 145) einer Schenkg, an das der Zuwender gem § 146 gebunden ist. Diesen SchwebeZustd kann er abkürzen dch FrSetzg. Dies ist eine SondRegelg zu §§ 147–149, 151, weil der SchenkgsVertr dann auch ohne AnnErkl dch bloßes Schweigen bis FrEnde zustdekommt (Abs II S 2); denn die Ann w fingiert, wenn das Angebot nicht innerh der Fr dch empfangsbedürft WillErkl (§ 130) abgelehnt w. Selbstverständl kann das Angebot auch schon vor FrAblauf angenommen w. RFolge der Ablehng: §§ 812ff (Abs II S 3). Unanwendb ist Abs II bei gemischter Schenkg (Anm 7), bei § 525 u wenn zur Ann eine Hdlg (zB Ausstellen einer Urk) notw ist.

7) Gemischte Schenkung. a) Begriff und Abgrenzung. Ist ein einheitl Vertr, bei dem die Leistg der einen VertrPart im Wert nur zu einem Teil dch die Leistg der and aufgewogen w u die Part übereinstimmd wollen, daß der überschießde Wert unentgeltl gegeben w (BGH NJW **87**, 890 mwN); das obj MißVerh allein genügt nicht. Ist die Leistg teilb, liegen zwei voneinander unabhäng Vertr vor, zB Kauf od Tausch u Schenkg, keine gemischte Schenkg. Gemischte, nicht gemischte Schenkg, ist die unter Aufl (§ 525) u in Vertr, der dch seinen Inhalt u seine Form die Unentgeltlich nur verschleiert (Soergel-Mühl 22). Hofüberlassgs Vertr unter gesetzl Erben ist idR gemischte Schenkg (BGH **30**, 120 u FamRZ **67**, 214). Bei RGesch zw Verwandten u Freunden mit Entgelten unter dem übl VerkWert liegt gemischte Schenkg nur dann vor, wenn die Einigg über teilw Unentgeltlk vorlag; das trifft oft nicht zu. **b) Behandlung.** Sie ist umstr. Es werden mehrere Theorien vertr (vgl Larenz § 62 II c). Prakt brauchb Ergebn sind nur ohne konsequente Dchführg einer dieser Theorien mögl, indem auf den Zweck des jeweil Gesch abgestellt w (Zweckwürdiggs Theorie; MüKo-Kollhosser 31 mwN). **aa) Form.** § 518 trifft unmittelb nur den unentgeltl Teil. Nur wenn ein abtrennb Teil vorliegt, kann § 139 gelten (§ 139 Anm 4). Bei gem Schenkg liegt idR Unteilb vor. Stets bleibt Heilg nach § 518 II mögl. **bb) Rückforderungsrechte** (§§ 527, 528). Widerruf (§ 530) u Notbedarfs Einr (§ 519) erstrecken sich grdsätzl nur auf den unentgeltl Teil, auf den ganzen Ggst (unter Rücg der GgLeistg), wenn der SchenkgsCharakter des Geschäfts überwiegt (BGH **30**, 120); bei gem Schenkg vgl insb BGH NJW **72**, 247. **cc) Gewährleistung:** Für den unentgeltl Teil nach §§ 523, 524, 526. Für den entgeltl: nach KaufR, Mindern (§ 472) nur nach dem entspr Anteil; Wandelg (§§ 467ff) nur für die ganze Sache; SchadErs (§ 463) nur anteil.

8) Beweislast. Es gelten die allg Grdsätze. **a) Herausgabeklagen. aa)** Aus § 985: Behauptet der Bekl Erwerb v Bes u Eigt dch Schenkg, so gilt für ihn § 1006 I (BGH NJW **60**, 1517). Behauptet der Bekl nachträgl Schenkg (zB nach vorangegangener Leihe), so gilt für den Kl § 1006 II (BGH NJW **67**, 2008). Bei Schenkg nach Abs II muß der Bekl nur die Zuwendg u die FrSetzg beweisen. **bb)** Aus Vertr (zB § 556): Behauptet der Bekl Schenkg, so muß der Kl den v ihm behaupteten Vertr beweisen (hM). **b) Zahlungsklagen** aus Darl (§ 607) od Kauf (§ 433 II): ggüb dem Einwand des Bekl, es sei geschenkt, muß der Kl den Darl- od KaufVertr beweisen (hM); entspr gilt für WerkVertr (LG Oldbg MDR **70**, 326). **c) Gemischte Schenkung.** Beweislast trägt derjen, der sich auf gem Schenkg beruft. Eine BewErleichterg dch tats Vermutg ist anzunehmen, wenn ein obj MißVerh v Leistg u GgLeistg üb ein geringes Maß deutl hinausgeht (BGH NJW **87**, 890 mwN).

517 Unterlassen eines Vermögenserwerbs.
Eine Schenkung liegt nicht vor, wenn jemand zum Vorteil eines anderen einen Vermögenserwerb unterläßt oder auf ein angefallenes, noch nicht endgültig erworbenes Recht verzichtet oder eine Erbschaft oder ein Vermächtnis ausschlägt.

1) Allgemeines. a) Zweck: Ergänzg des § 516 I dch Abgrenzg des rechtl SchenkgsBegr v dem des allg SprachGebr, indem die Schenkg auf eine Verminderg des ggwärt Verm beschr w. **b) Inhalt:** § 517 stellt keine bloße Ausleggsregel dar, sond eine Negativdefinition (MüKo-Kollhosser 1).

2) Einzelheiten. a) Unterlassener Vermögenserwerb (1. Alt): Verm ist jeder in Geld bewertb Ggst (Sachen od Re). Erwerb ist mit Dchführg des betr RGesch abgeschl gem §§ 398, 873, 929. Unterl setzt voraus, daß der Erwerb des Ggst noch nicht stattgefunden hat. Bsp für 1. Alt: NichtAnn eines VertrAngeb;

§§ 517, 518   2. Buch. 7. Abschnitt. *Putzo*

Verweigerg der Genehmigg eines RGesch; Unterl einer Anf. **b) Verzicht auf angefallenes Recht** (2. Alt). Der Erwerb (wie Anm a) darf auch nicht endgült sein. Verzicht: vgl § 397 Anm 1 b. Befristete (künft) Re sind noch nicht angefallen. AnwartschRe (3 a vor § 158) fallen dem Wortlaut nach unter die 2. Alt; jedoch ist die Anwendg des § 517 hierauf umstr. Richt dürfte sein, auf das GrdVerh zw Inh des Rs (insb Eigt) u dem AnwschBerecht abzustellen (MüKo-Kollhosser 3 mwN). **c) Ausschlagung** (3. Alt) einer Erbsch (§ 1953) od eines Vermächtn (§ 2180); entspr anwendb auf die Ausschlagg des ErbersatzAnspr (§ 1934b II), nicht aber auf den PflichtTAnspr, weil dieser mit dem Erbfall im Verm des Berecht entsteht (§ 2317 Anm 1 d; hM; MüKo-Kollhosser 4 mwN).

518 Form. ¹ Zur Gültigkeit eines Vertrags, durch den eine Leistung schenkweise versprochen wird, ist die notarielle Beurkundung des Versprechens erforderlich. Das gleiche gilt, wenn ein Schuldversprechen oder ein Schuldanerkenntnis der in den §§ 780, 781 bezeichneten Art schenkweise erteilt wird, von dem Versprechen oder der Anerkennungserklärung.
II Der Mangel der Form wird durch die Bewirkung der versprochenen Leistung geheilt.

1) Allgemeines. a) Anwendungsbereich: Gilt für SchenkgsVerspr (Anm 2) jeder Art, auch für remuneratorische (belohnde) Schenkg, für HandelsGesch (§ 343 HGB), solche, die sittl od AnstandsPfl entspr (vgl § 534) od als Vertr zGDr gestaltet sind; ferner bei gemischter Schenkg (§ 516 Anm 7b, aa). Wg Änderg vgl Anm 2 d. § 518 gilt nicht für die sog Hand- od Realschenkg (vgl Anm 2 c) u die Schenkg v Todes wg (vgl § 2301; zur Abgrenzg BGH **99**, 97). **b) Zweck:** Nicht nur Verhütg übereilter SchenkgsVerspr, sond auch Klarstellg, ob ein ernstl gemeintes Verspr vorliegt. Dient ferner der Vermeidg von Streitigk über angebl Schenkg Verstorbener u will auch die Umgehg der FormVorschr für letztwill Vfgen vermeiden.

2) Schenkungsversprechen. a) Begriff: Ist ein einseit verpflichtder Vertr, dch den der Schenker einem and eine Leistg (§ 241) verspricht, die unentgeltl (§ 516 Anm 4) erfolgen soll. Der Vertr kommt zustande, indem der Beschenkte erklärt, daß er das Verspr des Schenkers annimmt (§ 151). Der Form des § 518 unterliegt nur die WillErkl des Schenkers (Anm 3). **b) Wirkung:** Ein wirks SchenkgsVerspr stellt bereits die Schenkg dar, weil dadch das R des Beschenkten, die versprochene Leistg zu fordern, begründet w. Ihm ist ein R (Anspr) zugewendet, das dch den Vollz (Leistg des versprochenen Ggst) nur noch erf w (Larenz § 47 I aE). **c) Abgrenzung** von der Hand- od Realschenkg; eine solche liegt vor, wenn bei der (formfreien) SchenkgsVerspr der Ggst dem Beschenkten sofort verschafft w, insb dch Übereign od Abtretg u dabei die Einigg üb die Unentgeltlk (§ 516 I) besteht. Bei der (formfreien) Hand- od Realschenkg liegt der RGrd (causa) zugleich im RGesch od Realakt, dch das der VermGgst auf den Beschenkten übergeht. Die Hand- od Realschenkg ist von der Heilg (Abs II; Anm 5) zu unterscheiden. Die formfreie Handschenkg kann wie der Vollz (Abs II; Anm 5 a) bedingt od befristet sein (hM). **d) Änderung** des SchenkgsVerspr; nur dch Vertr mögl (§ 305). Formbedürft ist die Änderg nur insow, als sie den Umfang der unentgeltl Zuwendg erweitert (Erm-Seiler 6). Eine formgült Abänderg heilt das wg mangelnder Form unwirks ursprüngl SchenkgsVerspr nicht (MüKo-Kollhosser 5).

3) Schuldversprechen und -anerkenntnis (Abs I S 2; §§ 780, 781). Soll der Anspr, der dch einen solchen Vertr (Einf 3 vor § 780) begründet w, den Ggst der Schenkg bilden, so gilt für das Verspr (§ 780) od das Anerkenntn (§ 781 S 1) des Schenkers die notar Form (Anm 4) wie für das SchenkgsVerspr (also nicht für die AnnErkl des Beschenkten). Gilt auch, wenn dem schuldbegründden Vertr (§§ 780, 781) ein gesonderter SchenkgsVertr (Anm 2a) nicht vorausgeht, sond SchuldVerspr u -anerkenntn sofort unentgeltl abgeschl w, insb bei einem fingierten SchuldGrd (BGH WM **80**, 195). Grd dieser Regelg: Der Formzweck (Anm 1 c) trifft ebso zu. Abs I 2 wird entspr angewendet auf die Begründg and abstrakter SchuldVerh, insb wenn ein Wechselakzept geschenkt w (hM; RG **71**, 289 [291]) od ein vom Schenker begebener Scheck (BGH NJW **75**, 1881); wg Heilg dch Vollz: Anm 5 a, aa.

4) Form für das SchenkgsVerspr (Anm 2 a) und die unter Abs I 2 fallnden Erkl (Anm 3). Ist für den ganzen Vertr Form vorgeschrieben (zB §§ 313, 2033), muß diese Form auch für die AnnErkl des Beschenkten erf w. **a) Beurkundung.** Grdsätzl ist die notar Beurk notw (Abs I S 1; § 1 BeurkG); diese Form w dch Aufn in einen ProzVergl ersetzt (§ 127 a). **b) Formmangel** bewirkt Nichtigk der formbedürft WillErkl (§ 125). Heilg nur dch Vollz (Anm 5 a).

5) Heilung des Formmangels (Anm 4). Sie tritt allein dch den Vollz (Anm a) ein, unabhängig davon, ob der Schenker die Unwirksamk des SchenkgsVerspr kennt.

a) Vollzug der Schenkg, indem der Schenker die versprochene Leistg freiwill bewirkt (erf, § 362 I), dch RGesch u (od) Realakt (vgl § 362 Anm 1); auch in den Fällen § 364 I u § 376 II Nr 2. Für § 518 wird aber nicht der Leistgserfolg verlangt, wenn der Schenker (Schu) alles das getan hat, was er für den Vollz tun muß, so daß ein bedingter od befristeter Vollz (§§ 158, 163) genügt (hM: BGH NJW **70**, 1638 u **LM** § 163 Nr 2; dagg krit Herrmann MDR **80**, 883). TeilVollz bewirkt Heilg nur zum entspr Teil. Für den Vollz ist stets zu beachten, was SchenkgsGgst ist u nach welchen Vorschr er übertr w, insb bewegl Sache (§§ 929 ff), Grdst u dingl Re (§§ 873, 925), Fdg (§§ 398 ff), Geld, bar (über § 929), Überweisg u Gutschr (vgl § 675 Anm 3b), Einlösg eines Schecks (BGH WM **78**, 844). Ein R kann auch dch Vertr zGDr (§ 328) verschafft w (BGH **41**, 95 u **46**, 198). Stets muß das VollzGesch wirks sein. Einzeln: **aa) Forderungen** dch formlose Abtretg (§ 398), auch bedingte od befristete Fdg; EinziehgsErmächtigg genügt nicht (Erm-Seiler 7); das gilt auch für Bank- u Spargutshaben, wobei Überg des Sparbuchs nicht notw, aber idR genügt ist (vgl § 808 Anm 1); Errichtg eines Oder-Kontos (BGH NJW-RR **86**, 1133: Erwerb des Hälfteanteils). Anspr auf Übereign v hinterlegtem Geld od Wertpapieren, insb eines WertpDepots (BGH **41**, 95); Anspr auf Auszahlg eines GeldBetr v Konto des Schenkers (vgl BGH NJW **75**, 382). Abtretg einer WechselFdg muß nach WG wirks sein; daher insb Überg notw, bei einem Scheck die Einlösg (BGH **64**, 340); die Schenkg kann dch Bedinggs-

528

Einzelne Schuldverhältnisse. 2. Titel: Schenkung §§ 518–521

Eintritt mit dem Tode des Schenkers wirks w (BGH WM **76**, 1130); auch kann die Leistg nach dem Tode des Schenkers bewirkt w (BGH NJW **86**, 2107). **bb) Geld.** Übertr ist vollz: mit Ausführg des Überweisgs-Auftr dch die Bank; bei Zahlg dch Scheck mit Einlösg (Anm aa aE); mit Errichtg eines Bank- od Spargutha-bens dch Vertr zGDr auf dessen Namen u entspr Willensrichtg des Schenkers (vgl BGH **46**, 198 u WM **66**, 1248); entspr mit Einzahlg auf ein solches Konto (vgl BGH **21**, 150); mit Zahlg der Prämie od Beiträge bei Vers- u BausparVertr (BGH NJW **65**, 1913); mit Auszahlg dch die Bank, wenn der KontoInh zur Vfg über das Bankkonto dch den Beschenkten einwill u gem § 181 befreit (Mü DNotZ **74**, 229). **cc) Befreiung** von einer Verbindlichk: dch Bewirken der Leistg an den Gl (§ 267 I); Erlaß einer Fdg gem § 397, auch ein künft (Stgt NJW **87**, 782 mwN). **dd) Sachen:** wenn das Eigt geschenkt w, mit Vollendg des Erwerbsvorgangs; jedoch genügt beim Erwerb des AnwartschR, wenn der EigtErwerb später ohne Zutun des Schenkers eintritt (BGH MDR **60**, 1004; aA Herrmann MDR **80**, 883). Wird nur Bes od Nutzg unentgeltl überl, liegt Leihe vor, so jedenf bei einer Wohng (BGH NJW **82**, 820 u **85**, 1553; Nehlsen-v. Stryk AcP **187**, 553 mwN; aA 47. Aufl; BGH NJW **70**, 941). **ee) Rechte** dch AbtretgsVertr (§§ 413, 398), insb bei GesellschAnteil mit der erforderl Zust der Mitgesellsch, die schon im GesellschVertr erkl sein kann (Hueck Betr **66**, 1043; vgl Anm b; § 719 Anm 2b). **ff) Wertpapiere:** EigtÜbertr dch (auch bedingte) Einigg u Abtretg des HerausgAnspr (§§ 929, 931) bei Verwahrg im Depot (BGH WM **74**, 450). **gg) Bezugsberechtigung** aus einem Lebens-VersVertr: wird versprochen, sie unwiderrufl einzuräumen, tritt Vollz erst ein, wenn die Unwiderrufl gem § 13 II AllgLebensVersBed herbeigeführt od bis zum Tode des VN tats nicht widerrufen w (BGH NJW **75**, 1360).

b) Kein Vollzug liegt insb vor, wenn das VollzGesch nicht wirks od perfekt geworden ist od wenn der Vollz nur vorbereitet od gesichert w soll. Einzeln: **aa) Sachen:** Ermächtigg zur Abholg nach dem Tode des Schenkers (RG LZ **19**, 692); Einräumg v MitBes, wenn der Schenker weiterhin Bes dch BesDiener ausübt (BGH NJW **79**, 714). **bb) Rechte:** Abschl eines VersVertr für einen Dr mit Zusage, für diesen die Prämien zu zahlen (Brschw VersR **62**, 701); Gutschr ledigl in den Handelsbüchern des Versprechden (BGH **7**, 378 für GesellschAnteil; sehr bestr, vgl Erm-Seiler 9 mwN); Abrede zw Gl u Schu, daß der Gl die Fdg an den Dr überträgt (RG **161**, 9). **c) Wirkung.** Geheilt wird nur der Formmangel (auch der eines bedingten SchenkgsVerspr). Andere Mängel des SchenkgsVerspr w nicht geheilt. Kein Einfluß auf die WillErkl des Bedachten.

519 *Notbedarfseinrede.* ¹ Der Schenker ist berechtigt, die Erfüllung eines schenkweise erteilten Versprechens zu verweigern, soweit er bei Berücksichtigung seiner sonstigen Verpflichtungen außerstande ist, das Versprechen zu erfüllen, ohne daß sein angemessener Unterhalt oder die Erfüllung der ihm kraft Gesetzes obliegenden Unterhaltspflichten gefährdet wird.

ᴵᴵ Treffen die Ansprüche mehrerer Beschenkten zusammen, so geht der früher entstandene Anspruch vor.

1) Allgemeines. a) Begriff. Die (aufschiebde) NotbedarfsEinr (beneficium competentiae) ist eine rechtshemmde Einwendg (Einr) gg den ErfAnspr. **b) Zweck.** § 519 ist eine BilligkRegelg; SonderRegelg des Wegfalls der GeschGrdlage (§ 242 Anm 6), sodaß im Anwendungsbereich des § 519 dieser die allg Regelg des § 242 ausschließt. **c) Vorausverzicht** auf die Einr ist unwirks (allgM). **d) Anwendbar** ist § 519 nur für den Schenker, für den unentgeltl Schuld(mit)übernehmer nur dann, wenn er selbst Notbedarf hat (hM; MüKo-Kollhosser 5). Für den Bürgen gilt § 519 jedenf, wenn die BürgschVerpfl selbst eine Schenkg darstellt (hM; Erm-Seiler 4). Daß für den Bürgen § 768 nicht gelten soll, wenn er v Schenker beauftragt u sein Rückgriff (§ 774) gesichert ist, würde dem Schenker den Schutz des § 519 nehmen. § 519 gilt nicht für den Erben (vgl § 226 II Nr 3 KO). **e) Prozessuales.** Die Kl gg den Schenker ist abzuweisen, ggf zT („soweit"). Bei Wegfall des Notbedarfs (BewLast: Beschenkter) kann erneut geklagt w. Tritt Notbedarf nachträgl ein, ist § 767 ZPO anwendb.

2) Voraussetzungen (Abs I). **a) Nichtvollzogene Schenkung:** Vollz wie § 518 Anm 5a. Nach Vollz gelten nur §§ 528, 529. **b) Notbedarf.** Unerhebl ist seine (auch verschuldete) Ursache, sein Vorliegen schon zZ der Schenkg, seine Vorhersehbark. Abzustellen ist auf: **aa)** Sonstige Verpflichtgen. Sie sind auf das Verm des Schenkers zu beziehen. **bb)** Gefährdg des Unterh. Eigener angemessener Unterh: wie § 1610 I. Ges UnterhPfl: aus §§ 1360, 1361, 1569, 1601, 1615a. Es genügt, daß für die Zukunft die begründete Besorgn nicht ausreicher Mittel besteht. Nicht zu berücks ist dabei ein UnterhAnspr des Schenkers iF eigener Bedürftigk (MüKo-Kollhosser 3).

3) Mehrere Schenkungsversprechen (Abs II). Maßgbd ist der Ztpkt, zu dem der SchenkgsAnspr entstanden ist, grdsätzl mit dem SchenkgsVerspr (§ 518 Anm 2b); ggf mit Vereinbg der Bedingg (§ 158 I) od dem Anfangstermin (§ 163). Das ist hM. Bei Gleichzeitigk ist gleichmäß zu kürzen (hM).

520 *Erlöschen eines Rentenversprechens.* Verspricht der Schenker eine in wiederkehrenden Leistungen bestehende Unterstützung, so erlischt die Verbindlichkeit mit seinem Tode, sofern nicht aus dem Versprechen sich ein anderes ergibt.

1) Rechtsnatur: § 520 ist AusleggsRegel. Ein and Inhalt des Verspr (§ 518 Anm 2) ist vom Beschenkten zu beweisen. **Anwendbar** nur auf Renten (§ 759). § 520 gilt nicht für fäll u rückständ gewordene Beträge (allgM); sie sind NachlaßVerbindlichk (§ 1967).

521 *Haftung des Schenkers.* Der Schenker hat nur Vorsatz und grobe Fahrlässigkeit zu vertreten.

§§ 521–524

1) Allgemeines. a) Zweck: Wg der Uneigennützigk des Schenkers ist nur beschr Haftg gerechtf. **b) Abdingbarkeit.** Haftg kann (formbedürft, § 518) erweitert u bis auf Vors beschr w (§ 276 II). Aus der Unentgeltlk allein darf auf keine über § 521 hinausgehde HaftgsBeschrkg geschl w (Soergel-Mühl 1). **c) Haftungsmaß.** Vors: § 276 Anm 3. Fahrlk: § 277 Anm 2. Der Schenker haftet auch für ErfGeh (§ 278) nur gem § 521 (RG 65, 17 [20]).

2) Anwendungsbereich. a) Persönlich: der Schenker, seine RNachfolger (insb Erben), MitSchu u Bürgen. **b) Sachlich:** auch bei sog Handschenkg (allgM), für: Unmöglk der Erf (§§ 279, 280, 307), Eintritt des Verzugs (§ 285), RHängigkHaftg (§ 292), pos VertrVerletzg (§ 276 Anm 7), c. i. c. (§ 122; § 276 Anm 6), verbotswidr Schenkg (§ 309). **c) Nicht:** für R- u Sachmängelhaftg, soweit §§ 523, 524 Spezialregeln darstellen; für Haftg aus eingetretenem Verzug (§ 287; hM); im Bereich des gesetzl SchutzVerh (§ 276 Anm 6 B d) nur dann nicht, wenn die Verletzg der SchutzPfl nicht im Zushang mit dem SchenkgsGgst steht (BGH 93, 23 mwN = JZ 85, 383 m Anm v Stoll = BB 85, 1355 m Anm v Schlechtriem = JR 85, 232 m Anm v Schubert; umstr); nicht entspr für and unentgeltl R- od GefälligkVerh (MüKo-Kollhosser 8).

522 Verzugszinsen.
Zur Entrichtung von Verzugszinsen ist der Schenker nicht verpflichtet.

1) Anwendbar: nur für § 288; nicht für § 291 (hM), § 286 u § 292 (allgM). **Wirkung:** auch bei Vors od grober Fahrlk (§ 521) schuldet der Schenker keine Verzugszinsen.

523 Haftung für Rechtsmängel.
I Verschweigt der Schenker arglistig einen Mangel im Rechte, so ist er verpflichtet, dem Beschenkten den daraus entstehenden Schaden zu ersetzen.

II Hatte der Schenker die Leistung eines Gegenstandes versprochen, den er erst erwerben sollte, so kann der Beschenkte wegen eines Mangels im Rechte Schadensersatz wegen Nichterfüllung verlangen, wenn der Mangel dem Schenker bei dem Erwerbe der Sache bekannt gewesen oder infolge grober Fahrlässigkeit unbekannt geblieben ist. Die für die Gewährleistungspflicht des Verkäufers geltenden Vorschriften des § 433 Abs. 1, der §§ 434 bis 437, des § 440 Abs. 2 bis 4 und der §§ 441 bis 444 finden entsprechende Anwendung.

1) Allgemeines. Zweck u Abdingbk wie § 524 Anm 1 a, b. Anwendgsbereich: Sachen u Re (Ggstde, vgl § 90). RsMängel: wie §§ 434–437. Bei gemischter Schenkg nur für die unentgeltl Teil. Abs I (Anm 2) gilt nur, wenn der Ggst im Verm (bei Sachen EigenBes) des Schenkers ist, Abs II (Anm 3), wenn er sich das Eigt od die Inhaberch zZ des SchenkgsVerspr erst verschaffen muß.

2) Grundsätzliche Haftung (Abs I). **a) Voraussetzungen:** der RMangel muß zZ des SchenkgsVollzugs vorliegen. Argl Verschweigen: wie § 463 Anm 3 b, aa. **b) Wirkung:** nur Ers des VertrauensSchad (Vorbem 2g vor § 249), zB Aufwendgen für den Ggst, Unterl anderw Erwerbs. Kennt der Beschenkte den RMangel, kann die Ursächlk entfallen.

3) Besondere Haftung (Abs II). **a) Voraussetzungen:** Maßgebd Ztpkt: Anm 2a. Kenntn u grobfahrl Unkenntn: wie § 460 Anm 2, 3. Erwerb der Sache: auch hier ist Ggst gemeint. Gleichgült, ob Stück- od GattgsSchuld vorliegt. **b) Wirkung:** SchadErs wg NichtErf (Vorbem 2g vor § 249). **c) Durchführung** (Abs II S 2): entspr den Pfl u der Gewl des Verk.

524 Haftung für Sachmängel.
I Verschweigt der Schenker arglistig einen Fehler der verschenkten Sache, so ist er verpflichtet, dem Beschenkten den daraus entstehenden Schaden zu ersetzen.

II Hatte der Schenker die Leistung einer nur der Gattung nach bestimmten Sache versprochen, die er erst erwerben sollte, so kann der Beschenkte, wenn die geleistete Sache fehlerhaft und der Mangel dem Schenker bei dem Erwerbe der Sache bekannt gewesen oder infolge grober Fahrlässigkeit unbekannt geblieben ist, verlangen, daß ihm anstelle der fehlerhaften Sache eine fehlerfreie geliefert wird. Hat der Schenker den Fehler arglistig verschwiegen, so kann der Beschenkte statt der Lieferung einer fehlerfreien Sache Schadensersatz wegen Nichterfüllung verlangen. Auf diese Ansprüche finden die für die Gewährleistung wegen Fehler einer verkauften Sache geltenden Vorschriften entsprechende Anwendung.

1) Allgemeines. a) Zweck: Haftg u Gewl des Schenkers wird aus dem gleichen Grd wie für § 521 eingeschr; auch weil davon auszugehen ist, daß der Schenker die Sache so verschenkt, wie sie ist. **b) Anwendungsbereich:** Nur bei Sachen. Bei gemischter Schenkg nur für den unentgeltl Teil (vgl § 516 Anm 7 d). Nur für Fehler (wie § 459 I), nicht für zugesicherte Eigensch (§ 459 II; hierzu Anm d). Abs I gilt bei allen Schenkgen einer bestimmten Sache (Stückschuld), bei Gattgschuld (§ 243 I) nur dann, wenn sich die Sache zZ der SchenkgsVerspr schon im Besitz des Schenkers befindet. Abs II gilt nur, wenn bei Gattgschuld der Schenker zZ des SchenkgsVerspr sich die Sache (dh ihren Besitz) erst noch verschaffen muß, um die Schenkg erfüllen zu können. Auf den Besitz (nicht auf das Eigt) ist deshalb abzustellen, weil der Fehler für den Schenker erkennb sein muß. **c) Abdingbarkeit.** Die Haftg kann (formbedürft, § 518) erweitert, beschr, aber nicht für Vors ausgeschl w (§ 276 II), erst recht nicht für Argl. **d) Zusicherung von Eigenschaften** ist (vgl Anm c) wirks mögl, aber formbedürft (§ 518). Bei Fehlen der Eigensch hängen die RFolgen vom Inhalt des SchenkgsVertr ab (zur Ausslegg: § 157); Wandelg (entspr § 462), ErsLieferg (entspr

Einzelne Schuldverhältnisse. 2. Titel: Schenkung §§ 524, 525

Abs II) od SchadErs (VertrauensSchad entspr Abs I) sind denkb. **e) Gefährliche Sachen.** Sind sie fehlerfrei, so gilt § 521 für die Erf von AufklärgsPfl (c. i. c.; vgl § 521 Anm 1 c; vgl Raape AcP **147**, 250). Liegt die Gefährlk od Schädlk gerade in dem Fehler, so gilt allein § 524, insb für die Folgeschäden: zB Sturz von Leiter mit morschen Sprossen (Gerhardt JuS **70**, 597 [600]).

2) Grundsätzliche Haftung (Abs I). **a) Voraussetzungen:** Fehler: wie § 459 I; er muß zZ des Vollzugs der Schenkg vorliegen, also idR mit dem Übergang des Eigt (§§ 929ff) od des AnwartschR. Arglistverschweigen: wie § 463 Anm 3b, aa. **b) Wirkung:** SchadErsPfl gem §§ 249ff; aber nur Ers des Vertrauens-Schad (Vorbem 2g vor § 249), einschließl des FolgeSchad (hM). Kein Ers für das ErfInteresse, insb nicht für Aufwendg zur Beseitigg des Fehlers. Auch sonstige GewlAnspr sind ausgeschl.

3) Besondere Haftung (Abs II). **a) Voraussetzungen:** Fehler u Ztpkt: wie Anm 2a. Kenntn u grobfahrl Unkenntn: § 460 Anm 2, 3; maßgebder Ztpkt hierfür ist der Erwerb (des Eigt) der Sache. Arglistverschweigen: wie § 463 Anm 3b, aa. **b) Wirkung:** Im Falle des Abs II S 1 nur Nachlieferg fehlerfreier Sache, bei Abs II S 2 wahlw (wie bei § 480 I) auch SchadErs wg NichtErf (wie bei § 463). § 519 (Notbedarfeinrede) bleibt anwendb. § 279 gilt wg § 521 nicht (vgl auch Ballerstedt FS Nipperdey 267). **c) Durchführung** (Abs II S 3) richtet sich nach VerkGewl, insb gelten notw Vorbeh (§ 464), Verj (§ 477) u für die Nachlieferg die in § 480 I genannten Vorschr; soweit darin auf Versch abgestellt ist, gilt § 521.

525 Schenkung unter Auflage.

¹ Wer eine Schenkung unter einer Auflage macht, kann die Vollziehung der Auflage verlangen, wenn er seinerseits geleistet hat.

² Liegt die Vollziehung der Auflage im öffentlichen Interesse, so kann nach dem Tode des Schenkers auch die zuständige Behörde die Vollziehung verlangen.

1) Allgemeines. a) Begriff: Auflage ist die einer Schenkg hinzugefügte Best, daß der Empf zu einer Leistg verpfl sein soll, die aus dem Zuwendggsgst zu entnehmen ist. Das ändert aber nichts daran, daß die Zuwendg eine Schenkg ist. Das gilt ausnw auch dann, wenn bei einer JurPers der Ggst für deren satzgsgem Zwecke dch den Wert der Aufl aufgezehrt w (RG **105**, 305). Aufl kann Hauptzweck des RGesch sein. Inhalt der Aufl kann jede Leistg (Tun od Unterl) sein, gleichgült, ob sie VermWert hat od nicht; zB die Versorgg nach HofÜbgabe. Die Aufl kann im Interesse des Schenkers, des Beschenkten od eines Dr liegen. **b) Form:** Es gilt § 518; auch für die Aufl. Nichtbeachtg der Form macht die Schenkg in vollem Umfang nichtig. **c) Befreiung von der Auflage** ist mögl inf nachträgl Unmögk gem § 275; bei Entwertg des geschenkten Ggst kann der Beschenkte entspr § 526 die Erf der Aufl dch Einr verweigern (RG **112**, 210). **d) Nichtigkeit der Auflage,** wenn gg § 134 od § 138 verstoßen w, ferner bei § 306. Ob die Nichtigk der Aufl auch die Schenkg ergreift, best sich nach § 139. Bei Unsittlichk wird sich häuf die Nichtigk des ganzen Vertr, also auch der Schenkg, schon aus § 138 ergeben. **e) Sondervorschriften** bestehen im ErbR bei letztwill Vfg: §§ 1935, 1940, 1967, 1972ff, 1980, 1992, 2192ff, 2322ff.

2) Abgrenzung der Aufl v: **a) Wunsch, Rat oder Empfehlung:** Der Vollz kann nicht verlangt w; unterbleibt er, treten keine RFolgen ein. Bsp: Geldzuwendg für einen ErholgsAufenth. **b) Verwaltungsanordnungen** hins des zugewendeten Verm, zB § 1418 II Nr 2. **c) Entgeltlicher Vertrag:** Maßg ist, ob nach PartWillen Leistg u GgLeistg in dem Verh stehen sollen, daß die Aufl nur Einschränkg der Leistg is aus ihren Erträgn bewirkt w (dann liegt Aufl vor, vgl Coing NJW **49**, 260) od ob die Part Leistg u GgLeistg iS eines Ausgl einander gleichstellen (RG **112**, 211). AnhaltsPkt bietet der v den Part angen ggs Wert der Leistgen u ihrer Grdlage. Bsp für Schenkg mit Aufl: GrdstÜbereignung unter Vorbeh des Nießbr (Bambg NJW **49**, 788); Übertr eines Sparkontos gg verzinsl Darl aus diesem Guthaben (BayObLG NJW **74**, 1142). **d) Gemischte Schenkung:** diese setzt sich aus einem entgeltl u unentgeltl Teil zus (vgl § 516 Anm 7), währd bei Schenkg unter Aufl der ganze Ggst geschenkt ist. ÜbertrVertr mit Abfindgen an die Geschwister des Übernehmden ist iZw Schenkg unter Aufl (OGH NJW **49**, 260). **e) Werkvertrag:** Es gilt im Grds Anm c. Schenkg eines Kap an Kirchengemeinde mit Verpfl, eine Grabstätte zu pflegen, ist Schenkg mit Aufl (RG **112**, 210). **f) Zuwendung zur Weitergabe** an einen Dr, ohne daß dem Empf etwas verbleiben soll, ist keine Schenkg (RG **105**, 305; § 516 Anm 3b), sond Auftr (§ 662). **g) Zweckschenkung** liegt vor, wenn nach dem Inhalt des RGesch od dessen GeschGrdlage ein über die Zuwendg an den Beschenkten hinausgehder Zweck verfolgt w, ohne daß ein Anspr auf Vollziehg besteht (MüKo-Kollhosser 4). RFolgen bei NichtErreichg des Zwecks: § 812 I 2 (BGH NJW **84**, 233).

3) Erfüllungsanspruch. Er ist aufschiebd bedingt dch die Erf des SchenkgsVerspr (Abs I; § 158 I). Der Schenker ist demnach vorleistgspfl, jedoch kann etwas and, insb Zug-um-Zug-Leistg vereinb w. Bei Kl auf Erf der Aufl muß der Schenker die Vollz der Schenkg beweisen. Der AuflAnspr kann dch einstw Vfg gesichert w. Vollz der Schenkg (vgl § 518 Anm 5a) u Erf des AuflAnspr geschieht nach den allg Regeln (§ 362ff), ist bei formgerechten Schenkgen auch nach § 378 mögl. SchuldAnerkenntn od -Verspr (§§ 780, 781) genügen nicht. RFolgen bei NichtErf: § 527.

4) Gläubigerstellung hinsichtl der AuflErf: **a) Schenker** od dessen RNachf in erster Linie (Abs I). **b) Begünstigter** der Aufl: Ist an ihn auflgem zu leisten, hat er einen unmittelb Anspr gg den Beschenkten auf Erf der Aufl (§ 330 S 2) neben dem Schenker, aber erst nach Vollz der Schenkg (§ 334). **c) Zuständige Behörde** (Abs II): Kein Anspr auf Erf vor dem Tod des Schenkers. Der Erbe des Schenkers bleibt neben der Beh ansprberecht, kann aber die Aufl ohne Zust der Beh nicht mehr erlassen (§ 397). Öff Interesse: jede Förderg des Gemeinwohls. Zustdgk der Beh richtet sich nach LandesR, zB *Nds* § 3 AGBGB; *BaWü* § 4 AGBGB; *SchlH* § 1 VO v 9. 9. 75, GVOBl 257. Kl auf Erf nur im ZivProz.

§§ 526–528

526 *Leistungsverweigerung und Aufwendungsersatz.* Soweit infolge eines Mangels im Rechte oder eines Mangels der verschenkten Sache der Wert der Zuwendung die Höhe der zur Vollziehung der Auflage erforderlichen Aufwendungen nicht erreicht, ist der Beschenkte berechtigt, die Vollziehung der Auflage zu verweigern, bis der durch den Mangel entstandene Fehlbetrag ausgeglichen wird. Vollzieht der Beschenkte die Auflage ohne Kenntnis des Mangels, so kann er von dem Schenker Ersatz der durch die Vollziehung verursachten Aufwendungen insoweit verlangen, als sie infolge des Mangels den Wert der Zuwendung übersteigen.

1) Allgemeines. a) Zweck: Der Beschenkte soll inf der Aufl nicht mehr leisten müssen als er erhält. Hierfür stellt § 526 eine (ggü § 242 besondere) BilligkRegelg dar. **b) Anwendbar** für AuflSchenkg (§ 525 Anm 1a) bei Sach- u RsMangel (§§ 523, 524), insb auch, wenn der Schenker für den Mangel haftet (BGH NJW **82**, 818; hierzu krit Herrmann WM **82**, 1158), entspr, wenn aus and Grden der Wert der AuflLeistg den Wert des SchenkgGgst übersteigt (hM; MüKo-Kollhosser 4 mwN), zB inf Inflation (RG **120**, 237). **c) Umfang:** Einr (Anm 2) u AufwendgsErs (Anm 3) kann nur für den konkreten Fehl- oder MehrBetr („soweit") geltd gemacht w. **d) Beweislast:** für Mangel, FehlBetr u fehlde Kenntn trägt der Beschenkte (hM).

2) Leistungsverweigerungsrecht (S 1) ist eine Einr (rechtshemmde Einwendg) u besteht ggü jedem VollziehgsBerecht (§ 525 Anm 4); sie ist auflösd bedingt für die gesamte Aufl bis zum Ausgleich des FehlBetr. Die Einr entfällt, wenn die Schenkg in Kenntn des Mangels (wie §§ 439, 460) angenommen w (hM).

3) Aufwendungsersatzanspruch (S 2). **a) Voraussetzungen: aa)** Vollzug der Aufl (vgl § 525 Anm 3). **bb)** Den Wert des SchenkgsGgst (zZ der Erf, § 518 Anm 5a) übersteigde Aufwendgen (§ 256 Anm 1). **cc)** Fehlde Kenntn, auch fahrläss Unkenntn des Mangels (wie §§ 439, 460) bei Vollzug der Aufl. **b) Wirkung.** Der Anspr (§§ 256, 257) richtet sich allein gg den Schenker, nicht gg den Begünstigten der Aufl.

527 *Nichtvollziehung der Auflage.* ¹ Unterbleibt die Vollziehung der Auflage, so kann der Schenker die Herausgabe des Geschenkes unter den für das Rücktrittsrecht bei gegenseitigen Verträgen bestimmten Voraussetzungen nach den Vorschriften über die Herausgabe einer ungerechtfertigten Bereicherung insoweit fordern, als das Geschenk zur Vollziehung der Auflage hätte verwendet werden müssen.

ᴵᴵ Der Anspruch ist ausgeschlossen, wenn ein Dritter berechtigt ist, die Vollziehung der Auflage zu verlangen.

1) Allgemeines. a) Zweck: Der HerausgAnspr (Anm 2) wird dem Schenker eingeräumt, weil seine sonstigen Re bei unterbliebenem Vollz (vgl Anm c) meist keinen prakt Wert haben (Soergel-Mühl 1). **b) Abdingbar** ist § 527; auch dahin, daß dem Schenker ein vertr RücktrR eingeräumt wird (§ 346). **c) Andere Ansprüche** des Schenkers bei nicht vollzogener Aufl sind: ErfAnspr (§ 525 Anm 3); SchadErsAnspr aus §§ 280, 283 od 286, wobei Nachw eines Schad idR scheitert (MüKo-Kollhosser 1). Hingg wird der Beschenkte bei unversch Unmöglk frei (§ 275). Es besteht kein Anspr des Schenkers aus § 812 I S 2 (2. Alt; Larenz § 47 III aE mwN); auch nicht über Widerr (§ 530, vgl § 516 Anm 7 b, bb u § 531) oder über Wegfall der GeschGrdLage (§ 242 Anm 6), jedenf soweit der Fall im RegelgsBereich des § 527 liegt (umstr; vgl BGH NJW **72**, 247; Kühne FamRZ **69**, 371 mwN). **d) Anspruchsinhaber** ist der Schenker od sein Erbe (§ 1922).

2) Herausgabeanspruch (Abs I, II). **a) Voraussetzungen: aa)** Vollz der Aufl ist ganz od teilw unterblieben. **bb)** Die Aufl erfordert zum Vollz einen VermAufwand (vgl Anm b aE), der aus dem Geschenk oder seinem Wert erbracht w muß. **cc)** Verschuldete Unmöglk wegen § 325 I S 1 u 2, erfolglose FrSetzg nach rechtskr Verurt (§§ 325 II, 283), erfolglose NachFrSetzg im Verz (§ 326 I) od bloßer Verz bei Wegfall des Interesses (§ 326 II). **dd)** Es darf nicht ein Dr berecht sein, den Vollz der Aufl zu verlangen (Abs II; rechtshindernde Einwendg). Dr ist auch die zuständ Behörde bei § 525 II (hM). **b) Umfang.** Die Herausg richtet sich nach §§ 812 I S 1, 818, 819 I. Sie ist beschr („insoweit") auf dasjen (uU ein Teil des Ggst), was zum Vollz der Aufl zu verwenden war, sodaß bei immaterieller AuflVerpfl nichts herauszugeben ist (MüKo-Kollhosser 4 mwN; bestr; aA: § 812 I S 2 [2. Alt]).

528 *Rückforderung wegen Notbedarfs.* ¹ Soweit der Schenker nach der Vollziehung der Schenkung außerstande ist, seinen angemessenen Unterhalt zu bestreiten und die ihm seinen Verwandten, seinem Ehegatten oder seinem früheren Ehegatten gegenüber gesetzlich obliegende Unterhaltspflicht zu erfüllen, kann er von dem Beschenkten die Herausgabe des Geschenkes nach den Vorschriften über die Herausgabe einer ungerechtfertigten Bereicherung fordern. Der Beschenkte kann die Herausgabe durch Zahlung des für den Unterhalt erforderlichen Betrags abwenden. Auf die Verpflichtung des Beschenkten finden die Vorschriften des § 760 sowie die für die Unterhaltspflicht der Verwandten geltende Vorschrift des § 1613 und im Falle des Todes des Schenkers auch die Vorschriften des § 1615 entsprechende Anwendung.

ᴵᴵ Unter mehreren Beschenkten haftet der früher Beschenkte nur insoweit, als der später Beschenkte nicht verpflichtet ist.

1) Allgemeines. Regelg für den Notbedarfsfall des Schenkers nach vollzogener (auch gemischter) Schenkg, entspr § 519 (dort vor Vollz der Schenkg). Zweck u Vorausverzicht wie § 519 Anm. 1b, c. Die Voraussetzgen des § 528 sind (auch dch § 529) strenger, weil der Beschenkte auf die RBeständk des Erwerbs vertrauen darf (MüKo-Kollhosser 1). Zur Problematik bei erwarteter Pflegebedürftk des Schenkers Germer BWNotZ **87**, 61. Nicht anwendb auf Pfl- u AnstdsSchenkg (§ 534) sowie bei jur Pers als Schenker (allgM).

Einzelne Schuldverhältnisse. 2. Titel: Schenkung §§ 528–530

Mehrere Beschenkte (Abs II): Die Nichtverpflichtg kann auf Herausg, Wegfall der Bereicherg od auf § 529 II beruhen. Pfändbk: § 852 II ZPO.

2) Herausgabeanspruch (Abs I S 1). Er steht nur dem Schenker selbst zu (Düss FamRZ **84**, 887), nach ÜbLeitg gem § 90 BSHG dem Sozialhilfeträger (vgl BGH **94**, 141), nicht den Erben (vgl § 226 II Nr 3 KO). Der Anspr erlischt aber dann nicht mit dem Tod des Schenkers, wenn der Anspr vorher gem § 90 BSHG übgeleitet w (BGH **96**, 380). Abgetreten werden kann der Anspr wg § 399 1. Alt nur an den in Abs I S 1 genannten PersKreis (Wüllenkemper JR **88**, 353). **a) Voraussetzungen** des Anspr. **aa)** Vollzogene Schenkg: wie § 518 Anm 5a. **bb)** Notbedarf: Er muß bereits vorliegen. Maßgebd ist der eigene angemessene Unterh (wie § 1610 I) u die gesetzl UnterhPfl aus §§ 1360, 1361, 1569, 1601, 1615 a. Auf die sonstigen Verpflichtgen kommt es (im Ggsatz zu § 519) nicht an. Zumutb Erwerbsmöglk des Schenkers sind zu berücks (hM), nicht aber ein UnterhAnspr (wie § 519 Anm 2b aE). Die Schenkg muß Urs des Notbedarfs sein. **b) Umfang.** Der Anspr richtet sich der Höhe nach auf die Deckg des Bedarfs, den Abs I S 1 schützt („soweit"). Es gelten §§ 818, 819 I; bei unentgeltl Weitergabe an Dr: § 822 (hM; BGH NJW **89**, 1478). **c) Inhalt**, Grdsätzl ist der Ggst zurückzugeben. WertErs (§ 818 II BGB) ist zu leisten, wenn der Anspr teilweise (zB auf Unterhalt) auf einen unteilb Ggst gerichtet ist (allgM; vgl BGH **94**, 141). **d) Einrede des Beschenkten:** § 529.

3) Abwendungsbefugnis (Abs I S 2, 3). Sie ist eine AbfindgsBefugn (§ 262 Anm 3c). Der Unterh ist als Geldrente zu zahlen (§ 760) u erlischt mit dem Tode des Schenkers nach Maßg des § 1615, nicht dem Beschenkten. S 3 gilt nur im Falle des S 2 (Soergel-Mühl 6; Düss FamRZ **84**, 887).

529 *Ausschluß des Rückforderungsanspruches.* **I** Der Anspruch auf Herausgabe des Geschenkes ist ausgeschlossen, wenn der Schenker seine Bedürftigkeit vorsätzlich oder durch grobe Fahrlässigkeit herbeigeführt hat oder wenn zur Zeit des Eintritts seiner Bedürftigkeit seit der Leistung des geschenkten Gegenstandes zehn Jahre verstrichen sind.

II Das gleiche gilt, soweit der Beschenkte bei Berücksichtigung seiner sonstigen Verpflichtungen außerstande ist, das Geschenk herauszugeben, ohne daß sein standesmäßiger Unterhalt oder die Erfüllung der ihm kraft Gesetzes obliegenden Unterhaltspflichten gefährdet wird.

1) Rechtsnatur: § 529 enthält eine Einr, nicht Einwendgen (hM), sodaß es dem Beschenkten überl ist, sie geltd zu machen. **Zweck:** BilligkRegelg, die eine Anwendg des § 242 nicht ausschließt (MüKo-Kollhosser 5). **Selbstverschulden** (Abs I 1. Alt): Vors (§ 276 Anm 3a); grobe Fahrlk (§ 277). Bsp: Verschwendg, leichtsinn Spekulation. Die Bedürftk darf nicht dch die Schenkg herbeigeführt worden sein, zB um später SozHilfe zu erlangen. **Fristablauf** (Abs I 2. Alt): Es ist auf den Eintritt des Notbedarfs abzustellen. Leistg: sie entspr dem Vollzug der Schenkg (§ 518 Anm 5a; Köln FamRZ **86**, 988). **Notbedarf:** wie § 519 Anm 2b. Statt standesmäß ist angemessen zu lesen (v GGeber übersehen).

530 *Widerruf der Schenkung.* **I** Eine Schenkung kann widerrufen werden, wenn sich der Beschenkte durch eine schwere Verfehlung gegen den Schenker oder einen nahen Angehörigen des Schenkers groben Undankes schuldig macht.

II Dem Erben des Schenkers steht das Recht des Widerrufs nur zu, wenn der Beschenkte vorsätzlich und widerrechtlich den Schenker getötet oder am Widerrufe gehindert hat.

1) Allgemeines. Der Widerr ist in den §§ 530–534 geregelt. **a) Rechtsnatur:** Das R zum Widerr ist höchstpersönl, nicht abtretb, daher unpfändb; nur eingeschr vererbl (Anm c). **b) Anwendbar:** für SchenkgsVerspr u für vollzogene Schenkg; bei gemischter Schenkg (vgl BGH **30**, 120). Nur wenn der Schenker eine natürl Pers, nicht eine jurP ist (BGH NJW **62**, 955); desto beim Beschenkten (Düss NJW **66**, 550), § 530 gilt auch bei Schenkg unter Eheg (BGH **87**, 145; aA Bosch Fs Beitzke S 130ff). **c) Vererblichkeit:** ist dch Abs II eingeschränkt; auch die Hinderg am Widerr muß vorsätzl u rechtswidr sein. **d) Nahe Angehörige:** Maßgebd ist das tats pers Verh zum Schenker, nicht der Grad der Verwandtsch od Schwägersch. Mögl auch bei Pflegekind u -eltern, Lebensgefährten. **e) Folge des Widerrufs:** HerausgAnspr in Natur gem §§ 812ff (hM; BGH NJW-RR **88**, 584 mwN). Auch bei gem Schenkg (BGH aaO). Der RückFdgsAnspr ist (auch ohne Einr) so eingeschr, daß er nur Zug-um-Zug gg WertAusgl des entgeltl Teils geltd gemacht w kann (BGH NJW **89**, 2122).

2) Voraussetzungen des Widerrufs. a) Schwere Verfehlung des Beschenkten, auch dch Unterl (zB ggläuf Handlgen der Tochter, wenn deren Ehemann als Dr eine schwere Verfehlg begeht, BGH **91**, 273) oder dch Mehrh v Handlgen (MüKo-Kollhosser 3 mwN). Obj muß sie sich gg den Schenker od Angeh richten, subj eine tadelnswerte, auf Undankbk deute Gesinng offenb (BGH NJW **78**, 213). Die Verfehlg muß vorsätzl sein, nicht rechtswidr. Die Verfehlg eines Dr fällt nicht darunter (BGH NJW **62**, 955). § 166 gilt nicht. Schuld ist iS moral Vorwerfbk zu verstehen (hM). Zur Schwere der Verfehlg müssen die damit zushängden tats Umstde gewürd w (BGH WM **85**, 137). Bei mehreren Schenkern eines unteilb Ggst genügt Verfehlg gg einen (BGH MDR **63**, 575). Bsp: Bedrohg des Lebens; körperl Mißhandlg; bewußt grdloser EntmündiggsAntr (BGH NJW **80**, 1789) u ebensolche StrafAnz; belastde Aussagen trotz ZeugnVerweigersR (BGH **LM** Nr 6); schwere Beleidiggen, Ehebruch (Köln NJW **82**, 390; BGH FamRZ **82**, 1066 m krit Anm v Bosch), andauernd u verheiml eheweidr Beziehgen (BGH FamRZ **85**, 351; Ffm FamRZ **86**, 576 mwN; umstr; aA beim Schwiegersohn Karlsr MDR **89**, 816). Es ist auch umstr, ob zur Scheidg führde od sie begründde ehewidr Beziehgen ausreichen (Nürnb OLGZ **82**, 230; Ffm aaO mwN; vgl Bosch Fs für Beitzke S 131). Untreue bei eheähnl Verh wird für ausreichd gehalten v Hamm NJW **78**, 224. **b) Grober Undank** ggü dem Schenker muß der schweren Verfehlg zu entnehmen sein; dabei kommt einem engen VerwandtschVerh zw Schenker u Be-

533

schenktem keine erhöhte Bedeutg zu (BGH NJW 78, 213). Ein Zushang zw der Schenkg u der Verfehlg ist aber nicht erforderl; jedoch muß der Beschenkte bei der Verfehlg Kenntn v der Schenkg, dem Schenker od der AngehEigensch gehabt haben. Verfehlgen des Schenkers ggü dem Beschenkten können groben Undank ausschl (Erm-Seiler 4). Undankb Gesinng ggü dem dch Aufl Begünstigten (§ 525) genügt nicht (BGH MDR 51, 335).

531 *Widerrufserklärung.* ^I Der Widerruf erfolgt durch Erklärung gegenüber dem Beschenkten.

^{II} Ist die Schenkung widerrufen, so kann die Herausgabe des Geschenkes nach den Vorschriften über die Herausgabe einer ungerechtfertigten Bereicherung gefordert werden.

1) Form des Widerr (Abs I): einseit empfangsbedürft WillErkl (§ 130) des Schenkers od dessen Erben (§ 530 II); auch im Test mögl (RG 170, 380). **Wirkung:** Es entfällt der RGrd der Schenkg u entsteht ein Anspr aus unger Ber (§§ 812ff) gg den Beschenkten (BGH 35, 103 [107]). Geschenk ist das, was dem PartWillen bei der Schenkg entspr; muß nicht vorher im Eigt des Schenkers gestanden haben (RG 167, 199 [202]). Nachträgl Verzeihg beseit vollz Widerr nicht.

532 *Ausschluß des Widerrufs.* Der Widerruf ist ausgeschlossen, wenn der Schenker dem Beschenkten verziehen hat oder wenn seit dem Zeitpunkt, in welchem der Widerrufsberechtigte von dem Eintritte der Voraussetzungen seines Rechtes Kenntnis erlangt hat, ein Jahr verstrichen ist. Nach dem Tode des Beschenkten ist der Widerruf nicht mehr zulässig.

1) Allgemeines. Die drei AusschließgsGrde (Verzeihg, ZtAblauf, Tod) greifen nur ein, wenn der Widerr noch nicht vollzogen ist. Verzeihg ist Einrede; ZtAblauf u Tod sind rechtsvernichtde Einwenderr.

2) Einzelheiten. a) Verzeihung: wie § 2337 (vgl dort). Tats Vorgang, kein RGesch, setzt Einsichtsfähigk voraus. **b) Fristablauf:** AusschlFr; Berechng: § 187 I, § 188 II. Für jede Verfehlg läuft eine eigene Fr (BGH 31, 79). Für den Erben des Schenkers beginnt die Fr nicht vor Kenntn seiner ErbenEigensch. **c) Tod des Beschenkten:** der vor dessen Tod erkl wirks Widerr begrdet Anspr gg dessen Erben.

533 *Verzicht auf Widerrufsrecht.* Auf das Widerrufsrecht kann erst verzichtet werden, wenn der Undank dem Widerrufsberechtigten bekannt geworden ist.

1) § 533 gilt für das WiderrufsR des § 530 u den daraus folgden RückFdgsAnspr, der vertragl modifiziert w kann (BGH MDR 72, 36). Verzicht (einseit empfangsbedürft WillErkl, § 130) ist erst ab Kenntn der den Undank bildden Tatsachen wirks mögl.

534 *Pflicht- und Anstandsschenkungen.* Schenkungen, durch die einer sittlichen Pflicht oder einer auf den Anstand zu nehmenden Rücksicht entsprochen wird, unterliegen nicht der Rückforderung und dem Widerrufe.

1) Allgemeines. Auch die Pfl- u Anstandsschenkgen sind Schenkg iS der §§ 516ff (RG 125, 380). Es gelten wg § 534 aber nicht die §§ 528–533, wohl aber § 527 (MüKo-Kollhosser 1; bestr). Fällt die Schenkg nur teilw unter § 534, ist der entspr Teil v Rückfdg u Widerr ausgeschl, bei Unteilbk RückFdg Zug um Zug gg eine der AnstandsPfl entspr Leistg (BGH LM Nr 1). Sonstige Regeln für Pfl- u Anstandsschenkgen: §§ 814, 1425 II, 1641, 1804, 2113 II, 2205, 2207, 2330. **Sittliche Pflicht.** Nicht nur Betätigg der allg Nächstenliebe, sond eine aus den bes Umst des Einzelfalles erwachsde sittl Pfl, wobei das Verm u die Lebensstellg der Beteiligten sowie ihre pers Beziehgen untereinander zu berücks sind (BGH LM Nr 1). Bsp: Unterhalt von bedürft Geschwistern, idR nicht die Belohng für Pflege dch nahe Verwandte (vgl BGH NJW 86, 1926). **Anstandspflicht.** Gebräuchl GelegenhGeschenke, insb Geburtstags-, Weihnachts-, Neujahrs-, Hochzeitsgeschenke. Es ist auf die Ansichten u Gepflogenh soz Gleichgestellter abzustellen, insb darauf, ob die Unterl des Geschenks zu einer Einbuße an Achtg in diesem PersKreis führen würde (RG 98, 318 [326]). Das ist einzelfallbezogen zu prüfen (BGH NJW 81, 111) u bei ungewöhnl SchenkgsObjekten (zB Grdst) kaum zu bejahen, idR auch nicht bei Ehegatten, wenn SchenkgsGgst der MitEigtAnteil an einem Grdst ist (BGH NJW-RR 86, 1202; aA Karakatsanes FamRZ 86, 1049 mwN).

Dritter Titel. Miete. Pacht

I. Miete

Einführung

Übersicht

1) Begriffe und Rechtsnatur
  a) Miete
  b) Mietvertrag
  c) Untermiete
  d) Mietvorvertrag
  e) Vormiete
  f) Mietoptionsvertrag
  g) Doppelvermietung
  h) Anmietrecht
  i) Zwischenmiete

2) Abgrenzung zu anderen Verträgen
  a) Pacht
  b) Leihe
  c) Werkvertrag
  d) Verwahrungsvertrag

Einzelne Schuldverhältnisse. 3. Titel: Miete. Pacht   **Einf v § 535** 1

    e) Gesellschaft
    f) Gemeinschaft
    g) Verein und Genossenschaft
    h) Dingliche Rechte
    i) Öffentlich-rechtliche Nutzungsverhältnisse
    j) Automatenaufstellvertrag
    k) Reisevertrag
    l) Duldung von Anlagen
    m) Chartervertrag
 3) **Mischverträge**
    a) Verbundene Verträge
    b) Gemischter Vertrag
 4) **Leasingverträge**
    a) Begriff
    b) Rechtsnatur
    c) Arten
    d) Abgrenzung
    e) Zweck
    f) Rechtliche Behandlung
    g) Refinanzierung
 5) **Inhalt des Mietverhältnisses**
    a) Dauer
    b) Pflichten und Rechte
       aa) Pflichten des Vermieters
       bb) Pflichten des Mieters
    c) Rechte des Mieters gegen Dritte
    d) Rechte Dritter aus dem Mietverhältnis
 6) **Grundstücksmiete**
    a) Anwendungsbereich
    b) Rechtsgrundlagen
 7) **Raummiete**
    a) Anwendungsbereich
    b) Rechtsgrundlagen
 8) **Wohnraummiete**
    a) Anwendungsbereich
    b) Rechtsgrundlagen
 9) **Mischmietverhältnisse**
    a) Untrennbar vermietete Sachen
    b) Trennbar vermietete Sachen
10) **Miete beweglicher Sachen**
    a) Begriff
    b) Anwendbare Vorschriften
    c) Formularverträge
11) **Finanzierungsbeiträge und andere Mieterleistungen**
    a) Zulässigkeit
    b) Arten
       aa) Verlorener Baukostenzuschuß
       bb) Abwohnbarer Baukostenzuschuß
       cc) Mietvorauszahlung
       dd) Mieterdarlehen
       ee) Werkförderungsvertrag
       ff) Aufbaudarlehen
       gg) Abstand
       hh) Mietkaution
12) **Wohnraumzwangswirtschaft**
    a) Mietpreisbindung
    b) Beendigung
    c) Übergangsrecht
13) **Soziales Mietrecht**
    a) Bestandschutz
    b) Vertragliche Mieterhöhungen
    c) Einseitige Mieterhöhungen
    d) Mietpreisberechnungen

   1) Begriffe und Rechtsnatur.
   a) Miete (MietVerh) ist das Rechts(Schuld)Verh zw Verm u Mieter, das dch MietVertr begründet w. Das MietVerh ist ein DauerschuldVerh. Ggst des MietVerh können nur Sachen (§ 90) sein. **b) Mietvertrag** ist ein schuldrechtl, entgeltl Gebrauchsüberlassgs Vertr (wie Pacht u Leihe), ggs Vertr iS der §§ 320ff. Abschl des MietVertr (§ 535 Anm 1a) u Beginn des MietVerh (Anm a) fallen meist nicht auf denselben Ztpkt. **c) Untermiete** ist ein MietVerh zw dem Mieter (dem sog Hauptmieter) u dem Untermieter; ein MietVerh 2. Stufe. Auch eine 3. Stufe ist mögl. Der UnterMietVertr ist echter MietVertr (mit allen Rechten u Pflichten) u von der bloßen Überlassg des Gebrauchs der Sache an einen Dritten od der Abtretg des Rechts aus dem MietVertr (§ 398) zu unterscheiden. **d) Mietvorvertrag** ist ein formloser (§ 566 Anm 1c) Vor-Vertr (Einf 4b vor § 145), dch den sich die künft Verm u Mieter bindd verpfl, einen MietVertr abzuschließen. VertrInhalt muß im wesentlichen darin festgelegt sein. Könnte der MietVertr sof geschlossen w, so müssen bes Gründe für die Ann vorliegen, daß rechtl Bindg u damit ein VorVertr gewollt war (BGH WM 69, 919). Auf einen VorVertr kann nicht allein daraus geschl w, daß ein beabsicht MietVertr nicht od nicht wirks zustandegek ist (BGH WM 63, 173). Aus einem forml MietVorVertr kann wg § 566 auf schriftl Abschl des MietVertr geklagt w, wenn die Beurkundg vereinbart war (BGH LM § 537 Nr 11). **e) Vormiete** ist das R aus einem Vertr, der dem Berecht ggü dem Verm das Recht einräumt, in einen vom Verm mit einem Dritten geschlossenen MietVertr als Mieter einzutreten. Hierfür gelten die §§ 504–514 (Vorkauf) entspr (allg M), insb § 505 (so daß MietVertr zw Verm u Berecht zu den gleichen Bedinggen wie mit dem Dritten vereinbart, zustandekommt), § 508 (GesamtPr, RG **123**, 265), § 510 (AnzeigePfl, BGH MDR **58**, 234) u AnzFr (Kania ZMR **76**, 1); § 514 (Unübertragbk); § 507 (aber nicht ohne weiteres, RG **125**, 123). Schriftform des § 566 gilt nicht (§ 505 I S 2 entspr; BGH **55**, 71 [76f]; Soergel-Kummer 11; aA Kania ZMR **76**, 1). Übergang auf GrdstErwerber gem § 571 (BGH NJW **71**, 422; bestr). **f) Mietoptionsvertrag** (vgl Einf 4c vor § 145) ist ein MietVertr, der unter den aufschiebdn Bedingg geschl ist, daß der eine VertrPartner innerh einer best Frist von dem ihm eingeräumten GestaltgsR (Kania ZMR **76**, 1), diesen MietVertr zustandezubringen od zu verlängern, dch formlose Erkl Gebrauch macht (BGH NJW **68**, 551). Dadch wird ein dem AnkaufsR (4d vor § 504) entspr AnmietR begründet (RG **161**, 267); Schriftform des § 566 gilt für eine entspr lange Optionsdauer (Kania ZMR **76**, 1). Die VerlängergOption, bei der kein neues MietVerh begrdet, sond das alte fortges w (BGH aaO), muß vor Ablauf des MietVertr ausgeübt w (RG **99**, 154). Eine nicht ausdrückl festgelegte Fr ist dch Ausslegg zu ermitteln, wobei an KündFr angeknüpft w kann (Düss NJW **72**, 1674) od nach Künd unverzügl optiert w muß (BGH NJW **85**, 2581). Das OptionsR erlischt grdsätzl spätestens mit Ablauf der um die OptionsZt verlängerten VertrDauer (BGH NJW **82**, 2770); § 571 ist nur bei Verlängerungsoption anwendb. **g) Doppelvermietung** liegt vor, wenn dieselbe Sache, die bereits dch einen wirksamen MietVertr vermietet ist, an eine and Person nochmals vermietet w. Die Vertr sind voll wirks. Es liegt an Verm, wem ggü er erf. Dem and Mieter steht idR nur Anspr auf SchadErs zu (BGH MDR **62**, 398). Der Verm ist nicht schaderspflicht, wenn der frühere Mieter den Anspr aus § 556 I wider Erwarten unangeküdt nicht rechtzeit erf (LG Brem ZMR **69**, 282). **h) Anmietrecht** ist der Anspr eines Mietinteressenten gg den Verm, daß dieser ihm die Mietsache zur Miete anbieten muß, bevor er sie an einen and vermietet (vgl Herold BlGBW **82**, 225). Im Inhalt des VertrAngebots ist der Verm frei. Vereinbg forml wirks. **i) Zwischenmiete** liegt vor, wenn vertrgem Gebr der Miets nicht im EigenGebr (insb Wohnen), sond in der (gewerbl) Weitervermietg an Dr liegt. Die ZwMiete ist eine bes Form der Unterm (Anm c). Zu RFragen vgl

535

Gather DWW **88**, 131. Handelt es sich um WoRaum, so ist problemat, ob der Unterm Künd- u SozSchutz gem §§ 564 b–565 a, 556 a–c genießt (§ 556 Anm 3 c).

2) Abgrenzung zu anderen Verträgen.

Sie ist nach dem ges Inhalt des Vertr vorzunehmen; die von den Part gewählte Bezeichng des Vertr ist nicht entscheidd (RG **130**, 275). Maßgebl Ztpkt ist der des VertrAbschl; daher ist für die RNatur des Vertr insb unerhebl: späterer Eintritt eines Dr (RG **125**, 128); Rückgabe od Kauf des Inventars dch den Pächter (RG **122**, 274); Änderg des gepachteten Betr. **a) Pacht** (§ 581; Voelskow NJW **83**, 911): Miete bezieht sich nur auf Sachen (§ 90), Pacht auf Ggstände (Sachen u Rechte); Miete gewährt nur den Gebr, Pacht auch den Bezug der Früchte (§ 99). Werden dch einheitl Vertr mehrere Sachen teils nur zum Gebr, teils auch zum Fruchtgenuß, od Sachen u Rechte überlassen, so kommt es auf den HauptGgst u auf den wesentl VertrZweck an. Werden Grdste oder Räume für einen gewerbl oder freiberufl Betr überlassen, liegt Pacht nur dann vor, wenn Räume (od Grdst) für einen best Betr baul geeignet, auch so eingerichtet u ausgestattet sind, daß sie alsbald für den Betr mit Gewinn benutzt w können (RG stRspr; **109**, 206), auch wenn Inv noch ergänzt w muß. Wenn der stets erforderl Zusammenhang zw Raum- u InvÜberlassg besteht, kann das Inv auch von einem Dritten überlassen w (RG JW **28**, 469 u 2517). Ob bei Software, die auf Zt überlassen w, Miete od Pacht vorliegt, ist zweifelh, aber wg der gleichen RFolgen bei §§ 537 ff weitgehd unerhebl (vgl Köhler CR **87**, 827). Der Umst, daß die Räume gewerbl oder berufl benutzt w, genügt für Pacht nicht. Bsp für Pacht: Eingerichtete Gastwirtsch mit Wohng; Bäckerei mit Backstube u Ladeneinrichtg (RG HRR **29**, 593); eingerichtete u eingeführte EinzelhandelsGesch u HandwerksBetr (Warn **26**, 183), Hotels (RG **103**, 271), Erholgsheim (RG **102**, 186), Theater u Kino (RG **138**, 192). Arzt- u Zahnarztpraxis; für Miete: Anwaltskanzlei RG JW **25**, 472), leere od nicht für ein bestimmtes, schon bestehendes Gesch eingerichtete Räume (zB Büro, Laden mit Regalen u Verkaufstischen); Maschinenanlagen (BGH NJW **68**, 692); Überlassg eines Autokinos für einen GebrWagenmarkt (Mü MDR **72**, 425). **b) Leihe** (§ 598) ist im Ggsatz zur Miete unentgeltl. Auch bei WoRaum mögl, wenn zB abgegrenzte Teile einer Wohng ohne Entgelt überlassen w. Ist das Entgelt auch weit unter dem Marktpr (sog GefälligkMiete), liegt Miete vor (BGH **LM** § 535 Nr 45; Karlsr ZMR **88**, 431). **c) Werkvertrag** (§ 631): hier wird statt Gebrauchsüberlassg die Herbeiführg eines best Erfolges geschuldet (Einf 1 vor § 631). Bei Miete u WerkVertr sind MischVertr (Anm 3 a) häuf. WerkVertr mit mietrechtl Einschlag liegt zugrunde bei Besuch von Veranstaltgen (Weimar NJW **63**, 629; Schauer od Zuhörer (RG **127**, 313; **133**, 388), auch trotz sog Platzmiete. MietVertr ist der einfache CharterVertr (vgl Einf 5 vor § 631), die Überlassg eines Steinbruchs zwecks Auffüllg mit Klärschlamm des Mieters (BGH **86**, 71), die Überlassg einer Sache für eine Veranstaltg gg Entgelt, insb dann, wenn sie nur mit Rücksicht auf den Verzehr der Gäste erfolgt (RG **160**, 153). **d) Verwahrungsvertrag** (§ 688): hier wird nicht Gebrauchsüberlassg des Raums, sond die Aufbewahrg geschuldet. Nur für bewegl Sachen mögl. VerwahrgsVertr liegt vor, wenn nicht nur Raum zur Aufbewahrg überlassen, sond auch Obhut übernommen w (BGH **3**, 200); prakt wichtig bei Einstellen von Kraftfahrzeugen (Weimar NJW **63**, 629), wo Umst des Einzelfalls entscheiden. VerwahrgsVertr: bewachter Parkplatz (hM; aA Neumann-Duesberg VersR **68**, 313), Parkhaus (aA LG Brem NJW **70**, 2064), nicht der Stellplatz in der Sammelgarage eines Hotels (AG Ulm NJW-RR **87**, 1340; umstr; vgl Ruhkopf VersR **67**, 10 mwN). Miete: Einzelgarage; Bankschließfach trotz bestehder BewachgsPfl der Räume (hM; RG **141**, 99 mwN); Kühlhauszellen (BGH **LM** § 535 Nr 2). **e) Gesellschaft** (§ 705) ist ZusSchluß von Personen zu gemeins Zweck; hier kann GebrÜberlassg an Gesellsch vereinb Beitrag (§ 705) sein, den auch gesellschähnl partiar RechtsVerh (§ 705 Anm 10). Nicht Ges, sond Umsatzmiete liegt vor, wenn Verkaufsfläche zur Vfg gestellt u eingehende Umsatzmiete geteilt w (BGH ZMR **88**, 49). **f) Gemeinschaft** ist Gebr einer Sache aus eigenem Recht (§ 743 II). Es ist Miete, wenn alleiniger Gebr gem § 745 I gg Entgelt eingeräumt w (BGH NJW **74**, 364; aA 42. Aufl). Bei GesHandGemsch (insb ErbenGemsch) ist entgeltl Gebr dch einen Miterben regelm Miete (BGH **LM** § 535 Nr 42). Miete zu vereinb ist auch bei Gemsch (§ 741) stets mögl (§ 535 Anm 1 a; vgl auch BGH NJW **74**, 743). **g) Verein und Genossenschaft:** Benutzg ihrer Einrichtgen dch Mitglieder ist als sog DauernutzgsVertr jedenf dann Miete, wenn der Gebr wenigstens für kurze Zeit ausschl u gg bes Entgelt überlassen w, insb eine Wohng (hM; Karlsr ZMR **85**, 122 mwN), Maschinen ohne Bedienpersonal (sonst gemischter Vertr, Anm 3 a); auch nicht mietähnl Verh, wenn ein Mitglied eine Festlk des Vereins gg Entgelt besucht (Mü VersR **76**, 39). **h) Dingliche Rechte:** WohngsR (§ 1093; zur Abgrenzg BGH ZMR **79**, 11); Dauerwohn- u DauernutzgsR (§ 31 WEG), Nießbr (§ 1030) sind im Ggsatz zur Miete dingl Rechte, an Grdsten u Teilen eintraggsbedürft (§ 873). **i) Öffentlich-rechtliche Nutzungsverhältnisse** unterliegen nicht dem MietR des BGB, so insb DienstWohngen von Richtern, Beamten u Soldaten (BGH **LM** GVG § 71 Nr 9), TelefonAnschl (BGH **39**, 25), Überlassg von kommunalen Einrichtgen, zB Marktstände, Vieh- u Schlachthofräume (RG **99**, 96; Erm-Schopp 40), Gräber (Bachof ArchÖffR **78**, 82). MietVertr ist aber bei SondNutzg öff Sachen (zB dch Verkaufsstand) mögl. **j) Automatenaufstellungsvertrag** (vgl § 705 Anm 10) kann wohl überh nicht einem best VertrTyp zugeordnet w. Jedenf ist seine RNatur umstr (für Automatenaufstellg bei Gastwirten vgl Weyland, Automatenaufstellg, 1989). Es entscheiden Vereinbarg u Umstände des Einzelfalls. Miete eines GrdstTeils liegt vor, wenn ein Raum allein zum Betr eines od mehrerer Automaten od ein Platz für einen Automaten (sog AutomatenanbringgsVertr) gg festes Entgelt od best Anteil am Umsatz (sog Umsatzmiete) zur Verfügg gestellt w. Partiarisches RechtsVerh, Gesellsch od gemischter Vertr (Anm 3 b) liegt vor, wenn der Automat in einem GewerbeBetr, insb Gastwirtsch, eingegliedert u Gewinnbeteilig vereinbart ist (BGH **47**, 202). KündFr in diesen Fällen entgg § 723 I regelm 3. Werktag zum Ende des übernächsten Monats (hM; LG Köln NJW **72**, 2127 mwN). Zur NachfKlausel vgl Düss OLGZ **73**, 11. Stets ist Miete gegeben, wenn der Automat (mit od ohne Aufstellplatz) gg Entgelt an denjenigen überlassen w, der das Gesch damit betreibt. Bei Ausschließlk wird wg §§ 18, 34 GWB Schriftf verlangt (Celle BB **78**, 1488). **k) Reisevertrag:** Für die geschuldete Bereitstellg eines Ferienhauses od einer Ferienwohng zu Urlaubszwecken gilt entspr der § 651 f II (BGH NJW **85**, 907). **l) Duldung von Anlagen,** auch ausdrückl dch sog GrdstEigtümerErkl, zB für KabelverzweiggsAnl ist nicht MietVertr; insb gilt nicht § 571 (LG Ffm NJW **85**, 1228). **m) Chartervertrag** (vgl 5 vor § 631), insb in Bezug auf ein Schiff ist eine frachtrechtl Vereinbg, im Einzelfall v Miete verbunden mit DienstVerschaffg abzugrenzen (BGH WM **86**, 26).

3) Mischverträge (vgl Einf v § 305 Anm 5), die mind zT dem MietR unterliegen, sind häuf. Praktisch sind zwei Gruppen zu unterscheiden:

a) Verbundene Verträge (TypenkombinationsVertr u AustauschVertr mit atypischer GgLeistg; vgl Einf 5b vor § 305). Der einheitl Vertr ist zu einem Teil Miete, im übrigen mind einem and VertrTyp zuzuordnen. Fur jeden Teil w das Recht des zutreffenden VertrTyps angewendet. Allg gilt § 139. Die wichtigsten Formen sind: **aa) Mietkauf.** Das ist ein MietVertr, bei dem der Verm dem Mieter das Recht einräumt, innerh einer best Frist die (idR neue) Sache zu einem vorher best Preis zu kaufen, wobei die bis dahin gezahlte Miete ganz od zT (auch stillschw, BFH BB **71**, 424) auf den Kaufpreis angerechnet w. Es genügt zB die Klausel „Bei Übernahme Mietanrechnung 50%" (BGH WM **85**, 634). Es ist also ein MietVertr mit einem KaufoptionsVertr verbunden. Miet- u KaufR w getrennt für jeden Teil angewendet. In der Ausübg der Kaufoption liegt die iZw damit zulässige fristlose Künd des MietVerh. Mietpreis ist meist überhöht, einers um den Mieter zum Kauf zu veranlassen, andseits weil bei neuer Sache dch Gebr starker Wertverlust eintritt. Verm ist hauptsächl am Verkauf interessiert. Anreiz für Mieter ist leichtere Finanzierg als bei sofort Kauf. Der Mietkauf fällt unter § 6 AbzG (hM). Der Unterschied zum LeasingVertr (Anm 4) liegt darin, daß beim Mietkauf Gefahr, Gewährleistg u Instandhaltg gem §§ 536–539 beim Verm liegen. **bb) Hausmeister(verwalter)wohnung:** im Einzelfall verschieden; idR Arbeits- oder DienstVerh verbunden mit Überlassg einer Werkmiet- od -dienstwohng (§§ 565b–e, vgl dort). **cc) Maschinen und Fahrzeuge:** Wird das Bedienungspersonal gestellt, liegt idR Miete verbunden mit DienstverschaffgsVertr (hM, Karlsr NJW **89**, 907), wenn Gebr überlassen (zur Disposition des Mieters), nach Zeit abgerechnet u Obhut (insb Wartg) dch Mieter übernommen w (vgl hierzu BGH LM § 535 Nr 40); sonst reiner Dienst- od WerkVertr (Hbg MDR **68**, 1007; Karlsr MDR **72**, 325). Übernimmt der Verm Wartg od Einschulg des Mieters od dessen Personals zum Bedienen, ist der MietVertr mit WerkVertr verbunden. **dd) Gastwirtschaft mit Bierlieferungsvertrag** ist Miet- (od Pacht)Vertr verbunden mit SukzessivliefersVertr (BezugsVertr, 6a, bb vor § 305 u § 326 Anm 9c). **ee) Filmverleih:** Vertr zw Filmverleih u KinoUntern ist MietVertr, soweit der Film als Sache überlassen w (Celle NJW **65**, 1667), verbunden mit LizenzVertr, dch den urheberrechtl das VorführgsR (§§ 19, 94 UrhG) auf Zeit übertragen w. Davon zu unterscheiden ist der Vertr zw Filmhersteller u Verleiher, der zwar keine mietrechtl Elemente, dafür aber pachtrechtl mit der Folge des § 581 II aufweist (RG **161**, 321; BGH **2**, 331; Einf 1i vor § 581). **ff) Heimpflegevertrag:** Insb in Altenheim, MietVertr verbunden mit DVertr, wobei untersch KündR u KündFr auf beiden Seiten anzunehmen ist. Auf den SchwerPkt (Miet- od DVertr) stellt der BGH in WM **89**, 799 ab. Für außerord Künd gilt § 626, der § 624 nicht (Köln NJW **80**, 1395).

b) Gemischter Vertrag (TypenverschmelzgsVertr; vgl Einf § 305 Anm 5b, dd). Der einheitl Vertr weist Merkmale der Miete u mind eines and VertrTyps auf. Der Vertr wird grdsätzl nach MietR behandelt, wenn die wesentl Leistg in entgeltl GebrÜberlassg besteht. Daneben können einzelne Vorschr der and VertrTypen direkt od entspr angewendet w, soweit sie dem MietR nicht widerspr. Im wesentl MietVertr sind: möblierte Zimmer mit Frühstück u Bedieng; BeherbergsVertr (Einf 2 vor § 701, BGH NJW **63**, 1449); Benutzg von Vergnügs- u Sporteinrichtgen (soweit nicht öff-rechtl NutzgsVerh vorliegen, vgl Anm 2k), zB Sprungschanze, Autoskooter (BGH NJW **62**, 908), Schiffschaukel (Köln NJW **64**, 2020); Schwimmbad (BGH VersR **75**, 766); Reklameflächen an Fahrzeugen (daneben WerkVertr); aber reine Miete bei Hauswänden u freistehden Tafeln (Erm-Schopp 39).

4) Leasingvertrag. Lit: v. Westphalen, Der LeasVertr, 3. Aufl, 1987; Seifert Betr **83** Beil 1; Sonnenberger NJW **83**, 2217. Diese VertrArt hat seit 1970 in der BRep für zahlreiche WirtschGüter zunehmend an Bedeutg gewonnen.

a) Begriff. Ein LeasVertr liegt vor, wenn der LeasGeber eine Sache od Sachgesamth dem LeasNehmer gg ein in Raten gezahltes Entgelt zum Gebr überläßt, wobei Gefahr od Haftg für Instandhaltg, Sachmängel, Unterg u Beschädigg der Sache allein den LeasN trifft, der LeasG dafür seine Anspr hieraus gg Dr (insb den Lieferanten) dem LeasN überträgt. Bei GebrÜberlassg genügt die Bezeichng als LeasVertr (Düss NJW **88**, 1695). IdR hat der Vertr eine feste GrdMietzeit, oft mit VerlängergsOption (Anm 1f) des LeasN, die gewöhnl Miete sein kann; jedoch kommt auch Abschl auf unbestimmte Zeit vor. Kaufoption (AnkaufsR, 4d vor § 504) des LeasN ist häuf im Vertr enthalten, jedoch nicht begriffsnotwend, wohl aber die teilw od volle Amortisation. Beim LeasRahmenVertr wird der jeweil LeasGgst nachträgl, insb dch sog Mietscheine bestimmt (BGH WM **87**, 108).

b) Rechtsnatur. Die Bezeichng des Vertr ist im Einzelfall nicht entscheidend, aber wesentl Indiz. Nach hM ist der LeasVertr wg der entgeltl GebrÜberlassg ein atyp MietVertr (BGH stRspr, zB **71**, 189; Reich NJW **73**, 1613; Soergel-Kummer 107 vor § 535; dagg Canaris NJW **82**, 305; Lieb Betr **88**, 946 [950]: Vertr sui generis; gemischt-typ Vertr mit Dominanz von GeschBesorgg u Darl beim FinanziergsLeas), an der „Nahtstelle" zum Kauf (Hiddemann WM **78**, 834) u im Rahmen der VertrFreih abgewandelt (insb dch Wegfall der §§ 536–539). Keinesf ein DarlVertr iS des § 56 I Nr 6 GewO (BGH NJW **89**, 460). Vgl aber Anm d, dd u e. Für das Operating-Leas (Anm c, bb) ist diese RNatur allgM, für das FinanziergsLeas (Anm c, aa) bestr, weil die aA (Emmerich-Sonnenschein 47h vor § 535 mwN) zum Schutz des LeasN die kaufrechtl Komponente stärker betont od überwiegen läßt.

c) Arten. aa) Finanzierungsleasing ist die weitaus häufigste Art. Sie setzt eine längere, feste (Grund)-Mietzeit voraus (meist 3–7 Jahre), oft mit Verlängergs- od Kaufoption (vgl Anm a), in der der LeasN dch die Ratenzahlg den KaufPr zuzügl aller Kosten, Zinsen, Kreditrisiko u Gewinn vergütet. Auch hier wählt er die LeasS die Sache beim Lieferanten aus, der LeasG schafft sie dch Kauf an. Insow ist die Interessenlage wie beim Handeln für fremde Rechng (Canaris NJW **82**, 305). **bb) Operatingleasing.** Die VertrDauer ist unbestimmt od die GrdMietzeit sehr kurz, die Künd erleichtert od jederzeit mögl. Diese Art eignet sich vor allem für solche Sachen, bei denen für den LeasN ungewiß ist, wie lange er sie braucht u ob er sie erwerben will. Es wird angezweifelt, ob bei dieser LeasArt der LeasG seine VermGewl für Sachmängel wirks ausschließen kann (Emmerich-Sonnenschein 45c vor § 535 mwN). **cc) Immobilienleasing** ist eine bes Form des FinanziergsLeas (Anm aa) mit langer VertrDauer (bis 30 Jahre), bei der der LeasG als Bauherr dem LeasN nach Ablauf der VertrZeit eine vormerkgsgesicherte Kaufoption einräumt. **dd) Herstellerleasing** liegt vor, wenn der Lieferant (Hersteller od Händler) selbst LeasG ist. Es fehlt das für den LeasVertr typ DreiecksVerh (vgl Anm d, cc). IdR liegt ein Miet- oder AbzKauf vor, reine Miete, wenn jedes OptionsR fehlt (Berger, Typus u RNatur des HerstellerLeas, 1988). **ee) Null-Leasing** (im Kfz-Handel u bei Fernsehgeräten gebräuchl geworden) liegt vor, wenn dem LeasN die Sache für einen best ZtRaum gg period fäll werdde Raten ohne Zins zum Gebr überlassen u nach Ablauf des Vertr von ihm für einen bei VertrSchluß festgesetzten Pr bindd zum Erwerb des Eigt angeboten w (vgl Paschke BB **87**, 1193). Es handelt sich um ein verdecktes AbzGesch (§ 6 AbzG) zw dem Händler u dem LeasN, auch wenn ein Dr als LeasG eingeschaltet w (vgl Ose BB **87**, 1835).

d) Abgrenzung des LeasVertr (zur Risikoverteilg Klaas NJW **68**, 1502). **aa) Zum Kauf:** Statt der Pfl aus § 433 liegt ein DauerschuldVerh vor, bei dem die Übereigng entfällt oder ungewiß ist. **bb) Zum Mietkauf** (Anm 3a): Es entfallen beim LeasVertr die §§ 536–539; er enthält nicht notwend die Kaufoption. Der LeasVertr ist auf die teilw od volle Amortisation ausgerichtet. **cc) Zum finanzierten Kauf** (Anh zu § 6 AbzG): Es liegt zwar auch ein DreiecksVerh vor (Verk – DarlG – Käufer u DarlN sowie Lieferant – LeasG – LeasN); jedoch findet der Kauf zw Lieferanten u LeasG statt u die Finanzierg ist im LeasVertr enthalten. Gleich ist, daß Käufer u LeasN die Sache wählen, an der sie (zunächst) unmittelb Besitz erlangen. **dd) Zum verdeckten Abzahlungskauf** (§ 6 AbzG Anm 2b, bb). Einen solchen kann, wenn ein Nichtkaufmann LeasN ist (§ 8 AbzG), der LeasVertr im Einzelfall darstellen (insb Auto- u Fernseh-Leasing). Voraussetzg ist, daß nach Ablauf der VertrZeit dem LeasN ein Recht zum EigtErwerb od Behalten der Sache zusteht (BGH stRspr, zB **71**, 196 u **94**, 195) oder die Sache wertlos geworden ist (BGH **94**, 180; Jauernig-Teichmann 3c, dd). Trifft dies zu, so gilt § 6 AbzG u gehört dem Inhalt des LeasVertr vor, soweit er dem § 6 AbzG widerspr (§ 6 AbzG Anm 3). Wichtige RFolgen: §§ 1a, 2 AbzG u EinwendgsDchgriff (Anm f, dd; Anh § 6 AbzG Anm 5b). Dem ErwerbsR steht gleich, wenn der LeasN verpfl ist, bei Beendigg des Vertr einen Käufer zu stellen, den der LeasG akzeptieren muß, u wenn der LeasN sich selbst als Käufer benennen kann (BGH NJW-RR **87**, 594).

e) Zweck. Der LeasVertr bringt wirtsch Vorteile für den Lieferanten (Hersteller od Händler) dch Umsatz, dem LeasG dch günst KapNutzg u dem LeasN dch erleichterte Finanzierg, indirekte Bilanz- u Steuervorteile. Wg BFH NJW **70**, 1148 gelten für die Finanzverwaltg Erlasse des BMF v 19. 4. 71 (BB **71**, 506), v 21. 3. 72 (BB **72**, 433) u 22. 12. 75 (BB **76**, 72); hierzu v. Westphalen ZIP **83**, 1021.

f) Rechtliche Behandlung. Es gilt grdsätzl MietR mit den vertragl getroffenen Vereinbgen (§ 305; Anm b). **aa) Vertragsschluß und Vertragsbeginn.** Bei Grdst gilt § 566; iü formfrei, soweit bei Grdst im Vertr nicht Pfl übnommen w, die unter § 313 fallen. IdR werden FormularVertr verwendet. Handelt der Lieferant mit Wissen u Willen des LeasG, so ist er nicht Dr iS des § 123 II (BGH NJW **89**, 287). Bei verdecktem AbzGesch (Anm d, dd) gelten § 1a AbzG (BGH NJW **77**, 1058) u § 1b AbzG (WiderrufsR; BGH **71**, 196). Oft verwendet der Lieferant als Verk die Formulare des LeasG, sodaß dieser den VertrAntr (§ 148) stellt. Die VertrZt beginnt grdsätzl mit der (iZw vollständ, BGH NJW **88**, 204) GebrÜberlassg, wenn nicht im Vertr der Beginn dch Datum bestimmt ist, od dch Unterzeichn der ÜbernahmeBestätigg (vgl Eckert ZIP **87**, 1510); diese fällt nicht unter § 781, sond kehrt nur die BewL um (BGH aaO). **bb) Vertragsinhalt.** Es gilt grdsätzl MietR (BGH stRspr, zB **71**, 196). Der LeasG hat als HauptPfl dem LeasN den Gebr der Sache für die VertrZt zu verschaffen (BGH NJW **88**, 204 stRspr). Nach Übergabe ist der LeasG nur noch verpfl, den LeasN im Bes nicht zu stören u bei Störg dch Dr ihn zu unterstützen (BGH NJW **88**, 198). Die beiderseit Rechte u Pflichten können im Einzelfall u im Rahmen der VertrFreih ob § 305 geänd sein, soweit nicht das AGBG od die §§ 134, 138 enttggstehen. Auch im kaufmänn Verkehr ist eine AGB-Klausel mit Ausschluß jeder Haftg für Dr unwirks (BGH **95**, 170). Zuläss nach AGBG u für den LeasVertr charakterist ist, daß InstandhaltgsPfl des Verm (§ 536) u seine Gewl (§§ 537–539) ausgeschl ist u dies dch Abtretg der Anspr des LeasG gg den Lieferanten (Verk oder WerkUntern, § 651) aus § 459 ff od §§ 633 ff ersetzt wird (BGH **68**, 118), soweit nicht § 540 enttggsteht. Hierfür ist aber erforderl, daß der LeasG dem LeasN diese Anspr ausdrückl u vorbehaltlos abtritt od ihn ermächt, sie geltd zu machen (BGH stRpsr NJW **87**, 1072 mwN); denn dies wäre der RNatur des LeasVertr allein nicht zu entnehmen. Problemat bleibt, auf wen für die subj Voraussetzg der GewlAnspr abzustellen ist (Canaris NJW **82**, 305). Die KreditiergsPfl des LeasG umfaßt nicht die dch nachträgl Maßn angefallene MWSt (BGH WM **79**, 1040 u 1314). Im Verh zum Verk ist der LeasN ErfGehilfe des LeasG für die AbnPfl (§ 433 II), wenn direkt an den LeasN geliefert w (BGH **90**, 303). Andseits ist der Lieferant ErfGehilfe (§ 278) des LeasG idR bis zum Abschluß des LeasVertr (NJW-RR **89**, 1140) od bis zur Übergabe der Sache an den LeasN (BGH NJW **88**, 198), insb dann, wenn der Lieferant mit Wissen u Willen des LeasG mit dem LeasN die Vorverhandlgen über den LeasVertr führt u Aufklärgs- od HinweisPfl verletzt (BGH **95**, 170). Überläßt der LeasN die Sache einem Dr, wird dieser ErfGehilfe des LeasN (Hamm NJW-RR **87**, 1142). UmtauschVereinbg zw Lieferanten u LeasN verpfl nicht den LeasG (BGH NJW **86**, 2509). **cc) Nichterfüllung** inf Nichtliefer u das Risiko verspäteter Lieferg: Die Haftg trägt grdsätzl der LeasG (hM; Ebenroth JuS **85**, 425 mwN). Trifft den LeasG keine Schuld, so steht dem LeasG kein SchadErsAnspr zu (BGH **96**, 103). Rechtsmängel kommen infolge Entzugs des vertrmäß Gebr dch Dr, insb dch Lieferanten u SichergsEigt vor. Es gelten § 541 u § 542. Empfängt der LeasN nur einen Teil des LeasGgstds u beschein er den Vollempfang, kann er dem LeasG ggü schaderspfl w (vgl BGH NJW **88**, 204). Ein HaftgsAusschl ist nur im Rahmen der §§ 9, 11 Nr 7, 8 AGBG zuläss u wirks (Emmerich-Sonnenschein § 541 Rdn 30b). Der LeasN ist nicht verpfl, für diejen Zeit die Raten zu zahlen, in der ihm der Gebr des LeasGgst gem § 541 entzogen oder nicht gewährt wird (§ 320). **dd) Sachmängel** (§§ 537–539). **(1)** Der LeasG haftet bei dem regelmäß vereinb GewlAusschl jedenf dann nicht, wenn er seine GewlAnspr aus den §§ 459 ff (od §§ 633 ff) an den LeasN abgetreten hat (BGH **68**, 118; **81**, 298 u **94**, 44; bestr). Das gilt auch für Grdst u Gebde (BGH NJW **89**, 1280); insb wenn der LeasN die Herstellg des Gebdes selbst übnommen hat (BGH aaO). Der LeasN muß die GewlAnspr zunächst gg den Lieferanten geltd machen, sofern die Dchsetzg der GewlAnspr nicht unmögl od unzumutb ist (BGH **82**, 121). Kann die vom LeasN beabsicht u berecht Wandelg wg Vermlosk des Lieferanten nicht realisiert w, wird der LeasN im Verh zum LeasG so gestellt, wie wenn der KaufVertr rückgäng gemacht wäre (vgl BGH NJW **85**, 129). Hat der LeasN den Lieferanten ausgesucht, kann auch im Formular-Vertr das Bonitätsrisiko dem LeasN wirks überbürdet w (Ffm NJW-RR **86**, 278; aA Reinicke/Tiedtke Betr **86**, 575). Der LeasN kann sich ggü dem LeasG nicht auf MietMinderg berufen, soweit dem LeasG ein SchadErsAnspr aus § 545 II zusteht (BGH NJW **87**, 1072). **(2)** Bei Verwendg von AGB ggü Nichtkaufleuten ist jedoch § 11 Nr 10a AGBG zu beachten (umstr; aA BGH **94**, 180 bei FinanziergsLeas). Danach ist der GewlAusschl auch bei Ausgestaltg als MietVertr unwirks (Ebenroth Betr **78**, 2113 mwN, bestr). Hingg ist diese Klausel, wenn der LeasN Kaufmann ist, nicht wg § 9 AGBG unwirks (BGH **81**, 298). **(3)** Kommt es zum Vollzug der Wandelg (§ 465), wobei der LeasN auf Rückg an den LeasG klagen muß, fehlt dem LeasVertr die GeschGrdlage von Anfang an (BGH **68**, 118 [126] u **94**, 44). Nach BGH **97**, 135 kann der LeasG auch nicht vorläuf Zahlg der Raten verlangen, wenn die WandelgsKl erhoben ist. Auch wenn wg dieses Mangels der LeasN die Sache nur zeitweil od nur zT nicht in Gebr nehmen konnte, fehlt dem LeasVertr die GeschGrdlage u der LeasN wird von der Verpfl zur Zahlg der Raten frei (BGH NJW **85**, 796 abw von BGHZ **81**, 298; zutreffd Canaris NJW **82**, 305: Abwicklg nach § 347). Der Ausgleich soll nach den Regeln der §§ 812ff stattfinden (BGH NJW **85**, 796; hierzu krit Schröder JZ **89**, 717). In Fällen des zuläss überbürdeten Bonitätsrisikos (vgl 1 aE) sind die Raten anzupassen (Ffm NJW-RR **86**, 278). Bei Wandelg obliegt dem LeasN ggü dem LeasG eine Sorgf- u NachrichtsPfl (BGH **94**, 44). **(4)** Bei Abtretg der Anspr des LeasG gg den LeasN an den Lieferanten kann der LeasN die GewlAnspr aus §§ 459ff auch einredeweise geltd machen (BGH NJW **85**, 796). **(5)** Unterliegt der LeasN gg den Lieferanten im WandelgsProz, kann er dem LeasG Sachmängel auch dann nicht entgghalten, wenn er den WandelgsProz nur wg Verj verloren hat (BGH NJW **85**, 1535). **ee) Sach-, Preis- und Gegenleistungsgefahr.** Sie betrifft die Frage, ob der LeasN auch bei einer von ihm nicht zu vertretenen (§§ 276, 278), insb zufäll WertMinderg, Verschlechterg od Vernichtg der Sache zur Zahlg der LeasRaten verpfl bleibt u ob die §§ 320, 323, 542 ausgeschl sind. Die hM bejaht es (BGH **71**, 196 u NJW **88**, 198 mwN). Üblweise wird diese Gefahr (abweichd v der ges Regelg des MietVertr) im Vertr ausdrückl dem LeasN überbürdet. Dies gilt nicht, wenn die Sache vertrgem dem Lieferanten zur Nachbesserg übergeben w u dort untergeht (BGH **94**, 44). Das alles verstößt jedenf bei kaufähnl Ausgestaltg nicht gg § 9 ABGB (Ul-Br-He Anh § 11 RdNr 464), wenn näml dafür alle ErsAnspr gg den Verk an den LeasN abgetreten w (Düss ZIP **83**, 1092), wohl aber bei einem rein mietrechtl Inhalt (BGH NJW **77**, 195) od wenn der LeasN bei Verlust der Sache zur sofort Zahlg aller ausstehne LeasRaten verpfl sein soll (BGH NJW **88**, 198). **ff) Kündigung** ist bei einer Sachgesamth nur einheitl zuläss. Während der befristeten GrdMietzeit (§ 564 I) kann nur außerord gekünd werden. Bei Konk vgl Anm ll. Die Grde sind idR vertragl festgelegt, wobei der KündGrd, daß ZwVollstr ins Verm des LeasN betrieben werde, nicht gg § 9 AGBG verstößt (BGH NJW **84**, 871), wohl aber bei KfzLeas, wenn ein kurzfrist KündR auch für den Fall ausgeschl ist, daß das Fahrz untergeht od erhebl beschäd w (BGH NJW **87**, 377 m krit Anm v Berger Betr **87**, 367). Außerdem gelten § 542 (BGH NJW **88**, 204), §§ 553, 554 (BGH NJW **84**, 2687 für § 554). Es gilt insb § 554 I Nr 1 (BGH **95**, 39). Wg der kaufähnl verteilten Sach- u PrGefahr (Anm ee) gilt § 542 nur, solange sie noch den LeasG trifft. Keinesfalls gilt § 626 entspr, insb nicht bei ZahlgsSchwierigk, Aufgabe, Verlegg od Änd des Betriebs (vgl §§ 552, 570). Bei unbestimmter VertrDauer (vgl Eckstein BB **86**, 2144) gelten die vertr vereinb Fr für ord Künd, sonst § 565 I od IV. § 569 gilt, sofern nicht abgedungen (LG Gießen NJW **86**, 2116), was insb bei AGB zuläss ist (v. Westphalen EWiR **86**, 1 zu § 569). Für den Fall der außerord Künd ist die Vereinb einer sog AusgleichsZahlg auch in AGB unbedenkl (BGH **95**, 39 [49]; **97**, 65 [74]). **gg) Beendigung** erfolgt außer Künd (Anm ff) dch Zeitablauf (§ 564 I). Es gelten §§ 556, 557, insb auch bei FinanziergsLeas (BGH st Rspr, zB NJW **89**, 1730, vgl aber § 557 Anm 2a). Regelmäßig wird ein sog AusgleichsZahlg vereinb (vgl BGH **97**, 65). Eine solche dch AGB vereinb AbschlußZahlg (vgl Anm jj aE) bei vertrgem Künd vor Ablauf der kalkulierten AmortisationsZt kann unangemessen sein (vgl BGH NJW **86**, 1746). **hh) Verlängerung** ist einseit mögl bei Option (Anm 1 f); diese erfordert Vereinbg im LeasVertr oder in einem selbstänt Vertr (§ 305). **ii) Rücknahme** des LeasGuts dch den LeasN vor Beendigg (Anm gg) od Künd des Vertr (Anm ff), insb wg ZahlgsVerzugs zur Sicherstell der Anspr des LeasG führt grdsätzl zum Verlust des Anspr auf LeasRaten (BGH **82**, 121). Das folgt aus § 320. **jj) Schadensersatz bei Kündigung** kann der LeasG wg ZahlgsVerzugs (§ 554) als NichtErfüllgsSchad verlangen (BGH **82**, 121), begrenzt dch das ErfInteresse bei vertrmäß Beendigg (BGH **95**, 39). Eine NachFr gem § 326 ist nicht notw, wenn der Vertr wg Verletzg einer and Pfl fristl geknüd w (BGH NJW **84**, 2687). Insb können nicht die restl LeasRaten ohne Abzinsg sofort fäll gestellt u kann nicht zugleich die Rückg der LeasSache verlangt w (BGH aaO u NJW **85**, 796). Der Schad muß konkret berechnet werden (BGH **95**, 39). Zum Modus: BGH NJW **85**, 1539 [1544] u Hamm NJW-RR **87**, 1140. MWSt zum SchadErsAnspr darf nicht verlangt w (BGH NJW **87**, 1690). Für eine zuläss (BGH WM **82**, 7) Schadenspauschalierg ist § 11 Nr 5a AGBG zu beachten (v. Westphalen Betr Beil 6/82; Gerth/Panner BB **84**, 813), auch im kaufmänn Verkehr wg § 9 II Nr 1, § 24 S 2 AGBG. Die häuf vereinb sog AbschlußZahlg nach fristloser Künd des LeasVertr kann auch infolge der Kumulierg v Ren des LeasG wg Verstoß gg §§ 9, 10 Nr 7a AGBG nichtig sein (BGH NJW **82**, 1747). **kk) Verfallklausel** für die restl künft LeasRaten bei fristloser Künd wg ZahlgsVerzugs verbunden mit Rückn des LeasGuts ist unangemessen u nach § 9 AGBG unwirks (BGH **82**, 121), erst recht nach § 10 Nr 7a (BGH NJW **82**, 1747). Der LeasG kann auch wg § 9 AGBG nicht Weiterzahlg der Raten u (nach Künd) Rückg der Sache verlangen (BGH aaO u **71**, 204), es sei denn zur vorläuf Rückn zur Sicherg (BGH **LM** § 242 C d Nr 210). **ll) Insolvenzrisiken. (1)** Lieferant: Hier wird darauf abzustellen sein, ob der LeasN od der LeasG ihn ausgewählt hat (vgl Anm dd 1). **(2)** LeasN: Es gilt § 19 KO (BGH **71**, 189; hierzu v. Westphalen BB **88**, 218). Über § 242 ist eine Einschränkg geboten: der LeasG darf nicht fristl bei solchen Ggständen künd, die für die KonkAbwicklg benöt werden, zB EDV-Anlagen. Die nach KonkEröffng anfallenden Raten sind Masseschulden (§ 59 I Nr 2 KO). **(3)** LeasG: § 21 KO. **mm) Verjährung** richtet sich nach allg mietrechtl Vorschr; insb gilt § 558 (Ffm MDR **82**, 406), auch für die sog RestwertAbsicherg bei vertrgem Beendigg des LeasVertr (Meyer a. d. Heyde BB **87**, 498); aber nicht für einen bei vorzeit Beendigg vertr vorgesehenen Ausgleich zw ursprüngl angenommenem Restwert u tatsächl Verkehrswert (BGH **97**, 65); § 196 I Nr 7; § 558 Anm 2b, aa. Das gilt jedenf für FinanziergsLeas. And bei Hersteller- od HändlerLeas: LG Ffm NJW **85**, 2278 (wohl zu weitgehd).

539

Im Verh zum Lieferanten gilt § 477 auch bei Verletzg der BeratgsPfl (BGH NJW **84**, 2938). **nn) Anfechtung** des LeasVertr wird in der Praxis häuf vom LeasN ggü dem LeasG erkl. Dabei wird meist übersehen, daß der Lieferant (Verk), dem die Täuschg angelastet wird, grdsätzl Dr iS des § 123 II ist, wenn er nicht als Vertreter des LeasG aufgetreten ist (Canaris NJW **82**, 305 [311]). Andererseits muß der LeasG, der dch mehrseit VertrÜbern anstelle des LeasN dessen Re u Pfl übernimmt, sowohl ggü dem LeasN als auch dem Lieferanten anfechten (BGH **96**, 302). **oo) Sonstige Rechtsfolgen:** Beim Kfz-Leas, das auf längere Zt vereinb ist, wird der LeasN Halter des Kfz (BGH **87**, 133). VersichergsLeistgen bei TeilSchad stehen im InnenVerh dem LeasN zu (BGH **93**, 391).

g) Refinanzierung des LeasG erfolgt regelmäß bei Banken dch Darl; diese werden gesichert dch Sicherg-Abtretg der LeasFdgen u SicherEigt am LeasGgstd, neuerdings dch Verkauf der LeasFdgen mit Haftg aus § 437 (sog Forfaiting). Zu den sich hieraus ergebnd Problemen vgl Lwowski ZIP **83**, 900.

5) Inhalt des Mietverhältnisses. In den §§ 535–580a ist das MietVerh so geregelt, daß ein Teil der Vorschr für MietVerh über alle Arten von Sachen gilt; daneben gibt es Vorschr, die nur für MietVerh über bestimmte Arten von Sachen gelten. Danach ist zu unterscheiden: MietVerh über bewegl Sachen (Anm 10), WoRäume (Anm 8), sonstige Räume (Anm 7) u Grdst (Anm 6), denen eingetr Schiffe u Luftfahrzeuge gleichstehen (§ 580a; § 98 LuftfzRG). Alle MietVerh unterstehen als DauerschuldVerh im verstärkten Maße Treu u Glauben. Es gilt VertrFreih (Einf 3 vor § 145; Einl 1a, b vor § 241); sie ist aber insb im WoMietR dch zahlr Vorschr eingeschränkt. **a) Dauer:** Begründet w das MietVerh immer dch MietVertr (Anm 1; § 535 Anm 1), grdsätzl formfrei (Ausn: § 566 u § 125 S 2); beendet dch Zeitablauf (§ 564 I), dch jederzeit mögl Vertr zw Verm u Mieter (§ 305 Anm 3), dch außerord Künd (§§ 542, 544, 553–554a), dch ord Künd, wenn MietVerh auf unbest Zeit eingegangen ist (§ 564 II). Ist bei Beendigg des MietVerh die gemietete Sache noch nicht gem § 556 I zurückgegeben, besteht ein sog AbwicklgsVerh (§ 557; 1 d vor § 987), Verlängerg des MietVerh ist VertrÄnd (§ 305) mit dessen Fortbestand u Identität. **b) Pflichten und Rechte** aus dem MietVerh. Den Pfl entspr auf Seiten des VertrPartners Anspr. Im GgseitigkVerh stehen die Gebrauchsgewährgs- u ErhaltsgsPfl des Verm zur MietzahlgsPfl des Mieters (allgM). **aa) Pflichten des Vermieters:** Den Gebr zu gewähren (§ 535 S 1), die Mietsache zu erhalten (§ 536), für Sach- u Rechtsmängel Gewähr zu leisten (§§ 537–541), Lasten der Mietsache zu tragen (§ 546), Verwendgen des Mieters zu ersetzen (§ 547), Wegnahme von Einrichtgen des Mieters zu dulden (§ 547a); FürsorgePfl (§ 535 Anm 2b, aa); VerkSichergsPfl (§ 535 Anm 2b, bb). Darühinaus können sich weitere NebenPfl ergeben (vgl § 535 Anm 2b). **bb) Pflichten des Mieters:** Den Mietzins zu zahlen (§ 535 S 2); die SorgfaltsPfl u Pfl zur Einhaltg des vertrgem Gebr (§§ 550, 553), die ObhutsPfl (§ 545); ferner gewisse DuldgsPfl (insb baul Maßn, §§ 541a, 541b, Besichtigg der Mietsache); bei Beendigg des MietVerh die RückgPfl (§ 556). Darühinaus können sich NebenPfl ergeben, zB DchFührg von SchönhReparaturen (§ 536 Anm 4c), Unterlassen von Ruhestörgen, Reinigg. **c) Rechte des Mieters gegen Dritte.** Da Miete nur schuldrechtl wirkt, hat Mieter gg Dritte (auch Mitmieter, BGH NJW **69**, 41) unmittelb nur Anspr aus §§ 859–862, 869, 1007 u §§ 823 I, II, 858, soweit der Mieter Bes der Mietsache hat. Außerdem kann er bei Störg des vertragsgem Gebr v Dr vom Verm verlangen, daß dieser gg den Dr vorgeht (BGH JR **66**, 177). **d) Rechte Dritter aus dem Mietverhältnis** (sog Schutzwirkg): § 328 Anm 2b, 3a, ii.

6) Grundstücksmiete. a) Anwendungsbereich: direkt auf Grdst (Übbl 1 vor § 873), alle unbebauten Grdst, Teile eines Grdst od Gebäudes, die nicht Räume, insb WoRäume, sind (vgl Anm 7a, 8a u § 580), zB Wandaußen- und Dachflächen (hM; Erm-Schopp § 580 RdNr 3 mwN), insb zum Anbringen v Warenautomaten (vgl aber Anm 2k), Teilfläche eines Camping-Platzes (Ffm NJW-RR **86**, 108). Entspr auf eingetragene Schiffe und Luftfahrzeuge (§ 580a, § 98 LuftfzRG). Subsidiär auf Räume (Anm 7), insb WoRäume (Anm 8a); vgl § 580. **b) Rechtsgrundlagen:** SondVorschr für die GrdstMiete sind: §§ 551 II, 556 II, 559–563, 565 I, 566, 571–579. Soweit nicht diese SondVorschr eingreifen, gilt das allg MietR (§§ 535 ff) u VertrFreih. **c) Abgrenzung.** Ob die Miete sich auf WohnR (Anm 8) od auf sonst Räume (Anm 7) bezieht, richtet sich primär nach der PartVereinbg (allgM). Fehlt sie, ist aus den obj Umständen der Rückschl auf den PartWillen zu ziehen.

7) Raummiete. a) Anwendungsbereich: Räume sind alle Gebäude u Innenräume von Gebäuden, insb GeschRäume (Läden, Werkstätten, Kino, Fabrikgebäude, Gaststätten, Lagerräume uä), Garagen, Sporthallen, Vortragssaal, auch WoRäume. Keine Räume sind: Plätze od Stände in Räumen (BGH **LM** § 581 Nr 31 [Pacht eines Rs]), bewegl Sachen u deren Innenräume, zB Schiffsräume, Wohn- u Gerätewagen, auch wenn sie an festem Platz aufgestellt sind. **b) Rechtsgrundlagen:** Es gelten die SondVorschr §§ 541a, 541b, 547a II, 554a, 557 I u die für GrdstMiete (Anm 6). Soweit nicht die SondVorschr eingreifen, gilt das allg MietR mit Ausn der Vorschr, die nur für WoRaum anwendb sind (Anm 8). Im übr gilt VertrFreih.

8) Wohnraummiete. a) Anwendungsbereich: WoRaum ist jeder zum Wohnen (insb Schlafen, Essen, Kochen, dauernder priv Benutzg) bestimmte Raum, der Innenteil eines Gebäudes, nicht notw ein wesentl Bestandteil eines Grdst ist, daher auch transportable Baracken; nicht aber bewegl Sachen u deren Innenräume, zB Wohnwagen, Schiffskajüten (hM). Zum WoRaum gehören auch die Nebenräume (zB Bad, Flur, Abstellraum, Kellerabteil). Unter dem Begriff Wohng versteht man die Gesamth der Räume, welche die Führg eines Haush ermögl (daher nicht ein einzelnes Zimmer). Nicht WoRaum sind die Räume der Beherberggsbetriebe. Kein WoRaumMietVertr liegt vor, wenn die BRep Wohngen v WoEigt mietet, um sie gem Nato-Truppenstatut den Angeh der StreitKr zur Vfg zu stellen (BGH NJW **85**, 1772). **b) Rechtsgrundlagen:** Seit Aufhebg der WoZwangswirtsch gilt für MietVerh über WoRaum das im 1.–3. MietRÄndG geschaffene soz MietR, dessen bürgerl-rechtl Teil im BGB (der prozessuale Teil in die ZPO) eingearbeitet ist (Anm 13). Es besteht grdsätzl, soweit die §§ 535–580 sie nicht in Einzelh einschränken, VertrFreih, insb freie Wahl des VertrPartners, mit Ausn bei SozWo (Anm c, aa) freie Vereinbg des MietPr u bes Mieterleistgen. KündSch wird dch die verlängerten Fr (§ 565 II, III), die §§ 564b, 564c, die sog SozKlausel (§ 556a) u die beschränkte MietErhöhg (MHG) gewährt. Die §§ 535–579 gelten grdsätzl alle für das WoRaummiet-

Verh, soweit sie nicht ausdr nur für Grdst u and Räume (zB § 565 I) od nur für bewegl Sachen (zB § 565 IV) anzuwenden sind. Nur für WoRaum gelten die §§ 547a III, 550b, 554b, 556a–c, 557 II–IV, 557a II, 564a, 564c, 565 II, III, 565 a–e, 569a, 569b, 570a u SonderGe. Für MischmietVerh vgl Anm 9.

9) Mischmietverhältnisse sind MietVerh, die auf einheitl MietVertr beruhen, sich aber auf Sachen erstrecken, für die verschiedene mietrechtl Vorschr gelten; zB verbundene Wo- u GeschRäume, möblierte WoRäume, WoRäume mit Garten, teils als Wohng teils als Atelier genutzter Raum (Hbg MDR **68**, 327). Hierbei können versch gesetzl Vorschr konkurrieren, insb für die KündFr. Grdsätzl gelten für jede der vermieteten Sachen die dafür anwendb Vorschr (Grdst-, Raum- od WoRaummiete, Anm 6–8, od für bewegl Sachen). Dch VertrAuslegg kann sich ergeben: **a) Untrennbar vermietete Sachen:** dazu gehören idR möblierte Zimmer, WoRäume mit Laden. Es kann nicht zT gekünd w. Es sind die Vorschr anzuwenden, die für den Teil der vermieteten Sache gelten, worauf sich der vorherrschde, wahre VertrZweck bezieht (hM; BGH ZMR **86**, 278). Ist die NutzgsArt gleichwert, so wird auf Übergewicht des beiderseitigen Mietzinses abzustellen sein; iZw gelten die längere KündFr gem § 565, § 564b u das MHG. **b) Trennbar vermietete Sachen:** idR Wo mit Garten od Garage; es kann getrennt mit der jeweils anwendb Fr gekünd w, wenn die Auslegg des Vertr die TeilKünd zuläßt (vgl § 564 Anm 3d); für jeden Teil gelten getrennt die dafür anwendb Vorschr (vgl LG Duisbg NJW-RR **86**, 1211).

10) Miete beweglicher Sachen umfaßt den restl Bereich des MietR (vgl Anm 1). **a) Begriff** der bewegl Sache: 3a vor § 90. **b) Anwendbare Vorschriften:** §§ 535–569, soweit sich die jeweil §§ nicht ausschließl auf Grdst-, Raum- od WoRaumMiete beziehen. **c) Formularverträge** fallen unter das AGBG (§ 1 II AGBGB). Prakt bedeuts für Kfz-Miete. Danach gelten, soweit anwendb (§ 24 AGBGB beachten), die Kataloge der §§ 10, 11 AGBGB. **aa) Unwirksam:** BewLast des Mieters für Nichtvorliegen grober Fahrlässk (BGH **65**, 118; Einschränkn der HaftgsFreistellg, die mit dem Leitbild der Kasko-Vers unvereinb sind (BGH stRspr NJW **81**, 1211 mwN u WM **83**, 1009), zB Wegfall der HaftgsFreistellg bei Überlassg der Kfz-Führg an einen zur Führg v Kfz berecht Dr (BGH aaO); Pfl des Mieters, den Verm v allen Anspr Dr freizustellen (Ffm Betr **82**, 948); Begrdg einer schuldunabhäng Haftg (Lö-vW-Tr RdNr 50); Pfl zur Fortzahlg der vollen Miete währd einer RepZt (Ul-Br-He § 11 RdNr 513; aA Zweibr VersR **81**, 962). **bb) Wirksam:** Wegfall der HaftgsFreistellg bei Verzicht auf pol UnfallAufnahme (BGH NJW **82**, 167).

11) Finanzierungsbeiträge und andere Mieterleistungen sind Vermögensaufwendgn, die der Mieter od ein Dritter auf Grd von od iVm MietVertr neben der Mietzahlg zG des Verm od eines ausziehenden Mieters erbringt. **a) Zulässigkeit** ist im Rahmen der VertrFreih grdsätzl gegeben. Auch in Bln sind ab 1. 1. 88 FinanzierungsBeitr u AbstandsZahlgen (Anm gg) bei früher preisgebundenem WoRaum preisrechtl zuläss, weil auch in Bln das 1. BMietG aufgehoben ist (§ 8 II Nr 1 G v 14. 7. 87, BGBl 1625). Bei SozWo sind einmalige Leistgen des Mieters nur nach Maßg des § 9 WoBindG zuläss. **b) Arten.** Insb seit 1948 haben sich verschiedene Arten von Mieterleistgen herausgebildet, die entweder einen FinBeitr (Anm aa, bb, dd, ee, ff), ein Überlassgsentgelt (Anm cc, gg) oder eine SicherhLeistg (Anm hh) darstellen. **aa) Verlorener Baukostenzuschuß.** (1) Begriff: Eine Geld- od Sachleistg, die der Mieter (od für ihn ein Dritter) zG des Verm zum Neubau, Wiederaufbau, Ausbau, zur Erweiterg, Wiederherstellg od Instandsetzg von Räumen, insb Wo Räumen, erbringt, ohne daß der Verm zur vollen od teilw Rückerstattg dieser Leistg vertragl verpfl ist. Ob eine solche Vereinbg vorliegt, ist oft Auslegssfrage (vgl BGH NJW **64**, 37). Sie ist meist Teil des MietVertr. (2) Zulässk ist grdsätzl gegeben. Die Vereinbg ist nur in folgdn Fällen unzuläss: Bei SozWo grdsätzl immer (§ 9 I WoBindG), ausnahmsw zugelassen nach § 9 IV WoBindG. Bei öff gefördertem WoRaum sind verlorene BaukZuschüsse grdsätzl verboten, ausnahmsw dann zugel, wenn sie von Dr (zB dem ArbGeber des Mieters) erbracht w u keine Verbindlichk des Mieters begründet wird (§ 50 I II. WoBauG). Für den inzw weitgehd ggstdslos gewordenen RZustd im GeltgsBereich des I. WoBauG wird auf die 42. Aufl verwiesen. (3) RFolgen unzuläss Vereinbg: Nichtigk aus § 134, wobei der MietVertr davon nicht erfaßt w (vgl § 139 Anm 6). RückzahlgsAnspr aus § 812 I. Ist gg § 9 WoBindG verstoßen, besteht ein vertr RückerstattgsAnspr (§ 9 VI WoBindG). (4) Rückzahlg bei zuläss Vereinbg: Der Anspr des Mieters od des Dr bei WoRaum ist ges geregelt dch Art VI des G zur Änd des II. WoBauG ua vom 21. 7. 61 idF des G v 24. 8. 65 (BGBl I 969). AnsprBerecht ist, wer den BaukZusch geleistet hat (BGH NJW **67**, 561). Bei Untermiete vgl BGH **71**, 243. Für Anwendg von § 812 auf den nicht abgewohnten BaukZusch: BGH **29**, 289. **bb) Abwohnbarer Baukostenzuschuß** unterscheidet sich von Anm aa ledigl dadch, daß die Leistg des Mieters auf die Miete angerechnet w. Das ist als vorausbezahlter Mietzins zu behandeln (BGH **29**, 289). Daher ist § 557a anzuwenden (Soergel-Kummer 158). Vereinbg (wie Anm aa) ist grdsätzl zul (insb bei nicht preisgebundenem WoRaum), aber unzul. bei SozWo, wenn gg § 9 II WoBindG verstoßen w. Einseit Mieterhöhungen sind idR (im Wege der VertrAuslegg) ausgeschlossen, soweit der BaukZusch abgewohnt w (Ffm ZMR **67**, 120); ebso die ord Künd, wobei aber § 566 (Schriftform) zu beachten ist (LG Bochum MDR **70**, 512). **cc) Mietvorauszahlung.** (1) Begriff: Ist vorausbezahlter Mietzins, der nicht vereinbgsgem zu Bau- od Instandsetzsarbeiten an der vermieteten Sache geleistet w u dessen Verwendg dem Verm freigestellt ist; darin liegt der Unterschied zum abwohnb BaukZusch. Eine solche Mietvorauszahlg ist kein FinBeitr. (2) Zulässk ist grdsätzl gegeben, insb bei nicht preisgebundenem WoRaum. Sie ist eingeschr nur bei SozWo (§ 9 II–IV WoBindG). Bei öff gefördertem WoRaum hat die Ann v FinBeitr als MietvorausZahlg genehmbedürft (§ 50 II S 1 II. WoBauG) u bei WohnBesWohngen verboten (§ 50 II S 2 II. WoBauG), wenn sie nicht v Dr geleistet w (§ 50 V II. WoBauG). (3) Wirkg: Rückerstattg zul Mietvorauszahlg nach § 557a. Bei RNachf auf der VermSeite gelten §§ 573, 574 (vgl dort Anm 1b u 2a). Daß das Geld nicht für den Aufbau od Ausbau des MietGrdst best w u nicht hierfür verwendet w, kann dem Erwerber nicht entgegenhalten w (BGH **37**, 346); anders bei Anm bb. Ord Künd ist wie bei Anm bb aE ausgeschl. **dd) Mieterdarlehen.** (1) Begriff: Ist ein Darl (§ 607), das der Mieter dem Verm mit Rücks auf den Abschl des MietVertr gewährt. Es ist ein FinBeitr, wenn es vereinbgsgem zu einem der in Anm aa aufgeführten Zwecke verwendet w, sonst Überlassgsentgelt. (2) Zulässk ist nur bei SozWo u öff gefördertem WoRaum eingeschr, wenn es sich um zugel FinBeitr des Mieters handelt (§ 9 II–IV WoBindG, § 28 II I. WoBauG, § 50 II II. WoBauG). (3) Wirkg: Die

Einf v § 535 11–13 2. Buch. 7. Abschnitt. *Putzo*

Rückzahlg des MieterDarl geschieht idR dch vertragl Aufrechng gg die einzelnen Mietzinsforderen nach Eintritt der vereinb Fälligk; bei Beendigg des MietVerh ist iZw der DarlRest zur Rückzahlg fällig. Handelt es sich um einen FinBeitr, so trifft über § 571 den Erwerber die Pfl zur Verrechng (BGH **16**, 31) u Rückzahlg (Ffm NJW **64**, 453). Bei unzuläss Vereinbg besteht ein vertr RückerstattgsAnspr (§ 9 VII WoBindG).
ee) Werkförderungsvertrag ist ein Vertr zw dem Verm u einem Geldgeber (idR ein ArbGeber), der einen FinBeitr (insb ein Darl) gewährt, wofür sich der Verm verpfl, MietVertr zu best Bedingen mit den Pers abzuschließen, die der Geldgeber benennt (idR dessen ArbN). Auch bei öff geförderten Wohngen zul gem § 28 I. WoBauG u § 50 V lit a II. WoBauG. WerkfördersVertr (uU Vertr zGDr, § 328 Anm 3 b) u Miet-Vertr sind versch, getrennte Vertr. Dem Geldgeber steht gg den Verm ein schuldrechtl BeleggsR zu. Dieser Anspr ist gem § 398 abtretb; § 399 steht nicht entgg (BGH NJW **72**, 2036). Das BeleggsR erlischt grdsätzl nicht dadch vor der vereinb Zt, daß der DarlN das Darl vorzeit zurückzahlt (BGH NJW **75**, 381). Schuldh Verletzg des BeleggsRs verpfl zum SchadErs (BGH WM **62**, 1223). § 571 gilt für das BeleggsR nicht (§ 571 Anm 4). Zur ord Künd ist iZw die Zust des Geldgebers erforderl; aber nur solange das BeleggsR besteht (BGH WM **69**, 1454). Der Verm kann jedoch nicht stets am MietVertr mit einem bestimmten Mieter festgehalten w (BGH aaO). Wg Bindg an vereinb Mietzins vgl BGH NJW **60**, 382, Celle NJW **67**, 2264. Vereinbg der Kostenmiete bedeutet, daß sie nach der II. BerVO zu ermitteln ist (BGH WM **75**, 668).
ff) Aufbaudarlehen: siehe hierzu die 35.–42. Aufl. **gg) Abstand. (1) Begriff.** Ist eine Geld- od Sachleistg, die von dem neuen Mieter an den weichden Mieter dafür erbracht wird, daß dieser den WoRaum freimacht, damit der Leistende den WoRaum mieten kann (vgl hierzu Wiek ZMR **82**, 356). Ist ein atypischer ggseit Vertr u zu unterscheiden von der Ablösg (Übern v Mobiliar od EinrichtgsGgstden dch den neuen Mieter), die als Kauf zu qualifizieren ist. Übersteigt die Ablösesumme den Wert der abgelösten (verkauften) Sachen, so liegt in einem einheitl Vertr eine verdeckte AbstandsZahlg vor (BGH NJW **77**, 532). **(2) Zulässk:** Bei nicht preisgebundenem WoRaum ist der Abstand unbedenkl (einschr LG Ffm ZMR **86**, 202). Auch bei Soz-Wohng ist er zul, weil § 9 WoBindG nur Vereinbg zw Verm u Mieter betr (BGH NJW **82**, 1040; aA Wiek NJW **83**, 2926 mwN). Keinesf darf der Verm preisgebundenen WoRaums für den Abschl des MietVertrs eine einmal Leistg entggnehmen (§ 9 I WoBindG). Für preisgebundene AltbauWohngen in Bln ist der Abstand grdsätzl unzul (§ 29 II 1. BMietG). **(3) Wirkg:** Der Verm wird ohne eine Vereinbg, an der er beteil ist, aus dem AbstandsVertr zw den Mietern nicht verpfl, den neuen MietVertr abzuschließen (vgl § 535 Anm 1 c). Es ist dann nach §§ 812 ff abzuwickeln. Kommt der beabsichtigt MietVertr mit dem Verm nicht zustande, gilt § 812 I S 2. **hh) Mietkaution (1) Begriff.** Sie ist eine SicherhLeistg des Mieters für künft Anspr des Verm aus dem MietVerh, die in verschiedenen Formen gestellt werden kann (vgl § 232), zB dch Bargeld od Einzahlg auf Konto des Verm, mögl u zweckmäß auf Sperrkonto, dch Errichtg eines Sparkontos mit Sperrvermerk zG des Verm (PfdRBestellg, SichergsAbtretg (auch v Lohn- u GehaltsAnspr, Derleder/Stapelfeld ZMR **87**, 123) od schuldrechtl VfgsBeschränkg (BGH NJW **84**, 1749). Auch nach AGBG grdsätzl zul. **(2) Rechtsfolgen.** Bei WoRaum SpezialRegelg in § 550b. Der Verm kann die (vertrwidr nicht gezahlte) Kaution auch noch nach Beendigg des MietVerh verlangen, sofern er noch Anspr gg den Mieter hat (BGH NJW **81**, 976 für Pacht). RückzahlgsPfl erst bei Beendigg des MietVerh, soweit die Anspr des Verm erfüllt sind (BGH NJW **72**, 721) od verjährt (LG Wiesb WoM **86**, 253). Prakt bedeutet dies einen ZtRaum bis zu 2 od sogar 6 Monaten (Derleder/Stapelfeld aaO mwN). Vorher ist die Kaution nur Sicherh, keine Erf. **(3) Aufrechnung.** Der Mieter darf mit der RückzahlgsFdg nicht aufrechnen, solange noch and Anspr des Verm bestehen können, u Zahlg nicht zurückhalten (BGH aaO). Aufrechng dch Verm ist jedenf währd der Mietzeit nicht mit einer bestr Fdg zul, weil Kautionsabrede iZw entggsteht. Nur bei bes Vereinbg ist Befriedigg des Verm an der Kaution währd der Mietzeit zul u Anspr auf Auffüllg der Kaution gegeben. Der Verm ist nach Beendigg des MietVerh nicht gehindert, mit SchadErsAnspr aufzurechnen, auch wenn § 558 verjährt sind, auch wenn er innerh von 6 Monaten nach Mietende üb die Kaution nicht abgerechnet hat (BGH NJW **87**, 2372; aA Celle NJW **85**, 1715). **(4) Veräußerung** des Grdst dch Verm. Es gilt § 572. Der Anspr auf Rückzahlg der Kaution ist im Konk des Verm nicht Masseschuld (§ 59 I Nr. 2 KO), sond einf KonkFdg (umstr; wohl hM; vgl Jauch WoM **89**, 277). **(5) Verzinsung.** Bei WoRaum gilt § 550b. Bei GeschRaum richtet sie sich nach der Vereinbg. IZw ist sie zu bejahen, da die Kaution als irreguläres NutzgsPfdR anzusehen ist (BayObLG NJW **81**, 994). Dem steht für GeschRäume BGH **84**, 345 nicht entgg.

12) Wohnraumzwangswirtschaft. Sie umfaßte Mieterschutz, Mietpreisbindg u WoRaumbewirtschaftg. Sie ist bis 21. 12. 69 stufenweise abgebaut worden. MietPrBindg bestand nur noch für Altbau-Wohngen (bis 31. 12. 49 bezugsfert geworden) in Bln bis 31. 12. 87 u ist aufgeh dch G v 14. 7. 87 (BGBl 1625). Für diese Wo gilt ab 1. 1. 88 bis 31. 12. 94 das MHG mit SoRegelgen (§§ 1–7 G v 14. 7. 87). PrBindg besteht außerdem noch für die SozWo (Anm 8 c, aa) aGrd des WoBindG, für BedienstetenWo (Anm 13 c, dd) u öff geförderte Wo, soweit sie nicht SozWo sind (Anm 13 c, ee).

13) Soziales Mietrecht. Es ist zunächst dch die 3 MRÄndG u die dadch vorgenommenen Änd des BGB verwirkl. **a) Bestandsschutz.** WoMietVerh können grdsätzl frei (ord od außerord) gekünd w. Der Schutz des Mieters von WoRaum wird gewährt dch §§ 564b, 564c u dch die sog SozKlausel (§§ 556a–c). Ein mittelb Bestandsschutz wird gewährt dch das Verbot der Zweckentfremdg bei SozWo (§ 12 WoBindG) u in sog Ballgsgebieten nach landesrechtl VO (Art 6 MRVerbG). **b) Vertragliche Mieterhöhungen.** Grdsätzl kann die Höhe der Miete frei vereinb w, soweit nicht die MietPrBindg (Anm 12a) entggsteht. Eine allg Grenze gg überhöhten Mietzins bilden die dch Art 7, 8 MRVerbG eingefügten § 302a StGB, § 5 WiStG. Währd eines MietVerh kann die Mieterhöhg, wenn der Mieter sie nicht vereinb, grdsätzl nur dch das MHG od dadch herbeigeführt w, indem der Mietzins dch VertrÄnd (§ 305) neu vereinb w. **c) Einseitige Mieterhöhungen** dch schriftl Erkl des Verm sind in bestimmten Umfang zugelassen, um die Miete an veränd wirtschaftl Verh (bei MietPrBindg) od einen gesteigerten Mietwert des WoRaums (zur Vermeidg einer Änd-Künd) anzupassen. Die Erkl des Verm (Ausübg eines GestaltungsR) unterliegt grdsätzl der Schriftform (§ 126), ausnw nicht, wenn sie dch automat Einrichtgen gefert w (§ 10 I 5 WoBindG idF des Art 5 MRVerbG). In allen Fällen einseit Mieterhöhg kann der Mieter das MietVerh innerh best Fr künd u damit

Einzelne Schuldverhältnisse. 3. Titel: Miete. Pacht **Einf v § 535, § 535**

den Eintritt der Mieterhöhg vermeiden (§ 9 MHG, § 11 WoBindG). Es ist zu unterscheiden: **aa) Sozialwohnungen:** Erhöhg auf die zul Kosten- od VerglMiete (§§ 8–8b WoBindG) ist mögl: soweit die vereinb Miete niedriger ist (§ 10 WoBindG). Zur Wirksk v ErhöhgsErkl vgl Gärtner NJW 80, 153. **bb) Modernisierte Wohnungen:** beschr Erhöhg dch § 3 MHG. **cc) Preisgebundener Wohnraum.** Für Altbauwohngen (vor dem 31. 12. 49 fertiggestellt) ist die allg PrBindg, seit 1. 1. 88 auch in Bln abgeschafft (§ 8 G v 14. 7. 87, BGBl 1625). **dd) Bedienstetenwohnungen** (BeleggsR zG Angeh des öff Dienstes); Erhöhg auf die Kostenmiete, entspr der Regelg des WoBindG (Anm aa; § 87 a II. WoBauG). **ee) Öffentlich geförderte Wohnungen,** die nicht SozWo (Anm aa) sind. Solange sie unter § 88 od § 111 II. WoBauG fallen, ist Erhöhg auf die Kostenmiete zul (§§ 88 b, 111, 87 a II. WoBauG). **d) Mietpreisberechnungen.** Soweit MietPrBindg besteht (Anm 12), sind für die Berechng der Mietentgelte anzuwenden: **aa) NMV 70** (idF v 5. 4. 84, BGBl 579, geänd dch VO v 25. 5. 88 BGBl 643), für preisgebundene NeubauWo (bezugsfert nach dem 20. 6. 48), SozWo (Anm c, aa) u öff geförderte Wo (Anm c, ee). **bb) II. BerechnungsVO** (idF v 5. 4. 84, BGBl 553, geänd dch VO v 25. 5. 88 BGBl 643), soweit die Anwendg des WoBindG u des II. WoBauG für die Bemessg der Kosten- u VerglMiete eine Berechng von Wirtschaftlk od WoFläche erfordert. **cc) HeizkostenVO** (idF v 5. 4. 84, BGBl 592) regelt die KostenVerteilg v zentralen Heiz- u Warmwasser-VersorggsAnlagen, Fernwärme u -warmwasser; gilt grdsätzl auch für preisgebundenen WoRaum.

535 *Vertragliche Hauptpflichten.* **Durch den Mietvertrag wird der Vermieter verpflichtet, dem Mieter den Gebrauch der vermieteten Sache während der Mietzeit zu gewähren. Der Mieter ist verpflichtet, dem Vermieter den vereinbarten Mietzins zu entrichten.**

1) Mietvertrag. Begr u RNatur: Einf 1 a, b vor § 535. **a) Abschluß.** Nach §§ 145 ff. Erforderl ist Einigg über MietGgst, -zeit u -preis, sowie darüber, daß die Überlassg zum Gebr erfolgt; nicht notw ist idR die Einigg üb die konkr Umfang des Gebr (hM; vgl Leenen MDR 80, 353). Nur einseit GebrAnmaßg ohne Zust des Verm ist kein MietVertr. Zusage im Rahmen von VertrVerhandlgen kann Haftg aus c. i. c. (vgl § 276 Anm 6) begründen (LG Mannh ZMR 71, 133), falsche Selbstauskunft des Mieters die Anfechtg (hierzu Hille WoM 84, 292 mwN; Schmid DWW 85, 302). Form des MietVertr: Grdsätzl frei; Ausnahme: § 566. Stillschw Abschl eines MietVertr ist mögl, wenn eine Gemsch (§ 741) od eine GesHand einem ihrer Mitgl eine Sache, insb Räume, gg wiederkehrdes Entgelt überläßt (BGH WM 69, 298; vgl aber Einf 2 f vor § 535). Eintritt des Eheg oder dem FamAngeh des verstorbenen Mieters in den MietVertr ist nach § 569 a mögl. Begründg eines MietVertr dch richterl Gestaltg ist bei Ehescheidg mögl (§ 5 HausratsVO). Besteht zw den VertrPart Einverständn mit vorzeit Einzug des Mieters, so ist ein vereinb vorzeit VertrBeginn (§ 305) mit allen Rechten u Pfl anzunehmen. **b) Gegenstand.** Vgl hierzu Einf 6–9 vor § 535. Nur Sachen, nicht Rechte. Auch Teile von Sachen, zB Hauswände (für Reklamezwecke), Fensterreste, Luftraum, Flächen im Innern von öff VerkMitteln. Sache ist auch die Software (Köhler CR 87, 827). Ein einheitl MietVertr kann sich auf mehrere Sachen beziehen, insb auf Räume u Wohngen in verschiedenen Stockwerken (LG Bambg BlGBW 75, 75). GebrGewährg öff Anlagen gg Gebühr ist regelm nicht Miete, sond RVerh öffrechtl Natur (vgl Einf 2k vor § 535). Das gilt insb für Telefon (BGH 39, 36), Rundfunk u Fernsehen. **c) Verpflichtung zum Abschluß eines Mietvertrags** kann sich aus MietVorvertr (Einf 1 d vor § 535) ergeben od aus sog Nachf-Klausel (Verpfl ggü Mieter mit einem von diesem benannten neuen Mieter MietVertr abzuschließen). Vgl hierzu BGH NJW 66, 1706; wg „solventen" MietNachf vgl BGH Warn 69, 334, SchadErsPfl des Verm bei schuldh Verletzg dieser Pfl (BGH WM 67, 788). Ohne vereinb NachfKlausel ist Verm nicht verpfl, mit einem vom Mieter vorgeschlagenen Nachf abzuschließen (BGH NJW 63, 1299; vgl auch Weimar MDR 69, 631). Wg Mietvorauszahlg vgl § 557 a Anm 3. **d) Mehrheit von Vertragspartnern.** Einheitl od sukzessiver VertrAbschl mögl, ebso die Beendigg dch AufhebgsVertr (§ 305). Künd: § 564 Anm 3 f. Erhöhgsverlangen: § 2 MHG Anm 5 d. **aa) Vermieter:** Grdsätzl Gemsch (§ 741), insb bei MitEigt, wobei nur jeder MitEigt auch Verm ist, der als VertrPart den MietVertr mit abschließt, nicht aber, wenn er die Vermietg lediglich zustimmt. Gesellsch nur, wenn Voraussetzgen des § 705 vorliegen. Häuf ErbenGemsch (§ 2032). Die Verm sind MitGläub (§ 432); daher kann die Miete nur gem § 432, nicht anteil (§ 420) eingezogen w (BGH NJW 69, 839). **bb) Mieter:** Grdsätzl Gemsch (§ 741); bestr, vgl Schopp ZMR 76, 321). Gesellsch nur, wenn Voraussetzgen des § 705 erf sind; das ist bei GeschRaummiete regelmäß der Fall (Schopp aaO) u bei Wohngemeinschaften (Schüren JZ 89, 358 [360]). Bei der nichtehel LebensGemsch kommt es auf die VertrGestaltg im Einzelfall an (vgl Scholz NJW 82, 1070). Bei ErbenGemsch gilt § 2032. Es besteht GesSchuld (§§ 421–427) für alle Pfl aus dem MietVerh, soweit nicht vertragl abgeändert (§ 305). Bei Eheg kommt es auf den Vertr an, ob beide es sind od welcher von ihnen Mieter ist. Haben beide Eheg den Vertr abgeschl, so bestehen bei WoRaum zwei selbstd MietVerh, die miteinander so verbunden sind, daß das eine nicht ohne das andere bestehen kann (hM; Schopp aaO). Bei Tod eines Eheg: §§ 569 a, 569 b. Anspr jedes Eheg gg den and, als Mitmieter beteil zu w (Pohle MDR 55, 5). Kein Anspr des Verm auf Beitritt zum MietVertr, wenn der Eheg währd des MietVerh in die Wohng zieht (LG Aach NJW-RR 87, 1373 mwN). **e) Wechsel der Vertragspartner:** Nach allg schuldrechtl Grdsätzen dch Vertr (§ 305); für einzelne Rechte u Pfl nach §§ 398, 414, 415. Ferner GesRNachfolge (§§ 1922, 1967). Der MietVertr behält dann grdsätzl seinen bisher Inhalt (BGH NJW 78, 2504). KündR (§ 569) bei Tod des Mieters mit SoRegelg für FamAngeh bei Wo-Raum. Bei Veräußerg eines Grdst gelten §§ 571–576. Vertragl Fälle: § 549 Anm 7. Bei WohnGemsch ist für jeden Wechsel die Zust des Verm erforderl (umstr).

2) Pflichten des Vermieters. ZusStellg: Einf 5 b, aa vor § 535.

a) Gebrauchsgewährung (S 1) ist Haupt- u GgseitkPfl, für den VertrTyp Miete unerläßl. Ihr Inhalt wird ergänzt dch § 536 best. Der Verm muß die Mietsache so bereitstellen, daß der Mieter in der Lage ist, den übl oder vertragl bestimmten Gebr zu machen; dazu gehört das Überl der Mietsache (§ 536 Anm 3) u das Belassen, auch das Unterl eigener Störg. GebrGewährg ist nicht nur bloßes Dulden, sond ggf posit Tun (BGH **19**, 85), insb Schutz gg Störg am Gebr der Miets dch and Mieter u sonst Dr in mögl u zumutb

543

§ 535 2a 2. Buch. 7. Abschnitt. *Putzo*

Umfang. **aa) Zeitlich.** Erst ab vereinb Beginn des MietVerh. Bei vorzeit Einzug vgl Weimar WoM **71**, 180. **bb) Räumlich.** Alle Bestandt der Mietsache, iZw auch das Zubehör (§ 314 enspr), insb (mind 2) Schlüssel zur WohngsTüre (Gaisbauer DWW **70**, 43 mwN) u zu GeschRäumen (Glaser Betr **73**, 2176), ferner HaushGeräte (zB Öfen, Boiler). Auch ohne bes Abrede sind bei gemieteten Räumen solche Grdst- od Gebäudeteile (zB Hausflur, Hof, Dchfahrt, Treppen, GemschToiletten) mitvermietet, die nur für allein Benutzg des Mieters in Betr kommen od (zur Mitbenutzg) zum Gebr oder Zugang der Mieträume notw sind (BGH NJW **67**, 154). Zu den Besondh des Lifts: Weimar ZMR **82**, 37. Bei Garage u Hausgarten eines Mehrfamilienhauses wird Mitvermietg iZw zu verneinen sein (vgl Soergel-Kummer 139). Namen- u Firmenschilder sowie Reklamenschaukästen u Warenautomaten an Außenflächen ohne bes Abrede nur nach örtl VerkSitte (vgl BGH **LM** Nr 10). Rspr zur Außenwerbg in BB **66**, 1204. **cc) Inhaltlich.** Art u Weise des Gebr muß vertrgem gewährt w. Richtet sich nach dem VertrInh u VertrZweck; Auslegg gem § 157; deckt sich mit dem Umfang der ErhaltgsPfl (§ 536 Anm 4a). Daraus ist auch die Pfl abzuleiten, dem Mieter ein bestimmtes Verhalten zu gestatten. Einzelheiten (bes vertragl Regelg geht vor); **dd) Besonderheiten bei Raummiete.** Bei Häusern od Wohnanlagen für mehrere od zahlreiche Mieter wird der VertrInh zusätzl u meistens dch die jeweil HausO bestimmt. Zu Begr, Inh v Wirkgen vgl grdlegd Schmid WoM **87**, 71. Die HausO umfaßt alle Regelgen, die den Gebr der gemieteten Räume u die Benutzg gemeinsch Einrichtungen betreffen. Diese HausO kann, muß aber nicht, dch einen Text festgelegt w. Sie bedarf der vertr Grdl (Schmid aaO) u wirkt auch im Verh der Mieter untereinander. Für Mieter einer EigtWo gilt die gem § 21 V Nr 1 WEG erlassene HausO auch ohne berere od zahlreiche Mieter wird der VertrInh zusätzl u meistens dch die jeweil HausO bestimmt. Zu Begr, Inh v Wirkgen vgl grdlegd Schmid WoM **87**, 71. Die HausO umfaßt alle Regelgen, die den Gebr der gemieteten Räume u die Benutzg gemeinsch Einrichtungen betreffen. Diese HausO kann, muß aber nicht, dch einen Text festgelegt w. Sie bedarf der vertr Grdl (Schmid aaO) u wirkt auch im Verh der Mieter untereinander. Für Mieter einer EigtWo gilt die gem § 21 V Nr 1 WEG erlassene HausO auch ohne bes Vereinb (aA Schmid aaO), weil der Mieter mit dem Bestehen einer solchen HausO vonvorneherein rechnen mußte. Die Regelg in Nr 10 entspr Nachstellg dch die HausO Vorrang. Auch ohne HausO gelten folge Einzelh: **(1) Aufnahme Dritter.** Der Mieter darf in der Wo, soweit sie nicht überbelegt w, Pers, insb FamAngeh u HausPersonal zum dauernden Wohnen aufnehmen. Grenze ist die ÜbBelegg (§ 550 Anm 2a). Er darf Besuche empfangen u für angemessene Dauer mit and Pers zusleben, soweit nicht GebrÜberl vorliegt (§ 549 Anm 2 a) od Beeinträchtigg des Verm und and Mieter entsteht. **(2) Haushaltsmaschinen** (vgl § 138 Anm 5n), die gg Wasserauslaufen gesichert sind, dürfen in Küche od Bad verwendet w (vgl Glaser MDR **69**, 539, 577). Im MietVertr enthaltenes ausdrückl Verbot, eine Waschmaschine aufzustellen, ist zul u verbindl. Entspr gilt für Geschirrspülmaschinen, aber nur, wenn nicht in FormularVertr enthalten (§ 3 od § 9 II Nr 1 AGBG; hM). **(3) Fernmeldeanlagen.** Insb für Fernsprech- u -schreibanlagen hat der Verm stets die erforderl Zust der Post ggü abzugeben (Aubert NJW **59**, 1639); Einzelantennen dürfen vom Mieter (aber nur fachmännisch) angebracht w, solange der Verm keine GemschAntenne zur Vfg stellt (LG Hbg MDR **78**, 140; Ewald MDR **65**, 85); Sendeanlagen sind Wo an Zust des Verm gebunden (vgl BayObLG NJW **81**, 1275). **(4) Heizungsart.** Eine Umstellg muß der Verm dulden, soweit damit nur eine geringfüg Beeinträchtigg seines Eigt verbunden ist (BGH NJW **63**, 1539 u **LM** Nr 28 für Außenwandgasofen). **(5) Abstellen von Fahrzeugen** hat der Verm zu dulden: bei Kfz im Hof, nur wenn Abstellplatz darin vorgesehen ist (vgl Glaser MDR **62**, 521); in der Wo nur Fahrräder (nicht Motorräder, Kunkel NJW **58**, 123), Motorräder im Keller (Soergel-Kummer 184); nicht: Fahrzeuge jeder Art in Hausflur, Durchfahrten, Treppenabsätzen u sonst zur gemschaftl Benutzg best Räumen. **(6) Haustierhaltung** richtet sich primär nach den Best des MietVertr. Dch IndividualVereinb kann sie ganz ausgeschl w (Schmid WoM **88**, 343 [345]). Sie erfordert iZw die Zust des Verm, die aber nicht aus RMißbr verweigert w darf. Die Praxis der AGe u LGe ist unterschiedl u wird nicht selten v persönl Einstellg bestimmt. Bei sog MusterEntscheidgen ist Vorsicht geboten. Kein RMißbr liegt vor, wenn die Zust verweigert od Unterl verlangt w (§ 550), nachdem der Mieter ohne die ausdrückl im MietVertr vorausgesetzte Zust des Verm Haustiere gehalten hat (LG Brschw ZMR **88**, 140) od es schon früher zu Störgen gekommen ist (LG Hbg ZMR **88**, 440). Es bedarf denn auch keiner Angabe v Grd (LG Bonn ZMR **89**, 179). Einem totalen Verbot der Haustierhaltg steht § 9 I AGBG nicht entgg (vgl Schmid WoM **88**, 343 [346]; bestr; aA 48. Aufl). Eine im MietVertr vorbehaltene Zust steht im Ermessen des Verm (Hamm ZMR **81**, 153; LG Hbg MDR **86**, 937; für Einschränkg des Ermessens: LG Mü I NJW **84**, 2368; aA LG Mannh NJW **84**, 58: Versagg der Zust nur bei Vorliegen konkreter Grde). Sie setzt nicht voraus, daß das Tier stört od beläst (hM; aA LG MönchGlad NJW-RR **89**, 145). Für einen Anspr des Mieters bei längerer Zeit hingenommener vertr verbotener Tierhaltg u Gleichbehandlg mit and Mietern: LG Hbg MDR **82**, 146. Widerruf erteilter Zust nur nach bill Erm, da § 315 gilt, soweit nichts vereinb ist (alles sehr umstr, vgl Soergel-Kummer 237 u Schmid WoM **88**, 343). Kleintierhaltg (zB Wellensittich, Hamster, Zierfische) kann dch den Verm nicht verboten w, wenn Störg Dr ausgeschl ist (hM). Für CampingPl gelten and Grds (LG Hdlbg NJW-RR **87**, 658). **(7) Wettbewerbsschutz** für Gewerbe (auch freie Berufe, BGH **70**, 79; Hbg ZMR **87**, 94) hat der Verm auch ohne ausdrückl Regel im MietVertr zu gewähren (sog LeistgsTreuePfl, § 242 Anm 3 B a), uU auch außerh des MietGrdst: im selben Fall im selben Gebäude u auf dem selben Grdst (Ffm NJW-RR **88**, 396), bei unmittelb Nachbarsch in einem Einkaufszentrum (BGH NJW **79**, 1404), aber auch auf angrenzdem Grdst (Celle MDR **64**, 59). Formularmäß Ausschl verstößt gg § 9 II Nr 1 AGBG (Hbg ZMR **87**, 94). Der Verm darf nicht selbst konkurr u nicht an KonkurrUntern vermieten od nach Abtrenng (zum Zwecke der Umgehg) veräußern (Kblz NJW **60**, 1253). Das gilt bei vertragl WettbewVerbot auch, wenn der Verm einer WoEigtGemsch angehört, die in ihr gehördn Einkaufszentrum an ein KonkurrenzUntern vermietet (BGH WM **74**, 1182). Was Konkurr ist, best sich nach dem Einzelfall; Überschneidg in NebenArt reicht (je nach den konkr Umst des Einzelfalls, BGH NJW-RR **86**, 9) nicht aus (BGH **LM** § 536 Nr 2 u 3). Bsp: Metzgerei u Imbißstand (Hamm NJW-RR **88**, 911; verneint); Cafe u Eisdiele (Ffm Betr **70**, 46; bejaht), Apotheke u Drogerie (stets zu bejahen; aA Ffm OLGZ **82**, 339). **(8) Störungsschutz** insbes vor Dr, auch Mitmietern; zB Eintritt Unbefugter (BGH **LM** Nr 2 [Kühlhaus]) u Immissionen (zB Geruch, Geräusch, Rauch). Für Lärm im WoHaus vgl Glaser ZMR **81**, 1 mwN. Musikausübg kann im MietVertr ausgeschl w (vgl Mü NJW-RR **86**, 638; Gramlich NJW **85**, 2131,

Einzelne Schuldverhältnisse. 3. Titel: Miete. Pacht   § 535 2, 3

Pfeifer ZMR **87**, 361). Bei Lärmstörgen (ZV-Materialien Nr 3, 5. Aufl; Zentralverband d dtschen Haus-Wohngs- u GrdEigt, Düss 1988) ist Mietminderg mögl: § 537 Anm 2d. Gg Dr hat Mieter ggf BesStörgsKl (§§ 862, 865) u SchadErsAnspr (§ 823; vgl BGH BB **54**, 426). **(9) Substanzschäden** halten sich nur dann im Rahmen vertrgem Gebr (§ 548), wenn sie der vertr vorausgesetzten Abnutzg entspr; zB Dübellöcher in Fliesen nur im allg übl Maß (LG Darmst NJW-RR **88**, 80).

b) Nebenpflichten (vgl Einf 5 b, aa vor § 535). Ihr Bestand u ihr Umfang richten sich nach dem Inhalt des MietVertr u der Art der Mietsache. **aa) Schutzpflichten** (§ 242 Anm 3 Bc). Die meisten in Rspr u Lit daraus abgeleiteten EinzelPfl fallen unter die vertrgem GebrGewährg (Anm a; zB BGH NJW-RR **89**, 76) u die VerkSichgPfl (Anm bb). Im Einzelfall kann Verm verpfl sein, den Mieter zu warnen (BGH NJW **57**, 826; übzogen v Hbg NJW-RR **88**, 1481 in Bezug auf Einbruchgefahr), über wesentl Vorkommnisse zu benachricht (OGH BB **49**, 299) od aufzuklären; Fürsorge ggü Hotelgästen bei Erkrankgen (vgl Weimar MDR **63**, 551). Keine Pfl, die Mieter gleichzubehandeln (hM; stark einschränkd auch Schmid BlGBW **81**, 48 mwN) od bei einem 4stöck Haus einen Lift einzubauen (Karlsr ZMR **84**, 18). **bb) Verkehrssicherungspflicht** (allg vgl § 823 Anm 8) nicht nur in Bezug auf die Mietsache selbst, sond auch auf Zugänge (RG **165**, 155), Treppen, Hausflur, Hofraum, Garten, Lift (BGH BB **61**, 1302; Weimar ZMR **82**, 37), insb auch für die StreuPfl bei Glatteis (BGH VersR **65**, 364; wg LandesR vgl Hurst ZMR **67**, 67), die Beleuchtg (vgl Gaisbauer DWW **69**, 278 mwN) u das Vermeiden unsachgem Bohnerns, wobei Warnschilder die Haftg nicht ausschließen (BGH NJW **67**, 154). Die VerkSichgPfl, insb der sog Winterdienst, kann auch dch FormularVertr v Mieter übnommen w (Ffm WoM **88**, 399). **cc) Schutz Dritter**. Der MietVertr gehört zu den RVerh, die den Schutz v Pers umfassen, wenn sie zu dem Mieter in einer Beziehg stehn, die die Miets betrifft (§ 328 Anm 3, 4 i). **dd) Schadensersatzanspruch** aus pVV (§ 276 Anm 7) bei schuldh Verletzg v NebenPfl. Verj: § 195 (dort Anm 3 d, bb u § 558 Anm 2 b).

c) Nebenleistungen. Bei Wo u gewerbl Räumen gehören Wasser- u Strom-, je nach Lage auch Gas-Anschl, sowie Beheizbk zur GebrGewährg (Anm a). Nebenleistg sind (neben Diensten wie ReiniggsArb) daher insb die Zufuhr von Strom, Wasser, Gas u Wärme, der Betr einer Sammelheizg (hierzu Lau ZMR **77**, 37), ferner die Einrichtg u Unterhaltg einer GemschAntenne, hierzu Glaser Betr **74**, 125 mwN. Vergütg der NebenLeistg: Anm 3 c, bc. Bei Abtretg an den Lieferanten (für Fernwärme LG Mü I MDR **78**, 494). AbrechngsPfl wg § 259 (vgl Anm 3 c; zum Inhalt auch Hummel ZMR **75**, 65). Bei ZahlgsVerz eines Mieters darf Verm die Beheizg (über § 320) nicht gg and (vertrtreue) Mieter zurückhalten. Umfang der Heizg für Wohn- u Büroräumen: 20–22° Zimmertemperatur (7 bis 23 Uhr bei WoRaum, Glaser ZMR **78**, 33 mwN); bei Schlafräumen 15°, auch währd der AufenthZt. Für die Verteilg der Kosten bei gelieferter Wärme gilt in ihrem AnwendgsBereich die HeizKostenV idF v 26. 1. 89 (BGBl 115); hierzu Pfeifer, Die neue HeizKostenV, 2. Aufl 1989. Die Abrechng der Heizkosten erfolgt jährl, wenn VorausZahlgen zu leisten sind. Die AbrechngsFr beträgt im GeltgsBer der NMV 1970 (§ 20 III S 4) allg 9 Monate. Bei Mieterwechsel kann der Verm gem ZwAblesg od nach der sog Gradtagszahlmethode abrechnen (LG Mannh WoM **88**, 405).

d) Haftung für Dritte kommt nur in Betr für: **aa) Erfüllungsgehilfen** (§ 278). Nur sow es sich um VertrPfl des Verm handelt u Versch vorliegt: die im Mietgebäude tät ArbN des Verm (BGH LM § 278 Nr 39); Hausverwalter (BGH NJW **68**, 1323); Hausmeister; vom Verm für BauArb, Rep u Wartg beauftragte Untern (BGH BB **61**, 1302 [Lift]). Grdsätzl nicht: and Mieter; ausnahmsw dann, wenn sie vom Verm genutzte Räume, die eine Gefahrenquelle darstellen, mit Willen des Verm mitbenutzen (BGH NJW **64**, 33 [Wasserhahn]) od mit Erf von VermPfl beauftragt sind. **bb) Verrichtungsgehilfen** (§ 831). Haftg sow sie für den Verm, aber nicht in Erf von MietVertrPfl handeln. Dafür kommen insb die in Anm aa aufgeführten Pers in Betracht.

3) Pflichten des Mieters. Zusammenstellg Einf 5 b, bb vor § 535.

a) Mietzinsentrichtung (S 2) ist Haupt- u GgseitkPfl; für den VertrTyp Miete unerläßl; andfalls liegt Leihe vor. **aa) Art**: idR, aber nicht notw Zahlg in Geld, mögl auch DLeistg (wg Hausmeister vgl Einf 3 a vor § 535), GebrÜberlassg and Sachen, Übernahme v Lasten, insb Steuern, auch einmalige, nicht notw wiederkehrde, nach ZtAbschn bemessene Leistgen (vgl BGH NJW **54**, 673 [abwohn BauKZuschuß]). **bb) Höhe**: Sie muß bestimmt od bestimmb sein (zB Umsatzmiete); vgl § 581 Anm 3 a u zur Höhe BGH NJW **79**, 2351, unterliegt grdsätzl der VertrFreih, aber insb begrenzt dch Wucherverbot in § 5 WiStGB, § 302 a StGB. Gg § 5 WiStGB ist verstoßen, wenn die Miete die ortsübl VglMiete (§ 2 MHG) mehr als nur unwesentl übersteigt (BGH ZMR **84**, 121). Bei Vorbeh späterer Vereinbg ist bis dahin der angemessene MietZ zu zahlen (KG NJW **55**, 949). Fehlt eine Vereinbg, gilt § 315. Die Entsch darü obliegt dem Gericht (BGH NJW **68**, 1229). Zur Miete gehören nicht die Entgelte für Nebenleistgen (Anm 2). Wg MWSt vgl § 157 Anm 3. Wg Berücksichtigg der MWSt bei Umsatzmiete: § 581 Anm 3 a. Bes ErhöhgsVorschr: Einf 13 b, c vor § 535. **cc) Erhöhungsklauseln**: Wertsicherg; § 245 Anm 5. Bei neuer vertragl Vorbeh einer Neufestsetzg wg Veränd der wirtsch Verh ist Erhöhg ausnahmsw mögl (BGH NJW **84**, 1021), sonst insb wg Geldentwertg od Kostensteigerg grdsätzl ausgeschl (vgl § 242 Anm 6 Ca, aa [1]). **dd) Mietpreisbindung.** Besteht noch für einen best Kreis von Wo (Einf 12a vor § 535). Eine die zul Kostenmiete übersteigde Vereinbg ist teilweise unwirks (§ 8 II 1 WoBindG); also keine Nichtigk des MietVertr iSv § 134. Über die preisrechtl zul Miete entsch die ord Ger. **ee) Fälligkeit**: § 551. **ff) Erfüllung**: Ob bar od dch Überweisg zu zahlen ist, richtet sich nach Vertr. Scheck bedarf stets der Zust des Verm (§ 364). Da § 270 gilt, dürfen Überweisgskosten nicht abgezogen w. ErfOrt: § 269. Bei mehreren MietZFdgen gilt § 366 (BGH NJW **65**, 1373). Keine Pfl des Mieters, eine EinzeihgsErmächtg zum Lastschriftverf zu erteilen (LG Mü I WoM **79**, 143). **gg) Verjährung**: §§ 197, 196 I Nrn 4, 6, § 201 (vgl § 197 Anm 2b). **hh) Verwirkung**: § 242 Anm 5 d, cc; Übbl 4 b vor § 194. **ii) Haftung Dritter** für die Miete. Soweit sie nicht Mitmieter sind (§ 427), ist bes VerpflGrd notw (vgl Einf vor § 765). KrG haften in das MietVerh eingetretene FamAngeh gem § 569a III; darüberhinaus besteht ohne bes VerpflGrd bei solchen Pers keine Schuld od Haftg für Miete. Wird an Minderj vermietet, ist Haftg des UnterhVerpfl über §§ 683, 679, 681 mögl.

§§ 535, 536

b) Außerordentliche Entgelte. Zu deren Bezahlg ist der Mieter nur verpflichtet, wenn es ausdrückl vereinb ist. Das gilt insb für die Mieterleistgen in Einf 11 vor § 535. Verj: § 195.

c) Nebenpflichten (vgl Einf 5b, bb vor § 535). Allg wie Anm 2b. **aa) Vertragsgemäßer Gebrauch:** Daß der Mieter ihn einzuhalten hat, ergibt sich aus den §§ 550, 553. Inhalt, Umfang u Grenzen: Anm 2a. RFolgen bei Verstoß: UnterlKl (§ 550); bei Versch SchadErs (§ 550 Anm 1), Künd (§ 553). **bb) Nebenentgelte,** insb für die sog Nebenkosten, zB Entgelte für Nebenleistgen des Verm (Anm 2c). Ob u in welchem Umfang sie der Mieter zu bezahlen hat, unterliegt der Vereinbg, insb im MietVertr (hM; Düss ZMR **84**, 20 mwN). Fehlt eine ausdrückl Vereinbg im MietVertr, so ist im Einzelfall auszulegen. Danach richtet sich auch Umfang u Inhalt der Abrechng, die sich an § 259 zu orientieren hat (BGH NJW **82**, 573). Im allg werden Wärme, Strom u GemschAntenne v Mieter zu zahlen sein, bei Abtretg direkt an den Lieferanten (zB Fernwärme LG Mü I MDR **78**, 494). Wasser, Kanalisation, Schornstein-, Innenhaus- u Straßenreinigg hat iZw der Verm zu tragen (beachte aber § 4 MHG). Es gelten grdsätzl die gleichen Regeln wie für die MietZahlg (Anm a). Ist vereinb, daß Kosten umgelegt w, so gehören die Aufwendgen für Bedieng, Wartg, Instandhaltg u Reinigg dazu. Die BetrKosten gem Anl 3 zu § 27 I der II. BV können vom Verm ohne weiteres verlangt w, wenn im MietVertr vereinb ist „BetrKosten gem § 27 II. BV" (BObLG NJW **84**, 1761). Fälligk richtet sich nach Vereinbg. Fehlt diese, tritt sie erst mit Abrechng ein (AG Stgt BlGBW **75**, 74; üb deren Inhalt vgl LG Lübeck WoM **76**, 7). Für Wärme u Warmwasser ist bei Umlage, Abrechng u Verteilg auf mehrere Nutzer innerh eines Gebäudes die HeizkostenVO idF v 5. 4. 84 (BGBl 592) anzuwenden. Ob eine Heizkostenpauschale unzuläss ist (§ 2; Hamm NJW-RR **87**, 8). Zur Umlagefäh v Fernheizkosten: Haug NJW **79**, 1269. Verj: § 197 (dort Anm 2b; Fällk erhebl); RückzahlgsAnspr bei Üb-Zahlg: § 195 (bestr). Verwirkg dch ZtAblauf ist mögl (BGH NJW **84**, 1684). **cc) Duldungspflichten:** Bei Raummiete SoRegelg in §§ 541a, 541b. Daneben u davon unabhäng ist dem Verm nach vorher Ankündigg die Besichtigg der Mietsache (nicht zur Unzeit) zu gestatten, auch ohne Grd u soweit es vereinb ist (vgl Fuchs-Wissemann ZMR **86**, 341). DuldgsPfl ohne Vereinbg: **(1)** Zur Feststellg des Zustds der Räume; bei Wohngen alle 1—2 Jahre. **(2)** Bei Verdacht vertrwidr Gebr oder Vernachlässigg der ObhutsPfl (§ 545 Anm 1). **(3)** Vor Verk od Neuvermietg bei bevorstehde Beendigg des MietVerh auch Besichtigg des Interessenten. **(4)** Dch Sachverst zwecks Begutachtg gem § 2 MHG (Huber DWW **80**, 192). **dd) Erhaltungs- und Verkehrssicherungspflichten** (§ 536 Anm 4): nur soweit sie der Mieter (entgg der ges Regelg) dem Verm abgenommen hat (vgl Anm 2b, bb u § 536 Anm 1c). **ee) Gebrauchspflicht** der Mietsache besteht ohne bes Abrede nicht. **ff) Betriebspflicht** eines Untern in den gemieteten Räumen besteht ohne Vereinbg nicht, auch nicht, wenn eine Umsatzmiete (Anm a, bb) vereinb ist (BGH NJW **79**, 2351). **gg) Obhutspflicht** (vgl § 545 Anm 1). Umfaßt die Pfl, alles zu unterl, was Schad an der u in bezug auf die Miets verurs kann (§ 242 Anm 3 B c; § 276 Anm 7 C b). Schuldh Verletzg verpfl zum SchadErs. Besp: Verlust v Haus- u WoSchlüssel (Walker MDR **87**, 981).

536 Überlassungs- und Erhaltungspflicht des Vermieters.

Der Vermieter hat die vermietete Sache dem Mieter in einem zu dem vertragsmäßigen Gebrauche geeigneten Zustande zu überlassen und sie während der Mietzeit in diesem Zustande zu erhalten.

1) Allgemeines. a) Bedeutung: Ergänzt die HauptPfl des Verm (§ 535 S 1), so daß die Pfl aus § 536 zur HauptLeistgsPfl (§§ 320ff) gehören. Gibt dem Mieter klagb Anspr (ggf einstw Vfg) auf Herstellg des vertrgem Zustds. Dementspr DuldgsPfl (§ 541a). **b) Sonstige Rechte** des Mieters, wenn der Verm die Pfl aus § 536 nicht erf (vgl BGH ZMR **87**, 257): Befreiung vom MietZ od Minderg (§ 537); SchadErs (§ 538), Künd (§ 542), Rücktr gem §§ 325, 326 nur bis zur Überlassg der Mietsache (vgl § 537 Anm 1c, bb [2]). ZurückbehaltgsR (§ 320; BGH **84**, 42 für Pacht). **c) Abdingbarkeit** ist zu bejahen (MüKo-Voelskow 69); daher können insb die Pfl aus § 536 vom Mieter übernommen w (§ 535 Anm 3c, dd). Der Verm kann diese im MietVertr dch eine HausO (aber nicht einseit, Ffm NJW-RR **88**, 783) dem Mieter übübertrg (Ffm NJW-RR **89**, 41). Ob die vollständ Überbürdg der Instandsetzgs- u InstandhaltgsPfl auf den Mieter gg § 9 II Nr 1 AGBG verstößt, ist umstr, zweifelh auch, inwieweit dies bei WoRaum zul ist (vgl v. Westphalen Betr Beil 8/84 S 3). Bei Miet-AGB kann der Rücktr od SchadErs wg §§ 325, 326 bei verspäteter od ausgebliebener Bezugsfertigk nicht wirks ausgeschl w (§ 11 Nr 8 AGBG). Die Pfl zur Instandhaltg umfaßt nicht Instandsetzg oder Neuherstellg eines GebäudeT (LG Hbg MDR **78**, 318). **d) Beweislast** für vertrgem Zustd bei Überlassg trägt der Verm (allgM). Bei Miet-AGB ist die BestätiggsKlausel, die Sache in ordngem Zustd übernommen zu haben, wg § 11 Nr 15b AGBG unwirks (v. Westphalen Betr Beil 8/84 S 2). Für SchadErs-Anspr, zB Anm 4c, cc u aus pVV gilt § 282 Anm 1 u 2.

2) Vertragsmäßiger Zustand der Mietsache muß so sein, daß sie zum vertrmäß Gebr geeignet ist. Inhalt u Umfang: § 535 Anm 2a. Umfaßt also insb auch die Grdst- u GebdeTeile, die zur gemschaftl Benutzg dch die Mieter u zum Zugang zur Mietsache bestimmt sind. Dieser Zustd muß bei Überlassg u während der gesamten MietZt vom Verm gewährleistet w.

3) Überlassung liegt darin, daß der Mieter in die Lage versetzt w, die Sache vertrgem zu gebrauchen. Rein tats Vorgang. Besitzverschaffg (§ 854) idR, aber nicht immer notw. Ist die BesÜbtragg zum vertrgem Gebr nicht erforderl, so kann sie dann darin liegen, daß dem Mieter Zugang zur Sache verschafft w (BGH NJW-RR **89**, 589). Wird der Mieter Besitzer, liegt § 868 vor. Ob ausschließl Gebr einzuräumen ist, richtet sich nach dem Inhalt des MietVertr (RG **108**, 204). VorleistgsPfl des Verm; vertragl oft and geregelt (vgl § 551 Anm 1b). Anspr auf Überlassg ist ErfAnspr.

4) Erhaltung im vertrgem Zustd umfaßt alle Maßn, die erforderl sind, um dem Mieter währd der gesamten MietZt den vertrgem Gebr (§ 535 Anm 3a) zu ermögl. Die Pfl kann dch Vertr (§ 305) auf den Mieter übertr w (Anm 1c), auch nur bzgl der Kosten. Wird die Sache unbrauchb dch eine außerh des MietGebr liegde Ursache, so muß der Verm sie wiederherstellen, auch wenn der Mieter die InstandHaltg im

Einzelne Schuldverhältnisse. 3. Titel: Miete. Pacht § 536 4

Vertr übernommen hatte (BGH ZMR **87**, 257). Der Verm ist verpfl, zum Zwecke der Erf der ErhaltgsPfl die Mietsache zu überprüfen. Diese Pfl gilt aber nur eingeschränkt, insb, wenn sich die Sache im ausschließl Bes des Mieters befindet (Emmerich-Sonnenschein 43 mwN). Zur Erhaltg gehört insb:

a) Instandsetzung. Die Miets muß v Verm verkehrssicher gehalten w. Räume müssen in einem den öffrechtl BauVorschr entspr Zustd, mitvermietete Gebäudeteile u HaushGeräte gebrauchsfäh gehalten w; daher treffen die Kosten einer Umstellung von Stadt- auf Erdgas den Verm (Gather DWW **71**, 359), wenn der Mieter diese Kosten nicht übernommen hat (Anm 1c). Die Wasserleitg muß Werte ergeben, die der TrinkwasserVO entspr (vgl AG Ffm **88**, 435). Kfz müssen fahrbereit sein u den Vorschr der StVZO genügen, Maschinen funktionsfäh u ausreichd Unfallschutz ermögl. Vgl § 535 Anm 2a.

b) Reinigung von Kaminen, Straße vor dem Haus (auch Schnee u Eis), gemschaftl benutzter Teile des Miethauses, Entleerg v Versitzgruben u Mülltonnen. Auch hierfür gilt Anm 1 c.

c) Reparaturen oder Renovierung aller beschäd, verunstalteten od abgenutzten Teile (auch der Außenfläche) der Mietsache (davon zu untersch die Pfl zur Wiederherstellung des früh Zustands bei Rückg vgl § 556 Anm 1a). Es sind zu untersch: **Instandhaltungsreparaturen:** dch Abnutzg, Alterg u WittergsEinflüsse entstandene Mängel (für WoRaum § 28 I, II der II. BV). **Schönheitsreparaturen:** Streichen od tapezieren v Wänden, Decken, Böden, Heizkörpern einschl Heizrohre, Innentüren, sowie Fenster u Außentüren v innen (für WoRaum gem § 28 IV der II. BV); bei gewerbl Miete auch Teppichböden (Düss NJW-RR **89**, 663). **Sonstige Reparaturen:** Das sind solche, die auf and Ursachen beruhen od and Zwecken dienen.

aa) Ausführungspflicht trifft grdsätzl den Verm. Übern dch den Mieter im MietVertr (auch dch schlüss Verhalten mögl; Ffm MDR **81**, 498), ist aber insb bei SchönhRep allg übl u verstößt grdsätzl nicht gg § 9 AGBG (hM; BGH **92**, 363 mwN u **101**, 253; Karlsr NJW **81**, 2823; Stgt NJW **82**, 1294; Schmid ZMR **87**, 12), auch nicht, wenn der Vermieter bei VertrAbschl eine renovierungsbedürft, unrenovierte Wohng übgibt u die Renoviergs Fr bei Anfang des MietVerh zu laufen beginnen (BGH **101**, 253 = JZ **88**, 96 m Anm v Sonnenschein). Wirks ist grdsätzl eine Formularklausel, wonach dem Mieter bei Ende des MietVertr je nach Ztpkt der letzten länger als ein Jahr zurückliegdn SchönhRep einen Teil der Kosten zu tragen hat (hM; BGH **105**, 71). Diese können nach dem Kostenvoranschlag eines Fachgeschäfts errechnet w (BGH aaO). Dieser darf nicht ausdrückl für verbindl erkl sein; die KostenAbgeltg muß an den übl RenoviergsFr ausgerichtet u es darf dem Mieter nicht untersagt w, die SchönhRep vor dem Ende des MietVerh selbst auszuführen (BGH aaO). Als unwirks werden Formularklauseln angesehen, die zur SchönhRep „nach Bedarf" od nach einem „fingierten Bedarf" verpfl, wenn die Wohng bei Mietbeginn unrenoviert war (Stgt WoM **89**, 121). Bei preisgebundenem WoRaum dürfen nur die kleinen InstandhaltgsRep auf den Mieter überwälzt w (§ 28 III der II. BV), auch dch FormularVertr ohne Verstoß gg § 9 AGBG (Schmid ZMR **87**, 12; Gather DWW **86**, 306 [313] mwN). Auch bei preisfreiem WoRaum dürfen im FormularVertr BagatellRep (bis 100 DM) auf den Mieter überwälzt w, wenn sie für den Fall mehrerer Rep innerh eines bestimmten ZtRaums um einen unangemessenen HöchstBetr gebunden sind u Teile der Miets betreffen, die dem häuf Zugriff des Mieter ausgesetzt sind (BGH NJW **89**, 2247). Unwirks sind Klauseln, die eine Beteiligung des Mieters in Höhe v 100 DM an Rep od Neuanschaffgen vorsehen (BGH aaO). Die Vereinbg „bezugsfert od vertrgem"; sie führt zur Pfl, die Räume in einen für den Nachmieter zumutb Zustd zu versetzen; das bedeutet, daß bei Rückg nur fäll SchönhRep auszuführen sind (vgl § 556 Anm 1 c). Bei Umbau wird der Mieter v der Pfl, die SchönhReparaturen ausführen zu lassen, nicht befreit (hM; BGH **92**, 363 mwN; Schlesw ZMR **83**, 305; vgl Anm cc (3) aE; bestr). Unwirks nach § 9 AGBG ist eine Pfl des Mieters, die SchönhRep bei Ende der MietZt unabhäng davon auszuführen, wann sie zuletzt dchgeführt w (Hamm NJW **81**, 1049). Zuläss ist die Beteiligg pro rata temporis (Stgt NJW **82**, 1294; Hamm NJW **81**, 2362), auch wenn dch AGB vereinb, jedenf bei Kostenmiete (BayObLG NJW-RR **87**, 1298).

bb) Fälligkeit: Beschäd Teile sofort (§ 271 I). SchönhRep sind idR alle 5–6 Jahre erforderl, bei Küchen uU eher, bei Lackanstrichen (insb Innentüren, Fenster) wesentl später. Der Anspr auf DchFühr der SchönhRep besteht auch während des MietVerh, sobald sie erforderl sind, ohne Rücks auf das subj WertUrt des Mieters (hM; Oske MDR **73**, 14 mwN). Sind aber die Räume noch vertrgem, so sind auch die SchönhRep noch nicht fäll, auch nicht anteil zu ersetzen (LG Mainz WoM **69**, 203). Re des Verm: Bei Ende des MietVerh hat der Mieter, wenn er die Pfl übernommen hat (Anm aa) diejen SchönhRep auszuführen, die notw sind, die Räume in einen vertrgem Zustd zu versetzen (BGH **49**, 56 mwN).

cc) Pflichtverletzung: Wenn die Rep v dem Verpfl (Anm aa) nicht ausgeführt w, ergeben sich an RFolgen: **(1) Rechte des Mieters** (falls Verm verpfl ist): Anm 1b. **(2) Ersatzvornahme** dch den Verm, falls der Mieter verpfl u dies vertragl vorgesehen ist (insb nach dem Auszug des verpfl Mieters) oder nach § 887 ZPO iW der ZwVollstr. **(3) Schadensersatzanspruch** des Verm (Umfang: §§ 249 ff) gg den zur Rep verpfl Mieter ist mögl aGrd der §§ 325, 326, weil die Ausführg der SchönhRep eine HauptLeistgsPfl bleibt, auch wenn sie v Mieter übnommen w (hM; BGH NJW **77**, 36 u **92**, 363; vgl § 326 Anm 3). Ob NachFr des § 326 notw ist, hängt v Einzelfall ab. Der SchadErsAnspr des Verm besteht auch dann, wenn nach dem Auszug des Mieters der Nachmieter die Rep ausführt od die Kosten ggü dem Verm übernimmt (BGH **49**, 56 mwN; Hbg ZMR **84**, 342; bestr; aA: Schaden entfällt wg Vorteilsausgleich od Anspr erlischt wg Zweckerreichg; hierzu Hadding JuS **69**, 407 mwN). Ein SchadErsAnspr wird v der hM verneint, wenn dch Umbau der Miets die SchönhRep sowieso hätten durchgeführt werden müssen (vgl Anm aa); jedoch kann ob § 157 eine AusgleichsZahlg in Betr kommen (BGH **77**, 301 u **92**, 363; bestr). Eine Selbstausführgsbefugn des Verm beseit seinen SchadErsAnspr nicht (Hamm WoM **83**, 76). Verj: § 558 für Anspr auf DchFührg u SchadErsAnspr bei NichtErf (§ 558 Anm 2b). **(4) Ausgleich.** Wenn dagegen Pfl des Verm gg Vor- u Nachmieter besteht, kann ein ausgleich zw den 3 Beteil (Verm, Vor- u Nachmieter) dch Ann einer Gesamtschuld (§ 421) erzielt w (Schmudlach NJW **74**, 257; LG Kass NJW **75**, 1842; dagg Gundlach NJW **76**, 787). **(5) Aufwendungsersatz** kann der Verm verlangen, wenn ErsVorn vertragl vorgesehen ist, die Kosten nicht der Nachmieter übernommen (LG Bielef MDR **72**, 1037) od dieser den Anspr aus § 812 (vgl § 267 Anm 4) an den Verm abgetreten hat.

547

§§ 536, 537

5) Wegfall der Erhaltungspflicht ist nur mögl dch: **a) Vertragsänderung** (§ 305), da § 536 abdingb ist (Anm 1 c). Das kann ausnahmsw angen w, wenn Mieter in Kenntn eines Mangels die Mietsache vorbehaltlos annimmt (vgl § 539 Anm 1). **b) Untergang** (od Zerstörg) der Mietsache ohne Versch des Verm (§§ 323, 324); er wird v der Pfl zur GebrÜberl frei (§ 275) u ist nicht verpfl, die Miets wieder herzustellen (BGH NJW **76**, 1506). Bei teilw Zerstörg ist Pfl zur Wiederherstellg nur zu bejahen, wenn sie währd der Mietzeit mögl ist u die Opfergrenze nicht überschritten w (§ 242; BGH NJW **59**, 2300). **c) Beschädigung** der Mietsache, die auf Versch des Mieters od seines ErfGeh (BGH BB **69**, 601) beruht, weil da SchadErs dch Mieter (§ 249, Naturalherstellg) zu leisten ist.

537 **Haftung für Sachmängel.** ¹ Ist die vermietete Sache zur Zeit der Überlassung an den Mieter mit einem Fehler behaftet, der ihre Tauglichkeit zu dem vertragsmäßigen Gebrauch aufhebt oder mindert, oder entsteht im Laufe der Miete ein solcher Fehler, so ist der Mieter für die Zeit, während deren die Tauglichkeit aufgehoben ist, von der Entrichtung des Mietzinses befreit, für die Zeit, während deren die Tauglichkeit gemindert ist, nur zur Entrichtung eines nach den §§ 472, 473 zu bemessenden Teiles des Mietzinses verpflichtet. Eine unerhebliche Minderung der Tauglichkeit kommt nicht in Betracht.

II Absatz 1 Satz 1 gilt auch, wenn eine zugesicherte Eigenschaft fehlt oder später wegfällt. Bei der Vermietung eines Grundstücks steht die Zusicherung einer bestimmten Größe der Zusicherung einer Eigenschaft gleich.

III Bei einem Mietverhältnis über Wohnraum ist eine zum Nachteil des Mieters abweichende Vereinbarung unwirksam.

1) Allgemeines. a) Rechtsnatur. Abs 1 gibt dem Mieter keinen Anspr, sond ist rechtsvernichtde Einwendg ggü dem Anspr auf MietZ. Er mindert sich krG (allgM; vgl Anm 4a). **b) Abdingbarkeit** (Abs III). Nur bei WoRaum (Einf 8a vor § 535) ist § 537 zG des Mieters zwingd. Im MietVertr darf die Minderg nicht von einer befristeten AnzPfl abhäng gemacht w (AG Aach NJW **70**, 1923). Bei GeschRaum auch dch FormularVertr wirks mögl (Mü ZMR **87**, 16). Ob § 11 Nr 10 AGBG für MietVertr gilt, ist umstr (vgl § 11 AGBG Anm 10 mwN; nach BGH **94**, 186 nicht). **c) Verhältnis zu anderen Vorschriften: aa) Erfüllungsanspruch** (Anspr auf GebrGewähr einer mangelfreien Sache, § 536) wird dch § 537 nicht beseit u gibt dem Mieter das ZurückbehaltgsR des § 320 (hM; BGH **84**, 42 für Pacht; eingehd Joachim Betr **86**, 2649), solange er am Vertr festhält (BGH NJW **82**, 874). **bb) Unmöglichkeit. (1) §§ 306, 307:** Setzt voraus, daß die Leistg des Verm (GebrGewähr) von Anfang an obj unmögl ist (vgl § 306 Anm 2, 3), insb wenn die Sache nicht existiert. Die §§ 306, 307 sind vor Überlassg der Mietsache grdsätzl anwendb (vgl hierzu Oehler JZ **80**, 794), werden aber dch die §§ 537ff jedenf dann verdrängt, wenn die Mietsache dem Mieter überlassen w ist, selbst wenn sie für den vertragl vorausgesetzten Gebr völl untaugl ist u dieser Fehler nie behoben w kann (BGH **93**, 142 mwN; Jau-Teichmann 1a). Auch in diesen Fällen verbleibt es bei den Ren des Mieters gem Anm 4. **(2) §§ 323–326:** Vor Überlassg der Mietsache gilt § 537 (GWortlaut Abs I S 1, BGH NJW **78**, 103 u WM **80**, 312), sond es gelten §§ 323ff, uU pos VertrVerletzg (BGH aaO). Nach Überlassg der Mietsache gilt § 537 I, soweit eine GebrUntauglichk od -Verminderg der Mietsache vorliegt; er geht den § 323 vor (BGH NJW **63**, 804; Hassold NJW **75**, 1863); ebso den §§ 325, 326 (vgl BGH NJW **57**, 57). Soweit Unmögl der VermLeistg auf and Grd als Sachmangel beruht (zB Untergang der Mietsache), gilt § 323. Ist der Fehler vom Mieter zu vertreten, wird § 324 I dch § 537 I nicht ausgeschl (Diederichsen JZ **64**, 2; Hassold aaO). § 324 II gilt an Stelle des § 537 I nur, wenn der Mangel ohne den GläubVerz nicht eingetreten wäre. **(3) § 275** gilt bei zufäll Unmögl der VermLeistg (Hassold aaO). **cc) Anfechtung** (§§ 119, 123) ist auch nach Überlassg der Miets grdsätzl mögl (Soergel-Kummer §§ 535–536 RdNr 93–95 mwN; bestr). **dd) Geschäftsgrundlage** (§ 242 Anm 6). Soweit sich ihre Störg auf Fehler od Eigensch der Miets bezieht, gehen die §§ 537ff als ausschließde SondRegel vor. Iü können die in § 242 Anm 6 dargestellten Regeln eingereden. Hierbei ist ggf der entspr dem VertrPart zu achten (BGH NJW **81**, 2405); insb bei gewerbl Miet- u PachtVertr (Joachim BB **88**, 779 mwN). **ee) Mieterhöhung** nach § 2 MHG. Der § 537 ist SoRegelg, sodaß der MietmindergsAnspr nicht dem ErhöhgsVerlangen entgegengesetzt w kann (LG Mannh MDR **77**, 140). **d) Voraussetzung** für § 537 ist stets die Überlassg (Überg) der Miets (vgl Anm c, bb, 2). **e) Rückgriff** gg denjen, der den Fehler verurs hat, bleibt dem Verm offen. Gg Mieter kann Anspr aus pVV (§ 276 Anm 7) gegeben sein, insb bei Belästiggen (Pfeiffer DWW **89**, 38). **f) Beweislast:** Mieter hat Vorliegen des Mangels u Beeinträchtigg der Tauglichk der Miets zu vertrgm Gebr zu beweisen, Verm die Unerheblk der TauglkMinderg, ein Verschulden des Mieters u Verursachg dch diesen.

2) Fehler (Abs I). **a) Begriff:** Grdsätzl ein Mangel, der der Miets in ihrer Substanz anhaftet. Er muß nicht schon nach außen hervorgetreten sein, wenn nur seine Ursachen schon vorhanden sind (vgl Hamm MDR **85**, 1027). Der Fehler kann auch in einem tats bzw rechtl Verhältn bestehen (sog Umweltfehler), das nach den allg VerkAnschauungen für einen Mieter die Sache u deren GebrWert beeinträcht, u zwar unmittelb (RGRK-Gelhaar 8; BGH NJW **81**, 2405; hierzu krit Koller NJW **82**, 201, der auf Beherrschbk dch den Verm, dessen Informationsvorsprung u auf die Unvorhersehbk abstellt). Stets muß die Tauglk zu dem von den VertrPart konkret vorausgesetzten Gebr (§ 536 Anm 2, 4) ganz aufgeh od (erhebl, Anm b) gemindert sein. Auch Fehler, die nicht behebb od v Verm nicht zu vertreten sind, fallen unter § 537 (Schröder ZMR **88**, 414). **b) Erheblichkeit** (Abs I S 2): Die Tauglk zum vertrgem Gebr (damit der GebrWert) muß erhebl gemindert sein. Unerhebl Minderg ist wie bei zugesicherter Eigensch (Anm 3) bedeuts (Angleichg an § 459). Daraus, daß der Fehler infolge seltener Benutzg dem Mieter sich nur gelegentl nachteil auswirkt, kann die Unerheblk nicht abgeleitet w. **c) Öffentlich-rechtliche Beschränkungen** können (auch bei PachtVerh, BGH **93**, 142) als rechtl Verhältn (vgl Anm a) einen Fehler darstellen, wenn sie sich auf die Beschaffenh, Benutzbark od Lage der Mietsache (nicht auf die Person des Mieters, vgl § 552) beziehen (BGH stRspr zB NJW **77**, 1285) u zwar konkret auf die Miets. Sie müssen grdsätzl bestehen,

Einzelne Schuldverhältnisse. 3. Titel: Miete. Pacht § 537 2–4

nicht ledigl in ferner Zukunft zu erwarten (BGH WM **68**, 1306), auf ihre Dchsetzg darf nicht verzichtet sein (Düss OLGZ **73**, 311). Es genügt die Ungewißh über den Fortbestand, insb wenn ein RBehelf eingelegt ist (BGH MDR **71**, 294) u uU eine zeitweil Beschrkg, insb wenn es dadch für den Mieter unmögl w, den VertrZweck zu erreichen (RG **146**, 60). Bsp: BauBeschrkg (BGH WM **62**, 1380); Gebot, das Gebäude abzubrechen (BGH MDR **71**, 294); dem vertrgem Gebr entggstehder Nutzgsplan (Düss OLGZ **73**, 311); erforderl u fehlde behördl Genehmigg zur vertr vorgesehenen Nutzg (BayObLG NJW **86**, 690); EinstellgsAnordng für GewBetr des Mieters wg Geräuschbelästigg (Karlsr OLGZ **71**, 18); Wohnheim für GastArb, das den in behördl Richtlinien festgelegten MindestAnfdgn nicht mehr genügt (BGH NJW **76**, 796); Unbenutzbk als VerkRaum (BGH NJW **80**, 777) od eines Kfz wg allg Fahrverbots (LG Lüb NJW **81**, 1566). **d) Äußere Einwirkungen:** Insb von Lärm (vgl § 535 Anm 2a, dd 8), Luftverschmutzg u Geruch begründen einen Fehler, wenn sie nicht vertr vorausgesetzt sind, und zwar unabhäng davon, ob sie vom Verm als Eigt gem § 906 geduldet w müssen (BayObLG NJW **87**, 1950; umstr; aA LG Gött NJW **86**, 1112 mwN). Fehler bejaht: wenn SchallschutzVorschr vom Verm nicht beachtet w (Wiethaup ZMR **75**, 257 mwN); Beeinträchtigg des Lichteinfalls entgg öff-rechtl Vorschr dch NachbarBebauung (Hamm MDR **83**, 579); Großbaustelle in unmittelb Nähe eines für ErholgsUrl gemieteten Zimmers (LG Hbg NJW **73**, 2254). Für Straßenlärm vgl Speiser NJW **78**, 19. Auch eine Gefahrenquelle außerh der Mietsache kann einen Fehler begrden (BGH NJW **72**, 944; Hamm NJW-RR **87**, 968). Schutzlosigk gg Überschwemmg nur dann, wenn sie wg Beschaffenh der Miethäume u bei nicht außergewöhnl WittergsVerh besteht (BGH NJW **71**, 424); zB FunktionsUntüchtk eines Rückstauschiebers (BGH Betr **76**, 816). Bei Kfz-Einstellplatz ständ verkwidr Parken vor der Einfahrt (LG Köln MDR **76**, 44). **e) Einzelheiten:** Reifenmängel eines Kfz (BGH Betr **67**, 118); lockerer Lenkradgriff eines Fahrrads (BGH VersR **82**, 1145); Ungeziefer (Schlesw SchlHA **70**, 159); unzulängl Isolierg (BGH WM **62**, 271; aA LG Hbg NJW-RR **88**, 907); Stockflecken infolge Pilzbefalls dch Luftfeuchtk (Celle ZMR **85**, 10; LG Brschw ZMR **88**, 142); nicht wirtschaftl arbeitde (Düss WoM **84**, 54) od ungenügde Beheizg (§ 535 Anm 2c, aE); überdimensionierte LüftgsAnl (Hamm ZMR **87**, 300); Ausfall des Lifts für hoch gelegene Räume, der Zentralheizg u Warmwasserversorgg (Ffm ZMR **74**, 42). Schadh ZentrHeizgsAnl, die zu BrennstoffmehrVerbr führt (zB 60% Düss MDR **83**, 229). Bei Vermietg an Konkurr-Untern kommt es auf den Einzelfall an (vgl § 535 Anm 2a u BGH **LM** Nr 3). Baumsturzgefahr auf Camping-Platz (Ffm NJW-RR **86**, 108). Fehlder Rückstauschutz (Hamm ZMR **88**, 138) od Überschwemmung v Kellerräumen (Düss NJW-RR **88**, 906). Absturzbereites Geäst (BGH NJW **75**, 645); wohnwertmindernde Feuchtk (LG Lüb BlGBW **82**, 153); Wegfall v Parkplätzen vor einem Kurhaus (LG Ffm NJW **76**, 1355); uU Einrichtg eines GewBetr im Wohnhaus (AG Hbg WoM **76**, 151); Verfehlen des Zwecks für Stand auf einer mangelh organisierten Ausstellg (Köln WoM **76**, 9); uU Beeinträchtigg des Lichteinfalls (Hamm ZMR **83**, 273). **Nicht:** das Fehlen eines Kinderspielplatzes bei WoVermietg (aA LG Freibg BlGBW **77**, 159); bei Ladenlokal geringerer Besuch v kaufinteressiertem Publikum (BGH NJW **81**, 2405); bei EDV-Anlage die Herstellg unverwendb Unterlagen (BGH NJW **82**, 696). WasserleitgsRohre mit Bleizusatz bei einem der TrinkwasserVO entspr Wasser (AG Ffm NJW-RR **88**, 908). Abweichen v der im Vertr angegebenen qm-Wohnfläche (LG Freibg WoM **88**, 263); wärmetechn Beschaffenh m hohen Heizkosten (LG Hbg ZMR **88**, 63).

3) Fehlen zugesicherter Eigenschaft (Abs II) steht auch bei unerhebl Beeinträchtigg der Tauglk dem Fehler gleich, weil nur Abs I S 1, nicht Abs I S 2 entspr anwendb ist. Ob die fehlde Eigensch herbeigeführt w kann, ist gleichgült (Hassold NJW **74**, 1743). **a) Zusicherg** ist eine vertragl bindde Erkl, die über die bloße Angabe des Verwendgszwecks im Vertr hinausgehen muß (wie § 459 Anm 4a). Sie liegt nicht in der bloßen Beschreibg der Sache. **b) Eigenschaft** ist jede Beschaffenh der Sache sowie jedes tatsächl oder rechtl Verh, das für den Gebr der Mietsache von Bedeutg ist (vgl § 459 Anm 4b). Fehlt eine Eigensch, die nicht zugesichert ist, kann ein Fehler (Anm 2) vorliegen. Eigensch ist zB: Größe des Grdst (Abs II S 2), einer Wohng (LG MöGladb ZMR **88**, 178; LG Mannh WoM **89**, 11), Tragfähigk einer Decke (BGH **LM** Nr 12/13).

4) Rechte des Mieters. a) Allgemeines: Der Mieter hat einen ErfAnspr auf den vertrgem Gebr (§§ 535, 536). Wird er ihm dadch nicht gewährt, daß die Mietsache Fehler aufweist od zugesicherte Eigensch fehlen, hat der Mieter die Rechte aus Anm b–d. Die Rechte aus § 537 bestehen unabhäng vom Versch des Verm, bestehen jedoch nicht, wenn ausschließl der Mieter den Mangel zu vertreten hat. Sie sind nicht Anspr (wie beim Kauf, §§ 462, 465), sond ändern krG die VertrPfl (BGH stRspr, NJW **87**, 432 [433]), unabhäng davon, ob der Mieter die Sache, wäre sie vertrgem gewesen, verwendet hätte od nicht (BGH NJW **58**, 785). Keine Verjährg, da es sich nicht um Anspr handelt (vgl § 194 I); vorausbezahlter MietZ kann gem § 812 zurückgefordert w. Verj dieses Anspr: § 195 (bestr; aA Sternel III 44: § 197). Ist die Sache außerh des MietGebr zerstört w, so gilt § 537 auch dann, wenn der Mieter die InstdHaltg u InstdSetzg im MietVertr übernommen hat (BGH NJW-RR **87**, 906). **b) Befreiung vom Mietzins:** Nur bei völl Beseitigg der GebrFähigk (v LG Saarbr NJW-RR **87**, 1496 wohl falsch unter § 323 eingeordnet, vgl Anm 1c, bb), jeweils nur für deren Dauer. Das ist insb für die Zt gegeben, in der der Verm die Sache in Bes nimmt, um den Mangel zu beseit od beseit zu lassen (BGH NJW **87**, 432). **c) Minderg:** Tritt ein, ohne daß der Mieter sich darauf berufen muß, und als § 465 (Hassold JuS **75**, 550). Wirkt dahin, daß der geminderte MietZ als der vereinb gilt. Berechg: §§ 472, 473 entspr; daher maßgebder Ztpkt der des VertrAbschl. Erstreckt sich nicht auf Umlagen und Zuschläge, die vom Mangel nicht betroffen sind (zB Heizg, Lift, Versicherg). Bei teilw Abtretg der Miet-(Pacht)ZinsFdg erstreckt sich die Minderg auf den entspr Teil (BGH MDR **83**, 928). Zum Umfang der Minderg Rspr-Übersicht v Zinburg ZMR **84**, 110. **d) Sonstige Rechte: aa)** SchadErs nach § 538 ist neben Künd u Minderg mögl; jedoch können die Rechte aus § 537 daneben nur geltd gemacht w, wenn u soweit der SchadErs den Wert der Mietsache nicht umfaßt. **bb)** Anspr auf Erf, dh mangelfreie Leistg, also Beseitigg der Mängel bleibt von § 537 unberührt, so daß dem Mieter das ZbR des § 320 zusteht (vgl Anm 1c, aa). **cc)** AufwendgsErs (§ 538 II) bei Verzug (§ 284) hinsichtl der Mängelbeseitigg (Anm bb). **dd)** Künd gem §§ 542–544.

5) Ausschluß der Mieterrechte. a) Kenntn od grob fahrl Unkenntn des Mangels (§ 539). Das gilt entspr, wenn der Mieter in Kenntn des nach Überg entstandenen Mangels vorbehaltlos den MietZ zahlt (§ 539 Anm 5). **b)** Verletzg der AnzPfl (§ 545). **c)** Verursachg des Mangels dch den Mieter od Versch des Mieters hinsichtl des Mangels, zB inf Änderg der Mietsache auf Verlangen des Mieters (BGH WM **62**, 271), ferner Entstehg des Mangels im Risikobereich des Mieters; zB Sperre eines Zugangs, für dessen Aufrechterhaltg der Mieter zu sorgen hatte (BGH **38**, 295).

538 Schadensersatzpflicht des Vermieters.
I Ist ein Mangel der im § 537 bezeichneten Art bei dem Abschluß des Vertrages vorhanden oder entsteht ein solcher Mangel später infolge eines Umstandes, den der Vermieter zu vertreten hat, oder kommt der Vermieter mit der Beseitigung eines Mangels in Verzug, so kann der Mieter unbeschadet der im § 537 bestimmten Rechte Schadensersatz wegen Nichterfüllung verlangen.

II Im Falle des Verzugs des Vermieters kann der Mieter den Mangel selbst beseitigen und Ersatz der erforderlichen Aufwendungen verlangen.

1) Allgemeines. Der SchadErsAnspr kann v Mieter neben den Ren aus § 537 (Minderg) gefordert w. Dieser ist daher berecht, neben der Mietminderg weitergehnden Schaden od Anspr auf AufwendgsErs nach Abs II geltd zu machen, wobei selbstverständl Vorteil aus Mietminderg bei Bemessg des Schad zu berücks ist. **a) Rechtsnatur** des Anspr. Er ist wg § 536 nicht auf Gewährleistg gerichtet, sond ist ein Anspr wg NichtErf (hM). **b) Wegfall** des Anspr wie bei § 537 (dort Anm 5). **c) Verhältnis zu anderen Vorschriften: aa)** Wg der Verweisg auf § 537 gilt § 538 grdsätzl erst ab Überlassg der Mietsache (vgl § 537 Anm 1 c; Oehler JZ **80**, 794 [797]). Jedenf verdrängt § 538 I 1. Fall die §§ 306, 307 schon vor Überg (BGH **93**, 142 mwN). Soweit es sich um die GebrTauglk handelt, verdrängt Abs I 2. Fall den § 325 (Hassold NJW **75**, 1863) u Abs I 3. Fall den § 326 (vgl Diederichsen JZ **64**, 25; BGH NJW **63**, 804). § 324 gilt wie bei § 537 (dort Anm 1c). § 323 gilt, soweit § 538 reicht, überh nicht, weil Abs I 1. Fall eine anfangl Unmögl verlangt, währd Abs I 2. u. 3. Fall Versch oder Verzug des Verm voraussetzen. **bb)** KündR aus § 542 bleibt unberührt; aber SchadErs nur für die Zt, bis zu der die Künd angemessen hätte erkl w können (RG **82**, 363), u nach § 554a für den dch die Künd entstandenen Schad (BGH LM § 554a Nr 4; Erm-Schopp § 542 RdNr 7). **cc)** Anspr aus pos VertrVerletzg sind allein od neben § 538 mögl bei VertrVerletzg, die unmittelb die Beschaffenh der Mietsache betreffen (BGH NJW **57**, 826); zB Schutz- u FürsPfl (vgl § 535 Anm 2a, d). **dd)** C. i. c. (§ 276 Anm 6) ist wg der SoRegelg in § 538 unanwendb (BGH NJW **80**, 777; dagg Evans-v. Krbek NJW **80**, 2792: Vorrang des § 307 I bei anfangl Unmögl). **ee)** Anspr aus unerl Hdlg können mit § 538 konkurrieren. **d) Abdingbarkeit:** Vertragl Ausschl der Haftg (BGH **29**, 295), grdsätzl zul, sow er nicht gg § 11 Nr 7 AGBG (BObLG ZMR **85**, 93) od allg RGrdsätze verstößt. Zuläss ist nach AGB der HaftgsAusschl für nicht vorsätzl od grob fahrläss FeuchtigkSchäd an Sachen des Mieters (Stgt NJW **84**, 2226). Auch der vertragl SchadErsAnspr erstreckt sich auch auf außervertragl, die denselben Sachverhalt betr (Ffm VersR **73**, 425). Unabdingb ist das R des Mieters aus Abs II bei AGB-Vertr wg § 9 II Nr 1 AGBG u das R zu Aufrechng sowie das ZbR (§ 552a). **e) Anwendungsbereich:** auch Pacht (§§ 581 II, 586 II); Abs II auch auf NutzgsVerh, insb zw Bauträger u Eigenheimerwerber (BGH **56**, 136). **f) Verjährung** des Anspr aus Abs I u II: § 195 (RGRK-Gelhaar 5), nicht § 558.

2) Vorhandensein des Mangels bei Vertragsabschluß (Abs I 1. Fall). Haftg beruht auf gesetzl Garantie des Verm, auch ohne Verschulden. **a) Voraussetzungen:** Mangel muß bei VertrAbschl ledigl vorh sein; daß er damals bereits hervorgetreten war u seine schädigen Wirkgen zeigt, ist nicht erforderl; ausreichd, wenn nur die Gefahrenquelle schon vorh war od die Ursache vorlag, zB wenn ein Fußbodenbelag bei Witterungswechsel regelmäß schwitzt (BGH LM § 537 Nr 19; hierzu Trenk-Hinterberger JuS **75**, 501); eine Behörde verpfl sein, eine erforderl Erlaubn (vgl § 537 Anm 2c) zu widerr od zu versagen (BGH NJW **77**, 1285). Der Mangel muß bei Überlassg der Mietsache noch vorliegen, weil § 538 den § 537 voraussetzt. Verm trägt also die Gefahr aller geheimen Mängel (BGH NJW **63**, 805). Auf Kenntn vom Mangel od dessen Erkennbk kommt es nicht an (BGH **49**, 350), ebsowenig wie auf Möglk der Beseitigg (Hassold NJW **74**, 1743) u auf Versch des Verm (BGH NJW **75**, 645). **b) Zeitpunkt:** Maßgebd ist der des formlosen Vertr, wenn er später schriftl festgelegt w (vgl BGH NJW **68**, 885). § 538 gilt entspr, wenn Miet- od Pachtsache erst nach Abschl des Vertr hergestellt w soll; Garantie bezieht sich hier auf Ztpkt der Fertigstellg u Überg der Sache (BGH NJW **53**, 1180).

3) Verschulden des Vermieters nach Vertragsschluß (Abs I 2. Fall). Für Mängel, die nach VertrSchl auftreten, haftet Verm auf SchadErs nur dann, wenn ihn ein Versch trifft, dh bei vorsätzl od fahrl Verhalten (§§ 276, 278). BewLast: Mieter für alle Voraussetzgen außer Versch (vgl BGH NJW **64**, 33). Der Mieter ist trotz § 545 nicht ErfGeh des Verm (BGH VersR **69**, 754). ErfGeh ist jede Pers, die v Verm für Verrichtgen bei, in od an der Miets bestellt w (Karlsr ZMR **88**, 52).

4) Verzug des Vermieters mit Mängelbeseitigung (Abs I 3. Fall). Ist SchuVerz (§ 284) des Verm. Setzt eine auf Mängelbeseitigg gerichtete Mahng voraus (§ 284 I), Anzeige gem § 545 genügt nicht. Bei vereinb Mängelbeseitigg ist auch KalTagFälligk (§ 284 II 1) mögl. Fehldes Versch des Verm schließt Verz aus (§ 285). BeseitigsPfl entfällt bei unzumutb hohen Kosten (Opfergrenze, vgl Erm-Schopp 14). Der Mangel muß behebb sein; sonst läge kein Verz vor, sond Unmöglk (Hassold NJW **74**, 1743). Der zur MängelBeseitigg berecht Mieter hat gg den Verm einen Anspr auf Vorschuß (KG ZMR **88**, 219).

5) Schadensersatzanspruch. Bei MitVersch (zB üb § 545) ist § 254 anwendb (BGH NJW **77**, 1236). **a) Ersatzberechtigt** sind auch die in den Schutzbereich des MietVertr einbezogenen Pers; vgl 328 Anm 3, 4 i. **b) Umfang:** Nach allgM ist jedenf der eigentl NichtErfSchad zu ersetzen. Das ist der Nachteil, der darin besteht, daß der Mieter die Leistg nur mangelh erhält: insb der Minderwert, die Mangelbeseitiggskosten,

Einzelne Schuldverhältnisse. 3. Titel: Miete. Pacht §§ 538, 539

VertrKosten u entgangener Gewinn (§ 252). Aber alles nur für die Zeit, in der Verm zur Leistg verpfl ist u am Vertr auch gg seinen Willen festgehalten w kann (BGH WM **72**, 335). Einzelh: MehrBetr des Mietzinses für neu gemietete Wo, Kosten einstw Unterbringg (auch der Sachen), Verdienstentgang, jedoch begrenzt auf die Zeit der VetrBindg (BGH **LM** § 537 Nr 12/13). Auch für MangelfolgeSchad u sonstige Begleitschäden (hM; BGH NJW **71**, 424; Peters NJW **78**, 665); das sind alle Nachteile des Mieters, die dch den Sachmangel verursacht sind u über das reine ErfInteresse hinausgehen (Todt BB **71**, 680 mwN), insb Schäden an and Sachen, am Körper (auch dch Wegfall der Mithilfe des Eheg, BGH **LM** Nr 12/13), zusätzl u nutzlose Aufwendgen. Der BegleitSchad ist nach aA (Todt BB **71**, 680 mwN) nur dann zu ersetzen, wenn vertragl eine entspr Gewl übernommen w (insb aGrd von Zusicherg od bei Versch aus pos VertrVerletzg).

6) Mängelbeseitigung durch den Mieter (Abs II). **a) Voraussetzungen:** Verz des Verm: wie Anm 4. **b) Wirkung.** Abs II schließt SchadErsAnspr nicht aus. Stellt keine GoA (§ 677) dar, sond selbstd R aus dem MietVerh. Erstreckt sich auf die ganze gemietete Sache einschl Zubeh. Aber nur die Mängelbeseitigg fällt unter Abs II; für Verwendgen gilt ausschließl § 547. Der Mieter ist zur Mängelbeseitigg nicht verpfl; Unterl kann aber bei Schad für Verm MitVersch (§ 254) begrden (RG **100**, 42). Von Beseitigg des Mangels an entfällt auch der Anspr aus § 537. Verj: § 558 (BGH NJW **74**, 743). Anspr aus ungerechtf Ber wg Mängelbeseitigg bei fehlden Verz sind nicht ausgeschl (BGH aaO [üb § 684]). **c) Inhalt und Umfang:** Es gelten die §§ 256, 257. Der ErsAnspr des Abs II umfaßt nur die erforderl Aufwendgen, dh solche, die ggf nach fachmänn Rat geeignet u notw sind, die Sache in vertrgem Zustd zu versetzen. VorschußPfl des Verm besteht idR aGrd des § 242 (BGH **56**, 136; KG NJW-RR **88**, 1039). Beseit der Mieter den Mangel selbst, kann er auch Ers für seine Aufwendgen verlangen.

7) Beweislast. Der Mieter hat die Voraussetzgen des SchadErsAnspr zu beweisen. Hat Verm seine Pfl verletzt u liegt der Mangel in seinem Gefahrenbereich, muß er beweisen, daß er die Mängelbeseitigg versucht hat u ihn kein Vorwurf trifft (BGH NJW **64**, 33).

539 *Kenntnis des Mieters.* Kennt der Mieter bei dem Abschlusse des Vertrags den Mangel der gemieteten Sache, so stehen ihm die in den §§ 537, 538 bestimmten Rechte nicht zu. Ist dem Mieter ein Mangel der im § 537 Abs. 1 bezeichneten Art infolge grober Fahrlässigkeit unbekannt geblieben oder nimmt er eine mangelhafte Sache an, obschon er den Mangel kennt, so kann er diese Rechte nur unter den Voraussetzungen geltend machen, unter welchen dem Käufer einer mangelhaften Sache nach den §§ 460, 464 Gewähr zu leisten ist.

1) Allgemeines. a) Zweck des § 539. Er wird unterschiedl gedeutet (vgl Köhler JZ **89**, 761 [770]). Überzeugd erscheint die Ans, daß unnöt Kosten u Risiken vermieden w sollen (Köhler aaO). **b) Anwendungsbereich:** nur vertragl Anspr aus §§ 537, 538 (einschl § 538 II, BGH MDR **76**, 571), nicht Anspr aus unerl Hdlg (RG **165**, 159). Diese bleiben bestehen (BGH VersR **61**, 886). Auch der ErfAnspr aus § 536 wird durch § 539 nicht berührt (hM: Köhler aaO mwN). § 539 gilt auch bei Verlängerg des MietVertr dch eine Option des Mieters (BGH NJW **70**, 1740) u entspr für Künd gem § 542 (§ 543).

2) Kenntnis des Mangels bei VertrAbschl (nicht währd der MietZt, vgl aber § 537 Anm 5 u Anm 5) od bei VertrVerlängerg (BGH NJW **70**, 1740 [1742] Option) beseit Anspr des Mieters aus §§ 537, 538 auch dann, wenn Verm den Mangel argl verschwiegen hatte (BGH NJW **72**, 249), nicht aber wenn der Verm auf Verlangen des Mieters Abhilfe zugesagt hat (RGRK-Gelhaar 2 mwN). Ob für sog typ Neubaumängel Kenntnis angenommen w kann, wenn der Mieter weiß, daß er eine NeubauWo mietet, ist umstr (vgl LG Hbg BlGWB **76**, 215). Abzustellen ist auf § 537 I 2; häuf ist die Tauglk unerhebl gemindert od vertrgem. KündR trotz Kenntn nur bei erhebl GesundhGefährdg (§ 544). Bei Mehrh von Mietern genügt die Kenntn von einem (BGH NJW **72**, 249).

3) Grobfahrlässige Unkenntnis. Anspr des Mieters besteht nur, wenn Verm Abwesenh des Fehlers ausdr zugesichert od den Fehler argl verschwiegen hat (§ 460). Das gilt nur für Mängel gem § 537 I, also nicht für zugesicherte Eigensch; bei diesen schadet grobfahrl Unkenntn dem Mieter nicht. Grobe Fahrlk liegt vor, wenn dasjen unbeachtet gelassen w, was im gegebenen Fall jedem hätte einleuchten müssen (BGH NJW **80**, 777); sie liegt nicht bereits darin, daß der Mieter die Mietsache nicht auf ihre Eigng untersucht hat (BGH ZMR **62**, 82 [86]).

4) Annahme mangelhafter Sache. Entspr § 464 Anm 3. **a) Ohne Vorbehalt.** Der Mieter verliert im Falle der Kenntn (Anm 2) seine Re, weil er zu erkennen gibt, daß der dch den Mangel beeinträcht Gebr vertrgem ist, auch bei argl Verschweigen des Mangels (BGH WM **78**, 227). **b) Mit Vorbehalt:** Entspr § 464 Anm 4; s dort. Dem Mieter verbleiben alle Re, auch das des § 542.

5) Nachträgliche Kenntnis des Mieters fällt an sich nicht unter § 539 (vgl Anm 2); setzt aber Mieter trotz Kenntn das VertrVerhältn ohne jeden Widerspr fort (Hamm MDR **88**, 410), bezahlt er insb den Mietzins vorbehaltlos, so ist § 539 entspr anwendb (BGH stRspr; vgl RGRK-Gelhaar 4). Der Mieter darf dann nicht mehr nachträgl Abzüge vornehmen od künd (Düss ZMR **87**, 263). Er behält den Herstellgs-Anspr (BGH WM **67**, 850). Das gilt aber nicht, wenn der Mieter in der erkennb oder mitgeteilten Erwartg zahlt, daß der Mangel demnächst beseit od die Mietzahlg dch eine Versicherg ersetzt w (BGH **LM** Nr 6), ferner wenn gedroht w, zu künd od Miete zu kürzen, wenn der Verm die Mängel nicht beseit, u der Mieter noch einige Zt Miete weiter zahlt (BGH NJW **74**, 2233). Auch keine entspr Anwendg des § 539, wenn der Verm die Mängelbeseitigg hinausschiebt u der Mieter nicht widerspr (RG **90**, 65).

6) Beweislast. Verm für Kenntn od grobfahrl Unkenntn bei VertrAbschl oder Kenntn bei Anm (BGH WM **62**, 1379). Mieter für argl Verschweigen, Zusicherg der Beseitigg des Mangels u Vorbeh bei Ann.

§§ 540–541 b

540 Vertraglicher Gewährleistungsausschluß. Eine Vereinbarung, durch welche die Verpflichtung des Vermieters zur Vertretung von Mängeln der vermieteten Sache erlassen oder beschränkt wird, ist nichtig, wenn der Vermieter den Mangel arglistig verschweigt.

1) Vereinbarung: Vertr gem § 305. **Anwendbar** auf Sachmängel (§§ 537–539) u RMängel (§ 541). **Voraussetzungen. Verschw:** Verm gibt Mängel dem Mieter nicht bek, obwohl er gem § 242 sie offenb müßte. **Argl:** Verm handelt bei Abschl der Vereinb in dem Bewußtsein, Mieter kenne den Mangel nicht u würde bei Kenntn des Mangels die Vereinbg nicht abschl. **Wirkung:** Vereinbg ist Teil des MietVertr. Inwieweit § 139 gilt, ist zweifelh (Soergel-Kummer 4 mwN). Soweit § 537 III für WoRäume GewlAusschl nicht verbietet, ist er grdsätzl für die Sach- u RMängel zul, wenn nicht § 540 eingreift. **Beweislast** für Argl trägt der Mieter; der Verm muß Mitt des Mangels od Kenntn des Mieters beweisen.

541 Haftung für Rechtsmängel. Wird durch das Recht eines Dritten dem Mieter der vertragsmäßige Gebrauch der gemieteten Sache ganz oder zum Teil entzogen, so finden die Vorschriften der §§ 537, 538, des § 539 Satz 1 und des § 540 entsprechende Anwendung.

1) Voraussetzungen für RsMängelGewl. **a) Allgemein:** Das Bestehen des R eines Dr ist unbeachtl, da Verm nicht Eigtümer zu sein braucht. Erst wenn der Dr sein R geltd macht und hierdch dem Mieter der vertrgem Gebr ganz od teilw entzogen od von vornherein nicht gewährt w, liegt ein RMangel vor. **aa)** Dr ist auch der HauptVerm, der Rückgabe, insb Räumg verlangt im Verh zum UnterM (BGH 63, 132). Dies trifft auch für die gewerbl ZwMiete zu (LG Ulm WoM 89, 285). **bb)** § 541 gilt auch für solche RMängel, die erst nach Überlassg der Mietsache an den Mieter entstehen (hM: BGH aaO; aA Hilger ZMR 88, 41: § 325). **cc)** Hingg gilt § 541 nicht für Eingriffe einer Behörde (vgl § 537 Anm 2c) u auch nicht ausschließl gg den Verm richten, zB ein von diesem mit einem Dr vereinb Konkurrenzverbot (BGH LM § 537 Nr 3). § 541 gilt überh nicht, wenn ein Dr ohne R die Miets in Bes hat, insb unterbliebene od verspätete Räumg nach Ablauf des MietVertr (Köln WoM 77, 70) oder der Unterm nur beanstandet, daß der Verm ledigl Hauptmieter ist u mit Erlaubn (§ 549 I) untervermt hat (Köln MDR 81, 406). **b) Doppelvermietung:** Der nichtbesitzde Mieter ist auf den SchadErsAnspr nach § 541, 538 u das KündR nach § 542 beschränkt, wenn der and Mieter rechtm besitzt; kein Anspr auf BesEinräumg nach § 536; vgl § 536 Anm 3. Nach Üblassg der Miets ist § 326 unanwendb (Düss ZMR 88, 22; vgl 1 Anm a, aa; § 537 Anm 1c, bb, 2).

2) Rechte des Mieters: §§ 537–540. Bei § 538 I muß der Verm den Mangel zu vertreten haben (BGH 63, 132; MüKo-Voelskow 2 mwN); hierfür genügt § 279, wenn der HauptMietVertr wg ZahlgsVerz des HauptMieters beendet w u der Unterm daher vor Ablauf des UntermVertr zurückgeben muß (BGH aaO). § 539 S 2 findet keine Anwendg. Grobfahrl Unkenntn des Mangels beseit die Re des Mieters nicht (BGH LM § 539 Nr 1), ebsowen wie RIrrtum. Statt dessen kann der Mieter nach §§ 535, 536 VertrErf verlangen, dh Beseitig entggstehder Re Dr, zB HerausgabeAnspr des HauptVerm gg den Unterm wg Erlöschen des HauptmietVertr (BGH 63, 132).

541 a Maßnahmen zur Erhaltung der Mietsache. Der Mieter von Räumen hat Einwirkungen auf die Mietsache zu dulden, die zur Erhaltung der Miete räume oder des Gebäudes erforderlich sind.

1) Allgemeines. Der frühere Abs II ist aufgeh u ersetzt dch § 541b (Art 1 Nr 1 u 2 EAMWoG; BGBl 82, 1912). Der bisher Abs I ist geblieben. **a) Zweck:** Es soll dem Verm ermögl w, seine GewlPfl aus § 536 zu erf u sein Gebde zu erhalten. **b) Anwendungsbereich:** nur MietVerh über Räume (Einf 7 vor § 535), also nicht nur WoRäume. Umfaßt auch den Untermieter (Weimar ZMR 76, 33). Die Maßn zur Erhaltg des Gebäudes müssen sich, wenn sie nur am Grdst vorgenommen werden, auf das Gebäude beziehen. § 541a gilt nicht bei völl Umgestaltg der Mietsache od erhebl Vergrößerg, insb einer Wohng. **c) Abdingbarkeit:** ist auch zuungunsten des Mieters gegeben. Grenze: §§ 138, 157, 242, bis zur Zumutbk (Frost WoM 76, 1). **d) Rechte des Mieters:** Anspr aus § 537, soweit dch die Einwirkg der getroffenen Maßn dessen Voraussetzg erfüllt sind. **e) Prozessuales:** Klagb Anspr auf Duldg (einschl Unterl von Hinderg), uU auf Mitwirkg (Anm 2b). Zustdgk des § 29a ZPO beachten. Einstw Vfg (§ 940 ZPO) ist mögl.

2) Erhaltungsarbeiten sind insb Ausbesserg od Erneuerg schadh Teile; SchönhRep; auch Arb vorbeugder Art u notw VorbereitgsMaßn. Anschluß an das Breitbandkabelnetz fällt nur ausnw dann darunter, wenn die Empfangsqualität erhebl verbessert w (Gramlich NJW 84, 1433; KG NJW 85, 2031 [generell nicht]; aA Rottmann NJW 85, 2009: im freien WoBau ja). **a) Duldungspflicht** des Mieters ist uneingeschränkt, da Verm zur Erhaltg der Mietsache ebenf uneingeschränkt verpfl ist (vgl § 536 Anm 4a). Geht bis zur vorübergehden Räumg; auf jeden Fall ist Zugang zur Mietsache für Plang u Ausführg der Arb zu gewähren, sow es erforderl ist. Der Mieter darf die Vornahme der Arb nicht davon abhäng machen, daß der Verm erkl, er werde für mögl Schäd aufkommen od die Kosten der Wiederherstellg übernehmen (AG Neuß NJW-RR 86, 891). Umfaßt das Unterl jeder Hinderg. Die Arb sind so auszuführen, daß unnöt Beeinträchtigg des Mieters vermieden w. **b) Mitwirkungspflicht** des Mieters beschr sich darauf, daß er innerh der Mieträume dch Wegräumen od Entfernen seiner Sachen den notw Platz schafft u die Mietsache insow frei macht (hM; vgl Schläger ZMR 85, 193 u 86, 348). Überläßt er die Arb dem Verm, besteht Anspr auf AufwendgsErs aus GoA (Hummel ZMR 70, 66) od § 286 II.

541 b Maßnahmen zur Verbesserung und Modernisierung. [I] Maßnahmen zur Verbesserung der gemieteten Räume oder sonstiger Teile des Gebäudes oder zur Einsparung von Heizenergie hat der Mieter zu dulden, es sei denn, daß die Maßnahme insbesondere unter

Einzelne Schuldverhältnisse. 3. Titel: Miete. Pacht § 541b 1, 2

Berücksichtigung der vorzunehmenden Arbeiten, der baulichen Folgen, vorausgegangener Verwendungen des Mieters oder der zu erwartenden Erhöhung des Mietzinses für den Mieter oder seine Familie eine Härte bedeuten würde, die auch unter Würdigung der berechtigten Interessen des Vermieters und anderer Mieter in dem Gebäude nicht zu rechtfertigen ist; die zu erwartende Erhöhung des Mietzinses ist nicht zu berücksichtigen, wenn die gemieteten Räume oder sonstigen Teile des Gebäudes lediglich in einen Zustand versetzt werden, wie er allgemein üblich ist.

II Der Vermieter hat dem Mieter zwei Monate vor dem Beginn der Maßnahme deren Art, Umfang, Beginn und voraussichtliche Dauer sowie die zu erwartende Erhöhung des Mietzinses schriftlich mitzuteilen. Der Mieter ist berechtigt, bis zum Ablauf des Monats, der auf den Zugang der Mitteilung folgt, für den Ablauf des nächsten Monats zu kündigen. Hat der Mieter gekündigt, ist die Maßnahme bis zum Ablauf der Mietzeit zu unterlassen. Diese Vorschriften gelten nicht bei Maßnahmen, die mit keiner oder nur mit einer unerheblichen Einwirkung auf die vermieteten Räume verbunden sind und zu keiner oder nur zu einer unerheblichen Erhöhung des Mietzinses führen.

III Aufwendungen, die der Mieter infolge der Maßnahme machen mußte, hat der Vermieter in einem den Umständen nach angemessenen Umfang zu ersetzen; auf Verlangen hat der Vermieter Vorschuß zu leisten.

IV Bei einem Mietverhältnis über Wohnraum ist eine zum Nachteil des Mieters abweichende Vereinbarung unwirksam.

1) Allgemeines. Eingefügt dch Art 1 Nr 2 EAMWoG (BGBl **82**, 1912). Inkrafttr: 1. 1. 83 (Art 6 EAMWoG). Wg § 541b wurden dch das selbe G aufgeh: § 541a II u § 20 ModEnG (Art 1 Nr 1 u Art 3 Nr 1). Wg § 541b zusammengefaßt u ersetzt. Zugleich entfällt die Beschränkg auf öff geförderte Modernisiergs- u HeizenergieEinspargsMaßn. **a) Zweck:** Es sollen einerseits Verbesserg u Modernisierg von WoRaum ermögl u gefördert, andseits die Mieter vor dem sog Hinausmodernisieren geschützt werden, indem die DuldgsPfl eingeschr, eine InteressenAbwägg notw, ferner eine vorherige befristete Mitt gefordert ist. Zugleich wird die DuldgsPfl des Mieters bei Ausnutzg erleichtl, weil die Unterschied zw freifinanzierter u öff subventionierter Modernisierg entfällt. **b) Anwendungsbereich.** MietVerh über alle Arten von Räumen (7a vor § 535), nicht nur WoRäume. **c) Abdingbarkeit.** § 541b ist nur bei WoRaum zwingd, soweit die v Abs I–III abweichde Vereinbg für den Mieter nachteil ist (Abs IV). **d) Erhöhung der Miete** erfolgt bei WoRaum über § 2 od § 3 MHG, sofern die VertrParteien sich nicht einigen, iü nach § 305. **e) Beweislast** für die Tats zur nicht zu rechtfert Härte (Anm 2c) trägt der Mieter (BT-Drucks 9/2079 S 12; Röder NJW **83**, 2665), für Abs I Hs 2 der Verm. **f) Modernisierung durch den Mieter** (Sternel WoM **84**, 287) bedarf der Vereinb mit dem Verm. Muster in ZMR **84**, 5. **g) Verjährung** des Anspr aus Abs III: § 195, nicht § 558 (dort Anm 2e). Für DuldgsAnspr bedeutgslos.

2) Voraussetzungen der Duldungspflicht (Abs I). Sie besteht grdsätzl, wenn Anm a od b erf sind; sie entfällt, wenn die Interessenabwägg (Anm c) zugunsten des Mieters ausfällt od der Mieter gem Anm 3b gekünd hat. **a) Verbesserungsmaßnahme** ist jede baul Veränd der gemieteten Räume od des Gbdes, in dem sie sich befinden, die im Rahmen ihres Zwecks den GebrWert erhöht u eine bessere Benutzg ermöglicht. Die Maßn muß vom Verm ausgehen. Dabei darf die Miets nicht so veränd werden, daß etwas Neues entsteht (BGH NJW **72**, 723 für § 541a aF) od der Inhalt des MietVertr veränd w. Die Abgrenzg zu ErhaltgsMaßn ergibt sich aus § 541a. Eine ZusStellg mögl VerbessergsMaßn enthält 4 ModEnG. Bsp: Einbau von Toiletten u Badezimmer, Steckdosen, Rolläden, GemschAntenne, Antennensteckdose; Anschluß an Breitbandkabelnetz (Rottmann NJW **85**, 2009; Gramlich NJW **84**, 1433; Engelhard ZMR **88**, 281; ebso aber eingeschränkt KG NJW **85**, 2031; LG Tüb ZMR **86**, 203; LG Mü I DWW **87**, 163; vgl Pfeilschifter WoM **87**, 279); SatellitenEmpfAnlage (Engelhard aaO); bessere Fußbodenart; Türschließanlage (AG Schöneb NJW **86**, 2059); Telefon-Handapparat mit GgSprechAnl u Lautsprecher nur, wenn ab- u mithörsicher (AG Schöneb aaO). Bau von Garagen für Mieter. Arb außerh der Wohng an der Brandmauer (LG Bln MDR **84**, 669). **b) Maßnahme zur Heizenergieersparnis** ist eine baul Maßn, die nachhalt Heizenergie (gleich welcher Art) einsparen kann. Darunter fällt alles, was § 4 III ModEnG aufführt, insb eine Verbesserg der Wärmedämmg. **c) Interessenabwägung** zugunsten des Vermieters (Fehlen nicht zu rechtfertigder Härte gg den betroffenen Mieter, Abs I). Diese hat zu erfolgen zw dem Verm u den and Mietern desselben Gebäudes einers, sowie dem betroffenen Mieter anderers. Der Wortlaut ist angelehnt an § 556a teilw auch § 20 ModEnG übernommen. **aa) Vermieter.** Seine berecht Interessen sind: Pflege u WertErhöhg seines Eigtums; Mögl, mehr Miete od höheren VerkPr zu erzielen; Gelegenh, die Arbeiten preisgünst ausführen zu lassen. Bessere Vermietbk wg Breitbandkabelanschluß: umstr; vgl Anm a. Eine unangemessene Luxus-Modernisierg ist keinesf berecht. **bb) Andere Mieter.** Ihr Interesse, einen erwünschten höheren Wohnkomfort zu erlangen. Hierbei muß auf das konkrete Interesse des jewweil Mieters abzustellen sein. **cc) Mieter.** Die nicht zu rechtfertigde Härte (vom G wörtl gefordert) muß für den betroffenen Mieter aus den konkreten Umstden abgeleitet werden. Familie: Ehegatten, Kinder, Eltern. Der GZweck, der auf wicht volkswirtschaftl Interessen abstellt, erfordert, daß im Einzelfall eine Voraussetzg streng geprüft wird. Die Aufzählg der GesichtsPkte in Abs I ist nicht erschöpfd. **(1) Vorzunehmende Arbeiten:** Es kommt darauf an, inwieweit (zeitl u räuml) die Wohng für den Mieter u seine Fam vorübergehd unbenutzb wird, ferner auf das Ausmaß der Belästigg, insb dch Zutritt v arbeitden Pers. **(2) Bauliche Folgen:** hier kommt es auf Art u Weise der dch die Verbesserg insges bewirkten Veränd sowohl der gemieteten Räume wie des ganzen Gebdes an, insb ob u inwieweit der Mietzweck beeinträchtigt wird. **(3) Vorausgegangene Verwendungen:** wie 2 vor § 994. Sie können sich außer auf die gemieteten Räume auch auf das Gebde beziehen. Dadch soll der Mieter, der selbst (insb mit Zust des Verm) die Mieträume verbessert hat, mehr geschützt werden. Es ist auch erhebl, ob die Verwendgen mit od ohne Wissen des Verm ausgeführt w (Röder NJW **83**, 2665).

Bsp: Kurzzeitig vorher v Mieter eingebauter Nachtspeicherofen ggü einer v Verm beabsicht Fernheizanlage m Radiatoren (LG Hbg MDR 83, 1026). **(4) Mietzinserhöhung** einschließl der Nebenentgelte. Dies ist der wesentl Gesichtspkt zugunsten des Mieters, wobei die Höhe des Einkommens zu berücksicht ist (BT-Drucks 9/2079 S 12). Es ist grdsätzl derjen Betrag anzusetzen, den der Verm gem Abs II S 1 mitgeteilt hat. Daß ein höherer Betr letzten Endes zu erwarten sei, muß der Mieter darlegen u beweisen (Anm 1e; aA Kummer WoM 83, 227). Soweit das MHG anzuwenden ist, gilt dessen § 3. Bei Kostenmiete vgl 13c, ee vor § 535) ist § 11 VI der II. BV anzuwenden (hierzu Hemming ZMR 89, 4). **dd) Zwingende Abwägungsregel** (Abs I Hs 2). Eine Modernisierg muß der Mieter hinsichtl des Mietzinses immer dulden, wenn sie nur den allg übl Standard herbeiführt (Abs I Hs 2). Die örtl od regionalen Verh sind dabei zu berücksicht. Es kommt auf die konkr Verh an (LG Bln MDR 85, 938). Allgemein übl bedeutet weit übwiegde Meing (KG NJW 86, 137). Die MietzinsErhöhg, die sich aus einer solchen Modernisierg ergibt, ist bei der Interessenabwägg nicht zu berücksicht. Zur Problematik vgl Röchling WoM 84, 203. Die (unerwünschten) Luxusmodernisiergen werden davon nicht umfaßt, sodaß hierbei der Mieter im Rahmen der Interessenabwägg stets geschützt bleibt. Es soll aber dem Verm mögl bleiben, Bausubstanz u Ausstattg seines Gebdes in allen Bereichen auf den übl Standard zu heben. Wohngeld muß sich der Mieter anrechnen lassen. **d) Mitteilungspflicht** des Verm (Abs II S 1), bei Mehrh v allen od im Namen aller (LG Mannh WoM 87, 385). Sie entfällt bei unerhebl Einwirkg u unterbliebener od nur unerhebl Erhöhg des Mietzinses, wobei unerhebl keinesf mehr als 5% sein dürfte (Abs II S 4; Bagatellklausel; zB Auswechslg v Heizkörperventilen (LG Bln ZMR 86, 444); KabelAnschl (AG Karlsr DWW 87, 164). Die Mitt setzt die ÜberleggsFr in Lauf (vgl Anm 3b). **aa) Zeitpunkt:** Die 2-MonatsFr (AnkündiggsFr) ist eine MindestFr (Blümmel/Kinne DWW 88, 302 [304]) u wird nach §§ 187, 188 berechnet. Als Beginn der Maßn ist auf die AusführgsArb abzustellen, nicht auf die bloße Vorbereitg, soweit sie keine Auswirkg auf den Gebr der gemieteten Räume od des Gebdes herbeiführt. Trotz Abs IV kann auch der Mieter v WoRaum auf die Einhaltg der Fr verzichten; jedoch nicht voraus im MietVertr (aA Kummer WoM 83, 227). **bb) Form:** die des § 126, weil eine gescháhnl Hdlg vorliegt (vgl Übbl 2c vor § 104 u § 126 Anm 1). Kopie genügt nicht (Kummer WoM 83, 227). **cc) Inhalt:** Der Beginn muß nicht nach Datum bezeichnet sein, Anfang, Mitte od Ende eines Monats genügt, weil der Mieter, sofern es dann auf den Tag ankommt, rückfragen kann; „kurzfristig" genügt nicht (LG Bln ZMR 86, 441). Die geplanten Maßn müssen konkret bezeichnet w (hM; Blümmel/Kinne DWW 88, 302 [304] mwN). Der zu erhöhde Mietzins ist in einem bestimmten DM-Betrag anzugeben. Prozentsätze allein genügen nicht. Ebensowenig Spannen, denn weniger kann immer noch verlangt werden. Der angegebene ErhöhgsBetrag dient nur zur Feststellg der DuldgsPfl. Die tats Erhöhg erfolgt bei WoRaum sowieso aus § 2 od § 3 MHG, bei GeschRäumen nach § 305. Die vorgesehene Maßn muß kurz, aber konkr beschrieben sein. Bei schuldh falschen Angaben kann pVV vorliegen u SchadErsPfl bestehen.

3) Wirkungen. Es ist zu untersch. **a) Duldungspflicht.** Sie tritt nur ein, wenn alle Voraussetzgen der Anm 2 erf sind, die Mitt aw Anm 2d vorgenommen ist. Sie trifft auch den Mieter. Umfang: wie § 541a Anm 2. Zwar hängt in den Fällen des Abs II S 4 die DuldgsPfl auch an den Voraussetzgen der Anm 2a–c, weil sich Abs II S 4 nicht auf Abs I bezieht; jedoch wird sie dann in aller Regel gegeben sein (Verletzg der DuldgsPfl kann pVV begrden). Besteht keine DuldgsPfl, muß der Verm die Maßn unterl od die Plang (mit neuer MittPfl, Anm 2d) anpassen. Prozessuales: wie § 541a Anm 1e. § 940 ZPO ist nur unter ganz bes Umstden anwendb, § 935 ZPO übhaupt nicht (vgl AG Neuß NJW-RR 86, 314). **b) Kündigungsrecht** des Mieters (Abs II S 2) besteht nur bei MittPfl des Verm (vgl Anm 2d). Es ist dem § 9 I MHG (mit und Fr) nachgebildet. Die SonderkündR ist außerord, befristet, aber unabhängig v der allg KündFr. Die ÜberleggsFr wird dch die Mitt (Anm 2d) in Lauf gesetzt u beträgt mindestens einen Monat. Für die Künd gelten die allg Vorschr; § 564 Anm 3. Sie muß spätestens am letzten Tag des Monats, in dem die ÜberleggsFr endet, dem Verm zugehen (§ 130). Sie kann nur zum Ende des nächsten Monats erkl werden. **c) Unterlassungspflicht** des Verm (Abs II S 3) besteht nur, wenn der Mieter gekünd hat (Anm b), u zwar fristgerecht sowie wirks. Andernf muß der Mieter die Maßn dulden. Die UnterlassgsPfl besteht nur hinsichtl der Räume des Mieters u des Gebdes, soweit der Mieter davon betroffen ist. Sie endet mit dem fristgerecht gekünd MietVerh, nicht notw mit Räumg. **d) Mitwirkungspflicht** des Mieters: wie § 541a Anm 2b.

4) Aufwendungsersatz (Abs III). **a) Begriff:** wie § 256. Die Maßn muß kausal, die Aufwendg in Erf der DuldgsPfl geschehen sein. **b) Umfang:** Er muß den konkreten Umständen nach angemessen sein, wobei Lebensweise oder GeschTätigkt des Mieters zu berücks sind. Die ges Beschränkg auf „angemessen" bedeutet, daß nicht generell alle Aufwendgen zu ersetzen sind, sond auf den Einzelfall abzustellen ist. **c) Vorschußpflicht** (Abs III Hs 2): Das Verlangen des Mieters ist formlos; es müssen Art u Umfang der voraussichtl Aufwendgen dargelegt, die Höhe muß aufgeschlüsselt werden.

542 Fristlose Kündigung wegen Nichtgewährung des Gebrauchs.

I Wird dem Mieter der vertragsmäßige Gebrauch der gemieteten Sache ganz oder zum Teil nicht rechtzeitig gewährt oder wieder entzogen, so kann der Mieter ohne Einhaltung einer Kündigungsfrist das Mietverhältnis kündigen. Die Kündigung ist erst zulässig, wenn der Vermieter eine ihm von dem Mieter bestimmte angemessene Frist hat verstreichen lassen, ohne Abhilfe zu schaffen. Der Bestimmung einer Frist bedarf es nicht, wenn die Erfüllung des Vertrags infolge des die Kündigung rechtfertigenden Umstandes für den Mieter kein Interesse hat.

II Wegen einer unerheblichen Hinderung oder Vorenthaltung des Gebrauchs ist die Kündigung nur zulässig, wenn sie durch ein besonderes Interesse des Mieters gerechtfertigt wird.

III Bestreitet der Vermieter die Zulässigkeit der erfolgten Kündigung, weil er den Gebrauch der Sache rechtzeitig gewährt oder vor dem Ablaufe der Frist die Abhilfe bewirkt habe, so trifft ihn die Beweislast.

Einzelne Schuldverhältnisse. 3. Titel: Miete. Pacht **§§ 542, 543**

1) Allgemeines. § 542 gewährt dem Mieter ein außerord KündR. § 544 geht vor. Daneben bleibt für Räume § 554a anwendb. MietVerh über und Sachen können ohne die Voraussetzgen des § 542 aus wicht Grd gekünd w (§ 554a Anm 3a). Fehlen für diesen Grd aber die formalen Voraussetzgen des § 542, müssen bes vertrgefährdde Umst hinzutreten (BGH NJW **88**, 204 = CR **88**, 111 m Anm v Bokelmann). Die Anspr aus §§ 537, 538 können neben § 542 bestehen. **a) Anwendungsbereich:** alle Arten von Miet- u PachtVerh (§§ 581 II, 594 e I) auf bestimmte od unbest Zeit. Schon vor Beginn des MietVerh, wenn der Verm die Überg verweigert od der Mangel nicht behoben w kann (Soergel-Kummer 21). Die bloße Ungewißh rechtzeit GebrGewähr reicht nicht aus (LG Hbg MDR **74**, 583). Nach Beginn des MietVerh wird jedenf Rücktr aus § 325 I v § 542 verdrängt (Hassold NJW **75**, 1863). **b) Abdingbarkeit:** nur bei WoRaum ausgeschl (§ 543 S 2). **c) Verhältnis zu Unmöglichkeit und Verzug,** wenn die Miets nicht überlassen w: Bei anfängl Unmöglk (zZ des VertrAbschl) gelten §§ 305, 306 (§ 537 Anm 1 c, bb [1]). Soweit es sich um die Gebrtauglk der Miets handelt, verdrängen die §§ 537, 538 auch schon vor Überlassg die §§ 306, 307 (BGH **93**, 142; Teichmann JZ **86**, 760; vgl § 537 Anm 1 c, bb), sodaß § 542 anwendb ist. Das gilt insb auch, wenn die Miets von vorneherein völl ungeeignet ist u nicht in vertrgem Zust versetzt w kann. Bei nachträgl Unmöglk gelten bis zu Überlassg die §§ 323, 325, 326 neben § 542, währd § 324 den § 542 ausschließt (Jau-Teichmann Anm 1 c).

2) Vorenthaltung vertragsmäßigen Gebrauchs dch Nichtgewähren od Wiederentziehen (Abs I S 1). **a) Vertragsgemäßer Gebrauch:** nur dieser Gebr ist geschützt, nicht der vertrwidr. Verschulden (§§ 276, 278) des Verm ist nicht erforderl. Vorenthalten kann sein: ein Sachmangel (§ 537 Anm 2, 3), ein RsMangel (§ 541), ErfVerweigerg (vgl § 535 Anm 2), eine nur teilw erbrachte Leistg, zB bei einem LeasVertr üb Hard- u Software die unterbliebene Übergabe der Software (BGH NJW **88**, 204 = CR **88**, 111 m Anm v Bokelmann). Nicht darunter fällt die vorprogrammierte period Sperre beim Leasing eines Computer-Programms, die dem Schutz vor unbefugter Nutzg dient (BGH NJW **81**, 2684). **b) Erheblichkeit** der Behinderg des Gebr (Abs II). Damit soll unlauterem Mißbr des KündR entgegengetreten w; zB, wenn für die Künd ein and Beweg-Grd vorliegt (BGH **LM** Nr 3). Ausn gilt aber für den Fall, daß trotz Vorliegens obj unerhebl Behinderg ein bes Interesse des Mieters die Künd rechtfert; insbes, wenn er bei VertrAbschl eine bes Eigensch der Miets (zB völl Ruhe) ausgedungen hat (RGRK-Gelhaar 23). Bsp: Änd der Miets u Störgen im Gebr; ungenügde Heizg (uU § 544); unangenehme Gerüche; Aufn v Prostituierten (LG Kass WoM **87**, 122); Fluglärm bei FerienWo (AG Jever NJW **71**, 1086); erhebl Zugangserschwerg für Straßenkiosk inf mehrjähr Bauarbeiten (Köln NJW **72**, 1814); Garagenlärm (Hbg MDR **72**, 954); dauernde Behinderg v Ein- u Ausfahrt bei einem Kfz-Einstellplatz (LG Köln BlGBW **76**, 238); baurechtl unzul Benutzg der Miets (LG Ffm NJW **77**, 1885). Verweigerg der Schankerlaubn wg bauordngwidr Zustds der Miets (Düss NJW-RR **88**, 1424).

3) Außerordentliche Kündigung hat grdsätzl als weitere Voraussetzg, daß Verm eine vom Mieter gesetzte angemessene Fr fruchtl hat verstreichen lassen (Abs I S 2). Gilt auch bei Mängeln der Mietsache (BGH NJW **76**, 796). **a) Kündigung:** Es gilt § 130. Schriftform für Künd v WoRaum, der nicht nur vorübergehd überlassen worden ist, u auch nicht für solchen nach §§ 565 III, 564a III; iü nur, wenn vereinb. Wirkg v Zugang der Erkl ab (ex nunc), nicht rückw. Vgl § 564 Anm 2 u 3. **b) Länge der Frist** richtet sich nach den Umst des Einzelfalles. Genaue Bestimmg nach Tag oder Stunde ist nicht erforderl. Verlangen „unverzüglicher" Abhilfe genügt (RG **75**, 354). Zu kurze Fr verpflichtet sich in eine angemessene, vom Richter zu best Fr (RG HRR **34**, 1444). Zur FrSetzg genügt die Bezugn auf eine behördl Vfg, die ihrerseits eine Fr zur Beseitigg des Mangels setzt (BGH WM **83**, 660). Bestimmg im Urt: § 265 ZPO. **c) Verlust** des KündR, wenn Mieter nicht nach Kenntn des KündGrd in angem Zt künd (BGH WM **67**, 515) od nach FrAblauf die Künd unangemessen lange verzögert (RG **82**, 363). Wenn der Mangel nach FrAblauf, jedoch vor Künd beseit w, hängt das KündR v den Umstdn des Einzelfalls ab (umstr; vgl Emmerich-Sonnenschein 33; Sternel IV 467). **d) Keine Fristsetzung** ist erforderl: **aa)** Wenn Verm die Abhilfe ernstl u endgült verweigert (BGH NJW **76**, 796). **bb)** Wenn die Beseitigg des Mangels binnen angemessener Fr unmögl erscheint (BGH WM **67**, 515; Karlsr ZMR **88**, 224) od mit unzumutb Belastgen für den Mieter verbunden ist, zB unverhältnism Zt in Anspr nimmt, insb bei Zerstörg od behördl Verboten, wenn Abhilfe nicht mögl erscheint. **cc)** Wenn die Erf inf des die Künd rechtfert Umst für den Mieter kein Interesse mehr hat (Abs I S 3); gilt auch für FixGesch (§ 361).

4) Ausschluß des Kündigungsrechts. Bei unerhebl Hinderg od Vorenthaltg (Abs II; vgl Anm 2b); ferner: Wenn die GebrUnmöglk auf Versch des Mieters (od MitVersch) zurückzuführen ist (RG **98**, 286); dann § 324. Vereitelg der Maßn des Verm dch Mieter (RG JW **11**, 359). Unzul RAusübg wg einer für den betreffden Mieter vorgen Umgestaltg der Miets (BGH **LM** Nr 3). Wg § 543 iVm § 539 bei Kenntn od grobfahrl Unkenntn des Mieters.

5) Beweislast. a) Mieter für Künd u FrSetzg; Mängel (BGH NJW **85**, 2328); Störgen, zB Lärm; evtl für bes Interesse nach Abs II; bei Zerstörg der Miets dch den MietGebr für fehldes Versch (BGH NJW **76**, 1315). **b) Vermieter** für rechtzeit GebrGewähr od Abhilfe vor FrAblauf (Abs III), ferner im Fall des Abs II die Unerheblichk der GebrBehinderg, schließl für das Versch od die Kenntn des Mieters (Anm 4).

543 *Durchführung der Kündigung.* **Auf das dem Mieter nach § 542 zustehende Kündigungsrecht finden die Vorschriften der §§ 539 bis 541 sowie die für die Wandelung bei dem Kaufe geltenden Vorschriften der §§ 469 bis 471 entsprechende Anwendung. Bei einem Mietverhältnis über Wohnraum ist eine Vereinbarung, durch die das Kündigungsrecht ausgeschlossen oder eingeschränkt wird, unwirksam.**

1) Ausschluß der Kündigung (S 1, 1. Alt): Der Mieter kann (trotz Vorliegen des § 542) wg des Mangels nicht künd, wenn bei einem Sachmangel seine Re dch § 539 ausgeschl sind u bei einem RMangel dch § 541. Ein vereinb GewlAusschl schließt die Künd nicht aus, wenn der Verm den Mangel arql verschweigt (§ 540).

§§ 543–545   2. Buch. 7. Abschnitt. *Putzo*

Mehrere Mietsachen (S 1, 2. Alt): Nur die mangelh Sachen können gekünd w (§ 469; Ausn dessen S 2), wobei der Mietzins nach § 471 berechnet w. Bei Haupt- u Nebensache gilt § 470. **Unabdingbarkeit** des KündR aus § 542 gilt aGrd des S 2 nur bei WoRaum (Einf 8a vor § 535).

544 **Fristlose Kündigung wegen Gesundheitsgefährdung.** Ist eine Wohnung oder ein anderer zum Aufenthalte von Menschen bestimmter Raum so beschaffen, daß die Benutzung mit einer erheblichen Gefährdung der Gesundheit verbunden ist, so kann der Mieter das Mietverhältnis ohne Einhaltung einer Kündigungsfrist kündigen, auch wenn er die gefahrbringende Beschaffenheit bei dem Abschlusse des Vertrags gekannt oder auf die Geltendmachung der ihm wegen dieser Beschaffenheit zustehenden Rechte verzichtet hat.

1) Allgemeines. Dient aus öff Interesse der Volksgesundh, daher zwingd (allg M). Gibt fristlose, außerord Künd. Ist nicht an AbhilfeFr (§ 542) od Anz (§ 545) gebunden. Schriftform des § 564a sollte nicht verlangt w (MüKo-Voelskow 10). Das KündR entfällt, wenn der Mieter den gesundhgefährdden Zust gem §§ 276, 278 herbeigeführt hat (RG **51**, 210; MüKo-Voelskow 3; bestr; aA Harsch WoM **89**, 162 mwN). Außer dem KündR bestehen Re aus §§ 537, 538, 557a. Dem SchadErsAnspr (aus § 538) kann aber uU wg § 254 Versch des Mieters entggstehen, wenn er die Künd unterläßt (RGRK-Gelhaar 12).

2) Anwendungsbereich: a) Mietgegenstand: alle WoRäume (Einf 8a vor § 535), ferner alle für den (auch nur zeitweil) Aufenth von Menschen best Räume (Einf 7a vor § 535), zB Laden, Büro, Werkstatt, Gaststätte. **b) Pacht:** § 544 gilt über § 581 II. TeilKünd kann zul sein; Künd der ganzen Pachtsache nur, wenn ihre Bewirtschaftg ohne die betreffden Räume wesentl erschwert w würde (Celle MDR **64**, 924).

3) Erhebliche Gesundheitsgefährdg ist erforderl. Eine GesundhSchädigg muß noch nicht eingetreten sein, es muß aber auch nicht nur vorübergeh (RG **51**, 210) naheliegen (RG **88**, 168). Maßstab ist das obj allg WohngsHygiene, nicht der bes GesundhZust der einzelnen. Versch des Verm ist unerhebl. Ist nur ein Teil der Wohng gesundhgefährdd, besteht ein KündR nur, wenn dadch die Benutzbk der Wohng im ganzen erhebl beeinträchtigt ist (MüKo-Voelskow 6). Bsp: Dauerndes Eindringen unerträgl Gerüche (RG **88**, 168); unerträgl Lärm (BGH **29**, 289); gefährl Beschaffenh von Fußboden u Treppen (RG Gruch **60**, 664); Feuchtk u unzureichde Beheizbk (LG Mannh ZMR **77**, 155); übmäß Formaldehyd-Konzentration (AG Köln NJW-RR **87**, 972).

545 **Obhutspflicht und Mängelanzeige.** ¹ Zeigt sich im Laufe der Miete ein Mangel der gemieteten Sache oder wird eine Vorkehrung zum Schutze der Sache gegen eine nicht vorhergesehene Gefahr erforderlich, so hat der Mieter dem Vermieter unverzüglich Anzeige zu machen. Das gleiche gilt, wenn sich ein Dritter ein Recht an der Sache anmaßt.

ⁿ Unterläßt der Mieter die Anzeige, so ist er zum Ersatze des daraus entstehenden Schadens verpflichtet; er ist, soweit der Vermieter infolge der Unterlassung der Anzeige Abhilfe zu schaffen außerstande war, nicht berechtigt, die im § 537 bestimmten Rechte geltend zu machen oder nach § 542 Abs. 1 Satz 3 ohne Bestimmung einer Frist zu kündigen oder Schadensersatz wegen Nichterfüllung zu verlangen.

1) Allgemeines. Eine ObhutsPfl wird vom G als selbstverständl vorausgesetzt. Die AnzPfl des § 545 ist Folge der ObhutsPfl. **a) Anwendungsbereich:** auch Pacht (§ 581 II); § 545 gilt nicht für solche Mängel, die der Verm kennt od beim BeherbergsVertr alsbald selbst feststellen kann (MüKo-Voelskow 10 mwN). **b) Zeitraum:** beginnt, sobald die Mietsache überlassen ist; bis zur Rückg, ohne Rücks auf Ende des MietVerh (BGH LM § 556 Nr 2). **c) Umfang:** so weit sich die GebrGewähr dch dem Verm räuml erstreckt (vgl § 535 Anm 2a bb). Eine üb § 545 hinausgehde, dem Mieter auferlegte ObhutsPfl verstößt gg § 9 II Nr 1 AGBG (Erm-Schopp 1). **d) Inhalt** der ObhutsPfl: allg, die Mietsache so pflegd zu behandeln, daß sie nicht beschäd u nicht mehr als vertrgem abgenutzt w (vgl § 548). Bsp: Vorsichtsmaßregeln gg Schäden dch Unwetter (LG Bln MDR **81**, 584) u Frost; Abg der Schlüssel bei längeren Reisen (LG Düss NJW **60**, 2101); Aufsicht bei Waschmaschinen in Räumen ohne Fußbodenentwässerg (LG Bln WoM **71**, 9). **e) Rechtsfolgen: aa)** Den Mieter trifft grdsätzl nicht die Pfl, den Mangel zu beseit; er darf jedoch nichts unterlassen, was eine weitere Beschädigg od Gefährdg der Mietsache verhindert. **bb)** Bei schuldh Verletzg der ObhutsPfl: SchadErs; zum Umfang vgl § 548 Anm 2c; verstärktes BesichtiggsR (§ 535 Anm 3c, cc, [1]); außerord Künd unter den Voraussetzgn des § 553. Verj des SchadErsAnspr: § 558 (dort Anm 2b).

2) Anzeigepflicht (Abs I). Folgt aus der ObhutsPfl (Anm 1) u entsteht neu, wenn der Verm den Mangel nur unzureichd beseit (Düss NJW-RR **87**, 1232). **a) Anzeige.** Sie ist formlos (Schriftform kann vereinb w), keine WillErkl, daher v GeschFähigk unabhäng. Sie ist an den Verm zu richten u muß ihm zugehen (entspr § 130). Unverzügl: § 121. Wird die Anz verspätet, steht das dem Unterl gleich. **b) Voraussetzungen** sind (alternativ), sofern der Mieter die zugrdeliegden Tats kennt od kennen muß (dh inf grober Fahrlk nicht kennt, vgl BGH NJW **77**, 1236; bestr; aA Soergel-Kummer 3: pos Kenntn). **aa)** Auftreten eines Mangels. Das ist weiter als § 537 jeder schlechte Zustd der Miets, ohne Rücks darauf, ob ihre Brauchbk dadch beeinträchtigt w (BGH NJW **77**, 1236), aber nur an der Mietsache od an den mitbenutzten Teilen (zB Hof, Treppen; RG **106**, 133). **bb)** Unvorhergesehene Gefahr: Das Erfordern v SchutzMaßn muß für den Mieter erkennb sein. **cc)** Geltendmachen von Ren dch Dr: gleichgült ist die Art des Rs u ob es den Mieter berührt. **c) Entfallen** der AnzPfl: wenn der Verm auf and Weise (auch dch Dr) Kenntn erlangt hat (RG **103**, 372), der Mangel außerh v Macht- u Einflußbereich des Mieters liegt (BGH WM **76**, 537), der Mangel für den Verm od seinen ErfGehilfen (Karlsr ZMR **88**, 52) erkennb ist (zB HaustürSchad, wenn Verm im Haus wohnt), außerdem wenn die Beseitigg eines Mangels od die Abwendg der Gefahr unmögl ist. **d) Beweislast** für die

Einzelne Schuldverhältnisse. 3. Titel: Miete. Pacht   §§ 545–547a

TatsKenntn des Mieters u deren Ztpkt: der Verm. Rechtzeit Absendg der Anz u für TatsKenntn (einschl Ztpkt) des Verm: der Mieter.

3) Rechtsfolgen verletzter AnzPfl (Abs II): **a) Schadensersatz:** Setzt Versch (§§ 276, 278) voraus (allgM). Kann infolge der unterlassenen Anz nicht aufgeklärt w, ob der Mieter den Mangel zu vertreten hat, wird die BewLast (Anm 2d) umgekehrt (Erm-Schopp 5). Verj: § 558 (dort Anm 2b). **b) Rechtsverlust des Mieters:** Minderg (§ 537), SchadErs (§ 538) u KündR aus § 542 I S 3 entfallen. Das setzt bei Darleggs- u BewLast des Verm voraus, daß er gerade wg Unterl od Verspätg der Anz außerstande war, eine ursprüngl mögl Abhilfe zu schaffen (BGH WM 87, 349), ggf für den betr ZtRaum (Soergel-Kummer 11). Der SchadErsAnspr ist auf Herstellg des Zustd gerichtet, der bei rechtzeit Anz hätte hergestellt w können (BGH aaO). SchadErsAnspr des Mieters aus § 823 bleiben unberührt, jedoch begründet Verletzg der AnzPfl § 254.

546 Lasten der Mietsache.
Die auf der vermieteten Sache ruhenden Lasten hat der Vermieter zu tragen.

1) Begriff der Lasten: grdsätzl wie Anm zu § 103; insb: Straßenanlieger-, Kanalisations-, Müllabfuhr-, Kaminkehrer- (Schornsteinfeger)gebühren(beiträge), Brandversicherg, Grundsteuer (Hamm ZMR **86**, 198). Die an die Pers gebundenen Abgaben fallen nicht darunter, zB VermSteuer. **Abdingbarkeit** ist zu bejahen; wird auch häuf praktiziert, wirkt aber nur im InnenVerh zw Verm (Verp) u Mieter (Pächter). Wenn ÜbNahme der Lasten vereinb w, betrifft dies nur die Lasten iS des § 546. Das muß nach den Regeln ordngsgem Wirtsch, nicht aus der Substanz bestr w (Celle MDR **83**, 402 mwN). Bei WoRaum wird eine Abwälzg der gesamten Lasten auf den Mieter dch FormularVertr wg § 9 II Nr 1 AGBG für unwirks gehalten (Emmerich-Sonnenschein 14); and bei BetrKosten iS v § 27 der II. BerVO (vgl § 4 II MHG).

547 Ersatz von Verwendungen.
I Der Vermieter ist verpflichtet, dem Mieter die auf die Sache gemachten notwendigen Verwendungen zu ersetzen. Der Mieter eines Tieres hat jedoch die Fütterungskosten zu tragen.

II Die Verpflichtung des Vermieters zum Ersatze sonstiger Verwendungen bestimmt sich nach den Vorschriften über die Geschäftsführung ohne Auftrag.

1) Allgemeines. Für Landpacht SondVorschr in §§ 590b, 591. **a) Anwendbar** ist § 547 bei allen Mietsachen, aber nur, wenn die Verwendg v Mieter als solchem dchgeführt w, nicht, wenn er als MitEigt handelt; dann gelten §§ 744 II, 748 (BGH NJW **74**, 743). **b) Zeitraum:** Nur für Verwendgen währd der Laufzeit des MietVertr (allgM). **c) Abdingbarkeit** ist gegeben (allgM; BGH NJW **59**, 2163), zB Anrechng auf künft Miete (dann § 557a). **d) Verhältnis zu anderen Ansprüchen:** ggü § 538 II (Mängelbeseitig dch den Mieter) ist abzugrenzen (vgl hierzu BGH NJW **74**, 743 u Bbg OLGZ **76**, 195). Die §§ 987ff sind unanwendb, weil der Mieter besitzberecht ist. **e) Entstehung** des ErsAnspr: zum Ztpkt der Verwendg (BGH **5**, 197). Die Fällk kann hinausgeschoben w (vgl BGH NJW **88**, 705). **f) Verjährung:** § 558, auch für konkurrierde Anspr, sofern sie mit dem MietVerh in Zushang stehen (vgl § 194 Anm 3b; § 558 Anm 2b); auch bei vertragl Vereinb (BGH NJW **86**, 254). **g) Verwirkung** ist mögl (BGH NJW **59**, 1629).

2) Notwendige Verwendungen (Abs I). **a) Begriff** der Verwendg: er entspr dem des SachenR (2 vor § 994; hM). Notw: wie § 994 Anm 1. Nicht solche Aufwendgen, die dazu dienen, den vertrgem Zustd der Sache herzustellen; diese fallen unter § 538 II (BGH NJW **84**, 1552). **b) Einzelheiten.** Für FüttergsKosten eines Tiers SondRegelg in Abs I S 2. Notw Verwendgen sind: Bei Kfz-Pannen u -Unfällen die Wiederherstellg u die Sicherg des Kfz. Bei Räumen die Wiederherstellg od der GebrFähigk nur in Ausnahmefällen (MüKo-Voelskow 16). **c) Wirkung:** Der Verm ist zum WertErs verpfl (nicht §§ 249ff); nur dann nicht, wenn der Mieter den Umstd, die Verwendg notw machte, selbst zu vertreten hat (Erm-Schopp 9). Umfang u Inhalt des Anspr: §§ 256, 257. Nur ausnw im Rahmen seiner ObhutsPfl (§ 545 Anm 1) ist der Mieter zu den Verwendgen verpfl; sonst steht es ihm frei, sie vorzunehmen.

3) Sonstige Verwendungen (Abs II). **a) Begriff** der Verwendg: wie Anm 2a. Sonstige Verwendgen sind alle, die nicht notw (Anm 2a) sind. **b) Ersatzfähig** (mit Wirkg wie Anm 2c) sind nur solche Verwendgen, für die auch nach den Regeln der GoA (§§ 677–687) Ers verlangt w kann (RGrdVerweisg; hM), sodaß FremdGeschFührgsWille erforderl ist. **aa)** Dem Interesse u wirkl od mutmaßl Willen des Verm entspr (§ 683). **bb)** Genehmigg des Verm (§ 684 S 2); **cc)** Erf einer Pfl im öff Interesse (§ 679). **c) Einzelheiten:** Keine Verwendg ist insb die Bebauung eines unbebauten Grdst (BGH **41**, 157 [160]), wohl aber uU ein Umbau (offengebl in BGH NJW **67**, 2255) od Ausbau (LG Bielef MDR **68**, 672). Für differenzierd Behandlg in sog Erwartgsfällen: Müller JArb **81**, 20. **d) Sonstige Ansprüche:** Bei Einrichtgen geht § 547a als SondRegelg vor. Sind die Voraussetzgn des § 547 nicht erf, verbleiben Anspr aus § 951 I u § 684 S 1, die auf ungerechtf Bereicherg (§§ 812ff) verweisen. Sie können abbedungen w (vgl Karlsr NJW-RR **86**, 1394 mwN).

547a Wegnahmerecht des Mieters.
I Der Mieter ist berechtigt, eine Einrichtung, mit der er die Sache versehen hat, wegzunehmen.

II Der Vermieter von Räumen kann die Ausübung des Wegnahmerechts des Mieters durch Zahlung einer angemessenen Entschädigung abwenden, es sei denn, daß der Mieter ein berechtigtes Interesse an der Wegnahme hat.

III Eine Vereinbarung, durch die das Wegnahmerecht des Mieters von Wohnraum ausgeschlossen wird, ist nur wirksam, wenn ein angemessener Ausgleich vorgesehen ist.

§§ 547a, 548

1) Allgemeines. a) Einrichtung ist eine Sache, die mit der Mietsache verbunden u dazu best ist, dem Zweck der Mietsache zu dienen (vgl BGH **101**, 37 [41]), zB Maschinen, Lichtanlagen, Badeeinrichtg, Wandschrank, Waschbecken, umpflanzb Sträucher im Garten. Heizöl im Tank eines EinFamHauses fällt nicht darunter. Die Einrichtg kann dch die Verbindg wesentl BestandT der Miets w (§§ 93, 94, 946, 947). Der Zweck vorübgehder Verbindg (§ 95) kann nicht als Regelfall unterstellt w (MüKo-Voelskow 4). **b) Wegnahmepflicht** kann sich aus bes Vereinbg od aus § 556 (Anm 1c) ergeben. **c) Verhältnis zum Wegnahmerecht des Besitzers** aus §§ 951 II, 997 I; diese sind nur beim unrechtm Bes anwendb; § 547a u die vertr Regelg bei MietPart gehen vor (vgl Vorbem 1b, cc vor § 994). **d) Verjährung.** § 558 (vgl dort Anm 2b), auch bei Verstoß gg die Verpfl, eine Einrichtg zurückzulassen (BGH NJW **54**, 37).

2) Wegnahmerecht (Abs I). Der Mieter darf u muß die Sache auf seine eigenen Kosten wegnehmen. Kein HerausgAnspr, aber nach Rückg der Mietsache ein Anspr auf Duldg der Wegn (vgl § 258 S 2). Das WegnR erstreckt sich auch auf Einrichtgen, die wesentl BestandT geworden sind (vgl Anm 1b) u besteht auch dann, wenn die Sache im Eigt des Verm od Dr steht. Der Mieter hat dann außer dem TrennsgR auch ein dingl AneignsgR (§ 258 Anm 2a). Abs I ist abdingb (Erm-Schopp 4). Der Anspr ist abtretb (§§ 413, 398); die Abtretg liegt idR in der entgeltl Veräußerg (BGH NJW **69**, 40). Nach Wegn hat der Mieter die Mietsache auf seine Kosten in den früh Zustd zu versetzen (§ 258 S 1). Das WegnR entfällt, wenn der Mieter sich dem Verm ggü zur Vorn der Einrichtg verpfl u das WegnR gem Anm 4 (ggf auch stillschw) ausgeschl hat (MüKo-Voelskow 9). Verj: § 558.

3) Abwendungsbefugnis (Abs II). **a) Zeitpunkt:** Die Abwendungsbefugn ist bereits ausgeschl, wenn die Einrichtg ausgebaut u der frühere Zustand wiederhergestellt ist, auch wenn sie sich noch in den Mieträumen befindet (Burkhardt BB **64**, 772; bestr). Die Ausübg des WegnR braucht nicht vorher angezeigt zu w (hM; MüKo-Voelskow 11). Den MietPart ist vorherige Verständigg über Wegn od Entschädigg anzuraten. Berecht Interesse: auch Liebhaberinteresse. **b) Entschädigung:** Entspr ggwärt VerkWert der Einrichtg, wobei Kosten u Wertverlust dch Ausbau u Aufwendgen für Wiederherstellg des früh Zustd zu berücks sind. Höhe: Einigg der Part, anderenf § 316 dch Mieter als Gläub; im Proz § 287 ZPO. Entstehg des Anspr: sobald Verm erkl, daß er die Wegnahme abwenden will (BGH NJW **88**, 705).

4) Ausschluß des Wegnahmerechts (Abs III) dch abweichde Vereinbg im MietVertr od später (§ 305). **a) Bei Wohnraum** (Einf 8 vor § 535): Zul nur bei angem Ausgl, nicht notw in Geld. Bei Verstoß: Nichtigkeit der Klausel gem § 134 (vgl § 139 Anm 6b). Abs III ist zwingd. **b) Bei sonstigen Sachen:** Grdsätzl zul, auch entschädiggsl (Karlsr NJW-RR **86**, 1394), wenn es nicht im Einzelfall gem § 138 sittenwidr ist (BGH NJW **67**, 1223). Bei langjähr MietVertr, in dem das WegnR entschädiggsl ausgeschl ist, kann BerAnspr (§ 812) des Mieters gegeben sein, wenn der Vertr vorzeit endet (Hbg MDR **74**, 584). Ausschl des EntschädiggAnspr dch Verfallklausel ist wie eine VertrStrafe zu behandeln (BGH WM **68**, 799).

548 Abnutzung durch vertragsmäßigen Gebrauch.
Veränderungen oder Verschlechterungen der gemieteten Sache, die durch den vertragsmäßigen Gebrauch herbeigeführt werden, hat der Mieter nicht zu vertreten.

1) Allgemeines. a) Bedeutung. Es obliegt grdsätzl dem Verm, die Mietsache im vertragsmäß Zustd zu erhalten (§ 536). Die Abnutzg der Mietsache dch Gebr fällt dem Verm zur Last; dafür stellt der Mietzins zT einen Ausgl dar; daraus folgt wiederum, daß der Mieter für die dch den vertragsgem Gebr bewirkte Abnutzg, die jede Veränderg u Verschlechterg der Mietsache darstellt, nicht aufzukommen hat, weder dch Instandhaltg od Ausbesserg noch dch SchadErs. **b) Abdingbarkeit** ist zu bejahen (allgM). Grenze: § 138, nur ausnahmsw gegeben wie bei Freizeichnungsklauseln (§ 276 Anm 5 B b; BGH LM § 138 B b Nr 1). **aa) Allgemein.** Die Klausel „Rückg der Sache in demselben Zustand wie übernommen" begründet nicht Haftg des Mieters für Zufall, sond bedeutet keine Abweichg von § 548, also daß die Sache in dem einem vertragsgem Gebr entspr Zustand zurückzugeben ist (allgM). Mögl ist auch HaftgsAusschl des Mieters, zB dch vertragl vorausgesetzte od vom Verm u Mieter gemeins vorgen Versicherg gg derart Schäden. **bb) Räume.** Unbeschr Pfl des Mieters zur Instdhaltg der Rolläden in FormularVertr kann gg § 9 AGBG verstoßen (LG Wiesb NJW **85**, 1562). Häuf werden auch „kleine Instandhaltgen" (BagatellSchäd bis etwa 100 DM) auf den Mieter abgewälzt (vgl MüKo-Voelskow 7). Enge Auslegg zugunsten des Mieters ist geboten. SchönhRep w davon nicht erfaßt (hM; LG Mü II WoM **85**, 62 mwN). **cc) Kraftfahrzeuge.** Für FormularVertr s 10c vor § 535. **c) Beweislast:** Verm für MangelFreih bei Übergd er Sache (Jau-Teichmann 3; a Karlsr NJW **85**, 142: Verm muß beweisen, daß SchadUrs im HerrschBereich des Mieters gesetzt w). Mieter dafür, daß die eingetretene Veränd od Verschlechterg nur auf vertragsgem Gebr zurückzuführen ist (RGRK-Gelhaar 13; aA Saarbr NJW-RR **88**, 652: Verm muß vertrwidr Gebr beweisen) od von ihm nicht zu vertreten ist (analog § 282; hM; BGH **66**, 349 [Brand]; Baumgärtel; aA für Anspr auf Fortzahlg des MietZ [§ 324] Schweer MDR **89**, 287). Für die BewLastVerteilg dch AGB u Form des Vertr ist § 11 Nr 15 AGBG zu beachten.

2) Vertragsmäßiger Gebrauch der Mietsache. **a) Voraussetzungen:** Umfang u Grenzen ergeben sich aus § 535 Anm 2a. Vertragsmäß ist auch eine (bewußte) Veränd der Mietsache od ihres Zustd, die der Mieter mit Zust des Verm vornimmt (vgl Weimar ZMR **70**, 4). **b) Rechtsfolgen:** Der Mieter haftet nicht für die Veränd od Verschlechterg; er hat weder eine Renoviergs- od Instandsetzgs- noch eine SchadErsPfl (vgl aber § 536 Anm 4 c), selbst wenn die Mietsache unbrauchb w od wenn Dr, die die Sache im Rahmen des zuläss Gebr mitbenutzt haben (vgl § 549 Anm 2), sie dadch veränd od verschlechtern.

3) Vertragswidriger Gebrauch der Mietsache. **a) Voraussetzungen:** Begr des vertragswidr Gebr: § 550 Anm 2a. Für Haftg ist Versch (§ 276) erforderl. ErfGehilfen (§ 278) sind FamAngeh, Untermieter (§ 549 Anm 4), Gäste, bei gewerbl genützten Räumen auch ArbN, Hauspersonal. **b) Rechtsfolgen** (vgl auch § 550 Anm 1 u 3): Anspr des Verm aus pos VertrVerletzg (§ 276 Anm 7), soweit der schuldh vertrags-

Einzelne Schuldverhältnisse. 3. Titel: Miete. Pacht **§§ 548, 549**

widr Gebr für einen Schad ursächl ist. Liegt eine Veränderg, keine Verschlechterg vor, darf Vorteilsanrechng (Vorbem 7 vor § 249) nicht übersehen w. Verj: § 558 (BGH NJW **68**, 2241). **c) Einzelheiten:** Bei Kfz gehört zum Schad auch der Verlust des SchadFreihRabatts (Schwerdtner NJW **71**, 1673). Bei BeherbergsVertr sind Tod u Erkrankg des Gastes nur bei Selbstmord od Kenntn v Infektionskrankh vertrwidr Gebr (RGRK-Gelhaar 7).

549 *Gebrauchsüberlassung an Dritte, Untermiete.* **I** Der Mieter ist ohne die Erlaubnis des Vermieters nicht berechtigt, den Gebrauch der gemieteten Sache einem Dritten zu überlassen, insbesondere die Sache weiter zu vermieten. Verweigert der Vermieter die Erlaubnis, so kann der Mieter das Mietverhältnis unter Einhaltung der gesetzlichen Frist kündigen, sofern nicht in der Person des Dritten ein wichtiger Grund vorliegt.

II Entsteht für den Mieter von Wohnraum nach dem Abschluß des Mietvertrages ein berechtigtes Interesse, einen Teil des Wohnraums einem Dritten zum Gebrauch zu überlassen, so kann er von dem Vermieter die Erlaubnis hierzu verlangen; dies gilt nicht, wenn in der Person des Dritten ein wichtiger Grund vorliegt, der Wohnraum übermäßig belegt würde oder sonst dem Vermieter die Überlassung nicht zugemutet werden kann. Ist dem Vermieter die Überlassung nur bei einer angemessenen Erhöhung des Mietzinses zuzumuten, so kann er die Erlaubnis davon abhängig machen, daß der Mieter sich mit einer solchen Erhöhung einverstanden erklärt. Eine zum Nachteil des Mieters abweichende Vereinbarung ist unwirksam.

III Überläßt der Mieter den Gebrauch einem Dritten, so hat er ein dem Dritten bei dem Gebrauche zur Last fallendes Verschulden zu vertreten, auch wenn der Vermieter die Erlaubnis zur Überlassung erteilt hat.

1) Allgemeines. a) Abdingbarkeit § 549 Abs II ist zG des Mieters von Wohnraum zwingd (Abs II S 3). § 549 ist im übr und bei anderen MietVerh als solchen über Wohnraum allg abdingb. Bei WoRaum gilt dies nur eingeschr: (1) Für unselbständ MitGebr (Anm 2a, aa). (2) Ausschl der Untervermietg an Dr ohne ausdrückl schriftl Zust des Verm wg § 9 II Nr 1 AGBG (v. Westphalen Betr Beil 8/**84** S 5). (3) Ausschl des KündR gem Abs I S 2 wg § 9 II Nr 1 AGBG (Emmerich-Sonnenschein 34a). **b) Begriff der Untermiete:** Einf 1c vor § 535. **c) Mehrheit von Mietern.** Haben sie die gemschaftl gemietete Sache untervermietet, so gilt, da Gemsch (§ 741) vorliegt, für den Untermietzins nicht § 420, sond § 432 (BGH NJW **69**, 839).

2) Gebrauchsüberlassung an Dritte (Abs I). Die Vorschrift ist kein ges Verbot iS v § 134 (allgM).

a) Begriff: Tats (auch unentgeltl) Einräumg des ganzen MietBes od eines Teils zum selbständ (Mit-) Gebrauch (hM; aA Hamm NJW **82**, 2876: jeder auf gewisse Dauer angelegte MitGebr). Gg eine Differenzierg zw selbst u unselbstd Gebr: Wangard ZMR **86**, 73). Unterm (Anm 1b) ist eine der mögl Formen. **aa) Unselbständiger Mitgebrauch.** § 549 bezieht sich nicht auf Pers, die einen zul, unselbstd MitGebr haben, wie Eheg (auch wenn sie es erst im Lauf der MietZt w, Hummel ZMR **75**, 291), FamMitgl (nicht der Bruder, BOblG MDR **84**, 316), Hauspersonal, Gäste, nichtehel LebensGemsch (Anm 3b, c; vgl Bunn ZMR **88**, 9 u Battes JZ **88**, 957); jedoch besteht bei Aufn solcher Pers auf Dauer AnzPfl ggü Verm (Hummel aaO). Vertragl Ausschl ist mögl, soweit nicht Abs II 3 entggtsteht. Er kann zudem gg § 9 I AGBG verstoßen (v. Westphalen Betr Beil 8/**84** S 3). Zweifelh kann sein, wie weit die vollständ Aufn v bisher getrennt lebdn FamMitgl unter den vertrgem Gebr der Mietsache fällt. **bb) Identität.** Änderg der RPersönlk des Mieters (zB Umwandlg einer BGB-Gesellsch in eine oHG) ist unschädl (BGH NJW **67**, 821). Hingg begründet Veräußerg des EinzelhandelsUntern, auch wenn Firma fortgeführt w darf, Inh- u damit Mieterwechsel, ist folgl unzul GebrÜberlassg, wenn der Verm nicht zustimmt (Roquette Betr **65**, 281). Zul GebrÜberlassg od SelbstGebr ist gegeben, wenn Mieter die Räume für den gleichen Gebr einer zur Pers überlassen hat, deren Inh u ges Vertr sie sind (BGH NJW **55**, 1066), od wenn der Mieter in gemieteten Lagerräumen gleichart Sachen einer and Pers miteinlagert (Hamm WM **73**, 525).

b) Erlaubnis ist einseit empfangsbedürft WillErkl (§ 130), keine Einwilligg iS der §§ 182 ff. **aa) Erteilung.** Die Erlaubn ist forml gült u kann stillschw erteilt w, zB wo Weitervermietg ortsübl ist. Sie kann allg erteilt sich auf die tats betreff GebrÜberlassg, nicht notw auf einen best UntermietVertr. Längere Duldg kann als Erlaubn ausgelegt w. Die allg erteilte Erlaubn für GewRäume berecht nicht zur Untermietg für solche Gewerbe, die dem Mieter vertrgem nicht gestattet sind (BGH aaO). Bei Wettbewerbslage vgl Traumann BB **85**, 628. **bb) Verweigerung** der Erlaubn steht dem Verm wg Abs II nur bei Sachen, insb Räumen frei, die er nicht WoRaum sind. Die unberecht Verweigerg kann pos VertrVerletzg sein (RG **138**, 359), insb wenn sie dem Vertr widerspr (RG JW **34**, 3193). Der Mieter ist wg Anm 3b verpfl, die Pers des Dr dem Verm zu benennen (MüKo-Voelskow 22). **cc) Widerruf.** Die erteilte Erlaubn kann nur bei Vorbeh (MüKo-Voelskow 16) od aus wicht Grd widerrufen w (BGH **89**, 308 [315]). Im FormularVertr ist der uneingeschr WiderrVorbeh wg § 9 II Nr 1 AGBG unwirks (BGH NJW **87**, 1692).

c) Kündigungsrecht des Mieters (Abs I S 2). **aa) Voraussetzung.** Die Erlaubn (Anm b) muß verweigert w, ausdrückl, dch Nichterteil od Erteilung unter Einschränkgen, die der MietVertr nicht vorsieht (BGH **59**, 3). Außerdem, wenn bei erlaubter TeilUntervermietg nur eine weitergehede Untervermietg wirtsch angem ist, diese Erlaubn aber vom Verm verweigert w (BGH WM **73**, 383). Dasselbe gilt nicht, wenn der Untervermietg die NutzgsArt (WoRaum statt gewerbl Nutzg) ändert (Kblz NJW-RR **86**, 1343). Es braucht nicht auf den ersten zul Termin gekündigt zu w, aber in zumutb Frist, sonst Verwirkg. KündFrist: § 565 V. Ist die Erlaubn nicht wg der Pers des Untermieters verweigert, geht das KündR nicht dadch verloren, daß der Mieter räumt (BGH **59**, 3). Unberecht Verweigerg einer angemessenen Grd im Einzelfall kann bei allg erteilter Erlaubn für den Mieter Grd zur außerord Künd nach § 542 sein (BGH NJW **84**, 1031). **bb) Entfallen** des KündR ist zu bejahen, wenn in der Pers des Dr ein wicht Grd vorliegt. Die Tats hierfür muß der Verm beweisen. Der wicht Grd muß in den persönl Verhältn des UnterM begrdet sein. RücksNahme auf die HausGemsch u auf die berecht Interessen des Verm sind maßgebd. Eine nichtehel LebensGemsch stellt für sich allein keinen wicht Grd dar u begrdet nur unter bestimmten Umstden Unzumutbk (Scholz NJW 82, 1070). ZahlgsUnfgk des Untermieters allein ist nicht entsch, da Mieter für Mietzins haftet. Auf Verlangen muß Verm dem Mieter den Grd angeben (RG 74, 176). Nachschieben von Grden nach der Künd des Mieters ist nur zul, wenn der Verm zur Zeit der Verweigerg die neuen Grde in entschuldb Weise nicht gekannt hat (RG 92, 118).

d) Unbefugte Gebrauchsüberlassung (vgl Anm b) führt zu nachstehden RFolgen: **aa)** Der Mieter ist für jeden Schad haftb, der dch den Gebr des Dr entsteht, u zwar auch für Zufall, es sei denn, daß der Schaden auch ohne die GebrÜberlassg an den Dr eingetreten sein würde. Nur SchadErs, nicht Herausg des Untermietzinses, auch nicht nach §§ 687 II, 812, kann verlangt w (BGH NJW 64, 1853; krit hierzu Diederichsen NJW 64, 2296). **bb)** Klage auf Unterlassg (§ 550). **cc)** KündR des Verm (§ 553). **dd)** Erteilg der Erlaubn kann nachträgl nach Abs II erzwungen w. Es kann auch noch im Räumungsprozeß eingewendet w, daß die Erlaubn hätte erteilt w müssen (Burkhardt BB 64, 773).

3) Anspruch auf Erlaubniserteilung (Abs II). Steht (nur bei WoRaum) dem Mieter neben der Künd (Abs I S 2) zur Wahl. Der Anspr ist klagb. Daß Untervermietg von vornherein vertragl ausgeschl war, steht nicht entgg. Vorausgesetzt wird: **a) Wohnraum.** Es darf weiter nicht die GebrÜberlassg des gesamten Wohnraums, sond nur eines Teiles hiervon begehrt w. Soll der ges Wohnraum untervermietet w, steht dem Mieter gg die Versagg der Erlaubn nur Künd zu (Abs I S 2), kein Anspr auf Erteilg der Erlaubn. **b) Berechtigtes Interesse** des Mieters an GebrÜberlassg (BewL: Mieter). Es muß erst nach Abschl des MietVertr entstanden sein; anfängl Interesse genügt nicht. Es kann auf Veränderg der wirtschl od fam Verh des Mieters, bei §§ 569a–b auch auf seines Nachf beruhen, insb Verringerg der Fam (umstr) dch Tod, Auszug, Heirat; gesunkenes Eink. IdR wird, wenn anderer, den veränderten Umst des Mieters einspr Wohnraum zu zumutb Bedingg zur Vfg steht, berecht Interesse des Mieters zu verneinen sein. Nicht genügt der Auszug eines Mitmieters (LG Bln MDR 82, 850). Der Mieter hat die tats Grde darzulegen. Es hängt hiervon im Einzelfall ab, ob der Wunsch des Mieters, eine WohnGemsch mit Dr zu bilden, für ein berecht Interesse ausreicht (BGH 92, 213), v Hamm NJW 82, 2876 generell bejaht, von LG Bln ZMR 85, 384 = FamRZ 86, 269 schließl zutreffd verneint. **c) Zumutbarkeit der Erlaubniserteilung** (Abs II S 1 Hs 2 u S 2). Die Belange des Verm sind nur unter diesem GesichtsPkt zu berücksicht (BGH 92, 213) BewL: Verm. Es gibt 3 Fallgruppen: **aa)** Wicht Grd in der Pers des Dr: wie Anm 2c, bb. **bb)** Übermäß Belegg des v Mieter behaltenen od zu üblassden Teils des WoRaums. **cc)** Sonst Grde: zB wenn das MietVerh sowieso demnächst endet (Burkhardt BB 64, 773); Änderg des VerwendgsZwecks. **d) Angemessene Mieterhöhung.** Der Verm muß sie verlangen, der Mieter zustimmen (§ 305). Verweigert sie der Mieter, liegt ein sonst Grd vor (Anm c, cc). Im Streitfall im ProzGericht (§ 29a ZPO) üb die Angemessenh zu entscheid, dh der Verm auf Zahlg od Feststellg, der Mieter auf ErlaubnErteilg klagt. Angemessen ist bei preisgebundenem WoRaum der zuläss UntermZuschlag (§ 26 III NMVO), sonst die ortsübl VglMiete (§ 2 I S 1 Nr 2 MHG). Die Erlaubn kann von angemessener Erhöhg abhäng gemacht w (§ 158 I). **e) Verjährung:** § 195. Zur Verwirkg vgl Soergel-Kummer 15.

4) Haftung des Mieters für den Dritten (Abs III). Nur für Versch (§ 276) des Dr, insb Unterm. Erstreckt sich auf alle Hdlgen im Rahmen des MietVerh, zB für Unterschlagg dch den Unterm (Mü NJW-RR 87, 727). Abs III (Folge des Grdsatzes aus § 278) gilt auch, wenn Verm die Untervermietg erlaubt hat. Auf das Versch des Mieters kommt es nicht an (RG 157, 368). Hat der Mieter dem Dr den Gebr unerlaubt überlassen, so haftet er f auch für Schäd, die der Dr unverschuldet verurs hat (allgM).

5) Verhältnis Hauptvermieter und Untermieter. Es besteht keine unmittelb vertragl Beziehg. **a) Untermieter** ist in den Schutzbereich des MietVertr (vgl § 328 Anm 3 b, ii) grdsätzl nicht einbezogen (BGH 70, 327). Jedenf hat er keine Anspr gg den HVerm aus § 538 (BGH aaO u WM 79, 307; sehr umstr; vgl Krause JZ 82, 16 mwN u differenzierder Lösg). Auch § 556a u § 564b gelten nicht (allgRspr; BGH 84, 90; dagg krit Crzelius JZ 84, 70). Der Unterm hat, sobald er aGrd des § 556 III herausgeben muß, gg den HVerm, auch wenn dieser verbotene Eigenmacht begangen hat, keinen Anspr aus §§ 823 II, 858 wg der Beeinträchtigg des Gebr (BGH 73, 355 u 79, 232). **b) Hauptvermieter** hat gg Untermieter keinen Anspr auf Zahlg der Miete, kein PfdR an dessen eingebrachten Sachen, keinen vertragl Anspr auf SchadErs im Falle der Beschädigg von Sachen des HVerm. Dagg hat HauptVerm bei Beendigg des Hauptmiets auch gg UnterM unmittelb KlageR auf Räumg gem § 556 III (vgl dort Anm 3) u ggf aus § 985. Dem kann der UnterM einer Wohng nur den Einwand des RMißbrauchs (§ 242) entggsetzen, wenn er sich bei Abschluß des UnterMVertr gutgläub für den HauptM gehalten hat u dem HauptM ggü SchutzRe aus §§ 556a, 564b hätte (BGH 84, 90), auch, wenn das UntermVerh als WerkWo unter § 565b fällt u der UnterM (ArbN) nicht wußte, daß der ArbG nur HauptM ist (Karlsr Justiz 83, 381). Nimmt der Verm nach Auszug des HauptM Mietzahlgen des UnterM an, so entsteht dadch kein neuer MietVertr mit dem UnterM (Düss NJW-RR 88, 202).

6) Verhältnis Hauptmieter und Untermieter (vgl Einf 1 c vor § 535). Hierauf finden alle Vorschr über die Miete Anwendg, auch § 566 (Düss BGH 81, 46). HauptM hat als Verm für die GebrÜberlassg einzustehen. SchadErs wg Verletzg dieser Pflicht nach § 325 od § 326 nur üb § 541 I, § 538 I (BGH 63, 132). Ist der UntermVertr ausdr od stillschw von der ErlaubnErteilg abhäng gemacht, liegt Bedingg (§ 158) vor u UntermVertr entfällt, falls Erlaubn verweigert w. Kenntn des Unterm davon, daß Erlaubn des HauptVerm erforderl ist, genügt für eine Bedingg eher nicht. Dch Beendigg des HauptMietVertr entfällt UntermietVertr nicht ohne weiteres; jedoch kann in der Mitteilg hiervon eine Künd liegen. Berechg der Miete des Unterm bei preisgebundenem WoRaum erfolgt nach § 31 NMV 1970. Eintritt in MietVertr bei Tod des Unterm: § 569a.

7) Abtretung der Mietrechte und Eintritt eines neuen Mieters. Es ist zu differenzieren: **a) Abtretung** der Re des Mieters gem § 398, insb des Anspr auf GebrÜblassg, von der rein tatsächl GebrÜblassg zu unterscheiden, ist wg § 399 (hM) u wg Abs I S 1 nur mit Zust (Erlaubn) des Verm zul. Verweigerg der Zust kann KündGrd gem Abs I S 2 sein. Anspr auf ErlaubnErteilg kann bei WoRaum gegeben sein (Abs II). Pfändg ist wg § 851 ZPO nur zul, sow abgetreten w kann. **b) Eintritt eines neuen Mieters** in den alten MietVertr anstelle des alten Mieters erfordert Vertr zw Verm u dem Mietern od Vertr zw den Mietern u Zust (§ 182) des Verm (BGH WM **67**, 797) od auch Vertr des Verm mit neuem Mieter unter Zust des alten Mieters. Der BGH spricht in WM **70**, 195 von „dreiseit Vertr eigener Art". Der neue Mieter ist RNachf des alten. Dies gilt auch für sog studentische WohnGemsch (aA LG Karlsr NJW **85**, 1562). Grdsätzl gilt der Inhalt des alten Vertr auch für u gg den neuen Mieter (BGH WM **78**, 1017). Verweigert der Verm die Zust, so besteht KündR wie bei Anm a. Der Verm kann zur Zust vertragl verpfl sein, jedoch ist Unzuverlässigk des neuen Mieters Grd, die Zust zu verweigern od von Weiterhaftg des alten Mieters für den Mietzins abhängig zu machen (KG JW **32**, 3008). Für FamAngeh gilt § 569a als Sonderregelg. **c) Abschluß eines neuen Mietvertrags** mit neuem Mieter anstelle eines gleichzeitig aufgehobenen alten Vertr. Ob dies vorliegt, ist Auslegsfrage (BGH **LM** § 535 Nr 21 a; vgl auch Pieper NJW **61**, 300); jedenf müssen Verm, alter u neuer Mieter mitwirken (§ 305). Mängel, die Mietsache zZ des VertrAbschlusses aufweist, sind anfängl gem § 538.

550 *Vertragswidriger Gebrauch.* Macht der Mieter von der gemieteten Sache einen vertragswidrigen Gebrauch und setzt er den Gebrauch ungeachtet einer Abmahnung des Vermieters fort, so kann der Vermieter auf Unterlassung klagen.

1) Allgemeines. Bei vertrwidr Gebr ist zu untersch: **a) Unterlassungsanspruch:** Grdlage ist unmittelb § 550. Der Anspr kann währd der gesamten Dauer des MietVerh geltd gemacht w. Ist ErfAnspr, gg den Mieter gerichtet, nicht gg Unterm (§ 549 Anm 5; aber ggf § 1004). **b) Kündigung:** Grdlage können § 553 u ohne Abmahng § 554a sein. **c) Schadensersatzanspruch:** Grdlagen sind § 823 I od pVV (vgl § 548 Anm 3b). Setzt Versch voraus, das bei baul Veränderungen des Verm idR gegeben ist; der Anspr richtet sich auf Beseitig u Wiederherstellg der früh Zust (BGH NJW **74**, 1463). **d) Verjährung:** § 195, § 198 S 2 (Staud-Emmerich § 558 Rn 14). Nicht § 558 (vgl dort Anm 2 e). **e) Prozessuales.** Liegen die Voraussetzgen (Anm 2) vor, so sind einstw Vfg (§ 935 ZPO) u Kl (§ 253 ZPO) auch ohne Wiederholgsgefahr zul u begründet. Daher keine HauptsErledigg, wenn der Mieter vor od währd des RStreits den vertrwidr Gebr einstellt.

2) Voraussetzungen: a) Vertragswidriger Gebrauch. Muß nur obj vorliegen. Versch des Mieters nicht erforderl (wohl aber des Dr, § 549 III). Irrt ist bedeutgsl. Muß dch den Mieter od dch Dr ausgeübt w, denen der Mieter die Mietsache (auch mit Einwilligg des Verm) überlassen hat (insb Unterm). Allg ist die VertrWidrk aus VertrInhalt u -zweck zu bestimmen (vgl § 535 Anm 2 a). Was nicht vertrgem ist, ist vertrwidr. Bei Benutzg zu vertrfremdem Zweck vgl Erm-Schopp 3. Bsp: Unerlaubte Haustierhaltg; ruhestörer Lärm; Lagern od Benutzen hausgefährder Ggstände; erhebl Geruchsbelästigg; unerl Beseitigen od Beschädigen der Mietsache; Anbringen v Deckenplatten, sofern davon eine Gefährdg ausgeht (LG Brschw NJW **86**, 322); HeimArb nur, wenn mit unzumutb Belästigg, Gefährdg der Wohng od Änd ihrer Beschaffenh verbunden (LG Bln WoM **74**, 258); Verstoß gg staatl FischereiO bei FischereiRPacht (RG JW **25**, 1121); Verwendg v WohngsFenstern zur Wahlwerbg (BVerfG NJW **58**, 259; LG Essen NJW **73**, 2291 m abl Anm v Bucher; MüKo-Voelskow 13 mwN) od polit MeingsÄußergen (vgl LG Darmst NJW **83**, 1201; LG Tüb NJW **86**, 320; aA LG Hbg NJW **86**, 320), dann wenn des Zwecks einer Gastwirtsch; BetrErweiterg od -umwandlg, wenn es für den Verm der Verp unzumutb ist (§ 242; BGH **LM** Nr 1 u 2); mangelnd GeschFührg, wenn Miete an Umsatz od Gewinn orientiert ist (RG DR **39**, 1681); baul Veränderngen der Mietsache (Fassade, BGH NJW **74**, 1463); anordnungswidr Benutzg des Lifts (Weimar Betr **74**, 2292). **Nicht:** Aufn v FamAngeh (insb Eheg) zu gemeinsamen Wohnen, wenn keine ÜberBelegg entsteht (hM; Karlsr ZMR **87**, 263 mwN). Das gleiche gilt idR bei Aufn zum nichtehel ZusLeben auch gleichgeschlechtl Pers; dies ist zunächst im Rahmen des § 549 II S 1 zu würd (BGH **92**, 213, vgl § 549 Anm 3 c). Übernachtenlassen v Verlobten, Freunden, Bekannten, soweit nicht GebrÜberlassg (§ 549 I) vorliegt (LG Aachen, ZMR **73**, 330). Zur Begrenzg des MietGebr dch sog Tagesmutter vgl LG Hbg NJW **82**, 2387. **b) Abmahnung.** Entspr der Mahng (§ 284 Anm 3), daher gelten die Vorschr über RGesch entspr, zB § 174 S 1 (Celle NdsRpfl **82**, 60). Muß v Verm ausgehen, dem Mieter (nicht einem Dr) zugehen. Inhalt: Die VertrWidrk muß konkret bezeichnet (RG **77**, 117), sie zu unterl aufgefordert w. Fr od Androhg von Folgen ist nicht notw. Entbehrl ist sie nur ausnahmsw bei Argl des Mieters (BGH WM **68**, 252), bei endgült u ernsth ErfVerweigerg (BGH WM **75**, 365) od Wiederholg bei früher beanstandeter Untervermietg (LG Mü I ZMR **85**, 384). **c) Fortsetzung** des vertrwidr Gebr nach Zugang der Abmahng. Der Mieter muß ihn (ohne Rücks auf Versch) sof einstellen, wenn Handeln notw ist (zB Entferng Dr, insb Unterm), sof in mögl u zumutb Umfang tät w. Ungeachtet: bedeutet, daß Mieter von Abmahng Kenntn haben muß.

550 a *Unzulässige Vertragsstrafe.* Eine Vereinbarung, durch die sich der Vermieter von Wohnraum eine Vertragsstrafe vom Mieter versprechen läßt, ist unwirksam.

1) Inkrafttreten: Einf 12b vor § 535; dch 2. MietRÄndG eingefügt. **Anwendbar:** nur bei WoRaum (Einf 8 a vor § 535); auch auf VertrStrVerspr Dr (MüKo-Voelskow 2). **Vertragsstrafe:** §§ 339ff; sie kann auch aus fingierten Gebühren für Mahng u Bearbeitg od übermäß Verzugszinsen bestehen (AG Köln WoM **69**, 183). Auch eine Verfallklausel kann einer VertrStrafe gleichzusetzen sein (BGH NJW **60**, 1568), zB bei einer Mietkaution (LG Mannh WoM **77**, 99). SchadErsPauschalen fallen nicht darunter (vgl Westphalen Betr Beil 8/84 S 7 mwN; bestr); zB die PauschalAbgeltg in Höhe v einer Monatsmiete bei vorzeit Mietaufhebg, auch im FormularVertr (AG Hbg WoM **85**, 113). **Wirkung:** Nichtigk der VertrStrafe (§ 134); der MietVertr wird davon nicht berührt.

§ 550b Mietsicherheiten.

I Hat bei einem Mietverhältnis über Wohnraum der Mieter dem Vermieter für die Erfüllung seiner Verpflichtungen Sicherheit zu leisten, so darf diese das Dreifache des auf einen Monat entfallenden Mietzinses vorbehaltlich der Regelung in Absatz 2 Satz 3 nicht übersteigen. Nebenkosten, über die gesondert abzurechnen ist, bleiben unberücksichtigt. Ist eine Geldsumme bereitzustellen, so ist der Mieter zu drei gleichen monatlichen Teilleistungen berechtigt; die erste Teilleistung ist zu Beginn des Mietverhältnisses fällig.

II Ist bei einem Mietverhältnis über Wohnraum eine als Sicherheit bereitzustellende Geldsumme dem Vermieter zu überlassen, so hat er sie von seinem Vermögen getrennt bei einer öffentlichen Sparkasse oder bei einer Bank zu dem für Spareinlagen mit gesetzlicher Kündigungsfrist üblichen Zinssatz anzulegen. Die Zinsen stehen dem Mieter zu. Sie erhöhen die Sicherheit.

III Eine zum Nachteil des Mieters abweichende Vereinbarung ist unwirksam.

IV Bei Wohnraum, der Teil eines Studenten- oder Jugendwohnheims ist, besteht für den Vermieter keine Verpflichtung, die Sicherheitsleistung zu verzinsen.

1) Allgemeines. Eingefügt dch Art 1 Nr 3 EAMWoG (BGBl 82, 1912). In Kraft getreten am 1. 1. 83 (Art 6 EAMWoG). Zur Mietkaution allg die Einf 11b, hh vor § 535. **a) Zweck.** Ausgleich zw SichergsBedürfn des Verm u Schutzbedürfn des Mieters. Zugleich sollte die umstr RLage bei der Mietkaution bereinigt u gesichert werden. **b) Anwendungsbereich.** Nur MietVerh üb WoRaum (8a vor § 535) bei vertr vereinb SicherhLeistg (Kautionsabrede). Wg Mietkaution bei GeschRäumen u beweg Sachen vgl 11b, hh vor § 535. Für WoRaum, der unter das WoBindG fällt, gilt § 550b üb § 9 V WoBindG nur für Schäd wg unterl SchönhRep. Für MietVerh üb WoRaum mit einer vor dem Inkrafttr des G (1. 1. 83) vereinb Kaution gilt für Verzinsg der Abs II, aber nicht rückwirkd (aA AG Bln-Tierg ZMR **86**, 58 m abl Anm v Schultz). **c) Inhalt:** Mit § 572 abgestimmt, so daß alle Arten v Sicherheitsleistgen erfaßt w, zB Kautionskonto des Mieters, Hinterlegg, Bürgschaft (BGH NJW **89**, 1853; vgl Anm 2b), die auch 3 Monatsmieten nicht übsteigen darf. **d) Unabdingbarkeit** (Abs III). Sie schützt den Mieter. Sie umfaßt den gesamten Inh der Abs I u II, insb Höhe der Raten u der Sicherh, Art der Anlage, ZinsAnspr u ihre Verwendg. Im Rahmen des § 550b verstößt die Kautionsabrede nicht gg § 9 AGBG, kann aber ausnw überraschd iS des § 3 AGBG sein (Derleder/Stapelfeld ZMR **87**, 123 für Abtretg v Lohn- od GehaltsAnspr). **e) Nichterfüllung.** Erfüllt der Mieter die vereinb SicherhPfl nicht, kann auf Erf geklagt w. Verj: § 195. Fristl Künd des MietVerh dch den Verm ist ausgeschl (vgl §§ 554–554b), nicht eine ord Künd gem § 564b II Nr 1. Rücktr (vgl § 564 Anm 1a, ee) ist nur vor Übgabe der Miets mögl aus § 326, außerdem Zurückhaltg des § 320, 322. **f) Verjährung** des RückzahlgsAnspr einschließ Zinsen: § 195 (Sternel III 231). § 558 gilt nicht (Staud-Emmerich § 558 Rn 15; LG Köln WoM **89**, 290). **g) Übergangsregelung:** Dem Art 4 Nr 2 EAMWoG ist zu entnehmen, daß für vor Inkrafttr vereinb MietVerh der § 550b nur in bezug auf der Verzinsg anzuwenden ist, falls Verzinsg nicht ausdrückl ausgeschl wurde (Emmerich-Sonnenschein 1a). Dieser Ausschl konnte auch wirks dch FormularVertr geschehen (AG Langen ZMR **88**, 67; aA LG Ffm DWW **87**, 75 m abl Anm v Schulz; LG Nürnb WoM **88**, 158). Iü gelten Abs II u IV nur für Mietkautionen, die nach Inkrafttr (auch währd des MietVerh) vereinb wurden. Ab Inkrafttreten (Anm vor a) ist wg der Unabdingbk (Anm d) bei allen MietVerh VerzinsgsPfl gegeben.

2) Sicherheitsleistung (Abs I). Begriff: vgl Anm 1c. Sie muß im MietVertr od in einem Nachtrag (§ 305) vereinb sein. **a) Gesicherte Verpflichtungen.** Die Sichergs(Kautions)abrede kann sich auf alle Verpflichtgen des Mieters aus dem MietVerh beziehen. Für den Umfang kommt es auf die Abrede im Einzelfall an. **b) Art.** Sie umfaßt alle Sicherh, insb die des § 232, vor allem aber die sog Barkaution (das an den Verm zur Sicherh geleistete Bargeld) sowie das Kautionskonto, das auf den Namen des Mieters angelegt ist, wobei er zur Vfg darüber aber der Zust des Verm bedarf, ferner die Gehalts- od LohnAbtretg (Derleder/Stapelfeld ZMR **87**, 123). **c) Zulässige Höhe** ist das Dreifache des reinen monatl Mietzinses (zZ der Kautionsabrede) ohne Nebenentgelte (§ 535 Anm 3c, bb), über die wg wechselnder Höhe gesondert abzurechnen ist (Abs I S 2). Eine Mietnebenkostenpauschale, üb die nicht gesond abgerechnet wird, gehört zum Mietzins (AG Wuppert MDR **89**, 162 mwN). Der zul Betr wird nur dch die Zinsen erhöht (Abs II S 3). Eine sog DoppelSicherg (zB Barkaution u GehaltsAbtretg od Bürgsch) über die 3 Monatsmieten hinaus ist unzuläss. Folge (BGH NJW **89**, 1853): TeilNichtigk (vgl § 134 Anm 2e). Ein geringerer Kautionsbetrag kann vereinb werden. Bei erhöhten Mietzins kann keine Erhög der Kaution verlangt w. **d) Teilleistung** (Abs I S 3). Diese Regelg gilt nur für Hinterlegg, Barkaution u Kautionskonto (vgl Anm b). Ohne abweichde Vereinbg ist die erste Rate in Höhe v einem Drittel der vereinb Kaution (nicht notw eine Monatsmiete, vgl Anm c) zu Beginn des MietVerh fäll (BT-Drucks 9/2079 S 14). Wird die Kaution währd des MietVerh vereinb, ist die erste Rate sofort fäll (§ 271. Die beiden weiteren Raten in Höhe je eines Drittels werden einen u zwei Monate später fäll (BT-Drucks aaO), wenn nicht für spätere Termine vereinb ist.

3) Anlagepflicht des Verm (Abs II). Sie bezweckt, den RückzahlgsAnspr des Mieters im Falle einer ZahlgsUnfähigk des Verm vor dem Zugriff v Gläub des Verm zu schützen. **a) Anwendbar** nur bei der dem Verm überlassenen (eigentlichen) Barkaution (der in der Praxis häufigste Fall). **b) Anlage** des Geldes dch den Verm bei einer öff Sparkasse oder einer Bank im EG-Bereich (vgl BT-Drucks 9/2079 S 14). Die vorgeschriebene Trenng von Vermögen des Verm hat am besten dch offene Bezeichng als Treuhandkonto zu erfolgen (vgl § 27 WEG Anm 5). Dann ist die Kaution vom Konk des Verm nicht erfaßt, berecht zur Aussonderg (Düss NJW-RR **88**, 782) u ist vor der EinzelZwVollstr gg den Verm geschützt, auch wenn das Treuhandkonto erst später errichtet w (BayObLG NJW **88**, 1796). Die Anlage muß als Sparguthaben erfolgen. Es können mehrere Kautionen in einem Sparkonto erfaßt werden. Für den übl Zinssatz ist auf den Ztpkt der Anlage abzustellen. Diese Anlage ist vertr NebenPfl des Verm, die einklagb ist (AG Mü NJW-RR **87**, 786) u gem § 571 übergeht (Derleder NJW **88**, 2988 [2990]). Es dürfte keine gg Abs III verstoßde Vereinbg darstellen, wenn der Verm statt der Anlage als Treuhand-Sparkonto eine die Zinsen

Einzelne Schuldverhältnisse. 3. Titel: Miete. Pacht §§ 550b–552

umfassde Bürgsch eines geeigneten Kreditinstituts stellt (MüKo-Voelskow 16). Greift ein Gläub des Verm auf das Konto zu, ist § 771 ZPO gegeben (Derleder aaO). Verletzt der Verm seine Pfl, kann ein SchadErs-Anspr entstehen (Ffm WoM **89**, 138). **c) Zinsen.** Sie stehen zwingend dem Mieter zu, auch gem § 248 II gutgeschriebene Zinseszinsen. Sie müssen jedoch auf dem Kautionskonto stehen bleiben (Abs II S 2). Sie dienen in vollem Umfang der Erhöhg der Sicherh (Anm 2a; Abs II S 3), auch wenn sie die zuläss Kautionshöhe überschreiten (vgl Abs I S 1). **d) Studenten- und Jugendwohnheime** (Abs IV). Die Ausn bezieht sich nur auf die Verzinsg, nicht auf die AnlagePfl. Im Einzelfall entscheidet die Vereinbg. Fehlt sie, ist der Verm weder verpfl, Zins zu zahlen, noch verzinsl zG des Mieters anzulegen.

551 *Fälligkeit des Mietzinses.* ᴵ Der Mietzins ist am Ende der Mietzeit zu entrichten. Ist der Mietzins nach Zeitabschnitten bemessen, so ist er nach dem Ablaufe der einzelnen Zeitabschnitte zu entrichten.

ᴵᴵ Der Mietzins für ein Grundstück ist, sofern er nicht nach kürzeren Zeitabschnitten bemessen ist, nach dem Ablaufe je eines Kalendervierteljahrs am ersten Werktage des folgenden Monats zu entrichten.

1) Allgemeines. a) Grundsatz: VorleistgsPfl des Verm u Fälligk des Mietzines aE des jeweils vereinb ZtAbschnitts (Abs I S 2), sonst aE der MietZt (Abs I S 1). Mietzins ist Schickschuld (§ 270). **b) Abdingbarkeit** besteht im Rahmen des AGBG u § 242. In der Praxis wird idR Vorauszahlg des Mietzinses vereinb, insb in DEMV 4. Kein Verstoß gg § 9 AGBG (hM). **c) Verjährung:** §§ 197, 196 I Nr 6. **d) Verwirkung:** nach allg Grdsätzen (BGH **LM** § 242 [Cc] Nr 22; hierzu § 242 Anm 5). **e) Zahlungsverzug.** IdR gilt § 284 II. Auch bei MietAGB sind Zinsen als VermSchad bis zu 4% üb dem jeweil BB-Diskontsatz bei § 11 Nr 5b AGBG nicht zu beanstanden (v. Westphalen Betr Beil 8/**84** S 2). Mahnkosten (§ 286) sind nach § 11 Nr 5a AGBG bis 3 DM einwandfrei (v. Westphalen aaO). Verfallklauseln sind bei WoRaum unwirks (§ 9 II Nr 1 AGBG).

2) Grundstücke. Mietzins ist nach Ablauf je eines Quartals zu zahlen. Wg § 193 gilt der Samstag (Sonnabend) nicht als Werktag. Bei Bemessg des Mietzinses nach kürzeren ZtAbschnitten gilt Abs I S 2 (Abs II; beachte § 580).

552 *Persönliche Verhinderung des Mieters.* Der Mieter wird von der Entrichtung des Mietzinses nicht dadurch befreit, daß er durch einen in seiner Person liegenden Grund an der Ausübung des ihm zustehenden Gebrauchsrechts verhindert wird. Der Vermieter muß sich jedoch den Wert der ersparten Aufwendungen sowie derjenigen Vorteile anrechnen lassen, welche er aus einer anderweitigen Verwertung des Gebrauchs erlangt. Solange der Vermieter infolge der Überlassung des Gebrauchs an einen Dritten außerstande ist, dem Mieter den Gebrauch zu gewähren, ist der Mieter zur Entrichtung des Mietzinses nicht verpflichtet.

1) Allgemeines. § 552 stellt Ausn von den allg Vorschr §§ 323, 324 dar (hM). **a) Anwendbar** ist § 552, sobald MietVetr abgeschl, noch bevor die Miets überlassen ist (hM). Bes bedeuts bei befr MietVerh (vgl § 564 Anm 2). § 552 gilt insb auch beim BeherberggsVertr (vgl 3b vor § 535; Nettesheim BB **89**, 547), sofern er bereits abgeschlossen ist. **b) Beweislast:** Verm für ErfBereitsch, insbes für Bereithalten der Miets, Mieter für alle Tats, die ihn v der Entrichtg des Mietzinses befreien sollen (MüKo-Voelskow 15; Oldb OLGZ **81**, 202), insb für erspare Aufwendgn, wenn es sich nicht um tats Einzelh im Vermögensbereich des Verm handelt (Düss ZMR **85**, 382 mwN). **c) Abdingbarkeit** ist grdsätzl zu bejahen; jedoch verstößt ein Ausschl v S 2 u 3 gg § 9 II S 1 AGBG (Emmerich-Sonnenschein 44b).

2) Mietzahlungspflicht (S 1) besteht allein aGrd des Vertr (§ 535 Anm 3a) für die GebrÜberlassg, ohne Rücks darauf, ob der Mieter den Gebr ausübt, ausüben kann od will. **a)** Auch unversch persönl Verhinderg befreit ihn davon nicht, zB Tod, Krankh, WohnortÄnd (Ausn v § 570), überh alles, was in seinem RisikoBer fällt, ohne Rücks darauf, ob er die Umstde beeinflussen kann, zB Zugangsverhinderg (BGH **38**, 298), LehrgTeiln (AG Wuppert ZMR **76**, 146 m Anm v Weimar), bei Miete eines Messestands unterbliebene Zuteilg eines passden Messeplatzes (Ffm MDR **81**, 231). Die Gefahr gilt erst recht, wenn er Gebr machen könnte, es aber willentl unterläßt (hM; Hamm NJW **86**, 2321). Daher gilt § 552 insb, wenn der Mieter vorzeit auszieht (hierzu Schmidt-Futterer NJW **70**, 917). **b)** Nicht dazu gehören die Fälle, in denen die Grde im RisikoBer des Verm od in obj Umstd liegen, zB bei allg Unzugänglk; hier entfällt die Verpfl des Mieters zur Mietzinszahlg (vgl §§ 323, 536, 537).

3) Verrechnungspflicht (S 2; hierzu Kürzel DWW **71**, 189 mwN). **a) Zweck:** Verm soll dch die pers Verhinderg des Mieters keinen Vorteil haben. **b) Ersparte Aufwendungen:** zB Wegfall einer Instandhaltgs- u WartgsPfl (Düss ZMR **85**, 382). **c) Anderweitige Verwertung:** hierzu ist der Verm nicht verpfl (RGRK-Gelhaar 5). § 254 ist, weil es sich um einen ErfAnspr handelt, keinesf anwendb (Hurst ZMR **71**, 268 mwN). **d) Ersatzmieter.** Der Verm ist grdsätzl nicht verpfl, den MietVertr auf Verlangen des Mieters aufzuheben, auch wenn dieser einen ihm zumutb, die VertrBedinggen unveränd übernehmden Ersatzmieter stellt, gg den keine pers Einwendgn bestehen; denn dem Verm muß es grdsätzl freistehen, nach Beendigg des MietVerh einen neuen Mieter frei auszuwählen u neue VertrBedinggen auszuhandeln (Oldbg OLGZ **81**, 315; Hbg NJW-RR **87**, 657). Das Verhalten des Verm darf aber nicht gg § 242 verstoßen (allgM). Hierbei ist eine Interessenabwägg vorzunehmen, wobei dem Verm das alleinige Festhalten am Vertr nicht angelastet w darf (Karlsr NJW **81**, 1741), schon gar nicht, wenn der Mieter aus vorhersehb Grden vorzeit auszieht (Oldbg aaO). Gg diese Auffassgn wendet sich Röchling NJW **81**, 2782: Verm kann AuflösgsVerlangen des Mieters nur widerspr, wenn er wicht Grd gg die Fortsetzg des MietVerh mit den vom Mieter gestellten mehreren

§§ 552–553 2. Buch. 7. Abschnitt. *Putzo*

ErsMietern darlegt (zB LG Hann WoM **88**, 12). Für nichtehel LebensGemsch als ErsMieter vgl Hamm NJW **83**, 1564.

4) Gebrauchsüberlassung an einen Dritten (S 3) geschieht, um die Miets währd der pers Verhinderg des Mieters zu nutzen. **a) Voraussetzungen.** Die GebrÜberlassg an Dr muß den Verm außerstande setzen, dem Mieter den Gebr zu gewähren, insb bei endgült od vorübgehder Weitervermietg. Das gilt entspr, wenn der Verm die Sache selbst benutzt (hM), auch im Fall einer Instandsetzg (Erm-Schopp 4), die übl AusbesserungsArb überschreitet (LG Düss WoM **75**, 226), od bei einem Umbau (AG Köln BlGBW **74**, 40). **b) Wirkung.** Der Mieter ist von der MietZahlg befreit u hat grdsätzl nicht die Mietdifferenz zu zahlen (Düss OLGZ **86**, 333mwN; bestr). Hat der Mieter freiwill die Nutzg aufgegeben (ist er insbes aus der Wohng ausgezogen), so kann er sich nicht auf S 3 berufen, wenn der Verm die Wohng erkennb im Interesse des Mieters an einen Dr weitervermietet (Hamm NJW **86**, 2321 mwN; bestr). Bei vorzeit Auszug des Mieters ist Vereinb mit Verm angebracht (vgl Schopp DWW **87**, 34). **c) Kündigung.** Der Mieter darf idR nicht nach § 542 künd, weil die Entziehg des vertrgem Gebr der Mietsache auf in seiner Pers liegden Grden beruht, nicht aber vom Verm zu vertreten ist. Der Mieter darf nur dann nach § 542 künd, wenn der Verm wg der Weitervermietg ihm auch dann den vertrgem Gebr der Mietsache nicht einräumen kann, sobald die persönl Verhinderg des Mieters entfällt (BGH **38**, 295 [301]).

552 a *Aufrechnungs- und Zurückbehaltungsrecht.* Der Mieter von Wohnraum kann entgegen einer vertraglichen Bestimmung gegen eine Mietzinsforderung mit einer Forderung auf Grund des § 538 aufrechnen oder wegen einer solchen Forderung ein Zurückbehaltungsrecht ausüben, wenn er seine Absicht dem Vermieter mindestens einen Monat vor der Fälligkeit des Mietzinses schriftlich angezeigt hat.

1) Allgemeines. a) Zweck: Die Beschrkg des Verbots auf den Anspr aus § 538 beruht darauf, daß auch der Verm schutzbedürft ist. Wg der Fremdfinanzierg, die den WoBau erst ermögl, ist idR der Verm auf pktl Eingang der Miete angewiesen, um seine Verpfl abzudecken (vgl BT-Drucks IV/2195 S 4). Das würde dch einen RStreit wg Aufr u ZbR gefährdet w. **b) Anwendungsbereich:** Nur MietVerh üb WoRaum (Einf 8 vor § 535); daher ist der Ausschl v Aufr (§ 387) u ZbR (§§ 273, 320) bei and MietVerh u bei Pacht grdsätzl unbeschr zul. **c) Analoge Anwendung** des § 552a auf and Anspr als die aus § 538 ist wg des Zwecks (Anm b) u wg des Umkehrschlusses nicht vertretb. **d) Abdingbarkeit:** § 552a ist insof zwingd als Aufrechng u ZbR bei Anspr aus § 538 nicht wirks ausgeschl w können. Es kann aber § 538 abbedungen w (§ 538 Anm 1d). Die Aufrechng mit and Anspr darf an die fristgem Anz auch im FormularVertr gebunden w (LG Bln ZMR **86**, 313). Bei Miet-AGB können Aufrechnungsverbote wg § 11 Nr 3 AGBG unwirks sein. Einer vorher Anz bedarf es dann nicht. **e) Beweislast:** Verm für Vereinbg des Verbots, Mieter für wirks Anzeige (Anm 3b).

2) Aufrechnung und Zurückbehaltung sind auch im MietVerh grdsätzl zuläss, soweit die allg Voraussetzgen der §§ 387ff od der §§ 273, 320 vorliegen; insb auch für Anspr, die nicht aus dem MietVerh stammen. § 552a beschr nur den in FormularVertr häuf Ausschl der Aufrechng (§ 387 Anm 7) u des ZbR (§ 273 Anm 5b, d) für die Anspr des § 538 (Anm 3a). Für and Anspr des WoRaumMieters gilt § 552a nicht (vgl Anm 1c), so daß bei allen sonst Anspr aus dem MietVerh Aufr u ZbR wirks ausgeschl w können.

3) Voraussetzungen für Ausübg eines vertr verbotenen Aufr- od ZbR dch den Mieter: **a) Forderungen** aus § 538: jede sonst beruhde Fdg, näml auf SchadErs wg der 3 Fälle des § 538 I (dort Anm 2–4) od AufwendgsErs aus § 538 II (dort Anm 6). **b) Absichtsanzeige:** Empfangsbed WillErkl (§ 130). Schriftform § 126. Frist: 1 Monat (zu berechnen gem §§ 187 I, 188 II, III) vor der idR vertr festgesetzten Fälligk (§ 551) derjen MietZRate, od der folgden, gg die aufgerechnet w soll. Verspätete AbsichtsAnz gilt für die MietZRate, bei der die Anz fristgem wäre. Inhalt: Ankünd der Aufr od des ZbR, Grd u Höhe der GgFdg. Angabe der §§ ist nicht nöt. Überflüss ist die Anz, wenn das MietVerh beendet od aufgehoben ist, die Räume herauszugeben u nur noch wechselseit Anspr abzurechnen sind (BGH ZMR **88**, 135 für gewerbl Miete).

553 *Fristlose Kündigung bei vertragswidrigem Gebrauch.* Der Vermieter kann ohne Einhaltung einer Kündigungsfrist das Mietverhältnis kündigen, wenn der Mieter oder derjenige, welchem der Mieter den Gebrauch der gemieteten Sache überlassen hat, ungeachtet einer Abmahnung des Vermieters einen vertragswidrigen Gebrauch der Sache fortsetzt, der die Rechte des Vermieters in erheblichem Maße verletzt, insbesondere einem Dritten den ihm unbefugt überlassenen Gebrauch beläßt, oder die Sache durch Vernachlässigung der dem Mieter obliegenden Sorgfalt erheblich gefährdet.

1) Allgemeines. a) Anwendungsbereich: Miete (einschl Leas) u Pacht (§§ 581 II, 594e I). **b) Abdingbarkeit:** grdsätzl zu bejahen. Bei WoRaum dch §§ 554a, 554b eingeschr; ferner kann im Einzelfall § 9 II S 1 AGBG enggstehen (v. Westphalen Betr Beil 8/84 S 8). Soweit dies nicht enttgegsteht, können weitere Grde für fristl Künd vereinb w. **c) Rücktritt** aus § 326 ist nach Überlassg der Mietsache nicht mehr mögl, wenn außerord gekünd w kann (BGH **50**, 312). Bei Verletzg and Pfl dch den Mieter, insb mit Mieterleistgen (Einf 11 vor § 535) bleibt der Überlassg der Miets Rücktr mögl (Soergel-Kummer §§ 535–536 RdNr 96; bestr). **d) Schadensersatz.** Anspr nur bei Versch (§§ 276, 278) des Mieters (vgl § 550 Anm 1). Umfang: auch der dch die Künd entstandene Schad, insb Mietausfall, aber nur für die Dauer vertragl Bindg (BGH **LM** § 249 [Ha] Nr 6).

2) Voraussetzungen. Bei Mehrh v Mietern genügt Vorliegen bei einem (Düss ZMR **87**, 423). **a) Vertragsverletzung.** Alternativ dch: **aa) Vertragswidrigen Gebrauch:** § 550 Anm 2a. Jedoch muß die

Einzelne Schuldverhältnisse. 3. Titel: Miete. Pacht **§§ 553, 554**

VertrVerletzg erhebl sein, zB unbefugte GebrÜberlassg an Dr (BGH NJW **85**, 2527; Ffm ZMR **88**, 461); ÜbBelegg einer Wohng (BObLG NJW **84**, 60; bestr; vgl Karlsr NJW **87**, 1952); Wohnen in Räumen, die nur zu gewerbl Zwecken gemietet w (Düss ZMR **87**, 423); Übgang v priv zu gewerbl Nutzg (Karlsr Justiz **88**, 258). Versch des Dr (entgg § 549 III u § 550) ist nicht erforderl. Nicht ausreichd: Kleinere, vereinzelte Verstöße gg die HausO. **bb) Gefährdung** der Mietsache wg Vernachlässigg der Sorgf (ObhutsPfl, § 545 Anm 1). Die Gefährdg muß erhebl sein. Sie ist aber nicht erforderl bei unbefugter GebrÜblassg an Dr (BGH ZMR **85**, 94). **b) Abmahnung:** § 550 Anm 2b. Auch bei vertrwidr Gebr eines Dr stets gg den Mieter zu richten. **c) Fortsetzung:** § 550 Anm 2c.

3) Kündigung. Es gilt allg § 564 Anm 3, bei WoRaum § 564a. Die Künd ist außerord; unheilb nichtig, wenn eine der Voraussetzgen (Anm 2) fehlt (vgl auch § 554 Anm 1c). Sie muß nicht vor Beendigg des vertrwidr Gebr erfolgen od gar zugehen (aA LG Duisbg NJW-RR **86**, 1345 mwN). kann aber, wenn sie nicht innerh angem Fr ausgeübt wird, verwirkt w (§ 242 Anm 5). SchadErsPfl des Verm bei unwirks fristl Künd wie § 564 Anm 3h.

554 *Fristlose Kündigung bei Zahlungsverzug.* ^I Der Vermieter kann das Mietverhältnis ohne Einhaltung einer Kündigungsfrist kündigen, wenn der Mieter

1. für zwei aufeinanderfolgende Termine mit der Entrichtung des Mietzinses oder eines nicht unerheblichen Teils des Mietzinses im Verzug ist, oder

2. in einem Zeitraum, der sich über mehr als zwei Termine erstreckt, mit der Entrichtung des Mietzinses in Höhe eines Betrages in Verzug gekommen ist, der den Mietzins für zwei Monate erreicht.

Die Kündigung ist ausgeschlossen, wenn der Vermieter vorher befriedigt wird. Sie wird unwirksam, wenn sich der Mieter von seiner Schuld durch Aufrechnung befreien konnte und unverzüglich nach der Kündigung die Aufrechnung erklärt.

^{II} Ist Wohnraum vermietet, so gelten ergänzend die folgenden Vorschriften:

1. Im Falle des Absatzes 1 Satz 1 Nr. 1 ist der rückständige Teil des Mietzinses nur dann als nicht unerheblich anzusehen, wenn er den Mietzins für einen Monat übersteigt; dies gilt jedoch nicht, wenn der Wohnraum zu nur vorübergehendem Gebrauch vermietet ist.

2. Die Kündigung wird auch dann unwirksam, wenn bis zum Ablauf eines Monats nach Eintritt der Rechtshängigkeit des Räumungsanspruchs hinsichtlich des fälligen Mietzinses und der fälligen Entschädigung nach § 557 Abs. 1 Satz 1 der Vermieter befriedigt wird oder eine öffentliche Stelle sich zur Befriedigung verpflichtet. Dies gilt nicht, wenn der Kündigung vor nicht länger als zwei Jahren bereits eine nach Satz 1 unwirksame Kündigung vorausgegangen ist.

3. Eine zum Nachteil des Mieters abweichende Vereinbarung ist unwirksam.

1) Allgemeines. a) Anwendungsbereich. Abs I gilt für alle MietVerh, Abs II nur für WoRaum. **b) Abdingbarkeit:** Abs II ist zwingd, soweit die Vereinbg den Mieter rechtl od wirtsch benachteil. Das gilt nur bei WoRaum (8a vor § 535) u folgt unmittelb aus Abs II Nr 3. Bei MietVerh, die nicht WoRaum betreffen, sind Abänd zuungunsten des Mieters häuf u zuläss, erst recht zugunsten des Mieters (BGH NJW-RR **87**, 903). Eine Abweichg zuungunsten des Mieters verstößt idR gg § 9 AGBG (hM; BGH NJW **87**, 2506); dies trifft schon zu, wenn die Heilg gem Abs II Nr 2 ausgeschl w (BGH NJW **89**, 1673). **c) Allgemeine Voraussetzungen** der außerord Künd: zunächst § 564 Anm 3. Außerdem ist zu beachten: Abtretg der MietzinsFdg berührt das KündR nicht (Soergel-Kummer 9). Das KündR u dessen auch nur teilw erf Voraussetzgen gehen auf den Erwerber nur nach § 571 über. Eine vertragl vorgeschr schriftl ZahlgsAuffdg muß eindeut sein (BGH **LM** Nr 10). Fehlt eine Voraussetzg der Künd, ist sie unheilb nichtig (wie § 553 Anm 3) u kann nicht in ein Angebot zur Aufhebg des MietVerh (§ 305) umgedeutet w (BGH NJW **84**, 1030 mwN). Bei einverständl Auszug (od Rückg der Miets) ist stillschw VertrAufhebg gem § 305 denkb. Der Künd steht nicht entgg, daß ein Mietausfallbürge noch nicht in Anspr genommen ist (BGH WM **72**, 335). Dem Verm darf der RäumgsAnspr nicht aus dem Grd versagt w, er müsse erst gesondert den ZahlgsAnspr einklagen (BVerfG NJW **89**, 1917). **d) Erlöschen** des KündR (ohne Einfluß auf SchadErsAnspr wg Zahlgs-Verz). Verzicht kann in vorbehaltloser Annv Teilzahlgen liegen (§ 266). Nimmt der Verm mehrmals eine die Künd begründete verspätete Zahlg an, muß er, um das KündR nicht über § 242 zu verlieren, den Mieter vorher darauf hinweisen, daß er in Zukunft sein KündR ausüben werde, oder er muß abmahnen (BGH NJW **59**, 766). Die Abmahng kann in einer Räumgs(Herausg)Kl od in einer (unwirks) RücktrErkl liegen (BGH WM **71**, 1439). Der Verm muß aber nicht RäumgsKl erheben (BGH NJW **88**, 62). Für Bew v Abmahng od Hinw empfiehlt sich schriftl Bestätigg des Mieters (§ 416 ZPO) od Einschreiben mit Rückschein. **e) Schadensersatzanspruch** aus § 286 bleibt unberührt.

2) Kündigungsgründe (Abs I S 1 Nr 1 u 2). Sie sind alternat u setzen voraus: **a) Mietrückstand:** Das betr die MietzinsZahlg (§ 535 Anm 3a) mit Einschl der laufden Nebenentgelte (§ 535 Anm 3c, bb; hM; Ffm NJW-RR **89**, 973), zB Heizkostenvorschüsse (LG Bln NJW-RR **86**, 236). Ein einmaliger Nebenentgelts-Rückstd genügt nicht (Koblz NJW **84**, 2369 mwN): es bleibt § 564b od § 554a. Er darf auch nicht unwesentl sein (LG Bln MDR **83**, 843). Mit Termin ist die Fälligk gem § 551 II u die vertr gemeint. Bei Mieterhöhgs-Betr ist § 9 II MHG zu beachten. Der Umfang des Rückstands muß betragen: **aa) Aufeinanderfolgende Termine** (Abs I Nr 1). Ob der nicht bezahlte Teil unerhebl ist, muß im Verh zur vollen Mietzinsrate mit Rücks auf die Umst des Einzelfalles (insb Kreditwürdk des Mieters) beurt w. MindBetr bei WoRaum: Abs II Nr 1; auch dabei sind Nebenentgelte einzurechnen (§ 535 Anm 3c, bb). Vermietg zu vorübgdem Gebr: wie § 556a Anm 2b, aa. Da Abs II Nr 1 eine SchutzVorschr für den bes schutzbedürft WoRaummieter darstellt, ist ein MietRückst v einem Monat bei and MietVerh erst recht erhebl (Both NJW **70**, 2197).

565

§§ 554, 554a
2. Buch. 7. Abschnitt. *Putzo*

Maßgebd ist immer der GesamtRückstd, bezogen auf die Summe der beiden Termine, nicht der Rückstd für den einzelnen Termin (BGH ZMR **87**, 289). **bb) Mehrere Termine** (Abs I Nr 2): Der Verz (Anm b) muß sich über den ZtRaum von 2 Terminen erstrecken u darf dazw nicht weggefallen sein (Emmerich-Sonnenschein 18). Gekünd werden kann, sobald der GesamtRückstd 2 Monatsmieten erreicht; denn die Dauer des Verz ist unerhebl (aA 48. Aufl). Entspr anwendb bei wöchentl MietZahlg (Schmidt-Futterer/Blank B 169), nicht bei längeren ZahlgsAbschnitten (MüKo-Voelskow 8). **b) Verzug** gem § 284. Da die Fälligk kalendermäß bestimmt w (vgl § 551 Anm 1), bedarf es keiner Mahng (§ 284 Anm 4a). Eine KarenzZt zG des Mieters besteht nicht (Mezger NJW **72**, 2071; aA LG Bln NJW **72**, 1324). Zahlgsunfähk schließt den Verz nicht aus (§§ 279, 285). Der Verz kann aber unverschuldet ausgeschl sein (§ 285), zB rechtzeit abgesandtes Geld kommt verspätet an; Mieter hält sich irrtüml ohne Fahrlässk zur Aufrechng (§ 387) od Zurückbehaltg (§§ 273, 322) für berecht (BGH **LM** § 285 Nr 1), od auch zur Minderg gem § 537 (Kamphausen ZMR **83**, 113).

3) Heilung der Verzugsfolgen hinsichtl der Künd. **a) Vor der Kündigung** (Abs I S 2. Ausgeschl ist sie bei allen MietVerh, wenn der Verm vor dem Zugang der Künd (§ 130) befried w, vollständ für den ges Rückstd, nicht doch eine Teilleistg. Befriedigg kann auch dch ErfSurrogate, insb Aufrechng geschehen (Soergel-Kummer 10), soweit nicht eine Vereinbg entggsteht od § 552a eingreift, u zwar für alle bis Ablauf der SchonFr fäll gewordenen Beträge (MüKo-Voelskow 20; nicht nur derjen, auf die die Künd gestützt war). Bei Geldüberweisg kommt es auf die sog ZtGefahr an (vgl § 270 Anm 2c). Bei Einzahlg auf Bankkonto od Post am ErfOrt genügt immer die Einzahlg vor dem Zugang der Künd (ErmSchopp 11; bestr). BewLast: Mieter, daß vor Künd gezahlt od nach Zahlg gekünd ist (BGH **LM** Nr 5). Verm für den Bestand der Fdgen, auf die er sich für die nicht vollständ Erf beruft. **b) Nach der Kündigung** (Abs I S 3, II Nr 2), dh nach Beendg (§ 130). Sie wird unwirks, gleichbedeutd mit nichtig (vgl Überbl 4 vor § 104). Das alte MietVerh lebt wieder auf. **aa) Bei allen Mietverhältnissen** (Abs I S 3) dch Bestehen einer AufrLage (§ 387) zZt der Künd u unverzügl (wie § 121) AufrErkl (§ 388). Die Aufr muß den ges Rückstd decken u zul sein (LG Ffm WoM **74**, 28). **bb) Bei Wohnraummietverhältnissen** (Abs II Nr 2; Einf 8a vor § 535): **(1)** Anwendb nur, wenn nicht innerh v 2 Jahren vor der Kündigg ein gem Abs I S 1 begründete Künd erkl w u allein dch Abs II Nr 2 S 1 unwirks gew ist (Abs II Nr 2 S 2). Der Ausschluß des sog NachholgsRs müßte erst recht gelten, wenn die Künd wg ZahlgsVerz wirks war u der Verm dann trotzdem das MietVerh fortges hat (aA LG Mannh WoM **88**, 363). **(2)** Voraussetzgen: Befriedigg (wie Anm a) bis 1 Monat nach Eintritt der RHängk (§ 261 ZPO). Es genügt, wenn der Verm schon zw Künd u Rechtshängk der RäumgsKl befried w (hM; KG ZMR **85**, 52 mwN). Die Aufrechng ist doch § 552a entscheidd beschr (Oske WoM **84**, 178). **(3)** Umfang: gesamter MietRückst u der fäll Anspr aus § 557 I S 1, nicht der darü hinausgehde Schad u VerzZinsen (LG Bln MDR **89**, 357). Bei Fdgen, die der Verm bisher nicht geltd gemacht hat, kann zuG desMieters § 242 eingreifen (Scholz WoM **87**, 135). **(4)** Öff Stelle: insb die SozHilfeBeh; sie muß sich auch innerh der SchonFr bindd verpfl (LG Hbg MDR **77**, 317), im selben Umfang wie der Mieter den Verm zu befried.

554 a
Fristlose Kündigung aus wichtigem Grund. Ein Mietverhältnis über Räume kann ohne Einhaltung einer Kündigungsfrist gekündigt werden, wenn ein Vertragsteil schuldhaft in solchem Maße seine Verpflichtungen verletzt, insbesondere den Hausfrieden so nachhaltig stört, daß dem anderen Teil die Fortsetzung des Mietverhältnisses nicht zugemutet werden kann. Eine entgegenstehende Vereinbarung ist unwirksam.

1) Allgemeines. § 554a ist ggü den §§ 542, 544, 553, 554 subsidiär (Sorgel-Kummer 2; bestr). Rücktr aus §§ 325, 326 ist nach Überlassg der Mietsache ausgeschl, wenn Künd mögl ist (vgl § 553 Anm 1c). Ausgeschl ist Anwendg der Regeln wg Wegfalls der GeschGrdlage, soweit daraus ein RücktrR abgeleitet w soll (Stötter NJW **71**, 2281 mwN). Eine Künd aus diesem RGrd ist jedenfalls bei WoRaum ausgeschl (LG Bln WoM **86**, 251; für gewerbl Räume zugelassen v BGH WM **73**, 694), weil insow das allg KündR aus wicht Grd besteht (Anm 3).

2) Voraussetzungen der außerord Künd sind nicht Abmahng (LG Duisb WoM **88**, 17; aA LG Hbg WoM **86**, 338) od FrSetzg zur Abhilfe (MüKo-Voelskow 8), sond nur (Anm a–c): **a) Kündigungserklärung:** § 553 Anm 3. Sie ist an keine Fr gebunden; jedoch kann langes Zuwarten Indiz für Zumutbk sein (BGH WM **83**, 660). **b) Vertragsverletzung** (auch einmalige): dh § 553 nur solche, die eine wesentl vertrwidr Gebr der Mietsache darstellen u nicht unter §§ 542, 554 fallen. Gilt für Mieter u Verm. **c) Verschulden:** §§ 276, 278. **d) Beispiele:** Verstöße gg die HausO (§ 535 Anm 2a, dd), fortwährde Belästigg der Hausinwohner; Beleidigg od Mißhandlg des Verm; Zimmerbrandstiftg in betrunkenem Zust wg angedrohter Künd (LG Mannh DWW **76**, 33); öff Anprangerg des Verm dch Aushängen eines Transparents (LG Mü I WoM **83**, 253). Nicht: Übernachtenlassen v Verlobten, Freunden od Bekannten (LG Aachen ZMR **73**, 330); gemeins Wohnen v unverheirateten Pers (vgl § 550 Anm 2a aE). Mitgliedsch in einer Vereinigg gg die Umwandlg von Mietwohngen in EigtWohngen (LG Kassel WoM **81**, 211).

3) Außerordentliche Kündigung aus wichtigem Grund bleibt, auch wenn § 554a nicht erf ist, mögl. **a) Allgemeines.** § 554a ersetzt den allg RGrds, daß ein DauerschuldVerh entspr § 626 u aGrd des § 242 fristlos gekündigt w kann, nicht völlig, denn er besteht nur für schuldh VertrVerletzg. Das ist für MietVerh, die nicht WoRaum betreffen, allgM, gilt aber trotz § 554b auch für MietVerh über WoRaum (vgl § 554b Anm 1; MüKo-Voelskow 3). Zwar werden idR Grde nur als wicht anzusehen sein, wenn sie verschuldet sind; jedoch können auch unverschuldete Umst so bedeuts sein, daß dem anderen Teil nicht zuzumuten ist, am Vertr festzuhalten (hM; Soergel-Kummer 18ff), auch wenn der Kündigde selbst einen wicht Grd erf hat (MüKo-Voelskow 7). **b) Wichtiger Grund** ist insb gegeben, wenn das VertrauensVerh zw Verm u Mieter endgült zerstört ist (vgl BGH NJW **69**, 1845), auch doch Umst, die vor Beginn des VertrVerh liegen, wie Verletzg vorvertragl Pfl und Versch bei VertrSchluß (BGH **LM** § 535 Nr 62);

Einzelne Schuldverhältnisse. 3. Titel: Miete. Pacht §§ 554a–556

bewußtes Verschweigen der wahren RForm einer GründgsGes (Celle BB **78**, 576); bei einer FernsprechNebenstellenAnl gehäufte Störgen u Ausfälle (Köln NJW-RR **89**, 431). Insb kann der Verm auch dann fristlos kündigen, wenn der Mieter geisteskrank gew ist u dch krankhbedingte Hdlgen den Hausfrieden wiederholt u nachhaltig stört, den Verm od and Hausbewohner fortgesetzt an höchstpersönl Rechtsgütern verletzt, gefährdet (LG Köln MDR **74**, 232; für entspr Anwendg des § 553: LG Bielefeld ZMR **68**, 172), unzumutb beläst (LG Hbg WoM **88**, 18 u AG Münst WoM **88**, 19 [Gestank]) od öff formal beleid (LG Köln DWW **88**, 325). Bei Beleidiggen u Störg des Hausfriedens müssen alle Umstde des Einzelfalls gewürd w (LG Mannh WoM **81**, 17). Fortdauernde unpünktl Zahlg kann wicht Grd sein (BGH NJW-RR **88**, 77; bestr); jedenf nach Abmahng mit Androhg der Künd (LG Bln MDR **88**, 55; LG Hbg NJW-RR **86**, 11). Eine darauf gestützte fristl Künd wird dch § 554 nicht ausgeschl (BGH **LM** § 554b Nr 1). Kein wicht Grd für Künd des Mieters ist die notw Einstellg od Umstellg eines GewerbeBetr in den hierfür gemieteten Räumen. Nichtehel Zusleben ist nur gem § 553 zu würd (v LG Kass NJW **87**, 1495 übersehen). **c) Beweislast** trägt für den wicht Grd idR derjen, der künd. Ausn: Bei falscher Verdächtigg u übler Nachrede trägt sie der Behauptde (Reichert-Leininger ZMR **85**, 402).

4) Sonstige Rechtsfolgen der Künd gem § 554a. **a) Schadensersatzansprüche. aa)** Aus pos VertrVerletzg bei Versch sind mögl: **(1)** Bei beiderseit schuldh Zerrüttg des VertrauensVerh auch für den VertrGegner, der nicht kündigt, über § 254 I (BGH NJW **69**, 1845). **(2)** Bei grdloser, daher unwirks Künd mit Entziehg od Verweigerg des Gebr u Versch des Verm: wie § 564 Anm 3h. **bb)** Die Kosten für Umzug u ErsRäume gehören nur dann zum Schad, der zu ersetzen ist, wenn gerade die VertrVerletzg zur Künd berecht (BGH MDR **74**, 838). **b) Unterlassungsanspruch**, näml Anspr auf vertrgem Verhalten, steht dem Verm nach § 550 zu, dem Mieter nach § 536 (dort Anm 4b).

554 b *Vereinbarung über fristlose Kündigung.* Eine Vereinbarung, nach welcher der Vermieter von Wohnraum zur Kündigung ohne Einhaltung einer Kündigungsfrist aus anderen als den im Gesetz genannten Gründen berechtigt sein soll, ist unwirksam.

1) Anwendungsbereich: nur bei MietVerh über WoRaum (vgl Einf 8a vor § 535) u nur für die Künd des Verm. Im übr können best Gründe als Voraussetzg einer fristlosen Künd frei vereinb w, ohne Rücks darauf, ob der vereinb Grd ein wicht Grd ist, der sowieso zur fristlosen Künd berecht (vgl § 554a Anm 3). § 554b bezieht sich nur auf vereinb, nicht auf die gesetzl KündGrde. **Wirkung:** die dem § 554b entggstehde Vereinbg ist unwirks, führt aber nicht zur Unwirksk des ganzen Vertr. § 139 ist nicht anwendb, da § 554b, dessen Zweck auf den SozSchutz des Mieters gerichtet ist, die RFolge speziell regelt.

555 (aufgehoben)

556 *Rückgabe der Mietsache.* **¹** Der Mieter ist verpflichtet, die gemietete Sache nach der Beendigung des Mietverhältnisses zurückzugeben.

II Dem Mieter eines Grundstücks steht wegen seiner Ansprüche gegen den Vermieter ein Zurückbehaltungsrecht nicht zu.

III Hat der Mieter den Gebrauch der Sache einem Dritten überlassen, so kann der Vermieter die Sache nach der Beendigung des Mietverhältnisses auch von dem Dritten zurückfordern.

1) Rückgabepflicht des Mieters (Abs I), auch des Unterm gg den Zw- od Hauptm (Mü NJW-RR **89**, 524 für Pacht). Abweichde Vereinbg sind zul (allgM). **a) Voraussetzung** ist allein die Beendigg des MietVerh, gleich auf welche Weise (vgl § 564 Anm 1). **b) Rückgabe** geschieht grdsätzl dadch, daß dem Verm der unmittelb Bes (§ 854) eingeräumt w. Das gilt auch, wenn der Mieter weder mittelb noch unmittelb Bes hat (BGH **56**, 308). Der Anspr kann gem § 128 HGB auch gg den ggf ausgeschiedenen Gesellsch geltd gemacht w (BGH NJW **87**, 2367). Abtretg des HerausgAnspr gg einen Dr genügt nicht (BGH aaO); diesen Anspr hat der Verm sowieso (Abs III). Ebsowenig genügt die Erkl, ein R auf Bes od Nutzg nicht mehr in Anspr zu nehmen (Brem OLGZ **72**, 417). Zurücklassen einzelner Sachen steht der Rückg nicht entgg (Düss ZMR **87**, 215 u **88**, 175). Bei Räumen sind alle (auch selbst angefert) Schlüssel abzugeben (Mü DWW **87**, 124). Eingebrachte Sachen sind fortzuschaffen. Heizöl im Tank eines EinFamHauses fällt darunter (LG Mannh WoM **75**, 244); jedoch kann wg § 226 der Verm idR die Entferng nicht verlangen; bei fehlder Einigg wird über § 812 ausgeglichen. Namensschilder sind zu entfernen; aber bei Gew u freiem Beruf HinwSchilder auf neue Gesch- od PraxisRäume für angem Zeit zu gestatten (Düss NJW **88**, 2545). Für zurückbleibde Sachen trifft den Verm die verübl SorgfaltsPfl (MüKo-Voelskow 10 mwN). **c) Zustand der Mietsache** muß ordnngsgem sein. Trifft dies nicht zu u nimmt der Verm die Sache an, so ist die Rückg gleichwohl wirks. Der Verm gerät aber nicht in AnnVerz, wenn die Miets sich nicht in vertrgem Zustand befindet (Soergel-Kummer 14 mwN; aA BGH **86**, 204 = JR **83**, 362 m abl Anm v Haase). **aa)** Der Mieter ist verpfl Einrichtgen, mit denen er die Mietsache versehen hat, zu entfernen (BGH NJW **81**, 2564 mwN), auch wenn mit Zust dem Verm geschehen (LG Bln MDR **87**, 234). Daher sind auch, wenn nichts vertragl nichts and bestimmt ist, bei Grdst vom Mieter errichtete Gebäude zu beseit (MüKo-Voelskow 9 mwN) u ist bei baul Veränderngen der ursprüngl Zustd wiederherzustellen (vgl § 547a). Hat der Mieter diese Pfl bei Abschl des Vertr übernommen u ist ihre Erf mit erhebl Kosten verbunden, kann sie HauptleistgsPfl sein (vgl BGH **104**, 6 [11] u NJW **77**, 36). **bb)** Fällig sind diese Anspr am Tage der Beendigg des MietVerh (BGH NJW **89**, 451 mwN; bestr). **cc)** NichtErf begründ SchadErsAnspr (vgl BGH **49**, 56 [59] u NJW aaO; vgl auch § 548 Anm 3). **dd)** Ist bei einem gewerbl MietVertr die Wiederherstellung des früh Zustds vertr vereinb u beabsicht der Verm den Umbau der Räume derart, daß die WiederherstellungsArb des Mieters beseit w, entfällt die Wie-

§§ 556, 556a

derherstellgsAnspr u dem Verm steht auch keine AusgleichsZahlg zu (BGH **96**, 141). **ee)** Abnutzg u Wertminderg dch vertragsm Gebr gehen zu Lasten des Verm (§ 548). **d) Fälligkeit:** Sofort nach Mietbeendigg (Anm a). Wird bei WoRaum RäumgsFr vom Gericht gewährt (§§ 721, 794a ZPO), so ist wg § 557 III SchadErs, nicht aber Verz ausgeschl (umstr). Das MietVerh bleibt beendet. Bei Miete v gewerbl Räumen ist die gerichtl RäumgsFr ohne mat-rechtl Wirkg (BGH NJW-RR **87**, 907). Bewilligt der Verm eine RäumgsFr, so muß ausgelegt w, ob die Herausg gestundet ist od nur auf zwangsw Räumg verzichtet w (BGH aaO). Rückg von bewegl Sachen ist Bringschuld (§ 269 Anm 3; bestr). **e) Folgen verspäteter Rückgabe:** § 557. Mieter ist auch in der Zeit nach Beendigg des MietVerh bis zur Rückg der Mietsache obhutspflichtig (vgl § 545 Anm 1b; BGH LM Nr 2). Verwirkg (§ 242 Anm 9) im Falle unterlassener UrtVollstr wird v Hamm MDR **82**, 147 im Einzelfall angenommen. **f) Mehrheit von Mietern:** Es gilt § 431. Kann die Rückg nur dch den v mehreren Mietern vertrgem erfolgen, so haften die ad für die Verletzg der RückgPfl als GesSchu (BGH NJW **76**, 287 [Mietwagen]; Düss ZMR **87**, 423 [GewRäume]). Bei unbewegl Sachen bringt der Auszug eines Mitmieters den Anspr aus § 556 mangels Rückg auch dieses Mieters nicht zum Erlöschen (umstr; aA MüKo-Voelskow 13 mwN; Schlesw NJW **82**, 2672); **g) Mitbesitz:** vgl § 866 Anm 1b. Solange der mitbesitzde Eheg des zur Räumg verpfl Mieters das BesR vom Verm ableitet, ist ein RäumgsTitel (vgl § 885 ZPO) gg ihn nicht notw (LG Kiel WoM **82**, 304). **h) Verfrühte Rückgabe** (bzw Auszug) der Mietsach dch den Mieter verpfl den Verm grdsätzl nicht zur anderweit Vermietg (BGH WM **84**, 171 für Pacht). **i) Verjährung.** RückgAnspr: § 195 (einschl Zubehör); § 195 Anm 3a); § 558 gilt nicht (dort Anm 2e). SchadErsAnspr wg Veränd od Verschlechterg: § 558 (auch für konkurr Anspr; § 194 Anm 3b u § 196 Anm 6b); ebso für SchadErs wg Unterl vertragl vereinb Wiederherstellg (BGH NJW **68**, 2241).

2) Ausschluß des Zurückbehaltungsrechts (Abs II). **a) Zweck:** In diesen Fällen stehen die GgAnspr des Mieters in keinem Verh zum Wert der Miets; zudem besteht die Gefahr hohen Schadens. **b) Anwendbar:** Nur bei Miete eines Grdst, einer Wohng od sonst Raums (§ 580), auch iF des Abs III (allgM). Nicht bei WerkDWo (§ 565e; RGRK-Gelhaar 14). Bei bewegl Sachen gelten §§ 273, 274, bei Fortsetzg des Gebr aber auch § 557 (BGH NJW **75**, 1773). **c) Abdingbarkeit** ist zu bejahen (RG **139**, 17). **d) Anspruch des Vermieters** muß der RückgAnspr aus Abs I sein, so daß Abs II nicht gilt, wenn der MietVertr nichtig, insb wirks angefochten ist (hM; BGH **41**, 341), weil dann der HerausgAnspr nur auf § 985 od § 812 gestützt w kann, wofür Abs II unanwendb ist. Der AnsprKonkurrenz zw Abs I u § 985 gilt Abs II selbstverständl, weil der Eigtümer als Verm nicht schlechter gestellt sein darf als der vermietde NichtEigt. **e) Ansprüche des Mieters.** Es fallen grdsätzl alle unter Abs II. Nur bei Anspr aus vorsätzl unerlaubter Hdlg des Verm kann Abs II wg § 242 ausgeschl sein (RG **160**, 88).

3) Herausgabeanspruch gegen Dritte (Abs III). **a) Zweck:** soll dem Verm den RückgAnspr auch für den Fall geben, daß er nicht Eigtümer ist. Abs III ergänzt daher § 549. **b) Anwendbar** auf alle Miet- u PachtVerh (§ 581 II), entspr auf and GebrÜberlassgsVertr mögl (Soergel-Kummer 31). **c) Rechtsnatur:** vertragl Anspr ggf neben § 985. **d) Voraussetzungen: aa)** Wirks zustandegekommener (Haupt)MietVertr (RG **136**, 33). Ohne diesen besteht ggf nur Anspr aus § 985. **bb)** GebrÜberlassg an Dr (§ 549 Anm 2a) dch den (Haupt)Mieter od einen v mehreren (AG Stgt ZMR **75**, 305). Auch bei Einverständn des Verm. **cc)** Rechtl, nicht nur tats Beendigg des (Haupt)MietVerh. **dd)** Auffdg des (Haupt)Verm an den Dr, die Miets zurückzugeben (RG **156**, 150). Dies kann schon vor Ende des (Haupt)MietVerh geschehen (MüKo- Voelskow 26; bestr). **e) Wirkung. aa) Hauptmiete.** Der Anspr tritt neben den des (Haupt)Mieters aus Abs I. Für diese Anspr gilt § 428, sodaß der Dr den Leistg an einen v beiden befreit w (RGRK-Gelhaar 21). (Haupt)Mieter u Dr sind dem (Haupt)Verm ggü GesSchuldner (§ 431; allgM). Dem Eigt ggü kann der Unterm gem § 986 I S 1 die Einwendgen des Hauptm entggsetzen. Ist das UntermietVerh noch nicht beendet, hat der Dr gg den Hauptmieter Anspr aus § 541 (Jau-Teichmann 4). Gehindert ist der Anspr aus § 242, wenn der Hauptmiet-Vertr einvernehml aufgeh wird, um den KündSchutz des Unterm zu umgehen (hM). Das gilt nicht bei gewerbl Räumen (KG ZMR **88**, 137). **bb) Zwischenmiete** (Einf 1i vor § 535). Im Verh zum Verm steht der Mieter des ZwVerm dem Unterm grdsätzl gleich. Insbes tritt auch der Anspr des Verm aus Abs III neben den Anspr des ZwMieters aus § 556 I (Mü NJW-RR **89**, 524 für Pacht). Der Zwmieter kann auch Herausg an den Verm verlangen (Mü aaO). Bei WoRaum ist wg des KündSchutzes (vgl 556a–c, 569b–565a) zu differenzieren u die RLage umstr (vgl Matthies NJW **88**, 1631 mwN). War dem Mieter bei Abschluß des MietVertr mit dem ZwMieter unbekannt, daß dieser nicht Eigt, sond nur ZwMieter ist, wird KündSchutz gewährt, andernf nicht (hM; BGH **84**, 90; hierzu krit v. Morgen JZ **89**, 725 mwN; aA Bunn WoM **88**, 386; § 1056 entspr; dagg Hagmann NJW **89**, 822). Verj: Anm 1i. **f) Nichterfüllung** der RückgPfl des Dr ist nach §§ 284ff u §§ 275, 280 zu behandeln. § 557 gilt nicht. **g) Prozessuales.** Der Titel gg den (Haupt)Mieter wirkt nicht gg den Dr (Ausn: § 325 ZPO). Daher ist Klage gg beide zugleich geboten. Bei Titel gg den (Haupt)Mieter ist auch Überweisg des HerausgAnspr mögl (§ 886 ZPO).

556a

Sozialklausel. **I** Der Mieter kann der Kündigung eines Mietverhältnisses über Wohnraum widersprechen und vom Vermieter die Fortsetzung des Mietverhältnisses verlangen, wenn die vertragsmäßige Beendigung des Mietverhältnisses für den Mieter oder seine Familie eine Härte bedeuten würde, die auch unter Würdigung der berechtigten Interessen des Vermieters nicht zu rechtfertigen ist. Eine Härte liegt auch vor, wenn angemessener Ersatzwohnraum zu zumutbaren Bedingungen nicht beschafft werden kann. Bei der Würdigung der berechtigten Interessen des Vermieters werden nur die in dem Kündigungsschreiben nach § 564a Abs. 1 Satz 2 angegebenen Gründe berücksichtigt, soweit nicht die Gründe nachträglich entstanden sind.

II Im Falle des Absatzes 1 kann der Mieter verlangen, daß das Mietverhältnis so lange fortgesetzt wird, wie dies unter Berücksichtigung aller Umstände angemessen ist. Ist dem Vermieter

Einzelne Schuldverhältnisse. 3. Titel: Miete. Pacht § 556a 1–5

nicht zuzumuten, das Mietverhältnis nach den bisher geltenden Vertragsbedingungen fortzusetzen, so kann der Mieter nur verlangen, daß es unter einer angemessenen Änderung der Bedingungen fortgesetzt wird.

III Kommt keine Einigung zustande, so wird über eine Fortsetzung des Mietverhältnisses und über deren Dauer sowie über die Bedingungen, nach denen es fortgesetzt wird, durch Urteil Bestimmung getroffen. Ist ungewiß, wann voraussichtlich die Umstände wegfallen, auf Grund deren die Beendigung des Mietverhältnisses für den Mieter oder seine Familie eine Härte bedeutet, so kann bestimmt werden, daß das Mietverhältnis auf unbestimmte Zeit fortgesetzt wird.

IV Der Mieter kann eine Fortsetzung des Mietverhältnisses nicht verlangen,
1. wenn er das Mietverhältnis gekündigt hat;
2. wenn ein Grund vorliegt, aus dem der Vermieter zur Kündigung ohne Einhaltung einer Kündigungsfrist berechtigt ist.

V Die Erklärung des Mieters, mit der er der Kündigung widerspricht und die Fortsetzung des Mietverhältnisses verlangt, bedarf der schriftlichen Form. Auf Verlangen des Vermieters soll der Mieter über die Gründe des Widerspruchs unverzüglich Auskunft erteilen.

VI Der Vermieter kann die Fortsetzung des Mietverhältnisses ablehnen, wenn der Mieter den Widerspruch nicht spätestens zwei Monate vor der Beendigung des Mietverhältnisses dem Vermieter gegenüber erklärt hat. Hat der Vermieter nicht rechtzeitig vor Ablauf der Widerspruchsfrist den in § 564a Abs. 2 bezeichneten Hinweis erteilt, so kann der Mieter den Widerspruch noch im ersten Termin des Räumungsrechtsstreits erklären.

VII Eine entgegenstehende Vereinbarung ist unwirksam.

VIII Diese Vorschriften gelten nicht für Wohnraum, der zu nur vorübergehendem Gebrauch vermietet ist, und für Mietverhältnisse der in § 565 Abs. 3 genannten Art.

1) Allgemeines. a) Zweck: Der sog SozWiderspr ist dch § 564b weitgeh ggstdsl geworden, bleibt aber nachrang anwendb. Für die Interessenabwägg (Anm 6a) sind die Belange von Verm u Mieter als von vornherein gleichwertig anzusehen. **b) Wirkung:** Mieter kann gg eine ord Künd Widerspr (Anm 5) erheben u hat Anspr auf (auch wiederholte, § 556c) Fortsetzg des (ggf geänderten, Abs II S 2) MietVerh, wenn dessen Beendigg für ihn eine ungerechtf Härte darstellen würde (Abs I). Das MietVerh wird auf bestimmte, in Ausnahmefällen auf unbestimmte Zeit fortges (Abs III; vgl Anm 6). Wird das MietVerh nicht verlängert, ist bis zur Herausg die vereinb od ortsübl Miete zu zahlen (§ 557 I), SchadErs nur nach § 557 II. **c) Unabdingbarkeit** (Abs VII). § 556a ist zwingd. Der Gesetzeszweck (Anm c) führt aber dazu, daß eine Vereinbg, die für den Mieter günstiger ist, wirks sein kann. Unwirks bedeutet unheilb nichtig (wie § 134). Gg die ausnahmsl Unabdingbk zutreffd Adomeit NJW **81**, 2168.

2) Anwendungsbereich. a) Mietverhältnisse: auch UntermietVerh, sow nicht Abs VIII entggstehen (vgl Anm b, bb), nur im Verh der VertrPart (Mieter u Untermn) nicht im Verh des Untermn zu HauptVerm ggü dem Anspr aus § 556 III, wenn der Untermn gewußt hat, daß er vom HauptM mietet (BGH **84**, 90; Karlsr NJW **84**, 313; hiergg krit Nassall MDR **83**, 9). § 556a gilt für unbefr (auf unbestimmte Zeit eingegangene), für befr mit Verlängerskausel (§ 565a I, dort Anm 2c), auflösd bedingte (§ 565a II). Auch für MietVerh, das gem § 5 HausratVO begründet w. Ferner entspr aGrd v § 556b. **b) Wohnraum:** Jeder Art (Einf 8a vor § 535), für Werkwohngen mit Sonderregeln in § 565d. Bei MischmietVerh (Einf 9 vor § 535) ist § 556a nur anwendb, wenn die WoRäume überwiegen (Schmidt-Futterer NJW **66**, 583). Unanwendb ist § 556a nach Abs VIII: **aa)** wenn nur zu vorübergehdem Gebr überl: wie § 564b Anm 3c. § 556a gilt auch für Studentenwohnheime trotz der unterschiedl Regelg in § 564b VO Nr 1 u 3 (Hamm ZMR **86**, 234); **bb)** vom Verm mind überwgd möblierter WoRaum, der nicht an eine Fam überlassen ist (§ 565 III). **c) Kündigung** (Anm 4): Nur bei ord Künd des Verm (§ 565). Bei befristeten MietVerh gilt § 556b, bei auflösder Bedingg § 565a II. Bei außerord Künd nach §§ 553, 554, 554a ist, auch wenn nicht fristl gekünd w, § 556a unanwendb (allgM). Bei außerord Künd, die krG befristet sind (zB § 569 I, § 57a ZVG), ist § 556a anwendb wie § 564b (hM; Schopp ZMR **80**, 97 mwN; BGH **84**, 90 für § 57a ZVG). **d) Wiederholung:** § 556c.

3) Verhältnis zur Vertragsfreiheit. Für die Beendigg von MietVerh über WoRaum gilt grdsätzl VertrFreih, soweit nicht zwingde ges Vorschr sie einschr, insb §§ 554b, 556a VII, 564b, 565 II S 3 u 4, 565a III. Die dem Verm grdsätzl freigestellte ord Künd gem § 565 kann, unabhäng von § 556a dch § 564b eingeschr sein. Vertragl Vereinbgen zw Verm u Mieter über die Fortsetzg des gekünd MietVerh gehen der gerichtl Entsch vor (vgl Abs III).

4) Kündigung (Anm 2c u § 564 Anm 3). **a) Form:** Schriftform gem § 564a I 1, andfalls Nichtigk (§ 125 S 1). **b) Frist:** § 565. **c) Inhalt:** Für die Angabe von Grden gilt § 564a I 2. Der Hinweis gem § 564a II kann, muß aber nicht im KündSchreiben enthalten sein. **d) Wirkung:** Die Künd löst das MietVerh auch, wenn die Voraussetzgen des Abs I erfüllt sind, gem § 565 auf, wenn der Mieter den Widerspr (Anm 5) unterläßt od der Verm geltd macht, daß die WiderprFr versäumt ist (Anm 5d).

5) Widerspruch und Fortsetzgsverlangen des Mieters (sog KündWiderspruch) ist eine einheitl u einseit empfangsbedürft WillensErkl (§ 130). **a) Form:** Schriftform des § 126 I, III (Abs V), andfalls Nichtigk (§ 125 S 1); deshalb muß der Mieter unterzeichnen (Karlsr NJW **73**, 1001). Sind es mehrere gemeins, müssen alle, da der MietVertr nur einheitl verlängert od umgestaltet w kann. Telegraf Übermittlg genügt der Schriftform nicht (Karlsr aaO). **b) Vertretung:** zuläss, aber § 174 zu beachten. **c) Inhalt:** Es genügt der erkennb Wille, der Beendigg des MietVerh zu widersprechen. Das Wort Widerspr od ein bestimmtes

569

Verlangen sind nicht nötig. Gründe sollten angegeben w (vgl Anm f). **d) Frist:** ist keine AusschlußFr, sond wie eine VerjährgsFr nur auf Einr des Verm zu beachten (hM; MüKo-Voelskow 10). **aa) Normale Dauer** (Abs VI S 1): Die Fr läuft ohne Rücks auf die unterschiedl KündFristen des § 565 einheitl bis 2 Monate vor Ablauf des MietVerh. Spätestens an diesem Tag (Bsp: Ablauf am 31. 8., Fristende 30. 6. 24 Uhr) muß das Schreiben dem Verm zugehen (§ 130). **bb) Verlängerte Frist** (Abs VI S 2): setzt voraus, daß der Verm den Hinweis auf Widerspr (§ 564a II) nicht rechtzeit erteilt hat, dh noch vor Ablauf der Fr des Abs VI S 1 u soviele Tage vorher, daß der Mieter noch angem Zeit überlegen, einen Widerspr abfassen u gem § 130 I fristgerecht zuleiten kann. Wird nicht, falsch oder verspätet hingewiesen, so kann Widerspr bis zum Schluß des ersten Termins (§ 220 ZPO) im Räumsrechtsstreit erkl w. **e) Wirkung:** Wirks Widerspr ist Voraussetzg für Anspr auf Fortsetzg (Anm 6a) u verhindert die Beendigg des MietVerh, wenn es dch Vertr (Anm 6e) od Urt (Anm 7c) fortges w. Bis dahin ist die Künd schwebend unwirks; wird das MietVerh nicht fortges, beendet sie es aber zum vertragsgem Ztpkt. **f) Auskunft über Gründe** ist auf Verlangen des Verm eine Obliegenh (keine Pflicht) des Mieters (Abs V S 2), deren Verletzg zu ungünstiger KostenEntsch führen kann (§ 93b II ZPO), Angabe der Gründe im WidersprSchreiben ist wg § 93b ZPO stets zu empfehlen.

6) Anspruch auf Fortsetzung (Abs I). **a) Voraussetzung** ist, außer dem wirks, nicht notw rechtzeit Widerspr (Anm 5), daß die vertragsmäß Beendigg des MietVerh (dh die dch Zeitablauf, §§ 564 I, 556b od zu dem aus der Künd gem § 565 sich ergebden Ztpkt) für den Mieter od seine Fam (Angeh die mit dem Mieter zus wohnen; kein bestimmter Grad von Verwandtsch od Schwägersch erforderl) eine nicht zu rechtf Härte bedeutet; dabei sind die berecht Interessen des Verm zu würd. Für die notw **Interessenabwägung** sind die Interessen von Verm u Mieter gleichwertig (vgl Anm 1c) zu berücks; SondRegelg in §§ 556b, 565a, 565d zu beachten. Die Interessen Dr bleiben außer Betr (BayObLG NJW **72**, 685). Die Grde müssen stets dch Angabe konkreter Tats dargelegt w (LG Hbg MDR **73**, 1022). **aa) Für den Mieter:** In erster Linie ist, dch Abs I S 2 herausgestellt, das Fehlen von angem ErsWoRaum zu (wirtsch u persönl) zumutb Bedinggen zu berücksicht, insb: notf höherer Mietzins bis zum ortsübl, tragb im Rahmen des GesamtEink der Fam, einschl Wohngeld; Lage zum ständ ArbPlatz, Schule u Wohng and Pers, sofern dch bes Umst erforderl (zB Pflege, Aufs von Kindern Berufstätiger). Ab Künd ist der Mieter verpfl, sich um derart ErsWohng zu bemühen (hM). Diese Bemühungen beschr sich aber auf eine angem ErsWo. Ferner ist zu berücks: Notw Umschulg von Kindern in ungünst Ztpkt (zB vor Schulabschluß); größere Kinderzahl, vorgeschrittene Schwangersch; Erkrankg; SchwBehEigensch; hohes Alter (LG Hann WoM **89**, 298), aber nicht für sich allein ausreichd (hierzu Schmidt-Futterer NJW **71**, 731 u Karlsr NJW **70**, 1746); keinesf muß sich der Mieter auf Unterbringg in einem Altenheim verweisen lassen (Karlsr aaO). Verwurzelg insb alter Leute in Haus u Wohngegend (LG Wuppertal WoM **70**, 133); vom Verm verlangte od geduldete erhebl Aufwendg für die Wo, insb wenn der Mieter hierzu nicht verpfl war (Karlsr ZMR **71**, 221). Gewährtes MieterDarl (Graba WoM **70**, 129); notw doppelter Umzug innerh kurzer Zeit; erhebl Härte für den Mieter bei Möglk der Künd anderer Mieter im selben Haus ohne relevante Härte (AG Krfld NJW **78**, 1265). **Nicht** zu berücks: Instandsetzgsaufwendgen u ähnl Mieterleistgen, wenn sie schon abgewohnt sind (LG Düss WoM **71**, 98). Die notw mit Umzug verbundenen Nachteile; idR Einnahmequelle dch Untervermietg (BayObLG NJW **70**, 1749). **bb) Für den Vermieter:** Eigenbedarf, auch für nahe Verwandte (Weimar WM **68**, 427) u ArbN; Erf öff Interessen dch Gemeinde, die den WoRaum anderweit benöt (BayObLG NJW **72**, 685); unverschuldete persönl Spanngen, insb Streit mit dem Mieter od einem seiner FamAngeh; wiederh unpünktl Mietzahlg; Möglichk, höheren MietPr zu erlangen (dann aber Forts mit and MietPr mögl, Anm c); Verbesserg der Verhandlgsposition bei VerkVerhandlgen, die dch bestehende MietVertr beeinträcht w (Karlsr ZMR **71**, 221). **Nicht** zu berücks: daß RäumgsFr (§ 721 ZPO) mögl u gewährt ist (Stgt NJW **69**, 240; Oldbg ZMR **70**, 329), weil Abs I allein auf die vertragsgem Beendigg abstellt; daß Verm einem and Mieter die Wo (ohne rechtl Bindg) zugesagt hat u der widerspr Mieter selbst WoWechsel erstrebt (Karlsr NJW **70**, 1746); Interesse Dr, die den WoRaum erlangen wollen (BayObLG NJW **72**, 685). **cc) Ausgeschlossene Gründe:** (Abs I S 3). Der Mieter (Anm aa) kann alle für ihn günst Umst im Proz bis zum Schluß der mdl Vhdlg vorbringen (§ 296a ZPO; LG Wiesb WoM **88**, 269), der Verm nur solche, die er im KündSchreiben benannt hat (§ 564a I 2) od solche, die erst danach entstanden (dh tats eingetreten) sind; bei mehraktigen od zushängden Umst kommt es idR auf den abschließden Vorgang an. BewLast für nachträgl Entstehen: Verm.Kenntn od schuldl Unkenntn der tats Umst ist unerhebl; hierin läßt der GWortlaut keine and Auslegg zu. Erfährt der Verm solche Grde später, muß er ggf erneut künd.

b) Dauer: Grdsätzl ist das MietVerh auf best Zeit zu verlängern (Abs III S 1), entw dch Vertr (Anm e) od dch Urt (Anm 7). Das MietVerh darf nur für den ZtRaum verlängert w, für den (zunächst voraussichtl) die härtebegründen Umst bestehen. Da es ÜbergRegelg sein soll, ist im allg nicht um mehr als 3 Jahre zu verlängern; MindZeit nicht vorgeschrieben, aber idR unter 6 Monaten kaum sinnvoll. Mögl RäumgsFr (§ 721 ZPO) bleibt unberücks (Anm a bb). Ausnahmsw Fortsetzg des MietVerh auf unbestimmte Zeit (nicht auf Lebenszeit des Mieters), wenn ungewiß ist, wann die Härtegründe wegfallen; insb wenn ErsatzWoRaum fehlt (Stgt NJW **69**, 1070); aber nicht dann, wenn der Mieter selbst WoWechsel anstrebt (Karlsr NJW **70**, 1746). Gg die zum nächsten u zu späteren Terminen gem § 565 mögl Künd ist der Mieter dch § 556c II geschützt.

c) Vertragsänderung (Abs II S 2) dch Einigg (Anm e) oder Urt (Anm 7). Betrifft insb die Höhe der Miete, gestattet eine Erhöhg u geht insoweit als SpezVorschr dem MHG vor (hM; Müko-Voelskow 35). Unzumutb ist für den Verm ein erhebl (nicht ein nur geringfügiger) Unterschied zur ortsübl Miete.

d) Ausschluß des Fortsetzungsanspruchs (Abs IV): **aa)** Bei Künd des Mieters (Abs IV Nr 1); an sich selbstverständl (vgl Anm 2c), aber auch für den Fall gedacht, daß Künd des Mieters mit der des Verm zustrifft. **bb)** Wenn obj ein Grund vorliegt, der eine außerord Künd rechtf (Abs IV Nr 2; §§ 553, 554, 554a), der Verm aber ord u nicht fristlos gekünd hat. Bei außerord Künd ist § 556a sowieso unanwendb (Anm 2c). **cc)** Auf Einr (vgl Anm 5d) des Verm, wenn der Mieter die WidersprFr versäumt hat (Abs VI).

Einzelne Schuldverhältnisse. 3. Titel: Miete. Pacht   §§ 556a–556c

e) Einigung (Vertrag) der VertrParteien (Abs I) über Fortsetzg des MietVerh auf best oder unbest Dauer u über VertrÄndg (Anm c) geht zu jedem Ztpkt der gerichtl Entsch (Anm 7) vor. Es handelt sich dabei um eine gem § 305 dch Vertr geschehde Inhaltsänderg des alten MietVertr, dessen Identität gewahrt bleibt; es wird also kein neuer MietVertr geschlossen.

7) Prozessuales. Über RäumgsAnspr (§ 556) u über FortsetzgsAnspr (§§ 556a–c) wird im UrtVerf entschieden; einstw Verfügg ist für Räumg von WoRaum nur bei verbotener Eigenmacht zul (§ 940a ZPO). Zust ist sachl u örtl ausschließl das AG, in dessen Bezirk der WoRaum liegt (§ 29a ZPO, § 23 Nr 2a GVG). **a) Klage.** Der Verm kann ggf auf künft Räumg (§ 259 ZPO) klagen (Karst ZMR **88**, 453). Das ist schon vor Ablauf der WidersprFr zul, wenn der Mieter zu erkennen gegeben hat, er werde die RäumgsPfl nicht od nicht rechtzeit erf (Henssler NJW **89**, 138), insbes der Künd widerspr hat (Karlsr NJW **84**, 2953; umstr). Mieter muß, um Anspr auf Fortsetzg (Anm 6) geltd zu machen, nur Tats hierfür vortragen. Widerkl (od GgAntrag) wg § 308a ZPO nicht notw, auch wenn auf unbest Zeit verlängert w soll); denn § 308a ZPO deckt seinem Zweck nach auch die unbest Zeit, zumal es auch da erst sinnvoll, weil best Dauer ein Weniger iS des § 308 ZPO darstellen würde. Der Mieter kann stets von sich aus auf Fortsetzg des MietVerh klagen (GestaltgsKl, Erm-Schopp Rdn 5); Verm kann dagg WiderKl auf Räumg erheben. **b) Beweislast.** Verm: für KündGründe lt Abs IV Nr 2, für seine Interessen (Anm 6a, bb). Mieter: für seine Interessen (Anm 6a, aa). **c) Urteil:** Maßg sind die tats Verhältnisse zZ der letzten mdl Verhandlg. Wird auf Räumg erkannt u hat der Mieter nicht WiderKl erhoben, wird der FortsetzgsAnspr nur in den EntschGründen verneint. Wird die RäumgsKl abgewiesen, so wird in demselben Urt Fortsetzg des MietVerh, ggf Umfang u Ztpkt der VertrÄnderg in der UrtFormel, auch ohne WiderKl (§ 308a ZPO) ausgespr (GestaltgsUrt; hM). Im RäumgsUrt kann RäumgsFr (§ 721 ZPO) von 1 Jahr gewährt w. Wg VersäumnUrt vgl Hoffmann MDR **65**, 170. **d) Kosten.** Speziell in § 93b ZPO geregelt; rechtzeit Angabe der Gründe (Abs V S 2), ggf sof Anerkenntn führt uU zu günst, unterlassene od verspätete Angabe zu nachteil KostenEntsch. **e) Rechtsmittel.** In der Haupts: Berufg, §§ 511, 546 ZPO. Bei RäumgsFr: Selbstd nur bei Beschw anfechtb (§ 721 VI ZPO). Gg Kosten: Selbstd nur bei AnerkUrt (§§ 99 II, 93b III ZPO). BerufsUrt u BeschwEntsch des LG sind unanfechtb (§§ 545 I, 721 VI ZPO). **f) Rechtsentscheid.** Bei der Berufg muß das LG dch VorlageBeschl einen REntsch des OLG herbeiführen (Art III 3. MietRÄndG). **g) Rechtskraft.** Gestaltgswirkg des Urt (Fortsetzg u VertrÄnderg, Anm 6b, c) tritt erst mit formeller RKraft ein, aber rückwirkd auf den best ZtPkt der VertrÄnderg. **h) Zwangsvollstreckung.** Bei RäumgsUrt nicht vor Ablauf der RäumgsFr (§§ 721, 751 I ZPO). VollstrSchutz: § 765a ZPO mögl.

556 b *Sozialklausel bei befristetem Mietverhältnis.*

I Ist ein Mietverhältnis über Wohnraum auf bestimmte Zeit eingegangen, so kann der Mieter die Fortsetzung des Mietverhältnisses verlangen, wenn sie auf Grund des § 556a im Falle einer Kündigung verlangt werden könnte. Im übrigen gilt § 556a sinngemäß.

II Hat der Mieter die Umstände, welche das Interesse des Vermieters an der fristgemäßen Rückgabe des Wohnraums begründen, bei Abschluß des Mietvertrages gekannt, so sind zugunsten des Mieters nur Umstände zu berücksichtigen, die nachträglich eingetreten sind.

1) Allgemeines. a) Zweck: Ausdehng des Schutzes der SozKlausel (§ 556a) auf befristete MietVerh. **b) Anwendungsbereich:** Befristete MietVerh: wie § 564 Anm 2; iü wie § 556a Anm 2a, b. Bei VerlängergsKlausel gilt § 556a unmittelb (§ 556a Anm 2a); Abs II bleibt anwendb. Auch MietVerh, die gem § 5 II HausratVO befristet begründet worden sind (BayObLG NJW **73**, 2295). Bei außerord befristeten Künd ist § 556a direkt.

2) Wirkung. a) Anwendung von § 556a. Sinngem (Abs I 2) bedeutet: Der Künd (§ 556a Anm 4) entspr der Zeitablauf (§ 564 I). Widerspr (gg den Ablauf des MietVerh) u FortsetzgsVerlangen: wie § 556a Anm 5. Anspr auf Fortsetzg: wie § 556a Anm 6. **b) Besonderheit für Interessenabwägung** (Abs II; vgl § 556a Anm 6a). Voraussetzg: Pos Kenntn des Mieters v den Tats, die das Interesse des Verm an rechtzeit Rückg zum Ztpkt der FrAblaufs begründen (vgl die Bsp bei § 556a Anm 6a, bb). Kenntn muß zu der Zeit bestanden haben, als die Befristg vereinb w. Wirkg: Der Mieter ist bei seinen Grden (§ 556a Anm 6a, bb) beschränkt. Nachträgl eingetreten: bezieht sich nur auf Tats. Bei einer VerlängergsKlausel (vgl § 565a Anm 2c) gilt Abs II nur für die erste KündMöglk.

556 c *Wiederholte Anwendung der Sozialklausel.*

I Ist auf Grund der §§ 556a, 556b durch Einigung oder Urteil bestimmt worden, daß das Mietverhältnis auf bestimmte Zeit fortgesetzt wird, so kann der Mieter dessen weitere Fortsetzung nach diesen Vorschriften nur verlangen, wenn dies durch eine wesentliche Änderung der Umstände gerechtfertigt ist oder wenn Umstände nicht eingetreten sind, deren vorgesehener Eintritt für die Zeitdauer der Fortsetzung bestimmend gewesen war.

II Kündigt der Vermieter ein Mietverhältnis, dessen Fortsetzung auf unbestimmte Zeit durch Urteil bestimmt worden ist, so kann der Mieter der Kündigung widersprechen und vom Vermieter verlangen, das Mietverhältnis auf unbestimmte Zeit fortzusetzen. Haben sich Umstände, die für die Fortsetzung bestimmend gewesen waren, verändert, so kann der Mieter eine Fortsetzung des Mietverhältnisses nur nach § 556a verlangen; unerhebliche Veränderungen bleiben außer Betracht.

1) Allgemeines. a) Zweck: ergänzt § 556a dahin, daß die Zulässk (auch mehrmals) wiederholter Fortsetzg des MietVerh wg veränd od unerwartet gleichgebliebener Umstände klargestellt w u die Voraussetzg

§§ 556c, 557

hierfür geregelt w. Als Ergänzg des § 556a ist § 556c wg § 556a VII zwingd (Emmerich-Sonnenschein 35). **b) Anwendungsbereich:** wie § 556a Anm 2; für Abs I (Anm 2), wenn dch Einigg (§ 556a Anm 6e) od dch Urt (§ 556a Anm 7c) das MietVerh fortges worden ist. Fortsetzg kann mehrmals wiederholt w. **c) Einschränkung:** Umst, die wie bei § 162 gg Treu u Glauben verhindert od herbeigeführt w, bleiben unberücks.

2) Bestimmte Dauer des fortges MietVerh (Abs I). **a) Voraussetzungen: aa)** Ablauf des MietVerh dch Eintritt des best Endtermins. **bb)** Erneuter Widerspr wie bei § 556a (dort Anm 5). **cc)** Wesentl Änderg der Umst, die für die Verlängerg od ihre Dauer bestimmd waren. Es genügt, wenn sie vorlagen, aber nicht ausdrückl berücks w, wie insb bei einer Einigg. Eine unwesentl Änderg reicht nicht aus. Bei der erforderl neuen Interessenabwägg (§ 556a Anm 6a) sind die gesamten neuen tats Verhältnisse (zZ der Einigg od beim Urt wie § 556a Anm 7c), also auch die Umst, die für den Verm wirken, zu berücks. **dd)** Nichteintritt best Umst (alternativ zu cc): ihr Eintritt mußte erwartet w u für die Dauer der Verlängerg bestimmd sein (zB voraussichtl Aufn in ein Altersheim). Hier werden nur diese, keine und Umst berücks. **b) Wirkung:** Verlängg (ggf unter VertrÄnd, § 556a Anm 6c) grdsätzl auf best Zeit, ausnahmsw nach § 556a III S 2 auch auf unbest Dauer.

3) Unbestimmte Dauer des fortges MietVerh (Abs II). Es kann vom Verm jederzeit erneut fristgem nach § 565 gekünd w. War auf Grund Einigg (§ 556a Anm 6e) fortges, so gilt für die neue Künd § 556a. Nur wenn dch Urt fortges w, gilt Abs II. Neuer Widerspr (§ 556a Anm 5) ist stets notw, im Falle des Abs II S 1 (Anm a) aber form- u fristfrei, wie nicht auf § 556a verwiesen ist. **a) Unveränderte Umstände** (S 1): unerhebl Veränderg steht gleich (S 2 letzter Halbs). Es kommt nur auf die (aber auch alle) Umst an, die für die Fortsetzg des MietVerh bestimmd waren. Mieter muß nur behaupten, daß Umst veränd sind. Es findet keine neue Interessenabwägg statt. Fortsetzg des MietVerh stets auf unbest Zeit, wenn Verm nicht Veränderg der Umst beweist. **b) Veränderte Umstände** (S 2): nur bei erhebl Veränderg (letzter Halbs) der Umst (vgl Anm a). Beweislast trägt Verm, auch für Umst auf Seiten des Mieters (Pergande NJW **68**, 130). Völlig neue Interessenabwägg gem § 556a Anm 6a. Fortsetzg auf best od unbest Zeit, uU mit VertrÄnd mögl, ebenso daß Fortsetzg abgelehnt w.

557 Ansprüche bei verspäteter Rückgabe.

I Gibt der Mieter die gemietete Sache nach der Beendigung des Mietverhältnisses nicht zurück, so kann der Vermieter für die Dauer der Vorenthaltung als Entschädigung den vereinbarten Mietzins verlangen; bei einem Mietverhältnis über Räume kann er anstelle dessen als Entschädigung den Mietzins verlangen, der für vergleichbare Räume ortsüblich ist. Die Geltendmachung eines weiteren Schadens ist nicht ausgeschlossen.

II Der Vermieter von Wohnraum kann jedoch einen weiteren Schaden nur geltend machen, wenn die Rückgabe infolge von Umständen unterblieben ist, die der Mieter zu vertreten hat; der Schaden ist nur insoweit zu ersetzen, als den Umständen nach die Billigkeit eine Schadloshaltung erfordert. Dies gilt nicht, wenn der Mieter gekündigt hat.

III Wird dem Mieter von Wohnraum nach § 721 oder § 794a der Zivilprozeßordnung eine Räumungsfrist gewährt, so ist er für die Zeit von der Beendigung des Mietverhältnisses bis zum Ablauf der Räumungsfrist zum Ersatz eines weiteren Schadens nicht verpflichtet.

IV Eine Vereinbarung, die zum Nachteil des Mieters von den Absätzen 2 oder 3 abweicht, ist unwirksam.

1) Allgemeines. a) Zweck: § 557 regelt die Anspr des Verm für die Zeit nach Beendigg des MietVerh bis die Mietsache gem § 556 I zurückgegeben w. SchadErsAnspr des Verm schränken die Abs II–IV bei Wohnraum aus soz Gründen ein, sollen aber dem Mieter nicht ungerechtf Vorteile verschaffen; hierfür Abs 1 S 1 Hs 2. **b) Unabdingbarkeit** (Abs IV): bezieht sich nur auf Vereinbg gg Abs II–IV. **c) Verjährung** der Anspr: gem § 197 (dort Anm 2b), also 4 Jahre (hM). Diese Fr gilt auch für den konkurrierenden Anspr gem Anm 5a u SchadErsAnspr aus Verz gem § 286 (BGH NJW **77**, 1335). **d) Fälligkeit** der NutzgsEntschädigg: grdsätzl wie für den Mietzins (BGH NJW **74**, 556; vgl § 551). Kl auf künft Leistg (§ 259 ZPO) ist zul (Henssler NJW **89**, 138). **e) Übergang** des MietVerh (§ 571) gibt dem Erwerber den Anspr (BGH NJW **78**, 2148). **f) Abtretbarkeit** des Anspr aus § 557 ohne den aus § 985 wird vom BGH NJW **83**, 112 offengelassen. **g) Aufrechnungsverbot** gg den Mietzins gilt auch für die Anspr aus § 557 u entfällt nicht mit Rückg (Karlsr ZMR **87**, 261 mwN).

2) Anwendungsbereich. a) Mietverhältnisse: § 557 gilt allg nur, wenn ein MietVerh (auch Unterm) beendet ist u RückgabePfl (§ 556 I) nicht erfüllt w; daher nicht im Verh Verm zu Unterm (Weimar ZMR **68**, 3), Verm zu Eheg des Mieters (Hoffmann NJW **68**, 2327) u bei Einweisg dch Obdachlosenbehörde (hM; Adler NJW **63**, 717). Bei Landpacht gilt § 597. Die Anwendbk auf FinanziergsLeasVertr ist hM (BGH NJW **89**, 1730). **b) Wohnraum** jeder Art (auch möblierter, nur vorübergehd überlassener). Es gelten Abs I S 1, Abs II–IV; Abs II gilt nicht, wenn der Mieter gekünd hat (Abs II S 2). **c) Sonstige Räume,** insb Geschäftsräume u Garagen (Einf 7 vor § 535). Es gilt nur Abs I, aber in vollem Umfang. **d) Grundstücke und bewegliche Sachen:** Es gilt nur Abs I S 1, 1. Hs u S 2. Zu Besonderh bei Video-Film-Kassetten Salje Betr **83**, 2452 u Anm 3c.

3) Nutzungsentschädigung (Abs I S 1). Darauf hat Verm immer Anspr, solange ihm die Mietsache vorenthalten w, ab Beendigg des MietVerh dch Zeitablauf, Künd od Aufhebg. Es ist ein SchadErsAnspr, dessen Umfang in Abs I bes festgelegt ist (aA BGH NJW **104**, 285: da kein SchadErsAnspr, gilt § 254 nicht). **a) Voraussetzungen.** Vorenthaltg ist, daß der Mieter die Mietsache entgg § 556 I nicht (od verspätet)

Einzelne Schuldverhältnisse. 3. Titel: Miete. Pacht §§ 557, 557a

zurückgibt u das Unterl der Rückg dem Willen des Verm widerspr (BGH NJW 83, 112); das ist bei Grdst u Räumen auch die Räumg unter Entferng der Sachen des Mieters, also auch wenn RäumgsFr (§§ 721, 794a ZPO) gewährt w. Eine geschehene Rückg schließt den Anspr aus, auch wenn der Mieter die Wo wieder übernimmt, um SchönhRep auszuführen (Wiek WoM 88, 384; umstr). Ein (auch teilw) Vorenthalten kann darin liegen, daß der Mieter v ihm zu beseitigde Einrichtgen nicht entfernt (BGH 104, 285). Ein ZbR (§ 273) schließt den Anspr des Verm nicht aus, wenn der Mieter die Sache wie bisher weitergebraucht (BGH NJW 75, 1773). Fälligk: als vertr Anspr wie für die Miete im Vertr, sonst nach § 551 (BGH NJW 74, 556; bestr). Kein Anspr des Verm, wenn er sein PfandR gem § 561 ausübt u Sachen des Mieters zur Verwahrg in den Mieträumen läßt (Soergel-Kummer 12). Versch des Mieters ist nicht erforderl (BGH NJW 66, 248), auch nicht Schaden des Verm. Ausgeschl ist der Anspr (rechtshindernde Einwendg), wenn die Rückg schon vor Beendigg des MietVerh unmögl gew ist; zB Untergang der Mietsache, Besitzverlust; es gelten §§ 275, 280, insb wenn die (auch teilw) Unmöglichk der Rückg auf Untervermietg beruht; hier gilt im Verh Verm-Hauptmieter § 254, da Verm gem § 556 III vorgehen kann (Erm- Schopp 2 mwN; sehr bestr; aA BGH 90, 145: uneingeschr ErsAnspr). Mitmieter sind GesSchuldner (Düss NJW-RR 87, 911). **b) Umfang:** der obj Mietwert, mind der zZ der Beendigg des MietVerh vereinb, ggf gem § 537 gemind MietZ (BGH NJW 61, 916; aA LG Hbg DWW 87, 233: ortsübl VglMiete), samt NebenEntg (MüKo-Voelskow 10). VertrPartner können auch Höhe vereinb. Bei Räumen (Wohn-, Geschäftsraum usw) kann Verm wahlw statt vereinb MietZ den ortsübl verlangen (Abs I S 1, Hs 2), auch wenn die Voraussetzg der Abs II u III vorliegen, also auch bei RäumgsFr, aber nur für die Zukunft, wenn er Zahlg in Höhe der bisherigen Miete vorbehaltl angen hat. § 2 MHG gilt nicht (allgM). Zeitraum: grdsätzl bis zum Tag der Rückg; geschieht sie zur Unzeit bis zum Schluß der Mietzinsberechnungsperiode (Schmidt-Futterer ZMR 68, 161). Bei SozWo darf der Verm nicht mehr verlangen, als die nach dem WoBindG zuläss gebundene Miete. UmsatzsteuerPfl wie beim MietZAnspr (BGH 104, 285). **c) Dauer.** Grdsätzl bis zur Rückg gem § 556. Bei Videokassetten soll wg § 254 die Dauer von 2 Monate beschr sein (Hamm NJW-RR 88, 661; aA LG Köln NJW-RR 88, 1248: unbeschr). **d) Erlöschen** des Anspr: Außer nach allg Grds (insb Erfüllg, § 362) mit Rückg gem § 556 I, auch wenn die Miets veränd, insb mit Einrichtgen versehen od beschäd ist (BGH NJW 83, 1049). Als Erfüllg gilt auch, wenn der bisher Mieter die dem Verm vorenthaltene Sache an einen Dr untervermietet u übergibt, an den der Verm die Sache weitervermietet hat (BGH 85, 267). Es schuldet dann der neue Mieter die Miete, der bisher Mieter keine NutzgsEntschädigg (BGH aaO). Der Anspr erlischt ferner dch Unmöglichk der Rückg (Rechtsfolgen: §§ 275, 280) inf Untergangs der Mietsache od Besitzverlusts (RG 99, 230). BewLast trägt der Mieter (Schopp ZMR 77, 354). **e) Sicherung:** VermPfdR mit der Beschrkg des § 559 S 2 (BGH NJW 72, 721). **f) Konkurs** des Mieters. Der Anspr auf SchadErs begrdet Masseschuld gem § 59 I Nr 2 KO (BGH 90, 145).

4) Weitergehender Schadensersatz (Abs II, III) setzt als AnsprGrdlage idR § 286 voraus; aber auch pos VertrVerletzg mögl (Schmidt-Futterer NJW 62, 472); daher stets Versch (§§ 276, 278) erforderl (§ 285: § 276 Anm 7a). § 557 betr nur den Schaden der dch Vorenthaltg der Mietsache entsteht. Wg AnsprKonkurrenz vgl Anm 5. **a) Unbeschränkt** (es gelten §§ 249–252) bei bewegl Sachen, Grdstücken u sonstigen Räumen (Anm 2 c), bei Wohnraum nur, wenn der Mieter gekünd hat (Abs II S 2). Schaden: insb, daß der Verm bei and Vermietg höheren Mietzins erlangen könnte; der Mietausfall, weil der Verm wg verspäteter Rückg nicht sof einen neuen Mieter findet (KG NJW 70, 951); bei Eigenbedarf die Mehrkosten u sonstigen Aufwendgen. Dieser SchadErsAnspr kann üb § 254 ausgeschl sein, wenn der Verm an den NachM ab einem Ztpkt vermietet, von dem er weiß, daß der Mieter nicht rechtzeit räumen kann (Mü ZMR 89, 224). **b) Beschränkt** (Abs II) bei WoRaum, wenn nicht der Mieter gekündigt hat (S 2) u nicht Abs III (Anm c) eingreift, aber nur bei Versch (§§ 276, 278) des Mieters (S 1, Hs 1); das kann auch nur für einen Teil der Zeit vorliegen; im übr setzen die AnsprGrdlagen sowieso Versch voraus (vgl aber Anm 5). Unversch unterbl die Rückg insb, wenn der Mieter ErsatzWoRaum nicht zu zumutb finanziellen Bedingg bekommen kann, auch bei Erkrankg, die Umzug unmögl macht. Versuch, die Fortsetzg (§ 556 c) zu erlangen, ist nicht erforderl. Umfang: S 1 Hs 2; für Billigk sind alle Umst zu berücks; wg Abs I S 1, Hs 2 kaum noch prakt bedeuts, da nach Billigk nur selten mehr als ortsübl Mietzins zuzusprechen ist. **c) Ausgeschlossen** bei WoRaum, wenn der Mieter unversch nicht zurückgibt (Abs II S 1; Anm b) u bei RäumgsFr (Abs III); dann für den gesamten Zeitraum von Beendigg des MietVerh bis zum Ablauf der ggf verlängerten RäumgsFr; nach deren Ablauf gilt Anm b. Abs III gilt auch, wenn der Mieter gekünd hat. Bei VollstrSchutz (§ 765 a ZPO) gilt Abs III nicht, sond nur Abs II (also Anm b). Wg RäumgsFr vgl § 556 Anm 1 d.

5) Anspruchskonkurrenz, soweit Anspr aus unterbliebener Rückg der Mietsache erwachsen (vgl Rüber NJW 68, 1611). **a) Ungerechtfertigte Bereicherung** ist nicht ausgeschl (BGH 44, 241 für aF); auch nicht dch Abs II, III, weil kein SchadErsAnspr. Der Anspr kann im Einzelfall weiter reichen als die aus Anm 3, 4, zB bei gewinnbringender Untervermietg. Der Fall des § 816 II liegt insb vor, wenn der bisherige Mieter v seinem Unterm die dem Verm geschuldete NutzgsEntschädigg erhält (BGH NJW 83, 446). **b) Eigentümer-Besitzer-Verhältnis:** Die Anwendbark der §§ 987ff gilt (vgl 1 d, cc vor § 987); bejaht von BGH WM 74, 260 [ab RHängk über § 292 II]; Erm-Schopp 5; LG Saarbr NJW 65, 1966; Knappmann NJW 66, 252; verneint von Raiser JZ 61, 531 mwN; Roquette NJW 65, 1967. Richtig wird sein, die §§ 987ff nicht anzuwenden, weil § 557 ggü §§ 987ff eine auf VertrVerh beruhde Sonderregel trifft, soweit es sich um Anspr weg verspäteter Rückg handelt. Für WoRaumMietVerh wird dieses Ergebn aus Abs IV abgeleitet (LG Mannh NJW 70, 1881 mwN).

557a *Rückerstattung vorausbezahlter Miete.* [1] Ist der Mietzins für eine Zeit nach der Beendigung des Mietverhältnisses im voraus entrichtet, so hat ihn der Vermieter nach Maßgabe des § 347 oder, wenn die Beendigung wegen eines Umstandes erfolgt, den er nicht zu vertreten hat, nach den Vorschriften über die Herausgabe einer ungerechtfertigten Bereicherung zurückzuerstatten.

§§ 557a, 558   2. Buch. 7. Abschnitt. *Putzo*

II Bei einem Mietverhältnis über Wohnraum ist eine zum Nachteil des Mieters abweichende Vereinbarung unwirksam.

1) Allgemeines. a) Abdingbarkeit: Bei MietVerh über WoRaum (Einf 8 vor § 535) ist Abs I zwingd (Abs II); auch ggü einem künft Ersteher in der ZwVerst (BGH **53**, 35). Bei allen and MietVerh kann Abs I abbedungen w. **b) Andere Ansprüche:** Der von der Vorausentrichtg nicht erfaßte Teil des Mietzinses bis zur Beendigg des MietVerh bleibt unberührt. Dem Mieter kann gg den Verm ein SchadErsAnspr (insb aus § 280) zustehen, wenn eine vereinb Vorauszahlg (vgl §§ 573, 574), insb wg Veräußerg, unwirks w (BGH NJW **66**, 1703). **c) Fälligkeit:** Grdsätzl bei Beendigg des MietVerh. Kann nicht hinausgeschoben w, wenn ein MieterDarl nicht od nur niedr verzinst w (BGH NJW **71**, 1658; LG Kassel WoM **75**, 172).

2) Anwendungsbereich. Gilt auch bei Pacht (Celle MDR **78**, 492). **a) Beendigung** des MietVerh gleich welcher Art (vgl § 564), insb auch vertragl Aufhebg (Celle aaO), Künd des KonkVerw (§ 19 KO), des Erstehers in der ZwVerst (§ 57a ZVG). **b) Vorausentrichtung:** Mietvorauszahlg (Einf 11b, cc vor § 535), abwohnb BaukZusch (Einf 11b, bb vor § 535) u MieterDarl (Einf 11b, dd vor § 535; BGH NJW **71**, 1658), insb, wenn die Tilgg dch den Verm erfolgt, indem die Rückzahlgsraten mit der Miete verrechnet w (BGH NJW **70**, 1124); ferner für VerwendgsErsAnspr, wenn er vertrgem wie eine Mietvorauszahlg behandelt w (BGH **54**, 347). Zwingde SoRegelg für verlorene Baukostenzuschüsse: 11a, aa (4) vor § 535.

3) Rückerstattungsanspruch (zufassd Schopp ZMR **69**, 161). **a) Rechtsnatur:** stets ein vertragl Anspr, kein BereicherungsAnspr (§ 812), weil Abs I letzter Hs keine RGrdVerweisg, sondern eine RFolgeverweisg darstellt (BGH **54**, 347; Wunner NJW **66**, 2285). **b) Rücktrittshaftung:** gem § 347 (insb auch Verzinsg) besteht grdsätzl, wenn der Verm die Beendigg zu vertreten hat (§§ 276, 278); sie ist strenger als die nach Anm c. **c) Bereicherungshaftung:** Sie besteht nur, wenn Verm die Beendigg nicht zu vertreten hat. Versch des Mieters beseit den Anspr nicht. Umfang: §§ 818, 819; entscheidd ist, ob die empfangene Vorauszahlg wirtsch noch im Vermögen des Verm ist (BGH **54**, 347). Der Betr ist auf einmal, nicht in Raten zu zahlen (Ffm ZMR **70**, 181). **d) Mietnachfolger:** Zahlt er bei sog Nachfolgeklausel den nicht abgewohnten Teil an den Vormieter, so kann er seinerseits bei vorzeit Beendigg des MietVerh den noch nicht verbrauchten Teil vom Verm fordern (BGH NJW **66**, 1705). **e) Verjährung:** nach allg Vorschr (§§ 195, 198), nicht nach § 558 (BGH **54**, 347; § 558 Anm 2e).

558 *Verjährung von Ersatzansprüchen.* **I** Die Ersatzansprüche des Vermieters wegen Veränderungen oder Verschlechterungen der vermieteten Sache sowie die Ansprüche des Mieters auf Ersatz von Verwendungen oder auf Gestattung der Wegnahme einer Einrichtung verjähren in sechs Monaten.

II Die Verjährung der Ersatzansprüche des Vermieters beginnt mit dem Zeitpunkt, in welchem er die Sache zurückerhält, die Verjährung der Ansprüche des Mieters beginnt mit der Beendigung des Mietverhältnisses.

III Mit der Verjährung des Anspruchs des Vermieters auf Rückgabe der Sache verjähren auch die Ersatzansprüche des Vermieters.

1) Allgemeines. Übbl bei Finger ZMR **88**, 1. **a) Zweck:** Es soll die rasche Abwicklg von NebenAnspr aus dem MietVerh ermögl w, die vom Zustd der Mietss zZ der Rückg abhängen (BGH **98**, 235 mwN). **b) Verjährungsvorschriften** des Allg Teils (§§ 194–225) gelten auch für die Verj aller (auch nicht unter § 558 fallder) Anspr aus dem MietVerh, soweit § 558 nicht für die Dauer (Abs I), den Beginn (Abs II) u den Ablauf (Abs III) Sonderregeln enthält. Auch für diese Verj, die dem § 558 unterliegt, gelten iü die §§ 194ff. FrBerechng: §§ 187 I, 188 II, 193. Hingg ist § 477 II (Unterbrechg dch BewSicherg) nicht anwendb (LG Köln MDR **69**, 315). Geltendmachg des VermPfandR hemmt die Verj nicht (hM; § 202 II analog; BGH **101**, 37). Es ist aber § 852 II entspr anzuwenden, auch wenn der Anspr ausschließl auf Vertr beruht (BGH **93**, 64 = JZ **85**, 387 m Anm v Peters). Das gilt auch dann, wenn die Veränd od Verschlechterg der vertrgem Gebr zurückzuführen ist, sofern der Mieter die ErsPfl vertr übnommen hat (BGH NJW **87**, 2072). Somit dürfte § 852 II auch auf solche Anspr auszudehnen sein, die mit delikt nicht konkurrieren (Finger ZMR **88**, 1 [7]). **c) Abdingbarkeit:** Es gilt § 225; daher ist eine FrVerlängerg unzulässg u nichtig, zB dch vereinb VerjBeginn bestimmte Zt nach dem Auszug (LG Karlsr NJW **76**, 1945) od bei Kfz-Miete als Beginn der Möglk, in ErmittlgsAkten Einsicht zu nehmen (BGH NJW **84**, 289). Jedoch kann der Beginn der Verj dch Vertr auf einen späteren Ztpkt gelegt w, indem Entstehen des Anspr od die Fälligk hinausgeschoben w (BGH aaO). Eine Verkürzg ist mögl u zuläss, kann bei AGB aber gg § 9 II Nr 1 AGBG verstoßen (v. Westphalen Betr Beil 8/84 S 10). **d) Aufrechnung** mit verj Fdgen bleibt gem §§ 387, 390 mögl (BGH **101**, 244).

2) Anwendungsbereich. Miet-, Pacht- (§ 581 II) u LeihVerh (§ 606). Für LandP gilt § 591 b. Für LeasVertr vgl 4f mm vor § 535. **a) Personenkreis:** Dem GWortlaut zufolge nur die VertrPart. Daher grdsätzl nicht für Anspr des Eigt, der nicht Verm ist (aA AG Nordenham NJW-RR **89**, 523); ausnw wenn ihm im Vertr unmittelb Re gg den Mieter eingeräumt w (Düss MDR **88**, 1056 für Pacht). UntermVerh, jedenf bei VerwendgsErs (BGH NJW **86**, 254); auch die HilfsPers des Mieters, wenn sie in den Schutzbereich des MietVertr (§ 328 Anm 2b, 3a, ii) einbezogen sind (BGH **49**, 278), insb wenn ihnen ein dem MietVertr der MitGebr übertr ist (Hamm ZMR **82**, 113), ohne Rücks darauf, ob ihnen für Schäd ein FreistellgsAnspr (vgl § 611 Anm 14b) zusteht (BGH **61**, 227). Auch wenn der Mieter übereinstimmd mit dem MietVertr einem WerkUntern die Mietss zur Benutzg überl hat (BGH NJW **76**, 1843). **b) Anspruchsarten.** Abs I umfaßt die SchadErsAnspr des Verm aus vertrwidr Gebr (§ 548 Anm 3); aus übernommener Instandhaltgsfl (vgl § 536 Anm 4c; BGH NJW **65**, 151), insb wg unterl SchönhRep; aus Verletzg der Obhuts- u AnzPfl (§ 545 Anm 1c u 3a), allg aus pVV (§ 276 Anm 7), insb von NebenPfl (BGH aaO), zB vertrwidr unterl BrandVers (BGH NJW **64**, 545); Anspr auf Wiederherstellg des ursprüngl Zustds der Miet- od Pachts

574

(vgl § 556 Anm 1 a), insb wenn vertragl übernommen (BGH NJW **80**, 389 mwN); aus bestimmsgem Gebr, wenn eine ErsPfl hierfür vereinb ist (MüKo-Voelskow 10; BGH **86**, 71). Anspr des Verp aus §§ 582, 582a III S 3, **583**, 586, 588, 589 II; ebso Anspr auf einen herzustellden Zustd (BGH aaO). Anspr des Mieters aus § 538 II (BGH NJW **74**, 743) u §§ 547, 547a (BGH **81**, 146), des Pächters außerdem aus §§ 592 u 593 II. Alle mit diesen vertr Anspr konkurrierden Anspr aus demselben SachVerh, weil es sich dabei um solche handelt, die dem Ausgl der Beteiligten für den Fall dienen, daß eine vertr Regelg fehlt (allgM). Es muß aber der Anspr aus Miet- (Pacht-)Vertr bestehen, damit § 558 auch für diese Anspr gilt. Außerdem darf der Schädigg nicht vorsätzl sein (BGH stRspr, zB **98**, 235). In diesem Rahmen gilt § 558 entspr für Anspr aus Eigt (BGH aaO), unger Ber; Auftr, Geschfg oA (BGH aaO), unerl Hdlg (BGH **47**, 53; **71**, 175 [179]), auch wenn der Anspr auf die unerl Hdlg eines Dr gestützt w, der in den SchutzBereich des MietVertr einbezogen ist (BGH NJW-RR **88**, 1358); Kfz-Halter-Haftg (BGH **61**, 227), § 22 WHG (BGH **98**, 235), PensionsVertr eines Gastwirts (BGH **71**, 175). Ebso, wenn der Anspr abgetreten ist (BGH NJW **70**, 1736). Ferner grdsätzl für Anspr aus GebrÜberlassg im Rahmen sich anbahnder Vertr (vgl § 276 Anm 6), zB Probefahrt eines Kfz (BGH NJW **68**, 1472), nichtiger MietVertr wg Minderjährigk des Mieters (BGH **47**, 53). **c) Entstehungszeit.** Entstanden sein kann der Anspr des Verm auch nach Beendigg des MietVerh, weil die Verj erst mit Rückg beginnt (BGH NJW **70**, 1182; Mü OLGZ **68**, 135). Bei Anspr des Mieters gilt § 558 nur für Anspr, die vor Beendigg des MietVerh entstanden sind (hM; BGH NJW **70**, 1182), weil hier die Verj schon mit Beendigg des MietVerh beginnt u vor AnsprEntstehg die Verj nicht beginnen kann. **d) Gegenstand:** Alle BestandT u Zubeh der gemieteten Sache, einschl des Grdst selbst, bei Pacht insb das Inventar. Auch BestandT, an denen der Mieter nur MitbenutzgsR hatte (zB Treppen, Hausflur), bei HausGrdst auch solche Teile, die nicht Ggst des MietVertr sind (RG **75**, 116), selbst wenn die Schäd daran überwiegen (BGH **61**, 227). Auch Schäd, die zugleich an einer fremden Sache entstanden sind (Düss ZMR **88**, 540) u Verschlechterg, die nicht vermögensrechtl das Fehlen von Zubeh und InvStücken (BGH NJW **75**, 2103). **e) Unanwendbar** ist § 558 auf ErfAnspr (RG **152**, 100), auf SchadErsAnspr aus c. i. c. (§ 276 Anm 6) wg nutzloser Aufwendgn in Hinblick auf den unwirks Vertr (Hamm NJW-RR **88**, 784), im Falle der völl Vernichtg der Mietsache (allgM; BGH NJW **81**, 2406); auf Anspr des Verm aus § 550 (zB vorsätzl FeuerSchad, Braun VersR **85**, 1119), §§ 556, 557; auf Ers v SchönhRep (§ 536 Anm 4c), die der Verm im Einverständn des Mieters dch den MietNachf hat ausführen lassen u die dieser an den Verm abgetreten hat (aA Düss NJW **73**, 1703 m abl Anm v Samberger); Anspr des Mieters aus §§ 538 I, 541 b II, ferner aus § 557a (BGH **54**, 347), aus § 812 wg vorzeit Aufgabe eines dch Aufbauleistgn erworbenen NutzgsR (BGH NJW **68**, 888). Anspr aus § 744 II, 748, auch wenn der MitEigt Mieter ist (BGH NJW **74**, 743); Rückzahlg einer unter Vorbeh herausgegebenen Mietsicherh.

3) **Verjährungsbeginn** (Abs II). Die Fr läuft für jede Verschlechterg u Veränderg gesond (Düss ZMR **88**, 57). **a) Ansprüche des Vermieters** (Verpächters): Sobald er die Sache zurückerhält, insb freien Zutritt zu ihr erlangt (BGH NJW **87**, 2072; zB dch Aushänd sämtl Schlüssel, Hamm ZMR **86**, 200), weil er eher den Zustd der Sache nicht prüfen kann (BGH NJW **60**, 2241 mwN), aber nicht vor Beendigg des MietVerh (aA BGH **98**, 59; bis dahin hM). Ist die Beseitigg von Anl HauptLeistgsPfl geworden (vgl § 556 Anm 1 c, aa), so beginnt die Fr nicht, bevor der ErfAnspr in eine SchadErsFdg übgeht (BGH NJW **89**, 1854 = JZ **89**, 748 m Anm v Peters). Der Fall des § 571 beendet das MietVerh nicht (aA Eisenhuth/Pütz WoM **87**, 76). Auch wenn der Verm vorher von der Veränd od Verschlechterg erfährt, beginnt die VerjFr nicht vor dem Zurückerhalten zu laufen (Emmerich-Sonnenschein 21a). Die tats Rückg, die auch in der DchFührg der ZwVollstr zu sehen ist, setzt die VerjFr auch dann in Lauf, wenn das MietVerh erst später endet (Celle ZMR **69**, 283; Hamm ZMR **86**, 200). Besteht die Mietsache aus mehreren Teilen od einer Sachgesamth beginnt die Verj erst mit Rückg des letzten Teils (Düss MDR **72**, 694; Erm-Schopp 5). Bei Kfz-MietVertr ist im Falle der Beschädigg des Fahrz idR der SchadErsAnspr bis zur HaftgsFreistellg gestundet, sodaß die VerjFr später zu laufen beginnt (vgl Anm 1c). Dem steht § 9 AGBG dann nicht entgg, wenn der Mieter vom Ende der Stundg zuverläss Kenntn erlangen kann (vgl BGH NJW **86**, 1608). **b) Ansprüche des Mieters** (Pächters): Mit der rechtl (nicht tats) Beendigg des MietVerh od UnterMVerh (BGH NJW **86**, 254), bei Veräußerg des MietGrdst also trotz § 571 mit dem Eintritt des neuen Verm, da die Anspr, die schon vorher entstanden sind, sich nur gg den Veräußerer richten (vgl § 571 Anm 5a; BGH NJW **65**, 1225), aber nicht, bevor der Mieter v der Veräußerg Kenntn erlangt (Emmerich-Sonnenschein 25). Bei vereinb Fortsetzg des MietVerh beginnt die Verj nicht (RG **128**, 191), ebenwenig bei seiner Verlängerg nach §§ 556a, 556b. Die Verj währd der MietZt ist ausgeschl, da § 558 Spezialnorm ggü § 195 ist (hM; Krämer NJW **62**, 2301; RGRK-Gelhaar 13; aA Celle NJW **62**, 1918).

4) **Verjährungseintritt. a) Berechnung** der 6-Monats-Fr: § 187, nach dessen Abs I für Anspr des Verm wie des Mieters, weil der Rückerhalt wie die Beendigg ein Ereign darstellen; ferner gelten §§ 188 II, 193. **b) Wirkung:** § 222. Auch wenn es sich um einen HauptLeistgsAnspr handelt, kann er sich nicht mehr in einen SchadErsAnspr ad § 326 umwandeln (BGH **104**, 6). Dch Abs III wird der VerjEintritt wie für NebenAnspr (§ 224) an die Verj des RückgAnspr (§ 556) gebunden.

559 Vermieterpfandrecht.
Der Vermieter eines Grundstücks hat für seine Forderungen aus dem Mietverhältnis ein Pfandrecht an den eingebrachten Sachen des Mieters. Für künftige Entschädigungsforderungen und für den Mietzins für eine spätere Zeit als das laufende und das folgende Mietjahr kann das Pfandrecht nicht geltend gemacht werden. Es erstreckt sich nicht auf die der Pfändung nicht unterworfenen Sachen.

1) **Allgemeines. a) Begriff.** Das VermPfdR ist ein besitzloses gesetzl PfdR, das dem Verm eines Grdst (vgl § 580) gewährt w. Es gelten die allg Bestimmgn über rechtsgeschäftl PfdRe (§ 1257) mit Ausn der Bestimmgn, die einen unmittelb Bes des PfdGläub voraussetzen. Es ist deshalb ein gutgläub Erwerb des VermPfdR an Sachen, die nicht dem Mieter gehören, ausgeschl (§§ 1257, 1207). Das VermPfdR ist bei WoRaum kaum noch praktikabel (vgl Derleder/Stapelfeld ZMR **87**, 123), wohl aber bedeuts bei Gewerbe-

§ 559 1–6

räumen, insb bei Leas (Weber/Rauscher NJW 88, 1571). **b) Andere Pfandrechte.** Rechtsgeschäftl PfdR kann daneben bestellt w. Verm kann auch eingebrachte Sachen des Mieters gem § 808 ZPO pfänden (PfändgsPfdR). VermPfdR u PfändgsPfdR bestehen dann nebeneinander u der Verm hat die Wahl, wie er verwertet (Ffm MDR 75, 228). Über Zutreffen mit PfändgsPfdR Dr vgl § 563, mit SichEigt Anm 4d. **c) Schutz.** Strafrechtl: § 289 StGB. Zivilrechtl: § 823 I (dort Anm 5 A). Im Konkurs des Mieters AbsondergsR gem § 49 I Nr 2 KO (allg zum VermPfdR im Konkurs Eckert ZIP 84, 663). **d) Lastenfreier Erwerb** der mit dem VermPfdR belasteten Sache dch Dr ist mögl: § 936; jedoch strenge Anfdgen an Gutgläubk (Emmerich-Sonnenschein 32 mwN). **e) Abdingbarkeit.** Ist für S 1 und 2 gegeben (RG 141, 99); hingg ist S 3 zwingd (Anm 6a).

2) Entstehung des PfdR setzt voraus: **a) Einbringen** (Anm 3) einer **b) Sache:** Anm 4a, die im **c) Eigentum des Mieters** (Anm 4b) steht; jedoch nur bei **d) Grundstücksmiete:** wie Anm 1a. Daher nicht Tresor od Schrankfach (RGRK-Gelhaar 1), Schiff (BGH WM 86, 26). **e) Pfändbarkeit** der Sache (S 3; Anm 6). **f) Forderungen** aus dem Mietverhältnis (Anm 5).

3) Einbringen erfordert ein vom Mieter währd der MietZt (dh vor deren Beendigg) gewolltes Hineinschaffen in die Mieträume (allgM; RG 132, 116). Insoweit liegt ein Willensakt vor, ohne daß es jedoch auf den Willen der Entstehg des PfdR ankommt. Daher sind Willensmängel unbeachtl; Anfechtg ist ausgeschl. Ob GeschFähk notw ist, wird bestr (vgl Emmerich-Sonnenschein 10 mwN). Auch Sachen, die auf dem gemieteten Grdst erst erzeugt worden sind, wie zB Ziegel, sind in diesem Sinne eingebracht (RG 132, 116). Nicht eingebracht sind vorübergeh eingestellte Sachen. Ein Kfz ist aber nicht vorübergeh eingestellt, wenn es regelm in (mit)vermieteter Garage (auch Einstellplatz) steht (Bronsch ZMR 70, 1). Ebsowenig sind vorübergeh eingestellt solche Sachen, die bestimmgsgem zu vorübergehen Zwecken in den Räumen verbleiben sollen, insb Warenlager des Kaufmanns, sodaß daran das VermPfdR entstehen kann (allgM; dagg krit Eckert ZIP 84, 663). Die Tageskasse gehört jedoch nicht dazu (Brschw OLGZ 80, 239). Sind mehrere Räume getrennt an denselben Mieter vermietet (zB GeschRaum u Wohng), kommt es darauf an, worin die betreffden Sachen eingebracht sind (Emmerich-Sonnenschein 13 mwN).

4) Sachen des Mieters (S 1). **a) Sachen:** § 90. Darunter sind auch InhPapiere zu verstehen, ebso Geld, auch indossable Papiere (str), dagg nicht bloße Legitimationspapiere, wie zB Sparbücher, auch nicht Schuld-Urk, die nicht Träger des FdgsR sind, ebenso nicht Sachen ohne Vermögenswert, wie Briefe, FamBilder. Grdsätzl ist AlleinEigt des Mieters erforderl. Bei MitEigt unterliegt der MitEigtAnteil dem PfdR (RG 146, 334). Dem VermPfdR unterliegen auch die Sachen des Vorerben (Ffm OLG 33, 151), sowie Sachen, an denen der Mieter ein auflösd bedingtes Eigt hat; auch nach Eintritt der Bedingg bleibt das PfdR bestehen (str). Dem PfdR unterliegen nicht: Sachen, die einer GesHand gehören, wenn nicht alle GesHänder Mieter sind od der Mieter für sie verfügsberecht ist; dann auch nicht der pfändb Anteil (S 3; § 859 ZPO). **b) Mieter:** Das PfdR besteht aber fort, wenn der MietVertr von einem Teil der Erben fortgesetzt w (RG JW 37, 613). Ebsowenig sind Sachen des Mieters die eines Dr, auch nicht Sachen des Unterm, da kein VertrVerh zw HauptVerm u Unterm besteht; ferner Sachen der Ehefr od der Kinder des Mieters, es sei denn, daß die Ehefr den MietVertr mitabgeschl hat od daß die Sachen zum ehel GesGut gehören (§§ 1416 ff); über EigtVermutg vgl § 1362. **c) Anwartschaftsrechte** des Mieters an Sachen eines Dr, insb alle unter EigtVorbehalt gekauften (§ 455). Das VermPfdR erstreckt sich hierauf (hM) u entsteht voll mit dem Eintritt der Bedingg (§ 455 Anm 3b) an der Sache selbst (BGH 35, 85 u NJW 65, 1475). Das RücktrR des EigtVorbehVerk bleibt unberührt. Befriedigt der Mieter den bisher Eigt mit Mitteln eines Dr, dem die Sache zur Sicherg übereignet war, tritt die gleiche Wirkg ein (BGH NJW 65, 1475). **d) Sicherungsübereignung.** Geschah sie vor Einbringen, erwirbt der Verm kein PfdR (vgl Anm b), auch wenn der Verm von der SichÜbereign nichts wußte (vgl Anm 1a). Eine nach Einbringen vorgenommene SichÜbereign ändert nichts mehr am entstandenen VermPfdR. Bei einem RaumSichergsVertr (§ 930 Anm 2b) können VermPfdR u SichergsEigt gleichzeit entstehen u haben insb im Konk des Mieters gleichen Rang (Weber/Rauscher NJW 88, 1571; Vortmann ZIP 83, 626).

5) Forderungen. Ob aus dem Verbot des Geltendmachens das Bestehen od Nichtentstehen des PfdR zu folgern sei, ist umstr. **a) Aus dem Mietverhältnis.** Das PfdR besteht für alle diese Fdgen. Das sind diejen, die sich aus dem Wesen der entgeltl GebrÜblassg ergeben (BGH 60, 22); Mietzins- u EntschädiggsFdgen, aus Verletzg der RückgPfl (§ 556), des § 545; Beschädigg der Miets, Kosten der RVerfolgg gg den Mieter (RäumgsProz, VersteigergsKosten), namentl auch für NebenFdgen, zB Verpflegg, Heizg (allgM). Auch übernomme MietZSchulden des Vorgängers sind Verbindlichk aus dem MietVerh (BGH LM Nr 3). **Nicht:** für selbstd neben der Miete bestehende VertrAnspr, zB RückzahlgsAnspr eines vom Verm dem Mieter für einen Umbau gewährten Darl (BGH 60, 22), Fdg aus BierliefergsVertr (Emmerich-Sonnenschein 45), Kosten der RVerfolgg gg Bürgen (allgM). **b) Beschränkg bei künftigen Forderungen** (S 2). **aa) Entschädigungsforderung:** Dazu gehört insb die wg Vorenthaltg (§ 557) u Mietausfall wg vorzeit Beendigg des MietVertr (BGH NJW 72, 721). Hierfür darf das VermPfdR nie geltd gemacht w; sond nur für solche Fdgen, die zZ der ersten Geltendmachg des PfdR (Anm cc) schon bestehen, dh bereits der Schad entstanden ist. **bb) Mietzinsforderung:** Nur für laufdes u folgdes Miet-(nicht Kal-)Jahr, insb auch, wenn MietVerh auf unbest Zeit abgeschl ist (hM). **cc) Zeitpunkt:** Maßgebd dafür, ob eine zukünft Fdg vorliegt, ist die erste, nicht notw gerichtl (BGH NJW 72, 721) Geltdmachg, insb dch Besitznahme (vgl BGH aaO). Für später entstandene Fdgen kann das PfdR erneut geltd gemacht w, jedoch haben zwzeitl entstandene PfdRe Vorrang (Emmerich-Sonnenschein 52).

6) Unpfändbare Sachen (S 3) werden vom VermPfandR nicht erfaßt. **a) Anwendung:** Zwingd u unverzichtb (Emmerich-Sonnenschein 37). VertrPfdR ist mögl, erfordert aber Übergabe (§ 1205). Vertragl ZurückbehaltgsR ist als Umgehg unzulässig. SondVorschr für Pacht: § 585 S 2. Maßgeber ZtPkt: Geltdmachg des VermPfdR (Soergel-Kummer 23). **b) Umfang:** Darunter fallen die Sachen des § 811 ZPO (allgM) u die des § 812 ZPO (umstr), weil der gleiche sozpol Zweck vorliegt (Haase JR 71, 323 mwN), nicht aber die des § 865 ZPO. Auch § 803 I 2 ZPO kommt nicht in Betr (aA Haase aaO), weil es im Ggsatz zur Pfändg des GerVollz an der erforderl Bestimmth fehlt u der Mieter dch § 560 S 3 geschützt ist. **c) Folgen:** Verwertet der Verm unpfändb Sachen, so haftet er bei Versch (zu Einzeln vgl Wasmuth ZMR **89**, 42), auch aus Vertr (Ffm MDR **79**, 316), nicht nur aus § 823. § 811a ZPO ist unanwendb.

7) Wirkungen. Das VermPfdR gibt dem Verm über §§ 1257, 1228 II zur Verwertg der Sache ein R auf Herausg zur Versteiger u daraus ein R zum Bes (vgl § 561 Anm 1b), auch schon vor einem Auszug des Mieters. Beim Auszug gilt das SelbsthilfeR des § 561 II.

8) Beweislast: Verm hat das Bestehen des gesetzl PfdR zu beweisen, also auch das Eigt des Mieters sowie den Anspr (BGH NJW **86**, 2426). Wg GrdGedankens des § 1006 hat aber der Mieter darzulegen, aus welchen Grden er nicht Eigtümer ist (vgl RG **146**, 334), sowie daß Anspr od PfandR erloschen sind (BGH aaO). Voraussetzgen von S 3 muß der Mieter beweisen.

560 Erlöschen des Vermieterpfandrechts.
Das Pfandrecht des Vermieters erlischt mit der Entfernung der Sachen von dem Grundstück, es sei denn, daß die Entfernung ohne Wissen oder unter Widerspruch des Vermieters erfolgt. Der Vermieter kann der Entfernung nicht widersprechen, wenn sie im regelmäßigen Betriebe des Geschäfts des Mieters oder den gewöhnlichen Lebensverhältnissen entsprechend erfolgt oder wenn die zurückbleibenden Sachen zur Sicherung des Vermieters offenbar ausreichen.

1) Allgemeines. a) Bedeutung: § 560 schafft einen bes RGrd für das Erlöschen des VermPfdR u kann nicht abbedungen w. **b) Sonstige Erlöschensgründe** bestehen neben § 560, insb (über § 1257) nach §§ 1242, 1252, 1255, 1256, weiter dch gutgläub rechtsgesch Erwerb (§ 936). **c) Kein Erlöschen:** insb dch Veräußerg des Grdst, Übergang des Eigt auf Dr dch Veräußerg (Ausn § 936) od RNachfolge (zB Erbfall, RG JW **37**, 613), Eintritt einer auflösden Bedingg (s § 559 Anm 4).

2) Erlöschen des PfdR (S 1, Hs 2) setzt grdsätzl die bloße Entferng der Sache voraus (Ausn: Anm 3). Sie bedeutet das rein tats Herausschaffen der Sachen aus den Mieträumen sowie aus dem Grdst des Verm (hM). Umstr ist, ob die Entferng endgült sein muß (Soergel-Kummer 4 mwN) od vorübergehd sein kann (prakt bedeuts bei Fahrt mit Kfz); diese Auffassg, die Erlöschen u nach Rückkehr Wiederentstehen des PfdRs bejaht, dringt nicht dch (MüKo-Voelskow 4 mwN). Entferng ist auch die Wegnahme dch den GVz (hM); idR werden jedoch die Voraussetzgen der Anm 3 zutreffen mit den Folgen des § 805 ZPO.

3) Fortbestand des PfdR (S 1, Hs 2) als Ausn zu Anm 2 setzt alternativ voraus (BewLast: Verm): **a) Ohne Wissen** des Verm od seines Vertreters (entspr § 166 I). Muß sich auf die Tats beziehen. Grobfahrl Unkenntn steht Wissen nicht gleich. Die Sache muß noch heiml entfernt w. Jedoch besteht das PfdR nur dann weiter, wenn der Verm nicht zur Duldg verpfl ist (vgl Anm 4). **b) Widerspruch** des Verm od seines Vertreters, auch stillschw mögl; ist eine rechtsgeschähnl Handlg (Übbl 2c vor § 104). Muß bei Entferng, nicht notw dem Mieter ggü (hM), kann vorher (bei Pfändg) geschehen; kann nicht allg im voraus erkl w. Der Widerspr kann gem Anm 4 unwirks sein. Unterl des Widerspr trotz Kenntn (Anm a) führt zum Erlöschen des PfdR (Anm 2).

4) Duldungspflicht des Vermieters (S 2). Sie ist unabhäng v Widerspr (Anm 3b). S 2 kann nicht abbedungen w. Das PfdR erlischt bei bestehder DuldgsPfl, auch wenn ohne Wissen des Verm entfernt w (hM; Emmerich-Sonnenschein 15a; aA Werner JR **72**, 235 mwN). Der Verm kann der Entferng (die das Erlöschen des PfdR bewirkt, Anm 2) nicht widerspr: **a) Regelmäßiger Geschäftsbetrieb** des Mieters. In diesem Rahmen darf der Mieter die Sachen entfernen, insb normaler WarenVerk, Tageskasse eines Pächters (Brschw OLGZ **80**, 239), auch SaisonschlußVerk; nicht TotalAusVerk od tats Räumg, die den GeschBetr zum Erliegen bringt, auch dch Dr, insb Gläub (BGH NJW **63**, 147), dch Sequester nach Erlaß eines allg VeräußergsVerbots (Köln ZIP **84**, 89). **b) Gewöhnliche Lebensverhältnisse** des Mieters; ihnen entspr Mitnahme auf Reise, Weggabe zur Rep, GefälligkLeihe. **c) Ausreichende Sicherung** dch die zurückbleibden Sachen. Der Wert der Sachen ist am voraussichtl VerwertgsErlös zu messen. Sachen mit zweifelh EigtLage bleiben außer Betr (hM). Offenb: ohne nähere Untersuchg für den Verm ersichtl. Auch der PfdgsGläub kann sich dem ggü wie der Mieter auf die ausreichde Sicherg dch verbleibde Ggstde berufen (BGH **27**, 227). Bei Mehrh von PfdgGläub steht die R aus S 2 allen zu (offengelassen in BGH **27**, 227 [234] mwN). Bei HerausgVollstr (§§ 883, 897 ZPO) bestehen ab Überg an den Gl keine RBehelfe mehr. Bei RäumgsVollstr muß der Gl das VermPfdR währd der DchFührg (gem § 561) geltd machen (Noack JurB **75**, 1303).

561 Selbsthilfe; Herausgabeanspruch; Erlöschen des Pfandrechts.
I Der Vermieter darf die Entfernung der seinem Pfandrecht unterliegenden Sachen, soweit er ihr zu widersprechen berechtigt ist, auch ohne Anrufen des Gerichts verhindern und, wenn der Mieter auszieht, die Sachen in seinen Besitz nehmen.

II Sind die Sachen ohne Wissen oder unter Widerspruch des Vermieters entfernt worden, so kann er die Herausgabe zum Zwecke der Zurückschaffung in das Grundstück und, wenn der Mieter ausgezogen ist, die Überlassung des Besitzes verlangen. Das Pfandrecht erlischt mit dem Ablauf eines Monats, nachdem der Vermieter von der Entfernung der Sachen Kenntnis erlangt hat, wenn nicht der Vermieter diesen Anspruch vorher gerichtlich geltend gemacht hat.

1) Allgemeines. a) Zweck: Abs I u Abs II S 1 sind auf die zusätzl Sicherg des VermPfdR gerichtet u berühren nicht seinen Bestand. Abs II S 2 gibt einen zusätzl ErlöschensGrd. **b) Ansprüche** des PfdGläub. Sie entspr aGrd des § 1257 denen eines jeden PfdGläub: (1) HerausgAnspr: §§ 1227, 985, 1004; auch gg Dr,

§§ 561–563

der Bes geworden ist (§ 936 beachten). Das R zum Bes besteht auch schon vor dem Auszug des Mieters. (2) SchadErsAnspr aus unerl Hdlg: § 823 I, § 823 II üb § 289 StGB, auch auf Rückschaffg gerichtet (§ 249). (3) UnterlAnspr aus § 550 gg Entferng der Sachen. (4) Vertr SchadErsAnspr bei schuldh Verstoß gg § 550. (5) ErlösHerausg bei unberecht Veräußerg (§ 816 I). **c) Rechtsbehelfe:** Klage auf Erf, uU einstw Vfg zur Sicherg der Anspr aus der Anm b (Celle NJW-RR **87**, 447). Gg and PfdGläub Klage aus § 805 ZPO. Das SelbsthilfeR (Abs I u II S 1) dient daneben der faktischen Sicherg des Verm. Die Inbesitznahme ist keine verbotene EigMacht (§ 858). **d) Abdingbarkeit.** § 561 ist jedenf insofern zwingd als das SelbsthilfeR (Anm 2) nicht erweitert w kann (RGRK-Gelhaar 1 mwN), die AusschlFr (Abs II S 2) nicht verlängert. **e) Anwendbarkeit** ist zu verneinen, wenn die Sachen aGrd einer Pfändg (§ 808 ZPO) dafür and Gläub weggenommen w. Der Verm hat die Kl aus § 805 ZPO ohne die MonatsFr des Abs II.

2) Selbsthilferecht (Abs I). Es besteht selbständ neben dem aus § 229 u setzt wesentl weniger voraus. § 230 I gilt entspr (hM; Jauernig-Teichmann 2a mwN). § 231 ist nicht anwendb. **a) Voraussetzungen** sind: **aa)** Bestand des VermPfdR gem § 559. **bb)** Entferng der Sachen (wie § 560 Anm 2), solange sie andauert, nicht vor ihrem Beginn (Düss ZMR **83**, 376). Ist die Entferng beendet, bestehen nur die Anspr gem Anm 1b; daher kein R zur Nacheile. **cc)** WidersprR des Verm gg die Entferng; dh er darf nicht zur Duldg gem § 560 Anm 4 verpfl sein. **b) Wirkung.** Es ist zu unterscheiden: **aa)** Verhindern des Entfernens von (auch einzelnen) Sachen (§ 560 Anm 2), wenn der Mieter im Bes der gemieteten Räume bleibt. Zunächst ist wörtl Widerspr geboten. Gewaltanwendg ist bei Mißerfolg, in engen Grenzen nur gg den Mieter (hM; Emmerich-Sonnenschein 16 mwN) zuläss. **bb)** Inbesitznahme, wenn der Mieter auszieht, dh den Auszug unmittelb vorbereitet (LG Hbg MDR **77**, 933). Der Verm kann dann die Übergabe vom Mieter verlangen, die Entferng dch geeignete Mittel verhindern u die Sachen in Bes nehmen (vgl Anm 1c), auch einlagern lassen. Es gelten §§ 1215, 1216, da der Verm die Stellg eines FaustPfdGläub (§ 1205) erlangt (Emmerich-Sonnenschein 20). Selbstverständl gilt auch § 1223 II. **cc)** Befriedigg des Verm erfolgt nach §§ 1228 ff. **c) Erlöschen** des SelbsthilfeR tritt dadch ein, daß die Sachen des Verm entfernt w (wie § 560 Anm 2). Es besteht dann nur noch der RückschaffgsAnspr (Anm 3).

3) Herausgabeanspruch (Abs II S 1). Dieser Anspr ist der modifizierte Herausgabeanspruch eines PfdGläub (§ 1227). Er tritt an Stelle des SelbsthilfeR (Anm 2), sobald die Sachen entfernt sind (wie § 560 Anm 2). Der Anspr richtet sich auch gg einen Dr, der Besitzer geworden ist (allgM). Sein Inhalt ist verschieden u richtet sich danach, ob der Mieter ausgezogen ist oder nicht; denn es ist lediglt der Zustd vor Entferng wieder hergestellt w. Zur Vorbereitg besteht ein AuskAnspr (Emmerich-Sonnenschein 28). **a) Voraussetzung** ist: **aa)** Entferng der Sachen (§ 560 Anm 2). **bb)** Ohne Wissen (Kenntn) des Verm od mit Wissen, aber unter Widerspr (§ 560 Anm 3b) ohne bestehde DuldgsPfl (§ 560 Anm 4). Bei Dr versagt der Anspr, wenn sie die Sache gutgläub lastenfrei erworben haben (§ 936). **b) Rückschaffung** auf das vermietete Grdst od in die vermieteten Räume darf v Verm verlangt w, wenn der Mieter nicht ausgezogen ist. Das bedeutet die Wiederherstellg des früheren Zustd. Der Verm darf also vom Besitzer (Mieter od Dr) nicht Herausgabe an sich selbst verlangen. **c) Herausgabe** an sich kann der Verm nach Auszug des Mieters verlangen; das verschafft ihm die RStellg eines FaustPfdGläub mit VerwahrgsPfl (§ 1215) u der Befugn, die Pfändg dch and Gläub zu verhindern (§ 809 ZPO).

4) Ausschlußfrist (Abs II S 2). **a) Zweck:** Sicherh des RVerkehrs. **b) Berechnung:** §§ 187 I, 188 II. FrBeginn mit Kenntn des Verm vom Auszug od der Entferng der betreffden Sache. Bei Vertretern gilt § 166 entspr. **c) Verlängerung** der Fr dch Vertr ist unwirks, kann aber in Bestellg eines PfdR (§ 1205) umgedeutet w (§ 140). **d) Fristwahrung** geschieht, indem der Anspr (Anm 3) geltend gemacht w, insb dch Klage (§ 270 III ZPO gilt), Antrag auf Einstw Vfg (zur Rückschaffg od Herausgabe), Widerspr gg eine solche, dch die das Wegschaffen geduldet w soll; auch Antrag gem § 805 IV ZPO (Emmerich-Sonnenschein 43, 43a mwN). Für die Kl aus § 805 ZPO gilt Abs II nicht. **e) Wirkung:** Erlöschen des VermPfdRs. Anspr aus Vertr u unerl Hdlg wg schuldh, rechtswidr Verletzg des PfdR bleiben davon unberührt (hM; aA Emmerich-Sonnenschein 45); jedoch bleibt § 254 wg schuldh FrVersäumg anwendb (RG **119**, 265).

562 Sicherheitsleistung.

Der Mieter kann die Geltendmachung des Pfandrechts des Vermieters durch Sicherheitsleistung abwenden; er kann jede einzelne Sache dadurch von dem Pfandrechte befreien, daß er in Höhe ihres Wertes Sicherheit leistet.

1) Anwendbar für Mieter, Pächter u Dr, wenn sie das Eigt an eingebrachten Sachen behaupten (BGH WM **71**, 1086), nicht für nachrang PfdGläub (bestr; aA RGRK-Gelhaar 4). **Unabdingbar** (allgM). **Art:** §§ 232 ff, auch Leistg dch einen Dr. **Höhe:** Die aller Anspr, für die das PfdR (§ 559) besteht od (bei Wert der Sachen (bzw der einzelnen Sache), wenn er geringer ist (umstr; vgl Emmerich-Sonnenschein 9 mwN). **Wirkung:** Das PfdR darf nicht geltd gemacht w, insb nicht gem § 561. Das gilt auch für die bloße Entferng, insb für den Auszug.

563 Pfändung durch andere Gläubiger.

Wird eine dem Pfandrechte des Vermieters unterliegende Sache für einen anderen Gläubiger gepfändet, so kann diesem gegenüber das Pfandrecht nicht wegen des Mietzinses für eine frühere Zeit als das letzte Jahr vor der Pfändung geltend gemacht werden.

1) Allgemeines. § 563 regelt die Konkurrenz des VermPfdR mit and PfdR nur für einen bestimmten Fall. **a) Grundsatz:** An den Sachen des Mieters können mehrere PfdRe bestehen mit Gleich-, Vor- od Nachrang (§§ 1209, 1257 u § 804 III ZPO), wobei der Ztpkt des Entstehens maßgebd ist. Einer Pfändg kann der Verm, wenn er nicht im Bes der Sache ist (vgl § 561 Anm 3c) nicht widerspr (§ 809 ZPO); er kann nur nach § 805 ZPO klagen. **b) Zweck** des § 563 ist die Beschränkg des Vorrangs für das VermPfdR auf den (rückständ)

Einzelne Schuldverhältnisse. 3. Titel: Miete. Pacht **§§ 563, 564**

MietZ für das letzte Jahr vor dem Tag der Pfändg. Unberührt bleibt das PfdR für die nach Pfändg fäll werdden, offenen MietZFdgen. **c) Anwendbar** ist § 563 nur für das PfändgsPfdR, nicht für vertr u gesetzl PfdRe.

2) Einzelheiten. a) Erlöschen des VermPfdR (§ 561 Anm 4e) infolge Verwertg dch Dr (§ 817 ZPO, § 1242 II): Dem Verm bleibt nur noch der Anspr auf Auszahlg des Erlöses aus § 816 gg den PfandGläub (RG **119**, 269), bei Vors od Fahrlässigk § 823 (vgl § 561 Anm 4). **b) Beschränkung** des VermPfdR: Es gilt ggü den PfdGläub für die PfdFdg aus dem MietVerh, die spätestens das letzte Jahr vor der Pfändg entstanden sind. Sonst Beschränkgen bestimmt § 563 nicht (vgl Anm 1b), insb können auch SchadErsFdg aus dem MietVerh unbeschr geltd gemacht w. **c) Anwartschaftsrechte** auf das Eigt (vgl § 455): Der Verm erwirbt das VermPfdR bereits am AnwartschR (hM). Er hat daher Vorrang vor nachfolg begrdeten PfändgsPfd-Ren (RGRK-Gelhaar 5, Soergel-Kummer 6 mwN; str). **d) Konkurs des Mieters.** Das PfdR gibt dem Verm ein AbsondergsR (§ 49 Nr 2 KO), das im wesentl beschränkt ist, wie § 563 bestimmt. Es muß nicht nach § 561 II S 2 gewahrt w (RG LZ **14**, 1045).

564 *Ende des Mietverhältnisses.* [I] Das Mietverhältnis endigt mit dem Ablaufe der Zeit, für die es eingegangen ist.

[II] Ist die Mietzeit nicht bestimmt, so kann jeder Teil das Mietverhältnis nach den Vorschriften des § 565 kündigen.

1) Allgemeines. Ein MietVerh kann enden dch: **a) Zeitablauf** (Abs I; nur bei best MietZt, Anm 2). **b) Kündigung** (Abs II; Anm 3). **c) Aufhebungsvertrag** (§ 305); auch dch schlüss Verhalten mögl (Emmerich-Sonnenschein 45 ff). **d) Bedingungseintritt** (§ 158 II); bei WoRaum eingeschr dch § 565a II. **e) Rücktritt** (§ 346) bei Vorbehalt nach Maßgabe des Miets mögl, aber nicht bei WoRaum (§ 570a). Gesetzl RücktrRe (§§ 325, 326) sind nur vor Überlassg der Miets mögl. Danach ist Rücktr dch Künd ersetzt (hM). **f) Unmöglichkeit** der GebrGewährg, sofern sie unverschuldet ist (§§ 275 I, 323 I; 536 Anm 5b). Bei verschuld Unmöglk besteht das MietVerh fort, aber zugleich sind SchadErsAnspr od RücktrR mögl (Emmerich-Sonnenschein 56). **g) Anfechtung** (§ 142) einer der WillErkl, die den VertrAbschl herbeigeführt haben. Die Rückwirkg tritt auch ein, wenn nach Überlassg der Miets angefochten w (hM).

2) Bestimmte Mietzeit bedeutet Festlegg der Mietzeit auf eine KalZeit, wobei ein für best Dauer festgelegter Mietzins nicht so auszulegen ist, daß damit auch das MietVerh für diese Zt unkündb abgeschl sei (BGH NJW **76**, 1351). Best MietZt liegt aber vor bei zeitl beschr Gebr, wie zB Miete einer Maschine für Erntezeit, ob bis zum Eintritt eines best Ereign. Ist ungewiß, ob das Ereign überh eintritt, so handelt es sich um ein MietVerh unter auflösder Bedingg (Anm 1a, dd), das ein MietVerh auf unbest Zt darstellt (§ 565a Anm 3). **a) Verlängerung.** Sie erfordert grdsätzl einen Vertr (§ 305). Bei WoRaum gilt die SoRegelg des § 564c. Häuf ist best Mietzeit mit VerlängergsKl auf unbest Zeit vereinb. Ferner enthalten MietVertr, die auf best Zeit geschl sind, oft die Abrede, daß sie sich auf best weitere Zeit verlängern, wenn nicht im Teil binnen einer best Zeit vor VertrAblauf kündigt. Das bedeutet die WillErkl dahingehd, daß die Verlängerg des MietVerh abgelehnt w (RG **107**, 300); denn im alten MietVertr ist das befristete Angebot enthalten, dch VertrÄnd (§ 305) den MietVertr auf best Zt fortzusetzen. Wird die als Künd bezeichnete WillErkl unterl, kommt stillschw die Verlängerg des inhaltsgleichen MietVertrs zustde. Für die Fr, innerh der diese WillErkl abzugeben ist, gilt § 193 entspr (BGH NJW **75**, 40). Wird verlängert, so w das alte MietVerh mit demselben VertrInhalt fortgesetzt, nicht etwa ein neues MietVerh begründet (BGH NJW **74**, 1081). Die Best, ob u mit welchen VertrBedinggen das MietVerh verlängert w, kann einem Dr übertr w (§ 317), jedoch nur mit best Richtlinien (BGH BB **71**, 240). **b) Vorzeitige Beendigung** des MietVerh nur: dch AufhebgsVertr (§ 305); Eintritt auflösder Bedingg (Anm 1a, dd); außerord Künd (§§ 542, 544, 549, 553–554a, 567, 569, 569a, 569b, 570, ferner § 19 KO, § 51 II VglO, § 57a ZVG, § 37 III WEG, § 30 ErbbRVO); bei vereinb KündGrd nur für den Mieter (§ 554b); vorbehaltenem Rücktr (Anm 1a, ee), bei WoRaum aber nur, soweit nicht § 570a entggsteht. Keine Künd gem § 564b IV S 2 (aA Reichert DWW **85**, 304).

3) Kündigung ist einseit empfangsbedürft WillErkl. Sie kann in einer ProzHdlg, insb einer KlErhebg gesehen w (vgl § 564a Anm 2). **a) Wirksamkeit:** ab Zugang (§ 130 Anm 2), ex nunc. Bedarf nicht der Ann; kann nach Zugang nicht widerrufen oder einseit zurückgenommen w (Herold BlGBW **72**, 126). **b) Angabe des Grundes** ist nicht erforderl, es sei denn, daß vereinbargsgem die Künd nur aus bestimmten Gründen zul sein soll. Das gilt für die ordentl wie für die außerordentl (fristlose) Kündg (für letztere bestr, vgl AG Hbg MDR **85**, 144). Bei Künd v MietVerh üb WoRaum gelten die SondVorschr §§ 564a I 2, 564b III. Sie gelten nicht, wenn aus § 553 od § 554 gekünd w, sodaß in diesen Fällen die Grde im KündSchreiben nicht angegeben w müssen u im Proz nachgeschoben w können (Karlsr ZMR **83**, 133). **c) Form** ist für MietVerh über WoRaum durch § 564a vorgeschrieben (s dort). Sonst keine ges Form, aber vielf vereinb. Dch Ann kann formwidr Künd rechtswirks w, wenn § 144 analog angewendet w kann. Bei Vereinbg einer Künd dch eingeschr Brief genügt gewöhnl Brief, wenn der and Teil rechtzeit von der Künd Kenntn erhalten hat (§ 125 Anm 4a). Künd kann auch in schlüss Hdlgen liegen, zB im Auszug des Mieters. **d) Teilkündigung** eines einheitl MietVertrs ist, wenn sie nicht im Vertr vorbehalten ist, grdsätzl unzul (hM), zB bei Wohng u Garage (LG Brschw ZMR **86**, 165; AG Dortm NJW-RR **87**, 207), auch wenn die Garage später hinzugemietet ist (Karlsr NJW **83**, 1499). Bei MischmietVerh (vgl Einf 9a vor § 535) kommt es auf die Auslegg der Vertr im Einzelfall an. Danach ist TeilKünd zul, wenn der restl Teil für den KündEmpf unverminderten Wert behält od erlangt (zu erg LG Mannh MDR **76**, 581). Das ist insb bei einer Garage zu beachten; hier ist bei abweichender VertrDauer u KündFr auf Zulässigk der TKünd zu schließen (LG Bln ZMR **87**, 18). Ausgeschl ist die TeilKünd einz VertrBest od Nebenabreden (zB Erlaubn zum Anbringen von Schildern od Reklame). **e) Bedingte** Künd ist regelm unzul, da die Künd als GestaltgsR Klarh u Gewißh schaffen soll. Eine Bedingg (§ 158), dch die der Empf nicht in eine ungewisse Lage versetzt w, macht die Künd nicht unzul (BGH WM

§§ 564, 564a

73, 694), insb eine Bedingg, deren Eintritt vom bloßen Willen des KündEmpf abhängt (PotestativBedingg). Ferner ist eine bedingte Künd bei Zust des KündEmpfängers wirks (Erm-Schopp 11). **f) Mehrheit** von Beteiligten erfordert wg der Einheitlk des MietVerh Künd von allen an alle (allgM), auch bei Eheg (LG Hann ZMR **87**, 18). Das ist problemat bei Wohngemeinsch (vgl Schüren JZ **89**, 358). Es kann vertragl vereinb w, daß die Künd v od ggü einem genügt. Häuf ist im Vertr Vollm für Abgabe u Empfang der Künd erteilt; auch formularmäß im MietVertr wirks (LG Bln MDR **84**, 849). Ist diese Vollm nicht ausdrückl auf Künd bezogen, sond allg auf Erklärg, so wird vertreten, daß dies die Künd nicht erfaßt, weil damit der Vertr beseit w soll (Emmerich-Sonnenschein 23 mwN; zweifelh u bestr). Gleiches gilt, wenn aus wicht Grd in der Pers nur einer von mehreren VertrPart künd w. Künd ist nur zul, wenn auch die and die VertrAuflösg gg sich gelten lassen müssen (BGH WM **64**, 275). Kein Recht zur Künd der Verm hat bei § 19 KO, wenn nur einer der gemeinschaftl Mieter in Konk fällt (BGH **26**, 102; bestr). Hingg kann der KonkVerw gem § 19 S 1 KO für den in Konk gefallenen Mitmieter ohne Rücks auf die and Mieter wirks künd (Celle Betr **74**, 1109). **g) Umdeutung** (§ 140) einer unwirks außerord Künd in Angebot zur VertrAufhebg ist mögl; auch in eine ord Künd (LG Mannh NJW **70**, 328), wenn sich aus den Umständen eindeut ergibt, daß der Verm das MietVerh auf jeden Fall beenden will (BGH NJW **81**, 976). Schweigen des KündEmpf gilt idR nicht als Ann (BGH NJW **81**, 43). **h) Unwirksamkeit** einer Künd des Verm, insb wg Fehlens einer Voraussetzg führt bei GebrVerweigerg wg Verletzg des § 535 bei Versch (§§ 276, 278) des Verm zur SchadErsPfl (BGH NJW **84**, 1029 für gewerbl Räume u NJW **88**, 1268 für GaststPacht). **i) Wiederholung** einer Künd ist ein neues RGesch u kann auf denselben Grd gestützt w, der für die frühere Künd angegeben war.

564a *Schriftform bei Kündigung von Wohnraum.* ¹ Die Kündigung eines Mietverhältnisses über Wohnraum bedarf der schriftlichen Form. In dem Kündigungsschreiben sollen die Gründe der Kündigung angegeben werden.

II Der Vermieter von Wohnraum soll den Mieter auf die Möglichkeit des Widerspruchs nach § 556a sowie auf die Form und die Frist des Widerspruchs rechtzeitig hinweisen.

III Diese Vorschriften gelten nicht für Wohnraum, der zu nur vorübergehendem Gebrauch vermietet ist, und für Mietverhältnisse der in § 565 Abs. 3 genannten Art.

1) Allgemeines. a) Zweck: dient der Klarstellg u Rechtssicherh sowie der Aufklärg des Mieters, ferner Gleichstellg mit Form des Widerspr (§ 556a V). **b) Anwendungsbereich:** alle MietVerh (auch Untermietverh) über WoRaum (Ausn: Abs III; wie § 556a Anm 2b). Abs I gilt für alle ord u außerord Künd von Verm u Mieter; jedoch hat Abs I 2 unmittelb Bedeutg nur für die ord Künd des Verm (vgl § 564b III u § 556a I 3). § 564a gilt nicht für andersart Beendigg des MietVerh (zB Rücktr, AufhebgsVertr). Abs II gilt nur für ord Künd des Verm, weil NFolgen sich nur auf ord Künd beziehen; jedoch gilt wg § 556b auch bei Beendigg des MietVerh dch ZtAblauf (Weimar WoM **69**, 177; bestr) u wg § 570a bei vereinb RücktrR. **c) Abdingbarkeit:** ist zu verneinen, für Abs I 2, II u III aus § 564b VI u § 556a VII, VI S 2 zu entnehmen, für Abs I 1 aus dem Grds, daß ges FormVorschr zwingd sind. Auch strengere Form ist wg SozCharakters des MietR unzul.

2) Schriftform (Abs I S 1) des § 126. Verstoß führt zur Nichtigk (§ 125), nur ausnahmsw nicht im Fall des § 125 Anm 6. **a) Inhalt** des Schreibens: es genügt erkennb Wille, MietVerh zu bestimmtem Ztpkt zu beenden. Dieser ZtPkt muß nicht mit Datum benannt w (hM); es genügt zB „zum nächstzul Termin". Das Wort Künd ist nicht notw. KündGründe: Anm 3. **b) Zugang:** Zum Nachweis (§ 130 I) ist Einschreiben mit Rückschein empfehlenswert. **c) Schriftsatz** (insb KlSchrift) in einem RStreit genügt der Form (hM; BayObLG NJW **81**, 2197); jedoch muß darin für den bekl Mieter eindeut erkennb sein, daß neben der KlSchrift (ProzHdlg) eine mat-rechtl WillErkl (Künd) abgegeben w (allgM; BayObLG aaO mwN). Unterzeichn der zuzustelldden Exemplare statt Beglaubigg ist zu empfehlen (vgl Spangenberg MDR **83**, 807), aber nicht notw (Hamm NJW **82**, 452). Zusendg eines MietVertr mit neu Inhalt erfüllt die Schriftform nicht. **d) Vollmacht.** Sie ist formlos gült (§ 167 II). Es gilt § 174 (Schmid WoM **81**, 171). **e) Formularvertrag.** Es darf keine zusätzl Form verlangt w (§ 11 Nr 16 AGBG).

3) Kündigungsgründe (Abs I S 2). **a) Wirksamkeit.** Ihre Angabe ist nicht WirksamkVoraussetzg (BGH NJW **87**, 432 [433]), auch nicht bei der außerord Künd v WoRaum, weil § 564b III nicht entspr gilt (Karlsr WoM **82**, 241 mwN; bestr; aA LG Darmst WoM **86**, 339). Eine Künd ohne Grde ist weder nach § 126 noch nach § 134 nichtig (BayObLG NJW **81**, 2197; bestr). Bei der ord Künd ist Angabe der Grde eine Obliegenh („soll") des Verm. Erf er sie nicht, treten die für ihn nachteil RFolgen der §§ 556a I 3 u 564b III ein. Die schriftl Angabe ist nicht entbehrl, wenn der Verm die Grde dem Mieter schon vorher mdl od schriftl mitgeteilt hat (BayObLG aaO). **b) Bezeichnung.** Die KündGrde sind so zu bezeichnen, daß sie (insb in einem nachfolgden Proz) identifiziert w können (BayObLG aaO). Eine vollst Angabe der zugrdeliegden Tats ist nicht notw; sie können zur Ergänzg u Ausfüll des KündGrdes nachgeschoben w (BayObLG aaO mwN; bestr). Nur wenn die Künd allein auf solche Tats gestützt w kann, die zZ der KündErkl noch nicht vorgelegen haben, ist (auch noch im Proz) eine neue KündErkl nöt (Zweibr MDR **81**, 585). **c) Weiterer Inhalt.** Der Verm ist nicht darauf beschränkt, dem Mieter nur den unmittelb Anlaß der Künd als Grd anzugeben. Er kann, um den Ausschluß nach § 556a I 3 zu vermeiden, alle Umst angeben, die bei der Interessenabwägg (§ 556a Anm 6a) allein od mit and Grden seine Künd rechtf können.

4) Hinweis (Abs II) auf Widerspr, dessen Form u Frist (§ 556a Anm 5a, d). Der Hinw ist formfrei, kann, muß aber nicht im KündSchreiben enthalten sein. Er muß vollst u rechtzeitig (vgl § 556a Anm 5d, bb) geschehen; daher ist zum Nachweis des Zugangs Einschreiben mit Rückschein empfehlenswert. Der Hinw ist keine Pfl, aber Obliegenh des Verm („soll"). Unterlassg od Verspätg berührt Wirksamk der Künd nicht, führt aber zu verlängerter WidersprFr (§ 556a VI S 2).

§ 564 b Kündigungsschutz.

I Ein Mietverhältnis über Wohnraum kann der Vermieter vorbehaltlich der Regelung in Absatz 4 nur kündigen, wenn er ein berechtigtes Interesse an der Beendigung des Mietverhältnisses hat.

II Als ein berechtigtes Interesse des Vermieters an der Beendigung des Mietverhältnisses ist es insbesondere anzusehen, wenn

1. der Mieter seine vertraglichen Verpflichtungen schuldhaft nicht unerheblich verletzt hat;
2. der Vermieter die Räume als Wohnung für sich, die zu seinem Hausstand gehörenden Personen oder seine Familienangehörigen benötigt. Ist an den vermieteten Wohnräumen nach der Überlassung an den Mieter Wohnungseigentum begründet und das Wohnungseigentum veräußert worden, so kann sich der Erwerber auf berechtigte Interessen im Sinne des Satzes 1 nicht vor Ablauf von drei Jahren seit der Veräußerung an ihn berufen;
3. der Vermieter durch die Fortsetzung des Mietverhältnisses an einer angemessenen wirtschaftlichen Verwertung des Grundstücks gehindert und dadurch erhebliche Nachteile erleiden würde. Die Möglichkeit, im Falle einer anderweitigen Vermietung als Wohnraum eine höhere Miete zu erzielen, bleibt dabei außer Betracht. Der Vermieter kann sich auch nicht darauf berufen, daß er die Mieträume im Zusammenhang mit einer beabsichtigten oder nach Überlassung an den Mieter erfolgten Begründung von Wohnungseigentum veräußern will.

III Als berechtigte Interessen des Vermieters werden nur die Gründe berücksichtigt, die in dem Kündigungsschreiben angegeben sind, soweit sie nicht nachträglich entstanden sind.

IV Bei einem Mietverhältnis über eine Wohnung in einem vom Vermieter selbst bewohnten Wohngebäude mit nicht mehr als zwei Wohnungen kann der Vermieter das Mietverhältnis kündigen, auch wenn die Voraussetzungen des Absatzes 1 nicht vorliegen. Die Kündigungsfrist verlängert sich in diesem Fall um drei Monate. Dies gilt entsprechend für Mietverhältnisse über Wohnraum innerhalb der vom Vermieter selbst bewohnten Wohnung, sofern der Wohnraum nicht nach Absatz 7 von der Anwendung dieser Vorschriften ausgenommen ist. In dem Kündigungsschreiben ist anzugeben, daß die Kündigung nicht auf die Voraussetzungen des Absatzes 1 gestützt wird.

V Weitergehende Schutzrechte des Mieters bleiben unberührt.

VI Eine zum Nachteil des Mieters abweichende Vereinbarung ist unwirksam.

VII Diese Vorschriften gelten nicht für Mietverhältnisse:

1. über Wohnraum, der zu nur vorübergehendem Gebrauch vermietet ist,
2. über Wohnraum, der Teil der vom Vermieter selbst bewohnten Wohnung ist und den der Vermieter ganz oder überwiegend mit Einrichtungsgegenständen auszustatten hat, sofern der Wohnraum nicht zum dauernden Gebrauch für eine Familie überlassen ist,
3. über Wohnraum, der Teil eines Studenten- oder Jugendwohnheims ist.

1) **Allgemeines.** Eingefügt dch 2. WKSchG; in Kraft seit 1. 1. 75. Abs VII ist mit Wirkg v 1. 1. 83 geänd dch EAMWoG. a) **Bedeutung:** § 564b ist die grdlegde KündSchutzVorschr zG des WoRaumMieters. Verfassgsrechtl nicht zu beanstanden (BVerfG NJW **85**, 2633), wird aber als überzogen kritisiert (Honsell AcP **186**, 116 [133ff]). b) **Kündigung** (§ 564 Anm 3). Sie wird dch § 564b beschr, indem weitere Zulässigk- u WirksamkErfordern aufgestellt w. c) **Unabdingbarkeit** (Abs VI): Abs I–V sind zwingd zG des Mieters. Das gilt auch für Vereinbgen, die vor diesem G u vor Inkrafttr des 1. WKSchG (28. 11. 71) getroffen sind. Ferner für DauernutzgsVertr mit einer Baugenossensch (vgl Karlsr ZMR **85**, 122). Für MietVerh üb WoRaum auf best Zt gilt § 564c. Abs VI hindert nicht einen MietAufhebgsVertr (Weimar BlGBW **75**, 69). d) **Verhältnis zu sonstigem Kündigungsschutz** (Abs V): Die §§ 556a–556c (Sozialklausel) sind in Voraussetzgen u Wirkg anders u bleiben deshalb neben u unabhäng v § 564b anwendb, insb bei EinliegerWo gem § 564 Abs 3a, b (Schubert WoM **75**, 1). § 564b gewährt einen stärkeren Bestandsschutz, jedoch kann § 556a f der Interessenabwägg (dort Anm 6a) prakt bedeuts sein, indem weitere Künd nach § 564b zul ist (Löwe NJW **75**, 9 [12]). e) **Berlin:** Die in Bln aGrd des Art 6 § 4 G v 3. 8. 82 (BGBl 1106) geltde Fassg des Abs II Nr 2 (vgl 42.–46. Aufl) ist seit 1. 1. 88 aufgehoben (§ 8 II Nr 9 G v 14. 7. 87, BGBl 1625) u ersetzt dch Abs 6 G v 14. 7. 87. Dies lautet: *Kündigungsschutz bei Umwandlungen von Altbaumietwohnungen in Eigentumswohnungen. Ist an einer vermieteten preisgebundenen Altbauwohnung nach Überlassung an den Mieter Wohnungseigentum begründet und das Wohnungseigentum bis zum 31. Dezember 1987 veräußert worden, darf sich der Erwerber gegenüber dem Mieter auf berechtigte Interessen an der Beendigung des Mietverhältnisses im Sinne des § 564b Abs. 2 Nr. 2 des Bürgerlichen Gesetzbuchs vor Ablauf des siebten Kalenderjahres nach dem Jahr der Veräußerung, längstens jedoch bis zum 31. Dezember 1990, nicht berufen. Satz 1 gilt nicht für Wohnraum, über den der auf die Veräußerung gerichtete Vertrag vor dem 1. Januar 1980 abgeschlossen worden ist.* ÜbergRegelg: § 7 I G v 14. 7. 87.

2) **Anwendungsbereich: a) Kündigung.** Nur für die ord Künd des Verm, auch die gem § 565 a I; nicht für fristlose, außerord Künd (allgM). Hingg ist § 564b für außerord Künd (anwendb, die unter Einhaltg der ges Fr erfolgen können (zB § 569 I, § 1056 II); auch für Künd des Erstehers gem § 57a ZVG (hM; BGH **84**, 90; vgl Witthinrich Rpfleger **87**, 98). b) **Mietverhältnis:** Anwendb nur auf WoRaumMietVerh (Einf 1b vor § 535), einschließl der Unterm (Einf 1c vor § 535), aber nur im Verh zw HauptM u UnterM (allg Rspr; BGH NJW **82**, 1696; Karlsr NJW **84**, 313). Auch auf MietVerh mit VerlängersKlausel gem § 565a (hM; LG Kaisersl NJW-RR **86**, 442 mwN). Nicht für WoRaumMietVertr, die unter Abs VII fallen, Pacht u ähnl NutzgsVerh (Schopp ZMR **75**, 97), GrdstMiete, wenn der Mieter darauf WoRaum errichtet (BGH **92**, 70), auch nicht Vertr über Aufn, Betreuug u Fürs (zB Altenpflege- u ResozialisiergsHeime. c) **Wohnraum:** Grdsätzl für jeden (Einf 8a vor § 535), auch WerkmietWo (2a vor § 565b) u WerkDienstWo, soweit MietR entspr gilt (§ 565e; aA Soergel-Kummer 22); möblierter WoRaum u Zimmer, die nicht unter Abs VII fallen

581

(Anm 3 d). **aa) Wohnheime:** nicht für Studenten u JugendWohnh (Abs VII Nr 3). § 564b gilt in Alten- u Arbeiterwohnheimen, wenn die Raumnutzg der Hauptzweck ist u nicht die sonst im Heim erbrachten Leistgen die RaumNutzg überwiegen (vgl BGH NJW 79, 1288). **bb) Zweitwohnung:** Der Wortlaut des § 564b nimmt sie vom KündSchutz nicht ausdrückl aus (Schmid BlGBW 80, 205; LG Hanau MDR 80, 849); jedoch kann vorübgehder Gebr bezweckt sein (Anm 3c), insb bei Wochenend- u FerienWo. Vom GZweck her sollte nur die Wohng am Erst- od Hauptwohnsitz erfaßt sein (vgl Haake NJW 85, 2935). **cc) Mischmietverhältnisse** (9 vor § 535). § 564b gilt nur, wenn der NutzgsAnteil des WoRaums überwiegt (hM; BGH NJW 83, 49; Schlesw NJW 77, 1394). **dd) Zwischenmiete.** Bei MietVerh zum Zwecke der (auch nicht gewerbl) Weitervermietg als WoRaum (ZwMiete) gilt § 564b im Verh zum ZwM nicht (hM; BGH 94, 11 u NJW 81, 1377 [für § 29a ZPO]; Karlsr ZMR 84, 52; Stgt NJW 85, 1966 u 86, 322), zB bei Vermietg dch Verein an seine Mitgl (Ffm ZMR 86, 360). Wg Kündsch für UnterM vgl § 556 Anm 3e, bb. **d) Mehrheit von Mietern.** Zur Künd vgl § 535 Anm 1d, bb. Für Abs II Nr 1 genügt die schuldh VertrVerletzg nur eines der Mitmieter (LG Darmst NJW 83, 52). Bei WohnGemeinsch ist dies nicht unproblemat (vgl Schüren JZ 89, 358 [362]).

3) Ausnahmen vom Kündigungsschutz (Abs IV, VII). Bestimmte MietVerh sind vom KündSchutz ausgen. Die Grde für die Ausn sind verschieden: Die aus nahem Beieinanderwohnen folgde unzumutb Situation bei persönl Spanngen ohne Vorliegen v KündGrden nach Abs II (Anm a u b); die geringere Bindg u größere Bewglk des Mieters (überwieg vom Verm eingerichteter WoRaum, Anm c), die geringere Schutzbedürftigk (vorübergehder Wohnzweck, Anm d); das Interesse an der Funktion eines soz Fluktuationssystems (Anm e). Bei den MietVerh der Anm a, b ist neben der mögl Künd aus berecht Interesse (Abs I) eine ord Künd mit verlängerter Fr vorgesehen (Abs IV S 2; Anm 10). Für die und ungeschützten MietVerh (Anm c-e) ist der ganze § 564b unanwendb. Beweislast für das Vorliegen der tats Voraussetzgen der Anm a-e trägt der Verm, da die Abs IV u VII die Ausnahmen vom Grds des Abs I darstellen. **a) Zweifamilienhaus und Einliegerwohnung** (in einem Einfamilienhaus, Abs IV S 1; vgl Anm 10). Die EigtLage ist bedeutgslos. Hat der Verm des Einliegers das Haus gemietet, kann auch er UntermietVerh vorliegen, für das ein KündR aus Abs IV gilt (Emmerich-Sonnenschein 147). Der Verm muß selbst in einer der Wohngen wohnen, nicht aber schon bei Abschl des zu kündigden MietVertr (Koblz OLGZ 81, 455; aA Hbg NJW 83, 182. Umstr ist, ob Abs IV S 1 gilt, wenn das Gebäude zT gewerbl genutzt wird; die hM bejaht es (vgl Ffm NJW 82, 188). Richt dürfte sein, nicht auf das Vorhandensein von 2 Wohngen im Gebde abgestellt wird (Schmidt BlGBW 82, 70). Das Wohngebäude muß nicht einen gemeins Eingang haben (Schmidt-Futterer/Blank B 702; aA bis 46. Aufl). Häuf ZusTreffen ist aber nicht Voraussetzg der Ausn v KündSch (aA LG Boch WoM 87, 158). Einzelne WoRäume (insb im Dach- od Kellergeschoß) außerh der 2 (getrennten) Wohngen stehen der Anwendg von Abs IV S 1 nicht entgg, ebsowen, daß der Verm wg Besitz einer weiteren Wohng die im Zweifamilienhaus nicht dauernd benützt od wenn der Mieter in einem Haus mit ursprüngl 3 Wohngen eine der beiden hinzugemietet u baul verbunden hat (Karlsr NJW 84, 2953). **b) Einlieger in Vermieterwohnungen** (Abs IV S 3): Hier handelt es sich je nachdem, wem der Verm Eigt der Wohng ist, um Miet- oder UntermietVerh. Unter Wohng der Verm ist hier auch (aber selbstverständl nicht nur, LG Bln ZMR 80, 339) ein Einfamilienhaus zu verstehen, (allgM), auch Wohngen in Mehrfamilienhäusern (hM; KG NJW 81, 2470). Nur anwendb, soweit Abs VII (Anm c u d) nicht zutrifft; nämlich: In der v Verm bewohnten Wohng gelegene WoRäume, die leer od nicht überwiegd mit dem Verm zu steller Einrichtg vermietet sind; WoRäume in der vom Verm bewohnten Wohng, die zwar vom Verm überwiegd mit Einrichtg auszustatten, aber zum dauernden Gebr einer Fam best sind. Diese Mieträume (einer od mehrere) müssen innerh der abgeschl Wohng des Verm liegen. Getrennt zugängl Räume im selben Haus, insb Dachgeschoß u Kellerzimmer, sog Hobby-Räume, liegen nur dann nicht innerh der Wohng, wenn es sich um ein Mehrfamilienhaus handelt, bei dem mehrere Wohngen abgeschl u getrennt sind. Im Einfamilienhaus liegen auch solche Räume stets innerh der Wohng (allgM). **c) Zum vorübergehenden Gebrauch** vermieteter Wohnraum (Abs VII Nr 1): Er kann auch leer vermietet sein. Es muß von vorneherein bei Abschl des MietVertr für eine kürzere, absehb Zeit vermietet sein, zB wenn es wegen einer längeren Reise des Verm; für Ferien- u FreiZtAufenth (AG Viechtach NJW-RR 87, 787; uU auch mehrjähr, LG Goslar MDR 80, 671); bis Fertigstellg eines Neubaus; für Studenten, wenn sie ihren Wohns an einem and Ort haben u in der erkennb oder erkl Zt des Studiums (od eines Teils davon) mieten (Ffm LG Hdlbg Just 77, 59; aA LG Marbg NJW 77, 154; AG Bonn WoM 88, 23). SaisonArb; nicht für GastArb, wenn sie für unbest, nicht von vornherein begrenzte, kürzere Zeit ein ArbVerh aufnehmen (vgl LG Hann MDR 71, 762). Der ZtRaum ist auf den Einzelfall abzustellen u kann auch ein Jahr übersteigen. Auch bei ZweitWo darf nur auf den vorübgehden Gebr abgestellt w (Zimmermann WoM 89, 1). **d) Möblierter Wohnraum** (Abs VII Nr 2). **aa) Grundsatz** (Kein KündSchutz): Der WoRaum muß in der Wohng des Verm liegen. Diese muß nicht dauernd bewohnt sein (LG Bln ZMR 80, 145). EigtLage an der Wohng (auch EinFamHaus) u die Lage des WoRaums: wie Anm b. Die Einrichtg (Möblierg) muß noch nicht vorgen sein; entscheid ist, daß die Vermietg die entspr Verpfl des Verm zur Einrichtg enthält; bei ScheinGesch gilt § 117. Bei der Beurteilg, ob überwiegd möbliert ist, muß Zahl u Bedeutg der zu einer gewöhnl, nicht überfüllten Einrichtg gehörden Ggstände berücks w. Einzelne Ggstde genügen nie (Schopp ZMR 75, 98). **bb) Ausnahme** (KündSchutz besteht) bei Vermietg zu dauerndem Gebr (das ist, was nicht als vorübergehd [Anm c] eingeordnet w) einer Fam: auch kinderloses Ehepaar, ein (Groß-)Elternteil mit Kind, Geschwister mit gemeins Haush; nicht: Alleinstehde; WohnGemsch v Pers, die weder verheiratet noch verwandt sind. Der dauernde Gebr für die Fam muß vertrgm sein. **e) Studenten- oder Jugendwohnheim** (Abs VII Nr 3). Zweck: vgl vor Anm a. Für die Einordng als derart WoHeim ist die Widmg des Trägers maßgebd. Teil: jeder Raum. Auch anwendb auf MietVerh, die vor dem 1. 1. 83 abgeschl w (Brem ZMR 89, 218).

4) Kündigungsschreiben (Abs III). **a) Inhalt:** Es gilt § 564a I 2. Bei dem KündSchreiben sollte § 564a II beachtet w, weil die SozKlausel anwendb bleibt (Anm 1d). Wenn aGrd des Abs IV gekünd w, ist auf dieses SoKündR hinzuweisen (Schmidt-Futterer/Blank B 697). **b) Grundlage:** Nur diejen Grde, die im Künd-

Schreiben gem § 564a I 2 angegeben sind (Abs III). Alle Tats, die zu dem bezeichneten KündGrd gehören, ihn ausfüllen od mit ihm zushängen, sind zu berücks, soweit sie im Proz eingeführt w; denn § 564a I 2 verlangt nur, daß der KündGrd im KündSchreiben identifiziert w (§ 564a Anm 3). An den Umfang der anzugebden Tats sollten keine hohen Anfdgen gestellt w (zutreffd MüKo-Voelskow 69). Es genügt, daß der KündGrd dch Angabe der Tats so ausführl bezeichnet w, daß er identifiziert u v and KündGrd (Sachverhalt) untersch w kann (BayObLG ZMR **85**, 96). Vor Künd entstandene, dem Verm unbek gebliebene Grde sind auch bei schuldloser Unkenntn ausgeschl u können nur eine neue Künd rechtf. Nachträgl entstandene Grd: Anm d. **c) Zeitpunkt:** Es entspr einem allg RGrds, daß eine Künd, die dch Grde gerechtf sein muß, nur dch solche Grde gerechtf w kann, die zZ der KündErkl vorlagen, auch wenn sie dem Kündigden erst später bek geworden sind u von ihm zur Rechtfertigg der Künd (insb im Proz) nachgeschoben w können (vgl BVerfG NJW **88**, 2725). Das gilt grdsätzl auch für § 564b, soweit Abs III vorliegt. Die Grde müssen grdsätzl nicht noch zZ des Wirkswerdens der Künd od gar der Räumg vorliegen, um die Gültk der Künd nicht zu beinträcht (umstr). Keinesf müssen die Grde über die RKraft hinaus fortbestehen. Fallen die Grde weg, kann dem Mieter ein Anspr zustehen, das MietVerh fortzusetzen (v. Stebut NJW **85**, 296). Das kann insb bei Wegfall des EigBed gegeben sein (vgl Seiter NJW **88**, 1617), der eine MittPfl des Verm begrdet (BayObLG NJW **87**, 1654). Für die Beurteilg des zul KündGrd ist der Schluß der letzten mdl Vhdlg (§ 296a ZPO) maßgebd. Welche Grde u Tats zugrdegelegt w dürfen, bestimmt Abs III (vgl Anm a u b). **d) Nachträglich entstandene Gründe.** Es ist nicht erkennb, daß der Ggeber von dem in Anm b angeführten Grds abweichen wollte. Keinesf könnte eine Künd dch Grde gerechtf w, die erst nach der mit Rücks auf die KündFr (§ 565) feststehden Beendigg des MietVerh entstanden sind. Ebsowenig sollte eine mit VertrVerletzg (Abs II Nr 1) begrdete Künd dch einen Eigenbedarf (Abs II Nr 2) gerechtf w können, der zwar vor Beendigg des MietVerh, aber im Laufe der KündFr eingetreten ist u nur eine Kund von einem späteren Ztpkt rechtfert könnte. **aa) Zulassung nachträglich entstandener Gründe** ist iü umstr (vgl Soergel-Kummer 74). Gesichert dürfte sein: **(1)** Der nachträgl entstandene Grd kann die berecht Künd zusätzl stützen (für § 556a I S 3). **(2)** Bei Wegfall des zuerst angegebenen Grdes kann der bislang ungenannte Grd, der rechtzeit vorlag, nunmehr die Künd begrdn. **(3)** Anstatt einer unwirks ersten Künd können (auch noch im Proz bis § 296a ZPO) die nachgeschobenen Grde eine neue (formgerechte, § 564a) Künd rechtfert. **bb) Kündigung.** Das Vorbringen nachträgl entstandener Grde im Proz stellt eine schlüss erkl neue Künd dar (aA LG Karlsr MDR **78**, 672: ausdrückl Erkl nöt), die das MietVerh dann zu dem nach der KündFr zutreffdn, späteren Ztpkt auflösen kann; von § 564a I ist dann zul abgewichen u die vorliegde KlÄnd ist zuzulassen.

5) Sonstige Kündigungsgründe Abs 1). Da Abs II Nr 1–3 die Fälle berecht Interesses nicht abschließd aufzählt, kommen weitere Grde in Betr: **a) Wichtiger Grund** für fristlose Künd (§§ 553, 554, 554a), wenn er nicht für eine außerord, sond als Grd für eine ord Künd verwendet w od für eine außerord Künd nicht ausreicht (vgl §§ 553, 554a); schuldl ZahlgsVerz (weil § 285 und § 279 abstellt, vgl Anm 6a, bb). **b) Betriebsbedarf** insb Verwendg als Werkmiet- od DienstWo für einen and ArbN an Stelle eines and, dessen ArbVerh beendet ist (allgM; LG Tüb ZMR **87**, 20). **c) Öffentlicher Bedarf** bei einer Wo, die dem WoBindG unterliegt u an NichtwohnBerecht verm ist (fehlbelegte SozWo), die Absicht u behördl Auffdg, an WohnBerecht zu verm (MüKo-Voelskow 67; Hamm NJW **82**, 2563; BayObLG ZMR **85**, 335). Bei einer Gemeinde das Benöt v WoRaum zur Erf öff-rechtl Aufgaben (BayObLG NJW **81**, 580). Bei Absicht, ein Mehrzweckgebäude zu errichten (abl Ffm NJW **81**, 1277). **d) Zweckbindung:** Bei HausmeisterWohng, wenn der HausmeisterVertr beendet ist, Notwendigk, Hausmeister unterzubringen (LG Hbg MDR **80**, 315). Austritt bei Genossensch bei GenossenschWohng (Löwe NJW **75**, 9; aA LG Hbg WoM **88**, 430). Verfehlt ist die Ansicht, daß bei Wohngen v gemeinnütz WoBaugenossensch eine krasse Unterlegg (Karlsr NJW **84**, 2584) od eine nur gelegentl Nutzg (LG Mü I NJW-RR **89**, 915) kein KündGrd sein soll. **e) Veränderte Umstände:** Überbelegg dch starken FamZuwachs (Hamm NJW **83**, 48). **f) Steuernachteile:** Wegfall v erhebl Steuervergünstigungen bei unterbliebner Eigennutzg (BayObLG NJW **84**, 1560 mwN; bestr; aA Manthe NJW **85**, 416; abw LG Ffm NJW-RR **87**, 720).

6) Schuldhafte Vertragspflichtverletzung (Abs II Nr 1). **a) Voraussetzungen** hierfür sind: **aa) Verletzungshandlung** dch Tun od Unterl; sie muß sich auf eine der MieterPfl (§ 535 Anm 3) beziehen u vom Mieter od einem ErfGeh (§ 278) ausgehen. Für die ZahlgsPfl sind das nur diejen außer dem Mieter selbst, die die Zahlg neben ihm schulden od dafür haften, für den vertrgem Gebr u die ErhaltgsPfl auch die zum Hausstand gehördn Pers, insb FamAngeh u HausAngest, die nicht nur vorübergeh beschäft w; für Unterm u sonst Dr gem § 549 III. Der Abschl des MietVerh auf Probe rechtfert die Herabsetzg der Anfdgen (aA Stgt NJW **82**, 2673). Bei Mehrh v Mietern genügt die schuldh VertrVerletzg v einem (vgl LG Darmst NJW **83**, 52). **bb) Verschulden:** Vors u jede Fahrl (§ 276), auch für ErfGeh (§ 278; wie Anm aa). Da nicht (wie bei § 279) auf Vertretenmüssen, sondern auf Versch abgestellt ist, genügt eine schuldl Zahlgsunfähigk nicht (vgl aber Anm b, aa). Bei SchuldUnfäh (insb Geisteskranken) entfällt nicht das Erfordern des Versch; jedoch kann die Künd nach Anm 5e od üb § 554a begrdet w. **cc) Erheblichkeit:** sie muß sich auf die PflVerletzg (nicht auf das Versch) beziehen. Unerhebl kann sie nur sein, wenn die Re u Belange des Verm nur ganz geringfüg beinträcht sind od ein Einzelfall ohne Wiederholsgefahr vorliegt. Auf Zumutbk darf nicht abgestellt w. **b) Einzelfälle. aa) Zahlungsrückstand:** Soweit der KündGrd des § 554 erf w, ist die Künd auf jeden Fall gerechtf. Ein ZahlgsVerz (auch bei Nebenentgelten, § 535 Anm 3c, bb) in geringerem Umf als § 554 I Nr 1 u 2, aber wohl nicht geringer als eine Monatsmiete (umstr; vgl Schmidt-Futterer/Blank B 593) u nicht kürzer als ein halber Monat, nur sofern der ZahlgsRückstd dch Vors od Fahrlk (auch darauf beruhde Unkenntn) verurs ist, nicht dch schuldl Geldmangel, der für den Verz wg §§ 279, 285 genügen würde. Weil im Rahmen der Nr 1 (im Ggsatz zu § 554) der § 279 nicht gilt (Anm a, bb), ist eine analoge Anwendg von § 554 II Nr 2 nicht geboten (MüKo-Voelskow 43 mwN). Die leichteren Fälle von vereinzelter fahrl unterl Zahlg, insb aus Irrt od Unkenntn tats Umstde können aber im Einzelfall als unerhebl angesehen w, wenn innerh angem Zeit der Rückstd beglichen od von einer öff Stelle übernommen w. **bb) Verspätete Zahlung,** die nicht einen Grd nach Anm aa) darstellt, kann die Künd idR nur rechtf, wenn sie wiederholt u aus Absicht od Nachlässigk vorgekommen ist. **cc) Vertragswidriger Gebrauch,** auch in schwächerem Maße, als § 553 voraussetzt, auch ohne Abmahng, wenn Wiederholgsgefahr, Vors od eine grobe Fahrlk zugrde liegt. Es ist nicht erforderl, daß die Re des Verm in erhebl Maße beeinträcht, die Wohng od das Haus beschäd w, weil die Einschränkg „nicht unerhebl" sich auf die PflVerletzg, nicht aber auf ihre Auswirkgen bezieht. **dd) Unbefugte Gebrauchsüberlassung** an Dr zu selbstd Bes dch Verstoß gg § 549; im Ggs zu § 553 genügt hier bereits die Überlassg des Gebr; ein Belassen nach Abmahng ist nicht notw, dafür jedoch ein Versch (Anm a, bb). **ee) Vernachlässigung** der Wohng od der mit ihr vermieteten Grdst- u Gebäudeteile (§ 535 Anm 2a, bb) dch Verletzg der ErhaltgsPfl (§ 535 Anm 3c, dd; LG Hbg ZMR **84**, 90 [SchönhRep]) u ObhutsPfl (§ 545 Anm 1), bei möbliertem WoRaum auch der Einrichtg (Schopp, ZMR **75**, 97 [99]). **ff) Belästigung** des Verm od and Mieter kann, auch soweit die Voraussetzgen für eine fristl Künd (§ 554) nicht erf sind, als sonst Grd (Anm 5e) die Künd rechtf, nach Nr 1 aber nur, wenn Versch (Anm a, bb) vorliegt, auch dch Verletzg der AufsPfl. Verurs dch SchuldUnfähigk (insb Kinder, Geisteskranke) kann nur zur außerord Künd bei Unzumutbark führen (§ 554a Anm 3). Bsp: Störg des Hausfriedens; Verstöße gg die HausO; Beleidiggen u and Straftaten gg Verm, and Mieter u deren Angeh od Gäste; Beeinträchtigg dch Lärm, Geruch od Schmutz; Benutzg der Wohng zu v Verm nicht erlaubten gewerbl Zweck od zur Prostitution. Unzutreffde Behaupt bestehder Ehe bei Abschl des MietVertr (AG Hann WoM **83**, 142). **c) Beweislast:** Verm für VertrVerletzg u Erheblk; für fehldes Versch je nach Gefahrenkreis (§ 282 Anm 2).

7) Eigenbedarf (Abs II Nr 2), u zwar als WoRaum. Die Vorschr ist mit Art 14 I S 1 GG vereinb (BVerfG JZ **85**, 528 m Anm v Schulte), steht aber dazu in einem gewissen Konflikt (hierzu Henschel NJW **89**, 937). Der Entschluß des Verm, seine ihm gehörde Wohng selbst zu nutzen od dch einen eng gezogenen Kreis bestimmter Dr nutzen zu lassen, ist grdsätzl zu akzeptieren u der RFindg zugrdzulegen (BVerfG NJW **89**, 97; and die bisher hM; vgl 48. Aufl). Ausnw kann die Künd unwirks sein, wenn sie RMißbr darstellt od der SelbstnutzgsWille nur vorgeschoben ist (BVerfG aaO). Die aus dem Eigt abgeleiteten Grde dürfen nicht zG eines Verm verwendet w, der nicht Eigt ist, insb nicht bei UnterM (Blank WoM **89**, 157 [162]). Welchem v mehreren Mietern der Verm kündigt, steht ihm frei (hM; BayObLG NJW **82**, 1359).

a) Voraussetzungen: (S 1). Sie müssen grdsätzl nach Abschl des MietVertr entstanden sein u dürfen nach Künd (ggf bis zur Entsch) nicht wegfallen (vgl Emmerich-Sonnenschein 48). Entfällt der EigBed nachträgl bis zum Ablauf der KündFr, so ist der Verm verpfl, dies dem Mieter mitzuteilen (Karlsr NJW **82**, 54; vgl Anm 4c). Die Interessen des Mieters bleiben (im Ggs zu §§ 556a–c) auch hier unberücks (BGH **103**, 91; vgl hierzu Barthelmess ZMR **88**, 211). Der EigBed ist als berecht Interesse nicht abschließd geregelt, so daß Bedarf für Dr aus Interesse des Verm in sonst Grd sein kann (vgl Anm 5). Wenn WoRaum verkauft w, kann der Verk in Analogie zur DrSchadLiquidation auch aus berecht Interesse des Käufers, solange dieser wg § 571 noch nicht künd kann, die Künd erkl (Schmid BlGBW **79**, 108; bestr; aA Staud-Sonnenschein Rn 50). **aa) Vermieter:** Bei Mehrh (zB ErbenGemsch) genügt es, wenn der EigBed bei einem v ihnen besteht; jedoch muß diese Pers Part des MietVerh sein. Nicht genügt, daß der MitEigt dem MietVertr ledigl zugestimmt hat (LG Karlsr WoM **89**, 241). JurP, insb HandelsGesellsch, können keinen EigBed haben, da er auf Wohnen gerichtet sein muß (hM); jedoch kann Anm 5e in Betr kommen. **bb) Hausstands- und Familienangehörige:** Dazu gehört jedenf die Mutter (LG Kaisersl MDR **82**, 56), der Sohn selbst dann, wenn er mit der Wohng für eine nichtehel LebensGemsch nutzen will (Karlsr NJW **82**, 889); der Bruder (BayObLG MDR **84**, 316). Ein best Grad v Verwandtsch od Schwägersch kann nicht gefordert w. § 8 II. WoBauG ist nicht anwendb (hM); ferner HausAngest (Schopp ZMR **75**, 97 [100]) u solche Pers, die der Verm schon bisher für dauernd in seinem Haush aufgen hat, nicht solche, die er nunmehr (ohne Notwendigk) aufzunehmen beabsichtigt. **cc) Benötigen** muß der Verm für sich als WoInh od für einen FamAngeh (wie Anm bb) als neuen Mieter od unentgeltl NutzgsBer. Der Grd, der zur EigBedLage geführt hat, ist unerhebl (BVerfG NJW **88**, 1075). Es genügt die bloße Absicht des Verm, im eigenen Haus zu wohnen (BVerfG aaO). Welcher Grad des EigBed erforderl ist, kann nur nach den Einzelfall überlassen bleiben. Es genügen vernünft nachvollziehb Grde (BGH **103**, 91 = JZ **88**, 608 m Anm v Schulte; vgl hierzu Paschke ZMR **88**, 164); stets wird genügen, daß der Verm selbst nur eine teurere od zum ArbPlatz wesentl ungünst gelegene Wohng hat, ganz allg eine weniger geeignete. Es genügen persönl Veränd, zB Heirat, ArbPlWechsel, Ruhestd od Getrenntleben, auch die Absicht, die Wohng in nichtehel LebensGem zu wohnen (Battes JZ **88**, 957) od die Wo nur für die Hälfte eines Jahres zu benutzen (aA verfehlt AG Mü WoM **89**, 299). Es ist nicht erforderl, daß der Verm unzureichd untergebracht ist (vgl BGH aaO). Entspr gilt für die FamAngeh, die die Wohng erhalten sollen, sodaß es für den EigBedarf des Verm genügt (vgl BayObLG WoM **86**, 271), wenn bei dem FamAngeh (Anm bb) der WoRaumBedarf besteht (Hbg NJW **86**, 852), auch wenn ein Kind bei den Eltern ausreichd untergebracht ist (BGH aaO). Auch Aufn von benöt PflegePers begrdet EigBed (BayObLG NJW **82**, 1159), selbst wenn diese Pers noch nicht feststeht (Hamm WoM **86**, 269). Der EigBed kann schon vor EigtErwerb vorgelegen haben u dch den Kauf einer vermieteten Wohng erst geschaffen worden sein, sog selbstverursachter EigBed (hM; BayObLG NJW **81**, 2197). Für Interessen des Mieters gilt allein § 556a (BGH **103**, 91). **dd) Beweislast:** Grdsätzl der Verm.

b) Wartezeit bei Wohnungseigentum (S 2). Sie bezieht sich nur auf Nr 2, nicht auf Nr 1 u 3. Auch kürzere WarteZt als generelle Voraussetzg ist für die sonst Fälle des EigBed nicht gerechtf. Längere Wartezeiten: Bei SozWo ist die Berufg auf EigBed ausgeschl, solange die Wo als öff gefördert gilt. Für Bln beachte Anm 1 d. **aa) Voraussetzungen:** Es muß eine sog Umwandlg vorliegen, dh das WoEigt muß nach Überlassg (§ 536 Anm 3) an den betr Mieter begrdet (idR dch § 8 WEG) u vom bish Eigt (Verm) veräußert w sein. Daher fällt nicht darunter: Ersterwerb des WoEigt vor od bei Errichtg des Gebäudes, auch wenn die Wohng vorher wg Unverkäuflk vermietet w; ebsowen, wenn die Wohng nach Errichtg v Bauträger erworben w (aA Schmid BlGBW **82**, 41); bloße Teilg (§ 8 WEG) ohne Weiterveräußerg; ferner die Fälle des § 3 WEG, jeweils wenn eine bestimmte Wohng übnommen w (KG ZMR **87**, 216). **bb) Berechnung:** Die WarteZt beginnt mit der Vollendg des EigtErwerbs gem § 925. Ende: § 188 II. Bei einer weiteren Veräußerg beginnt sie nicht wieder von neuem zu laufen (BayObLG NJW **82**, 451 mwN). **cc) Wirkg:** Der Verm darf erst nach (nicht zum) Ablauf der WarteZt künd, u zwar mit der Fr des § 565 (hM; Hamm NJW **81**, 584). **c) Beweislast:** trägt grdsätzl der Verm, der Mieter nur dafür, daß ihm die Wo vorher üblassen w.

8) Wirtschaftliche Verwertung (Abs II Nr 3). Die Vorschr ist verfassgskonform (BVerfG NJW 89, 972). **a) Voraussetzungen** (S 1). **aa)** Hinderg angemessener Verwertg: Der Begr Verwertg umfaßt insb den Verk (BVerfG aaO) u die Nutzg dch GebrÜberlassg (vor allem Vermietg als gewerbl od freiberufl Räume (vgl aber Anm b, aa), Begründg dingl Re (insb ErbbR). Angem hierbei sind auch die wirtsch u pers Verh des Verm zu berücks, zG des Verm auch, ob die Art der Verwertg öff Interessen entspr. Insb ist angem: wenn Geldmittel für Unterh, Altersversorgg, Herstellg neuen WoRaums od Investitionen verwendet w sollen, das Grdst nach Beseitigg abbruchreifer Gebäude neu bebaut w soll; überh beabsicht Sanierg (vgl Beuermann ZMR 79, 97), die nicht üb § 541a erzielt w kann, zB Ausstattg v AltbauWo mit Bad u eigenem WC, wenn dadch die betreffde Wo wegfällt (BayObLG NJW 84, 372); Verkauf zwecks ErlösVerwendg zum Kauf einer ad EigtWo für FamAngeh (LG Mü II NJW-RR 87, 1165), wohl aber nicht die Erwartg höheren Erlöses beim Weiterverkauf (LG Bln NJW-RR 88, 527). Hohes, dem VerkWert entspr Entgelt steht nicht entgg. **bb)** Erleiden erhebl Nachteile für den Verm dadch, daß das Grdst über längere Zt keine Nutzgen (§ 100) bringt u überwiegd Kosten verurs od einen geringeren KaufPr, wenn die Wohng nicht geräumt ist (hM). Dieses Erfordern darf nicht so weit ausgedehnt w, daß verlangt w, der Verm müsse andfalls in Existenznot geraten (BVerfG NJW 89, 972). Insb steht der Künd nicht entgg, daß der Verm die Wohng bereits in vermietetem Zustd erworben hat (Kblz ZMR 89, 216). Auch die Zinsverluste u die Vereitelg v geplanten Gesch inf der Vorenthaltg des KaufPr können genügen, ferner der Wegfall erhebl Steuerbefreigen (LG Mü I ZMR 85, 385). **cc)** Kausalität: Die Fortsetzg des MietVerh muß die Verwertg verhindern u die Nachteile verurs. Diese Kausalität w aber keinesf dadch ausgeschl, daß noch and MietVerh, die ebenf gekünd sind od w sollen, weitere Hindernisse darstellen. **b) Ausgeschlossene Gründe** (S 2 u 3). **aa)** Höhere Miete (S 2) dch neues MietVerh mit and Mieter, aber nur, wenn wieder als WoRaum vermietet w soll, so daß Vermietg zu gewerbl od freiberufl Zwecken ein zul Grd ist. Dem kann aber andseits im Einzelfall das Verbot der Zweckentfremdg enttgstehen (Art 6 MRVerbG). Die hierzu erforderl behördl Gen muß zZ der Künd vorliegen (hM; Hbg NJW 81, 2308). **bb)** VeräußergsAbs nach Umwandlg in WoEigt (S 3). Dadch w vermieden, daß die in Nr 2 S 2 festgelegte Einschränkg umgangen w kann, indem der Veräußerer das MietVerh beendet. Vgl iü Anm 7b aa. **c) Beweislast:** trägt in vollem Umfang der Verm.

9) Wirkung. a) Materiell-rechtlich: Künd, die der Verm ohne berecht Interesse erkl, sind dch Abs I verboten u daher gem § 134 nichtig. Sie beenden das MietVerh nicht. Darauf kann der Mieter wg der Unabdingbk (Abs VI) nicht von vornherein verzichten. Bei Wegfall des KündGrds vgl Anm 5c. Verbindl wird die Wirksk od Nichtigk der Künd erst dch RKraft (§ 322 ZPO) od dadch, daß nach erfolgter Künd die Part des MietVerh sich dch Vertr vergleichen (§ 779). Akzeptiert der Mieter die Künd stillschw, indem er rechtzeit räumt, so endet idR das MietVerh dadch, daß die nichtige Künd über § 140 in ein Angebot zur VertrAufhebg (§ 564 Anm 1) umgedeutet w, das der Mieter jederzeit annehmen kann (§ 151; Karlsr OLGZ 77, 72; einschränkd MüKo-Voelskow 17). **b) Prozessual:** Erst im RStreit über Räumg, Mietzinszahlg od Feststellg (soweit nach § 256 ZPO zul) ist dch das Ger über die Wirksk der Künd zu entscheiden. **c) Praktisch:** Dem GZweck entspr wird der verantwortgsbewußte Verm nur dann künd, wenn er das Vorliegen von Grden gem Abs I, II geprüft u bejaht hat; hierzu veranlaßt schon § 564a I 2 u das ProzKostenrisiko. **d) Schadensersatz.** Bei vorgetäuschten KündGrden sind SchadErsAnspr nur aus § 263 StGB, § 823 II oder § 826 mögl (vgl Werle NJW 85, 2913), zB bei anderweit Vermietg od Verk einer wg EigBedarf gekünd Wohng (Celle OLGZ 79, 64); hierzu bejaht LG Mü I WoM 86, 219 einen AuskAnspr des Mieters. Mit einer bloß ungerechtf Künd, die auf wahre Tats gestützt w, die aber v Ger nicht als berecht KündGrd anerkannt w, geschieht keine upVV u wird kein SchutzG iS des § 823 II verletzt (Hamm NJW 84, 1044; sehr bestr; zu weitgehd für pVV: Schmidt-Futterer/Blank B 609 u bei „unredl" Künd: Zipperer WuM 85, 135). Nur bei Verletzg v VertrPfl (zB Anm 7a) entsteht ein Anspr aus pVV (Karlsr NJW 82, 54 mwN; BGH 89, 296 bei gewerbl Raummiete), insb wenn im KündSchreiben nicht bestehde, die Künd rechtfertigde Grde angegeben w (BayObLG NJW 82, 2004 [Umzugskosten]). Zum SchadErs § 276 Anm 7 Ea.

10) Kündigung bei Zweifamilienhaus und Einliegerwohnung (Abs IV) bei MietVerh gem Anm 3a u b. **a) Grundregel:** Der Verm hat ein WahlR: er kann mit der gewöhnl ges Fr des § 565 II künd, wenn er glaubt, ein berecht Interesse (Abs I, II) zu haben, od er kann mit der verlängerten Fr des Abs IV S 2 künd, ohne daß in diesem Fall ein berecht Interesse (Abs I, II) vorliegen muß. Bei der KündErkl muß das WahlR ausgeübt w (LG Landau ZMR 86, 361). Es kann auch im HilfsVerh gekünd w (Barthelmess RdNr 180; bestr). **b) Verlängerte Kündigungsfrist** (Abs IV S 2): Für die Berechng ist zunächst § 565 II S 1 der Tag (3. Werktag eines KalMonats) festzustellen, an dem die gekündigte Künd für die erklärde Künd beginnt od begonnen hat. Zum Tag des FrAblaufs (Monatsende) sind 3 Monate hinzuzurechnen. Ist die KündFr zG des Mieters vertragl verlängert, ist entspr zu verfahren. **c) Kündigungserklärung** (Abs IV 4): Im KündSchreiben (§ 564a I) müssen bei einer Künd mit ges Fr aus berecht Interesse die Grde hierfür angegeben w, wenn sie berücks w sollen. Angabe v Grd iS § 564a I S 2 ist unter ausdrückl Bezugn auf § 556a zu empfehlen (Korff DWW 78, 28), aber nicht WirkskVoraussetzg. Da die Künd mit verlängerter Fr (Abs IV 2) keiner Grde bedarf, muß zur Klarstellg angegeben w, daß die Künd nicht auf Abs I gestützt w. Hierfür muß auch genügen, wenn die Künd eindeut mit verlängerter Fr gem Abs IV 2 oder mit Bezugn darauf erkl w (Schubert WoM 75, 1); keinesf muß der GWortl des Abs IV S 4 eingehalten w (vgl LG Bln ZMR 80, 319). Es ist zuzulassen, daß der Verm primär mit gesetzl Fr gem Abs I, II kündigt, hilfsw (für den Fall, daß diese Künd unwirks sein sollte) mit verlängerter Fr gem Abs IV S 2 (MüKo-Voelskow 38 mwN; LG Oldbg WoM 86, 118; bestr). Dasselbe gilt umgekehrt (Hbg NJW 83, 182). Innerh der KündFr kann eine zuerst auf Abs I gestützte Künd, der der Mieter widerspr hat (auch konkludent), zurückgenommen u eine neue, ausdrückl auf Abs IV gestützte Künd erkl werden (Karlsr NJW 82, 391). Eine Künd zum Zwecke der Mieterhöhg ist auch hier ausgeschl (§ 1 S 1 MHG); BewLast: Mieter. Ergeben sich aus der Wirksamk der Künd Zweifel, empfiehlt es sich, eine neue Künd zu erkl, da eine Wiederholg zul ist. **d) Wirkung:** Dem Mieter bleibt als Verteidigg gg die Künd nur § 556a, in Extremfällen §§ 226, 242 (vgl Korff DWW 78, 28).

§§ 564b, 564c   2. Buch. 7. Abschnitt. *Putzo*

11) Prozeßrechtliches. a) Zuständigkeit: Ausschließl das AG, in dessen Bezirk der WoRaum liegt (§ 29a ZPO). **b) Klage:** Der Verm kann nur auf Räumg klagen, auf Feststellg, daß die Künd wirks ist, nur gem § 256 II ZPO; Mieter auf Feststellg (§ 256 I ZPO) der Nichtigk der Künd od des Fortbestds des MietVerh, auch dch Widerkl (§ 256 II ZPO). KlVerbindg mit FortsetzgKl (§§ 556a–c) ist zul (§ 260 ZPO), insb auch auf Räumg gerichtete WiderKl dch den Verm. Wird dasselbe MietVerh mehrmals gekünd, ist Vbdg (§ 147 od § 260 ZPO) zul u idR angebracht, wenn nicht die nachfolgde Künd nur als vorgreifl RVerh in den anhäng Proz eingeführt w. Dies ist bei einer RäumgsKl des Verm die einz Mögk, da sonst eine unzul doppelte RHängigk vorläge.
c) Kosten: Keine SondRegelg. Es verbleibt bei §§ 91ff ZPO; von § 93b ZPO ist nur Abs III anwendb.
d) Rechtsmittel: Es verbleibt beim gewöhnl RMittelzug (LG als BerufsgGer). Ein REntsch (Art III 3. Miet-RÄndG) findet seit 1. 7. 80 statt (G v 5. 6. 80, BGBl 657); wie § 556a Anm 7e. **e) Rechtskraft:** Bei abgewiesener RäumgsKl kann der Verm die dabei geltd gemachten KündGrde bei einer neuen Kl nur unterstützd heranziehen (allgM), nicht allein dieselben wiederholen (Stadie MDR 78, 798 mwN).

564 c *Mietverträge über Wohnraum auf bestimmte Zeit.* ^{I} Ist ein Mietverhältnis über Wohnraum auf bestimmte Zeit eingegangen, so kann der Mieter spätestens zwei Monate vor der Beendigung des Mietverhältnisses durch schriftliche Erklärung gegenüber dem Vermieter die Fortsetzung des Mietverhältnisses auf unbestimmte Zeit verlangen, wenn nicht der Vermieter ein berechtigtes Interesse an der Beendigung des Mietverhältnisses hat. § 564b gilt entsprechend.

^{II} Der Mieter kann keine Fortsetzung des Mietverhältnisses nach Absatz 1 oder nach § 556b verlangen, wenn

1. das Mietverhältnis für nicht mehr als fünf Jahre eingegangen ist,
2. der Vermieter
   a) die Räume als Wohnung für sich, die zu seinem Hausstand gehörenden Personen oder seine Familienangehörigen nutzen will oder
   b) in zulässiger Weise die Räume beseitigen oder so wesentlich verändern oder instandsetzen will, daß die Maßnahmen durch eine Fortsetzung des Mietverhältnisses erheblich erschwert würden,
3. der Vermieter dem Mieter diese Absicht bei Vertragsschluß schriftlich mitgeteilt hat und
4. der Vermieter dem Mieter drei Monate vor Ablauf der Mietzeit schriftlich mitgeteilt hat, daß diese Verwendungsabsicht noch besteht.

Verzögert sich die vom Vermieter beabsichtigte Verwendung der Räume ohne sein Verschulden, kann der Mieter eine Verlängerung des Mietverhältnisses um einen entsprechenden Zeitraum verlangen; würde durch diese Verlängerung die Dauer des Mietverhältnisses fünf Jahre übersteigen, kann der Mieter die Fortsetzung des Mietverhältnisses auf unbestimmte Zeit nach Absatz 1 verlangen.

1) Allgemeines. Eingefügt dch Art 1 Nr 5 EAMWoG; in Kraft getreten am 1. 1. 83 (Art 6 EAMWoG). Abs I entspr inhaltl dem dch Art 3 Nr 3 EAMWoG aufgehobenen Art 2 Abs I 2. WKSchG. **a) Zweck.** Abs I soll Umgeh des § 564b verhindern u gibt im Regelfall dem Mieter Bestandsschutz dch Gewährg des FortsetzgsAnspr. Davon macht Abs II Ausnahmen bei fehldem Schutzbedürfn des Mieters od aus wohngsbaupolit Grden bei schutzwürd Interessen des Verm, die eine Vermietg zur Vermeidg v KündSchutz des Mieters unterläßt. **b) Anwendungsbereich.** Nur befristete MietVerh (§ 564 Anm 2) ohne auflöse Bedingg (Barthelmess 5 zu Art 2 2. WKSchG), ohne Verlängergsklausel (§ 565a) u ohne VerlängergsOption (hM; differenziert Emmerich-Sonnenschein 9 zu Art 2 2. WKSchG). Umfaßt auch die MietVerh, die zunächst auf unbest Zeit abgeschl u danach über § 305 auf best Zeit umgestellt wurden. Gilt nicht für MietVerh, die gem § 5 II HausratVO begrdet w (BayObLG NJW 73, 2297 für Art 2 des 1. WKSchG; bestr). Wg entspr Anwendg des § 564b gelten auch dessen Abs IV u VII (Schmidt-Futterer/Blank B 768, 784; Röder NJW 83, 2665 [2668]), so daß die unter § 564b Anm 3 fallden MietVerh sowie die Studenten- und JugendWoHeime (§ 564b VII Nr 3 nF) nicht unter § 564c fallen; insoweit steht MietVertr auch befristet zulässg zuläss. **c) Unabdingbarkeit** zG des Mieters gilt über Abs I S 2 (BT-Drucks 9/2079 S 14). **d) Verhältnis zu sonstigem Mieterschutz.** § 556b gilt grdsätzl (wie § 564b Anm 1 d); nur in den Fällen des Abs II ist § 556b ausgeschl (Abs II S 1). **e) Außerordentliche Kündigung** des befr MietVerh wird dch § 564c nicht berührt. Der Verm kann auch noch außerord künd, nachdem der Mieter die Fortsetzung des MietVerh bereits verlangt hat.

2) Voraussetzungen des Fortsetzungsanspruchs (Abs I) sind: **a) Fortsetzungserklärung:** Schriftform (§ 126); ist einseit, empfangsbed WillErkl. Sie enthält zugleich das Angebot (§ 145), den MietVertr zu den selben Bedinggen auf unbestimmte Zeit fortzusetzen. Grde müssen nicht angegeben, das Wort Fortsetzg muß nicht verwendet werden. BewLast: Mieter. **b) Erklärungsfrist:** 2 Monate vor Beendigg des MietVerh, so daß wg § 130 die Erkl dem Verm (seinem Vertreter od Empfangsboten) zB am 31. 7. bis 24 Uhr zugehen muß, wenn das MietVerh am 30. 9. enden würde. Zwingde AusschlFr ohne HinweisPfl des Verm (hM; LG Lüneb DWW 85, 322; LG Ffm NJW-RR 86, 1146). Wird sie versäumt, kann der Fortsetzgs-Anspr nicht entstehen. BewLast für FrWahrg: Mieter. **c) Fehlen berechtigter Interessen** auf Seiten des Verm (Abs I S 1; letzter Hs), bezogen auf Beendigg des MietVerh. Auf die Interessen des Mieters kommt es nicht an, so daß er den Anspr auch hat, wenn ihm eine ErsWo zur Vfg stünde. Die Interessen des Verm sind gem § 564b II Nr 1–3 (mit gleicher BewLast) wie dort zu beurt (§ 564b Anm 5–8). Erkl des Verm: sie entspr der Künd; daher ist wg Abs I S 2 Schriftform (§ 564a I S 1) u BegründgsPfl (§ 564b III) anzuwenden (hM für Art 2 2. WKSchG). Die Erkl muß spätestens am letzten Tag des MietVerh zugehen (hM; Emmerich-Sonnenschein 25 zu Art 2 2. WKSchG).

Einzelne Schuldverhältnisse. 3. Titel: Miete. Pacht §§ 564c, 565

3) Wirkung. Stimmt der Verm zu (§ 151), gilt Anm a, bb. Lehnt er ab und ist die Ablehng rechtmäß, weil er berecht Interessen rechtzeit geltd gemacht hat (Anm 2c), endet das MietVerh dch Zeitablauf (§ 564 I). Ist die Ablehng rechtswidr, so gilt: **a) Materiell-rechtlich.** Es ist zu unterscheiden: **aa)** Liegen die Voraussetzgen (Anm 2) vor, hat der Mieter einen Anspr auf Abschl eines MietVertr zu gleichen Bedinggen, aber nunmehr auf unbest Zeit, mit der Folge, daß dann ord Künd nach §§ 564 II, 564b, 565 grdsätzl mögl ist. Das MietVerh bleibt ident. **bb)** Der Verm kann das VertrAngebot (vgl Anm 2a) jederzeit, auch nach Beendigg des MietVerh (dann mit Rückwirkg) dch ausdrückl WillErkl annehmen od diese RFolge gem § 151 eintreten lassen, aber nicht dch bloßes Schweigen (vgl Emmerich-Sonnenschein 31 zu Art 2 2. WKSchG). Dann ist das ident MietVerh auf unbest Zeit fortgesetzt. Lehnt der Verm das ab (ausdrückl od gem § 150 II), so bleibt die Möglk, über § 305 das MietVerh mit and Bedinggen, auch mit erhöhtem Mietzins fortzusetzen. **cc)** Fortsetzg des MietVerh nach § 568 bleibt grdsätzl mögl; jedoch muß der Verm, der dem FortsetzgsVerlangen des Mieters schon vor Beendigg des MietVerh entgegengetreten ist, die Erkl innerh der Fr des § 568 S 2 nicht wiederholen (hM für Art 2 2.WKSchG). **b) Prozessual:** Der Anspr (Anm a) ist dch LeistgsKl auf Abgabe der WillErkl zur Fortsetzg des MietVerh geltd zu machen (hM für Art 2 2. WKSchG). Die Wirkg kann (mit mat-rechtl Rückwirkg) nicht vor formeller RKraft eintreten (§ 894 ZPO). WiderKl ist nach den gleichen Grdsätzen wie § 564b Anm 11b zul.

4) Ausschluß des Fortsetzungsanspruchs (Abs II S 1). Auch § 556b ist dann ausgeschl. **a) Voraussetzungen:** Abs II S 1 Nr 1–4 müssen kumulativ vorliegen. **aa) Nr 1:** Die bestimmte MietZt (§ 564 Anm 2) darf 5 Jahre ab Vereinbarg nicht übersteigen. Ist eine längere MietZt vereinb, besteht der FortsetzgsAnspr immer. **bb) Nr. 2:** a) u b) sind alternativ. Maßgebder Zeitpkt ist die Beendigg des MietVerh. Zu a: Im Ggsatz zu § 564f I Nr 2 genügt bereits der Wille zur EigentumsNutzg. Personenkreis: wie § 564b Anm 7a. Zu b: Zulässigk der BauMaßn ist auf öff-rechtl Genehmigg abgestellt. Wirtschaftlk ist unerhebl. Erhebl Erschwerg ist zB gegeben, wenn der Mieter die Modernisierg zur Duldg nicht verpfl (§ 541a, § 541b) od nicht bereit ist. Beseitigg: vollständ od teilw Abbruch. **cc) Nr 3:** Schriftl Mitt bei VertrAbschl, nicht notw im MietVertr. An diese Mitt stellt Blank WoM 83, 36 inhaltl zu hohe Anfdgen. Schriftform des § 126, weil jedenf eine geschäftsähnl Hdlg vorliegt (Übbl vor § 104 Anm 2c, § 126 Anm 1). **dd) Nr 4:** Schriftl Mitt des Fortbestands der konkreten VerwendgsAbsicht. Wechsel der VerwendgsAbsicht wird für unzuläss gehalten v Röder (NJW 83, 2665 [2668]). Schriftform des § 126 (wie Anm cc). Bezugnahme ist zulässig (Blank aaO). Fristberechng: § 188 II. **b) Wirkung.** Bei Vorliegen aller Voraussetzgen (Anm a) endet das MietVerh mit dem bestimmten Zeitpkt ohne weiteres. Fehlt eine, kann der Mieter Fortsetzg des MietVerh nach Maßg der Anm 2 verlangen.

5) Verzögerte Verwendung (Abs II S 2). Wie Anm 4a, bb. Ist gesetzestechn eine Ausn v Abs II S 1 (Anm 4). **a) Verlängerungsanspruch** (Abs II S 2 Hs 1) des Mieters auf Verlängerg des MietVerh um bestimmte Zeit („entspr Zeitraum"), näml bis zum geplanten Ztpkt der neuen Nutzg od Baumaßn (Röder NJW 83, 2665 [2668]). Setzt voraus, daß der Verm ohne Verschulden (§§ 276, 278; BewLast: § 282) die beabsicht Verwendg bei Ablauf der MietZt noch nicht verwirklichen kann, insbes wg Verzögerg der Baugenehmigg od der Finanzierg. Eine ErklFr des Mieters sieht das G für diesen Fall nicht vor. § 556b bleibt ausgeschl. **b) Fortsetzungsanspruch** (Abs II S 2 Hs 2) des Mieters. Damit kann wie nach Abs I die Fortsetzg des MietVerh auf unbestimmte Zeit verlangt w. Die (auch schuldlose) Verzögerg muß über die 5-Jahres-Fr des Abs II S 1 Nr 1 hinausreichen. Die ErklFr des Abs I gilt u ist vom Ablauf der 5-Jahres-Fr zu berechnen (§ 188 II).

6) Prozeßrechtliches. Grdsätzl wie § 564b Anm 11a, c, d. Der Mieter kann gg die RäumgsKl den FortsetzgsAnspr nicht als bloße Einwendg geltd machen, sond muß die Fortsetzg des MietVerh herbeiführen, indem er darauf klagt; nur zweckm dch WiderKl (hM; Röder NJW 83, 2665 [2668] mwN), auch noch in der BerInst (LG Bln ZMR 86, 442). Da der Bestd des MietVerh für die RäumungsKl vorgreifl ist, muß mind zugleich über den FortsetzgsAnspr entschieden werden. RäumgsFr ist im Fall des Abs II ausgeschl: §§ 721 VII, 794a V ZPO.

565 *Kündigungsfristen.*
^I Bei einem Mietverhältnis über Grundstücke, Räume oder im Schiffsregister eingetragene Schiffe ist die Kündigung zulässig,

1. wenn der Mietzins nach Tagen bemessen ist, an jedem Tag für den Ablauf des folgenden Tages;
2. wenn der Mietzins nach Wochen bemessen ist, spätestens am ersten Werktag einer Woche für den Ablauf des folgenden Sonnabends;
3. wenn der Mietzins nach Monaten oder längeren Zeitabschnitten bemessen ist, spätestens am dritten Werktag eines Kalendermonats für den Ablauf des übernächsten Monats, bei einem Mietverhältnis über Geschäftsräume, gewerblich genutzte unbebaute Grundstücke oder im Schiffsregister eingetragene Schiffe jedoch nur für den Ablauf eines Kalendervierteljahres.

^{II} Bei einem Mietverhältnis über Wohnraum ist die Kündigung spätestens am dritten Werktag eines Kalendermonats für den Ablauf des übernächsten Monats zulässig. Nach fünf, acht und zehn Jahren seit der Überlassung des Wohnraums verlängert sich die Kündigungsfrist um jeweils drei Monate. Eine Vereinbarung, nach welcher der Vermieter zur Kündigung unter Einhaltung einer kürzeren Frist berechtigt sein soll, ist nur wirksam, wenn der Wohnraum zu nur vorübergehendem Gebrauch vermietet ist. Eine Vereinbarung, nach der die Kündigung nur für den Schluß bestimmter Kalendermonate zulässig sein soll, ist unwirksam.

^{III} Ist Wohnraum, den der Vermieter ganz oder überwiegend mit Einrichtungsgegenständen auszustatten hat, Teil der vom Vermieter selbst bewohnten Wohnung, jedoch nicht zum dauernden Gebrauch für eine Familie überlassen, so ist die Kündigung zulässig,

1. wenn der Mietzins nach Tagen bemessen ist, an jedem Tag für den Ablauf des folgenden Tages;

§§ 565, 565 a

2. wenn der Mietzins nach Wochen bemessen ist, spätestens am ersten Werktag einer Woche für den Ablauf des folgenden Sonnabends;

3. wenn der Mietzins nach Monaten oder längeren Zeitabschnitten bemessen ist, spätestens am Fünfzehnten eines Monats für den Ablauf dieses Monats.

IV Bei einem Mietverhältnis über bewegliche Sachen ist die Kündigung zulässig,

1. wenn der Mietzins nach Tagen bemessen ist, an jedem Tag für den Ablauf des folgenden Tages;

2. wenn der Mietzins nach längeren Zeitabschnitten bemessen ist, spätestens am dritten Tag vor dem Tag, mit dessen Ablauf das Mietverhältnis endigen soll.

V Absatz 1 Nr. 3, Absatz 2 Satz 1, Absatz 3 Nr. 3, Absatz 4 Nr. 2 sind auch anzuwenden, wenn ein Mietverhältnis unter Einhaltung der gesetzlichen Frist vorzeitig gekündigt werden kann.

1) Allgemeines. Zuletzt geändert in Abs III dch das 2. WKSchG. **a) Begriffe:** KündFr ist die Fr zw Erkl der Künd u dem Ende des MietVerh. KündTermin ist der Tag, an dem das MietVerh enden soll. **b) Fristberechnung:** §§ 187–193. Maßg ist der Zugang (§§ 130–132), auch wenn er vor Beginn (Vollzug) des MietVerh liegt (BGH 73, 350). Die Fr sind für die VertrPart gleich. **c) Anwendbar** ist § 565 nur bei ord Künd (§ 564 Anm 3), bei außerord Künd mit ges Fr (§§ 549 I, 567, 569, 569a V, VI, 569b, 570, 1056, 2135; § 30 ErbbRVO, §§ 19, 21 KO, § 57a ZVG) nur nach Maßg des Abs V. Nicht: bei fristl außerord Künd (§§ 542, 544, 553–554a) und bei MietVerh, die auf best Zt unter Ausschl ord Künd abgeschl sind (§ 564 Anm 2). **d) Abdingbarkeit.** Zwingd ist Abs II S 1, 2, 4; iü ist § 565 folgdermaßen abdingb: Es können längere, kürzere, auch ungleiche KündFr vereinb w. Bei WoRaum können kürzere KündFr für den Verm nur dann vereinb w, wenn der WoRaum zu nur vorübgehdem Gebr vermietet ist (wie § 564b Anm 3c) oder unter Abs III fällt (Anm 2b, bb). Sind für beide VertrPart kürzere Fr vereinb, gilt § 134 nur für die des Verm; iü nach § 139 zu beurt (vgl LG Köln WoM 88, 404). Längere Fr für beide Part bis zu einem Jahr sind nicht wg § 9 AGBG unwirks (Korff ZMR 85, 258). Ausschluß ord Künd für Mieter v Räumen ist nach § 9 AGBG unwirks (LG Karlsr WoM 79, 192). **e) Verspätete Kündigung:** Ist die KündFr nicht eingehalten, so ist die Künd zu diesem Termin nichtig, kann aber gem § 140 in eine Künd zum nächsten Term umgedeutet w. **f) Vereinbarte Kündigungsfristen** (vgl Anm d): 14täg Fr bedeutet iZw, daß tägl auf den Schluß des 14. dem KündTag folgden Tages geknd w kann, monatl KündFr, daß am letzten Tag des vorangehden Monats zum MonatsSchl des folgden Monats geknd w kann (Erm-Schopp 13); die NachFr Abs IV Nr 3 (3. Werktag) ist für vereinb längere KündFr (zB vierteljährl) entspr anzuwenden (umstr). § 193 gilt idR nicht (vgl § 193 Anm 2).

2) Kündigungsfristen (Abs I–IV). Begriff: Anm 1 a. **a) Grundstücke, eingetragene Schiffe, Räume** (Abs I). **aa)** Grdst: Einf 6a vor § 535. Schiffe: nur die im SchiffsReg eingetr See- u Binnenschiffe (Vorbem 1a vor § 929a). Räume: Einf 7a vor § 535. MischmietVerh (Einf 9 vor § 535): Bei untrennb gekoppelter Vermietg ohne Vorrang eines Teils gilt allein die KündFr für WoRaum (Erm-Schopp 4). **bb)** Maßg ist allein der BemessgsZtRaum (Tages-, Wochen-, Monats-, Quartals-, Jahresmiete); unerhebl sind Fällk u Zahlgs-Term. **cc)** Nr 1: Es kann auch an Sonn-, Feier- u Samstagen geknd w, da § 193 dem nicht entggsteht. Nr 2: dasselbe gilt für vereinb Künd für den Schluß der Woche. Nr 3: Ist der 3. Werktag ein Samstag, so kann noch am nächsten Werktag geknd w, weil dieser Tag FrEnde iS des § 193 ist; ein Samstag als 1. od 2. Werktag ist aber mitzuzählen (Erm-Schopp 5). **b) Wohnraum** (§ 564b Anm 2 c). **aa)** Abs II: Umfaßt alle MietVerh üb WoRaum, die nicht unter Anm bb fallen. 3. Werktag wie Anm a, cc. Verlängerg der KündFr (S 2): Maßg für den ZtRaum der Überlassg (§ 536) ist deren rechtl Dauer (nicht vor Beginn des MietVerh); unerhebl ist Abschl des MietVertr. Der Zugang der Künd (§ 130), nicht der KündTermin ist Stichtag für das Ende der Überlassgsdauer (Staud-Sonnenschein 43). Bei Überg von Untermiete zu Hauptmiete u bei Miete einer and Wo desselben Verm beginnt die Überlassgsdauer grdsätzl von neuem (sehr umstr; vgl MüKo-Voelskow 14; aA LG Bonn WoM 87, 322 mwN). Vermieterwechsel läßt § 571 die Überlassgsdauer unberührt; hingg beginnt sie beim Mieterwechsel von neuem (MüKo-Voelskow 14; sehr bestr); jedoch ist diejen Zeit einzurechnen, die der jetzige Mieter aGrd des MietVertr seines Ehegatten berecht mitbewohnt hat (Stgt NJW 84, 875). Das Hinzumieten, Wechseln od die Aufg einzelner Räume einer Wohng steht nicht entgg. **bb)** Abs III: umfaßt denselben WoRaum, den § 564b VII Nr 2 betrifft; daher wie § 564b Anm 3d. Nr 1 u 2: wie Anm a, bb. Nr 3: Ist der 15. ein Sonn-, Feier- od Samstag, gilt § 193 (vgl Anm a, cc Nr 3). **c) Bewegliche Sachen:** (Abs IV); Begr: Überbl 3 vor § 90; daher auch nicht eingetr Schiffe. Nr 1: wie Anm a, cc. Nr 2: zw KündTag u KündTerm (Anm 1a) müssen 2 Tage liegen.

565 a Verlängerung befristeter oder bedingter Mietverhältnisse.

I Ist ein Mietverhältnis über Wohnraum auf bestimmte Zeit eingegangen und ist vereinbart, daß es sich mangels Kündigung verlängert, so tritt die Verlängerung ein, wenn es nicht nach den Vorschriften des § 565 gekündigt wird.

II Ist ein Mietverhältnis über Wohnraum unter einer auflösenden Bedingung geschlossen, so gilt es nach Eintritt der Bedingung als auf unbestimmte Zeit verlängert. Kündigt der Vermieter nach Eintritt der Bedingung und verlangt der Mieter auf Grund des § 556a die Fortsetzung des Mietverhältnisses, so sind zu seinen Gunsten nur Umstände zu berücksichtigen, die nach Abschluß des Mietvertrages eingetreten sind.

III Eine zum Nachteil des Mieters abweichende Vereinbarung ist nur wirksam, wenn der Wohnraum zu nur vorübergehendem Gebrauche vermietet ist oder es sich um ein Mietverhältnis der in § 565 Abs. 3 genannten Art handelt.

1) Allgemeines. a) Zweck: § 565a, erstreckt dch die Notwendk der Künd den WoRaumMieterschutz (§§ 556a, 564b, 565 II; § 1 MHG) auf befristete u auflösd bedingte MietVerh. **b) Anwendungsbereich:**

nur MietVerh üb WoRaum (Einf 8a vor § 535); denn nur dafür wird im Ggsatz zu and Miet- u PachtVerh die Künd vorgeschrieben (hM; vgl § 564 Anm 2a). And Fälle von Verlängrg eines MietVerh sind: § 568; ferner dch VerwAkt (StädteBFG). **c) Abdingbarkeit:** Abs I u II sind zug des Mieters zwingd, so daß die Künd des Verm ausgeschl, die Fr für ihn auch verlängert w kann; Ausn nur für WoRaum, der in Abs III aufgeführt ist. Vermietet zu vorübgehdem Gebr: § 564b Anm 3c. WoRaum der Art des § 565 III: § 564b Anm 3d. **d) Abgrenzung.** § 565a ist zu unterscheiden v § 564c.

2) Befristetes Mietverhältnis (Abs I) ist ein MietVerh auf best Zt (vgl § 564 Anm 2). **a) Voraussetzungen:** Der MietVertr muß eine VerlängersgKl enthalten (wie § 564 Anm 2a); sie kann auch nachträgl als VertrErgänzg vereinb w sein (§ 305). **b) Wirkung:** Das MietVerh wird verlängert, u zwar so, wie es vereinb ist, auf best Zt (vgl Soergel-Kummer 4) od (das gilt iZw) auf unbest Zt. Ausgeschl wird diese Wirkg nur dch Künd gem Anm c. **c) Kündigung** (§ 564 Anm 3). Es muß stets die Fr des § 565 II eingehalten w. Zw Künd u Ablehng der VertrVerlängerg begriffl zu untersch (vgl § 564 Anm 2a, Erm-Schopp 4) ist bei WoRaum wg § 565a üblüss; denn wg dessen Zweck (Anm 1a) ist diese WillErkl auf jeden Fall wie eine Künd zu behandeln. Stets gelten §§ 556a (nicht § 556b I, dort Anm 1c), 564a, 564b, 565 II, ebso § 1 MHG, so daß die Künd nichtig ist, wenn sie wg Mieterhöhg erfolgt. Für die Interessenabwägg bei der SozKl (§ 565a) gilt § 556b II (dort Anm 1c, 2).

3) Auflösend bedingtes Mietverhältnis (Abs II) ist ein MietVerh auf unbest Zt, weil Eintritt einer Bedingung ungewiß ist; daher kann es stets ord gekünd w (§ 564 II), sodaß § 564b gilt (hM; Lechner ZMR **82**, 166) mit den Fr des § 565 II, III. **a) Voraussetzungen:** Der MietVertr muß eine auflösde Bedingung (§ 158 II) enthalten; auch nachträgl angefügt (§ 305). Die Bedingg muß eingetreten sein (vgl § 158 Anm 1). **b) Wirkung:** Das MietVerh verändert sich ab Bedinggseintritt zwingd in ein solches auf unbest Zt. Abs II S 2 beschr bei der Interessenabwägg (§ 556a Anm 6) die Grde des Mieters.

Werkwohnungen (§§ 565 b–565 e)

Vorbemerkung

1) Allgemeines. Lit: Röder, Das betriebl WoWesen im Spannungsfeld v BetrVertR u WoMietR, 1983. **a) Anwendungsbereich:** Zeitl seit Inkrafttreten des 2. MRÄndG (Einf 12b vor § 535). Nur ab Beendigt des D(Arb)Verh. Währd dessen Dauer gelten die allg Vorschr insb §§ 564b, 565, 565a (allgM). Dabei ist ein stillschw Ausschl ord Künd mögl, bedarf aber bes AnhaltsPkte (umstr; Emmerich-Sonnenschein 20 mwN). Sachl alle MietVerh, die mit Rücks (maßgebder Einfluß LG Aach WoM **85**, 149) auf ein D(insbArb)Verh (Einf 1b, e vor § 611) abgeschl sind (hM), gleichgült, ob den D(ArbG) der Verm ist od nicht. Auch Wohngn, die an Angest u Arb des öff Dienstes v DHerrn aGrd privrechtl MietVerh vergeben sind (OVG Münst WoM **75**, 154), aber nicht die DWohngn, die im Rahmen der öffrechtl DStellg an öff Bedienstete, insb an Beamte, Richter u Soldaten zugewiesen w (öffrechtl NutzgsVerh, BGH **LM** § 71 GVG Nr 9). Die außerord Künd wird dch die §§ 565b–565e nicht berührt. **b) Zweck:** Nach Beendigg des D(Arb)Verh soll dch verkürzte KündFr das MietVerh schneller gelöst w können, da der Anlaß für das MietVerh weggefallen ist u der WoRaum für einen and DVerpfl (ArbN) frei w soll. **c) Abdingbarkeit:** Die §§ 565c bis 565e sind zuungunsten des DVerpfl (ArbN) nicht abding, da sie insow zwingd § 556a, 565 II zugunsten des Verm abändern. **d) Verhältnis zum Sozialschutz:** Die SozKlausel (§§ 556a, 556b) gilt nach Maßg des § 565d. Die Verwendg der Wohng für einen and ArbN wird idR für das berecht Interesse (iS des § 564b) ausreichen (vgl Schmidt-Futterer NJW **72**, 5 u BB **72**, 1058). **e) Mitbestimmung** des BetrR gem § 87 I Nr 9 BetrVG (für Zuweisg u Künd) ist zu beachten. Sie besteht auch für die Höhe des Mietzinses (hM; Röder S 99 mwN: aA Giese BB **73**, 198. Die WillErkl des ArbG als Verm sind grdsätzl nicht wg fehler Zust des BetrR unwirks; Ausn: Künd (Dietz-Richardi § 87 Rdn 489). Stimmt der BetrR der Künd zu od läßt die Einiggstelle sie zu (§ 76 BetrVG), werden dadch die Re des ArbN auf SozSchutz (Anm c) nicht berührt. **f) Mieterhöhungen** richten sich jedenf bei WerkmietWo nach MHG (hierzu näher Röder MDR **82**, 276), aber auch bei WerkDWo (Gassner AcP **186**, 325 [343]). **g) Zuständigkeit:** § 29a ZPO.

2) Arten von Werkwohnungen. Allg fällt darunter jeder WoRaum (Einf 8a vor § 535), der mit Rücks auf ein D(insbArb)Verh vermietet w (vgl Anm 1a), nicht notw v DBer (ArbG) selbst u an den DVerpfl (ArbN) allein, insb auch an dessen Ehefr als Mitmieterin (Erm-Schopp 5). **a) Werkmietwohnungen** (§§ 565b–565d). Es besteht neben dem D(Arb)Verh ein selbstd MietVertr (ggf UnterMVertr; vgl Karlsr Justiz **83**, 381; vgl § 548 Anm 5 aE), zwischen dem DBer(ArbG) oder sogar mit ein zu ihm in Beziehg stehder Dr, insb eine ihm ganz od zT gehörde WerkwohngsGesellsch od ein WoEigtümer, dem ggü ihm ein BeleggsR aGrd eines vom MietVertr zu unterschdden WerkfördergsVertr zusteht (Einf 11 b, ee vor § 535). **b) Werkdienstwohnung** (§ 565e). Lit: Gassner AcP **186**, 325. Die Überlassg des WoRaums ist Bestandteil des D(Arb)Vertr u Teil der Vergütg; es liegt ein aus D(Arb)Verh u Miete (doppeltyp) gemischter Vertr vor (Einf 5b, cc vor § 305). IdR steht die Lage des WoRaums in enger Beziehg zur D(Arb)Leistg (zB Hausmeisterwohng). Zur Abgrenzg v Anm a vgl Schmidt-Futterer/Blank BB **76**, 1033. Da kein MietVertr vorliegt, können die MietVorschr nur entspr angewendet w. **c) Bergarbeiterwohnungen** sind WoRäume, die aus Mitteln der KohlenAbg aGrd des G v 4. 5. 57 (BGBl Teil III-2330-4) errichtet u an WohnBerecht im Kohlebergbau (§ 4; BGH MDR **71**, 286) dch MietVertr (wie bei Anm a) überlassen sind. Nur wenn die WohnBerechtigg (§ 4) dch Ausscheiden aus dem Bergbau erlischt, gelten die §§ 565b–565e entspr (§ 7a).

565 b   *Werkmietwohnungen.* Ist Wohnraum mit Rücksicht auf das Bestehen eines Dienstverhältnisses vermietet, so gelten die besonderen Vorschriften der §§ 565c und 565d.

§§ 565 b–565 d 2. Buch. 7. Abschnitt. *Putzo*

1) Voraussetzungen. Es muß sich um eine Werkmietwohng (Vorbem 2a) im Rahmen des Anwendgsbereichs (Vorbem 1a) handeln. Das Bestehen od der Abschl des D(Arb)Verh muß v maßgebdem Einfluß (LG Aach WoM **85**, 149) für die Begrdg od den Fortbestd des MietVerh gewesen sein, nicht notw der einzige.

2) Wirkung. § 565b erklärt die §§ 565c, 565d als bes Vorschr für anwendb. Das bedeutet, daß die allg Vorschr über das MietVerh gelten, soweit die §§ 565c, 565d nichts Abweichdes bestimmen, nämlfür § 556a u § 565 II, jeweils indem das MietVerh nach dem Ende des D(Arb)Verh leichter beendet w kann.

565 c Kündigung von Werkmietwohnungen.
Ist das Mietverhältnis auf unbestimmte Zeit eingegangen, so ist nach Beendigung des Dienstverhältnisses eine Kündigung des Vermieters zulässig

1. spätestens am dritten Werktag eines Kalendermonats für den Ablauf des nächsten Monats, wenn der Wohnraum weniger als zehn Jahre überlassen war und für einen anderen zur Dienstleistung Verpflichteten dringend benötigt wird;

2. spätestens am dritten Werktag eines Kalendermonats für den Ablauf dieses Monats, wenn das Dienstverhältnis seiner Art nach die Überlassung des Wohnraums, der in unmittelbarer Beziehung oder Nähe zur Stätte der Dienstleistung steht, erfordert hat und der Wohnraum aus dem gleichen Grunde für einen anderen zur Dienstleistung Verpflichteten benötigt wird.

Im übrigen bleibt § 565 unberührt.

1) Allgemeines. a) Anwendungsbereich. Nur bei Werkmietwohngen (Vorbem 2a) und bei auf unbest Zeit eingegangenen MietVerh. Dazu gehören auch diejenigen, die auflösd befristet sind dch die Beendigg des D(Arb)Verh; das folgt aus § 565a II 1 (Holtgrave Betr **64**, 1101). Ferner gilt § 565c bei MietVerh, die auf best Zeit abgeschl sind (§ 564 I), wenn eine als erforderl vereinb Künd unterblieben ist u sich deshalb das MietVerh auf unbest Zeit verlängert (§ 565a I). § 565c gilt nicht, wenn das MietVerh auf best Zeit eingegangen ist u eine Verlängerg nicht od nur auf eine best Zeit eintritt. In diesen Fällen ist es gleichgült, ob das ArbVerh vorher, gleichzeit od später endet; insb können MietVerh u D(Arb)Verh zu dieselbe best Zeit abgeschl w u enden dann gleichzeit. **b) Kündigung** v MietVerh u D(Arb)Verh sind zu unterscheiden. Die beiden Künd können zugleich, aber auch getrennt erkl w. Sie sind unabhäng voneinander, auch in der rechtl Beurteilg. Daher gilt für die WoRaumKünd der § 564b III, wobei zB Abs I Nr 1 das berecht Interesse begrdet (Celle ZMR **85**, 160). Das KündSchreiben darf sich daher nicht allein darauf berufen, daß die Wohng für einen aktiven Bediensteten benöt w (Stgt ZMR **86**, 236). In der Künd des D(Arb)Verh liegt nicht auch die des MietVerh (LG Itzehoe ZMR **69**, 86). Es kann schon vor Beendigg des ArbVerh das MietVerh gekünd w, aber nicht bevor das ArbVerh gekünd ist. Vorher kann nur mit der Fr des § 565 gekünd w. Stets wird aber die KündFr des § 565c von der Beendigg des ArbVerh an gerechnet, so daß bei Beendigg des ArbVerh zum 31. 8. das MietVerh im Fall der Nr 1 frühestens zum 31. 10., bei Nr 2 frühestens zum 30. 9. gekünd w kann. Unbenommen bleibt es dem DBer (ArbG) wg S 2, vor Beendigg u Künd des ArbVerh u beim Fehlen der Voraussetzgen der Nr 1 u 2 mit der Fr des § 565 zu künd; keine außerord Künd. Nach Beendigg des ArbVerh ist die Künd mitbestimmgsfrei (Dietz-Richardi § 87 Rdn 473; bestr). Die WoRaumKünd gem § 565c muß alsbald nach Ende des ArbVerh ausgesprochen w (hM).

2) Gewöhnliche Werkwohnungen (Nr 1). **a) Begriff:** alle, die nicht unter Nr 2 (Anm 3) fallen, also Wohngen, deren Funktion sich darin erschöpft, daß der DVerpfl (ArbN) darin wohnt. **b) Voraussetzungen.** Die verkürzte KündFr (vgl Anm 1b) gilt nur: **aa)** Wenn der WoRaum zZ des Zugangs der Künd nicht nicht 10 Jahre lang überlassen war. Die Überlassg ist wie bei § 565 II zu beurt. Ist die Wohng länger überlassen, gelten die allg Fr des § 565. **bb)** Dringder Bedarf für einen and DVerpfl (ArbN). Hierfür genügt idR, daß dadch ein D(Arb)Verh abgeschl od aufrechterhalten w kann, das für den Betr nützl ist. Außerdem muß der betreffde DVerpfl (ArbN) die Wohng benötigen od verlangen. **c) Wirkung:** eine auf weniger als 2 Monate verkürzte KündFr (vgl Nr 1). Werktag ist auch der Samstag (Sonnabend). § 193 gilt nicht, weil sonst die zum Schutz (Nr 2) des KündEmpf best Fr verkürzt w (vgl § 193 Anm 2).

3) Funktionsgebundene Werkwohnungen (Nr 2). **a) Begriff:** Wohngen, die so gelegen sind, daß sie eine unmittelb Beziehg zur D(Arb)Leistg haben. Bsp: Wohng für Verwalter, Hausmeister, BereitschD- u WachPers, abgelegene BetrStätten ohne sonst Wohngelegenh. **b) Voraussetzung:** gerade wg der gleichen Funktion muß für einen and ArbN, nicht notw für den Nachf am ArbPl, die Wohng benötigt w. **c) Wirkung:** eine auf weniger als 1 Monat verkürzte KündFr (vgl Nr 2). Samstag wie Anm 2c.

565 d Sozialklausel bei Werkmietwohnungen.
^I Bei Anwendung der §§ 556a, 556b sind auch die Belange des Dienstberechtigten zu berücksichtigen.

^{II} Hat der Vermieter nach § 565c Satz 1 Nr. 1 gekündigt, so gilt § 556a mit der Maßgabe, daß der Vermieter die Einwilligung zur Fortsetzung des Mietverhältnisses verweigern kann, wenn der Mieter den Widerspruch nicht spätestens einen Monat vor der Beendigung des Mietverhältnisses erklärt hat.

^{III} Die §§ 556a, 556b gelten nicht, wenn

1. der Vermieter nach § 565c Satz 1 Nr. 2 gekündigt hat;

2. der Mieter das Dienstverhältnis gelöst hat, ohne daß ihm von dem Dienstberechtigten gesetzlich begründeter Anlaß gegeben war, oder der Mieter durch sein Verhalten dem Dienstberechtigten gesetzlich begründeten Anlaß zur Auflösung des Dienstverhältnisses gegeben hat.

1) Allgemeines. a) Anwendbar ist § 565d nur für Werkmietwohngen (Vorbem 2a vor § 565b). **b) Zweck:** Einschränkg der SozKlausel (§§ 556a, 556b) zugunsten des Verm, um Werkwohngen für die ArbN des betr Untern bereitstellen zu können. **c) Wirkung:** Soweit die SozKlausel gilt (gem Anm 2), sind abgesehen v der Fr des Widerspr u der Abwägg (vgl Abs I) dieselben Voraussetzgen u Auswirkgen der §§ 556a, 556b gegeben.

2) Anwendbarkeit der Sozialklausel (Abs I, II). **a) Voraussetzungen: aa)** Nur bei gewöhnl Werkmietwohngen (§ 565c Anm 2). **bb)** Bei allen ord Künd des MietVerh, soweit nicht die Voraussetzgen des Abs III (Anm 3) vorliegen, gleichgült ob mit der Fr des 565 od der des § 565c S 1 Nr 1 gekünd w. **b) Wirkung: aa)** Die WidersprFr (§ 556a Anm 5d) ist nur dann auf 1 Monat verkürzt, wenn mit der Fr des § 565c S 1 Nr 1 gekünd w. **bb)** Bei der Interessenabwägg (§ 556a Anm 6a) sind neben den Belangen des Verm im selben Umfange auch die des DBer (ArbG) zu berücks; das ist insb v Bedeutg, wenn Verm u DBer (ArbG) verschd Pers sind (vgl Vorbem 2 vor § 565b). Der DBer (ArbG) muß den Bedarf dch TatsVortrag darlegen, idR auch den vorgesehenen MietNachf benennen.

3) Unanwendbarkeit der Sozialklausel (Abs III). Alternativ: **a)** Bei funktionsgebundenen Werkwohngen (Abs III Nr 1; wie § 565c Anm 3). **b)** Auflösg des D(Arb)Verh (gem Vorbem 1c, d vor § 620) dch den Mieter (Abs III Nr 2 1. Alt.), insb dch Künd, gleichgült ob ord (§§ 621, 622) od außerord (§ 626). Ausn: ein v DBer (ArbG) verursachter Anlaß, das die Künd dch den DVerpfl (ArbN) einen wicht Grd (§ 626 Anm 6) darstellt. **c)** Auflösg des D(Arb)Verh (Vorbem 1c, d, e, bb vor § 620) dch den DBer (ArbG), insb dch außerord Künd gem § 626. Der DVerpfl (ArbN) muß den Anlaß verursacht haben. Liegt der wicht Grd (§ 626 Anm 5) vor, kann auch mit den Fr der §§ 621, 622 gekünd w. Nicht genügt, wenn der Anlaß nur einen Grd nach § 1 II S 1 KSchG darstellt.

565e Werkdienstwohnungen.
Ist Wohnraum im Rahmen eines Dienstverhältnisses überlassen, so gelten für die Beendigung des Rechtsverhältnisses hinsichtlich des Wohnraums die Vorschriften über die Miete entsprechend, wenn der zur Dienstleistung Verpflichtete den Wohnraum ganz oder überwiegend mit Einrichtungsgegenständen ausgestattet hat oder in dem Wohnraum mit seiner Familie einen eigenen Hausstand führt.

1) Allgemeines. Vorbem 2b vor § 565b. Lit: Gassner AcP **186**, 325. Geltg des MHG: 1f vor § 565b. **Beendigung:** Da ein einheitl gemischter Vertr vorliegt u idR das D(Arb)Verh vorherrscht, endet grdsätzl mit ihm auch der Anspr des DVerpfl (ArbN), die Wohng zu benutzen. Hiervon schafft § 565e zum SozSchutz eine Ausn. **Voraussetzung** für den MietKündSchutz ist mind überwiegde Ausstattg mit EinrichtgsGgstden dch den DVerpfl (ArbN), nicht notw mit solchen, die in seinem Eigt stehen, od eigener Hausstd mit Familie (auch kinderl Ehepaar). **Wirkung:** Das R des DVerpfl (ArbN) zur Benutzg der DWohng endet unabhäng v D(Arb)Verh nach MietR für WoRaum, aber nicht vor Beendigg des D(Arb)-Verh. Grdsätzl gilt dasselbe wie für Werkmietwohngen (§§ 565b–565d). Da DWohngen idR funktionsgebunden sind, gelten die entspr Regeln (vgl § 565c Anm 1, 3; § 565d Anm 3a).

566 Schriftform des Mietvertrags.
Ein Mietvertrag über ein Grundstück, der für längere Zeit als ein Jahr geschlossen wird, bedarf der schriftlichen Form. Wird die Form nicht beobachtet, so gilt der Vertrag als für unbestimmte Zeit geschlossen; die Kündigung ist jedoch nicht für eine frühere Zeit als für den Schluß des ersten Jahres zulässig.

1) Allgemeines. a) Zweck: In erster Linie soll dem späteren GrdstErwerber im Hinbl auf § 571 ermöglicht w, sich vollst über die auf ihn übergehden R u Pfl des MietVertr zu unterrichten; außerdem sollen zw den Part Unklarh u BewStwierigk vermieden w. **b) Abdingbarkeit:** ausgeschl, § 566 ist zwingd (allgM). **c) Anwendungsbereich:** Miet- u PachtVertr (§ 581 II) über Grdst (nicht LandP, § 585a), auch Teile eines Grdst, Wohng u Räume (§ 580), auch wenn ein schriftl VorVertr abgeschl war u sich der endgült Vertr darauf bezieht (BGH NJW **70**, 1596); für den UntermietVertr (BGH **81**, 46); für MietoptionsVertr (Einf 1f vor § 535; BGH NJW-RR **87**, 1227); für Ändergs- u VerlängrgsVertr (Anm 5); für Eintritt eines weiteren Mieters (BGH **65**, 49); für Eintritt eines neuen Mieters an Stelle des bisherigen (Ersatzmieter od Mieterwechsel: BGH **72**, 394 u WM **82**, 431). **Nicht:** für MietVorVertr (Einf 1d vor § 535; hM; BGH **LM** § 537 Nr 11); für VormietVertr (Einf 1e vor § 535), für AutomatenAufstellVertr (Einf 2e vor § 535; BGH **47**, 202); für Zust bei einem neuen Mieters dch Vertr zw den Mietern wg § 182 II (vgl § 549 Anm 7b); für vereinb Rückn der Künd eines der Form des § 566 entspr MietVertr, wenn er im wesentl unveränd bleibt (Mü NJW **63**, 1619); für Eintritt von FamAngeh gem § 569a; für Vertr zw Verm u GrdstErwerber (also nicht zw den Part des MietVertr), in die die Verpfl begründet w, dem Mieter innerh einer mehr als einjähr Fr nicht zu künd (RG **103**, 381); aus dem gleichen Grd die Vereinbg zw Verm u einem Dr, den Mietpr für eine best Zt nicht zu erhöhen. **d) Zustandekommen** des Vertr (vgl § 151) ist zu verneinen, wenn die Part einen Vertr auf längere Zt als ein Jahr schriftl abschl wollen u dann die Schriftform nicht einhalten (Düss ZMR **88**, 54).

2) Vereinbarte Dauer. Sie muß ein Jahr überschreiten. Maßgebd ist der Beginn des MietVerh, nicht der Ztpkt des VertrAbschl. **a)** Vertr mit best MietZt (§ 564 I) sind es idR, insb auch solche, die sich nach Ablauf eines Jahres um best Zt verlängern, wenn nicht gekünd wird, oder die nach Ablauf eines Jahres nur zu best Terminen gekünd w können (Soergel-Kummer 5). **b)** Vertr mit unbest MietZt fallen unter § 566, wenn sie auf LebensZt einer VertrPart (BGH NJW **58**, 2062) od eines Dr geschl sind; ferner, wenn die KündFr so lang ist, daß der Vertr nicht mind jährl aufgelöst w kann (Emmerich-Sonnenschein 13).

3) Schriftform gem § 126 (vgl dort). Die Form des § 127 genügt nicht. **a) Notarielle Beurkundung** (§ 128) ersetzt die Schriftform (§ 126 III). Notw ist sie nur, wenn der MietVertr wesentl Bestandt eines unter

§ 313 fallden GrdstVeräußergsVertr ist (RG **103**, 381); Heilg ist dann mögl. **b) Anspruch auf Einhaltung der Schriftform** ist begründet, wenn die Part im Zushang mit dem mdl Abschl des MietVertr ausdr od stillschw vereinb, daß Pfl zur Einhaltg der Schriftform besteht (RG **104**, 131; BGH **LM** Nr 11). Der Zweck des § 566 (Anm 1a) wird auch in diesen Fällen erfüllt. **c) Umfang:** Grdsätzl unterliegt der gesamte VertrInh der Form (BGH NJW **54**, 425). MindestInh sind die wesentl Bedinggen eines MietVerh (jedenf MietGgst, MietPr, Dauer); sie müssen sich aus dem schriftl Vertr oder aus darin in Bezug gen Urk ergeben (BGH **LM** Nr 6). Nebenabreden unterliegen dann der Schriftform, wenn sie im Inh des MietVerh (im Einzelfall) nach dem Willen der Part wesentl Bedeutg haben; das ist gegeben bei generell erteilter od verweigerter Erlaubn zur Untervermietg, idR bei Abreden über den Mietzins u den Umfang des GebrR. **Nicht:** einmalige Zahlg an den Verm als Entgelt für den Abschl des MietVertr (BGH WM **64**, 184); Kauf von Inv- od EinrichtgGgstden, idR alle Abreden, die nach Lage des Einzelfalls lediglich Leistg betreffen, wg deren Zweck des § 566 (Anm 1a) nicht enttgsteht; Vereinbg mit Dr, soweit sie lediglich aus Anlaß des MietVertr getroffen sind od über § 328 nur Re zG der Mieter begründen. Wg nachträgl Nebenabreden: Anm 5. **d) Berufung auf Formmangel** ist idR nicht argl (hM; Emmerich-Sonnenschein 55). Unzuläss RAusübg (§ 242 Anm 4 C, h) ist aber im Einzelfall mögl, insb gegeben: wenn der Verm (dem Zweck des § 566 entspr) sich mdl verpfl hat, dafür zu sorgen, daß ein etwaiger GrdstErwerber von der bestehden Verpfl dch Eintr einer Dienstbk erfährt (BGH **LM** Nr 15); wenn bei mdl VertrAbschl spätere Einhaltg der Schriftform vereinb w (vgl Anm b), jedoch gilt dies nicht ggü einem späteren Erwerber (BGH **LM** Nr 7).

4) Folgen des Formmangels. a) Gesetzliche Schriftform (S 1): Voraussetzg ist, daß überh ein wirks mdl Vertr geschl ist; auch iF des Eintritts eines weiteren Mieters (BGH **65**, 49). Besonderh bei VertrÄnd: Anm 5c. Keine Nichtigk, da S 2 ggü § 125 lex specialis darstellt, sond: Vertr gilt (Fiktion) als voll wirks auf unbest Zeit geschl u kann (frühestens) zum Ablauf des 1. VertrJahres (unabhäng vom KalJahr) mit der Fr des § 565 gekünd w (BGH **99**, 54). § 139 ist demggü unanwendb, so daß S 2 auch dann gilt, wenn die Part einen Vertr auf 1 Jahr od auf unbest Zeit nicht geschl haben wollten (BGH **LM** § 139 Nr 29). Nur bei neuem (insb mit Kauf) gemischten Vertr kann sich daraus, daß die vereinb längere Dauer des MietVertr unwirks ist, die Nichtigk des ganzen gemischten Vertr ergeben (BGH aaO). **b) Vereinbarte Schriftform** wird dch § 566 nicht ausgeschl u führt über § 125 S 2 iZw zur Nichtigk. Nur wenn der MietVertr trotzdem wirks ist (vgl § 125 Anm 2a), treten die RFolgen des § 566 ein. Das kommt aber nur in Betr, wenn der Vertr trotz § 154 II als geschl anzusehen ist (BGH BB **66**, 1081).

5) Änderungen und Verlängerungen des ursprüngl Vertr (insb Nachträge u Zusätze). Darunter fällt nicht die Aufhebg (§ 305) des gesamten MietVertr (allgM), wohl aber: Aufhebg od Beschrkg, Begründg od Erweiterg von Pfl u Ren od des sonst VertrInh. Keine Änd ist der Eintritt eines neuen Mieters gem § 549 Anm 7b u d (vgl Anm 1c). **a) Formzwang:** Ergreift grdsätzl jede Änd u jede Verlängerg des MietVertr; wenn der Vertr (unter Einschluß der Änd) noch länger als ein Jahr laufen soll (hM), nicht aber eine solche Änd, die ihrerseits nur für einen kürzeren Zeitraum gilt (K. Müller JR **70**, 86). Der Formzwang ergreift auch die Aufhebg u Beschrkg von Rechten od Pfl aus dem MietVertr (hM; aA K. Müller aaO). Formfrei sind ausnahmsw solche Änd, die unwesentl Nebenabreden darstellen (vgl BGH WM **63**, 173; wie Anm 3c). **b) Einhaltung der Schriftform:** Wie Anm 3, insb gilt § 126. Wird der VertrText nicht völl neu gefaßt, ist zusätzl notw, daß ein unmittelb räuml Zushang (fest Verbindg) mit der ursprüngl VertrUrk hergestellt w (hM), indem entw die Änd auf die ursprüngl Urk gesetzt od die neue Urk im Augenblick der Erf der Schriftform (BGH **50**, 42 u **LM** § 126 Nr 17 nach dem übereinstimmden Willen der Part) so mit der alten verbunden w, daß sie nur unter teilw Substanzverletzg entfernt w kann (BGH **40**, 255; vgl hierzu Ganschezian-Finck ZMR **73**, 129); dann genügt auch die Bezugn auf eine nicht unterzeichnete Urk über die Änd (BGH aaO). Die räuml Verbindg ist nicht notw, wenn die neue Urk selbst die wesentl BestandT eines MietVertr enthält u auf die (formgerechte) ursprüngl Urk Bezug gen w (BGH **42**, 333), bei einem VerlängergsVertr, insb auch dann, wenn ohne Bezeichng des MietObj die Verlängerg vereinb u die sonst wesentl Bestandteile des MietVertr aufgeführt sind (BGH **52**, 25) od wenn die NachtragsUrk auf den ursprüngl Vertr Bezug nimmt u ausgedrückt w, es solle iü mit dem verbleiben, was (formwirks) vereinb war (BGH ZMR **88**, 133). **c) Folgen des Formmangels. aa)** Grdsätzl ist der ganze (ursprüngl formgerechte) Vertr als auf unbest Zeit geschl anzusehen (hM), kann daher gekünd w, wobei die MindestLaufZt mit Abschl des ÄndVertr beginnt (BGH **99**, 54 = JZ **87**, 410 m Anm v Sonnenschein u JR **87**, 281 m Anm v Teichmann), jedoch ergreift der Formmangel eines reinen VerlängergsVertr idR nicht den ursprüngl Vertr (BGH **50**, 39). **bb)** Im Einzelfall kann dazu die zu unangemessenen Ergebnissen führen, insb dann, wenn die wirtsch Bedeutg der Abänd gering ist. Dem kann dch die von K. Müller JR **70**, 86 vertretene analoge Anwendg des § 139 begegnet w; danach kann Unwirksamk nur für den ÄndVertr in Betr kommen, iü immer nur die RFolgen des § 566 S 2, entweder für den ganzen od nur für den AbändVertr. **cc)** Ist der formwidr MietVertr mit einem formlos gült, auf bestimmte längere Zt geschl Vertr verbunden (zB UnternPacht auf gemietetem Grdst), so bewirkt die verfrühte Künd des GrdstMietVertr keinen Anspr aus pVV (BGH WM **82**, 431).

567 Vertrag über mehr als 30 Jahre.
Wird ein Mietvertrag für eine längere Zeit als dreißig Jahre geschlossen, so kann nach dreißig Jahren jeder Teil das Mietverhältnis unter Einhaltung der gesetzlichen Frist kündigen. Die Kündigung ist unzulässig, wenn der Vertrag für die Lebenszeit des Vermieters oder des Mieters geschlossen ist.

1) Allgemeines. a) Anwendungsbereich: gilt für Pacht (§ 581 II); auch für VorVertr (Erm-Schopp 1), entspr auch für miet- od pachtähnl Verh (RG **121**, 11); aber nicht beim KausalVerh für eine GrdDienstbk (BGH WM **74**, 1232). **b) Abdingbarkeit:** § 567 ist zwingd, weil Erbmiete ausgeschl w soll (BGH **LM** § 581 Nr 2). **c) Lebenszeitverträge:** S 2 ist nur für natürl Pers anwendb. Die Künd ist auch nach 30jähr VertrDauer ausgeschl.

Einzelne Schuldverhältnisse. 3. Titel: Miete. Pacht §§ 567–569

2) Voraussetzungen und Wirkung. a) Der Vertr muß zZ des VertrAbschl auf mehr als 30 Jahre abgeschl sein. Mehr als 30jähr VertrDauer liegt auch vor, wenn der Vertr für 30 Jahre, aber mit OptionsR geschl ist (RG 130, 143), ebso, wenn Vertr auf unbest Zt mit Ausschl der Künd geschl ist (Erm-Schopp 2) od wenn die Künd nur bei Erf v Verpfl zul ist, die übermäß wirtsch Erschwerg darstellen (RG 73, 341). Greifen mehrere aufeinanderfolgde MietVertr so ineinander, daß insges ihre Dauer 30 Jahre übersteigt, darf nicht zugerechnet w, wenn zum Abschl des spät Vertr kein Zwang bestand (RG 165, 22). **b)** Der Vertr ist wirks (RG 130, 143). Es besteht nur das KündR mit der Fr des § 565. Die Künd stellt nur in AusnFällen unzul RAusübg dar (vgl § 242 Anm 4C, h; BGH **LM** § 581 Nr 31).

568 *Stillschweigende Verlängerung.* Wird nach dem Ablaufe der Mietzeit der Gebrauch der Sache von dem Mieter fortgesetzt, so gilt das Mietverhältnis als auf unbestimmte Zeit verlängert, sofern nicht der Vermieter oder der Mieter seinen entgegenstehenden Willen binnen einer Frist von zwei Wochen dem anderen Teile gegenüber erklärt. Die Frist beginnt für den Mieter mit der Fortsetzung des Gebrauchs, für den Vermieter mit dem Zeitpunkt, in welchem er von der Fortsetzung Kenntnis erlangt.

1) Allgemeines. a) Zweck. Soll RKlarh zw den VertrPart üb den Fortbestand des MVerh schaffen (BGH NJW-RR **88**, 76; RGRK-Gelhaar 1). Dient nicht dem Bestandsschutz (hM; aA LG Bochum ZMR **71**, 56 m abl Anm v Schopp), sond soll (statt vertrlosen Zust) Anwendbk des MietR gewährleisten, wenn der Gebr fortgesetzt wird (Schlesw NJW **82**, 449). Die Vorschr ist ig § 564b nicht mehr interessengerecht (Gather DWW **80**, 293). **b) Anwendungsbereich:** Alle Arten v MietVerh, auch Pacht (§ 581 II, nicht LandP) u grdsätzl jede Art der Beendigg des MietVerh (§ 564 Anm 1), insb auch bei außerord Künd (BGH NJW **80**, 1577); aber nicht bei vertrag Aufhebg des MietVerh, insb MietaufhebgsVertr u RäumgsVgl (MüKo-Voelskow 11 mwN; sehr bestr); auch nicht, wenn ein VertrTeil geschunfähig ist, weil wg Anm 2b WillErkl notw ist (hM). **c) Abgrenzung:** Von § 568 ist zu unterscheiden: **aa)** Verlängergsklausel bei MietVerh über WoRaum (§ 565a I). **bb)** Verlängerg des MietVerh dch Vertr (§ 305). **cc)** Gewähr einer RäumgsFr dch den Verm (Soergel-Kummer 6). **d) Abdingbarkeit:** § 568 ist nicht zwingd (BGH ZMR **66**, 241), auch in der Weise, daß die Anwendg des § 568 ganz ausgeschl bleibt (Emmerich-Sonnenschein 14). Die Fiktion der Weitergeltg kann auch in FormularMietVertr abbedungen w (Hamm NJW **83**, 826). **e) Verhältnis zur Sozialklausel:** Hat Mieter der Künd nicht nach § 556a widersprochen, so gilt das MietVerh als auf unbest Zeit verlängert, wenn Verm nicht dem § 568 widerspricht. Der WiderspR des Mieters nach § 556a ist dann ggstandslos. Der Anspr auf gerichtl Feststellg der zeitl Dauer des MietVerh (§ 556c II) entfällt. Bei erneuter Künd ist § 556a anwendb. **f) Beweislast:** Wer sich auf Verlängerg beruft, muß GebrFortsetzg bew. Wer Verlängerg trotz GebrFortsetzg bestreitet, muß rechtzeitigen Widerspr bew. Verspätg des Widerspr wg Kenntn des Verm muß Mieter bew.

2) Voraussetzungen. a) Fortsetzung des Gebrauchs: nur dch den Mieter, nicht dch Dr, wohl aber dch weitere Überlassg an den UnterM (trotz enttgstehden, aber nicht erkl Willens, BGH NJW-RR **86**, 1020 für Pacht) od an einen Miterben (BGH **LM** § 535 Nr 42). Nur tats Behalten, nicht Gebr ist entscheidd. Keine WillErkl, rein tats Vorgang, wobei Art u Umfang des Gebr, wie zZ der Beendigg des MietVerh, über diesen Ztpkt hinaus fortgesetzt w muß (BGH **LM** § 535 Nr 42). Kenntn vom Ende des MietVertr ist bedeutgsl. **b) Unterlassung** der Erkl enttgstehden Willens. Formlose WillErkl des Verm od Mieters. Empfangsbedürft (§ 130). Kann schon vor Ablauf der MietZt, auch vor Ablauf der KündFr abgegeben w (hM; BayObLG NJW **81**, 2759), insb schon im Schreiben, das die fristl Künd enthält (hM; Hbg NJW **81**, 2258 mwN), weil „nach dem Ablauf" sich auf den Gebr der Sache bezieht u jede fristgebundene Erkl wie vor FrBeginn abgegeben w kann; jedoch muß Kl nicht erhoben w (BGH NJW-RR **88**, 77). Wiederholg ist grdsätzl unnöt (BGH **LM** § 535 Nr 42), wenn ein loser zeitl Zushang zw WiderspErkl u Ende der MietZeit besteht (BayObLG NJW **81**, 2759), ferner wenn RäumgsUrt ergangen u RäumgsFr abgelaufen ist (bestr). Die Erkl des Verm liegt insb in Räumgsverlangen od dem Mieter mitgeteilter RäumgsKl (LG Wuppert ZMR **68**, 268). Die Erkl kann darin liegen, daß fristlos gekünd, insb gem § 554a (BGH NJW-RR **88**, 76), in der Gewährg einer RäumgsFr (Schlesw NJW **82**, 449), auch in der Erkl, das MietVerh nur bei Zahlg einer höheren Miete fortsetzen zu wollen (BGH **LM** § 535 Nr 42). Nicht genügt die bloße Fdg höheren Mietzinses. **c) Frist:** Berechng §§ 187, 188, 193. Beginn (S 2): mit Ende der MietZt; für Vermieter, wenn er gekünd hat, mit dem Termin, zu dem er gekünd hat. § 270 III ZPO gilt nicht, weil die Fr nicht nur dch KlErhebg gewahrt w kann (hM; Stgt ZMR **87**, 179 mwN; ThP § 270 Anm 3a).

3) Wirkung. Fiktion der Verlängerg des (alten) MietVerh auf unbest Zt; ohne Rücks auf PartWillen. Daher keine Anf (hM), bei Argl od Drohg kann Einr nach § 242 erhoben w. Eine neue Künd ist nicht ausgeschl, insb kann die Künd auch mit den bereits verwendeten Grden neu erklärt w (§ 564 Anm 3i; Emmerich-Sonnenschein 32 mwN; aA AG Tempelh MDR **88**, 146). Da das alte MietVerh fortbesteht, gilt der vereinb Inhalt des MietVertr weiter, mit Ausn der Punkte, die der Fortsetzg auf unbest Zt entggstehen. Insb gelten die gesetzl KündFr (Soergel-Kummer 16 mwN).

569 *Kündigung bei Tod des Mieters.* **I** Stirbt der Mieter, so ist sowohl der Erbe als der Vermieter berechtigt, das Mietverhältnis unter Einhaltung der gesetzlichen Frist zu kündigen. Die Kündigung kann nur für den ersten Termin erfolgen, für den sie zulässig ist.

II Die Vorschriften des Absatzes 1 gelten nicht, wenn die Voraussetzungen für eine Fortsetzung des Mietverhältnisses nach den §§ 569a oder 569b gegeben sind.

1) Allgemeines. Abs II ist eingefügt dch 2. MietRÄndG. **a) Zweck.** § 569 berücksicht, daß der Verm idR die Mietsache nur einer best Pers überlassen will u der gem § 1922 als Mieter eintretde Erbe die

§§ 569, 569a

Mietsache häuf nicht benöt. **b) Anwendungsbereich:** Grdsätzl alle MietVerh, auch bewegl Sachen. Bei WoRaum wegen der SoRegelg der §§ 569a, 569b (vgl Abs II) nur dann, wenn der (verstorbene) Mieter den WoRaum nicht mit seinem Ehegatten od mit FamAngehör bewohnt hat u diese nicht in das MietVerh eintreten. § 569 gilt also insb, wenn der Mieter den WoRaum allein od mit Pers gemeins bewohnt hat, die weder Ehegatten noch FamAngehör sind. Bei Pacht gilt § 584a II. **c) Abdingbar** ist Abs I dch die MietVertr-Part, indem er ganz ausgeschl od inhaltl geänd wird (hM; MüKo-Voelskow 10 mwN).

2) Voraussetzungen. a) Bestehen des Mietverhältnisses (wie Anm 1b) insb, wenn es auf best Zeit eingegangen (§ 564 I) od wenn die ges KündFr verlängert ist. **b) Tod des Mieters:** nur eine natürl Pers; auch wenn der Erbe die Firma fortführt (RG 130, 52). Entspr Anwendg auf jur Pers u HandelsGesellsch ist abzulehnen (hM; MüKo-Voelskow 5). Bei mehreren Mietern ist, wenn nur einer stirbt, zu differenzieren: Das MietVerh kann, wenn überh, nur einheitl für alle Mieter aufgelöst w (allgM). Die übr RFragen sind umstritten (MüKo-Voelskow 6 mwN). Grdsätzl besteht ein KündR der Mieter, wenn es gemeins ausgeübt w (RGRK-Gelhaar 4); iü ist das KündR des Verm u der Erben aus einer Interessenabwägg zu beurt (RG 90, 328); idR ist es aus dem Normzweck (Anm 1a) zu bejahen (vgl MüKo-Voelskow 6).

3) Kündigung. Sie ist außerordentl mit ges Frist gem § 565 V. **a) Erklärung:** wie § 564 Anm 3; daher muß bei ErbenGemsch die Künd von allen od an alle Miterben erkl w (RGRK-Gelhaar 6; § 2040 Anm 3; aA BGH **LM** § 2038 Nr 1: nur VerwaltgsHandlg, nicht Vfg). Ggf sind der TestamentsVollstr, Nachlaßpfleger, -verwalter u -konkursverwalter befugt. Zur Künd ist ein urkundl Nachweis (nicht notw ein Erbschein) erforderl. **b) Zeitpunkt:** Der erste mögl Termin, zu dem gekünd w kann, ist die einzige KündMöglichk. Er darf nicht abstrakt berechnet w, sond nur nach der konkreten Sachlage. Es kommt insb auf Kenntn v Tod u Erbfolge an, wobei auf VerschMaßstäbe abzustellen ist (hM; RG 103, 271). **c) Kündigungsschutz:** § 564b ist anwendb (hM; Hbg NJW **84**, 60; BayObLG ZMR **85**, 97; dagg krit Honsell AcP **186**, 116 [134]; Hablitzel ZMR **84**, 289). § 556a gilt keinesf (allgM).

569 a *Eintritt von Familienangehörigen in das Mietverhältnis.*

^I In ein Mietverhältnis über Wohnraum, in dem der Mieter mit seinem Ehegatten den gemeinsamen Hausstand führt, tritt mit dem Tode des Mieters der Ehegatte ein. Erklärt der Ehegatte binnen eines Monats, nachdem er von dem Tode des Mieters Kenntnis erlangt hat, dem Vermieter gegenüber, daß er das Mietverhältnis nicht fortsetzen will, so gilt sein Eintritt in das Mietverhältnis als nicht erfolgt; § 206 gilt entsprechend.

^{II} Wird in dem Wohnraum ein gemeinsamer Hausstand mit einem oder mehreren anderen Familienangehörigen geführt, so treten diese mit dem Tode des Mieters in das Mietverhältnis ein. Das gleiche gilt, wenn der Mieter einen gemeinsamen Hausstand mit seinem Ehegatten und einem oder mehreren anderen Familienangehörigen geführt hat und der Ehegatte in das Mietverhältnis nicht eintritt. Absatz 1 Satz 2 gilt entsprechend; bei mehreren Familienangehörigen kann jeder die Erklärung für sich abgeben. Sind mehrere Familienangehörige in das Mietverhältnis eingetreten, so können sie die Rechte aus dem Mietverhältnis nur gemeinsam ausüben. Für die Verpflichtungen aus dem Mietverhältnis haften sie als Gesamtschuldner.

^{III} Der Ehegatte oder die Familienangehörigen haften, wenn sie in das Mietverhältnis eingetreten sind, neben dem Erben für die bis zum Tode des Mieters entstandenen Verbindlichkeiten als Gesamtschuldner; im Verhältnis zu dem Ehegatten oder den Familienangehörigen haftet der Erbe allein.

^{IV} Hat der Mieter den Mietzins für einen nach seinem Tode liegenden Zeitraum im voraus entrichtet und treten sein Ehegatte oder Familienangehörige in das Mietverhältnis ein, so sind sie verpflichtet, dem Erben dasjenige herauszugeben, was sie infolge der Vorausentrichtung des Mietzinses ersparen oder erlangen.

^V Der Vermieter kann das Mietverhältnis unter Einhaltung der gesetzlichen Frist kündigen, wenn in der Person des Ehegatten oder Familienangehörigen, der in das Mietverhältnis eingetreten ist, ein wichtiger Grund vorliegt; die Kündigung kann nur für den ersten Termin erfolgen, für den sie zulässig ist. § 556a ist entsprechend anzuwenden.

^{VI} Treten in ein Mietverhältnis über Wohnraum der Ehegatte oder andere Familienangehörige nicht ein, so wird es mit dem Erben fortgesetzt. Sowohl der Erbe als der Vermieter sind berechtigt, das Mietverhältnis unter Einhaltung der gesetzlichen Frist zu kündigen; die Kündigung kann nur für den ersten Termin erfolgen, für den sie zulässig ist.

^{VII} Eine von den Absätzen 1, 2 oder 5 abweichende Vereinbarung ist unwirksam.

1) Allgemeines. a) Zweck: BestdsSchutz des MietVerh für Eheg u FamAngeh. **b) Anwendbar.** Nur MietVerh üb WoRaum (8a vor § 535), möbliert und unmöbliert vermietet. § 569a gilt auch für WerkWo, in keinem Falle aber bei Pacht (allgM). Keine entspr Anwendg auf nichtehel LebensGemsch (Anm 3a, bb). **c) Abdingbarkeit:** Abs I, II u V sind absolut zwingd (Abs VII); jede vertr Änderg ist ausgeschl. Abs III, IV u VI sind abdingb.

2) Tod des Ehegatten (Abs I), der Mieter war. **a) Voraussetzungen: aa)** Der verstorbene Eheg muß Alleinmieter gewesen sein. Ist der überlebde Eheg Mitmieter, gilt § 569b (hM; Emmerich-Sonnenschein 7). **bb)** Gemeinsamer Hausstd der Eheg bedeutet MittelPkt des gemeins Lebens- u WirtschFührg. Das kann bei Getrenntleben in derselben Wohng aufgehoben sein (hM). **b) Wirkung: aa)** Eintritt in das MietVerh als Mieter außerh u unabhäng v der Erbfolge. Das ist SonderRNachf KrG. Haftg für Verbindlk aus dem MietVerh gem Abs III. **bb)** AblehngsR des üblebden Eheg. (1) AblFr: ein Monat. Berechng: § 188. (2) FrBeginn mit Kenntn des Todes. (3) AblErkl: empfbed WillErkl (§ 130), formlos. (4) Folge: Bei wirks

Einzelne Schuldverhältnisse. 3. Titel: Miete. Pacht **§§ 569 a–570**

AblErkl wird der Eintritt in das MietVerh als nicht erfolgt fingiert. Das EintrittsR and FamAngeh gem Abs II wird für diese frei od es wird Abs VI wirks.

3) Eintritt von Familienangehörigen (Abs II). **a) Voraussetzungen** (S 1 u 2). **aa)** Tod des Mieters: wie Anm 2a, aa. **bb)** Gemeins Hausstd: wie Anm 2a, bb; jedoch (mit od ohne Eheg) mit einem od mehreren FamAngeh. Sie müssen verwandt od verschwägert sein, ohne einen bestimmten Grad (hM). Entspr Anwendg auf and Pers ist abzulehnen (Emmerich-Sonnenschein 19). Keinesf anwendb auf nichtehel Lebens-Gemsch (hM; Langohr ZMR **83**, 222; LG Karlsr FamRZ **82**, 599; aA LG Hann NJW **86**, 727 = FamRZ **85**, 1255 m abl Anm v Bosch; LG Hbg WoM **89**, 304). **cc)** Kein Eintritt eines Eheg gem Anm 2. **b) Wirkung** (Abs III): **aa)** Eintritt als Mieter: wie Anm 2 b, aa. Bei Mehrh v FamAngeh gelten S 4 u 5. Sie werden GesSchu u GesHandGl (§§ 421, 432). **bb)** AblehngsR: wie Anm 2b, bb (Abs II S 3). Die Fr beginnt mit Kenntn von Tod u Ablehng des Eheg (hM). Jeder v mehreren FamAngeh ist bei Ausübg seines AblehngsR unabhäng von anderen. Alles übr: Anm 2b, bb entspr.

4) Ausgleich von Mietvorauszahlungen (Abs IV). Begriff: wie § 557a. Voraussetzg ist der Eintritt gem Anm 2a od 3a; bei Mehrh besteht GesSchuld (Abs II S 5). Herauszugeben (idR zu bezahlen) ist die ersparte Miete; ggf auch die erlangte bei nicht abgewohnter MietVorauszahlg. Verjährg: § 195.

5) Kündigungsrecht des Vermieters (Abs V). **a) Voraussetzungen.** Eintritt des Eheg od eines Fam-Angeh. Wicht Grd ist nicht gleichzusetzen mit dem, was zur außerord fristlosen Künd ggü dem Mieter berecht, weil Abs II sonst überflüss wäre u die gesetzl Fr nicht zuläss. Der wicht Grd ist gleichzusetzen mit § 549 I S 2 (hM); er muß jedenf in der Pers v den damit zushängen Umstden liegen, zB Eintritt in das MietVerh der Wo einer Genossensch, bei dem der FamAngeh bereits eine Wo nutzt (LG Nürnb-Fürth WoM **85**, 228). Bei Eintritt mehrerer Mieter als ausschließl neue VertrPart genügt der Grd in der Pers v einem (hM). **b) Kündigung.** Es gelten die allg Vorschr (§ 564 Anm 3). Es ist eine außerord Künd mit gesetzl Fr; es gilt § 565 V, II S 1, somit die um 3 Werktage verkürzte 3-MonatsFr. Die KündErkl zum ersten zul Termin bedeutet, daß sie frühestens nach Ablauf der ErklFr des Abs I S 2 od Abs II S 3 ausgesprochen werden muß (hM; MüKo-Voelskow 18). Die SozKlausel (§§ 556a–c) gilt, nicht § 564b, weil der wicht Grd des Abs V eine üb § 564b hinausgehde SoRegelg darstellt (LG Nürnb-Fürth WoM **85**, 228; sehr bestr; aA Karlsr Justiz **84**, 130 mwN: berecht Interesse iS des § 564b muß zugleich vorliegen).

6) Fortsetzung des Mietverhältnisses mit Erben (Abs VI) od MiterbenGemeinsch. Sie kommt nur in Betracht, wenn Eheg od FamAngeh die Fortsetzg ablehnen. Die RFolge entspr den §§ 1922, 1967. Gesetzestechn ist Abs VI überflüss u bewirkt nur, daß statt ord Künd ein außerord KündR mit gesetzl Fr gegeben w (Abs VI S 2, § 565 V). § 556a ist nicht anwendb. Eintrittsberechtigg (Anm 2, 3) u Erbenstellg kann in einer Pers zutreffen. Erster zuläss Termin: wie Anm 5; für den Verm nicht vor Kenntn, daß das EintrR rückwirkd entfallen ist. Ist der EintrBerecht Erbe, muß u kann er nach od zugleich mit der Ablehng künd. Beides kann in einer einz Erkl gesehen werden (§ 133).

569 b *Gemeinsamer Mietvertrag von Ehegatten.* Ein Mietverhältnis über Wohnraum, den Eheleute gemeinschaftlich gemietet haben und in dem sie den gemeinsamen Hausstand führen, wird beim Tode eines Ehegatten mit dem überlebenden Ehegatten fortgesetzt. § 569a Abs. 3, 4 gilt entsprechend. Der überlebende Ehegatte kann das Mietverhältnis unter Einhaltung der gesetzlichen Frist kündigen; die Kündigung kann nur für den ersten Termin erfolgen, für den sie zulässig ist.

1) Zweck: wie § 569a Anm 1b. **Abdingbarkeit** ist zu bejahen. **Voraussetzungen:** (1) Eheg müssen ausschließl gemeinsch Mieter (Mitmieter), dh Parteien des MietVertr sein; es genügt späterer Beitritt (Emmerich-Sonnenschein 6). Auf nichtehel LebensGemsch unanwendb. (2) Gemsch Hausstd: wie § 569a Anm 2a, bb. (3) WoRaum: wie Einf 8a vor § 535. (4) Tod eines Eheg. **Wirkung:** Fortsetzg des MietVerh mit dem überlebden Eheg als SoRNachf außerhalb u unabhäng v der Erbfolge. Der Eheg wird Alleinmieter. **Haftung** neben den Erben u Ausgleich im InnenVerh (S 2) wie § 569a III (dort Anm 2b, aa). **Ausgleich** v MietvorausZahlg (S 2): wie § 569a Anm 4. **Kündigungsrecht** (S 3) nur des Ehg, nicht des Verm. KündErkl wie § 564 Anm 3. Fr wie § 565 V S 3 1. Hs. ZtPkt wie § 569 Anm 3b (S 3 2. Hs).

570 *Versetzung des Mieters.* Militärpersonen, Beamte, Geistliche und Lehrer an öffentlichen Unterrichtsanstalten können im Falle der Versetzung nach einem anderen Orte das Mietverhältnis in Ansehung der Räume, welche sie für sich oder ihre Familie an dem bisherigen Garnison- oder Wohnorte gemietet haben, unter Einhaltung der gesetzlichen Frist kündigen. Die Kündigung kann nur für den ersten Termin erfolgen, für den sie zulässig ist.

1) Allgemeines. Der Zweck ist das öfftl Interesse. **a) Anwendbar** für alle Räume (7 vor § 535), nicht nur für WoRaum (8a vor § 535). Gilt auch, wenn der Eheg Mitmieter ist, sodaß dann beide künd können. Gilt nicht für Pacht (§ 596 III). **b) Familie:** Eheg, Enkel, Kinder, Eltern u Schwiegereltern. **c) Unabdingbar** ist § 570, sodaß ein Verz auf das KündR nichtig ist.

2) Personenkreis. Maßgebd ist der ZtPkt der Künd. Beamte: gemeint ist der staatsrechtl Begr iS der verschiedenen BeamtenGe, sowie Richter u Angeh des BGrenzSchutzes; die Anwendbk auf staatl Angestellte ist zu bejahen (umstr), für and ArbN zu verneinen (BayObLG ZMR **85**, 198). MilitärPers: alle Soldaten iS des SoldatenG. Geistliche: alle im hauptberufl für eine ReligionsGemsch tät sind (Emmerich-Sonnenschein 8). Lehrer: auch Hochschullehrer, PrivDozenten, soweit sie nicht schon unter den BeamtenBegr fallen.

3) Versetzung nach einem and Ort: Auch wenn sie auf Antr des Beamten erfolgt, nicht aber eine erstmal Berufg ins BeamtenVerh (Hamm ZMR **85**, 267; bestr). Versetzg ist auch gegeben, wenn ein Beamter in derselben Laufbahn bleibt od seinen DHerrn wechselt. Nicht: Übertritt in den Dienst eines ausl Staates, Versetzg in den Ruhestand, vorübergehde Abordng. Die Versetzg muß bereits amtl angeordnet u dem Mieter mitgeteilt sein. Anderer Ort bedeutet eine and Gemeinde.

4) Kündigung. Außerord mit ges Fr (§ 565 V). Sie muß zum erstmögl Termin nach dem amtl Zugang der VersetzgsAnordng erfolgen u der KündTermin muß nach dem ZtPkt der Versetzg liegen.

570a *Vereinbartes Rücktrittsrecht.* Bei einem Mietverhältnis über Wohnraum gelten, wenn der Wohnraum an den Mieter überlassen ist, für ein vereinbartes Rücktrittsrecht die Vorschriften dieses Titels über die Kündigung und ihre Folgen entsprechend.

1) Allgemeines. Eingef durch das 1. MietRÄndG; Inkrafttr: Einf 12b vor § 535. **Zweck:** soll verhindern, daß die zwingden, zum Schutz des Mieters erlassenen KündVorschr umgangen w. **Anwendungsbereich:** WoRaum: Einf 8a vor § 535. Vereinb RücktrR: nur der allg vorbehaltene (§ 346) od an vertragl festgelegte Voraussetzgen gebundene Rücktr; nicht der gesetzl (zB des § 326). Überlassen bedeutet Übertr des unmittelb Bes (§ 854). **Wirkung:** entspr Anwendg aller Vorschr über Künd u ihre Folgen, insb §§ 554a, 554b, 556a, 564a, 564b, 565.

571 *Veräußerung bricht nicht Miete.* I Wird das vermietete Grundstück nach der Überlassung an den Mieter von dem Vermieter an einen Dritten veräußert, so tritt der Erwerber an Stelle des Vermieters in die sich während der Dauer seines Eigentums aus dem Mietverhältnis ergebenden Rechte und Verpflichtungen ein.

II Erfüllt der Erwerber die Verpflichtungen nicht, so haftet der Vermieter für den von dem Erwerber zu ersetzenden Schaden wie ein Bürge, der auf die Einrede der Vorausklage verzichtet hat. Erlangt der Mieter von dem Übergange des Eigentums durch Mitteilung des Vermieters Kenntnis, so wird der Vermieter von der Haftung befreit, wenn nicht der Mieter das Mietverhältnis für den ersten Termin kündigt, für den die Kündigung zulässig ist.

1) Allgemeines. a) Bedeutung. Dchbricht den allg Grds, daß Re u Pfl nur zw den am SchuldVerh beteiligten Pers entstehen. Bezweckt Schutz des Mieters u Pächters. **b) Anwendungsbereich. aa)** Nur Miete u Pacht (§§ 581 II, 593b). DauernutzgsVertr mit einer Baugenossensch (Karlsr ZMR 85, 122), entspr auf Jagdpacht (§ 14 BJagdG) u Fischereipacht. Nicht: bei Wechsel des HauptM (BGH NJW 89, 2053). UntermVorVertr u and SchuldVerh (BGH NJW 64, 766 [Leihe] u WM 76, 510 [Pfl zur Einräumg eines DauerwohnR]), auch nicht für Verh zw VorEigtümer u dingl Berecht (BGH WM 65, 649), insb nicht bei kaufw bestelltem WohngsR (Haegele Rpfleger 73, 349 [352]). **bb)** Nur für Grdst (wie Einf 6a vor § 535), daher auch Teile, Außenwandflächen (bedeuts für Warenautomaten, Mü NJW 72, 1995) u Reklameflächen (Hamm MDR 76, 143), über § 580 für Wohngen u and Räume, insb GeschRäume. Bei gemischten Vertr (zB Altenwohnheim) nur, wenn sie überwiegd GrdstMiete sind (hM; BGH NJW 82, 221). Gilt nicht für bewegl Sachen; hier auch bei Einwendgen nach § 986 II mögl. **c) Entsprechende Anwendung** dch Vermietg dch ErbbauBerecht (§ 11 ErbbRVO; aber nur im Verh zum Mieter, nicht im Verh ErbbBer zum Erwerber des Grdst (BGH NJW 72, 198); auf den Nießbraucher (§ 1056) u den Vorerben (§ 2135), wenn diese Pers über die Dauer ihres Rechts hinaus vermietet od verpachtet haben (RG 81, 149). AuflassgsVormerkg: Anm 2a. **d) Abdingbarkeit** ist im Verh Verm-Mieter zu bejahen (allgM); bei WoRaum, der nach AGB vermietet wird, dürfte § 9 II Nr 1 AGBG entggstehen. Abweichde Vereinbg zw Verm u Erwerber üb das MietVerh ist gg Mieter nur gült, wenn er zustimmt. **e) Übertragung von Rechten** aus dem MietVertr ist schon vor EigtÜbgang auf den Erwerber mögl (Soergel-Kummer 33). Das gilt auch für die KündR (§ 413 Anm 3b; Fricke ZMR 79, 65). Bei WoRaum ist umstr (vgl Scholz ZMR 88, 285 mwN).

2) Veräußerung des Grundstücks. Sie muß dch den Verm (od dessen RNachf) an einen Dr erfolgen u das ganze Grdst umfassen, auch wenn das Grdst geteilt u an versch Erwerber veräußert w (BGH NJW 73, 455); es bleibt dann bei einem einheitl MietVertr mit mehreren Beteil. Es genügen nicht: Veräußerg einzelner Re am Grdst, die das MietR schmälern od von TeilEigt (LG Düss WoM 70, 131); Veräußerg dch MitEigterGemsch, wenn nur einer der MitEigter Verm ist (BGH NJW 74, 1551). **a) Veräußerungsgeschäfte** (mit EigtÜberg): Nur freiw, insb Kauf, Tausch, Schenkg, Vermächtn, Einbringen in eine Gesellsch, Aufteilg eines Grdst dch MitEigt nach § 8 WEG für die betr Wohng (BayObLG NJW 82, 451). EigtÜbergang ist notw, also Auflassg u Eintr (§ 925), weil Vollendg des RsErwerbs der maßgebde Ztpkt ist. AuflassgsVormerkg (§ 883) genügt daher nicht, die Wirkg des § 571 herbeizuführen (BGH NJW 89, 41 mwN; Jauernig § 883 Anm 4e; bestr; aA § 883 Anm 3a mwN). Daraus folgt: Vormerkgswidr Vermietg dch den verkaufden Eigt ist wirks, kann aber zum SchadErs verpfl; der vormerksgesicherte Käufer kann vor EigtErwerb nicht künd od den MietVertr ändern (§ 305). Diese Wirkgen können zT dch Vertr (insb §§ 305, 398, 414) schon vor EigtÜbergang abdegungen w. Auf Enteignug ist § 571 unanwendb; ebso bei öffrechtl vorläuf BesEinweisg (Bambg NJW 70, 2109). **b) Zwangsversteigerung.** Maßg §§ 9 Nr 2, 21, 57, 57a bis 57d ZVG. Entspr Anwendg des § 571 nur nach Maßg dieser Vorschriften. Bei Vermietg dch nur einen MitEigt, wird die Zust der and zur Vermietg verlangt (Karlsr NJW 81, 1279). Entspr Anwendg auf den Ersteher eines ErbbauR (BGH WM 60, 1125). KündR des Erstehers nach § 57a ZVG; soweit nicht § 57c ZVG eingeschr. Der Mieter hat SchadErsAnspr (§ 325) ggü Verm, wenn er inf Künd des Erstehers nach § 57a ZVG räumen muß (allgM; Emmerich-Sonnenschein 86a mwN). Bei ZwVerst zwecks Aufhebg einer Gemsch gilt § 183 ZVG. **c) Konkurs.** Veräußerg dch den KonkVerw wirkt wie eine ZwVerst (§ 21 IV KO; BGH WM 62, 901). SchadErsAnspr des Mieters nach § 26 KO (KonkFdg, RG 67, 376).

3) Überlassung des Grundstücks an den Mieter ist weitere Voraussetz des § 571. **a) Begriff:** wie § 536 Anm 3. Der Verm muß also seine ÜblassgsPfl aus §§ 535, 536 erf (BGH 65, 137 [140]). Nicht notw ist, daß

Einzelne Schuldverhältnisse. 3. Titel: Miete. Pacht   §§ 571, 572

der Mieter die BesErlangg dch Handlgen kenntl macht, zB Einzäung, Schilder (BGH aaO). BesÜberg auf Dr od vorübgehdes Verlassen des Grdst steht der Anwendg des § 571 nicht entgg, wohl aber völl BesAufg od Rückg an den Verm. Üblassen sein kann auch an den UnterM, wenn sich vereinbgem an den UnterM-Besitz ein HauptMBesitz anschließt (BGH NJW-RR **89**, 77). Die Duldg einer Wasserleitg genügt nicht (Düss MDR **76**, 142). **b) Zeitpunkt:** Die Veräußerg muß nach Überlassg erfolgt sein; bei Veräußerg vor Überlassg des vermieteten Grdst gilt § 578. **c) Bestand** des MietVertr zZ der Überlassg. Es ist jedoch gleichgült, ob der MietZtRaum erst nach dem GrdstErwerb beginnt, zB bei VerlängergsVertr (BGH **42**, 333). Ist der MietVertr nichtig od v allein anfberecht Veräußerer wirks angefochten, bleibt Eintritt ausgeschl (Roquette NJW **62**, 1551). Ebso, wenn Vertr gekünd u KündFr vor dem EigtErwerb abgelaufen ist. Re aus dem MietVerh hat hier nur Veräußerer; der Erwerber ist auf solche aus seinem Eigt beschr, ausgen die Anspr aus §§ 556 I, 557 (BGH **72**, 147) u aus Verletzg der ObhutsPfl (vgl BGH **LM** § 556 Nr 2 u § 545 Anm 1). Der Erwerber tritt auch nicht in nachvertragl Pfl des Verm ein, wenn das MietVerh zZ des Erwerbs nicht mehr besteht (Hamm BlGBW **82**, 235).

4) Rechtsverhältnis zwischen Erwerber und Mieter. Erwerber tritt an Stelle des Verm in die sich aus dem MietVerh ergebden Re u Pfl ein, u zwar in alle, die zw dem veräußernden Verm u dem Mieter bestehen u BestandT des MietVertr sind. **a) Eintritt** kr G, unmittelb im Anschl an den dingl VeräußergsAkt, u zwar kr selbstd R, nicht als RNachf des Verm (BGH NJW **62**, 1390); ohne Rücks auf Kenntn (Erm-Schopp 13). Mehrere Erwerber treten in ihrer Gesamth an die Stelle des Verm (BGH NJW **73**, 455). Das gilt auch bei Veräußerg eines realen GrdstTeiles, soweit sich das MietVerh darauf bezieht, so daß es ein einheitl MietVerh bleibt (RG **124**, 195). Kein Eintritt des Erwerbers in solche Re u Pfl, die nicht unmittelb im MietVerh begrdet sind, insb nicht in solche, die sich auf anderes als den MietGgst, seine Überlassg u Rückgewähr sowie die GgLeistg beziehen, zB Re, die zG Dr begründet sind (§ 328), ein BeleggsR des ArbG (BGH **48**, 244) od eine aus der Gemeinnütz folge MietPrBindg (Paschke/Oetker NJW **86**, 3174). Vereinb Veräußerer u Mieter Abfindg des letzteren für vorzeit Beendigg des Vertr, so geht diese Verpflichtg als unmittelb im Vertr begründet nur dann auf den Erwerber über, wenn sie sich aus dem alten Vertr ergibt; wird sie erst im MietaufhebgsVertr vereinb, so entspringt sie nicht aus dem MietVertr, bindet daher den Erwerber nicht (BGH **LM** Nr 4). **b) Rechte.** Alle vor dem EigtWechsel entstandenen u fäll gewordenen Re (insb Anspr) bleiben beim bisher Verm (Veräußerer); die erst danach fäll werdden stehen dem Erwerber zu. Anspr auf Miete, soweit sie seit dem EigtErwerb fäll geworden ist; auch dann, wenn die erst nach Veräußerg fäll werdde Miete zT auf die Zt vor der Veräußerg entfällt. Sonstige Rückstände aus der Zt des Vorbesitzers kann Erwerber nur verlangen, wenn sie ihm abgetreten werden. Über VorausVfgen: §§ 573, 574. SchadErs-Anspr aus der Zt des Vorbesitzers gehen nicht über (vgl aber Anm 3c aE); dem Erwerber können nur bei nicht ordngsgem Zustd der Mietsache SchadErsAnspr wg Verletzg des § 556 zustehen. Die ges PfandRe des Veräußerers u Erwerbers wg MietRückstd sind gleichrang. Unkenntn des Mieters v Veräußerg steht dem RsÜberg nicht entgg (vgl aber § 574). VerjFr, ab der § 558 läuft weiter. **c) Pflichten.** Alle gesetzl u vertragl die Verm. Erwerber muß auch Verpflichtg gg sich gelten lassen, die sich aus der Zusicherg einer nicht vorhandenen Eigensch des Grdst ergeben; Anspr des Mieters aus §§ 547, 547a (BGH NJW **88**, 705); ferner Pfl aus vereinb VerttVerlängerg, Option (Einf 1 f vor § 535; RG **103**, 349); aus VormietR (BGH **55**, 71 für Pacht). Eintritt auch in mdl Nebenabreden, soweit sie gült sind u Haftg für Mängel (BGH **49**, 350 für § 538). Der Erwerber muß die Einr, Verm habe die Wahrg der Schriftform des § 566 argl vereitelt, nicht gg sich gelten lassen (BGH NJW **62**, 1390).

5) Stellung des bisherigen Vermieters. Dieser scheidet, nachdem das Eigt auf den Erwerber übergegangen ist (Anm 2), aus dem MietVerh aus; jedoch dauert seine Haftg fort. Erfüllg (GebrÜblassg) kann der Mieter aber nicht mehr v ihm verlangen (allgM). **a) Haftung:** Es ist zu untersch: **aa) Bisherige Ansprüche.** Das sind solche, die in der Zt vor der Veräußerg fäll geworden sind u in die der Erwerber daher nicht eingetreten ist. Hierfür haftet nur der Veräußerer (bisher Verm). Das gilt insb für VerwendgsErsAnspr gem § 547, die sich nur dann gg den Erwerber richten, wenn sie nach dem EigtWechsel entstanden od fäll geworden sind (BGH NJW **88**, 706 mwN; bestr) sowie für SchadErsAnspr wg unterbliebener Endrenovierg od Wiederherstellg des früh Zustds (BGH NJW **89**, 451). Verj dieser Anspr: § 558 Anm 2 (vgl BGH NJW **65**, 1225). **bb) Vermieterpflichten nach Veräußerung** (Abs II S 1) od Weiterveräußerg (§ 579). Der bisher Verm haftet, wenn Erwerber diese nicht erfüllt. Hier haftet der bish Verm wie ein Bürge, der auf die Vorausklage verzichtet hat, aber nur für VertrVerpflichtg, einschließl Geldleistg (BGH NJW **69**, 417) des Erwerbers, nicht für dessen unerl Hdlgen. Haftg geht auf SchadErs, nicht auf unmittelb Erf der VermPflichten (RG **102**, 177). Verj: § 195 (dort Anm 3 a; vgl auch § 765 Anm 1). **cc) Unmittelbare Haftung** des Verm aGrd des mit dem Mieter abgeschl Vertr für Pfl, in die der Erwerber nicht eintritt. Dazu gehört insb die Pfl, dem Mieter das GebrR während des gesamten MietVertrDauer zu verschaffen, Haftung des Verm aus § 325, wenn der Erwerber dem Mieter den vertrgem Gebr nicht gewährt, zB wenn das Grdst zur ZwVerst kommt u der Erwerber gem § 57a ZVG vorzeit künd, obwohl der MietVertr für einen längeren ZtRaum abgeschl ist. **b) Haftungsbefreiung** (Abs II S 2) kommt nur für die Anspr aus Anm a, bb in Frage. **aa) Voraussetzgen: (1)** Kenntn des Mieters von Veräußerg dch eine Mitt des Verm. Geschähnl Hdlg; Hinweis auf RFolgen unnöt. Vertretg mögl (BGH **45**, 11). **(2)** Der Mieter muß eine Künd des MietVertr zum erstzuläss Termin unterl haben. **bb)** RFolgen: Verm wird von der Haftg frei von dem ZtPkt ab, zu dem die erstzuläss Künd das MietVerh beendet hätte (vgl Emmerich-Sonnenschein 93 mwN). Im Fall der Künd zum erstzuläss ZtPkt besteht die Haftg des Verm auch für die Anspr aus Anm a, bb weiter.

572 *Sicherheitsleistung des Mieters.* Hat der Mieter des veräußerten Grundstücks dem Vermieter für die Erfüllung seiner Verpflichtungen Sicherheit geleistet, so tritt der Erwerber in die dadurch begründeten Rechte ein. Zur Rückgewähr der Sicherheit ist er nur verpflichtet, wenn sie ihm ausgehändigt wird oder wenn er dem Vermieter gegenüber die Verpflichtung zur Rückgewähr übernimmt.

§§ 572–574   2. Buch. 7. Abschnitt. *Putzo*

1) Anwendbar: Auf den Fall des § 571 u auf alle Formen einer (schon geleisteten) Sicherh, insb auf die Mietkaution (Einf 11b, hh vor § 535) u eine MietBürgsch (BGH **95**, 88). Jagdpacht: § 14 BJagdG. **Eintritt** (S 1). Behält der Verm die Sicherh, richtet sich der RückgewährsAnspr nur gg ihn. Übtragt er die Barkaution auf den Erwerber, haftet er dem Mieter ggü neben dem Erwerber bis zur Beendigg des MietVerh weiter (hM), aber nicht, wenn der Mieter die Herausg der Sicherh an den Erwerber verlangt hat (Karlsr ZMR **89**, 89). Das gleiche gilt, wenn S 2 nicht erf wird (hM; Boecken ZMR **82**, 134 mwN). **Pflicht zur Herausgabe** (Übtragg, Weiterleitg, Auszahlg) der Sicherh an den Erwerber: Anspr darauf hat neben dem Erwerber auch der Mieter (hM; Karlsr ZMR **89**, 89 mwN), aber nur, wenn der Verm gg ihn keine Anspr mehr hat, die gesichert w sollen (Karlsr aaO). Der Erwerber kann vom Mieter keine neue Sicherh verlangen, wenn der Verm diese Pfl nicht erf. Der Verm darf sich vorrang aus der Mietkaution befried (Ffm NJW-RR **87**, 786). **Pflicht zur Rückgewähr** (S 2): besteht für den Erwerber zum vertragl bestimmten Ztpkt, iZw mit Beendigg des MietVerh (§ 564 Anm 1), nicht aus Anlaß der Veräußerg. Verj: wie § 557a Anm 3e. Einer Aushändigg gleich stehen and Formen der Übertr, insb Überweisg u Aufrechng (Stückmann ZMR **72**, 328).

573 **Vorausverfügung über den Mietzins.** Hat der Vermieter vor dem Übergang des Eigentums über den Mietzins, der auf die Zeit der Berechtigung des Erwerbers entfällt, verfügt, so ist die Verfügung insoweit wirksam, als sie sich auf den Mietzins für den zur Zeit des Übergangs des Eigentums laufenden Kalendermonat bezieht; geht das Eigentum nach dem fünfzehnten Tage des Monats über, so ist die Verfügung auch insoweit wirksam, als sie sich auf den Mietzins für den folgenden Kalendermonat bezieht. Eine Verfügung über den Mietzins für eine spätere Zeit muß der Erwerber gegen sich gelten lassen, wenn er sie zur Zeit des Überganges des Eigentums kennt.

1) Allgemeines. Gilt für den Fall der Veräußerg gem § 571 u stellt eine Ausn v darin enthaltenem Grdsatz her. **a) Zweck:** Die §§ 573–575 stellen sicher, daß bei VorausVfg üb den Mietzins der Mieter vor Doppelzahlg u der Erwerber vor dem Verlust des MietzinsAnspr geschützt w. **b) Anwendbar** nur bei einseit Vfg des Verm über den Mietzins (in bezug auf die Vfg mit Dr, insb dch Abtretg (§ 398) u Aufrechng (§ 387), nicht bei RGesch üb den Mietzins zw Verm u Mieter, für die § 574 gilt (Emmerich-Sonnenschein 2 mwN; bestr). Entspr anwendb ist § 573 nach § 14 BJagdG, bei Vermietg dch Nießbr (BGH **53**, 174) u Vorerben (§ 2135). Nicht gilt § 573 für BaukostenZusch u ähnl MieterLeistgen (hM; Emmerich-Sonnenschein 10 mwN). **c) Abdingbarkeit** ist zu bejahen; jedoch ist stets die Zust des Dr notw. Abweichg im FormularVertr ist wg § 9 II AGBG unwirks (Emmerich-Sonnenschein 29).

2) Vorausverfügung üb den Mietzins. **a) Begriff:** Vfg ist jedes RGesch, das zum völl od teilweisen Erlöschen des Mietzinses führt, sofern es v Verm einseit (zB § 387) od als RGesch mit einem Dr (zB § 398) herbeigeführt w (vgl Anm 1b). Dem stehen Pfändgen dch Gl des Verm gleich (hM). **b) Zeitpunkt** der Vfg. Sie muß vor der Veräußerg des Grdst (§ 571 Anm 2) wenigstens zT wirks geworden sein. Vfg nach EigtÜbgang fallen unter § 185, wenn nicht § 574 gilt. **c) Wirksamkeit** der VorausVfg ist dch S 1 eingeschränkt. Es ist allein auf den KalMonat, nicht den Mietmonat abzustellen. **d) Kenntnis** des Erwerbers v der VorausVfg zZ der Vollendg des Erwerbs (Eintragg, § 925) führt dazu, daß er sie einschränkgslos gg sich gelten lassen muß (S 2). Fahrläss Unkennt genügt nicht. BewLast für Kenntn: Mieter od Dr. **e) Ausgleich** zw Erwerber u Verm richtet sich nach dem RVerh, das zw diesen besteht. **f) Haftung** des Verm ggü Mieter auf SchadErs besteht, wenn der Mieter doppelt Mietzins zahlen muß, weil der Verm den Erwerber nicht in Kenntn gesetzt od ihn v der Vfg od der Miete freistellte. **g) Vertragsänderungen.** Da nach der hier vertretenen Meing die RGesch zw Verm u Mieter in Bezug auf Mietvorauszahlg unter § 574 fallen, ist für § 573 allein darauf abzustellen, welchen Inhalt der MietVertr zZ des EigtÜbgangs hat; so tritt der Erwerber in den Vertr ein.

3) Zwangsvollstreckung. a) Pfändung: vgl Anm 2a u § 865 II S 2 ZPO. **b) Zwangsversteigerung:** Es gelten §§ 57, 57b I S 2 ZVG, damit § 573 S 1. **c) Zwangsverwaltung:** Ihre Anordng umfaßt auch die Miet- u Pachtzinsen (§ 21 II ZVG) wg § 148 I/2 BGB. Es gilt bei GrdPfdGläub § 1124 BGB, für den Erwerber § 57b III ZVG u damit § 573. **d) Konkurs:** Es gilt hins der Wirksamk von MietzinsVfgen des GemeinSchu ggü der KonkMasse § 21 II KO, aber AnfMöglichk nach §§ 29ff KO. Für Vfgen des KonkVerw vor Veräußerg des Grdst gilt § 573 S 1, dagg nicht § 573 S 2 (§ 21 IV KO, § 57 ZVG; BGH WM **62**, 903).

574 **Rechtsgeschäfte über Entrichtung des Mietzinses.** Ein Rechtsgeschäft, das zwischen dem Mieter und dem Vermieter in Ansehung der Mietzinsforderung vorgenommen wird, insbesondere die Entrichtung des Mietzinses, ist dem Erwerber gegenüber wirksam, soweit es sich nicht auf den Mietzins für eine spätere Zeit als den Kalendermonat bezieht, in welchem der Mieter von dem Übergang des Eigentums Kenntnis erlangt; erlangt der Mieter die Kenntnis nach dem fünfzehnten Tage des Monats, so ist das Rechtsgeschäft auch insoweit wirksam, als es sich auf den Mietzins für den folgenden Kalendermonat bezieht. Ein Rechtsgeschäft, das nach dem Übergange des Eigentums vorgenommen wird, ist jedoch unwirksam, wenn der Mieter bei der Vornahme des Rechtsgeschäfts von dem Übergange des Eigentums Kenntnis hat.

1) Allgemeines. a) Zweck: Grdsätzl wie § 573 Anm 1a. § 574 dient ausschließl dem Schutz des Mieters vor Zahlg an den NichtBerecht u der daraus resultierden Pfl zur DoppelZahlg. Er ist dem § 407 nachgebildet. **b) Anwendbar.** Währd § 573 nur für einseit Vfgen des Verm u solche mit Dr gilt, ist § 574 nur für RGesch zw Verm u Mieter anzuwenden (vgl Anm 2a, aa). Inhalt: Änd des MietVertr (§ 305), die eine Mietvorauszahlg vertr festlegen, fallen nur unter § 571 (Emmerich-Sonnenschein 2). Entspr anwendb ist § 574 iü wie § 573 Anm 1b. **c) Abdingbarkeit:** wie § 573 Anm 1c. **d) Baukostenzuschüsse** (11b, bb vor § 535), die als MietVorauszahlg behandelt w, fallen nicht unter § 574 (hM; BGH **37**, 346).

Einzelne Schuldverhältnisse. 3. Titel: Miete. Pacht §§ 574–578

2) Rechtsgeschäfte zwischen Vermieter und Mieter über den Mietzins. **a) Voraussetzungen: aa)** RGesch zw dem bisher Verm u dem Mieter; nicht mit Dr od dem neuen Verm. **bb)** Das RGesch muß sich auf den Mietzins (nicht auf NebenFdgen; hM) beziehen: Erlaß (§ 398), Stundg, Vorauszahlg (BGH NJW **66**, 1704), Ann an ErfStatt (§ 364 I), AufrechngsVertr, Aufrechng (bestr); nicht die Künd (hM). **b) Wirksamkeit** der Vfg. And als bei § 573 (vgl dort Anm 2b) stellt § 574 auf den ZtPkt der pos Kenntn des Mieters vom EigtÜberg ab (S 1 Hs 2; S 2); das entspr dem § 407 I. Es ist zu untersch: **aa)** RGesch vor EigtÜberg: Die Wirksamk ist dch S 1 für einen eng begrenzten ZtRaum der Mietzinsperiode begrenzt, Unkenntn des Mieters vorausgesetzt. Die Unwirksamk ist relativ; sie besteht dem Erwerber (neuen Verm, § 571) ggüb. **bb)** RGesch nach EigtÜberg (S 2): Hatte der Mieter v EigtÜberg: Kenntn, ist das RGesch v Anfang an unwirks. Hatte er keine Kenntn, gilt das gleiche wie bei Anm aa (S 1). **c) Beweislast:** für Kenntn des Mieters trifft den Erwerber.

575 *Aufrechnungsbefugnis.* Soweit die Entrichtung des Mietzinses an den Vermieter nach § 574 dem Erwerber gegenüber wirksam ist, kann der Mieter gegen die Mietzinsforderung des Erwerbers eine ihm gegen den Vermieter zustehende Forderung aufrechnen. Die Aufrechnung ist ausgeschlossen, wenn der Mieter die Gegenforderung erworben hat, nachdem er von dem Übergange des Eigentums Kenntnis erlangt hat, oder wenn die Gegenforderung erst nach der Erlangung der Kenntnis und später als der Mietzins fällig geworden ist.

1) Zweck: Schutz des Mieters; dem § 406 nachgebildet. **Anwendbar:** § 575 bezieht sich auf § 574 für den Fall der Aufrechng, die der Mieter gg den Verm vornimmt (§ 574 Anm 2a, bb); ebso wie § 573 Anm 1b. **Zulässige Aufrechnung** (S 1); nur im Rahmen des § 574. Sie wird dem Mieter mit Fdg gestattet, die er gg den bisher Verm vor Kenntn des EigtÜberg erlangt hat. Die Fdg muß nicht aus dem MietVerh stammen. Keine Aufrechng ist die Mietzinsminderg nach den §§ 537, 538 (allgM). **Ausgeschlossene Aufrechnung** (S 2). Entspr dem § 406 (vgl dort). Statt Kenntn der Abtretg ist bei § 575 auf Kenntn des EigtErwerbs abzustellen.

576 *Anzeige des Eigentumsübergangs.* ᴵ Zeigt der Vermieter dem Mieter an, daß er das Eigentum an dem vermieteten Grundstück auf einen Dritten übertragen habe, so muß er in Ansehung der Mietzinsforderung die angezeigte Übertragung dem Mieter gegenüber gegen sich gelten lassen, auch wenn sie nicht erfolgt oder nicht wirksam ist.

ᴵᴵ Die Anzeige kann nur mit Zustimmung desjenigen zurückgenommen werden, welcher als der neue Eigentümer bezeichnet worden ist.

1) Zweck: Schutz des Mieters entspr § 409. **Anzeige:** ist eine RsHdlg, keine WillErkl (hM), wird aber wie eine empfangsbed formlose WillErkl behandelt; insb gilt § 130. **Entsprechend anwendbar** ist § 576, wenn der Mieter im Vertrauen auf den öff Glauben des GrdBuchs (§ 893) an den eingetragenen Eigt zahlt (hM). **Wirkung** (Abs I) nur für Mietzins. Der Mieter muß sich auch bei Abs I berufen k ann, wenn das Eigt nicht übergegangen ist, befreiend an den Verm leisten (BGH **64**, 117). **Rücknahme** (Abs II): Die Zust ist WillErkl (§ 130). Pfl zur Zust bei unterbliebenem EigtErwerb folgt aus § 812. Bis zum Nachweis der Zust kann der Mieter befreiend an denjen leisten, der als neuer Eigt bezeichnet w.

577 *Belastung des Mietgrundstücks.* Wird das vermietete Grundstück nach der Überlassung an den Mieter von dem Vermieter mit dem Rechte eines Dritten belastet, so finden die Vorschriften der §§ 571 bis 576 entsprechende Anwendung, wenn durch die Ausübung des Rechtes dem Mieter der vertragsmäßige Gebrauch entzogen wird. Hat die Ausübung des Rechtes nur eine Beschränkung des Mieters in dem vertragsmäßigen Gebrauche zur Folge, so ist der Dritte dem Mieter gegenüber verpflichtet, die Ausübung zu unterlassen, soweit sie den vertragsmäßigen Gebrauch beeinträchtigen würde.

1) Allgemeines. a) Zweck: Schutz des Mieters gg Bestellg v gebrauchsentziehen od -beschränken Ren in Ergänzg zu § 571. **b) Abdingbarkeit** ist wg § 9 II Nr 1 AGBG nur dch Individualvereinbg zu bejahen (Emmerich-Sonnenschein 27). **c) Anwendbar** bei Bestellg v ErbbR, Nießbr (Ffm ZMR **86**, 358), dingl WohnR (BGH **59**, 51), auch bei GrdDienstbk u pers Dienstbk mögl (vgl S 2).
2) Voraussetzungen. a) Der MietVertr muß vor Bestellg des Rs (Anm 1c) abgeschl sein. **b)** Das Grdst muß bereits dem Mieter überl sein; sonst gilt § 578. **c)** Ein R der in Anm 1b dargestellten Art muß v Verm für einen Dr bestellt sein. **d)** Der Dr muß dem Mieter den vertrgem Gebr entziehen.
3) Wirkung. a) Der Dr, der das R erworben hat, tritt in die Pfl u Re des Verm ein (§ 571 entspr) u muß dem Mieter den vertrgem Gebr gewähren. **b)** Bei VorausVfgen üb den Mietzins gelten §§ 573–576 entspr.
4) Teilbeschränkung (S 2) ist idR bei Dienstbk gegeben. Die §§ 571–576 gelten dann nicht. Der Mieter hat einen UnterlAnspr gg den DrBerecht, soweit der Gebr beeinträcht w. Verjährg: wie § 550 Anm 1d.

578 *Veräußerung vor Überlassung.* Hat vor der Überlassung des vermieteten Grundstücks an den Mieter der Vermieter das Grundstück an einen Dritten veräußert oder mit einem Rechte belastet, durch dessen Ausübung der vertragsmäßige Gebrauch dem Mieter entzogen oder beschränkt wird, so gilt das gleiche wie in den Fällen des § 571 Abs. 1 und des § 577, wenn der Erwerber dem Vermieter gegenüber die Erfüllung der sich aus dem Mietverhältnis ergebenden Verpflichtungen übernommen hat.

599

§§ 578–580a, Einf v § 581

1) Allgemeines. a) Grundsatz. § 571 I gilt nur, wenn das Grdst (§ 580) vor Veräußerg od Belastg (§ 577) an den Mieter bereits überlassen war. Demggü geht § 578 davon aus: Veräußerg bricht Miete, indem die §§ 571 I, 577 nur für den Fall anwendb erkl w, daß der Erwerber u Verm der Erf der Pfl aus dem MietVerh übernommen hat; dies geschieht im Einzelfall, um den Verm vor den SchadErsAnspr des § 325 I od § 538 I zu schützen. **b) Anwendbar** bei Miete (Pacht, § 581 II) eines Grdst (§ 580). Veräußerg: wie § 571 Anm 2. Vor Überlassg: vgl § 571 Anm 3. Entspr bei § 14 BJagdG, ErbbR, WohnR (§ 1093) u DauerWoR (§ 31 WEG). **c) Voraussetzung:** Der veräußernde Eigt muß der Verm sein.

2) Erfüllungsübernahme ist ein Fall des § 415, wobei jedoch Zust od Kenntn des Mieters nicht notw sind (allgM). Die ErfÜbern kann noch nach dem EigtÜberg od der Bestellg des belastden Rs vereinb w (RGRK-Gelhaar 2; bestr). **a) Bei Vorliegen:** Es treten ohne weiteres die RFolgen der §§ 571 I, 577 ein (S 1), näml Eintr des Erwerbers in den MietVertr an Stelle des bish Verm (Veräußerer). **b) Bei Fehlen:** Zw Erwerber u Mieter kommen keine RBeziehgn zustde. SchadErs nur bei § 826. Das MietVerh mit dem Verm bleibt bestehen u der Mieter hat Anspr aus § 325 od § 538 (iF des § 577 bei GebrBeschränkg).

579 *Weiterveräußerung.* Wird das vermietete Grundstück von dem Erwerber weiterveräußert oder belastet, so finden die Vorschriften des § 571 Abs. 1 und der §§ 572 bis 578 entsprechende Anwendung. Erfüllt der neue Erwerber die sich aus dem Mietverhältnis ergebenden Verpflichtungen nicht, so haftet der Vermieter dem Mieter nach § 571 Abs. 2.

1) Weiterveräußerung od -belastg (S 1) dch den Erwerber: Es gelten die §§ 571 I–578, so daß jeder nachfolgde Erwerber krG für die Dauer seines Eigt od seiner Berechtigg in die Re u Pfl des MietVertr eintritt. **Haftung des Vermieters** (S 2) gem § 571 II bleibt bestehen; ist sie indessen nach § 571 II S 2 erloschen, so lebt sie nicht wieder auf; sie trifft dann den ZwErwerber (Emmerich-Sonnenschein 7).

580 *Raummiete.* Die Vorschriften über die Miete von Grundstücken gelten, soweit nicht ein anderes bestimmt ist, auch für die Miete von Wohnräumen und anderen Räumen.

1) Allgemeines. Grdst: Einf 6a vor § 535, WoRaum: Einf 8a vor § 535; andere Räume: Einf 7a vor § 535.

580a *Schiffsmiete.* ^{I} Die Vorschriften der §§ 571, 572, 576 bis 579 gelten im Fall der Veräußerung oder Belastung eines im Schiffsregister eingetragenen Schiffs sinngemäß.
^{II} Eine Verfügung, die der Vermieter vor dem Übergang des Eigentums über den auf die Zeit der Berechtigung des Erwerbers entfallenden Mietzins getroffen hat, ist dem Erwerber gegenüber wirksam. Das gleiche gilt von einem Rechtsgeschäft, das zwischen dem Mieter und dem Vermieter über die Mietzinsforderung vorgenommen wird, insbesondere von der Entrichtung des Mietzinses; ein Rechtsgeschäft, das nach dem Übergang des Eigentums vorgenommen wird, ist jedoch unwirksam, wenn der Mieter bei der Vornahme des Rechtsgeschäfts von dem Übergang des Eigentums Kenntnis hat. § 575 gilt sinngemäß.

1) Gilt nur für eingetragene Schiffe, entspr für Luftfahrz, die gem § 98 LuftfzG eingetr sind. VorausVfg über Mietzins ohne zeitl Beschrkg zul; einzige Grenze ist Kenntn des Mieters von Veräußerg (Belastg). Gemeint sind RGesch, die sich auf den Mietzins beziehen, der auf die Zeit der Berechtigg des Erwerbers entfällt. Sinngem Anwendg des § 575: Der Mieter kann mit einer gg den Verm bestehden Fdg ggü dem Erwerber aufrechnen, jedoch mit der Beschrkg des § 575 S 2.

II. Pacht

Einführung

1) Begriff und Regelung. a) Pacht ist ein schuldrechtl ggs Vertr; er verpfl den Verp, die Nutzg (vgl §§ 581 I, 100) des PachtGgst in bestimmtem Umfang zu gewähren. Zum PachtGgst vgl § 581 Anm 1a. Pacht ist ein DauerschuldVerh. Vorpacht u PachtVorvertr: wie Vorvertr; vgl 1d, e vor § 535. Pachtoption: wie Mietoption; vgl 1 f vor § 535. **b) Gesetzesaufbau.** Im 7. Abschn ist der 3. Teil dch das G v 8. 11. 85 (BGBl 2065) in 3 Teile gegliedert: Miete (§§ 535–580); Pacht (§§ 581–584b) u LandP (§§ 585–597). § 581 I enthält die HauptPfl der Pacht. Die §§ 582–584b regeln die Pacht v Grdst, Betrieben, bewegl Sachen u Ren; hierfür gelten die MietVorschr subsidiär (§ 581 II). Für die LandP gelten §§ 581 I, 582–583a (vgl § 585 II) und die §§ 585–597, die an einigen Stellen auf MietR verweisen.

2) Abgrenzung zu and RVerh. **a) Miete:** Einf 2a vor § 535. **b) Kauf:** bei verbrauchb Sachen (zB Wasser, Gas) u Lieferg von Strom regelm Kauf (§ 433 Anm 1a). Pacht liegt idR vor: wenn ein R zum Gewinn verbrauchb Sachen VertrGgst ist, zB WassernutzgsR; Überlassg eines Grdst zur Gewinng von Bodenbestand, zB Sand (BGH WM 73, 386), Kies (BGH WM 83, 531), Kali (BGH NJW 66, 105), Bims (BGH NJW 85, 1025). **c) Werkvertrag:** Maßgebd ist, ob ein best Erfolg, insb die Herstellg eines Werks eigenverantwortl geschuldet w, od ob nur eine produktionsfäh Einrichtg einem auf dessen Produktionsrisiko hin überlassen w. WerkVertr ist zB ein Vertr über Herstellg u Auswertg eines Werbefilms (BGH MDR 66, 496). **d) Dienstvertrag** (insb ArbVertr): Maßgebd ist, ob im Rahmen des für die Tätigk einer

Pers überlassenen Ggst (zB Toilette, Büffet, Softeismaschine), diese Pers der Aufs u Weisg untersteht (dann D- od ArbVertr) od in der BetrGestaltg unabhäng ist (dann PachtVertr: Erm-Schopp 11). **e) Gesellschaft:** Bei Förderg eines gemeins Zwecks liegt Gesellsch vor (§ 705 Anm 4), ebso, wenn eine Verlustbeteilig vereinb ist. Pacht liegt vor, wenn der überlassene Ggst ohne Einfluß des Verp vom Pächter benutzt od bewirtsch w. Gewinnbeteiligg schließt Pacht nicht aus (allgM; Erm-Schopp 13 mwN). **f) Lizenzvertrag** ist ein Vertr, dch den ein gewerbl SchutzR (insb Patent, GebrMuster) einem and (auch beschränkt) zur Benutzg überlassen w (vgl § 9 PatG; § 13 GebrMG); idR ein verkehrstyp, gemischter Vertr (4,5 vor § 305). Je nach Ausgestaltg ist PachtVertr mögl, idR aber mit gesellsch- u kaufrechtl Elementen versehen (vgl BGH NJW 70, 1503). Auch beim LizenzVertr ist zw Verpfl- u ErfGesch zu untersch (Lüdecke NJW 66, 815). Für Gewl sind idR §§ 537, 538 entspr anwendb (BGH aaO). **g) Know-how-Vertrag** entspr dem LizenzVertr (Anm f) für Ggstde, insb Fertiggs- u VertriebsVerf, die nicht schutzrechtsfäh sind. Die entgeltl Überlassg des know-how ist grdsätzl als PachtVertr anzusehen (Pfaff BB 74, 565 mwN). **h) Sonstige Mischverträge** (4,5 vor § 305) mit Elementen des PachtVertr sind: (1) Bühnenaufführungsvertrag: aus Pacht, Werk- u VerlagsVertr sowie Gesellsch zusgesetzt (BGH 13, 115). (2) FilmverwertgsVertr: zw Hersteller u Verleiher ist LizenzVertr mit Kauf (eines Rechts) od Gesellsch verbunden (RG 161, 324; BGH 2, 331); Gewl für RMängel nach KaufR (§ 445), für Sachmängel (Beschaffenh des Films) nach PachtR (§§ 537ff). (3) Filmverleih Vertr: Miete verbunden mit LizenzVertr (Celle NJW 65, 1667).

3) Besondere Pachtverhältnisse. Hierbei handelt es sich um gesetzl speziell geregelte PachtVerh.

a) Landpacht. Für diese galten bis zum 30. 6. 86 neben den §§ 582ff die SoVorschr des LandPG mit AusführgsG der Länder. Seit 1. 7. 86 gelten für LandPVertr (Pacht v Grdst zur landwirtschaftl Nutzg) die neuen §§ 585–597 (vgl Anm 1b). Das LandPG wurde zum gleichen Ztpkt aufgehoben. Die mat-rechtl ÜbergRegelg ist in dem neuen Art 219 EGBGB enthalten. Für das Verf gelten das LPVerkG u das LwVG. Damit ist die seit langem vom GesGeber vorbereitete u umfassd diskutierte Neuordg des landwirtschaftl PachtR abgeschl.

b) Kleingartenpacht. Seit 1. 4. 83 gilt das BKleingG (BGBl 210). Lit: Rothe, Kommentar, 1983; Stang, Kommentar, 1983. Das BKleingG enthält priv- u öffrechtl Vorschr. Es ist privrechtl ein SonderG zum PachtR des BGB (§ 4 I, II BKleingG). **aa) Begriffe:** Kleing ist ein Garten, der dem Nutzer (Kleingärtner) zur nichterwerbsmäß gärtner Nutzg u zur Erholg dient, u in einer Anlage liegt, in der mehrere Einzelgärten mit gemeinsch Einrichtgen zusgefaßt sind (Kleingartenanlage: § 1). DauerKleing sind nur solche, die auf einer im BebaugsPlan für DauerKleing festgesetzten Fläche liegen (§ 1 III). Ihnen sind im ÜberleitgsR die Kleing gleichgestellt, die unter § 16 II, III fallen. Kleing sollen nicht größer als 400 qm sein u dürfen nur Lauben aufweisen, die nicht zum dauernden Wohnen geeignet sind (§ 3 I, II). **bb) Anwendungsbereich:** Wie jeder KleingPacht wird auch die ZwPacht behandelt; das ist ein PachtVertr, der unter einer gemeinnütz Kleingärtnerorganisation, der jeweil Gemeinde od dem Stadtstaat Hbg (§ 19) abgeschl ist (§ 4 II). Wird der ZwPVertr mit einer nicht als gemeinnütz anerkannten Organisation abgeschl, so ist er nichtig, heilt jedoch, wenn die Gemeinnützigk später zuerkannt w (BGH 101, 18). **cc) Vertragsinhalt:** (1) Der Pachtzins ist auf einen HöchstBetr begrenzt (§ 5 I). Er kann auf Antr einer Partei den HöchstPr herab- od heraufgesetzt w (§ 5 III). Vereinbgen, die gg § 5 I verstoßen, sind nichtig (§ 134, BGH NJW 89, 2470) u unwirks seit 1. 4. 83 wenn sie vorher abgeschl w (BGH aaO). Anstelle des vereinb PachtZ gilt der zuläss Höchstbetrag (BGH aaO). Im Streitfall entsch das ord Ger. (2) VertrDauer: Sie muß nur bei DauerKleing zwingd auf unbest Dauer sein. Befristete Vertr bei DauerKleing (§ 564 Anm 2) gelten als auf unbest Zt geschlossen. **dd) Kündigung.** Zwingd Schriftform des § 126 (§ 7; vgl BGH NJW-RR 87, 395). (1) Fristlose: bei ZahlgsVerz od schwerwiegder PflVerletzg. (2) Ordentliche: Sie ist nur aus bestimmten Grden zuläss (§ 9), auch bei ZwischenPachtVertr (§ 10). (3) Entschädigg des Kleingärtners bei dem Verpächter bei der Künd zul, die aus Interessen des Verp erfolgt (§ 11). **ee) Beendigung durch Tod:** Fortsetzg nur mit dem Eheg entspr den Regeln des § 569a (§ 12). **ff) Unabdingbarkeit** des Vertr zum Nachteil des Pächters (Kleingärtner), bei ZwPacht der Kleingärtnerorganisation od Gemeinde ist ausdrückl vorgeschrieben (§ 13). **gg) Wohnlauben** auf Kleing, die bisher befugt als solche genutzt w, dürfen nach Maßgabe des § 18 weiterbenutzt w. Duldg eines Ausbaus kann zu seiner Rechtmäßigk führen (LG Hann ZMR 87, 23).

c) Jagd- und Fischereipacht. Für die JagdP gelten die §§ 11–14 BJagdG mit AusfG der Länder. Ggst des PachtVertr ist das JagdAusübgsR. Schriftform für den Vertr (auch den VorVertr, BGH NJW 73, 1839) u AnzPfl bei der zust Beh. Kein KündSchutz. Für die FischereiP gelten landesrechtl Vorschr, idR die FischereiG der Länder (vgl EG Art 69). PachtGgst ist das FischereiR, nicht das Gewässer.

d) Apothekenpacht. Ggst des PachtVertr ist die Apotheke als Untern (Hoffmann, ApG 1961, § 9 RdNr 13). Die Verpachtg ist grdsätzl verboten, NichtigkFolge (§ 12 ApG). Verpachtg ist ausnahmsw zul, insb wenn der Verp die Apotheke aus einem in seiner Pers liegden wicht Grd nicht selbst betreiben kann od nach dem Tode des Apothekers erbberecht Kinder unter 23 Jahren vorhanden sind od der erbberecht Eheg des Apothekers bis zu seiner Wiederverheiratg verpachtet (§ 9 ApG), ferner bei dingl ApothekenBetrR (§ 27 ApG). Die Verpachtg von Apotheken, die Gebietskörpersch gehören, ist frei (§ 26 I ApG). Verpachtgsverbot w häuf dadch zu umgehen versucht, daß die Räume u Einrichtg vermietet w; liegt in Wirklichk Pacht vor, ist die Bezeichng des Vertr bedeutgslos (Karlsr NJW 70, 1977 m Anm v Pieck).

e) Gaststättenpacht. PachtVertr über gewerbl genutzte Räume (mit od ohne Inv), in denen eine Gastst betrieben w soll, sind häuf verbunden mit (ausschließl) Bier- u GetränkebezugsPfl (vgl Einf 3a, dd vor § 535 u § 138 Anm 5c), die regelmäß im GgseitigkVerh (§§ 320ff) steht (BGH 102, 237). Ist ein VorpachtR (vgl 1e vor § 535) eingeräumt, enthält der Vertr nicht von vorneherein ohne ausdrückl vertr Absprache, daß bei Neuverpachtg keine Getr- od BierbezugsPfl des neuen Pacht ggü dem Dr vereinb w kann (BGH NJW aaO). Eine grdlos ausgesprochene außerord Künd kann SchadErsAnspr begrden (vgl § 564 Anm 3h). Der Pächter kann das (ihm gehörde) Inv od das Untern verkaufen (vgl § 433 Anm 1c, aa u BGH NJW 88, 1668). Ist den Pächtern zugleich eine Wohng überlassen, so verbleibt es bei der Anwendg v PachtR, wenn das PachtVerh die Wohng umfaßt u einheitl ist.

4) Franchisevertrag. Lit: Weber JA **83**, 347 mwN; Martinek, Franchising, 1987. **a) Begriff.** Ein FranchV liegt vor, wenn ein Untern (FranchG) einem and Untern (FranchN) für dessen BetrFührg zur Nutzg gg Entgelt u Übern bestimmter Pfl Handelswaren od -marke, Warenzeichen, GeschForm, Vertriebsmethoden u ErfahrgsWissen (know how) sowie das R überläßt, bestimmte Waren od DLeistgen zu vertreiben. Die damit zushängde Überlassg von GeschRaum ist mögl, aber nicht notw. Der FranchV kommt als verkehrstyp Vertr in versch Formen vor, idR als Vertriebs- od DLeistgFranch. Der FranchV hat in den letzten 20 Jahren zunehmd an Bedeutg gewonnen. **b) Rechtsnatur.** Der FranchV ist ein als Dauerschuld-Verh (auf bestimmte od unbest Zt) ausgestalteter (einheitl; Düss NJW-RR **87**, 631) Typenkombinations-Vertr (Einf 5 b, dd vor § 305; ähnl Martinek ZIP **86**, 1440 [1448]). Am stärksten ist er mit Elementen der RechtsPacht ausgestattet (vgl Soergel-Kummer 15 vor § 581), daneben mit solchen des Kaufs, der Miete sowie der GeschBesorgg (§ 675). Außerdem ist, wenn ein gemeins unternehmer Zweck besteht, ein gesellschaftsrechtl Einschlag zu bejah. Bei weisgsgebundener AbsatzFördPfl des FranchN (SubordinationsFranch) ist HandelsVertrR anwendb; iü nicht (Martinek ZIP **88**, 1362). Für weitergehde Anwendg: Matthießen ZIP **88**, 1089. Der FranchN ist jedenf selbständ GewTreibder (Schlesw NJW-RR **87**, 220). **c) Vertragsinhalt.** Er unterliegt grdsätzl der VertrFreih, begrenzt dch das AGBG, §§ 134, 138 (Mü NJW **86**, 1880 [Schneeball-System]) u § 242, ferner dch § 15 GWB (Böhner NJW **85**, 2811 mwN; LG Mü I NJW **85**, 1906) u Art 85 I EWG-Vertr (EuGH NJW **86**, 1415 -Pronuptia), wonach zwar Richtpreise zul sind, nicht aber das Verbot, die VertrWaren nur in einem vertr festgelegten GeschLokal zu vertreiben, od vertr festgelegte üb Markt-Aufteilg. In der Praxis sind die Vertr gekennzeichnet dch eine straffe Einbindg des FranchN in das Vertriebssystem u die DLeistgsOrganisation des FranchG, insb dch AbnahmePfl, VerhaltensPfl u ZustErfordern für Vertrieb and Erzeugnisse sowie nachvertragl WettbVerbote. Bei der VertrAusleg ist eine angemessene unternehmer Selbstdk des FranchN zu berücks (Böhner aaO). Der FranchV kann in mehreren VertrUrk, die nur inhaltl zushängen, abgeschl w. VertrÄnd ist üb § 305 mögl; einseit Vorbeh ist nach § 10 Nr 4 AGBG zu würd. **d) Abgrenzung.** Der FranchV ist zu unterscheid vom EigenhändlerVertr (BGH **54**, 338, auch VertrHändler), der in ein Vertriebssystem eingliedert; vom LizenzVertr (Anm 2 f); vom AgenturVertr, den er von Handelsvertreter (§ 84 HGB) abschließt; von der Mitgliedsch bei EinkaufsVereinigg od Genossensch, wobei aber im Einzelf ein FranchV nicht ausgeschl ist. Ein als FranchVertr bezeichneter u auch so ausgestalteter Vertr ist nicht als ArbVerh auszulegen (Weltrich Betr **88**, 806; Bauder NJW **89**, 78; aA LAG Düss NJW **88**, 725) od es liegt eine FalschBezeichng vor. **e) Vertragsverletzung.** Bei Unmöglk od Verz mit Haupt-LeistgsPfl: §§ 320–327; VerzögergSchad auch bei Verz mit Abnahme § 286. SchadErs wg Versch bei VertrSchluß (Mü BB **88**, 865 m Anm v Skaupy) od SchlechtErf nur bei Versch (§§ 276, 278). Im Bereich gesellschrechtl Pfl gilt § 708. Bei fehldem Versch bestehen Erf- u UnterlAnspr. Außerordl Künd nach Maßg der Anmg. **f) Widerruf.** Die Pfl des FranchN, Waren vom FranchG zu beziehen, kann sich auch indirekt aus anders lautden Pfl ergeben (BGH **97**, 351), Diese Pfl ist wiederkehrder Bezug u fällt unter § 1 c Nr 3 AbzG; umfaßt lediglich den kaufrechtl Teil, sodaß der Widerr nur über § 139 den ganzen Vertr ergreifen kann (BGH aaO). Das WiderrR umfaßt nicht die bestimmgsgem verkauften u v Dr bezahlten Waren (Düss NJW-RR **87**, 631 = EWiR § 1 c AbzG 1/87 m Anm v Marhten). **g) Beendigung.** Dch ZtAblauf (§§ 581 II, 564 I) od Künd. Außerord Künd kann als befristete od fristl vereinb w, auch dch die Generalklauseln (BGH NJW **85**, 1894). Ohne Vereinbg ist außerordl Künd aus wicht Grd (Unzumutbk der Fortsetzg des VertrVerh) zul (analog § 626 I, § 89 a I HGB). Bei unbest VertrDauer gilt für die ord Künd § 584 I. Die analoge Anwendg von § 89 b HGB (AusgleichsAnspr) kann trotz der ähnl Interssenlage nicht bejaht w (aA Weber S 353 u 46. Aufl), wohl aber bei nachvertragl WettbAbrede die des § 90 a HGB (Weber aaO). Unterbleibt die rechtzeit Rückg der aGrd des Vertr übllassenen Sachen u Re, gilt § 584 b.

581
Vertragliche Hauptpflichten; Anwendbarkeit des Mietrechts. ¹ Durch den Pachtvertrag wird der Verpächter verpflichtet, dem Pächter den Gebrauch des verpachteten Gegenstandes und den Genuß der Früchte, soweit sie nach den Regeln einer ordnungsmäßigen Wirtschaft als Ertrag anzusehen sind, während der Pachtzeit zu gewähren. Der Pächter ist verpflichtet, dem Verpächter den vereinbarten Pachtzins zu entrichten.

II Auf die Pacht mit Ausnahme der Landpacht sind, soweit sich nicht aus den §§ 582 bis 584b etwas anderes ergibt, die Vorschriften über die Miete entsprechend anzuwenden.

1) Allgemeines. Abs II ist geänd dch G v 8. 11. 85 (BGBl 2065); in Kr seit 1. 7. 86. Begriff der Pacht u Abgrenzg: Einf 1, 2. **a) Anwendbarkeit:** Abs I gilt für alle PachtVertr (auch LandP, § 585 II) u für gemischte Vertr, soweit PachtR gilt (vgl Einf 2 f-h). Abs II gilt wie Abs I, aber nicht für die LandP. **b) Gegenstand** des PachtVertr können nicht nur Sachen, sond auch Re sowie Sach- u RGesamth (insb gewerbl Untern) sein, auch Teile v diesen (BGH WM **86**, 1359). Erforderl ist, daß Sache od R noch bestehen u geeignet sind, GebrVorteile u Früchte (vgl §§ 99, 100) herzugeben. Bsp: Ausbeutg v BodenbestandT (BGH NJW **85**, 1025; vgl Einf 2 b); EinzelhandelsGesch; Ausschank in einer Markthalle (BGH **LM** Nr 31); Anzeigenteil einer Zeitg od Zeitschr, eines Theaterprogramms; Bahnhofsbuchhandlg (BGH **LM** Nr 11); Garderoben (RG **97**, 166); LinienVerkGen (BGH WM **86**, 1359); zahlnmäß geregelter Abschuß jagdb Tiere (Düss MDR **75**, 228). Bei Verpachtg v Untern ist die Abgrenzg, ob (echte) UnternPacht (mit Firma, know-how, good-will, Kundenstamm) od lediglich Raum- u EinrichtsPacht vorliegt. Hier ist Parteiwille u VertrInhalt im Einzelfall zu ermitteln; der überwiegde Teil gibt den Ausschlag (BGH NJW **53**, 1391 abw v RG **168**, 44), bestimmt den Inhalt u Umfang der Re u Pfl. **c) Vertragsparteien. aa)** Mehrh v Verp od Pächtern wie bei Miete (vgl § 535 Anm 1 d). **bb)** Wechsel, insb Eintritt in einen PachtVertr: wie bei Miete (vgl § 535 Anm 1); hierzu BGH MDR **58**, 90 m Anm v Bettermann. **d) Abdingbarkeit** der Pfl aus § 581 ist grdsätzl nur in der Weise eingeschr, als der Fruchtbezug nicht ganz ausgeschl w kann, da er für die Pacht wesensnotw ist (Erm-Schopp 18). Beschrkgen v Gebr u Fruchtbezug nach Art u Umfang sind zul u häuf, können aber aGrd des AGBG unwirks sein. **e) Pachtkaution:** Hierfür gelten die Grdsätze der Mietkaution entspr (Einf 11 b, hh vor § 535).

Einzelne Schuldverhältnisse. 3. Titel: Miete. Pacht **§§ 581, 582**

2) Pflichten des Verpächters. Haupt- u GgseitigkPfl (§§ 320 ff) sind die zu Anm a u b. **a) Gebrauchs-gewährung** wie bei der Miete; vgl §§ 535, 536. Steht selbstd neben der Gewährg der Früchte (Anm b). Dazu gehört die Abwendg v Beeinträchtigg des Gebr u der Fruchtziehg, zB Zufahrtswege, Erf der bau- u feuerpolizeil Vorschr (Erm-Schopp 27). **b) Fruchtgenuß.** Früchte: § 99, also nur bestimmgsgem Erzeugn u Ausbeute; dch die Einschränkg „soweit..." nicht solche, die die Substanz der Sache mindern. EigtErwerb nach §§ 956, 957. **c) Nebenpflichten:** je nach VertrInhalt grdsätzl entspr der Miete (vgl § 535 Anm 2 b), ferner zB Beitrag zur Wirtschaftlk einer preisgebundenen Werkskantine (BGH WM 77, 591). Bei Rückgabe eines gepachteten Gesch ist der Verp nicht verpfl, einen Ausgleich für den sog good-will zu zahlen (BGH NJW **86**, 2306). **d) Verjährung.** Verpfl: wie § 535 Anm 2 b, dd. PächterPfl: wie § 535 Anm 3 a, gg (jedoch gilt § 196 I Nr 6 nicht; str) u Anm 3 b, c, bb.

3) Pflichten des Pächters. Haupt- u GgseitigkPfl (§§ 320 ff) ist die zu Anm a. **a) Pachtzins.** Entspr dem Mietzins; vgl § 535 Anm 3 a. Er kann in einer einmal Zahlg u Übern best Leistgen (Bbg OLGZ **76**, 195), auch in einem Bruchteil od Prozentsatz des Umsatzes (sog Umsatzpacht) od Ertrages bestehen (partiarisches PachtVerh), daher zum Teil od vollk wegfallen. Ob bei Umsatzpacht die MWSt zum Umsatz gehört, hängt vom Inhalt des Vertr ab; ist nichts best, sind die Bruttoeinnahmen einschl MWSt zugrdzulegen (vgl Celle BB **74**, 157). Bei vertrwidr BetrFerien ist uU Pachtausfall zu ersetzen (Hamm BB **74**, 1609). Bei garantierter Mindespacht ist Verstoß gg § 138 I mögl. Herabsetzg des PachtPr bei Mängeln des PachtGgst: § 537; das setzt voraus, daß die Nutzgen (§ 100) beeinträcht w. WertsichergsKlauseln: § 245 Anm 5. **b) Obhuts-pflicht.** § 545 Anm 1 gilt entspr. **c) Benutzungspflicht:** Besteht grdsätzl nicht (RG **136**, 433); kann aber vereinb sein, auch stillschw, insb dann, wenn Pachtzins nach dem Ertrag bemessen w (OGH MDR **49**, 281) od die Benutzg notw ist, um Wert u GebrFähigk des PachtGgst zu erhalten (MüKo-Voelskow 4), zB bei EinzelhandelsGesch. **d) Treuepflicht** kann sich aus dem pers VertrauensVerh zw Verp u Pächter ergeben. Verstoß hiergg: wenn der Pächter die ZwVerst dch Dr fördert (RG JW **38**, 665); der Pächter den gepachteten Betr aufgibt u (insb in kurzer Entferng) ein KonkurrenzUntern eröffnet od übernimmt (BGH **LM** Nr 8 [Apotheke]). **e) Sonstige Nebenpflichten:** entspr der Miete; vgl § 535 Anm 3 c.

4) Anwendung der Mietvorschriften (Abs II) ist entspr vorzunehmen, bei den aus dem Wesen des PVertr sich ergebden Ändergen. Es ist zu unterscheid: **a) Bewegliche Sachen.** Es gelten insb die Vorschr über MängelGewl (§§ 537–541), für die Künd vor allem §§ 564 II, 565, 553–554. Lasten des PGgst (§ 546) werden häuf abbedungen. Unterverpachtg (§ 549) ist nur mit Zust des Verp zul; kein Anspr auf Gestattg der UnterP, wenn sie im PVertr nicht eingeräumt ist. Kein KündR gem § 549 I (§ 584 a). Für Rückg gilt § 556, außerdem § 584 b. **b) Grundstücke** (auch Teile davon, insb Räume für and Zwecke als Wohnen, Betr mit Grdst od GrdstT mit Ausn der LandP (Anm d). Es gelten grdsätzl die MietVorschr (Abs II), denen als SoRegeln die §§ 582–584 b vorgehen. Für die RaumP gelten insb die §§ 541, 541 b, 544 (MüKo-Voelskow 13, 14). Übergang bei Veräußerg: §§ 571–579 gelten für GrdstP u RaumP, auch für Pacht grdstgleicher Re (zB FischereiR). **c) Rechte** (nur solche, die geeignet sind unmittelb od mittelb Sach- od RFrüchte abzuwer-fen (vgl Anm 1 a). Hierbei ist zu beachten, daß die auf Sachen zugeschnittenen §§ 535–580 a auf Re nur beschr entspr angewendet werden können. Für die Künd gilt § 584 als SoRegelg. Daher die §§ 571–579 auch hier (vgl BGH MDR **68**, 233), mit Ausn der Pacht v JagdR (§ 14 BJagdG) u FischereiR (KG OLG **38**, 93). **d) Land-pacht.** MietVorschr gelten nur aGrd der Verweisgn in den §§ 586 II, 587 II, S 2, 592 S 4, 593 b, 594 e I.

5) Zwangsvollstreckung. a) Gläubiger des Verpächters: Der Pfändg v Früchten vor ihrer Trenng (§ 810 ZPO) kann Pächter nur widerspr, wenn sie sich in seinem Gewahrs befinden (§ 809 ZPO). Nach der Trenng ist Pächter gem § 956 Eigentümer der Füchte geworden u kann dann der Pfändg in jedem Falle widersprechen (§ 771 ZPO). Die getrennten Früchte unterliegen auch nicht der Beschlagn bei ZwVerst u -verwaltg (§ 1120; § 20 II ZVG). Nach § 21 III ZVG wird das FruchtbezugsR des Pächters dch die Beschlagn nicht berührt (auch nicht hins der ungetrennten Früchte). Der PachtVertr ist nach § 152 II ZVG auch dem ZwVerwalter ggü wirks. Ggü dem Ersteher kann Pächter sich auf §§ 571–575 (nicht aber § 573 S 2) berufen (§§ 57, 57 a ZVG). **b) Gläubiger des Pächters:** Verp kann der ZwVollstr in die getrennten Früchte nicht widersprechen, hat aber ein Recht auf vorzugsw Befriedig nach § 805 ZPO (vgl § 592). Pfändg der Fdg des landwirtschaftl Pächters aus dem Verkauf von landwirtschaftl Erzeugn ist auf Antr aufzuheben, soweit die Einkünfte zum Unterh od zur Aufrechterhaltg einer geordneten WirtschFührg unentbehrl sind (§ 851 a ZPO). Zw Vollstr in das PachtR selbst dch Pfändg gem § 857 ZPO ist nach § 851 ZPO grdsätzl unzul, es sei denn, daß der Verp die Überl an den Dr gestattet hat. Bei ZwVollstr in den PachtGgst hat Verp WidersprKl (§ 771 ZPO).

582 Erhaltung des Inventars.
¹Wird ein Grundstück mit Inventar verpachtet, so obliegt dem Pächter die Erhaltung der einzelnen Inventarstücke.

II Der Verpächter ist verpflichtet, Inventarstücke zu ersetzen, die infolge eines vom Pächter nicht zu vertretenden Umstandes in Abgang kommen. Der Pächter hat jedoch den gewöhnlichen Abgang der zum Inventar gehörenden Tiere insoweit zu ersetzen, als dies einer ordnungsmäßigen Wirtschaft entspricht.

1) Allgemeines. Der neue § 582 (vgl 3 a vor § 581) entspr mit geringen sprachl Veränd dem früheren § 586. **a) Anwendungsbereich:** Alle Grdst (Übbl 1 vor § 873), insb die gewerbl, einschl der landw genutz-ten Grdst (§ 585 II); auch entspr anwendb, wenn das Grdst im Rahmen eines Untern (§ 581 Anm 1 b) verp w. Stets muß das Inv (Anm b) mitverp sein, so daß § 582 unanwendb ist, wenn das Inv gekauft w (dann Anm e). Ist es zum Schätzwert übnommen, gilt § 582 a. **b) Inventar** ist die Gesamth der begwl Sachen, die in einem entspr räuml Verh zum Grdst stehen u dazu bestimmt sind, das Grdst entspr seinem wirtschaftl Zweck dch Betrieb zu nutzen (§ 98); Umfaßt das Zubeh (§ 97) u darüberhinaus je nach VerkAuffassg weitere

603

§§ 582, 582a

Sachen. Für die InvEigensch ist die EigtLage an der betreffden Sache bedeutgsl (Schlesw SchlHA **74**, 111). Nicht Inv ist der FernsprechAnschl (LG Konstanz NJW **71**, 515). Ein InvVerzeichn ist ledigl BewUrk. **c) Arten des Inventars. aa)** Mitverpachtetes Inv: dafür gilt § 582. **bb)** Sog eisernes Inv: dafür gilt § 582a. **cc)** Dem Pächter gehördes Inv: Die VertrPart können vereinb, daß der Pächter das Inv od InvStücke zu Eigt erwirbt (vgl Anm e) u § 583a. **dd)** ÜberInv ist das v Pächter angeschaffte u üb den eigentl Ers hinausreichde Inv (vgl § 582a Anm 3b). **d) Abdingbarkeit** besteht uneingeschr; insb kann der Pächter die gesamte ErhaltgsPfl (Anm 2) übern. **e) Kauf** des Inv liegt vor, wenn vereinb ist, daß das Inv in das Eigt des Pächters übergehen soll, entw endgült od mit WiederkaufsR (§§ 497–503; vgl RG **152**, 100).

2) Erhaltungspflicht (Abs I, II). **a) Verpächter:** wg §§ 581 II, 536 hat grdsätzl der Verp das Inv in seinem GesamtBestd zu erhalten u daher die Pfl, bei zufäll Untergang od Verlust das InvStück zu ersetzen (Abs II S 1). Ausgenommen ist der TierBestd (Abs II S 2). **b) Pächter:** Abs I ändert den Grds der §§ 581 II, 536 ab: Den Pächter trifft die ErhaltgsPfl, näml Unterhaltg, insb Fütterg, Instandhaltg u Ausbesserg, auch infolge v gewöhnl Verschleiß (Soergel-Kummer 6; aA Loos NJW **63**, 990). Ergänzg dch Neuanschaffg (mit der Folge, daß das InvStück in das Eigt der Verp übergeht, § 930) ist nur im Rahmen einer ordgem Wirtsch vorzunehmen, dch Anschaffg od Eigenproduktion. Wg Abs II S 1 sind abgehde InvStücke v Pächter nur bei Versch (§§ 276, 278) zu ersetzen. Ausn für das sog eiserne Inv (§ 582a I) u Tiere (Abs II S 2). Es besteht keine VersichergsPfl des Pächters. Verj des ErsAnspr bei Verstoß: § 558 (dort Anm 2b).

582 a Inventarübernahme zum Schätzwert.

¹Übernimmt der Pächter eines Grundstücks das Inventar zum Schätzwert mit der Verpflichtung, es bei Beendigung der Pacht zum Schätzwert zurückzugewähren, so trägt er die Gefahr des zufälligen Untergangs und der zufälligen Verschlechterung des Inventars. Innerhalb der Grenzen einer ordnungsmäßigen Wirtschaft kann er über die einzelnen Inventarstücke verfügen.

ᴵᴵDer Pächter hat das Inventar in dem Zustand zu erhalten und in dem Umfang laufend zu ersetzen, der den Regeln einer ordnungsmäßigen Wirtschaft entspricht. Die von ihm angeschafften Stücke werden mit der Einverleibung in das Inventar Eigentum des Verpächters.

ᴵᴵᴵBei Beendigung der Pacht hat der Pächter das vorhandene Inventar dem Verpächter zurückzugewähren. Der Verpächter kann die Übernahme derjenigen von dem Pächter angeschafften Inventarstücke ablehnen, welche nach den Regeln einer ordnungsmäßigen Wirtschaft für das Grundstück überflüssig oder zu wertvoll sind; mit der Ablehnung geht das Eigentum an den abgelehnten Stücken auf den Pächter über. Besteht zwischen dem Gesamtschätzwerte des übernommenen und dem des zurückzugewährenden Inventars ein Unterschied, so ist dieser in Geld auszugleichen. Den Schätzwerten sind die Preise im Zeitpunkt der Beendigung der Pacht zugrunde zu legen.

1) Allgemeines. Neu dch das G v 8. 11. 85 (vgl 3a vor § 581). Ändert die früh §§ 587–589 u faßt sie zus. Zweck der Neuregelg ist die Anpassg an moderne betrwirtsch Erfordernisse, die für den Pächter als selbstdgen Untern gelten. **a) Anwendungsbereich:** wie § 582 Anm 1a; jedoch nur für das sog eiserne Inv (Anm c). **b) Inventar:** Wie § 582 Anm 1b. **c) Begriff** wie sog eisernes Inv. Das Inv (Anm b) muß bei Pachtbeginn übernommen sein: **(1)** in Pacht, also nicht dch Kauf (vgl § 582 Anm 1d); **(2)** zum Schätzwert: Nicht nur bei der LandP ist es für die Schätzg zweckmäß, eine Pachtbeschreibg (§ 585b) vorzunehmen. Der Schätzwert ist maßgebd für den Ausgleich (Anm 3c). **(3)** RückgewährPfl zum Schätzwert (im PVertr vereinb). **d) Abdingbarkeit** ist im Rahmen des AGBG sowie der §§ 138, 242 zu bejahen. Die Part können vonvorneherein v der Vereinbg gem Abs I absehen.

2) Rechtsfolgen während der Pacht: **a) Gefahrtragung** (Abs I S 1): Abweichd v § 582 II trifft den Pächter auch die Gefahr zufäll Unterg u Verschlechterg. Gilt bis zur Rückg (Abs III S 1). Der PZins bleibt unvermindert. **b) Verfügungsbefugnis des Pächters** (Abs I S 2) besteht währd der ganzen PachtZt üb alle einzelnen InvStücke (nicht üb das Inv als ganzes), obwohl sie im Eigt des Verp stehen; insb Veräußerg zwecks ErsAnschaffg, SichÜbeignng. Da die VerfBefugn v Verp abgeleitet ist, geht sie nicht weiter, als sie dem Verp ggü Dr zusteht. Dem Abs I S 2 liegt eine gesetzl fingierte Einwilligg (§ 185 I) des Verp zugrde. Die Grenze ist stets die ordngsmäß Wirtsch, die in Bezug auf den konkr Betr zu beurt ist. **c) Erhaltungspflicht** (Abs II S 1 1. Alt): wie § 582 Anm 2. Abweichd v § 582 II trifft sie voll den Pächter. Ordngsmäß Wirtsch: wie Anm b. **d) Ersatzpflicht**: Sie ist an der ordngsmäß Wirtsch auszurichten, die der Betr erfordert, damit auch die Modernisierg, die Anpassg an den jeweils geltden, gehobenen Standard u techn Fortschritt. **e) Eigentumslage** (Abs II S 2). Das ges Inv bleibt od wird Eigt des Verp, auch wenn eine Neuanschaffg nicht den Regeln einer ordngsmäß Wirtsch entspr, vorausgesetzt, daß das Eigt nicht Dr zusteht (insb bei EigtVorbeh od SicherngsEigt); denn § 582a regelt nur die Verh Verp-Pächter. EigtErwerb gem Abs II S 2 krG dch Realakt (Übbl 2d vor § 104), indem die Sache dem Inv (insb räuml) einverleibt w; daher gutgl Erwerb ausgeschl. Angeschafft: jede Art v EigtErwerb. Für Abs II S 2 steht dem Eigt die Anwartsch darauf gleich, so daß der Verp das Anwartsch erwerbt. **f) Pflichtverletzung** führt bei Versch (§§ 276, 278) zu SchadErs (§ 280 od pVV), zu außerord Künd (§§ 553, 554a od § 594e) sowie Unterlassg (§ 550 od § 590a). Verj: wie § 582 Anm 2b aE.

3) Beendigung der Pacht (Abs III). **a) Rückgewährpflicht** (Abs III S 1) entspr der Rückg (§ 556 Anm 1b). Sie umfaßt das gesamte Inv des Verp (S 2) auch solche Stücke, die dem AblehngsR (Anm b) unterliegen. **b) Ablehnungsrecht:** GestaltgsR, das dch empfbed WillErkl (§ 130) ausgeübt w. Es bezieht sich auf das sog ÜberInv (§ 582 Anm 1c, dd). Ordnmäß Wirtsch: wie Anm 2d. Übflüss od zu wertvoll ist nach objektiven, nicht pers Maßstäben zu beurt. BewLast hierfür trägt der Verp. RFolge der Ablehng: EigtÜberg auf Pächter mit Zugang der AblehngsErkl (§ 130). Zugleich scheidet das abgelehnte Stück aus dem Inv aus. **c) Wertausgleich** (Abs III S 3 u 4). Vertragl Abänd geht vor. Die GesSchätzwerte zZ der

Einzelne Schuldverhältnisse. 3. Titel: Miete. Pacht §§ 582a–584a

Übern u der Rückg des Inv sind ggüzustellen. Die Differenz ist in Geld auszugleichen. Unterschiede im Schätzwert, die nur eine Folge veränd Kaufkraft sind, bleiben unberücks (BT-Drucks 10/509 S 15), sodaß das PrNiveau bei Pachtende maßgebd ist; denn der Verp muß das Inv, wenn nöt, zu den Preisen bei Pachtende wiederbeschaffen (BT-Drucks 10/3830 S 28). Für Schätzg dch Dr gilt § 317 entspr; bei LandP wird regelm die SchätzgsO für das landw PWesen (Beschl des Verbandes der LandwKammern v 10./11. 11. 82) angewendet. Verj des Anspr: § 558 (hM; RG **95**, 302).

583 **Pächterpfandrecht am Inventar.** ¹Dem Pächter eines Grundstücks steht für die Forderungen gegen den Verpächter, die sich auf das mitgepachtete Inventar beziehen, ein Pfandrecht an den in seinen Besitz gelangten Inventarstücken zu.

ᴵᴵDer Verpächter kann die Geltendmachung des Pfandrechts des Pächters durch Sicherheitsleistung abwenden. Er kann jedes einzelne Inventarstück dadurch von dem Pfandrecht befreien, daß er in Höhe des Wertes Sicherheit leistet.

1) **Fassung.** Neu dch G v 8. 11. 85 (vgl 3a vor § 581); entspr dem früh § 590. Anwendbar: wie § 582 Anm 1a. **Forderungen des Pächters:** § 582 II S 1, § 582a III S 3; ggf Fdg auf Rückg einer für das Inv gestellten Kaution. **Pfandrecht:** an allen InvStücken, deren Bes (§ 854) der Pächter erlangt, auch wenn sie im Eigt Dr stehen, weil gutgläub Erwerb (§ 1207) mögl ist (BGH **34**, 153). Üb § 1257 gelten die §§ 1204 ff. **Anwendungsbefugnis** (Abs II). Entspr dem § 562 in umgekehrter Parteistellg; die Anm zu § 562 gilt sinngem.

583a **Vertragspflichten zur Verfügung über Inventar.** Vertragsbestimmungen, die den Pächter eines Betriebes verpflichten, nicht oder nicht ohne Einwilligung des Verpächters über Inventarstücke zu verfügen oder Inventar an den Verpächter zu veräußern, sind nur wirksam, wenn sich der Verpächter verpflichtet, das Inventar bei der Beendigung des Pachtverhältnisses zum Schätzwert zu erwerben.

1) **Geltung:** Neu dch G v. 8. 11. 85 (vgl Einf 3a vor § 581). **Anwendbar:** nur bei P v Betr, also einer organisierten Zusfassg v Sachen u Ren, die es ermögl, eine gewerbl, freiberufl od künstler Tätigk auszuüben. Umfaßt ausdrückl auch landw Betr (§ 585 II). **Zweck:** Vielf w zuläss im PVertr vereinb, daß der Pächter das ganze Inv (od Teile) gg Entgelt zu Eigt erwirbt, auch daß v ihm später angeschaffte InvStücke in sein Eigt fallen (vgl § 582 Anm 1c). Zugleich werden oft weitere Pfl in Bezug auf das Inv vereinb (BT-Drucks 10/509 S 16). Zum Schutz des Pächters vor unbill Nachteilen darf seine Vfg üb InvStücke nicht v der Einwillig (§ 185 I) des Verp abhäng gemacht w. **Abdingbarkeit** ist zu verneinen (BT-Drucks aaO). **Voraussetzungen:** Der PVertr muß den Pächter ausdrückl od stillschw verpfl, alternativ: (1) die Veräußerg des Inv (insb auch einzelner Stücke) zu unterl od nur mit Einw (§ 185 I) des Verp vorzunehmen; (2) Inv an den Verp zu veräußern, sodaß es in dessen Belieben stünde, angeschafftes Inv zu übnehmen. Gleichgült ist, in wessen Eigt das InvStück steht od gelangt. **Wirkung:** Die VertrBestimmung ist grdsätzl nichtig (§ 134); führt über § 139 prakt nur zur TeilNichtigk. Ausn: der Verp verpfl sich, das ganze Inv zum Schätzwert (vgl § 582a Anm 3a) zu übernehmen. Bei Nichtigk wg fehlder ÜbernPfl des Verp gelten die allg gesetzl Regeln: die Vfgen des Pächters sind wirks ohne Ausgleichs- od SchadErsPfl; bei PEnde ist das mitverpachtete Inv zurückzugeben; der Pächter kann die ihm gehörden InvStücke mitnehmen.

584 **Kündigungsfrist bei Grundstücken oder Rechten.** ¹Ist bei der Pacht eines Grundstücks oder eines Rechts die Pachtzeit nicht bestimmt, so ist die Kündigung nur für den Schluß eines Pachtjahres zulässig; sie hat spätestens am dritten Werktag des halben Jahres zu erfolgen, mit dessen Ablauf die Pacht enden soll.

ᴵᴵDiese Vorschriften gelten bei der Pacht eines Grundstücks oder eines Rechts auch für die Fälle, in denen das Pachtverhältnis unter Einhaltung der gesetzlichen Frist vorzeitig gekündigt werden kann.

1) **Fassung.** Entspr dem früh § 595 mit einer Änd aGrd des G v 8. 11. 85 (Einf 3a vor § 581). **Anwendungsbereich:** Pacht v Grdst (nicht LandP), Räumen (Einf 7a vor § 535) u Ren, insb auch solche an einem Grdst. Ist mit dem Grdst einheitl WoRaum (PächterWohng) mitverp, gilt auch für den WoRaum PachtR und § 584. Nur bei unbestimmter Dauer des PachtVerh unter Einschluß v § 566 S 2 (wg § 581 II). Für bewegl Sachen gilt § 565 IV (§ 581 II), für LandP § 594a. **Abdingbarkeit** ist zu bejahen. **Kündigungsfrist** (Abs I): PJahr ist das im Vertr festgelegte; ist nichts bestimmt, beginnt das PJahr mit dem Beginn des PVerh, sofern nicht GewohnhR (auch innerh der Länder oft unterschiedl) ein and Pachtjahr festlegt. **Vorzeitige Kündigung** (Abs II): insb die Fälle der §§ 567, 569 (nur für den Erben, vgl § 569 II), § 19 KO, § 57a ZVG (gilt auch bei Pacht auf bestimmte Zt, vgl Celle NJW-RR **88**, 80). Abs II gilt nicht für außerord Künd (üb § 581 II insb gem §§ 542, 544, 553, 554a mögl).

584a **Kündigung bei Unterpacht, Tod oder Versetzung.** ¹Dem Pächter steht das in § 549 Abs. 1 bestimmte Kündigungsrecht nicht zu.

ᴵᴵ Der Verpächter ist nicht berechtigt, das Pachtverhältnis nach § 569 zu kündigen.

ᴵᴵᴵ Eine Kündigung des Pachtverhältnisses nach § 570 findet nicht statt.

1) **Fassung:** Seit 1. 7. 86 unverändert der frühere § 596 (vgl 3a vor § 581). **Abdingbarkeit** ist zu bejahen. **Anwendbar** nur auf Grdst, Räume (außer WoRaum); nur Abs I u II auch auf bewegl Sachen; nicht auf die

§§ 584a–585a

LandP (vgl §§ 585 II, 589, 594d). Abs II ist auch auf RechtsP anwendb. **Wirkung:** § 584a schließt das R zu außerord Künd in bestimmten Fällen aus; eine trotzdem erkl Künd ist wirkgslos. **Unterpacht** (Abs I): Aus dem Ausschl des KündR folgt, daß der Pächter keinen Anspr auf die Erlaubn gem § 549 I S 1 hat (allgM). **Tod des Pächters** (Abs II): Das KündR der Erben des Pächters (§§ 581 II, 569 I) bleibt erhalten. **Versetzung** (Abs III): Grd für den Ausschl des KündR ist, daß der gesetzgeber Zweck des § 570 bei Pacht nicht zutrifft. Es empfiehlt sich für den Pächter, das KündR für den Fall der Versetzg vertragl vorzubeh.

584b Entschädigung bei verspäteter Rückgabe.
Gibt der Pächter den gepachteten Gegenstand nach der Beendigung des Pachtverhältnisses nicht zurück, so kann der Verpächter für die Dauer der Vorenthaltung als Entschädigung den vereinbarten Pachtzins nach dem Verhältnis verlangen, in dem die Nutzungen, die der Pächter während dieser Zeit gezogen hat oder hätte ziehen können, zu den Nutzungen des ganzen Pachtjahres stehen. Die Geltendmachung eines weiteren Schadens ist nicht ausgeschlossen.

1) Allgemeines. Entspr wörtl dem früh § 597 (vgl 3a vor § 581). Der § 584b ist abdingb u eine SondRegelg (vgl §§ 557, 597). **a) Anwendungsbereich:** Grdst, Räume (außer WoRaum), bewegl Sachen, auch RechtsP, soweit eine Rückg in Betr kommt. Nicht: LandP (SoRegelg § 597); wenn PachtVertr gem §§ 568, 581 II verlängert w; wenn der Pächter künd u der Verp Fortsetzg des PachtVerh fordert (vgl BGH NJW 60, 909). **b) Verhältnis zu anderen Ansprüchen** (S 2): SchadErs wg Vorenthaltg der PSache kann der Verp neben der Entschädigg aus § 584b verlangen. AnsprGrdlagen sind § 557 Anm 4; hierzu KG NJW 70, 951. Ebsowenig sind Anspr aus ungerechtf Ber ausgeschl (BGH NJW 68, 197; dagg Rüber NJW 68, 1613).

2) Voraussetzungen. a) Beendigg des PachtVerh, gleich ob aGrd ZtAblaufs, Künd od AufhebgsVertr. **b)** Vorenthaltg des PachtGgst gg den Willen des Verp (KG NJW 71, 432), dh unterbliebene rechtzeit Rückg gem § 556. Das muß dch den Pächter verurs sein, insb wenn er od sein UnterP den Bes behält. Unabhäng v Versch (§§ 276, 278) u davon, ob der PGgstd weiter genutzt w.

3) Entschädigung. Die Höhe ist nach S 1 zu berechnen; im Proz § 287 ZPO; nicht notw der PZins. Nutzgn: § 100. Grd: unterschiedl Wert der Nutzg währd eines Jahres. Der Verp darf jedenf nicht schlechter stehen als bei Fortdauer der Pacht. Fälligk: wie die des PZinses. Verj: § 197 (BGH **68**, 307; vgl § 557 Anm 1c).

III. Landpacht

585 Landpachtvertrag.
¹Durch den Landpachtvertrag wird ein Grundstück mit den seiner Bewirtschaftung dienenden Wohn- oder Wirtschaftsgebäuden (Betrieb) oder ein Grundstück ohne solche Gebäude überwiegend zur Landwirtschaft verpachtet. Landwirtschaft sind die Bodenbewirtschaftung und die mit der Bodennutzung verbundene Tierhaltung, um pflanzliche oder tierische Erzeugnisse zu gewinnen, sowie die gartenbauliche Erzeugung.

²Für Landpachtverträge gelten § 581 Abs. 1 und die §§ 582 bis 583a sowie die nachfolgenden besonderen Vorschriften.

³Die Vorschriften über Landpachtverträge gelten auch für die Pacht forstwirtschaftlicher Grundstücke, wenn die Grundstücke zur Nutzung in einem überwiegend landwirtschaftlichen Betrieb verpachtet werden.

1) Begriffe (Abs I). § 585 ist neu dch G v 8. 11. 85 (vgl 3a vor § 581). **a) Landpachtvertrag** (Legaldefinition in S 1) ist ein PachtVertr (§ 581 I), dch den ein landwirtschaftl Betr (Anm c) od ein unbebautes Grdst überwiegt zur Landwirtsch (Anm b) überlassen w. Die MitÜblassg v WoRaum steht nicht entgg (Köln ZMR **87**, 428). **b) Landwirtschaft** (Abs I S 2) ist die Bodenbewirtschaftg u (nur) die mit der Bodennutzg verbundene Tierhaltg; also nicht solche Betr, die allein auf Zucht, Mast u Erzeugg tierischer Produkte ohne eigene Futtererzeugg ausgerichtet sind. Landwirtsch setzt den Zweck voraus, pflanzl od tier Erzeugn zu gewinnen. Dazu gehört Ackerbau, Wiesen- u WeideWirtsch, Gartenbau, auch bodenunabhäng Erzeugg in Behältern (BT-Drucks 10/3830 S 29), der Wein- u Obstbau, Fischerei in Binnengewässern u Imkerei, Forstwirtsch nur unter den Voraussetzgen des Abs III. Ein Nebenerwerb steht nicht entgg. Nicht dazu gehört der Handel mit landwirtsch Produkten. **c) Landwirtschaftlicher Betrieb** ist ein Grdst, das mit Wohn- od WirtschGebäuden versehen ist, die der Landwirtsch für dieses Grdst dienen. Der Legaldefinition zufolge ist vorhandenes Inventar des Verp nicht notw. Bei MischBetr, insb mit Forstwirtsch (Abs III), muß der landwirtsch Zweck überwiegen.

2) Anzuwendende Vorschriften (Abs II). Für die HauptPfl gilt § 581 I. Für Pacht v Betrieben (Anm 1c) mit Inventar gelten die §§ 582–583a. Die §§ 585a–597 gelten als SondVorschr u verweisen wiederholt auf MietR (§§ 586 II, 587 II S 2, 592 S 4, 593b, 594e I). Zu beachten ist die AnzPfl gem § 2 LPVerkG.

3) Forstwirtschaft (Abs III). Die Pacht v ForstGrdst u -Betr fällt grdsätzl unter die §§ 581–584b. Für forstwirtsch genutzte Grdst gilt nur dann LandPR, wenn sie im Wege der Zupacht an einen Betr gelangen, der trotz des od der zugepachteten forstwirtsch Grdst immer noch übwiegd landwirtsch genutzt w. Überwiegend landwirtsch Betr mit forstwirtsch Anteil, die als ganzes verpachtet w, fallen vonvornehrein unter Abs I.

585a Schriftform.
Ein Landpachtvertrag, der für länger als zwei Jahre geschlossen wird, bedarf der schriftlichen Form. Wird die Form nicht beachtet, so gilt der Vertrag als für unbestimmte Zeit geschlossen.

Einzelne Schuldverhältnisse. 3. Titel: Miete. Pacht §§ 585 a–586

1) Eingefügt wie § 585 (vgl dort Anm 1); ersetzt den bisher für die Pacht üb § 581 II geltden § 566. **Abdingbarkeit** ist ausgeschl (vgl § 566 Anm 1b). **Anwendbar** nur auf LandP (§ 585 Anm 1a). **Vertragsdauer:** Die 2 Jahre sind dem § 594a I S 1 angepaßt; diese Vorschr gilt, wenn Formnichtigk gegeben ist. **Sonstiges:** Die Anm zu § 566 gelten entspr.

585 b Beschreibung der Pachtsache.

^IDer Verpächter und der Pächter sollen bei Beginn des Pachtverhältnisses gemeinsam eine Beschreibung der Pachtsache anfertigen, in der ihr Umfang sowie der Zustand, in dem sie sich bei der Überlassung befindet, festgestellt werden. Dies gilt für die Beendigung des Pachtverhältnisses entsprechend. Die Beschreibung soll mit der Angabe des Tages der Anfertigung versehen werden und ist von beiden Teilen zu unterschreiben.

^{II}Weigert sich ein Vertragsteil, bei der Anfertigung einer Beschreibung mitzuwirken, oder ergeben sich bei der Anfertigung Meinungsverschiedenheiten tatsächlicher Art, so kann jeder Vertragsteil verlangen, daß die Beschreibung durch einen Sachverständigen angefertigt wird, es sei denn, daß seit der Überlassung der Pachtsache mehr als neun Monate oder seit der Beendigung des Pachtverhältnisses mehr als drei Monate verstrichen sind; der Sachverständige wird auf Antrag durch das Landwirtschaftsgericht ernannt. Die insoweit entstehenden Kosten trägt jeder Vertragsteil zur Hälfte.

^{III}Ist eine Beschreibung der genannten Art angefertigt, so wird im Verhältnis der Vertragsteile zueinander vermutet, daß sie richtig ist.

1) Allgemeines. Neu dch G v 8. 11. 85 (vgl 3a vor § 581). **a) Zweck:** Soll Streitigk vermeiden, die daraus entstehen, daß bei VertrAbschl od PBeginn der Zustd der PSache nicht od nur ungenau festgestellt w (sog eisernes Inv, Instandsetzg als gewöhnl Ausbesserg od Erhaltg der PSache). **b) Abdingbarkeit** ergibt sich schon daraus, daß es sich um eine Soll-Vorschr handelt. Auch der Inhalt ist freigestellt; in MusterPVertr idR vorgesehen. **c) Anwendbar** auf alle Arten der LPacht (§ 585 Anm 1). **d) Ähnliche Vorschriften** sind die §§ 1034, 1035, 1377, 2121, 2122); jedoch stellt § 585 b eine abschließde SoRegelg dar. **e) Besichtigung** der PSache muß der jeweil Bes (Pächter od Verp; BT-Drucks 10/509 S 18) gewähren.

2) Beschreibung durch die Vertragsparteien (Abs I). **a) Pflicht** zur Mitwirkg („sollen") besteht nicht; RFolgen bei Verweiger: Anm 3. **b) Gemeinsame Ausfertigung** bedeutet, daß die Part zuswirken u über den Inhalt der Beschreibg einig sind. **c) Inhalt.** Er soll die ganze PSache umfassen; jedoch ist eine TeilBeschreibg nicht unwirks. Er ist je nach Art der PSache verschieden; soll alle der Pacht unterliegden Ggstde erfassen, zB die InvStücke einzeln od bei Gleichartigk in Zahlen; die Größe nach übl Maßen; den Zustand insb: funktionsunfäh od fehlde Teile, Alter, Schadstellen, Funktionsfähigk. **d) Zeitpunkt:** Die Beschreibg soll bei PBeginn (S 1) u bei PEnde (S 2) erstellt w; sie kann ohne Befristg nachträgl geschehen (vgl aber Abs II), auch einige Tage vorher. **e) Datum:** Soll angegeben w (S 3); fehlt es, ist die PBeschr deshalb nicht unwirks. **f) Unterschrift** beider Part (S 3) ist notw zur Wirksk gem Abs III.

3) Beschreibung durch Sachverständige (Abs II). **a) Voraussetzung** (alternativ): **aa)** Weigerg der einen VertrPart, bei der Beschreibg mitzuwirken, vonvorneherein, währd der Aufnahme od dch Verweigerg der Unterschr. Die Weigerg muß darauf gerichtet sein, eine Beschreibg überhaupt fertigzustellen. **bb)** Tatsächl MeingsVerschh üb einen od mehrere Punkte, auf die sich die VertrPart nicht einigen. **b) Befristung** ist mit Rücks darauf eingeführt, daß die Beschreibg nur innerh eines kürzeren ZtRaums seit dem maßgebden Termin zuverläss erstellt w kann u einem RMißbr vorzubeugen ist (BT-Drucks 10/509 S 18). **c) Verlangen** einer VertrPart; auch derjen, die ihre Mitwirkg verweigert hat (BT-Drucks aaO). Verlangt wird mit WillErkl (§ 130) ggü der and VertrPart. Die Part können sich auch danach noch einigen u die Voraussetzgen (Anm a) dadch beseit. **d) Sachverständigenernennung** dch das LandwGer (AG, § 2 I LwVG) aGrd des § 1 Nr 1 LwVG erfolgt auf Antrag einer der beiden VertrPart. Verf nach § 9 LwVG. **e) Kosten** sowohl der Ernenng wie die der Tätk des SachVerst w gem S 2 verteilt.

4) Richtigkeitsvermutung (Abs III) ist die Folge einer v den Part od vom Sachverst angefert Beschreibg. Sie gilt nur im Verh der VertrPart zueinander. Die Unrichtigk muß im Streitfall v der Part, die sie behauptet, bewiesen w. Im Streitfall zw den VertrPart (Feststellg od Zahlg) ist das AG als LandwGer zuständ (§ 1 Nr 1a LwVG).

586 Überlassungs- und Erhaltungspflicht; Gewährleistung.

^IDer Verpächter hat die Pachtsache dem Pächter in einem zu der vertragsmäßigen Nutzung geeigneten Zustand zu überlassen und sie während der Pachtzeit in diesem Zustand zu erhalten. Der Pächter hat jedoch die gewöhnlichen Ausbesserungen der Pachtsache, insbesondere die der Wohn- und Wirtschaftsgebäude, der Wege, Gräben, Dränungen und Einfriedungen, auf seine Kosten durchzuführen. Er ist zur ordnungsmäßigen Bewirtschaftung der Pachtsache verpflichtet.

^{II}Für die Haftung des Verpächters für Sach- und Rechtsmängel der Pachtsache sowie für die Rechte und Pflichten des Pächters wegen solcher Mängel gelten die Vorschriften des § 537 Abs. 1 und 2, der §§ 538 bis 541 sowie des § 545 entsprechend.

1) Eingefügt: vgl 3a vor § 581; enthält die bisher üb § 581 II geltde Regelg des § 536, den früheren § 582 mit einer Erweiterg, in Abs I S 3 eine Hervorhebg u in Abs II die schon bisher wg § 581 II geltde Verweisg auf MietVorschr. **Anwendbar:** wie § 585 b Anm 1 c. **Abdingbar** im Rahmen des AGBG u der §§ 138, 242. **Überlassungs- und Erhaltungspflicht** (Abs I S 1): Entspr dem § 536. **Ausbesserungspflicht** des Pächters (Abs I S 2) schränkt die ErhaltgsPfl des Verp ein; jedoch obliegen dem Verp die Ausbessergen, die aGrd

§§ 586–588　　　　　　　　　　　　　　　　　　2. Buch. 7. Abschnitt. *Putzo*

außergewöhnl Umstde (zB Naturereign) notw w. Verj des ErsAnspr bei Verstoß: § 591 b. **Ordnungsmäßige Bewirtschaftung** (Abs I S 3) währd der ganzen PZt. Das bedeutet eine andauernde BetriebsPfl nach geltden landw Regeln. **Gewährleistung** des Verp (Abs II) entspr den Regeln für die Miete; erstreckt sich auf die ganze PSache einschl mitverpachteten Inventars.

586a *Lasten.* Der Verpächter hat die auf der Pachtsache ruhenden Lasten zu tragen.

1) Fassung: Neu dch G v 8. 11. 85 (vgl 3a vor § 581); ersetzt den bisher üb § 581 II geltden § 546. **Anwendbar:** wie § 585b Anm 1c. **Abdingbar** wie Anm zu § 586 (BT-Drucks 10/509 S 17); wirkt nur im InnenVerh. **Lasten:** Öff- u privrechtl; wie Anm zu § 546.

587 *Pachtzins.* ¹Der Pachtzins ist am Ende der Pachtzeit zu entrichten. Ist der Pachtzins nach Zeitabschnitten bemessen, so ist er am ersten Werktag nach dem Ablauf der einzelnen Zeitabschnitte zu entrichten.
ᴵᴵDer Pächter wird von der Entrichtung des Pachtzinses nicht dadurch befreit, daß er durch einen in seiner Person liegenden Grund an der Ausübung des ihm zustehenden Nutzungsrechts verhindert wird. Die Vorschriften des § 552 Satz 2 und 3 gelten entsprechend.

1) Eingefügt: vgl 3a vor § 581; ersetzt in Abs I den bisher üb § 582 II geltden § 551 I u den früheren § 584, in Abs II den § 552. **Anwendbar und abdingbar:** wie Anm zu § 586. **Pachtzins** sind der vereinb GeldBetr u die sonst vertr Leistgen des Pächters, die PEntgelt darstellen (BT-Drucks 10/509 S 17). **Fälligkeit** (Abs I): § 551 Anm 1a, c–e, 2 gilt sinngem. **Verhinderte Nutzung** (Abs II). Auch S 1 entspr mit Ausn des Wortes Nutzg statt Gebrauch wörtl dem § 552 S 1. Die Anm 1b, c, 2–4 zu § 552 gelten sinngem.

588 *Duldungspflicht des Pächters; Pachtzinserhöhung.* ¹Der Pächter hat Einwirkungen auf die Pachtsache zu dulden, die zu ihrer Erhaltung erforderlich sind.
ᴵᴵMaßnahmen zur Verbesserung der Pachtsache hat der Pächter zu dulden, es sei denn, daß die Maßnahme für ihn eine Härte bedeuten würde, die auch unter Würdigung der berechtigten Interessen des Verpächters nicht zu rechtfertigen ist. Der Verpächter hat die dem Pächter durch die Maßnahme entstandenen Aufwendungen und entgangenen Erträge in einem den Umständen nach angemessenen Umfang zu ersetzen. Auf Verlangen hat der Verpächter Vorschuß zu leisten.
ᴵᴵᴵSoweit der Pächter infolge von Maßnahmen nach Absatz 2 Satz 1 höhere Erträge erzielt oder bei ordnungsmäßiger Bewirtschaftung erzielen könnte, kann der Verpächter verlangen, daß der Pächter in eine angemessene Erhöhung des Pachtzinses einwilligt, es sei denn, daß dem Pächter eine Erhöhung des Pachtzinses nach den Verhältnissen des Betriebes nicht zugemutet werden kann.
ᴵⱽÜber Streitigkeiten nach den Absätzen 1 und 2 entscheidet auf Antrag das Landwirtschaftsgericht. Verweigert der Pächter in den Fällen des Absatzes 3 seine Einwilligung, so kann sie das Landwirtschaftsgericht auf Antrag des Verpächters ersetzen.

1) Allgemeines. Neu dch G v 8. 11. 85 (vgl Einf 3a vor § 581). **a) Zweck:** Erhalt u Verbesserg der PSache soll stets ermögl u letztere dch PZinsErhöhg ausgeglichen w, wenn sie den Ertrag steigert. **b) Anwendbar:** wie § 585b Anm 1c. **c) Abdingbarkeit:** Für Abs I wie § 541a Anm 1c; für Abs II wie § 541b Anm c; für Abs III in den Grenzen des AGBG u des § 242 zu bejahen. **d) Beweislast:** Für Abs I der Verp, auch für Verbesserg in Abs II u Ertragssteigerg in Abs III. Für die Tats zur nicht zu rechtfert Härte (Abs II) u zur Unzumutbk (Abs III) der Pächter.

2) Duldungspflicht des Pächters. Ein Verstoß kann eine pVV sein (§ 276 Anm 7). **a) Erhaltung** der PSache (Abs I). Da sie grdsätzl dem Verp obliegt (§ 586 I S 1), hat der Pächter alle Einwirkgen inf der notw Erhaltg zu dulden. § 541a Anm 1d, 2 gilt sinngem. **b) Verbesserung** der PSache (Abs II S 1). Stellt eine gekürzte Fassg des § 541b dar; weggeblieben ist, was sich für die Pacht nicht eignet (BT-Drucks 10/3830 S 29), sodaß die aus § 541b nicht übernommene Substanz auch nicht entspr anzuwenden ist. Die DuldgsPfl erstreckt sich auf alle Maßn, nicht bei Verwendgen (vgl BT-Drucks 10/509 S 18). Die DuldgsPfl entfällt nur, wenn ausnw eine nicht zu rechtferge Härte vorliegt; dies erfordert eine Interessenabwägg, bei der auch die den Pächter treffden erhöhten UnterhKosten zu berücks sind. MitwirkgsPfl des Pächters: wie § 541b Anm 3d.

3) Aufwendungsersatz (Abs II S 2, 3). **a) Begriff:** wie § 541b Anm 4a. Bsp: anderweit Unterbringg v Vieh. **b) Umfang:** wie § 541b Anm 4b. **c) Vorschußpflicht:** wie § 541b Anm 4c. Gilt insb für einen Ertragsausfall. **d) Verjährung:** § 591b.

4) Pachtzinserhöhung (Abs III). **a) Voraussetzungen** sind: **aa)** Höherer Ertrag u zwar auf die nach laufde Dauer der PZt bezogen. Er muß entw tats gezogen u od bei ordnmäß Bewirtsch erzielb sein. Die ordnmäß Bewirtsch ist an den allg geltden Regeln der Landwsch zu messen. BewLast: Verp. **bb)** Kausalität der VerbessergsMaßn für die Ertragssteigerg. **cc)** PZinsErhöhg muß dem Pächter zumutb sein. Bei diesem AusnTatbestd („es sei denn") trifft für die maßgebden Tats die BewLast den Pächter. Entscheidd ist auf die konkreten Verh des PächterBetr abzustellen. **b) Wirkung.** Der Verp hat gg den Pächter einen Anspr auf Einwilligg, die zur VertrÄnd (§ 305) führt. Der Anspr muß auf eine angemessene Erhöhg gerichtet w. Auch dafür gelten die Grdsätze der Anm a, cc (vgl BT-Drucks 10/509 S 19). PZinsErhöhgen gem §§ 70 I, 58 I S 2, 71 FlurbG bleiben unberührt.

Einzelne Schuldverhältnisse. 3. Titel: Miete. Pacht §§ 588–590

5) Prozessuales (Abs IV). Der GGeber geht davon aus, daß die berufsständ PSchlichtgsStellen in der Mehrzahl der Fälle eine gütl Einigg herbeiführen (BT-Drucks 10/509 S 19). Im Streitfall ist das AG als LandwGer zust (§ 1 Nr 1 LwVG). Es kann auf Antrag die erforderl Einwilligg rechtsgestaltd ersetzen, zur Zahlg v Vorschuß od AufwendgsErs verurt. Die Zahlg der erhöhten Pacht fällt unter § 1 Nr 1 a u § 48 LwVG.

589 *Unterpacht; Überlassung an Dritte.* ¹Der Pächter ist ohne Erlaubnis des Verpächters nicht berechtigt,
1. die Nutzung der Pachtsache einem Dritten zu überlassen, insbesondere die Sache weiter zu verpachten,
2. die Pachtsache ganz oder teilweise einem landwirtschaftlichen Zusammenschluß zum Zwecke der gemeinsamen Nutzung zu überlassen.

 ²Überläßt der Pächter die Nutzung der Pachtsache einem Dritten, so hat er ein Verschulden, das dem Dritten bei der Nutzung zur Last fällt, zu vertreten, auch wenn der Verpächter die Erlaubnis zur Überlassung erteilt hat.

1) Eingefügt: Vgl 3a vor § 581. Abs I Nr 1 entspr der bisher Regelg des § 549 I S 1 (§ 581 II) u § 596 I, der Abs II dem § 549 III (§ 581 II). **Anwendbar:** Abs I u II wie § 585b Anm 1c. Abs II nur bei UnterP. **Abdingbar:** wie Anm zu § 586. **Unterpacht** (Abs I Nr 1): § 549 Anm 2a, b, d. Es besteht kein KündR des Pächters wie bei § 549 I S 2. Eine Ausn zu Abs I Nr 1 ist § 593a. **Gemeinsame Nutzung** (Abs I Nr 2): stellt klar, daß es der Überlassg an Dr gleichsteht, wenn der Pächt die PSache einem landw ZusSchluß (zB BetrGemsch, MaschinenGemsch), dem er selbst angehört, zur gemeins Nutzg überläßt. **Haftung für Dritte** (Abs II): § 549 Anm 4 gilt sinngem.

590 *Landwirtschaftliche Bestimmung der Pachtsache.* ¹Der Pächter darf die landwirtschaftliche Bestimmung der Pachtsache nur mit vorheriger Erlaubnis des Verpächters ändern.

²Zur Änderung der bisherigen Nutzung der Pachtsache ist die vorherige Erlaubnis des Verpächters nur dann erforderlich, wenn durch die Änderung die Art der Nutzung über die Pachtzeit hinaus beeinflußt wird. Der Pächter darf Gebäude nur mit vorheriger Erlaubnis des Verpächters errichten. Verweigert der Verpächter die Erlaubnis, so kann sie auf Antrag des Pächters durch das Landwirtschaftsgericht ersetzt werden, soweit die Änderung zur Erhaltung oder nachhaltigen Verbesserung der Rentabilität des Betriebes geeignet erscheint und dem Verpächter bei Berücksichtigung seiner berechtigten Interessen zugemutet werden kann. Dies gilt nicht, wenn der Pachtvertrag gekündigt ist oder das Pachtverhältnis in weniger als drei Jahren endet. Das Landwirtschaftsgericht kann die Erlaubnis unter Bedingungen und Auflagen ersetzen, insbesondere eine Sicherheitsleistung anordnen sowie Art und Umfang der Sicherheit bestimmen. Ist die Veranlassung für die Sicherheitsleistung weggefallen, so entscheidet auf Antrag das Landwirtschaftsgericht über die Rückgabe der Sicherheit; § 109 der Zivilprozeßordnung gilt entsprechend.

³Hat der Pächter das nach § 582a zum Schätzwert übernommene Inventar im Zusammenhang mit einer Änderung der Nutzung der Pachtsache wesentlich vermindert, so kann der Verpächter schon während der Pachtzeit einen Geldausgleich in entsprechender Anwendung des § 582a Abs. 3 verlangen, es sei denn, daß der Erlös der veräußerten Inventarstücke zu einer zur Höhe des Erlöses in angemessenem Verhältnis stehenden Verbesserung der Pachtsache nach § 591 verwendet worden ist.

1) Allgemeines. Neu dch G v 8. 11. 85 (3a vor § 581); erweitert den früh § 583. Stellt zus mit § 591 die rechts- u agrarpolit bedeutdste Neuregelg dar. **a) Zweck:** Soll einerseits dem Pächter BeweggsFreih für MarktAnpassg u Produktivität geben u andseits das VerpInteresse an gleichbleibdem, belastgsarmen Zustd ohne risikobehaftete Änd der PSache schützen. **b) Anwendbar** wie § 585b Anm 1c. **c) Abdingbar:** wie Anm zu § 586. **d) Wirkung** der erteilten od ersetzten Erlaubn ist, daß der Pächter die PSache im geänd Zustd zurückgeben darf (BT-Drucks 10/509 S 21).

2) Änderung der landwirtschaftlichen Bestimmung der PSache (Abs I). **a) Begriff:** Unter landwirtsch Bestimmg fällt alles, was in § 585 Anm 1b dargestellt ist. **b) Änderung** liegt jedenf die Verwendg als Sport-, Camping- od Lagerplatz, Nutzg der Gebäude für und gewerbl Zwecke. **c) Erlaubnis** ist WillErkl. Sie muß vorher erteilt sein. Sie kann nicht dch das LandwGer ersetzt w. Nachträgl Erlaubn ohne Vorbeh bindet u macht die Änd iZw rückwirkd rechtm. **d) Verstoß** des Pächters gg Abs I begründet Unterl- (590a), Beseitiggs- u SchadErsAnspr, letzteren nur bei (regelm gegebenem) Versch (§§ 276, 278). Verj: § 591b.

3) Änderung der Nutzung der PSache (Abs II) im Rahmen ihrer landwirtsch Bestimmg (vgl § 585 Anm 1b). **a) Erlaubnisfrei** ist die Änd, wenn die NutzgsArt über die PZt hinaus nicht beeinflußt w. Bsp: Wald darf nicht für Ackerland abgeholzt w. Wiese darf als Acker (auch umgekehrt) genutzt w. wenn der alte Zustd bis PAblauf wiederhergestellt w. **b) Erlaubnisbedürftig** (stets vorher) ist die NutzgsÄnd, die nicht unter Anm a fällt. Immer die Errichtg v Gebäuden (S 2), gleich welcher Art. Die Erlaubn kann ersetzt w (Anm 4). Die Änd darf erst nach Ersetzg vorgenommen w. Bei Verstoß gilt Anm 2d.

4) Ersetzung der Erlaubnis (Abs II S 3–6). **a) Voraussetzungen: aa)** Verweiger d Erlaubn dch den Verp, ausdrückl od stillschweigd dch NichtErteilg innerh angemessener Frist. **bb)** Die Änd muß geeignet erscheinen (erwarten lassen), daß die Rentabilität (Verh des Gewinns zum Einsatz v Kap u Arb) des Betr (vgl Anm zu § 583a) erhalten bleibt od nachhalt (für längere Zt anhaltd) verbessert w. **cc)** Zumutbk für den Verp, wobei nur dessen berecht Interessen zu berücks sind. **b) Ausschluß** der ErlaubnErsetzg (S 4) tritt ein

§§ 590–591　　　　　　　　　　　　　　　　　　2. Buch. 7. Abschnitt. *Putzo*

ab Künd (ord od außerord) od 3 Jahre vor Ablauf der vertrgem bestimmten PZt. **c) Entscheidung** des AG als LandwGer (§ 1 Nr 1 LwVG) auf Antrag ersetzt ab Wirksamwerden (gem FGG, vgl § 9 LwVG) die Erlaubn. Bedinggen (wie § 158), Auflagen (wie 2b vor § 158) u Anordng einer SicherhLeistg (§ 232) sind mögl, um im Einzelfall eine passde Regelg zu treffen.

5) Inventarveränderung (Abs III). **a) Voraussetzungen. aa)** Übnahme des Inv zum Schätzwert (§ 582a). **bb)** NutzgsÄnd (Anm 3). **cc)** Verminderg des Inv (insb dch Veräußerg v InvStücken); sie muß wesentl sein (idR mehr als 10%) u mit der NutzgsÄnd zushängen. **dd)** Der Erlös darf nicht zu einem Mehrwert iS des § 591 I geführt haben. BewLast hierfür trägt der Pächter („es sei denn"). **b) Wirkung:** Anspr des Verp auf Zahlg eines Ausgleichs gem § 582a III (dort Anm 3c) schon währd der PZt. Fälligk ab Eintritt der Voraussetzgen (Anm a).

590 a *Vertragswidriger Gebrauch.* Macht der Pächter von der Pachtsache einen vertragswidrigen Gebrauch und setzt er den Gebrauch ungeachtet einer Abmahnung des Verpächters fort, so kann der Verpächter auf Unterlassung klagen.

1) Eingefügt: Vgl 3a vor § 581. **Entspr** dem § 550. **Anwendbar:** Wie § 585b Anm 1c. **Vertragswidriger Gebrauch:** Insb Bestimmgs- od NutzgsÄnd ohne Erlaubn (§ 590 I u II); Unterl ohne Erlaubn (§ 589 I Nr 1). § 550 Anm 2 gilt sinngem. **Rechtsfolgen:** UnterlAnspr, außerord Künd (§§ 594e I, 553, 554a) u SchadErs; § 550 Anm 1 gilt sinngem. Verj: wie § 550 Anm 1d.

590 b *Notwendige Verwendungen.* Der Verpächter ist verpflichtet, dem Pächter die notwendigen Verwendungen auf die Pachtsache zu ersetzen.

Eingefügt: Vgl 3a vor § 581. Entspr dem § 547 I S. 1. **Anwendbar:** Wie § 585b Anm 1c. **Voraussetzungen und Rechtsfolgen:** § 547 Anm 1b-e, g und 2 gelten sinngem. Verj: § 591b I u II S 2. **Gewöhnliche Ausbesserungen** gehören zu den Verwendgen; die Kosten sind aber wg § 586 I S 2 nicht zu ersetzen.

591 *Verwendungsersatz bei Mehrwert.* ^IAndere als notwendige Verwendungen, denen der Verpächter zugestimmt hat, hat er dem Pächter bei Beendigung des Pachtverhältnisses zu ersetzen, soweit die Verwendungen den Wert der Pachtsache über die Pachtzeit hinaus erhöhen (Mehrwert).
^{II}Weigert sich der Verpächter, den Verwendungen zuzustimmen, so kann die Zustimmung auf Antrag des Pächters durch das Landwirtschaftsgericht ersetzt werden, soweit die Verwendungen zur Erhaltung oder nachhaltigen Verbesserung der Rentabilität des Betriebes geeignet sind und dem Verpächter bei Berücksichtigung seiner berechtigten Interessen zugemutet werden können. Dies gilt nicht, wenn der Pachtvertrag gekündigt ist oder das Pachtverhältnis in weniger als drei Jahren endet. Das Landwirtschaftsgericht kann die Zustimmung unter Bedingungen und Auflagen ersetzen.
^{III}Das Landwirtschaftsgericht kann auf Antrag auch über den Mehrwert Bestimmung treffen und ihn festsetzen. Es kann bestimmen, daß der Verpächter den Mehrwert nur in Teilbeträgen zu ersetzen hat, und kann Bedingungen für die Bewilligung solcher Teilzahlungen festsetzen. Ist dem Verpächter ein Ersatz des Mehrwerts bei Beendigung des Pachtverhältnisses auch in Teilbeträgen nicht zuzumuten, so kann der Pächter nur verlangen, daß das Pachtverhältnis zu den bisherigen Bedingungen so lange fortgesetzt wird, bis der Mehrwert der Pachtsache abgegolten ist. Kommt keine Einigung zustande, so entscheidet auf Antrag das Landwirtschaftsgericht über eine Fortsetzung des Pachtverhältnisses.

1) Allgemeines. Vgl 3a vor § 581 u § 590 Anm 1. **a) Zweck.** Der Strukturwandel in der Landw zwingt auch den Pächter oft zu Investitionen, die den Wert der PSache erhöhen. Dafür wird ein WertAusgl vorgesehen, der dem Pächter den InvestEntschluß erleichtert. Dem Verp soll jedoch eine zu teure, risikobehaftete Investition nicht aufgezwungen w. Seine Erlaubn u ihre Ersetzg sollen den Interessenkonflikt ausgleichen. **b) Anwendbar:** Wie § 585b Anm 1c. **c) Abdingbar:** Wie Anm zu § 586. **d) Abgrenzung.** § 590b betrifft die notw Verwendgen, § 591 die werterhöhdn.

2) Verwendungsersatz für werterhöhde Verwendgen (Abs I). **a) Voraussetzungen. aa)** Verwendgen (wie 2 vor § 994), die der Pächter auf seine Kosten vorgenommen hat. **bb)** WertErhöhg der PSache üb die PZt hinaus muß dch die Verwendg bewirkt w. **cc)** Zustimmg (auch nachträgl, vgl § 184) des Verp muß vorliegen od gem Abs II gerichtl ersetzt sein. **b) Anspruch.** Der (legal definierte) Mehrwert muß dem Pächter ersetzt w. Falls sich die Part nicht einigen, hat das LandwGer zu entsch (Abs III). Fälligk: Mit Erfüllg aller Voraussetzgen gem Anm a. Verj: § 591b.

3) Zustimmungsersatz (Abs II). **a) Voraussetzungen. aa)** Verweigerg der Zust (wie die der Erlaubn, § 590 Anm 4a, aa). **bb)** Die Verwendgen müssen so geeignet sein, wie bei § 590 Anm 4a, bb. **cc)** Zumutbk: wie § 590 Anm 4a, cc. **b) Ausschluß** der ZustErsetzg: wie § 590 Anm 4b. **c) Entscheidung** des LandwGer: wie § 590 Anm 4c; aber keine SicherhLeistg.

4) Weitere Entscheidungen (Abs III) des LandwGer (AG gem § 1 Nr 1 LwVG) auf Antrag (§ 14 LwVG). **a) Mehrwert.** Er kann bereits mit der Entsch gem Abs II festgesetzt w, wenn der Umfang der WertErhöhg schon feststeht (BT-Drucks 10/509 S 22). **b) Teilzahlungen** des Mehrwerts unter Festsetzg von Bedingungen (§ 158); hierbei sind die wirtsch Verh des Verp zu berücksicht. **c) Verlängerung** des

Pachtvertrags (zur Abgeltg) darf nur mit rechtsgestaltder Wirkg angeordnet w, wenn die Teilzahlgen dem Verp nicht zugemutet w können.

591 a *Wegnahmerecht.* Der Pächter ist berechtigt, eine Einrichtung, mit der er die Sache versehen hat, wegzunehmen. Der Verpächter kann die Ausübung des Wegnahmerechts durch Zahlung einer angemessenen Entschädigung abwenden, es sei denn, daß der Pächter ein berechtigtes Interesse an der Wegnahme hat. Eine Vereinbarung, durch die das Wegnahmerecht des Pächters ausgeschlossen wird, ist nur wirksam, wenn ein angemessener Ausgleich vorgesehen ist.

1) **Eingefügt:** vgl 3a vor § 581. Entspr fast wörtl dem § 547a. **Anwendbar:** wie § 585b Anm 1c. **Abdingbarkeit** ist nur dch S 3 beschr wie bei WoRaum (vgl § 547a Anm 3a). **Wegnahmerecht** (S 1): Grdsätzl wie § 547 Anm 2. Es besteht nicht für Sachen, die zur Ausbesserg eingefügt w (§ 586 I S 2) od für notw Verwendgen (§ 590b), weil sie dazu dienen, die PSache zu erhalten. Der Pächter darf aber nicht solche (nützl u werterhöhde) Verwendgen wegnehmen, die der Verp nach § 591 ersetzt od ersetzen muß; der Pächter hat aber nicht die Wahl zw ErsAnspr (§ 591) u Wegn (§ 591a); vgl BT-Drucks 10/509 S 23. Verj: § 591b. **Abwendungsbefugnis** (S 2): § 547a Anm 4 gilt sinngem. **Ausschluß des Wegnahmerechts:** § 547a Anm 5 gilt sinngem. Ein angemessener Ausgl kann zB dch Herabsetzg des PZinses od dch Verlängerg der PZt erzielt w. Die Art des Ausgl muß in der Vereinbg noch nicht festgelegt w.

591 b *Verjährung von Ersatzansprüchen.* ^IDie Ersatzansprüche des Verpächters wegen Veränderung oder Verschlechterung der verpachteten Sache sowie die Ansprüche des Pächters auf Ersatz von Verwendungen oder auf Gestattung der Wegnahme einer Einrichtung verjähren in sechs Monaten.

^{II}Die Verjährung der Ersatzansprüche des Verpächters beginnt mit dem Zeitpunkt, in welchem er die Sache zurückerhält. Die Verjährung der Ansprüche des Pächters beginnt mit der Beendigung des Pachtverhältnisses.

^{III}Mit der Verjährung des Anspruchs des Verpächters auf Rückgabe der Sache verjähren auch die Ersatzansprüche des Verpächters.

1) **Eingefügt:** Vgl 3a vor § 581. Entspr wörtl dem § 558. **Anwendbar:** Wie § 585b Anm 1c. **Abdingbar:** § 558 Anm 1c gilt sinngem. **Ersatzansprüche** (Abs I) des Verp, insb gem § 586 I S 2, § 590, des Pächters, insb aus §§ 588 II 2, 590b, 591, 591a, 596a, 596b. **Verjährungsbeginn** (Abs II): Wie § 558 Anm 3. **Verjährungseintritt** (Abs III): wie § 558 Anm 4.

592 *Verpächterpfandrecht.* Der Verpächter hat für seine Forderungen aus dem Pachtverhältnis ein Pfandrecht an den eingebrachten Sachen des Pächters sowie an den Früchten der Pachtsache. Für künftige Entschädigungsforderungen kann das Pfandrecht nicht geltend gemacht werden. Mit Ausnahme der in § 811 Nr. 4 der Zivilprozeßordnung genannten Sachen erstreckt sich das Pfandrecht nicht auf Sachen, die der Pfändung nicht unterworfen sind. Die Vorschriften der §§ 560 bis 562 gelten entsprechend.

1) **Eingefügt:** Vgl 3a vor § 581. **Anwendbar:** Wie § 585b Anm 1c. **Abdingbar** sind S 1, 2 u 4, nicht aber ist es S 3 (vgl § 559 Anm 1e). **Forderungen** aus dem PVerh: Fdgen aller Art mit Ausn künft EntschFdgen (S 2; vgl § 559 Anm 5a); künft PZinsFdg sind, und als bei § 559 nicht ausgenommen. **Eingebrachte Sachen:** Nur solche, die dem Pächter gehören; vgl § 559 Anm 3 u 4; Früchte: § 99. **Unpfändbare Sachen** (S 3) sind ausgenommen. Nur das landw Inv (§ 811 Nr 4 ZPO) unterliegt dem PfandR.

593 *Anspruch auf Vertragsänderung.* ^IHaben sich nach Abschluß des Pachtvertrages die Verhältnisse, die für die Festsetzung der Vertragsleistungen maßgebend waren, nachhaltig so geändert, daß die gegenseitigen Verpflichtungen in ein grobes Mißverhältnis zueinander geraten sind, so kann jeder Vertragsteil eine Änderung des Vertrages mit Ausnahme der Pachtdauer verlangen. Verbessert oder verschlechtert sich infolge der Bewirtschaftung der Pachtsache durch den Pächter deren Ertrag, so kann, soweit nichts anderes vereinbart ist, eine Änderung des Pachtzinses nicht verlangt werden.

^{II}Eine Änderung kann frühestens zwei Jahre nach Beginn der Pacht oder nach dem Wirksamwerden der letzten Änderung der Vertragsleistungen verlangt werden. Dies gilt nicht, wenn verwüstende Naturereignisse, gegen die ein Versicherungsschutz nicht üblich ist, das Verhältnis der Vertragsleistungen grundlegend und nachhaltig verändert haben.

^{III}Die Änderung kann nicht für eine frühere Zeit als für das Pachtjahr verlangt werden, in dem das Änderungsverlangen erklärt wird.

^{IV}Weigert sich ein Vertragsteil, in eine Änderung des Vertrages einzuwilligen, so kann der andere Teil die Entscheidung des Landwirtschaftsgerichts beantragen.

^VAuf das Recht, eine Änderung des Vertrages nach den Absätzen 1 bis 4 zu verlangen, kann nicht verzichtet werden. Eine Vereinbarung, daß einem Vertragsteil besondere Nachteile oder Vorteile erwachsen sollen, wenn er die Rechte nach den Absätzen 1 bis 4 ausübt oder nicht ausübt, ist unwirksam.

1) Allgemeines. Vgl 3a vor § 581. Die Regelg ist dem (aufgehobenen) § 7 LPachtG entnommen u demggü erweitert sowie abgeändert. **a) Zweck.** Die VertrDauer einer LandP ist oft lang, insb die v Betrieben. Die Anpassg an die sich oft schnell ändernden MarktVerh ist notw, um den FortBestd des PachtVerh üb die VertrDauer zu angemessenen Bedinggen fortzuführen, die Existenz der Pächter zu ermögl u um Insolvenzen vorzubeugen. **b) Anwendbar:** wie § 585b Anm 1c. **c) Verhältnis zu § 242.** § 593 konkretisiert den Wegfall od die Änd der GeschGrdlage (§ 242 Anm 6 B, f, bb) u schließt damit die Anwendg v § 242 aus. **d) Mängelgewährleistung** (§ 586 II) geht vor, sodaß § 593 nur gilt, wenn der Pächter nicht mindern kann. **e) Abdingbarkeit.** Sie ist dch Abs II wg des soz Schutzzwecks dahin ausgeschl, daß die VertrÄnd nicht erschwert w darf. Hingg kann sie erleichtert u dafür in bestimmten Grenzen konkretisiert w. SoRegelg in Abs I S 2 für ErtragsÄnd. **f) Mehrmalige** Änd ist mögl. **g) Anzeige** der VertrÄnd ist gem § 2 LPachtVG vorzunehmen.

2) Voraussetzungen (Abs I S 1, II). **a) Nachhaltige Änderung** der Verh (obj Umstde, nicht persönl), die für Höhe u Umfang der vertr Leistgen maßgebd waren. Die Änd kann auch vor PBeginn eingetreten sein. Nachhaltig: Nicht nur vorübergehd od in ihrer Dauer nicht übschaub (BT-Drucks 10/509 S 23). Maßgebd: BetrKosten, MarktPr der Erzeugn, Wegfall v Subventionen od erhöhte Lasten. **b) Grobes Mißverhältnis** der ggseit VertrPfl als Folge der nachhalt Änd. Muß im Einzelfall abgewogen w. **c) Zeitablauf** (Abs II). Bezieht sich auf den Eintritt der verlangten Änd, nicht auf das ÄndVerlangen (vgl Abs III).

3) Wirkung (Abs I). **a) Anspruch.** Liegen die Voraussetzgen (Anm 2) vor, so kann die VertrÄnd (§ 305) verlangt w. Gibt einen Anspr gg den VertrPart auf Abgabe der WillErkl zum VertrAbschluß. Setzt daher einen bestimmten od bestimmb Inhalt wie bei einem VertrAntrag voraus. Annahme: Ausdrückl od § 151. **b) Ausschluß** der VertragsÄnd besteht in bezug auf die VertrDauer (Abs I S 1) u auf den PZins, wenn sich der Ertrag der PSache geändert hat (Abs I S 2), aber nur dann, wenn dies ausschließl auf der Bewirtsch dch den Pächter, insb der ArbWeise, nicht auf andn Umstden beruht. **c) Zeitraum** (Abs III). ÄndVerlangen hat eine empfangsbed WillErkl (vgl Anm a), sodaß es auf den Zugang ankommt (§ 130). Die Änd kann nur auf den Beginn des jeweil PJahres (§ 594a Anm 1) zurückbezogen w.

4) Gerichtliche Entscheidung (Abs IV) setzt Weigerg, dh Ablehng des VertrAntrags (Anm 3a) voraus. Zuständigk des AG als LandwGer (vgl § 1 Nr 1 LwVG). Antrag gem § 14 LwVG. Der Beschluß des LandwGer ersetzt die zur VertrÄnd notw Annahme (vgl Anm 3a) od weist den Antrag zurück.

593a Übergabe bei vorweggenommener Erbfolge.

Wird bei der Übergabe eines Betriebes im Wege der vorweggenommenen Erbfolge ein zugepachtetes Grundstück, das der Landwirtschaft dient, mit übergeben, so tritt der Übernehmer anstelle des Pächters in den Pachtvertrag ein. Der Verpächter ist von der Betriebsübergabe jedoch unverzüglich zu benachrichtigen. Ist die ordnungsmäßige Bewirtschaftung der Pachtsache durch den Übernehmer nicht gewährleistet, so ist der Verpächter berechtigt, das Pachtverhältnis unter Einhaltung der gesetzlichen Kündigungsfrist zu kündigen.

1) Eingefügt: Vgl 3a vor § 581. **Anwendbar:** Nur bei zugepachteten Grdst im Rahmen einer LandP (§ 585 Anm 1a). **Abdingbar:** Wie § 571 Anm 1d; auf die NachrichtsPfl (S 2) kann nicht verzichtet w. **Voraussetzungen:** (1) Übergabe eines landw Betr (§ 585 Anm 1c). (2) Vorweggenommene Erbfolge: Übergabe- u AltenteilVertr (vgl 7 vor § 2274). (3) Zupacht eines landw Grdst (§ 585 Anm 1b). Es muß zus mit dem Betr bewirtsch w. **Wirkung:** (1) Der Übnehmer wird nicht Unterpächter, sond VertrPart des Verp anstelle des bisher (übgebden) Pächters. VertrEintritt krG, unabhäng v einer Zust des Verp. (2) KündR (§ 594a II) des Verp unter den Voraussetzgen des S 3. BewLast hierfür: Verp. **Mitteilungspflicht** des Pächters od des Übnehmenden (S 2). Sie bezieht sich auf die BetrÜbergabe. Unverzügl: § 121 I S 1.

593b Veräußerung und Belastung.

Wird das verpachtete Grundstück veräußert oder mit dem Recht eines Dritten belastet, so gelten die §§ 571 bis 579 entsprechend.

1) Eingefügt: Vgl 3a vor § 581; entspr voll der bisher RLage (§ 581 II). **Anwendbar:** wie § 585b Anm 1c. **Abdingbar:** Nur in dem Rahmen, wie es bei den §§ 571–579 für zulässig erachtet w. **Voraussetzungen und Wirkung:** Die Anm zu §§ 571–579 gelten sinngem.

594 Ende und Verlängerung der Pacht.

Das Pachtverhältnis endet mit dem Ablauf der Zeit, für die es eingegangen ist. Es verlängert sich bei Pachtverträgen, die auf mindestens drei Jahre geschlossen worden sind, auf unbestimmte Zeit, wenn auf die Anfrage eines Vertragsteils, ob der andere Teil zur Fortsetzung des Pachtverhältnisses bereit ist, dieser nicht binnen einer Frist von drei Monaten die Fortsetzung ablehnt. Die Anfrage und die Ablehnung bedürfen der schriftlichen Form. Die Anfrage ist ohne Wirkung, wenn in ihr nicht auf die Folge der Nichtbeachtung ausdrücklich hingewiesen wird und wenn sie nicht innerhalb des drittletzten Pachtjahres gestellt wird.

1) Allgemeines. Eingefügt: vgl 3a vor § 581. S 1 entspr fast wörtl dem § 564 I. S 2–4 sind neu. **a) Zweck:** Soll beide VertrPart davor schützen, bis kurz vor PEnde im Unklaren zu bleiben, ob das PVerh fortgesetzt w. **b) Anwendbar:** Wie § 585b Anm 1c; S 2–4 nur bei PVerh mit bestimmter Dauer. **c) Abdingbarkeit** ist bei S 1 prakt dadch gegeben, daß die VertrPart einvernehml jederzeit den PVertr verlängern können. Bei S 2 rechtfert der Schutzzweck (Anm a) die Unabdingbk. **d) Ende** des PVerh (S 1): § 564 Anm 1a, 2 gilt sinngem.

Einzelne Schuldverhältnisse. 3. Titel: Miete. Pacht   §§ 594–594d

2) Verlängerung des PVerh. **a) Voraussetzungen** (S 2): **aa)** PVertr mit einer vereinb Mindestdauer v 3 Jahren. **bb)** Anfrage des Verp od Pächters an die and VertrPart. Empfangsbed WillErkl (§ 130) in Schriftform (S 3; § 126 I, III) mit einem Inhalt, der nicht notw wörtl dem S 2 entspr. Sie muß jedoch den in S 4 vorausgesetzten Hinweis enthalten u spätestens am letzten Tag des drittletzten PJahres (also 2 Jahre vor PEnde) zugehen. **cc)** Unterbliebene Ablehng (§ 130) in Schriftform (wie Anm bb). 3-MonatsFr mit Berechng (jeweils ab Empfang) gem §§ 188 II, 187 I. **b) Wirkung.** Fortsetzg des PVerh auf unbestimmte Zeit (S 1) vom Ende der bestimmten PDauer an. Von da an ist ord Künd mögl (§ 594a).

594a *Ordentliche Kündigung.* ¹Ist die Pachtzeit nicht bestimmt, so kann jeder Vertragsteil das Pachtverhältnis spätestens am dritten Werktag eines Pachtjahres für den Schluß des nächsten Pachtjahres kündigen. Im Zweifel gilt das Kalenderjahr als Pachtjahr. Die Vereinbarung einer kürzeren Frist bedarf der Schriftform.

II Für die Fälle, in denen das Pachtverhältnis unter Einhaltung der gesetzlichen Frist vorzeitig gekündigt werden kann, ist die Kündigung nur für den Schluß eines Pachtjahres zulässig; sie hat spätestens am dritten Werktag des halben Jahres zu erfolgen, mit dessen Ablauf die Pacht enden soll.

1) Eingefügt: Vgl 3a vor § 581. **Übergangsregelung:** Künd, die vor dem 1. 7. 86 ausgesprochen wurden, richten sich nach § 595 aF mit KündSchutz nach § 8 LPachtG. **Anwendbar:** Wie § 585b Anm 1c. **Abdingbarkeit:** für Verlängerg der KündFr formlos mögl; für Abkürzg Schriftform des § 126 (Abs I S 3). **Pachtjahr:** Die Vereinbg der Part geht vor. Landesübl beginnt das PJahr ohne ausdrückl Vereinb häuf am 1. Okt od 11. Nov (Martini); iZw das KalJahr (Abs I S 2). **Kündigung:** Schriftform (§ 564 Anm 3 gilt iü sinngem. **Frist** der ord Künd (Abs I S 1) beträgt prakt fast 2 Jahre. **Vorzeitige Kündigung** (Abs II) betrifft insb die §§ 593a, 594c; hier ist die Fr zur ord Künd prakt auf ein halbes Jahr zum Ende des PJahres verkürzt.

594b *Landpachtverträge über 30 Jahre und auf Lebenszeit.* Wird ein Pachtvertrag für eine längere Zeit als dreißig Jahre geschlossen, so kann nach dreißig Jahren jeder Vertragsteil das Pachtverhältnis spätestens am dritten Werktag eines Pachtjahres für den Schluß des nächsten Pachtjahres kündigen. Die Kündigung ist nicht zulässig, wenn der Vertrag für die Lebenszeit des Verpächters oder des Pächters geschlossen ist.

1) Eingefügt: Vgl 3a vor § 581. Entspr inhaltl dem § 567. **Anwendbar:** Wie § 585b Anm 1c. **Unabdingbar,** weil ErbP ausgeschl sein soll. **Kündigungsfrist:** Die der ord Künd (§ 594a I S 1, 2). **Form:** § 594f. **Lebenszeitverträge:** § 567 Anm 1c sinngem. **Voraussetzungen und Wirkung:** § 567 Anm 2 sinngem.

594c *Kündigung bei Berufsunfähigkeit.* Ist der Pächter berufsunfähig im Sinne der Vorschriften der gesetzlichen Rentenversicherung geworden, so kann er das Pachtverhältnis unter Einhaltung der gesetzlichen Kündigungsfrist kündigen, wenn der Verpächter der Überlassung der Pachtsache zur Nutzung an einen Dritten, der eine ordnungsmäßige Bewirtschaftung gewährleistet, widerspricht. Eine abweichende Vereinbarung ist unwirksam.

1) Eingefügt: Vgl 3a vor § 581. **Anwendbar:** Wie § 585b Anm 1c. **Unabdingbar** wg S 2. **Grd:** Soz Schutzzweck. **Voraussetzungen:** BewLast: Pächter. (1) Berufsunfähig des Pächters iS der gesetzl RentenVers (§ 1246 RVO, § 23 AVG). (2) Widerspr des Verp gg Überlassg an geeigneten Dr. Empfbed WillErkl (§ 130). Formlos; erst mögl, nachdem der Pächter um die Erlaubn gem § 589 I Nr 1 nachgesucht hat. **Kündigung:** Fr gem § 594a II; Form: § 594f.

594d *Tod des Pächters.* ¹Stirbt der Pächter, so sind sowohl seine Erben als auch der Verpächter berechtigt, das Pachtverhältnis mit einer Frist von sechs Monaten zum Ende eines Kalendervierteljahres zu kündigen. Die Kündigung kann nur für den ersten Termin erfolgen, für den sie zulässig ist.

II Die Erben können der Kündigung des Verpächters widersprechen und die Fortsetzung des Pachtverhältnisses verlangen, wenn die ordnungsmäßige Bewirtschaftung der Pachtsache durch sie oder durch einen von ihnen beauftragten Miterben oder Dritten gewährleistet erscheint. Der Verpächter kann die Fortsetzung des Pachtverhältnisses ablehnen, wenn die Erben den Widerspruch nicht spätestens drei Monate vor Ablauf des Pachtverhältnisses erklärt und die Umstände mitgeteilt haben, nach denen die weitere ordnungsmäßige Bewirtschaftung der Pachtsache gewährleistet erscheint. Die Widerspruchserklärung und die Mitteilung bedürfen der schriftlichen Form. Kommt keine Einigung zustande, so entscheidet auf Antrag das Landwirtschaftsgericht.

III Gegenüber einer Kündigung des Verpächters nach Absatz 1 ist ein Fortsetzungsverlangen des Erben nach § 595 ausgeschlossen.

1) Allgemeines. Eingefügt: vgl 3a vor § 581; ändert die früh Regelg der §§ 569, 581 II ab. **a) Zweck:** Das KündR wird auch dem Verp eingeräumt, weil die Erben des Pächters häuf entweder nicht willens od nicht in der Lage sind, das PVerh fortzusetzen. **b) Anwendbar:** Wie § 585b Anm 1c. **c) Unabdingbar** wg der auch ordngspolit ZielRichtg.

§§ 594d–595　　　　　　　　　　　　　　　　　2. Buch. 7. Abschnitt. *Putzo*

2) Kündigungsrecht (Abs I). **a) Voraussetzungen: aa)** Bestehen des PVerh (vgl § 569 Anm 2a). **bb)** Tod des Pächters: § 569 Anm 2b gilt sinngem. **b) Kündigung.** Erkl: § 564 Anm 3a, d–f gilt sinngem. Angabe des Grdes ist wg der Fr u Abs III geboten. **c) Form:** § 564 f. **d) Frist:** SoRegelg, die den § 594a ausschließt. Berechng: §§ 187 I, 188 II. **e) Ausschluß** (Abs I S 2): § 569 Anm 3b gilt sinngem. **f) Fortsetzungsverlangen** (Abs III). § 595 ist immer dann ausgeschl, wenn der Verp aGrd des Abs I gekünd hat. Der Erbe od die Erben sind allein u hinreich dch Abs II geschützt (BT-Drucks 10/509 S 25). Erst nach vertrgem Beendigg kommt § 595 in Betracht.

3) Fortsetzungsanspruch des od der Erben (Abs II). **a) Voraussetzungen: aa)** Wirks Künd des Verp. **bb)** Ordnmäß Bewirtsch der PSache muß gewährleistet erscheinen (zu erwarten sein); gleichgült, ob dch Erben, Miterben od Dr, die aber (vertr) beauftragt sein müssen; UnterP ist dabei ausgeschl. BewLast: Pächter. **cc)** Widerspr des od der Erben: empfangsbed WillErkl (§ 130). Schriftform des § 126 (Abs II S 3). Um das AblehngsR (Anm c) auszuschl, muß der Widerspr spätestens 3 Monate vor dem dch die Künd bewirkten Ablauf dem Verp zugehen u den in Abs II S 2 vorgeschriebenen Inhalt aufweisen. **b) Rechtsfolge.** Es besteht ein schuldrechtl Anspr auf Fortsetzg des PVerh bis zum vertrgem Ablauf, sofern nicht Anm c dchgreift. **c) Ablehnungsrecht** (Abs II S 2). Fehlen obj die Voraussetzgen (Anm a), so entsteht kein FortsetzgsAnspr. Liegen sie vor, steht dem Verp die Ablehng (empfbed WillErkl) zu, wenn der Widerspr später als 3 Monate vor Ablauf des PVerh erklärt oder bis dahin die (tats) Umst zur ordngsmäß Bewirtschaftg nicht mitgeteilt sind. Schriftform des § 126 (Abs II S 3). **d) Gerichtliche Entscheidung** (Abs II S 4) dch das LandwGer (§ 1 Nr 1 LwVG) auf Antrag (§ 14 LwVG). Sie ergeht üb das Bestehen des FortsetzgsAnspr. Ein EiniggsVersuch der Part muß vorangehen.

594 e *Außerordentliche Kündigung.* ᴵOhne Einhaltung einer Kündigungsfrist ist die Kündigung des Pachtverhältnisses in entsprechender Anwendung der §§ 542 bis 544, 553 und 554a zulässig.

ᴵᴵDer Verpächter kann das Pachtverhältnis ohne Einhaltung einer Kündigungsfrist auch kündigen, wenn der Pächter mit der Entrichtung des Pachtzinses oder eines nicht unerheblichen Teiles des Pachtzinses länger als drei Monate in Verzug ist. Ist der Pachtzins nach Zeitabschnitten von weniger als einem Jahr bemessen, so ist die Kündigung erst zulässig, wenn der Pächter für zwei aufeinanderfolgende Termine mit der Entrichtung des Pachtzinses oder eines nicht unerheblichen Teiles des Pachtzinses in Verzug ist. Die Kündigung ist ausgeschlossen, wenn der Verpächter vorher befriedigt wird. Sie wird unwirksam, wenn sich der Pächter durch Aufrechnung von seiner Schuld befreien konnte und die Aufrechnung unverzüglich nach der Kündigung erklärt.

1) Eingefügt: Vgl 3a vor § 581. **Anwendbar:** Wie § 585b Anm c. **Abdingbarkeit** ist zu bejahen bei Abs II, in Bezug auf § 542 (vgl Anm zu § 543) und § 553 (dort Anm 1b). Zwingd sind § 544 (dort Anm 1) u § 554a (dort S 2). **Kündigungserklärung:** § 564 Anm 3 gilt sinngem. Schriftform: § 594 f. **Zahlungsverzug** (Abs II): Setzt voraus, daß idR der PZins jährl zu zahlen ist. Daher ist die VerzDauer auf 3 Monate erstreckt. Ansonsten ist die Vorschr dem § 554 I S 1 Nr 1, S 2 angepaßt. Die dort Anm 2a, aa, b u 3a, b aa gelten sinngem.

594 f *Schriftform der Kündigung.* Die Kündigung bedarf der schriftlichen Form.

1) Eingefügt: Vgl 3a vor § 581. **Anwendbar:** wie § 585b Anm 1c. Gilt für alle Künd v LandPVertr: §§ 594a–594e. **Schriftform:** § 126. **Verstoß:** Nichtigk gem § 125. Unabdingb (MüKo-Voelskow; bestr).

595 *Anspruch auf Fortsetzung des Pachtverhältnisses.* ᴵDer Pächter kann vom Verpächter die Fortsetzung des Pachtverhältnisses verlangen, wenn
1. bei der Betriebspacht der Betrieb seine wirtschaftliche Lebensgrundlage bildet,
2. bei der Pacht eines Grundstücks der Pächter auf dieses Grundstück zur Aufrechterhaltung seines Betriebes, der seine wirtschaftliche Lebensgrundlage bildet, angewiesen ist

und die vertragsmäßige Beendigung des Pachtverhältnisses für den Pächter oder seine Familie eine Härte bedeuten würde, die auch unter Würdigung der berechtigten Interessen des Verpächters nicht zu rechtfertigen ist. Die Fortsetzung kann unter diesen Voraussetzungen wiederholt verlangt werden.

ᴵᴵIm Falle des Absatzes 1 kann der Pächter verlangen, daß das Pachtverhältnis so lange fortgesetzt wird, wie dies unter Berücksichtigung aller Umstände angemessen ist. Ist dem Verpächter nicht zuzumuten, das Pachtverhältnis nach den bisher geltenden Vertragsbedingungen fortzusetzen, so kann der Pächter nur verlangen, daß es unter einer angemessenen Änderung der Bedingungen fortgesetzt wird.

ᴵᴵᴵDer Pächter kann die Fortsetzung des Pachtverhältnisses nicht verlangen, wenn
1. er das Pachtverhältnis gekündigt hat;
2. der Verpächter zur Kündigung ohne Einhaltung einer Kündigungsfrist oder im Falle des § 593a zur vorzeitigen Kündigung unter Einhaltung der gesetzlichen Frist berechtigt ist;
3. die Laufzeit des Vertrages bei der Pacht eines Betriebes, der Zupacht von Grundstücken, durch die ein Betrieb entsteht, oder bei der Pacht von Moor- und Ödland, das vom Pächter kultiviert worden ist, auf mindestens achtzehn Jahre, bei der Pacht anderer Grundstücke auf mindestens zwölf Jahre vereinbart ist;

4. der Verpächter die nur vorübergehend verpachtete Sache in eigene Nutzung nehmen oder zur Erfüllung gesetzlicher oder sonstiger öffentlicher Aufgaben verwenden will.

IV Die Erklärung des Pächters, mit der er die Fortsetzung des Pachtverhältnisses verlangt, bedarf der schriftlichen Form. Auf Verlangen des Verpächters soll der Pächter über die Gründe des Fortsetzungsverlangens unverzüglich Auskunft erteilen.

V Der Verpächter kann die Fortsetzung des Pachtverhältnisses ablehnen, wenn der Pächter die Fortsetzung nicht mindestens ein Jahr vor Beendigung des Pachtverhältnisses vom Verpächter verlangt oder auf eine Anfrage des Verpächters nach § 594 die Fortsetzung abgelehnt hat. Ist eine zwölfmonatige oder kürzere Kündigungsfrist vereinbart, so genügt es, wenn das Verlangen innerhalb eines Monats nach Zugang der Kündigung erklärt wird.

VI Kommt keine Einigung zustande, so entscheidet auf Antrag das Landwirtschaftsgericht über eine Fortsetzung und über die Dauer des Pachtverhältnisses sowie über die Bedingungen, zu denen es fortgesetzt wird. Das Gericht kann die Fortsetzung des Pachtverhältnisses jedoch nur bis zu einem Zeitpunkt anordnen, der die in Absatz 3 Nr. 3 genannten Fristen, ausgehend vom Beginn des laufenden Pachtverhältnisses, nicht übersteigt. Die Fortsetzung kann auch auf einen Teil der Pachtsache beschränkt werden.

VII Der Pächter hat den Antrag auf gerichtliche Entscheidung spätestens neun Monate vor Beendigung des Pachtverhältnisses und im Falle einer zwölfmonatigen oder kürzeren Kündigungsfrist zwei Monate nach Zugang der Kündigung bei dem Landwirtschaftsgericht zu stellen. Das Gericht kann den Antrag nachträglich zulassen, wenn es zur Vermeidung einer unbilligen Härte geboten erscheint und der Pachtvertrag noch nicht abgelaufen ist.

VIII Auf das Recht, die Verlängerung eines Pachtverhältnisses nach den Absätzen 1 bis 7 zu verlangen, kann nur verzichtet werden, wenn der Verzicht zur Beilegung eines Pachtstreits vor Gericht oder vor einer berufsständischen Pachtschlichtungsstelle erklärt wird. Eine Vereinbarung, daß einem Vertragsteil besondere Nachteile oder besondere Vorteile erwachsen sollen, wenn er die Rechte nach den Absätzen 1 bis 7 ausübt oder nicht ausübt, ist unwirksam.

1) Allgemeines. Vgl 3a vor § 581. Das Paragraphen-Ungetüm ist aus der SozKlausel des § 8 LandPG entstanden u dem § 556a nachempfunden. **a) Zweck:** Sozpolit Schutz der ExistenzGrdlage landw Pächter. **b) Anwendbar:** LandP (§ 585 Anm 1a, b) v Betr (§ 585 Anm 1c) od existenznotw Grdst (vgl Abs I Nr 1 u 2). **c) Abdingbarkeit** (Abs VIII) ist weitgehd eingeschr. Der Verzicht (§ 397) auf den FortsetzgsAnspr kann nur in Zushang u zwecks Beilegg eines RStreits vor dem Ger od einer PSchlichtgsStelle vereinb w. Vorher od gleichzeit abgeschl Vereinbg üb VorT- od NachT für (Nicht)Ausübg aller Re aus Abs I–VII ist nichtig, insb auf FortsetzgsAnspr, AblehngsR u Antrag auf gerichtl Entscheidg. Zul sind Vereinbg, die die Fortsetzg des PVerh erleichtern. § 139 ist unanwendb (Soergel-Kummer 7). **d) Anzeigepflicht** gem § 1 LPachtVG bei Einigg der VertrPart üb die Fortsetzg.

2) Fortsetzungsanspruch (Abs I, II, IV). **a) Rechtsnatur.** Schuldrechtl Anspr auf Abschl eines unter § 305 fallden VerlängersVertr. **b) Voraussetzungen. aa)** Wirtschaftl LebensGrdlage (nicht notw die alleinige, wohl aber die wesentl, Soergel-Kummer 2 mwN) des Pächters muß der gepachtete Betr (§ 585 Anm c) bei Abs I Nr 1 od der eigene Betr bei Abs I Nr 2 sein. Ist auf NebenerwerbsLandw anwendb (BT-Drucks 10/3830 S 30). **bb)** Angewiesen sein muß der Pächter eines od mehrerer Grdst auf diese, um seinen EigenBetr (Nr 2) aufrechterhalten zu können. Pacht weiterer Grdst von and Verp steht nicht entgg. **cc)** Nicht zu rechtfertigde Härte: Für den Pächter od seine Familie (wie § 556a Anm 6a). InteressenAbwägg ggü denen des Verp. Interessen Dr bleiben außer Betracht. Als Grde müssen konkrete Tats angegeben w. Der bloße Umstd der wirtsch LebensGrdlage genügt für sich allein nicht. **dd)** Zeitl BezugsPkt ist der vertrgem Ablauf der PZt. Diese kann auf Ende der PDauer wie auf Künd beruhen. **c) Form** des Fortsetzgs-Verl (Abs IV): Schriftform des § 126 (S 1). Angabe der Grde ist zunächst nicht erforderl, jedoch unverzügl (§ 121 S 1) Ausk auf Verlangen des Pächters (S 2); beides formlos wirks. **d) Frist:** Nur mittelb, weil eine Verspätg entgg Abs V ledigl zu einem AblehngsR führt (Anm 4). **e) Wirkung.** Das PVerh ist fortzusetzen aGrd vertr Einigg der Part od gerichtl Entsch (Anm 5), u zwar auf bestimmte (angemessene) Zt (Abs II S 1), ggf unter angemessener Änd des VertrInhalts (Abs II S 2), insb auf PZins. Angemessen ist ein unbestimmter RsBegriff. Im Streitfall ist auch hier InteressenAbwägg erforderl.

3) Ausschluß des Anspruchs (Abs III). Rechtshindernde Einwendg mit BewLast des Verp. Alternativ: **a) Nr 1.** Beendigg des PVerh inf Künd dch den Pächter. **b) Nr 2.** Berechtigg des Verp zur Künd aGrd des § 594e od § 593a; der Grd muß obj vorliegen u die Künd v Verp unterl sein. **c) Nr 3.** Bei den genannten langfrist Vertr soll der Anspr ausgeschl sein, um den Verp nicht übmäß lange zu binden. Für bestehde (vor dem 1.7.86 abgeschl) Vertr, wird eine geringere PDauer im Einzelfall dch InteressenAbwägg zu ermitteln sein (vgl § 8 II a LPachtG; BT-Drucks 10/509 S 25). **d) Nr 4.** Soll die VerpachtgsBereitsch fördern. Vorübgehd ist die Verpachtg, wenn auf bestimmte Zt verpachtet ist (Soergel-Kummer 3).

4) Ablehnungsrecht des Verp (Abs V). Ist dem § 556a VI nachgebildet. Die Ablehng ist eine empfbed (§ 130), formlose WillErkl. **a) Voraussetzungen** (S 1; alternativ): **aa)** FortsetzgsVerlangen (Abs IV) später als 1 Jahr vor vertrgem Beendigg des PVerh. **bb)** Vorangegangene Ablehng einer FortsetzgsAnfrage (§ 594 S 2). **cc)** Bei einjähr od kürzerer KündFr (S 2) muß das Verlangen später als einen Monat nach Zugang (§ 130) der Künd gestellt w. FrBerechng §§ 187 I, 188 II. **b) Wirkung.** Bei wirks erkl Ablehng entfällt der (bis dahin bestehde) FortsetzgsAnspr. Da die Fortsetzg wg § 305 einen Vertr erfordert, sind die §§ 145 ff anwendb. Danach ist auch zu beurt, ob und wann die Ablehng erfolgt ist (wesentl wg Abs VI). Eine Einigg trotz bestehdem AblehngsR ist nach § 151 zu beurt.

§§ 595–596 a

5) Gerichtliche Entscheidung (Abs VI). **a) Zuständig** ist das AG als LandwGer (§ 1 Nr 1 LwVG). **b) Voraussetzungen. aa)** Antr (§ 14 LwVG) einer der beiden VertrPart. **bb)** Fehlde Einigg, entw dch Vertr (§ 305) od vor der SchlichtgsStelle. **c) Antragsfrist** (Abs VII) gilt nur für den Pächter u gewährt eine ausreichde ÜberleggsZt. Berechtg: §§ 187 I, 188 II. **d) Inhalt:** Es wird entw der FortsetzgsAnspr zurückgewiesen od rechtsgestaltd die Fortsetzg angeordnet, dann auch die Dauer (Abs VI S 2 zu beachten) u der VertrInhalt, zu den bisher Bedinggen od abgeändert, auch nur auf einen Teil der PSache beschr mögl.

595 a Vorzeitige Kündigung; Abwicklung; Verfahren.

^ISoweit die Vertragsteile zur vorzeitigen Kündigung eines Landpachtvertrages berechtigt sind, steht ihnen dieses Recht auch nach Verlängerung des Landpachtverhältnisses oder Änderung des Landpachtvertrages zu.

^{II}Auf Antrag eines Vertragsteiles kann das Landwirtschaftsgericht Anordnungen über die Abwicklung eines vorzeitig beendeten oder eines teilweise beendeten Landpachtvertrages treffen. Wird die Verlängerung eines Landpachtvertrages auf einen Teil der Pachtsache beschränkt, kann das Landwirtschaftsgericht den Pachtzins für diesen Teil festsetzen.

^{III}Der Inhalt von Anordnungen des Landwirtschaftsgerichts gilt unter den Vertragsteilen als Vertragsinhalt. Über Streitigkeiten, die diesen Vertragsinhalt betreffen, entscheidet auf Antrag das Landwirtschaftsgericht.

1) Eingefügt: Vgl 3a vor § 581. **Anwendbar:** Wie § 585b Anm 1c; Abs I nur bei vorzeit Künd, Abs II u III auch bei teilweiser. **Abdingbar** ist Abs I nur, soweit auf das KündR verzichtet w kann; das ist für § 594c u § 594d I zu verneinen. Abs II u III sind als VerfVorschr grdsätzl unabänderb. **Vorzeitige Kündigung** (Abs I); das sind die Fälle der §§ 593a S 3, 594c S 1, 594d I. Sie wird dch VertrÄnd (§ 593) od Fortsetzg (§ 595) nicht ausgeschl. Außerord Künd (§ 594e) bleibt sowieso unbeschr mögl. **Abwicklungsanordnungen** (Abs II). Außergerichtl Einigg ist stets zuläss. Die teilw Beendigg kann auf Vertr (§ 305) od auf § 595 VI S 3 beruhen. Das LandwGer (§ 1 Nr 1 LwVG) entscheidet auf Antr (§ 14 LwVG) einer der beiden Part. **Wirkung** (Abs III). Die rechtskräft Entsch des LandwGer steht einer ParteiVereinbg (VertrInhalt, § 305) gleich. Das gilt für alle in LandPSachen ergangenen Entsch. Dch S 2 soll klargestellt w, daß eine ergangene Entsch einer neuen nicht entggsteht; dabei muß jedoch eine Änd der tats Verh gegeben sein (ähnl dem § 323 ZPO). Die Zuständigk des LandwGer erstreckt sich dabei auf den ganzen VertrInhalt, auch auf GgRe u GgAnspr (BT-Drucks 10/509 S 26). Antr (§ 14 LwVG) ist stets erforderl.

596 Rückgabepflicht.

^IDer Pächter ist verpflichtet, die Pachtsache nach Beendigung des Pachtverhältnisses in dem Zustand zurückzugeben, der einer bis zur Rückgabe fortgesetzten ordnungsmäßigen Bewirtschaftung entspricht.

^{II}Dem Pächter steht wegen seiner Ansprüche gegen den Verpächter ein Zurückbehaltungsrecht am Grundstück nicht zu.

^{III}Hat der Pächter die Nutzung der Pachtsache einem Dritten überlassen, so kann der Verpächter die Sache nach Beendigung des Pachtverhältnisses auch von dem Dritten zurückfordern.

1) Eingefügt: vgl 3a vor § 581. **Anwendbar:** wie § 585b Anm c. **Abdingbar** ist Abs II u Abs I, soweit es den Zustd der PSache betr. **Rückgabe vom Pächter** (Abs I): entspr dem früheren § 591 S 1 u inhaltl dem § 556 I (vgl dort Anm 1). Die Bestellg (Bodenbearbeitg, Saat, Pflanzg) gehört zur ordnmäß Bewirtschaftg. **Verstoß:** vgl § 597. **Ausschluß des Zurückbehaltungsrechts** (Abs II): entspr § 556 II; die Anm 2a, d-e gelten sinngem. **Herausgabeanspruch gegen Dritte** (Abs III): entspr § 556 III; die Anm 3a, c-g gelten sinngem. **Zuständig** ist das AG als LandwGer (§ 1 Nr 1a LwVG) im StreitVerf (§ 48 LwVG). **Verjährung:** wie § 556 Anm 1i.

596 a Ersatzpflicht bei vorzeitigem Pachtende.

^IEndet das Pachtverhältnis im Laufe eines Pachtjahres, so hat der Verpächter dem Pächter den Wert der noch nicht getrennten, jedoch nach den Regeln einer ordnungsmäßigen Bewirtschaftung vor dem Ende des Pachtjahres zu trennenden Früchte zu ersetzen. Dabei ist das Ernterisiko angemessen zu berücksichtigen.

^{II}Läßt sich der in Absatz 1 bezeichnete Wert aus jahreszeitlich bedingten Gründen nicht feststellen, so hat der Verpächter dem Pächter die Aufwendungen auf diese Früchte insoweit zu ersetzen, als sie einer ordnungsmäßigen Bewirtschaftung entsprechen.

^{III}Absatz 1 gilt auch für das zum Einschlag vorgesehene, aber noch nicht eingeschlagene Holz. Hat der Pächter mehr Holz eingeschlagen, als bei ordnungsmäßiger Nutzung zulässig war, so hat er dem Verpächter den Wert der die normale Nutzung übersteigenden Holzmenge zu ersetzen. Die Geltendmachung eines weiteren Schadens ist nicht ausgeschlossen.

1) Eingefügt: vgl 3a vor § 581; ersetzt den früh § 592. **Anwendbar:** grdsätzl wie § 585b Anm 1c; nur bei vorzeit PEnde währd eines PJahres (Anm zu § 594a), insb wg VertrAufhebg (§ 305) od § 594d I. **Abdingbar:** Wie Anm zu § 586. **Wertersatz** (Abs I) dch den Verp in Geld nach der sog Halmtaxe. Im Rahmen der Wertfeststellg sind erparte Ernteaufwendgen zu berücksicht. **Aufwendungsersatz** (Abs II): wie § 258 nach spezieller Maßg des Abs II. Früchte: § 99. Nur anwendb, wenn Abs I aus jahreszeitl bedingten Grden undurchführb ist. Verj: § 591b. **Holzschlag** (Abs III): gleich ob das gepachtete Grdst ausschließl od teilw Forst umfaßt. S 1 gibt dem Pächter einen Anspr gem Abs I; bei übmäß Einschlag dem Verp WertErs jeweils in Geld. **Weiterer Schaden** (Abs III S 3): Minderg zukünft Ertrags ist aus pVV (§ 276 Anm 7) zu ersetzen. **Zuständigkeit** bei Streit: wie Anm zu § 596.

Einzelne Schuldverhältnisse. 4. Titel: Leihe §§ 596b, 597, Einf v § 598, § 598

596 b *Rücklassungspflicht; Wertersatz.* ¹Der Pächter eines Betriebes hat von den bei Beendigung des Pachtverhältnisses vorhandenen landwirtschaftlichen Erzeugnissen so viel zurückzulassen, wie zur Fortführung der Wirtschaft bis zur nächsten Ernte nötig ist, auch wenn er bei Antritt der Pacht solche Erzeugnisse nicht übernommen hat.

II Soweit der Pächter nach Absatz 1 Erzeugnisse in größerer Menge oder besserer Beschaffenheit zurückzulassen verpflichtet ist, als er bei Antritt der Pacht übernommen hat, kann er vom Verpächter Ersatz des Wertes verlangen.

1) Eingefügt: vgl 3a vor § 581; ersetzt den früh § 593. **Anwendbar:** nur bei BetrP (§ 585 Anm 1c). **Abdingbar:** wie Anm zu § 586. **Rücklassungspflicht** (Abs I). Bezieht sich nur auf die bei PEnde tats noch vorhandenen Erzeugn (nicht Dünger). Übereign: § 929. Den Überschuß darf der Pächter mitnehmen. BewLast für notw Umfang: Verp. **Wertersatz** (Abs II): in Geld. PAntritt ist auch bei Verlängerg der Beginn der ersten PPeriode (BGH **9**, 104). Maßg ist der Verkehrswert zZt der Rücklassg. ZbR aus § 273. BewLast: Pächter. **Zuständigkeit** bei Streit: wie Anm zu § 596.

597 *Schadensersatz bei Vorenthaltung.* Gibt der Pächter die Pachtsache nach Beendigung des Pachtverhältnisses nicht zurück, so kann der Verpächter für die Dauer der Vorenthaltung als Entschädigung den vereinbarten Pachtzins verlangen. Die Geltendmachung eines weiteren Schadens ist nicht ausgeschlossen.

1) Eingefügt: vgl 3a vor § 581; entspr dem § 557 Abs I S 1 Hs 1 u S 2. **Anwendbar:** wie § 585b Anm 1c. **Abdingbar:** wie Anm zu § 586. **Nutzungsentschädigung** (S 1): § 556 Anm 3 sinngem. **Schadensersatz** (S 2): § 556 Anm 4a sinngem. **Anspruchskonkurrenz:** § 557 Anm 5 sinngem. **Zuständigkeit** bei Streit: wie Anm zu § 596. **Verjährung:** § 557 Anm 1c sinngem.

Vierter Titel. Leihe

Einführung

1) Grundlagen. a) Begriff. Leihe ist die unentgeltl Überlassg einer Sache zum Gebr für best od unbest Zeit. **b) Rechtsnatur.** Leihe ist ein (unvollkommen) zweiseit verpflichtder Vertr (Einf 1 b vor § 320), daher ohne GgseitkPfl (allgM). Der Verl ist schon (einseit) zur GebrÜberlassg verpfl (§ 598); für den Entl entstehen erst nach Überlassg die Pfl aus §§ 601, 603, 604 ohne GgseitkVerh. Die §§ 320 ff sind unanwendb. **c) Vertragsschluß** geschieht dch die bloße formlose Einigg (Willensübereinstimmung) der VertrPart, auch stillschweigd mögl (BGH **12**, 399), zB üb ein WohnR auf LebensZt (BGH NJW **85**, 1553). Die Leihe ist also KonsensualVertr (hM; Larenz § 50 mwN); sie ist kein RealVertr (früher hM), der erst dch Übergabe der Sache zustandekäme. Die Konstruktion eines VorVertr (Einf 4b vor § 145) zur Begründg einer ÜberlassgsPfl ist daher entbehrl, im Einzelfall aber nicht ausgeschl. **d) Arten.** Bei der Handleihe wird die Sache zugleich mit VertrSchluß übergeben (vgl § 598 Anm 2d), bei Versprechensleihe folgt die Überg nach (Larenz § 50).

2) Abgrenzung zu ähnl RVerh, insb zu GebrÜberlassgsVertr. **a) Miete** (§ 535): Der Unterschied liegt in der Unentgeltlk der Leihe. In der Umgangssprache w häuf das Wort Leihe verwendet, obwohl Miete vorliegt, zB Leihwagen (Miet-Kfz). **b) Schenkung** (§ 516): Im Ggsatz zu ihr verbleibt bei der Leihe die Sache im Vermögen des Verl (zB eine unentgeltl GebrÜberlassg einer Wohng auf Lebenszeit, BGH **82**, 354 u NJW **85**, 1553; Nehlsen-v. Stryk AcP **187**, 552); sie muß zurückgegeben werden gem §§ 604, 605. **c) Darlehen** (§ 607): Bei der Leihe muß dieselbe Sache zurückgegeben werden; es findet keine EigtÜbertragg statt (vgl § 607 Anm 1c). Zur Abgrenzg bei Verpackgsmaterial, insb Flaschen: Einf 4c vor § 607. **d) Verwahrung** (§ 688) Die Sache ist nicht zum Gebr überlassen; auch kann die Verwahrg entgeltl sein. **e) Gefälligkeitsverhältnis** ohne vertragl Bindg (Einl 2 vor § 241), so daß die zum Gebr überlassene Sache jederzeit zurückgefordert w kann (wie bei dem römrechtl precarium). Es wird idR kein Bes übertragen (§ 854); der Gebrauchende wird dann BesDiener (§ 855). Ob nur ein GefälligkVerh vorliegt, ist im Einzelfall nach Anlaß u Zweck der GebrÜberlassg, ihrer wirtsch Bedeutg u nach Interessenlage der Part zu beurteilen (vgl BGH **21**, 102 [107]), rechtl bedeuts vor allem bei Überlassg von Kfz, insb zu einzelnen, gelegentl Fahrten, wobei idR keine Leihe vorliegt. Indiz für Leihe ist ein schutzwürd Interesse daran, daß die GebrMöglk nicht willkürl abgekürzt w kann (Jauernig-Vollkommer 1c). Abzustellen ist auf den Verpflichtgs-Willen (RGRK-Gelhaar 6).

598 *Begriff.* Durch den Leihvertrag wird der Verleiher einer Sache verpflichtet, dem Entleiher den Gebrauch der Sache unentgeltlich zu gestatten.

1) Allgemeines. a) Parteien des VertrVerh sind Verl und Entl. **b) Eigentumslage.** Der Verl muß nicht Eigtümer sein. Veräußerg der verliehenen Sache ändert nichts am LeihVertr. § 571 gilt auch nicht entspr. Es verbleibt ggf bei §§ 275, 280. **c) Besitz.** Der Entl erlangt unmittelb Bes über § 854 u vollen BesSchutz (§§ 858 ff). Verl ist mittelb Bes (§ 868).

2) Voraussetzungen der Leihe. VertrSchluß: Einf 1c. **a) Sache:** Nur eine solche (§ 90) kann verliehen w, sowohl unbewegl (BGH NJW **85**, 313), Räume (BGH NJW **85**, 1553), auch Sachgesamth (vgl Übbl 3e vor § 90); idR nicht verbrauchb Sachen (§ 92). Wird ein R unentgeltl zur Ausübg überlassen, ist grdsätzl PachtR (§§ 581 ff) entspr anzuwenden; die §§ 598 sind es nur, was die Unentgeltlichk betrifft, insb die §§ 599, 600 (Fikentscher § 76 I 4; bestr). **b) Unentgeltlich:** grdsätzl wie § 516 Anm 4; jedoch schließt schon

§§ 598–602

ein ganz geringes Entgelt die Leihe aus u begründet Miete (vgl MüKo-Kollhosser 13). **c) Gebrauch** ist die tatsächl Verwendg u Benutzg der Sache ohne Eingriff in ihre Substanz. Der Gebr muß vertrgem sein (§ 603). Das ist im Einzelfall verschieden u kann sich darauf erstrecken, die Sache als Pfand od Kaution zu verwenden (allgM; RG **36**, 161). Wird dem Entl Fruchtziehg (§ 99 I) gestattet, liegt keine Leihe vor, sond ein mit Schenkg gemischter Vertr (Einf 5b vor § 305). Probefahrt eines Kfz ist nicht Leihe, sond gehört zur VertrAnbahng v Kauf, Tausch od Miete (vgl BGH NJW **68**, 1472 u **79**, 643). Der Entl ist zum Gebr nur verpfl, wenn dieses zur Erhaltg der Sache erforderl ist (zB Reitpferd; vgl § 601 Anm 1). **d) Gestatten** des Gebr umfaßt als Holschuld (§ 269 Anm 3) die BesÜbertragg (§ 854) zu Beginn der vereinb Leihzeit u das Unterl der BesStörg währd dieser. Im Ggsatz zur GebrGewährg bei Miete (§§ 535 S 1, 536) hat der Verl nicht die Pfl, die Sache für den vertrgem Gebr instandzusetzen od instandzuhalten.

599 Haftung. Der Verleiher hat nur Vorsatz und grobe Fahrlässigkeit zu vertreten.

1) Verleiherhaftung ist dch § 599 geregelt, abweichd v § 276. **a) Zweck:** wie bei § 521 wg der aus derUnentgeltlk folgden Uneigennützigk. Ein Interesse des Verl an der vorübgehden BesEntäußerg steht nicht entgg. **b) Anwendbar** ist § 599 nur für solche VertrVerletzgen (Unmöglk, Verzug [nur § 285], SchlechtErf, ferner culpa in contrahendo), die das ErfInteresse des Entl an der GebrGestaltg betr, wobei für RMängel u Fehler § 600 als SondRegelg noch vorgeht. Bei Verletzg v Schutz- u VerkSicherspfl, die dem Entl Schäd an seinen and RGütern (als den des ErfInteresses) zufügen (Mangelfolgeschäden), gilt jedoch § 599 nicht, so daß schon für leichte Fahrlässigk (§ 276 I) gehaftet w (Larenz § 50 mwN; bestr). Ob die DeliktsHaftg dch § 599 beschr wird, ist bestr u wird v BGH **46**, 140 [146] offen gelassen. Prakt bedeuts ist dies bei Überlassg eines nicht verksicheren Kfz (Larenz § 50). **c) Erfüllungshilfen.** Der in Anm b dargestellte HaftgsMaßstab gilt auch im Rahmen des § 278. **d) Anspruchskonkurrenz.** Wenn aus Vertr u unerl Hdlg gehaftet w (vgl Anm b), gilt der HaftgsMaßstab des § 599 auch für § 823 (hM; Köln NJW-RR **88**, 157 mwN). **e) Abdingbarkeit.** Die Haftg kann erweitert, auch beschränkt, aber nicht für Vors ausgeschl w (§ 276 II). **f) Beweislast** verteilt sich nach den Grdsätzen des § 282 Anm 1, 2 u des § 285 Anm 1.

2) Entleiherhaftung für die Pfl aus §§ 601, 603, 604 wird v § 599 nicht berührt. Es verbleibt bei §§ 276, 278 (allgM), ggf § 287. Für Verschlechterg, Verlust od Untergang der Sache aus Zufall trägt (abgesehen v § 287) der Verl die Gefahr. BewLast: wie Anm 1f.

600 Mängelhaftung. Verschweigt der Verleiher arglistig einen Mangel im Rechte oder einen Fehler der verliehenen Sache, so ist er verpflichtet, dem Entleiher den daraus entstehenden Schaden zu ersetzen.

1) Zweck: Haftgsbeschränkg wie bei Schenkg (§§ 523 I, 524 I) u SondRegelg ggü § 599 (dort Anm 1b). **Abdingbar** wie § 599 Anm 1e. **Arglistiges Verschweigen:** wie § 463 Anm 3b, aa, bb. **Rechtsmangel:** wie § 434 Anm 2. **Fehler:** wie § 459 Anm 3. **Zeitpunkt:** maßgebd ist VertrAbschl (Einf 1c vor § 598) u BesÜbertragg (§ 598 Anm 2d) wie bei § 463 Anm 2e. **Schadensersatz:** nur VertrauensSchad (Vorbem 2g vor § 249; allgM). Hierfür ist § 600 die AnsprGrdlage. **Anspruchskonkurrenz:** Verursacht der Fehler einen Schad an and RGütern des Entl (Mangelfolgeschaden) haftet der Verl für gewöhnl Versch aus Vertr (§§ 276, 278) u ggf unerl Hdlg wie bei § 599 Anm 1b (Larenz § 50; bestr).

601 Erhaltungskosten. ¹Der Entleiher hat die gewöhnlichen Kosten der Erhaltung der geliehenen Sache, bei der Leihe eines Tieres insbesondere die Fütterungskosten, zu tragen.
ᴵᴵ Die Verpflichtung des Verleihers zum Ersatz anderer Verwendungen bestimmt sich nach den Vorschriften über die Geschäftsführung ohne Auftrag. Der Entleiher ist berechtigt, eine Einrichtung, mit der er die Sache versehen hat, wegzunehmen.

1) Gewöhnliche Erhaltungskosten (Abs I): wie § 994 Anm 1b:. währd der ges Leihzeit. **Erhaltungspflicht** des Entl ist aus Abs I abzuleiten (allgM); sie umfaßt auch eine ObhutsPfl (vgl § 605 Nr 2), die der eines Mieters entspr müßte (vgl § 545; RG JW **10**, 706). **Verwendungsersatz** (Abs II S 1): Verwendg wie Vorbem 2 vor § 994. Der ErsAnspr besteht nur für solche, die nicht unter Abs I fallen; er richtet sich nach §§ 677ff, 670. **Wegnahmerecht:** wie § 547a Anm 1b, 2. WegnPfl kann sich aus § 604 I ergeben. Kein HerausgAnspr des Entl (RG **109**, 128). **Abdingbarkeit:** uneingeschr.

602 Abnutzung der Sache. Veränderungen oder Verschlechterungen der geliehenen Sache, die durch den vertragsmäßigen Gebrauch herbeigeführt werden, hat der Entleiher nicht zu vertreten.

1) Zweck: entspr dem § 548. **Abdingbar** wie § 601. **Vertragsmäßiger Gebrauch:** Sein Umfang richtet sich nach dem VertrInhalt, iü nach Art u ZweckBest der Sache sowie nach der VerkAnschauung. **Rechtsfolge** des § 602: Der Entl muß für vertrgem Abnutzg weder instandsetzen noch ausbessern od SchadErs leisten. **Unanwendbar** ist § 602 für die schuldh Verschlechterg der Sache währd vertrmäß Gebr, die eine pVV (§ 276 Anm 7) darstellt, sowie für Verlust, Zerstörg od Vernichtg der Sache, für die §§ 275, 280 in Bezug auf § 604 I gelten (RG **159**, 65).

Einzelne Schuldverhältnisse. 4. Titel: Leihe §§ 603–605

603 *Vertragsmäßiger Gebrauch.* Der Entleiher darf von der geliehenen Sache keinen anderen als den vertragsmäßigen Gebrauch machen. Er ist ohne die Erlaubnis des Verleihers nicht berechtigt, den Gebrauch der Sache einem Dritten zu überlassen.

1) Vertragswidriger Gebrauch ist dch S 1 verboten. Vertrwidr ist jede Art v Gebr, die nicht vertrmäß ist (vgl Anm zu § 602). **Gebrauchsüberlassung** an Dritte (S 2): wie § 549 Anm 2a. Sie ist grdsätzl vertrwidr Gebr, ausgenommen bei Erlaubn (wie § 549 Anm 2b) des Verl. Ist die GebrÜberl erlaubt, haftet der Entl für den Dr nach § 278 (hM; Soergel-Kummer 2 mwN; MüKo-Kollhosser 5). **Rechtsfolgen** des vertrwidr Gebr: (1) KündR gem § 605 Nr 2. (2) UnterlAnspr aus § 550 analog. (3) HerausgAnspr gg den Dr aus § 604 IV. (4) SchadErsAnspr aus pVV (§ 276 Anm 7) bei schuldh vertrwidr Gebr (§§ 276, 278); dann auch für zufäll eintretdn Schad, wenn dieser ohne den vertrwidr Gebr nicht eingetreten wäre (BGH **37**, 310; MüKo- Kollhosser 3 mwN; bestr).

604 *Rückgabepflicht.* [I]Der Entleiher ist verpflichtet, die geliehene Sache nach dem Ablaufe der für die Leihe bestimmten Zeit zurückzugeben.

[II]Ist eine Zeit nicht bestimmt, so ist die Sache zurückzugeben, nachdem der Entleiher den sich aus dem Zwecke der Leihe ergebenden Gebrauch gemacht hat. Der Verleiher kann die Sache schon vorher zurückfordern, wenn so viel Zeit verstrichen ist, daß der Entleiher den Gebrauch hätte machen können.

[III]Ist die Dauer der Leihe weder bestimmt noch aus dem Zwecke zu entnehmen, so kann der Verleiher die Sache jederzeit zurückfordern.

[IV]Überläßt der Entleiher den Gebrauch der Sache einem Dritten, so kann der Verleiher sie nach der Beendigung der Leihe auch von dem Dritten zurückfordern.

1) Rückgabepflicht des Entl (Abs I–III). **a) Inhalt.** Es ist dem Verl der unmittelb Bes (§ 854) einzuräumen. Die Abtretg eines HerausgAnspr genügt nicht. Rückg ist Bringschuld, daher (ggf auf Kosten des Entl) am Wohnsitz des Verl zu erfüllen (allgM). **b) Umfang:** auch das Zubehör (§ 97) u die Früchte (§ 99 I, III) der Sache, falls nicht and vereinb (allgM). **c) Zustand.** Die Sache ist so zurückzugeben, wie es dem vertrmäß Gebr entspr (Anm zu § 602), falls erforderl ausgebessert od repariert. **d) Fälligkeit:** mit Beendigg der Leihe (Anm 2). **e) Unmöglichkeit** der Rückg (insb wg Verlust od Untergang der Sache) ist nach §§ 275, 280 zu behandeln (Anm zu § 602 aE), wobei die Versch (§§ 276, 278) in Bezug auf vertrwidr Gebr genügt, wenn die Unmöglk der Rückgabe darauf beruht (Anm zu § 603 aE). **f) Zurückbehaltungsrecht** des Entl aus § 273 ist nicht ausgeschl (RG **65**, 270 [276]). **g) Eigentumslage:** Dem vertr RückFdgsAnspr des Verl kann der Entl nicht entggehalten, daß ein Dr Eigtümer sei (Soergel-Kummer 1 mwN).

2) Beendigung der Leihe bewirkt Fälligk des RückgAnspr (Anm 1d) u tritt ein mit: **a) Ablauf** der für die Leihe best (vereinbt) Zeit (Abs I). Der Entl darf, wenn nicht Interessen des Verl entggstehen, die Sache ohne Künd früher zurückgeben (RGRK-Gelhaar 2). **b) Gebrauchsbeendigung** dch Erf des Zwecks, der mit der Leihe beabs war (Abs II S 1). Bsp: bei Pfandsache der Wegfall des Sichergszwecks (RG **91**, 155); bei Kfz Abschl einer Fahrt od Erlangen eines ErsFahrzeugs; bei Maschinen Fertigstellg des Werks. **c) Rückforderung** des Verl: **aa)** Nach Abs II S 2 schon vor tats Gebr od dessen Beendigg (Anm b), wobei die Möglk des GebrMachens bei Verhinderg des Entl obj zu beurt ist (MüKo-Kollhosser 3). Ferner bei unvorhergesehener Verzögerg des Gebr. **bb)** Nach Abs III jederzeit, wobei nur § 226 od § 242 enggstehen können. Daß die Rückg dem Entl ungelegen ist, genügt nicht (RGRK-Gelhaar 5). **d) Kündigung:** § 605. Mit ihrem Zugang (§ 130) oder zu dem vom Verl darin best Ztpkt wird der RückgAnspr fäll (Stundg des RückFdgsAnspr u spätere VertrBeendigg).

3) Rückforderungsanspruch gegen Dritte (Abs IV). Entspr § 556 III. **a) Voraussetzungen: aa)** GebrÜberl an Dr (Anm zu § 603), gleich ob mit od ohne Erlaubn. **bb)** Beendigg der Leihe (Anm 2). **b) Anspruchskonkurrenz** des vertr Anspr aus Abs IV besteht ggf mit § 985.

605 *Kündigungsrecht.* Der Verleiher kann die Leihe kündigen:
1. wenn er infolge eines nicht vorhergesehenen Umstandes der verliehenen Sache bedarf;
2. wenn der Entleiher einen vertragswidrigen Gebrauch von der Sache macht, insbesondere unbefugt den Gebrauch einem Dritten überläßt, oder die Sache durch Vernachlässigung der ihm obliegenden Sorgfalt erheblich gefährdet;
3. wenn der Entleiher stirbt.

1) Allgemeines. Neben dem KündR aus § 605 ist auch außerord Künd aus (and) wicht Grden mögl (BGH **82**, 354 [359] u WM **84**, 1613). **a) Kündigung:** Sie ist nur für den Verl vorgesehen (für Entl vgl § 604 Anm 2a). Forml, empfangsbedürft WillErkl (§ 130), nicht notw (aber zweckmäß) mit Angabe des Grdes. **b) Anwendbar:** nur in den Fällen des § 604 I u II S 1; die RückFdg gem § 604 II S II u III ist keine Künd. **c) Rechtsnatur:** außerord Künd, weil sie einen Grd (Nr 1–3) erfordert, die sie ist iZw fristlos, kann aber mit AuslaufFr erkl w (vgl § 604 Anm 2d). **d) Beweislast** für die Voraussetzgen (Anm 2) hat der Verl.

2) Voraussetzungen. a) Nr 1. Der wirkl (nicht notw dringde) Eigenbedarf muß im Streitfall dch Tats belegt w. Auf Vorhersehbark u Vorliegen schon zZ des VertSchlusses kommt es nicht an, auch nicht auf Versch. Die Künd darf nicht für einen Ztpkt vor Eintritt des Eigenbedarfs erkl w. Da Nr 1 bereits ges BilligkRegel ist, kann § 242 nicht entggstehen (allgM). **b) Nr 2.** Vertrwidr Gebr u unbefugte GebrÜber-

§§ 605, 606, Einf v § 607

lassg: Anm zu § 603. ObhutsPfl: Anm zu § 601. Erhebl Gefährdg: auch eine mögl Beschädigg. Abmahng ist (im Ggsatz zu § 553) nicht erforderl. **c) Nr. 3:** Das KündR kann zu einem belieb Ztpkt ggü dem Erben ausgeübt w. Bei Tod des Verl ist Künd nach Nr 1 im Einzelfall mögl. Die Erben des Entl können nach Maßg v § 604 Anm 2a zurückgeben.

606 **Verjährung.** Die Ersatzansprüche des Verleihers wegen Veränderungen oder Verschlechterungen der verliehenen Sache sowie die Ansprüche des Entleihers auf Ersatz von Verwendungen oder auf Gestattung der Wegnahme einer Einrichtung verjähren in sechs Monaten. Die Vorschriften des § 558 Abs. 2, 3 finden entsprechende Anwendung.

1) Allgemeines. a) Zweck. Es soll die rasche Abwicklg des Vertr dch Klärg des Sachzustands ermögl w; dabei ist § 606 weit auszulegen (BGH NJW **68**, 1472). **b) Verjährungsbeginn** (S 2): Es gilt § 558 Anm 3 entspr. **c) Fristberechnung:** §§ 186ff. **d) Sonstige Ansprüche** verjähren nach § 195, näml die auf Rückg (§ 604) u SchadErs, soweit sie auf §§ 599, 600 beruhen.

2) Anwendungsbereich. S 1 gilt für Anspr v Verl u Entl, die auf §§ 601–603 beruhen, alle damit konkurrierden Anspr (allgM) aus Eigt (BGH **54**, 264), unerl Hdlg (BGH **47**, 55), GeschFührg ohne Auftr, Kfz-HalterHaftg (BGH NJW **73**, 2059), ungerechtf Bereicherg, analog wenn ein Kfz im Rahmen von KaufVerhdlgen (c. i. c., § 276 Anm 6) für eine Probefahrt überl w (BGH **54**, 264); ferner für HilfsPers des Entl (BGH **49**, 278). Gilt nicht bei völl Zerstörg der Sache (hM; BGH NJW **68**, 694); dies muß bei sog TotalSchad eines Kfz nicht vorliegen (vgl Erm-Schopp 2), so daß dann die 6-Monats-Fr eingreift (Oldbg MDR **82**, 492).

Fünfter Titel. Darlehen

Einführung

1) Grundlagen. a) Begriff. Darl ist der schuldrechtl Vertr, der die Übertr vertretb Sachen od ihres Wertes in das Verm des DarlN sowie die Abrede umfaßt, Sachen gleicher Art, Güte u Menge zurückzuerstatten. **b) Rechtsnatur.** Es ist noch umstr, ob das Darl nur dch die Übertr der Sachen (Geld od and vertretb Sachen, § 91) zustde kommt (einseit nur zur Rückzahlg verpfl Realvertrag, gemeinrechtl u aus § 607 I abgeleitet; RG **86**, 324; BGH **LM** § 607 Nr 11 u NJW **75**, 443; Enn-Lehmann § 142 I; Fikentscher § 77 I) od dch zweiseit (auch zur Übertr) verpfl Vertr schon vor Übertr der Sachen (Konsensualvertrag: Larenz § 51 I; Esser-Weyers § 26 II; Haase JR **75**, 317; im Schrift hM geworden). Die Rspr, insb die ältere, geht von der RealVertrTheorie aus. Der Theorienstreit hat bei richt Handhabg wenig prakt Bedeutg (vgl Neumann-Duesberg NJW **70**, 1403). Vorzuziehen ist die Konsensualtheorie; sie erspart die umständl Konstruktion eines VorVertr u entspr besser der Praxis des modernen KreditVerk. Das Darl ist ein Dauerschuld-Verh (Larenz § 51 I). Ist es entgeltl (mit Zins), so liegt ein ggs Vertr vor (§§ 320ff; hM); ist es zinslos, ledigl ein zweiseit verpfl Vertr. Im GgseitigkVerh stehen die Verschaffg u Belassg des Kapitals (Geldsumme od best Zahl vertretb Sachen) einers, Zinszahlg, Bestellg vereinb Sicherh, Übern sonstiger Pfl (zB Bierbezug) anders (also nicht die Rückerstattg, insb Tilggsrate). Immer liegt ggs Vertr vor, wenn eine Bank Darl gewährt od wenn als Sicherh eine Sache belastet, insb eine Hyp bestellt w, weil dann ein kaufähnl Vertr (§ 445) vorliegt (Ffm NJW **69**, 327 m abl Anm v Schütz). **c) Auszahlungsanspruch.** Aus dem DarlVertr kann unmittelb auf Übereigng (insb Auszahlg) des Kapitals geklagt w; das aber auch nach der RealVertrTheorie, bei Abschl eines Vorvertr, sog DarlVerspr (Neumann-Duesberg NJW **70**, 1403; BGH NJW **75**, 443). **d) Vorvertrag** über ein Darl ist auch nach der KonsensualVertrTheorie mögl, insb veranlaßt, wenn die VertrBedingg im einz noch festgelegt w sollen. Nach der RealVertrTheorie gibt der VorVertr bereits den AuszahlgsAnspr (Anm c). Gg VorVertr u für §§ 315 III 2, 319 I 2: K. Schmidt JuS **76**, 709.

2) Zweck. Die Sachübereigng (od bargeldlose Zahlg) beim Darl geht wirtsch auf Übereigng (RG [GZS] **161**, 52) u zeitl, also vorübergehender Nutzg, gg od ohne Entgelt. Insof ist das Darl wirtsch ähnl den GebrÜberlassgsVertr (Miete u Leihe). Demgem ist dem DarlG bei Wucher (§ 138 II) die RückFdg der DarlSumme nicht endgült verschlossen (§ 817 Anm 3c, bb). Darl u DarlVorvertr gehören wirtsch zu den KreditGesch, dh den Gesch, die der Vorleistg eines der VertrPart zum Inhalt od zur Folge haben. Zur Behandlg im Konk: K. Schmidt JZ **76**, 756.

3) Arten. In der Praxis haben sich versch typ Arten von GeldDarl mit folgden Bezeichngen herausgebildet: **a) Personalkredit.** Darl, das allein dch die Pers des DarlN, Bürgen od MitSchu gesichert ist. Hierfür gelten keine gesetzl SondBest. **b) Bodenkredit.** Darl, die dch Hyp, Grd- od Rentenschulden gesichert sind. Hierfür gelten die §§ 1113–1203 (vgl Übbl vor § 1113), mit bes. auf das schuldrechtl Darl bezogenen Vorschr. **c) Lombardkredit.** Darl, die dch PfandR od Sicherngsübereigng bewegl Sachen, insb auch Wertpapiere gesichert sind. Wenn ein PfandR bestellt ist, gelten die §§ 1204–1296, mit versch Vorschr, die sich auf die gesicherte (Darl)Fdg beziehen; bei SicherngsÜbereigng, die von Rspr u Schrift erarbeiteten Regeln (§ 930 Anm 4). **d) Pachtkredit.** Darl, die dch PfandR an landw Inv gesichert sind. Es gilt das PachtKrG (Einf 2 vor § 1204). **e) Abzahlungskredit.** Darl, die im Rahmen eines TeilzahlgsFinanziergs gewährt w u verschartig gesichert w (EigtVorbeh, Wechsel, Gehaltsabtretg). Sow dadch das AbzG umgangen w kann, unterliegt auch der DarlVertr der entspr Anwendg des AbzG mit versch Auswirkgen (§ 6 AbzG Anm 3b cc). **f) Mieterdarlehen.** Einf 11b, dd vor § 535. **g) Baudarlehen.** Darl, deren Zweck vertragsgem auf die Verwendg für Neubau, Ausbau od Umbau eines Gebäudes gerichtet ist (BGH NJW **88**, 263). Es gilt das GSB. Der BauDarlVertr begründet ein ggs VertrauensVerh. Die ausbezahlten DarlBetr, insb Raten, dürfen nicht für and Zwecke als für den Bau verwendet w. Grd: Sicherg

Einzelne Schuldverhältnisse. 5. Titel: Darlehen   **Einf v § 607**   3

des gewährten Bodenkredits (Anm b) u der BauwerkUntern (§ 648). Daher ist Abtretg des Anspr auf Auszahlg des Darl nur zul, wenn die Verwendg der Gelder für den Bau gewährleistet ist od alle Betroffenen (DarlG u BauUntern) zustimmen. Entspr eingeschränkt ist wg § 851 die Pfändg. Abtretg von Hyp u Veräußerg des Grdst während des Baus ist nur zul, wenn der jeweil VertrPartner zustimmt. Wg der Zweck-Best kann gg den AuszahlgsAnspr auch nicht aufgerechnet w (vgl § 607 Anm 1e). Kein BauDarl ist derjen Kredit, der vereinbgem od auf Veranlassg des DarlG zur Tilgg eines GrdstKaufKredites verwendet w (BGH NJW-RR **89**, 788). All das ist nicht abdingb. **h) Bauspardarlehen:** Grdsätzl wie Anm g zu behandeln. Die FormularVertr der Bausparkassen enthalten dchweg zul VertrBedingungen. Die §§ 320 ff gelten, sow nicht zul abbedungen. Der ZwKredit vor Zuteilg ist echtes Darl, das unabhäng v der Zuteilg gewährt wird (BGH WM **76**, 682). Anspr auf BausparDarl besteht nur in Höhe der Differenz zw angespartem Betr u Bausparsumme (BGH aaO). **i) Brauereidarlehen:** Darl, die eine Brauerei einem Gastwirt iVm einer BierbezugsVerpfl gewährt. Der DarlVertr (§ 607) u BierbezugsVertr (§ 433 in Sukzessivlieferg) sind rechtl teils nach Darl, teils nach Kauf zu behandeln (5 b, aa vor § 305). Diese rechtl unbedenkl Verbindg (Nürnb NJW **55**, 386) führt nicht dazu, daß vorzeit Rückzahlg des Darl die BierbezugsVerpfl erlöschen läßt (aA Düss MDR **71**, 840). Rückzahlg des Darl dch Verrechng mit best Anteil an Bezahlg der Bierlieferg ist übl u zul. Der Bierbezugs-Vertr kann wg sittenwidr Bindg, insb unbegrenzter Dauer nichtig sein (§ 138 Anm 5 c, k [Knebelgs-Vertr]), der DarlVertr dann ggf nur über § 139. Kürzg der BindgsFr auf das zul Maß ist die beste Lösg (vgl § 138 Anm 5 c). 20jähr Dauer ist idR die äußerste Grenze (BGH MDR **73**, 43). Der Anspr auf das Darl steht mit der BierbezugsVerpfl im GgseitigkVerh (vgl Einf 1 c, cc vor § 320); §§ 320 ff sind anwendb. Nach Gewähr des Darl wird bei Unmöglk od Verz des zum Bierbezug verpfl DarlN statt Rücktr (§§ 325, 326) fristlose Künd des Darl zuzulassen sein. Iü kann KündR grdsätzl frei vereinb w, aus § 138 aber unzul bei geringfüg VertrVerl unter Aufrechterhaltg der BierbezugsVerpfl (vgl RG JW **35**, 3217). Übertr der Pfl an Erwerber (insb Käufer, neuer Pächter) der Gaststätte erfordert wg §§ 414, 415 Zust des DarlG. Zur Geltg des Art 85 EWGV vgl Wahl NJW **88**, 1431. **j) Beteiligungsdarlehen** (partiarisches Darl) ist ein Darl, für das der DarlG (häuf neben festen Zinsen) einen Gewinnanteil an dem Gesch erhält, dem das Darl dient. Wg Abgrenzg zur Gesellsch: Anm 4 a, bb. Das BeteiliggsDarl ist ein ggs Vertr wie das entgeltl Darl (Anm 1). Der DarlN ist zur Rechnungslegg gem § 259 verpfl (vgl BGH **10**, 385). Die Gewinnbeteiligg erstreckt sich iZw nicht auf den Gewinn, der dch den Verk des Untern erzielt w. **k) Krediteröffnungsvertrag** stellt nach der KonsensualVertrTheorie den DarlVertr selbst od den RahmenVertr dar, nach der RealVertrTheorie einen VorVertr in der Form eines KonsensualVertr. Unterliegt der VertrFreih mit den allg Grenzen; idR gelten die AGB der betr Bank. **l) Akzeptkredit** liegt vor, wenn eine Bank einen Wechsel akzeptiert (Art 25 WG), um ihrem Kunden Kredit in der Weise zu verschaffen, daß er den Wechsel von einem Dr diskontieren läßt. Kann im Einzelfall Darl od GeschBesorggsVertr sein (BGH **19**, 282). Der DarlVertr, der dem Wechsel zugrdeliegt, besteht unabhäng von der wechselm Haftg (KG BB **54**, 671, vgl. auch Lehmann BB **55**, 937). Erf des DarlAnspr (§ 607 Anm 1 c) dch Bank geschieht hier idR dch Begebg des Wechsels (§ 364 I). **m) Rembourskredit** liegt vor, wenn eine inländ Bank ihrem Kunden einen Valutakredit bei einer ausländ Bank verschafft. Vgl hierzu BGH LM § 675 Nr 25. **n) Arbeitgeberdarlehen** sind Darl, die ein ArbG od ein Dr (zB Unterstützgsverein, BAG **AP** § 607 Nr 1) mit Rücks auf ein ArbVerh dem ArbN od einem Dr (zB dessen Eheg) gewährt. Die Rückerstattg geschieht idR in Raten dch Verrechng mit dem Lohn. Zweck: BetrBindg, zusätzl Vergütg u (od) Altersvorsorge. Vereinb Künd od ZeitBest zur Rückzahlg mit Beendigg des ArbVerh ist bei unzul langer BetrBindg (vgl § 611 Anm 7 e, ee) unwirks. Fehlen derart RückzahlgsVer-einbg, ist Künd wg Wegfalls der GeschGrdlage (§ 242 Anm 6 B, c, ee) auf Beendigg des ArbVerh idR nicht begründet (vgl BAG **AP** § 607 Nr 2; LAG BaWü Betr **69**, 1850), aber zu bejahen, wenn der ArbN eine außerord Künd verschuldet, uU auch im Konk des ArbG (LAG Düss ZIP **86**, 1343). **o) Bank- und Sparkasseneinlagen:** Fallen grdsätzl unter § 700 (unregelm Verwahrg), so daß die DarlVorschr gelten. Hier sind idR die dch Vereinbg vorgehden Regeln der AGB v Banken od Sparkassen zu beachten. Echte Darl sind die sog aufgen Gelder, insb Fest-, Künd- od Termingelder. Die bloße Duldg einer Kontoüber-ziehg ist kein Darl (BGH NJW **85**, 1218). Gläub des Anspr gg die Bank od Spark ist, wer nach dem erkennb Willen des Einzahlden Gläub der Bank w soll, idR der im Vertr mit der Bank bezeichnete KontoInh (vgl Canaris NJW **73**, 825 mwN). Es kommt nicht darauf an, von wem das eingezahlte Geld stammt. Steht das Geld im Verh zum KontoInh einem Dr zu, berührt das lediglich die RBeziehgen (zB Treuhand, GeschBesorgg) zw diesen. Bes Kontoarten sind (vgl Canaris aaO): GemeinschKonto: mehrere KontoInh, die jeweils allein (sog Oder-Konto) od nur gemeins verfüggsberecht sind (sog Und-Konto, vgl Schebesta WM **85**, 1329). Handelt es sich dabei um ein Unterkonto, bedeutet Einräumg der Mitzeichngsbefugn noch nicht ohne weiteres MitgläubigerStellg (BGH NJW **73**, 1754). Fremdkonto (Anderkonto): Verfüggsberecht ist als Treuhänder der KontoInh, der dieses Konto für eine and Person unterhält. Sonderkonto: Setzt best Ver-wendgszweck voraus (zB für SonderVerm); kann Eigen- od Fremdkonto sein. Sperrkonto: Hierüber darf nur bei Erf best Voraussetzgen verfügt w, insb Zust eines Dr. Treuhandkonto: VfgsBefugn des KontoInh; jedoch gehört das Konto in das Verm eines Dr (zB KonkVerwKonto). **p) Öffentliche Darlehen.** Darunter sind Darl zu verstehen, die aus öff Mitteln, insb aGrd von staatl Kreditprogrammen gewährt w (zB LAG- u WoBauDarl). Hierzu haben Schrifttt u Rspr die Zwei-Stufen-Theorie entwickelt, die die hM darstellt (BVerwG **1**, 308; BGH **40**, 206; **52**, 155). Sie gilt auch dann, wenn das Darl nicht unter Einschaltg einer Bank, sond unmittelb dch die öff Hand gewährt w. Die 1. Stufe (DarlBewilligg u -bereitstellg) endet mit dem Bewilliggsbescheid, dch den der öff-rechtl Anspr auf Abschl eines bürglrechtl DarlVertr begründet w (Hamm WM **66**, 868 mwN). Die 2. Stufe beginnt mit Abschl des DarlVertr, auf den die öff-rechtl Beziehg nicht mehr zivilrechtl eingewirkt w kann (BGH **40**, 206 u WM **68**, 916; aA BVerwG stRspr zB **13**, 47: paralleler Fortbestand der öff-rechtl Beziehgen mit der Möglk unmittelb Einwirkg auf das Darl). Wenn die Darl-Schuld privrechtl erloschen ist, kann der DarlN auch öff-rechtl daraus keinesf mehr in Anspr gen w (BVerwG **18**, 46). Für die Künd des Darl ist nicht Voraussetzg, daß die öff-rechtl DarlBewilligg zurückge-nommen w (BGH BB **73**, 258); aber uU muß Gelegenh zur begünstigten Ablösg gewährt w (BGH WM **77**, 1281). **q) Unfallhilfekredit.** Darl einer Bank, dem Unfallgeschäd in ZusArb mit einem Unfallhelfer (vgl § 675 Anm 3 a) gewährt w, sind wg Verstoß gg das RBerG nichtig (§ 134), gleich, ob die SchadErsFdg

621

abgetreten (BGH NJW 77, 38) od ledigl eingezogen w (BGH NJW 77, 431). **r) Ratenkredit** ist ein Darl, das vereinbgem in gleichbleibenden, im voraus festgelegten (idR monatl) Raten zurückzuzahlen ist, Zinsen u sog Kreditgebühren sind darin eingerechnet. Stellt meist, aber nicht notw einen AbzahlgsKredit (Anm e) dar. Die VerzFolgen, insb die Berechng des VerzSchad ist problemat (vgl Emmerich WM **86**, 541; Scholz ZIP **86**, 545). Zu hohe VerzZinsen können gg § 11 Nr 5b AGBG verstoßen (BGH NJW **86**, 376). Zur umstr Sittenwidrk vgl § 138 Anm 2 b. **s) Kontokorrentratenkredit** (Canaris WM-Beil **87** Nr 4) ist eine Verbindg von Kontok- u Ratenkredit, bei dem innerh eines bestimmten Rahmens der DarlN jederzt ganz od teilw den Kredit nehmen kann, Rückzahlgen jederzt mögl sind u eine monatl Mindestrückzahlgsrate vereinb ist.

4) Abgrenzung zu anderen Rechtsgeschäften. a) Gesellschaft. Vgl auch § 705 Anm 10. **aa)** GesellschDarl gewährt der Gesellschafter einer EinmannGmbH, OHG, KG, einer stillen od sonst Ges Kredit, so kann dieser bei Mißbr als Einlage behandelt w (vgl RG JW **39**, 355). **bb)** Partiarisches RVerh: ob Gesellsch (§§ 705 ff) od ein BeteiliggsDarl (Anm 3 j) vorliegt, ist im Einzelfall schwer zu entscheiden, da Grenzen fließd. Es hängt zutreffd (nach Larenz § 62 II d) davon ab: Gesellsch, wenn die VertrPart für den gemeins Zweck gemeins verantwortl auf gemeins Rechng tät w (wobei die KapHing des einen genügen kann). Darl, wenn die Mitwirkg des einen sich in der KapHing erschöpft u ihm nur KontrollR, auch MitspracheR eingeräumt sind. Bei Ausschl von Risiko u Verlustbeteiligg, der Höhe nach festgelegter, vom Gewinn nicht allein abhäng, Entsch für die KapHing ist Darl anzunehmen (BGH **LM** § 335 HGB Nr 8). Auf den Wortlaut des Vertr kommt es dann nicht an (BGH aaO). **b) Kauf.** Für SachDarl vgl § 493. **aa)** Entgeltl Darl, bei denen Sicherh bestellt w, sind idR kaufähnl ggs Vertr (§ 445; vgl Anm 1); bei denen die §§ 433–440 anwendb sind. **bb)** Wechseldiskontierg ist grdsätzl Kauf einer WechselFdg (hM; RG **142**, 23; BGH **19**, 282 [292]; aA Darl od KreditGesch eigener Art, Helm WM **68**, 930). Ausnw kann Darl vorliegen, wenn die Bank den Wechsel des Kunden diskontiert u aus eigenen Mitteln sof Gutschr erteilt. Stets liegt Darl vor, wenn der Wechsel nur zur Sicherg eines Kredits dient (Sichergs-, Depot- od Kautionswechsel). **cc)** Erwerb von InhSchVerschreibg (§ 793), auch bei der Emission ist Kauf eines Rs (auch wenn dadch von dem Schu wirtsch Kredit aufgen w). Davon zu unterscheiden sind die Darl, die dadch gewährt w, daß WertP zur Verwertg übertr w, um die DarlValuta zu gewähren (RG **127**, 86), od wenn vereinb ist, daß WertP gem § 607 I zurückzuerstatten sind (echtes WertPDarl). **dd)** PensionsGesch liegt vor, wenn VermGgst (insb WertP) gg Zahlg eines best Betr auf einen und mit der Pfl übertr w, daß sie zu einem best od bestimmb Ztpkt zu einem im voraus vereinb Betr zurückerworben w müssen. Kein Darl, sond Kauf mit RückkaufVerpfl (Soergel-Häuser 35). **c) Leihe:** Da beim Darl ledigl gleiche, bei Leihe dieselben Sachen zurückzuerstatten sind, ist Abgrenzg im Einzelfall bei wiederverwendb VerpackgsMat, insb von Getränkeflaschen u -kästen zweifelh (vgl Martinek JuS **87**, 514). Bei EinhFlaschen ist idR Darl anzunehmen (hM; BGH NJW **56**, 298 nachw; Kollhosser/Bork BB **87**, 909), bei Kästen mit GetränkeherstellerBezeichng Leihe (aA Celle BB **67**, 778: Darl). **d) Verwahrung:** Berührt das Darl nur in Form des unregelm VerwahrgVertr, sog Summenverwahrg (§ 700), insb für Bank-, Postscheck- u SparkEinlagen, uU WertPDepot. Es gilt (subsidiär zu den AGB) weitgehd DarlR. **e) Erfüllung** (§§ 362 ff): Vorschüsse auf noch nicht fäll Anspr sind idR Vorausleistgen (§ 362 Anm 1). Trotz Bezeichng als Vorschuß kann ausnw Darl vorliegen, wenn später Verrechng mit and künft ungewissen Leistgen von vornherein vereinb w.

607 *Vertragsabschluß; Rückerstattungspflicht.* ^IWer Geld oder andere vertretbare Sachen als Darlehen empfangen hat, ist verpflichtet, dem Darleiher das Empfangene in Sachen von gleicher Art, Güte und Menge zurückzuerstatten.

^{II}Wer Geld oder andere vertretbare Sachen aus einem anderen Grunde schuldet, kann mit dem Gläubiger vereinbaren, daß das Geld oder die Sachen als Darlehen geschuldet werden sollen.

1) Darlehensvertrag. Begr u RNatur: Vorbem 1. **a) Abschluß.** Nach der KonsensualVertrTheorie kommt der DarlVertr ausnlos dch übereinstimmde WillErkl gem §§ 145 ff zustande. Der Vertr hat notw folgenden Inh: (1) Pfl des DarlG, das Kap (Geld od and vertretb Sachen, § 91) dem DarlN zu verschaffen u für best od unbest Zeit zu belassen; (2) Pfl des DarlN, das empfangene Kap zurückzuerstatten, nicht notw dieselben (wie bei Leihe, § 598), sond and, gleiche Sachen, insb Geld. Weiterer VertrInh (insb Zinsen, Fälligk, Sicherh) sind übl, aber nicht notw; jedoch kann im Einzelfall § 154 I einem VertrAbschl entgstehen. Hing u Empfang sind ledigl Erf des Darl, nach der RealVertrTheorie aber VertrAbschlTatbestd; danach muß nur noch die rechtsgesch Abrede hinzukommen, daß das Empfangene zurückzuerstatten ist, dh als Darl geschuldet w. Das DarlVerspr (vgl § 610) ist nach der RealVertrTheorie nur ein VorVertr (dagg u für eine Anwendg der §§ 315 III 2, 319 I 2: K. Schmidt JuS **76**, 709). Scheitert der Abschl od die Erf des DarlVertr, insb weil der DarlN das Geld nicht abnimmt, stehen dem DarlG Anspr auf SchadErs zu, insb vereinb BereitstellgsProv (Zinsen) u SchadPauschale (BGH WM **78**, 422); er kann aber nicht Abnahme eines dch sog Aufrechnvalutierg verminderten TeilDarl verlangen (BGH NJW **78**, 883). **b) Gegenstand** eines Darl können nur vertretb Sachen (§ 91), insb Geld (jeder Währg) u börsenfäh WertP sein, auch genormte Paletten (Ffm ZIP **82**, 1331), OrangenKonzentrat (BGH WM **85**, 835; Flaschen (vgl Vorbem 4 c). Wird eine unvertretb Sache als vereinb Darl gegeben, od ein R abgetreten, so kann, insb bei vorgesehener Verwertg des Ggst, nur ein sog VereinbgDarl (Anm 2) in Betr kommen, bei dem der Erlös od eine and best Summe als Darl geschuldet w soll (dem gemeinrechtl contractus mohatrae entspr). Das ist von dem Fall (Anm c) zu unterscheiden, daß zur Erf eines in Geld vereinb Darl Sachen od R übertr w. **c) Erfüllung.** Kommt nach der RealVertrTheorie (da einseit verpfl Vertr) nur dch den DarlN in Betr (Rückstattg, Anm 3; Zinszahlg, § 608). Nach der KonsensualVertrTheorie hat der DarlG seine Pfl zur KapVerschaffg (Anm a) zu erf und darf nur, wenn eine Sicherh vereinb ist, aus § 320 od § 273 zurückhalten, solange der DarlN die Sicherh nicht bestellt. Hing u Empfang bedeuten Übereign (§§ 929 ff) od gleichbedeut bei Geld bargeldlose Zahlg; auch dch Dr u an Dr (§ 362 II; allgM; BGH WM **83**, 484); insb wenn die Zahlg an den Dr zur Tilgg v Verbindlk des DarlN dient (Oldb WM **88**, 1813). Das setzt voraus, daß der DarlN hierzu die erforderl Weisg

Einzelne Schuldverhältnisse. 5. Titel: Darlehen § 607 1–4

od Zust erteilt (vgl BGH NJW 77, 38 [Unfallhilfegesellsch] u NJW 78, 2294 [DarlVermittler]) u der DarlBetr dem DarlN tats zufließt, wenn der Dr zur Weiterleitg eingeschaltet ist (BGH NJW 85, 1831). Bei BankDarl genügt die Gutschrift, dch die eine Fdg gg die Bank bgrdet w (allgM; BGH WM 87, 1125 mwN) od der Betrag einem (auch überzogenen) Konto gutgeschrieben w (Ffm WM 88, 370). IdR fehlt es an der Hingabe des Darl, wenn der Betrag zwecks Sicherg auf das Anderkonto eines Notars überw w (BGH NJW 86, 2947); und wenn es ohne diesen Zweck abredegem auf das Anderkonto überw w (LG Bln WM 87, 1099). Eine Bankbuchg auf „Konto pro Diverse" genügt grdsätzl nicht (BGH NJW 87, 55). Werden unvertretb Sachen od Re übertr, um das in Geld vereinb Darl zu erf (insb Wechsel, Scheck) kann § 364 anzuwenden sein od ein Auftr (§ 662) zur Verwertg des Ggst mit AufrechngsVertr (ErfAnspr aus Darl u Anspr aus § 667) vorliegen. Die Gefahr geht vom DarlG auf den DarlN mit der Übertr des Kap über. Gewl für Sachmängel: § 493. **d) Abtretung und Pfändung. aa)** Nicht abtretb ist der Anspr aus dem VorVertr (allgM). Hingg kann der Anspr auf Erf, insb auf Zahlg des Kap grdsätzl abgetr w (hM). Vereinbg der Unabtretbk ist aber häuf. Auch bei Abtr u Auszahlg an den Zessionar bleibt der Zedent DarlN u Schu des RückerstattgsAnspr. Gepfändet werden kann der Anspr grdsätzl, soweit er abtretb ist (§ 851 ZPO). Problemat u nur beschr wirks ist beim GiroVertr die Pfdg v ÜbZiehgs- u Dispositionskrediten (zufassd Peckert ZIP 86, 1232), eine Unterscheidg, die prakt fragwürd ist (Gaul KTS 89, 3 [7]). Unpfändbark ist § 851 ZPO zu bejahen, soweit diese Kredite zweckgebunden sind (allgM). Bei ÜbZiehgsKr gibt die bloß geduldete ÜbZiehg keinen pfändb Anspr (BGH 93, 315; aA Grunsky JZ 85, 490). Ob ein DispositionsKr gepfändet w kann, ist vom BGH bisher offengelassen (BGH aaO u 86, 23 [30]), iü umstr (vgl Gaul aaO). Für die Verwertg (üb § 835 ZPO) wird neuerdings der Abruf des Darl dch den Schuldner gefordert (Gaul aaO 18 mwN). Die Pfändbark dürfte nur bejaht w, wenn der DarlVertr schon mit der Einräumg des DispositionsKr abgeschl wurde. Iü kann aus § 399 nur im Einzelfall gefolgert w, daß die Fdg auf Erf des DarlVertr nicht abtretb ist (vgl Gaul aaO 12). Bei BauDarl bewirkt § 648a Pfändg dch das GSB weitgehd ausgeschl (Einf 3 g). **e) Aufrechnung.** Nach der KonsensualVertrTheorie bestehen keine Bedenken wg der notw Gleichartigk der Fdgen. Aufrechng dch den DarlN ist stets zul, die dch den DarlG aber idR wg des VertrZwecks u wg § 157 ausgeschl, insb bei BauDarl (Einf 3 g). **f) Rücktritt** beider VertrPart vom DarlVertr ist jedenf nach der KonsensualVertrTheorie bis zur Erf dch den DarlG (Anm c) mögl; von da an nur Künd (Larenz § 51 I). Rücktr muß entw vorbeh (§ 346) od ges begründet sein (§§ 325, 326; ferner § 242 Anm 6 B, f, cc). Rücktr ist vom Widerruf (§ 610) zu untersch. **g) Abschlußverbot** im Reisegewerbe (aGrd des § 56 I Nr 6 GewO; hierzu Hopt NJW 85, 1665) führte bei DarlVertr als sog HaustürGesch grdsätzl zur Nichtigk wg § 134 (BGH 71, 358); und bei Finanzierg des Beitritts zu einer GrdstücksAbschreibgsGes (BGH 93, 264). Diese RFolge ist seit dem Inkrtreten des HausTWG überholt (vgl Einf 3 c HausTWG). **h) Abnahme** der DarlValuta dch den DarlN steht beim verzinsl Darl nicht im GgseitigkVerh u ist NebenPfl, deren NichtErf pVV (§ 276 Anm 7) sein kann. Bedenkl dürfte sein, darauf § 326 analog anzuwenden (so Derleder JZ 89, 165 [170]).

2) Umwandlung in Darlehen (Abs II): VereinbgsDarl. Es erfordert einen Vertr (§ 305). Dieser ist unstr kein RealVertr. Vorausstzg für Schuldabänderg u kausale Schuldumschaffg ist, daß die alte Schuld (zB §§ 433 II, 667, 812) besteht u gült ist (BGH 28, 164), daher muß sie insb formgült sein. Auch gleichzeit begründete u künft Fdgen können in allen Fällen umgewandelt w (RG 152, 159 [165]); jedoch wirkt das Darl erst ab Entstehg der Fdg. Part können auch vereinb, daß eine and Verpfl, also auch eine solche auf Lieferg einer unvertretb Sache, in ein Darl umgewandelt w (BGH WM 63, 699). Drei Möglichk der Umwandlg (Ausleggsfrage); iZw ist Schuldabänderg (Anm a) anzunehmen: **a) Schuldabänderung.** Die frühere Schuld bleibt bestehen u w nur inhaltl abgeänd (§ 305 Anm 2), indem jetzt in allem od im einz (Verzinsg, Tilgg, Verj usw) DarlGrdsätze gelten. Pfänder u Bürgen haften weiter, soweit die Schuld nicht erweitert w; Einwdgen aus dem alten SchuldVerh bleiben, soweit nicht die Abänderg entggsteht (RG 120, 340), zB Falln verzögernde Einr weg. **b) Kausale Schuldumschaffung** (§ 305 Anm 4). Beiderseit Ersetzgswille ist notw, da der Vertr sich darauf richtet; § 364 II gilt dann nicht (RG 119, 21). Die frühere Schuld erlischt, mit ihr die SichergsR, insb PfdR u Bürgsch. Einwdgen aus dem alten SchuldVerh entfallen, weil es erlischt (RG 134, 153). **c) Abstrakte Schuldumschaffung** dch abstraktes SchuldAnerkenntn od -Versp (§§ 780, 781). Daher Schriftform, wenn nicht § 782 od § 350 HGB eingreift. Die Ersetzgsabrede bleibt (formfrei) außerh der neuen Vereinb. Besteht die alte Schuld nicht, ist der Gläub um das neugeschaffene R ungerechtf bereichert; ggf Anf (§§ 119 II, 123). Die Einwdgen aus dem alten SchuldVerh entfallen.

3) Rückerstattungsanspruch. Grdlage: Abs I. Pfl des DarlN steht nie im GgseitigkVerh zum Anspr auf Übertr des Kap. **a) Voraussetzungen:** Gültigk des DarlVertr u Empfang des Darl (BGH WM 83, 358), dh Erf des KapVerschaffgsAnspr (Anm 1 c). Ist der DarlVertr nichtig, besteht nur ein RückerstattgsAnspr aus ungerechtf Ber. **b) Umfang:** Sachen gleicher Zahl (ggf Gewicht), Art u Güte sind zurückzuerstatten, ohne Rücks darauf, ob der Pr sich geänd hat. Bei Geld hat es in derselben Währg zu geschehen, wie das Darl vertragsgem gewährt wurde, ohne Rücks auf Auf- od Abwertg. Abweichde vertragl Regelg ist zul. Iü gilt § 244. Vorteilsausgleich gilt nicht (hM; vgl Vorbem 7 f vor § 249). Wegfall der GeschGrdlage ist mögl (§ 242 Anm 6 B c, ee). **c) Wertsicherung:** Das Risiko der Geldentwertg geht zu Lasten des Gläub. Daher sind Wertsichergsklauseln (§ 245 Anm 5) häuf. **d) Nichterfüllung** bgrdet SchadErsAnspr aus § 286. Der DarlG ist so zu stellen, wie er bei rechtzeit Leistg stehen würde. Zur Berechng BGH 104, 337; Köln WM 89, 247). **e) Restschuldversicherung** auf den Todesfall. Ist der DarlG VersN, muß er zunächst Befriedigg aus der Vers suchen (BGH NJW 79, 974).

4) Beweislast. Der auf Rückzahlg klagde Gläub hat die Auszahlg u die Einigg der Hingabe als Darl zu bew (hM; BGH NJW 86, 2571). Diese beweist der DarlSchuldschein (Begr § 371 Anm 1), wobei GgBew zul ist. Schuldschein mit Verpfl zu monatl Zinszahlg aus best Betrag beweist noch nicht, daß der Betrag als Darl gegeben w (BGH WM 76, 974). Beweist der Schu, daß dch entgg dem auf Empfang eines BarDarl lautden DarlSchuldschein kein BarDarl gegeben w ist, hat er wg Abs II, wenn der Gläub VereinbgDarl behauptet, ferner zu beweisen, daß auch kein solches abgeschl w ist (RG 57, 320). Gelingt ihm das, steht also zB fest, daß er den Schein nur in Erwartg des DarlEmpfangs gegeben hat (vgl RG 127, 169 [172]), so hat der Gläub

623

§§ 607–609
2. Buch. 7. Abschnitt. *Putzo*

nachträgl Hing zu bew, wobei seiner BewFührg zustatten kommen kann, daß Schu ihm den Schein längere Zeit hindch widerspruchslos belassen hat. Bestät der Schu schriftl den Empfang des Darl u die Pfl, den DarlBetr zurückzuzahlen, hat er volle BewLast, daß diese Pfl (auch aus Abs II) nicht entstanden ist (hM; BGH NJW **86**, 2571). VereinbgDarl: BewLast für die alte Schuld hat der Gläub. Die Umwandlg (Anm 2a–c) hat der Behauptde zu bew. Unwirksamk des VereinbgDarl wg Unwirksk alter Schuld, hat Schu zu beweisen. BewLast für abstr Schuldumschaffg (Anm 2c) hat stets der Gläub.

608 *Darlehenszinsen.* Sind für ein Darlehen Zinsen bedungen, so sind sie, sofern nicht ein anderes bestimmt ist, nach dem Ablaufe je eines Jahres und, wenn das Darlehen vor dem Ablauf eines Jahres zurückzuerstatten ist, bei der Rückerstattung zu entrichten.

1) Zinsanspruch. a) Begriff des Zinses u Abgrenzg insb auch bei Darl: § 246 Anm 1. **b) Anspruchsgrundlage.** Nach bürgerl R ist das Darl nur zu verzinsen, wenn dies (auch stillschw) vereinb w. Nur bei HandelsGesch besteht ZinsPfl ohne Vereinbg (§§ 353, 354 HGB). **c) Rechtsnatur.** Die ZinsPfl ist nicht NebenPfl, sond steht beim entgeltl Darl im GgseitkVerh der §§ 320ff (vgl Einf 1b vor § 607). **d) Entstehung.** IdR beginnt die ZinsZahlgPfl mit der Auszahlg des Darl; jedoch ist abweichde Vereinb mögl u häuf (vgl BGH NJW **85**, 730). Ist das Darl nichtig, insb wg § 138, besteht kein ZinsAnspr. **e) Ende** der vereinb ZinsPfl tritt ein mit Ablauf des Darl u Fälligk des RückErstattgsAnspr (§ 609). Umstr ist, ob von da an VerzZins (§ 288) zu zahlen od SchadErs (§ 286) zu leisten ist (§ 246 Anm 2c). **f) Verjährung:** § 197 (dort Anm 2a). Dies gilt auch für die TilggsAnteile, wenn sie mit den Zinsen als Raten verschmolzen sind (Schwachheim NJW **89**, 2026).

2) Zinshöhe. Kann grdsätzl frei vereinb w. Grenze: Sittenwidrk u Wucher (vgl § 138 Anm 4a). Ist die Höhe der Zinsen nicht vereinb, gelten die ges Zinssätze (4% gem § 246, 5% gem § 352 HGB). Zins kann auch dch feste Summen ausgedrückt, statt Zins Gewinnanteil vereinb sein (Einf 3j vor § 607). Das Disagio ist verdeckter Zins, näml die Spanne zw Nominal- u Effektivzins. Zinsherabsetzg dch einseit Verlangen des DarlN wg dieses Umst ist mögl (§ 246 Anm 3b). ZinsanpassgsKlauseln mit Änd gem § 315 sind auch in AGB grdsätzl zuläss (BGH NJW **86**, 1803; hierzu krit Schwarz NJW **87**, 626). BewLast für den Inhalt einer ZinsVereinb: DarlG (BGH WM **83**, 447).

3) Fälligkeit. Gem Wortlaut des § 608 nachträgl. Sonderregel zu § 271. § 608 ist abdingb. Folgen unpünktl Zinszahlg: Künd anstelle von Rücktr unter den Voraussetzgen des § 326.

609 *Fälligkeit der Rückerstattung.* ¹Ist für die Rückerstattung eines Darlehens eine Zeit nicht bestimmt, so hängt die Fälligkeit davon ab, daß der Gläubiger oder der Schuldner kündigt.

²Die Kündigungsfrist beträgt bei Darlehen von mehr als dreihundert Deutsche Mark drei Monate, bei Darlehen von geringerem Betrag einen Monat.

³Sind Zinsen nicht bedungen, so ist der Schuldner auch ohne Kündigung zur Rückerstattung berechtigt.

1) Allgemeines. a) Bedeutung: § 609 regelt die Fälligk des RückerstattgsAnspr (§ 607 Anm 3). Mit dieser Fälligk trifft die Beendigg des DarlVertr als DauerSchVerh zus. Von da an tritt das AbwicklgsVerh ein (Einf 3a vor § 346), das bis zur vollst Erf des DarlRückerstattgsAnspr andauert. **b) Anwendungsbereich:** § 609 gilt grdsätzl für alle Arten von Darl (Einf 3 vor § 607); jedoch ist im Einzelfall dch Vertr (vgl Anm c) die Künd vielf and geregelt. **c) Abdingbarkeit** dch Vertr ist grdsätzl zu bejahen. Eingeschränkt ledigl dch § 138. Vielf wird die Auffassg vertr, daß für den DarlN die Künd nicht dauernd ausgeschl w dürfe; das ist unnöt, wenn eine außerord Künd aus wicht Grd (wie bei jedem DauerschuldVerh) von dem ges Regelg, bejaht w (vgl Anm 4). **d) Beendigungsgründe:** Der DarlVertr endet dch Zeitablauf (Anm 2), Künd (Anm 3, 4), Rücktr (§ 607 Anm 1f), Widerruf (§ 610), Rückerstattg ohne Künd (§ 609 III), Aufhebgs-Vertr (§ 305), Eintr einer Bedingg (§ 158) u Anfechtg (§ 610 Anm 2b). Die BeendiggsGrde bestehen unabhäng voneinander, haben aber jeweils versch Voraussetzgen. **e) Kündigung:** Steht grdsätzl DarlG u DarlN zu (Abs I) u kann nicht vor Abn der Valuta erkl w (Monßen WM **78**, 1394). Sie ist einseit empfangsbedürft WillErkl (§ 130). Nicht widerrufl, ges formfrei, bedinggsfeindl (weil GestaltgsR). Das Wort Künd ist nicht nöt (§ 133). Ebsowenig Angabe des Ztpkts (BGH BB **65**, 104); iZw ist es der nächstzul Termin. Künd liegt insb in Kl auf Rückzahlg, ZwVollstr (BGH WM **65**, 767), Aufrechng mit der RückerstattgsFdg ggü dem DarlN. Nicht genügt Zustellg der VollstrKlausel, Geltdmachen eines ZbR, Anmeldg in Konk. Vorzeit Künd ist auch nach § 609a mögl, ebso eine ÄndergsKünd (Begr 2a, ll vor § 620), zB wg der Zinshöhe. **f) Beweislast:** Der DarlG, der Rückerstattg verlangt, muß Beendigg (Anm d) beweisen, der DarlN die Tats, die zur Unwirksk führen, ferner die Stundg (§ 271).

2) Zeitbestimmung. Ggsatz ist der auf unbest Zeit geschl DarlVertr. Jedoch ist auch beim zeitl best Darl Künd unter den gegebenen Voraussetzgen zul; ord Künd idR aber ausgeschl; Zeitbest geschieht ausdrückl dch Laufzeitdauer oder RückzahlgsTermin, der auch zeitl ungew sein kann (zB Beendigg eines ArbVerh). Eine TilggsAbrede legt das Mindestmaß der Tilgg fest, im Einzelfall ist dch Auslegg (§ 157) mögl, daß auch die Zeit zur Rückerstattg best ist (vgl BGH WM **70**, 402). ZeitBest ist auch stillschw mögl, insb bei best Zweck des Darl, das auch aus bes Umst ersichtl sein kann, zB Aufbau eines Gesch, Überbrückg vorübergehder Zahlgsunfähigk, Existenzsicherg nur für die Dauer der Ehe bei Darl an Schwiegersohn (BGH WM **73**, 410), ebso bei DarlZweck Verbesserg der wirtsch Lage u Scheitern der Ehe (Düss NJW **89**, 908). Ist Rückzahlg in das Belieben des Schu gestellt, so gilt § 315 (§ 271 Anm 2c, aa). Wird bei Ablauf des BeendiggsTermins die Rückerstattg nicht verlangt, so verlängert sich deshalb das Darl nicht in eines auf unbest Zeit, aber es können für die Zeit darauf VertrZinsen nur bis zur Rückzahlg od bis AnnVerz verlangt w (§ 301 Anm 1). Vorzeit Rückzahlg (jederzeit) dch den DarlN gem § 271 iZw nur bei unverzinsl Darl (Abs III).

Einzelne Schuldverhältnisse. 5. Titel: Darlehen §§ 609, 609a

3) Ordentliche Kündigung. a) Voraussetzungen: KündErkl (Anm 1e). Grdsätzl nur bei Darl mit unbest Dauer zul (Abs I). Auf Grd des § 609a auch bei Darl mit bestimmter LaufZt. Es kann (auch stillschw) vereinb sein, daß bei best LaufZt (Anm 2) die ord Künd zul ist. Ands kann die ord Künd auch bei unbest Dauer (für einen gewissen Zeitraum) ausgeschl w, zB auf Lebenszeit des DarlG (BGH WM **80**, 380). Beschränkt sein kann die ord Künd, wenn ein langfrist HypDarl mit einem LebensVersVertr verbunden ist (BGH WM **87**, 921). **b) Frist** (Abs II). Es gilt primär die vertragl Regelg. Es kann fristl Künd vereinb sein. Bei unverzinsl KleinDarl, die aus Gefälligk od Freundsch gewährt w, ist das idR über § 157 anzunehmen. Ges Regelg: wg Abs III gilt Fr für den DarlN bei unverzinsl Darl nicht, weil Künd in diesem Fall unnöt ist. 300 DM-Grenze, wg Geldentwertg an sich überholt, gilt unveränd. **c) Wirkung.** Es wird der RückerstattgsAnspr (§ 607 Anm 3) fäll; ggf nach Maßgabe der vertr Vereinbg. ZinsAnspr: § 608 Anm 1e. Wie das Disagio (Damnum) zu behandeln ist, richtet sich nach Auslegg des Vertr (BGH **81**, 124). IZw gehört es zu den DarlNebenkosten u verbleibt beim DarlG (hM; BGH aaO).

4) Außerordentliche Kündigung ist, da auch das Darl ein DauerSchVerh ist, in entspr Anwendg von §§ 626, 554a, aus wichtigem Grd zul (Larenz § 51 I; BGH WM **80**, 380; aA zB Gernhuber JZ **59**, 314). Hierbei ist eine Gesamtwürdigg aller Umstde des Einzelfalls u InteressenAbwägg vorzunehmen (BGH NJW **86**, 1928). **a) Voraussetzungen:** KündErkl: Anm 1e. Vorher Abmahng ist grdsätzl nicht erforderl (BGH WM **78**, 234). Wicht Grde können sein: Verzug bei Zins u Tilggsraten, Gefährdg der Sicherh, schuldh Zerrüttg eines bei VertrAbschl vorhandenen VertrauensVerh, bei GefälligkDarl dringder Eigenbedarf (Stgt NJW **87**, 782); Wegfall der GeschGrdlage (BGH WM **80**, 380); falsche Darstellg wesentl Tats nach VertrAbschl u vor Auszahl (Karlsr BB **72**, 287); nicht: die bloße Verweigerg einer fäll Ratenzahlg aus erwägenswerten rechtl Zweifeln (BGH NJW **81**, 1666). Bei betriebsbezogenen Darl vgl BGH NJW **86**, 1928. Dieses R zur außerord Künd, das Unzumutbk der Weiterbelassg des Darl voraussetzt, kann vertragl nicht ausgeschl w. R zur außerord Künd kann unabhäng davon für best Grde vereinb w, zB dch Banken AGB Nr 17 S 2 (Verstärkg v Sicherh; vgl BGH NJW **81**, 1363). **b) Frist:** Die Künd muß nicht innerh einer dem § 626 II entspr Fr ab Kenntn des KündGrdes erkl w (BGH WM **84**, 1273), unterliegt aber der Verwirkg (§ 242 Anm 5). Vor Künd entstandene Grde können nachgeschoben w (BGH stRspr, zuletzt NJW **86**, 1928). Die Künd kann iZw fristl geschehen, aber auch vom Kündigden mit Angabe eines belieb Termins zur Rückzahlg versehen w. **c) Wirkung:** Anm 3c.

609a *Kündigungsrecht.* ¹Der Schuldner kann ein Darlehen, bei dem für einen bestimmten Zeitraum ein fester Zinssatz vereinbart ist, ganz oder teilweise kündigen,
1. wenn die Zinsbindung vor der für die Rückzahlung bestimmten Zeit endet und keine neue Vereinbarung über den Zinssatz getroffen ist, unter Einhaltung einer Kündigungsfrist von einem Monat frühestens für den Ablauf des Tages, an dem die Zinsbindung endet; ist eine Anpassung des Zinssatzes in bestimmten Zeiträumen bis zu einem Jahr vereinbart, so kann der Schuldner jeweils nur für den Ablauf des Tages, an dem die Zinsbindung endet, kündigen;
2. wenn das Darlehen einer natürlichen Person gewährt und nicht durch ein Grund- oder Schiffspfandrecht gesichert ist, nach Ablauf von sechs Monaten nach dem vollständigen Empfang unter Einhaltung einer Kündigungsfrist von drei Monaten; dies gilt nicht, wenn das Darlehen ganz oder überwiegend für Zwecke einer gewerblichen oder beruflichen Tätigkeit bestimmt war;
3. in jedem Falle nach Ablauf von zehn Jahren nach dem vollständigen Empfang unter Einhaltung einer Kündigungsfrist von sechs Monaten; wird nach dem Empfang des Darlehens eine neue Vereinbarung über die Zeit der Rückzahlung oder den Zinssatz getroffen, so tritt der Zeitpunkt dieser Vereinbarung an die Stelle des Zeitpunkts der Auszahlung.

II Der Schuldner kann ein Darlehen mit veränderlichem Zinssatz jederzeit unter Einhaltung einer Kündigungsfrist von drei Monaten kündigen.

III Das Kündigungsrecht des Schuldners nach den Absätzen 1 und 2 kann nicht durch Vertrag ausgeschlossen oder erschwert werden. Dies gilt nicht bei Darlehen an den Bund, ein Sondervermögen des Bundes, ein Land, eine Gemeinde oder einen Gemeindeverband.

1) Allgemeines. Eingefügt dch Art 5 des G zur Änd wirtsch-, verbraucher-, arbeits- u sozrechtl Vorschr v 25. 7. 86 (BGBl 1169); in Kr seit 1. 1. 87. § 609a ersetzt den gleichzeit aufgehobenen § 247. **a) Zweck.** Ausgleich des Interesses v DarlG u DarlN, bedingt dch die ggü der VorkriegsZt meist über den Satz v 6% hinaus gewachsenen KapMarktZins. Die KündR des § 247 wurde erst seit 1977 einmal u führte erst zu einem allg DarlKündR. Der als AusnRegelg gedachte § 247 II S 2 ist dann in der Rspr ausdehnd angewendet worden (zB BGH **82**, 182 u **90**, 161), sodaß im Streitfall die Künd selten Bestand hatte (BT-Drucks 10/4741 S 1). Im Ergebn führte § 247 für beide Seiten zu zufallsbedingten Nachteilen. **b) Anwendungsbereich.** § 609a gilt grdsätzl für alle Darl (3 vor § 607), nicht für SchuldVerschreibgen (zT umstr; vgl Hammen NJW **87**, 2856 mwN). Abs I nur für solche mit festem Zinssatz, Abs II für solche mit variablem (veränderl) Zinssatz. **c) Abdingbarkeit.** Abs I u II sind zG des DarlN zwingd (Abs III S 1). Entggstehde Vereinbgen sind nichtig (§ 134), insb VorfälligkEntschäd u VertrStrafen (v. Rottenburg WM **87**, 1 [6]). Ein Disagio ist zuläss (v. Heymann BB **87**, 415 [420]). Zugunsten des DarlN können kürzere KündFr vereinb w. Ausn: Darl der öff Hand (Abs III S 2). **d) Kündigung.** § 609a betrifft nur die ord Künd. Hierfür gilt § 609 Anm 3. Die außerord Künd (§ 609 Anm 4) bleibt unberührt. **e) Übergangsregelung** (Art 12 II G v 25. 7. 86). Für die bis zum 31. 12. 86 abgeschl DarlVertr gilt bis zum Erlöschen des SchuldVerh der § 247 weiter, sodaß auch für Vertr, die in der ÜbergangsZt zw Verkündg u InKrtreten geschlossen w, der bisher RZustd erhalten bleibt.
f) Internationale Kredite. § 609a gilt, soweit deutsches R anwendb ist. Derogation ist mögl u zuläss (Häuser/Welter NJW **87**, 17 [21]).

§§ 609a, 610   2. Buch. 7. Abschnitt. *Putzo*

2) Festverzinsliche Darlehen (Abs I). Begriff: Darl, bei denen für einen bestimmten ZtRaum ein fester Zinssatz (idR dch Angabe in %) vereinb ist. Darunter fallen auch die zeitl begrenzte ZinsBindg (zB abschnittsweise Finanzierg) u die Zinsvariabilität nach einem vereinb begrenzten ZtRaum (BT-Drucks aaO S 22). Grdsätzl können Darl für die Dauer der ZinsBindg nicht ord gekünd w. **a) Voraussetzungen. aa) Nr 1: Kürzere Zinsbindung** als DarlLaufZt. Es ist zu unterscheiden: **(1)** Hs 1: Das Ende der Bindg an einen festen Zinssatz muß vor dem RückzahlgsTermin (§ 609 Anm 2) des Darl enden. **(2)** Hs 2: Vereinb ZinsAnpassg (meist an einen vereinb Referenzzinssatz) bis zu höchstens einem Jahr für jeweils im voraus bestimmte ZtRäume (sog roll-over-Kredite). Sind die ZsPerioden länger, so verbleibt es bei Hs 1. **bb) Nr 2. Verbraucherkredite.** Nur für Darl an natürl Pers, ohne (vereinb) Sicherg dch Hypothek od Grdschuld (gleichgült in welchem Stadium des GB-Verf); auf Wert u Höhe der Sicherg kommt es nicht an (v. Heymann BB **87**, 415 [419]). Das Darl darf nicht ganz od übwiegd (v Betrag her zu messen) für gewerbl od berufl Zwecke bestimmt gewesen sein (BewLast für Vorliegen dieses Zwecks: DarlG, Häuser/Welter NJW **87**, 618 [20]). Auf die spätere tats Verwendg kommt es nicht an. Am besten wird der DarlZweck in die Urk aufgenommen. **cc) Nr 3. Langfristige Kredite. (1)** Hs 1: Empfang ist selbst verständl auch die vereinb Zahlg an einen Dr. Vollständ: auch bei Disagio, bei TeilZahlgen die letzte Leistg; maßgebd ist Aushändigg od Gutschr. FrBerechng: §§ 187 I, 188 II. **(2)** Hs 2: Regelt die Fälle der ProlongationsVereinbg, v deren Abschl (§ 151) an, die 10-Jahres-Fr neu zu laufen beginnt. Auszahlg ist ident mit Empf iS des Hs 1. **b) Wirkungen.** Gemeins ist allen Fällen ein KündR des DarlN, u zwar ord Künd (§ 609 Anm 3). Der DarlN kann die Künd belieb länger befristen. Für den nachvertr Zins bis zur Rückzahlg ist der DarlG auf § 286 angewiesen (vgl BGH NJW-RR **86**, 205; sehr umstr; vgl Killmann NJW **87**, 618 mwN). Bei den Fällen der Nr 1–3 ist zu untersch: **aa) Nr 1.** Solange die ZinsBindg dauert, ist Künd ausgeschl („frühestens"), nur für einen späteren Termin zuläss. VertrAnpassg der ZinsBedinggen ist jederzt mögl (v. Heymann BB **87**, 415 [418]). Mit einer neuen Vereinbg üb den Zinssatz (unter § 305 einzuordnen), insbes auch hinsichtl das KündR u entsteht neu für die vereinb weitere Zinsperiode (v. Rottenburg WM **87**, 1). Eine ZinsAnpassg gem § 315 kann vereinb w. Bestimmt der DarlG den Zins neu, so muß dem DarlN eine 2-WoFr für das KündR eingeräumt w (v. Rottenburg aaO 3). KündFr: 1 Monat zum Ende der ZinsBindg od belieb später (Berechng: § 188 II, III; Bsp: Künd zum 31. 3. muß am 28. 2. zugehen). Bei kurzfrist period ZsAnpassg (Hs 2) jeweils nur zum Abschl einer Periode, auch dazwischen. Die MonatsFr gilt auch, wenn die Mitt des neuen Zinssatzes kürzer vor dem Abschl der Zinsperiode dem DarlN zugeht (v. Rottenburg aaO 4). **bb) Nr 2.** Unkündb VorlaufZt v 6 Monaten; danach 3 Monate KündFr (Berechng Anm aa). Die Künd ist nicht auf einen bestimmten Ztpkt beschränkt u kann frühestens dch Zugang (§ 130) am 1. Tag nach Ablauf der 6 Monate wirks w. Das bedeutet prakt MindestlaufZt des Darl v 9 Monaten. **cc) Nr 3.** Zur KündErkl: wie Anm bb. Berechng der KündFr: wie Anm aa (Bsp: Künd zum 30. 7. kann noch am 31. 1. zugehen). Prakt MindestlaufZt langfrist Kredite beträgt 10½ Jahre bei Künd zum frühestmögl Ztpkt.

3) Darlehen mit veränderlichem Zinssatz (Abs II). **a) Begriff:** Darl, bei denen die Änderg des ZsSatzes jederzt eintreten kann, gleichgült aus welchem Grd (zB § 315, Bindg an Diskont- od Lombardsatz). Nicht unter Abs II (sond unter Abs I) fallen Darl, bei denen zunächst ein fester Zinssatz für eine bestimmte Zt vereinb u danach eine Änderg vorgesehen ist. **b) Voraussetzungen.** Der veränderl ZsSatz kann auf vereinb Vorbehalt des DarlG od an von ihm nicht beeinflußb ZsSätzen orientiert sein (zB bestimmte Prozentzahl üb dem BBankDiskontsatz). **c) Wirkung.** Das KündR besteht „jederzeit", also ab Vereinbg der Darl, sodaß eine MindestlaufZt v 3 Monaten besteht. FrBerechng: wie Anm 3b (Bsp: Künd am 15. 1. wirkt zum Ablauf des 15. 4.).

610 **Widerruf eines Darlehensversprechens.** Wer die Hingabe eines Darlehens verspricht, kann im Zweifel das Versprechen widerrufen, wenn in den Vermögensverhältnissen des anderen Teiles eine wesentliche Verschlechterung eintritt, durch die der Anspruch auf die Rückerstattung gefährdet wird.

1) Allgemeines. a) Begriff. DarlVerspr ist nach der KonsensualVertrTheorie (vgl Einf 1 b vor § 607) der Abschl des DarlVertr, nach der RealVertrTheorie der VorVertr eines DarlVertr. **b) Zweck.** Schutz des DarlG. Anwendusfall der clausula rebus sic stantibus. Daneben bleibt § 242 anwendb. Das kann wg Wegfall der GeschGrdlage im Einzelfall zu bejahen sein (vgl § 242 Anm 6), wenn zB nur eine schlechte Sicherh gestellt w kann (BGH WM **64**, 62). Soweit das betr Darl ggs Vertr ist (Einf 1 b vor § 607), gilt § 321 neben § 610, so daß DarlG zw Auflösg des Vertr dch Widerruf u der Einr des § 321 die Wahl hat. **c) Anwendungsbereich:** Alle DarlVertr, entspr auch Kreditzusagen, die sich nicht in einer DarlGewähr erschöpfen, zB wenn eine Bank sich verpfl, Wechsel od Scheck einzulösen, insb wenn sie Scheckkarte erteilt ist. § 610 gilt auch wenn die Verlängerg eines Darl zugesagt ist; ferner, wenn sich die bei Abschl des DarlVertr bekannt schlechten VermVerh noch weiter verschlechtern.

2) Widerruf. a) Rechtsnatur ist einseit empfangsbedürf WillErkl u beseit den DarlVertr. Von Künd (§ 609) u Rücktr (§ 607 Anm 1 f) zu unterscheiden, der insb bei ggs Vertr (vgl Einf 1 a vor § 607) aus §§ 325, 326 begründet sein kann, wenn die bedungene Sicherh nicht gestellt w. **b) Voraussetzungen:** Allein die wesentl Verschlechterg der VermVerh des DarlN. Grdsätzl wie § 321 Anm 2b. Die Verschlechterg muß nach VertrAbschl eintreten. Lag sie schon vor, ist Anf (§§ 119 II, 123) im Einzelfall mögl. Die Verschlechterg darf nicht allein darauf beruhen, daß das Darl, um das es geht, nicht gewährt w. **c) Wirkung.** Der Widerruf beseit die zum Vertr notw WillErkl des DarlG u damit den DarlVertr.

Sechster Titel. Dienstvertrag

Einführung

Übersicht

1) Grundbegriffe
   a) Dienstvertrag
   b) Dienstverhältnis
   c) Arbeitsrecht
   d) Arbeitsvertrag
   e) Arbeitsverhältnis
   f) Arbeitgeber
   g) Arbeitnehmer
   h) Angestellte
   i) Arbeiter
   j) Betrieb
   k) Unternehmen
2) Dienstverträge und ihre Abgrenzung
   a) Dienstverträge
   b) Geschäftsbesorgungsvertrag
   c) Dienstverschaffungsvertrag
   d) Sonstige Verträge
3) Allgemeines zu Dienstverhältnissen
   a) Entstehung
   b) Inhalt
   c) Beendigung
4) Arbeitsverhältnisse
   a) Besondere Erscheinungsformen
      aa) Faktisches Arbeitsverhältnis
      bb) Mittelbares Arbeitsverhältnis
      cc) Gruppenarbeitsverhältnis
      dd) Doppelarbeitsverhältnis
      ee) Leiharbeitsverhältnis
      ff) Kettenarbeitsverhältnis
      gg) Probearbeitsverhältnis
      hh) Aushilfsarbeitsverhältnis
      ii) Teilzeitarbeitsverhältnis
      kk) Partiarisches Arbeitsverhältnis
      ll) Abrufarbeitsverhältnis
   b) Arbeitnehmergruppen
5) Ausbildungsverhältnisse
   a) Lehrverhältnis
   b) Anlernverhältnis
   c) Volontärverhältnis
   d) Praktikantenverhältnis
   e) Fortbildungsverhältnis
6) Arbeitsbedingungen
   a) Zwingende gesetzliche Vorschriften
   b) Tarifverträge
   c) Betriebs- und Dienstvereinbarungen
   d) Einzelarbeitsvertrag
   e) Nachgiebige gesetzliche Vorschriften
   f) Direktionsrecht
7) Betriebliche Altersversorgung
8) Arbeitnehmerschutzrecht
   a) Betriebsschutz
   b) Arbeitszeitschutz
   c) Frauen- und Mutterschutz
   d) Jugendschutz
   e) Heimarbeiterschutz
   f) Schwerbehindertenschutz
   g) Arbeitsplatzschutz
   h) Kündigungsschutz

1) Grundbegriffe. a) Dienstvertrag ist ein schuldrechtl ggs Vertr, dch den der eine Teil zur Leistg der versprochenen Dienste (DVerpfl), der and Teil zur Leistg der vereinb Vergütg verpfl w (DBer).

b) Dienstverhältnis ist das DauerSchuldVerh zw dem DBer u dem DVerpfl, das dch einen DienstVertr (§ 611 BGB) begründet w. Daher fallen die öffrechtl geregelten DVerh der Beamten, Richter u Soldaten nicht darunter.

c) Arbeitsrecht ist das SonderR der ArbN. Es ist seit dem späten 19. Jhdt entstanden, seit 1918 rasch u stark entwickelt, im geltenden R in zahlr G verstreut geregelt. Das ArbR w aufgeteilt in das (grdlegd in den §§ 611–630, ferner insb im HGB, GewO, SeemannsG, KSchG usw geregelte) ArbVertrR, das ArbSchutzR (vgl Anm 8), das Berufsverbands- u TarifVertrR (insb im TVG geregelt), das BetrVerfassgsR (insb im BetrVG geregelt) u das VerfahrensR der ArbGerichtsbk. Das ges ArbR gehört zum Teil dem priv R, zT dem öff R an. Sein Zweck ist darauf gerichtet, den ArbN zu schützen u zugleich einen gerechten Ausgleich der Interessen von ArbG u ArbN herbeizuführen.

d) Arbeitsvertrag ist ein DienstVertr, der zw ArbN u ArbG abgeschlossen ist. Der ArbVertr ist daher ein schuldrechtl ggs Vertr u begründet das ArbVerh (Anm e). Der Inhalt ist grdsätzl frei.

e) Arbeitsverhältnis ist das DauerschuldVerh zw ArbN u ArbG. Zur Stellg im BGB: Richardi ZfA **88**, 221. **aa) Rechtsnatur.** Daß das ArbVerh ein GemeinschVerh darstelle, wird bestr u auf die Entgeltlk (Ggseitigk ohne persrechtl Bindg u Fürs) abgestellt (vgl Weber RdA **80**, 289 mwN). Das ArbVerh ist eine bes Art des DienstVerh; das wesentl Unterscheidungsmerkmal ist, daß der DienstVerpfl ArbN ist, also abhäng Arb zu leisten hat. **bb) Begründet** w das ArbVerh nach hM dch ArbVertr (VertrTheorie, Hueck), nach der früher von Nikisch vertretenen Eingliederungsthe auch ohne ArbVertr bereits dadch, daß der ArbG den ArbN eingestellt u dieser seine ArbKraft zur Verfügg gestellt hat, Begrdg eines ArbVerh nicht entgg Erkl: § 78a BetrVG. Fehlde Zust v Betr- od PersRat steht der Begrdg eines ArbVerh nicht entgg (BAG BB **76**, 271). **cc) Beginn.** Das ArbVerh beginnt mit dem Tag an dem der ArbN vertrgem die Arb aufzunehmen hat. **dd) Übertragung.** Das ArbVerh kann als Ganzes dch dreiseit Vertr auf einen and ArbG unter Wahrg der Identität des ArbVertr übertr w (BAG NJW **73**, 822). Übergang eines ArbVerh krG: § 613a. **ee) Internationaler Bezug:** Für das anzuwendde R gilt Art 30 EG. Danach ist die RWahl eingeschr.

f) Arbeitgeber ist, wer einen and in einem ArbVerh als ArbN beschäftigt. ArbG kann eine natürl od jur P sein, für die ihre ges Vertreter die ArbGFunktion ausüben. Unerhebl ist die Art der Arb u ob der ArbG ein Gewerbe betreibt. ArbG können bei einem einheitl ArbVerh auch mehrere jur oder natürl Pers sein (BAG NJW **84**, 1703). Dem entspr auf ArbNSeite das GruppenArbVerh (vgl Anm 4a, cc).

g) Arbeitnehmer ist, wer in einem ArbVerh steht u verpfl ist, fremdbestimmte, unselbstd Arb zu leisten, eine vom ArbG abhäng, weisgsgebundene Tätigk ausübt (zum Begr Hilger RdA **89**, 1). **aa) Abgrenzung** zu den (ebenf priv-rechtl) DVerpfl: Maßgebd ist der Grad der Abhängigk (vgl Anm 2a). Die Eigensch als Gesellschafter od VereinsMitgl ohne Stellg als Organ schließt ein ArbVerh nicht aus, auch nicht beim sog AlternativBetr (LAG Hamm BB **86**, 391). **bb) Arbeitnehmer** sind Arbeiter, Angestellte, Auszubildde (§ 5 I S 1 ArbGG), nebenberufl Aushilfskräfte an öff Schulen (BAG **AP** Lehrer Nr 10), Fußballizenzspieler (als Angest; hM BAG NJW **80**, 470 mwN; vgl Buchner RdA **82**, 1 u Meyer-Cording RdA **82**, 13), Zeitgsboten (LAG Hamm Betr **78**, 798); ArbVerpflichtete (§ 10 ArbSichG); FamAngeh, wenn mit ihnen ein ArbVertr abgeschl ist (zu den Anfdgen vgl Fenn Betr **74**, 1062 u 1112). Auf die Bezeichng im Vertr kommt es nicht entsch an, sond auf die tats Gestaltg des DVerh, insb auf den Grad persönl Abhängk od fremdbestimmter Arb (für Musiker vgl Heinze NJW **85**, 2112). Problemat ist die Einordng des freien MitArb in Rundfunk u Fernsehen (Anm dd; BVerfG NJW **82**, 1447; Koch MDR **83**, 629). **cc) Arbeitnehmerähnliche Personen** (vgl § 5 I S 2 ArbGG, § 12a TVG; Herschel Betr **77**, 1185). Sie sind nicht pers weisgsgebunden, sond selbstd als DVerpfl, aber vom DBer wirtsch abhängig u einem ArbN vergleichb schutzbedürft. Dabei ist nicht auf die GesamtTätigk, sond auf das jeweil BeschäftiggVerh abzustellen (BAG NJW **73**, 1994). HeimArb (§ 5 I S2 ArbGG). Einfirmen-Handels- u VersVertr, die unter § 92a HGB fallen u dchschnittl weniger als 2000 DM mtl verdienen (§ 5 III ArbGG). Heimdienstfahrer einer Brauerei (LAG BaWü BB **70**, 80); auch familiäre BeschäftiggVerh (BGH NJW **77**, 853). Nicht: Kurzfrist DLeistg außerh des unternehmer Zwecks, zB Auftritt bei BetrFeier (BAG Betr **87**, 844). Vereinb die VertrPart eine freie MitArb u liegt statt dessen ein vollzogenes ArbVerh vor, so fehlt die GeschGrdlage (§ 242 Anm 6 d, aa). **dd) Freie Mitarbeiter** sind nur unter bestimmten Umstden ArbN gleichgestellt (BAG NJW **67**, 1982; Rosenfelder, Der arbrechtl Status des freien MitArb, 1983), speziell vom Rundfunk (vgl Anm bb aE; Rüthers RdA **85**, 129), aber nicht, wenn sie sich die ArbZt frei einteilen können (BAG Betr **81**, 2500) u nur Weisgen unterliegen, die sich auf das ArbProdukt beziehen (vgl BAG Betr **78**, 596). **ee) Keine Arbeitnehmer** sind die in Anm 2a genannten Pers; DRK-Schwestern (BAG NZA **86**, 690); OrdensAngeh (LAG Hamm Betr **72**, 295); SozHilfeEmpf (§ 19 BSHG); öff Bedienstete (Anm 2 d, ee); Pers, die als selbstd Unternehmer (zB HandelsVertr), Gesellschafter, Vereinsmitglieder, ges Vertreter jur Pers tätig sind (Anm 2a, gg); jedoch schließt KommanditistenStellg die ArbNEigensch nicht aus (Tillmann Betr **70**, 2157 [2161 I]). Auf GeschF einer GmbH können nur einzelne SchutzVorschr des ArbR analog angewendet w (vgl Anm 2a gg, Hueck ZfA **85**, 25 u BAG NZA **86**, 68).

h) Angestellte sind ArbN, die vorwiegd geist Arb leisten. Für das BGB w der in §§ 2, 3 AngestVersG umschriebene Begr verwendet (vgl § 616 II S 1); daher gibt das BerufsgruppenVerz der VO zum früheren § 1 III AngestVersG zuverläss Ausk. Die Form der ArbVergütg (Monatsgehalt für Angest, Stunden- od Wochenlohn für Arb) gibt keinen sicheren Hinw. Für ltde Angest (§ 5 III, IV BetrVG) gilt betrverfassgsrechtl als SoRegelg das SprAuG.

i) Arbeiter sind ArbN, die nicht Angest sind. Einer dieser beiden Kategorien (einschl der Auszubildden) muß jeder ArbN angehören. Zur Problematik der Abgrenzg vgl Lipke Betr **83**, 111.

j) Betrieb ist eine organisator Einh, innerh der ein Untern allein od in Gemeinsch mit seinen MitArb dch sachl u immaterielle Mittel bestimmte arbtechn Zwecke fortges verfolgt. Betr kann danach sein; ein einzelnes Büro, eine Kanzlei, ein Bauernhof, eine Werkstatt, eine Apotheke (BAG **AP** Nr 2 zu § 21 KSchG von 1951). Es gibt NebenBetr u BetrTeile (vgl § 4 BetrVG), die für sich selbst einen Betr darstellen können. Ein Betr kann auch mehreren Untern gehören (BAG **AP** Nr 1 zu § 21 KSchG von 1951). Kein Betr ist der Haush.

k) Unternehmen ist die organisator Einh, die best wird dch den wirtschl od ideellen Zweck, dem einBetr od mehrere organisator verbundene Betr desselben Untern dienen. Dieser Begr ist weiter als der des Betr, deckt sich aber im Einzelfall oft mit ihm. Ein Untern kann mehrere Betr umfassen.

2) Dienstverträge und ihre Abgrenzung. a) Dienstverträge (Begr Anm 1a; Lit: Schiemann JuS **83**, 649) liegen, da unselbstd, abhäng DLeistgen unter die ArbVertr (Anm 1d) fallen, insb dann vor, wenn die Dienste in wirtsch u soz Selbstdk u Unabhängk geleistet w. Das trifft insb zu, wenn der DVerpfl selbst Untern ist od einen freien Beruf auübt. Oft kann dabei ein WerkVertr (Anm d) vorliegen od ein GeschBesorggsVertr (vgl Anm b); dabei ist auf die Umst des Einzelfalls abzustellen. Bsp: Kommissionär, Spediteur, Stellen eines Kfz mit Fahrer zur Güterbeförderg nach Weisg des AuftragG (BGH BB **75**, 857); WirtschPrüfer, Steuerberater u -bevollmächt (BGH **54**, 106); Dolmetscher; LehrgangsUntern (Hbg MDR **71**, 216); PartnerschVermittlg (Karlsr NJW **85**, 2035; zum MeingsStand vgl Peters NJW **86**, 2676); (hoch)entgeltl Mitgliedsch in Club zur ZusFührg alleinstehender Menschen (Ffm NJW **84**, 180); Kinderinternat (LG Köln MDR **77**, 313); Sprachkurs (Nbg BB **72**, 61); Verwaltg v EigtWo (Clasen BlGBW **72**, 110). Bücherrevisor, Sachverst,selbst PrivLehrer; SchiedsRi (bestr; aA: Vertr bes Art); Lotse (jedenf der Rheinlotse, BGH NJW **73**, 101); iü ist ArbVerh im Einzelfall mögl (BGH aaO mwN). Prakt bes bedeuts. **aa) Architekt:** Vertr mit dem Bauherrn ist idR WerkVertr, auch wenn nur Bauleitg od BauAufs übertr ist (BGH **82**, 100: vgl weiter Einf 5 vor § 631. **bb) Arzt: (1)** Im Verh zum Patienten: idR DVertr (hM); aus der vertr Grdlage bei honorarfreier Behandlg eines Kollegen (BGH NJW **87**, 2120); uU als Vertr zG Dr (§ 328); RG **152**, 175); kein GeschBesorggsVertr (§ 675). Das gilt auch für Brillenverordng (Narr MedR **86**, 170) u Operationen (BGH NJW **80**, 1452 für Sterilisation; bestr); auch kosmet (Köln MDR **88**, 317); hier spricht vieles dafür, daß gemischter Vertr vorliegt. Auch zahnärztl, insb zahnprothet Behandlg ist grdsätzl DVertr (Zweibr NJW **83**, 2094); für Anfertig der Prothese richtet sich Gewl nach WerkVertr (BGH NJW **75**, 305; bestr). Zur Abgrenzg näher Könning VersR **89**, 223. **(2)** Im Verh zum Krankenhaus: ArbVertr, auch beim Chefarzt, in AusnFällen DVertr mögl (BAG NJW **61**, 2085). Bei Belegarzt kein DVertr (BGH NJW **72**, 1128). **(3)** Verh von Kassenarzt zu Kassenärztl Vereinigg ist öffrechtl (BGH NJW **64**, 2208); kein direkter Anspr des Arztes gg die Krankenkasse, sond gg die Kassenärztl Vereinigg. Es besteht kein DVertr mit dem Kassenpatienten (vgl § 368d RVO). **cc) Krankenhaus:** Es haben sich 3 Formen herausgebildet (Uhlenbruck NJW **73**, 1399): Totaler KrankenhausAufnVertr (Vertr des Patienten mit dem Krankenhausträger, gemischter Vertr, vorherrschd DVertr, ärztl Behandlg eingeschl); aufgespaltener KrankenhausAufnVertr (DVertr des Patienten mit Krankenhausträger u behandelndem Arzt, BGH **5**, 321; typ für Belegarzt); totaler KrankenhausAufnVertr mit ArztzusatzVertr (wie 1. Alt; zusätzl Vertr des Patienten mit einem Arzt über zusätzl Behandlg). Dies gilt nicht nur für Privat-, sond auch für Kassenpatienten (vgl BGH NJW **56**, 1106). Im (weitreichden)

GeltgsBer des KrankenhFinanziergsG (v 29. 6. 72, idF v 22. 12. 81, BGBl 1568) u der BPflegesatzVO (BGBl 73 I 333) ist der totale KrankenhausAufnVertr der Regelfall; daneben bleiben ArztzusatzVertr bei sog LiquidationsR der (auch angestellten) Ärzte des Krankenhauses mögl u zul (Uhlenbruck aaO). Bei Ambulanz besteht der Vertr des PrivPatienten mit dem zuständ Chefarzt (BGH **105**, 189). Als NebenPfl besteht Verwahrgs- u SichergsPfl für WertGgstde des Patienten (Karlsr NJW **75**, 597). Bei sog geschl Anst für Geistes- u Gemütskranke liegt idR kein DVertr, sond öffrechtl Vertr vor (BGH **38**, 51). **dd) Künstler:** Ob DVertr, ArbVertr od WerkVertr vorliegt, hängt vom Einzelfall ab. Abgrenzg zw D- u WerkVertr: Einf 5 (Kunstaufführg) vor § 631. ArbVertr: beim Bühnenengagement, uU bei Artisten (BAG **AP** § 2 BUrlG Nr 1), bei Orchestermusikern, ggf GruppenArbVerh (vgl Anm 4a, cc), bei Filmschauspieler u -regisseur. **ee) Rechtsanwalt** (entspr RBeistand, BGH **34**, 64). Lit: Borgmann/Haug, Anwaltshaftg, 2. Aufl 1986. Es kommt auf den Einzelfall an. DVertr liegt vor, wenn dem DauerberatgsVertr abgeschl ist; GeschBesorggsVertr (§ 675) in allen und Fällen; als DVertr beim sog Mandat, dh ProzFührg od Besorgg einer sonst RAngelegenh (BGH **LM** § 675 Nr 28); als WerkVertr bei Gutachtenerstattg od RAuskunft üb Einzelfrage. Bei Anwaltssozietät (Gesellsch § 705) sind iZw alle RAe VertrPart (BGH **56**, 355; umstr), auch wenn nach außen nicht erkennb, keine echte Sozietät besteht, somit GesSchuld (BGH **207**, 247). Ist ausnw nur ein RA VertrPart, so ist er aber berecht, jeden Sozius als Vertr od Substituten heranzuziehen, für die er nach § 278 haftet. Das gilt nicht im Verh Verkehrs- zu Prozeßanwalt (BGH NJW **88**, 1079). Für GebührenFdg gilt actio pro socio (BGH NJW **63**, 1301). Es besteht zw den VertrPart die NebenPfl zu ausreichder ggseit Information, damit die gerichtl Auflagen erf werden können (BGH NJW **82**, 437), eine Pfl des RAs, den Mandanten üb Verj zu belehren (Düss NJW **86**, 1938). Die Erfolgsaussichten einer Kl od eines RMittels sind zu prüfen; sind sie prakt aussichtsl, so muß der RA dem Mandanten abraten, bei zweifelh RLage aufklären (BGH NJW-RR **86**, 1281 mwN). Wg Haftg vgl § 276 Anm 4C d. **ff) Fernunterricht.** Zur Abgrenzg v Direktunterricht (ebenf DVertr) u Einzelproblematik s Dörner BB **77**, 1739 u NJW **79**, 241. VertrInh ist großenteils zwingd ges geregelt dch das FernUSG (hierzu Dörner aaO u Bartl NJW **76**, 1993). Die §§ 611ff gelten ledigl subsidiär. Schriftform für den Vertr (§ 3). Schriftl WiderrR für 2 Wochen (§ 4 I). Ord Künd: 6 Wochen zum 1. Halbjahresschluß u mind mit 3 Monaten Fr (§ 5). Außerord Künd nach § 626. Für Rücktr v angekoppeltem Vertr üb Lieferg vo Lehrmaterial (Kauf. auch Miete mögl) gilt § 6. **gg) Organmitglieder juristischer Personen** (insb Vorstand einer AG, GeschFührer einer GmbH). Der AnstellgsVertr (von der Bestellg zu untersch) ist DVertr, kein ArbVerh (vgl zB § 5 I S 3 ArbGG). BGH u BAG wenden jedoch zunehmend ArbR an, soweit es sich um Vorschr handelt, die sich auf die Schutzbedürfn v Pers beziehen, die ihren persönl DLeistg ihren LebensUnterh beziehen (vgl Fleck WM Sonderbeilage 3 zu Nr 41/**81**; § 621 Anm 1b; BAG NJW **83**, 2405). Hierfür wird eine eindeut begrenzb Doppelstellg als ArbN u Organvertreter vorausgesetzt (BAG NZA **87**, 845). Die kaum zu umgehde Anwendg dieser Rspr führt zu RUnsicherh bei der Abgrenzg.

b) Geschäftsbesorgungsvertrag (§ 675). Liegt ihm ein DVertr zugrunde, so handelt es sich um eine bes Art des DVertr, bei dem über § 675 weitgeh AuftrR (§§ 662ff) angewendet w. Wesentl Unterschied zum reinen DVertr ist, daß Ggst des DVertr eine ursprüngl dem DBer oblieglich selbstd wirtsch Tätigk insb die Wahrnehmg best VermInteressen ist (hM; vgl Larenz § 56 V). Bsp: ProzVertretg (vgl Anm a, ee), VermVerw, Ausführg von BankGesch, Baubetreuung, vgl weiter § 675 Anm 2b.

c) Dienstverschaffungsvertrag liegt vor, wenn sich jemand verpfl, einem and die De eines Dr zu verschaffen. Ist ein schuldrechtl Vertr eigener Art, bei Vereinbg eines Entgelts ggs Vertr. Der Verpfl hat idR einen Anspr auf DLeistg gg den Dr, dessen DLeistg er dann seinem VertrPartner überläßt (vgl aber § 613 S 2). Dadch entsteht keine VertrBeziehg zw dem and u dem Dr, der auch nicht ErfGeh ist (Larenz § 52 I). Eine bes Form des DVerschaffgsVertr ist der ArbNÜberlassgsVertr (Anm 4a, ee); zur Abgrenzg v DVertr: BAG **BB 80**, 1326.

d) Sonstige Verträge: aa) Werkvertrag. Einf 4a vor § 631. **bb) Auftrag** ist im Ggsatz zum DVertr immer unentgeltl. Ist Entgelt vereinb, liegt oft ein GeschBesorggsVertr vor (vgl Anm b). **cc) Entgeltliche Verwahrung** (§ 689) ist eine gesetzl bes ausgestaltete Form der DLeistg. Die §§ 611ff gelten nicht. **dd) Schenkung** liegt vor, wenn unentgeltl Dienste geleistet w, sofern es sich nicht um ein vertragsloses GefälligkVerh (Einl 2 vor § 241) und um ein Auftrag (Anm bb) handelt. **ee) Öffentlich-rechtliche Dienstverhältnisse** stellen kein DVerh des BGB dar. Die §§ 611ff sind nicht anzuwenden. Angest u Arb des öff Dienstes unterliegen hingg dem ArbR (BAG **6**, 145).

3) Allgemeines zu Dienstverhältnissen. a) Entstehung dch Abschl eines DVertr (näher § 611 Anm 2). **b) Inhalt:** Es gilt zwar im Grds VertrFreih, jedoch sind zahlr ges Vorschr zwingd. Wesensnotw sind die im GgskVerh stehde DLeistgs- u VergütgsPfl (§ 611), ferner die ggü dem ArbVerh zT eingeschränkte Fürsorge- u TreuePfl (vgl § 611 Anm 4, 8) und NebenPfl (zB §§ 629, 630). **c) Beendigung:** siehe die BeendiggsGrde Vorbem 1 vor § 620. **c) Internationaler Bezug.** Es gelten Art 27, 28 EG; vgl dort Art 28 Anm 4f.

4) Arbeitsverhältnisse. Begr: Anm 1e. Da das ArbVerh ein bes ausgestaltetes DVerh ist, gilt grdsätzl Anm 3, auch der allg Verschuldensbegriff (vgl aber Anm 14b).

a) Besondere Erscheinungsformen des ArbVerh, abweichd vom Normalfall (Anm 1e). **aa) Faktisches Arbeitsverhältnis.** Vgl Einf 5 vor § 145, insb c, bb; § 611 Anm 2. Es liegt vor, wenn ein ArbN ohne od ohne wirks ArbVertr Arb leistet; hat es insb vor, wenn der ArbVertrag nichtig ist, die Nichtigk nicht erkannt od nicht die Konsequenz gezogen w, nach Erkennen der Nichtigk des AbVertr die ArbLeistg sof zu beenden, ferner (bei Identität des ArbVerh), wenn bei Streit üb die Wirksk einer Künd bis zur Feststellg deren Wirksk der ArbN im Einvernehmen mit dem ArbG weiter arbeitet u entlohnt w (BAG NJW **86**, 2133; ohne Einvernehmen vgl § 611 Anm 10d). Währd der Dauer des fakt ArbVerh richten sich Rechte u Pfl von ArbG u ArbN grdsätzl nach den Vorschr, die für ein wirks ArbVerh gelten (hM; stRspr des BAG; dagg E. Wolf JZ **71**, 273). Es besteht Anspr auf den angemessenen, übl od den bisher geltnd vereinb Lohn (BAG NJW **86**, 2133). Es gelten die arbrechtl Schutznormen, auch das LFZG (allgM; BAG aaO), aber keine Pfl zur

Einf v § 611 4a 2. Buch. 7. Abschnitt. *Putzo*

weiteren ArbLeistg; es genügt statt einer Künd eine einf form- u fristlose BeendiggsErkl (BAG **AP** § 611 Fakt ArbVerh Nr 1), insb bei ArbVerh mit ausländ ArbN ohne ArbErlaubn des § 19 AFG (LAG Hamm Betr **72**, 293), auch bei Schwangersch (LAG Hamm Betr **72**, 1171). Ist die ArbLeistg ihrer Art nach ges- od sittenwidr, greift völl Nichtigk dch (BAG NJW **76**, 1958).

bb) Mittelbares Arbeitsverhältnis liegt vor, wenn ein ArbN in einem ArbVerh zu einem and, sog Mittelsmann steht, der seiners ArbN des sog HauptArbG ist und der ArbN die Dienste unmittelb für den HauptArbG mit dessen Wissen leistet (Bsp: Musiker-Kapellmeister-GaststättenUntern; Heimarbeiter-Zwischenmeister-Konfektionsfirma). Das ist vom LeihArbVerh (Anm ee) zu unterscheiden. Das mittelb ArbVerh ist vom Bestand des unmittelb ArbVerh (zw ArbN u Mittelsmann) abhäng u endet mit ihm (BAG **4**, 93 = NJW **57**, 1165). LohnAnspr besteht nur gg den Mittelsmann, wenn nicht ein bes VerpflichtgsGrd des HauptArbG vorliegt (BAG **6**, 232). Für Sicherh der ArbStelle, der ArbGeräte usw (vgl § 618) haftet der HauptArbG unmittelb (RG **164**, 399, wo § 328 angewendet w). HauptArbG kann auch ErfüllgsgehilfE (§ 278) des Mittelsmannes sein. Eine KündSchKlage ist grdsätzl gg den Mittelsmann zu richten (vgl BAG **4**, 93 = NJW **57**, 1165). Mißbrauch dieser RForm des ArbVerh ist im Verh ArbG – Hausmeister – Putzfrau mögl (BAG NJW **83**, 645).

cc) Gruppenarbeitsverhältnisse (Übbl bei Rüthers ZfA **77**, 1) liegt vor, wenn mehrere ArbN zwecks gemeins Auführg von Arb u gesonderter Entlohng bei demselben ArbG zum selben ZtRaum in einem ArbVerh stehen. Es liegt eine Mehrh von unmittelb ArbVerh vor, die untereinander nur dch die aus der gemeins Arb errechneten Entlohng zushängen. (1) **Eigengruppe** ist der ZusSchl von ArbN zum Zweck eines gemeins VertrAbschl mit einem ArbG (zB Musikerensemble, Heinze NJW **85**, 2112; Ehepaar als Heimleiter, BAG **AP** GruppenArbVerh Nr 1); RForm: Gesellsch od nichtrechtsfäh Verein (BAG **AP** § 611 ArbG Akkordkolonne Nr 2). Eine Künd ist grdsätzl nur für alle ArbVerh gemeins zul, wobei als Grd der für eine Pers genügt (BAG **AP** GruppenArbVerh Nr 1). (2) **Betriebsgruppe** ist ZusFassg von mehreren ArbN dch den ArbG zu gemeinschbedingter Arb (zB die Akkordgruppe). Abgesehen von der Entlohngshöhe sind die ArbVerh voneinander grdsätzl unabhäng (BAG NJW **74**, 2255); daher besteht bei VertrVerletzg grdsätzl nur eine Haftg als Teilschuldner (Rüthers ZfA **77**, 1 [25]). Grdsatz für die Haftg ist, daß das einzelne Gruppen-Mitgl für dch SchlechtLeistg verurs Schäd haftet, wenn es selbst die VertrPfl verletzt hat (BAG aaO). Jedes GruppenMitgl hat die Pfl, auf Mängel zu beseit, die das GruppenArbErgebn gefährden, u Gefahren abzuwenden (BAG aaO). BewLast: ArbG für SchadVerursachg dch SchlechtLeistg der Gruppe. GrupenMitgl für fehlde Verursachg dch seine Pers u fehldes Versch analog § 282 (BAG aaO). (3) **Arbeitsplatzteilung** (jobsharing) ist Aufteilg der Re u Pfl eines ArbVerh auf zwei od mehr Pers in TZtArb (vgl Anm ii). Im InnenVerh grdsätzl wie eine Eigengruppe zu behandeln (BAG **AP** Nr 1 zu § 611 ArbGruppe). Dch § 5 I u II BeschFG ist seit 1. 5. 85 (für bereits bestehde ArbVerh ab 1. 1. 86) die VertretgsPfl u die Künd eines ArbN für den Fall geregelt, daß der od ein and ArbN ausscheidet. Die Künd aus einem solchen Grde ist unwirks (nach Löwisch BB **85**, 1200 [1204] eine Konkretisierg des § 1 II KSchG); eine Künd des Partners kann aber aus and Grden zuläss sein (vgl v. Hoyningen-Huene NJW **85**, 1801 [1805]); auch eine ÄndKünd (2a, II or § 620) bleibt zul. (4) **Turnus-Arbeit** liegt vor, wenn Gruppen v ArbN sich auf bestimmten ArbPlätzen in festgelegten ZtAbschnitten ohne ArbTeilg abwechseln (§ 5 II BeschFG). Gilt für Voll- u TeilZtArb (Löwisch aaO). Die Regeln des § 5 I, II BeschFG sind entspr anwendb.

dd) Doppelarbeitsverhältnis liegt vor, wenn ein ArbN in zwei ArbVerh bei versch ArbG steht. **(1) Vertragsmäßig** u zul ist es, wenn es zeitl nicht kollidiert, auch als sog Nebentätigk, soweit nicht Wettbewerbsverbote (§ 611 Anm 4c) entgegenstehen. Auch wenn Nebentätigk gem ArbVertr der Gen des ArbG bedarf, ist diese nur notw, wenn die vertr geschuldete ArbLeistg dadch beeinträcht w kann (BAG Betr **77**, 545). **(2) Vertragswidrig** ist es bei zeitl Kollision (hierzu Neumann-Duesberg NJW **71**, 382). Das spätere ArbVerh ist nicht wg §§ 138, 306 nichtig. Es liegt am ArbN, welches zu erfüllt ist (wg Art 12 GG). Außerdem kann ein Urt auf ArbLeistg nicht vollstreckt w (§ 888 II ZPO). Die RFolgen sind die des ArbVertrBruchs (§ 611 Anm 1e). Außerord künd (§ 626) können nur die ArbG; der neue ArbG kann ggf anfechten (§§ 119, 123). SchadErs des alten gg den neuen ArbG aus § 125 GewO od § 826 (bei Verleitg zum VertrBruch), bei Wiederholgsgefahr UnterlKl.

ee) Leiharbeitsverhältnis (ArbNÜberlassg) liegt vor, wenn ein ArbG einen ArbN für eine begrenzte Zeit einem and ArbG zum Zweck der ArbLeistg überläßt (zum aktuellen Status Becker ZIP **84**, 782). Das geschieht idR aGrd eines DVerschaffgsVertr (Anm 2c) u erfordert die Zust des ArbN (§ 613 S 2). Das ArbVerh besteht stets zum (verleihd) ArbG. Zu unterscheiden ist: (1) **Vorübergehendes und gelegentliches Ausleihen** (echtes LeihArbVerh). Der Verleiher haftet nicht für die ordngsgem DLeistg, sond nur für die Auswahl (BGH NJW **71**, 1129), dafür daß der ArbN für die vorgesehene DLeistg taugl u geeignet ist. Den sog Entleiher treffen aber (zusätzl) die FürsPfl u die Pfl aus dem ArbSchutzR. Bei unerlaubter ArbN-Üblassg besteht ein AuskAnspr (BAG NZA **84**, 161). (2) **Gewerbsmäßiges Ausleihen** (LeihArb-Verh) ist dch das AÜG geregelt (hierzu Marschall RdA **83**, 18). FormVorschr für den ArbVertr in §§ 11, 12 AÜG. Befristg des ArbVerh ist grdsätzl unwirks (§ 9 Nr 2 AÜG). Das ArbVerh zw ArbG (Verleiher) u dem LeihArbN entspr den allg Regeln mit SondVorschr in §§ 9–11, 13 AÜG. Zw Entleiher u ArbN bestehen keine vertragl Beziehgen. Zur Abgrenzg v D- u WerkVertr vgl Becker Betr **88**, 2561 u LAG Köln Betr **89**, 884). Vom AÜG nicht erfaßt sind insb D- od WerkVertr, in deren Rahmen ArbN in fremden Betr als ErfGeh ihres ArbG tät w (BAG NZA **87**, 128 mwN).

ff) Kettenarbeitsverhältnis liegt vor, wenn zw demselben ArbG u ArbN mehrere zeitl befr ArbVertr nacheinander u anschließd abgeschl w. Zur Wirksamk: § 620 Anm 1d.

gg) Probearbeitsverhältnis (Lit: Freitag, Das Probearbeitsverhältnis, 1982) ist ein echtes, vollwirks ArbVerh, das aber wg der vereinb Erprobg des ArbN leichter lösb ist. Das ProbeArbVerh kommt in 3 Formen vor: als befr ArbVerh (§ 620 Anm 1); als ArbVerh mit unbestimmter Dauer, bei dem die Probezeit die Mindestzeit darstellt, innerh der nicht ord gekünd w kann; als ArbVerh mit unbest Dauer, bei dem die ord Künd erleichtert ist; diese Form liegt iZw vor (BAG **6**, 228 = NJW **59**, 454), bedeutet iZw, daß mit der

Einzelne Schuldverhältnisse. 6. Titel: Dienstvertrag **Einf v § 611** 4, 5

einzelvertragl mögl kürzesten Fr (§ 622 I 2 u II 1) gekünd w kann (BAG NJW **71**, 2190), auf jeden Fall mit dieser Fr auch zum Ende der Probezeit. Die Künd kann vor DAntritt (LAG BaWü BB **77**, 396) u bis zum Ablauf der ProbeZt erkl w, auch wenn sie erst nach Ablauf der ProbeZt wirks w (BAG NJW **66**, 1478 für BAT). Keine Pfl zur Angabe des KündGrd (aA Moritz BB **78**, 866). Bei der Vereinbg, ob eine u in welcher Form eine Probezeit abzuleisten ist, sind die VertrPartner frei, soweit nicht ein TarVertr od wg der KündFr § 13 SchwbG entggstehen. Anz an HauptFürsStelle bei Abschl eines ProbeArbVerh ist vorgeschrieben (§ 17 III S 2 SchwbG). Wird das unterl, ist die Vereinbg der ProbeZt deshalb nicht unwirks (BAG Betr **80**, 1701). Ges Regelg für Probezeit bei AusbildgsVerh: § 13 BerBG.

hh) Aushilfsarbeitsverhältnis ist echtes vollwirks ArbVerh, das im ArbVertr ausdrückl od stillschw erkennb zur vorübergehd Aushilfe abgeschl w, auf best (§ 620 I) od unbest Zeit (vgl § 622 IV). Mögl auch Mischform mit ProbeArbVerh (BAG **AP** § 620 Befr ArbVertr Nr 22).

ii) Teilzeitarbeitsverhältnis (Arndt NZA Beil 3/**89** S 8) ist ein ArbVerh, bei dem die regelmäß WochenArbZt kürzer ist als die regelmäß WochenArbZt vglbarer vollztbesch ArbN des selben Betr. Kommt auch bei ArbPlatzTeilg vor (Anm cc 3). Bei fehlder Vereinbg regelmäß WochenArbZt kommt es auf den JahresDchschn an (vgl § 2 BeschFG). Das Verbot unterschiedl Behandlg ggü VollZtBeschäftigten gilt auch für den Lohn (Lorenz NZA **85**, 473). Bis zur Dauer der NormalArbZt keine ÜbStdenZuschläge (v. Hoyningen-Huene NJW **85**, 1801).

kk) Partiarisches Arbeitsverhältnis liegt vor, wenn das ArbEntgelt in Form einer Beteiligg am Untern des ArbG gewährt w. Neben dem Inhalt des ArbVerh als bestimmten VertrTyp sind in begrenztem Umfang NebenPfl gesellschrechtl Inhalts anwendb (Baier MDR **85**, 890).

ll) Abrufarbeitsverhältnis liegt vor, wenn der ArbN zu ArbLeistg innerh bestimmter ZtRäume verpfl ist u dem ArbG vorbehalten bleibt, wann (od auch in welchem Umfang) er die ArbLeistg in Anspr nimmt (§ 611 Anm 3c, ee). Ist auf den ArbAnfall abgestellt, so muß die Dauer der ArbZt festgelegt w (§ 4 I BeschFG).

b) Arbeitnehmergruppen. Je nachdem, welcher Gruppe der ArbN angehört, unterliegt das ArbVerh einer ges Spezialregelg, neben der die §§ 611ff nur subsidiär gelten. **aa) Gewerbliche Arbeiter** sind alle Arb (Anm 1i), die in einem GewerbeBetr (iS der GewO) ihres ArbG tät sind; Fabrikarbeiter, Handwerkergehilfen, Bauarbeiter, Raumpflegepersonal, sowie die bei einem Kaufmann tät Arbeiter (vgl § 83 HGB). Für diese ArbN gelten die §§ 121, 124b, 125, 133c–139aa GewO.

bb) Gewerbliche Angestellte sind solche Angest (Anm 1h), die in einem GewerbeBetr ihres ArbG tät u nicht kaufm Angest (vgl cc) sind (vgl § 133c GewO); zB Bauingenieur, Techniker, Zeichner, Aufsichtspersonal, Schreibkräfte. Für diese ArbN gelten die §§ 133c–133f GewO.

cc) Kaufmännische Angestellte sind Angest (Anm 1h), deren ArbG Kaufmann iS des HGB ist u die kaufm Dienste leisten, zB Verkäufer, Einkäufer, Buchhalter, Kassierer, Korrespondenten; im Einzelfall auch ein Verkaufsfahrer; vgl Reiman Betr **70**, 929. Für dieseArbN gelten die §§ 59–75h HGB. Angest eines Kaufmanns, die nicht kaufm Dienste leisten, fallen unter bb).

dd) Bergleute und Bergwerksangestellte. Für diese gilt, nachdem die arbvertrrechtl Vorschr der landesrechtl BergG aufgehoben sind, das BGB. §§ 105b, 154a GewO gelten entspr. Die TarVertr werden auch ohne TarBindg allg in den Betr angewendet.

ee) Schiffsbesatzung. Es ist zu unterscheiden: Für alle ArbN der Binnenschiffahrt gilt das BinnSchG, für den Schiffsführer gelten §§ 7, 20 BinnSchG, subsidiär GewO gem Anm bb; für die übr Besatzg (Schiffsmannsch) die §§ 21–25 BinnSchG, subsidiär GewO gem Anm aa. Seeschiffahrt: es gilt das SeemG für Kapitäne, Schiffsoffiziere, sonst Angest u Schiffsleute. Das ArbVerh heißt HeuerVerh. Ergänzd gilt das GewO gem Anm aa u bb. Der Seelotse ist nicht ArbN sond Gewerbetreibder.

ff) Land- und forstwirtschaftliche Arbeitnehmer. Für Arbeiter u Angest gilt nach Aufhebg der vorl LandArbO nr das BGB, nicht die GewO.

gg) Hausangestellte (-gehilfen) sind ArbN, die sozverspfl in priv Haushaltgen hauswirtsch Arb gg Entgelt verrichten. Darunter fällt auch die Beaufsichtg von Kindern; nicht: wenn überw im Gewerbe od Land- u Forstwirtsch des ArbG gearbeitet w; die stundenw Beschäftigg von Haushaltshilfen (Putz- od Aufwartefrauen). Es gilt grdsätzl BGB. Da der Haush kein Betr ist, gelten die betrbezogenen G (insb das KSchG) nicht.

hh) Arbeitnehmer im öffentlichen Dienst; Angest u Arb des Bundes, der Länder, Gemeinden u sonst jP des öff R werden aGrd privatrechtl ArbVertr beschäftigt. Als grdsätzl Regelg für den ArbVertr gilt ledigl das BGB; es gehen jedoch die Regeln der zahlr umfassden TarVertr vor, insb der BAT (BundesAngestTV) u die MantelTV für die Arb des Bundes u der Länder.

ii) Arbeitnehmer der ausländischen Streitkräfte: Für die zivilen ArbN galt Art 44 TruppenVertr (BGBl 55 II 321); seit 1. 7. 63 gilt Art 56 des ZusatzAbk zum NTS (BGBl 61 II 1218). Es gilt deutsches ArbR (Art IX Abs 4 NTS). Das ArbVerh stellt aber nicht deutschen öff Dienst dar (Art 56 I f ZusatzAbk).

jj) Sonstige Arbeitnehmer: Das sind alle, die nicht in eine der Gruppen aa–ii einzuordnen sind, insb die Angest u Arb, deren ArbG im freien Beruf sind, zB Ärzte, Zahnärzte, Rechtsanwälte, Steuerberater (soweit nicht als GmbH betrieben, BAG **AP** Nr 18 zu § 74 HGB), od kein Gewerbe betreiben (zB Vereine, Stiftgen, TheaterBetr, PflegeAnst), ferner NotariatsAngest, Redakteure, Apothekergehilfen (§ 154 Nr 1 GewO), SpielbankAngest. Es gilt das BGB, soweit nicht TV od einzelvertragl Vereinbgen vorgehen.

kk) Ausländische Arbeitnehmer. Für sie gilt in der BRep voll das dtsche ArbR. Zu prakt bedeuts Einzelh vgl Brill BB **76**, 1276.

5) Ausbildungsverhältnisse sind in den §§ 3–19 BerBG ges geregelt. Das G gilt aber nicht für öff-rechtl DVerh u für die Seeschiffahrt (§ 2 II BerBG). AusbildgsVerh sind bes ausgestaltete ArbVerh (vgl § 3 II BerBG); die Auszubildden sind ArbN (hM; aA Bickel Fs E. Wolf S 35). Das BerBG regelt die Begründg,

Einf v § 611 5, 6 2. Buch. 7. Abschnitt. *Putzo*

den Beginn u die Beendigg des AusbildgsVerh, die Pfl der VertrPart, die Vergütung u die RFolgen der Weiterbeschäftigg. Die Vorschr sind zG des Auszubildden zwingend (§ 18 BerBG). Die Zulässigk ord Künd kann nicht wirks vereinb w (BAG stRspr seit **4**, 274 [284]). Das gilt auch für ähnl, nicht arbrechtl AusbildgsVerh (zB Flugzeugführer, BAG NJW **73**, 166). Subsidiär sind die für das ArbVerh geltden Regeln anzuwenden (§ 3 II BerBG). Ein AusbildgsVerh w nicht begründet dch berufl Fortbildg oder Umschulg (vgl § 1 II–IV BerBG). AusbildgsVerh sind: **a) Lehrverhältnis** ist der Regelfall des AusbildgsVerh. Es ist auf das Erlernen eines Ausbildgsberufs in einem geordneten Ausbildgsgang gerichtet (vgl § 1 II BerBG). **b) Anlernverhältnis.** Es ist ausschließl auf das Erlernen best berufl Tätigk gerichtet. Nur wenn zu diesem Zweck nicht ein ArbVerh vereinb ist, gelten die §§ 3–18 BerBG nach Maßg des § 19 BerBG. Anlernen im Rahmen eines ArbVerh fällt also nicht darunter. **c) Volontärverhältnis.** Es ist darauf gerichtet, berufl Kenntnisse u Erfahrgen zu erwerben od zu erweitern. Die §§ 3–18 gelten nach Maßg des § 19 BerBG. Zusfassde Darstellg E. Schmidt BB **71**, 622. **d) Praktikantenverhältnis** ist eine vertragl geregelte betriebl Tätigk u Ausbildg einer Pers idR gg Entgelt ohne systemat Berufsausbildg mit dem Zweck auf einen bestimmten Beruf vorzubereiten (hierzu Scherer NZA **86**, 280). Wenn ein Praktikant dem Vertr entspr wie ein ArbN beschäft w, liegt ein ArbVerh vor (LAG Rh-PfNZA **86**, 293). **e) Fortbildungsverhältnis** (E. Schmidt BB **71**, 44). Es ist auf Erhaltg u Erweiterg der berufl Kenntn u Fähigk, sowie auf ihre Anpassg an die techn Entwicklg gerichtet od soll berufl Aufstieg ermögl (§ 1 III BerBG). Es w dch einen FortbildgsVertr begründet u setzt ein bestehdes ArbVerh voraus. Inhalt: Pfl des ArbG, den ArbN zu schulen od schulen zu lassen, Übern der Kosten, ggf (nach Vereinbg) Zahlg eines UnterhBetr; daneben FürsPfl; keine VergütgsPfl (BAG **AP** Art 12 GG Nr 25). Pfl des ArbN ist die vereinb Fortbildg seiner beurfl Fähigk, daneben ggf Ausführg prakt Arb; TreuePfl. Wirkg auf ArbVerh: Es besteht weiter; jedoch ruhen Arb- u VergütgsPfl.

6) Arbeitsbedingungen. Darunter versteht man den Umfang u Inhalt der Re u Pfl der ArbN aus dem einzelnen ArbVerh, zB Lohnhöhe, ArbZeit, Urlaub. Sie werden grdsätzl im ArbVertr frei vereinb (VertrFreih, vgl zB § 105 GewO). Die VertrFreih ist aber stark eingeschränkt. Die ArbBedinggen w in best Rangfolge gestaltet, nämlich dch:

a) Zwingende gesetzliche Vorschriften: Gesetz im materiellen Sinne, also auch RechtsVO. Verstoß bewirkt Nichtigk (§ 134), nach § 139 entweder des betroffenen Teils od des ganzen Vertr (dann ggf faktisches ArbVerh, vgl Anm 4a, aa). Vorrang hat die VerfassgR, soweit die umstr Drittwirkg der GrdR bejaht w, prakt bedeuts bei Art 3 GG, der im ArbR nur bei gesamtheitl zustandegekommenen ArbBedinggen bindet, insb für die Lohngleichh von Mann u Frau (BAG stRspr seit **1**, 258 = NJW **55**, 684), in TV, BetrVereinbgen (BAG **11**, 338) u ähnl allg Regelgen von ArbBedinggen (BAG **14**, 61), aber nicht im EinzelArbVertr (vgl § 611 Anm 9). Zwingde ges Vorschr im BGB sind §§ 617, 618, 629, weitgehd das BUrlG (vgl § 13), §§ 115, 115a GewO, zahlr Vorschr des ArbSchutzR (vgl Anm 8).

b) Tarifverträge sind priv-rechtl Vertr zw tariffäh Parteien (Gewerksch, einzelne ArbG u Vereiniggen von ArbG, ferner Spitzenorganisationen, § 2 TVG). TV haben schuldrechtl u normativen Teil (§ 1 TVG). Schriftform (§ 1 II TVG), auch für den ÄndergsVertr (allg M), aber nicht für den VorVertr (BAG NJW **77**, 318, dagg Mangen RdA **82**, 229), für den AufhebgsVertr nur beim normativen Teil (Mangen aaO). Der Abschl von TV kann dch die Schlichtg gefördert w, entw dch SchlichtgsBehörden (ges Grdlage KRG Nr 35) od freiw, dch TV vereinb Schlichtg.

aa) Geltungsbereich: Nur im GeltgsBereich besteht die sog TarGebundenh (§ 3 TVG) u kann ein TV für allgverbindl erkl w (§ 5 TVG), grdsätzl nicht rückwirkd (BAG Betr **83**, 722). Man hat folgde Geltgsbereiche zu beachten: **(1) Persönlich:** Nur tarifgebundene ArbN (Mitgl einer TarVertrPartei); die ArbG, die Mitgl der Vereinigg sind, die den TarVertr abgeschl hat, die seine Geltg vereinb od die ihn selbst abgeschl haben. **(2) Räumlich:** Bund, Land, Bezirk, Ort od einzelne Betriebe. **(3) Zeitlich:** iZw vom Abschl an auf unbest Zeit, aber idR auf best Zeit im Vertr festgelegt; Rückwirkg kann vereinb w u gilt auch für inzw ausgeschiedene ArbN (BAG **AP** Nr 2 zu § 1 TVG Rückwirkg), wenn zZ des Abschlusses des TV noch TarGebundenh besteht (BAG **AP** aaO Nr 6). Nachwirkg besteht aGrd § 4 TVG. **(4) Fachlich:** Die Zugehörigk zu der betreffenden ArbNGruppe (zB kfm od techn Angest, VergütgsGruppe). **(5) Betrieblich:** Zugehörigk des Betr zu dem WirtschZweig, für den der TV abgeschl ist. Es gilt der Grds der TarEinh, daß für einen Betr grdsätzl nur ein TV gilt. Maßgebd ist die überwiegde, speziellere BetrTätigk. Zu TarKonkurrenz u TarPluralität vgl Müller NZA **89**, 449.

bb) Normativer Teil: Auf Grd der vom GGeber den TVParteien eingeräumten Autonomie können im TV RNormen über Abschl, Inhalt u Beendigg von ArbVerh erlassen, ferner betriebl u betriebsverfassgsrechtl Fragen geordnet w (§ 1 I TVG; § 3 BetrVG). Das ist wie ein G auszulegen, daher gelten insb die §§ 186ff (BAG **AP** Nr 1 zu § 186). Es wirkt im GeltgsBereich unmittelb auf die ArbVerh in der Weise ein, daß die ArbBedinggen des einzelnen ArbVerh ohne weiteres so gestaltet w, wie es im normativen Teil des TV vereinb w (§ 4 I TVG). Die Wirkg ist zwingd, Rechte daraus können nicht verwirkt w (§ 4 IV S 2 TVG); AusschlFr sind nur im TV zul (§ 4 IV S 3 TVG), ein Verzicht des ArbN nur mit Billigg der TVParteien (§ 4 IV S 1 TVG). Abweichgen von normativen Teil sind nur bei ausdrückl Gestattg im TV od zG des ArbN zul. Diese Wirkg u die Nachwirkg (§ 4 V TVG) erfaßt nur die im Geltsbereich (Anm aa) des TV abgeschl ArbVerh (BAG NJW **58**, 1843). Im TV darf zw Mitgliedern der vertrschließdn Gewerksch u nichtorganisierten ArbN nicht differenziert w; dieses Verbot sog Differenziergsklauseln werden mit dem Fehlen der TarMacht u mit der Koalitionsfreih begründet (BAG [GS] NJW **68**, 1903 = BAG **20**, 175).

cc) Schuldrechtlicher Teil: Umfaßt die Pfl der TarVertrParteien, näml die sog Selbstpflichten (vor allem die FriedensPfl) u die Einwirkgspflichten (auf ein best Verhalten der Mitgl hinzuwirken); in diesem Teil ist der TV ein Vertr zGDr, näml der Mitgl der TVParteien (BAG **6**, 321 u **AP** Nr 4 zu § 1 TVG FriedensPfl). Die Mitgl der TVParteien treffen diese Pfl aber nicht. Über Umfang der FriedensPfl vgl BAG **6**, 321 = NJW **59**, 356). RFolgen schuldh Verletzg der Pfl sind SchadErsAnspr aus pos VertrVerletzg analog §§ 280, 325; zB wg Ausrufg eines rechtswidr Streiks (LAG Düss BB **76**, 86;. vgl hierzu Vorbem 1e, aa vor § 620). Aber auch R zur fristlosen Künd des TV an Stelle des Rücktr aus § 326 (BAG **AP** Nr 4 zu § 1 TVG FriedensPfl).

c) Betriebsvereinbarungen und Dienstvereinbarungen. aa) Betriebsvereinbarung: ist ein privatrechtl Vertr (hM, VertrTheorie) zw ArbG u BetrRat, der ihre Pfl, Angelegenh des Betr u der BetrVerf zum Ggst haben u sich auf die ArbVerh beziehen kann. Nach der Satzgstheorie ist die BetrVereinbg eine autonome Satzg, die dch gleichlautd aufeinander bezogene Beschlüsse von ArbG u BetrRat zustandekommt (§ 77 I, II BetrVG). Für das ArbVertR bedeuts ist die BetrVereinbg, wenn u soweit sie einen (dem TV entspr, vgl Anm b, bb) normativen Teil hat. Insow werden die ArbBedinggen dch die BetrVereinbg unmittelb u zwingd gestalt (§ 77 IV BetrVG) im Nachrang ggü zwingden ges Vorschr u TV (§ 77 III BetrVG). Daher ist eine BetrVereinbg nichtig (§ 134), wenn sie ArbBedinggen regelt, die üblw dch TV geregelt w u BetrVereinbg nicht ausdrückl im TV zugel sind (§ 77 III BetrVG). Deshalb dürfen Löhne u Lohnzuschläge idR nicht dch BetrVereinbg geregelt w (vgl BAG **5**, 226), ebensowenig die Länge der wöchentl ArbZeit, wohl aber tägl Beginn u Ende der ArbZeit u Einf von KurzArb (§ 611 Anm 3c), Akkordsätze, EntlohngsGrdsätze usw (vgl § 87 I BetrVG). Die BetrVereinbg wirkt nur für u gg die ArbN des Betr, nicht auf die ausgeschiedenen u in Ruhestand getretenen (BAG [GS] **3**, 1). Hingg hat die BetrVereinbg Nachwirkg im Umfang des § 77 VI BetrVG. Nichtige BetrVereinbg können ArbBedinggen nur fakt gestalten (entspr Anm 4a, aa; Stadler BB **71**, 709). Enttgstehde od weitergehde einzelvertr Re des ArbN können zu Lasten des ArbN dch BetrVereinbg nur geänd w, wenn sie unter dem Vorbeh einer ablösden BetrVereinbg stehen, also betrvereinbgsoffen sind (BAG NJW **83**, 68) od wenn die Neuregelg bei kollektiver Betrachtg für die ArbN insges nicht ungünstiger ist (BAG [GS] **87**, 265).

bb) Dienstvereinbarung ist ein öffrechtl Vertr (hM; VertrTheorie) zw der DStelle u dem PersRat über best gesetzl zugel soz Angelegenh (§ 73 PersVG). DVereinbg entspr für den öff Dienst der BetrVereinbg. Für den öff Dienst des Bundes gilt das PersVG unmitelb (§ 1 PersVG), für den Länder, Gemeinden u nicht dem Bund unterstehden jP des öff R gelten die im wesentl gleichlautden PersVG der Länder. DVereinbgen haben bei Angelegenh der §§ 75, 76 PersVG, wie eine BetrVereinbg, zwingde normative Wirkg auf die ArbVerh der Angest u Arbeiter, wobei im Ggsatz zur BetrVereinbg eine Nachwirkg nicht bejaht w.

d) Einzelarbeitsvertrag. Soweit nicht zwingd mit normativer Wirkg geregelt (Anm a–c), können die ArbBedinggen frei dch den ArbVertr (Anm 1 d) best w. **aa) Vertragliche Regelung.** Zum Abschl: § 611 Anm 1b. Die ausdrückl mündl od schriftl Vereinbg werden (auch dch ÄndergsVertr, Löwisch NZA **88**, 633, [641]) gem § 305 abgestell u nach §§ 133 u § 157 ausgelegt. Danach können auch Lücken geschl w. **bb) Betriebliche Übung.** Zur rechtl Einordng vgl zunächst 3 e vor § 116. Stillschweig wird Ggstand des ArbVertr der Inhalt einer betriebl Übg, aber nur subsidiär, dh soweit keine sonst vertragl Regelg besteht. Es handelt sich um die über einen längeren Zeitraum zw ArbG u den ArbN des Betr ohne ausdrückl Vereinbg wissentl vorgenommene tatsächl Gestaltg von ArbBedinggen, zB von Ruhegehalt, Gratifikation, Jubiläumsgabe; für Freizeitgewähr einschränkd BAG NJW **71**, 163; für tarifl Erhöhgen u sonst tarifl Leistgen verneind BAG Betr **72**, 1168. Ebenf verneint für außertarifl Lohnerhöhg v BAG Betr **86**, 1627. Erforderl ist stets, daß von Seiten des ArbN die Ann gerechtf ist, der ArbG wolle sich rechtl dahin binden, sich in Zukunft wie bisher zu verhalten. Es genügt, daß der ArbN unter Geltg dieser betriebl Übg gearbeitet hat; er muß nicht schon v ihr betroffen sein. **cc) Bezugnahme auf Tarifvertrag** kann auch zw Nichttarifgebundenen (Anm b, aa) vertragl vereinb w. Soweit Bezug reicht, richtet sich der ArbVertr nach dem normativen Teil des TV (Anm b, bb), nicht weiter (LAG Hamm Betr **75**, 1515). Zweifelh ist, ob u inwieweit in diesen Fällen TarGebundenh entsteht (hierzu v. Hoyningen- Huene RdA **74**, 138 [146]).

e) Nachgiebige gesetzliche Vorschriften gestalten die ArbBedinggen nur, soweit sie nicht schon dch Anm b–d festgesetzt sind.

f) Direktionsrecht des ArbG (§ 611 Anm 5); dadch gestalet der ArbG die ArbBedinggen nur, sow sie nicht gem der Anm a–e bestimmt sind; daher ist keine Änd der Vergütg mögl (LAG Düss Betr **73**, 875).

7) Betriebliche Altersversorgung erfolgt idR dch Ruhegeld. Das Ruhegeld ist eine Leistg des ArbG, die er wg des ArbVerh an den ArbN od an dessen Hinterbliebene erbringt, um sie für Alter od ArbUnfähk, als Witwe od als Waisen zu versorgen: Beruht formlos auf Einzel- od GesZusage (Vertrg), betr Übg (Anm 6 d, bb), Gleichbehandlg (§ 611 Anm 9), auf TarVertr (Anm 6b) od BetrVereinbg (Anm 6c). Unterliegt grdsätzl der VertrFreih, in der Anpassg wg Geldentwertg aber dem BetrAVG.

8) Arbeitnehmerschutzrecht iwS sind die RNormen, die den Schutz der ArbN bezwecken. Das geschieht auf zweierlei Weise: es werden dch zwingde ges Vorschr die ArbBedinggen in best Weise gestalt (vgl Anm 6a); es werden ArbG u ArbN best öffrechtl Pfl auferlegt (ArbNSchutzR ieS). Die Vorschr sind zwingd, insb unverzichtb; ihre Verletzg führt zur Nichtigk (§ 134), begründet über § 823 II SchadErsPfl, kann ferner Straftat od Ordngswidrigk sein. Nach dem Zweck u Geltgsbereich unterscheidet man. **a) Betriebsschutz:** Es gelten zahlr Vorschr, die in der Textsammlg Nipperdey II aufzufinden sind.

b) Arbeitszeitschutz: insb die Festsetzg der Höchstdauer dch die AZO mit AVOen, das LadenschlG v 28. 11. 56 (BGBl 875), §§ 105a–105j GewO über Arb an Sonn- u Feiertagen.

c) Frauen- und Mutterschutz: dch Verbot best Arb u weitergehder Schutz bei der ArbZeit in der AZO, Übersicht in Zusfassg bei Zmarzlik BB **80**, 1802. Für (auch werdde) Mütter gilt das MutterSchG mit KündSchutz (3c vor § 620), Beschäftiggsverbot (§§ 3, 4, 6, 8b), Verbot von Mehr-, Nacht- u SonntagsArb (§ 8) bei Lohnfortzahlg (§ 11). Für zusätzl Url gelten §§ 15 ff BErzGG.

d) Jugendschutz: im JArbSchG dch Verbot der KinderArb (§§ 5–6), begrenzte ArbZeit (§§ 7–18), verlängerten Url (§ 19), Beschäftiggsverbote u -beschränkgen (§§ 22–27 ff) u erhöhte FürsPfl (§§ 28–31) mit GesundhSchutz (§§ 32–46). SondRegelg im SeemannsG.

e) Heimarbeiterschutz. Es gilt das HeimArbG v 14. 3. 51 idF des G v 29. 10 74 mit ArbZeitschutz (§§ 10, 11), Gefahrenschutz (§§ 12 ff), Entgeltregelg (§§ 17 ff) u Entgeltschutz (§§ 23 ff) sowie KündSchutz (§§ 29, 29a). Bei der Dchführg nehmen die HeimArbAusschüse (1. RVO zur DchFührg v 27. 1. 76, BGBl 222) wesentl Aufgaben als SelbstVerwKörper wahr.

f) Schwerbehindertenschutz: Schwerbehinderte u Gleichgestellte (§§ 1, 2 SchwbG) müssen unter best Voraussetzgen vom ArbG in best Zahl eingestellt u beschäft w (§§ 5 ff SchwbG), haben Anspr auf fördernde u angem Beschäftigg (§ 14 SchwbG), genießen KündSch (§§ 15 ff SchwbG), sind nicht zu MehrArb verpfl (§ 46 SchwbG) u erhalten ZusatzUrl (§ 47 SchwbG). Renten dürfen auf das ArbEntgelt nicht angerechnet w (§ 45 SchwbG).

g) Arbeitsplatzschutz ist vorgesehen bei Wehrdienst, Eigngsübg u ArbVerpfl im Notstand (Spanngszeiten u Verteidiggsfall). Wird dadch bewirkt, daß das ArbVerh währd dieses Zeitraums ruht od unter KündSch fortbesteht u dem ArbVerh best Rechte aus dem ArbVerh gewahrt bleiben (§§ 1–6 ArbPlSchG; §§ 1–2, 4, 6 ff EignÜbgG; § 15 ArbSichG). Gilt auch für EWG-Gastarbeiter (EuGH BB **69**, 1313).

h) Kündigungsschutz: Darstellg in Vorbem 3 vor § 620.

611 Vertragspflichten.
¹Durch den Dienstvertrag wird derjenige, welcher Dienste zusagt, zur Leistung der versprochenen Dienste, der andere Teil zur Gewährung der vereinbarten Vergütung verpflichtet.
²Gegenstand des Dienstvertrags können Dienste jeder Art sein.

Übersicht

1) **Allgemeines**
   a) Begriffe
   b) Abschluß
   c) Änderung
   d) Gegenseitigkeit
   e) Vertragsverletzungen
   f) Zwangsvollstreckung
2) **Mängel des Vertrags**
   a) Dienstvertrag
   b) Arbeitsvertrag
3) **Dienstleistungs(Arbeits)pflicht**
   a) Art
   b) Umfang
   c) Zeit
   d) Ort
   e) Verletzung
4) **Treuepflicht**
   a) Interessenwahrung
   b) Verschwiegenheit
   c) Wettbewerbsverbot
   d) Sonstiges
5) **Direktionsrecht**
6) **Vergütung**
   a) Rechtsgrund
   b) Höhe
   c) Lohnform
   d) Lohnzuschläge
   e) Feiertagslohn
   f) Öffentlich-rechtliche Lohnabzüge
   g) Lohnrückzahlung
   h) Verzicht
   i) Verwirkung
   j) Verjährung
   k) Ausschlußfrist
   l) Abtretung
   m) Aufrechnung
   n) Teilvergütung
7) **Sonstige Vergütung**
   a) Prämie
   b) Gewinnbeteiligung
   c) Provision
   d) Vermögenswirksame Leistungen
   e) Gratifikation
   f) Darlehen
   g) Zuschüsse
   h) Aus- und Fortbildungskosten
   i) Werksangehörigenrabatt
8) **Fürsorgepflicht**
   a) Dauer
   b) Schutzpflichten
   c) Sorgfaltspflichten
   d) Auskunfts- und Hinweispflichten
   e) Sonstiges
9) **Gleichbehandlungspflicht**
   a) Rechtsgrundlage
   b) Anwendungsbereich
   c) Voraussetzungen
   d) Inhalt
   e) Wirkung
10) **Beschäftigungspflicht**
11) **Aufwendungsersatz**
12) **Urlaub**
    a) Rechtsgrund
    b) Voraussetzungen
    c) Dauer
    d) Teilurlaub
    e) Anrechnung
    f) Arbeitsplatzwechsel
    g) Zeitpunkt
    h) Erwerbstätigkeit
    i) Urlaubsentgelt
    j) Urlaubsabgeltung
    k) Erlöschen
13) **Arbeitnehmererfindungen und technische Verbesserungsvorschläge**
14) **Haftungsmaß und innerbetrieblicher Schadensausgleich**
    a) Bei Arbeitsunfällen
    b) Bei gefahrgeneigter Arbeit
    c) Bei nicht gefahrgeneigter Arbeit

1) Allgemeines. a) Begriffe: DVertr, DVerh, ArbVertr u ArbVerh siehe Einf 1 a, b, d, e vor § 611; zu Abs II u Abgrenzg siehe Einf 2, 3 vor § 611.

b) Abschluß von DVertr u ArbVertr: **aa) Form:** Grdsätzl formfrei, auch stillschw Abschl. Schriftform: zwingd in § 3 FernUSG, § 4 BerBG; ferner nach §§ 354, 692 RVO für Angest der Krankenkassen u Berufsgenossensch. Gewillkürte Schriftform (§ 127) ist häuf in TV (hierzu Schoner BB **69**, 1827), vor allem im öffD, auch vielf dch EinzelVertr in der Weise mögl, daß die Part vereinb, der ArbVertr solle schriftl abgeschlossen w. Oft zweifelh, ob echte (konstitutive) Form od Beweismittel (dann gilt § 127 nicht) gewollt ist. Verletzgsfolgen: BerufsausbildgsVertr ist trotz Verletzg der FormVorschr wirks (BAG **AP** § 15 BerBG Nr 1); im übr tritt über § 125 Nichtigk des Vertr ein, ggf ein fakt ArbVerh (Einf 4 a, aa vor § 611). **bb) Arbeitspapiere** (Lohnsteuer- u Versicherungskarten): Ihrer Überg u Enttggn kommt nur insof Bedeutg zu, als darin stillschw Abschl eines ArbVertr (vgl Anm aa) gesehen w kann. **cc) Persönliche Voraussetzungen:** Abschl dch Bevollm ist mögl. Ges Vertr nur bei GeschUnfähigen ist erf. Für Mje als ArbG gilt § 112, als ArbN § 113 I 1. Sow §§ 112, 113 nicht erfüllt sind, ist zu einem D- od ArbVertr die Zust des ges Vertr notw. Öffrechtl AbschlVerbote sind zu beachten, vor allem (mit Rechtsfolge des § 134) die Beschäftiggsverbote bei Frauen (insb werdden u stilden Müttern) u Jugendl (vgl Einf 8 c, d vor § 611); ferner (ohne Wirkg

Einzelne Schuldverhältnisse. 6. Titel: Dienstvertrag § 611 1b–e

des § 134) Gesundh Vorschr des BSeuchG (BAG **AP** § 18 BSeuchG Nr 1). Gastarbeiter bedürfen der Erlaubn gem § 19 AFG (hierzu VO v 2. 3. 71 idF der 2. ÄndVO v 22. 2. 74, BGBl 365); ohne sie abgeschl ArbVertr sind zunächst schwebd unwirks (BAG NJW **69**, 2111; aA Eichenhofer NZA **87**, 732: § 134). Läuft die ArbErl ab, tritt nachträgl rechtl Unmöglk gem §§ 275, 323 ff ein u das (nicht etwa nichtig werdde) ArbVerh kann ord od außerord geknd w (BAG NJW **77**, 1023). Dasselbe gilt, wenn ein unbefristetes ArbVerh ohne ArbErlaubn längere Zt hindch besteht (BAG NJW **77**, 1608). **dd) Auskunft und Offenbarung** (Moritz NZA **87**, 329). Verletzg führt zu Anfechtg (§§ 119, 123) od begründet VertrSchlVerschulden (§ 276 Anm 6); § 278 gilt auch ohne AbschlVollm (BAG Betr **74**, 2060). **(1) Fragen.** Es besteht Pfl zu wahrhgem Antwort auf zuläss Fragen des ArbG, insb nach früh ArbVerh (vgl BAG BB **70**, 883), SchwBehEigensch u die eine GleichStellg (BAG NJW **87**, 398); auch für Vorstrafen, aber nur, soweit sie für das ArbVerh konkr wesentl sind (BAG **AP** § 1 KSchG Verhaltensbedingte Künd Nr 7; vgl Götz BB **71**, 325), auch Krankh (vgl Schmid BB **69**, 631). Frage nach Aids-Erkrankg ist zuläss (Richardi NZA **88**, 73; Bruns MDR **88**, 95), nach Infektion nur dann, wenn die Eigng für die vorgesehene Tätigk fehlen w (Richardi aaO). Aids-Test nur mit Einwilligg des Bewerbers (Klak BB **87**, 1382). Wg Schwangersch vgl § 611a Anm 2a cc. **(2) Offenbarung.** Der ArbN muß nicht von sich aus frühere Krankh offenb (LAG Hamm Betr **73**, 1306), wohl aber den bevorstehnden Antritt einer FreihStrafe (LAG Ffm NZA **87**, 352). SchwBehEigsch od eine Gleichstellg nur, wenn sie für die ArbLeistg erhebl sein kann (BAG NJW **87**, 398); eine Schwangersch, wenn ein BeschäftiggsVerbot (§ 8 MuSchG) entggstehen kann (BAG NJW **89**, 929); ansteckde InfektionsKrankh sind stets anzugeben. Auch den Entschluß od den Zwang, die Arb nicht anzutreten, ist dem ArbG unverzügl mitzuteilen, wenn dieser in Erwartg der zugesagten ArbAufnahme erhebl Aufwendgen tätigt (BAG NJW **85**, 509). **(3) Auskunft.** Der ArbG hat auf Frage Ausk über tats Verh des Betr zu geben, soweit sie die ArbLeistg u die Pers des ArbN betr, außerdem zu offenb, bzgl Zweifel an der ZahlgsFähigk bei ArbEntgelte bestehen (BAG NJW **75**, 708), auch SorgfPfl bei ZwBescheiden währd des EinstellgsVerf (Gola/Hümmerich BB **76**, 795). **(4) Rechtsfolgen** bei wahrhwidr Ausk: § 123, auch § 626 (aber nicht bei Schwangersch, § 9 MuSchG), VertrauensSchad (§ 276 Anm 6). Schwangersch fällt nicht unter § 119 II (BAG NJW **89**, 929). **ee) Zustimmungserfordernis** zur Einstellg v ArbN bestehen für den BetrR (§ 99 BetrVG) u PersR (§§ 75, 77 BPersVG). Ein ArbVertr, der ohne diese Zust abgeschl w, ist voll wirks (BAG Betr **81**, 272; bestr). Zul ist es, die Verweigerg dieser Zustimmg als auflösd Bedingg in den ArbVertr aufzunehmen (BAG **AP** § 620 Nr 79; dagg v. Friesen BB **84**, 677). Eine Behörde darf den ArbN, solange die Zust fehlt, jedoch nicht beschäft (BAG aaO). Bei priv ArbG ist vorl Einstellg nach § 100 BetrVG mögl. **ff) Aufwendungsersatz** für ein v ArbG veranlaßtes VorstellgsGespräch ist grdsätzl zu leisten, auch wenn der ArbN nicht eingestellt w (BAG NZA **89**, 468).

c) **Änderung** des DVertr oder ArbVertr erfordert neuen Vertr (§ 305). Es gilt Anm b. Stillschw VertrSchluß liegt idR im widerspruchslosen Weiterarb, nachdem ArbG eine ÄndergsKünd VertrÄnderg vorgeschlagen hat, sofern die Änderg sich unmittelb auswirkt (BAG **AP** Nr 2 zu § 305). Änd bei ArbVertr häuf dch TV u BetrVereinbg (vgl Einf 6b, bb u c vor § 611), auch bei einzelvertr Abreden (BAG BB **82**, 2183). Die Einh des ArbVerh bleibt davon unberührt (BAG Betr **76**, 488).

d) **Gegenseitigkeit.** Der DVertr ist ggs Vertr, der auf Austausch von DLeistg u Vergütg gerichtet ist. Das gilt unbeschadet seines personenrechtl Charakters auch für den ArbVertr (vgl Einf 1e). Daher gelten grdsätzl die §§ 320–327, insb die § 323 ff; jedoch besteht an Stelle des Rücktr (§§ 326, 327) das Recht zur außerord Künd (§§ 626–628). Zu § 323 bilden die §§ 615–617 eine Ausnahmeregelg. Beim ArbVerh kann im Einzelfall ausnahmsw der Anwendg der §§ 320 ff die Treue- od FürsorgePfl entggstehen; wg eines geringfüg LohnRückstds darf die ArbLeistg nicht zurückgehalten w (BAG ZIP **85**, 302).

e) **Vertragsverletzungen. aa) Begriff:** Verletzg reingeneiner VertrPfl; der DLeistgs(Arb)Pfl (vgl Anm 3e), insb dch die rechtsw Beendigg der ArbLeistg vor dem Ende des ArbVerh, sog ArbVertrBruch (hierzu Herget Betr **69**, 2340); Nichtzahlg der Vergütg (Anm 6, 7); Verstöße gg Treue- u FürsPfl (Anm 4, 8); der Gleichbehandlgs- u BeschäftiggsPfl (Anm 9, 10). Allg RechtfertiggsGrde (zB § 904) schließen eine VertrVerletzg aus (Konzen BB **70**, 1310). **bb) Anspruchsgrundlagen:** Es besteht zunächst die ErfüllgsAnspr, ggf auf Unterlassg (§ 241 Anm 4). Bei ArbVertrBruch folgt der SchadErsAnspr bei Versch (§ 276): aus §§ 280, 325 wg Unmöglichk u aus §§ 286, 326 bei Verzug, aus § 628 II nach Künd, aus pos VertrVerletzg bei schuldh SchlechtErf, insb dch mangelh VertrAusführg (hRspr; BGH NJW **83**, 1188; hierzu krit Ullrich NJW **84**, 585). Ein Anspr auf Unterl v ArbLeistg bei einem anderd ArbG od in selbstd Stellg besteht grdsätzl nicht, nur ausnahmsw bei bes vertragl Abrede od Wettbew bei bestehdem ArbVerh (hM; LAG Hamm Betr **72**, 1074 mwN). **cc) Allgemeine Rechtsfolgen:** Außerord Künd (§ 626) kann begründet, eine ord Künd soz gerechtf sein (§ 1 KSchG). VertrStrafe (§ 339) ist grdsätzl zul (hM; BAG NZA **84**, 254). Ausn: § 5 II BerBG; außerdem, wenn sie eine KündBeschrkg (§ 622 V) bewirkt (BAG **AP** § 622 Nr 9). BetrBußen als DisziplinarMaßn sind davon zu unterscheiden, nur aGrd TarVertr od BetrVereinbg zul (vgl 2e vor § 339). Ein LeistgVR hat der ArbG aus § 320 nur bei NichtErf der ArbPfl, nicht (auch nicht teilw) bei Minderleistg od SchlechtErf (allgM); aber ausnahmsw mögl, wenn der VergütgsAnspr insow nicht entstanden ist, wie zB bei Akkordlohn. Bei NichtZahlg des Lohns hat der ArbN mit seiner ArbLeistg ein ZurückbehaltgsR nach § 273 (hM); vgl auch Anm 3e u § 614. Bei freiberufl DVertr (zB Arzt, RA) kann im Einzelfall die SchlechtErf aber die Einr des § 320 I geben (vgl Roth VersR **79**, 600). **dd) Schadensersatz:** §§ 249 ff mit Einschränkgen sofern die Haftung des gefahrgeneigter Arb (Anm 14b). Insb gilt : Fällig des Anspr tritt mit der VertrVerletzg ein, auch bei SchlechtLeistg (BAG NJW **71**, 579); AusschlußFr dch TV ist zul (BAG aaO). Bei ArbVertrBruch gelten § 124b (VorlageBeschl des BAG [zum BVerfG] NJW **82**, 2208), § 125 GewO für GewGehilfen als SondRegelg (vgl LAG Bln Betr **80**, 2452). Allg zum Schad bei ArbVertrBruch des ArbN: Berkowsky Betr **82**, 1772. Dem bloßen Ausfall der ArbLeistg entspr die ersparte GgLeistg des ArbG, so daß nur Mehrkosten für die ErsKraft Schad sind: Höhere Vergütg, Spesen, ÜberstdZuschläge (Knobbe-Keuk VersR **76**, 401 [410]). Minderg des UnternGewinns ist im Einzelfall zu ers, wenn feststellb. Der Schad besteht auch, wenn der ArbG die ausgefallene ArbKraft dch eig ArbLeistg ersetzt (vgl BAG MDR **68**, 80; zur Berechg Knobbe-Keuk aaO). Pauschalierg u VertrStrafe sind zul (Popp NZA **88**, 455). Kosten v Stellenanzeigen

635

§ 611 1–3

sind nur dann zu erstzen, wenn diese Kosten vermeidb gewesen wären, falls die KündFr eingehalten worden wäre (BAG **35**, 179 u NJW **84**, 2847). **ee) Beweislast:** Grdsätzl trägt sie der AnsprSteller für die obj Voraussetzgen des Anspr (PflVerletzg, Ursächlk, Schaden). Für das Versch (§ 276) trägt sie in entspr Anwendg des § 282 der in Anspr Genommene, wenn die SchadUrs in seinen Gefahrenbereich fällt (BAG **AP** § 282 Nr 7; BGH **AP** § 282 Nr 6; bestr). Bei gefahrgeneigter Arb: Anm 14b, cc.

f) Zwangsvollstreckung: Für das ArbEinkommen besteht PfändgsSchutz (§§ 850ff ZPO). Der Anspr auf DLeistg (ArbLeistg) kann nicht vollstreckt w (§ 888 II ZPO). Aus diesem Grde ist bei ArbVertrBruch eine einstw Vfg auf Rückkehr zum ArbPlatz u auf Untersagg der DLeistg bei einem Konkurrenzunternehmen unzuläss (sehr bestr, vgl Wenzel Betr **66**, 2024 mwN).

2) Mängel des Vertrags. Nichtigk ist insb mögl über §§ 105, 125, 134, 138, 142; auch bei sog Schwarz-Arb (G idF v 29. 1. 82, BGBl 109), wenn deren gesetzl Merkmale erf sind (Karlsr NJW **77**, 2076). Ob § 306 zur Nichtigk führt, ist bestr (vgl für höchstpers DLeistg Neumann-Duesberg BB **70**, 1462). Lit: Käßer, Der fehlerhafte ArbVertr, 1979. Zum rechtswidr ArbVertr: Sack RdA **75**, 171.

a) Dienstvertrag. Ist er nichtig, so bestehen keinerlei Pfl aus dem DVerh; es bestehen Anspr nur aus §§ 812ff, uU aus § 823. Bei DVerh, denen eine Anstellg zugrundeliegt (insb VorstdsMitgl einer AG, GeschFührer einer GmbH), wird ein fakt DVerh entspr den für ArbVerh entwickelten Grdsätzen (Einf 4a, aa vor § 611) anerkannt (BGH **41**, 282), iF des § 134 jedenf solange dem DVerpf die GWidrigk nicht bek ist, weil das im Rahmen des Schutzzwecks liegt (BGH **53**, 158).

b) Arbeitsvertrag. Hier gelten die Grdsätze: **aa) Vor Beginn** der ArbLeistg w Nichtigk u Rückwirkg der Anfechtg (§ 142) uneingeschränkt nach allg Regeln zugelassen; im Einzelfall kann Anf wg § 242 ausgeschl sein (zB wg ZtAblauf, BAG NJW **70**, 1565). Nur Teilnichtigk (ohne Rücks auf § 139) wird für einzelne Abreden angenommen: zB bei Lohnwucher; es gilt § 612 II. Bei Verstößen gg Best des ArbSchutzR (Einf 8 vor § 611) od and Vorschr, die zG des ArbN erlassen sind, gilt die jew ges Regelg (BGH **40**, 235 für § 89 HGB). Bei tarifwidr Abreden (§ 4 III TVG) gilt die tarifl Regelg (BAG **8**, 245). Bei einem voll nichtigen Vertr besteht insb keine Pfl, die Arb aufzunehmen u Lohn zu zahlen.

bb) Nach Beginn der ArbLeistg sind eingeschränkte NichtigkFolgen anzuwenden. Es ist die Anfechtg der den ArbVertr billdenn WillErkl (§§ 119, 123) mit Wirkg ex tunc grdsätzl ausgeschlossen (hM; hierzu krit Hönn ZfA **87**, 61), auch für die argl Täuschg (BAG NJW **84**, 446). Ex-tunc-Wirkg kann bei § 123 bejaht w, wenn das ArbVerh zweitl außer Funktion gesetzt war (BAG NJW **85**, 646) u unbill Ergebnisse dch Einrede der Argl (§ 242) vermieden w können. Liegen die Voraussetzgen der §§ 119, 123 vor, so wird eine (von Künd streng zu unterscheidde, Picker ZfA **81**, 1) Anfechtg mit ex-nunc-Wirkg zugelassen (hM; vgl BAG aaO mwN). Unverzügl iS des § 121 I bedeutet eine 2-wöch Fr entspr § 626 II (BAG NJW **80**, 1302); sie gilt nicht iF des § 123 (BAG NJW **84**, 446). Für AnfVoraussetzgen vgl Anm 1b cc, dd. Die Nichtigk des ArbVertr, insb auch die eines rechtswidr (§§ 134, 138), führt zu einem fakt ArbVerh (Einf 4a, aa vor § 611; bestr); die Nichtigk kann nicht für die Vergangenh geltd gemacht w, so daß das ArbVerh w mit allen Rechten u Pfl wie ein fehlerfreies behandelt (hM; BAG **5**, 58), kann aber für die Zukunft dch formlose Erkl fristlos beendet w (BAG NJW **62**, 555). Ausn v Bestehen eines fakt ArbVerh u damit Nichtigk ex tunc sind zuzulassen: wenn die ArbLeistg selbst sittenw od strafb ist (das trifft bei einer Striptease-Tänzerin nicht zu, BAG BB **73**, 291). Für eine differenzierte Lösg in diesen Fällen: Sack RdA **75**, 171. Bei einem ScheinGesch (§ 117) besteht auch kein fakt ArbVerh; es gilt § 817. Ist der ArbG nicht voll geschäftsfäh, so hat der ArbN nur BereicherngsAnspr (bestr). Bei Nichtigk einzelner Abreden gilt Anm aa entspr.

3) Dienstleistungs(Arbeits)pflicht ist die im GgskVerh stehde HauptPfl des DVerpfl od ArbN; iZw persönl zu leisten, nicht übertragbar (§ 613) u in den meisten DVerh, insb im ArbVerh meistens als Fixschuld nicht nachholb (hM); davon sind jedenf bei Mögl des Nachholens Ausnahmen zu machen (v. Stebut RdA **85**, 66). Der Inhalt der DLeistgsPfl richtet sich nach den zwingden ges Vorschr, dem DVertr u den nachgieb ges Vorschr. Der Inhalt der ArbPfl wird dch die sog ArbBedinggen nach den in Einf 6 vor § 611 dargestellten Grdsätzen gestaltet. Das gilt insb für Art, Umfang, Zeit u Ort der ArbLeistg. Im übr ist der wesentl Unterschied zw DLeistgsPfl u ArbPfl der, daß der DVerpfl bei der Ausführg der Dienste nicht weisgebunden ist, sond ihre Art u Weise, insb Zeit u Ort im Rahmen der VertrPfl frei best. Für das ArbVerh gilt (dabei Einf 6 vor § 611 beachten):

a) Art: Welche Arb der ArbN zu verrichten hat, best sich, soweit nicht vertragl festgelegt, nach der VerkSitte, welche Arb ArbN in vergleichb Stellg üblw verrichten. Stillschw Vereinbg ist von Fall zu Fall mögl dch widerspruchslose Verrichtg. UnterrichtsgsPfl des ArbG vor BeschäftiggsBeginn: § 81 BetrVG. Versetzg an einen and ArbPlatz bedarf grdsätzl einer Änderg des ArbVertr (vgl Anm d), soweit nicht das DirektionsR (Anm 5) eingreift. Wenn eine Versetzg (§ 95 III BetrVG), eine Ein- od Umgruppierg vorliegt, sind §§ 99, 100 BetrVG zu beachten.

b) Umfang: Wieviel Arb der ArN innerh der ArbZeit (Anm c) zu verrichten hat, regelt sich wie Anm a. Der ArbN schuldet diejen ArbLeistg, die er bei angem (dh auf Dauer ohne GesundhGefahr mögl) Anspang seiner Fähigk u Kräfte erbringen kann (Rüthers ZfA **73**, 399). Die ArbLeistg muß bei den ArbN am gleichen ArbPlatz nicht notw gleich sein, da die LeistgsKapazität individuell verschieden ist. Keinesf darf die angemessene ArbLeistg bewußt zurückgehalten w (BAG **AP** § 123 GewO Nr 27). Das gilt auch für AkkordArb, bei der die ArbLeistg nicht etwa im Belieben des ArbN steht.

c) Zeit: ArbZt ist der Ztraum der vertragl ArbLeistg. **aa) Grundsätze:** Die ArbZt ist weitgehd dch TV u BetrVereinbg festgelegt mit Vorrang des TV (BAG NZA **87**, 779). Sie unterliegt der MitBest (§ 87 I Nr 2 u 3 BetrVG), soweit der TV nicht vorgeht. Im übr bedarf die Best der Dauer wöchentl u tägl ArbZt einer vertragl Vereinbg; nur Anfang u Ende der tägl ArbZt, auch die Pausen können in mitbestimmgsfreien Betr dem DirektionsR unterliegen. Die Vereinbg, eine vertr festgelegte ArbZt dch den ArbG einseit reduzieren zu lassen, ist wg Umgeh des KSchG nichtig (BAG NJW **85**, 2151). Die festgelegte ArbLeistg ist grdsätzl

Einzelne Schuldverhältnisse. 6. Titel: Dienstvertrag § 611 3, 4

eine Fixschuld; sie kann nicht nachgeholt w, wenn sie versäumt w (hM). Das führt zur Unmöglk gem §§ 323–325 (vgl BGH WM **88**, 298). RFragen der verkürzten ArbZt: NZA **86**, Beil Nr 2. Zur ArbZt gehört bei Beschäftigg außerh des Betr der Weg vom Betr zur ArbStelle (BAG **5**, 86), ggf der Mehraufwand an Zeit, aber nicht der Weg von der Wohng zum Betr, ferner idR die ArbBereitsch, Bereitsch-Dienst, auch die Rufbereitsch (Aufenth zu Hause). Pfl, Dauer u Anrechng richtet sich nach dem ArbVertr. **bb) Verlängerte Arbeitszeit.** ÜbStunden werden geleistet, wenn die für den ArbN geltde regelmäß ArbZt überschritten w. MehrArb liegt vor, wenn die gesetzl HöchstArbZt überschritten w. Die vorübgehde Verlängerg der ArbZt bedarf grdsätzl einer Vereinbg (auch im TV) u unterliegt der MitBest (§ 87 I Nr 3 BetrVG). ÜbStunden u MehrArb sind gesondert zu vergüten, aber nicht bei hochbezahlten ltd Angest (BAG NJW **67**, 1631). **cc) Kurzarbeit** (Böhm BB **74**, 281; v. Stebut RdA **74**, 333) ist die Herabsetzg der im Betr übl ArbZt, insb wg AuftrMangel. Setzt eine Art desselben ArbVertr (Anm 1c), daher grdsätzl einen Vertr voraus (BAG **AP** § 615 KurzArb Nr 2); entw EinzelArbVertr, TV (Einf 6b, bb) od BetrVereinbg unter MitBest gem § 87 I Nr 3 BetrVG (Einf 6c, aa). Unabhäng davon kann der ArbG KurzArb einseit über eine ÄndKünd od über § 19 KSchG mit Genehmigg des LArbAmts einführen, aber auch dann nicht ohne MitBest gem § 87 I Nr 3 BetrVG (v. Stebut aaO [345]). **dd) Schichtarbeit** (Ziepke Betr **81**, 1039) ist die Arb, die in einem Betr geleistet w, der seine ArbN regelmäß in mind 2 Schichten zu verschiedener Zt arbeiten läßt. **ee) Abrufarbeit**, (angepaßte [variable] ArbZt) ist die je nach ArbAnfall zu leistde, vom ArbG nach Lage u Dauer bestimmte ArbZt (vgl 4a, ll vor § 611). Seit 1. 5. 85 (für bereits bestehde ArbVerh ab 1. 1. 86) dch § 4 BeschFG geregelt (vgl hierzu Hanau Betr **87**, 25 [27]). Ist für TeilZtBesch gedacht; jedoch auf VollZtArb entspr anwendb (Hanau aaO mwN). Ihre Vereinbg im ArbVertr erfordert eine bestimmte Dauer der ArbZt, auch für bestimmte Zahl v Monaten u Jahren mögl (Schwerdtner NZA **85**, 577 [582]). Unterbleibt diese Vereinbg, wird eine wöchentl ArbZt v 10 Stunden als vereinb fingiert; das gilt auch dann, wenn die ArbG das R eingeräumt ist, im Bedarfsfall eine längere ArbZt zu verlangen (Löwisch BB **85**, 1200 [1203]). Alle Vorschr des § 4 BeschFG sind Mindestbedinggen. Sog Rufbereitsch ist zu vergütde ArbZt. Kann der ArbG den ArbN währd der MindArbZt v 3 Stunden nicht beschäft, gilt § 615 (BT-Drucks 10/2102 S 25). Vereinbg einseit Festsetzg dch den ArbG ist nichtig (v. Hoyningen-Huene NJW **85**, 1801).

d) Ort. Wenn keine bes Vereinbg vorliegt, ist die Arb im Betr des ArbG zu leisten; aus der Art der Arb kann sich eine stillschw und Vereinbg ergeben (zB bei Bauarbeiten, Außenmonteuren, VerkFahrern); nur unter bes Voraussetzgen besteht die Pfl, eine Entsendg ins Ausland zu befolgen (vgl LAG Hamm Betr **74**, 877). Versetzg (vgl § 95 III BetrVG; hierzu Richardi Betr **74**, 1285) des ArbN innerh des Betr, in einen andBetr u Verlegg des Betr am selben Ort bei gleicher Art der Arb erfordert keine Änd des ArbVertr; sie unterliegt der MitBest gem §§ 99, 100 u § 111 BetrVG od dem DirektionsR (Anm 5), ist auch dch sog Umsetzklauseln häuf vertr vorgesehen (Stege Betr **75**, 1506). Darühinaus erfordern Versetzg od BetrVerlegg an einen and Ort ÄndVertr od ÄndKünd u neuen VertrAbschl; bis dahin ist der ArbN nicht verpfl, an einem and Ort zu leisten; es gilt ggf § 324, weil die ArbLeistg am vereinb Ort unmögl ist.

e) Verletzung der ArbPfl od DPfl kann dadch geschehen, daß der ArbN od DVerpfl überh od teilw nicht leistet (Unmöglk od Verz) oder schlecht leistet (pos VertrVerletzg). Voraussetzg u RFolgen: Anm 1 e. **aa) Versäumte Arbeitszeit.** Es besteht grdsätzl keine Pfl, die Arb nachzuholen (Beuthien RdA **72**, 20). And Vereinbg ist aber zul. Ungerechtf Fehlzeiten begründen entspr LohnKürzg (zum Nachw vgl LAG Hamm Betr **70**, 161). Keine VertrVerletzg ist die Teiln an einem rechtm (legitimen, gewerkschl) Streik (BAG **1**, 291 = NJW **55**, 882); begr keine SchadErsPfl, aber den Verlust des VergütgsAnspr (vgl § 323 I). Die Teiln an einem sog wilden Streik ist, gleichgült welches Ziel verfolgt w, nie rechtm u führt zur VertrVerletzg (Weitnauer Betr **70**, 1639; einschränkd Rüthers JZ **70**, 625). **bb) Schlechtleistung** ist insb mögl dch Verursachen fehlerh ArbProdukte. Verlust in Geld (sog MankoHaftg, hierzu Reinecke ZfA **76**, 215) od Sachen des ArbG u Beschädigg von ArbGerät od fremden Sachen; hierbei ist aber die HaftgsBeschrkg (Anm 14c) zu beachten. Rauchen am ArbPlatz uU: vgl Fuchs BB **77**, 299. **cc) Minderleistung.** Das ist zu langs od zu geringe Arb. Sie ist auch beim Leistgslohn (Akkord u Prämie) mögl u erhebl (Knevels Betr **70**, 1388). Ob bei Minderleistg SchlechtErf od teilw NichtErf vorliegt, ist zweifelh (vgl BAG NJW **71**, 111). Teilversäumn ist jedenf TeilUnmöglk (BGH WM **88**, 298). **dd) Mitverschulden** (§ 254) des ArbG ist ggf zu beachten. **ee) Beweislast** trägt grdsätzl der ArbG (vgl Anm 1 e, ee). **ff) Verjährung** v SchadErsAnspr: Es gelten die allg Regeln. Bei überlassenem Kfz nicht §§ 558, 606 (BAG NJW **85**, 759; bestr).

f) Freistellung v der ArbPfl geschieht idR dch Url (Anm 12). Erfordert grdsätzl das Einverständn des ArbG, wenn nicht unmittelb krG ArbBefreig eintritt, wobei den ArbN idR eine MittPfl ggü dem ArbG trifft. Darunter fallen §§ 7, 20, 37, 38, 43 BetrVG; § 185 c RVO; § 26 IV SchwbG; § 14 ArbPlSchG; §§ 6 I, 8a I MuSchG. Darühinausgehde vertr Regelgen (§ 305), auch dch BetrVereinbg sind jederzt mögl. Lohnfortzahlg richtet sich nach den pos or sond Regeln (Dütz Betr **76**, 1428 u 1480). Unbezahlte Freistellg (v Url [Anm 12] zu untersch) kann v ArbN unter verschiedenart Voraussetzgen verlangt, insb auch nach § 305 vereinb w (vgl v. Hoyningen-Huene NJW **81**, 713). Zu den Auswirkgen vgl Faßhauer NZA **86**, 453. Anspr auf Freistellg besteht für türk ArbN zum Zwecke der Ableistg des 2monat GrdWehrD (BAG NJW **84**, 575).

4) Treuepflicht ist NebenPfl des DVerpfl u ArbN; beruht auf § 242 (umstr) gehört insow zu jedem SchuldVerh, hat aber im ArbVertrR eine bes starke Ausprägg, weil das ArbVerh ein persrechtl Gemeinsch-Verh darstellt (vgl Einf 1e vor § 611), im Zushang mit dessen Ablehng verneint v Weber RdA **81**, 289. Die gleichen Grdsätze gelten auch für solche DVertr, die ein AnstellgsVerh begründen, insb bei VorstdsMitgl u GeschFührern. Die TreuePfl ist umso stärker, je enger das ggs VertrauensVerh gestaltet ist, bes bei Aufn in die häusl Gemeinsch u wenn dem ArbN bes Vertrauensaufgaben übertr sind (zB Prokuristen, HandlgsBevollm). Verletzg der TreuePfl führt bei Versch (§ 276) zu SchadErsAnspr (Anm 1 e; aber § 254 zu beachten, BAG NJW **70**, 1861) u begründet auch ohne Versch einen UnterlAnspr; sie kann außerord Künd (§ 626), erst recht die ord Künd im Falle des § 1 KSchG rechtf. Im einzelnen besteht die TreuePfl des ArbN in folgden EinzelPfl:

§ 611 4, 5

a) Interessenwahrung: Der ArbN muß die Interessen des ArbG u des Betr in dem ihm zumutb Umfang wahren, zB schädigde Handlgen unterl (vgl § 9 Nr 6 BerBG), Sachen des ArbG (insb ArbGeräte, Waren) vor Verlust u Beschädig schützen, vor drohden Schäden warnen, im Notstand (§ 904) Schad abwenden (Konzen BB **70**, 1310), wesentl Vorkommnisse des Betr dem ArbG melden, insb wenn dch Wiederholgsgefahr weiterer Schaden droht (BAG NJW **70**, 1861), bei Streik NotdienstArb zur Sicherg der BetrEinrichtgen verrichten (LAG Ffm **AP** Art 9 GG ArbKampf Nr 40 mwN); bei Stellenvakanz die anfallden Arb in gewissem Umfang mitübernehmen (BAG NJW **73**, 293; Vergütg vgl § 612 Anm 3b, aa); den sog BetrFrieden wahren, um Störgen des ArbAblaufs zu vermeiden (hierzu krit W. Blomeyer ZfA **72**, 85); uU Rauchen am ArbPl unterl (Mummenhoff RdA **76**, 364) u sog Tendenzförderg (Buchner ZfA **79**, 335). Der ArbN muß aber nicht seine eigenen schutzwürd Interessen hinter die des ArbG stellen, sich insb nicht selbst bezicht (BGH Betr **89**, 1464).

b) Verschwiegenheit: Allg hat der ArbN (auch nach Ende des ArbVerh, BAG NJW **88**, 1686) über geschäftl u persönl Belange des ArbG zu schweigen, soweit dadch die Interessen des ArbG beeinträchtigt w können (vgl Anm a; LAG Hamm Betr **89**, 783). Ausn sollen bei gewicht innerbetr Mißständen, von denen auch die Öffentlk betroffen ist, zuläss sein (BGH NJW **81**, 1089). Darüber hinaus ist in § 17 UWG der Verrat von Gesch- u BetrGeheimnissen unter Strafe gestellt. Die Verbindlk, bestimmte BetrGeheimn nicht zu nutzen od weiterzugeben, ist v einer EntschädiggsPfl unabhäng (BAG NJW **83**, 134). Verletzg der VerschwhPfl kann SchadErsPfl begrden (BAG Betr **86**, 2289). Für AusbildgsVerh gilt § 9 Nr 6 BerBG.

c) Wettbewerbsverbote für ArbN (auch angestellte RAe, LAG BaWü NZA **85**, 739) u freie MitArb. **aa) Bei bestehendem Arbeitsverhältnis:** Ges geregelt für kaufm u gewerbl Angest (§§ 60, 61 HGB; § 133f GewO). Für sonst ArbN (entspr für freie MitArb, BGH MDR **69**, 471) ergibt es sich aus § 242 ohne bes Vereinbg, daß der ArbN seinem ArbG nicht unmittelb Konkurrenz macht: er darf nicht ohne Zust des ArbG in dessen MarktBer in eigenem Namen u Interesse Dr Leistgen anbieten (BAG NJW **77**, 646), auch nicht zT dch selbst verrechnete zusätzl Arbeiten. § 61 HGB gilt aber keinesf entspr. Bei VertrBruch vor DAntritt gilt das nur ausnahmsw (BAG NZA **87**, 814). Unabhäng von der TreuePfl können WettbewVerbote (auch für unselbstd Tätigk) ausdrückl vereinb w. Vorbereitgen für den Aufbau einer selbstd Existenz darf der ArbN auch währd des ArbVerh treffen (BGH **AP** Nr 3 zu § 611 TreuePfl; LAG Düss **AP** Nr 2 zu § 133c GewO), aber nicht währd seines ArbVerh Gesch mit (auch nur mögl) Kunden des ArbG vorbereiten (BAG **AP** § 60 HGB Nr 5) u bereits Abwerbg and ArbN od HandelsVertr seines ArbG betreiben (LAG BaWü BB **69**, 759); jedoch erfordert die Abwerbg eine nachhalt Einwirkg, nicht aber eine bloße Anfrage (LAG BaWü Betr **70**, 2325). Das WettbewVerbot dauert, solange das ArbVerh rechtl besteht, ohne Rücks auf tats Beschäftigg (BAG **AP** TreuePfl Nr 7) u nur soweit der ArbN als Wettbewerber auftritt (BAG NJW **84**, 886 mwN für § 60 HGB). Es kann v der Bedingg abhäng gemacht w, daß das ProbeArbVerh (Einf 4a, gg) nicht vor Ablauf der ProbeZt gekünd w (BAG BB **83**, 1347). Der ArbG kann aber auf das WettbewVerb verzichten (BAG NJW **79**, 2166). Bei Verletzg kann ein UnterlAnspr (hM) od SchadErsAnspr bestehen (hierzu Menkens Betr **70**, 1592), ferner verhaltensbedingte Künd u AuskPfl (BAG NJW **77**, 646); nicht aber § 320 (BGH NJW-RR **88**, 352). StufenKl mögl (§ 254 ZPO). Unter unterbricht die 3monat VerjFr des § 61 I HGB, die für alle konkurrierden Anspr gilt (BAG NZA **87**, 276). **bb) Nach beendetem Arbeitsverhältnis** (vgl Bengelsdorf Betr **85**, 1585). Grdsätzl steht jedem ArbN Wettbewerb in den Grenzen der §§ 823, 826, § 1 UWG frei (BGH WM **77**, 618). Verwertg erworbener Kenntn ist zul, nur im Rahmen v § 823 II, § 17 UWG verboten (LAG Ffm Betr **70**, 885). Zur Abgrenzg von sog GeheimnSchutzklausel vgl LAG Hamm Betr **86**, 2087. Jedes WettbewVerbot erfordert eine ParteiVereinbg, ges geregelt in §§ 74ff HGB u § 133f GewO; nur in diesem Umf zul. Vereinbg nach beendetem ArbVerh ist auch ohne KarenzEntschädigg zuläss u wirks, wenn dem früh ArbN dadch nicht die BerufsAusübg unmögl gemacht w (LAG Mü Betr **86**, 2191). Ist die WettbewTätigk v der vorher schriftl Zust des ArbG abhäng gemacht, so ist es unverbindl (BAG BB **86**, 1156). Wettbewerbsklauseln zw GmbH u ihrem GeschF für die Zt nach Beendigg des AnstellgsVerh unterliegen nicht dem § 74 II HGB (BGH **91**, 1; vgl für GesellschOrgane Sina Betr **85**, 902). Gilt auch für SperrAbreden, dch die ein Dr sich dem ArbG ggü verpfl, dessen ArbN nach ihrem Ausscheiden nicht als selbstd Untern zu beschäft (BGH NJW **84**, 116). Das WettbVerb kann auch währd des ProbeArbVerh vereinb w. Dabei kann die Wirksk auf einen Ztpkt nach Ablauf der ProbeZt hinausgeschoben u von der Bedingg abhäng gemacht w, daß das ArbVerh nicht vor Ablauf der ProbeZt gekünd wird (BAG NJW **83**, 135). Gilt entspr für alle and ArbVerh, insb für Höchstdauer u KarenzEntsch (BAG st Rspr; ebso BGH NJW **84**, 116), die in der Karenzzeit bezahlt werden muß (BAG NJW **82**, 903). Verj: § 196 I Nr 8. Beschr WettbewVerbote, zB Mandantenschutzklauseln bei freien Berufen, sind entspr zu behandeln (BAG stRspr, zB **AP** § 611 KonkurrenzKl Nr 31). Bei betrbedingten WettbVerb muß der ArbN zu Beginn der KarenzZt erkl, ob er Wettb unterläßt od sich auf Unverbindlk des WettbVerbs berufen w (BAG NZA **87**, 592). Vereinbg eines WettbVerbots für RuhestdsVerh ist zul. Es soll sowieso mit Eintritt in den Ruhestd iZw nicht außer Kr treten (BAG NZA **85**, 429). Verstößt der ArbN gg das WettbVerbot, so entfällt die KarenzEntsch; hält er es wieder ein, läuft der Anspr auf Zahlg von da an weiter; jedoch bleiben dem ArbG die Re aus § 325 (BAG NZA **86**, 134). Das WettbVerb kann gem § 305 formlos aufgehoben w (BAG NJW **89**, 2149).

d) Sonstiges. aa) Der ArbN darf sich nicht bestechen lassen, sog Schmiergeldverbot; diese Pfl wirkt weiter als die Strafbk über § 12 UWG. Der ArbN darf auch nicht Prov v Dr für Gesch entgegnehmen, die diese mit dem ArbG abschließen (BAG **AP** § 687 Nr 5). **bb)** Außerdienstl Verhalten hat der ArbN so einzurichten, daß er seine Pfl aus dem ArbVerh erfüllen kann, zB darf ein Kraftfahrer auch nicht außerh der Arb unter AlkoholEinwirkg fahren u seine Fahrerlaubn gefährden. **cc)** ÜberwachgsPfl: Es obliegt leitden Angest (uU auch einf Angest, BAG NJW **70**, 1861), and ArbN zu überwachen u zu kontrollieren, auch wenn sie hierzu nicht ausdrückl vertragl verpfl sind (BAG **6**, 82). **dd)** Ausk-(Offenbargs-)Pfl nur in bes Fällen (vgl LAG Hamm BB **69**, 797). **ee)** Meldg einer Erkrankg hat unverzügl zu erfolgen (Lepke Betr **70**, 489 [494]). **ff)** AnzeigePfl, wenn der ArbN eine weitere Beschäftigg aufnimmt (sog DoppelArbVerh; BAG NZA **89**, 389).

5) Direktionsrecht (WeisgsR). **a) Begriff:** Das R des ArbG, dch das er einseit die ArbBedinggen, insb die Art, Zeit u Ort der ArbLeistg u das Verhalten im Betr bestimmt. **b) Wirkung:** Der ArbN hat den

Einzelne Schuldverhältnisse. 6. Titel: Dienstvertrag § 611 5, 6

Weisgen des ArbG Folge zu leisten, soweit dessen DirektionsR reicht (insb § 121 GewO; § 9 BerBG). Das folgt aus der DLeistgsPfl des ArbN. Wg RFolgen bei Verltzg dieser Pfl vgl Anm 1 e. Reicht das DirektionsR nicht aus, muß der ArbG VertrÄnderg (§ 305) suchen od eine ÄndKünd erkl (vgl Friedhofen NZA 86, 145). **c) Umfang:** Der betroffene ArbN hat ein AnhörgsR (§ 82 BetrVG). Das DirektionsR besteht nur, sow die ArbBedinggen nicht gem Einf § 611 Anm 6a–e gestaltet sind, kann aber dch TV, BetrVereinbg od ArbVertr erweitert w (BAG **AP** Nr 2 u 20 zu § 611 DirektionsR). Dch die MitBest ist es betrverfrechtl weitgehd beschränkt, insb dch §§ 75, 87, 99, 111 BetrVG. Für die Ausüb gilt § 315. Die Grenzen des DirektionsR ergeben sich aus dem GgseitkVerh der HauptPfl (ArbZt, BAG NZA **85**, 321), den ArbSchutzVorschr (Einf 8), im Rahmen des ArbVertr aus §§ 157, 242 (BAG BB **62**, 297), aus dem gesetzl Bestandsschutz, aus dem PersönlkR des ArbN, zB Kleidg, Haarschnitt, außerdienstl Verhalten (Schwenk NJW **68**, 822) u aus dem R des ArbN gem §§ 675, 665 vo Weisg abzuweichen (vgl BAG NJW **67**, 414). Der ArbN kann ohne nachteil Folgen eine Arb ablehnen, die ihm unter Überschreitg des DirektionsR zugewiesen w (BAG BB **81**, 1399), zB eine StreikArb (vgl Einf 1 e, ff vor § 620) od eine Arb, die einen vermeidb Gewissenskonflikt hervorruft (BAG NJW **86**, 85). **d) Einzelheiten:** Zuweisg des ArbPlatzes; die (Um)Versetzg (hohe Anfdgen v LAG RhPf NZA **88**, 471) auf einen and ArbPlatz bei gleicher Entlohng (LAG Bln Betr **88**, 1228; LAG Hamm NZA **89**, 600), nicht geringerer, u bei (Teil)ArbUnfähigk inf Erkrankg (LAG Bln Betr **89**, 1293); vgl aber Anm 3 d. Verkleinerg des ArbBereichs (BAG BB **80**, 1267); bei geringerwertiger Arb auch bei gleicher Entlohng nur in Not- od AusnFällen (BAG **AP** Nr 18, 19 zu § 611 DirektionsR), ebso bei lästigerer Arb; bei LeistgsLohn auch, wenn zunächst der Lohn gemindert w (LAG Düss BB **70**, 1176). Bestellg (u derem Widerruf) in eine best ArbPosition, auch nur probew (BAG **AP** DirektionsR Nr 23). Die Einteilg zu Aufräumgsarbeiten; die Festlegg des UrlZtpkts (vgl Anm 12 g), die Versetzg an einen and Dienstort nur, wenn im TV od ArbVertr die Versetzg vorgesehen ist (BAG **8**, 338; vgl auch Anm 3 d); unterschiedl Anfordergen an die ArbLeistg, insb an ltde Angest sind zul (BAG NJW **67**, 1631); Zuteilg von Unterkünften (Franke BB **67**, 963); Unterbrechg priv TelefonGespr v ArbN zG dienstl Telefonate (vgl BAG NJW **73**, 1247 = JZ **75**, 258 m Anm v Fenn); gerechtf Rauchverbote (Fuchs BB **77**, 299; vgl auch Anm 3 c u 4 a).

6) Vergütung (insb Lohn u Gehalt). Die Zahlg der Vergütg ist die HauptPfl des DBer od ArbG aus dem DVertr od ArbVertr u steht zur DLeistg (Arb)Pfl im GgseitigkVerh (Anm 1 d). Die Vergütg im ArbVerh besteht in erster Linie aus dem Lohn (Gehalt); daneben bestehen bes Arten der Vergütg (Anm 7). Für AusbildgsVerh gilt § 10 BerBG. Die Vergütg gehört zu den ArbBedinggen, unterliegt daher der in Einf 6 vor § 611 dargelegten Gestaltg, Ztpkt, Ort u Art der Auszahlg gehören zu den ArbBedinggen (Einf 6) u unterliegen der MitBest (§ 87 I Nr 4 BetrVG). Ist dch TV bargeldlose Zahlg vereinb, trägt der ArbN die Kosten für das von ihm einzurichtde Konto (BAG BB **77**, 443). Für die Fälligk gilt grdsätzl § 614. Einbehalt zur Sicherg ist nur begrenzt zul (§ 119 a GewO).

a) Rechtsgrund der VergütgsPfl ist der DVertr od ArbVertr. Der Anspr entsteht auf Grd des Vertr u setzt nicht voraus, daß die Dienste geleistet w; werden sie nicht geleistet, gelten § 320–326, 615, 616. Soweit in einem Betr regelm u von vorneherein feststehd aus best Gründen Arb ausfällt, besteht auch kein LohnAnspr, wenn nichts and vereinb ist (BAG **1**, 241).

b) Höhe. aa) Grundsätze. Die Lohnhöhe richtet sich nach der Vereinbg in DVertr od ArbVertr. Soweit ein TV gilt, w die Lohnhöhe dadch best (Einf 6 b). Die Vereinbg üb die Höhe kann sich auch aus betriebl Übg (Einf 6 d, bb) ergeben (BAG Betr **86**, 1627). Fehlt eine Vereinbg, gilt § 612. Der vereinb u verdiente Lohn, auf den der ArbN Anspr hat, ist iZw der Bruttolohn (BGH **AP** § 611 LohnAnspr Nr 13), jedoch kann der Nettolohn eingekl w (BAG BB **85**, 197). Lohnabzüge (Anm f) sind vom ArbG vorzunehmen, bei Vollstr ggf über § 775 Nr 4, 5 ZPO zu berücks. Wird Nettolohn vereinb (vgl Matthes Betr **69**, 1339), so ist der ArbG verpfl, Steuern selbst zu zahlen u abzuführen, ebso die SozBeitr. Änd der Steuer u Beiträge ist grdsätzl unerhebl (aA BAG **AP** Nettolohn Nr 1 m abl Anm v Putzo). **bb) Erhöhung** des TarLohns beeinflußt den dch den EinzelArbVertr vereinb übertarifl Lohn nur in folgder Weise: der Lohn erhöht sich nur, soweit der neue TarLohn den bisherigen übertarifl Lohn überschreitet od wenn im EinzelVertr vereinb ist, daß ein best Zuschlag zum jew TarLohn zu zahlen ist. Das liegt in der Disposition der ArbVertrPart; eine langjähr tats Übg erzeugt noch keinen Anspr des ArbN (BAG BB **80**, 1583). In jedem Fall ist der neue TarLohn der Mindestlohn im Rahmen des übertarifl Lohns. In der Praxis w jedoch stillschw (dch Änd des EinzelArbVertr) die Erhöhg dch TV auf den übertarifl Lohn übertragen (hierzu Wiedemann GedächtnSchr für R. Dietz 361); er w dadch nicht TarLohn. **cc) Effektivklauseln:** Dch TV können die übertarifl Löhne u LohnBestdteile nicht zum TarLohn w. Eine Effektivgarantieklausel, dh eine Vereinbg, daß die bisher gezahlten übertarifl LohnBestdteile zu TarLöhnen w, ist unwirks (hM), ebso eine begrenzte Effektivklausel, dh eine Vereinbg, daß die bisherigen übertarifl LohnBestdteile unvermindert über den neuen TarLohn hinaus gezahlt w (BAG NJW **68**, 1396 = **AP** § 4 TVG Effektivklausel Nr 7 m abl Anm v Bötticher; bestr; hierzu Wiedemann aaO Nr 8 mit Differenziergen). Negat Effektivklauseln (AnrechngsKlauseln), dh eine Vereinbg im TV, wonach übertarifl LohnBestdteile, die in EinzelArbVertr vereinb sind, in die TarLohnErhöhg eingerechnet (von ihr aufgesogen) w, sind wg Verstoß gg das GünstigkPrinzip des § 4 III TVG nichtig (BAG **AP** § 4 TVG Effektivklausel Nr 8 m Anm v Wiedemann). **dd) Kürzung:** Nur dch Vertr für übertarifl LohnBestdteile mögl (§ 305). Sie können aber unter einem WiderrVorbeh gestellt w, wobei der Widerr wg § 315 nur nach bill Erm ausgeübt w darf (BAG BB **73**, 292).

c) Lohnformen. Ihre Einführg u Änd unterliegt mit Vorrang des TV der MitBest (§ 87 I Nr 10 BetrVG). **aa) Geldlohn** ist der Regelfall (vgl § 115 I GewO). Bei bargeldloser Zahlg treffen Kontokosten den ArbG nur, wenn es dch TarVertr festgelegt wird (vgl BAG Betr **85**, 130). **bb) Naturallohn** ist jeder Lohn, der nicht Geldlohn ist, zB Deputate in der Landwirtsch u im Bergbau, sonstiger Bezug von Waren, Kost, Schlafstelle, Überlassen eines Autos. Eine Wohng ist nur dann Naturallohn, wenn sie im DVertr od ArbVertr ohne bes Entgelt überlassen wird; bei bes berechneter Miete handelt es sich um eine Werkmietwohng (§§ 565 b–e). Naturallohn ist bei gewerbl ArbN nur eingeschränkt zul (§ 115 GewO), ebso bei AusbildgsVerh (§ 10 II BerBG). **cc) Zeitlohn** ist der allein nach ZtAbschn berechnete Lohn. Er kann nach AkkordGrdsätzen

639

bemessen w, wenn Erfolg u Intensität der Arb erhebl über das bei Zeitlohn übl Maß hinausgeht. **dd) Akkordlohn** (wg Unterschied zum Prämienlohn vgl Gaul BB **61**, 1385) liegt vor, wenn der Lohn nach dem erzielten ArbErgebn bemessen w. Geld- u ZeitAkk sind nur unterschiedl Berechngsarten, AkkLohn bedarf bes Vereinbg, ebso der Übergang zum od vom Zeitlohn (§ 305). Die AkkSätze w im ArbVertr, TV od dch BetrVereinbg mit zwingder MitBest (§ 87 I Nr 11 BetrVG; vgl Einf 6 c vor § 611) festgesetzt; wenn nicht dadch, dann dch den ArbG (es gilt § 315). Änd erfordert wiederum grdsätzl einen Vertr, wenn nicht vereinb ist, daß der ArbG weiterhin einseit festzusetzen hat. Eine Änd des tarifl Zeitlohns kann auch den AkkSatz ändern, indem der Geldfaktor beim ZeitAkk sich ändert, jedoch nicht automat in jedem Fall (BAG stRspr, zB **6**, 174), wohl aber dann, wenn der Geldfaktor auf den tarifl Zeitlohn aufgebaut ist (BAG **1**, 147), u wenn im ArbVertr best ist, daß der tarifl Zeitlohn den Geldfaktor best (BAG **6**, 174). Der tarifl Lohn des AkkArbeiters ist auch der aGrd seiner bes Leistgsfähigk über den AkkRichtsatz hinaus verdiente Lohn (BAG **6**, 204 u 215). Ein garantierter Mindestverdienst (sog Verdienstsichergsklausel) ist mögl; im übr kann der bei schlechtem ArbErgebn erzielte AkkLohn unter dem AkkRichtsatz od dem tarifl Zeitlohn liegen; bei verschuldetem Mißlingen der Arb kann bei entspr vertragl Regelg der LohnAnspr insow ausgeschlossen sein (BAG **AP** Nr 13 zu § 611 AkkLohn). Hat dies od die Unmöglk der ArbLeistg nicht der ArbN zu vertreten, so gelten §§ 323, 615 od § 324.

d) Lohn- und Gehaltszuschläge sind Teile der Vergütg, die aus bes Grd gezahlt w: Nacht-, Sonntags-, Feiertags-, ÜberArb-, MehrArb-Zuschläge, Gefahren-, Schmutz-, Erschwern-, LeistgsZulagen, Trenngsentschädiggen, Auslösgen, Kinderzulagen, Treuezuschlag, Jahresleistg (BAG Betr **79**, 505). Diese Lohnzuschläge müssen nach Grd u Höhe grdsätzl vertragl vereinb sein; insb dch TV u BetrVereinbg (§ 87 I Nr 10 BetrVG); bei MehrArb besteht Anspr gem § 15 AZO u § 10 III BerBG auch ohne bes Vereinbg (aber nicht bei leitden Angest, BAG NJW **67**, 413). Im übr gilt § 612 II. Lohnzuschläge können auch unter den Vorbeh eines Widerrufs (TeilKünd) gestellt w (BAG **AP** Nr 1 zu § 620 TeilKünd); aber nur für die Zukunft, nicht rückwirkd (BAG MDR **73**, 81), u nur sow sie übertarifl sind (BAG BB **73**, 292). Kürzg nur nach bill Erm gem § 315 (BAG NJW **71**, 1149); dabei ist kein Unterschied zw VollZt- u TeilZtArb zul (LAG Düss Betr **72**, 242). Widerr einer vorbehaltl LeistgsZulage ist unzul; nur iW einer Änderg des ArbVertr mögl (BAG BB **76**, 1515). Einzeln: NachtArb dauert iZw von 20–6 Uhr (vgl § 19 I AZO), in TV vielf von 22–6 Uhr. Die Zuschläge für Nacht-, Sonntags-, Feiertags-, Über- u MehrArb sind auch bei AkkLohn zu zahlen, aber nicht wenn ArbN von sich aus länger arbeitet. MehrArb kann auch pauschal abgegolten w (BAG BB **62**, 221). Zur Dauer der BetrZugehörigk gehört auch die AusbildgsZt, wenn der ArbN im Anschl daran im Betr bleibt (BAG Betr **81**, 802). RückzahlgsVorbeh sind grdsätzl nicht zul (BAG Düss NJW **67**, 846 mit abl Anm v Koenig). Eine mit der bisher Stelle verbundene Zulage kann nicht dch Versetzg im Rahmen des DirektionsR (Anm 5) beseit w (LAG Düss Betr **73**, 875).

e) Feiertagslohn. Nach dem G v 2. 8. 51 (BGBl 479 idF v Art 20 des G v 18. 12. 75, BGBl 3091) hat der ArbG dem ArbVerdienst zu zahlen, den der ArbN erhalten hätte, wenn die Arb an einem ges Feiertag, der nicht zugleich Sonntag ist, nicht ausgefallen wäre (§ 1 I; Lohnausfallprinzip), Pauschale Abgeltg dch Lohnzuschlag ist zul (BAG BB **74**, 136). **aa) Anwendungsbereich:** Feiertagslohn hat prakt Bedeutg nur für ArbVerh, in denen nichtpauschale Bezüge für Woche od Monat bezahlt w (vgl BAG **AP** § 1 Nr 19), gilt aber grdsätzl für alle ArbN, insb für ProvisionsAngest im AußenD (BAG **AP** § 1 Nr 27) u im InnenD (BAG Betr **75**, 1948). Für sog Ein-Tag-ArbVerh gilt das G nicht (BAG Betr **67**, 1327), wohl aber, wenn regelmäß an 4 Wochentagen gearb w (BAG **8**, 76). **bb) Voraussetzungen.** Der Feiertag muß die allein Ursache des ArbAusfalls sein (BAG st Rspr zB NJW **89**, 122 u 123), daher kein Feiertagslohn, wenn der Feiertag in eine Aussperrg od einen Streik fällt (BAG aaO), aber nicht wenn der Tag davor od danach (BAG NJW **89**, 122). Der Anspr besteht aber auch, wenn der Feiertag auf einen Sonntag fällt, wenn sonst an diesem Sonntag gearbeitet worden wäre, ferner, wenn die an einem Feiertag ausgefallene Arb an einem sonst arbeitsfreien Wochentag nachgeholt w (BAG **AP** § 1 Nr 20), wenn der Feiertag in den Url fällt, dann selbst bei einer Aussperrg (BAG NJW **89**, 124), ferner bei KurzArb (§ 1 I 2) u währd des KrankhFalls (§ 1 II; vgl BAG BB **80**, 1797), nicht aber bei Verschiebg einer Schicht (BAG **AP** § 1 Nr 26). **cc) Ausschluß:** Der Anspr ist ausgeschl (rechtshindernde Einwdg), wenn der ArbN am letzten ArbTag vor od am ersten nach dem Feiertag unentschuldigt fehlt (§ 1 III). An diesen Tagen darf der ArbN nicht mehr als die Hälfte der ArbZeit unentschuldigt fehlen (BAG **9**, 100 u NJW **67**, 594). Unentschuldigt bedeutet: obj vertrverletzd u schuldh (vgl BAG **AP** § 1 Nr 2). Gilt auch bei sog BetrRuhe (zB zw Weihn u Neujahr), wenn der ArbN am letzten Tag vor od am ersten Tag nach der BetrRuhe fehlt (BAG NJW **83**, 70). **dd) Höhe:** Es ist der Lohn zu zahlen, der für geleistete Arb zu zahlen gewesen wäre; daher auch der AkkLohn (BAG **10**, 29), Provision (BAG **AP** § 1 Nr 27) u der Lohn für die ganze wg Feiertags ausgefallene Schicht (BAG **12**, 216). Bei wechselnder Höhe (zB Akkord) ist auf den Dchschnitt eines angem ZtRaums (etwa 1 Monat) vor dem Feiertag abzustellen (LAG Brem Betr **71**, 778). Grdsätzl wird bezahlte MehrArb zugrde gelegt (BAG NZA **86**, 397), nicht aber solche, die zum Ausgl des Feiertags vorher geleistet w (BAG **10**, 35).

f) Öffentlich-rechtliche Lohnabzüge umfassen die Lohnsteuer u den ArbNAnteil der SozVersBeitr (vgl Anm b, aa). Die darauf bezogenen Unterlagen u Urk müssen v ArbG richt u vollst geführt w; darauf hat der ArbN Anspr (zB Lohnnachweiskarte, LAG Düss Betr **75**, 1465). Kommt der ArbG dieser Pfl nicht nach, hat der ArbN auch insow den LohnzahlgsAnspr (ArbG Wetzlar NJW **77**, 125). **aa) Lohnsteuer** wird stets vom Bruttolohn abgezogen u vom ArbG abgeführt. Behält der ArbG zu wenig Lohnsteuer ein u muß er dem FinAmt desh Lohnsteuer nachbezahlen, so kann er entspr § 670 vom ArbN diese Aufwendgen verlangen (BAG stRspr zB BB **74**, 1531). Der Anspr ist aus dem ArbVerh begrdet u unterliegt daher tarifl AusschlFr (Anm k; BGH aaO). Zur richt Lohnsteuerberechng ist der ArbG aGrd der FürsPfl verpfl; schuldh Verletzg kann SchadErsAnspr des ArbN begründen (BAG stRspr, aaO); kann aber idR nur auf unterlassene Inanspruchn von Steuervergünstiggen gerichtet sein. **bb) Sozialversicherungsbeiträge** werden, sow nicht best Ausn vorliegen, dch den ArbG vom Lohn einbehalten u abgeführt. Die ArbNAnteile dürfen nur vom Lohn abgezogen werden, so daß für Beitr, deren Abzug vom Lohn der ArbG unterlassen hat, dem ArbG kein ErstattgsAnspr gg den ArbN zusteht (BAG NJW **78**, 1766).

Einzelne Schuldverhältnisse. 6. Titel: Dienstvertrag § 611 6, 7

g) Lohnrückzahlung. Zahlt der ArbG versehentl zuviel Lohn, so besteht Anspr auf Rückzahlg grdsätzl nur über § 812 (hM). § 818 III wird bei geringfüg ÜbZahlg bejaht (BAG Betr **87**, 589). Im ArbVertr (insb dch TV) kann ein vertragl RückzahlgsAnspr vereinb w; dann ist § 818 (Wegfall der Bereicherg) ausgeschl (BAG **15**, 270). Ebso ist ausgeschl ein an sich mögl SchadErsAnspr wg Verletzg der FürsPfl, den Lohn richt zu berechnen (BAG aaO). Unterliegt der AusschlFr gem Anm k (BAG BB **79**, 987). Zu Brutto- od Nettobezug vgl Groß ZIP **87**, 5. VerjFr für LohnrückzahlgsAnspr 30 Jahre (BAG **24**, 434).

h) Verzicht auf LohnAnspr (Erlaßvertr, § 397) ist grdsätzl zul, soweit es sich nicht um TarLohn handelt. Verzicht auf TarLohn (bei untertarifl Bezahlg) nur wirks für die zurückliegde Zeit in einem von den Part des TV gebilligten Vergl (§ 4 IV TVG), sonst nichtig (§ 134), auch wenn er nur teilw erfolgt (BAG **AP** § 1 TVG Ausslegg Nr 114), insb der Verzicht für die Zukunft.

i) Verwirkung: wg allg Voraussetzgen u RFolgen insb für Lohn: § 242 Anm 9, bes dort Anm f ArbR.

j) Verjährung. Für allg DVertr gilt § 196 Nr 7; für ArbN § 196 Nr 8, 9; für VorstdsMitgl einer AG u GeschF einer GmbH § 197; wg der Einzelh vgl die Anm dort.

k) Ausschlußfrist (vgl Bauer NZA **87**, 440; Preis ZIP **89**, 885). Zweck: KlarstellgsFunktion (BAG NJW **84**, 510; Kiefer NZA **88**, 785). Ihre Versäumg bringt den LohnAnspr zum Erlöschen (Übbl 4a vor § 194; BAG NJW **68**, 813); daher kann nach Ablauf der Fr auch nicht aufgerechnet w (BAG JZ **74**, 29): Kann für TarLohn nur in TV wirks vereinb w (§ 4 IV S 3 TVG), auch für Abfindg gem § 113 III BetrVG (BAG NJW **84**, 323), iü in ArbVertr (vgl BAG NZA **89**, 101 mwN) u BetrVereinbg. Für die Wahrg der Fr kann mdl Mahng, schriftl Geltdmachg od Klage vorgeschrieben sein. Es gilt § 130. Für die Kl genügt wg § 270 III ZPO die Einreichg. Es ist zur Geltdmachg Mitt an den Schu erforderl, in welch ungefährer Höhe u aus welchem Grd der Anspr erhoben w (BAG **AP** § 4 TVG AusschlFr Nr 49 m abl Anm v E. Wolf). KündSchKl reicht nicht aus, wenn die Fr auf gerichtl Geltdmachg abstellt (BAG NJW **78**, 1942), kann aber genügen, wenn innerh der Fr nur schriftl geltd zu machen ist u der Anspr v der KündSchKl abhängt (BAG NJW **77**, 74). Es ist unerhebl, ob der ArbN die Fr gekannt hat od nicht. Sie beginnt nicht vor Fälligk des Anspr (BAG **AP** § 4 TVG AusschlFr Nr 41). Dauer mind 3 Monate wg § 157 (Preis S 899).

l) Abtretung des VergütgsAnspr ist nur mögl, soweit er gepfändet w kann (§ 400). ArbEinkommen ist nach den §§ 850a–i ZPO zu einem best Teil unpfändb. Auch VorausAbtr künft LohnAnspr, insb zur Sicherg, ist zul (BGH BB **76**, 227). Stets muß die Höhe der abgetr Fdg best od bestimmb sein (BGH NJW **65**, 2197; BAG **AP** § 398 Nr 3). Diese Abtre geht späterer Pfändg vor (Börker NJW **70**, 1104).

m) Aufrechnung gg Lohn u Gehalt ist im gleichen Umfang wie Pfändg (Anm 1) ausgeschlossen (§ 394). Über Ausnahmen vgl dort Anm 2.

n) Teilvergütung: Ist nur für einen Teil des VergütgsZtRaums der Anspr entstanden, ist bei Wochenlohn nach ArbTagen zu teilen, bei Monatsgehalt idR nach Dreißigstel (vgl BAG BB **75**, 702).

7) Sonstige Vergütung. Neben Lohn u Gehalt w häuf weitere bes Vergütgen vereinb, die zur Vergütg iS des § 611 gehören u ArbEink darstellen. Sie werden häuf SonderVergütg genannt. Die MutterschutzFr darf sich dabei nicht lohnmindernd auswirken (BAG BB **83**, 768). Es gelten dafür grdsätzl die allg unter Anm 6 dargestellten Regeln, insb über RGrd, Höhe, Fälligk, Abzüge, Rückzahlg, Verzicht, Verwirkg, Verjährg, AusschlFr, Abtretg u Aufrechng. Werden diese Vergütgen nach Voraussetzgen u Höhe vom ArbG einseit best, muß er nach bill Erm verfahren (BAG NJW **71**, 1149), insb den GleichbehandlgsGrds (Anm 9) beachten. Sie dürfen nicht an die Bedingg geknüpft w, daß das ArbVerh v keiner Seite gekünd wird (BAG BB **83**, 1347). Die Grdsätze gelten auch für GeschF einer GmbH, die an ihr nicht beteil sind (Mü WM **84**, 896).

a) Prämie ist ein zusätzl zu Lohn od Gehalt gewährtes Entgelt für einen best vom ArbN od DVerpfl beeinflußb Erfolg, zB für best ArbErgebnisse, Anwesenh, VerkMenge, Ersparn, Sieg (Berufssport); BetrZugehörigk (Treueprämie), MitBest gem § 87 Nr 11 BetrVG. Die Prämie setzt stets den Eintritt dieses Erfolges voraus. Auf eine TarLohnerhöhg werden Prämien nicht angerechnet (BAG **3**, 132). Ob die Prämie neben dem TarLohn zu zahlen ist, hängt von den getroffenen Vereinbgen ab (BAG **18**, 23). Prämien können auch freiw gezahlt w. Dabei u im übertarifl Bereich gilt der Grds der Gleichbehandlg (Anm 9; BAG **AP** § 242 Gleichbehandlg Nr 33). Allg gilt für Prämien auch die Zulässigk der Bindg dch Rückzahlgsklauseln wie bei Anm e, ee (BAG BB **81**, 1217), insb wenn sie an eine Künd des ArbG geknüpft ist (BAG stRspr BB **83**, 1347). AnwesenhPrämien (im graph Gew Antrittsgebühr) dürfen in den Voraussetzgen grdsätzl frei vereinb w (hM; stark einschränkd Fenn/Bepler RdA **73**, 218 mwN). Da die AnwesenhPrämie zum ArbEntgelt gerechnet w, muß sie (auch zweckwidr) währd solcher Fehlzeiten gezahlt w, bei denen dch G zwingd Fortzahlg des Entgelts trotz Nichtleistg der Arb vorgeschrieben ist: Krankh (§ 616 I, II; § 2 I LFZG, § 63 I HGB, § 133c GewO, § 12 I Nr. 2b BerBG; BAG NJW **79**, 2119), Mutterschutz (BAG **AP** AnwesenhPrämie Nr 2) sowie für die Dauer des gesetzl MindUrl u HausArbTages (Fenn/Bepler aaO 225). Das gilt auch im KrankhFall für solche, die jährl errechnet u ausgezahlt werden (BAG NJW **82**, 2789), aber nicht für die ZtRäume, in denen ein Anspr auf Lohn od Gehalt nicht besteht (BAG BB **84**, 2133 für WeihnGratifikation). Ferner für InkassoPrämien (BAG **AP** § 2 LFZG Nr 7) u folgericht für VerkPrämien.

b) Gewinnbeteiligung (Tantieme), von der Erfolgsbeteiligg mit ProvCharakter zu unterscheiden, (Anm c, BAG Betr **73**, 1177) ist bei VorstdsMitgl u GeschFührern übl (Felix BB **88**, 277), kommt auch bei ltd Angest vor u ist bei jedem ArbN mögl. Inhalt ist nach vertragl Vereinbg; iZw ist die Gewinnbeteiligg vom JahresGeschReingewinn zu zahlen, u zwar zu einem entspr Teil auch dann, wenn der DVerpfl od ArbN im Laufe des GeschJahres ausscheidet (BAG **5**, 317). Der Gewinn ist der, den die Handelsbilanz ausweist, wobei ungerechtfertigte u argl Abschreibgen u Rückstellgen für die Errechng der Gewinnbeteiligg unberücks bleiben. Auf die Bilanz u ihre wesentl GrdLagen besteht ein Ausk- u NachprüfgsAnspr (BAG **AP** Nr 1 zu § 242 AuskPfl); Einsichtnahme am besten (nach Wahl des ArbG) pers od dch eine zur Berufsverschwiegenh verpfl Pers (LAG Brem Betr **71**, 2265). Ges Regelg für Berechng besteht bei VorstdsMitgl u AufsR einer AG (§§ 86, 113 III AktG). § 86 AktG kann für Angest analog angewendet w. Zur Berechng bei

§ 611 7b–e

EinzelUntern vgl BAG **AP** LohnAnspr Nr 14. Bei Vereinbg v Fall zu Fall gelten §§ 315ff (BGH WM **75**, 761). Bei DVertr ist auch eine (begrenzte) Verlustbeteiligg zul (BGH BB **74**, 252).

c) Provision ist die Vergütg, die in einem best Prozentsatz des Werts eines abgeschlossenen od vermittelten Gesch bemessen w (auch Erfolgsbeteiligg genannt). Kommt als Zulage zum Gehalt ein nicht v vereinb Garantiefixum insb bei kaufm Angest vor, die im Verk tät, aber nicht HandelsVertr sind. Für den Prov-Anspr gilt HandelsVertrR (§ 65 HGB), bei Krankh od ähnl DVerhinderg aber § 63 HGB (BAG **6**, 23). Ein AusglAnspr (§ 89b HGB) besteht nicht (BAG aaO). Die VertrBedinggen können frei geregelt w (auch dch BetrVereinbg, vgl BAG NJW **77**, 1654), sow nicht die Vorschr, auf die § 65 HGB verweist, unabdingb sind (BAG **AP** Nr 2 zu § 65 HGB). Eine Prov darf auch als Zulage zum Gehalt nicht v einer best Dauer der BetrZugehörigk abhäng gemacht w, da sonst eine unzul KündErschwerg vorliegt (BAG Betr **73**, 1177).

d) Vermögenswirksame Leistungen, die nach dem 31. 12. 88 zur VermBildg der ArbN erbracht w. Für diese gilt nunmehr das 5. VermBildG idF v 19. 1. 89 (BGBl 137). Für früher erbrachte Leistgen gelten das 3. u 4. VermBildG weiter (§ 17 I Nr 3). Auch die Leistgen, die der ArbG für den ArbN gem § 2 des G erbringt, sind Teil der Vergütg.

e) Gratifikation ist eine Vergütg, die aus bes Anlaß zusätzl zu den sonstigen Bezügen gewährt w (Lit: Lipke, Gratifikationen, Tantiemen, Sonderzulagen, 1982). Die Bezeichngen hierfür sind je nach Anlaß unterschiedl: Weihnachts- u UrlGeld, Abschl-, Jahres- u Treueprämie oder -leistg, Jubiläumsgabe, Heirats- u Geburtsbeihilfe, Bonus (vgl BAG Betr **74**, 1341); Stammarbeiterzulage (BAG Betr **81**, 1470); Mietzuschuß (BAG BB **83**, 1413); Vereinbg eines 13. Monatsgehalts idR nur dann, wenn dabei ausdrückl als Weihnachtsgratifikation bezeichnet (BAG BB **72**, 317). Auch die Erfolgsbeteiligg od JahresAbschlVergütg ist Gratifikation, nicht Tantieme (BAG BB **73**, 1493); ebso eine als Darl bezeichnete Zahlg, die nur dann zurückzugewähren ist, wenn der ArbN vor Ablauf einer best Zt künd (ArbG Bln BB **75**, 1304 [Treueprämie]). Die Gratifikation ist auch bei freiw Zahlg keine Schenkg, sond stets Entgelt (BAG **1**, 36), auch bei Pensionären (BAG **14**, 174). Ist daher auch iF des § 615 zu zahlen (BAG NJW **63**, 1123); jedoch nicht während des MutterschUrl (LAG Bln BB **81**, 2073). Unpfändbk: § 850a Nr 2, 4, 5 ZPO.

aa) Rechtsgrund. Es ist von vornherein zu unterscheiden, ob die Gratifikation freiw (ohne RAnspr) od aus vertragl Verpfl bezahlt wird. **(1) Freiwillig** wird gewährt, wenn der ArbG zu der geleisteten Gratifikation überh nicht od nicht in dieser Höhe verpfl ist, insb sich den Widerruf vorbehält. Der Vorbeh der Freiwilligk hindert dann die Entstehg eines RAnspr für die Zukunft (BAG stRspr, zB **AP** Gratifikation Nr 86); jedoch kann aus der verbindl Ankündg, es werde in dem betreffden Jahr unter Vorbeh der Freiwilligk eine Gratifikation bezahlt, in dem best Jahr ein RAnspr entstehen (BAG **11**, 338 u aaO). Außerdem kann ein RAnspr aus dem Grds der Gleichbehandlg entstehen, wenn and vergleichb ArbN Gratifikation (freiw oder aus Vertr) erhalten (vgl Anm 9). **(2) Pflicht** zur Gratifikationszahlg kann beruhen: auf DVertr od ArbVertr (insb über TV u BetrVereinbg), auf dem Grds der Gleichbehandlg (Anm 9) od auf Grd einer BetrÜbg (od stillschw Vereinbg), näml mind 3malige Zahlg ohne den Vorbeh der Freiwilligk (BAG stRspr zB **14**, 174), auch im öffDienst (BAG **4**, 144). Es besteht keine Verpfl zur Gratifikation aus GewohnhR oder aus FürsPfl (allg M). UrlGeld für ZusatzUrl gem § 47 SchwbG erfordert Vereinbg (BAG Betr **86**, 2684).

bb) Höhe. Bei freiw Gratifikation best die Höhe der ArbG, der dabei den Grds der Gleichbehandlg befolgen muß. Bei Verpfl ist die Vereinbg (Anm aa [2]) für die Höhe maßg. Sie kann sich aus stillschw Vereinbg u aus BetrÜbg ergeben. Fehlt es auch daran, best der ArbG die Höhe gem § 315 unter Beachtg des GleichbehandlgsGrds. Krankhbedingte FehlZt üb die Fr des LFZG hinaus dürfen v ArbG anspruchsmindernd berücksicht w (BAG NZA **85**, 89). Ist eine ganze Wochen- od MonatsVergütg od ein Teil zu zahlen, so ist die zZ des betr Ereignisses für die NormalArbZeit zu zahlende Vergütg maßg (BAG **AP** Nr 53 zu § 611 Gratifikation). Sonstige Vergütgen (zB FahrtkostenErs LAG Hamm Betr **72**, 828) bleiben unberücksicht. Eine Kürzg der Gratifikation dch den ArbG ist mögl: bei unzumutb Belastg (BAG NJW **62**, 173), zum Zweck der Erhaltg and ArbPlätze u im Konk des ArbG zur Zahlg des Lohns an and ArbN (BAG NJW **65**, 1347), im RuhestandsVerh (Einf 7) nach billigem Erm des ArbG (BAG **14**, 174).

cc) Erlöschen des GratifikationsAnspr tritt (außer nach den §§ 362, 364, 397) insb ein: (1) Bei Beendigg des ArbVerh vor dem maßg Ztpkt, insb dem AuszahlgsStichtag, dann besteht auch kein Anspr auf einen Teil der Gratifikation, ausnw aber dann, wenn ohne weiteres eine zusätzl JahresLeistg zugesagt w (BAG NJW **79**, 1223: Zwölftelg). (2) Ausfall der vereinb aufschiebden Bedingg; eine solche ist aber idR nicht die günst wirtsch Lage des ArbG (BAG **4**, 13). (3) Dch eine ÄndKünd des ArbVerh, mit der bei Neuabschluß des ArbVertr der GratifikationsAnspr ausgenommen w. Dies läßt das BAG BB **83**, 1413 nicht zu, wenn ein WiderrVorbeh (Anm aa [1]) besteht. (4) Dch Verstöße des ArbN gg die TreuePfl (Anm 4), die zur Verwirkg (§ 242 Anm 9) des Anspr führen können. In AusnFällen aus den Gründen, die zur Kürzg (Anm bb aE) berecht.

dd) Gleichbehandlungsgrundsatz (Anm 9) ist bei Gratifikationen uneingeschränkt anwendb (allgM), auch wenn die Zahlgen in den vorangegangenen Jahren unter der erkl Ausschl eines RAnspr erfolgten (BAG BB **79**, 1560). Das hat hier folgde prakt Auswirkg: Der ArbN, der unter Verstoß gg den GleichbehandlgsGrdsatz von einer Gratifikation dch den ArbG ausgenommen w, hat Anspr auf sie in der Höhe, wie sie den and ArbN in gleicher Stellg bezahlt w. **(1) Kündigung.** Der ArbG darf von der freiwill gewährten Gratifikation ArbN in gekünd Stellg ausnehmen: Wenn der ArbN gekünd hat (BAG stRspr zB BB **74**, 695), selbst bei Künd aus § 10 MuSchG (LAG Hamm BB **76**, 1272). Wenn der ArbG gekünd hat, auch iF einer betrbedingten Künd, jedenf wenn im TarVertr vereinb (BAG NJW **86**, 1063 unter Aufg v BAG **31**, 113). **(2) Zweck.** Bei freiwill Gewährg der Gratifikation kann der ArbG die Angest u Arb in der Höhe der Gratifikation grdsätzl nur ungleich behandeln, wenn der Zweck einer Gratifikation dies erfordert (BAG NJW **80**, 2374, **85**, 165 u 168; krit Bauschke BB **85**, 598; für WeihnGrat; aA: LAG Hamm BB **83**, 575: ohne bes Rfertigg zuläss), zB Ausgleich höherer tarifl Leistgen (BAG NZA **84**, 323). Unzuläss ist als Grd eine unterschiedl AusfallZt wg Krankh od die unterschiedl Fluktuation (BAG aaO). **(3) Tarifvertrag.** Bei einer

Einzelne Schuldverhältnisse. 6. Titel: Dienstvertrag § 611 7, 8

dch TV vereinb Gratifikation ist der ArbG nicht verpfl, auch den Nichttarifgebundenen Gratifikationen zu zahlen. **(4) Sonstige Fälle** vgl Anm 9 d.

ee) Rückzahlungsklauseln (Lit: W. Blomeyer-H. Buchner, RückzahlsKlauseln im ArbR, 1969) w bei Gratifikationen häuf in der Weise vereinb, daß sich der ArbN unter der Bedingg (§ 158 I) verpfl, die Gratifikation zurückzuzahlen, wenn er innerh eines best Zeitraums das ArbVerh auflöst. Das kommt insb bei freiw Gratifikationen vor, ist aber auch bei einer aGrd RAnspr gezahlten mögl, insb über einen TV. Die SondVergütgen stehen nicht ohne weiteres unter dem RückzahlgsVorbeh; er bedarf bes Vereinbg u liegt noch nicht in der Einschränkg, solange es die betriebl Belange zulassen (BAG **AP** Gratifikation Nr 83). Rückzahlungsklauseln setzen iZw Künd dch den ArbN voraus (BAG **AP** Gratifikation Nr 84 u 86), auch die Beendigg des ArbVerh inf Befristg (BAG **BB 79**, 1245). Einverständl Aufhebg genügt nicht (LAG Bln Betr **68**, 853), auch nicht, wenn im gerichtl Vgl vereinb (LAG Düss BB **75**, 562); ebsowenig eine betrbedingte Künd dch den ArbG (BAG **AP** Gratifikation Nr 84 u 86). Ohne Rückzahlungsklausel ist der ArbN, der vorz ausscheidet, nicht zur Rückzahlg verpfl. Rückzahlsklauseln sind wg VertrFreih grdsätzl zul (BAG stRspr seit **9**, 250), dürfen aber nicht für eine unangemessen lange Zeit vereinb w u müssen für den ArbN zumutb u überschaub sein (hM). Verstöße führen nur zur Teilnichtigk der Rückzahlgsklausel, nicht der Gratifikationszahlg, auch nicht über § 139 (BAG **13**, 204; **15**, 17). Mehrere Gratifikationen w nicht zusgerechnet (BAG **BB 69**, 583). Staffelg der Rückzahlg ist zul (BAG **AP** Gratifikation Nr 69). Es liegt auch dann eine RückzahlgsPfl vor, ist, daß für den Fall des Ausscheidens die Gratifikation als Vorschuß behandelt w soll. Der Ausfall einer Anwartsch auf eine Gratifikation steht der RückzahlgsPfl nicht gleich (BAG aaO). Es ist von der tats gezahlten ggf gekürzten Gratifikation auszugehen (BAG **AP** Gratifikation Nr 70), soweit es auf Monatsverdienste ankommt, vom Bruttoentgelt im Auszahlungsmonat (BAG **NJW 74**, 1671). Grdsätzl ist der BruttoBetr zurückzuzahlen (Matthes Betr **73**, 331). Das BAG hat Grdsätze aufgestellt, die im Betrag v 200 DM (vgl [1]) inzw überholt sind. Sie gelten nicht bei Rückzahlsklauseln, die in TV vereinb sind (BAG **AP** Gratifikation Nr 54, 57); wohl aber bei solchen dch BetrVereinbg (BAG **AP** Gratifikation Nr 68), wobei der TV Vorrang hat, wenn die BetrVereinbg zusätzl abgeschl ist (BAG aaO). Der maßgebde ZtRaum errechnet sich v Tag der Auszahlg an (LAG Brem BB **75**, 928) u bis zum Tag der vertrgem Beendigg des ArbVerh. **(1)** Bei Gratifikation bis 200 DM (BAG NJW **83**, 67 für 1978) u bis etwa 25% darü (vgl BAG **AP** Gratifikation Nr 31–33). Es kann damit keine Rückzahlgsklausel verbunden w (BAG **13**, 129). Diese Summe verbleibt dem ArbN aber bei höherer Gratifikation nicht als Sockelbetrag (BAG **16**, 107). **(2)** Gratifikation bis zu einem Monatsverdienst: Bindg des ArbN bis zum 31. 3. des folgden Jahres bei auch schon im Nov ausbezahlter Weihnachtsgratifikation (BAG NJW **73**, 1247), bei ang Gratifikationen entspr 4 Monate (BAG aaO), so daß Angest gem § 622 I zum 31. 3. künd können ohne die Gratifikation zu verlieren. **(3)** Gratifikation von einem Monatsverdienst: bei nur einer KündMöglk bis 31. 3. (insb kaufm u gewerbl Angest) ist Auslassen dieser zumutb (BAG **13**, 129), bei mehreren KündMöglkeiten (zB gewerbl Arb) das Auslassen aller bis einschl 31. 3. (BAG aaO). **(4)** Gratifikation von mehr als einem Monatsverdienst: keine Bindg über den 30. 6. hinaus (BAG **AP** Gratifikation Nr 99). **(5)** Bei 2 Monatsverdiensten ist bei Staffelg bis zu ½Monatsverdienst Bindg bis 30. 9. zul (BAG **AP** Gratifikation Nr 69).

ff) Auszahlungsbedingungen, aufschieb od auflösd für die Gewährg von Gratifikationen entspr insofern den Rückzahlgsklauseln (Anm ee) als eine BetrBindg herbeigeführt w; jedoch sind längere Fr angem, weil eine Rückzahlg den ArbN idR stärker beeinflußt. Die Regeln für Rückzahlsklauseln sind daher nicht ohne weiteres auf diese Fälle übertragb (vgl BAG **AP** Gratifikation Nr 64, 69).

f) Darlehen: Einf 3 n vor § 607.

g) Zuschüsse aus soz Anlaß (insb bei Umzug, Krankh, Notfall) stellen keine Gratifikation dar; eine Rückzahlg im Zushang mit einer Bindg an den Betr (Anm e, ee) ist nicht ausgeschl (vgl LAG Düss MDR **73**, 1054; LAG SchlH BB **73**, 383), bei Umzugskosten u einem Monatsverdienst BetrBindg bis zu 3 Jahren zul (BAG BB **75**, 702). Das gilt nicht für Umzugskosten, wenn sie als Aufwendg zu ersetzen sind (BAG BB **73**, 983; vgl Anm 11).

h) Aus- und Fortbildungskosten, die der ArbG für den ArbN aufwendet, können als geldwerte Leistg des ArbG langfrist BetrBindg od Rückzahlg bei Ausscheiden rechtfert (BAG NJW **77**, 973; LAG Düss Betr **89**, 1295). Das gilt jedoch nicht uneingeschr (vgl BAG NZA **84**, 288 u 290). Eine jährl Staffelg nach BetrZugehörigk ist zuläss (BAG NZA **86**, 741).

i) Werksangehörigenrabatt (insb bei Kfz übl). Umstr ist, ob es sich um ArbVergütg handelt (vgl LAG Brem Betr **87**, 2368). Rückzahlungsklauseln mit BetrBindg sind jedenf zuläss.

8) Fürsorgepflicht des DBer u ArbG entspr der TreuePfl des DVerpfl u ArbN. Sie hat ihre allg ges Grdlage in § 242. Sie wird im Zushang mit der Ablehng des GemeinschVerh (Einf 1 e) verneint (Weber RdA **80**, 289). Für AusbildgsVerh gilt bes § 6 I Nr 5, II BerBG. Sie wirkt sich auf zweierlei Weise aus: sie beeinflußt Umfang, Art u Weise der Pfl aus dem DVerh u ArbVerh u sie begründet EinzelPfl zum Tun od Unterlassen. Die FürsPfl w begrenzt dch die R des DBer u ArbG seine gerechtf Interessen mit den gesetzl zul Mitteln zu wahren. Diese Abgrenzg ist im Einzelfall vorzunehmen. Rspr u Schrifttum haben im wesentl folgde Grdsätze entwickelt: **a) Dauer:** Die FürsPfl entsteht (in schwächerem Umfang) schon mit dem Eintritt in VertrVerhandlngen u beeinflußt Anspr aus c. i. c.. Der ArbG muß insb den ArbN über die zu erwartden Verh, soweit sie die erkennb Interessen des ArbN berühren, aufklären (BAG **2**, 217; **5**, 182, **8**, 132); er darf nicht unerfüllb Hoffngn auf einen VertrAbschl erwecken (LAG BaWü BB **57**, 510). SchadErsAnspr geht nur auf das negat Interesse (Vertrauensschaden). Die FürsPfl wirkt auch, währd das ArbVerh ruht (BAG **7**, 207), u bei Beendigg des ArbVerh (bes Auswirkg vgl bei den Anm vor u zu §§ 620ff). Nach Beendigg besteht die FürsPfl (stark abgeschwächt BAG **3**, 139) weiter, insb im RuhestandsVerh (Einf 7), aber auch unabhäng davon (BAG Betr **73**, 622; vgl Anm e). Sie kann ausnahmsw einen Anspr auf Wiedereinstellg begründen (vgl BAG NJW **85**, 342; Hambitzer NJW **85**, 2239), aber nicht die Übern aus dem Ausbildgs- in das ArbVerh (BAG Betr **74**, 344), nach einem Fortbildgskurs (BAG BB **78**, 257) od bei SaisonArb (LAG Hamm NZA **86**, 751).

§ 611   8, 9   2. Buch. 7. Abschnitt. *Putzo*

b) Schutzpflichten: aa) Leben und Gesundheit: ges geregelt in den §§ 617, 618; vgl dort auch wg der sonstigen hierzu geltden Vorschr; wg Schutzkleidg Brill Betr **75**, 1076. Für das ArbNSchutzR (Einf 8) ist der ArbG neben seiner öffrechtl Pfl aus der FürsPfl auch vertragl verpfl, die Bestimmgen zu befolgen, soweit ihr Zweck auf den individuellen Schutz des ArbN gerichtet ist. **bb) Gegen Dritte** bei Angriffen, die sich auf das ArbVerh beziehen, zB zumutb Widerstand gg eine sog DruckKünd (BAG **9**, 53). **cc) Eigentum** des ArbN (zusfassd Monjau Betr **72**, 1435). Der ArbG hat dafür zu sorgen, daß die Ggst des ArbN, die er berechtigterw zur Arb mitbringt (persönl unentbehr u arbeitsdienl Sachen, zB Kleidg, Geräte, Fahrzeuge), so aufbewahrt w können, um vor Verlust u Beschädigg sichergestellt zu sein (allgM). Ges Sonderregelg für BauArb §§ 4, 6 VO vom 21. 2. 59 idF v 1. 8. 68 (BGBl 901); auch in §§ 41, 52 SeemG. Der ArbG muß aber nur solche AufbewahrgsMöglk bereitstellen, die ihm zugemutet w können (BAG **17**, 229). Er ist nicht verpfl, für die eingebrachten Sachen eine Vers abzuschließen (hM; aA zT Becker-Schaffner VersR **72**, 322). Daß er Parkplätze bereitstellen muß, kann nur bei Vorliegen bes Umst bejaht w (BAG **9**, 31); wenn er sie zur Verfügg stellt, muß er sie verkehrssicher anlegen, aber nur soweit erforderl u zumutb (BAG NJW **66**, 1534). Der ArbG haftet für jedes Versch (§ 276), aber nur subsidiär, also nicht, wenn Schädiger mit Erfolg in Anspr genommen w kann (BAG aaO). Keine Haftg ohne Versch für Schäd, die dch Dr verurs w u denen der ArbN im Verk allg ausgesetzt ist, auch wenn für eine Unterstellg Entgelt bezahlt w (BAG JZ **75**, 675). Vertragl HaftgsAusschl ist zul (LAG Hbg Betr **68**, 761). **dd) Haftpflicht.** Bei Kfz, mit dessen Führg der ArbG den ArbN betraut, hat der ArbG für ausr HaftpflVers zu sorgen (BAG NJW **66**, 2233 mwN), wenn sie Rückgriff nimmt, den ArbN uU freizustellen (BAG BB **88**, 147).

c) Sorgfaltspflichten: Der ArbG ist verpfl, den Lohn u die Lohnsteuer richt zu berechnen (vgl Anm 6 f, g); er hat auch aGrd der FürsPfl bei der SozVers alles rechtzeit zu tun, was erforderl ist, um dem ArbN alle ihm zustehenden Rechte u Vergünstiggen zu erwerben u zu erhalten, insb die Beitr abzuführen, den ArbN anzumelden u das ArbEntgelt richt einzutr (BAG NJW **70**, 1654). Das gilt auch bei freiw WeiterVers u bei Zusatzversorgg (BAG **AP** Nr 6 u Nr 76 zu § 611 FürsPfl). Bescheinigen, Beurteilgen ua, die der ArbG erstellt, dürfen keinen unzutreffden, den ArbN benachteiligenden Inh haben (BAG **7**, 267 u **AP** Nr 56 zu § 611 FürsPfl); jedoch kein Anspr auf Erteilg v Bescheinigg mit best Inhalt (LAG Hamm Betr **76**, 923).

d) Auskunfts- und Hinweispflichten: Ggü dem ArbG hat der ArbN einen AuskAnspr über die Berechng des Lohns bei entschuldb Ungewißh (BAG Betr **72**, 1780) u über Grdlagen seiner Anspr auch bei einvernehml Auflösg des ArbVerh (BAG NJW **89**, 247). Dr ggü kann der ArbG über die ZeugnErteilg (§ 630) hinaus zur Ausk über den ArbN verpfl sein, wenn der ArbN es aus berecht Interessen verlangt. Die erteilte Ausk muß wahrgem sein; ihr Inhalt muß dem ArbN auf Verlangen bekannt gemacht w (BGH NJW **59**, 2011). Einsichtswähr in PersAkten stets; bei priv ArbG gem § 83 BetrVG, darühinaus in AusnFällen aus der FürsPfl (BAG **AP** FürsPfl Nr 78).

e) Sonstiges: AGrd der FürsPfl kann im Einzelfall bei der Ausübg des DirektionsR (Anm 5) der ArbG gehalten sein, eine Versetzg vorzunehmen (BAG **7**, 321 u **AP** Nr 10 zu § 615) od zu unterlassen (BAG **8**, 338), wenn bes, vom ArbN nicht verschuldete Gründe in seiner Pers vorliegen; aber kein Anspr auf Befördergg (BAG BB **69**, 580). PersAkten dürfen keine unzutreffden, nachteil Schriftstücke enthalten (BAG NJW **86**, 1065). Das Suchen eines and ArbPlatzes darf auch nach Beendigg des ArbVerh nicht unnöt erschwert w (BAG Betr **73**, 622). ArbN, die dem ArbG ihren Wunsch nach Veränderg der Dauer od Lage der ArbZt (formlos) angezeigt haben, sind üb besetzb entspr ArbPl zu unterrichten (§ 3 BeschFG). Auf der FürsPfl können ferner beruhen die BeschäftiggsPfl (Anm 10), die Gewährg von Url (Anm 12), Ruhegehalt (Einf 7); der GleichbehandlgsGrds (Anm 9) u die HaftgsBeschrkg (Anm 14 b) folgen ebenf aus der FürsPfl.

9) Gleichbehandlungspflicht. Es ist zu unterscheiden: Der GleichhSatz des Art 3 GG, die betriebsverfassgsrechtl GleichbehandlgsPfl (§ 75 BetrVG), die EWG-Gleichbehandlg (aGrd des Art 48 EWG-Vertr verordnet), die geschlechtsbezogene Gleichbehandlg im ArbVerh (§§ 611 a, 612 III) u der arbeitsvertragsrechtl GleichbehandlgsGrds = Gbg (ohne bes ges Grdlage, von Rspr u Schrift entwickelt). **Art 3 GG** hat prakt Bedeutg im ArbR, insb für die Lohngleichh von Mann u Frau; daran sind die TVParteien unmittelb gebunden (BAG stRspr zB NJW **77**, 1742), ebso alle Beteiligten, die ArbBedinggen gesamtheitl regeln (BAG **14**, 61); insb auch in BetrVereinbg (BAG **11**, 338; aber unnöt wg § 75 BetrVG). Im übr besteht für den ArbG keine Bindg an Art 3 GG, insb nicht im EinzelArbVertr u auch nicht für den ArbG im öff Dienst, weil es sich um privatrechtl Beziehgen handelt. – § 75 BetrVG bindet bei allen dem BetrVerfassgsR unterliegenden Vorgängen (insb bei BetrVereinbg) den ArbG u den BetrRat; sie dürfen ArbN wg der in § 75 BetrVG aufgeführten Merkmale nicht ungleich behandeln. Auswirkgen auf den ArbVertr hat § 75 BetrVG insofern, als bei Festlegg von ArbBedinggen in BetrVereinbg (vgl Einf 6 c) über deren normative Wirkg der Inhalt des ArbVertr gestaltet w. – **EWG-Recht** (hierzu Bahlmann RdA **84**, 98) spez für Mann u Frau (Steindorff RdA **88**, 129); schreibt für ausländ ArbN Gleichbehandlg mit Inländern vor (Art 9 EWG-VO Nr 38/64, Art 7 EWG-VO Nr 1612/68): Anrechng der WehrZeit (EuGH **AP** Art 177 EWG-Vertr Nr 2); dch Art 119 EWG- Vertr; keine Zurücksetzg bei der betr Altersversorgg (EuGH NJW **86**, 3020); gleiches ArbEntgelt für Mann u Frau (EuGH NJW **76**, 2069, Colneric BB **88**, 968), aber nicht auch gleiche ArbBedingg (EuGH NJW **78**, 2445). – **Geschlechtsbezogene Gleichbehandlung.** Hierzu ist der ArbG aGrd der §§ 611 a, 612 III unmittelb verpfl. Diese SoRegelg geht der GleichbehandlgsPfl dieser Anm 9 insow vor (dh sie gilt allein), soweit es sich um das Verh Mann u Frau im Betr handelt. – Der **arbeitsrechtliche Gleichbehandlungsgrundsatz** ist von Art 3 GG u § 75 BetrVG unabhäng; er wird im folgnen dargestellt:

a) Rechtsgrundlage: Ist umstr; der Gbg wird aus der FürsPfl (wohl hM), aus dem Wesen des Normenvollzugs od aus dem soz Schutzprinzip abgeleitet (vgl Buchner RdA **70**, 225).

b) Anwendungsbereich: Der Gbg gilt für alle freiw soz Leistgen des ArbG, insb für Gratifikationen (Anm 7 e, dd) u Ruhegeld, bei VersorggsZusage (BAG **AP** § 242 Ruhegehalt Nr 176), aber nicht bei DVertr (BGH Betr **79**, 256). Er gilt weiter für die Ausübg des DirektionsR (Anm 5). Der Gbg wird v BAG auch auf den Lohn u die sonstige Vergüt angewendet, insb auf übertarifl Lohnzuschläge (NJW **82**, 461 u 2838), bei Lohn- u Gehaltserhöhgen dch den ArbG (NJW **79**, 181 mwN u **87**, 1285), bei Lohnnachzahlgen

Einzelne Schuldverhältnisse. 6. Titel: Dienstvertrag § 611 9, 10

(WM 74, 444), Haushaltszulagen (NJW 77, 1742), übertarifl Leistgen (NJW 83, 190), HausArbTage (Betr 82, 1471); SozPlanAbfindgen (NJW 86, 94). Vom LAG Mannh (NJW 79, 1318) für Lohn an AussperrgsTagen. Der Gbg gilt nicht für Einstellg u für Wiedereinstellg; LAG Bln Betr 73, 2097), idR nicht für Beförderg u bessere Einstufg (BAG **AP** SchweigePfl Nr 3), nach hM u Rspr nicht für die Künd (Böhm Betr 77, 2448), wohl aber mittelb (vgl BAG NJW 82, 2687).

c) Voraussetzungen für die Anwendg des Gbg sind: **aa)** Das Bestehen eines ArbVerh od Ruhestands-Verh (Einf 7); keine Geltg des Gbg bis zum Abschl des ArbVertr im Rahmen der VertrVerhandlgen. **bb)** Zugehörigk zu dem selben Betr; denn der Gbg gilt nur innerhalb eines Betr, nur ganz ausnahmsw innerh des Unternehmens (BAG MDR 66, 876; offengelassen von BAG 5, 343), keinesf innerh des Konzerns (BAG Betr 87, 693). Die Voraussetzg ist auch erf, wenn das ArbVerh nach § 613 a übergegangen ist (LAG Düss BB 76, 1370). **cc)** Rechtmäßigk der Behandlg, auf die der ArbN Anspr erhebt; denn es gibt keinen Anspr auf Gleichbehandlg im Unrecht od im RIrrtum (BAG Betr 81, 274). **dd)** Benachteiligt ggü allermindestens mehr als einem begünst ArbN. Grdsätzl ist die individual-rechtl Begünstigg auch mehrerer ArbN zuläss (LAG SchlH Betr 87, 442). Daher versagt der Gbg auf jeden Fall, wenn bei 2 beschäft ArbN der eine dch eine Leistg, insb Gratifikation, bevorzugt w (LAG Ffm NZA 85, 188).

d) Inhalt: Der Gbg ist nicht zwingd; der ArbN kann sich (and als bei §§ 611a, 612 III) mit ungleicher Behandlg einverstanden erkl, insb dch (auch abändernde) Vereinbg im ArbVertr (BAG 13, 103). Daher geht die getroffene vertragl Vereinbg stets vor u schließt die RFolgen des Gbg (Anm e) aus. Der Gbg bedeutet, daß der ArbG einzelne ArbN nicht willkürl (ohne konkr rechtfertigden Grd, vgl Bauschke RdA 85, 72) schlechter behandeln darf, als solche in vergleichb Stellg. **aa) Der Arbeitgeber darf:** Einzelne ArbN besser stellen u darf sachgem Unterscheidgen (vgl BAG 5, 343), insb nach best Merkmalen treffen: zB ArbN in gekünd Stellg (BAG stRspr, zuletzt NJW 79, 1221) od streikde ArbN währd des Streiks von der Gratifikation ausnehmen (BAG **AP** Nr 7 zu § 611 Gratifikation); Ruheständlern weniger Gratifikation zahlen als aktiven ArbN (LAG Düss NZA 87, 706). Verheirateten höhere Gratifikationen als Ledigen zahlen, aber für Nachw bei verh ArbNinnen nicht höhere Anfdgen stellen als bei verh männl ArbN (BAG BB 77, 1098). Lohnzuschläge nur an ArbN mit best Alter oder best Dauer der BetrZugehörigk zahlen od abstufen; Gratifikationen nach Anwesenh im Betr staffeln, Tantiemen nach Beteiligg am GeschErfolg (BAG BB 71, 523); Erreichen eines best Stichtags im ArbVerh u Meldg v FehlZten (BAG BB 72, 1230). Ltd ArbN bei Abfindgen im SozPlan ausnehmen (BAG NJW 85, 94). **bb) Der Arbeitgeber darf nicht:** ausgeschiedene ArbN v rückwirkder Lohnerhöhg ausnehmen (BAG BB 76, 744); kranke od arbunfähige ArbN v Lohnerhöhg ausschließen (BAG NJW 82, 461 u 2838); dem weit überwiegden Teil seiner ArbN dch IndividualVereinbg mehrere Jahre hindch den Lohn erhöhen u den Rest der ArbN davon ausnehmen (BAG NZA 87, 156); nicht streikden ArbN allein wg unterbleibder Teilnahme am Streik Zulagen zahlen (BVerfG NZA 88, 473; BAG BB 88, 345); ohne sachl Grd TeilZtBeschäftigte (Einf 4a, ii) wg der TZtArb unterschiedl zu VollZt-Besch behandeln (§ 2 BeschFG, sachl gerechtfert Grde für unterschiedl Behandlg noch offen, Schwerdtner NZA 85, 577 [581]). Es besteht Vorrang des TarVertr (§ 6 BeschFG).

e) Wirkung: Verletzt den Gbg der ArbG, so hat der ArbN daraus unmittelb Anspr auf dasjenige, was ihm unter Verletzg des Gbg vorenthalten wurde. Das ist Anspr auf Erf, nicht auf SchadErs.

10) Beschäftigungspflicht. a) Begriff: Darunter ist hier der priv-rechtl auf dem ArbVertr beruhde Anspr des ArbN zu verstehen, die im ArbVertr vereinb Arb (Tätigk) zu verrichten. Aus §§ 611, 613, 242 sowie Art 1, 2 GG abzuleiten (BAG [GS] NJW 85, 2968). **b) Grundsatz:** Der ArbG ist verpfl, den ArbN währd des ArbVerh (nicht ohne ein solches, BAG NJW 84, 829) so zu beschäft (arb zu lassen), wie es im ArbVertr vereinb ist. Diese Pfl wird aus unterschiedl Grden abgeleitet. Prakt bedeutsam bei ArbN, die dch ihre Beschäftigg Leistgsfähigk, Geltg, Publizität uä erhalten, zB Berufssportler, Artisten, Künstler (BAG BB 86, 1366). Der BeschäftiggsAnspr kann jedenf bei unstreit bestehden ArbVerh grdsätzl abbedungen w (vgl Leßmann RdA 88, 149). **c) Ausnahmen:** Die Beschäftigg kann vom ArbG dch Einrede (unter Fortzahlg des Entgelts, vgl § 615) verweigert w, wenn ein bes übergewicht Interesse des ArbG besteht, zB bei AuftrMangel, schädl Einflüssen auf and ArbN od auf das ArbErgebn, vorübergehd od bis zur Beendigg des ArbVerh; vertr Ausschl der BeschäftiggsPfl ist zul (§ 305). **d) Weiterbeschäftigungspflicht** nach Künd. Es besteht bis zur Beendigg des ArbVerh BeschäftiggsPfl (hM; BAG [GS] NJW 85, 2968 mwN; Künzl BB 89, 1261 mwN; sehr bestr; aA Adomeit NJW 86, 901 mwN; v. Hoyningen-Huene BB 88, 264 für eine vollstr-rechtl Lösg; Ramrath Betr 87, 92). Freistellg ist nur bei überwiegdm, schutzwürd Interesse des ArbG zul (BAG aaO), insb während des KündSchProz, jedoch bei LohnRisiko des ArbG (§ 615). **aa) Pflicht** des ArbG besteht nicht über den Ztpkt hinaus, zu dem die Künd, um deren Wirksk prozessiert w, wirken würde (BAG NJW 78, 239). Hiervon macht das BAG (maßgebd GS NJW 85, 2968) 3 Ausn (auch bei Streit um Befristg od auflösde Bedingg, NZA 86, 562) mit der RFolge, daß BeschäftiggsAnspr besteht (aA oben unter d, sowie LAG Köln ZIP 86, 49 [für verfassgswidr gehalten]; krit Berkowsky BB 86, 795; Dütz NZA 86, 209; Bengelsdorf Betr 86, 168 u 222; zur VerfBeschw Berger-Delhey NZA 88, 8; zu Einzelfragen Färber/Kappes NZA 86, 215): **(1)** Unter den Voraussetzgen des § 102 V BetrVG od § 79 II BPersVG. **(2)** Wenn die Künd offenb unwirks, mißbräuchl od willkürl ist u schutzwerte Interessen des ArbG nicht enteggenstehen (InteressenAbwägg), bis zum rechtskräft Abschl des KSchProz (BAG GS aaO u NZA 87, 809). Ist die Künd offenb unwirks, besteht grdsätzl BeschäftiggsPfl. Ist dies nicht der Fall, besteht grdsätzl keine BeschäftiggsPfl bis zur gerichtl Entscheidg, daß die Künd unwirks sei. **(3)** Ab erstinstanzlicher Entsch, in der festgestellt w, daß die Künd unwirks sei. Von da an können schutzwerte Interessen des ArbG der BeschäftiggsPfl nur ausnahmsw enteggenstehen (BAG GS NJW 85, 2968), zB bei einer weiteren, auf neuen SachVerh gestützten Künd aus § 626 (BAG NJW 86, 2965). **bb) Wirkung:** Es besteht bis zum rechtskräft Abschl des KündSchProz ein Anspr auf Weiterbeschäftigg, unabhängig v einer allg BeschäftiggsPfl. Davon zu trennen ist der rechtl Fortbestd des ArbVerh. Dies kann zw den Part auch einvernehml bewirkt w (BAG NZA 87, 373), insb indem der ArbN weiterarbeitet u der ArbG vorbehaltlos den TarLohn zahlt (BAG NZA 87, 376). Arbeitet der ArbN ohne eine solche Einigg weiter, ist die Rückabwicklg bereichergsrechtl vorzunehmen (Walker Betr **88**, 1596 mwN) u der ArbN hat ledigl einen Anspr auf Wertersatz für die geleistete Arbeit (BAG NJW **87**, 2251). **cc) Durchsetzung.** Grdsätzl nur im Klagewege (BAG [GS] NJW **85**, 2968), auch zugleich (§ 260 ZPO) mit der KüSchKl (BAG aaO); Aussetzg (§ 148 ZPO) ist nicht geboten (BAG aaO); § 717 ZPO ist anwendb (Barton/Hönsch NZA **87**, 721 [726]). Mit RegelsVsfg nur ausnahmsw (LAG Ffm NJW **77**, 269 u NZA **88**, 37; aA Grunsky NJW **79**, 86: grdsätzl). Für Zulässigk v LeistgsVfg auch Schaub NJW **81**, 1807 u Feichtinger Betr **83**, 939. Zur Bestimmth Süß NZA **88**, 719 mwN. Vollstreckg: § 888 ZPO (LAG RhPf NZA **87**, 827).

11) Aufwendungsersatz. § 670 ist bei Besorgg einzelner Gesch im Rahmen des DVerh od ArbVerh anwendb, sofern es sich um Gesch handelt, die nicht voll von den VertrPfl erfaßt w (vgl BAG NJW **67**, 414). **a)** Anspr des ArbG od DBer kann sich insb aus der Abführg der Lohnsteuer ergeben (vgl Anm 6f), ebso aus zu hoch ausbezahlter Berlin-Zulage (vgl BAG NJW **77**, 862). **b)** Anspr des DVerpfl od ArbN: es muß sich um Aufwendgen handeln, die dch Vergütg nicht abgegolten sind u die nach dem Vertr den ArbN od DVerpfl nicht treffen sollen (BAG NJW **63**, 1221), zB Fahrtkosten im Interesse des ArbG; ungewöhnl Schaden an Sachen des ArbN bei Ausführg bes gefährl Arb (BAG [GS] **12**, 15 u NJW **62**, 835); verfallene Kaution wg Strafverfolg außerhalb der BRep (BAG NJW **89**, 316); unverschuldeter UnfallSchad am Kfz des ArbN, wenn es im BetätiggsBer des ArbG eingesetzt ist u der ArbG sonst ein eigenes Kfz einsetzen müßte (BAG NJW **81**, 702). Umzugskosten bei Versetzg (BAG BB **73**, 983). Kein Anspr auf Ers des Parkplatzgeldes für die Fahrt zur ArbStelle (BAG **AP** Nr 36 zu § 611 FürsPfl). BewLast: DVerpfl od ArbN.

12) Urlaub. Darunter ist allg die einem ArbN (DVerpfl) für eine best Zt gewährte Befreig von der Arb(D-)Leistg zu verstehen. Der ErholgsUrl (Anm a) ist v der unbezahlten Freistellg (Anm 3f) zu untersch. Gewährt w der Url dch Freistellg von der Arb od DLeistg; dies setzt eine WillErkl des DBer od ArbG voraus, die der Anf unterliegen kann; nach Antritt des Url aber nur mit ex-nunc-Wirkg, nach Beendigg des Url nicht mehr (BAG NJW **60**, 1734). Der Anspr auf Url ist nicht abtretb u nicht vererbl (allgM; BAG NJW **87**, 461). Er kann auch iW einstw Vfg dchgesetzt w (Boewer Betr **70**, 632).

a) Rechtsgrund. aa) Gesetzlicher Urlaub: ArbN, einschl der zur Berufsausbildg Beschäftigten u arbeitnehmerähnl Pers (hierzu BAG NJW **73**, 1994 u BB **79**, 1349) über 18 Jahre haben Anspr auf ErholgsUrl (MindestUrl) nach dem BUrlG, 18 Werktage (alle Kalendertage außer Sonn- u Feiertagen). Jugendl (§ 1 JArbSchG) erhalten MindestUrl gem § 19 JArbSchG, im Bergbau unter Tage 3 Werktage mehr (§ 19 JArbSchG). Die Schiffsbesatzg hat Anspr auf angemessenen Url (§ 54 SeemG), mind den nach § 3 BUrlG. SchwerBeh haben Anspr auf einen zusätzl ErholgsUrl (ZusatzUrl) von 5 Arbeitstagen (§ 47 SchwbG), der nach der ArbZt zu berechnen ist (BAG BB **82**, 992). ErziehgsGeldBerecht 10 Monate, ab 1988 12 Monate (§§ 4 I, 15, 20 BErzGG, hierzu Halbach Betr **86**, Beil 1). **bb) Vertraglicher Urlaub:** Für ArbN, die nach BUrlG Anspr auf MindUrl haben, besteht ein weitergehder Anspr auf ErholgsUrl nur, wenn es dch Vertr, TV od BetrVereinbg vertragl festgelegt ist. Er kann auch als TreueUrl für langjähr BetrZugehörk ausgestaltet sein. Soweit aus der FürsPfl Anspr auf ErholgsUrl besteht, ist dies dch das BUrlG konkretisiert (hM). DVerpfl, die nicht unter das BUrlG fallen, haben Anspr auf bezahlten ErholgsUrl aGrd der FürsPfl des DBer, jedenf dann, wenn ihre DLeistgsPfl fortlfd besteht u ihre ArbKraft weitgeh in Anspr nimmt. Die jew vertragl Vereinbg geht aber vor.

b) Voraussetzungen des UrlAnspr. Maßgebd sind jeweils die Verh u Ereign im Laufe des Url (Kal)jahres (BAG **AP** § 13 BUrlG Nr 11). **aa) Arbeitsverhältnis:** Nur währd des Zeitraums, in dem das ArbVerh od DVerh besteht, kann Url gewährt w, auch noch in der KündFr (BAG Betr **74**, 1023). Danach ist nur noch Abgeltg mögl (Anm j). Es ist nicht erforderl, daß das ArbVerh die volle ArbKraft od normale ArbZeit des ArbN umfaßt (BAG NJW **66**, 367). Bei zul DoppelArbVerh (Einf 4a, dd vor § 611) besteht der UrlAnspr in jedem der beiden ArbVerh (BAG **8**, 47). **bb) Wartezeit:** Beim ges MindUrl 6 Monate ab Beginn des ArbVerh (§ 4 BUrlG); kann nur dch TV verlängert w (§ 13 I BUrlG), auch ausgeschl bei Ausscheiden vor erfüllter WarteZt (BAG BB **79**, 886). Im übr ist Verkürzg dch TV, BetrVereinbg u ArbVertr mögl; bei DVerpfl freie vertragl Gestaltg. Die Wartezeit von Fehlzeiten u KalJahr unabhäng. Fristberechng nach § 188 II. Die Wartezeit ist auch erf, wenn das ArbVerh zugleich mit ihr endet (BAG **AP** Nr 1 zu § 4 BUrlG). Bei fortbestehdem ArbVerh entsteht mit Ablauf der Wartezeit der volle UrlAnspr. **cc) Arbeitsleistg** ist grdsätzl nicht Voraussetzg des UrlAnspr. Wenn der ArbN im UrlJahr nicht od weniger als die UrlDauer gearbeitet hat, kann Geltdmachen des UrlAnspr als RMißbr angesehen w (vgl BAG BB **71**, 744). Nach neuerer Rspr verneint es das BAG in BB **83**, 2259 den RMißbrauch jedenf dann, wenn der ArbN krankheitsbedingt nur eine geringe od gar keine ArbLeistg erbracht hat (hierzu krit Kohte BB **84**, 609; zu dieser Frage aA zutreffd Buchner Betr **82**, 1823).

c) Dauer: Die MindDauer bei ArbN ergibt sich aus § 3 BUrlG, für Jugendl aus § 19 JArbSchG (vgl Anm a, aa). Kann auch dch TV nicht verkürzt w (§ 13 I BUrlG), im übr gehet die vertragl Regelg vor; jedoch unterliegt nur dem MindUrl den zwingden Best des BUrlG (BAG **AP** Nr 1 zu § 9 BUrlG). ZusatzUrl (insb für SchwerBeh, vgl Anm a, aa) ist zu dem Url hinzuzurechnen, den ein normaler (nichtschwerbeh) ArbN unter den gleichen Voraussetzgen erhält (BAG **2**, 317). Bei 5-Tage-Woche: auch der arbeitsfreie Samstag ist als Werktag in den MindUrl einzurechnen (§ 3 II BUrlG). Das gilt auch für vertragl Url (BAG BB **87**, 1151).

d) Teilurlaub (von UrlTeilg zu untersch, vgl Anm g). Grdsätzl besteht der UrlAnspr für das Url(Kalender)jahr auf die volle UrlDauer, aber nur wenn das ArbVerh über das volle Jahr besteht. Besteht das ArbVerh nur für einen Teil des Jahres (auch bei GrdWehrD, § 4 I ArbPlSchG), hat der ArbN Anspruch auf TeilUrl nach dem sog Zwölftelsprinzip (§ 5 BUrlG), wobei Bruchteile, die mind einen halben UrlTag ergeben, auf ganze Tage aufzurunden sind (§ 5 II BUrlG, sog Gazantzprinzip), währd Bruchteile von UrlTagen, die nicht einen halben Tag erreichen, unberücks bleiben (BAG NJW **69**, 1048; aA Thies Betr **70**, 1880); jedoch ist für diese Bruchteile UrlAbgeltg mögl (vgl Anm j). Diese Vorschr kann auf den nicht dem BUrlG unterliegdan UrlAnspr entspr angewendet w. Abweichde vertragl Regelg ist zul, sow für den ArbN günstiger; ungünstiger auch nicht dch TV (BAG NZA **84**, 160 unter Aufgabe v **17**, 289). Der TeilUrlAnspr entsteht unabhängig davon, ob gg den früheren ArbG schon ein voller UrlAnspr erworben war (BAG **18**, 153); jedoch ist § 6 BUrlG anzuwenden, sow der Url gewährt wurde. Bei der Zwölftelg liegt ein voller Monat auch dann vor, wenn nur noch ein Sonn- od Feiertag fehlt (BAG **18**, 167). Anspr auf Übertr des TeilUrl besteht nach § 7 III S 3 BUrlG.

e) Anrechnung des MindUrl. **aa) Auf Kur und Schonungszeit** dch § 10 BUrlG für alle ArbN (auch für Angest, BAG NJW **71**, 1231) grdsätzl verboten: ob dch TV (vgl § 13 BUrlG) Anrechng vereinb w kann, ist zweifelh (vgl Westphal BB **71**, 134). Entspr anwendb sind §§ 9, 10 BUrlG bei seuchenpolizeil TätkVerbot (BGH NJW **79**, 422). **bb) Bei Erkrankung** währd des Url ist eine Anrechng verboten (§ 9 BUrlG), weil für die Zt der Erkrankg der UrlAnspr nicht erf w. Dies gilt ohne Vereinb entspr auch außerh des BUrlG, so daß eine Erkrankg währd des Url aber die über den ges MindestUrl hinausgehden MehrUrl diesen unterbricht (BAG BB **73**, 89), ebso bei (zusätzl) unbezahltem ErholgsUrl (BAG Betr **74**, 2114). **cc) Andere Ereignisse**, die in den Url fallen u die SondUrl veranlassen würden, sind ohne Einfluß u stehen einer Erkrankg nicht gleich (BAG **AP** Nr 91 zu § 611 UrlR). ArbN, die an einem BetrAusflug nicht teilnehmen, darf der ausfallde ArbTag nicht auf den Url angerechnet w (BAG BB **71**, 220). Keine Anrechng v BetrRuhetagen aus best Anlaß (zB 24. 12., LAG BaWü Betr **70**, 2328). Soll bei Zwangsbeurlaubg (vgl Anm 10) diese Zeit angerechnet w, so ist dies nur zul von dem Ztpkt an, zu dem der ArbG gleichzeit die Anrechng erkl (vgl auch Anm g; LAG Bln Betr **70**, 2327).

f) Arbeitsplatzwechsel. aa) Ist der Url vom früheren ArbG schon voll für das ganze Jahr gewährt, so kann vom neuen ArbG kein (weiterer) Url (Anm d) verlangt w (§ 6 I BUrlG); ist im neuen ArbVerh der UrlAnspr höher, kann Url für die überschießden Tage nur aus der entspr Dauer des neuen ArbVerh verlangt w (BAG NJW **70**, 678). Der frühere ArbG kann das UrlEntgelt (Anm i) nicht aus § 812 zurückfordern (§ 5 III BUrlG). **bb)** Hat der ArbN beim früheren ArbG noch nicht (vollen) Url erhalten, steht ihm für den TeilUrl (Anm d) UrlAbgeltg zu (Anm j). Der frühere ArbG kann aber die UrlAbgeltg verweigern, soweit der ArbN von seinem neuen ArbG Url verlangen kann (BAG stRspr, zuletzt NJW **71**, 534). Maßgebder Ztpkt: Geltdmachg des AbgeltgsAnspr (BAG aaO). **cc)** Der ArbG ist in jedem Fall verpfl, den abgegoltenen od gewährten Url bei Ausscheiden zu bescheinigen.

g) Zeitpunkt. Es gilt zunächst das, was die Partner des DVertr od ArbVertr über den Ztpkt des Url vereinb haben, zB dch normative Wirkg der BetrVereinbg bei einem UrlPlan (§ 87 I Nr 5 BetrVG) od BetrFerien. Besteht keine Vereinbg, so best beim DVerh der DVerpfl (§§ 316, 315), beim ArbVerh kraft des DirektionsR (aber MitBest, § 87 I Nr 5 BetrVG) der ArbG (BAG NJW **62**, 268), auch bei gekünd ArbVerh (umstr; vgl Gerauer NZA **88**, 154). Das hat nach bill Erm zu erfolgen (§ 315; BAG **AP** § 7 BUrlG Nr 5), soweit BUrlG gilt, nach den Grds des § 7. Freistellg v Arb währd des KündSchutzProz fdn UrlAnspr (BAG BB **84**, 1299, vgl Weiler NZA **87**, 337 mwN). Vor Beginn des UrlJahres kann (im Vorgriff) Url nicht wirks (mit Erf des UrlAnspr) gewährt w (BAG BB **74**, 509). Grdsätzl ist der Url zushängd zu gewähren; (BAG **AP** Nr 1 zu § 7 BUrlG), jedoch ist UrlTeilg als Ausn mögl lässig (§ 7 II BUrlG (zwingd § 13 I BUrlG). Dabei muß einer der UrlTeile mind 12 Werktage innerh v 2 Wochen umfassen (§ 7 II 2 BUrlG); das ist abdingb (§ 13 I 3 BUrlG). Soweit das BUrlG nicht gilt, insb für den über den MindUrl hinausreichden Url, findet UrlTeilg dch Vereinbg od einseit im Rahmen des § 315 statt. Übertr des Url auf das nächste Url(Kalender)jahr ist im Bereich des BUrlG nur nach § 7 III mögl (hM; BAG NZA **88**, 243). Auch § 8 d MuSchG gestattet keine Übertragg des Url üb den 31. 3. hinaus (LAG SchlH Betr **86**, 809; vgl BAG NZA **86**, 788), vgl jetzt aber § 17 II BErzGG. Abänderg dch TV zul (BAG Betr **73**, 1856). Ein nicht übertragener Url verfällt; ebso ein übertragener, wenn er nicht gem § 7 III BUrlG genommen wurde. Der Url wird auch übertragen, wenn er im UrlJahr wg langdauernder Erkrankg nicht genommen w kann (BAG NZA **88**, 243).

h) Erwerbstätigkeit währd des Url muß der ArbN als VertrPfl unterl (§ 8 BUrlG). Ein Verstoß kann außerord Künd (§ 626) u einen UnterlAnspr begrden; führt aber nicht dazu, daß das pflwidr vereinb ArbVerh nichtig wäre (§ 134 gilt nicht) u nimmt dem ArbN für die Zt des gesetzl MindestUrl nicht den Anspr auf das UrlEntgelt (BAG Betr **88**, 1554).

i) Urlaubsentgelt ist eine währd der Dauer des Url fortbezahlte Vergütg. Es ist vom UrlGeld (Gratifikation, Anm 7e) u von der UrlAbgeltg (Anm j) zu unterscheiden u ist nicht Voraussetzg wirks UrlGewährg (BAG NZA **87**, 633). Als Vergütg hat es § 611 zur AnsprGrdlage. **aa) Bemessung:** Gem § 11 BUrlG der dchschnittl ArbVerdienst der letzten 13 Wochen vor UrlBeginn. Hierbei ist auf das tats gewährte Vergütg (Anm 6, 7) abzustellen. Eine Erhöhg der Vergütg währd des BerechngsZtraums od des Url, die nicht nur vorübergehd ist, w berücks. Einmal tarifl AusglZahlg sind uU heranzuziehen (vgl BAG NZA **89**, 71). Kürzg wg ArbAusfall, KurzArb od unverschuldeter Versäumn (insb Krankh), SonderUrl aus pers Grden (BAG **AP** § 11 BUrlG TeilZtArb Nr 1) bleiben außer Betr; Umsatz- u Gewinnbeteiligg w nicht hinzugerechnet (BAG **AP** Nr 3 zu § 11 BUrlG), ebsowenig FremdProv (BAG BB **70**, 581). Auch bei arbnhmer-ähnl Pers kann ein v Regelfall abw BerechngsZtRaum zugrdegelegt w (BAG BB **75**, 1578). Bei 5-Tage-Woche ist für Einzeltage der Wochenverdienst zu fünfteln (BAG **AP** Nr 1 zu § 7 BUrlG Abgeltg). **bb) Fälligkeit:** Vor UrlAntritt (§ 11 II BUrlG); keine Voraussetzg der UrlErteilg (BAG NZA **84**, 195). **cc) Überzahltes** UrlEntgelt kann grdsätzl nicht zurückgefordert w (Kube BB **75**, 747 [750]). **dd) Schadensersatz** in Höhe des anteil UrlEntgelts kann an den ArbG (für Regreß) abgetreten w, soweit dieser für die Zt unfallbedingter ArbUnfähigk bezahlten Url gewährt (BGH **59**, 109).

j) Urlaubsabgeltung ist die Leistg von Geld od geldwerten Ggständen an Stelle eines vom ArbN od DVerpfl nicht genommenen Url, auch TeilUrl (BAG NZA **88**, 245). Der Anspr entsteht mit Ausscheiden des ArbN aus dem ArbVerh, ist vom UrlEntgelt (Anm i) u vom UrlGeld (Gratifikation, Anm 7e) zu unterscheiden. Ist nicht ArbVergütg des § 611, sond WertErs (§ 7 IV BUrlG). Setzt UrlAnspr voraus (BAG **3**, 60) u daß der ArbN bei Fortdauer des ArbVerh die vertr geschuldete ArbLeistg hätte erbringen können; dem steht die ErwerbsUnfähigk des ArbN nicht entgg (BAG NZA **86**, 834; abl Anm v Künzl BB **87**, 687).

Bei Fortbestd des ArbVerh ist nicht gewährter Url als SchadErs im Wege des Url zu leisten (BAG NZA **86**, 392). **aa) Bemessung.** Wie UrlEntgelt (Anm i); es gilt das Ganztagsprinzip des § 5 II BUrlG (BAG Betr **69**, 354). **bb) Zulässigkeit.** UrlAbgeltg ist im Bereich des ges MindUrl grdsätzl verboten, ausnahmsw dann zul, wenn der Url wg Beendigg des ArbVerh nicht mehr gewährt w kann (§ 7 IV BUrlG). Dch TarVertr können UrlAbgeltgsRegeln geschaffen w (BAG BB **84**, 1299), insb für den Fall der Krankh (BAG NZA **87**, 426). Bei DVerh kann UrlAbgeltgsAnspr auch ohne bes Abrede entstehen (BGH WM **75**, 761). Außerh der Geltg des BUrlG wird man UrlAbgeltg insow zulassen müssen, als der MindUrl gewahrt bleibt. **cc) Anspruchsinhalt.** Er geht auf Geld. **dd) Ausschluß** folgt nicht aus ArbVertrVerletzg, ist auch nicht dch TV mögl (BAG Betr **80**, 2197). Bei unzuläss UrlAbgeltg bleibt der UrlAnspr bestehen, bis er aus and Gründen erlischt (vgl Anm k). Der UrlAbgeltgsAnspr wird nicht dadch ausgeschl, daß der ArbN im UrlJahr nicht in nennenswertem Umfang gearb hat (BAG NJW **82**, 1548 mwN, aber LAG Nds NZA **87**, 427 bei ArbUnfähigk währd des ganzen UrlJahres). **ee) Übertragbarkeit.** Da der UrlAbgeltgsAnspr kein unabtretb UrlAnspr ist, ihn nur voraussetzt, ist er abtretb u pfändb, weil § 850a Nr 2 ZPO nicht zutrifft. Er ist nur dann vererbl, wenn er zuläss vom ArbN geltd gemacht ist (alles sehr umstr; vgl Faecks NJW **72**, 1448 mwN). **ff) Aufrechnung** gg ihn ist mögl (Tschöpe BB **81**, 1902). **gg) Verzicht.** Der ArbN kann auf den dem BUrlG unterliegden UrlAbgeltgsAnspr wg § 13 I BUrlG nicht verzichten, grdsätzl auch nicht in einem gerichtl GesamtVgl (BAG NJW **79**, 566). Der Anspr erlischt aber, wie der UrlAnspr, wenn das ArbVerh rückwirkd (zB dch Vgl) beendet w (BAG NJW **87**, 798).

k) Erlöschen des UrlAnspr: IdR nur dch Erf (§ 362 I). Ausnahmen: Dch Beendigg des ArbVerh (dann UrlAbgeltgsAnspr, Anm j), dch Verzicht (§ 397), der auch stillschw mögl ist; er ist aber nur zul, wenn es sich nicht um den gesetzl MindUrl handelt (vgl § 13 I BUrlG); dch Ablauf einer VerfallFr, die aber nur dch TarVertr vereinb w kann (BAG NZA **87**, 257); dch Verfallenlassen des Url, wenn er nach Übertragg nicht im Laufe der ersten 3 Monate des folgden Jahres genommen w (§ 7 III S 3 BUrlG; BAG NJW **87**, 798). MutterschUrl hindert diesen Verfall nicht (BAG NJW **87**, 2399); ebsowen die Eigsch als SchwBehZusatzUrl (BAG NJW **87**, 1287). Sonst grdsätzl mit Ablauf des Kalenderjahres, wenn er vorher nicht geltd gemacht w (BAG NJW **69**, 1981). Die KündSchKl stellt keine Geltdmachg des UrlAnspr dar (BAG BB **84**, 1299). Auch Verwirkg (§ 242 Anm 9) ist ausnahmsw mögl (BAG BB **70**, 581). Wg unterbliebener ArbLeistg vgl Anm b, cc. IdR kein Erlöschen dch VertrVerletzg des ArbN (BAG NJW **70**, 911).

13) Arbeitnehmererfindungen und technische Verbesserungsvorschläge. RFolgen sind im ArbEG geregelt. Das Arb- od DErgebn steht grdsätzl dem ArbG oder DBer zu (vgl § 950 Anm 3 a, aa), eine patent- od gebrauchsmusterfäh Erfindg dem jew Erfinder. Das ArbEG schafft einen Ausgleich zw den Interessen des ArbG u des ArbN. Weiteres vgl 46. Aufl.

14) Haftungsmaß und innerbetrieblicher Schadensausgleich. AGrd des DVerh u ArbVerh haften die VertrPart grdsätzl für Vors u jede Fahrlk (§ 276) mit den allg RFolgen, insb SchadErs (vgl Anm 1 e). Für ArbVerh bestehen aber von diesem Grds wicht Ausn, die sich an FürsPflicht, Risikoverteilg u Billigk orientieren. Für eine am Einzelfall ausgerichtete Lösg: Brox/Walker Betr **85**, 1469. Für eine allg Begrenzg auf Vors u grobe Fahrlässk: Däubler NJW **86**, 867.

a) Bei Arbeitsunfällen. Hier haftet der ArbG für **Personenschäden** des ArbN nur bei Vors, soweit für den ArbUnf die UnfVers der RVO eingreift (§ 636 RVO); ebenso hat die Haftg beschr bei PersSchäden, die ein ArbN bei einem and ArbN desselben Betr dch eine betriebl Tätigk verurs (§ 637 RVO). Für **Sachschäden**, die der ArbN erleidet, gilt das nicht, sond: es wird für jedes Verschulden (§§ 276, 278) gehaftet; verurs ein ArbN den Sachschaden, kann e r bei gefahrgeneigter Arb Freistellg dch den ArbG verlangen, wenn er weder vorsätzl noch grob fahrl gehandelt hat (vgl Anm b, ee). Bei schuldlosem Verhalten des ArbG ist nur ein Anspr auf AufwendgsErs mögl (Anm 11).

aa) Begriff des ArbUnf ist in den §§ 548–552 RVO legal definiert; prakt umfaßt er jede Tätigk, die mit dem ArbVerh zushängt, insb auch den Weg nach u von dem ArbOrt (§ 550 RVO) u Berufskrankh (§ 551 RVO). Ob ein ArbUnf vorliegt, ist im Streitfall allein u bindd nach dem Verf der RVO dch das SozG festzustellen (§ 638 RVO).

bb) Voraussetzungen der HaftgsBeschrkg: **(1) Arbeitgeber.** Er darf nicht vorsätzl gehandelt haben. Es darf sich nicht um eine Teiln am allg Verk handeln (§ 636 RVO; Faecks NJW **73**, 1021). Der ArbN muß im Unternehmen (Einf 1 k) des ArbG tät sein; es genügt ein mittelb ArbVerh od Eingliederg in den Betr in der Art eines eigenen ArbN, zB bei einem zur Verfügg gestellten Montagetrupp (BGH **AP** Nr 45 zu §§ 898, 899 RVO); vorübergehde Eingliederg ohne Kenntn des Untern kann genügen (BGH NJW **86**, 452). Nicht genügen ReparaturArb im Dienst eines and Untern (Ilgenfritz NJW **63**, 1046). **(2) Arbeitnehmer.** Er muß im selben Betr (Einf Anm 1 j), nicht nur im selben Untern (Einf Anm 1 k) tät sein (Ilgenfritz aaO, Klein BB **64**, 644 [647]); verletzder u verletzter ArbN müssen denselben ArbG haben od in denselben Betr eingegliedert sein (BAG **AP** § 637 RVO Nr 5 u Betr **74**, 1119); vgl § 637 RVO; dagg K. Hartmann BB **71**, 49: Erweiterg auf tats Zuswirken an derselben ArbStelle (ähnl Migsch VersR **72**, 110). Es muß eine betriebl Tätigk vorliegen; der ArbUnf muß betriebsbezogen sein, dh dch eine Tätigk verurs, die vom Betr oder für den Betr übertr war od im BetrInteresse ausgeführt w (BAG NJW **67**, 220); das ist nicht gegeben bei Unf auf dem Weg von u zur Arb, wohl aber bei Fahrt mit firmeneigenem Kfz zur auswärt ArbStelle (BGH BB **68**, 333), auch mit priv Kfz zwecks Wahrnehmg dienstl Aufgaben od Befugn (Köln OLGZ **70**, 150). Bei Fahrt mit Kfz des ArbG od des Betr besteht eine Vermutg für betriebl Tätigk (BAG NJW **70**, 442); insb gegeben, wenn in BetrAngeh einen and ArbN heimbringt u der ArbG hierzu verpfl ist (BGH Betr **76**, 683).

cc) Wirkung. (1)) Anspr des ArbN, seiner Angeh u Hinterbliebenen aus and RGründen (insb Vertr oder unerl Handlg) gg den ArbG od den betriebsangeh and ArbN sind ausgeschlossen (§§ 636, 637 RVO), auch der Anspr auf Schmerzensgeld (BAG NJW **70**, 442). **(2)** Rückgr des SozVersTrägers wg seiner Aufwendgen nur nach § 640 RVO, also nur bei Vors od grober Fahrlässigk. **(3)** Soweit ein ArbN haftet, kann er von seinem ArbG Freistellg nur unter den Voraussetzgen gefahrgeneigter Arb u im dafür geltden Umfang

§ 611 14a–c

(Anm b, ee) verlangen; das gilt auch ggü dem RückgrAnspr gem (2), weil ein RückgrAnspr gg den ArbN in diesen Fällen unbill erscheint u dch § 640 II RVO ausgeschl ist (Schiffauer NJW **74**, 983).

b) Bei gefahrgeneigter Arbeit, auch schadensgeneigte od gefahrtragde Arb genannt. Von Rspr u Schriftt entwickelte Regelg, die eine unbill Haftg des ArbN für von ihm verurs Sach- u PersSchäden vermeidet, indem der ArbN nicht für jede Fahrlk (entggg § 276) haften muß. Abgeleitet früher aus der FürsPfl jetzt (besser) aus der RisikoVerteilg (umstr; vgl Dütz NJW **86**, 1779; BAG NJW **83**, 1693; Brox/Walker Betr **85**, 1469; Richardi JZ **86**, 796). Die Grdsätze sind nicht zwingd; abweichde vertragl Vereinbg ist zul, aber begrenzt dch §§ 138, 242. Für Anwendbark auf abhäng GmbHGeschF: Pullen BB **84**, 989.

aa) Begriff: Gefahrgeneigte Arb liegt vor, wenn die vom ArbN zu leistde Arb ihrer Art nach eine bes große Wahrscheinlichk in sich birgt, daß Versehen unterlaufen u dadch Schäden verurs w, die zum ArbEink des ArbN in unangemessenem Verh stehen. Es ist dabei auf die Umst des Einzelfalles abzustellen, auch auf den konkreten Anlaß, aus dem der Schad entstanden ist; gerade dieser konkrete Sachverhalt, der zu dem Schad geführt hat, muß gefahrgeneigt sein (BAG **7**, 118 = NJW **59**, 1003). So kann eine sonst nicht gefahrgeneigte Arb in einer best Situation (zB dch Überlastg) gefahrgeneigt sein (BAG NJW **70**, 1206). Auch FehlEntsch des ArbN, insb bei eingetretenem Schad, ist aus der Gefahrensituation heraus zu würd (BAG **AP** Haftg des ArbN Nr 50). Die Aufg, für gefahrgeneigte Arb Weisg zu erteilen, ist nicht schon deshalb selbst gefahrgeneigte Arb (BAG **AP** aaO Nr 66). Stets muß die Arb betriebl sein; sie darf nicht in Ausübg priv Interessen geschehen (BAG NZA **84**, 83). Bsp: Führen von Kfz ist idR gefahrgeneigt (BAG NZA **88**, 579); Raupenfahrer (BAG **AP** Haftg des ArbN Nr 50); Kranführer (LAG Düss BB **56**, 817); Sattelschlepper (BAG Betr **73**, 1026); Überwachg einer Baustelle (BAG NJW **77**, 598); im Bereich der sog Mankohaftg (Anm c) nur zT; vgl Reinecke ZfA **76**, 215 mwN; wg Bürotätigk BGH NJW **70**, 34; wg Klinikarzt BAG NJW **69**, 2299. Geldtransport ist keine gefahrgeneigte Arb (vgl jedoch Lepke Betr **68**, 527), aber bei Organisationsmangel des ArbG ist § 254 mögl (LAG BaWü NJW **73**, 1996).

bb) Anwendungsbereich: Nur bei ArbVerh einschließl der AusbildgsVerh (BAG **AP** Haftg des ArbN Nr 59) u LeihArbVerh (ggü dem entleihden ArbG, BGH NJW **73**, 2020 = JR **74**, 105 m Anm v Heinze). Grdsätzl nur im Rahmen der übertr Arb; bei eigenmächt Übern einer Arb ohne ausreichde Vorkenntn nur, wenn der ArbN unverschuldet eine akute Notlage annimmt (BAG NJW **76**, 1229). Bei Schäd, die der ArbN dem ArbG oder einem Dr zufügt. Gilt auch für Anspr aus unerl Hdlg (BAG NJW **67**, 269). Zweifelh bei ltd Angest, vgl Monjau Betr **69**, 84; bejahd: BAG NJW **77**, 598 bei Tätigk, die für ltd Angest nicht charakterist sind; verneind BGH WM **69**, 621 u NJW **70**, 34 (Justitiar); vgl auch § 823 Anm 16 D c, aa. Für Anwendg auf alle ArbN: Boergen MDR **71**, 178. Nicht: Bei selbstd DVerh (BGH NJW **63**, 1100 m abl Anm v Isele; bei sog SchwarzArb (Celle NdsRpfl **73**, 48), wenn ein ArbN Schäden unter Überschreitg seiner ArbPfl verurs, zB bei einer sog Schwarzfahrt. Für Schäden, die dem ArbN selbst entstehen, ist nur ein ErsAnspr über § 670 mögl (vgl Anm 11 b).

cc) Beweislast: Trägt grdsätzl der ArbG; § 282 gilt nicht (BAG NJW **67**, 269). Grdsätzl kein Anscheins-Bew für Abgrenzg zw einf u grober Fahrlk (BGH NJW **73**, 2020; dagg Baumgärtel Fs für K. Pleyer S 257). Bei Ausdehng auf betriebl Tätk müßte dem ArbN die BewLast dafür überbürdet w, daß der Schad auf betriebl Tätk beruht (Baumgärtel aaO).

dd) Haftungsbeschränkung. Ausschl des SchadErsAnspr: Nach neuester Rspr des BAG haftet der ArbN voll für Vors u grobe Fahrlk, für geringe Schuld (leichteste Fahrlk) nicht, währd bei sonstiger Fahrlässk (leichte u mittlere) der Schad idR quotal zu verteilen ist (BAG NZA **88**, 579 unter Aufgabe v NJW **83**, 1643). Dabei kann zu Lasten des ArbG berücks w, daß er keine Kasko-Vers abgeschl hat (BAG NZA **88**, 584). Subj Umstde (Jugendlk, Übermüdg, Unerfahrenh) sind zu berücks. Auch § 254 kann zu Alleinhaftg des ArbG führen, wenn er od sein ErfGehilfe (BAG **AP** Haftg des ArbN Nr 55) den Schad überwiegd verurs haben. Bei AusbildgsVerh ist bes zu beachten, daß die Einweisgs- u BeaufsichtiggsPfl erf w (BAG **AP** Haftg des ArbN Nr 59). Besteht zG des ArbN eine HaftPflVers, so ist zu differenzieren (vgl Hirschberg VersR **73**, 786); HaftgsBeschrkg entfällt bei PflVers (BGH NJW **72**, 440). Der ArbG haftet allein, wenn er einem ArbN das Kfz überläßt, obwohl er weiß, daß dieser keine FahrErlaubn besitzt, u der ArbN betrunken einen Unfall verurs (BAG NJW **89**, 854). Nach LAG Brem Betr **79**, 1235 soll bei wertvollem Kfz der ArbG verpfl sein, eine VollkaskoVers abzuschließen.

ee) Freistellungsanspruch des ArbN gg den ArbG, wenn er einem betriebsfremden Dr Schad zugefügt hat, einschl SchmerzGAnspr (BAG NJW **63**, 1941); besteht auch gg den RegreßAnspr eines Versicherers u wenn der ArbN vermögenslos ist od der ArbG für ihn eine HaftPflVers abgeschl hat (BGH MDR **76**, 646). Der Anspr des Verletzten gg den ArbN w dadch nicht berührt (BGH **41**, 203); jedoch hindert eine vom Dr mit dem ArbG als VertrPart vereinb Haftungsbeschränkg den Anspr gg den ArbN (Schreiber BB **80**, 1698). Bei ArbKollegen, die der ArbN schädigt, besteht ein FreistellgsAnspr wg Sachschäden (vgl Anm a); bei Körperschäden ist dies aber wg der HaftgsBeschrkgen bei ArbUnf (Anm a) nur ausnahmsw mögl (BAG **AP** Haftg des ArbN Nr 37).

ff) Sonstige Wirkungen: Der Anspr des ArbG gg einen Zweitschädiger (§ 840) ist um den Anteil gemindert, für den ein RegreßAnspr (§ 426) gg den ArbN besteht (Karlsr OLGZ **69**, 157). Hat bei mehreren Beteiligten der ArbG als Halter eines Kfz einen AusgleichsAnspr gg einen Dr (§ 17 StVG), so wird der Anspr gg den ArbN entspr gemindert (LAG Bln BB **71**, 1412).

c) Bei nicht gefahrgeneigter Arbeit. aa) Schädigung des Arbeitgebers. Der ArbN haftet bei VertrVerletzg grdsätzl für Vors u jede Fahrlk (vgl Anm 1 e u 3 e), wobei ggf § 254 zu beachten ist. Haftg ohne Versch (§ 276) u ohne Verursachg nur aGrd bes Vereinbg od bes Umst, insb für Kassenfehlbestand (sog Mankohaftg); hierfür gilt: Die Vereinbg, daß ohne weiteres für das Manko gehaftet w (Mankoabrede), setzt einen angem wirtsch Ausgl (Mankogeld) voraus, um wirks zu sein (BAG **AP** Haftg des ArbN Nr 54). Ohne Vereinbg haftet der ArbN nur, wenn er allein VfgsMacht u ausschließl Zugang zur Kasse hat (BAG aaO). § 254 ist auch bei MankoHaftg anwendb, entfällt aber bei absichtl od strafb Handeln des ArbN (BAG BB

71, 705). Die MankoHaftg geht nur auf den EinstandsPr (LAG Düss Betr **74**, 2115). BewLast: Grdsätzl der ArbG (vgl Anm 1e, ee), insb für vereinb Überwachg u zumutb Möglk hierzu; der ArbN ausnw bei zumutb Überwachgsmöglk. Prima-facies-Bew mögl, wenn nachgewiesen ist, daß dem ArbN Geld u Ware in best Menge übergeben w (LAG Düss Betr **74**, 2115). **bb) Schädigung Dritter:** Wird der ArbN dadch schaderspfl, so hat er gg den ArbG einen teilw FreistellgsAnspr, wenn der ArbG od sein ErfGeh den Schad mitverschuldet hat (BAG NJW **69**, 2299).

611a *Geschlechtsbezogenes Benachteiligungsverbot.* ^I Der Arbeitgeber darf einen Arbeitnehmer bei einer Vereinbarung oder einer Maßnahme, insbesondere bei der Begründung des Arbeitsverhältnisses, beim beruflichen Aufstieg, bei einer Weisung oder einer Kündigung, nicht wegen seines Geschlechts benachteiligen. Eine unterschiedliche Behandlung wegen des Geschlechts ist jedoch zulässig, soweit eine Vereinbarung oder eine Maßnahme die Art der vom Arbeitnehmer auszuübenden Tätigkeit zum Gegenstand hat und ein bestimmtes Geschlecht unverzichtbare Voraussetzung für diese Tätigkeit ist. Wenn im Streitfall der Arbeitnehmer Tatsachen glaubhaft macht, die eine Benachteiligung wegen des Geschlechts vermuten lassen, trägt der Arbeitgeber die Beweislast dafür, daß nicht auf das Geschlecht bezogene, sachliche Gründe eine unterschiedliche Behandlung rechtfertigen oder das Geschlecht unverzichtbare Voraussetzungen für die auszuübende Tätigkeit ist.

^{II} Ist ein Arbeitsverhältnis wegen eines von dem Arbeitgeber zu vertretenden Verstoßes gegen das Benachteiligungsverbot des Absatzes 1 nicht begründet worden, so ist er zum Ersatz des Schadens verpflichtet, den der Arbeitnehmer dadurch erleidet, daß er darauf vertraut, die Begründung des Arbeitsverhältnisses werde nicht wegen eines solchen Verstoßes unterbleiben. Satz 1 gilt beim beruflichen Aufstieg entsprechend, wenn auf den Aufstieg kein Anspruch besteht.

^{III} Der Anspruch auf Schadensersatz wegen eines Verstoßes gegen das Benachteiligungsverbot verjährt in zwei Jahren. § 201 ist entsprechend anzuwenden.

1) Allgemeines. Eingef dch G v 13. 8. 80 (BGBl 1308; ArbRechtl EG-AnpassgsG). In Kr getreten am 14. 8. 80. **a) Zweck.** Die in Art 3 II, III GG statuierte Gleichberechtigg v Mann u Frau soll im gesamten ArbR unabhäng v der umstr DrittWirkg der GrdRe für den ArbG bindend verwirkl w. Außerdem soll die abrechtl GleichbehandlgsPfl (§ 611 Anm 9) im Verh Mann u Frau unabhängb gestaltet w. Der GGeber geht erkennb davon aus, daß die Frauen ggü den Männern im ArbLeben allein ihres Geschlechts wegen bislang benachteil seien. Zur Frage eines Katalogs der Ausnahmen v § 611a vgl EuGH NJW **85**, 2075 [2079]. **b) Anwendungsbereich:** alle ArbVerh (1e vor § 611), daher alle ArbN (wie 1g vor § 611), insb für die Gleichstellg mit ArbN die arbnehmerähnl Pers, auch im Bereich des BerBG (Soergel-Kraft 9). **aa)** Persönl nur im konkr ArbVerh. Das G wendet sich nicht ausdrückl an die TVPart, für die aber jedenf Art 3 GG gilt (BAG NJW **77**, 1742). **bb)** Zeitl: schon vor Abschl des ArbVertr (vgl Anm 2a, aa) bis zur Beendigg (§ 620). **cc)** Räuml nur innerh eines Betr. **c) Abdingbarkeit** ist zu verneinen. Die Vorschr ist zwang, doch könnte auch so gewollt. **d) Nichtigkeit** aus § 134 ist aus dem Verbot abzuleiten. Sie kann aber keinesf das ArbVerh des bevorzugten ArbN betr, weil nur die Benachteiligg verboten ist. § 134 kann sich auch nur auf RGesch beziehen, die das ArbVerh des Benachteiligten betr, zB eine Künd. Eine dch Abs 1 verbotene Maßn ist nicht zu befolgen. **e) Bekanntmachung** v §§ 611a, 611b, 612 III, 612a im Betr (Aushang od Auslegen) an geeigneter Stelle schreibt Art 2 des ArbREG-AnpassgsG vor.

2) Gleichbehandlungsgebot (Abs I). Es ist dem ArbG ausdrückl verboten, einen ArbN wg seines Geschlechts rechtl od tats zu benachteil. Da dies an der Position eines ArbN and Geschlechts gemessen w muß, wird auch die Bevorzugg einz ArbN wg ihres Geschlechts verboten sein, um den GZweck zu erreichen. Weil diese Pfl des ArbG vor VertrAbschl entsteht (vgl Anm a, aa), führt Abs 1 insow ein vorvertragl SchuldVerh herbei. Gebunden ist der ArbG, damit alle an seiner Stelle tät Pers, die für ihn im ArbVerh handeln (Anm 4a). **a) Grundsatz** (Abs I S 1). Das GleichbehandlgsGebot bedeutet: Bei ArbN versch Geschlechts, die iü unter völl gleichen Bedingungen arbeiten u dabei gleiches leisten, muß das ArbVerh ohne Rücks auf das Geschlecht in allen Ren u Pflen gleich gestaltet w. Inwieweit dies realisiert wird, bleibt weiter abzuwarten. Innerh des Geschlechts kann Gleichbehandlg nach den Grds in § 611 Anm 9 verlangt w. **aa) Bei einer Vereinbarung:** Das kann nichts and sein als ein Vertr (§§ 145 ff), näml der ArbVertr (§ 611 Anm 1b) od eine VertrÄnd (§ 305; vgl § 611 Anm 1c). Aus Abs 2 folgt, daß der GGeber die Pfl des ArbG zur geschlechtsbezogenen Gleichbehandlg mit den Worten „bei der" auf einen Ztpkt vor VertrAbschl legen wollte. Dieser Ztpkt ist auf den Eingang (nicht die Abg) der Bewerbg um den Abschl eines ArbVertr festzusetzen. Bei bestehdn ArbVerh, das der „berufl Aufstieg", aber auch jede VertrÄnd (§ 305) voraussetzt, muß dieser Ztpkt der der konkreten VertrÄnd mit einem ArbN and Geschlechts sein, den der ArbG wg seines Geschlechts bevorzugt haben soll, entweder dch NeuAbschl eines ArbVertr od dch VertrÄnd (§ 305). Abs 1 gilt noch nicht, wenn der ArbG zum Angebot (Bewerbg) auffordert; das folgt aus § 611b (vgl dort). **bb) Bei einer Maßnahme.** Das soll (wie Anm aa) einen weiten Begr darstellen, der bürgerlrechtl allerd kaum noch eingegrenzt w kann. Beispielh sind Weisgen (im Rahmen des § 611 Anm 5) u Künd (2 vor § 620) genannt. Darüberhinaus ist vorerst nur noch vorstellb, daß freiw soz Leistgen (§ 611 Anm 9b) erfaßt w. Die Maßn muß jedenf irgendeinen konkr Bezug zum ArbVerh haben. Soweit das BetrVG gilt, geht sowieso dessen § 75 vor. **cc) Benachteiligung** ist die im Einzelfall bewirkte Schlechterstellg des betroffenen ArbN verbunden damit, daß ein ArbN and Geschlechts bevorzugt wird. Die Frage nach der Schwangersch u die Pfl zur wahrhaftem Beantwortg ist zuläss, wenn sich nur Frauen um den ArbPl bewerben (BAG NJW **87**, 397 = AP § 123 Nr 31 m Anm v Coester; ebenf krit Hunold NZA **87**, 4; Walker Betr **87**, 273). Der ArbG muß, wenn er eine Schlechterstellg herbeiführt, die Geschlechtszugehörig als BewegGrd aufnehmen. Es müssen zw diesen ArbN, abgesehen vom Geschlecht, gleiche für das ArbVerh wesentl pers Eigensch u Umst vorliegen. Die eigentl (schier unlösb) Probleme für die Praxis werden darin liegen, diese iü (außer dem

Einzelne Schuldverhältnisse. 6. Titel: Dienstvertrag §§ 611a–612

Geschlecht) gleichen Voraussetzgen im Einzelfall festzustellen. Einfach wird das Gebot zu verwirkl sein, wenn Männer u Frauen innerh des Betr die gleiche Arbeit unter gleichen Bedinggen leisten. Anders liegt es, wenn ein dch den biolog Untersch bedingter leistgsmäß Abstand bei gleicher Arbeit (zB bei Einsatz v Körperkraft) in Vergütg u and ArbBedinggen so angepaßt werden soll, daß keine geschlechtsbezogenen Untersch bestehen. Keinesf dürfen geschlechtsbezogene Lohnzulagen gewährt w (vgl BAG **AP** § 242 Gleichbehandlg Nr 39). **dd) Wegen des Geschlechts.** Hierfür genügt, daß die GeschlZugehk einen BewegGrd bildet (Soergel-Kraft 20). **b) Ausnahme** (Abs I S 2). Die zuläss unterschiedl Behandlg setzt kumulativ voraus: **aa) Art der Tätigkeit,** die der ArbN auszuführen hat. Das ist die Arbeit, die im Einzelfall zu leisten ist. Die Vereinbg (Anm a, aa) od die Maßn (Anm a, bb) muß sich darauf beziehen. **bb) Unverzichtbare Voraussetzung** des best Geschlechts. Das ist aus der Sicht des zeitgem, sozbewußten ArbG zu beurt, der den (Fort)Bestand u die Leistgsfähigk seines Untern, seiner Beh od Anst anstrebt. Unverzichtb ist allerd fast gar nichts. Aus Abs I S 3 müßte entnommen w, daß ein sachl DifferenziergsGrd genügt (Eich NJW 80, 2329). **cc) Beispiele:** Eine Frau als MiederwarenVerk, als Mannequin einer Damenbekleidgsfirma. Der Mann für die Chorsängerstelle eines Tenors od Bassisten.

3) Beweislast (Abs I S 3). Begr: Th-P vor § 284. Sie wird dch Abs I S 3 umgekehrt, da diese Tats der AnsprSteller bew müßte. **a) Voraussetzungen.** Mit Streitfall ist der RStreit (Proz) gemeint. Darin müssen vom ArbN geeignete Tats glaubh gemacht (§ 294 ZPO), dh insb übwiegd wahrscheinlich gemacht (Lorenz Betr 80, 1745) od vom ArbG unstreit gestellt sein, die eine geschlechtsmotivierte Benachteiligg (Anm 2a, cc) vermuten lassen. Dies ist aus der Sicht einer obj, verständ Pers zu beurt, die sich in der Position des betroffenen ArbN befindet. BewLast hat der ArbN für den Zugang der Bewerbg beim bekl ArbG (LAG Hbg Betr 88, 131). **b) Wirkung.** Der ArbG ist beweisbelastet für: **aa)** Tats, aus denen sich Grde ableiten lassen, welche die im konkr Fall bewirkte Benachteiligg obj rechtf. Sie dürfen nicht geschlechtsbezogen sein. Das würde bedeuten, daß auch Eigensch der bevorzugten Pers, die notw aus deren Geschlecht abgeleitet sind, nicht berücks w dürften. Im sachl ist alles gemeint, was aus obj Sicht des ArbG für Betr u ArbVerh sinnvoll ist, in jedem Fall: größere LeistgsFähk, bessere Vorbildg, sinnvolle Ergänzg zu and ArbN, größere Vertrauenswürdk. Der ArbG muß nicht beweisen, daß er ohne geschlechtsbezogene BewegGrde gehandelt hat. **bb)** Bestimmtes Geschlecht als unverzichtb Voraussetzg (Anm 2b, bb). Die BewLastregelg ist prakt sinnlos, weil hier regelm nur eine RFrage zu prüfen sein wird u Bew von bestrittenen, subsumtionsfäh Tats kaum erforderl w dürfte; immerhin ist SachverstBew denkbar.

4) Schadensersatzanspruch (Abs II, III) ist die einz RFolge des Verstoßes (vgl hierzu Zuleeg RdA 84, 325). Ein Erf(Einstellgs)Anspr entsteht nicht, auch nicht iW des SchadErs (§ 249), weil Abs II ausdrückl nur den VertrauensSchad (negat Interesse 2g vor § 249) gewährt (vgl Anm c). Eine aA (Eckertz-Höfer JuS 87, 611 [616]) ist prakt unvertretb. Abs II gibt keinen Anspr auf berufl Aufstieg. Das ist vom GGeber auch so gewollt (BT-Drucks 353/79 S 14) u vom Ergebn her gewiß nicht falsch. Ein SchadErsAnspr über § 823 II mit § 611a als SchutzG darf jedenf nicht mit den BewLRegeln gem Anm 3 bejaht w (so aber Hbg Betr 88, 131). **a) Unterbliebener Abschluß** eines ArbVertr (Abs II S 1); wie Anm 2a, aa. Verstoß gg das Benachteiligsverbot: Anm 2a, cc. Vom ArbG zu vertreten: Versch (§ 276), wobei der ArbG über § 278 für alle Pers haftet, die für ihn bei der Besetzg des ArbPlatzes handeln, nicht nur für solche mit Vertretgsmacht. **b) Unterbliebener Aufstieg** (Abs II S 2). Gilt nur dann, wenn der ArbN keinen Anspr (aus Arb- od TV) darauf hat; in einem falle kann er Erf (sog Beförderg) verlangen. Der Ers des VertrauensSchad setzt (außer Versch, wie Anm a) voraus: zwangsläuf ein bestehendes ArbVerh; NeuAbschl eines ArbVertr (für die bessere Stelle) od Änd des ArbVertr mit einem ArbN and Geschlechts zur Besetzg dieser Stelle (vgl Anm 2a, aa). Beides muß Ursache für den unterbliebenen Aufstieg sein; dieser stellt die Benachteiligg dar, die im Einzelfall geschlechtsbezogen sein muß (vgl Anm 2a, cc). **c) Vertrauensschaden** (negat Interesse, vgl 2g vor § 249). Es besteht kein Anspr auf Abschl eines ArbVertr (EuGH NJW 84, 2021; vgl vor Anm a). Es muß festgestellt w, wie der ArbN sich verhalten haben würde, wenn er gewußt hätte, daß der ArbG ihn wg seines Geschlechts benachteil w. Dabei wird es idR darauf hinauslaufen, daß der Schad nur dann feststellb ist, wenn der ArbN eine and Stelle ausgeschlagen hat, bei der er mit gleicher Leistg mehr verdienen würde, als in der Stelle, die er nunmehr annimmt. Falls er eine neue Stelle erst später bekommt, ist es die Differenz zum Arblosengeld. Bei unterbliebenem Aufstieg kann auch nur eine ausgeschlagene and ArbStelle zum Vergl angenommen w. Die Bewerbgskosten gehören zum VertrauensSchad. Zu den Konsequenzen Birk NZA 84, 145. Es gilt § 287 ZPO. Zur Anwendbk v § 823 vgl Bleckmann Betr 84, 1574. **d) Verjährung** (Abs III). Maßg ist die Entstehg des Anspr, also die vollzogene Benachteiligg, wg § 201 der folgde JahresSchl.

611 b *Arbeitsplatzausschreibung.* Der Arbeitgeber soll einen Arbeitsplatz weder öffentlich noch innerhalb des Betriebs nur für Männer oder nur für Frauen ausschreiben, es sei denn, daß ein Fall des § 611a Abs. 1 Satz 2 vorliegt.

Inkrafttreten: wie § 611a Anm 1. **Arbeitsplatz:** Kann sich nur auf ein ArbVerh (wie § 611a Anm 1b) beziehen, das der ArbG zu begründen beabsicht. **Ausschreibung:** mit öff an einem unbest PersKreis od die Bek insb dch Zeitgen, AnzBlätter gemeint (sog StellenAnzeige). **Verstoß:** Im BGB hat der Vorschr „soll nicht" die feststehde Bedeutg, daß keine Unwirksamk eintritt u als Sanktion nur eine SchadErsPfl denkb ist (Larenz AT § 22 II). Eine solche scheidet hier desh aus, weil für § 611a (ein VerbotsG, „darf nicht") spez ein SchadErsAnspr geregelt ist, ohne daß § 611b einbezogen wurde. Das gilt auch, wenn man einen Verstoß gg § 611b, der eigentl eine öff-rechtl SchutzVorschr darstellt (kein AnspG iS des § 823 II, allgM), auch für ein individueller Schad kaum vorstellb (vgl auch Franke BB 81, 1221). Die Nichtbeachtg des § 611b dch den ArbG kann ein BewIndiz gg ihn sein (§ 611a Anm 3). **Bekanntmachung:** § 611a Anm 1e.

612 *Vergütung.* [1] Eine Vergütung gilt als stillschweigend vereinbart, wenn die Dienstleistung den Umständen nach nur gegen eine Vergütung zu erwarten ist.

§ 612 1–4

II Ist die Höhe der Vergütung nicht bestimmt, so ist bei dem Bestehen einer Taxe die taxmäßige Vergütung, in Ermangelung einer Taxe die übliche Vergütung als vereinbart anzusehen.

III Bei einem Arbeitsverhältnis darf für gleiche oder für gleichwertige Arbeit nicht wegen des Geschlechts des Arbeitnehmers eine geringere Vergütung vereinbart werden als bei einem Arbeitnehmer des anderen Geschlechts. Die Vereinbarung einer geringeren Vergütung wird nicht dadurch gerechtfertigt, daß wegen des Geschlechts des Arbeitnehmers besondere Schutzvorschriften gelten. § 611a Abs. 1 Satz 3 ist entsprechend anzuwenden.

1) Allgemeines: Abs III ist eingefügt dch G v 13. 8. 80 (Arbrechtl EG-AnpassgsG; vgl hierzu § 611a Anm 1). **a) Zweck:** Abs I soll bei DLeistgen D(Arb)Vertr von unentgeltl Auftr u GefälligkVerh abgrenzen. Abs II soll mögl Lücken im ArbVertr schließen. Abs III will das GrdR in Art 3 II, III GG für den ArbG bindd ausgestalten (vgl § 611a Anm 1a). **b) Anwendungsbereich:** Alle D(Arb)Verh, einschl GeschBesorggsVertr (§ 675), auch bei Nichtigk des Vertr (BAG **AP** § 138 Nr 2) od wenn nur die VergütgsVereinbg ungült ist (BAG **AP** Nr 20), ferner entspr bei Verrichtg höherwert Arb dch Vertretg für einen vakanten ArbPlatz (BAG **AP** Nr 31). Abs II, III gelten für alle Arten v Vergütg (vgl § 611 Anm 6, 7). Abs III gilt nur bei vereinb Vergütg. Für AusbildgsVerh (Einf 5 vor § 611) gilt § 10 BerBG. **c) Mehrwertsteuer:** Soweit ihr die Vergütg unterliegt, ist sie im Entgelt (Anm 3) enthalten. Ob sie ohne bes Vereinbg in der vertragl festgelegten Vergütg enthalten ist, dürfte eher zu bejahen sein als bei Kauf- u WerkVertr (vgl § 157 Anm 3).

2) Vergütungspflicht (Abs I). **a) Voraussetzungen:** Es muß obj von seiten dessen, für den die De geleistet w, ohne Rücks auf dessen pers Meing (BAG **AP** Nr 13) die Entgeltlk zu erwarten sein. VerkSitte, Stellg der Beteil zueinander, Umfang u Dauer der De sind maßgebd. Sow die De in den Rahmen des vom DLeistden geübten Hauptberufs gehören, w idR Entgeltlk zu bejahen sein. Bei DLeistg für Verwandte, Freunde u im eheähnl Verh ist ein Indiz für Unentgeltlk, wenn die Vergütg erst später, insb nach Zerwürfn verlangt w; aus der DLeistg allein folgt noch kein VergütgsAnspr (BAG NJW **74**, 380). Sonderfall: Länger dauernde unentgeltl (od erhebl unterbezahlte) DLeistg in Erwartg künft Zuwendgen (insb Erbeinsetzg), Heirat od Adoption, die dann nicht eintreten (sog zweckverfehlte DLeistg). Hier wird v der Rspr § 612 I idR bejaht, auch wenn von Empfängern der De keine sichere Aussicht auf die Zuwendg eröffnet wurde (BAG **AP** Nr 23) od wenn die Zuwendg wg Testierverbots mißlingt (BAG **AP** Nr 27). Bsp: unentgeltl Arb für den Vater des Verlobten in Erwartg, daß dessen Betr übernommen w kann (BAG **AP** Nr 13); unterbezahlte Arb im Betr des Onkels in Erwartg von Erbeinsetzg (BAG **AP** Nr 23); DLeistg in einverständl Erwartg zukünft Vermögenszuwendg unter Lebenden (BGH WM **70**, 90). **b) Wirkung:** Die Vereinbg, daß eine Vergütg zu zahlen ist, wird unwiderlegb vermutet. Die Höhe richtet sich nach Anm 3. Die Fälligk folgt den allg Regeln (vgl § 614). Bei Erwartg v Erbeinsetzg od Vermächtn ist Stundg bis zum Tod des DBer anzunehmen (BAG **AP** Nr 15 u 27); die Zusage ist frei widerrufl (BGH NJW **78**, 444). **c) Beweislast:** Der DLeistde für die Umstde des Abs I, der DBer für die Vereinbg v Unentgeltlk.

3) Höhe (Abs II). Sie wird in dieser Reihenfolge best: Ausdrückl od stillschw Vereinbg (§ 611 Anm 6b), taxmäß Vergütg (Anm a), übl Vergütg (Anm b), Best dch den DVerpfl (§§ 315 I, 316); ist diese Best unbill, dch Urt (§ 315 III), BewLast trägt derjen, der sich auf Abs II als die für ihn günst Vorschr beruft. **a) Taxen:** Das sind nur nach B- od LandesR zugelassene u festgelegte Gebühren (Vergütgssätze), die Höchst- od Mindestsätze darstellen, insb die BRAGO (bestr), die GebO für Ärzte u Zahnärzte, die HOAI. **b) Übliche Vergütung** ist die für gleiche od ähnl DLeistg an dem betreffden Ort mit Rücks auf die pers Verh gewöhnl gewährte Vergütg. **aa) ArbN:** Es ist fast allg übl, daß auch bei nichttarifgebundenen ArbN der entspr TarLohn (auch mit im Betr gewährten Zuschlägen) bezahlt w (LAG Düss Betr **78**, 165). Dem entspr auch die vielfach kritisierte hM. Werden auf Veranlassg des ArbG (auch nur vorübergeh) höherwert Dienste geleistet, so besteht Anspr auf die Vergütg für die entspr höhere TarGruppe (vgl BAG NJW **73**, 294). **bb)** Selbständige: GebO v Verbänden u priv erstellte (zB AllGO für wirtschprüfde, wirtsch- u steuerberatde Berufe, BGH NJW **70**, 699 mwN) können nicht ohne weiteres als übl Vergütg angesehen w; idR wird eine allg Verkehrsgeltg bei den beteil Kreisen verlangt u festgestellt w müsssen (vgl § 632 Anm 3b). Vergütg für RBeistde: Die BRAGO gilt sinngem (BGBl **80**, I 1506). **c) Einseitige Bestimmung** (§§ 315, 316) dch den DVerpfl ist auch dann vorzunehmen, wenn eine übl Vergütg nicht nur fehlt, sond einen Spielraum läßt.

4) Lohngleichheit (Abs III). Ist als Benachteiliggsverbot konzipiert u soll (überflüssw) den § 611a I ergänzen, obwohl schon dadch die geschlechtsbezogene Vereinbg geringeren Lohns verboten ist. Die SondRegelg in Abs III kann nur dahin verstanden w, daß auf RFolgen hin bei § 611a eintreten sollen, obwohl der GGeber nur „ausdrückl gesond normieren" wollte (BT-Drucks 353/79 S 16). Das kann sinnvollerw nur der Anspr auf einen höheren Lohn sein (vgl Anm d). **a) Anwendungsbereich:** wie § 611a Anm 1b. **b) Voraussetzungen** (Abs III S 1): **aa)** Die geschuldete ArbLeistg (§ 611 Anm 3) muß im Verh zu mind einem ArbN and Geschlechts (u desselben Betr) völl gleich sein (nach Art, Umf u Zt, wie § 611a Anm 3) od gleichwert; dies soll (wenn überh mögl: hierzu Eich NJW **80**, 2329) nach Praxis der TVPart in der allg VerkAnschauung geschehen (Lorenz Betr **80**, 1745). **bb)** Vereinbg geringerer Vergütg (§ 611 Anm 6) im ArbVertr (1d vor § 611) od bei VertrÄnd (§ 305) im Vergl zu mind einem ArbN and Geschlechts im selben Betr. **cc)** Benachteiligg wg des Geschlechts: wie § 611a Anm 2a, cc. **c) Beweislast** (Abs III S 3). Es gilt § 611a Anm 3a, b, aa. Die Anwendg des § 611a I S 3 ist entspr, weil die Voraussetzg unter § 611a Anm 3b, bb hier ggstandsl ist. **d) Wirkung.** Die Vereinbg gleichen Lohns (dh ein entspr VertrAbschl) ist VertrPfl des ArbG. Der ArbN hat einen ErfAnspr darauf, daß mit ihm ein gleicher Lohn vereinb wird, ggf rückwirkd u dch VertrÄnd (§ 305), auch dementspr bezahlt. Daher ist der Anspr auf die Lohndifferenz nicht als SchadErsAnspr zu behandeln. **e) Verjährung.** Sie muß mit der des § 611a gleich sein; daher muß § 611a III mind entspr angewendet w. **f) Besondere Schutzvorschriften** (Abs III S 2), die wg des Geschlechts gelten (8c vor § 611) sind kein Grd (vgl § 611a Anm 2b, aa) für geringeren Lohn. Das ist schon lange stRspr des BAG. **g) Bekanntmachung:** § 611a Anm 1e.

Einzelne Schuldverhältnisse. 6. Titel: Dienstvertrag §§ 612a–613a

612 a *Maßregelungsverbot.* **Der Arbeitgeber darf einen Arbeitnehmer bei einer Vereinbarung oder einer Maßnahme nicht benachteiligen, weil der Arbeitnehmer in zulässiger Weise seine Rechte ausübt.**

Inkrafttreten: wie § 611a Anm 1. **Vereinbarung:** § 611a Anm 2a, aa. **Maßnahme:** § 611a Anm 2a, bb. **Benachteiligung:** wie § 611a Anm 2a, cc, ohne daß sie geschlechtsbezogen sein muß. **Rechtsausübung:** Grdsätzl darf jeder ein ihm zustehdes R geltd machen; unzuläss ist nur ausnahmsw (hierzu § 242 Anm 4 B). Bsp: Antr auf Vorruhestandsgeld (BAG NZA **88**, 18); Vollstr eines WeiterbeschäftiggsAnspr (LAG Düss Betr **89**, 685). **Verstoß:** Nichtig (§ 134), sofern dch RGesch benachteil wird (iü vgl § 611a Anm 1d). Ein SchadErsAnspr ist als schuldh VertrVerletzg (§ 276 Anm 7) auch über § 823 II gegeben. **Bekanntmachung:** § 611a Anm 1e.

613 *Persönliche Pflicht und Berechtigung.* **Der zur Dienstleistung Verpflichtete hat die Dienste im Zweifel in Person zu leisten. Der Anspruch auf die Dienste ist im Zweifel nicht übertragbar.**

1) Dienstleistungspflicht. S 1 ist Ausleggsregel; daher abdingb. **a) Persönliche Dienstleistungspflicht. aa)** Sie besteht insb bei sog höchstpers, bei denen es auf die bes Fähk der betr Pers ankommt (vgl Neumann-Duesberg BB **70**, 1462), zB Chefarzt bei Operation gg bes Vergütg (LG Fulda MDR **88**, 317). Bei ArbVerh darf sich der ArbN auch nicht vorübergehd weise seine Arb dch betriebsfremde Pers leisten lassen (LAG Düss NJW **67**, 2177). Bei DVertr dürfen HilfsPers herangezogen w (Umfang: § 157), zB Delegation einzelner ärztl Aufgaben (insb Blutentnahme, Injektion) auf nichtärztl Assistenten (vgl Hahn NJW **81**, 1977). Nicht v RA auf Bürovorsteher (BGH NJW **81**, 2741). **bb) Rechtsfolgen:** bei Tod des DVerpfl, insb des DVerh endet das DVerh (Vorbem 1b, bb vor § 620); die Pfl geht nicht auf den Erben über. Anfängl Unmöglk: Anwendbk der §§ 306, 307 ist umstr (vgl Neumann-Duesberg aaO). Vertrwidr Übert auf Dr: §§ 325, 326. **b) Dienstleistung durch Dritte:** Zulässigk muß vereinb sein od sich aus den Umst ergeben. Bsp: Mandat an AnwSozietät (BGH NJW **63**, 1301); Hausmeisterehepaar (AG Ffm MDR **60**, 676); Oberarzt für verhinderten Chefarzt (umstr; vgl Celle NJW **82**, 2129 mwN u Anm a).

2) Dienstleistungsanspruch. S 2 ist Ausleggsregel; daher abdingb. **a) Unübertragbarkeit:** Ausn v § 398; hindert nicht, daß die De ganz od zT zG eines Dr geleistet w. Vererblk ist nicht ausgeschl. Wg Beendigg des DVerh inf Tod des DBer vgl Vorbem 1b, bb vor § 620. **b) Übertragbarkeit** muß vereinb sein od sich aus den Umst ergeben. Das ist insb bei sog ZeitArbUntern gegeben (vgl Einf 4a, ee vor § 611). Mit Zust des DVerpfl kann der Anspr jederzeit übertragb w. Bei ArbGWechsel: § 613a.

613a *Betriebsübergang.* **I Geht ein Betrieb oder Betriebsteil durch Rechtsgeschäft auf einen anderen Inhaber über, so tritt dieser in die Rechte und Pflichten aus den im Zeitpunkt des Übergangs bestehenden Arbeitsverhältnissen ein. Sind diese Rechte und Pflichten durch Rechtsnormen eines Tarifvertrags oder durch eine Betriebsvereinbarung geregelt, so werden sie Inhalt des Arbeitsverhältnisses zwischen dem neuen Inhaber und dem Arbeitnehmer und dürfen nicht vor Ablauf eines Jahres nach dem Zeitpunkt des Übergangs zum Nachteil des Arbeitnehmers geändert werden. Satz 2 gilt nicht, wenn die Rechte und Pflichten bei dem neuen Inhaber durch Rechtsnormen eines anderen Tarifvertrags oder durch eine andere Betriebsvereinbarung geregelt werden. Vor Ablauf der Frist nach Satz 2 können die Rechte und Pflichten geändert werden, wenn der Tarifvertrag oder die Betriebsvereinbarung nicht mehr gilt oder bei fehlender beiderseitiger Tarifgebundenheit im Geltungsbereich eines anderen Tarifvertrags dessen Anwendung zwischen dem neuen Inhaber und dem Arbeitnehmer vereinbart wird.**

II Der bisherige Arbeitgeber haftet neben dem neuen Inhaber für Verpflichtungen nach Absatz 1, soweit sie vor dem Zeitpunkt des Übergangs entstanden sind und vor Ablauf von einem Jahr nach diesem Zeitpunkt fällig werden, als Gesamtschuldner. Werden solche Verpflichtungen nach dem Zeitpunkt des Übergangs fällig, so haftet der bisherige Arbeitgeber für sie jedoch nur in dem Umfang, der dem im Zeitpunkt des Übergangs abgelaufenen Teil ihres Bemessungszeitraums entspricht.

III Absatz 2 gilt nicht, wenn eine juristische Person durch Verschmelzung oder Umwandlung erlischt; § 8 des Umwandlungsgesetzes in der Fassung der Bekanntmachung vom 6. November 1969 (Bundesgesetzbl. I S. 2081) bleibt unberührt.

IV Die Kündigung des Arbeitsverhältnisses eines Arbeitnehmers durch den bisherigen Arbeitgeber oder durch den neuen Inhaber wegen des Übergangs eines Betriebs oder eines Betriebsteils ist unwirksam. Das Recht zur Kündigung des Arbeitsverhältnisses aus anderen Gründen bleibt unberührt.

1) Allgemeines. Neue RsprÜbersicht: Willemsen ZIP **86**, 477. Die Rspr neigt zu extensiver Anwendg (Willemsen aaO). **a) Rechtsnatur.** VertrÜbern mit ges SonderRNachfolge (hM; Schreiber RdA **82**, 137). **b) Zweck:** (1) Schutz der ArbN dch Sicherg des ArbPl; nicht die Erhaltg v ArbPlätzen. (2) Schutz der Funktion u Kontinuität des Betr u des BetrRats. (3) Regelg der Haftg des bish u des neuen BetrInh (dieser gehen die bes Regelungen der KO als lex specialis vor). Das ist unabh v der Möglichk dch dreiseit Vertr das ArbVerh zu übertr (vgl Einf 1e vor § 611). **c) Anwendungsbereich: aa) Arbeitsverhältnisse.** Nur bei solchen (Einf 1e vor § 611), einschließl der gekünd, solange die KündFr läuft (BAG BB **78**, 914); auch die v ltd Angest (BAG aaO), Auszubildde (Lepke BB **79**, 526), VersorggsAnwartsch (BAG NJW **79**, 2533 u **80**, 1124). Nicht: HeimArbVerh (BAG BB **81**, 1466), RuhestandsVerh (BAG NJW **77**, 1791; NZA **88**, 246); das

§ 613a 1, 2   2. Buch. 7. Abschnitt. *Putzo*

DVerh des GmbH-GeschFührers (Celle OLGZ **78**, 199), DVertr mit and wirtsch Zweck (BGH NJW **81**, 1364). **bb) Umwandlung und Fusion.** Bei nur formändernder Umwandlg gilt § 613a nicht (allgM). Abs III beschr die Anwendbk des Abs II für Fälle, in denen das Verm des bisher ArbG sowieso auf den neuen ArbG voll übergeht; bei § 8 UmwG bleiben die Verm noch getrennt. **cc) Erbfolge.** § 613a gilt nicht (dieselben RFolgen wie bei Abs I treten dch § 1922 ein). **dd) Insolvenzen** (hierzu Mohrbutter KTS **83**, 1). Die Fortführg des Betr dch den KonkV ist kein BetrÜberg iS des § 613a. Bei Veräußer im Konk u LiquidationsVgl gilt aber § 613a für bestehde ArbVerh in Abs I u IV (BAG NJW **84**, 627, im Endergebn wirtsch u rechtspol verfehlt), auch für Pfl des ArbG aus dem BetrAVG, nicht aber für Verbindlichk, die zZ der KonkEröffng bereits entstanden waren (sehr umstr; BAG NJW **80**, 1124 mwN u NZA **87**, 548; st Rspr; hiergg krit Loritz RdA **87**, 65 [84]), dann, wenn nach Ablehng des Konk mangels Masse der Betr fortgeführt w (BAG NJW **85**, 1574). Führt der KonkV den Betr fort, so haftet der Erwerber für die dadch entstandenen Masseschulden (BAG NJW **87**, 1966). § 613a gilt auch, wenn der ZwVerwalter eines Grdst den darauf stehden Betr fortführt (BAG NJW **80**, 2148; ebso Richardi RdA **76**, 56; aA Mohrbutter KTS **83**, 8), wenn der BetrInh während des VglVerf einen BetrT mit Genehmigg des VglVerwalters veräußert (BAG NJW **81**, 1364) od wenn der Erwerber den Betr nur fortführt, um die vorhandenen Roh- u Hilfsstoffe zu verwerten (BAG BB **89**, 558). **ee) Ausscheiden eines Gesellschafters** des ArbG (BAG NJW **78**, 391), der nach § 128 HGB weiter haften soll. Hier gilt § 613a nicht, weil die Identität der oHG od KG fortbesteht (BAG WM **83**, 848). **d) Abdingbarkeit:** Wg des Schutzzweckes (Anm a) ist § 613a zwingd (allgM; BAG NJW **82**, 1607). Das gilt insb auch für Vereinbg, wonach der Veräußerer ggü dem ArbN allein Schuldner der VersorggsVerpflichtgen bleiben soll (BAG aaO). Vor dem BetrÜbergang können die Wirkgen der Abs I u II nicht dch Vertr v dem bisher ArbG ausgeschl w. Aufhebgdes ArbVertr u Änd seines Inhalts dch Vertr (§ 305) des neuen (u alten) ArbG u des ArbN ist auch vor BetrÜbergang zuläss (Bauer Anm **83**, 713), insb auch ein Lohnerlaß (BAG NJW **77**, 1168). **e) International.** Bei Veräußerg v Betr oder BetrT auch in ein and Land (zB Reederei) geht das Arbeitsstatut vor, dh es gilt dasjenige R, in dessen Land das ArbVerh besteht (Kronke IPRax **81**, 157). **f) Prozessuales.** Bei Anspr, für die § 613a anwendb ist, gelten §§ 265, 325, 727 ZPO (BAG BB **77**, 395).

2) Voraussetzungen (Abs I). Schmalenberg NZA Beil 3/89 S 14. **a) Betrieb oder Betriebsteil.** BetrT ist ein Anteil von BetrMitteln mit Zushang für best arbtechn Zweck (vgl Loritz RdA **87**, 65); insb BetrAbt (BAG BB **75**, 468), auch NebenBetr (Einf 1j vor § 611; vgl Neumann-Duesberg NJW **73**, 268), gleichgült welcher Größe, auch der Vertrieb eines Untern (LAG Nds Betr **82**, 1174), ein fremdgenutztes Mietshaus (BAG ZIP **88**, 48 für Hausmeister). Bei Beschäftigg für mehrere (veräußerte) Betr od BetrT, kommt es darauf an, wo der ArbN überwiegd beschäft war (BAG **39**, 208 = SAE **86**, 29 m Anm v Häuser). Bei ProduktionsBetr ist Überg der wesentl sachl u immateriellen (BAG NJW **86**, 451), nicht aber aller BetrMittel notw (BAG NJW **86**, 450). Austausch auch wesentl ProduktionsAnl steht nicht entgg (BAG Betr **87**, 991). Auch die Übertr der BetrEinrichtg (BetrMittel) u Entferng vom bisher BetrGrdst, kann der Betr darstellen, wenn er auf einem ad Grdst fortgeführt w kann (BAG NJW **76**, 535; abw Hess Betr **76**, 1154: nicht ohne ArbN). StilleggsAbs steht nicht entgg (BAG aaO), wohl aber die tats u vollständ BetrStillegg (BAG Betr **87**, 991; Ffm BB **81**, 50). Übernahme einzelner Maschinen u v Teilen der ArbNsch ohne organisator Zusfassg genügt nicht. Ebsowen der Erwerb des AnlageVerm (LAG SchlH Betr **78**, 1406). Bei einem EinzelhandelsGesch muß grdsätzl dasselbe Warensortiment weitergeführt w (BAG Betr **87**, 992). Daß der Betr zZ des RGesch prakt konkreif ist, steht nicht entgg (BAG BB **79**, 735), wohl aber seine Stillegg (Loritz RdA **87**, 65 [70]). **b) Übergang** auf and Inh (auch v od auf jurP öffR) ist jeder Wechsel des BetrInh, auch von einem Pächter auf den neuen Pächter (BAG NJW **81**, 2212) od v Pächter auf die Verp (BAG Betr **87**, 991), sofern der Pächter den Betr nicht vorher stillegt (BAG aaO). Der Übgang auf eine sog AuffangGesellsch (BAG NJW **85**, 1574), der dch Umwandlg (§ 1 UmwG; §§ 362ff AktG) u Verschmelzg (§§ 339ff AktG), auch innerh eines Konzerns, die sog BetrAufspaltg (BAG NZA **88**, 501). Übergang ist jedoch nicht bei der VerpflGesch (vgl Anm c), sond setzt die Erf dch Übertr der Sachen u Re, die den Betr od BertrTeil darstellen. Vom Überg zu untersch ist die Stillegg. Sie setzt den endgült Entschl voraus, den Betr auf unbest, nicht unerhebl Zt einzustellen; kann auch in einer räuml Verlegg mit Aufbau neuer Arbnehmersch liegen (BAG AP Nr 167). **c) Rechtsgeschäft.** Es muß dem Übgang zugrdeliegen. Es darf aber unwirks sein (hM; BAG NJW **86**, 453) u kann dem Übgang nachfolgen (BAG ZIP **89**, 795 m Anm v Gaul 757). RGesch ist umfassd lediglich als Abgrenzg zur GesRNachfolge zu verstehen (hM; hierzu krit Loritz RdA **87**, 65 [72], auch zur sog AuffangGes). Als RGrd komm Kauf, Pacht (BAG NJW **79**, 2634 u RdA **87**, 523; auch Anschlußpacht, BGH NJW **85**, 2643), Schenkg, Umwandlgs- od VerschmelzgsBeschl in Betracht, sogar uU Künd des sog Einfirmenvertreters (BAG NZA **88**, 838), wobei es auf Motive des Erwerbers (auch StilleggsAbsicht) nicht ankommt (BAG Betr **78**, 1453). Das RGesch muß sich auf den Betr beziehen; es genügt nicht die Miete der selben GeschRäume (LAG BaWü BB **85**, 123) od die Übern der Belegsch (BAG NJW **86**, 451). Es können auch mehrere RGesch sein, die dem BetrÜbgang zugrundeliegen (BAG NJW **86**, 448). Der bisher BetrInh muß daran nicht beteil sein (BAG aaO; Backhaus Betr **85**, 1131). Auf Vereinbg der VertrPart, die den § 613a ausschließen sollen, kommt es wg Anm 1d nicht an (BAG NJW **76**, 535). **d) Bestehende Arbeitsverhältnisse** aller Art, auch fakt (Einf 4a aa vor § 611) u zwar zZ des BetrÜbgangs (BAG NJW **87**, 3031). Auch gekünd, wenn sie inf der Fr noch nicht beendet sind. **e) Zustimmung** des ArbN ist grdsätzl nicht nöt; jedoch hindert ein Widerspr des ArbN den Übgang seines (mit dem bisher ArbG fortbestehden) ArbVerh gem Anm 3 (BAG st Rspr; NZA **87**, 524 mwN). Dies gilt auch, wenn der ges Betr übergeht (BAG NJW **80**, 2149); jedoch nicht mehr, wenn sich ArbN u neuer ArbG darü einig waren, daß das ArbVerh übergehe (BAG NZA **84**, 32). Ein Widerspr bedarf keines bes Grds (BAG aaO). Fortsetzg des ArbVerh mit neuem ArbG u Schweigen innerh angemessener ÜberleggsFr gelten als Zust (BAG NJW **78**, 1653). Der ArbN, der widerspricht, riskiert aber eine betrbedingte Künd des bisher ArbG (§ 1 KSchG; BAG NJW **75**, 1378). Zur dogmat Begrdg u sonst RFolgen vgl Pottmeyer ZfA **89**, 239. **f) Beweislast** für die Übern trägt der auf Vergütg klagde ArbN. Zum Bew des ersten Anscheins BAG NJW **86**, 454.

3) Wirkung. Das ArbVerh besteht fort, einschließl der bestehden VersorggsAnwartsch (BAG **AP** Nr 15; Falkenberg BB **87**, 328 mwN); hierauf abzielde rechtsgesch Erkl der Beteil sind unnöt. § 412 gilt. **a) Neuer Arbeitgeber** (Abs I). Diese RStellg erlangt der neue BetrInh mit dem Übergang (Anm 2b). Er tritt im ArbVerh anstelle des bisher ArbG, wird Schu aller bisher entstandenen Pfl, zB rückständ Lohn (BAG NJW **77**, 1168), VersorggsAnwartsch (BAG **AP** Nr 7 u 12) u Inh aller auf dem ArbVerh beruhden Re ggü dem ArbN, insb auch für den Anspr auf ArbLeistg (Ausn von § 613) u als DrSchu der Lohnpfändg (LAG Hamm BB **76**, 364); jedoch kann ein Verzicht des ArbN auf freiw begrdete betriebl SozLeistgen wirks sein (vgl BAG BB **77**, 897). Bei bereits beendetem ArbVerh tritt der neue ArbG hingg nicht in die VergütgsPfl (BAG NJW **87**, 3031) od in die RuhegeldAnwartsch u -verbindlichk ein (BAG **29**, 94 [98] u NZA **88**, 246), dies regelt sich nach § 4 BetrAVG (Schaub ZIP **84**, 272 [275]). Bei FirmenÜbnahme gilt aber § 27 HGB (BAG NZA **88**, 246). Nicht gehaftet wird für LohnAnspr, die dch Konkursausfallgeld gesichert sind (LSG NRW ZIP **84**, 215) u ProvAnspr ausgeschiedener ArbN (BAG NZA **87**, 597). **b) Bisheriger Arbeitgeber** (Abs II). Er verliert alle Re aus dem ArbVerh. Für die bis zum Übergang (Anm 2b) entstandenen Pfl haftet er dem ArbN weiter, ggf anteil (LAG Düss BB §§ **77**, 502). Geschuld gem §§ 421ff mit anteil Ausgleich, auch für gewährten Url (BGH WPM **85**, 2643). Für Fälligk (wicht wg S 1) sind §§ 614, 271 zu beachten. Im Verh zum neuen BetrInh richtet sich die AusglPfl (§ 426) nach dem Vertr zw ihnen (Anm 2c; vgl Löwisch ZIP **86**, 1101). Hierin kann insb vereinb w, daß der neue BetrInh die od bestimmte ArbN weiterbeschäft (vgl BGH NJW **87**, 2874). Eine AusleggsRegel, wonach der bisher ArbG bis zum Übergang, ggf anteil, alle entstandenen u fäll Verbindlichk zu tragen habe, besteht nicht (Schreiber RdA **82**, 137; zB bei UrlAnspr (Ffm MDR **83**, 666). **c) Arbeitnehmer.** Seine ArbPfl besteht ggü dem neuen ArbG (Ausn von § 613). Die BetrZugehörigk als Voraussetzg für die verlängerten KündFr (§ 622 II, § 2 AngKüSchG), für KündSchutz (§ 1 KSchG), RuhegeldAnwartsch (Einf 7c vor § 611; BAG NJW **79**, 2533) u Gratifikation (§ 611 Anm 7e, aa) werden dch den BetrÜbergang nicht unterbrochen, jedoch muß bei eigenen VersorggsZusagen des neuen ArbG die frühere BeschäftigsZt nicht angerechnet w (BAG NJW **80**, 416). Bei ÜbNahme von 2 Betr gilt der Grds der Gleichbehandlg auch in seinem AnwendgsBereich (§ 611 Anm 9) nicht (BAG BB **77**, 145). **d) Rechte und Pflichten.** Nur solche an dem ArbVertr u zwar alle, zB auch der UrlAnspr (BGH NJW **85**, 2643; zum InnenVerh der ArbG krit Leinemann/Lipke Betr **88**, 1217). Umstr ist, ob auch das nachvertragl WettbVerbot (§ 611 Anm 4c, bb) übgeht (Nägele BB **89**, 1480). Nicht dazu gehören die rückständ SozBeitr (BayObLG BB **74**, 1582) u Lohnsteuer. Auch an selbstd VersorggsEinrichtgen des bisher ArbG erwirbt der neue ArbG keine Re (BAG **AP** Nr 7).

4) Einfluß von Tarifverträgen und Betriebsvereinbarungen (Abs I S 2–4). Diese Regelg hat neue RUnsicherh u unnöt Probleme geschaffen (Seiter Betr **80**, 877; Wank NZA **87**, 505). Sie bezweckt ein Verschlechtergsverbot u soll die TarifEinh im neuen Betr wahren (BAG NZA **86**, 687). Abs I S 2–4 gelten nur für diejenigen Fällen, in denen die TarifZustdgk dch den BetrInhWechsel veränd w, dh TarVertr u BetrVereinbg nicht sowieso schon weitergelten (Jung RdA **81**, 360). **a) Inhaltsfortsetzung** (S 2, 1. Teil). Daß die Re u Pfl aus dem ArbVerh, auch sofern sie dch die Wirkg eines TV od einer BetrVereinbg gestaltet sind, auch für u gg den ArbG wirken, ergibt an sich schon S 1. Aus S 2 folgt, daß die Wirkg der Kollektivnormen nunmehr individualrechtl (einzelvertragl) weitergilt (Seiter aaO), u zwar zwingd gg den ArbG u zG des ArbN (vgl Anm b). Betrifft nur die zZ des BetrÜbergang geltden TarNormen (BAG ZIP **86**, 593). **b) Änderungsverbot** (S 2, 2. Teil). Jede Änderg, die Re u Pfl des ArbVerh betr, fällt grdsätzl unter § 305. Zum Nachteil: Der notw Vergl (§ 611a Anm 2a, cc) muß hier zw dem bisher u dem neuen Inhalt des ArbVerh gesucht w. Hierbei kann es vieles geben, bes in BetrVereinbg, was bei der beabsicht Änderg weder als Vorteil noch Nachteil od als gleichwert eingestuft w kann. Die Behandlg solcher Fragen muß der Praxis überlassen w. Frist: Beginn mit Überg (Anm 2b). Berechg: §§ 187ff. Änderg: nicht Abschl des RGesch (§ 305), sond Eintritt der Wirksamk. Ein Verstoß bewirkt Nichtigk (§ 134). **c) Vorrang anderer Kollektivverträge** (S 3). Sie müssen für den neuen ArbG (u BetrInh) gelten; das bedeutet, daß dieser unter eine der übgehde Betr in irgendeiner Form an- od eingegliedert w. Die dafür geltden KollektivVertr regeln den Inhalt des ArbVerh zw ArbN u dem neuen ArbG (abweichd v S 1; Anm a), soweit sie and Regelgen enthalten; iü gilt der Inhalt des (alten) ArbVertr weiter. Diese Wirkg tritt ein, auch wenn die Bindg an den neuen TarVertr erst nach dem BetrÜberg beginnt u ohne Rücks darauf, ob die Normen der KollektivVertr für den ArbN nachteil sind od nicht. **d) Zulässige Änderung** (S 4). Bezieht sich auf S 1 u ist kaum noch zu verstehen. Bezweckt wird die frühere Beendigg des Ändergsverbots (Anm b) in 2 Fällen: **aa)** Wenn der TV od die BetrVereinbg, die schon das frühere ArbVerh normierten, wg FrAblauf od Künd beendet w (1. Alt); **bb)** wenn der neue ArbG u der ArbN vereinb, daß ein anderer TV angewendet w; das darf aber nur der „einschlägige" sein (BT-Drucks 353/79 S 18).

5) Kündigung des ArbVerh (Abs IV), Inkrafttr: Anm 1a. **a) Voraussetzungen. aa)** Künd: ordentl (§ 622) u außerordentl (§ 626), auch ÄndKünd. Sie muß vom bisher ArbG od v neuen ArbG (dem neuen BetrInh) ausgehen. Die Klage ist gg denjen ArbG zu richten, der gekünd hat (vgl BAG NJW **84**, 627). **bb)** Der BetrÜberg (Anm 2a–c) muß nicht der allein BewegGrd sein. Es genügt für die Unwirksk, daß der BetrÜberg für die Künd wesentl mitbestimmd ist (Bauer Betr **83**, 713 mwN). Für Künd, die unabhäng vom BetrÜberg sachl gerechtfert sind, gilt Abs IV S 1 nicht. Das sollte nicht auf die Fälle erstreckt w, in denen die betreffde Künd nöt ist, um für den Betr bei Veräußer dch die KonkVerw die Fortführg dch den Erwerber zu erzielen (aA LAG Ffm ZIP **82**, 619 m abl Anm v Westhelle). **cc)** BewLast für Kausalität zw BetrÜberg u Künd trägt der ArbN, der die Unwirksamk der Künd im Proz geltd macht (BAG NJW **86**, 2008). **b) Wirkung.** Es handelt sich um ein selbst KündVerbot (unabhäng v KSchG), das auch dann gilt, wenn zZ der Künd der Betr stillgelegt w soll, aber dann doch noch veräußert u fortgeführt w, § 613a also eingreift (hM; BAG NJW **86**, 87; BGH NJW **85**, 2640; bestr; vgl Loritz RdA **87**, 65 [80] mwN). Die Künd ist nichtig (§ 134) u fällt unter § 13 III KSchG, wenn für das ArbVerh das KSchG anwendb wäre (BAG aaO). Die Fr des § 4 KSchG gilt daher nicht (BAG aaO; früher umstr). Das KündVerbot ist unabhäng

§§ 613a–615

davon, ob das KSchG iü anwendb ist od nicht (BAG u BGH aaO). Zur Verwirkg des KlBegehrens bei verzögerter Kl des ArbN: BAG Betr **88**, 2156. Eine Künd des ArbN kann wg Umgeh des Abs IV nichtig sein (§ 134), wenn sie der ArbG wg bevorstehder BetrVeräußerg veranlaßt (BAG NZA **88**, 198). **c) Andere Kündigungsgründe** (Abs IV S 2). Solche sind nur erforderl für die außerord Künd § 626) u für die ordentl Künd, die dem KSchG (§§ 1, 23) unterliegt, so daß aus diesen Grden auch bei BetrÜberg gekünd w kann. And Künd bedürfen keines Grdes. Bei diesen Arb Verh, für die das KSchG nicht gilt, muß also für die wirks Künd nur der BewegGrd des BetrÜberg fehlen (vgl hierzu Popp Betr **86**, 2284). Gilt dasKSchG, so ist die Stillegg des Betr nach § 1 II KSchG zu behandeln; eine solche Künd gehört zu denen iS des Abs IV S 2 (BAG NJW **86**, 91); für eine solche Künd ist auf die Verh zZ der KündErkl abzustellen (BAG NZA **89**, 265).

614 Fälligkeit der Vergütung. Die Vergütung ist nach der Leistung der Dienste zu entrichten. Ist die Vergütung nach Zeitabschnitten bemessen, so ist sie nach dem Ablaufe der einzelnen Zeitabschnitte zu entrichten.

1) Allgemeines. § 614 ist Sonderregelg ggü § 271. Prakt geringe Bedeutg, da SonderVorschr (§§ 64, 87cHGB, § 11 BerBG) bestehen u im ArbR § 614 dch TV u BetrVereinbg (§ 87 I Nr 4 BetrVG) häuf abbedungen ist.

Wirkung: a) VorleistgsPfl des DVerpfl; daher hat er ein ZbR aus § 273 nur, wenn die fäll gew Vergütg nicht bezahlt ist od der DBer and Pfl nicht erf gl § 611 Anm 1e). **b)** Vorschüsse u AbschlagsZahlg erfordern grdsätzl ausdrückl od stillschw Vereinbg, idR anzunehmen bei AufwandsEntsch u Spesen (LAG BaWü BB **69**, 875), aus FürsPfl (§ 611 Anm 8) bei Notfällen (hM), Abschlag u Vorschuß mindern ohne Aufrechng od sonst Erkl als vorzeit Erf (§ 362 Anm 1) die Vergütg. Die Beendigg des ArbVerh rückt die spätere Fällig einer Vergütg, insb einer sonst Vergütg (zB Treueprämie) nicht auf diesen Ztpkt vor (BAG BB **73**, 144).

615 Vergütung bei Annahmeverzug. Kommt der Dienstberechtigte mit der Annahme der Dienste in Verzug, so kann der Verpflichtete für die infolge des Verzugs nicht geleisteten Dienste die vereinbarte Vergütung verlangen, ohne zur Nachleistung verpflichtet zu sein. Er muß sich jedoch den Wert desjenigen anrechnen lassen, was er infolge des Unterbleibens der Dienstleistung erspart oder durch anderweitige Verwendung seiner Dienste erwirbt oder zu erwerben böswillig unterläßt.

1) Allgemeines. a) Grundgedanke: Der DVerpfl ist idR für seinen LebensUnterh auf die Vergütg angewiesen. Er kann seine ArbLeistg, über die er dch das DVerh disponiert hat, nicht ohne weiteres anderweit verwerten u nicht ohne Schädigg nachholen. **b) Anwendungsbereich:** Alle DVerh, nicht nur ArbVerh, auch kurzzeit u vorübergehde (zB Unterricht, Tagesaushilfen), auch wenn sie noch nicht angetreten sind. Zeitl nur bis zu ihrer Beendigg. Nicht: währd des Ruhens v ArbVerh (Vorbem 1 vor § 620). **c) Rechtsnatur:** § 615 gibt keinen selbstd Anspr, sond bewirkt, daß (abw v Grdsatz „Lohn nur für geleistete Dienste", vgl § 614) der VergütsAnspr (§ 611), also brutto, dem DVerpfl erhalten bleibt. Er ist ein ErfAnspr, kein SchadErsAnspr (BGH NJW **67**, 250). Daraus folgt: Fälligk wie bei tats DLeistg (BAG **AP** Nr 22), ebso der Umfang. Insb sind der vermutl Akkordlohn, Prov, Gratifikation u Zulagen zu zahlen (BAG **AP** Nr 23; Hoppe BB **67**, 1491). **d) Verhältnis zu §§ 323–325** (vgl Neumann-Duesberg JuS **70**, 68). **aa)** Soweit § 615 erf ist, kann § 323 nicht angewendet w. Beim VollzeitDVerh umfaßt § 615 nur die UnterbrechgsFälle, nicht den Abbruch (Rückert ZfA **83**, 1). Bei Dauerstörgen (Abbruch) gilt § 323 (Rückert aaO). **bb)** Wenn die DLeistg inf Versch des DBer unmögl w. gilt § 324 u es treten die gleichen RFolgen wie bei § 615 ein (§ 324 I). **cc)** Für § 615 im Verh zu §§ 323–325 ist allg zu beachten: Eine DLeistg wird trotz ihres Fixschuldcharakters (vgl hierzu Nierwetberg BB **82**, 995) dadch, daß sie für einen best ZtRaum nicht erbracht w, nur unter der Voraussetzg unmögl, daß sie nicht nachgeholt w kann. Ist sie nachholb, so tritt Befreiung v der DLeistg nur über § 615 ein, da §§ 323–325 Unmöglk voraussetzen. Mit Ihrem Eintritt endet auch der AnnVerzug (BAG **AP** Nr 20) od tritt gar nicht erst ein. Es gelten dann, je nachdem, ob Versch vorliegt oder nicht, § 325 (bei Versch des DVerpfl), § 324 (bei Versch des DBer) oder § 323 (fehldes Versch; hierzu Anm 4). **e) Abdingbarkeit:** Ist für S 1 wie für S 2 zu bejahen (hM; BAG NJW **64**, 1243); muß (jedenf für S 2) zweifelsfrei vereinb sein (BAG aaO). Die Klausel „bezahlt wird nur die Zt der geleisteten Arb" bezieht sich nur auf ArbVersäumn des § 616 u ist für § 615 bedeutslos (BAG **AP** BetrRisiko Nr 14); S 1 ist aber beim ArbVerh des LeihArbN unabwendbar (§ 11 IV AÜG). BewLast für abw Vereinbg trägt derjen, der sich darauf beruft (vgl BAG NJW **64**, 1243).

2) Voraussetzungen (S 1). **a) Möglichkeit** der DLeistg (tats u rechtl) ist Voraussetzg des S 1. Bei Unmöglk (zB bei Stromsperre, Ausfall v Maschinen) sind die §§ 323–325 anzuwenden (vgl Anm 1d). Außerdem tritt wg § 297 kein AnnVerzug ein. Das ArbVerh muß also (fort)bestehen; das trifft zu, wenn eine Künd einvernehml zurückgenommen w (BAG **AP** Nr 40). Für die Wirksk einer v DBer (ArbG) ausgesprochenen Künd trägt dieser die BewLast (BAG ZIP **88**, 905). Unmögl ist die DLeistg zB, wenn der ArbN inf v Hindernissen auf dem Weg zur Arb (Eisglätte) den ArbPlatz nicht erreicht (BAG Betr **83**, 396), selbst wenn es an einem Werkbus des ArbG liegt (BAG aaO); ferner, wenn ein BeschäftiggsVerbot entggsteht. Auch Wille u Bereitsch zur ArbLeistg müssen vorliegen (Schaub ZIP **81**, 347). **b) Unterbleiben** der DLeistg für einen best ZtRaum, u zwar völl Unterbleiben. Werden die Dienste im Rahmen der zeitl laufden DLeistg nur zT erbracht (zB Fahren ohne EntladeArb), kommt nur SchlechtErf in Betr (§ 611 Anm 3e). **c) Annahmeverzug.** Hier sind die §§ 293ff anzuwenden (BAG stRspr: NZA **87**, 377 mwN). Das Angebot u der AnnVerzug entfallen nicht dadch, daß der DVerpfl ein anderes D(Arb)Verh eingeht (das ergibt indirekt S 2). **aa) Angebot** der DLeistg dch den DVerpfl, u zwar am rechten Ort, zur rechten Zt u

Weise. Dem steht entgg, wenn eine Mutter an den ArbPl nur mit ihrem Kind kommen will, um es zu stillen (BAG NJW **86**, 864) od wenn der ArbN arbunfäh alkoholisiert ist (LAG SchlH NZA **89**, 472). **(1) Tatsächlich** (§ 294). Er muß sich zum Ort der DLeistg (§ 611 Anm 3 d) begeben u versuchen, mit der Arb zu beginnen, u zwar rechtzeit (vgl Schaub ZIP **81**, 347). Dieses Angebot braucht nicht wiederholt zu werden (BAG **AP** Nr 20), solange nicht der DBer dazu übergeht, zur ArbLeistg aufzufordern. Stets muß bei andauerndem DVerh auch das LeistgsAngebot fortbestehen (BAG aaO), am besten gem Anm (2) dch eine entpsr Erkl. **(2) Wörtlich** (§ 295). Diese Erkl muß gem § 130 dem DBer zugehen, auch stillschw mögl u muß den ernsten Willen des DVerpfl zur DLeistg erkennen lassen. Diese sog LeistgsBereitsch muß tats bestehen (BAG NJW **75**, 1336) u kann idR nur für ZtRäume festgestellt w, die vor dem VhdlgsSchl (§ 296 a ZPO) liegen (BAG aaO). Auch die LeistgsFäh (§ 297) muß gegeben sein; zB muß der angestellte Kraftfahrer den Führerschein besitzen (BAG NJW **87**, 2837). Das wörtl Angebot genügt nur (vgl § 295), wenn der DBer vorher dem DVerpfl erkl hat, er werde die De nicht annehmen (zB Verbot den Betr zu betreten) od wenn MitwirkgsHdlg des DBer erforderl ist (zB Bereitstellg v ArbPlatz, -gerät u -material). In AusnFällen kann schon in der bisher ArbLeistg dieses Angebot gesehen w, zB bei einseit unberecht eingeführter KurzArb (BAG NJW **69**, 1734), aber noch nicht bei einer bloß unberecht Künd (BAG NJW **61**, 381). IdR ist ein Widerspr des DVerpfl (ArbN) gg die Künd erforderl (BGH NJW **67**, 250), insb KündSchKl (BAG NJW **63**, 1517; differenziert Burger BB **81**, 2076), die auf den Ztpkt der Künd zurückwirkt, wenn die Kl unverzügl erhoben wird (LAG Bln BB **81**, 2007). Nicht genügt ein wörtl Angebot, wenn es schon vor der Künd des DBer erkl w (BGH NJW **88**, 1201). Ein AuflösgsAntr gem § 9 KSchG schadet nicht, wenn er dann zurückgenommen wird (BAG **AP** Nr 22). Hingg macht ein Hinw auf ArbUnfähigk das Angebot unwirks (BAG **AP** Nr 26; vgl Anm a). Bei vorangegangener Krankmeldg muß der ArbN im KündSchProz das Ende der Erkrankg jedenf mitteilen (vgl [3]). **(3) Überflüssig** ist das Angebot in den Fällen des § 296. Das BAG NJW **85**, 935 verneint das Erfordern eines Angebots der ArbLeistg auch, wenn der ArbG nach unberecht fristl Künd dem ArbN nicht einen funktionsfäh ArbPl u Arbeit zuweist, damit der ArbN die geschuldete ArbLeistg erbringen kann. Ist der ArbN zZ der fristl Künd od später nicht leistgsbereit od -fähig, muß er seine ArbBereitsch dann nicht mitteilen, wenn der ArbG nach der fristl Künd ernsth erkl hat, er verzichte auf die Arb auch für die Zt nach Ende der fehlden ArbBereitsch (BAG aaO). Dies alles gilt nach BAG NJW **85**, 2662 auch bei ord Künd, wenn der ArbG den ArbN für die Zt nach Ablauf der KündFr nicht zur Arb auffordert. Das ist nicht anwendb bei DVerh mit weitgehd freier Gestaltg der Tätk (BGH NJW-RR **86**, 794). **bb) Nichtannahme** dch den DBer (§ 293), ausdrückl od stillschw, ohne Rücks auf Versch, insb dch fristlose Künd, Abberufg v VorstdsMitgl einer AG od GeschF einer GmbH, Einf v KurzArb u BetrUrl, Zutrittsverweigerg zur ArbStelle, Beurlaubg. Der AnnVerzug tritt nicht ein, wenn dem DBer die Beschäft auswn unzumutb ist (BAG NZA **88**, 465) u entfällt von dem Ztpkt an, zu dem sich der DBer zur Weiterbeschäftigg bereit erkl (BAG **AP** Nr 23), zB die Künd zurücknimmt (Soergel-Kraft 16). Es genügt aber nicht, daß sich der ArbG bereit erkl, den ArbN im Rahmen eines fakt ArbVerh (Einf 4a, aa vor § 611) bis zum erstinstanzl Urt (BAG NJW **82**, 121) od ihm vorläuf bis zum ProzEnde weiterzubeschäft (Denck NJW **83**, 255 mwN). **cc) Ende des Annahmeverzugs** tritt ein dch Wegfall der Voraussetzgen des §§ 293–299, zB dch Eintritt schuldnerischen Unvermögens (vgl § 297 u Anm c, aa 2). Nach BAG NJW **86**, 2846 endet der AnnVerz nicht dadch, daß der ArbG vorsorgl ein für die Dauer des KündRStreits befristetes neues ArbVerh zu den bisher Bedingen od eine dch die Wirksk der Künd auflösd bedingt Fortsetzg des ArbVerh anbietet. Die Ablehng des Angebots dch den ArbN ohne rechtl erhebl Grd, kann aber unter S 2 (3. Fall) subsumiert w (BAG NJW **82**, 121). **d) Ursächlichkeit** (wie Vorbem 5a, bb vor § 249) des AnmVerzugs (Anm c) für das Unterbleiben (Anm b).

3) Rechtsfolgen. a) Wirkung. Der DVerpfl behält den VergütsAnspr (S 1) in Art u Umfang wie unter Anm 1c dargestellt. Daneben kann er Mehraufwendgen gem § 304 verlangen. Der Anspr kann nicht dch Mitverursachg (§ 254) herabgesetzt w, weil der Anspr nicht auf SchadErs gerichtet ist (BAG NJW **67**, 250). Der VergütgsAnspr geht verloren, wenn der DVerpfl seinen AnnVerz herbeiführt (BGH NJW **88**, 1201). Zu den Risiken des ArbG iF eines KündSchProz: Schäfer NZA **84**, 106. **b) Anrechnung** (S 2) beschr entspr § 324 I 2 den Anspr in seiner Entstehg (mit SondRegelg in § 11 KSchG). Sie erfordert keine bes Erkl u ist keine Aufrechng. Behauptgs- u BewLast trägt der DBer. Anzurechnen sind: **aa) Ersparnis**, soweit sie auf dem Unterbleiben der DLeistg beruht, zB Fahrtkosten. **bb) Anderweitiger Erwerb:** Die tats erzielte GesVergütg (Anrechng jeweils brutto, KG Betr **79**, 170); auch noch nicht fäll u aufschiebd bedingte ProvFdg (LAG Düss Betr **70**, 1277), auch öff-rechtl Leistgen; denn § 11 Nr 3 KSchG gilt entspr (allgM; Soergel-Kraft 24). Nur derjen Erwerb, der dch die unterbliebene DLeistg (auch inf v Beurlaubg, BAG **AP** Nr 25) u dch ArbKraft ermögl w, daher nicht: der auch sonst mögl Nebenverdienst (BAG NJW **58**, 1060), die Verwertg der ArbKraft im eig Haush u Verdienst aus GelegenhGesch. Anzurechnen ist auf den ges ZtRaum des AnnVerzugs, nicht nur auf den entspr des anderweit Erwerbs (RG **58**, 402). Pfl zur Ausk entspr § 74 c II HGB, wobei der ArbG bis zur Erf die Einr verw kann (BAG NJW **74**, 1348 u **79**, 285). Bei unzureichder Ausk gilt § 260 II entspr (BAG NJW **74**, 1344). Der ArbG muß aber beweisen, daß der ArbN anderweit gearbeitet u verdient hat (BAG NJW **79**, 285). **cc) Böswillig unterlassener Erwerb:** Böswill bedeutet, daß der DVerspfl eine zumutb ArbMöglk kennt u vorsätzl ausläßt (BAG **AP** Böswilligk Nr 1, 2); das wird während der Dauer eines KündSchProz idR zu verneinen sein, sow es sich um eine DauerArbVertr handelt (vgl Gumpert BB **64**, 1300). Unterl v Bemühgen, Arb zu finden, ist nur dann böswill, wenn konkr Aussicht auf Erfolg besteht (LAG Bln NZA **84**, 125). Hdlg des ArbN, die der Sicherg vertragl Re dienen, sind nicht böswill, zB die Künd eines neuen ArbVerh trotz Ablehng des DLeistgsAngebots dch den bisher ArbG (BAG BB **74**, 277). Der ArbN muß auch nicht eine Tätigk ausüben, die der ArbG ihm unter Überschreitg der DirektionsR (§ 611 Anm 5) zuweist (BAG BB **81**, 1399).

4) Beiderseits unverschuldete Unmöglichkeit der DLeistg fällt nicht unter § 615 (vgl Anm 1d), sond unter § 323, führt zum Verlust des VergütsAnspr u deshalb beim DVertr zu unangem Ergebn, wenn die Unmöglichk auf einer BetrStörg beruht. Zur Lösg dieses Problems haben RG u RAG seit 1923 (RG **106**,

§§ 615, 616

272) die Sphärentheorie entwickelt. Auch das Schrifft hat sich ständ mit dem Problem befaßt (vgl die Nachw bei Rückert ZfA **83**, 1), sich dabei v der Dogmatik des BGB entfernt. Der GGeber ist untät geblieben. Das BAG hat folgende Grdsätze entwickelt: **a) Betriebsrisiko.** Dazu gehört das Untern- u Lohnrisiko. Es trägt grdsätzl der DBer (ArbG); er bleibt damit zur Zahlg der Vergütg auch ohne DLeistg verpfl, insb bei AuftrMangel, Ausfall v Betr- u Hilfsstoffen (Strom, Heizg, ArbMaterial, Maschinen), Brand (BAG NJW **73**, 342). Explosionen, Wetterstörgen, behördl Verboten (BAG **AP** BetrRisiko Nr 15), auch BetrVerbot bei Smog-Alarm (aA Ehmann NJW **87**, 401), jedoch trägt hier das Wege-Risiko auch bei Verkehrsverbot der ArbN (Ehmann aaO). In diesen Fällen kann nur ausnw die LohnzahlgsPfl ganz od zT entfallen, wenn andfalls der Bestand des Betr gefährdet wäre (hM; Soergel-Kraft 35 mwN). Für eine strikte BGB-Lösg (§§ 323, 615 S 1 Hs 2): Bletz JR **85**, 228. **b) Arbeitskampfrisiko.** Es ist v BetrRisiko zu untersch (BAG NJW **81**, 937). Ist die BetrStörg auf den Streik and ArbN desselben Betr (Teilstreik) zurückzuführen, so wird der ArbG v der VergütgsPfl frei (hM). Beruht die BetrStörg auf einem Streik, der nur and Betr außerh des Kampfgebiets berührt (sog Fernwirkg), so tragen nach der Rspr des BAG beide Seiten das ArbKampfrisiko (BAG NJW **81**, 937); von der Sphärentheorie des RG u RAG hat sich das BAG auch insow distanziert u stellt nunmehr darauf ab, ob die Fernwirkg eines Streiks (wie einer Aussperrg, vgl BAG NJW **80**, 1653) geeignet ist, das KräfteVerh der kampfführden Part zu beeinflussen (zB wenn die für die betroffenen Betr zuständ Verbände od Gewerksch ident od organisator verbunden sind, tarifpolit Zushang). Besteht dieser Zushang, entfällt bei einem Streik od einer AbwehrAussperrg, die einen DrittBetr betreffen, der Beschäftiggs- u VergütgsAnspr (BAG NJW **81**, 937); bei AngriffsAussperrg (1e bb vor § 620) in DrittBetr bleibt er bestehen. Die ArbZtRegelg (insb KurzArb) unterliegt der MitBest (§ 87 I Nr 2, 3 BetrVG; BAG aaO), wenn nicht Teile der v Betr vertretenen Belegsch selber streiken od ausgesperrt sind (BAG NJW **81**, 942). **c) Leiharbeitsverhältnisse** (Einf 4a, ee vor § 611). Hierfür gelten diese Regeln nicht im ArbVerh, das zum Verleiher besteht, wenn der Betr des Entleihers streikbetroffen ist; dieser trägt das volle Lohnrisiko, solange nicht alle vertragl vorgesehenen Beschäftigungsmögl wegfallen (BAG NJW **73**, 1296 m Anm v Becker NJW **73**, 1629).

616 *Vergütungspflicht trotz vorübergehender Dienstverhinderung.* ^I Der zur Dienstleistung Verpflichtete wird des Anspruchs auf die Vergütung nicht dadurch verlustig, daß er für eine verhältnismäßig nicht erhebliche Zeit durch einen in seiner Person liegenden Grund ohne sein Verschulden an der Dienstleistung verhindert wird. Er muß sich jedoch den Betrag anrechnen lassen, welcher ihm für die Zeit der Verhinderung aus einer auf Grund gesetzlicher Verpflichtung bestehenden Kranken- oder Unfallversicherung zukommt.

^{II} Der Anspruch eines Angestellten (§§ 2 und 3 des Angestelltenversicherungsgesetzes) auf Vergütung kann für den Krankheitsfall sowie für die Fälle der Sterilisation und des Abbruchs der Schwangerschaft durch einen Arzt nicht durch Vertrag ausgeschlossen oder beschränkt werden. Hierbei gilt als verhältnismäßig nicht erhebliche Zeit von sechs Wochen, wenn nicht durch Tarifvertrag eine andere Dauer bestimmt ist. Eine nicht rechtswidrige Sterilisation und ein nicht rechtswidriger Abbruch der Schwangerschaft durch einen Arzt gelten als unverschuldete Verhinderung an der Dienstleistung. Der Angestellte behält diesen Anspruch auch dann, wenn der Arbeitgeber das Arbeitsverhältnis aus Anlaß des Krankheitsfalls kündigt. Das gleiche gilt, wenn der Angestellte das Arbeitsverhältnis aus einem vom Arbeitgeber zu vertretenden Grunde kündigt, der den Angestellten zur Kündigung aus wichtigem Grund ohne Einhaltung einer Kündigungsfrist berechtigt.

^{III} Ist der zur Dienstleistung Verpflichtete Arbeiter im Sinne des Lohnfortzahlungsgesetzes, so bestimmen sich seine Ansprüche nur nach dem Lohnfortzahlungsgesetz, wenn er durch Arbeitsunfähigkeit infolge Krankheit, infolge Sterilisation oder Abbruchs der Schwangerschaft durch einen Arzt oder durch eine Kur im Sinne des § 7 des Lohnfortzahlungsgesetzes an der Dienstleistung verhindert ist.

1) Allgemeines. Zu den GrdFragen: Moll RdA **80**, 138. **a) Fassung.** Abs II S 3 eingef dch § 7 G v 28. 8. 75 (in Kr seit 1. 12. 75), zugleich Abs II S 1 u III geänd. **b) Anwendungsbereich: aa)** Abs I gilt für alle, nicht nur dauernde DVerh, insb ArbVerh (vgl Einf 1 b, e vor § 611); jedoch gehen als SondVorschr vor; für kaufm u gewerbl Angest § 63 HGB od § 133c GewO (vgl Anm 4a, b). Für diese bleibt § 616 ausschließl anwendb, soweit eine Verhinderg (Anm 2) vorliegt, die kein Unglück darstellt; denn Unglück ist ein engerer Begr (BAG NJW **80**, 903). Für Arbeiter gilt das LFZG, wenn sie inf Krankh arbunfäh od dch eine Kur an der Arb verhindert sind (Abs III, Anm 4e); für die Schiffsbesatzg gelten §§ 48, 52a, 78 II 3 SeemG; für Azubi gilt § 12 BerBG. Abs I gilt also im Ergebn uneingeschränkt nur für DVerpfl u sonst Angest, zB Lizenzfußballspieler (BAG Betr **85**, 1243). **bb)** Abs II gilt nur für Angest (Einf 1h vor § 611). Für Arbeiter best § 9 LFZG entspr. Für DVerpfl, die nicht Arb sind, gilt Abs II nicht, auch nicht entspr. **c) Verhältnis zu §§ 323–325.** Diese Vorschr gelten bei Unmöglk der DLeistg grdsätzl (BGH **10**, 187), auch für ArbVerh. **aa)** Von § 323 (beiderseits nicht zu vertretde Unmöglk) bildet § 616 eine Ausn (BAG NJW **65**, 1397); soweit § 616 gilt, ist § 323 nicht anwendb. **bb)** § 324 (die vom DBer od ArbG zu vertretde Unmöglichk) w v § 616 nicht berührt u führt dazu, daß der DVerpfl den Anspr auf die Vergütg behält (BAG NJW **69**, 766; Neumann-Duesberg Betr **69**, 305), insb wenn die ArbUnfähigk vom ArbG schuldh verursacht ist. **cc)** § 325 (vom DVerpfl od ArbN zu vertretde Unmöglk) wird von § 616 nicht berührt. Das Versch für § 325 muß sich auf die VertrPfl beziehen u liegt insb vor, wenn der ArbN seine ArbUnfähigk schuldh herbeiführt (zB Trunkenh währd der ArbZt). RFolgen: § 325 Anm 2. Es gibt jedoch nach Beginn des ArbVerh keinen Rücktr, sond Künd. **d) Abdingbarkeit:** Abs I ist abdingb (BAG NJW **80**, 903), dch EinzelVertr (BAG [GS], **8**, 285 [292]) u TV (BAG stRspr NJW **83**, 1078 mwN), auch für den Fall des § 629 (BAG **4**, 189). Abs II ist zwingd; das entspr der Regelg für Arbeiter in § 9 LFZG; kann für den KrankhFall auch dch TV nicht abbedungen w (BAG NJW **84**, 1706). Verzicht auf bereits entstandenen Anspr ist aber zuläss (Lepke BB **71**, 1509). **e) Sonstige Sondervorschriften.** ArbN behalten Anspr auf das ArbEntgelt bei Wehrübgen gem § 11 ArbPlSchG, bei Musterg uä gem § 14

Einzelne Schuldverhältnisse. 6. Titel: Dienstvertrag § 616 1–3

ArbPlSchG u bei Luftschutzausbildg gem § 13 G v 9. 10. 57 (BGBl 1696). **f) Anzeigepflicht** des DVerpfl: Für Arbeiter § 3 LFZG (Anm 4d); für sonst ArbN grdsätzl dasselbe (wohl wg § 242), bei ltd Angest unverzügl Mitt u Information für seinen AufgabenBer (BAG Betr **76**, 1067).

2) Verhinderung ohne Krankheit. Anwendgsbereich (Anm 1b) beachten: SondVorschr für kaufm u gewerbl Angest bei unverschuldetem Unglück, SchwangerschAbbruch u Sterilisation (§ 63 HGB, § 133c GewO); für Auszubildende gilt § 12 BerBG. **a) Voraussetzungen:** Behauptgs- u BewLast trägt grdsätzl (vgl aber Anm cc) der DVerpfl od ArbN, da § 616 ggü § 323 eine rechtserhaltde Einwendg darstellt.
aa) Verhinderungsgrund: Er muß in seiner Pers liegen, sich speziell auf ihn beziehen. Der Grd darf sich nicht auf einen größeren PersKreis erstrecken, od objektiv gegeben sein, wie zB bei allg Straßenverkehrsstörgen (LAG Hamm Betr **80**, 311), Eisglätte, Schneeverwehgen od und VerkStörgen (BAG NJW **83**, 1078 u 1079); Verkehrsverbote wg Smogalarm (Ehmann NJW **87**, 401 [403]). Die DLeistg muß dem DVerpfl od ArbN unzumutb sein (BAG **9**, 179). Dazu gehört stets Sterilisation u rechtm SchwangeschAbbruch (Abs II S 3; hierzu Müller Betr **86**, 2667). Bsp: schwere Erkrankg od Tod eines nahen Angeh, notw Pflege eines erkrankten Kindes (BAG NJW **80**, 903 [ohne Aussage zur zeitl Grenze]), Eheschließg u evtl religiöser Pfl (BAG NJW **83**, 2600); Niederkunft der Ehefr, Teiln an seltener Familienfeier (BAG NJW **74**, 663); Kur ohne ArbUnfähigK (BAG NJW **61**, 985); uU Umzug (vgl BAG **9**, 179); unschuld erlittene UHaft; TätkVerbot aGrd BSeuchenG (BGH NJW **79**, 422). Wg Spielsperre eines Fußballspielers vgl BAG NJW **80**, 470. Nicht: Teilnahme an Sportveranstaltg; Beschäftigsverbot (gem § 8 MutterSchG) wg Schwangersch (BAG **9**, 300).
bb) Verhinderungsdauer: nur eine verhmäß nicht erhebl Zeit. Maßg ist das Verh von VerhinderungsZt zur ges, auch voraussichtl Dauer des DVerh. Auch bei dauerndem ArbVerh werden idR nur wenige Tage von Abs I S 1 gedeckt sein (BAG VersR **77**, 1115). Bei längerer Dauer besteht kein Anspr, auch nicht für einen Teil u wenige Tage. **cc) Schuldlosigkeit:** in bezug auf den VerhindergsGrd. Dabei ist nicht nur auf vertragl PflVerletzg abzustellen (hM), sond auf das Versch gg sich selbst. Nur eine leichtsinn, unverantwortl Selbstgefährdg (Larenz § 52 II b) od ein grober Verstoß gg das von einem verständ Menschen im eigenen Interesse zu erwartende Verhalten (BAG **AP** § 63 HGB Nr 28) ist unverschuldet. Der Umstd, daß die Verhinderg ihre Ursache in einer vom ArbN ausgeübten erwerbsorientierten Tätigk hat, begrdet für sich allein kein Versch (umstr). Vgl auch Anm 3a, cc. Sterilisation u rechtm SchwangerschAbbruch gelten als unverschuldet (Abs II S 3). Behauptgs- u BewLast für Versch des ArbN trägt der ArbG (hM; BAG **AP** § 1 LFZG Nr 9 m abl Anm v Birk). **b) Wirkung.** Der VergütgsAnspr (§ 611 Anm 6, 7) bleibt entgg § 323 bestehen. Dazu gehört auch UmsatzProv (BAG **AP** § 63 HGB Nr 13). Bei längerer Verhinderg besteht auch kein Anspr auf Vergütg für eine verhältnism unerhebl Zeit (hM; BAG [GS] **8**, 314 = NJW **60**, 741); aber Ausn in Abs II, § 63 HGB, § 133c GewO. Der Anspr endet mit dem DVerh od ArbVerh (vgl Anm 3b).

3) Verhinderung infolge Krankheit. § 616 gilt nur für DVerpfl, die nicht ArbN sind, u Angest, die nicht kaufm Angest. gewerbl techn Angest od Schiffsbesatzg sind (vgl Anm 1b, 4). **a) Voraussetzungen.** Abweichd von Anm 2a trifft die Behauptgs- u BewLast dafür, daß die Krankh auf Versch des DVerpfl od Angest beruht, den DBer od ArbG (hM; dagg Lepke u Schneck Betr **72**, 922 u 926). Von rechtzeit Mitt der Erkrankg ist der Anspr nicht abhäng (vgl § 611 Anm 4d, ee); ebsowen v der Vorlage eines ärztl Attest (BAG NJW **85**, 1420). **aa) Krankheit** bedeutet arbunfäh krank, dh wenn der ArbN außerstande ist, die vertrgem Arb zu verrichten od die Arb nur fortsetzen kann in der Gefahr, seinen Gesundh- od KrankhZustd zu verschlechtern (Alkoholismus, BAG NJW **83**, 2659). Normale Schwangersch ist keine Krankh (BAG NJW **85**, 1419). Die Krankh muß als Ursache die ArbUnfähigk herbeiführen (BAG stRspr, zB NJW **80**, 470). Auch die Folgen eines Unfalls, aber nicht, wenn er allein auf AlkoholMißbr beruht (BAG NJW **87**, 2253) od währd unerl Entferng v ArbPl geschieht (LAG Mü Betr **74**, 1968 für § 1 LFZG); vgl aber BAG BB **76**, 933 für § 1 LFZG). Nachw wie Anm 4d. Dchführg einer Kur bei bestehder ArbFähigk fällt unter Anm 2 (vgl dort a, aa). **bb) Dauer:** Bei DVerpfl gilt Anm 2a, bb. Bei Angest ist dch Abs II S 2 der ZtRaum auf 6 Wochen erstreckt. Diese Fr beginnt mit dem Tag, der auf denjenigen folgt, an dem die ArbLeistg inf der Krankh aufgehört hat (BAG NJW **68**, 270 für § 133c GewO); das gilt auch, wenn die Erkrankg währd des (vorangegegangenen) Tags in der ArbZt eingetreten ist (BAG **AP** § 1 LFZG Nr 3). Neue Erkrankg vor WiederAufn der Arb wird mit der ersten Erkrankg zugerechnet (BAG NJW **68**, 270). Wird die Arb nach der Erkrankg angetreten, gelten für eine neue Erkrankg neue 6 Wochen voll. Beruht aber die erneute ArbUnfähig wk auf demselben GrdLeiden, sog FortsetzgsKrankh (BewLast hierfür: ArbG, BAG NJW **86**, 1567), so setzt der Anspr auf 6wöch Gehalts(fort)zahlg voraus, daß der Angest in der ZwZt mind 6 Monate voll gearb hat (BAG stRspr NJW **83**, 2103). Aus § 1 I S 2 LFZG w man folgern müssen, daß innerhalb dieser 6 Monate eine and Erkrankg nicht entggsteht; denn Angest sollen nicht schlechter als Arb gestellt w. Bei ArbPlatzwechsel wie Anm 4b, ee. Doch ist § 1 I S 2 LFZG auf Angest nicht entspr anwendb. Bei Erkrankg vor od zu Beginn des ArbVerh laufen die 6 Wochen ab Beginn des ArbVerh: bei ArbPlatzwechsel aber nur insges 6 Wochen (Bürger u Stübing BB **68**, 210 mwN). **cc) Schuldlosigkeit:** wie Anm 2a cc; insb auch zur BewLast (hierzu krit Hofmann ZfA **79**, 275). Versch ist insb gegeben bei grobem Verstoß gg Unfallverhütgsvorschr; bei Nichttragen v betriebl SicherhKleidg u -schuhen (LAG Bln Betr **82**, 707 mwN); bei VerkUnfall inf grob verkehrswidr Verhaltens (BAG **AP** § 63 HGB Nr 28 u § 1 LFZG Nr 8), wofür geringfügig GeschwindkÜberschreitg nicht genügt (LAG Mannh NJW **75**, 992 für § 1 LFZG), aber Nichtanlegen des Gurts (BAG NJW **82**, 1013 für § 1 LFZG). Rauschgift- u DrogenMißbr (Giese BB **72**, 360; eingschränkt LAG Stgt NJW **82**, 1348), wobei auf den Ztpkt des Beginns abzustellen ist (BAG NJW **73**, 1430). Bei Alkoholismus ist auf den Einzelfall abzustellen (BAG NJW **83**, 2659). Schuldh ist unfallbedingte Verletzg bei Kfz-Fahrt (BAG NJW **88**, 2323). Rückfall nach EntziehgsKur dürfte idR schuldh sein (vgl BAG NJW **88**, 1546). Als verschuldet ist auch ein Unfall bei sog SchwarzArb anzusehen (ArbG Nürnb BB **73**, 1489). Ein Sportunfall ist grdsätzl unversch, wenn es sich um eine nicht bes gefährl Sportart handelt, die die Leistgsfähigk des einzelnen nicht wesentl übersteigt (BAG NJW **58**, 1204). Bes gefährl Sportarten werden in der Praxis kaum noch als solche anerkannt (vgl MüKo-Schaub 69). Im Einzelfall können Unfälle jedoch versch sein (Weimar JR **78**, 367). Ein mißlungener Selbstmordversuch wird v BAG jetzt (NJW **79**, 2326 mwN für

LFZG) wg fehlder Zurechngsfähigk als unverschuldet angesehen (aA noch BAG NJW **73**, 1520). **b) Wirkung: aa)** Der VergütgsAnspr bleibt bei DVerpfl wie bei Anm 2b bestehen, bei Angest bis zur Dauer von 6 Wochen (vgl Anm. a, bb), aber grdsätzl nur solange das DVerh od ArbVerh dauert, weil der VergütgsAnspr dies voraussetzt. Daher endet mit dem Ende des DVerh od ArbVerh auch der FortzahlgsAnspr. Der Anspr kann nicht dch TarVertr ausgeschl od beschr w (BAG **15**, 121 u Betr **84**, 411). Beruht die Krankh auf einem Unfall währd nicht genehmigter Nebentätigk, kann der Angest den Anspr geltd machen, wenn die Nebentätigk hätte genehm w müssen (BAG aaO). **bb)** Ausnahmen hiervon in Abs II S 4 u 5 für Angest, wenn der ArbG das ArbVerh wg derjenigen (nicht einer and) Erkrankg künd, die die laufde ArbUnfähigk begründet, od bei Künd des Angest aus § 626 wg eines vom ArbG gem §§ 276, 278 zu vertretden wicht Grdes. **cc)** Abs I S 2 kommt im ArbR nur noch für Angest in Betracht (vgl MüKo-Schaub 116). Kein FdgÜbgang entspr § 4 LFZG (BGH NJW **89**, 2062).

4) Sondervorschriften für Arbeiter (aktuelle Übersicht Olderog BB **89**, 1684). Es gilt ausschließl (Abs III) das LFZG. Es stellt die Arb den Angest weitgehd gleich. Das LFZG ist (zugunsten des ArbN) zwingd (§ 9). Die Einführg v Karenztagen dch TarVertr wird für unzuläss gehalten v Oetker SozGerbk **84**, 193. **a) Anwendungsbereich:** Arb (Einf 1i vor § 611) einschl der zur Berufsausbildg Beschäftigten (vgl § 1 IV u die Ausn in § 1 V LFZG). Grdsätzl kommt es nicht darauf an, bei welcher Gelegenh sich der ArbN die Krankh zuzieht od den Unfall erleidet (BAG NJW **76**, 823 für MitArb in Gastwirtsch der Ehefr). Nicht: für ArbVerh mit best Dauer bis zu 4 Wochen (aber nur, wenn ein BefristgsGrund gem § 620 Anm 3 vorliegt, BAG NZA **88**, 464; hierzu krit Schwerdtner NZA **88**, 593), regelm ArbZt bis zu 10 Stunden wöchentl u 45 Stunden mtl; bei Anspr auf MutterschGeld (§ 1 II Nr. 3 LFZG). Für HeimArb u Hausgewerbebetriebe gilt § 8 LFZG. **b) Voraussetzungen** sind: **aa) Arbeitsunfähigkeit** inf unverschuldeter Krankh (wie Anm 3 a, aa, cc; auch zur BewLast), Sterilisation u SchwangerschAbbruch (§ 1 II LFZG; BAG NJW **89**, 2347) od Bewilligg einer Kur (§ 7 LFZG) als arbhindernde notw Heilbehandlg (BAG Betr **85**, 977, Strahlentherapie). **bb) Zeitraum.** Nach Beginn des ArbVerh u tats Aufn der Arb (vgl § 1 I S 1 LFZG). Das Ende der ArbUnfähigk bestimmt der behandelnde Arzt (BAG BB **84**, 1365). Fällt es auf einen Tag, an dem im Betr nicht gearb w, gilt die ArbUnfähigk bis zum Ende des Tages (BAG aaO), nicht währd eines SondUrl (BAG Betr **78**, 499) od betriebl vereinb Feierschichten (BAG NZA **84**, 162). **cc) Ursachen.** Die ArbUnfähigk muß die allein Ursache sein (zur BewLast bei sog Bummelei vgl BAG NZA **86**, 193); daher keine LohnFortZahlg, wenn die ArbUnfähigk auch dch den Verlegg der Arbzt freigestellten Tag fällt (BAG Betr **89**, 1777). Bei 2 ArbVerh kann ein ArbUnfall im zweiten ArbVerh die LohnFZahlg im ersten ArbVerh begrden (BAG NJW **83**, 2900). Bei neuer verschiedenart Erkrankg gilt das Gleiche wie für Angest (vgl Anm 3a, bb). **dd) Einheitlichkeit** des VerhindergsFalls gilt als Grdsatz, dh erst nach Beendigg des ersten VerhindergsFalls kann ein neuer eintreten (vgl BAG NJW **84**, 199). Der Fall, daß die neue Arbeitsunfähigk auf derselben Krankh beruht, ist anders als bei Angest (vgl Anm 3a, bb) in § 1 I S 2 LFZG bes geregelt: bei wiederholter ArbUnfähigk innerh von 12 Monaten nur insges 6 Wochen, aber neuer Anspr bis zu 6 Wochen, wenn seit der ersten Erkrankg 6 Monate lang keine ArbUnfähigk wg derselben Krankh bestand. Hierbei ist auf den Ztpkt der ersten ArbUnfähigk abzustellen, sog Methode der Vorausberechn. Die 12-Monats-Fr beginnt mit der ersten auf derselben Ursache beruhden ArbUnfähigk (BAG NJW **74**, 111 u **85**, 695; bestr). Das gilt auch, wenn sich an eine (zweite) auf einer and Krankh beruhde ArbUnfähigk nahtlos eine aGrd der ersten Krankh entstandene ArbUnfähigk anschließt (BAG BB **77**, 1605; zur Darleggs- u BewLast Lepke Betr **83**, 447) od bei demselben nicht ausgeheilten GrdLeiden nach 6 Monaten Arbeitsunfähig eine neue ArbUnfähigk auftritt; diese ist dann neue Krankh (BAG NJW **83**, 2103). Es kommt dann nicht darauf an, ob der ArbN in den 6 Monaten tats gearb hat oder nicht (BAG aaO). Der FortsetzgsZushang (ErkundiggsPfl des ArbG, vgl BAG NJW **86**, 2902) wird nicht unterbrochen, wenn währd eines für das GrdLeiden gewährten Kur eine weitere Krankh auftritt, die einen selbst VerhindergsTatbestd darstellt (BAG NJW **85**, 1359). **ee) Laufendes Arbeitsverhältnis.** Nur auf dieses kommt es an, wenn ArbPlatz-Wechsel stattgefunden hat (BAG NJW **84**, 994), ausnw nicht, wenn das neue ArbVerh beim selben ArbG neu begonnen w (BAG aaO). **c) Höhe** des fortzuzahlden ArbEntgelts (§ 2 LFZG), dch TV abdingb (§ 2 III LFZG). Es ist der aufrechterhaltene LohnAnspr, so daß das KrankhEntgelt dessen rechtl Bestand folgt (BAG **AP** § 6 LFZG Nr 1). Zugrundezulegen ist die für den betr ArbN maßg regelm ArbZt (hierzu BAG NJW **85**, 1360), bei KurzArb die verkürzte ArbZt, bei Akkord- od Prämienlohn der erzielte Dchschnittsverdienst. Daher sind Inkassoprämien (Mankogelder) hinzuzurechnen (BAG **AP** § 2 LFZG Nr 7), bei regelmäßig geleisteter MehrArb auch dieses Entgelt (BAG BB **78**, 1011), ferner idR Nahauslösgen (BAG Betr **75**, 311) u Nachtzuschläge (BAG BB **78**, 1166); jedoch hat der ArbN keinen Anspr auf Ausgleich eines infolge der NichtArb abgesunkenen Nettolohns (BAG aaO). Abzuziehen sind Lohnzuschläge, die, wie zB Schmutzzulagen, an Umst geknüpft sind, die nur bei tatsächl ArbLeistg entstehen. Von den nach § 4 übergehden Anspr sind häusl Erspärn stationär Behandelter abzusetzen (Saarbr VersR **76**, 270). **d) Anzeige- und Nachweispflicht** des ArbN (§ 3 I LFZG); am 3. Kalendertag nach ihrem Beginn dch ärztl Bescheinigg nachzuweisen. Die ArbUnfähigkBescheinigg muß keine Diagnose enthalten; besondere Vermutg für die ArbUnfähigk, sond nur eine tatsächl (hM; LAG Hamm BB **89**, 1270; aA LAG Mü NJW **89**, 998 für § 63 HGB). Sie ist gem § 286 ZPO zu würd (BAG NJW **77**, 350; vgl auch Barwasser Betr **76**, 1332). Schuldh Verletzg der NachwPfl begründet LeistgsVR (§ 5 LFZG); aber nur bis zur nachträgl Vorlage (BAG **AP** § 3 LFZG Nr 1). Allein aus Verweigerg einer tarifl vorgesehenen Nachuntersuchg kann Zahlg nicht verweigert w (BAG NJW **79**, 1264). Zur rückdatierten ArbUnfähigkBescheinigg vgl Weiland BB **79**, 1096. Bei Aufenth im Ausl gilt § 3 II LFZG (vgl hierzu BAG NJW **86**, 801), bei Bewilligg einer Kur § 7 II LFZG; LeistgsVR bis zur Vorlage der Kurbescheinigg (BAG **AP** § 7 LFZG Nr 1). Bes Maßstab bei ausländ Ärzten: LAG Hamm NJW **83**, 2104. **e) Wirkung: aa) Lohnfortzahlung** wie Anm 3b (6 Wochen, § 1 I LFZG), auch nur bis zum Ende des ArbVerh (§ 6 II LFZG), auch für die Feiertage, die in die Zt der ArbUnfähk fallen (BAG NJW **81**, 415), aber keine Fernauslösgen (BAG Betr **83**, 2581) u nicht bei vorgeholter ArbZt, wenn die Krankh od Kur in die ausgefallene ArbZt fällt (BAG NZA **89**, 53). Bei AkkordArb ist der Lohn weiter zu zahlen, der erzielt worden wäre (Lohnausfallprinzip; BAG BB **81**, 1467). Dch Künd gem § 6 I LFZG (sog AnlaßKünd; vgl hierzu BAG

Einzelne Schuldverhältnisse. 6. Titel: Dienstvertrag §§ 616–618

NJW 79, 286 u 81, 1063) kann sich der ArbG, auch wenn sie wirks ist, nicht der LohnZahlgsPfl entziehen, erst recht nicht, wenn sie unwirks wäre, der ArbN sie aber unbeanstandet hinnimmt (BAG BB 80, 628). Eine AnlaßKünd liegt nicht vor, wenn der ArbG dem unentschuld fehlden ArbN währd der NachweisFr künd noch bevor er erkrankt (BAG BB 81, 238). Das ArbVerh kann auch aus Anlaß der Krankh einverständl aufgehoben w (§ 305); dadch entfallen aber idR nicht die LohnzahlgsAnspr des § 6 LFZG (BAG NJW 81, 1059 u 1286). Die 6-Wochen-Fr läuft bei Bauarbeitern auch an Schlechtwettertagen weiter (BAG **AP** § 1 LFZG Nr 5); ebso bei Ausfall v ArbTagen (BAG **AP** § 1 LFZG Nr 13). AnwesenhPrämie fällt darunter (BAG NJW 79, 2119). **bb) Forderungsübergang** auf den ArbG, wenn der ArbN einen ges Anspr auf SchadErs (zB aus § 823 od § 7 StVG) wg des Verdienstausfalls hat, der ihm dch ArbUnfähigk entstehen würde. Aber nur sow der ArbG das ArbEntgelt fortgezahlt u die auf ihn entfalldn Beitr abgeführt hat (§ 4 LFZG), ohne Rücks darauf, ob der ArbN seine ArbUnfähk versch hat (LAG Düss NJW 76, 1850). § 4 LFZG gilt nicht für Angest (BGH NJW 89, 2062). Kein FdgsÜbgang bei nicht vorsätzl Schädigg dch FamAngeh, die mit dem ArbN in häusl Gemsch leben (BGH NJW 76, 1208). **cc) Verzicht** des ArbN nach Beendigg des ArbVerh ist wirks (BAG NJW 77, 1213), auch in Ausgleichsquitt (fakt stark einschränkd BAG NJW 81, 1285). ErstattgsAnspr des ArbG, der idR nicht mehr als 20 ArbN beschäftigt, nach §§ 10 ff LFZG.

5) Verhältnis von Lohnfortzahlung zum Schadensersatzanspruch. Ist die ArbUnfähigk dch einen Dr verurs u hat der DVerpfl daraus einen SchadErsAnspr wg Verdienstausfall (insb aus § 823 od § 7 StVG), so gilt folgendes: **a)** Der Schädiger kann sich nicht darauf berufen, es sei dem DVerpfl wg des Anspr auf Fortzahlg der Vergütg kein Schaden entstanden (vgl Vorbem 7 c, ee vor § 249). **b)** Umfang der Anspr: Bruttogehalt zuzügl ArbGAnteile der SozVersBeitr (BGH **43**, 378). **c)** Übergang des Anspr auf den DBer od ArbG inf der Fortzahlg: Bei Arbeitern krG dch § 4 LFZG, bei Angest u DVerpfl nur aGrd einer Abtretg (§ 398), zu der sie in entspr Anwendg des § 255 verpfl sind. Mind müssen sie den Anspr gg den Dr selbst geltd machen, beitreiben u sich anrechnen lassen (BGH **7**, 30 [49] u NJW **54**, 1153). Bei Angest hält Neumann-Duesberg (BB **70**, 493) eine analoge Anwendg des § 4 LFZG für geboten. Keine AbtretgsPfl, sow einem HandelsVertr BezirksProv u Ausgleich (§§ 87, 89 b HGB) zusteht (BGH **AP** § 87 HGB Nr 1). Sow der Anspr auf SozVersTräger übergeht vgl § 843 Anm 4 A e), kann der ArbG nur hinsichtl des verbleibdn Teils den Anspr geltd machen (BGH NJW **65**, 1592), Quotenvorrecht der SozVersTräger: Vorbem 7 c, cc vor § 249.

617 **Pflicht zur Krankenfürsorge.** ᴵ Ist bei einem dauernden Dienstverhältnisse, welches die Erwerbstätigkeit des Verpflichteten vollständig oder hauptsächlich in Anspruch nimmt, der Verpflichtete in die häusliche Gemeinschaft aufgenommen, so hat der Dienstberechtigte ihm im Falle der Erkrankung die erforderliche Verpflegung und ärztliche Behandlung bis zur Dauer von sechs Wochen, jedoch nicht über die Beendigung des Dienstverhältnisses hinaus, zu gewähren, sofern nicht die Erkrankung von dem Verpflichteten vorsätzlich oder durch grobe Fahrlässigkeit herbeigeführt worden ist. Die Verpflegung und ärztliche Behandlung kann durch Aufnahme des Verpflichteten in eine Krankenanstalt gewährt werden. Die Kosten können auf die für die Zeit der Erkrankung geschuldete Vergütung angerechnet werden. Wird das Dienstverhältnis wegen der Erkrankung von dem Dienstberechtigten nach § 626 gekündigt, so bleibt die dadurch herbeigeführte Beendigung des Dienstverhältnisses außer Betracht.

ᴵᴵ Die Verpflichtung des Dienstberechtigten tritt nicht ein, wenn für die Verpflegung und ärztliche Behandlung durch eine Versicherung oder durch eine Einrichtung der öffentlichen Krankenpflege Vorsorge getroffen ist.

1) Allgemeines. § 617 konkretisiert ges die FürsPfl (§ 611 Anm 8). AnwendgsBer: Alle DVerh; nicht nur ArbVerh, sofern sie gem Vertr od nach den Umstdn auf Dauer angelegt sind. SondVorschr: für Seeleute §§ 42–52 SeemG, für Jugdl § 30 I S 2 JArbSchG. § 617 ist zwingd (vgl § 619).

2) Voraussetzungen. a) Häusl Gemsch: muß nicht die pers des DBer (ArbG) sein. Aufn in einen v ArbG eingerichteten gemsch Haush für ArbN (insb Wohnheim) genügt (BAG **AP** § 618 Nr 1) **b)** Erkrankg: § 616 Anm 3 a, aa. Vors: § 276. Grobe Fahrlk: § 277; vgl auch § 616 Anm 3 a, cc.

3) Wirkung. Der Anspr entsteht nicht, wenn u soweit Abs II zutrifft (auch priv KrankenVers). Iü gilt: **a)** Pfl zur Krankenpflege u Auftr an Arzt mit ErsetzgsBefugn des Abs I S 2. **b)** Dauer: kürzer als 6 Wochen nur, wenn das ArbVerh vorher aus and Grden als § 626 endet (Abs I S 4). **c)** Kosten: Trägt der DBer (ArbG). Anrechngsbefugn auf die Vergütg od VergütgsFortzahlg nach § 315. Abs I S 3 ist prakt ggstlos.

618 **Pflicht zu Schutzmaßnahmen.** ᴵ Der Dienstberechtigte hat Räume, Vorrichtungen oder Gerätschaften, die er zur Verrichtung der Dienste zu beschaffen hat, so einzurichten und zu unterhalten und Dienstleistungen, die unter seiner Anordnung oder seiner Leitung vorzunehmen sind, so zu regeln, daß der Verpflichtete gegen Gefahr für Leben und Gesundheit soweit geschützt ist, als die Natur der Dienstleistung es gestattet.

ᴵᴵ Ist der Verpflichtete in die häusliche Gemeinschaft aufgenommen, so hat der Dienstberechtigte in Ansehung des Wohn- und Schlafraums, der Verpflegung sowie der Arbeits- und Erholungszeit diejenigen Einrichtungen und Anordnungen zu treffen, welche mit Rücksicht auf die Gesundheit, die Sittlichkeit und die Religion des Verpflichteten erforderlich sind.

ᴵᴵᴵ Erfüllt der Dienstberechtigte die ihm in Ansehung des Lebens und der Gesundheit des Verpflichteten obliegenden Verpflichtungen nicht, so finden auf seine Verpflichtung zum Schadensersatze die für unerlaubten Handlungen geltenden Vorschriften der §§ 842 bis 846 entsprechende Anwendung.

§§ 618, 619, Vorbem v § 620

1) Allgemeines. Wie § 617 ges konkretisierte FürsPfl (§ 611 Anm 8). **a) Anwendungsbereich:** Alle DVerh insb ArbVerh, auch wenn sie nur kurzzeit u vorübergehd sind (zB LotsenVertr, BGH VersR **74**, 565). Abs I u III entspr auf Vertr, die Tätig des Verpfl unter ähnl Verh verlangen, zB WerkVertr (BGH **56**, 269 u NJW **84**, 1904; dagg krit Lewer JZ **83**, 336), Auftr (BGH **16**, 265), unter Einschl der zugezogenen ErfGehilfen (vgl BGH **33**, 247). SondVorschr: § 80 SeemG; §§ 120a–c GewO (hierzu die ArbStättVO v 20. 3. 75, BGBl 729); § 62 HGB; §§ 28, 29 JArbSchG; § 12 HeimArbG. Nicht: auf BeamtenVerh. **b) Abdingbarkeit:** § 618 ist zwingd (§ 619), auch bei Auftr od WerkVertr, soweit es sich um den Schutz abhäng ArbN handelt (BGH **26**, 365), nicht für den WerkUntern u dessen SubUntern (BGH **56**, 269).

2) Inhalt der Pflicht. Neben der priv-rechtl Pfl des § 618 bestehen zahlreiche öff-rechtl ArbSchutz-Vorschr. **a) Arbeitsplatzgestaltung** (Abs I Hs 1) umfaßt nicht nur den ArbRaum selbst, sond alle Räume u Flächen des BetrGeländes, die der ArbN im ZusHang mit seiner ArbLeistg aufsucht, soweit ihm der Zutritt nicht untersagt ist, auch Treppen u Zugänge (hM, vgl Neumann-Duesberg VersR **68**, 1); gilt auch für ArbPlätze im Freien, zB Baustellen, Gärten (BGH **26**, 371), Gerätschaften, Vorrichtgen: Maschinen, Werkzeuge, Kraftfahrzeuge, das zu verarbeitde Material. Unterhaltg: auch ausreichde Heizg (Weimar JR **74**, 101), Beleuchtg (BGH VersR **74**, 565). § 618 gibt keinen Anspr auf Kostensatz für Bildschirm ArbBrille (LAG Bln **86**, 609) u auf tabakrauchfreien ArbPlatz (LAG BaWü Betr **78**, 213), aus BeamtenG aber gegeben v VerwG Köln Betr **78**, 1599. **b) Arbeitsregelung** (Abs I Hs 2). Gilt auch bei Arbeit in fremdem Betr, wenn der ArbG sie in eigener Regie ausführt. Verlangt insb Einhaltg v UnfallVerhütgsVorschr, Vermeiden gesundhschädigender Überanstrengg (BAG **AP** Nr 15), Verwendg u Bereitstellg v Schutzkleidg (BAG NZA **86**, 324), einschl der Kosten (BAG **40**, 50; eingeschr bei zusätzl vereinb Leistgen); Vermeiden v Ansteckgsgefahr. Wg Aids-Infektion vgl Richardi NZA **88**, 73 [78]. **c) Häusliche Gemeinschaft** (Abs II) wie § 617 Anm 2 a. Begrdet FürsPfl auch außerhalb der DLeistg. Erstreckt sich auch auf die Zugänge zu den Räumen. Gilt nur für die ausdrückl genannten RGüter. EigtSchutz: § 611 Anm 8 b, dd.

3) Rechtsfolgen. Eine Verletzg der Pfl (Anm 2) gibt dem DVerpfl folgde Re: **a) Erfüllungsanspruch** auf Tun od Unterl jedfalls dann, wenn er tats beschäft w (allg M). Prakt kann sich der ArbN an den BetrR wenden (§ 89 BetrVG). **b) Leistungsverweigerung** über § 273 (nicht § 320), da keine GgseitigkPfl. Das ZbR führt zu AnnVerzug (vgl § 295) u beläßt dem DVerpfl den VergütgsAnspr (§ 615). **c) Schadensersatzanspruch** wg NichtErf beruht auf pos VertrVerl (§ 276 Anm 7) u wird in Abs III, der den Umfang regelt, dem RGrd nach vorausgesetzt. Ist trotz Verweisg auf §§ 842ff ein vertragl Anspr. Setzt stets Versch (§ 276), ggf von ErfGeh (§ 278) voraus. Bei fehldem Versch kann Anspr aus § 670 gegeben sein (§ 611 Anm 11). AnsprUmfang: §§ 842–846. SchmerzG (§ 847) nur, wenn zugleich unerl Hdlg vorliegt (hM). Umstr ist, ob § 618 ein SchutzG iS des § 823 II ist. BewLast: DVerpfl für ordnungswidr Zustd, DBer für fehldes Versch (§ 282 Anm 2b) u für Umstde, die den ordngswidr Zustd als Ursache od Mitursache ausschließen (BAG **AP** Nr 1; BGH **27**, 79).

4) Haftungsausschluß bei ArbUnfällen tritt ein, soweit die UnfallVers der RVO eingreift. Hierzu: § 611 Anm 14 a. Das gilt insb auch für den auf § 618 beruhden SchadErsAnspr (Anm 3 c).

619 **Unabdingbarkeit der Fürsorgepflichten.** Die dem Dienstberechtigten nach den §§ 617, 618 obliegenden Verpflichtungen können nicht im voraus durch Vertrag aufgehoben oder beschränkt werden.

1) Gilt nur für § 617, 618, insb für die Kosten (BAG stRspr, zuletzt NZA **86**, 324), nicht für and FürsPfl (§ 611 Anm 8; vgl. BAG NJW **59**, 1555). Nach Eintritt der PflVerletzg od des Schad kann auch bei fortbestehdn DVerh auf Erf od SchadErs verzichtet w (§ 397). Grenze: § 138.

Beendigung des Dienstverhältnisses (§§ 620–628)

Vorbemerkungen

1) Beendigung des Dienstverhältnisses bedeutet das Ende des DauerschuldVerh mit den Haupt-Pfl(DLeistg u Vergütg). Davon zu unterscheiden ist das Ruhen des DVerh, insb eines ArbVerh bei WehrD (§ 1 ArbPlSchuG), ziv ErsD (§ 78 ZErsDG), EigngsÜbg (§ 1 EignÜbgG), ArbVerpflichtg (§ 15 ArbSichG), ferner (ohne ges Regelg) beim rechtm Streik (Anm e, aa, [2]) u bei der suspendierenden Aussperrg (Anm e, bb, [2]), sowie bei SchlechtwettergeldZahlg (Waldeyer Betr **72**, 679; aA BAG Betr **71**, 2266) u Abordng eines ArbN zu einer Arge, an der sein ArbG beteil ist (BAG **AP** § 1 LFZG Nr 10). Als BeendiggsGrde kommen in Betr:

a) Zeitablauf beendet das DVerh nur, wenn es auf bestimmte Zeit abgeschl ist (§ 620 I).

b) Eintritt von Ereignissen. aa) Zweckerreichung: § 620 Anm 1 b. **bb)** Tod des DVerpfl (ArbN) beendet (§ 613 S 1), der des DBer od ArbG grdsätzl nicht, ausnahmsw dann, wenn die Voraussetzgen des § 620 Anm 1 b vorliegen (zB Krankenpflege). **cc) Unmöglichkeit** der DLeistg beendet das DVerh nicht (bestr). RFolgen: §§ 275, 323–325, 626. **dd) Wegfall der Geschäftsgrundlage** (§ 242 Anm 6 B f) beendet das DVerh nur in AusnFällen (BAG **AP** § 242 GeschGrdlage Nr 5, 6); grdsätzl Künd notw. **ee) Konkurs** des DBer führt nur die GeschBesorggsVertr (§ 675) zur Beendigg des DVertr (§ 23 II KO). Nur KündR (§ 22 KO). **ff) Auflösende Bedingung** (§ 158 II) des D(Arb)Verh fällt nicht unter § 620 I ist zu untersch v aufschiebd bedingtem AufhebgsVertr (Anm c). Bsp: Erreichen einer Altersgrenze (BAG NZA **86**, 325). NichtAufn der Arb nach einem best Zpkt, Lizenzverlust eines Fußballspielers. Eine solche Bedingg ist bei ArbVerh nur wirks, wenn ein sachl gerechtfert Grd vorliegt u wenn sie nicht den ges Bestds- u KündSchutz vereitelt (BAG NJW **75**, 1531); insb darf sie nicht dazu dienen, das BeschäftiggsRisiko einseit auf den ArbN abzuwälzen (BAG BB **82**, 368 m krit Anm v Böhm) od den KündSchutz zu umgehen (LAG Mü Betr **88**, 506 [Alkoholverbot]). **gg) Sonstiges.** Verbleiben als Freiwill in den Streitkräften (§ 3 EigngsÜbgG). Dch rechtsgestalte Entscheidg des ArbGer über verweigerte Zust des BetrR (§ 100 III BetrVG). Der Ablauf einer befristeten ArbErlaubn (§ 19 AFG) beendet das ArbVerh nicht; Künd ist erforderl (ArbG Mannh BB **75**, 1638).

c) Aufhebungsvertrag (§ 305). Checkliste für solche Vertr, auch als ProzVgl: Bauer NZA **89**, 256. **aa) Allgemeines.** Jederzeit, auch stillschw mögl; jedoch strenge Anfdgen angebracht (Becker-Schaffner BB **81**, 1340); forml, wenn nicht Form vereinb (§ 125 S 2). KündBeschrkgen sind grdsätzl bedeutgsl; daher auch bei ges KündSchutz mögl; jedoch ZustBedürftk bei SchwBeh (§ 22 SchwbG). Keine MitBest dch BetrR (vgl §§ 99, 102 BetrVG). Aufschiebd bedingter AufhebgsVertr mit ausländ ArbN liegt in der Vereinbg, das ArbVerh ende für den Fall, daß er nach UrlEnde nicht rechtzeit an den ArbPl zurückkehrt (LAG Mannh NJW **74**, 1919). Eine solche Vereinbg ist unwirks, wenn dadch der ges Bestds- u KündSchutz vereitelt w (BAG NJW **75**, 1531), näml das KSchG u § 626 umgangen w, zB dch Zusage einer Wiedereinstellg innerh bestimmter Fr nach UrlEnde (BAG NJW **85**, 1918). **bb) Einzelheiten.** Liegt nicht in widersprloser Entggn einer Künd. Unwirks Künd kann in Angebot zum AufhebgsVertr umgedeutet w (§ 140); jedoch gilt dies nicht bei Erkl einer wirks Künd, weil dann § 140 unanwendb ist (aA LAG Bln BB **75**, 1388). Verlangen v ArbPapieren u Zeugnis kann eine Ann bedeuten. Herbeiführen eines AufhebgsVertr dch Drohg mit obj erwägenswerter außerord Künd od StrafAnz ist rechtm (BAG NZA **87**, 91). Rückwirkg kann nach Beginn des ArbVerh nicht wirks vereinb w. Auch Rückwirkg auf einen Ztpkt vor Künd ist ausgeschl (LAG Nds Betr **76**, 1385). AufhebgsVertr ist mögl über BetrVereinbg für Erreichen einer Altersgrenze (BAG NJW **71**, 1629). Die bloße Abberufg von VorstdsMitgl einer AG od GeschF einer GmbH beendet nicht den DVertr.

d) Gestaltungsrechte: aa) Kündigung: Anm 2. **bb) Anfechtung** der WillErkl (§§ 119, 123), die zum Abschl des DVerh geführt haben. Hierzu § 611 Anm 2. **cc) Rücktritt** vom D(Arb)Vertr ist bis zum Beginn des D(Arb)Verh vorbeh w (§ 346); bis dahin ist auch das ges RücktrR des § 325 mögl. Bei in Vollzug gesetzten DVerh ist § 326 ausgeschl (vgl § 326 Anm 1). Nach Beginn des DVerh ist Rücktr stets ausgeschl u dch KündR ersetzt. **dd) Beendigungserklärung** eines arbnähnl DauerRVerh (insb freie MitArb); von seiten des Beschäftiggsgebers nur mit 2wöch AnkündigungsFr mögl (BAG stRspr **AP** § 611 Abhängk Nr 8). **ee) Verweigerung** der Weiterbeschäftigg dch unwirks gekünd ArbN (§§ 12, 16 KSchG). **ff) Auflösung** dch das ArbG nach sozwidr Künd wg Unzumutbk (§ 9 KSchG; vgl Anm 3a, cc).

e) Arbeitskampf. ArbKampfR ist dch den GGeber nur punktuell geregelt (vgl Seiter RdA **86**, 165) u weitestgehd RichterR des BAG (vgl Rüthers NJW **84**, 201) mit teilw fragwürd Tendenzen. Eine gesetzl Regelg ist dringd notw. Zu den Besondern im Medienbereich: Kisker u RdA **87**, 194–241.

aa) Streik ist die gemeins u planmäß dchgeführte, auf ein Ziel gerichtete, ArbEinstellg einer verhmäß großen Zahl von ArbN, auch in Form kurzer Warnstreiks (BAG stRspr, zuletzt NJW **89**, 57). Zur Abgrenzg von kollektiv ausgeübtem (auch vermeintl) ZurückbehaltgsR vgl § 611 Anm 3e. Der Streik suspendiert die ArbVerh für die v der Gewerksch dem ArbG mitgeteilte Zeit (BAG NJW **89**, 122). Ein StreikR haben auch ArbN, auch im öffD. Auszubildde (Einf 5 vor § 611) dürfen sich einem rechtmä Streik der ArbN ihres Betr anschließen, jedenf einem Warnstreik, wenn es auch um AusbildgsBedingungen geht (BAG NJW **85**, 85 [90]), aber nicht selbständ streiken (Zöllner § 28 IV; Loritz ZfA **85**, 185 [209]; umstr, vgl Wohlgemuth BB **83**, 1103). Das StreikR deckt nicht die Hinderg rechtwillig arbwill ArbN am Zugang sowie des Zu- u Abgangs v Kunden od Waren (BAG NJW **89**, 61). **(1) Rechtswidrig** ist ein Streik nur dann (nach Nipperdey), wenn er tarifwidr (Verstoß gg FriedensPfl), betrverfwidr (vgl § 74 II BetrVG), amtswidr (von Beamten, Köln NJW **76**, 295, Richtern u Soldaten) od aus and Grd widerrechtl ist. Er ist dann nicht widerrechtl (sozialadäquat), wenn er: (1) Von tariffäh Part dchgeführt w (sonst liegt sog wilder Streik vor; hierzu krit Säcker BB **71**, 963), auch von ad-hoc- Koalitionen nicht rechtm (BAG NJW **79**, 236); (2) Auf zul Kampfziel gerichtet ist; das ist nur das, was in TV geregelt w kann u darf (BAG Betr **72**, 143). Dazu gehört nicht: ein nach GewerkschZugehörigk differenziertes UrlGeld (BAG [GS] **AP** Art 9 GG Nr 13); Wiedereinstellg v ArbN, denen aus betrbedingten Grd gekünd w (BAG NJW **79**, 236); zur Dchsetzg betrverfassgsrechtl Streitfragen (BAG NJW **77**, 918) od zw Rückn des Antr auf Ersetzg der Zustimmg des BetrR zu einer Künd (BAG NJW **89**, 63). Ein Sympathie- od Solidaritätsstreik ist idR rechtswidr (BAG NJW **85**, 2545 mwN u NJW **88**, 2061; v. Hoyningen-Huene JuS **87**, 505 [510]; bestr), ebso ein polit motivierter Streik (hM; Franke/Geraats Betr **86**, 965 mwN). (3) Verhältnismäß Mittel (ultima ratio) darstellt: setzt insb voraus, daß die VerhandlgsMöglk vorher ausgeschöpft u mildere Kampfmittel nicht angem sind (BAG stRspr NJW **85**, 85 mwN). Dies gilt auch für den Warnstreik im Rahmen der „neuen Beweglk" (BAG NJW **89**, 57 = JZ **89**, 85 m Anm v Löwisch/Rieble sowie Buchner BB **89**, 1334, insoweit unter Aufgabe von NJW **85**, 85). Das auch dabei zu beachtde ultima-ratio-Prinzip verlangt nicht, daß TarVerhandlgen förml für gescheitert erkl w (BAG NJW **89**, 64). Die Länge des Streiks allein macht ihn nicht rechtswidr (BAG Betr **72**, 143). (4) Fair geführt w, insb ohne Gewaltanwendg; nur insow hierg im Rahmen der beschlossenen Streikmaßn verstoßen w, ist der Streik im Bereich dieser Maßn rechtsw (vgl BAG NJW **89**, 57). (5) Abwehr eines sozialinadäquaten Angriffs (prakt bedeutgsl); die gelt alternativ für die kumulativen RechtmäßkErfordernisse unter (1)–(4). Das alles entspr der hM u Rspr des BAG. RFolgen: Der ArbN, der sich an einem rechtswidr Streik beteiligt (bei oben 4 nur an den betr Maßn), verletzt den ArbVertr, ist schaderspfl (vgl § 611 Anm 3e), begeht uU eine unerl Hdlg (§ 823 I) u gibt wicht Grd zur außerord Künd (§ 626 Anm 5b). Das gilt auch dann, wenn der ArbN sich auch nur als Solidarität am Streik beteil (BAG **AP** Art 9 GG ArbKampf Nr 41). Auch derjen ArbN handelt rechtswidr, der üb die beschlossene Streikmaßn hinaus unerlaubt handelt, insb Gewalt anwendet (BAG NJW **89**, 57). RFolgen für die Gewerksch wg Verletzg ihrer Pfl aus dem TarifVertr: Einf 6b cc vor § 611. **(2) Rechtmäßig** ist jeder nicht unter (1) fallde Streik. Die Teiln ist keine Verletzg des ArbVertr, suspendiert das ArbVerh (vgl Anm 1), berecht nicht zur außerord Künd

Vorbem v § 620 1, 2   2. Buch. 7. Abschnitt. *Putzo*

(§ 626), rechtf auch nicht eine ord Künd gem § 1 KSchG (alles hM seit BAG [GS] **1**, 291 = NJW **55**, 882). Die Rechtmäßigk w vermutet, wenn eine Gewerksch den Streik um Arb- od WirtschBedinggen führt (BAG NJW **73**, 1994 = SAE **75**, 177 m Anm v Richardi).

bb) Aussperrung ist die auf ein best Ziel gerichtete planmäß Ausschließg einer verhmäß größeren Zahl von ArbN. Sie ist eine empfbed WillErkl, keine Künd (daher stets von ihr zu unterscheiden), zul Mittel des ArbKampfs gg streikde u nichtstreikde ArbN (hM; BAG NJW **80**, 1642 mwN), als AbwehrAussp grdsätzl (BAG NJW **89**, 186). AngriffsAussp liegt vor, wenn ArbG ohne vorangegangenen Streik ArbN aussp. Sie muß als Kampfmittel stets verhältnmäß sein (BAG NJW **80**, 1653), wobei der ArbG zw GewerkschMitgl u Außenseitern nicht soll differenzieren dürfen (BAG aaO). Auch erkrankte u schwerbeh ArbN dürfen ausgesperrt w (BAG NJW **89**, 315). WarnAussp müßte zul sein, wenn WarnStreik zul ist. Die Aussp (jedenf die suspend) ist auch in Hessen zul (BAG NJW **89**, 186 = JZ **89**, 750 m Anm v Konzen). Die Aussp kann nur aus gleichem Grd wie ein Streik rechtsw sein (vgl Anm aa, [1]); insb muß sie den Grdsatz der Verhältnmäßigk wahren (BAG NJW **85**, 2548; hierzu Schmidt-Preuß BB **86**, 1093). Nur die rechtsw Aussp ist Verletzg des ArbVertr. Umstr ist, ob die Aussp das ArbVerh auflösen od es nur suspendieren kann (vgl hierzu Richardi NJW **78**, 2057). Das BAG ([GS] **AP** Art 9 GG Nr 43) hat (1971) die Aussp grdsätzl nur noch suspendierd zugel, die lösde Aussp an best (engere) Voraussetzgen geknüpft. Danach gilt: **(1) Suspendierende** Aussp ist zul u entspr den allg Voraussetzgen rechtm ArbKampfs (BAG stRspr; zB NJW **89**, 123; vgl Anm aa, [1]). Wirkg: das ArbVerh besteht weiter; die HauptPfl (Arb u Vergütg) entfallen für den best Zeitraum; nach Beendigg ist eine Wiedereinstellg überflüss. Wird die Aussp vom ArbG erkl, so ist sie iZw suspendierd. Der ArbG kann von der suspendierden zu lösden Aussp übergehen. Die suspend Aussp ist auch gg BetrRMitgl zul (BAG stRspr, zB NZA **89**, 353). **(2) Lösende** Aussp (wenn gewollt, als solche ausdrückl zu erkl, um Zw auszuschließen) beendet das ArbVerh mit Verlust der betriebl AnwartschRe, ohne Rücks auf den allg KündSchutz. Lösende (statt Künd) bei rechtsw Streik u nach vorangegangener suspendierder Aussp mögl, aber nur in ganz engen Grenzen zul. Stets unzul bei Betr- u PersRat (verfassgsgem, BVerfG NJW **75**, 968), ArbNAufsRat, SchwerBehind u MuSchBerecht; bei and ArbN nur zul, wenn die VerhMäßk gewahrt ist (Richardi NJW **78**, 2057). Das trifft insb zu: bei nicht nur geringfüg, eindeut rechtsw Streik; bei bes intensiven, insb längerdauernden Streik; endgült Wegfall des (inf Streiks) eingesparten ArbPlatzes. Wiedereinstellg ausgeg ArbN: dazu ist der ArbG auch ohne bes Vereinbg grdsätzl verpfl, ausnahmsw nicht, wenn der ArbPlatz endgült weggefallen od anderweit besetzt ist; wenn bei rechtsw Streik der ArbN die RWidrigk erkannt hat oder erkennen mußte.

cc) Kündigung: Eine außerord Künd ist nur bei rechtswidr Streik zul (Anm aa, [1] aE). Sie kann sog KampfKünd sein, steht außer AnhörgsPfl (§ 102 BetrVG; BAG NJW **79**, 236) u beendet das ArbVerh. Einen Anspr auf Wiedereinstellg haben stets SchwBeh (§ 21 VI SchwbG), u ArbN nur aGrd bes Vereinbg. Auch die MassenKünd wird als zul ArbKampfmittel angesehen (Brox/Dudenbostel Betr **79**, 1893).

dd) Erhaltungsarbeiten (od Notdienst) sind solche, die notw sind, um Anlagen u BetrMittel so zu erhalten, daß die Arb nach Beendigg des ArbKampfes fortgesetzt w kann. Sie sind auch währd des Streiks zu verrichten (allgM). Offen ist, wer sie zu leisten hat (BAG BB **83**, 766).

ee) Betriebsbesetzung dch ArbN als ArbKampfmittel ist rechtswidr (Hellenthal NZA **87**, 52 mwN; v. Hoyningen-Huene JuS **87**, 503 [513]). Dasselbe gilt für BetrBlockaden (BAG NJW **89**, 61 u 1882).

ff) Streikarbeit ist diejen Arb, die ohne Streik v streikden ArbN zu verrichten wäre u währd des Streiks statt dessen v nichtstreikden ArbN dchgeführt wird od w soll (Überstunden od sog Umsetzg). AGrd des DirektionsRs darf sie nicht verlangt w (§ 611 Anm 5c). Der nichtstreikde ArbN darf sie verweigern (BAG **AP** § 615 BetrRisiko Nr 3). Eine zw ArbG u ArbN vereinb StreikArb ist selbstverständl zuläss. Dafür darf der ArbG als zuläss Kampfmittel Streikbruchprämien bezahlen (v. Hoyningen-Huene Betr **89**, 1466). Zum Untersch v direkter u indirekter StreikArb vgl Büchner Betr **88**, 393).

gg) Schadensersatz aus § 823 I ist beim rechtswidr Streik stets (BAG NJW **89**, 63) u beim rechtmäß Streik für solche Eingriffe in den GewBetr zu leisten, die v Streik nicht gedeckt sind (BAG NJW **89**, 57 [60]).

2) Kündigung. a) Allgemeines. Checkliste für Künd des ArbG: Wagner NZA **89**, 384. **aa) Begriff:** Künd ist einseit, empfangsbedürft unwiderrufl WillErkl.Ges Grdlagen: §§ 620 II, 621, 622, 626, 627. Verh zum Rücktr: Einf 3a vor § 346. Wg KündFr vgl § 621 Anm 2c. **bb) Zeitpunkt:** Die Künd kann schon vor Beginn des ArbVerh erkl (Berger-Delhay Betr **88**, 380 mwN), eine außerord Künd auch schon wirks w. Für die ord Künd ist das zu bejahen, wenn die kürzestmögl KündFr vereinb ist u der Wille, eine MindestRealisierg des ArbVerh herbeizuführen, ausgeschl w kann (BAG NJW **87**, 148). Die KündFr beginnt iZw mit Zugang der Künd (Caesar NZA **89**, 251). Das alles gilt auch, wenn eine ProbeZt vereinb ist (LAG BaWü Betr **77**, 918; aA Hamm WM **84**, 1642). Der Ausschl einer solchen Künd muß eindeut vereinb sein (BAG NJW **80**, 1015). Die Künd kann im (KündSchutz)Proz erkl w (sog SchriftsatzKünd). Sie ist keine Wiederholg, sond eine weitere Künd. **cc) Form:** keine ges Form (BAG NJW **57**, 438). Ausn: Schriftf in § 62 SeemannsG, § 15 III BerBG, § 5 II FernUSG. Bei vereinb Form, insb in TV gilt § 125 S 2 (vgl dort insb Anm 2a). Davon befreit § 22 KO nicht (BAG Betr **78**, 638). Ist Künd dch eingeschriebenen Brief vereinb, ist ledigl Schriftform gemeint, Einschreiben soll nur Zugang (§ 130) sichern (BAG BB **80**, 369). **dd) Zugang:** § 130. Der ProzBev ist wg § 81 ZPO zum Empfang best für weit (sog Schriftsatz)Kündgen, die das ArbVerh betreffen (BAG NJW **88**, 2691; vgl Weidemann NZA **89**, 246). Fr am betr Tag bis 24 Uhr, auch bei Aushändig an den ZimmerVerm (BAG BB **76**, 696) u wenn der kündigde ArbG weiß, daß der ArbN verreist ist (BAG NJW **89**, 606 = JZ **89**, 295 m Anm v Dilcher; dagg auch krit Popp Betr **89**, 1133; aA 48. Aufl) u auch dann, wenn der ArbN im Ausl inhaft ist (BAG NJW **89**, 2213). Wurde der Zugang der Künd dch das Verhalten des KündEmpf verzögert, kann § 242 einer Berücksichtig der Verspätg entggstehen (BAG Betr **77**, 1194). Der Zugang am 24. 12. macht die Künd nicht als „ungehörig" unwirks (BAG NZA **86**, 97; vgl Anm d, cc). **ee) Inhalt.** Wille, das DVerh zu best oder bestimmb Ztpkt zu beenden, muß erkennb sein (vgl § 133). Das Wort Künd ist entbehrl (BAG **AP** § 620 KündErkl Nr 1). Die Mitt, ein befristetes ArbVerh solle nicht verlängert w, ist keine vorsorgl Künd, wenn die Wirksk der Befristg noch nicht streit ist (BAG BB **79**, 1557). **ff) Bedingung** ist grdsätzl unzul; zul nur solche, deren Eintritt ausschließl vom Willen des KündEmpf abhängt; das trifft für die bedingte ÄndKünd zu (vgl Anm ll). **gg) Teilkündigung** ist Künd eines Teils od einz Abreden des ArbVerh; sie ist nur bei vertragl Vereinbg zul (G. Hueck RdA **68**, 201) od bei Vorbeh (Gumpert BB **69**, 409). TKünd ist generell unzuläss (BAG BB **83**, 1791) u als WiderrVorbeh aufzufassen, wobei der Widerr nach bill Ermessen erfolgen muß u nicht den KündSchutz umgehen darf. **hh) Begründung. (1) Ursprüngliche:** Die ord Künd braucht nicht begründet zu w (BAG NJW **59**, 1844). Angabe der Grde ist auf Verlangen des ArbN bei § 1 III KSchG notw. Ist Begründg im TV vorgeschrieben, so ist Künd ohne solche nichtig (LAG Brem **AP** § 125 Nr 1). Bei außerord Künd vgl § 626 Anm 3 c. **(2) Nachgeschobene** KündGrde bei ord Künd für § 1 KSchG, bei außerord Künd für § 626 sind grdsätzl, insb noch im RStreit zu berücks bis zum Schluß der mdl Vhdlg (§ 296 a ZPO). Die Grde können aber nach § 56 II ArbGG od nach § 528 II ZPO, § 64 VI ArbGG zurückgewiesen w (BAG NJW **80**, 2486, wo § 529 offenb einen Druckfehler darstellt). Die Grde müssen aber zZ der Künd schon vorgelegen haben, u dürfen grdsätzl dem Kündigden damals bekannt gewesen sein (hM; BAG NJW **86**, 3159 mwN). Sie dürfen nicht ausgeschl sein (vgl § 626 Anm 2 c) u müssen obj zZ der Künd diese rechtf. Für den GeltgsBer des § 102 BetrVG vgl Anm d, dd u § 626 Anm 2 d. Nach der Künd entstandene Grde können neue Künd rechtf; diese kann im Nachschieben dch schlüss Verhalten erkl sein. Hierbei ist § 102 BetrVG zu beachten. **ii) Frist und Termin.** Die Künd kann fristlos sein od das DVerh nach Ablauf einer best Fr od zu einem best Termin beenden (§§ 621, 622). **jj) Rücknahme** der KündErkl ist nach Zugang (§ 130) bis zur Beendigg des DVerh (KündTermin) nur dch Vertr (§ 305) mit dem KündEmpf mögl, danach nur dch NeuAbschl des DVerh. Die Rückn einer unwirks KündErkl soll ohne Zust des KündEmpfängers zul sein (LAG Düss Betr **75**, 1081). **kk) Zustimmung** des BetrR als WirkskErfordern kann v ArbG u BetrR vereinb w (§ 102 VI BetrVG). Gilt auch für außerordentl Künd, wenn vereinb w, daß die Zust dch die Einiggsstelle ersetzt w kann (Dietz-Richardi § 102 RdNr 292). **ll) Änderungskündigung** (legal definiert in § 2 S 1 KSchG) kann auch als außerord Künd erkl w (Löwisch NZA **88**, 633 [640]). Sie erfordert bei bestehdem KündSchutz vorher Angebot, zumutb Weiterbeschäftigg auf einem freien ArbPl zu geänderten Bedingungen (BAG NJW **85**, 1797). Sie kommt in 2 Formen vor: (1) Künd wird unter der zul aufschiebden Bedingg (Anm ff) erkl, daß der KündEmpf die vorgeschlagene Änd des ArbVertr ablehnt. (2) Unbedingte Künd verbunden mit dem Angebot, das ArbVerh zu geänderten ArbBedinggen fortzusetzen (in § 2 S 1 KSchG legal definiert). Die ÄndKünd unterliegt dem KündSchutz (Anm 3), der AnhörgsPfl (Anm d, dd; BAG NJW **82**, 2839) u der Mitbest. Sie führt bei Ann des ÄndAngebots zur InhaltsÄnd des ArbVertr (6 d, a vor § 611). Die Ann liegt nicht allein in sof widersprloser WeiterArb (BAG NZA **88**, 737). Die ÄndKünd ist unwirks, wenn zZ ihres Zugangs ein KündVerbot besteht (BAG NJW **82**, 2859) od bei außerord Künd die neuen ArbBedinggen unzumutb sind. **mm) Abmahnung** ggü einem vertrwidr Verhalten kann für § 626 sowie für die verhaltensbedingte Künd gem § 1 KSchG bedeuts sein. Sie ist nicht an eine Frist gebunden (BAG BB **87**, 1253), hat Warnfunktion u ist idR Voraussetzg einer späteren Künd (BAG NJW **89**, 2493). Die Abmahng kann auch bloße Sanktion sein. Stets darf das zugrdeliegde Verhalten nicht als KündGrd herangezogen w (BAG aaO), wohl jedoch der Umstd, daß abgemahnt w.

b) Ordentliche Kündigung kommt nur in Betracht bei D(Arb)Verh, die auf unbest Zeit eingegangen sind. **aa) Begriff:** Ord Künd bedeutet Wahrnehmg einer vertragl od ges, bei regelm Verlauf des DVerh vorgesehenen Beendiggsmöglichk. Sie ist idR befristete Künd. Ges Regelg der ord Künd: §§ 620 II, 621, 622; §§ 62 ff SeemannsG. **bb) Verbot:** Ausgeschl ist aGrd § 15 KSchG die ord Künd des Mitgl v (See)-BetrR, Personal-, Jugend- oder Bordvertretg, des BetrRWahlVorstd u v Wahlbewerbern (aber nicht v Wahlbewerbern zum WahlVorst, LAG Mannh NJW **75**, 232) sowie Vertrauensmänner der SchwBeh (§ 26 III SchwbG). Für ErsMitgl nur, wenn sie nachgerückt sind od währd der VertretgsDauer (BAG BB **79**, 888). In diesen Fällen ist nur außerord Künd (Anm c) zul (§ 15 KSchG). Entspr gilt bei Mitgl v BetrR u WahlVorst, die HeimArb gem § 29 a HeimArbG). § 15 KSchG gilt nicht für ArbNVertr im AufsR (BAG NJW **74**, 1399). **cc) Vertragliche Kündigungsbeschränkungen** sind grdsätzl zuläss, auf Seiten des ArbN aber nur, wenn sie im Einzelfall nach § 242 ihm zuzumuten sind u einem begründeten, zu billigden Interesse des ArbG entspr (hM). Das gilt insb für Rückzahlg von Ausbildgskosten, die der ArbG für den ArbN getragen hat (BAG BB **73**, 292), vom ArbG freiw übernommene Umzugskosten (vgl § 611 Anm 7 g), ferner für Rückzahlg v Gratifikationen (vgl § 611 Anm 7 e, ee) u VertrStrafe, sowie Verfall einer Kaution (idR unzul; BAG **AP** § 622 Nr 9), Fälligk eines ArbGDarl (Einf 3 n vor § 607). Auszahlg v Treueprämien (BAG MDR **73**, 81). Die Part können die Künd auch für den ZtRaum nach VertrAbschl u vor DAntritt vereinb (hM; Berger-Delhey Betr **89**, 380 mwN), jedoch nicht einseit für den ArbN (LAG Hamm Betr **89**, 1191).

c) Außerordentliche Kündigung ist sowohl bei DVerh auf bestimmte als auch auf unbestimmte Zeit mögl. Sie ist nur zul, wenn die bes gesetzl ausgesprochenen (od vereinb) Voraussetzgen (KündGründe) vorliegen (BAG **AP** § 626 Nr 43). Sie ist meistens fristlose Künd, kann aber befristet sein (sog soz AuslaufFr). Gesetzl Fälle: §§ 624, 627 u insb 626 (Künd aus wichtigem Grund), ferner §§ 64 ff SeemannsG. Auch eine ÄndKünd ist als außerord Künd mögl (BAG NJW **73**, 1819).

d) Unwirksamkeit einer ord oder außerord Künd kann in den Fällen der §§ 105, 111, 125, 134, 138, 142, 242 gegeben sein. Abgesehen von den Fällen des KündSchutzes (Anm 3) kann die Unwirksk insb folgen aus: **aa) Verbotswidrigkeit** (§ 134) bewirkt Nichtigk. Gilt insb für alle Künd ggü Müttern (Anm 3 c), ord Künd ggü BetrRMitgl usw (Anm b), SchwerBeh (vgl Anm 4 b) u Einberufenen (Anm 4 f). Das BAG zählt auch das BenachteiliggsVerbot des Art 3 GG dazu (BAG NJW **73**, 77), läßt dies aber für Art 5 II GG offen, weil das R der freien MeingsÄußerg dch den ArbVertr in gewissem Umfang beschr ist (BAG aaO). **bb) Sittenwidrigkeit** (§ 138) bewirkt Nichtigk. Sie kann von allen ArbN, auch den unter das KSchG fallden geltd gemacht w, unabhäng von den Vorschr des KSchG (vgl § 13 II KSchG). Für die Sittenwidrigk gelten die allg Grds des § 138 (vgl dort), insb muß die Künd auf einem verwerfl Motiv beruhen (BAG **AP** § 138 Nr 22). Die Sittenwidrigk kann nicht auf solche Umst gestützt w, die sich auf die in § 1 KSchG normierte SozWidrigk beziehen; denn insow ist das KSchG eine Spezialregelg u bei ArbN, die nicht dem KSchG unterliegen, soll nach dem Willen des GGebers die Künd wg SozWidrigk nicht unwirks sein (dagg krit Schwerdtner in Anm zu BAG JZ 73, 375). Eine Künd verstößt auch nie gg § 138, wenn sie auf Tats gestützt w, die an sich geeignet sind, eine Künd gem § 626 zu begrden, es sei denn, daß damit ein verwerfl Grd verdeckt w soll (BAG JZ 75, 738 m Anm v Säcker). Auch kein Verstoß gg § 138 bei Künd v Aids-Erkranktem od -Infiziertem (LAG Düss NJW 88, 2970). **cc) Verstoß gegen Treu und Glauben** (§ 242) führt ohne weiteres zur Unwirksk der Künd (hM, zB LAG Düss BB 78, 1266 mwN). Dazu gehört auch die Verwirkg (§ 242 Anm 5; vgl BAG NZA 89, 16 mwN). Das Verh zum KSchG entspr dem in Anm bb; denn der RGrds des § 242 ist dch § 1 KSchG konkretisiert (BAG 8, 132 u NJW 73, 77). Das BAG ist der gleichen Ansicht, verneint auch ausdrückl die Geltg der 3-Wochen-Fr des § 4 KSchG (BAG NJW 72, 1878) s Anm dd (5). Insb wird die Anwendg des § 242 für die Fälle der sog ungehör Künd für mögl gehalten von Siebert BB 60, 1029 u Röhsler Betr 69, 1147, insb bei widersprüchl Verhalten (§ 242 Anm 4 B e; BAG NJW 72, 1878). Verwirkg (§ 242 Anm 9) ist bei Aufschub der Künd dch den ArbG inf seiner Nachsicht zu verneinen (LAG SchlH Betr 81, 2440). Künd zur Unzeit od in verletzter Form. **dd) Anhörung** des BetrR (§ 102 I BetrVG), bei ltd Angest des SprecherAussch (§ 31 II SprAuG), im öff D des PersR vor jeder Künd (auch ÄndKünd) ist zwingd vorgeschrieben. Die Anhörg hat grdsätzl währd der ArbZt zu erfolgen (BAG NJW 83, 2835). **(1) Anwendbar.** Sobald ein BetrR, SprecherAussch od PersR konstituiert ist (BAG NZA 85, 566). Anhörg ist entbehrl, wenn die Künd auf einem Verlangen des BetrR gem § 104 BetrVG beruht (Dietz-Richardi § 102 RdNr 35). Sie entfällt nicht in sog Eilfällen, zB bei BetrStillegg (BAG NJW 77, 727). Sie gilt auch für ausl ArbN (BAG NJW 78, 1124), aber nicht bei der KampfKünd (vgl Vorbem 1e, cc), wohl aber, wenn währd des ArbKampfs aus und Grd gekünd w (BAG NJW 79, 2635). Es kommt darauf an, ob die obj AnhörgsPfl bestand, nicht auf eine auch übereinstimmde Ansicht v ArbG u BetrR. **(2) Voraussetzungen.** Angabe des ArbN, dem gekünd w soll, Art der Künd (insb ord, außerord Künd, ÄndKünd), KündTermin, die maßgebden KündGrd, näml die Tats, aus denen er seinen KündEntschl herleitet (BAG NJW 79, 1672), u solche, üb die der BetrR Aufschl verlangt (LAG Mü Betr 76, 1439). Stich- u Schlagworte genügen nicht (BAG NJW 77, 1677), wenn nicht der BetrR bereits üb den erforderl KenntnStand verfügt (BAG BB 86, 321). Die Anfdgen sind für ArbN mit u ohne KündSchutz gleich (BAG NJW 79, 1677). Bei häuf Kurzerkrankgen sind die Fehlzeiten, die Art der Erkrankgen u die betriebl Auswirkgen mitzuteilen (BAG NZA 84, 93: hierzu Rommel NZA 84, 76). Auffdg zur Stellgn ist nicht erforderl. Notw ist Angabe der Grde für die soz Auswahl, auch ohne Verlangen des BetrR (BAG NJW 84, 2374 unter Aufgabe v NJW 79, 1672). Diese Mitt u Erkl sind dem BetrRVorsitzden od dessen StellVertr ggü abzugeben. Anhörg des BetrRVorsitzden allein genügt nicht; das Gremium muß Gelegenh zur Stellungnahme haben (BAG Betr 74, 1294), mindestens ein Personalausschuß gem § 28 II BetrVG (BAG BB 85, 1599 mwN). Eine mdl Anhörg genügt (LAG Hamm Betr 76, 680). BeschlußFähigk des BetrR besteht ggf für den RestBetrR (BAG NJW 83, 2836). **(3) Unterbleibt** sie (auch ohne Versch des ArbG, insb inf Irrtums) od wird die Anhörg nach Abgabe der KündErkl vorgen (nachgeholt), so ist die Künd stets unwirks (§ 102 I 3 BetrVG; BAG BB 76, 242). Vor Beendigg des AnhörgsVerf darf nicht gekünd w (BAG NJW 76, 1470). **(4) Verhalten des Betriebsrats.** Schweigt er auf die Mitt des ArbG gem § 102 I BetrVG, so kann der ArbG wirks erst nach Ablauf des Fr des § 102 II BetrVG künd (BAG aaO); er muß andererseits innerh eines angem ZtRaumes die Künd aussprechen, bei wesentl Änd, insb neuen KündGrd, eine erneute Anhörg dchführen (BAG NJW 78, 603), daher ist eine vorsorgl ausgespr ord Künd grdsätzl unwirks, wenn zu einer außerord Künd angehört w (BAG NJW 79, 76), ausnw nicht, wenn der BetrR vorbehaltlos zugestimmt hat u zu ersehen ist, daß er einer ord Künd nicht entggetreten wäre (BAG aaO). **(5) Kündigungserklärung.** Ausgesprochen ist die schriftl Künd mit Absendg (BAG BB 76, 694). Die KlFr des § 4 KSchG gilt nicht (§ 13 III KSchG; BAG Betr 74, 1294). **(6) Fehler** des ArbG beim AnhörgsVerf verurs die Unwirksk der Künd (BAG **AP** BetrVG § 102 Nr 2). Wird ein ArbN irrtüml als ltd Angest angesehen, so ersetzt die Information (§ 105 BetrVG) nicht die Anhörg (§ 102 BetrVG), jedoch kann uU die Erklärg des ArbG dahin ausgelegt w, daß er zugleich ein AnhörgsVerf einleiten will (BAG BB 80, 628). Nachträgl Zust des BetrR bewirkt keine Heilg (BAG **AP** BetrVG § 102 Nr 2). Mängel des AnhörgsVerf im Bereich des BetrR berühren die Wirksk der Künd nicht, ohne Rücks auf Kenntn des ArbG (BAG NJW 76, 1519). **(7) Nachschieben** v KündGrden (Anm a, hh, [2]) ist im Proz unzuläss, wenn sie dem BetrR vor Künd nicht mitgeteilt wurden (BAG NJW 81, 2772). Es ist aber grdsätzl für solche Grde zul, die der ArbG zZ der Anhörg noch nicht kannte, wenn er den BetrR hierzu erneut anhört (BAG NJW 86, 3159; dagg krit u für Beschränkg des Nachschiebens Schwerdtner NZA 87, 361). Erneute Künd auch mit denselben Grden bleibt mögl. Unzuläss Nachschieben bewirkt nicht Unwirksk der Künd, sond nur Beschränkg des ProzStoffs (BAG NJW 81, 2772). Vom unzuläss Nachschieben zu untersch ist die nachträgl Erläuter (Konkretisierg u Substantiierg) v KündGrden (BAG NJW 81, 2316 u 86, 3159). **(8) Beweislast** trägt der ArbG für die Tats zur Anhörg, wenn der ArbN sie bestreitet (Oetker BB 89, 417) u für das Vorliegen einer Ausn v der AnhörgsPfl **ee) Anhörung des Sprecherausschusses** ist dch § 31 II SprAuG vorgeschrieben. Verstoß wirkt wie bei Anm dd. **ff) Beteiligung des Personalrats** bei ArbVerh im öffD ist dch § 79 PersVG vorgeschrieben; eine entspr Regelg ist den Ländern für deren PersVGe auferlegt (§ 104 PersVG). Wird eine Künd ohne die vorgeschriebene Beteiligg des PersR erkl, ist sie unwirks (§§ 79 IV, 108 II PersVG; BAG BB 79, 1197).

3) Kündigungsschutz bei Arbeitsverhältnissen. Beschr grdsätzl nur die ord, nicht die außerord Künd des ArbG, auch die ÄndKünd (vgl § 2 KSchG), weil auch sie zur Auflösg des ArbVerh führt, wenn der ArbN der Änd der ArbBedingg nicht zust (vgl hierzu Adomeit Betr 69, 2179). Gilt nicht für die Beendigg dch ZtAblauf (§ 620 I), bei befristeten ArbVerh. Über den sog KündSch hinaus sind vertragl KündBeschrkgen zul (§ 622 Anm 4). Alle gesetzl KündSchutzVorschr sind zwingd; ein im voraus erkl Verzicht ist nichtig (Waechter Betr 72, 628 mwN; vgl aber Anm a, gg). Hingg kann dch Vertr die Anwendbk des KSchG für solche ArbN vereinb w, die (noch) nicht KündSchutz genießen, zB dem Betr noch nicht 6 Monate angehören (BAG BB 72, 1370).

a) Allgemeiner Kündigungsschutz dch das KSchG. Ggsatz: SoKündSchutz gem Anm b–i. Verh zum allg KündSch: Wilhelm NZA 88, Beil 3 S 18). **aa) Anwendungsbereich:** Allg für die ord Künd, auch die ÄndKünd (§ 2; Kunze BB 71, 918; E. Schmidt NJW 71, 684; Richardi ZfA 71, 92); für die außerord Künd nur bezügl der KlFrist, die Auflösg u die Abfindg (§ 13 I). Nur bei Betr, in denen (zZ des KündZugangs,

BAG BB **77**, 296) idR mehr als 5 ArbN (unter Einschluß der TeilZtArbN, BAG NJW **84**, 82) ausschl der Auszubildden beschäftigt w (§ 23 I S 2). Nur für ArbVerh, nicht für AusbildgsVerh (umstr; vgl Sarge Betr **89**, 878), auch bei ltd Angest (zB Gesch- u BetrLeiter, vgl § 14 II, hierzu Becker ZIP **81**, 1168), aber nicht für OrganMitgl, insb VorstdsMitgl, GeschFührer einer GmbH (vgl BAG Betr **86**, 2132), geschführde Gesellsch (§ 14 I; einschränkd BAG NJW **83**, 2405). Nicht für Aussperrg u Künd aus Anlaß eines ArbKampfs (§ 25).
bb) Voraussetzung: zZ des Zugangs (§ 130) der Künd muß das ArbVerh länger als 6 Monate (für Schiffsbesatzg vgl § 24 II) bestanden haben, ohne Rücks darauf, wie lange der ArbN tatsächl gearb hat, auch frühere ArbVerh mit demselben ArbG sind bei sachl Zushang einzurechnen (BAG NJW **77**, 1309 u 1311). Es ist zul, den Eintritt des ges KündSchutzes schon eher, auch ab Beginn des ArbVerh zu vereinb (BAG NJW **67**, 1152). Der KündSchutz kann aus § 242 gewährt w, wenn vor Ablauf der 6 Monate ohne sachl Grd gekünd w, um den KündSchutz zu vereiteln (BAG **AP** § 102 BetrVG Nr 19). **cc) Wirkungen.** Es ist zu unterscheiden: **(1) Unwirksamkeit** der Künd (auch der ÄndKünd, § 8), wenn sie soz ungerechtf ist (§ 1 I). Soz gerechtf ist sie nur, wenn sie dch Grde in der Pers od im Verhalten des ArbN od dch dringde betriebl Erfordernisse bedingt ist (§ 1 II). Außerdem ist die Künd soz ungerechtf, wenn bei Vorliegen best Voraussetzgen der BetrR gem § 102 III BetrVG der Künd widersprh hat (§ 1 II) od wenn die Auswahl des gekünd ArbN unsoz war (§ 1 III). **(2) Heilung** unwirks ord od außerord Künd tritt ein, wenn die KlFrist (Anm dd) versäumt w (§§ 7, 13 I S 2). **(3) Auflösung** des ArbVerh dch GestaltgsUrt auf Antr des ArbN oder ArbG (§ 9), wenn die Künd gem (1) wg SozWidrigk das ArbVerh nicht aufgelöst hat. Bei außerord Künd (§ 13 I S 3) hat der ArbN diese AntrBefugn, wenn ihr wichtig Grd fehlte u der Fortbestand des ArbVerh für den ArbN unzumutb ist (§ 626). Der ArbG hat bei außerord Künd keine AntrBefugn (§ 13 I S 3). **(4) Abfindung** hat der ArbG in angemessener Höhe (bis zu 18 Monatsverdiensten, § 10) zu zahlen, wenn das ArbVerh gem Anm (3) aufgelöst w; Abfindg auch bei sittenw Künd mögl (§ 13 II). **(5) Wahlrecht** des ArbN zw altem u neuen ArbVerh (§ 12 KSchG), wenn er für die Dauer des KSchProz bei dem ArbN ein neues ArbVerh eingegangen ist (hierzu Brill Betr **83**, 2519). **dd) Klagefrist** von 3 Wochen ab Zugang der Künd (§ 4, für Schiffsbesatzg vgl § 24 III S 1) gilt auch für außerord Künd (§ 13 I S 2), bei befr ArbVerh nur für die außerord Künd (BAG NJW **72**, 1878); nur für ArbN, die die Voraussetzgen (Anm bb) erfüllen (BAG stRspr seit NJW **55**, 1086; zuletzt Betr **73**, 481; bestr). Zulassg verspäteter Klagen ist uU mögl (§ 5), auch kann die Fr unter best Voraussetzgen verlängert sein (§ 6). **ee) Verfahren:** Die sog KündSchKl ist eine FeststellgKl mit dem aus § 4 zu entnehmden KlAntr. StreitGgst ist nicht der Bestand des ArbVerh, sondern daß das ArbVerh dch die im KlAntr bezeichnete Künd zu dem darin best Ztpkt nicht aufgelöst ist (sog punktuelle StreitGgstdsLehre; hM; BAG **7**, 51 u NZA **87**, 273) u zwar auch dann, wenn eine außerord Künd in eine ord umgedeutet w (Hager BB **89**, 693 [696]; vgl § 626 Anm 3e). Zugleich w rechtskräft festgestellt, zZ des Zugangs dieser Künd habe ein ArbVerh bestanden (BAG aaO). Daraus ist der Umfang der mat RKraft abzuleiten. Verbindg von KündSch- u ÄndSchKl (§ 2) ist zul (Richardi ZfA **71**, 106). Auch eine allg FeststellgsKl auf Bestehen des ArbVerh ist unter den Voraussetzgen des § 256 ZPO zul. **ff) Anzeigepflichtige Entlassungen** (§ 17) sog Massenentlassg. Der ArbG hat sie, sobald er sie beabsicht, dem BetrR schriftl mit Grd mitzuteilen u vor der Entlassg (Ausscheiden aus dem Betr, das auf eine Künd des ArbG zurückgeht, vgl BAG NJW **74**, 1263), nicht notw, aber zweckm vorsorgl vor der Künd dem ArbAmt zus mit der StellgN des BetrR schriftl anzuzeigen. Zu den Anforderg LAG Hamm Betr **83**, 49. Bei ÄndKünd ist das erst erforderl, bevor die Künd inf NichtAnn der neuen ArbBedinggen die Entlassgen in entspr Zahl bewirkt (BAG **AP** § 15 KSchG aF Nr 9). Verstoß gg § 17 führt zur Unwirksk der Künd nur, wenn der ArbN sich dem ArbG ggü darauf beruft, (BAG stRspr; zB NJW **74**, 1263). Allg KündSch (§ 1) bleibt auch bei Zust gem § 18 unberührt (BAG **6**, 1). Es bleiben solche ArbN außer Betracht, denen aus pers- od verhaltensbedingten Grd gekünd w (BAG NJW **84**, 1781). **gg) Verzicht** auf KündSch ist nur nach Künd zul (hM). Kann in Erteilg einer Ausgleichsquittg liegen (BAG BB **79**, 1197; vgl allg Plander Betr **86**, 1873), insb in der Erkl, gg die Künd keine Einwendgen zu erheben (LAG Hamm NZA **85**, 292). Der Verz muß unmißverständl sein (BAG **AP** § 4 KSchG Nr 5). Er kann auch nach Beginn des KündSchProz erkl, aber angefochten u kondiziert w (BAG BB **77**, 1400).

b) Schwerbehinderte. Geregelt dch SchwbG (neu bekgemacht am 26. 8. 86 [BGBl 1421]). **aa) Voraussetzungen:** mind 50% Minderg der Erwerbsfähigk dch körperl, geist od seel Behinderg (§§ 1, 3). Personenkreis: vgl § 1; auch Auszubildde (BAG NZA **88**, 428). Die SchwBehEigensch muß im Ztpkt der Künd dch Bescheid festgestellt od vom ArbN beantragt sein (BAG NJW **78**, 1397 in 2568). Liegt sie nur obj vor u wird sie nach Künd behördl festgestellt, so ist sie nur im Rahmen des § 1 KSchG u des § 626 zu berücks (BAG aaO), insb, wenn das ZustVerf der HauptFürsStelle nicht erforderl ist (BAG aaO). Ferner können dch das ArbAmt and Pers SchwBeh gleichgestellt w (§ 2). Dauer des Schutzes: § 38. **bb) Wirkung:** Der KündSchutz besteht ohne Rücks darauf, ob dem ArbG die SchwBehEigensch oder die Antragstellg bekannt war od ist (BAG NJW **79**, 2363) u ob der ArbG verpfl war, SchwerBeh zu beschäft (BAG **AP** § 14 SchwbG Nr 4). Die SchwBehEigensch (ohne behördl Feststellg) oder die Antragstellg muß der ArbN jedoch dem ArbG ggü innerh angem Fr nach der Künd geltd machen: näml 1 Monat für ord (BAG **30**, 141) wie außerord Künd (BAG Betr **82**, 1778), auch bei sog WiederholgsKünd (BAG NJW **84**, 1419). Die Fr darf voll ausgeschöpft w (BAG NZA **86**, 31). Unterläßt der ArbN dies, ist die Künd nicht weg fehlder Zust der HauptFürsStelle unwirks (BAG NJW **79**, 2363). Eine Vorlage des verneinden FeststellgsBescheids ohne Hinweis auf eingelegten Widerspruch genügt nicht (BAG Betr **82**, 2359), wohl aber nachträgl rückwirkde Feststellg (BAG Betr **84**, 1047). **cc) Zustimmung** der HauptFürsStelle ist notw, u zwar vorher Zust (§ 15), unabhäng davon, wann die KündGrde entstanden sind (BAG NJW **84**, 1419). Ausnw nicht bei einem ArbVerh, das noch nicht länger als 6 Monate besteht (§ 20 I Nr 1), also wie bei § 1 KSchG, od aus and Grden unter § 20 fällt. Die gesetzl KündSperre (§§ 15ff) entfällt, wenn die HauptFürsStelle dem ArbG auf form- u fristgerechten Antr hin mitt, es bedürfe der Zust nicht, sog Negativattest (BAG BB **84**, 212). Problemat bei ltd Angest (vgl Nicknig Betr **76**, 2256). Auch die außerord Künd bedarf der Zust, auch wenn die SchwBehEigsch erst beantragt u noch nicht festgestellt ist (BVerwG NZA **89**, 554). Sie soll jedoch erteilt w, wenn sie nicht im ZusHang mit der Behinderg steht (§ 21 IV), schriftl sowie innerh v 2 Wochen, wobei die Zustimmungsfiktion dch formlose

(Moll NZA **87**, 550), insb (fern)mdl Mitteilg ausgeschl werden kann (BAG NJW **82**, 1015). Die Zust zur außerord Künd enthält nicht die zur ord Künd (LAG Ffm NJW **78**, 444), so daß einer Umdeut die fehlde Zust entggsteht (v. Friesen/Reinecke BB **79**, 1561). Die Zust muß v ArbG in einer 2-Wochen-Fr (wie § 626 II) beantragt w (§ 21 II). Erteilg u Verweigerg w im VerwWeg nachgeprüft. Künd ohne Zust ist nichtig; jedoch darf das ArbG das AnhörgsVerf (§ 102 BetrVG) vor Abschl des ZustimmgsVerf einleiten (BAG NJW **81**, 2772). Keine aufschiebde Wirkg bei Widerspr gg Erteilg der Zust; die Künd ist zuläss u wirks, wenn die Zust unanfechtb w (Zanker BB **76**, 1181; aA Rewolle Betr **75**, 1123; Otto Betr **75**, 1554). Der ArbG darf den SchwBeh nicht bis zum Eingang der Zust unbezahlt freistellen. **dd) Kündigungsfrist** beträgt mind 4 Wochen (§ 16) ab Zugang der Künd, auch für Probe- u AushilfsArbVerh (BAG NJW **81**, 2831). Außerdem sind die ges, tarifl u vertr KündFr zu beachten (BAG aaO). Der ArbG kann die ord Künd nur innerh eines Monats ab Zustellg der Zust erkl (§ 18 III), die außerord nur unverzügl nach Erteilg der Zust, wenn die Fr des § 626 II abgelaufen ist (§ 21 V). Der erteilten Zust steht die aus Negativattest gleich (BAG BB **84**, 212). Hat der ArbN Antr auf Feststellg der SchwBEigsch gestellt, weiß der ArbG das u wird der Antr abgelehnt, kann sich der ArbN nicht auf § 626 II berufen, wenn der ArbG Zust der HauptFürsStelle beantr hat (BAG NZA **88**, 429). **ee) Anhörung** des Vertrauensmanns ist (unabhäng v den BetrRats) vorgeschrieben (§ 25 II). Die Künd ist aber trotz unterbliebener Anhörg wirks (BAG Betr **84**, 133).

c) Mütter. Geregelt dch MutterSchG. **aa) Anwendungsbereich:** ArbN, einschl (auch unverheirateter) Auszubildder (§ 3 II BerBG; LAG Bln BB **86**, 62) u HeimArb (§§ 1, 9 IV), auch für außerord Künd, ferner bei ProbeArbVerh (hM). Nicht: Künd der ArbN u AufhebgsVertr. Die Wirksk der sog EigenKünd der werdden Mutter wird dch eine Verletzg der MittPfl des ArbG (§ 9 II) nicht berührt (BAG BB **83**, 1160). Bei einem zuläss befristeten ArbVerh (§ 620 I) ist der ArbG dch die Schwangersch nicht gehindert, sich auf die Beendigg des ArbVerh dch FrAblauf zu berufen (BAG [GS] **10**, 65), aber nicht, wenn er nur wg der Schwangersch die Fortsetzg des ArbVerh ablehnt (BGH NJW **64**, 567). **bb) Voraussetzungen:** (1) Obj bestehde Schwangersch zZ des Zugangs der Künd üb die gesamte Zt u bis zu 4 Monaten nach Entbindg (§ 9 I) u anschließd für die Dauer des ErziehgsUrl (Anm d, aa); bei HaushAngest nur bis zum Ablauf des 5. Monats der Schwangersch (§ 9 I S 2). Berechnet w der Beginn der Schwangersch dch Rückrechng um 280 Tage vom voraussichtl (nicht tats) Tag der Niederkunft (BAG NJW **86**, 2905). Sie endet bei einer Fehlgeburt (od Abbruch), unmittelb auch der Mutterschutz (BAG NJW **73**, 1431 = JZ **74**, 187 m Anm v Richardi). (2) Kenntn des ArbG v Schwangersch od Mitt (auch dch Dr; betr) innerh einer Fr von 2 Wochen, die mit KündZugang beginnt. Wird die Fr unverschuldet versäumt, ist die Mitt auch rechtzeit, wenn sie unverzügl nachgeholt w (BVerfG NJW **80**, 824). Das ist nach den Umstden des Einzelfalls zu beurt (BAG NZA **88**, 799). Schuldh Versäumg erfordert einen groben Verstoß (BAG NJW **84**, 1418). Die MittPfl w dch widersprüchl Erkl nicht erf (LAG Hamm BB **75**, 282. **cc) Wirkung.** Liegen die Voraussetzungen (Anm bb) vor, ist die Künd nichtig (§ 134). Eine Verletzg der NachwPfl (§ 5 I) beseit den KündSch nicht, kann aber zu einer Verwirkg führen (BAG NJW **75**, 229). In AusnFällen kann die behördl zugelassen w (§ 9 III); im VerwRWeg nachprüfb (BVerwG NJW **60**, 1028). Anspr auf Vergütg bei Künd aus § 626, die nur wg MutterSchG unwirks ist, kann inf RMißbr ausgeschl sein (LAG BaWü Betr **75**, 2330). **dd) Umgehung** des § 9 I führt zur Nichtigk (§ 134) der betr Vereinbg, insb die Bedingg, daß das ArbVerh bei Eintritt v Schwangersch zu einem dem § 9 I zuwiderlaufden Ztpkt ende (BAG **AP** Art 6 I GG Nr 3). Anf (§§ 119, 123) im Rahmen v § 611 Anm 2b ist zul, idR nur begrdt, wenn auf zul Frage bewußt falsch geantwortet w (BAG stRspr, zB NJW **62**, 74; in eine solche Anf kann eine nichtige Künd nicht umgedeutet w (BAG NJW **76**, 592). AufhebgsVertr (§ 305) ist mögl u wirks; zur Anf vgl BAG NJW **83**, 2958.

d) Erziehungsurlaubsberechtigte. aa) Kündigung des Arbeitgebers ist währd des ErzUrl grdsätzl verboten (§ 18 I S 1 BErzGG), sowohl außerord wie ord Künd, auch ÄndKünd (Viethen NZA **86**, 245). Der KündSchutz gilt währd der ganzen Dauer des ErzUrl. Befreiung vom KündVerbot kann in AusnFällen v der zuständ Landesbehörde erteilt w (§ 18 I S 2 BErzGG). **bb) Kündigung des Arbeitnehmers** ist als ord Künd mit gesetzl Fr v 3 Monaten zum Ende des ErzUrl zuläss (§ 19 BErzGG).

e) Ältere Angestellte dch das AngKSchG. Nicht anwendb auf DVerh (BGH **12**, 1), auch v BAG verneint für GeschF einer GmbH mit 75%-Beteilg (BB **83**, 2181), aber bejaht für bloß angestellten GeschF (Betr **86**, 2132). **aa) Voraussetzungen.** (1) AngestEigsch iS des AVG, ohne Rücks auf VersPfl (BAG **AP** § 1 AngKSchG Nr 1). (2) BeschäftiggsDauer v mind 5 Jahren (nach Vollendg des 25. Lebensjahres) beim selben ArbG od RVorgänger zZt des KündZugangs, bei gleichbleibder Tätigk ohne Rücks auf den früheren ArbNStatus, zB als MitArb (BAG Betr **79**, 896); und bei einer Beteilg v 30% an der MutterGesellsch (Mü WM **84**, 896). (3) Beschäftigg dch einen ArbG von regelm mehr als 2 Angest (ohne Einrechng v and ArbN u Auszubildden). Es zählen nur Angest mit einer längeren ArbZt als wöchentl 10 Stunden u monatl 45 Stunden (§ 1 Abs II S 4, angefügt dch Art 4 BeschFG seit 1. 5. 85). **bb) Wirkung:** Nur Verlängerg v KündFr bis auf 6 Monate zum Quartalsende als ges Fr, gestaffelt nach BeschäftiggsDauer. Kein Einfl auf außerord Künd u auf KündFr des Angest.

f) Bergleute, wenn sie Inh eines Bergmannsversorggsscheins sind. Es ist ord Künd nur mit behördl Zust zuläss (§ 11 BergmVersorggsScheinG NRW u Saar).

g) Einberufene. aa) Wehrdienst. (§ 2 ArbPlSchG) Schutz für ArbN u Auszubildde ab Zustellg des Einberufungsbescheids u währd einer WehrÜbg. Bei Verstoß: § 134. Künd aus § 626 bleibt stets zul. **bb) Freiwillige** währd der viermonat EigngsÜbg (§ 2 EignÜbgG). **cc) Luftschutz:** Künd aus damit zushängden Grd unzul (§ 9 II ZivilschutzG, BGBl **76**, 2112). **dd) Zivildienst:** Es gilt Anmaa entspr (§ 78 Nr 1 ZivDG). **ee) Arbeitsverpflichtete:** Es gilt § 2 ArbPlSchzG entspr (§ 15 ArbSichG). **ff) Bundesgrenzschutz:** Es gilt Anmaa entspr (§ 59 I, G v 18. 8. 72, BGBl 1834).

h) Heimarbeiter u Hausgewerbetreibde mit nicht mehr als 2 fremden Hilfskräften. KündFr mit Entgeltsgarantie v einem Tag (bei Beschäftigg bis zu 4 Wochen), sonst v 2 Wochen (§ 29 I HeimarbG). Für die Künd des AuftragsG od ZwMeisters gelten bei Bestd des BeschäftiggsVerh v 5, 10 od 20 Jahren, wenn der HeimArb mind überwiegd v einem ZwMeister od AuftrG beschäft w, verlängerte KündFr (§ 29 III HeimarbG). Hierzu K. Schmidt NJW **76**, 930. Das KSchG gilt für sie nicht, weil sie nicht ArbN iS dieses G sind; jedoch die AnhörgsPfl (Anm 2d, dd; K.Schmidt aaO) u KündSchutz des § 15 KSchG für BetrFunktionäre (§ 29a HeimarbG).

i) Arbeitnehmerähnliche Personen (Einf 1g, cc, dd vor § 611) als sog SchonFr oder AuslaufFr ausgestaltet, wenn freien Mitarbeitern tägl Einzelaufträge erteilt w (BAG NJW **67**, 1982; BAG BB **71**, 568).

620 *Beendigung des Dienstverhältnisses.* **I** Das Dienstverhältnis endigt mit dem Ablaufe der Zeit, für die es eingegangen ist.

II Ist die Dauer des Dienstverhältnisses weder bestimmt noch aus der Beschaffenheit oder dem Zweck der Dienste zu entnehmen, so kann jeder Teil das Dienstverhältnis nach Maßgabe der §§ 621, 622 kündigen.

1) Allgemeines zur Befristung von DVerh, auch ZtVertr genannt. Übbl bei Sowka Betr **88**, 2457. **a) Zweck.** § 620 geht v der Regel aus, daß jedes DauerSchuldVerh auf bestimmte Zt geschl u gekünd w kann. Für ArbVerh hat der GGeber die wg des KündSchutzes notw SoRegel nicht getroffen, sond sie (mit Ausn der Anm 5) der Rspr überlassen, die ggü dem ArbG überzogene Anfdgen stellt. **b) Begriff.** Befristet werden kann nur dch Kalenderdaten od genau bestimmte ZtRäume. Höchst- u Mindestdauer fallen nicht darunter, ebsowen die auflöse Bedingg (Vorbem 1b ff). Ein befristeter ArbVertr kann aber auszusätzl auflösd bedingt sein (BAG NJW **81**, 246). **c) Anwendungsbereich.** Gilt für alle D- u ArbVertr. Für DVertr ist die Zulässk u Wirksk des ZtVertr grdsätzl nicht beschr. Hingg werden dch die Rspr für die ZtArbVertr zusätzl Erfordernisse aufgestellt (Anm 3), dch die vermieden w soll, daß der ges KündSchutz umgangen w. Daher können befristete ArbVerh, soweit das KSchG nicht gilt, grdsätzl ohne die Beschränkgen der Anm 3 abgeschl w: für die Dauer bis zu 6 Monaten (Anm 5 u § 1 I KSchG; daher nicht als KettenArbVertr, vgl Anm d) u bei KleinBetr iS des § 23 KSchG (stRspr des BAG seit **1**, 128), wobei die Absicht, den KündSchutz zu umgehen nicht erforderl, sond dieser Umstd obj zu beurt ist (BAG [GS] **10**, 65). **d) Kettenarbeitsvertrag** ist der aufeinanderfolge Abschl mehrerer ZtArbVertr (4a, ff vor § 611). Er ist uneingeschr nur beim Klein-Betr (§ 23 KSchG) erlaubt, sonst nur unter den Voraussetzgen der Anm 3, insb bei SaisonArbVerh (BAG NZA **87**, 627). Für den rechtfertigden Grd kommt es grdsätzl nur auf den zuletzt abgeschl Vertr an (BAG stRspr, zB NZA **88**, 734), ausnw auf den vorletzten, wenn der letzte nur ein unselbständ Anhängsel darstellt (BAG NZA **88**, 280). **e) Verhältnis zu Tarifverträgen.** Wg der den TarVertrPart zugestandenen Disposition wird bei Zulassg v befr ArbVertr in einem TarVertr das Vorliegen des erforderl sachl Grds (Anm 3) vermutet (BAG **AP** Befr ArbVertr Nr 32 m Anm v Richardi; dagg krit MüKo-Schwerdtner 90–92). **f) Schwerbehinderte und Mütter.** Bei Befristg des ArbVertr muß in allen Fällen ein sachl gerechtfert Grd (Anm 3) vorliegen, weil sie unabhäng vom KSchG KündSchutz genießen (BAG **14**, 108 u BB **61**, 1237). Für diese Pers gilt jedoch auch die neue Regelg der Anm 5. **g) Sonderregelungen** für wissensch Personal an Hochschulen u ForschgsEinrichtgen (Buchner RdA **85**, 258). Es gelten seit 26. 6. 85 die SoVorschr der §§ 57a ff HochschulrahmenG u das G üb befr ArbVertr mit wissenschaftl Personal an ForschgsEinrichtgen (BGBl **85**, 1065) sowie für Ärzte in Weiterbildg seit 24. 5. 86 das G v 15. 5. 86 (BGBl 742). Sie gestatten den Abschl v ZtArbVertr auch dann, wenn kein sachl gerechtfert Grd (Anm 3) vorliegt.

2) Bestimmbare Dauer infolge Art oder Zweck der zu leistden De (Abs II). **a) Begriff.** Auch hier handelt es sich um (nicht kalendermäß od zeitl bestimmte) befr D(Arb)Verh, die von selbst enden, wenn die geschuldeten De (Arb) geleistet sind. Die Dauer ist aber bei Abschl des Vertr nach Kalendertag u ZtRaum unbestimmt. Der Wille der Part muß VertrInhalt geworden sein; ein BewegGrd allein reicht nicht (Erman-Küchenhoff 9). **b) Beispiele:** Aushilfe für beurlaubte od kranke ArbN (MüKo-Schwerdtner 40), einmaliger ArbAnfall od SondVerkäufe; SaisonBetr, sofern die Vertr nicht schon kalendermäß befristet sind. **c) Wirkung.** Beendigg: Anm a. Der DBer (ArbG) hat dem DVerpfl (ArbN), wenn er das Ende nicht von selbst ausmachen kann, die bevorstehde Beendigg rechtzeitig anzuzeigen (hM), sog Auslauf- od AnkündFr. Unterbleibt die Anz, so endet das ArbVerh nach Ablauf der entspr Fr. Schuldh Verletzg kann SchadErsPfl (VertrauensSchad), auch Lohnfortzahlg für begrenzte Zt ausgelösen.

3) Sachlicher Grund für die Befristg (sog Zweckbefristg) wird v der hRspr u der hM (dagg krit Weiler BB **85**, 934, auch Adomeit NJW **89**, 1715) gefordert, wenn sonst dch die Befristg der KündSchutz (vgl Anm 1c) umgangen w. Andernf ist das ArbVerh unbefr. Ges geregelte Fälle zuläss Befristg sind § 1 BeschFG (Anm 5) u § 21 BErzGG. **a) Allgemein.** Die maßgebde obj Beurt hat davon auszugehen, ob im verstdl ArbG im konkr Fall ein ArbVerh auf unbestimmte Zt begrdet haben würde (BAG stRspr **AP** Befr ArbVertr Nr 35). Es kommt dabei auch auf die Dauer der Befristg an (BAG NJW **64**, 567). Maßgebder Ztpkt ist der Abschl des Vertr. Liegt der Grd in der Zukunft, ist auf die Prognose abzustellen. Zusätzl muß der Ztpkt der Zweckerreichg für den ArbN frühzeit erkennbar sein; bei VertrAbschl voraussehb od v ArbG rechtzeit angekünd w (BAG NZA **88**, 201). **b) Einzelheiten.** Sachl Grd wird: **aa) Bejaht:** Vertretg für die Dauer eines BeschäftiggsVerbots wg MuSchutz od bei berecht ErziehgsUrl (§ 21 I BErzGG); Vorübgehde Aushilfe od Vertretg (BAG **AP** Befr ArbVertr Nr 22, 42, 63), wobei eine Umverteilg der Aufgaben zuläss ist (BAG NZA **86**, 569). Erprobg (BAG NJW **82**, 1173); vorübgehder ArbAnfall od SaisonArb (BAG **AP** Befr ArbVertr Nr 70); Bühnenkünstler (BAG Betr **81**, 2080); vorausseb Zweckerfüllg u überschaub Zt (BAG NJW **83**, 1927); Zuweisg eines ArbN im Rahmen einer ArbBeschaffgsMaßn (BAG NJW **83**, 2158 u NZA **88**, 468); Wunsch des ArbN u ein obj bestimmb, in seiner Pers liegder Grd (BAG BB **85**, 2045); Abschl eines Vergl üb Bestehen des ArbVerh für eine bestimmte (Rest)Zt (BAG BB **81**, 121); Befristg auf Vollendg des 65. Lebensjahres, jedenf im öff Dienst (BAG BB **77**, 1399); Rundfunkmitarbeiter (BVerfG NJW **82**, 1447); bei Lehrern vorübgehder Mehrbedarf an Lehrkräften (BAG NJW **82**, 1475) od vorausberechneter Minderbedarf (BAG NJW **83**, 1444) u Befristg bis zum Bestehen der StaatsPrüfg (BAG aaO). Soz ÜberbrückgsZweck (BAG NZA **88**, 545 mwN; Blechmann NZA **87**, 191); Geschäftseröffg (LAG RhP

669

Betr **89**, 1193). **bb) Verneint:** Die Zuweisg bestimmter Haushaltsmittel (BAG NJW **80**, 1766); das Vorhandensein vorüb gehd freier Stellen (BAG NJW **82**, 1475). ArbAnfall auf nicht absehb, wenn auch begrenzte Dauer (BAG **AP** Befr ArbVertr Nr 56, 57); ständ Aushilfe od DauerVertretg (BAG BB **82**, 434, NZA **85**, 90 u 561); mögl od beabsicht Besetzg des ArbPlatzes mit künft Bewerbern (BAG BB **70**, 1302); Fortführg des Betr im Konk (LAG Saarbr ZIP **88**, 528; wohl verfehlt). Allg soz- u beschäftpol Erwäggen (BAG NZA **88**, 545 [Lehrer]). **c) Beweislast** für die Befristg trägt der ArbG; dafür daß kein sachl Grd vorlag, trägt sie der ArbN (BAG **AP** Befr ArbVertr Nr 16, 20; bestr; aA Kempff Betr **76**, 1576 mwN: ArbG für Vorliegen des Grdes).

4) Wirkungen. a) Bei wirksamer Befristung. Das D(Arb)Verh endet mit ZtAblauf von selbst; eine Künd ist unnöt. Soll eine ord Künd währd der Dauer d befr ArbVerh zuläss sein, müssen es die Part eindeut erkennb vereinb haben (BAG NJW **81**, 246 mwN). Gesetzl zuläss bei vorzeit beendetem ErzUrl (§ 21 III BErzGG). Außerord Künd (§ 626) ist nie ausgeschl. Für die ord Künd kann KündSchutz eingreifen. Ist die ord Künd beiderseits ausgeschl, kann auch der ArbN nicht künd. Es gilt jedoch stets § 624. **b) Bei unwirksamer Befristung.** Der D(Arb)Vertr ist wirks; nur die Befristg ist unwirks, sodaß ein D(Arb)Verh auf unbestimmte Dauer besteht (allgM). Es kann jedoch ein and BefristgsGrd nachgeschoben w. Daraus folgt an sich, daß das D(Arb)Verh gekünd w kann; jedoch nicht von demjen ArbN, der sich auf das Fehlen des sachl gerechtf Grdes beruft (BAG **18**, 8). Auch der ArbG kann sich frühestens mit FrAblauf v dem Vertr lösen. Seine Mitt an den ArbN, der Vertr solle nicht verlängert w, ist keine vorsorgl Künd, solange die Wirksk der Befristg zw den Part nicht streit ist (BAG BB **79**, 1557). Ist eine ZweckBefristg vereinb, deren Ende für den ArbN nicht voraussehb ist, so endet das ArbVerh erst mit Ablauf einer der MindKündFr (§ 622) entspr AuslaufFr (BAG NZA **87**, 238). **c) Kündigung** (Abs II) ist bei allen D(Arb)Verh mögl, die nicht auf bestimmte (Anm 1 b) od bestimmbare Zt (Anm 2) abgeschl sind. **d) Wiedereinstellungsanspruch** bei KettenArbVertr (Anm 1 d) wird nur dann bejaht w können, wenn ein VertrauensTatbestd geschaffen w (BAG NZA **87**, 627).

5) Befristete Arbeitsverträge nach Beschäftigungsförderungsgesetz v 26. 4. 85 (BGBl 710). In Kraft getreten am 1. 5. 85.

§ 1. *(1) Vom 1. Mai 1985 bis zum 1. Januar 1990 ist es zulässig, die einmalige Befristung des Arbeitsvertrages bis zur Dauer von achtzehn Monaten zu vereinbaren, wenn*
1. der Arbeitnehmer neu eingestellt wird oder
2. der Arbeitnehmer im unmittelbaren Anschluß an die Berufsausbildung nur vorübergehend weiterbeschäftigt werden kann, weil kein Arbeitsplatz für einen unbefristet einzustellenden Arbeitnehmer zur Verfügung steht.
Eine Neueinstellung nach Satz 1 Nr. 1 liegt nicht vor, wenn zu einem vorhergehenden befristeten oder unbefristeten Arbeitsvertrag mit demselben Arbeitgeber ein enger sachlicher Zusammenhang besteht. Ein solcher enger sachlicher Zusammenhang ist insbesondere anzunehmen, wenn zwischen den Arbeitsverträgen ein Zeitraum von weniger als vier Monaten liegt.

(2) Die Dauer, bis zu der unter den Voraussetzungen des Absatzes 1 ein befristeter Arbeitsvertrag abgeschlossen werden kann, verlängert sich auf zwei Jahre, wenn
1. der Arbeitgeber seit höchstens sechs Monaten eine Erwerbstätigkeit aufgenommen hat, die nach § 138 der Abgabenordnung dem Finanzamt mitzuteilen ist und
2. bei dem Arbeitgeber zwanzig oder weniger Arbeitnehmer ausschließlich der zu ihrer Berufsbildung Beschäftigten tätig sind.

Überblick Otto NJW **85**, 1807; zu Einzelh; Hanau RdA **87**, 25. **a) Geltungsdauer** ist aus polit Grd zeitl begrenzt. Verlängerg ist vorgesehen. Sie bezieht sich auf den VertrAbschl, so daß noch am 1. 1. 90 auch auf die zugelassene Dauer ein ArbVertr vereinb w kann, spätestens endend am 30. 6. od 31. 12. 91. **b) Zweck:** § 1 gestattet die Befristg eines ArbVerh ohne den v der Rspr (Anm 3) geforderten sachl Grd (hM; BAG NJW **89**, 1756). BefristgsFreih im Rahmen der Voraussetzgen). Der Abschl v ArbVertr mit SachGrden gem Anm 3 bleibt weiter zuläss u wird dch § 1 nicht beschränkt (hM; LAG Ffm NZA **88**, 285 mwN). **c) Sonderregelungen:** Die ArbVerh mit wissenschaftl Personal an Hochschulen u ForschgsEinrichtgen sowie für Ärzte in der Weiterbildg werden speziell dch die in Anm 1g genannten Ge geregelt. Für LeihArbVerh gilt ausschließl das AÜG (vgl Einf 4a, ev vor § 611); Befristg nach § 1 ist nicht gestattet (Friedhofer/Weber NZA **85**, 337; aA Schubel BB **85**, 1606). **d) Anwendungsbereich.** Umfaßt alle ArbVertr, für die nicht SoRegeln (Anm c) bestehen. ArbN sind auch Auszubildde (vgl Abs 1 S 1 Nr 2), Schwangere, SchwerBeh, Wehr- od ZivDLeistde. **e) Verfassungsmäßigkeit** ist nicht zu bezweifeln (Löwisch BB **85**, 1200 u NZA **85**, 478; Friauf NZA **85**, 513; Hanau RdA **87**, 25; aA Mückenberger NZA **85**, 518). **f) Voraussetzungen.** Lagen sie bei Abschl des ArbVertr nicht vor, können Grde (Anm 3) nachgeschoben w (Hanau RdA **87**, 25). Es gibt alternativ 2 Fälle (Abs I): **aa) Nr 1:** Neueinstellg. Das ist die Begründg eines neuen ArbVerh, wobei die Befristg bei Abschl des Vertr vereinb w muß. Es muß kein zusätzl ArbPl geschaffen w (BAG NJW **89**, 1756). Der ArbN kann bisher LeihArbN gewesen sein (BAG aaO). Der Begr Neueinstellg wird dch den Abs I S 2 negativ abgegrenzt. Es darf zu einem vorhergehden (auch unbefrist) ArbVerh zw demselben ArbG u ArbN kein enger sachl Zushang bestehen. Dieser wird unwiderlegb vermutet, wenn der ZtRaum zw den ArbVerh weniger als 4 Monate beträgt (Abs I S 3). Es darf nicht ein zweites mal befristet abgeschl w (hM; LAG Hamm Betr **89**, 536; aA Oetker/Kiel Betr **89**, 576 [582]). Es kommt nur auf dieselbe Pers an, nicht auf den Betr bei ArbNÜblassg od BetrVeräußerg gem § 613a (Löwisch BB **85**, 1200). **bb) Nr 2:** Berufsausbildg umfaßt auch die Anlernlinge, Volontäre u Praktikanten (Löwisch aaO). Es kommt stets auf einen bestimmten ArbPl an. Die Anwendg scheitert deshalb nicht daran, daß in dem betreffden Betr übhaupt ArbPlätze nicht befristet besetzt werden dürften od sonst ArbPlätze noch offen sind (umstr; vgl Blechmann NZA **87**, 191 [195]). Ob der ArbPl befristet od unbefristet zu Vfg steht, kann nur der Prognose zZ des VertrAbschl unterliegen (Löwisch BB **85**, 1200). Die BewL für das Fehlen eines geeigneten DauerArbPl trägt der ArbG (Hanau RdA **87**, 25 mwN). **g) Wirkung.** Es gilt grdsätzl Anm 4a, b. Der Abschl des ArbVertr auf bestimmte Zt ist wirks, weil ein gesetzl geschaffener sachl gerechtfert Grd

Einzelne Schuldverhältnisse. 6. Titel: Dienstvertrag §§ 620–622

(Anm 3) vorliegt. Die Befristg ist nur einmal zuläss u kann grdsätzl bis zu 18 Monaten (also auch beliebig kürzer) vereinb werden. Eine erneute Befristg darf auch ohne sachl Grd (Anm 3) vorgenommen w (Hanau aaO). Die Vereinbg vorheriger ord Künd (ggf unter KündSch) ist mögl (gleiche Fr wg § 622 V). § 626 bleibt unberührt. **h) Dauer.** Grdsätzl Höchstdauer v 18 Monaten (Abs I S 1). Verlängerg auf 2 Jahre gem Abs II für Pers, die eine selbständ Erwerbstätk (wieder) neu aufnehmen u für alle KleinBetr. TZtBeschäft zählen voll. **i) Vorrang des Tarifvertrags** (in dessen GeltgsBereich, vgl Einf 6 b, aa vor § 611). § 1 verbietet weder vorgesetzl noch nachgesetzl BefristgsVorschr in TarVertr, soweit sie den ArbN günst stellen (hM; BAG NZA 88, 358 mwN). Sie gehen dem § 1 vor. Günst ist vor allem das Erfordern eines Grdes iS der Anm 3 (BAG aaO), auch die Verkürzg der Fr. **j) Abdingbarkeit** dch EinzelArbVertr (auch nachträgl) wird v BAG NZA 88, 545 in der Weise bejaht, daß trotz Vorliegen der Voraussetzgen (Anm f) für die Wirksk der Befristg ein sachl gerechtfert Grd (Anm 3) bestehen müsse.

621 *Ordentliche Kündigung von Dienstverhältnissen.* Bei einem Dienstverhältnis, das kein Arbeitsverhältnis im Sinne des § 622 ist, ist die Kündigung zulässig,

1. wenn die Vergütung nach Tagen bemessen ist, an jedem Tag für den Ablauf des folgenden Tages;
2. wenn die Vergütung nach Wochen bemessen ist, spätestens am ersten Werktag einer Woche für den Ablauf des folgenden Sonnabends;
3. wenn die Vergütung nach Monaten bemessen ist, spätestens am fünfzehnten eines Monats für den Schluß des Kalendermonats;
4. wenn die Vergütung nach Vierteljahren oder längeren Zeitabschnitten bemessen ist, unter Einhaltung einer Kündigungsfrist von sechs Wochen für den Schluß eines Kalendervierteljahres;
5. wenn die Vergütung nicht nach Zeitabschnitten bemessen ist, jederzeit; bei einem die Erwerbstätigkeit des Verpflichteten vollständig oder hauptsächlich in Anspruch nehmenden Dienstverhältnis ist jedoch eine Kündigungsfrist von zwei Wochen einzuhalten.

1) Allgemeines. a) Fassung: Neu dch G v 14. 8. 69, in Kr seit 1. 9. 69. **b) Anwendungsbereich:** Nur DVerh (vgl Einf 1 b, 2 vor § 611), die nicht ArbVerh sind. Bei VorstdsMitgl einer AG u GeschF einer GmbH gilt § 621 grdsätzl nicht (vgl § 622 Anm 1 b). Nicht ArbVerh, für die § 622, u nicht für HeimArb, für die § 29 HeimarbG gilt. SondVorschr für HandelsVertreter: § 89 HGB. Bei InternatsVertr ist § 620 zu beachten (BGH NJW 85, 2585). **c) Abdingbarkeit:** § 621 ist nicht zwingd (BGH NJW 64, 350). Grenzen: § 11 Nr 12 AGBG. Nicht aufwend DirektunterrichtsVertr (Heilpraktiker) kann § 9 AGBG entgstehen (Köln NJW 83, 1002). **d) Einordnung** unter Nr 1–5 hängt allein von der Bemessg der Vergütg ab, nicht davon, wann u wie sie gezahlt w. **e) Kündigung:** Nur ord Künd (vgl Vorbem 2 vor § 620). Maßg ist der Zugang (§§ 130–132). Außerord Künd: §§ 624. 626. 627. Kein KündSch, da dieser nur für ArbVerh gilt. SoRegeln für FernUnterrVertr in § 5 FernUSG.

2) Besonderheiten. a) Nr 1: Bei Künd zu FrEnde an Sonn-, Feier- od Samstagen vgl § 193 Anm 2. **b) Nr 3:** § 193 gilt nicht (§ 193 Anm 2 b mwN). **c) Nr 4:** Berechg der Fr erfolgt gem §§ 187 I, 188 II. Bsp: Künd zum 31. 12 muß am 19. 11 zugehen; § 193 gilt nicht (BAG NJW 70, 1470 für ArbVerh unter Aufgabe früherer Rspr; ebso für § 89 HGB: BGH 59, 265). Wird die Künd vor Beginn des ArbVerh erkl, so beginnt u läuft die KündFr nach §§ 187 II, 188 II ab vertr vereinb Beginn des ArbVerh, wenn auf dessen Aktualisierg abgestellt w (BAG NJW 80, 1015). **d) Nr 5:** Gilt zB bei Provision, Stückvergütg, Gewinnbeteiligg. Berechg der 2-Wochen-Fr: wie Anm c.

622 *Ordentliche Kündigung von Arbeitsverhältnissen.* ^I Das Arbeitsverhältnis eines Angestellten kann unter Einhaltung einer Kündigungsfrist von sechs Wochen zum Schluß eines Kalendervierteljahres gekündigt werden. Eine kürzere Kündigungsfrist kann einzelvertraglich nur vereinbart werden, wenn sie einen Monat nicht unterschreitet und die Kündigung nur für den Schluß eines Kalendermonats zugelassen wird.

^{II} Das Arbeitsverhältnis eines Arbeiters kann unter Einhaltung einer Kündigungsfrist von zwei Wochen gekündigt werden. Hat das Arbeitsverhältnis in demselben Betrieb oder Unternehmen fünf Jahre bestanden, so erhöht sich die Kündigungsfrist auf einen Monat zum Monatsende, hat es zehn Jahre bestanden, so erhöht sich die Kündigungsfrist auf zwei Monate zum Monatsende, hat es zwanzig Jahre bestanden, so erhöht sich die Kündigungsfrist auf drei Monate zum Ende eines Kalendervierteljahres; *bei der Berechnung der Beschäftigungsdauer werden Zeiten, die vor der Vollendung des fünfunddreißigsten Lebensjahres liegen, nicht berücksichtigt.*

^{III} Kürzere als die in den Absätzen 1 und 2 genannten Kündigungsfristen können durch Tarifvertrag vereinbart werden. Im Geltungsbereich eines solchen Tarifvertrages gelten die abweichenden tarifvertraglichen Bestimmungen zwischen nicht tarifgebundenen Arbeitgebern und Arbeitnehmern, wenn ihre Anwendung zwischen ihnen vereinbart ist.

^{IV} Ist ein Arbeitnehmer zur vorübergehenden Aushilfe eingestellt, so können kürzere als die in Absatz 1 und Absatz 2 Satz 1 genannten Kündigungsfristen auch einzelvertraglich vereinbart werden; dies gilt nicht, wenn das Arbeitsverhältnis über die Zeit von drei Monaten hinaus fortgesetzt wird.

^V Für die Kündigung des Arbeitsverhältnisses durch den Arbeitnehmer darf einzelvertraglich keine längere Frist vereinbart werden als für die Kündigung durch den Arbeitgeber.

1) Allgemeines. a) Fassung: G v 14. 8. 69, in Kr seit 1. 9. 69. **b) Anwendungsbereich:** Für Künd des ArbG u des ArbN, auch für die verlängerten Fr des Abs II (wg § 620 II; LAG Düss BB **71**, 222 mwN; aA BAG NJW **72**, 1070 mwN; nur vom ArbG einzuhalten). Für ArbVerh (auch ProbeArbVerh). Dch TarVertr kann bei sog Alterssicherg die ord Künd ganz ausgeschl sein. Entspr anzuwenden ist Abs I S 1 auf das Vorstandsmitglied einer AG u den GeschF einer GmbH (BGH **79**, 291; vgl 2a, gg vor § 611), auch wenn er an der Gesellsch beteil ist (BGH **91**, 217) od an der MutterGesellsch (Mü WM **84**, 896), ferner bei der GmbH & Co KG, wenn er v der KG angestellt ist (BGH NJW **87**, 2073). Nicht für AusbildgsVerh (Einf 5 vor § 611); für diese gilt § 15 BerBG. Für ArbN aller Gruppen (vgl Einf 4b vor § 611) mit Ausn der Schiffsbesatzg, für die §§ 62–68, 78 I SeemG gelten. Für Mütter gelten §§ 9, 9a, 10 MutterSchG. Abs I gilt nur für Angest, Abs II nur für Arb, Abs III–V gelten für beide, Abs IV ist unanwendb bei LeihArbN (§ 11 IV 1 AÜG). Für HeimArb gilt ausschl § 29 HeimarbG. **c) Kündigung:** nur dch ord Künd, vgl Vorbem 2 vor § 620. Für außerord Künd gelten §§ 626, 627. **d) Fristberechnung:** grdsätzl wie § 621 Anm 2 c. Maßgebd ist immer der Zugang der Künd (§ 130). Die MindestFr darf dch Vereinbg keinesf verkürzt w (BAG BB **77**, 396). **e) Aushilfsarbeitsverhältnisse** (Abs IV). Nur solche, die längstens 3 Monate dauern. Abkürzg der Fr ist bei Angest (Anm 2b, aa) u Arb (Anm 3b, aa) zul. Auch abweichde KündTerm können vereinb w (BAG NZA **87**, 60). Die TarAutonomie hat stets Vorrang (BAG aaO).

2) Kündigungsfristen für Angestellte (Einf 1 h vor § 611). Begr wie § 616 II S 1. **a) Dauer:** 6 Wochen zum Quartalsende (Abs I S 1). Es darf immer nur zum Quartalsende gekünd w (BAG BB **85**, 2047). Verlängerte KündFr kr G nur bei Angest, für die das AngKSchG (Vorbem 3e vor § 620) gilt. Dieses G ist ausdrückl aufrechterh w (Art 6 IV G v 14. 8. 69, BGBl 1106); daher ist eine dem Abs II entspr Regelg für Angest ABII keinsf entspr anwendb. **b) Abdingbarkeit:** Die Fr des AngKSchG sind unabdingb. Die Fr des Abs I S 1 ist nur in folgdem Umfang abdingb: **aa) Durch Einzelvertrag** ist Abkürzg nur nach Abs I S 2 u bei AushilfsArbVerh (Einf 4a, hh vor § 611) mögl Abs IV); dann darf die KündFr für ArbN nicht länger sein Abs V). Auch für den ArbN darf sie nicht unter die MindestFr abgekürzt w (LAG Düss Betr **72**, 1169). Verlängerg der KündFr ist nicht ohne Begrenzg zul (für 12 Monate Gaul BB **80**, 1542). Eine vereinb KündFr v 6 Wochen wirkt, wenn der rechtzeit Ausspruch der Künd auf einen Tag nach dem Quartal erfolgt, immer nur zum nächsten Quartalsende (zB Künd am 15. 11. zum 31. 1., wirkt zum 31. 3.; BAG NZA **86**, 219). Es sind Abs V u § 624 zu beachten. Dch die Verlängerg bleibt ein Wegfall der Beschäftiggs-Möglk grdsätzl wirks (LAG Bln BB **75**, 839). Bei einem AushilfsArbVerh ist noch kürzere Fr als in Abs I S 2 mögl, bis zur Fristlosigk, nicht notw zum Monatsende als KündTermin (Hartmann BB **70**, 716; bestr). Das gilt auch für freie MitArb v Fernseh- u RundfunkAnst, wenn sie ArbN gleichgestellt sind, für den Ztpkt der Beendigg eines Auftr (BAG BB **88**, 661). Dauert es länger als 3 Monate, so gilt krG die Fr des Abs I S 1, wenn nicht für diesen Fall eine dem Abs I S 2 entspr Fr vereinb w. Bei Verstoß ist nur die vereinb KündFr nichtig (§ 134); es gilt dann idR die ges MindestFr. **bb) Durch Tarifvertrag** ist weitere Abkürzg der Fr mögl Abs III S 1), bis zur Fristlosigk; auch Änd der KündTermine, Inf TarÖffngsklausel (Abs III S 2) können auch persönl Nichttarifgebundene den EinzelVertr (auch betriebl Übg, vgl 6d vor § 611; LAG Düss Betr **74**, 587) od BetrVereinbg die im TV vereinb Abkürzg übernehmen; aber nur mit der ganzen dch den TV festgelegten KündRegelg, nicht allein die Fr (Richardi ZfA **74**, 84; v. Hoyningen-Huene RdA **74**, 138 [142]; LAG Düss aaO). Das geschieht dch Bezug auf den TV, wörtl Wiederg des betr TV-Teils od dch eine individuelle Regelg, die nach dem ArbN günst ist als die des TV, da im Geltgsbereich des TV, für eine Fr abkürzt, die Fr dispositiv w (H. Dietz Betr **74**. 1770). Der Vorrang des TV gilt auch für dessen Nachwirkg gem § 4 TVG (Stahlhacke Betr **69**, 1651; aA Herschel BB **70**, 5). Eine Verlängerg ist ohne die Beschrg des Abs V allg zul (Richardi ZfA **71**, 91 mwN).

3) Kündigungsfristen für Arbeiter (Einf 1 i vor § 611). **a) Dauer:** grdsätzl 2 Wochen (Abs II S 1). Verlängerte Fr (Abs II S 2): Für die Beschäftiggsdauer kommt es allein auf das rechtl Bestehen des ArbVerh (vgl Einf 1 e vor § 611), nicht auf die tatsächl ArbLeistg an; die Zeit, für die das ArbVerh ruht (vgl Vorbem 1 vor § 620), ist einzurechnen (§ 6 II ArbPlSchG; § 78 ZErsDG, § 6 I EignÜbgG, § 15 ArbSichG. Begr Betrieb u Untern: Einf 1 j, k vor § 611. Nicht erforderl, bei demselben ArbG, so daß RNachfolge auf ArbGSeite die Beschäftiggsdauer nicht berührt. Bei Rückkehr des ArbN kommt es auf den inneren Zus-Hang mit dem alten ArbVerh an (Wenzel MDR **69**, 886). Auch entspr Vereinbg mögl. KündZtpkt: es gelten §§ 187 I, 188 II, III, so daß spätestens am letzten Tag des betr Monats gekünd w muß; ggf § 193. Es ist verfassgswidr (Art 3 I GG), daß and als bei Angest (vgl 3d vor § 620) die BeschäftiggsDauer v Arbeitern zw Vollendg des 25. u des 35. Lebensjahrs nicht berücksichtigt w (BVerfG BGBl **83**, 81 = NJW **83**, 617). Das BAG (NJW **86**, 1512) wendet Abs II S 2 bis zur immer noch ausstehden gesetzl Neuregelg in der Weise weiter an, daß dch TeilUrt das Ende des ArbVerh mind bis zu dem Ztpkt festgestellt w, der sich aus Abs II ergibt: iü wird der RStreit bis zur gesetzl Neuregelg ausgesetzt (aA Bertram/Schulte NZA **89**, 249: verfassgskonforme Ergänzg dch die ArbGer). **b) Abdingbarkeit: aa)** Dch EinzelVertr ist eine Verlängerg der Fr wie bei Angest zul, aber dabei sind Abs V u § 624 zu beachten (vgl Anm 2 b, aa). Eine Verkürzg der Fr ist nur zuläss bei AushilfsArbVerh (vgl Anm 2 b, aa); dauert es länger als 3 Monate, so gilt unabdingb die Fr des Abs II S 1. Iü kann die Fr nicht verkürzt w (Richardi ZfA **71**, 82). **bb)** Dch TV (Abs III), wie Anm 2 b, bb. Auch die verlängerten Fr des Abs II S 2 können bis zur Fristlosigk abgekürzt u auch die Termine geändert w (Richardi ZfA **71**, 86). Im Rahmen des Abs III S. 2 genügt die allg ergänzde Bezug auf den TV (LAG Hbg BB **70**, 1178).

4) Ausschluß ordentlicher Kündigung. a) Durch Gesetz bei Mitgl v BetrR, Jugend- u BordVertretg, WahlVorstd u Wahlkandidaten (§ 15 KSchG) sowie PersonalratsMitgl (§ 95 PersVertrG). **b) Durch Vertrag** ist Ausschl ord Künd grdsätzl mögl. Bei Anstellg auf Lebenszeit liegt D- od ArbVerh auf best Dauer vor; es gelten § 620 I, 624, so daß nur aus wicht Grd od nach § 624 außerord gekünd w kann (BGH WM **73**, 782); jedoch kann auch dabei der DBer gehalten sein, eine angemessene Fr einzuhalten (BGH WM **75**, 761; vgl § 626 Anm 5 n). Bei D- od ArbVerh auf unbest Dauer (§ 620 II) kann vereinb w, daß beide VertrT auf ord Künd von vornherein (auch für begrenzte Zeit, LAG BaWü BB **70**, 1096) verzichten (wobei § 624 unberührt bleibt) u nur aus § 626 od aus best vereinb Grden künd dürfen. Das trifft zu, wenn vereinb ist (insb bei Abschl des ArbVerh), daß eine Dauer- od Lebensstellg eingeräumt w. Auch stillschw Vereinbg ist mögl (BAG **AP** § 66 HGB Nr 3). Wg KündBeschrkgen des ArbN vgl Vorbem 2b vor § 620.

623 (aufgehoben)

624 *Kündigungsfrist bei Verträgen über mehr als 5 Jahre.* Ist das Dienstverhältnis für die Lebenszeit einer Person oder für längere Zeit als fünf Jahre eingegangen, so kann es von dem Verpflichteten nach dem Ablaufe von fünf Jahren gekündigt werden. Die Kündigungsfrist beträgt sechs Monate.

1) **Allgemeines.** Ist außerord Künd. **a) Zweck:** Schutz des DVerpfl, insb ArbN vor übermäß Beschränkg seiner pers Freih. **b) Abdingbarkeit:** S 1 ist zwingd (allgM). S 2 ist nur insow abdingb, als die KündFr kürzer sein darf. **c) Anwendungsbereich.** Alle auf best Zeit (§ 620 I) abgeschl DVerh, nicht nur ArbVerh (Ballerstedt JZ **70**, 371, aA Duden NJW **62**, 1326; Würdinger NJW **63**, 1550). Auch für Handelsvertreter, da die SondRegelg der §§ 89ff HGB den Zweck des § 624 nicht berührt (Rittner NJW **64**, 2255); jedoch muß im konkreten VertrVerh das dienstvertragl Element vorherrschen (Hamm BB **78**, 1335). Bei gemischten Vertr (Übbl 3 vor § 433) kann § 624 nur dann angewendet w, wenn im Einzelfall die pers DLeistg vorherrscht, insb wenn das VertrVerh mehr personenbezogen, weniger unternehmensbezogen ist (Rittner aaO; Brüggemann ZHR **131**, 2). Aus ähnl Grden verneint der BGH **83**, 313 u NJW **69**, 1662) die Anwendg auf TankstellenstationärVertr (TankstellenInh stellt Grdst zur Vfg). Das darf aber nicht zu einem völl Ausschluß des KündR führen (BGH **83**, 313).

2) **Besonderheiten** des § 624. **a) Voraussetzungen.** Das DVerh muß für länger als 5 Jahre od auf LebensZt (des DBer, DVerpfl od Dr) fest abgeschl sein (vgl § 620 Anm 1). Es genügt, wenn das DVerh mit einem Ereign enden soll, das nach 5 Jahren noch nicht eingetreten ist. Erforderl ist, daß von vornherein auf länger als 5 Jahre abgeschl ist; das ist nicht erf, wenn ein nachfolgder 5-Jahres-Vertr für den Fall abgeschl ist, daß zum Ablauf des ersten 5-JahresVertr nicht gekünd w (BAG Betr **71**, 55). **b) Wirkung:** Keine Nichtigk des Vertr, weil § 624 den Abschl solcher Vertr nicht verbietet (§ 134), sond nur außerord Künd zuläßt. § 138 kann nur aus auf Grd erf sein. Verlängerg des DVerh ist zul, oder auch kürzere Zeit vor Ablauf (RG **80**, 277). Ablauf von 5 Jahren: maßgebd ist Dauer des DVerh, nicht der Ztpkt des VertrAbschl. Die Künd kann nicht zum Ablauf, sond erst nach Ablauf der 5 Jahre erkl w. **c) Kündigungsfrist** (S 2). Die Anwendg der langen KündFr ist auch bei ArbVerh unbedenkl (BAG Betr **70**, 497). Da § 622 nur für ord Künd gilt, muß trotz § 622 II nicht zum Quartalsende gekünd w.

625 *Stillschweigende Verlängerung.* Wird das Dienstverhältnis nach dem Ablaufe der Dienstzeit von dem Verpflichteten mit Wissen des anderen Teiles fortgesetzt, so gilt es als auf unbestimmte Zeit verlängert, sofern nicht der andere Teil unverzüglich widerspricht.

1) **Allgemeines. a)** Anwendgsbereich: Jede Beendigg des D(Arb)Verh mit Ausn der Zweckerreichg (Vorbem 1 vor § 620), auch bei ProbeArbVerh (LAG Düss BB **66**, 741). SonderVorschr: § 17 BerBG. **b)** Abdingbk ist zu bejahen (BGH NJW **64**, 350), insb dch Vereinbg vor Ablauf des D(Arb)Verh über Verlängerg auf best Zt od Ausschluß der Verlängerg.

2) **Voraussetzungen. a) Fortsetzung** des DVerh dch bewußte Fortführg der bisher De, auch an einem and ArbPlatz für denselben ArbG (BAG **AP** § 242 Ruhegehalt Nr 117). **b) Wissen** des DBer, daß die De tats weiter geleistet w. Falsche rechtl Beurteilg, insb in bezug auf den Ablauf des D(Arb)Verh ist unerhebl. **c) Widerspruch** (einseit, empfangsbed WillErkl, § 130) schließt die Wirkg (Anm 3) nur aus, wenn er kurz vor (BAG st Rspr; **AP** § 620 Befr ArbVertr Nr 22) od unverzügl (§ 121) nach Ablauf des DVerh erklärt w.

3) **Wirkung.** Das D(Arb)Verh w aGrd einer Fiktion (daher Anf ausgeschl) verlängert, stets auf unbest Zt, mit dem alten VertrInhalt, aber den ges KündFr (hM; abgelehnt, aber offengelassen v BAG NZA **89**, 595), wenn nicht die Fortgeltg der vertragl KündFr vereinb w (BAG aaO mwN).

626 *Außerordentliche Kündigung.* ¹Das Dienstverhältnis kann von jedem Vertragsteil aus wichtigem Grund ohne Einhaltung einer Kündigungsfrist gekündigt werden, wenn Tatsachen vorliegen, auf Grund derer dem Kündigenden unter Berücksichtigung aller Umstände des Einzelfalles und unter Abwägung der Interessen beider Vertragsteile die Fortsetzung des Dienstverhältnisses bis zum Ablauf der Kündigungsfrist oder bis zu der vereinbarten Beendigung des Dienstverhältnisses nicht zugemutet werden kann.

ᴵᴵDie Kündigung kann nur innerhalb von zwei Wochen erfolgen. Die Frist beginnt mit dem Zeitpunkt, in dem der Kündigungsberechtigte von den für die Kündigung maßgebenden Tatsachen Kenntnis erlangt. Der Kündigende muß dem anderen Teil auf Verlangen den Kündigungsgrund unverzüglich schriftlich mitteilen.

1) **Allgemeines: a) Fassung:** Neu dch G v 14. 8. 69, in Kr seit 1. 9. 69. **b) Anwendungsbereich:** Alle DVerh u ArbVerh auf best u unbest Zeit; aber nicht für die Schiffsbesatzg (§§ 64–68, 78 I SeemG), HandelsVertr (§ 89a HGB), AusbildgsVerh (Einf 5 vor § 611), für die des § 15 BerBG gilt. § 626 ist entspr anwendb für GeschBesorggsVertr (zB SchiedsgutachterVertr, BGH Betr **80**, 967), HeimArbVerh (§ 29 IV HeimarbG); nur beschr anwendb auf das DVerh des WoEigtVerw (vgl § 26 WEG; Ffm MDR **75**, 319). Ferner ist der in § 626 u § 723 I S 1, III enthaltene RGrds auf DauerschuldVerh, insb solche, die pers ZusArb erfordern,

§ 626 1, 2

entspr anwendb (BGH NJW **72**, 1128; vgl aber Anm 3b, aa), zB HeimpflegeVertr (Hbg MDR **73**, 758), auch auf Miete (vgl § 554a Anm 3). § 626 gilt für alle außerord Künd, auch wenn sie aus vereinb Grden u befristet erfolgen od als ÄndKünd erkl w (2a, ll vor § 620). **c) Abdingbarkeit:** § 626 ist zwingd (allgM); insb ist Abs II nicht abdingb (BAG **AP** AuschlFr Nr 6), auch nicht dch TarVertr (BAG **AP** AusschlFr Nr 13). Das R zur Künd aus § 626 darf nicht beseit oder beschr w, weil § 626 die Unzumutbk der Fortsetzg des DVerh voraussetzt. Eine unzul Beschrkg liegt vor, wenn die Wirksk der Künd an die Zust des BetrRats geknüpft w (BAG **6**, 109) oder ZahlgsPfl für den Fall vereinb w, daß der BetrRat nicht zust (BAG **AP** KündErschwerg Nr 1). Das BAG (NJW **63**, 2341) hält eine zumutb Beschrkg für wirks. Bei ArbVerh ist es unzul, dch EinzelVertr (wohl aber dch TV wg des Vorbeh in § 622; aA LAG Düss Betr **71**, 150) best Gründe als wicht über das ges Maß des § 626 od minder wicht Gründe als Voraussetzg einer fristl Künd zu vereinb, weil sonst der zwingde Schutz des KSchG u die weitgehd zwingd Fr des § 622 für ord Künd umgangen w könnten (BAG NJW **74**, 1155 mwN). Bei sonstigen DVerh ist es zul (wohl hM), meist desh, weil § 621 abdingb ist. Für DVerh v GmbH-GeschFührern u AG-Vorstandsmitgliedern läßt der BGH in solchen Fällen den zwingden § 622 gelten (BGH NJW **81**, 2748). **d) Verhältnis zu §§ 325, 326:** Rücktr ist dch § 626 als SondRegelg ausgeschl; denn Künd kann auch vor Beginn des DVerh erkl u wirks w (Vorbem 2 vor § 620). Für SchadErsAnspr gilt § 628 II, der ebenfd den §§ 325, 326 vorgeht. **e) Verhältnis zum Kündigungsschutz:** Künd aus § 626 w nur dch § 9 MutterSchG ausgeschl od dch ZustErfordern des § 15 SchwbG beschr; iü bleibt R zur fristl Künd unberührt, vgl § 2 III ArbPlSchG; § 2 I EignÜbgG, § 15 I ArbSichtG, § 78 Nr. 1 ZivDG; auch bei Mitgl v BetrR, Personal-, Jugend- u Bordvertretg, Wahlvorstd u Wahlbewerbern (jedoch ist Zust des BetrR od der Personalvertretg notw; § 103 BetrVG; vgl § 15 KSchG. Entspr gilt für Vertrauensmänner der SchwBeh (§§ 23 III, 24 VI SchwbG; hierzu Oetker BB **83**, 1671). Auch soweit für das ArbVerh das KSchG gilt (vgl Vorbem 3a vor § 620), wird das KündR aus § 626 nicht eingeschränkt, weil die soz Rfertigg (§ 1 KSchG) nur für ord Künd vorliegen muß. Über § 13 I KSchG ist lediglich die 3-Wochen-Fr (auch bei befr ArbVerh, BAG NJW **72**, 1878) sowie die Auflösg u Abfindg anzuwenden, aber nur soweit auf den betr ArbN das KSchG anzuwenden ist; denn für ArbN, die keinen KündSchutz gem KSchG genießen, gilt die 3-Wochen-Fr nicht (BAG stRspr seit **1**, 272; zuletzt BB **73**, 1396; bestr). **f) Schadensersatzpflicht** des Kündigden bei unwirks außerord Künd wg VertrVerletzg besteht nur bei Versch (§§ 276, 278; BAG **AP** § 9 KSchG Nr 2); dieses ist nur zu bejahen, wenn die Kündigende die Unwirks der Künd od ggf ihre ungehör BegleitUmstde kannte od hätte kennen müssen (BAG BB **74**, 1640). Auch Schaden (§§ 249ff) muß konkret vorliegen. **g) Beweislast** für die Tats, die den wicht Grd darstellen, trägt derjen, der gekünd hat u sich auf die Wirksamk der Künd beruft, auch für Tats im Rahmen der Interessenabwäg (BAG NJW **79**. 332), ferner dann, wenn es sich um die Einwendg gg einen Anspr aus ArbVertrBruch handelt (BAG JZ **73**, 58). Der Kündigde muß auch die Tats beweisen, die einen vom VertrPart behaupteten RfertiggsGrd ausschließen (BAG NJW **88**, 438). Der ArbG muß auch, wenn er wg vortäuschter ArbUnfähigk künd, beweisen, daß die ArbUnfähigkBescheinig zu Unrecht erteilt w (LAG Hamm Betr **75**, 841). Wer gekünd hat, trägt die Behauptgs- u BewLast dafür, daß er erst innerh der Fr des Abs II Kenntn erlangt hat (BAG JZ **73**, 58 u BB **75**, 1017; aA Schleifenbaum BB **72**, 879). **h) Sondervorschriften:** Das FernUSG läßt § 626 unberührt (§ 5 I S 2) u gibt in § 7 ein bes R zur außerord Künd.

2) Voraussetzungen der Kündigung. Nur eine Künd, die die Voraussetzgen a, b, u d, erfüllt u der c nicht entggsteht, beendet das ArbVerh. Heilg einer unwirks Künd ist über §§ 13 I, 4, 7 KSchG mögl, vgl aber Anm d. **a) Wirksame Kündigungserklärung:** Anm 3. **b) Wichtiger Grund** (Anm 4–6). Fehlt er, so ist die Künd unwirks, wenn sie nicht im Anwendungsbereich des KSchG dch Versäumg der 3-Wochen-Fr geheilt w (vgl Vorbem 3a vor § 620). **c) Erlöschen des Kündigungsrechts:** Kann außer dch FrAblauf (Anm 3b) eintreten: dch Verzicht auf das KündR; das ist einseit mögl, da es sich um ein GestaltgsR handelt (§ 397 Anm 1a). Verwirkg (§ 242 Anm 9) dch Zeitablauf scheidet wg Abs I S 1 u 2 aus (BAG NZA **86**, 467). **d) Anhörung** des BetrR, bei ltd Angest des SprecherAussch (im öff D des PersR) vor der Künd unter Mitt der KündGrde ist zwingd vorgeschrieben (§ 102 I BetrVG; § 31 II SprAuG; § 79 III PersVG). **aa) Entbehrlich** ist sie: bei KampfKünd wg rechtswidr Streiks (BAG NJW **79**, 236); wenn der BetrR funktionsunfäh ist (zB BetrUrl, ArbKampf; Meisel Betr **74**, 138 mwN; bestr; zum Fall der Verhinderg des ersatznenabwegs BetrObmanns: Barwasser Betr **76**, 914) od die Künd auf einem Verlangen des BetrR gem § 104 BetrVG beruht (Dietz-Richardi § 102 Rdn 35). **bb) Wirksamkeit.** Sind die nachfolgden Voraussetzgen nicht erf, ist die Künd unwirks (BAG NJW **76**, 1766); keine Heilg dch nachträgl Zust des BetrR (bestr). **(1)** Mitt, daß außerord Künd beabsicht w. **(2)** Angabe best Tats, die im wesentl den KündGrd darstellen. **(3)** Kenntn v der Äußerg, die der BetrR aGrd der Anhörg abgibt. Fehler des BetrRBeschl machen die Anhörg nur unwirks, wenn es für den ArbG offenkund war (Eich Betr **75**, 1603). **(4)** Abgabe der KündErkl erst nach Kenntn v der StellgN des BetrR od nach Ablauf der 3-Tage-Fr des § 102 II BetrVG, wobei die Zust als erteilt gilt, wenn der BetrR innerh der 3 Tage sich nicht äußert (Dietz-Richardi § 102 Rdn 73). Eine ausreichde Stellgnahme des BetrR kann in der Erkl liegen, er wolle sich zu der Künd nicht äußern (BAG NZA **88**, 137). **cc) Widerspruch** des BetrR hindert die Künd nicht; auch ist die fehlde Anhörg ohne Einfluß auf das Vorliegen eines wicht Grdes (BAG NJW **77**, 1413). **dd) Nachschieben** v KündGrden (Vorbem 2a hh vor § 620) bleibt zul auch nach Ablauf der Fr des Abs II (BAG NJW **80**, 2486), jedoch ist der BetrR zu diesen Grden noch anzuhören (BAG NZA **86**, 674 mwN). **ee) Ungenügend** ist die Anhörg zu einer beabsicht ord Künd, wenn danach außerord gekünd w (BAG NJW **76**, 2367). **e) Zustimmung des Betriebsrats** (ggf des PersR) oder ihre Ersetzg dch das ArbG ist notw bei Mitgl (auch amtieren ErsMitgl, BAG NJW **78**, 909) v BetrR, Personal-, Jugend- u Bordvertretg, sowie Vertrauensleuten der SchwBeh (§ 26 III SchwbG), ferner WahlVorstd u Wahlbewerbern (§ 103 BetrVG), ab Bestellg eines Wahlvorstds u Vorliegen des Wahlvorschlags: bei den Letztgenannten auch im (noch) betriebsratslosen Betr (BAG NJW **77**, 267 u NJW **80**, 80), so daß die Zust des ArbGer eingeholt w muß, ab Zust dch das ÄndKünd (BAG aaO). Das gilt bis zur Bek des WahlErgebnisses (BAG NJW **80**, 80); von da an gilt § 102 I BetrVG (BAG NJW **77**, 267). Der KündSchutz gilt nicht für einen aus nichtiger Wahl hervorgegangenen BetrR (BAG NJW **76**, 2230). Die Zust ist auch erforderl, wenn allen Mitgl des BetrR gekünd w soll (BAG NJW **76**, 2180). Die Künd darf erst nach endgült

Erteilg der Zust ausgespr w (BAG NJW 78, 661); ist WirkskVoraussetzg der Künd (BAG NJW 76, 1766). Sie kann (dann unverzügl, § 121 I) erneut ausgesprochen w, wenn der BetrR nachträgl zustimmt (BAG NJW 82, 2891). Die Künd ist ohne vorher Zust unheilb nichtig (BAG NJW 76, 1368). Schweigt der BetrR auf die Auffdg des ArbG, die Zust zu erteilen, gilt sie nach 3 Tagen als verweigert (LAG Ffm BB 76, 1559). Währd des ArbKampfes (1 e vor § 620) muß der ArbG den BetrR nicht zur Zust auffordern (BAG NJW 78, 2054); denn sie kann in allen Fällen dch das ArbGer ersetzt w. Sie muß ersetzt w, wenn die Voraussetzgen des § 626 (wicht Grd) vorliegen (BAG **AP** § 103 BetrVG Nr 1). Auch im ZustVerf können Grde nachgeschoben w, wenn der ArbG zuvor vergebl versucht hat wg dieser Grde die Zust des BetrR zu erlangen (BAG aaO). Eine vor RKraft des zustimmgersetzden Beschlusses ausgesprochene Künd ist nichtig (BAG NJW 78, 72). Die Ersetzg der Zust muß auch eingeholt w, wenn der BetrR nicht funktionsfäh ist (LAG Düss Betr 75, 745). Mit der ZustErsetzg ist für den nachfolgden KündSchutzProz im Grdsatz die Künd gerechtfert (BAG BB 75, 1014). f) **Anhörung des Arbeitnehmers** vor der Künd ist nicht WirkskVoraussetzg der Künd. Nur bei einer VerdachtKünd (Anm 5f) ist sie geboten. Unterbleibt die Anhörg dch den ArbG schuldh, ist die Künd unwirks (BAG NZA 87, 699). Anhörg des ArbN dch den BetrR ist uU geboten (§ 102 II 4 BetrVG). g) **Abmahnung** (vgl 2 a, mm vor § 620; Falkenberg NZA 88, 489) ist idR erforderl bei Dauerverhalten, in Anlehng an § 326 I bei Störg im sog LeistgsBereich (§ 611 Anm 3) od Wiederholgsgefahr des pflichtwidr Verhaltens. Die Abmahng erfordert keinen KündGrd (BAG NJW 89, 545). Sie ist ausnweise entbehrl, wenn sie keinen Erfolg verspricht (stRspr des BAG), das notw VertrauensVerh gestört (hM) od wenn sie unzumutb ist.

3) **Kündigungserklärung.** Sie ist nöt; das bloße Vorliegen eines wicht Grds genügt nicht. Eine neue KündErkl ist nöt für einen neuen KündGrd, der mit dem zunächst angegebenen in keinem inneren ZusHang steht (BGH NJW 61, 307). Allg zur KündErkl: Vorbem 2 vor § 620. Sie ist grdsätzl formlos. Ausn: bei AusbildgsVerh dch § 15 III BerBG; ferner, wenn, insb dch TV, rechtsgeschäftl Schriftform vereinb ist (§ 127). Insb ist zu beachten: a) **Inhalt:** Die Künd muß als außerord erkl w. Aus der Erkl muß hervorgehn, daß aus wicht Grd ohne Bindg an die Fr der §§ 621, 622 gekünd w. Das geschieht dch Angabe des wicht Grdes, dch ausdrückl od stillschw Bezugn auf einen wicht Grd, dch Angabe des Ztpkt, dch den bewußt von der Fr der §§ 621, 622 abgewichen w, insb dch fristl Künd (BAG NJW 83, 303). Das alles ist unabhäng davon zu würd, ob ein wicht Grd wirkl vorliegt (BAG 1, 237). Auch ÄndKünd ist mögl (2a, ll vor § 620); nach Zugang muß ein ArbN als Empfänger unverzügl erkl, ob er das ÄndAngebot ann, mit od ohne den Vorbehalt des § 2 KSchG (BAG NZA 88, 737).

b) **Erklärungsfrist** (Abs II S 1 u 2). **aa) Anwendbar** bei allen außerord Künd, auch wenn sie in einem DVertr aus vertr vereinb Grden erfolgt, die für den wicht Grd iS des Abs 1 nicht ausreichen (BGH NJW 81, 2748 für Vorstd einer AG); in den Fällen des § 15 KSchG (hM; BAG NJW 78, 661 mwN) trotz des Erfordern vorher Zust. Bei SchwBeh gilt sie grdsätzl, doch kann sie bei ZustErteilg nach FrAblauf noch unverzügl danach erkl w (§ 21 V SchwbG). Entspr anwendb bei der Anf (§ 119 II) für unverzügl iS des § 121 I (BAG NJW 80, 1302). Die Anwendg auf andere DauerschuldVerh, für die § 626 entspr angewendet w, ist zumindest bedenkl, bei verbundenem MusikVerlagsVertr jedenf zu verneinen (BGH NJW 82, 641), ebso beim EigenhändlerVertr (vgl BGH NJW 81, 2823) u beim Handelsvertreter (vgl Anm 1b), § 89a HGB (BGH NJW 87, 57; Börner/Hubert BB 89, 1633 mwN; bestr). Das rechtfert aber nicht, die Anwendg auf DVerh, die nicht ArbVerh sind, zu verneinen (aA LG Hbg NJW-RR 87, 687). bb) **Ausschlußfrist:** keine Wiedereinsetzg. FrVersäumung führt zur Unwirksk der Künd (vgl Anm ee). Auch die Genehmigg gem §§ 177, 180 S 2 muß innerh der Fr erkl w (BAG NJW 87, 1038). cc) **Beginn. (1) Kenntnis** der Tats, die den wicht Grd ausmachen. Sie muß sicher sein. Nicht nöt ist Kenntn aller mit dem KündGrd zushängder tats Umst. Daher w die Fr dch ein Geständn des KündGrd in Lauf gesetzt u dch weitere Ermittlgen nicht gehindert (BGH NJW 76, 797). Unerhebl ist die Beurteilg u rechtl Schlußfolgerg des Kündigden (BAG JZ 73, 60). (2) **Person.** Es kommt auf die Kenntn derjen Pers an, der im konkreten Fall das R zur Künd zusteht (BAG NJW 72, 463), zB eines Dienststellenvorstehers (BAG **AP** AusschlFr Nr 13). Bei jur Pers kommt es auf die Kenntn des für die Künd in der Sache zuständ Organs an, bei Verein die eines VorstdMitgl, auch bei GesamtVertretg (BAG WM 85, 305; aA Densch/Kahlo Betr 87, 581: Kenntn des GesVorstds od zumutb Möglk der KenntnNahme). Ist das gesetzl VertrOrgan zuständ, genügt die Kenntn eines einzelnen Mitgl (Wiesner BB 81, 1533 mwN; BAG aaO mwN). Die Kenntn eines AufsRMitgl genügt bei Künd eines VorstdsMitgl idR nicht (BAG NJW 78, 723), insb nicht bei einer Genossenschaft die Kenntn einer Minderh (BGH NJW 84, 2689). Hier kommt es auf die Kenntn der GenVersammlg an, die allerd kein Kenntn des AufsRats in angem kurzer Fr einberufen muß (BGH aaO). Hingg genügt auch vor der GesellschVersammlg die Kenntn aller Gesellsch einer GmbH, wenn dem Geschführer gekünd w soll (BGH NJW 80, 2411); vgl zu diesen Fragen Densch/Kahlo Betr 83, 811. Ausreichd ist auch Vortrag des Sachverhalts in einer AufsRSitzg (BGH NJW 81, 166) od wenn dem zuständ Gremium (zB VerwaltgsRat) in einer Sitzg der SachVerh mitgeteilt w (Düss Betr 83, 1037). (3) **Kennenmüssen** genügt keinesf (BAG **AP** AusschlFr Nr 1). Presseveröffentlichg genügt für Kenntn idR nicht (LAG Düss Betr 72, 1539). (4) **Verdachtkündigung** (Anm 5f). Auch hierfür gilt die Fr (vgl BAG NJW 72, 1486; besonders gelöst dch Grunsky ZfA 77, 167 [184]). Bei strafb Hdlgen (Anm 5e) kann uU bis zur RKraft des StrafUrt zugewartet w (BAG NJW 76, 1766). (5) **Dauerverhalten** (zB eigenmächt Fernbleiben). Die Fr beginnt nicht vor Beendigg dieses Zustds (hM; BAG BB 83, 1922; LAG Hamm BB 83, 1473 mwN; aA verfehlt Gerauer BB 88, 2032; dagg zutreffd Kapischke 89, 1061). Bei zufaßb Gesamtverhalten genügt es, wenn ein dazugehöriger Vorfall in die 2-Wochen-Fr fällt (BAG JZ 73, 60; BGH WM 76, 379); bei zunächst versäumter Fr u desh unwirks Künd kann die spätere Künd auf das Gesamtverhalten nur gestützt w, wenn es fortgesetzt w u ein Zushang besteht (BGH aaO). (6) **Zustimmungserfordernis** des § 103 BetrVG (od nach PersVG) hindert den FrBeginn nicht (BAG NJW 78, 661). dd) **Dauer.** Die 3täg AnhörgsFr des § 102 II BetrVG verlängert od hemmt die 2-Wochen-Fr nicht (hM; BAG aaO). Bei ZustErfordern (§ 103 BetrVG od PersVG) muß daher der ArbG rechtzeit die Zust des BetrR (od PersR) einholen, bei ausdrückl od wg FrAblauf (§ 102 BetrVG) vermuteter ZustVerweigerg innerh der Fr die Zust beim ArbGer beantragen (hM; BAG aaO). Unverzügl Künd ist nöt,

§ 626 3, 4   2. Buch. 7. Abschnitt. *Putzo*

wenn der BetrR nach verweigerter Zustimmg diese nachträgl erteilt (BAG NJW 82, 2892). Notw Ermittlgen sind mit gebotener Eile dchzuführen (BAG NJW 89, 733). Sie u eine Anhörg des ArbN, dem gekünd w soll, können den FrLauf hemmen (BAG aaO u NJW 73, 214), so daß bei einer innerh einer Woche dchgeführten, wiederholten Anhörg die Fr erst mit dieser beginnt (BAG aaO). Ist eine BedenkZt eingeräumt, kann der FrVersäumg § 242 entggstehen (BGH NJW 75, 1698). Nach Erteilg der Zust ist entspr § 21 V SchwbG die Künd des ArbG unverzügl auszusprechen (BAG BB 75, 1014 u Betr 84, 1250). **ee) Versäumung** der Fr steht dem Fehlen eines wicht Grdes gleich; daher kein „and Grd" (§ 7 KSchG) u Heilg über §§ 13 I, 4, 7 KSchG mögl, wenn die KlageFr versäumt w (BAG NJW 72, 1878; LAG Hamm NJW 70, 2229). Gewahrt wird die Fr nur dch Zugang gem § 130 (BAG NJW 78, 2168). Wird aus mehreren Grden gekünd, genügt, daß für einen der Grde die Fr gewahrt ist; die versäumten KündGrde können zur Rechtfertigg der Künd herangezogen u nachgeschoben w, sofern sie dem Kündigden innerh 2 Wochen vor der Künd bekannt geworden sind (BAG **AP** Nr 65; BGH NJW 78, 2093). Behauptgs- u BewLast: Anm 1g. **ff) Wirkung.** Neben den Folgen der Anm ee besteht für eine Verwirkg (§ 242) des Rs zur außerord Künd kein Raum, weil Abs II einen ges konkretisierten KündTatbestd darstellt (hM; BAG NZA 86, 467; dagg Popp NZA 87, 366).

c) Angabe des Grundes ist nicht zur Wirksk der Künd notw (vgl Anm a; BAG **AP** Nr 65). Bei AusbildgsVerh führt aber Nichtangabe des Grdes im KündSchreiben wg § 15 III BerBG zur Nichtigk der Künd gem § 125 S 1 (BAG **AP** § 15 BerBG Nr 1). Ist dch Vertr die schriftl Angabe der Grde mit der Künd vorgeschrieben, gilt § 125 S 2. Pfl zur schriftl Mitteilg des KündGrdes (dh die konkr Tats) gem Abs II S 3; unverzügl: ohne schuldh Zögern (§ 121 I). Schriftl bedeutet nicht ges Schriftform. Abs II S 3 begründet klagb schuldrechtl Ansp; bei Verletzg nur SchadErs (§ 280), nicht Unwirksk der Künd (BGH NJW 84, 2689). SchadErs kann auf ProzKostenErs gerichtet sein, nicht auf Wiederherstellg des ArbVerh. Analoge Anwendg von § 93b ZPO ist nicht mögl (aA Knütel NJW 70, 121). Das Nachschieben v Grden (vgl Anm 2d, dd) ist zul u muß nicht innerh der ErklFr (Anm b) erfolgen (BAG NJW 80, 2486).

d) Kündigungsfrist: Fristlos zul, aber nicht vorgeschrieben. Es kann daher auf Grd des § 626 auch außerord aus erkennb wicht Grd unter Einhaltg der Fr der §§ 621, 622 od einer beliebigen und Fr (sog soz AuslaufFr) gekünd w (BAG **AP** Nr 31; BGH WM 75, 761); darauf besteht aber kein Anspr (BAG 4, 313). Bei fristl Künd endet das DVerh od ArbVerh mit Zugang der Künd (§§ 130–132); daran ändert § 117 AFG nichts (LAG BaWü Betr 75, 2328).

e) Umdeutung einer unwirks außerord Künd in eine ord (§§ 621, 622) ist grdsätzl zul. Statt dessen kann sie auch so ausgelegt w (Hager BB 89, 693). Die Umdeutg, auf die sich der Kündigde nicht berufen muß (Hager aaO), hängt in den Voraussetzgen des § 140 u erfordert (allgM; BAG NJW 88, 581 mwN), daß (für den ErklEmpfänger erkennb) für den Fall der Unwirksk eine ord Künd gewollt war u ausgespr worden wäre (hM; BAG aaO mwN). Sie ist nicht mehr mögl, wenn über die außerord Künd schon rechtskr entsch ist (BAG **AP** § 11 aF KSchG Nr 12). **aa) Anhörung** des BetrR (§ 102 BetrVG). Hierbei muß der ArbG der BetrR grdsätzl darauf hinweisen, daß die außerord Künd für den Fall ihrer Unwirksk als ord Künd gelten solle (BAG BB 79, 371), Ausn: wenn BetrR der außerord Künd vorbehaltlos zust u nicht zu ersehen ist, daß er für den Fall der Unwirksk als außerord Künd der ord entggträte (BAG aaO). Es genügt nicht, daß zu einer ord Künd angehört w, wenn danach außerord gekünd w (BAG NJW 76, 2367). **bb) Durchführung** der Umdeutg (für den Proz vgl Schmidt NZA 89, 661). Es ist der mutmaßl Wille des Kündigden für den Fall zu erforschen, daß er die Unwirksk seiner Künd gekannt hätte. Danach ist zu unterscheiden: Erweisen sich die vom Kündigenden für den wicht Grd angenommen Tats als wahr, reichen sie aber aus rechtl Grden nicht aus, so wird Lösg des ArbVerh idR auf alle Fälle gewollt, Umdeutg zu bejahen sein. Das gleiche wird anzunehmen sein, wenn die Tats einen wicht Grd darstellen aber nicht bewiesen sind. Erweisen sich die angenommenen Tats als unwahr (zB eine strafb Handlg, ein PflVerstoß), so wird idR Umdeutg zu verneinen sein. Ist der Wille, das ArbVerh auf jeden Fall zu lösen, in der Künd selbst zum Ausdr gekommen, so ist Umdeutg zu bejahen. Die Umdeutg einer unwirks außerord Künd in eine (entspr befristete) außerord ist mögl, aber nur ausnw u nur unter bes Umstden (BAG Betr 75, 214). Mögl ist auch Umdeutg in das Angebot eines AufhebgsVertr (BAG BB 72, 1095).

4) Begriff des wichtigen Grundes. Der RsBegr unterliegt weitestgehend der Nachprüfg dch das RevGer (vgl BAG JZ 75, 737 m Anm v Säcker). Es sind folgde Grds zu beachten: **a) Vorliegen von Tatsachen:** Bedeutet, daß alle tats Umst, die den wicht Grd ausfüllen, unbestr od bewiesen sein müssen. Auch Tats, die vor Beginn des DVerh liegen, sind geeignet (BAG **AP** Nr 65). BewLast: der Kündigde. Maßg Ztpkt: Stand der Tats zZ der Abgabe der KündErkl. **b) Berücksichtigung aller Umstände des Einzelfalls:** Damit sind alle tats Umst gemeint, die für den wicht Grd bedeuts sein können; zB die bish Dauer des DVerh (BAG NJW 85, 1853), Leistg u Führg des DVerpfl, frühere Verfehlgen, voraussichtl wicht Verhalten u WiederhGefahr von VertrVerletzgen, Höhe des Entgelts, Auswirkg auf u bestehde DVerh desselben DBer, Grad der wirtsch Abhängigk, Vorliegen eines ProbeArbVerh (LAG Bln Betr 75, 2328). **c) Interessenabwägung:** zw den beiden VertrTeilen vollständ u widersprfrei (BAG NJW 79, 239 mwN). Interessen Dr kommen nur ausnw in Betr. In Betr ist dabei zu berücks: auf Seiten des DBer, die Möglk sich rechtzeit eine gleichwert ErsKraft zu beschaffen, auf Seiten des DVerpfl das allg Interesse an der Erhaltg des ArbPlatzes, der Verdienstausfall bis zur Aufn eines neuen DVerh u die Aussicht einen neuen gleichwert ArbPlatz zu finden, schuldloser RIrrt als Ursache des Verhaltens u Solidarität (BAG NJW 79, 236 u 239). Einzubeziehen ist die Möglk der Versetzg auf einen and ArbPl (BAG NJW 79, 332 = **AP** Nr 70 m Anm v Hueck). Auf beiden Seiten ist abzuwägen, inwieweit die tats Umst, die den wicht Grd ausmachen, verschuldet sind, insb auch verurs wurden (BAG JZ 75, 737 m Anm v Säcker). **d) Unzumutbarkeit:** Sie muß daran gemessen w, ob die Fortsetzg des DVerh bis zu dem Ztpkt, zu dem ord gekünd w kann (§§ 621, 622), od bis zum ZtAblauf (§ 620 I) dem Kündigden zugemutet w kann. Ist der DVerh ausgeschl, muß auf die tats wicht VertrBindg abgestellt w (BAG NJW 85, 1851). Hier ist auf die subj Lage u Einstellg des Kündigden Rücks zu nehmen, insb inwieweit sein Vertrauen in eine ordngsgem restl VertrErfüllg dch den and Teil verloren gegangen od erschüttert ist u ob bei notw pers Kontakt noch ein gedeihl ZusArbeiten zu erwarten ist, auch ob dch mildere Maßn dies für die Zukunft wiederhergestellt w kann (BAG aaO). Maßstab kann sein, ob der DBer bei gleicher Sachlage and ArbN nicht kündigt (vgl BAG **2**, 138). Ist das ArbVerh überh nicht od für längere Zt nicht ord kündb u liegt kein wicht Grd, sond nur ein Grd vor, der es dem Kündigen unzumutb macht, das ArbVerh bis zum vereinb Ende fortzusetzen, wird im Schrifft eine Künd aus „minder wicht Grd" mit ges Fr für zul gehalten (Larenz § 52 III d mwN). Liegt eine ÄndKünd vor, so ist nicht auf die Beendigg des ArbVerh, sond auf die ArbBedinggen abzustellen, die der ArbG für die Fortsetzg des ArbVerh anbietet (BAG NJW **73**, 1819). **e) Verschulden:** Ist nicht Voraussetzg. Auch beiders unversch Tats können einen wicht Grd darstellen. Versch ist aber bei der Interessenabwägg (Anm c) zu berücks.

5) Wichtige Gründe für Kündigung des Dienstberechtigten, insb des ArbG; Lit: König RdA **69**, 8. **a) Vertragsschlußverschulden:** Vorzeigen falscher oder verfälschter Zeugnisse; IrrtErregg über Bestehen eines and gleichzeit verpflichtden, insb kollidierden D- od ArbVerh, falsche Ausk bei zul Fragen über Vorstrafen best Art, wenn sie für das ArbVerh im Einzelfall wesentl sind (BAG BB **70**, 803 m Anm v Gumpert), nach früh ArbVerh, wenn dieser Umst zZ der Künd noch bedeuts ist (BAG NJW **70**, 1565). Vgl auch § 611 Anm 1 b, dd. **b) Arbeitspflichtverletzungen:** Dch Verweiger od Schlechterfüllg der Arb od DLeistg (§ 611 Anm 3), sofern sie nicht auf einem rechtm Streik beruht. Die Verweigerg muß idR beharrl u vorsätzl sein. Abmahng od Wiederholg der ArbPflVerletzg ist grdsätzl nicht notw, führt aber erst recht zur Bejahg des wicht Grdes. Unterläßt der ArbN die Arb, ist idR Auffdg notw, die ArbPfl zu erf, aber nicht, wenn der ArbN sie erkennb verweigert (BAG NJW **70**, 486 noch für § 123 GewO). Bei wildem Streik wird eine wiederholte Auffdg zur WiederAufn der Arb für erforderl gehalten (BAG **AP** Art 9 GG ArbKampf Nr 41). Bsp: Eigenmächt UrlAntritt (LAG Düss Betr **71**, 2319) od UrlÜbSchreitg (LAG Düss NZA **85**, 779); ferner wenn sog Krankfeiern angedroht wird (LAG Köln Betr **82**, 2091); unbefugtes, auch vorzt Verlassen des ArbPlatzes (LAG Hamm BB **73**, 141). Ungerechtf u unentschuldigtes Fernbleiben, etwa wg vorgetäuschter Krankh; wenn das Krankschreiben dch unredl Mittel beeinflußt w (LAG Düss BB **81**, 1219); ferner wg Ausübg einer nicht genehmigten Nebentätigk (BAG BB **71**, 397); bewußtes Zurückhalten der ArbKraft, auch beim Prämien- u Akkordlohn (BAG **AP** § 123 GewO Nr 27); ArbUnfähigk dch Trunkenh währd der ArbZt; Unmöglk zur ArbLeistg wg FreihStrafe bei unzumutb betriebl Auswirkg (BAG NJW **86**, 342); Teiln an rechtsw Streik (BAG [GS] NJW **71**, 1668 u stRspr; and wenn die Rwidrigk des Streiks nicht erkennb ist, BAG NJW **84**, 1371); auch wenn der einzelne ArbN, etwa an wildem Streik teilgen haben (aA Kittner BB **74**, 1488); auf jeden Fall dann, wenn der ArbG vor Künd dch ArbAufforderg abmahnt. Wiederholte Unpünktlk, wenn der BetrAblauf od -Friede dadch gestört w (BAG NJW **89**, 546). Ablehng der ArbLeistg nach Aufforderg weisgsbefugter and ArbN (LAG Bln Betr **77**, 2384); provozierde parteipolit Betätigg im Betr (BAG NJW **78**, 1872 u 1874). Fehlbestände im VerantwortgsBer einer Verkäuferin, wenn die Verursachg feststeht (BAG BB **74**, 463). Weigerg eines öff Bediensteten entgg BAT § 8 II, dienstl Anordngen zu befolgen (BAG JZ **75**, 738 m Anm v Säcker). Nicht auf Vors, sond auf Unfähigk beruhde Schlechtleistg ist wicht Grd nur ausnw (Becker-Schaffner Betr **81**, 1775 mwN), insb bei ProbeArbVerh (LAG Mü Betr **75**, 1756); ferner altersbedingte Unfähigk zur Erf eines Beratgs- u RepräsentationsVertr (BGH WM **76**, 53). **c) Treuepflichtverletzungen:** Vgl § 611 Anm 4; sie müssen idR vorsätzl sein. Bsp: VollMißbr (BAG **AP** Nr 53); Ausführg eines dem ArbG angetragenen Gesch auf eigene Rechng (BGH WM **67**, 679); Verstoß gg Wettbewerbsverbot (vgl § 611 Anm 4c; BAG NJW **88**, 438), auch des angestellten RA (Düss AnwBl **87**, 146), wobei idR im Falle des § 60 I HGB die Konkurrenztätigk bereits aufgenommen (nicht nur vorbereitet) sein muß (BAG BB **73**, 144); Ann v finanziellen SondZuwendgen für die Vermittlg eines den ArbG betreffden Gesch dch Dr, sog Schmiergelder; ohne Rücks darauf, ob der ArbG dadch geschäd w od nicht (BAG **AP** Nr 65). Verrat (auch Verdacht od zukünft) von BetrGeheimn (LAG Mü BB **69**, 315); verbotene Nebentätigk; GeschAbschl des GeschF einer GmbH mit der eigenen Fa ohne OffenLegg ggü den Gesellsch (Karlsr NJW-RR **88**, 1497); GeldAnn dch Dolmetscher v GesprPart seines ArbG (LAG Bln BB **78**, 1570); Handlg, die Heilg beeinträcht, währd der ArbUnfähigk; verbotswidr priv Benutzg eines BetrKfz (LAG BaWü BB **70**, 534); Veröff eines betrschädigden ZeitgsArtikel, bei berecht Interessen aber nicht, wenn unwahre Behauptg aufgestellt w (LAG Saarl Betr **79**, 499); Verletzg der SchweigePfl als ArbNVertr im AufsR (BAG Betr **74**, 1067). Mißbräuchl Verschaffg u Verwendg einer ArbUnfähigkBescheinigg (ArbG Wuppt Betr **77**, 121). Wenn der ArbN and ArbN seines ArbG abwirbt, noch ohne weiteres (LAG BaWü Betr **70**, 2325). **d) Sonstige Pflichtverletzungen:** Dch vorsätzl Nichtbefolgen berecht Weisgen (vgl § 611 Anm 5). Bsp: Fortlaufde Verstöße gg die BetrO (LAG Hamm Betr **72**, 1124). Versuch eines dienstvertragl gebundenen NachUntern, den betr Kunden für sich abzuwerben (BGH WM **76**, 324); Betätigen der Stechuhr für abwesden ArbKollegen (LAG Düss NJW **78**, 774); Widerst eines Hochschullehrers gg die HochschulVerw dch ArbBehinderg (BAG BB **78**, 1216); Unterl unverzügl Krankmeldg in bedeuts Fällen (BAG **AP** Krankh Nr 2). Bewußt unvollständ Unterrichtg eines zuständ Ausschusses dch VorstdsMitgl (Düss Betr **83**, 1036). **e) Strafbare Handlungen:** Ihre Begegh muß unstreit oder bewiesen sein (vgl aber f); Verurteilg im StrafVerf ist nicht Voraussetzg (allgM; BAG NJW **85**, 3094). Ob die Verhinderg dch Strafhaft einen wicht Grd darstellt, ist im Einzelfall zu entsch (BAG NJW **86**, 342). Verletzg v LoyalitätsPfl ggü kirchl ArbG im Einzelfall (BVerfG NJW **86**, 367). VermDelikte, insb Diebstahl (uU auch ggü Dr; BAG NJW **85**, 1854), Betrug, Untreue (vgl LAG Hamm Betr **86**, 1338), Sachbeschädigg, wenn gg den DBer gerichtet, sind immer wicht Grd, wobei UnterhPfl des ArbN grdsätzl nicht zu dessen Gunsten gewürd w dürfen (BAG NJW **89**, 1884). Ausn soll bei Bagatellfall mögl sein (vgl BAG NJW **85**, 284 = SAE **85**, 171 m Anm v Oetker u EZA Nr 91 m Anm v Dütz; krit Tschöpe NZA **85**, 588). Das gilt auch bei glaubh Abs, den Schad wieder zu beseit (LAG Düss Betr **76**, 680); sonst nur dann, wenn die im D- od ArbVertr übertragene Tätigk die Zuverlässigk des DVerpfl voraussetzt, was sonst weg Vertrauensstellgen (LAG Nds BB **78**, 1011). Straftaten gg Leben, Gesundh u Freih (zur Nötigg vgl Säcker in Anm zu BAG JZ **75**, 737): wenn vorsätzl begangen u gg den DBer gerichtet, immer wicht Grd; sonst idR nicht, wohl aber dann, wenn desh angenommen w muß, daß Gefahr für Leib und Leben der MitArb besteht (BAG Betr **77**, 1322); Schlägerei im Betr (LAG Ffm NJW **78**, 444). Ebso bei SittlichkDelikten. TrunkenhDelikte sind bei einem Berufskraftfahrer auch

§ 626 5, 6   2. Buch. 7. Abschnitt. *Putzo*

dann wicht Grd, wenn es sich um eine Privatfahrt handelt (BAG NJW **64**, 74). **f) Verdacht schwerer Verfehlungen** genügt, wenn er das VertrauensVerh erschüttert (BAG stRspr; NJW **86**, 3159 mwN). Auch die bloße Bereitsch zur Falschaussage gg den ArbG genügt (BAG **AP** Nr 95). Es kommt auch hier (wie bei Anm e) auf die Art der strafb Handlg an. Dem ArbG obliegt dabei eine AufklärgsPfl; vor der Künd muß er dem ArbN zwecks Aufklärg Gelegenh zur Äußerg geben (BAG NJW **86**, 3159), darf dies aber unterl, wenn der ArbN keine Bereitsch zeigt, sich zu äußern (BAG BB **87**, 2020). Gg den Verdacht als materielle KündGrd, für Einordng als BewLastProblem u BewLastEntsch gg den ArbN: Grunsky ZfA **77**, 167. Für Begrenzg auf Vertrauensstellgn: Moritz NJW **78**, 402. Wird der Verdacht später ausgeräumt, kann Anspr auf Wiedereinstellg (vgl § 611 Anm 8a, aE) bestehen (BAG **16**, 72). Bei einer wg Abs II verfristeten Künd ist trotz erfolgreicher Klage des ArbN eine Künd wg Begehens der Straftat mögl (BAG NJW **85**, 3094). **g) Ehrverletzungen:** Strafb Beleidigg (insb Formalbeleidigg), üble Nachrede u Verleumdg gg den DBer, seine Angeh, seine Vertr (zB Prokuristen) od ltd Angest sind stets wicht Grde, auch in fremder Sprache (LAG Bln Betr **81**, 1627), and Ehrverletzg sind es idR (für sog Götz-Zitat nach Umstden verneint vom LAG Düss Betr **72**, 51). Richtet sich die Handlg gg and Pers, insb ArbKollegen, so ist wicht Grd zu bejahen, wenn der BetrFriede gestört w (vgl BAG NJW **78**, 1874). **h) Krankheit:** Bei allg DVerh kann wicht Grd in einer kürzeren Erkrankg des DVerpfl nur dann gesehen w, wenn der VertrZweck dadch gefährdet w. Bei ArbVerh kann kürzere Erkrankg nur ausnahmsw dann ein wicht Grd sein, wenn sie ansteckd ist. Längere Erkrankg (über 6 Wochen) od häuf kann wg FürsPfl des ArbG für außerord Künd nur dann genügen, wenn ord Künd ganz ausgeschlossen ist, ungewöhnl lange vertragl KündFr vereinb ist od der ArbPlatz dringd besetzt w muß. IdR ist bei Möglk ord Künd (hierzu Birkner-Kuschyk/Tschöpe Betr **81**, 264) in zumutb ZtRaum eine außerord Künd ganz ausgeschl, auch bei Aids (Bruns MDR **88**, 95; Klak BB **87**, 1382). Wicht Grd ist gegeben, wenn ein zur Wiederherstellg seiner Gesundh krankgeschriebener ArbN währddessen für einen Dr arbeitet (LAG Mü Betr **83**, 1931). Bei Alkohol- oder Drogensucht vgl Lepke Betr **82**, 173. Bei vorgetäuschter Erkrankg od Verwirklichg angedrohter Krankmeldg: Anm b. Verletzg der Anz- u NachwPfl (§ 3 LFZG) nur bei schwerwiegendem Verstoß u Versch, jedenf nur ausnw (BAG Betr **86**, 2443). **i) Tod** des DBer kann ausnahmsw wicht Grd sein, wenn die DLeistg (zB wg BetrEinstellg) nicht mehr angenommen w kann u die Fortzahlg der Vergütg für die Erben unzumutbar ist. Bsp in BAG NJW **58**, 1013. **j) Heirat** des DVerpfl reicht allein niemals aus; dieser Grd kann auch nicht als wicht vereinb w; daher sind sog Zölibatsklauseln auch als auflöse Bedingg nichtig (BAG NJW **57**, 1688). **k) Druckkündigung** (hierzu krit Blaese Betr **88**, 178). Wird die Entlassg von Dr verlangt (zB von and ArbN, BetrRat, Gewerksch), insb unter Androhg von Künd od Streik, so kann ausnahmsw ein wicht Grd vorliegen, wenn für den DBer kein and Ausweg gegeben ist, um einen unzumutb eigenen Schaden abzuwenden; auch wenn die Fdg auf Entlassg ungerechtf ist (BAG **AP** DruckKünd Nr 1), zB bei Aids-Infizierten (vgl Bruns MDR **88**, 95). Im allg darf der DBer wg der FürsPfl (vgl § 611 Anm 8 b, cc) einem ungerechtf Druck nicht nachgeben (BAG **9**, 53) u muß versuchen, ihn abzuwenden (BAG BB **77**, 1150). Er darf ihn nicht selbst schuldh herbeigeführt haben (BAG **12**, 220 [231]). Die Künd muß das prakt einz in Betracht kommde Mittel sein, den dch Druck drohden Schad abzuwenden (BAG **AP** DruckKünd Nr 10). Das KündVerlangen des BetrR (§ 104 BetrVG) stellt für sich keinen KündGrd dar. **l) Verletzung von Betriebsratspflichten** kann für sich allein keine außerord Künd begründen, sond nur RFolgen aus dem BetrVG, ggf Amtsenthebg gem § 23 BetrVG unter Fortbestd des ArbVerh (BAG NJW **70**, 827 mwN; Weber NJW **73**, 787). BetrRMitgl stehen für § 626 grdsätzl gewöhnl ArbN gleich (hM; aA Bieback RdA **78**, 82). Bei einer ArbVertrVerletzg, die auf einem Verhalten beruht, das der BetrRatstätig entspringt, ist aber für die Berechtigg zur außerord Künd ein strengerer Maßstab als bei gewöhnl ArbN anzulegen (BAG stRspr, **AP** § 13 KSchG 1951 Nr 16 u 19, hierzu krit Weber aaO; Säcker RdA **65**, 373). Entspr gilt für Mitgl des PersRats, die im ArbVerh stehen (vgl §§ 47, 100 PersVertrG) u JugVertr (BAG Betr **76**, 679). KündGrd ist zu bejahen, wenn ArbN, die nicht demonstrationswill sind, aufgefordert w, ArbPlatz zwecks Demonstration zu verlassen (BAG NJW **70**, 827); bewußt falsche, betrschädigde Information der Presse (BAG aaO); Lügen ggü dem ArbG od seinen Vertretern bei bedeuts Fragen (BAG aaO). **m) Politische Gründe** (entspr religiöse od weltanschaul): Polit Gesinng, gleich welcher Art, ist kein wicht Grd. Polit Betätigg kann (sofern sie nicht verfwidr ist) wicht Grd nur dann sein, wenn sie den BetrFrieden stört od gefährdet (BAG **AP** Nr 58) od die ArbLeistg and ArbN erhebl beeinträchtigt (insb im öff Dienst), nicht notw im Betr u währd der ArbZt. Welcher polit Richtg das dient, müßte gleichgült sein (vgl hierzu König RdA **69**, 8). Bsp: Wiederholte parteipolit Agitation (BAG **1**, 185) oder Provokation (zB Tragen v Plaketten im Betr, BAG NJW **84**, 1142; hierzu generell v. Hoyningen-Huene/Hofmann BB **84**, 1050). **n) Betriebseinstellung und -umstellung** ist grdsätzl kein wicht Grd, weil das BetrRisiko der DBers trägt. Das gilt auch bei einer BetrStockg dch Brand, selbst wenn der Fortbestd des Betr gefährdet ist (BAG NJW **73**, 342), od bei KonkGefahr (LAG BaWü BB **77**, 296). Der Konk gibt kein R zur fristl Künd (§ 22 KO; BAG NJW **69**, 525). In AusnFällen, insb wenn die ord Künd vertragl ausgeschlossen ist, kann BetrEinstellg einen wicht Grd darstellen (BAG NJW **85**, 2606 bei Ausschluß dch TarVertr, BGH WM **75**, 761 für DVerh), auch bei Einberufenen (ArbG Bochum Betr **72**, 441; vgl Vorbem 3 f aa vor § 620). Es gilt dann aber diejenige KündFr, die ohne den Ausschluß der ord Künd gelten würde (BAG aaO; vgl auch Anm 4d). **o) Sonstiges:** Bei Trunkenh, wobei oft Abmahng erforderl ist, kommt es auf den Einzelfall an (vgl Günther BB **81**, 499 mwN). Bei Lehrgängen, die auf einen Beruf vorbereiten sollen, ist Aufgabe des Berufsziels wicht Grd (Hbg MDR **71**, 216 [EDV-Programmierer]). Schuldh Verurs v Lohnpfändgen nur unter bes Umstd (vgl Lepke RdA **80**, 185 mwN). Ablauf der ArbErlaubn eines GastArb gem § 19 I AFG (BAG BB **77**, 596). Entzug der Fahrerlaubn bei als Kraftfahrer beschäft ArbN (BAG NJW **79**, 332 od AußenDMitArb (LAG SchlH NZA **87**, 669). Ernsth Selbstmordversuch eines Internatsschülers (BGH NJW **84**, 2091; hierzu krit Picker JZ **85**, 641); Nichtversetzg eines solchen nur bei unzumutb Erschwerg der ord Künd (Hbg NJW **84**, 2107). Wg Verstoß gg sittl Grundnormen der kathol Kirche dch deren ArbN vgl BAG NJW **81**, 1228.

6) Wichtige Gründe für Kündigung des Dienstverpflichteten, insb des ArbN. **a) Zahlungsverzug:** Zahlt der DBer die fäll Vergütg nicht od wiederholt nur unter Verzug (§ 284), so ist stets ein wicht Grd

Einzelne Schuldverhältnisse. 6. Titel: Dienstvertrag §§ 626–628

gegeben. **b) Fürsorgepflichtverletzungen:** Insb die aus §§ 617, 618, jedenf soweit sie vorsätzl od grob fahrl geschehen; ferner ständ u erhebl Überschreit der gesetzl HöchstArbZt (BAG **AP** Nr 62). **c) Arbeitsunfähigkeit:** Dauernde, nicht nur vorübergehde, ist für ArbVerh auch nach Aufhebg von § 124 Nr 1 GewO u § 71 Nr 1 HGB als wicht Grd anzusehen; jedoch entspr die Künd wg § 616 u wg des LFZG nicht dem Interesse der ArbN. Bei allg DVerh, insb bei vorübergehden, ist dieser KündGrd auch prakt bedeuts. Ist die ArbFähk des ArbN zeitl oder der Art nach beschr, ist vor Künd dem ArbG Gelegenh zu geben, einen ArbPlatzwechsel herbeizuführen. **d) Gefährdung der Gesundheit,** erst recht des Lebens dch die ArbLeistg, ist wicht Grd, wenn die Gefährdg bei Abschl des D- od ArbVertr nicht zu erkennen war. Führt die Fortsetzg der Arb mit überwiegder Wahrscheinlk zu einer GesundhSchädigg, kann ohne diese Einschränkg fristlos gekündigt w. **e) Straftaten** des DBer, wenn sie gg den DVerpfl od ArbN gerichtet sind, stellen stets einen wicht Grd dar, bei and Delikten kommt es auf den Einzelfall an. **f) Ehrverletzungen:** Insb Beleidigg, sexuelle Ansinnen, bewußte Kränkg, vor allem in Ggwart von and Pers, sind idR wicht Grd. **g) Abschluß eines anderen Dienstverhältnisses,** insb ArbVerh, dch den DVerpfl ist kein wicht Grd, auch wenn das neue DVerh vorteilhafter ist u bes Chancen bietet (BAG **AP** Nr 59). Ggf muß er die RFolgen des VertrBruchs auf sich nehmen (vgl § 611 Anm 1e), die Einwilligg des DBer od ArbG einholen od darauf klagen. **h) Sonstiges:** Verletzg der BeschäftiggsPfl (§ 611 Anm 10) dch unberecht Suspendierg (BAG **BB** 72, 1191).

627 *Außerordentliche Kündigung bei Vertrauensstellung.* ^IBei einem Dienstverhältnis, das kein Arbeitsverhältnis im Sinne des § 622 ist, ist die Kündigung auch ohne die im § 626 bezeichnete Voraussetzung zulässig, wenn der zur Dienstleistung Verpflichtete, ohne in einem dauernden Dienstverhältnis mit festen Bezügen zu stehen, Dienste höherer Art zu leisten hat, die auf Grund besonderen Vertrauens übertragen zu werden pflegen.

^{II}Der Verpflichtete darf nur in der Art kündigen, daß sich der Dienstberechtigte die Dienste anderweit beschaffen kann, es sei denn, daß ein wichtiger Grund für die unzeitige Kündigung vorliegt. Kündigt er ohne solchen Grund zur Unzeit, so hat er dem Dienstberechtigten den daraus entstehenden Schaden zu ersetzen.

1) Allgemeines. a) Fassung: Abs I neu gefaßt dch G v 14. 8. 69, in Kr seit 1. 9. 69. **b) Anwendungsbereich:** Nur Nicht ArbVerh (vgl Einf 2a vor § 611), aber nur DVerh, bei denen folgde Voraussetzgen vorliegen: **aa) Art des Dienstverhältnisses.** Es darf kein dauerndes mit festen Bezügen sein; diese dürfen kein regelm Eink darstellen. Daher gilt § 627 für InternatsVertr nicht (BGH **NJW** 85, 2585). Ein dauerndes DVerh erfordert nicht, daß der DVerpfl den überwiegdan Teil seiner ArbKraft schuldet od wirtsch vom DBer abhängig ist (BGH **47**, 303 u **NJW 84**, 1531); es kann auch ein einjähr DVerh sein (BGH aaO). **bb) Dienste höherer Art.** Sie müssen üblw aGrd des Vertrauens übertragen w. Das ist idR der Fall bei: Arzt, Rechtsanwalt u -beistand, Patentanwalt (Düss **BB 87**, 2187), Steuerberater u -bevollm, WirtschPrüfer u -berater (BGH aaO), Manager u Promotor (BGH **NJW 83**, 1191), Kommissionär (RG **110**, 123), Architekt (vgl aber Einf 2a, aa vor § 611), Werbeberater, Schiedsrichter (vgl ThP 4 vor § 1025); Eheanbahnung (BGH **NJW 87**, 2808); PartnerschVermittlg (Hamm **NJW-RR 87**, 243; LG Köln **NJW-RR 87**, 1530; Düss **NJW-RR 87**, 691; Peters **NJW 86**, 2676 mwN. Auf soz u wirtschaftl Abhängigk ist nicht abzustellen (BGH aaO). **cc) Direktunterricht** (dch Institute od Privatschulen). Hierzu grdsätzl Dörner **NJW** 79, 241 u Schlosser **NJW** 80, 273. § 5 FernUSG ist nicht entspr anwendb (BGH **90**, 280). Die Anwendg v § 627 wird überwiegd verneint (vgl Nassall **NJW 84**, 711 mwN), zB für VerkaufsSchulg in einem Kurzseminar (BGH **NJW 86**, 373); InternatsschulVertr (Karlsr **NJW-RR 87**, 118); für tägl Vollzeitunterricht in Privatschule (Ffm **NJW** 81, 2760, wo § 9 AGBG für billige Ergebnisse herangezogen wird); einjähr Maschinenschreibkursus v LG Hann **NdsRPfl** 81, 276; für Heilpraktikerkursus v Celle **NJW** 81, 2762. Für Anwendg auf Ehe- u BekanntschVermittlgsVertr: LG Hann **NJW** 81, 1678. Es bleibt jedenf § 621. **dd) Sonstiges.** Für BerAusbVertr gilt die SoRegelg des BerBG (5 vor § 611), für Fernunterricht gilt die des FernUSG (2a ff vor § 611). **c) Abdingbarkeit:** Ist grdsätzl zu bejahen, da § 626 anwendb bleibt; Erkl muß eindeut, kann aber stillschw sein (RG **105**, 417). Ob auch dch AGB od FormularVertr mögl, ist umstr. Für Ehe- u PartnerschVermittlg zu verneinen (BGH **NJW** 89, 1479 mwN).

2) Wirkung. a) Kündigung: Sie ist außerord (vgl Vorbem 2 v § 620), fristlos mögl, aber befristet zul; beiderseit. Die KündMöglk aus § 626 w dch § 627 nicht berührt. Grdsätzl darf jederzeit gekünd w; für die Künd des DBer gilt das uneingeschränkt; dem DVerpfl ist die Künd zur UnZt nicht gestattet (Abs II S 1); dabei ist grdsätzl darauf abzustellen, ob sich der DBer die Dienste nach Zugang der Künd, sobald u soweit er sie benötigt, beschaffen kann, nicht notw in gleicher Güte u zu gleichen Bedinggen. **b) Rechtsfolgen der Kündigung zur Unzeit:** Auch bei Verstoß gg Abs I S 1 keine Unwirksk der Künd (allgM; aA nur van Venrooy **JZ** 81, 53: § 134), sond die SchadErsPfl des Abs II S 2, die sonst überflüss sein würde, wenn die Künd unwirks wäre, auch aus §§ 325, 326 den SchadErsAnspr gäben. Wicht Grd: Es genügt ein rechtfertigder Grd; Unzumutbk der Fortsetzung des DVerh ist nicht erforderl, weil dann Künd aus § 626 begründet wäre. Unaufschiebb, notw Arbeiten sind noch dchzuführen. SchadErsAnspr: Abs II S 2; Umfang: §§ 249 ff.

628 *Teilvergütung und Schadensersatz bei außerordentlicher Kündigung.* ^IWird nach dem Beginne der Dienstleistung das Dienstverhältnis auf Grund des § 626 oder des § 627 gekündigt, so kann der Verpflichtete einen seinen bisherigen Leistungen entsprechenden Teil der Vergütung verlangen. Kündigt er, ohne durch vertragswidriges Verhalten des anderen Teiles dazu veranlaßt zu sein, oder veranlaßt er durch sein vertragswidriges Verhalten die Kündigung des anderen Teiles, so steht ihm ein Anspruch auf die Vergütung insoweit nicht zu, als seine bisherigen Leistungen infolge der Kündigung für den anderen Teil kein Interesse haben. Ist die Vergütung für eine spätere Zeit im voraus entrichtet, so hat der Verpflichtete sie nach Maßgabe

§§ 628–630   2. Buch. 7. Abschnitt. *Putzo*

des § 347 oder, wenn die Kündigung wegen eines Umstandes erfolgt, den er nicht zu vertreten hat, nach den Vorschriften über die Herausgabe einer ungerechtfertigten Bereicherung zurückzuerstatten.

II Wird die Kündigung durch vertragswidriges Verhalten des anderen Teiles veranlaßt, so ist dieser zum Ersatze des durch die Aufhebung des Dienstverhältnisses entstehenden Schadens verpflichtet.

1) Allgemeines. a) Anwendungsbereich: Alle D(Arb)Verh, aber nicht bei AusbildgsVerh (§ 16 BerBG), HandelsVertr (§ 89 a II HGB) u bei Seeleuten (für Abs I §§ 66, 70 SeemG). Nur bei wirks außerord Künd gem §§ 626, 627, nicht bei ord Künd (aA LAG Düss Betr **72**, 1879). Abs II nicht bei AufhebgsVertr (aA BAG NJW **71**, 2092, wenn Anspr vorbehalten w), weil Wortlaut des Abs II entggsteht u die Part im Vertr die RFolgen regeln können. Abs II wird analog auf and DauerSchuVerh angewendet (§ 276 Anm 7 Ec). Für entspr Anwendg auf Unmögl nach teilw Erf: Roth VersR **70**, 600. **b) Abdingbarkeit** ist zu bejahen; insb können statt Abs I RFolgen gem § 649 vereinb w (BGH **LM** § 611 Nr 3). Grenze: § 242 (BGH NJW **70**, 1596).

2) Vergütung (Abs I). **a)** TeilVergütg (S 1) ist bei Zt- wie LeistgsLohn quantitativ zu bemessen. Beim Pauschalhonorar eines RAs ist auf einen entspr TBetrag herabzusetzen (BGH NJW **87**, 315). **b)** Beschränkg (S 2) setzt alternativ voraus, daß der Anlaß der Künd des DVerpfl nicht ein schuldh (§§ 276, 278) vertrwidr Verhalten (Handeln od Unterl) des DBer (ArbG) war od dessen Künd dch den DVerpfl schuldh vertrwidr veranlaßt w (bei Sachverst entspr anwendb, wenn er Unverwertbk seines Gutachtens verschuldet, LG Bielef MDR **75**, 238). Vertrwidr Verhalten kann beim RA-Mandat in unterl Aufklärg liegen (BGH NJW **85**, 41). Die BRAGO schließt die Anwendg v S 2 nicht aus (BGH NJW **82**, 437). Bei völl Wertlosigk kann der Anspr ganz entfallen. § 287 II ZPO gilt. **c)** Vorauszahlg (S 3): Zu vertreten: § 276. Auch § 818 ist anzuwenden.

3) Schadensersatz (Abs II). **a) Voraussetzungen:** Schuldh (§§ 276, 278: allgM) vertrwidr Verhalten (sog Auflösgsversch) des KündEmpf muß (nicht notw der einz) Anlaß der Künd sein, ggf dch ErfGehilfen (BGH NJW **84**, 2093 [Internatsschule]; hierzu krit Picker JZ **85**, 1650) u das Gewicht eines wicht Grdes iS des § 626 haben. Der Anspr kann dem DBer wie dem DVerpfl zustehen; er entfällt, wenn auch der KündEmpf aus wicht, vom and Teil zu vertretden Grd hätte künd können (BGH **44**, 271; BAG NJW **66**, 1835). **b) Ursächlichkeit:** Da nur der dch die Beendigg des D(Arb)Verh entstandene Schad zu ersetzen ist, muß (arg § 249) darauf abgestellt w, wie der AnsprBerecht bei Fortbestd des DVertr gestanden wäre (BAG **AP** Nr 2 für ArbUnfähigk); aber nur bis zu dem Ztpkt, zu dem das ArbVerh hätte gekünd w können (umstr; vgl Hadding SAE **76**, 219). **c) Umfang:** §§ 249, 252; hierfür ist das volle ErfInteresse mit allen Haupt- u NebenPfl maßg. Für den DBer (ArbG): Kosten für ErsKraft unter Abzug ersparter Vergütg. Mehraufwand für Fortsetzg der unterbrochenen Arb (LAG Bln BB **74**, 278), vorzeit Verlust des Konkurrenzschutzes aus § 60 HGB (BAG NJW **75**, 1987). Für den DVerpfl (ArbN): Die entgangene Vergütg, einschl aller des Zuwendgen, zB Tantieme. And Schäden können aber in die FolgeZt reichen. Der AbfindgsAnspr aus §§ 9, 10 KSchG darf nicht eingerechnet w, weil die Voraussetzgen für seine Entstehg noch ungewiß sind (LAG Hamm NZA **85**, 159). Keinesf bei Künd wg BetrStillegg (LAG Hamm ZIP **87**, 1267). Stets ist § 254 anwendb (BGH NJW **67**, 248), so daß schuldh unterlassener Erwerb auch ohne Böswilligk (and § 615) anzurechnen ist. **d) Durchsetzung:** Für Darlegg u Bew gilt § 287 ZPO (BAG NJW **72**, 1437). Im Fall des Abs I S 2 trägt der DBer die BewLast für das vertrwidr Verhalten des DVerpfl (BGH NJW **82**, 437). Im Konk des ArbG ist der SchadErsAnspr des ArbN nur einfache KonkFdg (BAG NJW **81**, 885).

629 *Freizeit zur Stellungssuche.* Nach der Kündigung eines dauernden Dienstverhältnisses hat der Dienstberechtigte dem Verpflichteten auf Verlangen angemessene Zeit zum Aufsuchen eines anderen Dienstverhältnisses zu gewähren.

1) Allgemeines. Konkretisiert FürsPfl; ist nicht abdingb (allgM). Anwendb: wie § 617 Anm 1; bei jeder Künd; entspr bei DVerh auf best Zt (§ 620 Anm 1).

2) Wirkung. a) Anspruch auf DBefreiung: angem nach Häufigk, Länge u Ztpkt; Bedeutg u Stellg sind zu berücksicht. **b)** VergütgsPfl besteht fort (§ 616); das kann aber abbedungen w (BAG **AP** Nr 1). **c)** RFolgen bei Verweigerg: Kl; bei Eilbedürftk eVfg auf FreiZtGewährg, aber nicht eigenmächt Verlassen od Fernbleiben (Vogt Betr **68**, 264; sehr bestr, aA mit § 320 begründet). SchadErs aus pos VertrVerletzg (§ 276 Anm 7), Künd aus § 626 u SchadErs aus § 628 II. **d)** Wird FreiZt insb Url zur StellgsSuche verwendet, besteht kein Anspr auf UrlAbgeltg (LAG Düss Betr **73**, 676, vgl § 611 Anm 12j).

630 *Zeugniserteilung.* Bei der Beendigung eines dauernden Dienstverhältnisses kann der Verpflichtete von dem anderen Teile ein schriftliches Zeugnis über das Dienstverhältnis und dessen Dauer fordern. Das Zeugnis ist auf Verlangen auf die Leistungen und die Führung im Dienste zu erstrecken.

1) Allgemeines. Lit: Schlessmann, Das ArbZeugn, 10. Aufl 1988 u BB **88**, 1320; Venrooy, Das DZeugnis, 1984. § 630 ist insofern zwingd, als nicht vor Beendigg des DVerh auf ZeugnErteilg verzichtet w kann (ob auch nach Beendigg nicht, ist offengelassen v BAG NJW **75**, 407 mwN). Ausgleichsklauseln enthalten idR keinen Verzicht auf ein qualifiziertes Zeugn (BAG aaO), Verwirkg (§ 242 Anm 9) ist mögl (BAG NJW **88**, 1616). Ablauf tarifl AuschlFr schließt den Anspr aus (BAG Betr **83**, 2043 Nr § 70 II BAT). Dauerndes DVerh: § 617 Anm 1. § 630 gilt grdsätzl für alle DVerh, insb auch für GeschFührer einer GmbH, der nicht Gesellsch ist (BGH **49**, 30), nicht für HandelsVertr (Celle BB **67**, 775). Es gelten für kfm Angest § 73 HGB, gewerbl ArbN § 113 GewO, Seeleute § 19 SeemG, Azubi § 8 BerBG.

Siebenter Titel. Werkvertrag und ähnliche Verträge

I. Werkvertrag

Einführung

1) Begriff u Wesen. WkVertr ist entgeltl, ggs Vertr (vgl Einf vor § 320). Der Untern (Herst) verpfl sich zur Herstellg des versprochenen individuellen Wks, dh zur Herbeiführg eines best ArbErgebn (Erfolges) für den Best (Kunden) im Austausch gg die Leistg einer Vergütg (§ 631). Ggst der LeistgsPfl des Untern ist also eine entgeltl WertSchöpfg dadch, daß er dch seine ArbLeistg für den Best das vereinb Wk schafft (BGH NJW 83, 1489). Dies kann ein körperl ArbProdukt sein, zB Herstellg einer Sache aus Stoffen des Best bzw ihre Veränderg, od die Herbeiführg eines unkörperl ArbErgebn, zB Erstattg eines Gutachtens, Vorn einer Operation, Herstellg von Computersoftware (Mehrings NJW **86**, 1904). Mit der geschuldeten Herbeiführg eines best Erfolges als Wesensmerkmal des WkVertr ist regelm nur das unmittelb dch die Tätigk des Untern herbeizuführde Ergebn, nicht auch der nach dem wirtsch Zweck erhoffte endgült Erfolg zu verstehen, zB ordnsgsgem Herstellg des BauWks, nicht seine Vermietbk, fachgerechte Operation, nicht Heilg, Lieferg des Drehbuchstoffes, nicht dessen Eigng zur Verfilmg. Kennzeichnd für den WkVertr ist die wirtsch Selbständigk des Herst, mag er auch im Einzelfall an gewisse Weisgen gebunden sein (§ 645). Er übt seine Tätigk in eig Verantwortg u unter Einsatz eig ArbMittel od Fachkenntn aus, er trägt das UnternRisiko für das Gelingen des geschuldeten ArbErgebn (§§ 633, 640).

2) Sondermaterien sind entspr der wirtsch sehr unterschiedl Zielsetzg bei TätigkVertr u weil die Regeln des BGB, zB über Abn u Gewl vielf nicht passen, in §§ 651 a ff für den ReiseVertr u in zahlr and G od in AGB geregelt. So für BeförderungsLeistgen, Fracht, Spedition HGB 407, 425, 556, 664 ff, BinnSchG 26 ff, PostG, TeloG, EVO, GüKG, GüterfernVerkG, PersBefG, HaftPflG, LuftVG, ADSp; ferner VerlG. Insow gelten die Regeln des WkVertr nur subsidiär (Larenz SchuldR II § 53 I).

3) Der Bauvertrag. a) Als **Werkvertrag** ist er gerichtet auf die Herstellg eines körperl ArbErgebn u regelt die RBeziehg zw Bauherrn u BauUntern, gleichgült ob es sich dabei um die Herstellg eines Rohbaus, eines fert Neubaus, einzelner Teile davon od um die Erbringg von EinzelLeistgen (Installation, MalerArb), um Anbauten od um RenoviergsArb dch BauUntern od Handw handelt. WkVertr auch dann, wenn BauUntern alle Stoffe liefert (§ 651 Anm 1) od die Vergütg in bes Weise vereinb ist (§ 632 Anm 1). Typ für die Errichtg eines BauWks ist das ZusWirken des einzelnen BauUntern mit dem Bauherrn, Arch od Statiker u am Bau beteil BauUntern u Handw. Daraus folgt die Notwendigk, die vertragl Pfl der einz zu konkretisieren sowie sie u GefahrTragg u Verantwortlk der versch Beteil ggeinand abzugrenzen. Sicherg des BauUntern für seinen VergütgsAnspr vgl § 648. Der Abschl bedarf not Form, wenn er mit dem GrdstErwerbsVertr eine rechtl Einh gem § 139 bildet (BGH NJW **81**, 274). ErfOrt für die beiderseit Verpfl ist idR der Ort, wo das BauWk errichtet wird (BayObLG **83**, 64). Abgrenzg des BauVertr vom BauBetreuungsVertr u vom Hauskauf vgl § 675 Anm 6. Der BauVertr ist **Werklieferungsvertrag,** wenn das zu errichtde Gebäude nur ScheinbestandTl (§ 95) eines fremden, dem Best nicht gehör Grdst werden soll (BGH NJW **76**, 1539).

b) Die **Verdingungsordnung für Bauleistungen (VOB)** ist in BauVertr häuf zur näheren inhaltl Ausgestaltg zum VertrBestandt gemacht. Sie enth in Teil A das Verf bei der Vergabe von BauLeistgen, in Teil B die Allg VertrBdggn für die Ausf von BauLeistgen, in Teil C die Allg Techn Vorschr für die Ausf von BauLeistgen.

Teil B enthält insges einen auf die Besonderh des BauVertr abgestellten einigerm ausgewogenen Ausgl der BeteilInteressen (BGH **86**, 135). Teil C wird VertrBestandt, falls Teil B dem Vertr zugrdeliegt (§ 1 Nr 1 S 2 VOB/B); er ist für die Frage der fachgerechten Herstellg u damit für GewlAnspr bedeuts, weil die Nichtbeachtg der nach DIN-Nrn geordneten Vorschr für die techn Ausf idR den Schluß auf nichtvertrgem od den anerkannten Regeln der Baukunst nicht entspr Herstellg zuläßt. Ihrer **Rechtsnatur** nach ist die VOB keine RNorm, auch nicht Niederschlag einer VerkSitte od eines Handelsbrauchs, sie ist vielm einem TypenVertr od AGB (vgl §§ 1, 2 AGBG) vergleichb, wird also VertrBestandt nur dch zumind konkludente Vereinbg (BGH **LM** § 13 VOB Nr 1). Bei isolierter Vereinbg nur einz Bestimmgen unterliegen diese der Inhaltskontrolle, was häuf zur Unwirksamk nach Vorschr des AGBG führt (BGH **101**, 357). So darf die isolierte Vereinbg der VOB-GewlRegelg jedenf nicht zu einer Verkürzg der VerjFr des § 638 bei der Neuherstellg des Gbdes führen (BGH **100**, 391, BB **88**, 2413). Revisibilität vgl § 157 Anm 2f. Die beiderseit R u Pfl nach den WkVertrVorschr des BGB werden dch die VOB/B vielf präzisiert, abgewandelt od abw ausgestaltet. Hinw darauf finden sich in den Anm zu den folgden Paragraphen.

4) Die **Abgrenzung zu verwandten Verträgen** ist häuf schwier. Richtschnur sind die Kriterien oben Anm 1, ferner der wirtsch Zweck der ArbLeistg u der Wille der VertrPart, wie er in der Ausgestaltg ihrer Rechte u Pfl zum Ausdr kommt (BGH **LM** § 611 Nr 3).

a) Mit dem **Dienstvertrag** hat der WkVertr gemeins, daß beide eine entgeltl ArbLeistg zum Inhalt haben. Desh ist bei freiberufl Tätigk hier die Abgrenzg im Einzelfall bes zweifelh. Nach der Dogmatik des BGB ist das entscheidde u meist auch prakt brauchb Abgrenzgskriterium, daß beim DVertr das bloße Wirken, die ArbLeistg als solche (zB Beratg dch RA, Tätigk als GeschF), beim WkVertr dagg die Herbeiführg des vereinb, gegenständl faßb ArbErgebn iS der Anm oben 1 geschuldet wird. And Abgrenzskriterien wie GrdLage für die Berechng der Vergütg, Dauer, Spezies- od GattgsArb, sind unsicher, insb kann auch beim DVertr der DVerpfl selbstd sein u bes Fachkenntn nöt haben (RA, Arzt).

b) Beim **Kaufvertrag** ist im GgSatz zum WkVertr die Herstellg des Ggst nicht VertrInhalt. Der Kauf ist auf Übereign des fert Ggst gerichtet, es fehlt, and als beim WkVertr, die Wertschöpfg für den Best (BGH NJW **83**, 1489).

c) Der **Werklieferungsvertrag** unterscheidet sich vom WkVertr ledigl dadch, daß der Ggst aus Stoffen des Untern od aus von ihm zu beschaffden Stoffen herzustellen u zu übereignen ist; vgl näher § 651 Anm 1.

d) Den **Reisevertrag** bezeichnet das G selbst in der Überschr des 7. Titels als wkverträhnl. Vgl näher §§ 651 a ff.

e) Beim **Mietvertrag** ist die Sache nicht herzustellen, sond zum Gebr zu überlassen. So die Überlassg eines Steinbruchs zur Auffülllg mit Klärschlamm, auch wenn die Verfülllg als VertrPfl ausgestaltet ist (BGH NJW **83**, 679).

f) Der **Auftrag** unterscheidet sich vom WkVertr dch die Unentgeltlk.

g) Der **Geschäftsbesorgungsvertrag** ist je nach dem Ggst der Tätigk D- od WkVertr, folgt aber weitgehd den Regeln des AuftrR.

h) Abgrenzg zum **Maklervertrag** vgl Einf 3 b vor § 652.

i) Der **Dienstverschaffungsvertrag** (Einf 2 c vor § 611), **Arbeitnehmerüberlassungsvertrag** (Einf 4 a ee vor § 611) unterscheidet sich vom WkVertr dadch, daß er nicht unmittelb auf die Herbeiführg eines Erfolgs gerichtet ist, die der Untern nach eig betriebl Vorstellgen organisiert, sond auf die Überlassg geeigneter ArbKräfte, die der VertrPartner des Untern nach seinen eig betriebl Erfordern einsetzt (BAG Betr **79**, 851), denen gegenüber er ein WeisgsR hat u die in seinen Betr voll eingegliedert sind (LAG Nds BB **88**, 1184, Becker Betr **88**, 2561).

k) Der **Garantievertrag** (Einf 3 c vor § 765) ist mit dem WkVertr insofern verwandt, als der Garant für einen best Erfolg einzustehen hat. Er unterscheidet sich vom WkVertr dadch, daß der Garant keine Tätigk zu entfalten, kein Wk herzustellen hat.

l) Der **Verlagsvertrag** ist ein im VerlG geregelter eigenständ Vertr, gekennzeichnet dch die zusätzl Verpfl des Verlegers zur Vervielfältigg u Verbreitg des Wks. WkVertr ist der BestellVertr nach § 47 VerlG.

5) Beispiele für Werkvertrag, Grenzfälle, gemischte Verträge. Vgl auch § 675 Anm 3. **Anzeigenvertrag** ist WkVertr. Geschuldet ist die Veröffentlich der bestellten Anz nach Wortlaut, Schriftbild u sonst Ausgestaltg in der jeweil AuflHöhe. Mitwirkg des Best bei der Satzkorrektur. Pfl zur Nachbesserg auch in Form von Berichtigg od fehlerfreier Wiederholg. Ebso ist AnnoncenexpeditionsVertr WkVertr (Düss MDR **72**, 688; s auch „Werbg"). **Architektenvertrag** ist idR WkVertr, nicht desh unwirks, weil der Arch zur Führg dieser Berufsbezeichnung nicht berecht ist (Kln Rspr Bau **§ 1 HOAI Nr 2**). Geschuldet ist das im Bauplan verkörperte geist Wk (BGH **31**, 224), also üblicherw Plang, techn u geschäftl Oberleitg u örtl BauAufs (BGH **41**, 318), letztl also ein mangelfreies BauWk (BGH **45**, 372). WkVertr auch, wenn dem Arch nicht Vorentwurf, Entwurf u Bauvorlagen, sond nur die sonst ArchLeistgen (BGH **62**, 204) od nur die Bauführg (BGH **82**, 100) od nur die Erstellg eines SaniergsGutachtens zur Beseitigg von Baumängeln (BGH JR **88**, 197) übertragen sind. Dabei steht der Arch zum BauUntern nicht in einem GesSchuldVerh (BGH **43**, 227). Neuere Literatur zur ArchHaftg: Schmalzl, Die Haftg des Arch u BauUntern, 4. Aufl 1980; Bindhardt-

Jagenburg, Die Haftg des Arch, 8. Aufl 1981. – Arch haftet für Plangs- u Organisationsfehler (Celle MDR **69**, 391); PlangsArb muß er grdsätzl zurückstellen, solange Erteilg der BauGen u Finanzierg nicht gesichert. Führt er sie voreil aus u erweisen sie sich dann als unverwertb, so fällt ihm pVV zur Last, wodch sein VergütgsAnspr entfällt (Düss VersR **73**, 1150). Pfl des Arch, bei der Plang eine Konstruktion zu wählen, die den verfolgten Zweck erreicht. Dazu gehört auch Prüfg des Materials auf Brauchbark. Bei neuen Baustoffen darf er sich mangels eig SachKenntn mit Äußergen v Pers od Instituten begnügen, die er nach ihrer Qualifikation für sachverständ halten darf (BGH BB **76**, 17). Arch haftet für Fehler u Unklarh in den Vertr mit den Bauhandwerkern, falls er diese vorzubereiten hat (BGH NJW **83**, 871: SchadErsAnspr nach § 635, nicht pVV); ferner für mangelh Beratg, zB hins GrdWasserstand (Düss MDR **69**, 392), hins Beseitigg gefahrdrohden Zust (BGH BB **71**, 415), hins fehlerh Massen- u Kostenermittlg, bei der ihm allerd, außer iF der Garantieübern, ein gewisser Toleranzrahmen zusteht (BGH WM **88**, 1675). Der Arch muß auch wirtsch-finanzielle Gesichtspunkte seines AuftrG beachten, zwar nicht generell iS von so kostengünst wie mögl bauen, aber sow Anlaß dazu besteht. So muß er, wenn er weiß, daß der Bauherr SteuerVort in Anspr nehmen will, seine Plang darauf einrichten. Muß sich dem Arch nach den Umst die Erkenntn aufdrängen, daß der Bauherr steuerl Vergünstiggen erstrebt, so muß er dessen Wünsche klären u sich danach richten (BGH **60**, 1: Wohnflächenhöchstgrenze für GrdErwerbSteuerFreih). Pfl des Arch zur obj Klärg v Mängel-Urs, NJW-RR **86**, 182) selbst wenn dazu eig Plangs- od AufsFehler gehören (BGH **71**, 144) u zur Aufklärg des Best über sie u die sich daraus ergebde RLage, zur Beratg u Unterstützg des Bauherrn bei der Behebg von Mängeln u beim Vorgehen gg den BauUntern (BGH NJW **73**, 1457, BGH **92**, 251 u WM **85**, 663). Der Arch haftet ferner für Mängel des BauWks insow, als sie dch obj mangelh Erf der ArchAufg verurs sind. Das ist der Fall, wenn sie auf fehlerh Plang beruhn, dh wenn die geplante Ausf notw zu einem Mangel des BauWks führen muß (BGH **48**, 310 u NJW **71**, 92), od wenn sie dch fehlerh Erf der BauAufs verurs sind (BGH VersR **74**, 261, Mü NJW-RR **88**, 336). Die Verantwortg für PlangsFehler kann der Arch nicht dadch abwälzen, daß er dem BauUntern zusätzl eine Nachprüfg seiner AusfZeichnungen überträgt (BGH WM **71**, 101). Haftg bei ungenügder Überwachg der BauUntern im Rahmen der Bauleitg (BGH WM **71**, 680) od der örtl BauAufs (BGH VersR **71**, 818: unzureichde BetonZusSetzg). Das Ausmaß der ÜberwachgsPfl bei der örtl BauAufs richtet sich nach dem EinzFall, Bedeutg u Schwierigk des jeweil BauAbschn, Zuverlässigk des BauUntern u seiner Leute (BGH NJW **78**, 322). Nach Verweisg von der Baustelle muß der Arch uU die Frage der Bauaufsicht mit dem Best klären (BGH ZfBR **85**, 120). HinwPfl des Arch, daß vom Bauherrn gewünschte PlanÄnderg eine zusätzl Gebühr des Arch auslöst (Hamm MDR **70**, 761). HöhenEinmessg des Gebäudes dch bauleitden Arch ist WkVertr (BGH NJW **73**, 1458). Verh der Haftg von Arch, Statiker u BauUntern vgl Vorbem 3e vor § 633. DeliktHaftg bei Verletzg v VerkSichergsPfl vgl § 823 Anm 18 B. Kopplgsverbot vgl § 631 Anm 1 b. Erteilg der Vollm an Arch u ihr Umfang vgl § 167 Anm 2 c. – **Arztvertrag** ist idR DVertr, vgl Einf 2 a bb vor § 611. WkVertr, wenn sich ein Röntgenfacharzt verpfl, für einen und Arzt RöntgenAufn anzufertigen u sie ihm zur Auswertg zu überlassen (Düss MDR **85**, 1028). Vertr mit **Bank** ist idR GeschBesVertr, vgl § 675 Anm 4, AkkreditivAuftr vgl Einf 4 vor § 783. – **Auskunfteivertrag** ist WkVertr, wenn auf Beschaffg best Informationen, DVertr, wenn auf anhaltde Beratg gerichtet, vgl § 676 Anm 3 a. – **Auswertung** von Bühnen stücken od Filmen vgl Einf 1 i vor § 581. Herstellg u Auswertg eines Werbefilms ist gemischter Vertr, die Pfl zur Überlassg des Filmstreifens folgt aus § 651 I 2 Halbs 2 (BGH MDR **66**, 496). – **Bauvertrag** ist WkVertr, vgl Einf 3; ebso Abbruch u EnttrümmergsVertr, ggf gemischter Wk- u KaufVertr (Celle VersR **53**, 309). Zusätzl Beschaffg einer ZwFinanzierg ist GeschBesVertr (BGH BB **77**, 868). – **Baubetreuungs-, Bauträgervertrag** vgl § 675 Anm 6, Gewl vgl § 633 Anm 1. – **Beförderungsvertrag** (Pers u Güter) ist WkVertr; auch Luftbeförderg (BGH **62**, 71); s auch CharterVertr. SonderVorschr vgl Einf 2. Zustandekommen auch dch konkludentes Handeln, zB Einsteigen in Straßenbahn an Haltestelle. Bei PersBeförderg mit Binnenschiff ist auch Anlandbringen der Fahrgäste HauptPfl (BGH NJW **59**, 1366). Pfl zur Bewachg der Schute ist NebenPfl beim FrachtVertr (Hamb MDR **67**, 771). Im Einzelfall kann Transport-Vertr DVertr sein, zB wenn bei Überführg eines Kfz auf eig Achse die Tätigk des Kraftfahrers wesentl VertrInh ist (BGH BB **63**, 432). Bloße Zur-Verfügg-Stellg eines Kfz mit Bedieng zum Zwecke des Transports ist Leihe mit Dienstverschaffg (BGH VersR **70**, 934). – **Bergungsvertrag** (HGB 740 ff) ist iZw DVertr, da der Berger idR für den Erfolg nicht einstehen will (RG HRR **37**, 551). – Beim **Chartervertrag** kommt es auf den Inhalt an. Schiff: Miete, wenn es sich um einf Überlassg auf Zeit handelt (bareboat-charter); über den Ausrüster vgl HGB 510. Charter mit Employment-Klausel (Überlassg des Schiffs mit Besatzg) ist Raumfracht (Würdinger MDR **57**, 257); der Charterer ist nicht Ausrüster (BGH **22**, 197). Flugzeug: Kann WkVertr sein, zB SammelBefördergsVertr, „Gruppenflüge" od Miete, zB „dry lease", Miete von Luftfahrzeug ohne Besatzg od eigentl CharterVertr mit DreiecksVerh zw Vercharterer u Fluggast (vgl Schwenk BB **70**, 282). Für die rechtl Beurteilg gelten die gleichen Grdsätze wie beim Reisebüro (vgl § 651 a). Der LuftBeförderes-Vertr (s oben) kann zum Inhalt haben, daß der Charterer die Beförderg im eig Namen übernimmt u sich des Vercharterers (FlugUntern) als ErfGeh bedient od daß der Charterer den BefördergsVertr zw Fluggast u Vercharterer vermittelt od als dessen Vertreter abschließt (BGH NJW **74**, 1046). – **Deckvertrag** (Decken eines Tieres) ist WkVertr. – **Dreschvertrag** ist WkVertr, wenn MaschBesitzer verpfl ist, das Getreide auszudreschen (Schlesw SchlHA **55**, 58); sonst Miete, ev mit Dienstverschaffg (Einf 3 vor § 535). – **Elektronische Datenverarbeitung, Software, Wartung.** Herstellg eines den ind Bedürfn des Anwenders entspr Programms ist WkVertr (BGH **88**, 406, Mü CR **89**, 283, Scholz MDR **89**, 107); ebso Umarbeitg gelieferter Software nach den ind Bedürfn des Kunden (Kln VersR **89**, 161, Hamm NJW **89**, 1041, Megede NJW **89**, 2580). Herstellg u Einrichtg eines EDV-Terminals mit Standardprogramm, dessen ind Anpassg an die Besonderh des Betr, Einarbeitg des Personals, Erfassg der betriebl Daten ist Wk- od WkLiefergsVertr über unvertretb Sache (Stgt CR **87**, 857, Mü CR **89**, 38, Düss CR **89**, 696), auch wenn die Hardware nur mietw überlassen wird (BGH WM **86**, 1255). Bei der Herstellg von Individualsoftware ist es Frage der Auslegg, ob die Verpfl nur auf Überlassg des Maschinenprogramms mit der Benutzerdokumentation od auch des Quellenprogramms einschl der HerstDokumentation gerichtet ist (BGH NJW **87**, 1259; Besprechg Köhler CR **87**, 827: RFragen zum SoftwareVertr). Die Reparatur od Wartg ist WkVertr (Düss CR **88**, 31). Das gilt auch für Wartg über längere Zeit hinweg, ev auf Abruf u gg feste period Vergütg (offen gelassen Karlsr

Einf v § 631 5, 6   2. Buch. 7. Abschnitt. *Thomas*

CR 87, 232; aA Löwe CR 87, 219: MietVertrVorschr analog; aber die Dauer eines Vertr ändert nicht seine Rechtsnatur). – **Fahrzeugkauf mit Fahrlehrerverpflichtung** ist Kauf mit untergeordneter WkLeistg. **Fahrzeugkauf mit Inzahlungnahme** des Altwagens ist entw Kauf mit ErsetzgsBefugn des Käufers od Kauf mit Stundg des KaufPr u AgenturVertr über Veräußerg des Altwagens (BGH NJW 78, 1482; vgl § 675 Anm 3 „Gebrauchtwagenverkauf"). – **Fertighausvertrag** mit Verpfl zur Errichtg ist WkVertr, bloße Verpfl zur Lieferg der Fertigteile ohne Errichtg ist KaufVertr (BGH **87**, 112 u NJW **83**, 1491). – Vertr mit **Friseur** über Wasserwelle ist WkVertr (offen gelassen in RG **148**, 148). – Vertr über laufde **Gebäudereinigung**, die pers u in Abwesenh des AuftrGebers zu erbringen ist, ist WkVertr (Hbg MDR **72**, 866). – **Gutachten:** PrivBestellg od solche dch SchiedsG ist WkVertr (BGH **42**, 313 u **67**, 1, BGH Betr **74**, 822). Haftg nach VertrGrdsätzen auch ggü Dr kommt für öffentl bestellte u vereidigte Sachverständ in Betracht, wenn das Gutachten eine erhebl Bedeutg für denjen besitzt, der darauf vertraut u seine VermDispositionen auf das Gutachten gründet u wenn dem Gutachter dies klar war (Ffm WM **75**, 993). Vgl auch § 823 Anm 14. – **Hufbeschlag** ist WkVertr (BGH NJW **68**, 1932). – **Ingenieurvertrag.** Projektierg von Sanitär-, Heizgs-, ElektroArb für BauVorh ist WkVertr (Mü NJW **74**, 2238). Die Pfl des Bauingenieurs entsprechen, wenn bei fehlerh Ermittlg der Kosten, denen des Arch (BGH WM **88**, 1675). – Vertr mit **Krankenhaus** vgl Einf 2a cc vor § 611. – **Kunstaufführung** (Konzert, Theater, Schaustellg): Vertr zw dem Inh der urheberrechtl AufführgsR u dem Untern der Aufführg ist urheberrechtl NutzgsVertr mit Elementen aus Pacht-, Ges-, Wk- u VerlVertr (BGH **13**, 115). GastspielVertr zw Untern der Aufführg (Konzertagentur) u Künstler od Ensemble ist idR WkVertr, näml wenn eine best künstler WertSchöpfg geschuldet wird. Vertr zw Untern u Besucher, auch Abonnent, ist WkVertr mit mietrechtl Einschlag hins des Zuschauerplatzes (RG **133**, 388). AnstellgsVertr mit dem Künstler vgl Einf 2a dd § 611. – **Lieferung mit Montageverpflichtung** ist entw Kauf mit untergeordneter WkLeistg (Kln BB **82**, 1578) od, wenn die Montage spezielle techn Kenntn erfordert sind, kombinierter Kauf- u WkVertr (Stgt BB **71**, 239). – **Löschung** einer Schiffsladg ist WkVertr. – **Partnerschaftsservice** vgl § 656 Anm. 1. – Die Tätigk der **Post** wird nach hM als Ausübg hoheitl Gewalt angesehen, vgl § 839 Anm 15. Fernsprech-, Rundfunk- u Fernsehteilnehmer vgl § 535 Anm 1 b. – Vertr mit **Rechtsanwalt** vgl Einf 2a ee vor § 611. – Vertr mit **Reisebüro** vgl Einf 2 vor § 651a. – **Rennen:** Vertr zw Veranstalter u Besucher ist WkVertr (RG **127**, 313). RennTeiln ist ErfGeh des Veranstalters. – **Schiedsrichtervertrag** vgl § 675 Anm 3. – **Schleppvertrag** ist idR WkVertr (BGH NJW **58**, 1629). Er kann dch PartVereinbg auch dem DVertr unterstellt werden od, wenn dem Schlepper ein unbemanntes, nicht manövrierfäh Schiff übergeben wird, FrachtVertr sein (BGH NJW **56**, 1065). – **Schornsteinfeger:** WkVertr (BGH VersR **54**, 404), außer den hoheitl Aufgaben der Bezirksschornsteinfegermeister, vgl § 839 Anm 15. – **Software** s elektron DatenVerarbeitg. – **Sportveranstaltung.** Teiln gg Entgelt als Zuschauer ist WkVertr. – **Strom- oder Wärmelieferung** ist KaufVertr, vgl § 433 Anm 1 c bb. – Vertr des Bauherrn (BGH **48**, 257) od des Arch im eig Namen mit **Statiker** (BGH **58**, 85) ist WkVertr. Für seine Berechnungen ist er grdsätzl allein verantwortl (BGH VersR **67**, 1150). Statikfehler ist Mangel des BauWk iS des § 635 (Stgt MDR **69**, 49). Keine Pfl, die Plang des Arch auf ihre allg GebrTauglichk zu prüfen, aber HinwPfl auf offensichtl Fehler u sich aufdrängde Bedenken (Kln NJW-RR **86**, 183). Konkurrenz der Haftg v Arch, Statiker u BauUntern vgl Vorbem 3 e vor § 633. – **Steuerbevollmächtigter und Steuerberater.** Regelm GeschBesVertr mit DVertrCharakter (BGH **54**, 106 u VersR **80**, 264); so insb bei Dauerberatg, Wahrnehmg aller steuerl Belange. Sind konkrete Einzelleistgn VertrInhalt, handelt es sich um WkVertr, zB Ausk üb best Frage, Erstattg eines Gutachtens, Anfertigg u Prüfg von Bilanz, Gewinn- u VerlustRechng (Saarbr BB **78**, 1434), isolierte Anfertigg einer Jahres SteuerErkl (KG NJW **77**, 110: WkVertr). Beratg über steuerl günstigste Form einer BetrEröffng u Entwurf eines Gesellsch-Vertr (Kln OLG **80**, 346). Bei Zuziehg als Berater für Beteiligg an einem Unternehmen Pfl des Steuerberaters, seinen AuftrGeber auf Bedenken hinzuweisen wg Fehlens einer ordngsgem Buchhaltg u von Eigenkapital (BGH Betr **84**, 1138). Umfassde BeratgsPfl über die Risiken einer Beteiligg an AbschreibgsGesellsch (BGH Betr **82**, 1452). – In den Schutzbereich des Vertr können Dritte einbezogen sein (BGH WPM **87**, 257: Erstellg eines unricht Testats). – **TÜV-Abnahme.** Verpfl sich der Verk eines gebrauchten Pkw, sie selbst noch herbeizuführen, handelt es sich insow um wkvertragl LeistgsVerpfl (BGH NJW **72**, 46, Hamm NJW **80**, 2200). – **Verlagsvertrag** ist kein WkVertr, vgl Einf 4k. – Vertr mit **Vermessungsingenieur** zur Einmessg u Absteckg eines Hauses auf BauGrdst ist WkVertr (BGH **58**, 225). – **Viehmastvertrag** ist idR WkVertr (BGH MDR **72**, 232). – **Wartung** (Inspektion) eines Kfz: WkVertr. Der Wagen ist in die nächste Zt gebr- u fahrbereit zu machen; dazu gehört im Herbst auch Kontrolle u Nachfüllen des Frostschutzmittels (Ffm DAR **73**, 296). Pfl zur Diebstahlsicherg des Kfz im Wkstatthof (Köln VersR **73**, 1074). – Gerätewartg ist WkVertr (Düss NJW-RR **88**, 441: Kopierautomat). – Computer-WartgsVertr ist WkVertr, geschuldeter Erfolg ist die Erhaltg des möglichst wen störanfäll Zust (Stgt BB **77**, 118, Karlsr CR **87**, 232; Löwe CR **87**, 219 will für WartgsVertr über längere Zeiträume mietvertragl Vorschr entspr anwenden). – **Werbung:** Zufassd mit Nachw Möhring u Illert BB **74**, 65. AbgrenzgsKriterium zw Wk- u DVertr ist, ob ein best ArbErfolg, ein individualisierb Wk (meist Werbemittel) od ob eine ArbLeistg, eine vielfält Tätigk geschuldet wird (BGH WM **72**, 947). Dabei ist monatl Pauschalhonorar ein Indiz für geschäftl Tätigk als solche, also DVertr mit GeschBesCharakter, zB Vertr mit Werbeagentur, gerichtet auf WerbgsMittlg (Ffm BB **78**, 681), Bindg der Vergütg an best ArbErgebn für WkVertr bei Aushängg von Plakaten in od an öff VerkMitteln od an best Werbeflächen (BGH NJW **84**, 2406), Verteilg von AnzBlättern in einem best Gebiet (Ffm NJW-RR **88**, 945); ebso Annoncenexpedition (Düss MDR **72**, 688), Lichtreklame (KG LZ **17**, 692), Vorführg von Werbefilmen od Diapositiven im Kino (LG Mü I NJW **65**, 1533). RPacht- u MietVertr bei Aufstellg von Plakatsäulen od Anschlag daran (BGH **LM** § 36 MSchG Nr 1). MietVertr bei Benutzg von Gebäudeflächen dch Anschlag od Beschriftg. Anzeigen s oben. – **Wirtschaftsprüfer** wie SteuerBevollm. – Vertr mit **Zahnarzt** auf Heilbehandlg oder Verschönerg des Gebisses (Zweibr VersR **83**, 1064) ist idR DVertr, auch bei Anfertigg u Einsetzen einer Zahnkrone (Düss VersR **85**, 456) u bei Einsetzg einer Zahnprothese, auch wenn die Behandlg nur kosmet Zwecken dient (Zweibr NJW **83**, 2094). Soweit es sich um deren techn Anfertigg handelt, gilt GewlR nach WkVertr (BGH **63**, 306; aA Barnikel NJW **75**, 592, Jakobs NJW **75**, 1437).

6) Internationales Privatrecht vgl EG Art 28 Anm 4g.

Einzelne Schuldverhältnisse. 7. Titel: I. Werkvertrag § 631 1a, b

631 **Begriff.** [I] Durch den Werkvertrag wird der Unternehmer zur Herstellung des versprochenen Werkes, der Besteller zur Entrichtung der vereinbarten Vergütung verpflichtet.

[II] Gegenstand des Werkvertrags kann sowohl die Herstellung oder Veränderung einer Sache als ein anderer durch Arbeit oder Dienstleistung herbeizuführender Erfolg sein.

1) Allgemeines. a) Begr des WkVertr, Sondermaterien, Bsp u Abgrenzg zu verwandten Vertr vgl Einf.

b) Für den **Abschluß** gelten die allg Regeln über Vertr (§§ 104ff, Einf vor § 145, §§ 148 Anm 1–5, 154 Anm 1). Bei Abschl im Namen einer noch zu gründden BauherrenGemeinsch eines Bauherrenmodells, die dann nicht zustandekommt, gilt § 179 idR auch dann, wenn der Untern wußte, daß die BauherrenGemsch noch nicht gegründet war (Mü BB **84**, 692). Auch § 306 BGB gilt, doch wird ein Vertr, der auf die anfängl obj unmögl Herstellg eines Wk gerichtet ist, prakt kaum vorkommen. Ist der Untern zur Übereign eines Grdst verpfl (KaufanwärterVertr, § 675 Anm 6b), bedarf der WkVertr der Form des § 313 (BGH JZ **71**, 556); ebso, wenn GrdstGesch u werkvertragl Vereinbgen in rechtl Zushang stehen (BGH WM **87**, 1369). – **Koppelungsverbot** (eingehd Jagenburg BauR **79**, 91). Unwirks ist eine Vereinbg, in der sich der Erwerber eines Grdst im Zushang mit dem (beabsichtigten) Erwerb ausdr od dch schlüss Verhalten der Beteil (BGH Betr **79**, 935) verpfl, bei Entwurf (BGH NJW **82**, 2189), Plang u Ausführg eines BauWks auf dem Grdst die Leistgen eines best Ing od Arch in Anspr zu nehmen. Arch ist dabei derj, der sachl ArchLeistgen zu erbringen hat, auch wenn er selbst nicht Arch ist (Hamm BB **82**, 764). Die Verpfl zum GrdstErwerb ist nicht allein wg der Kopplg unwirks, Art 10 § 3 MRVerbG (BGBl **71**, 1749), kann aber aus and Grd wg § 139 unwirks sein (BGH **71**, 33). Die Vorschr ist weit gefaßt u richtet sich gg jede den Wettbew von Ing u Arch beeinträchtigde Manipulation. Eine solche Kopplg besteht schon dann, wenn der Veräußerer den Verk des Grdst, sogar dch bloßes Abwarten davon abhäng macht, daß der Erwerber einem best Arch den Auftr zusagt. Gleichgült ist, von wem die Initiative zu dem GrdstErwerb mit ArchBindg ausgeht (Hamm Betr **73**, 2514), u ob die Vertr gleichzeit od nacheinand geschlossen werden (KG BauR **86**, 598). Das KopplgsVerbot gilt auch dann, wenn die Gemeinde als Eigtümer eines Baugebiets iR eines ArchWettbew den Preisträgern best Grdst an Hand gibt, interessierte Bauwill an den dafür „zuständ" Arch verweist u der Bauwill zur Klärg der BebauungsMöglkten ihn ledigl mit der Anfertigg eines Entw beauftr (BGH NJW **82**, 2189); auch dann wenn der Arch od Ing ein eig Grdst mit Bindg des Erwerbers veräußert (BGH **70**, 55) od wenn der Käufer sich im Zushang mit dem GrdstErwerb verpfl, ein Gbde nach Plänen zu errichten, die der Verk bereits vor dem GrdstVerkauf für sich hatte erstellen lassen (BGH **71**, 33); auch dann, wenn der Erwerber das Grdst nur unter Auflagen bekommen kann, die ihn dch den von ihnen ausgehden tatsächl Zwang an einen best Arch binden sollen (BGH WM **82**, 158); auch dann, wenn der Erwerber die Bindg außerh des GrdstVertr, aber im Zushang mit dem GrdstErwerb, u nicht mit dem GrdstVerk, sond mit dem Arch selbst eingeht (Düss Rspr Bau **Art 10 § 3 MRVerbG**). In der Verpfl des Erwerbers zur Zahlg eines Abstandsgeldes an den bereits vorher vom Verk beauftr Arch kann ein versteckte Umgehg des BindgsVerbots liegen (BGH **70**, 262), auch wenn die AbstandsZahlg bereits vorher entstandene ArchVergütg abgelten soll (BGH WM **82**, 1325). IF der später beabsichtigten Kopplg ist der zunächst allein geschlossene ArchVertr nichtig, auch wenn es später zum GrdstErwerb nicht mehr kommt (Düss BB **55**, 1552). Unwirks ist auch ein ArchVorVertr, der mit dem Nachw eines BauInteressenten gekoppelt wird. Ein ZusWirken zw Veräußerer u Arch ist zur Unwirksk nicht erforderl (BGH **64**, 173). § 3 des genannten G gilt entspr für eine Vereinbg, in der sich der Erwerber eines Grdst im Zushang mit dem Erwerb verpfl, für die Errichtg eines BauWk darauf zusätzl BaubetreuungsLeistgen (§ 675 Anm 6) eines best Arch od Ing od dessen Dienste als Generalübernehmer in Anspr zu nehmen (BGH **70**, 55). Unwirks ist auch ein IngVertr, wenn zur Umgehg des KopplgsVerbots die Pers des GrdstErwerbers und des AuftrG formal getrennt werden (Düss Rspr Bau **Art 10 § 3 MRVG Nr 15**). Dagg **kein Koppelungsverbot**, weil berufs-, nicht leistgsbezogen, für einen Vertrag des Erwerbers mit einem Bauträger od -Betreuungsunternehmen, das sich gewerbsmäß mit Erschließg von Bauland, Veräußerg des Grdst u Baubetreuung befaßt (BGH **63**, 302). Ebso nicht für als Generalunternehmer od Generalübernehmer tät Arch od Ing, die schlüsselfert Bauten auf einem Erwerber vorweg übertragenen Grdst errichten (BGH **89**, 240, WM **88**, 1797). Ebso nicht, wenn ein Eigtümer iW der Vorratsteilg WohngsEigtum begründet u der Erwerber sich verpfl, zur Errichtg des Gbdes diejenige Plang zu verwenden, die der Bildg des WohngsEigtums zGrde gelegt war, u denjen Ing od Arch mit der Ausf in Anspr zu beauftragen, der die Plang gefertigt hat (BGH NJW **86**, 1811). Ebso nicht, wenn ein BauBetreugsUnternehmen das Grdst mit ArchBindg erwirbt, u es dem Erwerber gerade darauf ankam, ein Grdst mit vorh Plang zu erwerben (KG BauR **86**, 598). Der Arch kann den Wert seiner Leistgen, die er aGrd des nichtigen Vertr erbracht hat, nach §§ 812ff ersetzt verlangen, sow der Besteller Aufw erspart hat (BGH WM **82**, 97); vgl § 812 Anm 4d, § 818 Anm 5c. – Die Ausgestaltg des Vertr im einz ist der PartVereinbg zugängl, auch der **Vereinbarung von AGB**. Für die letztgenannten gilt in seinem zeitl u persönl AnwendgsBereich das AGBG (vgl dort Einf 3 vor § 1). Von seinen Bestimmungen sind für die Frage, was VertrInhalt wird, die §§ 3, 4, für AuslegssZweifel §§ 4, 5 u für die Wirksamk einzelner Klauseln die §§ 9ff von Bedeutg. Von spezieller Bedeutg gerade für den WkVertr, hier insb für Vereinbgen über die Gewl sind § 11 Nrn 1–4, 10, 11 u 15. – WkVertr über verbotene **Schwarzarbeit** ist bei beidersei Verstoß nichtig u kann desh keine Anspr, auch nicht auf Gewl u SchadErs begründen (Düss BauR **87**, 562), falls nicht in den AusnFällen die Berufg auf die Nichtigk gg Tr u Gl verstößt (BGH **85**, 39). Trotz der Nichtigk läßt Celle VersR **73**, 1122 SchadErsAnspr wg SchlechtErf, Benöhr NJW **75**, 1970 SchadErs wg Verl v SchutzPfl zu. Verstoß ledigl des Untern gg das Ges zur Bekämpfg der SchwarzArb, ohne daß der Best dies weiß od einen etwa erkannten Verstoß bewußt ausnutzt, führt nicht zur Nichtigk des WkVertr (BGH **89**, 369 u NJW **85**, 2403, krit Canaris 2404). Abschl des Vertr mit einem gewerbl Handwerker ist nicht allein desh nichtig, weil dieser nicht in die Handwerksrolle eingetragen ist (BGH **88**, 240). – Auch Abschl dch konkludentes Handeln ist denkb (Hamm NJW **48**, 222). – Ebso ist Abschl **zugunsten Dritter** mögl (§ 328), zB BauVertr auch zG der Familie des Best (BGH **LM** § 254 E Nr 2). Auch die Grds der Rspr über die Schutzwirkg zG Dr (§ 328 Anm 2b, 3a) gelten für den WkVertr, zB zG der Arbeiter des Untern (BGH VersR **70**, 831), uU auch zG eines SubUntern (BGH **56**, 269). Für die Vergütg enthält § 632 eine ErgRegel.

c) Für die **Abwicklung (Durchführung)** gelten ebenf die allg Regeln, etwa Verj § 196, LeistgsOrt u -Zeit §§ 269–271, jedoch ist der Anspr des Bauherrn auf Herstellg des Wk nicht fäll, solange die BauGen nicht erteilt ist (BGH BB **74**, 857). § 618 ist hilfsw anwendb (BGH **5**, 62); ggüb abhäng ArbN dann auch zwinge Haftg nach § 619 (BGH **26**, 365 [372]). WkBeauftragg ist Vertrauenssache, es besteht in bes Maße ein TreueVerhältn zw Best u Untern. Verfrechtl SonderVorschr in KO §§ 17, 23, 26, 27, 49 Nr 2, 4 VerglO §§ 50ff.

d) **Mehrere Unternehmer. aa)** Der **General- oder Hauptunternehmer** verpfl sich im WkVertr mit dem Best zur Erstellg des GesWk. Er ist befugt, im eig Namen u auf Rechng unter den Tl der erforderl WkLeistgen an **Nach- oder Subunternehmer** (eingehd Nicklisch NJW **85**, 2361) zu vergeben. Der **Generalübernehmer** unterscheidet sich dadch, daß er selbst überh keine eig WkLeistg erbringt, meist dafür auch gar keinen eingerichteten Betr unterhält, sond alle WkLeistgen dch NachUntern erbringen läßt (BGH NJW **78**, 1054). – **bb) Außenverhältnis.** In einem VertrVerhältn zum Best stehen nur der GeneralUntern, Generalübernehmer, denen das GesWk bzw die Nebenunternehmer, denen vom Best persönl od in befugter Vertretg entw abgrenzb Tle des GesWks od ein konstrukt einheitl Wk gemschaftl zu unteilb Leistg (ArbGemsch) in Auftr gegeben worden sind; nicht dagg Nach- od Subunternehmer, deren sich der GeneralUntern od -Übernehmer als ErfGeh dch Weitervergabe von Auftr im eig Namen bedient (BGH NJW **81**, 1779), u zwar auch dann nicht, wenn Haupt- u NachUntern aus steuerl Grden vereinb, daß der letztgenannte unmittelb mit dem Best abrechnet (BGH WM **74**, 197). – **cc) Innenverhältnis.** Zw Haupt- u SubUntern besteht ein WkVertr. Abgrenzg zum ArbNÜberlassgsVertr vgl Einf 4 a ee vor § 611, Hoyningen-Huene BB **85**, 1669. Neben Untern, die auf Grd gesonderter Vertr an der Herstellg eines Wks mit voneinander abgrenzb Arb beteiligt sind, die unterscheidb, zeitl einander nachgeordnete Abschn des GesWks betreffen, stehen zueinander mangels and Vereinbg auch dann nicht in vertragl Beziehg, wenn erst das GesWk nach vollständ Fertigstellg abgen werden soll (BGH NJW **70**, 38). And, wenn sich mehrere Untern gemeinschaftl zu unteilb Leistgen für die Herstellg eines konstruktiv einheitl Wks verpfl (BGH NJW **52**, 217). Zw den Beteil einer solchen ArbGemsch besteht eine BGB-Ges. Sie erfordert die Abg eines gemschaftl Angebots u eine Vereinbg über die internen RBeziehgen (BGH WM **74**, 754); vgl § 705 Anm 9 c.

2) Vertragspflichten des Unternehmers. a) Hauptpflichten. Vertrgem, mangelfreie, rechtzeit Herstellg des Wks (§§ 631, 633 I, 636). Der Untern hat dafür einzustehen, daß er die anerkannten Regeln seiner Kunst, seines Faches, seines Handwerks beherrscht u sich, sow dazu erforderl, über techn NeuEntwicklgen in seinem ArbBereich informiert (BGH WM **78**, 1411). Insb sind entspr dem Wesen des WkVertr (Einf 1) das VorhSein der zuges Eigensch u die Mangelfreih, and als beim Dienst- od KaufVertr, Inhalt der LeistgsPfl (§ 633 Anm 1). Je nach der Art des Wks u den getroffenen Vereinbgen kann die Herstellg in selbstd TeilAbschn (BGH **1**, 234), zB der Herstellg ind Computer-Software (Köhler CR **88**, 623), od dch den Herst pers (zB Kunstwerk, Operation) geschuldet sein. Bei künstler Leistgen hat der Herst eine gewisse GestaltgsFreih, die seiner künstler Eigenart entspr u ihm erlaubt, in seinem Wk seiner individuellen Schöpferkraft u seinem Schöpferwillen Ausdruck zu geben (BGH **19**, 382). Diese GestaltgsFreih geht bei einem Portrait aber nicht so weit, daß die Dargestellten nicht mehr erkennb- u identifizierb sind (Karlsr Just **74**, 123). Je nach Art des Wks ist der Herst auch zur Bes- u EigtÜbertr verpfl, insb § 651. VorleistgsPfl § 641. ErfGehilfen sind nur die mit der Herstellg selbst befaßten Pers; wer darunter fällt, hängt ab vom Inhalt des Vertr u der VerkSitte. So ist der Lieferant von Rohstoffen od einzubauden Fert- od Einz- od ErsTeilen grdsätzl nicht ErfGeh des Untern, denn er liefert in Erf seiner eig Verpfl ggü dem Untern, nicht in Erf von dessen HerstellgsVerpfl ggü dem Best (BGH NJW **78**, 1157; aA Rathjen MDR **79**, 446). Ebso ist beim WkLiefergsVertr über vertretb Sachen der Bearbeiter, dem der Untern nur eine VorArb übertr hatte, nicht ErfGeh des Untern (BGH **48**, 118). Allerd muß der Untern als Fachmann solche VorArb auf etwa Mangelhaftigk überprüfen (BGH **LM** § 633 Nr 3); vgl auch § 278 Anm 3, 4 a aa, § 823 Anm 16 D c dd. Der Herst kann, auch stillschw, den ErfGeh zur Heranzieh weiterer ErfGeh ermächtigen (BGH NJW **53**, 217).

b) Die **Nebenpflichten** ergeben sich aus dem VertrZweck u den TreuePfl gem § 242 u können betreffen das LeistgsInteresse des Best, seine Aufklärg u Information, Schutz von Eigtm des Best in der Obhut des Untern, Schutz der Pers des Best u nahestehder Dritter. **Beispiele:** Allg AufklärgsPfl über Umst, die der Best nicht kennt, deren Kenntn aber für seine WillBildg u Entschlüsse von Bedeutg ist (Ffm NJW **80**, 2756), über Risiken u Gefahren des Wk u für sein Gelingen, die der Best nicht erkennen od nicht richt einschätzen kann (BGH NJW-RR **87**, 664). Umfassde Aufklärgs- u BeratgsPfl beim Angeb einer techn Anl über Gestaltg u Verwendbark, damit sie den Zwecken u Bedürfn des Best, der über dieses Wissen nicht verfügt, entspricht, insb über Risiken einer noch nicht erprobten Neuh (BGH BB **87**, 1843), einer schwier ind Computer-Software (Köhler CR **88**, 623, Megede NJW **89**, 2580). Erkundigg vor Abgabe des Angeb, wenn die Angaben im LeistgsVerzeichn lückenh od unklar sind (BGH NJW-RR **87**, 1306). Erteilg von sachkund Rat, auch als vertragl Nachwirkg kurz nach Abn des Wk (BGH BB **71**, 415); Aufklärg ggü unsachgem Anweisgen des Best (§ 645, BGH VersR **64**, 267); Hinweis auf Fehler im VertrAngeb, die sich auf nicht mehr vom Untern, sond von einem Untern od vom AuftrG selbst ausgeführte Arb beziehen (BGH MDR **83**, 392); Hinw dch BauUntern auf erkannten Planfehler des Arch, der mit Sicherh zu einem Mangel des BauWk führt (BGH NJW **73**, 518); HinwPfl des Arch, daß eine von ihm selbst nicht geplante Maßn seines AuftrG zu einer Gefährdg des BauVorh führen kann (BGH NJW **81**, 2243); Fürs für die Sicherh des Best u seiner bereitgestellten Leute gem § 618 (BGH **5**, 62, WM **89**, 1293); allg SchutzPfl des Untern, mit dem Eigt des Best, das in seinen Gewahrs gelangt od seiner Einwirkg unmittelb ausgesetzt ist, pflegl umzugehen u es vor Schad zu bewahren (BGH NJW **83**, 113, Ffm NJW **89**, 233); dazu gehört auf Kfz-Werkstatthof Abziehen des Zündschlüssels (Köln Betr **73**, 615), nachts außerdem Abziehen des Torschlüssels (Nürnb VersR **79**, 361), Verriegeln der Fenster u Türen an den Kfz, die in der verschlossenen Werkstatt abgestellt sind (Düss NJW

Einzelne Schuldverhältnisse. 7. Titel: I. Werkvertrag §§ 631, 632

75, 1034); diese ObhutsPfl besteht auch schon vor Abschl des WkVertr u selbst wenn es zum Abschl nicht kommt für Sachen, die zu einer Prüfg od Untersuchg für eine beabsicht Rep dem Untern übergeben sind (BGH NJW 77, 376); Sicherg der Geräte, um Schad dch sie für das Eigt des Best zu verhüten; Überprüfg der vom Bauherrn gelieferten Baustoffe auf ihre Tauglichk u Hinw auf Bedenken (BGH VersR **61**, 405); Überprüfg von VorArb and Untern, ob sie für seine Zwecke brauchb sind (BGH **95**, 128), nach dem Grds der Zumutbark nach den Umst des Falles (BGH NJW **87**, 643); Überprüfg der Arb, ob sie geeignet ist, die nach den anerkannten Regeln der Technik ausgeführte, darauf aufgebaute WkLeistg eines and (späteren) NebenUntern zu tragen (BGH Rspr Bau **Z 2.222 Bl 20**); Überprüf von Anweisgen des Arch, sow dieser nicht über die handwerkl SpezialKenntn verfügt (BGH NJW **56**, 787); KoordiniergsPfl des Arch (BGH Betr **77**, 624); Beachtg der erforderl Sorgf bei Ausf gefährl Arb, wobei BrandVerhütgsVorschr nicht nach Gutdünken and Vorkehrgen ersetzb sind (BGH VersR **76**, 166); Überlassg eines ungeeigneten Reinigs-Mittels nach Fliesenverlegg (Schlesw MDR **83**, 315); Hinw auf GefahrenUmst, wenn Untern aGrd Weisg des AuftrG die Arb einstellt (Karls VersR **79**, 61). Ausk u Rechngslegg nur, wenn vereinb od wenn iR des WkVertr eine GeschBesorgg zu erledigen ist (BGH **41**, 318). Pfl des Arch vgl Einf 5 vor § 631.

c) **Haftungsausschluß** od -beschränkg für Haupt- u NebenPfl ist in den Grenzen des § 138 mögl (RG **103**, 83).

3) **Pflichten des Bestellers. a) Hauptpflichten.** Vergütg (§§ 631, 632). Vereinbg im BauVertr, daß Abtretg des VergütgsAnspr ausgeschl, ist grdsätzl nicht sittenwidr (BGH **51**, 113); die derart gestalt die Abtretbark beschränkde Vereinbg muß auch der KonkVerw gg sich gelten lassen (BGH **56**, 228). Abtretg ohne die im Vertr dafür erforderl gemachte Zustimmg ist auch Dr ggü unwirks (BGH **40**, 156). Der Bauherr kann dem DarlGeber Einwdgen aus dem WkVertr wg Mängeln nach den gleichen Grds entggsetzen wie beim finanzierten AbzahlgsKauf (BGH BB **82**, 1020; vgl AbzG § 6 Anh). Abn (§ 640). HandwSicherg (§§ 647, 648). Im EinzFall kann auch die Mitwirkg des Best ausdr od konkludent als HauptPfl vereinb sein, wenn es dem Untern nicht so sehr um die Vergütg, sond bes um die VertrDchFührg geht, zB beim IndustrieAnlVertr mit Entwicklgs- od Pilotcharakter zum SelbstkostenPr (Nicklisch BB **79**, 533 [541]).

b) **Nebenpflichten.** Auch hier ist § 242 Maßstab. Mitwirkg dch rechtzeit Abruf der bestellten WkLeistg (BGH NJW **72**, 99), sonst iS einer Obliegenh, sow erfdl (§§ 642, 643). Der Bauherr muß dem Untern, ebso muß der Haupt- dem SubUntern zuverläss Pläne u Unterlagen zur Verfügg stellen (BGH NJW **87**, 644) u die zur reibgslosen Ausf des Baus notw Entscheidgen treffen (KoordiniergsPfl), der Arch ist dabei ErfGeh des Best im Verh zum Untern u (über den Best) ErfGeh des HauptUntern im Verh zum SubUntern (BGH NJW **87**, 644); nicht sind ErfGeh des Best Arch u ein Sonderfachmann für Boden- u GrdWasserVerh im Verh des einen zum and (Kln RsprBau **§ 635 Nr 55**), ebso nicht der bauüberwachde Arch im Verh des Bauherrn zum planden Arch (BGH NJW-RR **89**, 86). Eine ÜberwachgsPfl ggü dem BauUntern hat der Bauherr grdsätzl nicht (BGH NJW **73**, 518); desh ist der Arch insow auch nicht ErfGeh (BGH NJW **72**, 447 u WM **74**, 200). Im Ggs zum Plangs- u KoordiniergsVersch sind Fehler eines VorUntern od eines zuerst tät Bauhandw dem Best idR nicht zuzurechnen, weil sie nicht seine ErfGeh in seinem Verhältn zum NachfolgeUntern od einem später tät werdenden Bauhandw sind (BGH **95**, 128). Pfl, die Leistg zu gestatten, wenn vereinb oder wenn sie sich aus den Umst ergibt; Fürs für die Sicherg des Untern u seiner Leute, falls beim Best gearb wird, analog § 618 (BGH **5**, 62, Hamm VersR **86**, 974) u Fürs für die Gerätsch des Untern, soweit erfdl u zumutb (Brschw VersR **68**, 204, Celle VersR **77**, 671); diese FürsPfl ist vertragl abdingb, wenn sie den Untern od dessen SubUntern schützen soll (BGH **56**, 269). Pfl des Best zum Untern über Risiken u Gefahren des Wk u für sein Gelingen aufklären, die der Untern aGrd seiner eig Sach- u Fachkunde nicht erkennen od nicht richt einschätzen kann, zB bei Herstellg einer schwier ind Computer-Software (Köhler CR **88**, 623). Bei Unfall des Untern sind §§ 842 bis 846 anwendb; er übernimmt idR nicht schon dch den VertrAbschl die Gefahr einer Verletzg (BGH NJW **68**, 1932: Hufbeschlag). Im Verh zum Arch kann der Statiker ErfGeh des Bauherrn sein (Düss BauR **74**, 357).

c) Bei **Verletzung** treten die RFolgen des allg SchuldR ein (SchadErs aus pVV, BGH VersR **75**, 41). Mögl ist auch Vereinbg einer VertrStrafe od pauschalierter SchadErs (Nürnb MDR **72**, 418).

4) Die **VOB/B** enthält detaillierte Best über VertrInhalt, -Bestandt, -Ausf u die beiderseit R u Pfl. **§ 1** bestimmt Art u Umfang der Leistg sowie die VertrUnterlagen. **§ 2** befaßt sich mit der Vergütg; vgl § 632 Anm 5. **§ 3** handelt von den AusfUnterlagen, **§ 4** von der Ausf selbst, den beiderseit R u Pfl dabei. Wicht **Nebenpflichten des Unternehmers** nennt **§ 3 Nr 3** (Überprüfg der übergebenen Unterlagen), **§ 4 Nr 1 Abs IV** (Hinw auf Bedenken gg unber u unzweckmäß Anordngen des Best), **§ 4 Nr 3** (Hinw auf Bedenken gg die Art der Ausf, Güte der vom Best gelieferten Stoffe od gg Leistgen and Untern), **§ 4 Nr 5** (SchutzPfl des Untern wähd der Ausf). – **§ 4 Nr 8** Übertr von Arb an and Untern. **§ 6** regelt die beiderseit R u Pfl iF der Behinderg od Unterbrechg der Ausf; vgl auch § 636 Anm 3. **§ 10** Haftg der VertrPartner untereinand, Ausgl im InnenVerh bei Haftg ggü Dr. **§ 11** Vorschr, falls VertrStrafe vereinb ist. **§ 17** Vorschr, falls SicherhLeistg des Untern für vertrgem DchFührg der Leistg vereinb ist.

632 **Vergütung.** [I] Eine Vergütung gilt als stillschweigend vereinbart, wenn die Herstellung des Werkes den Umständen nach nur gegen eine Vergütung zu erwarten ist.

[II] Ist die Höhe der Vergütung nicht bestimmt, so ist bei dem Bestehen einer Taxe die taxmäßige Vergütung, in Ermangelung einer Taxe die übliche Vergütung als vereinbart anzusehen.

1) Die **vereinbarte Vergütung** besteht regelm in einer Geldleistg. Sie kann – im BauVertr die Regel – als EinhPr vereinb sein, dh zu berechnen nach vereinb Maßstäben (Aufmaß, Material-, Zeitaufwand). Das Risiko einer Erhöhg der Massen bei der Ausf ggü dem Angeb trägt in diesem Fall der Best. Oder die Vergütg kann als PauschalPr vereinb werden, dh der LeistgsUmfang wird pauschaliert, MassenÄndergen,

die sich währd der Ausf ergeben, haben keinen Einfluß auf die Vergütg, das Risiko einer Massenmehrg trägt der AuftrNehmer (eingehd Vygen BauR **79**, 375). Bei wesentl (Ffm NJW-RR **86**, 572, Mü NJW-RR **87**, 598: ab 20%) Änderge des LeistgsInhalts eines PauschalVertr nach oben od unten ist mangels vertragl Absprachen der PauschalPr an die tats ausgef Leistgen anzupassen (BGH NJW **74**, 1864). Bei unwesentl Verringerg des LeistgsUmfangs inf nachträgl Vereinbg, daß der Best einen Tl der Arb selbst ausführt, muß sich der Untern anrechnen lassen, was er dch die Leistgsverringerg erspart hat (Ffm NJW-RR **86**, 572). Ist vereinb, daß der Best befugt ist, Leistgen eig ArbKräfte von der vereinb Vergütg abzuziehen, so trägt er die Darleggs- u BewLast für die geleisteten StundenlohnArb (BGH WM **88**, 1135). Im PauschalVertr nicht vorgesehene, später verlangte zusätzl Leistgen sind zusätzl zu vergüten (BGH WM **84**, 774). Bei vereinb Gleitklausel hat Untern den Eintritt der tatsächl Vorauss spezifiziert darzulegen u zu beweisen (Düss Betr **82**, 537). Die Vergütg kann auch als FestPr vereinb sein; Einzelh Heiermann BB **75**, 991. Gilt der FestPr bis zu einem best Termin, zu dem die Arb begonnen od beendet sein müssen, so hat der Untern bei verzögerter Mitwirkg dch Best Anspr gem § 642 auf zusätzl angem Entschädigg für die eingetretenen u nachgewiesenen Kostensteigergen (Düss Rspr Bau **§ 642 Nr 2**). FestPrVereinbg kann als selbstd GarantieVerspr ausgelegt werden (BGH BauR **74**, 347). Die Verpfl zur Übereigg einer Sache od Abtretg eines R od Beteiligg am Gewinn aus der Verwertg des Wk als GgLeistg stehen der Ann eines WkVertr nicht entgg. Bei Künd dch Best aus wicht Grd vor Vollendg hat Untern Anspr auf den TlBetr, der sich aus dem Verh der erbrachten TlLeistg zum Wert der nach dem Vertr zu erbringen Gesamtleistg ergibt (BGH Rspr Bau **§ 632 Nr 8**). Kostenanschlag § 650. Fällig § 641. Verpfl des Best, den Untern auf einen erkannten **Kalkulationsirrtum** (vgl § 119 Anm 5f, Heiermann BB **84**, 1836) hinzuweisen (BGH NJW-RR **86**, 569). Beruht die vereinb Vergütg auf einem beiderseit KalkulationsIrrt bei der Berechg der Massen od Flächen, weicht also die tats ArbLeistg des Untern erhebl von der zur GeschGrdlage gemachten Berechg (Kostenanschlag) ab, so kann das Festhalten an der VergütgsVereinbg unzuläss RAusübg u eine Anpassg des Vertr an die veränderten Verh nach Treu u Glauben geboten sein (BGH NJW **81**, 1552). Ebso wenn eine im LeistgsVerz vorgesehene u auch erbrachte Leistg inf eines Rechenfehlers bei der Massenberechg nicht berücksichtigt ist (Köln MDR **59**, 660). Haben die Part Abrechng nach Aufmaß vereinb, so ist gemeins festgestelltes Aufmaß für den tatsächl Umfang der geleisteten Arb verbindl (Köln MDR **68**, 148), es muß aber kein Anerk des Anspr sein (BGH Rspr Bau **Z 2.412 Bl 21**). Wer Unrichtigk u Irrt behauptet, hat dies zu bew (KG Rspr Bau **Z 2.302 Bl 6**). Verpfl des Untern, an Erstellg eines gemeins Aufmaßes mitzuwirken, kann sich aus Tr u Gl auch ergeben, wenn VOB nicht vereinb ist (Köln NJW **73**, 2111). **Mehrwertsteuer** vgl § 157 Anm 3. Arch u Statiker sind idR an ihre **Schlußrechnung,** die sie in Kenntn der für die Bewertg ihrer Leistg maßgebl Umst erstellt haben, gebunden u mit NachFdgen ausgeschl (BGH **62**, 208 u NJW **78**, 319; differenziert Junker ZIP **82**, 1158), auch im GeltgsBereich der HOAI (BGH WM **85**, 1002). Für BauUntern iR eines VOB-Vertr gilt dies nicht (BGH **102**, 392).

2) Bei Fehlen einer Vergütungsvereinbarung überhaupt enthält **Abs I** zur Vermeidg der Dissensfolgen die Fiktion einer stillschw Einigg über die Entgeltlichk. Dabei kommt es nicht auf einen entspr Willen des Best an, sond auf die obj Beurteilg (BGH Rspr Bau **Z 3.00 Bl 189**). Für **Vorarbeiten** (Entwurf, Modell, Voranschlag) ist bei Unterbleiben der GesamtAusf eine Vergütg nur zu leisten, wenn sie als Einzelleistg in Auftr gegeben worden sind od sonst nach §§ 157, 242 die Vergütg dem geäußerten PartWillen entspr; dabei kommt es darauf an, in wessen Interesse der Untern die VorArb vorwieg erbringt (Hbg MDR **85**, 321). Für Auftr zur Vorplang, Entwurfsplang gilt mangels and Vereinbg HOAI § 19 (BGH BB **67**, 263 für frühere GOA). VergütgsPfl für VorEntw bei noch nicht erworbenem Bauplatz, wenn er zur Vorbereitg des BauVorh erforderl war, AuftrG ihn verwertet (Saarbr NJW **67**, 2359). Dem Arch, der mit der Fertigg v VorEntw, Entw u Bauvorlagen beauftr war, steht neben der Vergütg dafür nach HOAI eine weitere Vergütg für die Verwendg seiner Arb bei der Ausf des BauWk dch den AuftrG nicht zu (BGH **64**, 145). VergütgsPfl für Ausfallmuster, das der Abnehmer nicht billigt (Karlsr Betr **71**, 2009). Vergütg des Arch für Mitwirkg bei Finanzierg (BGH NJW **69**, 1855). Solche VorArb fallen häuf iR der Auffdg zur Abg eines Angeb an. Handelt es sich ledigl um die Ausfüllg eines AngebBlanketts, ist nach den Umst eine Vergütg nicht zu erwarten. Handelt es sich um spezialisiertes Angeb, das bes Aufw erfordert (Entw, Pläne, Zeichngen, Berechngen), so hat es der Untern in der Hand, eine VergütgsVereinbg herbeizuführen od kein Angeb abzugeben. Daß über § 20 VOB/A hinaus der Best solche VorArb iR eines Angeb nur gg Vergütg erwarten könne (so Sturhan BB **74**, 1552 mwN, Honig BB **75**, 447), ist nicht anzunehmen (so auch Hamm BB **75**, 112), jedenf dann nicht, wenn der Adressat diese Unterlagen nicht verwendet. Es bleibt vielm bei dem Grds, daß VorArb als solche iR eines spezialisierten Angeb grdsätzl nicht zu vergüten sind (BGH NJW **79**, 2202), auch eine kostenintensive Etatpräsentation einer Public-relation-Agentur (Ffm NJW-RR **86**, 931). – **Kein Vergütungsanspruch,** sow er nur inf Verletzg einer vertragl NebenPfl entstehen würde (Köln Betr **74**, 377: unterbliebene Aufklärg über Versteuerg wg Vergabe des Auftr als FremdArb); wenn der Untern zusichert, er werde die Rep als Garantieleistg erbringen (BGH NJW **82**, 2235) od wenn es sich um eine geschuldete Garantieleistg handelt.

3) Bei Fehlen einer Vereinbarung nur über die Höhe gibt **Abs II** eine Auslegsregel, nach der sich die Höhe in folgder Reihenfolge bestimmt: **a) Taxe** ist ein behördl festgesetzter Preis. Vgl § 612 Anm 3a. Bei tarifwidr Vereinbg im GüterkraftVerk gilt der Tarif, § 22 GüKG.

b) Üblichkeit bedeutet allg VerkGeltg bei den beteil Kreisen (BGH BB **69**, 1413). Sie braucht den konkret Beteil nicht bekannt zu sein. Maßgebd Ztpkt ist der VertrSchluß. Die Gebührensätze der HOAI sind für Arch u Ing übl (BGH NJW **69**, 1855). Bsp vgl § 612 Anm 3b.

c) Angemessene Vergütung. Läßt sich die übl Vergütg nicht od nur innerh einer übl Spanne feststellen, so kann die – auch ergänzde – VertrAusleg ergeben, daß nach dem PartWillen der Ri die angem Vergütg festlegen soll, die dann innerh der übl Spanne vom Mittelwert ausgeht u bes Umst des Einzelfalls nach oben od unten berücksichtigt (BGH **94**, 98 für Maklervergütg).

d) Bestimmung durch den Unternehmer nach §§ 315, 316 kommt erst in Betracht, wenn die Höhe

Einzelne Schuldverhältnisse. 7. Titel: I. Werkvertrag § 632, Vorbem v §§ 633 ff

der Vergütg weder vereinb noch nach vorstehden Maßstäben nicht feststellb ist (BGH **94**, 98 für Maklervergütg), zB Best des Gebührensatzes bei einer Rahmengebühr dch den RA nach § 12 BRAGO.

4) Beweislast. Verlangt Untern die (bestr) vereinb Vergütg, muß er die Vereinbg bew. Verlangt Untern die übl Vergütg, hat er zu bew, daß die vom Best behauptete best Vergütg nicht vereinb ist (BGH NJW **83**, 1782; abl Mettenheim NJW **84**, 776). Best ist die Vergütg auch, wenn der Vertr die Maßstäbe angibt (Anm 1), nach denen sie sich berechnen läßt (BGH NJW **80**, 122). Gilt auch ggü behaupteter PauschalPrVereinbg nach BGB u VOB (BGH **80**, 257). An diese NegativBewFührg dürfen keine unerfüllb Anfdgen gestellt werden; der Best hat die Vereinbg nach Ort, Zeit, Höhe substantiiert darzulegen, der Untern hat dann die Unrichtigk dieser Darlegg zu bew (BGH Rspr Bau **Z 8.41 Bl 16**, Ffm NJW-RR **89**, 209). Wird jedoch die Höhe der Vergütg dch Handelsbrauch best, so hat Best abw Vereinbg zu bew (BGH BB **57**, 799). Der Untern hat die Umst, nach denen die Leistg nur gg Vergütg zu erwarten ist, der Best hat die behauptete Unentgeltlichk als Ausn von der Regel des Abs 1 zu bew (BGH NJW **87**, 2742). Kein AnschBew für Erteil eines umfassdn ArchAuftr (BGH NJW **80**, 122). Nach VertrAbschl getroffene ändernde od ZusatzVereinbg hat der zu bew, der sich darauf beruft (Karlsr MDR **63**, 924), zB FestPrVereinbg, nachdem schon wesentl Arb ausgeführt waren (Hamm NJW **86**, 199).

5) Sondervorschriften der VOB/B enthält deren § 2. Nr 1 beschreibt die dch die Vergütg abgegoltenen Leistgen des Untern. Nach Nr 2 ist die Vergütg zu berechnen nach den vertragl EinhPreisen u den tatsächl ausgeführten Leistgen. Nr 3 regelt den Einfluß von Überschreitung u Unterschreitgen der Mengenansätze, Nr 4 die Herabsetzg iF von Eigenleistgen des Best, Nr 5 die Einwirkg von Leistgs- od Pläanändergen od AOen des Best. Nr 6 Bemessg der Vergütg für Mehrleistgen außerh des Vertr. Nr 7 regelt die Vergütg bei Vereinbg einer Pauschalsumme auch iF der Abweichg der erbrachten Leistg von der vorgesehenen. Nr 8 regelt die Folgen von auftragsl Leistgen des Untern u von eigenmächt VertrAbweichgen. Nr 9 Berechng zusätzl Unterlagen. Nr 10 StundenlohnArb. Rechnungstellg §§ 14, 15.

Vorbemerkung vor §§ 633 ff

Verweigerte, verspätete und mangelhafte Leistung des Unternehmers

Übersicht

1) Verweigerung, Verspätung
2) Rechtsmängel
3) Werkvertragliche Rechte des Bestellers bei Sachmängeln
   a) bis zur Abnahme, Erfüllung
   b) nach der Abnahme, Mängelbeseitigung
   c) Gewährleistung
   d) Übernahme der Garantie
   e) Konkurrenz von Gewährleistungsansprüchen
   f) mehrere Unternehmer
   g) Einschränkung und Ausschluß der Gewährleistung
   h) Anspruchsberechtigt, Prozeßführungsbefugnis
   i) entsprechende Anwendbarkeit

4) Verhältnis der werkvertraglichen zu den allgemeinen Rechten des Bestellers
   a) Einrede des nichterfüllten Vertrags
   b) nachfolgende Unmöglichkeit
   c) Verzug
   d) Verschulden bei Vertragsschluß
   e) positive Vertragsverletzung
   f) Anfechtung, Wegfall der Geschäftsgrundlage
   g) ungerechtfertigte Bereicherung
   h) unerlaubte Handlung
   i) Produzentenhaftung
5) Gemeinschaftseigentum
6) VOB/B

1) Verweigert Untern die Erf des Vertr endgült u ernsth, kann Best SchadErs wg NichtErf ohne den Nachw verlangen, daß die Erf für ihn kein Interesse mehr hat; gilt auch für VOB/B § 8 Nr 3 (BGH MDR **69**, 385). Bei **verspäteter Herstellg** ergeben sich die R aus § 636.

2) Rechtsmängel können vorkommen bei den vom Untern zu beschaffdn Zutaten, bei urh-, patent- od wettbewrechtl Leistgen u im Rahmen des § 651. Die Folgen sind im WkVertrR nicht geregelt. Für die R des Best gelten die §§ 434 ff beim WkLiefergsVertr kraft Verweisg in § 651 direkt, sonst entspr.

3) Werkvertragliche Rechte des Bestellers bei Sachmängeln (Begr vgl § 633 Anm 1). **a) Bis zur Abnahme** (§ 640) hat Best in erster Linie den **Erfüllungsanspruch**, gerichtet auf Herstellg des versprochenen (§ 631), dh mangelfreien Wk. Er kann desh die Abn des mangelhl Wk u Zahlg verweigern u Herstellg eines einwandfreien Wk verlangen, er ist nicht etwa auf die Mängelbeseitiggs- u GewlAnspr beschr (BGH NJW-RR **88**, 310). Vgl auch §§ 644, 645 Anm 3. Die Herstellg eines mangelfreien Wk kann in solchem Fall nach Wahl des Untern dch NeuHerstellg od dch Beseitigg der Mängel am herget Wk geschehn, wenn letztere mögl u gleichwert ist. Ist sie das nicht, so hat der Best bis zur Abn den urspr ErfAnspr auf NeuHerstellg, außer diese ist dem Untern unzumutb (analog 633 II 3) od der Best hat bereits eine Fr mit AblAndrohg gem § 634 I 1 gesetzt, was bereits vor Abn mögl ist. Die erstgenannte Einschränkg des NeuherstellgsAnspr ergibt sich daraus, daß er als ErfAnspr die gleiche RNatur hat wie der MängelbeseitiggsAnspr (vgl unten 3b) u desh unter den gleichen Voraussetzgen entfallen muß wie dieser. Die zweitgenannte Einschränkg folgt daraus, daß mit Setzg der Frist der Nachbessergs- u ErfAnspr gem § 634 I letzter Hs erlischt. – Gleiches gilt für den Fall der Herstellg eines and als des vereinb Wk (RG **107**, 339).

b) Nach der Abnahme kann der Best grdsätzl zunächst die **Mängelbeseitigung** verlangen. Der MängelbeseitiggsAnspr ist noch kein GewlAnspr, sond ein modifizierter ErfAnspr (BGH NJW **76**, 143). Währd der urspr ErfAnspr allg auf Herstellg des fehlerfreien Wk geht, konkretisiert u beschr er sich von der Abn oder Fristsetzg nach § 634 I 1 an auf das hergest u bereits als Erf angenommene Wk, also auf Beseitigg der Mängel (BGH **26**, 337 u NJW **63**, 805). Das schließt Anspr auf NeuHerstellg nicht aus, wenn der Mangel auf and Weise nicht zu beseitigen ist (BGH **96**, 111 unter Aufgabe fr Rspr BGH **42**, 232). Der Mängelbeseitiggs-

Anspr entfällt ausnahmsw, wenn die Mangelbeseitigg dem Untern nicht zumutb ist (§ 633 II 3). Kommt er mit ihr in Verz (§ 633 III) od ist sie dem Best nicht zuzumuten (§ 634 Anm 2c), so kann dieser den Mangel auf Kosten des Herst selbst beseitigen lassen. Gg den VergütgsAnspr des Untern gibt der Mängelbeseitiggs-Anspr ein ZbR (BGH BauR **80**, 357).

c) Gewährleistungsansprüche setzen grdsätzl eine Fristsetzg mit AblAndrohg voraus, § 634 I 1. Erst nach ergebnisl Ablauf kann oRücks auf ein Versch des Untern der Best Minderg od Wandlg (§ 634) od, falls der Untern den Mangel zu vertreten hat, SchadErs (§ 635) verlangen. Über das Verh dieser Anspr zueinand vgl § 634 Anm 4.

d) Die **Übernahme der Garantie** (Gewähr) kann versch Bedeutg haben, die im Einzelfall dch Auslegg zu ermitteln ist. Eine HerstGarantie kann dch VzGDr zw Herst u Großhändler an den Endabnehmer weitergegeben werden (BGH **75**, 75). – **aa)** Es kann sich ledigl um die Zusicherg einer Eigensch od des NichtvorhSeins eines Fehlers handeln. Dann gilt die RLage von §§ 633ff. **bb)** Darüberhinaus kann sich der Untern verpfl, für einen best Erfolg iR des WkVertr einzustehen, unselbstd Garantie (BGH NJW **69**, 787). So kann die Verpfl dahin gehen, daß das Wk die zuges Eigensch unbdgt hat od unbdgt frei von Fehlern ist; dann gelten §§ 633ff mit der Verschärfg, daß der Untern für das Fehlen zuges Eigensch od für Mängel auch dann gem § 635 einzustehen hat, wenn dies nicht auf einem von ihm zu vertretden Umst beruht. Eimer NJW **73**, 590 will jede Zusicherg einer Eigensch in Anlehng an diesen Begr im KaufR als eine unselbstd Garantie auffassen. Ihm ist jedenf sow rechtzugeben, als es ein praktikables AbgrenzgsKriterium zw bloßer Zusicherg (vorsteh aa) u unselbstd Garantie u damit zw SchadErsPfl nur bei od schon ohne Versch nicht gibt. **cc)** Die Garantie kann darüberhinaus in der Übern der Gefahr eines weiteren Schad bestehen (selbstd GarantieVerspr). Die Verpfl kann dahin gehen, daß der Untern die Gewähr für einen weiteren, über die vertrgem Herst hinausgehden Erfolg übernimmt, etwa für eine best Leistgsfähigk der gelieferten Maschine, für die Belastgsfähigk des verwendeten Materials od für einen best Mietertrag eines gebauten Hauses (BGH WM **73**, 411). Das hat mit GewlR nach WkVertr nichts mehr zu tun, die §§ 633ff gelten dafür nicht, insb auch nicht § 638 (RG **165**, 41). Die Rspr ist mit der Auslegg der Garantie in diesem Sinne zurückhaltd (Kblz NJW **86**, 2511), weil sie selten dem erkennb Willen des Herst entspr. Ggf ist die Haftg des Herst nicht dadch ausgeschl, daß der Schad auch ohne DazwTreten der GarantieÜbern eingetreten sein würde, denn ursächl ZusHang zw Schad u UnternTätigk ist nicht erforderl. Veränderg der WirtschLage befreit Untern nicht von der Haftg, allenf kann, wenn ihm die Erf der Garantie unzumutb Opfer auferlegt, Best hieran angemessen beteil werden (RG **107**, 140). – Zum Gewähr- u GarantieVertr allg vgl Einf 3c vor § 765; über Verj u Garantiefristen § 638 Anm 1 u § 477 Anm 4. – Garantierte Kostenanschläge vgl § 650 Anm 1.

e) Konkurrenz von Gewährleistungsansprüchen gegen Architekten, Statiker und Bauunternehmer. aa) Außenverhältnis. Kein GesSchuldVerh hins der vertragl übernommenen Leistgen, da diese nicht ident (BGH GrZS **43**, 230); GesSchuldVerh jedoch im Hinbl auf ihre planmäß rechtl ZweckGemsch, näml sow sie wg WkMangels SchadErs in Geld schulden. Dies auch dann, wenn Arch u BauUntern wechselseit dem Best zu Mängelbeseitig, Wandlg, Minderg und SchadErs verpfl sind u die Leistg sie einen dem u zugute kommen kann (BGH **51**, 275). Ebso sind Arch u Statiker GesSchu, soweit sie wg des näml BauWk-Mangels aus § 635 auf SchadErs in Geld haften (BGH VersR **71**, 667). Soweit der Statiker aGrd seiner Spezialkenntn Aufgaben eigenverantwortl ausführt, ist der Arch nicht zur Nachprüfg verpfl (BGH LM § 635 Nr 21) u umgekehrt (Kln NJW-RR **86**, 183). AufsPfl über den vom Bauherrn beauftr Statiker hins dessen eigentl Leistgen auch dann nicht, wenn der Arch Oberleitg u örtl BauAufs hat (BGH WM **70**, 129). Der Arch hat jedoch die Einhaltg der vom Statiker gefertigten Unterlagen zu überwachen; er verl diese Pfl, wenn er duldet, daß der Statiker von seinem Plan abweicht, ohne der Gen der BauAufsBeh einzuholen. Ebso Pfl des Arch, die stat Berechnen einzusehen, ob Statiker von den tats gegebenen Verh ausgegangen ist (BGH VersR **71**, 667). Der BauUntern kann dem Bauherrn, der SubUntern kann dem HauptUntern ggf MitVersch von Arch u Statiker als seinen ErfGeh entggehalten (Ffm BauR **87**, 322), ebso der Arch dem Bauherrn ggf Versch des Statikers, vgl § 635 Anm 3c. – **bb) Ausgleich im Innenverhältnis** zw Arch, Statiker u BauUntern richtet sich nach §§ 426, 254, sow sie im AußenVerhältn dem Bauherrn als GesSchu haften (BGH GrZS **43**, 230; eingehd Wussow NJW **74**, 9, Kaiser ZfBR **85**, 101). Bei PlangsFehlern kann Arch im InnenVerh zu BauUntern voll ausgleichspflicht sein, bei fehlerh BauAusf kann BauUntern, der das Wk mangelh erstellt hat, dem Arch überwiegd ausgleichspflicht sein (BGH **58**, 216), sein AusglAnspr kann ganz entfallen (Hamm NJW-RR **86**, 1400). Ausgleich zw Arch u Statiker bei Duldg einer fehlerh Abweichg des Statikers vom Plan des Arch unter Berücksichtigg der beiderseit schuldh Verurs (Karls MDR **71**, 45). Soweit ein BauBeteil den Bauherrn befriedigt u damit zugl die Verpfl eines and BauBeteil erfüllt hat, kommt ein Ausgl auch nach § 812 in Betr (BGH **70**, 389). **cc)** Über die Auslegg der **Subsidiaritätsklausel** in § 11 III ArchMusterVertr BGH **LM** ArchitektenVertr Nr 2 (wirks HaftgsBeschrkg bei fehlerh öff BauAufs u bei fehlerh techn Oberleitg; keine HaftgsBeschrkg, wenn mit Sicherh feststeht, daß Anspr gg Bauhandw nicht realisierb).

f) Mehrere Unternehmer vgl § 631 Anm 1d. Sind an der Herstellg des Wk mehrere Untern mit voneinand abgrenzb TlArb beteil u liegen die mögl SchadUrs in den Arb- od Gefahrenbereichen mehrerer, kommt weder eine entspr Anwendg des § 830 I 2, noch eine gesschuldn Haftg aus ZweckGemsch in Betr. Vielm muß der Best demjen Untern, den er in Anspr nimmt, nachweisen, daß seine Leistg vetrwidr fehlerh u mind für den Schad mitursächl ist (BGH BauR **75**, 130).

g) Vertragliche Einschränkung, Ausschluß der Gewährleistung vgl § 637.

h) Anspruchsberechtigt zur GeltdMachg aller R bei Sachmängeln ist der Best bzw sein RNachf. Der Mängelbeseitiggs- (BGH **96**, 146) u die GewlAnspr, auch der auf Minderg (BGH **95**, 250), sind abtretb. ZbR des Best wg NachbesergsAnspr bei Abtretg der GewlAnspr vgl unten 4a aE. **Prozeßführungsbefugnis:** Hat der Bauträger seine Nachbesergs- u GewlAnspr gg die von ihm beauftr BauUntern an den GrdstErwerber abgetreten, so kann er sie mit Ermächtigg des Erwerbers auch ohne Rückabtretg im eig Namen aGrd ProzFBefugn gg den BauUntern einklagen (BGH **70**, 389).

Einzelne Schuldverhältnisse. 7. Titel: I. Werkvertrag **Vorbem v §§ 633 ff** 3, 4

i) Entsprechend anwendbar ist § 633, falls in einem KaufVertr od in einem WkLiefergsVertr über vertretb Sachen die GewlAnspr des Käufers auf Nachbesserg beschr sind (BGH NJW **71**, 1793). Der Ausschl des Ers unmittelb od mittelb Schäd umfaßt idR nicht den Schad, der dch eine schuldh Verl der NachbessergsPfl entstanden ist (BGH Betr **75**, 2426).

4) Verhältnis der werkvertraglichen Rechte des Bestellers zu solchen nach den allgemeinen Vorschriften. Kriterium für die Abgrenzg ist, daß es sich bei der Mängelbeseitigg um einen modifizierten ErfAnspr (oben 3b), bei Minderg, Wandlg u SchadErs um GewlAnspr wg bestehder Mängel als solcher handelt. Zusfassd Kohler BauR **88**, 278.

a) Die Einrede des nichterfüllten Vertrages (§ 320) kann der Best uneingeschr, auch bei Geringfügigk des Mangels (§ 320 II) erheben, solange noch der urspr ErfAnspr besteht, also regelm bis zur Abn (oben 3a). Sie führt in diesem Falle zur KlAbweisg, weil der Untern mit der Herstellg vorleistgspfl, der VergütgsAnspr vor Abn nicht fäll ist (§ 641 Anm 1 b). AbschlagsZahlgen vgl § 641 Anm 1 c. Hat sich der ErfAnspr inf Abn od Fristsetzg nach § 634 I 1 auf die Mängelbeseitigg konzentriert (oben 3b), kann Best die Einr nur noch insow erheben, als er damit Beseitigg des Mangels erstrebt. Er kann also bei Geringfügigk des Mangels (§ 320 II) od wg einz Mängeln im Rahmen eines großen Wk die Vergütg nicht voll zurückhalten. Zum Umfang des ZbR vgl § 320 Anm 2e. Das ZbR kann grdsätzl nur dem letztrang Tl einer WkLohnFdg entgegengesetzt w, iF einer TlWkLohnFdg gibt aber § 320 II dem Ger einen ErmSpielraum (BGH NJW **71**, 1800). Das ZbR entfällt, wenn der Anspr auf Mängelbeseitigg nicht besteht (zB wg § 633 II 3, § 640 II) od verj ist (§ 638), außer bei rechtzeit MängelAnz (§ 639); gilt auch für VOB/B § 13 Nr 5 (BGH BB **70**, 1027). Die berecht Erhebg der Einr führt in diesem Fall, also regelm ab Abn, gem § 322 I zur Verurteilg auf Zahlg Zug um Zug gg Behebg der best zu bezeichndn Mängel (BGH **26**, 337). Das gilt auch iF vereinb AbschlagsZahlgen (BGH **73**, 140). Daß sich die Prüfg der Frage, ob die Mängel ordngsgem beseit sind, damit in das ZwVollstrVerf verlagert, ist bedauerl u unpraktikabel. Schneider Betr **69**, 115 meint desh u weil der Untern auch hins der Mängelbeseitigg vorleistgspfl sei (§ 322 II), die Kl könne abgewiesen werden. Dem ist jed entggzuhalten, daß zwar vor der Abn des Wk der VergütgsAnspr nicht fäll ist, daß er aber mit der Abn auch des mangelh Wk fäll w u damit die VorleistgsPfl hins des allg ErfAnspr auf Herstellg des Wk endet; ebso BGH **61**, 42 (auch für VOB) mit Anm Fenge JR **74**, 68. Das ZbR kann der Best auch noch nach Abtretg der GewlAnspr geltd machen, denn der MängelbeseitiggsAnspr ist kein GewlAnspr (BGH **55**, 355, abl Ludewig NJW **72**, 516, zust Brych NJW **72**, 896; erneut BGH WM **78**, 951). Solange der Bauträger, der seine GewlAnspr gg BauHandw an den Erwerber des Hauses abgetreten hat, wg Mängeln einen Tl der Vergütg an den Handw zurückhält, darf auch der dem betr Erwerber einen entspr Tl der dem Bauträger geschuldeten Vergütg zurückhalten (BGH **70**, 193).

b) Nachfolgende Unmöglichkeit. aa) Bezieht sie sich auf die **Herstellung,** so gelten die Ausf in §§ 644, 645 Anm 1 bis 4. **bb)** Bezieht sie sich auf die **Mängelbeseitigung nach Abnahme,** so sind die allg schuldr Vorschr dch §§ 633 ff grdsätzl ausgeschl (BGH WM **74**, 195), wie beim Kauf, vgl Vorbem 2a vor § 459. **cc) Schäden,** die **bis zur Mangelbeseitigung** bzw FrAblauf u für die Vergangenh nicht mehr behebb sind, zB verminderte Mieteinnahmen, sind nach § 635 zu ersetzen (BGH WM **78**, 1009; aA Düss OLGZ **78**, 202: teilw nachträgl Unmöglkt).

c) Verzug. Mit der Herstellg vgl § 636 I 2 u dort Anm 2. Mit der Mangelbeseitigg vgl § 633 III u dort Anm 4.

d) Für **Verschulden bei Vertragsschluß** (c.i.c.) gelten sinngemäß die Ausf zum KaufR in Vorbem 2c vor § 459 (BGH Betr **76**, 958; aA Karlsr BB **75**, 1316 mit abl Anm v Westphalen, Littbarski JZ **78**, 3). Fahrl unzutreffde Erkl des Untern, die sich auf Eigensch des herzustelldn Wks beziehen, begründen demnach keinen SchadErsAnspr aus c.i.c., wohl aber auf Befragen des Best ausdrückl erteilte fahrl unricht Auskunft od Rat, auch wenn sie sich auf Eigensch beziehen (BGH ZIP **84**, 962 [965]).

e) Ansprüche aus positiver Vertragsverletzung (§ 276 Anm 7). **aa) Schäden, die nicht mit Mängeln zusammenhängen,** sind bei gegebenen Vorauss nach den Regeln der pVV zu ersetzen. So, wenn der Herst eine NebenPfl (§ 631 Anm 2b) schuldh verl hat, ohne daß dies zu einem Mangel führt, zB die Verl der KoordiniergsPfl des Arch führt zu VerzögergsSchäd (BGH Betr **77**, 624), mangelh Aufklärg (BGH Betr **89**, 1406) od wenn der Untern dch von ihm herzustelldn Bautl unabhängige Sachen des Best entgangenen (BGH NJW **89**, 1922). **bb) Bei Schäden, die mit Mängeln zusammenhängen (Mangelfolgeschäden),** ist die Abgrenzg der Anspr aus pVV ggü solchen aus §§ 633 ff häuf schwier, dabei aber prakt bes bedeuts, weil für Anspr aus pVV die kurzen VerjFristen des § 638 nicht gelten (vgl dort Anm 1b), weil sie – and als SchadErsAnspr aus § 635 – nicht dem Vorauss des § 634 I 1 unterliegen u weil sie – and als GewlAnspr – unter den Schutz der HaftPflVers fallen (BGH **46**, 238), auch wenn sie, weil eng mit dem WkMangel zushängd, in die Gewl nach §§ 635, 638 einzubeziehen sind (BGH **80**, 284). Die dem BGH folgde hM stellt darauf ab, ob der Schad unmittelb dch den Mangel des Wk verurs ist, eng mit ihm zushängt (BGH NJW **86**, 2307: „enger MangelfolgeSchad"), der dch den Mangel unbrauchb, wertl od minderwert ist einschl des dem Best entgangenen Gewinns: dann nur §§ 633 ff. Versuch einer Abgrenzg zw nächsten u entfernteren MangelfolgeSchäd Hehemann NJW **88**, 801. Für die Feststellg des engen Zushangs bedarf es näherer Begründg u Wertg aus der Eigenart des Sachverhalts im Einzelfall (BGH **58**, 85 [92], zust Schlechtriem NJW **72**, 1554). Dabei ist der enge Zushang zw Mangel u Schad nicht generell kausal, sond am LeistgsObj orientiert, lokal zu verstehen. Nur wo eine nach Güter- u InteressenAbwägg angem Verteilg des VersRisikos das nöt macht, sind nächste FolgeSchäd in den SchadBegr des § 635 einzubeziehen (BGH **67**, 1); so, wenn das Wk darauf gerichtet ist, in der Hand des Best seine Verkörperg in einem weiteren Wk zu finden, so daß Fehler des ersten Wk erst beim zweiten werkt werden, wie bei fehlerh ArchPlang (BGH NJW **79**, 1651 mwN). Dagg bestehen SchadErsAnspr wg pVV dann, wenn es sich um einen mittelb, entfernteren FolgeSchad außer entgangenem Gewinn handelt, der außerh der WkLeistg, insb am sonst Verm des Best entstanden ist u nur mittelb mit dem Mangel zushängt (BGH **37**, 341 u Betr **70**, 250). Der nur mittelb Zushang kann sich aus dem Zeitablauf ergeben od daraus, daß ein derart Schad gewöhnl bei Verl von ObhutsPfl entsteht (BGH NJW **79**, 1651). Ähnl Larenz II § 53 IIb, der darauf abstellt,

ob ein and RGut wie Gesundh, Eigt u den dadch weiter bdgt VermVerlusten verl ist. Ähnl Grimm NJW **68**, 14: Ort des SchadEintr sei entscheidd; Schubert JR **75**, 179 stellt auf die Funktionstauglichk ab u ordnet demnach Schäd, die sich im Funktionsbereich des Wk auswirken, unter § 635 ein, Schäd außerh des Funktionsbereichs unter pVV. Peters NJW **78**, 665 stellt darauf ab, ob der Ers zum Schad nur gerechtf ist, wenn der Best den vollen WkLohn leisten muß (dann § 635) od auch dann noch, wenn er keine Vergütg zu leisten hätte (dann pVV). Michalski NJW **88**, 793 hält die Unterscheidg zw Mangel- u MangelfolgeSchad für systemwidr.
– **cc) Beispiele für Haftung nach § 635:** Unricht RAusk über konkrete Frage (BGH NJW **65**, 106). Mangelnde Bewohnbark eines Hauses, desh Mietwohng (BGH **46**, 238). Kosten eines PrivGutachtens über Mängel (BGH **54**, 352). Mangelh Versilberg von Schleifringen, die der Best in Schleifringkörper einbaut, führt zu Mängeln an diesen; MängelAnspr des Erwerbers der Körper, ProzKosten des Best im Proz mit dem Erwerber und der eingetretene Gew des Best (Ffm NJW-RR **87**, 565). Schäd, die dch fehlerh stat Berechng verurs sind (BGH **80**, 284). Ungeeigneth eines hergestellten Leasingobj für den vorgesehen Gebr wg fehlerh Beratg dch den Untern (BGH NJW **84**, 2938). MotorSchad inf mangelh Ölwechsels (BGH **98**, 45). Minderwert des bebauten Grdst wg fehlerh Einmessg u Absteckg des Hauses im Grdst dch VermessgsIng (BGH NJW **72**, 901). PlangsFehler des Arch, wenn sich der Schad am BauWk nur in merkantilem Minderwert äußert (BGH **58**, 225). Ungenügde Beratg u Aufklärg dch den planden Arch über einbruchsichere Schaufenster, folgder Schad des Juweliers dch Einbruch in die nichtsicheren Schaufenster (Mü NJW-RR **88**, 85). FeuchtigkSchäd als Folge eines fehlerh SaniergsGutachtens (BGH JR **88**, 197). Fehler des geolog Baugrundgutachtens (BGH **72**, 257). VermSchad inf mangelh geschäftl Oberleitg dch Arch, auch wenn das BauWk selbst desh nicht mangelh ist (BGH NJW **81**, 2182). VermSchad dch Fehler od Unklarh in den vom Arch vorzubereitdn Vertr mit den Bauhandwerkern (BGH NJW **83**, 871). FeuchtigkSchäd an einer SendeAnl aGrd fehlerh Verpackg (Kln VersR **77**, 139). Auslaufen von Flüssigk wg unsorgfält Verschließens von Füllflaschen (Kln Betr **74**, 185). Mangelh Umrüstg eines gebraucht gekauften LKW (BGH NJW **83**, 2440). Fehlder Nachw für Mangelfreih des Wk entgg vertragl übernommener Verpfl (BGH WM **80**, 1350). **dd) Beispiele für Haftung aus pVV:** Erstattg von Reklamegebühren, weil Reklamefläche wg Mangelhaftigk gelieferter Reklamefiguren nicht genutzt werden konnte (BGH **35**, 130). BrandSchad an FabrikGbde wg fehlerh Ölfeuergs Anl 4 Jahre nach Montage (BGH **58**, 305). Nachteile wg fehlerh GrdstBewertg nach 6 Jahren (BGH **67**, 1). BrandSchäd im Zushang mit SchweißArb (BGH VersR **66**, 1154) od wg fehlerh Isolierg eines Rauchgasrohrs (BGH NJW **82**, 2244; krit Schwark, JR **83**, 154). WasserSchad, weil ein Heizkörper zu dünnwand war (BGH VersR **62**, 480). Schad, den ein mit Demontage einer Kranbrücke beauftr Untern an Kranbahn u -Brücke verurs (BGH NJW **69**, 838). MehrAufw des Best nach Künd aus wicht Grd (BGH NJW **83**, 2439). Kosten des VorProz gg einen and Untern, wenn der den Mangel verursachde Untern den AuftrG über die MängelUrs falsch beraten hat (KG BauR **88**, 229). Mangelh befestigtes Brett beschädigt beim Herunterfallen and Ggste (BGH NJW **79**, 1651). Schad inf eines fehlerh tierärztl UntersuchgsBefundes (BGH **87**, 239). Schad des Bauherrn, weil der umfassd beauftr Arch ihn nach Beendigg seiner eigentl Tätigk nicht gehör bei Untersuchg u Behebg von Baumängeln berät (BGH NJW **85**, 328 u WM **85**, 663). Vereinbarter Wiedereinbau eines Absperrventils iR von Arb zur Beseitigungg einer Verstopfg des Abwasserkanals führt nach Regenfällen zu Rückstau u Überschwemmg im Haus (Stgt NJW-RR **89**, 917).

SchadErsAnspr aus pVV bei mißlungener Nachbesserg vgl § 633 Anm 4.

f) Für **Anfechtung und Wegfall der Geschäftsgrundlage** gelten sinngem die Ausführgen zum KaufR in Vorbem 2d, e, g vor § 459.

g) Anspr aus **Geschäftsführung ohne Auftrag und ungerechtfertigter Bereicherung** im Zushang mit Mängeln sind dch die SonderVorschr der §§ 633 ff ausgeschl (BGH NJW **63**, 806: Erspan bei den Herstellkosten wg schlechterer Ausf des Wk; BGH WM **78**, 953: Kosten der MangelBeseitigg dch Dr ohne die Vorauss der §§ 633 ff). Gilt auch iF § 13 Nr 5 VOB/B (BGH NJW **66**, 39 u WM **78**, 953).

h) Anspr wg **unerlaubter Handlung** werden dch §§ 633 ff nicht ausgeschl. Die fehlerh Ausf des Wk ist jedenf dann zugl EigtVerletzg (§ 823 I), wenn sich der Mangel auf die schon vorh, bis dahin unversehrten Teile des zu behandelnden Ggst ausgewirkt hat u diese dadch beschäd worden sind (BGH **96**, 221). Auch VOB/B § 13 Nr 7 II schließt SchadErsAnspr wg Beschädig von Sachen des Best, die nicht in das vom Untern herzustellde Wk einbezogen sind, nicht aus (BGH NJW **73**, 1752). Die mangelh Errichtg eines BauWk als solche ohne Veränderg bereits vorh Substanz ist keine Beeinträchtigg des Eigt des Best (BGH **39**, 366 u **96**, 221; weitere Nachw BGH Betr **79**, 1078; aA Freund u Barthelmess NJW **75**, 281 u NJW **77**, 438 mwN, Grunewald JZ **87**, 1098: EigtVerl, wenn dch den Mangel der Wert od die Nutzbark des BauWk beeinträchtigt wird). In § 823 II ist § 323 StGB kein SchutzG, dessen Schutzweck auch auf das Verm des Best gerichtet wäre (BGH NJW **65**, 534).

i) Abgrenzung zur Produzentenhaftung vgl ProdHaftG § 3 Anm 1.

5) Bei **Gemeinschaftseigentum** wird die Berechtigg zur GeltdMachg v VertrAnspr, darunter Nachbesserg u Gewl, unterschiedl beurt. Vgl BGH **74**, 259 mit Anm Weitnauer NJW **40**, 400, Kellmann 481, Deckert ZfBR **84**, 161. Den Anspr auf Beseitigg von Mängeln am GemschEigt, auf Ers der Nachbesserskosten u auf Vorschuß dafür kann nach entspr MehrhBeschl der Verw im eig Namen (BGH **81**, 35) od der einz WohngsEigtümer, auch bei Mängeln außerh des räuml Bereichs seines SonderEigtums (Ffm Rspr Bau § 635 Nr 38), mit dem Verlangen der Leistg an sich geltdmachen. Dieser restl ErfAnspr (oben Vorbem 3b) hat seine Grdl in dem einz VeräußergsVertr des Veräußerers (Herst) mit dem einz WohngsEigtümer. Das mit den Interessen der WohngsEigtümerGemsch übereinstimmde Verlangen des einz beeinträchtige die schutzwerten Interessen des Veräußerers nicht unzumutb, schon desh, weil alle Beteil der Gemsch primär nur dessen MängelbeseitigsAnspr haben (BGH **74**, 259 u NJW **85**, 1551). Das gilt auch, wenn Veräußerer die ihm aus der Errichtg des BauWk zustehdn GewlAnspr an die Gemsch der WohngsEigtümer abgetreten hat (BGH Betr **80**, 204). Dagg steht, wenn Mängelbeseitigg nicht od nicht mehr verlangt werden kann, das WahlR zw den dann noch verbleibdn GewlAnspr Minderg u SchadErs nur der Gemsch der WohngsEigtümer zu (§ 21 I, V Nr 2 WEG). Hat sie mit Stimmenmehrh die Entsch getroffen, so kann sie, auch ohne

Abtretg, den Verw ermächtigen, den gewählten GewlAnspr im eig Namen mit dem Verlangen der Leistg an den Verw geltd zu machen, auch bei Ineinandergreifen von Mängeln an Gemsch- u SonderEigt (BGH BauR 86, 447). Ebso kann sie es dem einz WohngsEigtümer überlassen, ob u in welchem Umfang er Minderg entspr seinem Anteil am GemschEigtum selbst durchsetzen will (BGH NJW 83, 453). Zur Wandlg ist der einz WohngsEigtümer immer berecht, weil sie das gemsch Eigt nicht betrifft; an die Stelle des Erwerbers tritt wieder der Veräußerer (BGH 74, 259). Sow der einz WohngsEigtümer Mängelbeseitigg verlangen kann, steht ihm auch Anspr auf Vorschuß (§ 633 Anm 4) zu (BGH 68, 372 [377]).

6) Auf **Sonderregeln der VOB/B** für Nachbesserungs- u GewlAnspr ist jew in der letzten Anm der folgden Paragraphen hingewiesen. Die isolierte Vereinbg nur der GewlVorschr der VOB ohne deren übr Vorschr in FormularVertr (BGH 96, 129, zust Brych NJW 86, 302) od EinzVertr (BGH NJW 87, 2373) ist unwirks, außer wenn sie auf eine vom AuftrGeber gestellte VertrBdgg zurückgeht (BGH 99, 160). Vereinbg der VOB im GeneralUnternVertr gilt nur für die von ihm geschuldeten Bau-, nicht auch für daneben übernommene Arch- u IngLeistgen (BGH NJW 88, 142).

633 *Nachbesserung; Mängelbeseitigung.* **I** Der Unternehmer ist verpflichtet, das Werk so herzustellen, daß es die zugesicherten Eigenschaften hat und nicht mit Fehlern behaftet ist, die den Wert oder die Tauglichkeit zu dem gewöhnlichen oder dem nach dem Vertrage vorausgesetzten Gebrauch aufheben oder mindern.

II Ist das Werk nicht von dieser Beschaffenheit, so kann der Besteller die Beseitigung des Mangels verlangen. § 476a gilt entsprechend. Der Unternehmer ist berechtigt, die Beseitigung zu verweigern, wenn sie einen unverhältnismäßigen Aufwand erfordert.

III Ist der Unternehmer mit der Beseitigung des Mangels im Verzuge, so kann der Besteller den Mangel selbst beseitigen und Ersatz der erforderlichen Aufwendungen verlangen.

1) Ein **Sachmangel** besteht, wenn das Wk entw nicht die zugesicherten Eigensch hat od mit einem Fehler behaftet ist, der den Wert od die Gebrauchsfähigk herabsetzt. Abs I präzisiert den § 631 („Herstellg des versprochenen Wk"). Die FehlerFreih u das Vorhandensein der zugesicherten Eigensch gehört zum Inhalt der LeistgsPfl des Herst.

a) Für den **Mangel,** der den Wert od die Tauglichk aufhebt od mindert, gilt das in § 459 Anm 1, 3, 5 Gesagte. Der Mangel muß aus dem Bereich des Untern stammen. Ein Verstoß gg anerk Regeln des Fachs, wie sie ua in DIN-Normen, UnfallverhütgsVorschr, VDE-Best niedergelegt sind (Mü BauR 85, 453: Schallschutz, Köhler BB 85, 1561: SicherhBestimmgen, Köhler BB 85, Beilage 4, Pieper BB 87, 273), im maßg Ztpkt der Abn (BGH BauR 88, 567) ist ein Mangel. Auch ohne solchen Verstoß kann die GebrTauglichk gemindert sein (BGH 91, 206 [212], BauR 87, 207), zB Dchführg einer KfzReparatur abweichd von den WksVorschr des Herst (Karlsr NJW-RR 87, 889). Mangel ist auch merkantiler Minderwert (BGH 55, 198 u NJW 86, 428), fehlde baur GenFähigk (Düss BauR 84, 294), beschr Benutzbark eines Raumes wg zu geringer lichter Höhe (BGH ZfBR 89, 58). Eine um 10% kleinere Wohnfläche einer EigtWohng als im Vertr angegeben ist ein Mangel, der auch ohne Zusicherg zur Minderg berecht (KG NJW-RR 89, 459). Hat nach der vertragl Vereinbg der Herst die Verpfl, die Mangelfreih zu beweisen, so ist das Wk bis zu diesem Nachw als fehlerh anzusehen u der Herst zum Ers des daraus entstehden Schad verpfl (BGH NJW 81, 112). Gibt es noch keine anerk Regeln des Fachs, so ist das Wk mangelh, wenn Ungewißh über die Risiken des Gebr besteht, wenn die Leistg des Wk dem Vergl mit and Anlagen nicht standhält (Mü BB 84, 239). Der Fehler muß sich nicht auf eine Sache beziehen, die §§ 633 ff gelten ebso für unkörperl Wk (vgl Einf 1 vor § 631), zB unterlassene LärmschutzMaßn bei BauPlang (BGH Betr 75, 1263); unlautere Werbg als Mangel eines WerbeVertr (Wedemayer WRP 79, 619); tauglichkmindernde Programm- od Dokumentationsfehler bei der Herstellg von ind Computersoftware (BGH NJW 88, 2438), ungenügde WartgsArb (Mü CR 89, 283). Abstürzen eines Programms bei geringfüg BediengsFehlern ohne Angaben im Handbuch, wie dies zu vermeiden ist (Kln VersR 89, 161). Auch bei Mängeln von Standard-Software passen die GewlVorschr des WkVertrR besser als die des KaufR, zumal bei Software zweifelh ist, ob es sich um eine Sache handelt; bei trägerl Datenaustausch sicher nicht (Lesshaft/Ulmer CR 88, 813). Noch nicht geklärt ist die Frage, ob der Untern für techn vermeidb Mängel zu haften hat (Heussen CR 88, 986 [991], Börner CR 89, 361). Wg der GestaltgsFreih bei künstler Wk vgl § 631 Anm 2a, zu Geschmacksfragen Kln OLGZ 83, 200. Baumängel, die auf mangelh Erf der ArchPfl beruhen, sind zugl Fehler des ArchWk (BGH 42, 16 u VersR 74, 261). Insow schuldet Arch Nachbesserg zwar nicht dch konkr Beseitigg der Baumängel, wohl aber dch Mitwirkg bei ihrer Beseitigg dch Beratg der Bauherrn, Plang u Überwachg der BauUntern bei den NachbessergsArb (Kaiser NJW 73, 1910). Ebso beim Statiker. Vgl dazu auch Einf 5 vor § 631. – Es spielt keine Rolle, daß der Mangel in der Zeit zw Herstellg u Abn des Wk entstanden ist (BGH VersR 74, 261).

b) **Zugesicherte Eigenschaft.** Vgl zunächst § 459 Anm 4 mit folg Abweichg: Zusicherg ist das Verspr, das Wk mit einer best Eigensch auszustatten; nicht erfdl ist, daß der Untern zum Ausdr bringt, er werde für alle Folgen einstehen, wenn die Eigensch fehlt (BGH 96, 111). Dabei ist unerhebl, ob es techn mögl ist, dem VertrGgst die zuges Eigensch zu verleihen u ob der Untern in der Lage ist, bezogene Teile für das Wk auf das VorhSein der Eigensch zu prüfen (BGH aaO). Angaben in WkBeschreibgen sind nur dann Zusicherg, wenn sie gerade der Beschreibg einer Eigensch dienen (BGH aaO: Wärmedurchlaßwerte bei Fenster- u Türrahmen).

c) Ist der Vertrag auf Erwerb eines **Grundstücks mit einem darauf vom Verkäufer zu errichtenden Bauwerk** (Haus od EigtumsWohng) gerichtet, so sind die R des Erwerbers wg Sachmängeln des Grdst nach Kauf, wg Sachmängeln des BauWk nach WkVertrR zu beurt (BGH NJW 73, 1235; aA, auch zu der folgden Darstellg, Köhler NJW 84, 1321). Dies auch, wenn das neu errichtete BauWk bei Abschl des ErwerbsVertr bereits ganz (BGH 68, 372) od teilw errichtet war (BGH 63, 96), wobei es keinen Unterschied macht, in welchem Umfang das Gbde od die EigtWohng noch nicht fertgestellt war (BGH 65, 359 u 74,

§ 633 1–3   2. Buch. 7. Abschnitt. *Thomas*

205). Wenn sich, auch ledigl aus den Umst, aus Inhalt, Zweck wirtsch Bedeutg u Interessenlage eine Verpfl des Veräußerers zu mangelfreier Erstellg des Bauwerks ergibt, richtet sich die Gewl nach WkVertrR, auch wenn der Veräußerer das BauWk als Musterhaus od für sich selbst errichtet u sogar einige Monate bewohnt hat u wenn die Part den Vertr als KaufVertr bezeichnet od dem KaufR unterstellt haben (BGH NJW 81, 2344 u NJW 82, 2243; krit Sturmberg NJW 89, 1832). Ebenf nach WkVertrR richtet sich die Sachmängelhaftg bei Veräußerg von EigtWohngen, wenn nicht das Gebäude insges neu errichtet ist, sondern die EigtWohngen dch Umbau eines Altbaus mit erhebl Eingr in die alte Bausubstanz geschaffen worden sind (Ffm NJW 84, 2586). Wird in dem Vertr über den Erwerb eines zu bebauenden Grdst die Pfl des Veräußerers zur Beseitigg von Mängeln von der vorher Feststellg in einem gemeins BesichtiggsProt abhäng gemacht, so steht der Umst, daß es dazu nicht gekommen ist, der GeltdMachg des GewlAnspr nicht entgg, wenn der Mangel offenkund ist (BGH WM 84, 317). Wirks ist der GewlAusschl in VeräußergsVertr über Grdst mit Altbauten ohne HerstellgsVerpfl (BGH 98, 100).

2) Der **Mängelbeseitigungsanspruch** (vgl auch Vorbem 3, 4) geht auf Behebg der Mängel bzw Herstellg der zuges Eigensch an dem vom Untern hergestellten Wk (BGH 96, 221) u kann bis zur Neuherstellg reichen, wenn Mängel nur auf diese Weise zu beseitigen sind (BGH 96, 111). Er richtet sich gg den WkVertrPartner; wenn es eine oHG ist, auch gg den haftden Gter (BGH 73, 217). Der Verpfl des Untern beschr sich auf das fehlerh hergest eig Wk, geht nicht auch auf Ers der MängelbeseitiggsKosten, die eine erkennb fehlerh Vorleistg eines and Untern betreffen (Mü NJW-RR 88, 20). Der NachbesserngsAnspr des Erwerbers eines im sog Gartenhofstil errichteten Reihenhauses kann auch auf Beseitigg von Mängeln an den seinen Gartenhof umschließenden Außenwänden der von dem selben Herst errichteten NachbHäuser gerichtet sein (BGH 104, 262). Der Anspr kann schon vor Ablieferg des Wk u auch noch nach vorzeit Künd gem § 649 hins der bis dahin erbrachten WkTle (BGH NJW 88, 140) geltd gemacht werden (§ 634 I 2). Er setzt ledigl einen obj Mangel voraus, der seine Urs nicht im VerantwortgsBereich des Best hat (MüKo/Soergel Rdn 39, v Craushaar BauR 87, 14), gleichgült, worauf er sonst beruht. Unerhebl ist, ob der Untern Fachmann ist (BGH WM 74, 311), ob der Fehler für den Untern bei Ausf der Arb erkennb war u ob ihn daran ein Versch trifft (BGH WM 86, 43). Die Erheblichk des Fehlers spielt, and als in § 459 I 2, keine Rolle. Das BeseitiggsVerlangen muß so konkret gefaßt sein, daß der Mangel nach Art u Ort mit Hilfe von Zeugen u Sachverständ feststellb ist (BGH WM 80, 951), u erkennen lassen, daß Abhilfe erwartet wird (BGH WM 78, 953). Auch wenn der Best Mangelerscheingn an best Stellen bezeichnet, macht er damit den Mangel selbst in vollem Umfang an allen Stellen seiner Ausbreitg geltd (BGH BB 88, 2415). Ebso erstreckt sich die Anz des ErscheingsBildes des gerügten Mangels auf alle Mängel, auf die das angezeigte ErscheingsBild zurückgeht (BGH NJW-RR 89, 667). Der Umfang der MängelbeseitiggsPfl muß sich nicht schon aus dem Verlangen ergeben, er ergibt sich erst aGrd der Prüfg (BGH NJW 87, 381). Dies gilt auch für ein einheitl geschuldetes Wk, an dem das Eigt inzw geteilt worden ist (BGH Rspr Bau § 633 Nr 63: einheitl hergestelltes Dach über mehrere Häuser, Wasser in einem davon). Abs II S 2 stellt dch die Verweisg auf § 476 a klar, daß der Untern die mit der Nachbesserg verbundenen Kosten einschl aller Nebenkosten, zB Transport-, Wege-, Arbeits-, Materialkosten, zu tragen hat (BGH NJW 79, 2095). Sow zur Mängelbeseitigg am Wk des Untern erfdl vorbereitde Arb od nach Mängelbeseitigg zur Wiederherstellg des fr Zustands erfdl Arb das sonst Eigt des Best beschädigen, gehört zur Nachbesserg des Untern auch die Behebg dieser Schäd. Es handelt sich insow um Erf, nicht um SchadErsAnspr des Best, die Vorauss des § 635 brauchen nicht gegeben zu sein (BGH NJW 63, 805, 811, BGH 96, 221). Ebso hat der BauUntern dem Bauherrn die ArchVergütg zu ersetzen, die dieser für die Bauleitg währd der MängelbeseitiggsArb zu zahlen hat. Gewinnentgang u währd der Mängelbeseitigg ist nicht nach § 633, sond nach § 635 zu ersetzen (BGH 72, 31). Bei Mängeln des GemschEigt vgl Vorbem 5 vor § 633. Die MängelbeseitiggsPfl endet nicht dch ProduktionsÄnderg beim Untern; bei Unvermögen des Untern zur Nachbesserg muß er entw einen Dr beauftragen od er kann seinen restl WkLohnAnspr nicht mehr geltd machen wg ZbR des Best (Kln BB 71, 373). Zur Verurt des Untern auf Mängelbeseitig ist notw u genügd die genaue Bezeichng des Mangels (BGH 61, 42). Auf welche Weise nachzubessern ist, bestimmt grdsl der Untern (BGH NJW-RR 88, 208 [210]). – Handelt es sich um **"Sowieso-Kosten"** (für Leistgn, die der Untern nach dem Vertr nicht zu erbringen hatte, dann aber, weil zur ordnsgem Ausf nöt, zusätzl doch erbringen muß), so kann der AuftrG selbst od sein Arch als ErfGeh der Entstehg des Mangels mitverurs, so kann der AuftrN vorprozessual die Mängelbeseitig davon abhäng machen, daß der AuftrG für den auf ihn entfallen Tl der NachbesergsKosten Sicherh leistet; Vorauszahlg od ZahlgsZusage kann er nicht verlangen (BGH 90, 344). Im Proz ist der Besteller zur WkLohnzahlg Zug um Zug gg Mängelbeseitigg, der wiederum Zug um Zug gegen Zuschußzahlg zu verurteilen (BGH 90, 354: "doppelte Zug-um-Zug-Verurteilg"). Ist die Mängelbeseitigg nur dch eine teurere Ausführg mögl als vertragl vorgesehen, so hat der Best die Mehrkosten zu tragen, wenn es sich um "Sowieso"-Kosten handelt, die ihn bei entspr vertragl Vereinbg von Anfang an ohnehin getroffen hätten (BGH 91, 206: Grds der VortlAusgleichg). Keinen Anspr auf die Mehrkosten hat der Untern, wenn es sich nicht um dem Vertr einen best Pr versprochen hat u sich die vertragl vorgesehene AusfArt später als unzureichd darstellt (BGH BauR 87, 207). – Schuldh Verl des NachbesergsAnspr dch Untern führt zu SchadErsAnspr des Best, DchSetzg wie § 635 Anm 3. – Der NachbesergsAnspr einschl des Anspr auf Ers der MängelbeseitiggsKosten u auf Vorschuß ist abtretb, auch wenn der Best das Wk nicht gleichzeit an den Zessionar veräußert (BGH 96, 146).

3) **Kein Mängelbeseitiggsanspruch** besteht für Mängel, die ihre Ursache im VerantwortgsBereich des Best haben (s oben Anm 2), ferner wenn die Beseitigg des Mangels obj unmögl ist, zB hins der PlangsFehler des Arch nach Errichtg des Baus (BGH 43, 227 [232]), außer die PlangsFehler führt zur rechtl Unmöglk der Nutzg u kann dch Dispens behoben werden (Hamm MDR 78, 226). Ferner iF der Unzumutbark (II 3), näml wenn der Aufwand des Untern zur Mängelbeseitigg in einem obj MißVerh zum Vorteil für den Best steht (BGH 96, 111). Außer diesem WertVerh ist bei der Frage der VerhMäßigk auch der Grad des Versch zu berücksichtigen (BGH WM 87, 1561). So kann die Nachbesserg zumutb bleiben, wenn der Mangel auf grober Fahrlk des Untern beruht (Düss NJW-RR 87, 1167). Kein MängelbeseitiggsAnspr außerd iF des

Einzelne Schuldverhältnisse. 7. Titel: I. Werkvertrag § 633 3–6

§ 640 Abs 2. Unter den Vorauss des § 635 (dort Anm 3a) verbleibt dem Best aber der Anspr auf Ers der Aufw, die er dadch gehabt hat, daß er den Mangel selbst beseitigen ließ (BGH 59, 365). Im EinzFall kann die Berufg auf II 3 treuwidr sein (Hbg MDR 74, 489). Außerdem kein NachbessersAnspr – wohl aber ggf SchadErsAnspr aus pVV – für unabhäng von der Mängelbeseitigg entstandene MangelfolgeSchäd an and als den vom Untern hergestellten Gewerken (BGH NJW 86, 922). Der Anspr auf Mängelbeseitigg erlischt nach ergebnisl Ablauf einer gem § 634 I 1 gesetzten Fr.

4) Ersatzvornahme und Aufwendungsersatz (III). Kommt Untern mit der Beseitigg in Verz od braucht Best wg Unzuverlässigk des Untern nicht mehr das Vertrauen zu haben, er werde die Mängel ordngsgem beheben, so kann Best Mangel selbst beseitigen lassen u Erstattg der dazu erfordrl obj erforderl Aufw verlangen (BGH 46, 242, Stgt BauR 80, 363). Als erforderl Aufw sind je nach der Situation dem Untern auch teurere NachbessergsKosten zuzumuten, weil er es zuvor in der Hand hatte, selbst die vorh Mängel zu beseitigen (Ffm NJW-RR 88, 918). Auch nutzl Aufw können erstfäh sein, wenn sie denn erforderl waren (BGH WM 89, 21 [24]). Die RKraftWirkg eines FeststellgsUrt über die ErsPfl der MängelBeseitiggsKosten hindert den Untern nicht, erst bei der Nachbesserg bekannt gew „Sowieso"-Kosten abzuziehen, weil deren Höhe von der Natur der Sache her endgült erst zu beurt ist, wenn das mit der Feststellg verfolgte Ziel wirkl erreicht ist (BGH BauR 88, 468). Zu den Aufw gehören, und als beim Auftr, auch eig ArbLeistgen des Best, auch unter Heranzieh seiner FamilienAngehör zur Mängelbeseitigg. Ihr Wert ist nach § 287 ZPO zu schätzen, Anhaltspkt ist der Lohn, der einem in berufl abhäng Stellg Tätigen zu zahlen wäre (BGH 59, 328, auch für § 13 Nr 5 VOB/B). Pfl des Best aus § 254, die NachbessergsKosten in angem Grenzen zu halten (Köln Rspr Bau § 633 Nr 27). Ein RücktrR des Best nach allg Vorschr (§ 326) besteht nach der Abn daneben nicht (BGH WM 74, 195). Ein SchadErsAnspr iF verzögerter Mängelbehebg ergibt sich bei vertragl Ausschl der Re nach §§ 634, 635 aus § 286, iF mißlungener Nachbesserg aus pVV (BGH aaO); auf den letztgen Fall ist Abs III entspr anwendb (BGH NJW 76, 234). Läßt Best ohne die Vorauss des Abs III die geschuldete Mängelbeseitigg anderseit vornehmen, so hat er keinen AufwErsAnspr, auch nicht aus GoA, insbes erstfechtf Ber (BGH 92, 123) od EigtmVerl (BGH NJW 86, 922), auch kein WertMindersAnspr, weil er anders hat nachbessern lassen, wenn der Untern den Minderwert dch seine Nachbesserg möglicherw hätte verhindern können (BGH NJW-RR 88, 208). Der Best muß aber den Untern nicht in Verz setzen, er kann auch nach § 634 vorgehen. Nach ergebnisl Ablauf einer gem § 634 I 1 gesetzten Fr erlöschen die R aus III. – Der Best hat Anspr auf **Vorschuß**, auch bei Entzieh des Auftr gemäß VOB 4 Nr 7, 8 Nr 3 (BGH NJW-RR 89, 849), mit späterer Pfl zur Abrechng, jedenf solange nicht feststeht, daß Best den Mangel gar nicht beseitigen lassen will (BGH 68, 372). Der HauptUntern darf den vom SubUntern erhaltenen Vorschuß statt zur Nachbesserg auch zu einer vergleichsw, die NachbessergsKosten nicht übersteigen Regelg mit dem Bauherren verwenden. Mit dem Anspr auf Vorschuß kann Best gg WkLohnAnspr aufrechnen (BGH 54, 244), auch wenn ihm der VorschußAnspr abgetreten ist (BGH BB 89, 519). Bei WohngsEigtümern hins des GemschEigt vgl Vorbem 5 vor § 633. Auf die Vorschußschuld sind ggf Verz- u ProzZinsen zu zahlen (bestr), Verz tritt erst auf Mahng, nicht schon mit Ablauf einer gesetzten Fr zur Mängelbeseitigg ein (BGH 77, 60). Auf den Vorschuß bezahlte Verz- u ProzZinsen bleiben bei der Abrechng nach Mängelbeseitigg außer Betracht, soweit nicht der bezahlte Vorschuß die tats Mängelbeseitiggskosten übersteigt (BGH NJW 85, 2325). Kein Anspr auf Abrechnung erhaltenen Vorschusses, wenn dem Best SchadErsAnspr in Höhe des zur Mängelbeseitgg notw Betr in gleicher Höhe zusteht (BGH 99, 81, WM 89, 648). Verj des VorschußAnspr nach § 638 (BGH Betr 87, 2092). Kein Anspr auf Vorschuß, soweit Besteller auf and Weise den für die Mängelbeseitigg erforderl GeldBetr erlangen kann, zB dch Aufr gg VergütgsAnspr (Karlsr OLGZ 83, 464) od wenn ausreichde Sicherh bereits geleistet od einbehalten ist (BGH 47, 272). MitVersch des Arch am Mangel dch Plangs- u Koordinationsfehler (vgl § 635 Anm 3c) muß sich der Besteller anrechnen lassen (Düss VersR 85, 246).

5) Beweislast. Die Zusicherg einer Eigensch hat der Best zu bew. Mangels anderweit Vereinbg hat bis zur Abn Untern FehlerFreih u VorhSein einer zugesicherten Eigensch, von der Abn an Best den Mangel u das Fehlen einer zugesicherten Eigensch zu bew. Die Vorauss des Verz u die Aufw (Anm 4) hat der Best zu bew. Grenzen für die Wirksamk von BewLastVereinbgen vgl § 11 Nr 15 AGBG. Haben die Part ein vertragl RücktrR des Best für den Fall vereinb, daß eine zugesicherte Eigensch fehlt, so hat gem § 358 der Untern die Einhaltg der Zusicherg (= VertrErf) zu bew (BGH NJW 81, 2403).

6) Sondervorschriften der VOB/B regeln die Mängelhaftg des Untern teilw abw von §§ 633ff. **Während der Ausführung** kann Best nach **§ 4 Nr 7** die Ersetzg mangelh dch mangelfreie Leistgen verlangen. Hat der Untern den Mangel zu vertreten, kann Best den daraus entstehenden Schad ersetzt verlangen (S 2). Dafür gilt die Beschrkg hins des Umfangs der ErsPfl gem § 6 Nr 6 (vgl § 636 Anm 3) nicht, sond § 249 (BGH 48, 78); allerd kann nicht SchadErs wg NichtErf des ganzen Vertr verlangt werden (BGH 50, 160). Gem § 4 Nr 7 S 3 iVm § 8 Nr 3 kann der Best nach Ablauf einer NachFr zur Mängelbeseitigg mit Kündigungs-Androhg dem Untern den Auftr entziehen mit den weiteren in § 8 Nr 3 genannten Konsequenzen. **Nach der Abnahme** gilt § 13. Nr 1 statuiert die ErfPfl des Untern wie § 633 I mit dem Zusatz, daß die Leistg des Untern den anerkannten Regeln der Technik entsprechen muß. Nr 2 enthält Regeln für den Fall der Leistg nach Probe. Nach **Nr 3** w der **Unternehmer von der Gewährleistung frei** für Mängel, die zurückzuführen sind auf die LeistgsBeschreibg, Anordngen des Best, von diesem gelieferte od vorgeschriebene Stoffe od Bauteile, die Beschaffenh der Vorleistg eines and Untern außer iF unterlassenen Hinw auf Bedenken gem § 4 Nr 3 (vgl § 631 Anm 3). **Nr 5 Abs I** gibt einen **Nachbesserungsanspruch** wie § 633 II 1 auf schriftl Verlangen. II gibt dem Best ein **Selbstbeseitigungsrecht** wie § 633 III, aber erst nach Setzg einer angem Fr zur Mängelbeseitigg, Verz ist nicht erforderl. Wg AufwErs, Vorschuß u Aufrechng vgl vorstehd Anm 4. **Kein Nachbesserungsrecht** besteht nach **Nr 6**, wenn die Mängelbeseitigg unmögl od unzumutb ist (wie § 633 II 2). Indiesem Falle MindergsR des Best. Vgl auch § 634 Anm 6 u § 635 Anm 5. **§ 17** enthält Vorschr über eine vereinb **Sicherheitsleistung** des Untern für die Erf der GewlPfl.

§ 634 Gewährleistung: Wandelung, Minderung.

I Zur Beseitigung eines Mangels der im § 633 bezeichneten Art kann der Besteller dem Unternehmer eine angemessene Frist mit der Erklärung bestimmen, daß er die Beseitigung des Mangels nach dem Ablaufe der Frist ablehne. Zeigt sich schon vor der Ablieferung des Werkes ein Mangel, so kann der Besteller die Frist sofort bestimmen; die Frist muß so bemessen werden, daß sie nicht vor der für die Ablieferung bestimmten Frist abläuft. Nach dem Ablaufe der Frist kann der Besteller Rückgängigmachung des Vertrags (Wandelung) oder Herabsetzung der Vergütung (Minderung) verlangen, wenn nicht der Mangel rechtzeitig beseitigt worden ist; der Anspruch auf Beseitigung des Mangels ist ausgeschlossen.

II Der Bestimmung einer Frist bedarf es nicht, wenn die Beseitigung des Mangels unmöglich ist oder wenn der Unternehmer verweigert wird oder wenn die sofortige Geltendmachung des Anspruchs auf Wandelung oder auf Minderung durch ein besonderes Interesse des Bestellers gerechtfertigt wird.

III Die Wandelung ist ausgeschlossen, wenn der Mangel den Wert oder die Tauglichkeit des Werkes nur unerheblich mindert.

IV Auf die Wandelung und die Minderung finden die für den Kauf geltenden Vorschriften der §§ 465 bis 467, 469 bis 475 entsprechende Anwendung.

1) Allgemeines zu den GewlAnspr, ihrem Verh zum ErfAnspr, zum MängelbeseitiggsAnspr u zu außerwk vertragl R vgl Vorbem 3, 4. Vertragl Einschränkg od Ausschl von GewlAnspr vgl § 637. Der Anspr auf Minderg ist abtretb (BGH **95**, 250).

2) Voraussetzungen für Wandelung und Minderung. a) Ein **Werkvertrag** muß wirks zust gek sein u noch bestehen. Das Wk ist mit einem **Mangel** (§ 633 Anm 1) behaftet.

b) Fristsetzung zur Mangelbeseitigg mit **Ablehnungsandrohung**. I 1 ist dem § 326 I 1 nachgebildet, die dort Ausf in Anm 5 gelten sinngem. Die Ankündigg der ErsVornahme (§ 633 III) ist keine wirks Ablehngs-Androhg (BGH NJW **87**, 889). Die Fr ist bei od nach Abn (§ 640) zu setzen, mögl aber auch schon bei Abliefg erfhalber (RG **165**, 45) od vorher (I 2). Eine zu kurz bemessene Fr setzt idR eine angem Fr in Lauf (BGH WM **86**, 1255). Verz des Untern mit der Nachbesserg ist nicht Voraus für die Wirksamk der FrSetzg, iF des Verz kann der Best auch nach § 633 III vorgehen. Die FrSetzg ist unwirks, wenn der Best vor Ablauf der angem Fr endgült die Ann weiterer Leistgen des Untern verweigert u ihn zur Rückn des gelieferten Wks auffordert (BGH WM **86**, 1255). Wiederholte Nachbesserg u damit wiederholte FrSetzg wg des näml Mangels ist dem Best im EinzFall nach der Natur der Sache nicht Rücks auf Tr u Gl zuzumuten (BGH NJW **60**, 667). Wurde die erste Änderg aGrd eines neuen Vertr gg Vergütg vorgenommen, so handelt es sich insow nicht um einen ersten NachbessergsVersuch, sond um ErstErf.

c) Die **Fristsetzung ist entbehrlich** (II), wenn kein Anspr auf Mängelbeseitigg besteht. Das sind die Fälle des § 633 Anm 3, wozu genügt, daß die Mängelbeseitigg innerh der angem Fr unmögl ist. Ferner, wenn der Untern die Beseitigg verweigert, unzumutb Bdgen stellt, das VorhSein von Mängeln od seine GewlPfl schlechthin bestreitet (BGH Betr **69**, 346 u NJW **83**, 1731). Endl wenn im EinzFall wiederholte Nachbesserg desselben Mangels nicht zumutb ist (Nürnb OLGZ **83**, 78: bei Neuwagen nicht mehr als 2 erfolgl NachbessergsVersuche) u wenn sof GeltdMachg von Wandelg od Minderg im bes Interesse des Best gerechtf ist, etwa weil sein Vertrauen auf ordngsgem DchFührg der Wkbeseitigg erschüttert ist (BGH **46**, 242, auch zu VOB/B § 13 Nr 5); so wenn der Untern auf eine FrSetzg für den Beginn von MängelbeseitiggsArb, deren Dauer schwer abzuschätzen ist, überh nicht reagiert (BGH ZfBR **82**, 211). Zur MängelAnz bleibt Best aber auch hier verpfl. Erneute Aufffdg zur Mängelbeseitigg mit FrSetzg nach der Abn ist nicht erforderl, wenn der Untern bereits vor der Abn die Mängelbeseitigg endgült verweigert hat (BGH WM **78**, 821). An die Stelle der FrSetzg nach Abs I tritt die Mitt des Best an den Untern, daß er nicht Nachbesserg, sond SchadErs verlange (BGH NJW **76**, 143).

d) Ergebnisloser Fristablauf (I 3). War die gesetzte Fr zu kurz bemessen, gilt die angem (BGH WM **86**, 1255). NachbessergsAnspr u das R zur Selbstbeseitigg des Mangels nach § 633 III erlöschen mit FrAblauf, iF des Abs II mit der GeltdMachg eines GewlAnspr durch den Best (BGH NJW **76**, 143) bzw mit der Verweigerg der Nachbesserg dch den Untern. Best bleibt aber gehalten, einen Schad abzuwenden od zu mindern.

e) Der **Anspruch darf nicht ausgeschlossen** sein nach Abs III (Unerhebl Wert- od TauglichkMinderg) od § 640 II (vorbehaltl Abn trotz Kenntn des Mangels). Abs III gilt nicht, wenn eine zugesicherte Eigensch fehlt.

3) Vollziehung von Wandelung und Minderung geschieht nach kaufrechtl Vorschr. **a) Wandelung**, Anm zu §§ 465–467, 469–471, 473, 475. Auch bei BauWken mögl (vgl aber wg VOB Anm 6), aber nicht häuf, da die Rückgewähr (§§ 467, 346) Schwierigk macht. Best kann zwar dann den fert Teil behalten, hat aber dafür dem Untern WertErs, bemessen nach den vertragl Wertansätzen, zu leisten, womit zugleich der WkLohnAnspr abgegolten ist (Schlosser JZ **66**, 430 u Peters JR **79**, 265). Zweckmäß ist es für Best meist – u daher kann verständ VertrAusslegg zum Ausschl der Wandelg in diesen Fällen führen (Kblz NJW **62**, 741) – die WkLohnFdg iW der Minderg entspr zu kürzen od SchadErs iF des § 635 zu verlangen. Wandlg ist mögl auch bei Herstellg ind Computer-Software (BGH NJW **88**, 406, Mehrings NJW **88**, 2438), uU hins der gesamten Anl (Heussen NJW **88**, 2441). Nachträgl Untergang des Wk schließt Wandelg nicht aus, wohl aber vom Best verschuldete Unmöglichk der Rückgewähr, zB bei Weiterveräußerg. Der WandelgsAnspr kann dch sachl nicht motivierten fortgesetzten Gebr des Wk verwirkt werden (vgl § 467 Anm 2f). Entferng des mißlungenen Wk kann nicht mit Wandelg, wohl aber nach § 1004 od als SchadErs wg NichtErf nach § 635 (Hamm NJW **78**, 1060) verlangt werden.

b) Minderung, Anm zu §§ 472–475. Berechng des Minderpreises: § 472 Anm 3. Beim BauVertr ist für die Berechng des Minderwerts nicht der Ztpkt der VertrAbschl, sond der der Feststellg od (nach VOB) der Abn maßgeb (BGH **58**, 181). Auf diesen Ztpkt ergibt sich der geminderte Lohn aus der Formel mangelfreier Wert : vereinb (übl) WkLohn : x. Kann wirtsch der Wandelg entsprechen, wenn WkLohn wg vollständ Wertlosigk des Wk voll herauszugeben ist (BGH **42**, 232). Bei geringerer Wohnfläche des Hauses als im Vertr vorgesehen, errechnet sich die Minderg nach dem qm-Preis, der sich aus der vertragl vorgesehenen GesWohnfläche u dem vereinb GesamtPr für das Haus errechnet (Düss BauR **81**, 475). Keine Minderg des ArchHonorars, wenn unvollständ Einzelleistgen des Arch nicht zu einem Mangel des Arch- od BauWk geführt haben (BGH **45**, 372); sind die unvollst EinzLeistgn zudem fehlerh, hat der Bauherr GewlAnspr. – Die Minderg betr die ganze WkLohnFdg. Der MindergsBetr ist desh, and als iF der Aufrechng, nicht von einem eingekl TlBetr, sond von dem letztrang Tl der WkLohnFdg abzurechnen (BGH NJW **71**, 1800). Ist jedoch die WkLohnFdg teilw abgetreten, kann Best die Minderg ggü der TlFdg im Verh ihrer Höhe einwenden (BGH **46**, 242).

4) Verhältnis der Gewährleistungsansprüche zueinander. Zunächst gibt es nur den Anspr auf Mängelbeseitigg (BGH NJW **81**, 1779), der noch kein GewlAnspr ist (Vorbem 3b vor § 633). Zw ihm u den letztgenannten besteht kein WahlR für den Best (Hamm MDR **77**, 842). Mögl ist, primär Gewl, zB SchadErsAnspr geltd zu machen u hilfsw für den Fall, daß die Vorauss dafür (zB § 634 II) nicht vorliegen, Nachbesserg zu verlangen (BGH NJW **76**, 143). Zw Wandelg, Minderg u, falls die weitere Voraussetzg des § 635 vorliegt, SchadErs hat Best die Wahl, bis Wandelg bzw Minderg vollzogen, SchadErsAnspr anerkannt od einer der drei GewlAnspr rechtskr zugesprochen ist (vgl im einz § 463 Anm 1 d). Krit Analyse der Rspr zur Alternativität von Wandelg, Minderg u SchadErs, Jakobs JuS **74**, 341, Schmitz BauR **79**, 195, Peters JZ **77**, 458. Außerdem kann der Best noch zum SchadErs übergehen, wenn die WkLohnKl des Untern auf die WandelgsEinr des Best rechtskr abgewiesen ist, die Wandelg aber nicht in Natur, sond nur dch einen Ausgl der beiderseit Leistgen vollzogen werden kann (RG **147**, 390). Best hat auch, wg versch Mängel unterschiedl GewlAnspr geltd zu machen (BGH BauR **74**, 203); ebso SchadErsAnspr neben der Nachbesserg für solche Schäd, die der Nachbesserg nicht zugängl sind, zB Gewinnentgang vor u währd der Nachbesserg (BGH **72**, 31).

5) Beweislast. Für den Mangel vgl § 633 Anm 5. Für FrSetzg mit AblehngsAndrohg od für die Entbehrlichk der FrSetzg hat Best BewLast. Für Unerheblichk des Mangels (Abs III) u seine fristgerechte Behebg: Untern. WirksamkGrenzen für BewLastVereinbgen in AGB vgl § 11 Nr 15 AGBG.

6) Sondervorschriften der VOB/B. Minderung kann Best verlangen, wenn ein MängelbeseitiggsAnspr nicht besteht (vgl § 633 Anm 6), **§ 13 Nr 6.** Sie kann bei völl Wertlosigk des Wk den VergütgsAnspr bis auf null herabsetzen u damit prakt dem Ergebn der Wandelg gleichkommen. **Ausschluß** der Gewl für Mängel, die auf der LeistgsBeschreibg, auf Anordngen des AuftrG, auf v diesem gelieferten od vorgeschr Stoffen od auf BauTl od auf der Beschaffenh der Vorleistgen eines and Untern beruhen, **§ 13 Nr 3.** Sind sie sowohl darauf wie auch auf fehlerh Arb des Untern zurückzuführen, dann Begrenzg der Gewl entspr §§ 242, 254 (Saarbr OLG **71**, 164). **Wandelung** gibt es bei den der VOB unterstehden BauVertr nicht (Ingenstau-Korbion § 13 RdNr 96; offengelassen BGH **42**, 232).

635 Schadensersatz wegen Nichterfüllung.
Beruht der Mangel des Werkes auf einem Umstande, den der Unternehmer zu vertreten hat, so kann der Besteller statt der Wandelung oder der Minderung Schadensersatz wegen Nichterfüllung verlangen.

1) Allgemeines zu den GewlAnspr, ihrem Verh zum ErfAnspr u zu außerwkvertragl Anspr vgl Vorbem 3, 4 vor § 633, Verh der GewlAnspr zueinand vgl § 634 Anm 4. Vertragl Einschränkg od Ausschl von SchadErsAnspr vgl § 637. Mehrere Untern vgl § 631 Anm 1d, Konkurrenz von GewlAnspr gg Arch, Statiker u BauUntern vgl Vorbem 3e vor § 633. Verpfl des Untern aus § 635 beschr sich auf das fehlerh hergestellte eig Wk, erstreckt sich nicht auf Ers des Schad, den eine erkennb fehlerh VorLeistg eines and Untern verurs hat (Mü NJW-RR **88**, 20, verneint auch Anspr aus pVV).

2) Voraussetzungen des Schadensersatzanspruchs. a) Da der SchadErsAnspr „statt der Wandelung oder Minderung" entsteht, müssen die sämtl Vorauss für die beiden letztgenannten auch für den SchadErsAnspr erf sein (vgl § 634 Anm 2, 4). Neben der Nachbesserg kann Ers derjen Schäd verlangt werden, die dch die Mangelbeseitigg nicht mehr behebb sind, zB Gewinnentgang bis zur u währd der Nachbesserg (BGH **72**, 31); außerdem Ers von Mangelfolgeschäd (vgl oben Vorbem 4 e vor § 633) aus pVV, wg derer kein NachbessergsAnspr besteht (vgl § 633 Anm 3, BGH **96**, 221). Insoweit ist auch Fristsetzg mit AblehngsAndrohg nicht Vorauss des ErsAnspr (BGH **92**, 308 für Gutachterkosten; aA Joswig NJW **85**, 1323). And als Wandelg kann SchadErs auch bei nur unerhebl Wert- od TauglichkMinderg (§ 634 III) gefordert werden. Grenze jedoch auch hier Treu u Glauben (BGH **27**, 215).

b) Verschulden des Untern im Hinbl auf den Mangel. Über die Pfl des Untern u seine Haftg für Geh vgl § 631 Anm 2.

c) Dch den Mangel muß ein **Schaden verursacht** sein (vgl Vorbem 5 vor § 249), auch merkantiler Minderwert (BGH NJW **86**, 428). Er kann auch darin bestehen, daß der Best, dem kein NachbessergsAnspr zusteht (§ 633 Anm 3), den Mangel auf eig Kosten beseitigen läßt (BGH **59**, 365); allerd muß der AuftrG die Nachbesserg des Untern hinnehmen, wenn dieser sie in rechter Weise anbietet (Kln Rspr Bau **Z 2.414.1 Bl 17**). Der Untern kann dem Anspr des Best auf SchadErs nicht enttgghalten, daß dessen Abnehmer keine MängelAnspr geltd macht. § 635 umfaßt auch Anspr wg and, der Nachbesserg nicht zugängl Schäd, zB Gewinnentgang währd der Nachbesserg (BGH **72**, 31). Über die häuf schwier Abgrenzg zw Mangel- u MangelfolgeSchad vgl Vorbem 4e vor § 633.

d) Das Wk muß **abgenommen** (§ 640), iF des § 646 ausgeführt sein; Schäd vorher sind nach den Regeln der pVV zu ersetzen (BGH NJW **69**, 838, Hamm NJW-RR **89**, 468, 601; aA MüKo/Soergel § 635 Rdn 5, Nürnb MDR **85**, 763). Nicht erforderl ist Vorbeh bei Abn, § 640 II (BGH **61**, 369), auch nicht bei BauWk (VOB §§ 12, 13), auch nicht für Ers der MängelbeseitiggsKosten (BGH **77**, 134).

3) Wirkung und Inhalt. a) Konzentration auf Schadensersatz. Das Verlangen nach SchadErs hebt das VertrVerh nicht auf, sond konzentriert es auf SchadErsLeistg. Best kann wie bei § 463 wählen, ob er das Wk behalten u den dch seine Mangelhaftigk verurs Schad verlangen od ob er das Wk zurückweisen u den dch NichtErf des ganzen Vertr verurs Schad ersetzt verlangen will. Im zweiten Fall ist kein Nachw erforderl, daß sein Interesse an der Leistg entfallen ist (BGH **27**, 215 u BB **63**, 995, auch für den SchadErsAnspr aus VOB/B Nr 7 II). Der in der Mangelhaftigk liegde Schad kann nach dem Wertminderg od nach dem Aufw bemessen werden, die der Best zu seiner Beseitigung machen mußte; auf diesen ZahlgsAnspr ist der RGedanke des § 251 II nur ausnahmsw entspr anwendb, wenn es für den Untern unzumutb wäre, die vom Best in nicht sinnvoller Weise gemachten unverhältnismäß hohen Aufw tragen zu müssen (BGH **59**, 365). – Untern hat nicht nur für die unmittelb techn Mängel einzustehen, sond den hierdch verurs allg Minderwert des Wk o Rücks auf VerkAbsicht des Best zu erstatten (BGH Betr **61**, 1515). Bei mehreren nacheinand auftretden Mängeln gilt § 475 (§ 634 IV). – Durchzusetzen ist der Anspr je nach Lage des Falles dch ZahlgsVerlangen, Befreiung von der VergütgsFdg der Untern (BGH MDR **86**, 131) bei voller Zurückweisg des Wk od v der restl VergütgsFdg für ein unbrauchb Wk (BGH **70**, 240), Aufr, auch gg den Anspr des Untern auf Rückzahlg eines Vorschusses zur Mängelbeseitigg (BGH NJW **88**, 2728). – Dch Weiterbenutzg des Wk kann der SchadErsAnspr wie der WandelgsAnspr verwirkt werden, (vgl § 634 Anm 3a).

b) Auf Entschädigung in Geld ist idR, abw von § 249, der SchadErsAnspr wg NichtErf des ganzen Vertr gerichtet (BGH NJW-RR **89**, 86). Beschränkt sich Best darauf, den in der Mangelhaftigk des Wk liegden Schaden ersetzt zu verlangen, so kann er auch hier regelm nur GeldErs fordern (BGH NJW **87**, 645; krit Köhler JZ **87**, 247), weil das Verlangen nach Naturalrestitution dem auf Erf od Nachbesserg gleichkommen würde, die nunmehr ausgeschl sind (vgl Vorbem 3a, b vor § 633). Auch der Arch schuldet nicht Beseitigg der Baumängel, sondern SchadErs in Geld (BGH NJW **78**, 1853). Lediglich in AusnFällen kann es geboten sein, daß der Arch unter dem Gesichtspkt der SchadMindergsPfl des Best die Möglk erhält, selbst dafür zu sorgen, daß die von ihm versch Mängel des BauWk behoben werden, statt den dafür anderweit nöt (höheren) GeldBetr zu zahlen (BGH aaO). Der Erfolg der BehebgsMaßn muß allerd außer Zw stehen (BGH Rspr Bau **Z 3.00 Bl 216**). Als NaturalHerstellg kann der Best als SchadErs wg NichtErf vom Untern die Beseitigg des in seinen Bes gelangten mißlungenen Wk verlangen (Hamm NJW **78**, 1060). Ersetzb sind auch die Kosten für ein Gutachten, das die Mängel u Möglichk ihrer Beseitigg klären soll (BGH NJW **85**, 381), die Zinsen u Kosten aus VorProz mit Abnehmern des mangelh Wk (BGH WM **83**, 1104). Wg des ZahlgsAnspr vor Behebg der Mängel besteht kein Anspr auf Vorschuß. Ob der Best mit dem Geld die Mängel wirkl behebt, ist seine Sache u berührt den Untern nicht (BGH **61**, 28). Desh kann der Best auch nach Veräußerg der mangelh Sache noch den Betr für die Behebg der Mängel verlangen (BGH **99**, 81; aA Köhler JZ **87**, 247, Schulze NJW **87**, 3097) u nicht nur Wertminderg. Daß der Best Vorschuß für die Beseitigung von Mängeln erhalten muß, steht seinem SchadErsAnspr nicht entgegen; mit ihm kann er gg den Anspr des Untern auf Rückgewähr des Vorschusses aufrechnen (BGH **105**, 103). SchadErs bei Beeinträchtigg v Urlaub vgl Vorbem 3h vor § 249 u § 651f. Die Nichtbenutzbark eines Schwimmbads im Hause währd der Mängelbeseitigg ist kein VermSchad (BGH NJW **80**, 1386), wohl aber der mangelbdgte NutzgsAusfall des KfzAbstellplatzes in der Tiefgarage für den Erwerber einer EigtmWohng od eines Hauses (BGH **96**, 124), eine bedenkl Ausweitg des VermSchad dch NutzgsAusfall, die die bestehde RUnsicherh vergrößert.

c) Mitverschulden des Best od seines ErfGeh ist nach §§ 254, 278 zu berücks, zB Übertr schwier Arb (Flachdach) ohne ArchPlan einem Nichtfachmann (BGH WM **74**, 311). Der BauUntern kann entgehalten Versch des Arch bei falscher Plang u Koordinierg (BGH NJW **72**, 447), des Statikers bei fehlerh Gründg (BGH Rspr Bau **Z 3.00 Bl 197**). Der Arch kann dem Bauherrn Versch des Statikers entgghalten, sofern der Bauherr dem Arch nach dem VertrInhalt eine Statik zur Vfg zu stellen hat u die Erstellg des BauWk eine spezif StatikerLeistg erfordert (Düss NJW **74**, 704). Zur Eigensch des Arch als ErfGeh des Bauherrn u des HauptUntern vgl § 631 Anm 3b. Ein Bauherr, der Mietausfall wg Mängeln geltd machen will, muß sich um baldmögl Beseitigg der Mängel u Vermietbk bemühen, außer es bleibt ohne Schuld des Bauherrn ungeklärt, welche Maßn zur MängelBeseitigg erfdl sind (BGH WM **74**, 200).

4) Beweislast. Vgl § 634 Anm 5. Obj PflVerletzg des Untern u ihre Ursächlichk für den entstandenen Schad muß Best bew (BGH **42**, 16). Demggü hat gem den Grds der BewLastVerteilg nach Gefahrenbereichen der Untern sein fehldes Versch zu bew (BGH **48**, 310 u VersR **74**, 261). Ebso hat bei pVV Best deren obj Tatbstd u seine Ursächlichk für den Schad, dagg analog § 282 der Untern seine Schuldlosigk zu bew, jedenf wenn die SchadUrs, wie meist, in seinem Gefahrenbereich liegt (BGH **27**, 236). Zu beachten auch die Regeln des AnscheinsBew.

5) Sondervorschriften der VOB/B. § 4 Nr 7 gibt dem Best SchadErsAnspr bei verschuldetem Mangel schon währd der BauAusführg, **§ 8 Nr 3 Abs II** bei Künd in den in Abs I genannten Fällen (BGH **50**, 160). Im übr ist die Regelg des § 635 in **§ 13 Nr 7** abgewandelt. Der SchadErsAnspr des Best setzt einen wesentl (Erschwerg ggü § 635), vom Untern zu vertretden Mangel voraus, der die GebrFähigk erhebl (Erschwerg ggü § 635) beeinträchtigt. Zur GebrFähigk gehört auch Beleihbark u Verkäuflichk (BGH NJW **71**, 615), merkantiler Minderwert (BGH **55**, 198). Für den Ers der Schad an dem BauWk, darühinausgehder Schad nur bei Vorliegen der weiteren Voraussetzgen des § 13 Nr 7 Abs II. SchadErsAnspr aus uH wg Beschädigg von Sachen des Best, die nicht in das vom Untern zu erstellde Wk einbezogen sind, bestehen daneben (BGH BB **73**, 1094). – Die HaftgsBeschrkg in **§ 12 Nr 1 MusterArchVertrag** bezieht sich nur auf SchadErsAnspr aus § 635, nicht auf solche aus pVV (KG MDR **70**, 844).

Einzelne Schuldverhältnisse. 7. Titel: I. Werkvertrag §§ 636, 637

636 *Verspätete Herstellung.* ¹ Wird das Werk ganz oder zum Teil nicht rechtzeitig hergestellt, so finden die für die Wandelung geltenden Vorschriften des § 634 Abs. 1 bis 3 entsprechende Anwendung; an die Stelle des Anspruchs auf Wandelung tritt das Recht des Bestellers, nach § 327 von dem Vertrage zurückzutreten. Die im Falle des Verzugs des Unternehmers dem Besteller zustehenden Rechte bleiben unberührt.

II Bestreitet der Unternehmer die Zulässigkeit des erklärten Rücktritts, weil er das Werk rechtzeitig hergestellt habe, so trifft ihn die Beweislast.

1) **Nicht rechtzeitig hergestellt** ist das Wk, wenn vertragl vereinb Termine od Fr überschritten sind, andernf die angemessene Fr. Der Grd ist unerhebl, Versch des Untern nicht erforderl. Jedoch kann die Ausnutzg kurzer, zB dch Materialverknappg od Kriegsereign bedgter FrÜberschreitg gg § 242 verstoßen. Der Rücktr ist auch schon vor Ablauf der HerstellgsFr zuläss, wenn die nicht rechtzeit Herstellg sicher feststeht. Das RücktrR entfällt bei nur unerhebl Verzögerg (§ 634 III) u wenn Best die Verzögerg zu vertreten hat (Nürnb NJW-RR 86, 247). Grdsätzl ist FrSetzg mit AblehngsAndrohg nöt (§ 634 I 1; vgl sinngem dort Anm 2b bis d). Auf § 634 IV ist zu verweisen. Rücktr aus § 361 bei FixGesch bleibt unberührt. Best muß nicht zurücktreten, er kann auch auf Erf bestehen. – Ob sich das RücktrR bei **teilweiser Verzögerung** auf das ganze Wk od nur auf die betr Teile bezieht, ist entspr der RLage bei TeilVerz zu entsch (BGH Betr 73, 568); vgl § 326 Anm 3a. Ist das TeilWk wertl, kann Untern iF seines Verz bei Rückgewähr seine Aufw nicht abziehen; es handelt sich um Ab-, nicht um Aufrechng, der Teillohn ist nur RechngsPosten (RG 83, 279). Haftet der Untern für die Rückgewähr der empfangenen Teilvergüt nur nach BerGrds (§ 327 I, 2), kann er seine Aufw abziehen, sow zw ihnen u der Zahlg des Best ein ursächl Zushang besteht (BGH WM 70, 1421). **Anderweitige Vereinbarung,** auch Pauschalierg u Schematisierg der ggs Anspr bei vorzeit Beendigg des Vertr zur Einsparg umfangreicher AbrechngsArb ist wirks, soweit sie die Interessen beider Seiten aus ausr berücks, zB Vergüt nur für bei VertrBeendigg bereits erbrachte u abgerechnete WkLeistgn einers, Ausschl v SchadErsAnspr des Best wg NichtErf andrers (BGH WM 77, 1171). – **Beweislast** vgl II.

2) Bei **Verzug** des Untern mit der Herstellg bleiben dem Best die R nach allg Vorschr (I 2). Die Mahng kann entbehrl sein, wenn sich aus den bes Umst des Einzelfalles ergibt, daß das Zeitmoment nach dem erkennb PartWillen entscheidd ist, § 284 Anm 4c (BGH NJW 63, 1823).

3) **Sondervorschriften der VOB/B. § 5** enthält Bestimmgen über die AusführgsFr, **Nr 4** gibt dem Best das R auf FrSetzg mit KündAndrohg, wenn der Untern den Beginn der Ausführg verzögert od mit der Vollendg in Verz gerät; die weiteren R nach der Künd ergeben sich aus § 8 Nr 3. Für den Fall der Verhinderg od Unterbrechg der Arb u dadch eintretder Verzögerg enthält § 6 eine Spezialregelg für die R beider VertrSeiten; **Nr 6** gibt in diesen Fällen Anspr auf Ers des Gewinnentgangs nur bei Vors u grober Fahrlk, wobei auch der SchuVerz ein „hindernder Umst" iS dieser Vorschr ist (BGH 48, 78, Säcker NJW 67, 1403).

637 *Vertraglicher Ausschluß der Haftung.* Eine Vereinbarung, durch welche die Verpflichtung des Unternehmers, einen Mangel des Werkes zu vertreten, erlassen oder beschränkt wird, ist nichtig, wenn der Unternehmer den Mangel arglistig verschweigt.

1) **Haftungsausschluß. a) Grundsatz.** Die Haftg für WkMängel kann vertragl anderweit vereinb werden, da §§ 633ff abdingb sind. Die Grenzen liegen in § 637, § 138 u im AGBG. Von seinen Best sind für Klauseln über Nachbessergs- u GewlAnspr § 11 Nr 10, über SchadErs bei Fehlen einer zugesicherten Eigensch § 11 Nr 11 u für Klauseln über die BewLast § 11 Nr 15 von bes Bedeutg (vgl dort Anm 11, 12 u 15). Soweit bei Verwendg von AGB das AGBG zeitl od persönl nicht anwendb ist, gelten die von der Rspr entwickelten Grds über die Inhaltskontrolle von AGB u FormularVertr. Wollen AGB u FormularVertr mit Tr u Gl übereinstimmen, so muß den Best mind wenn auch unbdgter, vom Versch unabhäng u alle Nebenkosten deckender NachbessergsAnspr (BGH 62, 323, BGH NJW 79, 1406 u NJW 81, 1510) u ein RücktrR od SchadErsAnspr iF verzögerter, unterlassener, unmögl oder mißlungener Nachbesserg verbleiben (BGH 62, 83, WM 74, 843 u BB 78, 325). Ob eine unwirks Klausel bei der Inhaltskontrolle dch ergänzde Auslegg einen mit § 242 in Einklang zu bringden Inhalt bekommen kann, hängt davon ab, ob bei verwdt Gestaltungsmöglichkeiten feststellb ist, welche die Part gewählt haben würden. Wenn nicht, tritt an die Stelle der weggefallenen die gesetzl Regelg (BGH 62, 83 [89]). In AGB kann nicht wirks ein Vertr über die Veräußerg des Grdst mit darauf zu errichtdem BauWk den Regeln des KaufR unterstellt werden (BGH NJW 81, 2344). Im übr gelten grdsätzl die Ausf in Vorbem 4 vor § 459 u.a 476. Auch für MangelfolgeSchäd kann die Haftg in AGB im allg ausgeschl werden (BGH WM 74, 219). Ebso ist es grdsätzl mögl, auch in AGB, Anspr auszuschließen, wenn sie nicht innerh einer best Fr geltd gemacht sind (Mü VersR 75, 1108). Unwirks ist ein solcher Ausschl in AGB, wenn er das, was der Untern individuell versprochen hat, prakt bedeutsl machen würde (BGH 65, 107 u BB 85, 546: Ausschl der Haftg bei Fehlen zugesicherter Eigensch). Unwirks ist in AGB ein HaftgsAusschl für MangelfolgeSchäd auch, wenn der Untern in hohem Maße das Vertrauen des Best in seine Fachkenntn in Anspr genommen hat (BGH BB 85, 884). – Auch im IndividualVertr ist ein formelh Ausschl der Gewl für Sachmängel beim Erwerb neuerrichteter od noch zu errichtder Häuser od EigtWohngen ohne ausführl Belehrg u eingehde Erörterg seiner einschneidenden RFolgen unwirks (BGH 101, 350), auch wenn der GewlAusschl im „KaufAngeb" des Erwerbers enthalten ist u der Veräußerer es annimmt (BGH NJW 84, 2094) u wenn die Freizeichng „alle erkennb Mängel" betrifft (BGH NJW-RR 86, 1026) od „alle sichtb Mängel" (BGH 101, 350, zust P. Schlosser JR 88, 329; dies auch bei Erwerb einer EigtWohng, die dch Umwandlg eines Altbaus geschaffen worden ist (BGH NJW 88, 1972). Diese Grds gelten nicht für die Veräußer von Grdst mit Altbauten ohne HerstellgsVerpfl (BGH 98, 100). Brambring NJW 87, 97 hält Inhaltskontrolle von IndividualVereinbgen nicht für zuläss. Der allg gehaltene GewlAusschl in einem BestätiggsSchreiben erstreckt sich nicht auf vorangegangene EigschZusicherg (BGH 93, 338).

b) Einzelheiten: Bei vereinb Beschrkg auf die Nachbesserg kann der Best auch dann nicht auf die

699

GewlAnspr Wandelg, Minderg u SchadErs zurückgreifen, wenn die Nachbesserg mißlungen ist. Er ist beschr auf die SchadErsAnspr aus schuldh Verletzg der NachbessergsPfl od aus pVV. Ausn nur dann, wenn sich das Verhalten des Untern als unzuläss RAusübg darstellt (BGH **LM** § 635 Nr 4, Schmidt-Salzer NJW 69, 718). Beschränkg auf Nachbesserg u Ausschl v Anspr auf SchadErs umfaßt idR nicht den Schad, der dch schuldh Verl der NachbessergsPfl entstanden ist (BGH NJW 76, 234). Der Ausschl auch des SchadErsAnspr aus Verletzg der NachbessergsPfl ist nach BGH **48**, 264 wirks, wenn dafür ein RücktrR gegeben ist; das ist eine bedenkl Rechtlosstellg des Best. BGH BB 80, 13 schränkt dahin ein, daß eine derart Regelg unwirks ist, wenn für den Best ein GebrMachen von dem RücktrR nach den Umst (unübersehb Schwierigk bei der Rückabwicklg) prakt nicht in Frage kommt. Unwirks ist formularmäß FreizeichgsKlausel, in der der Untern ohne Abtr seiner GewlAnspr gg BauBeteil seine eig GewlPfl ggü dem Erwerber einer neu errichteten od noch zu errichtenden EigtWohng auf den Umfang beschr, in dem er von Dr, insbes BauHandw, Ers od Erf von GewlAnspr verlangen kann. Eine solche Vereinbg ist auch in IndividualVertr unwirks, wenn sie nicht mit dem Erwerber unter ausf Belehrg über die einschneidden RFolgen eingeh erörtert worden ist (BGH NJW-RR 87, 1035). Ist die GewlPfl des Veräußerers eines Grdst mit darauf zu errichtdem Haus od einer zu errichtden EigtWohng formularmäß ausgeschl v und dem Erwerber die GewlAnspr gg die BauBeteil abgetreten (bdgte, subsidiäre Gewl), so ist dies dahin auszulegen, daß die EigHaftg des Veräußerers nicht ausgeschl ist, sow Mängel in seinem eig VerantwortgsBereich liegen od sow der Erwerber sich bei den aus den abgetretenen Anspr zunächst verantwortl BauBeteil nicht schadlos halten kann (BGH **70**, 389, NJW **85**, 1551), was auch dann der Fall ist, wenn der Veräußerer, ohne daß es auf Versch ankäme, die zunächst Verantwortl nicht benennt od benennen kann (BGH NJW 80, 282). Zur Dchsetzg der abgetretenen GewlAnspr hat der Veräußerer auch ohne bes Interesse des Erwerbers die mit den Handw abgeschlossenen WkVertr und die AbnProt herauszugeben (BGH NJW-RR **89**, 467). Die Schadloshaltg der Erwerber schlägt auch dann fehl, wenn der beteil BauUntern keine Gewähr mehr leisten muß, weil der Mangel erst nach Ablauf der für ihn gelten zweijähr VerjFr des § 13 Nr 4 VOB/B aufgetreten ist, währd der veräußernde Bauträger 5 Jahre lang haftet (BGH NJW **82**, 169). Sind iF der formularmäß Freizeichng u Abtr der GewlAnspr dem Erwerber bei dem Versuch, diese Anspr gg BauBeteil dchzusetzen, Kosten entstanden, die er von den in erster Linie zur Gewl Verpflichteten später nicht ersetzt bekommt, so hat ihm der Veräußerer (Bauträger) diese Kosten gem § 670 zu ersetzen (BGH **92**, 123). Tritt ein Bauträger unter Ausschl der eig Haftg die Anspr gg Drittfirmen u Handw ab, so fallen darunter nicht Arch- u IngLeistgen (BGH NJW 80, 2800). Soweit AGBG anwendb, vgl dort § 11 Nr 10a. Gewl Bürgschg vgl Einf 2 f v § 765. Im Ggs zu FormularVertr entfällt die Wirkg der Freizeichng in IndividualVertr nicht ow, wenn der Versuch der SchadlHaltg aus abgetretenen GewlAnspr fehlschlägt (BGH BauR **76**, 432). Der Bauträger kann sich auf den HaftgsAusschl dann nicht berufen, wenn er es versäumt hat, in den Vertr mit den Untern die Interessen der Erwerber angem zu berücksichtigen, insb eine SicherhLeistg zu vereinb (Köln MDR **74**, 931). Die Vereinbg, daß Vertr nur aus wicht Grd fristl gekünd werden kann, schließt Wandelg, nicht Minderg aus (BGH Betr **72**, 431). Das ZbR wg WkMangels kann individualvertragl wirks ausgeschl werden. Jedoch kann sich der Untern darauf nicht berufen, wenn der GgAnspr des Best unbestr od bewiesen ist u das ZbR vor der Höhe nach in keinem angem Verh zum Gewicht des Mangels steht, dessen Beseitigg mögl, zumutb u gefordert ist (BGH WM **78**, 790).

c) Arglistiges Verschweigen vgl § 123 2 a, c, e, – Hat Untern nur einen od mehrere Mängel argl verschwiegen, so bleibt der HaftgsAusschl hins der and Mängel wirks (RG **62**, 122).

d) Deliktshaftung ist bei der gebotenen engen Ausleg vertragl HaftgsBeschrkg grdsätzl nicht beschr od ausgeschl. So haftet der Arch bei vertragl Beschrkg der Haftg auf Ers des unmittelb Schad am BauWk aus uH für die Beschädigg v Sachen des Bauherrn, die im Gebäude lagern (BGH BB **75**, 855). Soll auch die delikt Haftg iR des Zuläss ausgeschl sein, so muß sich dies ausdr od jedenf hinreichd deutl aus den Vereinbgen bzw AGB ergeben (BGH WM **79**, 435).

2) Die **VOB/B** enthält SonderVorschr in **§ 13 Nr 3**; vgl § 634 Anm 6. Die **Allgemeinen Vertragsbestimmungen zum Architektenvertrag** schließen in § 7 S 2 ErsAnspr für FolgeSchäd v Baumängeln aus, die auf fehlerh Leistg des Arch beruhen, nicht aber SchadErsAnspr wg Verl von Pfl, die nicht zu Mängeln am BauWk geführt haben, zB v NebenPfl, der KoordiniergsPfl (BGH BB **77**, 516).

638 *Kurze Verjährung.*
^I Der Anspruch des Bestellers auf Beseitigung eines Mangels des Werkes sowie die wegen des Mangels dem Besteller zustehenden Ansprüche auf Wandelung, Minderung oder Schadensersatz verjähren, sofern nicht der Unternehmer den Mangel arglistig verschwiegen hat, in sechs Monaten, bei Arbeiten an einem Grundstück in einem Jahre, bei Bauwerken in fünf Jahren. Die Verjährung beginnt mit der Abnahme des Werkes.
^{II} Die Verjährungsfrist kann durch Vertrag verlängert werden.

1) Die kurze Verjährungsfrist beginnt mit Abn (§ 640), ersatzw mit Vollendg des Wk (§ 646), hilfsw mit endgült Verweigerg der Abn (BGH WM **74**, 200); bei bdgter, subsidiärer Gewl (vgl § 637 Anm 1 b) mit Eintr der Bdgg, dh sobald Ausfall des primär Haftden feststeht (BGH NJW **81**, 2343, NJW **87**, 2743). Die Abn des ArchWk fällt nicht ow mit Abn des BauWk zus, sond setzt grdsätzl Vollendg des ArchWk voraus. Dazu gehört idR auch Prüfg aller Rechngen, uU sogar Mitwirkg bei Mangelbeseitigg (BGH VersR **78**, 565).

a) Sie gilt für alle Anspr des Best nach §§ 633–635, also für den Anspr auf Nachbesserg einschl des AufwendgsErsAnspr aus § 633 III (BGH **19**, 319, NJW **87**, 3254) u für die GewlAnspr auf Wandelg, Minderg u SchadErs. Ebso für den SchadErsAnspr wg NichtErf von GewlPfl inf Konkurseröffng (BGH **95**, 375) u aus c. i. c., sow er sich mit dem Anspr aus § 635 deckt (BGH NJW **69**, 1710) od auf falscher Beratg beruht, die sich auf einen Mangel od auf eine Eigensch bezieht, von der die vertragsmäß VerwendgsFähigk des Wk abhängt (BGH MDR **85**, 316). Es macht keinen Unterschied, ob der Vertr die Herstellg eines körperl od unkörperl Wk (vgl Einf 1 vor § 631) zum Inhalt hat (Stgt NJW-RR **87**, 913).

Einzelne Schuldverhältnisse. 7. Titel: I. Werkvertrag § 638 1, 2

b) Sie gilt nicht für das RücktrR nach § 636. Ferner nicht, wenn Untern den Mangel od das Fehlen einer zugesicherten Eigensch bei Abn (§ 640), ersatzw bei Vollendg des Wk (§ 646) argl verschwiegen hat (§ 123 Anm 2c); dann gelten §§ 195, 852. Arglistig verschweigt, wer sich bewußt ist, daß ein best Umst für die Entschließg des VertrPartners erhebl ist, nach Treu u Gl diesen Umst mitzuteilen verpfl ist u ihn trotzdem nicht offenbart. Nicht erfdl sind, daß der Untern die Folgen der vertrwidr Ausf bewußt in Kauf nimmt, SchädiggsAbs u Streben nach eig Vortl (BGH NJW **86**, 980). Inwiew sich der Untern argl Verschweigen dch seine Leute zurechnen lassen muß, hängt davon ab, ob sie seine ErfGeh bei der OffenbargsPfl sind, vgl § 278 Anm 4b. Das ist jedenf, wer bei der Abn des Wk mitwirkt, zB der Bauleiter; ein untergeordneter Prüfer dann, wenn der Mangel schwier u nur kurzfrist in seinem ArbAbschn feststellb ist (BGH **62**, 63). Außerd hat der HauptUntern, der die WkLeistg einem SubUntern zur eigverantwortl Ausf überläßt, ohne diese selbst zu überwachen u zu prüfen, dem Best ggü das argl Verschweigen eines Mangels dch den SubUntern gem § 278 zu vertreten (BGH **66**, 43). Die kurze VerjFr gilt mit Ausn der vorstehd Anm a genannten Fälle ferner nicht für SchadErsAnspr wg MangelfolgeSchäd aGrd pVV (vgl Vorbem 4e vor § 633; BGH **46**, 238, NJW **72**, 1195 u **76**, 1502, WM **83**, 760, NJW **83**, 2439: MehrAufw des Best nach Kündig aus wicht Grd, BGH **87**, 239, BGH WM **85**, 663; dafür gilt § 195 (aA Ganten VersR **70**, 1080 u VersR **72**, 540, Todt BB **71**, 680, Laufs/Schwenger NJW **70**, 1817, Schmitz NJW **73**, 2081, Michalski NJW **88**, 793). Für solche SchadErsAnspr aus pVV, die mit Mängeln nichts zu tun haben, sond auf der Verletzg von NebenPfl beruhen, gilt § 638 keinesf (BGH Betr **74**, 232); zur VOB vgl unten Anm 4 c. Bremen OLGZ **79**, 226 wendet § 638 bei Vorliegen eines Mangels auf alle SchadErsAnspr an ohne Unterscheidg nach der AnsprGdl, FrBeginn aber erst ab frühest mögl Erkennbk des Schad. Nicht § 638, sond § 195 gilt für Anspr aus selbstd Garantie Übern (vgl Vorbem 3d cc § 633). Schließl nicht für Anspr aGrd vollzogener Wandelg, da nur der Anspr auf, nicht aber der aus Wandelg der kurzen Verj unterliegt (BGH NJW **58**, 418); ebso u aus den gleichen Grden bei Anspr aGrd eines Vergl über Mängelhaftg (RG **90**, 169).

c) Vertragliche Verkürzung oder Verlängerung, letzteres in Ausn zu § 225, ist mögl. Geschieht häuf bei unselbstd **Garantie** (vgl Vorbem 3d aa, bb vor § 633), deren Übern für eine best Fr versch Bedeutg haben kann; vgl § 477 Anm 4b bb u BGH **75**, 75, Kblz NJW **86**, 2511. Verkürzg in AGB ist bei BauWk auch ggü Kaufleuten als Bestellern unwirks (BGH **90**, 273). Bei unwirks Ausschl der Verj gilt die ges Regelg (BGH NJW **88**, 1259).

d) Sie wird gehemmt u unterbrochen nach den allg Vorschr (§§ 202 ff), zusätzl nach § 639 iVm § 477 II, III u nach § 639 II. Vgl die Anm dort u § 477 Anm 3.

e) § 852 gilt unabhäng von § 638, falls wg des Mangels neben dem SchadErsAnspr aus § 635 auch ein solcher aus §§ 823 ff besteht (BGH **55**, 392 u WM **77**, 763; abl Schlechtriem NJW **74**, 1554). Grdsätzl dazu Ganten BauR **73**, 148.

2) Die Dauer der Frist ist unterschiedl je nach dem Ggst der WkLeistg.

a) Bei **beweglichen Gegenständen** beträgt sie 6 Monate. Darunter fallen alle SachWk, sow sie nicht Grdstücke od BauWk betreffen, u die unkörperl Wk (Einf 1 vor § 631). MangelfolgeSchäd aus fehlerh Gutachten unterliegen nach hM den VerjVorschr der pVV, aA Schubert BB **75**, 585.

b) Bei Grundstücken ein Jahr. Arb am Grdst ist tats, zB Ausschachtg, Aufschüttg, Drainage, Sprengg, Grdst aber auch als RBegr zu verstehen. Darunter fallen also in Abgrenzg zu vorsteh a als Unterfall auch Arb an Gbden, die wesentl Bestandt eines Grdst sind (BGH NJW **70**, 942). Bsp: Erneuerg eines Fensteranstrichs, Umbau einer BeleuchtgsAnl in Hühnerställen unter weitgehder Verwendg bisheriger Tle (BGH NJW **77**, 2361).

c) Bei Bauwerken 5 Jahre. Der Begr ist weiter als Gbde, umfaßt Neu-, Auf-, Um-, An-, Einbau-, Hoch- u Tiefbau, andrers muß die Arb nicht gebäude-, sie muß aber grdstbezogen sein. BauWk ist demnach eine unbewegl dch Verwendg v Arb u Material iVm dem Erdboden hergest Sache (BGH **57**, 60). Der Grd für die längere Fr liegt darin, daß Mängel hier oft später u schwerer erkennb u für die Substanz bes nachteil sind. **Nicht gebäudebezogene Arbeiten:** Rohrbrunnen (BGH **57**, 60), GleisAnl der BBahn (BGH MDR **72**, 410), Heizöltank, der ledigl in das Erdreich eingebettet u an die vorh Ölzufuhrleitg angeschlossen wurde (BGH NJW **86**, 1927; aA Motzke NJW **87**, 363), Kanalisation (RG JW **10**, 148), Einbau einer AlarmAnl in ein Wohnh (Ffm NJW **88**, 2546). **Gebäudebezogene Arbeiten:** Splittdecke auf Tankstellengelände (BGH MDR **64**, 742), Ausschachtg der Baugrube (BGH **68**, 208); Einbau von ZentralHeizgen, Aufzügen; Einbau einer PapierentsorggsAnl mit all ihren Tlen in VerwGbde (BGH NJW **87**, 837). UU in die Erde eingelassenes Schwimmbecken aus genormten Fertigtlen (BGH NJW **83**, 567); Der Untern braucht den Einbau nicht selbst vorzunehmen. Liefergen von FertBautlen sind Arb an einem BauWk nur, wenn der Untern stat Berechngen anstellt u individuellen VerleggsPlan mitliefert (BGH NJW **68**, 1087), sonst nicht (KG OLGZ **80**, 462). Auch Herstellg einz Tle genügt, ohne daß es darauf ankommt, ob sie einen äußerl hervortretden, körperl abgesetzten Tl des BauWk darstellen (BGH **19**, 319). Ebso Erneuergs- u UmbauArb an einem bereits errichteten BauWk, wenn sie für Konstruktion, Bestand, Erhaltg od Benutzbark des Gebäudes von wesentl Bedeutg sind u wenn die eingebauten Tle mit dem Gebäude fest verbunden werden. Bsp: Dachreparatur (BGH **19**, 319); Isolierg der Kelleraußenwände u Verlegg von Drainagerohren (BGH NJW **84**, 168); Spezialfußbodenbelag (BGH **53**, 43); Einbau einer, auch nicht tragden Decke (Kln NJW-RR **89**, 209), einer KlimaAnl (BGH NJW **74**, 136); Einbau einer AlarmAnl in ein Kaufhaus (Hamm NJW **76**, 1269); uU fester Einbau einer BeschallgsAnl mit Dolmetscherkabine in einen Hotelballsaal (Schlesw NJW-RR **88**, 1106); Umbau eines Hühnerstalls, Einbau serienmäß hergestellter Legebatterien (BGH NJW **77**, 2361); Erneuerg der Elektroinstallation einer WkStätte (BGH NJW **78**, 1522); je nach Ausf Errichtg einer HoftorAnl (Kblz NJW-RR **89**, 336). Gilt für Mängel des BauWk auch, wenn der Vertr auf Erwerb eines Grdst mit einem vom Verk darauf zu errichtden Haus gerichtet ist; vgl mehr § 633 Anm 1 aE. Bearbeitet ein **Subunternehmer** im Auftr des HauptUntern vor dem Einbau einen Ggst für ein best Gbde, so handelt es sich, auch wenn die Arb nicht auf der Baustelle ausgeführt wird, im Verh Haupt/SubUntern um Arb bei einem BauWk (BGH **72**,

§§ 638, 639

206); ebso bei Herstellg unvertretb Sachen aGrd WkLiefergsVertr zur Verwendg in einem best BauWk (BGH NJW **80**, 2081). Teilleistg eines BauWk sind aber nicht nur die materiellen Bestandteile der Gesamtleistg, sond auch die hierfür erforderl **geistige Arbeit des Architekten** (BGH **32**, 206). Anspr gg Arch verjähren daher, falls es sich nicht ausnahmsw um einen DVertr handelt (Einf 5 vor § 631), in 5 Jahren (BGH **37**, 344: PlangsFehler). Die Fr beginnt, wenn der Arch alles getan hat, was ihm nach dem Vertr obliegt. Dazu gehört vielf auch die Prüfg u Feststellg der Rechngen. Das gilt auch, wenn sich die FertStellg des BauWk wider Erwarten auf Jahre hinzieht (Stgt VersR **77**, 89). Die Fr beginnt auch mit Künd dch Arch od Bauherrn (BGH NJW **71**, 1840). Bei subsidiärer Haftg des Arch beginnt, auch wenn im Vertr and vereinb, die Verj erst, wenn das Unverm der Untern feststeht (BGH NJW **87**, 2743). Auch Anspr des Bauherrn bzw des Arch gg **Statiker**, der zu einem Mangel des BauWk geführt haben, verjähr in 5 Jahren (BGH **48**, 257, **58**, 85). Ebso Anspr des Bauherrn bzw Arch gg den **Ingenieur**, der die Projektierg von Sanitär-, Heizgs- u ElektroArb erstellt hat (Mü NJW **74**, 2238; zustimmd Ganten NJW **75**, 391), gg den beratden Ing, der in einem Gutachten einen SaniergsVorschlag macht (BGH JZ **87**, 682), sowie Anspr gg den **Vermessungsingenieur** wg falscher Einmessg u Absteckg des Hauses auf dem Grdst (BGH NJW **58**, 225). Ebso Anspr des Bauherrn gg den Ersteller eines geolog BauGrdGutachtens (BGH **72**, 257). Wg der Abn der vorgenannten Leistgen vgl § 640 Anm 1a.

3) Ansprüche des Unternehmers verjähren nach §§ 196 I Nr 1, 7, II, 201; auch die eines BauUntern, der nicht selbst Kaufm od Handw ist (BGH **39**, 255). Auch die des Arch (BGH **59**, 163) u die eines gewerbsm Baubetreuers (Nürnb MDR **73**, 48, Kln Rspr Bau **Z 7.25 Bl 1**). Auch der für Erw des GrdstAntl u Herst einer EigtWohng od für Erwerb von TlEigt an noch herzustellenden Praxisräumen einheitl vereinb Vergütgs-Anspr (BGH **72**, 229 u WM **81**, 588). Beginn mit Schluß des Jhr, in dem die Abn erfolgt ist, auch wenn der Untern noch keine Schlußrechng erteilt hat (BGH **79**, 176).

4) Beweislast beim Untern für die Vorauss der Verj, beim Best wg des AusnCharakters für argl Verschweigen (BGH WM **75**, 525), für vereinb Verlängerg.

5) Sonderregelungen gehen dem § 638 vor. Solche sind enthalten

a) für handelsrechtl **Beförderungsverträge** in §§ 414, 439 HGB, 94 EVO, 40 KVO, 32 CMR (1 Jahr), 64 ADSp (8 Monate).

b) In der **VOB/B** beträgt die VerjFr nach **§ 13 Nr 4** für Arb an einem Grdst 1 Jahr, beginnend mit der Abn, für in sich abgeschl Teile der Leistg mit der TeilAbn gem § 12 Nr 2a, für BauWk u Holzerkrankgen 2 Jahre, wobei aber die GewlRegelg der VOB/B isoliert, dh ohne deren übr Regelgen formularmäß nicht wirks vereinb werden (BGH **96**, 129), jedenf nicht zu einer Verkürzg der VerjFr führen kann (BGH **100**, 391). Nr 4 gilt auch, wenn der AuftrNehmer verbotswidr die Leistg einem and Untern übertr u dieser mangelh geleistet hat (BGH **59**, 323); Nr 4 gilt auch nicht bei argl Verschweigen eines Mangels, dann 30 Jahre (BGH WM **70**, 964). Bei fristgerechter Rüge verlängert sich die VerjFr ab Zugang des BeseitigungsVerlangens um die in Nr 4 genannten Fristen, auch wenn vertragl eine längere Fr vereinb war (BGH **66**, 142, WM **77**, 823). Nach Abn der MängelbeseitiggsLeistg beginnt mangels abw Vereinb gem § 13 Nr 5 Abs 1 S 3 VOB/B für diese die VerjFr neu, auch dann, wenn sie abw von § 13 Nr 4 vertragl länger vereinb ist (BGH **9**, 72), u zwar die vertragl vereinb (BGH NJW **87**, 381), sonst die RegelFr in Nr 4. – Nr 4 gilt auch für die **Schadensersatzansprüche nach § 13 Nr 7**, sow es sich um WkMängel handelt, nach Abn auch für Mängel, die bereits bei BauAusf erkannt wurden, § 4 Nr 7 (BGH **54**, 352). Gilt auch für MangelfolgeSchäd gem § 13 Nr 7 Abs 2 (BGH **72**, 1280). SchadErsAnspr vor Abn (§ 4 Nr 7 S 2) verj in 30 Jahren (BGH MDR **72**, 410). Für SchadErsAnspr aus pVV, die mit WkMängeln nichts zu tun haben, gilt, wie oben Anm 1b auch im Bereich der VOB die 30jähr VerjFr, denn die VOB befaßt sich in § 13 nur mit WkMängeln, nicht mit der allg VertrHaftg des Untern; für eine zu § 638 unterschiedl Beurteil besteht kein rechtfertiger Grd. So im Ergebn für Schäd, die nicht MangelfolgeSchäd sind, auch BGH VersR **66**, 1154. Für ErsAnspr, die außer aus § 13 Nr 7 VOB auch aus §§ 823 ff begründet sind, gilt insow die VerjFr des § 852 (BGH **61**, 203; abl Finger NJW **73**, 2104). Für den **Anspruch des Unternehmers auf Schlußzahlung** beginnt die VerjFr mit dem Ende des Jahres zu laufen (§ 201), in das der nach § 16 Nr 3 (vgl § 641 Anm 3) zu bestimmde FälligkZtpkt fällt (BGH NJW **68**, 1962); dies auch, wenn die SchlußRechng verspätet eingereicht wurde (BGH NJW **71**, 1455, BauR **77**, 354).

639 *Unterbrechung und Hemmung der Verjährung.* ^I Auf die Verjährung der im § 638 bezeichneten Ansprüche des Bestellers finden die für die Verjährung der Ansprüche des Käufers geltenden Vorschriften des § 477 Abs. 2, 3 und des §§ 478, 479 entsprechende Anwendung.

^{II} Unterzieht sich der Unternehmer im Einverständnisse mit dem Besteller der Prüfung des Vorhandenseins des Mangels oder der Beseitigung des Mangels, so ist die Verjährung so lange gehemmt, bis der Unternehmer das Ergebnis der Prüfung dem Besteller mitteilt oder ihm gegenüber den Mangel für beseitigt erklärt oder die Fortsetzung der Beseitigung verweigert.

1) Die Verweisung auf das Kaufrecht (I) ergänzt die Regelg des § 638 u bedeutet: **a)** Unterbrechung der Verjährung durch Beweissicherungsverfahren für den dort geltd gemachten Mangel (Ffm BauR **84**, 67; vgl § 477 II). Auch wenn der Best Mängelerscheing an best Stellen bezeichnet, macht er damit den Mangel selbst in vollem Umfang an allen Stellen seiner Ausbreitg geltd (BGH BB **88**, 2415). Dabei ist jeder WohngsEigtümer auch ohne bes Ermächtigg befugt, zur Feststellg von Mängeln am gemschaftl Eigt ein BewSichgVerf zu beantragen (BGH WM **79**, 1364). Mit der Beendigg des Verf beginnt die VerjFr neu zu laufen, § 212 gilt nicht (BGH **53**, 43). Ein BewAntr in einem laufden Proz steht dem BewSichergsAntr nicht gleich (BGH **59**, 323).

b) Unterbrechung oder Hemmung für einen der Gewährleistungsansprüche (Wandelg, Minderg, SchadErs, §§ 634, 635) hat Unterbrechg od Hemmg auch für die and auf denselben Sachverhalt gestützten

Einzelne Schuldverhältnisse. 7. Titel: I. Werkvertrag §§ 639, 640

GewlAnspr zur Folge (vgl § 477 III). Das gilt entspr bei Unterbrechg od Hemmg des Mängelbeseitiggs-Anspr gem § 633 II (BGH **39**, 189, 287 [293]) u des AufwErsAnspr für die Mängelbeseitig gem § 633 III (BGH **58**, 30), ohne daß es darauf ankommt, ob die Mängel iW der Nachbesserg beseitigt werden können (BGH **66**, 367). Dabei unterbricht die Kl auf Ers der vom Best für eine erfolgreiche MängelBeseitigg aufgewendeten Kosten nicht, über den eingeklagten Betr hinaus, die Verj eines Anspr auf Ers v Aufw für weitere Maßn zur Beseitigg desselben Mangels (BGH **66**, 142). Dagg unterbricht die Kl des Best auf Zahlg eines best Betr als Vorschuß zur Behebg eines Mangels (vgl § 633 Anm 4) auch die Verj des späteren mit zwzeitl Kostensteigergen begründeten Anspr auf Zahlg eines höheren Vorschusses zur Behebg desselben Mangels (BGH **66**, 138).

c) **Bei rechtzeitiger Anzeige** vor od nach Beginn der VerjFr (BGH **LM** Nr 2), rechtzeit Antr auf BewSichergsVerf od Streitverkünd bleibt die Einr der Wandelg od Minderg erhalten (vgl § 478). Dabei erstreckt sich die Anz des ErscheingsBildes der gerügten Mangels auf alle Mängel, auf die das angezeigte ErscheingsBild zurückgeht (BGH NJW-RR **89**, 667). Unter den gleichen Vorauss u bei argl Verschweigen des Mangels kann der Best mit einem verj SchadErsAnspr aus § 635 u mit einem verj AufwErsAnspr aus § 633 III ggü dem VergütgsAnspr des Untern aus demselben WkVertr (BGH NJW **87**, 3254) noch aufrechnen (vgl § 479), auch wenn dieser Anspr erst nach Ablauf der VerjFr entstanden ist (BGH **50**, 21). Schriftl NachbessergsVerlangen (§ 13 Nr 5 VOB) unterbricht Verj des Nachbessergs- u der GewlAnspr (BGH Betr **72**, 1766), auch wenn im EinzFall Mängelbeseitigg nicht in Betr kommt od nicht zum Erfolg führen kann (BGH NJW **74**, 1188).

2) **Prüfung des Mangels (II).** Gleichgült ist, ob der Untern die Mängel „ohne Anerkenng einer RPfl" untersucht (BGH WM **77**, 823) u ob der Mangel behebb ist (BGH **66**, 367). Die ggteil Meing (Kln MDR **76**, 314) übersieht, daß das Ges selbst v Prüfg od Beseitigg spricht. Die VerjHemmg erstreckt sich auf alle der WkLeistg anhaftden Mängel, sow sie Urs der aufgetretenen Mangelerscheingen sind (BGH NJW-RR **89**, 979). Prüfg ist auch, wenn der Untern die MangelAnz des Best zur weiteren Veranlassg seiner HaftPflVers zuleitet (BGH NJW **83**, 163). Solange Untern sein Wk im Einverständn mit dem Best auf gerügte Mängel untersucht od daran Mängel zu beseitigen versucht (vgl BGH **48**, 108), ist Verj mit der Wirkg des § 205 gehemmt; daher nicht, wenn Arch den Bauherrn bei der Geltmachg von Anspr gg BauUntern unterstützt (BGH NJW **64**, 647). Einverständn ist jedes Verhalten des Best, aus dem zu entnehmen ist, daß er die Prüfg billigt; erfährt er von der Prüfg erst später, so wirkt das Einverständn nicht auf ihren Beginn zurück (BGH Betr **83**, 107, Usinger NJW **82**, 1021; dort auch zu Einverständn u Hemmg bei Mängeln am Gemsch- u SonderEigt). Die Hemmg der Verj ist beendet, wenn der Untern dem Best nach Beendigg seiner NachbessergsArb das Erg seiner Bemühgen mitteilt, die Mängel als beseitigt erklärt od weitere Mängelbeseitigg ablehnt (vgl BGH WM **77**, 823). Bei mehrf Prüfgen mag zweifelh sein, wann die Vorauss nach Abs II gegeben sind, die Hemmg also behoben ist; Sache des Tatrichters ist es, zu entsch, ob auch mehrf Prüfgen als einheitl Prüfg zu bewerten sind (BGH NJW **63**, 811). Vereinbaren die Part die Einholg eines Schiedsgutachtens über die gerügten Mängel, ist die Verj gehemmt, bis das Gutachten den VertrParteien vorliegt od sie die SchiedsgutachterVereinbg einvernehml aufheben (Hamm NJW **76**, 717). – Die Verj wird auch dann gehemmt, wenn der Untern nur das Wk eines Dr prüfen will, die Prüfg aber obj auch sein eig Wk betrifft u er damit rechnen muß, daß der Best von ihm auch die Prüfg des eig Wk erwartet (BGH NJW **78**, 2393). – § 639 gilt analog für WkLiefergsVertr über vertretb Sache u KaufVertr, wenn die Part vorrang einen Nachbessergs-Anspr vereinb haben (Ffm Betr **82**, 2397) od wenn sich der Verkäufer ohne solche Vereinbg im Einverständn des Käufers um die Mängelbeseitigg bemüht (BGH NJW **84**, 1525). FrSetzg (§ 634) hemmt nicht. Nicht jede Nachbesserg auf Verlangen des Best ist zugl Anerk iS des § 208 (BGH WM **78**, 36, WM **87**, 1200). – Abs II gilt entspr für den AufwErsAnspr nach § 633 III, seine Verj ist also gehemmt, solange der Best berecht den Mangel anzeigt u Untern bemüht od zu beseitigen versucht (Kaiser NJW **73**, 176).

3) **VOB/B.** Beide Abs des § 639 u die in Anm 1 b dargelegten Grds gelten auch für BauVertr, beide der VOB unterstellt sind, weil auch im Hinblick auf die Sonderregelg der Verj (vgl § 638 Anm 5b) für eine unterschiedl Behandlg kein Grd ersichtl ist. Das schriftl NachbessergsVerlangen gem § 13 Nr 5 unterbricht die Verj des Nachbessergs- u der GewlAnspr nur, wenn es ggü dem Untern, nicht wenn es ggü dem Bü erklärt worden ist (BGH **95**, 375), u zwar o Rücks darauf, ob im EinzFall Mängelbeseitigg in Betracht kommt u zum Erfolg führen kann (BGH **62**, 293). Bei gemeins Errichtg eines BauWks dch Eheg unterbricht idR die Klage des einen von ihnen, auch wenn er Leistg an sich allein verlangt (BGH **94**, 117). Wird die gem § 13 Nr 5 erneut in Lauf gesetzte VerjFr dch Anerk unterbrochen, so wird sie dch nochmal schriftl Auffdg zur MängelBeseitigg nicht weiter verlängert (BGH NJW **78**, 537).

640 **Abnahme.** ¹Der Besteller ist verpflichtet, das vertragsmäßig hergestellte Werk abzunehmen, sofern nicht nach der Beschaffenheit des Werkes die Abnahme ausgeschlossen ist.

II Nimmt der Besteller ein mangelhaftes Werk ab, obschon er den Mangel kennt, so stehen ihm die in den §§ 633, 634 bestimmten Ansprüche nur zu, wenn er sich seine Rechte wegen des Mangels bei der Abnahme vorbehält.

1) Die **Abnahme** ist eine HauptPfl des Best. Bei Verz od NichtErf gelten § 644 I 2 u die allg Vorschr. Berecht Verweigerg der Abn vgl Vorbem 3 a vor § 633. Bei Streit Kl auf Abn u Vergütg. ZwVollstr der Abn nach ZPO § 888. Ob der Arch zur rgeschäftl Abn bevollm ist, hängt vom Umfang seiner Vollm im EinzFall ab. Jedenf ist er verpfl, auf die Wirkg der vorbehaltl Abn hinzuweisen, wenn er eine VertrStrafVereinbg kennt od kennen muß (BGH BB **79**, 910).

a) **Begriff.** Unter Abn „des vertrmäß hergestellten Wk" ist desh idR zu verstehen die körperl Hinnahme iW der BesÜbertr verbunden mit der Erkl des Best, daß er das Wk als der Hauptsache nach vertrgem Leistg

703

§§ 640, 641

anerkennt (BGH **48**, 257 [262], WM **83**, 1104; aA Keilholz BauR **82**, 121). Best iS des § 640 ist auch hinsichtl des GemSchEigt jeder einz Erwerber des WohngsEigt (BGH NJW **85**, 1551). Die Anerkenng kann auch dch schlüss Hdlg geschehen, zB dch Ingebrauchn des im wesentl funktionstücht Wk; sie muß dem Untern ggü zum Ausdr kommen, beim Best intern gebliebene Vorgänge, aus denen obj auf Billigg des Wk geschl werden kann, genügen nicht (BGH NJW **74**, 95). Ingebrauchn ist nicht die erste feststellb NutzgsHandlg, zB Einzug in eine Wohng, sond die anschließde Nutzg; es ist also von der ersten Aufnahme der Nutzg an eine gewisse von den Umst des Einzelfalles abhäng NutzgsZeit erforderl, um schlüss Abnahme bej zu können (BGH NJW **85**, 731). Auch bei Herstellg einer EDV-Anl als ganzes oder von Software ist Abn erst anzunehmen, wenn die Anl nach Einweisg des Personals eine gewisse Zt im Betr des Best mangelfrei gearbeitet hat (Düss Betr **89**, 520, Hamm NJW **89**, 1041: entggstehde Vereinbg in AGB ist unwirks). Der Abn dch schlüss Hdlg wird nicht entgg, daß im Vertr förml Abn vorgesehen ist, wenn es die Part im EinzFall bei forml Abn bewenden lassen wollten (Ffm BauR **87**, 574); dabei ist unerhebl, ob die Part die Vereinbg über die förml Abn vergessen hatten (BGH WM **77**, 825). Ist die körperl Hinnahme nach der Beschaffenh des Wk ausgeschl, zB Arbeiten am Grdst od Haus des Best, nichtkörperl Leistgen des Arch (BGH **37**, 341 [345]), des Statikers (BGH **48**, 257 [263]), des Frachtführers (BGH NJW-RR **89**, 160), so besteht die Abn nur in der vorstehd erwähnten Anerkenng. Ist auch sie nach der Beschaffenh des unkörperl Wk ausgeschl, zB TheaterAufführg, PersBeförderg, greift § 646 ergänz ein. Da ArchVertr idR WkVertr ist (Einf 5 vor § 631), kann sein Wk schon vor der SchlußAbrechng mit der tatsächl Abn des BauWk teilw abgen werden u insow bereits die Verj beginnen; bei einer solche TeilAbn besteht keine Vermutg, BewLast hat Arch (BGH NJW **64**, 647). Zur TeilAbn einer EigtWohnAnl vgl BGH WM **83**, 1104. Eine völl Abn des ArchWk liegt nicht ow in der Abn od im Bezug des BauWk (Hamm MDR **74**, 313). Die Abn der ledigl planer ArchLeistg, der Statiker-, VermessgsIngLeistg u des geolog BauGrdGutachtens eines Sachverst liegt nicht erst in der Abn des BauWk, sond in der Abn ihres jeweil geist Wk (BGH Betr **74**, 40), zB der Zahlg der Rechng (BGH **72**, 257), dch Verwertg ihrer Arb. Handelt es sich um einen WkLiefergsVertr auf Herstellg u Übereign eines BauWk (nur ScheinbestandTl eines dem Best nicht gehör Grdst), so kann die Abn (Überg od EigtVerschaffg) schlüss, je nach den getroffenen Vereinbgen schon im sukzessiven Einbau der Materialien liegen, jedenf dann, wenn sich die Partner hinsichtl Bes- u EigtÜbergang einig bleiben (BGH NJW **76**, 1539).

b) Wirkung: Der urspr allg ErfAnspr erlischt u konkretisiert sich auf Mangelbeseitigt (vgl Vorbem 3a, b vor § 633). Beginn der VerjFr (§ 638), Gefahrübergang (§§ 644, 645). Fälligkeit (§ 641), BewBelastg des Best (§ 633 Anm 5), möglicherw Rügeverzicht (II) u Verz auf VertrStrafe nach § 341 III.

2) Vorbehaltlose Abnahme trotz Mangelkenntnis (II) führt zum Verlust der Anspr aus §§ 633, 634 u der nichterf Vertr. Erhalten bleibt der SchadErsAnspr in Geld einschl der MangelbeseitiggsKosten aus § 635 (BGH **61**, 369 u **77**, 134, zust Festge BauR **80**, 432, Köhler JZ **89**, 761; aA Peters NJW **80**, 750, Wilhelm JZ **82**, 488), es sei denn, daß auch hierauf verzichtet wurde (BGH WM **69**, 96). Fortges Gebr kann Verz sein, wenn nicht im Interesse des Untern u nach § 254 II geboten; vgl auch §§ 635, 634 je Anm 3a aE. Die Kenntn muß sich auf den Mangel u darauf erstrecken, daß dch ihn der Wert od die Tauglichk des Wk gemindert ist (RG **149**, 401). Kennenmüssen steht der Kenntn nicht gleich. Die Kenntn hat der Untern, einen Vorbeh bei Abn hat der Best zu bew.

3) § 12 VOB/B regelt die Abn im einz. **Nr 1** bestimmt eine **Frist** von 12 WkTagen zur Abn ab Verlangen des Untern nach Vollendg. Nach **Nr 2a** ist Best zur Abn in sich geschlossener, nach **Nr 2b** solcher **Teilleistungen** verpfl, die inf der weiteren Ausf nicht mehr prüf- u feststellb sind. Dabei ist Nr 2b ledigl eine techn Abn ohne die übr Wirkgen gem Anm 1b (BGH **50**, 260). **Nr 3** gibt dem Best das R zur **Abnahmeverweigerung** nur wg wesentl (Verschärfg ggü BGB) Mängel. Nach **Nr 4** hat auf Verlangen eines VertrTeils die Abn förml stattzufinden, auch unter Hinzuzieh von Sachverst. Schriftl Niederlegg des AbnBefundes, Notwendigk der Aufn von Vorbeh wg bekannter Mängel, VertrStrafen u Einwendgen des Untern. Vorauss für die förml Abn in Abwesenh des Untern. **Nr 5** stellt eine prakt bedeuts **Abnahmefiktion** auf, falls keine förml Abn verlangt wurde, mit Ablauf von 12 Werktagen nach schriftl Mitteilg der FertStellg; BewLast insoweit beim Untern, für AbnVerlangen beim Best (Stgt NJW-RR **86**, 898). Außerdem, wenn der Best das Wk in Benutzg genommen hat nach Ablauf von 6 Werktagen. Daneben gibt es konkl Abn, zB dch Erstellg einer GgRechng seitens des Bauherrn (Mü Rspr Bau Nr **4** zu § 16 Nr 3). Fristen für die Vorbeh wg bekannter Mängel u VertrStrafen für diese Fälle. **Nr 6** regelt den **Gefahrübergang** mit der Abn wie § 640. **Vorbehaltlose Abnahme** hat auch bei BauVertr nach VOB die Wirkgen des § 640 II (Düss BauR **74**, 346).

641 Fälligkeit der Vergütung.

^I Die Vergütung ist bei der Abnahme des Werkes zu entrichten. Ist das Werk in Teilen abzunehmen und die Vergütung für die einzelnen Teile bestimmt, so ist die Vergütung für jeden Teil bei dessen Abnahme zu entrichten.

^II Eine in Geld festgesetzte Vergütung hat der Besteller von der Abnahme des Werkes an zu verzinsen, sofern nicht die Vergütung gestundet ist.

1) Die Fälligkeit der Vergütung. a) Primär gilt die getroffene **Vereinbarung.** Die Fällig kann bis zur Nachbesserg hinausgeschoben sein, zB dch die Klausel: „Zahlg nach tadelloser Inbetriebsetzg". Häuf wird für einen best Restprozentsatz die Fälligk der Vergütg hinausgeschoben dch Vereinbg eines zeitl befristeten Garantieeinbehalts im Hinblick auf etw Mängel. Auf 5 Jahre nach FertStellg ohne Verzinsg kann die RestVergütg in FormularVertr wirks nicht hinausgeschoben werden (Hamm BB **88**, 868). Weiter kann vereinb sein, daß der Untern berecht ist, den Einbehalt dch Stellg einer GewlBürgsch einer Bank (vgl Einf 2f vor § 765) abzulösen. Mit ihr wird die RestVergütg fäll. Abreden wie „nach Abn" od „nach Vollendg" haben die gleiche Bedeutg wie „bei Abn" in Abs I.

b) Absatz I gilt, wenn keine Vereinbg besteht. Danach bezieht sich die VorleistgsPfl des Untern auf die

Einzelne Schuldverhältnisse. 7. Titel: I. Werkvertrag §§ 641, 642

Herstellg. Sein VergütgsAnspr wird fäll Zug um Zug gg Abn des Werks, zu der der Best iF vertrgem, mangelfreier Herstellg gem § 640 I verpfl ist. Im Sinne der VerjVorschr, nach Celle NJW 86, 327 auch für den VergütgsAnspr, ist für den Eintritt der Fälligk nicht erfdl, daß eine die Höhe der VergütgsFdg fixierde Schlußrechng erteilt ist (BGH **79**, 176, zust Grimme NJW **87**, 468; aA Bartmann BauR **77**, 16, Peters NJW **77**, 552); anders nach VOB. Bei berecht Ablehng der Abn wg Mangels wird die Vergütg auch nicht teilw fäll (Karlsr MDR **67**, 669), die Kl auf Vergütg ist abzuweisen (Nürnb OLGZ **67**, 405). Verlangt in diesem Fall der Best nicht mehr Mangelbeseitig, sond SchadErs, so kommt Abn nicht mehr in Betr, es hat eine Abrechng über die BauLeistg des Untern u den SchadErsAnspr des Best stattzufinden (BGH NJW **79**, 549). Vor Abn des Wk kann Untern die Vergütg verlangen, wenn Best die Erf des Vertr od die geschuldete Abn des Wk (Hamm Rspr Bau § 640 Nr 15) od Mitwirkg bei der Herstellg des Wk grdlos u endgült verweigert, er ist nicht auf die R aus §§ 642, 643, 645 beschr (BGH **50**, 175, WM **86**, 73). Außerd kann der Untern bei Verschlechterg der VermVerh des Best unter gewissen Vorauss gem § 242 eine gewisse Teilvergütg verlangen (BGH NJW **85**, 2696). Ist eine Abn nach der Beschaffenh des Wk ausgeschl, wird die Vergütg, wenn sie der Höhe nach feststeht, mit seiner Vollendg fäll, § 646 (BGH NJW-RR **89**, 160). Bei vorzeit VertrBeendigg ist für die Fälligk des Anspr des Untern aus §§ 631, 645, 649, 650 eine Abn erbrachter teilw Leistgen nicht erforderl (Düss BauR **78**, 404, Kln Rspr Bau § 648 Nr 1).

c) **Abschlagszahlungen** währd der Herst des Wk kann der Untern nur bei entspr Vereinbg od bestehder VerkSitte verlangen. Sie sind Anzahlgen auf die Vergütg für das GesWk, desh iR der Schlußrechng auszugleichen (BGH ZIP **86**, 702 [706]). Um Teilzahlgen handelt es sich bei fest vereinb RatenZahlgen auf einen PauschalPr (BGH **Rspr Bau** Z 2.330.1). Im Falle von Mängeln der TlLeistg besteht ggü einer fäll Abschlagsszahlg ein ZbR bis zur Beseitigg (BGH **73**, 140), u zwar o Rücks auf einen vereinb SichergsEinbehalt (BGH NJW **81**, 2801). Dieses ZbR kann jedenf wg Mängeln am SonderEigt der Erwerber einer EigtWohng ggü dem Bauträger in angem Verhältn zum voraussichtl BeseitiggsAufwand geltd machen (BGH Betr **84**, 450: dreifachen Betrag).

d) Für die **Teilabnahme** enth iF vereinb TeilVergütg I S 2 eine Ausn von der Regel des S 1. Wer sich auf sie beruft, hat ihre Vorauss zu beweisen.

2) Eine **Zinspflicht** begr II ab Abn, auch für den Fall der TeilVergütg nach I S 2, aber nicht, wenn mangels betragsmäß Bestimmth die Vergütg noch nicht mit Abn fäll ist (vorstehd Anm 1b). Gilt nicht für Abschlagszahlgen. Zinssatz wie § 246 bzw HGB 352. Stundg vgl § 271 Anm 4. Steht dem VergütgsAnspr ein ZbR des Best entgg, gibt es weder Fälligk- noch ProzZinsen (Düss NJW **71**, 2310).

3) Sonderregeln. a) VOB/B. Nach § 16 Nr 1 hat der Untern Anspr auf **Abschlagszahlungen** entspr den tatsächl erbrachten Leistgen aGrd prüfgsfäh Aufstellgen. Fälligk 6 bis 12 Tage nach Einreich der Aufstellg. Abschlagszahl gilt nicht als TeilAbn. Nr 2 enthält Regeln für den Fall vereinb Vorauszahlgen. Mit Erteilg der SchlußRechng (Celle OLGZ **75**, 320) od mit vorzeit Künd (BGH NJW-RR **87**, 724) erlischt der Anspr auf vereinb AbschlagsZahlgen. Nach **Nr 3** ist die **Schlußzahlung** alsbald nach Prüfg u Feststellg der Schlußrechng, spätestens 2 Mo nach deren Zugang fäll; bei Verzögerg ihrer Prüfg Abschlagszahlgen in Höhe des unbestr Betr. Weitere FälligkVorauss ist auch hier Abn wie in § 641 (BGH **79**, 180; bestr), außer bei vorzeit Beendigg des Vertr; Schlußrechng ist auch in diesem Falle nöt (BGH NJW **87**, 382), auch bei PauschalPrVereinbg (BGH **105**, 290). VerjBeginn auch bei verspäteter RechngStellg mit ihrer Einreich, AuftrG kann von sich aus dch Aufstellg der Schlußrechng nach § 14 Nr 3, 4 Fälligk u damit VerjBeginn herbeiführen (BGH NJW **71**, 1455, BauR **77**, 354). Zahlt der Bauherr weniger als den Schluß-RechngsBetr, so muß der BauUntern, wenn er die Schlußrechng schon erstellt hat (BGH NJW **11**, 1833), innerh von 12 WkTagen ab ZahlgsEingang (Nr 3 II S 4) Vorbeh der NachFdg machen; BewLast beim Untern (BGH NJW **72**, 2267); das auf die MehrFdg Geleistete kann der AGeber nicht zurückfordern (BGH **62**, 15). Nach Erteilg der Schlußrechng aGrd Künd dch den AuftrN besteht kein Anspr auf Abschlagszahlg mehr (BGH NJW **85**, 1840). **Nr 4** Zahlg asspn **Teilleistungen** o Rücks auf Vollendg der übr Leistgen. **Nr 5** Regelg für **Skontoabzüge; Abs III Zinsen** gilt abschließl für alle Zinsen aus BauFdgen, § 641 II gilt daneben nicht (BGH NJW **64**, 1223). **Nr 6** regelt die Voraussetzgen für das R des Best zu **Zahlungen an Gläubiger** des Untern. – Wg KündgR des Untern bei ZahlgsVerz des Best vgl § 643 Anm 3.

b) **GOA** § 21, TeilBetr werden fäll, wenn Arch Teilleistg erbracht hat u deren Zahlg verlangt (BGH **Rspr Bau** § 21 GOA Nr 3).

642 *Mitwirkung des Bestellers.* ¹Ist bei der Herstellung des Werkes eine Handlung des Bestellers erforderlich, so kann der Unternehmer, wenn der Besteller durch das Unterlassen der Handlung in Verzug der Annahme kommt, eine angemessene Entschädigung verlangen.

II Die Höhe der Entschädigung bestimmt sich einerseits nach der Dauer des Verzugs und der Höhe der vereinbarten Vergütung, andererseits nach demjenigen, was der Unternehmer infolge des Verzugs an Aufwendungen erspart oder durch anderweitige Verwendung seiner Arbeitskraft erwerben kann.

1) **Mitwirkung** des Best kann nach der Beschaffenh des herzustellden Wk erforderl sein, zB Lieferg der Pläne u Koordination beim BauVertr, Aufgaben- u Materialstellg für die Herstellg von Software (BGH CR **89**, 102), Bereitstellen von Raum, persönl Erscheinen für Operation, Anprobe, Porträt. Sie ist idR keine SchuVerpfl des Best, sond eine Obliegenh (vgl Einl 4b vor § 241, BGH **11**, 80 [83], **50**, 175). Ihre Unterl führt zu Ann (Gl)-Verz nach §§ 293ff. Da die Mitwirkg des Best im weiteren Sinne VertrPfl ist, kann ihre Verweigerg, wenn sie den VertrZweck gefährdet, schuldh LeistgsStörg sein, die für den Untern Anspr aus pVV auslöst, die dch §§ 642ff nicht ausgeschl sind (BGH **11**, 80 [83]). Lehnt der Best grdlos u endgült die Erf des Vertr ab, so ist der Untern nicht auf die R aus §§ 642ff beschr, sond kann vor FertStellg des Wk o

§§ 642–645

Rücks auf seine VorleistgsPfl hins der Herstellg Erf, dh volle Vergütg verlangen (BGH **50**, 175); richtiger wohl: SchadErs wg pVV. – Der rechtzeit Abruf der bestellten WkLeistg dürfte keine Mitwirkg „bei der", sond „zur" Herstellg sein, §§ 642, 643 sind allenf analog anwendb (BGH NJW **72**, 99). – Vertragl kann die Mitwirkg auch zur NebenPfl des Best ausgestaltet sein, deren Verl die RFolgen der §§ 276ff (nicht §§ 323ff) auslöst. Eine derart konkludente Vereinbg ist iW der VertrAusslegg anzunehmen bei Bau- u IndustrieAnlVertr über Großprojekte, bei denen der ZusArb zw Untern u Best währd einer längerdauernden HerstellgsZt bes Bedeutg zukommt (Nicklisch BB **79**, 533). Mitwirkg als HauptPfl vgl § 631 Anm 3a.

2) Der Entschädigungsanspruch geht über den AufwErs nach § 304 hinaus u soll den Untern dafür entschädigen, daß er ArbKraft u Kapital bereithält u daß seine zeitl Disposition durchkreuzt wird. Zusätzl Anspr, der die R nach allg Vorschr nicht einschränkt. Der Anspr besteht neben dem auf Vergütg, wenn das Wk doch noch hergestellt wird (RG **100**, 46), u für die VerzZeit vor Künd neben den Anspr auf TeilVergütg für die bisher Geleistete (§ 645 I 2), auf weitergehenden SchadErs (§ 645 II) od auf volle Vergütg, falls der Best kündigt (§ 649). – Verj nach §§ 196 I Nr 1, 198, also mit Entstehg des Anspr (ebso Kapellmann BauR **85**, 123; ähnl Jochem BauR **76**, 392: § 196 I Nr 7: beginnd mit Schluß des Jahres, in das die Beendigg des AnnVerz fällt).

3) Die VOB/B regelt in § 4 eingeh die Ausf des Baus u grenzt die beiderseit Zuständigk ab. **§ 4 Nr 1 III, IV** gibt dem Best das R zu Anordngen u verpfl den Untern, auf Bedenken gg deren Berechtigg od Zweckmäßigk hinzuweisen. Wg EntschAnspr u KündR des Untern bei unterlassener Mitwirkg vgl § 643 Anm 3.

643 *Fristsetzung zur Mitwirkung; Kündigungsandrohung.* **Der Unternehmer ist im Falle des § 642 berechtigt, dem Besteller zur Nachholung der Handlung eine angemessene Frist mit der Erklärung zu bestimmen, daß er den Vertrag kündige, wenn die Handlung nicht bis zum Ablaufe der Frist vorgenommen werde. Der Vertrag gilt als aufgehoben, wenn nicht die Nachholung bis zum Ablaufe der Frist erfolgt.**

1) Allgemeines. Das G gewährt dem Untern nicht, wie § 626, allg das R zur fristl Künd des Vertr aus wicht Grd. Jedoch kann pVV seitens des Best fristl Künd rechtfertigen, wenn das VertrVerh so gestört ist, daß dem Untern dessen Fortsetzg nicht mehr zuzumuten ist; liegt die pVV in der Verweigerg der Mitwirkg, so ist FrSetzg nach § 642 erforderl (BGH BB **63**, 160). Der Abruf der bestellten WkLeistg ist als NebenVerpfl einklagb. Bei Vorliegen der Vorauss kann der Untern, wenn der Best mit dem Abruf in Verz gerät, den Ers des daraus entstandenen Schad nach § 286 verlangen (BGH BauR **76**, 207).

2) Fristsetzung und Kündigung. Die Vorschr ergänzt § 642. Die FrSetzg erübrigt sich, wenn die Mitwirkg nach VerzEintritt unmögl wird (RG **94**, 29). Die Erkl muß eine angem Fr setzen u erkennen lassen, daß bei Untätigbleiben des Best die Aufhebg des Vertr für die Zukunft nur noch vom Ablauf der Fr abhängt. Die FrSetzg ist rücknehmb. TeilVergütg nach ergebnisl FrAblauf vgl § 645 I 2; sie kann der Untern neben der Entschädigg nach § 642 für die VerzZeit bis zur Künd beanspruchen.

3) Sondervorschriften der VOB/B. § 9 Nr 1, 2 gibt dem Untern nach Ablauf einer gesetzten angem Fr unter KündAndrohg ein KündgR, wenn der Best eine ihm obliegde Hdlg (vgl § 642) unterläßt u dadch den Untern außerstande setzt, die Leistg auszuführen od wenn der Best eine fäll Zahlg nicht leistet od sonst in SchuVerz gerät. **Nr 3** sieht wie § 645 I 2 einen VergütgsAnspr des Untern für die bisher Leistgn vor u verweist wg des zusätzl EntschAnspr auf § 642.

644 *Gefahrtragung.* ¹**Der Unternehmer trägt die Gefahr bis zur Abnahme des Werkes. Kommt der Besteller in Verzug der Annahme, so geht die Gefahr auf ihn über. Für den zufälligen Untergang und eine zufällige Verschlechterung des von dem Besteller gelieferten Stoffes ist der Unternehmer nicht verantwortlich.**

II **Versendet der Unternehmer das Werk auf Verlangen des Bestellers nach einem anderen Orte als dem Erfüllungsorte, so finden die für den Kauf geltenden Vorschriften des § 447 entsprechende Anwendung.**

645 *Haftung des Bestellers.* ¹**Ist das Werk vor der Abnahme infolge eines Mangels des von dem Besteller gelieferten Stoffes oder infolge einer von dem Besteller für die Ausführung erteilten Anweisung untergegangen, verschlechtert oder unausführbar geworden, ohne daß ein Umstand mitgewirkt hat, den der Unternehmer zu vertreten hat, so kann der Unternehmer einen der geleisteten Arbeit entsprechenden Teil der Vergütung und Ersatz der in der Vergütung nicht inbegriffenen Auslagen verlangen. Das gleiche gilt, wenn der Vertrag in Gemäßheit des § 643 aufgehoben wird.**

II **Eine weitergehende Haftung des Bestellers wegen Verschuldens bleibt unberührt.**

1) Allgemeines, Abgrenzung. Eine LeistgStörg kann dadch eintreten, daß der für die Herstellg des Wk vorgesehene Stoff od daß das begonnene, teilw od ganz fertgestellte Wk untergeht, verschlechtert, od sonst unausführb wird. Es ist **zu unterscheiden** zw der **Leistungsgefahr**, dh ob der Untern zur (Neu)- Herstellg verpfl bleibt, u der **Vergütungsgefahr**, dh ob der Untern eine Vergütg verlangen kann od nicht. Nur auf letztgen sind §§ 644, 645 anwendb.

2) Leistungsgefahr.
a) Nachträgliche Unmöglichkeit oder Unvermögen befreien den Untern von der Verpfl zur Herstellg nach § 275, wenn er die Leistgsstörg nicht zu vertr hat. Bei Gattgsschuld gilt § 279.

b) Bleibt (Neu)Herstellung möglich (Bsp: Das begonnene Porträt verbrennt beim Maler), so bleibt der Untern gem § 631 I zur (Neu)Herstellg verpfl. Dies ist Folge der Erfolgsbezogenh des WkVertr. Der Untern wird jedoch von seiner HerstellgsPfl frei, wenn das Wk bereits abgn (§ 640), ersatzw vollendet (§ 646) war, wenn der Best in AnnVerz (§§ 293ff) geraten od wenn das Wk auf Verlangen des Best versendet worden war, weil da der Best die VergütgsGefahr trägt, die bei ihm mit der LeistgsGefahr notw zufällt; endl wenn Neuherstellg unzumutb (§ 633 II 3 analog, vgl Vorbem 3 a vor § 633).

3) Vergütungsgefahr. Es gelten grds die §§ 323ff, denen aber die §§ 644, 645 vorgehen. Sie regeln die Frage, inwiew der Untern für die bisher vergebl geleistete Arb Vergütg fordern kann.

a) Der Unternehmer trägt die **Vergütungsgefahr** grdsätzl bis zur Abn (§ 640), ersatzw bis zur Vollendg (§ 646), dh er hat keinen VergütgsAnspr für bisher Arb u Aufw, wenn der Stoff od das Wk verschlechtert wird od untergeht, **§ 644 I 1.** Auch das ist Folge des UnternRisikos u der Erfolgsbezogenh des WkVertr (Einf 1 vor § 631). Die Regelg ist die gleiche wie iF der nachfolgden Unmöglichk in § 323 I 1. Bei zufäll Verschlechterg od Untergang des Stoffes des Best beim Untern (Bsp: Zugeschnittener Stoff wird beim Schneider gestohlen), besteht also kein VergütgsAnspr für die geleistete Arb, ands aber auch keine Pfl des Untern zum SchadErs od zur Neubeschaffg des Stoffes **(§ 644 I 3).** Ihn trifft aber der EntlastgsBew, §§ 282, 278 (RG **101,** 152). Der Untern hat auch dann keine VergütgsAnspr, wenn das Wk vor Abn dch Versch eines Dr verschlechert wird; gg diesen hat er Anspr auf Ers der WiederherstellgsKosten wg Besitzverletzg (vgl § 823 Anm 5 B). Zu versichern braucht er ihn außer bei Vereinbg nicht, muß aber bei WertGgstden, zB bei Ann von Schmuck zur Reparatur od Umarbeitg, auf die NichtVers hinweisen; andernf iF des Raubes SchadErs bei VertrSchluß (Ffm NJW-RR **86,** 107). Hat der Untern die Verschlechterg od den Untergang zu vertr, so haftet er dem Best auf SchadErs wg pos VertrVerletzg. Hat bei teilw Untergang der WkTeil für den Best einen Wert, so muß er dafür die teilw Vergütg zahlen wie iF der teilw Unmöglichkeit in § 323 I 2.

b) Der Besteller trägt die **Vergütungsgefahr** in folgenden Fällen: **aa) Ab Abnahme** (§ 640), ersatzw Vollendg (§ 646). Beruhen Verschlechterg od Untergang auf einem Mangel des Wk, gelten §§ 633ff.

bb) Vor der Abnahme, ersatzw Vollendg, wenn sich der Best in AnnahmeVerz (§§ 293ff) befindet, **§ 644 I 2;** Ausn: § 287 S 2 u nach § 300 I zu vertretdes Versch des Untern. Ferner bei **Versendung,** sow das Wk bei Auslieferg zum Transport vertragsgem war, **§ 644 II;** vgl § 447 u die Anm dort.

cc) In den Fällen des § 645 I. Sie liegen nicht vor, wenn die Verschlechterg od der Untergang des Wk vor Abn vom Untern zu vertr sind. Ein solches Versch kann liegen in der Verletzg von NebenPfl (vgl § 631 Anm 2b), insb in der Hinzufügg mangelh Zutaten (KG OLG **40,** 328), in der unterlassenen Prüfg eines vom Best gelieferten Stoffes, unterlassenem Hinw auf Bedenken gg seine Eigng, in der blinden Befolgg laienh Anweisgen des Best.

Ansonsten gilt Abs I nicht nur für den Fall, daß die Herstellg nachholb ist, sond auch wenn das LeistgsHindern die (Neu)Herstellg unmögl macht (Köhler, Unmöglk u GeschGrdlage, 1971, S 35, BGH **60,** 14), zB die begonnene Rep einer Maschine erweist sich wg Materialbrüchigk als undchführb.

§ 645 I regelt unmittelb nur den Fall, daß LeistgsHindern auf **Mangel** (wie in § 459 I) des vom Best gelieferten Stoffes od auf AusfAnweisg des Best beruht. Der Begr „**Stoff**" umfaßt alle Gegenstände, von denen od mit deren Hilfe das Wk herzustellen ist (BGH aaO). Um eine **Anweisung** handelt es sich, wenn der Best für eine von ihm gewünschte Modalität der Ausf das Risiko übernimmt, auch indem er trotz Bedenken des Untern auf seinem Wunsch beharrt. IÜ sind idR Angaben des Best vor u bei VertrAbschl keine AusfAnw, die das Risiko auf ihn verlagern (BGH NJW **80,** 2189); eingehd Nicklisch, Festschr für Bosch 1976, S 731.

§ 645 I ist jedoch analog anzuwenden, wenn Unmöglichk der Herstellg auf zufäll **Untergang** des Stoffes beruht (Bsp: Einsturz der zu restaurierden Kirche), sofern Stoff (noch) nicht in die Sphäre des Untern übergegangen ist (Sphärengedanke, Köhler S 38ff). Bei Untergang erst nach Lieferg des Stoffes, also in der Sphäre des Untern, gelten § 644 I 1 u 3. Analoge Anwendg des § 645 I ferner im Falle der zufäll **Zweckerreichung.** Bsp: Abzuschleppdes Auto wird noch vor Eintreffen des AbschleppUntern vom Fahrer weggefahren (Köhler S 77; vgl § 275 Anm 2d); ferner iF, daß Wk an od mit Hilfe einer **Person** herzustellen ist, diese aber dazu untaugl ist, zB eine gebuchte Pauschalreise wird unausführb, weil nach VertrSchluß verschärfte GesundhBestimmgen in Kraft treten (BGH **60,** 14, zust Medicus JZ **73,** 369). Nicht entspr anwendb, also kein VergütgsAnspr des Untern, wenn der teilw hergest Bau dch Auslösg eines Brandes dch Bauhandwerker untergeht (BGH **78,** 352).

dd) Ob sich der in § 645 I enthaltene Sphärengedanke zu einer allg **Sphärentheorie** ausdehnen läßt, wonach dem Best vor Abn alle LeistgsHindern aus seinem Gefahrenbereich zur Last fallen, ist str. Eine solch weitgehde Risikoverlagerg auf den Best ist jedoch abzulehnen, da sie mit der grdsätzl Risikoverteilg des WkVertr unvereinb ist (Hamm BauR **80,** 576), weil auch der Best für zufäll Untergang seines Stoffes in der Sphäre des Untern keinen Ers erhält, iü die §§ 644, 645 dispositiv sind, so daß sich der Untern von best Risiken freizeichnen kann. Auch der BGH will bish die Sphärentheorie nicht übernehmen, ist vielm nur zu einer entspr Anwendg des § 645 I in bes gelagerten EinzFällen bereit, zB wenn Best das Wk in einen Zust od in eine Lage verbracht hat, die eine Gefährdg des Wk mit sich brachte u ursächl für seinen Untergang war, zB Niederbrennen einer noch nicht übergebenen Scheune dch Heu des Bauherrn (BGH **40,** 71); Abbruch- u MaurerArb des Untern werden wertl, weil das BauWk dch Schweißarb der Installationsfirma, in die der Best in Auftr gegeben hat, in Brand gesetzt wurde (Kln OLGZ **75,** 323); bei Unmöglichk der Montage wg der polit Verh im Iran hat der Untern Anspr auf Bezahlg der gelieferten AnlTeile gg den Best, die dieser seiners vom iran VertrPartner bereits bezahlt erhalten hat (BGH **83,** 197). Hat Untern das Wk hergestellt u sein Eigt dch Verbindg verloren u wird dieses Wk vor der Abn von einem Dr beschädigt, so hat Untern keinen unmittelb Anspr gg Schädiger, wohl aber kann Best den Schaden des Untern liquidieren („GefEntlastg", vgl Vorbem 6c cc vor § 249); außerdem kann Untern vom Best insow Abtretg verlangen; RGrdlage hierfür ist entw eine vertragl NebenPfl des Best od § 281; erneute WkLeistg kann Untern von der Abtretg abhäng machen od diese nach der zweiten WkLeistg, die gem § 631 voll zu vergüten ist, verlangen (BGH NJW **70,** 38 [41]).

§§ 645–647   2. Buch. 7. Abschnitt. *Thomas*

ee) Beruhen Verschlechterg od Untergang auf einem **Verschulden des Bestellers, § 645 II**, bleiben weitergehde ErsAnspr (§ 324 I bei Unmöglk, sonst pVV) unberührt.

4) Die **Höhe der Vergütung** richtet sich iF des § 644 nach § 632, also volle Vergütg. Für den Fall des § 645 I u seiner entspr Anwendg (Anm 3b dd) ist eine SonderRegelg getroffen. Sie umfaßt die tatsächl Auslagen des Untern voll, die eigentl Vergütg anteilig. Das voll geleistete Wk verhält sich zu der dafür zu zahlden Vergütg wie der geleistete Teil zu der zu zahlden Teilvergütg. Verh zu der Entsch gem § 642 vgl dort Anm 2. Abn erbrachter TlLeistgn ist für die Fälligk nicht erforderl (BGH WM **82**, 586, Düss BauR **78**, 404).

5) Sonderregelungen. a) HGB 630, BinnenSchG 64, 69, 71, VerlG 33.

b) VOB/B § 7 regelt die Verteilg der VergütgsGefahr teilw für den Untern günstiger. Bei Beschädigg od Zerstörg der Bauleistg vor Abn dch vom Untern nicht zu vertretde unabwendb Umst Anspr auf Vergütg für die ausgeführten Teile der Leistg (BGH **61**, 144); iü besteht keine ggseit ErsPfl. **§ 12 Nr 6** wiederholt die Regel des § 644, daß mit der Abn die VergütgsGefahr auf den Best übergeht, falls sie nicht schon vorher gem § 7 übergegangen war.

646 *Vollendung statt Abnahme.* Ist nach der Beschaffenheit des Werkes die Abnahme ausgeschlossen, so tritt in den Fällen der §§ 638, 641, 644, 645 an die Stelle der Abnahme die Vollendung des Werkes.

1) Der **Ausschluß der Abnahme** ergibt sich aus der Beschaffenh des Wk. Über den Begr der Abn vgl § 640 Anm 1a, dort auch Bsp für nichtabnfäh Wk.

2) Die **Vollendung** des Wk, also seine vollständ FertStellg tritt an die Stelle der Abn. MangelFreih gehört nicht dazu. Die Wirkg der Vollendg ist die gleiche wie bei der Abn, vgl § 640 Anm 1b. Da die AbnFähigk nur dann verneint werden kann, wenn auch eine Anerkenn als im wesentl vertrgem Leistg nicht in Frage kommt, ist ein RügeVerz gem § 640 II kaum denkb.

647 *Unternehmerpfandrecht.* Der Unternehmer hat für seine Forderungen aus dem Vertrag ein Pfandrecht an den von ihm hergestellten oder ausgebesserten beweglichen Sachen des Bestellers, wenn sie bei der Herstellung oder zum Zwecke der Ausbesserung in seinen Besitz gelangt sind.

1) Allgemeines. Die §§ 647, 648 dienen der Sicherg des Untern für seine GeldFdgen aGrd des WkVertr. Sie ist ein Ausgl dafür, daß der Untern das Risiko des Gelingen des Wk trägt (Einf 1 vor § 631) u desh mit der Herstellg vorleistgspfl ist (§ 641 Anm 1b). Neben dem ges können die Part dch IndividualVereinbg od AGB ein vertragl PfandR des Untern begründen (BGH BB **77**, 1417).

2) Unternehmerpfandrecht. a) Es besteht **für alle vertraglichen Forderungen.** Das ist in erster Linie der VergütgsAnspr aus §§ 631, 649, aber auch der EntschAnspr aus § 642, der AufwErsAnspr aus § 645 I, der SchadErsAnspr aus § 645 II, wg Verz od pVV. Nicht für Anspr aus WkLiefergsVertr (§ 651 I 2) u für außervertragl Anspr.

b) Es ergreift die **beweglichen Sachen** des Best, an denen der Untern zum Zwecke der Herstellg od Bearbeitg Bes erlangt hat. Der Untern, der ein Kfz repariert, hat ein ges PfdR auch am übergebenen KfzBrief (Kln MDR **77**, 51; vgl auch § 952 Anm 2c). Ein **gutgläubiger Erwerb** des PfandR an Sachen, die Dritten gehören u die der Best dem Untern übergeben hat, ist nicht mögl (BGH NJW **83**, 2140; str; vgl § 1257 Anm 2a). Das UnternPfandR entsteht kraft G u das BGB kennt GutglSchutz auch sonst nur bei rechtsgesch, nicht bei Erwerb kraft G. Der Wortlaut des § 1257 erklärt die Vorschr über das VertrPfandR u damit auch den § 1207 nur für ein kraft G bereits entstandenes PfandR für anwendb, nicht aber auf seine Entstehg, ohne einen Unterschied zw besitzl u rechtsgeschgebundenen PfandR zu machen. Dem Umst der Bes-Überg zum Zweck der Herstellg od Bearbeitg kommt nicht die gleiche LegitimationsWirkg zu wie iF der BesÜberg zur Verpfändg, denn diese ist – im Ggs zur BesÜberg nur zur Bearbeitg – eine Verfügg über das Eigt, die den Schutz eines aGrd des Bes an eben dieses Eigt des Verfügden glaubt, rechtfertigt. Folgerricht entsteht das PfandR auch dann nicht, wenn der Eigtümer des Best zustimmt (BGH **34**, 122, Köln NJW **68**, 304), weil die BesÜberg zur Rep keine nach § 185 genehmiggsfäh Verfügg über das Eigt darstellt u weil der entspr Anwendg des § 185 entggsteht, daß zum RErwerb kraft G eine Verfügg gerade nicht erforderl ist. Ein vertragl bei einem NichtBerecht, zB SichgGeber, bestelltes PfdR kann nach § 185 od § 1207 wirks sein (BGH **68**, 323; zweifelnd Müller VersR **81**, 499), erstreckt sich aber nur auf die Fdg aus der jeweil Rep, nicht auf früher entstandene Fdgen (BGH NJW **83**, 2140). – Übergibt der Best dem Untern eine unter EigtVorbeh gekaufte Sache, so entsteht das UnternPfandR am **Eigentumsanwartschaftsrecht** des Best (vgl § 929 Anm 6 B d; BGH NJW **65**, 1475 für VermieterPfandR). Es erlischt allerd mit Erlöschen des AnwR bei Rücktr des VorbehVerk.

c) Für **Verwertung** u **Erlöschen** des PfandR gelten die Regeln über das VertrPfandR. Vgl § 1257 Anm 2d, f.

3) Zurückbehaltungsrecht und Verwendungsersatzanspruch des Untern hat mangels Entstehg eines ges PfandR Bedeutg, wenn die ihm übergebene Sache nicht dem Best gehört. **a) Gegenüber dem Besteller** hat der Untern den VergütgsAnspr aus § 631, fäll bei Abn (§ 641). Bezahlt der Best da nicht, hat Untern ZbR gem § 273.

b) Gegenüber dem Eigentümer. aa) Solange der Best ggü dem Eigtümer **zum Besitz berechtigt** ist, braucht auch der Untern die Sache nicht herauszugeben (§ 986 I 1), hat anderers mangels einer Vindikations-

Einzelne Schuldverhältnisse. 7. Titel: I. Werkvertrag   §§ 647, 648

lage aber auch keinen VerwendgsErsAnspr nach § 994 (BGH **27**, 317; aA für einen bes gelagerten Sachverh Zweibr JZ **86**, 341).

bb) Unrechtmäßiger Besitzer wird der Untern, sobald das BesR des Best ggü dem Eigtümer endet, zB bei Rücktr des VorbehVerk. Der Untern hat desh gg den Eigtümer den Anspr aus § 994 u damit das ZbR aus § 1000 u zwar auch für diejen Verwendgen, die er auf die Sache in einer Zeit gemacht hat, in der er noch zum Bes berecht war (BGH **34**, 122 [132], Köln NJW **68**, 304; vgl auch Vorbem 1c bb vor § 994). Ein früheres, erloschenes ZbR lebt nicht wieder auf, wenn der Untern aGrd eines weiteren RepAuftr erneut in den Bes der Sache kommt (BGH NJW **83**, 2140).

4) Sondervorschriften der VOB/B gibt es zu den SichergR des Untern nicht. Dagg enthält § 17 detaillierte Regelgn für den Fall, daß eine SicherhLeistg des Untern für die DchFührg der übertr Leistgen u für die Erf der Gewl vereinb ist.

648 *Sicherungshypothek des Bauunternehmers.* ^I Der Unternehmer eines Bauwerkes oder eines einzelnen Teiles eines Bauwerkes kann für seine Forderungen aus dem Vertrage die Einräumung einer Sicherungshypothek an dem Baugrundstücke des Bestellers verlangen. Ist das Werk noch nicht vollendet, so kann er die Einräumung der Sicherungshypothek für einen der geleisteten Arbeit entsprechenden Teil der Vergütung und für die in der Vergütung nicht inbegriffenen Auslagen verlangen.

^{II} Der Inhaber einer Schiffswerft kann für seine Forderungen aus dem Bau oder der Ausbesserung eines Schiffs die Einräumung einer Schiffshypothek an dem Schiffsbauwerk oder dem Schiff des Bestellers verlangen; Absatz 1 Satz 2 gilt sinngemäß. § 647 findet keine Anwendung.

1) Allgemeines. Vgl zunächst § 647 Anm 1. Lit: Groß, Die BauhandwSichgHyp, 1978; Motzke, Die BauhandwSichgHyp, 1981. Das G gewährt keine Hyp, sond nur den schuldrechtl Anspr auf ihre Bestellg u zwar erst nach Baubeginn u im Umfang der geleisteten Arb. Eine umständl Angelegenh u im Hinbl auf vorrang Hyp wenig Sicherh für den Untern. Der Anspr ist dch IndividualVereinbg abdingbar, Ausschl in AGB ohne Einräumg einer and Sicherh ist wg mißbräuchl Verfolgg einseit Interessen auf Kosten des BauUntern unwirks (BGH **91**, 139, Mü BB **76**, 1001; abl Kapellmann BauR **76**, 323). Einräumg einer nicht vereinb and Sicherh beseitigt den Anspr auf HypBestellg nicht, uU aber die Notwendigk seiner Sicherg dch Vormkg iW einstw Vfg (Düss BauR **85**, 334, 580). Kein Anspr auf Sicherg mehr, wenn der Best den WkLohn zur Abwendg der ZwVollstr unter Vorbeh bezahlt hat (Hbg NJW-RR **86**, 1467).

2) Sicherungshypothek. a) Der **Bauwerkunternehmer** kann ihre Einräumg verlangen. BauWk vgl § 638 Anm 2c. Für das Merkmal Untern ist nicht entscheidd die techn od wirtschaftl Beteiligg an der BauAusführg, sond die rechtl Beziehg zum Best (BGH LM Nr 1). Darunter fallen also alle, die wkvertragl dem Best ggü zur Herstellg od Arb am Bau od eines Teils davon verpfl sind, nicht dagg SubUntern od bloße Lieferanten. Vorauss für den Anspr ist die mind teilw Vollendg (vgl I 2) des konkret geschuldeten Wk, das häufi nicht mit dem ganzen BauWk ident ist, zB Einbau der Installationen. BauWkUntern ist auch der iR eines WkVertr (Einf 5 vor § 631) tät **Architekt** (BGH **51**, 190). Vorauss ist auch hier, daß die WkLeistg des Arch in eine so enge Beziehg zu dem Grdst getreten ist, daß sich hierdch sein Wert vergrößert hat (Düss NJW **72**, 1863). Desh kein Anspr auf SichergsHyp, sow der Arch Vergütg für Neben-DLeistgen verlangen kann, zB für nicht ausgeführten zweiten Entw, FinanzBeratg, GeldBeschaffg (Mü NJW **73**, 289). Auch vor Baubeginn u für den nur planden Arch besteht kein Anspr (ebso Barnikel Betr **77**, 1084; aA LG Traunstein NJW **71**, 1460, Durchlaub BB **82**, 1392). Ebso, wenn es sich ausnahmsw um DVertr handelt. Gleiches gilt für den **Statiker,** wenn er unmittelb mit dem Best in einer WkVertr-Beziehg steht (Ffm OLGZ **79**, 437; falsch Mü OLGZ **65**, 143). Gleiches gilt für den **Baubetreuer** (§ 675 Anm 6), falls er aGrd WkVertr das BauWk zu erstellen u nicht lediglich aGrd GeschBesVertr eine kaufm finanzielle Tätigk auszuüben hat (Stgt BB **62**, 543, Ffm BauR **88**, 343). Im **Erbfall** sind als Berecht die Erben im GB einzutragen, nicht der NachlVerw (Hamm Betr **88**, 1693).

b) Pfandgegenstand ist das **Baugrundstück des Bestellers,** nicht dessen and u nicht fremde Grdst, u zwar das ganze Grdst, wie es zu Beginn der AuftrArb im GB ausgewiesen ist, nicht nur der zu bebauende Teil (Kln JMBl NRW **76**, 211). Errichtet der Untern auf mehreren Grdst desselben Best jeweils ein BauWk, so kann er wg der jeweil WkLohnFdg eine SichgsHyp nur an dem betr Grdst verlangen (Ffm OLGZ **85**, 193). Ob die erforderl Identität zw Best u GrdstEigtümer formalju od wirtsch zu beurt ist, war lange bestr (vgl 47. Aufl). Nunmehr kann als gesichert angesehen werden, daß der Untern die Einräumg einer Sichgs-Hyp nur verlangen kann, wenn Best u GrdstEigtümer rechtl dieselbe Pers sind, währd Übereinstimmg nach wirtsch Betrachtgsweise idR nicht genügt. Dies schließt jedoch nicht aus, daß sich der GrdstEigtümer im Einzelfall nach Tr u Gl wie Best behandeln lassen muß, sow der Untern wg eines ihm zustehdn WkLohns Befriedigg aus dem Grdst sucht (BGH **102**, 95). Diese Vorauss liegt zB vor, wenn der GrdstEigtümer die beherrschde Position innehat u überdies die tats Vortle aus der WkLeistg des Untern zieht (BGH aaO). Falls der Baubetreuer (§ 675 Anm 6) die Vertr im eig Namen schließt u nicht GrdstEigtümer ist, erwerbe die BauWkUntern keinen Anspr auf Sicherg (eingeh Lüdtke-Handjery Betr **72**, 2193). Ist das BauWk zT auch auf fremdem Grd errichtet, so ist die Hyp auf dem Grdst des Best in voller Höhe einzuräumen, falls die Vergütg für das BauWk einheitl zu berechnen ist (Nürnb NJW **51**, 155). Mit der Veräußerg des Grdst erlischt der SichergsAnspr, soweit er nicht bereits vormkg eingetr war (Düss BauR **77**, 361). Mit Abtretg, Verpfändg, Pfändg der UnternFdg geht der Anspr auf Einräumg bzw die bestellte Hyp über, § 401. PfandGgst kann auch ein **Erbbaurecht** des Best sein. Eine Vereinbg zw Eigtümer u ErbbauBerecht (Best) nach § 5 II ErbbRVO steht der Eintr einer Vormkg aGrd einstw Vfg nicht entgg (Köln NJW **68**, 505). Bildet der Eigtümer später **Wohnungseigentum,** so kann der BauUntern hins der im Eigt des Best verbliebenen EigtWohngen eine GesHyp in voller Höhe seiner Fdg verlangen, nicht nur Hypen in Höhe des

709

§§ 648, 649

Betr, der dem auf die einz Wohng entfallden LeistgsAnt entspricht (Mü NJW 75, 220, Düss BauR 75, 62, Köln Rspr Bau Z 2.321 Bl 37, Ffm OLGZ 85, 193; aA Ffm NJW 74, 62). Ebso kann der Untern Eintr einer GesHyp verlangen, wenn der Best nach Entstehg des SichgAnspr das Grdst in mehrere selbstd, in seinem Eigt verbleibde Grdst od MitEigtmAnt aufteilt (Düss BauR 83, 376, Ffm OLGZ 85, 193).

c) Sicherbar sind alle aus dem Vertr herrührden Fdgen des Untern gg den Best (vgl § 647 Anm 2 a), auch die Kosten der Erwirkg der Hyp od der Vormkg (MüKo/Soergel Rdn 15) u aus dem Vertr hervorgegangenen SchadErsAnspr (BGH NJW 88, 255). Auf welche sicherb Fdgen sich die Hyp bzw Vormkg im EinzFall erstreckt, beurt sich nach der bei der Eintr in Bezug gen EintrBewilligg bzw einstw Vfg (BGH NJW 74, 1761). Die Fdg muß noch nicht fäll sein.

3) Durchführung. Entw dingl Einigg (§ 873) od ihr Ers dch ein rechtskr Urt (ZPO 894) u Eintr. Vertragl Ausschl steht bei Argl od VermVerschlechterg nicht entgg. – Ges SichergsHyp (§§ 1184, 1185) in Höhe der wirkl Fdg. ZPO 866 III gilt nicht, weil es sich nicht um ZwVollstr wg GeldFdg, sond um Anspr auf Abg einer WillErkl handelt (Th-P § 866 Anm 2 b). Wg der GeldFdg ist bei Gefährdg ArrestAntr mögl. Löschg der Hyp Zug um Zug gg Zahlg. – Sicherg des Anspr auf Bestellg der Hyp dch **Vormerkung** aGrd Bewilligg od einstw Vfg (§ 885 I); im letzten Fall müssen zur Eintr sowohl die EintrVorauss der GBO wie die VollziehgsErfordern der ZPO vorliegen (Düss Rpfleger 78, 216). Umschreibg der Vormkg in Hyp nur aGrd Bewilligg od eines sie ersetzend Urt. HauptsacheKl iS des § 926 ZPO ist nur die auf Einräumg der Hyp, nicht die Kl auf Zahlg des WkLohns (Ffm NJW 83, 1129, Oldbg NJW-RR 86, 322). Die Höhe der Fdg kann im einstw VfgsVerf glaubh gemacht werden dch prüfgsfäh SchlußRechng mit den dazugehör Vertr- u AbrechngsUnterlagen sowie eidesst Vers ihrer Richtigk. Inwieweit dies dadch entkräftet wird, daß der Bauherr eine GgRechng unter eidesst Vers ihrer Richtigk vorlegt, ist Frage der BewWürdigg (Kln JMBl NRW 75, 264). Bei Mängeln des Wk, glaubh zu machen dch PrivGutachten, kann der Untern, auch wenn er nur subsidiär für sie einzustehen hat (Celle BauR 86, 588), die Eintr einer Hyp od Vormkg, egal ob vor od nach Abn des Wk, nicht verlangen, soweit u solange das Wk mangelh ist (BGH 68, 180; bestr, vgl Peters NJW 81, 2550). Bei Erlaß hat der Bauherr die Kosten des einstw VfgsVerf zu tragen, ohne daß er die EintrBewilligg vorher abgelehnt haben od in Verz damit gek sein müßte (Celle BauR 76, 365; aA Hamm NJW 76, 1459).

4) Sondervorschriften. a) Das **Gesetz zur Sicherung von Bauforderungen** v 1. 6. 09 (RGBl 449) ist neben § 648 anwendb, hat aber keine prakt Bedeutg, weil die dazu nöt DVO nicht erlassen, insb die sog Bauschöffenämter nicht errichtet wurden. SchutzG (vgl § 823 Anm 9 f).

b) Zur **VOB/B** vgl § 647 Anm 4.

649 **Kündigungsrecht des Bestellers.** Der Besteller kann bis zur Vollendung des Werkes jederzeit den Vertrag kündigen. Kündigt der Besteller, so ist der Unternehmer berechtigt, die vereinbarte Vergütung zu verlangen; er muß sich jedoch dasjenige anrechnen lassen, was er infolge der Aufhebung des Vertrags an Aufwendungen erspart oder durch anderweitige Verwendung seiner Arbeitskraft erwirbt oder zu erwerben böswillig unterläßt.

1) Das **Kündigungsrecht** des Besteller besteht bis zur Vollendg des Wk (§ 646) jederzeit ohne FrSetzg u ohne Angabe von Grden. Es folgt aus dem Wesen des WkVertr (Einf 1 vor § 631), da an der Herstellg des Wk idR nur der Best ein Interesse hat, währd es dem Untern nur um die Vergütg geht. Die Künd schädigt ihn nicht, denn der Reinertrag bleibt ihm. Sie hebt den Vertr für die Zukunft auf, läßt ihn aber als Rechtsgr für in der Vergangenh erbrachte Leistgen bestehen (BGH NJW 82, 2553, Betr 87, 2093). Umdeutg des Rücktr in Künd u umgekehrt ist wg der verschiedenen RFolgen regelm nicht angängig. KündiggsErkl kann auch darin liegen, daß Best nach vorher Ankündigg die ausstehden Leistgen selbst ausführt (BGH WM 72, 1025). Abdingb (BGH Betr 74, 870), auch konkludent, zB wenn sich aus dem VertrZweck ergibt, daß auch der Untern in R auf DchFührg des Vertr hat (Celle MDR 61, 318; vgl § 631 Anm 3 a). § 649 ist bei Vereinbg auch auf DVertr anwendb (BGH LM § 611 Nr 5). Nicht anwendb auf den bauvertragl Tl eines Bauträger-Vertr wg dessen Einheitlk, Künd nur aus wicht Grd (BGH 96, 275).

2) Der **Vergütungsanspruch** (§ 632) des Untern umfaßt auch die an seinen HandelsVertr für die Vermittlg des WkVertr geschuldete Prov (BGH NJW 84, 1455). Er besteht von vorneherein nur abzügl der inf der VertrAufhebg eingesparten Aufw, der dch anderweit Einsatz der ArbKraft erzielten od böswill nicht erzielten Erlöse. Es handelt sich insow also nicht um eine Einr (BGH Betr 81, 315). **Ersparte Aufwendungen** sind ausschl solche, die der Untern inf, also nach der VertrAufhebg nicht mehr erbringen muß, sie können desh auch nur von dem Tl der Vergütg abgezogen werden, der sich auf den noch nicht vollendeten Tl der Leistg bezieht; andseits können Aufw, die der Untern in Erf seiner Verpfl bis zur VertrAufhebg erbracht hat, nicht als erspart berücks werden (BGH NJW-RR 88, 1295). Behauptet der Best höhere Ersparn, trifft ihn die Darleggs- u BewLast, jedoch ist eingeher Vortrag über die KalkulationsGrdl des Untern nicht zu erwarten (BGH WM 77, 1307); iF teilw Abtretg vorweg von der Vergütg abzusetzen. BerechngsMethode u -Bsp, auch bei VerlustGesch des Untern vgl van Gelder NJW 75, 189. S 2 Halbs 2 ist entspr anwendb, wenn der Untern das Ergebn seiner Arb anderweit ausnutzt, zB Verk des teilw fertiggestellten Wk (BGH NJW 69, 237). Sow das Wk hergestellt, ist es dem Best zu überlassen. Bereits angeschafftes, nicht mehr verwendetes Material gehört zu den ersparten Aufw nur, wenn es der Untern in absehb, zumutb Zeit anderweit verwenden kann (Hamm NJW-RR 88, 1296). Auf seine Übereignig hat der Best keinen Anspr (RG 104, 93), der Untern kann es ihm aber zur Verfüg stellen. Abn erbrachter TlLeistgen ist nicht FälligkVoraussetzg (Düss BauR 78, 404). Wird das Wk nicht (BGH NJW-RR 86, 1026) od bei einer teilb Leistg nur teilw ausgeführt, so handelt es sich nicht um ein umsatzsteuerpfl Gesch (BGH 101, 130). – **Kein Vergütungsanspruch** für noch nicht erbrachte Leistgen, wenn Best künd, weil Untern ihm einen wicht Grd dafür gegeben hat, zB weil er den VertrZweck gröbl gefährdet (BGH 45, 372 [375] Architekt),

Einzelne Schuldverhältnisse. 7. Titel: I. Werkvertrag §§ 649–651

etwa dch grobe Mängel der bisher erbrachten TlLeistgen (BGH NJW **75**, 825), dch groben Vertrauensbruch, zB wenn Arch von den Handwerkern, die er im Namen des AuftrG beauftragt, „Prov" annimmt (BGH NJW **77**, 1915). Dabei kommt es nur auf die obj KündLage im Ztpkt der Künd an, nicht darauf, ob der Best den wicht Grd schon kannte. Gleiches gilt iF einvernehml VertrAufhebg, wenn dabei keine anderweit Vereinbg über die Vergütg getroffen wurde (BGH NJW **76**, 518). – **Vereinbarung einer pauschalierten Abfindung** des Untern ist wirks, in FormularVertr an AGB §§ 10 Nr 7 (BGH WM **83**, 525 u 527) u 11 Nr 5 b (BGH Betr **85**, 1286) zu messen.

3) Um ein **Dauerschuldverhältnis** (Einl 5 vor § 241) handelt es sich bei WkVertr nur selten, eher bei Sukzessiv-WkLiefergsVertr. Bei Künd aus wicht Grd gilt S 2 nicht (BGH WM **84**, 1375), vielmehr werden beide VertrPartner von ihrer LeistgsPfl für die Zukunft befreit (BGH BB **62**, 497). Im Falle ord Künd gilt § 621 entspr (Hbg MDR **72**, 866). Da Best jederzeit kündigen darf u § 649 den Untern so stellt, als ob erf wäre, hat er daneben od darühinaus keinen SchadErsAnspr nach allg Vorschr (Düss BauR **73**, 114).

4) **Verhältnis zu anderen Rechten.** Bis zur Künd stehen beiden VertrSeiten die allg R (etwa §§ 119, 280, 323 ff), dem Untern auch die R aus §§ 642 ff zu; vgl §§ 642, 643 je Anm 2, §§ 644, 645 Anm 1 bis 5.

5) **Sonderregelungen a) In allgemeinen Geschäftsbedingungen,** die entgg S 2 stets Anspr auf volle Vergütg o Rücks auf die tatsächl erbrachten Leistgn gewähren, sind nichtig (BGH NJW **73**, 1190 für § 18 I GOI). Ebso eine Klausel, die jeden EntschädiggsAnspr des Untern ausschließt (BGH **92**, 244). Zuläss ist in AGB eine pauschale Abgeltg der bis zur Künd erbrachten Leistgn u Aufw, die sich iR des § 10 Nr 7 AGBG hält (BGH **87**, 112 [120]: 5% der AuftrSumme bei Künd vor Beginn der BauAusführg) u die nicht den GgBeweis tats geringerer Leistgn u Aufw (§ 11 Nr 5 b AGBG) ausschließt (BGH WM **85**, 93).

b) Die **VOB/B** enthält in **§ 8 Nr 1** grdsätzl eine mit § 649 übereinstimmde Regelg, die Künd bedarf aber der Schriftform (Nr 5). Darüberhinaus gibt **§ 8 Nr 2 bis 4** ein KündR für bes Fälle mit darauf abgestellter Regelg der Vergütg u weitergehder beiderseit R. – **§ 9** sieht ein KündR des Untern nach FrSetzg vor, falls der Best MitwirkgsHandlgen unterläßt od fäll Zahlgen nicht leistet (vgl § 643 Anm 3).

650 *Kostenanschlag.* ¹ Ist dem Vertrag ein Kostenanschlag zugrunde gelegt worden, ohne daß der Unternehmer die Gewähr für die Richtigkeit des Anschlags übernommen hat, und ergibt sich, daß das Werk nicht ohne eine wesentliche Überschreitung des Anschlags ausführbar ist, so steht dem Unternehmer, wenn der Besteller den Vertrag aus diesem Grunde kündigt, nur der im § 645 Abs. 1 bestimmte Anspruch zu.

II Ist eine solche Überschreitung des Anschlags zu erwarten, so hat der Unternehmer dem Besteller unverzüglich Anzeige zu machen.

1) Der **Kostenanschlag** kann versch Bedeutg haben. Das G geht davon aus, daß er ledigl eine unverbindl fachmänn Berechng der voraussichtl Kosten u damit für beide Seiten bloß GeschGrdlage, nicht VertrBestandtl ist (Ffm NJW-RR **89**, 209). **Garantiert** der Untern die Preisansätze des Voranschlags, so wird er VertrBestandtl, der Untern kann dann nur die Anschlagsumme verlangen, § 650 gilt in diesem Fall nicht (BGH NJW-RR **87**, 337). KalkulationsIrrt bei vereinb Höhe der Vergütg vgl § 139 Anm 5 f.

2) Das **Kündigungsrecht** des Best ist die Folge einer wesentl Überschreitg des Voranschlags u der darin liegden Veränderg der GeschGrdlage. SonderRegelg zu § 649 zug des Best, weil die wesentl Überschreitg des Kostenanschlags für das eig Wk aus dem Risikobereich des Untern stammt. Desh nicht entspr anwendb gg den Arch, wenn die zur Grdlage des ArchVertr gemachte Bausumme wesentl überschritten wird (BGH **59**, 339). Maßg ist, ob der veranschlagte EndPr überschritten ist, EinzPositionen sind ohne Belang (Honig BB **75**, 447). Wann die Überschreitg wesentl ist, läßt sich nicht mit einer in allen Fällen gült Prozentzahl sagen, es kommt auf den EinzFall an. Daß 27,7% noch innerh der Toleranzgrenze liegen können (so BGH VersR **57**, 298 in einem Sonderfall, wie BGH NJW-RR **87**, 337 selbst einschränkt), ist nicht zu billigen. Als Richtschnur sollten je nach Lage des Falles 15 bis 20, in bes AusnFällen bis maximal 25% gelten. Pahlmann DRiZ **78**, 367 meint, es sei an 10% zu denken. Köhler NJW **83**, 1633 hält eine Überschreitg dann für wesentl, wenn sie einen redl Best zur Änderg seiner Dispositionen, insb zur Künd veranlassen kann u gibt dafür Kriterien an. Das KündR besteht nur bis zur Abn (§ 640). Vergütgsanspr des Untern nach § 645 I. Statt der Künd kann der Best bei wesentl Überschreitg SchadErs wg Verschuldens bei VertrSchluß verlangen (Ffm NJW-RR **89**, 209). Ein Schad besteht aber insoweit nicht, als die Mehrkosten zu einem Wertzuwachs des Wk geführt haben (BGH NJW **70**, 2018).

3) Die **Anzeigepflicht** (II) soll den Best vor Übervorteilg schützen u die Ausübg seines KündR sichern. Unterlassg der Anz ist schuldh VertrVerletzg, die den Untern zum SchadErs verpfl (Ffm NJW-RR **89**, 209). Zu ersetzen ist das negat Interesse. Der Best ist also so zu stellen, wie er bei rechtzeit Anz u daraufhin ausgesprochener Künd stehen würde (Ffm OLGZ **84**, 198), dh der Untern hat nur die Anspr aus I mit § 645 I, bezogen auf den fiktiven Ztpkt der Künd ohne Berücksichtigg bereichergsrechtl Grdsätze, weil der Untern die Materialeinbauten nicht ohne rechtl Grd vorgenommen hat (Ffm **Rspr Bau** Nr 1), u muß etwaige weitere Schäd des Best wg der unterlassenen Anz ersetzen (zust u differenziert Köhler NJW **83**, 1633). Diese Folgen entfallen, wenn der Best die Überschreitg des Voranschlags kannte od wenn sie auf seinen Weisgen od Wünschen beruht; § 254 ist anwendb.

651 *Werklieferungsvertrag.* ¹ Verpflichtet sich der Unternehmer, das Werk aus einem von ihm zu beschaffenden Stoffe herzustellen, so hat er dem Besteller die hergestellte Sache zu übergeben und das Eigentum an der Sache zu verschaffen. Auf einen solchen Vertrag finden die Vorschriften über den Kauf Anwendung; ist eine nicht vertretbare Sache herzustellen,

§ 651, Einf v § 651a   2. Buch. 7. Abschnitt. *Thomas*

so treten an die Stelle des § 433, des § 446 Abs. 1 Satz 1 und der §§ 447, 459, 460, 462 bis 464, 477 bis 479 die Vorschriften über den Werkvertrag mit Ausnahme der §§ 647, 648.

II Verpflichtet sich der Unternehmer nur zur Beschaffung von Zutaten oder sonstigen Nebensachen, so finden ausschließlich die Vorschriften über den Werkvertrag Anwendung.

1) Begriff, Abgrenzung. Allg vgl Einf 1, 4 vor § 631. **a)** Der **Werklieferungsvertrag** hat zum Inhalt die Herstellg aus Stoffen des Untern u Übereigng des fert Wk an den Best (BGH Betr 69, 346). Er hat mit dem WkVertr gemeins die Herstellg eines körperl ArbErfolges für den Best. Er unterscheidet sich vom reinen **Werkvertrag** dadch, daß der Untern die Stoffe zur Herstellg zu beschaffen u das Wk dem Best zu übergeben u zu übereignen hat; letzteres hat er mit dem KaufVertr gemeins. Beim WkVertr steht die Schöpfg des Wertes gerade für den Best, beim WkLiefergsVertr die mit dem Warenumsatz verbundene Übertr v Eigt u Bes im VorderGrd (BGH WM 77, 79). **Kaufvertrag** liegt vor, wenn es sich lediglich um die Beschaffg der fert Sache, sei es auch mit kleineren Ändergen (zB Konfektionskleidg) handelt, also die Herstellg nicht VertrGgst ist. Ist dagg die Herstellg VertrInhalt u beschaft der Untern ledigl Zutaten od Nebensachen, so handelt es sich um reinen WkVertr (Abs II); das ist immer dann der Fall, wenn die StoffLieferg ggü der ArbLeistg u sonst Aufw an Bedeutg zurücktritt, zB Operation, Gutachten, Porträt u vor allem beim BauVertr (Einf 3 vor § 631, Kln BauR **86**, 441), weil das Grdst des Best Hauptsache ist (BayObLG **33**, 199; vgl auch BauBetreuungsVertr § 675 Anm 6); dies auch bei Lieferg u Montage von Fertigteilgaragen (Düss BauR **82**, 164).

b) Das G unterscheidet **zwei Typen:** WkLiefergsVertr über **vertretbare Sachen,** sog LiefergsKauf (Anm 2) u über **nicht vertretbare Sachen,** eigentl WkLiefergsVertr (Anm 3). Beim ersteren überwiegt beim Best das Interesse an der Beschaffg des fert Produkts, beim Herst das Interesse am Absatz; er steht den UmsatzGesch, insb dem Kauf näher, wohl aber der Verk rad WkVertr – zur Neuherstellg, denn sie ist ersetzb dch Lieferg einer bereits hergestellten Sache. Beim letzteren überwiegt das beiders Interesse an der ArbLeistg u Herbeiführg des Erfolges, das HerstellgsInteresse, er steht dem WkVertr näher.

2) Bei **vertretbaren Sachen** (§ 91) gilt ausschließl KaufR. Da es sich meist um beschr GattgsSchuld handelt (Serienware aus der Produktion des Verk), gilt insb auch § 480. Dem Untern steht es frei, die Sache für den Best neu herzustellen od eine von ihm bereits hergestellte zu liefern, zB nach Katalog. And als beim eigentl WkLiefergsVertr besteht keine Verpfl – wohl aber das R – zur Neuherstellg, denn sie ist ersetzb dch Lieferg einer bereits hergestellten Sache. ZwVollstr nach ZPO 883 I, 884. §§ 633ff gelten nicht, außer die GewlAnspr des Best sind vertragl auf Nachbesserg beschr (BGH Betr **71**, 1467). Versucht der Lieferant im Einverständn des Best die Nachbesserg, so gilt § 639 entspr (BGH LM § 639 Nr 1). Wg der Haftg des WkLieferers untretrb Sachen für Vorlieferanten vgl § 631 Anm 2a. Hins der OffenbargsPfl wg Mängeln ist nicht jede im Betr des WkLiefers tät Pers sein ErfGeh (BGH Betr **68**, 1119: von HilfsPers verursachter, aber verheimlichter Mangel). – Aus dem WkVertrR können ledigl die §§ 642, 643, 645 bei Mitwirkg, Zutaten, Anweisgen des Best entspr anwendb sein, wodch der Unterschied zum reinen KaufVertr ersichtl wird.

3) Nicht vertretbare Sachen (eigentl WkLiefergsVertr) sind solche, die dch die Art ihrer Herstellg den BestWünschen angepaßt sind u desh individuelle Merkmale besitzen, nicht austauschb (Hamm BB **86**, 555) u für den Untern schwer od garnicht anderweit absetzb sind, zB Reiseprospekte (BGH NJW **66**, 2307), Maßanzug, Werbefilm (BGH MDR **66**, 496), Bauarbeiten (vgl Anm 1a), Errichtg einer EigtWohng mit Mitteln des Best (BGH WM **78**, 1351). ZwVollstr nach ZPO 887, 888 für Herstellg u Übereignung. Es gelten primär die Vorschr über den Kauf, sie sind aber teilw ersetzt dch die über den WkVertr.

Im einzelnen:

a) Nach Kaufrecht hat Untern das Wk zu übertr u zu übereignen u für RMängel zu haften. Anwendb sind §§ 434, 435, 436, 439, 440, 442, 443, 444, 446 I 2, II, 447 über § 644 II, §§ 448 I, 449 mit §§ 313, 450, 452–455, 465–467, 469–476 über § 634 IV, §§ 477 II, III, 478, 479 über § 639 I, §§ 480, 494–496, 497–515. Im HandelsVerk gelten HGB 377, 381 II.

b) Nach Werkvertragsrecht richtet sich die Herstellgs- u AbnPfl, für GrdstAntl u Herstellg der Eigt-Wohng einheitl vereinb Vergütg einschl der Verj des Anspr (BGH WM **78**, 1351), Haftg für WkMängel (BGH MDR **66**, 496), Verzögerg, Gefahrübergang (bei bewegl Sachen), Rücktr, Künd. Es gelten also: §§ 633–637, 639, 640, 642–643, ferner §§ 631 I, 632, 641, 644–645 mit 646 II, 649–650.

c) Unanwendbar: §§ 433 II, 446 I 1, 459, 460, 462–464, 477 I, sowie §§ 647–648; kein PfdR, da Untern bis zur Überg Eigtümer; wird auf BestGrdst gebaut, liegt § 651 ohnehin nicht vor (vgl Anm 1a). § 646 kaum prakt, da für Übermittlg stets Abn (Überg, Übereignung) erforderl.

II. Reisevertrag

Einführung

1) Regelungsgehalt. Die §§ 651a–k sind dch das ReiseVertrG vom 4. 5. 79 (BGBl 509) neu eingefügt u seit 1. 10. 79 in Kraft. Die §§ 651a, b legen die Rechte u Pfl der VertrBeteil fest, §§ 651c bis h regeln abschließd die Gewl einschl der Fr für ihre Geltdmachg, der Verj u der zuläss HaftgsBeschrkgen. § 651i gibt ein von Gewl unabhäng RücktrR des Reisedn, § 651j ein außerordentl KündR für beide VertrTle. § 651k verbietet vertragl Abweichgen von der ges Regelg zum NachTl des Reisedn. Da es sich nicht um eine abschließde Regelg der ganzen Materie des ReiseVertrR handelt, gilt WkVertrR, sow eine spezielle Regelg fehlt (BGH NJW **87**, 1931 [1933]).

712

Einzelne Schuldverhältnisse. 7. Titel: II. Reisevertrag **Einf v § 651 a, § 651 a**

2) Begriff und Wesen. Der ReiseVertr ist auf die Herbeiführg eines Erfolges (die ganze Reiseveranstaltg) in eig Verantwortg – dies in Abgrenzg zur Reisevermittlg (BGH NJW **85**, 906) – dch die Tätigk des Reiseveranstalters gg Vergütg gerichtet u deshalb dem WkVertr ähnl (vgl die Überschr des 7. Titels). Im Unterschied zum eigentl WkVertr wählt der Reiseveranstalter eine Anzahl von EinzLeistgen (zB Flug-, Schiffs-, Bahnreise, Transfer ins Hotel, Unterkunft, Verpflegg, Reiseleitg) im vorhinein aus, stimmt sie aufeinand ab, verbindet sie zu einer Einh u bietet sie nach einem vorher festgelegten u ausgeschriebenen Programm zu einem einheitl Pr an. Diese Mehrh zugefaßter EinzLeistgen erbringt er innerh eines best Zeitraums in eig Verantwortg. Meist bedient er sich dazu zumindest teilw versch Leistgsträger.

3) Anwendungsbereich. Die §§ 651 a ff regeln bei einem auf eine Gesamth von Reiseleistgen gerichteten ReiseVertr, wie vorstehd charakterisiert, die RBeziehgen zw dem Reiseveranstalter u dem Reisdden. Das G definiert den Begr des Reiseveranstalters nicht. Gewerbl Tätigk u Gewinnstreben sind nicht erforderl, es genügt jede Tätigk, wie vorstehd 2 beschrieben (ebso MüKo/Löwe Vor § 651 a Rdn 7, Jauernig-Teichmann § 651a Anm 2b; aA Pickartz NJW **82**, 1135), zB Leserreise eines ZeitgsVerlages, Volkshochschule, im Ggs etwa zum organisierten Betr- od Vereinsausflug. Hauptfall ist die Pauschalreise. Es genügen aber auch zwei zu einer GesLeistg zugefaßte Leistgen, von denen nicht die eine ganz untergeordnete Bedeutg hat. Bsp: Beförderg u Unterkunft in einer Ferienwohng (BGH **61**, 276), Unterkunft u Vollpension in einem Hotel, auch ohne Beförderg (Mü NJW **84**, 132 mit Angabe der ggteil Auffassgen). Einzelne Bestimmgen dieses Titels sind entspr anwendb, wenn ein Reisebüro eine Einzelleistg selbst als Veranstalter (vgl § 651 a II) – im Ggs zur bloßen Vermittlg – anbietet (BGH NJW **85**, 906: Ferienwohng für Urlaub, Mü NJW-RR **87**, 366: Bootscharter; Karlsr MDR **88**, 580: Vermietg eines Wohnmobils; weiterghd Blaurock JZ **85**, 847). Nicht anwendb sind die Vorschr dieses Titels, wenn das Reisebüro weder eine GesLeistg zu einheitl Pr noch eine Einzelleistg als Veranstalter in eig Verantwortg zu erbringen hat. So handeln Reisebüros beim Verkauf von Fahr-, Schiffs- od Flugkarten als VerkStellen, Vermittler od Agenten des VerkUnternehmens (BGH **61**, 276). Je nach den Umst handelt das Reisebüro als Veranstalter od als Vermittler bei der Buchg eines Hotelzimmers mit Halbpension (LG Hann NdsRPfl **84**, 140; ähnl MüKo/Löwe § 651 a Rdn 7; aA Ermann-Seiler § 651a Rdn 4, Jauernig-Teichmann § 651 a Anm 2c). Als Vermittler od HandelsVertr handelt ein Reisebüro, das erkennb für ein and Reisebüro (Reiseveranstalter) dessen Pauschalreise anbietet (BGH **62**, 71, NJW **74**, 1242). Gg das nur vermittelnde Reisebüro bestehen keine GewlAnspr wg Mängeln der vermittelten Leistg (Mü MDR **84**, 492), denkbar ist ein SchadErsAnspr wg SchlechtErf des GeschBesVertr. Haftg des Veranstalters nach § 278 u des and Reisebüros wg SchlechtErf eines GeschBesVertr schließen sich nicht aus (BGH **82**, 219). Für die rechtl Beurt kommt es auf die Sicht des Kunden an (§ 651 a II).

4) Internationales Privatrecht vgl Art 29 EG.

651 a *Reisevertrag.* ¹Durch den Reisevertrag wird der Reiseveranstalter verpflichtet, dem Reisenden eine Gesamtheit von Reiseleistungen (Reise) zu erbringen. Der Reisende ist verpflichtet, dem Reiseveranstalter den vereinbarten Reisepreis zu zahlen.

II Die Erklärung, nur Verträge mit den Personen zu vermitteln, welche die einzelnen Reiseleistungen ausführen sollen (Leistungsträger), bleibt unberücksichtigt, wenn nach den sonstigen Umständen der Anschein begründet wird, daß der Erklärende vertraglich vorgesehene Reiseleistungen in eigener Verantwortung erbringt.

1) Allgemeines, Begriff und Wesen, Anwendungsbereich vgl Einf. Für den Abschl des Vertr gelten die allg Vorschr, auch §§ 164 ff, 328. Dabei ist, wenn jemand eine Pauschalreise für mehrere Familien gemschaftl bucht, nach den Umst anzunehmen, daß er dies als Vertr für die and tut, jedenf bei getrennter RechngStellg (LG Ffm NJW **87**, 784). Die Buchg des Reisdden ist VertrAngebot, Ann formfrei, ausdr od konkludent. Auch für die Ann mit Abweichg gelten die allg Vorschr. Die Wirksamk von Änderungs-, Ersetzgs- od RücktrVorbeh beurteilt sich nach AGBG 10 Nr 3, 4, 11 Nr 1.

2) Vertragspflichten (Abs I). – a) des Reiseveranstalters. Plang, organisierte Durchf der Reise entspr dem ausgeschriebenen Programm (vgl Einf 2). Dazu gehört, daß der Reiseveranstalter dem Reisdden die zum ordnsgem Ablauf der Reise je nach ihrer Art u ihrem Ziel erforderl allg u auf Anfrage bes Informationen erteilt, ungefragt auch Hinw auf die erforderl Durch- u Einreisedokumente (BGH NJW **85**, 1165). Pfl zum Rücktransport des Reisdden nach Künd vgl § 651j II.

b) des Reisenden. Bezahlg der vereinb Vergütg. Für ihre Fälligk gilt § 646. Die idR getroffene Vereinbg, daß der Reisde vorleistgspfl ist, verstößt nicht gg § 651k, weil sie nicht die §§ 651a bis j abändert, sond den § 646, was zulässig ist. In AGB und FormularVertr kann eine VorleistungsPfl des Reisdden über eine geringe Anzahlg bei VertrAbschl hinaus nur gegen Aushändigg der Reisepapiere, die in weitestgehdem Umfang die Anspr gegen die wichtigsten LeistgsTräger verbriefen, od, wenn dies nicht mögl ist, gegen anderweit Sicherstellg des Reisdden wirks vereinb werden (grdlegd BGH **100**, 157 [171]; auch BGH NJW **86**, 1613, Löwe NJW **86**, 343, Seiler BB **86**, 1932; vgl auch AGBG § 9 Anm 7r). Vereinbg der Fälligk einer Anzahlg vor ZustKommen des ReiseVertr verstößt gg § 9 II Nr 1 AGBG (KG NJW **85**, 151). Außerdem muß der Reisde das seiners Erforderl zur Vorbereitg u planmäß Durchf der Reise tun.

c) Verletzung von Vertragspflichten, sow es sich nicht um Mängel handelt, beurt sich nach den Vorschr des allg SchuldR (LG Heidelberg NJW **84**, 133).

3) Abweichende Erklärung. Abs II konkretisiert die allg RechtsGrds der §§ 133, 157 und 164 u gilt desh entspr auch für die Buchg einer einzelnen Reiseleistg, die das Reisebüro selbst als Veranstalter anbietet (BGH NJW **85**, 906: Ferienwohng für Urlaub). Ergibt sich bei obj Würdigg der ges Umst aus der Sicht des Reisdden, daß der Reiseveranstalter vertragl vorgesehene Reiseleistgen (Einf 2) in eig Verantwortg anbietet, so muß er sich daran festhalten lassen u kann sich nicht auf die Rolle des Vertr für den Reiseveranstalter od

713

des bloßen Vermittlers der EinzLeistgen zw dem Kunden u dem jeweil LeistgsTräger (zB Hotelier, BusUntern) zurückziehen. Solche Umst sind insb die eig Werbg des Reiseveranstalters, insbes in eig Reiseprospekten, das Angeb der gebündelten Leistgen zu einem einheitl Pr für das GesArrangement (BGH 77, 310) bzw der Einzelleistg (BGH NJW 85, 906). Will der Reiseveranstalter für eine im PauschalPr enthaltene EinzLeistg, auch Linienflug, nur als Vermittler auftreten, so muß er darauf in der Reisebeschreibg, den BuchgsUnterlagen u der Reisebestätigg ausdr hinweisen (Ffm NJW-RR 88, 1328). Darü hinaus kann der Reiseveranstalter EinzLeistgen vermitteln, wenn er dies unmißverständl klarstellt, zB Besuch einer Sportveranstaltg od Theateraufführg am UrlOrt od Ausflüge von dort aus gg dafür gesondert ausgewiesenen Pr.

4) Die Leistungsträger (Abs II) sind ErfGeh, zB BeförderungsUntern, Hoteliers, Fremdenführer. Auf ihre Überwachg u Anleitg hat der Veranstalter nur geringen Einfl. Sie erbringen entw eine best Art von Leistg (zB Unterkunft, Verpflegg) od eine einmal EinzLeistg (zB Transfer Flughafen-Hotel), die iR des ReiseVertr erbrachte TlLeistg des Reiseveranstalters sind. Inwiew RBez zw dem Reisden u dem jeweil LeistgsTräger bestehen, hängt vom EinzFall ab. Denkb ist, daß der Reiseveranstalter auch od nur im Namen u mit Vollm des Kunden die jeweil Vertr mit den LeistgsTrägern abschließt (zB auf Beförderg, Vollpension), zur Erf des ReiseVertr im ganzen nöt sind. Näherliegd ist jed, daß der Reiseveranstalter diese Vertr im eig Namen zG des Reisden abschließt (ebso MüKo/Löwe Vor § 651a Rdn 11, BGH 93, 271 für CharterVertr zw Reiseveranstalter u FlugGesellsch), sodaß neben dem Veranstalter auch der Kunde, ohne selbst VertrPartner des LeistgsTrägers zu sein, gg diesen neben seinem Anspr gg den Veranstalter aus dem ReiseVertr einen eig ErfAnspr (vgl Einf 2c vor § 328) u bei Leistgsstörgen den nach der einschläg ROrdng in Betr kommenden SchadErs- od GewlAnspr hat. Die FlugGesellsch kann ggü dem BeförderungsAnspr des Reisden nicht einwenden, der Reiseveranstalter habe den Pr für den Charterflug nicht bezahlt, weil § 334 nach den Umst beim ReiseVertr idR als abbedungen anzusehen ist (BGH 93, 271; aA LG Ffm ZIP 86, 586). – Verrichtgsgeh (§ 831) des Reiseveranstalters sind die LeistgsTräger idR nicht, weil an der dazu nöt Abhängigk u WeisgsGebundenh fehlt (BGH 45, 311, Betr 88, 958).

651 b *Teilnahme und Ersetzungsbefugnis.* [I] Bis zum Reisebeginn kann der Reisende verlangen, daß statt seiner ein Dritter an der Reise teilnimmt. Der Reiseveranstalter kann der Teilnahme des Dritten widersprechen, wenn dieser den besonderen Reiseerfordernissen nicht genügt oder seiner Teilnahme gesetzliche Vorschriften oder behördliche Anordnungen entgegenstehen.

[II] Der Reiseveranstalter kann vom Reisenden die durch die Teilnahme des Dritten entstehenden Mehrkosten verlangen.

1) Die Ersetzungsbefugnis (Abs I) beruht auf der Überlegg, daß idR die Pers des ReiseTeiln iR des Massentourismus für den Reiseveranstalter keine Bedeutg hat.

a) Sie besteht neben dem RücktrR in § 651i für den Reisden bis zum Beginn der Reise u ist unabdingb (§ 651k). Sie berecht den Best grdsätzl, eine and Pers an seiner Stelle an der Reise teilnehmen zu lassen, ändert mangels abweichder Vereinbg aber nichts daran, daß er VertrPartner des Reiseveranstalters, also auch zur Zahlg der Vergütg verpfl bleibt. Daraus folgt auch, daß ihm u nicht dem ErsTeiln die GewlAnspr zustehen, iF des § 651f iW der DrSchadLiquidation. Anders, sow es sich um Rechte handelt, die nur währd der Reise selbst geltd gemacht werden können, wie die Abhilfe in § 651c u die Künd in § 651e (ebso MüKo/Löwe § 651b Rdn 9). Diese Rechte müssen dem tats Reisden zustehen. Anderenf wäre die Lösg nur praktikabel, wenn man in jeder Umbuchg auf einen and Reisden eine VertrÜbern (§ 398 Anm 10), also die aktuell Vereinbg von dessen Eintritt in u das Ausscheiden des ursprüngl Kunden aus dem ReiseVertr sieht. Das nimmt Held BB 80, 185 mangels abw Vereinbg als dem PartWillen entspr an. Eine ZahlgsVerpfl des eintretden Reisden kann nur durch einen UmbuchgsVertr mit ihm entstehen.

b) Keine Ersetzungsbefugnis besteht ausnahmsw, wenn in den drei in **Abs I S 2** genannten Fällen der Reiseveranstalter widerspricht. Dort ist ihm die Ersetzg aus nicht in seinem EinflBereich liegden Grden nicht zumutb. Bes ReiseErfordern in der Pers des Best können sich aus der Art, dem Ziel od dem Programm der Reise ergeben, zB TropenTauglk, bergsteiger Erfahrg, naut Kenntn. Ein WidersprR hat der Reiseveranstalter außerd, wenn ges Vorschr od behördl AOen der Teiln einer and als der angemeldeten Pers entggstehen. Das kann zB bei einem Sammelvisum der Fall sein. Vertragl Vereinbgen mit einz LeistgsTrägern (§ 651a Anm 4), die der Ersetzg des Best dch einen and Teiln ausschließen od beschr, geben dem Reiseveranstalter kein Widerspruch.

2) Die Mehrkosten, die dch die Teiln der ErsPers entstehen, trägt der Best, denn die ErsetzgsBefugn besteht ausschließl zu seinen Gunsten. Bsp: VerwUnkosten, Tel-, Portospesen. Pauschalierg ist hier, and als in § 651i III, nicht vorgesehen, aber in den Grenzen des § 651k und der §§ 10 Nr 7, 11 Nr 5 AGBG zuläss.

Vorbemerkung vor §§ 651c bis g

1) Gewährleistung. Die §§ 651c bis g enthalten eine in sich geschlossene, abschließde Regelg iR des ReiseVertr. Ein Zurückgreifen auf das GewlR des WkVertr ist ausgeschl. Die Regelg ist der im WkVertr nachgebildet, unterscheidet sich in einig Punkten aber von ihr.

a) Abhilfeverlangen, § 651c, ist der nächstliegde GewlAnspr des Reisden; nach ergebnl Ablauf einer gesetzten Fr das R des Reisden auf Selbsthilfe.

b) Minderung, § 651 d, setzt ebfalls nur einen obj Mangel der ReiseLeistg u MangelAnz voraus. Tritt abweichd von § 634 kraft G ein, FrSetzg zur Abhilfe u AblehngsAndrohg sind nicht erforderl. Auch neben der Abhilfe bis zu ihrer Vorn mögl. Wandelg gibt es nicht.

c) Das Kündigungsrecht, § 651 e, setzt eine erhebl Beeinträchtigg der Reise dch den Mangel od Unzumutbk ihrer Fortsetzg für den Reisdn wg eines wicht, dem Reiseveranstalter erkennb Grd voraus, außerd grdsätzl den ergebnl Ablauf einer Fr zur Abhilfe. Die Bestimmg regelt außerd den EntschAnspr des Reiseveranstalters u das R des Kunden auf RückBeförderg.

d) Schadensersatz, § 651 f, kann der Reisde neben Minderg od Künd geltd machen, wenn der Veranstalter den Fehler zu vertreten hat. Der Anspr schließt bei erhebl Beeinträchtigg der Reise eine angem Entsch in Geld für nutzl aufgewendete UrlZeit ein.

e) Eine **Ausschlußfrist** für die GeltdMachg der GewlAnspr enthält § 651 g. Dort ist auch die **Verjährung** eigens geregelt.

2) Vertraglicher Ausschluß oder Einschränkung der Gewährleistungsansprüche ist nur iR des § 651 h wirks. Eine darühinaus gehde Beschrkg der Rechte des Reisdn ist unwirks, § 651 k.

3) Verhältnis zu anderen Ansprüchen. Prakt kaum lösb Schwierigk bietet die Abgrenzg zw (teilw) Nichterfüllg (Folge: §§ 323 ff) und Gewl (Folge §§ 651 c ff). Zu den LösgsVersuchen vgl 45. Aufl, wo bereits als wünschenswert die rechtl Einordng aller Störgen im Reiseverlauf unter §§ 651 c ff bezeichnet ist. Diesen Schritt hat der BGH nun getan.

a) Sonderregelung. Soweit es um Anspr gg den Reiseveranstalter als solchen wg einer Beeinträchtigg der Reise dch einen Mangel aus dem GefBereich des Veranstalters heraus geht, schließen ab VertrSchluß §§ 651 c ff die allg Vorschr weitgehd aus. Wird bei einer Reiseveranstaltg (Einf 2, 3 vor § 651 a) eine nach dem Vertr geschuldete Leistg aus Grden, die nicht allein in der Pers des Reisdn liegen, ganz od teilw nicht erbracht, so handelt es sich grdsätzl um einen Reisefehler, für den der Reiseveranstalter nach §§ 651 c ff auch dann haftet, wenn bereits die erste Reiseleistg ausfällt u damit die ganze Reise vereitelt wird (BGH **97,** 255 im Anschl an BGH **85,** 300 für unberecht Abbruch der Flugreise zum Urlaubsort; teilw aA Brender, Das reisevertragl GewlR u sein Verh zum allg R der LeistgsStörgen, 1985, Tempel NJW **86,** 547, Meyer VersR **87,** 339, Schmitt JR **87,** 265). Dieser Rspr ist im Interesse der RKlarh u RSicherh u wg des sachgerechten Ergebn zuzustimmen.

b) Sow der **Reiseveranstalter selbst Leistungsträger** (§ 651 a Anm 4) ist, schließen §§ 651 c ff and vertragl od ges Anspr nicht aus. Befördert also der Veranstalter einer Pauschalreise die Reisdn in seinem eig BefördergsMittel od bringt er sie in seinem eig Hotel unter, so haftet er für Pers- u SachSchäd währd des Transports bzw der Unterbringg nach den einschläg vertragl od ges Best (weitergehd Tempel JuS **84,** 81 [90], LG Ffm NJW **83,** 2263). HaftgsBeschrkg in diesen Fällen vgl § 651 h Anm 1. Charter s Einf 5 vor § 631.

c) Deliktansprüche (§§ 823, 831, 847) bleiben unberührt (BGH **45,** 311, **103,** 298; aA Gerauer BB **89,** 1003).

d) Schadensersatzansprüche nach dem Warschauer Abkommen schließen Anspr aus § 651 f, nicht solche aus § 651 d aus (LG Ffm NJW-RR **86,** 216: verspätete Aushändigg des Fluggepäcks am Urlaubsort).

651 c **Abhilfe.** ¹ Der Reiseveranstalter ist verpflichtet, die Reise so zu erbringen, daß sie die zugesicherten Eigenschaften hat und nicht mit Fehlern behaftet ist, die den Wert oder die Tauglichkeit zu dem gewöhnlichen oder nach dem Vertrage vorausgesetzten Nutzen aufheben oder mindern.

² Ist die Reise nicht von dieser Beschaffenheit, so kann der Reisende Abhilfe verlangen. Der Reiseveranstalter kann die Abhilfe verweigern, wenn sie einen unverhältnismäßigen Aufwand erfordert.

³ Leistet der Reiseveranstalter nicht innerhalb einer vom Reisenden bestimmten angemessenen Frist Abhilfe, so kann der Reisende selbst Abhilfe schaffen und Ersatz der erforderlichen Aufwendungen verlangen. Der Bestimmung einer Frist bedarf es nicht, wenn die Abhilfe von dem Reiseveranstalter verweigert wird oder wenn die sofortige Abhilfe durch ein besonderes Interesse des Reisenden geboten wird.

1) Allgemeines zu den GewlAnspr vgl Vorbem. Die Bestimmg ist in allen drei Abs dem § 633 nachgebildet, sie enth im wesentl and, auf die Besonderh des ReiseVertr abgestellte Formuliergen. Eine sachl Abweichg enth ledigl Abs III.

2) Für den **Fehler** aus dem GefBereich des Veranstalters heraus (Ffm NJW-RR **88,** 1328, LG Hann NJW-RR **89,** 820) einschl dem Fehlen einer zugesicherten Eigensch gelten die Ausf in § 633 Anm 1 u Vorbem 3 a vor § 651 c. Ledigl sprachl besteht eine Abweichg insow, als für den Begr Gebrauch hier der Begr Nutzen gesetzt ist. AnknüpfgsPkt für den Fehler ist die „Reise", also das, was § 651 a als eine Gesamth von ReiseLeistgen bezeichnet (vgl Einf 2 vor § 651 a). Es ist im EinzFall nach Art u Zweck der Reise aGrd des Vertrages – auch Expeditionsreise, (Karlsr Just **84,** 198, Mü OLGZ **84,** 234) – festzustellen, ob die Störg bei einer einz ReiseLeistg bereits die Reise als solche als in ihrem Nutzen beeinträchtigt erscheinen läßt od ob es sich ledigl um eine Unannehmlk handelt, die im Zeitalter des Massentourismus hinzunehmen ist (Hamm Betr **73,** 2296; Kln FVE **9,** 126). Dafür spielt, insb im Ausland mit and Maßstäben, die OrtsÜblk eine gewisse Rolle. Bei der vorzunehmden GesWürdigg kommt für den Inhalt der LeistgsPfl entsch Bedeutg den AngebotsUnterl, insb den Prospekten u Katalogen u den Angaben des Veranstalters bei der Buchg im AllgVerständn des nicht auslandserfahrenen Reisdn zu (BGH **100,** 157 [176]). Diese Angaben können zuges Eigensch darstellen, eine neg Abweichg der Wirklk von diesen Angaben wird in aller Regel ein Mangel mit

§§ 651 c, 651 d

den daraus resultierden R sein. Weitere RFolgen sind an das Fehlen einer zuges Eigensch nicht geknüpft.
Beispiele: Zu kurz bemessene Umsteigezeit bei ZusStellg der Flugverbindg innerh einer Flugpauschalreise (LG Bln NJW-RR **89**, 1020); vorzeit Abbruch der Reise wg eines in Räumen des Kreuzfahrtschiffs ausgebrochenen Brandes (BGH WM **87**, 640); ein interessanter ZielPkt einer Kreuzfahrt kann nicht angelaufen werden (BGH **77**, 320 zum früheren WkVertrR); ein wesentl Teil des Programms einer Studienreise fällt aus (Mü OLGZ **83**, 83); erhebl Routenabweichg der dchgeführten „Expeditionsreise" ggü der Prospektbeschreibg (Karlsr VersR **85**, 1073); fehlde Jagdmöglichk auf einer Safarireise (BGH **77**, 310); ungenüg befähigter Reiseleiter (LG Ffm MDR **85**, 141); Unterbringg in einem Hotel schlechterer Kategorie od – bei versprochener ruhiger Lage – an einer lärmden Baustelle od verksreichen Str; Lärmbelästigg dch Mitreisde (Ffm NJW **83**, 235); BauArb im Hotel, Buffet zur Selbstbedieng mit Wartezeit ½ Std bei Vollpension (Ffm VersR **89**, 51); Unterbringg in einem Zimmer nicht in der obersten Etage entgg ausdr Zusicherg (BGH **82**, 219); fehlde Heizbark eines Zimmers in einem als erstklass bezeichneten Hotel bei 10° Außentemperatur (LG Hann NJW-RR **86**, 146). Zugesicherter Swimmingpool ist nicht benutzb (Kln VersR **89**, 52). Kakerlaken im Hotelbungalow auf Gran Canaria (LG Ffm NJW-RR **88**, 245). Belegg eines für ein 17-jähr Mädchen gebuchten halben Doppelzimmers mit einem jungen Mann (LG Ffm NJW **84**, 806, zust Teichmann u Michalek JuS **85**, 673). Unberecht Verweig aus dem Flugzeug auf dem Weg zum Urlaubsort (BGH **85**, 301). Fehlen des Reisegepäcks währd der gesamten Reise (Ffm MDR **84**, 667). Verspätete Zusendg zugesagter Reiseliteratur zur Vorbereitg (LG Hildesheim NJW-RR **88**, 1333). Keine Vorsorge, daß erkennb verspätet ankommde Reisde die gebuchte Unterkunft noch beziehen können (LG Han NJW-RR **89**, 820). Sexuelle Belästigg in aufdringl Weise im Hotel dch Angestellte u/od einheim Besucher (LG Ffm NJW **84**, 1762). Konkrete Störgen dch geist Behinderte, nicht deren bloßer Anblick, können ein Mangel der Reise sein (LG Ffm NJW **80**, 1169, AG Ffm NJW **80**, 1965, Brox NJW **80**, 1939); bes Überfallgefährdg einer Villa, die als Luxusbungalow mit einzigart Standard in geradezu paradies Umgebg angeboten wurde (BGH NJW **82**, 1521). Alphabet ZusStellg der Mangelkasuistik bei Eberle, Der ReiseVeranstaltgsVertr, S 31–42, Tonner, Der ReiseVertr, Mängeltabelle Anh § 651 c.

3) Der Anspruch auf Abhilfe (Abs II) einschl der Ausn in S 2, 3 entspr voll dem NachbessergsAnspr in § 633 II, vgl dort Anm 2. Das Abhilfeverlangen ist an die örtl Reiseleitg, ersatzw an den jeweil LeistgsTräger zu richten (Tempel NJW **86**, 547). Es kann auch an die Zentrale des Reiseveranstalters gerichtet werden (LG Ffm NJW-RR **88**, 1330). Die Abhilfe kann in einer dem Reisden subj zumutb, obj in etwa gleichwert, mangelfreien ErsLeistg mit gleichem Nutzen liegen. Es kann aber auch Fälle geben, in denen es dem Kunden gerade auf die gebuchte Unterkunft ankommt, sodaß anderweit, auch gleichwert Unterbringg eine erhebl Beeinträchtigg sein kann (Ffm FVE **7**, 275 [280]). Auch hier hat der Reiseveranstalter die mit der Abhilfe verbundenen Kosten (zB Tel-, TelegrSpesen, Taxikosten für Hotelumzug) zu tragen. Bis zur Abhilfe kann der Kunde daneben Minderg u unter den Voraussetzgen des § 651 f SchadErs verlangen. Hat er eine zumutb ErsLeistg abgelehnt, so kann er bis zu der Höhe weiterhin mindern, wie er dies bei Ann des ErsAngebots hätte tun dürfen (LG Ffm NJW **85**, 1474).

4) Das Recht auf Selbstabhilfe und Aufwendungsersatz (Abs III) entspr dem SelbstbeseitigsR in § 633 III mit der Abweichg, daß Voraussetzg hier nicht Verz (dh auch Versch), sond der Ablauf einer angem Fr zur Abhilfe dch den Reiseveranstalter ist. Die Angemessenh der Fr richtet sich nach den Umst, insbes nach Art u Schwere der Mängel u kann ggf sehr kurz sein. Auch nach FrAblauf kann der Reisde nach Tr u Gl verpfl sein, eine angebotene Nachbesserg anzunehmen, solange er noch keine and Rechte geltd gemacht hat (LG Ffm NJW **85**, 1473). Die Fälle, in denen es einer FrSetzg für die Abhilfe dch den Veranstalter nicht bedarf, entspr der 2. u 3. Alternative in § 634 Abs II; vgl dort Anm 2c. Dch ein bes Interesse des Reisden ist die sofort Abhilfe geboten, wenn er den Reiseveranstalter mangels eines örtl Beauftr schwer erreichen kann u dessen Abhilfe zu spät käme, zB das Gepäck des Reisden fehlt (Ffm FVE **9**, 101 [105]). Erforderl sind die Aufw für eine gleichwert ErsLeistg. Ist eine solche nicht erreichb, auch für eine höherwert, solange nicht deren Mehrkosten ein vertretb Ausmaß übersteigen (enger LG Ffm NJW **83**, 2884).

5) Beweislast. Der Reisde, weil ansprbegründ, für den Mangel, das Fehlen einer zugesich Eigensch, die Setzg einer angem Fr zur Abhilfe bzw ihre Verweigerg dch den Veranstalter od das bes Interesse an sofort Abhilfe, ferner für die Aufw u ihre Erforderlk. Der Reiseveranstalter für die Unzumutbk der Abhilfe wg unverhältnismäß Aufwandes.

651 d **Minderung.** ¹ Ist die Reise im Sinne des § 651 c Abs. 1 mangelhaft, so mindert sich für die Dauer des Mangels der Reisepreis nach Maßgabe des § 472.
II Die Minderung tritt nicht ein, soweit es der Reisende schuldhaft unterläßt, den Mangel anzuzeigen.

1) Allgemeines zu den GewlAnspr beim ReiseVertr vgl Vorbem vor § 651 c.

2) Voraussetzungen für Minderung (Abs I). a) Die Reiseleistg muß mit einem obj **Mangel** (§ 651 c) behaftet sein.

b) Nicht erforderlich (abw von § 634 beim WkVertr) ist FrSetzg für die Abhilfe u AblAndrohg.

c) Zeitlich kann die Minderg für die Dauer der mangelh Leistg verlangt werden; also ggf für die ganze Reise, sonst bis zur Abhilfe dch den Reiseveranstalter (§ 651 c II) od bis zur Selbstabhilfe (§ 651 c III). Neben der Minderg ggf SchadErs nach § 651 f.

3) Keine Minderung. a) Von dem Ztpkt einer wirks **Kündigung** des ReiseVertr nach § 651 e an, weil der Reiseveranstalter den VergütgsAnspr verliert.

b) Bei schuldhafter Unterlassung der Mängelanzeige (Abs II). Der Reisde hat die Obliegenh, den Mangel dem örtl Reiseleiter od Vertr, sonst dem Reiseveranstalter anzuzeigen, um ihm Abhilfe zu ermöglichen. Die Minderg ist ganz od teilw ausgeschl, sow der Reisde die Anz schuldh unterläßt. Versch ist zu

Einzelne Schuldverhältnisse. 7. Titel: II. Reisevertrag §§ 651d, 651e

verneinen, wenn u solange eine Mögl zur Anz nicht besteht od wenn der Reiseveranstalter tatsächl den Mangel nicht hätte beseitigen können, zB weil eine gleichwert ErsUnterkunft nicht zur Vfg stand, weil eine örtl Reiseleitg nicht vorhanden u Abhilfe aus Dtschld nicht durchführb war, insb kurz vor Ende der Reise.

4) Vollziehung der Minderung. Sie tritt kr Ges ein, also bei vorausbez ReisePr RückerstattgsAnspr (MüKo/Löwe Rdn 12). Herabzusetzen ist, wie die Verweisg auf § 472 zeigt, der ReisePr, also die Pauschalvergüt (ebso LG Han VersR **84**, 994, grdsätzl auch Tempel NJW **85**, 97), nicht der – meist gar nicht ermittelb – Wert der mangelh Einzelleistg (so LG Han NJW **84**, 2417, wenn der Mangel nicht auf die Reiseleistg im ganzen dchschlägt). Berechng nach § 472 Anm 2 nach der Formel: mangelfreier Wert der Reise: mangelh Wert = vereinb Vergütg: × (= geminderte Vergütg). Da mangelfreier Wert der Reiseleistg u vereinb Vergütg sich idR decken, ist die Minderg prakt dch einen prozentualen Abschlag von der Pauschalvergütg zu bestimmen. LG Ffm hat dazu eine Tabelle entwickelt (NJW **85**, 113 mit Erläutergen Tempel aaO **97**), deren prakt Wert zweifelh ist (AG St. Blasien MDR **86**, 757, Müller-Langguth aaO, Isermann NJW **88**, 873). Bei völl fehlgeschlagenem PauschalUrl kann die Minderg den GesPr der Reise abzügl ersparter eig VerpfleggsKosten erreichen (Hamm NJW **75**, 123; vgl auch Vorb 3h vor § 249).

5) Beweislast. Der Reisde für obj Mängel der ReiseLeistg. Der Reiseveranstalter für schuldh Unterlassen der MängelAnz, weil AusschlTatbestd; Bartl, ReiseR RdNr 62 gibt trotzdem dem Reisden die BewLast fürfehldes Versch an der Unterl der Anz; differenziert LG Ffm NJW-RR **86**, 540.

651 e **Kündigung wegen Mangels.** ^I Wird die Reise infolge eines Mangels der in § 651c bezeichneten Art erheblich beeinträchtigt, so kann der Reisende den Vertrag kündigen. Dasselbe gilt, wenn ihm die Reise infolge eines solchen Mangels aus wichtigem, dem Reiseveranstalter erkennbarem Grund nicht zuzumuten ist.
^{II} Die Kündigung ist erst zulässig, wenn der Reiseveranstalter eine ihm vom Reisenden bestimmte angemessene Frist hat verstreichen lassen, ohne Abhilfe zu leisten. Der Bestimmung einer Frist bedarf es nicht, wenn die Abhilfe unmöglich ist oder vom Reiseveranstalter verweigert wird oder wenn die sofortige Kündigung des Vertrages durch ein besonderes Interesse des Reisenden gerechtfertigt wird.
^{III} Wird der Vertrag gekündigt, so verliert der Reiseveranstalter den Anspruch auf den vereinbarten Reisepreis. Er kann jedoch für die bereits erbrachten oder zur Beendigung der Reise noch zu erbringenden Reiseleistungen eine nach § 471 zu bemessende Entschädigung verlangen. Dies gilt nicht, soweit diese Leistungen infolge der Aufhebung des Vertrags für den Reisenden kein Interesse haben.
^{IV} Der Reiseveranstalter ist verpflichtet, die infolge der Aufhebung des Vertrags notwendigen Maßnahmen zu treffen, insbesondere, falls der Vertrag die Rückbeförderung umfaßte, den Reisenden zurückzubefördern. Die Mehrkosten fallen dem Reiseveranstalter zur Last.

1) Allgemeines zu den GewlAnspr vgl Vorbem vor § 651c. § 651e gibt bei – auch inf höherer Gew – mangelh ReiseLeistg dem Kunden ein außerordentl KündR vor (MüKo/Löwe Rdn 3, BGH **77**, 310 für das frühere R; aA LG Ffm NJW **86**, 1616) u währd der Reise. RücktrR des Kunden bis zu ihrem Beginn ohne weitere Voraus in § 651i. Diese Rechte stehen ihm vorauss zur wahl, wahlw nebeneinand. KündR iF erhebl Beeinträchtigg inf höherer Gew, ohne daß Mängel iS des § 651c vorliegen (BGH **85**, 50), in § 651j.

2) Voraussetzungen des Kündigungsrechts. a) Mangel. Die ReiseLeistg ist mit einem obj Mangel behaftet (vgl § 651c Anm 2), der die Reise als Ganzes **erheblich beeinträchtigt.** Diese Voraussetzg, für die auch der bes Zweck der Reise von Bedeutg sein kann (zB Tauch-, Sprachkurs), ist eine Erschwerg ggü Abhilfe u Minderg. Erhebl ist die Beeinträchtigg jedenf dann, wenn der Gesamtwert der Reise so um ein zeitanteil Minderg von wenigstens 50% gerechtfertigt wäre (LG Hann NJW-RR **89**, 633). Im EinzFall kann sich der Mangel auch schon vor Antritt der Reise zeigen (BGH NJW **80**, 2192).

b) Oder Unzumutbarkeit der Reise für den Reisden wg eines Mangels aus wicht Grd, der dem Veranstalter erkennb ist. Hier ist nicht auf obj erhebl Beeinträchtigg, sond darauf abgestellt, daß gerade dem betreffden Reisden wg eines in seiner Pers liegden erkennb Umst (zB Gehbehindrg) inf eines obj Mangels Antritt od Fortsetzg der Reise unzumutb sind (ebso MüKo/Löwe Rdn 10).

c) Angemessene Frist zur Abhilfe muß der Reisde gesetzt haben, die ergebnl verstrichen ist. Eine AblAndrohg wie in § 634 ist nicht erforderl. Die FrSetzg ist entbehrl in den drei in Abs II S 2 genannten Fällen. FrSetzg u ihre Entbehrlk entspr der Regelg in § 651c (vgl dort Anm 4), zB zahlr Mängel, deren Behebg bis UrlEnde aussichtsl erscheint (Kln FVE **7**, 299 [305]), Nichterreichbark des örtl Reiseleiters (LG Kln NJW-RR **89**, 565).

3) Wirkungen der Kündigung. a) Ein **Entschädigungsanspruch des Reiseveranstalters** für die bereits erbrachten u die zur Beendigg der Reise noch zu erbringden Leistgen tritt an die Stelle des Anspr auf den vereinb ReisePr. Bemessg nach § 471 wie nach Wandlg bei vereinb GesPr (aA LG Ffm MDR **85**, 1028). Der EntschAnspr entfällt, sow diese Leistgen inf der VertrAufhebg für den Reisden kein Interesse haben. Das kann bei völl Wertlk der bisher erbrachten Leistgen (zB unzumutb Unterkunft) der Fall sein. Der Reisde, der bereits mehr bez hat, als was der Veranstalter nach der Künd beanspr kann, hat einen Rückfdgs-Anspr unmittelb aus § 651e, der ähnl § 346 das bish VertrVerhältnis in ein ges RückabwicklgsVerhältn umgestaltet (BGH **85**, 50).

b) Die **Verpflichtung zur Rückbeförderung,** falls sie zum Inh des Vertr gehört, u zu sonstigen inf der VertrAufhebg notw Maßn bleibt bestehen. Die Rückbefördrg hat unverzügl, ggf mit Linienflug zu erfolgen (LG Ffm NJW **85**, 143). Die Mehrkosten dafür treffen den Veranstalter.

§§ 651 e–651 g   2. Buch. 7. Abschnitt. *Thomas*

4) Beweislast. Der Reisde für den obj Mangel, die erhebl Beeinträchtigg bzw die Unzumutbk u die FrSetzg, ggf für das fehlde Interesse an den Leistgen des Veranstalters.

651 f **Schadensersatz.** I Beruht der Mangel der Reise auf einem Umstand, den der Reiseveranstalter zu vertreten hat, so kann der Reisende unbeschadet der Minderung oder der Kündigung Schadensersatz wegen Nichterfüllung verlangen.

II Wird die Reise vereitelt oder erheblich beeinträchtigt, so kann der Reisende auch wegen nutzlos aufgewendeter Urlaubszeit eine angemessene Entschädigung in Geld verlangen.

1) Allgemeines zu den GewlAnspr vgl Vorbem vor § 651c. Betrifft nur die vertragl Haftg des Reiseveranstalters als solchen, nicht seine Haftg, sow er selbst LeistgsTräger ist (Vorbem 3b vor § 651c). Daneben ist Haftg des Reiseveranstalters aus Delikt, insbes Verl von VerkSichgPfl (BGH **103**, 298) u eines und Reisebüros als Vermittler od HandelsVertr nicht ausgeschl, vgl Einf 3 vor § 651a. Abs II ist entspr anwendb auf ein Reisebüro, das nur eine Einzelleistg als Veranstalter in eig Verantwortg zu erbringen hat (BGH NJW **85**, 906). – Zusfassd Blaurock Jura **85**, 169.

2) Voraussetzungen für den Schadensersatzanspruch. a) Mangel. Die Leistg des Reiseveranstalters als ganze ist mit einem obj Mangel (§ 651c Anm 2) behaftet. Seine Erheblk spielt keine Rolle.

b) Der Veranstalter muß den Mangel **zu vertreten** haben (aA LG Ffm NJW **83**, 2264 bei Mängeln der Unterkunft). Das ist der Fall bei eig Versch (§ 276) in der sorgf Vorbereitg, Organisation u Durchf der Reise, zB täuschde Prospektangaben (LG Stgt MDR **78**, 1022), Überbuchg (Düss NJW-RR **86**, 1175). Kein Hinw auf TruppenÜbgsPlatz in Nähe des Hotels (KG FVE **10**, 186 [190]), nicht rechtzeit Besorgg des notw Einreisevisums (LG Ffm NJW **80**, 1286), unterlassene Beschaffg v Informationen über Umst, die zu beträchtl Reisestörgen führen können, zB Impfnachweis bei der Einreise (Ffm OLGZ **84**, 85), unterlassener Hinw auf voraussehb rmäß Streik im Zielland (LG Ffm NJW **80**, 1696). Od bei Versch eines ErfGeh (§ 278). Zu ihnen gehören auch die LeistgsTräger (§ 651a Anm 4).

c) Mangelanzeige oder Abhilfeverlangen am Reiseort sind wie in §§ 651c bis e ebenf Vorauss. Die Fassg „unbeschadet ..." betrifft den Umfang des Anspr, meint aber keine unterschiedl Vorauss (BGH **92**, 177).

3) Umfang des Anspruchs. Zu ersetzen ist der NichtErfSchad einschl des MangelfolgeSchad (ebso BGH **100**, 157 [180], MüKo/Löwe Rdn 6). Dazu gehört gem Abs II bei vereitelter od erhebl beeinträchtigter Reise (§ 651e Anm 2a) auch eine angemessene Entsch in Geld für nutzl aufgewendete UrlZeit. Die Entschädigg dient den Ers immat Schad (Vorbem 3h vor § 249, Müller, SchadErs aGrd verdorbenen Urlaubs, Diss 1986, S 162ff). Für die Vereitelg od erhebl Beeinträchtigg ist abzustellen auf die bes Umst in der Pers des Reisdens (BGH NJW **85**, 906), auch auf die Möglichk, den Urlaub zu verschieben (BGH **82**, 219 [227]). Die Möglk, den Urlaub zuhause zu verbringen, steht der Ann einer erhebl Beeinträchtigg je nach den Umst nicht entgg (BGH NJW **77**, 117), maßg sind die Verh, unter denen im EinzFall der Urlaub zuhause zu gestalten ist (Mü NJW **84**, 132). Nutzlos aufgewendete UrlZeit kann auch die Verzögerg des Rückflugs um einige Tage wg Überbuchg der Maschine sein (Düss NJW-RR **88**, 636). BemessgsMaßstab (eingeh Müller aaO S 185ff mit einem prakt brauchb Richtzahlensystem u NJW **87**, 882) sind alle Umst des EinzFalls, unter ihnen auch die EinkVerh des Reisden, die Schwere der Beeinträchtigg, die Höhe des ReisePr, der für die Finanzierg eines gleichwert ErsUrl erforderl GeldBetr (BGH **63**, 98 u NJW **83**, 35), Schwere des Versch beim Veranstalter (Düss NJW-RR **86**, 1175). LG Hann (NJW-RR **89**, 633) hält Tagesmindestsatz von 50 DM für angem. Der Anspr ist übertragb u pfändb (Müller JurBüro **86**, 1460; aA Deumeland MDR **88**, 1087). Unbezifferter KlAntr ist zul (LG Han NJW **89**, 1936). Zu den AnsprBerecht gehören auch die im Haush tät Ehefr (BGH **77**, 117) u nicht erwerbstät Pers, weil auch sie nutzl Urlaubszeit aufgewendet haben, zB Schüler (BGH **85**, 168). Die Best ist außerh des ReiseVertrR u seiner entspr Anwendbark nicht anwendb (BGH **86**, 212), im ReiseVertrR aber auch, wenn iF vereitelter od erhebl beeinträchtigter Reise Ers nicht wg eines Mangels aus Gewl, sond aGrd einer und auf Vertretenmüssen abstelldden AnsprGrdl geschuldet wird (ebso BT-Drucks 8/2343 S 11), zB Hundebiß (KG NJW **70**, 474), VerkUnf (Br VersR **69**, 929; aA Karlsr VersR **81**, 755). Ob der Reisde einen ErsUrlaub verbracht hat od verbringen will od ob er zuhause bleibt (LG Ffm NJW **80**, 1286), ist für den Anspr, wie in § 635 ob der Best den Schad beseit hat od beseit will (§ 635 Rn 1, 28), ohne rechtl Bedeutg (aA Bartl NJW **79**, 1385 [1388]). Vertragl HaftgsBeschrkgen vgl § 651h. Abs II ist auf KlinikAufenth mit gleichzeit ErholgsZweck nicht entspr anwendb (BGH **80**, 366). – Ggf ist § 254 anwendb (BGH WPM **82**, 92, LG Ffm NJW **86**, 1616: ErsatzAngeb).

4) Beweislast. Entspr der BewLastVerteilg beim WkVertr (vgl § 635 Anm 4) hat der Reisde den Fehler (vgl § 651c Anm 2) od die sonst PflWidrigk des Veranstalters zu bew, dieser, daß weder ihn noch den von ihm eingesetzten LeistgsTräger noch dessen ErfGeh ein Versch an den aus seinem GefBereich stammden schädigden Umst trifft (BGH **100**, 185).

651 g **Ausschlußfrist; Verjährung.** I Ansprüche nach den §§ 651c bis 651f hat der Reisende innerhalb eines Monats nach der vertraglich vorgesehenen Beendigung der Reise gegenüber dem Reiseveranstalter geltend zu machen. Nach Ablauf der Frist kann der Reisende Ansprüche nur geltend machen, wenn er ohne Verschulden an der Einhaltung der Frist verhindert worden ist.

II Ansprüche des Reisenden nach den §§ 651c bis 651f verjähren in sechs Monaten. Die Verjährung beginnt mit dem Tage, an dem die Reise dem Vertrage nach enden sollte. Hat der Reisende solche Ansprüche geltend gemacht, so ist die Verjährung bis zu dem Tage gehemmt, an dem der Reiseveranstalter die Ansprüche schriftlich zurückweist.

Einzelne Schuldverhältnisse. 7. Titel: II. Reisevertrag §§ 651 g, 651 h

1) Die Ausschlußfrist (Abs I S 1). a) Sie gilt für alle GewlAnspr des Reisden nach §§ 651 c–f. Sie hat ihren Grd darin, daß der Veranstalter idR nach FrAblauf Schwierigkt hat, die Berechtigg von Mängelrügen festzustellen u RegreßAnspr gg seine LeistgsTräger dchzusetzen. Für die GeltdMachg ist keine best Form, auch nicht schon die Erhebg der Kl vorgeschrieben. Schriftformklausel in AGB ist wg § 651 k unwirks (BGH NJW **84**, 1752). Inhaltl muß ersichtl sein, daß der Reisde wg bestimmt zu bezeichndr Mängel einen Anspr geltd macht. Allein die mündl MängelAnz an die örtl Reiseleitg währd der Reise genügt diesem Erfordern nicht (Mü Betr **75**, 494); sie dient einem and Zweck, näml der Abhilfe. Best Mängelrüge währd der Reise ggü einem Vertr des Reiseveranstalters u fristgerechte GeltdMachg von Anspr unter Bezugnahme auf die früh Rüge genügt (BGH **90**, 363). Hat der Reisde bereits währd der Reise unter Hinw auf best Mängel eindeut u vorbehaltl Gewl (im Ggs zum Abhilfeverlangen) geltd gemacht u sogar dessen gerichtl Vorgehen angedroht, so braucht er dies nicht binnen eines Monats nach Beendigg der Reise zu wiederholen (BGH **102**, 80, zust Löwe BB **88**, 1071). Eine nach den Bdggen des Reiseveranstalters mit dem örtl Reiseleiter aufgenommene u zur Entscheidg weiterzuleitde Niederschr über nicht behebb Mängel ersetzt die ausdrückl GeltdMachg von GewlAnspruch (LG Ffm MDR **84**, 757). Bezifferg ist, insb in Fällen gerichtl od sachverständl Schätzg, noch nicht erforderl. Natürl empfiehlt sich Schriftform aus BewGrden. Das Verlangen – nicht zu verwechseln mit dem Abhilfeverlangen am UrlOrt – ist zu richten an den Reiseveranstalter, seine Agenturen od an das selbstd Reisebüro, das vom Reiseveranstalter mit der Vermittlg von ReiseVertr ständ betraut ist (HandelsVertr) u bei dem der Reisde gebucht hat (BGH **102**, 80). – Die AusschlFr gilt nur für die GewlAnspr einschl des RückzahlgsAnspr iF der Künd (vgl § 651 e Anm 3 a, LG Ffm NJW **85**, 146), wg ihres AusnCharakters nicht für SchadErsAnspr Art (vgl Vorbem 3 a vor § 651 c; Mü OLGZ **82**, 460).

b) Berechnung. Der Tag, an dem nach dem Vertr die Reise enden sollte, wird gem § 187 I nicht mitgezählt (LG Ffm NJW **86**, 594). Dies auch dann, wenn der Kunde die Reise gar nicht angetreten, vorzeit od erst nach dem vorgesehenen Endtermin (hier aA Tempel NJW **87**, 2841) beendet hat. Die GeltdMachg eines GewlAnspr wahrt die Fr auch für alle and GewlAnspr (wie § 477 III u § 639 Anm 1 b). Ende der Fr: § 188 II 1. Alternative. Unterbrechg u Hemmg ist nicht vorgesehen. Vertragl Verkürzg der Fr ist unwirks (§ 651 k).

c) Ausnahme (Abs I S 2). Die Versäumg der MonatsFr schließt GewlAnspr nicht aus, wenn der Reisde an der Einhaltg der Fr unverschuldet (§ 276) verhindert war, zB wg Erkrankg am UrlOrt, FlugzeugEntführg, Poststreiks. Daß in diesem Falle überh keine Fr gelten solle, ist nach dem gesgeberisch Zweck der AusschlFr nicht anzunehmen (ebso LG Ffm NJW **87**, 132). Vielm wird man unverzügl (§ 121) GeltdMachg von GewlAnspr nach Beendigg der Verhinderg verlangen müssen.

2) Verjährung der Gewährleistungsansprüche (Abs II). a) Die Frist gilt im gleichen Umfang wie die AusschlFr oben Anm 1 a. Hat der Reiseveranstalter den Mangel argl verschwiegen, gilt die Fr nicht, wie in § 638 I, der insow einen allg RGedanken enthält; vielm gelten hierfür u für SchadErsAnspr aus unerl Hdlg §§ 852, 195 (BGH WM **83**, 1061, BGH NJW **88**, 1380).

b) Berechnung. Die Fr beginnt „mit dem Tag" der vertragl vorgesehenen Reisebeendigg. Dieser Tag zählt also abw von Abs I (oben Anm 1 b) bereits mit (§ 187 II 1; aA LG Ffm NJW **86**, 594). Sie endet gem § 188 II 2. Alternative. Da es sich hier um eine VerjFr handelt, gelten die allg Best über Unterbrechg u Hemmg in §§ 202 ff. Vertragl Verkürzg ist unwirks (§ 651 k).

c) Für die Hemmung enthält **Abs II S 3** einen bes Grd in Abwandlg des § 639 II. Beginn der Hemmg mit Zugang der Geltdmachg von GewlAnspr, zu verstehen wie in Abs I, also auch der vertragl vorgesehenen Beendigg der Reise; währd der Reise führt es nicht zur Hemmg (Düss NJW **85**, 148). Eine PrüfgsZusage dch den Veranstalter ist nicht erforderl. Ende mit Zugang der schriftl Ablehng von GewlAnspr, auch bei gleichzeit Inaussichtstellen einer Kulanzzahlg (LG Ffm NJW **85**, 147). Zurückweisg ist auch der Widerspr gg Mahnbescheid (BGH **88**, 174).

3) Beweislast. Der Reisde für die Wahrg der AusschlFr bzw für die unversch Verhinderg an der FrWahrg. Der Reiseveranstalter für die Vorauss der Verj. Der Reisde für Unterbrechg u Hemmg.

651 h *Zulässige Haftungsbeschränkung.* I Der Reiseveranstalter kann durch Vereinbarung mit dem Reisenden seine Haftung auf den dreifachen Reisepreis beschränken,
1. soweit ein Schaden des Reisenden weder vorsätzlich noch grob fahrlässig herbeigeführt wird, oder
2. soweit der Reiseveranstalter für einen dem Reisenden entstehenden Schaden allein wegen eines Verschuldens eines Leistungsträgers verantwortlich ist.

II Gelten für eine von einem Leistungsträger zu erbringende Reiseleistung gesetzliche Vorschriften, nach denen ein Anspruch auf Schadensersatz nur unter bestimmten Voraussetzungen oder Beschränkungen entsteht oder geltend gemacht werden kann oder unter bestimmten Voraussetzungen ausgeschlossen ist, so kann sich auch der Reiseveranstalter gegenüber dem Reisenden hierauf berufen.

Abs II neu gefaßt durch Art 4 Nr 2 des 2. SeeRÄndG vom 25. 7. 86 (BGBl I 1120), in Kraft seit 31. 7. 86.

1) Haftungsbeschränkung. Das R des Reisden auf Abhilfe, Minderg, Künd (§§ 651 c bis e) u Anspr aus §§ 323, 812 fallen nicht unter § 651 h (ebso BGH **100**, 157 [180]). Unter den Vorauss des § 651 f haftet der Reiseveranstalter auf vollen SchadErs. Abs I regelt die Zulässigk vertragl HaftgsBeschrkg. Sie ist zum NachtTl des Reisden nur (§ 651 k) wirks im Umfang des Abs I, dh kein völl HaftgsAusschl (BGH NJW **83**, 1612); HaftgsBeschrkg auf einen HöchstBetr des Dreifachen der vereinb Vergütg ohne Unterscheidg zw Pers-, Sach- u VermSchad nur in den in Anm 2 genannten Fällen. Ist der Vertr zw dem Veranstalter u einer

719

§§ 651h, 651i

Mehrh von Pers (Reisegruppe, Verein, Sportmannsch) zu einem GesPr geschl, so gelten sinngem die in § 702 Anm 2c dargestellten Grds. Abs II läßt ggü SchadErsAnspr eines Reisden eine Berufg des Reiseveranstalters auf HaftgsBeschrkg zu, die im Verh zu einem LeistgsTräger gelten (Anm 3). Eine vereinb HaftgsBeschrkg bezieht sich nicht nur auf SchadErsAnspr aus § 651f, sondern auf alle vertragl SchadErsAnspr gg den Veranstalter als solchen, aber nicht auf außervertragl SchadErsAnspr; eine Klausel, die dies beachtet, ist auch in AGB wirks (BGH **100**, 157 [184]).

2) Zulässige Fälle vertraglicher Haftungsbeschränkung. a) Abs I Nr 1: Im Falle der SchadVerurs dch bloß einf Fahrlk des Reiseveranstalters od eines ErfGehilfen, angelehnt an § 11 Nr 7 AGBG. Weitergehende HaftgsBeschrkg bei Versch von solchen ErfGehilfen, die LeistgsTräger (vgl § 651a Anm 4) sind, in Abs II.

b) Abs I Nr 2: Falls der Veranstalter für einen Schad allein wg Versch eines LeistgsTrägers verantwortl ist, also gem § 278. Eig Versch des Veranstalters darf für den Schad nicht mitursächl sein. Ein Anspr des Reisden gg den LeistgsTräger aus Vertr od Ges, sow ein solcher besteht, bleibt unberührt (vgl § 651a Anm 4).

3) Berufung auf Beschränkung oder Ausschluß der Haftung des Leistungsträgers (Abs II). Sow ein LeistgsTräger (vgl § 651a Anm 4) einen Schad verurs hat, für den er kr G nur unter best Voraussetzgen od Beschrkgen haftet, kann sich der Reiseveranstalter ggü ErsAnspr des Reisden darauf berufen. Der Grd für die Zulässigk dieser Einwdg aus dem DrVerhältn liegt darin, daß es unbill wäre, den Reiseveranstalter schärfer haften zu lassen als den LeistgsTräger, wenn der Schad ausschließl in dessen Bereich entstanden ist. Gilt jetzt auch, wenn die Haftg des LeistgsTrägers ges ganz ausgeschl ist (aA für das früh Recht BGH **87**, 191). Gilt nicht, wenn u sow der Reiseveranstalter selbst für den Schad verantwortl ist, zB inf Organisations- od AuswahlVersch. Gilt ebfalls nicht für HaftgsAusschl od Beschrkgen, die der Reiseveranstalter mit dem LeistgsTräger vertragl vereinb hat.

651i Rücktritt vor Reisebeginn.

^I Vor Reisebeginn kann der Reisende jederzeit vom Vertrag zurücktreten.

^{II} Tritt der Reisende vom Vertrag zurück, so verliert der Reiseveranstalter den Anspruch auf den vereinbarten Reisepreis. Er kann jedoch eine angemessene Entschädigung verlangen. Die Höhe der Entschädigung bestimmt sich nach dem Reisepreis unter Abzug des Wertes der vom Reiseveranstalter ersparten Aufwendungen sowie dessen, was er durch anderweitige Verwendung der Reiseleistungen erwerben kann.

^{III} Im Vertrage kann für jede Reiseart unter Berücksichtigung der gewöhnlich ersparten Aufwendungen und des durch anderweitige Verwendung der Reiseleistungen gewöhnlich möglichen Erwerbs ein Vomhundertsatz des Reisepreises als Entschädigung festgesetzt werden.

1) Rücktritt. Abs I gewährt dem Reisden vor Reisebeginn ohne weitere Vorauss ein ges RücktrR. Keine entspr Anwendg nach Reisebeginn (LG Ffm NJW-RR **86**, 214). Erkl formfrei ggü dem Reiseveranstalter (§ 349 analog). Der Rücktr beseitigt rgestaltd den ReiseVertr. Der VergütgsAnspr des Reiseveranstalters (Abs II S 1) u der Anspr des Kunden auf die ReiseLeistg entfallen. Bereits geleistete Zahlgen, sow sie den EntschAnspr des Veranstalters nach Abs II übersteigen, sind zurückzugewähren (§ 346 analog). § 651i schließt etwa nach and Best bestehde weitergehde Rechte des Kunden, zB nach § 651e nicht aus (ebso MüKo/Löwe Rdn 2; aA LG Ffm NJW **86**, 1616).

2) Entschädigung. Der Anspr des Reiseveranstalters auf angem Entsch tritt an die Stelle des weggefallenen VergütgsAnspr. Für eine konkr Bemessg, falls nicht im Vertr Pauschalierg vereinb ist (Anm 3), ist Ausgangspkt der vereinb ReisePr. Von ihm sind abzuziehen die ersparten Aufw ut die anderweit Erwerbs-Möglk, also der Betr der Aufw, die sich der Reiseveranstalter dadch erspart, daß er dem zurückgetretenen Kunden keine Leistg mehr zu erbringen hat, u der Betr, den der Veranstalter dch anderweit Verwertg der freigewordenen ReiseLeistgen erlösen kann (nicht wie in § 649: tats erlöst od böswill zu erwerben unterläßt). Die Darlegs- u BewLast für die Angemessenh trägt nach allg Grds der Reiseveranstalter, also auch für die neg Tats, daß keine höheren Aufw erspart od keine and Verwertg mögl waren. Der Unterschied zur BewLastVerteilg in § 649 (dort Anm 2) ist darin begründet, daß dort der Untern den VergütgsAnspr behält, auf den er sich die ersparte Aufw anrechnen lassen muß, währd hier der Anspr von vornherein auf angem Entsch nach den ges festgelegten BerechngsRichtlinien geht. – **Kein Entschädigungsanspruch** wie iF des § 649 (dort Anm 2), wenn der Reiseveranstalter den Rücktr in einer den Vertr gefährdden Weise herbeigeführt hat (LG Ffm NJW **86**, 1616).

3) Pauschalierung der angem Entsch kann vertragl vereinb werden. Je nach der getroffenen Vereinbg kann es sich um eine die konkr höhere Berechng nach Abs II ausschließde Entschädigg od um ein WahlR für den Reiseveranstalter zw pauschalierter u konkr Berechng handeln. Die Pauschalierg kann wirks nur in einem Prozentsatz des ReisePr vereinb werden. Der Prozentsatz muß nach den gleichen Grds wie in Abs II bei gewöhnl Lauf der Dinge je nach Reiseart ermittelt sein (LG Brschw NJW-RR **86**, 144). Ist er höher, so ist die Vereinbg unwirks (§ 651k), dh der den ges Richtlinien entspr Prozentsatz gilt als vereinb. Da auf den gewöhnl anderweit mögl Erwerb abzustellen ist, ist auch ein gestaffelter Prozentsatz nach der Zeitspanne zw RücktrErkl u Reisebeginn zuläss, sow er dem Grds des Abs II entspricht (Ffm NJW **82**, 2198). Eine nach Abs III getroffene Vereinbg ist an den Normen des AGBG überprüfb (Hbg WM **82**, 139). BewLast wie Anm 2.

651j **Kündigung wegen höherer Gewalt.** ᴵ Wird die Reise infolge bei Vertragsabschluß nicht voraussehbarer höherer Gewalt erheblich erschwert, gefährdet oder beeinträchtigt, so können sowohl der Reiseveranstalter als auch der Reisende den Vertrag kündigen.

ᴵᴵ Wird der Vertrag nach Absatz 1 gekündigt, so finden die Vorschriften des § 651e Abs. 3 Sätze 1 und 2, Abs. 4 Satz 1 Anwendung. Die Mehrkosten für die Rückbeförderung sind von den Parteien je zur Hälfte zu tragen. Im übrigen fallen die Mehrkosten dem Reisenden zur Last.

1) Abgrenzung. Bis zum ReiseBeginn kann der Reisde ow zurücktreten, § 651i. Vor od nach Reisebeginn kann der Reisde iR der Gewl iF erhebl Beeinträchtigg der ReiseLeistg inf eines Mangels kündigen, § 651e. Bei erhebl Beeinträchtigg iF höherer Gew, ohne daß Mängel iS der Gewl aufgetreten sind (BGH **85**, 50), können beide Parteien vor od nach Beginn der Reise unter den Vorauss in Anm 2 kündigen. § 651e ist insow die ggü § 651j speziellere Vorschr, als der Reiseveranstalter – u sei es auch inf höherer Gew – seinen LeistgsPfl aus dem ReiseVertr nicht nachkommt (BGH aaO; abl Teichmann JZ **83**, 109, Bartl NJW **83**, 1092 [1096], Tempel JuS **84**, 82 [88]). Erkl der Künd forml ggü dem and Tl. Angabe von Grden ist zur Wirksamk nicht vorgeschrieben, zur Abgrenzg ggü den genannten Rechten aber zweckmäß.

2) Voraussetzungen. a) Erhebliche Erschwerung, Gefährdung oder Beeinträchtigung der Reise. Das ist dann der Fall, wenn der vertragl vorgesehene Nutzen der Reise als ganzes in Frage gestellt ist. Unmöglichk ist nicht erforderl.

b) Höhere Gewalt, dh ein von außen kommdes, keinen betriebl Zushang aufweisdes, auch dch äußerste vernünftigerw zu erwartde Sorgf nicht abwendb Ereign (BGH **100**, 185) muß Urs für diese Beeinträchtigg sein. In Frage kommen Krieg od Kriegsgef, innere Unruhen, Naturkatastrophen, Epidemien, Nichtausführbark der Reise, weil das Einreiseland die GesundhBest nach VertrAbschl verschärft u Kunde sie schuldl nicht erf kann. Streik eig Personals fällt nicht darunter (Eberle Betr **79**, 341, Bartl NJW **79**, 1386; vgl § 278 Anm 3a). Die amtl Begründg des RegEntw (BT-Drucks 8/2343 S 12) läßt Streik im Reiseland auch nicht darunterfallen. Das trifft im Bereich der LeistgsTräger (§ 651a Anm 4) in solchen Bereichen zu, für deren Funktionieren der Reiseveranstalter vertragl nicht einzustehen hat wie Flughafenpersonal, Fluglotsen, Zoll- u Paßbeamte des Ziellandes (ähnl MüKo/Löwe Rdn 11). Absage der Reise wg Unrentabilität inf ungenügder TeilnZahl ist kein Fall höherer Gew (Mü OLGZ **82**, 460).

c) Nicht voraussehbar darf das außergewöhnl Ereign sein. Das gehört an sich schon zum Begr der höheren Gewalt. Damit ist klargestellt, daß die Ausgestaltg des KündR sich anlehnt an eine Vorauss, die die Rspr zum Wegfall der GeschGrdl aufgestellt hat (vgl BGH **85**, 50). War das Ereign bei VertrAbschl od gar bei Reisebeginn schon eingetreten od voraussehb, gibt es kein KündR wg höherer Gewalt.

3) Rechtsfolgen, unabhäng davon, wer die Künd erklärt hat. **a) Entschädigungsanspruch** des Reiseveranstalters anstelle der vereinb Vergütg wie in § 651e Abs III S 1, 2, in Abweichg von dort S 3 auch, sow bereits erbrachte Leistgen kein Interesse mehr für den Reisden haben. Vgl iü § 651e Anm 3a. Der Reisde, der bereits mehr bez hat, als was der Veranstalter nach der Künd beanspr kann, hat einen RückfdgsAnspr direkt aus § 651j (vgl § 651e Anm 3a).

b) Verpflichtung zur Rückbeförderung u sonst notw Maßn wie in § 651e IV S 1 mit der Abweichg, daß die dch die Rückbefördeg entstandenen Kosten je zur Hälfte von beiden Parteien zu tragen sind.

c) Die übrigen Mehrkosten hat der Reisde zu tragen, zB verlängerter Aufenth im Zielort.

651k **Abweichende Vereinbarungen.** Von den Vorschriften der §§ 651a bis 651j kann nicht zum Nachteil des Reisenden abgewichen werden.

1) Die Vorschr der §§ 651a–j sind zwingdes R insofern, als die Parteien zum NachTl des Reisden abweiche Vereinbgen wirks nicht treffen können. Zuläss HaftgsBeschrkgen vgl § 651h. Verstoß hat Nichtigk der abweichden Vereinbg zur Folge. Ob damit der ganze Vertr nichtig ist, beurt sich nach § 139. Die Interessenlage beider VertrSeiten, insb das SchutzBedürfn des Reisden wird, ähnl dem § 6 AGBG, vielf zum WirksBleiben des übr VertrInhalts führen. An die Stelle der unwirks Vereinbg tritt dann die ges Regel (ebso MüKo/Löwe Rdn 8). Sow § 651k nicht eingreift, bleiben die in AGB enth Vereinbgen auf ihre Wirksamk nach dem AGBG zu prüfen.

Achter Titel. Mäklervertrag

Einführung

Übersicht

1) Allgemeines
2) Anwendungsbereich der §§ 652ff
   a) Zivilmakler und andere Vermittler
   b) Gesetzliche Vermittlungsverbote
   c) Behördliches Verbot
   d) Wohnungsvermittlung
3) Rechtsnatur des Maklervertrags
   a) Wesen

b) Abgrenzung zu anderen Schuldverhältnissen
c) Stellung zur Gegenpartei
4) Maklerrecht als dispositives Recht
5) Zusammenarbeit mehrerer Makler
   a) Untermaklervertrag
   b) Gemeinschaftsgeschäft
   c) Zubringergeschäft
6) Wohnungsvermittlung

Einf v § 652 1–3 2. Buch. 7. Abschnitt. *Thomas*

1) Allgemeines. MProz spielen in der Praxis eine große Rolle. Die Unzulänglichk der gesetzl Regelg hat zu einer umfangreichen Kasuistik geführt. Große Bedeutg kommt AGB zu. Daneben sind bes Gebräuche sowie die VerkSitte gebührd zu berücksicht. Für die Wirksamk von AGB u Formularvereinbgen setzt in seinem zeitl u pers AnwendgsBereich das AGBG (vgl dort Einf 3 d vor § 1) Grenzen. Außerh seines Wirkgs-Bereichs gelten die vor Inkrafttr des AGBG von der Rspr entwickelten Grds über die Inhaltskontrolle (vgl unten Anm 4). – Für die meisten VermittlgsTätigken bedarf der gewerbsm M gem **§ 34c GewO** einer Erlaubn. Ihr Fehlen läßt die zivilr Wirksamk des MVertr unberührt (BGH **78**, 269). In der VO über die Pfl der M, Darl- u Anlage- Vermittler, Bauträger u Baubetreuer (**Makler- und BauträgerVO** – MaBV –, BGBl 75, 1351) sind für Grdst-M, Darl- u VermAnlage-Vermittler, Bauträger u Baubetreuer die Verpfl zur SicherhLeistg u Vers, ZweckBindg des anvertrauten Verm, getrennte VermVerw, Ausk- u Rechngs-LeggsPfl, AufbewahrgsPfl für die GeschUnterlagen, Anlegg einer InseratenSammlg vorgeschrieben; Einzelh vgl Glaser JR **75**, 274, Schmidt BB **75**, 995. Unterlassene SicherhLeistg dch Untern ist pVV (Br BB **77**, 316). Wer gewerbsm im eig Namen u für eig Rechng auf dem Grdst seines AuftrG für diesen einen Bau errichtet, ist weder Bauherr (Bauträger) noch Baubetreuer iS von § 34c I 1 Nr 2 GewO, § 3 MaBV (BGH NJW **78**, 1054). Ein Verstoß gg OrdngsVorschr der VO für die Wirksamk des Vertr ohne Bedeutg (Hepp NJW **77**, 617, Ffm NJW **79**, 878, Celle NdsRpfl **79**, 101).

2) Anwendungsbereich der §§ 652 ff. a) Zivilmakler und andere Vermittler. Die §§ 652ff gelten für ZivM, auf HandelsM (§§ 93ff HGB) finden sie nur subsidiär Anwendg. Der Unterschied liegt in der Art der zu vermittelnden Gesch. Beim ZivM sind es solche bürgerlrechtl Art wie Gesch des GrdstVerk, HypGesch, DarlVertr, GeschVerkäufe, Miet- u PachtVertr, Eheschließ gen, mit Einschränkg auch DVertr (zu den letzten unten b u § 655 Anm 1), beim HandelsM die gewerbsmäß HandelsGesch des § 93 I HGB. KursM: §§ 30ff BörsenG. Der nicht gewerbsm VersMakler ist ZivM (BGH NJW **85**, 2595). Auch der ZivM kann aber Kaufm sein (§ 2 HGB). Wicht für § 354 HGB, dazu unten 3 b u § 652 Anm 2 B c. Auf andere Vermittler (Kommissionär, § 383 ff HGB; HandelsVertr, § 84 ff HGB; VersVertr, § 92 HGB) ist MRecht nicht anwendb, ebso umgekehrt.

b) Gesetzliche Vermittlungsverbote schränken den ArbBereich des M ein. Verstoß gg ein ges Verbot, das sich gg beide Part richtet, macht den MVertr idR nichtig (BGH **78**, 263). Auf dem Gebiet der **Arbeits- und Stellenvermittlung** ist der M grdsätzl ausgeschaltet, §§ 4, 13 AFG (Ausn: § 655 Anm 1). Ein MVertr unter Verstoß gg dieses Verbot, mit dem künft ArbGeber des Vermittelnden od in seinem Interesse mit einem Dr, ist nichtig (BGH BB **78**, 1415, NJW-RR **86**, 732). Ebso Vermittlg eines Fotomo dells (Düss NJW **76**, 1638). **Notaren** ist die Vermittlg von Darl u GrdstGesch verboten, § 14 IV BNotO. Dagg kann der **Rechtsanwalt** auch als M tät werden. Für die rechtl Einordng als RA-Dienst- od als MVertr ist allein entscheid die Vereinbg über den Inhalt der übertragenen Aufg; ist sie nicht unwesentl Umfang rberatder Art, so handelt es sich um einen RA-DVertr (BGH WM **77**, 551). Vermittlg von **Adoptionen** vgl Einf 2 vor § 1741. Vermittlg von **Laderaum und Ladegut** vgl § 32 GüKG. Grdsätzl Nichtigk auch bei Verstoß gg **RBerG** (so für GeschBesVertr BGH **37**, 258). Jedoch dürfen GrdstM ihre Kunden in GBAngelegenh beraten, GaststättenM dürfen Antr auf SchankErlaubn stellen, nicht aber dürfen VersM den VersN bei der Geltdmachg von SchadErsAnspr gg den Schädiger beraten od vertreten (BGH Warn **67** Nr 108). VertrAbschl im Reisegewerbe unter Verstoß gg **§§ 56 I GewO**, vgl § 134 Anm 2c. – IdR keine Nichtigk bei Verstoß gg ges Verbot, das sich nur gg eine Partei richtet (BGH **78**, 263: MTätigkeit eines Steuerberaters), gelegentl MTätigk eines Beamten ohne Gen seiner DienstBeh (Schlesw SchlHA **74**, 205).

c) Ein **behördliches Verbot** der VermittlgsTätigk läßt die zivilr Gültigk des MVertr unberührt (Kln MDR **55**, 414). Ebso kommt es auf **Wettbewerbswidrigkeit** (Abjagen von Kunden; Lockvogelangeb) nicht an (dazu Düss BB **66**, 1366).

d) Bei der **Wohnungsvermittlung** ist unwirks die Koppelg mit einer Verpfl zum Bezug von Waren, Dienst- od WkLeistgen, der MVertr selbst bleibt wirks, § 3 III WoVermG (abgedruckt Einf 6). Dabei ist es gleichgült, von wem die Initiative zu dem Koppelgsgesch ausgeht (Hamm Betr **73**, 2514).

3) Rechtsnatur des Maklervertrags. a) Wesen. Nach dem gesetzl Leitbild des MVertr (BGH NJW **66**, 1405; **67**, 1225) verpfl sich der AuftrG unter der Vorauss des ZustKommens eines Vertr, dem M für den Nachw der AbschlGelegenh od für die VertrVermittlg eine Vergütg zu bezahlen. Der MVertr ist damit ein Vertr eig Art. Er ist kein ggs Vertr iS der §§ 320 ff (MüKo/Schwerdtner § 652 Rdn 9, 10, Soergel-Mormann Rdn 1), dem HauptleistgsPfl gegenüber stdn ptypisch gg. Einers ist der M zur MTätigk nicht verpfl (vgl aber unten b u § 652 Anm 10 B c). Umgekehrt wird der AuftrG dch die Einschaltg des M in seiner **Entschließungs- und Abschlußfreiheit** nicht beschr. Er bleibt Herr des Gesch u kann den Auftr jederzeit widerrufen, kündigen; er kann auch die Dienste weiterer M in Anspr nehmen u sich selbst um den Abschl bemühen (BGH NJW **61**, 307). Er braucht sich Rücks darauf zu nehmen, daß der M nur beim ZustKommen des Gesch Lohn verdient (BGH NJW **66**, 1404, **67**, 198 u 1225) u kann auch Angeb, die seinem Auftr genau entsprechen, u sogar noch günstigere Angeb ablehnen (BGH NJW **67**, 1225). Er hat ggü dem M keine Pfl, einen formgült GrdstKauf zur Wirksk zu bringen (BGH WM **77**, 1049). Auch ein VorVertr bindet nur den M auf diesen Partner, nicht einen von ihnen ggü dem Abschl des HauptVertr (BGH NJW **75**, 647). Eine ProvPfl besteht nur dann, wenn die MTätigk erfolgreich war, dh zum VertrSchluß geführt hat (BGH NJW **67**, 1365). – Andrers erzeugt der MVertr als echter Vertr ein **besonderes Treueverhältnis** zw AuftrG u M, das bis zur Beendg des VertrT zu einer Reihe von NebenPfl führt, deren Verletzg schaderspfl macht, § 654 Anm 2 (Makler) u Anm 5 (AuftrG).

b) Abgrenzung zu anderen Verträgen. Der MVertr unterscheidet sich vom **Auftrag** (§§ 662 ff) dch seine Entgeltlichk; ferner kann der Beauftr Ers seiner Aufw verlangen (§ 670), der M dagg nicht (§ 652 II). Der Auftr setzt die Besorgg eines Gesch für einen and voraus. Solange es nicht zum VertrSchluß kommt, ist aber die MTätigk nicht für den AuftrG besorgt u der M nur für sich selbst tät gew (Brem OLGZ **65**, 20). Desh keine Anwendg von § 354 HGB bei erfolgl Tätigk (§ 652 Anm 2 B c). Im Ggsatz zum **Dienstvertrag**

(§§ 611ff) wird dch den MVertr eine Pfl zum Tätigw nicht begründet. Begründen die Part eine solche Pfl, dann **Maklerdienstvertrag.** Hauptfall ist der AlleinAuftr (§ 652 Anm 10). Die Part können in IndividualVertr, nicht in AGB (BGH NJW 85, 2477), auch eine Vergütg für die Tätigk als solche, also unabhäng vom Erfolg vereinbaren (BGH 87, 309, NJW 88, 967). Im Ggsatz zum **Werkvertrag** verpfl sich der M nicht, einen best Erfolg (AbschlGelegenh zu best Bdggen) herbeizuführen u für ihn einzustehen. Ist dies gewollt, so handelt es sich um einen **Maklerwerkvertrag**. Hauptfall ist der KreditVermittlg. Zu der Frage, wann der VergütgsAnspr des M entsteht u ob er zu wkvertragl Gewl verpfl ist, vgl § 652 Anm 4 B. Die Abgrenzg zw Finanziergsvermittlg (MVertr) und **Finanzierungsgarantie im Rahmen eines Bauherrnmodells** kann im EinzFall schwier sein, weil zivil- u steuerrechtl Interessen ggeinand stehen (BGH BB 84, 564). Da kein DVertr über eine GeschBesorgg, auch keine entspr Anw von § 87a III HGB (§ 652 Anm 9 Ba). Auftr gerade an einen **Rechtsanwalt** auf Vermittlg eines GrdstKauf- od DarlVertr hat mangels eindeut entggstehender AnhaltsPkte die Betreug rechtl Interessen zum Inhalt u ist desh DVertr (BGH NJW 85, 2642). Der **Handelsvertreter** ist im Ggsatz zum M verpfl, sich ständ um Vermittlg od Abschl von Gesch zu bemühen (BGH BB 72, 11). Der VersM ist verpfl, zur Vermittlg des VersVertr von seinem AuftrG u Versicherern unverzügl tät zu werden (BGH WM 71, 966). Verpflichtet sich der Käufer ggü dem Verk zur Zahlg einer **Verkaufsgebühr** an den vom Verk eingeschalteten alleinbeauftragten M, so kann darin ein Vertr zGDr liegen, der den Käufer zur Zahlg verpfl, ohne daß ihm der M Dienste erbracht hat (BGH NJW 77, 582). Ein **vermittlungsunabhängiges Provisionsversprechen** kann unter § 652 als vom Vergütg für and, nicht unter § 652 fallde DLeistgen od, wenn es an jeder GgLeistg fehlt, SchenkgsVerspr sein (BGH NJW-RR 87, 1075). Es kommt in Betracht, wenn der AuftrG trotz klarer Kenntn von der engen wirtsch Verflechtg zw MFirma u VertrPartner zur Zahlg bereit (BGH NJW-RR 87, 1075; RNatur des Vertr ist im Einz Fall zu prüfen) od vor der Alternative gestellt ist, entw eine Prov ohne VermittlgsLeistg des M zuzusagen (AbschlGebühr, Einstiegsgeld) od vom Gesch Abstand zu nehmen (Kln WM 82, 804). Vgl auch § 652 Anm 9 A b.

c) Stellung zur Gegenpartei. – Zum VertrPartner seines AuftrG steht der M grdsätzl in keiner VertrBeziehg. Zur Zulässigk von DoppelTätigk § 654 Anm 4, zum stillschw VertrSchluß mit dem Interessenten § 652 Anm 2 A a. Haftg des M bei unerl Handlg, zB bei bewußt falscher Ausk ist arg verschweigen. Als bloßer Vermittler hat der M keine Vertretungsmacht (RG 104, 368) u ist „Dritter" iS des § 123 II (BGH 33, 309). Erkl des M binden daher den AuftrG grdsätzl nicht, sind ihm aber analog §§ 278, 831 zuzurechnen, falls sie von ihm veranlaßt sind od der AuftrG dem M freie Hand (zB die Auswahl des Kunden) überlassen hatte (RG 63, 152).

4) Maklerrecht ist dispositiv innerh der Grenzen des redl Verk u der guten Sitten (vgl § 652 Anm 9 u 10; sittenw § 652 Anm 2 B b). Dies gilt uneingeschränkt für **Einzelvereinbarungen** (BGH WM 70, 392: nur individuell ausgehandelte Abweichgen vom gesetzl Leitbild des M sind gült). Für **AGB** und Formularverträge gilt das AGBG. Von seinen Best sind für die Frage, was VertrInhalt wird, die §§ 3, 4, für AusleggsZweifel die §§ 4, 5 von Bedeutg. Für die Wirksamk einz Klauseln sind in Makler-AGB neben der Generalklausel in § 9 erfahrgsgem von besd Bedeutg § 10 Nr 5 u 6 im Zushang mit Vorkenntn-Klauseln, § 10 Nr 7 im Zushang mit dem NichtzustKommen des vermittelten Gesch, § 11 Nr 5, 6 im letztgenannten Zushang und § 11 Nr 15 im Zushang mit der kausalen Tätigk des M als Voraus für die Entstehg des VergütgsAnspr.

5) Zusammenarbeit mehrerer Makler. Lit: Knütel, die ProvTeilg bei Mitwirkg mehrerer M, ZHR 80, 289. Der M kann sich zur Dchführg des Auftr der MitArb von Hilfskräften bedienen. M kann auch **jur Person** od **OHG** sein. Kommt es auf die Kenntn bestimmter Umst an, so ist bei der M-OHG die Kenntn des Gters maßgebd, der den Auftr bearbeitet. Diesem kann das Wissen and Gter, die ihm unverschuldet keine Mitteilg machen, nicht zugerechnet werden (BGH JZ 68, 69). Bei der ZusArb mehrerer M kommt es auf die im EinzFall getroffenen Vereinbgen an (BGH NJW-RR 87, 171).

a) Untermaklervertrag. Er ist ein ges nicht geregelter HilfsVertr zum MVertr, dch den ein HauptM sich mit einem UnterM zur gemschaftl Dchführg einz MGesch verbindet mit der Abrede, den UnterM an den aus dem Gesch anfallnden Prov zu beteiligen, ein partiär RechtsVerh bes Art, keine BGB-Ges (BGH BB 66, 1367). In vertragl Beziehgen zum AuftrG steht allein der HauptM (Hbg MDR 64, 595). Der UnterM ist ErfGeh des HauptM (RG 148, 356, Mü JR 61, 95). Der HauptM bleibt der Bestimmde; er kann oRücks darauf, ob der UnterM zu seiner Prov kommt, seine Entschließen frei treffen (BGH BB 68, 729) u kann auf seinen MLohn auch verzichten, wenn der UnterM einen Teil davon zu verlangen hätte. Grenze: Arglist (Hbg BB 54, 173). TreuPfl des UnterM: § 654 Anm 6 aE.

b) Ein Gemeinschaftsgeschäft liegt vor, wenn zwei od mehrere M auf entgg gesetzter VertrSeite tät werden u eine ProvTeilgsAbsprache miteinand treffen (BGH NJW-RR 87, 171). Das Angeb muß mind so ausführl sein, daß der zweite M beurt kann, ob sich seine Ann lohnt; bloße KenntnGabe vom Obj genügt nicht (Hbg MDR 73, 225). Jeder M hat Anspr auf Prov nur gg seinen AuftrG, im InnenVerh des M untereinander ist die GesProv vereinbargsgem zu teilen, auch wenn sie nur auf einer Seite anfällt (BGH BB 63, 835). Ob sich eine ProvTeilgsVereinbg für ein Gesch auch auf ein FolgeGesch erstreckt, ist AusleggsFrage (BGH WPM 82, 16). Der M, der sich mit seinem AuftrG auf einen niedrigeren ProvSatz einläßt als zw den M abgesprochen, kann sich dem und ggü schadersptlichtig machen (BGH NJW-RR 87, 171).

c) Beim Zubringergeschäft fehlt es an einer ZusArbVereinbg iS von b; es beschr sich auf die gelegentl Mitteilg einer VertrMöglichk. Der idR nicht gewerbsm tät ZubringerM hat nur Anspr auf einen geringeren Anteil an der Prov (BGH BB 63, 835). Die ProvVereinbg des Kreditsachbearbeiters einer Bank mit einem M für die Benennng von GrdstKaufInteressenten ist sittenw, wenn der Angest sein Wissen dienstl erworben hat (BGH AIZ **C** 304 Bl 3). HauptM ist dem Zubringer nicht zum Tätigw verpfl (BGH BB 68, 729).

6) Sonderbestimmungen über Maklerverträge, die den **Nachweis** od die **Vermittlung von Wohnräumen** zum Ggst haben, enthält das G zur Verbesserg des MietR u zur Begrenzg des Mietanstiegs sowie zur Regelg von Ing- u ArchLeistgn v 4. 11. 1971 (BGBl S 1745) in seinem Art 9, **Gesetz zur Regelung der Wohnungsvermittlung** (WoVermG, auszugsweise):

§ 1. *(1) Wohnungsvermittler im Sinne dieses Gesetzes ist, wer den Abschluß von Mietverträgen über Wohnräume vermittelt oder die Gelegenheit zum Abschluß von Mietverträgen über Wohnräume nachweist.*

(2) Zu den Wohnräumen im Sinne dieses Gesetzes gehören auch solche Geschäftsräume, die wegen ihres räumlichen oder wirtschaftlichen Zusammenhangs mit Wohnräumen mit diesen zusammen vermietet werden.

(3) Die Vorschriften dieses Gesetzes gelten nicht für die Vermittlung oder den Nachweis der Gelegenheit zum Abschluß von Mietverträgen über Wohnräume im Fremdenverkehr.

§ 2. *(1) Ein Anspruch auf Entgelt für die Vermittlung oder den Nachweis der Gelegenheit zum Abschluß von Mietverträgen über Wohnräume steht dem Wohnungsvermittler nur zu, wenn infolge seiner Vermittlung oder infolge seines Nachweises ein Mietvertrag zustande kommt.*

(2) Ein Anspruch nach Absatz 1 steht dem Wohnungsvermittler nicht zu, wenn
1. durch den Mietvertrag ein Mietverhältnis über dieselben Wohnräume fortgesetzt, verlängert oder erneuert wird,
2. der Mietvertrag über Wohnräume abgeschlossen wird, deren Eigentümer, Verwalter oder Vermieter der Wohnungsvermittler ist, oder
3. der Mietvertrag über Wohnräume abgeschlossen wird, deren Eigentümer, Verwalter oder Vermieter eine juristische Person ist, an der der Wohnungsvermittler rechtlich oder wirtschaftlich beteiligt ist. Das gleiche gilt, wenn eine natürliche oder juristische Person Eigentümer, Verwalter oder Vermieter von Wohnräumen ist und ihrerseits an einer juristischen Person, die sich als Wohnungsvermittler betätigt, rechtlich oder wirtschaftlich beteiligt ist.

(3) Ein Anspruch nach Absatz 1 steht dem Wohnungsvermittler gegenüber dem Wohnungssuchenden nicht zu, wenn der Mietvertrag über öffentlich geförderte Wohnungen oder über sonstige preisgebundene Wohnungen abgeschlossen wird, die nach dem 20. Juni 1948 bezugsfertig geworden sind oder bezugsfertig werden. Das gleiche gilt für die Vermittlung einzelner Wohnräume der in Satz 1 genannten Wohnungen.

(4) Vorschüsse dürfen nicht gefordert, vereinbart oder angenommen werden.

(5) Eine abweichende Vereinbarung ist unwirksam.

§ 3. *(1) Das Entgelt nach § 2 Abs. 1 ist in einem Bruchteil oder Vielfachen der Monatsmiete anzugeben.*

(2) Außer dem Entgelt nach § 2 Abs. 1 dürfen für Tätigkeiten, die mit der Vermittlung oder dem Nachweis der Gelegenheit zum Abschluß von Mietverträgen über Wohnräume zusammenhängen, sowie für etwaige Nebenleistungen keine Vergütungen irgendwelcher Art, insbesondere keine Einschreibgebühren, Schreibgebühren oder Auslagenerstattungen, vereinbart oder angenommen werden. Dies gilt nicht, soweit die nachgewiesenen Auslagen eine Monatsmiete übersteigen. Es kann jedoch vereinbart werden, daß bei Nichtzustandekommen eines Mietvertrages die in Erfüllung des Auftrages nachweisbar entstandenen Auslagen zu erstatten sind.

(3) Eine Vereinbarung, durch die der Auftraggeber sich im Zusammenhang mit dem Auftrag verpflichtet, Waren zu beziehen oder Dienst- oder Werkleistungen in Anspruch zu nehmen, ist unwirksam. Die Wirksamkeit des Vermittlungsvertrags bleibt unberührt. Satz 1 gilt nicht, wenn die Verpflichtung die Übernahme von Einrichtungs- oder Ausstattungsgegenständen des bisherigen Inhabers der Wohnräume zum Gegenstand hat.

§ 4. *Der Wohnungsvermittler und der Auftraggeber können vereinbaren, daß bei Nichterfüllung von vertraglichen Verpflichtungen eine Vertragsstrafe zu zahlen ist. Die Vertragsstrafe darf 10 v. H. des gemäß § 2 Abs. 1 vereinbarten Entgelts, höchstens jedoch fünfzig Deutsche Mark nicht übersteigen.*

§ 5. *Soweit an den Wohnungsvermittler ein ihm nach diesem Gesetz nicht zustehendes Entgelt, eine Vergütung anderer Art, eine Auslagenerstattung, ein Vorschuß oder eine Vertragsstrafe, die den in § 4 genannten Satz übersteigt, geleistet worden ist, kann die Leistung nach den allgemeinen Vorschriften des bürgerlichen Rechts zurückgefordert werden; die Vorschrift des § 817 Satz 2 des Bürgerlichen Gesetzbuchs ist nicht anzuwenden. Der Anspruch verjährt in einem Jahr von der Leistung an.*

§ 6. *(1) Der Wohnungsvermittler darf Wohnräume nur anbieten, wenn er dazu einen Auftrag von dem Vermieter oder einem anderen Berechtigten hat.*

(2) Der Wohnungsvermittler darf öffentlich, insbesondere in Zeitungsanzeigen, auf Aushängetafeln und dergleichen, nur unter Angabe seines Namens und der Bezeichnung als Wohnungsvermittler Wohnräume anbieten oder suchen; bietet er Wohnräume an, so hat er auch den Mietpreis der Wohnräume anzugeben und darauf hinzuweisen, ob Nebenleistungen besonders zu vergüten sind.

§ 7. *Die Vorschriften des § 3 Abs. 1 und des § 6 gelten nur, soweit der Wohnungsvermittler die in § 1 Abs. 1 bezeichnete Tätigkeit gewerbsmäßig ausübt.*

Das Ges bezweckt nach der Begründg des RegEntw (BT-Drucksache VI 1549), Mißstände bei der WohngsVermittlg zu beseitigen, die WohngsSuchden vor wirtsch ungerechtf Belastgen zu schützen, unlautere GeschMethoden sowie mißlieb VertrGestaltgen zu verhindern.

§ 1 regelt den **Anwendungsbereich** des Ges, der Wortlaut ist an § 652 angelehnt. Es gilt nur für die Vermittlg od den Nachw der Gelegenh zum Abschl von MietVertr (nicht and Vertr wie Kauf) über Wohnräume. Das sind Wohngen od Einzelräume, möbliert od unmöbliert, ausgen Wohnräume im FremdenVerk. Die BegrDefinition dafür findet sich in § 4 des Ges über ... sowie die Statistik des FremdenVerk (BGBl 60 S 6).

§§ 2 bis 5 sind bei den einschläg Anm zu §§ 652, 653 eingearbeitet u erläutert unter dem Stichwort WohngsVermittlg.

§ 6 enthält für gewerbsmäß (§ 7) Wohngsmakler eine OrdngsVorschr. Verstoß führt nicht zur Nichtigk des MVertr (Karlsr NJW **76**, 1408, Ffm NJW **79**, 878), wohl aber zu Geldbuße (§ 8).

652 **Begriff.** ^I Wer für den Nachweis der Gelegenheit zum Abschluß eines Vertrags oder für die Vermittlung eines Vertrags einen Mäklerlohn verspricht, ist zur Entrichtung des Lohnes nur verpflichtet, wenn der Vertrag infolge des Nachweises oder infolge der Vermittlung des Mäklers zustande kommt. Wird der Vertrag unter einer aufschiebenden Bedingung geschlossen, so kann der Mäklerlohn erst verlangt werden, wenn die Bedingung eintritt.

^{II} Aufwendungen sind dem Mäkler nur zu ersetzen, wenn es vereinbart ist. Dies gilt auch dann, wenn ein Vertrag nicht zustande kommt.

Übersicht

1) Voraussetzungen für die Entstehung des Vergütungsanspruchs
2) Rechtsgültiges Zustandekommen und Bestand des Maklervertrags
   A) Vertragsabschluß
   B) Wirksamkeit
   C) Dauer
3) Die Leistung des Maklers
   a) Nachweistätigkeit
   b) Vermittlung
   c) Versicherungsmakler
4) Rechtsgültiges Zustandekommen des gewünschten Vertrags mit dem Dritten
   A) Dritter
   B) Zustandekommen
   C) Wirksamkeit
   D) Identität
   E) Zeitpunkt
5) Kausalzusammenhang zwischen Maklerleistung und Vertragsschluß
6) Kenntnis von der Maklertätigkeit
7) Höhe, Berechnung, Herabsetzung, Fälligkeit und Verjährung des Provisionsanspruchs
8) Aufwendungen
9) Abweichende Vereinbarungen
   A) zu Gunsten des Maklers
   B) zu Gunsten des Auftraggebers
10) Forts. Alleinauftrag
    A)–C) Zweck, Inhalt, Zustandekommen
    D) Provisionsanspruch
    E) Schadensersatzanspruch
    F) Erweitertes Provisionsversprechen, pauschalierter Schadensersatz, Vertragsstrafe, Reugeld
    G) Aufwendungen

1) Voraussetzungen für die Entstehung des Vergütungsanspruchs. Der Anspr des M auf Vergütg entsteht nu unter folgen Vorauss: ZustKommen eines gült MVertr (Anm 2), Erbringg der MLeistg (Anm 3), rechtsgült ZustKommen des gewünschten Vertr (Anm 4) aGrd (ursächl ZusHang, Anm 5) der dem AuftrG bekannten (Anm 6) MTätigk. Der Abschl des HauptVertr muß sich zumind auch als Ergebn einer für den Erwerb wesentl MLeistg darstellen, es genügt nicht, daß die MTätigk auf und Weg für den Erfolg adäquat kausal geworden ist. Der M wird nicht für den Erfolg schlechth, sondern für seinen ArbErfolg belohnt (BGH BB **88**, 1623). Fehlt es an den Merkmalen der Anm 3–6, so können bei schuldh VertrVerletzg des AuftrG SchadErsAnspr des M in Frage kommen (§ 654 Anm 5), beim Fehlen eines gült MVertr (Anm 2) uU sonst Anspr (Anm 2 B c). Jedes der Erfordern der Anm 3–6 kann dch PartVereinbg abbedungen werden. Soweit dies nicht iW der Einzelvereinbg geschieht, sond dch Verwendg von AGB, bestehen jedoch Schranken (Einf 4 vor § 652). Die Abweichgen können sich auf die einz Merkmale beschränken (Anm 9), mögl ist aber auch ein abw VertrTyp (AlleinAuftr), der dch bes Vereinbgen näher ausgestaltet werden kann (Anm 10). Auch der SchadErsAnspr des M unterliegt abw Vereinbg (vgl zB Anm 10 F). Am VerglVerf des AuftrG ist der M mit seiner ProvFdg nur dann beteil, wenn er ihm das Ergebn seiner Tätigk noch vor Eröffng des VerglVerf mitgeteilt hat. Ebso ist der ProvAnspr des in Konk gegangenen M nicht KonkFdg, wenn seine Tätigk nach KonkEröffng liegt (BGH **63**, 74).

2) Rechtsgültiges Zustandekommen und Bestand des Maklervertrags.

A) Vertragsabschluß. a) Auch **konkludent** außer bei nicht gewerbsm M (BGH NJW **70**, 700: Vermittlg dch Arch). Dafür ist ein Verhalten erforderl, das den auf Abschl eines MVertr gerichteten Willen eindeut erkennen läßt (Schlesw SchlHA **68**, 119). Kein Angeb ist die ZeitgsAnz des M, denn sie ist notw unbestimmt u dient lediql der Interessentensuche (Hbg MDR **62**, 569, Br OLGZ **65**, 20). Der Leser kann davon ausgehen, daß der M vom Verk beauftr ist u auch bezahlt wird (Ffm MDR **75**, 1019). Kein Antr liegt auch in der unverbindl Nachfrage des Interessenten beim M (KG NJW **58**, 63, **61**, 511, Glaser MDR **71**, 193). Nicht jedes Sichgefallenlassen von MDiensten führt zum Abschl eines MVertr (BGH NJW **84**, 232). Erforderl ist vielmehr mindestens, daß jemand **Maklerdienste entgegennimmt** u dabei weiß od wissen muß, daß der M hierfür von ihm eine Vergütg verlangt, wenn es zum VertrSchluß kommt (Kln WM **89**, 693). Sache des M ist es, klare Verhältn zu schaffen (BGH NJW-RR **87**, 173), jede Unklarh über einen stillschw VertrSchl geht zu seinen Lasten (BGH NJW **67**, 199, WM **83**, 865). Steht der Makler bereits mit einem AuftrG in einem VertrVerh (erster MVertr), so erfolgt die Entfaltg von MDiensten iR dieses Auftr u stellt nicht ow ein schlüss erkl Angeb zum Abschl eines zweiten MVertr mit dem Interessenten dar. Will der M auch für diesen Interessenten als zweiten AuftrG tät werden, so muß er dies ihm ggü vor der Entfaltg der MTätigk od spätestens gleichzeit u unmißverständl zu erkennen geben, insbes wenn die Initiative von ihm ausgeht (BGH WM **83**, 764 u NJW **84**, 232). Wirbt der M im geschäftl Verkehr mit VerkAngeb, so darf der Interessent mangels ggteil Kenntn davon ausgehen, daß der M das Obj vom Verk an die Hand bekommen hat u mit der Weitergabe von Informationen eine Leistg für den Anbieter, nicht für den Interessenten erbringt. Ein ErklWert als ProvVerspr kommt dem Verhalten des Interessenten nur zu, wenn es sich

§ 652 2 A–C

darstellt als Entsch zw den Alternativen, die ihm gg Entgelt angebotenen Dienste in Anspr zu nehmen od zurückzuweisen (BGH 95, 393). Hieraus ergibt sich **im einzelnen:** Ein **Maklervertrag kommt nicht zustande** dch bloße Ausnutzg der M-Tätigk, wenn der Interessent annehmen darf, der M erbringe sie für die and Seite (BGH NJW-RR 87, 173); nicht dadch, daß sich auf ein Inserat des VerkM ein Interessent meldet (BGH WM 71, 1098); nicht schon dadch, daß der Empf das MAngeb entgg- u Kenntn davon nimmt (BGH NJW 84, 232); nicht, wenn ein Kaufinteressent nach einem ProvVerlangen des vom Verk beauftragten M eine ProvPfl ablehnt, selbst wenn er in der Folgezeit mit dem M verhandelt u sich dessen Vermittlgs-Bemühgen gefallen läßt (BGH NJW-RR 86, 1496); nicht dadch, daß der M dem VerkWilligen best Kaufinteressenten nachw soll, mit denen er bereits einen MVertr abgeschlossen hat (BGH NJW 81, 279). **Vertragsschluß** ist **zu bejahen**, wenn der Arch die Fremdmittel für das BauVorh des AuftrG beschafft (BGH BB 69, 935); wenn der M das Grdst vertraul unter Hinw auf die Käufermaklergebühr anbietet u sich der Interessent daraufhin die ObjAngaben machen läßt (BGH NJW 67, 1365); wenn der Interessent sich mit der Bitte um einen Nachw an den M, dessen Beruf ihm bekannt ist, wendet u den darauf folgden Nachw entggnimmt (Kln NJW-RR 87, 1529). Bei Übersendg der angeforderten ObjBeschreibg (Exposé) dch den M genügt der gleichzeit Hinw auf die Verpfl des Interessenten zur ProvZahlg (KG NJW 60, 1865). In der Antwort auf einen unverlangt gegebenen Nachw kann uU das Angeb auf Abschl eines VermittlgsMVertr liegen (BGH NJW 86, 50). Die bloße **Beifügung der Geschäftsbedingungen** reicht nicht aus für ein wirks VertrAngeb des M, da die GeschBdgg nur im Falle des ZustKommens eines MVertr von Bedeutg sein können (Br OLG 65, 20). – Entspr Grdsätze gelten, wenn der M vom Käufer beauftr ist, für den Anspr gg den Verk (BGH BB 60, 918).

b) Ob **Nachweis- oder Vermittlungsmaklervertrag** (vgl unten Anm 3), ist ggf dch Auslegg zu ermitteln. Zw dem vom Verkäufer beauftr gewerbsm GrdstM u Kaufinteressent kommt, wenn nichts and vereinb, im Zw NachweisMVertr zustande (BGH NJW 67, 1365). Bei der Würdigg entfalteter Vermittlgstätigk (Einwirkg auf den VertrGegner) nach erbrachtem Nachw ist zu berücksicht, daß der NachwM am ZustKommen des VertrSchl ein eig Interesse hat (BGH aaO). Wg stillschweigender Änderg des MVertr vgl unten Anm 4 D c.

B) Wirksamkeit. a) Einer **Form** bedarf der MVertr zu seiner Wirksk grdsätzl nicht, denn die Verpfl zum GrdstVerk od -Kauf an den vom M benannten VertrPartner entsteht für den AuftrG nicht (Einf 3 a vor § 652). Verpfl sich der AuftrG, ein Grdst zu festgelegten Bdggen an jeden vom M zugeführten Interessenten zu verk, bedarf der MVertr, falls man ihn im Hinbl auf die AbschlFreih (Einf 3 a, 4 b) überh für wirks hält, der Form des § 313, andernf ist er nichtig (BGH NJW 70, 1915); ebso ein VertrStrafVerspr für den Fall des NichtVerk (BGH NJW 71, 557, abl Schwerdtner JR 71, 199). Auch eine mit dem GrdstKäufer als AuftrG vereinb AnkaufsVerpfl mit ProvSicherg od die Vereinbg einer VertrStrafe in Höhe der MVergütg für den Fall des Nichtkaufs (BGH NJW 79, 307), auch eine ReserviergsVereinbg, wenn dch sie ein unangem Druck zum Erwerb des Grdst ausgeübt wird (BGH 103, 235), bedarf der Form des § 313. Ebso der Verpfl des Kunden, bei NichtzustKommen des HauptVertr ein BemühgsGeld in einer Höhe zu zahlen, das seine EntschlußFreih beeinträchtigt. Das ist der Fall bei 10–15% der vereinb Vergütg, im EinzFall auch schon weniger (BGH NJW 80, 1622, NJW 87, 54, BB 89, 1015, Ffm NJW-RR 86, 597). Der Formmangel heilt bereits mit not Beurk des vermittelten KaufVertr (BGH NJW 87, 1628). Formnichtig (§§ 125, 313) ist ein ProvVerspr, das in einer zw GrdstKäufer u Verk getroffenen Vereinbg, in der sie sich zum Abschl verpfl, enthalten ist (Ffm NJW 60, 485). Schriftform ist erforderl für MVertr mit Gemeinde (BGH MDR 66, 753 für hess GemO). Unschädl ist fehlde schriftl Bestätigg gem § 11 MaBV (Mü AIZ **A** 103 Bl 6).

b) **Unwirksamkeit** des MVertr kann sich aus seinem Inhalt (§§ 134, 138) od aus seinem ZustKommen (§§ 119, 123, 142) ergeben. Verstoß gg gesetzl Verbote: vgl Einf 2 b vor § 652. Über § 139 kann der MVertr nichtig sein, wenn eine Vereinbg gg das RBerG verstößt. Dies ist nicht der Fall, wenn der mit der Vermittlg eines Vertr beauftr M iR dieser Tätigk Interessenten einen von ihm ausgearbeiteten VertrEntw zur Verfügg stellt (BGH BB 74, 815). Wg Wuchers kann MVertr nichtig sein bei MißVerh zw der Vergütg u dem Wert, den das ZustKommen des Vertr für den AuftrG hat (RG 90, 402, Mormann WM 68, 954). Sittenw, wenn sich der M bereits für die Zuführg eines and M Prov versprl läßt (Nürnb OLGZ 65, 6) od bei Schmiergeld-Verspr an Angest für den Fall des ZustKommens des HauptVertr (BGH **LM** Nr 2 zu § 654). Unwirks ist auch ein Vertr zw einem Interessenten u einem Vermittler, dessen hauptsächl Aufg darin besteht, eine Schmiergeldvereinbg mit einem ausländ Beamten zwecks Erteilg eines StaatsAuftr herbeizuführen (BGH 94, 271) od Schmiergelder weiterzuleiten, die in der dem Vermittler versprochenen Prov enthalten sind (BGH NJW-RR 86, 346). Sittenw ist ein Vertr zw einem Untern u einem Steuerberater, der seinen Mandanten KapitalAnl dieses Untern empfehlen soll u dabei die mit dem Untern getroffene ProvVereinbg verschweigt, falls der Untern bei der ProvAbrede dies billig in Kauf nimmt (BGH 95, 81). Unbefristeter AlleinAuftr ist sittenw Knebelg (Hamm NJW 66, 887 u unten Anm 10 B b). Die Verwendg täuschder Begriffe im MVertr kann die Anfechtg gem § 123 begründen (Ffm NJW 60, 485).

c) **Andere Anspruchsgrundlagen.** MDienste aGrd unwirks od nicht zustgekommenen MVertr können Anspr aus § 354 HGB auslösen, falls der M Kaufm ist, befugterw für den Interessenten tät wird u diesem erkennb ist, daß der M seine Dienste gerade für ihn leistet (BGH WM 85, 1344); außerd muß die MTätigk zum Erfolg geführt haben (BGH NJW 67, 199, Einf 3 b vor § 652). Für Anspr aus §§ 812, 818 II ist Vorauss, daß es sich bei der Tätigk des M aus der Sicht des Interessenten um eine Leistg an diesen (EmpfHorizont, vgl § 812 Anm 4 b, 5 B b) handelt, was beim Angeb eines Obj zum Verk ohne vorher ProvVerlangen vom Kaufinteressenten idR nicht der Fall ist (BGH WM 85, 1234; vgl vorstehd Anm 2 A a). Der Wert des Erlangten wird der übl Prov (§ 653 II) entsprechen (Rust MDR 59, 449).

C) Dauer. Der MVertr ist von unbest Dauer. Rgeschäftl VertrBeendigg ist mögl entweder dch AufhebgsVereinbg od dch Künd (Widerruf) od Anfechtg. Hat der M seinem AuftrGeber ein Grdst zum Kauf nachgewiesen u erklärt er ihm dann, er sei selbst an dem Erwerb des Grdst interessiert, so liegt darin, weil der M die Interessen seines AuftrGebers nicht mehr wahrnehmen kann, das – konkludent annehmb – Angeb

Einzelne Schuldverhältnisse. 8. Titel: Mäklervertrag § 652 2–4

auf rückwirkde Aufhebg des MVertr. Erwirbt dann der AuftrGeber, so schuldet er dem M Vergütg nur, wenn das für diesen Fall ausdr vereinb wurde (BGH NJW 83, 1847). Ferner endet MVertr dch den Tod des M (BGH NJW 65, 964). Stirbt der AuftrG, so können seine Erben kündigen. Konk des M beendigt den MVertr nicht, wohl aber der des AuftrG, § 23 II KO.

Der AuftrG kann den MVertr grdsätzl jederzeit kündigen (widerrufen; Einf 3a vor § 652), der M gem § 626. Die Beendigg des MVertr hat lediglich für künft MDienste Bedeutg. Hat der M bereits währd der VertrDauer seine Leistg erbracht, so kann sich der AuftrG dch eine Kündg der VergütgsPfl bei Inanspruch nicht entziehen (Anm 4 E). Jedenf wäre ein AuftrWiderruf lediglich zu dem Zweck, den M um seine Prov zu bringen, treuwidr (LG Aachen NJW 51, 657).

3) Die Leistung des Maklers. Der M ist entweder Nachw- od VermittlgsM. Zur Auslegg stillschw geschl Vertr vgl oben Anm 2 A b. Die Leistg des M muß daher – je nach dem geschl Vertr – in Nachw- od Vermittlgstätig bestehen. Eine sonst Tätigk, mag sie auch nützl sein u den VertrSchl gefördert haben (zB sachkund Beratg des AuftrG, Beschaffg von Unterlagen u dgl) bringt den ProvAnspr nicht zur Entstehg (vgl unten b).

a) Der **Nachweis** besteht idR darin, daß der M dem AuftrG einen bish unbekannten Interessenten für das angestrebte Gesch benennt, ihm Obj u künft VertrPartner bekanntgibt (Ffm MDR 75, 315). Inhaltl muß der Nachw hinsichtl der Pers u des Objekts (zB Lage u grdbuchmäß Bezeichng des Grdst) so hinreichd best sein, daß es dem AuftrG möglich ist, von sich aus die VertrVerh aufzunehmen. Dazu ist idR, auch ohne Verlangen, Angabe v Name u Anschr des wahren Eigtümers bzw VfgsBerecht nöt (BGH NJW 87, 1629; Ffm NJW-RR 86, 352). Jedoch ProvAnspr des M bei späterem ZustKommen des Gesch bei bloßer Bekanntgabe der Lage des Obj, wenn es dem AuftrG auf die Pers des Eigtümers noch nicht ankommt, weil er sich zunächst einmal über die Geeignetht des Obj schlüss werden, od gar am M vorbei später direkt abschließen will (BGH WM 87, 511), od weil sich die Adresse des Eigtümers mit der angegebenen ObjAdresse deckt (BGH WM 84, 560, NJW 87, 1629) od ohne jede Schwierigk dch Nachfrage zu ermitteln ist (Bamb AIZ **A** 110 Bl 30). Der Hinw auf eine bloße Ermittlgsmöglichk genügt nicht, die Übermittlg eines ins einzelne gehden Angeb ist anderers nicht erforderl. Um bloße ErmittlgsMöglichk, die nicht zur MLeistg wird, handelt es sich, wenn der M dem AuftrG eine Liste mit einer Vielzahl von allg Interessenten zusendet, an Hand deren er erst die konkr Interessenten für sein Obj ermitteln müßte (Mü BB 73, 1551). Vorkenntn vgl Anm 5, 9 A a. Als mitursächl MTätigk genügt eine für den Erwerb wesentl MLeistg, dch die der Kunde den Anstoß bekommen hat, sich konkret um das – auch bereits bekannte – Obj zu bemühen (BGH NJW 83, 1849). Der Nachw kann auch auf Erwerb in der ZwVerst unter Bek des Termins sowie der GrdstUnterlagen gerichtet sein, auch wenn diese Kenntn anderweit zu erlangen sind (Kln NJW-RR 89, 247).

Indirekter Nachweis (M führt anderen M zu, der dann vermittelt) genügt nicht. Prov ist in diesem Fall grdsätzl nicht zu zahlen.

b) **Vermittlung** ist bewußte, finale Herbeiführg der AbschlBereitsch des VertrPartners (BGH NJW 76, 1844). Auch der Auftr, einen Vertr mit einem Dr „herbeizuführen" kann als MVermittlgsVertr aufgefaßt werden (BGH Betr 81, 210). Mit dem AuftrG ist eine weitere Verh als die zur Begründg des MVertr nicht erforderl, ebso nicht eine gleichzeit Verh mit beiden VertrTlen od eine Mitwirkg beim VertrAbschl zw ihnen (BGH WM 74, 257). Vermitteln heißt also verhandeln mit dem VertrPartner des AuftrG. Dazu genügt nicht, daß der Notar abschließt, der in amtl Eigensch v der AbschlMöglk erfährt (BGH NJW 76, 1844). Es ist kein Vermitteln, wenn ein Hausverwalter in Vollm des Eigtümers (LG Hbg MDR 74, 490, LG Aurich NJW 75, 544) od wenn der M dann bevollm M ohne weitere Tätigk einen MietVertr abschließt (LG Mü I BB 74, 1319). Es trifft zwar zu, daß der Verwalter einer WohngsEigtAnl als solcher nicht Verwalter der einz EigtWohng iS des § 2 II Nr 2 WoVermG (abgedr Einf 6) ist (LG Mü I NJW 74, 2287); schließt er aber mit Vollm eines WohngsEigtümers einen MietVertr ab, so besteht die näml Interessenlage wie iF des § 2 II Nr 2 WoVermG (Hoyningen-Huene NJW 74, 2287; Mü MDR 75, 931). Auch der HandelsVertr einer Part kann bei Vermittlg od Abschl eines Gesch nicht zugl eine MLeistg für den Kunden erbringen, weil er rechtl nicht in der Lage ist, dessen Interessen gg den Untern zu wahren (BGH NJW 74, 137); ebso kann der Vertr od Repräsentant des Verk dem Käufer keine M-Dienste leisten (Hbg AIZ **A** 145 Bl 6). Endl kann der M wg einer Beziehung zu einer Part u daraus resultierder Interessenkollision ungeeignet sein, der and Part sachgem MDienste zu leisten (BGH NJW 81, 2293 u BB 85, 1221), insb wenn der M das beabsichtigte Gesch mit seinem eig Eheg als VertrPartner des AuftrGebers zust bringt (BGH NJW 87, 1008: ProvAnspr nur bei bes Absprache). Jedoch reicht allein der Umst, daß die Maklerin mit dem Eigtümer, Verm od Verw der vermittelten Wohng verheiratet ist, ohne konkr AnhaltsPkte für eine Interessenkollision nicht für den Ausschl ihres ProvAnspr aus (BVerfG NJW 87, 2733; zumal wenn der AuftrG Kenntn von dieser Ehe hat (BVerfG NJW 88, 2663). Vgl auch Anm 7 c, 4 A.

c) Der **Versicherungsmakler** wird im Ggsatz zum VersVertr od -Agenten idR vom VersN beauftr, ist dessen Interessen- u meist AbschlVertr, üblicherw zum TätigW verpfl, näml kurzfrist Beschaffg eines individuellen VersSchutzes u in diesem Rahmen Beratg u Betreuung seines AuftrGebers. Er ist für die vertragsgerechte Erf seiner Aufklärungs- u BeratgsPfl bewbelastet (BGH NJW 85, 2595).

4) Rechtsgültiges Zustandekommen des gewünschten Vertrags mit dem Dritten. Die Gefahr des Nichtzustandekommens od der Unvollkommenh des HauptVertr trägt der M. Der gewünschte HauptVertr muß schuldrechtl mögl sein, auch ein GeschBes- od BauBetrVertr (BGH BB 77, 1672).

A) **Zwischen Auftraggeber und einem Dritten** muß der Vertr aGrd der Nachw- od VermittlgsTätigk des M wirks zustandegek sein. Dritter ist der VertrPartner nur, wenn er vom M verschieden ist, wobei nicht auf die formelle gesellschrechtl Stellg, sond auf die zGrde liegden wirtsch Verhältn abzustellen ist. Dabei ist entscheidd, ob der M und der Dritte die Fähigk zur selbstand unabhäng WillBildg haben (BGH NJW 85, 2473). Die Vereinbg einer von den Vorauss des § 652 unabhäng Vergütg kann allenf bej werden, wenn der

§ 652 4 A–C 2. Buch. 7. Abschnitt. *Thomas*

AuftrG die bestehde wirtsch Verflechtg zw dem M u dem Dr (BGH NJW-RR **87**, 1075) kennt, die eine MTätigk ausschließt (BGH WM **83**, 42, NJW **85**, 2473). Deshalb keine Vergütg, wenn der M selbst (BGH WM **76**, 1158; dies grdsätzl auch dann, wenn sich der M die Leistg v einem Dr besorgt) od wenn derjen Gter, der für die M-Gesellsch aufgetreten ist, den Vertr mit dem AuftrG abschließt (KG NJW **68**, 1782); ebso wenn die vom Käufer beauftragte M- Firma inf ihrer beherrschden Beteiligg die Hdlgen der VerkFirma ausschlaggebd best (BGH NJW **71**, 1839); ebso kein Anspr auf M-Vergütg vom Käufer, wenn eine natürl Pers die Tätigk sowohl der M- wie der VerkFirma entscheidd steuern u beeinflussen kann (Stgt NJW **73**, 1975, Hbg MDR **74**, 228: Identität des GeschF v Wohngsbau- u MGmbH, BGH WM **78**, 711: Identität v Verk u GeschF der M-Firma, kein M- VergütgsAnspr des BauBetr gg den Käufer einer EigtWohng, wenn deren Eigtümer nur mit Zust des BauBetr verk darf). Kein Anspr auf MVergütg, wenn der VertrPartner von einer mit der MGesellsch wirtsch ident Gesellsch vertreten wird (BGH WM **85**, 2473, Ffm NJW-RR **87**, 174). Eine MaklerKG kann dem Käufer keine MDienste leisten, wenn ihr pers haftder Gter zugl GeschF der verkaufden GmbH ist (BGH Betr **75**, 2319). Ebso kein ProvAnspr einer M-GmbH, deren GeschF u Gter gleichzeit nicht unerhebl an der vermieteden GmbH beteil ist (Mü MDR **86**, 317). Ebso kein VergütgsAnspr bei wirtsch Verflechtg der Gter von Vermittlgs- u BauBetreuungsgesellsch beim Erwerb einer EigtWohng nach dem Kölner Modell (BGH WM **80**, 1431 u NJW **81**, 277). Kein VergütgsAnspr für Vermittlg eines TreuhandVertr iR eines Bauherrnmodells, wenn der VermittlgsM mit dem Trhänder wirtsch ident ist; seine wirtsch Verflechtg mit dem Baubetreuer od Finanziersvermittler steht nicht entgg (Mü WM **84**, 374). Kein VergütgsAnspr, wenn der AuftrG den KaufVertr mit einer KG abschließt, in deren pers haftder Gterin (GmbH) der M GeschF ist (Ffm NJW **75**, 543). Wenn der M GeschF der verkaufden GmbH ist, kann er dem Käufer keine MDienste leisten; eine VergütgsVereinbg ist nur wirks, wenn der M seine Beziehg zur GmbH vorher klar u eindeut aufgedeckt (BGH NJW **75**, 1215 u WM **76**, 1158) u erkl hat, daß gesetzl nicht der Käufer keine Vergütg schuldet (Ffm MDR **82**, 407); wenn eine OberGesellsch (KG) den beherrschden Einfluß sowohl auf die M-Firma (GmbH) wie auf die VerkFirma (weitere GmbH, VertrPartner des AuftrG) ausübt (BGH NJW **74**, 1130); wenn der mit 75% beteil Gter u GeschF der M-KG, die einen TrHdVertr vermitteln soll, gleichzeit MehrhAktionär u AufsRatVors der TrHd-AG ist (BGH WM **78**, 708); od wenn sonst der M an dem vermittelten Gesch auf Seiten des VertrPartners des AuftrG in einem wirtsch erhebl Maße mitbeteil (BGH NJW **73**, 1649) od wenn er an einer Gesellsch – außer ganz unbeduetd – beteil ist, die VertrGegner seines AuftrG ist (BGH Betr **76**, 2203). Ebenf keine MVergütg bei 25%iger Beteiligg der MFirma an der VerkFirma bei enger personeller, räuml u funktioneller Verflechtg (Benöhr, aaO 1876, BGH Betr **76**, 2203). Kein ProvAnspr des NachwM gg den Erwerber eines BauGrdst, wenn der vom Veräußerer Bevollm mit dem Erwerber einen BauBetreugs- u VerwalterVertr abschließt u diese Gesch eine Einh bilden (BGH WM **79**, 58). Zufassd zum Problem der Verflechtg des M mit einer VertrPartei Wank NJW **79**, 190. Wohngs-Vermittlg vgl Anm 7c. – Nicht steht dem VergütgsAnspr des M entgg, daß er mit seinem AuftrG (Ggs: mit dessen VertrGegner) wirtsch verflochten ist (BGH WM **76**, 1334).

B) Zustandekommen. Der **schuldrechtliche Vertrag** zw AuftrG u Dr muß auf Vermittlg bzw Nachweis des M abgeschl sein, ggf in der erfdl Form. Deshalb keine VergütgsPfl vor not Ann, mag auch das Grdst bereits überlassen sein, od bei Abschl ledigl eines VorVertr od bloßer Leistg einer Anzahlg (BGH NJW **75**, 647) od Abschl eines not KaufanwartschVertr über ein Grdst (BGH WM **76**, 28) od mangels ausdr Vereinbg bei Abschl eines VermarktgsVertr zw Arch u GrdstEigtümer ohne nachfolgde KaufVertr (Ffm MDR **81**, 1017). Bei RealVertr muß auch der erforderl Realakt hinzukommen. Bei der DarlVermittlg kann je nach der Vereinbg, da der DarlVertr als KonsensualDarl aufzufassen ist (Einf 1b vor § 607), für die Entstehg des MProvAnspr der Abschl eines Vertr über Auszahlg eines Darl mit genau ausgehandelten Bdggen in der Weise genügen, daß der DarlNehmer klagb Anspr auf Auszahlg gg Erbringg der von ihm vertragl ausbedungenen Nachw u Leistgen hat (BGH NJW **82**, 2662). AusleggsFrage im EinzFall ist es, ob der M darüberhinaus verpfl ist, die Auszahlg des Darl real, ggf unter Beschaffg der nöt Sicherh zustande zu bringen; dann MWkVertr (vgl Einf 3b), VergütgsAnspr erst bei DarlAuszahlg, GewlAnspr des AuftrG nach WkVertrR (BGH NJW **88**, 967). Kein Anspr des Kreditvermittlers bzw Bauträgers auf Vergütg od BearbeitgsGebühren, wenn iR eines Bauvorh der Bauwill das FinanziersgsAngeb nicht annimmt, sond sich das Darl selbst besorgt (BGH NJW **83**, 985, Mü Betr **83**, 1977). NebenPfl dem FinanzM vgl § 654 Anm 2, 3. – Für den ProvAnspr ist dagg grdsätzl ohne Bedeutg, ob auch das **dingliche Erfüllungsgeschäft** zust gekommen ist, zB die Part beantragen die dazu erfdl behördl Gen nicht (BGH Betr **76**, 2252); vgl aber wg AuflassgsGen unten C b. Abw Vereinbgen: Anm 9 B a.

C) Der Vertr muß **gültig zustandegekommen** u darf nicht nachträgl wg einer im VertrSchl selbst liegden Unvollkommenh wieder beseitigt worden sein (eingehd Kempen, Der ProvAnspr des ZivM bei fehlerh HauptVertr, 1984). VermittlgsVerbote vgl Einf 2b.

a) Nichtigkeit. Bei fehlder **Form** kommt es nicht darauf an, ob der AuftrG den Grd hierfür selbst veranlaßt hat (Bsp: Unterverbriefg des Kaufpr); in diesem Fall auch kein SchadErsAnspr (BGH WM **77**, 1049). Jedoch entsteht der ProvAnspr bei nachträgl Heilg des Formmangels. AuftrG kann sich ggü MLohn-Anspr auf FormNichtigk berufen, selbst wenn der and Teil zur DchFührg des formnicht Vertr bereit ist (Celle OLGZ **69**, 417). – Verstößt der vermittelte Vertr gg ein **gesetzliches Verbot**, so hat der M ebenf keinen Anspr auf Prov (Hamm MDR **86**, 756). So bei Vermittlg eines ArchVertr, der wg Koppelg von GrdstErwerb u ArchAuftr nichtig ist (§ 631 Anm 1b); auch dann nicht, wenn der GrdstErwerber die ArchLeistgen entgegengenommen hat (BGH WM **80**, 17). – Über § 139 kann der vermittelte Erbbaurechts-Vertr unwirks sein, wenn der im Zushang damit zw Erwerber u BauUntern abgeschl WkVertr nicht ebenf not beurkundet ist (Hamm RsprBau **A 121** Bl 9).

b) Beim **genehmigungsbedürftigen Vertrag** ist für den ProvAnspr die Erteilg der Gen für den VerpflVertr erforderl. Wird sie versagt, erhält der M keinen Lohn (BGH **60**, 385 für vormschgerichtl Gen; BGH WM **70**, 905 allg). Ebso kein Vergütgs-Anspr, wenn die für die Aufl vorgeschriebene Gen nach dem BBauG versagt wird (BGH WM **77**, 21). Negativattest, auch wenn zu Unrecht erteilt, steht der Erteilg der Gen

Einzelne Schuldverhältnisse. 8. Titel: Mäklervertrag § 652 4 C, D

gleich; trotzdem kein VergütgsAnspr, wenn die Vergütg für den Nachw v Bauland versprochen wurde u das Grdst tats nicht bebaub ist (BGH aaO).

c) Wirks **Anfechtung** des vermittelten Vertr läßt ProvAnspr entfallen (BGH Betr **80**, 2076) u zwar nicht nur bei Irrt (Getäuschtw) des AuftrG, sond auch dann, wenn der VertrGegner wg argl Täuschg dch AuftrG wirks angefochten hat (BGH Betr **76**, 2252), denn bei ordngsgem Verhalten des AuftrG wäre überh kein Vertr zustande gek. Das gilt trotz fehler Rückwirkg auch bei Anfechtg, dh fristl Künd des Beitritts zu einer PublikumsGesellsch (BGH NJW **79**, 975).

d) Bei **aufschiebender Bedingung** entsteht LohnAnspr, außer bei ausdr anderweit Vereinbg (Hbg AIZ **A 137** Bl 5), erst mit BdggsEintritt (**I 1**); zu seiner HerbeiFührg ist AuftrG wg der AbschlFreih nicht verpfl (BGH WM **71**, 905). Bei VertrSchluß unter **auflösender Bedingung** gilt Umkehrschluß aus I 2, dh Prov fällt sofort an. Verliert der HauptVertr inf Eintritts der auflösden Bdgg seine Wirksamk, so berührt das den VergütgsAnspr des M grdsätzl nicht; and nur, wenn im MVertr vereinb od wenn es dem AuftrG erkennb gerade auf den unbdgten VertrAbschl ankam (BGH WM **77**, 21).

e) Bei vertragl vereinb **Wiederaufhebung** des abgeschl Gesch bleibt der LohnAnspr erhalten (BGH Betr **76**, 2252), ebso bei Ausübg eines **gesetzlichen Rücktrittsrechts** (BGH NJW **74**, 694) od Erkl der **Wandelung** (Hbg OLG **39**, 208) od **Minderung** – außer bei anderweit Vereinbg im MVertr (BGH WM **77**, 21) –, denn in diesen Fällen erfolgt die Rückgängigmachg bzw Preisherabsetzg nicht wg einer Unvollkommenh des VertrSchl, sond aGrd and Umst. Dagg kein LohnAnspr, wenn die Aufhebg des Vertr wg eines bestehden AnfGrd vereinb wurde (Brschw NJW **54**, 1083, Karlsr AIZ **86**, Heft 6 A 137 Bl 9). Bei Ausübg eines **vertraglichen Rücktrittsrechts** ist Bestehenbleiben od Wegfall des VergütgsAnspr AusleggsFrage (BGH Betr **73**, 226). Entscheidd dafür ist, nach BewegGrd, Zweck u Inhalt der RücktrKlausel der HauptVertr iS einer anfängl Unvollkommenh in der Schwebe bleiben – Hauptfall: Unsicherh, deren Behebg außer der Macht der VertrPartner liegt – od ob er sofort voll wirks werden soll (KG MDR **73**, 1018). Demnach ist ein ledigl dem ges RücktrR nachgebildetes vertragl dem ges gleichzustellen, währd iF der Vereinbg eines vertragl RücktrR ohne weitere Vorauss innerh best Fr der LohnAnspr des M erst nach ungenutztem Ablauf der Fr entsteht od vorher, sobald feststeht, daß das RücktrR nicht mehr ausgeübt wird (BGH NJW **74**, 694); ebso bei RücktrR für den Fall der Nichtbebaubark od der Nicht-Sicherstellg des KaufPr bis zu einem best Ztpkt wenn es einer aufschiebden Bdgg gleichsteht (BGH WM **77**, 21, Zweibr NJW-RR **89**, 54). Ist der ProvAnspr des M als des begünstigten Dr gg den Käufer in dessen KaufVertr mit dem Verk vereinb, so erlischt er mit Aufhebg des KaufVertr (Celle WM **85**, 1455, Schlesw AIZ **86** Heft 6 A 135 Bl 5); ebso mit Ausübg eines vertragl vereinb RücktrR dch den Verk gg dem Käufer (Ffm Betr **86**, 2594).

f) Wird **Vorkaufsrecht** ausgeübt, so entfällt ggü dem GrdstM, nicht ggü dem KreditM (BGH NJW **82**, 2662), ProvPfl des Erstkäufers, da ihm wirtschaftl Vorteil entfließt (RG **157**, 243); ob dann Zweitkäufer provpfl ist, hängt von der Ausleg des KaufVertr ab, insb davon, ob Erstkäufer sein ZahlgsVerspr dem Verkäufer als VersprEmpf zG des M abgegeben h (BGH **LM** § 505 Nr 4). ProvPfl des Verk bleibt, wenn VorkaufsR ausgeübt w, sofern er M beauftr hatte.

D) **Kongruenz.** Der aGrd Nachw od Vermittlg geschlossene Vertr darf von dem nach dem MAuftr beabsicht in inhaltl u pers Hins nicht wesentl abweichen.

a) Die **inhaltliche Identität** der beiden Gesch ist nach wirtsch Gesichtspunkten zu beurt. Dafür ist maßg, daß der abgeschlossene HauptVertr sich inhaltl mit dem deckt, den der M nachweisen od vermitteln sollte od daß iF inhaltl Abweichg der AuftrG mit ihm wirtsch den gleichen Erfolg erzielt (BGH NJW **88**, 967); unerhebl Abweichgen schaden nicht (BGH WM **78**, 983 u NJW **82**, 2662: um 4% geringere DarlSumme als vorgesehen). Keine wirtsch Gleichwertigk bei Tausch statt Kauf, Verpachtg statt Kauf, Erwerb eines GrdstHälfteAnt statt des AlleinEigt (BGH WM **73**, 814), Erwerb eines ¼-MitEigtAnteils statt AlleinEigt, außer der Kunde gibt zu erkennen, daß er das Grdst nicht für sich allein erwerben will (BGH AIZ **A 133** Bl 6), monatl Belastg der vermittelten EigtumWohng mit 612 statt, wie angegeben, mit 340 DM (Oldbg AIZ **A 121** Bl 7), ZwKredit statt Hyp, Vermittlg nur des Darl, wenn Auftr auf Beschaffg einer erstrang DarlHyp lautet u M den RangRücktr der bestehden ersten Hyp nicht erreicht (Schlesw SchlHA **69**, 63), Vermittlg nur eines KonsensualDarlVertr statt realer DarlAuszahlg (BGH NJW **88**, 967); auch nicht bei lästigerer od ungünstigerer Ausgestaltg des beabsicht Gesch, zB Parzellen- statt Gesamtverk (KG HRR **32**, 115). Kaufpr-Deckg mit eig Wechseln des Käufers statt mit Kundenwechseln (RG **115**, 270); od bei Abschl unter wesentl and als den vorgesehenen Bdggen (Hamm NJW **59**, 2167). Dagg ist NachwMVertr Gleich des wirtsch Erfolgs idR zu bej bei Erwerb in der ZwVerst anstelle von Kauf (Ffm NJW **86**, 2117, Kln NJW-RR **89**, 247); beim VermittlgsMVertr fehlt es dagg in diesem Fall an entspr MTätigk (Anm 3b). – Ist individuell vereinb, daß MVergütg auch zu zahlen ist, wenn ein and, als der angeb Vertr von einem vom M beigebrachten Interessenten zustkommt, so muß die wirtsch Gleichwertigk zw angebotenem u abgeschl Vertr nicht unbdgt iS der Rspr von der wirtsch Identität iR der Ausleg des § 652 verstanden werden (BGH WM **85**, 1422). – Wird geringerer Pr erzielt, so richtet sich die Prov nach diesem.

b) **Persönliche Kongruenz.** Der MVertr kann auf Vermittlg (Nachw) eines Vertr zw Dritten gehen (RG **172**, 187). Sonst ist Prov regelm verdient, wenn der Vertr mit einer and Pers als dem AuftrG des M (zufassd Scheibe BB **88**, 849) od mit einer and als der vom M nachgew Pers zustandekommt (Hamm NJW **59**, 2167), auch wenn es sich um eine Bekannte des AngebEmpf handelt (Schlesw AIZ **A 118** Bl 4). Davon kann es unter bes Umst Ausn geben, zB wenn zw dem Erstinteressenten, den der M nachgewiesen u nicht gekauft hat, u dem Zweitinteressenten, an den der M nicht nachgewiesen u der später gekauft hat, bereits im Zeitpkt, in dem der M für den Verk vermittelnd tät wurde, eine feste, auf Dauer angelegte Bindg, idR familien- od gesellschrechtl Art, bestand (BGH NJW **84**, 358, Kblz MDR **86**, 317: Lebensgefährtin) u bei Abschl des HauptVertr noch besteht (Hamm WM **84**, 906); ferner wenn der mit dem EinzRechtsNachf des Verk abgeschlossene Vertr nicht wesentl von den ursprüngl Bdggen abweicht, dafür vereinbgsgem keine MVergütg zu zahlen ist u die Pers des Verk nicht von wesentl Bedeutg ist (BGH WM **76**, 28). In jed

Fall ist für den ProvAnspr des M erforderl, daß seine Nachw- od VermittlgTätigk zumind mitursächl ist für den Abschl des HauptVertr dch eine and Pers als den AuftrG od mit einer and Pers als den vom M nachgewiesenen Interessenten (BGH Betr **88**, 1788). Zum indirekten Nachw vgl Anm 3 a. Kommt das Gesch anstelle des AuftrG mit einem Dr, der dch ihn von der AbschlMöglich erfahren hat, zustande, so kann ProvPfl unter dem Gesichtspunkt der verbotenen Weitergabe entstehen (§ 654 Anm 5). Schließt der Eheg des AuftrG den vermittelten Vertr ab, so schuldet der AuftrG die Prov, wenn der Eheg die AbschlMöglk durch ihn erfahren hat (Hamm NJW-RR **88**, 685).

c) Bei **nachträglicher Änderung** des MVertr kann ProvAnspr trotz erhebl Abweichg entstehen, zB wenn sich der AuftrG nach dem Scheitern der zunächst nachgew Gelegenh eine weitere Tätigk des M ausdr od stillschw gefallen läßt u diese zum Abschl eines andersart Gesch führt (Düss JR **68**, 25).

E) Eine **zeitliche Begrenzung für den Abschluß besteht nicht.** Das ZustKommen des Haupt Vertr ist die RBdgg, von deren Eintritt die Entstehg des ProvAnspr abhängt. Für den ProvAnspr ist nicht erforderl, daß der Erfolg der MTätigk währd der Dauer des MVertr eintritt (BGH NJW **66**, 2008). Ist die MLeistg vor VertrBeendigg erbracht, so ist der AuftrG provpfl, wenn er sich den Nachw nach AuftrEnde zunutze macht (BGH WM **69**, 884); ferner, wenn er das vom M vermittelte Gesch erst nach Künd (Widerruf) des MVertr (Karlsr MDR **63**, 411) od nach dem Todes des M abschließt (BGH NJW **65**, 964).

5) Kausalzusammenhang zwischen Maklerleistung und Vertragsschluß. Die vom M entfaltete Vermittlgs- od NachwTätigk (Anm 3) muß für den VertrSchl (Anm 4) ursächl gew, dh gerade auf den Abschl dieses VertrSchlusses gerichtet sein (BGH WM **85**, 1422). Dazu genügt beim NachwM der Nachw der Gelegenh u der in angem Zt folgde VertrAbschl (BGH NJW **80**, 123), außer der Interessent weist bes Umst nach, aus denen sich ausnahmsw die fehlde Kausalität ergibt (Bamb AIZ **A** 110 Bl 30) od außer der M weiß, daß der Verk seinen Auftr widerrufen u einem and M AlleinAuftr erteilt hat, weil er nicht davon ausgehen kann, daß der Käufer 2 × KäuferProv zahlt (BGH WM **83**, 865). Beim VermittlgsM, wenn aGrd des MVertr dem AuftrG ein Angeb zugegangen ist u er einen dementspr Vertr abgeschl hat (BGH NJW **71**, 1133). Es kann sein, daß erst das Angeb eines zweiten M den Anstoß gegeben hat, sich mit dem Obj zu befassen (Mü OLGZ **78**, 444). Die Tätigk eines NachwM bei dem Käufer ist auch dann nicht ursächl, wenn er eine vermittelnde Tätigk nicht entfalten kann, weil der Verk dafür einem and M AlleinAuftr erteilt hat u der Käufer zum VertrAbschl deshalb dessen Dienste beanspruchen muß (BGH NJW **77**, 41). Mehrere M vgl Einf 5. Nicht darzutun braucht der M, daß seine Tätigk die alleinige od hauptsächl Ursache des späteren Abschl ist. **Mitverursachung genügt,** dh der Abschl des HauptVertr muß sich zumind auch als Ergebn einer für den Erwerb wesentl MLeistg darstellen (BGH BB **88**, 1623). Nöt ist eine für das ZustKommen des Vertr wesentl MLeistg, dch die der MKunde den Anstoß bekommen hat, sich konkret um das in Rede stehde – auch bereits bekannte (BGH AIZ **A** 110 Bl 26) – Objekt zu bemühen (BGH NJW **83**, 1849). So, wenn die Parteien abgebrochene DirektVerh auf Veranlassg des M wiederaufnehmen u zum Erfolg führen (BGH BB **55**, 490); wenn die Verh des AuftrG aGrd des Nachw dch den ersten M zunächst nicht zum Erfolg führen, nach Einschaltg eines zweiten NachwM dann aber doch (BGH NJW **80**, 123); wenn der NachwM den Kunden über Einzelh unterrichtet hat, die für diesen interessant u keineswegs belanglos waren (BGH WM **85**, 359: Unterlagen, die der Kunde seiner Bank vorlegte); wenn der VermittlgsM die AbschlBereitsch des VertrPartners irgendwie gefördert, dh der M beim VertrPartner des AuftrG ein nicht völl unbedeutdes Motiv für den Abschl gesetzt hat (BGH WM **74**, 257); wenn Tätigk des zweiten beauftrd M auf der des ersten aufbaut od Tätigk des ersten M bei Beauftragg noch nicht beendet war (Hamm AIZ **72**, 8). Die Ursächlichk entfällt nicht schon deshalb, weil die vom M vermittelten Verh zunächst gescheitert sind, aber innerh angem Zt wieder aufgen werden u zum Abschl führen (Zweibr AIZ **A** 110 Bl 13), auch nicht dch Ausschaltg des M, wenn der VertrAbschl auf der vom M angebahnten u fortwirkden Grdlage zustkommt (BGH WM **74**, 257). Die MLeistg kann je nach den Umst des Falles sogar noch mitursächl sein, wenn zw dem Nachw u dem ZustKommen des Vertr 4 Jhre liegen (Bamb AIZ **A** 110 Bl 28). Eine **Unterbrechung** des Kausal Zushangs kommt nur bei völl neuen Verh, die unabhäng von der Tätigk des M aufgenommen wurden, in Frage (strenge Anforderg: BGH MDR **60**, 283). Wg neuer Verh aGrd verbotener Weitergabe vgl § 654 Anm 5. Bei **Vorkenntnis** ist der Nachw nicht ursächl, eine darüberhinausgehde Vermittlg kann ursächl sein. Keine Pfl des AuftrG, den M über bestehde Vorkenntn zu unterrichten (BGH WM **84**, 62). Eingehen auf das Angeb ohne Hinw auf die Vorkenntn kann Verz auf fehlde Ursächlichk bedeuten (Hbg NJW-RR **87**, 175). **Keine Ursächlichkeit,** wenn ein berecht sogleich ausgeschlossenes Angeb keine Nachwirkgen hatte (Düss MDR **59**, 1010); bei Abschl eines MietVertr über eine dem AuftrG gelegentl der Besichtigg einer nachgewiesenen Wohng bekannt gew and freie Wohng, die dem M nicht bekannt war (LG Heidelbg MDR **65**, 132); bei Abschl des HauptVertr nicht mit dem vom M benannten Verk, sondern mit einem nicht nachgewiesenen ZwErwerber (BGH WM **88**, 725). – **Beweislast:** M für Zugang des Angeb u seine Tätigk sowie dementspr VertrSchluß. AuftrG, daß ihm das Obj bereits bekannt war. M, daß seine Tätigk gleichwohl mitursächl war (BGH NJW **71**, 1133), wofür nach Sachlage eine tatsächl Vermutg bestehen kann, die der AuftrG zu widerlegen hat (BGH WM **78**, 885: Abschl 2 Tage nach Zugang des zweiten, erhebl günstigeren M-Angeb). Bei gleichzeit Zugang der Angeb mehrerer M für das selbe Obj trifft den M, der Vergütg verlangt, die BewLast, daß gerade sein Angeb mitursächl für den VertrAbschl war (BGH NJW **79**, 869). – Was den Bew über den tatsächl VertrInhalt angeht, so hat der M gg den AuftrG einen Anspr auf **Auskunft und Rechnungslegung** (RG **53**, 255). Verbindg von Ausk- u ProvAnspr in StufenKl mögl, § 254 ZPO. Einen Anspr auf Vorlegg des Vertr hat der M nicht, wenn die Vorauss des § 810 nicht vorliegen (vgl § 810 Anm 4).

6) Kenntnis von der Maklertätigkeit. Der AuftrG muß von der entfalteten MTätigk vor od spätestens bei Abschl des HauptVertr Kenntn erlangt haben, damit die ProvFdg bei der PrGestaltg berücksicht werden kann. Jedoch steht selbstverschuldete Unkenntn der Kenntn gleich, zB Unterl einer gebotenen Rückfrage beim M (Mü NJW **68**, 894). Eine Verpfl, vom M angebotene Obj sorgfält zu prüfen u zur Kenntn zu nehmen, besteht für den AuftrG nicht. Der Zugang eines ObjAngeb ist ein Indiz für die KenntnErlangg dch den AuftrG außer bei Hinzutreten weiterer Umst, zB längerer ZtAblauf (KG AIZ **70**, 374).

7) Provisionsanspruch. Er kann auch im Vertr zw Verk u Käufer zG des M als Dr gg Verk u Käufer je zur Hälfte (Hbg NJW-RR **88**, 1202) od gg den Käufer begründet werden (BGH NJW **77**, 582 „Verkaufsgebühr") u sich je nach Auslegg gg den VorkaufsBerecht nach Ausübg seines VorkaufsR erstrecken (Mü BB **77**, 1627). Seine Entstehg kann beim Vertrieb eines Bauherrenmodells, das nur mit mehreren Bauherren dchführb ist, auch ohne ausdr Absprache davon abhäng sein, daß der Gesamtvertrieb innerh einer Zeitspanne vollendet ist, in der die geplanten Preise zu halten sind (BGH WM **85**, 482).

a) Höhe. Maßg ist die Vereinbg, andernf § 653. Sie wird regelm nach dem Kaufpr berechnet; hierzu gehören auch solche Leistgen des Käufers, die als Teil des Kaufpr zu gelten haben, nicht jedoch Steuern u sonst öffentl Abgaben, zB Anliegerbeiträge (BGH NJW **65**, 1755). Gelingt dem Verk eine Erhöhg des vom VermittlgsM niedriger ausgehandelten KaufPr, so errechnet sich die %uale Vergütg des M aus dem letztgen KaufPr (Nürnb OLG **77**, 219). Wirks auch Vereinbg, daß die Prov in dem Teil des Kaufpr besteht, der einen best Betr übersteigt (BGH NJW **69**, 1628). Die Höhe der Vergütg muß nicht ausdr vereinb sein, es genügt, daß sie sich dch, auch ergänzde, VertrAusslegg ergibt (BGH **94**, 98). Es genügt auch, daß sich die Part auf eine best Methode für die Berechng geeinigt haben (BGH WM **85**, 1422). Bei der Vermittlg des Kaufs eines ErbbauR richtet sich der MProv nicht nach dem ErbbauBerecht gezahlten Kaufpr; außer Betr bleibt der vom Erwerber an den GrdstEigtümer zu zahlde jährl ErbbauZins (LG Mü I AIZ **67**, 279). Für Vermittlg eines ErbbauRVertr ist der Erbbauzinswert analog § 24 KostO maßg (Nürnb bei Glaser-Warncke S 210); bei der ZwFinanzierg eines BausparVertr nur die ZwKreditsumme, nicht hinzuzurechnen ist die VertrSumme des BausparVertr (LG Düss BB **61**, 464). Die Herabsetzg eines unverhältnism hoch vereinb Lohns dch UrtSpruch ist grdsätzl nicht mögl; unbedeutde Ausnahme: § 655. Zur Verwirkg eines RückzahlgsAnspr vgl BGH WM **76**, 1194.

b) Ist die Vereinbg wg **Wuchers** nichtig (Anm 2 B b), so ist Aufrechterhaltg des MVertr mit übl Lohn nicht mögl (§ 138 Anm 4 b). Einem BerAnspr (Anm 2 B c) steht idR § 817 entgg.

c) Das Ges zur Regelg der **Wohnungsvermittlung** (auszugsw abgedr Einf 6) enthält SonderVorschr. Sie dienen dem Schutz der WohngsSuchden u sollen Mißstände dch GeschPraktiken unseriöser M verhindern. § 2 I macht den **Provisionsanspruch** in jedem Fall vom Erfolg inf ursächl MTätigk abhäng. § 2 II versagt den ProvAnspr ganz in Fällen, in denen wirtsch gesehen eine echte MTätigk überh nicht vorliegt, näml wenn dch die Tätigk des M ledigl die bisher MietVerh fortgesetzt, verlängert od erneuert wird od wenn Eigtümer, Verwalter bzw Vermieter einers und Makler anders persgleich od wirtsch bzw rechtl eng verflochten sind. Allein der Umst, daß die Maklerin mit dem Eigtümer, Verw od Verm der vermittelten Wohng verheiratet ist, rechtfertigt ohne konkrete Anhaltspunkte für ihre Parteilichk od für fehlde Aufw bei der Beschaffg der Kenntn von der vermittelten Wohng nicht den Ausschl der Prov nach § 2 WoVermG (BVerfG BB **87**, 1491). § 2 III versagt jeden ProvAnspr gg den WohngsSuchden, wenn es sich um öffentl geförderten od sonst preisgebun denen Wohnraum handelt. Hier ist die Tätigk des M überflüss u unerwünscht, weil der Wohngsuchde bei den öffentl Dienststellen, die solche Wohnräume (u. 1. u 2. WoBauG) verteile, die Nachweise bekommen kann. Nach Beendigg der Eigenschaft einer Wohng als öff gefördert (§§ 15 ff WoBindG) gilt § 2 III nicht mehr. – § 2 IV verbietet die Vereinbg u Annahme von Vorschüssen. – Jede Vereinbg entgg den vorstehd aufgeführten Beschrkgen ist unwirks. – Die **Höhe** der Vergütg ist von gewerbsmäß M (§ 7) in einem BruchTl od Vielfachen der Monatsmiete anzugeben, § 3 I. Gemeint ist die Nettomiete, also ohne die übl Nebenkosten, die in § 20 I NMV als umlagefäh BetrKosten bezeichnet sind. Verstoß führt nicht zur Nichtigk, wohl aber zu Geldbuße (§ 8 I Nr 1, II). Ein Höchstsatz besteht nicht, die Grenze gebieten § 6 WiStG u § 138. – Da das Entgelt erfolgsbed u auf der Grdlage der Monatsmiete zu berechnen ist, kann jedwede **Nebenvergütung** nur in den engen Grenzen des § 3 II vereinb werden, näml im Erfolgsfall nur AuslagenErs, sow sie eine Monatsmiete übersteigen, bei NichtzustKommen des MietVertr nur Ers der nachgewiesenen ursächl Auslagen. – Entgelte u Vergütgen und Art, die dem M nach dem Ges zur Regelg der WohngsVermittlg nicht zustehen, kann der AuftrG nach den allg Vorschr zurückverlangen, wobei § 817 S 2 nicht gilt (§ 5). VerjFr für die RückfdgsAnspr ein Jahr ab Leistg.

d) Fällig ist der ProvAnspr mit seiner Entstehg, also erst mit Vollwirksamw des HauptVertr (§§ 158, 184 usw, vgl Anm 4 C). Abweichde Vereinbgen sind häuf (vgl Anm 9 A d u 9 B a). Ist der M, der eine für das ZustKommen des Gesch ursächl Tätigk entfaltet hat, vor dem endgült GeschAbschl gestorben, so geht die Anw auf den ProvAnspr auf die Erben über. Bei Eintritt des Erfolges können sie die Prov verlangen (BGH WM **76**, 503). **Verjährung:** § 196 I Nr 1, 7, II (Ffm BB **81**, 1546). **Mehrwertsteuer:** § 157 Anm 3.

e) Im **Konkurs- und Vergleichsverfahren** ist die Frage, ob die VergütgsFdg des M aktiv od passiv zur Masse gehört, danach zu entsch, ob der M das Ergebn seiner Tätigk dem AuftrG noch vor der Eröffng des Verf mitgeteilt hat (BGH BB **74**, 1456).

f) Verwirkung und Schadensersatzanspruch wg pVV vgl § 654.

8) Aufwendungen (II). Der M hat keinen Anspr auf Ers seiner Aufw u zwar weder neben der Vergütg, noch wenn diese nicht zur Entstehg kommt (II 2). Seine Auslagen u Unkosten kann der M nur aGrd bes Vereinbg auch für den Fall erfolgloser Tätigk verlangen. Beschrkgen bei WohngsVermittlg vgl vorstehd Anm 7 c. Pauschalierte Spesenklauseln in MVertr sind als **Reuegeld**, häufiger als **Vertragsstrafe** zu werten (Mü Betr **67**, 504) u dann gem § 343 herabsetzb, sofern man sie überh als wirks ansieht. S auch Anm 10 F u Einf 4 vor § 652. – Beim AlleinAuftr vgl unten 10 G.

9) Abweichende Vereinbarungen (Allgemeines). Die Part des MVertr können den ProvAnspr abw von § 652 regeln. Mögl ist sowohl eine vertragl Abänderg zG des M, indem ges Merkmale abbedungen werden (A), wie auch eine zG des AuftrG, indem zusätzl Erfordernisse geschaffen werden (B). Die vertragl Regelg kann sich auch auf NebenAnspr, zB SchadErsAnspr, u auf die RStellg der Part überh beziehen. Insow hat sich ein bes, von der ges Regelg abweichder, selbstd VertrTyp herausgebildet (AlleinAuftr; Anm 10). Dabei setzen in seinem AnwBereich das AGBG (vgl dort Einf 3 d vor § 1) u, wo es nicht einschläg ist, die Rspr der Wirksamk abw Vereinbgen in AGB u FormularVertr Grenzen; vgl dazu Einf 4 vor § 652.

A) Abweichende Vereinbarungen zugunsten des Maklers. Vgl allg Einf 4.

a) Zahlung unabhängig von den Voraussetzungen des Abs I S 1 kann wirks überh nicht bei Wohngs-Vermittlg (s unten b), sonst nur in IndividualVereinbg (BGH NJW-RR **86**, 346: KausalitätsErfordern abbedungen), nicht in AGB (§ 9 II Nr 1 AGBG) od FormularVertr vereinb werden. Vermittlgsunabhäng Prov-Versprechen vgl Einf 3b. Vergütgsvereinbar bei **Zustandekommen eines anderen Vertrages** als des angeb ist dahin auszulegen, daß beide wirtsch gleichwert sein müssen (BGH WM **85**, 1422; vgl auch Anm 4a). **Vorkenntnisklausel,** dh eine vertragl Pfl des AuftrG zu Anz od Widerspr innerh best Fr, anderuf das Obj als bisher unbek gilt, kann (AusleggsFrage) die Wirkg einer UrsächlichkFiktion desh nur in einer IndividualVereinbg haben (BGH Betr **76**, 1711). In AGB od FormularVertr ist solche VorkenntnKlausel lediglich eine Vereinbg über die BewLast, wie sie für den gesetzl Typus des MVertr ohnedies besteht (BGH NJW **71**, 1133). Der schriftl Mitteilg des AuftrG steht es gleich, wenn der M die Voraussetzgen auf dritter Seite erfährt (Köln MDR **70**, 844). Unterlassg der MitteilgsPfl kann zu Anspr des M auf Ers weiterer Unkosten aus pVV führen. – Auch kann der AuftrG die vertragl Pfl zur Rückfrage übernehmen, wenn er mit einem Interessenten währd der Laufzeit des MVertr ohne Mitwirkg des M abschließen will **(Rückfrageklausel).** Die Folgen unterl Rückfrage beurteilen sich wie bei der VorkenntnKlausel (weitergehd Karlsr OLGZ **67**, 134). Zum Ausschl der Ursächlichk vgl auch Anm 10 F.

b) Provision unabhängig vom Erfolg (vgl auch Einf 3 b). Entspr Abreden müssen, da mit dem Wesen des MVertr unvereinb, eindeut u klar iW der Einzelvereinbg getroffen sein (BGH Betr **76**, 189). Entspr Klauseln in AGB sind wg Verstoßes gg § 9 II Nr 1 nichtig, auch iR eines sog MDienstVertr mit gewisser GarantieÜbern (BGH BB **85**, 1151). Außerh des AnwendsBereichs des AGBG gelten sie nur bei ausdrückl Hinw u Erläuterg der Klausel dch den M (BGH WM **70**, 392). Bei Doppeltätigk (unten f, § 654 Anm 4) ist die Abbedgg des Erfolges als Voraus für Prov von einer Seite unwirks (BGH **61**, 17). Die Vereinbg in FormularVertr, daß der Bauherr dem Baubetreuer für Vermietg u Übern der Mietgarantie Vergütg auch zu zahlen hat, wenn der Bauherr diese Leistgen einverständl nicht in Anspr nimmt, ist unwirks (BGH NJW **84**, 2162). Ebso bei Vereinbg einer Vergütg für Nachw od Vermittlg der Fremdfinanzierg, wenn der Bauherr sie nicht in Anspr nimmt, auch iR eines Bauherrnmodells (BGH NJW **85**, 2478) u auch wenn der M eine Pfl zur Tätigk u eine gewisse Garantie übernommen hat (BGH Betr **85**, 1525). Abdingb ist das Erfordern der **Wirksamkeit** des HauptVertr, zB Lohn trotz wirks Anfechtg des HauptVertr (Karlsr NJW **58**, 1495) od trotz verweigerter vormschgerichtl Gen (BGH NJW **73**, 1276) od BodenVerkGen (Hbg MDR **75**, 663); regelm aber nicht für den Fall bei der Klausel: „MProv zahlb bei not KaufAbschl", die ledigl eine Vorverlegg der Fälligk betrifft (KG NJW **61**, 512); ferner IndividualVereinbg mögl, daß bereits der Abschl eines **Vorvertrages** genügen soll; in AGB kann eine solche Vereinbg wirks nicht getroffen werden (BGH NJW **75**, 647). Bei § 313 (GrdstVorvertr) ggf aber auch Nichtigk des ProvVerspr (Anm 2 B a). Vorvertr ist auch bei KreditVertr mögl, meist aber KonsensualDarl, vgl oben Anm 4 B. So wird Abbedgg des Erfolgs handelt es sich um LohnVerspr für DLeistg od DBereitsch. Klauseln sind häuf unwirks, so bei Entgelt für bloßen Nachw eines od mehrerer KapitalAnlInteressenten (BGH NJW **65**, 246, Nürnb OLGZ **65**, 6, Mü OLGZ **65**, 17). Bei der **Wohnungsvermittlung** kann der Erfolg, dh Abschl eines MietVertr über Wohnraum als Voraus für ProvAnspr wirks nicht abbedungen, das Geleistete zurückgefordert werden, §§ 2 I, V, 5 Wo-VermG (abgedruckt Einf 6).

c) Provision für Folgegeschäfte, dh für weitere Gesch, die sich aus dem vom M vermittelten GeschAbschl ergeben, kann der M nur bei entspr Vereinbg verlangen (BGH NJW **82**, 1052). Sie kann sich bei HandelsM iW der VertrAuslegg unter Berücksichtigg eines Handelsbrauchs ergeben (BGH NJW **86**, 1036: VersM). Die Vereinbg in AGB oder FormularVertr kann nach §§ 3, 9 II Nr 1 AGBG, außerh des AnwendgsBereichs (vgl dort Einf 3 d vor § 1) nach den Grds in Einf 4 nichtig sein, zB in einem MVertr über ein Mietobj, daß eine „Differenzgebühr" zu zahlen ist, falls der Mieter das Obj innerh von 5 Jhrn ohne weiteres Zutun des M kauft (BGH **60**, 243).

d) Vorverlegung der Fälligkeit des ProvAnspr ist zuläss (KG NJW **61**, 512); vgl auch oben b.

e) Provision bei Weitergabe der AbschlMöglk an einen Dr, der dann abschließt, kann auch in AGB wirks vereinb werden (BGH NJW **87**, 2431). Erleichtert den in diesem Fall an sich bestehdn ges SchadErs-Anspr (vgl § 654 Anm 5).

f) Freizeichnungsklauseln des Maklers. Der M unterliegt bei **Doppeltätigkeit** gewissen Beschrkgen (§ 654 Anm 4). Häuf sieht sich dch entspr Klausel Tätigk für den und Teil ausdr gestatten. Die Rspr schränkt die Bedeut dieser Klausel stark ein. Sie enth keine Einwillg in eine TreuPflVerletzg des M (BGH NJW **64**, 1467). Der VertrauensM (Anm 10 B b) kann sich nur nach bes Aufklärg des AuftrG auf die Klausel berufen (BGH Warn **67** Nr 40).

g) Allein- und Festauftrag vgl Anm 10.

B) Abweichende Vereinbarungen zu Gunsten des Auftraggebers.

a) Hinausschieben der Provisionszahlung. Zur Entstehg des ProvAnspr genügt der Abschl des schuldrechtl Vertr. Abw davon können die Part den LohnAnspr an die **Ausführung** des HauptVertr knüpfen (Bsp: Prov zahlb nach Aufl u Eintr; nach Baubeginn od -Durchf u dgl). Dann ist es Ausleggsfrage, ob nur die Fälligk des ProvAnspr hinausgeschoben od eine zusätzl Bdgg für seine Entstehg begründet werden soll (BGH NJW **66**, 1404). Kommt bei FälligkAbrede das Gesch nicht zur Ausf, ist die Lücke dch Auslegg zu schließen, das Ger bestimmt die Fälligk nach § 242, idR nach Ablauf einer Zeitspanne, innerh derer die Ausf des Gesch erwartet werden konnte (BGH Warn **86**, 67). Bei echter EntstehgsBedgg gilt nur § 162, dagg ist § 87 a III HGB nicht entspr anwendb (BGH NJW **66**, 1404 u WM **85**, 775). Das Risiko der NichtAusführg trägt dann der M. Der AbschlFreih des AuftrG (Einf 3 a vor § 652) entspricht seine Ausf-Freih. In KreditvermittlgsVertr (vgl auch oben Anm 4 B) kann die Klausel „Prov fällig bei Auszahlg der Valuta" iVm einer Vorverlegg der Entstehg des LohnAnspr bei Abschl des DarlVorvertr (vgl oben A b) die Bedeutg einer StundgsAbrede haben (BGH WM **62**, 1264).

b) Abwälzung der Provisionszahlung. Die ProvZahlgsPfl obliegt dem AuftrG. Häuf findet sich in MAuftr von GrdstVerk die Klausel: **„Provision trägt Käufer".** Inhalt nicht eindeut. Wg mögl Auslegen vgl BGH MDR **67**, 836. Eine Haftg des AuftrG aus einer derart ihn begünstigden Klausel kommt nur dann in Frage, wenn überh die Vorauss für einen ProvAnspr vorliegen (BGH aaO) u die Prov vom Käufer nicht zu erlangen ist (Hamb MDR **69**, 665). Vereinbgen über die MProv zw den VertrPart des HauptVertr können grdsätzl ohne den M aufgeh u geändert werden (Hamm NJW **60**, 1864). Sie sind regelm kein Vertr zG des M (Krause, Festschr f Molitor, 393).

10) Fortsetzung. Alleinauftrag.

A) Sein **Wesen** besteht in einer Einschränkg der WiderrufsFreih für den AuftrG u in einer Erhöhg des PflKreises für den M. Da dieser zum Tätigw verpfl ist u sich von dieser Verpfl nicht einseit lösen kann, handelt es sich um einen auf best Dienstleistgen gerichteten sog MaklerDVertr (BGH NJW-RR **87**, 944), der aber kein ggs Vertr ist (vgl Einf 3 b vor § 652).

B) Inhalt. Dch den AlleinAuftr werden versch Rechte des AuftrG, die ihm nach dem ges VertrTyp zustehen (Einf 3 a vor § 652), eingeschränkt od ausgeschlossen.

a) Verbot der Beauftragung eines weiteren Maklers, dh der AuftrG verzichtet auf sein Recht, die Dienste mehrerer M zugl in Anspr zu nehmen. Dagg bleibt im Zw – die Umst können im EinzFall etwas and ergeben – das R des AuftrG, sich selbst um den Abschl zu bemühen, unberührt, **kein Verbot von Eigengeschäften** od **Direktabschlüssen** (BGH NJW **61**, 307, Celle BB **68**, 149). Sollen auch EigGesch ausgeschl werden, so bedarf es einer bes, eindeut Vereinbg, die zw gleichermaßen erfahrenen u gewandten GeschLeuten individuell ausgehandelt wirks (BGH WM **74**, 257), nicht aber wirks in AGB enthalten sein kann (BGH **60**, 377). Ebso kann ein FinanziergsM seinem Kunden nicht dch AGB wirks die Verpfl auferlegen, eig Verhandlgen mit DarlGebern nur unter seiner Zuziehg zu führen (BGH **88**, 368). Gleiches gilt, wenn statt AlleinAuftr die Bezeichng AlleinVerkR verwendet wird (BGH WM **76**, 533). An dieser rechtl Beurteilg ändert sich auch nichts dch eine Kombination von Allein- u FestAuftr (Düss MDR **73**, 582).

b) Ausschluß des Widerrufsrechts, „Festanhandgabe", dh der AuftrG verzichtet ferner meist auf sein Recht, den MVertr jederzeit zu widerrufen, Festauftrag (RG **172**, 188, BGH NJW **64**, 1468). Regelm ist das WiderrufsR des AuftrG auf eine im AlleinAuftr genau bestimmte Fr ausgeschlossen; bei Fehlen von Vereinbg gilt angem Fr. Nach Ablauf der BindgsFr besteht KündMögl. Je länger die Fr, desto stärker die Bindg des AuftrG an den M, dieser wird bei langer Fr (zB 15 Monate) zum **Vertrauensmakler** (BGH NJW **64**, 1467). Widerruf entgg der Zusage ist dem M ggü wirksl (BGH NJW **67**, 1225). Er kann seine Tätigk fortsetzen. Eine zeitl unbegrenzte Bindg ist unwirks, führt aber nicht zur Nichtigk des MVertr, sond zur Bindg für angem Zeit, (zB 5 Jhre (BGH WM **74**, 257). Ausnahmsw besteht ein WiderrufsR des AuftrG vor Ablauf der BindgsFr bei wicht Grd, § 626, zB bei Untätigk des M (BGH NJW **69**, 1626), uU auch bei Zuführg eines unseriösen Interessenten (BGH WM **70**, 1457). Stillschw Beendigg des AlleinAuftr ist anzunehmen, wenn der M seine Tätigk endgült eingestellt hat; den AuftrG am AlleinAuftr festhalten, wäre dann RMißbr dch den M (BGH NJW **66**, 1405 u WM **77**, 871).

c) Eine Pflichtenvermehrung auf Seiten des Maklers begründet der AlleinAuftr, vor allem die, im Interesse des AuftrG tätig zu werden (BGH NJW **66**, 1406, **67**, 199, Mü MDR **67**, 212). Auch ein derart MDienst- oder MWerkVertr bleibt im Kern MVertrag, selbst wenn der M zusätzl noch eine gewisse Garantie übernimmt (BGH Betr **85**, 1525: kein erfolgsunabhäng VergütgsAnspr in AGB). Der M hat deshalb alles in seinen Kräften Stehde zu tun, um einen seinem AuftrG vorteilh Abschl zu erreichen, vor allem einen möglichst günst Kaufpr zu erzielen; in diesem Rahmen trifft ihn auch die Pfl zu sachkund Beratg des AuftrG (BGH WM **73**, 1382). Er darf sein TätW nicht davon abhäng machen, daß auch der nicht von ihm beigebrachte Interessent sich zu einer ProvZahlg verpfl (BGH AIZ **69**, 220).

d) Die AbschlußfreiheitdesAuftraggebers bleibt dagg unberührt (BGH WM **72**, 444, Celle OLGZ **69**, 325; vgl Einf 3 a vor § 652). Gleiches gilt für alle übr Merkmale des MVertr u das **Zustandekommen des Hauptvertrags** (vgl dazu unten D). Mit dem Verzicht auf sein WiderrufsR hat der AuftrG noch keine Verpfl zum Abschl übernommen. Es steht ihm auch beim AlleinAuftr völl frei, ob er das vermittelte (nachgew) Gesch abschl will od nicht (BGH NJW **67**, 1225 u WM **70**, 1457), die Vereinbg einer Prov auch für den Fall, daß der AuftrG nicht abschließt, kann, wenn man sie überh für wirks hält, nicht in AGB od FormularVertr getroffen werden (Stgt BB **71**, 1341).

e) Weitergehende Verpflichtungen kann der M im EinzFall über den eigentl MVertr hinaus übernehmen, zB Beratg u Mithilfe bei Plang, Kalkulation, Finanzierg eines BauVorh auf dem vermittelten Grdst (BGH WM **73**, 1382). Insow handelt es sich um GeschBesVertr mit DVertrCharakter (BGH aaO spricht insow unsauber von M-DVertr). Er kann bei Nichtentstehg eines VergütgsAnspr zu einem Anspr auf AufwErs führen (Hamm AIZ **74**, 59).

C) Zustandekommen. In aller Regel dch ausdr Vereinbg, aber auch stillschweigd, wenn deutl Anhaltspunkte für entspr Willen vorliegen. Nicht ausreichd ist der Auftr, ein best Gesch mit einem best Interessenten zu fördern, auch nicht bei VerschwiegenhAbrede (BGH NJW **67**, 198).

D) Provisionsanspruch. Für seine Entsteh müssen mangels anderweit Vereinbgen sämtl Merkmale der Anm 2–6 vorliegen. Die AlleinAuftrKlausel als solche bedeutet noch nicht, daß der AuftrG auch ohne Ursächlichk der MLeistg u ohne ZustKommen des HauptGesch (BGH NJW **67**, 1225) Prov zu zahlen hätte. Abschl währd der Laufzeit des AlleinAuftr ist nicht erforderl (BGH NJW **66**, 2008, Hamm MDR **59**, 841). Nicht ausreichd zur Begr eines ProvAnspr ist die Verletzg der AlleinAuftrKlausel dch den AuftrG, zB Abschl währd der Laufzeit unter Zuziehg eines and u Ausschaltg des ersten M, vorzeit Widerruf. Dch AGB (§§ 3, 9 II Nr 1 AGBG) kann auch ein ausdr ProvAnspr für den Fall der Verletzg der Zuziehgs- od HinwPfl nicht begründet werden (BGH NJW **73**, 1194). Bei Fehlen bes IndividualVereinbgen kommen insow nur SchadErsAnspr in Frage, sow dafür nach allg Regeln die Vorauss erf sind.

§§ 652, 653   2. Buch. 7. Abschnitt. *Thomas*

E) Anspruch auf Schadensersatz. Verletzt der AuftrG seine VertrPfl, so macht er sich wg pVV schaderspfl. Der Schad des M besteht regelm in der entgangenen VerdienstMöglk, § 252 (Prov, auch die von Seiten des VertrGegners). Bewpfl ist der M. Erforderl ist der M innerh der Fr einen zum Ankauf unter den vertragsm Bdgngen bereiten u fäh Käufer gestellt hätte (BGH NJW 66, 2008, 67, 1225). Verlangt der M SchadErs in Höhe beider Prov, hat er außerdem zu beweisen, daß auch dieser Käufer ihm Prov bezahlt hätte (BGH AIZ 69, 220). Nicht-Abschl des Gesch ist keine VertrVerletzg (vgl oben B d). Die mit dem SchadErsAnspr verbundene Bew-Schwierigk wird häuf dch bes Klauseln beseit (unten F). Kein Anspr des M, wenn dieser den AuftrG auf Frage über Bedeutg des AlleinAuftr unzutr aufgeklärt hat u dies für Abschl des MVertr ursächl war (BGH BB 69, 813). Die Berufg auf SchadErsAnspr kann mißbräuchl sein, wenn der AuftrG auch ohne formalen Widerruf des AlleinAuftr seine Bindg daran als überholt ansehen konnte, zB wg 8-monat Untätigk des M (BGH WM 77, 871). SchadErsAnspr des AuftrG bei schuldh Verl der Pfl des M zum TätWerden (BGH NJW-RR 87, 944).

F) Erweitertes Provisionsversprechen, pauschalierter Schadensersatzanspruch, Vertragsstrafe, Reugeld. In AlleinAuftr finden sich häuf Klauseln, die den M gg VertrVerletzgen dch AuftrG schützen sollen. IdR verpfl sich der AuftrG bei näher bezeichneten VerletzgsHdlgen ohne Nachw eines Schad zur Zahlg der vollen Vergütg („GesamtProv", dh Prov beider Teile des HauptVertr). Dch Auslegg ist jew zu ermitteln, ob es sich um ein erweitertes ProvVerspr (ProvPfl auch für vom M nicht verursachtes Gesch; kein Versch- u SchadNachw), einen pauschalierten SchadErsatzAnspr (kein SchadNachw seitens des M; zur Abgrenzg vgl § 276 Anm 5 A b) od um das Versprn einer herabsetzb VertrStrafe gem § 343 handelt (BGH 49, 84, NJW 64, 1467). Derart Klauseln sind in IndividualVereinbgen solange unbedenkl, als die ZahlgsPfl an einen – vertrwidr – zustgek HauptVertr anknüpft; insow handelt es sich noch um eine nähere Ausgestaltg der ges Regelg. Bei Verwendg von AGB vgl § 11 Nr 5, 6 AGBG. Klauseln in AGB, die in die AbschlFreih des AuftrG eingreifen od ZahlgsPfl unabhäng vom ZustKommen eines Vertr oder Reugeld bei Direkt-Abschl iF eines AlleinAuftr vorsehen, verändern den ges VertrTyp u sind idR unangem u damit nichtig (BGH Betr 77, 158 u Betr 81, 1280). So auch Vereinbg einer VertrStrafe bei AlleinAuftr schon für den Fall, daß AuftrG den Vertr währd der Laufzeit künd u Abschl mit jedem beigebrachten Interessenten ablehnt, weil er mehr verkaufen will (BGH Betr 70, 1825). – Bei der **Wohnungsvermittlung** darf die VertrStrafe die Grenze des § 4 Ges zur Regelg der WohngsVermittlg (abgedr Einf 6) nicht überschreiten, eine überhöhte Strafe kann zurückgefordert werden (§ 5).

Einzelfälle: a) Verweisungs- od **Hinzuziehungsklauseln** haben den Zweck, die Mitwirkg des allein-beauftr M am VertrSchl dadch sicherzustellen, daß sich der AuftrG verpfl, sämtl Interessenten, auch „eigene", an ihn zu verweisen. Sie sind für den AlleinAuftr typisch u unbedenkl, sow der AuftrG für den Fall der Verletzg dem M Ers seiner Aufw u Entsch für nutzl ArbAufw verspricht. Unwirks ist dagg für den Fall der Verl eine Vereinbg in AGB, die dem M die volle Vergütg wie für den Fall erfolgreicher Vermittlg od Ers des entgangenen Gew verspricht (BGH 60, 377).

b) Widerrufsklauseln verfolgen den gleichen Zweck wie oben a). M will sich vor Ausschaltg währd der Laufzeit des AlleinAuftr schützen. Klauseln, wonach ProvPfl schon bei vorzeit Widerruf (Künd, Zurück-ziehg) des Auftr bestehen soll, sie sind dahin zu ergänzen, daß ProvPfl nur besteht, wenn der Widerruf zu einem vertrwidr Abschl geführt hat, sonst kein Anspr aus der Widerrufsklausel (KG NJW 56, 1758, 65, 1277, BGH NJW 67, 1225). Mü NJW 69, 1630 legt derart Klausel iZw als vereinb Rücktr gg Reuegeld (§ 359) aus.

c) Sonstige Verletzungsklauseln, die über a) u b) hinausgehen (zB ProvPfl bei „Verstoß gg Vertr od AGB", bei „Behinderg der Verkaufsbemühgen des M" u dgl) sind nicht für den AlleinAuftr typ u können auch in and MVertr vorkommen. Soweit gült (HauptVertr muß zustkommen), handelt es sich im Zw um VertrStrafVerspr (BGH 49, 84).

d) Nichtabschlußklausel. Bei NichtAbschl des AuftrG kann sich der M auch beim AlleinAuftr einen ProvAnspr nicht sichern (vgl oben B d). Klauseln, in denen sich der AuftrG verpfl, bei NichtAbschl mit Kaufwilligen die GesamtProv zu zahlen, beseitigen die AbschlFreih u sind idR unwirks (BGH NJW 67, 1225). Auch die Vereinbg von **Reuegeld** für diesen Fall ist unwirks. Keinsf darf es der Prov gleichkommen u fällt auch nicht an, wenn der AuftrG aus Gründen, die er nicht zu vertreten hat, vom Abschl absieht (Mü Betr 67, 504). Die Vereinbg eines Reuegelds, auch wenn es als AufwErs (BGH WM 78, 816) od Unko-stenpauschale bezeichnet ist, für den Fall, daß der AuftrG sein Grdst nicht an einen nachgewiesenen Interessenten verkauft od es nicht kauft, bedarf, wenn man sie überh für wirks hält, der Form des § 313, weil damit ein mittelb Zwang zum Abschl eines not GrdstVeräußergsVertr ausgeübt wird (BGH NJW 71, 93, 557, abl Schwerdtner JR 71, 199, erneut BGH AIZ A 160 Bl 1).

G) Für Aufwendungen gilt auch beim AlleinAuftr Abs II. Er steht jedoch dem ErstattgsAnspr des M iF des DirektAbschl dch den AuftrG (oben B a) insow nicht entgg, als der M Aufw hatte zur Erf konkr LeistgsVerpfl, die üblicherw nicht in den Rahmen eines MVertr fallen (Hamm NJW 73, 1976). Außerdem kann die Erstatg der in Erf des Auftr entstandenen ergebnisl konkr Aufw wie Annoncen (Hbg MDR 74, 580, ähnl BGH BB 73, 1141) od in AGB ein mäß HöchstBetr vereinb werden; nicht zuläss ist die Vereinbg eines Prozentanteils des Preises od GgstWertes als Pauschale (BGH 99, 374).

653 *Mäklerlohn.* [I] Ein Mäklerlohn gilt als stillschweigend vereinbart, wenn die dem Mäkler übertragene Leistung den Umständen nach nur gegen eine Vergütung zu erwarten ist.

[II] Ist die Höhe der Vergütung nicht bestimmt, so ist bei dem Bestehen einer Taxe der taxmäßige Lohn, in Ermangelung einer Taxe der übliche Lohn als vereinbart anzusehen.

1) In erster Linie gilt die **vereinbarte Vergütung.** Vgl dazu § 652 Anm 7.

2) Bei Fehlen einer Vergütungsvereinbarung überhaupt enthält **Abs I** zur Vermeidg der Dissensfolgen die Vermutg einer stillschw Einigg über die Entgeltlichk. Dabei kommt es nicht auf einen entspr Willen des AuftrG an, sond auf die obj Beurteilg. Vorauss ist aber, daß der M eine „übertragene Leistg" erbracht hat (BGH NJW 81, 279). Notw ist also Abschl eines MVertr (§ 652 Anm 2 A). Die BewLast für die tats Vorauss der Vermutg, dh für die „Umstände" u daß sie ein Tätigw des M nur gg Vergütg erwarten ließen, trifft den M (BGH NJW 81, 1444). Solche Umst sind etwa bestehde Übg, Art, Umfang, Dauer der M-Tätigk, Berufs- u ErwerbsVerh des M, Bez der Beteil zueinand. Nur gg Vergütg ist zu erwarten ist die MLeistg dann, wenn die Umst zu der Ann zwingen, die MLeistg werde unterbleiben, wenn dem M angesonnen würde, ohne Prov (dort: auch vom Verkäufer) tät zu werden. Ist nach den Umst die MLeistg nur gg Vergütg zu erwarten, so trifft den AuftrG die BewLast für behauptete Unentgeltlk (BGH aaO). Wird der M für Mehrere tät, muß er klarstellen, wer sein AuftrG ist. Leistg ohne Vertr vgl § 652 Anm 2 B c.

3) Bei Fehlen einer Vereinbarung nur über die Höhe gibt **Abs II** eine AusleggsRegel. Sie gilt, wenn zwar eine Vergütg (ausdr od stillschw, Abs I), nicht aber ihre Höhe vereinb ist. Sie ist in folgender Reihenfolge zu bemessen:

a) Taxe ist ein behördl festgesetzter Pr, vgl § 612 Anm 3a. Taxen bestehen nicht.

b) Üblichkeit bedeutet allg VerkGeltg bei den beteil Kreisen (BGH BB 69, 1413). Sie braucht den konkret Beteil nicht bekannt zu sein. Maßg Ztpkt ist der VertrSchluß. Die übl Prov ist nach Gegend u Art der Tätigk versch. Maßstab können sein die Gebührensätze der MVerbände (Ffm BB 55, 490), die bei den IHK zu erfahren sind. Die Prov des **Gelegenheitsmaklers** ist regelm niedriger als die des hauptberufl tät M. – Bei Feststellg der Höhe kann die vom and Tl bezahlte Prov berücksichtigt werden.

c) Angemessene Provision. Läßt sich die übl Vergütg nicht od nur innerh einer übl Spanne feststellen, so kann die – auch ergänzbare – VertrAuslegg ergeben, daß nach dem PartWillen der Richter die angem Vergütg festlegen soll, die dann innerh der übl Spanne vom Mittelwert ausgeht u bes Umst des Einzelfalls nach oben od unten berücksichtigt (BGH 94, 98, iErg zust Vollkommer JZ 85, 879).

d) Bestimmung durch den Makler. §§ 315, 316 kommen erst in Betracht, wenn die Höhe der Vergütg weder vereinb noch nach vorstehnd Maßstäben feststellb ist (BGH 94, 98).

e) Beweislast für Vereinbg, Taxe od Üblichk trägt der M. Beruft sich ggü der verlangten übl Vergütg der AuftrG auf eine vereinb niedrigere, so hat M deren Fehlen zu bew (Br BB 69, 109); behauptet AuftrG ggü der verlangten übl Vergütg die nachträgl Vereinbg einer niedrigeren Vergütg, trifft ihn die BewLast dafür (BGH NJW 82, 1523). Vgl auch oben Anm 2.

654 *Verwirkung des Lohnanspruchs.* Der Anspruch auf den Mäklerlohn und den Ersatz von Aufwendungen ist ausgeschlossen, wenn der Mäkler dem Inhalte des Vertrags zuwider auch für den anderen Teil tätig gewesen ist.

Übersicht

1) Einwendungen gegen den Provisionsanspruch
2) Schadensersatzpflicht des Maklers
3) Verwirkung des Provisionsanspruchs im allgemeinen
4) Fortsetzung. Verwirkung bei Doppeltätigkeit
5) Treupflicht des Auftraggebers
6) Entsprechende Anwendung des § 654

1) Einwendungen gegen den Provisionsanspruch. Trotz Vorliegens sämtl Merkmale des § 652 kann ausnahmsw ein ProvAnspr wg **Treupflichtverletzung durch den Makler** entfallen.

a) Verwirkung. Sie setzt ein schweres Versch des M voraus (Anm 3), nicht aber den Eintritt eines Schad, (BGH 36, 326). Im Falle der Verwirkg entsteht der LohnAnspr als solcher nicht od er erlischt, vAw zu berücksichtigen. Dabei betrifft § 654 nicht nur den Fall der Doppeltätigk, sond die Verwirkg des LohnAnspr beim Einz- wie bei DoppelM iF einer jeden schwerwiegden VertrVerl (BGH WM 78, 245), dh wenn er dch vorsätzl od grob leichtfert Verletzg wesentl VertrPflichten den Interessen seines AuftrG in erhebl Weise zuwider gehandelt hat (BGH MDR 85, 741). Nach Abschl des HauptVertr u Zahlg der MVergütg gibt es keine Verwirkg des Anspr mehr, uU aber eine SchadErsPfl des M (BGH 92, 184). Auf den RA ist der Rechtsgedanke in § 654 nur bei vorsätzl Parteiverrat anwendb (BGH NJW 81, 1211).

b) Positive Vertragsverletzung. Für sie genügt jedes Versch, sie muß aber zu einem Schad für den AuftrG geführt haben. Sie berührt den Bestand des LohnAnspr als solchen nicht, führt aber zu einem SchadErsAnspr des AuftrG (Anm 2) u begründet ein LeistgVR (§ 273) u die Möglk der Aufr (§ 387).

2) Schadensersatzpflicht des Maklers. a) Treupflicht. Zw dem M u dem AuftrG besteht ein bes TreueVerh mit dem Inhalt, daß der M verpfl ist, iR des Zumutb das Interesse des AuftrG zu wahren (BGH JZ 68, 69). Diese TreuPfl ist umso strenger, je enger das VertrauensVerh ist. Sie hängt auch von der wirtsch Bedeutg des Gesch u der (Un-)Erfahrenh des AuftrG ab (Köln MDR 59, 210). Wird der M tät, so hat er bei der Ausführg des Auftr alles zu unterlassen, was die AuftrGInteressen gefährden könnte. So schuldet der M seinem AuftrG **Aufklärung und Beratung** über die ihm bekannten tats u rechtl Umst, die bei Abschl des HauptVertr von Bedeutg sind (Ffm NJW-RR 88, 1200). Bekannte Umstände, die sich auf den GeschAbschl beziehen u für die Willensentschließg des AuftrG wesentl sein können, hat er ihm **mitzuteilen** (BGH JZ 68, 69, WM 70, 1270). Das gilt grdsätzl bei Tats, die sich auf die Bdggen des konkreten Gesch u den VertrPartner beziehen auch dann, wenn dadch der GeschAbschl in Frage gestellt wird. Wenn der M einen über den Kaufpr hinausgehden **Übererlös** als Prov vereinb, muß er dessen Höhe dem AuftrG mitteilen (BGH MDR 70, 28). Darf M wg VerschwiegenhPfl seinen AuftrG über bedenkl FinLage

§ 654 2, 3 2. Buch. 7. Abschnitt. *Thomas*

VertrPartners nicht aufklären, so muß er von MTätigk absehen (BGH WM 69, 880). Inwieweit der M darü hinaus **aufklärungspflichtig** ist, bestimmt sich nach § 242 aus dem konkreten EinzFall heraus. Eine HinwPfl besteht, wenn die Bedeutg, die der fragl Umst für den Entschluß des AuftrG hat, dem M erkennb ist u wenn der AuftrG gerade hins dieses Umst offenb belehrgsbedürft ist (BGH NJW 81, 2685). Zu **eigenen Nachforschungen** ist er jedoch nur dann verpfl, wenn dies vereinb war od sich aus der Verkehrssitte ergibt. Ebso obliegt ihm eine **Erkundigungspflicht** nur, wenn u soweit vereinb (BGH WM 82, 13). Eine **Prüfungspflicht** kann bei entspr Ankündigg bestehen ("geprüfte Objekte"), od wenn er sich erhaltene Mitteilgen zu eig macht, er sich also für deren Richtigk pers einsetzt (BGH BB 56, 733). Doch wird er nicht als Sachverst tät. Für allg Anpreisgen haftet er nicht. Gibt der M eine für den KaufAbschl wesentl **Auskunft,** so muß sie so richt sein od der M muß deutl machen, daß er für die Richtigk nich einsteht (BGH AIZ 75, 257). Eine eingeholte BehAusk muß er richt u vollständ weitergeben (BGH NJW 82, 1147). – Versch seiner **Gehilfen** muß sich der M wie eig anrechnen lassen, der AuftrG sich sein eig **Mitverschulden** (BGH 36, 328).

b) Schadensersatz. Bei schuldh, für den Abschl des HauptVertr ursächl pVV des M hat der AuftrG Anspr auf NatRest nach § 249. So kann er Freistellg von der Verpfl verlangen. Hätte ohne pVV des M der AuftrG das Gesch nicht abgeschl, hat der M ihn so zu stellen, als hätte er es nicht abgeschl (BGH NJW 82, 1145).

c) Einzelfälle: Sind dem M Zweifel an der **Leistungsfähigkeit des Vertragsgegners** od der **Güte der Ware** zugetragen worden, so braucht er ihnen idR zwar nicht nachzugehen, muß sie aber dem AuftrG mitteilen (BGH BB 56, 733). Über die ihm bekannten wirtsch Verhältnisse des VertrGegners muß der M seinen AuftrG auch dann aufzuklären, wenn er zugl von jenem mit der Vermittlg des Gesch beauftr ist (BGH Warn 67, Nr 40). Vermittelt der M **noch nicht gebaute Räume,** so trifft ihn eine ErkundiggsPfl bzgl des Eigt u der Finanzierg des Bauvorhabens (Mü NJW 56, 1760). Versichert der M dem AuftrG, daß alle Voraussetzgen für den Baubeginn vorliegen u das Haus zu einem best Termin fertgestellt wird u war diese Ausk für den AuftrG mitbestimmd, währd in Wahrh eine BauGen noch nicht vorlag u das Haus erst erhebl später (dort 17 Mon) fertgestellt ist, so liegt darin eine schuldh falsche Aufklärg (Köln AIZ 72, 398). Weiß der M, daß noch kein **Bebauungsplan** vorliegt, muß er dies dem AuftrG mitteilen (BGH WM 78, 1069). Keine Pfl des M, eine ihm vom Verk mitgeteilte **Wohnfläche** eines Hauses bei Weitergabe an den Kaufinteressenten nachzurechnen (Köln Betr 71, 1713). Auf **fehlende Sicherung** des RestKaufPr muß – sehr weitgeh – nach Düss VersR 77, 1108 der M selbst dann hinweisen, wenn er zum Abschl des KaufVertr nicht zugezogen ist. Wer dem Objekte zur **Kapitalanlage** nachweist od vermittelt, hat alle Informationen, die für den AnlEntschl wesentl Bedeutg haben können, wahrgem, sorgf u vollst nach dem ErwartgsHorizont des Empf zu geben, uU sogar Nachforschgen anzustellen (BGH 72, 382, 74, 103, NJW 82, 1095, NJW 83, 1730). Es gelten die Grdsätze der Rspr für die Prospekthaftg (BGH NJW 84, 2524; vgl § 276 Anm 4 C a "AnlVermittlg u Prospekthaftg"). Der **Kreditmakler** muß der auftrgebde Bank darauf hinweisen, daß der Anlage, zu deren Bezahlg der Kredit gewährt werden soll, noch nicht fertgestellt ist, daß er den Kredit entgg dem Antr nicht an den Verk, sond an den Käufer ausbezahlt, daß dieser in einen finanziellen Engpaß geraten ist u den Kredit desh als GeschKredit verwenden will; die Sicherh für den Kredit hat der FinanzM nicht zu prüfen (BGH WM 70, 1270). Bei der Vermittlg von AnlageDarl muß der M verpfl sein, über die **Kreditwürdigkeit** des DarlN Auskünfte u Erkundiggen einzuziehen (Köln MDR 59, 210). Bei der Vermittlg eines archgebundenen BauGrdst muß er den AuftrG über die **Unzuverlässigkeit** des bauleitden Arch aufklären (BGH JZ 68, 69), bei der Vermittlg von EigtWohngen kann ihn die Pfl treffen, sich über einschläg **Steuern** (GrdErwerbsteuerfrei?) u die Praxis der Finanzämter zu erkundigen (Mü NJW 61, 1534). Den Kreditgeber muß er alle für den Kredit wesentl Umst des auftrgebden Kreditnehmers mitteilen, deren Aufklärg redlich erw zu erwarten ist, außer wenn der Kreditgeber sämtl wertbildden Faktoren kennt (BGH WM 88, 41). Übernimmt der M zusätzl Aufgaben, so schuldet er entspr Sorgfalt. Bei der Vermittlg von bes **Abzahlungskredit** u Übern der Weiterleitg des Kredits an den Verk ist er dem KreditN (AuftrG) dafür verantwortl, daß die Kreditvaluta nicht vor Lieferg der Kaufsache an den AbzVerk ausbezahlt wird (BGH **LM** § 652 Nr 10 u AbzG § 6 Anh Anm 1 b). Ebso Haftg des FinanzM, der ggü der kreditierden Bank wahrwidr die Richtigk der Angaben des Darl-Nehmers im KreditAntr bestätigt (Bambg OLGZ 76, 447). Wg der maßg Kenntn bei **OHG** vgl Einf 5 vor § 652.

3) Die Verwirkung des Provisionsanspruchs. a) Allgemeines. Vgl zunächst Anm 1. Vorauss ist eine **schwerwiegende Vertragsverletzung.** Das bestimmt sich in erster Linie nach dem subj Tatbestd der dem M zur Last gelegten TreuPflVerl (BGH NJW 81, 2297). Der M muß vorsätzl od in einer dem Vors nahekommden leichtfert Weise den Interessen des AuftrG in so schwerwiegder Weise zuwidergehandelt haben, daß er seines Lohnes unwürd erscheint (BGH 36, 323, BB 76, 953). Bei zugezogenen Hilfskräften gilt § 278. § 254 ist auf die Verwirkg nicht anwendb (BGH 36, 326).

b) Einzelfälle: Mitteilungspflicht. Verwirkg bei Nichtweitergabe von Informationen, die für den Abschl des beabsichtigten Vertr (Ffm NJW-RR 86, 601) od für die Kalkulation (Mü NJW-RR 88, 1201: Gef der Doppelzahlg) ersichtl von Bedeutg sind. Keine Verwirkg bei bloß fahrl Verstoß, zB bei Nichtaufklärg über die Modalitäten einer Honorarvereinbg mit der GegenPart (BGH 36, 323). Der für beide Seiten tät NachwM verliert seinen VergütgsAnspr bei **Täuschung** des Kaufinteressenten über den vom Verk verlangten KaufPr (BGH WM 85, 1276), bei Verschweigen, daß er von der and Seite ebenf Prov erhält (Ffm NJW-RR 88, 1199); ebso, wenn er grob leichtfert seinem AuftrG den Mangel jeder **Kreditwürdigkeit** der Gegenseite verschweigt (BGH Betr 67, 505); ferner, wenn er sich unricht Angaben des AuftrG zur **Übernahme der Provision** des and Tl bestimmt (Düss Betr 63, 548); bei **Verheimlichung** von Umst, die für den Kaufentschluß des AuftrG von ausschlaggebder Bedeutg sind, zB Kapazität eines vermittelten Hotels (BGH WM 81, 590), früh Hausschwamm (RG JW 10, 284); wenn M dem AuftrG gewisse SonderVereinbgen verheimlicht, die er als dessen Vertreter bei Abschl des KaufVertr mit dem Erwerber getroffen hat (BGH NJW 69, 1628). **Schmiergeld** vgl § 652 Anm 2 B b. **Eigenes vertragsuntreues Verhalten** des M.

So, wenn er seine weitere Tätigk von der Zahlg einer wesentl höheren Vergütg abhäng macht (BGH WM **85**, 1276). Bedient sich der M iR eines GemschGesch eines and M, so verliert er den ProvAnspr, wenn dieser, um die Prov allein zu erhalten, seine eig Kunden bevorzugt u den AuftrG benachteiligt (Mü JR **61**, 95). RMißbr wenn der Prov fordernde VertrauensM den AuftrG an einem Vertr festhält, obwohl er seine eig Tätigk längst eingestellt hatte (BGH NJW **66**, 1406 u § 652 Anm 10 B b aE). Verwirkg, wenn ein ErfGeh des M versucht, den bereits vereinb not VertrAbschl zu hintertreiben (BGH WM **78**, 245). Ebso, wenn der M zu seinem u des Verk Vorteil grob leichtfert seinen AuftrG unterzeichnen läßt, um bei ihm den Eindruck einer Verpfl zum Kauf od Verk u zur Zahlg eines erfolgsunabhäng MLohns zu erwecken (BGH NJW **81**, 280, KG NJW-RR **86**, 598). Der M verwirkt seinen Anspr, wenn er nachträgl mit dem Verk eine höhere Vergütg vereinb, nachdem er erfahren hat, daß im KaufVertr der Käufer die VerkProv übernommen hat (Hamm NJW-RR **88**, 689). Ebso wenn der M dem Kunden den Kauf einer EigtWohng als dchführb darstellt, obwohl er erkennen muß, daß die Finanzierg bei dem Eink des Kundes ausgeschl ist (KG NJW-RR **88**, 686). Erlangt der M eine ihm günst **Änderung des Maklervertrages** dadch, daß er gg seine in diesem Vertr begründeten Pflichten grob verstößt, so liegt eine entspr Anwendg der VerwirkgsVorschr des § 654 idR nahe (BGH NJW **86**, 2573).

4) Fortsetzung. Verwirkung bei treuwidriger Doppeltätigkeit. Vertrwidr Tätigw für den and Teil ist eine so schwere Verl der maklerrechtl TreuPfl, daß es für die Verwirkg des LohnAnspr im allg der erschwerden subj Vorauss (Vors, grobe Fahrlk; Anm 3a) nicht bedarf (BGH **48**, 350). Grdsätzl ist dem M Doppeltätigk erlaubt. Übl ist sie zB bei GrdstM (Köln Betr **71**, 1713) u bei Versteigergen von Sammlgen. Der M kann dann von beiden Teilen volle Prov fordern. Unzuläss ist Doppeltätigk nur dann, wenn sie zu **vertragswidrigen Interessenkollisionen** führt. Dies ist idR nicht der Fall, wenn der M für den einen Teil VermittlgsM, für den and NachwM ist. Entscheidd hierfür ist die entfaltete Tätigk, nicht der geschlossene Vertr (BGH NJW **64**, 1467). Der M, der für den Verk als VermittlgsM u für den Käufer als NachwM tät ist, braucht dem Käufer, der diese Doppeltätigk kennt, nicht mitzuteilen, daß er sich vom Verk den über einen best Kaufpr hinaus erzielten Übererlös als Prov hat versprechen lassen (BGH NJW **70**, 1075). Beim **beiderseitigen Vermittlungsauftrag** ist Interessenwiderstreit naheliegd, Doppeltätigk aber nicht notw vertrwidr, insb dann nicht, wenn vertragl gestattet. Zur Bedeutg dahingehender Klauseln vgl § 652 Anm 9 A f. Die Doppeltätigk führt aber dann für den M zu zusätzl Pfl. Er muß als „ehrl Makler" **strenge Unparteilichkeit** wahren (BGH **48**, 344), u zwar auch bei der Ausgestaltg des Vertr mit dem jeweil AuftrG. Unwirks ist desh die Kombination von Doppeltätigk u erfolgsunab Prov von einer Seite, die Vereinbg einer vom ZustKommen des KaufVertr unabh Prov nur mit dem Kaufinteressenten (BGH **61**, 17). Seiner AufklärgsPfl muß er gleichm ggü beiden Part nachkommen u jeder Part von den Verhältn der and soviel mitteiln wie nöt ist, um sie vor Schad zu bewahren (BGH Warn **67** Nr 40). Dazu gehört idR, daß der M auch bei vertragl Gestattg den DoppelAuftr beiden Seiten offenlegt. In die **Preisverhandlungen** der Part darf der M ohne entspr Erlaubn nicht eingreifen. Er verwirkt die Prov, wenn er dem Käufer erklärt, der vom Verk geforderte Pr sei zu hoch (BGH **48**, 344). „**Parteiverrat**", wenn der bei der Erzielg eines möglichst hohen Pr beauftr M sich dem Gegner ggü verpfl, ihm das Obj so günst wie mögl zu verschaffen, es ihm wieder abzukaufen, oder wenn er sich insgeheim beim Gegner am Gesch beteiligt, oder seinen AuftrG veranlaßt, den Pr zu senken, obwohl der Gegner zu jedem Pr erwerben wollte. Hier verwirkt der M nicht nur die Prov, sond macht sich auch schadersersatzpfl; ebso, wenn der M als Tätigk für die GegenPart vertragserhebl Umst erfahren hat, hierüber zur Verschwiegenh verpfl ist u dennoch den Vertr vermittelt (BGH MDR **70**, 28). Der **Vertrauensmakler** (§ 652 Anm 10 B b) ist zur ausschließl Interessenwahrnehmg für seinen AuftrG verpfl u handelt deshalb idR treuwidr, wenn er auch für den and Teil als VermittlgsM (BGH NJW **64**, 1467), nicht treuwidr hingeg, wenn er als NachwM tät ist (Ffm MDR **73**, 407). Bei vertragl Gestattg muß er dem AuftrG ggü unmißverständl zum Ausdruck bringen, daß er auch für die and Seite tät wird (BGH NJW **64**, 1469). – Hat der M den vereinb od übl Lohn verwirkt, so kann ihm auch nicht ganz od teilw WertErs für geleistete Dienste nach § 812 zugesprochen w. Das verbietet der Zweck des § 654 (unklar Köln NJW **71**, 1943 mit Anm Werner).

5) Die Treupflicht des Auftraggebers. Er schuldet dem M in gleicher Weise Sorgf, Wahrg der Vertraulichk, Aufklärg u dgl. Auch darf er den M nicht um seine Prov prellen. Bei Verstoß gg seine TreuPfl ist der AuftrG dem M aus pVV schaderspfl. Doch begründet das treuwidr Verhalten des AuftrG als solches keinen ProvAnspr; es gibt zu Lasten des AuftrG kein Gegenstück zu § 654 (BGH MDR **68**, 405).

Einzelfälle: Der AuftrG muß den Nachw des M auch ohne bes Abrede **vertraulich** behandeln, wenn er ihn nicht ausnutzen will. Bei der Weitergabe, jedenf an einen Interessenten, macht er sich schaderspfl, bei eig wirtsch Interesse am ZustKommen des Gesch mit dem Dr sogar provpfl (BGH MDR **60**, 283, Stgt MDR **64**, 758). IF des SchadErs ist der M so zu stellen, wie er ohne die Weitergabe des Nachw stehen würde (BGH NJW **87**, 2431). **Rückfragepflicht.** Der AuftrG kann verpfl sein, sich beim M zu vergewissern, ob dieser ihm einen Interessenten zugeführt hat, der dies ableugnet (BGH NJW **68**, 894). Gibt der AuftrG die Verwirklichg des beabsicht Gesch auf, so muß er dem M dch Unterrichtg weitere unnöt Kosten ersparen (BGH WM **72**, 444). Dagg ist die **Beauftragung mehrerer Makler,** außer beim AlleinAuftr, keine VertrVerletzg (BGH aaO). Hat der AuftrG mehrere M beauftr, so muß er allen die VermittlgsMöglk geben. Auch muß er darauf achten, ob eine ihm **bekannte Vertragsmöglichkeit** schon von einem and beauftr M nachgewiesen war. Doch steht es dem AuftrG frei, sich von einem M zu trennen, der ihn mit zahllosen Angeb überschüttet. – Verpfl des AuftrG zu **Auskunft** u **Rechnungslegung:** § 652 Anm 5 aE.

6) Für **entsprechende Anwendung** auf and RVerh ist Zurückhaltg geboten. Der RA verwirkt seinen GebührenAnspr nicht schon dadch, daß er pflwidr handelt, sondern nur bei Parteiverrat (BGH MDR **81**, 734). Notare haben zwar keinen Anspr auf Gebühren, die bei richt SachBehdlg nicht entstanden wären, insow besteht aber Sonderregelg, §§ 16 I, 141 KostO. Auch keine entspr Anwendg des § 654 auf den BeteiliggsAnspr des UnterM gg den HauptM (BGH BB **66**, 1367).

§§ 655, 656	2. Buch. 7. Abschnitt. *Thomas*

655 **Herabsetzung des Mäklerlohns.** Ist für den Nachweis der Gelegenheit zum Abschluß eines Dienstvertrages oder für die Vermittelung eines solchen Vertrags ein unverhältnismäßig hoher Mäklerlohn vereinbart worden, so kann er auf Antrag des Schuldners durch Urteil auf den angemessenen Betrag herabgesetzt werden. Nach der Entrichtung des Lohnes ist die Herabsetzung ausgeschlossen.

1) Kaum noch praktisch. Wg des Vermittlgsmonopols der BAnst ist der M gem § 4 AFG bei ArbVertr ausgeschl, sow nicht in §§ 18 I 2, 23 I etwas and best ist. Gilt auch für die ArbVerh leitder Angest u von Führgskräften (BVerfG NJW **67**, 971). Vermittlg sog ArbNÜberlassgsVertr vgl Einf 2c vor § 611. Überh keine Vermittlgstätk ist die Veröffentlichg des Stellenmarkts in der Presse, denn die Anz dienen der Selbstsuche. Einschränkgen der Veröffentlichg von StellenAngeb, auch von ausl, verstoßen gg die Pressefreih (BVerfG NJW **67**, 976). Folgen von Verstoß gg Vermittlgsverbot: Einf 2b vor § 652.

656 **Heiratsvermittlung.** ¹Durch das Versprechen eines Lohnes für den Nachweis der Gelegenheit zur Eingehung einer Ehe oder für die Vermittelung des Zustandekommens einer Ehe wird eine Verbindlichkeit nicht begründet. Das auf Grund des Versprechens Geleistete kann nicht deshalb zurückgefordert werden, weil eine Verbindlichkeit nicht bestanden hat.

II Diese Vorschriften gelten auch für eine Vereinbarung, durch die der andere Teil zum Zwecke der Erfüllung des Versprechens dem Mäkler gegenüber eine Verbindlichkeit eingeht, insbesondere für ein Schuldanerkenntnis.

1) Der Ehemaklervertrag ist seinem Inhalt nach ein Unterfall des MVertr, gerichtet auf den Nachw od die Vermittlg eines Ehepartners gg Vergütg. Auch der EheM ist zum TätWerden nicht verpfl, der AuftrG hat desh keinen SchadErsAnspr wg NichtErf (BGH **25**, 124). Der Vertr kann aber auch die Verpfl des Vermittlers zum Nachw od zur Vermittlg, die vom VertrPartner o Rücks auf den Erfolg zu honorieren ist, enthalten, dann DienstVertr (BGH **87**, 309 u NJW **84**, 2407). § 656 gilt entspr für DienstVertr, die auf Eheanbahng gerichtet sind (BGH **87**, 309 u NJW **86**, 927; abl Gilles NJW **83**, 2819). Die entgeltl Heiratsvermittlg ist zwar unerwünscht, aber nicht ow sittenwidr. Unbeschadet der bes Vorschr über die VergütgsVereinbg ist der Vertr rechtswirks mit der Folge, daß der EheM dem AuftrG auf SchadErs wg c. i. c. od pVV haftet (BGH **25**, 124: Zuführg eines verschuldeten u vorbestraften Partners; Stgt NJW-RR **86**, 605: Anhaltspkte, daß der vermittelte Partner ein Heiratsschwindler ist) u daß der M seinen Schad wg schuldh Verletzg von NebenVertr mit Dr ersetzt verlangen kann (BGH NJW **64**, 546: Schädigg dch Filialleiter). Zusfassd zur zivilrechtl Problematik u teilw aA Gilles JZ **72**, 377 u Gewerbsmäß Ehevermittlg, 1977. Ausschl des WiderrufsR bis zum erfolgr Nachw ist unwirks (Karlsr OLGZ **79**, 67).

2) Die Vergütungsvereinbarung, Abs I, begründet keine Verbindlichk. Sie schafft also eine bloße Naturalobligation, die erf, aber nicht eingeklagt werden kann (BGH **87**, 309), wird aber rechtl als ErwGrd anerkannt mit der Folge, daß der AuftrGeber Vorschuß od Vergütg nicht mit der Begründ zurückfordern kann, es habe keine Verbindlichk bestanden (BGH WM **89**, 759). Das Gleiche gilt für den Anspr des EheM auf **Aufwendungsersatz** (AG Hann NdsRpfl **67**, 254, aA Meckling NJW **61**, 858). I 2 kann dch die Bezeichng des Vertr als DienstVertr nicht umgangen werden (Ffm OLGZ **82**, 204). Vereinbg einer erfolgsunabhäng Vergütg in AGB, ferner Ausschl des KündR dch AuftrG od Verfall der Vergütg auch für diesen Fall sind nichtig (Karlsr OLGZ **82**, 236). Jedoch kann der EheM das zur Erf der LohnVereinbg Geleistete behalten. Dabei spielt weder der Ggst der Leistg noch ihre Bezeichng eine Rolle. Auch Anzahlgen u Vorschüsse gehören dazu. Nicht ausgeschl ist die Rückfdg aus and Grd, zB Nichtigk des Vertr (BGH **87**, 309) wg GeschUnfgk od berecht erkl Anfechtg od wg § 812 I S 2 2. Alternative, wenn der AuftrG in Erwartg der Leistg des M bereits erf hat u der M überh nicht tät wird (Hbg WM **78**, 1358, Karlsr OLGZ **79**, 67). Gleiches gilt gem Abs II für die erf Verbindlichk, die der AuftrG zum Zwecke der Erf seines LohnVerspr eingegangen ist, zB an den M eingelöster Wechsel. Nach **Abs II** muß der AuftrG eine Verbindlichk nicht erf, die er zum Zwecke der Erf des LohnVerspr eingegangen ist, zB Einlösg eines Akzepts ggü dem M od Umwandlg der VergütgsAnspr in ein ratenw rückzahlb Darl. Ob die Abtretg von Lohn- u GehaltsAnspr an Zahlgs statt als UmgehgsGesch unwirks od als ErfSurrogat wirks ist, bestr (vgl Kln NJW **85**, 2956 mit Hinweisen in der Anm der Schriftleitg). § 656 ist mit dem GG vereinb (BVerfG NJW **66**, 1211).

3) Der finanzierte Ehemaklervertrag spielt in der Praxis eine erhebl Rolle u ist in seiner rechtl Beurteilg umstr.

a) Ein **Darlehensvertrag** ist **nicht** allein desh **sittenwidrig**, weil das Darl der Erf eines LohnVerspr dient. Hier gilt das Gleiche wie für ein zu Spielzwecken gegebenes Darl, vgl § 762 Anm 3. Auch die Tats der Koppelg des Darl- mit dem MVertr macht jenen nicht ow sittenwidr. VertrAbschl unter Verstoß gg § 56 I Nr 6 GewO vgl § 134 Anm 2 c.

b) Die **entsprechende Anwendbarkeit des Abs II** wird teilw bejaht (LG Schweinfurt NJW **71**, 2176, LG Fulda NJW **71**, 2229, LG Mü I NJW **72**, 2129 u NJW **73**, 1285, LG Düss NJW **74**, 1562, Scheidle NJW **70**, 201, Höbold NJW **70**, 1869). Danach soll die RückzahlgsPfl nur eine Naturalobligation sein. Ihre klagew DchSetzg soll in analoger Anwendg des II od wg die Koppelg des Darl- mit dem MVertr der Umgehg dieser Vorschr dient, jedenf nicht mögl sein bei bes enger ZusArb zw EheM u FinanziergsBank (LG Bielefeld MDR **77**, 404); so wenn die kreditierde Bank aGrd ständ GeschVerbindg mit dem EheM dessen Vertr dch Darl an den AuftrG finanziert, insb wenn der EheM DarlVertrFormulare der Bank verwendet u wenn der Vertr dem EheM zugl als Bevollm der Bank auftritt. Nach and Auffassg ist II nicht entspr anwendb (W. Thomas NJW **70**, 741, Amtrup NJW **71**, 84, Schmidt-Salzer JR **72**, 51, Gilles JZ **72**, 377, LG Kempten JR **72**, 247, LG Konstanz NJW **72**, 1992, Schlesw NJW **74**, 648, Hbg MDR **77**, 403). Zusfassd zum MeingsStand, Berg JuS **73**, 548, Finger JZ **79**, 583. Der zweitgenannten Auffassg ist zuzustimmen, weil

738

Darl- u EheMVertr rechtl zwei selbstd Vertr sind, der Darl-RückzahlgsAnspr nicht dadch zur Naturalobligation wird, daß die Hingabe des Darl der Erf einer bloßen Naturalobligation dient, ferner weil die Erf der LohnVereinbg gesetzl sanktioniert ist (I, 2), auch wenn sie mit Hilfe eines Darl geschieht u endl weil der Abschl des DarlVertr mit einem Dr der Eingeh einer Verbindlichk „ggü dem M" nicht gleichgesetzt werden kann; Abs I 2, II wollen unerwünschte EheMProz, auch wg ihres Eingr in die Intimsphäre der Eheg (BVerfG NJW 66, 1211) vermeiden, nicht aber DarlProz mit Dr, in denen überdies der Zweck des Darl nicht zu den klagebegründden TatsBehauptgen gehört. Das kann nicht damit abgetan werden (so Berg aaO), daß der Bekl sich genötigt sehe, die Hintergründe des Darl aufzudecken. Auch der Wortlaut des II steht entgg Berg der hier vertr Auffassg nicht entgg, denn das Darl ist – and als SchuldAnerk u Wechsel – keine Verbindlichk „ggü dem M".

c) Andere Einwendungen, die ihren Grd in der Koppelg des Darl- mit dem EheMVertr haben, können dem DarlRückzahlgsAnspr in sinngem Anwendg der Rspr des BGH zum finanzierten AbzahlgsKauf (vgl AbzG Anh zu § 6, BGH 47, 207, 233) entggehalten werden (Amtrup NJW 71, 84). Das mit dem M zusarbeitde Bankinstitut muß den DarlNehmer/AuftrG über die Gefahren aufklären, die sich aus der Aufspaltg des Gesch in zwei rechtl selbstd Vertr ergeben (ebso Hbg MDR 77, 403, Meyer MDR 71, 267, abl Schmidt-Salzer JR 72, 51). Dazu gehört der Hinw, daß der DarlVertr rechtl selbstd ist, daß mit seinem Abschl eine rechtsverbindl Fdg des Kreditgebers entsteht, der Einr aus dem MVertr (Anfechtg, Kündigg, SchlechtErf) nur in recht begrenztem Umfang entggesetzt werden können u daß mit Abschl eines gesonderten DarlVertr die R des AuftrG aus § 656 I 2, II verloren gehen (so auch Schlesw NJW 74, 648). Sow sich der Kreditgeber bei Abschl des DarlVertr des EheM od eines seiner MitArb als ErfGeh bedient, haftet er dem DarlNehmer auf SchadErs wg Verletzg dieser AufklärgsPfl. Das aufrechenb Interesse des DarlNehmers entspr der Höhe der DarlFdg.

4) Partnervermittlung (BekanntschVermittlg, Partnerservice). Sie hat die Eheanbahng weitgehd abgelöst. In der Praxis tritt sie in 3 ErscheingsFormen auf, deren rechtl Einordng streitig ist, insbesondere die Anwendbark des § 656 und des KündR. Lit: Gilles NJW 83, 362, MDR 83, 712, Eheanbahng u PartnerVermittlg, 1985, Beckmann FamRZ 85, 19, Ehevermittlg u sonstige PartnervorschlagsLeistgen, 1988, Peters NJW 86, 2676 u Der PartnerschVermittlgsVertr, 1986.

a) Mitgliedschaft gg Entgelt in einem Partnerkreis, Singleclub, Club für Wochenend-Aktivitäten oä mit Verpfl zur VermittlgsTätigk ist DienstVertr, gerichtet auf Dienste höherer Art (BGH NJW 87, 2808). § 656 ist nicht entspr anwendb, das ordentl KündR kann nicht dch AGB ausgeschl werden (Ffm NJW 84, 180).

b) Partneranschriftendepot. Besteht die Leistg darin, daß der Untern ohne TätWerden für ein unmittelb ZusFühren von Interessenten nach den Wünschen des AuftrG ein elektron Abrufdepot mit einer best Anzahl von individuell abgestimmten Partneradressen zum einmal od sukzess Abruf innerh einer best Ztspanne bildet und bereitstellt, so handelt es sich um OstVertr, auf den § 656 nicht entspr anwendb ist; (BGH WM 89, 759, Karlsr NJW 85, 2035, Düss NJW-RR 87, 691, Beckmann FamRZ 85, 19; Kln NJW-RR 87, 441: Adressendepot ohne Computer, Abruf 1 Jhr lang, nicht kündb nach § 627). Nach aA WkVertr, KündR des AuftrG nach § 649 (Bamb NJW 84, 1466; aA NJW 86, 325: maklerähnl Vertr). Nach aA WkVertr, auf den § 627 entspr anwendb ist (LG Rottweil NJW 83, 2824, LG Aachen FamRZ 83, 910, Peters NJW 86, 2676), nach aA DienstVertr, auf den § 656 entspr anwendb ist (LG Kln NJW-RR 87, 1530), auf unmögl Leistg gerichteter nichtiger Vertr (Micklitz NJW 85, 2005).

c) Andere Tätigkeit. Ein Vertr, der auf den Nachw eines geeigneten Partners od auf Vermittlg einer dauerh Partnersch dch eine and Tätigkeit als die vorstehd genannten abzielt, zB Erstellg eines Kundenpersönlk- u eines Wunschpartnerprofils, Auswahl von Partnervorschlägen durch PersönlkVergl wird teilw als dem EheMVertr ähnl mit Anwendbark des § 656, teilw als DienstVertr eingeordnet, wobei das KündR nach § 627 teilw bej, teilw verneint wird (ZusStellg der Nachw Peters NJW 86, 2676 Fußnoten 2, 62a, 63). Die Ausgestaltg als DienstVertr mit Verpfl zur Vermittlg gg erfolgsunabhäng VergütgsPfl ist wirks (BGH 87, 313). § 656, der ohnehin als obsolet empfunden wird, sollte nicht entspr angewendet werden, die rechtl Einordng als DienstVertr mit nicht abdingb KündR gem § 627 ist die zeit- u interessengerechte Lösg (BGH NJW 87, 2808, WM 89, 1479, Stgt NJW-RR 88, 1514 für AGB u FormularVertr; vgl auch AGBG § 9 Anm 7e).

Neunter Titel. Auslobung

657 Begriff. Wer durch öffentliche Bekanntmachung eine Belohnung für die Vornahme einer Handlung, insbesondere für die Herbeiführung eines Erfolges, aussetzt, ist verpflichtet, die Belohnung demjenigen zu entrichten, welcher die Handlung vorgenommen hat, auch wenn dieser nicht mit Rücksicht auf die Auslobung gehandelt hat.

1) Begriff, Abgrenzung

a) Ausl ist eine **einseitige rechtsgeschäftliche Willenserklärung** (vgl Übbl 3a vor § 104) u zwar eine schuldrechtl Verpfl, zu deren Entstehg weder ihre Ann noch auch nur ihr Zugang erforderl ist. Sie ist ein Verspr im Wege öff Bek (Anm 2). Versprochen wird eine Belohng (Anm 3) für die Vornahme einer Handlg (Anm 4). Es gelten die allg Vorschr über WillErkl. Im EinzFall kann die Ernstlichk fehlen, etwa wenn bei Prahlerei od marktschreier Reklame nach den Umst für jeden verständ Menschen klar ist, daß es sich nur um einen Scherz handelt. Ein strenger Maßstab ist anzulegen bei der Prüfg, ob ein WettbewZwecken dienendes PrAusschreiben sittenw ist (Düss GRUR 51, 463; vgl auch § 826 Anm 8 u dd). Zur Widerruflichk Sondervorschr in § 658. Eine Art der Ausl ist das PrAusschr, § 661. Die Ausl kann einem eigennütz od einem selbstl Zweck dienen. Auslober kann eine JP, ebso kann eine JP Bewerber sein. Bei Tod des Auslobden geht die Verpfl auf die Erben über.

b) Abgrenzung. Mit Auftr-, D- od WkVertr hat die Ausl gemeins, daß sie zu einer Tätigk veranlassen soll, vorwiegd zur Herbeiführg eines Erfolges. Sie unterscheidet sich von ihnen dch ihre Einseitigk, dh es gibt keinen VertrPartner, der zu irgdetwas verpfl wäre. Das SchenkgsVerspr ist im GgSatz zur Ausl ein VertrAngeb, das der Ann bedarf, nicht öff abgegeben wird u idR nicht zu einer best Tätigk veranlassen will. Die Ausl ist von Spiel u Wette rechtl abzugrenzen dch deren VertrCharakter, tats hat der Wettde kein Interesse an der Vornahme einer Handlg, sond will dch die Wette nur die Richtigk einer von ihm aufgestellten TatsBehauptg unterstreichen.

2) Öffentliche Bekanntmachung bedeutet Kundgabe nicht unbdgt ggü jedermann, wohl aber ggü einem individuell unbest PersKreis, zB in der Presse, auf Anschlagsäulen, dch Postwurfsendg an Angeh einer Berufsgruppe, so daß ungewiß ist, welche u wieviele Pers für die Möglichk der KenntnNahme haben. Bei BekGabe an einen individuell abgegrenzten Kreis handelt es sich um einen annbedürft VertrAntr, für eine best Handlg einen best Lohn zu zahlen; auf die vertragl Beziehgen ist § 661 entspr anwendb (BGH **17**, 366); es kann sich auch um ein formbedürft belohndes SchenkgsVerspr handeln (Mü NJW **83**, 759).

3) Belohnung bedeutet die Zusage irgdeines Vort. Er muß nicht vermrechtl Art sein (BGH WM **83**, 1266).

4) Belohnt wird die Vornahme einer Hdlg, auch Unterlassg, meist Herbeiführg eines Erfolges, an dem der Auslobde interessiert ist. Sie ist kein RGesch, sond Realakt, Eintritt der Bdgg, von dem der Anspr auf Belohng abhäng gemacht ist. Die Belohng kann also auch ein GeschUnfäh verdienen.

a) Herbeiführung eines Erfolges, zB Aufdeckg einer strafb Handlg, Wiedererlangg einer verlorenen Sache, Erbringg einer wissenschaftl, künstler, sportl Leistg. Zu Reklame- od ähnl Zwecken, ferner zur Bekräftigg einer These verspricht der Auslobde die Belohng mitunter für den Fall der Widerleg seiner Behauptg od These in dem Wunsch od der Erwartg, daß dieser Versuch mißlingt. Auch dabei handelt es sich, gemessen am ErklInhalt, wie ihn die angesprochene Öffkt auffassen darf, nicht um ein Wettangebot, weil der Anbietde nichts verdienen will, sond um eine wirks Ausl, selbst wenn der Auslobde von der Unmöglk der Widerleg überzeugt ist (Larenz SchR II § 55, Soergel-Mormann Rdn 4, Erman-Hauß Rdn 5).

b) Vornahme einer Handlung ist auf Tätigk als solche, nicht auf einen best Erfolg gerichtet, zB 10jähr Dienste bei demselben DHerrn, falls nicht individuell vertragl vereinb (vgl § 611 Anm 7a, e). Die Hdlg kann auch in einem Unterlassen bestehen.

5) Ob der Handelnde die Bedingung erfüllt, also die Belohng verdient hat, ist im Streitfall dch das Ger zu entscheiden. Bei mehrf Vornahme u der Mitwirkg Mehrerer enthalten §§ 659, 660 ergänzde Regeln. Kenntn von der Ausl braucht der Handelnde bei Vornahme der Handlg nicht zu haben (letzter Halbs). Ob auch eine Handlg vor Bek der Ausl die Bdgg erf, ist AusleggsFrage.

658 Widerruf.

¹ Die Auslobung kann bis zur Vornahme der Handlung widerrufen werden. Der Widerruf ist nur wirksam, wenn er in derselben Weise wie die Auslobung bekannt gemacht wird oder wenn er durch besondere Mitteilung erfolgt.

II Auf die Widerruflichkeit kann in der Auslobung verzichtet werden; ein Verzicht liegt im Zweifel in der Bestimmung einer Frist für die Vornahme der Handlung.

1) Freie Widerruflichkeit der Ausl bis zur Vornahme der Hdlg folgt aus der Einseitigk der VerpflErkl. Der Widerruf ist rgeschäftl WillErkl vorzunehmen entw dch nicht empfbedürft öff Bek der gleichen Art, in der die Ausl erfolgte, od dch empfbedürft bes Mitt an diejen, denen ggü widerrufen werden soll. Möglauch dch den Erben. Bei wirks Widerruf kein Aufw- od SchadErsAnspr des Bewerbers für VorbereitsHdlgen. Widerruf entgg Verzicht (Abs II) od nach Vornahme der Hdlg ist unwirks. Anfechtg wg Irrtums, Täuschg, Drohg nach allg Regeln bleibt mögl, zu erkl in den Formen des Widerrufs.

2) Verzicht auf Widerruf (II) ist ebenf rgeschäftl WillErkl, zu erkl in der Ausl od best Bewerbern ggü dch Zugang. In einer FrBestimmg für die Vornahme der Hdlg, notw iF des PrAusschr (§ 661 I), liegt iZw der Verzicht auf Widerruf.

659 Mehrfache Vornahme.

¹ Ist die Handlung, für welche die Belohnung ausgesetzt ist, mehrmals vorgenommen worden, so gebührt die Belohnung demjenigen, welcher die Handlung zuerst vorgenommen hat.

II Ist die Handlung von mehreren gleichzeitig vorgenommen worden, so gebührt jedem ein gleicher Teil der Belohnung. Läßt sich die Belohnung wegen ihrer Beschaffenheit nicht teilen oder soll nach dem Inhalte der Auslobung nur einer die Belohnung erhalten, so entscheidet das Los.

1) Regelt den Fall, daß Mehrere, u zwar jeder für sich allein, die ganze Hdlg vornehmen, den ganzen Erfolg herbeiführen (anders § 660). Ist nach dem ErklInhalt der Ausl anzunehmen, daß die Belohng nur einmal bezahlt werden soll, gebührt sie bei zeitl Nacheinand der Vornahme demjen, der sie zuerst vorgenommen hat, **Prioritätsgrundsatz** (I). Bei gleichzeit Vornahme gilt nach Abs II bei Teilbark der Belohng der **Teilungsgrundsatz,** sonst entsch das Los. Der Auslobde kann eine anderweit Regelg in der Ausl treffen, zB Bestimmg dch ihn selbst nach § 315 (RG **167**, 225 [235]). SonderVorschr für PrAusschr in § 661. Bei Streit: Kl des vermeintl Berecht gg den Auslobden, HinterleggsR nach § 372. Verzichtet ein Berecht, so treten und nicht an seine Stelle.

Einzelne Schuldverhältnisse. 9. Titel: Auslobung §§ 660, 661

660 *Mitwirkung mehrerer.* ¹ Haben mehrere zu dem Erfolge mitgewirkt, für den die Belohnung ausgesetzt ist, so hat der Auslobende die Belohnung unter Berücksichtigung des Anteils eines jeden an dem Erfolge nach billigem Ermessen unter sie zu verteilen. Die Verteilung ist nicht verbindlich, wenn sie offenbar unbillig ist; sie erfolgt in einem solchen Falle durch Urteil.

^{II} Wird die Verteilung des Auslobenden von einem der Beteiligten nicht als verbindlich anerkannt, so ist der Auslobende berechtigt, die Erfüllung zu verweigern, bis die Beteiligten den Streit über ihre Berechtigung unter sich ausgetragen haben; jeder von ihnen kann verlangen, daß die Belohnung für alle hinterlegt wird.

^{III} Die Vorschrift des § 659 Abs. 2 Satz 2 findet Anwendung.

1) Regelt den Fall, daß zu der Herbeiführg des Erfolges Mehrere, gewollt od ungewollt, jeder zu einem Teil (anders § 659) mitgewirkt haben. Es gilt der **Teilungsgrundsatz.** Über offenb Unbilligk § 319 Anm 2. Bei Unteilbark entsch das Los.

2) Streit der Beteiligten ist unter diesen ohne den Auslobden auszutragen. Er darf (§ 372) u muß auf Verlangen eines Beteil die Belohng für alle hinterlegen.

661 *Preisausschreiben.* ¹ Eine Auslobung, die eine Preisbewerbung zum Gegenstande hat, ist nur gültig, wenn in der Bekanntmachung eine Frist für die Bewerbung bestimmt wird.

^{II} Die Entscheidung darüber, ob eine innerhalb der Frist erfolgte Bewerbung der Auslobung entspricht oder welche von mehreren Bewerbungen den Vorzug verdient, ist durch die in der Auslobung bezeichnete Person, in Ermangelung einer solchen durch den Auslobenden zu treffen. Die Entscheidung ist für die Beteiligten verbindlich.

^{III} Bei Bewerbungen von gleicher Würdigkeit finden auf die Zuerteilung des Preises die Vorschriften des § 659 Abs. 2 Anwendung.

^{IV} Die Übertragung des Eigentums an dem Werke kann der Auslobende nur verlangen, wenn er in der Auslobung bestimmt hat, daß die Übertragung erfolgen soll.

1) Preisausschreiben ist eine Art der Ausl, gekennzeichnet dadch, daß nicht bereits die Leistg den Anspr auf die ausgesetzte Belohng begründet, sond daß ein od mehrere PrRichter entsch, ob eine Leistg der Ausl entspricht u welcher Bewerber den Pr erhalten soll. Mögl ist, daß keine Lösg die gestellte Aufgabe erf. Je nach den AuslBdggen genügt zur Verwirklichg nicht erst die Erf der Aufgabe in jeder Hins, sond schon, daß die angebotene Lösg den Vorstellgen des Auslobers so nahe kommt, daß er od das PrGer sie für preiswürdig hält (LG Dortm BauR **75**, 143). Vielf läßt die gestellte Aufgabe mehrere Lösgen zu u es beteiligen sich Mehrere um den ausgesetzten Pr. Die zur Wirksamk notw, auch nachträgl zulüss FrBestimmg hat ihren Grd darin, Verzögergen dch den Auslobden u die PrRichter zu vermeiden u hat Unwiderruflichk zur Folge (§ 658 II). Anfechtg bleibt mögl. – Die Pfl zur Übertr des am prämierten Wk (IV) kann sich auch aus der Sachlage ergeben. Sie umfaßt auch die Pfl zur Übertr des UrhR. Die nicht prämierten Bewerber haben keine ErsAnspr. **Beispiele:** PrAusschr für wissenschaftl, künstler, sportl (BGH **LM** Nr 2) usw Leistgen, Arch Wettbew (BGH BlGBW **68**, 37; bes Regeln hierfür BAnz **77**, Sonderbeilage), auch Werbe-Ausschr in Zeitgen. Sind dessen Bdggen von jedermann ow zu erfüllen u erfordern sie keine wirkl Leistg, so begründet die richt Lösg keinen ZahlgsAnspr, vielmehr handelt es sich um Spiel, § 762, od, bei WarenPr, um genehmiggsbedürft Ausspielg, § 763 (Stgt MDR **86**, 756). PrAusschreibg als unlautere Werbg vgl § 826 Anm 8 u dd.

2) Entscheidung durch Preisrichter, anders §§ 659, 660.

a) Der **Preisrichter** ist in der Ausl zu bestimmen, auch eine PersMehrh, bei fehlder Bestimmg der Auslobde selbst. Die Stellg des PrRichters ist der des Schiedsrichters ähnl (BGH **17**, 366). Ggf entsch also StimmenMehrh. HaftgsBeschrkg wie bei Staatsrichtern (§ 276 Anm 4 C e, Th-P Vorbem 3 vor § 1025).

b) Die **Entscheidung** ist für die Beteil **bindend.** §§ 317 bis 319 gelten also nicht. Die Entsch über die Zuerkenng des Pr ist gerichtl auf ihre sachl Richtigk nicht überprüfb (BGH MDR **66**, 572: Disqualifizierg bei Galoprennen, RG **143**, 262: Der Auslobde darf nicht verbreiten, der Pr sei zu Unrecht zuerkannt). Grobe VerfFehler können geldg verwendet werden, als Rahmen der Nachprüfg kann § 1041 ZPO verwendet werden (BGH **17**, 366, BGH NJW **83**, 442: unberecht Ausschl von der Teilnahme wg vermeintl FrÜberschreitg). Anfechtg bleibt mögl. Die Unverbindlichk kann Ggst einer FeststellgsKl sein (BGH NJW **84**, 1118).

3) Weitere Rechtsbeziehungen. Enthalten die AusschreibgsBdggen zu einem ArchWettbew die Formulierg, der Auslober sei gewillt, einem des PrTräger die weitere Bearbeitg zu übertr, so ist das so auszulegen, daß der Auslober verpfl ist, einem PrTräger den Auftr zu erteilen; davon kann er nur aus wicht Grund absehen (BGH NJW **84**, 1533). Ergibt sich aus den AusschreibgsUnterlagen, daß nicht der Auslober selbst, sondern ein Dr das BauWk ausführen soll, so beschränkt sich die Verpfl des Auslobers auf das ernsth Bemühen, den Dr zur AuftrErteilung an den PrTräger zu bewegen (BGH NJW **87**, 2370). Schuldh unberecht Ausschl vom ArchWettbew verpfl zu SchadErs (BGH NJW **83**, 442).

Zehnter Titel. Auftrag

Einführung

1) Begriff. a) Auftr (richtiger: AVertr) ist ein **unvollkommen zweiseitiger Vertrag** (vgl Einf 1 vor § 320). Notw entstehen nur Pfl des Beauftr, solche des AuftrG nur uU u nicht als GgLeistg. Der Beauftr verpfl sich ggü dem AGeber vertragl (§ 662 Anm 2), für diesen unentgeltl (§ 662 Anm 4) ein Gesch zu besorgen (§ 662 Anm 3). Wg der Unentgeltlichk ist der A **Gefälligkeitsvertrag,** dh gerichtet auf fremdnütz Handeln. Die Tätigk des Beauftr im Interesse des AGebers setzt regelm ein bes VertrauensVerh zw beiden voraus.

b) Sprachgebrauch. Das BGB verwendet vereinzelt (§§ 662, 663) das Wort A iS des VertrAngebots von seiten des AGebers. Der allg SprachGebr verwendet den Begr A in einem viel weiteren Sinn als §§ 662ff, näml als Antr auf Abschl and Verträge, zB eines D-, Wk-, Makler-, KommissionsVertr. Auch die Bestellg iR eines Kauf- od Wk-LiefergsVertr heißt vielf A, ferner die Anweisg (§ 783). Man spricht auch von Auftr bei Erteilg einseit Weisgen iR eines bestehden Vertr od sonst RVerh, zB zur Ausführg best Tätigken innerh eines DVertr; der Bankkunde erteilt einen ÜberweisgsA innerh des GeschBesVertr; Eltern erteilen ihren Kindern einen A zu einer Besorgg. Die ZPO spricht in §§ 166, 753 vom A der Part bzw des Gläub an den GVz. §§ 60, 70 BörsenG sprechen von A. All dies sind rechtl keine A iS der §§ 662ff.

2) Abgrenzung. a) Mit dem **bloßen Gefälligkeitsverhältnis** hat der A als GefälligkVertr gemeins die Fremdnützigk u die Unentgeltlichk. Er unterscheidet sich von ihm dch den RBindgsWillen, der bei bloß gesellschaftl, konventionellen od FreundschZusagen u bei den bloßen Gefälligken des tägl Lebens fehlt. Daß von Bitte od Gefälligk die Rede ist, spricht nicht notw gg das Vorliegen eines RBindgsWillens. Ob er besteht, ist nach den Umst des EinzFalles zu beurteilen (BGH **21**, 102). Einzelnen u Beisp vgl Einl 2 vor § 241. Bei Übern einer polit Tätigk ist ein RBindgsWille in aller Regel zu verneinen (BGH **56**, 204). Stehen, für den ANehmer erkennb, wirtsch Interessen des AGeber auf dem Spiel, so läßt dies regelm auf rechtl BindgsWillen schließen (Larenz SchR II § 56 I).

b) Andere Gefälligkeitsverträge haben mit dem A ebfalls Fremdnützigk u Unentgeltlichk gemeins, jedoch ist im Ggsatz zu ihnen (vgl §§ 521, 599, 690) das HaftgsMaß des Gefälligen nicht gemindert (BGH BB **64**, 100). **Leihe** erschöpft sich in unentgeltl GebrÜberlassg, **Verwahrung** in Raumgewährg u Übernahme der Obhut über bewegl Sachen. Der A hat Besorgg eines Gesch für einen and zum Inhalt, er verlangt also darüberhinaus eine Tätigk (§ 662 Anm 3). Ebsowen wie die so gen Verträge ist der A **Schenkung.** Dafür fehlt es an der Verpfl zur VermMinderg, denn die unentgeltl zugewendete ArbKraft des Beauftr gehört als solche nicht zum Verm.

c) Von **entgeltlichen Verträgen,** die eine GeschBes zum Ggst haben, unterscheidet sich der A dch seine Unentgeltlichk. Wird für die GeschBes eine Vergütg vereinb, so handelt es sich um einen **Geschäftsbesorgungsvertrag** je nach dem Inhalt mit **Dienst- oder Werkvertragscharakter,** für den § 675 weitgehd auf das AuftrR verweist. Je nach der Art des zu besorgden Gesch kann es sich um einen **speziellen Vertragstyp** handeln, zB Kommissions-, Speditions-, HandelsvertrVertr. Unterschied zum **Maklervertrag** vgl Einf 3b vor § 652.

3) Auftrag und Vollmacht. Die rgeschäftl Vollm, zu erteilen dch einseit, empfbedürft WillErkl, (§§ 164ff) ist von dem ihr zugrde liegden RVerh, das vielf A od GeschBes ist, streng zu unterscheiden. Der A betrifft das InnenVerh zw AGeber u ANehmer, er verpfl dieser schuldr zu einer Tätigke. Die Vollm betrifft das AußenVerh zu einem Dr, sie berecht den Beauftr zum Handeln im Namen des AGebers. Die Bevollmächtigg enthält, falls ihr kein spezielleres RVerh zugrde liegt, regelm bei Unentgeltlichk einen A, bei Entgeltlichk einen GeschBesVertr. Dagg ist mit dem Abschl eines AVertr nicht ohw die Erteilg einer Vollm verbunden. Hat der Beauftr namens des AGebers, auch für den, den es angeht (§ 164 Anm 1a) gehandelt, so erwirbt dieser, falls Vollm besteht, unmittelb u wird Dr ggü unmittelb verpfl; fehlt sie, so gelten §§ 177ff. Handelt der Beauftr im eig Namen, wenngleich für Rechng des AGebers, so erwirbt er selbst u verpfl sich Dr ggü selbst (§ 667 Anm 3c).

4) Entsprechende Anwendung der od einz AVorschr sieht das G in zahlr Fällen vor. Der Schwerpkt in der Praxis liegt bei § 675. Im ähnl gelagerten ges SchuldVerh der GoA verweisen §§ 681 S 2, 683 S 1 auf AuftrR. Ferner überträgt das BGB verschiedentl einem Vertr (Vormd, Pfleger), dem Organ einer JP od einer Gesellsch (Vorstand, Liquidator eines eingetr Vereins, geschführder Gter) od einer amtl bestellten Pers (TestVollstr) die Pfl, Gesch für einen und zu besorgen, insb dessen VermInteressen wahrzunehmen. Die R u Pfl sind in diesen Fällen nach dch Verweisg auf §§ 662ff geregelt, zB §§ 27 III, 48 II, 712 II, 713, 1691 I, 1835 I, 1915 I, 2218 I. In and Fällen dieser Art (Eltern, Vorstand einer AG, KonkVerw) enthalten die ges Best gleiche od ähnl Regelgen. – Ein aufträhnl RVerh besteht, wenn ein Eheg dem and sein Verm zur Verw überläßt (§ 1413 Anm 3).

5) Öffentliches Recht. Ersuchen von PrivPers an Beh, Ersuchen vorgesetzter an nachgeordnete Beh u AOen von Beh an PrivPers (§ 670 Anm 2) sind keine A. Auch bei der AVerw handelt es sich nicht um ein bürgerrechtl AVerh, sond um ein ör ZuordngsVerh eig Art (BVerwG **12**, 253). – Der Zustellgs- bzw VollstrA der Part bzw des Gläub (§§ 166, 753 ZPO) ist kein bürgerlichl A, sond ein Antr, der ein öff RVerh begründet (Th-P § 753 Anm 3c). – Bei HilfeLeistg aGrd ör Pfl od im öff Interesse sind AVorschr über § 683 S 2 anwendb (vgl § 670 Anm 3d). – Das VerwR kennt AuftrVerh, die auf einer Vereinbg zw der Verw u nichtstaatl Stellen, insb Bürgern beruhen, also ör AVerträge. Sow nicht das öff R in der Regel enthält od in der Vereinbg eine solche getroffen ist, können die §§ 662ff bei gleicher od ähnl Interessenlage entspr herangezogen werden (Schack JZ **66**, 640, Klein DVBl **68**, 129).

6) Internationales Privatrecht vgl EG Art 28 Anm 4i.

Einzelne Schuldverhältnisse. 10. Titel: Auftrag § 662 1–5

662 Begriff. Durch die Annahme eines Auftrags verpflichtet sich der Beauftragte, ein ihm von dem Auftraggeber übertragenes Geschäft für diesen unentgeltlich zu besorgen.

1) Allgemeines. Begr u Wesen, Abgrenzg zu GefälligkVerh u zu und Vertr, A u Vollm, entspr Anwendg der AVorschr u ihre Anwendbark im öff R vgl Einf. SondRegel für A iF des Konkurses in § 23 I KO.

2) Auftragsvertrag. a) Abschluß. Er folgt den allg Regeln über Verträge (§§ 104ff, Einf vor § 145, §§ 148 Anm 1–5, 154 Anm 1). Das VertrAngebot kann vom AGeber (meist) od vom ANehmer ausgehen. Die Ann kann konkludent erklärt werden, zB dch Beginn der Ausführg. Der Vertr ist grdsätzl formfrei. Über Formbedürftigk im Zushang mit GrdstErwerb od -Veräußerg vgl § 313 Anm 5, 6 u § 675 Anm 6. Unwiderrufl Auftr zur Verw des späteren Nachl bedarf der Form der letztw Vfg (RG **139**, 41). Die allg NichtigkGrde gelten, zB Auftr zu einem ges verbotenen RGesch (BGH **37**, 258: GeschBesVertr mit nicht zugelassenem RBerater). Ob sich bei Nichtigk des AVertr die RBeziehgen der Beteil nach §§ 677ff regeln, ist str (vgl § 677 Anm 4). SpezialVorschr für die Erteilg von Rat u Empfehlg in § 676.

b) In seinem **Inhalt** kann der Auftr gerichtet sein auf die Besorgg eines best EinzGesch, auf die Erledigg aller Maßn in einer best Angelegenh, auf einen sachl abgegrenzten Kreis von Angelegenh des AGebers. Das BGB kennt keinen typ Verwalter- od TreuhänderVertr (BGH BB **69**, 1154).

c) Für die **Vertragsabwicklung** gelten ebenf die allg Regeln, Haftg für Geh §§ 664, 278. Mehrere Beauftr stehen untereinand mangels and Vereinbg nicht in einem VertrVerh. Für die **Beendigung** gelten neben den allg Regeln die bes Vorschr in §§ 671–674.

3) Besorgung eines Geschäfts für den AGeber bedeutet Tätigk in fremdem Interesse. Dieses in § 662 enthaltene Merkmal deckt sich mit der GoA, §§ 677ff, ist aber nach herrschder Auffassg, was die Art der Tätigk betrifft, weiter als in § 675 (vgl dort Anm 2a).

a) Auf eine **Tätigkeit** muß die Verpfl des Beauftr gerichtet sein. Bloßes Unterl, Gewährenlassen, Dulden, Geben genügt nicht (ebso MüKo/Seiler Rdn 20), zB Mitwohnen- u Einstellenlassen, Mitfahrenlassen. Es liegt dann ein and GefälligkVertr vor (Einf 1a) od es handelt sich lediglich um ein GefälligkVerh (Einf 2a). Tätigk ist in weitem Sinne zu verstehen. Darunter fallen die Vornahme von RGeschen, rechtsähnl u tats Hdlgen gleich welcher Art, ausgen lediglich rein mechan Handreichgen (Soergel-Mühl Rdn 10, Larenz SchR II § 56 I).

b) **In fremdem Interesse** liegt die Tätigk des Beauftr, wenn sie „an sich der Sorge eines and", wenn auch nicht notw seiner pers Vornahme obliegen würde, also die Interessen des AGebers fördert; sie müssen nicht wirtsch Natur sein (BGH **56**, 204). Daß der Beauftr mit der GeschBes zugl eig Interessen mitverfolgt, steht nicht entgg (BGH **16**, 265 [273]), zB bei Maßn des SichergsZessionars ggü dem Schu (vgl § 398 Anm 6).

4) Unentgeltlich (vgl § 516 Anm 4) besorgt der Beauftr das Gesch. Er bekommt für seine Tätigk im Interesse des AGebers, für die ArbLeistg u den ZeitAufw, die damit verbunden sind, als solche keine Vergütg. Vereinb AufwErs stellt die Unentgeltlichk nicht in Frage (§ 670). Eine Zuwendg des AGebers an den Beauftr nach VertrAbschl ist im allg (AusleggsFrage) nicht als Schenkg gedacht, sond als nachträgl vereinb Vergütg für die GeschBes (RG **74**, 139). Sie beseitigt also die Unentgeltlichk. Die BewLast für die Unentgeltlk trägt der dienstberecht AGeber, wenn nach den Umst die DLeistg (§ 612 I) nur gg Entgelt zu erwarten ist (BGH MDR **75**, 739).

5) Vertragspflichten. a) des Beauftragten. Seine HauptPfl ist die Besorgg des übertragenen Gesch. Dabei muß er mit der im Verk erforderl Sorgf das Interesse des AGebers wahrnehmen. IF des § 663 vorvertragl Pfl, die Ablehng des A anzuzeigen. Wg des pers VertrauensVerh ist weder der Anspr auf Ausführg des A noch diese selbst übertragb (§ 664). Trotz einer gewissen Selbständigk u EigVerantwortlichk bei der Ausführg muß der Beauftr Weisgen des AGebers befolgen u hat iF der Abweichg Anz zu machen (§ 665). Währd der Ausführg muß er Ausk erteilen, nach Ausführg Rechng legen (§ 666) u das Erlangte herausgeben (§ 667). Bes VorsorgePfl bei u nach Beendigg des A enthalten §§ 671 II, 672 u 673 je S 2. – Neben diesen im Ges ausdr erwähnten Pfl bestehen aGrd des dem A eigtüml, häuf persbezogenen VertrauensVerh weitere Pfl, die sich im EinzFall aus dem Inhalt des A u den näheren Umst ergeben. So kann eine Pfl des Beauftr zur **Prüfung, Belehrung**, ggf **Warnung** des AGebers bestehen, insb wenn der Beauftr sachverständn ist. Bei TrGiroVertr besteht grdsätzl die Pfl der Bank, den Kunden auf rechtl Bedenken aufmerks zu machen, die sie ggü dem erteilten A hat od bei Anwendg der erforderl Sorgf eines ord Kaufmanns haben muß (BGH **23**, 222: BelehrgsPfl der Bank über DevisenVorschr; BGH **33**, 293: BelehrgsPfl der Bank beim finanzierten AbzKauf; BGH NJW **64**, 2058: BelehrgsPfl der Bank über GÄnd beim staatl steuerbegünstigten SparVertr; BGH WM **67**, 72: BelehrgsPfl der Bank als AGeber auch ungefragt über die Möglichk von SteuerErsparn zu belehren). WarnPfl u Pfl zur Abweichg von Weisgen vgl § 665 Anm 4. – An übergebenen Sachen (vgl § 667) hat der Beauftr eine Pfl zur **Verwahrung** u **Obhut**. – Bei A in der streng priv od Intimsphäre (vgl § 823 Anm 14 B) folgt aus seiner Natur eine weitgehde Pfl zur **Diskretion** (BGH **27**, 241: ÜberweisgsA an Bank). – Bei TrHdVertr kann der TrHänder zu **Sicherungsmaßnahmen** verpfl sein, sow der TrGeb hierzu außerstande ist (BGH **32**, 67). – Ein **Recht auf Ausführung** hat der Beauftr idR nicht, weil es sich um einen GefälligkVertr allein im Interesse des AGebers handelt (Einf 1).

b) des Auftraggebers. Für ihn müssen, da der A ein unvollk zweiseit Vertr ist (Einf 1a), nicht notw Pfl entstehen. Insb schuldet er keine Vergütg. Er muß dem Beauftr seine Aufw ersetzen (§ 670), auf Verlangen auch bevorschussen (§ 669). FürsPfl für Leben u Gesundh des Beauftr; falls die übernommene Tätigk bei Entgelt dienstvertragl Art wäre, sind §§ 618, 619 analog anwendb (BGH **16**, 265). Ers von Zufallsschäd bei Ausführg des Auftr vgl § 670 Anm 3b.

§§ 662–664

c) Pflichtverletzung, Haftungsmaß. Eine nicht vereinbgem GeschBes kann der AGeber im allg zurückweisen (vgl § 665 Anm 3c). Ein beiderseit ZbR regelt sich nach § 273. Der Beauftr haftet bei Nichtod SchlechtAusführg des A u bei Verletzg and Pfl nach § 276 für Vors u Fahrlk. Das HaftgsMaß ist nicht etwa wie in §§ 521, 599, 690 gemindert (BGH BB **64**, 100, BGH **30**, 40 [47]), außer bei abw Vereinbg, anzunehmen bei einem Auftr zur Abwendg einer dringden Gefahr entspr § 680 (Erman-Hauß Rdn 12 vor § 662). Der ANehmer ist schaderspflichtig, wenn sich bei Ausf des Auftr die Möglichk ergibt, ohne weiteren finanziellen Einsatz dem AGeber über die Ausf des Auftr hinaus weitere VermVorteile zu verschaffen, die der Beauftr statt dessen einem Dritten zuführt (BGH ZIP **83**, 781). – Ebso haftet der AGeber nach § 276. – Für die GehHaftg gelten §§ 664, 278, für MitVersch des geschäd VertrPartners § 254.

6) Beispiele. In § 675 Anm 3 sind Beisp für GeschBesVertr aufgeführt. Sow in solchen VertrVerh keine Vergütg vereinb ist, handelt es sich um A, denn Tätigken, die unter den engeren Begr der GeschBes in § 675 fallen, fallen jedenf auch unter den weiteren in § 662 (vgl Anm 3a). Ferner speziell u solche GeschBesVertr, die auf eine nichtwirtsch Tätigk gerichtet sind, also nicht unter § 675 fallen, wie Tätigk des Arztes, Maklers, Kommissionärs, des Erziehers, Vorlesers, Handwerkers, sow im EinzFall (selten) keine Vergütg vereinb ist. Verh zw HauptSchu u Bü od and SichergsGeber (RG **59**, 10, 207, BGH **LM** § 516 Nr 2: Bestellg einer Hyp für fremde Schuld); GefälligkAkzept, EinlösgsPfl des AusSt ggü dem Akzeptanten (RG **120**, 205, v Caemmerer NJW **55**, 41 [46]); InzahlgNahme von Kundenwechseln (Soergel NJW **64**, 1943); KreditA § 778. Elemente des AuftrVertr enthält der FluchthelferVertr; zur Wirksk, Fälligk der Vergütg u ihrer Rückzahlg bei Mißlingen vgl BGH **69**, 295 u 302.

663 Anzeigepflicht bei Ablehnung.
Wer zur Besorgung gewisser Geschäfte öffentlich bestellt ist oder sich öffentlich erboten hat, ist, wenn er einen auf solche Geschäfte gerichteten Auftrag nicht annimmt, verpflichtet, die Ablehnung dem Auftraggeber unverzüglich anzuzeigen. Das gleiche gilt, wenn sich jemand dem Auftraggeber gegenüber zur Besorgung gewisser Geschäfte erboten hat.

1) Anwendungsgebiet. Rechtsfolgen. Die Bedeutg der Vorschr für den A selbst ist gering, sie hat dagg – über § 675 – wesentl Bedeutg für entgeltl GeschBesVertr. Grdsätzl begründet ein A od Antr auf GeschBes weder die Pfl zur Ablehng noch die zur Ann, es besteht also insb kein Kontrahierzwang (Einf 3b v § 145); ein solcher besteht auch für Kaufleute nicht in den Fällen des § 362 HGB nicht, doch gilt hier iF bestehder GeschVerbindg od wenn der Kaufmann sich zur GeschBes ggü dem Antragden erboten hat, das Schweigen (die nicht unverzügl Ablehng) auf einen BesorggsAntr als Ann (Fiktion). § 663 geht nicht so weit wie § 362 HGB, begründet aber für die doch ihm geregelten Sonderfälle die Pfl zu unverzügl Erkl der Ablehng. Folge schuldh Schweigens ist SchadErsPfl, allerd nicht Ers des ErfSchad wie in § 362 HGB, sond des Vertrauensschadens, der dem AGeber daduch entsteht, daß er im Vertrauen auf die Ann des A davon absieht, das vorgesehene Gesch anderweit zu erledigen (BGH NJW **84**, 866). § 663 ist einer der gesetzl geregelten Fälle der c. i. c. (§ 276 Anm 6). – Wenn auch beim A weder allg noch in den besonderen des § 663 das Schweigen auf den Antr des AGebers als Ann gilt, so kann doch uU auch in den Fällen des § 663 die Ann konkludent erklärt werden (vgl § 662 Anm 2a). Die NichtAusf begründet dann die Haftg auf das ErfInteresse.

2) Voraussetzungen der Anzeigepflicht: a) Öffentliche Bestellung bedeutet hier, wie aus der Gleichstellg mit dem öff Erbieten zu schließen ist, Bestellg im Wege der öff Erkl, also nicht notw dch eine ör Stelle. Geht die Bestellg von einer ör Stelle aus, so wird der Bestellte meist Beamter (so zB GVz), od doch Amtsträger (so Notar) sein, so daß § 663 wg Fehlens eines abzuschließden privrechtl Vertr überh entfällt, vielm Staatshaftg eintritt. – Ör ErlaubnErteilg ist noch nicht öff Bestellg.

b) Öffentliches Sicherbieten. Öff: zB dch Schild am Haus, öff GeschLokal, ZeitgsAnz. Das Sicherbieten ist Aufforderg zur AErteilg, nicht schon VertrAntr. Hierher gehören ua: der Bankier, der sich zu unentgeltl Wertpapieraustausch bereit erkl, ferner (über § 675): Makler des BGB, Rechtsberater, Patentanwälte, Taxatoren, Versteigerer, Banken; dagg bei Erbieten gg Entgelt nicht Ärzte, Hebammen, da sie iS des § 675 nicht „Geschäfte besorgen" (vgl § 675 Anm 2a). Für RA gilt die entspr Vorschr des § 44 BRAO. – Für Handelsmakler, Spediteure, Kommissionäre gilt § 362 HGB, wenn die Vorauss von dessen Abs I vorliegen. Fehlen sie, gilt § 663.

c) Erbieten gegenüber dem Auftraggeber, also individuell, nicht öff.

664 Übertragung, Haftung für Gehilfen.
^{I} Der Beauftragte darf im Zweifel die Ausführung des Auftrags nicht einem Dritten übertragen. Ist die Übertragung gestattet, so hat er nur ein ihm bei der Übertragung zur Last fallendes Verschulden zu vertreten. Für das Verschulden eines Gehilfen ist er nach § 278 verantwortlich.

^{II} Der Anspruch auf Ausführung des Auftrags ist im Zweifel nicht übertragbar.

1) Übertragung der Ausführung (Substitution) bedeutet, daß der Beauftr die ihm obliegde GeschBes für den AGeber vollständ od teilw (Koller ZIP **85**, 1243 [1247]) auf einen Dr überträgt und dieser als jeder Tätigk ausscheidet. Der Dr unterstützt dann nicht lediglich den Beauftr in allen od einz Verrichtgen (Abgrenzg zur Gehilfensch, Anm 2), sond tritt an seine Stelle. Dabei kann der Beauftr die Ausf des A mit Vollm des AGebers in dessen Namen weitergeben; dann ist der AGeber unmittelb ggü dem Substituten berecht u verpfl. Der Beauftr kann auch im eig Namen den A weitergeben (RG **161**, 68 [73]); dann ist er selbst ggü dem Substituten berecht u verpfl, kann dabei auch den Schad des AGebers geltd machen (Vorbem 6c aa vor § 249). Den ErsAnspr gg den Substituten hat er gem § 667 an den AGeber abzutreten. – Von den Funktionen, die der Beauftr selbst zu erfüllen hat, sind die zu unterscheiden, die er nur zu

Einzelne Schuldverhältnisse. 10. Titel: Auftrag **§§ 664, 665**

veranlassen hat (RG **142**, 187), zB ein mit Verw Beauftr läßt dch Handwerker Reparaturen ausführen: hier Haftg nur für eig Versch bei Auswahl, Weisg, ggf bei Überwachg. Das ist weder VollÜbertr noch Gehilfensch.

a) Verbot der Vollübertragung ist nach der AusleggsVorschr in I 1 die Regel. Die Verpfl zur persönl Ausf ergibt sich aus dem bes VertrauensVerh zw den Beteil, das dem A meist zGrde liegt. – **Haftung:** Überträgt der Beauftr ohne Gestattg, so hat er dem AGeber jeden aus der Weitergabe adäquat verurs Schad zu ersetzen, ohne daß es auf dessen Vorhersehbark od auf ein Versch des Substituten ankommt.

b) Gestattung der Vollübertragung (I 2) kann sich bei VertrAusleg unter Berücksichtigg der VerkSitte (§ 157) ergeben (RG **109**, 299), zB wenn für die Art der Tätigk das persönl VertrauensVerh keine entscheidde Rolle spielt. Ist die Übertr nicht gestattet, kann sich die Berechtigg zur Abweichg bei Behinderg des Beauftr u Eilbedürftigk aus § 665 ergeben. Die BewLast für die Gestattg trägt der Beauftr. – **Haftung:** Der Beauftr haftet in diesen Fällen nur für eig Versch bei der Übertr, dh bei Auswahl u Einweisg des Substituten. Eine Pfl zu seiner Überwachg besteht regelm nicht, kann sich aber im EinzFall aus der getroffenen Vereinbg ergeben (RG **161**, 68 [72]). I 2 gilt auch, wenn der Beauftr den Substituten im eig Namen weiterbeauftr (RG aaO). Für ein Versch des Substituten haftet der Beauftr nicht. – Kein Fall der Gestattg ist die amtl Bestellg eines Vertr für einen RA nach § 53 BRAO, hierfür gilt § 278 (RG **163**, 377).

2) Zuziehung von Gehilfen (I 3) geschieht zur Unterstützg des tät bleibden Beauftr u ist zu unterscheiden von der VollÜbertr (Anm 1). Sie ist regelm gestattet, sow sich nicht ausdrückl ist od bei interessengerechter Ausleg aus dem Vertr das GgTeil ergibt, zB wenn die erforderl strenge Diskretion nicht gewahrt werden könnte (vgl § 662 Anm 5 a). War die Zuziehg nicht gestattet, so kann sich die Berechtigg dazu aus § 665 ergeben. Keine Gehilfensch liegt vor iF der Anm 1 aE. – **Haftung:** Bei gestatteter Zuziehg gilt § 278; ist die Haftg des Beauftr selbst vertragl gemildert, gilt dasselbe auch für die HilfsPers (vgl § 278 Anm 7). In der nicht gestatteten Zuziehg liegt ein eig Versch, das für alle Schäd haftb macht, die der Geh adäquat verurs.

3) Der Anspruch auf Ausführung des A ist grdsätzl **unübertragbar** (II). Auch diese AusleggsRegel ist eine Folge des dem A meist eig persönl VertrauensVerh. Das Ggteil kann sich aus der VertrAusleg ergeben. Ist er nicht übertragb, ist der Anspr des AGebers nicht pfändb u verpfändb, er kann nicht Ggst eines Nießbr sein u er fällt nicht in die KonkMasse. A u GeschBesVertr erlöschen bei KonkEröffng, § 23 KO. Inf der AAusf bereits entstandene Anspr sind übertragb, zB §§ 666, 667.

4) Entsprechende Anwendung auf den VereinsVorstd u -Liquidator, §§ 27 III, 48 II, den geschführden Gter, § 713, den TestVollstr, § 2218 I. Für den GeschBesVertr ist in § 675 der § 664 nicht genannt. Das schließt aber seine entsprechde Anwendbark, sow es auf ein persönl VertrauensVerh ankommt, nicht schlechth aus (RG **163**, 377, BGH NJW **52**, 257, Soergel-Mühl Rdn 4, Larenz SchR II § 56 V, weitgehd ebso, aber mit Einschränkgen bei der Anwendbark des HaftgsPrivilegs in I 2 Koller ZIP **85**, 1243 [1247]; aA RG **161**, 68, Erman-Hauß Rdn 7). Für den DVertr enthält § 613 die gleiche Regelg wie § 664 I 1 u II. Für den WkVertr mit enger persönl Bindg ergibt sich aus § 399 die gleiche Konsequenz wie aus II. Bei GoA gilt § 664 nicht (BGH NJW **77**, 529). – Amtl bestellter RA-Vertr vgl Anm 1 b.

665 *Abweichung von Weisungen.* Der Beauftragte ist berechtigt, von den Weisungen des Auftraggebers abzuweichen, wenn er den Umständen nach annehmen darf, daß der Auftraggeber bei Kenntnis der Sachlage die Abweichung billigen würde. Der Beauftragte hat vor der Abweichung dem Auftraggeber Anzeige zu machen und dessen Entschließung abzuwarten, wenn nicht mit dem Aufschube Gefahr verbunden ist.

1) Bedeutung, Anwendungsbereich. Die Vorschr regelt das SpanngsVerh zw der Selbständigk, die der Beauftr zur Ausf des A benötigt u dem Umst, daß der AGeber, weil es um seine Interessen geht, Herr des Gesch auch währd der Ausf bleiben muß. Sie verlangt vom Beauftr denkden, nicht blinden Gehors, indem sie davon ausgeht, daß er an Weisgen des AGebers grdsätzl gebunden ist (Anm 2), unter gewissen Voraussetzgen aber auch von ihnen abweichen darf (Anm 3) od sogar muß (Anm 4). § 665 gilt kraft Verweisg auch für den GeschBesVertr (§ 675), den VereinsVorstd u -Liquidator (§§ 27 III, 48 II) u den geschführden Gter (§ 713).

2) Die Weisung ist nicht selbst A (Einf 1 b) iS eines annahmebedürft Angeb auf Abschl eines AVertr, sond einseit Erkl des AGebers, dch die er einz Pfl des Beauftr bei Ausf des A konkretisiert, zB ÜberweisgsA iR eines GiroVertr (BGH **10**, 319), AbbuchgsAuftr iR eines LastschrVerf (BGH Betr **78**, 1826). Sie kann auch nachträgl erteilt werden.

a) Sie ist für den Beauftragten bindend. Dabei ist allerd eine Weisg nicht nach dem Buchstaben aufzufassen, sond ggf nach dem vermutl Willen des AGebers und der VerkSitte auszulegen. Bei Zweifel ist Rückfrage erfdl. So kann ein A zur Aufbewahrg einer größeren Geldsumme auch dch Bankeinzahlg erfüllt werden, uU sogar zu erf sein (RG **56**, 150). Im Akkreditiv- u ÜberweisgsVerk muß sich die Bank streng innerh der Grenzen des formalen u präzisen A halten od, wenn sie das nicht will, seine Ausf ablehnen (BGH NJW **71**, 558); ebso bei Weisgen innerh eines Auftr zum Einkauf von Wertpapieren (BGH WM **76**, 630). Abweichgen sind nur zuläss, wenn einwandfrei unerhebl und unschädl (BGH LM Nr 3). – Fühlt sich der Beauftr dch die Weisg beschwert od hält er sie für unzweckmäß, so kann er den A in den Schranken des § 671 jederzeit kündigen.

b) Für den Auftraggeber ist die Weisung frei widerrufbar, denn er bleibt Herr des Gesch. Der Widerruf wirkt für die Zukunft (BGH **17**, 317 [326]), ist also nach Ausf des A wirkgslos.

c) Überweisungsauftrag im Giroverkehr. Eingehd: Kindermann WM **82**, 318. Widerruf ist mögl, bis der Auftr endgült ausgeführt ist. Das ist, auch bei elektron DatenVereinbg der Fall, sobald nach dem in

§ 665 2, 3   2. Buch. 7. Abschnitt. *Thomas*

einem entspr Organisationsakt der Bank zum Ausdruck kommden Willen die Daten der Gutschr zur vorbehaltl Bekanntgabe an den ÜberweisgsEmpf zur Vfg gestellt werden, also idR mit der Gutschr auf seinem Konto; vor diesem Zeitpunkt nur, wenn der Empf mit dem Willen der Bank unmittelb Zugriff auf Datenbestand erlangt, zB dch Kontoauszugsdrucker (BGH **103**, 143, zust Hadding u Häuser WM **88**, 1149). Bei Gutschrift auf ein Konto „pro diverse", zB weil der Empf dort kein Konto besitzt, kommt es darauf an, ob im EinzFall damit bereits der Begünstigte einen AuszahlgsAnspr gg die EmpfBank erworben hat. Lassen die Umst nicht erkennen, daß die Bank zur jederzeit Auszahlg bereit ist, so ist die Weisg noch nicht vollzogen u widerrufb (BGH **27**, 241). Buchg auf Konto „pro diverse" für einen best Begünstigten kann die Bedeutg einer Gutschrift für diesen haben, die Überweisg ist dann nicht mehr widerrufb (BGH MDR **59**, 188). Bei der mehrgliedr Überweisg im GiroVerk (vgl § 675 Anm 4) bestehen VertrBeziehgen u damit ein WiderrufsR nur zw dem Gl u seiner Bank, außerdem zw den zwgeschalteten Banken, nicht zw Gl u ZwBanken od EmpfBank (BGH **69**, 82). Für ÜberweisgsA ist idR nicht die KontoNr, sond der Name des Empf, bei nicht bestehder KontoNr dieser allein maßg (BGH NJW **87**, 1825). Hat der Empf mehrere Konten, entscheidet die aus dem ÜberweisgsTräger erkennb Zielsetzg (Schlesw WM **84**, 549 mit Anm Häuser); ist das angegebene Konto ein Sperrkonto, so ist Gutschr auf einem freien Konto keine Ausf des Auftr (BGH WM **74**, 274). Ebsowen die Gutschr eines treuhänder Vermögens von einer and Bank empfangen DarlBetr auf dem Girokonto eines Kunden, wenn die Bank das dadch entstandene Guth ohne Einverständn des Kunden iR des Kontokorrents mit dem Schuldsaldo verrechnet (BGH NJW **74**, 1802). Im ÜberweisgsVerk dch belegloser Datenträgeraustausch hält Hamm WM **79**, 339 die angegebene KontoNr für maßgebd u hält die EmpfBank nicht für verpfl, die Übereinstimmg des Namens des KontoInh mit dem vom AuftrG angegebenen ÜberweisgsEmpf zu überprüfen (offengelassen BGH BB **83**, 1945). Ein im beleglosen Datenträgeraustausch erteilter ÜberweisgsAuftr ist nicht ordgsgem ausgeführt, wenn die Bank das Konto eines RentenEmpf nach dessen Tod auf seine Ehefrau umschreibt, ohne die KontoNr zu ändern od die überweisde Stelle zu informieren (Karlsr WM **88**, 1330). Der ÜberweisgsAuftr ist ggü der Bank auch dann frei widerrufb, wenn der AGeber das unterzeichnete Formular seinem Gl zur Einreichg bei der Bank des AGebers ausgehänd hat (Nürnb MDR **77**, 1016). Die Angabe des VerwendgsZweckes auf der Überweisg ist im Verh zur AuftrG einers u seiner (angewiesenen) u der EmpfBank andrers idR unbeachtl u ledigl als weitergeleitete Mitteilg des Zahlden an den ZahlgsEmpf zu betrachten (BGH **50**, 227, Düss NJW-RR **87**, 1328). Diese Weiterleitg ist eine NebenVerpfl der Bank, aus deren NichtErf SchadErsAnspr wg pVV entstehen können (BGH WM **76**, 904). Im Einzelfall kann es sich bei der Ausfüllg der Spalte „VerwendgsZweck" um mehr als um eine Angabe für den Empf handeln; ist dies für die gutschreibde EmpfBank aus außerh des GiroÜberweisgsVerk liegden Umst erkennb, so muß sie solche Angaben beachten (BGH WM **62**, 460; krit Schütz WM **63**, 634). Eine Weisg über die Art u Weise der Ausf des ÜberweisgsAuftr kann wirks auch außerh des ÜberweisgsFormulars erteilt werden (Zweibr BB **84**, 748). Das FälschgsRisiko bei Ausf des ÜberweisgsAuftr trägt grds die Bank, jedoch ist der Kunde verpfl, die Gefahr einer Fälschg od Verfälschg mit der im Verk erforderl Sorgf soweit wie mögl auszuschalten (BGH WM **85**, 511). Der GeschBesVertr der zwgeschalteten mit der EmpfBank kann Schutzwirkg zG des überweisden Schu haben (Ffm WM **84**, 726).

d) Abbuchungsauftrag vgl § 675 Anm 5 c.

e) Einzugsermächtigung vgl § 675 Anm 5 d.

f) Scheckwiderruf ist erst nach Ablauf der VorleggsFr wirks (Art 32 I ScheckG), eine Vereinbg zw bezogner Bank u ScheckAusst, den Widerruf bereits vor Ablauf der VorleggsFr zu beachten, ist wirks (BGH **35**, 217).

3) Abweichung von erteilter Weisg kann veranlaßt sein, wenn der AGeber irrige Vorstellgen über die Umst hatte od wenn sie sich später geändert haben.

a) Zur Abweichung berechtigt ist der Beauftr: **aa)** ow, wenn die Vorauss in S 1, nach den Umst begründete subj Ann der Billigg, erf ist. BewLast beim Beauftr (KG OLGZ **73**, 18). Außer bei Gefahr bei Aufschub muß der Beauftr gem S 2 Anz machen u die Entschließg abwarten. Auch bei Gefahr darf er nur abweichen, wenn mit Billigg zu rechnen ist (BGH VersR **77**, 421). Eine Gefahr ist im ZivProz, den RA führt, regelm zu verneinen (BGH **LM** § 675 Nr 28: BerufsgsRückn im ProzVergl ohne Rückfrage). **bb)** Ohne die vorstehd genannten Vorauss nach Anz u Abwarten einer angem Fr (§ 147 II). Nach ihrem Ablauf der Beauftr in der allg abweichen (str).

b) Pflichten. Bei jeder Abweichg muß sich der Beauftr von dem vermuteten Willen od, wenn nicht zu ermitteln, vom erkennb Interesse des AGebers leiten lassen. BewLast beim Beauftr (RG **90**, 129). Außerdem Pfl zur nachträgl Benachrichtigg, § 666. Andernf SchadErs (RG **114**, 375).

c) Bei unberechtigter Abweichung: SchadErs nach §§ 276, 249ff (BGH BB **56**, 771: Architekt, Abweich von BauGen, BGH WM **76**, 380: abredewidr Veräußerg eines nur als Sicherh gegebenen Depotwechsels); vgl HGB § 385. Kein SchadErsAnspr, wenn der AGeber dch die weisgswidr Ausf des Auftr das erhält, was er erhalten wollte (BGH ZIP **83**, 781). Der AGeber braucht das abweichd ausgeführte Gesch nicht als Erf des A gelten zu lassen, falls nicht Tr u Glauben and gebieten, od der Beauftr bereit ist, die Nachteile von sich aus auszugleichen (vgl § 386 II HGB), od der AGeber sich die Vorteile aneignen will (RG **57**, 392), od sich nachträgl die weisgswidr Erf des A zu eigen macht (BGH VersR **68**, 792); der AGeber kann sodann Herausg des Erhaltenen nach § 667 verlangen (BGH WM **76**, 904). Der AGeber verstößt gg Tr u Glauben, wenn er die weisgswidr Ausf nicht gg sich gelten lassen will, obwohl die Abw sein Interesse überh nicht verl (BGH WM **80**, 587), insb der von ihm angestrebte RErfolg in Erg voll eingetreten ist. Einen solchen Verstoß gg Tr u Glauben hat der ANehmer darzutun, nicht umgekehrt der AGeber, daß die Weisg vernünft u zweckmäß war u desh ihre Nichtbeachtg gg sein Interesse (BGH WM **76**, 630). Der AGeber trägt die BewLast für Inhalt u Umfang des erteilten Auftr, der Weisg, der Beauftr für die weisgsgem Erf (BGH VersR **87**, 663).

Einzelne Schuldverhältnisse. 10. Titel: Auftrag   §§ 665–667

4) Ob eine **Pflicht zur Abweichung,** zumindest eine **Warnpflicht** vor Ausf der Weisg besteht, beurteilt sich nach den Umst des EinzFalles. Der sachkund Beauftr hat bei Bedenken gg erteilte Weisgen den AGeber zu beraten u zu warnen (BGH NJW **85**, 42: RA). HinwPfl der Bank bei rechtl Bedenken im ÜberweisgsVerk (vgl § 662 Anm 5a). Die Girobank, die vom ÜberweisgsAuftr erhalten hat, darf der endbeauftr Bank des ZahlgsEmpf, wenn sie erkennt, daß deren ZusBruch bevorsteht, daher der Erfolg der Überweisg nicht mehr erreichb ist, keine Gutschrift mehr erteilen (BGH NJW **63**, 1872: Haftg dem Empf ggü aus § 826 bejaht, vgl dort Anm 8i cc). Die Anfdgen an die Belehrgs- u AufklärgsPfl der Bank sind nicht zu überspannen, weil ihr die Beziehgen zw ihrem AGeber u dem Dr im allg unbekannt sind (BGH WM **60**, 1321). Eine RPfl der Bank, ihren Kunden vor risikobehafteten Gesch zu warnen, ist im allg zu verneinen (BGH WM **61**, 510).

666 *Auskunfts- und Rechenschaftspflicht.* Der Beauftragte ist verpflichtet, dem Auftraggeber die erforderlichen Nachrichten zu geben, auf Verlangen über den Stand des Geschäfts Auskunft zu erteilen und nach der Ausführung des Auftrags Rechenschaft abzulegen.

1) **Allgemeines.** Die drei InformationsPfl des Beauftr erklären sich daraus, daß er seine Tätigk im Interesse des AGebers ausübt (§ 662 Anm 3) u dieser Herr des Gesch bleibt (§ 665 Anm 1). Da die InformationsAnspr der Vorbereitg u Erf des HerausgAnspr aus § 667 dienen, sind sie **nicht selbständig übertragbar,** sond nur zus mit der Abtretg des HauptAnspr (vgl §§ 259–261 Anm 4c). Gleiches gilt für Verpfändg u Pfändg. Es handelt sich um VorleistgsPfl des Beauftr, also **kein Zurückbehaltungsrecht** wg eig GgAnspr (§ 273 Anm 5c). Sie gehen auf den Erben des AuftrN über (BGH NJW **88**, 2729). Die Pfl bestehen auch dann, wenn sich der Beauftr dch die Erf einer bei Ausf des Auftr begangenen strafb Handlg bezichtigen müßte (BGH **41**, 318 [322]). Für **mehrere Auftraggeber** gilt § 432; aA Soergel-Mühl Rdn 10 mwN. **Grenze des Auskunftsanspruchs** ist das Schikaneverbot; außerdem dann, wenn das Interesse des AGeber so unbedeut ist, daß es in keinem Verhältn zu dem Aufwand stehen würde, der dch die Erteilg der Ausk entstehen würde (BGH WM **84**, 1164). **Entsprechend anwendbar** ist § 666 beim GeschBesVertr § 675, bei GoA § 681 S 2 u angemaßter EigGeschFührg § 687 II, auf den VereinsVorstd u -Liquidator §§ 27 III, 48 II, auf den geschführden Gter § 713, auf den TestVollstr § 2218. Ähnl Best finden sich in zahlr und ges Vorschr, zB § 1698, § 384 II HGB. Weitere Fälle zur Pfl zur RechenschLegg vgl §§ 259– 261 Anm 3. Bei schuldh **Verletzung** der InformationsPfl ist der Beauftr schaderspfl. § 666 ist **dispositiv,** die Pfl können also vertragl u gestaltet od abbedungen werden. Dies kann auch konkludent geschehen, zB für die Vergangenh dadch, daß währd jahrelanger Verw keine Rechensch verlangt wurde. Der Verzicht auf sie ist unwirks, wenn er gg Tr u Glauben verstößt od wenn sich nachträgl begr Zweifel an der Zuverlässigk des Beauftr ergeben (BGH **LM** § 242 Be Nr 19, Stgt NJW **68**, 2338, Locher NJW **68**, 2324).

2) **Die drei Informationspflichten. a)** Die **Benachrichtigungspflicht** besteht auch ohne Verlangen u schon vor Ausf des A. Welche Nachrichten über Ausf u AusfHindern für die ordgsgem Abwicklg des A erforderl sind, richtet sich nach den Umst des EinzFalles. Die BenachrichtiggsPfl steht in engem Zushang mit dem WeisgsR des AGebers (§ 665) u kann sich zur WarnPfl steigern (vgl § 665 Anm 4).

b) Die **Auskunftspflicht** besteht nur auf Verlangen. Sie erstreckt sich, ohne daß eine klare Abgrenzg immer mögl u notw ist, auf den Stand des Gesch in seinem Zushang als Ganzes, währd die BenachrichtiggsPfl mehr die jeweil EinzInformation zum Inhalt hat. Ggst der Ausk vgl §§ 259–261 Anm 4a. Sonderfall der AuskPfl in § 260. Über Anspr auf AuskErteilg ohne spez AnsprGrdlage §§ 259–261 Anm 2d.

c) Die **Rechenschaftspflicht** besteht nur auf Verlangen. Sie geht über die AuskPfl hinaus, weil sie die genauere Information dch Vorlage einer geordneten Aufstellg der Einnahmen u Ausgaben zum Inhalt (vgl §§ 259–261 Anm 4b) hat, weshalb nach RechngsLegg keine Pfl zur AuskErteilg über den näml Ggstd mehr besteht (BGH **93**, 327). Pfl zur Abg der eidesstattl Vers § 259 II, vgl dort Anm 6. Belege sind hier, über § 259 hinausgehd, herauszugeben, § 667. Die Rechensch ist idR nach Ausf des A abzulegen, ebso aber auch nach vorzeit Beendigg des A ohne seine vollständ Ausf (RG **56**, 116). Bei DauerVerwaltg kann sich aus der Natur der Sache die Pfl zu period Abrechngen ergeben (BGH WM **84**, 1164), zB bei treuhänder Führg eines Unternehmens am Ende eines GeschJhres (BGH WM **76**, 868). Sow über Perioden od Gesch schon abgerechnet ist, braucht nach Beendigg des A Rechensch von noch für die bisher nicht abgerechneten Perioden bzw Gesch gegeben zu werden. Der Anspr auf Rechensch hindert den AGeber nicht, eine eig Rechng aufzumachen. In jed Falle trifft den Beauftr die Darleggs- u BewLast für die Richtigk seiner Rechng, insb für den Verbleib der Einnahmen u daß er über nicht mehr vorh VermWerte nach Weisgen od im Interesse des AGebers verfügt hat (RG **90**, 129).

d) **Beweislast** für Verletzg der AuskPfl beim AGeber (BGH WM **84**, 1449).

667 *Herausgabepflicht des Beauftragten.* Der Beauftragte ist verpflichtet, dem Auftraggeber alles, was er zur Ausführung des Auftrags erhält und was er aus der Geschäftsbesorgung erlangt, herauszugeben.

1) **Allgemeines.** Der HerausgAnspr ist schuldr Natur, er setzt Wirksamk des AVertr voraus. Andernf gelten ggf §§ 812ff. Nicht zwingd. Übertragb. Zur Vorbereitg seiner Dchsetzg dienen die InformationsAnspr nach § 666, RechngsLegg ist aber nicht Vorauss für den HerausgAnspr. **Entsprechend anwendbar** auf GeschBesVertr § 675, GoA § 681 S 2, VereinsVorstd u -Liquidator §§ 27 III, 48 II, geschführd Gter § 713, TestVollstr § 2218 I, Pfleger (RG **164**, 98).

2) **Zur Ausführung erhalten** kann der Beauftr Ggste vom AGeber od auf dessen Veranlassg von Dr, zB Geld, auch als Vorschuß (BGH WM **88**, 763). Material, Geräte, Urk. Für die VollmUrk gilt § 175. Ob übergebenes Geld in das Eigt des Beauftr übergegangen ist, beurt sich im EinzFall nach sachner Grds (RG **101**, 307). Die EigtLage spielt für den HerausgAnspr keine Rolle, sein Eigt kann der AGeber auch nach § 985

§ 667 2–5　　　　　　　　　　　　　　　　　　　2. Buch. 7. Abschnitt. *Thomas*

zurückverlangen, jedoch hat der Beauftr an den zur Ausf benötigten Ggst bis zur Beendigg des AVertr ein R zum Bes. Die vertrgem Verwendg kann im Verbrauch liegen. Die Gefahr zufäll Untergangs trägt der AGeber (BGH WM **69**, 26). RückFdg erhaltenen Vorschusses vgl § 669 Anm 3.

3) Aus der Geschäftsbesorgung erlangt. a) Dazu gehören alle Sachen u Rechte, die der Beauftr von Dr inf der GeschBes, nicht nur gelegentl u ohne jeden inneren Zushang mit ihr erhalten hat. Auch Zubehör, Akten, die sich der Beauftr über die GeschFg angelegt hat (RG **105**, 393), Handakten des RA gem § 50 I BRAO, gezogene Nutzgen, ferner Vorteile wie Prov, SonderVergütgen, Schmiergelder, die der Beauftr von dr Seite aus irgdeinem Grd in innerem Zushang mit dem A erhalten hat, wenn solche Vorteile eine Willensbeeinflussg zum Nachteil des AGebers befürchten lassen (BGH MDR **87**, 825); dies auch, wenn die Zuwendgen an einen Strohmann geflossen sind, falls nur der AuftrN wirtsch der Inhaber des empfangenen VermWertes bleibt (BGH Betr **87**, 1295). Dabei spielt es keine Rolle, daß der Zuwendde den Vorteil nur dem Beauftr, nicht dem AGeber zukommen lassen wollte (BGH **39**, 1, NJW **82**, 1752, WM **88**, 1320), u ob dem AGeber ein Schad entstanden ist (BGH BB **66**, 99). BAG **11**, 208 kommt über § 687 II zum gleichen Erg wie hier. Die HerausgPfl entfällt, wenn das Bestechgsgeld gem §§ 12 UWG, 73 ff StGB für den Staat verfallen erklärt wird; (BGH **39**, 1, BAG **11**, 208). Erlangt ist auch ein SchadErsAnspr des Beauftr gg Unterbeauftr od Geh (§ 664), zB des Spediteurs gg den Unterspediteur (RG **109**, 288 [292], BGH Betr **58**, 133).

b) Dazu gehören nicht Ggst, die außerh eines GeschBesVertr erlangt sind, zB die RöntgenAufn, die der Arzt vom Patienten macht (BGH NJW **63**, 389, abl Pentz NJW **63**, 1670, zust Steindorff JZ **63**, 369); hier könnte aber an entsprechde Anwendg gedacht w (Kleinewefers VersR **63**, 297). Ferner nicht, was der Beauftr bei ordngsgem Ausf hätte erlangen od an Nutzgen ziehen müssen, aber nicht erlangt bzw gezogen hat.

c) Die Rechtsverhältnisse an dem Erlangten (Eigt, RTrägersch, GlStellg) beurt sich nach den allg Regeln. Es gibt im AuftrR keinen aer RÜbergang auf den AGeber. And SurrogationsVorschr können im EinzFall einschläg sein. IdR kommt es darauf an, ob der Beauftr Vollm des AGebers besaß u in dessen Namen od für den, den es angeht, aufgetreten ist (vgl Einf 3 vor § 662). Bei Auftreten im eig Namen ist von Bedeutg, ob zw ihm u dem AGeber ein – ev vorweggenommenes – BesMittlgsVerh (§ 930) besteht, ob er ein In-sich-Gesch (§ 181) abgeschl hat. Ohne RÜbergang besteht kein AussondergsR des AGebers im Konk des Beauftr. Weitergehde SonderVorschr in § 392 II HGB für das KommissionsVerh.

4) Herausgabeanspruch. a) Umfang. Das zur Ausf Erhaltene (Anm 2), sow nicht ordngsgem verbraucht u das aus der GeschBes Erlangte (Anm 3) oRücks auf die EigtVerh, sow nicht der Beauftr das Erlangte zur ordngsgem Ausf des Auftr wieder verbraucht hat.

b) Inhalt. Ist der Beauftr ledigl Besitzer, so ist der Bes zu übertr. Ist er RTräger (vgl Anm 3c), so ist das Recht nach den dafür geltden Vorschr zu übertr, bewegl Sachen sind also zu übereignen, Rechte abzutreten; wg der FormBedürftigk des A insow vgl § 313 Anm 5, § 675 Anm 6. Fdgen sind abzutreten, auch Schad ErsAnspr gg den UnterBeauftr gem § 664 (BGH Betr **58**, 133). Der TrHänder hat das übertr R zurückzuübertr (BGH **11**, 37), der SichergsZessionar den Übererlös herauszugeben (RG **59**, 190). Ist Geld herauszugeben, so trägt der AGeber die VersendgsGefahr, § 270 I gilt nicht (BGH **28**, 123).

c) Zeitpunkt. Maßgebd ist in erster Linie die getroffene Vereinbg, insb bei Auftr von längerer Dauer. Sonst nach Erf od bei Beendigg; auch schon vorher bei Besorgn, der Beauftr könne im Hinbl auf eig Vort bei weiterer Ausf des Auftr veranlaßt werden, die Interessen des AGebers außer Acht zu lassen (BGH WM **78**, 115).

d) Einwendungen. Der Beauftr wird von der HerausgPfl frei nach allg Regeln, zB dch **Erfüllung**, wenn er weisgsgem die Sache nach § 362 II an einen Dr herausgegeben hat (BGH LM Nr 17), od iF unversch **Unmöglichkeit**, etwa weil der Verbrauch der Sache zur weiteren ordngsgem Ausf des A erforderl war. Die Gefahr zufäll Untergangs trägt der Beauftr nicht (BGH WM **69**, 26). **Aufrechnung** ist bei Gleichartigk der beiders Anspr grdsätzl zuläss. Der Anspr des AGebers auf Herausg einer Geldsumme u der ZahlgsAnspr des Beauftr auf AufwErs sind gleichart (Celle OLGZ **70**, 5 [8], BGH WM **72**, 53 iF engen wirtsch Zushangs); bestr, vgl § 387 Anm 4a. Im EinzFall kann, insb bei TrHandVerh, die Aufr des Beauftr mit AufwErsAnspr wg Verstoßes gg Tr u Glauben unzuläss sein (BGH **14**, 342 [347]). Ein **Wegfall der Geschäftsgrundlage** für den AuftrVertr führt idR nicht dazu, daß der Beauftr von der Verpfl zur Herausg frei wird (BGH LM § 242 [Bb] Nr 13). Für die **Verjährung** gilt § 195, auch wenn zugl ein Anspr aus unerl Hdlg besteht (RG **96**, 53). Wg der beiders Anspr aus dem AVerh besteht grdsätzl ein **Zurückbehaltungsrecht** nach § 273. Mit Anspr außerh des AVerh kann der Beauftr gg den Anspr auf Herausg des aus der GeschBes Erlangten nur aufrechnen, wenn die GeschBes Teil eines weitergehden einheitl VertrVerh ist, aus dem für beide Teile Rechte u Pfl entspringen (BGH LM § 313 Nr 15). Im EinzFall kann sich aus der Eigenart eines TrHandVerh ergeben, daß der Beauftr gg den HerausgAnspr des AGebers kein ZbR geltd machen kann (BGH WM **68**, 1325 [1328], Düss NJW **77**, 1201).

e) Beweislast. Den Abschl des AVertr, die Hingabe von Ggst od Geld zu seiner Ausf und ihren Wert od Betrag hat der AGeber zu beweisen (BGH WM **84**, 1449). Der Beauftr hat die Verwendg des Erhaltenen zur Ausf des Auftr u seinen Verbleib zu beweisen (BGH NJW-RR **87**, 963). Der AGeber muß beweisen, daß der Beauftr aus der GeschBes etwas erlangt hat (BGH WM **87**, 79). Dabei hilft ihm der AuskAnspr nach § 666. Der Beauftr muß den Verbleib des Erlangten (BGH NJW **86**, 1492), auch Verbrauch, Unmöglichk der Herausg u sein NichtVersch daran beweisen (Celle WM **74**, 735), ebso seine Aufw.

5) Girovertrag vgl § 675 Anm 4.

Einzelne Schuldverhältnisse. 10. Titel: Auftrag §§ 668–670

668 *Verzinsung des verwendeten Geldes.* **Verwendet der Beauftragte Geld für sich, das er dem Auftraggeber herauszugeben oder für ihn zu verwenden hat, so ist er verpflichtet, es von der Zeit der Verwendung an zu verzinsen.**

1) Voraussetzung für die Pfl zur Verzinsg ist, daß der Beauftr Geld – nicht bei and Ggsten –, das er an den AGeber herauszugeben hat, für sich verwendet, insb verbraucht. Nicht genügt, daß er ledigl die Herausg od Verwendg für den AGeber verzögert. Die ZinsPfl ist eine Mindestfolge, ähnl beim Verwahrer § 698 u beim Vormd § 1834. Die VerzinsgsPfl tritt auch ein, wenn dem Beauftr die EigVerwendg gestattet ist – dann liegt ev ein DarlVertr vor –, sie setzt kein Versch u keinen Verz voraus, auch nicht den Eintritt eines Schad beim AGeber. Sie beginnt mit dem Gebr des Geldes zu eig Zwecken, iF der Vermischg mit eig Geld des Beauftr mit der Verwendg der vermischten Gelder. – **Höhe** der Zinsen: § 246, § 352 HGB. – **Entsprechende Anwendung** wie § 667 Anm 1.

2) Weitergehende Ansprüche des AGebers wg schuldh VertrVerletzg od unerl Handlg (zB § 823 II iVm §§ 246, 266 StGB) sind nicht ausgeschl u u vielf gegeben sein.

669 *Vorschußpflicht.* **Für die zur Ausführung des Auftrags erforderlichen Aufwendungen hat der Auftraggeber dem Beauftragten auf Verlangen Vorschuß zu leisten.**

1) Der Anspruch auf Vorschuß entsteht nur auf Verlangen u geht stets auf Geldzahlg. Seine Höhe bemißt sich, and als in § 670, nach den obj zur Ausf des A erforderl Aufw (§ 670 Anm 2). Ohne Vorschuß kann der Beauftr die Ausf verweigern; eine Pfl, die erforderl Aufw aus eig Mitteln zu verauslagen, trifft den Beauftr nicht (RG **82**, 400). Einklagb ist der Anspr idR nach überwiegder Auffassung nicht, weil der Beauftr auf die Ausf keinen Anspr hat, vgl § 662 Anm 5a aE. And kann es bei entgeltl GeschBes liegen; wie hier Staud-Wittmann Rdn 3, Soergel-Mühl Rdn 3, Erman-Hauß Rdn 1. – **Entsprechende Anwendung** auf GeschBesVertr § 675, VereinsVorstd u -Liquidator §§ 27 III, 48 II, geschführden Gter § 713, Beistand § 1691. Vormd u GgVormd § 1835 I u Pfleger § 1915.

2) Kein Anspruch auf Vorschuß besteht, wenn er vertragl ausgeschl od vereinb ist, daß der Beauftr die Aufw zunächst aus eig Mitteln zu bestreiten h. Der Ausschl kann sich auch aus der Natur des A ergeben, zB beim KreditA (vgl § 778 Anm 1c) od bei A zur BürgschÜbern, für den § 775 eine die §§ 669 bis 671 ändernde SpezialRegelg enth.

3) Rückforderung des Vorschusses ist nach § 667 berecht, wenn er nicht bestimmgsgem verwendet wird od wurde. Im Streitfall muß der AGeber die Hingabe des Vorschusses beweisen, der Beauftr die vertrgem Verwendg (BGH WM **88**, 763).

670 *Ersatz von Aufwendungen.* **Macht der Beauftragte zum Zwecke der Ausführung des Auftrags Aufwendungen, die er den Umständen nach für erforderlich halten darf, so ist der Auftraggeber zum Ersatze verpflichtet.**

1) Allgemeines. § 670 gibt einen WertErs-, keinen SchadErsAnspr. Pfl zur Verzinsg nach § 256, Anspr auf Vorschuß nach § 669. Entspr anwendb bei GeschBes, § 675 (vgl dort Anm 7b), GoA § 683, auf Vereins-Vorstd, -Liquidator und Stiftg §§ 27 III, 48 II, 86, auf den Verk iF des § 450 II, Mieter § 547 II, Entleiher § 601 II, geschführden Gter § 713, PfandGl § 1216, Beistand § 1691, Vormd u GgVormd § 1835 I, Pfleger § 1915, Erben §§ 1959 I, 1978, uU auch auf die Abwicklg schuldr Sonderbeziehgen (BGH NJW **89**, 1920: Freistellg von Verbindlk nach gescheiterter Ehe). Die Aufforderg des Untern an einen ArbSuchenden zur Vorstellg kann man als A auffassen; die Fahrtkosten sind dann gem § 670 zu ersetzen (Hohn BB **58**, 844, Soergel-Mühl Rdn 2). SonderRegelen für A zur BürgschÜbern in § 775 (dort Anm 1), für RA in §§ 25–30 BRAGO, HandelsVertr, OHG-Gter, Kommissionär §§ 87d, 110, 396 II HGB. Über Ers der Aufw im Rahmen eines D- od ArbVertr vgl § 611 Anm 11.

2) Ersatz von Aufwendungen. a) Aufwendungen sind VermOpfer (vgl § 256 Anm 1), die der Beauftr zum Zwecke der Ausf des A freiwill od auf Weisg des AGebers (RG **95**, 51) macht, ferner solche, die sich als notw Folge der Ausf ergeben (BGH **8**, 222 [229]), zB Steuern, Kosten eines RStreits. Auch die Eingehg einer Verbindlichk zur Ausf des A ist Aufw; der BefreigsAnspr nach § 257 verjährt nicht innerh der kurzen Fr des § 196 I Nr 1 (BGH NJW **83**, 1729). Als Aufw werden ferner gewisse Schäd angesehen, die der Beauftr bei Ausf des Auftr erleidet, vgl Anm 3.

b) Keine Aufwendung ist die eig ArbKraft u Tätigk, die der Beauftr zur Ausf des A verwendet, der dadch vielleicht entgangene Verdienst u die normale Abnützg von Sachen des Beauftr inf der Ausf. Dies folgt aus der Unentgeltlichk des A. Daran ändert sich bei vereinb Unentgeltlichk auch dadch nichts, daß die zur Ausf zu entwickelnde Tätigk zu dem Beruf od Gewerbe des Beauftr gehört. Aufw ist eine solche Tätigk nur, wenn sie zur Ausf des A zunächst nicht erforderl erschien, sond erst später notw wurde (ähnl Köhler JZ **85**, 359). Ist Unentgeltlk nicht vereinb, so handelt es sich, wenn beruf od gewerbl Tätigk zur Ausf des GeschBes erforderl ist, idR um entgeltl D- od WkVertr (vgl §§ 612, 632), evtl mit GeschBesCharakter (§ 675). Weitergeher AufwBegr vgl § 633 Anm 4, § 683 Anm 4a.

c) Umfang des Ersatzes. Weiter als beim Vorschuß (§ 669 Anm 1), die Aufw, die der Beauftr zur Ausf nach den Umst für erforderl halten durfte. Also nicht alle, aber auch nicht nur die erfolgreichen Aufw (Soergel-Mühl Rdn 5). Maßgebd ist nicht obj Maßstab in subj Einschlag: Der Beauftr hat nach seinem verständ Ermessen aGrd sorgfält Prüfg bei Berücksichtig aller Umst über die Notwkt der Aufw zu entscheiden (RG **149**, 205). Dabei hat er sich am Interesse des AGebers u daran zu orientieren, ob u inwieweit die Aufw angemessen sind u in einem vernünft Verh zur Bedeutg des Gesch u zum angestrebten

§ 670 2, 3   2. Buch. 7. Abschnitt. *Thomas*

Erfolg stehen. Die Beurteilg des Beauftr, seine Aufw sei notw, ist bei obj fehlender Notwendigk nur dann gerechtf, wenn er seine Entsch nach sorgf, den Umst des Falles gebotener Prüfg trifft (BGH **95**, 375: BüZahlg auf verj Hauptschuld). Abzustellen ist auf den Ztpkt, in dem der Beauftr seine Disposition getroffen hat. Ob der A erfolgreich ausgeführt wurde, ist für den ErsAnspr ohne Bedeutg. Der Anspr kann auch auf Befreig einer zur Ausf des A eingegangenen Verbindlichk gehen, unter Eheg allerd eingeschränkt dch die Rücks auf die Nachwirkg der Ehe (BGH WM **89**, 861).

d) Kein Ersatz für Aufw, die die ROrdng mißbilligt (§§ 134, 138). So für BestechgsGelder, selbst wenn der AGeber dem Beauftr Weisg dazu erteilt hat; für Schmiergeld, selbst wenn es im EinzFall einen günstigeren Abschl herbeigeführt hat (BGH NJW **65**, 293); für Aufw, die in einer vom Ges verbotenen Tätigk bestehen (BGH BB **78**, 1415). UU kann bei AuslandsBeteiligg je nach der Landessitte eine and Beurt angebracht sein (Esser-Weyers § 35 III 2). Ferner keine Erstattg, wenn die Aufw darauf zurückzuführen ist, daß der Beauftr mit der GeschBes ein eig Gesch verbunden hat (BGH NJW **60**, 1568). Ebso keine Erstattg einer steuerl Belastg des Beauftr, die mit der Ausf des Auftr nicht in untrennb Zushang steht (BGH WM **78**, 115).

e) Einwendungen. Nicht anwendb, weil es sich nicht um einen SchadErsAnspr handelt, ist § 254 (BGH **8**, 222 [235]). Sow gleichart, können AGeber u Beauftr mit ihren Fdgen aus § 667 bzw § 670 aufrechnen u ein ZbR geltd machen, vgl auch § 667 Anm 4c, aber auch § 666 Anm 1. Der AufwErsAnspr verj bei entgeltl GeschBesVertr wie der VergütgsAnspr (BGH WM **77**, 553).

f) Beweislast. Der Beauftr hat die Aufw zu beweisen, ferner die Tats, aGrd deren er sie für erforderl hielt. Vorschuß vgl § 669 Anm 3.

g) Entsprechend anwendbar auf Anspr des ArbN auf Ers der Umzugskosten bei Versetzg an entfernten Ort aus dienstl Grden (BAG MDR **73**, 792).

3) Ersatz von Schäden. In erster Linie ist eine etwa getroffene vertragl Vereinbg maßgebl (BGH VersR **84**, 1149). Sonst gilt folgdes:

a) Trifft den AGeber ein **Verschulden** an der Entstehg des Schad, den der Beauftr bei Ausf des A erleidet, so haftet er nach allg Vorschr. Versch ist auch der unterbliebene Hinw auf eine dem AGeber bekannte Gefahr. Bei Versch seiner ErfGeh gilt § 278, bei MitVersch des Beauftr § 254. Würde es sich dem Auftr iF der Entgeltlichk um einen DVertr handeln, sind §§ 618, 619 entspr anzuwenden, vgl § 662 Anm 5 b.

b) Der Ers von **Zufallschäden** des Beauftr ist ges nicht geregelt. Im Erg herrscht weitgehd Übereinstimmg, daß die Ablehng von ErsAnspr in vielen Fällen unbefriedigd wäre. Die rechtl Konstruktion des ErsAnspr ist unterschiedl. – **aa)** Die ältere Rspr u Lehre (ZusStellg bei Staud-Wittmann Rdn 10 ff) nahm einen stillschweigd geschl **Garantievertrag** an od stellte iW ergänzder Ausleg als VertrInhalt ein Vereinbg fest, wonach der AGeber das Risiko der GeschBes zu tragen habe. Diese Lösg tut dem PartWill vielf Gewalt an, führt kaum zu einer praktikablen Abgrenzg der ersatzfäh Schäd u versagt bei der GoA. – **bb)** Die herrschde Meing mit BGH **38**, 270 [277] (zur GoA) dehnt den AufwBegr u wendet § 670 unmittelb od entspr an. Dabei wird der freiwill Erbringg eines VermOpfers (vgl oben 2a) der Fall gleichgesetzt, daß der Beauftr ein mit der Ausf des A verbundenes SchadRisiko freiwill auf sich nimmt. Das ist dann der Fall, wenn mit der Ausf des A seiner Natur nach od aGrd bes Umst eine beiden Beteil erkennb Gefahr für den Beauftr verbunden ist, zB unversch GesundhSchad (BGH **38**, 270), Belastg mit SchadErsPfl aus GefährdgsHaftg (BGH NJW **63**, 251), außer wenn es sich bei der Tätigk des Beauftr um seine gewerbl Tätigk handelt, bei der die GefährdgsHaftg zu seinem BetrRisiko gehört (BGH NJW **85**, 269). Verwirklicht sich diese Gefahr bei Ausf des A, so hat der Beauftr grdsätzl Anspr auf Ers des daraus entstandenen Schad, der einer Aufw gleichgestellt ist. Unter dieser Voraussetzg wird auch dem Angeh ein ErsAnspr entspr §§ 844, 845 zugebilligt (RG **167**, 85 [89]). Dies und die Anw der §§ 254, 846 ist method unsauber, weil es sich bei dieser Konstruktion nicht um einen SchadErs-, sond um AufwErsAnspr handelt, außerdem weil es an der Freiwilligk fehlt, wenn dem Beauftr die Gefährlichk nicht bewußt geworden ist. – **cc)** Eine neuere Meing (Canaris RdA **66**, 41, Larenz SchuR II § 56 III, Genius AcP **173**, 481 [512 ff], MüKo/Seiler Rdn 14, LAG Düss VersR **77**, 923) wendet den **Grundsatz der Risikozurechnung** bei schadgeneigter Tätigk in fremdem Interesse an, wie er sich im DVertrR (§ 611 Anm 14b) entwickelt hat u auch in § 110 I HGB zum Ausdruck kommt. Danach hat der AGeber das spezif SchadRisiko zu tragen, also den Beauftr den Schad zu ersetzen, den er bei Ausf des Auftr dch Verwirklichg einer damit verbundenen eigtüml, erhöhten Gef erleidet, zB Brandwunden, KleiderSchad bei LöschArb. Ebso hat ein Verein ein ehrenamtl Mitgl von ErsAnspr freizustellen, die bei schadgeneigter Tätigk dieses Mitgl im Interesse der Mitgl u des Vereins selbst entstanden sind (BGH **89**, 153). Nicht genügd ist das allg Lebensrisiko. So haftet bei nicht versch SachSchad des ArbN im Dienst des ArbG dieser nur, wenn der ArbN den Schad nicht nach der Natur der Sache (Laufmasche bei Sekretärin) od gg Vergütg (Schmutzzulage, km-Geld) hinnehmen muß (BAG VersR **81**, 990), zB gefährl Arb u außergewöhnl hoher UnfallSchad (BAG NJW **79**, 1423). Ebso kein ErsAnspr des Wahlvorstands od BetrRats gg ArbG für Schad inf unversch VerkUnfalls währd einer Besorgsfahrt (LAG Hamm Betr **80**, 214). Da es sich bei dieser Konstruktion um SchadErsAnspr handelt, sind §§ 254, 844–846 unbedenkl anwendb. **dd)** Für den **Umfang der Ersatzpflicht** gelten die allg Regeln. Da dieser Anspr stark von BilligkErwäggn beeinflußt ist, scheint in bes gelagerten Fällen eine vorsicht Modifizierung des Alles-od-Nichts-Grds in §§ 249 ff zG einer angem Entschädigg nach AufopfergsGrds vertretb (vgl Erman-Hauß Rdn 14). Kein Anspr auf Ers immateriellen Schad in Geld (BGH **52**, 115).

c) Öffentliches Recht. Die Heranziehg von PrivPers zu **Dienstleistungen auf Grund gesetzlicher Vorschriften,** zB Verwaltg der UmstellgsGrdSch dch Bankinstitute (BGH **43**, 269), u dch **Verwaltungsakte,** zB zu NothilfeLeistgen gem § 323c StGB begründet öffrechtl Beziehgen. § 670 ist nicht anwendb. Bei polizeil NotstandsAnordngen kommt ein EntschädiggsAnspr nach den Polizeigesetzen der Länder in Betracht. Bei Rettg aus Lebensgefahr und sonst HilfeLeistg, iF der HilfeLeistg bei AmtsHandlg, bei persönl Einsatz zu vorläuf Festnahme gewährt § 539 I Ziff 9a–c RVO UnfVersSchutz, vgl § 683 Anm 4c; in diesem Fall kein ges FdgsÜbergang auf den SozVersTräger (BGH NJW **85**, 492). Iü kann Grdlage einer Entschä-

Einzelne Schuldverhältnisse. 10. Titel: Auftrag §§ 670–672

digg ein AufopfergsAnspr sein, vgl § Übbl 3 vor § 903. Verletzt der Amtsträger bei der Zuziehg einer PrivPers seine öffrechtl Pfl, so greift die Staatshaftg ein.

d) Bei Hilfeleistung ohne Auftrag ist § 670 anzuwenden; vgl § 683 Anm 4b, c, § 677 Anm 3. Danach sind Schäd des GeschF, die inf der Gefährlichk der GeschFührg eingetreten sind, zu ersetzen. Eine typ Gefährlichk kann sich auch aus der zur GefahrAbwendg erforderl Eile ergeben (BGH Betr **72**, 721). Das Bestehen einer öffrechtl Pfl, zB aus StGB § 323c, schließt Anspr gg den GeschHerrn nach §§ 683, 670 nicht aus, § 677 Anm 4. Konkurrenz zu and AnsprGrdl vgl Einf 4 vor § 677. Über SchadErsAnspr aus § 823 gg den, der für das die Hilfeleistg auslösende Ereign verantwortl ist, vgl Einf 6 vor § 823. Kein Anspr auf SchmerzG (BGH **52**, 115).

671 **Widerruf; Kündigung.** [I] Der Auftrag kann von dem Auftraggeber jederzeit widerrufen, von dem Beauftragten jederzeit gekündigt werden.

[II] Der Beauftragte darf nur in der Art kündigen, daß der Auftraggeber für die Besorgung des Geschäfts anderweit Fürsorge treffen kann, es sei denn, daß ein wichtiger Grund für die unzeitige Kündigung vorliegt. Kündigt er ohne solchen Grund zur Unzeit, so hat er dem Auftraggeber den daraus entstehenden Schaden zu ersetzen.

[III] Liegt ein wichtiger Grund vor, so ist der Beauftragte zur Kündigung auch dann berechtigt, wenn er auf das Kündigungsrecht verzichtet hat.

1) Die **Beendigung durch einseitiges Rechtsgeschäft** nennt das G von seiten des AGebers Widerruf, von seiten des Beauftr Kündigg. Es handelt sich um rgestaltete WillErkl, die mit Zugang das VertrVerh für die Zukunft aufheben, bereits entstandene Anspr aber unberührt lassen. Zur Kündigg vgl auch Vorbem 2 vor § 620. Der Auftr ist einseit jederzeit lösb, weil er beim AGeber ein bes Vertrauen voraussetzt, für den Beauftr unentgeltl u fremdnütz ist. Das R kann auch dch schlüss Handlg ausgeübt w. Die Wirksamk kann von einer Bedingg abhäng sein, weil der VertrPartner eine ihm läst Ungewißh seinerseits dch einseit VertrAufhebg beenden kann. Bei mehreren AGebern od Beauftr kann jeder widerrufen bzw kündigen, es sei denn, daß sich aus der getroffenen Vereinbg od aus den Umst des Falles (Unteilbark des Auftr, GemeinschVerh) etwas and ergibt (BGH BB **64**, 699). Die einseit Beendigg ist nicht mehr mögl, wenn der AVertr bereits aus and Gründen beendet ist, zB dch vollständ Ausf (BGH WM **62**, 461). – **Entsprechend anwendbar** ist Abs II, nicht aber I bei dem GeschBesVertr § 675; Abs II, III für den geschführten Gter § 712 II. Ähnl Regelg beim VereinsVorstd u -Liquidator §§ 27 II, 48 II.

2) Widerruf (Abs I) dch AGeber ist jederzeit mögl. Verz auf das WiderrufsR ist unwirks, wenn der A ausschließl den Interessen des AGebers dient, weil er sich sonst ganz dem Beauftr ausliefern würde. Dagg kann auf das WiderrufsR wirks verzichtet werden, wenn der A auch im Interesse des Beauftr erteilt u sein Interesse dem des AGebers mind gleichwert ist (BGH WM **71**, 956). In diesem Fall handelt es sich allerd meist nicht um A, sond um ein and KausalVerh. Wird jemand mit der Verw eines künft Nachl ganz od teilw betraut u auf Widerruf auch für die Erben verzichtet, so handelt es sich um die AO einer TestVollstrg, die der Form der letztw Vfg bedarf, andernf ist die Übertr der Verw nichtig (RG **139**, 41). Der Widerruf löst die Anspr aus §§ 667, 670 aus. Auch wenn aGrd ein R treuhd überlass, beendet das Widerrufsrecht nicht die RÜbertr, sond führt zum schuldr Anspr auf RückÜbertr u nicht einmal dazu, falls das R zur Sicherg übertr war u die SichergsAbrede noch entgg steht; vgl auch § 398 Anm 6, 7.

3) Kündigung (Abs II, III) dch Beauftr ist jederzeit mögl, muß aber dem AGeber die Möglichk anderweit Fürs lassen außer bei wicht Grd für die Kündigg zur Unzeit. Auch ohne diesen ist die Kündigg zur Unzeit wirks, verpfl aber zum SchadErs. Wicht Grd vgl § 626 Anm 6 sinngem. Verzicht auf das KündiggsR ist in den Grenzen des Abs III wirks, also nicht bei wicht Grd.

4) Andere Beendigungsgründe. a) Nach **allgemeinen Regeln**, zB Zeitablauf, falls für die Ausf des A eine Zeit vereinb wurde; Erf; sonstige ZweckErreichg (BGH **41**, 23: Amt des TestVollstr endet mit Erledigg seiner Aufgaben). Unmöglichk der Ausf § 275; AufhebgsVertr; Eintritt auflösder Bdgg.

b) Aus den **besonderen Gründen** der §§ 672–674 u bei Konk des AGebers, außer wenn sich der Auftr nicht auf das zur KonkMasse gehör Verm bezieht, §§ 23 I, 27 KO. KonkEröffng über das Verm des Beauftr sowie Eröffng des VerglVerf beenden den A nicht.

c) Vollmacht erlischt mit dem zGrde liegden A, § 168 S 1.

672 **Tod oder Geschäftsunfähigkeit des Auftraggebers.** Der Auftrag erlischt im Zweifel nicht durch den Tod oder den Eintritt der Geschäftsunfähigkeit des Auftraggebers. Erlischt der Auftrag, so hat der Beauftragte, wenn mit dem Aufschube Gefahr verbunden ist, die Besorgung des übertragenen Geschäfts fortzusetzen, bis der Erbe oder der gesetzliche Vertreter des Auftraggebers anderweit Fürsorge treffen kann; der Auftrag gilt insoweit als fortbestehend.

1) Nach der **Auslegungsregel** in **Satz 1** erlischt der A nicht mit dem Tod od der GeschUnfähigk des AGebers. Anders beim Tod des Beauftr § 673. Die AusleggsRegel ist widerlegb, Erlöschen mit dem Tod kann sich aus den Umst ergeben. Auch Auftr unter Lebden, die erst nach dem Tode auszuführen sind, sind mögl, die Erben haben aber bis zur Ausf des Auftr dch den Beauftr ein nicht abdingb WiderrufsR (BGH NJW **75**, 382), vgl § 671 Anm 2. § 672 gilt nach § 168 auch für die mit dem A verknüpfte Vollm, diese gilt also weiter für die rgesch Vertretg der Erben. Soweit sich der Beauftr iR des A u der Vollm hält, braucht er bis zum Widerruf dch die Erben zu RGesch nach dem Erbfall keine Zustimmg der Erben u muß sich nicht vergewissern, ob sie mit dem beabsicht Gesch einverst sind; die Schranke sind §§ 138, 242 (BGH NJW **69**, 1245). Auch für den GrdbuchVerk genügt idR die Vermutg des § 672 S 1, falls der Auftr- od GeschBesVertr

§§ 672–675 2. Buch. 7. Abschnitt. *Thomas*

gem § 29 GBO nachgewiesen ist. Wenn keine enggstehden Umst bekannt sind, geht also das GBAmt vom Fortbestehen der Vollm für die Erben aus, auch wenn die VollmUrk dies nicht ausdrückl erwähnt; bestr, wie hier KG DNotZ **72**, 18, Horber GBO § 19 Anm 5 Ef. – Geht A auf Übermittlr einer schenkw zuzuwendden Leistg, so ist, falls die Vollziehg vor dem Tode noch nicht erfolgt ist, die RLage nach den Regeln der Schenkg vTw, § 2301, zu beurt (RG **88**, 223).

2) Eine **Notbesorgungspflicht (Satz 2)** trifft den Beauftr, falls der A entgg der AusleggsRegel in S 1 erloschen ist. Gilt auch, wenn mit der Ausf noch nicht begonnen. Der AVertr wird als fortbestehd fingiert, bis der Erbe bzw ges Vertr des AGebers selbst Fürs treffen kann. Schuldh Verletzg der NotbesorggsPfl führt zu SchadErsPfl. Weiß der Beauftr vom Erlöschen nichts, gilt § 674.

3) Entsprechende Anwendung iF des § 675 u bei Auflösg einer JP (RG **81**, 153). Auch Beschrkg der GeschFähigk sowie Wegfall des ges Vertr führen iZw nicht zum Erlöschen (BayObLG NJW **59**, 2119). S 2 gilt entspr bei Konk des AGebers.

673 *Tod des Beauftragten.* Der Auftrag erlischt im Zweifel durch den Tod des Beauftragten. Erlischt der Auftrag, so hat der Erbe des Beauftragten den Tod dem Auftraggeber unverzüglich anzuzeigen und, wenn mit dem Aufschube Gefahr verbunden ist, die Besorgung des übertragenen Geschäfts fortzusetzen, bis der Auftraggeber anderweit Fürsorge treffen kann; der Auftrag gilt insoweit als fortbestehend.

1) Die **Auslegungsregel (Satz 1)** läßt, umgekehrt wie in § 672, den A beim Tod des Beauftr iZw erlöschen, eine Folge des regelm bestehden pers VertrauensVerh. Gilt nicht, wenn der Beauftr geschunfäh wird; ist der AVertr auf rgeschäftl Handeln gerichtet, so erlischt er wg Unmöglichk, §§ 275, 105; ist er lediql auf tats Leistgen gerichtet, so ist es eine Frage der Auslegg, ob er fortbestehen soll. Wird der Beauftr beschränkt geschfäh, so berührt dies idR den A nicht, eine erteilte Vollm bleibt bestehen, § 165. Auch Konk des Beauftr ist auf den A ohne Einfluß.

2) Eine **Anzeige- und Notbesorgungspflicht (Satz 2)**, ähnl § 672, trifft iF des Erlöschens die Erben des Beauftr. Gilt auch, wenn mit der Ausf noch nicht begonnen. Auch die InformationsPfl des § 666 gehen auf die Erben über (BGH WM **88**, 1236). Der AVertr wird, bis der AGeber selbst Fürs treffen kann, als fortbestehd fingiert. Schuldh Verletzg führt zur SchadErsPfl. Erlischt der A entgg der Regel nicht, sind die Erben gem § 666 anzeigepfl.

3) Entsprechende Anwendung beim GeschBesVertr § 675. Ferner bei Erlöschen einer JP. IF einer Fusion wird allerd, jedenf wenn für den A ein pers VertrauensVerh nicht von Bedeutg ist, Übern des A dch die übernehmde Gesellsch anzunehmen sein (RG **150**, 289 für Verschmelzg zweier AG ohne Liquidation). S 2 gilt entspr für die Erben des TestVollstr, § 2218 I.

674 *Fiktion des Fortbestehens.* Erlischt der Auftrag in anderer Weise als durch Widerruf, so gilt er zugunsten des Beauftragten gleichwohl als fortbestehend, bis der Beauftragte von dem Erlöschen Kenntnis erlangt oder das Erlöschen kennen muß.

1) Dem **Schutz des Beauftragten,** der ohne Fahrlk (§ 122 II) vom Erlöschen des A keine Kenntn hat, dient die Vorschr dch die Fiktion, daß der AVertr als fortbestehd gilt, u zwar nur in seinem Gunsten. Der AGeber od seine RNachf können aus der Vorschr keine R herleiten, etwa SchadErsAnspr wg NichtAusf des A. Gilt für alle ErlöschensGrde außer Widerruf (Anm 2); auch der Umst, daß mit der KonkEröffng nicht nur der Auftr, sond auch die HandelsGesellsch, die ihn erteilt hat, erlischt, steht der Fiktion des Fortbestehens zG des Beauftr nicht entgg (BGH **63**, 87). Für die Ausf gelten die Vorschr des AuftrR, von der Kenntn des Erlöschens an also auch Anz- u NotBesPfl gem §§ 672, 673. Für Vollm vgl §§ 168 S 1, 169. Die BewLast für Kenntn oder Fahrlk bei Unkenntn liegt beim AGeber.

2) Kein Schutz des Beauftragten bei Erlöschen dch Widerruf (§ 671 I), weil er idR erst mit Zugang an den Beauftr wirks wird. Ist der Widerruf ausnahmsw trotz Unkenntn des Beauftr wirks (zB § 132), so gilt § 674 nicht, es gelten §§ 677 ff. Ferner kein Schutz, wenn der Beauftr inf Fahrlk vom Erlöschen keine Kenntn erlangt.

3) Entsprechende Anwendung beim GeschBesVertr § 675, also auch auf RAVertr (Saarbr NJW **66**, 2066, Nürnb NJW **64**, 304; bestr), auf den TestVollstr § 2218 I – aber nicht, wenn seine Ernenng von Anfang an ggstdslos ist (BGH **41**, 23). Vorwegen Vfgs- u VerrechngsVereinbgen iR eines Kontokorrent-Verhältn wirken iF des Konk über das Verm des Kunden nicht zum Schutze der Bank fort (BGH **74**, 253). – Ähnl Regelg in §§ 729, 1698a, 1893.

675 *Entgeltliche Geschäftsbesorgung.* Auf einen Dienstvertrag oder einen Werkvertrag, der eine Geschäftsbesorgung zum Gegenstande hat, finden die Vorschriften der §§ 663, 665 bis 670, 672 bis 674 und, wenn dem Verpflichteten das Recht zusteht, ohne Einhaltung einer Kündigungsfrist zu kündigen, auch die Vorschriften des § 671 Abs. 2 entsprechende Anwendung.

1) Allgemeines. Die Bestimmg gehört nicht eigentl in das AuftrR, denn sie betrifft im Ggsatz zu ihm bestimmte D- od Wk-, also entgeltl ggs Vertr. Diese stellt sie, sow sie eine GeschBes zum Ggst haben, weitgehd unter AuftrR, weil die Anwendg seiner Bestimmgen bei der selbstd Wahrnehmg fremder Verm-Interessen gerechtf ist. Für VertrAbschl u -Abwicklg gilt sinngem § 662 Anm 2a, c.

Einzelne Schuldverhältnisse. 10. Titel: Auftrag § 675 2, 3

2) Anwendungsgebiet. Geschäftsbesorgung bedeutet, insow übereinstimmd mit § 662, Tätigk in fremdem Interesse. Der Begr ist aber hier nach herrschder Auffassg, was die Art der Tätigk betrifft, enger als beim AVertr.

a) Eine **selbständige Tätigkeit wirtschaftlicher Art**, die iR eines D- od WkVertr zu leisten ist, verlangt die herrschde Auffassg (BGH 45, 223 [228]). Bloßes Unterlassen, Gewährenlassen, Dulden genügt (wie § 662 Anm 3a) nicht. Die Tätigk ist hier zumeist auf rgeschäftl Handlgen gerichtet, es fallen aber auch rähnl u tats Handlgen darunter. Die Tätigk muß, enger als beim A, eine selbstd sein, also Raum für eigverantwortl Überlegg u WillBildg des GeschBesorgers lassen u sie muß wirtsch Art sein, also Beziehg zum Verm haben. – **Gegensätze** u deshalb nicht unter § 675 einzuordnen sind unselbst Tätigken wie Hausmädchen, Gesellen, FabrikArb. Ferner Tätigken, die keine Beziehg zum Verm haben, wie Arzt, Erzieher, Vorleser. Ggst eines A od einer GoA können diese Tätigken dagg sein.

b) **In fremdem Interesse** wird die Tätigk ausgeübt, dh sie ist gerichtet auf solche Gesch, für die ursprüngl der GeschHerr selbst in Wahrnehmg seiner VermInteressen zu sorgen hatte, die ihm aber ein and abnimmt. An solcher Wahrnehmg bereits bestehender Obliegenhen des GeschHerrn fehlt es, wenn der Aufgabenkreis erst mit Hilfe des VertrPartners geschaffen wird (BGH 45, 223 [229]). – **Gegensatz** u deshalb nicht unter § 675 einzuordnen ist die Führg eig Gesch, zB Überprüfg u Einziehg angekaufter, diskontierter Wechsel dch die Bank (Nürnb BB 69, 932). Ferner Tätigken, die an einen and, nicht für ihn, zu leisten sind, wie die selbstden Handwerker, BauUntern, planden Arch.

c) Eine **abweichende Auffassung** in der arbger Rspr wendet die in § 675 angezogenen Bestimmgen auf alle D- u WkVertr ohne die oben beschriebene Einengg immer dann entspr an, wenn sie nach der Art der Besorgg passen u zu angem Erg führen (zB BAG NJW 67, 414 für §§ 670, 665, BAG GrS NJW 62, 411 [414]). Wenn man (so Esser-Weyers § 35 I 1) als AbgrenzgsKriterium der GeschBes in §§ 662 u 675 ggü unentgeltl LeistgsVertr sowie D- u WkVertr die spezif TreuPfl des Schu im Hinblick auf die Wahrnehmg der Interessen des GeschHerrn als Hauptpfl sieht, besteht im prakt Erg zu der herrschden Auffassg wohl kein nennenswerter Untersch, denn in den Bsp für die Anwendbark od NichtAnwendbark des § 675 besteht weitgehd Einigk.

3) Beispiele (alphabet). Vgl auch Einf 5 vor § 631 u nachstehd Anm 4 bis 6.

Im **Abrechnungsverfahren der Bundesbank** bestehen grdsätzl keine SchutzPfl ggü den beteil Kreditinstituten (BGH NJW 78, 1852). – **Anlageberatung.** GeschBesVertr. Pfl des AnlBeraters zu umfassder, wahrgem, sorgf, vollst Information über alle Tats, die für die jeweil AnlEntsch des Kunden Bedeutg haben od haben können; grds keine Pfl zur Wertg od Auswertg dieser Tats, wohl aber im EinzFall zur Erläuterg der Bedeutg einz Fakten, wenn der Kunde dies nicht übersieht, so daß er seine AnlEntsch treffen kann (BGH NJW-RR **87**, 936). Erhöhte AufklärgsPfl, zB auch über die Wirtschaftlk u steuerr Konzeption des Obj aGrd eig Überprüfg, wenn der Berater bzw Vermittler bes Vertrauen in Anspr genommen hat (BGH NJW-RR **89**, 150). – **Anlageempfehlung** in period erscheindem Börsendienst ist gemischter Vertr, Kauf- u Beratg (BGH NJW **78**, 997). – **Anlagenvertrag**, Plang u Errichtg kostspiel, techn bes anspruchsvoller Industrie- u ForschgsAnl (Soergel-Mühl Rdn 94 vor § 631: Vertr eig Art). SchadErsPfl des Steuerberaters, der seinen Mandanten zu einer AnlEntsch dch VertrSchluß mit einem Dr veranlaßt u ihm dabei nicht offenb, daß er hierfür von dem Dr eine Prov erhalten hat (BGH Betr **87**, 1987). – **Anlagevermittlung** (BGH NJW **82**, 1095, Oldenburg WM **87**, 169) ist GeschBes od MaklerVertr. – **Annoncenexpedition** (Stgt BB **54**, 300, Düss MDR **72**, 688); vgl Einf 5 vor § 631. – **Architekt**, idR WkVertr, vgl Einf 5 vor § 631; sow welchen Dr zu führen sind, GeschBes (BGH **41**, 318). – **Aufsichtsrat** einer AG od GmbH (RG **146**, 145 [152]). – **Auskunfterteilung** vgl § 676. – **Beirat**, GeschBesVertr mit DVertrCharakter mit der KG (BGH WM **84**, 1640). – **Betriebsführungsvertrag** (vgl Vorbem 1 e vor § 709) ist GeschBes mit DVertrCharakter (BGH NJW **82**, 877). – **Chartervertrag** vgl Einf 5 vor § 631. – **Factoringvertrag** vgl § 398 Anm 9. – **Gebrauchtwagenverkauf**. Auftr dazu ist GeschBesVertr; ordentl Künd jederzt mögl. Steht die VerkVermittlg im Zushang mit einem Neuwagenkauf beim selben Autohändler, so kann dieser den GeschBesVertr nur kündigen, wenn das Kfz aus Grden unverkäufl ist, die nicht in seinem Risikobereich liegen (BGH NJW **82**, 1699). Fehler des Altwagens iS der GewlVorschr reichen als wicht Grund nicht aus (Hamm MDR **82**, 753). – **Geschäftsführer**, falls mit der selbstd Führg eines GeschBetr beauftragt; auch gerichtl bestellter GeschF einer GmbH (GeschBes-DienstVertr mit dieser, BayObLG BB **75**, 1037). – **Gerichtsvollzieher**, keine GeschBes, sond öffrechtl Verh. – **Handelsvertreter**, spezielle Regelgen im HGB §§ 84ff. – **Handlungsagent** (RG **87**, 440). – **Kommissionär**, spezielle Regelgen im HGB §§ 383 ff; Effektenkommissionär (BGH **8**, 222). – **Kreditkarte**. 3 Beteil: KreditkartenAusst, -Inh, VertrUntern des AusSt bei dem der Inh zum Ausgl einer ZahlgsVerpfl einen LeistgsBeleg unterzeichnet. Demgem dreierlei RBeziehgen (Eckert WM **87**, 161) Der Vertr zw dem KreditkartenAusSt u dem KartenInh ist GeschBesVertr, der AusSt verpfl, aGrd der mit Unterzeichn des LeistgBelegs erteilten Weisg, an das VertrUnternehmen zu zahlen. Zur Erf seines AufwErsAnspr aus dem GeschBesVertr zieht der KartenAusSt den Betr bei der Bank des KartenInh ein. Der KartenAusSt darf das Risiko von Fälschgen dch die Bediensteten von VertrUnternehmen nicht auf den KartenInh abwälzen (BGH **91**, 221). – **Management- und Promotionsvertrag** mit Künstler ist DVertr mit GeschBesCharakter (BGH NJW **83**, 1191). – **Makler**, falls er sich verpfl, einen best Erfolg herbeizuführen, vgl Einf 3 b vor § 652. – **Notar**, keine GeschBes, sond öffrechtl Verh. – **Patentanwalt**, der bei Erlangg u Herbeiführg von WzSchutz mitzuwirken hat (BGH **52**, 359), u bei Erlangg u Überwachg von Patentschutz (RG **69**, 26). – **Postanweisung, Postscheck**, vgl § 839 Anm 15. – **Prüfer** gem § 163 AktG, § 16 I MaBV GeschBes mit WkVertrCharakter (Deschler Betr **81**, 147). – **Rechtsanwalt**, vgl Einf 2 a ee vor § 611; zu den SorgfPfl § 276 Anm 4 Cd. Der Vertr mit dem RA kann im EinzFall SchutzWirkg für Dr haben (BGH NJW **77**, 2073). Der wg Trunks od Geistesschwäche Entmünd kann den Vertr zur DchFührg des AnfProz nach § 684 ZPO selbst wirks schließen (Nürnb NJW **71**, 1274, Hbg NJW **71**, 199). – **Rechtsberater** (BGH **34**, 64). Bei Verstoß gg RBerG ist der GeschBesVertr nichtig (BGH **37**, 258). – **Reisebüro**, vgl Einf 2,3 vor § 651 a. – **Sachwalter** nach Bestätigg eines Vergl u Aufhebg des

§ 675 3, 4

VerglVerf wird aGrd GeschBesVertr mit dem Schu tät. Da es sich zugl um Vertr zGDr handelt, haben die VerglGläub Anspr auf Ausk (BGH **62**, 1). SachwalterHaftg vgl § 276 Anm 6 C c. – **Schiedsgutachtervertrag,** RNatur wie SchiedsrichterVertr; Einzelhen vgl Th-P Einf 2 vor § 1025 ZPO. Haftg nur, soweit die PflVerl dazu führt, daß das Gutachten wg offenb Unrichtigk unverbindl ist (BGH **43**, 374), wozu die Part für eine BewErhebg Tats behaupten muß, die schlüssig Mängel in der LeistgsBestimmg ergeben (BGH ZIP 83, 1342). – Der **Schiedsrichtervertrag,** also zw den Part u den SchiedsRi wird teilw als Vertr eig Art (BGH LM § 1025 ZPO Nr 5, Strieder, Rechtl Einordng u Behandlg des SchiedsRiVertr, 1984 S 37) teilw als DVertr u zugl ProzVertr (Rosenberg-Schwab § 175 IV 2) od dienstvertr-ähnl (Wieczorek § 1025 Anm C III b 1) eingeordnet; iF der Unentgeltlk Auftr. Er kommt stets zw allen Part u jedem SchiedsRi zust, gleichgült welche Part ihn ernannt hat, u zwar auf seiten des SchiedsRi mit der (auch konkludenten) Ann, auf seiten der Part, die ihn nicht ernannt hat, mit Zugang der ErnenngsAnz (§ 1030 ZPO). Seine Wirksamk ist unabhäng von der der Schiedsklausel. Ob ein Verstoß gg § 40 I 2 DRiG ihn unwirks macht, ist str (offen gelassen BGH **55**, 313, bej Breetzke NJW **71**, 1458, Habscheid KTS **72**, 209). Die Haftg des SchiedsRi bestimmt sich nach allg schuldr Grds, doch ist HaftgsBeschrkg wie beim staatl Ri (§ 839 II) als stillschw vereinb anzunehmen (BGH **42**, 313). Der Schiedsrichter hat mit Beendigg des Verf Anspr auf die vereinb, sonst auf übl Vergütg u auf AuslagenErs (§§ 612, 670) gg beide Part als GesSchu, § 427, ebso iZw Anspr auf Vorschuß (Th-P Vorbem 3 vor § 1025). Im InnenVerh sind die Part je zur Hälfte verpfl. Der VergütgsAnspr ist unabhäng von der RBeständigk des Schiedsspruchs u ggf dch Kl gg die Part geltd zu machen; die SchiedsRi selbst können die Vergütg nicht festsetzen, auch wenn dies in die Form der StrWertFestsetzg gekleidet ist (Schwab Kap 33 IV, BGH Betr **77**, 1502). Der SchiedsRiVertr endet mit sogleich erlöschender Enddigg dch beide Part od den SchiedsRi, §§ 626, 627, 671. RG **101**, 393 will für SchiedsRi nur Kündigg aus wicht Grd zulassen. Er endet außerdem mit erfolgr Ablehng u mit Erlöschen des SchiedsVertr (§§ 1032, 1033 ZPO). – **Spediteur,** spezielle Regelgen in §§ 407 ff HGB. – **Steuerberater, Steuerbevollmächtigter,** vgl Einf 5 vor § 631. – Vertr zw **Transferagent** (Remissier) einer ausländ Bank u Eigtümer der ihm anvertrauten Wertpapiere (BGH WM **75**, 356). – **Treuhandkommanditist** (BGH NJW **80**, 1162, BGH **76**, 127). – **Treuhandvertrag.** Einen eig VertrTyp kennt das BGB nicht, der EinzFall bestimmt die RBeziehgen zw TrGeber u TrHänder, bei Entgeltlichk GeschBes, bei Unentgeltlich Auftr (BGH NJW **69**, 935). Im einz vgl Übbl 3 g vor §104, Einf 3 b vor § 164; Abgrenzg zum ScheinGesch § 117 Anm 2 c, Form § 313 Anm 5 d; im SachenR § 903 Anm 6. Der TrHänder, dem ein Unternehmen übertr ist, ist nach Widerruf zur WeiterFührg des Unternehmens für Rechng des TrGebers nur noch verpfl, soweit er wg seiner GgAnspr ein ZbR geltd machen kann. Nach Beendigg des TrHdVerhältn hat er Anspr gg TrGeber auf Abn des Gesch u Befreiung v den GeschVerbindlken (BGH WM **77**, 363). – **Unfallhelferring** ist nichtiger GeschBesVertr (BGH **61**, 318). Die Nichtigk erstreckt sich auf das ganze Unfallhilfesystem, also auf alle iR der wirtsch Entlastg des Geschäd von der SchadAbwicklg geschl Vertr wie DarlVertr der Bank (BGH NJW **77**, 38), BürgschVertr des MietwagenUntern mit der Bank zur DarlSicherg (Ffm WM **78**, 680); dies auch dann, wenn die kreditgebde Bank dem Geschäd die Auswahl unter mehreren RA überläßt (BGH NJW **78**, 2100). – **Vertragshändlervertrag** wird als RahmenVertr mit vorwiegd handelsvertreterrechtl Elementen od als GeschBesVertr, aber auf eig Rechng eingeordnet (vgl Ulmer, Der VertrHänder (1969) §§ 13, 18). – **Verwalter** eines Gutes, Hauses (BGH WM **65**, 1181), Verm (BGH WM **62**, 675: Effektenberater u -Verw). – **Werbemittler** s Annoncenexpedition. – **Wirtschaftsprüfer** wie Steuer-Bevollm.

4) **Bankvertrag.** Lit: Canaris, BankVertrR, 3. Aufl 1988. Er ist ein auf GeschBes gericht DVertr (BGH NJW **85**, 2699 für GiroVertr). Im einzelnen (alphabet): **Akkreditivauftrag** vgl Einf 4 vor § 783. – **Akzept- u Avalkredit.** Der Vertr über die Gewährg kann je nach dem Inhalt der Vereinbg Darl od GeschBes sein. Letztere ist anzunehmen, wenn die Bank Wechsel für Rechng des Kunden gg Prov akzeptiert u ihm so zur Diskontierg behilfl ist; Darl ist anzunehmen, wenn die Bank eig Mittel aufwendet od fremde Mittel im A od zG des Kunden zur Vfg stellt mit der Vereinbg, dadch Gl des Kunden zu werden (BGH **19**, 282 [291]). – **Auskunft** vgl § 676. – **Depotvertrag:** Pfl des Kunden zur Anz einer FalschBuchg (Ffm WM **72**, 436). – **Effektenberatung.** Pfl der Bank zu umfassder u sachgem Beratg des Kunden vor Abschl von Effekten-Gesch, Aufklärg u Warng, wenn der Kunde erkennb falsche u übermäß gefährl Maßn plant (Kln WM **89**, 402). – **Garantieauftrag** s Einf 5 vor § 783. – **Geldautomat.** SchadErsAnspr der Bank ggü dem Kunden wg schuldh ermöglichten Mißbr der Geldautomatenkarte (Nürnb WM **89**, 405). – **Girovertrag.** Lit: Hadding u Häuser, RFragen des GiroVerh, ZHR **81**, 138. VertrPartner der Bank ist idR derjen, der als KontoInh bezeichnet ist (Mü u Köln WM **86**, 33 u 35, Düss WM **89**, 91). Der Kunde hat einen Anspr darauf, daß die Bank für ihn eingeh Gelder seinem Konto gutbringt. Dieser **Anspruch auf Gutschrift** steht bis zu ihrer Vornahme unter der auflösden Bdgg, daß der AuftrG den ÜberweisgsAuftr widerruft (BGH WM **85**, 224). Eingehd: Kindermann WM **82**, 318. Der Anspr auf Gutschrift steht bei einem Gemsch-Konto, über das jeder Beteil allein vfgsberecht ist (Oderkonto), jedem Beteil unabhäng von u zu (BGH **95**, 185). – Umgekehrt Anspr des Kunden, daß die Bank Buchgen, die ihm ggü unwirks Auszahlgen betreffen, unterläßt u rückgäng macht (KG BB **77**, 772). Der **Anspruch aus der Gutschrift** (Zahlg), entsteht erst mit der Gutschrift auf dem Girokonto (BGH BB **60**, 343). Der Anspr des Bankkunden auf Auszahlg des zw 2 RechngsAbschl entstandenen Guth (Saldo) ist übertragb u pfändb (Baßlsperger Rpfleger **85**, 177), auch wenn das Girokonto als Kontokorrentkonto geführt wird (BGH **84**, 325, 371). Zur Pfändg des Anspr aus einem Oderkonto (vgl vorstehd) genügt ein Titel nur gg einen der Beteil (BGH **93**, 315 [321]). Jed Beteil kann die erteilte EinzelVfgsBefugn der und ggü der Bank widerrufen (Karlsr NJW **86**, 63). Besteht kein Girokonto des Empf, so wird ein ZahlgsAnspr gg die Bank nur begründet, wenn die Umst, die der Buchg zGrde liegen, einen VerpflWillen der Bank erkennen lassen (BGH **27**, 241), der aus der Buchg allein als rein banktechn Vorgang allerd nicht ow zu entnehmen ist. Ist der ÜberweisgsA nicht dch Gutschrift auf dem Kto des Empf ausführb, so hat der AGeber einen Anspr auf Herausg des GgWertes (bei Bareinzahlg des BarBetr, bei Überweisg dch Wiedergutschrift), § 667. Ebso, wenn die Bank wg einer schuldh falschen Buchg den Betr einem falschen Kto gutschreibt, wobei ggf ein MitVersch des AGebers zu berücks ist (Hamm BB **78**, 1686). Im mehrgliedr ÜberweisgsVerk steht dieser Anspr gg die endbeauftragte Bank nur

Einzelne Schuldverhältnisse. 10. Titel: Auftrag **§ 675** 4

ihrem AGeber, dh der sie beauftragden ZwBank, zu, nicht dem ersten AGeber (BGH WM **61**, 78), ebso das Recht zum Widerruf des ÜberweisgsAuftr (LG Fbg NJW **76**, 333). Grund: nur der Überweisde zu seiner Bank u der ÜberweisgsEmpf zu seiner Bank stehen in bankvertragl Beziehgen, die ZwBanken untereinand stehen im Verh AGeber/Beauftr (BGH **69**, 82 u WM **79**, 1272); die Gut- bzw Lastschriften werden von der kontoführden Bank auf dem Konto der and Bank vorgenommen; das schließt nicht aus, den GiroVertr des Kunden mit der Erstbank als Vertr zGDr zu beurteilen mit der Folge, daß ihm gg die ZwBank SchadErs-Anspr erwachsen, wenn sie die im Verk erforderl Sorgf außeracht läßt (Düss Betr **82**, 749, Ffm BB **84**, 807). Stimmen bei dem ÜberweisgsAuftr die EmpfBezeichng der Inhaber des nummernmäß angegebenen Kontos nicht überein, ist grdsl die EmpfBezeichng maßgebd (Ffm NJW **83**, 1681, Kln WM **89**, 93). Wer Kontoführer ist, ist zw den beteil Banken im Einzelfall festgelegt („Loro"-, „Nostro"-Konto), nur die Buchgen hierauf sind konstitutiv, die GgBuchg der and Bank dient nur Bew- u Kontrollzwecken. — VerschwiegenhPfl der Bank (BGH **27**, 241). — Eine Geldschuld ist getilgt mit Gutschrift auf Konto des Gläub (BGH **6**, 121). Über die Frage der Rechtzeitigk der Leistg § 270 Anm 2c; über die, wann Gläub Überweisg auf Konto als Erf gelten lassen muß, § 362 Anm 3. Eine irrtüml Gutschrift auf einem Girokonto kann die Bank bis zum nächsten RechngsAbschl stornieren (Düss NJW **85**, 2723, Blaurock NJW **84**, 1); ab ihrem SaldoAnerk (vgl § 781 Anm 2d) nur noch Anspr od Einr der Bank aus §§ 812, 821 (BGH **72**, 9). Die Übersendg von Tagesauszügen u period RechngsAbschl schließt einen weitergehenden AuskAnspr des Girokunden nicht aus, soweit er weitere Unterlagen benötigt, um die Richtigk der Berechngen überprüfen zu können u soweit nicht im EinzFall dieses Verlangen unzumutb ist; neben diesem AuskAnspr steht dem Kunden ein umfassder RechngsleggsAnspr nach Beendigg des GiroVertr nicht mehr zu (BGH NJW **85**, 2699). Der **Überweisungsauftrag** des Girokunden ist Weisg (vgl § 665 Anm 2, 4). Der Kunde kann sie auch dch die Erkl erteilen, er sei mit der RückÜberweisg von ohne RechtsGrd überwiesenen RentenBetr einverst (BGH ZIP **83**, 420). Unwirks sind die Vereinbg der Unwiderruflichk in AGB (BGH WM **84**, 986) u die auf den ÜberweisgsVordrucken formularmäß eingeräumte Befugn, den eingegangenen Betr auf einem and Konto des Empf gutzuschreiben (BGH **98**, 24). Widerruf vgl § 665 Anm 2c. Der ÜberweisgAuftr des Nichtkunden unter Einzahlg eines Betr ist Angeb auf Abschl eines EinzGeschBesVertr. Pfl des Kunden zur Anz einer FalschBuchg (Ffm WM **72**, 436). Pfl der Bank, dem KontoInh unverzügl anzuzeigen, wenn sie einen ÜberweisgsAuftr mangels Deckg nicht ausführt, überwiegdes MitVersch des KontoInh wg fehlder Deckg (Hamm WM **84**, 1222). Grdsätzl keine Warn- u SchutzPfl der am ÜberweisgsVertr beteil Banken ggü dem Überweisden u dem Empf (BGH NJW **87**, 317: dort Ausn vom Grds). — Das in die **Kreditabwicklung** (Bausparkredit) eingeschaltete Kreditinstitut macht sich schaderspfl, wenn es versäumt, den Kredit zur Einplang in staatl ZinsverbilliggsMittel anzumelden (BGH WM **76**, 79). — **Kreditgewährung.** AufklärgsPfl der Bank, wenn sie einen Kunden (Kommanditist einer MassenKG) auch in ihrem eig Interesse auffordert, einem and Kunden (KG) zu dessen Sanierg ein von ihr finanziertes Darl zu gewähren (BGH NJW **78**, 2547). Ebso AufklärgsPfl der Bank über Fehlvorstellgen des ArbN, wenn sie im ZusWirken mit dem ArbG bei Beteiliggen seiner ArbN („Modell der VermBildg in ArbN-Hand") es dem ArbG überläßt, die KreditVerh mit dem ArbN zu führen (BHG NJW **78**, 2145). Sonst keine Pfl der Bank zur Warng des Kunden vor gefährl KreditGesch. Keine Pfl der Bank, einen Kunden über die VermVerh eines and Kunden zu unterrichten, nach den Umst des EinzFalles allerd Pfl, auf bestehde Bedenken hinzuweisen (BGH WM **69**, 560 u 654). — **Inkassoauftrag** (BGH LM § 667 Nr 17: Einziehg von GeldFdg). — **Kontokorrentvertrag** (BGH Betr **57**, 162: Pfl zum Hinw auf rechtl Bedenken gg erteilte Weisg). Die jederzeit mögl (BGH BB **87**, 1488) fristl Künd des Kontokorrent-KreditVertr kann im EinzFall rmißbräuchl sein (Kln u BGH WM **85**, 1128 bis 1136). — **Lastschriftverfahren** (AbbuchgsAuftr, EinzugsErmächtigg) vgl nachstehd Anm 5. **Reisescheck.** Die ersteinlösden Banken haben zu prüfen, ob die vor ihnen zu leistde KontrollUnterschr mit der ErstUnterschr übereinstimmt (Ffm WM **80**, 752). Wenn ja, muß auch die Ausstellerbank einlösen. — **Scheck.** Der ScheckVertr, meist gekoppelt mit GiroVertr verpfl die Bank zur Einlösg von auf sie gezogenen Kundenschecks, sow sie dch Guth od Kredit gedeckt sind; zum Widerruf vgl § 665 Anm 2 aE. Pfl der Bank zur sorgfält Prüfg, ob der Scheck nach seinem äußeren Gesamtbild den Eindruck der Echth erweckt (BGH NJW **69**, 694, Hamm NJW-RR **86**, 40) u ausreichder Vollm des AusSt (BGH WM **82**, 425), insbes bei Vorlage eines außergewöhnl hohen Barschecks dch Unbekannten u ohne von der bisher Gepflogenh (BGH NJW **86**, 988, Kln NJW-RR **87**, 164), bei Einziehg eines hohen InhVerrechngsSchecks, der erkennb kaufmänn Zwecken dient, auf ein Sparkonto (BGH NJW **87**, 1264), bei Vorlage eines InhVerrechngsSchecks, auf dem das Feld für die Angabe des Empf mit einem Adressaufkleber mit Namen u Anschrift des Einreichers überklebt ist (BGH WM **88**, 147). Eine nicht kontoführde Stelle der Bank verletzt idR ihre PrüfgsPfl, wenn sie einen Scheck an den Einreicher bar auszahlt, der sich nicht als Kontoinhaber od sonst VfgsBerecht ausweisen kann (BGH **91**, 229). ScheckinkassoAuftr (BGH **26**, 1). Üblicherw wird das Konto des AGebers in Höhe des Scheckbetrages Ev (Eing vorbeh) erkannt. Diese Gutschrift ist Vorschuß, daher durch eine Rückbelastg stornierb, wenn Scheck nicht eingelöst wird. — Wird ein Scheck seitens einer und als der bezogenen Filiale hereingenommen, so nur zur Einziehg, nicht zur Einlösg (BGH MDR **51**, 347, Celle BB **55**, 1112). Sichert die Bank einem ScheckInh, der nicht ihr Kunde ist, Einlösg aus Eingängen auf dem Konto des AusSt, ihres Kunden zu, so kann darin der Abschl eines GeschBesVertr liegen (Mü BB **53**, 902). Zahlt die Inkassobank den ScheckBetr aus, so regelt sich, falls der Scheck nicht gedeckt ist, ihr ErstattgsAnspr gg den AusSt (Kblz WM **84**, 467) auch dann nach § 670, wenn der Einreicher nicht Kunde ist (Ffm WM **78**, 1025). SchadErsAnspr des Einreichers aus pVV gg die Inkassobank wg schuldh verzögerter Weiterleitg des Schecks an die bezogene Bank (BGH **96**, 9 [17]). Scheckkarte u Scheckgarantie vgl Einf 3 c für § 765. — **Wechseleinlösung**, sow dch Guth od Kredit des Kunden gedeckt. Grdsätzl keine Pfl der diskontierden Bank, den Diskontnehmer über die VermVerh der übr WechselBeteil aufzuklären. Erweckt jedoch inf unübl Vereinbgen mit dem Akzeptanten die Bank dch die Ann des Wechsels zum Diskont den Anschein, der Akzeptant sei kreditwürd u weiß sie, daß er den Wechsel nicht wird einlösen können, so muß sie gem § 242 entw die Diskontierung ablehnen od den Diskontnehmer auf die Sachlage u seine RückZahlgsPfl beim Rückgr hinweisen (BGH WM **77**, 638).

5) Lastschriftverfahren. Abk über den LastschriftVerk, Neufassg in Kraft seit 1. 7. 82, abgedr ZIP **82**, 750. Schrifttum: Hadding u Häuser WM **83**, Sonderbeilage 1.

a) Allgemein. Der Ablauf ähnelt dem einer Überweisg, jedoch mit dem Unterschied, daß die Weisg für die bargeldl Zahlg vom Gläub erteilt wird, sog rückläuf Überweisg (BGH **69**, 82). Gläub reicht die Lastschrift bei seiner Bank ein; diese erteilt eine Gutschrift, die trotz ihres vorläuf Charakters bereits ein (wohl aufschiebd) bdgtes abstr SchuldVerspr ist (BGH **70**, 181), u gibt die Lastschrift an die SchuBank weiter; diese belastet das Konto des Schu u löst die Lastschrift ein. Bei Vereinbg des LastschriftVerf hat der Gläub selbst unter Vorlage der Belege für den Einzug der Fdg zu sorgen, die Schuld ist nicht mehr Schick-, sond Holschuld (BGH BB **85**, 1022). Für die Rechtzeitigk der Leistg ist grdsl der Gläub verantwortl (BGH **69**, 366). Der Schu hat das seinerseits Erforderl getan, wenn auf seinem Konto Deckg für die Lastschrift vorh ist. Will Gläub vom Einzug im LastschriftVerf Abstand nehmen, muß er dies dem Schu rechtzeitig u unzweideut mitteilen (BGH aaO). Das Abk unterscheidet zwei Arten des LastschrVerf, näml Abbuchgs- u EinzugsErmächtiggsVerf (vgl unten Anm c u d).

b) Vertragliche Beziehungen bestehen iR eines GeschBesVertr mit DienstVertrCharakter zw dem Gläub u seiner Bank (1. Inkassostelle) sowie zw dem Schu u seiner Bank (Zahlstelle). Löst sie die Lastschrift nicht ein, ist sie verpfl, den KontoInh gleichzeit mit der Rückg der Lastschrift an die GläubBank zu benachrichtigen (BGH NJW **89**, 1671; Besprechg Häuser WM **89**, 841). Keine vertragl Beziehgen bestehen zw dem Gläub u der SchuBank, zw dem Schu u der GläubBank sowie zw Gläub/Schu u etwa zwischengeschalteten Banken. Zw den beteil Kreditinstituten bestehen Rechte u Pfl, deren Verletzg zu SchadErsAnspr gem Abschn IV Nr 2 des Abk über den LastschriftVerk führen kann, zB des Gläub- gg die SchuBank bei verspäteter Rückgabe (Rückbelastg) einer nicht eingelösten Lastschrift (BGH NJW **83**, 220). Außerdem bestehen SchutzPfl der GläubBank ggü dem Gläub u der GläubBank ggü dem Schu (vgl unten c, d). Die GläubBank ist aber ggü dem Schu nicht verpfl, die Erkl des Gläub über das Bestehen der Einzugsermächtigg zu überprüfen (BGH **69**, 187).

c) Abbuchungsverfahren. Der Schu erteilt seiner Bank die generelle Weisg (§§ 675, 662), zu Lasten seines Girokontos vom Gläub eingeh Lastschriften einzulösen. Die Vorlage der Lastschrift ist Einzelweisg der GläubBank an die SchuBank (BGH **74**, 352, **79**, 385). Diese (Zahlstelle) ist berecht u verpfl, bei ihr eingeh Lastschriften des im AbbuchgsAuftr bezeichneten Gläub einzulösen, sow auf dem Girokonto des Schu Deckg vorh ist (BGH aaO). Mit der Einlös ist die Weisg ausgeführt u der Schu kann sie nicht mehr widerrufen (BGH **72**, 343). Eingelöst ist die Lastschrift mit Gutschrift des Betr auf dem Konto des Gläub bei seiner Bank (Inkassostelle), wenn die Lastschrift auf dem Konto des Schu dch einen AbbuchgsAuftr des Schu an seine Bank (Zahlstelle) od dch seine Einzugsermächtigg an den Gläub (unten d) gedeckt ist; ohne solche Deckg dch nachträgl Zustimmg des Schu zur Lastschrift od wenn die SchuBank mit dem Willen gehandelt hat, die Lastschrift auch ggf auf eig Risiko einzulösen (BGH NJW **83**, 220; eingehd: Bauer WM **83**, 198). Der Schu hat kein WiderspR, mit der Einlös erlischt sein WiderrufsR (vgl § 665 Anm 2 c, BGH **72**, 343), die Verpfl des Schu ist erfüllt (Canaris BankVertrR Rdn 635, MüKo/Heinrichs § 362 Rdn 19). Widerruft der Schu dennoch, so darf seine Bank nicht die Rückbelastg veranlassen. Tut sie dies doch, kann sie sich ggü dem ZahlgsEmpf schadersatzpflicht machen, weil er als Dr mit Schutzwirkg aus dem LastschrAbk der beteil Banken anzusehen ist (BGH **69**, 82, Düss NJW **77**, 1403; krit Hadding WM **78**, 1372), ggf auch nach § 826. Dagg keine Haftg der SchuBank ggü dem Gläub, wenn sie nach Einlös einer Einziehgermächtigg einen Widerspr des Schu beachtet, obwohl sie diesen wg eines außerdem vorliegdn AbbuchgsAuftr Schu nicht zu berücksichtigen brauchte (BGH **72**, 343, Hadding WM **78**, 1368, aA Düss NJW **77**, 1368). Im Widerruf des Schu ggü seiner Bank ohne die vertragl erforderl Zustimmg des Gläub kann diesem ggü eine pVV liegen (Düss WM **84**, 724). Ggü der GläubBank hat der Schu mangels vertragl Beziehgen kein WiderrufsR.

d) Einzugsermächtigungsverfahren. Der Schu räumt dem Gläub schriftl die Ermächtigg (§ 185) ein, die zu leistde Zahlg mittels Lastschr bei der SchuBank (Zahlstelle) einzuziehen. Diese muß, weil ihr eine Weisg ihres Kunden (Schu) nicht erteilt war, bis zur Gen des Kunden, die noch nicht in der widerspruchsl Hinnahme des Tagesauszugs liegt (BGH **95**, 103), grdsl dessen Widerspr gg die Lastschr beachten ohne zu prüfen, ob der Kunde im Verh zum ZahlgsEmpf (Gl) widersprberechtigt ist. Die SchuBank muß iF des Widerspr ohne Prüfg der mat RLage (BGH aaO) ihre Zahlg auf dem Konto ihres Kunden rückbuchen u hat gg die GläubBank (Inkassostelle) 6 Wo lang Anspr auf WiederVergütg (LastschriftAbk Abschn III Nr 2). Die GläubBank (Inkassostelle) muß der SchuBank die Gutschr zurückgeben u bucht ihrers die Gutschr auf dem Konto ihres Kunden aGrd entspr Abrede im GiroVertr zurück. Der Konstruktion eines SchadErsAnspr (so Düss WM **78**, 769) bedarf es dazu allenf, wenn der Schu die 6-Wo-Fr für den Widerspr versäumt hat (ähnl Hadding WM **78**, 1366 [1378]). Der Widerspr des Schu ist nicht widerrufb (BGH NJW **89**, 1672). Der Schu, der ggü seiner Bank (Zahlstelle) mangels Weisg zum Widerspr berecht ist, kann sich ggü seinem Gläub, weil er diesem den Betr schuldet (Hamm WM **85**, 1139), od ggü der GläubBank (1. Inkassostelle) schadersatzpflicht machen. Ein Schad ist der GläubBank erst entstanden, wenn der Gläub vor Erhebg des Widerspr über den gutgeschriebenen LastschrBetr und als dch Verrechng mit dem Schuldsaldo auf seinem Girokonto verfügt hat u diesen Betr nicht zurückzahlen kann (BGH NJW **79**, 2146). Wenn der Schu seiner Bank keinen AbbuchgsAuftr erteilt u die Belastg seines Kontos auch nicht nachträgl gen hat, ist die Lastschr wg der WiderspruchsFr für den Schu trotz der Belastg des Kontos u der Mitt des Kontoauszugs an den Schu eingelöst. And, wenn die SchuBank ihren endgült EinlösgsWill erkl hat, was vor einer im Verh zum Schu wirks Belastg des Kontos nicht ow anzunehmen ist (BGH **74**, 352). Bereits mit Gutschrift auf dem Konto des Gläub bei seiner Bank ist die Lastschrift endgült (nicht nur aufschiebd bdgt bis Ablauf der WidersprFr) eingelöst, wenn die SchuBank zu erkennen gegeben hat, daß sie aus des Grd das Risiko einer unwirks Belastg des SchuKontos zu übernehmen bereit ist, insb wenn sie zur Vereinfachg ihres GeschBetr bei Lastschrift bis zu einem best Betrag das Vorliegen eines AbbuchgsAuftr nicht prüft (BGH **79**, 381). Der Anspr der SchuBank (Zahlstelle) gg die GläubBank (erste Inkassostelle) auf Wiedervergütg des Lastschrift-

Einzelne Schuldverhältnisse. 10. Titel: Auftrag **§ 675** 5, 6

Betr nach Widerspr des Schu wird nicht schon dadch ausgeschl, daß der Schu im Verhältn zu seinem Gläub oder zu GläubBank rmißbräuchl von der WidersprMöglk Gebr gemacht hat. Dasselbe gilt, wenn die SchuBank nach Belastg des Kontos des Schu erfährt, daß zw diesem u dem Gläub (ZahlgsEmpf) eine Lastschriftreiterei vorliegt; anders, wenn die SchuBank vor Einreich der Lastschriften die Lastschriftreiterei erkennt u deren laufde Abwicklg unter InkaufN einer Schädigg der GläubBank duldet (BGH **74**, 309). Der KontoInh (Schu) handelt ggü der GläubBank grdsätzl nicht sittenwidr, wenn er der Belastg seines Kontos widerspricht, weil er keine Einzugsermächtigg erteilt hat od den eingezogenen Betr nicht schuldet od weil er ein LeistgsVerweigergs-, Zb- od AufrR ggü dem Gläub ausüben will, auch wenn die erste Inkassostelle (GläubBank) inf des Widerspr Schad erleidet (BGH **74**, 300 u NJW **85**, 847). Im EinzFall kann der Widerspr sittenwidr sein (§ 826 Anm 8 ea). Es gibt keine allg SchutzPfl der GläubBank ggü dem Schu zur Prüfg, ob die EinzugsErmächtigg wirkl erteilt wurde (BGH **69**, 186) od gar, ob ein Anspr des Gläub gg den Schu in Höhe der einzulösden Lastschrift besteht. Es gibt auch keine SchutzPfl der SchuBank ggü dem Gläub, den Widerspr des Schu unbeachtet zu lassen. (BGH **72**, 343).

e) Ungerechtfertigte Bereicherung vgl § 812 Anm 5 B ccc „Lastschriftverfahren".

f) Unerlaubte Handlung vgl § 826 Anm 8 ea.

6) Baubetreuungs-, Bauträgervertrag. Lit: Jagenburg, die Entwicklg des BauBetreugs-, Bauträger- u WoEigtR, NJW **87**, 3107; Locher/Koeble, Baubetreugs- u BauträgerR, 4. Aufl 1985; Reithmann-Brych-Manhart, Der Kauf vom Bauträger, 5. Aufl 1983; Reithmann, Bauherrenmodell u Bauträgermodell in zivrechtl Hinsicht, BB **84**, 681, zur Entwicklg des BauträgerR, WM **86**, 377). – Der **Baubetreuer** führt im Namen u für Rechng des Bauherrn (BGH NJW **81**, 757) die planer, meist organisator, wirtsch u finanzielle Gestaltg, Dchführg, Beaufsichtig (BGH **70**, 187) u Abrechng des Baugeschehens aus u erhält dafür Vergütg. Dabei können je nach VertrAuslegg bei der Abrechng mit mehreren Bauherren (WohnEigtümern) Anspr aus Überzahlg dem einen Bauherrn gg den BauBetr zustehen, auch wenn andere Bauherrn von ihnen geschuldeten Betr nicht voll bezahlt haben (BGH Betr **78**, 2019). Der Vertr kann im EinzFall wg Verstoßes gg das RBerG nichtig sein (BGH **70**, 12). Sow sich der BauBetr eines Arch bedient, ist dieser sein ErfGeh (BGH WM **78**, 239). Beim Bauherrnmodell ist zw dem Bauherrn u dem BauBetr vielf ein TrHänder zwgeschaltet (näher Brych Betr **79**, 1589 u **80**, 531, Reithmann WM **86**, 377). An seine RechngsleggsPfl sind strenge Anfdgen zu stellen (Kln Betr **89**, 773). Der Betreuer kann sich auch zur schlüsselfert Übergabe gg FestPr verpflichten od garantieren, daß best, aufgeschlüsselte Kosten nicht überschritten werden (BGH WM **87**, 179); BewLast hierfür beim Bauherrn (BGH WM **69**, 1139). Er hat vielf Vollm des BauBetr (BGH ZfBR **83**, 220 zum Umfang) u tritt in seinem Namen auf. Bei Handeln des bevollm BauBetr als Vertr ggü dem BauUntern, auch bei einer Vielzahl noch unbekannter od später erst hinzukommder Bauherrn (WoEigtümer), die zudem noch nicht Eigtümer des BauGrdst sind, werden diese VertrPartner des Untern (BGH **67**, 334, BGH NJW-RR **87**, 1233). Eine FestPrVereinbg steht solcher VollmErteilg u der Wirksk des WkVertr nur zw Bauherrn u BauUntern nicht entgg, wenn sie als PrGarantie des Inhalts aufgefaßt werden kann, daß der BauBetr den AGeber v weitergehden HandwFdgen freizustellen hat (BGH aaO); gilt auch, wenn es sich um ein umfangreiches BauVorh handelt (BGH **76**, 86). Kommt die BauherrenGemsch später nicht zust, haftet der BauBetr u/od der TrHänder nach § 179 (BGH **105**, 283). – Der **Bauträger** ist Gewerbetreiber, der das Bauvorhaben im eig Namen für eig od fremde Rechng vorbereitet u/od dchführt (BGH NJW **81**, 757). Er ist dann VertrPartner der BauUntern u Bauherr (Kaiser ZfBR **84**, 15). Der BauträgerVertr ist ein Vertr eig Art, der neben wk- u wkliefergsvertragl Elementen auch, sow der GrdstErwerb in Rede steht, kaufrechtl Elemente sowie je nach dem Umst Bestandtle aus dem Auftr- u GeschBesR enthält (BGH **92**, 123, Jagenburg NJW **87**, 3107). Die maßg Gesichtspkte für die zivrechtl Abgrenzg sind in erster Linie, für wessen Rechng u auf wessen Risiko das BauWk errichtet wird, ferner in wessen Eigt das zu bebaude Grdst steht u schließl, ob auch eine Herstellgs- od ledigl eine ÜbereignngsPfl besteht.

a) Verpfl sich der Beauftr, **auf einem Grundstück des Bauherrn** für dessen Rechng ein Bauwerk zu errichten, so handelt es sich um GeschBesVertr entweder mit WkVertrCharakter (BGH WM **69**, 1139), wenn der Beauftr verantwortl Plang, Errichtg u Abwicklg des ganzen Baus, also einen best Erfolg schuldet, od mit DienstVertrCharakter, wenn er ledigl organisator u wirtsch Betreuung ohne Plang u techn Leitg schuldet (Hamm NJW **69**, 1438 u MDR **82**, 317). Ob dch Verträge mit Dr, die der Betreuer zur Errichtg des Baus abschl, er selbst od der Bauherr verpfl wird, hängt davon ab, ob er Vollm hat u in eig od fremdem Namen auftritt; dafür sind mangels ausdr Erkl die Umst maßg (Düss Betr **78**, 583). Ebso ist es AusleggsFrage, ob die erteilte Vollm zur Beschaffg der Finanzierg für die Bestellg eines GrdPfdR ausreicht (BGH WM **77**, 78) u ob sie den in Vorlage gegangenen BauBetr ermächtigt, für sich selbst eine GrdSch zu bestellen (BGH Betr **77**, 398). Verpfl sich in diesem Fall (Grdst gehört dem AGeber) der BauBetr zur Errichtg des BauWk (selbst od dch Dr) zu einem FestPr, in dem seine Vergütg enth ist, so handelt es sich um Wk- od WkLiefergsVertr über unvertretb Sache, nicht um GeschBesVertr (BGH NJW **75**, 869). Anspr auf BauwerksicherngsHyp id § 648 Anm 2 a. Errichtet der BauBetr eine WohnAnl auf einem Grdst, das im MitEigt künft WohngsEigtümer steht, so kann jeder einz Bauherr Abrechng der ihn treffden anteil Baukosten u der von ihm erbrachten Leistgen u Auszahlg seines sich daraus ergebden Guth verlangen (BGH WM **78**, 758, AusleggsFrage).

b) Steht das **Grundstück im Eigentum des Baubetreuers**, ist zu unterscheiden: Baut der Beauftr auf seinem Grdst für Rechng des Bauherrn u verpfl sich zur Übereign, so handelt es sich um GeschBesVertr eig Art (BGH Betr **68**, 305), vorwiegd mit WkVertrCharakter; im einzelnen str. Die Verpfl zur Übereign folgt nicht aus § 667, sond bedarf der Form des § 313 (BGH WM **69**, 917, LM § 313 Nr 48, Mattern WM **72**, 671). Errichtet der Bauträger auf seinem Grdst den Bau für eigene Rechng zur Weiterveräußerg, so handelt es sich um einen einheitl Vertr, der neben wk- u wkliefergsvertragl (GrdstErwerb) kaufrechtl Elemente sowie je nach Fallgestaltg Bestandtle aus dem Auftr- u GeschBesR enthält (BGH **92**, 123 u ZfBR **86**, 19), gleichgült, ob u wieweit das BauWk im Ztpkt des VertrAbschl bereits fertgestellt ist od nicht (BGH NJW **81**, 2344). Besorgt der Bauträger zusätzl gg gesonderte Vergütg die ZwFinanzierg, so besteht insofern

§§ 675, 676   2. Buch. 7. Abschnitt. *Thomas*

zusätzl ein GeschBesVertr (BGH NJW **78**, 39). Auch der Vorvertrag (**Kaufanwärtervertrag**) bedarf der Form des § 313, gleichgült ob der HauptVertr als Kauf- od WerkLiefergsVertr über eine nicht vertretb Sache ausgestaltet ist (BGH JZ **71**, 556). Im ZwStadium der Nutzg bis zur EigtÜbertr ist iF ursprüngl vorhand Mängel § 538 entspr anwendb (BGH NJW **71**, 1450). Zum BewerberVertr vgl eingehd Mattern WM **72**, 670.

c) Steht das **Grundstück im Eigentum eines Dritten,** ist ebenf zu unterscheiden: Verpfl sich der Betreuer, für Rechng des Bauherrn auf einem von dritter Seite erst zu erwerbden, möglicherw erst zu erschließden Grdst ein Haus zu errichten, so handelt es sich um GeschBesVertr (BGH WM **69**, 96) mit WkVertrCharakter. Für Vertretg gelten die Ausf oben a. Formbedürftig vgl § 313 Anm 5 a, b, idR auch als TrHandVertr beim Bauherrnmodell (BGH NJW **88**, 132). Der Betreuer ist dem AGeber zur Rechngslegg verpfl, wenn das BauVorh im wesentl abgeschlossen u er dazu in der Lage ist (BGH LM § 666 Nr 8). Verzögert sich die Endabrechng u ist ein Teil des Pr bereits bezahlt, so schuldet der BauBetr uU die Auflassg gem § 242 schon gg SicherhLeistg (BGH WM **68**, 1012 u 1014). Auch wenn der Bauträger das Grdst im Namen des AuftrG erwerben soll, bedarf der BauträgerVertr der Form des § 313 (BGH Betr **85**, 1224). Erschließt u/od bebaut der Bauträger das im Eigt eines Dr stehde Grdst auf eigene Rechng, so gelten die Ausf oben b.

d) Der **Träger-Siedler-Vertrag** ist GeschBesVertr eig Art mit überwiegdem WkVertrCharakter (BGH Rspr Bau **Z 7.21** Bl 2) unter Zugrundelegg öffrechtl KleinsiedlgsBestimmgen; die Begründg der Kaufanwartsch des Siedlers, das ist die Verpfl des Siedlgsträgers zum Abschl eines KaufVertr, bedarf als VorVertr grdsätzl der Form des § 313 (BGH **16**, 334 u **20**, 172).

e) Grdsätzl besteht **kein Koppelungsverbot** zw der Verpfl zum GrdstErwerb u derjen zur InAnsprNahme eines best Baubetreuers, vgl § 631 Anm 1 b.

f) Berufspflichten für Bauträger u Baubetreuer zum Schutze ihrer VertrPartner vgl Einf 1 vor § 652 aE.

g) Gewährleistung vgl § 633 Anm 1.

h) Einwendungsdurchgriff. Der DarlNehmer/EigtumsErwerber kann der Bank, die dem Bauträger global u ihm selbst Kredit gewährt hat, Einwdgen entggsetzen, die ihm aus seinem RechtsVerh zum Bauträger bzw zum TrHänder zustehen unter der Vorauss, daß sich die kreditgebde Bank nicht auf ihre Rolle als Kreditgeberin beschr, sond sich in einer darüberhinausgehden Weise am finanziergn Gesch beteiligt, also insb Aufgaben u Funktionen des Bauträgers im ZusWirken mit diesem wahrgen hat (BGH NJW **80**, 41, Düss WM **84**, 1333).

i) Schwarzarbeit vgl § 631 Anm 1 b.

7) Entsprechende Anwendung von Auftragsvorschriften. a) Für die **Vergütung** des GeschBesorgers gelten, da der Auftr unentgeltl ist, primär die getroffenen Vereinbgen, sonst entw § 612 od § 632, für spez geregelte GeschBesVerh (vgl Einf 2c vor § 662) dort enthaltene SpezRegelgn. Die BewLast für die Unentgeltlk trägt der dienstberecht GeschHerr, wenn nach den Umst des Falles die DLeistg nur gg Entgelt zu erwarten ist (BGH MDR **75**, 739).

b) Im übrigen gelten primär etwa getroffene vertragl EinzVereinbgen, sekundär SpezVorschr für bes geregelte GeschBesVerh (vgl vorsteh a), sonst die Vorschr des AuftrR, das insow den Bestimmgen über D- od WkVertr vorgeht; diese gelten, sow das AuftrR keine Regelg enthält. Zur Anwendbark des in § 675 nicht genannten § 664 vgl dort Anm 4. § 670 gilt nur, sow AufwErs nicht schon in der Vergütg enthalten ist.

c) Im Konkurs wird der GeschBesVertr dem A gleich behandelt, §§ 23 II, 27 KO.

d) Nicht anwendbar ist § 671 (Widerruf u Kündigg jederzeit) mit der für seinen Abs II in § 675 gemachten Ausn. Für die Kündigg gelten die einschläg Bestimmgen des D- bzw WkVertr (BGH Betr **82**, 2346).

676 **Keine Haftung für Rat oder Empfehlung.** Wer einem anderen einen Rat oder eine Empfehlung erteilt, ist, unbeschadet der sich aus einem Vertragsverhältnis oder einer unerlaubten Handlung ergebenden Verantwortlichkeit, zum Ersatze des aus der Befolgung des Rates oder der Empfehlung entstehenden Schadens nicht verpflichtet.

1) Regel: Keine Haftung. Die Vorschr stellt klar, daß die Erteilg von Ausk, Rat od Empfehlg von den Ausn (Anm 2–6) abgesehen mangels RBindgswillens (Einl 2 vor § 241) grdsätzl keine Haftg erzeugt, sie ist weder WillErkl noch RGesch. Die Raterteilg ist also insb nicht ow ein „Geschäft", das der Erteilde für den Empf als den AGeber besorgt (§ 662), wie auch umgekehrt dem Empf dch den Rat nicht etwa ein „Auftrag" zur Ausf des Rates erteilt wird, da die Ausf ausschl eine eig Angelegenh des Beauftr betrifft, zB Winkzeichen zum Weiterfahren im Kfz-Verk (Ffm NJW **65**, 1334). – Aus der Raterteilg entsteht nicht ow eine Verpfl, nach Erteilg des Rats Ändergen der Sachlage mitzuteilen – And rechtl Beurteilg vgl Anm 2.

2) Ausnahme: Haftung kann sich ergeben: aus speziellem Rat- od AuskErteilgsVertr (Anm 3), aus einem and Vertr (Anm 4), aus vertragsähnl Verh (Anm 5), aus unerl Hdlg (Anm 6) od sonst aus dem G, so § 1685 (Beistandsch), § 1910 (GebrechlichkPflegsch). Umfassd: Musielak, Haftg für Rat, Ausk u Gutachten, 1974, Müssig NJW **89**, 1697. Eine Pfl zum Ers des aus der Befolgg eines Rats entstehn Schad kann sich auch aus einem unmittelb auf solchen Ers gerichteten GewährVertr (Einf 3c vor § 765) ergeben. Zu ersetzen ist der Schad, der dch die Befolgg des unricht od unvollständ Rates bzw der Ausk adäquat verurs worden ist; näher vgl Anm 3, zum MitVersch Anm 3c. Bei Fehlern von Geh ist entw § 278 od § 831 anwendb.

3) Spezieller Rat- od Auskunftserteilungsvertrag. a) Rechtsnatur, Inhalt. Der Vertr ist gerichtet auf Beratg od AuskErteilg als HauptLeistg. IF der Unentgeltlichk handelt es sich um A, bei Entgeltlichk um DVertr, meist mit GeschBesCharakter, wenn die BeratgsTätigk als solche, um WkVertr, wenn eine einz

Einzelne Schuldverhältnisse. 10. Titel: Auftrag § 676 3a–c

Erteilg von Rat od Ausk VertrGgst ist. Rat u Ausk sind gewissenh u vollst zu erteilen. Jedoch begründet der AuskVertr allein nicht ow Ermittlgs- u BeratgsPfl (BGH WM **64**, 118). Fehlen hinreichde ErkenntnQuellen, so muß das bei der RatErteilg gesagt werden (BGH WM **62**, 923). Ist der Beratde für die Erteilg der Ausk auf Information dch Dr angewiesen, so hat für seine NachforschgsPfl über die Verläßlichk dieser Information darauf abzustellen, wieweit im konkr Fall das schutzwürd Vertrauen des Beratenen auf die Richtigk der Information reicht u welche Nachforschgen er daher redlicherw von dem Berater verlangen kann (BGH Betr **74**, 2392).

b) Konkludenter Abschluß ist mögl, auch ohne daß sonst vertragl Beziehgen zw den Parteien bestehen (BGH WM **65**, 287). Jedoch ist aus der Tats der Rat- od AuskErteilg allein ein solcher rgeschäftl Wille noch nicht ow zu entnehmen. Vereinbg einer Vergütg ist idR Indiz für rgeschäftl Willen. Daß die Ausk „aus Gefälligk" unentgeltl erbeten u gegeben wird, steht, wenn die folgdn Voraussetzgen erf sind, der Ann rgesch BindgsWill nicht ow entgg (BGH WM **74**, 685). Konkludenter VertrAbschl ist anzunehmen, wenn die GesamtUmst unter Berücks der VerkAuffassg u des VerkBedürfn den Rückschluß zulassen, die Beteil haben die Tle nach dem obj Inhalt ihrer Erkl die Ausk zum Ggst vertragl R u Pfl gemacht haben (BGH NJW **86**, 180). Ein wicht Indiz dafür ist, daß die Ausk für den Empf erkennb von erhebl Bedeutg ist u er sie zur Grdlage wesentl Entschlüsse machen will, insb wenn AuskGeber für die Erteilg der Ausk bes sachkund od selbst wirtsch interessiert ist (dazu zu Hohenlohe – Oehringen BB **86**, 894). Konkludenter Ausk- u BeratgsVertr, wenn ein AnlInteressent einer Spark ggü deutl macht, daß er deren Kenntn u Verbindgen für seine AnlEntsch in Anspr nehmen will, u die Spark darauf eingeht (BGH **100**, 117). Weiter, insb auf and Pers als den Empf, kann die Ann eines konkludenten VertrAbschl grdsätzl nicht ausgedehnt werden (BGH **12**, 105 u WM **58**, 1080). Ausnahmsw kommt vertragl Haftg ggü dem auf die Ausk Vertrauenden dann in Betr, wenn sie einem und erteilt aber – auch (Kln WM **85**, 598) – für jenen bestimmt war u der AuskGeber pos gewußt hat, daß sie für weitere Kreise in der oben genannten Weise bedeuts und uU als Grdl entscheidder VermDispositionen dienen werde (BGH BB **76**, 855: Ausk v Bank zu Bank, die die EmpfBank an einen Kunden weitergibt; Hamm VersR **87**, 209, Kln NJW-RR **88**, 355: Unricht BaufortschrittsAnz des Arch an Bauherrn od dessen Kreditgeber). Unter diesen Umst kann ein AuskVertr konkludent auch dadch zust kommen, daß die kreditierde Bank an and Banken Ausk über ihren Schu gibt, damit die and Banken ihre Kunden als DarlGeber werben (BGH NJW **79**, 1595: AuskVertr zw kreditierder Bank u DarlGeber). Im EinzFall kann die Bank als Vertreter ihres Kunden handeln bei Anfrage an and Bank über die Kreditwürdigk von deren Kunden (BGH WM **80**, 527). Aus den Vereinbgen kann sich im EinzFall auch die Einbeziehg eines Dritten in den Schutzbereich des Vertr ergeben (BGH NJW **82**, 2431, Betr **85**, 1464, WM **87**, 257: Unricht Testat eines Steuerberaters). Fehlen diese Vorauss u kann auch nicht von einer Ausk an einen überschaubaren Kreis von Interessenten (BGH VersR **86**, 35) gesprochen werden, so scheidet Vertr od vertragsähnl Haftg aus (BGH NJW **73**, 321: keine Haftg eines WirtschPrüfers für JahresAbschl eines Kfm ggü dessen Kreditgebern). Daher regelm keine vertragl Beziehgen zw den Parteien eines ProzPart mit einem Gegner (BGH WM **76**, 933). Haftg für Angaben in Prospekten über VermAnl vgl § 276 Anm 4 Ca, 6 Bcee. AuskVertr mit Vermittler von KapitalAnl vgl § 654 Anm 2c. Der Ann eines konkludenten AuskVertr mit einer Bank steht unter ob Vorauss nicht entg, daß ein Nichtkundiger die Ausk erteilt hat. Die Bank kann sich auf fehlde Zustdk ihres Angest nicht berufen, wenn er mit ihrem Wissen Tätigwen ausübt, die die Erteilg von Ausk umfassen (BGH WM **73**, 635). Vorstehde Grds gelten auch für unricht Ausk einer Versicherg über das Bestehen von als Sicherh geeigneten LebensVersVertr zum Schad von DarlG (BGH NJW **83**, 276) u für die SelbstAusk (Mü Betr **74**, 866). – Dch Herausg einer GebrAnw kommt ohne Hinzutritt zusätzl Umst kein AuskVertr zw dem Herst und dem Endabnehmer der Ware zustande (BGH NJW **89**, 1029). – Die Antwort des Schu auf Anfrage einer Bank über den Stand der Fdg ihres Zedenten ist im EinzFall auszulegen, ob sie eine bloße WissensErkl od nach der erkennb Interessenlage darüberhinaus eine rgeschäftl WillErkl enthält (BGH WM **85**, 1446). – Bestehen zw den Beteil bereits anderweit vorvertragl Beziehgen, so tritt der AuskVertr als AnsprGrdlage neben eine mögl Haftg aus c. i. c. (BGH Betr **74**, 2392).

c) Haftung. Sie ist unabhängig davon, ob zw den Beteil and vertragl Bez bestanden od angebahnt (dann pVV) worden sind (BGH WM **79**, 771). Verurs ist der Schad, der dch die Befolgg der unricht od unvollständ Ausk usw entstanden ist; die BewLast liegt beim Geschädigten; falls er als Außenstehder die Vorgänge nicht kennt, muß der AuskGeber Tats für die Richtigk der Ausk vortragen, ihre Unrichtigk hat der Geschädigte zu beweisen (BGH WM **85**, 381). Für Versch gilt §, geringere SorgfAnfdgen bei Beratg über Effektenerwerb zu Spekulationszwecken seitens einer Bank (Karlsr NJW-RR **88**, 1263). Für Vors genügt Kenntn der Unrichtigk der Ausk, er braucht sich nicht auf die Schädigg zu erstrecken (BGH WM **70**, 633); vgl dagg Anm 6. Ein Vermittler von KapAnl handelt fahrl, wenn er Angaben Dr ungeprüft weitergibt, aber den Eindr der Prüfg erweckt (BGH WM **79**, 530). Haftg für Dr nach §§ 30, 31, 278. Der als Vertr Auftretde haftet selbst, wenn er einen zusätzl Vertrauenstatbstd, zB dch den Eindr bes Sachkunde u bes pers Zuverlässigk geschaffen hat, zB ein Vermittler von KapAnl (BGH aaO); vgl auch § 654 Anm 2c, § 276 Anm 4 C. Der Empf der Ausk ist so zu stellen, als ob er keine od eine richt Ausk erhalten hätte (BGH Betr **66**, 2021). Hat der AuskGeber die Ausk schuldh wahrheitswidr erteilt, trägt er das Risiko der Unaufklärbark, wenn sich nicht mehr feststellen läßt, ob der Empf auf wahrheitsgem Ausk v Vertr Abstand gen hätte (BGH WM **77**, 756). Wer schuldh eine AufklärgsPfl verl, ist beweispflichtig dafür, daß der Geschäd den Rat od Hinw nicht befolgt hätte, der Schad also bei pflichtgem Aufklärg ebenf eingetreten wäre (BGH NJW **84**, 1688). Ein auf den Schad dch Beteiligg an einer MassenGesellsch anrechenb SteuerVortl wird grdsätzl nicht dch den Geschäd hins der SchadErsLeistg treffde SteuerPfl aufgewogen, ohne daß die Beträge im EinzFall festgestellt zu werden brauchen (BGH NJW **79**, 1449). Die Haftg kann bis zur Grenze des Vors, § 276 II, beschr od ausgeschl werden; „ohne obligo", „ohne Verbindlichk" haben solchen Ausschl bedeuten. Ist die Freizeichng in AGB enthalten, so gelten iR seines AnwBereichs das AGBG (vgl dort Einf 3d vor § 1), insb § 11 Nr 7, außerh seines AnwBereichs die Grds der Rspr über die Inhaltskontrolle, vgl 35. Aufl Einf 6 vor § 145. Banken können sich auf die Freizeichng in Ziff 10 AGB auch dann berufen, wenn sie bei Erteilg der Ausk eig wirtsch Interessen verfolgen (BGH **13**, 198, BGH BB **70**, 984: FreizeichngsKlausel auch ggü Nichtkunden gilt, wenn außerh der AGB ausdrückl wiederholt.

759

§ 676, Einf v § 677　　　　　　　　　　　　　　　　　　2. Buch. 7. Abschnitt. *Thomas*

Einer FreizeichngsKlausel kann im EinzFall die Einw des RMißbr entggstehen (BGH WM **71**, 206), zB bei vorsätzl falsch erteilter Ausk im wirtsch Interesse der Bank (BGH WM **74**, 272). Die Freizeichng ist unwirks, falls verfassgsm Organ od leitder Angest od ein Angest, dessen Handeln aGrd seiner Stellg in dem Untern dem eines ges Vertr gleichsteht (BGH NJW **84**, 921), vorsätzl od grob fahrl handelt (BGH WM **73**, 164). Bei der AuskErteilg können vertragl SchutzWirkgen für Dr (vgl § 328 Anm 3a cc) bestehen. War die vertragl geschuldete Ausk bei Erteilg unricht, so besteht **Verpflichtung zur Richtigstellung**, sobald die Unrichtigk erkannt wird (BGH WM **62**, 932). Wird die Ausk nach Erteilg wg Veränderg der Umst unricht, so besteht nur ausnahmsw unter ganz bes Umst eine BenachrichtiggsPfl (BGH **61**, 176 u WM **80**, 505). Unricht gewordenes Zeugn über ArbN vgl § 826 Anm 8 c cc. – Für **Mitverschulden** des Anfragden an der falschen Ausk od ihrer unterbliebenen Berichtigg, wenn Anlaß zur Rückfr bestand, gilt § 254. Grdsätzl kein MitVersch, wenn Empf, auch inf mangelnder Sorgf, auf Ausk vertraut (BGH WM **65**, 287, NJW **84**, 921). MitVersch nur unter bes Umst (BGH NJW **82**, 1095, NJW **84**, 921).

d) Beispiele. Vorstehde Grds sind nicht beschr auf best Berufe (BGH WM **64**, 118). Erkl des RA über Kreditwürdigk seines Mandanten ggü dessen Gl sind Ausk nur, wenn ausnahmsw konkr festgestellte Umst für VerpflWillen des RA sprechen (BGH NJW **72**, 678 u WM **78**, 576); PatentAnw; Arzt im Verh zur LebensVers (Karlsr VersR **72**, 203); AuskBüro im Verh zum Anfragden (WkVertr); AuSt einer Urk braucht bei Anfrage, ob die Urk in Ordng gehe, nicht zu antworten; tut er es, so hat er die Pfl zur Gewissenhaftigk (RG **101**, 297 [301]); WirtschTrHänder (BGH **7**, 371); Steuerberater (BGH WM **60**, 1353); ggü VerhPartner des Mandanten, wenn zur Ausk über Kreditwürdigk zugezogen (BGH NJW **62**, 1500); bei Beratg über Fragen nach EStG (BGH WM **62**, 932); kein AuskVertr zw WirtschPrüfer u einem BeteiliggsInteressenten, wenn die geprüfte Gesellsch ihm ArbErgebn des WirtschPrüfers ohne dessen Zust zugängl macht (Saarbr BB **78**, 1434); beratder Volkswirt (BGH WM **65**, 287: unricht Status); Reisebüro (LG Köln NJW **59**, 818: Ausk an Kunden über PaßVorschr); Bank (auch Anm 4, 5); Vermittler von KapAnl vgl § 654 Anm 2 c, § 276 Anm 4 C; Herausgeber eines period erscheindn Börsendienstes mit AnlageEmpfehlg im Verh zum Abonnenten (BGH **70**, 356; abl Schröder NJW **80**, 2279). Über Schiedsrichter u Schiedsgutachter § 675 Anm 3. – **Keine Haftung** der Vers außerh des VersVerh für Ausk eines VersAgenten an Dr, der weder versichert ist, noch sich versichern will (BGH NJW **68**, 299).

4) Die Beratgs-, AuskPfl kann **Nebenverpflichtung im Rahmen eines anderen Vertrages** sein. Ebso kann sich aus solchem Vertr, wenn die Beratg nebenher freiw übernommen wird, die Pfl zur Gewissenhaftigk ergeben. Die Haftg richtet sich hier in erster Linie nach dem Vertr, im übr gilt das in Anm 3 Gesagte. **Beispiele:** RA als ProzBevollm; Beratg dch Verk unabhäng von der Zusicherg von Eigensch (BGH Betr **71**, 38); dch Arch od sachkund Untern beim WkVertr, vgl § 631 Anm 2 b; dch Makler, vgl § 654 Anm 2; der Bank als NebenVerpfl, insb beim WertPGesch (Kauf od Kommission), bei der Empfehlg, einem ihrer Kunden Kredit zu gewähren (BGH **13**, 198), bei unricht KreditAusk (BGH WM **85**, 381); Autohändler bei unricht Ausk über die wirtsch Verh des Kunden ggü der kreditierden Bank (Bambg OLGZ **76**, 447); bei der unricht Ausk, ein Scheck gehe in Ordng (BGH **49**, 167); Pfl zur Mitteilg von Bedenken, insb bei AnlBeratg (BGH NJW **73**, 456).

5) Dauernde Geschäftsverbindung. Auch wenn ein VertrVerh auf od mit Rat- od AuskErteilg (Anm 3, 4) nicht, auch nicht stillschw abgeschl anzunehmen ist, besteht, falls Rat, insb Ausk gegeben wird, eine Verpfl zu gewissenh Erteilg dann, wenn zw Erteildem u Empf eine dauernde, od doch auf Dauer angelegte GeschVerbindg besteht, aus der sich ein Vertrauensverhältn ergibt (BGH BB **56**, 770, WM **70**, 632: BankAusk an einen Kund über einen Dr; BGH WM **69**, 247: Ausk unter Lieferanten über Kunden; Stgt WM **69**, 278: ScheckAusk unter Banken). Die AuskErteilg muß jedoch in einem inneren Zushang zu der GeschVerbindg stehen. Die Bedeutg der Ausk kann mehr in dem liegen, was sie nicht sagt; jedoch darf kein täuschdes Bild entstehen (RG **139**, 103 [106]). Ist der, über den die Ausk eingeholt wird, selbst Kunde der Bank, so bedarf die Bank zur AuskErteilg seiner Einwilligg, sonst Verletzg des BankGeheimn (BGH **27**, 241). Auch Kollision eig Interessen mit denen des Anfragden entbindet die Bank nicht von der Pfl zur wahrheitsgem Ausk (RG **139**, 103 [106]).

6) Unerlaubte Handlung. Sind die Voraussetzgen der Anm 3–5 nicht gegeben, so haftet Ratgeber nur nach §§ 823 ff, insb § 826 (BGH WM **57**, 545), vor allem bei wissentl falscher Rat- od AuskErteilg (BGH Betr **66**, 2020), BörsenG §§ 88 ff. Zum Vors vgl § 826 Anm 3 a. Aber auch bei nicht wissentl falscher, aber leichtfert Raterteilg (BGH WM **62**, 935); vgl § 826 Anm 8 c; od bei Nichtbeantwortg der Anfrage, ob Unterschr des Namensträgers gefälscht ist (§ 826 Anm 8 t). Staatshaftg für unricht Ausk in Ausübg hoheitl Gewalt. Für Angest Haftg nach § 831. Jur Personen haften für Vertreter nach § 31; ebso handelsrechtl PersGesellsch (BGH WM **74**, 153).

Elfter Titel. Geschäftsführung ohne Auftrag

Einführung

Übersicht

1) **Begriff und Wesen**
   a) Begriff
   b) Rechtsnatur
   c) Regelungsgehalt
2) **Gesetzliche Regelung**
   a) Arten

   b) Stellung des Geschäftsführers
   c) Stellung des Geschäftsherrn
3) **Entsprechende Anwendbarkeit**
4) **Verhältnis zu anderen gesetzlichen Schuldverhältnissen**
   a) Gesetzliche Sonderregelungen

Einz. Schuldverhältnisse. 11. Titel: Geschäftsführung ohne Auftrag **Einf v § 677** 1–4

b) Werkvertragsrecht
c) ungerechtfertigte Bereicherung
d) unerlaubte Handlung
e) Eigentümer/Besitzerverhältnis
5) Anwendbarkeit im öffentlichen Recht

1) Begriff, Wesen. a) Begriff. Nach der Definition in § 677 handelt es sich um GoA, wenn jemand (GeschF) ein Gesch für einen and (GeschHerr) führt, ohne von ihm beauftr od sonst dazu berecht zu sein. Da vor Übern dieser Tätigk zw den Beteil keine auf GeschBes gerichtete RBez bestand, ist die Bezeichng GoA zu eng.

b) Rechtsnatur. Die bloße Tats der GoA begründet ein ges SchuldVerh, eine auf seine Begr gerichtete rgeschäftl WillErkl ist nicht erforderl. Die GeschÜbern ist RHdlg (vgl Übbl 2 vor § 104), nach bestr Ans in der Unterart der rechtsgeschähnl RHdlg (vgl aaO 2c), wobei der natürl Wille zur GeschÜbern erforderl ist (bej Erman-Hauß Rdn 17 vor § 677, Fikentscher § 83 I 5; zweifelnd MüKo/Seiler Rdn 5 vor § 677). Jedenf sind die Regeln über die RGesch grdsätzl nicht anwendb, weil die Fälle der GoA sehr unterschiedl u in der Mehrzahl rein tats Art sind, weil die Übern der GoA im Verh zum GeschHerrn stets ein tats, kein rechtsgeschähnl Verhalten ist u die Vorschr über RGesch deshalb auf sie nicht passen. Die GoA ist ein Auffangtatbestd, dessen Regeln für GeschFgen u ähnl Tatbestd gelten, die nicht anderweit im Ges geregelt sind. Häuf handelt es sich um altruist Tätigwerden iR tät Menschenhilfe (Larenz II § 57 I a). Im GeschÜbernWillen liegt die Abgrenzg zu reinen GefälligkHdlgen aus freundschaftl oder gesellschaftl Motiven (Einl 2 vor § 241). Obwohl ges SchuldVerh hat die GoA ihren Standort im Ges nicht bei diesen (§§ 812, 823ff), sond wg der inhaltl Nähe beim Auftr, der ebenf eine GeschBes zum Ggst hat. Wie er ist die GoA ein unvollk zweiseit RVerh (vgl Einf 1 b vor § 320), weil Pfl notw nur in der Pers des GeschF entstehen (§§ 667, 681); in der Pers des GeschHerrn nur uU u nicht als GgLeistg (§ 683, 684).

c) Regelungsgehalt. Die ungebetene Wahrnehmg fremder Interessen erfordert eine Regelg nach zwei Richtgen: Als Äußerg des GemschSinnes nötigt sie zur Sicherg des GeschF, §§ 683–686, insbes dch Anspr auf AufwErs. Der GeschHerr ist vor aufdringl od eigennütz Eingr zu schützen, §§ 677–681, insbes dch Anspr auf SchadErs. Die Vorschr der GoA betreffen nur das InnenVerh zw GeschF u GeschHerr u regeln zw ihnen den interessengerechten schuldr Ausgl. Daß die §§ 679, 680, 683 eine berecht GeschFg zu Grde legen, rechtfertig nicht den Schluß, der GeschF könne dch sein Handeln RBez zw GeschHerrn u einem Dr entstehen lassen. Das würde die unserer ROrdng eig Unterscheidg zw GeschFg (InnenVerh) u Vertretgsmacht (AußenVerh) zu Lasten der RKlarh unnötigerw verwischen (MüKo/Seiler Rdn 6, Erman-Hauß Rdn 19 je vor § 677, beide mwN).

2) Die gesetzliche Regelung. a) Arten. Die GoA ist kein einheitl Tatbestd. Das Ges unterscheidet nach hM (Staud-Wittmann Rdn 1ff u 5ff, RGRK/Steffen Rdn 1–4, Soergel-Mühl Rdn 1 je vor § 677, Larenz II § 57 vor I, Esser-Weyers II § 46 I 2a, b) die berecht u die unberecht GoA. **Berechtigt** ist die vertragsl Übern einer fremden GeschBes, wenn sie dem Interesse u dem wirkl od mutmaßl Willen des GeschH entspricht od der Erf einer im öffInteresse liegdn Pfl od einer ges UnterhPfl des GeschHerrn dient (§§ 677, 679, 683); bei Fehlen dieser Kennzeichen kann der GeschHerr sie dch Gen (§ 684 S 2) rückwirkd zur berecht machen. Entspricht die Übern der FremdGeschBes nicht dem Interesse und/oder dem Willen des GeschHerrn, so ist sie **unberechtigt,** der GeschF hat sie als rechtswidr Eingr in die Belange des GeschHerrn zu unterlassen. Übernimmt er sie trotzdem, so gilt § 683 nicht, die RFolgen ergeben sich aus §§ 678, 684 S 1, 812ff, 823ff; für die Pfl des GeschF gelten auch in diesem Fall §§ 677, 681, weil der unberecht GeschF oA nicht besser stehen soll als der berecht (i Erg ebso MüKo/Seiler Rdn 16; aA Larenz II § 57, Staud-Wittmann Rdn 1, Soergel-Mühl Rdn 2, RGRK/Steffen Rdn 1, Jauernig-Vollkommer Anm 1). Die Haftgsmilderngen bei Abwendg drohder Gefahr u fehlder od beschr GeschFgk (§§ 680, 682) gelten bei berecht u unberecht GoA. Die **Eigengeschäftsführung** ist keine GoA, denn es fehlt der Wille des GeschF, ein obj fremdes Gesch zu besorgen. Er besorgt es vielm entw **irrtümlich** als eig (§ 687 I), die Regeln über die GoA gelten nicht. Oder er besorgt es **angemaßt** als eig; dann kann der GeschHerr neben and in Frage kommden Anspr auch die aus GoA geltd machen (§ 687 II).

b) Stellung des Geschäftsführers. Bei berecht GeschFg (oben a) hat er dem GeschHerrn die Übern anzuzeigen u grdsätzl dessen Entschließg abzuwarten (§ 681 S 1) u nach dessen Interesse u wirkl od mutmaßl Willen zu handeln (§ 677). Iü hat er die R u Pfl eines Beauftr (§§ 683, 681 S 2). Er handelt nicht rechtswidr iS der §§ 823ff (Larenz II § 57 I b, Staud-Wittmann Rdn 4 vor § 677 mwN; aA MüKo/Seiler Rdn 16 vor § 677) u nicht ohne rechtl Grd iS der §§ 812ff. Vertretgsmacht ggü Dritten besitzt er nicht. Unberecht GeschFg hat er zu unterlassen, Übern u Ausführg sind als ungewünschter Eingr in die Rechte des GeschHerrn rechtswidr u geschehen ohne rechtl Grd. HaftgsErleichtergen in §§ 680, 682.

c) Stellung des Geschäftsherrn. Bei berecht GeschFg, auch iF nachträgl Gen (oben a), hat er die Rechte u Pfl eines AuftrG (§§ 681 S 2, 683, 684 S 2). Bei unberecht GeschFg hat er Anspr auf Unterlassg, ggf Anspr aus §§ 678, 987ff, 812ff, 823ff. Bei angemaßter EigGeschFg (oben a) stehen ihm die in § 687 II 1 in Bezug genommenen Anspr aus GoA zu; macht er sie geltd, schuldet er AufwErs nach BerGrdsätzen (§§ 687 II 2, 684 S 1).

3) Entsprechende Anwendbarkeit. Kraft gesetzl Verweisg gelten die Regeln der GoA für die Rechte u Pfl der Beteil in §§ 1959 I, 1978 I 2, II, 1991 u für den Anspr auf Aufw- od VerwendgsErs in §§ 450 II, 547 II, 581 II, 601 II 1, 994 II, 1049 I, 1216 S 1, 2125 I. Ein FremdGeschFgsWille ist außer in den Fällen der §§ 547 II, 581 II (vgl § 547 Anm 3) nicht erforderl, es handelt sich insow um RFolgeVerweisgn. Für AufwErs sind stets die Voraussg des § 683 nöt.

4) Verhältnis zu anderen Schuldverhältnissen. a) Gesetzliche Sonderregelungen schließen die Anwendbk der § 677ff aus. So §§ 965ff für das RVerh zw Finder verlorener Sachen u Eigtümer, §§ 4ff StrandgsOrdng 1874/1913, §§ 93ff BinnSchG für Bergg u HilfeLeistg, § 89 ZPO. §§ 740ff HGB schließen AufwErsAnspr des Lebensretters aus Seenot nicht aus (BGH **67**, 368, Hbg NJW **75**, 316). Keine ausschließ-

Einf v § 677, § 677 2. Buch. 7. Abschnitt. *Thomas*

den Sonderregeln sind §§ 539 I Nr 9, 636 ff RVO (BGH **38**, 270 [280], **33**, 251 [257], **52**, 115); vgl dazu auch § 683 Anm 4c. Auch Anspr aus GoA u aus § 179 können nebeneinand bestehen (BGH WM **89**, 801).

  b) Im Werkvertragsrecht können MangelbeseitiggsKosten bei fehlder Vorauss des § 633 III nicht auf GoA gestützt werden (§ 633 Anm 4).

  c) Ungerechtfertigte Bereicherung scheidet neben berecht GoA (vgl oben 2a) als AnsprGrdlge aus, weil die berecht GoA, solange sich der GeschF in ihrem Rahmen hält, den rechtl Grd für Leistgen und Eingr darstellt (vgl oben 2b). Wg einer Ausn bei der Rückabwicklg nichtiger VertragsVerh vgl § 677 Anm 4. §§ 812 ff sind neben GoA anwendb iF unberecht GeschFg (vgl oben Anm 2a) u EigGeschFg (§ 687). Sie sind unter Ausschl der GoA anwendb iF des § 682.

  d) Unerlaubte Handlung scheidet als AnsprGrdl neben berecht GoA aus, weil diese nicht rechtswidr ist (vgl oben 2a, b). Sonst sind §§ 823 ff danebem anwendb.

  e) Die Eigentümer/Besitzervorschriften (§§ 987 ff) sind, solange sich der GeschF iR berecht GoA (vgl oben 2a) hält, nicht einschläg, weil die §§ 677 ff ein R zum Bes jedenf dann geben, wenn die InbesitzN mit der Übernahme der GeschFg zusfällt (BGH **31**, 129, Vorbem 1a aa vor § 987, Erman-Hefermehl Rdn 8 vor § 994). Das ist die log Folge davon, daß der GeschF insow rechtmäß handelt (vgl oben 2b). Im Verh des Eigtümers zum unrechtmäß Besitzer hält die Rspr die §§ 987 ff für eine Sonderregelg (Vorbem 2 vor § 987), die iF unberecht FremdGeschFg die Anwendg der §§ 677 ff ausschließt (aA MüKo/Seiler Rdn 18 vor § 677 mwN). Bei bewußter EigGeschFg ist § 687 II neben §§ 987 ff anwendb.

  5) Im öffentlichen Recht sind folgde Fälle denkb:

  a) Eine JP des öffR besorgt für eine and JP des öffR ein privrechtl Gesch, zB die Gem erfüllt für das verksichgspfl Land die StreuPfl. §§ 677 ff sind direkt anwendb, der ZivRWeg ist zuläss (BGH NJW **71**, 1218).

  b) Eine JP des öff R besorgt auch für eine and solche ein öffrechtl Gesch, zB das straßenbaupfl Land läßt zur Beseitigg einer Überschwemmgsgefahr eine Ufermauer reparieren, die zur WasserlaufUnterhaltgsPfl eines öffrechtl Verbandes gehört. Häuf bestehen Spezialregeln wie §§ 1501 ff RVO od ein allg öffrechtl ErstattgsAnspr. Dadch hat die entspr Anwendg der §§ 677 ff an Bedeutg weitgehd verloren (MüKo/Seiler Rdn 23 vor § 677). Hilfsw ist die grdsätzl entspr anwendb, insbes mw zur Abwendg einer dringend Gefahr sogar, wenn die and JP ausschl zust ist (OVG Münster NJW **76**, 1956, VerwRWeg).

  c) Ein Privater besorgt für eine JP des öff R ein öffrechtl Gesch, zB Ausf einer ErschließgsAnl, Verbringg eines pflichtvers Kranken ins Krankenhaus od der StrNachb errichtet selbst anstelle des StrBauLastträgers eine nach dem BFStrG notw nachbarschützde Anl. §§ 677 ff sind mit Einschränkgen entspr anwendb, wobei nach allen Umst des EinzFalles zu beurt ist, ob die Erf der Pfl im öff Interesse liegt (BVerwG BB **89**, 585: VerwRWeg; BGH **33**, 251 u NJW **78**, 1258, Mü BB **84**, 2018: ZivRWeg).

  d) Eine JP des öff R erf eine eig öffrechtl Verpfl u besorgt damit zugl das Gesch eines Priv, insbes erfüllt dadch zugl eine privrechtl Verpfl eines ZweitSchu. Meist ist in solchen Fällen ges FdgsÜberg best, zB § 87a BBG. Wo nicht, kann entspr Anw der §§ 677 ff in Betr kommen (BGH NJW **75**, 47 [49 rechte Spalte] mwN). Bsp: GemFeuerwehr löscht Brand (BGH **40**, 28), Gem besorgt bei Bergg eines umgestürzten Tankwagens neben ihrer eig Pfl zur Gefahrenabwehr im allg Interesse zugl Gesch des KfzHalters (BGH **63**, 167); StrVerkBeh besorgt dch Beseitigg verkgefährdder StrVerschmutzg zugl Gesch der Firma, die dch Ausbeutg einer Bimsgrube die Verschmutzg verurs hat (BGH **65**, 354); Entferng eines verlorenen Ankers u and Geräts dch Wasserpolizei aus der WasserStr ist zugl Erf der privatrechtl VerkSichgsPfl des Schiffeigners od -Ausrüsters (BGH **65**, 384); Vers od VersorggsTräger gewährt Leistgen an UnterhBerecht eines vermeintl Verschollenen (BGH NJW **63**, 2315).

  e) Eine JP des öff R erf eine öffrechtl Verpfl eines Priv, meist zur GefAbwehr iW der ErsVornahme. Häuf bestehen im Polizei- u VollstrR Spezialregeln, die teilw den ZivRWeg eröffnen u auf die GoA verweisen. Wo nicht, ist der ZivRWeg unzul (BGH NJW **75**, 47) u sind §§ 677 ff nicht entspr anwendb (Staud-Wittmann Rdn 41, MüKo/Seiler Rdn 24 je vor § 677).

677 *Pflichten des Geschäftsführers.* **Wer ein Geschäft für einen anderen besorgt, ohne von ihm beauftragt oder ihm gegenüber sonst dazu berechtigt zu sein, hat das Geschäft so zu führen, wie das Interesse des Geschäftsherrn mit Rücksicht auf dessen wirklichen oder mutmaßlichen Willen es erfordert.**

  1) Allgemeines über Begr u Wesen der GoA, Inhalt der ges Regelg, entspr Anwendbkt, Verh zu and SchuldVerh, GoA im öff R vgl Einf. § 677 bezeichnet als TatbestdMerkmale der GoA die GeschBes (Anm 2) für einen and (Anm 3) ohne Auftr od sonstige Berecht (Anm 4) u bestimmt die Pfl des GeschF (Anm 5) iF berecht u unberecht GoA (vgl Einf 2a).

  2) Geschäftsbesorgung hat dieselbe Bedeutg wie beim AuftrVertr (§ 662 Anm 3). Der Kreis der Gesch ist auch hier weit zu ziehen. Nöt ist auch hier eine Tätigk, wie in § 662 Anm 3a beschrieben. Dazu gehören zB Anhalten eines Kfz, um auf dessen verkgefährl Zust aufmerks zu machen (BGH **43**, 188), Abwehr rechtswidr Einwirkg auf fremdes Eigt (BGH NJW **66**, 1360), ärztl Behandlg eines Bewußtlosen od Bemühg, eine Verl der notw ärztl Behandlg zuzuführen (BGH **33**, 251). Es kann sich um eine einz Angelegenh od um eine Tätigk von gewisser Dauer handeln. Das Gesch kann öffrechtl Bezug haben (Einf 5). Der GeschF braucht nicht in eig Pers tät zu werden, er kann sich seiner Leute od sonstiger Dr bedienen (BGH **67**, 368). – Keine GoA ist entgg BGH die wettbewrechtl Abmahng (vgl § 683 Anm 2), außerdem, weil keine Tätigk, das bloße Unterl, Dulden, Gewähren1assen, Geben.

Einz. Schuldverhältnisse. 11. Titel: Geschäftsführung ohne Auftrag § 677 3, 4

3) **Für einen anderen** wird tät, wer ein Gesch nicht nur als eig, sond zumind auch als fremdes besorgt, also mit dem Bewußtsein, der Erkenntn u dem Willen (BGH **16**, 12), im Interesse eines and (vgl § 662 Anm 3 b) zu handeln. Das ausgeführte Gesch muß zum RKreis des and gehören, eine bloß mittelb Bez dazu reicht nicht aus. So ist die Beseitigg ausgelaufenen Öls inf KfzUnfalls bzw bei Füllg eines Tanks kein Gesch der KfzHaftPflVers (BGH **54**, 157, **72**, 151), die Herbeiholg erster Hilfe für verl ArbKollegen kein Gesch der Berufsgenossensch, sond des ArbG (BGH **55**, 207). Ebso ist die gem § 124 I BauGB ggü einer Gemeinde übernommene Erschließg von Baugeländekein Gesch der zum Erschließgsgebiet gehördenGrdstEigtümer (BGH **61**, 359), die auf Gründg einer BauherrenGemsch u Vorbereitg des Bauvorhabens zielde Tätigk des Initiators eines Bauherrenmodells, der dann entgg seiner Erwartg nicht Funktionsträger wird, kein Gesch der späteren Bauherren (Nürnbg NJW-RR **87**, 405). Str ist, ob willentl Besorgg eines fremden Gesch anzunehmen ist, wenn Kraftfahrer ein eigenes Wagen in einer eig Gefahrenlage (Ffm MDR **76**, 1021) zu Bruch fährt, um Verletzg eines VerkTeiln zu verhüten. Hat dieser Fahrer den EntlastgsBew nach § 7 II StVG geführt, so ist GoA zu bejahen u ihm ein angem AufwErs (§ 683 Anm 4) zuzubilligen (BGH **38**, 270, Frank JZ **82**, 737).

a) Das **objektiv fremde Geschäft** fällt schon seiner Natur, seinem Inhalt, seinem äußeren Erscheings-Bild nach in einen and Rechts- u Interessenkreis als den des Handelnden. Bei ihm besteht allein auf Grd der Vornahme eine tatsächl Vermutg für Bewußtsein u Willen der FremdGeschFg (BGH **40**, 28 [31]). Bsp: Warng vor Gefahr (BGH **43**, 188), Hilfe für Verl (BGH **33**, 251); Bezahlg fremder Schulden (BGH BB **69**, 194). Der Verm, der nach dem Auszug des zahlgsunfäh Mieters die Räume zum Zwecke der Weitervermietg umbauen läßt, besorgt nicht zugl ein Gesch des Bürgen des ausgezogenen Mieters, sond nur ein obj eig Gesch (BGH **82**, 323).

b) Objektiv eigene und neutrale Geschäfte erhalten ihren Fremdcharakter erst dch den Willen zur FremdGeschFg (subj fremde Gesch). Hierfür besteht keine Vermutg, der Wille, ein obj eig Gesch auch für einen and zu führen, muß irgdwie nach außen erkennb sein (RG **167**, 55 [59], BGH NJW **82**, 875), die BewLast trägt der GeschF (BGH **40**, 28 [31]). Der Wille fehlt, sow das Gesch nur im eig Interesse liegt (BGH NJW **63**, 2068).

c) Ein **zugleich eigenes und fremdes Geschäft** (auch-fremdes Gesch) besorgt der Handelnde, wenn die Übern zugl im eig u im Interesse eines and liegt, also wenn er ein obj fremdes Gesch mit besorgt. Die Wahrg auch eig Interessen schließt FremdGeschFgWillen nicht aus (BGH **63**, 167). Der Wille, ein fremdes Gesch mitzubesorgen, wird vermutet, wenns es sich um ein auch-fremdes Gesch handelt (BGH **98**, 235). Bsp: Ehemann, der die Kosten für Besuche nächster Angehör bei seiner unfallverl Frau trägt – eig Unterh-Pfl –, erfüllt damit zugl die Verpfl des Schädigers, die notw HeilgsKosten zu tragen (BGH NJW **79**, 598). Der Ann von GoA steht nicht entgg, daß das eig od das fremde Gesch dem öff Recht zugehören; vgl Einf 5 mit Bsp. Das Schrifttum spricht sich teilw die Ausdehng der Vermutg für FremdGeschFg Willen auf die zugl eig (auch-fremden) Gesch aus (Schwark JuS **84**, 321 mwN).

d) Auch wenn **der Geschäftsführer einem Dritten zur Besorgung verpflichtet** ist od dies irrtüml annimmt, liegt GoA für einen and vor, wenn der GeschF nicht lediglich im eig Interesse, näml in Erf seiner eig Verpfl, sond auch willentl im Interesse des and handelt (BGH **101**, 393 [399], NJW-RR **89**, 970). Dies ist ein Unterfall von vorstehd c insofern, als das eig Interesse des GeschF in der Erf einer eig Verpfl ggü einem Dr besteht. Die Verpfl ggü dem Dr kann öff- od privrechtl Natur sein.

e) Die **Person des Geschäftsherrn** braucht dem GeschF nicht bekannt zu sein. Er kann handeln für den, den es obj angeht, es genügt, daß er das Gesch eines and führen will. Auch ein Irrt über die Pers des GeschHerrn berecht u verpflichtet (nur) den andern, § 686. Die GeschFg kann **mehrere Geschäftsherren** betreffen, zB bei Unfällen Gesch des Verl, des für den Unfall Verantwortl, des dem Verl UnterhPfl (Köln NJW **65**, 350). Daher führt der Arzt, der eine bewußtl Ehefr betreut, auch die Gesch des unterhaltspfl Mannes u der Krankenkasse (BGH **33**, 251). Birgt der Kapitän eines Schiffs ein in Seenot befindl Besatzgs-Mitgl eines and Schiffs, so ist auch dessen Reeder, neben dem Geretteten, GeschHerr (BGH **67**, 368). Bei Unfall, den ein Kind verurs hat, können auch die Eltern wg § 832 in Betr kommen. Für die Verpfl mehrerer GeschHerren zum AufwErs gilt § 427 (vgl dort Anm 1 a, Staud-Wittmann Rdn 38 vor § 677). Erschließg von Baugelände (§ 123 BauGB) ist Aufg nur der Gemeinde, nicht auch der begünst Nachb (BGH **61**, 359).

f) Unerheblich ist, **in welchem Namen,** ob im eig od in dem des GeschHerrn, der GeschF das Gesch abgeschl hat. Auch das obj fremde Gesch wird nicht etwa dch Abschl im eig Namen zum eig (RG **138**, 49). Bei Abschl im fremden Namen gelten für das Verh des GeschF zum Dr die §§ 177 ff. Bei subj fremdem Gesch ist der Abschl in fremdem Namen eine Äußerg der GeschFgsAbs, doch kann diese auch beim Abschl im eig Namen erkennb werden, zB durch Anz.

g) Eigengeschäftsführung. Ist bei Führg eines fremden Gesch der GeschF sich ausnahmsw nicht bewußt, daß er das Gesch eines and führt, glaubt er also, ein eig zu führen, so liegt keine GoA vor, § 687. Ist er sich der Fremdh zwar bewußt, hat er aber trotzdem nicht den Willen, ein fremdes Gesch zu führen, so liegt ebenf GoA nicht vor, der GeschHerr hat aber kr der AusdehngsVorschr des § 687 II gleichwohl das Recht, die Anspr aus der GoA geltd zu machen. Umgekehrt wird ein obj eig, lediglich den GeschF angehdes Gesch, zB Einkassieren von Fdgen, lediglich durch die irrige Ann, es sei ein fremdes, u den Willen, es als fremdes zu führen, nicht zu einem subj fremden.

4) Ohne Auftrag oder sonstige Berechtigung ggü dem GeschHerrn – auf and kommt es nicht an – muß der GeschF handeln, sollen §§ 677 ff erf sein. Die Berechtigg kann sich ergeben (also GoA unanwendb) aus RGesch, auch BenutzgsVerh aus famrechtl RBez, aus Amts- od Organstellg. So ergibt sich die Berecht einer Gemeinde zur Beseitigg umweltgefährdden Abfalls von einer gemeindl Müllkippe aus dem mit dem deponierden IndustrieUntern bestehden privrechtl BenutzgsVerh (BGH **63**, 119). Die Berecht kann sich auch aus einem fakt VertragsVerh, sow man ein solches anerkennt (vgl Einf 5 vor § 145) ergeben, weil es vertragl Bez begründet (i Erg ebso Staud-Wittmann Rdn 23, RGRK/Steffen Rdn 52, Erman-Hauß Rdn 6 je vor § 677). – Keine Berecht zur GeschFg ergibt sich (also GoA anwendb) aus der Pfl zur Hilfeleistg gem

§ 323c StGB (allg M). Die Berecht zur GeschFg fehlt auch, wenn der GeschF bei nichtigem Vertr tät wird. Die Anwendbark der §§ 677ff ist trotzdem str. BGH 39, 87, BGH 37, 258, NJW 88, 132 (nichtiger GeschBesVertr), BGH NJW 71, 609 [612] (Flugreise, nichtiger BeförderungsVertr) wendet mit teilw Zustimmg des Schrifttums (zB Soergel-Mühl Rdn 10, Jauernig-Vollkommer Anm 2e bb) GoA an, die irrige Ann, aGrd Vertr zur Erf einer eig Verpfl tät zu werden, schließe nicht den Willen aus, auch ein Gesch des VertrPartners mitzubesorgen (vgl oben 3c, d). Das Schrifttum hält teilw §§ 677ff mit Recht nicht für anwendb, weil das vorrangige ges RückabwicklgsVerh der §§ 812ff, insbes die Einschränken in §§ 814, 817 S 2, 818 III umgangen würden (MüKo/Seiler § 677 Rdn 41, Staud-Wittmann Rdn 23, Erman-Hauß Rdn 9 je vor § 677, Fikentscher § 83 I 4a cc bbb). Ebso ist GoA nicht anwendb, sow ein GeschF seine Befugn überschritten hat, weil er nicht ohne Auftr handelt, sondern seine Verpfl verletzt, die gesellschvertragl gezogene Grenze der GeschFgsBefugn zu beachten u die vertrwidr Hdlg zu unterlassen (BGH Betr 89, 1762: Haftg wg pos Verl des GeschFVertr). – Handeln in Erf einer Verpfl ggü einem Dr oben Anm 3 d.

5) Pflichten des Geschäftsführers. a) Die Hauptpflicht bei der Ausführung der GeschFg wird konkretisiert dch die NebenPfl in § 681. Gilt auch iF unberecht GeschFg (vgl Einf 2a). Nach dem Wortlaut ist für die Pfl bei der Ausf vorrangig maßgebl das obj Interesse des GeschHerrn (unten b), in zweiter Linie sein Wille (unten c). Für den AufwErsAnspr in § 683 sind beide gleichrang. Mit der Übern der GeschFg befaßt sich die Norm nicht, für sie ist grdsätzl der Wille des GeschHerrn vorrangig (§ 678).

b) Das **Interesse** des GeschHerrn bestimmt in erster Linie die Pfl des GeschF bei Art u Weise der Ausf des Gesch. Für das Interesse, hier auf die Ausf bezogen, vgl § 683 Anm 2. IF der Gen (§ 684 S 2) spielt das Interesse keine Rolle. Stehen Interesse u Wille im Widerspr, so hat der GeschF, wenn er sich im Interesse des GeschHerrn nicht der (weiteren) GeschFg enthalten darf (unten e), bei der Ausf dem wahren Interesse, nicht dem Willen zu folgen (überwieg Meing; aA Staud-Wittmann Rdn 4).

c) Der **Wille** des GeschHerrn ist bei der Ausf grdsätzl zu berücksichtigen. Ausn iF des § 679 auch bei der Ausf, nicht nur bei Übern. IF der Gen (§ 684 S 2) spielt der Wille keine Rolle. Vgl iü § 683 Anm 3.

d) **Verstoß** gg die AusfPfl führt bei Versch zu SchadErsAnspr des GeschHerrn wg pos FdgsVerl (§§ 276, 278). HaftgsVerschärfg bei unberecht Übern der GeschFg in § 678. HaftgsMilderg iF der §§ 680ff (BGH NJW 72, 475, 682). Der Anspr entfällt, wenn sich eine erteilte Gen des GeschHerrn auch auf die Ausf erstreckt (vgl § 684 Anm 2).

e) Eine **Pflicht zur Weiterführung** des Gesch besteht grdsätzl nicht. And nur, wenn der Abbruch überh od doch im jeweil Ztpkt ein AusfVersch (vorstehd Anm d) wäre; dann auch SchadErsPfl (RG 63, 280; allg M, zB RGRK/Steffen Rdn 4). Bei Tod des GeschF ist wohl § 673 analog anzuwenden (MüKo/Seiler Rdn 47).

6) Für **Verjährung** der Anspr aus GoA gilt grdsätzl § 195, auch dann, wenn für das geführte Gesch an sich eine kürzere VerjFr gilt (BGH MDR 67, 664: Aufw für Tilgg einer kurzfrist verjährden Schuld). Dagg gelten bei GoA dch Lieferg § 196 I Nr 1, der keine Lieferg aGrd Vertr voraussetzt, u § 197, wenn es sich um Anspr auf wiederkehrde Leistgen handelt (BGH NJW 63, 2315, MDR 67, 665).

678 *Geschäftsführung gegen den Willen des Geschäftsherrn.* Steht die Übernahme der Geschäftsführung mit dem wirklichen oder dem mutmaßlichen Willen des Geschäftsherrn in Widerspruch und mußte der Geschäftsführer dies erkennen, so ist er dem Geschäftsherrn zum Ersatze des aus der Geschäftsführung entstehenden Schadens auch dann verpflichtet, wenn ihm ein sonstiges Verschulden nicht zur Last fällt.

1) Anwendungsbereich. Die Bestimmg betrifft die unberecht Übernahme, nicht die Ausf (dafür § 677) einer FremdGeschFg (vgl Einf 2a). Sie gilt nicht iF der §§ 679, 684 S 2 u bei irrtüml EigGeschFg (§ 687 I), ist aber iF angemaßter EigGeschFg nach Wahl des GeschHerrn entspr anwendb (§ 687 II). HaftgsEinschränkg iF der §§ 680 u 682.

2) Voraussetzungen. a) Objektiv muß die Übern der GeschFg dem wirkl, dh äußerl erkennb, hilfsw dem mutmaßl Willen des GeschHerrn (vgl § 683 Anm 3b) widersprechen. Der Widerspr kann sich auf die Übern als solche, Ztpkt, Umfang, Art u Weise, Pers des GeschF beziehen (MüKo/Seiler Rdn 4). Es kommt nur auf den entggstehenden Willen, nicht auf das übereinstimmde od entggstehende Interesse des GeschHerrn (§ 683 Anm 2) an. Der Wille des GeschHerrn ist unbeachtl, § 678 also nicht anwendb iF des § 679 u bei Gesod Sittenverstoß (Staud-Wittmann Rdn 3).

b) Subjektiv ist Vorauss, daß der GeschF den entggstehenden Willen des GeschHerrn erkannt od inf Fahrl nicht erkannt hat, also bei Anw gehör Sorgf (§ 276) erkennen mußte (§ 122 II), sog **Übernahmeverschulden.** Entscheidder Gesichtspkt für die Erkennbark des Willens ist das obj Interesse des GeschHerrn (§ 683 Anm 2). Ein sonstiges Versch, etwa bei Ausf der GeschBes, die von der Übern zu unterscheiden ist (BGH NJW 72, 475), oder an der Entstehg eines Schad verlangt § 678 nicht.

3) Schadensersatz. Gg die unberecht Übern, solange sie andauert, kann sich der GeschHerr mit der UnterlKl wehren. Der GeschF hat dem GeschHerrn den Schad zu ersetzen, der adäquat dch die ungewollte Übern der GeschBes entstanden ist. Er hat ihn so zu stellen, wie er ohne sein Tätigwerden stehen würde (§§ 249ff). Dies selbst dann, wenn trotz interessengerechter Übern (RG 101, 18) Versch zu bejahen ist (oben 2b), u auch bei fehlerfreier Ausf der GeschBes (BGH NJW 72, 475), wenn dennoch ein Schad dch die bloße Übern entstanden ist. Neben § 678 sind ggf die allg Vorschr, zB § 823 anwendb. Für AusfVersch gilt nicht § 678, sond § 677 (dort Anm 5d). HaftgsAusschl iF des § 679, HaftgsMilderg iF der §§ 680 (BGH NJW 72, 475) u 682. Die BewLast für alle AnsprVorauss trägt der GeschHerr; jedoch ist der GeschF aufklärgs- u rechenschpflichtig über den Verbleib dessen, was er aus der unberecht übernommenen GeschFg erlangt hat, falls der GeschHerr darü nicht unterrichtet ist (BGH NJW 84, 1462).

679 *Unbeachtlichkeit des entgegenstehenden Willens des Geschäftsherrn.* Ein der Geschäftsführung entgegenstehender Wille des Geschäftsherrn kommt nicht in Betracht, wenn ohne die Geschäftsführung eine Pflicht des Geschäftsherrn, deren Erfüllung im öffentlichen Interesse liegt, oder eine gesetzliche Unterhaltspflicht des Geschäftsherrn nicht rechtzeitig erfüllt werden würde.

1) Bedeutung. Die Vorschr erklärt unter den genannten Voraussetzgen den Willen des GeschHerrn für unbeachtl. Dadch wird die sonst unberecht Übernahme der GeschFg in Ausn zu § 678 zur berecht (vgl Einf 2a). Außerdem verl der GeschF in Ausn zu § 677 seine Pfl bei Ausführung der GeschBes nicht dadch, daß er den entggstehden Willen des GeschHerrn unberücks läßt. Daran, daß Übern u Ausf dem obj Interesse des GeschHerrn (vgl § 683 Anm 2) entsprechen müssen, ändert sich nichts (BGH 16, 12), jedoch liegt das Eingreifen des GeschF iF des § 679 idR auch im Interesse des GeschHerrn.

2) Voraussetzungen. Die BewLast trägt der GeschF.

a) Pflicht des Geschäftsherrn. Sie kann priv- od öffrechtl (BGH 16, 12) dch Ges, HohAkt od Vertr (RG 92, 107 [201]) begr sein. Es muß sich um eine RPfl ggü einem Dr handeln (BGH 16, 12), eine bloß sittl Pfl genügt nicht (hM; aA Larenz II § 57 Ia).

b) Im öffentlichen Interesse müssen die Erf der Pfl u das Eingreifen des GeschF liegen (ebso Staud-Wittmann Rdn 7, Soergel-Mühl Rdn 2, BGH NJW 78, 1258). Dazu genügt nicht das abstrakte Interesse der Gemsch an der Erf jeder Verpfl, nöt ist vielm, daß ohne die Erf gerade der in Frage stehden Verpfl dch das Eingreifen des GeschF dringd, konkrete Belange der Allgemeinh gefährdet od beeinträchtigt würden. Meist geht es um Gefahr für Leben, Gesundh, Sachgüter. **Bsp:** Erf von VerkSichgPfl zum Schutz vor akuter Gefahr wie Bergg verlorenen Schiffsgeräts in WasserStr (BGH 65, 384), Beseitigg verkgefährdter StrVerschmutzg (BGH 65, 354), Bergg eines umgestürzten Tankwagens (BGH 63, 167); Beseitigg einer einsturzgefährdeten Kommunmauer (BGH 16, 12); Hilfe u Transport für Verletzte (BGH 33, 251); Brandbekämpfg (BGH 40, 28); Hilfeleistg an Hinterbliebene anstelle der öff Hand (BGH 4, 153 [161]); Bezahlg der Beerdiggskosten (Staud-Wittmann Rdn 4); Rücktransport mittelloser Urlauber aus dem Ausland dch Linienfluggesellsch, weil Vercharterer wg Konkurs des Charterers den Rücktransport verweigert (LG Ffm NJW 83, 52). Erf von Steuerschulden (so BGH 7, 346 [355]) fällt kaum darunter, weil ohne sie keine dringden Belange der Allgemeinh gefährdet werden (MüKo/Seiler Rdn 9). — Bei ErmessensMaßn einer Behörde wird das Eingreifen des GeschF selten auch im öff Interesse liegen (BGH NJW 78, 1258: Nachb errichtet Schutz-Anl gg Beeinträchtigg dch Str).

c) Gesetzliche Unterhaltspflicht beruht auf ehe- od familienrechtl Vorschr. Dch vertragl Anerk od Ausgestaltg verliert sie ihren Charakter nicht (RG 164, 65 [69]). Begründg der Verpfl dch Vertr od unerl Hdlg fällt nicht darunter. Die Erf muß nicht im öff Interesse liegen. Kein ErstattgsAnspr Dr, dem dem Kind Unterh gewährt haben, wenn die Eltern sich für NaturalUnterh bei sich entschieden haben (Hamm FamRZ 83, 416). Zur ges UnterhPfl gehört Gewährg von ärztl u Heilbehandlg. Sow dies unter Eheg iR der SchlüssGew (vgl § 1357 Anm 2b), wird ein vertragl Anspr begr.

d) Nicht rechtzeitig erfüllt bedeutet, daß die Pfl des GeschHerrn im Ztpkt der Erf dch den GeschF fäll sein muß (BGH NJW 78, 1258). Verzug ist nicht Vorauss.

3) Entsprechende Anwendbarkeit. Ob der entggstehde Wille des GeschHerrn auch unbeachtl bleibt, wenn er gg §§ 134, 138 verstößt, ist str. Davon hängt ab, ob der ungewollte Retter iF eines Selbstmordversuchs Anspr aus GoA hat. Bei nachträgl Gen hilft § 684 S 2. Sonst wird zTl der entggstehde Wille ggf gem §§ 104 Nr 2, 105 (MüKo/Seiler Rdn 13) od gem §§ 134, 138 direkt, ohne die Notwendigk entspr Anwendg des § 679 (Staud-Wittmann Rdn 10) für unbeachtl gehalten. Nach and Auffassung ist § 679 entspr anwendb (Soergel-Mühl Rdn 8, Erman-Hauß Rdn 4, Jauernig-Vollkommer Anm 2a).

680 *Geschäftsführung zur Gefahrenabwehr.* Bezweckt die Geschäftsführung die Abwendung einer dem Geschäftsherrn drohenden dringenden Gefahr, so hat der Geschäftsführer nur Vorsatz und grobe Fahrlässigkeit zu vertreten.

1) Anwendungsbereich. Die Haftgsmilderg gilt im Verh zw GeschF u GeschHerr sowohl bei unberecht Übern der GeschFg, § 678, wie bei fehlerh Ausf, § 677 (BGH NJW 72, 475, Hbg VersR 84, 758). Insow gilt sie auch für konkurriende Anspr des GeschHerrn, zB aus § 823 (BGH aaO: Führen eines Kfz dch Angetrunkenen, um zu verhindern, daß der wesentl stärker betrunkene Eigtümer steuert) od aus pVV (Stein ZfBR 88, 252). Darüberhinaus begrenzt die Vorschr auch das Risiko eig Verluste des GeschF. Desh ist ihm auch iR eig Mitverschuldens (§ 254) an einem ihm selbst inf der GeschFg entstandenen Schad nur Vors u grobe Fahrlk zuzurechnen (BGH 43, 188 [194] u Betr 72, 721). Unanwendb ist § 680 auf Schäd, die ein Dr inf der GeschFg erleidet (BGH NJW 72, 475).

2) Voraussetzung. Dringde, dh aktuelle, unmittelb drohde Gefahr für Pers od Verm (BGH VersR 70, 620) des GeschHerrn od eines Angehör (allgM). Es genügt, daß der GeschF eine solche Gefahr ohne grobe Fahrlk irrtüml annimmt („bezweckt"; aA Dietrich JZ 74, 535 [539] mwN; MeingsÜbers Stein ZfBR 88, 252). Nicht Vorauss ist, daß das Eingreifen des GeschF Erfolg hat (BGH 43, 188 [192]). Ob die GeschFg dem öff Interesse entspricht (vgl § 679), ist für § 680 belanglos (RG 101, 19).

3) Rechtsfolge. Im Anwendungsbereich der Norm (oben Anm 1) haftet der GeschF nur für grobe Fahrlk (vgl § 277 Anm 2). Für ihre Beurteilung darf nicht (nochmal) berücks werden, daß der GeschF in einer Gefahrenlage handelt, denn das ist bereits der Grd für die HaftgsPrivilegierg. Dagg kann eine über § 680 hinausgehde Situation bei der Beurteilg grober Fahrlk eine Rolle spielen, so wenn der GeschF überraschd sofort eine Entsch zu treffen hat, für deren Überlegg ihm keinerlei Zt bleibt (BGH NJW 72, 475).

§§ 681–683

681 *Nebenpflichten des Geschäftsführers.* Der Geschäftsführer hat die Übernahme der Geschäftsführung, sobald es tunlich ist, dem Geschäftsherrn anzuzeigen und, wenn nicht mit dem Aufschube Gefahr verbunden ist, dessen Entschließung abzuwarten. Im übrigen finden auf die Verpflichtungen des Geschäftsführers die für einen Beauftragten geltenden Vorschriften der §§ 666 bis 668 entsprechende Anwendung.

1) Allgemeines. Anwendb bei berecht u unberecht GeschFg (vgl Einf 2a) u nach Wahl des GeschHerrn bei angemaßter EigGeschFg (§ 687 II). Ergänzt die HauptPfl des GeschF gem § 677 dch Konkretisierg von NebenPfl u stellt ihn weitgehd einem Beauftr gleich.

2) Pflichten des Geschäftsführers. a) Anzeige der Übernahme (S 1), sobald tunl, dh sobald es die Verh erlauben. Anschließd **Abwarten** der Entschließg des GeschHerrn außer bei Gefahr im Verz. Die Anz läßt idR den Schluß auf FremdGeschFgWillen bei Übern zu, ihre Unterl nicht ow den Schluß, nur auf EigGeschFgWillen (BGH **65**, 354).

b) Informations- u Herausgabepflichten (S 2) bei u nach Ausf wie ein Beauftr gem §§ 666–668; vgl dort.

c) Verstoß verpfl bei Versch den GeschF zu SchadErs. HaftgsMilderg in §§ 680, 682. Der GeschHerr ist so zu stellen, als habe der GeschF rechtzeit angezeigt bzw abgewartet bzw informiert (BGH **65**, 354). Der Anspr entfällt, wenn sich eine erteilte Gen des GeschHerrn auch auf die Ausf erstreckt (vgl § 684 Anm 2).

682 *Fehlende Geschäftsfähigkeit des Geschäftsführers.* Ist der Geschäftsführer geschäftsunfähig oder in der Geschäftsfähigkeit beschränkt, so ist er nur nach den Vorschriften über den Schadensersatz wegen unerlaubter Handlungen und über die Herausgabe einer ungerechtfertigten Bereicherung verantwortlich.

1) Anwendungsbereich. Unmittelb regelt die Vorschr nur die Haftg des geschunf u des in der Geschfgk beschränkten (§§ 104, 106, 114) GeschF bei berecht u unberecht GoA (vgl Einf 2a) im Verh zum GeschHerrn in der Weise, daß er nur nach den Best der unerl Hdlg u der ungerechtf Ber verantwortl ist, Anspr des GeschHerrn gg ihn also nicht auf §§ 677, 678, 681 S 2 gestützt werden können. Beim geschunf GeschF ist das unstr. Im Hinbl auf die Schutzfunktion der Norm u je nach StellgNahme zu der streit Frage, ob die GoA rechtsgeschähnl Hdlg ist od nicht (vgl Einf 1b), besteht Streit darü, ob auf den beschr geschfäh GeschF § 682 stets od nur bei GeschBes tats Art u solchen rechtsgeschäftl Art, denen der ges Vertr nicht zugestimmt hat (§§ 107, 108), anzuwenden ist; bei Zustimmung wäre nicht § 682, es wären vielm §§ 677, 678, 681 S 2 anwendb. Zum MeingsStreit vgl MüKo/Seiler Rdn 2–4, Staud-Wittmann Rdn 2. Nach der hier vertretenen Auffassg (vgl Einf 1b) sind §§ 104ff nicht entspr anwendb (aA LG Aachen NJW **63**, 1252; krit dazu Canaris NJW **64**, 1988) mit der Folge, daß für die Übern der GoA GeschFgk nicht erforderl ist, daß der Geschunf od beschr GeschF stets nur nach § 682 haftet u den AufwErsAnspr nach § 683 hat.

2) Die Haftung des geschunf od -beschr GeschF ergibt sich aus §§ 823ff, insb §§ 827 bis 829, falls in der PflVerl zugl eine uH liegt; sonst aus §§ 812ff. Es handelt sich um eine RGrdVerweisg (Hassold JR **89**, 358; aA RG **81**, 204).

3) Die Geschäftsfähigkeit des Geschäftsherrn ist auf Entstehg des ges SchuldVerh der GoA u seiner Rechte u Pfl daraus ohne Einfluß. Sow es auf seinen Willen ankommt (§§ 677–679, 681 S 1, 683, 684 S 2), tritt der ges Vertr an seine Stelle. Beim bewußtl geschfäh GeschHerrn ist sein mutmaßl Wille maßgebd (vgl § 683 Anm 3b).

683 *Ersatz von Aufwendungen.* Entspricht die Übernahme der Geschäftsführung dem Interesse und dem wirklichen oder dem mutmaßlichen Willen des Geschäftsherrn, so kann der Geschäftsführer wie ein Beauftragter Ersatz seiner Aufwendungen verlangen. In den Fällen des § 679 steht dieser Anspruch dem Geschäftsführer zu, auch wenn die Übernahme der Geschäftsführung mit dem Willen des Geschäftsherrn in Widerspruch steht.

1) Allgemeines. a) Zweck. Die Vorschr ist Tl des interessengerechten schuldr Ausgl zw GeschF u GeschHerr (vgl Einf 1c).

b) Anwendungsbereich ist die Übernahme der GeschFg. Ihre Ausführung ist in §§ 677, 681 geregelt; PflVerstöße dabei führen zu SchadErsAnspr gg den GeschF (vgl § 677 Anm 5d, § 681 Anm 2c), lassen aber seinen Anspr auf Ers der Aufw, sow er reicht (vgl unten Anm 4), unberührt. – Anwendb nur iF berecht GoA (vgl Einf 2a) u bei angemaßter EigGeschFg (§ 687 II S 2). Ausn in § 685. Fehlt eine Vorauss nach § 683, so gilt § 684.

c) Voraussetzungen. Die Übern der FremdGeschBes ohne Legitimation (vgl § 677 Anm 2 bis 4) muß – ausgen iF des § 684 S 2 – dem Interesse (unten Anm 2) sowie – ausgen iF der §§ 679, 684 S 2 – dem Willen (unten Anm 3) des GeschHerrn entsprechen. Daß der bezweckte Erfolg eintritt, ist nicht Vorauss.

2) Interesse des GeschHerrn an der Übern besteht, wenn sie ihm nützl ist. Maßg ist grdsätzl der Ztpkt der Übern; existiert die and Pers da noch nicht, der Ztpkt ihrer Entstehg (Nürnb NJW-RR **87**, 405: BauherrenGemsch). Das ist an Hand der konkreten Sachlage im EinzFall nach der objektiven Nützlichk, subj bezogen auf die Verh seiner Pers festzustellen (Mü NJW-RR **88**, 1013). Irrige Ann des GeschF, auch wenn schuldl, genügt nicht. Das Interesse muß nicht vermrechtl sein (BGH **33**, 251: Hilfe für Verl). Ein daneben bestehdes EigInteresse des GeschF schadet nicht (vgl § 677 Anm 3c, d). Bsp: Bezahlg einer Schuld des GeschHerrn (BGH **47**, 370), außer bei Bestehen einer Einw; Abriß einer baufäll Kommunmauer (BGH **16**, 12). Die Abmahng des Störers bei WettbewVerstoß, auch dch Verein zur Bekämpfg unlaut Wettbew, falls er sich außer der ProzFührg tats mit Aufklärg u Beratg befaßt, ist entgg BGH **52**, 393, BGH NJW **72**, 1988 u NJW **81**, 224 kein Gesch auch im Interesse des Störers (Medicus Rdn 412, Prelinger NJW **82**, 211 u AnwBl **84**, 533, Glaede WRP **84**, 246), sond nur im Interesse des Verletzten od des Vereins. Andernf müßten auch die Kosten eines anwaltschaftl Mahnschreibens nach GoA ersetzb sein, wofür aber einhell bereits eingetretener Verzug Vorauss ist. Die dch InAnsprN eines RA veranlaßten Kosten kann ein derart Verein nicht ersetzt verlangen, weil er dadch nur eig Belange wahrnimmt (BGH NJW **84**, 2525). Nicht mehr nützl ist die GeschBes, wenn ein damit verbundenes Risiko od die Kosten nicht mehr im Verh zum erstrebten Erfolg stehen (Karlsr VersR **77**, 936: Abwehr eines Bankräubers, Düss VersR **73**, 826: Bergg eines Modellflugzeugs aus einer Baumkrone). Die Grenzabfertigg mit Vorlage der MWSt dch den Grenzspediteur entspricht nicht dem Interesse des Empf, wenn er noch keine VfgsBefugn über das Transportgut erlangt hat (Hamm NJW **83**, 1983). – Ohne Bedeutg ist das Interesse iF des § 684 S 2.

3) Der **Wille des Geschäftsherrn** muß darauf gerichtet sein, daß der GeschF die Besorgg gerade für ihn übernimmt, wirkl od mußmaßl Einverständn mit dem zu erlangden Vorteil genügt nicht (BGH BB **82**, 331). Der GeschF hat die Übern der GeschFg, sobald dies mögl ist, dem GeschHerrn anzuzeigen u, wenn nicht mit dem Aufschub Gefahr verbunden ist, dessen Entschließg abzuwarten. Vor ihrem Eingang darf er zu dessen Lasten nur unaufschiebb Hdlgen vornehmen (BGH WM **83**, 679).

a) In erster Linie ist der **wirkliche geäußerte Wille,** ausdr od konkludent, maßg. Ausn in §§ 684 S 2, 679 u den Fällen seiner entspr Anwendbk (§ 679 Anm 3). Die Äußerg muß nicht ggü dem GeschFührer erfolgen, er braucht von ihr keine Kenntn zu haben (allg M). Der geäußerte Wille ist selbst dann maßg, wenn er unvernünft od interessewidr ist, zB idR Bezahlg von Schulden gg Widerspr (MüKo/Seiler Rdn 9), Auszahlg von Kredit ohne Weisg (Ffm VersR **76**, 172).

b) Sonst entscheidet der **mutmaßliche Wille.** Das ist nicht der, den der GeschF subj, sei es auch schuldl irrtüml annimmt, sond derjen, den der GeschHerr bei obj Beurteilg aller Umst im Ztpkt der Übern geäußert haben würde (Mü NJW-RR **88**, 1013). Mangels and Anhaltspkte ist als mutmaßl der dem Interesse des GeschHerrn (oben Anm 2) entspr Wille anzunehmen (BGH **47**, 370 [374] u NJW-RR **89**, 970).

4) **Rechtsfolgen.** Verh zu and AnsprGrdl vgl Einf 4. Verj vgl § 677 Anm 6.

a) **Aufwendungsersatz** wie ein Beauftragter; vgl § 670 Anm 1, 2. Abweichd ist hier, weil es an der Vereinbg der Unentgeltlichk fehlt, eine Tätigk, die zum Beruf od Gewerbe des GeschF gehört, übl zu vergüten (BGH **65**, 384 [390], WM **89**, 801, Köhler JZ **85**, 359). Mehrere GeschF vgl § 677 Anm 3e. – Im Falle des § 1613 I gelten die dort Schranken auch für den Anspr aus § 683 (BGH NJW **84**, 2158).

b) **Schadensersatz.** Hierher gehört insbes die Selbstgefährdg des GeschF bei Hilfeleistg, auch im StrVerk; vgl § 670 Anm 3b bis d, § 677 Anm 3.

c) **Umfang des Anspruchs.** Für die **Aufwendungen** gelten die Ausf in § 670 Anm 2c. Bei ZusTreffen von Fremd- u EigGeschFg (vgl § 677 Anm 3c, d) gelten folgde Grds: Lassen sich die Aufw ggstdl abgrenzen, hat der GeschF Anspr auf Ers der auf die FremdGeschFg entfallen anteil Aufw. Sonst sind Aufw nach dem Gewicht der Verantwortlichk, Interessen u Vorteile zw GeschF u GeschHerrn aufzuteilen (BGH **98**, 235), zB hälftig bei Abriß einer baufäll Kommunmauer (BGH **16**, 12 [16]). Liegt der unmittelb, wesentl Vorteil beim GeschHerrn, hat er die Aufw voll zu ersetzen (MüKo/Seiler Rdn 26). Überh kein Anspr auf AufwErs besteht, wenn bes Vorschr des bürgerl R das Verhältn zw GeschF u GeschHerrn abweichd regeln (BGH **98**, 235). Verzinsg der Aufw § 256. – Für **Schäden** inf GeschFührg (vorstehd b) ist ein Anspr nicht voller Ers sond uU angem Entschädigg zu leisten (BGH **38**, 277; weitergehd Frank JZ **82**, 737 [741]). Sow in den Fällen der §§ 538, 539 I Nr 9 a–c RVO (Hilfeleistg bei ArbUnfall, in Gefahr, bei amtl DienstHdlg, gg Straftat) der Hilfeleistde Anspr gg SozVers hat, verringert sich sein privatrechtl Anspr als GeschF.

684 **Herausgabe der Bereicherung.** Liegen die Voraussetzungen des § 683 nicht vor, so ist der Geschäftsherr verpflichtet, dem Geschäftsführer alles, was er durch die Geschäftsführung erlangt, nach den Vorschriften über die Herausgabe einer ungerechtfertigten Bereicherung herauszugeben. Genehmigt der Geschäftsherr die Geschäftsführung, so steht dem Geschäftsführer der im § 683 bestimmte Anspruch zu.

1) **Bei unberechtigter Übernahme der GoA, S 1** (vgl Einf 2a) hat der GeschF Anspr auf AufwErs nur nach den Vorschr der §§ 812 ff, dh er kann vom GeschHerrn herausverlangen, was dieser dch die GoA erlangt hat, sow sein Verm dadch noch vermehrt ist. Es handelt sich nur um eine RFolgenVerweisg (BGH WM **76**, 1056 [1060]); die Vorauss für den RGrund enthält S 1 selbst. Der Anspr ist abdingb (BGH NJW **59**, 2163). Er entfällt iF des § 685 (BGH WM **84**, 1613). – Anspr des GeschHerrn (§ 677 Anm 5c, §§ 678, 681) bleiben unberührt.

2) **Genehmigung (S 2)** macht die Übernahme der GoA gg das Interesse (§ 683 Anm 2) und/oder den Willen (§ 683 Anm 3) des GeschHerrn diesem ggü im InnenVerh rückwirkd (§ 184) zur berecht (vgl Einf 2a), ohne daß dadch ein AuftrVertr (§ 667) entsteht. Anspr aus § 678 entfallen. Sie hat als solche keine Außenwirkg (vgl Einf 1c); diese beurt sich nach §§ 177, 185 II, doch fällt prakt vielf beides zus. Erkl ggü dem GeschF, ausdr od konkludent, zB meistens dch das Verlangen nach Herausg gem § 681 S 2. Für die Gen gelten sinngem §§ 182, 184 (BGH Betr **89**, 875) u die Ausf in Einf vor § 182. Für beide Seiten handelt es sich um eine RFolgenVerweisg auf §§ 683, 667; abdingb (BGH NJW **59**, 2163). Eine irrtüml EigGeschFg (§ 687 I) kann nicht gen werden (RG **105**, 84 [101]). Auf die Ausführung der GoA bezieht sich die Gen nicht notw, so daß vorher entstandene SchadErsAnspr wg AusfFehlern (vgl § 677 Anm 5d, § 681 Anm 2c) erhalten bleiben können. Anspr auf Gen hat der GeschF nicht (BGH **LM** § 177 Nr 1).

§§ 685–687

685 *Schenkungsabsicht.* ¹ Dem Geschäftsführer steht ein Anspruch nicht zu, wenn er nicht die Absicht hatte, von dem Geschäftsherrn Ersatz zu verlangen.

II Gewähren Eltern oder Voreltern ihren Abkömmlingen oder diese jenen Unterhalt, so ist im Zweifel anzunehmen, daß die Absicht fehlt, von dem Empfänger Ersatz zu verlangen.

1) Bedeutung. AusnVorschr zu §§ 683, 684 S 1, also weder Anspr auf AufwErs noch aus ungerechtf Ber (BGH WM **84**, 1613). Geltd zu machen dch rechtshindernde Einw des GeschHerrn. Dessen Anspr aus GoA bleiben unberührt.

2) Abs I. Die einseit Abs im Ztpkt der Übern der GeschFg, keinen Ers zu verlangen, läßt den AufwErs-Anspr nicht entstehen. Sie muß nach außen erkennb sein, ausdr od den Umst nach, zB wenn Sohn schützt den Vater gg körperl Mißhandlg dch and Sohn u wird dabei verl (BGH **38**, 302; keine Verallgemeinerg, daß bei Verwandtenhilfe stets ErsAbs fehlt). Schwiegersohn baut im Haus der Schwiegermutter für sich u seine Familie ein Wohng aus (BGH WM **84**, 1613). Da VerzWille, ist Geschfgk, iF des § 107 Einwilligg des ges Vertr erforderl. – BewLast GeschHerr für fehlde Abs, AufwErs zu verlangen. – Irrt über den wirkl Gesch-Herrn vgl § 686 Anm 2.

3) Abs II enthält RVermutg (BGH **38**, 302 [305]). Gilt nur zw Verwandten in gerader Linie, nur sow zu der UnterhLeistg keine Verpfl besteht u nur im Verh des Leistdn zum Empf, nicht zu einem vorrang UnterhPflichtigen, zB bei Leistg des Großvaters an den Enkel im Verh zum Vater; insow gilt Abs I, sow nicht ges FdgsÜbergang stattfindet, zB § 1615b. BewLast umgekehrt wie in Abs I beim GeschF für bestehde Absicht, AufwErs zu verlangen.

686 *Irrtum über Person des Geschäftsherrn.* Ist der Geschäftsführer über die Person des Geschäftsherrn im Irrtume, so wird der wirkliche Geschäftsherr aus der Geschäftsführung berechtigt und verpflichtet.

1) Anwendungsbereich. Bewußtsein u Wille, für einen and tät zu w (§ 677 Anm 3) müssen sich nicht auf eine best Pers beziehen. PersVerwechslg, fehlde od irr Vorstellg über Identität od Existenz dessen, den es angeht, sind unerhebl. Gilt auch für subj fremde Gesch (§ 677 Anm 3b; aA RGRK/Steffen Rdn 3). Irr Ann der Berechtigg od Verpfl zur GeschFg ggü dem GeschHerrn vgl § 677 Anm 4, ggü einem Dr vgl § 677 Anm 3d.

2) Wirkung. Berecht u verpfl aus der GeschFg ist ohne Rücks auf die Vorstellg des GeschF nur der wirkl GeschHerr, also derjen, in dessen R- u Interessenkreis das Gesch fällt. Lediql in § 685 befreit die Vorstellg, von einem best vermeintl GeschHerrn keinen Ers zu verlangen, nicht ow den wirkl GeschHerrn (MüKo/Seiler Rdn 4, RGRK/Steffen Rdn 5). Gleiches gilt bei mehreren GeschHerrn.

687 *Vermeintliche Geschäftsführung; unechte Geschäftsführung.* ¹ Die Vorschriften der §§ 677 bis 686 finden keine Anwendung, wenn jemand ein fremdes Geschäft in der Meinung besorgt, daß es sein eigenes sei.

II Behandelt jemand ein fremdes Geschäft als sein eigenes, obwohl er weiß, daß er nicht dazu berechtigt ist, so kann der Geschäftsherr die sich aus den §§ 677, 678, 681, 682 ergebenden Ansprüche geltend machen. Macht er sie geltend, so ist er dem Geschäftsführer nach § 684 Satz 1 verpflichtet.

1) Irrtümliche Eigengeschäftsführung (Abs I) hat ein obj fremdes Gesch (vgl § 677 Anm 3a) zum Ggst, es fehlt aber das Bewußtsein, es als fremdes, dh für einen and (vgl § 677 Anm 3) zu besorgen. Desh handelt es sich nicht um GoA, §§ 677ff gelten nicht, es gibt auch keine Gen nach § 684 S 2 (RG **105**, 84 [92]). Unerhebl ist, ob der Irrt auf Fahrlk beruht od nicht; vgl aber unten Anm 2c. Anspr eines od beider Teile aus und RGrden bleiben unberührt.

2) Angemaßte Eigengeschäftsführung (Abs II). a) Begriff, Voraussetzungen. Auch sie hat ein obj fremdes Gesch (vgl § 677 Anm 3a) zum Ggst (BGH Betr **89**, 1762), der GeschF weiß dies auch, hat aber trotz dieses Bewußtseins nicht die Abs, das Gesch als fremdes zu führen (vgl § 677 Anm 3), sond führt es vorsätzl in seinem eig Interesse. Daß er das fremde Gesch im eig Namen abschließt, steht der Anwendg des Abs II nicht entg (RG **138**, 45 [49] für Verk fremder Sachen). Pos Kenntn der Anfechtbark genügt nach § 142 II (RG aaO). Gleichgült ist, ob der GeschHerr selbst das Gesch vorgen hätte od nicht. Wg fehlden FremdGeschFgWillens handelt es sich wie vorstehd Anm 1 auch hier nicht um GoA, Abs II gibt aber dem GeschHerrn zur Verbesserg seiner RStellg zusätzl zu u in Frage kommden Anspr diejen aus GoA. Die GeldtgMachg geschieht noch nicht dch Verlangen nach Ausk u Rechensch, weil es erst der Vorbereitg dient, sond erst mit dem Verlangen nach Herausg od SchadErs (RGRK/Steffen Rdn 32, MüKo/Seiler Rdn 13). Eine Gen iS des unanwendb § 684 S 2 liegt darin nicht. Der GeschF, der ein besch der Gesellsch bewußt als eig führt, fällt nicht unter Abs II (BGH Betr **89**, 1762; vgl Anm 4 aE).

b) Rechtsfolgen. aa) Der **Geschäftsherr** hat die Erf-, Informations- u SchadErsAnspr aus §§ 677, 678 ohne die Beschrkgen in §§ 679, 680, 681, der seiners auf §§ 666 bis 668 verweist. Dabei sind die SchadErs-Anspr wg AusfVersch (vgl § 677 Anm 5d) in Hinbl auf § 678 u die Anspr aus § 681 S 1 ohne prakt Bedeutg. Der HerausgAnspr (vgl § 667 Anm 3a, b) erstreckt sich auch auf den über den Wert hinausgehden Veräußergsgewinn (RG **138**, 45 [50]: Verk einer unterschlagenen Sache). Für beschrgeschl u geschunfäh GeschF gilt § 682. – **bb)** Der **Geschäftsführer** hat, aber nur dann, wenn der GeschHerr seiners Anspr aus GoA geltd macht (BGH **39**, 186), Anspr aus § 684 S 1. Ggü dem Anspr des GeschHerrn auf Herausg des Erlangten kann er wertsteigernde Aufw ersetzen verlangen, sow der GeschHerr auf seine Kosten um sie bereichert ist (RG **138**, 45, [50]).

Einzelne Schuldverhältnisse. 12. Titel: Verwahrung § 687, Einf v § 688

c) **Verletzung fremder Ausschließlichkeitsrechte** (ImmaterialgüterR, UrhR, gewerbl SchutzR). **aa)** Geschieht sie **schuldlos**, hat der Verl Anspr auf Beseitigg der widerrechtl Beeinträchtigg, bei Wiederholgsgefahr auf Unterl (§§ 97 I 1 UrhRG, 139 I PatG, 15 I GebrMG, 14a I 1 GeschmMG, 24, 25 I WZG; vgl Vorbem 8, 9 vor § 823) u auf Herausg der ungerecht Ber (vgl Einf 6b vor § 812). – **bb)** Geschieht sie **schuldhaft**, hat der Verl Anspr auf Ers des VermSchad, für den es gewohnhrechtl u teilw nach den SpezialGes eine dreifache BerechngsMethode gibt (vgl Däubler JuS **69**, 49, Schmidt-Salzer JR **69**, 81; vgl § 823 Anm 12b): Entweder konkret nach §§ 249ff einschl des Gewinns, den der Verl erwarten konnte (§ 252). Oder abstrakt auf Zahlg einer Lizenzgebühr, wie sie der Verletzer üblicherw bei Abschl eines (fingierten) LizenzVertr hätte bezahlen müssen (BGH **44**, 372 [379], BAG Betr **86**, 2289). Oder drittens Herausg des dch den Eingr erzielten Gewinns oRücks darauf, ob auch der Verl ihn erzielt haben würde mit den HilfsAnspr auf AuskErteilg u RechngsLegg. Das ist eine Ausweitg der §§ 687 II, 666, 667 u aus dem Fall fahrl EigGeschFg. Vorstehde rechtl Beurteilg ist anerk für die Verl von UrhR (§ 97 I 2 UrhRG, BGH GRUR **59**, 379 [383]; in § 97 II sogar Ers des NichtVermSchad in Geld), PatR (§ 139 II PatG, BGH NJW **62**, 1507), Gebr- u GeschmustersR (§§ 15 II GebrMG, 14a I GeschmMG, BGH GRUR **63**, 255 u 640), Warenzeichen (§ 25 II WZG, BGH **34**, 320, **44**, 372, **99**, 244), Firmen- u NamensR (BGH **60**, 206), bei WettbewVerstößen (BGH **57**, 116, **60**, 168: Nachahmg, BGH GRUR **77**, 539: Verl eines BetrGeheimn, BGH **52**, 393 u NJW **81**, 224: Kosten der vorprozessualen Abmahng dch einen Verein zur Bekämpfg unlauteren Wettbew; vgl aber § 683 Anm 2), bei Verl des R am eig Bild, falls überh Zust des Berecht zur Verwertg in Betr kam (BGH **20**, 345 [353]), sonst nur Ers des immat Schad (BGH **26**, 349 [352]). MitVersch des Verl ist zu berücksichtigen. – **cc) Nicht anwendbar** ist § 687 II auf Eingr in GewBetr (BGH **7**, 208 [218]) u in vertragl begr ausschl RPosition wie Verl einer AlleinVerkAbrede (BGH NJW **66**, 1117 [1119] u NJW **84**, 2411: Eigenhändler), Verl eines vertragl WettbewVerbots (BGH NJW **88**, 3018), unberecht Untervermietg (BGH NJW **64**, 1853).

Zwölfter Titel. Verwahrung

Einführung

1) Wesen. Begriff: § 688. Personen: Hinterleger u Verwahrer. Der VerwVertr ist wie das Darl (Einf 1 vor § 607) nach überwiegder Auffassg KonsensualVertr, der mit der Einigg zustandekommt u mit der Überg der Sache in Vollzug gesetzt wird (Larenz II § 58, BGH **46**, 48 für den LagerVertr). Formfrei. – Mögl auch ein Vorvertr, der aber meist einen Anspr nur für den Hinterleger begründet. – Der VerwVertr kann entgeltl oder unentgeltl sein, Auslegungsfrage, § 689. Im unentgeltl Vertr begründet stets Verpfl des Verwahrers, dagg uU auch solche des Hinterlegers, §§ 693, 694, er ist also unvollk zweiseit Vertr (Einf 1b vor § 320) u GefälligkVertr (Einf 1a, 2b vor § 662). Im EinzFall kann es sich auch um reines GefälligkVerh ohne RBindg handeln (vgl Einl 2 vor § 241) handeln (Köln OLGZ **72**, 213). Der VerwVertr ist entgeltl Vertr, wenn das Entgelt GgLeistg u nicht nur Zusage der Erstattg von Aufw ist; er ist, wenn entgeltl, ggs Vertr. Das Entgelt ist die GgLeistg für die Aufbewahrg u die damit verbundene Mühewaltg.

2) Inhalt des VerwVertr ist Gewährg von Raum u Übern der Obhut, mögl nur an **beweglichen Sachen,** bei Grdst liegt DienstVertr od Auftr vor. Bei bloßer Raumgewährg handelt es sich um Raummiete od Raumleihe (BGH **3**, 200). StahlschrankVertr ist daher Miete (RG **141**, 101). Bloßes Dulden des Ein- u Abstellens ist nicht Verw, sond ein GefälligkVertr nicht geregelter Art. Der Verwahrer hat kein Recht, die hinterlegte Sache zu gebrauchen; wird es ausbedungen, so liegt, falls nicht bloß Nebenabrede, Miete od Leihe vor. UU trifft ihn aber als NebenVerpfl eine GebrPfl, falls zur Erhaltg des Sache nöt, zB Bewegen des Pferdes. Auch and NebenPfl (Wertpapierkontrolle, RG DJ **36**, 1475) sind mögl. Der VerwVertr erstreckt sich auf die dem Verwahrer in Obhut gegebene Sache in ihrer tatsächl Gesamth, also auch auf den Inhalt eines Kfz einschl des Kofferraums (BGH NJW **69**, 789). – Umgekehrt findet sich eine VerwPfl häuf als **Nebenverpflichtung eines anderen Vertrages,** so beim Kauf, Auftr, Leih-, Dienst-, Werk-, GeschBesorggs-, beim Kommissions-, Speditions-, FrachtVertr; hierzu § 611 Anm 8b dd u § 631 Anm 2b; vgl ferner HGB §§ 362 II, 379 I; bei AnnVerzug des Gläub nach § 304; wenn Anwalt Urk treuhänderisch vom Gegner entgg nimmt oder Beh Sachen in öffrechtl Verw nimmt (BGH NJW **52**, 658). Es gilt dann das Recht des betr Vertr, die §§ 688 ff können nur uU ergänzd herangezogen werden, § 690 hat grdsätzl auszuscheiden. Unter Umst wird aber in solchen Fällen keine VerwahrgsPfl nebenher übernommen, nur Gelegenh zum Abstellen der Sachen (vgl oben), insb zum Ablegen von Überkleidg, geboten, so vom Arzt, RA, Wirt (RG **104**, 45, **105**, 302), ggü den Klienten, Gästen usw, selbst dann, wenn ein bes Raum zur Vfg gestellt wird (RG **109**, 262). Doch kann auch eine Pfl zur Aufbewahrg der Überkleider als NebenVerpfl bestehen, so aGrd der Vereinsmitgliedsch beim Besuch der Vereinsräume (RG **103**, 265), beim Theaterbesuch auch ohne bes Entgelt aus dem Verk der Theaterkarten geschl Vertr, vor allem dann, wenn Notwendigk od Zwang zum Ablegen der Kleider besteht, zB bei abhäng DVerpfl § 611 Anm 8 b dd, bei Badeanstaltsbesuchern, bei Besuchern von Gaststätten mit Zwang zum Ablegen außerh der Gaststube (LG Kln MDR **63**, 135, KG MDR **84**, 846); kein VerwVertr dadch, daß der Kellner die am Tisch abgelegte Garderobe entgg dem Wunsch des Gastes an einen Garderobehaken hängt (BGH NJW **80**, 1096). – Vorsorge des Verwahrers gg Fälschg von Kleidermarken (RG **113**, 425). – Beschränkg u selbständ Ausschluß der Haftg iR des § 276 ist mögl, muß aber deutl, zB durch augenfäll Aushänge, geschehen, Aufdruck auf den Kleidermarken reicht nicht aus (RG **113**, 425); bei Überraschg u dadurch bewirkter Zwangslage kann Beschränkg od Ausschl nach § 138 nichtig od treuwidr sein. Auch Verpachtg der Ablage muß bekanntgemacht w, um den Gastwirt usw von der eig Haftg freizustellen (RG JW **24**, 95). – Als Verwahrer haftet die Eisenbahn für Reise- u Handgepäck, das in Aufbewahrgsstellen von Bahnhöfen verwahrt wird, HGB §§ 454, 456, 458, 459, EVO § 36.

3) Besondere Arten der Verwahrung. Die §§ 688 ff gelten, soweit die Sonderregelgn nicht entggstehen.

Einf v § 688, §§ 688–692 2. Buch. 7. Abschnitt. *Thomas*

a) Sequestration (GemeinschVerwahrg): Hingabe einer Sache an einen Verwahrer zur gemeinschaftl Verw für mehrere, mit Abrede über Rückg an alle od einen, vgl §§ 432, 1217, 1281, 2039, FGG § 165. Die §§ 688 ff gelten nur bei bewegl Sachen, u soweit dem Sequester nicht andere Befugn übertr sind. Für Grdst: Auftr od DienstVertr ZPO §§ 848, 855.

b) Lagergeschäft, HGB §§ 416–424 und das OrderlagerGesch, VO v 16. 12. 31.

c) Vertr über **Verwahrung von Wertpapieren** nach DepotG v 4. 2. 37 (bereinigte Fassg BGBl III Nr 4130–1) dch einen Kaufmann (§ 1 II DepotG). Das G kennt die SonderVerw als Grdform, ferner die DrittVerw, die SammelVerw (hier entsteht MitEigt der mehreren Eigtümer, u zwar mit Ztpkt des Eingangs beim Sammelverwahrer), die TauschVerw. Für die zwei letztgenannten VerwArten ist grdsätzl ausdrückl Einzelermächtigg nötig. – Das G gilt nicht für verschlossen übergebene WertP sowie für die unregelm Verw von Wertpapieren (§ 700, dort Anm 4), die aber auch der Form bedarf, § 15 DepotG.

4) Verwahrung im eigentl Sinn ist **nicht:**

a) Die **unregelmäßige (Summen-)Verwahrung** des § 700, vgl dort.

b) Das aGrd einer **Hinterlegung** entstehende öffrechtl VerwVerh. Die §§ 688 ff gelten hier uU als RGedanken auch des öff Rechts. Vgl näher Einf 3 a vor § 372 u § 700 Anm 5.

c) Für die **öffentlichrechtliche Verwahrung,** zB bei Beschlagnahme (RG 166, 222), Überreich zur Akte (RG JW 34, 2842) gelten die §§ 688 ff rechtsähnl, und zwar auch dann, wenn die Beh zur Veräusserg der verwahrten Sachen befugt ist (BGH NJW 52, 658). Nicht jede behördl Beschlagn od öffrechtl Verstrickg, sondern nur solche, die mit einer Besitzergreifg durch die Beh unter Ausschluß des Berecht von eig Obhuts-, Sichergs- u FürsorgeMaßn verbunden ist, begründet öffrechtl Verw (BGH WM 75, 81). Keine öffrechtl Verw an Rechtsinbegriff (GeschVermögen, BGH aaO), auch nicht an Fdgen u Bankguth (BGH WM 62, 1033). Anspr aus öffrechtl Verw gehören vor die Zivilgerichte, § 40 II VwGO.

d) Die „**besondere amtliche Verwahrung**" der Testamente gem §§ 2258 a, b.

5) Internationales Privatrecht vgl EG Art 28 Anm 4 j.

688 *Begriff.* Durch den Verwahrungsvertrag wird der Verwahrer verpflichtet, eine ihm von dem Hinterleger übergebene bewegliche Sache aufzubewahren.

1) Einf 1 u 2 vor § 688.

689 *Vergütung.* Eine Vergütung für die Aufbewahrung gilt als stillschweigend vereinbart, wenn die Aufbewahrung den Umständen nach nur gegen eine Vergütung zu erwarten ist.

1) Einf 1 vor § 688. Über die Höhe der Vergütg entscheidet Taxe od Üblichk, die §§ 612, 632 gelten entspr; bei Fehlen gilt § 316. Für die Sequestration (Einf 3 a) vgl FGG § 165. Vgl auch HGB §§ 354, 420 (Lagergeld).

690 *Haftung bei unentgeltlicher Verwahrung.* Wird die Aufbewahrung unentgeltlich übernommen, so hat der Verwahrer nur für diejenige Sorgfalt einzustehen, welche er in eigenen Angelegenheiten anzuwenden pflegt.

1) Einf 1 vor § 688. Es gilt § 277. Unentgeltl Verw liegt nicht vor, wenn ein Entgelt als mittelb bedungen zu gelten hat, ferner nicht, wenn Verw eine, wenn auch nicht mit bes Entgelt bedachte, NebenVerpfl eines anderen entgeltl Vertr ist, ebso nicht in den Fällen öffrechtl Verw (BGH 4, 192); vgl auch Einf 4.

691 *Hinterlegung bei Dritten.* Der Verwahrer ist im Zweifel nicht berechtigt, die hinterlegte Sache bei einem Dritten zu hinterlegen. Ist die Hinterlegung bei einem Dritten gestattet, so hat der Verwahrer nur ein ihm bei dieser Hinterlegung zur Last fallendes Verschulden zu vertreten. Für das Verschulden eines Gehilfen ist er nach § 278 verantwortlich.

1) Grund: Das VertrauensVerh; ebso beim Auftr, § 664. – „Drittverwahrg" ist gestattet nach § 3 DepotG (mit abw Regelg), Sammelverwahrg nach dort § 5. – Auch bei Gestattg wird Anz nöt sein, da VerwÄnderg, § 692. Zwischen dem Hinterleger u dem Drittverwahrer entsteht kein VerwVerh, jedoch wird dem Hinterleger der vertragl HerausgAnspr, entspr §§ 556 III, 604 IV, auch ggü dem Dr zu geben sein. – Über die Folgen der befugten u der unbefugten Weitergabe an den Dr u der Zuziehg von Geh § 664 Anm 1, 2.

692 *Änderung der Aufbewahrung.* Der Verwahrer ist berechtigt, die vereinbarte Art der Aufbewahrung zu ändern, wenn er den Umständen nach annehmen darf, daß der Hinterleger bei Kenntnis der Sachlage die Änderung billigen würde. Der Verwahrer hat vor der Änderung dem Hinterleger Anzeige zu machen und dessen Entschließung abzuwarten, wenn nicht mit dem Aufschube Gefahr verbunden ist.

Einzelne Schuldverhältnisse. 12. Titel: Verwahrung §§ 692–700

1) Bei unberechtigter Änderg SchadErs. An einseit Weisgen des Hinterlegers ist Verwahrer nicht gebunden, anders beim Auftr, § 665. – Unter Umst besteht Pfl zu Änderg.

693 *Ersatz von Aufwendungen.* Macht der Verwahrer zum Zwecke der Aufbewahrung Aufwendungen, die er den Umständen nach für erforderlich halten darf, so ist der Hinterleger zum Ersatze verpflichtet.

1) Subjektiver Maßstab, wie beim Auftr, § 670. § 693 gilt nicht für Aufw, die Verwahrer schon nach dem Inhalt des VerwVertr zu übernehmen verpfl ist, insb im allg für die Raumgewährg. Verwahrer hat ein ZbR (§ 273); macht er es geltd, so kann für die Folgezeit nicht das vereinb Entgelt gefordert werden, es bestehen nur Anspr nach §§ 987 ff (Celle NJW **67**, 1967), uU ein AufrechngsR, aber kein gesetzl PfdR (anders Lagerhalter HGB § 421).

694 *Schadensersatzpflicht des Hinterlegers.* Der Hinterleger hat den durch die Beschaffenheit der hinterlegten Sache dem Verwahrer entstehenden Schaden zu ersetzen, es sei denn, daß er die gefahrdrohende Beschaffenheit der Sache bei der Hinterlegung weder kennt noch kennen muß oder daß er sie dem Verwahrer angezeigt oder dieser sie ohne Anzeige gekannt hat.

1) Anspr aus c. i. c. (RG **107**, 362); falls Verstoß erst nach VertrSchl, echter VertrAnspr. Haftg des Hinterlegers für vermutetes Versch. Er kann sich dch Bew seiner Schuldlosigk, der AnzErstattg, od der Kenntn des Verwahrers befreien; fahrl Unkenntn des Verwahrers befreit den Hinterleger nicht; Verwahrer braucht sich also um Beschaffenh nicht zu kümmern; im übr gilt § 254.

695 *Rückforderungsrecht des Hinterlegers.* Der Hinterleger kann die hinterlegte Sache jederzeit zurückfordern, auch wenn für die Aufbewahrung eine Zeit bestimmt ist.

1) Folgt aus dem Wesen des VerwVertr, bei Abdingg liegt daher kein VerwVertr vor. – Nicht zu unangem Zeit, uU angem RückgFrist, § 242. VertrEnde erst mit Rückg. Im Konkurse hat Hinterleger ein AussondergsR, KO § 43. – Über GgRechte § 693 Anm 1. – Eigt eines Dritten entbindet nicht von der RückgabePfl (RG JW **25**, 472), eig Eigt des Verw nur, wenn er seiner sofort Rückg fordern dürfte, § 242. – BewLast des Verw, wenn zur Herausg außerstande (BGH NJW **52**, 1170) od VerwGut beschädigt (BGH **3**, 162).

696 *Rücknahmeanspruch des Verwahrers.* Der Verwahrer kann, wenn eine Zeit für die Aufbewahrung nicht bestimmt ist, jederzeit die Rücknahme der hinterlegten Sache verlangen. Ist eine Zeit bestimmt, so kann er die vorzeitige Rücknahme nur verlangen, wenn ein wichtiger Grund vorliegt.

1) Abdingb. Zeitbestimmg kann sich auch aus VertrZweck ergeben. – Nicht zu unangemessener Zeit, § 695 Anm 1. – Nichtrückn ist Ann- u Leistgsverzug, daher uU SchadErsPfl, § 286, od BereichergsAnspr bis zur Höhe des Wertes der verwahrten Sache (Karlsr MDR **69**, 219); bei entgeltl Verw gilt, falls ggs Vertr (Einf 1 vor § 688), § 326. – Sonderregelg in HGB § 422.

697 *Rückgabeort.* Die Rückgabe der hinterlegten Sache hat an dem Orte zu erfolgen, an welchem die Sache aufzubewahren war; der Verwahrer ist nicht verpflichtet, die Sache dem Hinterleger zu bringen.

1) RückgOrt ist der vertragl VerwOrt. RückgPfl ist daher Holschuld, für Geldschulden (§ 700 I 3) gilt daher § 270 nicht. Über GgRechte: § 693 Anm 1.

698 *Verzinsung des verwendeten Geldes.* Verwendet der Verwahrer hinterlegtes Geld für sich, so ist er verpflichtet, es von der Zeit der Verwendung an zu verzinsen.

1) Grund: Verw hat kein GebrR, Einf 2 vor § 688. Bei gestatteter Geldverwendg gilt § 700 I 2.

699 *Fälligkeit der Vergütung.* ¹Der Hinterleger hat die vereinbarte Vergütung bei der Beendigung der Aufbewahrung zu entrichten. Ist die Vergütung nach Zeitabschnitten bemessen, so ist sie nach dem Ablaufe der einzelnen Zeitabschnitte zu entrichten.
II Endigt die Aufbewahrung vor dem Ablaufe der für sie bestimmten Zeit, so kann der Verwahrer einen seinen bisherigen Leistungen entsprechenden Teil der Vergütung verlangen, sofern nicht aus der Vereinbarung über die Vergütung sich ein anderes ergibt.

1) Über Sichergsrechte § 693 Anm 1.

700 *Unregelmäßiger Verwahrungsvertrag.* ¹Werden vertretbare Sachen in der Art hinterlegt, daß das Eigentum auf den Verwahrer übergehen und dieser verpflichtet sein soll, Sachen von gleicher Art, Güte und Menge zurückzugewähren, so finden die Vorschriften über das

§ 700, Einf v § 701, § 701

Darlehen Anwendung. Gestattet der Hinterleger dem Verwahrer, hinterlegte vertretbare Sachen zu verbrauchen, so finden die Vorschriften über das Darlehen von dem Zeitpunkt an Anwendung, in welchem der Verwahrer sich die Sachen aneignet. In beiden Fällen bestimmen sich jedoch Zeit und Ort der Rückgabe im Zweifel nach den Vorschriften über den Verwahrungsvertrag.

^{II} Bei der Hinterlegung von Wertpapieren ist eine Vereinbarung der im Absatz 1 bezeichneten Art nur gültig, wenn sie ausdrücklich getroffen wird.

1) Wesen. Der unregelm (uneigentl) VerwVertr ist weder Darl noch Verw, sond begründet ein Schuld-Verh bes Art, das sich von der Verw durch den Übergang des Eigt auf den Verwahrer, vom Darl dadurch unterscheidet, daß es nicht überwiegd dem Interesse des Empf, sond dem des Hinterlegers dient; daher meist niedrigerer Zinsfuß als beim Darl. – Mögl nur an vertretb Sachen. – **Hauptfälle:** Bank-, Postscheck- u SparkEinlagen, vgl Einf 3 u vor § 607.

2) Abschluß. KonsensualVertr (Einf 1 vor § 688), jedoch Übereign der Sachen, mit Abrede der Rückerstattg von Sachen gleicher Art usw, I 1. Begründ eines unregelm VerwVertr auch dch Schuldumwandlg wie nach § 607 II (RG **67,** 264). In der Gestattg des Verbr gem I 2 bei od nach VertrAbschl liegt VertrAngebot auf Übereign, im Verbrauch die Ann. Umwandlg des VerwVerh in die unregelm Verw u dingl Wirkg des EigtÜbergangs treten dann vom Ztpkt der Aneigng ab ein, bis dahin hat Hinterleger also noch das AussondersgR des § 43 KO.

3) Rechtswirkung. Es gelten die DarlVorschr, abgesehen von Zeit u Ort der Rückg; hierfür gilt iZw VerwahrgsR (§§ 695–697). Insbes also Recht jederzeitiger RückFdg des Hinterlegers, jedoch hier, anders als nach § 695, abdingb („iZw"). § 694 gilt nicht. Aufr- u ZbR des Verwahrers bestehen.

4) Abs II. Für die unregelm Verw von **Wertpapieren** gilt I nur bei ausdrückl Abrede. Weitergehde FormVorschr bestehen hierfür, soweit DepotG in Frage kommt (Einf 3c vor § 688).

5) Für die Hinterlegg von Geld bei den **Hinterlegungsstellen gilt § 700 nicht, Einf 3a bis c vor § 372. Nach § 7 HintO geht das hinterlegte Geld in das Eigt des Staates über.

Dreizehnter Titel. Einbringung von Sachen bei Gastwirten

Einführung

1) Allgemeines. a) Es besteht **Erfolgshaftung** des Gastw für Schäden an eingebrachten Sachen des Gastes oRücks darauf, ob ihn od seine Leute ein Versch trifft, mit der Einschränkg, daß Kfz u die in diesen belassenen Sachen nicht zu den eingebrachten Sachen gehören (§ 701 IV). Bei dieser Erfolgshaftg handelt es sich um einen Fall der gesetzl Haftg für Betriebsgefahr (BGH **32,** 149). – Der Gastw haftet der Höhe nach beschr, aber unabdingb.

b) Das G beruht auf dem von der BRep ratifizierten Übk v 17. 12. 62 über die Haftg der Gastw für die von ihren Gästen eingebrachten Sachen (BGBl II **66,** 270; iKr getr 15. 2. 67, BGBl II **67,** 1210). Es erstrebt Erleichterg des internat ReiseVerk u Mindestschutz des Reisenden. Von der zuläss Besserstellg der Gäste hat die BRep bei Festsetzg der Höchstbeträge (§ 702 I) Gebrauch gemacht.

2) Beherbergungsvertrag. Die im wesentl als Erfolgshaftg ausgestaltete Haftg des Gastw für eingebr Sachen tritt meist (aber nicht notw, § 701 Anm 3a) innerh eines bestehenden SchuldVerh (§ 276 Anm 10b), des sog BeherberggsVertr (BGH NJW **63,** 1449, Brschw NJW **76,** 570) ein. Sie gilt nicht iR des GastAufn-Vertr mit dem Schank- u Speisewirt; auch dann nicht, wenn dieser entgg dem Wunsch des Gastes die am Tisch abgelegte Garderobe in Garderobehaken verbringen läßt (BGH NJW **80,** 1096). Außerdem nicht für die Bereitstellg von Taggs-, Besprechgs-, ArbRäumen in einem Hotel (Liecke NJW **82,** 1800). Wg der VerwahrgsPfl u Haftg für abgelegte KleidgsStücke vgl Einf 2 vor § 688. Der BeherberggsVertr ist ein im BGB, abgesehen von der Regelg der Einbringg von Sachen, nicht bes geregelter gemischter Vertr (§ 305 Anm 5, Einf 3b vor § 535). Wesentl Bestandt ist Zimmermiete; daher besteht insb SchadHaftg ohne Versch gem §§ 537, 538 (BGH aaO u NJW **75,** 645), doch gelten auch die Vorschr über Dienst-, WkVertr, uU Kauf, da nicht nur Miete, sond „Beherbergg" (Beleuchtg, Heizg usw, ggf auch Beköstigg) gewährt werden. Umkehr der BewLast vgl § 282 Anm 2. Grund der verschärften Haftg aus §§ 701ff ist der vom Wirt zu eig Nutzen geführte Betrieb, der den Gast wg des häuf PersWechsels Gefahr bringt, daneben auch der Bew-Notstand des Gastes. Verj der GastAnspr nach § 195 (über Verwirkg der ErsatzAnspr nach §§ 701ff vgl § 703), der WirtsAnspr nach § 558 (BGH WPM **78,** 733), od, sow sie nicht darunter fallen, nach § 196 I Nr 4. – Zuständigk für beide AnsprArten: AmtsG, GVG § 23 Ziff 2b. – §§ 701ff gelten nur für Sach-, nicht für PersSchäden, zB durch Benutzg der Räume, auch nicht dem BeherberggsVertr, auch wenn Schad bereits bei Anbahng erlitten (§ 276 Anm 6), u aus unerl Hdlg (RG **169,** 87). – Über die Haftg der Eisenbahnen HGB §§ 454, 456, 458 iVm EVO, der Bundespost § 276 Anm 8b.

3) Internationales Privatrecht vgl EG Art 28 Anm 4k.

701 *Haftung des Gastwirtes.* ^I Ein Gastwirt, der gewerbsmäßig Fremde zur Beherbergung aufnimmt, hat den Schaden zu ersetzen, der durch den Verlust, die Zerstörung oder die Beschädigung von Sachen entsteht, die ein im Betrieb dieses Gewerbes aufgenommener Gast eingebracht hat.

^{II} Als eingebracht gelten
1. Sachen, welche in der Zeit, in der der Gast zur Beherbergung aufgenommen ist, in die Gastwirtschaft oder an einen von dem Gastwirt oder dessen Leuten angewiesenen oder von dem

Einz. SchuldVerh. 13. Titel: Einbr. v. Sachen b. Gastwirten § 701 1–4

Gastwirt allgemein hierzu bestimmten Ort außerhalb der Gastwirtschaft gebracht oder sonst außerhalb der Gastwirtschaft von dem Gastwirt oder dessen Leuten in Obhut genommen sind;
2. Sachen, welche innerhalb einer angemessenen Frist vor oder nach der Zeit, in der der Gast zur Beherbergung aufgenommen war, von dem Gastwirt oder seinen Leuten in Obhut genommen sind.
Im Falle einer Anweisung oder einer Übernahme der Obhut durch Leute des Gastwirts gilt dies jedoch nur, wenn sie dazu bestellt oder nach den Umständen als dazu bestellt anzusehen waren.

III Die Ersatzpflicht tritt nicht ein, wenn der Verlust, die Zerstörung oder die Beschädigung von dem Gast, einem Begleiter des Gastes oder einer Person, die der Gast bei sich aufgenommen hat, oder durch die Beschaffenheit der Sachen oder durch höhere Gewalt verursacht wird.

IV Die Ersatzpflicht erstreckt sich nicht auf Fahrzeuge, auf Sachen, die in einem Fahrzeug belassen worden sind, und auf lebende Tiere.

1) Allgemeines. Vgl zunächst Einf vor § 701. **Abs I** enthält den Grds der GefährdgsHaftg u stellt klar, daß Gast Anspr auch dann hat, wenn er nicht Eigtümer der eingebr Sache ist. Es handelt sich dann um einen ges Fall der DrSchadLiquidation; der Eigtümer hat daneben keinen Anspr aus § 701 (hM, zB MüKo/Hüffer Rdn 27). – **Abs II** definiert den Begr der eingebrachten Sache u den Haftgszeitraum. – **Abs III** schließt die Haftg unter best Voraussetzgen allg, **Abs IV** speziell für Kfz mit Inhalt u für lebde Tiere aus.

2) Gastwirt, I. Es haftet nur der Gastw, der gewerbsm Fremde zur Beherbergg aufnimmt, nicht der Schank- od Speisewirt; vgl Einf 2 vor § 701. Dazu gehören auch die Inhaber (od Pächter) von FamPensionen, wenn sie Gäste auch zu kürzerem Aufenthalt aufnehmen, Verpfleggsgewährg ist unerhebl (RG **103**, 9); nicht dagg die Zimmervermieterin, da sie nicht „beherbergt", sond nur vermietet, zum Gebr überläßt (Warn 20 Nr 198). Nicht nach §§ 701ff haften die Personenschiffahrts- u SchlafwagenGesellsch, da Beherbergg nur Nebenleistg der Beförderg, mag auch bei letzteren der BefördergsVertr mit einem anderen (der Bahn) geschl sein; hierü Hoffmann-Walldorf, Die Bundesbahn **52**, 524 u Voggenberger JurBl (Wien) **55**, Heft 9/10 (aA hins der Haftg der SchlafwagenGesellsch); nicht die Sanatorien (RG **112**, 59), da nur Nebenleistg des ArztVertr, nicht die Hütten der Alpenvereinssektionen, soweit nicht gewerbsm betrieben (bei Verpachtg haftet Pächter nach §§ 701ff); regelmäß nicht der Inhaber eines Campingplatzes (Kblz NJW **66**, 2017); auch nicht der Reiseveranstalter als solcher (LG Bln NJW **85**, 144; aA LG Ffm NJW **83**, 2263, Tempel JuS **84**, 81 [90]).

3) Gastaufnahme, I. a) Der Gast muß im Betr des Wirts **aufgenommen** sein. Aufn ist einseit tatsächl Akt des Wirtes, von Gültigk des BeherbergsVertr unabhäng. GeschFgk beiders daher unnötig. Aufgen ist auch der zahlende Gast, zB der Reiseleiter, ebenso der unselbständ Begleiter, nicht aber der PrivBesuch des Wirtes, selbst wenn ihm ein Gastzimmer zugewiesen ist; auch nicht die Wirtsangestellten od dort arbeitende Handwerker, desgl nicht Besucher des Gastes. – Ist dem Gast nur eine Unterkunft angeboten, ist es jedoch nicht zu seiner Aufn gekommen, so haftet der Gastw nur nach den Grdsätzen des Versch bei VertrSchl (§ 276 Anm 6).

b) Zur Beherbergung muß der Gast aufgen sein, sei es auch nur tagsüber; bloßes Einkehren zu Mahlzeiten genügt nicht. Auch Aufn zu längerem Aufenth fällt unter § 701 (RG **103**, 10).

4) Eingebrachte Sachen. Abs II enthält die BegrBestimmg. Zu unterscheiden ist einmal **zeitlich** zw dem Schaden währd u dem vor od nach der Beherbergg (Ziff 1 u 2) u zum and **örtlich** zw dem Schaden in u dem außerh der Gaststätte (Ziff 1). Die Verantwortlichk für die Leute des Gastw w für alle Fälle näher geregelt.

a) Schaden an Sachen während der Beherberggszeit, Ziff 1. Diese beginnt mit Aufn des Gastes in das Hotel, sie endet, wenn er es verläßt. Für die Zeit vorher u nachher Haftg nur unter den Vorauss der Ziff 2 (vgl unten b)

aa) Sachen, die **in die Gastwirtschaft** gebracht werden. Dazu gehören auch solche, die der Gast bei sich führt, zB Kleider, Uhr, Brieftasche, Schmuck (Kblz VersR **53**, 484); ebenf die im FrühstZimmer abgelegte Oberbekleidg (RG **105**, 203). Zur Gastwirtsch gehören auch die dem Betr unmittelb zugeordneten Räume, Gbde u Anl wie TaggsRäume, FreizeitEinrichtgen (LG Kblz NJW **83**, 760).

bb) Sachen, die an einen Ort **außerhalb der Gastwirtschaft** gebracht werden, wenn dieß von dem Gastw od seinen Leuten **angewiesen** worden ist; zB Kofferabstellplätze in Nebengebäuden od Schuppen. Entspr gilt, ohne daß es insow einer besonderen Anweisg bedarf, von Orten, die der Gastw hierzu allg bestimmt hat; diese Bestimmg muß also irgendwie, zB durch Anschlag, ersichtl sein. – Haftg ferner für Sachen, die der Gastw od seine Leute **in Obhut genommen** haben; insow ist wenigstens konkludente Einigg hierü erforderl.

b) Schaden an Sachen vor oder nach der Beherbergungszeit, Ziff 2. Über diesen Zeitraum vgl vorstehd a; nur angemessene Ausweitg dieser Zeit. Vorausssetzg auch hier, daß die Sachen **in Obhut** genommen worden sind. – Beisp: Übern des vorausgesandten Gepäcks od des Gepäcks am Bahnhof (RG **1**, 84), Empfang des Gepäckscheins (Hbg OLG **40**, 304), od des hierauf ausgehändigten Gepäcks (Düss JW **31**, 1977), Transport des Gepäcks zum u dessen Aushändigg am Parkpl od Bahnhof. Versehentl zurückgelassenes Gepäck wird nicht ow in Obhut gen, Haftg hierfür nur nach allg Grdsätzen (unerl Hdlg, GoA).

Zu a und b. Leute des Gastw sind zur Anweisg eines Ortes außerh der Gastwirtsch (Ziff 1) od zur Übern in Obhut (Ziff 1 u 2) nur befugt, wenn sie hierzu bestellt od den Umst nach als hierzu bestellt anzusehen sind.

aa) Zu den Leuten gehören FamAngeh, Angest u Arbeiter des Gastw, die im Zushg mit dem GastwBetr, wenn auch nicht gerade in Erfüllg des BeherberggsVertr, u vielleicht auch nur vorübergeh (Aushilfsarbeiter) tätig werden. Begr also weiter als der des ErfGeh (§ 278); vgl auch §§ 431, 607 I HGB.

bb) Die Leute müssen vom Gastw bestellt od den Umst nach als bestellt anzusehen sein. Beisp: Fahrer am Bahnh od Parkpl, die Gepäck (RG **1**, 84) od Gepäckschein in Obhut nehmen; Hauspersonal hinsichtl der

§§ 701, 702

Anweisg von Abstellplätzen außerh des Hauses. Einzelfall entscheidet, ob Bestellg den Umst nach anzunehmen.

5) Haftungsausschluß, III. Gastw haftet nicht, wenn der Schad **durch den Gast,** seinen Begleiter usw allein **verursacht** worden ist; Versch unerhebl. Bei schuldh Mitverursachg od Unterlassg der Abwendg durch den Gast gilt § 254 (BGH **32**, 150); vgl auch § 702 Anm 4. – **Die Beschaffenheit** eingebr Sachen führt zum HaftgsAusschl, auch wenn durch sie andere eingebr Sachen des Gastes beschädigt worden sind. – Über **höhere Gewalt** vgl § 203 Anm 3: Äußeres, betriebsfremdes, bei aller Vorsicht nicht voraussehb u abwendb Ereign, daher regelm nicht Diebstähle (RG **75**, 390; Kblz VersR **55**, 439), Brandschäden im Gebäudeinnern (RG LZ **20**, 647).

6) Keine Haftung für Fahrzeuge usw, IV, nach §§ 701 ff, auch soweit in Hotelgarage od fremder Sammelgarage untergebracht. Ausschl bezieht sich auf alle Fahrzeuge, also auch auf Motorräder, Fahrräder, mitgeführte Boote (LG Bückeburg NJW **70**, 1853), nicht jedoch auf Kinderwagen u Krankenfahrstühle (Weimar NJW **66**, 1156). Grd für HaftgsAusschl: Haftg besteht auch in vergleichb Fällen nicht; Gast kann sich gg diese Risiken versichern (BTDrucks V/147). – Entspr gilt für die **in diesen Fahrzeugen belassenen Sachen;** auch für außen aufgeschnallte (BTDruckS V/147). – Auch für **lebende Tiere** haftet Gastw nicht, gleichviel ob sie in Obhut genommen od am dritten Ort untergebracht worden sind. – Der HaftgsAusschl bezieht sich nur auf die Haftg für eingebr Sachen nach §§ 701ff. Haftg aus unerl Hdlg od aGrd eines im Rahmen des BeherberggsVertr geschl Miet- od VerwahrgsVertr bleibt unberührt, zB Haftg für Diebstahl bei entgeltl Einstell des Kfz in Garage, auch für Diebstahl aus dem Kofferraum gem §§ 688, 282, 254 (BGH NJW **69**, 789); Haftg für Beschädigg des auf dem zugewiesenen Hotelparkplatz abgestellten Pkw des Gastes inf mangelh Zustands der Abstellfläche nach § 538, auch wenn ein bes Entgelt dafür nicht berechnet wird (BGH **63**, 333: abbrechder Ast beschädigt Pkw; diese Haftg ist dch ein Schild „Parken auf eig Gefahr" nicht ausgeschl).

7) Umfang der Haftung und Freizeichnung vgl §§ 702, 702a.

8) Für sein Bedienungspersonal haftet der Gastw nach § 278. Mangelh Bedieng, zu messen am Rang des Hotels (BGH NJW **69**, 789), kann ein wicht Grd zur fristlosen Künd (§ 626) des GastaufnVertr sein (AG Garmisch NJW **69**, 608).

9) Beweislast. Der Gast muß das Einbringen u den Verlust währd der EinbringgsZeit bew (KG VersR **71**, 571).

702 Beschränkung der Haftung; Wertsachen.

^I Der Gastwirt haftet auf Grund des § 701 nur bis zu einem Betrage, der dem Hundertfachen des Beherbergungspreises für einen Tag entspricht, jedoch mindestens bis zu dem Betrage von eintausend Deutsche Mark und höchstens bis zu dem Betrage von sechstausend Deutsche Mark; für Geld, Wertpapiere und Kostbarkeiten tritt an die Stelle von sechstausend Deutsche Mark der Betrag von eintausendfünfhundert Deutsche Mark.

^{II} **Die Haftung des Gastwirts ist unbeschränkt,**
1. wenn der Verlust, die Zerstörung oder die Beschädigung von ihm oder seinen Leuten verschuldet ist;
2. wenn es sich um eingebrachte Sachen handelt, die er zur Aufbewahrung übernommen oder deren Übernahme zur Aufbewahrung er entgegen der Vorschrift des Absatzes 3 abgelehnt hat.

^{III} Der Gastwirt ist verpflichtet, Geld, Wertpapiere, Kostbarkeiten und andere Wertsachen zur Aufbewahrung zu übernehmen, es sei denn, daß sie im Hinblick auf die Größe oder den Rang der Gastwirtschaft von übermäßigem Wert oder Umfang oder daß sie gefährlich sind. Er kann verlangen, daß sie in einem verschlossenen oder versiegelten Behältnis übergeben werden.

1) Allgemeines. Vgl zunächst Einf vor § 701. **Abs I:** Grdsatz der summenmäß beschr Haftg für eingebr Sachen; sie ist zwingd, § 702a. – **Abs II:** Ausn von diesem Grdsatz bei VerschHaftg (Ziff 1) od bei Schäden an zur Aufbewahrg übern od zu Unrecht nicht übern Sachen (Ziff 2); diese Haftg ist zT zwingd, § 702a. – **Abs III:** AufbewahrgsPfl.

2) Summenmäßig beschränkte Haftung, I. Für eingebr Sachen haftet Gastw nur summenmäß beschr. Beschränkg errechnet sich aus Kombination des tägl BeherberggsPr mit Mindest- u Höchstsätzen.

a) Regelfall. Die Haftg ist begrenzt auf das Hundertfache des tägl BeherberggsPr; maßgebd der NettoPr ohne Zuschläge für Bedieng, Heizg, Frühst usw. Hierdch wird der Rang des Hotels u die Art des dem Gast zur Verfügg gestellten Zimmers gewertet. Dieser Betrag ist weiter begrenzt nach oben auf DM 6000 u nach unten auf 1000 DM. Gehaftet wird also oRücks auf den BeherberggsPr für Schäden bis zu DM 1000 u auch bei BeherberggsPr über 60 DM nicht über 6000 DM.

b) Für Geld, Wertpapiere und Kostbarkeiten gilt statt des HöchstBetr von 6000 DM der von 1500 DM. Haftg also auch hier oRücks auf den BeherberggsPr bis 1500 DM; jedoch auch bei BeherberggsPr über 15 DM keine Haftg über 1500 DM. – **Begriff:** Geld, Wertpap u Kostbark vgl § 372 Anm 2 u § 1818 Anm 2b. Zu den Kostbark gehören nicht als KleidgsStück getragene Pelze (Hamm JuristR **82**, 1081); für diese kann jedoch der Gastw unbeschr haften, wenn er sie zur Aufbewahrg übern hat, II Ziff 2, § 702a.

c) Beherbergung Mehrerer. Belegen zwei od mehrere Pers ein Doppel- od Mehrbettzimmer, so erhält der Gastwirt den BeherbggsPr für jede einz Pers (jedes Bett), nicht für das Zimmer. Er haftet desh jeder Pers bis zum 100-fachen des auf sie treffden tägl Beherbggs-(Betten)Pr, mind jed bis 1000 DM u höchstens bis zu den in Abs I genannten HöchstBetr. Dabei spielt es keine Rolle, ob die Aufn einheitl od getrennt

Einz. SchuldVerh. 13. Titel: Einbr. v. Sachen b. Gastwirten §§ 702–703

erfolgte u ob jeder Gast od einer – zB der Ehemann – den BeherberggsVertr geschl hat (BGH 63, 65). Gleiches gilt für die geschl Aufn einer PersGruppe (ReiseGesellsch, Sportmannsch) zu einem Ges-(Pauschal)Pr, wobei sich der BeherberggsPr für den Einz aus der Dividierg des GesPr dch die Anzahl der Teiln ergibt.

3) Unbeschränkte Haftung, II, wenn

a) der Schad von dem Gastw od seinen Leuten **verschuldet** ist, Ziff 1. Über den Begr „Leute" vgl § 701 Anm 4 „Zu a und b"; auch leichte Fahrlk genügt. Beisp: mangelh Zimmerschloß (RG 75, 386). Keine EntlastgsMöglichk.

b) der Schad eintritt an zur **Aufbewahrung** übern eingebr Sachen od an solchen, deren **Aufbewahrung zu Unrecht abgelehnt worden** ist, Ziff 2 iVm III.

aa) Aufbewahrung eingebr Sachen dch den Gastw selbst od den dazu bestellten Vertreter, zB Chefportier; nicht jedoch Nachtportier bzgl größerer GeldBetr (RG 99, 71). Ist mehr als Übern der Obhut, wie §§ 701 II Ziff 1, 702 II Ziff 2 zeigen. Sie ist echte Nebenabrede mit Einigg der Part wie beim VerwahrgsVertr (ebso MüKo/Hüffer Rdn 11). Auch eingebr Sachen, die nicht zu den Wertsachen nach III gehören, können, wenn sich der Gastw hierzu bereit findet, zur Aufbewahrung übern werden. Für Fahrz wird nicht wie für eingebr Sachen nach §§ 701 ff gehaftet, § 701 IV; über Haftg für sie nach allg Vorschriften vgl § 701 Anm 6.

bb) Ablehnung der Aufbewahrung von eingebr Wertsachen begründet Pfl zum Ers vollen Schad, wenn Gastw zu deren Aufbewahrg nach III verpflichtet ist. Begr der Wertsachen weiter als der der Kostbark. Die Verpfl ist nach den Umst des Einzelfalles, insbes im Hinbl auf Größe u Rang der Gastwirtsch zu beurteilen. Lehnt Gastw zu Recht, weil AufbewahrgsPfl fehlt, Aufbewahrg der eingebr Sache ab, so haftet er nur iR des Abs I, also bei Geld, Wertpap u Kostbark nach I, 2. Halbs u bei and Wertsachen nach I, 1. Halbs.

4) Mitverschulden des Gastes. Alleinige Verursachg des Schad durch den Gast u MitVersch vgl § 701 III u Anm 5. – Soweit für den SchadErs die Begrenz nach I zu beachten ist, ist der Schad zunächst entspr § 254 zu teilen, der auf den Gastw fallende Teil ist sodann auf den HöchstBetr des Abs I zurückzuführen (BGH 32, 149 zu § 702 aF).

702a *Erlaß der Haftung.* ᴵ Die Haftung des Gastwirts kann im voraus nur erlassen werden, soweit sie den nach § 702 Abs. 1 maßgeblichen Höchstbetrag übersteigt. Auch insoweit kann sie nicht erlassen werden für den Fall, daß der Verlust, die Zerstörung oder die Beschädigung von dem Gastwirt oder von Leuten des Gastwirts vorsätzlich oder grob fahrlässig verursacht wird oder daß es sich um Sachen handelt, deren Übernahme zur Aufbewahrung der Gastwirt entgegen der Vorschrift des § 702 Abs. 3 abgelehnt hat.

ᴵᴵ Der Erlaß ist nur wirksam, wenn die Erklärung des Gastes schriftlich erteilt ist und wenn sie keine anderen Bestimmungen enthält.

1) Allgemeines. Vgl zunächst Einf vor § 701. **Abs I.** Die Haftg des Gastw ist **im voraus** nur in best Fällen beschränkbar. Anlehng der Fassg an § 276 II. **Abs II,** Form dieses Erlasses.

2) Summenmäßig begrenzte Haftung (§ 702 I) ist zwingend, I S 1, u zwar oRücks darauf, ob der Schad ow unter § 702 I fällt, od der Gastw für ihn nach § 702 II an sich unbeschr haftet. Auch in letzterem Fall ist er zumindest iR der Haftungsgrenzen des § 702 I zu ersetzen.

3) Haftung auch über die summenmäßige Begrenzung hinaus (§ 702 II), also der Höhe nach unbeschr, ist **zwingend,** I S 2:

a) im Fall des § 702 II Ziff 1, wenn SachSchad dch Gastw od seine Leute vorsätzl od grob fahrl verurs wird.

b) im Fall des § 702 II Ziff 2, wenn Gastw entgg seiner Verpfl (§ 702 III) Aufbewahrg der Sache abgelehnt hat.

4) Freizeichnung des Gastw ist danach **nur zulässig,** soweit es sich um den Ers des über die summenmäß Begrenzg hinausgehden Schad (§ 702 I) handelt u auch da nur für die Schäden, die:

a) auf nur **leichter Fahrlässigkeit** des Gastw od seiner Leute beruhen (§ 702 II Ziff 1) od

b) die an Sachen entstehen, die der Gastw **zur Aufbewahrung übernommen** hat (§ 702 II Ziff 2). Auch hier jedoch keine Freizeichng von Vorsatz od grober Fahrlk des Gastw od seiner Leute.

5) Form der Freizeichnung, II. Schriftl, § 126. Die Erklärg muß sich auf den Erlaß der Haftg beschränken, eine SchutzVorschr zG des Gastes. Formverstoß: Nichtigk, § 125.

703 *Erlöschen des Schadensersatzanspruchs.* Der dem Gast auf Grund der §§ 701, 702 zustehende Anspruch erlischt, wenn nicht der Gast unverzüglich, nachdem er von dem Verlust, der Zerstörung oder der Beschädigung Kenntnis erlangt hat, dem Gastwirt Anzeige macht. Dies gilt nicht, wenn die Sachen von dem Gastwirt zur Aufbewahrung übernommen waren oder wenn der Verlust, die Zerstörung oder die Beschädigung von ihm oder seinen Leuten verschuldet ist.

1) Regel, Satz 1. Zum Erhalt des SchadErsAnspr ist **Schadensanzeige** erforderl. Sie soll dem Gastw ermöglichen, Ermittlgen nach SchadGrd u -Höhe aufzunehmen. Gast muß dem Gastw Schad unverzügl

§§ 703–705   2. Buch. 7. Abschnitt. *Thomas*

nach KenntnErlangg anzeigen. Die Anz muß konkrete Angaben über den Schad enthalten, da andernf Nachprüfg unmögl. Empfangsbedürft WillErkl. Unverzüglickh vgl § 121 Anm 2.

2) Ausnahme, Satz 2. Die SchadAnz ist entbehrl bei Schäden:
a) an vom Gastw **zur Aufbewahrung** übern Sachen (vgl § 702 II Ziff 2 u dort Anm 3b aa);
b) **infolge Verschuldens** des Gastw od seiner Leute (vgl § 702 II Ziff 1 u dort Anm 3a; über „Leute" vgl § 701 Anm 4 „Zu a und b"). Anders als beim zul HaftgsAusschl (§ 702a I, 2) schließt auch schon leichte Fahrlk Erlöschen des SchadErsAnspr aus.

704 **Pfandrecht des Gastwirtes.** Der Gastwirt hat für seine Forderungen für Wohnung und andere dem Gaste zur Befriedigung seiner Bedürfnisse gewährten Leistungen, mit Einschluß der Auslagen, ein Pfandrecht an den eingebrachten Sachen des Gastes. Die für das Pfandrecht des Vermieters geltenden Vorschriften des § 559 Satz 3 und der §§ 560 bis 563 finden entsprechende Anwendung.

1) Allgemeines. Vgl zunächst Einf 1–3 vor § 701.

2) Gesetzliches Pfandrecht. Es steht zu nur dem Gastw iS des § 701. Ein VermieterPfdR besteht daneben nicht. Das PfdR besteht nur an Sachen, die dem Gast, nicht Dr, gehören. Es besteht für alle Fdgen aus dem BeherberggsVertr (Einf 2 vor § 701), bei dessen Ungültigk für den BereicherungsAnspr des Gastw (ebso MüKo/Hüffer Rdn 3). An Sachen, die aufgenommenen Begleitern gehören, besteht PfdR nur, soweit der Wirt Fdgen gg sie hat, also grdsätzl nicht, wenn BeherberggsVertr gültig mit dem Hauptgast geschl. – Unter die Fdgen fallen auch solche aus Beschädigg. Für schuldh Raumbeschädigg durch eine Begleitperson haftet auch der Hauptgast, daher PfdR an Sachen beider. – Das PfdR besteht nicht an den nicht der Pfändg unterworfenen Sachen, S 2 u § 559 S 3. – Zu § 560 S 2: Der Gastw darf der vorübergehen Entfernng einz Sachen, zB für Ausflug, nicht widersprechen. Mitnahme des ganzen Gepäcks bei Abreise entspricht zwar den „gewöhnl Lebensverhältn", hindert aber den Widerspr des Wirtes nicht.

Vierzehnter Titel. Gesellschaft

Literatur: Außer den Lehrbüchern Fischer, Die Gesellsch bürgerl Rechts, 1977; Flume, Allg Tl des Bürgerl R, Die Personalgesellsch, 1977; Klaus u Lange, Die Gesellsch des bürgerl R, 1981; Ulmer, Die Gesellsch des bürgerl R, 1980.

705 **Begriff.** Durch den Gesellschaftsvertrag verpflichten sich die Gesellschafter gegenseitig, die Erreichung eines gemeinsamen Zweckes in der durch den Vertrag bestimmten Weise zu fördern, insbesondere die vereinbarten Beiträge zu leisten.

Übersicht:

1) Rechtsformen der Gemeinschaftsinteressen-Verwirklichung
2) Gesellschaft, Begriff
3) Vertrag
 a) Abschluß
 b) Abänderung
 c) Gegenseitiger Vertrag
 d) Abschlußmängel
4) Zweck
 Wirkungen
5) Gesamthandvermögen
6) Verwaltungsregelung
7) Schuldrechtliche Beziehungen
 a) Ansprüche der Gesamthand
 b) Verpflichtungen der Gesamthand
 c) Verwaltungsrechte der einzelnen Gesellschafter
 d) Einzelansprüche eines Gesellschafters gegen einen anderen Gesellschafter
8) Außen- und Innengesellschaft
9) Anwendungsgebiet
 a) Subsidiäre Geltung
 b) Geltung im Wirtschaftsleben, Konsortien, Kartelle
 c) Die Arbeitsgemeinschaft in der Bauwirtschaft
10) Gesellschaftsähnliche Verträge
11) Internationales Privatrecht

1) Rechtsformen der Verwirklichung von Gemeinschaftsinteressen.

a) Mehrere können im RVerkehr Leistgen austauschen, insb dch Abschl eines ggs Vertr. Sie können sich aber auch zur Verfolgg gemeins Interessen zusammentun od dch und Umst zu einer InteressenGemsch kommen. Das BGB regelt die Beziehgen mehrerer in einer InteressenGemsch, die zu gemeinschaftl Berechtigg geführt hat, in §§ 741 ff unabhäng vom EntstehgsGrd. BruchtGemsch können mit od ohne Vertr entstehen. Die §§ 741 ff treten zurück ggü den Sonderregeln der drei GesHandsGemschaften im BGB: des vertragl ZusSchlusses zur ZweckGemsch (der G), §§ 705 ff, der ehel GütGemsch, §§ 1415 ff, u der ErbenGemsch, §§ 2032 ff. Auch die §§ 1008 ff, die einz Regeln für die BruchteilsGemsch mehrerer Eigtümer (Miteigentum) geben, gehen §§ 741 ff vor.

b) Gesellschaft und nichtrechtsfähiger Verein. G des BGB schafft zwar zw den Gtern eine enge, dch die Bildg des GesHandvermögens (Anm 5) über den Rahmen des SchuldR hinausgehde Verbindg, schließt die VertrGenossen aber nicht zu einer RPerson zus. Die zur GesHand gehörden R u Pfl stehen den GesHändern (Gtern) in ihrer Verbundenh zu (Blomeyer JR **71**, 397, hM). Das unterscheidet sie von der rechtsfäh Körpersch, insb dem rechtsfäh Verein des BGB, §§ 21 ff, u den KapitalG des HandelsR. Die G unterscheidet sich aber ferner auch von der nichtrechtsfäh Körpersch des BGB, dem nichtrechtsfäh Verein. Dieser ist keine G, sond körperschaftl Natur, obwohl auf ihn gem § 54 die §§ 705 ff grdsätzl anzuwenden

Einzelne Schuldverhältnisse. 14. Titel: Gesellschaft **§ 705** 1–3

sind. Demzufolge mußte die Praxis zahlr Abwandlgen inf der grdsätzl Verschiedenh des nichtrechtsfäh Vereins von der G zulassen. Der nichtrechtsfäh Verein unterscheidet sich von der G insb dch den Dauerzweck, die körperschaftl Organisation, niedergelegt in der Satzg, dch den Gesamtnamen u dch seine Einrichtg auf wechselnden MitglBestand (RG **143**, 213). Zur Abgrenzg eingehd Reuter ZGR **81**, 364. Vgl auch § 54 Anm 1, 2.

2) Gesellschaft. Begriff: Ein auf die Erreichg eines gemeins Zwecks gerichteter Vertr läßt eine BGB-Gesellsch entstehen, soweit nicht Sonderregeln, zB HGB §§ 105, 161 ff, eingreifen od der ZusSchluß körperschaftl Charakter (Anm 1b) hat. Über die Organisation braucht der Vertr nichts zu enthalten, es greift dann die gesetzl Regelg der §§ 709 bis 715 ein. Die G führt keinen eig Namen, sie wird dch den Namen ihrer Gter bezeichnet. Eine davon abweichende Bezeichnung ist im Interesse der RSicherh nur in engen Grenzen zuläss und darf nicht firmenähnl sein (Zwernemann BB **87**, 774).

3) Vertrag.

a) Abschluß dch einand entspr WillErkl mehrerer. Ggsatz: Entstehg kr G, so meist Gemsch des § 741. Die GGründg ist echte Einigg, nicht Gesamtakt (wie die Künd durch mehrere Mieter: bei ihr liegen gleichgerichtete Erkl vor). Sie ist nicht nur schuldr Vertr, fällt vielm auch in das Pers- u GemschR. Die in erster Linie auf den schuldbegründden Vertr zugeschnittenen §§ 145 ff passen daher auf den GVertr, jedenf den von mehr als zwei Gtern, nicht ow. – Auch jur Pers können VertrPartner sein (RG **163**, 149), ebso nichtrechtsfäh PersVereiniggen. So kann eine BGB-G Mitgl in einer and, nicht aber – aus handelsregisterr Grden – in einer OHG sein (Hohner NJW **75**, 718; aA Klamroth BB **83**, 796). Beteiligt sich an einer G des BGB eine and G des BGB od eine OHG, so sind die Mitgl der letzteren auch Gter der ersteren, jedoch nicht einz, sond in ihrer Verbundenh als geshänder RTräger. Der TrHänder od Strohmann, nicht der Hintermann ist Gter (BGH WM **62**, 1354), er verliert diese Stellg erst mit seinem Ausscheiden od Übertr seiner Beteiligg an den TrGeber (BGH BB **71**, 368). Der TrHdVertr kann bei übermäß Bindg des Treugebers nichtig sein (BGH **44**, 158). – **Abschlußform:** grdsätzl formfrei (BGH WM **62**, 880), and in den Fällen der §§ 311, 313 (BGH WM **78**, 752; vgl § 313 Anm 3c). Formfrei ist die Verpfl, MitgliedschR zu erwerben od zu übertr, auch wenn das GVerm im wesentl aus GrdBes besteht (BGH WM **83**, 1110). Formfrei, wenn Grdst nur zur Benutzg überlassen (§ 706 Anm 1 d, BGH WM **65**, 744, BGH WM **67**, 610). And in den Fällen des § 518 (BGH WM **67**, 685 unentgeltl Beteiligg an einer InnenG). **Vormundschaftsgerichtliche Genehmigung** ist nöt gem § 1822 Nr 3. Über **Vorvertrag** Einf 4b vor § 145. Über **Abschlußmängel** u ihre Folgen unten d.

b) Die **Abänderung** des GVertr bedarf der Einstimmigk. Sieht der GVertr allgem Entscheidg dch Stimmenmehrheit vor, so bezieht sich eine derart allg VertrBest nur auf Akte iR der GeschFg (BGH **8**, 41, NJW **85**, 2830); jedoch ist auch hier stets zu prüfen, ob der GVertr auch die beabsichtigte konkrete Maßregel der MehrEntsch überlassen will (BGH WM **66**, 707). Das ist idR zu verneinen, wenn es sich handelt um Änderungen von wesentl Rechten od Pfl der Gter, insbes Bestand od Organisation der G, also der sog **Gesellschaftsgrundlagen** (BGH WM **61**, 301), wie Zweck, Mitgliedsch (BGH WM **61**, 301, § 717 Anm 1a, § 736 Anm 1–3), Ausschluß, § 737 (anders Kündigg, 723; einseitig mögl), GeschFg u Vertretg (vgl aber dazu Vorbem 3a Abs 2 vor § 709), Übertr des ganzen GVerm an einen Dr (RG **162**, 372), Vereinbg der Auflösg (Hamm Betr **89**, 815), AuseinandS, Erhöhg der Beiträge (BGH **8**, 41), rückwirkde Berechg der Höhe des GewinnAntls zum Nachtl der einz Gter (BGH NJW-RR **87**, 285), Verz auf SchadErsAnspr gg geschführden Gter wg VertrVerletzg (BGH NJW **85**, 2830). Doch können auch Abänderngen der Grdlagen dch GVertr der Entscheidg der Mehrh od den sonst GOrganis mit unmittelb, nicht bloß verpflichtder Wirkg übertr werden, wenn aus dem GVertr ersichtl ist, daß gerade für die in Frage stehde Abänderg, insb für die Erhöhg der BeitrPfl bis zu einer best Höchstgrenze (BGH WM **76**, 1053) od für die Veränderg der Mehr-Verh selbst (BGH NJW **88**, 411), das Prinzip der Einstimmigk nicht gelten solle, sog BestimmthGrds (zufassd Marburger NJW **84**, 2252; Schiessl Betr **86**, 735). Dieser Grds gilt nicht für PublikumsG. Sind vertr-ändernde MehrhBeschl auch dann zul, wenn der GVertr das vorsieht, ohne die BeschlGgst näher zu bezeichnen (BGH **71**, 53 u **85**, 350). Grdsätzl zuläss ist auch eine Vereinbg, daß verzichtb GterR ohne wicht Grd nach freiem Erm der GterMehrh entzogen werden können (BGH NJW **73**, 651), bei wicht Grd auch der Ausschl eines Gters, § 737 Anm 1. Verpfl, einer Abänderg der GesellschGrdlagen zuzustimmen, nur ausnahmsw (BGH BB **54**, 456); so wg Fortfalls od Änderg der GeschGrdlage für den Eintritt eines Gters, die unter zumutb Aufrechterhaltg des GVertr eine Anpassg an die veränderten Umst rechtfert od erfordert (Br NJW **72**, 1952 für KG: Änderg vereinb NachfKlausel nach Ehescheidg). Ungünst wirtsch Folgen iF einer Liquidation der G reichen nicht aus als Grd für eine Verpfl zur Zust zu einer Änd des GV; ebso wenn die Umst, die nach der Meing der Mehrh eine solche Änd erfordern, bei VertrSchluß bereits vorhersehb waren od gar im Vertr berücksicht sind (BGH Betr **73**, 1545). Die Verpfl, einem MehrhBeschl zuzustimmen, ist idR mit LeistgsKl dchzusetzen (BGH NJW-RR **87**, 285). ÄndergsBeschlüsse, die nicht die GesellschGrdlagen betreffen, sind iF einer Vereinbg auch mit Mehrh wirks, wenn nicht zustimmen Gter a Grd ihrer TreuePfl verpfl sind, der Maßn, insbes zur Erhaltg des Geschaffenen zuzustimmen u ihnen dies unter Berücksichtigg ihrer eig schutzwerten Belange zumutb ist (BGH Betr **85**, 479 zur Publikums KG: Streichg der Verzinsg von Gter-Darl).

c) Gegenseitiger Vertrag. Nach stRspr ist der GVertr ggs Vertr, obwohl nicht auf Austausch, sond auf Vereinigg von Leistgen gerichtet (näher Einf 1d aa vor § 320). Jedoch sind §§ 320 ff, insb die mehr als zweigliedr G, nur mit Einschränkgen anwendb (Hueck, GRecht § 6 II 3). Das **Leistsverweigerungsrecht nach § 320,** weil ein and Gter nicht leistet, ist nur in der ZweimannG od bei Säumn aller MitGter anzuerkennen. Bei der mehrgliedr G würde es prakt zu einer Lähmg der G überh führen, wenn alle Gter im Hinbl auf die Säumn des Gters ihre Leistg verweigern könnten (BGH LM § 105 HGB Nr 11). LeistgVR des Gters iF argl Täuschg vgl § 706 Anm 1b. Die **§§ 323, 324** werden, mit Abweichgen im einz, für anwendb gehalten (RG **158**, 326; aA bzgl § 323 RGRK/v Gamm Rdn 9); fristl Künd aus § 723 I dürfte aber ausreichen, falls nicht sogar, so im allg bei der ZweimannG, § 726 eingreift. Das **Rücktrittsrecht aus §§ 325, 326** ist ab

§ 705 3, 4   2. Buch. 7. Abschnitt. *Thomas*

Beginn der Tätigk der G nach außen dch das Recht zur fristl Künd nach § 723 I ersetzt, da eine Rückaufrollg des GVerh zur Verwirrg führen würde (BGH WM **67**, 420). Dasselbe gilt für den **Wegfall der Geschäftsgrundlage** (BGH NJW **67**, 1082). Aus demselben Grde kommt der SchadErsAnspr wg NichtErfüllg des ganzen Vertr nach §§ **325, 326** nicht in Frage; statt dessen allg SchadErsAnspr wg schuldh Herbeiführg der Auflösg durch Veranlassg der Künd (RG **89**, 400, **123**, 23; vgl § 628 II u dort Anm 3).

d) Abschlußmängel. Der GVertr kann aus den allg Grden nichtig sein, zB als Schein Gesch (RG **142**, 104), wg Mangels der GeschFgk (BGH **17**, 160), Anf wg Irrt, argl Täuschg, wg versteckten Einiggsmangels (BGH **3**, 285). Nicht jedoch wg offenen Einiggsmangels, wenn G nach dem Willen aller Gter in Vollzug gesetzt war; die Ausleggsregel des § 154 S 1 gilt hier nicht (BGH NJW **60**, 430). Nach §§ 134, 138 nichtig ist der GVertr idR nur, wenn der vertrmäß verfolgte GZweck selbst verboten od sittenwidr ist. Eine einz verbotene od sittenwidr Betätigg, zB Hinterzieh v GrdErwerbsteuer, berührt die Wirksamk des GVertr als solchen nicht (BGH WM **76**, 1026). Sind einz Teile der gesvertragl Vereinbgen nichtig, zB sittenwidr Übervorteilg od Knebelg eines Gters od wg Verstoßes gg § 313, so hängt es v EinzFall ab, ob sich dies nach § 139 auf den GVertr auswirkt od ob zB der Vertr unter den Nichtbetroffenen fortbesteht (BGH WM **62**, 463). Wirkt sich der nichtige Teil auf den ganzen Vertr aus, so führt dies wie bei and AbschlMängeln nicht zur Nichtigk, sond gibt dem Betroffenen das R zur außerordentl Künd (s unten). Ist im Vertr vereinb, bei TeilNichtigk einz Vereinbgen bleibe der Vertr bestehen, die ungült Teile seien abzuändern od umzudeuten, so steht dies einer Künd aus wicht Grd wg Nichtigk des ganzen Vertr nicht entgg, wenn die Ausslegg ergibt, daß sich die den § 139 ausschließde Vereinbg nicht auf einen schwerwiegden Sittenverstoß in einem wesentl Teil des GVertr bezieht (BGH WM **76**, 1026). Auch kann die GeschGrdlage gefehlt haben. § 181 ist auf den Abschl des GVertr u auf seine Änderg anwendb (BGH NJW **61**, 724). Ist der GVertr nichtig, so besteht, grdsl auch bei Anf wg Täuschg (BGH NJW-RR **88**, 1379), zw den Beteil eine **fehlerhafte Gesellschaft** (Lit: Wiesner, Die Lehre von der fehlerh G, 1980) als ein echtes internes Verpflichtgsverhältnis, wenn G in Vollzug gesetzt ist. Das gilt auch, wenn die TeilNichtigk einz Vereinbgen über § 139 zur Nichtigk des ganzen Vertr führt (BGH WM **76**, 1026). Die Gter sind, wie bei einem gült GVertr, schuldr einand verbunden, auch verpfl, einand die Treue zu halten (BGH **17**, 167). Für die Gter untereinand bleibt der fehlerh GVertr maßgebd außer den nichtigen Klauseln, an deren Stelle eine den gegebenen Verh entspr angem Regelg tritt (BGH WM **76**, 1026). Ist ein Gter mj, so bleibt es für die volljähr Gter im Verh zueinand u im AußenVerh ggü De bei den Regeln der fehlerh G (BGH NJW **83**, 748). Anspr aus Versch bei VertrSchl daher mögl; § 307 unanwendb (BGH NJW **61**, 426). Gter kann nach § 723 kündigen, die Mangelhaftigk des Vertr reicht idR als wicht Grd hierfür aus (BGH **3**, 285, WM **67**, 420). Diese Grds gelten auch für den vollzogenen fehlerh Beitritt des Gters zu einer schon bestehden G (BGH NJW **88**, 1321) u für die fehlerh Übertr eines GAnteils mit Zustimmg der übr Gter (BGH NJW **88**, 1324). Diese Grds gelten nicht, dh keine rechtl Anerkenng der fehlerh G, wenn gewicht Interessen der Allgemeinh oder bestimmter bes schutzwürd Pers entggstehen (aA Schwintkowski NJW **88**, 937). Das ist regelm der Fall, wenn der GVertr wg § 134 nichtig ist, zB wg Verstoßes gg ges Verbot des ZusSchlusses (BGH NJW **97**, 243), gg das RBerG (BGH **62**, 234), das ApothekenG (BGH **75**, 214), gg § 1 GWB (Hamm NJW-RR **88**, 1487), od wenn er sittl verwerfl Zwecke verfolgt (BGH NJW **67**, 39); hier bestehen, wenn überh (§§ 817, 134, 138), nur außervertragl Anspr zw den Beteil. Auch der ges Schutz des Mj steht seiner Einbeziehg in eine fehlerh G entgg; vertragl Anspr der Beteil og Dr, mit denen die G kontrahiert hat, ges ihn sind daher ausgeschl (BGH **17**, 167). Ebso sind die Grds der fehlerh G nicht ow anwendb auf nichtige od anfechtb Änderg des GVertr (BGH **62**, 20). Fehlerh Ausscheiden eines Gters vgl § 736 Anm 1. – Von einer fehlerh G kann nicht gesprochen werden, wenn es an einem – wenn auch nichtigen oder vernichtb – VertrSchl, an einem rgeschäftl Handeln aller Gter überh fehlt (BGH NJW **88**, 1321); dann besteht nur eine tatsächl Gemsch zw den Beteiligten, die nach GemschR zu beenden ist (BGH **11**, 190). Beruht allerd der Mangel darauf, daß beim Beitritt des weiteren Gters ein Tl der Gter nicht mitgewirkt od daß ein Gter die ihm erteilte Vollm zum Abschl von BeitrittsVertr überschritten hat, so gelten trotzdem die Grds über die fehlerh G, wenn der Beitretde u die für den Beitritt stimmden Gter in Unkenntn des Mangels den Beitritt für wirks gehalten u vollzogen haben (BGH NJW **88**, 1321). – Die Gter der in Vollzug gesetzten fehlerh G haften Dritten ggü (**Außenverhältnis**) nach GRecht (BGH **14**, 235 für oHG). – Die Grdsätze über die fehlerh G sind im allg auch auf eine in Vollz gesetzte **Innengesellschaft**, also auch auf eine stille G (§ 230 HGB) anwendb oRücks darauf, wie der EinzFall gestaltet ist u ob die Abweichg v den bürgerlrechtl Regeln jew mehr od weniger dringl geboten erscheint (BGH **55**, 5 u WM **77**, 196). So zB wenn es sich nicht um die verhältnmäß lockere Bindg zw den Partnern einer typ stillen G, sond um ein auf akt ZusArb gerichtetes GVerh handelt (BGH WM **76**, 1030).

e) Die Klagbarkeit für gesellschrechtl Streitigk kann im GVertr von einem vorher SchlichtgsVersuch dch den Beirat abhäng gemacht werden. Eine vorher erhobene Kl ist grdsätzl zZt unzul. Das gilt auch für MassenG u nach Ausscheiden des klagden Gters (BGH WM **77**, 997).

4) Zweck.

a) Zweckarten. Der Zweck der G kann dauernd od vorübergehd sein. Er braucht nicht auf dem Gebiete der VermInteressen zu liegen, muß aber irgdwie auf Förderg dch vermögenswerte Leistgen gerichtet sein. Er braucht nicht ein eigennütziger der Gter zu sein, auch Förderg der Interessen and ist mögl. Ist der Zweck eigennütz, so kann er auf Erwerb, u zwar auf gemeins GewerbeBetr, aber auch auf Förderg eines gemschaftl Einzelinteresses gehen (GelegenhG). Fälle: Anm 9b. Nicht ausreichd ist als Zweck die bloße gleichart Beteiligg Mehrerer an einem Ggst ohne verabredete Förderg eines weiteren Zwecks; dann handelt es sich um bloße InteressenGemsch (§§ 741 ff). Eheähnl LebensGemsch vgl Anm 8. Die bloße Erhaltg u Verwaltg eines gemeinschaftl Ggst (zB Grdst) kann nach den Umst als Zweck für eine BGB-G ausreichen, jedenf wenn damit eine Nutzg verbunden ist (mißverständl Düss BB **73**, 1325, dazu abl Petzold aaO 1332; Bedenken: K. Schmidt AcP **182**, 482). Übernehmen Gter einer BGB-Gesellsch gemschaftl eine Stammeinlage (näher: K. Schmidt BB **83**, 1697), haften sie als GesSchu ohne die Mögl einer HaftgsBeschrkg auf ihr GesellschVerm (BGH BB **81**, 450). Gemeins Teiln an einer Sportveranstaltg beruht auf kameradschaftl Grdlage u ist keine G (BGH **39**, 156; aA für Seilsch beim Klettern Schünemann VersR **82**, 825).

Einzelne Schuldverhältnisse. 14. Titel: Gesellschaft § 705 4–7

b) Gemeinsam muß der Zweck sein derart, daß jeder Gter dessen Förderg von dem and beanspr kann (BGH WM **65**, 795). Keine G, sond Schenkg od GewährVertr ist daher die „societas leonina", die nur den Vorteil einzelner bezweckt (§ 722 Anm 1a). Ebso keine G, wenn der Vertr zwar bestimmte, teils wechselseit Verpfl der Part zu aufeinand abgestimmten Leistgen begründet, dabei aber jeder seine eig Zwecke verfolgt (BGH WM **76**, 1307; Eier-PartnerschVertr). Nicht G, wenn auch gesellschaftsähnl, ist danach der sog partiarische Vertr (Anm 10).

c) Dch Zusammenwirken aller Gesellschafter, regelm dch Beiträge, muß der Zweck erreicht werden.

d) Nichtig ist der GVertr, wenn der GZweck gg ein ges Verbot od die guten Sitten verstößt (vgl oben Anm 3d).

Wirkungen des Vertragsschlusses: (Anm 5–7).

5) Gesamthandvermögen. Die Übertr der für den GZweck best Ggstde in Erf der BeitrPfl führt idR zu GesHandVerm der Gter, § 718, GVerm, „Die G" bedeutet dabei nichts and als die Gter in ihrer geshänder Verbundenh. Eig RPersönlichk erlangt die G nicht. Sie kann desh als solche nicht ins GB eingetragen werden (BayObLG JZ **86**, 108) u ist nicht wechselrechtsfäh; desh keine Haftg der G od der übr Gter für einen Wechsel, den ein Gter für eine mangels Eintr nicht existente KG – in Wahrh BGB-G – akzeptiert hat (BGH **59**, 179; aA Schmidt JuS **73**, 83). And dagg, wenn die dem Auftreten als KG vor der Eintr zugestimmt haben. Dann haften sie kr RScheins einem gutgl Gläub bis zur Höhe der vereinb Einlage, der zeichnde Gter haftet nicht zusätzl nach § 179 (BGH WM **73**, 896). Schmidt JZ **85**, 909 hält die fehlde RTrägersch für ges GbR für untragb. In Streitgk über Grunderwerbsteuer ist die GbR partiell rechts- u partfäh (BFH NJW **87**, 1719 u 1720). Die geshänder Berechtigg tritt bereits bei den mit VertrSchl entstehen Fdgen auf die Beitragsleistg ein: sie sind bereits GVerm (RG **76**, 277). Dasselbe gilt für and später den Gtern aus irgdeinem Anlaß gg Dr od einen der Gter erwachsde Fdgen. Besitz vgl § 854 Anm 6 b. – Der einz Gter kann über eine Ggst des GVerm nicht allein verfügen (vgl näher §§ 718, 719). Den Normaltyp der G des BGB mit GesHandVerm u gemschaftl Vertretg bezeichnet man als GesHand-AußenG; über atyp GFormen Anm 8.

6) Die **Verwaltung** der G, insbes des GVerm, unterliegt mangels abw Vereinbg einer ges Regelg und zwar im Innenverhältn der Gter untereinand (GeschFg, §§ 709ff) u nach außen (Vertretg, §§ 714, 715).

7) Schuldrechtliche Beziehungen zwischen den Gesellschaftern entstehen, wobei die Tats, daß die Rechte u Verpflichtgen der Gter geshänder gebunden sind, von entscheidder Bedeutg ist. Die Beziehgen sind als VertrauensVerh bes beherrscht von den Gedanken der gesellschaftl **Treue**, § 242. Daher zB Stimmenthaltg bei Interessenkollision (Vorbem 5c vor § 709, RG **136**, 245). So ist die Hintergehg der MitGter in gewinnsücht Abs KündGrd (BGH MDR **60**, 204), die heiml eigennütz Anfertigg von Abschriften verboten (RG **107**, 171), Pfl zur Verschwiegenh, zur Zust zu Geschäften, wenn Versagg treuwidr wäre (Vorbem 3b vor § 709). Ein Konkurrenzverbot, wie in HGB § 112, besteht nicht. Auch bei MassenG kann der GVertr vorsehen, daß bei Streitigk aus dem Vertr der RWeg erst beschritten werden darf, nachdem der Beirat der G einen SchlichtgsVersuch unternommen hat (BGH NJW **77**, 2263). Die TreuPfl überdauert auch das GVerh, daher ist auch der ausgeschiedene Gter verpflichtet, alles zu unterlassen, was den GZweck beeinträchtigen könnte (BGH NJW **60**, 718; vgl auch § 738 Anm 2). – Es gilt ferner der Grds der **gleichmäßigen Behandlung** der Gter, §§ 706 I, 722, 734, der auch bei Geltg des MehrhGrdsatzes, § 709 II, Bedeutg gewinnt (RG **151**, 326).

Zu unterscheiden sind:

a) Ansprüche der Gesamthand der Gesellschafter gegenüber einzelnen Gesellschaftern aus dem GVertr (SozialAnspr). Berecht ist die GesHand der übrigen, verpfl der einz Gter als solcher, bei Zahlgs-Anspr sein Erbe (BGH Betr **74**, 1519). Insbes: Anspr auf Leistg der Beiträge, §§ 705–707 (RG **76**, 279), auf Nachschuß bei GEnde, § 735, auf Rückzahlg zuviel entnommenen Gewinns. Anspr gg einen Gter aus dessen GeschFg, so auf RechngsLegg u Herausg nach Beendigg der GeschFg, §§ 713, 666, 667, SchadErsAnspr aus VertrVerletzg, zB unbefugter GeschFg, treuwidr Verweigerg der Mitwirkg bei ihr od sonstiger schuldh Schädigg (vgl Vorbem 3b vor § 709, § 713 Anm 2e). Bei der ZweimanG sind die Anspr dch den and Gter geltd zu machen. Die geshänder Gebundenh des Anspr zeigt sich darin, daß der verpflichtete Gter in das GVerm zu leisten hat, an dem auch er Anteil hat (BGH NJW **60**, 433). So hat auch der Klageantrag zu lauten.

Aus §§ 705, 717 könnte gefolgert werden, daß die Anspr der GesHand, insb der BeitragsAnspr, auch Inhalt von Verpfl der einz Gter ggeinand seien, daß also jeder Gter sie gg den verpfl Gter erheben könne. Dem steht jedoch im Regelfall der GesHandAußenG die gesamthänder vermrechtl Verbindg der Gter entgg, die die Erhebg solcher Anspr als Verw dieses Vermögens der GeschFg „der Gesellschaft" (§ 709) zuweist. Das Interesse der GesHand fordert indessen, u zwar oRücks darauf, ob die GeschFg allen Gtern gemschaftl zusteht (§ 709 I) od aber abw geregelt ist (Vorbem 1 vor § 709), daß unter gewissen Vorauss jeder Gter berecht ist, auch allein im eig Namen, aber gesellschaftl gebunden, dh auf Leistg an die G zu klagen (vgl § 709 Anm 1b).

Nicht hierher gehören Anspr der GesHand gg einz Gter aus einem DrittVerh wie Kauf, Darl, Miete, unerl Hdlg und Anspr der GesHand gg Dritte, NichtGter.

b) Ansprüche des einzelnen Gesellschafters gegen die Gesamthand aus dem GVertr (SozialVerpfl). Berecht ist der einz Gter als solcher, verpfl ist die GesHand der übrigen.

So: Anspr auf Feststellg u Auszahlg des Gewinnanteils, § 721; auf AufwErs od vereinb Sondervergütg bei GeschFg, §§ 713, 670, 675 (RG **126**, 189); auf AuseinandS u Zahlg des AuseinandSGuthabens, §§ 733, 734; auf Abfindg, § 738; SchadErsAnspr des einz wg ihm ggü begangener Verletzgen des GVertr dch die GesHand, insb dch die geschführden Gter, zB dch schuldh Herbeiführg eines Unfalls (RG **143**, 213), dch Beschädigg nur zum Gebr eingebrachter Sachen. Über Geltdmachg gg die G (Befriedigg aus dem GVerm),

§ 705   7, 8

ggf gg die einz Gter pers, u Beschrkgen dabei vgl § 718 Anm 4 c u § 713 Anm 2 g. Steht bei ZusSchluß mehrerer GrdstEigtümer zu einer Interessengemsch ggü einem Erdölbohrunternehmen der Anspr auf anteil Förderzins dem einz Eigtümer zu, so kann er die Zahlg seines Anteils gg den geschführden Gter aus der GesellschKasse geltd machen (BGH WM **70**, 1223). – Diese Anspr sind, als individuelle, zT übertragb, vgl § 717.

Nicht hierher gehören entspr oben a Verpfl der GesHand ggü Dritten, ferner solche ggü einem Gter aus einem von ihm mit der G eingegangenen Drittverhältn. Über beide § 718 Anm 4 b.

c) Verwaltungsrechte der einz Gter ggü der GesHand: auf Mitwirkg in der G bei der GeschFg, auch bei Erteilg der GeschFgsBefugn u ihrer Entziehg, §§ 709, 710, 711, 712, insb das StimmR bei BeschlFassg, § 709, das Recht zur Vertretg, § 714, zur Künd, § 723, auf Mitwirkg bei der AuseinandS, §§ 730 ff, auf Unterrichtg u Nachprüfg, § 716, auch das oben zu a Abs 2 genannte Recht des Gters, uU Ansprüche der G gg einen MitGter auf die Leistg an die Gemsch zu erheben. Stets unübertragb, vgl zu § 717, da sozialrechtl Inhalts. Daher auch nicht beschränkb dch NachlVerwaltg; denn diese erfaßt nur die rein vermögensrechtl Anspr, wie die auf Gewinn u Abfindgsguthaben (BGH **47**, 293). Zuläss u unentziehb jedoch Ausübg der VerwR dch den gesetzl od seinen GebrechlichkPfleger (BGH **44**, 101). – Die übr Gter sind verpfl, die Ausübg der Rechte zu dulden. – Sind die Rechte gleichzeit Pfl der Gter, zB zur GeschFg, gilt insoweit das zu a Gesagte.

d) Einzelansprüche eines Gesellschafters gegen einen anderen Gesellschafter wg Verletzg des GVertr durch diesen. So, wenn nicht die G, sond unmittelb der einz Gter als solcher dch einen and Gter als solchen geschädigt wird, zB bei Beschädigg einer nur zur Benutzg eingebrachten Sache od bei Schädigg dch einen nicht geschführden Gter (BGH NJW **62**, 859, WM **67**, 276). Diese Anspr haben mit dem gesamthänder gebundenen GVermögen nichts zu tun, sie können daher jederzeit eingeklagt werden o Rücks darauf, ob die G noch besteht od bereits aufgelöst ist (BGH WM **67**, 276). – Über die Möglichk ihrer Einbeziehg in die AuseinandS § 733 Anm 1 c. Meist wird aber dch die Hdlg die G (das GVerm) selbstgeschädigt sein, dann liegt der Fall der Anm a vor (RG **123**, 26).

8) Außen- u Innengesellschaft. a) Allgemeines. Die §§ 705 ff sind, abgesehen von §§ 712 I, II, 716 II, 719 I, 723 III, 724 S 1, 725 I, 728, abdingb. Daher sind **atypische Gesellschaftsverträge** mögl. Insb sind die Leistg von Beiträgen, die Bildg eines GesHandVermögens, die GeschFührg für die G und deren Vertretg keine notw Erfordern (BGH WM **62**, 1086). Um eine InnenG handelt es sich, wenn die Partner sich vertragl zur Erreichg eines gemeins Zweckes verpflichtet haben, jedoch nach außen die VertretgsMacht fehlt o nur ein Partner im eig Namen auftritt, zB TippGemsch (BayObLG NJW **71**, 1664, Karlsr u Mü NJW-RR **88**, 1266 u 1268). K. Schmidt JuS **88**, 444 stellt dementgg auf die Verfassg der G ab, dh nur darauf, ob GesHdVerm vorh ist od nicht. Eine solche Beteiligg Mehrerer an einem nicht kaufmänn Unternehmen begründet eine BGB-InnenG zw dem Untern u dem jeweil Beteil, nicht zw diesen untereinand (BGH NJW **82**, 99). Der InnenGter ist nicht dingl MitBerecht am Verm des GVertrPartners, hat aber einen schuldr Anspr gg ihn, iR des rechtl Mögl so gestellt zu werden, als ob er gesamthänder an dem zum Ggst der InnenG gehörden Verm des VertrPartners beteil wäre (BGH WM **73**, 296). Daraus ergibt sich eine TrHänderstellg des Tätigen ggü den InnenGtern (Düss Betr **82**, 536). Gleichgült ist, ob die interne Bindg der Partner bekannt, ob der „stille" Partner mit GeschFührgs- u VertretgsMacht ausgestattet ist; entscheidd ist, daß er auch bei solcher Ausgestaltg nicht im Namen der G, sond allein im Namen des tätigen Gters auftreten u diesen allein verpflichten kann (BGH WM **61**, 574). Die Parteien sind in der Ausgestaltg ihres Verh weitgehd frei. Besteht ein GVerh zw den Part, so wird nicht AußenG vermutet; wer diese behauptet, hat sie zu beweisen (BGH WM **66**, 32). Treten der Tätige u der Stille bei einem RGesch mit einem Dr, das den Kern des GZweckes betrifft, gemeinsam auf, so wird die Auslegg idR ergeben, daß sie in form Verlängerg des stillen GVertr für alle Gter auftreten (AußenG) u alle verpfl wollen (Köln Betr **73**, 1065). KontrollR des InnenGters, auch Ausk u EinsichtsR, ggf dch einen zur Verschwiegenh verpfl Sachverst (BGH WM **82**, 1403), Verpfl zur Mitarbeit u Anteil am Gewinn u Verlust besteht regelm auch bei der InnenG (BGH **12**, 315, WM **66**, 32). Zur Geltg des § 313 für die InnenG vgl dort Anm 3 c. – Fehlerh InnenG vgl Anm 3 d. TrHänder als Gter vgl Anm 3 a. – Bei der InnenG gibt es nach Auflösg, die dort zugl VollBeendigg ist, mangels GesHandVerm keine AuseinandS gem §§ 730 ff, sond nur einen Anspr der InnenBeteil auf Zahlg des AbfindgsGuth (BGH NJW **82**, 99 u NJW **83**, 2375), aber keinen Anspr des Gters, der berechtigterw die Abrechng vorgenommen hat, gg die and auf Zustimmg dazu (BGH NJW-RR **86**, 1419).

b) Zwischen Eheleuten od and **Familienmitgliedern** können die vermögensrechtl Beziehgen ebenf gesellschr Natur (InnenG) sein, näml wenn konkret feststellb ist, daß die Beteil abredegem dch beiderseit Leistgen einen gemeinschaftl Zweck verfolgen, zB Erwerb u Haltg eines FamHeims unter ausdr Vereinbg einer BGB-Ges (BGH NJW **82**, 170). Ohne Abschl eines GVertr ist zur Ann einer konkludenten InnenG erforderl, daß die Eheg einen über den typ Rahmen der ehel- bzw FamGemsch hinausgehden Zweck vereinb, daß nach den Umst des einz Falles eine schuldr Sonderverbindg besteht, die über das hinausgeht, wozu die Eheg nach familienr Regeln verpfl sind (BGH NJW **74**, 2278). – **aa) Innengesellschaft verneint:** Ledigl gemschaftl finanzierte Errichtg eines FamWohnheims (BGH NJW **74**, 1554); ZusArb von Mutter u Sohn im gemeins errichteten Haus (BGH Betr **72**, 2459); bei GüterGemsch Mitfinanzierg des Erwerbs eines Grdst dch den and Eheg u ArbLeistgen zum Ausbau eines FamWohnheims (BGH **84**, 361); GeldZuwendgen u Mithilfe einer Ehefr zur Errichtg einer Arztpraxis des Ehem (BGH NJW **74**, 2045), dingl Sichg eines Bankkredits zur wirtsch Verselbständigg des Ehem (BGH NJW-RR **88**, 260). Nach Scheitern der Ehe kann bei Gütertrenng ein AusglAnspr wg Wegfalls der GeschGrdl iR eines famrechtl Vertr bes Art bestehen (BGH **84**, 361). – **bb) Innengesellschaft bejaht:** In etwa gleichgeordnete Mitarb eines Eheg im Gesch des and, Beteiligg am Gewinn u Verlust (BGH **31**, 202). Dies sogar dann, wenn ein Eheg in Erf der ihm nach § 1360 obliegden Verpfl VermWerte für die Gründg eines Untern hergibt u der erstrebte Erfolg nicht über die Sicherg des FamUnterh (BGH **47**, 163) od die Schaffg einer FamHeimstätte (BGH MDR **69**, 128) hinausgeht. Gemeins Betr einer Berlitzschule (Karlsr FamRZ **73**, 649). Errichtg von Eigt- u Mietwohngen zur Schaffg einer Erwerbsquelle, wenn ein Eheg ohne eig Kapital die Haftg für FinanziersKredite übernommen hat (BGH NJW **74**, 2278). Bei gegebenen Vorauss ist InnenG bei jedem Güterstd mögl, der

Einzelne Schuldverhältnisse. 14. Titel: Gesellschaft § 705 8, 9

AusglAnspr beim ges Güterstd steht nicht entgg, auch Gütertrenng schließt die Begründg einer EhegInnenG nicht aus (BGH WM **73**, 1242). – **cc) Auftrag.** Fehlen die Vorauss für die Ann einer InnenG, so kann es sich je nach dem Inhalt der Vereinbgen um ein AuftrVerh handeln (BGH WM **72**, 661), zB wenn ein Eheg dem and Mittel zum Erwerb eines EigHeimes zur Vfg stellt u dieser als AlleinEigtümer eingetr wird oder wenn er ihm Mittel zur Einzahlg auf ein Sparkonto auf seinen Namen aushändigt. – **dd) Unter Verlobten** beruht Mitarb idR nicht auf einem GVertr (BGH BB **58**, 5). BerAnspr bei Lösg der Verlobg vgl § 812 Anm 6 A d aa u bb, § 818 Anm 5c DLeistg. Verlobte können zumindest bis zur Ehe eine G zur Unterhaltg einer Familienheimstatt gründen (Düss DNotZ **74**, 169). Nach Auflösg der Verlobg können auch Anspr wg Wegfalls der GeschGrdl in Frage kommen (Hamm FamRZ **83**, 494).

c) Nichteheliche Lebensgemeinschaft vgl Einf 8 vor § 1353. Gesrechtl Grds sind nur anwendb unter der Mindestvorauss, daß die Partner im Innenverhältn über die LebensGemsch hinaus die Abs verfolgt haben, einen wirtsch gemschaftl Wert zu schaffen (BGH FamRZ **89**, 147), den sie für die Dauer ihrer Partnersch gemeins nutzen und der ihnen gehören soll (BGH **77**, 55), zB ein gewerbl Unternehmen (BGH **84**, 388), ein RenditeObj (BGH NJW **86**, 51; Besprechg Roemer BB **86**, 1522). Die Abs, einen gemschaftl Wert zu schaffen, folgt einers nicht in jedem Fall schon daraus, daß ein Partner ein Grdst erwirbt u der and zu den Erwerbskosten beiträgt (BGH NJW **83**, 2375), scheitert anderers aber nicht unbedgt daran, daß ein Partner nach außen das Untern allein führen soll (BGH NJW **85**, 1841: Arztpraxis). Ohne Ann einer InnenG gibt es grdsätzl nach Beendigg der LebensGemsch keine ggs Abrechng für Zahlgen, die der eine od and im Interesse des ZusLebens od nach der Trenng auf Verbindlichkten geleistet hat, die währd des ZusLebens entstanden sind (BGH NJW **83**, 1055). Hat ein Partner ein Darl aufgenommen, für das sich der and verbürgt hat, so hängt es von den Umst ab, ob der Bü nach geleisteter Zahlg den RückgrAnspr gg den HauptSchu hat (einers Hamm NJW-RR **89**, 624; andrers LG Bamb NJW **88**, 1219). Eine als GesellschVertr bezeichnete Vereinbg, wonach der die Gemsch auflösde Partner eine als VertrStrafe einzuordnende Entschädigg zu zahlen hat, ist nichtig (Hamm NJW **88**, 2474). Anspr aus §§ 670, 683 vgl Einf 8b bb, cc vor § 1353. Kein Ausgl, wenn ein Partner mit Hilfe gemeins Leistgn ein Verm gebildet hat (BGH NJW **83**, 2375, Ffm NJW **82**, 1885). SchadErsAnspr aus § 826, wenn ein Teil sich vom and Zuwendgen machen läßt, obwohl er bereits entschlossen ist, ihn zu verlassen (Celle NJW **83**, 1065). Auflösg einer LebensGemsch zw Gleichgeschlechtl kann zu gesrechtl AusglAnspr führen (KG NJW **82**, 1886). Die Beteil brauchen sich dessen nicht bewußt zu sein, daß ihre Beziehgen rechtl als InnenG beurt werden (BGH Betr **72**, 2201).

d) Unterbeteiligung (Lit. Paulick, Die Unterbeteiligg in gesellschrechtl u steuerrechtl Sicht, ZGR **74**, 253) ebenf InnenG. Sie bezieht sich – Abgrenzg zur stillen G – nicht auf einen GewerbeBetr, man versteht darunter die schuldr Innenbeteiligg an einer Ant, den ein Gter an einer Kapital- oder handelsr PersGesellsch besitzt od am „Antl" eines stillen Gters (RG **128**, 176). RBeziehgen des UnterBeteil bestehen nur zum Gter, nicht zur G (Hamm Betr **74**, 424). Anspr des UnterBeteil gg Gter analog § 233 I HGB auf Information über Stand u Erträgn des HauptGAnteils; auf Vorlage der Bilanzen der HauptG nur, wenn diese ihrem Gter die Bekanntg gestattet u der UnterBeteilVertr ein entspr R einräumt (BGH **50**, 316).

e) Stille Gesellschaft. Lit: Paulick/Blaurock, Handbuch der stillen G. Der stille Gter kann in der AuseinandS sein Guth verlangen, § 235 HGB, dh er hat idR einen AbfindgsAnspr in Geld (BGH WM **83**, 840). Die Gter können aber auch vereinb, daß der stille Gter schuldrechtl so zu behandeln ist, als ob er gesamthänderisch am GVerm beteiligt wäre (BGH **7**, 177, atyp stille G). Bei bestimmgswidr Verwendg der Einlage hat der Stille Anspr auf SchadErs, näml so gestellt zu werden, als sei die schädigde Hdlg nicht vorgenommen worden (BGH NJW **88**, 413). Über A-Meta-Geschäft Anm 9b bb. – Eine OHG als InnenG ist wg der Notwendigk der gemsch Firma unmögl.

9) Anwendungsgebiet.

a) Hilfsweise gelten §§ 705ff für die OHG, HGB § 105 II, die KG, § 161 II, die stille G, §§ 230ff.

b) Im täglichen Leben gibt es vielf Gesellsch, ohne daß das den Teilh immer bewußt ist, stets sind aber zur G vermrechtl Beziehgen der Beteil nöt. Die G des BGB hat **im Wirtschaftsleben** steigde Bedeutg erlangt.

aa) Bei Rechtsanwaltssozietät (nicht zu verwechseln mit bloßer BüroGemsch) kommt der Vertr mit der G zustande (BGH NJW **63**, 1302), idR auch, wenn einer der RAe beauftr wird (BGH **56**, 355, BGH NJW **71**, 1801); ebso bei Erteilg eines steuerrechtl Mandats an eine Sozietät von RAen mit Steuerberatern u/ od WirtschPrüfern (BGH **83**, 328). Bei Gründg der Sozietät erstrecken sich die bereits vorher den einz RAen erteilten Mandate nur bei zumind konkludenter Einbeziehg auf die Sozien (BGH NJW **88**, 1973). Zur Haftg vgl § 425 Anm 3; die dort Grds gelten auch, wenn die RA nach außen hin den Anschein einer Sozietät erweckt haben (BGH **70**, 247), zB der ausgeschiedene Sozius, der es gestattet, daß sein Name in den Briefbögen der RAPraxis weiter geführt wird (BGH WM **88**, 986). Vergütgen, die ein Sozius vor dem ZusSchluß erarbeitet hat, die aber erst nachher eingehen, stehen der G nur bei bes Vereinbg zu (BGH NJW-RR **87**, 1137). – Auch bei der **ärztlichen Gemeinschaftspraxis** (ZusSchluß mehrer Ärzte gleicher od artverwandter Fachgebiete zur gemeins Ausübg des Berufs in gemeins Räumen mit gemschaftl Einrichtg, Organisation u Abrechng) kommt der Vertr des Patienten mit allen beteil Ärzten zustande, demgem deren samtverbindl VertrHaftg (BGH **97**, 273, Narr, Ärztl BerufsR RdNr 1141). – **Bauherrengemeinschaft** ist idR (Innen)G, gerichtet auf Errichtg des BauWks u Bildg von WoEigt zG der zum Bauherrn (BGH NJW-RR **88**, 220). Auch bei ZwSchaltg eines TrHänders haben die Gter einen Anspr ggeinand auf Leistg des EigKapitals an den TrHänder, iF von dessen Liqui an sich selbst (BGH NJW-RR **86**, 1419, WM **87**, 1515). Gemeinschaftl **Gewerbebetrieb durch Minderkaufleute** sowie doh Gewerbetreibde, deren Verbindg erst dch die Eintr zum Handelsgewerbe wird, HGB §§ 4 II, 3 II, zB GrdstMakler od Eröffng eines nicht unter HGB § 1 fallden GeschBetr im Namen einer GmbH u Co KG vor Eintr der Komplementär-GmbH u der KG (BGH **69**, 95); umgekehrt dann, wenn die eingetragene OHG, ohne sich aufzulösen, nur mehr ein Kleingewerbe betreibt od das Handelsgewerbe nicht nur vorübergehd aufgibt (zB durch Verpachtg). Sie

§ 705 9b, c

wandelt sich von selbst in eine G des BGB (BGH NJW 67, 821), wie sich anderers BGB-Gesellsch dch Aufn eines vollkaufm Betr od nach WiederÜbern des verpachteten Betr in eine HandelsG verwandelt, ohne daß Identität hierdch berührt wird (BGH aaO). Die BGB-G bei gemschaftl GewerbeBetr dch Nicht- od Minderkaufleute verwirklicht einen bes Typus der MitUntern-BGB-G, auf die mit einiger Vorsicht auch Grds des R der HandelsG anwendb sind (so Schmidt Betr **71**, 2346, JuS **73**, 83, im Erg auch BGH **32**, 307). Wird sie dch entspr Gestaltg der GeschFgs- u VertretgsVerh der KG angenähert, entsteht eine atyp Form, die Schmidt „KG bürgerl R" nennt (Betr **73**, 653 u 703; vgl auch § 714 Anm 3c u Vorbem 1f vor § 709). Unter dem GesPkt des Vertrauensschutzes müssen sich die Gter nach den Grds der Haftg für gesetzten RSchein wie Teilh einer bereits bestehden HandelsG behandeln lassen (BGH WM **73**, 896). – Wird im Namen einer GmbH u Co KG ein unter § 1 HGB fallder **vollkaufmännischer Gewerbebetrieb** eröffnet, bevor GmbH u KG eingetr sind, so besteht schon vor Eintr der GmbH eine PersG des HandelsR (BGH NJW **78**, 636). – **Sanierungsgesellschaft.** Beim ZusSchluß von Pers, um eine Beratg über die wirtsch Voraus u rechtl GestaltungsMöglichk für die Gründg einer AuffangGesellsch in Anspr zu nehmen, handelt es sich um eine BGB-G (Karlsr NJW-RR **87**, 671). Ebso beim ZusSchluß von Kommanditisten u Gläub einer PublikumsKG zu ihrer Sanierg (Hamm NJW-RR **88**, 1119). – Die **Kapitalgesellschaft in Gründung** (Gründgs-G), also vor Abschl des GründgsVertr u Entstehg dch Eintr im HReg, ist keine G bürgerl R, vielm dem Recht der zu gründden G, soweit es nicht die Eintr voraussetzt, unterstellt (BGH **20**, 285: Genossensch; BGH **51**, 30: GmbH; Vertretg der aufgelösten GründerG nach § 730, aA Hamm WM **85**, 658; BGH WM **65**, 246: GmbH-GründerG, die werbd ist geworden ist, als OHG, AuseinandS nach §§ 738 ff; BGH NJW **81**, 1373: Vor-GmbH als Komplementär einer KG; Hbg BB **73**, 1505: VorGmbH, die im RVerk als werbde GmbH auftritt, ist pass prozfäh). Über die Haftg dessen, der im Namen der in Gründg befindl G handelt: § 41 I 2 AktG, § 11 II GmbHG u entspr für die Genossensch (Riedel u Rage NJW **66**, 1004); ebso für GmbH u Co KG (BGH NJW **72**, 1660). Bei Gesch, die der GeschF vor Eintr der künft GmbH in deren Namen abschließt, ergibt, insb wenn es sich um die Fortführg des übernommenen GewBetr handelt, die Ausslegg iZw, daß sie auch die Gter der VorG bis zur Höhe ihrer Einlagen verpfl, sow die Gründer den GeschF ausdr od konkludent zu solchen Gesch ermächtigt haben (BGH **72**, 45); diese Haftg erlischt mit Ende der VorG, das ist mit Eintr der GmbH (BGH **82**, 129). Haftg des Gters der GrdgsG, der nicht unter § 11 II fällt vgl BGH JZ **77**, 56 mit Anm Sandberger.

bb) Gelegenheitsgesellschaften verfolgen einen beschr EinzZweck. So bei **A-Meta-Geschäft** Vereinbg der Gewinnteilg bei einem od mehreren Gesch, die nach außen von jedem einz allein geschl werden (BGH Betr **64**, 67). Desgl **Konsortien**, insb die Bankkonsortien wie Begebgs-, (RG **56**, 209, 299), Kursregulierungs-, Kreditkonsortium (BGH LM Nr. 14), die Bindgs-, Sperr-, Stimmrechts-Konsortien – auch SchutzGemsch genannt (eingehd Schrötter NJW **79**, 2592), Konsortien von Gtern rechtsfäh KapitalG (RG **133**, 93) od PersonalG (BGH NJW **51**, 268). **Gewinn-Interessengemeinschaften** (BFH WM **64**, 800: Schiffahrtspool), HoldingsG. Ferner **Konzerne.** Das ist iwS der ZusSchluß mehrerer rechtl selbstd kaufm Unternehmen aGrd eines UnternehmensVertr; ieS der ZusSchluß unter einheitl Leitg u zwar als Unterordngs- (§ 18 I AktG), Gleichordngs- (§ 18 II AktG) Konzern od in der Form der verbundenen Unternehmen (§ 16 AktG). Eingehd Schneider, Die PersGesellsch als herrschdes Unternehmen im Konzern (ZHR **79**, 485). Auch **Kartelle,** Verbindgen des PrivR, die die Marktverhältnisse durch Beschrkg des Wettbewerbs zu beeinflussen suchen, sind vielf G. Sie können jedoch auch als rechtsfäh od nichtrechtsfäh Verein, als Nebenleistgs-GmbH nach GmbHG § 5 IV od als DoppelG (bürgerlrechtl G mit zB einer GmbH als Ausführgsorgan RG **151**, 321), auftreten. Zu Begründg u Funktion des gemeins Zwecks im Gesellsch- u KartellR vgl Fikentscher, Festschr für Westermann, S 87 ff. Zu beachten insow das **Gesetz gegen Wettbewerbsbeschränkungen** (GWB). Es garantiert die Freih des Wettbew; daher keine Freih der WirtschUnternehmen, den Markt autonom durch Beschrkg des Wettbew, wie Absprachen über Konditionen, Preise usw, zu regeln. Dieser Grds erleidet zahlr Ausnahmen, die zT der Anz an die Kartellbehörde, zT der Erlaubn dieser Beh u der Eintr in das Kartellregister bedürfen. Vgl auch § 826 Anm 8j.

Das GRecht des BGB ist in den Fällen bb zumeist, zT weitgehd, vertragl abgewandelt, insb vielf Ausschl eines GesHandvermögens u einer gemschaftl Vertretg.

c) Die Arbeitsgemeinschaft in der Bauwirtschaft (Arge) als BGB-G ist ein vorübergehder ZusSchluß von selbstd Untern zur gemeins Ausf eines best BauAuftr, eine GelegenhG mit GesHdVerm. Häuf Abwandlgen der typ Arge sind die Los-Arge (der einheitl erteilte Auftr wird von der Arge in einz LeistgsTle/ Lose aufgeteilt, diese werden an die ArgeGter dch selbstd NachUnternVertr vergeben) u die Beihilfe-Gemsch (InnenG ohne GesHdVerm). Motiv für die erhebl Verbreitg der Arge ist für den AuftrG die Beteiligg mehrerer Untern an einer BauVorh, wodch sich das Risiko des Ausfalls eines Untern verringert, ferner die Mögl, bei mehreren AuftrN mehrere GgGesch zu machen; für die öff Hand breitere Streuung zur Konjunkturbelebg, insb Teiln kleinerer, örtl Untern. Auf Seiten der AuftrN steht im Vordergrd, einseit SchwerPkte zu vermeiden, um gleichzeit an versch Orten tät sein zu können; ZusFührg von BetrKapazitäten, um vorh Lücken zu füllen od um mehrere Unternehmen durch bessere Risikostreuung auch bei techn schwier Aufg od in Zten kaum auskömml Pr zu erreichen. In langjähr Übg aGrd period NeuFassgen bes MusterVertr hat sich eine weitverbreitete Typisierg in Abwandlg der §§ 705 ff entwickelt.

aa) Organe (nicht im RSinn, sond als Ausdr der körperschaftl Struktur) der Arge sind „AufsStelle", „techn u kaufm GeschFg" u „BauLeitg". Die AufsStelle ist die GterVers, die trotz gesvertragl eingesetzter GeschFg nicht nur gesvertragl Grdl entsch, sond auch über laufde GeschFgsMaßn in KompetenzAbstufg zu den GeschF. Unabh von der BeteiliggsQuote wird idR nach Köpfen abgestimmt; grdsätzl EinstimmigkeitErfordern, aber zahlr Ausn für MehrEntsch. Die Aufteilg in techn u kaufm GeschFg ist nicht nur GeschVerteilg, sond rechtl Beschrkg der GeschFgsBefugn auf einen techn u einen kaufm Sachbereich. Wg des Ausschl vom Sachgebiet des MitGeschF besteht kein WiderspR nach § 711. § 710 ist dch die vorrang GeschFgsKompetenz der AufsStelle modifiziert. Die VertretgsBefugn des kaufm GeschF deckt sich mit seiner GeschFgsBefugn; in Abwandlg von § 714 hat der techn GeschF dagg idR umfassde VertrMacht. Die geschf Unternehmg hat ohne vertragl Vereinbg keinen Anspr auf GeschFVergütg (Kblz NJW-RR **87**, 24).

Einzelne Schuldverhältnisse. 14. Titel: Gesellschaft §§ 705, 706

Die Bauleitg besteht aus Bauleiter u BauKaufm. Beide haben keine GeschFStellg, sie wirken als weisgsabhäng VollmN der AufsStelle u der GeschF.

bb) Die **Beiträge** der Gter bestehen in Geldmitteln, Gestellg von Bürgsch, Personal, Stoffen u Geräten, Leistg zugehör Transportkosten. Der ArgeVertr legt idR die BeitrPfl nur dem BeteiliggsVerh, nicht der Höhe nach fest. Diese ergibt sich aus dem GZweck, sodaß es sich bei der EinFdg von Beitr um eine Konkretisierg der urspr BeitrPfl handelt; § 707 ist dadch ausgeschl. Die BeitrLeistg für Personal, Stoffe und Geräte wird auf der Grdl des RVerhältnisse geleistet, die im ArgeMusterVertr ausdr u erschöpfd geregelt sind, so etwa Mietverträge für Geräte, Kaufverträge für Stoffe.

cc) Für die **Haftung** ist § 708 dch § 276 ersetzt, jedoch ein objektiviertes HaftgsPrivileg dch Ausschl der Haftg für leichte Fahrlk eingeführt.

dd) Die **Dauer** der Arge ergibt sich aus dem ZtBedarf für die FertStellg des BauWk (Beginn: Erteilg des BauAuftr; Ende: Ablauf der Gewl). Währd der Arge-Dauer ist eine ord Künd ausgeschl. Es bleibt beim Grds des § 721 I. Regelm besteht eine umfassde FortsetzgsAbrede; die §§ 738 ff werden erhebl abgewandelt; §§ 740 I, 738 I 2, 3 sind dch eine Regelg ersetzt, bei der der Ausscheidde mit Ausn am Gewinn u Verlust dch bis zu seinem Ausscheiden ausgef BauArb teilnimmt, zu Lasten seines AuseinandSGuth für künft Verbindlichk eine Rückstellg gebildet u das sich ergebde AusscheidgsGuth zurückbehalten w kann, bis sämtl Arge-Verbindlichk erf sind.

ee) **Einzelheiten** des Arge-MusterVertrages u Besonderh der Los-Arge sowie der BeihilfeGemsch s Fahrenschen-Burchard u. a., Arge-Komm, Jur u BetrWirtsch Erläut zum ArbGemeinschVertr, Bauverlag Wiesbaden, 2. Aufl, 1982.

d) Nichtrechtsfähiger Verein. Anwendbark gesellschrechtl Vorschr s Anm 1 b.

10) Gesellschaftsähnliche Verträge. Für den GVertr wesentl ist, daß der – erkennb – Zweck des Vertr gemeinschaftl ist. Das ist nicht der Fall bei dem sog **partiarischen Rechtsverhältnis** (RG 168, 286). Hier geht der Vertr auf beiders Austausch von Leistgen derart, daß das Entgelt, das der eine zu erhalten hat, ganz od zT in einem gewissen Anteil am Gewinn des and besteht. Der erste hat dann zwar auch ein Eigeninteresse an dem Gewinn des and, die Erzielg dieses Gewinns dch den and ist aber nicht – gemeinschaftl – Zweck des Vertr (BGH WM 65, 1052). Larenz II § 60 I a stellt zutr darauf ab, ob die Partner den Gewinn durch gemeins Tätigk erzielen od ob die Leistg lediglich des einen den and instand setzt, um den Gewinn zu erzielen. Das Verh ist weder G noch gesellschaftsartig (RG 149, 89), ist jedoch den gesellschaftsähnl Verh zuzurechnen. Beispiele: Umsatzmiete (BGH BB 88, 12), Verpachtg des BetriebsGrdst, erfolgsabhäng Bezüge leitder Angest (BFH BB 88, 186), VerlagsVertr (RG 115, 358), Überlassg einer Patentlizenz (RG 142, 213), ErfindgsverwertgsVertr (RG SeuffA 85, 3). Um partiar Darlehen, wobei der stille G handelt es sich, wenn beide Part ohne jeden gemeins Zweck lediglich ihre eig Interessen verfolgen u ihre Beziehgen dch die Verschiedenh ihrer beiderseit Interessen bestimmt w (BGH BB 67, 349). Auch gemischte Vertr kommen vor (MüKo/Ulmer Rdn 80 ff vor § 705), zB gesellschaftsähnl Filmherstellgs- u VerwertgsVertr mit gesellschaftl u zT partiar, auch werkvertragl Elementen (RG 161, 321, BGH 2, 331); Vertr über Nutzg eines Bühnenstücks (BGH 13, 115), über die gemeins Errichtg eines gemeins zu bewohnden Hauses auf dem Grdst eines Partners (BGH WM 62, 1086). Ebso können **Interessengemeinschaften,** falls sie nicht schon G sind, auch bloß **gesellschaftsähnlich** sein, wenn nur eine länger gewollte Interessenverknüpfg vorliegt (RG 145, 275, 283, Celle NJW 65, 399: VerglGläub eines außergerichtl Vergl); idR nicht bei ZusArb zw Gemeinde u WohnbauUntern (BGH WM 83, 1157). Der **Automatenaufstellungsvertrag** ist in seiner RNatur nicht einheitl zu beurt. Maßgebd ist die Ausgestaltg im Einzelfall. Es kann sich um partiar RVerh, G od gemischten Vertr handeln (vgl Einf 2 e vor § 535). – Die Abgrenzg, um welchen RVerh es sich handelt, ist oft schwierig, weil die Regeln der §§ 705 ff zumeist abdingb sind (vgl Anm 8). Soweit es keine G ist, können die ähnl Interessen die rechtsähnl Heranziehg einz Vorschriften der §§ 705 ff rechtfertigen, maßg ist stets der Einzelfall (BGH LM § 723 Nr 6). Anwendg des Grdsatzes der §§ 723, 626 auf Vertr mit längerer Interessenverknüpfg vgl § 626 Anm 1 a, Unterbeteiligg oben Anm 8. Nicht anwendb ist § 728 (RG JW 38, 1025). **Gesellschaftsreisen** u ReiseG sind idR keine Gesellschaften (vgl § 651 a ff). Der **Belegarztvertrag** ist idR weder GVertr noch gesähnl Verh, §§ 553, 626, 723 sind aber entspr anwendb (BGH NJW 72, 1128).

11) Internationales Privatrecht vgl EG Art 28 Anm 4 l. Bei Mehrstaatlichk der VertrPartner innerh der EG stellt die Europäische Wirtschaftliche Interessenvereinigung (EWIV) für die grenzüberschreitde Untern-Kooperation eine neue Form einer PersGes zur Vfg; vgl Müller-Gugenberger NJW 89, 1449.

706 **Beiträge der Gesellschafter.** ^I Die Gesellschafter haben in Ermangelung einer anderen Vereinbarung gleiche Beiträge zu leisten.

^{II} Sind vertretbare oder verbrauchbare Sachen beizutragen, so ist im Zweifel anzunehmen, daß sie gemeinschaftliches Eigentum der Gesellschafter werden sollen. Das gleiche gilt von nicht vertretbaren und nicht verbrauchbaren Sachen, wenn sie nach einer Schätzung beizutragen sind, die nicht bloß für die Gewinnverteilung bestimmt ist.

^{III} Der Beitrag eines Gesellschafters kann auch in der Leistung von Diensten bestehen.

1) Beitragspflicht. Beitragsarten.

a) Beiträge heißen die zu bewirkden Leistgen von Gtern, **Einlagen** die bewirkten. Ob bei PersGleichh von Gtern u MitEigtümern eines von den G genutzten Grdst UmbauAufw, die im Interesse der G liegen, vereinbgsgem als GEinlage od als Leistgen zG der GrdstEigtümerGemsch behandelt werden sollen, hängt von den jeweil GesUmst ab. Sieht ein GVertr Geldeinlagen eines Gters nicht vor, so bedarf es einer nachträgl, den GVertr abändernden Vereinbg der Gter, um Aufw eines Gters für das gemschaftl GeschGrdst den Charakter einer Geldeinlage zu geben (BGH WM 75, 196).

783

§§ 706–708

b) Die Beitragspflicht jedes Gters ergibt sich schon aus § 705, kann aber bei einz abbedungen sein. Die TreuPfl, Schädiggen zu unterlassen, besteht als VertrFolge auch für sie. BeitrPfl nach Ausscheiden vgl § 739 Anm 1. – Kein LeistgsVR des Gters, der dch argl Täuschg zum Abschl des GVertr best worden ist, wenn die Leistg nicht ausschließl u auch nicht im wesentl dem Täuschden zugute kommt (BGH **26**, 335).

c) Im Zw gleiche Höhe, Grds der gleichm Behandlg der Gter. Gilt nicht, wenn die Gter die Best der Höhe im Vertr vorbeh haben, auch wenn sich dies nur aus der VertrAuslegg ergibt (BGH BB **82**, 1327). In der **Bewertung** sind die Gter grdsätzl frei. Ein bes grobes MißVerh zw dem tats Wert der Sacheinlage u dem Betr, der dem Gter dafür in der EröffngsBilanz gutgebracht wird, kann aber ein sittenwidr, zum SchadErs verpflichtendes Handeln des begünstigten Gter darstellen (BGH WM **75**, 325).

d) Arten: Die Beitr können in einmal od wiederholten Leistgn, in Geld od in der Übertr od GebrÜberlassg von Sachwerten bestehen. Abs II enthält dazu zwei AusleggsRegeln; eine Vermutg, daß nicht vertretod verbrauchb Sachen nur zum Gebr überlassen werden sollen, enthält II nicht (RG **109**, 381). Auch Dienst- (III) u WkLeistgen (BGH Betr **80**, 731). Wird die DLeistg einem Gter unmögl, bleibt aber die Erreichg des GZweckes dennoch mögl, so kann die VertrAuslegg ergeben, daß an die Stelle der ausfallden DLeistg eine entspr GeldLeistg zu treten hat (BGH Betr **72**, 2201). Beitr können auch sein Bekanntgabe von Bezugsquellen (RG **95**, 150) od and Vorteilen, auch bloße Unterlassen.

2) Die Leistung der Beitr ist GterPfl. Sie geschieht dch Zahlg, Übereignung, Überg, Dienstleistg usw. Für die Haftg gelten die §§ 445, 493 nur entspr, da LeistgsGrd keine Austausch-, sond Vereiniggsabrede ist (vgl § 705 Anm 3c), insb gelten auch die §§ 446, 447, 459ff entspr. Für GebrÜberlassg gelten die §§ 535ff entspr; über Gefahrtragg § 707 Anm 2a. Für Dienstleistgen gelten die §§ 611ff entspr, iF der SchlechtErf SchadErs wg pVV (BGH NJW **83**, 1188; vgl § 276 Anm 7 Ba). Kritisch dazu MüKo/Ulmer Rdn 20. Erfindg eines Gters steht, auch wenn sie in Ausf von Diensten für die G gemacht worden ist, dem Gter als dem Erfinder zu, § 6 PatG; kein unmittelb Erwerb der G. Jedoch kann sich der Gter verpfl, künft Erfindg der G zu übertragen; od er kann auch – bei hinreichder Konkretisierg – VorausVfg treffen, dann erwirbt G unmittelb (BGH NJW **55**, 541). Das ArbnEG steht einer solchen Vereinbg nicht entgg; vgl § 611 Anm 13. – Mögl, im GVertr ein bes Entgelt auszubedingen (BGH **44**, 40), auch für Dienste. Dann echter Austausch- Vertr, also DienstVertr, KaufVertr, Miete usw. Über die Tätigk des besoldeten od unbesoldeten GeschFührers § 713 Anm 1. – Die Einlagen fallen in das GVerm, auch schon der Anspr auf sie; über Geltdmachg § 705 Anm 7a. Den Bes an einer der G zur Benutzg überlassenen bewegl Sache üben alle Gter gemschaftl aus, sofern die Sachbeherrsch nicht tats nur einz Gtern überlassen ist (BGH **86**, 300). Nach GEnde Einziehg rückständ Beitr nur, soweit zur Liquidation erforderl, § 730 Anm 1.

707 *Erhöhung des vereinbarten Beitrags.* Zur Erhöhung des vereinbarten Beitrags oder zur Ergänzung der durch Verlust verminderten Einlage ist ein Gesellschafter nicht verpflichtet.

1) Allgemeines. Schützt den Gter vor unübersehb Risiken. Gilt, sow die Höhe der Beitr vereinb ist. Eine abweichde Vereinbg, also Verpfl des Gters zum VerlustAusgl, muß aus dem GVertr in verständl, nicht nur versteckter Weise hervorgehen (BGH NJW **83**, 164). Gilt nicht, also NachschußPfl, sow die Höhe der Beitr nicht festgelegt ist u die Gter sich ausdr od stillschw verpfl haben, entspr ihrer Beteiligg an der G das zur Erreichg des GZwecks Erforderl beizutragen (BGH WM **79**, 1282). Sonst besteht ohne GterBeschl keine Verpfl der Mitgl, zG der notleidd gew G neue Verpfl zu übernehmen (BGH NJW-RR **89**, 993). – Mittelb Erhöhg der BeitrPfl ist auch, wenn ein Gter währd Bestehens der G einschl AuseinandS (BGH ZIP **89**, 852) auf Erf einer SozialVerpfl, zB TätigVergütg für den geschf Gter (BGH BB **80**, 855) in Anspr gen wird, außer beim Verlangen auf anteilmäß Ers einer getilgten GSchuld (BGH **37**, 299). Die Best im GVertr einer PublikumsG, die zur Erhöhg der Einl verpfl, ist iZw dahin auszulegen, daß die Erhöhg nur gefordert w kann, solange das zusätzl Kap dem GZweck zu dienen best ist (BGH JZ **79**, 190). Erhöhg der BeitrPfl auch dch MehrhBeschl, falls der Vertr solchen gerade auch hierfür vorsieht u die Grenzen festlegt. Die allg Geltg des MehrhGrdsatzes laut GVertr rechtfertigt dagg solchen Beschl noch nicht, da § 707 zu den GGrdlagen gehört (BGH WM **76**, 1053, § 705 Anm 3b). § 707 gilt, mag auch der GZweck daran scheitern, § 726 (BGH WM **61**, 32). – Auch freiw einseit Erhöhg ist nicht mögl.

2) Geltung, Inhalt.

a) Die Gefahr der Einlage trifft die G; bei GebrÜberlassg allerd nur die Benutzgsgefahr, § 732 S 2, daher keine Pfl des Gters zur Erneuerg einer GebrEinlage.

b) § 707 gilt nur für das **Innenverhältnis der Gesellschafter** u nur währd Bestehens der G; nach Ende besteht NachschußPfl im Rahmen des § 735. Folge für Anspr des geschführenden Gters aus §§ 713, 670: währd Bestehens der G grdsätzl nur Haftg des GVermögens, nicht persönl Haftg der Gter (§ 705 Anm 7b).

c) Den Gläubigern der Gesellschaft gegenüber, auch dem Gesellschafter-Gläub bei Ansprüchen aus Drittverhältn, hat § 707 keine Bedeutg, § 718 Anm 4a, b.

708 *Haftung der Gesellschafter.* Ein Gesellschafter hat bei der Erfüllung der ihm obliegenden Verpflichtungen nur für diejenige Sorgfalt einzustehen, welche er in eigenen Angelegenheiten anzuwenden pflegt.

1) Allgemeines. Grd: Die Gter wollen sich aGrd des pers VertrauensVerh so nehmen, wie sie sind (RG **143**, 215). Abdingbar. BewLast: § 277 Anm 3a. Geltdmachg von SchadErsAnspr: § 705 Anm 7a.

2) Gilt nur für GterPflichten, wozu die befugte GeschFg gehört, selbst bei Sonderentgelt dafür; beim Unf eines Gters in dem GFlugzeug bei einem Flug in Ausübg des GZweckes; zu dieser Auffassg neigt auch BGH MDR **71**, 918. Entspr anwendb auf die Partner einer nichtehel LebensGemsch (Oldbg NJW **86**, 2259).

Einzelne Schuldverhältnisse. 14. Titel: Gesellschaft § 708, Vorbem v §§ 709–715

3) Gilt nicht wg fehlden VertrauensVerh beim nichtrechtsfäh Verein mit größerer MitglZahl trotz § 54 (RG **143**, 215); iR einer PublikumsKG (BGH **69**, 207 u **75**, 321 für Mitgl des VerwRates u GeschF der Komplementär-GmbH); ferner nicht, wenn der Gter der G als Dritter ggütritt, was auch der Fall ist, wenn er als geschführder Gter in Überschreitg seiner GeschFgsBefugn eine gesellschfremde Hdlg vornimmt u der G deswg aus §§ 677ff haftet (RG **158**, 312; aA Hueck, GRecht § 8 I 7). Gilt ferner nicht, soweit es zu den Pfl des Gters gehört, ein Kfz zu lenken; hier bleibt es bei den allg Vorschriften (BGH **46**, 313). Gilt nicht analog für die Gemsch, weil diese lose, oft zufäll Verbindg mit der selbstgewählten bei Gtern nicht vergleichb ist (BGH **62**, 243); ferner nicht für partiar Umsatzmiete (BGH BB **88**, 12).

Geschäftsführung, Vertretung (§§ 709–715)
Vorbemerkung

1) Allgemeines zur Geschäftsführung.

a) Sie steht **regelmäßig allen**, u zwar gemschaftl, zu, § 709 I (EinstimmigkGrds). – **Daneben** regelt das G 3 Typenfälle, die dch G- od AbänderugsVertr eingeführt werden können (b–d):

b) Entscheidg zwar durch alle, aber dch **Stimmenmehrheit**, § 709 II.

c) Übertragung: aa) an einen, oder **bb)** an mehrere Gter. – Folge: Ausschluß der übrigen, § 710.

d) Als **Unterart** von a oder von c, bb: Übertragg an alle od mehrere derart, daß **jeder allein** zu handeln befugt ist, § 711.

e) Andere Regelungen sind mögl, zB BetrFührgsVertr, ManagementVert, d h einen Dritten in weitem Umfang mit GeschFgAufg zu betrauen u ihm mit einer umfassden Vollm auszustatten (BGH **36**, 292) od den Betr im eig Namen für Rechng der G führen zu lassen (Löffler NJW **83**, 2920). Der RGrds der Selbstorgansch verbietet nur, sämtl Gter von der GeschFg u Vertretg auszuschließen u diese auf Dr zu übertr (BGH NJW **82**, 877, 1817). Der von den Gtern zur GeschFg u Vertretg bestellte Dr ist aus wicht Grd dch einf MehrhBeschl abrufb, auch wenn der GVertr dafür eine qualifizierte Mehrh vorsieht (BGH WM **82**, 583).

f) Bei **Umwandlung** einer OHG (KG) in bürgerlichtl G inf Änderg des GZwecks (§ 4 II HGB) od inf Löschg im HReg gelten die bisher GeschFg- u VertretgsBefugn iZw im Rahmen der neuen ZweckBest weiter (BGH NJW **71**, 1698; differenzierd Beyerle NJW **72**, 229, ebenf differenzierd u zur Haftg des bisher Kommanditisten Schmidt BB **73**, 1612); der Gesch Partner kann also mangels eines Hinw auf eine abw Vereinbg darauf vertrauen, daß die bisher Regelg weiter gilt, der GeschF also die BGB-Gter im früheren Rahmen als Komplementäre bzw Kommanditisten auch pers verpfl kann (BGH Betr **87**, 1246). Ebso gilt die für KG gewollte GeschFgs- u VertretgsRegelg, falls eine KG gegründet, aber kr Ges lediglich als bürgerlichtl G entstanden ist (BGH NJW **82**, 2495).

2) Wesen der Geschäftsführung. Sie ist Verwirklichg der GZwecke. Ihr **Umfang** wird begrenzt dch den vertragl GZweck; keine Beschrkg auf Hdlgen, die „der gewöhnl Betrieb des Handelsgewerbes mit sich bringt" (wie in § 116 I HGB für die OHG), da die G des BGB keinen gewöhnl Betrieb kennt. Daher gehören auch Hdlgen ungewöhnl Art zur GeschFg, falls nicht zweck-, gesellschaftsfremd (RG **158**, 308). Die GeschFg kann rechtl u tatsächl Maßn umfassen. Über Interessenkollision unten Anm 5c. Änderngen des Bestandes oder der Organisation, also der Grdlagen der G (vgl § 705 Anm 3b), gehen über den Umfang der GeschFg hinaus, sie sind VertrÄnderg, bedürfen daher der Zust aller; von Bedeutg, falls die GeschFg abw von oben Anm 1a geregelt ist. Die Eingehg eines gesellschfremden Gesch im Einzelfalle (§ 708 Anm 3) ist Überschreitg der GeschFg u bedarf daher stets der Zust aller; bei allg Geltg des MehrhGrdsatzes ist sie aber durch MehrhBeschl mögl, falls darin keine Umgestaltg der vertragl GZrdlagen liegt. GeschFg ist auch die Einziehg von Beiträgen (RG **76**, 279), ebso die von Nachschüssen nach GEnde, § 735, § 705 Anm 5, 7a. – Über Anspr gg noch amtierende geschfhürde Gter § 713 Anm 2c, d, e.

3) Mitwirkung bei der Geschäftsführung.

a) Die **Befugnis** der Gter ist in allen Fällen (oben Anm 1 a–e) Ausfluß ihrer Mitgliedsch, ein dch den GVertr begründetes Sonderrecht, VerwR, daher nicht insges auf einen Dritten übertragb (vgl vorstehd Anm 1e, auch § 705 Anm 7c). GeschFg begründet auch in den Fällen oben Anm 1 c–e kein Auftr- oder Dienst-Verh; vgl § 713 Anm 1. Die GeschFgBefugn ist dazu best, dem Interesse der G zu dienen, es handelt sich nicht um ein eigennütz R zur Wahrg individueller Belange (BGH NJW **72**, 862).
Änderung der Mitwirkung an der Geschäftsführung ist Änderg der GesellschGrundlagen (vgl § 705 Anm 3b). Das gilt auch für die Entziehg der GeschFgsBefugn, u zwar unbdgt für die dr ergänzden gesetzl Regelg bestehde GeschFg durch alle gemschaftl, § 709 I, sowie für die dch alle unter Geltg des MehrhGrdsatzes, § 709 II. Entziehg ist hier also insb nicht ohne Zust des Betroffenen mögl. Dagg ist die Entziehg der übertr GeschFg, §§ 710, 711, nach zwei Richtgen erleichtert: entziehgsberecht sind die „übrigen" Gter, u zwar auch die von der GeschFg ausgeschl, § 710, denn die Entziehg ist nicht Akt der GeschFg; daß der Betroffene dabei nicht mitwirkt, folgt aus dem Gedanken der Interessenkollision, Anm 5c. Ferner genügt hier, anders als sonst bei Grdlagenänderg, schon die allg im GVertr bedungene Geltg des MehrhGrds, um der Mehrh dieses Recht zu geben, § 712. – Der Beschl ist dem Betroffenen bekannt zu geben; vgl auch die Regelg § 737 S 3.

b) Mitwirkungspflicht besteht für alle von der GeschFg nicht ausgeschl Gter, nicht allerd ist Pfl die Übern einer bes GeschFg. MitwirkgsPfl bedeutet, daß ein Gter nicht beharrl den GterVersammlgen fernbleiben u Beschlüsse dch bloße Passivität verhindern darf. Sie bedeutet nicht, daß er gewünschten GeschFg-Maßn zustimmen muß, allerd muß er seine AblehngsGrde offenlegen, so daß ein MeingsAustausch über die Zweckmäßigk der Maßn stattfinden kann. Allerd kann das R, die Zustimmg aus eig Erm aus ZweckmäßigkGrden zu verweigern, dch beharrl Blockierg von GterBeschlüssen verwirkt werden (BGH NJW 72, 862). Ledigl bei einstimm GeschFg besteht ausnahmsw eine Pfl zur Zust, sow es sich um notw Maßn iS des § 744 II handelt od wenn der Gter keinen vertretb Grd für die Ablehng angibt, obwohl GZweck u GInteresse die Maßn erfordern (BGH aaO). **Bei Verfehlungen:** Grdsätzl Klage auf Zustimmg zu best Maßn hat keinen Erfolg (BGH WM 86, 1556), sow die Zust reine ZweckmäßigkFrage ist; sie hat Erfolg nur, sow eine Pfl zur Zust besteht od sow die Weigerg ein Treueverstoß ist (BGH 44, 41). Ferner sind mögl Entziehg der Befugn, vgl a, sowie Künd des GVertr, § 723, ferner Ausschl, § 737, Pfl zum SchadErs, § 713 Anm 2e. – Die Künd der GeschFg dch den geschführden Gter ist, anders als nach § 671, nur beschr mögl, § 712 II (nicht in den Fällen des § 709 I, II).

4) Geschäftsführung und Vertretung.

a) Die Regeln der GeschFg (§§ 709–713) haben nur Bedeutg für das **Innenverhältnis** der Gter. – Die Geltdmachg von Anspr der GesHand gg den einzelnen Gter, auch auf Leistg der Beitr, gehört zur GeschFg (vgl § 705 Anm 7a).

b) Ob u wieweit der geschführde Gter **nach außen,** im rechtsgeschäftl Verk mit Dritten, mit unmittelb Wirkg für die Gter handeln kann, ist eine Frage der **Vertretungsmacht** (Vollmacht), geregelt in §§ 714, 715.

c) Soweit ein Gesellschafter Ansprüche der Gesamthand gg Gter (§ 705 Anm 7a Abs. 3) od gg Dritte (§ 709 Anm 1a, b), die an sich Sache der GeschFg sind, allein **im eigenen Namen** erhebt u erheben kann, wird er iR der ihm zustehden Mitwirkg an der Verw (§ 705 Anm 7c) tätig. Hierauf sind die Regeln der GeschFg entspr anwendb.

d) Vertretung liegt vor, wenn der GeschF namens der GesHand in ein DrittVerh zu einem Gter tritt, zB bei Kauf, Darlehen.

5) Gesellschafterbeschlüsse.

a) Ihre **Herbeiführung** ist Aufgabe der GeschFg. Lädt sie nicht zur GterVersammlg ein, so kann der einz Gter dies wirks tun, jedenf wenn er die Einberufg berecht verlangen konnte (BGH 102, 172). Sie können **innerhalb** des Rahmens der **Geschäftsführung** vorkommen, aber auch **darüber hinaus** (RG 151, 327); so in Bezug auf die GGrdlagen (§ 705 Anm 3b, ferner bei Einzelüberschreit des GZwecks (oben Anm 2). Falls nichts and im GVertr vereinb, ist Einstimmigk nötig. Das ist für Beschl bei der GeschFg in § 709 I ausgesprochen, für and gilt folgt es aus § 705 (vgl dort Anm 3b). Stimmenmehr genügt nur, wenn vereinb. Über den Geltgumfang solcher Vereinbg vgl § 705 Anm 3b. Sowohl bei Geltg des Einstimmigk- als auch des MehrhGrds können Beschl, wenn sie sich gg einen best Gter zu richten haben, iF der Interessenkollision Sache nur der „übrigen" sein, §§ 712, 737 (vgl unten c).

b) Rechtsnatur des Beschlusses. SozAkt der körperschaftl Willensbildg dch einstimm od MehrhEntsch, auch stillschw (RG 163, 392), bei dem jeder Gter sein R auf Mitgestaltg u MitVerw der GAngelegenh wahrnimmt. Vertretg des einen Gters dch einen and bei Beschl über Maßn der GeschFg u sonst gemeins GAngelegenh im Rahmen des bestehden GVertr fällt desh nicht unter § 181 (BGH BB 75, 1452). – Der Beschl gestaltet im allg nur innere RVerhältn der G, zum rechtsgeschäftl Verk mit Dritten bedarf es meist bes AusführgsRGesch. Der Beschl bedarf, wenn er von den „übrigen" (vgl oben a) gefaßt wird, der Bekanntgabe an den Betroffenen, § 737 S 3.

c) Stimmrecht ist Recht zur Mitwirkg an der Verw (vgl § 705 Anm 7c). Ausfluß des MitgliedschR, daher nicht übertragb auf Dritte (BGH 36, 293). Stimmabgabe ist WillErkl, daher anfechtb. – Die Vereinbg, das StimmR in best Weise auszuüben, ist iR der allg Normen zul (BGH NJW 51, 268); sie ist schuldrechtl bindd. Auch Klage auf Erfüllg u Vollstreckbark des LeistgsUrt nach § 894 ZPO (BGH 48, 163). Da Schad häuf schwer nachweisb, empfiehlt sich Vereinbg einer VertrStrafe. Ohne bestehde Vereinbg ist Einwirkg auf Beschlußfassg in der GterVersammlg selbst dch einstw Vfg unzuläss (Ffm BB 82, 274; krit Gerkan ZHR 85, 167). – Die Stimmabgabe hat zu entfallen (Abgabe wäre unwirks) bei **Interessenkollision** (BGH 102, 172). Wann diese vorliegt, bestimmt sich nach § 181 u §§ 157, 242. Da bes Vorschr fehlen, sind die Vorschr des Rechts der rechtsfäh Körpersch (§ 34, AktG § 136 I, GmbHG § 47 IV, GenG § 43 VI) entspr anzuwenden (RG 162, 373). Beispiele: BeschlFassg über Prozeßführg gg einen Gter; dagg hat der Gter StimmR, wenn ihm die GeschFg (vgl § 710) übertr werden soll (BGH NJW 104, 186); and bei ihrer Entziehg (BGH NJW 69, 1483, BGH 102, 172). – Eine gesetzl Auswirkg des Gedankens der Interessenkollision ist das Stimm- u ErklärgsR nur der „übrigen" in den Fällen §§ 712, 737. Die gesellschrechtl TreuePfl kann bei notw einstimm od MehrhBeschl, wenn ein wicht Grd zur Abberufg des GeschF besteht, zu der Verpfl führen, in diesem Sinne zu stimmen (BGH 102, 172). Der Gedanke der Interessenkollision hat Wirkg über die BeschlFassg im eigentl Sinne hinaus: bei der Geltendmachg eines Anspr der GesHand gg einen Gter, insb der Prozeßführg, braucht dieser nicht auf der Seite der AnsprErhebden zu stehen u kann dies gar nicht, die GesHand wird hier vielm durch die „übrigen" dargestellt. Daß der Anspr aber ein solcher der GesHand ist, zeigt sich darin, daß er auf Leistg an alle geht, also in das GVerm, an dem auch der Pflichtige teilhat (BGH NJW 60, 433; vgl auch § 713 Anm 2d, anderers dort c, aa). Ebso muß bei Anspr eines Gters gg die Gesamthand zur Vollstr in das GVerm trotz ZPO § 736 ein Titel gg die übr genügen.

d) Wirksamkeit. Der Beschl ist nichtig bei Unsittlichk od wenn bei Geltg des MehrhGrds die Minderh dch Nichtanhörg vergewaltigt wird (RG 151, 326). War zur GterVersammlg ein Gter versehentl nicht eingeladen, so ist ein Beschl nur dann unwirks, wenn das Fehlen des Gters das AbstimmgsErgebn beeinflußt haben kann, od wenn der Gter aGrd seiner gesellschrechtl TreuePfl nicht zur Zust verpfl gewesen wäre. Bei Streit über die Wirksamk muß derjen, der sich auf die Nichtigk beruft, im einz alle konkr Umst darlegen, aus denen sich die Nichtgk od zumind ein begründeter Zweifel an der Wirksamk des Beschl ergibt; die übr müssen dann beweisen, daß diese Umst nicht vorgelegen haben (BGH NJW 87, 1262).

Einzelne Schuldverhältnisse. 14. Titel: Gesellschaft §§ 709–712

709 *Gemeinschaftliche Geschäftsführung.* ¹ Die Führung der Geschäfte der Gesellschaft steht den Gesellschaftern gemeinschaftlich zu; für jedes Geschäft ist die Zustimmung aller Gesellschafter erforderlich.

ᴵᴵ Hat nach dem Gesellschaftsvertrage die Mehrheit der Stimmen zu entscheiden, so ist die Mehrheit im Zweifel nach der Zahl der Gesellschafter zu berechnen.

1) Vgl zunächst Vorbem 1–5 vor § 709. – **a) Regelfall des Abs I** betrifft die gemschaftl GeschFg dch alle Gter, Grds der **Einstimmigkeit**. Daß der Grds auch über die GeschFg hinaus gilt, folgt aus § 705 (vgl dort Anm 3b). – Anders HGB § 115 I: jeder Gter hat allein GeschFgsBefugn, Erleichterg für den Handelsverkehr. – Einstimmig liegt auch vor, wenn einer unter stillschw Billigg der anderen handelt. Sonderaufträge aller an einen Gter od an Dritte sind mögl. Bei Notfällen gilt § 744 II entspr (BGH **17**, 181, Hadding JZ **75**, 159 [161]). Der Handelnde ist dann weder GeschF noch Vertreter, sond handelt kr VerwR im eig Namen u hat Anspr auf AufwErs, § 748 (vgl Vorbem 4c vor § 709).

b) Grundsatz: Liegt kein Notfall des § 744 II vor, können die Gter nur **gemeinsam** tätig werden, also auch nur gemeins gg einen GSchuldner vorgehen (BGH Betr **79**, 979), notw Streitgenossensch § 62 I 2. Fall ZPO (BGH WM **64**, 1086). Ausnahmsw EinzKlBefugn eines Gters mit dem Verlangen der Leistg an die GesHand, wenn die and Gter ihre Mitwirkg aus gesellschwidr Grden verweigern u zudem ggf der verklagte GSchuldner an diesem Verhalten beteiligt ist (BGH **39**, 14, NJW **73**, 2198, NJW **85**, 2830, WM **88**, 12; ähnl MüKo/Ulmer Rdn 169ff, RGRK/v Gamm Rdn 23, Soergel-Hadding Rdn 48–50, teilw aA Hadding JZ **75**, 159, ders Actio pro socio (1966) mit Besprechg Diederichsen ZHW **69**, 290). Die übr Gter haben ein rechtl Interesse daran, in einem RStreit feststellen zu lassen, ob die GFdg geltd gemacht werden soll. Auch das Interesse des GSchuldners verlangt, daß er nur von allen Gtern herangezogen wird, da er in aller Regel nicht prüfen kann, ob der klagde Gter auch im Interesse der G handelt; außerd kann für ihn nachteil sein, daß die and Gter das Urt nicht gg sich gelten zu lassen brauchen (RG **119**, 163, 169). Mit Ermächtigg der übr Gter kann einer von ihnen allein im eig Namen u auf eig Rechng einen Anspr der GesHand in ProzGeschFührg geltd machen, wenn er daran ein eig schutzwürd Interesse hat; dies auch, wenn er aGrd seiner GeschFührgs-Befugn den Anspr als Vertreter der übr einklagen könnte (BGH NJW **88**, 1585). Vorstehe Grds gelten auch im Stadium der AuseinandS (Zweibr OLGZ **73**, 316).

2) **Abs II. Mehrheitsgrundsatz** gilt, wenn vertragl ausbedungen. Eine derartige allg VertrBestimmg bezieht sich nur auf Beschl über die GeschFg u über laufde Angelegenh (BGH NJW **85**, 2830; vgl § 705 Anm 3b). Überschreit des GZwecks dch die Mehrh im Einzelfalle vgl Vorbem 2 aE vor § 709. – Berechng der Mehrh iZw nach Köpfen, nicht nach Einlagehöhe. – Die gesellschvertragl Bestimmg einer Sperrminorität unterliegt bei PublikumsG der richterl Inhaltskontrolle (BGH WM **83**, 1407). Die versehentl Nichteinladg eines PublikumsGters führt nicht zur Unwirkskt eines Beschl der Gter Versammlg, wenn sicher feststeht, daß er nicht auf diesem Mangel beruht (BGH aaO).

710 *Übertragung der Geschäftsführung.* Ist in dem Gesellschaftsvertrage die Führung der Geschäfte einem Gesellschafter oder mehreren Gesellschaftern übertragen, so sind die übrigen Gesellschafter von der Geschäftsführung ausgeschlossen. Ist die Geschäftsführung mehreren Gesellschaftern übertragen, so finden die Vorschriften des § 709 entsprechende Anwendung.

1) Allg zur GeschFg vgl Vorbem 1–5 vor § 709. – **Übertragung** der GeschFg, auch nach TätigkBereichen, an einen od mehrere Gter ist in Abweichg von § 709 mögl. – **Folge:** Ausschluß der anderen. Sie haben auch nicht das WidersprR des § 711 (RG **102**, 412). Die übr Mitwirkgsrechte an der Verw bleiben ihnen, insb aus §§ 712 I, 716, 723. – Erlöschen der übertr GeschFg mit Auflösg der G, § 730 II, alle Gter sind dann gemschaftl geschführgs- u vertretgsberecht (§ 730 Anm 2a). – Übertr (Auftrag) an Dritte gehört nicht hierher (vgl Vorbem 3a vor § 709). – Satz 2: vgl § 709.

711 *Widerspruchsrecht.* Steht nach dem Gesellschaftsvertrage die Führung der Geschäfte allen oder mehreren Gesellschaftern in der Art zu, daß jeder allein zu handeln berechtigt ist, so kann jeder der Vornahme eines Geschäfts durch den anderen widersprechen. Im Falle des Widerspruchs muß das Geschäft unterbleiben.

1) Allg zur GeschFg vgl Vorbem 1–5 vor § 709. Ist von allen (§ 709) od mehreren (§ 710) GeschF jeder allein handlgsberecht, so kann jeder zur GeschFg berufene Gter der Vornahme eines Gesch widersprechen. Der Widerspr muß vor Vornahme erkl werden, er ist unwirks bei Treueverstoß (RG **158**, 310). Er hat wg § 714 im Hinbl auf den Vertrauensschutz für Dritte **keine Außenwirkung,** ihnen kann der Widerspr nur nach den Grds des VollmMißbr entgg gehalten werden (BGH **16**, 394, MüKo/Ulmer Rdn. 14). – § 711 ist nicht zwingd.

712 *Entziehung und Kündigung der Geschäftsführung.* ¹ Die einem Gesellschafter durch den Gesellschaftsvertrag übertragene Befugnis zur Geschäftsführung kann ihm durch einstimmigen Beschluß oder, falls nach dem Gesellschaftsvertrage die Mehrheit der Stimmen entscheidet, durch Mehrheitsbeschluß der übrigen Gesellschafter entzogen werden, wenn ein wichtiger Grund vorliegt; ein solcher Grund ist insbesondere grobe Pflichtverletzung oder Unfähigkeit zur ordnungsmäßigen Geschäftsführung.

ᴵᴵ Der Gesellschafter kann auch seinerseits die Geschäftsführung kündigen, wenn ein wichtiger Grund vorliegt; die für den Auftrag geltenden Vorschriften des § 671 Abs. 2, 3 finden entsprechende Anwendung.

§§ 712, 713

1) Allg zur GeschFg vgl Vorbem 1–5 vor § 709.

2) Entziehung dch Beschl (vgl Vorbem 5). Auch bei der ZweimannG ist Entziehg dch den and mögl (RG **162**, 83), anders iF des Ausschl aus der G, § 737. Wichtiger Grd vgl § 723. Bei langjähr Beziehgn ist bes sorgfält Abwägg nöt (BGH WM **67**, 417 zu §§ 117, 127 HGB). – **Folge:** wird auch nur einem die Befugn entzogen, so tritt mangels vertragl Vereinbg die Regelg des § 709 ein (Mü DRZ **50**, 280, Soergel-Hadding Rdn 4; aA MüKo/Ulmer Rdn 17). – Versagen Gter treuwidr ihre Mitwirkg zu der Entziehg, so können sie sich schadersatzpfl machen (RG **162**, 397). – Verzicht auf EntziehgsR unwirks. – Entziehg der Vertretg: § 715.

3) Kündigung der GeschFg (aA K. Schmidt Betr **88**, 2241: Der Verpfl zur GeschFg) dch GeschF nur aus wicht Grd, § 671 I gilt nicht. Wirkg: Mit dem Zugang enden GeschFgsR, -Pfl u VertrBefugn (§ 714).

713 **Rechte und Pflichten der geschäftsführenden Gesellschafter.** Die Rechte und Verpflichtungen der geschäftsführenden Gesellschafter bestimmen sich nach den für den Auftrag geltenden Vorschriften der §§ 664 bis 670, soweit sich nicht aus dem Gesellschaftsverhältnis ein anderes ergibt.

1) Allgemeines. Die GeschFg der Gter ist Ausfluß ihrer Mitgliedsch, daher nicht auf Dritte übertragb (Vorbem 3a vor § 709). Mitwirkg bei der GeschFg ist SonderR. Die GeschFg begründet daher kein Auftr- od DienstVerh (Kblz WM **86**, 590). Auch Vereinbg einer festen Vergütg begründet keinen DVertr (MüKo/Ulmer § 709 Rdn 32), allenf entspr Anwendg der dafür geltden RRegeln (BGH WM **63**, 460). § 708 anwendb. Erhöhg der Vergütg ist Änderg des GVertr (BGH BB **67**, 143). Pfl eines Gters, einer solchen Erhöhg zuzustimmen, nur ausnahmsw (BGH **44**, 40). Ohne Vereinbg keine Vergütg für GeschFührer (BGH BB **51**, 654). – Nach § 713 gilt ergänzd AuftrR, abgesehen von der Dauer, § 712 statt § 671. – Überschreitet der geschführde Gter seine GeschFgsBefugn, nimmt er also ein gesellschfremdes Gesch vor (vgl Vorbem 2 vor § 709), so bestimmen sich seine Rechte u Pfl nicht nach § 713, sond nach §§ 677ff, da er als GeschF ohne GeschFgsBefugn gehandelt hat; auch § 708 gilt nicht, da er insow nicht in Erf einer gesellschaftl Verpflichtg gehandelt hat (RG **158**, 312). – Auch echte Drittverhältn zw GesHand u Gtern sind mögl (§ 718 Anm 4a, b). Sow es sich hierbei um GeschBesorggen handelt, sind die §§ 662ff, 675 unmittelb anzuwenden, allerd mit den Besonderh, die sich aus der gesellschsrechtl Verbundenh der Partner ergeben (vgl Anm 2).

2) Die anwendbaren Vorschriften.

a) § 664. Keine Übertragung der GeschFg auf Dritte außer bei Gestattg..

b) § 665. Weisungen. Da Mitwirkg an GeschFg SonderR ist, sind nur Weisgen im GVertr, solche bei Übertr der GeschFg u in einer GterVers wirks beschlossene (MüKo/Ulmer Rdn 6) bindd.

c) § 666. Informationspflichten des GeschF. Nachricht, Ausk über Stand, sowie RechenschAblegg, letztere erst nach Ende der GeschFg des Gters od bei GEnde, bei DauerGten iZw auch am Ende jedes GeschJahres (vgl § 721 I, II, unten dd). Die AuskPfl besteht auch über Gesch, die mit Billigg der and Gter nicht od nicht richt verbucht worden sind (BGH WM **72**, 1121).

aa) Anspruch der Gesamthand der Gesellschafter (§ 705 Anm 7a), geldt zu machen von der Gesamth der übrigen auf Leistg an diese. Bei der ZweimannG also Klage des zweiten auf Leistg an sich selbst, denn der GeschF bedarf der Unterrichtg nicht.

Sind außer dem Verpflichteten noch einer od mehrere zur GeschFg ohne ihn befugte Gter vorh – für die Zeit nach GEnde vgl dazu aber § 730 II, 2 –, so haben diese den Anspr kr ihrer GeschFgsBefugn für die übr geltd zu machen.

bb) Der einzelne Gesellschafter ist berechtigt, diese Anspr auch allein – gerichtet auf Leistgen an sich u die and Gter – geldt zu machen (§ 705 Anm 7a Abs. 2; RGRK/v Gamm Rdn 5).

cc) Für den **Inhalt der Rechenschaftsablegung** gilt § 259: Mitteilg einer geordneten Rechng u Vorlegg von Belegen. Für ihre Herausg gilt unten d. Bei größerem Umfang der Gesch muß aber nach § 242 Bezugn auf die GeschBücher u -papiere u ihre Vorlegg genügen (Warn **31**, 202, RGRK/v Gamm Rdn 3 unter Hinw auf § 716). Genereller vertragl Ausschl ist bei Gesellsch mit erhebl VermWert unwirks (BGH WM **65**, 710). – Ob den GeschF eine BuchführgsPfl trifft, bestimmt sich nach den Umst. – Über Rechngslegg in bezug auf die schwebden Geschäfte vgl § 740 Anm 1.

dd) Unabhängig von §§ 713, 666 kann der einz Gter im eig Namen bei GEnde, bei DauerGten auch zum Schlusse jedes GeschJahres (nicht also bei bloßem Ende der GeschFührertätigk, dann gilt nur oben bb), ggü allen Gter, auch den von der GeschFg ausgeschl Gtern, auf RechngsAbschl dringen u dessen Mitteilg an ihn selber von diesen verlangen, §§ 721 I, II, 730, 738. Der Anspr schließt den auf Rechngslegg selbst in sich (BGH WM **65**, 710). Soweit die Bekl nicht selbst Gesch geführt haben, haben sie die Legg der Rechng durch die geschführden Gter zu veranlassen u ggf einschließl des Fordernden dafür einzustehen. Der Anspr geht hier nicht auch auf Nachricht u Ausk wie nach § 713, 666, dafür besteht der Schutz des § 716. Der Rechngslegs-Anspr ist hier Hilfs-(Vorbereits-)Anspr der EinzelAnspr auf Gewinnverteilg, AuseinandS, Abfindg u Zahlg der Guthaben; er muß als solcher deren Schicksal teilen.

ee) Unabhängig von §§ 713, 666 besteht das Unterrichts- u NachprüfgsR jedes Gters nach § 716, gerichtet auf bloßes Gewährenlassen gg die übr.

d) §§ 667, 668. Herausgabepflicht, Verzinsung. Für die AnsprBerechtigg gilt c, jedoch mit dem Unterschied, daß die Leistg nicht an die übrigen (c, aa), sond nur an die GesHand einschl des Pflichtigen gefordert werden kann; auch er hat Teil an der dadch erfolgden Vermehrg des GVermögens. Das gilt übrigens auch für die Herausg der Belege beim Verlangen der Rechngslegg (c, aa). Der Unterschied ist von bes Bedeutg bei der ZweimannG.

Einzelne Schuldverhältnisse. 14. Titel: Gesellschaft §§ 713, 714

e) Anspruch gegen den geschäftsführenden Gesellschafter aus Verschulden bei Geschäftsführung, zB schuldh Schädigg der G, Säumnisse, Verweigerg der Mitwirkg. Ergibt sich nicht aus § 713 (§ 662 ist nicht genannt), sond folgt aus §§ 705, 276 iVm 708. Es sind Anspr der GesHand auf Leistg an diese (BGH NJW **60**, 433), geltd zu machen grdsätzl im übr, wie zu d, aber auch von einem einz Gter (§ 705 Anm 7a Abs 2), auch noch im LiquidationsVerf (§ 730 Anm 2e). Der klagde MitGter braucht nur zu beweisen, daß der G dch eine Hdlg od Unterl des geschführden Gters ein Schad entstanden ist; dieser hat seiners nachzuweisen, daß er seine Pfl als GeschF getan hat od daß der Schaden auch sonst eingetreten wäre (RG DR **44**, 452, RGRK/v Gamm Rdn 5).

f) § 669. Vorschußanspruch. Es gilt unten g. Der Anspr richtet sich mangels anderweit Vereinbg bis zur Auflösg der G gg die GesHand, nicht anteil gg die Gter pers.

g) § 670. Anspr auf **Ersatz der Aufwendungen,** auch der Schäd (vgl § 670 Anm 3). Verpfl ist die GesHand der Gter (BGH **37**, 301 zu § 110 HGB). Erstattgsfäh jedoch nur solche Aufw, die der GeschF für erfdl halten durfte. Er darf desh nur Aufw machen, für die das GVerm aufkommen kann; bei Überschreitg Anspr allenf aus ungerechtf Ber (BGH NJW **80**, 339). Die ArbLeistg des GeschF ist keine Aufw (Kblz WM **86**, 590).

aa) Befriedigung aus dem Gesellschaftsvermögen ist alsbald mögl, Titel gg die übr genügt (Vorbem 5c vor § 709). Zum GVerm gehört auch der Anspr auf rückständ Beitr. – Nach GEnde kann der GterGläub dagg Befriedgg aus dem GVerm nur im Wege der AuseinandS suchen, dagg nicht gesondert vorgehen (§ 733 Anm 1b, bb und BGH **37**, 304); anders der GterGläub aus DrittVerh (§ 718 Anm 4b, aa).

bb) Ein Anspruch gegen jeden der übrigen Gesellschafter persönlich auf anteil (§ 735) Leistg aus dem eig Verm ist währd Bestehens der G einschl AuseinandS (BGH ZIP **89**, 852) grdsätzl nicht gegeben. Das folgt aus dem Zweck des GVermögens sowie der Begrenzg der BeitragsPfl im GVertr, § 707 (BGH **37**, 301; vgl auch §§ 721, 1, II, 735 VerlustDeckgsPfl erst nach GEnde). Anders bei Vereinbg, die auch stillschw getroffen od aus dem GZweck zu entnehmen sein kann (RG **151**, 328). Zahlt ein Gter aus eig Mitteln eine Schuld der G, zB um der Klage od Vollstr gg sich zu entgehen, so hat er, außer bei andweit Vereinbg, wenn der G liquide Mittel nicht zur Verfügg stehen, od nach seinem Ausscheiden aus der G einen anteil AusglAnspr aus § 426 I (BGH NJW **80**, 339), auch gg inzw dch AnteilsÜbertr ausgeschiedene Gter, sow nicht der Anteilserwerber mit befreiender Wirkg die Verbindlk des Ausgeschiedenen übernommen hat (BGH NJW **81**, 1095). § 707 steht nicht entgg, da der Zahlde dessen Geltg auch für sich selbst ins Feld führen kann.

cc) Für sonstige Einzelansprüche von Gtern gg die GesHand (vgl § 705 Anm 7b) gelten ebenf die Regelgn oben aa, bb.

714 *Vertretungsmacht.* **Soweit einem Gesellschafter nach dem Gesellschaftsvertrage die Befugnis zur Geschäftsführung zusteht, ist er im Zweifel auch ermächtigt, die anderen Gesellschafter Dritten gegenüber zu vertreten.**

1) Allgemeines. Gemschaftl Handeln aller Gter im RVerkehr mit Dr ist Selbsthandeln der GesHand, keine Vertretg. Das Ges sieht eine gesetzl Vertretg der übr Gter dch einen von ihnen nicht vor. Mögl ist nur, rgeschäftl eine generelle Vertretgsmacht **(Vollmacht)** zu schaffen (BGH **74**, 240). Eine solche knüpft das G iZw an die einem Gter übertragene GeschFgsBefugn, § 714 (RA-Sozietät, ärztl GemschPraxis vgl § 705 Anm 9b aa). Der vertretgsberecht Gter vertritt die GesHand der Gter iR der G, in der auch er steht. – Mögl ist auch bes Vollm an Gter od Dritte für best Gesch oder Arten von Gesch (BGH NJW **83**, 2498), nicht aber globale Übertr der Vertretgsbefugn auf einen Dr (BGH **36**, 293). Dch rgeschäftl Vollm befugte GesamtVertr können einzelne von ihnen zur Vornahme des od best Arten von Gesch ermächtigen; die Ermächtigung eines GesamtVertr zur Alleinvertretg darf aber nicht einen derart Umfang haben, daß sie tatsächl einer allg Ermächtigg gleichkommt (BGH ZIP **86**, 501). VertretgsBefugn bei OHG (KG), die sich in bürgrechtl G umgewandelt hat, vgl Vorbem 1f vor § 709.

2) Bestand und Umfang der Vollmacht ist iZw an die GeschFgsBefugn geknüpft, § 714 (vgl Vorbem 4 vor § 709). Danach braucht ein geschführder Gter nicht notw Vollm zu haben, in bevollm Gter nicht notw GeschF zu sein. Auch der Umfang der Vollm kann größer od geringer sein. Ganz abw der Regelg des HGB §§ 125–127. Tritt die G, die kein Handelsgewerbe betreibt, im RVerk als HandelsG auf, obwohl sie als solche mangels Eintr im HandelsReg noch nicht entstanden ist, müssen sich die Gter, die dem zugestimmt haben, ggü einem auf den RSchein vertrauden GeschPartner so behandeln lassen, wie wenn sie eine einer HandelsG wären (BGH **61**, 59 u NJW **80**, 784). Zur GeschFg u daher zur Vertretg gehört im allg auch die Prozeßführg. Der vertretgsberecht Gter hat daher ProzeßVollm für Prozesse namens der GesHänder (RG **57**, 92 RGRK/v Gamm Rdn 10). Keine Außenwirkg des Widerspruchs (§ 711 Anm 1). Überschreiten der Vollm ist ggü den Gtern ohne Wirkg, vgl aber unten Anm 3c. Ein Überschreiten ist auch der Mißbrauch der Vollm, wo bei ZusSpiel mit dem Dritten, auch schon bei dessen fahrl Unkenntn (RG **145**, 314). Bei Interessenkollision entfällt die Vertretgsmacht (Vorbem 5c vor § 709); bei GesVertretg genügt dann nicht die Vollm des and Vertreters (RG **116**, 117), es ist nunmehr Gesamthandeln aller nötig, §§ 709 I, 715 (BGH NJW **60**, 91). PassVertretg vgl § 167 Anm 3. Genehmigg vollmachtl Handelns nach § 177 ist iF der folgden Abtretg des Anteils dch den RNachfolger (BGH **79**, 374) mögl.

3) Wirkung.
a) Der bevollm Gter berechtigt od verpflichtet die GesHänder, wenn er **erkennbar** in ihrem Namen auftritt od es sich um ein Gesch „für wen es angeht (§ 164 Anm 1c) handelt. Wenn nicht, verpflichtet u berechtigt er sich selbst, zur Berechtigg der G sind dann ÜbertrAkte nötig (vgl § 718 Anm 2b).

b) Er verpflichtet die Gter nach §§ 420, 431, 427, also bei Verträgen iZw als GesamtSchu, auch mit ihrem eig Verm (vgl § 718 Anm 4).

c) Haftungsbeschränkung. Die Haftg der vertretenen Gter kann dch Abrede mit dem Dr auf das GVerm beschr werden, ohne solche Abrede dch Beschrkg der Vertretgsmacht. Die G ist dann der KG angenähert, eine zwar atyp, aber doch geskonforme Gestaltg des VertretgsVerh in der BGB-G. Die Beschrkg muß für Dr bei Prüfg erkennb sein (BGH NJW **85**, 619, Betr **87**, 1246, NJW-RR **89**, 465). Danach nicht bloß Schutz des Dr nach §§ 171, 172, sond auch bei Vorlegg eines schriftl GVertr, der eine Übertr der GeschFg enthält, ohne eine Beschrkg der Vertretgsmacht zu erwähnen. Schmidt aaO [656] meint, die HaftgsBeschrkg der nichthandelnden Gter könne bei der MitUnternG („KG bürgerlR") auch aus ihrem Namen erkennb sein, wenn sich aus ihm ihre Ausgestaltg nach dem Modell der KG ergibt. Geht der RSchein auf das Bestehen einer KG, so haften die Gter, die der GeschAufn unter dieser Bezeichng zugestimmt haben, als ob die KG bereits dch Eintr wirks geworden wäre, dh wie Kommanditisten bis zur Höhe ihrer Einlagen, sow sie ihre Haftg im GVertr beschr haben (BGH **61**, 59; abl Beyerle BB **75**, 944). Aus der vertragl Vereinbg kann sich ergeben, daß für die Vergütg des GeschF die Gter nur mit dem GesHandVerm haften (BGH NJW **87**, 2666).

d) Für Schädigungen Dritter gilt § 31 nicht (BGH **45**, 311). Die Gter haften vielmehr für den GeschF vertragl nach § 278 u außervertragl nach § 831; so, wenn sie ggü dem GeschF weisgsberecht sind u dch Ausübg dieses WeisgsR den Schad hätten abwenden können (BGH **45**, 311). Das überwiegde Schrifttum (Wiesner JuS **81**, 331 mwN, K. Schmidt, GesellschR § 60 IV 4) will dementgg im Hinbl auf die organschaftl Organisation der G § 31 entspr anwenden, dh Haftg aller Gter mit dem GVerm.

4) Prozeßrechtliches: Partei sind in Akt- u PassProzessen die Gter. Zur Vollstr in das GVermögen ist Titel gg alle Gter, bei Klage eines Gters gg die übr Titel gg diese nötig, ZPO § 736. Der Titel kann in versch Prozessen erwirkt sein (RG **68**, 222). Die verklagten Gter sind nicht notw Streitgenossen, ZPO § 62, wohl aber die klagden (BGH WM **63**, 729). Der ausscheidde Gter bleibt trotz Anwachsg (§ 738) Partei, ZPO § 265 II (BGH aaO). ProzeßVollm des GeschF vgl oben Anm 2.

715 *Entziehung der Vertretungsmacht.* Ist im Gesellschaftsvertrag ein Gesellschafter ermächtigt, die anderen Gesellschafter Dritten gegenüber zu vertreten, so kann die Vertretungsmacht nur nach Maßgabe des § 712 Abs. 1 und, wenn sie in Verbindung mit der Befugnis zur Geschäftsführung erteilt worden ist, nur mit dieser entzogen werden.

1) Grund des Halbs 1: Die generelle Vertretgsmacht des Gters ist mitgliedschaftl SonderR. Grund des Halbs 2: der Zushang zw GeschFg u Vertretg. Andere Regelg in HGB § 127. – § 715 gilt nicht für die bes Vollm (vgl § 714 Anm 1). Bei Künd der GeschFg nach § 712 II Erlöschen der Vollm, §§ 714, 168 S 1.

716 *Kontrollrecht der Gesellschafter.* ¹ Ein Gesellschafter kann, auch wenn er von der Geschäftsführung ausgeschlossen ist, sich von den Angelegenheiten der Gesellschaft persönlich unterrichten, die Geschäftsbücher und die Papiere der Gesellschaft einsehen und sich aus ihnen eine Übersicht über den Stand des Gesellschaftsvermögens anfertigen.

ᴵᴵ Eine dieses Recht ausschließende oder beschränkende Vereinbarung steht der Geltendmachung des Rechtes nicht entgegen, wenn Grund zu der Annahme unredlicher Geschäftsführung besteht.

1) Das **Kontrollrecht** des einz Gters ist eine verwaltgsrechtl Befugn (§ 705 Anm 7c), geltd zu machen gg die übr. NachprüfgR des Unterbeteiligten s § 705 Anm 8d. Das Recht geht auf Gewährenlassen, grdsätzl nicht auf AuskErteilg; im AuskR ist dem einz Gter dann zuzubilligen, wenn die erforderl Angaben aus den Büchern u Papieren der G nicht ersichtl sind, der Berecht sich also ohne Ausk keine Klarh über die Angelegenh der G verschaffen kann (BGH MDR **84**, 27). Das EinsichtsR ist zu unterscheiden von den Rechten der GesHand ggü dem geschfürden Gter nach §§ 713, 666 (vgl § 713 Anm 2c, RG **148**, 279). Es besteht also nicht, wenn der geschfürde Gter bereits Rechng gelegt hat, es gilt auch noch währd der AuseinandS. Als VerwR ist es nicht übertragb, § 717, doch kann der gesetzl Vertr des nicht voll GeschFähigen das Recht ausüben (BGH **44**, 101; vgl § 705 Anm 7c). Zuziehg eines Sachverst ist zuläss, Ausübg der Einsichtn dch einen bevollm BuchSachverst ist ggf zuzulassen (BGH WM **62**, 883, Hirte BB **85**, 2208), ggf ist das Recht sogar dahin zu beschränken, (RG **103**, 73). Ein bes Interesse braucht nicht dargelegt zu werden, § 242 kann aber uU der Ausübg entggstehen (RG **148**, 280). Die Einsicht in die Bücher u Papiere setzt das Vorhsein solcher voraus; ob BuchführgsPfl besteht, ist eine and Frage. – Abs I ist gem Abs II beschr zwingd.

717 *Nichtübertragbarkeit der Gesellschafterrechte.* Die Ansprüche, die den Gesellschaftern aus dem Gesellschaftsverhältnisse gegeneinander zustehen, sind nicht übertragbar. Ausgenommen sind die einem Gesellschafter aus seiner Geschäftsführung zustehenden Ansprüche, soweit deren Befriedigung vor der Auseinandersetzung verlangt werden kann, sowie die Ansprüche auf einen Gewinnanteil oder auf dasjenige, was dem Gesellschafter bei der Auseinandersetzung zukommt.

1) Grundsätzliches zu Satz 1.

a) **Die Gesellschafterstellung im ganzen (Mitgliedschaft)** ist nicht übertragb, ebsowen wie sonst die Stellg eines VertrPartner frei übertragb ist (§ 398 Anm 10). Als selbstverständl nicht bes ausgesprochen. Ein MitgliedschWechsel dch Übertr od sonstigen Übergang (vgl § 727) unter Aufrechterhaltg der Identität der G ist jedoch mögl, falls der GVertr ihn zuläßt od alle Gter zust (§ 719 Anm 2b, § 736 Anm 3b bb). In solchen Fällen ist auch gleichzeit Auswechslg aller Gter unter Fortbestand der G mögl (BGH **44**, 229, Hamm OLGZ **86**, 316). – Unterbeteiligg (§ 705 Anm 8d) ist ow mögl.

Einzelne Schuldverhältnisse. 14. Titel: Gesellschaft §§ 717, 718

b) Der Anteil des Gesellschafters am Gesellschaftsvermögen ist die vermögensrechtl Seite der Mitgliedsch u von dieser nicht trennb (BGH NJW-RR 87, 989). Er ist unübertragb, § 719 I; mit der Übertr der Mitgliedsch (Anm 1a) geht er über.

c) Der Anteil des Gesellschafters an den einzelnen Gegenständen des GVermögens, also seine dingl MitBerechtigg, ist als solcher ebenf unübertragb (§ 719 Anm 2c). Der GVertr kann hieran nichts ändern. Die Übertr ist nichtig nach § 134. Natürl können sämtl Gter über den EinzGgst im ganzen wirks verfügen, womit über alle Anteile zugl verfügt wird. Außerdem geht der Anteil des Gters am EinzGgst auf den RNachf über, wenn der Gter seine Mitgliedsch (Anm 1a) wirks überträgt. Wg An- u Abwachsg in diesen Fällen vgl § 736 Anm 3a.

d) Die Einzelrechte der Gesellschafter aGrd ihrer GterStellg sind ebenf grdsätzl unübertragb, § 717 S 1. Grund: das VertrauensVerh der Gter. Das gilt vor allem für die in § 705 Anm 7c aufgeführten VerwRechte der Gter, insb das Recht auf Mitwirkg bei der GeschFg u das VertretgsR, sow es sich um Übertr des Rechtes insges u nicht um die Wahrnehmg bestimmter, wenn auch weitgehder, Aufgaben handelt (BGH **36**, 293). Ebso für das Informations- u NachprüfgsR nach § 716 (BGH WM **62**, 883), das auf Rechngslegg (§ 713 Anm 2c, cc, dd, RG **52**, 35) u das auf AuseinandS (RG **90**, 19). Es gilt ferner für die Anspr der GesHand, soweit sie ein Gter allein gg einen and Gter geltd machen kann, zB auf Entrichtg von Beiträgen. Die GesHand selbst kann natürl über solche Anspr verfügen, auch können Dr sie mit Titel gg alle Gter pfänden (RG **76**, 278).

2) Satz 2: Ausnahmen von Anm 1d. Grund: Die Lösg der EinzAnspr aus der Verbundenh steht dem GZweck nicht entg. Der GVertr kann die Übertr einschränken od ausschließen, § 399 (BGH WM **78**, 514). **Übertragbar sind:**

a) Ansprüche eines Gesellschafters aus Geschäftsführung, soweit ein BefriediggsAnspr bereits vor AuseinandS besteht (§ 713 Anm 2g, aa). – Auch soweit ausnahmsw Anspr schon alsbald gg die einz Gter persönl bestehen, sind diese übertragb (§ 713 Anm 2g, bb). – Nach GEnde gibt es keine übertragb EinzelAnspr gg die G mehr, sie sind dann in dem AuseinandSAnspr (unten c) aufgegangen.

b) Anspruch auf Gewinnanteil – rückständ od erst der Höhe nach zu bestimmen § 721 I, II; der VertrAnspr auf feste Entnahmen (vgl HGB § 122 I), dagg nur, soweit durch Gewinn gedeckt (RG **67**, 19). – Es ist ein schuldrechtl Anspr auf Zahlg, abhäng von der Gewinnfeststellg. Der Neugläub hat Anspr auf Mitteilg der Höhe des errechneten GewinnAnteils dch die G (BGH BB **76**, 11), dagg nicht das Recht, RechngsAbschl od -legg zu verlangen, noch kann er gg die GesHand auf die Gewinnfeststellg selbst klagen (RG **52**, 36), noch hat er Anspr, bei dieser mitzuwirken; alle diese Rechte bleiben beim Altgläub. Der Neugläub hat insow nur Rechte gegen diesen. Entnahmefäh u abtretb sind idR auch Zinsen, die ein Gter – gewinnmindernd – auf seinem GterKonto gutgeschrieben bekommt (BGH WM **85**, 1343).

c) Anspruch auf das Auseinandersetzungsguthaben, näml schuldr Anspr auf Wertrückerstattg der Einlagen, soweit nicht aufgezehrt (§ 733), u dem auf Zahlg des Überschusses (§ 734). Dagg gehören im allg nicht dazu (Ausleggsfrage) die Anspr aus § 732 sowie die auf Berichtigg bes Fdgen aus dem GVerh, zB auf rückständ GewinnAntl oder AufwErs. – Er fließt aus dem Antl des Abtretden am GVerm (Anm 1b), ist im Kern bereits seit Beinn der Mitgliedsch des Gters vorh u desh übertragb, entsteht aber erst mit Auflösg der G od Ausscheiden des Gters (BGH **88**, 205, NJW **89**, 453), vorher kann mit ihm nicht aufgerechnet werden (RG **118**, 299). VorausAbtr des Anspr u spätere Pfdg od Übertr des Antls vgl § 719 Anm 2b, ist nur der Höhe nach noch unbest und von der Ermittlg dch die Gter bei AuseinandS, §§ 730–734, od Abfindg, §§ 738–740, abhäng. Der Neugläub kann die G nicht kündigen, er hat nicht das Recht, AuseinandS zu fordern, an dieser mitzuwirken od Rechngslegg zu verlangen, er kann sich nur an den Altgläub halten (RG **90**, 20).

d) Zu a–c: Soweit abtretb, ist der Anspr auch **verpfändbar** (§§ 1274 II, 1280). Auch Pfändg u Überweisg nach ZPO §§ 829, 835 sind mögl, vertragl Ausschl würde die Pfändg nicht hindern ZPO § 851 II. Der Pfandgläub hat in den Fällen b u c die dortigen Rechte; er hat kein KündR aus § 725 I. – **Nießbrauch** am GAnteil vgl § 1068 Anm 3b.

718 Gesellschaftsvermögen. [I] Die Beiträge der Gesellschafter und die durch die Geschäftsführung für die Gesellschaft erworbenen Gegenstände werden gemeinschaftliches Vermögen der Gesellschafter (Gesellschaftsvermögen).

[II] Zu dem Gesellschaftsvermögen gehört auch, was auf Grund eines zu dem Gesellschaftsvermögen gehörenden Rechtes oder als Ersatz für die Zerstörung, Beschädigung oder Entziehung eines zu dem Gesellschaftsvermögen gehörenden Gegenstandes erworben wird.

1) Grundsatz. Vgl zunächst § 705 Anm 5, 8. Im ges Regelfall steht das dem GZweck gewidmete Verm den Gtern (Teilh) zur ges Hand zu, die G als solche ist nicht rechtsfäh. Träger der GesHandsrechte u der samtverbindl Pfl sind unmittelb die Gter. Ihre MitBerechtigg bezieht sich auf die einz Ggstde, dh die Sachen des GVerm stehen im GesHandEigt, die Fdgen sind GesHandFdgen. Das GVerm stellt ein dingl gebundenes SonderVerm dar, das vom sonst Verm der Teilh rechtl zu unterscheiden ist, aber auch v einem etw weiteren SonderVerm derselben Pers, selbst bei gleicher Beteiligg. Die Einbringg v Ggsten, soweit nicht lediql zur Benutzg (BGH WM **65**, 744), geschieht dch Übereignq bzw Übertr, Grdst sind aufzulassen. Das bedeutet aber nicht, daß der Einbringde seine vermrechtl Stellg verliert, vielm bleibt er RInh, wenn auch jetzt in geshänder Bindg mit den and Gtern (BGH BB **64**, 8).

2) Gesellschaftsvermögen sind:

a) Die Beiträge der Gesellschafter, §§ 705, 706. GVermögen ist schon der Anspr auf Leistg der Beiträge (vgl § 705 Anm 5, 7a).

b) Die für die Gesellschaft erworbenen Gegenstände (Sachen u Rechte, insb Fdgen). Das gilt für den rechtsgeschäftl u originären (§§ 946ff) Erwerb dch alle Gter gemschaftl u für den Erwerb dch einen ver-

§ 718 2–4 2. Buch. 7. Abschnitt. *Thomas*

tretgsberecht Gter, insbes den GeschF, im RVerkehr mit Dritten im Namen der G (vgl § 714 Anm 1–3). Der in eig Namen für die G handelnde GeschF hat ggü den Gtern die gesellschrechtl (schuldrechtl) ÜbertrPfl. Auch der Anspr hierauf gehört bereits zum GVerm. Besitz vgl § 854 Anm 6b – Schutz des Schu vgl § 720.

c) Surrogationserwerb. Abs II bestimmt ihn in 2 Fällen: **Erwerb auf Grund eines zum Gesellschaftsvermögen gehörenden Rechts.** Bei dingl Rechten tritt dingl Surrogation ein. Hierunter fallen alle Arten von Sach- u Rechtsfrüchten, Erträgen, § 99. **Erwerb als Ersatz** für die Zerstörg, Beschädigg od Entziehg eines zum GVerm gehörden Ggst (Sache od Recht). Entspricht § 281. Hierunter fallen Anspr auf SchadErs, Entschädigg, VersichergsLeistg, aus ungerechtf Ber.

d) Der **Geschäftswert** (good will) gehört ebenf zum GVermögen. Bedeuts in aller Regel für HandelsG, kann aber auch für BGB-G prakt werden (BGH BB **67**, 95: Rechtsanwaltssozietät). Methoden zur Ermittlg dieses Wertes vgl § 738 Anm 2c.

3) Gesellschaftsschulden.

a) Dritten Gläubigern ggü ist es gleichgült, ob ihnen die Gter als solche haften od ob sie aus and nicht mit der G zushängden Grden einen Anspr gg jeden der Gter haben (krit Brehm, Die Haftg des Verm einer G bürgerl R für priv Schulden der Gter, KTS **83**, 21). Sie können, wenn sie einen Titel gg alle Gter haben, ZPO § 736, in das GVerm vollstrecken. Die eigentl GGläub haben auch keinen Anspr auf Vorwegbefriedigg aus dem GVerm vor den zufäll Gläub aller Gter (krit Winter KTS **83**, 349). – Nur uU haftet den GGläub allein das GVerm, so bei vertragl HaftgsBeschrkg (§ 714 Anm 3c). – Bei ungerechtf Ber des GVerm vgl Anm 4a.

b) Im Innenverhältnis der Gesellschafter hat die Frage a größere Bedeutg: nur GSchulden sind bei der Gewinn- u Verlustberechng, § 721, einzustellen u bei der AuseinandS, § 733 („gemeinsch Schulden"), aus dem GVerm zu decken.

4) Persönliche Haftung der Gesellschafter.

a) Gegenüber Dritten (GGläub) haften die Gter für GSchulden persönl mit ihrem ganzen Verm (G- u übr Verm) nach den allg Vorschr der persönl Verpflichtg mehrerer, §§ 420ff (ebso MüKo/Ulmer § 714 Rdn 28, Soergel-Hadding § 714 Rdn 29, i Erg auch K. Schmidt, GesellschR § 60 III). So haften sie insb als GesSchu aus den von allen gemeschaftl od dch berecht Vertreter (§ 714) geschl RechtsGesch, §§ 427, 431; ebso für ges Schuld (Hamm BB **89**, 1218: Gewerbesteuer); aus gemschaftl begangenen unerl Hdlgen aus §§ 823ff, 830, 840, aus solchen von VerrichtgsGeh iR des § 831 (BGH NJW **75**, 533). Ebso Haftg aller Gter auf den vollen Betr (aA MüKo/Ulmer § 714 Rdn 40; RGRK/v Gamm § 718 Rdn 9), wenn die GesHand inf rechtsgrundl Leistg eines Dr bereichert ist; eine einheitl Meing hat sich in dieser Frage od des ZusTreffens von Bereicherg u GesHand noch nicht gebildet. BGH NJW **85**, 1828 bejaht volle Haftg jedes Gters, wenn alle od einer für alle die zur Rückzahlg verpflichtende Leistg entgg genommen haben, Ffm NJW **86**, 3144, wenn der Gläub rechtsgrundl eine Leistg in das GVerm erbringt, differenzierd K. Schmidt, GesellschR § 60 III 5. BGH **61**, 338 u NJW **83**, 1905 (Kritik: Meincke JZ **74**, 1001; zust Reinhardt JZ **74**, 768 u BB **83**, 1118) bejahen volle Haftg jedes Gters nach Auflösg u Verteilg des GesVerm, wenn die Leistgen im Zushang mit einem VertragsVerh od in Erwartg eines später zuskommden Vertr erbracht worden sind, u zwar auch dann, wenn die Leistg nur einem Gter dch dessen Manipulation zugeflossen ist (Hbg BB **84**, 14). Jedoch kann jeder den Wegfall der Ber schon bei der GesHand, bei seinen MitGtern od bei sich einwenden. Kann ein Gter die allen oblieg Leistg nicht mehr erfüllen, so kann der Gl nicht Rückzahlg des an ihn geleisteten Vorschusses verlangen, so lange ein and Gter zur Leistg noch in der Lage u willens ist (BGH **72**, 267). Die persönl Haftg entsteht sofort u primär, kein Recht, den Dritten auf das GVerm zu verweisen. Vertragl HaftgsBeschrkg § 714 Anm 3c. – Auch nach GEnde, währd der AuseinandS, kann der Gläub sowohl aus dem GVerm gesondert Befriedigg verlangen als auch gg die einz Gter persönl vorgehen. Ein neu eintretder Gter haftet für die vorher begründete Verbindlichk der GesHand nur kraft bes Vereinbg mit dem Gläub (BGH **74**, 240).

b) Einem Gesellschafter-Gläubiger aus einem Drittverhältnis, dh aus einem vom GVerhältnis verschiedenen RVerh, das ebsogut zw der GesHand u einem Dritten bestehen könnte, haften die übr Gter ebenf als GesamtSchu (BGH NJW **83**, 749; differenzierd Walter JZ **83**, 260), zB aus Kauf, Darl, DienstVertr, unerl Hdlg eines zur Verrichtg Bestellten, Anspr des GeschF, die er aus der Führg gesellschfremder Gesch nach §§ 683ff (RG **158**, 312) gg die G erlangt hat.

aa) Geltendmachung der Ansprüche gegen das Gesellschaftsvermögen ist alsbald ohne Beschrkg zul; Titel (ZPO § 736) ist hier nur gg die übr erforderl. Nach GEnde kann der GterGläub Einstellg der Fdg bei der AuseinandS verlangen, kann aber auch aus dem GVerm von sich aus Befriedigg suchen.

bb) Die persönliche Haftung der übrigen Gesellschafter entsteht hier unter den Vorauss oben a ebenf sofort u primär, sie haben kein Recht, den GterGläub auf das GVerm zu verweisen. Der GterGläub kann einen MitGter aber nur auf den seinen Verlustanteil übersteigden Überschuß seiner Fdg in Anspr nehmen; gilt auch für den Zessionar, der nicht MitGter ist (BGH NJW **83**, 749, differenzierd Walter JZ **83**, 260). Die Haftg der übr Gter ist auch hier samtverbindl. Eine Ausn besteht, wenn ein Gter einen GGläub befriedigt hat u bei den übr Gtern Regreß nimmt (vgl § 713 Anm 2g). Jeder von ihnen haftet nur entspr seinem Verlustanteil, wobei der Ausfall eines Gters auf die zahlgsfäh anzulegen ist (BGH **37**, 299 [302], MüKo/Ulmer § 705 Rdn 178). – Auch nach GEnde u währd der AuseinandS kann der GterGläub die übr Gter persönl u unabhäng von der AuseinandS in Anspr nehmen.

c) Ansprüche des Gesellschafters aus dem Gesellschaftsverhältnis selbst. Über Abgrenzg zu b vgl dort. Die gewöhnl vertragl Anspr auf Zahlg des Gewinnanteils, des AuseinandS- od des Abfindgguth unterliegen eig Regelg, §§ 730ff, 736ff. Anspr bes Art aus dem GVerh, zB aus Schädig des Gters durch die GeschF (anderers s dazu oben b), auf AufwErs § 713 Anm 1 u 2g, auf rückständ Gewinnanteil können alsbald gg das GVermögen mit Titel gg die übr, ZPO § 736, geltd gemacht werden. Die Geltdmachg gg die

Einzelne Schuldverhältnisse. 14. Titel: Gesellschaft §§ 718–721

Gter persönl währd Bestehens der G einschließl der AuseinandS (BGH ZIP **89**, 852) ist dagg beschr (vgl § 713 Anm 2 g, § 733 Anm 1 b, bb).

719 *Gesamthänderische Bindung.* ¹ **Ein Gesellschafter kann nicht über seinen Anteil an dem Gesellschaftsvermögen und an den einzelnen dazu gehörenden Gegenständen verfügen; er ist nicht berechtigt, Teilung zu verlangen.**
ᴵᴵ **Gegen eine Forderung, die zum Gesellschaftsvermögen gehört, kann der Schuldner nicht eine ihm gegen einen einzelnen Gesellschafter zustehende Forderung aufrechnen.**

1) Allgemeines. Die Gter sind am GVermögen als solchem u an den einz dazu gehör Ggsten beteiligt (vgl § 718 Anm 1). Dabei stellt der Anteil am GVerm als einem Inbegr v Sachen u Rechten kein dingl Recht dar, da ein solches an Inbegr nicht bestehen kann. Die Gesamtberechtigg aller ist ungeteilt. Keiner hat ein selbständ, vom Recht der and Gter am GesHandVerm (GAnteil) unabhäng TeilR an dem Inbegriff. Erst recht hat keiner ein solches TeilR (QuotenR) an den einz Ggst des GVermögens. An den Sachen besteht GesHandsEigt, Rechte, insbes Fdgen sind solche der GesHand. Verfüggsberecht sind nur alle gemschaftl, § 709, u die für die Gesamth der Gter VertretgsBerecht, § 714.

2) Auswirkungen.
a) Kein Recht des Gesellschafters, Teilung zu verlangen. Zwingd. Über KündR §§ 723–725. Bei GEnde kann er die AuseinandS fordern, §§ 730 ff.
b) Der Gesellschafter kann nicht über seinen Anteil am Gesellschaftsvermögen verfügen. Der Anteil am GVerm verkörpert die vermrechtl Seite der umfassenderen Mitgliedsch (vgl § 717 Anm 1 a, b) u ist von ihr nicht trennb (BGH NJW-RR **87**, 989, Wiedemann WM **75**, Sonderbeilage 4 S 32, Hueck, GRecht § 10 III 2). – Das ÜbertrVerbot ist kein gesetzl Veräußergsverbot zum Schutz der Gter (§ 135); daher keine relat, sond schwebde Unwirksamk der gleichwohl vorgenommenen Vfg (BGH **13**, 179). Die unwirks Vfg kann als Übertr der gem § 717 S 2 abtretb EinzelAnspr auszulegen u damit insow aufrechtzuerhalten sein (OGH MDR **48**, 394). Dasselbe gilt für die Verpfändg. Übertragb ist bei entspr Vereinbg die Mitgliedsch. Grdsätzl ist dafür Einstimmigk der Gter erforderl (vgl § 705 Anm 3 b). Wenn MehrhBeschl ausreichen soll, muß GVertr das zweifelsfrei bestimmen (BGH WM **61**, 303). Die Zust der übr Gter kann auch bereits im GVertr erkl sein, widerrufb nur aus wicht Grd (BGH aaO). Mit der Übertr der Mitgliedsch geht diese iW der GesamtRNachfolge auf den bzw die Erwerber ohne EinzelÜbertr über, auch iF der Übertr der Mitglschrechte auf mehrere od einen Erwerber; im letzten Fall erlischt die Ges ohne Liqu (Hamm OLGZ **86**, 316). Die Verpfl zur Übertr od zum Erwerb der Mitgliedsch bedarf idR auch dann nicht der not Form, wenn das GVerm im wesentl aus GrdBes besteht (BGH **86**, 367). Maßgebl Ztpkt für die Zust ist die Übertr (bzw Verpfändg), nicht schon der Abschl des KausalGesch (BGH BB **58**, 57). Ebso ist bei Einverständn der Gter Belastg des Anteils, zB dch Verpfändg od NießbrBestellg mögl (Hamm Betr **77**, 579). Ist Verpfändg zul, so gilt § 1280 nicht, da der GAnteil keine Fdg ist (RG **57**, 415). Über Rangfragen § 725 Anm 2 d. – **Pfändung** ist mögl, ZPO § 859 I, 1, Wirkgen: § 725. Die GesHandBerechtigg bleibt v der Pfändg unberührt. Die Pfdg des Antls od der Übertr der Mitgliedsch geht einer davor liegden Abtr der Anspr auf künft Gewinn u AuseinandsGuth (vgl § 717 Anm 2 b, c) grdsl vor, so daß diese mit dem PfdgsPfdR belastet entstehen (BGH NJW-RR **87**, 989, BGH **88**, 205, BGH ZIP **88**, 1546 für GmbH-Antl mit Besprechg Marotzke ZIP **88**, 1509).
c) Der Gesellschafter kann nicht über seinen Anteil am Einzelgegenstand des Gesellschaftsvermögens verfügen. Darin zeigt sich die gesamthänder Bindg. Eine Vfg wäre nichtig, § 134. Auch keine Verpfändg. Ebsowenig Pfändg mögl, ZPO § 859 I, 2. – Bei Übertr der Mitgliedsch geht die MitBerechtigg an den einz Ggsten des GVerm auf den RNachf über. Mögl ist, daß alle Gter zus über den Ggst verfügen. – Die Vfg eines Gters über einen EinzelGgst kann nach §§ 932 ff zu gutgläub Erwerb Dritter führen, auch kann § 185 in Frage kommen.
d) Keine Aufrechnung gg Anspr der GesHand mit Anspr an einz Gter. Grd: Fehlde Ggseitigk (vgl § 387 Anm 3). Die Aufr im Proz der GesHand gg den Gter unterbricht aber die Verj der zur Aufr gestellten Fdg (BGH **80**, 222). – Wird ein Gter von einem GGläub wg einer GSchuld persönl in Anspr genommen, so kann er mit einem Anspr der GesHand gg diesen Gläub aufrechnen, wenn er für die G vertretgsbefugt, § 714, ist. Andernf steht ihm in entspr Anwendung von § 129 III HGB ein LeistgVR zu (BGH **38**, 126 für Erbengemeinsch, RGRK-v Gamm Rdn 10); nach BGH **42**, 396 ist Vorauss des LeistgVR nach § 129 III HGB, daß die G mit ihrer Fdg aufrechnen kann (vgl § 770 Anm. 5).

720 *Schutz des gutgläubigen Schuldners.* **Die Zugehörigkeit einer nach § 718 Abs. 1 erworbenen Forderung zum Gesellschaftsvermögen hat der Schuldner erst dann gegen sich gelten zu lassen, wenn er von der Zugehörigkeit Kenntnis erlangt; die Vorschriften der §§ 406 bis 408 finden entsprechende Anwendung.**

1) Voraussetzung: Erwerb für die G nach § 718 I (vgl dort Anm 2 a, b), auch bei zunächst nur mittelb Erwerb u erst späterer Übertr. Auszudehnen wie in §§ 1473, 2041 auch auf den Surrogationserwerb nach § 718 II (MüKo/Ulmer Rdn 3, Soergel-Hadding Rdn 3); nicht aber auf die Fdg aus unerl Hdlg; hier ist der Schu nur nach § 851 geschützt.

721 *Gewinn- und Verlustverteilung.* ¹ **Ein Gesellschafter kann den Rechnungsabschluß und die Verteilung des Gewinns und Verlustes erst nach der Auflösung der Gesellschaft verlangen.**

793

§§ 721–723　　　　　　　　　　　　　　　　　　2. Buch. 7. Abschnitt. *Thomas*

II **Ist die Gesellschaft von längerer Dauer, so hat der Rechnungsabschluß und die Gewinnverteilung im Zweifel am Schlusse jedes Geschäftsjahrs zu erfolgen.**

1) Nicht zwingd (RG **95**, 152), Abänderg aber nur dch Vertr aller, da GGrdlage (§ 705 Anm 3b). Dem Anspr steht eine Verpfl der GesHand (§ 705 Anm 7b) ggü. RechngsAbschl vgl § 713 Anm 2c cc. Bei GEnde ist das Verlangen auf RechngsAbschl Vorbereitg der AuseinandS, der Anspr auf Gewinnfeststellg ist dann Mitinhalt des Anspr auf AuseinandS, der festgestellte Gewinn deckt sich dann mit dem Überschuß des § 734. Ist Gewinnverteilg vor GEnde vereinb, so besteht, wenn die vereinb Vorauss eingetreten sind, nach II am Schlusse jedes GeschJahres (iZw = KalJ), ein selbständ Anspr auf Feststellg u Auszahlg des Gewinns. Verj nicht nach § 197 (BGH **80**, 357). Stets Zahlg nur aus dem GVerm, §§ 707, 734 (RG **170**, 396). – **Gewinn** ist der Überschuß des Verm über die GSchulden u Einlagen am Stichtag; **Verlust** das Umgekehrte. – **Nichtabgehobener Gewinn** wird bei Fortbestehen der G, falls echter AuszahlgsAnspr bestand, GSchuld (vgl § 733 Anm 1 b, bb), er erhöht dagg, falls der GVertr nichts and bestimmt, nicht die Einlage; anders HGB § 120 II. – Verlust ist, auch wenn period Gewinnverteilg gilt (so bei II od sonst bei Abrede), erst bei GEnde auszugleichen, wenn nichts and vereinb ist, §§ 707, 735; anders HGB §§ 120, 121. – Verteilg des Überschusses vgl § 734.

722 **Anteile am Gewinn und Verlust.** I **Sind die Anteile der Gesellschafter am Gewinn und Verluste nicht bestimmt, so hat jeder Gesellschafter ohne Rücksicht auf die Art und die Größe seines Beitrags einen gleichen Anteil am Gewinn und Verluste.**

II **Ist nur der Anteil am Gewinn oder am Verluste bestimmt, so gilt die Bestimmung im Zweifel für Gewinn und Verlust.**

1) § 722 entfällt, wenn die G keinen Gewinnzweck hat. – Es bestehen drei Möglichk:

a) Bestimmung durch Gesellschaftsvertrag. Wer sie behauptet, hat sie zu beweisen. Spätere Änderg vgl § 705 Anm 3b, auch stillschw denkb dch langjähr vom GVertr abweichd Übg (BGH NJW **66**, 826). Ungleichm Beteiligg, auch nach Gewinn u Verlust verschieden, ist mögl. GewinnAnspr eines Gters u Verlustbeteiligg, auch für einen AuseinandSVerlust (BGH WM **67**, 346) können ganz ausgeschl werden (MüKo/Ulmer Rdn 4, RGRK/v Gamm Rdn 3).

b) Bei unvollständiger Vertragsregelung gilt die AusleggsRegel des II.

c) Bei Fehlen anderweiter Vertragsregelung gilt Beteiligg am Gewinn u Verlust nach Köpfen; ergänzder Rechtssatz. Ausprägg des Grds der gleichm Behandlg der Gter, Beitragshöhe u -art sind unerhebl. Gilt nicht, wenn der GVertr die Höhe der Beteiligg bewußt für eine spätere Vereinbg, die dann nicht zustkommt, offen läßt, auch wenn sich dies nur aus der VertrAuslegg ergibt (BGH **82**, 2816).

Auflösung (§§ 723–729) und Auseinandersetzung (§§ 730–735)

Vorbemerkung

1) Die allgemeinen Auflösungsgründe gelten neben den in §§ 723 ff genannten, nämlich: Zeitablauf; Eintritt auflösder Bdgg; AufhebgsVertr od -Beschl; uU genügt MehrhBeschl (vgl § 705 Anm 3b); Vereinigg der GterStellg in einer Hand, insb durch Beerbg; es gibt bei der G des BGB keine EinmannG (vgl § 736 Anm 1b). Über Rücktr § 705 Anm 3c.

2) Bedeutung der Auflösung. Soweit GVerm vorh (Regelfall), ist sie noch keine Vollbeendigg der G. Die gesamthänd Verbundenh der Gter entfällt nicht kr G. Sie bedarf der Lösg, den Anteilen der einz Gter entspr VermWerte sind ihnen durch EinzÜbertr zuzuführen. Beides ist Aufgabe u Inhalt der AuseinandS, §§ 730–735. Bis zu deren Beendigg besteht die G fort, § 730 II. Ihr gemeins Zweck, ist nunmehr die AuseinandS. Die VertrVerpflichtgen der Gter entfallen, soweit ihre Erf nicht zu diesem Zweck noch erforderl ist (BGH NJW **60**, 433). – Auch die AuseinandersetzgsG kann sich durch Beschl der Gter, evtl MehrhBeschl (§ 705 Anm 3b, BGH NJW **53**, 102), unter Aufrechterhaltg ihrer Identität, in eine werbde G zurückverwandeln (BGH WM **64**, 152 zur KG, Ffm NJW-RR **88**, 225). Das ist mögl auch unter Änderg der Pers ihrer Mitglieder; grdsätzl müssen aber alle, auch ein etwa nicht mehr Teilnehmender, zustimmen (BGH WM **63**, 730). Nach Beendigg der AuseinandS ist dagg nur Neugründg mögl.

3) Ausscheiden eines Gters, § 736, ist keine Auflösg, die G mit ihrem bisher Zweck bleibt. Verbunden damit ist auch Neueintritt eines Gters mögl (vgl § 736 Anm 3).

723 **Kündigung durch Gesellschafter.** I **Ist die Gesellschaft nicht für eine bestimmte Zeit eingegangen, so kann jeder Gesellschafter sie jederzeit kündigen. Ist eine Zeitdauer bestimmt, so ist die Kündigung vor dem Ablaufe der Zeit zulässig, wenn ein wichtiger Grund vorliegt; ein solcher Grund ist insbesondere vorhanden, wenn ein anderer Gesellschafter eine ihm nach dem Gesellschaftsvertrag obliegende wesentliche Verpflichtung vorsätzlich oder aus grober Fahrlässigkeit verletzt oder wenn die Erfüllung einer solchen Verpflichtung unmöglich wird. Unter der gleichen Voraussetzung ist, wenn eine Kündigungsfrist bestimmt ist, die Kündigung ohne Einhaltung der Frist zulässig.**

II **Die Kündigung darf nicht zur Unzeit geschehen, es sei denn, daß ein wichtiger Grund für die unzeitige Kündigung vorliegt. Kündigt ein Gesellschafter ohne solchen Grund zur Unzeit, so hat er den übrigen Gesellschaftern den daraus entstehenden Schaden zu ersetzen.**

III **Eine Vereinbarung, durch welche das Kündigungsrecht ausgeschlossen oder diesen Vorschriften zuwider beschränkt wird, ist nichtig.**

Einzelne Schuldverhältnisse. 14. Titel: Gesellschaft §§ 723–725

1) Die Kündigung (vgl Einf 3a vor § 346) ist eine Verwaltgsbefug (§ 705 Anm 7 c) jedes Gters. Ausübg durch einseit Erkl ggü allen and. Wirkg: alsbaldige Auflösg, es besteht jetzt die AuseinanderSG. Bei Bestehen einer KündFrist Auflösgswirkg erst bei Fristablauf. Sie tritt nicht ein, wenn die Gter dch Vereinbg (FortsetzgsBeschl, vgl Vorbem 2) die Künd rückgängig machen; kein einseit Widerruf der Künd. Bei der in Vollzug gesetzten G tritt das Recht zur fristl Künd an die Stelle des RücktrR (§ 705 Anm 3 c). Abs I regelt 2 Fälle: **a) Bei Gesellschaften auf unbestimmte Zeit (S 1)** ist Künd jederzeit mögl. Abgrenzg zur G auf best Zt vgl unten b. Die Gter können eine KündFrist vereinbaren (S 3). Für fristl Künd ist dann ein wicht Grd nötig. Auch kann Künd für best Zeit ausgeschl od erst zu einem best Termin zugel sein (BGH **10**, 98). In allen 3 Fällen gilt für den fragl Zeitraum unten b. Eine solche Begrenzg des KündR kann auch konkludent vereinb sein (BGH WM **67**, 316). Eine für die Dauer der G vereinb Unterbeteiligg (§ 705 Anm 8d) kann nach I 1 gekünd werden, wenn die Dauer der G weder zeitl noch dch ihren Zweck begrenzt ist (BGH **50**, 316). Nicht mögl ist bei G, auch InnenG u Unterbeteiligg (§ 705 Anm 8d) auf eingend Zeit, das KündR in and Weise, auch nicht auf wicht Gründe zu beschränken, III. – S 1 gilt auch in den Fällen des § 724.

b) Bei Gesellschaften auf bestimmte Zeit (S 2) ist stets u unbeschränkb (III) Künd bei wicht Grund mögl. Angemessene Bedenkzeit ist zu respektieren (BGH WM **65**, 976). Best Zt heißt, daß irgendwie die Dauer der G beschr ist (RG **136**, 241). Mögl dch Best einer Zeitdauer nach dem Kal, durch Knüpfen an ein best Ereign, auch die Erreichg eines best GZiels. Die Dauer kann sich aber auch allein aus den Umst, insb dem GZweck ergeben, sei es auch nur dahin, daß bei einer sonst auf unbest Zeit eingegangenen G währd best Zeit nach Tr u Gl ohne wicht Grd nicht gekündigt werden kann (BGH WM **67**, 316). I, 1 wird dadch prakt sehr eingeschränkt. Bei unmäß Dauer ist nach § 242 der Fall des I, 1 anzunehmen, ggf § 138. **Wichtiger Grund:** wenn Fortsetzg dem Kündigenden nach Tr u Gl nicht mehr zuzumuten ist, zB wenn gf Gter seine Vollm mißbraucht (BGH WM **85**, 997), wenn Gter die G schädigt, erhebl gefährdet od sonst das gesellschaftl VertrauensVerh nachhalt zerstört (BGH WM **66**, 31). Das kann im EinzFall auch dch ehewidr Beziehgen eines MitGters geschehen (vgl Lindacher NJW **73**, 1169). Ferner bei Umgestaltg des GZweckes dch MehrhBeschl (BGH WM **80**, 868); Auflösg der PersGes des HandelsR, die GeschInhaberin der stillen G ist, kann wicht Grd sein (BGH **84**, 379). Die Zerstörg des VertrauensVerh muß nicht stets ein wicht Grd sein, es kommt auf die GesWürdigg im EinzFall an. Wesentl Änderg des GVertr ohne Zust des stillen Gters ist wicht Grd (BGH BB **80**, 958). Ein wicht Grd (vgl auch § 626 Anm 4, 5) setzt nicht Versch des MitGters voraus (BGH WM **75**, 329). Auch Zerwürfn allein genügt, wenn gedeihl ZusWirken nicht mehr zu erwarten (RG **162**, 392). Wer allein, verschuldet od auch nur obj vertragswidr, den Streit veranlaßt hat, kann idR nicht kündigen. Nachschieben v KündGrden ist, wie sonst, zul (vgl § 626 Anm 3 c). Auch hier ist Künd in noch zumutb Frist auszusprechen, da andernf Wegfall des KündGrd zu vermuten ist; BewLast in diesem Fall für Nichtwegfall beim KündBerecht (BGH NJW **66**, 2160). Vereinbg eines jederzeit KündR ohne wicht Grd u ohne Anknüpfg an ein festes TatbestdMerkmal ist sittenwidr (BGH **105**, 213). Über die Anwendbark der §§ 323ff vgl § 705 Anm 3 c. **Entsprechende Anwendung** auf gesellschähnl Vertr vgl § 705 Anm 10, auf und Vertr § 626 Anm 1 b.

2) Kündigung zur Unzeit (Abs II) ist in beiden Fällen der Anm 1 wirks, verpfl aber zum SchadErs. Unzeitig ist die Künd, wenn ihr Ztpkt die gemschaftl Interessen der Gter verletzt (MüKo/Ulmer Rdn 35, Staud/Keßler Rdn 36). Zu ersetzen ist der Schad, der dch die Wahl gerade dieses Ztpkt der Künd den einz MitGtern entsteht. Die unzeitgm Künd kann im EinzFall als rechtsmißbräuchl unwirks sein, eine Unterscheid zw diesen u dem Normalfall der zwar unzeitgem, aber wirks Künd ist prakt nur schwer mögl (BGH NJW **54**, 106). – Keine SchadErsPfl, wenn für den Ztpkt der KündErkl ein wicht Grd besteht.

Wer eine vorzeitige Künd schuldh veranlaßt hat, ist der GesHand od einz Gtern zum SchadErs verpflichtet (RG **162**, 395).

3) Abs III ist zwingd, weil das KündR unverzichtb ist. Die unwirks Beschrkg kann liegen zB in Belastg mit Austritts-, Abfindungsgeld, VertrStrafen, ungenügder Abfindg iF des Ausscheidens (BGH NJW **73**, 651 u WM **89**, 878), Möglk unbegrenzter Verlängerg dch MehrhBeschl (BGH NJW **73**, 1602). Es ist keine unzuläss Beschrkg des KündR, wenn der stille Gter nach Künd das Recht hat, bis zum Ablauf der KündFr die Umwandlg in eine Kommanditbeteiligg zu verlangen, wenn diese selbst mit einer Fr von 6 Mo zum Ende des GeschJahres kündb ist (BGH WM **83**, 170). Abs III ist auf die OHG u KG (BGH NJW **54**, 106), auf die stille G entspr anwendb (BGH **23**, 10). – Fortsetzg unter den übrigen bei Künd vgl § 736.

724 *Kündigung bei Gesellschaft auf Lebenszeit oder fortgesetzter Gesellschaft.* Ist eine Gesellschaft für die Lebenszeit eines Gesellschafters eingegangen, so kann sie in gleicher Weise gekündigt werden wie eine für unbestimmte Zeit eingegangene Gesellschaft. Dasselbe gilt, wenn eine Gesellschaft nach dem Ablaufe der bestimmten Zeit stillschweigend fortgesetzt wird.

1) Satz 1. Wg übermäß Bindg (RG **156**, 136) ist die G jederzt kündb, wie § 723 I 1. Zwingd. – Satz 2: nicht zwingd. Ähnl § 625. Die Identität der G bleibt. – Über Fortsetzg in sonstigen Fällen Vorbem 2 vor § 723.

725 *Kündigung durch Pfändungspfandgläubiger.* **I** Hat ein Gläubiger eines Gesellschafters die Pfändung des Anteils des Gesellschafters an dem Gesellschaftsvermögen erwirkt, so kann er die Gesellschaft ohne Einhaltung einer Kündigungsfrist kündigen, sofern der Schuldtitel nicht bloß vorläufig vollstreckbar ist.

II Solange die Gesellschaft besteht, kann der Gläubiger die sich aus dem Gesellschaftsverhältnis ergebenden Rechte des Gesellschafters, mit Ausnahme des Anspruchs auf einen Gewinnanteil, nicht geltend machen.

§§ 725–727

1) Pfändung (Abs I). Unpfändb ist der Antl eines Gters an einz Ggsten des GVerm, ZPO § 859 I, 2. Dagg ist der Antl am GVerm als Ganzem der Pfändg unterworfen, ZPO § 859 I, 1. Die Pfändg verschafft dem Gläub kein dingl R an den Ggsten des GVerm, die Gter bleiben geschaftl verfügsbefugt über sie (Hamm Betr **87**, 574), sond berecht ihn zur GeltdMachg des GewinnAntls nach Abs II u zur Künd der G nach Abs I. Die Pfdg des Antls betrifft die vermrechtl Beteiligg des Gters am GesHandVerm, denn der Gläub verdrängt ihn aus wicht Rechten wie Gewinnausschüttg u Auszahlg des EndGuth (Wiedemann WM **75**, Sonderbeilage 4 S 32). Sie betrifft nicht die aus der Mitgliedsch fließden korporat Rechte, insb die Verw- u InformationsR des Gters. Vorn der Pfändg nach ZPO §§ 857, 829 (BGH WM **86**, 719). Für die Wirksamk der AntlsPfdg reicht Zustellg des PfdgsBeschl an die geschführden – statt an alle – Gter aus, weil die Pfdg des Antls nicht die GGrdl, sondern die GeschFg betrifft (BGH **97**, 392; aA MüKo/Ulmer Rdn 10, RGRK/v Gamm Rdn 2). – Vgl § 135 HGB für die entspr, in Einzelh allerd abweichde Regelg bei der OHG. Wie dort bezieht sich auch § 725 nur auf die Pfändg dch einen PrivatGl des Gters, nicht auf die dch einen GGläub (MüKo/Ulmer Rdn 1, RGRK/v Gamm Rdn 4).

2) Wirkungen.

a) Während Bestehens der G (Abs II) kann der Gläub nur den schuldrl Anspr auf den Gewinnantl geltd machen, nach Überweisg des Antls nach ZPO § 857 oder des GewinnAnspr nach § 829 kann er Zahlg fordern. Die VerwRechte des Schu erhält der Gläub nicht (näher § 717 Anm 2 b). Die G ist nicht gehindert, über Ggstände des GVermögens zu verfügen.

b) Ein Recht zu fristloser Kündigung der G erlangt der Gläub dch die Pfändg des Antls; Überweisg ist dazu nicht nöt. Die Pfdg muß wirks, der Titel rechtskräft sein. – Zwingd. Grd: das GläubInteresse, wie in § 728. – Das PfdR am Antl verwandelt sich dch die Künd in ein solches an dem Anspr des Gters, AuseinandS zu verlangen, § 1273. Auch hier erhält der Gläub die VerwRechte des Gters nicht (RG **95**, 232). Nach Überweisg kann er Auszahlg des AuseinandSGuth verlangen. Ein dingl R an den Ggsten des GVerm erwirbt er auch hier nicht. Die Künd führt zur Auflösg der G. Bei entspr Vereinbg im GVertr besteht sie unter Ausscheiden des GterSchuldners fort, sein Gläub hat Anspr auf Auszahlg des AbfindgsGuth (MüKo/Ulmer Rdn 16). Entsprechdes gilt bei der 2-Mann-G für ein vereinb ÜbernRecht (RGRK/v Gamm Rdn 6; vgl § 736 Anm 1).

c) Ablösungsrecht der Mitgesellschafter. Sie dürfen den PrivatGläub des GterSchuldn befriedigen mit der Folge, daß dessen Anspr samt PfdR auf sie übergeht, § 268. Die Gter sind nach Befriedigg des Gläub auch ohne seine Zust nicht gehindert, die Fortsetzg der G mit dem Gter-Schu zu vereinb od ihn wieder aufzunehmen. Im EinzFall kann ihm sogar ein Anspr darauf zustehen (BGH **30**, 195).

d) Rangfragen. Eine zuvorige Übertr od Verpfändg des Anspr auf Gewinnanteil od auf Zahlg des AuseinandSGuth geht den Wirkgen der Pfdg des Antls am GVerm im Range vor (RG **60**, 130); ebso umgekehrt die zuvorige Übertr der Mitgliedsch (vgl § 717 Anm 1 a), Verpfändg od Pfdg des Antls am GVerm.

726 *Auflösung wegen Erreichens oder Unmöglichwerdens des Zwecks.* Die Gesellschaft endigt, wenn der vereinbarte Zweck erreicht oder dessen Erreichung unmöglich geworden ist.

1) Zwingend (BGH WM **63**, 730); jedoch können die Gter die Fortsetzg der G – einstimm – beschließen; vgl hierzu auch Vorbem 2 vor § 723. Gilt auch für den nichtrechtsfäh Verein.

2) Die Unmöglichkeit muß offenbar, also nicht nur vorübergehd sein (BGH NJW **82**, 2821). Nichtausreichen der GMittel schafft die Unmöglichk erst, wenn endgült feststeht, daß die Gter zu den nötigen weiteren Einlagen, zu denen sie nach § 707 nicht verpfl sind, nicht bereit sind (RG JW **38**, 1522). Bei der BauherrenGemsch (vgl § 705 Anm 9 b aa) ist der Zweck, selbst wenn dies im GVertr so vereinb ist, mit der BezugsFertig noch nicht erreicht, solange noch nicht alle Gter das geschuldete Kapital erbracht haben (BGH WM **88**, 661). – Feststellg der Unmöglichk vielf prakt schwierig. Jedenf stets Künd nach § 723 mögl. Fehlen der Rentabilitätsaussicht ist noch nicht Unmöglichk.

727 *Auflösung durch Tod eines Gesellschafters.* ¹ Die Gesellschaft wird durch den Tod eines der Gesellschafter aufgelöst, sofern nicht aus dem Gesellschaftsvertrage sich ein anderes ergibt.

II Im Falle der Auflösung hat der Erbe des verstorbenen Gesellschafters den übrigen Gesellschaftern den Tod unverzüglich anzuzeigen und, wenn mit dem Aufschube Gefahr verbunden ist, die seinem Erblasser durch den Gesellschaftsvertrag übertragenen Geschäfte fortzuführen, bis die übrigen Gesellschafter in Gemeinschaft mit ihm anderweit Fürsorge treffen können. Die übrigen Gesellschafter sind in gleicher Weise zur einstweiligen Fortführung der ihnen übertragenen Geschäfte verpflichtet. Die Gesellschaft gilt insoweit als fortbestehend.

1) Gesetzliche Regelung. Tod eines Gters löst die G auf. Bei jur Pers u PersGesellsch des HandelsR als Gtern steht Vollbeendigg, nicht schon Auflösg gleich (BGH **84**, 379). Verschollenh od Eintr der Gesch-Unfgk eines Gters lösen nicht auf. – Bis zur Beendigg enthält Abs II Übergangsregelgn, näml die Pfl zu Anz, Fortsetzg der GeschFg u die Fiktion des Weiterbestehens der G. § 708 gilt auch für GterErben (RG **92**, 341).

2) Abweichende Vereinbarung ist mögl.

a) Eintritt des Erben. Wenn der GVertr dies vorsieht, ist die GterStellg vererbl. Die G wird in diesem Falle nicht aufgelöst. Der Alleinerbe wird mit dem Tod des Erbl Gter, der GAnteil gehört zum Nachlaß

(BGH **98**, 48). VormschgerichtI Gen für mdj Erben ist nicht erforderl (BGH **55**, 269). Eine abw von §§ 709, 714 getroffene Regelg der GeschFgs- u VertrBefugn gilt für u gg den Erben, außer sie war auf die bes Fähigk od Eigensch des Erbl abgestellt (RGRK/v Gamm Rdn 8). Eine angeordnete TestVollstr od NachlVerwaltg hat nicht zur Folge, daß der TestVollstr od NachlVerw in die inneren Angelegenh der G eingreifen dürfte od könnte, verhindert aber, daß der Gter-Erbe über den ererbten GAnteil verfügen kann u daß seine Eigen-Gläub in den Antl u die daraus erwachsden VermRechte eingreifen können (BGH **98**, 48). – Mögl ist auch – als minus – bloßes EintrittsR, gesvertragl od dch Vermächtn (BGH NJW-RR **87**, 989), od auch Eintritt, aber AblehngsR der Erben, vgl auch § 736 Anm 3b, bb. – Ohne Vereinbg keine GewinnBeteiligg der Witwe eines Sozius einer RA-Sozietät bis Ende des GeschJahres (BGH WM **74**, 1025).

b) Eintritt aller Miterben. Falls so vereinb, geht die Mitgliedsch mit dem Tod des Gters als Nachlaß unmittelb auf seine Erben über. Gter wird in Abw von § 1922, weil die MiterbenGemsch als solche nicht Mitgl einer BGB-Gesellsch sein kann, jeder Miterbe einzeln, wobei der Antl des Verstorbenen am GVerm sofort geteilt entspr der Miterbenquote auf die einz Miterben übergeht (BGH **22**, 186 [192] u WM **83**, 672). Iü gilt grds oben a.

c) Eintritt eines oder einzelner Miterben. Der GVertr kann eine NachfKlausel auch nur für einen od mehrere der Miterben vorsehen. Die Pers kann im GVertr bereits best od ihre letztwill Best durch den Erbl-Gter überlassen sein, der Benannte muß zu den Erben gehören, um Nachfolger zu werden. Der Nachf-Erbe erwirbt die Mitgliedsch unmittelb, wobei der Antl des Verstorbenen am GVerm als Nachlaß im ganzen, nicht nur entspr der Miterbenquote auf den Nachf übergeht (BGH **68**, 225 u WM **83**, 672; Übers über MeingsStand Ulmer ZGR **72**, 195). Dieser hat die übr Miterben abzufinden, soweit der Wert des GAntls den Wert seiner Erbquote übersteigt, falls nicht der Erbl einen solchen Ausgl letztwill ausgeschl hat, was bis zur Grenze des PflichtTlsR zuläss ist (MüKo/Ulmer Rdn 31, 32; teilw BGH **22**, 186, RGRK/v Gamm Rdn 10). Im übr gilt oben b, a.

d) Eintritt eines Nichterben. Der GVertr kann auch eine derart NachfKlausel vorsehen. Die rechtl Konstruktion geht dann nur außerh des ErbR dch RGesch vor sich lebenden. An ihm muß der Nachf beteil sein, weil es weder Vfgen zG noch Vertr zu Lasten Dritter gibt (BGH **68**, 225). Nöt ist also Übertr der Mitgliedsch dch Vertr zw Gter und Nachfolger, aufschieb bdgt dch den Tod des Gters. Auch Zuwendg eines bloßen EintrittsR, gesvertragl od dch Vermächtn (BGH NJW-RR **87**, 989) ist mögl. Die Zust der übr Gter liegt in der Nachf- bzw EintrittsKlausel des GVertr, kann – bei Fehlen – aber auch nachträgl erteilt werden.

e) Fortsetzung unter den übrigen Gesellschaftern, § 736. Dann Abfindg der Erben, §§ 738–740.

728 *Auflösung durch Konkurs eines Gesellschafters.* **Die Gesellschaft wird durch die Eröffnung des Konkurses über das Vermögen eines Gesellschafters aufgelöst. Die Vorschriften des § 727 Abs. 2 Satz 2, 3 finden Anwendung.**

1) Satz 1: Grund: das Interesse der Gl des Gters. Wirkg mit Eröffng. Gilt nach hM auch für atyp G ohne GesHandVerm (aA Wernicke WM **81**, 862). Bei entspr Vereinbg im GVertr (Hamm BauR **86**, 462) ist Fortsetzg unter den übr ohne, sonst nur mit Zust des KonkVerw mögl. Fortsetzg auch mit GemeinSchu ist nicht mögl. – Der Antl des GemeinSchu an der G, bei Forts sein AbfindgsAnspr, fällt in die Masse. AuseinandS außerh des KonkVerf, KO § 16 I. Folge: AbsondersgR der MitGter, KO § 51. Die Masse hat Anspr auf den Überschuß. – Es gibt keinen GKonk (aA K. Schmidt, GesellschR § 59 V1e für die Mitunternehmer G). Trotzdem unterfällt bei Konk über das Verm aller Gter das GesHandsVerm der KonkBeschlagn (BGH **23**, 307, 313, MüKo/Ulmer Rdn 3; aA Oehlerking KTS **80**, 14).

2) Satz 2 regelt dch Verweisg für die Übergangszeit GeschFg u Fiktion des Fortbestands. Vgl KO § 28. – Zur GeschFg ist jetzt Mitwirkg des KonkVerw nötig, § 730 II, 2.

729 *Fortdauer der Geschäftsführungsbefugnis.* **Wird die Gesellschaft in anderer Weise als durch Kündigung aufgelöst, so gilt die einem Gesellschafter durch den Gesellschaftsvertrag übertragene Befugnis zur Geschäftsführung zu seinen Gunsten gleichwohl als fortbestehend, bis er von der Auflösung Kenntnis erlangt oder die Auflösung kennen muß.**

1) § 729 gilt für alle Auflösgsfälle, auch die allg (vgl Vorbem 1 vor § 723), außer den dch Künd. – Erläuterg: § 674 Anm 1, 2. – Folge: Die Vollm gilt als weiterbestehd, § 714, außer ggü Bösgläub, § 169. BewLast für Bösgläubk, wer sie behauptet.

730 *Auseinandersetzung; Geschäftsführung.* [I] **Nach der Auflösung der Gesellschaft findet in Ansehung des Gesellschaftsvermögens die Auseinandersetzung unter den Gesellschaftern statt.**

[II] **Für die Beendigung der schwebenden Geschäfte, für die dazu erforderliche Eingehung neuer Geschäfte sowie für die Erhaltung und Verwaltung des Gesellschaftsvermögens gilt die Gesellschaft als fortbestehend, soweit der Zweck der Auseinandersetzung es erfordert. Die einem Gesellschafter nach dem Gesellschaftsvertrage zustehende Befugnis zur Geschäftsführung erlischt jedoch, wenn nicht aus dem Vertrage sich ein anderes ergibt, mit der Auflösung der Gesellschaft; die Geschäftsführung steht von der Auflösung an allen Gesellschaftern gemeinschaftlich zu.**

1) Aufgabe der Auseinandersetzung ist, die Vollbeendigg der G herbeizuführen, die dch die Auflösg noch nicht herbeigeführt wird. Die gesheder Verbundenh des GVermögens ist zu lösen, die den Antlen der

§ 730 1, 2

Gter entspr Werte sind ihnen zuzuführen. Daher keine AuseinandS, wenn kein GVerm vorh ist. Beendigg der InnenG vgl § 705 Anm 8 a. Die G besteht bis zur Beendigg der AuseinandS als LiquidationsG fort. BeitragsPfl, auch hins rückständ Beitr ist nur noch zu erfüllen, soweit zur AuseinandS erfdl (BGH NJW 60, 433); BewLast bei den Gtern, die Beitr verlangen. SchadErs aus schlechter GeschFg kann der geschf Gter nicht mehr verlangen, wenn nicht zur Befriedigg der GGläub erfdl u der Gter auch unter Berücksichtigg seiner ErsVerpfl noch etwas aus der Liquidationsmasse beanspruchen kann (BGH NJW 60, 433). – Die AuseinandSRegeln der Ges betreffen nur das InnenVerh der Gter; sie sind nicht zwingd (§ 731 S 1). Die GGläub haben in keinem Falle ein Recht auf Vornahme der AuseinandS nach Vertr od Gesetz od überh, da sie dch die meist geschuldnerische pers Haftg der Gter gesichert sind.

2) Vornahme.

a) Durch alle Gesellschafter als GeschF (Abs II S 2), auch wenn die GeschFg zuvor and geregelt war (vgl aber § 729); ihnen steht nunmehr die GeschFg u die Vertretg gemschaftl zu (BGH WM 63, 249). Anspr gg Dr kann also grdsätzl der einz Gter allein geltd machen (Zweibr OLGZ 73, 316; vgl auch § 709 Anm 1 b). Keine Liquidatoren. And Regelg aber mögl. VergütgsAnspr für GeschFTätigkt ist auch hier (vgl § 713 Anm 1) nur, wenn vereinb (BGH WM 67, 684). Das MitwirkgsR eines GemSchuldners (§ 728) wird dch den KonkVerw ausgeübt; das der Erben kann iF des § 727 I zu den Befugn des TestVollstr gehören, iF einer Nachfolgeklausel steht es den Erben zu (BGH NJW 81, 749).

b) Anspruch auf Vornahme der Auseinandersetzung hat jeder Gter, u zwar mangels and Abrede in der Reihenfolge der §§ 732–735. Der Anspr ist unübertragb (§ 717 Anm 1 d), er besteht gg alle übr. Von ihm zu unterscheiden ist der Anspr auf Auszahlg des AuseinandSGuth (vgl unten d).

c) Mitwirkungspflicht. Die Vornahme der AuseinanderS u Mitwirkg bei ihr ist Pfl jedes zu ihr berufenen Gters (oben a), daher ist Austritt aus der AbwicklgsG durch Künd ausgeschl (BGH WM 63, 728); ebso ZbR gg Anspr auf eine zur Abrechng erforderl Ausk (BGH WM 69, 591). Bei Weigerg Klage auf AuseinandS gg die Widerstrebenden. Nöt ist ein vollstrfäh KlAntr auf Vornahme best AuseinandSHdlgen u od auf Mitwirkg dabei (Hamm BB 83, 1304). Zur Vornahme der AuseinandS ist der RechngsAbschl erforderl, der wieder die Rechngslegg voraussetzt (vgl näher § 721 Anm 1, § 713 Anm 2 c). Das Urt spricht nur die Verpflichtg zur Mitwirkg aus best AuseinandSHdlgen aus, nimmt diese selbst aber nicht vor. Ist der Kl dazu in der Lage, war er zB geschf Gter, so kann er auf Zust zu einem best AuseinandSPlan, weitergehd auch auf Mitwirkg bei den etwa erforderl AuseinandSHdlgen klagen; Vollstr dann nach ZPO § 894. Aber auch sonst wird die Klage Anlaß geben, die Pflichten u Anspr der einz Gter ggü der G, auch SchadErs-Anspr, klarzustellen. Im Streitfall hat Kl das VorhSein von GVerm darzulegen u nachzuweisen. Über EinzelAnspr eines Gters gg einen anderen vgl § 733.

d) Zahlung des Auseinandersetzungsguthabens. Anspr darauf erst nach Schuldenberichtigg u Umsetzg des GVerm in Geld (RG 118, 299), außer wenn sich das Guth jedes Gters ohne bes AbrechngsVerf alsbald ermitteln läßt (BGH WM 65, 794) od wenn dch die Kl das Ergebn der AuseinandS in zul Weise vorweggen u dadch nicht ein weiteres AuseinandSVerf vermieden wird, zB wenn nicht GVerbindlichk mehr vorh ist u es sich nur noch um die Verteilg des letzten VermGgst der G handelt (RG 158, 314). Anders insb auch, wenn die Gter über eine best Art der AuseinandS einig sind, insb dahin, daß der eine das GVerm übernimmt u der and abgefunden wird (RG JW 38, 667). Ebso, wenn sich ein Gter den wesentl Tl der immat Güter des GUnternehmens ohne GgLeistg zunutze macht (BGH WM 80, 496).

e) Inhalt der Auseinandersetzung ist, die einz Verpfl der Gter zum GVerm u ihre Anspr gg die GesHand in einheitl Verf klarzustellen. Dies gilt auch für den AbfindgsAnspr bei InnenG (BGH WM 76, 789). Daher sind EinzelAnspr eines Gters, die im GVerh ihre Grdlage haben, grdsätzl nur Rechngsposten u daher bedeuts allein für die Feststellg seines AuseinandSGuth (BGH 37, 304, WM 86, 68). Ebso können SchadErsAnspr gg einen Gter nicht mehr geltd gemacht werden, wenn die Leistg zur Befriedigg der Gl nicht mehr benötigt wird u der erspfl Gter selbst unter Berücksichtigg der ihn treffden Verbindlichk noch etwas aus der Liquidationsmasse zu erhalten hat (BGH WM 77, 617). Bestr Anspr u EinzPosten können zur KlarStellg der AbrechngsGrdlagen Ggst einer pos od negat FeststellgsKl sein, müssen dann aber konkret bezeichnet werden (BGH WM 72, 1399 u NJW 85, 1898). ZahlgsKl kann nur insow erhoben werden, als schon vor Beendigg der AuseinandS feststeht, daß der fdgsberecht Gter einen best MindestBetr aus dem GVerm verlangen kann (BGH WM 80, 496). Bei Streit hierüb genügt, daß der den Ausgl verlangde Gter eine Abrechg über die Einnahmen u Ausg vorlegt, die er als für gemeins Rechng erfolgt behaupten od anerkennen will. Sache des Gters ist es, Einwdgen gg die Richtigk u Vollständigk dieser Abrechng zu erheben, insb seine eig für gemeins Rechng gemachten Ausg geltd zu machen u zu belegen. Aufw für die G kann ein Gter, wenn GVerm zu ihrer Erstattg nicht vorh ist, nach dem VerlustVerteilgsSchlüssel von den and ersetzt verlangen; auch dieser Anspr gehört in die AuseinandSRechng (BGH WM 76, 789). In sie gehören auch Anspr eines Gters auf Ausgl nach § 426 I u übergegangene Anspr des Gläub der G (BGH 103, 72; Besprechg Hadding u Häuser WM 88, 1585), sowie Anspr eines Gters aus einem DrittVerh (vgl § 733 Anm 1 b aa, BGH NJW-RR 86, 456 für Gter-Darl), weil auf and Weise ein EndErgebn – ob der Gter-Gl noch etwas zu gewinnen hat – nicht zu gewinnen ist; das gleiche gilt bei Ausscheiden eines Gters (BGH WM 78, 89). – Einzelposten können ausnahmsw isoliert geltd gemacht werden, wenn feststeht, daß der auf diese Weise erlangte Betr keinesf zurückbezahlt werden muß; dabei müssen Grd u Höhe des Anspr nicht unbestr sein od schon feststehen (BGH WM 88, 1249). Unabhäng von der AuseinandS-Rechng sind selbstd Posten zB Herausg von GeschUnterlagen (Hbg Betr 72, 417). Über die Inanspruchn der MitGter vgl § 733 Anm 1 b bb. – Soweit ein Gter gg einen MitGter auf Leistg an die Gesamth antragen kann (§ 705 Anm 7 a Abs 3, § 713 Anm 2), ist er hierzu auch im Liquidationsstadium der G befugt (BGH NJW 60, 433). Eine wg des AuseinandSStadiums unbegr Kl auf Zahlg zum GVerm kann ausgelegt werden als Kl auf Feststellg, daß die Schuld ein zu Lasten des Bekl gehder Teilposten der AuseinandSRechng ist (BGH NJW 84, 1455).

Einzelne Schuldverhältnisse. 14. Titel: Gesellschaft §§ 730–733

3) Beendigung der Auseinandersetzung erst nach Abschl des Verf gem §§ 731 ff. Ergibt sich nachträgl GVerm, so steht dieses den Gtern als GesHändern zu, AuseinandS ist nachzuholen, soweit erfdl.

731 Verfahren bei Auseinandersetzung.
Die Auseinandersetzung erfolgt in Ermangelung einer anderen Vereinbarung in Gemäßheit der §§ 732 bis 735. Im übrigen gelten für die Teilung die Vorschriften über die Gemeinschaft.

1) Vereinbarung der Gter hat Vorrang. Ob u wie die AuseinandS vorzunehmen ist, entscheidet in erster Linie der GesellschVertr od ein späterer, auch erst nach Auflösg gefaßter, GterBeschl (BGH WM **60**, 1121). Zu ihm ist grdsätzl Einstimmigk nötig (vgl § 705 Anm 3b). Danach kann von einer AuseinandS überh abgesehen, es können auch andere Arten vereinb werden, so Veräußerg des Verm im ganzen an einen Dritten od auch an einen Gter („Übernahme", § 736 Anm 2c) od Einbringg in eine KapitalG. Auch können die Gter beschließen, nunmehr in BruchteilsGemsch zus zu bleiben. – Der VeräußergsVertr bedarf im allg nicht der Form des § 311, auch gilt § 419 nicht, wohl aber § 313, auch für den GVertr, wenn bereits er die Veräußerg vorsieht. Für die Haftg gelten die §§ 445, 493. Zur Übertr der einz VermGgstände sind stets Einzelakte nötig, insb Auflassg. – Über Fortsetzg vgl Vorbem 2 vor § 723.

2) Die gesetzliche Regelung gibt in §§ 732–735 das Verf u die Reihenfolge an: Rückg nach § 732, Berichtigg der GSchulden, Rückerstattg der Einlagen, § 733, Verteilg von Überschuß, § 734, od Aufkommen für Verlust, § 735.

3) Subsidiär gelten nach S 2 die §§ 752–754, 756–758. § 755 ist durch § 733 ersetzt.

4) Nur Innenverhältnis. Die vertragl u gesetzl AuseinandSRegeln schaffen nur Pflichten der Gter ggeinander. Dritte können sich auf sie nicht berufen (vgl § 730 Anm 1).

732 Rückgabe von Gegenständen.
Gegenstände, die ein Gesellschafter der Gesellschaft zur Benutzung überlassen hat, sind ihm zurückzugeben. Für einen durch Zufall in Abgang gekommenen oder verschlechterten Gegenstand kann er nicht Ersatz verlangen.

1) Rückgabe ist der 1. Schritt der AuseinandS. Zurückzugeben sind die Ggst (Sachen u Rechte), die ein Gter der G nur zur Benutzg überlassen hat (vgl § 706). Im allg sofortige Rückg, außer die Ggst ist für die AuseinandS noch nicht entbehrl, zB bei Überlassg eines Raumes. Anderers ist es mögl, Rückg nach Auflösg entgg § 730 Anm 2e auch einz, nicht nur iR der AuseinandS zu verlangen, da Erf ohne Lösg einer rechtl VermGebundenh mögl ist. Doch kann ZbR aus § 273 entggstehen, zB weil mit hoher Wahrscheinlichk ein AusglAnspr des Gters besteht, zu dessen Berechng noch AbschichtsBilanz nötig ist (BGH NJW **81**, 2802). Sind nur zur Benutzg überlassene Ggstände „ihrem Wert nach" eingebracht worden, findet AuseinandS in Geld statt (BGH WM **65**, 744, 746). – Auch andere fremde VermBestandteile sind auszusondern.

2) Haftung. Die Gefahr zufäll Untergangs od zufäll Verschlechterg, zu der auch die Abnutzg dch bestimmgsgem Gebr gehört (Staud-Keßler Rdn 8), trägt der Gter. Bei Versch eines geschf Gters haften dieser u die GesHand privilegiert gem §§ 708, 278 auf SchadErs. Bei Versch Angestellter haftet die GesHand gem § 278. Vorstehdes gilt entspr iF einer Vereinbg, daß ein zu Eigt o dem Werte nach überlassener Ggst zurückzugeben ist (RGRK/v Gamm Rdn 5).

733 Berichtigung der Gesellschaftsschulden; Erstattung der Einlagen.
[I] Aus dem Gesellschaftsvermögen sind zunächst die gemeinschaftlichen Schulden mit Einschluß derjenigen zu berichtigen, welche den Gläubigern gegenüber unter den Gesellschaftern geteilt sind oder für welche einem Gesellschafter die übrigen Gesellschafter als Schuldner haften. Ist eine Schuld noch nicht fällig oder ist sie streitig, so ist das zur Berichtigung Erforderliche zurückzubehalten.

[II] Aus dem nach der Berichtigung der Schulden übrig bleibenden Gesellschaftsvermögen sind die Einlagen zurückzuerstatten. Für Einlagen, die nicht in Geld bestanden haben, ist der Wert zu ersetzen, den sie zur Zeit der Einbringung gehabt haben. Für Einlagen, die in der Leistung von Diensten oder in der Überlassung der Benutzung eines Gegenstandes bestanden haben, kann nicht Ersatz verlangt werden.

[III] Zur Berichtigung der Schulden und zur Rückerstattung der Einlagen ist das Gesellschaftsvermögen, soweit erforderlich, in Geld umzusetzen.

1) Berichtigung der gemeinschaftlichen Schulden (= GSchulden, § 718 Anm 3, 4), Abs I, ist nach § 732 der nächste Schritt der AuseinandS, vor Rückerstattg der Einlagen (Abs II). § 733 schafft nur Verpflichtg unter den Gtern, ist kein SchutzG (§ 823 II) zG der GGläub (KG JR **51**, 22). Nicht zwingd, § 731 Anm 1–4. RStellg der Gläub bei HaftgsBeschrkg auf das GVerm vgl § 735 Anm 3.

a) Schulden gegenüber Dritten. Das sind Schulden aller Gter, die ihren Grd in der Betätigg der G haben, ggü einem Gläub, der der Gter nicht ist, für die Gter nicht samtverbindl, sond geteilt sind, § 420. Schulden, die zwar alle Gter treffen, die aber nicht GSchulden sind (vgl § 718 Anm 3a, b) haben im Verh der Gter zueinand nichts mit der AuseinandS zu tun. Die Drittgläub können dagg auch noch währd der AuseinandS aus dem GVerm Befriedigg suchen od auch gg jeden Gter persönl vorgehen (vgl § 718 Anm 4a).

b) Schulden gegenüber einem Gesellschafter. Sie brauchen nicht hinter die Schulden zu a zurückzutreten. Sie können sein:

aa) Schulden aus einem Drittverhältnis, zB Kauf, Darl des Gters, auch unerl Hdlg eines zu einer Verrichtg Bestellten, zB GeschF (vgl § 718 Anm 4b). Sie sind aus dem auseinanderzusetzden Verm zu berichtigen. Der GterGläub hat Anspr auf die volle Fdg, kein Abzug eines seiner Verlustbeteiligg entspr Antls, denn die dch die Tilgg bewirkte Verminderg des GVermögens trifft auch ihn; Einsetzg in die AuseinandSRechng vgl § 730 Anm 2e. Kann sich der GterGläub aus dem GVerm nicht befriedigen, so ist sein Anspr gg den and Gter grdsätzl nur unselbständ RechngsPosten iR der AuseinandS (BGH WM **71**, 931).

bb) Schulden, die im Gesellschaftsverhältnis selbst ihren Grund haben (vgl § 718 Anm 4c); so insb Anspr des Gters auf AufwErs (vgl § 713 Anm 2g), auf rückständ GewinnAntl, Anspr aus schuldh Schädigg durch die GeschF (vgl aber oben aa), Anspr auf die vereinb Vergütg (vgl § 713 Anm 1). Jeder Gter, insb der GterGläub, hat Anspr auf Berichtigg aus dem GVerm bei der AuseinandS. Auch hier kein Abzug der Verlustquote, vgl § 730 Anm 2e. Geltdmachg dieser Anspr gg den MitGter ist grdsätzl ausgeschl (BGH WM **68**, 697), es sei denn, daß schon vor Beendigg der AuseinandS feststeht, daß GterGläub aus dem GVerm jedenf einen best Betr verlangen kann (BGH **37**, 299 [305], WM **67**, 277).

c) Für **nicht fällige und streitige Gesellschaftsschulden** sind die zur Begleich erforderl GeldBetr zurückzustellen (Abs I S 2), mangels abw Vereinbg dch Hinterlegg, § 372 (MüKo/Ulmer Rdn 8). Insow besteht die AbwicklgsG fort.

d) Einzelansprüche eines Gesellschafters gegen einen anderen Gesellschafter (vgl § 705 Anm 7d) gehen die GesHand als Gläub od Schu nichts an, sind daher nicht Ggst der AuseinandS. Nach §§ 731 S 2, 756 hat der Gter aber Anspr auf Berichtigg aus dem AuseinandSGuth des and, zu dem hier (anders als sonst, § 717) auch die Anspr des and, zu dem hier (anders als sonst, § 717) auch die Anspr des andern aus b, bb, ferner der Anspr auf Rückerstattg der Einlage, gehören. Der Gter hat sogar ein AbsondersR, KO § 51. Da die Begleich des Guth an den and ein Teil der AuseinandS ist, kann er insow auch die Berücksichtigg seiner Fdg bei der AuseinandS, wenn auch nicht aus dem GVerm, verlangen. – Zahlg einer GSchuld dch einen Gter an einen Dr gibt dem Gter eine Fdg gg die G, gehört also nicht hierher, der Zahlde hat für die ErsFdg die bessere Stellg gem b, bb.

2) Rückerstattung der Einlagen (Abs II). Vgl § 706 Anm 1.

a) Nur zur Benutzung überlassene Gegenstände sind grdsätzl sofort zurückzugeben. Kein WertErs (S 3). Vgl § 732.

b) Geldeinlagen sind in Geld zurückzuerstatten. Grdsätzl erst nach Berichtigg der GSchulden gem Abs I, wenn nicht Verlustbeteiligg ausgeschl (§ 722) u Gter Rückzahlg seiner Einlage unabhäng von einem Verlust beanspruchen kann (BGH WM **67**, 346). Bei Fehlen flüss Mittel ist das GVerm vorher in Geld umzusetzen (Abs III).

c) Für **andere Einlagen** ist WertErs in Geld zu leisten, falls nichts and vereinb ist. Auf Rückerstattg in Natur besteht kein Anspr, zur Rückn keine Pfl. Wertstichtag ist der Ztpkt der Einbringg, einen Wertverlust danach trägt also die G, eine Wertsteigerg kommt ihr zugute. Mangels anderweit Vereinbg ist auch bei – meist steuerl bdgter – Einbringg zum Buchwert der wirkl wirtsch Wert maßgebd (BGH WM **67**, 682, MüKo/Ulmer Rdn 12, RGRK/v Gamm Rdn 8; aA anscheind BGH WM **72**, 213). Hat der Einleger an seinem Grdst für die Dauer der G ein beschr dingl R bestellt, liegt die Ann einer stillschw Vereinbg der RückÜbertr in Natur gem § 732 nahe (RGRK/v Gamm Rdn 9).

d) Für **Dienst- und Werkleistungen,** die ein Gter als Einlage erbracht hat, gibt es WertErs iF entspr Vereinbg (BGH WM **62**, 1086), sonst nur, wenn sie sich als bleibder Wert im GVerm niedergeschlagen haben (BGH NJW **86**, 51), zB ArchPlang (BGH NJW **80**, 1744). Maßgebl ist der tatsächl Wert, zB bei mangelh Leistg. IdR anwendb auch auf den stillen Gter (AusnFall BGH NJW **66**, 501).

3) Umsetzung in Geld ist erforderl, wenn nicht genügd flüss Mittel zur Berichtigg der GSchulden u Rückzahlg der Einlagen bzw WertErs für sie in Geld (Abs II) vorh sind. Weg, falls nichts and vereinb: §§ 731 S 2, 753, 754 (ebso MüKo/Ulmer Rdn 2, RGRK/v Gamm Rdn 12, Staud-Keßler Rdn 19: nach Verkehrssitte). Fdgen der G sind in erster Linie einzuziehen, § 754, auch Fdgen gg Gter, zB auf rückständ Beiträge od SchadErs (vgl § 730 Anm 1). Soweit sie aus dem GVerh fließen, sind sie iR des AuseinandSVerf einzuziehen, sonst wie aus DrittVerh, zB auch aus unerl Hdlg oder GeschFg oA (Vornahme gesellschaftsfremder Gesch dch den geschf Gter, § 713 Anm 1), stammen, können sie auch noch währd der AuseinandS außerh dieser eingeklagt werden (RG **158**, 314, Hbg BB **51**, 316). Die Abwicklg kann im GVertr abweichd dahin vereinb sein, daß nicht das GVerm zu versilbern u der Erlös zu teilen ist, sond daß ein Gter das GVerm übernimmt und dafür der and einen AbfindgsAnspr in Geld in Höhe des Wertes seiner Beteiligg amGVerm erhält (BGH WM **74**, 1162). Bei der InnenG ist dies idR anzunehmen (BGH NJW **83**, 2375), weil der InnenGter am Verm nicht dingl beteil ist.

734 Verteilung des Überschusses.
Verbleibt nach der Berichtigung der gemeinschaftlichen Schulden und der Rückerstattung der Einlagen ein Überschuß, so gebührt er den Gesellschaftern nach dem Verhältnis ihrer Anteile am Gewinne.

1) Feststellung des Überschusses. Das ist der Bestand, um den das Aktivvermögen einschl der Aufdeckg stiller Reserven die GSchulden u die Einlagen (§ 733 Anm 1 u 2) übersteigt. Sind vorher keine Gewinne verteilt worden, dann deckt sich der Überschuß mit dem Gewinn der G überh; iF früherer Gewinnverteilg (zB § 721 II) ist Überschuß der Schlußgewinn der G bei GEnde. Ist Gewinn währd Bestehens der G unter Begründg eines AuszahlgsAnspr, also nicht bloß rechnerisch festgestellt, aber nicht abgehoben worden, so ist der Anspr auf ihn GSchuld (§ 733 Anm 1b, bb), also als solche nach § 733 vorweg, auch vor den Einlagen, zu berichtigen. Erforderlichenf müssen die Gter als Abwickler eine Schlußabrechng od AuseinandSBilanz erstellen. Geschieht dies einvernehml, so liegt darin die bindde Feststellg der

Einzelne Schuldverhältnisse. 14. Titel: Gesellschaft §§ 734–736

maßgebl Zahlen, andernf können streit Posten mittels FeststellgsKl geklärt werden. Damit ist der AuszahlgsAnspr fällig.

2) Verteilung des Überschusses. Sie geschieht nach §§ 731 S 2, 752–754 dch Naturalteilg des zunächst noch im GesHandEigt stehenden Überschusses u Übertr der geteilten Ggstände an die einz Gter; Auflassg nötig; Haftg § 757. Eine Versilberg hat also zwecks Überschußverteilg nicht ow stattzufinden, § 733 III, wohl aber zwecks Rückerstattg der Einlagen (§ 733 Anm 2). Anders HGB §§ 149, 155. Prakt führen aber auch die §§ 752–754 vielf zur Versilberg, falls sie nicht schon anläßl der Schuldenberichtigg u Einlageerstattg erfolgt war. Vorwegbefriedigg eines Gters wg seiner EinzelAnspr gg einen and aus dessen GewinnAntl, vgl § 733 Anm 1 d.

3) Nicht zwingend.

735 *Nachschußpflicht bei Verlust.* Reicht das Gesellschaftsvermögen zur Berichtigung der gemeinschaftlichen Schulden und zur Rückerstattung der Einlagen nicht aus, so haben die Gesellschafter für den Fehlbetrag nach dem Verhältnis aufzukommen, nach welchem sie den Verlust zu tragen haben. Kann von einem Gesellschafter der auf ihn entfallende Beitrag nicht erlangt werden, so haben die übrigen Gesellschafter den Ausfall nach dem gleichen Verhältnisse zu tragen.

1) Bedeutung. § 735 begründet für die GGläub keine Rechte, vgl aber Anm 3. Er begründet nur Rechte u Pfl im InnenVerh der Gter, ist aber auch insow nicht zwingd (vgl § 730 Anm 1, § 731 Anm 1–4). Daher auch keine NachschußPfl des Gters, dessen Verlustbeteiligg vertragl ausgeschl ist (vgl § 722 Anm 1a, BGH WM **67**, 346). § 735 gilt nicht für stille G (BGH WM **77**, 973).

2) Inhalt. NachschußPfl besteht zur Deckg der GSchulden ggü Dr u ggü Gtern (vgl § 733 Anm 1a, b), sowie zur Deckg der Rückzahlg der Einlagen. Den FehlBetr haben die Gter entspr der vereinb Quote ihrer Beteiligg am Verlust zu decken, iZw zu gleichen Quoten, S 1 mit § 722. Verpfl sind also primär nur solche Gter, die ihrers zum Ausgl verpfl sind, nicht solche, denen selbst noch ein Guth zusteht (BGH WM **75**, 286). Den wg rückständ Einlage in Anspr genommenen Gter trifft die Darleggs- u BewLast, daß der geforderte Betr zur DchFührg der Abwicklg nicht benötigt wird, jedoch hat der Liquidator die insoweit bedeuts Verh der G darzulegen (BGH WM **78**, 898). Der Anspr auf Nachschuß steht der G zu (vgl § 705 Anm 7a). Dient der Nachschuß aber nur der Rückerstattg von Einlagen, so wird man bei einfachen Verh den Umweg sparen u unmittelb Anspr von Gter zu Gter geben können; ebso wenn es sich um die Befriedigg des GterGläub (§ 733 Anm 1b) handelt. Ist von einem ausgleichspfl Gter der auf ihn treffde Betr nicht zu erlangen, so haben ihn die übr quotenmäß (wie vorstehd) abzudecken, S 2.

3) Gläubiger können sich auf § 735 nicht berufen. Sie sind dch die persönl Haftg der Gter gedeckt. Ist aber das GVerm verteilt worden, ohne solche GSchulden zuvor zu tilgen, für die die Gter nicht persönl, sond nur unter Beschränkg auf das GVerm haften (§ 714 Anm 3c), so muß nach § 242 jeder Gter, der die Einlage zurück- oder einen Überschuß erhalten hat, mit dem Erhaltenden den Gläubigern haften (vgl Hamm NJW **85**, 1846). – Der GterGläub (§ 733 Anm 1b) hat dann uU sogar SchadErsAnspr wg Verletzg der Reihenfolge des § 733 (§§ 708, 276).

736 *Ausscheiden eines Gesellschafters.* Ist im Gesellschaftsvertrage bestimmt, daß, wenn ein Gesellschafter kündigt oder stirbt oder wenn der Konkurs über sein Vermögen eröffnet wird, die Gesellschaft unter den übrigen Gesellschaftern fortbestehen soll, so scheidet bei dem Eintritt eines solchen Ereignisses der Gesellschafter, in dessen Person es eintritt, aus der Gesellschaft aus.

1) Fortsetzungsvereinbarung.

a) Voraussetzungen. Der GterBestand ist eine Grdl der G (vgl § 705 Anm 3b). Kündigt od stirbt ein Gter od fällt er in Konk, so ist die Auflösg die ges Folge gem §§ 723ff. Aus prakt Grden läßt das Ges aber in diesen Fällen zu, daß die G unter den übr Gtern unter Wahrg ihrer Identität fortbesteht, falls alle Gter dies vor der Auflösg, od die übr Gter in den Laufs einer KündFr (vgl § 723 Anm 1) od noch im AbwicklgsStadium (BGH WM **64**, 1086) vereinb haben, nötigenfl mit Zust des KonkVerw (vgl § 728 Anm 1). Die Unwirksamk einer Vereinbg über das Ausscheiden eines Gters nach ihrem Vollzug führt nicht zu seiner rückwirkden Wiedereinsetzg, sond beschr sich entspr der Rspr über die AbschlMängel bei Gründg (vgl § 705 Anm 8) auf die schuldr Vereinbgen (BGH NJW **69**, 1483, Hartmann, Festschr für Schiedermair S 257). – Ob ein Vertr, der bei Künd durch einen Gter das Fortbestehen der G unter den übr vorsieht, auch für den Fall gelten soll, daß der Kündigde einen wicht Grd zur Künd hat, weiter sogar für den Fall, daß die übr die Künd dch schuldh gesellschwidr Verhalten veranlaßt haben, ist Ausleggsfrage; das Verhalten der übr kann, wenn sie sich daraufhin von ihrem ÜbernR Gebr machen u daraus Vorteil ziehen wollen, unzul RAusübg sein (RG **162**, 392). Desgl, wenn bei Fortsetzgsvereinbg iF der Künd dch einen PfdgsPfdGläub (§ 725) dieser vor Abschichtg des Gters befriedigt wird (BGH **30**, 201 zur OHG).

b) Wirkung. Der betr Gter scheidet mit Eintritt des Ereign unmittelb aus. Sein Antl am GVerm wächst den übr an, § 738. Eine ÜbertrHdlg ist weder nöt noch mögl, auch keine Auflassg. Der Ausscheidde hat der Berichtigg des Grdbuchs zuzustimmen, § 894. Die Fortsetzgsabrede bedarf desh nicht der Form des § 313 (RG **82**, 161). Schuldrechtl Folgen: §§ 738 I 2, 3 bis 740.

c) Zweigliedrige Gesellschaft. Fortsetzg setzt voraus, daß noch mind zwei Gter übr bleiben, es gibt keine EinmannG des BGB. Die gesellschvertragl Vereinbg eines ÜbernR unter best Vorauss in einer ZweimannG ist wirks. Außerdem gibt ein in einer mehrgliedr G vereinb FortsetzgsR, wenn nur noch zwei

§§ 736, 737

Gter vorh sind, ein entspr ÜbernR. Falls nicht die ÜbernVereinbg einen automat Übergang bei Eintr eines best Ereign, zB Tod eines der beiden Gter (MüKo/Ulmer § 730 Rdn 54) herbeiführt, ist das ÜbernR auszuüben dch Zugang der rgestaltden ÜbernErkl. Sie beendet die G ohne Abwicklg, der gemschaftl Ggst wächst dem Übernehmden ohne EinzÜbertr gem § 738 an, auch wenn es sich um einen GewBetr handelt (Celle MDR 78, 846), der Ausscheidde ist abzufinden. Ein ges ÜbernR in Analogie zu § 142 HGB ist jedenf dann zu bej, wenn der GVertr der urspr mehrgliedr G ein FortsetzgsR für die übr enthält u in der Pers des and Gters ein AusschließgsGrd vorliegt, auch wenn es sich nicht um die Ausübg eines GewBetr handelt (BGH 32, 307 u NJW 66, 827, Rimmelspacher AcP 173, 1ff; aA Soergel-Hadding § 730 Rdn 20 im Hinbl auf den Bestandsschutz für Unternehmen). Abw von § 142 HGB ist auch das ges ÜbernR dch rgestaltde WillErkl auszuüben.

d) Massenaustritt aus einer Publikumsgesellschaft führt trotz FortsetzgsKlausel zur Auflösg, § 736 gilt nicht (Stgt JZ 82, 766: gleichzeit Austritt von mehr als 93% der Gter aus demselben Grd; i Erg zust Schneider aaO).

2) Entsprechende Geltung des § 736:

a) Bei Künd durch den Gläub (§ 725) gilt er zumind entspr (MüKo/Ulmer Rdn 12, RGRK/v Gamm Rdn 2).

b) Im Fall des § 50 VerglO wird § 736 entspr gelten müssen. Grd: gleiche Interessenlage wie in § 728.

c) Bei Eintr and, allg AuflösgsGrd (vgl Vorbem 1 vor § 723) od eines and best Ereign wie Erreichen einer Altersgrenze (MüKo/Ulmer Rdn 12) kann bei entspr Vereinbg § 736 ebenf analog anwendb sein.

d) Bei § 726 kommt eine entspr Anwendg nicht in Frage.

3) Eintritt neuer Gesellschafter.

a) Anwachsung, Abwachsung, Schuldenhaftung. Daß ein neuer Gter eintreten kann unter Fortsetzg der bisher G bei Aufrechterhaltg ihrer Identität, ergibt sich schuldrechtl aus dem Grds der VertrFreih u aus dem Hinw in § 727 I. Dingl folgt dies aus der entspr Anwendg des § 738. Ihr enspricht iF des Eintritts die „Abwachsung" bei den schon vorh Gtern (RG 106, 67, 83, 315) od bei dem Ausscheidden, falls gleichzeit ein neuer eintritt. Die RÄnderg in der Beteiligg am GesHandVerm u an den einz Ggst tritt automat ein, also ohne ÜbertrHdlg, auch ohne Auflassg. Für den Vertr gilt nicht § 313 (RG 82, 160). Der neue Gter haftet für die bisherigen GSchulden nur bei Vereinbg mit dem Gläub (BGH NJW 79, 1821). Eine dahingehde Abrede zw ihm u den alten Gtern gibt dem Gläub iZw keinen Anspr gg den Eintretdn, § 329.

b) Ein Vertrag zw den bisher Gtern u dem neuen ist zum Eintritt nöt, denn es handelt sich um eine Änderg der GGrdlagen (vgl § 705 Anm 3). Es gibt 2 Möglichkeiten:

aa) Bloßer Eintritt. Er erfordert einen AufnVertr zw allen Gtern u dem neuen. Zu seinem Abschl im Namen aller kann ein Gter von den übr bevollm sein (RG 128, 176). Die GeschFBefugn als solche ermächtigt nicht dazu (RG 52, 161). Ebso kann ein Gter den AufnVertr im eig Namen mit Zustimmg der übr, bereits im GVertr od dch nachträgl GterBeschl, abschließen. Die Gter können sich auch bereits im GVertr od dch nachträgl GterBeschl (vgl § 705 Anm 3b) intern verpfl, einen best Dritten od einen Dr, der von einem Gter vorzuschlagen ist, zB Sohn, aufzunehmen. Ein derart VerpflVertr ist auch zG eines Dr mögl. – Mit VertrAbschl erwirbt der neue Gter die Mitgliedsch u den entspr GAntl (vgl § 717 Anm 1a, b) iW der Abwachsg bei den übr (vgl vorstehd a). Der neu eintretde Gter haftet nicht für die vorher begründeten Verbindlichk der GesHand (BGH 74, 240). – Über Unterbeteiligg § 705 Anm 8 d.

bb) Eintritt unter Ausscheiden eines anderen (GterWechsel). Daß das Ges ihn zuläßt, ergibt schon der einschränkde Hinw des § 727 für die GesamtRNachfolge im Erbfall. Die SonderRNachfolge unter Lebden ist auf zweierlei Weise mögl: **Entweder** kann der Ausscheidde mit Zust der verbleibden Gter seine Mitgliedsch in der G als Ganzes iW der Abtr übertr mit der Folge, daß der Erwerber unmittelb in die GRechte des Veräußerers eintritt. Der GterWechsel (Ausscheiden u Neueintritt) vollzieht sich in einem RAkt, nämnl dem ÜbertrVertr des Ausscheidden mit dem Eintretden. Die notw Zust der übr kann bereits im GVertr od dch nachträgl GterBeschl (vgl § 705 Anm 3b) erteilt werden. – **Oder** ein Gter scheidet dch Vereinbg mit den übr aus, gleichzeit kann der neue dch Abschl eines AufnVertr mit den übr Gtern in die G eintreten. Hier sind zwei Vertr nöt, auch wenn in einem einheitl RGesch zusgefaßt, nämnl im Vertr des Ausscheidden u des Eintretden je mit den übr. Der Antl des Ausscheidden wächst den übr an (vorstehd 1 d) u zG des neuen wieder ab (vorstehd aa). Der neue ist nicht RNachfolger des alten, zw ihnen bestehen keine vertragl Beziehgn, er erwirbt einen neuen GAntl. – In beiden Fällen entstehen zw dem ausscheidden u dem eintretden Gter keinerlei RBeziehgen zw Gtern, insb ist § 738 weder direkt noch entspr anwendb (BGH NJW 81, 1095). Einen Anspr auf Freistellg v der Haftg für bestehde GSchulden hat der Ausscheidde gg den Eintretden nur, wenn dies zw ihnen vereinb ist (BGH NJW 75, 166). – Der GVertr kann aber auch nur die Verpflichtg der übr festlegen, einen von einem Gter Vorzuschlagden an seiner Stelle aufzunehmen (RG 128, 176). Auch schon binddes Angeb im GVertr ist mögl.

cc) Für die zweigliedrige Gesellschaft gilt vorstehd bb nur im ersten Falle. Im zweitgenannten Falle dagg führt das Ausscheiden eines anderen Gters zur Beendigg der G (vgl oben 1 c). Zur Aufn eines neu Gters bei Neugründg einer G nöt, die Identität der früheren G bleibt nicht gewahrt (RGRK/v Gamm Rdn 5). Die Bildg neuen GVerm erfordert EinzÜbertrAkte des alten Gters auf die neue GesHand (aA BGH 32, 307).

737 *Ausschluß eines Gesellschafters.* Ist im Gesellschaftsvertrage bestimmt, daß, wenn ein Gesellschafter kündigt, die Gesellschaft unter den übrigen Gesellschaftern fortbestehen soll, so kann ein Gesellschafter, in dessen Person ein die übrigen Gesellschafter nach § 723 Abs. 1 Satz 2 zur Kündigung berechtigender Umstand eintritt, aus der Gesellschaft ausgeschlossen werden. Das Ausschließungsrecht steht den übrigen Gesellschaftern gemeinschaftlich zu. Die Ausschließung erfolgt durch Erklärung gegenüber dem auszuschließenden Gesellschafter.

Einzelne Schuldverhältnisse. 14. Titel: Gesellschaft §§ 737, 738

1) Ausschluß.

a) Anwendungsbereich. Alle G mit FortsetzgsKlausel, § 736. Auch noch im AbwicklgsStadium, aber unter Berücksichtigg des Umst, daß die G ohnehin zu Ende geht (BGH **1**, 331 u WM **61**, 32). Bei zweigliedr G Besonderheiten (vgl § 736 Anm 1c). Gilt nicht für InnenG, weil sie kein GesHandVerm besitzt (vgl § 705 Anm 8).

b) Voraussetzungen. aa) Fortsetzungsklausel, § 736, entw im GVertr od nachträgl dch GterBeschl, auch noch im AbwicklgsStadium. **bb) Wichtiger Grund** zur Kündigg in der Pers eines Gters für die übr. An die Stelle der Künd mit AuflösgsFolge tritt also der Ausschl des Störers bei Fortsetzg dch die übr. Der wicht Grd (vgl § 723 Anm 1b) muß in der Pers des auszuschließden Gters liegen, an ihn sind strengste Anfdgen zu stellen, weil Ausschluß das äußerste Mittel ist, wenn Abhilfe dch mildere nicht zu erreichen ist (BGH **4**, 108 u WM **66**, 31). Nöt ist umfassde Würdigg der gesamten gesellschrechtl Beziehgen (BGH WM **65**, 1038) u der wirtsch Auswirkgen (BGH Betr **59**, 110). **cc) Noch Mitglied** der G muß der Auszuschließde sein.

c) Ausübung. Das AusschließgsR betrifft die GGrdlagen (vgl § 705 Anm 3b). Es ist zu unterscheiden: Ggü dem Auszuschließden steht es nach ausdr Vorschr in S 2 allen übr Gtern gemschaftl zu (insoweit irreführd Düss Betr **84**, 1087). Abw Vereinbg s unten 2. Dem auszuschließden ist nach hM rechtl Gehör zu gewähren. Mit Zugang der rgestaldten AusschlErkl an den auszuschließden Gter wird der Ausschl wirks, im Streitfall mit RKraft des FeststellgsUrt. Im Proz ist die Vorauss für den Ausschl, auch der wicht Grd voll nachprüfb (BGH **13**, 10). Bei der BeschlFassg in der GterVersammlg ist die Stimmabgabe mit ja od nein ein IndividualR jedes einz Gters. Er ist desh grds nicht verpfl, mit ja zu stimmen, weil der Ausschl die GGrdl verändert; Ausn gem § 242 sind denkb (BGH **64**, 253 u NJW **77**, 1013). IdR besteht desh auch kein SchadErsAnspr der übr Gter aus pVV gg den, der mit nein gestimmt u damit den Ausschl verhindert hat (Düss Betr **84**, 1087).

d) Wirkung. Der ausgeschl Gter scheidet unmittelb aus, die übr setzen die G unter Wahrg der Identität fort. Anwachsg, AbfindgsAnspr gem § 738. Der Ausschl ist wirks auch, wenn der GVertr eine unangem niedr Abfindg vorsieht, diese ist zu korrigieren (BGH NJW **73**, 651 u 1606).

2) Abweichende Vereinbarungen. Der GesVertr kann auch Ausschl ohne wicht Grd vorsehen. Dies muß aber unzweideut vereinb sein u es müssen im EinzFall außergewöhnl Grde vorliegen, die dem AusschließgsR eine sachl Rechtfertigg geben (BGH **81**, 263 u NJW **85**, 2421; krit Bunte ZIP **85**, 915, Flume Betr **86**, 629). Außerdem muß dem ausgeschl Gter ein angem AbfindgsAnspr zugebilligt sein (BGH NJW **79**, 104; krit zu beiden Urt Hennerkes u Binz NJW **83**, 73; abl Bunte ZIP **83**, 8). GVertr kann Ausschl durch bloßen MehrhBeschl od durch ein Organ zulassen (BGH **31**, 295 für OHG); beim nichtrechtsf Verein häuf. Hat die Mehrh den Ausschl rechtswidr beschlossen, so kann daraus ein Schad ErsAnspr nur gg diejen Gter hergeleitet werden, die dafür gestimmt haben (Düss Betr **84**, 1087).

738 *Auseinandersetzung beim Ausscheiden.* ⁱ Scheidet ein Gesellschafter aus der Gesellschaft aus, so wächst sein Anteil am Gesellschaftsvermögen den übrigen Gesellschaftern zu. Diese sind verpflichtet, dem Ausscheidenden die Gegenstände, die er zur Benutzung der Gesellschaft überlassen hat, nach Maßgabe des § 732 zurückzugeben, ihn von den gemeinschaftlichen Schulden zu befreien und ihm dasjenige zu zahlen, was er bei der Auseinandersetzung erhalten würde, wenn die Gesellschaft zur Zeit seines Ausscheidens aufgelöst worden wäre. Sind gemeinschaftliche Schulden noch nicht fällig, so können die übrigen Gesellschafter dem Ausscheidenden, statt ihn zu befreien, Sicherheit leisten.

ⁱⁱ Der Wert des Gesellschaftsvermögens ist, soweit erforderlich, im Wege der Schätzung zu ermitteln.

1) Allgemeines. Anwachsung. Die §§ 738–740 regeln die Folgen des Ausscheidens eines Gters. Sie gelten für alle Fälle des Ausscheidens, auch die der Anm 2a–c des § 736, nicht für die Übertr der Mitgliedsch (BGH NJW **81**, 1095). § 738 gilt auch bei Übernahme in zweigliedr G (BGH **32**, 307), gilt nicht beim nichtrechtsf Verein. Anwachsg bedeutet unmittelb Übergang des GAnteils auf die übr. Einzelübertragen sind weder nöt noch mögl (BGH **32**, 317, **50**, 309), ebso vormschgerichtl Gen dazu. Abs I S 1 ist wg seiner essentiellen Bedeutg für die GesHand u seiner dingl Wirkg zwingd (ebso MüKo/Ulmer Rdn 8, RGRK/v Gamm Rdn 1). Im übr ist § 738 dispositiv, weil schuldr. – Hins der Haftg des Ausgeschiedenen ggü den GGläub ändert sich nichts, die Berufg des Gläub auf die Weiterhaftg kann im Einzfall gg Tr u Gl verstoßen (BGH WM **76**, 809).

2) Schuldrechtliche Wirkungen. Der Ausgeschiedene ist auf schuldrechtl Anspr gg die Gter als GesSchu beschr. Sie haften mit ihrem GVerm u nach hM (aA MüKo/Ulmer Rdn 12) auch mit ihrem pers Verm. Die AuseinandS geht hier nicht auf Aufteilg des GVermögens, sond nur auf Abrechng u Abfindg. Dieser Anspr ist wie der auf Auseinds zwar im Kern bereits mit Abschl des GVertr vorh, entsteht aber erst mit Ausscheiden des Gters oder Auflösg der G (BGH NJW **89**, 453). In die Abrechng sind alle beiderseit Fdgen aus dem GVerh u aus einem DrittVerh als RechngsPosten einzustellen. EinzFdgen können, wie bei Beendigg der G (vgl § 730 Anm 2e), grdsl nicht isoliert geltd gemacht werden (BGH WM **78**, 89 u WM **81**, 487). Der ausgeschiedene Gter ist weiterhin treupflichtig (vgl § 705 Anm 7). Bei Treuwidrigk kann die Geltdmachg seines Abfindgs-Anspr unzul RAusübg sein, ohne daß die verbleibden Gter die Höhe ihres Schad nachweisen müßten (BGH NJW **60**, 718).

Ansprüche des Ausgeschiedenen.

a) Rückgabe. Vgl § 732. Wegen des Anspr aus § 739 haben die Gter aber ein ZbR nach § 273 schon dann, wenn die Abschichtgsbilanz noch nicht erstellt ist, aber eine hohe Wahrscheinlichk für den behaupteten AusglAnspr gg den ausgeschiedenen Gter besteht (BGH Betr **81**, 1975).

b) Befreiung von den Gesellschaftsschulden (vgl § 733 Anm 1). Für sie haftet näml der Ausgeschiedene weiter als GesSchu. Ein gg die übr Gter später ergehdes Urt wirkt nicht gg den ausgeschiedenen Gter, wenn er schon vor Klagerhebg ausgeschieden war (BGH **44**, 233). – Befreiung dch Zahlg oder SchuldÜbern. Den Anspr hat er auch, wenn er nichts erhält od zuzahlen muß (§ 739). § 738 gibt in entspr Anwendg dem Ausgeschiedenen gg die verbleibden Gter bzw bei den Übernehmer bei 2-Mann-G einen Anspr auf Ablösg der Sicherh, die er aus seinem PrivVerm einem Gläub für GesVerbindlichkeiten eingeräumt hat, zB Anspr auf Aufhebg von GrdPfdR (BGH NJW **74**, 899), Anspr auf Befreiung von übernommener Bürgsch für GesSchuld (vgl § 775 Anm 1). Ggü diesem BefreiungsAnspr haben die übr Gter ein ZbR, sow, ggf nach Aufstellg der AbschichtgsBilanz, feststeht, daß der Ausgeschiedene keine Abfindg zu erhalten hat, vielm wg Verlustbeteiligg seinerseits einen Ausgl schuldet (BGH NJW **74**, 899). Bei nicht fäll u bei streit GSchulden genügt statt der Befreiung SicherhLeist, I, 3; das gilt nicht für streit Schulden, falls der Ausgeschiedene Nicht-Bestehen nachweist (RG **60**, 157). Im Verh zw ausscheiddem u neu eintretdem Gter ist § 738 nicht anwendb (vgl § 736 Anm 3b bb).

c) Abfindungsguthaben. Nur WertAnspr auf Geldabfindg gem der AuseinandSBilanz. Er tritt an die Stelle der Fdg auf Einlagerückerstattg (§ 733) u Überschußzahlg (§ 734), ohne daß eine Aufteilg stattfindet.

aa) Feststellung. Wertschätzg aGrd konkreter Unterlagen, was im allg ein SachverstGutachten erforderl macht (BGH NJW **85**, 192). Stichtag: Ausscheiden, sow GVertr nichts and bestimmt (BGH WM **65**, 748); das schließt Rückschlüsse auf den Wert am Stichtag aus nachträgl Erkenntn nicht aus (BGH WM **81**, 452). Die Berechng folgt der indiv Methode der AntlsBewertg. Nach ihr wird zuerst der Wert des GUnternehmens als ganzes ermittelt u dieser Wert dann nach dem GewinnverteilgsSchlüssel auf die Gter verteilt (BGH WM **79**, 432). Für den Gesamtwert sind die wirkl Werte des lebden Unternehmens einschl stiller Reserven u good will maßg, also im allg der Wert, der sich bei einer Verk des lebensfäh Unternehmens als Einh ergeben würde (BGH **17**, 136, BGH NJW **74**, 312). Zu ermitteln ist er nach dem Ertragswert (BGH NJW **85**, 192), nach einer neueren Auffassg nach dem Zukunftserfolgswert, errechnet aus der Summe der zw der Unternehmg u den Eignern künft fließden ZahlgsStröme plus den Liquidations-Nettoerlösbarwerten am BewertgsStichtag (BGH WM **79**, 432, Wagner u Nonnenmacher ZGR **81**, 674). Schwebde Gesch werden nicht bewertet, dafür § 740 (eingehd Schmidt, Betr **83**, 2401). Abw Vereinbg vgl unten d. Bei der Aufstellg von Abrechng u Bilanz ist der Ausgeschiedene mitwirkgsberecht, er hat im einz anzugeben, welche Ansätze er für unricht hält (BGH Betr **65**, 1438). Kontroll- u InformationsR stehen ihm, wenn nicht noch nach § 716, so jedenf nach § 810 (RG **117**, 333) zu.

bb) Zahlung. Der Anspr entsteht mit Ausscheiden. Ob er gem § 271 I zu diesem Ztpkt oder erst mit Feststellg der AbschichtgsBilanz fäll wird, ist str. Richtig wohl mit Ausscheiden, weil § 738 keine von § 271 I abw Regel enthält, die Bilanz keine FälligkVorauss u der Anspr bereits mit Ausscheiden bestimmb ist (Stötter BB **77**, 1219, MüKo/Ulmer Rdn 15). Der Ausscheidde kann iW der StufenKl Vorlage der AbschichtgsBilanz u Zahlg des Guth verlangen (Karlsr BB **77**, 1475), nach Eintritt der Fälligk u, wenn er in der Lage ist, die Höhe seines Anspr schlüss zu begründen, kann er auf Zahlg klagen u iR der ZahlgsKlage den Streit über die Berechtigg od Höhe einz Posten austragen (BGH Betr **87**, 2303). Eine allseits anerk AuseinandSBilanz kann als Vergl od deklarator SchuldAnerk mit entspr BindgsWirkg angesehen werden (Schwung BB **85**, 1374).

d) Abweichende Vereinbarungen sind im GVertr sehr häuf. Ausschl od Beschrkg des AbfindgsAnspr unterliegen richterl Kontrolle iR des § 138 u der §§ 133 III HGB, 723 III BGB (ges garantiertes KündR; vgl § 723 Anm 3). Maßstab ist der Zweck der AbfindgsKlausel, insbes Bestandsschutz des Unternehmens, u die Angemessenh der Abfindg. Außerachtlassg des Firmenwerts u der stillen Reserven ist grdsl zuläss, ebso Beschrkg des AbfindgsAnspr auf Buchwerte nach der letzten Jahresbilanz; in diesem Fall ist eine AbschichtgsBilanz erforderl (BGH WM **80**, 1362). Bei Ausscheiden eines Gters ohne einen in seiner Pers liegden wicht Grd muß aber das AbfindgsGuth nach den Umst des EinzFalls angem sein. Eine Beschrkg auf die der Handelsbilanz zGrde liegden Buchwerte ist in diesem Falle unzuläss, wenn sie aGrd wirtsch nachteil Folgen, insbes wg eines erhebl Mißverhältn zw Buchwert u wirkl Wert die Freih des Gters, sich zu einer Künd zu entschließen (vgl § 723 III) unvertretb einengt (BGH WM **89**, 878); dies gilt auch für eine mehr kapitalist organisierte PersG (BGH NJW **85**, 192, BGH NJW **79**, 104; zust Ulmer aaO S 81, Hirtz BB **81**, 761; abl Flume NJW **79**, 902; Rasner NJW **83**, 2905). Unwirks ist die Beschrkg der Abfindg auf 50% des Buchwerts, auch wenn der Gter den Antl geschenkt erhalten hat u sein Ausschl auf wicht Grd beruht; ebenf unwirks ist die gesrechtl Regelg, daß das AbfindgsGuth in 15 JahresRaten auszuzahlen ist (BGH WM **89**, 783). Entsteht dch die Unwirksamk einer AbfindgsKlausel eine Lücke, so ist sie in erster Linie dch eine vereinb Ersatzregel, sonst iW richterl VertrErgänzg entspr dem hypothet PartWillen gem § 242 zu schließen. Ist dies nicht mögl, ferner in den Fällen des § 138 u der GläubBenachteiligg treten die ges Regeln an die Stelle der nichtigen AbfindgsKlausel (BGH WM **84**, 1506, MüKo/Ulmer Rdn 49, 50). Lit: Heckelmann, AbfindgsKlauseln in GVertr, 1973, K. Schmidt FamRZ **74**, 518, Werner u Jung Betr **82**, 1503, Reinicke u Tiedtke Betr **84**, 703.

739 **Haftung für Fehlbetrag.** Reicht der Wert des Gesellschaftsvermögens zur Deckung der gemeinschaftlichen Schulden und der Einlagen nicht aus, so hat der Ausscheidende den übrigen Gesellschaftern für den Fehlbetrag nach dem Verhältnisse seines Anteils am Verlust aufzukommen.

1) Entspricht § 735 iF der Auflösg der G. Die Feststellg des FehlBetr ist eine rein rechnerische: „Deckung". Gemschaftl Schulden vgl § 733 Anm 1, Einlagen dort Anm 2. VerlustAntl: § 722. Ansprberecht ist die GesHand der übr Gter (vgl § 705 Anm 7a). Verpfl ist der ausgeschiedene Gter, wie bei der AuseinandS aller Gter, auch dann, wenn er seine Einlage geleistet hat (BGH WM **65**, 975). Zur Leistg des Beitr ist er *nicht mehr verpfl*, sond nurmehr zur Zahlg des Ausgl, sow die G in der Zeit seiner Mitglsch im EndErgebn Verluste erlitten hat u diese anteil auf ihn entfallen. Den VerlustAntl hat die G dch eine auf den Tag des Ausscheidens bezogene AbschichtgsBilanz nachzuweisen (BGH WM **78**, 299). Wegen der Anspr aus § 738 I und § 739 besteht wechselseit ZbR aus § 273. Scheiden mehrere aus, haftet jeder nur für seinen Antl. Anspr aus §§ 739 u 740 bestehen unabhäng voneinander (BGH WM **69**, 494). – Gilt entspr bei zweigliedr G iF der Übern (vgl § 736 Anm 1 c).

740 *Beteiligung am Ergebnis schwebender Geschäfte.* **¹ Der Ausgeschiedene nimmt an dem Gewinn und dem Verluste teil, welcher sich aus den zur Zeit seines Ausscheidens schwebenden Geschäften ergibt. Die übrigen Gesellschafter sind berechtigt, diese Geschäfte so zu beendigen, wie es ihnen am vorteilhaftesten erscheint.**

II Der Ausgeschiedene kann am Schlusse jedes Geschäftsjahrs Rechenschaft über die inzwischen beendigten Geschäfte, Auszahlung des ihm gebührenden Betrags und Auskunft über den Stand der noch schwebenden Geschäfte verlangen.

1) Schwebende Geschäfte sind unternehmensbezogene UmsatzGesch (Schmidt Betr **83**, 2401), an die im Ztpkt des Ausscheidens eines Gters die G schon gebunden war – VertrAngeb genügt (Celle BB **54**, 757) –, die aber beide VertrTle bis dahin noch nicht erf haben, ausgen DauerschuldVerhältn wie Vertr über Ausbeute von Bodenbestandteilen (BGH NJW-RR **86**, 454), langfrist MietVertr (BGH WM **86**, 967). Der Ausgeschiedene ist am Ergebn schwebder Gesch (Gew u Verlust) noch beteil, obwohl er nicht mehr Gter ist. Der Anspr besteht selbständ, er kann ihn desh unabhäng von den Anspr aus § 738 nach Beendigg des schwebden Gesch (BGH WM **80**, 212) geltd machen. Schwebde Gesch sind daher nicht bei der Wertermittlg nach § 738 II einzustellen; Gewinn aus schwebden Gesch muß die G auszahlen, auch wenn ihr später uU ein Anspr auf Ausgl neg KapKontos (§ 739) zusteht u umgekehrt. Der Ausgeschiedene haftet den Gläub nicht aus AbwicklgsHdlgen. Er hat kein Recht auf Mitwirkg (Abs I S 2), doch haften die Gter für Versch, § 708. § 716 gilt für ihn nicht mehr, er hat aber Anspr auf Ausk u Rechensch (BGH WM **61**, 173) gg alle Gter. DauerschuldVerhältn sind keine schwebden Gesch (BGH NJW-RR **86**, 1160). AbwVereinbg ist zuläss. Die BewLast trägt, wer Gew bzw Verlust aus schwebden Gesch behauptet (BGH WM **79**, 1064).

2) Entsprechende Anwendung auf die zweigliedr G, wenn einer das Gesch übernimmt (RG **56**, 19; vgl § 736 Anm 1 c).

Fünfzehnter Titel. Gemeinschaft

741 *Begriff.* **Steht ein Recht mehreren gemeinschaftlich zu, so finden, sofern sich nicht aus dem Gesetz ein anderes ergibt, die Vorschriften der §§ 742 bis 758 Anwendung (Gemeinschaft nach Bruchteilen).**

1) Abgrenzung. Vgl zunächst § 705 Anm 1a. Ein Recht kann geteilt mehreren derart zustehen, daß mehrere voneinand unabhäng Teilrechte bestehen, so iZw bei der teilb Fdg (vgl Übbl 1a vor § 420). Es kann aber auch mehreren gemschaftl zustehen, zB die verschied Fälle gemschaftl Fdgsberechtigg (vgl Übbl 1b, c vor § 420). Die Interessenverbindg der mehreren ist bei den GesHandBerecht, zB Gesellsch, ehel Güter-Gemsch, ErbenGemsch, MitUrhGemsch § 8 UrhG, enger, weniger eng bei der BruchtGemsch des § 741. Sie ist **Interessengemeinschaft ohne Zweckgemeinschaft**: die Interessen der Teilh laufen inf der Mitberechtigg am selben Ggst bis zu einem best Grade gleich, ihre Ziele, Zwecke können verschieden sein. Hierin liegt der wesentl Unterschied zur Gesellsch.

2) Entstehungsgrund können sein Ges, RGesch od TatHdlgen (vgl Übbl 2d vor § 104). Bei Vertr wird allerd meist ein gemeins Zweck bestehen; dann Gesellsch. Zur Entstehg der Gemsch genügt die Tats gemschaftl RZustdgk ohne einen auf die Entstehg gerichteten Willen der Beteil. Sie kann entstehen dch Verbindg, Vermischg, §§ 947, 948, Verarbeitg dch mehrere, § 950, Vereinigg v Bienenschwärmen, § 963, Schatzfund, § 984, bei gemeins Erfindg (RG **118**, 46), dch Sammelverladg beim Schiffstransport (RG **88**, 301), beim Sammellager, HGB § 419, der Sammelverwahrg, §§ 5ff DepotG. Auch Ehel können hins einz Ggst in Gemsch nach § 741 stehen (RG **67**, 397). Gemsch der WohngsEigtümer vgl WEG §§ 10ff.

3) Gegenstand einer Gemsch können Rechte aller Art sein, die eine Mehrh von Berecht zulassen, nicht nur VermRechte. Für Miteigentum gelten außer den §§ 742ff die §§ 1008–1011 (vgl auch §§ 1066, 1258). Nach hM ist iS von § 741 auch der Besitz ein Recht (BGH **62**, 243; aA MüKo/Schmidt Rdn 17). Gemschaftl Grenzeinrichtg, Grenzbaum vgl §§ 921–923. Gemschaftl Fdgen vgl Übbl 1 vor § 420. Können die aus einem Vertr gemschaftl Berecht gem § 326 SchadErs wg NichtErf verlangen, so steht ihnen dieser Anspr nicht als TeilGläub gem § 420, sond gemschaftl zu (BGH NJW **84**, 795).

4) Anwendungsgebiet.
a) Zwingend. Die bloße Tats, daß ein Recht mehreren gemschaftl zusteht, führt zwingd zur Brucht-Gemsch, „sofern sich nicht aus dem Ges ein and ergibt". Daraus folgt, daß der Kreis der and Gemsch, insb der GesHandsfälle, nicht frei erweiterb ist (RG **152**, 355). Die vertragl Vereinbg einer GesHandGemsch kann ggf als GesellschVertr auszulegen sein. – Aus § 741 ist nicht der zwingde Charakter aller Regeln des Titels zu entnehmen, entscheidd hierfür ist vielm die Einzelauslegg jeder Bestg, die vielf dazu führt, Abdingbark anzunehmen.

b) Hilfsweise. Aus § 741 folgt, daß die §§ 742ff nur hilfsw Anwendg finden. Bei den GesHandGemschaften gehen die dort Vorschr vor. Soweit keine EinzRegelg getroffen ist, gelten §§ 742ff.

c) Entsprechende Anwendung. Das Ges erklärt die §§ 742ff od Teile davon ausdr für unmittelb od entspr anwendb, insb die Teilgsbestimmgen (§§ 752ff), zB in §§ 731 S 2; 1477 I; 2042 II; 2044 I S 2. Hierin liegt ein Hauptanwendungsgebiet der §§ 741ff.

5) Begriff. Wesen. Da das Ges keine vollst Bestg trifft, ist der Begr daher den Wirkgen (unten Anm 6) zu entnehmen. Es ist zu unterscheiden: Ungeteilt ist der gemschaftl Ggst als solcher. Vfgsberecht über ihn im ganzen sind nur alle Teilh zus. Geteilt ist die RechtsZustdgk an dem gemschaftl Ggst. Die Bruchtle daran sind ideell, rein rechner, nicht real quotenmäß zu verstehen. Das gemeins Recht mehrerer an dem einz Ggst ist als TeilR jedes Teilh anzusehen, soweit teilw Ausübg der Befugn am Antl mögl ist, zB Anspr auf Brucht der Früchte; jeder einz MitBerecht kann über seinen Antl frei verfügen, ihn ohne Zust der übr Teilh veräußern, belasten, hat auf die Antle der übr Teilh keinen Einfluß. Jeder Teilh hat ein Recht an dem ganzen, ungeteilten Ggst, das dch gleiche Rechte der übr MitBerecht beschr ist. Sein Recht kann jeder einz Teilh nur insow ausüben, als dadch die Interessen der übr nicht verletzt werden.

6) Wirkungen. Die Gemsch selbst ist **kein Schuldverhältnis** (BGH **62**, 243), kann nicht Träger von Rechten u Pfl sein. Unanwendb sind desh auf sie die Grdsätze über die fehlerh Gesellsch (vgl § 705 Anm 3 d), weil sie stets eine, wenn auch unvollk, vertragl Grdlage voraussetzt (BGH **34**, 367).

a) Die Gemsch ist **Grundlage gesetzlicher Schuldverhältnisse** zw den Teilh, geregelt in §§ 742 ff. Ihre schuldh Verl führt zu SchadErsAnspr gem §§ 276, 278 (RGRK/v Gamm Rdn 12, Schubert JR **75**, 363). Der HaftgsMaßstab des § 708 gilt nicht (BGH NJW **74**, 1189). Ansätze zur Verdinglichg der Gemsch in den §§ 746, 751 S 1, 755 II, 756.

b) **Verhältnis zu Dritten. aa) Außenwirkung** haben zTl die organisationsrechtl Normen in §§ 742 ff, so die §§ 744 II, 745 I (vgl § 744 Anm 2). **bb) Im übrigen** gelten im Verhältns zu Dr die der allg Grds. Insbes werden die Teilh ggü Dr teils nur anteil, § 420, zumeist aber gesamtschuldner, insb nach §§ 427, 431, 769, 830, verpfl. Handelt ein Teilh, wenn auch für die Gemsch, im eig Namen, so haftet nur er dem Dr. Das gemeins Recht kann ggü Dr grdsätzl nur gemschaftl geltd gemacht werden, § 747 S 2; abw Regelg in §§ 744 II, 1011 u 432, der auch für die Gemsch gilt (vgl dort Anm 1 a). Auch Gestaltgsrechte hins des gemeins Rechts sind grdsätzl nur gemschaftl – u auch nur gegen alle – ausüb.

c) **Individualistische Ausgestaltung.** Entgg der Gesellsch ist die Gemsch individualist ausgestaltet. Jeder hat einen rechner Anteil an dem gemeins Recht, über den er frei verfügen kann, § 747 S 1. Jeder kann grdsätzl Aufhebg verlangen, §§ 749 ff. Jeder kann sein TeilR allein ausüben, §§ 743, 745 III S 2. Ansätze zu sozialerer Ausgestaltg enthalten die verdinglichten Best (vgl oben a) sowie §§ 744, 745. Der Grds der gleichmäß Behandlg der Teilh besteht auch bei der Gemsch (vgl §§ 742, 743, 744 I, 745 III S 2, 748, 752).

7) Sonderregelungen. Vgl bereits oben Anm 1–3. Ferner Reallastverteilg bei Teilg des herrschden Grdst; §§ 1172, 2047 II. Landesrechtl Vorbeh EG 66: Deich- u SielR; 119: GrdstTeilgs- u VeräußergsBeschrkgen; 120 II Nr 1, 121: Reallastverteilg bei Teilg des belasteten Grdst; § 1109: EG 131: StockwerksEigt.

8) Keine Gemeinschaft iS der §§ 741 ff, wenn an demselben Ggst Rechte mehrerer mit unterschiedl Inhalt bestehen. Fälle vgl Übbl 1 d vor § 420.

742 *Gleiche Anteile.* Im Zweifel ist anzunehmen, daß den Teilhabern gleiche Anteile zustehen.

1) Anteil vgl § 741 Anm 5.

2) Bedeutung. Für die rechtsgeschäftl begründete Gemsch enthält die Best eine AusleggsRegel, für die auf Wesen u Weise entstandene Gemsch eine ges Vermutg. Sie gilt, falls sich nicht aus dem PartWillen, aus speziellen Vorschr od aus dem Umst ein and VerteilgsSchlüssel ergibt. Beispiele: §§ 947, 948 (BGH **112**, 103); 1172 II, 1109 I, DepotG § 6 I S 2, MitEigtQuoten an einer halbscheid Giebelmauer (vgl BGH **36**, 46 [54]). Ebso ist die Regel in § 742 nicht anwendb, wenn sie inf bes Umst der Sachlage nicht gerecht wird; dann Schätzg des AnteilsVerh nach Billigk (RG **169**, 239). – Den guten Gl an gleiche Bruchtle schützt § 742 nicht (BGH **13**, 133, MüKo/Schmidt Rdn 1). Der Grdbuchrichter darf auf § 742 allein eine Eintr nicht stützen (RG **54**, 86); deswg besteht die Vorschr GBO § 47.

743 *Früchteanteil; Gebrauchsbefugnis.* [I] Jedem Teilhaber gebührt ein seinem Anteil entsprechender Bruchteil der Früchte.

[II] Jeder Teilhaber ist zum Gebrauche des gemeinschaftlichen Gegenstandes insoweit befugt, als nicht der Mitgebrauch der übrigen Teilhaber beeinträchtigt wird.

1) Anwendungsbereich. Die Vorschr betrifft das InnenVerh zw den Teilh. Abs I gibt einen schuldr IndividualAnspr gg die übr Teilh, der ohne seine Zust nicht geschmälert werden kann, § 745 III S 2. Gilt für Brucht- u ErbenGemsch, § 2038 II. Früchte eines Grenzbaums vgl § 923 I. Abw Vereinbg mit Zust aller ist zuläss, zB alleinige Fruchtziehg dch einen gg Abfindg der übr (BGH NJW **53**, 1427).

2) Anspruch auf die Früchte, Abs I. Darunter fallen natürl Früchte u Früchte eines Rechts (vgl § 99).

a) **Natürliche Früchte.** Abs I gibt dem einz Teilh keinen Anspr, die Früchte ganz od zu seinem Antl selbst zu ernten. Dies ist vielm VerwHdlg, geregelt in §§ 744, 745 (BGH NJW **58**, 1723). Nach der Ernte hat jeder Teilh Anspr auf Teilg in Natur, § 752, entspr seinem Brucht (iZw § 742). Jeder hat dabei anteilsmäß die Kosten der Fruchtziehg zu tragen, §§ 748, 756. EigtErwerb mit der Ernte gem §§ 953 ff.

b) **Rechtsfrüchte.** Es gelten grds die Ausf oben a. Wem im AußenVerh der Anspr auf die Früchte u Erträge zusteht, regelt sich nur nach dem zGrde liegden RechtsVerh. Haben zB alle Teilh, auch vertr dch einen von ihnen, den MietVertr über das gemschaftl Haus abgeschl, steht ihnen gemeins der Anspr auf die Mietzahlg zu. Hat einer von ihnen dies im eig Namen getan, ist er allein nach außen Träger des Anspr. Kein Anspr des einz Teilh auf teilw Zahlg des Mietzinses gg den Mieter, § 420 ist nicht anwendb (BGH NJW **69**,

Einzelne Schuldverhältnisse. 15. Titel: Gemeinschaft §§ 743–745

839); gilt auch nach Verk des gemschaftl Grdst, es besteht dann Gemsch am Erlös (BGH WM **83**, 604). Im InnenVerh ist die Fruchtzieh dch VerwVereinbg gem §§ 744, 745 zu regeln. Haben zB alle Teilh die Miete gemschaftl einzuziehen, so hat jeder Teilh gg die übr nicht Anspr auf den seiner Quote entspr TeilBetr der einz Einnahmen, sond nur auf seinen rechner Antl am Ergebn nach Abzug der ihn antlsmäß treffden Lasten, §§ 748, 756 (BGH **40**, 330), also auf den Reinertrag (BGH BB **72**, 145). Nur dieser Anspr ist abtretb u pfändb (RG **89**, 176). Dasselbe gilt, wenn einer der Teilh die Mieten einzuziehen hat; dabei trifft ihn die Darleggs- u BewLast für den Verbleib der Einnahmen (BGH WM **72**, 1121). – Gilt entspr für GebrauchsVortle, § 100 (BGH NJW **66**, 1708).

3) Gebrauchsrecht. Abs II regelt, wie Abs I, nur das Maß, nicht die Art u Weise des Gebr. Sie unterliegt der VerwRegelg gem §§ 744, 745, nur in ihrem Rahmen kann der einz Teilh sein GebrRecht ausüben. Hierin kann er, und als beim Anspr auf Früchte in Abs I eingeschränkt werden, § 745 III gilt hier nicht (BGH NJW **53**, 1427). Abs II gibt iR der beschlossenen BenutzgsArt jedem Teilh gg die übr Anspr auf Gebr, dh Duldg auch gg den Widerspr eines and, der nicht erst dch Klage zu brechen ist (BGH NJW **78**, 2157). Dieses GebrRecht besteht, soweit nicht der tatsächl – Ggs: der rechtl mögl – MitGebr der and entggsteht (BGH NJW **66**, 1707). Grenze § 242; insow UnterlassgsAnspr der übr. BesSchutz besteht jedoch nicht im InnenVerh hins der GebrGrenzen, § 866. Übt ein Teilh sein R zum Gebr nicht aus, so ist der and nicht verpfl, seinen Gebr einzuschränken oder für den uneingeschränkten Gebr ohne entspr Vereinbg zu zahlen (BGH NJW **66**, 1707). Macht dgg ein Teilh ohne od gg den Willen der übr von der gemschaftl zur Nutzg best Sache allein unentgeltl Gebr, so ist er wg Verl des Gemsch- bzw GesellschVerh schaderspfl (KG OLGZ **69**, 311: Nutzg einer Wohng im gemschaftl Miethaus). Dch Vertr, Beschl od Urt kann eine and Benutzgsart bestimmt, § 745 I, II, sogar der unmittelb Gebr (Benutzg, evtl gg Vergütg, BGH aaO) dch die Teilh od einzelne von ihnen, gem Abs I, § 745 III 2 aber nicht das Recht auf Antl an den GebrVorteilen ausgeschl werden (BGH NJW **53**, 1427). Überläßt die Gemsch Räume auf ihrem Grdst gg Entgelt einem Teilh, so kommt zw ihnen regelm ein MietVertr zustande (BGH MDR **69**, 658). Die Höhe des Mietzinses regelt sich bei fehlder Vereinbg nach § 745 II (BGH NJW **74**, 364). Eine abw von Abs II getroffene GebrRegelg verpfl jeden Teilh, den bezweckten Erfolg hiezuführen; dafür haftet er auch ohne Versch (BGH **40**, 326).

744 *Gemeinschaftliche Verwaltung.* **¹ Die Verwaltung des gemeinschaftlichen Gegenstandes steht den Teilhabern gemeinschaftlich zu.**
II Jeder Teilhaber ist berechtigt, die zur Erhaltung des Gegenstandes notwendigen Maßregeln ohne Zustimmung der anderen Teilhaber zu treffen; er kann verlangen, daß diese ihre Einwilligung zu einer solchen Maßregel im voraus erteilen.

1) Überblick, Abgrenzung. §§ 744–746 regeln die Verw des gemschaftl Ggst. Sie steht den Teilh gemschaftl zu. Die VerwRegelg kann dch Vereinbg (Abs I), MehrhBeschl (§ 745 I), ersatzw dch Urt (§ 745 II) getroffen werden. Der Grds gemschaftl Verw ist dchbrochen dch das Recht jedes einz Teilh, notw Erhaltgs-Maßregeln allein zu treffen (Abs II) u eine dem Interesse aller Teilh entspr u Benutzg zu verlangen (§ 745 II). Von vornherein als IndividualR des einz Teilh ausgestaltet ist sein Anspr auf die anteil Früchte u auf das Maß des Gebr des gemschaftl Ggst aGrd der getroffenen VerwRegelg (vgl § 743 Anm 2, 3). – Wirkg für u gg Sonderrechtsnachfolger vgl § 746. – Vfgen vgl unten 3 u § 747.

2) Gemeinschaftliche Verwaltung, Abs I, bedeutet GeschFg im Interesse aller Teilh, die über die bloße Erhaltg (Abs II) hinausgeht. In diesem Rahmen können auch Vfgen Ggst einer VerwEntscheidg sein (MüKo/Schmidt Rdn 4). Die Teilh können auch einem von ihnen od einem Dr die Verw übertr (BGH **34**, 367 und NJW **83**, 449, vgl § 745 Anm 1). Darin liegt iZw die Bevollmächtigg zum Handeln auch im Namen der übr (MüKo/Schmidt Rdn 11). Die Teilh können auch die VerwRegelg korporationsähnl in einer Satzg treffen (BGH **25**, 311; RGRK/v Gamm Rdn 2). Einstimm können sie die Verw u BenutzgsRegelg in den Grenzen des § 138 belieb abändern, § 745 II gilt nicht, Anspr auf Änderg besteht nur bei Veränderg der Sachlage (RGRK/v Gamm Rdn 3).

3) Notwendige Erhaltungsmaßregeln, Abs II, sind solche, die im Interesse der Gemsch – nicht genügd: allein im Interesse eines einz (BGH **39**, 20) – zur Erhaltg der Substanz od des wirtsch Wertes iR ordnsgsgem Verw (BGH **6**, 81 u WM **75**, 196) obj erforderl sind. Im EinzFall kann auch eine Vfg darunter fallen, zB Veräußerg des gemeins Ggst zur Vermeidg ihres Verderbs (RGRK/v Gamm Rdn 13, MüKo/Schmidt Rdn 13, Staud-Vogel Rdn 3), Belastg zur Abwendg der ZwVollstr in den gemeins Ggst (BGH WM **87**, 984). Abs II ist nicht abdingb. Er gibt im InnenVerh zu den Teilh ein IndividualR zum Handeln auch ohne Einwilligg der übr, auf AufwErs, § 748 u auf Vorschuß (Soergel-Hadding Rdn 6). Bei Streit kann der Handelnde auf Feststellg, daß er zu der betr ErhaltgsMaßn befugt ist, od auf Einwilligg zu ihr gg die Teilh klagen. Dies muß er nicht, denn Abs II hat, wie der MehrhBeschl in § 745 I Außenwirkg, dh er verleiht dem Handelnden VertretgsMacht für notw ErhaltgsMaßn, die keine Vfgen sind (BGH **56**, 47 für § 745 I; aA BGH **17**, 181, RGRK/v Gamm Rdn 13, MüKo/Schmidt Rdn 38). Für Vfgen gibt Abs II in seinem Rahmen dem Handelnden nach außen die AlleinVfgsBefugn über den gemeins Ggst (ebso MüKo/Schmidt Rdn 35, RGRK/v Gamm Rdn 13) einschl der ProzFührgsBefugn im eig Namen (BGH **51**, 125 [128]) mit dem Antr auf Leistg an ihn allein (BGH JZ **85**, 888; aA Tiedtke 890). – Fehlen die Voraussetzgen des Abs II, kann Anspr aus GoA in Frage kommen. Verstoß gg Abs II kann zu SchadErsAnspr führen (§§ 276, 278; nicht § 708). – Die hM wendet Abs II auf die BGB-Gesellsch analog an (MüKo/Schmidt Rdn 41 mit Nachw).

745 *Verwaltung und Benutzung durch Beschluß.* **¹ Durch Stimmenmehrheit kann eine der Beschaffenheit des gemeinschaftlichen Gegenstandes entsprechende ordnungsmäßige Verwaltung und Benutzung beschlossen werden. Die Stimmenmehrheit ist nach der Größe der Anteile zu berechnen.**

807

§§ 745, 746

II Jeder Teilhaber kann, sofern nicht die Verwaltung und Benutzung durch Vereinbarung oder durch Mehrheitsbeschluß geregelt ist, eine dem Interesse aller Teilhaber nach billigem Ermessen entsprechende Verwaltung und Benutzung verlangen.

III Eine wesentliche Veränderung des Gegenstandes kann nicht beschlossen oder verlangt werden. Das Recht des einzelnen Teilhabers auf einen seinem Anteil entsprechenden Bruchteil der Nutzungen kann nicht ohne seine Zustimmung beeinträchtigt werden.

1) Mehrheitsbeschluß, Abs I, III. Überbl u Abgrenz vgl § 744 Anm 1, Vorbem 5b vor § 709.

a) Verfahren formlos, auch schriftl im Umlauf. Jedem Teilh, insb der Minderh ist rechtl Gehör zu gewähren; seine Versagg führt grdsätzl nicht zur Unwirksamk, kann aber SchadErsAnspr begründen (BGH **56**, 47 [56]). Die Stimmenmehr berechnet sich nach der Größe der Bruchteile (Abs I S 2). Bei 2 Teilh mit gleichen Bruchteilen gibt es keinen MehrhBeschl (RG **160**, 128), mit versch großen Bruchteilen verfügt einer von vorneherein über die Mehrh.

b) Gegenstand der MehrhEntsch kann nur eine ordngsmäß Verw u Benutzg (Art der Nutzg vgl § 743 Anm 2) sein. Die Zustdgk ist also enger als iF der Einstimmigk, § 744 I, und weiter als bei notw Erhaltgs-Maßn, § 744 II. Einschränkgn in Abs III, vgl unten c. Beispiele: Verpachtg (BGH **56**, 47), Übertr der Verw auf einen Teilh od Dr. Die Beteil können aGrd eines Mehrh- od einstimm gefaßten Beschl den mit einem Dr geschl VerwalterVertr kündigen (BGH NJW **85**, 2943) od dem Mitgl der Gemsch, dem die Verw übertr war, aus wicht Grd kündigen (BGH **34**, 367 u NJW **83**, 449). Auch Vfgen können in den Rahmen ordngsgem Verw fallen, wenn die begehrte Regelg nach bill Erm dem Interesse der Teilh entspricht u die Grenze des Abs III wahrt, zB Künd eines PachtVertr (BGH **LM** § 2038 Nr 1), die Widmg einer Straße (BGH **101**, 24). Eine rechtl NutzgsRegelg kann auch konkludent dch langjähr Übg zustkommen; Änderg auch in diesem Fall nur dch MehrhBeschl der Teilh auf Verlangen eines von ihnen (Stgt NJW-RR **87**, 1098). Ein Beschl, der nicht den Rahmen des Abs I einhält od Abs III verletzt, ist unwirks (Düss NJW-RR **87**, 1256); ggf FeststellgsKl.

c) Beschränkungen, Abs III. aa) Eine **wesentliche Veränderung** des gemeins Ggst kann die Mehrh nicht beschließen, dh eine für die Teilh einschneide Veränderg der Gestalt od der Zweckbestimmg, wobei die Aufbringg der Mittel eine entscheidde Rolle spielt (BGH NJW **53**, 1427). Umgestaltg einer größeren Wohng in 3 kleinere kann unter bes Umst keine wesentl Veränderg sein (BGH NJW **83**, 932). **bb)** Das **Recht auf Nutzungen** des einz Teilh entspr seinem Bruchteil kann die Mehrh in seinem Maß nicht beschränken (vgl § 743 Anm 2).

d) Wirkung. Nach innen verpfl ein wirks, iR ordngsgem Verw ergangener (Düss MDR **87**, 759) Beschl auch die überstimmte Minderh zur Mitwirkg, im WeigergsFall dch Kl u Urt gem § 894 ZPO dchzusetzen. Unberecht Weigerg kann schaderspfl machen, Kostentragg § 748. Die Überstimmten können sich dch Künd nach § 749 wehren, ohne Kl (BGH **34**, 367). Die Außenwirkg ist streitig. BGH **17**, 181 verneint sie für § 744 II. In Not- u Eilfällen kann der MehrhBeschl ausgeführt werden, wenn sonst vollendete Tats entstünden, weil Urt zu spät käme (BGH **49**, 183 RGRK/v Gamm Rdn 10, Soergel-Hadding Rdn 5). Nach BGH **56**, 47 kann eine wirks MehrhEntsch, die keine Vfg ist, mit Außenwirkg ausgeführt werden; danach vertritt bei VerpflGesch die Mehrh befugt die Minderh (ebso Ermann-Schulze-Wenck Rdn 3; im wesentl ebso, aber unter Ausn primärer Geldschulden MüKo/Schmidt Rdn 26). Für Vfgen gilt das in § 744 Anm 3 Gesagte.

e) Entsprechend anwendbar auf ErbenGemsch, § 2038 II S 1.

2) Bei fehlender Regelung der Verw u Benutzg des gemeins Ggst, sei es einstimm (§ 744 I) od dch MehrhBeschl (Abs I), hat der einz Teilh gg die Widersprechden Anspr auf Zust zu einer best, konkret zu formulieren Verw- u BenutzgsEntsch, auch Vfg, die dem Interesse aller Teilh nach bill Erm entspricht. Ggf dchzusetzen mit LeistgsKl, die Bekl sind nicht Streitgenossen. Widerkl und konkreten GgAntr ist mögl, richterl Gestaltg nicht. Ist der gemschaftl Ggst einem Teilh zur Benutzg überlassen, eine Vereinbg über dessen Höhe nicht zustandegekommen, so kann die Kl direkt auf Zahlg eines Entgelts gerichtet werden, das nach bill Erm dem gemschaftl Interesse an sachgerechter Verw entspricht (BGH NJW **74**, 364). Dem Fehlen einer Vereinbg steht gleich, wenn nach einer Regelg tats Veränderugen eingetreten sind, insb zur Vermeidg einer sonst erforderl Künd nach § 749. Anwendb auch bei endgült Auszug eines Eheg aus der gemschaftl EigtWohng, zB Zahlg eines angem Entgelts od alleinige Übern der Kosten des GrdBes dch den Eheg, der ihn jetzt allein nutzt (BGH NJW **82**, 1753 u BGH **87**, 265), soweit nicht dieser Vorteil schon in and Weise berücksichtigt ist (BGH NJW **86**, 1339 u 1340); ebso NutzgsVergütg eines dch Vereinbg zur Nutzg überlassenes Grdst, wenn ein Teilh aGrd Vereinbg das Untern allein weiterführt (BGH NJW **89**, 1030 für OHG). Überläßt eine ErbenGemsch einer aus den Miterben bestehenden OHG den Gebr des ihr gehör BetriebsGrdst unentgeltl u scheidet ein Miterbe aus der OHG aus, dann kann er von den übr Miterben Vergütg für die GebrÜberlassg nach seinem Ausscheiden verlangen (BGH NJW **83**, 45). Bei Änderg der Lage neue Klage mögl. Eine Maßn, die der ordentl Verw des gemschaftl Ggst dient, kann zugl eine wesentl Veränderg desselben (Abs III) sein. Dann ist der Teilh, der dies nicht wünscht, nicht gehalten, trotzdem zuzustimmen (BGH WM **83**, 314).

746 Wirkung gegen Sondernachfolger.

Haben die Teilhaber die Verwaltung und Benutzung des gemeinschaftlichen Gegenstandes geregelt, so wirkt die getroffene Bestimmung auch für und gegen die Sondernachfolger.

1) Anwendungsbereich. Jede Verw-, Gebr- u Benutzgsregelg, einstimm (§ 744 I), dch MehrhBeschl (§ 745 I) od Urt (§ 745 II) wirkt außer gg Gesamt- auch gg SonderRNachf oRücks auf dessen Kenntn davon. Das ist der Erwerber des Brucht od eines Teils davon, PfandGläub (§ 1258), PfdgsGläub (Ausn in § 751 S 2) od eines and beschr dingl Rechts am Brucht, wie Nießbr (MüKo/Schmidt Rdn 4). Gilt nicht für Gesellsch (vgl § 725 II).

Einzelne Schuldverhältnisse. 15. Titel: Gemeinschaft §§ 746–748

2) Bei Miteigentum an Grundstück Wirkg gegen SonderRNachf nur, wenn die Verw- u BenutzgsRegelg, Ausschl des Rechts auf Aufhebg der Gemsch od Vereinbg einer Fr zur Erhebg des AufhebgsAnspr als Belastg im GB eingetragen ist (vgl § 1010 Anm 1).

747 *Verfügung über Anteil und gemeinschaftliche Gegenstände.* **Jeder Teilhaber kann über seinen Anteil verfügen. Über den gemeinschaftlichen Gegenstand im ganzen können die Teilhaber nur gemeinschaftlich verfügen.**

1) Allgemeines. Bei der Gemsch gibt es kein vom Verm der Teilh getrenntes SonderVerm wie bei der Gesellsch, § 705 Anm 5, § 718, desh auch keine geshänder Bindg, § 719, u keine An- u Abwachsg, § 738. An dem gemeins Ggst bestehen nur AnteilsR der Teilh, die zu deren Verm gehören. – Satz 1 u 2 haben auch Wirkg gg Dritte.

2) Verfügung über den Anteil, S 1. Das freie VfgsR jedes Teilh über seinen Antl entspricht dem aus der fehlden ZweckVereinbg folgden individualrechtl Charakter der Gemsch. Ebso bei der ErbenGemsch, § 2033 I. And bei der Gesellsch, der ein neuer Gter nicht ow aufgedrängt werden kann (vgl § 717 Anm 1a, § 719 Anm 2b). Auswüchse werden dch die Wirkg gewisser Abreden, Beschl, Verpfl u Rechte für und/oder gg die SonderNachf vermieden, §§ 746, 751 S 1, 755 II, 756. Die übr Teilh haben keine Rechte in bezug auf den Antl. Vertragl VfgsBeschrkgen sind nur schuldrechtl mögl, § 137 (BGH NJW **62**, 1613: MitUrh). Begr der Vfg vgl § 185 Anm 1b, Beisp § 1008 Anm 3. VerpflGesch über den Antl sind ebenf mögl. Ist danach BesÜbertr nöt, so genügt hier Verschaffg des MitBes. Quotenänderg ist Vfg (Bay ObLG DNotZ **83**, 752), wirks ohne Zust der nichtbetroffenen Teilh; es gibt keine Anwachsg u keinen Schutz des guten Gl hinsichtl zu Unrecht gelöschter Belastgen des Grdst (vgl § 892 Anm 3b bb). Für die Verpfändg eines FdgsBruchts gilt § 1280. – Gesetzl PfdR des Verm am MitEigtAntl des Mieters an den von ihm eingebrachten Sachen (RG **146**, 334). – Aus der VfgsFreih folgt das Recht des Gläub des Teilh zur ZwVollstr in den Antl, § 751 S 2, Pfändg u Überweisg nach ZPO §§ 857, 828ff (ThP § 857 Anm 1a), 864 II, 866, vgl ZVG § 181 II S 1 Halbs 2. – Gerichtl Geltdmachg des Antls nur dch den Teilh. Der Teilh kann auch über einz schuldrechtl Anspr verfügen, sie können auch gepfändet werden.

3) Verfügung über den gemeinschaftlichen Gegenstand, S 2. a) Begriff wie Anm 2; auch Anfechtg, Künd, Aufr mit einer gemsch Fdg (RGRK/v Gamm Rdn 5, MüKo/Schmidt Rdn 2). Vermietg, Verpachtg ist keine Vfg.

b) Regel. Vfgsberecht über den gemeis Ggst sind nur alle Teilh gemschaftl. Sie können einen zur Vfg bevollmächtigen, od ihr zustimmen, § 185. Die Vfg über den gemschaftl Ggst ist rechtl eine koordinierte Vfg jedes Teilh über seinen Anteil (RG **146**, 364: Hyp auf dem gemschaftl Grdst ist GesHyp auf den einz Brucht); iF der Teilnichtigk gilt § 139. Zur ZwVollstr in den gemschaftl Ggst ist mangels abw Best in der ZPO Titel gg alle nöt.

c) Ausnahmen. Unbeschadet von § 747 als der allg Vorschrift gibt § 745 I in seinem Rahmen bei wirks Beschl der Mehrh u § 744 II in seinem Rahmen dem einz Teilh VfgsBefugn, da beiden für ihren Bereich spezielleren Vorschr Außenwirkg zukommt (vgl § 745 Anm 1d, § 744 Anm 3).

d) Gerichtliche Geltendmachung des gemschaftl Rechts im AktProz grdsätzl nur dch alle. Ebso im Proz gg die Teilh auf eine Vfg (BGH **36**, 187, BGH WM **84**, 1030). ProzFührgsBefugn des einz Teilh im eig Namen bei notw ErhaltgsMaßn (vgl § 744 Anm 3), des einz MitEigtümers, § 1011, u bei Anspr auf unteilb Leistg, § 432 (vgl dort Anm 1a).

748 *Lasten- und Kostentragung.* **Jeder Teilhaber ist den anderen Teilhabern gegenüber verpflichtet, die Lasten des gemeinschaftlichen Gegenstandes sowie die Kosten der Erhaltung, der Verwaltung und einer gemeinschaftlichen Benutzung nach dem Verhältnisse seines Anteils zu tragen.**

1) Anwendungsbereich. Die Vorschr betrifft nur das InnenVerh der Teilh. Wer nach außen verpfl ist, insb ob die Teilh einzl od als GesSchu schulden, bestimmt sich nach allg, insb schuldrechtl Vorschr. § 748 ist die Kehrseite des § 743. Lasten vgl § 103, Kosten der Erhaltg vgl § 744 Anm 3, der Verw vgl § 744 Anm 2, der Benutzg, wenn sie gemschaftl ist. Die kostenverursachde Maßn muß von allen, § 744 I, od wirks von der Mehrh, § 745 I, beschlossen bzw bewilligt od berecht von einem einz Teilh ausgeführt sein bzw werden. – Ausn in § 753 II. –

2) Anspruch. Jeder Teilh muß sich entspr seinem Brucht an den Lasten u Kosten beteil. Je nach AußenVerpfl u Umst geht der Anspr des Teilh, der nach außen höher verpfl ist od mehr geleistet hat als seinem Brucht entspricht, gg die übr auf anteil Schuldbefreiung (vgl § 257) bzw auf anteil AufwErs. Der Anspr ist sofort, nicht erst bei Auflösg der Gemsch fäll (BGH WM **75**, 196), Anspr auf Vorschuß iF des § 744 II (vgl dort Anm 3), sonst nach den Umst (vgl § 257 Anm 2). Der Anspr gibt ggü einem and Teilh ein ZbR, außer gg den AufhebgsAnspr (BGH **63**, 348), u in AufrR. Schuldh Verl des Teilh kann schadersspfl machen u wicht Grd zur Aufhebg geben, § 749 II (RGRK/v Gamm Rdn 1). – Der nach § 748 Berecht ist nicht auf Anspr aus §§ 677 ff, 812 beschr, diese können in Betr kommen, sow § 748 nicht eingreift (BGH NJW **87**, 3001). Ist der MitEigtümer zugl Mieter der gemschaftl Sache, so kommt es für den Anspr auf VerwendgsErs darauf an, auf welchem der beiden RVerh die Aufw beruhen. Für Anspr des Teilh aus § 744 II, 748 gilt die VerjFr des § 558 auch dann nicht, wenn er zugl Mieter ist (BGH NJW **74**, 743). Der Anspr aus § 748 besteht auch nach Beendigg der Gemsch. Über seine Geltdmachg bei der Teilg vgl §§ 755, 756. Köln OLGZ **69**, 332 hält § 748 für entspr anwendb auf AusglAnspr des benachteiligten Eheg iF der gemeins Veranlagg zur EinkSteuer.

809

Lösung der Gemeinschaft (§§ 749–758)
Vorbemerkung

1) Die Beendigung der Gemeinschaft vollzieht sich nicht, wie die der Gesellsch in einem umfassden AuseinandSVerf. Die wohl überwiegde Meing unterscheidet 2 Stufen: die Herbeiführg der Aufhebg an sich ohne best Inhalt, also das Ob der Beendigg u ihre DchFührg iW der konkreten Teilg, also das Wie der Beendigg. Die erste sei dch einstimm Beschl, notf dch Kl auf Zustimmg zur Aufhebg schlechthin, die zweite dch Vereinbg einer konkreten Teilg und ihre Ausf, notf dch LeistgsKl herbeizuführen. Diese Unterscheid ist im Ges nicht vorgesehen, dogmat nicht erforderl, weil es kein AuseinandSVerf gibt, und prakt überflüss, weil sie die Beendigg unnöt erschwert, und weil in der Praxis die beiden Stufen ohnehin meist zusfallen. Der Vorzug ist desh einer neueren Auffassg zu geben (Schmidt JR **79**, 317, MüKo/Schmidt § 749 Rdn 19, Larenz II § 61 III, Staud-Huber § 749 Rdn 7, 13, 19 ff; offengelassen BGH **90**, 207 [214]). Danach ist die nach Vereinbg oder Ges geschuldete konkrete Teilg Ggst und Inhalt der Aufhebg, sobald die Vorauss für den Anspr auf Aufhebg vorliegen. Die Gemsch kann ohne Aufhebg u Teilg enden, zB mit ersatzl Untergang des gemschaftl Ggst, mit Vereinigg aller Brucht in einer Hand im Erbfall.

2) Die Aufhebung (§§ 749–751) erfordert einen auf Beendigg der Gemsch zielden einstimm Beschl od eine Vereinbg aller Teilh, womit die Fälligk des Anspr auf Teilg mit dem vorstehd in Anm 1 beschriebenen Inhalt herbeigeführt od klargestellt ist. Zum AufhebgsAnspr vgl § 749. Einseit Künd ist iF des § 749 II Vorauss für die Aufhebg, führt sie aber nicht herbei.

3) Die Teilung entspr getroffener Vereinbg, sonst gem §§ 752–754 ist Vollziehg der Aufhebg u beendet die Gemsch. Auch sie bedarf, weil Vfg über den gemschaftl Ggst, der Zust aller Teilh, § 747 S 2. In der bloßen TeilgsVereinbg ist die über die Aufhebg enthalten. Sie verpfl zur Mitwirkg bei der Teilg.

749 Aufhebungsanspruch.
[I] Jeder Teilhaber kann jederzeit die Aufhebung der Gemeinschaft verlangen.

[II] Wird das Recht, die Aufhebung zu verlangen, durch Vereinbarung für immer oder auf Zeit ausgeschlossen, so kann die Aufhebung gleichwohl verlangt werden, wenn ein wichtiger Grund vorliegt. Unter der gleichen Voraussetzung kann, wenn eine Kündigungsfrist bestimmt wird, die Aufhebung ohne Einhaltung der Frist verlangt werden.

[III] Eine Vereinbarung, durch welche das Recht, die Aufhebung zu verlangen, diesen Vorschriften zuwider ausgeschlossen oder beschränkt wird, ist nichtig.

1) Allgemeines vgl Vorbem 1–3.

2) Der Anspruch auf Aufhebung, Abs I. a) Rechtsnatur. Es handelt sich um einen schuldrechtl Anspr, nicht um ein GestaltgsR (RG **108**, 423, RGRK/v Gamm Rdn 2, MüKo/Schmidt Rdn 18, Larenz II § 61 III; aA Esser-Schmidt § 38 IV 2c; offengelassen BGH **63**, 348). Jeder einz Teilh hat, soweit nicht ges (unten Anm d) od rgeschäftl Beschr (unten Anm 3) bestehen, jederzeit einen unverjährb (§ 758) Anspr auf Aufhebg iW der Teilg entspr den Angaben in Vorbem 1–3 einschl der Schuldenberichtig nach §§ 755, 756. IF des Abs II ist Künd aus wicht Grd Vorauss für den AufhebgsAnspr. Aus dem R jedes Teilh, jederzeit u ohne weitere Vorauss die Aufhebg zu verlangen, folgt, daß kein Teilh dem AufhebgsVerlangen eines and ein ZbR entggehalten kann. Denkb ist allerd, daß das Verlangen im EinzFall wg ganz bes Umst gg Tr u Gl verstößt (BGH **63**, 348).

b) Durchsetzung. AufhebgsVereinbg aller Teilh u Ausf der Teilg wie vereinb od gem §§ 752 ff. Sonst LeistgsKl mit dem Antr auf Vornahme bzw Duldg der konkreten Hdlgen, die zur Durchführg der rgeschäftl, sonst der ges vorgesehenen Teilgsart erforderl sind; ZwVollstr ggf nach ZPO § 887. Ein daneben gestellter Antr auf Zust zur Aufhebg ist überflüss, schadet aber nicht. Der AufhebgsAnspr kann nach hM (aA MüKo/Schmidt Rdn 23 mwN) gepfändet u dem Gläub überwiesen werden; dieser kann die R des MitEigtümers aus § 180 II ZVG ausüben (Köln OLGZ **69**, 338). – Kein Titel auf Aufhebg od Teilg ist nöt zur ZwVerst eines Grdst, falls der AntrSt als MitEigtümer im GB eingetr ist, ZVG § 181 I, II.

c) Auf teilweise Aufhebung und Teilung besteht kein Anspr, alle Teilh können sie aber vereinb (RG **91**, 418). Das gilt grdsätzl auch für Aufhebg der Gemsch für eine von mehreren gemschaftl Ggst; hier kann aber Anspr auf ggständl Teilaufhebg nach den für die ErbenGemsch geltden Grdsätzen bestehen (vgl § 2042 Anm 7). – Wollen die and unter sich in Gemsch bleiben, so kann der die Aufhebg u Teilg Verlangde uU nur sein Ausscheiden u seine Abfindg fordern, jedoch sind die §§ 752 S 2, 753 zu beachten (MüKo/Schmidt Rdn 25, RGRK/v Gamm Rdn 3). Bei der Gemsch gibt es keine Anwachsg. Ist ein Teilh nicht zur Teilg zugezogen worden, so ist diese unwirks, § 747 S 2; sind Ggstände versehentl ungeteilt geblieben, so ist Teilg nachzuholen.

d) Gesetzliche Beschränkungen des Rechts auf Aufhebg u Teilg finden sich verschiedentl, zB in §§ 922 S 3, 2047 II, EG Art 119 Nr 2, 131, WEG § 11 I, AktG § 8 III.

3) Rechtsgeschäftliche Beschränkung des AufhebgsAnspr. **a) Rechtsgrundlage** kann sein Vereinbg (nicht MehrhBeschl) od letzw Vfg (§ 2044 I). Die Beschrkg kann generell (Ausschl), ggständl (best von mehreren gemschaftl Ggst), persönl (zur einen Teilh), zeitl (Termin, KündFr) sein od eine best Art der Teilg ausschließen; auch konkludent. Wirkg für u gg Sondernachfolger § 751 S 1.

b) Grenze: Wichtiger Grund. Bei seinem Vorliegen besteht zwingd (Abs III) ein Anspr auf Aufhebg. Bei der Gesellsch ist die Verbindg enger als bei der Gemsch, eine erspießl Fortsetzg einer Gemsch steht daher eher zu erwarten. Anderers ist sie insof wieder weniger zu erwarten, als hier die Verbindg vielf zufäll u stets ohne gemeins Zweck entstanden ist. Entscheid ist verständ Beurteilg der ges Tatumstände (Hbg NJW

61, 610). Beispiele: Wenn einem Teilh der ihm zustehe Gebr des gemeins Ggstdes unmögl gemacht wird (BGH WM **62**, 465), wenn sich der gemschaftl Ggstd wg Zerstörg des VertrauensVerh nicht mehr verwalten u nutzen läßt, auch nicht dch ZwSchalten eines Dr; Versch eines Beteil ist nicht erforderl (BGH WM **84**, 873). Verweigerg interessengerechter Verw- u BenutzgsRegelg gem § 745 II od des rechtl Gehörs bei MehrhBeschl gem § 745 I; wesentl Veränderg der Umst; Tod eines Teilh (vgl § 750). – Mit KündFr ist gemeint Fr zur Erhebg des AufhebgsAnspr. – Eine dem § 723 II entspr Vorschr fehlt.

c) Zu **Absatz III** vgl § 723 Anm 3. Vereinbgen, die nur die Durchführg der Teilg regeln, sind zul.

750 *Ausschluß der Aufhebung im Todesfall.* **Haben die Teilhaber das Recht, die Aufhebung der Gemeinschaft zu verlangen, auf Zeit ausgeschlossen, so tritt die Vereinbarung im Zweifel mit dem Tode eines Teilhabers außer Kraft.**

1) Auslegungsregel. Grd: dahingehender Wille ist zu vermuten, da Ausschl der Aufhebg dann bes drückd wäre. Auch bei ggteil Willen, ferner bei Ausschl für immer, kann Tod einen wicht Grd zur Aufhebg bilden.

751 *Ausschluß der Aufhebung und Sondernachfolger.* **Haben die Teilhaber das Recht, die Aufhebung der Gemeinschaft zu verlangen, für immer oder auf Zeit ausgeschlossen oder eine Kündigungsfrist bestimmt, so wirkt die Vereinbarung auch für und gegen die Sondernachfolger. Hat ein Gläubiger die Pfändung des Anteils eines Teilhabers erwirkt, so kann er ohne Rücksicht auf die Vereinbarung die Aufhebung der Gemeinschaft verlangen, sofern der Schuldtitel nicht bloß vorläufig vollstreckbar ist.**

1) Regel. Rechtsgeschäftl Ausschl des AufhebgsAnspr od Best einer Fr für seine Geltdmachg (vgl § 749 Anm 3a) wirken für u gg Sondernachfolger (vgl § 746 Anm 1). Kein GutGlSchutz. Wirkg gg SonderNachf im MitEigt bei Grdst nur, wenn eingetr, § 1010 I. TeilgsAbreden fallen nicht unter § 751 (Köln OLG **70**, 276).

2) Ausnahmen. Keine Wirkg gg den Gläub mit rkräft Titel, der den Bruchteil und/od den AufhebgsAnspr eines Teilh gepfändet hat (vgl § 751 S 2 bzw § 749 Anm 2b). Ebso nicht gg den VertrPfdGläub, §§ 1258 II, 1273 II. Nicht gg den KonkVerw über das Verm eines Teilh, KO § 16 II, selbst iF des § 1010 I. – AblöseR der Teilh gem § 268.

752 *Teilung in Natur.* **Die Aufhebung der Gemeinschaft erfolgt durch Teilung in Natur, wenn der gemeinschaftliche Gegenstand oder, falls mehrere Gegenstände gemeinschaftlich sind, diese sich ohne Verminderung des Wertes in gleichartige, den Anteilen der Teilhaber entsprechende Teile zerlegen lassen. Die Verteilung gleicher Teile unter die Teilhaber geschieht durch das Los.**

1) Allgemeines. Zur Beendigg der Gemsch vgl Vorbem 1–3 vor § 749. Für die Teilg gilt vorrang eine zw allen Teilh getroffene Vereinbg od die Anordng in einer letztw Vfg (§ 2048). Die TeilgsVereinbg bedarf ggf der vom Ges vorgeschriebenen Form, zB § 313, sow sie von der ges Regelg in § 752 ff abweicht. Sie wirkt nicht für u gg SonderNachfolger (§§ 746, 751 S 1). Gewl vgl § 757. Wer TeilgsVereinbg behauptet, hat sie zu bew. – Der bei od nach Aufhebg geschlossene TeilgsVertr enthält vielf bereits die TeilgsMaßn selbst. Durchf s unten Anm 2c. Bei Konk eines Teilh erfolgt die Teilg außerh des KonkVerf, KO §§ 16 I, 51. Ist keine rgeschäftl TeilgsBestimmg getroffen, hat jeder Teilh Anspr auf Teilg nach den ges Regeln in §§ 752– 754.

2) Teilung in Natur ist in der Praxis die Ausn, weil die Mehrzahl der GemschGgst unteilb ist; dann § 753. Dch die Teilg in Natur werden aus den ideellen Antlen reale Teile.

a) Voraussetzung. Der gemschaftl Ggst muß in der Weise real teilb sein, daß sich ohne Wertminderg gleichart, den Antlen der Teilh entspr Teile bilden lassen. Gleichartigk ist wirtsch aufzufassen. Ist nur ein Teil der gemschaftl Ggstände in Natur teilb, sind sie real zu teilen. Naturalrückgabe wie in § 732 ist nicht vorgesehen.

b) Beispiele. Teilbar: Geld u and vertretb Sachen stets. WertP meist, falls Stückelg mögl (RG **91**, 416: Kuxe). Unbebaubare Grdst, außer wenn Gesamtwert der EinzTeile nicht den Wert des GesGrdst erreicht oder wenn EinzTeile wertmäßig erhebl verschieden sind (Nürnb RdL **60**, 22). BauGrdst mit vorstehden Einschränkgen u wenn die EinzelGrdst bebaub bleiben. BriefHyp u GrdSch gem § 1152. Fdgen auf Geld; auf and Leistg, sow diese teilb ist (vgl § 266 Anm 2b). **Unteilbar:** IdR Häuser, da gleichwert, den Anteilen der Teilh entspr Wohngen sich idR nicht bilden lassen (Mü NJW **52**, 1297: nie Teilg in WohngsEigt). Unauflöslichk der Gemsch der WohngsEigtümer vgl WEG § 11. Landwirtsch Grdst meist, im einz Tatfrage (RG JW **35**, 781). Aktie (§ 8 III AktG). Unternehmen (MüKo/Schmidt Rdn 29). Gewerbl SchutzR.

c) Durchführung. Die Erf der TeilgsVerpfl geschieht nach allg Regeln dch VfgsGesch. Es kommt auf den zu teilden Ggst an, etwa Abtr, Einiggu Übergabe, Aufl u Eintr, Zerlegg in Brucht (BGH NJW **63**, 1610 für ErbenGemsch). Notf LeistgsKl.

d) Losentscheid gilt nach S 2, wenn die Anteile der Teilh gleich groß, gleichwert u gleichart sind. Notf Kl auf Mitvornahme der Verlosg. Vollstr nach ZPO § 887.

753 *Teilung durch Verkauf.* [1] **Ist die Teilung in Natur ausgeschlossen, so erfolgt die Aufhebung der Gemeinschaft durch Verkauf des gemeinschaftlichen Gegenstandes nach den Vorschriften über den Pfandverkauf, bei Grundstücken durch Zwangsversteigerung, und**

durch Teilung des Erlöses. Ist die Veräußerung an einen Dritten unstatthaft, so ist der Gegenstand unter den Teilhabern zu versteigern.

II Hat der Versuch, den Gegenstand zu verkaufen, keinen Erfolg, so kann jeder Teilhaber die Wiederholung verlangen; er hat jedoch die Kosten zu tragen, wenn der wiederholte Versuch mißlingt.

1) Anwendungsbereich. § 753 ist prakt die Regel, nicht zwingd. Gilt, wenn Teilg in Natur rgeschäftl ausgeschl (§ 751), od wenn der gemschaftl Ggst unteilb (sonst: § 752) u veräußerl ist. Bei Unveräußerlk vgl Anm 3. Ausschl der Teilg in Natur vgl § 752 Anm 2.

2) Teilung durch Veräußerung, Abs I. a) Pfandverkauf. Ist der gemschaftl Ggst eine bewegl Sache od ein Recht – Ausn in § 754 –, so ist er nach den Vorschr über den PfdVerk, §§ 1233 ff, zu veräußern. Auch § 1246 gilt, die abw Art des Verk muß dem Interesse mind eines Teilh entsprechen u darf die übr nicht benachteiligen. Entsch nach FGG § 166.

b) Teilungsversteigerung. Ist der gemschaftl Ggst ein Grdst, so ist es auf Antr eines als MitEigtr im GB eingetr Teilh gem §§ 180 ff ZVG zu versteigern. Ein Titel ist dazu nicht erforderl, § 181 I ZVG. Grdstgleiche Rechte, Schiffe, Schiffsbauwerke u Luftfahrz stehen gleich. Ersteigert ein Teilh das Grdst, so gehört eine in das geringste Gebot aufgen, nur den MitEigtAntl des Ersteigerers belastde EigtümerGrdSch zu dem zu teilden Erlös, sie ist bei der Verk auf den ErlösAntl des Ersteigerers anzurechnen (BGH NJW **84**, 2527).

c) Versteigerung unter den Teilhabern, Abs I S 2, falls die Veräußerg des gemschaftl Ggst unstatth ist. Das kann auf Vereinbg, §§ 749 II, 751 od letztw Vfg, § 2048, beruhen.

d) Der Erlös aus PfdVerk bzw TeilgsVerst tritt iW dingl Surrogation an die Stelle des gemschaftl Ggst (BGH **52**, 99). Nach anteilsmäß Abzug der Kosten (vgl § 748) u Berichtigg einer Gesamtschuld (vgl § 755) ist der Reinerlös unter die Teilh entspr ihren Anteilen (vgl § 742) zu verteilen. Bei TeilgsVerst geschieht dies außerh des ZwVerstVerf (BGH **4**, 84 u NJW **52**, 263), das VerstGer hat aber die Pfl, den Beteil dabei behilfl zu sein u eine Einigg herbeizuführen (RG **119**, 321, Hamm OLGZ **70**, 491 [496]). Mit der Erlösverteil ist die Gemsch beendet. Ist der VersteigergsErlös hinterlegt u sind daraus keine Verbindlichk mehr zu berichtigen, so steht dir AuszahlgsFdg gg die HinterleggsStelle jed Teilh anteil gem seiner BeteiliggsQuote an der GrdstGemsch zu (BGH **90**, 194).

e) Entgegenstehende Rechte Dritter sind, obwohl es sich nicht um ZwVollstr handelt, mit Klage aus § 771 ZPO geltd zu machen (BGH WM **84**, 538).

3) Erfolgloser Veräußerungsversuch. a) Wiederholung, Abs II, auch der ZwVerst, kann jeder Teilh verlangen. Bei abermal Mißlingen trägt er die Kosten allein. Gilt nur, falls der erste Versuch iR des § 753 stattfand u nicht an zusätzl, von den Teilh gesetzten Bdggen scheiterte (RGRK/v Gamm Rdn 4, MüKo/Schmidt Rdn 32).

b) Bei Unveräußerlichkeit muß die Gemsch grdsätzl bestehen bleiben. Ausnahmsw kann das ProzGer dch LeistgsUrt gem § 242 in diesem u in and Fällen eine BilligkLösg treffen. So, wenn das GemschInteresse die Erhaltg des Ggst in der Hand eines der Teilh erfordert, zB bei einem FamErbstück mit erhebl Erinnerngswert od wenn in bes AusnFällen nach Scheidg der Ehe die ZwVerst von MitEigt einem Eheg schlechth unzumutb ist (BGH **68**, 299). Mögl ist Zuweisg an einen der Teilh, der, falls wirkl keiner sich als näher berecht erweisen sollte, notf durch das Los zu finden sein wird in Anwendg des RGedankens des § 752 S 2 auf den GesamtGgst iVm dem Zusprechen einer Entschädigg an die übr Teilh. Unter bes Umst kann auch Realteil eines bebauten Grdst in Frage kommen (BGH **58**, 146).

754 *Verkauf gemeinschaftlicher Forderungen.* Der Verkauf einer gemeinschaftlichen Forderung ist nur zulässig, wenn sie noch nicht eingezogen werden kann. Ist die Einziehung möglich, so kann jeder Teilhaber gemeinschaftliche Einziehung verlangen.

1) Anwendungsbereich. IF des § 420 ist die Fdg bereits real geteilt, so daß § 754 nicht anwendb ist. Seine Hauptbedeutg liegt in seiner Anwendg auf Fälle der GesHandsGemsch, §§ 731 S 2, 1477 Abs 1, 2042 Abs 2.

2) Reihenfolge. In erster Linie gilt Naturalteilg, § 752, dh Zerlegg in Brucht. Sie geht der Einziehg vor (RG **65**, 5). In zweiter Linie gilt S 1, dh Einziehg fäll Fdgen; sie gehen dem Verk vor. Zur Mitwirkg an der Einziehg ist jeder Teilh verpfl. Die eingezogene Fdg ist gem §§ 752, 753 zu verwerten. In letzter Linie, wenn Einziehg nicht mögl, ist die Fdg zu verkaufen, S 2. – Kostenteilg nach § 748.

755 *Berichtigung einer Gesamtschuld.* **I** Haften die Teilhaber als Gesamtschuldner für eine Verbindlichkeit, die sie in Gemäßheit des § 748 nach dem Verhältnis ihrer Anteile zu erfüllen haben oder die sie zum Zwecke der Erfüllung einer solchen Verbindlichkeit eingegangen sind, so kann jeder Teilhaber bei der Aufhebung der Gemeinschaft verlangen, daß die Schuld aus dem gemeinschaftlichen Gegenstande berichtigt wird.

II Der Anspruch kann auch gegen die Sondernachfolger geltend gemacht werden.

III Soweit zur Berichtigung der Schuld der Verkauf des gemeinschaftlichen Gegenstandes erforderlich ist, hat der Verkauf nach § 753 zu erfolgen.

1) Vorbemerkung zu §§ 755, 756. Allg zur Beendigg der Gemsch vgl Vorbem 1–3 vor § 749. Im Ggsatz zur Gesellsch (§§ 733–735, 738–740) bedeutet die Teilg bei der Gemsch keine volle AuseinandS der Teilh. Das G regelt vielm in §§ 755, 756 nur zwei prakt wicht Einzelpunkte. Im übr hat die Regelg außerh der

Teilg zu erfolgen, falls sie nicht dch Abrede der Teilh in diese hineingenommen wird. Die §§ 755, 756 betreffen nur das Verh zw den Teilh. Den Gläub der Gemsch ggü gelten die allg Vorschr (vgl § 741 Anm 6c und § 748 Anm 1). Die Gläub haben kein Recht auf abgesonderte Befriedigg aus dem GemschGgst, ebso bei der Gesellsch.

2) Schuldberichtigung gegenüber Drittgläubigern. Es bestehen zwei Möglichkeiten:

a) Die Teilhaber haften dem Gläubiger nur anteilig (vgl § 420, selten). Mangels Bedürfn nicht in § 755 geregelt, da sich Verbindlichk nach außen u Beteiligg im InnenVerh zw der Teilh decken. Ebenf nicht in § 755 geregelt ist die Schuldenberichtigg zw den Teilh, dafür § 756.

b) Die Teilhaber haften dem Gläubiger als Gesamtschuldner. Hier besteht ein Bedürfn der Regelg bei der Teilg wg der Gef der Nachbeanspruch über die Quote hinaus, falls die Schuld offen bleibt. § 755 gibt den Anspr aber nur für GesSchulden, die in den Rahmen des § 748 (vgl dort Anm 1) fallen, od zum Zwecke der Berichtigg solcher Schulden eingegangen sind, zB gesschuldner DarlAufn dazu. Gilt auch, falls nur einige Teilh als GesamtSchu, ferner, wenn sie als Bürgen haften. – Ist die GesVerbindlichk streit od noch nicht fäll, kann jeder Teilh analog § 733 I S 2 verlangen, daß das zur Berichtigg Erforderl zurückbehalten (MüKo/Schmidt Rdn 8, Soergel-Hadding Rdn 2), nach aA (Erman-Schulze-Wenck Rdn 2, zweifelnd RGRK/v Gamm Rdn 2) hinterlegt wird.

3) Rechtsnachfolge, Abs II. Der Anspr besteht außer gg den Gesamt- auch gg den SonderNachf eines Teilh (vgl § 746 Anm 1, auch § 751), iF des MitEigt an Grdst aber nur, wenn der Anspr des Gläub auf allen Antlen im GB eingetr ist, § 1010 II; eine persönl Verpfl bleibt von der Eintr unabhäng (BGH WM **66**, 579). Im **Konkurs** eines Teilh haben die übr bei der Teilg ein Recht auf abgesonderte Befriedigg des Gläub aus dem GemschGgst, § 51 KO.

4) Durchführung. Abs III schließt Realteilg, § 752, nicht aus. Ledigl soweit zur Befriedigg des Gläub erforderl, hat jeder Teilh Anspr auf (teilw) Verk des gemschaftl Ggst gem § 753 u Zahlg an den Gläub aus dem Erlös, der Rest bzw der überschießde Erlös ist real unter den Teilh zu teilen. Reicht der Erlös aus dem Verk zur Befriedigg des Gläub nicht aus, verbleibt es wg des RestAnspr der Teilh bei § 748.

756 *Berichtigung einer Teilhaberschuld.* **Hat ein Teilhaber gegen einen anderen Teilhaber eine Forderung, die sich auf die Gemeinschaft gründet, so kann er bei der Aufhebung der Gemeinschaft die Berichtigung seiner Forderung aus dem auf den Schuldner entfallenden Teile des gemeinschaftlichen Gegenstandes verlangen. Die Vorschriften des § 755 Abs. 2, 3 finden Anwendung.**

1) Allgemeines zur Beendigg der Gemsch vgl Vorbem 1–3 vor § 749, zur Schuldenberichtigg bei der Teilg u zum RegelgsGehalt vgl § 755 Anm 1.

2) Schuldenberichtigung gegenüber einem Teilhaber-Gläubiger. § 756 gibt den Anspr, gewisse Fdgen eines Teilh gg einen and in die Teilg hineinzunehmen, allerd nur dch Berichtigg aus dem Antl des TeilhSchuldners. Die Fdg muß dem Teilh als solchem aGrd der Zugehörigk zur Gemsch, nicht unabhäng von ihr zustehen. Hauptanwendgsfall sind Anspr aus § 748; ferner Anspr wg Teilgskosten (MüKo/Schmidt Rdn 13), auch Anspr aGrd bes Abreden, zB wer bei der Veräußerg eines ideellen MitEigtAntls des bish GrdstAlleinEigtümers im InnenVerh die Belastg zu tragen hat (BGH WM **66**, 579). Nicht hierher gehören Anspr, die der Teilh iR der TeilgsVereinbg für die Zukunft begründen (Stgt OLGZ **1**, 251) sowie Anspr, die einem Teilh gg einen und persönl, also nicht in seiner Eigensch als Teilh zustehen (MüKo/Schmidt Rdn 13). Der Anspr geht auf Befreiung von der Verbindlichk, § 257, od auf vorzugsw Befriedigg aus dem Erlösantl des TeilhSchuldners bei Aufhebg der Gemsch; kein Anspr auf Zuteilg eines realen Antls am GemschGgst, außer dieser besteht selbst in Geld. Etwaige sonst Rechte des TeilhGläub bleiben durch § 756 unberührt, so das ZbR aus § 273, jedoch nicht ggü dem Anspr auf Aufhebg der Gemsch (BGH **63**, 348); ferner – vor u nach der Teilg – der Anspr aus § 748 od etwaige Anspr gg den TeilhSchu aus §§ 677 ff, 812, 823 ff.

3) Rechtsnachfolge, S 2. Es gelten sinngem die Ausf in § 755 Anm 3, auch zum Konkurs.

4) Durchführung. Zum Inhalt des Anspr vgl oben 2. Im übr gelten sinngem die Ausf in § 755 Anm 4.

757 *Gewährleistung bei Zuteilung an einen Teilhaber.* **Wird bei der Aufhebung der Gemeinschaft ein gemeinschaftlicher Gegenstand einem der Teilhaber zugeteilt, so hat wegen eines Mangels im Rechte oder wegen eines Mangels der Sache jeder der übrigen Teilhaber zu seinem Anteil in gleicher Weise wie ein Verkäufer Gewähr zu leisten.**

1) Geltungsbereich. Gilt bei Zuteilg des gemschaftl Ggst an einen Teilh iR der Aufhebg der Gemsch dch Vereinbg (vgl § 752 Anm 1) od RiSpruch (vgl § 753 Anm 3b). Gilt nicht bei Veräusserg eines Antls dch einen Teilh an einen und außerh der Aufhebg; dafür gilt das zGrde liegde RVerh. Bei wirkl Verk an einen Teilh iR des § 753 ist § 757 überfl. Gilt auch für Gesellsch, § 731 S 2, u ErbenGemsch, § 2042 II.

2) Rechtsfolge. Obwohl die Zuteilg an einen Teilh kein Verk ist, gelten die kaufr GewlVorschr, §§ 434 ff, 459 ff, u zwar für jeden Teilh nach dem Verh seines Antls. Keine Gewl, wenn gleichart gemschaftl Ggste an alle Teilh anteilig verteilt werden u alle Teile gleich mangelh sind.

758 *Unverjährbarkeit des Aufhebungsanspruchs.* **Der Anspruch auf Aufhebung der Gemeinschaft unterliegt nicht der Verjährung.**

§§ 758, 759   2. Buch. 7. Abschnitt. *Thomas*

1) Geltungsbereich. Der Anspr auf Aufhebg der Gemsch u Teilg, §§ 749ff, nach hM auch der auf Teilg der Früchte nach § 743. Grd: Er entsteht fortges neu. Gilt auch für ErbenGemsch, § 2042 II. Ähnl § 924. Gilt nicht für and sich auf die Gemsch gründde Anspr, zB aus § 748.

Sechzehnter Titel. Leibrente

759 *Dauer und Betrag der Rente.* ¹ Wer zur Gewährung einer Leibrente verpflichtet ist, hat die Rente im Zweifel für die Lebensdauer des Gläubigers zu entrichten.
ᴵᴵ Der für die Rente bestimmte Betrag ist im Zweifel der Jahresbetrag der Rente.

1) Allgemeines. Die Regelg ist lückenh, eine ges BegrBestimmung fehlt, SprachGebr u VerkAuffassg entscheiden.

a) Begriff. Leibrente ist ein einheitl nutzb Recht **(Grund- od Stammrecht)**, eingeräumt auf die Lebenszeit des Berecht od eines and, dessen Erträge aus regelm wiederkehrn gleichm Leistgen von Geld od vertretb Sachen bestehen (BGH BB **66**, 305). Einzeln vgl unten 2. Die folgde Darstellg folgt entgg Kritik im Schrifttum (MüKo/Pecher Rdn 3) der hM, die zw der Verpfl zur Bestellg der Leibrente u dieser Bestellg selbst unterscheidet.

b) Die Verpflichtung zur Bestellung der Leibrente kann dch Auslobg, Vermächtn od dch abstr od (meist) kausalen entgeltl od unentgeltl Vertr, zB GrdstVerk, zur Sichg lebenslängl Versorgg, Schenkgs-Verspr, u auch neben and vom RentenSchu vertragl übernommenen Leistgen begründet werden (BGH BB **66**, 305). GgLeistg kann auch die Veräußerg eines Unternehmens sein (BGH WM **80**, 593). Bereits die Verpfl (nicht deren Ann) bedarf, wenn vertragl eingegangen, der Schriftform. § 761, der nur von der Bestellg selbst handelt, gilt entspr auch für die Verpflichtg dazu (RG **67**, 211). Ist aus and Grden strengere Form vorgeschrieben, so gilt diese, zB §§ 313, 518.

c) Bestellung der Leibrente. Die Verpfl zur Bestellg wird erfüllt dch die Bestellg des Grdrechts selbst. Sie kann ebenf dch Auslobg, letztw Vfg u insb Vertr erfolgen **(Leibrentenvertrag)**. Für diesen ist nach § 761 schriftl Erteilg des Verspr nötig, nicht der Ann, erforderl, soweit nicht anderweit strengere Form vorgeschrieben ist (vgl oben b). Vormschgerichtl Gen nöt gem § 1822 Nr 5. Mögl auch Bestellg zG eines Dritten, § 330. Verpfl zur Bestellg u Bestellg selbst werden meist in einem Vertr verbunden, daher die Nichterwähng der Verpfl in § 761. Erst das dch die Bestellg geschaffene LbRentengrundR gibt dem Berecht das Recht auf den Erwerb der einz Rentenleistgen, es entspricht ein GesamtAnspr, der nach § 195 in 30 Jahren verj, währd die Anspr auf die einz Rentenleistgen nach § 197 in 4 Jahren verj.

d) Leistungsstörungen. Da bereits die Bestellg des GrdR Erf der BestellgsVerpfl ist (vgl oben b, c), gewähren Verz od die Nichtleistg einz Renten kein Recht zum Rücktr vom GrdGesch aus §§ 325, 326 od aus pVV (RG **106**, 93, Hbg MDR **64**, 414; aA MüKo/Pecher Rdn 24); es gelten §§ 279, 280, 286, ggf auch Rückabwicklg wg Verfehlg des bezweckten Erfolges (Hbg MDR **64**, 414).

e) Konkurs des Verpflichteten. Das GrdRecht ist als solches anmeldb, der LbRentenAnspr gilt nach §§ 65 I, 66, 69 KO als fäll u ist nach der Lebenserwartg des Berecht zu kapitalisieren. Mit ihm kann der Gläub gg eine MasseFdg aufrechnen (RG **68**, 340).

f) Veränderung der Geschäftsgrundlage. Auch für das LbRentenR gilt der Grds, daß Veränderg der GeschGrdl zur Anpassg führen kann (vgl § 242 Anm 6). Die Prüfg, ob sich die GeschGrdl verändert hat, ist auf die Entstehg der LbRentenverpflg u auf ihren Zweck (UnterhSicherg, LeistgsAustausch) zurückzugehen. Bei einer entgeltl übernommenen sind strengere Anfordergen zu stellen als bei einer unentgeltl eingegangenen. Die Veränderg der GeschGrdl hat der zu bew, der sich auf sie beruft. Steht sie fest, so hat der AnsprBerecht zu bew, in welchem Umfang sein LeibrentenAnspr weiter besteht (BGH WM **73**, 1176). **Wertsicherungsklausel** vgl § 245 Anm 5.

2) Das Leibrentenversprechen im einzelnen. Begr im allg u rechtl Möglichk zur Bestellg vgl oben Anm a bis c. Die Erfordern ie sind:

a) Als einheitliches Stammrecht muß die LbRente bestellt sein. Es muß den HauptGgst der Verpfl, insb des LbRentenVertr bilden, aus dem nur vermöge seines Bestehens aus sich selbst heraus die einz RentenAnspr fließen, EinhTheorie (RG **67**, 210, **80**, 208, **89**, 259). Die RentenAnspr müssen sich dadch von den GgLeistgen des zugrde liegden vpflVertr lösen. Auch das GrdR selbst muß von den GgLeistgen derart gelöst sein, daß nicht diese das Wesen der Vertr ausmachen, sond das GrdR selber. Es handelt sich um einen Vertr eig Art, über dessen Charakter als LbRentenVertr letztl die VerkAuffassg nach dem Sinn u Zweck des Vertr entscheidet (BGH WM **66**, 248). – **Kein Leibrentenversprechen,** also auch nicht nach § 761 formbedürft sind der DienstVertr mit Gehaltsabrede, der RuhegehaltsVertr, selbst wenn erst nach Beendigg des DienstVerh geschl, da Zushang mit diesem Verh besteht (BAG NJW **59**, 1746; vgl auch Einf 7 vor § 611). Keine LbRente ist die Vereinbg von Nebenleistgen neben einer Hauptschuld, von Rentenleistgen in einem Vergl über SchadErs-, gesellschrechtl Abfindgs- (BGH WM **66**, 248) od ErbAnspr, falls nicht der SchuldGrd umgeschaffen wird, was aber nur ausnahmsw u bei Vorliegen best Anhaltspkte anzunehmen ist (RG **166**, 378). LbRente iS dieses Titels sind danach auch nicht die aGrd gesetzl SchadErsPfl (zB §§ 843, 844, RVO) sowie die aGrd ges od vertragl UnterhVerpfl geschuldeten Renten, weil sie von der Bedürftigk des Gläub u der LeistgsFähige des Schu abhängen (Kblz OLGZ **78**, 245), ebso nicht ein vertragl AlteinteilsR (RG **104**, 272), das ist ein Inbegriff von dingl gesicherten Nutzgen sowie Sach- u Dleistgen, die au od auf einem Grdst zum Zwecke der Versorgg des Berecht zu gewähren sind (RG **162**, 57, vgl EG 96). IdR auch nicht das AusstattgsVerspr nach § 1624 in Form einer Versorgg (RG **111**, 286). – Das GrdR ist iZw nicht übertragb, § 399.

Einzelne Schuldverhältnisse. 17. Titel: Spiel. Wette §§ 759–762

b) Dauer. Zu einer Lb(= Lebens)Rente gehört begriffl, daß sie auf Lebenszeit zu zahlen ist, meist des Berecht (dann Lebensversorgg), aber auch des Verpfl od eines Dr. Das schließt eine aufschieb bdgte Bestellg des GrdR (nicht aber der einz RentenLeistgen) nicht aus (RG 106, 93). Ebso mögl ist Bestellg grdsl auf Lebensdauer, unter best Vorauss aber frühere Beendigg (BGH WM 80, 593). Auch eine zeitl Begrenzg ist mögl, solange sie nicht einem auf das Leben eines Menschen gestellten Endtermin im EinzFall ihre Bedeutg nimmt, zB Lebensrente für einen sehr alten Menschen höchstens auf 10 Jahre (RGRK/v Gamm Rdn 4). Auch wenn das GrdR auf die Lebensdauer eines und als des Berecht gestellt ist, endet es doch iZw mit dem (früh) Tode des Berecht, § 759 I. – Bei mehreren Berecht gilt iZw § 420.

c) Regelmäßig wiederkehrend und gleichmässig müssen die Leistgen sein, was nicht heißt, daß die Höhe der wiederkehrden Leistgen währd der gesamten LaufZt unverändert bleiben muß (BGH WM 80, 593). Sie bestehen in Geld od and vertretb Sachen. Also nicht WohnR, da Dauerleistg.

3) Auslegungsregeln. Zu Abs I vgl oben Anm 2b. Verschuldet der Verpflichtete den Tod des Berecht, so haftet er den Erben für die Zeit der vermutl Rentendauer, §§ 242, 162.

760 *Vorauszahlung.* ᴵ Die Leibrente ist im voraus zu entrichten.

ᴵᴵ Eine Geldrente ist für drei Monate vorauszuzahlen; bei einer anderen Rente bestimmt sich der Zeitabschnitt, für den sie im voraus zu entrichten ist, nach der Beschaffenheit und dem Zwecke der Rente.

ᴵᴵᴵ Hat der Gläubiger den Beginn des Zeitabschnitts erlebt, für den die Rente im voraus zu entrichten ist, so gebührt ihm der volle auf den Zeitabschnitt entfallende Betrag.

1) Ergänzde RSätze, daher nicht zwingd. Anderweit Vereinbg od Verlangen des Gläub für kürzere Zt im voraus sind mögl. Verj vgl § 759 Anm 1c.

761 *Form des Leibrentenversprechens.* Zur Gültigkeit eines Vertrags, durch den eine Leibrente versprochen wird, ist, soweit nicht eine andere Form vorgeschrieben ist, schriftliche Erteilung des Versprechens erforderlich.

1) Schriftform. Betrifft nur die Begr dch Vertr, nicht dch Auslobg od letztw Vfg. Gilt sowohl für den VerpflVertr wie für die Bestellg (vgl § 759 Anm 1b, c), aber nur für den eigentl LbRentenVertr, nicht also für Vertr, die keine LbRentenVertr sind (vgl § 759 Anm 2a). Schriftform ist vorgeschr nur für das Verspr, nicht für die Ann. „Schriftl Erteilg" vgl § 766 Anm 1, Schriftform § 126; Erteilg in Brief ist wirks (RG 67, 213). Verstoß führt zur Nichtigk, § 125. Not Beurk des LbRentenVertr od sein Abschl in einem gerichtl Vergl ersetzen die schriftl Erteilg, §§ 126 III, 127 a. Keine Heilg des Formmangels dch Entrichtg der Renten (RG 91, 8). Eine and Form verlangen zB §§ 311, 312 II, 313, für den ganzen VerpflVertr, § 518 I für das SchenkgsVerspr. Ein LbRentenVerspr, das iR eines unvollst beurk GrdstKaufVertr mündl erteilt wurde, wird zus mit dem übr VertrInhalt nach § 313 S 2 wirks (BGH NJW 78, 1577).

Siebzehnter Titel. Spiel. Wette

762 *Unvollkommene Verbindlichkeit.* ᴵ Durch Spiel oder durch Wette wird eine Verbindlichkeit nicht begründet. Das auf Grund des Spieles oder der Wette Geleistete kann nicht deshalb zurückgefordert werden, weil eine Verbindlichkeit nicht bestanden hat.

ᴵᴵ Diese Vorschriften gelten auch für eine Vereinbarung, durch die der verlierende Teil zum Zwecke der Erfüllung einer Spiel- oder einer Wettschuld dem gewinnenden Teile gegenüber eine Verbindlichkeit eingeht, insbesondere für ein Schuldanerkenntnis.

1) Allgemeines, Begriffe. Spiel- u Wettverträge unterscheiden sich dch ihre bes VertrZwecke von and Vertr. Gemeins ist beiden, daß sie den GeschErfolg nach der einen od and Seite von einer Ungewißh, meist sogar ganz od teilw vom Zufall abhäng machen (aleatorischer Bestandteil). Die darin liegde Gefährlichk, nicht etwa Unsittlichk führt die ROrdng dazu, beiden Vertr nur geminderte Wirksamk beizulegen. Das BGB setzt die Begriffe voraus. Auch die Regelg selbst ist nicht vollst. Das Ges erklärt Spiel- u WettVertr für unverbindl, läßt sie aber als RechtsGrd für ErfüllgsLeistgen gelten (KG WM 89, 669). Die Unterscheidg zw beiden ist nur insofern von Bedeutg als gewisse Spiele (nicht Wetten) verboten, Vertr über sie nichtig sind (vgl Anm 4).

a) Spiel. Es geht es um ein Wagn, sein Zweck ist Unterhaltg u/od Gewinn, ein ernster sittl od wirtsch GeschZweck fehlt. Die VertrPartner sagen sich für den Fall des Spielgewinns, der von der Geschicklichk u/ od vom Zufall abhängt (KG WM 89, 669), ggs eine Leistg, meist Geld zu. Unterarten des Spiels sind der Lotterie- u der AusspielVertr, § 763; als Spiel angesehen wird das DifferenzGesch, § 764. Zu unterscheiden sind zwei unter § 762 fallde Hauptarten des Spiels: Beim **Glücksspiel** hängen Gewinn od Verlust ganz od doch hauptsächl vom Zufall ab (BGHSt 2, 276). Der Ggsatz zum Zufall ist die Einwirkg der Beteil. Für Glücksspiele gelten strafrechtl Verbote mit der Folge der Nichtigk des Vertr (vgl Anm 4). Beim **Geschicklichkeitsspiel** hängen Gewinn od Verlust vorwiegd, uU ganz, von den persönl Fähigk der Beteil ab; ein von Unkundigen gespieltes GeschicklichkSpiel kann zum Glücksspiel werden (RGSt 43, 23, 155).

b) Wette. Die VertrPartner versprechen einand zur Bekräftigg best widerstreitder Behauptgen, daß dem, dessen Behauptg sich als richt erweist, ein Gewinn zufallen soll. Wette ist auch die sog einseit Wette, bei der nur der eine einen Einsatz macht, also nur er etwas verlieren kann (RG 61, 153). Die Wette unterscheidet sich vom Spiel durch den VertrZweck: Bekräftigg ernsth Meingsstreits. Bei Behauptgen, die der Zukunft

§ 762 1–3 2. Buch. 7. Abschnitt. *Thomas*

angehören, handelt es sich idR um Spiel, nicht Wette, weil nicht die Bekräftigg des Rechthabens, sond Unterhaltg u Gewinn der vorwiege Zweck ist; so bei der sog Spielwette, zB BGH **5**, 111; vgl § 763 Anm 2c. Unterschied zur Auslobg vgl § 657 Anm 4a.

c) Abgrenzung zu anderen Verträgen. Es handelt sich nicht um Spiel od Wette, wenn keiner der zu a und b genannten VertrZwecke vorh ist – so beim FluchthilfeVertr (BGH **69**, 295 u NJW **80**, 1574, KG NJW **76**, 197 u 1211) –, mag auch die verabredete VermVerschiebg von einer Ungewißh abhäng sein. Spielmotiv nur eines Teils macht § 762 nicht anwendb, vgl aber § 764 S 2. Der spekulat od gewagte Charakter macht ein RGesch noch nicht zu Spiel od Wette, sofern die Part darühinaus noch wirtsch od sonst anerkennenswerte Zwecke verfolgen. Das gilt insb für UmsatzGesch mit Waren od Wertpap, es sei denn, nicht der Umsatz, sond nur der später festzustellde PrUnterschied ist VertrGgst (vgl § 764); ferner Vers- u GewährVertr, Auslobg (§ 657 Anm 4a), PrämienVerspr für Leistgen, zB im Sport, PrAusschreiben (§ 661), Warenvertrieb mit Gewinnverlosg (MüKo/Pecher Rdn 10), Vergnüggs-Tombola, Verlosgen zu wohltät Zwecken. – Spiel od Wette ist dagg das amerikan Roulett (vom Veranstalter überwachte Kettenbriefaktion mit Geldeinsatz u -Gewinnchance, Karlsr NJW **72**, 1963). Streitig bei Warenabsatz nach dem Hydra- od Schneeballsystem (BGHSt NJW **52**, 392, MüKo/Pecher Rdn 11: ja; aA Hbg NJW **54**, 394; offene lassen BGH **15**, 356: Verstoß gg § 1 UWG); zur Sittenwidrigk vgl § 138 Anm 5 p.

2) Rechtsfolgen. Spiel- u WettVertr begründen keine Verbindlichk, gelten aber als RGrd für ErfLeistgen, sog unvollk Verbindlichk (vgl Einl 4 vor § 241). Gilt auch für zwecks Erf eingegangene Verbindlichk.

a) Keine Verbindlichkeit begründen Spiel u Wette (Abs I S 1), der Gläub hat keinen Anspr auf Erf. Von Amts wg, nicht erst auf Einr, zu berücksichtigen. Bei Streit hat der die Spiel- oder Wettbehauptg zu beweisen, der sie aufstellt. Auch Pfandbestellg (RG **47**, 52), BürgschLeistg (RG **52**, 39), SicherhBestellg, fiduziarische RÜbertragg u VertrStrafe sind unverbindl; die bestellte Hyp steht dem Eigtümer zu. Der Gläub der Spiel- oder Wettschuld kann nicht einseit aufrechnen.

b) Keine Rückforderung dessen, was der Schu zur Erf geleistet hat (Abs I S 2). Der Gläub darf es behalten, §§ 812, 814 sind nicht anzuwenden. Dagg RückFdg bei Anfechtg wg argl Täuschg (KG NJW **80**, 2314). Die Leistg muß wirkl Tilgg, nicht bloße Sichg sein, sonst gilt oben a. Leistg ist aber nicht bloß die Erf, sond auch ein ErfErs, so die Hingabe an Erf Statt, falls nicht verdeckte Pfandbestellg (RG **47**, 48), ferner die Aufr dch den Schu. Wirks ist auch die vertragl Aufr (vgl § 387 Anm 8), nicht jedoch der in der vertragl Anerkenng des Saldos im KontokorrentVerh liegde AufrVertr, da nur Mittel der Anerkenng (BGH NJW **80**, 390). Nicht rückforderb ist nach verlorenem Spiel auch die im voraus erbrachte Leistg, so der Einsatz bei der Lotterie od Ausspiel (vgl aber § 763 Anm 3b), ebso nicht die bei einem Dr hinterlegte Summe, soweit sie wirkl Leistg, nicht bloß Sichg ist; für die gilt oben a (BGH WM **82**, 751). – Ist das Spiel verboten, vgl unten Anm 4.

c) Eine zwecks Erfüllung eingegangene Verbindlichkeit ist ebenf unvollk (Abs II), also unverbindl, aber erfüllb. Auch für sie gelten oben Anm a, b. Das G nennt insb das Schuldanerkenntn, § 781; ebso SchuldVerspr, § 780. Der Schu kann die SchuldUrk zurückfordern. Auch die Gutschr von Gewinnen aus Spiel, Wette, DifferenzGesch auf einem Giro- od Festgeldkonto u die Anerkenng des Saldos ist keine endgült Erf u schafft keine klagb Fdg auf Auszahlg, sow in dem Saldo solche Gewinne enth sind (BGH NJW **80**, 390). Dasselbe gilt für die Umwandlg der Spiel- usw Schuld in ein Darl nach § 607 II, die Schuldumschaffg (§ 305 Anm 4), den Wechsel. Ist dieser an einen Gutgläub weitergegeben, so hat der Schu gg den Gläub Anspr auf Heraug des Erlangten nach § 818 II (RG **77**, 280) u, falls die Weitergabe geschehen ist, um dem Schu die Einwdg der Unverbindlichk abzuschneiden, SchadErsAnspr aus § 826. Unverbindl ist auch ein ScheckAnspr; EinlösePfl der Bank bei Euroscheck vgl Einf 3 c vor § 785 "Scheckkarte". Im Vergl, auch ProzVergl, ist wirks, wenn er die ernsth Ungewißh beseitigen soll, ob eine Schuld nach § 762 od eine and vollgültige vorliegt; dagg ist er unverbindl, wenn er die Spiel- usw Schuld als solche festlegt, zB der Höhe nach oder zur Beseitigg von Zweifeln über den VertrSchl (RG **144**, 243).

3) Nebenverträge. Der Schutzzweck des § 762 (oben Anm 1) verlangt, ihn auf Neben- u HilfsVertr auszudehnen, die mit Spiel u Wette in engem Zushang stehen (einschränkd bei BörsenterminGesch Kümpel WM **85**, 1121), außer den erlaubten Spiel, bei staatl gen Ausspielgen od Lotterien (BGH NJW **74**, 1821). Desh sind unverbindl, aber erfüllb auch Anspr aus Auftr, Dienst- od WkVertr gegen den GeschHerrn, der einen and für sich spielen usw läßt, zB auf Ers der Auslagen od auf Vergütg (BGH WM **85**, 563), ebso umgekehrt Anspr des GeschHerrn auf Ausf oder SchadErs wg Nichtausführg (RG **40**, 256). Dagg hat der AGeber nach § 667 Anspr auf Heraug des zur Ausf Erhaltenen, wenn der Vermittler das Gesch od völl und als erteilt ausgeführt hat (Düss NJW **80**, 1966, Ffm WM **84**, 1369; vgl § 665 Anm 3c) u Anspr auf Abführg erzielten Gewinns unter Abzug der Aufw (MüKo/Pecher Rdn 31, RGRK/Seibert Rdn 9, i Erg LG Ffm WM **89**, 365; aA LG Paderborn WM **79**, 1110). – Auch ein GesellschVertr, der die Beteiligg am Spiel zum Ggst hat, ist unverbindl; daher kein Anspr auf BeitrZahlg u Mittragg von Verlusten (RG **147**, 117, 120), auf Rückerstattg geleisteter Beitr od Erstattg von Gew, die der mit der Durchf des Spiels von der SpielGemsch Beauftr wg Versäumn od abredewidr Verhalten nicht erzielt hat (Hamm NJW-RR **88**, 870), wohl aber auf Heraug des Gewinnantls u auf Rückerstattg des Einl, wenn dies zum Zweck der Beteiligg an einem Spielclub als solchem geleistet wurde (Düss WM **87**, 767). – Ein zu Spielzwecken gegebenes Darl ist nichtig nach § 134 iF verbotenen Spiels (Anm 4b, Celle NJW-RR **87**, 1190), nach § 138, wenn der DarlGeber (Spieler od Dr) aus eigensücht BewegGrden handelt (BGH Betr **74**, 1621). Gibt ein Mitspieler od der Veranstalter das Darl, so ist es nicht zurückzuzahlen, wenn der DarlN verliert. Im übr ist ein DarlVertr unverbindl, wenn er gg den Schutzzweck des § 762 verstößt u der DarlBetrag im Spiel verloren geht (Einzelh vgl MüKo/Pecher Rdn 34ff, Düss MDR **84**, 757). Unverbindl ist auch Anerk eines Kontokorrentsaldos, in das unverbindl Anspr eingestellt sind, u eine dem Anerk zu Grde liegde Verrechng (BGH **93**, 307, zust Piper ZIP **85**, 725; aA Canaris ZIP **85**, 592). – Eine zu einem SpielVertr geschl Schiedsabrede ist als UmgehgsGesch jedenf dann unverbindl, wenn dem SchiedsGer die Anwendg des § 762 freigestellt od untersagt ist (ähnl MüKo/Pecher

Rdn 41; aA RG **56**, 19, **58**, 151: stets unverbindl); ebso, wenn sie zus mit der Rechtswahl zur Nichtbeachtg des Differenzeinwands dch das SchiedsGer bei einem BörsenterminGesch führt (BGH WM **87**, 1153).

4) Nichtige Spiel- und Wettverträge.
a) Bei Sittenwidrigkeit, § 138.

b) Bei Verbot, § 134. Darunter fallen die strafb Spiele, näml Falschspiel, § 263 StGB, öffentl od gewohnheitsmäß Glücksspiel u öffentl Lotterie od Ausspiel ohne behördl Gen, §§ 284–286 StGB, ferner einz Spielverbote bei behördl zugelassenen Spielbanken (BGH **37**, 363). Zivrechtl unerhebl sind Verstöße gg die mit der staatl Gen verbundenen Aufl (BGH **47**, 393) u gg gewerberechtl OrdngsVorschr.

c) Rechtsfolge. Vgl Übbl 4a vor § 104. § 762 gilt nicht. Das Geleistete ist gem §§ 812 ff rückforderb, scheitert aber bei Glücksspielen – nicht bei Lotterie, § 286 StGB – idR an § 817 S 2. Bei Falschspiel außerd SchadErsAnspr aus §§ 823, 826.

763 Lotterie- und Ausspielvertrag.
Ein Lotterievertrag oder ein Ausspielvertrag ist verbindlich, wenn die Lotterie oder die Ausspielung staatlich genehmigt ist. Anderenfalls finden die Vorschriften des § 762 Anwendung.

1) Allgemeines, Begriff. Der Lotterie- u AusspielVertr sind Unterarten des Spiels, u zw des Glücksspiels (vgl § 762 Anm 1 a). Gesetzl BegrBest fehlen. Beim LotterieVertr iwS, der auch den AusspielVertr umfaßt, schließt der Untern mit einer Mehrh von Spielern Vertr, in denen er verspricht, gg Einsätze, die meist in Geld bestehen, nach Maßg eines Spielplans Gewinne an die spielplanm ermittelten Gewinner zu leisten (RG **60**, 381). Die spielplanm Ermittlg geschieht ganz od doch wesentl dch Zufall, zB durch Verlosung, Würfeln, aber auch unter Mitwirkg der Spieler, zB Sieg im Preiskegeln od Skatturnier. Bestehen die Gewinne in Geld, so liegt Lotterie ieS vor (RG **77**, 341), sonst Ausspiel (RG **60**, 381 [386]). Das G behandelt beide Fälle gleich. Unter sich stehen die Spieler nicht im VertrVerh; doch kann eine Lotteriegesellsch od LosGemsch zw einz bestehen. Der Einsatz kann auch in einem WarenkaufPr, Eintrittsgeld, Clubbeitrag versteckt sein (BGHSt BB **52**, 992). Hierher gehören auch das amerikan Roulette sowie Warenabsatz über Hydra- u Schneeballsystem (vgl § 762 Anm 1c). Für die rechtl Beurteilg ist zu unterscheiden, ob eine staatl Gen erteilt ist od nicht.

2) Bei staatlicher Genehmigung.

a) Lotterie- und Ausspielungsvertrag ist verbindlich, S 1. § 762 gilt nicht. Auch NebenVertr (vgl § 762 Anm 3) sind vollgült (BGH NJW **74**, 1705). Der Untern ist rechtzeit Gewinnermittlg u -Verteilg verpfl, auch wenn er nicht alle Lose abgesetzt hat, falls der Vertr nichts and besagt. Die auf die nichtabgesetzten Lose entfallen Gewinne verbleiben ihm. – Der Vertr zw dem Lotterie- bzw WettUntern und dem Spieler ist zivilrechtl Natur, es gelten die allg Regeln, sow nicht die WettBdggen iS von AGB (BVerwG **2**, 273) etw and enthalten. VertrPartner des Spielers, Wetters ist der Veranstalter (Celle NdsRpfl **60**, 270), AnnStellen sind als HandelsVertr od Vermittler tät. Erwerb des Loses ist meist Kauf. Ist dieses InhPapier, so gelten die §§ 793 ff. Da Loskauf Hoffngskauf ist, kann ein KaufAngeb im allg nicht mehr angenommen werden, wenn das Los bereits vor Zugang der AnnErkl gezogen ist (RG **59**, 298); von Bedeutg insb bei Unterlassg der rechtzeit Erneuerg eines Klassenloses. Doch kann sich aus dem Angeb od aus der längeren GeschVerbindg zw Veranstalter u Spieler, aus der zw ihnen ständ beobachteten Übg, etwas and ergeben.

b) Genehmigung. Zu genehmigen hat die zust LandesBeh nach den LandesGes. Gen dch die Beh eines Landes macht auch die in and dtschen Ländern abgeschl Vertr gültig. Kein weiteres Formerfordern, auch wenn Grdst ausgesetzt ist (Nürnb OLGZ **66**, 278).

c) Hauptfälle. Staatliche Lotterien bedürfen naturgem keiner bes Gen. Ihr Betr ist Sache der Länder. Auch der mit ihnen geschl LotterieVertr ist privatrechtl (BayVerfGH BB **64**, 326). **Fußballtoto, Zahlenlotto.** Häuf sind hier SpielGemsch als BGB- Gesellsch, u zwar idR als InnenG ohne GesHdVerm (vgl § 705 Anm 8). Der nach außen in Erscheing Tretde hat die Stellg eines TrHänders mit der Folge, daß er gg den AbfindgsAnspr mit Fdgen aufrechnen kann, die mit der SpielGemsch nicht in ZusHang stehen (Düss Betr **82**, 538). Keine SchadErsPfl, wenn ein Beteil es versäumt, einen Wettschein auszufüllen u einzureichen (BGH NJW **74**, 1705). **Spielbanken** vgl § 762 Anm 4b. **Rennwetten** sind nach dem Rennwett- u LotterieG mit Ausgabe des Wettscheins od Eintr in das Wettbuch für den Buchmacher verbindl, für den Wetter gilt § 762. Der Eins kann von dem Gewinn auf die jeweil Wette abgezogen werden (RG JW **26**, 2283). Der Betr v **Spielgeräten** bedarf gewerberechtl Gen.

3) Bei fehlender staatlicher Genehmigung ist zu unterscheiden:

a) Besteht ein Verbot, so ist der abgeschl EinzelVertr nach § 134 nichtig mit den RFolgen wie § 762 Anm 4c. Für Spielen in außerdtschen Lotterien gilt ausländ Recht (RG **58**, 277).

b) Besteht kein Verbot, so gilt gem S 2 der § 762, falls es sich um Spiel od Wette handelt (vgl § 762 Anm 1, insb c). Beispiel: Nichtöffentl, nicht gewohnheitsm Glücksspiel, nicht öffentl Lotterie od Ausspiel. Veranstaltg zu WettbewZwecken kann gg § 1 UWG verstoßen (BGH **15**, 356).

764 Differenzgeschäft.
Wird ein auf Lieferung von Waren oder Wertpapieren lautender Vertrag in der Absicht geschlossen, daß der Unterschied zwischen dem vereinbarten Preise und dem Börsen- oder Marktpreise der Lieferungszeit von dem verlierenden Teile an den gewinnenden gezahlt werden soll, so ist der Vertrag als Spiel anzusehen. Dies gilt auch dann, wenn nur die Absicht des einen Teiles auf die Zahlung des Unterschieds gerichtet ist, der andere Teil aber diese Absicht kennt oder kennen muß.

§ 764 1–5

1) Begriff, Bedeutung. Das DifferenzGesch ist ein SpekulationsGesch, das nur äußerl auf Lieferg von Waren od WertP gerichtet ist, das aber in Wahrh keinen Güterumsatz zum Inhalt hat. Vielm soll die Ware nicht geliefert u bezogen werden, sond der verlierde Teil soll die Differenz zw dem Pr bei VertrSchluß und dem Markt- od BörsenPr zu einem best späteren Ztpkt an den gewinnden Teil zahlen. Zweck des Gesch ist, unter bloßer Verwendg kaufmänn Formen spekulativen Gewinn aus Marktschwankgen zu ziehen (RG **117**, 267). Die Bedeutg des § 764 liegt darin, solchen nicht schutzwürd Gesch den RSchutz zu versagen u den erfahrgsgem nicht so versierten Verlierer gg den versierteren Gewinner zu schützen.

2) Arten des Differenzgeschäfts.
a) Beim **offenen Differenzgeschäft** treffen die VertrPart die Vereinbg gem Anm 1 ausdr, auch hilfs- od bedingungsw. Prakt selten. Ein derart Vertr fällt uw unter § 762.

b) Beim **verdeckten Differenzgeschäft** treffen die Part die Vereinbg gem Anm 1 nicht ausdr, die Abs besteht aber unausgesprochen. S 1 ordnet ein derart Gesch als Spiel ein u wiederholt damit § 117 II.

c) Satz 2 dehnt die vorstehe rechtl Einordng auf den Fall aus, daß nur ein VertrTl die Abs hat, daß nicht zu liefern, sond nur die Differenz zu zahlen ist, währd der and Tl diese Abs kennt od, über § 117 II hinausgeht, fahrl nicht kennt. Beruht die Unkenntn nicht auf Fahrlk, gilt § 116 S 1. Kenntn u fahrl Unkenntn der Abs eines VermittlgsAgenten muß der GeschHerr gg sich gelten lassen (RG JW **10**, 234). – **Absicht, Kenntnis** od **Kennenmüssen** sind aus den Umst zu entnehmen. Prüfg vAw, jedoch hat bei Streit (Erhebg des Differenzeinwands) der Behauptde die BewLast. Von Bedeutg sind die VermVerh im Verh zu der Umsatzhöhe, Beruf u wirtsch Interessen der VertrSchließenden, früh GeschGebaren, die Art der VertrGgstände, insb WertP (RG **79**, 239, 387, **117**, 269).

d) Gegengeschäft. Um ein DifferenzGesch gem vorstehd Anm a–c handelt es sich – der prakt häufigste Fall – auch, wenn der eine VertrT die dem and bekannte od fahrl unbekannte Abs hat, sich bis zum LiefergsZtpkt dch ein GgGesch, zB Verkauf, wenn das erste Gesch des Spielnden ein Kauf war, u umgekehrt, zu decken u die Differenz zw dem ersten Gesch u dem des GgGesch (nicht dem des vereinb LiefergsZtpkts) zu empfangen bzw zu zahlen. Auch in diesem Falle geht die Abs nicht auf wirkl Lieferg, sond spekulativ nur auf Zahlg eines UnterschiedsBetr (BGH **58**, 1).

3) Abgrenzung. Es gibt keinen best VertrTyp für das DifferenzGesch. Entscheid ist die Vereinbg einer späteren Lieferzeit, weil sie die Grdlage der PrDifferenz ist. Der LieferZtpkt muß nicht best, aber bestimmb sein (RG **79**, 238). Bestimmg nach einem VertrPartner (RGRK/Seibert Rdn 3) u Abrede über Verschiebg sind mögl. Der Vertr kann Kauf, Tausch, Kommission, Auftr sein. Auch GesellschVertr fällt unter § 764 (RG **147**, 117). – Kein DifferenzGesch ist demnach das Kassa- od TagesGesch, weil bei ihm keine spätere Lieferzeit vereinb ist. And nur, wenn das KassaGesch lediql der Deckmantel ist, die Part aber in Wahrh keine Lieferg, sond wechselseit dch Gutschr aus gleichart Gesch auch ohne zeitl Versetzg Spekulationsgewinne erzielen wollen (MüKo/Pecher Rdn 20, RGRK/Seibert Rdn 5). Der Kauf eines OptionsR auf WertP ist kein DifferenzGesch (Kln ZIP **83**, 924, Schwark WM **88**, 921; aA KG WM **89**, 173).

4) Wirkung. Es gilt § 762. Ist § 764 nicht gegeben, so ist immer noch die unmittelb Anwendg des § 762 zu prüfen. Der Gläub hat den Tatbestd eines LieferVertr (vgl Anm 3) darzulegen, der Schu erhebt demggü den Differenzeinwand, dessen Tatbestd er dazulegen u zu beweisen hat mit den Erleichtergen gem oben Anm 2c. Die Erhebg des Differenzeinwandes verstößt idR auch dann nicht gg Treu u Glauben, wenn die Abs dazu bereits bei VertrSchl bestanden hat (RG **146**, 194, BGH **58**, 1). Nur unter bes Umst kann der Differenzeinwand gg Treu u Glauben verstoßen (RG **144**, 242, **148**, 357, Ffm WM **81**, 499).

5) Börsentermingeschäfte. a) Neueres Schrifttum. v Arnim, Die Option im Waren- u Aktienbereich, AG **83**, 29 u 68, sowie DifferenzGesch, BörsenterminGesch u EinkSteuer, JZ **82**, 843; Bletz, BörsenterminGesch, Termin- u Differenzeinwand, BB **87**, 627; Häuser, Der Börsenterminhandel in der neueren Rspr, ZIP **81**, 933 u Börsenmäß OptionsGesch u Differenzeinwand, Betr **85**, 1169; Hopt BörsenterminGesch u Differenzeinwand, BB **84**, 417; Kümpel, Der Optionskauf beim dtschen börsenmäß OptionsGesch ein unwirks KassaGesch?, Kümpel/Häuser, BörsenterminGesch, Term- u Differenzeinwand, WM-script 1986; Schwintowski, Das OptionsscheinGesch: Naturalobligation od vollkommene Verbindlk?, ZIP **88**, 1021).

b) Begriff. KaufVertr, die zu typ Bdggen über Waren, WertP, auch Aktionsoptionen (BGH **92**, 272), od ausländ ZahlgsMittel in Beziehg zu einem Terminmarkt stehen u erst zu einem späteren Ztpkt zu erf sind (ZeitGesch) mit der Möglichk, jederzeit ein gleiches GgGesch abzuschl (BGH NJW **80**, 390). Solche Gesch werden zu Anlage-, Kurssichgs- od Handelszwecken abgeschl od aber lediql zum Zweck der Spekulation, um allein aus den Schwankgen der Börsenkurse ohne Güterums Gewinn zu erzielen (Häuser/Welter WM Beilage 8/**85** S 4); vgl im einz BörsenG §§ 50–70, 95, seit 1. 8. 89 idF des G zur Änderg des BörsenG vom 11. 7. 89 (BGBl I 1412). Die genannten Best schränken den AnwBereich des § 764 sehr ein, weil derjen, für den das Gesch nach den Best des BörsenG, insbes § 53, verbindlich ist, keinen Einwand aus §§ 762, 764 erheben kann, § 58 BörsenG. Ein KassaGesch kann dem Spieleinwand nur unterliegen, wenn beide Part darü einig sind, daß nicht geliefert u ein Preis nicht gezahlt od geschuldet werde, sond irgendein Umst entscheiden solle, was und wem zu zahlen sei (BGH **103**, 84).

c) Der Differenzeinwand kommt nur in Frage bei Unverbindlk des BörsenterminGesch nach §§ 53, 58 BörsenG, seit 1. 8. 89 idF vom 11. 7. 89 (BGBl I 1412), bei nicht zugelassenen Werten oder bei inoffiziellen Gesch (BGH NJW **81**, 1897), sowie bei BörsenterminGesch – zu ihnen gehören auch inländ Warenterminoptionsgesch (BGH **92**, 317) –, die ein nicht börsenterminggeschfäh Inländer im Ausland schließt bzw bei Auftr zu solchen Gesch (BGH **58**, 1), auch wenn an der ausländ Börse gleiche od ähnl Best für die Zulassg von Waren zum Börsenterminhandel gelten, wie sie § 50 BörsenG vorschreibt (BGH NJW **81**, 1897). Im letztgenannten Fall ist wg § 328 II Nr 4 ZPO einem ausl Urt gg im Inland wohnh Pers, das die dtsche Regelg der BörsenterminGeschFgk u den Differenzeinwand nicht beachtet, die Anerkenng zu versagen (BGH NJW **75**, 1600). Ebso kann wg Art 6 EG der Inländer den Differenzeinwand erheben, wenn die Part ihrem WarenterminGesch eine ausländ ROrdng zGrde gelegt haben, die den Differenzeinwand nicht kennt (BGH NJW **81**, 1898, NJW **79**, 488; aA Mü WM **82**, 80). Der Differenzeinwand greift ggü einem verdeckten Devisentermingesch auch, wenn es dem wirtsch berecht Zweck der Kurssichg eines wirkl gewollten Export-Gesch dient (BGH **105**, 263: HedgeGesch). Für ein DifferenzGesch, das nicht zu einem Terminmarkt in Bez steht, gelten §§ 762, 764 direkt (BGH NJW **80**, 390). Der Einwand besteht ggü dem aus der Ausf erlangten Gewinn (BGH NJW **80**, 1957), aber nicht ggü dem Anspr auf Rückg des Empfangenen bei nicht ausgeführtem Gesch (Düss NJW **80**, 1966, Ffm WM **84**, 1369) u ggü SchadErsAnspr wg schuldh Schädigg des AuftrG (BGH WM **87**, 581), zB bei weisgswidr Vfg über erhaltene Gelder (BAG NJW **86**, 2663). Das Verbot von AktienoptionsGesch in § 63 I BörsenG gilt nur für inländ, nicht für an ausländ Börsen zu schließde od geschl BörsenterminGesch (BGH NJW **85**, 1956). Zur BörsenterminGeschFähigk des pers haftden Gters einer OHG, KG, KGaA vgl Hadding u Häuser WM **80**, 1278.

d) Aufklärungspflicht des gewerbl Vermittlers von Warentermin- und Aktienoptionen (KG WM **89**, 173, Düss WM **89**, 175), grds schriftl zu erfüllen (BGH **105**, 108), gleichgült ob er das Gesch als Kommissionär od EigHändler abwickelt (BGH VersR **86**, 1242), ggü Kaufinteressenten, der beruf nicht mit solchen Gesch befaßt ist, über das Risiko solcher Gesch, über Höhe u Bedeutg der Londoner Prämie (BGH **80**, 80 u WM **85**, 81), insbes wenn er einen InklusivPr verlangt, der höher ist als diese Prämie zuzügl BrokerProv (BGH Betr **87**, 684) u unabhäng davon, ob sich der Vermittler zu umfassder Beratg bereit erklärt hat (BGH NJW **82**, 2815). SchadErsAnspr des nicht börsentermingeschäfh Erwerbers gg den Vermittler, uU auch gg den GeschF einer GmbH, der BörsenTermGesch vornimmt, veranlaßt od bewußt nicht verhindert (BGH WM **88**, 291), wg schuldh Verl der AufklärgsPfl (BGH WM **80**, 80, NJW **86**, 123 u BB **87**, 684) od gg einen Dr, der die Erf der AufklärgsPfl im ZusWirken mit dem Vermittler verhindert hat, aus § 826 wg vorsätzl Täuschg über die Höhe u wirtsch Bedeutg der Londoner Optionsprämie (BGH WM **83**, 300, ZIP **83**, 663, WM **83**, 1309, WM **86**, 734), auch gg den ausländ Broker, wenn er deutschen Kunden an eine nicht überprüfte unseriöse Vermittlerfirma verweist (Düss WM **89**, 45). Zusfassd zur Haftg bei Verletzg der AufklärgsPfl, Bundschuh WM **85**, 249. Der Hinw auf die Möglk zum Abschl von AktienOptionsGesch ist keine Verl der BeratgsPfl (BGH Betr **89**, 1403). – Seit 1. 8. 89 ist die Verbindlk des BörsenterminGesch für einen NichtKaufm ua von einer eingehden schriftl Unterrichtg über Umst u Risiken innerh best zeitl Grenzen abhäng gemacht, § 53 II BörsenG idF vom 11. 7. 89 (BGBl I 1412), ausgen WarenterminGesch außer Edelmetallen, § 53 III BörsenG; näher Schäfer ZIP **89**, 1103.

e) Ansprüche. Gg den Vermittler eines BörsenterminGesch hat wg des gezahlten Einschusses der Nichtbörsentermingeschäftsfäh keinen BerAnspr, falls er die künft Schuld aus einem best Gesch voraus erfüllt hat, so daß es endgült ganz od zum Tl erledigt ist, §§ 764, 762 I 2, BörsenG § 55 (BGH **101**, 296). Er hat einen BerAnspr, falls er den Einschuß als pauschale VorausErf (Düss WM **88**, 566) od lediglich zur Sicherg einer künft Schuld bezahlt hat; letzteres ist zu vermuten (BGH WM **84**, 421, Düss WM **89**, 50 [55]). Die OptionsInh, der die Unklagbark dch gg ihn gerichteten PrämienFdg geltd macht, hat seinerseits auch keinen klagb Anspr auf Herausg des Gew als Options- u AktienVerk (Düss ZIP **88**, 1034, Kümpel WM **89**, 81). Im Falle einer Bankgarantie kann ein nicht BörsenterminGeschFäh vom Begünstigten verlangen, daß er es unterläßt, die Bankgarantie in Anspr zu nehmen (BGH NJW **84**, 2037). Ein Vertr über die Erstattg bereits entstandener Verluste aus unverbindl BörsenTerm- u DifferenzGesch kann zw dem verlierden Tl u einem Dr wirks abgeschlossen werden (BGH **101**, 296). Ebso ist ein SchuldAnerk über einen derart Anspr wirks, das der VertrPartner dem verlierden Tl gibt (BGH NJW **88**, 1086). Neben-Vertr vgl § 762 Anm 3, eingehd Kümpel WM **85**, 1121.

Achtzehnter Titel. Bürgschaft

Einführung

1) Wesen der Bürgschaft

a) Begriff: Einstehen für die Erf der Verbindlichk eines and, § 765.

b) Zweck. Sicherg einer and persönl Fdg durch Übern einer Hilfsschuld (Interzession). §§ 765 ff sind auf and Fälle der Interzession nicht entspr anzuwenden; daher gilt § 774 nicht, wenn jemand zahlt, ohne Bü zu sein, vgl §§ 267, 268 (RG **94**, 90). – Über Bürgsch zwecks SicherhLeistg § 232 II, ZPO § 108.

c) Begründung. Das BürgschVerh wird dch **Vertrag zwischen Bürgen und Gläubiger** begründet, auch noch bei der Zahlg der Schuldsumme durch den Bü. Zu diesem Ztpkt kann auch noch vereinb werden, daß die für eine and Fdg des Gläub bestehde Bürgsch nunmehr für die jetzt beglichene gelten soll (BGH WM **64**, 849). Mitwirkg des HauptSchu zum Vertr ist unnöt. Auch ein Vertr kann für die eig Schuld namens des Vertretenen einen BürgschVertr mit dem Gl abschl (RG **71**, 220), zB wenn der HauptSchu mit Billig u Vollm des Bü dessen Erkl dem Gl übergibt (BGH WM **78**, 1065). Bdgg u ZeitBest sind zul (BGH WM **77**, 238). Das Wort Bürgsch muß nicht verwendet werden (RG **153**, 344). Denkb ist Begr einer Bürgsch dch Vertr zw dem Schu u dem Bü zG des Gläub, zB ProzBürgsch zur Abwendg der ZwVollstr aus einem Urt, das im ProzStandschafter erwirkt hat, gg den Gläub des titulierten Fdg (BGH NJW-RR **89**, 315). Ein zw dem Schu u einer Bank geschlossener AvalkreditVertr, dch den die Bank sich verpfl, gg Zahlg einer Prov sich für den Schu, ihren Kunden, ggü dessen Gläub zu verbürgen, ist idR kein BürgschVertr zG des Gläub (BGH WM **84**, 768). Ebso ist der Vertr eines Dritten mit dem Schu, für dessen Schu er aufkommen zu wollen, keine Bürgsch, kann SchuldMitübern nach § 415 od GewährVertr (Anm 3c) sein. Die BürgschErkl bei Abgabe außerh der GeschRäume eines KreditInst ist kein DarlGesch im Reisegewerbe, fällt deshalb nicht unter § 56 I Nr 6 GewO (BGH **105**, 362); vgl auch § 134 Anm 2c. Das G selbst ordnet eine bürgschgleiche Haftg an in den Fällen der §§ 571 II, 1251 II, VerlagsG § 36 II.

d) Verpflichtung des Bürgen. Der BürgschVertr begründet eine LeistgsPfl des Bü, nicht eine bloße Haftg (vgl Einl 3a vor § 241). Der leistde Bü erfüllt seine eig Schuld, die HauptFdg geht dadch nach § 774 I S 1 auf ihn über. Bü und HauptSchu sind nicht GesamtSchu, auch nicht bei selbstschuldner Bürgsch (BGH WM **68**, 916). – Näher § 765 Anm 1.

e) Akzessorietät. Die BürgschSchuld ist von Bestehen u Umfang der Hauptschuld dauernd abhäng (BGH Betr **76**, 766), sie ist bloße Hilfsschuld. Näher § 765 Anm 3. Ist and vereinb, so liegt nicht Bürgsch, sond Schuldmitübern od GewährVertr (Anm 3c) vor (BGH WM **66**, 124; dazu Übbl 2b vor § 414). GewlBürgsch vgl unten 2f.

f) Der BürgschVertr ist ein den Bü **einseitig verpflichtender Vertrag** (BGH WM **67**, 366; vgl näher § 776 Anm 1). Ausn unten Anm 2c. Mögl ist auch, daß der Bü die BürgschVerpfl iR eines auf LeistgsAustausch mit dem Gläub gerichteten Vertr übernimmt; insow sind dann die Vorschr über ggs Vertr anwendb (RG **66**, 425).

g) Sorgfaltspflichten als NebenPfl bestehen iR des einseit verpflichtden BürgschVertr grdsätzl nicht (BGH ZIP **87**, 564). **aa)** Der **Gläubiger** ist nicht verpfl, bei Eingeh der Bürgsch den Bü über dessen Risiko i e (BGH WM **86**, 11, NJW **88**, 3205) od über die Verh des HauptSchu, selbst wenn seine Lage hoffnungsl ist (Mü WM **84**, 469), aufzuklären. Ausnahmsw besteht eine AufklärgsPfl des Gläub, wenn er dch sein Verhalten erkennb einen Irrt des Bü über sein (erhöhtes) Risiko veranlaßt hat (BGH NJW **83**, 1850, WM **86**, 11) od wenn dem Gläub bekannt ist, daß der Schu wg Scheckbetrügereien völl kreditunwürd ist; ein Kreditinstitut kann sich insow nicht auf die Wahrg des BankGeheimn berufen (Hamm ZIP **82**, 1061). Die Angaben des Gläub, insbes auf Befragen, müssen wahr sein; er darf auch hierbei nichts Wesentl verschweigen, er darf den Bü nicht täuschen über die RNatur der zu sichernden Fdg u damit über den Umfang seines BürgschRisikos (Düss WM **84**, 82). Ebso muß ein Kreditinstitut, das einem Kunden einen der Höhe nach begrenzten Kontokorrentkredit einräumt, einen Angehör, von dem es dafür eine Bürgsch ohne betragsgemäß Beschränkg verlangt, über das unbegrenzte Risiko unzweideut aufklären (Düss Betr **84**, 975); sonst BefreigsAnspr des Bü wg Versch bei VertrAbschl (BGH NJW **68**, 986); unter den gleichen Vorauss kann die Bank nicht den Bü in Anspr nehmen, wenn sie dessen Risiko leichtfert dch Zulass beträchtl Überschreit des Kreditlimits erhöht hat (KG NJW-RR **88**, 109). Aufklärg über die Höhe der Nebenkosten, auf die sich die Bürgsch für eine KreditFdg erstreckt (Düss Betr **73**, 1236). Keine Pfl des Gl, InteressenGgs zw den Bü u ihrem Vertreter auszuräumen (BGH Betr **76**, 1714). HauptSchu u Notar sind bei Abschl des BürgschVertr u seiner Vorbereit nicht ErfGeh des Gläub (BGH WM **74**, 8). Es ist kein Sittenverstoß, wenn der Gläub die Bonität des Bü vor Abgabe der BürgschErkl nicht prüft (BGH NJW **89**, 830; abl Woehner BB **89**, 1354). **bb)** Der **Bürge** ist bei Übern einer aufschieb bdgten Bürgsch nicht verpfl, den Gläub darauf hinzuweisen, daß die von seinem Belieben abhäng Bdgg noch nicht eingetreten ist (BGH NJW **87**, 1631).

h) Verhältnis zwischen Bürgen und Hauptschuldner. RechtsGrd zw Bü u HauptSchu für die Eingeh der Bürgsch kann Auftr, GeschBesVertr, GoA, Schenkg (BGH LM § 516 Nr 2) sein. Im Verh zum Gläub ist das unerhebl, ihm ggü kann der Bü daraus keine Einwdg ableiten (BGH WM **75**, 348).

2) Besondere Arten der Bürgschaft; §§ 765 ff gelten:

a) Nachbürgschaft. Der NachBü steht dem Gläub dafür ein, daß der VorBü die ihm obliegde Verpfl erf. Hat der NachBü den Gläub befriedigt, so ist zu unterscheiden zw den Einwdgen des HauptSchu gg die auf den NachBü übergegangene HauptFdg u denjen aus dem InnenVerhältn des HauptSchu zum NachBü; Einwdgen aus dem InnenVerhältn zum VorBü kann der HauptSchu dem NachBü idR nicht enggehalten (Dörner MDR **76**, 708). Für § 774 I S 1, 2 steht er dem VorBü gleich; ob auch für § 774 I S 3, ist str (Hamm MDR **61**, 503 ja, Celle MDR **75**, 932 nein; differenziert Tiedtke WM **76**, 174).

b) Rückbürgschaft. Der RückBü steht dem Bü für dessen RückgrFdg gg den HauptSchu od dem NachBü für dessen RückgrFdg gg den VorBü (BGH **73**, 94) ein. Der RückBü ist iS der BürgschRegeln Bü, der erste Bü ist Gläub, verbürgte Hauptschuld ist der RückgrAnspr, den der 1. Bü gg den HauptSchu dch die Erf seiner Bürgsch erwerben wird (BGH **95**, 375). Befriedigt der RückBü seinen Gläub, den Bü, so geht damit noch nicht die Fdg des Gläub gg den HauptSchu, die kr § 774 auf den Bü dch dessen Leistg übergegangen war, auf ihn über, da der Rückbürgschaft in keiner unmittelb Beziehg zur Bürgschaft steht, vielm ist Abtretg durch den Bü nötig (RG **146**, 70; aA Oldenbg NJW **65**, 253, Larenz SchR II § 64 III). Befriedigt ein NachBü den Gl, so kann er seinen RückBü aus dessen Bürgsch auch dann in Anspr nehmen, wenn ein RückgrAnspr gg den VorBü wg eines VerglVerf über dessen Verm nicht mehr geltend gemacht werden kann (BGH **73**, 94).

c) Der Ausfall-(Schadlos-)Bürge haftet, wenn der Gläub trotz ZwVollstr beim Schu u ggf beim Bü u inf Versagens sonst Sicherh einen Ausfall gehabt hat. Der Einrede der VorausKl bedarf es daher nicht erst. Die Haftg des AusfallBü entfällt, wenn Gläub selbst den Ausfall dch Verl von SorgfPfl versch hat (BGH NJW **79**, 646). Ausfallbürgsch kann auch für den Fall vereinb sein, daß Gläub nicht aus einer best Sicherh Befriedigg erlangt. Der BürgschGläub ist nicht verpfl, die mat Berechtigg des verbürgten Anspr zu prüfen (BGH NJW **89**, 1480). Ausgleichg vgl § 769 Anm 1.

d) Bürgschaften sind auch: die **selbstschuldnerische Bürgschaft** (vgl § 773 Anm 1a), die **Mitbürgschaft**, § 769, die **Kredit- und Höchstbetragsbürgschaft**, (vgl § 765 Anm 1, 2), die **Zeitbürgschaft**, § 777, die **Prozeßbürgschaft**, deren Inh wesentl davon abhängt, zu welchem Zweck sie bestellt wurde (BGH NJW **75**, 1119). So sichert die ProzBürgsch für ein ZahlgsUrt der 1. Instanz idR die Fdg aus einem in der BerufsInstanz geschlossenen ProzVergl (Kln WM **87**, 421). Gerichtl AO vgl Th-P § 108 Anm 5d. Wird sie zur Abwendg der ZwVollstr aus einem WechselVorbehUrt geleistet, so kann der Gl den Bü bei Eintr der äußeren RKraft währd des noch laufden NachVerf in Anspr nehmen (BGH **69**, 270).

e) Kontokorrentbürgschaft vgl § 765 Anm 1.

f) Gewährleistungsbürgschaft (vgl § 641 Anm 1a, zusfassd Clemm BauR **87**, 123). Verpflichtet sich der Bü auf Anfdg des Bestellers zu zahlen, so kommt es auf die Auslegg im EinzFall an. Soll der Bü

Einzelne Schuldverhältnisse. 18. Titel: Bürgschaft **Einf v § 765** 2, 3

unabhäng von der Hauptschuld (Gewl) zahlen, kann es sich um Garantie (vgl Einf 5 vor § 783) od um angen Anw §§ 783, 784 (so Düss BauR **78**, 228) handeln. Soll die BüVerpfl von der Hauptschuld abhäng sein, so handelt es sich um Bürgsch. Bürgsch kann auch **auf erstes Anfordern** vereinb sein; dann muß der Bü sofort zahlen (BGH **95**, 375), ohne daß der Best außer der Behauptg konkreter Mängel weitere Vorauss darzulegen hätte (Hamm NJW-RR **87**, 686). Die Vereinbg des Bü mit dem Gläub, dieser habe dafür zu sorgen, daß die vorrang Sicherh bestellt werden, verpfl den Gläub, sich darum mit der im Verk erforderl Sorgf zu bemühen, kann im EinzFall aber darühinaus eine unbdgte EinstandsPfl des Gläub für den Fall der Unwirksamk vorrang Sicherh begründen (BGH NJW **89**, 1855). – Der Bü ist grdsätzl berecht, ohne Rücksprache mit dem Kunden an den Gläub zu zahlen (KG NJW **87**, 1774). Er kann nicht mit eig Fdgen gg den Begünstigten aufrechnen, die nicht mit dem GrdGesch zushängen, Einwdgen aus dem Hauptschuld-Verhältn grdsätzl erst in einem folgnden RückfdgsProz gem § 812 geltd machen (BGH **74**, 244; Horn NJW **80**, 2153 [2155]); so auch, wenn der Bü einwendet, die Bürgsch sei zeitl begrenzt u der Gläub dies bestreitet (BGH NJW **85**, 1694). Die Aufr mit eig GgFdg ist mögl, wenn der Begünstigte zahlgsunfäh ist u die Bank anders ihre Fdg nicht realisieren könnte (Ffm WM **84**, 1021). Für den Fall der mißbräuchl InAnsprN aus der Bürgsch gilt das zur Garantie Gesagte, vgl Einf 5c vor § 783 (BGH NJW **89**, 1480), also wenn die mat Berechtigg des Gläub offensichtl fehlt; alle StrFragen tats u rechtl Art, deren Beantwortg sich nicht von selbst ergibt, gehören in einen evtl RückfdgsProz (BGH NJW **88**, 2610). In ihm hat der Gläub Entstehg u Fälligk der für dch die Bürgsch gesicherten HauptFdg, der Bü die Leistgen des HauptSchu zu bew, aus denen er Befreig von der Bürgschl herleitet (BGH NJW **88**, 906, NJW **89**, 1606). Dies gilt auch in and als GewlFällen, in denen Zahlg auf erste Anforderg vereinb ist (BGH NJW **84**, 923). Eine „AusführgsErfüllgsBürgsch" sichert nicht nur Anspr bis zur abnahmefäh Herstellg, sond dient auch der Sicherg von GewlAnspr nach der Abn (Hbg VersR **84**, 48). – Wenn der Bauträger seine GewlAnspr gegen den Untern an den Erwerber abgetreten hat und die GeldMachg gg den Untern fehlschlägt, so daß der Bauträger dem Erwerber Gewähr zu leisten hat (vgl § 637 Anm 1b), dann haftet der Bü dem Bauträger trotz der Abtretg (BGH NJW **82**, 1808). Nach dem verfolgten SichergsZweck kann die GewlBürgsch auch den Anspr des Best auf Vorschuß-leistg für die voraussichtl MangelbeseitigsKosten u den Anspr auf Ausführg von RestArb (Hamm NJW-RR **87**, 686) umfassen (BGH NJW **84**, 2456). Die Bürgsch erstreckt sich auf Mängel, die bereits vor der Abn aufgetreten sind (Ffm NJW-RR **87**, 82) und auf ein VertrStrafVerspr, das der Untern für den Fall nicht eingehalter fester Termine abgegeben hat (BGH NJW **82**, 2305). Der Best darf von der Bürgsch erst Gebr machen, wenn er den SichgsEinbehalt bezahlt hat, Aufr mit einer bestr GgFdg steht der Zahlg nicht gleich (KG BauR **82**, 386). Bei Abtr der gesicherten HauptFdg geht mit der Bürgsch (§ 401, Steinbach/Becker WM **88**, 809) auch das Recht, die zur Fälligstell der Bürgsch erforderl Erkl abgeben zu können, auf den neuen Gläub über (BGH NJW **87**, 2075).

3) Keine Bürgschaften, aber der Bürgsch verwandt (vgl Anm 1b) sind:

a) der Kreditauftrag, § 778;

b) die Schuldmitübernahme. Kriterien für die Abgrenzg vgl Übbl 2 vor § 414. Dem Wortlaut der Erkl kommt hier bes Bedeutg zu, regelm keine Umdeutg einer formunwirks BürgschErkl in eine Schuldmit-übern (BGH Betr **76**, 2349, Hamm WM **88**, 899) od Umdeutg eines Schuldbeitritts in eine Bürgsch (BGH JR **72**, 61). Keine Bürgsch ist ferner die **Erfüllungsübernahme** (§ 329) ggü dem Bü (BGH NJW **72**, 576).

c) der Gewähr-(Garantie-)Vertrag ist dadch gekennzeichnet, daß der Garant eine Verpfl zur Schadlos-haltg übernimmt, falls der garantierte Erfolg nicht eintritt, wobei er auch für alle nichttyp Zufälle haftet. Dabei ist der garantierte Erfolg ein und u weitergehd als die bloße VertrLeistg. Der Umfang der Verpfl zur Schadloshaltg bestimmt sich nach der Grds des SchadErsR (BGH NJW **85**, 2941). Bsp: Ein Baubetreuer übernimmt ggü dem Vermieter die Garantie für die Vermietg eines Neubaus (BGH WM **76**, 977) od iR eines Bauherrenmodells ggü einem Bauherrn die Garantie, daß näher aufgeschlüsselte Gesamtkosten nicht überschritten werden (BGH WM **87**, 179). der Verk einer EigtWohng verpfl sich ggü dem Käufer, diesem nach Ablauf einer best Ztspanne auf dessen Verlangen einen Dr zu benennen, der gg Zahlg von 130% des eingesetzten Barkapitals die Wohng übernimmt (BGH NJW **85**, 2941). Der GarantieVertr ist von der Bürgsch verschieden, die §§ 765 ff gelten auch nicht entspr, daher keine Form nötig (BGH WM **64**, 62). Betrifft die Gefahr eine Fdg, so kann die Grenze zweifelh sein. Der grdsätzl Unterschied besteht darin, daß die Schuld des Gewährleistden vom Fortbestand, manchmal sogar von der Entstehg der gesicherten Schuld unabhäng ist (BGH NJW **67**, 1020). Dch Auslegg ist desh zu ermitteln, ob eine selbständ (dann Garantie, Schuldbeitritt) od eine abhäng (dann Bürgsch) Schuld begründet werden wollte; führt die Auslegg zu keinem klaren Erg, ist iZw Bürgsch anzunehmen (BGH WM **85**, 1417). Auch die gebrauchten Worte entscheiden nicht unbdgt. Sprechen aber geschgewandte Leute von Bürgsch, können nur bes gewicht Umst eine dem Wortlaut nicht entspr Auslegg rechtfertigen (BGH WM **75**, 348). Anhaltspkt für GewährVertr, aber keinesf begriffl Vorauss ist EigInteresse des Garanten an der Erf der HauptVerpfl (BGH WM **82**, 632), das jedoch allein grdsätzl nicht ausreicht, entgg dem Wortlaut „Bürgsch" einen GarantieVertr anzunehmen (BGH WM **75**, 348). Die garantierde Bank hat idR kein eig Interesse, weil sie iR des GeschBesVertr mit ihrem Kunden handelt (BGH WM **82**, 1324). Bürgsch- u GarantieVertr können auch gekoppelt sein, zB bei Abreden, daß sich der Bü auf best, die Hauptschuld vermindernde Umst nicht soll berufen dürfen (Ffm Betr **74**, 2245). Im Hinbl auf die Selbständigk der eingegangenen Verpfl berührt sich die Gewähr mit der VertrStrafe, wenn u, sow sie vom Schu selbst übernommen worden ist, mit der VertrStrafe (BGH NJW **58**, 1483). Der Anspr aus der Gewähr ist ErfAnspr; er geht auf Schadloshaltg, also bei der FdgsGarantie auf Ers des Schad, der dem Gl aus der NichtErf od der verzög Erf seiner Fdg erwächst (BGH WM **61**, 204). Auch eine nach dem Garantiefall eingetretene Ermäßigg der GarantieVerpfl ist zG des Garanten zu berücksichtigen (BGH WM **84**, 631). – **Bankgarantie,** Zahlg „auf erstes Anfordern" vgl 5 vor § 783 u vorstehd Anm 2 f. – **Scheckkar-te.** Nach den Bdggen für die eurochèque (ec)-Karte garantiert das Kreditinstitut die Zahlg des ScheckBetr eines auf seinen ec-Vordrucken ausgestellten Schecks jedem Nehmer im Inland u jedem Kreditinstitut im Ausland bis zur Höhe von 400,– DM. Der GarantieVertr zw dem Schecknehmer u dem bezogenen Kreditinstitut kommt dch Vermittlg des ScheckAusst (Bankkunden) zustande. Dabei hat die Frage, ob dieser als Vertr od als ÜbermittlgsBote der Bank ggü dem Schecknehmer auftritt, zivrechtl keine große Bedeutg (etwa iF der GeschUnfgk des Ausst). Hamm NJW **72**, 298 nimmt mit eingehder Begr u zahlr Nachw zutr Vertretg an, ebso Düss WM **75**, 504, Baumb-Hefermehl SchG Anh Art 4 Rdn 4. Die GarantieHaftg des Kreditinstituts bis zur gen Höhe entsteht für den Schecknehmer mit der Aushändigg eines ordngsgem (auch höher als 400 DM) ausgefüllten ec-Vordrucks dch den legitimierten AusSt (BGH BB **85**, 294) unter folgden Voraussetzgen: Unterschr, Name des Kreditinstituts u KontoNr auf dem Scheck u auf der ec-Karte müssen übereinstimmen, die Nr der Scheckkarte muß auf der Rücks des Schecks vermerkt sein, das AusstellgsDatum des Schecks muß innerh der GeltgsDauer der ec-Karte liegen, VorDatierg schadet nicht (BGH **64**, 82), ein im Inland ausgestellter Scheck muß binnen 8, ein im Ausland ausgestellter Scheck binnen 20 Tagen ab AusstellgsDatum zur Einlös vorgelegt werden. Vorlage der ec-Karte an Schecknehmer ist idR nicht erforderl (BGH **83**, 28). Sind dem Bankkunden Scheckvordruck u -Karte abhgek u füllt ein Unbefugter den Scheckvordruck unter Fälschg der Unterschr aus, so haftet die Bank bei formeller Übereinstimmg der Unterschr auf Scheck u Scheckkarte ggü einem gutgl Schecknehmer zwar nicht direkt aus GarantieVertr, wohl aber aGrd des RScheins, den sie mit der Aushändigg der Scheckkarte gesetzt hat (Baumb-Hefermehl aaO Rdn 13). Ggü dem Schecknehmer kann die Bank keine Einwdgen erheben, die ihren Grd haben im DeckgsVerh zu ihrem Kunden (Ausst), zB fehlde Deckg, Widerruf od Sperre des Schecks innerh der VorleggsFr od im ValutaVerh zw diesem u dem Schecknehmer, zB fehlder od unvollg Schuldgrund (Nürnb NJW **78**, 2513: Spielschuld). Dagg kann die Bank ggü dem Schecknehmer solche Einwdgen erheben, die Entsteh oder Bestand ihrer GarantieVerpfl betreffen (ebso Nürnb NJW **78**, 2513), zB NichtÜbereinstimmg der Unterschr auf Scheck u Scheckkarte, fehlde od unricht Angabe der ScheckkartenNr auf der Rücks des Schecks, AusstellgsDatum nach Ablauf der GeltgsDauer der Scheckkarte, Vorlegg des Schecks nach Ablauf der GarantieFr v 8 bzw 20 Tagen, formelle Ungültigk des Schecks. Außerdem kann die Bank im EinzFall ggü dem GarantieAnspr unzuläss RAusübg einwenden, zB daß der Schecknehmer die fehlde Deckg kannte (BGH NJW **72**, 1904, Düss WM **75**, 504), bei atyp Verwendg, zB bei Schecks, die zweckwidr der Sicherg eines Kredits dienten, daß der Nehmer fehlde Deckg grobfahrl nicht kannte (BGH **64**, 79), ebso bei Schecks, die der DarlRückzahlg (BGH **83**, 28) dienen. Jedoch muß sich die Bank an ihrem GarantieVerspr teilw festhalten lassen, wenn sie ihrerseits SicherngsMaßn zur Verhinderg des ihr bekannten bevorstehden ScheckkartenMißbr nachläss unterlassen hat (Hamm WM **76**, 139). Späteren Inh des Schecks nach Indossierg dch den ersten Nehmer haftet die bezogene Bank jedenf dann, wenn der erste Nehmer u die weiteren Vorbesitzer ihren Anspr aus dem GarantieVertr abgetreten haben, was iZw bei WeiterÜbertr des Schecks anzunehmen ist. Haftg auch ohne Abtretg nimmt in Anwendg von § 328 II Buchmüller NJW **79**, 1198 mwN an. Nach Zahlg hat die Bank im Verh zu ihrem Kunden aGrd des GiroVertr Anspr auf AufwErs (§§ 675, 670) u ggf auf SchadErs wg pVV. Eurochèque u IPR vgl Stöcklin JZ **76**, 310. – **Einlösungszusage.** Die auf Anfrage einer Bank erteilte Antwort der bezogenen Bank, sie garantiere die Einlösg des Schecks, enthält üblicherw die Zusage, unter allen Umst für die Zahlg des ScheckBetr einstehen zu wollen (BGH WM **78**, 873). Ebso enthält die Antwort auf Anfrage des ScheckInh, sie werde den Scheck einlösen, eine selbstd GarantieErkl der bezogenen Bank zur Einlösg innerh einer nach dem übl Inkassoweg angem Fr, auch über die VorlageFr des Art 29 ScheckG hinaus (BGH **77**, 50). Ebso ein Schreiben der Bank, einen nummernmäß bezeichneten Scheck bis zu einem best Betr zu bezahlen (BGH WM **82**, 452). Im EinzFall kann die Bank geltd machen, Tr u Gl stehe dem Anspr entgg (BGH WM **84**, 1445). Dagg bedeutet die bankübl Bestätigg der bezogenen Bank auf Anfr einer and Bank, der Scheck gehe in Ordng, nur, daß der Scheck eingelöst würde, wenn er in diesem ZtPkt bei der bezogenen Bank vorläge (Kln ZIP **83**, 1437). – Die **Patronatserklärung** iR eines Konzerns kann nur ein best Verhalten unverbindl in Aussicht stellen od eine rechtl Verpfl garantieähnl Inhalts begründen (Düss NJW-RR **89**, 1116, Schneider ZIP **89**, 619). – Der **Versicherungsvertrag** unterscheidet sich von der Gewähr dch die Prämie. – Die sog **Ausbietungsgarantie** (Einstehen dafür, daß Gläub bei ZwVerst ohne Verlust bleibt) ist Gewähr, uU Ausfallbürgsch. Gewähr ist auch das Einstehen für die Güte einer Hyp. – Gewähr als **Nebenverpflichtung** aus Kauf-, WerkVertr vgl § 477 Anm 4b, Vorbem 3d vor § 633. Keine solche NebenVerpfl ist es, wenn der Arch sich dem Bauherrn ggü zur Einhaltg einer best Bausumme verpflichtet (BGH NJW **60**, 1567, Locher NJW **65**, 1696). – **Herstellergarantie** vgl ProdHaftG § 15 Anm 3 b.

d) **Die Delkrederehaftung** des Kommissionärs u des Handelsvertreters, HGB §§ 394, 86 b, ist bürgschähnl.

e) **Die Wechselbürgschaft** ist keine Bürgsch im Sinne des BGB, sond selbständ Verpfl eig Art ohne strenge Akzessorietät (Art 30 ff WG u BGH **35**, 19). Dabei gilt die bloße Unterzeichng auf der Vorderseite iR des WG 31 III als BürgschErkl, außer wenn sie nach der VerkAuffassg wg des einheitl Gesamtbildes als Tl der Firmenbezeichg des Bezogenen od des Ausst erscheint (BGH WM **85**, 1506). Eine ausdr für eine Wechselverbindlichk eingegangene Bürgsch erstreckt sich ohne Anhaltspkt in der BürgschUrk nicht auf die zu Grde liegde KausalVerpfl (BGH JZ **84**, 1423). Befriedigt der WechselBü den Gläub, so gehen auf ihn die Rechte des Gläub gg den über, für den er sich verbürgt hat, u gg alle, die diesem wechselm haften, Art 32 III WG. Die RückgrAnspr des Gläub gg die dazw liegden Nachmänner erlöschen. Dasselbe gilt, wenn es sich um eine Bürgsch nach BGB handelt; auch hier erlöschen die Rechte des Gläub gg die Zwischenmänner mit der Zahlg durch den Bü; auch hier steht diese Zahlg einer solchen dch den WechselSchu gleich, für den sich der Bü verbürgt hat (BGH **35**, 19).

f) Der **Avalkreditvertrag,** in dem sich die Bank ggü ihrem Kunden verpfl, sich zG ihres Kunden ggü dessen Gläub zu verbürgen, ist GeschBesVertr, aber keine BürgschÜbernahme zG des Gläub (BGH NJW **84**, 2088).

4) **Internationales Privatrecht** vgl Art 28 Anm 4 m EG. Zur Wechselbürgsch: BGH NJW **63**, 252. Die InAnsprN des Bü kann unter bes Umst gg den ordre public verstoßen (BGH **104**, 240: Enteigng im Iran).

Einzelne Schuldverhältnisse. 18. Titel: Bürgschaft § 765 1

765 Begriff. ¹ Durch den Bürgschaftsvertrag verpflichtet sich der Bürge gegenüber dem Gläubiger eines Dritten, für die Erfüllung der Verbindlichkeit des Dritten einzustehen.

II Die Bürgschaft kann auch für eine künftige oder eine bedingte Verbindlichkeit übernommen werden.

1) Allgemeines. Begriff vgl Abs I. Zweck, Wesen u Inhalt vgl Einf 1 vor § 765. Begründg durch Vertr, Einf 1 c, § 766 Anm 1. Bdgte u befristete Übernahme ist mögl (§ 777). – **Bürgschaftsfähig** ist, wer rfäh ist, jedoch fordert RG **140**, 135 BörsenterminGeschFgk für eine Bürgsch für Verbindlichk aus BörsenterminGesch. Vormundschgerichtl Gen nötig, § 1822 Z 10. – **Willensmängel.** Die Gültig des BürgSchVertr richtet sich nach der allg Best; allerd keine Anf wegen Irrt über die Kreditwürdigk des Schu od über den Wert einer and für die HauptSchu bestehden Sicherg (BGH WM **66**, 94). Fehlen od Wegfall der **Geschäftsgrundlage** vgl § 242 Anm 6 D b. Wegfall der GeschGrdlage kommt nicht in Frage, wenn dem Bü and RBehelfe (zB Künd) offenstehen (BGH WM **59**, 855). Um das BürgschRisiko auf best Urs der ZahlgsUnfähigk des Schu zu beschr, bedarf es einer vertragl Abrede (BGH WM **87**, 1420). Über AufklärgsPfl des Gläub in bezug auf die VermVerh des Schu u über seine Haftg aus Versch bei VertrSchl vgl Einf 1 g vor § 765. Ob die GeschGrdl gestört ist, wenn es bei einem von mehreren MitBü nicht zu einer wirks BürgschErkl kommt, ist nach den Umst des Falls zu beurt (Ffm NJW-RR **88**, 496). Über sonstige Einr u Einwdgen des Bü gg den Gläub § 768 Anm 1 a, § 776 Anm 1. – **Der Bürge muß vom Hauptschuldner verschieden** sein. Ein Gter kann für die Kapital- od PersGesellsch bürgen (RG **139**, 252). Hat sich der AlleinGter der Komplementär-GmbH für eine Schuld der GmbH & Co KG verbürgt u erwirbt er dann alle Anteile der KG, so führt dies nicht zur Einh zw Bü u HauptSchu (BGH WM **77**, 812). – **Art und Inhalt der Hauptschuld** sind gleichgült. Die der Bürgsch unterliegden Anspr müssen bestimmb sein (BGH Betr **76**, 766), in Zweifelsfällen dch Ausslegg (BGH NJW-RR **87**, 1138; vgl § 766 Anm 3), auch alle Anspr ohne ausdr betragsmäß Beschränkg aus einer bankmäß GeschVerbindg in AGB (BGH NJW **85**, 848, NJW **85**, 928; aA Reinicke u Tiedtke JZ **85**, 485 u JZ **86**, 426) od mit HöchstBetr (Stgt BB **85**, 1936) in FormularVertr. Auf eine vom HauptSchu gü der Bank abgegebene BürgschErkl für die Schuld eines Dr erstreckt sich ohne ausdr Erwähng in der BürgschUrk die Bürgsch für die bankmäß Verbindlkten des HauptSchu nicht, weil dies für die bankmäß GeschVerbindg weder typ noch zu erwarten ist (Br NJW-RR **86**, 851). Eine für einen best RatenkreditVertr gegebene Bürgsch erstreckt sich grdsl nicht auf Fdgen aus einem späteren neuen RatenkreditVertr (Hamm WM **85**, 1221); ebso nicht die Bürgsch für Anspr aus einer Gesch-Verbindg auf Fdgen, die erst nach deren Künd od Aufhebg begründet worden sind (BGH NJW **89**, 27). Kann der Bü die Hauptschuld ihrem Inhalt nach nicht erfüllen, so haftet er auf das Geldinteresse. Über die Bürgsch für den GrdstVerk vgl § 313 Anm 4 d. Über die Bürgsch verbleibt es am Zweck der SicherhLeistg zu ermitteln (BGH NJW **67**, 824: Bürgsch zur Einstellg der ZwVollstr). Wechselbürgsch vgl Einf 3 e. Auch die Pers des Gl muß hinreich bestimmb sein. Das ist bei einer BlankoBürgsch ohne Benenng des Gl nur dann der Fall, wenn sich aus and Umst, insb aus der Art der zu sichernden Fdgen, der jeweil Gl ergibt (BGH WM **78**, 1065). – Die Bürgsch kann auch für einen **Teil der Hauptschuld**, u zwar für die ganze Hauptschuld, aber unter Beschrkg auf einen best Betrag, bei künft Verbindlichk auf einen **Höchstbetrag**, bestellt werden. Welchen Einfluß in diesem Falle die Verwertg und Sicherh auf die BürgschVerpfl hat, ist eine Frage der VertrAuslegg (BGH WM **77**, 334). Bürgsch für **Gesamtschuldner** od für einen von ihnen vgl § 774 Anm 2 b. Ob sie sich auf **Nebenforderungen** (VertrStrafen, VertrZinsen) erstreckt, ist Auslegssfrage; bej für VertrStrafVerspr, das der BauUntern für den Fall der Nichteinhaltg fester Termine abgegeben hat (BGH NJW **82**, 2305). Bei verzinsl Forderg ist Haftg auch für rückständ Zinsen iZw anzunehmen (Brschw SeuffA **67**, 5). Ob die Bürgsch für ein **Kontokorrentverhältnis** unterliegde Fdg eingegangen ist, ist AusleggsFrage. Die Bürgsch für eine Kontokorrentschuld nebst Zinsen erstreckt sich auch auf anfalldne Zinseszinsen (BGH **77**, 256). Maßg ist der in period bzw endgült RechngsAbschl festgestellte Saldo (BGH WM **85**, 969), wobei sich die Haftg des Bü ggf auf die Höhe des SchuldSaldos am Tage des KündZugangs beschr (Mü Betr **83**, 1540). **Die Bürgschaft endet** mit Untergang der Hauptschuld (vgl Anm 3). Ferner bei den SchuÜbern, § 418 I 1. Sie kann auch selbständ enden dch Erf od ErfSurrogat, zB Hinterlegg bei Vorliegen der ges od vertragl vereinb Vorauss (BGH NJW **86**, 1038), dch Vereinigg von Bü- u Hauptschuld; dch Erbgang, aber kein Untergang, wenn ihr Fortbestehen dem Gläub bes Vorteile bietet, weil die Hauptschuld NachlaßVerbindlk, die BüSchu aber pers Verbindlk ist (RG **76**, 57); ferner dch Ablauf einer vereinb Befristg, dch den Erlaß, der mit Rückgabe der BürgschUrk nur dann zu bej ist, wenn darin das Angeb auf Abschl eines ErlVertr liegt (Hbg NJW **86**, 1691: nicht bei erkennb irrtüml Rückgabe). In diesen Fällen kein Übergang der Hauptschuld auf den Bü (Ffm WM **76**, 1283). ProzBürgsch vgl § 109 ZPO (Nürnb MDR **86**, 241, Pecher WM **86**, 1513). **Kündigungsrecht** des Bü ggü dem Gl, falls vereinb. Außerdem unter Wahrg angem Frist, ausnahmsw ohne Fr, bei einer auf unbest Zeit abgeschl Bürgsch für künft vgl Anm 2) Fdgen (BGH NJW **85**, 3007, Celle NJW-RR **89**, 548, Derleder NJW **86**, 97); ebso bei einer auf best Zeit eingegangenen Bürgsch für künft Fdgen in entspr Anwendg von §§ 610, 242, wenn sich die VermLage des Schu verschlechtert (WiderrufsR, BGH BB **59**, 866). – Die BürgschSchuld **verjährt** selbst nach 30 Jahren, auch wenn die Hauptschuld früher verj (Düss MDR **75**, 1019); aber auf die Verj der Hauptschuld kann sich der Bü nach § 768 trotz § 222 II berufen, vgl anderers Anm 3 a. Unterbrechg der Verj ggü HauptSchu unterbricht auch ggü Bü (Düss MDR **69**, 665). – Die Bürgsch hat einen eig selbstd **Erfüllungsort** (RG **137**, 11) u demgem Gerichtsstand. Das auf die BürgschSchuld **anzuwendende Recht** bestimmt sich nach EG Art 28 Art 4 m. Das Recht der Hauptschuld kommt nur in Betr, soweit es dadch, daß es den Umfang der Hauptschuld bestimmt, mittelb auch für den Umfang der BürgschSchuld gilt (RG aaO u **96**, 263). – **Abtretung der Bürgschaftsforderung** allein ist nicht mögl, vgl § 399 Anm 2 c. Über das Schicksal der Bürgsch bei **Rechtsnachfolge in die Hauptforderung** vgl § 401 Anm 1 a, bei Übern der Hauptschuld § 418. Bei VertrÜbern (vgl § 398 Anm 10) erlangt der neue Vermieter die R aus einer dem bisher Verm gegebenen MietBürgsch (BGH **95**, 88, zust Nörr JZ **85**, 1095). **Die Verpflichtung des Bürgen zur Leistung einer Sicherheit** für die Bürgsch in AGB des Gläub ist unwirks (BGH **92**, 295). – **Zivilrechtsweg** für Klage gg Bü, auch wenn die Bürgsch eine öffrechtl Fdg sichert (BGH **90**, 187, Ffm WM **84**, 1048).

2) Künftige und bedingte Verbindlichkeiten, Abs II. Ob sich die Bürgsch auch auf künft Verbindlichk erstrecken soll, ist notf durch Ausslegg zu ermitteln (BGH WM **57**, 876). Die künftige Verbindlichk muß bestimmb sein (vgl § 398 Anm 4 d); zB die aus einer best GeschVerbindg entstehden Verbindlichk (BGH **25**, 318). Auch Bürgsch für „alle" künft Verbindlichk kann genügen, wenn eine sachl Begrenzg dem PartWillen entspricht (BGH aaO). So kann sich bei einer ggü einer Bank übern Bürgsch aus den Umst ergeben, daß diese für alle künft aus der bankm GeschVerbindg zum HauptSchu erwachsden Fdgen gelten soll. Einer so zur KreditSichg gegebenen Bürgsch unterfallen mangels ausdr Vereinbg nicht Fdgen gg den HauptSchu, die die Bank erst nach Eröffng des Konk über das Verm des HauptSchu von Dr erwirbt (BGH WM **79**, 884). – Hauptfall von II ist die **Kreditbürgschaft,** meist der Höhe nach beschränkt, **Höchstbetragsbürgschaft.** Vereinbg, daß der Bü für Zinsen, Prov, Kosten, auch wenn sie zur HauptsacheFdg geworden sind, über den HöchstBetr hinaus haftet, ist zuläss (Hamm WM **84**, 829). Ist die für einen Bankkredit gewährt, so erfaßt sie iZw über den HöchstBetr hinaus diejen Zinsrückstände, die auf die jew maßg BürgschSumme entfallen, nicht die, die auf die darühinausgehde Kreditsumme entfallen (BGH Betr **78**, 629). Zerlegg des Kreditkontos in ein Haupt- u ein Zinsunterkonto hat in ein buchgstechn Vorgang auf den Bestand der verbürgten Fdg keinen Einfluß (BGH WM **85**, 159). Ausscheiden eines Gters allein führt nicht zu seiner Befreiung von der HöchstBetrBürgsch für neue Verbindlichk, gibt ihm aber ein KündR für die Zukunft (BGH u Zweibr NJW **86**, 252 u 258; aA Stolzenburg ZIP **85**, 1189: Mitt vom Ausscheiden an Gläub führt zur Enthaftg); ebso bei Eintritt des Bü als pers haftder Gter in die Gesellsch, für deren Kreditschulden er sich verbürgt hatte (BGH NJW **86**, 2308).

3) Insbesondere: Dauernde Abhängigkeit der BürgschSchuld von der Hauptschuld (vgl Einf 1 e vor § 765).

a) Die Hauptschuld muß wirksam entstanden sein (Stgt NJW **85**, 498, zust Lindacher aaO: Keine BürgschSchuld für sittenw Darl). Der Bü haftet auch nicht für den Vertrauensschad bei der IrrtAnf. Wird der die Hauptschuld betr Formmangel geheilt, so wird die Bürgsch – ohne Rückwirkg – verbindl (RG **134**, 243); ebso, wenn eine zunächst vorh Einr später wegfällt (RG **68**, 304), s aber § 768 II. Wird eine Bürgsch für eine unvoll Verbindlichk übern, ist auch die BürgschVerpfl unvoll (KG NJW **56**, 1481, Düss ZIP **83**, 1188); anders bei Übern der Bürgsch für eine bereits verjährte Fdg kr des § 222 II. Ist die Bürgsch für eine nichtige DarlFdg bestellt u das Darl ausbezahlt, so ist es AusleggsFrage, ob sie sich auf den Rückgewähr-Anspr aus ungerechtf Ber erstreckt (BGH NJW **87**, 2076, Stgt NJW **85**, 498); kann der Übern der Bürgsch im eig Interesse bej werden (Düss WM **88**, 1407). Entstehg des RückgewährAnspr u damit der BürgschVerpfl dafür bei einer BGB-Gesellsch vgl § 718 Anm 4 a.

b) Die Bürgschaft erlischt mit Erlöschen der Hauptschuld, so durch Erf, ErfSurrogate, dch vom Schu nicht zu vertretde Unmöglichk od Unvermögen, durch Rücktr, Erlaß od Umschaffg der Hauptschuld (Ausn in HGB § 356), Nichterheben der Klage gg HauptSch innerhl vorgeschriebener AusschlußFr, selbst wenn die Klage gg den Bü vorher erhoben war (Hamm NJW **85**, 567). Ferner wenn die (jur) RPersönlichk des HauptSchu durch völl Untergang erlischt; nicht jedoch, wenn dieser Untergang allein auf der Vermögenslosigk des HauptSchu beruht, denn dem steht der Zweck der Bürgsch, Sichg des Gläub gg Vermögensverfall des HauptSchu, entgg; in diesem Fall bleibt die BürgschFdg selbständig bestehen u ist als solche abtretb (BGH **82**, 323). Beschlagn der HauptFdg dch einen fremden Staat berührt Anspr des Gläub gg den inländ Bü nicht, weil diese Maßn keine Wirkg im Inland auslösen können (BGH **32**, 97). – Die Bürgsch erlischt auch, wenn u soweit die RAusübg gg den HauptSchu mißbräuchl wird, da Unzulässigk der RAusübg InhaltsBeschrkg ist (vgl § 242 Anm 4 A d). Die Bürgsch erlischt ferner bei Vergl des Gläub mit HauptSchu, soweit darin ein Erlaß enthalten ist (RG **153**, 345); Ausn beim Zwangsvergleich, gem §§ 193 S 2 KO, 82 II VerglO. BewLast für Leistgen des HauptSchu, aus denen der Bü Befreig von seiner Verpfl herleitet, trägt der Bü (BGH NJW **88**, 906, WM **89**, 709).

c) Erlischt die Hauptschuld durch Verschulden des Bürgen, so erlischt zwar die BürgschSchuld als solche. An ihre Stelle tritt aber eine ErsatzVerpfl des Bü aus dem BürgschVertr gem § 242, denn im Einstehen des Bürgen liegt auch eine UnterlassgsPfl. Soweit HauptSchu ErsAnspr gg den Bü erwirbt, bedarf es nicht der Abtr dieses Anspr an den Gläub, denn die Bürgsch erstreckt sich ow auf diesen Anspr (vgl § 281 Anm 3 a).

d) Abweichende Vereinbarungen des Inhalts, daß die Bürgsch nicht von Entstehen, Bestand u Höhe der Hauptschuld abhäng sein soll, sind in FormularVertr unwirks (BGH ZIP **85**, 1257), als Individualabrede iR der VertrFreih als zusätzl GarantieÜbern (vgl Einf 3 c vor § 765) od Schuldbeitritt mögl u wirks (BGH WM **66**, 124, Stgt WM **86**, 736), AusleggsFrage im EinzFall (Ffm Betr **74**, 2245: Abrede, daß der Bü sich nicht auf einen vom HauptSchu geschl Vergl berufen kann). Darleggs- u BewLast für Bestehen der Hauptschuld trägt der Gläub, Vereinbg über Vereinfachg dieser Last ist mögl (BGH NJW **80**, 1098).

766 **Schriftform der Bürgschaftserklärung.** Zur Gültigkeit des Bürgschaftsvertrags ist schriftliche Erteilung der Bürgschaftserklärung erforderlich. Soweit der Bürge die Hauptverbindlichkeit erfüllt, wird der Mangel der Form geheilt.

1) Schriftliche Erteilung nur der BürgschErkl, nicht auch ihrer AnnErkl dch den Gläub. ErklBewußtsein vgl Einf 4 B vor § 116. Die Schriftform hat Warnfunktion wg der Gefährlk der Bürgsch. Der Vertr kommt zustande u der Umfang der Bürgsch wird best dch Erteilg der schriftl Erkl seitens des Bü u ihre forml auch stillschw Ann dch den Gläub (BGH WM **78**, 266), auch iF der proz SichLeistg dch Bürgsch (Düss WM **69**, 798). Erteilg ist Überg od Zusendg od überh sonstiges Sich-Trennen von der Urk derart, daß der Gläub tatsächl Verfüggsgewalt erlangen soll u erlangt (Schlesw WM **84**, 651); bis dahin Zurückziehg od Widerruf mögl (RG **126**, 122). Erteilg einer bloßen Abschrift genügt uU (BGH **LM** Nr 1); ebso Bezugn auf die bereits in den Händen des Gläub befindl Urk (RG **59**, 42). Genügd auch Überg einer **Blankettukunde**

(wg Bestimmbark des Gl vgl § 765 Anm 1) mit Ermächtigg zum Ausfüllen von Teilen, bei Überg an Schu od Dritten (Notar) mit Ermächtigg zur Weitergabe der Urk an den Gläub. Bei abredewidr Ausfüllg mit einem höheren Betr kommt kein BürgschVertr über den vereinb niedrigeren Betr zustande (BGH NJW **84**, 798). Ebso genügt Ermächtigg dch Bü an Gläub, auf der bereits in seiner Hand befindl Urk den Namen des vorgesehenen Schu dch den neuen zu ersetzen (BGH NJW **68**, 1131). Der Fortbestand des einmal zustandegek BürgschVertr hängt nicht vom Verbleib der Urk beim Gl ab (BGH Betr **76**, 766, Hbg NJW **86**, 1691).

2) Gesetzliche Schriftform vgl § 126. § 127 genügt nicht (BGH **24**, 297 für telegraf Übermittlg). Ers der Schriftform gem § 127a. Ist in der BürgschUrk die zu sichernde Fdg genau bezeichnet, so genügt eine allg Verweisg auf AGB nicht der Schriftform für die dort enthaltene Ausdehng der Bürgsch auf and Fdgen (Stgt BB **77**, 415). Berufg auf Formmangel kann gg Tr u Gl verstoßen, zB wenn Bü den Gläub argl von der Wahrg der Form abgehalten hat (Köln JMBl NRW **74**, 77) od wenn Bürgsch jahrelang als bestehd behandelt wurde u der Bü längere Zt wirtsch Vorteil aus dem Gesch gezogen hat (BGH **26**, 142), od wenn der AlleinGter u GeschF einer GmbH bei seiner mündl BürgschErkl erkannt hat, daß der VertrPartner sich nur wg dieser zum VertrSchluß bereitfand, u er selbst mittelb Vorteile aus dem Vertr erlangt hat (BGH NJW-RR **87**, 42). Die Vereinbg im BauVertr, daß Sicherh dch schriftl BürgschErkl nach bes Vordruck zu leisten sei, stellt für den am BauVertr unbeteil Bü keine rgeschäftl FormVorschr iS der §§ 125 S 2, 127 dar (BGH NJW **86**, 1681).

3) Umfang der Schriftform. Die schriftl BürgschErkl muß die wesentl Teile eines BürgschVertr wenigstens in hinlängl klaren Umrissen enthalten, selbst wenn sich die Part darüber einig sind (BGH NJW **89**, 1484; Besprechg Tiedtke WM **89**, 737), also insb die Pers des Gläub u des Schu, Bezeichng u Umfang der Schuld, die gesichert werden soll, u den Willen, für die Schuld einstehen zu wollen. Unklarh können dch Ausleg beseitigt werden. Dabei dürfen Umst außerh der Urk mitberücksichtigt werden, sofern für die dch Ausleg festgestellten PartWillen irgdein AnhaltsPkt in der Urk zu finden ist (BGH **76**, 187, NJW **88**, 907). Bleibde Unklarh über den Umfang der BüVerpfl gehen zu Lasten des Gläub (BGH NJW **80**, 1459). Ob Bürgsch für Wechselverbindlk sich auf die zugrdeliegde Schuld erstreckt, ist Auslegsfrage (BGH NJW **68**, 987). Ebso, ob sich die Bürgsch für eine GVerbindlk auf eine interne AusglFdg des einen Gters gg den and erstreckt (Kblz NJW-RR **88**, 1250); ebso, ob sich die Bürgsch für einen nichtigen Ratenkredit auf den RückzahlgsAnspr der Bank aus ungerecht Ber erstreckt BGH (WM **88**, 1721 [1725]); dabei läßt sich unterscheiden nach den Grden für die Übernahme der Bürgsch (BGH WM **87**, 616; ähnl Hamm NJW **87**, 2521). Die Pers des Gläub kann dch die Art der bezeichneten Schuld bestimmt werden, also auch etwa in der Weise, daß der Schu sich erst noch einen Geldgeber sucht u berecht ist, dessen Namen in die Urk einzusetzen; desgl kann der Schu ermächt werden, die Schuldsumme dch den Gläub in den Urk nachtragen zu lassen (BGH WM **62**, 720); Bezugn auf ein and Schriftstück ist zul, wenn wenigstens der Verbürggswille sich aus der Urk selbst ergibt (BGH NJW **67**, 823). Bloße Mitunterzeichng einer Urk, die eine eig Erkl des Mitunterzeichnden nicht enthält, reicht nicht aus (RG **78**, 39, str). Mitunterzeichng der Erklärg, für die Erf eines Vertr als GesSchu zu haften (Schuldbeitritt), kann nicht ow als Bürgsch ausgelegt werden (BGH JR **72**, 61). – Nebenabreden u spätere ÄndergsVereinbgen sind forml gült, wenn sie die Verpfl des Bü ledigl einschränken (BGH NJW **86**, 3131). Die Erweiter der Verpfl des Bü u seine Zustimmg zur rechtsgeschäftl Erweiterg der Hauptschuld bedürfen der Form (RG **96**, 133); ebso die nachträgl Erstreckg der Bürgsch auf neue Kredite des Zessionars nach Abtretg der Fdg (BGH **26**, 142). IF der GesamtRNachf bei JP erstreckt sich die eingegangene BürgschVerpfl auch auf Kredite, die die nunmehr die GeschVerbindg fortsetzde JP gewährt (BGH WM **80**, 770). – Eine zur Sicherg eingegangene Wechselverbindlichk ist keine Bürgsch, da der Verbürggswille aus der Urkunde (Wechsel) nicht erhellt, daher gilt § 774 nicht (RG **94**, 89), auch nicht §§ 766, 771 (BGH **45**, 210). Wechselbürgsch vgl Einf 3e vor § 765.

4) Einzelnes. Der Form bedarf auch der BürgschVorvertr (RG **76**, 304), nicht dagg Auftr u Vollm zur BürgschErkl (RG **76**, 99). Formfrei ist die Bürgsch des Vollkaufmanns, wenn sie, iZw, auf seiner Seite ein HandelsGesch ist, HGB §§ 350, 351, 344 I, 343 I; das gilt auch für BankBürgsch zur Abwendg der ZwVollstr (BGH NJW **67**, 823). Über die Form des § 313 vgl dort Anm 4d. – § 766 gilt nicht für die bürgschaftsähnl Vertr (vgl Einf 3 vor § 765).

5) Heilung, S 2, soweit, der Bü erfüllt. ErfSurrogate genügen. Schuldanerkenntn, § 781, ist noch keine Erf (RG HRR **33**, 1003); desgl nicht Hinterlegg ohne Aufg des Anspr auf Rückforderg als Sicherh für den Fall, daß es zu einer BüVerpfl kommen würde (BGH LM Nr 8).

767 Umfang der Bürgschaftsschuld.

I Für die Verpflichtung des Bürgen ist der jeweilige Bestand der Hauptverbindlichkeit maßgebend. Dies gilt insbesondere auch, wenn die Hauptverbindlichkeit durch Verschulden oder Verzug des Hauptschuldners geändert wird. Durch ein Rechtsgeschäft, das der Hauptschuldner nach der Übernahme der Bürgschaft vornimmt, wird die Verpflichtung des Bürgen nicht erweitert.

II Der Bürge haftet für die dem Gläubiger von dem Hauptschuldner zu ersetzenden Kosten der Kündigung und der Rechtsverfolgung.

1) Die dauernde Abhängigkeit der BürgschSchuld von der Hauptschuld (vgl Einf 1e vor § 765, § 765 Anm 3) hins des Schuldinhalts u -umfangs stellt § 767 nochmals klar, indem er den Bü für den „jeweiligen Bestand" der Hauptschuld haften läßt, somit auch für Änderg u Erweiterg. Über den Rahmen der Hauptschuld hinaus kann die Bürgsch nicht übernommen werden, das wäre GewährVertr (vgl Einf 3c vor § 765), wohl aber kr Abrede für weniger (vgl § 765 Anm 1). Spätere Verringergen der Hauptschuld u Verbessergen der Stellg des HauptSchu kommen dem Bü wg der Abhängigk seiner Schuld ow zugute (BGH WM **84**, 633). Auch kann er sich auf eine gesetzl Stundg der Hauptschuld berufen (RG **153**, 125). Vgl auch § 768 Anm 2a.

§§ 767, 768 2. Buch. 7. Abschnitt. *Thomas*

2) Einzelheiten

a) Ob **Haftung für Nebenforderungen** (VertrZinsen, -strafen), ist Ausleggsfrage (vgl § 765 Anm 1).

b) Für die **Kosten der Kündigung,** die dem Gläub der HauptFdg erwachsen, zB ProzKosten (MüKo/Pecher Rdn 9) haftet der Bü nach Abs II.

c) Für **Veränderungen der Hauptschuld,** auch Erweitergn, durch nicht rechtsgeschäftl Verhalten des HauptSchu nach BürgschAbschluß haftet der Bü nach Abs I S 2, zB Versch, Verzug, auch für Folgen einer zu vertretden Zufallshaftg. Daher Haftg auch auf SchadErs, zB nach § 326; dagg nicht auf Rückgewähr, wenn Gläub aGrd von § 326 zurücktritt, dann erlischt die Bürgsch (Hbg MDR **64**, 324, § 765 Anm 3b).

d) Rechtsgeschäfte des Hauptschuldners, die die Hauptschuld ändern, kommen dem Bü ow zugute, sow sie seine Stellg verbessern. Dagg können sie nicht sw Verpfl erweitern, seine Stellg verschlechtern. Die Identität zw Hauptschuld u verbürgter Schuld muß gewahrt bleiben. An dieser Identität fehlt es, wenn die Hauptschuld dch eine and ersetzt od inhaltl so geändert wird, daß dies einer Ersetzg der Fdg dch eine and gleichkommt (BGH NJW **80**, 2412). Soweit solche Ändergen die Stellg des Bü verschlechtern, haftet er nicht. Unwesentl Ändergen sind bedeutgsl, entsch ist, ob dem Bü nach Tr u Gl zuzumuten ist, sich an seiner Verpfl festhalten zu lassen (BGH WM **62**, 701). So sind im Verhältn zum Bü unwirks SchuldAnerk dch HauptSchu (Düss MDR **75**, 1019), Vergleich, soweit er die Hauptschuld erweitert, Verkürzg der Fälligk. Hat der Bü für Ansprüche des Gl (Bank) aus einer best GeschVerbindg zum HauptSchu einzustehen, so haftet er nicht ow für Verbindlichk, die erst nach Künd od Aufhebg dieser GeschVerbindg begründet worden sind (BGH WM **88**, 1301). Verz des HauptSchu auf Einr § 768 II, Einwdgen des HauptSchu § 768 Anm 1b, Ausübg von Gestaltgrechten dch den HauptSchu § 770. Ein ihm zustehdes Wahlrecht kann der HauptSchu ausüben, ebso kann er die Fälligkeit der Hauptschuld dch Künd auch zu Lasten des Bü herbeiführen, wenn sich das KündR bereits aus dem Vertr ergibt. Hat sich der AlleinGter einer Komplementär-GmbH für die Verbindlken einer GmbH & Co KG in einem best Umfang verbürgt, so erweitert sich der Umfang seiner BüVerpfl nicht dadch, daß er später dch Übern sämtl GesellschAnteile AlleinGter wird (BGH WM **77**, 812). – Die Verpfl des Bü erweitert sich, wenn er zustimmt. Für seine Erkl gilt § 766 (RGRK/Mormann Rdn 7).

e) Urteilswirkung. Das Urt zw Gläub u HauptSchu hat RechtskrWirkg für den Bü, soweit es die Kl abweist, (BGH NJW **70**, 279, zust Fenge NJW **71**, 1920). Es handelt sich um einen Fall der RechtskrErstreckg für einen Dr, der nicht ProzPart war, wg matrechtl Abhängigk. Die RechtskrWirkg ist zu berücksicht, auch ohne daß sich der Bü darauf beruft od wenn er im späteren Proz säumt ist. Ein dem HauptSchu ergangenes Urt hat keine RechtskrWirkg gg den Bü (BGH **76**, 222 [230], NJW **87**, 2076). Der ProzBü erkennt jedoch dch die Übern der ProzBürgsch regelm den Ausgang des Proz als auch für sich verbindl an, weil bei and Auslegg der SichergsZweck der ProzBürgsch nicht zu erreichen wäre (BGH NJW **75**, 1119). Ein Urt im Proz des Gl gg den (selbstschuldner) Bü hat keine RechtskrWirkg im Verh Gl – HauptSchu (Weber JuS **71**, 553).

768 *Einreden des Bürgen.* ^I Der Bürge kann die dem Hauptschuldner zustehenden Einreden geltend machen. Stirbt der Hauptschuldner, so kann sich der Bürge nicht darauf berufen, daß der Erbe für die Verbindlichkeit nur beschränkt haftet.

^{II} Der Bürge verliert eine Einrede nicht dadurch, daß der Hauptschuldner auf sie verzichtet.

1) Betrifft nicht:

a) Unmittelbare Einwendungen und Einreden, die der Bü gg den Gläub aus dem BürgschVertr oder aus and Grden hat. Diese sind ow zul, zB Aufrechng mit eig Fdgen gg den Gläub (BGH WM **65**, 579), Einr des ZbR aus § 273 wg eig Fdgen gg den Gläub, die mit dem BürgschVertr zushängen, Verwirkg, wenn Gläub den BürgschFall treuwidr herbeigeführt hat, weil er den Schu best hat, nicht zu zahlen (BGH WM **63**, 25) od weil er dessen Zusbruch herbeigeführt u jeden Rückgr des Bü vereitelt hat (BGH WM **84**, 586; zu Unrecht weitergehd KG WM **87**, 1091 mit abl Anm Rutke). Ferner Einr der Verj der BürgschFdg. Nicht ow kann sich der Bü auf Wegfall der GeschGrdlage für den BürgschVertr berufen (vgl § 765 Anm 1). – Ist der SichsZweck entfallen, kann der HauptSchu vom Gläub Rückg der Bürgsch u, wenn deren Bestand davon abhäng gemacht ist, Herausg der BürgschUrk an den Bü verlangen (BGH NJW **89**, 1482).

b) Einwendungen des Hauptschuldners, die keine Einreden sind (vgl Th-P Vorbem IV D 1-3, G vor § 253), hat auch der Bü. Bsp: ErfLeistgen des HauptSchu, BewLast hat der Bü (BGH WM **88**, 906: außer bei verbürgter Kontokorrentschuld, deren Fortbestand der Gl zu bew hat; abl Reinicke/Tiedtke ZIP **88**, 545); vom HauptSchu bereits vollzogene Anf, Aufr, erklärte Wandlg, Rücktr. Berufg auf dem HauptSchu günst Urteile vgl § 767 Anm 2e. Dem WechselBü stehen nicht kr Ges die Einwdgen zu, die der HauptSchu aus dem GrdVerhältn hat (BGH WM **76**, 562). Auf Wegfall der GeschGrdlage im Vertr des HauptSchu mit dem Gläub kann sich der Bü nicht berufen, wenn VermVerfall der Grd ist (RG **163**, 91). Die formularmäß Vereinbg des Verzichts des Bü auf die ihm nach dem Ges zustehdn Einreden umfaßt nicht die fehlde Fälligk der Hauptschuld, weil sie keine Einr ist (Düss WM **84**, 1185).

c) Für Einwendungen auf Grund von Gestaltungsrechten, die dem HauptSchu zustehen, die er aber (noch) nicht ausgeübt hat, gilt § 770. Ein WahlR hat der Bü nicht.

d) Dem Zahlungsverlangen nur zum Zweck der Sicherheitsleistung entspr vertragl Vereinbg kann der Bü Einwdgen gg die Hauptverbindlichk überh nicht entgghalten. Sie gehören in ein späteres Verf (Zweibr WM **85**, 1291).

2) § 768 gilt für Einreden, die dem HauptSchu ggü dem Gläub zustehen. Die Vorschr ist notw, da Einreden nur kr Vorbringens wirken, u es zweifelh sein kann, ob sie bereits aGrd der allg Akzessorietät (vgl § 765 Anm 3) dem Bü zustehen würden, wenn der HauptSchu sich nicht auf sie beruft.

a) **Grundsätzlich stehen alle Einreden des Hauptschuldners dem Bürgen zu.** So das ZbR aus § 273 wg mit dem Hauptschuldverhältn zushängender GgAnspr des HauptSchu (BGH WM **65**, 579), die Einr aus § 320. Die Einr der ungerechtf Ber (BGH NJW **89**, 1853), aus Verj der Hauptschuld auch dann, wenn diese erst nach Erhebg der BürgschKl eingetreten ist (BGH **76**, 222), aus Stundg (vgl § 271 Anm 4), selbst wenn nur dem HauptSchu bewilligt (RG **153**, 125, 345). RechtskrWirkg des Urt im Proz Gl – HauptSchu für u gg den Bü vgl § 767 Anm 2e. Verzicht des HauptSchu auf eine Einr wirkt nicht ggü Bü (Abs II).

b) **Ausnahme, Abs I Satz 2.** Daß sich der Bü auf die beschr Erbenhaftg des HauptSchu nicht berufen kann, folgt aus dem Wesen der Bürgsch.

c) **Einzelheiten.** Bringt der Bü Einr nicht vor od leistet er in fahrl Mißachtg eines WahlR des Schu, so kann das Folgen für seinen Rückgr haben (vgl § 774 Anm 2b, e), Bü kann auf die Rechte aus § 768 verzichten bis zur Grenze des RMißbr (BGH WM **63**, 1303). Einr aus §§ 768, 770 können dem Bü verwehrt sein, wenn in seiner Pers der Einwand der Interventionswirkg (§ 68 ZPO) besteht (BGH NJW **69**, 1480). – Über das Recht des Bü, unter mehreren Fdgen diejenige, die er tilgen will, zu bestimmen, vgl § 366 Anm 1.

3) **Absatz II** stellt klar, daß Verzicht des HauptSchu auf Einr die Haftg des Bü nicht verschärfen kann. In entspr Anw verliert der Bü die berecht VerjEinr nicht, wenn danach gg den HauptSchu ein VersäumnUrt ergeht, das eine neue 30-jähr VerjFr eröffnet (BGH **76**, 222).

769 *Mitbürgschaft.* Verbürgen sich mehrere für dieselbe Verbindlichkeit, so haften sie als Gesamtschuldner, auch wenn sie die Bürgschaft nicht gemeinschaftlich übernehmen.

1) **Gesetzliche Regel.** Die gesschuldner Haftg ergibt sich sowohl für den Fall gemeinschaftl Übern wie für den der Übern unabhäng und ohne Wissen voneinand bereits aus der Einh der Verbindlichk, überdies aus § 427 (vgl dort Anm 1). **Verhältnis der Mitbürgen zum Gläubiger:** §§ 421–425. Bei gemeinschaftl Übern gilt § 139; mit Rücks auf die Natur der gesschuldner Haftg wird aber regelm die Nichtigk einer Bürgsch-Übern die Gültigk der and unberührt lassen (RG **138**, 270; aA RGRK/Mormann Rdn 3). Der MitBü kann die Wirksamk der übr MitBürgsch zur Bdgg seiner Verpfl machen. Der AusfallBü (vgl Einf 2c v § 765) haftet nur subsidiär. Keine ungerechtf Ber des Gl um die VorBürgsch, falls die AusfallBürgsch wegfällt (vgl § 812 Anm 6 Ad). Haben die MitBü sich für die ganze Schuld unter Beschrkg auf best Höchstbetr verbürgt, besteht GesSchu in der geringeren Höhe, der Gläub kann wählen, in welcher Reihenfolge er die MitBü in Anspr nimmt (Hamm WM **84**, 829). Verbürgg für verschiedene Tle der Fdg nach Betr od Bruchtl ist Teil-, nicht MitBürgsch (RGRK/Mormann Rdn 1). – **Innenverhältnis:** § 774 II (426). AusgleichsAnspr idR auch dann, wenn MitBü nur Teilzahlg leistet (BGH **23**, 361). Der VorBü, der den Gl befriedigt hat, erwirbt keinen AusglAnspr gg den AusfallBü, denn die AusfallBürgsch verringert das Risiko des Kreditgebers, nicht das des VorBü (BGH NJW **79**, 646). And, wenn die gewöhnl Bürgsch erst nach der Übern des Bü dch einen auf den Ausfall beschr wird; eine solche Vereinbg kann mit Wirkg gg die gewöhnl Bü nur mit dessen Zust getroffen werden (Schuler NJW **53**, 1689).

2) **Abweichende Vereinbarung** ist mögl. Ist in einer BürgschUrk formularmäß das Bestehen einer GesSchuldnersch unter mehreren Bü vom Gläub ausgeschl, so entfällt damit idR nicht auch ein Ausgl zw den mehreren MitBü im InnenVerh (BGH **88**, 185, NJW **87**, 3126; i Erg zust Reinicke u Tiedtke JZ **83**, 896, Knütel JR **85**, 6, Weitzel JZ **85**, 824; ebso schon Krosta ZfgesK **72**, 102; krit Wolf NJW **87**, 2472).

770 *Einreden der Anfechtbarkeit und der Aufrechenbarkeit.* I Der Bürge kann die Befriedigung des Gläubigers verweigern, solange dem Hauptschuldner das Recht zusteht, das seiner Verbindlichkeit zugrunde liegende Rechtsgeschäft anzufechten.

II Die gleiche Befugnis hat der Bürge, solange sich der Gläubiger durch Aufrechnung gegen eine fällige Forderung des Hauptschuldners befriedigen kann.

1) **Allgemeines.** Die Ausübg bestehder GestaltgsR ist wg ihrer Einwirkg auf den Bestand der Hauptschuld dem Bü nicht überlassen, sond bleibt der Entschließg des HauptSchu od Gläub (vgl Abs II) vorbehalten. Das G gibt dem Bü aber, solange diese Rechte noch bestehen, in 2 Fällen (I u II, vgl ferner Anm 4) eine verzögerl Einr. Ist bereits angefochten oder aufgerechnet, so gilt § 765 (vgl dort Anm 3a, b). Ist die AufrechngsErkl des Schu sachl wirkgslos, weil sie erst nach seiner Verurteilg abgegeben ist (§ 767 I ZPO), so verbleibt es bei dem LeistgsVR des Bü nach § 770, sofern der Gläub auch in diesen Fällen aufrechnen kann (BGH **24**, 97).

2) **Anfechtungsrecht des Hauptschuldners,** Abs I. Es muß noch bestehen. IrrtAnf wg § 121 kaum prakt. Verzicht des Schu, auch im FormularVertr, ist wirks, weil § 770 nur eine verzögerl Einr gibt, nimmt ihm aber nicht die Einwdg aus § 853 iF unerl Hdlg des Gläub (BGH **95**, 350). – Hat der Bü gezahlt, kann er seine Leistg nach AnfErkl des Schu gem §§ 142, 812 (nicht § 813) zurückfordern, falls nicht § 814 entggsteht.

3) **Aufrechnungsrecht,** Abs II (vgl HGB § 129 III u hierzu § 719 Anm 2d) trifft nicht die Fälle, in denen das AufrR nur dem Schu, nicht dem Gläub zusteht, zB §§ 393, 394 (aA Zimmermann JR **79**, 495, RGRK/Mormann Rdn 4). Nach hM (RG **137**, 36, MüKo/Pecher Rdn 9, unentscheiden BGH **42**, 398), hat daher der Bü in diesen Fällen kein LeistgsVR, falls ein solches nicht wg eines zugl vorliegden ZbRechts des HauptSchu, § 273, nach § 768 I gegeben ist. Das LeistgsVR des Bü reicht nur sow, als sich Gläub durch Aufr befreien kann, also nicht, sow dessen Fdg die GgFdg des HauptSchu übersteigt (BGH **38**, 127). Abs II hindert den Gläub ohne entggstehde Abreden im BürgschVertr nicht, mit einer nicht verbürgten Fdg gg einen Anspr des HauptSchu aufzurechnen, außer er handelt damit nur zum Schad des Bü (BGH WM **84**,

§§ 770-773　　　　　　　　　　　　　　　　　2. Buch. 7. Abschnitt. *Thomas*

425). Ist die Fdg des Gläub noch nicht fällig, fehlt es daher für ihn an der AufrBefugn, so kann der Bü das LeistgsVR nach II gleichwohl geltd machen, wenn Gläub auf künft Leistg zu klagen befugt ist (§§ 257 ff ZPO), da andernf Bü hier schlechter stünde, als bei fälliger HauptFdg (BGH **38**, 128). — Auch Berufg auf LeistgVR nach II darf nicht gg Tr u Gl verstoßen (BGH NJW **66**, 2009). — Bei Verzicht des HauptSchu auf die GgFdg entfällt die Einr aus § 770 II ebso wie in Anm 2 (RG **122**, 147). Der Verz auf die Einr aus § 770 II in FormularVertr ist unwirks, wenn die Fdg des HauptSchu gg den Gläub rechtskräft festgestellt, unbestr od entscheidgsreif ist (BGH NJW **81**, 761). Bei Zahlg in Unkenntn des AufrRechts hat Bü kein RückfordergsR (vgl § 389 Anm 2).

4) Für **andere Gestaltungsrechte des Hauptschuldners** wie Wandelgs- (RG **66**, 334) u RücktrR gilt § 770 entspr. Er hat also ein LeistgsVR, solange der HauptSchu das GestaltgsR noch nicht verloren hat (teilw aA MüKo/Pecher Rdn 5). Die MindergsEinr, da nicht rechtsgestaltd, steht dem Bü nach § 768 zu (RG **66**, 334). Im einz str; vgl hierzu Schlosser JZ **66**, 433: dilator Einr des Bü nur für eine „angemessene Zeit". Bei Verjährg des Wandelgs- od MindergsR hat der Bü unstreit die Einr aus § 478, die nicht mehr rgestaltd ist.

771 *Einrede der Vorausklage.* **Der Bürge kann die Befriedigung des Gläubigers verweigern, solange nicht der Gläubiger eine Zwangsvollstreckung gegen den Hauptschuldner ohne Erfolg versucht hat (Einrede der Vorausklage).**

1) Bedeutung. Der Bü haftet nur hilfsw, also nicht als GesamtSchu mit dem HauptSchu. Die verzögerl Einr ist nur zu beachten, wenn der Bü sie geltd macht. Gläub hat dann die Vorauss des § 771 od das Vorliegen eines AusnFalles (Anm 2) darzulegn. Die Bezeichng Vorausklage ist ungenau, nötig ist VollstrVersuch gg den HauptSchu wg der Hauptschuld aGrd Urt od and Titels. Jeder zul VollstrVersuch genügt, für Bürgsch wg GeldFdgen vgl aber § 772. Ein einziger VollstrVersuch genügt, mag Schu auch inzw wieder Zugriffsobjekte in die Hand bekommen haben (RG **92**, 219). Bei Verbürgg für eine Schuld der OHG ist vergebl VollstrVersuch auch ggn die pers haftdn Gter nicht erforderl (MüKo/Pecher Rdn 4, RGRK/Mormann Rdn 1; aA Soergel-Mühl Rdn 1). Anspr gg den Nachbürgen (vgl Einf 2a vor § 765) setzt vergebl VollstrVersuch gg den HauptSchu u den Bü voraus. — Die Einr hemmt die Verj nicht, § 202 II.

2) Ausnahmen. Der Einr bedarf es nicht, vielmehr muß Gläub mehr darlegen ggü dem AusfallBü (vgl Einf 2c vor § 765). — Sie ist ausgeschl in den Fällen des § 773, bes bei selbstschuldner Verbürgg. Solche ist stets anzunehmen bei Bürgsch eines Vollkaufm, wenn diese für ihn ein HandelsGesch ist, HGB §§ 349, 351. — Ausschl ferner in den Fällen der gesetzl BüHaftg (vgl Einf 1 c). — SicherhLeistg dch Bürgsch vgl § 239 II.

772 *Vollstreckungs- und Verwertungspflicht des Gläubigers.* **I Besteht die Bürgschaft für eine Geldforderung, so muß die Zwangsvollstreckung in die beweglichen Sachen des Hauptschuldners an seinem Wohnsitz und, wenn der Hauptschuldner an einem anderen Orte eine gewerbliche Niederlassung hat, auch an diesem Orte, in Ermangelung eines Wohnsitzes und einer gewerblichen Niederlassung an seinem Aufenthaltsorte versucht werden.**

II Steht dem Gläubiger ein Pfandrecht oder ein Zurückbehaltungsrecht an einer beweglichen Sache des Hauptschuldners zu, so muß er auch aus dieser Sache Befriedigung suchen. Steht dem Gläubiger ein solches Recht auch nur für eine andere Forderung zu, so gilt dies nur, wenn beide Forderungen durch den Wert der Sache gedeckt werden.

1) Bürgschaft für Geldforderung. Abs I regelt den durch § 771 geforderten VollstrVersuch bei Bürgsch wg GeldFdgen näher. Nur VollstrVersuch in die bewegl Sachen des HauptSchu an den in Abs I genannten Orten (vgl dazu § 773 Nr 2) ist erforderl, nicht in Grdst, Fdgen od and VermRechte (RG **92**, 219). BewLast: Gläub.

2) Andere Sicherheiten. Abs II bezieht sich ebenf nur auf die Bürgsch wg GeldFdgen u läßt die Sachhaftg der BüHaftg vorgehen. Dazu gehören vertragl u ges Pfd- u ZbR an bewegl Sachen, auch InhPapieren (§ 1293), nicht an Grdst, Fdgen u and VermR. Auch PfdgsPfdR, Sichgs- u VorbehEigt, außer im AnwBereich des § 5 AbzG. — Keine vorgehde VerwertgsPfl des Gläub, wenn sein BefriediggsR zugl für eine weitere Fdg als die dch Bürgsch gesicherte an derselben Sache besteht u nicht beide Fdgen gedeckt sind, außer das BefriediggsR wg der dch Bürgsch gesicherten Fdg hat Vorrang vor dem BefriediggsR wg der and Fdg (MüKo/Pecher Rdn 5, RGRK/Mormann Rdn 3). — BewLast: Bürge.

773 *Ausschluß der Einrede der Vorausklage.* **I Die Einrede der Vorausklage ist ausgeschlossen:**
1. **wenn der Bürge auf die Einrede verzichtet, insbesondere wenn er sich als Selbstschuldner verbürgt hat;**
2. **wenn die Rechtsverfolgung gegen den Hauptschuldner infolge einer nach der Übernahme der Bürgschaft eingetretenen Änderung des Wohnsitzes, der gewerblichen Niederlassung oder des Aufenthaltsorts des Hauptschuldners wesentlich erschwert ist;**
3. **wenn über das Vermögen des Hauptschuldners der Konkurs eröffnet ist;**
4. **wenn anzunehmen ist, daß die Zwangsvollstreckung in das Vermögen des Hauptschuldners nicht zur Befriedigung des Gläubigers führen wird.**

II In den Fällen der Nummern 3, 4 ist die Einrede insoweit zulässig, als sich der Gläubiger aus einer beweglichen Sache des Hauptschuldners befriedigen kann, an der er ein Pfandrecht oder ein Zurückbehaltungsrecht hat; die Vorschrift des § 772 Abs. 2 Satz 2 findet Anwendung.

1) Allgemeines. Die Vorschr schließt die Einr der VorausKl (§ 771) in den genannten Fällen aus. Weitere Fälle sind §§ 349, 351 HGB u die Haftg als Bü kr Ges (vgl Einf 1c vor § 765).

2) Ausschlußfälle, Abs I. BewLast beim Gläub. – **a) Nr 1.** Der Verzicht bei Abschl des BürgschVertr od nachträgl bedarf der Form des § 766 (BGH NJW **68**, 2332). Auf den Wortlaut kommt es nicht an. Verz liegt in der Verbürgg als SelbstSchu, idR auch bei Verpfl zur sofort Zahlg zu einem best Ztpkt (RG JW **21**, 335) od wenn sich der Bü der sofort ZwVollstr (§ 794 I Nr 5 ZPO) unterwirft (KG JW **34**, 1293). Aufgehoben ist nur die Subsidiarität, nicht die Akzessorietät der BüHaftg (RG **148**, 65). HauptSchu u selbstschuldner Bü haften nicht als GesamtSchu (BGH WM **84**, 131). – **b) Nr 2.** Maßg Ztpkt ist InAnsprN des Bü. Die Erschwerg muß nach Abschl des BüVertr eingetreten sein. Bei jP steht Sitzverlegg gleich (RG **137**, 1 [13]). Verlegg ins Ausland genügt idR. – **c) Nr 3.** Maßg Ztpkt ist InAnsprN des Bü, im Proz Schluß der letzten TatsVhdlg. Die Einr der VorausKl lebt nach Beendigg des KonkVerf nicht wieder auf (Kln Betr **83**, 104; bestr, Nachw vgl RGRK/Mormann Rdn 4). Vgl auch Abs II. – **d) Nr 4.** Die Erfolgsaussicht ist gering nach ergebnisl ZwVollstrVersuch in and Sache, bei Ablehng der KonkEröffng mangels Masse, nach Eröffng des VerglVerf über das Verm des HauptSchu. Vgl auch Abs II.

3) Absatz II stellt klar, daß in den Fällen des Abs I Nr 3, 4 dem Bü das Recht verbleibt, den Gläub vorweg auf die Befriedigg aus einem VerwertgsR an bewegl Sachen gem § 772 II S 1 mit der Einschränkg gem dort S 2 zu verweisen.

774 *Gesetzlicher Forderungsübergang.* **I** Soweit der Bürge den Gläubiger befriedigt, geht die Forderung des Gläubigers gegen den Hauptschuldner auf ihn über. Der Übergang kann nicht zum Nachteile des Gläubigers geltend gemacht werden. Einwendungen des Hauptschuldners aus einem zwischen ihm und dem Bürgen bestehenden Rechtsverhältnisse bleiben unberührt.

II Mitbürgen haften einander nur nach § 426.

1) Abgrenzung: Kann der Zuwendde die Leistg entw als Bü od als Dr bewirken, so kommt es auf seine Zweckbestimmg an (vgl § 267 Anm 3b). Leistet er ohne Zweckbestimmg, so kommt es wie iF des § 812 (vgl dort Anm 5 Bb) darauf an, als wessen Leistg sich die Zuwendg bei obj Betrachtungsweise aus der Sicht des Empf darstellt (BGH NJW **86**, 251). Dem Bü, der den Gläub befriedigt, kann ein RückgrAnspr gg den HauptSchu unter zwei unterschiedl rechtl Gesichtspunkten zustehen (BGH **95**, 375).

a) Innenverhältnis. Zw dem Bü u dem HauptSchu besteht meist ein RVerhältn. Der Bü kann sich aber auch aGrd einer Beziehung zum Gläub verbürgt haben. RechtsGrd im Verh zum Schu kann Auftr, GeschBesVertr (BankBürgsch), GoA, Schenkg sein. Der RückgrAnspr folgt dann aus §§ 675, 683, 684, 670. Diesen Anspr betrifft § 774 nicht.

b) Übergegangene Gläubigerforderung. Nur sie ist in § 774 geregelt. Hat der Bü in Unkenntn dessen bezahlt, daß die Schuld bereits erfüllt war, scheidet der ges FdgsÜbergang aus.

c) Verhältnis der Ansprüche zueinander. Nach überwiegder Meing handelt es sich um zwei Anspr, zw denen der Bü die Wahl hat (RG **59**, 207, Soergel-Mühl Rdn 1, RGRK/Mormann Rdn 5, wohl auch BGH WM **64**, 849; aA Larenz II § 64 III, MüKo/Pecher Rdn 13: ein StreitGgst, AnsprKonkurrenz). Das ist von Bedeutg für die Einwdgen des Schu. Dem RückgrAnspr des Bü aus dem InnenVerh kann er nach überwiegder Meing alle, aber auch nur die Einwdgen aus diesem, solche aus dem übergegangenen RVerhältn zum Gläub entgghalten wie Verj, Aufr gg die HauptFdg. Auch ob er dem Bü entgghalten kann, daß dieser nicht ow hätte zahlen dürfen oder im RStreit ggü dem Gläub verabsäumt habe, Einwdgen oder Einr vorzubringen, bestimmt sich nach dem InnenVerh. Auch ein SchadErsAnspr des Bü kann sich aus dem InnenVerh ergeben. Umgekehrt kann der Schu dem Bü gem Abs I S 3 gg die übergegangene Fdg alle Einwdgen aus dem InnenVerh entggsetzen.

2) Rückgriffsanspruch. § 774 regelt nur den Anspr gem oben Anm 1b, nicht den aus dem InnenVerh (oben 1a). Abdingbar (BGH **92**, 374). Er entsteht aufschieb bdgt bereits mit Übern der Bürgsch, Bdgg ist die Befriedigg des Gläub dch den Bü (BGH NJW **74**, 2000 [2001], Mü WM **88**, 1896).

a) Gesetzlicher Forderungsübergang. Dem Gesichtspkt, daß regelmäß der Bü ein RückgrR gg den HauptSchu hat, trägt Abs I S 1 dadch Rechng, daß die HauptFdg nicht dch die Tilgg der BürgschSchuld dch den Bü erlischt, sond unabhäng vom Vorliegen eines RückgrR aus dem Innenverhältn kraft Gesetzes auf den Bü übergeht. Leistet der Bü auf eine wg GeschUnfähigk nichtige DarlSchuld, so geht der Rückgewähr-Anspr des Gl gg den GeschUnfäh aus ungerechtf Ber auf den Bü über (Kln MDR **76**, 398). War sonst die gesicherte Fdg nicht entstanden od erloschen, kann nichts übergehen. Doch erwirbt der Bü wenn er die Zahlg ohne RGrd einen BereicherngsAnspr gg den Gläub, da er seine eig (nicht bestehde) Verbindlichk erf wollte. Ebso bei Unwirksamk des BürgschVertr; jedoch können Bü u Gläub noch bei Zahlg einen BürgschVertr u Leistg zu seiner Erf vereinb (BGH BB **64**, 907). Zahlt der selbstschuldner Bü aGrd eines rkräft VorbehUrt an den Gläub, so geht dessen Fdg gg den HauptSchu erst mit dem Abschl des NachVerf auf ihn über. Er kann daher, falls sich nichts and aus dem InnenVerh zum HauptSchu ergibt, gg diesen erst nach Abschl des NachVerf Rückgr nehmen (BGH **86**, 267). Nach- u Rückbürgsch vgl Einf 2a, b vor § 765; Wechselbürgsch u BGB-Bürgsch vgl Einf 3e vor § 765. Nach BGH NJW **73**, 1077 (André NJW **73**, 1495) soll eine öffentl Fdg dch diesen Übergang zu einer privaten Fdg werden: ord RWeg, wenn ZollBü nach Zahlg im Konk FeststellgsKl über Höhe u VorR der übergegangenen ZollFdg erhebt. Wodch die Fdg dch den ges Übergang ihre RNatur verlieren soll u welches dann ihre privatr neue AnsprGrdlage sein soll, sagt der BGH allerd nicht.

b) Befriedigung des Gläubigers. Der Übergang setzt nicht voraus, daß der Bü die Hauptschuld unmittelb erfüllt (BGH WM **69**, 1103: Freistellg des HauptSchu von Verpfl statt Zahlg). Aufr mit eig Fdgen

§ 774 2, 3   2. Buch. 7. Abschnitt. *Thomas*

genügt, wenn ein wirks BürgschVertr in bezug auf die getilgte Fdg bestand (BGH WM 64, 850). Vergleichen sich Gläub u Bü auf einen geringeren Betr, kommt es auf die Ausleg an, ob auch die HauptSchu ermäßigt sein soll. Wenn nicht, geht die Fdg voll, wenn ja, in ermäßigter Höhe auf den Bü über (RG 102, 51). Entspr gilt für den Erlaß (RGRK/Mormann Rdn 1). Hat der Bü iF des VerglVerf den Gl über die VerglQuote hinaus befriedigt, so hat er insow keinen RückgrAnspr gg den HauptSchu (BGH 54, 117). Kein Übergang bei bloßer Sicherstell od noch nicht endgült Befriedigg durch den Schu, zB bei vereinb Hinterlegg (Ffm WM 76, 1283), bei Leistg des Bü aGrd nur vorl vollstreckb Urt aGrd (selbst rkräft) VorbehUrt (BGH 86, 267) od bei der Vereinbg, daß bei nicht ausreichden Zahlgen des Bü die Fdg des Gläub erst dann übergehen soll, wenn sie voll befriedigt ist u die Zahlgen bis dahin nur als Sicherh gelten (BGH 92, 374), außer der Gläub gibt zu erkennen, daß er sich aus der gezahlten BürgschSumme befriedigt hat, die Leistg des Bü also nicht mehr bloß als Sicherh betrachtet (BGH NJW 87, 374; aA Tiedtke JZ 87, 491). Bei Zahlg aGrd VorbUrt nimmt Knütel (JR 85, 6) RegreßAnspr aus § 670 an. – Hat sich Bü für alle **Gesamtschuldner** verbürgt, so gilt nichts Besonderes; die GesSchu sind nunmehr seine GesSchu; Ausgl unter ihnen nach § 426 II (BGH 46, 14). Hat sich der Bü nur für einen von ihnen verbürgt, so geht, wenn er den Gläub befriedigt, die Fdg nur gg diesen auf ihn über, zugleich aber auch dessen AusglAnspr gg die übr GesSchu nach § 426 II, sow Ausgl gefordert werden kann (BGH aaO, krit hierzu Reinicke NJW 66, 2141), was sich nach der ZweckBestimmg, den Vereinbgen u der Interessenlage aller Beteil beurt. Hat der Bü im InnenVerh nur für den Anteil eines v mehreren GesSchu gebürgt u ist er nur hierfür in Anspr gen worden, dann kann er gg die übr im InnenVerh nicht ausglpfl GesSchu nicht Rückgr nehmen (BGH Warn 76, 98).

c) Nebenrechte gehen gem §§ 412, 401 mit der HauptFdg auf den Bü über, auch wenn von Dr bestellt (unten g). An Zinsen kann der Bü nicht nur die gesetzl, sond auch die höheren vertragl verlangen, da die Fdg mit allen akzessor NebenR auf ihn übergeht (BGH 35, 172; zT aA Reinicke Betr 67, 847). Der AusfallBü, der den Gl befriedigt, erwirbt die Fdg gg den HauptSchu die gg den VorBü (Weber BB 71, 333). Nicht akzessor SichergsR gehen nicht über, vgl § 401 Anm 3.

d) Einwendungen gegen die Hauptforderung verbleiben dem Schu nach dem Übergang auch gg den Bü, §§ 412, 404, selbst wenn Bü aGrd Verurteilg geleistet hat; das Urt hat keine Rechtskr gg den HauptSchu. Dieser kann ferner auch jetzt noch mit Fdgen gg den Gläub iR der §§ 412, 406 dem Bü ggü aufrechnen (RG 59, 209). Die GgMeing (vgl Tiedtke Betr 70, 1721) ist mit dem Ges nicht vereinb; allerd kann die Aufr im EinzFall gg Tr u Gl verstoßen. Der HauptSchu kann ferner die vom Bü dem Gläub ggü verabsäumte Einr der Verj nach §§ 412, 404 dem Bü ggü erheben. Hat der HauptSchu inzw an den Gläub in Unkenntn der Zahlg des Bü gezahlt, so ist er ggü dem Bü dch §§ 412, 407 geschützt.

e) Einwendungen aus dem Innenverhältnis, Abs 1 S 3 (vgl Anm 1a) kann der HauptSchu dem Bü auch aus dem übergegangene HauptFdg entgegensetzen. Der HauptSchu ist also, auch wenn der Bü den Anspr aus § 774 geltd macht, nur iR des InnenVerh verpfl (BGH WM 76, 687). Jedoch ist der HauptSchu darauf angewiesen, ein Überschreiten einwendgsw vorzubringen, zB wenn die Hauptschuld im Interesse des Bü aufgenommen od die Bürgsch eine Schenkg an den HauptSchu war. Keine bloße Einr. BewLast: Haupt-Schu. Über entspr Anwend im Verh zum Nachbürgen vgl Einf 2a vor § 765.

f) Keine Benachteiligung des Gläubigers, Abs 1 S 2. Befriedigt der Bü den Gläub nur teilw, so kann dieser sich vorweg aus den Sicherh befriedigen. Nicht dagg wg and Fdgen, für die sich der Bü nicht verbürgt hatte u die ebenf dch die auf den Bü übergehden Rechte gesichert sind (BGH 92, 374); dies auch bei Vollbefriedigg. Gleiche Regelg in § 268 (vgl dort Anm 4). – Zahlt Bü teilw währd des Konkurses, so steht er dem Gläub nach, solange dieser nicht wg der RestFdg voll befriedigt ist, KO § 68 (BGH 27, 51). Hat er bereits vor Eröffng teilw gezahlt, so steht er ihm zwar im KonkVerf gleich, der Gläub kann aber von ihm den Betr herausverlangen, um die seine KonkQuote ohne die Teiln des Bü höher ausgefallen wäre (RG 83, 401, RGRK/Mormann Rdn 4; offengelassen BGH 92, 374).

g) Zusammentreffen von Bürgschaft und dinglicher Sicherung. WahlR des Gläub, welche Sicherh er zuerst in Anspr nimmt (Mü WM 88, 1846). – Sämtl SichsGeber, die gleichrang Sicherh gewähren, verfolgen den gemeins Zweck, die Hauptschuld des Gläub zu sichern. Mangels abw Vereinbg bestehen daher, auch wenn sie nicht GesSchu sind, anteil AusglAnspr der SichgsGeber untereinand entspr § 426, soweit einer von ihnen den Gläub befriedigt. Dies gilt für akzessor u nichtakzessor Sicherh in gleicher Weise (BGH NJW 89, 2530: entschieden für Bürgsch u GrdSch). Ggteil Auffassgen führen zu nicht gewollten u sachl ungerechtf Zufallsergebn, je nachdem welchen SichsGeber der Gläub zuerst in Anspr nimmt. Übers über den MeingsStand MüKo/Pecher Rdn 25.

3) Mitbürgen, Abs II, sind nach § 769 GesSchu. Gleichstuf Bü für dieselbe HauptVerbindlkt (BGH WM 86, 961) sind mangels abw Vereinbg einand ab Entstehg des GesamtschuldVerh nach § 426 I zu gleichen Anteilen zum Ausgl verpfl, sow sich nichts and aus der Natur der Sache ergibt (BGH NJW 86, 3131), was derjen zu beweisen hat, der sich darauf beruft (BGH 88, 185, NJW 84, 482). Verbürgen sich Gter für eine Schuld der G, so haften sie untereinand, sow nichts and vereinb ist, im Verh ihrer Beteiligg an der G (Ffm MDR 68, 838). Nur iR der AusglVerpfl geht nach § 426 II die BürgschFdg die über MitBü auf den befriedigden MitBü über. § 774 II stellt klar, daß § 774 I, aGrd dessen – iVm §§ 401, 412 – die BürgschFdg gg die übr MitBü als NebenR der Fdg gg den HauptSchu übergeht, daran nichts ändert. Überträgt der eine von 2 Gtern einer GmbH, die sich beide für eine GSchuld verbürgt haben, seinen Antl auf den and, so ist idR als andweit Bestimmg iS des § 426 I 1 anzunehmen, daß im InnenVerh nunmehr der AlleinGter für die Erf der BürgschSchuld allein einzustehen hat (BGH Betr 73, 1543). Bei Teilbefriedigg dch MitBü AusglAnspr gg MitBü auch dann, wenn die endgült Höhe der InAnsprN der Bü noch nicht feststeht (BGH NJW 86, 3131), insbes die Teilzahlg unter der vom MitBü intern zu tragden Quote liegt (BGH 23, 361). Steht allerdings in solchem Fall die ZahlgsUnfähigk des MitBü fest, der geleistet hat, so kann er einen AusglAnspr solange nicht geltd machen, als nicht feststeht, in welcher Höhe auch die MitBü aGrd der Bürgsch zahlen müssen (BGH 83, 206). Teilerlaß der GesBürgschFdg ggü einz MitBü u Rückwirkg auf die AusglPfl vgl § 423 Anm 1. Abs II gilt entspr für den AusglAnspr zw dem Bü eines GesamtSchu u einem weiteren GesSchu, der sich nur sicherhshalber mitverpfl hat (Celle NJW 86, 1761). – Abw Vereinbg im BürgschVertr vgl § 769 Anm 2.

Einzelne Schuldverhältnisse. 18. Titel: Bürgschaft §§ 775, 776

775 *Anspruch des Bürgen auf Befreiung.* I Hat sich der Bürge im Auftrage des Hauptschuldners verbürgt oder stehen ihm nach den Vorschriften über die Geschäftsführung ohne Auftrag wegen der Übernahme der Bürgschaft die Rechte eines Beauftragten gegen den Hauptschuldner zu, so kann er von diesem Befreiung von der Bürgschaft verlangen:

1. wenn sich die Vermögensverhältnisse des Hauptschuldners wesentlich verschlechtert haben;
2. wenn die Rechtsverfolgung gegen den Hauptschuldner infolge einer nach der Übernahme der Bürgschaft eingetretenen Änderung des Wohnsitzes, der gewerblichen Niederlassung oder des Aufenthaltsorts des Hauptschuldners wesentlich erschwert ist;
3. wenn der Hauptschuldner mit der Erfüllung seiner Verbindlichkeit im Verzug ist;
4. wenn der Gläubiger gegen den Bürgen ein vollstreckbares Urteil auf Erfüllung erwirkt hat.

II Ist die Hauptverbindlichkeit noch nicht fällig, so kann der Hauptschuldner dem Bürgen, statt ihn zu befreien, Sicherheit leisten.

1) Befreiungsanspruch. Nach Befriedigg des Gläub hat der Bü den Rückgr aus § 774. Schon zuvor gibt ihm § 775 bei gewissen InnenVerh (Auftr, GeschFg oA oder GeschBesVertr) uU einen BefreiungsAnspr gg den HauptSchu. § 775 ändert damit insb die ges Regelg der §§ 669 (Recht auf Vorschuß), 670 (Ersatz für Aufw vor Befriedigg) u 671 (KündR). Hat der Schu im VerglVerf den Gl mit der Quote befriedigt, erlisch wg der weitergehenden Fdg der BefreiungsAnspr des Bü (BGH 54, 117). – § 775 kann erweitert (Karlsr WM 70, 647: befristeter Auftr) od abbedungen werden, auch ist (formloser) Verzicht des Bü zul; ein solcher mit dem Gläub vereinb Verz kann auch als Vertr zG des HauptSchu gewertet und einredew von ihm geltd gemacht werden, wenn der Bü gleichwohl nach § 775 vorgeht (BGH LM Nr 1). § 775 gilt auch für den selbstschuldner Bü. Der Übern der Bürgsch im Auftr des HauptSchu steht gleich, wenn sich ein Gter für eine GesSchuld verbürgt. Nach seinem Ausscheiden kann er grdsätzl Befreiung von der Bürgsch dch die G verlangen, jedenf sobald eine weitere Voraus des Abs I Nr 1–4 vorliegt (BGH WM 74, 214); ebso bei Kaduzierg eines GmbHAntls (Hbg ZIP 84, 707). – Vollstr geschieht nach ZPO § 887 (RG 150, 80). – Der BefreiungsAnspr verwandelt sich nicht ow in einen ZahlgsAnspr, sobald die ZahlgsUnfgk des HauptSchu u die InAnsprN des Bü feststehen; uU aber anders (RG 143, 194; krit Kretschmer NJW 62, 141). – Tritt der Bü seinen FreistellgsAnspr gg den HauptSchu an den Gl der HauptFdg ab, so verwandelt er sich in einen Anspr auf Erf der Fdg, v der zu befreien ist (BGH Betr 75, 445); also auf Zahlg. An and Pers als den Gl der HauptFdg ist der FreistellgsAnspr nicht abtretb (vgl § 399 Anm 2a).

2) Die einzelnen Fälle. Nr. 1. Nachträgl wesentl Verschlechterg der VermVerh wie in §§ 321, 610 (vgl § 321 Anm 2b). – **Nr. 2.** Entspricht § 773 Nr 2. – **Nr. 3.** BefreiungsAnspr verbleibt dem Bü, wenn Gläub u HauptSchu sich nach Eintritt des Verzugs ohne Zust des Bü über Stundg einigen (BGH WM 74, 214); er erlischt, wenn HauptSchu nach VerzEintritt zahlt. Bei TeilVerz hat der Bü nur entspr TeilbefreiungsAnspr (BGH JZ 68, 230). **Nr. 4.** Vorl vollstreckb Urt genügt, ebso VollstrBescheid, Schiedsspruch. Nicht genügen Titel, an deren ZustKommen der Bü mitgewirkt hat, zB ProzVergl, vollstreckb Urk.

3) Sicherheitsleistung des Hauptschuldners. Abs II kommt nur zu Nr 1 und 2 in Frage. Vgl hierzu auch RG 59, 12.

4) Kündigungsrecht des Bü ggü dem Gläub vgl § 765 Anm 1.

776 *Aufgabe einer Sicherheit durch den Gläubiger.* Gibt der Gläubiger ein mit der Forderung verbundenes Vorzugsrecht, eine für sie bestehende Hypothek oder Schiffshypothek, ein für sie bestehendes Pfandrecht oder das Recht gegen einen Mitbürgen auf, so wird der Bürge insoweit frei, als er aus dem aufgegebenen Rechte nach § 774 hätte Ersatz erlangen können. Dies gilt auch dann, wenn das aufgegebene Recht erst nach der Übernahme der Bürgschaft entstanden ist.

1) Allgemeines. Keine allg SorgfPfl des Gläub ggü dem Bü (vgl Einf 1g aa vor § 765), sofern nicht besonders vereinb (BGH WM 67, 366). Daher keine Pfl, die Hauptschuld zu kündigen, einzuklagen, zu vollstrecken, den Bü irgendwie zu benachrichtigen, Stundg anzuzeigen; auch § 1166 gilt nicht entspr. And bei der Ausfallbürgsch (vgl Einf 2c vor § 765). Der kreditgebde Gläub darf sich bei der Frage weiterer KreditGewährg grdsätzl von seinen eig Interessen leiten lassen, desh strenge Anfdgen an SchadErsAnspr des Bü od Einwdg des RMißbr (BGH WM 68, 1391). Jedoch hat auch der Gläub dem Bü ggü Tr u Gl zu wahren; er wird also diesem schaderspfl, wenn er argl handelt od in bes schwerer Weise gg die Interessen des Bü verstößt (BGH WM 63, 25, 67, 367). Verwirkg des BürgschAnspr ist § 768 Anm 1a. – Bü ist dadch geschützt, daß er selbst alsbald zahlen u nach § 774 gg den HauptSchu vorgehen kann; auch schützt ihn § 775, wenn dessen Voraus vorliegen. – Entspr anwendb auf das RegisterPfdR an einem in die Luftfahrz-Rolle eingetr Luftfahrz, § 98 LuftfzRG.

2) Aufgabe von Sicherheiten dch den Gläub befreit den Bü von seiner Verpfl wg des ges FdgsÜbergangs samt Nebenrechten, §§ 774, 412, 401, sow der Bü aus dem aufgegebenen R Ers hätte erlangen können.

a) Aufgeben verlangt vorsätzl Handeln. Fahrl Verschlechterg od Vernichtg der Sicherh durch den Gläub berührt BüVerpflichtg nicht (BGH BB 60, 70; NJW 66, 2009: verspätete od unzureichde Verwertg); desgl nicht bloße Untätigk des Gläub (RG 65, 396). Es genügt, daß das Recht erst nach Abschl des BürgschVertr entstanden ist, S 2. Aufgeben bedeutet rechtl Beseitig od tatsächl Verlust der VerwertgsMöglichk, zB Verzicht, RückÜbertr, Verrechng des Erlöses auf eine and, nicht dch Bürgsch gesicherte Fdg (BGH Betr 60, 351). Entlassg eines GesamtSchu (RG HRR 35, 382).

831

§§ 776–778 2. Buch. 7. Abschnitt. *Thomas*

b) Rechte, wie in S 1 genannt; vgl auch § 401. Außerdem SichergsEigt (BGH NJW **66**, 2009), EigtVorbeh (BGH **42**, 53), Grdsch (BGH WM **67**, 213), zur Sichg abgetretene Fdg (Mü MDR **57**, 356). BewLast für alles hat Bü. – Bei Zahlg in Unkenntn der Aufgabe kann Bü das Geleistete als ungerechtf Ber zurückfordern.

c) Verzicht. Bü kann auf die Rechte aus § 776 auch in FormularVertr wirks verzichten (BGH **78**, 137, **95**, 350), ohne daß die Bürgsch zum GewährVertr wird (RG **153**, 345). Der Verz bezieht sich sodann iZw auf alle unter § 776 fallenden Sichergen (BGH WM **60**, 371), außer der Gläub gibt sie willkürl auf (BGH NJW-RR **86**, 518).

d) Keine entsprechende Anwendung auf and Fälle der RisikoÜbern wie Schuldbeitritt (BGH BB **62**, 1346), GarantieVertr (RG **72**, 138 [142]), Aufr des Gläub mit einer nicht verbürgten Fdg gg einen Anspr des HauptSchu (BGH NJW **84**, 2455). Ebso keine entspr Anwendg, wenn der Gläub einen TeilBetr des dch Bürgsch gesicherten Darl vor Bestellg vereinb dingl Sicherh an den Schu ausbezahlt (Mü WM **88**, 1846).

777 **Bürgschaft auf Zeit.** ^I **Hat sich der Bürge für eine bestehende Verbindlichkeit auf bestimmte Zeit verbürgt, so wird er nach dem Ablaufe der bestimmten Zeit frei, wenn nicht der Gläubiger die Einziehung der Forderung unverzüglich nach Maßgabe des § 772 betreibt, das Verfahren ohne wesentliche Verzögerung fortsetzt und unverzüglich nach der Beendigung des Verfahrens dem Bürgen anzeigt, daß er ihn in Anspruch nehme. Steht dem Bürgen die Einrede der Vorausklage nicht zu, so wird er nach dem Ablaufe der bestimmten Zeit frei, wenn nicht der Gläubiger ihm unverzüglich diese Anzeige macht.**

^{II} **Erfolgt die Anzeige rechtzeitig, so beschränkt sich die Haftung des Bürgen im Falle des Absatzes 1 Satz 1 auf den Umfang, den die Hauptverbindlichkeit zur Zeit der Beendigung des Verfahrens hat, im Falle des Absatzes 1 Satz 2 auf den Umfang, den die Hauptverbindlichkeit bei dem Ablaufe der bestimmten Zeit hat.**

1) Anwendungsbereich. Die nicht notw kalendermäß (RG **107**, 196) Zeitbestimmg im BürgschVertr kann einen unterschiedl Sinn haben, der dch Ausleg zu ermitteln ist.

a) Anwendbar ist § 777, wenn die ZeitBest bedeutet, daß der Gl den Bü innerh der best Fr in Anspr nehmen muß, andernf der Bü frei wird. Das wird bei Bürgsch für eine bereits bestehende Verbindl fast stets gemeint sein (BGH WM **74**, 478). AusleggsRegel zG des Gl, da unverzügl Bü mit Ablauf der Fr ow frei würde, §§ 163, 158 II (BGH WM **66**, 276). Entspr anwendb im EinzFall, wenn der ZeitBest auch bei einer Bürgsch für künft Verbindlk dieser Sinn beizumessen ist (RG **82**, 384, HRR **35**, 581). Erlöschen „3 Mo nach Beendigg des MietVertr" kann iW der Ausleg bedeuten 3 Mo nach Räumg (Ffm WM **79**, 1318). Ist vereinb, daß die Bürgsch an einem kalendermäß best Tag erlischt u fällt dieser auf einen Sonntag, so gilt mangels ausdr anderweit Vereinbg § 193 (BGH **99**, 288).

b) Nicht anwendbar ist § 777, wenn die ZeitBest bedeutet, daß der Bü nur für Fdgen haften will, die aus der best Zeit herrühren, also bis zum Zeitende entstanden sind, für sie aber unbefristet. Diesen Sinn wird die ZeitBest im allg bei der Bürgsch für künft od in der Entwicklg begriffene Verbindlk haben (§ 765 II), insb bei der KreditBürgsch (§ 765 Anm 2; BGH WM **69**, 35), auch bei der HöchstBetrbürgsch für einen Kontokorrentkredit (BGH NJW **88**, 908), bei der GewlBürgsch (Kln NJW-RR **86**, 510). Hier begrenzt die Zeitabrede in Wahrh gegenständl den Umfang der BüPfl, es gelten die allg Best der §§ 765 bis 776. Das gleiche trifft in Ermangelg einer klaren und lautden Vereinbg für die ProzBürgsch zu (BGH NJW **79**, 417). § 777 ist ebenf nicht anwendb, wenn die Part vereinb haben, daß der Gläub die Erkl, daß er den Bü in Anspr nehme, bis zu einem best Termin abgegeben haben muß, andernf die Bürgsch erlischt (BGH NJW **82**, 172); unbezifferte Anz genügt in diesem Fall (Karlsr WM **85**, 770). Künd macht die unbefristete Kreditbürgsch nicht zu einer ZtBürgsch (BGH WM **85**, 3007). Keine Zt-, sond eine auflösd bdgte Bürgsch ist deren übergangsw Übern bis zur Bestellg einer andweit Sicherh (BGH WM **79**, 833). Die Fälligk der Hauptschuld zu einem best Termin ergibt nicht die Vereinbg einer ZtBürgsch (Mü WM **84**, 469).

2) Wirkungen. Hält der Gläub das nach § 777 einzuschlagende Verf der Inanspruchn ein, so haftet der Zeitbürge im Umfang des II, andernf wird er frei. Steht dem Bü die Einr der VorausKl zu, gilt Abs I S 1, anderf S 2. Die – auch unbezifferte (Karlsr MDR **85**, 585) – Anz des Gl an den Bü auf InAnsprNahme, für die dies Grds über empfangsbedürft WillErkl gelten (RG **153**, 126), muß unverzügl nach ZtAblauf, kann aber auch schon vorher erfolgen (BGH **76**, 81). Hat sich der selbstschuldner Bü für eine bestehende, aber noch nicht fäll Verbindlichk nur auf best Zeit verbürgt, so erhält die fristgerechte Anz dem Gläub die Rechte aus der Bürgsch grdsätzl nur, wenn die Fälligk der Hauptschuld innerh der BürgschZeit (BGH **91**, 349), sei es auch gleichzeit mit dieser (BGH NJW **89**, 1856) eintritt; dies auch dann, wenn im ZeitPkt der Anz die Fälligk der Hauptschuld u der Ablauf der BürgschZt unmittelb bevorstehen u die NichtErf dch den HauptSchu abzusehen ist (BGH WM **87**, 1357; zust Wintterlin WM **88**, 1185). Unverzügl KlErhebg gg den Bü ist nicht nöt, § 270 III ZPO gilt nicht (BGH NJW **82**, 172). Gibt nach rechtzeit Anz der Bü im Anschl an die erste ZeitBürgsch eine weitere solche, so liegt darin rechtl eine Stundg der fäll Fdg aus der ersten ZeitBürgsch, sie erlischt nicht (BGH NJW **83**, 750). – Die Pfl zur Anz ist abdingb, aber nicht wirks in FormularVertr (Kln WM **86**, 14; aA Schröter aaO). Die Berufg des Bü auf fehlde Fälligk der HauptFdg bei Ablauf der Frist kann im EinzFall treuwidr sein (Ffm WM **88**, 1304).

778 **Kreditauftrag. Wer einen anderen beauftragt, im eigenen Namen und auf eigene Rechnung einem Dritten Kredit zu geben, haftet dem Beauftragten für die aus der Kreditgewährung entstehende Verbindlichkeit des Dritten als Bürge.**

1) Begriff. Der KreditAuftr ist ein AuftrVertr (§§ 662 ff) mit dem Inhalt, daß der Beauftr einem Dr Kredit gewährt. In § 778 ist lediglich eine RFolge geregelt. Die Abgrenzg von der Bürgsch für künft Schuld,

Einzelne Schuldverhältnisse. 19. Titel: Vergleich § 778, Einf v § 779, 779

insb der Kreditbürgsch (vgl § 765 Anm 2), ist oft schwier. Maßgebd für den KreditAuftr ist das nach dem übereinstimmden Willen der VertrParteien bestehde **eigene Interesse des Auftraggebers** an der Gewährg von Geld- od Warenkredit (BGH Betr **56**, 890, Ffm NJW **67**, 2360: Architekt).

2) Merkmale

a) Auftragsvertrag mit dem in Anm 1 beschriebenen Inhalt. Wesentl ist, daß der antragde AuftrGeber einen Anspr gg den Beauftr auf Kreditgewährg an einen Dr erwerben will u in diesem Zushg seinen rechtsgeschäftl VerpflWillen (im Ggs zu Empfehlg, Anregg) erkennb zum Ausdr bringt (BGH WM **60**, 880) u daß andrers der Beauftr sich zur Ausf des Auftr verpfl (RG **151**, 100, BGH Betr **56**, 890). Hierin liegt der Unterschied zur Kreditbürgsch (vgl § 765 Anm 2). Ohne solche Verpfl kann es sich nur um Bürgsch oder GewährVertr (Einf 3 c vor § 765) handeln. Die Beauftragg bedarf nicht der Form des § 766 (RG **51**, 122). Unter § 778 fällt auch die entgeltl Beauftragg (Vertr nach § 675), zB unter ProvZusage (RG **56**, 133).

b) Auf **Kreditgewährung im eigenen Namen und für eigene Rechnung** an einen Dritten muß die Verpfl des Beauftr gerichtet sein. Es kann sich um Geld- od Warenkredit handeln, Geldkredit auch an einen Akzeptanten zur Einlösg eines Wechsels (BGH WM **84**, 422). Verlängerg eines schon gewährten Kredits genügt. Soll dagg der Beauftr im Namen od für Rechng des AuftrGebers leisten, so liegt gewöhnl Auftr vor. Ebso ist kein KreditAuftr das Akkreditiv (vgl Einf 4 vor § 783).

3) Rechtswirkungen

a) Bis zur Kreditgewährung od verbindl Zusage gilt AuftrR. Daraus folgt ua: Der AuftrG kann frei widerrufen, § 671 I, der Beauftr iR des § 670 kündigen, iF entgeltl Kreditgewährg (GeschBesVertr) analog § 610 (RGRK/Mormann Rdn 4, MüKo/Pecher Rdn 7). Der Beauftr hat – anders als der Gläub bei der Bürgsch – ggü dem AuftrG vertragl SorgfPfl. – Der Beauftr hat kein Recht auf Vorschuß nach § 669, da das dem Wesen des KreditAuftr widersprechen würde.

b) Nach der Kreditgewährung haftet der AuftrG dem Beauftr für die Verbindlichk des Dr als Bü. Es gelten alle BürgschRegeln.

Neunzehnter Titel. Vergleich
Einführung

1) Der 19. Titel enthält nur eine BegriffsBest u die Regelg für den Fall eines beiderseit Irrt über einen Umst, der außerh des Streites der Part lag. – **Prozeßvergleich** § 779 Anm 9 u ZPO §§ 81, 83, 98, 160 III Nr 1, 279, 794 I Nr 1, 1044a (SchiedsVergl). Der **Zwangsvergleich** im Konk u nach der VerglO sind Sonderformen des bürgerlrechtl Vergl; sie sind in den genannten G geregelt. – Auch bei **öffentlichrechtlichen Verhältnissen** ist Vergl mögl, wenn keine öffrechtl zwingden Vorschr entggstehen. Nöt ist auch hier Einigg der Part, daher nicht, wenn Leistg auf behördl Bescheid beruht (BGH NJW **63**, 2326). – Vergleichsw Verzicht auf erdienten Tariflohn vgl § 611 Anm 6 h.

779 *Begriff; Irrtum über die Vergleichsgrundlage.* ^I **Ein Vertrag, durch den der Streit oder die Ungewißheit der Parteien über ein Rechtsverhältnis im Wege gegenseitigen Nachgebens beseitigt wird (Vergleich), ist unwirksam, wenn der nach dem Inhalte des Vertrags als feststehend zugrunde gelegte Sachverhalt der Wirklichkeit nicht entspricht und der Streit oder die Ungewißheit bei Kenntnis der Sachlage nicht entstanden sein würde.**

^{II} **Der Ungewißheit über ein Rechtsverhältnis steht es gleich, wenn die Verwirklichung eines Anspruchs unsicher ist.**

1) Bürgerlichrechtlicher Vergleich.

a) Rechtsnatur. Der Vergl ist, wie sich aus der Stellg im Ges ergibt, ein schuldr Vertr. Er stellt deklarat zw den Part fest, was rechtens ist (MüKo/Pecher Rdn 21), verändert meist das ursprüngl AusgangsRVerh u kann eine bisher nicht od in geringerer Höhe bestehde Schuld neu begründen. Sehr häuf enthält er zugl die ErfGesch, zB Aufl, Abtr, od and Vfgen wie Verzicht, Stundg. Aus der schuldr Natur des Vergl folgt ua, daß sich die Sach- und RMängelhaftg hins einer vergleichsw gegebenen Sache nach KaufR bestimmen (BGH NJW **74**, 363), es sei denn, daß die Part sich gerade über die RWirkgen eines Mangels verglichen haben (RG **90**, 169). RFolge der schuldr Natur des Vergl ist auch, daß dch ihn nicht der dingl Wirkg ein nicht bestehdes ErbR begründet w kann (BayObLG **66**, 236). Weitere Folge: die Nichtigk des Vergl ergreift nicht ow die dingl VfgsAkte; der Ausgl findet in diesem Falle durch BereicherngsAnspr nach §§ 812 ff statt. – Die hM (zB Staud-Brändl Rdn 9, VorAufl) hält den Vgl stets für einen ggs Vertr, weil beide Part im AbhängigkVerhältn voneinand nachgeben. Das trifft nicht zu, denn beiderseit Nachgeben ist TatbestdsMerkmal, nicht aber Inhalt einer LeistgsPfl im Austausch (vgl Einf 1 d bb vor § 320). Vielm ist der Vgl nur dann – allerd häuf, nach BGH WM **74**, 369 sogar idR – ggs Vertr, wenn er ggs Verpfl, abhäng voneinand, begründet od festlegt (MüKo/Pecher Rdn 22, Esser-Weyers § 42 III 2 c).

b) Form. Der Vergl ist regelm formlos wirks. Enthält er aber formbedürft Verpfl- od ErfGesch, so gilt Formzwang auch, soweit diese Gesch vergleichshalber vorgenommen werden (RG **89**, 259). So zB bei Eingehg einer Bürgsch (§ 766), bei GrdstGesch (vgl § 313 Anm 4 d, 10) od Verpfl zur VermÜbertr (§ 311). **Prozeßvergleich** ersetzt jede nach BGB erforderl Form, § 127 a (BGH **35**, 310). Das gilt auch für den zu Protokoll des Wiedergutmachungsamtes geschl Vergl (BGH WM **66**, 1135) u wohl auch für den nach § 794 Nr 1 ZPO von einer Gütestelle od nach § 118 I S 2 ZPO im ProzKostenhilfeVerf geschl Vergl, da sie in Form u Wirkg einem gerichtl Vergl gleichstehen (Th-P § 794 Anm II Nr 1, Anm II 5 e).

§ 779 1–4   2. Buch. 7. Abschnitt. *Thomas*

c) Vertretung. Grdsätzl gelten §§ 164 ff. Vergl des Vormds, Pflegers u über Unterh für die Zukunft bedarf der vormundschgerichtl Gen, §§ 1822 Nr 12, 1915 I, 1615e II (and teilw bei den Inhabern der elterl Sorge, § 1643 I). VertrBefugn des Prokuristen HGB § 49, HandlgsBevollm HGB § 54, Handelsvertreters HGB § 55, KonkVerw KO § 133 Nr 2, ProzBevollm ZPO §§ 81, 83, der Versicherg §§ 5 Nr 7 AHB, 10 Nr 5 AKB.

d) Die **gesetzlichen Tatbestandsmerkmale** des Vergl sind in Anm 2, 3 erläutert.

2) Streit oder Ungewißheit über ein Rechtsverhältnis (AusgangsRVerh).

a) Streit oder Ungewissheit können auf tatsächl od rechtl Gebiet liegen. Sie beruhen auf Zweifeln beider Part über das AusgangsRVerh od auf Zweifeln einer Part, die der and bekannt sind. Nicht erforderl ist, daß ein geltd gemachter Anspr wirkl besteht, es genügt Streit oder Ungewißh der Part darü, Zweifelhaftigk des Bestehens (BGH WM **71**, 1511). Nicht erforderl ist obj Ungewißh, es genügt auch nur subj Zweifel, wenn er ernsth u verständl ist, zZ des VerglAbschl (Breetzke NJW **69**, 1408). Ungewißh kann auch vorh sein, ohne daß ein Streit besteht, zB bei Ungewißh der künft Gestaltg von bdgten Anspr, ebso bei Unsicherh der Verwirklichg eines Anspr (ZahlgsFgk des Schu), § 779 II. Auch Ungewißh über die künft REntwicklg (RG **117**, 306 AufwertgsGesGebg, BGH WM **63**, 289 LastenAusglGesGebg). Es genügt auch, wenn Ungewißh od Streit sich nur auf EinzelPkte des im übr unstreit RVerh bezieht, zB auf Fälligk, Verzinsg, ErfOrt, eine Einr.

b) Rechtsverhältnis ist weit zu fassen, erfordert aber, daß sich die RBeziehgen zw den VerglPartnern schon so verdichtet u konkretisiert haben, daß der eine Tl auf die EntschließgsFreih des and einwirken kann. Dies ist im EinzFall nach den für das RVerhältn geltden ges Vorschr zu beurt (BGH NJW **80**, 889). Das RVerh muß zw den Part bestehen u ihrer VfgsBefugn unterliegen (BGH **14**, 381 [387]); vgl unten c aa). Wirks ist daher ein Vergl über Gültigk u Auslegg eines Testaments (vgl jedoch auch oben Anm 1a). Vergl über Stationiergsschaden zw Geschädigten u der zust Beh (BGH **39**, 60), über EnteigngsEntschädigg im EnteigngsVerf (BGH NJW **72**, 157), Einigg zw StrBaulastträger u GrdstEigtümer über Entgelt für Grdst nach Abschl des Planfeststellgs Verf (BGH NJW **72**, 2264). Dagg liegt im Verk eines Grdst für Straßenbauzwecke vor Einleitg des Planfeststellgs Verf kein Vergl, weil zw den Part noch kein RVerhältn besteht (BGH **59**, 69). Der ungewisse Anspr kann künft, bdgt od betagt sein.

c) Dispositionsbefugnis der Parteien über das Rechtsverhältnis. Der Vergl ist nur wirks, wenn das RVerh der DispositionsBefugn der Part unterliegt. **aa) Nichtigkeit.** Unwirks sind Vergl, wenn zwingde RSätze enttgstehen, zB über StatusVerh wie Ehe (BGH **15**, 190), Abstammg (RG **164**, 62), über Begr eines ErbR (BayObLG **66**, 233), über den Nachl eines noch leb Dritten (§ 312), über den gesetzl UnterhAnspr der Verwandten für die Zukunft, § 1614; anders bei Vergl über den UnterhAnspr für die Zt nach der Scheidg, § 1585c. Ebso können unabdingb arbrechtl Anspr nicht Ggst eines Vergl sein, zB §§ 9 LFG, 13 BUrlG, Tariflohn (vgl § 611 Anm 6h). Der Vergl kann im EinzFall wg Verstoßes gg kartellr Vorschr nichtig sein (näher Schmidt JuS **78**, 736). Ein Vergl über einen UnterlAnspr verstößt nicht gg § 1 GWB, wenn ein ernsth, obj begründeter Anlaß zur Bejahg des geltd gemachten Anspr besteht u die wettbewbeschränkden Abreden sich innerh der Grenzen desjen halten, was bei obj Beurteil ernstl zweifelh sein kann (BGH **65**, 147). Ferner schränken Vorschr des AktG (§§ 50, 53, 93 IV, 309 III) u des GmbHG (§ 9 b I) u die VerglBefugn ein. **bb) Rechtskräftiges Urteil.** Ist das RVerh durch rechtskr Urt festgestellt, so ist eine anderweit Vereinbg der Part über dasselbe RVerh kein Vergl, sond Begr eines neuen RVerh. Und nur dann, wenn über den UrtInhalt (Auslegg) od über die Durchsetzg des Urt Streit od Ungewißh herrscht. Dann ist Vergl mögl, der aber nicht das Urt beseitigen kann (BVerwG MDR **62**, 427), sond nur eine mit der VollstrGegenklage (§ 767 ZPO) geltd zu machde Einr gibt (RGRK/Steffen Rdn 18). – **cc)** Vergl zur **Abwendung eines Strafverfahrens** ist, soweit es sich um AntrDelikte handelt, zul, sofern nicht im Einzelfall sittenwidr. Aus einem Vergl auf Rückn des StrafAntr kann auch auf Erf geklagt w (BGH NJW **74**, 900).

3) Gegenseitiges Nachgeben sind Zugeständn irgdwelcher Art, um zu einer Einigg zu kommen (BGH NJW **70**, 1122 [1124]). „Ggs" bedeutet dabei, daß jeder Teil nachgibt, weil auch der and dies tut (Mü NJW **69**, 1306).

a) Nachgeben: Es genügt, daß die Part sich ohne längere AuseinandS od ggs Feilschen auf eine best Geldsumme einigen (BGH **39**, 60). Der Ausdr „ggs Nachgeben" ist nicht im jurtechn Sinne, sond nach dem SprachGebr des Lebens aufzufassen (BGH **39**, 60). Es genügt daher jedes Opfer, das eine Part auf sich nimmt, mag es auch ganz geringfüg sein (BGH **39**, 63), od mag obj ein Opfer gar nicht vorliegen; also auch Verz auf vermeintl Anspr (BGH **1**, 57). Es genügt auch, wenn eine Seite den Anspr ganz befriedigt od aufgibt u die and eine GgLeistg and Art übernimmt. Es ist ferner nicht erforderl, daß Nachgeben sich gerade auf das streit od ungewisse RVerh bezieht (Warn **30** Nr 89). Nachgeben liegt auch vor bei Stundg od Einräumg von Teilzahlgen (vgl aber unten b) od bei Übern der Kosten od Herabsetzg des Zinsfußes. Kein Nachgeben ist dagg die bloße „Abrechng" des vom Schädiger für obj gerechtf gehaltenen Betr unter Abstrichen von MehrFdgen des Geschädigten, deren Einklagg sie ihm überläßt (BGH NJW **70**, 1122). Liegt tatsächl ein Nachgeben vor, so ist unerhebl, daß die eine Part ihre Leistg als freiw Zuwendg bezeichnet.

b) Kein Vergleich, wenn nur eine Partei nachgibt, also bei bloßem Anerkenntn od Verzicht od bei bloßer Stundg, Teilzahlgsgewährg ohne jede GgLeistg (RG **146**, 358). Doch kann um ggs Zugeständn handeln, wenn der Schu ein schriftl Anerk erteilt u der Gläub dafür auf die Erwirkg eines Titels verzichtet (BGH **39**, 60).

4) Die **Wirkung des Vergleichs** liegt darin, daß der Streit od die Ungewißh beseitigt wird.

a) Regelmäßig keine Umschaffung. Der Vgl läßt das ursprüngl RVerhältn idR weiterbestehen (BGH NJW-RR **87**, 1426), von Bedeutg insbes für gegebene Sicherh und Lauf der VerjFrist. Für die im Vergl selbst eingegangenen LeistgsPfl schafft er eine neue RGrdl, die für diese LeistgsPfl ein Zurückgreifen auf den alten Vertr nicht mehr erlaubt (BGH WM **79**, 205 für Einr der Verj). Aus den Umst kann sich der PartWille

Einzelne Schuldverhältnisse. 19. Titel: Vergleich § 779 4-6

ergeben, daß Vergl umschaffd wirken u ein neues SchuldVerh an Stelle des alten treten soll, zB dch Begr eines neuen selbständ SchuldVerspr (§§ 780, 781), dch echte (§ 607 Anm 2) Umwandlg in ein Darl (§ 607 II) oder wenn der urspr Anspr bereits verj war. In diesem Fall erlöschen die früher gegebenen Sicherh.

b) Wirkung über das streitige Rechtsverhältnis hinaus. Der Vergl braucht sich nicht auf das streit RVerh zu beschränken, sond kann sich auch auf and RBeziehgen der Part erstrecken. Ein Vergl über alle ggs Anspr erstreckt sich bei interessengerechter Ausleg idR nicht auf zur Zt des VerglAbschl unbekannte Anspr, im EinzFall kann der erkennb erklärte PartWille aber dahin gehn. Prakt bedeuts vor allem für den **Abfindungsvergleich**, zB des Geschädigten mit der Versicherg des Schädigers. Er ist mehr als eine bloße techn ZusFassg künft zu erwartder Renten, vielmehr übernimmt der Berecht das Risiko, daß die für die Berechng der Kapitalabfindg maßgebden Faktoren auf Schätzgen u unsicheren Prognosen beruhen (BGH NJW **84**, 115). Zunächst ist dch Ausleg die Tragweite des Verzichts auf künft Anspr, insbes wg Spätfolgen zu ermitteln (BGH **LM** Nr 11, 16). Der klare Wortlaut solcher AbfindgsVergl läßt eine einschränkde Ausleg idR nicht zu, sodaß idR jede NachFdg für unvorhergesehene Schäd ausgeschl ist, weil das Risiko dafür zum Inhalt des AbfindgsVergl gehört. Wg unzul RAusübg vgl unten Anm 7 c.

5) Unwirksamkeit des Vergleichs nach § 779 ist ein ges geregelter Sonderfall des Fehlens der Gesch-Grdlage, tritt also nicht ein, wenn die Partner die RFolgen eines derart Falles im Vergl ausdr geregelt haben (BGH **WM 71**, 1120). Sonst ist der Vergl unwirks, wenn zwei Voraussetzgen vorliegen, näml wenn der nach dem Inhalt des Vergl als feststehd zugrunde gelegte Sachverhalt der Wirklichk nicht entspricht, u wenn außerdem der Streit oder die Ungewißh bei Kenntn der Sachlage nicht entstanden sein würde.

a) Als feststehend zugrunde gelegt ist der Sachverhalt, der sich außerh des Streits od der Ungewißh befindet (BGH Betr **76**, 141). Er darf der Wirklichk nicht entsprechen. Im Ggsatz hierzu steht es, wenn der rechtl oder tatsächl Irrt sich auf einen Umst bezieht, der vor dem Vergl als streitig oder ungewiß angesehen wurde und den der Vergl gerade zu einem gewissen machen wollte (BGH NJW **59**, 2109). In diesem Falle ist der Vergl weder unwirks noch wg Irrt anfechtb. Ebso die Fälle, in denen der Irrt den Inhalt des Vergl selbst betrifft. Dann liegt gewöhnl GeschIrrt vor, der den allg AnfVorschr nach §§ 119ff unterliegt (vgl Anm 8).

b) „Sachverhalt" ist wesentl wörtl zu verstehen. Daher nicht nur reine Tats, sond auch RVerh, zB das Bestehen eines VersVerh (RG **112**, 215), u gängige RBegriffe wie Eigt. Das gilt aber nur für RIrrt, der Tats mit umschließt, die für den VerglAbschl erhebl Bedeutg hatten, nicht dagg für einen reinen RIrrt in bezug auf die streit RLage (BGH **25**, 394, **LM** Nr 24). Die Abgrenzg des reinen RIrrt vom TatsIrrt in weitem Verständn ist prakt oft schwier od gar nicht zu treffen, die Rspr ist schwankb. Diese Unterscheidg sollte desh aufgegeben, zum Sachverhalt sollten alle Verh tats u rechtl Art gerechnet werden, die die Part dem Vergl als feststehd zugrunde gelegt haben (MüKo/Pecher Rdn 40, Soergel-Lorentz Rdn 20, Erman-Seiler Rdn 24, Jauernig-Vollkommer Anm 4b aa, wohl auch RGRK/Steffen Rdn 42 mwN). Der Irrt muß das gegenwärt Bestehen des Sachverh betreffen, nicht die zukünft Entwicklg (BGH WM **85**, 32), wie etwa den Fortbestand einer best Rspr (BGH **58**, 355 [362]). – Ist ein Vergl geschl, obwohl ein inzw erlassenes **rechtskräftiges Urteil** den Streit entsch, so gilt: Waren die Part übereinstimmd von der unricht Sachlage ausgegang, daß der Proz noch schwebe; haben sie dagg an den Vergl gedacht; haben sie dagg an die Möglichk der UrtExistenz gar nicht gedacht od haben sie zwar daran gedacht, wollten aber den Streit in jedem Fall durch Vergl beendigen, so ist der Vergl wirks (RGRK/Steffen Rdn 43). – Kein Irrt über den Sachverhalt, wenn die Part von Formwirksamk eines GrdstVertr ausgehen, dessen Nichtigk rückwirkd geheilt ist (BGH NJW **81**, 2803).

c) Außerhalb des Streites oder der Ungewißheit muß sich der Sachverhalt befunden haben. Maßg ist danach die übereinstimmde Auffassg beider Part über den Sachverhalt (BGH WM **64**, 545). Nicht erforderl ist Wissen der einen Part, daß die and denselben Sachverhalt zugrunde gelegt hat, wenn dies auch meist der Fall sein wird.

d) Unrichtig ist der zugrundegelegte Sachverhalt, wenn die Vorstellg der Part von der Wirklichk abweicht. Dafür genügt obj Unrichtigk, nicht erforderl ist, daß Parteien die Unrichtigk der VerglGrdlage später anerkannt haben (RG **112**, 215).

e) Der Streit oder die Ungewißheit, die bei Kenntnis der Sachlage nicht entstanden sein würden. Der beiderseit Irrt über den dem Vergl zugrundegelegten Sachverhalt muß sich auf einen streitausschließdn Umst beziehen. Dabei kommt es nicht darauf an, daß überh kein Streit od keine Ungewißh entstanden sein würde, vielm ist entscheidd, ob ohne den Irrt gerade der Streit od die Ungewißh, die die Part beseitigen wollten, nicht entstanden sein würde (RG **122**, 203). Andereres genügt nicht die Feststellg, daß es bei Kenntn der Sachlage zu einem Vergl and Inhalts gekommen sein würde (RG **149**, 140). Es ist vielm erforderl, aber auch genügd, daß bei Kenntn des wirkl Sachverhalts der Streit od die Ungewißh, der der Vergl beseitigen wollte, nicht entstanden sein würde, die Parteien deshalb zu dem Abschl gerade des geschl Vergl keinen Anlaß hatten. Bezog sich Irrt nicht auf streitausschließde Umst, so ist § 779 grdsätzl unanwendb (BGH **LM** Nr 2); vgl jedoch hierzu auch Anm 8a.

Beispiele. Vergl über Erb- oder NachlaßAnspr unter der unricht Ann der Gültigk eines Test; über Eigt an einer Sache, die in Wirklichk einem Dritten gehört; über die Löschg einer Hyp, wenn sich herausstellt, daß sie einem Dritten zustand (RG **114**, 120). Irrtüml Ann, es bestehe VersSchutz (RG **112**, 217). Vergl über die Höhe einer GeldFdg, wenn der übereinstimmd vorausgesetzte Grd des Anspr nicht besteht (Ffm WM **87**, 188). – Das **Auffinden neuer Beweismittel** für die Richtigk einer od der and Behauptg, welche Ungewißh od Streit verurs haben, führt im allg nicht zur Unwirksamk des Vergl (BGH WM **75**, 566), da die Part idR nicht die obj Nichtexistenz der BewMittel, sond die Tats, daß ihnen kein BewMittel zur Vfg stand, als gegeben vorausgesetzt haben; anders nur, wenn sie die obj Nichtexistenz zur VerglGrdl gemacht haben.

6) Rechtsfolge der Unwirksamkeit. Bei Teilwirksamk gilt § 139 (Kln OLGZ **72**, 42 [49]). Die Unwirksamk beschr sich grdsätzl auf den Vergl selbst als schuldr Vertr, erfaßt nicht die abstr ErfGeschäfte, gleichgült, ob sie nachträgl vorgenommen wurden od im Vergl mitenthalten sind (vgl § 139 Anm 3 b). Erf heilt die Unwirksamk des Vergl nicht (RG **79**, 240).

7) Unwirksamkeit des Vergleichs aus anderen Gründen.

a) Die **allgemeinen Nichtigkeitsgründe** gelten auch für den Vergl. Die Nichtigk des AusgangsRVerh macht den Vergl nicht ow nichtig. Er ist wirks, wenn er ernstl Streit od verständ Zweifel über die Wirksamk des AusgangsRVerh beseitigen soll (BGH NJW **63**, 1197, BGH **65**, 147). Er ist unwirks, wenn er einer Part die Vortle aus einem verbotenen od sittenwidr Gesch erhalten oder verschaffen soll (BGH **LM** § 138 (Aa) Nr 15) od wenn er selbst gg §§ 134, 138 verstößt. Sow es dabei auf ein auffäll MißVerh ankommt, ist nicht auf die beiders übernommenen LeistgsPfl, sond auf das Maß des beiderseit Nachgebens abzustellen (BGH NJW **64**, 1787 u BB **66**, 1323).

b) Fehlende Dispositionsbefugnis der Part über das RVerh vgl oben Anm 2c.

c) Unzulässige Rechtsausübung, Wegfall der Geschäftsgrundlage vgl § 242 Anm 4, 6 D a, e. Auch GeldwertSchwund, so daß der Vergl seinen VersorggsZweck nicht mehr erfüllt, kann eine Anpassg erforderl machen (BGH **105**, 243).

d) Bedingung. Der Vergl ist unwirks bei NichtEintr einer aufschiebden u bei Eintr einer auflösden Bdgg. Ohne Eintr einer derart Bdgg ist ein mit GroßGläub vereinb SaniersgsVergl wirks, auch wenn weitere KleinGläub nicht zustimmen u nachträgl befriedigt werden sollen (BGH WM **85**, 1151). Treuwidr Einwirkg auf Eintr bzw NichtEintr der Bdgg kann die Wirksamk des Vergl nicht verhindern (BGH WM **89**, 868).

8) Anfechtbarkeit des Vergleichs. ZusTreffen von Anfechtbark mit Nichtigk vgl Übbl 4d vor § 104.

a) Geschäftsirrtum. Die allg Best über Anf (§§ 119 ff) bleiben dch § 779 unberührt. Bei Irrt in der ErklHdlg (Versprechen, Verschreiben, BerechngsIrrt) finden die allg Vorschr Anwendg. Das gleiche gilt bei Irrt über verkehrswesentl Eigensch einer Pers od Sache. Anfechtg erfordert unmißverständl Erkl, daß der Vergl gerade wg des Irrt vernichtet werden soll (BGH WM **65**, 234). Ausgeschl von der Anfechtg ist in jedem Fall ein Irrt, der sich auf einen dch den Vergl erledigten umstrittenen oder ungewissen Punkt bezieht (RG **162**, 201). Doch bleibt in diesen Fällen zu prüfen, ob nicht unzul RAusübg vorliegt (vgl Anm 7 c).

b) Bei **arglistiger Täuschung** ist die Anf nach § 123 auch dann zul, wenn es sich um einen Unsicherh od einen Streitpkt handelt, die dch den Vergl beseitigt werden sollten. Der UrsZushang zw Täuschg u VerglAbschl ist schon zu bejahen, wenn die getäuschte Part nur mit einer Täuschg in geringerem Umfang gerechnet hat als sich später tats herausstellt. Er ist zu verneinen, wenn die Part den Vergl ohne Rücks auf den Umfang der Täuschg abgeschlossen od wenn sie den Umfang der Täuschg gekannt u sich trotzdem zum Abschl entschlossen hat (BGH Betr **76**, 141).

c) Drohung. Für die Frage der Widerrechtlichk der Drohg (vgl § 123 Anm 3 b) kommt es nicht darauf an, ob Anspr auf VerglAbschl bestand, sond ob die Fdg, über die der Vergl geschl werden sollte, bestand oder mind gutgläub als bestehd angesehen wurde. Die Drohg kann auch von einem Dritten ausgehen, nicht aber von einem Ger dch die Ankündigg, es werde ein bereits beschlossenes, der Part ungünst Urt verkünden, wenn sie sich nicht vergleiche (so aber BGH NJW **66**, 2399; abl MüKo/Pecher Rdn 37 Fußn 145, RGRK/Steffen Rdn 52 mwN, Soergel-Lorentz Rdn 26).

9) Auch der **Prozeßvergleich** fällt unter § 779, weil es sich sowohl um eine ProzHdlg wie um ein matrechtl RGesch handelt (BGH **28**, 171). Im RAProz braucht der ledigl einem ProzVergl beitretde Dritte nicht dch einen RA vertreten zu sein (BGH **86**, 160). Ein aus prozeßrechtl Gründen unwirks Vergl kann als außergerichtl Vergl aufrechterhalten werden, wenn dies dem mutmaßl PartWillen entspricht (BGH NJW **85**, 1962, BAG NJW **60**, 1364). Keine Unwirksamk des Vergl, wenn Gericht nicht ordngsgem besetzt war (BGH **35**, 309). WiderrufsVorbeh ohne best Frist als aufschiedde Bdgg (BGH **88**, 364) ist mögl. Adressat u Form des Widerrufs richten sich nach der Vereinbg im ProzVergl. Die NichtAusnutzg einer Widerrufs-Möglk ist keine WillErkl, also nicht anfechtb (Celle VersR **69**, 930). – Auch im verwaltungsgerichtl Verf ist Vergl mögl, sow die Beteiligg über den Ggst der Klage verfügen können, § 106 VwGO (BVerwG NJW **62**, 1636).

a) Form. Der ProzVergl ersetzt jede im BGB vorgeschriebene Form (vgl Anm 1 b); Form des ProzVergl selbst vgl Th-P § 794 Anm II 3 c.

b) Streit über die Wirksamkeit aus verfrechtl Grden ist dch Fortsetzg des alten Verf auszutragen, indem die Part, die den Vergl für unwirks hält, TerminsAntr mit dieser Begr stellt. Das Gleiche gilt bei Streit über den rechtl Bestand des Vergl aus matrechtl Grden, so gleiche sei anfängl matrechtl Unwirksamk, zB Nichtigk, Anfechtg (BGH **28**, 171, BAG NJW **56**, 1215, BVerwG NJW **62**, 1636), über den (Nicht)Eintr einer Bdgg, zB über die Wirksamk eines einer Partei vorbehaltenen Widerrufs (BGH **46**, 278 BGH NJW **72**, 159). Dagg ist der Streit in einem neuen Verf auszutragen, wenn nicht der rechtl Bestand des Vergl in Frage gestellt, sond sein Fortbestand Einwänden aus nachträgl Ereign hergeleitet werden, so iF des Rücktr aus § 326 (aA Hbg NJW **75**, 225), der Aufhebg (BGH **41**, 310; aA BAG MDR **83**, 698), des Fehlens (BGH NJW **86**, 1348), Wegfalls (BGH NJW **66**, 1658) od der Veränderg der GeschGrdlage (BGH WM **72**, 1442), ebso wg der unterschiedl VerfArt bei Streit über Wirksamk eines Vergl in Verf nach §§ 620 ff ZPO (Köln MDR **71**, 671) u in Arrest- u einstw VfgVerf (Hamm MDR **80**, 1019 für den Fall, daß der Vergl mehr als das EilVerf erledigt). Die Frage, ob das alte Verf fortzusetzen ist od nicht, unterliegt nicht der PartVereinbg (BGH **41**, 310; aA BAG NJW **83**, 2212). Bringt die Forts des alten Verf das Erg, daß der Vergl wirks ist, so ist im Urt auszusprechen, daß der RStreit dch den Vergl erledigt ist (BGH Betr **71**, 2406). IF dieser rechtskräft Feststellg ist, weil der ProzVergl trotz seiner Doppelnatur ein untrennb Einh bildet, auch in ihm enthaltene matrechtl Regelg unangreifb, auch sow sie über den StreitGgst hinausgeht; dh die Part kann nicht in einem späteren Proz mit dem näml Vortrag die matrechtl Unwirksamk des Vergl geltd machen (BGH **79**, 71; aA Pecher ZZP **84**, 139). Die (Un)Wirksamk kann auch Ggst einer ZwFeststellgs(Wider)Kl sein. Für sie besteht, solange die Hauptsache noch nicht vollst erledigt ist, ein RSchutzBedürfn oRücks darauf, ob es in der Hauptsache noch besteht, jedenf dann, wenn mit ihr der Vergl als VollstrTitel beseitigt werden soll (BGH MDR **74**, 567). Bei MitErledigg eines and Verf in einem ProzVergl kann die Wirksamk des Vergl, der Ggst nur des Verf war, auch in dem and Verf geklärt werden (BGH **87**, 227). Betrifft der Streit nur einen Ggst, der auch in einem and Verf noch nicht rechtshäng war, kann die Wirksamk auch in einem neuen Verf geklärt werden, in dem eine Part Rechte aus dem Vergl geltd macht; dort kann auch ZwFeststellgsKl auf Unwirksamk des GesamtVergl erhoben werden (BAG Betr **82**, 500). – Gg die Zulässigk der ZwVollstr aus dem Vergl ist VollstrGgKl nach § 767 ZPO zu erheben, zB wenn nachträgl Wegfall der ZahlsVerpfl behauptet wird (BGH BB **67**, 981); dies auch dann, wenn als Vorfrage dafür eine Ausleg des ProzVergl erforderl ist (BGH NJW **77**, 583). RSchutzBedürfn für VollstrGgKl fehlt aber, soweit sie auf Unwirksamk des ProzVergl gestützt ist u diese dch Fortsetzg des alten Verf geklärt werden kann (BGH NJW **71**, 467). Diejen Part, die den Vergl für wirks hält, hat weder für einen TerminsAntr noch für eine selbstd FeststellgsKl (hier aA Ffm MDR **75**, 584) ein RSchutzBedürfn, denn sie kann aus dem ProzVergl vollstr u abwarten, daß die and Part ihn zu beseitigen sucht. **Streit über die Auslegung** eines ProzVergl ist nicht dch Fortsetzg des alten, sond in einem neuen Proz mit Feststellgs- od, wenn es sich dort um eine Vorfrage handelt, mit Leistgs- od VollstrGgKl (BGH WM **77**, 204) auszutragen. – Die Ann eines vom Gericht unter Setzg einer Erklärgsfrist gemachten VerglVorschlags untersteht als prozessuale Erkl verfahrensrechtl Vorschriften u ist nicht widerrufl (RG DR **44**, 202).

c) **Abänderbarkeit** des ProzVergl nach ZPO §§ 323 IV, für UnterhAnspr auch §§ 641lff. Für Anpassg gem § 242 gelten die Ansf oben Anm 7c.

Zwanzigster Titel. Schuldversprechen. Schuldanerkenntnis

Einführung

1) Rechtsnatur. Die Unterscheidg zw selbständ SchuldVerspr (§ 780) u -Anerk (§ 781) ist nur äußerer Natur, inhaltl u in der Praxis fließen sie ineinand: „ich verspreche (verpflichte mich), zu zahlen" od „ich anerkenne, zu schulden."

a) **Vertrag.** Selbständ SchuldVerspr u -Anerk sind Verträge (vgl Einf 1 vor § 320). Erforderl ist also Einigg der Part auch über die selbständ Natur des Verspr od Anerk. Die Erkl des Schu bedarf grdsätzl der Schriftform. Ein einseitl, vom Gläub nicht angenommenes SchuldVerspr (-Anerk) begründet keine selbständ Verpfl, kann aber als BewMittel für das Bestehen der anerkannten Verpfl od zur Unterbrechg der Verj (§ 208) Bedeutg haben. Eins SchuldVerspr ist nicht kondizierb (RG HRR **30**, 288). Schuldbestätiggsvertr vgl § 781 Anm 2a.

b) **Einseitig verpflichtender, abstrakter Vertrag** (vgl Einf 1a vor § 320 u Übbl 3e cc vor § 104). Nur eine VertrSeite geht in dem Vertr eine selbständ, von dem zugrde liegdn KausalVerh losgelöste Verpfl ein (vgl weiter § 780 Anm 1, 2).

c) **Bedeutung.** Selbständ SchuldVerspr u -Anerk bieten dem Gläub größere Sicherh wg ihrer Unabhängigk von dem zugrde liegden KausalVerh, erleichtern im Proz KlageBegr u Bew u damit die Durchsetzbark des Anspr. Der PartWille kann auch dahin gehen, eine rechtl od tats zweifelh Fdg festzustellen u gg Einwdgen zu sichern wie der Vergl.

2) Verhältnis zum Grundgeschäft.

a) **Erfüllungshalber.** Dem selbständ SchuldVerspr u -Anerk kann eine LeistgsVerpfl aus jed privatr SchuldVerh, auch eine verj Fdg (BGH FamRZ **73**, 542) zugrde liegen. Wird es zur Sichg einer bestehden Schuld erteilt, so geschieht dies iZw erfhalber (§ 364 II), es wirkt also nicht schuldumschaffd (Mü NJW-RR **88**, 950), sond tritt neben die alte Verpfl. Es kann im EinzFall auch an Erf Statt gegeben werden, die Part können auch Schuldumschaffg wollen (vgl § 780 Anm 4). Übergang vom einen zum and ist Klageänderg (Th-P Einl II 7c dd).

b) **Ungerechtfertigte Bereicherung.** Die Abstrakth des selbständ SchuldVerspr u -Anerk haben zur Folge, daß der Gläub oRücks auf Einwdgen aus dem GrdGesch Erf verlangen kann. Fehlt jedoch ein gült GrdGesch od ist Zweckerreichg unmögl od die Zweckvereinbg ungült, so ist Empf um das SchuldVerspr ungerechtf bereichert (vgl § 780 Anm 6c). Der Schu kann dann entweder Befreig von der Schuld verlangen od Erf einredew verweigern, §§ 812, 821, wobei der Schu die BewLast hat. Inwieweit Gläub auf das GrdGesch zurückgreifen kann, vgl §§ 780, 781 je Anm 4.

c) **Öffentliches Recht.** Betrifft das Anerk eine zugrde liegde öffrechtl Fdg, so ist Zurückhaltg bei der Ausleg als abstr privrechtl SchuldAnerk gegeben. Ist ein solches Anerk an die Stelle eines sonst mögl VA, zB ErstattgsBescheid, getreten, sind für die ZahlgsKl die VerwGer zust (BGH **102**, 343).

3) Für Verjährung gilt § 195, auch wenn für GrdGesch kürzere Verj. And bei dem nur deklarator Anerk (vgl § 781 Anm 2a). Ob Angabe des Schuldgrdes in der Urk auf die Vereinbg der kürzeren Verj-Frist auch für das selbständ SchuldVerspr schließen läßt, hängt von den Umst ab (RG **75**, 4). Die Verj des Anspr aus dem GrdVerh wird dch die in dem SchuldVerspr od -Anerk liegde Anerkenng unterbrochen. Daß der Anspr aus dem GrdGesch bereits verj war, bleibt auf SchuldVerspr u selbständ SchuldAnerk ohne Einfluß, selbst wenn die Verj unbekannt war (BGH WM **86**, 429).

780 *Schuldversprechen.* Zur Gültigkeit eines Vertrags, durch den eine Leistung in der Weise versprochen wird, daß das Versprechen die Verpflichtung selbständig begrün-

§ 780 1–5   2. Buch. 7. Abschnitt. *Thomas*

den soll (Schuldversprechen), ist, soweit nicht eine andere Form vorgeschrieben ist, schriftliche Erteilung des Versprechens erforderlich.

1) Allgemeines. Zur RNatur vgl Einf 1. Ggst des Vertr kann jede belieb Leistg sein; meist Leistg einer best Geldsumme. Bei unvertretb Sachen ist selbständ SchuldVerspr nur selten anzunehmen. Auch ErfÜbern (§ 329) ist als selbständ SchuldVerspr denkb (RG **58**, 200). Beifügg einer Bdgg od Befristg ist mögl (BGH NJW **67**, 567). Deshalb kann das SchuldVerspr auch von GgLeistg des Gläub in dem Sinne abhäng sein, daß die GgLeistg einschränkde Bdgg des SchuldVerspr ist. Es kann aber nicht auf eine Leistg iR eines ggs Vertr gerichtet sein, weil seine Abstrakth, Selbständigk unvereinb ist mit einer Zug um Zug zu erbringden GgLeistg (RG **108**, 410, RGRK/Steffen Rdn 4, Müko/Hüffer Rdn 14). Über SchuldAnerk als Bestandt eines ggs Vertr vgl § 812 Anm 2b. Unwirks ist ein abstraktes SchuldVerspr, das ein Dritter formularmäß zur pers Haftg für eine GrdSch übernimmt (Oldbg NJW **85**, 152).

2) Selbständige Begründung der Verpflichtung ist wesentl Merkm des abstr SchuldVerspr. Über kausale u abstrakte RGesch allg vgl Übbl 3e vor § 104. Ob im Einzelfall selbständ SchuldVerspr vorliegt, ist Ausleggsfrage. Für die Begr eines abstr SchuldVerspr kommt es darauf an, daß das Verspr die Verpfl v ihren wirtsch u rechtl Zushängen loslösen u rein auf den Leistgswillen des Schu abstellen soll, so daß der Gl sich zur Begr seines Anspr nur auf das Verspr zu berufen braucht (BGH NJW **76**, 567). Entsch ist der aus dem Wortlaut, dem wirtschl Zweck des Vertr, der beiderseit Interessenlage u den sonstigen, auch außerh der Urk liegden Umst des Falles zu ermittelnde PartWille (BGH NJW **73**, 840). Dieser muß nicht nur, wie dies vielf geschieht, auf Schaffg einer BewUrk, sond auf Begr einer vom GrdGesch losgelösten Verpfl gerichtet sein. Vermutg besteht weder für noch gg Vorhsein eines selbständ SchuldVerspr. Einzeln vgl auch § 781 Anm 2.

a) Inhalt der Urkunde. Nennt sie den VerpflGrd nicht, so rechtfertigt dies bis zum Bew des Ggteils den Schluß auf selbständ SchuldVerspr. Ist der VerpflGrd erwähnt, so zwingt dies nicht schlechthin zur ggteiligen Ann, wenn sich aus sonstigen Umst ergibt, daß nicht nur BewUrk, sond ein selbständ SchuldVerspr gewollt ist (BGH BB **62**, 1222: „Darlehen"); das gilt insbes dann, wenn der VerpflGrd nur ganz allg angegeben ist. Ist er dagg der best u genau bezeichnet, so bedarf es bes, vom Gläub zu beweisr Umst, wenn trotzdem ein selbständ SchuldVerspr vorliegen soll (RG **142**, 306). Angabe eines fingierten SchuldVerh, zB Darl, das in Wirklichk nicht gegeben wurde, deutet auf selbständ SchuldVerspr hin (BGH BB **62**, 1222).

b) Der Zweck des Schuldversprechens bietet häuf einen wicht Anhaltspkt. So wenn er ersichtl auf Erleichterg der KlageBegr gerichtet ist. HilfsGesch, die lediglich der Sicherg einer bestehden Verbindlichk dienen, enthalten idR kein selbständ Verspr, zB bei Bürgsch od Verpfl zur Bestellg einer Hypothek (RG LZ **19**, 1233), bei kumulativer SchuldÜbern (RG JR Rspr **26**, 1689). Selbständ Verspr kann auch vorliegen, wenn der Schu eine Verpfl nur dem Grde nach anerkennt (RG **75**, 4). – Das SchuldVerspr kann auch zG eines Dritten erteilt werden (Mü OLGZ **66**, 386).

c) Umdeutung, Einzelfälle. Aufrechterhaltg formnicht Urk als selbständ SchuldVerspr od -Anerk vgl § 781 Anm 3. Bestätig eines Akkreditivs vgl Einf 4c vor § 783; akkreditivähnl bankbestätigte ZahlgsAnw (Schlesw WM **80**, 48); Erkl der Bank des Käufers ggü dem Verk, daß sie sich zur Einlösg des Duplikatfrachtbriefs verpfl, als selbständ SchuldVerspr neben dem bei der Bank des Verk gestellten Akkreditiv (RG **107**, 7); VerpflErkl der StrAnliegers zur Übern von Straßenbaukosten (RG **154**, 389) u Geländeauflassgen in BaudispensVertr (KG NJW **62**, 965); Übern der pers Haftg für die Zahlg des GrdSchBetr bei Bestellg der GrdSch in einer vollstreckb Urk (BGH NJW **76**, 567). VerpflErkl im Anschl an Kfz-Unfälle u Saldo Anerk vgl § 781 Anm 2d. VereinbgsDarl nach § 607 II kann selbständ SchuldVerspr sein (RG **152**, 165). Keine selbständ Verpfl enthält die Erkl, ein Akzept sei in Ordng u werde eingelöst werden (RG **82**, 317); ebso noch der unzul AnnVermerk auf Scheck (RG **105**, 361). Zinsschuld als selbständ Verpfl ggü einem und als dem KapitalGläub (RG **94**, 137). AbfindgsVerspr an Geliebte als selbständ SchuldVerspr (RG **98**, 176).

3) Form. Vgl auch § 781 Anm 3. § 780 schreibt Schriftform des Verspr, nicht auch der Ann vor, § 126. Keine förml Urk erforderl, auch Brief u Postkarte, sofern § 126 erfüllt ist. Ann dch schlüss Hdlg ist mögl, zB dch Entgnahme der Urk. Wirks mit Übergb od Zugang der Urk an Gläub; bis dahin Widerruf mögl. Angabe des Gläub in der Urk ist erforderl (RG **71**, 113). Ers der Schriftform vgl § 127 a. – Mündl Nebenabreden können nach allg Grdsätzen gültig sein. **Anderweite Formvorschriften: a) Strengere Form.** Wenn für das LeistgsVerspr dch and Vorschr best Form vorgeschrieben ist, gilt dies auch für das selbständ SchuldVerspr, ggf für den ganzen Vertr, zB notarielle Beurkundg in den Fällen der §§ 311, 312 II, 313; § 518 I S 2, wenn das SchuldVerspr schenkw erteilt wird (BGH WM **76**, 1053). Das ist auch der Fall bei einem bewußt wahrheitswidr SchuldVerspr od -Anerk ohne GgLeistg (BGH WM **80**, 195). **b) Keine Form.** SchuldVerspr aGrd einer Abrechng od iW des Vergl, § 782. Handelsrechtl SchuldVerspr des Vollkaufmanns, HGB §§ 350, 351.

4) Wirkung. Das selbständ SchuldVerspr begründet konstitutiv eine neue Verpfl u tritt idR schuldverstärkd neben das GrdSchVerhältn, u zwar erfüllgsh zur Erleichterg der RVerfolgg (vgl Einf 1 c, 2a). Dch Befriedigg der einen Schuld wird zugl die and aufgeh. Auch bei der Bestellg einer GrdSch u außerdem Abg eines abstr SchuldVerspr od -Anerk in best Höhe zur Sichg der selben Fdg kann der Gl nur einmal Zahlg verlangen, auch wenn weitergehde Anspr aus der GeschVerbindg bestehen (Düss NJW **87**, 195, BGH ZIP **88**, 80). Verjährg Einf 3 vor § 780. – Das SchuldVerspr kann aber – nach der Interessenlage der Part selten – schuldumschaffd auch in der Weise erteilt werden, daß es an Erfüllgs Statt gegeben wird (§ 364 I), od daß es in sonstiger Weise das GrdSchuldVerh abändert u anderweit feststellt. – Inhalt u Umfang der Leistg bestimmen sich nach dem Inhalt des Verspr. § 242 kann dabei in Frage kommen.

5) Einwendungen gegen das Schuldversprechen selbst. Es gelten die allg Vorschr wie §§ 104ff, 119ff, 126, 133, 134, 157, 242. Auch wg Sittenwidrigk kann ein SchuldVerspr nichtig sein (BGH WM **76**, 907, BGH NJW **87**, 2014). Formnichtigk bei schenkw Erteilg § 518 I S 2.

6) Einwendungen aus dem Grundgeschäft können dem selbständ SchuldVerspr u -Anerk wg ihrer Abstrakth nur begrenzt entggesetzt werden.

a) Nichtigkeit des Grundgeschäfts berührt grdsätzl die Gültigk des selbständ SchuldVerspr od Schuld-Anerk nicht. Es wird in seinem rechtl Bestand grdsätzl nicht davon berührt, daß die zeitl vor der Abg von den Part getroffenen Vereinbgen wg GesVerstoßes od Sittenwidrigk nichtig sind (ebso RG **71**, 432, RGRK/Steffen Rdn 41; aA Staud-Müller Rdn 30, Esser-Weyers § 41 III 1 b, MüKo/Hüffer Rdn 49). Wg ungerechtf Ber in diesen Fällen vgl Einf 2b und unten c. – Dagg ist ein dekl SchuldVerspr od -Anerk, das sich auf ein nichtiges RGesch bezieht, ebenf nichtig, wenn bei seiner Abgabe die NichtigkGrde noch bestehen (BGH **104**, 18).

b) Ausnahmen von dem Grds der Selbständigk des SchuldVerspr enthalten die §§ 518 I S 2, 656 II, 762 II für das schenkw erteilte Verspr, ferner wenn es der Schu zum Zwecke der Erf einer unvollk Verbindlichk aus Ehevermittlg, Spiel, Wette, DifferenzGesch abgibt.

c) Ungerechtfertigte Bereicherung. § 812 II stellt klar, daß SchuldVerspr u -Anerk, auch das negat, Leistgen sind. Sie können desh zurückverlangt od es kann dem LeistgsVerlangen des Gläub die Einr aus § 821 entgg gesetzt werden, sofern nicht der Zweck des Verspr od Anerk bzw bereichergsrechtl Vorschr dem entggstehen.

aa) Bereicherungsanspruch bzw -Einrede besteht, wenn das selbständ Verspr od Anerk, wie idR, den Zweck haben, eine Schuld zu sichern (vgl Einf 2a), die in Wirklichk nicht entstanden ist oder erloschen ist (BGH WM **70**, 1459). BewLast beim Schuldner. Außerd wenn der mit dem Vertr nach §§ 780, 781 bezweckte Erfolg nicht eintritt (BGH WM **63**, 666). Vgl auch § 812 Anm 2b.

bb) Besteht nicht. Wenn – selten – das ursprüngl SchuldVerh umgeschaffen werden sollte u die Auslegg ergibt, daß die neue Verpfl des Schu unter allen Umst oRücks auf eine früh Schuld begründet werden sollte (BGH WM **74**, 280, BGH NJW **63**, 2317 für Anerk). Sonst – idR – kann der Schu einwenden, daß das ursprüngl SchuldVerh nicht bestand (BGH **LM** § 157 (D) Nr 5). – Ferner, wenn bei rechtl od tats zweifel- od einredebeh Fdg Zweck des Verspr od Anerk war, die Zweifel zu beseitigen u die Fdg festzustellen, wie bei einem vergleichsw (vgl § 779 Anm 2a, b) erteilten Verspr od Anerk (RG **71**, 184). – Nicht rückforderb ist das nur deklarat Anerk (vgl § 812 Anm 2b). – Ferner in den Fällen der §§ 813 II, 814, 817 S 2. – Endl, wenn der Schu auf die Einr verzichtet hat, insb wenn das SchuldVerspr in Kenntn der Einr abgegeben ist. Auch kann das SchuldVerspr wie bei einem Vergl dahin gehen, daß alle – bekannten wie unbekannten – Einwendgen ausgeschl sind (BGH NJW **63**, 2317 u WM **76**, 907).

7) Beweislast. Kl braucht nur die Eingeh des selbständ SchuldVerspr nachzuweisen, Bekl trägt die BewLast für Einwdgen aus dem GrdGesch (BGH WM **76**, 254). Ist das Selbständigk str, so hat nach allg Grds Kl dann die BewLast für Selbständigk, wenn die Urk Angabe eines SchuldGrdes enthält. Umgekehrt bleibt Beklagtem der Nachw offen, daß es sich trotz Fehlens der SchuldGrdAngabe um kausale Verpfl od nur um eine BewUrk handele. Schenkw Erteilg hat derjen zu beweisen, der sich darauf beruft (BGH WM **76**, 1053).

781 *Schuldanerkenntnis.* **Zur Gültigkeit eines Vertrags, durch den das Bestehen eines Schuldverhältnisses anerkannt wird (Schuldanerkenntnis), ist schriftliche Erteilung der Anerkennungserklärung erforderlich. Ist für die Begründung des Schuldverhältnisses, dessen Bestehen anerkannt wird, eine andere Form vorgeschrieben, so bedarf der Anerkennungsvertrag dieser Form.**

1) Allgemeines. Das selbständ SchuldAnerk unterscheidet sich vom SchuldVerspr nur dch die Formulierg der Erkl. Zu RNatur, Verh zum GrdGesch, Verj gelten Einf 1–3 vor § 780. Bei der Verj meint § 222 II S 2 das abstrakte SchuldAnerk des § 781. Zum Ggst des Vertr u zur selbständ Begr gelten § 780 Anm 1, 2. – Nicht hierher gehören Vertr, dch die das Nichtbestehen eines SchuldVerh (§ 397 II), u solche, dch die nicht SchuldVerh, sond and RVerh (Eigt, FamRechte) anerkannt werden. Rein tatsächl Anerk vgl § 208 Anm 2. – Auch ein abstr SchuldAnerk verträgt eine Bdgg (BGH WM **77**, 1027).

2) Schuldanerkenntnis. Die Anerkenng einer Schuld kann versch Inhalt haben: nur feststelld (deklarator), nur BewErleichterg od schuldbegründ (konstitutiv). Dch Auslegg ist im EinzFall zu ermitteln, was die Part gewollt haben (vgl auch § 780 Anm 2a, b). Dabei sind vor allem die mit dem Anerk verfolgte Zweck, die beiderseit Interessenlage u die allg VerkAuffassg über die Bedeutg eines solchen Anerk maßg. Eine Vermutg für den einen od and Inhalt gibt es nicht. Die Auslegg als deklarator Anerk im Verhältn zur bloßen BewErleichterg setzt voraus, daß vorher ein Streit od eine subj Ungewißh der Part über das Bestehen der Schuld od einige rechtserhebl Pkte bestand (BGH NJW **76**, 1259).

a) Das **deklaratorische Schuldanerkenntnis** soll eine bereits bestehde Schuld ledigl bestätigen. Sein Zweck liegt regelm darin, das SchuldVerhältn insges od zumind in best Beziehgen dem Streit od der Ungewißh der Part zu entziehen u vergleichsw endgült festzulegen. Für den Abschl eines Schuldbestätiggs-Vertr ist also ein bes Anlaß notwendig, es wird nicht gleichzeit in dem Abschl des zu bestätigenden Vertr gesehen werden (BGH WM **84**, 62). Andrers setzt das deklarator Anerkenntn nicht notw eine unbestr bestehde Fdg voraus, es kann ein nur möglicherw bestehdes SchuldVerh als tats bestehd bestätigen u damit Zweifel od MeingsVerschiedenh der Part über den AnsprGrd u seine RGrdl beenden; in diesem Maß hat der SchuldBestätiggsVertr eine potentiell konstitutive Wirkg (BGH **66**, 250 u NJW **80**, 1158), iü legt er nur das alte SchuldVerhältn fest. Dieses Anerk bedarf keiner Form u unterliegt nicht der Rückfdg wg ungerechtf Bereicherg, wenn sich hinterher herausstellt, daß die als möglicherw bestehd anerk Schuld nicht od daß entgg der Ann eine Einwdg od Einr gg den bestätigten Anspr besteht (vgl unten Anm 4 u § 812 Anm 2b). Bei Nichtigkeit der anerk Fdg ist auch das deklarat SchuldAnerk nichtig (BGH **104**, 18). Es hat entspr seinem Zweck (Ausleggsfrage) die Wirkg, daß es alle Einwdgen tats u rechtl Natur für die Zukunft ausschließt, die der Schu bei der Abgabe kannte od mit denen er zum mindesten rechnete (BGH WM 74, 411, KG NJW 71, 1219: SchuldAnerk nach VerkUnfall). Verzicht auf unbekannte od erst künft Einwdgen ist regelm nur dann anzunehmen, wenn dies in der Erkl des Schu – auch für diesen unmißverständl – klar zum Ausdruck kommt; das ist dch Auslegg zu ermitteln, wobei es in 1. Linie darauf ankommt, wie der Empfänger die Erkl verstehen muß (BGH NJW 70, 321, NJW 83, 1903). Widerspruchsl Hinnahmne von Rechngen u Kontoauszügen ist idR kein Anerk, kann aber BewIndiz sein (Ffm WM 87, 355). IF des Anerk ggü dem NeuGl nach der Abtr einer Fdg ist die beiderseit Interessenlage ein wicht Moment der Auslegg, insb inwiew nur der NeuGl ein Interesse an der Erkl des Schu hat od inwiew auch dieser ein eig Interesse am Kredit des Alt- u der Sicherg des NeuGl hat (BGH NJW 73, 2019, WM 85, 1446). Bei der formularmäß Schuldbestätigg ggü einer Bank als Zessionarin kommt es für die Auslegg vor allem auf den Wortlaut der Erkl, auf die Interessenlage der 3 Beteil (Schu, Zedent, Zessionar) u die BegleitUmst an; entsch ist, ob die Erkl des Schu Zweifel u Unklarh gerade über das Bestehen der Fdg beseitigen u in dieser Hins dem neuen Gl eine bessere RStellg verschaffen sollte (BGH WM 85, 1177). Die Erkl des Schu, daß er Fdg u Abtretg anerkenne, daß er sie unwiderrufl bezahle u auf alle Einwdgen gg den rechtl Bestand der Fdg ggü dem NeuGl verzichte, ist kein selbstd SchuldAnerk u idR kein Verz auf Einwdgen, die dem Schu bei Abg der Erkl nicht bekannt waren u mit denen er auch nicht rechnen mußte (BGH WM 76, 1257). Bei TeilAbtretg einer Fdg bezieht sich die Erkl des Schu nur auf den der abgetretenen Fdg zGrde liegde Teilliferg (BGH NJW 83, 1903). Die BereitschErkl zur WechselEinlösg kann nicht ow als Anerk der zugrdeliegdn Schuld ausgelegt werden (BGH WM 76, 562). – Das Anerk kann sich auf den Grd des Anspr beschr (BGH NJW 73, 620: SchmerzG, BGH WM 74, 836: KaufPr), aber auch auf die Höhe; in diesem Falle ist es unwirks, wenn der übereinstimmd vorausgesetze Anspr schon dem Grde nach nicht besteht (Ffm NJW-RR 87, 310). – Unterbricht die Verj für den zugrde liegdn Anspr (Zweibr OLGZ 66, 20). – Hierher gehört nicht das prozessuale Anerk, ZPO § 307.

b) Das Anerk kann aber auch lediglich der **Beweiserleichterung** dienen. Es enthält dann überh keinen rgeschäftl VerpflWillen des Schu, sond hat nur den Zweck, dem Gläub seine ErfBereitsch anzuzeigen, um diesen dadch von Maßn abzuhalten u/od ihm den Bew zu erleichtern. Es handelt sich um ein Zeugn des Anerkennden gg sich selbst, das mind ein Indiz für den Ri bei der BewWürdigg darstellt od zu einer Umkehr der BewLast führt (BGH 66, 250); dh wer eine Fdg bestätigt hat, muß den GgBew führen, daß dem Gläub keine od nur geringere Anspr zustehen (BGH WM 74, 411); ebso ÜbernBestätigg des Leasingnehmers (BGH NJW 88, 204). Nach VerkUnfall vgl unten d.

c) Das **konstitutive Schuldanerkenntnis** soll unabhäng von dem bestehdn SchuldGrd eine neue selbständ Verpflichtg schaffen. § 781 meint nur das konstitutive SchuldAnerk. Ob ein solches selbständ SchuldAnerk od nur ein SchuldbestätiggsVertr iS von Anm a vorliegt, ist Sache der Auslegg (vgl § 780 Anm 2a, b). Auch hier ist nicht schlechth entsch, ob der SchuldGrd angegeben ist od nicht. Je genauer u bestimmter er allerd bezeichnet ist, desto weniger liegt selbständ Anerk nahe u umgekehrt (KG NJW 75, 1326). Enthält das Anerk wahrheitswidr Angaben, zB Anerk eines in Wirklichk nicht gegebenen Darl od wird wahrheitswidr eine schuldbegründde Tats anerkannt wie der des Bestätigg, ein Darl erhalten zu haben, dann handelt es sich um konstitutives Anerk (BGH NJW 80, 1158). Die bloße Vorausquittg für ein erwartetes Darl ist kein konsitutives Anerk (Schlesw WM 80, 964). – Aus einem ggs Vertr kann nicht eine EinzBestimm herausgen u für sich allein als selbständ Anerk angesehen werden (RG 108, 107). Doch ist mögl, daß über eine der zu einem ggs Vertr gehör Leistgen auch noch ein selbständ SchuldAnerk abgegeben wird (RG aaO; vgl § 780 Anm 1). Ob die bloße MitUnterzeichn einer SchuldUrk der Ehefr dch den Ehem SchuldAnerk- od -Beitritt darstellt, ist Ausleggsfrage (BGH WM 73, 1046). – Wird das SchuldAnerk ohne GgLeistg erklärt, so ist es schenkw gegeben u bedarf der not Beurk (BGH NJW 80, 1158). Erkennt der Schu in einer GrSchBestellgsUrk auch seine pers Schuld in Höhe des GrSchBetr an u ist vereinb, daß GrSch u SchuldAnerk der Sicherg aller Anspr des Gläub aus der bankmäß GeschVerbindg dienen, so ist dies idR dahin auszulegen, daß der Gläub den angegebenen Betr nur einmal verlangen kann, auch wenn die gesicherte Fdg höher ist (BGH NJW 88, 707).

d) Einzelfälle: Deckungszusage der Versicherg ist deklarat SchuldAnerk (Düss VersR 85, 728). – **Saldoanerkenntnis** ist lfd Rechng ist idR selbständ Anerk (BGH 72, 9). Saldofeststellg u damit Ggst eines abstr SchuldAnerk ist idR aber nur der period vereinb RechngsAbschl, nicht der einz Tagessaldo; unterlassener rechtzeit Widerspr gg ihn ist weder Anerk noch rgeschäftl Gen, sond lediglich tatsErkl, die uU zu SchadErsAnspr der kontoführdn Bank führen kann (BGH 73, 207). Unterlassene rechtzeit Einwdg gg RechngsAbschl enthält keine Gen der Ausf eines widerrufenen DauerAuftr (Hamm OLGZ 86, 362). Die Bank erkennt mit Übersendg des RechngsAbschl auch die Habenposten des Kunden an. Mit dem SaldoAnerk gehen die bisher EinzelFdgen unter, an ihre Stelle tritt das Anerk als neuer, selbständ Schuldgrund (BGH WM 85, 969). Liegt dem SaldoAnerk eine irrtüml Gutschr zGrde, so kann die Bank das Anerk nach § 812 zurückfordern (BGH NJW 85, 2723) u muß beweisen, daß sie die Gutschr ohne RGrd vorgen hat (BGH NJW 72, 9). Ebso hat umgekehrt der Schu Einwdgen gg die Richtigk des letzten anerk Saldos bei Irrt über Lastschrift darzulegen u zu bew (BGH WM 83, 704). Der jährl Depotauszug einer Bank ist nur von deklarator Bedeutg (Hbg WM 59, 100). Schweigen auf zugegangenen RechngsAbschl der Bank ist allein noch kein stillschw deklarator SaldoAnerk, kann aber in AGB als solches vereinb sein (BGH WM 73, 1014). Dch der Anerkenng eines Saldos eines Girokontos entsteht keine klagb Fdg, soweit darin klagl Verbindlichk enthalten sind (BGH NJW 85, 634), zB nur Gewinne aus DifferenzGesch (BGH NJW 80, 390); insoweit ist auch die dem Anerk zGrde liegde Verrechng wirks (BGH 93, 307, zust Piper ZIP 85, 725; aA Canaris ZIP 85, 592). – Die Erkl des Kraftfahrers im Anschl an einen **Verkehrsunfall** ist nach den Umst des EinzFalles auszulegen. IdR ist sie kein konstitutives SchuldAnerk. Wenn die Part nach der konkreten Sachlage Anlaß dazu hatten, kann es sich um ein deklarator (oben Anm a) handeln, eine Vermutg besteht dafür nicht (BGH NJW 82, 996). Ohne konkreten Anlaß zu einem SchuldbestätiggsVertr – zB Streit über Schuld, Diskussion über HaftPflAnspr – ist die Erkl eines beteil Kraftfahrers, alleinschuld zu sein, weil die Beteil eine polizeil

Unfallaufn vermeiden wollen, idR keine rgeschäftl WillErkl; sie hat vielmehr nur die Wirkg, daß der Empf der Erkl die ansprbegründden TatsBehauptgen erst dann beweisen muß, wenn dem Erklärden der Bew der Unrichtigk des Anerkannten gelingt (BGH NJW **84**, 799, BambVersR **87**, 1246). Die Abweisg der DirektKl gg die Vers hindert nach § 3 Nr 8 PflVG nicht die Verurteilg des VersNehmers aus (auch deklarator) Anerk (BGH NJW **82**, 996). – Kein selbständ Anerk ist die Verpfl zur **Unterhaltszahlung** aGrd der Anerk der nichtehel Vatersch (RGRK/Steffen § 780 Rdn 20). – Bestätigg des Anspr nach **Abtretung** ggü NeuGläub vgl oben 2 a. – Die **Drittschuldnererklärung** nach § 840 I Nr 1 ZPO ist nach dem PfändgsGl erkennb Interessenlage des DrSchu kein abstr, auch kein deklarator SchuldAnerk (aA Mü NJW **75**, 174), sond ledigl eine WissensErkl, die zur Umkehr der BewLast führt (BGH **69**, 328). IF des Unterbleibens, der Unrichtigk od Unvollständigk der Ausk hat der DrSchu dem PfändgsGl den Schad zu ersetzen, den dieser inf der Unterl der Ausk bzw seines Vertrauens auf die Richtigk u Vollständig erleidet. Auch sog unvoll Verbindlichk kann RGrdlage für selbständ SchuldAnerk abgeben (RG **160**, 138, RestFdg nach ZwangsVergl). – Erklärt der **Ladendieb**, einen best Betr zu zahlen, so dürfte es sich nach der ZweckRichtg um abstr Anerk handeln (Musielak NJW **77**, 561 gg LG Brschw NJW **76**, 1640). – Der **Prüfvermerk des Architekten** auf der SchlußRechng ist kein Anerk (Kln MDR **77**, 404). – **Gemeinsame Abrechnung** ist konstitut Anerk, wenn die Festlegg des Ergebn vertragl vereinb ist (BGH WM **86**, 50).

3) Form. Schriftform, strengere Form u Ausn vgl § 780 Anm 3. Unter den Vorauss des Satzes 2 bedarf nicht nur die AnerkErkl, sondern der AnerkVertr strengerer Form. Nach not GrdstKaufVertr bedarf das nicht beurk SchuldAnerk des Käufers nicht der not AnnahmeErkl. Zumindest ist die Berufg auf die etwaige FormNichtigk treuwidr (BGH NJW **88**, 130). Ausdrückl Bekenntn der Schuld ist erforderl, jede Erkl, eine vom bisher SchuldGrd gelöste neue Fdg begründen zu wollen, genügt (BGH WM **86**, 50). Der negative SchuldAnerkVertr nach § 397 II ist forml gült. **Umdeutung** unter den Vorauss des § 140 bei FormNichtigk des SchuldAnerk ist mögl, ebso wie umgekehrt die Umdeutg eines formnichtl EigWechsels in ein SchuldVerspr mögl u geboten (BGH NJW **88**, 1468). Die unwirks Verpfl von Akzeptant, AusSt u Indossant auf einem Wechsel an fremde Order können nicht in SchuldVerspr od -Anerk umgedeutet werden (BGH NJW **57**, 1837); ebso nicht die AnnErkl auf einem Scheck (BGH BB **51**, 376). EinlösgsZusage außerh des Schecks u Scheckkarte vgl Einf 3 c vor § 765.

4) Wirkung. Wie § 780 Anm 4. Einwdgen vgl § 780 Anm 5. Sollte das Anerk nach dem Willen der VertrTeile oRücks auf das Bestehen od Nichtbestehen der Schuld für die Zukunft eine klare RLage schaffen (vgl oben Anm 2 a), dann ist auch Einr aus ungerechtf Bereicher ausgeschl (BGH NJW **63**, 2317 u WM **76**, 907; vgl auch § 812 Anm 2 b).

782 **Formfreiheit.** Wird ein Schuldversprechen oder ein Schuldanerkenntnis auf Grund einer Abrechnung oder im Wege des Vergleichs erteilt, so ist die Beobachtung der in den §§ 780, 781 vorgeschriebenen schriftlichen Form nicht erforderlich.

1) Zwei **Ausnahmen von der Formvorschrift** der §§ 780, 781 enthält § 782, weil hier Abrechng u Vergl mit Sicherh erkennen lassen, daß eine bindde Festlegg gewollt ist. Weitere Ausn in § 350 HGB. Formerfordern aGrd and Vorschr bleiben bestehen, zB §§ 313, 518 I S 2, 2301.

2) Abrechnung ist jede unter Mitwirkg von Gläub u Schu stattfindde Feststell eines Rechngsergebn, sei es im lfden RechngsVerh über wechselseit Fdgen iW der Verrechng (§ 355 HGB) od im uneigentl RechnungsVerh zur Feststellg eines einseit geschuldeten GesBetrages iW der Addition (BGH WM **62**, 346). Hierher gehört vor allem der Giroverk (vgl § 675 Anm 8). AbrechngsVertr kann auch konkludent geschlossen werden (BGH **49**, 24 [29]), zB dch widerspruchl Abzahlg auf die Endsumme der Abrechng u Fortsetzg des bish RechngsVerh. Das SaldoAnerk ist abstr SchuldAnerk mit schuldumschaffder Wirkg (BGH **72**, 9 u **50**, 279; vgl § 781 Anm 2 d; zur Novation aA MüKo/Hüffer § 781 Rdn 12 mwN). Beim Anerk iR eines uneigentl RechngsVerh, wie es insb unter Nichtkaufleuten vorkommt, ist der PartWille vielf auf ein selbständ SchuldAnerk, aber selten auf Novation gerichtet (RGRK/Steffen Rdn 12, MüKo/Hüffer § 781 Rdn 15).

3) Vergleich: § 779.

4) Einwendungen. Die Abrechng unterliegt als Vertr den allg Anf- u NichtigkGrden. Bei Rechenfehler od wenn ein in Wirklichk nicht bestehder Posten in die Abrechng einbezogen od ein bestehder Posten fortgelassen worden ist, kommt Anf wg Täuschg, nicht wg Irrt, weil bloß im Motiv, in Frage. Ausgl unter dem Gesichtsspkt ungerechtf Ber (BGH **51**, 348 u WM **72**, 286), außer wenn die Part dch die Anerk oRücks auf das Bestehen der z Grd liegden Fdg für die Zukunft eine klare RLage schaffen wollten (vgl Einf 2 b u § 780 Anm 6 c). Dieser Wille ist bei einem Anerk aGrd einer Abrechng iZw nicht anzunehmen (BGH WM **75**, 1233).

5) Beweislast. Wer sich auf forml Anerk stützt, muß beweisen, daß Abrechng od Vergl zugrde liegt. Darlegg der einz Schuldposten ist dagg nicht erforderl. Beklagter hat BewLast für Einwdgen.

Einundzwanzigster Titel. Anweisung

Einführung

1) Anweisung (Anw)

a) Begriff. Anw iwS ist die Aufforderg u Ermächtigg an einen and, für Rechng des Anweisden an einen Dr zu leisten (Larenz II § 67 I). Sie ist gekennzeichnet dch die Beteil, von denen einer (Anweisder) dch einen and (Angew) einem Dr (AnwEmpf) eine Leistg zukommen läßt (Zöllner § 8 I, Brox Handels- u WertPRecht Rdn 689, 690). Das BGB regelt daraus nur einen Sonderfall (BGH **6**, 378), die schriftl Anw auf Leistg von Geld, WertP u vertretb Sachen.

b) Bedeutung. Die wirtsch Bedeutg ist gering. Rechtl bilden §§ 783ff aber den GrdTypus für verschied und Formen der Anw (vgl unten 3), für die sie hilfsw gelten, soweit dort keine Regelg getroffen od iF der Nichtigk Umdeutg mögl ist.

c) Rechtsnatur. Die schriftl Anw ist WertP (Hueck-Canaris § 4 II 2), weil der Angew nur gg Aushändigg der Urk zu leisten braucht, § 785. Mit ihrer Aushändigg entsteht eine **doppelte Ermächtigung** (BGH WM **71**, 741) zur Verfügg über fremdes Recht in eig Namen, sie begründet keine Verpfl. **aa) Ermächtigung des Angewiesenen**, für Rechng des Anweisden (AusSt) an den AnwEmpf (Inhaber der Urk) zu leisten. **bb) Ermächtigung an den Anweisungsempfänger**, die Leistg bei dem Angew im eig Namen zu erheben. Ein Anspr des AnwEmpf gg den Angew auf Leistg gem § 328 entsteht nicht, selbst wenn der Angew aGrd des DeckgsVerh dem Anweisden ggü zur Leistg verpfl ist (Celle OLGZ **71**, 5, Nürnbg MDR **77**, 1016). **cc) Abstraktion.** Beide Ermächtiggen sind von den zugrde liegden RGeschen u ihrem wirtsch Zweck losgelöst.

d) Abgrenzung. Die Anw unterscheidet sich als Ermächtigg. **aa) vom Auftrag,** denn sie schafft keine Verpfl des AnwEmpf, die Leistg zu erheben (Inkassomandat) u keine Verpfl des Angew zur Leistg; sie entsteht erst mit der Ann, § 784; **bb) von der Vollmacht;** denn sie ermächtigt, in eig Namen zu leisten od die Leistg zu erheben; **cc) von der Abtretung;** denn sie stellt keine vollk Überweisg der Fdg an den Empf dar und ist daher grdsätzl widerrufl, § 790.

2) Die zugrundeliegenden Rechtsverhältnisse. Die Wirksamk der Anw ist von ihnen unabhäng.

a) Das Valutaverhältnis (GgWertVerh) zw Anweisdem u AnwEmpf. Die Anw kann der Tilgg eines zw diesen bestehden SchuldVerh dienen od sie soll ein SchuldVerh (Darl) erst begründen od sie stellt eine bloße Freigebk des Anweisden dar.

b) Das Deckungsverhältnis zw Anweisdem u Angew. Der Angew kann Schu des Anweisden sein (Anw auf Schuld, § 787) od er soll Gläub des Anweisden werden (Anw auf Kredit).

c) Unabhängigkeit. Für die aus der Anw u ihrer Ann, § 784, sich ergebnen Rechte u Pfl sind diese GrdSchuldVerh grdsätzl ohne Bedeutg. Nur die Frage, wem die Leistg im InnenVerh zw Anweisdem u AnwEmpf verbleiben soll, sowie ob der Angew zur Ann verpfl ist u ob er RückgrAnspr gg den Anweisden hat, beantwortet sich aus den betr GrdschuldVerh.

3) Sonderformen der Anweisung. a) Der gezogene Wechsel. Sonderregelg im WG. Deshalb kann nicht jeder formungült Wechsel in Anw umgedeutet werden (vgl § 781 Anm 3). – **Die kaufmännische Anweisung** ist in HGB §§ 363–365 geregelt, sie kann, und als die Anw nach BGB, auch an eig Order gestellt werden. – **b) Der Scheck.** Wicht Abweichgn vom AnwRecht des BGB: Ann eines Schecks ist schlechthin wirkgsl, ScheckG Art 4; Widerruf vor Ablauf der VorleggsFr unwirks, Art 32; InhScheck ist zul, Art 5. Die Vorschr des BGB finden ergänzde Anwendg, so insb § 788, nicht jedoch § 787 I (BGH NJW **51**, 598). Scheckkarte vgl Einf 3c vor § 765. – **c) Postscheck.** Geregelt in der PostgiroO § 15. – **d) Der Kreditbrief** ist eine Anw, bei der der AusSt (Anweisder) eine and Pers (AnwEmpf) ermächtigt, bei dem Angew für Rechng des Anweisden unter Vorzeigg des Briefes Geldbetr bis zu einem Höchstbetr zu erheben. Meist als Reisekreditbrief, insb Rund- (Zirkular-) Kreditbrief. – **e)** Der **Kassalieferschein**, Lieferschein (delivery order) über best Mengen vertretb Sachen ist Anw (BGH **6**, 378). Er wird ausgestellt vom Einlagerer, nicht vom Lagerhalter; dieser wird angewiesen, nur gg Zahlg zu liefern. Näheres Baumb-Duden-Hopt HGB § 424 Anm 1 E.

Keine Anweisung sind: Überweisgsauftr, Lastschriftverf (vgl § 675 Anm 5); PostAnw, PostO § 27: nur RVerh zw zwei Pers, näml dem Einzahler u dem Postfiskus. Empf ist nur Adressat.

4) Akkreditiv. Neuere Lit: Eisemann-Eberth, Das Dokumentenakkreditiv im Internat HandelsVerk, 2. Aufl, 1979; Zahn, Zahlg u Zahlgsich im Außenhandel, 5. Aufl, 1976; Beckmann, Einstw RSchutz des Käufers beim Akkreditiv (Betr **88**, 1737); Eberth, Einheitl Richtl u Gebräuche für Dokumentenakkreditive Revision 1983, Publikation Nr 400 der Internat Handelskammer, anwendb seit 1. 10. 1984, WM **84**, Sonderbeilage Nr 4. – Das unwiderrufl Akkreditiv dient der Zahlgsvermittlg, u zwar insb der Zahlg eines vorzuleistdn Pr aus Kauf- od and Gesch in der Weise, daß eine best Bank auf Veranlassg des Käufers den Kaufpr an den Verk nach Prüfg u Aushändigg der Dokumente bezahlt. Es ist **zu unterscheiden:**

a) Ein Liefervertrag, meist Kauf mit Akkreditivklausel, dh mit der Abrede, die Zahlg des Kaufpr habe aus einem befristeten, unwiderrufl Dokumentenakkreditiv zu erfolgen. In dieser Vereinbg liegt eine Barzahlgsabrede u damit ein konkludenter AufrAusschl, jedenf für die LaufZt des Akkreditivs (BGH **60**, 262).

b) Der Akkreditivauftrag des Käufers an seine, die akkreditiveröffnde, Bank ist GeschBesVertr mit WkVertrCharakter (BGH WM **58**, 1542, Eisemann-Eberth aaO S 64). Darin verpfl sich die akkreditiveröffnde Bank ggü ihrem Kunden zur Zahlg des Kaufpr an den Verk gg Vorlage der vereinb Dokumente. Die Bank ist dem Käufer, ihrem Kunden ggü verpfl, mit angem Sorgfalt die OrdngsMäßigk der vereinb

Dokumente nach deren äußerer Aufmachg zu prüfen (Art 15 Einheitl Richtl) u sich streng an seine Weisgen zu halten, § 665 (BGH WM **84**, 1443). Bei der Abwicklg ist die Bank ErfGeh des Käufers in dessen Vertr mit dem Verk (RG **92**, 210).

c) Das Akkreditiv im eigentlichen Sinn betrifft das RVerh zw der akkreditiveröffnden Bank u dem Verk als Begünstigtem. Die Bank verpfl sich dadch diesem ggü, Zug um Zug gg Überg der vorgeschr akkreditivgerechten (BGH NJW-RR **87**, 926) Dokumente die im Akkreditiv versprochene Leistg zu erbringen. Hier handelt es sich um ein abstr SchuldVerspr dieser Bank gem § 780 (BGH **60**, 262, Canaris BankVertrR Rdn 984, Eisemann-Eberth aaO S 65). Daraus folgt, daß die Bank dem begünstigten Verk keine Einwdg entgg setzen kann, die in dem GeschBesVertr mit ihrem Kunden, dem Käufer (Deckgs Verh) od die im KaufVertr (Valuta Verh) begründet sind; dies auch dann nicht, wenn ihr der Käufer Anspr gg den Verk aus dem KaufVertr abgetreten hat (BGH aaO). Ausn sind, wie bei der Bankgarantie (vgl unten Anm 5 c), nur in Fällen krassen RMißbr denkbar, auch wenn es sich um ein Akkreditiv mit hinausgeschobener Zahlg handelt (BGH Betr **87**, 1983). Starker Verdacht auf nicht ordngsgem Erf des KaufVertr berechtigt die Bank nicht, dem Begünstigten die Zahlg aus dem Akkreditiv zu verweigern (BGH NJW **89**, 159). Auch die Aufr ist ausgeschl, vgl oben a.

d) Die akkreditiveröffnde Bank beauftragt idR eine **weitere Bank** am Sitz des ZahlgsEmpf (Verk), diesen von der Eröffng des Akkreditivs in Kenntn zu setzen u ggf als Zahlstelle den AkkreditivBetr auszuzahlen; daraus kann ein AufwErsAnspr entstehen (Ffm WM **81**, 445). Falls diese weitere Bank ggü dem Verk das Akkreditiv ihrerseits bestätigt (Bestätiggsbank), liegt darin ein SchuldVerspr auch dieser Bank ggü dem begünstigten Verk (BGH NJW-RR **87**, 924). Die eröffnde Bank ist verpfl, der auszuzahlden Bank Abweichgen der Dokumente von den AkkreditivBdggen unverzügl anzuzeigen (BGH NJW **85**, 550).

5) Die **Bankgarantie** – vgl auch Einf 3 c vor § 765 – dient im internat HandelsVerk der Sichg des Käufers gg LeistgsStörgen jeder Art auf der VerkSeite (Stgt WM **81**, 1265) od umgekehrt (BGH WM **85**, 684). Literatur: v. Westphalen, Die Bankgarantie im internat HandelsVerk, 1982, Mülbert ZIP **85**, 1101. Es ist zu **unterscheiden**:

a) Ein **Liefervertrag** mit Bankgarantieklausel.

b) Der **Garantieauftrag** des Verk (Käufers) an seine Bank ist GeschBesVertr mit WkVertrCharakter. Darin verpfl sich die Bank ggü ihrem Kunden, iF von LeistgsStörgen an den Käufer (Verk) gg Vorlage vereinb Dokumente best Beträge zu bezahlen. Nur in den Fällen des Mißbr (vgl unten c) ist die Bank ihrem Kunden ggü verpfl, die Garantie nicht einzulösen. Tut sie dies trotzdem, so hat sie wg Verl ihrer TreuPfl aus dem GeschBesVertr keinen RückgrAnspr gg ihren Kunden (GarantieAuftrG); dieser hat Anspr gg die Bank auf Unterl der Rückbelastg seines Kontos od auf Ausf seiner nachfolgden Vfgen über sein Konto trotz erfolgter Rückbelastg (Stgt NJW **81**, 1913, Ffm NJW **81**, 1914 u WM **88**, 1480). Einen dch einstw Vfg sicherb Anspr gg die Bank auf Unterl der Auszahlg der Garantiesumme an den Begünstigten hat der GarantieAuftrG nicht, weil die Bank zunächst aus eig Verm zahlt u die Interessen des Kunden erst dch seine Rückbelastg gefährdet werden (Ffm WM **88**, 1480, Jedzig aaO 1469; aA Saarbr ua WM **81**, 275 u 288, v Westphalen WM **81**, 293).

c) In der **Garantieerklärung** verpfl sich die Bank ggü dem Käufer iF von LeistgsStörgen auf der VerkSeite od umgekehrt – meist, aber nicht notw „auf erstes Anfordern" (BGH WM **82**, 1324) – gg Vorlage best Dokumente best Beträge zu bezahlen. Diese Erkl ist abstr SchuldAnerk u grdsätzl unabh von Einwdgen aus dem der Garantie zugrde liegdn Valuta- u aus dem DeckgsVerh zw dem Kunden u der Garantiebank (BGH **94**, 167). Der ZahlgsAnspr des Begünstigten gg die Bank aus der Garantie scheitert aber trotz Vorliegens der formellen Voraus (formeller Garantiefall) iF des RMißbr, näml dann, wenn offensichtl od liquide beweisb ist, daß der mat Garantiefall im ValutaVerh nicht eingetreten ist (BGH **90**, 287) u nicht mehr eintreten kann. Der Besteller der Garantie kann in diesem Fall vom Begünstigten verlangen, daß es unterläßt, die Bankgarantie in Anspr zu nehmen – mit diesem Inhalt ist auch eine einstw Vfg zul (Jedzig WM **88**, 1469/–, auf die Rechte aus ihr zu verzichten u die BankgarantieErkl zurückzugeben (BGH WM **87**, 367); ebso, wer als nicht BörsenterminGeschFähiger eine Bankgarantie zur Absicherg seiner Schulden aus ausländ BörsenterminGesch bestellt hat (BGH NJW **84**, 2037). Die Aufr der Garantiebank mit eig, nicht mit dem GrundGesch in Zushang stehdn Fdgen gg den Begünstigten ist auf liquide Anspr beschränkt (BGH **94**, 167, zust Pleyer JZ **85**, 1000).

d) Rückgarantie. Die VerkBank beauftrt idR eine weitere Bank am Sitz des Käufers zur Abgabe der GarantieErkl. Das ist zw den beteil Banken GeschBesVertr mit WkVertrCharakter, zw Bank u Käufer abstr SchuldAnerk. Die VerkBank übernimmt in diesem Fall ggü der Bank am Sitz des Käufers die Rückgarantie u belastet iF der InAnsprN das Konto ihres Kunden (Verk).

783 *Begriff.* Händigt jemand eine Urkunde, in der er einen anderen anweist, Geld, Wertpapiere oder andere vertretbare Sachen an einen Dritten zu leisten, dem Dritten aus, so ist dieser ermächtigt, die Leistung bei dem Angewiesenen im eigenen Namen zu erheben; der Angewiesene ist ermächtigt, für Rechnung des Anweisenden an den Anweisungsempfänger zu leisten.

1) Allgemeines zu Begr, Bedeutg, RNatur, Abgrenzg, zugrde liegden RVerhältnissen, Sonderformen der Anw vgl Einf 1–3.

2) Form und Inhalt der Urkunde. Die vorgesehene Schriftform schließt nach dem Grds der VertrFreih mdl Anw nicht schlechthin aus (BGH **3**, 238, MüKo/Hüffer Rdn 19). Aus der Fassg der Urk ist zu entnehmen, ob wirkl Anw oder ob nicht ledigl InkassoVollm oder ein nichtabstraktes SchuldVerspr gemeint war. Doch ist ausdr Gebr des Wortes Anw nicht erforderl. – Da wesentl die Verbindg von drei Pers ist (vgl Einf 1 a), ist Anw auf den Anweisden selbst od an eig Order (hier and § 363 HGB) nicht zul. Anw auf den Inhaber ist unzul (and beim Scheck). – Umdeutg formnicht Scheck- u WechselErkl vgl § 781 Anm 3.

§§ 783, 784

3) Gegenstand der Leistung ist Zahlg, Hingabe von WertP od and vertretb Sachen. Anw auf sonstige Ggst sind aber nach dem Grds der VertrFreih mögl, §§ 783 ff dann entspr anwendb (RG **101**, 297). Anw auf Waren: Lieferschein, delivery order (BGH **46**, 43) ist Anw des Einlagerers an den Lagerhalter od Spediteur, an den AnwEmpf auszuliefern; prakt beim sog Durchhandeln verkaufter Ware über mehrere Stationen, auch in Teilmengen (BGH WM **71**, 742). – Die Anw kann bedingt sein, auch von einer GgLeistg abhäng, zB Lieferg vertretb Sachen gg Zahlg; hier wird der Angew ermächtigt, nur gg Zahlg zu liefern (BGH **6**, 378 Kassalieferschein); unabhäng von der GgLeistg ist die kaufmänn Anw, § 363 HGB. Leistgszeit je nach der Urk sofort bei Vorzeigg der Anw („auf Sicht") od nach Ablauf einer Fr od zu einem best Termin.

4) Ermächtigungen. Anw u Ann, § 784, sind abstrakte WillErkl. Die Anw kommt mit Aushändigg der Urk an AnwEmpf zustande. Aushändigg bedeutet, wie bei and WertP BegebgsVertr, für den gutgl Zweiterwerber ersetzb dch zurechenb gesetzten RSchein eines gült BegegbsVertr (aA MüKo/Hüffer Rdn 21). Mit der Aushändigg an den AnwEmpf entsteht die doppelte Ermächtigg gem Einf 1 c. Beide Ermächtiggen sind von dem RVerh zwischen Anweisdem u Angew sowie zw Anweisdem u AnwEmpf (vgl Einf 2) unabhäng. Ermächtigg bedeutet die Übertr der Verfügsgewalt, ohne daß der Ermächtigde die seinige aufgibt. Sie gewährt ledigl eine Befugn. Weder ist AnwEmpf verpfl, die Leistg zu erheben, noch besteht für Angew eine Verpfl zur Leistg. Sie entsteht erst dch **Annahme** der Anw, § 784. Für den AnwEmpf kann eine Verpfl zur Einzieh bestehen, aber nur aus dem GrdVerh zum Anweisden. Zw Anweisdem u AnwEmpf begründet die Aushändigg der Urk kein VertrVerh. – Aus dem Begr der Ermächtigg folgt ferner, daß auch nach Erteil der Anw der Anweisde seine Anspr aus dem GrundVerh gg Angew geltd machen kann, ebso der AnwEmpf seine Anspr gg den Anweisden. Bis zur Ann der Anw darf auch der Angew statt an den AnwEmpf an den Anweisden leisten. Doch besteht in jedem Fall die AnzPfl des AnwEmpf nach § 789. Die Ermächtigg des Empf geht dahin, die Leistg im eig Namen zu erheben, also nicht als Bevollm des Anweisden. Anderers ist der Angew ermächtigt, für Rechng des Anweisden zu leisten. Das bedeutet, daß die Zahlg auf das GrdVerh zw Anweisdem u Angew einwirken u daß die Leistg des Angew als Leistg des Anweisden angesehen werden soll. Der Angew kann aus dem zugrde liegdn RVerh Anspr auf Erstattg des gezahlten Betr (Anweisg auf Kredit) nur gg den Anweisden haben.

784 Annahme der Anweisung.

[I] Nimmt der Angewiesene die Anweisung an, so ist er dem Anweisungsempfänger gegenüber zur Leistung verpflichtet; er kann ihm nur solche Einwendungen entgegensetzen, welche die Gültigkeit der Annahme betreffen oder sich aus dem Inhalte der Anweisung oder dem Inhalte der Annahme ergeben oder dem Angewiesenen unmittelbar gegen den Anweisungsempfänger zustehen.

[II] Die Annahme erfolgt durch einen schriftlichen Vermerk auf der Anweisung. Ist der Vermerk auf die Anweisung vor der Aushändigung an den Anweisungsempfänger gesetzt worden, so wird die Annahme diesem gegenüber erst mit der Aushändigung wirksam.

1) Annahme. a) Bedeutung. Die Anw allein gewährt dem Angew ledigl die Befugn, an den AnwEmpf zu leisten. Eine Verpfl zur Leistg besteht für ihn selbst dann nicht, wenn er Schu des Anweisden ist. Erst dch die Ann der Anw wird der Angew zur Leistg verpfl, entsteht eine selbständ Verpfl des Angew, losgelöst vom GrdGesch (RG **144**, 137). Sie ist auch von der Gültigk der Anw unabhäng, also auch dann wirks, wenn die Anw gefälscht od dch von GeschUnfähigem ausgestellt ist. – Der AnwEmpf erhält dch die Ann ein unmittelb selbständ FdgsR gg den Angew. Das GrdVerh zw den beiden and Beteil geht den Angew nichts an.

b) Keine Verpflichtung zur Annahme. Sie wird auch nicht dadch begründet, daß der Angew Schu des Anweisden ist, § 787 II. Doch ist vertragl Verpfl zur Ann mögl.

c) Einseitige Willenserklärung, kein Vertr ist die Ann. Sie wird wirks, wenn sie dem Empf zugeht (§ 130 I). Ist die Ann, wie nach II zul, vor Aushändigg der Anw an den Empf erkl worden, so wird sie diesem ggü erst mit Aushändigg wirks, auch wenn dies gg den Willen des Angew geschieht. Einschränkgen der Ann, zB auf geringeren Betr od dch Bdggen, sind zul. Schecks können nicht angenommen werden, ScheckG Art 4.

2) Form der Annahme. Schriftl Vermerk auf der AnwUrk selbst, Abs II. Die bloße Unterschr kann genügen, wenn der AnnWille hieraus klar hervorgeht (vgl WG Art 25 I 3). Nicht genügd sind Vermerke wie „Gesehen", „Kenntn genommen" u bloße FinanzierungsBestät einer Bank (Schlesw WM **80**, 48). Dch außerh der Urk liegde Umst ist die schriftl AnnErkl nicht ersetzb (BGH WM **82**, 155). Mündl Ann kann als Vor-Vertr iS einer Verpfl, die formgült Ann zu erklären, gewertet werden oder als selbständ SchuldVerspr nach § 780 gelten, soweit formfrei gült. Dies gilt auch für die schriftl, aber nicht auf der Urk selbst erklärte Ann.

3) Einwendungen (Abs I S 2) sind nur in beschr Umfange zul (entspr WG Art 17), nämlich :

a) Gegen die Gültigkeit der Annahme, zB GeschUnfgk zZ der Ann, Anf wg Irrt, Drohg od Täuschg, Fälschg der Ann. – Aus dem **Inhalt der Anweisung oder der Annahme,** zB in der Urk vermerkte Bdggen, Befristgen u sonstige Beschrkgen. – Einwdgen, die dem Angew **unmittelbar gegen den Empfänger** zustehen, zB Tilgg, Erlaß, Stundg, Aufr mit einer GgFdg gg den AnwEmpf, unzul RAusübg, zB wenn die Anw gefälscht ist u der AnwEmpf dies wußte.

b) Ausgeschlossen sind Einwdgen aus dem DeckgsVerh zw dem Angew u dem Anweisden od aus dem ValutaVerh zw diesem u dem Empf (vgl Einf 2, RG **144**, 137). Auch Anspr od Einr aus ungerechtf Ber bestehen in diesem Falle regelm nicht; die Ann ist also in noch höherem Maße abstr als das selbständ SchuldVerspr, wo BereicherungsAnspr in weitem Umfange zul sind (vgl § 780 Anm 6c). Ausn von diesem Grds gelten aber für den Fall, daß beide GrdSchuldVerh fehlerh sind; ferner, wenn das DeckgsVerh fehlerh ist u das ValutaVerh in einer freigeb Zuwendg od in einem EinziehgsAuftr od in einem unsittl od verbotenen Gesch besteht (vgl § 812 Anm 5 Bb, cc, RGRK/Steffen Rdn 10, Soergel-Häuser Rdn 6).

Einzelne Schuldverhältnisse. 21. Titel: Anweisung §§ 785–788

785 *Aushändigung der Anweisung.* **Der Angewiesene ist nur gegen Aushändigung der Anweisung zur Leistung verpflichtet.**

1) Nur Zug um Zug gegen Aushändigung der Urk ist der Angew zur Leistg verpfl. Damit erlangt er die Möglichk, die Anw dem Anweisden ggü zum Nachw des DeckgsAnspr zu gebrauchen. Entspr Best in WG Art 39 I u ScheckG Art 34 I. Gilt auch bei Leistg vor Ann der Anw. Recht auf Quittg (§ 368) bleibt unberührt. Bei Zirkular-Kreditbriefen gilt § 785 erst bei Leistg der letzten Zahlg, früh Teilleistgen werden auf der Urk vermerkt. – Der Angew ist auch ohne Aushändigg zur Leistg berecht, sein RückgrAnspr gg den Anweisden aus dem DeckgsVerh ist davon nicht abhäng, der Nachw allerd erschwert. – AufgebVerf vgl § 790 Anm 3.

786 *Verjährung.* **Der Anspruch des Anweisungsempfängers gegen den Angewiesenen aus der Annahme verjährt in drei Jahren.**

1) Verjährung. Die Vorschr betrifft nur den Anspr des AnwEmpf gg den Angew aus der AnnErkl. Die Fr beginnt mit Entstehg des Anspr, also mit Aushändigg der angenommenen Anw (§ 784 II, dort Anm 1 c). Bei Angabe eines späteren Verfalltages Beginn an diesem Tage. Bei Fehlen eines Verfalltages ist daher Datierg der Ann od Vermerk des Tages der Aushändigg empfehlenswert. – Die Regelg entspricht Art 70 WG, aber kein BereicherungsAnspr wie nach WG Art 89, ScheckG Art 58. – Bei Scheck and Frist, ScheckG Art 52.

787 *Anweisung auf Schuld.* **I Im Falle einer Anweisung auf Schuld wird der Angewiesene durch die Leistung in deren Höhe von der Schuld befreit.**

II Zur Annahme der Anweisung oder zur Leistung an den Anweisungsempfänger ist der Angewiesene dem Anweisenden gegenüber nicht schon deshalb verpflichtet, weil er Schuldner des Anweisenden ist.

1) Regelungsgehalt. Die Vorschr betrifft das DeckgsVerh zw Anweisdem u Angew (vgl Einf 2b vor § 783), sie regelt die Anw auf Schuld, nicht die auf Kredit. ValutaVerh vgl § 788. Anw auf Schuld bedeutet, daß ein SchuldVerh zw Anweisdem(Gläub) u Angew(Schu) besteht, ferner Einigk dieser beiden darü, daß der Angew zur Erf dieser Schuld an einen Dr leisten soll. Der Auftr dazu braucht in der AnwUrk selbst nicht enthalten zu sein. – Durch die Ann der Anw erhält der Angew zwei Gläub. Die Ann gibt aber, da sie nach § 790 die Anw unwiderrufl macht, dem Angew bis zur Rückg der AnwUrk (§ 785) eine Einr aus § 242, falls Anweisder wg der urspr Schuld gg ihn vorgehen will (RGRK/Steffen Rdn 6).

2) Annahme- und Leistungspflicht des Angewiesenen wird nach II nicht schon dadch begründet, daß er Schu des Anweisden ist. Daher bei Ablehng der Ann kein SchuVerzug. Die Verpfl des Angew zur Ann od Leistg kann sich aber aus dem GrdVerh, zB laufde GeschVerbindg od Auftr zw ihm u dem Anweisdem ergeben.

3) Rechtsfolge der Leistung an den AnwEmpf ist, daß der Angew von seiner Verbindlichk ggü dem Anweisden aus dem DeckgsVerh in Höhe der Leistg frei wird. ErfSurrogate wie Hingabe an ErfStatt, Aufr gg eine Fdg des AnwEmpf gg den Angew, berecht Hinterlegg (§ 378) stehen gleich. Ebso erlischt der Anspr des AnwEmpf gg den Angew aus der AnnErkl, § 784. Diese Folgen treten oRücks darauf ein, ob der Angew neben seiner Schuld an den Anweisden aus dem DeckgsVerh noch zusätzl verpfl war (vgl Anm 2), die Anw anzunehmen u an den AnwEmpf zu leisten (MüKo/Hüffer Rdn 3; aA RGRK/Steffen Rdn 4). – Abs I gilt nicht für den Scheck (BGH NJW **51**, 598).

788 *Valutaverhältnis.* **Erteilt der Anweisende die Anweisung zu dem Zwecke, um seinerseits eine Leistung an den Anweisungsempfänger zu bewirken, so wird die Leistung, auch wenn der Angewiesene die Anweisung annimmt, erst mit der Leistung des Angewiesenen an den Anweisungsempfänger bewirkt.**

1) Regelungsgehalt. Die Vorschr betrifft das ValutaVerh zw Anweisdem u AnwEmpf. DeckgsVerh vgl § 787. Sie gilt nicht nur, wenn die Anw der Tilgg einer Schuld zw diesen beiden dienen, sond auch, wenn sie and Zwecken wie DarlHingabe od Schenkg dienen soll (vgl Einf 2a vor § 783). Gilt auch für Scheck (LG Brschw WM **79**, 735). Wichtigster Inhalt der Best ist, daß Anw keine Zahlg ist. Das entspricht der Regelg in § 364 II.

2) Rechtsfolge der Leistung des Angew an den AnwEmpf ist das Erlöschen bzw die Begrdg der Verbindlichk aus dem ValutaVerh zw Anweisdem u AnwEmpf. Erf Surrogate stehen gleich (wie § 787 Anm 3).

3) Die sonstige Regelung des Valutaverhältnisses bestimmt sich nach dem zugrde liegden RVerh, insb, ob Empf zur Einziehg verpfl ist, ob er bei Nichtzahlg des Angew Rückgr gg den Anweisden hat, ob er zur Abführg der eingezogenen Leistg an den Anweisden verpfl ist. Regelm ist bei zahlgshalber erfolgter Aushändigg u Ann einer Anw anzunehmen, daß Empf seine Befriedigg zunächst aus der Anw beim Angew suchen muß, u daß er erst bei Nichteinlösg der Anw befugt ist, aus dem Valuta-SchuldVerh gg den Anweisden vorzugehen (MüKo/Hüffer Rdn 4, RGRK/Steffen Rdn 2).

845

§§ 789–792

789 *Anzeigepflicht des Anweisungsempfängers.* Verweigert der Angewiesene vor dem Eintritte der Leistungszeit die Annahme der Anweisung oder verweigert er die Leistung, so hat der Anweisungsempfänger dem Anweisenden unverzüglich Anzeige zu machen. Das gleiche gilt, wenn der Anweisungsempfänger die Anweisung nicht geltend machen kann oder will.

1) Anzeigepflichten. Mit ihnen erschöpfen sich die Pfl, die dem AnwEmpf ggü dem Anweisden aGrd der Anw obliegen. Weitere Pfl können sich aus dem GrdVerh ergeben. Von diesem hängt es auch ab, ob der Empf iF der Zahlgsweigerg des Angew einen RückgrAnspr gg den Anweisden hat. Stillschw Garantie-Übern ist nach der VerkSitte mögl. Bei Verl der AnzPfl SchadErs nach allg Vorschr.

2) Unverzüglich, dh ohne schuldh Zögern, § 121. Unter Leistgszeit ist der Ztpkt der Fälligk zu verstehen (RG 101, 316). – Allgem Pfl des Empf, den Angew zur Leistg aufzufordern, ist im G nicht bestimmt. Es kommt auf das GrdSchuldVerh an, ob eine solche Pfl anzunehmen ist.

790 *Widerruf der Anweisung.* Der Anweisende kann die Anweisung dem Angewiesenen gegenüber widerrufen, solange nicht der Angewiesene sie dem Anweisungsempfänger gegenüber angenommen oder die Leistung bewirkt hat. Dies gilt auch dann, wenn der Anweisende durch den Widerruf einer ihm gegen den Anweisungsempfänger obliegenden Verpflichtung zuwiderhandelt.

1) Widerruf. a) Grundsatz. Die Anw ist ggü dem Angew grdsätzl widerrufl, weil sie nur Ermächtiggen, keine Verpfl schafft (vgl Einf 1c vor § 783). Dies auch, wenn der Anweisde aGrd des ValutaVerh (vgl Einf 2a vor § 783) ggü dem AnwEmpf zur Aufrechterhaltg der Anw verpfl ist, Satz 2.

b) Verzicht auf das WiderrufsR ggü dem AnwEmpf ist unwirks (allg M). Verz ggü dem Angew ist mögl u macht den Widerruf unwirks (MüKo/Hüffer Rdn 6, RGRK/Steffen Rdn 4 mwN).

c) Ausübung dch einseit, empfbedürft, formfreie Erkl ggü dem Angew. Widerruf ggü dem AnwEmpf ist anwrechtl wirkgslos, seine Benachrichtigg vom erfolgten Widerruf anwrechtl nicht erforderl.

d) Wirkung. Die Anw erlischt. Die trotz Widerrufs erfolgte Ann oder Zahlg gibt dem Angew keinen Rückgr gg den Anweisden u befreit ihn bei Anw auf Schuld (§ 787) nicht von seiner Verbindlichk aus dem DeckgsVerh. Etwaige Anspr aus GoA od ungerechtf Ber bleiben ihm. Ggü dem AnwEmpf bleibt die Ann trotz Widerrufs wirks, weil sie keine gült Anw voraussetzt (vgl § 784 Anm 1a).

e) Unwiderruflichkeit in zwei Fällen: **aa)** Sobald der Angew die Anw dem Empf ggü angenommen hat (§ 784 II), denn dadch ist ein selbständ SchuldVerh zw Angew u Empf entstanden, das der Anweisde gg sich gelten lassen muß. **bb)** Sobald der Angew die Leistg an den AnwEmpf bewirkt hat. Das gilt auch bei Ann u Leistg vor Fälligk.

f) Auf das **Akkreditiv** ist § 790 nicht anwendb. **ScheckWiderruf** vgl Art 32 ScheckG.

2) Die Verpflichtung zur Aufrechterhaltung der Anweisung macht nach S 2 den Widerruf nicht unwirks. Sie kann sich für den Anweisden aus einem ValutaVerh zum AnwEmpf (vgl Einf 2a vor § 783) ergeben; so idR beim Kreditbrief (vgl Einf 3d vor § 783). Satz 2 gilt aber nur, solange Angew weder angenommen noch geleistet hat. Die Vorschr des S 2 ist im Interesse des Angew gegeben, dem die Nachprüfg zum Widerruf erspart bleiben soll, ob Anweisden zum Widerruf berecht war od nicht. Läßt Empf den gült Widerruf unbeachtet, so macht er sich dem Anweisden ggü schaderspfl, ebso umgekehrt der Anweisde dem Empf, wenn er unbefugt widerruft. – Ein **unwiderrufliches Einziehungsrecht** erwirbt der Empf dch Erteilg einer EinziehgsVollm od dch Abtretg der Fdg des Anweisden gg den Angew.

3) Sonstige Erlöschensgründe. Untergang der AnwUrk od Rückgabe an Anweisden vor Vorlegg an den Angew zur Ann od Zahlg, Unmöglk der Leistg. AufgebVerf zur Kraftloserklärg findet nicht statt; and bei der an Order gestellten kaufm Anw, HGB §§ 363, 365 II, u beim Scheck, ScheckG Art 59. Bei Abhandenkommen nach der Ann schützt den Angew § 785.

791 *Tod oder Geschäftsunfähigkeit eines Beteiligten.* Die Anweisung erlischt nicht durch den Tod oder den Eintritt der Geschäftsunfähigkeit eines der Beteiligten.

1) Tod und Verlust der Geschäftsfähigkeit eines Beteil lassen die Anw nicht erlöschen, wenn keine anderweite Best in der Anw od im AnnVermerk enthalten ist. § 791 ist abdingb. Die Erben können aber ihrers in den Grenzen des § 790 widerrufen.

2) Dch **Konkurs** eines Beteil erlischt die Anw nicht. Bei Konk **des Anweisenden** hat der KonkVerw nach § 790 zu widerrufen. KO § 23 ist nicht anwendb. Der Angew kann nach Kenntn von der KonkEröffng nicht mehr mit Wirkg für die KonkMasse annehmen (RGRK/Steffen Rdn 2, MüKo/Hüffer Rdn 4). Bei Konk **des Angewiesenen** ist die Anw dem KonkVerw zur Ann oder Zahlg vorzulegen. Bei Ann entsteht Masseschuld. Der Anspr aus der bereits angenommenen Anw ist KonkFdg. Bei Konk **des Anweisungsempfängers** hat der KonkVerw die Befugn, die Anw zur Ann u Zahlg vorzulegen, u den Anspr aus der Ann. Das DeckgsVerh schließt idR die Anw aus, wenn der Angew Kenntn von der KonkEröffng hat. Ann od Zahlg in Unkenntn der KonkEröffng muß der Anweisde als für seine Rechng geschehen gelten lassen (RGRK/Steffen Rdn 4, Soergel-Häuser Rdn 6).

792 *Übertragung der Anweisung.* ¹ Der Anweisungsempfänger kann die Anweisung durch Vertrag mit einem Dritten auf diesen übertragen, auch wenn sie noch nicht ange-

Einz. SchuldVerh. 22. Titel: Schuldverschreibg a. d. Inhaber **§ 792, Einf v § 793**

nommen worden ist. Die Übertragungserklärung bedarf der schriftlichen Form. Zur Übertragung ist die Aushändigung der Anweisung an den Dritten erforderlich.

II Der Anweisende kann die Übertragung ausschließen. Die Ausschließung ist dem Angewiesenen gegenüber nur wirksam, wenn sie aus der Anweisung zu entnehmen ist oder wenn sie von dem Anweisenden dem Angewiesenen mitgeteilt wird, bevor dieser die Anweisung annimmt oder die Leistung bewirkt.

III Nimmt der Angewiesene die Anweisung dem Erwerber gegenüber an, so kann er aus einem zwischen ihm und dem Anweisungsempfänger bestehenden Rechtsverhältnis Einwendungen nicht herleiten. Im übrigen finden auf die Übertragung der Anweisung die für die Abtretung einer Forderung geltenden Vorschriften entsprechende Anwendung.

1) Übertragung der Anweisung, Abs I, ist grdsätzl mögl. Bei noch nicht angenommener Anw handelt es sich um Übertr der EinziehgsErmächtigg (vgl Einf 1 c bb vor § 783). Nach der Ann handelt es sich um Abtr des Anspr aus der Ann (vgl § 784 Anm 1a). Für beide Fälle gilt § 398 (vgl Abs III S 2). – Zur **Durchführung** sind erforderl: **a) Übertragungsvertrag** zw AnwEmpf u Erwerber der Anw. Die ÜbertrErkl bedarf der Schriftform, nicht notw auf der AnwUrk selbst. Die AnnErkl des Erwerbers ist formfrei, auch konkludent dch EntggNahme der Urk. **b) Aushändigung der Anweisung** an den Erwerber. **c) Kaufmännische Anweisung und Scheck** sind dch Indossament übertragb, HGB § 363, ScheckG Art 14.

2) Ausschließung der Übertragung, Abs II, ist nur wirks, wenn sie entw aus der Urk zu entnehmen ist od wenn der Anweisde sie dem Angew vor Ann od Leistg mitgeteilt hat. Ungenügd ist, wenn Angew die Kenntn anderweit erlangt od wenn der Anweisde die Mitteilg nur dem AnwEmpf gemacht hat.

3) Einwendungen. a) Bei **Übertragung nach Annahme** wird nicht nur die Einziehgsermächtigt, sond auch die dch die Ann entstandene selbständ Fdg des AnwEmpf gg den Angew übertragen. Daher ist § 404 entspr anwendb, Abs III. Außerdem § 402 (AuskPfl des Zedenten), § 405 (ScheinFdg), § 406 (Aufrechng). – **b)** Bei **Übertragung vor Annahme** kann der Angew keinerlei Einwdgen aus einem zw ihm zu dem ersten Empf der Anw bestehenden RVerh herleiten. Die Verpfl des Angew entsteht erst dch die Ann ggü dem Erwerber der Anw (vgl § 784 Anm 1a). – **c)** Die **Einwendungen des § 784** (vgl dort Anm 3) bestehen auch dem Erwerber ggü.

4) Rückgriff. Ob der Erwerber der Anw gg seinen Vormann iF der Nichteinlösg der Anw dch den Angew einen RückgrAnspr hat, beurteilt sich nach dem SchuldVerh, das der Übertr der Anw zugrde liegt.

Zweiundzwanzigster Titel. Schuldverschreibung auf den Inhaber

Einführung

1) Wertpapier ist eine Urk, ohne die ein darin verbrieftes PrivatR nicht geltd gemacht werden kann (Hueck-Canaris § 1 I, Zöllner § 3, insbes III 4b). Nach der Art des verbrieften R unterscheidet man MitgliedschPap, zB Aktien, sachenr WertP, zB GrdSchBrief, u fdgsrechtl WertP, zB SchVerschr auf den Inhaber. Nach der Art, in der der Berecht aus dem WertP best wird, sind zu unterscheiden (Zöllner § 2 II, Brox Rdn 484):

a) Namenspapiere (Rektapapiere), die den Berecht namentl benennen. Nur dieser od sein RNachf ist zur Geltdmachg des Anspr befugt. Die Übertragg geschieht dch Abtr des Anspr. Nach § 404 kann Schu alle Einwdgen erheben, die gg einen RVorgänger des ggwärt Gläub entstanden sind. Beisp: HypBrief, SparkBrief (BGH WM 87, 1038). Anlegg auf den Namen eines and macht diesen zum Gläub, Vertr zG eines Dr (Hamm WM 87, 1128).

b) Inhaberpapiere. Bei ihnen verspricht der AusSt die Leistg dem jeweil Inhaber. Die Durchsetzbark des Rechtes ist also an den Bes des Pap geknüpft, die Inhabersch begründet die Vermutg der mat Berechtigg (Hueck-Canaris § 2 III 3, Zöllner § 2 II 1). Die Übertrt findet infdessen nach sachenr Grds dch Übereiging des Pap statt. ZusTreffen von Gläub- u Schu in einer Pers führt nicht zum Untergang der Fdg (RG 147, 243), wohl aber, wenn der AusSt das InhPap einlöst. Es gibt: **aa)** InhPap, die ein **Forderungsrecht** verbriefen, zB InhSchVerschr, u **bb)** solche, die körperschaftl **Mitgliederrechte** verbriefen, zB InhAktien. Die §§ 793–806 betreffen nur die zu aa genannten InhSchVerschr, doch sind sie auf die zu bb erwähnten InhPap, insb auch InhAktien, entspr anwendb, soweit sich nicht aus der Besonderh dieser MitglRechte und ergibt (Zöllner § 29 II 1, RGRK/Steffen Rdn 20 vor § 793).

c) Orderpapiere nehmen eine ZwStellg zw Namens- u InhPap ein. In ihnen ist ein best Berecht namentl benannt. Die Übertr des verbrieften R geschieht dch Indossament, eine einseit schriftl Erkl, zu der idR ein BegebgsVertr, eine Einigg über den RÜbergang, hinzukommen muß. Der Gutglaubenserwerb ist in dieser Weise Legitimierten stark beschr (vgl Art 17 WG, § 364 HGB). Es gibt geborene OrderPap, die ohne nähere Best dch den AusSt dch Indossament übertragb sind, zB Wechsel; ferner gekorene OrderPap, die dch posit Orderklausel des AusSt dch Indossament übertragb werden, zB handelsr OrderPap in HGB § 363. Das BGB befaßt sich mit ihnen nur, soweit sie über eine best Geldsumme lauten u Teile einer GesEmission darstellen, § 808a.

2) Legitimationspapiere stehen im begriffl Ggsatz zu WertP. Es sind Urk, gg deren Vorlage der Schu nicht zur Leistg verpfl ist, sich aber dch Leistg an den Inh befreien kann. Sie dienen also der Ausweiserleichterg u sind an sich nicht Träger von VermRechten. Beispiel: Garderobemarke, Gepäckschein. Die Begr überschneiden sich aber. Denn soweit die LegitimationsPap auch InhPap sind, dh also, wenn der AusSt sich zur Zahlg an den Inh verpfl, ist die Urk gleichzeitig auch WertPap; anderers sind InhSchVerschr immer LegitimationsPap (vgl § 793 I, 2). Von LegitimationsPap, die den InhPap ähnl sind, handelt § 808, sog **qualifizierte Legitimationspapiere** od hinkde InhPap, zB Sparbücher, InhVersScheine.

3) Regelungsgehalt. Der 22. Titel regelt das Recht der InhSchVerschr nicht abschließd. Die Vorschr betreffen im wesentl nur die Verbindlichk des AusSt gg den Inh. Für die dingl RVerhältn sind sachenr Best maßg. Der 22. Titel wird daher dch eine Reihe and Best ergänzt, insb § 248 II (Zinssatz), §§ 929, 935 (Übertr), §§ 1081–1084 (Nießbr an InhPap), §§ 1293–1296 (PfdR), § 1195 (InhGrdSchBrief); ferner hins der vormundschaftl Verw dch §§ 1814ff, 1853, der elterl VermVerw dch §§ 1646, 1667, im ehel GüterR dch § 1362, im ErbR dch §§ 2116ff, 2136. – § 807 behandelt den InhSchVerschr gleichgestellte WertP, § 808 die qualifizierten LegitimationsPap, § 808a OrderSchVerschr.

4) Landesgesetzliche Vorbehalte und Übergangsvorschriften: EG Art 97–102, 174–178.

5) Ergänzende gesetzliche Vorschriften:
a) Wertpapierschutz im Hinbl auf Kriegs- u Nachkriegsereignisse vgl 42. Aufl Einf 5. Dort über AffidavitVerf, WertPBereiniggsG, Allg KriegsfolgenG, Auslandsbonds, Dollarbonds. – **b) Für Schuldverschreibungen der Bundesrepublik** gelten die reichsrechtl Vorschr über SchVerschr des Reiches entspr, AnleiheG v 29. 3. 51, BGBl 218; sie sind ausgenommen von der Gen-Bedürftigk, § 4 EmissionsG; vgl § 795 Anm 1. Das ändert nichts daran, daß die Beziehgen zw dem Gläub u dem Bund privrechtl Natur sind u sich nach §§ 793ff bestimmen. – **c)** Über die SchVerschr **(Hypothekenpfandbriefe** u **Kommunalschuldverschreibungen)** der privrechtl HypBanken vgl das HypBkG; über die der öffrechtl Kreditanstalten das G idF v 8. 5. 63, BGBl 312, 930. Über **Schiffspfandbriefe** der SchiffsPfBriefbanken vgl das SchiffsbankG. – **d) Investmentanteile** vgl das G über KapitalAnlGesellsch. Hueck-Canaris § 29, Zöllner § 30. Über den Vertrieb ausländischer Investmentanteile vgl AuslInvestG; Vertrieb dch öff Anbieten, öff Werbg uä ist nur statth, wenn best Vorauss erfüllt sind.

793 Begriff.
I Hat jemand eine Urkunde ausgestellt, in der er dem Inhaber der Urkunde eine Leistung verspricht (Schuldverschreibung auf den Inhaber), so kann der Inhaber von ihm die Leistung nach Maßgabe des Versprechens verlangen, es sei denn, daß er zur Verfügung über die Urkunde nicht berechtigt ist. Der Aussteller wird jedoch auch durch die Leistung an einen nicht zur Verfügung berechtigten Inhaber befreit.

II Die Gültigkeit der Unterzeichnung kann durch eine in die Urkunde aufgenommene Bestimmung von der Beobachtung einer besonderen Form abhängig gemacht werden. Zur Unterzeichnung genügt eine im Wege der mechanischen Vervielfältigung hergestellte Namensunterschrift.

1) Begriff. SchVerschr auf den Inh ist eine Urk, in der sich der AusSt zu einer Leistg an den Inh der Urk verpfl. Die Errichtg der Urk hat konstitut Bedeutg, das verbriefte Recht kann außerh der Urk nicht entstehen. Nach ihrem wirtsch Zweck ist die Urk zum Umlauf best.

2) Inhalt der Urkunde.
a) Verbrieftes Recht ist eine Fdg. And Rechte, zB MitgliedschRechte (InhAktien), gehören an sich nicht dazu. Doch ist entspr Anwendbark mögl, Einf 1b. Welcher Art die versprochene Leistg ist, ist unerhebl; meistens GeldLeistg, doch kommen auch and Leistgen in Frage, zB beim Lagerschein auf den Inh. Angabe best Geldsumme nicht erforderl (Dividendenscheine). Angabe des SchuldGrd ist nicht erforderl. Regelm handelt es sich um selbstständ SchuldVerspr (§ 780), doch ist Angabe eines SchuldGrd, um sich Einwdgen gem § 796 vorzubehalten, nicht ausgeschl.
b) Inhaberklausel ist nicht ausdr erforderl. Es genügt, wenn aus dem Inhalt der Urk u der VerkSitte mit genügder Deutlichk die Abs hervorgeht, dem Inh verpfl zu sein. StaatsSchVerschr, Zinsscheine sind daher auch ohne ausdr Erwähng auf den Inh gestellt. Nenng eines best Gläub ist zul, wenn trotzdem aus der Urk hervorgeht, daß die ZahlgsVerpfl ggü jedem Inh besteht. Auch der Zusatz „für Inh od Order" macht das Pap nicht zum Orderpap, wenn keine best Pers genannt ist, deren Order maßg sein soll (RG 78, 149). Inh ist, wer die rein tatsächl Gewalt über das Pap ausübt, mittelb Besitz genügt nicht.
c) Aussteller kann an sich jeder sein. Doch bestehen Beschrkgen, zB gem § 795 (staatl Gen), ferner für Banknoten, § 1 EmissionsG. Eltern u Vormd benötigen für die Ausstellg die Gen des VormschGer, §§ 1643 I, 1822 Nr 9.
d) Inhaberschuldverschreibungen sind: SchVerschr des Bundes, der Länder, der Gem u öffrechtl Körpersch nebst Zinsscheinen; InhSchuldscheine von jur Pers od einz PrivatPers, zB HypPfbriefe; Zerobonds (Ulmer/Ihrig ZIP 85, 1169); Gewinnantl- od Dividendenscheine der AG; InhGrdSchBriefe § 1195; InhLagerscheine (RG 142, 150); regelm auch Lotterielose (Hueck-Canaris § 1 II 5); Schecks, die auf Inh gestellt sind, ScheckG Art 5 II, 21; regelm auch die Investmentzertifikate.
e) Keine Inhaberschuldverschreibungen sind: Kuxscheine (Pr Allg BergG 103 III); Antlscheine der GmbH, da sie ledigl BeweisUrk, nicht selbst Wertträger sind; Zinserneuergsscheine (Talons), die nur Ausweispapiere sind (RG 74, 339); Anweisgen (§ 783) u Wechsel, da sie nicht auf den Inh gestellt werden können, WG Art 1 Nr 6.

3) Schriftform, Abs II. Für die Unterschr des AusSt genügt in Abweichg von § 126 eine iW der mechan Vervielfältigg hergestellte Namensunterschr (Faksimile). Es genügt jedoch eine in gewöhnl Druck hergestellte Unterschr. II gilt nicht für die sog kleinen InhPap, § 807. – Die Gültigk der Unterschr kann von der Beobachtg einer bes Form abhäng gemacht werden, zB Unterschr eines Kontrolleurs, Beifügg eines bes Ausfertiggsvermerks od Siegels. Diese Einschränkg ist aber nur wirks, wenn in der Urk selbst auf die weitere FormVorschr ausdr hingewiesen ist. Landesr Vorbeh EG Art 100 Nr 1.

4) Entstehung der Verpflichtung. Die Errichtg der Urk ist dafür notw (vgl Anm 1), aber nicht genügd. Hinzu kommen muß ein BegebgsVertr (Hueck-Canaris § 3 I 2, Zöllner § 6 V 4, BGH NJW **73**, 283). Er hat doppelten Inhalt. Zum einen überträgt der AusSt sachenr das Eigt an der Urk auf den Erwerber nach §§ 929ff. Zum and sind sich die Part einig über die schuldr Begr der verbrieften Fdg. Auf diesen schuldr Vertr zw AusSt u Ersterwerber finden die Vorschr über NichtigkGrde, Willens- u VertretgsMängel voll Anwendg. Zur Erhaltg der VerkFähigk der zum Umlauf best InhSchVerschr bedarf die VertrTheorie indes einer einschränkten Modifizierg. Nach der RScheintheorie steht ein fehler od unwirks BegebgsVertr der Entstehg der verbrieften Fdg in der Pers eines gutgl folgden Erwerbers nicht entgg, wenn der AusSt zurechenb den RSchein eines gült BegebgsVertr gesetzt hat (hM, zB Hueck-Canaris § 3 II).

5) Berechtigter ist der Träger des in der Urk verbrieften FdgsRechts.
a) Die materielle Berechtigung hat der Eigtümer der Urk. Das ist der Ersterwerber, der das Eigt dch BegebgsVertr mit dem AusSt (vgl vorstehd Anm 4) u jeder folgde Inh, der das Eigt vom VorInh zumindest gutgl nach §§ 929ff, 935 II, HGB § 367 erworben hat. Dieser starke sachenr Einschlag führt auch dazu, daß der RSatz vom Untergang der Fdg durch ZusTreffen von Gläub- u SchuStellg hier nicht gilt (RG **147**, 243. – **b) Berechtigungsvermutung.** Für den Besitzer der Urk gilt die EigtVermutg des § 1006. Aus Abs I S 2 folgt außerdem, daß die mat Berechtigg des Inh der Urk vermutet wird. Vgl auch unten Anm 6b. – **c) Besitz der Urkunde** ist Voraussetzg für die Durchsetzbark des verbrieften FdgsRechts, weil der AusSt nur gg Aushändigg zur Leistg verpfl ist, § 797. HerausgAnspr des mat Berecht nach § 985. Bei Verlust KraftlosErkl nach § 799.

6) Schuldner ist der AusSt der Urk.
a) Zur Leistung verpflichtet ist er jedem berecht Inh gg Aushändigg der Urk, § 797. – **b) Zur Leistung berechtigt,** Abs I S 2, ist er an den Inh gg Aushändigg der Urk. Auch Leistg an GeschUnfäh od GeschBeschränkte wirkt befreiend. Der AusSt ist also zur Prüfg der Legitimation des Inh nicht verpfl, wohl aber berecht. Will er nicht leisten, so trifft ihn die Darleggs- u BewLast dafür, daß der Inh zur Verfgg über die Urk nicht berecht ist, dh, daß er weder Eigtümer ist noch ein PfdR od sonstiges VfgsR (Vormd, KonkVerw, TestVollstr usw) hat. Nichtberecht ist insb der Dieb od der Inh, der von einem Nichtberecht bösgl erworben hat; aber auch, wenn er den Bes ohne Befug zur Veräußerg, zB als Verwahrer, erlangt hat. – **c) Nicht schuldbefreiend** ist in Ausn von Abs I S 2 die Leistg des AusSt, wenn er die ihm pos bekannte Nichtberechtigg des Inh leicht nachweisen kann. Schutz verdient nur der redl Verkehr. Grobfahrl Unkenntn steht der pos Kenntn nicht gleich, auch wenn sie die Prüfg unterlassen hat, außer er unterdrückt dadch bewusstes Wissen (BGH **28**, 368 zu § 808, RGRK/Steffen Rdn 23; aA MüKo/Hüffer Rdn 24, Hueck-Canaris § 27 III 3, Zöllner § 27 I 3 in Analogie zu WG Art 40 III). Gleiches gilt bei Leistg in Kenntn der fehlden GeschFgk (BGH WM **71**, 231 zu § 808; aA Hueck-Canaris aaO).

794 Haftung des Ausstellers.

I Der Aussteller wird aus einer Schuldverschreibung auf den Inhaber auch dann verpflichtet, wenn sie ihm gestohlen worden oder verlorengegangen oder wenn sie sonst ohne seinen Willen in den Verkehr gelangt ist.

II Auf die Wirksamkeit einer Schuldverschreibung auf den Inhaber ist es ohne Einfluß, wenn die Urkunde ausgegeben wird, nachdem der Aussteller gestorben oder geschäftsunfähig geworden ist.

1) Fehlender Begebungsvertrag, Abs I. Zur Entstehg der Verpfl des AusSt vgl § 793 Anm 4. Abs I gilt nicht im Verh des AusSt zum Ersterwerber der Urk. Da es sich um eine SchutzVorschr zG des redl Verkehrs handelt, gilt sie im Verh des AusSt zu folgden Inh nur, wenn diese verfüggsbefugt sind, also bei gutgl Erwerb des Inh od eines VorInh (vgl § 793 Anm 5a, b, 6b).

2) Tod, Wegfall der Geschäftsfähigkeit des Ausstellers, Abs II, zw Ausstellg u Ausgabe der Urk berühren deren Gültigk nicht. Zur Entstehg der verbrieften Fdg (vgl § 793 Anm 4) ist aber auch in diesem Fall ein wirks BegebgsVertr des Ersterwerbers mit dem Vertreter od RNachf des AusSt, bei seinem Fehlen der zurechenb RSchein eines solchen zG späterer gutgl Inh notw (MüKo/Hüffer Rdn 5, RGRK/Steffen Rdn 6, Erman-Hense Rdn 2).

3) § 794 gilt nicht für InhAktien.

795 Staatliche Genehmigung.

I Im Inland ausgestellte Schuldverschreibungen auf den Inhaber, in denen die Zahlung einer bestimmten Geldsumme versprochen wird, dürfen nur mit staatlicher Genehmigung in den Verkehr gebracht werden, soweit nicht Ausnahmen zugelassen sind. Das Nähere bestimmt ein Bundesgesetz.

II Eine ohne die erforderliche staatliche Genehmigung in den Verkehr gelangte Schuldverschreibung ist nichtig; der Aussteller hat dem Inhaber den durch die Ausgabe verursachten Schaden zu ersetzen.

1) Vorbemerkung und Verfahren. Die Fassg beruht auf dem EmissionsG v 26. 6. 54, zuletzt geändert dch das 2. RBereiniggsG v 16. 12. 86 (BGBl I 2441) Art 13. Die Gen wird hiernach erteilt dch den zust BMinister (§ 3). Ausgabe v SchVerschr des Bundes u der Länder sind genehmiggsfrei (§ 4).

2) Geltungsbereich. Staatl Gen ist für die Ausgabe inländ SchVerschr, auch einz Stücke, erforderl, in denen Zahlg einer best Geldsumme versprochen wird, ausgen SchVerschr des Bundes u der Länder. Grd: Schutz der Anleger, KapitalmarktLenkg, Konjunktursteuerg (Zöllner § 27 I 2b, MüKo/Hüffer Rdn 1). Anwendb auch auf InhGrdschBriefe (RG **59**, 381), auf InhZinsscheine von Orderpap (RG **74**, 339) u auf OrderSchVerschr über eine best Geldsumme, soweit sie Teile einer Gesamtemission – hier genügt also nicht

§§ 795–797

die Ausgabe einz Stücke – sind, § 808 a. **Keiner Genehmigung bedürfen** Pap auf unbest Geldsumme od auf and Leistgen, zB ErneuergsScheine, GewinnAntlscheine, InhAktien, ZwScheine, Lotterielose (aber § 763), Legitimationspap (vgl Einf 2 vor § 793), InhSchecks, es sei denn, daß sie mit einer Einlösgszusage versehen sind (RG **105**, 363), InhLagerscheine (vgl aber HGB § 363 II, RG **142**, 150), auch nicht InhGenußscheine, die zwar auf eine best Geldsumme ausgestellt sein können, jedoch nur aus best Einkünften, also nicht schlechthin, einzulösen sind (BGH **LM** Nr 2); ferner die kleinen InhPap des § 807.

3) Folgen der Zuwiderhandlung. Die ohne die erforderl staatl Gen in Verk gebrachten SchVerschr sind nichtig. Der AusSt hat dem Inh den dch die unbefugte Ausgabe verurs Schad zu ersetzen. Vorauss der SchadErsPfl ist, daß der AusSt das Pap ausgegeben hat. Es genügt also nicht, wenn es ein Dr ohne seinen Willen in Verk gebracht hat. Die SchadErsPfl besteht nur dem Inh ggü, nicht auch ggü früh Inh. Zu ersetzen ist das negat Interesse (vgl Vorbem 2g vor § 249). Das ist der für den Erwerb aufgewendete GeldBetr. Die ErsPfl ist nicht auf den Nennwert des Pap beschr.

796 **Einwendungen des Ausstellers.** **Der Aussteller kann dem Inhaber der Schuldverschreibung nur solche Einwendungen entgegensetzen, welche die Gültigkeit der Ausstellung betreffen oder sich aus der Urkunde ergeben oder dem Aussteller unmittelbar gegen den Inhaber zustehn.**

1) Einwendungen des AusSt gg die SchVerschr sind, wie bei den kaufmänn Orderpap (HGB § 364 II) im Interesse der Verkehrsfähigk nur in beschr Umfang zul.

2) Einwendungen gegen die Gültigkeit der Ausstellung sind solche, die sich gg die Entsteh der verbrieften Fdg richten u außerh der Urk liegen. Sie haben zum Tl absolute Wirkg, der AusSt kann sie also jedem Inh enttghalten. Hierher gehören zB Fälsch der Unterschr des AusSt oder des Inhalts der Urk; GeschUnfgk oder beschr GeschFgk des AusSt zZ der Ausstellg, Fehlen der erforderl staatl Gen (§ 795). Zum Teil kann der AusSt sie gutgl späteren Inh nicht enttghalten, näml dann, wenn er den zurechenb RSchein wirks Entsteh der Fdg gesetzt hat (vgl § 793 Anm 4). Hierher gehören zB fehlder, nach §§ 116–118, 138 nichtiger, wirks angefochtener BegebgsVertr, fehlde Vollm (ie str).

3) Einwendungen aus dem Inhalt der Urkunde kann der AusSt jedem Inh enttgsetzen. Hierher gehören zB Bdgg, Befristg, ZeitBest, LeistgsModalitäten. Ist der SchuldGrd angegeben, kann der AusSt sich auf Einwdgen berufen, die sich allg u unmittelb kr Ges aus dem GrdVerh ergeben, nicht auf bes vertragl Absprachen zw AusSt u Ersterwerber beruhen (RGRK/Steffen Rdn 5; enger MüKo/Hüffer Rdn 6). Der Inhalt der Urk, auch börsengäng SchVerschr, ist nach den allg Regeln (§§ 133, 157) ausleggsfähig; Berücksichtigg auch außerh der Urk liegder Umst mögl (BGH **28**, 259).

4) Einwendungen unmittelbar gegen den Inhaber (persönl Einwdgen) sind solche, die in einem RVerh zw AusSt u diesem Inh begründet sind. Beisp: Stundg, Zahlg, Erlaß, Aufr, Einr aus §§ 816, 821. Ferner Einr der Argl, insb wegen des Erwerb der Urk in den Abs gesch, dem AusSt seine Einwdgen gg den Vormann abzuschneiden. Erhält der Inh erst nach dem Erwerb von den Einr gg den Vormann Kenntn, so hat der AusSt den Einwand unzul RAusübg nur dann, wenn der Inh die Einwdgen lediql zum Vorteil des Vormannes (als Strohmann) od ausschließl zum Nachteil des AusSt abschneiden will (§ 826). Dem AusSt steht ferner der Einwand zu, daß der Inh nicht zur Vfg über die Urk berechtigt sei (vgl § 793 Anm 5). Dabei ist der Erwerb auch dann unredl, wenn der Erwerber die Prüfg des rechtm Bes des Vormannes unterlassen hat, obwohl nach den Umst (zB Angeb durch Unbekannte) hinreichde Verdachts- und Zweifelsgrde vorh waren.

5) Einwendungen gegen den Bestand der verbrieften Forderung sind nicht eig erwähnt. Der AusSt kann sie jedem Inh enttgsetzen, zB schuldbefreide Zahlg an früh Inh (vgl § 793 Anm 6b), KraftlosErkl (§ 799), ZahlgsSperre (§ 802), Erlöschen u Verj (§ 801).

797 **Leistungspflicht nur gegen Aushändigung.** **Der Aussteller ist nur gegen Aushändigung der Schuldverschreibung zur Leistung verpflichtet. Mit der Aushändigung erwirbt er das Eigentum an der Urkunde, auch wenn der Inhaber zur Verfügung über sie nicht berechtigt ist.**

1) Leistungsverpflichtung nur gg Aushändigg des Pap, das also Präsentations- u EinlösgsPap ist. Die Schuld ist Holschuld; § 270 nicht anwendb. Verpfl des Inh zur Ausstellg einer Quittg bleibt unberührt (§§ 368, 369). Bei Teilleistg Vermerk auf der Urk. Über Ztpkt der Leistg vgl § 801. Folge der Weigerg der Aushändigg od Quittserteilg ist AnnVerzug. – Hat Gläub die Urk nur unter Vorbeh einer MehrFdg vorgelegt u hat sie der AusSt eingelöst, so kann er sich ggü der späteren NachFdg nicht darauf berufen, daß der Gläub nicht mehr Inh des Pap sei (RG **152**, 168). Zinsscheine vgl § 803 II.

2) Eigentumserwerb an der Urk auch dann, wenn Inh zur Vfg nicht berecht war. Dies ist Folge der RVermutg des § 793, wonach Inh als Gläub gilt. S 2 soll verhindern, daß der wirkl Eigtümer die Urk nachträgl mit der EigtKlage herausverlangen kann. Der EigtÜbergang findet kr G statt. **Gilt nicht** zG des unredl AusSt (hM). Er erwirbt also kein Eigt, wenn er nicht schuldbefreid an den förml berecht Inh bezahlt hat (vgl § 793 Anm 6b). Ferner nicht, wenn ihm die Urk nicht zur Einlösg ausgehändigt wird, sond aus and Grden, zB Verwahrg, Pfd.

3) Nicht anwendbar ist § 797 auf InhAktien.

Einz. SchuldVerh. 22. Titel: Schuldverschreibg a. d. Inhaber §§ 798–800

798 *Ersatzurkunde.* Ist eine Schuldverschreibung auf den Inhaber infolge einer Beschädigung oder einer Verunstaltung zum Umlaufe nicht mehr geeignet, so kann der Inhaber, sofern ihr wesentlicher Inhalt und ihre Unterscheidungsmerkmale noch mit Sicherheit erkennbar sind, von dem Aussteller die Erteilung einer neuen Schuldverschreibung auf den Inhaber gegen Aushändigung der beschädigten oder verunstalteten verlangen. Die Kosten hat er zu tragen und vorzuschießen.

1) Das **Umtauschrecht** besteht nur, wenn der wesentl Inhalt der Urk u ihre Unterscheidgsmerkmale (zB Serie u Nummer) noch mit Sicherh zu erkennen sind. Ist dies nicht der Fall od ist die Urk gänzl vernichtet, so kommt nur KraftlosErkl in Frage (§ 799). Der Austausch ist ein rein tats Vorgang u geschieht Zug um Zug. Der AusSt erlangt Eigt an der alten Urk, die ihren Charakter als WertP verliert. Die bisher Rechte setzen sich an der neuen Urk fort. Die Kosten hat der Inh zu tragen u vorzuschießen (S 2). § 798 gilt nicht für Zins- u Gewinnanteilscheine.

2) Sondervorschriften: Aktien u Zwischenscheine, AktG § 74. InhGrdSchBriefe, GBO §§ 68, 69, Investmentzertifikate, G über KapitalAnlGesellsch § 24 III, Banknoten, BBankG § 14 III.

799 *Kraftloserklärung.* ¹ Eine abhanden gekommene oder vernichtete Schuldverschreibung auf den Inhaber kann, wenn nicht in der Urkunde das Gegenteil bestimmt ist, im Wege des Aufgebotsverfahrens für kraftlos erklärt werden. Ausgenommen sind Zins-, Renten- und Gewinnanteilscheine sowie die auf Sicht zahlbaren unverzinslichen Schuldverschreibungen.

II Der Aussteller ist verpflichtet, dem bisherigen Inhaber auf Verlangen die zur Erwirkung des Aufgebots oder der Zahlungssperre erforderliche Auskunft zu erteilen und die erforderlichen Zeugnisse auszustellen. Die Kosten der Zeugnisse hat der bisherige Inhaber zu tragen und vorzuschießen.

1) Zweck der Vorschrift. Der bisher Inh verliert seine Rechte mit dem Verlust der Urk nicht, kann sie aber wg § 797 nicht ausüben u läuft Gef, sie an einen gutgl Erwerber zu verlieren (vgl § 793 Anm 5a, b). Zu seinem Schutz hat er folgde Möglichk: HerausgAnspr gg den nichtberecht Inh, § 985; Bek des Verlustes im BAnz, HGB § 367; KraftlosErkl, § 799; ZahlgsSperre, § 802.

2) Geltungsbereich
a) Gilt für abhgek u vernichtete InhSchVerschr. Ausn vgl nachstehd Anm b. Ferner für die hinkden InhPap (§ 808 II 2). – **b) Gilt nicht,** wenn in der Urk das Ggteil best ist u für auf Sicht gestellte unverzinsl SchVerschr (Abs I S 1, 2); für Zins-, Renten- u Gewinnanteilscheine (Abs I S 2, § 804), ErneuergsScheine (§ 805); für die kleinen InhPap, weil § 807 nicht auf § 799 verweist. Für den Ausschl der KraftlosErkl genügt nicht der Vermerk auf Lotterielosen, daß der GewinnAnspr in best Frist unter Vorzeigg des Loses geltd zu machen ist (RG JW **12**, 861). – **c) Sondervorschriften** für Aktien u Zwischenscheine AktG §§ 72, 73; Hyp-, Grd- u RentenSchBriefe §§ 1162, 1195, 1199; Wechsel WG Art 90; Schecks ScheckG Art 59; kaufmänn OrderPap HGB § 365 II; Investmentzertifikate G über KapitalAnlGesellsch v 14. 1. 70 § 24 II.

3) Kraftloserklärung.
a) Voraussetzungen alternativ **aa) Abhandenkommen.** Begr vgl § 935 Anm 2. Ferner, wenn der Verbleib der Urk bekannt ist, der bisher Inh sie aber nicht zurückverlangen kann (Stgt NJW **55**, 1155). **bb) Vernichtung** bedeutet nicht nur vollk Substanzverlust, sond auch eine so weitgehde Beschädigg od Zerstörg, daß eine Erneuerg (ErsUrk) nach § 798 nicht mögl ist.
b) Verfahren nach ZPO §§ 1003 ff. Antragsberecht ist der letzte Inh, auch der nichtberecht (RGRK/Steffen Rdn 6). Möglichk der Zahlgssperre bei od vor Einleitg des AufgebVerf.
c) Wirkung. Das AusschlUrt ersetzt den Bes der Urk, so wie sie war (§ 1018 ZPO). Wer es erwirkt hat, ist so gestellt wie der Inh der Urk vor dem Verlust, außerdem kann er Ausstellg einer neuen Urk verlangen, § 800. Für das Verhältn zu Dr ist das AusschlUrt ohne Bedeutg, es schließt Dr mit ihren mat Rechten aus der Urk, die sie vor KraftlErkl erworben haben, nicht aus (RG **168**, 1 [9]). Das AusschlUrt verschafft nicht eine fehlde mat Berecht dessen, der es erwirkt hat, er hat aus dem Urt nicht mehr Rechte als aus der für kraftl erklärten Urk (Hamm WM **76**, 198). Hat der AusSt aGrd der förml Berechtigg dessen, der das AusschlUrt erwirkt hat, schuldbefreid an diesen bezahlt, so kann der wahre Berecht, wenn er sein besseres mat Recht nachweisen kann, das Bezahlte als ungerechtf Ber herausverlangen. Zum Ausschl des mat Berecht ist ein GlAufgebot (§ 982 ZPO) nöt.

800 *Wirkung der Kraftloserklärung.* Ist eine Schuldverschreibung auf den Inhaber für kraftlos erklärt, so kann derjenige, welcher das Ausschlußurteil erwirkt hat, von dem Aussteller, unbeschadet der Befugnis, den Anspruch aus der Urkunde geltend zu machen, die Erteilung einer neuen Schuldverschreibung auf den Inhaber anstelle der für kraftlos erklärten verlangen. Die Kosten hat er zu tragen und vorzuschießen.

1) Wirkungen des Ausschlußurteils.
a) Ersatz des Urkundenbesitzes, vgl § 799 Anm 3c. Die alte Urk verliert ihre Eigensch als WertP (Th-P § 1018 Anm). – **b) Anspruch auf Neuausstellung.** Er ist nöt, weil das AusschlUrt nicht die Umlauffähigk der Urk ersetzen kann. Das ist insb von Bedeutg – ohne daß dies aber Vorauss des Anspr wäre –, wenn die

851

§§ 800–803 2. Buch. 7. Abschnitt. *Thomas*

Leistg noch nicht fäll ist. Über die Form der neuen Urk ist im G nichts best. Sie braucht nicht dieselbe Form zu haben wie die früh, muß ihr aber wirtsch u rechtl gleichwert sein (RGRK/Steffen Rdn 2). Bei InhGrdSch ist die Erteilg des neuen Briefes beim GBA zu beantragen. – Der Anspr ist an keine Frist gebunden. – Keine Befugn des Gläub, die im Laufe des AufgebVerf fäll werdden Leistgen gg SicherhLeistg einzufordern (and WG Art 90). Mit Aushändigg der neuen Urk verliert das AusschlUrt seine besitzersetzde Funktion (Legitimationswirkg), nicht seine AusschlWirkg.

2) Kein Anspruch auf Neuausstellung besteht, wenn derjen, der das AusschlUrt erwirkt hat, die verbriefte Leistg verlangt, weil er die neue Urk dabei dem AusSt aushändigen müßte, § 797.

801 *Erlöschen; Verjährung.* I Der Anspruch aus einer Schuldverschreibung auf den Inhaber erlischt mit dem Ablaufe von dreißig Jahren nach dem Eintritte der für die Leistung bestimmten Zeit, wenn nicht die Urkunde vor dem Ablaufe der dreißig Jahre dem Aussteller zur Einlösung vorgelegt wird. Erfolgt die Vorlegung, so verjährt der Anspruch in zwei Jahren von dem Ende der Vorlegungsfrist an. Der Vorlegung steht die gerichtliche Geltendmachung des Anspruchs aus der Urkunde gleich.

II Bei Zins-, Renten- und Gewinnanteilscheinen beträgt die Vorlegungsfrist vier Jahre. Die Frist beginnt mit dem Schlusse des Jahres, in welchem die für die Leistung bestimmte Zeit eintritt.

III Die Dauer und der Beginn der Vorlegungsfrist können von dem Aussteller in der Urkunde anders bestimmt werden.

1) Vorlegungsfrist. Der Inh muß die Urk, ersatzw das AusschlUrt (§§ 799, 800) dem AusSt zum Zweck der Einlösg aushändigen (§ 797) od den Anspr einklagen (Abs I S 3). Andernf hat der AusSt ein LeistgsVR. Für die Vorlegg besteht eine AusschlFrist.

a) Beginn. Maßg ist primär der Ztpkt, den der AusSt in der Urk best hat (Abs III), sonst mit Eintritt der Fälligk der Leistg. Hat auch dafür kein Ztpkt best, kann der Inh die Urk jederzt vorlegen, § 271 I. In diesem Fall gibt es nur die VerjFr von 30 Jhren ab BegebgTag (Soergel-Welter Rdn 4, RGRK/Steffen Rdn 7, 14, MüKo/Hüffer Rdn 3). Für NebenPap (§ 804) mit Ablauf des Jahres, in dem der Anspr fäll wird (Abs II).

b) Dauer. Maßg ist primär die vom AusSt in der Urk best Frist. Ganz ausschließen kann er sie nicht (RGRK/Steffen Rdn 6). Ohne solche Best 30 Jahre, für NebenPap 4 Jahre (Abs II). Hemmg nur dch ZahlgsSperre (§ 802), die Vorschr über Hemmg u Unterbrechg der VerjFr gelten nicht. Bei Übersendg muß die Urk dem AusSt vor FrAblauf zugehen, bei Klageerhebg FrWahrg gem ZPO § 270 III (BGH NJW **70**, 1002 [1003]).

c) Versäumung führt zum Erlöschen des verbrieften Rechts. Wirkt ggü jedem Inh. Der Einwand unzul RAusübg besteht nur ausnahmsw, wenn die Berufg auf das Erlöschen mit Tr u Gl schlechthin unvereinb ist u der Fortbestand des Rechts den AusSt nicht unbill belastet (RGRK/Steffen Rdn 8). Das trotz Erlöschens Geleistete kann der AusSt gem §§ 812 ff zurückfordern, § 222 II gilt nicht.

2) Verjährungsfrist. Beginn nicht schon mit Vorlegg, sondern mit Ende der VorleggsFr. Dauer 2 Jahre. Die allg Hemmgs- u UnterbrechgsVorschr gelten, außerdem § 802.

802 *Zahlungssperre.* Der Beginn und der Lauf der Vorlegungsfrist sowie der Verjährung werden durch die Zahlungssperre zugunsten des Antragstellers gehemmt. Die Hemmung beginnt mit der Stellung des Antrags auf Zahlungssperre; sie endigt mit der Erledigung des Aufgebotsverfahrens und, falls die Zahlungssperre vor der Einleitung des Verfahrens verfügt worden ist, auch dann, wenn seit der Beseitigung des der Einleitung entgegenstehenden Hindernisses sechs Monate verstrichen sind und nicht vorher die Einleitung beantragt worden ist. Auf diese Frist finden die Vorschriften der §§ 203, 206, 207 entsprechende Anwendung.

1) Zahlungssperre. Der AntrSt kann vor od bei Einleitg des AufgebVerf gem ZPO §§ 1019, 1020 eine Zahlgssperre erwirken, dch die an den AusSt sowie an die in dem Pap bezeichneten Zahlstellen ein Verbot erlassen wird, an den Inh des Pap eine Leistg zu bewirken, insb neue Zins-, Renten- u Gewinnantlscheine od einen Erneuergsschein auszugeben. Wirkg: §§ 135, 136. Das Verbot muß neben der öff Bek dem AusSt sowie den im Pap u den vom AntrSt bezeichneten Zahlstellen mitgeteilt werden (ZPO § 329 III). – Damit während der Dauer der AufgebVerf die Vorleggs- od VerjFri nicht ablaufen, best § 802, daß Beginn u Lauf dieser Fristen gehemmt (nicht unterbrochen) werden, u zwar nach S 2 nicht erst mit dem Erlaß der Zahlgssperre, sond schon mit der AntrStellg. Im Falle einer vor Einleitg des Verf verfügten Zahlgssperre endigt nach S 2, 2. Halbs die Hemmg schon dann, wenn seit Beseitigg des der Einleitg entgegstehden Hindern 6 Mon verstrichen sind u nicht vorher die Einleitg beantragt war. Diese Bestimmg soll einer unangem Verzögerg der VerfEinleitg vorbeugen.

803 *Zinsscheine.* I Werden für eine Schuldverschreibung auf den Inhaber Zinsscheine ausgegeben, so bleiben die Scheine, sofern sie nicht eine gegenteilige Bestimmung enthalten, in Kraft, auch wenn die Hauptforderung erlischt oder die Verpflichtung zur Verzinsung aufgehoben oder geändert wird.

II Werden solche Zinsscheine bei der Einlösung der Hauptschuldverschreibung nicht zurückgegeben, so ist der Aussteller berechtigt, den Betrag zurückzubehalten, den er nach Absatz 1 für die Scheine zu zahlen verpflichtet ist.

Einz. SchuldVerh. 22. Titel: Schuldverschreibung auf d. Inhaber §§ 803–805

1) Rechtsnatur. Zinsscheine für verzinsl SchVerschr verbriefen als selbständ Urk die ZinsFdg. Der Inh kann die Fdg gg Aushändigg der Zinsscheine ohne Vorlegg der HauptUrk geltd machen.

a) Unabhängig (Abs I) von der HauptUrk sind InhZinsscheine, soweit sie im Verk als Träger der ZinsFdg umlaufen. Sie bleiben daher, vorbehaltl abweicher Best, die in der Urk selbst enthalten sein muß, auch dann in Kraft, wenn die HauptFdg erlischt od die Verpfl zur Verzinsg geändert od aufgeh wird. Ihr Umlauf im Verk ist unabhängig von dem des Hauptpap; zur Einziehg bedarf es weder der Vorlegg der HauptUrk noch genügt diese. Aber Einr der Argl, falls AusSt widerrechtl die Ausfolgg neuer Zinsscheine verweigert hat (RG **31**, 147).

b) Abhängig (Abs II) von der Haupturk sind die Zinsscheine insofern, als der AusSt bei Einlösg der HauptUrk den für die Einlösg der Zinsscheine erforderl Betr zurückbehalten kann, falls die noch nicht fäll Zinsscheine nicht mit vorgelegt werden. Er darf also diesen Betr von der Hauptsumme abziehen. § 273 III (Abwendg durch SicherhLeistg) ist anwendb. Bei späterer Nachlieferg der Zinsscheine ist der zunächst zurückbehaltene Betr nachzuzahlen. Legt der Gläub die vorzeit abgerufene HauptUrk zur Einlösg vor, so darf der AusSt entspr Abs II den Betr abziehen, den er auf eingelöste Zinsscheine bezahlt hat, deren FälligkDatum auf einen Ztpkt nach der Künd der Hauptschuld lautet. Die Bank, die dem Gläub, ihrem Kunden, die Zinsscheine einlöst, die dieser in einem bei der Bank gemieteten Schließfach verwahrt, ist nicht zu einer vorsorgl Prüfg verpfl, ob die zu einlösen gehörde SchVerschr nicht schon gekünd ist (Kln WM **85**, 1414). Für die Verj gilt § 801 II; § 224 ist dch § 803 I ausgeschl; im übr vgl § 801 Anm 1.

c) Entsprechend anwendbar auf InhRentenscheine (RGRK/Steffen Rdn 5, MüKo/Hüffer Rdn 3; vgl § 1199). Sie verbriefen ein auf Rentenleistg lautdes FdgsR.

2) Keine Anwendung auf Gewinnanteil- und Erneuerungsscheine. Der GewinnAntl-(Dividenden-)Schein ist an sich InhPapier (RG **77**, 333); er unterscheidet sich vom Zinsschein dadch, daß er nicht auf eine best Geldsumme geht, daß vielm seine Höhe von der Festsetzg des Gewinnantls seitens der GesellschOrgane abhängt. Anspr aus dem Gewinnantschein erlischt mit der HauptUrk (vgl für AG AktG § 72 II). – Erneuergsscheine (Talons) sind keine selbständ InhPapiere, sond lediglich Ausweispap (RG **74**, 339, vgl § 805); sie werden also mit dem Erlöschen des Hauptpap kraftlos.

804 *Verlust von Zins- oder ähnlichen Scheinen.* **I** Ist ein Zins-, Renten- oder Gewinnanteilschein abhanden gekommen oder vernichtet und hat der bisherige Inhaber den Verlust dem Aussteller vor dem Ablaufe der Vorlegungsfrist angezeigt, so kann der bisherige Inhaber nach dem Ablaufe der Frist die Leistung von dem Aussteller verlangen. Der Anspruch ist ausgeschlossen, wenn der abhanden gekommene Schein dem Aussteller zur Einlösung vorgelegt oder der Anspruch aus dem Scheine gerichtlich geltend gemacht worden ist, es sei denn, daß die Vorlegung oder die gerichtliche Geltendmachung nach dem Ablaufe der Frist erfolgt ist. Der Anspruch verjährt in vier Jahren.

II In dem Zins-, Renten- oder Gewinnanteilscheine kann der im Absatz 1 bestimmte Anspruch ausgeschlossen werden.

1) Zweck der Vorschrift. KraftlosErkl u Zahlgssperre sind bei verlorengegangenen Zins-, Renten- od Gewinnantscheinen ausgeschl, § 799 I S 2. Der Gläub kann desh grdsätzl seine Rechte ohne Vorlegg der Urk dch VerlustAnz wahren.

2) Verlustanzeige. Gläub hat den Verlust dem AusSt anzuzeigen, u zwar vor dem Ablauf der 4jähr Vorleggsfrist (§ 801). Ist dies geschehen, so kann er nach dem Ablauf der Vorlegungsfrist die Leistg vom AusSt verlangen. Eine Ausn gilt aber, wenn ein Dritter vor Ablauf der Vorlegungsfrist den Schein vorgelegt od gerichtl geltd gemacht hat. In diesem Falle kann Gläub die Einlösg nicht verlangen; er kann sich gg Einlösg des von dem Dr vorgelegten Scheines dch Erwirkg einer eintsw Vfg schützen. – **Beweislast:** der Anzeigde hat den rechtzeit Zugang der VerlustAnz u Ablauf der VorleggsFr zu beweisen, AusSt die Vorlegg od gerichtl Geltdmachg durch einen Dr; der Anzeigde wiederum, daß die letztgenannten Maßn erst nach Ablauf der VorleggsFrist erfolgt sind.

3) Die Verjährungsfrist nach Abs I Satz 3 beginnt mit Ablauf der VorleggsFrist (§ 801 II).

4) Ausschluß des Anspruchs nach Abs I in der NebenUrk selbst ist mögl (Abs II). Bei Zinsscheinen von SchVerschr ist der Anspr ausgeschl, ohne daß es einer ausdrückl Bestimmg bedarf, § 17 ReichsschuldenO, AnleiheG. – Fortdauer landesgesetzl Vorschr: EG Art 100 Z 2.

805 *Neue Zins- und Rentenscheine.* **Neue Zins- oder Rentenscheine für eine Schuldverschreibung auf den Inhaber dürfen an den Inhaber der zum Empfange der Scheine ermächtigenden Urkunde (Erneuerungsschein) nicht ausgegeben werden, wenn der Inhaber der Schuldverschreibung der Ausgabe widersprochen hat. Die Scheine sind in diesem Falle dem Inhaber der Schuldverschreibung auszuhändigen, wenn er die Schuldverschreibung vorlegt.**

1) Erneuerungsscheine sind ihrer rechl Natur nach keine Inh-, sond bloße Legitimationspap (vgl Einf 2 vor § 793, RG **74**, 341). Die Vorschr des § 805 soll den Inh der SchVerschr insb für den Fall eines Verlustes der Zinsscheine schützen. – Gilt nicht für Gewinnanteilscheine. Entspr Vorschr im AktG § 75.

2) Der Widerspruch hat die Wirkg, daß der AusSt dem Vorleger des Erneuergsscheines neue Zins- od Rentenscheine nicht mehr aushändigen darf; sie dürfen nach S 2 nur dem Inh der SchVerschr gegeben werden. Der Widerspr ist einseit empfangsbedürft WillErkl. Obwohl § 805 dem Inh der SchVerschr vor

853

§§ 805–808　　　　　　　　　　　　　　2. Buch. 7. Abschnitt. *Thomas*

allem iF des Verlustes einen Schutz gewähren will, ist nach der Fassg der Vorschr das WidersprR nicht auf diesen Fall beschr, sond besteht ganz allg oRücks auf die Gründe. – § 805 ist abdingb.

806 **Umschreibung auf den Namen.** **Die Umschreibung einer auf den Inhaber lautenden Schuldverschreibung auf den Namen eines bestimmten Berechtigten kann nur durch den Aussteller erfolgen. Der Aussteller ist zur Umschreibung nicht verpflichtet.**

1) Umschreibung des Inhaberpapiers in ein NamensPap auf einen best Berecht dient dem Zwecke, die Gef, die mit einem InhPap für den Gläub verbunden sind, zu beseitigen. Diese Umschreibg kann nur der AusSt, u zwar in dem Pap selbst, vornehmen. Durch die Umschreibg wird die Urk Namenspap (vgl Einf 1a vor § 793), kann also nur dch Abtretg u Übergabe, nicht mehr nach den §§ 932, 935 II übertragen werden. Zahlg nur gg Auslieferg des Pap (aA Kümpel WM **81**, Sonderbeilage 1 S 4 ff, 37). – AusSt ist zur Umschreibg nicht verpfl, doch kann er sich hierzu in der Urk jedem Inh ggü oder vertragl formfrei einem best Inh ggü verpfl. Landesrechtl ist abw Best mögl (EG Art 97, 101).

2) Sondervorschriften: §§ 1814, 1815, 1667 III, 2116, 2117 AktG § 24.

807 **Inhaberkarten und -marken.** **Werden Karten, Marken oder ähnliche Urkunden, in denen ein Gläubiger nicht bezeichnet ist, von dem Aussteller unter Umständen ausgegeben, aus welchen sich ergibt, daß er dem Inhaber zu einer Leistung verpflichtet sein will, so finden die Vorschriften des § 793 Abs. 1 und der §§ 794, 796, 797 entsprechende Anwendung.**

1) Abgrenzung. Karten, Marken, Gutscheine u ähnl Urk unterscheiden sich von den eigentl InhSch-Verschr dadch, daß sie das RVerh u den Ggst der Leistg nur unvollk angeben, häuf auch den AusSt nicht nennen u meistens ohne Namensunterschr des AusSt sind. Es sind zu **unterscheiden**:

a) Einfache Beweispapiere, zB Quittgen, sonstige Belege, Marken für Akkordarb. Sie sind keine WertP. – **b) Ersatzmittel für Geld,** zB Briefmarken, Stempelmarken. – **c) Legitimationspapiere,** vgl Einf 2 vor § 793, § 808. – **d) Eigentliche Inhaberpapiere,** vgl Einf 1b vor § 793. Entscheid ist, ob sich aus dem an Hand der VerkSitte zu ermittelnden Willen des AusSt ergibt, daß er dem Inh als solchem verpfl sein will (RG **103**, 235). Die Auslegg bereitet oft Schwierigk u die Grenzen zw eigentl InhPap u Legitimationspap sind mitunter flüss. § 807 bezieht sich nur auf die zu d) genannten InhPap.

2) Kleine Inhaberpapiere iS des § 807.

a) Dazu gehören: EinzFahrkarten u Fahrscheine, Eintrittskarten, Versicherungsmarken. Bei Theaterkarten ist zu beachten, daß für den TheaterUntern ein AbschlZwang grdsätzl nicht besteht; will er also einz Pers den Besuch nicht gestatten, so kann er diesen die Einwdg aus § 796 entggsetzen; Grenze § 826, wichtig für Theaterkritiker (RG JW **32**, 862). – **b) Dazu gehören nicht** die in Anm 1a bis c aufgezählten Ggstde.

3) Recht der kleinen Inhaberpapiere.

a) Anwendbar sind die in § 807 genannten Vorschr des 22. Titels, ferner die Grdsätze über Entstehg der Verpfl (vgl § 793 Anm 4), Übertr des GläubR u Berechtigg aus der Urk (vgl § 793 Anm 5). – **b) Nicht anwendbar** sind die Vorschr über staatl Gen, § 795; über Unterschr od Faksimile des AusSt, § 793 II; über Vorleggs- u VerjFristen, §§ 801, 804; über KraftlosErkl u Zahlgssperre sowie Ausstellg von ErsatzUrk, §§ 798, 799, 800, 802 (doch landesrechtl Vorbehalt EG Art 102 I); über Umschreibg auf den Namen, § 806; doch ist Umschreibg kr bes Vereinbg zul.

808 **Namenspapiere mit Inhaberklausel.** **¹ Wird eine Urkunde, in welcher der Gläubiger benannt ist, mit der Bestimmung ausgegeben, daß die in der Urkunde versprochene Leistung an jeden Inhaber bewirkt werden kann, so wird der Schuldner durch die Leistung an den Inhaber der Urkunde befreit. Der Inhaber ist nicht berechtigt, die Leistung zu verlangen.**

II Der Schuldner ist nur gegen Aushändigung der Urkunde zur Leistung verpflichtet. Ist die Urkunde abhanden gekommen oder vernichtet, so kann sie, wenn nicht ein anderes bestimmt ist, im Wege des Aufgebotsverfahrens für kraftlos erklärt werden. Die im § 802 für die Verjährung gegebenen Vorschriften finden Anwendung.

1) Qualifizierte Legitimations- oder hinkende Inhaberpapiere nehmen eine ZwStellg ein.

a) Begriff. Sie sind WertP, u zwar LegitimationsPap, weil der AusSt sich dch Leistg an den Inh befreien kann (Einf 2 vor § 793) mit der Qualifizierg, daß der Berecht sie zur Ausübg seines Rechts vorlegen muß (vgl Einf 1 vor § 793; Zöllner § 28 I). Von den InhPap (vgl Einf 1b vor § 793) unterscheiden sie sich dadch, daß der Berecht namentl benannt u daß der AusSt zur Leistg an den Inh nicht verpfl, sond nur berecht ist. Diese Berechtigg, an den Inh schuldbefreid zu leisten, unterscheidet sie vom Namens(Rekta)Pap (vgl Einf 1a vor § 793).

b) Übertragung. Da sie keine InhPap sind, werden sie nicht nach sachenrechtl Grds übertr u verpfändet, sond nach den für Fdgen gelten Vorschr (§§ 398 ff, 1280). Das Eigt am Pap folgt gem § 952 dem GläubR an der Fdg, also umgekehrt wie bei InhPap (vgl § 793 Anm 5a). Die EigtVermutg in § 1006 gilt nicht (BGH **LM** *§ 1006 Nr 13*).

c) Beispiele. Leihhausschein, InhVersSchein (RG **145**, 322), regelm SeeTransportVersPolice (BGH NJW **62**, 1437), Depotschein der Bank, Sparbuch (BGH **28**, 368).

d) Sparbuch. Der SparVertr ist unregelm VerwahrgsVertr (§ 700). Rechtl Schwierigk bereitet häuf die Beteiligg von 3 Pers, näml wahrer matrechtl Gläub, im Sparbuch namentl Benannter, Inh des Sparbuchs. Anlegg des Sparbuchs auf den Namen eines Dr und zu der Frage, wer Gläub ist, vgl § 328 Anm 2b „Bank- u Sparkonten". In der Überg des Buches liegt regelm die stillschw Abtr der Fdg (BGH WM **65**, 900). Das Urt, das den Bes an dem Sparbuch zuspricht, entsch nicht rechtskr über die Gläubigersch der Fdg (BGH BB **72**, 1343). Ob in dem Ersuchen des Gläub auf Umschreibg des Guth auf einen eine Abtr der Fdg liegt, ist Tatfrage (BGH WM **62**, 487). Die Legitimationswirkg eines Sparbuchs erstreckt sich nur auf die vom AusSt rechtswirks versprochenen Leistgen. Zu ihrem Inhalt gehören auch die zwingden ges Vorschr über die KündFristen. Abreden im SparVertr, nach denen der AusSt jeden Vorleger des Sparbuchs als berecht ansehen kann, das ungekünd Kapital in Empf zu nehmen, verstoßen gg § 22 I KWG u sind desh nichtig. Der Inh eines Sparbuchs kann für den Gläub des Sparguth nur WillErkl abgeben, die zur Inempfang der versprochenen Leistg notw sind (BGH **64**, 278; abl wg bloßer Wortinterpretation u einer ges nicht gewollten Erschwerg des SparVerk Düss NJW **87**, 654 mwN, Schraepler NJW **76**, 23); gilt auch für Postsparbuch ohne BerechtiggsAusweis (BGH NJW **86**, 2104). Keine Legitimationswirkg bei Zahlg vor Fälligk (BGH **28**, 368, MüKo/Hüffer Rdn 32; aA Hueck-Canaris § 30 III 3) u bei Zahlg über den gesetzl zul MonatshöchstBetr hinaus (BGH **42**, 302, BayObLG NJW **68**, 600, Hamm WM **89**, 562). Ebso ist die Legitimationswirkg für den Inh beschr dch einen im Sparbuch eingetr Sperrvermerk, zB bis zum Eintritt der Volljährigk; Auszahlg an den ges Vertr vor diesem Ztpkt befreit die Spark nicht (BGH NJW **76**, 2211). Die Aufhebg der Sperre kann nur mit dem wahren Gl vereinb werden, auch die Vorlage von dessen Reisepaß legitimiert den Inh des Sparbuches nicht zur Aufhebg der Sperre (BGH NJW **88**, 2100). Bei Verpfändg der Spareinlage ist § 1280 zu beachten (Anz an Spark). Das Sparbuch für sich allein kann, da es keinen VermWert darstellt, nicht verpfändet werden, doch kann vertragl ZbR bestehen. Landesrechtl Vorbeh für öff Spark EG Art 99.

2) Leistungsbefreiung dch Leistg nur iR des SparVertr (Hamm NJW **87**, 70) an den Inh, dessen Vfgsberechtigr der AusSt nicht zu prüfen braucht. Dies gilt auch – eine and Frage ist die Wirksamk des dingl GeldÜbereigngsGesch – bei Leistg an einen geschunfäh Inh od wenn der Inh als Vertr des eingetr geschunfäh Sparers auftritt (Düss WM **71**, 231, RGRK/Steffen Rdn 47). Eine Ausn gilt, wenn der AusSt die Nichtberechtigg des Inh kennt od sonst gg Tr u Gl im Zahlg bewirkt (BGH **28**, 368). Auf grober Fahrlk beruhde Unkenntn schadet (Düss NJW **87**, 654, MüKo/Hüffer Rdn 29, Hueck-Canaris § 30 III 3; aA RGRK/Steffen Rdn 45 mwN; unentsch geblieben in BGH **28**, 368). „Urk" ist das ganze Sparbuch, nicht ein einzelnes Kontoblatt (Hamm WM **85**, 1290). Das Recht des AusSt, die Legitimation des Gläub zu verlangen u die Leistg bis dahin zu verweigern, ergibt sich aus I S 2. Auszahlg an wahren Berecht ohne Vorlage des Sparbuches hat keine schuldbefreide Wirkg, wenn sich der Zessionar, dem der Berecht das Sparbuch übergeben hat, nach den SparBdggen darauf verlassen durfte, daß die Bank nur gg Vorlage des Sparbuches leistet (Hamm WM **84**, 801; zust Kümpel aaO).

3) Nach **Absatz II** sind von den für die InhSchVerschr geltden Vorschr anwendb: **a)** AusSt ist nur gg **Aushändigung der Urkunde** zur Leistg verpfl. **b) Kraftloserklärung** abhgeb od vernichteten Urk (nachgeld) wie §§ 799, 800. Verfahren: ZPO § 1023 mit landesrechtl Vorbeh, EG Art 102 II. Wirkg: das AusschlUrt ersetzt hier nur die Vorlegg der Urk, AusSt kann also weiteren Nachweis des GläubR verlangen (anders bei § 799). – Das Aufgeb von Postsparbüchern nach § 9 II, III PostSparkO (BGBl **86**, 626) hat den Vorrang vor allg Aufgeb nach § 1003 ff ZPO (Kleinrahm MDR **48**, 216; LG Hagen daselbst nimmt Ausschließlichk des Postaufgeb an).

c) Verjährungsvorschrift des § 802: Zahlgssperre hemmt Beginn u Lauf der Verj.

808 a   Orderschuldverschreibungen.
Im Inland ausgestellte Orderschuldverschreibungen, in denen die Zahlung einer bestimmten Geldsumme versprochen wird, dürfen, wenn sie Teile einer Gesamtemission darstellen, nur mit staatlicher Genehmigung in den Verkehr gebracht werden, soweit nicht Ausnahmen zugelassen sind. Das Nähere bestimmt ein Bundesgesetz. Die Vorschriften des § 795 Abs. 2 sind entsprechend anzuwenden.

1) Orderschuldverschreibungen sind Orderpap (vgl Einf 1c vor § 793). Die Möglichk der Übertr mittels Indossaments, auch blanko, verschafft ihnen wirtsch eine den InhPap stark angenäherte Umlauffähigk. Daraus erklärt sich § 808 a.

2) Genehmigungspflicht besteht, wenn sie den Anspr auf Zahlg einer best Geldsumme verbriefen u außerdem – insow abw von § 795 I – Teile einer Gesamtemission darstellen. Das ist der Fall, wenn im wesentl gleichart Stücke in größerer Zahl ausgegeben werden u die Möglichk, sie am Kapitalmarkt unterzubringen, nicht ausgeschl ist (RGRK/Steffen Rdn 3). – Ausn von der GenPfl vgl § 795 Anm 1. Bei Ausgabe ohne die erforderl Gen gilt § 795 II (vgl dort Anm 3).

3) Verfahren vgl § 795 Anm 1.

Dreiundzwanzigster Titel. Vorlegung von Sachen
Einführung

1) Der Anspruch auf Vorlegung und Besichtigung einer Sache, Einsichtnahme in eine Urkunde erklärt sich daraus, daß es, auch außerh eines bestehenden RVerh, Fälle gibt, in denen jmd erst dann beurt kann, ob er einen dchsetzb Anspr hat oder nicht. Die §§ 809–811 bestimmen deshalb zur Förderg, Erhaltg od Verteidigg einer RPosition (BGH NJW **81**, 1733), unter welchen Vorauss ein derart bürgerlrechtl Anspr besteht. Er hat auch für den ZivProz Bedeutg, weil nach ZPO § 422 die Verpfl des Gegners zur Vorlegg einer Urk davon abhängt, ob er nach den Vorschr des bürgerl Rechts zur Herausg od Vorlegg gehalten ist. Ebso nach ZPO § 429, wenn ein Dr im Bes der Urk ist. Neben dem VorleggsAnspr können Herausg (zB

§§ 985 ff), Wegnahme – (zB §§ 229 ff) u AbholgsAnspr (zB § 867) bestehen. Von Eigt- u BesRechten ist der Anspr unabhäng.

2) Durchsetzung. Wenn es sich um Vorlegg von Sachen u Urk außerh des Proz handelt, iW der Kl gg den Besitzer; ebso wenn es sich im Proz um Vorlegg von Sachen oder Urk handelt, die sich im Bes eines Dr befinden. Ist die Urk im Bes des ProzGegners, so gelten ZPO §§ 424 ff (Ffm WM **80**, 1246).

3) Sondervorschriften. Das Ges gibt iR bereits bestehder RVerh in vielen Fällen Informations- u KontrollR unterschiedl Ausgestaltg, zB §§ 79, 716, 1563, 1799 II, 1953 III S 2, 2010, 2081 II, 2146 II, 2228, 2264, HGB §§ 9, 87 c IV, 258 ff, ZVG §§ 42, 144, FGG §§ 34, 78, BetrVG §§ 80 II 2, 106 II.

809 Besichtigung einer Sache.
Wer gegen den Besitzer einer Sache einen Anspruch in Ansehung der Sache hat oder sich Gewißheit verschaffen will, ob ihm ein solcher Anspruch zusteht, kann, wenn die Besichtigung der Sache aus diesem Grunde für ihn von Interesse ist, verlangen, daß der Besitzer ihm die Sache zur Besichtigung vorlegt oder die Besichtigung gestattet.

1) Anspruchsvoraussetzungen.

a) Anspruch in Ansehung der Sache bedeutet, daß er in rechtl Beziehg zu der Sache stehen muß. Er braucht nicht die Sache selbst zum Ggst zu haben, muß nur in irgdeiner Weise von Bestand od Beschaffenh der Sache abhängen (BGH **93**, 191). Welcher Art der Anspr ist, ist unerhebl, also dingl od persönl, bdgt od befristet od AnfR, Anspr aus UrhR u gewerbl SchutzR einschl PatentR (BGH **93**, 191) u für die Rverwirklichg beim Schutz von Software (Brandi-Dohrn CR **87**, 835). Der Anspr muß sich gg den Besitzer der Sache richten. Das ist der unmittelb; der mittelb dann, wenn er die Sache jederzt vom unmittelb herausverlangen kann od gg ihn einen VorleggsAnspr hat (RGRK/Steffen Rdn 5, MüKo/Hüffer Rdn 8). Befindet sich die Sache in Händen des gesetzl Vertr einer jur Pers, so richtet sich Anspr gg diese (RG **83**, 250).

b) Verschaffung von Gewißheit, ob ein Anspr gemäß vorstehd Anm a besteht. Für die Existenz des Anspr muß ein gewisser Grad von Wahrscheinlich bestehen, so daß nur noch die Besichtigung hinzukommen muß, um dch Prüfg der Identität od des Zustands der Sache beurt zu können, ob ein durchsetzb Anspr besteht. In PatentverletzgsFällen strengere Anfdgen (vgl BGH **93**, 191 [207]).

2) Anspruchsberechtigt ist, wer ein **Interesse** an der Besichtigg hat. Rechtl Interesse ist nicht erforderl, auch nicht unbdgt VermInteresse, immerhin aber ein bes u ernstl Interesse. Allgem künstler, wissenschaftl Interessen genügen nicht. Bei Bestehen widerstreitender Interessen des Besitzers vgl § 810 Anm 2.

3) Inhalt des Anspruchs.

a) Vorlegen bedeutet vorzeigen, aushändigen (BAG WM **85**, 765), so daß ein and od sein Bevollm, auch Sachverst (vgl § 810 Anm 2), die Sache unmittelb wahrnehmen kann. Auch nähere Untersuchg wie Vermessen, Berühren, Wiegen, Untersuchg mittels Mikroskops od Quarzlampe, InBetrNahme, Abn von Verkleidg, Ein- u Ausbau von Teilen ist in engen Grenzen zul, soweit es sich nicht um SubstanzEingr handelt, zu deren Herbeiführg nicht nöt ist, daß der Eingr voraussichtl zu dauernden Schäd führt (BGH **93**, 191; Stürner JZ **85**, 1101 hält diese Auffassg für zu eng).

b) Sachen. Begr vgl § 90. Bewegl u unbewegl (GrdstBesichtigg). Nicht der menschl Körper, seine ungetrennten Teile u fest verbundene künstl Teile (vgl § 90 Anm 2). Daher aus § 809 kein Anspr auf ärztl Untersuchg eines and. Körperl Untersuchg u Entnahme von Blutproben nach § 372 a ZPO, § 81 a, c StPO. Der Leichnam ist Sache, die Leichenschau kann für erb- od versrechtl Anspr von Bedeutg sein. Die Achtg vor dem Toten ist dabei zu wahren. Kein zivrechtl Anspr auf Exhumierg u Leichenöffng (RGRK/Steffen Rdn 3).

4) Durchsetzung des Anspruchs.

Kläger muß Anspr u Interesse beweisen. ZwVollstr nach übereinstimmder ZPO-Literatur (zB Th-P § 883 Anm 1c) wie HerausgAnspr, also § 883, nicht § 888 ZPO (aA MüKo/Hüffer § 809 Rdn 12).

810 Einsicht in Urkunden.
Wer ein rechtliches Interesse daran hat, eine in fremdem Besitze befindliche Urkunde einzusehen, kann von dem Besitzer die Gestattung der Einsicht verlangen, wenn die Urkunde in seinem Interesse errichtet oder in der Urkunde ein zwischen ihm und einem anderen bestehendes Rechtsverhältnis beurkundet ist oder wenn die Urkunde Verhandlungen über ein Rechtsgeschäft enthält, die zwischen ihm und einem anderen oder zwischen einem von beiden und einem gemeinschaftlichen Vermittler gepflogen wor den sind.

1) Allgemeines. § 810 enthält Erweiterg ggü § 809 u gilt für schriftl Urk, die sich im Bes eines and befinden (vgl § 809 Anm 1a) u Aussagen über ein RVerh od über Verhdlgen enthalten, an denen der AnsprSteller beteil ist (RG **87**, 15). **Urkunde** ist jede dch bleib Zeichen ausgedrückte, mit den Sinnen wahrnehmb Verkörperg eines Gedankens, soweit sie geschäftl Bedeutg hat. Nur Originalurk (aA Grimme JA **85**, 320). Vorlegg vgl § 809 Anm 3a u § 811 Anm 3. Bedeutg im ZivProz u Durchsetzg des Anspr vgl Einf 1b, § 809 Anm 4. Die Vorauss des Anspr sind nachstehd Anm 2–5 dargestellt. Die 3 Fälle der VorleggsPfl Anm 3–5 sind alternativ zu verstehen. Analoge Anwendg auf weitere Fälle ist mögl (BGH BB **66**, 99).

2) Rechtliches Interesse besteht, wenn die Einsichtn nöt ist zur Förderg, Erhalt od Verteidigg rechtl geschützter Interessen. Es müssen Anhaltspkte bestehen, aus denen auf einen Zushang zw UrkInhalt u dem

Einz. SchuldVerh. 23. Titel: Vorlegung von Sachen   §§ 810, 811

RVerh geschl werden kann (BGH WM **63**, 990). Kein rechtl Interesse, wenn die Vorlegg ohne genügd konkrete Angaben ledigl dazu dienen soll, Unterlagen für die RVerfolgg gg den Besitzer der Urk od Sache zu schaffen (BGH **93**, 191: unzul Ausforschg). Die Vorlage der Urk soll vielmehr noch die letzte Klarh über einen wahrscheinl Anspr schaffen (Hamm WM **87**, 1297). Stehen dem rechtl Interesse des Berecht schutzwürd Belange des Verpfl ggü, so sind beide ggeinand, auch nach dem Grds der VerhältnMäßigk (BVerfG **27**, 344) abzuwägen. Das kann zum Ausschl od zur Beschrkg des R auf Einsichtn führen. So bei Urk mit vertraul Inh, deren Vorlegg ein BetrGeheimn offenlegen (Düss Betr **82**, 2030: Einsicht dch neutralen, zur Verschwiegenh verpfl Sachverst, Düss MDR **82**, 671) od zur Auspähg eines Kunst- od GewerbeGeheimn (BGH **93**, 191) führen würde od Vertrauensbruch ggü einem Dr bedeuten od einen Eingr in das PersönlichkR (vgl § 823 Anm 14) darstellen würde. BewLast hierfür hat der in Anspr Genommene. UU können einz Teile von Schriftstücken von der Einsichtn ausgeschl werden (RG 69, 401). Der Sachverständ ist im Verh zum AnsprBer Beauftragter, im Verh zum AnsprVerpfl TrHänder (Mü GRUR **87**, 33). Herstellg von Abschr vgl § 811 Anm 3.

3) Errichtung im eigenen Interesse des AnsprStellers bedeutet, daß die Urk – zumindest auch – dazu best ist, ihm als BewMittel zu dienen od doch seine rechtl Beziehgn zu fördern (BGH WM **71**, 565). Das Interesse muß im Ztpkt der Errichtg vorhanden sein. Maßgebd ist nicht der Inhalt der Urk, sond der Zweck ihrer Errichtg. Interesse setzt nicht voraus, daß der Berecht namentl in der Urk erwähnt ist (BGH **LM** Nr 2). VorleggsPfl auch dann, wenn es sich um eine vermeintl gefälschte Urk handelt. **Beispiele:** Vollm-Urk sind im Interesse aller errichtet, die mit dem Bevollm in Verk treten; die zG eines Dr errichteten Urk (LebensVers); Niederschr über Verh od späterer Vermerk, um ihren Inh aktenkund zu machen (BGH WM **73**, 644 [649]); GeschUnterlagen auch im Interesse ausgeschiedener Gter einer Gesellsch, soweit sie für die Prüfg der Frage von Bedeutg sind, ob ihnen Fdgen gg die Gesellsch aus der Zeit vor ihrem Ausscheiden zustehen (BGH WM **88**, 1447); ob ein rechnerl Mißverhältn zwischen dem der Gesellsch errechneten AbfindgsGuth u dem wirkl Wert seiner Beteiligg besteht (BGH WM **89**, 878). Operations- u Krankenunterlagen des Arztes sind Urk, auch im Interesse des Patienten, nicht nur als Gedankenstütze des Arztes errichtet (BGH **72**, 132); desh Anspr des Patienten auf Vorlage zur Einsichtn auch außerh eines RStreits, soweit sie Aufzeichngen über obj Befunde u Berichte über BehandlgsMaßn enthalten, ggf dch eine and (am besten ärztl) VertrauensPers. Nicht in Aufzeichngen über subj Eindrücke (BGH **85**, 327); in Unterlagen über psychiatr Behandlg nur, wenn dem keine schützenswerten, vom Arzt ohne Details näher zu kennzeichndnen (BGH **106**, 146) Interessen des Patienten selbst, des Arztes od Dr entgegenstehen (BGH **85**, 339 u NJW **85**, 674). Ggü Angehör u Erben besteht VorlagePfl, wenn der (verstorbene) Patient den Arzt von der SchweigePfl entbunden hat; sonst nur, wenn der Arzt nicht darlegen kann, daß sich seine Weigerg auf konkrete od mutmaßl GeheimhaltgsBelange des Verstorbenen stützt (BGH NJW **83**, 2627). Kein Anspr des Patienten auf Einsicht in ein Gutachten für die Entsch zur KostenÜbern auf Anfdg der KrankenVers (Kln NJW **83**, 2641). – Nicht: Prot des GlBeirats im Interesse der VerglGaranten (BGH Betr **71**, 1416); einseit Aufzeichng als ErinnergsStütze für Sachbearbeiter (BGH WM **73**, 644 [649]).

4) Beurkundung eines Rechtsverhältnisses zw dem, der die Einsicht verlangt, u einem and; das muß nicht der Besitzer der Urk sein. Ob es auch jetzt noch besteht u ob das RGesch gült war od nicht, ist unerhebl. Es genügt ferner eine obj u unmittelb Beziehg des Inhalts der Beurk auf das RVerh (BGH **55**, 203), ohne daß eine Beurk der ganzen RGesch erforderl wäre (BGH **LM** Nr 3). Notw ist jedoch stets, daß der die Einsicht Verlangde an dem RGesch beteiligt ist.

Dazu gehören VertrUrk, Schuldscheine, Quittgen, Rechngen, Kontobücher u Schriftwechsel nach § 127; Handakten des RA (RGRK/Steffen Rdn 16). Bei Eintr in die Handelsbücher eines Vollkaufmanns ist darauf abzustellen, ob sie unmittelb GeschVorgänge von dem Beteil Ausk geben (BGH WM **63**, 990: Ermittl von Anspr gg od zG der Angest). Auch Bilanzberichte können unter § 810 fallen (BGH aaO). Recht des früh Vorstds einer AG auf Einsichtn in die Bücher, dem Verletzg aktienrechtl Pfl vorgeworfen wird (RG Warn **08**, 465), des Bürgen auf Vorlegg der Handelsbücher des Gläub, aus denen sich Zahlg des Hauptschuldn ergibt (RG **56**, 112); des ausgeschiedenen, aber noch gewinnbeteil Gters auf Vorlegg der Bücher (RG **117**, 332); des ausgeschiedenen GmbH-Gters auf Vorlage v GeschBüchern u Bilanzen, soweit sie zur Errechng des EinziehgsEntgelts notw sind, für die Zeit bis zum Ende des Jahres seines Ausscheidens auch noch nach seinem Ausscheiden, falls ihm mit dem Interesse der GmbH u der verbleibenden Gter vereinb ist (BGH Betr **77**, 1248); des an dem gesamten Einkünften eines anderen Beteil hins dessen Steuererklärgen, Steuerbescheiden u Prüfgsberichten (BGH BB **66**, 99); des an dem Gewinn einer Handelsgesellsch Beteil in bezug auf die Bilanzen (BGH **LM** Nr 3); ebso des stillen Gters (BGH Warn **68**, 453); des an der Provision eines Maklers Beteil bzgl der Provisionsabrechng (BGH aaO), des Aktionärs in das Aktienbuch (§ 67 AktG).

Dazu gehören nicht Bücher eines Kaufmanns, die nur Eintr zu inneren BetrZwecken, zB Prüfg fert Waren auf Güte u Brauchbark, enthalten (RGRK/Steffen Rdn 13); Akten öffentl Beh, außer sie sind iR rein privrechtl Tätigk angelegt (RGRK/Steffen Rdn 17).

5) Verhandlungen über ein Rechtsgeschäft zw dem Einsicht Verlangden u einem and od zw einem von ihnen u einem gemschaftl Vermittler. Hierher gehört der vor od nach GeschAbschl geführte Schriftwechsel der Part miteinand od der einen Part mit dem gemeins Vermittler; auch die Briefe, die vom Vermittler geschrieben sind. Nicht dagg Aufzeichnungen u Notizen, die sich ein Teil bei den Verhdlgen für seine priv Zwecke (RG 152, 213) od zur Vorbereitg des VerhdlgsProt (KG NJW **89**, 532) gemacht hat.

6) Sonderbestimmungen vgl Einf 3 vor § 809.

811 *Vorlegungsort; Gefahr; Kosten.* [I] Die Vorlegung hat in den Fällen der §§ 809, 810 an dem Orte zu erfolgen, an welchem sich die vorzulegende Sache befindet. Jeder Teil kann die Vorlegung an einem anderen Orte verlangen, wenn ein wichtiger Grund vorliegt.

§ 811, Einf v § 812

II Die Gefahr und die Kosten hat derjenige zu tragen, welcher die Vorlegung verlangt. Der Besitzer kann die Vorlegung verweigern, bis ihm der andere Teil die Kosten vorschießt und wegen der Gefahr Sicherheit leistet.

1) Vorlegungsort ist wie in § 269 der geograph, dch landesges Gebietseinteilg best Ortsbezirk, in dem sich die Sache befindet. An welchen bes Stellen, insb ob in Wohn- u GeschRäumen des Verpfl, best sich nach Tr u Gl mit Rücks auf die VerkSitte. Aus wicht Grd kann jeder Teil Vorlegg an einem u and Ort verlangen, zB bei Krankh, Feindsch der Parteien od wg der Beschaffenh der Sache. Im Proz nur Vorlegg vor Gericht.

2) Gefahr und Kosten trägt AnsprBerecht. Bis zur Vorschuß- od SicherhLeistg kann Verpfl die Vorlegg verweigern. Kosten u Sicherh aber nur, wenn nach Lage der Sache Unkosten od Gef zu erwarten sind. Die Kosten eines vom VfgsKl beauftr Sachverständ, den der Ger antragsgem als zur Besichtigg der Sache berecht (vgl § 810 Anm 2) best hat, gehören nicht zu den Proz- od VollstrKosten des einstw VfgsVerf (Mü GRUR **87**, 33). Gefahrtragg bedeutet, daß AnsprBerecht für Verlust u Beschädigg auch ohne Versch einzustehen hat. Keine Anwendg auf and Gef, zB dch GebrEntzieh der Sache währd der Vorlegg.

3) Art und Weise. Ob Besichtigg dch den Berecht selbst od dch Bevollm stattzufinden hat, richtet sich im einz Fall nach der Vertraulichk des Inhalts der Sache od Urk u der Vertrauenswürdigk. Besichtigg dch neutralen Sachverst vgl § 810 Anm 2. Anfertigg von Abschr muß Verpfl im allg dulden (Grimme JA **85**, 320), anders uU bei GeschBüchern (Hbg OLG **20**, 228). ZwVollstr vgl § 809 Anm 4.

Vierundzwanzigster Titel. Ungerechtfertigte Bereicherung
Einführung
Übersicht

1) **Grundgedanke** des Bereicherungsrechts
2) **Hauptfälle**
3) **Persönlicher Anspruch**
4) **Selbständiger Anspruch**
5) **Bereicherungsanspruch ausgeschlossen**
   a) vertraglicher Erfüllungsanspruch
   b) gesetzliche Spezialregelung
6) **Entsprechende Anwendung**
   a) ausdrückliche gesetzliche Bestimmung
   b) Urheberrecht
   c) Arbeitsrecht
   d) Öffentliches Recht
7) **Verjährung**
8) **Einzelfragen**
   a) Unzulässige Rechtsausübung
   b) Verzicht
   c) Vorteilsausgleichung
   d) Zurückbehaltungsrecht
   e) mehrere Bereicherungsschuldner
   f) Gerichtsstand
   g) Internationales Privatrecht
   h) dispositive Natur

1) Die Vorschr des BGB über die ungerechtf Ber sind in enger Anlehng an die Konditionen des röm und des gemeinen Rechts kasuist ausgestaltet. So enth § 812 versch Anspr aus ungerechtf Ber, die weitgehd der früh condictio indebiti, condictio causa data causa non secuta, condictio ob causam finitam sowie der allg condictio sine causa entspr (§ 812 Anm 6 A; Sonderregelg in §§ 813–815), währd § 817 aus der condictio ob turpem vel iniustam causam hervorgegangen ist. Dazu kommen BerAnspr gg den unberecht Verfügenden (§ 816 I 1, II) bzw den unentgeltl Erwerbden (§§ 816 I 2, 822). Die näh Ausgestaltg (Inhalt, Umfang) des BerAnspr, der auch im Wege der selbstd Einrede ggü einer ohne rechtl Grd eingegangenen Verbindlichk geltd gemacht werden kann (§ 821), regeln im einz §§ 818–820.

Gibt es somit keinen einheitl Tatbestd der ungerechtf Ber (s § 812 Anm 1), so ist allen BerAnspr doch der **Grundgedanke** gemeins, einen persönl Anspr auf Rückgängigmach eines RErwerbs zu gewähren, der nach den maßgebl Vorschr im Interesse der RSicherh, aus Grden der rechtl Logik, zum Schutz eines gutgl Erwerbs od aus sonst Grden zwar gült vollzogen ist, aber im Verh zu dem Benachteiligten des rechtfertigden Grdes entbehrt. Ziel des BerAnspr ist, allg dort wieder gerechten u billig **Ausgleich** des Erlangten bzw WertErs zu schaffen, wo das Recht zunächst einen rechtswirks VermErwerb herbeiführt, obwohl dieser mit den Anfordergen mat Gerechtigk nicht in Übereinstimmg steht. Es handelt sich bei den BerAnspr u ihrer Ausgestaltg mithin um eine dem BilligkR angehörde AusglOrdng, deren Ausleg im Einzelfall in bes Maße unter dem Grds von Treu u Glauben im RVerkehr steht (BGH **36**, 235, **55**, 128).

2) Hauptfälle eines Anspr aus ungerechtf Ber:

a) Fehlender Rechtsgrund. Inf der grdsätzl selbstd, abstrakten Natur des Erf-(Leistgs-)Gesch (Übbl 3e vor § 104) vollz sich die dingl VermVerschiebg (zB Übereigng) regelm rechtswirks, obwohl ein ihm zugrdliegdes kausales RGeschäft (zB Kauf) überh fehlt, unwirks ist, nachträgl wieder wegfällt od zwar ein GrdGesch vorh ist, die Part sich aber in Wirklichk über den Zweck der Leistg nicht geeinigt od den vereinb Zweck nicht erreZd den vereinb Zweck nicht erreicht haben. Hier verlangt die Billigk die Rückgängigmachg des RErwerbs, also nicht nur der Rückg des Bes, sond auch die Rückübereign (§ 812 I 1, 2).

b) Erlangt jemand eine **formelle Rechtsposition** (zB Eintr im GB, öff Urk ua), die nicht der wahren RLage, also dem Inhabersch des Rechts entspr, so verlangt die mat Gerechtigk die Rückgewähr der ledigl formellen RStellg.

c) Nichteintritt bezweckten Erfolges. Der Leistde hat eine VermVerschiebg zur Herbeiführg eines best rechtl Erfolges bewirkt, aber der mit der Leistg nach dem Inhalt des RGesch bezweckte Erfolg tritt nicht ein (§ 812 I 2 2. Halbs).

d) Durch **Eingriff** Außenstehder in die RStellg des Berecht kann ein RVerlust eintreten („in sonst Weise"; s § 812 Anm 1, 3), den dieser nach den hierfür maßgebl Vorschr, insb des dingl u des DeliktsR hinzunehmen hat. Hier, zB bei untrennb Verbindg, Vermischg od Verarbeitg, gebietet gleichf oft die Billigk einen Ausgl über die Vorschr der ungerechtf Ber (vgl zB § 951 Anm 1).

e) Der gutgläubige Rechtserwerb vom Nichtberecht wird im Interesse der Sicherh des RVerk vielf geschützt. Vom Erwerber kann der betr Ggst daher nicht nach § 812 herausverlangt werden (BGH **36**, 56). Hier ist der nichtberecht Veräußerer dch die GgLeistg, die er von dem gutgl Dr empfängt, bei unentgeltl Veräußerg der Erwerber selbst auf Kosten des wahren Berecht bereichert (§ 816).

f) Gesetzliches Verbot, Sittenverstoß. Schließl schafft § 817 einen SonderTatbestd. Wenn jemand dch die Ann einer Leistg gg ein gesetzl Verbot od gg die guten Sitten verstößt, insb wenn das abstrakte, wertneutrale ErfGesch aus diesem Grd des wirks GrdGesch entbehrt, so hat der Empf das Erlangte dem Leistden herauszugeben, sofern diesem nicht gleichf ein solcher Verstoß zur Last fällt.

3) Als **persönlicher, schuldrechtlicher Anspruch** auf Ausgl einer rechtsgrdlosen VermMehrg des Bereicherten steht er – auch in der Form der Einr – grdsätzl iR eines einheitl BerVorgangs nur dem Benachteil unmittelb ggü dem Bereicherten zu (s hierzu § 812 Anm 5 B). Eine gewisse Ausn von diesem Grds enth § 816 I 2 u § 822 bei unentgeltl Vfgen; da dort eine GgLeistg nicht vorh ist, ist in best Grenzen eine Erstreckg der BerHaftg auf einen Dr vorgesehen (s § 822 Anm 1). Auch kann die Einr der Ber bei einer Fdg (zB grdlos gegebenes SchenkgsVerspr) dem RNachf entgehalten werden (§ 404; s § 821 Anm 2).

4) Selbständiger Anspruch. Der Anspr aus ungerechtf Ber ist grdsätzl weder subsidiär noch schließt er and Anspr aus. Er besteht also zB neben dem Anspr aus unerl Hdlg (BGH NJW **62**, 1909) u, wenn nicht nur das GrdGesch, sond die Übertr des Eigt (ErfGesch) nichtig ist, neben dem Anspr aus Eigt u ggf aus früh Bes (BGH WM **61**, 274).

5) Ausgeschlossen sind BerAnspr, soweit zw den Beteil vertragl Beziehgen bestehen od das Ges eine Spezialregelg getroffen hat (Heimann-Trosien WM **69**, 314 mwN aus der Rspr des BGH sowie Schmitt, Die Subsidiarität der BerAnspr, 1969).

a) Neben dem vertraglichen Erfüllungsanspruch mit der oftm kürzeren Verj besteht kein Anspr aus ungerechtf Ber (BGH WM **68**, 776). Vorrang vor den Anspr aus ungerechtf Ber haben auch diejen RFolgen aus VertrVerh, die sich aus der Ausfüll einer Lücke im Vertr dch ergänzde Auslegg od aus der Anwendg der Grdsätze über Wegfall od Änderg der GeschGrdlage ergeben (BGH WM **72**, 888). Dies auch dann, wenn im EinzFall die Veränderg der GeschGrdlage nicht zu einer Lösg od Anpassg des Vertr an die veränderten Verh führt (BGH NJW **75**, 776, BAG JZ **86**, 1124). Ebso treten §§ 812ff zurück hinter dem Anspr auf SchadErs wg LeistgsStörgen nach § 326 (BGH WM **63**, 750) od auf Gewl wg Sachmängeln aGrd des fortbestehden Vertr (BGH NJW **63**, 806). Die §§ 812ff sind auch ausgeschl, soweit eine vertragl od vertragsähnl Haftg aus and Grd in Betr kommt; z sum fakt Vertr u zur Haftg aus sog sozialtyp Verhalten Einf 5 vor § 145, zum fakt ArbVerh Einf 4a aa vor § 611. Da der Anspr aus § 179 gg den vollmachtl Vertr kein vertragl ErfAnspr ist, kann daneben ein BerAnspr gg den Vertretenen bestehen (BGH **36**, 30; krit hierzu Berg NJW **62**, 101; vgl § 812 Anm 5 B b bb). Auch schließt bei Vorenthaltg der Mietsache § 557 einen weitergehden BerAnspr nicht aus (BGH **44**, 241, KG NJW **71**, 432; desgl BGH WM **68**, 197 für § 597).

b) Gesetzliche Spezialregelung ist insb anzunehmen, wenn ein kr Ges eintretder RVerlust gerade zu dem Zweck gewollt ist, im Hinbl auf die Erfordern der VerkSicherh nach gewisser Zeit von einer Ausgleichg abzusehen, wie nach Eintritt der Verj od Wegfall des UnterhAnspr für die Vergangenh gem § 1613 (BGH **43**, 112), bei AusschlFr, bei § 964 sowie ausdrückl in den in §§ 813 II, 814, 815 u § 817 S 2 geregelten Fällen. Nach Verj der WegnahmeAnspr aus § 547a sind BereicherungsAnspr des Mieters gg den Verm ausgeschl, auch wenn dieser das Grdst mit den Einrichtgen veräußert (BGH **81**, 146, NJW **87**, 2861). Ebso ist iF der Ersitzg ein BerAnspr ausgeschl (RGRK/Heimann-Trosien vor § 812 Rdn 30, Staud-Lorenz Vorbem vor § 812 Rdn 20; aA RG **130**, 69: doch BerAnspr, wenn der zur Ersitzg führde EigBes ohne rechtl Grd erlangt ist. Eine Sonderregelg enth ferner § 633 III u § 13 Nr 5 VOB (B) für den AufwendgsErs bei eig Mängelbeseitigg dch den Best (BGH NJW **66**, 39, BGH **68**, 43). Nach dem Schutzzweck des § 1d AbzG kann der DarlGeber vom AbzahlgsKäufer nach Widerruf gem §§ 1b, c AbzG bereichergsrechtl nicht die Rückzahlg des an den Verk ausbezahlten Darl verlangen (BGH **91**, 9 [19]). Die fehlerh Eintr des Rangs im GB gibt keinen BerAnspr gg den hierdch Begünstigten (§ 879 Anm 3e); und bei sonst Unrichtigk des GB (§ 812 Anm 4b). Verteilg im KonkursVerf vgl § 812 Anm 6 B c. Dagg schließt der endgült Erwerb dch Zuschlag in der geswidr dchgeführten ZwVollstr od ZwVerst auch bei Versäumg des Widerspr gg den Teilgsplan od der DrWiderprKl nach § 771 ZPO BerAnspr des Berecht gg den VollstrGläub od den im Rang Nachstehden nicht aus (näher § 812 Anm 5 B ab). Über die Folgen einer untrennb Verbindg od Verarbeitg s § 812 Anm 5 B b u § 951 Anm 1. IF unber Vfg u anschließer Verarbeitg hat der Berecht die Wahl zw den Anspr aus §§ 816 u 951 (BGH WM **71**, 821).

Soweit die §§ 987–1003 **Ansprüche zwischen Eigentümer und Besitzer** regeln, gehen diese Vorschr einem BerAnspr vor (BGH **41**, 157; Vorbem 2 vor § 987, Vorbem 1 vor § 994). Dies gilt insb für Anspr des Eigtümers auf Herausg u Ers von Nutzgen (vgl aber § 988 u dort Anm 4) u des Besitzers auf Ers von Verwendgen, nicht aber für BerAnspr wg Veräußerg od Verbrauchs der Sache selbst (BGH **14**, 7, **36**, 56), auf Herausg des Erlöses bei wirks Vfg eines Nichtberecht gem § 816 (BGH **163**, 352, BGH LM § 812 Nr 15) sowie bei Rückabwicklg eines VertrVerh (BGH NJW **68**, 197: bei Vorenthaltg der Pachtsache). Auch § 951 wird dch §§ 987ff nicht ausgeschl (BGH **55**, 176). § 1004 enth dagg keine ausschl Sonderregelg; desh sind zB die Kosten der Selbstbeseitigg einer EigtStörg nach § 812 zu erstatten (BGH **29**, 319). Ausgeschl (wg § 687 II) ist jedoch ein BerAnspr des eigmächt GeschF gg den GeschHerrn (BGH **39**, 188), währd sonst die Vorschr über die GoA Anspr aus ungerechtf Ber grdsätzl nicht verdrängen. Allerd ist die berecht GoA regelm ein rechtl Grd iS von § 812 (s dort Anm 4c). **Ehegatten im gesetzlichen Güterstand** haben im Hinbl auf den ZugewinnAusgl keinen BerAnspr wg der in der Ehe gemachten ggseit Zuwendgen, sow er auf die Beendigg der Ehe dch Scheidg gestützt wird (BGH **65**, 320); ebso iF gescheiterter, noch nicht geschiedener Ehe (BGH **82**, 227). Vgl § 812 Anm 6 A c bb aE. Zum BerAnspr bei GesamtschuldVerh s

Einf v § 812 5, 6   2. Buch. 7. Abschnitt. *Thomas*

§ 812 Anm 4 c u 5 B b dd. Die Rechtskr eines – auch sachl unricht – Urt stellt gleichf grdsätzl einen rechtl Grd für die hierauf gegründete Leistg dar (BGH **LM** § 322 ZPO Nr 10; näher § 812 Anm 6 B c u 6 A c aa); für den Fall des UrtMißbr s aber § 826 Anm 8 o. Der ges FdgsÜberg nach § 67 VVG schließt, soweit er eintritt, BerAnspr des Versicherers aus (BGH **NJW 64**, 101), also nicht, soweit dieser Fdg des Geschäd gg den VersN nicht erwirbt (Düss NJW **66**, 738). Die Verzichtswirkg der Entlastg gem § 46 Nr 5 GmbHG erstreckt sich auf BerAnspr gg den GeschF, sofern die ZGrde liegde VermVerschiebg auf Maßn der GeschFg beruht; auch zu den Anspr aus § 46 Nr 8 GmbHG können alle aus der GeschFg hergeleiteten BerAnspr gehören (BGH NJW **86**, 2250).

6) Entsprechende Anwendung.

a) Kraft ausdrücklicher gesetzlicher Bestimmung in §§ 323 III, 325 I, 327 S 2, 516 II 3, 527 I, 528 I 1, 531 II, 557 a I, 628 I 3, 682, 684 S 1, 852 III, 951 I 1, 977 S 1, 988, 993 I, 1301 S 1, 1390 I 1, 1434, 1457, 1487, 1973 II 1, 1989, 2021, 2196, 2287 I, 2329 I 1. Ferner enth versch NebenG – oftm mit eig AnsprVoraussetzgn – BerAnspr, zB Art 89 WG, Art 58 ScheckG, § 717 III ZPO, §§ 7, 37 II, 38, 40 III, 147 S 2 KO, §§ 87 I, 104 I VerglO, § 7 II AnfG, § 50 ZVG, § 37 S 2 VerlG, § 141 S 3 PatG, § 15 III 2 GebrMG ua. **aa) Rechtsfolgenverweisung.** Im allg haben – insb bei Normierg eines eig Tatbestds – die in and gesetzl Best enthaltenen Bezugn auf die allg BerVorschr nur die Bedeutg, daß diese Vorschr nur für Inhalt u Umfang, nicht auch für die Voraussetzgn des BerAnspr maßg sein sollen, zB bei einem Anspr auf Rückerstattg von Mietvorauszahlgen gem § 557 a (BGH **54**, 347), in § 852 III (BGH **71**, 86), in § 48 II S 6 VwVfG. **bb) Rechtsgrundverweisung.** Für den bes wicht Fall des § 951 I 1 (RFolgen einer untrennb Verbindg od Verarbeitg) verlangt die Rspr jedoch die volle Verwirklichg eines Tatbestds nach § 812 (BGH **40**, 272, **55**, 176; vgl § 951 Anm 1 a). § 951 stellt also selbst keine AnsprGrdlage dar, sond verweist auf die Voraussetzgn der §§ 812 ff.

b) Verletzung fremder Ausschließlichkeitsrechte (ImmaterialgüterR, UrhR, gewerbl RSchutz) führt zu einem BerAnspr des Verletzten, auch wenn mangels Versch des Verletzers eine SchadErsPfl nach § 823 bzw nach den spezialges Best (zB nach § 139 II PatG, § 15 II GebrMG) od ein Anspr aus § 687 II BGB (s dort Anm 2 c) ausscheidet (BGH **68**, 90, **77**, 16). Gilt auch für unbefugten Namensgebrauch zu WettbewZwecken als Verl des PerslktsR, auch wenn er nicht zu einer Beeinträchtigg der Wertschätzg des Betroffenen führt (BGH NJW **81**, 2402) u für unbefugte BildVeröffentlichg, wobei AnsprBerecht eine VerwertgsGesellsch ist, der der Abgebildete die Verwertg des Bildes gg Vergütg übertr hat (BGH NJW-RR **87**, 231). Zum Ggst des BerAnspr s § 812 Anm 4 d, zum Umfang § 818 Anm 5 b. Auch bei nur obj Verletzg ist der RechtsInh unmittelb in Höhe der angem Lizenzgebühr (BGH **44**, 380, **99**, 244) entreichert. Entspr muß auch im **Wettbewerbsrecht** gelten; über die hier bes wicht Ausk- u RechngsleggsPfl des Schädigers (§ 260) s § 812 Anm 7 u allg § 826 Anm 5 c.

c) Im Arbeitsrecht gelten iF eines unwirks DienstVertr die §§ 812 ff nicht (vgl Einf 4 a aa vor § 611). Bei Überzahlg von Lohn u sonst Leistgen (zB Gratifikation) gelten die §§ 812 ff. Allerd steht wie bei der FürsorgePfl des ArbG sein BerAnspr unter den Grds des § 242 (BAG **15**, 270). So ist die Berufg des ArbN auf den Wegfall der Ber (§ 818 III) grdsätzl mögl (aber § 819 anwendb bei Kenntn des ArbN vom fehlden RGrd, nicht bei ledigl unterl Nachrechng), soweit nicht – zul – vertragl ein unbdgter RückzahlgsAnspr vereinb ist (s hierzu § 611 Anm 6 g u 7 e ee). In diesem Fall kommt BerR nur bei Unwirksamk der RückzahlgsVereinbg in vollem Umfang zur Anwendg (BAG NJW **64**, 173, 1241). Ungerechtf Ber des ArbG bei Empfang von RentenBetr aus SozVers, wenn die Abtr unwirks ist (BAG Betr **87**, 2314).

d) Öffentliches Recht. Die bürgerl-rechtl BerAnspr sind auf öffrechtl RVerh, bei denen der unmittelb LeistgsGrd in öff R liegt, auch nicht analog anwendb, auch wenn die Eigenart des öff R idR eine Lösg nach privatrechtl Grds verbietet. An ihrer Stelle besteht ein öffrechtl **Erstattungsanspruch** gem § 48 II S 5–8 VwVfG u ähnl G der Länder sowie gem § 50 SGB X, wonach iF der Zurücknahme eines VerwAktes die bereits gewährten Leistgen zu erstatten sind. Für den Umfang ist auf die Vorschr der ungerechtf Ber verwiesen, die Berufg auf den Wegfall der Ber ist dagegen eigens geregelt. Soweit keine ausdr ges Regelg besteht u auch sonst nicht erkennb ist, daß auf die Abwicklg von Anspr aus einem best öffrechtl RGebiet die rein obj AusglPrinzipien des bürgerl R nicht zur Anwendg kommen sollen, wendet die Rspr iR des allg öffentlrechtl ErstattgsAnspr, was dessen Voraussetzgn betrifft, im Einzelfall die im bürgerl R enth GrdGedanken des BerR als Ausdr eines über das bürgerl R hinausgehden allg RGedankens ergänzd an (BVerwG NJW **85**, 2436). Darü hinaus scheidet die Anwendg der §§ 812 ff stets dann aus, wenn das dem öff R unterliegde RVerh noch nicht abgewickelt ist, insb die öffrechtl Voraussetzgn einer etw LeistgsPfl noch nicht festgestellt sind (BGH **32**, 273). Der **Wegfall der Bereicherung** (§ 818 III) kann dem öffrechtl ErstattgsAnspr des Bürgers grds nicht (BVerwG NJW **85**, 2436), dem Anspr der Körpersch gg den Bürger doort entgegenhalten werden, wo dies gesetzl zugel ist (BSG MDR **74**, 965), zB bei überzahlten Gehalts- u Versorggsbezügen eines Beamten nach § 87 II BBG (entspr § 53 II BRRG u die meisten LandesbeamtenG); außerdem dann, wenn das Vertrauen des Bürgers auf die Beständigk des rwidrig gewährten Vort schutzwürd ist, was bei Kenntn u grobfahrl Unkenntn vom Mangel des rechtl Grdes nicht der Fall ist (BVerwG JZ **85**, 792). Eine Berufg auf den Wegfall der Ber ist auch bei der Rückfdg von Abschlagszahlgen ausgeschl, da hier die Endgültigk des rechtl Grd fragl war (BVerwG MDR **61**, 535). S auch § 820 Anm 2 d.

Der **Rechtsweg** für Anspr aus öffrechtl Ber ist grdsätzl zu den VerwG (§ 40 VwGO) bzw zu den SozG (§ 51 SGG) u FinG (§ 33 FGO) eröffnet, sofern auch die Kl auf Gewährg dieser Leistgen dort zu erheben ist (BGH NJW **67**, 156; ähnl Gagel NJW **85**, 1872). Die RückFdg folgt also dem gleichen R wie die Leistg, auch wenn die Kl auf SchadErs wg uH gestützt ist (BGH **103**, 255). Dabei genügt, daß für die Leistg vermeintl ein öffrechtl LeistgsVerh bestand (BGH NJW **78**, 1385). Die ord Ger sind zust, soweit ihnen diese Anspr ausdr zugewiesen sind, zB § 23 ff EGGVG (Anfechtg von JustVerwAkten), §§ 62 II, 58 BLG, ferner BerAnspr aus einer Haftg wg AmtsPflVerletzg (§ 839); über die Rückfdg zuviel gezahlter EnteigngsEntschädigg s BGH **32**, 273. Die ZivGer sind ferner zust für die RückFdg von Leistgen, für die zw Leistdem u Empf überh kein (auch kein vermeintl) öffrechtl LeistgsVerh bestand, wie bei fehlgegangenen Zahlgen (BGH NJW **78**, 1385), zB Abholg der Rente dch einen Dr für den verstorbenen Berecht, Zahlg der Rente an die nichtversi-

cherten Erben des verstorbenen Berecht (BGH NJW **79**, 763, Karlsr NJW **88**, 1920). Eine Zustdgk der ord Ger kommt dann in Betr, wenn der unmittelb LeistgsGrd privatrechtl ist u nur eine Vorfrage dem öff R angehört, zB bei vertragl Übern od Ablösg (§ 268) einer öffrechtl Schuld od bei unbefugter Benutzg des Eigt einer öffrechtl Körpersch (BGH **20**, 270).
Einzelfälle: ErstattgsAnspr des Trägers der SozHilfe gg DrVerpfl gem §§ 90, 91 BSHG, gg den Empf gem §§ 92ff BSHG u ggü und SozHilfeTrägern gem §§ 103ff BSHG. Weg Erstattg überzahlter Steuern §§ 37, 38, 218 AO. Auf RückzahlgsAnspr bei irrtüml LohnsteuerErstattg sind §§ 812ff nicht entspr anwendb (BFH WPM **74**, 933). Erstattg der Kosten bei Erziehghilfen §§ 80ff JWG; Anspr des Leistdn auf Rückzahlg zu UnR entrichteter Beitr in der SozVers § 185a AFG, § 26 SGB IV, sowie von LAG-Leistgn §§ 290, 350a LAG. RückFdg der an die Erben des verstorbenen Versicherten ausbezahlten Rente (BGH NJW **78**, 1385: ZivRWeg). Bei Subventionen u Förderges kommt es darauf an, ob der Staat nach der Bewilligg die Zuwendg als VerwAkt (einstuf) od unter Verwendg privatrechtl Mittel (zweistuf) ausgestaltet hat; iZw einstuf, dann eröffnet auch ein SchuldAnerk den ZivRWeg nicht (BVerwG NJW **65**, 1344, BGH NJW **72**, 210 u Betr **85**, 1737: VerwRWeg). StudienfördBeitr (Köln NJW **67**, 735, VGH Mü NJW **74**, 2021). Reise- u Umzugskosten (OVG Münst MDR **60**, 169).

7) Verjährung des BerAnspr, grdsätzl auch die Einr der ungerechtf Ber, tritt, soweit nichts and best ist, in 30 Jahren ein (BGH **32**, 16); zur Einr der Ber ggü einer ohne rechtl Grd eingegangenen Verbindlichk s aber § 821 Anm 1. Dies gilt grdsätzl auch dann, wenn die Ber in der Beseitigg eines dch unerl Hdlg entstandenen Schad dch einen Dr (RG **86**, 96: nicht § 852), in Aufbauleistgn des Mieters (BGH NJW **68**, 888, Hamm WPM **70**, 1359: nicht § 558), in überzahlten VersLeistgen (BGH **32**, 13: nicht § 12 VVG). Verj von BerAnspr wg Leistgen, die unter §§ 196, 197 fallen, vgl § 195 Anm 2b, 3c, § 197 Anm 2. Der Anspr auf Rückzahlg zu Unrecht bezahlter Zinsen u Kosten auf einen nichtigen RatenkreditVertr verj in 4 Jahren (BGH **98**, 174 mwN auch für die GgMeing, Canaris ZIP **86**, 273). Beginn der Verj §§ 198, 201. Über Verj bei AnsprKonkurrenz s § 194 Anm 3.

8) Einzelfragen: a) Unzulässige Rechtsausübung. Da BerAnspr in bes Maße dem Grds von Treu u Glauben im RVerk unterliegen, ist ihnen ggü die Einwendg mögl, zB wenn der AnsprBerecht die GgLeistg voll ausgenutzt hat (BGH NJW **62**, 1675). Bei BerAnspr, die auf formwidr abgeschl Vertr beruhen, ist insb der Einwand der Argl zu beachten (näher § 125 Anm 6). Hat iR eines finanzierten AbzKaufs der DarlGeber mit der Valuta direkt an den KaufPr beglichen, so ist der Käufer bei Nichtigk des DarlVertr von der KaufPr-Schuld ohne RechtsGrd befreit. Dem RückfdgsAnspr kann entggstehen, daß dem Käufer entspr den Regeln des EinwdgsDurchgr (vgl AbzG Anh zu § 6) eine InAnsprN des Verk nicht zuzumuten ist (BGH NJW **80**, 2301). Zur Verwirkg des BerAnspr s § 242 Anm 5.

b) Verzicht auf BerAnspr ist mögl, u zwar schon bei der Leistg (RG **71**, 316).

c) Vorteilsanrechnung. Der Bereicherte kann sich nicht darauf berufen, daß der Entreicherte dch den BerVorgang auch Vorteile gehabt hat. Die auf SchadErsAnspr beschr Vorteilsausgleich (Vorbem 7 vor § 249) ist auf die ledigl einen obj Ausgl vornehmden BerAnspr nicht anwendb, auch nicht bei der Eingr-Kondiktion (§ 812 Anm 5 A b). Dies schließt jedoch nicht aus, daß bei der Berechng des Umfangs der ungerechtf Ber die GgLeistg (Saldo), aber auch sonstige mit dem BerVorgang zurechenb zushängde Nachtle, Aufw usw des Bereicherten zu berücks sind (s hierzu § 818 Anm 6 A).

d) Ein **Zurückbehaltungsrecht** kann der Schu ggü dem BerAnspr grdsätzl geltd machen (BGH WPM **56**, 1214). Er kann auch selbst ein solches begründen. Kein ZbR ggü BerAnspr aber dort, wo dies dem Zweck einer und Best zuwiderlaufen würde, zB dem Art 39 WG (BGH NJW **58**, 2112, Rückg des Wechsels mangels wirks GrdGesch).

e) Mehrere Bereicherungsschuldner haften nicht als GesSchu; jeder hat vielm das herauszugeben, was er erlangt hat (BGH NJW **79**, 2205; differenzierd MüKo/Lieb § 812 Rdn 323). Dies gilt auch dann, wenn iF der Wirksamk des Vertr gesschuldn Haftg nach § 427 bestanden hätte (Hbg MDR **52**, 548). Dabei spielt es keine Rolle, ob der Vertr von Anfang an nichtig od wirks angefochten ist (RGRK/Heimann-Trosien § 812 Rdn 117; aA RG **67**, 260). Bereicherg bei der BGB-Gesellsch vgl § 718 Anm 4a u § 818 Anm 6 A d. – Bei mehreren AnsprBerecht gelten die Grds in Übbl 1 vor § 420, insb bei Unteilbark des Erlangten § 432.

f) Der **Gerichtsstand** des § 29 ZPO gilt nicht für BerAnspr aGrd nichtigen KausalGesch. Für den **Leistungsort** gilt § 269 (s dort Anm 3c, 5); bei Herausg einer Sache ist dort zu erf, wo sich diese bei Beginn der Rechtshängigk (§ 818 IV) od der verschärften Haftg des § 819 befindet (RG **96**, 345). Verzinsung vgl § 818 Anm 3c; §§ 352, 353 HGB gelten nicht.

g) Internationales Privatrecht vgl Vorbem 2 vor Art 38 EG.

h) §§ 812ff sind **dispositiv** (s § 818 Anm 6 A e).

812 Grundsatz.
¹Wer durch die Leistung eines anderen oder in sonstiger Weise auf dessen Kosten etwas ohne rechtlichen Grund erlangt, ist ihm zur Herausgabe verpflichtet. Diese Verpflichtung besteht auch dann, wenn der rechtliche Grund später wegfällt oder der mit einer Leistung nach dem Inhalte des Rechtsgeschäfts bezweckte Erfolg nicht eintritt.

IIAls Leistung gilt auch die durch Vertrag erfolgte Anerkennung des Bestehens oder des Nicht- bestehens eines Schuldverhältnisses.

§ 812 1, 2   2. Buch. 7. Abschnitt. *Thomas*

Übersicht

1) **Allgemeines:** Tatbestand
2) **Leistungskondiktion**
   a) Leistung
   b) Schuldanerkenntnis und Schuldversprechen (II)
3) **Bereicherung in sonstiger Weise** (insbes Eingriffskondiktion)
   a) Handlungen des Bereicherten
   b) Handlungen eines Dritten
   c) Handlungen des Entreicherten
   d) Tatsächliche Vorgänge
4) **Etwas erlangt**
   a) Erwerb von Rechten
   b) Vorteilhafte Rechtsstellung
      aa) Besitzerwerb
      bb) Unrichtige Grundbucheintragung
      cc) Auflassung
      dd) Hinterlegung
      ee) Weitere Fälle
   c) Befreiung und Nichtentstehen von Verpflichtungen und Lasten
   d) Ersparung von Aufwendungen
5) **Auf dessen Kosten**
   A) Vermögensnachteil
      a) Hauptfälle
      b) Ursächlicher Zusammenhang
   B) Einheitlichkeit des Bereicherungsvorgangs
      a) Bereicherung „in sonstiger Weise"
         aa) Eingriffskondiktion
         bb) Zwangsvollstreckung
      b) Leistungskondiktion

   c) Drittbeziehungen bei der Leistungskondiktion
      aa) Bereicherungskette
      bb) Zwischenperson
      cc) Dreipersonenverhältnis
      dd) Tilgung fremder Schulden
      ee) Doppelmangel
      ff) Gesamthand
      gg) Abtretung
6) **Ohne rechtlichen Grund**
   A) Leistungskondiktion
      a) Fehlen gültiger Kausalvereinbarung (I 1)
      b) Erfüllung einer Nichtschuld (I 1)
      c) Späterer Wegfall des Rechtsgrundes (I 2 1. Fall)
         aa) Bedingung oder Endtermin
         bb) Anfechtung, Rücktritt u. a.
         cc) Anfechtung der Ehelichkeit
         dd) Tatsächliche Handlung
      d) Nichteintritt des mit der Leistung bezweckten Erfolgs (I 2 2. Fall)
         aa) Zweckbestimmung alleinige Grundlage
         bb) Zweckbestimmung neben anderem Rechtsgrund
   B) Bereicherung in sonstiger Weise (Güterzuordnung)
      a) Handlungen des Bereicherten
      b) Handlungen eines Dritten
      c) Rechtsveränderungen kraft Gesetzes
      d) Handlungen des Entreicherten
      e) Tatsächliche Vorgänge
7) **Inhalt des Anspruchs** (Herausgabe des Erlangten)
8) **Beweislast**

1) Allgemeines. Es gibt **keinen einheitlichen Tatbestand** der ungerechtf Ber (hM, vgl Weitnauer, Betr **84**, 2496). Gemeins GrdGedanke s Einf 1 vor § 812. Abs I S 1 stellt die Ber dch rechtsgrdlose Leistg **(Leistungskondiktion)** der Ber „in sonstiger Weise" **(Eingriffskondiktion)** in den RFolgen gleich, obwohl beide Anspr versch Vorauss haben u nur über das nicht in jedem Fall gleichm zu beurteilde Fehlen des rechtl Grd (Anm 6) u das Erfordern der Einheitlichk des BerVorgangs (Anm 5 B) miteinand verbunden sind. Abs I S 2 regelt zwei weitere Fälle der Leistungskondiktion mit bes TatbestdVorausstzgen (**Wegfall des rechtlichen Grundes** u **Zweckverfehlung**), währd Abs II ausdr klarstellt, daß ein vertragl SchuldAnerk eine Leistg iS des BerR darstellt. Entspr dieser Unterscheidg ist der Tatbestd jeder einz AnsprGrdlage gesondert festzustellen, soweit nicht Gemeinsamk für alle Anspr bestehen. Die Unterscheidg zw Leistgskondiktion (Anm 2) u Ber in sonst Weise (Anm 3) ist insb wicht für die Pers des BerSchu (Anm 5 B) u für die Beurteilg des die VermVerschiebg rechtf Grdes (Anm 6 A, B).

2) Leistungskondiktion (ungerechtf Ber „dch die Leistg eines and"). Hierunter ist die Rückabwicklg eines LeistgsVerh zu verstehen, bei dem der Leistgszweck nicht erreicht wird od sonst ein rechtl Grd für die dch die Leistg eingetretene VermVerschiebg nicht besteht, wo also die Leistg dem Empf zwar wirks zugewendet worden ist, ihm aber nach den – idR schuldrechtl – Beziehgen zw Leistd u Empf nicht endgült zusteht (ebso Larenz, SchR II, § 68 I b; s näher Anm 6 A). Soweit ein BerAnspr aGrd einer rgrdlosen Leistg in Betr kommt, hat die Leistgskondiktion grdsätzl **Vorrang** vor der EingrKondiktion (BGH **40**, 272 [278]; enger Huber NJW **68**, 1905 [1910] u JuS **70**, 342; hiergg Ehmann NJW **71**, 612, Picker NJW **74**, 1790, die aber nicht vom Standpkt des Empf (Anm 5 B b) ausgehn; abl MüKo/Lieb Rdn 232 ff). Hat der BerEmpf die VermVerschiebg dch die Leistg eines and erlangt, so hat grdsätzl nur dieser einen BerAnspr gg den Empf; ein Anspr aus Ber „in sonst Weise" (Anm 3), zB gg einen Dr, muß demggü zurücktreten. Der Vorrang der Leistgskondiktion ist insb von Bedeutg beim Einbau von Materia- lien in ein Grdst dch einen BauUntern; der ledigl die EingrKondiktion ausgleichde § 951 (Anspr gg GrdstEigtümer) ist idR subsidiär ggü einem BerAnspr aus Leistgskondiktion gg den LeistgsEmpf (s unten Anm 5 B b u § 951 Anm 1). Die Möglichk einer Leistgskondiktion ist daher stets vor einem Anspr aus Ber in sonst Weise zu prüfen.

a) Leistung iS des BerR ist jede auf bewußte u zweckgerichtete VermMehrg gerichtete Zuwendg (BGH **40**, 272 [277], **58**, 184 [188], Esser-Weyers, SchR II, § 48 II, i Erg ebso Staud-Lorenz Rdn 4ff, Reuter-Martinek, Ungerechtf Ber, 1983 S 85 ff, Schlechtriem, Rezension dazu ZHR **85**, 327, Weitnauer Betr **84**, 2496 u JZ **85**, 555; abl MüKo/Lieb Rdn 23 ff, Canaris, Festschr für Larenz S 799, 857). Die unbewußte Vermehrg fremden Verm kann dagg höchstens einen Anspr aus Ber „in sonst Weise" rechtf (Anm 3 c). Ist zw den Beteil, wenn auch nur stillschw, der Zweck der Leistg vereinb, so löst dessen Nichterreichg, ebso wie das sonst Fehlen eines rechtl Grd, den BerAnspr aus (BGH **50**, 227, Ehmann NJW **69**, 398). Zum Fehlen des rechtl Grdes für die Leistg s im einz Anm 6 A. Über die Pers des Leistden u des LeistgsEmpf, insb bei Leistg dch (an) Boten, Bevollm, mittelb StellVertr od dch (an) sonst ZwPers (Leistg auf Anweisg oä) sowie über BerAnspr bei Weitergabe der Leistg (BerKette) s Anm 5 B b; bei Leistg an mehrere Empf s Einf 8 e vor § 812.

Die Leistg besteht vielf in einer rgesch Vfg des Leistdn, die er aGrd einer zw ihm u dem Empf bestehden od zumind angen Leistgsbeziehg erbringt (Larenz, SchR II, § 68 I a); sie kann aber auch in einem rein tatsächl Handeln bestehen. Eine dingl RÄnderg ist hier zwar häuf, aber nicht begriffsnotw; auch eine VermMehrg aGrd eines nichtigen ErfVertr stellt eine Leistg dar. Die Leistg muß jedoch einen VermWert besitzen; daher

Einz. SchuldVerh. 24. Titel: Ungerechtf. Bereicherung § 812 2, 3

ist die Erkl des Widerrufs ehrenrühr Behauptgen als solche nicht kondizierbar (BGH **LM** Nr 6). Im übr kann Ggst einer Leistg jede Verbesserg der VermLage des Empf sein, zB Übertr von Eigt od and Rechten, Auflassg eines Grdst, Eingehg einer Verbindlichk, Erf einer Schuld, Hing an ErfStatt, Verzicht auf RErwerb, Erspar von Aufwendgen, insb bei Erbringg von Diensten, Befreiung von einer Verbindlichk (BGH NJW **62**, 1051); s hierzu im einz Anm 4. Zur RLage bei Tilgg fremder Schulden s Anm 5 B c dd. Keine Leistg an den VersN ist die abstrakte GefTragg, die RisikoÜbern als solche iR eines VersVertr (Karlsr Just **88**, 92).

b) Anerkennung des Bestehens od Nichtbestehens eines Schuldverhältnisses ist gem Abs II ebenf eine Leistg. Es handelt sich bei II nicht um einen Sonderfall der LeistgsKondiktion, sond lediglich um eine gesetzl Erläuterg des Begr der Leistg im bereichergsrechtl Sinn. Vorauss ist eine vertragl, nicht eine bloß einseit ohne vertragl Bindg erkl Anerkenng (RG HRR **30**, 288). Auf das prozessuale Anerk nach § 307 ZPO findet daher II keine Anwendg (RG **156**, 70). Das proz Geständn kann nur iF des Irrt nach § 288 ZPO widerrufen werden (BGH **37**, 154). Es muß sich um einen selbstd, dh von seinem LeistgsGrd losgelösten abstr Vertr iS der §§ 397 II, 780, 781 handeln (RG **154**, 385, Staud-Lorenz Rdn 10, 11). Ein SchuldAnerk, das nur Beweiszwecken eines ggs kausalen Vertr ist, insb ein deklarator Anerk (§ 781 Anm 2a) fällt nicht unter Abs II (BGH VersR **53**, 316), da es sich nicht um ein selbstd Leistg handelt, diese vielm im Zushang mit dem Schicksal der GgLeistg zu beurteilen ist (RG **108**, 105; HRR **30**, 288; **33**, 917). Doch kann über eine der Leistgen aus dem ggs Vertr zusätzl ein selbstd u damit kondizierb SchuldVerspr od Anerk abgegeben werden (RG **108**, 105). Das gleiche kann ausnahmsw für die Rückfdg einer kausalen Verpfl gelten, wenn über den ggs Vertr hinaus ein hiermit verfolgter weit Zweck nicht erreicht wird (RG **106**, 93; Staud-Lorenz Rdn 13). Das zur Erf des Vergl erkl SchuldAnerk ist bei Unwirksamk des Vergl kondizierbar (RG **83**, 109 [116]).

Rückforderung eines Anerkenntnisses kommt in Frage, wenn der Anerkennde irrig geglaubt hat, zu dem Anerk verpfl zu sein; darauf, ob dem Gläub tats ein dem Anerk zuGrde liegder Anspr zusteht, kommt es insow nicht an, zB Entlastg des Vormd od GeschF dch den sich hierzu irrig für verpfl haltden Mündel (RG Recht **15**, 1527, Staud-Lorenz Rdn 14, MüKo/Lieb Rdn 317); AnerkErkl für StrBaukosten, um in Wirklichk nicht bestehdes Bauverbot abzuwenden (RG **154**, 385). Das Anerk ist aber auch wg Unrichtigk des Anerkannten kondizierbar, falls es nicht nach dem Willen der VertrTeile den Sinn haben sollte, o Rücks auf das wirkl Bestehen der Schuld für die Zukunft eine klare Bew- u RLage zu schaffen (vgl § 781 Anm 2a). In einem solchen Fall ist ein BerAnspr ausgeschl, auch wenn die Schuld tats nicht besteht (vgl § 781 Anm 4). Welchen Sinn das Anerk gehabt hat, unterliegt zwar der tatrichterl Würdig des EinzFalls, doch ist oftm anzunehmen, daß ein Anerk nur die im Ztpkt der Abg der Erkl begr Einwdgen gg eine bestehde Schuld ausschl sollte, so daß der Schuldn nicht gehindert ist, bei nicht bestehder Schuld das Anerk zu kondizieren. Dies gilt insb für Anerk, die der Schuldn aGrd einer Abrechng abgibt, auch wenn einbezogene Schuldposten in Wahrh nicht bestanden haben (BGH NJW **68**, 591 für stillschweigd SaldoAnerk ggü Bank) od nach SaldoAnerk, wenn die Bank irrtüml eine Gutschrift vorgenommen hat (Düss NJW **85**, 2723; vgl § 781 Anm 2d). Zur Einr der Ber ggü einem SchuldAnerk s § 821 Anm 1. – Das Bestehen einer unvollk Verbindlk ist genügd RGrd für ein selbstd Anerk (RG **160**, 134; s aber §§ 656 II, 762 II). – Beim **negativen Schuldanerkenntnis** gelten die gleichen Grds (BGH WM **82**, 671); der BerAnspr geht hier auf Wiederherstellg der Schuld (Düss NJW **85**, 2723) u Herausg der Quittg. Zur BewLast bei II, insb beim negat SchuldAnerk s Anm 8.

Einzelfälle: VaterschAnerk ist nicht kondizierb, sond über § 1600f, l zu beseitigen. Anerk eines Saldos vgl § 781 Anm 2d. Anerk eines nicht bestehden ErbR (RG Recht **18**, 55). SchuldAnerk zur Erf eines unwirks Vergl (RG **61**, 318) od einer nur forml eingegangenen Bürgsch (RG LZ **15**, 523). Anerk ggü Zessionar in Unkenntn einer früh Abretg (RG **83**, 184). Rückfdg einer Quittg (RG **83**, 109 [116]). Rückfdg eines abstr SchuldVerspr zGDr (RG HRR **29**, 297). Keine Rückfdg des (nicht abstr) AbfindgsVertr mit Vers (BGH **LM** Nr 1 zu § 13 AVB für KfzVers).

c) Weitere Fälle der Leistungskondiktion enth § 812 I 2 (hierü Anm 6 A c, d), § 813 S 1 u § 817 S 1.

3) „In sonstiger Weise" ist die Ber erlangt, wenn die VermVerschiebg nicht auf der zweckgerichteten Zuwendg eines Leistden (Anm 2) beruht (BGH **40**, 272 [278]), sond – idR – ohne den Willen des Entreicherten eingetreten ist. Hier kommt ein BerAnspr in Betr, wenn der Erwerb nach der für den EinzFall maßgebl rechtl Güterzuordng nicht bei dem Empf verbleiben soll, sond einem and gebührt (Larenz, SchR II, § 68 II; s näher Anm 6 B, 5 B a). Die nur für die Leistgskondiktion gelten Vorschr sind auf diesen Fall grdsätzl unanwendb, so zB § 817 S 2, RG JW **25**, 1392 (s aber § 816 Anm 1b). Eine „Ber in sonst Weise" basiert oftm auf Hdlgen des Bereicherten od eines Dr, die einen von der ROrdng nicht als endgült gebilligten Eingr in die RPosition des Entreicherten darstellen (sog **Eingriffskondiktion**); es sind aber auch and Möglichk denkb.
Hauptfälle:
a) Handlungen des Bereicherten, insb unerl Hdlgen, auch wenn der SchadErsAnspr bereits verj ist (s § 852 Anm 5), zB Besitzentziehg, Verbrauch, Nutzg od Gebr einer fremden Sache (BGH NJW-RR **86**, 874: Kiesentnahme über die behördl gesetzte AbbauGen hinaus; Düss NJW-RR **87**, 531: Unberecht Anbau an eine halbscheid Kommunmauer), Nutzg fremden know-hows (Weitnauer Betr **84**, 2496) od fremder ArbKräfte (über die Art der Ber s Anm 4d), Eingr in ImmaterialgüterR (BGH **82**, 299 u 310, Einf 6b vor § 812) sowie in den eingerichteten u ausgeübten GewerbeBetr od in das PersönlichkR, soweit darin eine vermögensrechtl Benachteiligg, etwa iS einer unberecht Nutzg liegt (BGH **20**, 345 [354], **26**, 349, **81**, 75, BGH NJW-RR **87**, 231 u § 823 Anm 14); ferner Weiterbenutzung einer Wohng nach Beendigg des MietVerh (vgl § 557), Ableitg von GrdWasser (BayObLG NJW **65**, 973), Untergrundspeicherg von Rohöl auf fremdem Grdst (BGH WM **81**, 129). War ein AuflAnspr im Rang vor einer GrdSch vorgemerkt, so kann der VormkgInhaber, der das GrdEigt erworben hat, von dem GrdSchGläub die Herausg einer FeuerVersSumme verlangen, die dieser nach §§ 1127 I, 1128 III eingezogen hat (BGH VersR **87**, 903). Ebso muß ein inländ Gläub VermWerte, die er nach KonkEröffng dch zuläss ZwVollstr in ausländ Verm des GemSchu erlangt

hat, an den KonkVerw herauszugeben, wenn sie zur Sollmasse gehören (BGH **88**, 147). Hierher gehören außerdem Vfgen eines Nichtberecht sowie Leistgen, die aGrd gesetzl Vorschr dem Berecht ggü wirks sind (s hierzu die Anm zu § 816). Ein Eingr des Bereicherten liegt idR auch dem RErwerb dch Verbindg, Vermischg od Verarbeitg (hierzu § 951 Anm 1) od dch Fund (§ 977) zugrde. Sow der jetzt od früh Besitzer Anspr wg seines Eigt aus § 812 ableitet, gilt auch hier für den EigtNachw § 1006 (BGH NJW **77**, 1090). Zum Erwerb dch Ersitzg, nach Verj od Ablauf einer AusschlFr s Einf 5b vor § 812.

b) Handlungen eines Dritten, zB dch Verbindg, Vermischg od Verarbeitg, die ein Dr vornimmt (Einbau von fremdem Material in Bauwerk des Eigtümers dch BauUntern), aber nur, soweit nicht – wie oftm – dem Entreicherten ein Anspr aus Leistgskondiktion zusteht (BGH Warn **69**, 283; aA Sollner AcP **163**, 30; vgl. Anm 5 Bb u § 951 Anm 1); zur aufgedrängten Ber in diesem Fall s § 951 Anm 2c dd. Gebr od Verbrauch fremder Sachen zG eines Dr (zB dch Verwalter); zur Ber dch unentgeltl Zuwendg seitens des urspr Bereicherten s § 822. – Dritter ist insb auch der Staat. Unabhängig von einem etw Anspr aus § 839 kommt daher ein Anspr aus ungerechtf Ber „in sonst Weise" bei fehlerh Hdlgen der öff Gew in Betr, insb in der **Zwangsvollstreckung,** zB bei ZwVollstr ohne rwirks Titel (RG **56**, 71) od bei Pfändg u Verst schuldnfremder Sachen sowie Auszahlg des Erlöses an den Gläub (BGH **32**, 240; näher Anm 5 B a bb u 6 B), unricht Verteilg des VerstErlöses (BGH **4**, 84, 35, 267; aber BGH **91**, 198), fehlerh ZuschlBeschl (BGH **153**, 252). Nichtberücksichtigg einer ordngem angemeldeten KonkFdg; unricht Eintr in das GB (RG **139**, 355 u Anm 4b), außer es wird lediglich der Rang des betr Rechts falsch eingetr (§ 879 Anm 3e). Bei Leistg des DrSchu aGrd Pfdgs- u ÜberweisgsBeschl an PfdgsGl trotz Bestehens einer vorrang Pfdg vgl Anm 5 B a bb.

c) Handlungen des Entreicherten, soweit in ihnen nicht eine fehlgeleitete Leistg zu erblicken ist, zB bei irrtüml Verwendg eig Sachen für fremde Zwecke. Erklärt im ZwVerstVerf der Ersteher eines Grdst als Inhaber einer darauf lastden voll valutierten DarlHyp, diese solle bestehen bleiben (§ 91 II ZVG), obwohl sie bei der Erlösverteilg nicht hätte ausfallen müssen, hat der Ersteher gg den DarlSchu jedenf einen BerAnspr auf WertErs in Höhe der dch die Erlöszuteilg nicht befriedigten DarlFdg (BGH Warn **80** Nr 312).

d) Tatsächliche Vorgänge, zB Landanschwemmg, Wasserzu- od -abfluß, unbeeinfl Verhalten von Tieren (vgl aber § 964) ua.

4) „Etwas erlangt" bedeutet **Vermögensvorteil.** Durch die Leistg (Anm 2) od in sonst Weise (Anm 3) muß eine Verbesserg der VermLage des Bereicherten eingetreten sein. Die Ber muß bereits in das Verm des Empf übergegangen sein. Das ist nicht der DarlN, wenn iR eines nichtigen KreditVertr die DarlValuta nicht an ihn zur eig Vfg od Nutzg ausbez wurde, sond zur Finanzierg eines gleichf nichtigen Vertr ausbez wird der (BGH NJW **78**, 1970). Ebso keine bereicherungsrechtl Rückerstattg der DarlValuta dch den Kommanditisten, wenn sie abredegem an einen Dr, ev als Einlage, für eine wertl KG-Beteiligg gezahlt worden ist (Kln WM **84**, 401). Ebso hat die Ehefr, die sich in einem nach § 138 I nichtigen DarlVertr mitverpfl hat, nichts erlangt, wenn die Bank den DarlBetr entw in bar an den Ehem ausbezahlt od auf dessen Konto überwiesen hat, über das die Frau nicht verfberecht ist (BGH NJW **82**, 2433). Ferner, wenn der Scheinvater nach erfolgr Anf der Ehelichk an den Träger der SozHilfe, der dem Kind Hilfe gewährt u dessen UnterhAnspr gem § 90 BSHG auf sich übergeleitet hat, Zahlgen geleistet hat (BGH **78**, 201: BerAnspr gg den Träger der SozHilfe). Zur Ber bei Einschaltg eines Vertreters od sonst Dr s Anm 5 B. Jeder VermVort, gleich welcher Art, ist herauszugeben. Zur Berechng des VermVort s § 818 Anm 6 A, D, zur aufgedrängten Ber § 951 Anm 2c dd. Die für den späteren Wegfall der Ber entwickelten Grds (insb §§ 818 III, 819) gelten entspr für die Frage, ob überh eine Ber eingetreten ist (BGH **55**, 128: BerHaftg für in Kenntn des RMangels erschlichene Flugreise; hier kann sich BerSchu nicht darauf berufen, er hätte sonst die Reise nicht unternommen; s unten d). Ggst der Ber kann nur eine VermMehrg sein, nicht aber ein lediglich persönl Vort, zB eine schriftl EhrenErkl (BGH LM Nr 6, BGH **26**, 353). – Im einz kommen als VermVort in Betr:

a) Erwerb von Rechten. Dingl wie Eigt, PfdR, auch AnwR; ferner Verbesserg od Erweiterg eines R, zB Vorrangeinräumg dch zurücktretden HypGläub (RG **146**, 355). Erwerb eines R an eig Sache, RGrd ist § 868 ZPO (BGH NJW **77**, 48). Persönl Rechte wie Fdgen aller Art (RG **118**, 358), NutzgsR (BGH NJW **85**, 1082), Gutschr auf dem GiroKto (vgl § 675 Anm 4), sobald die Bank sie nicht mehr stornieren kann (BGH **72**, 9), VersSchutz (BGH NJW **83**, 1422, Kln ZIP **85**, 22), Erwerb der Mitgliedsch in einer Genossensch (BGH NJW **83**, 1420). Goodwill einer Arztpraxis (Karlsr WM **89**, 1229). SchuldAnerk (s Anm 2b; dort auch über VaterschAnerk), Gen eines Vertr (RG **110**, 214), Zustimmg des Ehegn nach ehel GüterR (BGH **171**, 83) sowie Erf u Hing an ErfStatt (zur Erf dch Dr s Anm 5 B b). Anspr des Begünstigten auf Zahlg der Garantiesumme gg die Bank, wenn im ValutaVerh zum Besteller der Bankgarantie der zu sichernde Anspr nicht besteht (BGH NJW **84**, 2037: Anspr des Bestellers gg den Begünstigten auf Unterlassg, die Bankgarantie in Anspr zu nehmen).

b) Erlangung einer vorteilhaften Rechtsstellung ist ebfalls VermVort, auch wenn damit noch kein RErwerb verbunden ist (RG **108**, 329). Ist zB bei einer Leistg nicht nur das kausale GrdGesch, sond auch das dingl ErfGesch unwirks, so ist eine Änd der RZustdgk u damit eine VermVerschiebg an sich nicht gegeben; dennoch kann der Empf bereits eine vermwerte Position erlangt haben. Der trotz anerkannter Fdg im SchlußVerzeichn nicht eingetragene u desh bei der Verteilg übergangene Gläub, der im Schlußtermin keine Einwdg erhoben hat, kann außerh des KonkVerf gg die bei der Verteilg berücksichtigten Gläub keinen Anspr aus ungerechtf Ber geltd machen (BGH NJW **84**, 2154). Hierunter fallen insb:

aa) Besitzerwerb, unmittelb od mittelb (BGH WM **61**, 274), nicht aber der bloßen BesDienersch, auch wenn man den Bes nicht als Recht ansieht (Übbl 1 vor § 854). Dies gilt jedenf, soweit die übr Voraussetzgen des BerAnspr, insb die Einheitlichk des BerVorgangs bei Erwerb vom früh Besitzer (zur Doppelver mietg von Räumen s Kötter, AcP **153**, 193/220) vorliegen, für die LeistgsKondiktion, zB für die Rückfdg der von einem GeschUnfäh übergebenen Sachen (RG **98**, 131). Die EingrKondiktion ist dagg mit Rücks auf die spez BesSchutzVorschr weitgehd eingeschränkt (§ 861 Anm 7a, str). Zur Wertberechng s § 818 Anm 5c.

bb) Unrichtige Grundbucheintragung, sog Buchberechtigg (§ 891 Anm 4), verschafft wg des mit ihr verbundenen RScheins ebenf eine vorth RStellg, weil sie die Wirkg hat, daß der eingetr Nichtberecht über das betr Recht verfügen kann. Neben dem mat wahren Berecht (§ 894) kann der Nichtberecht von demjen, der auf seine Kosten ohne RGrd die unricht Eintragg erlangt hat, Bewilligg der (Wieder)Eintragg verlangen, zB wenn ihm ein AnwR auf den Erwerb des Eigt zusteht (RG 168, 292 [303], JW 31, 2723, § 894 Anm 7), ferner der GeschUnfäh, der als Eigtümer eines ihm nicht gehör Grdst eingetr war u das Grdst dch nichtigen Vertr aufgelassen hat. Ein solcher BerAnspr des GeschUnfäh auf Wiederherstellg seiner Buchberechtigg entfällt aber, wenn sein eingetr VertrPartner dch Vertr mit dem wirkl Eigtümer das Eigt erlangt (BGH NJW 73, 613). Kein Anspr des eingetr Berecht, wenn es um den bloßen Rang einer Eintr geht (§ 879 Anm 3 e). Entspr gilt bei Eintr in sonst öff Büchern (RG JW 17, 34: Staatsschuldbuch). Eine vorth RStellg verschafft wg des in ihnen enth RScheins auch ein unricht ErbSch, TestVollstrZeugn, AbtrAnz (vgl § 409) sowie eine gefälschte Unterschr auf einem Wechsel (KG MDR 68, 495: Anspr auf Streichg gg WechselInh).

cc) Die **Auflassung** eines Grdst bindet die Beteil u verschafft somit dem AuflEmpf jedenf bereits eine vermwerte RPostition (str, so AnwR, § 925 Anm 6 b). Der Veräußerer kann sie, auch wenn die selbstd Aufl in derselben Urk wie das unwirks GrdGesch enth ist (RG 104, 296), unter den Voraussetzgen des § 812 I 1 (zB wenn das GrdGesch wg Verstoßes gg § 313 nichtig ist) zurückverlangen (RG 108, 329: Antr auf Einwilligg in Rückgängigmachg der Einigg), sofern nicht – wie zB ein unricht beurk Kaufpr – § 814 (Kenntn des Verk vom Mangel) entggsteht. Die Vorauss des § 812 I 2. Fall sind erf, wenn entw – unabhäng von einem etw BerAnspr – bereits feststeht, daß die Aufl nicht zur Eintr oder die Eintr nicht zur Heilg des Mangels führt od wenn die Aufl auf ein beiders als unwirks erkanntes AustauschVerspr zu dem Zweck erklärt wurde, die GegLeistg zu erlangen u dieser Zweck nicht erreicht wird. Dabei kann der Zweck, die GegLeistg zu erlangen u den Austausch zu verwirklichen, auch dadch gekennzeichnet sein, daß der Leistde sein Verspr (Aufl) voll erf hat (BGH NJW 76, 237). Mit § 812 I 2 allein ist also der Eintritt des EigtErwerbs dch Eintr des AuflEmpf im GB nicht zu verhindern (RG 108, 329). Soweit danach ein BerAnspr besteht, wirkt dagegen ein einseit Widerruf der Aufl unzul ist (§ 925 Anm 6 c), erst mit Rechtskr eines entspr Urt (§ 894 ZPO; RG 111, 98). Der BerAnspr kann jedoch iW der einstw Vfg dch das Verbot, von der empf Aufl zwecks Eintr Gebr zu machen, gesichert werden (RG 120, 118). Ein entspr VfgVerbot ist vom GBA zu beachten, auch wenn der EintrAntr schon gestellt ist (KG Rpfleger 62, 177). – Ebenso ist eine Bewilligg zur Berichtigg des GB kondizierbar, wenn das GB nicht unricht war (RG 146, 355).

dd) **Die Hinterlegung** eines GeldBetr für mehrere ansprSteller verschafft denjen, denen matrechtl der ZahlgsAnspr bzw das vorrang PfdR nicht zusteht, auf Kosten des wirkl Berecht bzw vorrang PfdGl eine günst RStellg. Sie sind ihm ggü zur Einwilligg in die Auszahlg bzw FreigabeErklärg verpfl (BGH NJW 72, 1045), mehrere mat berecht HinterleggsBeteil untereinand Zug um Zug (BGH ZIP 89, 736), u zwar auch wenn kein HinterleggsGrd bestand (BGH WM 80, 1383).

ee) **Weitere Fälle** sind die irrtüml Heraus von NachlGgst aus der Verw des TestVollstr (BGH 12, 100, 24, 106). NichtAufn eines Rechngspostens in einen Teilgsplan (BGH 4, 84) od in eine Abrechng (BGH WM 57, 213). ZuteilgsBeschl im VerteilgsVerf nach §§ 878 ff ZPO (BGH 39, 242); generell jeder Verlust einer sicheren Erwerbsaussicht zG des Bereicherten (BGH WM 64, 83). Ebso der letzte GewahrsInh ggü dem wahren Berecht hins einer im Strafverf beschlagnahmten Sache (Ffm NJW-RR 89, 823).

c) **Befreiung und Nichtentstehen von Verpflichtungen und Lasten,** zB Beseitigg von Störgen, die vom NachbGrdst ausgehen u zu deren Beseitigg der Nachb verpfl ist (Düss NJW 86, 2648); grdloser SchuldErl, insb in der Form des negat SchuldAnerk (Anm 2 b, BGH WM 82, 671); Verz auf dingl Rechte; grdlose Befreiung von einer ErfÜbernVerpfl (BGH NJW 62, 1051); irrtüml Entlastg eines GeschF; Tillgg von Schulden auf einem im Soll stehnden Konto des Gläub, wenn die Bank des Schu den Betr dorthin überweist statt auf ein und vom Schu im ÜberweisgsAuftr angegebenes Treuhandkonto des Gläub (BGH NJW 85, 2700); Krankentransport dch einen priv Untern gem Auftr eines Kassenarztes befreit die ges KrankenVers uU von ihrer Verpfl zur SachLeistg (Mü NJW-RR 88, 1013). Hierher gehören ferner die Fälle der hierzu **Leistung eines Dritten,** der in der irrigen Ann, dem Schu od dem Gläub hierzu verpfl zu sein, an den Gläub zahlt. Dabei genügt, daß der Dr die Leistg zumind auch für den wahren Schu erbringen wollte (BGH 70, 389). Zu den Vorauss bei Erf der Schuld eines Dr s Anm 6 A; zur Frage, wer in diesem Fall BerSchuldn ist, Anm 5 B c dd. Weitere Beisp: Befreiung von der gesetzl UnterhPfl des vermeintl Verschollenen dch Zahlg der VersorggsTrägers (BGH NJW 63, 2315); Aufwendgen des Ehem für die Entbindg seiner Frau von einem nichtehel Kind (BGH 26, 217); Anspr des pers Schu, der in der ZwVersteigerg seine dch bestehenbleibde GrdSch gesicherte Schuld nicht angemeldet hat, gg den Ersteher des Grdst iF der Bezahlg der pers Schuld (BGH 56, 22); dies auch iF der TeilgsVersteigerg (BGH 64, 170). – Tritt dch die Leistg des Dr keine Schuldbefreiung ein wie iF ges FdgsÜbergangs (vgl § 421 Anm 2 a) u iF des § 843 IV, so entsteht kein BerAnspr des Dr gg den Schu, weil dieser nichts erlangt hat. So insbes bei UnterhLeistgen an das nichtehel Kind seitens and Pers als des Vaters (§ 1615 b) u wenn nach unerl Handlg ein and als der Schädiger dem Verl Unterh gewährt (ebso Staud-Lorenz Rdn 68; aA RG 138, 1). Der Schu hat auch dann nichts erlangt, wenn die Fdg gegen ihn im Ztpkt der Erf oder der TilggsBestimmg bereits verj u er entschlossen war, die Einr der Verj zu erheben (Ffm WM 87, 602).

Bei einem **unechten Gesamtschuldverhältnis** (mehrere sind aus versch RGründen, also ohne – auch nur obj – ZweckGemsch zur selben Leistg verpfl) gilt für den AusglAnspr des Leistden, dem im InnenVerh zu den ad Schu die Leistg nicht (ganz) zur Last fällt, § 426; uU auch ein BerAnspr bestehen, zB der KfzHaftPflVers, die aGrd TeilgsAbk an SozVersTräger gezahlt hat, gg Schädiger, wenn ihr VersNehmer für den Unfall nicht haftet (BGH NJW 69, 1380; aA Staud-Lorenz Rdn 68); BerAnspr der HaftPflVers, die für den Unfallschaden verant war, aber aGrd TeilgsAbk an den SozVersTräger des Geschäd ihre Quote bez hat, auf Erstattg gg die übr AbkSchu entspr ihrer ges Verantwortlk (BGH VersR 78, 843). BerAnspr eines Nebentäters, der mit einer zu hohen Quote belastet wurde, gg einen and Nebentäter, wenn die Vorauss des § 426 nicht vorliegen (vgl § 840 Anm 3 d). Die Tendenz der Rspr geht jedoch dahin, den AnwBereich der GesSchuld auszudehnen, um § 426, der als bes RGrd einen BerAnspr ausschließt, anwenden zu können (so BGH 43, 227, 51, 275 für das Verh zw BauUntern u Arch; näher § 421 Anm 2); BGH 71,

§ 812   4, 5   2. Buch. 7. Abschnitt. *Thomas*

389 läßt insow § 426 offen u bei BerAnspr im Verh zw Bauträger u BauUntern. – BerAnspr sind ferner gegeben, wenn der RInh dch SelbstErf od ein Dr Hdlgen für den eigentl Verpfl vornehmen, soweit nicht die berecht **Geschäftsführung ohne Auftrag** einen rechtl Grd für dieses Handeln darstellt u deren Vorschr daher vorgehen (vgl BGH **40**, 28); zur Bemessg des BerAnspr auf WertErs s § 818 Anm 5 c. Beisp: Erf einer Kennzeichnungs- u RäumgsPfl des Schiffseigners des einem gesunkenen Schiff dch die Wasserstraßenverw (BGH NJW **64**, 1365); Erfüllg der einem and obliegden VerkSichgPfl (BGH NJW **71**, 1218); Beseitigg von Grenzüberschreitgen (BGH **28**, 110) od einer sonst EigtStörg dch den Eigtümer (BGH BB **62**, 198); Wiederaufbau eines abgebrannten Hauses, BerAnspr gg Brandstifter (RG **82**, 206 [215]). Gursky NJW **71**, 782, der sich demgegü für den Vorrang des R der Leistgsstörgen (§§ 275, 324 I) ausspricht, übersieht, daß – abgesehen von der Frage des Vertretenmüssens des Schu (hierzu § 275 Anm 7) – ein ev Freiwerden von der urspr Verpfl nach § 275 einen BerAusgl wg rgrdlosen Erlangens dieser Befreiung nicht entggsteht. Der RInh ist auch nicht verpfl, den Weg über § 887 ZPO zu gehen, da in einem etw RStreit aus § 812 die gleichen (Vor-)Fragen geprüft werden müssen. – Schließl fällt hierunter das rechtsgrdlose Nichtentstehen einer Verpfl od Last, die sonst enstanden sein würde, zB eines ProvAnspr, eines anderwt VergütgsAnspr sowie aller sonst Ausgaben, die ohne die nicht berecht Verhinderg angefallen wären.

d) Ersparung von Aufwendungen. Wer eine fremde Sache od ein fremdes Recht unbefugt verbraucht, gebraucht od sonst benützt (BGH **14**, 7, **20**, 270 [275]) ist ungerechtf ber, wenn er bei ordngem Vorgehen für die Benutzg Entsch hätte zahlen müssen (BGH NJW **79**, 2205: unbefugte Verwertg eines Fotos; BGH **22**, 395: Reklameplakat an öff Straße; BGH **55**, 128: erschlichene Flugreise, LG Bln NJW **82**, 2782 u LG Aachen JuS **85**, 61: Strommehrverbrauch wg Vertauschg der Zuleitgen zum Zähler zweier Mieter). In diesen Fällen der EingrKondiktion (nicht § 816; s dort Anm 2a) ist das „erlangte Etwas" der GebrVort, herauszugeben ist sein Verkehrswert (BGH **99**, 244, zufassd Gursky JR **72**, 279, Batsch NJW **72**, 611). Zur WertBerechng vgl § 818 Anm 5c. Der Einwand, der Benutzer hätte sich bei Verweigerg der ungerechtf Benutzg anderw beholfen, ist bei tats Nutzg unzul (BGH **20**, 345 [355]). Gleiches gilt bei unberecht Nutzg fremden Kapitals (RG **151**, 123), von gewerbl SchutzR (BGH **99**, 244; vgl auch § 687 Anm 2 c) od des PersönlkR, zB des Namens eines and (BGH **81**, 75), des Bildes eines and (BGH JZ **87**, 158), ferner eines Grdst für Kiesabbau unter Einsparg der für die Abräumg erfdl Kosten (BGH NJW **79**, 2036). Unbefugte Ableitg von Grdwasser von fremdem Grdst (BayObLG NJW **65**, 974). Ebso ist der Wert von Dienst- oder WkLeistgen aGrd eines nichtigen Vertr zu ersetzen, soweit der AuftrG Leistg anderwt Aufw erspart hat (BGH **70**, 12 u NJW **82**, 879 für Arch; BGH NJW **64**, 2343 für Makler; BGH **36**, 321, **37**, 258 für RBeratg). – Im **Arbeitsrecht** sind §§ 812 ff nicht anwendb, wenn ein fakt ArbVerh (vgl Einf 4 a aa vor § 611) besteht; ebso nicht bei unwirks Dienst-Vertr mit VorstdMitgl einer AG (BGH **41**, 282). Besteht bei Weiterbeschäftigg nach Künd dch den ArbG bis zur gerichtl Feststellg ihrer Wirksamk kein fakt ArbVerh, so gelten §§ 812 ff (BAG NJW **87**, 2251). Vertrlose Benutzg fremder Räume verpfl – auch über die Grenzen des § 557 hinaus (BGH **44**, 241) – zur Zahlg einer Vergütg in Höhe des ersparten Mietzinses, u zwar gleichgült, ob der Eigtümer die Räume anderw hätte vermieten können. Fragl ist jedoch, ob diese Grds auch gelten, wenn ein **infolge Minderjährigkeit unwirksamer Vertrag**, insb ein KfzMietVertr (§ 107 Anm 3 b), Grdlage der NutzgsÜberlassg war. Unabhäng von einer etw delikt Haftg des Mj (hierzu Stgt NJW **69**, 612, Celle NJW **70**, 1850) ist bestr, ob der Mj – über den Bes am Kfz hinaus – um die aus diesem Grd rgrdlose Nutzg des Kfz ungerechtf bereichert ist. Die Spezialität der §§ 987 ff (Einf 5 b vor § 812) steht hier nicht entgg (vgl § 988 Anm 4). Teilw wird vertr, der Mj habe keine anderw notw Ausgaben erspart u sei desh nicht bereichert (LG Bielefeld NJW **63**, 908, KG FamRZ **64**, 518, ähnl Metzler NJW **71**, 690); od der Mj sei nach Beendigg des Gebr des Kfz nicht mehr bereichert (§ 818 III), weil dann die erlangten GebrVorteile nicht mehr im Verm des Mj vorh seien (Hamm NJW **66**, 2357, Pawlowski JuS **67**, 302). Fast allg wird jedoch ein BerAnspr des KfzVermieters abgelehnt mit der Begr, eine Verpfl des Mj zum Ers des Wertes der GebrVorteile widerspreche dem in §§ 106 ff enth MjSchutz (aA zufassd Batsch NJW **72**, 611 u NJW **69**, 1743: BerSchuldn könne jeder Rechtsfäh sein; eine verschärfte Haftg nach § 819 stehe hier nicht in Frage). Nach dieser aA würde der Umfang der bereichergsr Haftg vielf – wenn auch nicht stets – der vom Ges wg Minderjährigk abgelehnten vertragl Haftg gleichkommen (ebso allerd BGH **55**, 128: erschlichene Flugreise); s ferner § 819 Anm 2 e zur Frage der verschärften Haftg des Mj. Zur Rückfdg der GgLeistg (Anzahlg) des Mj s § 818 Anm 6 D c aE.

5) „Auf dessen Kosten". Hierunter ist zunächst zu verstehen, daß dem VermVort des Bereicherten (Anm 4) unmittelb ein VermNachteil des Entreicherten ggüstehen muß; insow ist dieses TatbestdsMerkmal insb für BerAnspr aus EingrKondiktion (Anm 3) von Bedeutg (unten A). Über das sich hieraus ergebe Erfordern der Einheitlichk des BerVorgangs begrenzt es aber ferner bei BerAnspr aus „in sonstiger Weise" Ggst u Umfang des BerAnspr u bestimmt darü hinaus insb die Pers des AnsprGegners; wer BerSchuldn auf Kosten des and ist, spielt vornehml für die Leistgskondiktion (Anm 2) bei Einschaltg eines Dr od bei sonst Drittbeziehgen eine Rolle (unten B).

A) Vermögensnachteil. Der VermVort der einen Seite muß zu einem entspr VermNachteil auf der and Seite führen. Dazu genügt jede wirtsch Schlechterstellg:

a) Hauptfälle. Meist kommt hier der rwirks **Übergang** eines VermGgst von dem Benachteil auf den Bereicherten in Betr, zB Übereigng, Abtretg einer Fdg, Erf einer Schu (s im einz Anm 4). Es ist aber nicht erforderl, daß das Erlangte schon zum Verm des Entreicherten gehörte; es genügt vielm jede den Verm-Stand berührde Beeinträchtigg, wie dch die Wahl der Worte „auf dessen Kosten" statt „aus dessen Verm" zum Ausdruck kommt. Es genügt also die **Beeinträchtigung rechtlicher Anwartschaft** od die **Vereitelung sicherer Erwerbsaussicht**, sofern diese bereits einen RSchutz genießt u nicht auf bloßen Ordngs-Vorschr beruht. Beisp: Ausschlagg einer Erbsch zG einer best Pers; Anspr auf Aufl eines Grdst (RG **119**, 332 u Anm 4 b); ferner jeder schuldr Anspr auf eine Sache, eine ArbLeistg od ein R, auch für den Rang eines GrdstR; nicht aber bei versehentl FalschEintr des Rangs (§ 879 Anm 3 e); Eingr in ein AneignsR (RG HRR **25** Nr 1047); Hilfestellg zum VermErwerb eines and dch Unterl von KonkurrGeboten (Mü GRUR **51**, 468) sowie die unter b) genannten Fälle.

b) Zurechnungszusammenhang (Vorbem 5 vor § 249) muß bestehen zw Erlangg des VermVort u dem VermNachteil des Entreicherten (BGH **36**, 332). Entsch ist aber nicht die Entreicherg des AnsprBerecht, sond allein die auf dessen Kosten eingetretene Bereicherg des BerSchuldn. Der Verlust des braucht sich mit dem Gewinn des and weder dem Gegenstande (Leistg von Geld führt zur Schuldbefreig; Benutzg einer fremden Sache erspart Aufw) noch insb dem Umfang nach zu decken. Der BerAnspr kann niedriger, aber auch höher sein als der Verlust des Betroffenen (BGH **17**, 236, **36**, 332). Dies ist vor allem von Bedeutg für den EingrErwerb dch ungerechtf Benutzg u Verwertg fremder Sachen u Rechte (Früchte u GebrVort). Gebührt hier die vermr Verwertg nach der maßgebl rechtl Güterzuordng allein dem Berecht, so daß dieser sie nicht unentgeltl zu dulden braucht, so hat er gg den unbefugt Verwertden wg dessen Eingr in die RSphäre des Berecht einen BerAnspr in Höhe der übl Vergütg, zB der Lizenzgebühr bei einem gewerbl SchutzR. Unerhebl ist hierfür, ob der Berecht aus tats Grden den gleichen Gewinn gezogen hätte od hätte ziehen können (and aber, wenn er hierzu aus rechtl Grd nicht in der Lage gewesen wäre, RG **105**, 408), ob der Bereicherte sich ohne den Eingr anderw beholfen hätte (Anm 4d) u ob der Berecht dch den BerVorgang auch Vort erlangt hat. Der BerAnspr hat also Schad ErsAnspr, so daß keine **Vorteilsanrechnung** (Vorbem 7 vor § 249; s aber § 818 Anm 5c) stattfindet. Der BerAnspr umfaßt jedoch nur die regelm zu ziehden Nutzgen; ein nur dch bes Umst, die in der Sphäre des Verletzers liegen, von diesem erzielter Gewinn ist nicht auf Kosten des Berecht erlangt u daher nur unter den Voraussetzgen des § 687 II (dort Anm 2c) herauszugeben. **Beisp:** Unbefugte Verwertg fremder Ausschließlichkeits- u sonst gewerbl Immaterialgüter R; auch Eingr in PersönlkR (unerlaubte Benutzg eines fremden Bildes), sofern hierin eine wirtschaftl Verwertg zu sehen ist (BGH **20**, 345 [355]); Benutzg einer fremden Sache (BGH **20**, 270), insb dch unberecht Vermietg od Verpachtg (nicht § 816, s dort Anm 2a). Bei unbefugter Untervermietg kann Vermieter vom Mieter aber nicht Herausg des Untermietzinses (Gewinn des Mieters), sond nur Ausgl in Höhe angemess Vergütg verlangen (BGH NJW **64**, 1853; krit Diederichsen NJW **64**, 2296: entspr Anwendg von § 816 I; hiergg Larenz, SchR II, § 48 III a). Anspr des KonkVerw gg GemSch, der eine zur Masse gehörde Wohng bewohnt, auf NutzgsEntschädigg (Düss KTS **84**, 135).

B) Einheitlichkeit des Bereicherungsvorgangs. Ausgehd von der Erwägg, Ggst u Umfang der Ber zu begrenzen, stellte die früher hM, auch in der Rspr, das Erfordern der Unmittelbark der VermVerschiebg zw dem Benachteil und dem Bereicherten auf (BGH **36**, 30, BGH **46**, 260, Staud-Lorenz Rdn 4). Dies bedeutet, daß die VermVerschiebg nicht auf dem rechtl selbstd Umweg über ein fremdes Verm erlangt sein darf, daß vielm ein u derselbe Vorgang auf der einen Seite den Gewinn u auf der and Seite den Verlust unmittelb herbeiführen muß. Zu bedenken ist aber, daß BerGläub u Schuldn sich nicht mit den Pers ident zu sein brauchen, zw denen sich der VermÜbergang tats vollzogen hat (BGH BB **62**, 691), u daß eine unmittelb VermVerschiebg auch dch mittelb Zuwendg eines Dr bewirkt werden kann (unten b cc). Deshalb erleichtert bei Beteiligg mehrerer Pers das Erfordern der Einheitlichk des BerVorgangs die Bestimmg desjen, auf dessen Kosten die VermVerschiebg stattgefunden hat (MüKo/Lieb Rdn 16–18). Diesem Erfordern trägt im Ergebn auch § 816 I 2 Rechng (unentgeltl, aber wirks Vfg der ZwPers als Nichtberecht). Eine echte Ausn enth aber § 822 (dort Anm 1). Im einz ist zw den versch Arten des BerAnspr wie auch hins der Form des Zushangs der Beteil (echtes DreiecksVerh od BerKette) zu unterscheiden:

a) Bereicherung „in sonstiger Weise". aa) Insb bei der **Eingriffskondiktion** (Anm 3) ist daher ein BerAnspr nur gegeben, soweit derselbe Vorgang (Eingr) den VermNachteil des Entreicherten u den Vort des Bereicherten bewirkt hat. Dies ist zB der Fall bei rechtsgrdloser Verwendg fremder Sachen, Rechte od ArbKraft auf Kosten des eigentl Berecht (Anm 4d), bei Anbau an eine Kommun-(Grenz-)Mauer (§ 921 Anm 2e) sowie in den Fällen des RVerlusts dch Verbindg, Vermischg od Verarbeitg, insb bei Bauten auf fremdem Grdst od Einbau von fremdem Material, soweit nicht eine LeistgsKondiktion in Betr kommt (unten b u 951). Hier steht der BerAnspr dem Entreicherten (bish Eigtümer) gg den Begünstigten (neuer Eigtümer) zu. Dagg besteht mangels einheitl BerVorgangs kein BerAnspr gg den Ersteher eines Grdst, wenn der Entreicherte vor der ZwVerst Einbauten vornahm, da auf seine Kosten nicht der Erwerber des Grdst, sondern nur der früh GrdstEigtümer das Eigt an den Einbauten erlangt hat (RG **97**, 65). Ebso kann der Ersteher eines Grdst in der ZwVerst den wg falscher Berechng des Bargebots zu viel an das VollstrG bezahlten Betr nach Verteilg des Erlöses nicht v letztrang befriedigten GrdPfdGl als ungerechtf Ber herausverlangen (BGH **68**, 276). Bei einer unerl Hdlg sind alle an ihr Beteil unmittelb auf Kosten des Verl bereichert, auch wenn sie ihren Anteil an der Beute erst inf Verteilg dch den Haupttäter erhalten (RG Recht **13**, 849). Pilger u Preusche NJW **74**, 2308 stellen zur Debatte, inwieweit SchleichWerbg bei FernsehÜbertraggen Anspr der FernsehAnst gg die werbde Firma aus EingrKondiktion begründen kann (abl MüKo/Lieb Rdn 231: BerAnspr gg den Veranstalter). Bei EingrErwerb dch Hdlg eines GeschUnfäh besteht ebenf ein unmittelb BerAnspr gg den Begünstigten, da der Ggst nicht in das Verm des GeschUnfäh übergegangen war (RG **51**, 80). Zum Durchgriff gg den Drittbegünst in sonst Fällen s unten Anm c. Zum Ers von Verwendgen s Vorbem 1a vor § 994; zur aufgedrängten Ber in diesen Fällen § 951 Anm 2c dd.

bb) Unberechtigte Eingriffe in das Vermögen Dritter im Wege der Zwangsvollstreckung gehören ebenf hierher (Einzelh: Lüke AcP **153**, 533). Währd das BGB an and Stelle Vfgen auf dem Gebiet der ZwVollstr den rgeschäftl Vfgen gleichstellt (zB §§ 135, 161 je I S 2, 184 II, 883 II S 2 ua), fehlt in § 816 I eine entspr Vorschr. Da der GerVollz keine privrechtl Vfgen trifft, sond das Eigt an der Sache bzw Zuschlag bzw am Erlös dch Verteilg kr staatl HohAkts auf den Erwerber bzw PfändgsGläub übergeht (RG **156**, 395, BGH **55**, 20 [25]) u der PfändgsGläub unabhäng davon, ob in diesem Fall ein PfändgsPfdR entsteht (hierzu Th-P § 804 ZPO Anm 3a), nicht mit Hilfe des GerVollz als Nichtberecht über das Vermögen des Dr verfügt, ist auf den vorliegdn Fall nicht § 816, sond § 812 I 1 (EingrErwerb) anzuwenden (ebso Staud-Lorenz Rdn 27, RGRK/Heimann-Trosien Rdn 44, Erm-Westermann Rdn 74, Soergel-Mühl Rdn 152). Das Gleiche gilt für eine ZwVollstr im Ausland bei inländ Konkurs (BGH **88**, 147: Herausg an KonkVerw; zust Grunsky JZ **83**, 902).

Dies bedeutet: Der Dr (DrEigtümer) ist dch Auszahlg des VerstErlöses unmittelb auf Kosten des Voll-

§ 812   5 Ba, b   2. Buch. 7. Abschnitt. *Thomas*

strGläub entreichert, wenn ein ihm gehörder Ggst (bewegl Sache, Grdst, Recht) iW der ZwVollstr ihm rechtswirks entzogen worden ist. Zwar ist in diesen Fällen der ZuschlBeschl rechtswirks u inf der in der hoheitl Maßn liegden Güterverschiebg auch rechtsbeständ, so daß kein BerAnspr gg den Ersteher gegeben ist (RG **138**, 125); das Recht des Dr setzt sich zunächst am Erlös fort (§ 1247 S 2). Dch denselben einheitl Vorgang (Auszahlg des Erlöses an den Gläub) verliert aber der Dr endgült sein Recht (Lent NJW **55**, 674), er kann desh den **Versteigerungserlös vom Gläubiger herausverlangen** (BGH **32**, 240; aA Gloede MDR **72**, 291). Hat der VollstrGläub selbst die schufremde Sache ersteigert u ist der VerstErlös mit der titulierten Fdg verrechnet worden, so ist der Gläub rgrdlos von der BarzahlgsPfl unmittelb auf Kosten des Eigtümers der Sache, dem der VerstErlös gebührt hätte, befreit (§ 817 IV 1 ZPO); dieser kann desh vom Gläub gem § 818 II WertErs in Höhe des VerstErlöses unter Abzug der VerstKosten verlangen (BGH **100**, 95). Böhm, Unger ZwVollstr u mat AusglAnspr, 1971 meint, im Hinbl auf die der Rechtskr entspr „VollstrKraft" u in Übereinstimmg mit der öffrechtl Betrachtsw der ZwVollstr, dch die ein ger LeistgsBefehl dchgesetzt werde, gebe es keine matrechtl AusglAnspr. Diese Auffassg ist schon desh verfehlt, weil das ZwVollstrR nicht die Aufg einer endgült GüterVerteilg u einer Betätigg staatl HohWillen hat (so zutr Gaul AcP **173**, 323). Dies gilt auch dann, wenn der Dr trotz Kenntn von der ZwVollstr sein Recht nicht währd der VollstrVerf nach § 771 ZPO, § 37 Nr 5 ZVG od nach § 805 ZPO (zB bei einem vorrang PfdR) geltd gemacht hat (RG **119**, 265). Auf den guten Gl des Gläub kommt es nicht an; ist dieser jedoch bösgl, so bestehen daneben ggf Anspr aus §§ 687 II, 823ff (RG **156**, 395 [400]). Ausgeschl sind solche Ausgl- u SchadErsAnspr im Hinbl auf entggstehende Rechtskr nur, falls eine auf den gleichen Sachverhalt gestützte VollstrGg- od DrWidersprKl rechtskr abgewiesen ist (BGH **LM** § 322 ZPO Nr 27).

Da das den BerAnspr auslöse Moment nicht die Verst, sond die Ausfolgg des Erlöses an den Gläub ist, hat dieser den vollen Erlös herauszugeben, also auch soweit er den Wert der Sache überseigt, allerd **abzüglich der Kosten der Zwangsvollstreckung**, da nur in diesem vermind Umfang eine ungerechtf Ber des Gläub auf Kosten des bish Berecht besteht (BGH **32**, 240). Das gilt auch bei Einzieh einer nicht im Verm des Schu befindl GeldFdg aGrd Pfändgs- u Über- weisgsBeschl (BGH **66**, 150, **82**, 28). Die aA (Mü WM **75**, 281 mwN) ist unzutr, weil die VollstrKosten keine Aufw ggü einem Dr – sie wären nicht abzugsfäh –, sond Ausgaben im Hinbl auf den betr VollstrGgst sind (Soergel-Mühl Rdn 155, s § 818 Anm 6 C b). Soweit der Abzug der VollstrKosten den VollstrGläub von seiner subsidiären Kostenhaftg ggü der Staatskasse befreit, fehlt es an einem einheitl BerVorgang u damit an einer Ber auf Kosten des Dr (aA Nicklisch NJW **66**, 434). – Das gleiche (also Herausg des Nettoerlöses, nicht der Sache usw selbst) gilt, wenn der Gläub den gepfändeten Ggst selbst ersteigert od sich nach § 825 ZPO überweisen läßt (Lüke AcP **153**, 544, v Gerkan MDR **62**, 784). Bei nur teilw Verst schuldnerfremder Sachen ist Ggst der Ber der entspr Erlösanteil, der notf entspr § 471 zu bestimmen ist (RG **88**, 351). Dem BerAnspr kann grdsätzl auch der Wegfall der Ber entggehalten werden, da der urspr Anspr des Gläub gg den VollstrSchu trotz § 819 ZPO fortbesteht (Lüke aaO S 538); über die RLage bei nachträgl VermVerfall des Schu s § 818 Anm 6 C d.

Kein Bereicherungsanspruch besteht jedoch, wenn das Recht des Dr selbst anfechtb (nach AnfG) war (RG **162**, 218) od wenn die ZwVollstr nicht in schuldnfremdes Verm od ein vorrang Recht eingreift, zB bei Verletzg des § 811 ZPO (StJ Münzberg Rdn 22) od bei unricht Berechng des MindGebots nach § 817a ZPO (Mü NJW **59**, 1832).

b) Bei der **Leistungskondiktion** (Anm 2) besteht ein BerAnspr grdsätzl nur innerh des LeistgsVerh; der Leistde kann sich zum Ausgl einer ungerechtf VermVerschiebg nur an den LeistgsEmpf, nicht an einen Dr halten. Im Rahmen einer mögl Leistungskondiktion reduziert daher das Erfordern der Einheitlichk des Ber-Vorgangs den BerAusgl grdsätzl ausschließl auf die Partner des LeistgsVerh (BGH **40**, 272, **45**, 179, **50**, 227); auf die „Unmittelbark der VermVerschiebg" ist nicht mehr zurückzugreifen. Die Pers des Leistden u des LeistgsEmpf bestimmen sich danach in erster Linie nach dem Inhalt u dem Zweck der mit der Leistg beabsichtigten VermZuwendg (näher Beuthien JZ **68**, 323; aA Wilhelm JuS **73**, 1). Zahlt eine Bank ohne Weisg des Kreditnehmers einen DarlBetr an eine UnfallhilfeGesellsch, mit der der Kreditnehmer nicht in vertragl Beziehgen steht, so ist nicht dieser, sond die Gesellsch LeistgsEmpf (BGH JZ **76**, 479). Der DrittSchu, der bei mehreren Pfdgs- u ÜberweisgsBeschl an den nachrang VollstrGläub bezahlt u an den vorrang nochmal zahlen muß, kann vom nachrang die Zahlg zurückfordern, weil ihr Zweck erkennb auch die Erledigg seines in Wahrh nicht bestehden EinzelsVerh war (BGH **82**, 28); ebso bei Zahlg des DrittSchu an VollstrGläub aGrd eines Pfdgs- u ÜberweisgsBeschl, dem zeitl eine Abtr vorausgeht. Leistder u damit AnsprBerecht ist demnach nur der unmittelb od mittelb über einen Dr (zB dch Anweisg, s unten c cc) Zuwendende. Wer dies ist, unterliegt bei Beteiligg mehrerer Pers zunächst der ZweckbestimmgsVereinbg der Parteien; mangels entspr Vereinbg, insb bei Fehlvorstellgen der Beteil über Inhalt u Ggst der Leistgsbeziehg entsch nicht der innere, verborgen gebliebene Wille des die Leistg tats Erbringden; maßg ist vielm, als wessen Leistg – ggf auch der tatsächl Leistde und der Schu (BGH **72**, 246 für den Fall des Schuldbeitritts im Wege eines Vertr zG eines Dr) – sich der Zuwendg bei obj BetrachtsWeise aus der Sicht des Zuwendgs-Empf darstellt, sog **Empfängerhorizont** (BGH NJW **74**, 1132 u WM **78**, 1053; vgl auch BGH Anm 1 c); str, aA zB Flume JZ **62**, 281: BerAnspr des die Leistg tats Erbringden gg den LeistgsEmpf; diese Meing vernachlässigt aber zu Unrecht den Vertrauensschutz, der dem Empf im Hinbl auf seine vertragl Beziehgen zu seinem Schu einzuräumen ist (aA auch Weitnauer NJW **79**, 2008, Picker NJW **74**, 1790: Nicht der EmpfHorizont sei maßg für die Frage, wer Leistder ist, sond der zum Ausdr gekommene rgeschäftl Wille des Zuwendden bei der Zuwendg, wie er nach allg AusleggsGrds zu verstehen sei; krit auch Kupisch ZIP **83**, 1412 [1416]). Differenzierd auch Hamm MDR **75**, 53: Bei fehlendem SchutzBedürfn des LeistgsEmpf entscheide allein der ZuordngsWille des Leistden; das ist allenf für einen geäußerten, nicht für den inneren Willen vertretb. Wieling JZ **77**, 291 meint, MißVerständn über die Pers des Leistden sei als WillErkl zum Nachteil dessen auszulegen, dem der störde Umst zuzurechnen ist, also regelm dem Leistden. Ist er dem *Empf* zuzurechnen, gelte die Leistg so, wie sie gemeint war; ist er keinem od beiden zuzurechnen, so sei eine wirks Erkl, um wessen Leistg es sich handle, nicht abgegeben u der tats Leistde könne die ZweckBest nachträgl treffen. Differenzierd auch Lopau JuS **75**, 773. Ein AnhaltsPkt für die obj Erkennbark der Pers des

Leistden kann im Einzelfall sein, zw welchen Pers die Abrechng vorgen werden sollte (BGH aaO). Leistgs-Empf u damit BerSchu ist derj, dessen Verm dch die Zuwendg zweckgerichtet vermehrt worden ist. AnsprGegner ist daher bei Leistg an einen TrHänder idR dieser u nicht der TreuGeb (BGH NJW **61**, 1461). Zur Leistg an mehrere Empf s Einf 8e vor § 812. Bei Leistg an GesHand vgl unten Anm c ff.

Soweit eine Leistgskondiktion gegeben ist, der Zuwendende die VermVerschiebg also zur Erf einer bestehden od angen LeistgsVerpfl erbracht hat, kann grdsätzl **daneben kein Anspruch** aus Ber in sonst Weise, insb **aus Eingriffskondiktion** in Betr kommen (hierzu Anm 2). Baut also zB ein Handwerker Material des Lieferanten aGrd eines WerkVertr auf dem Grdst des Bauherrn ein, so hat der Lieferant, der dch den Einbau sein Eigt verliert (§§ 946, 94), keinen BerAnspr aus EingrKondiktion gg den Bauherrn; er kann sich vielm nur im Rahmen seiner Leistgsbeziehg an seinen VertrPartner (Handwerker) halten (BGH **40**, 272, **56**, 228 [240], Berg NJW **64**, 720). Entspr gilt, wenn der Handwerker auf Veranlassg eines BauUntern eig Material einbaut; hier hat der Leistde (Handwerker) den Einbau nur aGrd seiner RBeziehg zum BauUntern vorgen, als dessen Leistg seiners sich der Einbau vom StandPkt des Bauherrn aus darstellt. Ist hier die Leistgsbeziehg zw Handwerker u BauUntern fehlerh od hat dieser keine entspr Vollm des Bauherrn, so kann der Handwerker nur die Leistgskondiktion gg den BauUntern, nicht aber daneben einen BerAnspr aus EingrKondiktion gg den Bauherrn geltd machen (ebso im Erg BGH **36**, 30; näher § 951 Anm 1 b, e). Ein unmittelb BerAnspr aus EingrKondiktion kann daher in einem derart Fall nur dann in Frage kommen, wenn die VermVerschiebg nicht eine Leistg des Verlierden (wenn auch über einen Dr) bezweckte, zB bei widerrechtl Einbau von dessen Eigt, das diesem abgek war (näher § 951 Anm 1 d).

c) Drittbeziehungen bei der Leistungskondiktion (eingehd Schnauder, GrdFragen zur Leistgskondiktion bei Drittbeziehgen, 1981) will Kellmann (JR **88**, 97) sehr einf mit der Feststellg lösen, ob der Dr ErfGeh des Schu ist oder nicht; wenn ja, kondiziert er beim Schu, wenn nein beim Gläub; irrige Vorstellgen über die Gehilfensch sollen in entspr Anwendg der Vorschr über die Vollm entschieden werden: Nach Lehre u Rspr gilt unter Berücksichtigg der Grds in den vorstehden Anm im einz folgendes:

aa) Bereicherungskette. Hat der Empf einer Leistg den VermGgst aGrd selbstd RGesch an einen Dr weitergegeben, so besteht ein BerAnspr grdsätzl nur in dem LeistgsVerh, das des rechtl Grdes für die erbrachte Leistg entbehrt; ein unmittelb Durchgriff des urspr RInh gg den nunmehr Berecht ist regelm ausgeschl (s aber zur Frage des sog Doppelmangels beider KausalVerh unten ee). Eine Ausn von diesem Grds enth insb § 822: Entfällt die Ber des LeistgsEmpf inf unentgeltl Weitergabe des VermGgst an einen Dr, so hat der urspr RInh gg ihn unmittelb einen BerAnspr, obwohl der Dr die Leistg mit RGrd u nicht dch den gleichen Vorgang erhalten hat (s dort Anm 1). – **Beispiele:** Vermietet der Besitzer unbefugt eine fremde Sache an einen Dr, so hat der Eigtümer gg diesen keinen BerAnspr; denn die VermVerschiebg vollzog sich unmittelb nur zw dem Besitzer u dem Dr (über Anspr gg den Besitzer s Anm 5 A b). Ein Gastwirt, der fremde Arbeiter verköstigt, kann mangels rechtl Verpfl des ArbGebers nicht von diesem Ers seiner Aufwendgen verlangen (RG **106**, 386). Auch kein unmittelb BerAnspr des GesellschGläub, auch des Gter einer GmbH, auch nach deren Liquidation (RG **92**, 77), gg Ehefr bei Bereicherg des Gesamtguts (BGH NJW **57**, 1635) od des Bauherrn gg Architekt, der vom BauUntern selbstd Auftr erhalten hat (BGH JZ **62**, 404 mit Bespr v Caemmerer JZ **62**, 385). Wer gem § 124 BauGB aGrd einer Verpfl der Gemeinde ggü die Erschließg von Baugelände übernommen hat, kann vom Eigtümer eines zum Erschließgsgebiet gehör Grdst keinen anteil Ers seiner ErschließgsAufw verlangen, weil die Leistg mit RGrd an die Gemeinde erbracht ist (BGH **61**, 359). – Dagg ist beim finanzierten AbzKauf auf Wechsel bei Nichtigk des KaufVertr u des rechtl hiermit zushängd DarlVertr (§ 6 AbzG Anh) auch die finanzierde Bank, der der Verk die von ihm ausgestellten u indossierten Wechsel übergeben hat, unmittelb auf Kosten des Käufers u Akzeptanten bereichert (BGH BB **62**, 691). Zur RLage bei Tilgg fremder Schulden s unten dd.

bb) Zwischenperson. Ein unmittelb BerAnspr des urspr Berecht gg den nunmehr Inh des VermGgst ist aber gegeben, wenn das Verm der ZwPers, die die Zuwendg vermittelt hat, dch die Leistg nicht berührt worden ist. Hat die ZwPers nur als **Bote** od **unmittelbarer Stellvertreter** eine Leistg erbracht, so ist die Zuwendg als Leistg des Vertretenen anzusehen, dem desh der BerAnspr gg den LeistgsEmpf zusteht (BGH NJW **61**, 1461). Bei Leistg an einen Boten od Vertr ist umgekehrt der wirks (Ffm WM **86**, 99) Vertretene AnsprGegner (RG **79**, 285). Das gleiche gilt für die übl Zahlgsvermittlg im Bank- u PostVerk; desgl bei der Übereigng an den, des angeht, sofern mit diesem auch die KausalGesch abgeschl worden ist (sonst besteht LeistgsVerh mit der ZwPers), da es sich auch hierbei um einen Fall der unmittelb Stellvertretg handelt (§ 929 Anm 5 a bb). Voraussetzg ist aber stets, daß der Bote od Vertr nicht (zugleich) im eig Namen gehandelt hat; in diesem Fall ist (auch) er Subj des BerAnspr (BGH WM **65**, 124). Hat der Vertr keine ausr Vollm, so schließt die aus § 179 gg den vollmachtl Vertr eines Berecht die Ber des Empf grdsätzl nicht aus (Hamm MDR **75**, 488); an einem einheitl BerVorgang auf Kosten des Leistden fehlt es jedoch, wenn der Empf seiners aGrd wirks Vertrags mit dem Vertr einen Anspr auf das Geleistete hat u diesem zur GgLeistg verpfl ist (BGH **36**, 30; krit hierzu Berg NJW **62**, 101, Flume JZ **62**, 280; hiergg BGH **40**, 272).

Kein einheitlicher Bereicherungsvorgang auch dann, wenn die ZwPers zwar nur im wirtschaftl Interesse des eigentl GeschHerrn gehandelt u bewußt dessen VermErwerb vermittelt, dabei aber die Leistg im eig Namen erbracht od empf hat **(mittelbarer Stellvertreter).** Erwirbt deshalb jemand als Kommissionär einen Ggst u überträgt er ihn dch sein Zuwendgsakt an den Empf, so besteht, da dieser Übertr das Verm der ZwPers berührt hat, ein BerAnspr bei Fehlen des rechtl Grd nur in dem jeweil LeistgsVerh (Leistder – K, K – Empf), nicht aber unmittelb vom Leistden gg den Empf. Entspr richtet sich der BerAnspr idR nur gg den – selbstd dazwtretden – **Treuhänder**, nicht unmittelb gg den TreuGeb (BGH NJW **61**, 1461). Ein einheitl BerVorgang fehlt auch in allen übr Fällen, in denen die ZwPers zwar nur als **Strohmann**, aber in eig Namen aufgetreten ist; AnsprBerecht ist hier nicht der wirtschaftl interessierte Hintermann, sond nur der Strohmann (BGH WM **62**, 1174). – Ebso wie bei der EingrKondiktion (Anm 5 B a) besteht **dagegen** bei Leistg an einen **Geschäftsunfähigen** ein unmittelb BerAnspr des Leistden gg den Empf, wenn der GeschUnfäh diesem den VermGgst weiter übertr hat. Das Verm des GeschUnfäh ist näml zu seinem Schutz –

abgesehen vom Bes (hier nur stufenw Kondiktion) – als von der Leistg überh nicht berührt anzusehen. Es liegt desh auch nicht der übl Fall des Doppelmangels (unten ee) vor (Staud-Lorenz Rdn 51).

cc) Dreipersonenverhältnis. Lit: Hassold, Die Leistg im DreipersonenVerh 1981. Hier vermittelt ein Dritter, wenn auch im eig Namen, die Zuwendg des Leistden für dessen Rechng an den Empf. In dem hierbei entstehden bereicherungsrechtl Dreiecksverhältn besteht ein BerAnspr des Leistden gg den LeistgsEmpf im Rahmen des LeistgsVerh auch dann, wenn er die Leistg mittelb durch Zuwendg eines Dritten, insb aGrd **Anweisung, Auftrag, Vertrag zugunsten Dritter,** zB im Bank- u sonst ÜberweisgsVerk, erbracht hat (früher „unmittelbar VermVerschiebg dch mittelb Zuwendg" genannt). Die mögl Fallgestaltg ist hier nach dem zweckgerichteten Willen u der Vereinbg der Parteien sehr mannigf, so daß sich eine generelle Typisierg verbietet (BGH NJW 77, 38); über die Pers des Leistden u des LeistgsEmpf im DreiecksVerh, insb bei Fehlvorstellgen der Beteil s oben Anm 5 B b. Allen Fällen der vorliegden Art ist jedoch gemeins, daß zu der tats Übermittlg der Leistg von der ZwPers (Z) an den LeistgsEmpf (E), zw denen keine RBeziehgen bestehn, die des rechtl Grd entbehren könnten, zwei Leistungen hinzutreten, innerh deren ein BerAusgl in Frage kommen kann: Der RGrd, warum Z für den Schu (S) eine VermVerschiebg vornimmt, ist das zw S u Z bestehde sog **Deckungsverhältnis.** Indem Z an E die Leistg übermittelt, geschieht dies unmittelb zu Lasten des S, da sein Verm (Konto) hierdch belastet wird. Der RGrd, warum E die ihm von Z übermittelte Leistg behalten darf, ist in seinem Verh zu S zu sehen; dieses sog Zuwendgs- oder **Valutaverhältnis** bestimmt den Umfang der LeistgsPfl des S ggü E. Bei Z gleichen sich beide Wertbeweggen (Übermittlg der Leistg des S an E; ErstattgsAnspr des Z gg S) aus; die Einheitlich des BerVorgangs dch den ZuwendgsAkt der ZwPers ist, wenn auch dch einen Umweg über deren Verm, gewahrt (RG **130**, 310, BGH **50**, 227). Auch beim echten Vertr zG Dr bestehen diese beiden LeistgsVerh, näml das DeckgsVerh zw dem Anweisden (Z) u dem VersprechensEmpf sowie das ZuwendgsVerh zw dem VersprechensEmpf u dem fdgsberecht Dritten (E). ZusFassg des MeingsStandes Hadding, Der BerAusgleich beim Vertr zu Rechten Dr, 1970; Kupisch, BankAnw u BerAusgl, WM **79**, Sonderbeilage 3; Canaris, BerAusgl im bargeldl ZahlgsVerk, WM **80**, 354.

Fehlt es in einem der beiden RVerh an einem die Zuwendg rechtfertigden Grd, so findet der **Bereicherungsausgleich grundsätzlich nur zwischen den an diesem Verhältnis beteiligten Personen,** nicht aber zw dem die Leistg tats Erbringden u dem Empf statt (BGH WM **67**, 482). Ist nur das **Deckungsverhältnis fehlerhaft,** hat also die angewiesene ZwPers Z ohne rechtl Grd dem anweisden Schu S ggü an den Empfänger E geleistet, so kommt ein Ausgl nur zw Anweisdem (Schuldner S) u Angewiesenem (ZwPers Z) in Betr. Vermittelt Z für Rechng des S die Leistg an E in der irr Ann, dem S hierzu aus irgdeinem RGrd verpfl zu sein, so hat Z einen BerAnspr nur gg S, nicht gg E, zu dem ein LeistgsVerh nicht bestand (BGH NJW **62**, 1051). Das gleiche gilt, wenn das DeckgsVerh erst nach der Leistg an E angefochten wird od wenn S dch die VermVerschiebg des Z von seiner Verpfl, einen Dr von einer Verbindlichk freizuhalten, befreit worden ist (BGH **5**, 281). Hierher gehört auch der Fall der Auszahlg einer nicht eingezahlten (gefälschten) Postanweisg od eines nicht gedeckten Schecks (RG **60**, 24); desgl wenn die Bank im Auftr ihres geschunfäh Kunden dessen Schuld an den Gläub bezahlt. Ebso BerAnspr der Bank (Zahlstelle, Angewiesene) nur gg ihren Kunden (Schu, Anweiser), nicht gg den AnweisgsEmpf (Gläub), wenn sie irrtüml den vom Gläub vorgelegten Scheck einlöst, obwohl der AusSt (Kunde, Anweiser) ihn der Bank ggü widerrufen hatte u wenn der Empf (Gläub) vom Widerruf nichts wußte (BGH **61**, 289). Ebso iF des Widerrufs eines ÜberweisgsAuftr, wenn dem Empf (Gläub) die Überweisg zur Erf ihres Anspr angekündigt war u er den Widerruf nicht kannte (BGH **87**, 246; krit Lieb JZ **83**, 960, Kupisch ZIP **83**, 1412). Ebso BerAnspr der angewiesenen Bank gg ihren Kunden (anweisder Schu) wenn sie aGrd eines widerrufenen DauerAuftr versehentl weiterüberweist u der Empf den Widerruf nicht kannte (BGH NJW **84**, 1348); dasselbe gilt bei Änderg des DauerAuftr (BGH **89**, 376). In diesen Fällen erscheint dem Empf die Leistg als solche des Schu, der Fehler liegt im DeckgsVerhältn. Zahlt der Kreditgeber weisgsgem das Darl an den Dr aus, ist iF der Nichtigk des DarlVertr der DarlN zur Rückzahlg verpfl, er muß sich so behandeln lassen, als habe zunächst er die Leistg empfangen u dann selbst an den Dr weitergeleistet (Hamm WM **86**, 1216). Die Auszahlg des DarlBetr an eine UnfallhilfeGesellsch ohne Weisg des Kreditnehmers (Kfz-Halter) u ohne daß dieser mit der Gesellsch in vertragl Beziehgen steht, ist eine Leistg der Bank an die Gesellsch, nicht an den Kreditnehmer (BGH NJW **77**, 38). BerAnspr nach Widerruf finanzierten AbzahlgsKaufs vgl Einf 5 b. Löst die Bank (Angewiesener, ZwPers Z) Schecks (Deckgsverhältn) des UnfallhilfeGesellsch (Anweisder, Schuldner S) ggü SchechInh (Gl des Kfz-Halters E) ein, so ist bei Nichtigk der zGrde liegden Vertr (Unfallhelferring vgl § 675 Anm 3) die Gesellsch auf Kosten der Bank (DeckgsVerhältn u der Kfz-Halter E auf Kosten der UnfallhilfeGesellsch (ValutaVerhältn) dch Befreiung v Schulden unger ber (BGH aaO). Leistet die Bank, ohne überh dazu angewiesen zu sein, so ist der Empf auf Kosten der Bank ungerecht bereichert. So kann die Bank (Angewiesener Z), die einen vom Aussteller (Anweiser S) nicht unterschriebenen Scheck einlöst, vom Empf (Gläub E), wenn er die fehlde Unterzeichn kannte, die Herausg verlangen (BGH **66**, 362); ebso wenn die angewiesene Bank versehentl den zehnf Betr überweist u der Empf von diesem Versehen überzeugt sein muß (BGH NJW **87**, 185, Anm Canaris JZ **87**, 199, Flume NJW **87**, 635, Meyer-Cording NJW **87**, 940; ebso Hbg WM **82**, 249, Mü NJW-RR **88**, 1391); das gleiche gilt, wenn die Bank irrtüml trotz Widerrufs, den der Empf kannte, einen Scheck eingelöst hat (Kln NJW **83**, 1500); ebso steht bei Einlös eines erkennb formungült Schecks (fehlde WährgsAngabe) der bezogenen Bank ein unmittelb BerAnspr gg den Einreicher des Schecks zu (Kln WM **84**, 728). In diesen Fällen erscheint aus der Sicht des Empf die Leistg nicht als solche des Schu. Ebso wenn der Angewiesene (Z) im eig Namen für Rechng des Schu (Anweisder S) einen best GeldBetr in der irr Annahme, er habe die Verbindlichk noch nicht beglichen, ein weiteres Mal überweist (Hbg NJW **83**, 1499). Ebso hat die Bank, die entgg ihr erteilter Anweisg Geld an einen falschen Empf überweist, einen unmittelb BerAnspr gg diesen, wenn er weiß, daß die Anweisg nicht auf ihn lautete (BGH **66**, 372). Endl besteht bei fehlerh DeckgsVerh zw Angewiesenem u Anweisdem ein unmittelb BerAnspr des Angewiesenen gg den Empf, wenn dieser nach der mit dem Anweisden im ValutaVerh getroffenen Regelg die Leistg unentgeltl erhalten hat u in der Pers des Anweisden die Vorauss der §§ 818 IV, 819 nicht vorliegen (BGH **88**, 232). Ebso hat die Bank, die einen auf ihren Kunden gezogenen, von diesem angen u bei ihr zahlb gestellten

Einz. SchuldVerh. 24. Titel: Ungerechtf. Bereicherung § 812 5 B c

Wechsel einlöst, nachdem über das Verm des Kunden das KonkVerf eröffnet worden ist, wie der Empf der Zahlg weiß, gg diesen einen unmittelb BerAnspr (BGH **67**, 75). Ebso hat eine Bank, die aGrd einer ihr erteilten, vom Anweisden wirks widerrufenen Anweisg (Scheck) Geld an den Empf auszahlt od überweist, einen unmittelb BerAnspr gg den Empf, wenn dieser bei Empfang der Zahlg den Widerruf der Anweisg kannte (BGH **87**, 393 krit Lieb JZ **83**, 960, Kupisch ZIP **83**, 1412). Sucht die Bank nach irrtüml Zahlg an den Empf den BerAusgl bei ihrem Kunden (Anweisden), so trifft ihn die BewLast dafür, daß der Empf den Widerruf der Zahlg kannte, und nicht die Bank für das GgTeil (BGH aaO). Zahlt die KaskoVers des Geschädigten auf dessen Anweisg die RepKosten an den WerkstattUntern, obwohl die HaftpflVers des Schädigers dies auf Weisg des Geschädigten bereits getan hatte, u kannte der Untern beide Anweisgen, so ist die Anweisg an den KaskoVers dch Zweckerreichg erloschen u diese kann von dem Untern die Rückzahlg verlangen (Celle MDR **86**, 410). Eine nicht von beiden Inh eines GemschKontos veranlaßte Überweisg von dem Konto hat für die KontoInh einen Anspr gg die Bank auf Rückgängigmachg der BelastgsBuchg, keinen Anspr auf Rückzahlg gg den Empf zur Folge (BGH WM **80**, 438). Für die Zahlg mittels **Lastschriftverfahren** (§ 675 Anm 5) gelten der-rechtl die gleichen Grds wie für den ÜberweisgsVerk (BGH **69**, 186, Canaris, BerAusgl im bargeldl ZahlgsVerk, WM **80**, 354). Die Bank des Schu erbringt mit ihrer Zahlg (Abbuchg, LastSchr) zugl eine Leistg an ihren Kunden aus dem BankVertr (DeckgsVerh) u eine solche des Schu an den Gl (ValutaVerh). War keine Einzugsermächtigg dch den Schu erteilt, beurt sich die RFolge, wie wenn von vornherein kein ÜberweisgsAuftr erteilt war, dh die Zahlg der SchuBank ist keine Leistg ihres Kunden (des Schu) an den ZahlgsEmpf (ValutaVerh), weil er sie nicht veranlaßt hat; desh ist sie auch keine Leistg der SchuBank an ihren Kunden im DeckgsVerh. Also kann der Kunde (Schu) von seiner Bank verlangen, die Belastg rückgäng zu machen (BGH **69**, 286), die SchuBank kann Rückzahlg verlangen vom Gl (Empf der GutSchr), der weiß, daß die EinzugsErmächtigg fehlt, bzw von der GlBank, die ihrers das Kto des Gläub belastet. Hat die SchuBank in solchem Falle die GläubBank rückbelastet u macht diese wg unberecht Rückbelastg gg die SchuBank einen Anspr aus ungerechtf Ber geltd, so handelt es sich um Leistgskondiktion; also trägt die GläubBank die BewLast dafür, daß die Lastschrift bereits vor ihrer Rückgabe eingelöst war u nicht mehr hätte zurückgegeben werden dürfen (BGH NJW **83**, 220; vgl § 675 Anm 5). – BerAusgl nur im DeckgsVerhältn gilt auch bei Auflassg eines Grdst nicht an den Käufer, sond unmittelb an den weiteren Erwerber (RG HRR **32** Nr. 511: BerAnspr des Verk bei Unwirksamk des KaufVertr nur gg ersten Käufer). Beim Vertr zG Dr ist die Zuwendg des Versprechden in ihrer Zweckrichtg häuf sowohl auf eine Leistg des Versprechden (ZwPers) an den VersprEmpf im DeckgsVerh als auch auf eine Leistg des VersprEmpf an den fdgsber Dr im ZuwendgsVerh gerichtet, so zB, wenn der Vertr zG Dr der sog abgekürzten Leistg dient. Bei fehlerh DeckgsVerh zw Versprechdem u VersprEmpf hat grdsätzl der Versprechde einen BerAnspr nur gg den VersprEmpf; so die überwiegde Meing (vgl Peters AcP **173**, 69 ff). Die Zuwendg des Versprechden an den Dr kann aber in ihrer Zweckrichtg auch nur auf eine Leistg an diesen gerichtet sein u desh allein im DeckgsVerh ihren rechtl Grd haben, so zB in sog VersorggsVertr des § 330 od wenn entgg § 335 das FdgsR gg den Versprechden ausschl dem Dr zustehen soll (BGH **58**, 184 mit krit Anm Canaris NJW **72**, 1196). In diesen Fällen richtet sich der BerAnspr des Versprechden nicht gg den VersprEmpf, der selbst kein FdgsR auf die Leistg hatte, sond gg den Dr.

Ist das **Valutaverhältnis fehlerhaft**, so findet ein BerAusgl nur zw AuftrGeber (Schu S) u LeistgsEmpf (E) statt. Vermittelt die ZwPers (Z) für Rechnung des S die Leistg an E, so steht, falls für das KausalGesch zw S u E der rechtl Grd fehlt, ein BerAnspr nur dem S, nicht aber dem die VermVerschiebg tats vornehmenden Z zu, dessen Verm im Ergebnis nicht vermind ist. Ebso hat der KonkVerw einen RückFdgsAnspr gg den LeistgsEmpf E, wenn die Bank (Z) eine Anweisg des GemSchu S angenommen u desh unter Belastg seines Kontos an E ohne Kenntn des eröffneten Konk bezahlt hat; der Fehler im ValutaVerh liegt in § 7 KO begr, relat Unwirksamk der RHdlgen des GemSchu S ggü KonkGl E (LG Düss KTS **71**, 293). Entsch ist aber, welchen Zweck die Beteil mit der Leistg verfolgt haben (BGH **50**, 227). So besteht ein unmittelb BerAnspr des die Leistg tats erbringnden Z dann, wenn dieser nicht für Rechng des AuftrGebers S, od ohne dessen Weisg od nach Widerruf der Weisg (Düss NJW **74**, 1001) an den LeistgsEmpf E gezahlt hat, wenn die Leistg an den Empf (E) mit einem best, dch die Leistg nicht erreichten Leistgszweck verbunden war (näher Anm 6 A d). – Entspr gilt bei Beteiligg von **mehr als 3 Personen:** Übermittelt ZwPers Z für Rechng des Schu S die Leistg an Empf E, ist aber nicht S, sond C zur Leistg verpfl u dessen Schuld nunm erf, so hat S einen BerAnspr gg C (RG **163**, 21 [34]), E ist aus dem ValutaVerh zum Empf der Leistg berecht; Z ist nicht entreichert. Hat ein Versprecher aGrd eines unwirks Vertr mit dem VersprEmpf den Gläub eines Dr befriedigt, so hat er einen BerAnspr weder gg den Gläub des Dr noch gg den Dr selbst, sond nur gg den VersprEmpf (BGH JZ **62**, 671).

dd) Tilgung fremder Schulden. Die unter cc) entwickelten Grds gelten entspr für die mittelb Leistg dch Zuwendg an einen Dritten, insb für die Tilgg fremder Schulden. Sie ist wg der andersart Fallgestaltg von den unter cc) genannten Beisp der Leistg an einen Dr zu unterscheiden. Da es sich hier jedoch gleich um Fälle der LeistgsKondiktion im DreiecksVerh handelt, bedarf es zu ihrer bereicherungsrechtl Abwicklg nicht der Konstruktion eines im Ges nicht vorgesehenen Sondertatbestds der sog **Rückgriffskondiktion** (aA Kunisch, Die Voraussetzgen für BerAnspr in DreiecksVerh, 1968, S 43 ff); auch diese Drittbeziehgen lassen sich vielm mit den allg Grds der Leistgskondiktion lösen.

Im einz gilt folgdes: Ein SchuldVerh kann regelm auch dadch erf werden, daß ein Dr die Leistg für den Schu bewirkt (§§ 267, 362 I); auch hier findet neben der tats Zuwendg (Dr – Gläub) die für echte Dreiecks-Verh typ doppelte Wertbewegg zw Schu u Dr (DeckgsVerh) sowie zw Gläub u Schu (ValutaVerh) statt. Ein BerAusgl erfolgt grdsätzl nur in dem LeistgsVerh in Betr, das des rechtl Grd ermangelt. Ist das **Deckungsverhältnis mangelhaft,** leistet insb der Dr in der irr Ann, dem Schu hierzu verpfl zu sein, an den Gläub, dessen Fdg gg den Schu hierdch erlischt, so besteht ein BerAnspr des Dr ggü dem Schu (BGH **43**, 1 [11]), sofern aus seinem RVerh zum Schu nicht ein and, dem BerAnspr vorgehder (Einf 5b vor § 812) Leistgs- od RückgrAnspr besteht. Insow kommen insb ein ges FdgsÜberg (bei § 267 nicht generell, sond nur dort, wo dies ges vorgesehen ist, zB nach § 1615b od § 67 VVG), ein Anspr aus GoA (BGH **47**, 370

871

[375]) od ein sonst AusglAnspr (BGH **31**, 329), vor allem aus einem echten GesSchuldVerh zw Schu u Dr nach § 426 in Betr; zum Ausgl bei unechtem GesSchuldVerh s Anm 4 c. Fälle eines mangelh DeckgsVerh sind vor allem Leistgn des Versicherers an den Geschädigten trotz LeistgsFreih ggü dem VersN = Schu (BGH VersR **64**, 474, Düss NJW **66**, 738, Köln MDR **66**, 847) sowie Erbringg von UnterhLeistgn dch einen Dr anstelle des eigentl Schu (BGH **26**, 217; vgl aber BGH **46**, 319). Nicht erforderl ist, daß der Dr die Fdg des Gläub im Interesse des Schu erf u ihm hierdch etwas zuwenden will; ein BerAnspr (str, ob dann aGrd EingrErwerbs) gg den Schu besteht zB auch dann, wenn der Dr für eine vom Schu auf Abz u unter EV gekaufte Sache, die noch dem Gläub gehört, die letzten Raten an den Gläub bezahlt, um ohne dessen Intervention die ZwVollstr in die Sache durchf zu können (hierzu § 929 Anm 6 B c). Ebso besteht ein BerAnspr des Dr gg den Gläub – nicht gg den Gläub (BGH NJW **74**, 1132) –, wenn also in Wahrh keine Verpfl des Schu ggü dem Gläub, so ist dieser konsequenterw auf Kosten des Schu, nicht des zur Erf der angebl Schuld leistdn Dr dann ungerecht bereichert, wenn der Dr inf des dem Gläub Zugewendeten wirks eine eig Schuld ggü dem Schu getilgt od eine entspr Fdg gg ihn begründet hat. Der BerAusgl hat desh in diesem Fall, soweit der Anspr nicht nach § 814 ausgeschl ist, zw Schu u Gläub zu erfolgen (aA Lorenz JuS **68**, 445: BerAnspr des Dr, weil LeistgsZweck – SchuldErf – nicht erreicht ist; die dort genannten Entsch betreffen aber meist die Unwirksamk beider KausalVerh; s hierzu unten ee). Zur Verj dieses BerAnspr s Einf 7 vor § 812.

Voraussetzg für das Entstehen eines echten DreiecksVerh ist jedoch stets, daß der Dr mit dem **Willen** leistet, die **Verpflichtung des Schuldners zu tilgen** (§ 267 Anm 3b). Fehlt dagg ein solcher Willen, leistet der Dr also oRücks auf den wahren Schu, insb in der unzutr Ann, selbst dem Gläub ggü hierzu verpfl zu sein, was iZw vor allem bei der Erf von UnterhVerpfl anzunehmen ist (BGH **46**, 319), so wird der Schu dch diese Zahlg von seiner Schuld nicht befreit; der Dr (PutativSchu) hat daher mangels VermVerschiebg zw ihm u dem Schu keinen BerAnspr gg den Schu (hM, zB Soergel-Mühl Rdn 123 mwN; eingeschränkt Sinn NJW **68**, 1857). Es besteht vielm, sofern nicht auch hier ein anderw Ausgl, zB dch einen ges FdgsÜberg, vorgesehen ist, grdsätzl ein BerAnspr des Dr gg den Gläub, der unmittelb auf Kosten des Dr eine ihm nicht zustehende Leistg erlangt hat. Bsp: Im Falle der Vertauschg der Stromzähler zweier Mieter inf fehlerh Anschlusses besteht nach Zahlg der Stromrechngen kein BereicherungsAnspr zw den Mietern (KG NJW **85**, 1714). Dem Dr, der rechtsirrig eine nichtbestehde eig Schuld erfüllen wollte, ist jedoch – jedenf iR des § 242 – das Recht einzuräumen, auch noch nachträgl zu erkl, er wolle seine Leistg für den eigentl Schu erbracht haben. Dch diesen Verz auf einen BerAnspr gg den Gläub wird dessen Fdg ggü dem Schu erfüllt u der BerAnspr des Dr gg den Schu eröffnet (BGH NJW **86**, 2700).

ee) Doppelmangel. Sowohl bei der Leistgskondiktion (im echten DreiecksVerh u bei der BerKette) wie bei ihrem Zutreffen mit der EingrKondiktion können auch beide KausalVerh fehlerh sein. Baut also der Handwerker H auf Veranlassg des BauUntern U beim GrdstEigtümer E eig Material ein u ist sowohl die RBeziehg H–U wie U–E rechtsunwirks od ist zB bei Leistg an einen Dr weder ein Anweisg vorh (DeckgsVerh) noch der Gläub dem Schu ggü zur EmpfNahme des Geleisteten berecht (ValutaVerh), so ließ die früher hM den unmittelb **Durchgriff** des Handelnden bzw des die Leistg Erbringenden gg den Empf zu (BGH **5**, 281, **36**, 30). Gg diese sog **Einheitskondiktion** wurden jedoch im Schrifttum zunehmd Bedenken geäußert (zB von Caemmerer JZ **62**, 388, Berg NJW **62**, 101 u JuS **64**, 137, Larenz SchR II § 68 III b, Staud-Lorenz Rdn 54, Müko/Lieb Rdn 37ff): Die Zulassg des Durchgr widerspreche dem Grds des BerR, wonach die Abwicklg stets nur in dem fehlerh RVerh selbst vorzunehmen sei; die EingrKondiktion sei ggü der LeistgsKondiktion subsidiär (Anm 2 u 5 B b), so daß nur eine Rückabwicklg über die jew, wenn auch fehlerh Leistgsbeziehgen (H–U, U–E) in Betr komme (vgl § 951 Anm 1 b cc); insb aber würden bei einem Durchgr sowohl Einwendgen des Empf gg die ZwPers wie deren GgRechte gg den Leistdn abgeschnitten (Höhe des jew BerAnspr, Saldo: vgl § 818 Anm 6 A). Der BGH (BGH **48**, 70; hierzu Westermann JuS **68**, 17; Lorenz JZ **68**, 51; Mühl NJW **68**, 1868) hat vor allem die letztgenannte Erwägg für „beachtl" erkl, die Streitfrage jedoch nicht abschließd entsch, weil der letzte der „BerKette" (richtiger: Der LeistgsEmpf in DreiecksVerh) seinem Vormann (ZwPers) aGrd Vertr zur Rückgewähr des vom Dr Zugewendeten verpfl war, mithin ein unmittelb BerAnspr des Dr gg den Empf von vornherein ausschied. Die **Doppelkondiktion** (der Angewiesene u tats Leistde hat einen BerAnspr gg den Anweistg von dessen BerAnspr gg den LeistgsEmpf) kann nicht allein damit verneint werden, der Angewiesene habe bei Unwirksamk beider KausalVerh nichts auf Kosten des Anweisdn erlangt, wesh hier stets ein Durchgr gg den Empf in Betr komme. Dies trifft näml nicht zu, wenn dadch dem die Leistg tats Erbringdn gg den Empf ein unmittelb BerAnspr zustände, wie es bei einem u andernf (dh ggü der ZwPers) nicht od nicht in diesem Umfang hätte; er ist dann zumind um die „Einrede-"freih (mangelnde Saldierg usw) seines AusglAnspr unmittelb auf Kosten der ZwPers bereichert. In allen and Fällen, in denen eine Beeinträchtigg der Rechte des Empf wie der ZwPers nicht in Frage steht, kann man jedoch aus prakt Erwäggen unter Zurücksetzg dogmat Bedenken den unmittelb Durchgr gg den Empf – ebso wie bei der Einschaltg eines GeschUnfäh als ZwPers (s oben bb) – zulassen (ähnl Enn-Lehmann, SchR, § 221 III 1b, auch Soergel-Mühl Rdn 89, 90 mwN). – Die für den Doppelmangel entwickelten Grds gelten entspr, wenn das DeckgsVerh fehlerh u ein ValutaVerh entw überh nicht vorh ist od die Zuwendg in diesem Verh unentgeltl ist (RG JW **34**, 2458, MüKo/Lieb Rdn 43).

ff) Ist eine **Gesamthand** ohne RGrd bereichert, erhebt sich die Frage, ob jeder Beteil auf den vollen Betr od nur anteil auf das haftet, was er erhalten hat. Für die oHG gibt § 128 HGB die Antwort, bei der BGB-G ist die Frage umstr; vgl § 718 Anm 4a, § 818 Anm 6 A d.

gg) Abtretung. Bei Zahlg auf eine abgetretene, in Wahrh nicht bestehde Fdg richtet sich der RückzahlgsAnspr des PutativSchu, wenn nicht im EinzFall ausnahmsw Grde für eine DurchgrHaftg des AbtrEmpf bestehen, gegen den Zedenten, weil der Schu idR mit der Leistg an den Zessionar auch aus dessen Sicht seine vermeintl Schuld an den Zedenten begleichen will (BGH **105**, 365, MüKo/Lieb Rdn 121, Staud-Lorenz Rdn 41, Erm-Westermann Rdn 36; aA Soergel-Mühl Rdn 129: Anspr gg den AbtrEmpf). Eine Überzahlg auf eine iü bestehde Fdg kann der Schu dann vom AbtrEmpf zurückverlangen, wenn dieser ohne Zutun des Zedenten auf Zahlung gedrängt hat (BGH NJW **89**, 161).

6) „Ohne rechtlichen Grund". Voraussetzg eines jeden Anspr aus ungerechtf Ber ist das Fehlen eines die VermVerschiebg **objektiv** rechtf Grdes (BGH **LM** Nr 33); aA weitgehd das Schrifttum (Nachw MüKo/Lieb Rdn 137), das den RGrund im Hinbl auf den mit der Leistg bezweckten Erfolg subj sieht (eingehd Kupisch NJW **85**, 2370, der zw beiden Auffassgen nur einen verbalen Unterschied sieht). Das Ges enth keine ausdr Bestg, wann eine Ber ungerechtf ist; es stellt lediglin I 2 den späteren Wegfall des rechtl Grdes sowie das Nichteintreten des mit einer Leistg nach dem Inh der RGesch bezweckten Erfolges dem urspr Fehlen des rechtl Grdes gleich. Da § 812 keinen einheitl BerTatbestd enth, läßt sich auch keine einheitl Formel für das Vorliegen od Fehlen des die VermVerschiebg rechtf Grdes aufstellen. Aus den Grdgedanken des BerR heraus (Ausgl eines zwar formell rechtswirks, mat aber nicht gerechtf VermErwerbs, Einf 1) ist vielmehr unter Berücksichtigg des grdsätzl Unterschieds zw der Leistgskondiktion u der Ber „in sonst Weise", insb der EingrKondiktion, **in jedem Einzelfall gesondert** zu entsch, ob ein die VermVerschiebg rechtf Grd vorh ist. – Generell ist zu sagen: Obwohl die BerAnspr in ihrer Ausgestaltg als BilligkR bes unter dem Grds von Treu und Gl im RVerkehr stehen, genügen allg BilligkErwäggen allein nicht, um einen RErwerb als nicht gerechtf anzusehen, abzustellen ist vielm darauf, ob die RÄnderg, auch wenn sie aGrd eines Vorschr zu einer formalen VermVerschiebg führt, vom GesGeber als mat gerechtf gewollt ist, ob das Ges eine endgült Neuordng der Güterlage herbeiführen will, dh mit der ges Vorschr zugl einen RGrd für das Behaltendürfen bereitstellt (BGH NJW **81**, 1601). Ein solcher RGrd fehlt stets dann nicht, wenn trotz der Unwirksamk des urspr Grdes, aGrd dessen geleistet worden ist, daneben ein and gült VerpflGrd besteht, der die VermVerschiebg rechtf (RG Recht **29**, 751). Daher kann zB der Verkäufer, wenn der Käufer den KaufVertr wirks angefochten hat die vom Käufer gezogenen Nutzgen u sonst GebrVorteile der Sache trotz § 818 I, II insow nicht herausverlangen, als der Verk einen entspr MehrBetr wg unerl SchadErsVerpfl aus unerl Hdlg wieder ersetzen müßte; der Anspr auf SchadErs ist der RGrd für das Behaltendürfen der Differenz zw dem Wert der Ber u dem GgAnspr des Berecht auf SchadErs (BGH NJW **62**, 1909 u WM **76**, 1307 [1310]). § 868 ist der RGrd für den Erwerb des R an eig Sache (BGH NJW **77**, 48). § 91 III 2 ZVG ist kein rfertigter Grd für das Erlöschen der DarlFdg, sow sie bei der Erlösverteilg ausgefallen wäre, wenn der persgleiche HypGläub u Ersteher die einseit Erkl gem § 91 II ZVG abgibt (BGH NJW **81**, 1601). Einstweil AO einer UnterhZahlg nach § 620 Nr 6 ZPO ist kein RGrund, soweit sie über Bestand u Höhe des matrechtl UnterhAnspr hinausgeht (BGH NJW **84**, 2095). Ob der rechtf Grd fehlt, best sich allein nach dem Verh zw dem Benachteil u dem Bereicherten, gleichgült ob dieser im Verh zu einem und einen Anspr auf den VermErwerb hat (BGH WM **67**, 484). Eine öffrechtl Baulast zu Lasten des Eigtümers ist als solche kein RGrund für den Begünstigten zur privrechtl Nutzg (BGH **88**, 97 u **94**, 160: Garagenzufahrt). Zur RLage bei Drittbeziehgen, insb zur Frage, wer bei Beteiligg von weit Pers AnsprBerecht u AnsprGegner ist, vgl Anm 5 B. Der hier allein entsch RGrd hat nichts mit der Frage des rechtl Grdes (Motiv) der VermVerschiebg zu tun, der nicht zum Gesch-Inhalt geworden ist (RG **121**, 145). Über Fehlen u Wegfall der GeschGrdlage s unten Anm 6 A d u § 242 Anm 6. Der die VermVerschiebg rechtf Grd darf auch nicht mit der Frage der Unentgeltlichk verwechselt werden (RG (GrZS) **163**, 348 [356]). RGrd ist dann zB die Schenkg (vgl hierzu § 816 Anm 3 u § 822 Anm 2e). LeihVertr kann der RGrund sein, wenn der Schwiegersohn im eig Interesse Räume im Hause der Schwiegermutter als Wohng für seine Familie ausbaut (BGH NJW **85**, 313). Welcher der nachfolg erörterten Fälle der Ber vorliegt, ist – abgesehen von der Frage des rechtl Grdes – auch für die Anwendg der Vorschr der §§ 813–815 von Bedeutg.

A) Ungerechtfertigte Bereicherung durch die Leistung eines anderen (Anm 2). Hier ist zwar für die VermVerschiebg ein RGrd im obj Sinn vorh, aber in irgdeiner Weise fehlerh. Da die Leistg eine zweckgerichtete Zuwendg ist, kommt als ein die VermVerschiebg rechtf Grd in erster Linie jede Zweck-Vereinbg zw Leistdem u LeistgsEmpf in Betr (Ehmann NJW **69**, 398). Die **Nichterreichung des vereinbarten Zwecks** löst daher als Mangel des rechtl Grdes den BerAnspr aus (BGH **50**, 227). Hierfür genügt jeder Zweck, der nach dem Willen der Beteil für die Leistg maßg sein sollte, sofern er nicht gg ein gesetzl Verbot od gg die guten Sitten verstößt (§ 817 Anm 3). Handelt es sich um einen vertragl Verpfl, so liegt in ihr regelm der RGrd. Als solcher genügt auch eine Gefälligk sowie die Erf einer sittl od AnstandsPfl, soweit diese nicht nur BewegGrd (Motiv) der Leistg war (RG JW **17**, 103). Auch die ehel oder eheähnl Lebens-Gemsch kann RGrd sein (Ffm FamRZ **71**, 646: kein ErstattgsAnspr für Aufw im Rahmen eheähnl ZusLebens zw Verlobten, wenn eine Ehe nicht zustkommt; Saarbr NJW **79**, 2050: ebso bei ZusLeben einer Ehe). Vgl auch Anm 6 A bb. Eine Leistg ist dem Empf immer dann ohne rechtf Grd zugewendet, wenn sie ihm nach den Vorstellgen der Beteil, insb nach den zugrdeliegden schuldrechtl Beziehgen nicht (endgült) zusteht. Regelm handelt es sich darum, die RWirkgen des abstr ErfGesch rückgäng zu machen. Im einz gehören hierher:

a) Fehlen einer gültigen Kausalvereinbarung (condictio sine causa). Ist das ErfGesch ausnahmsw trotz seiner grdsätzl selbstd, abstr Natur (Übbl 3e vor § 104) gleichf unwirks, zB wg Verstoßes gg ein ges Verbot od gg die guten Sitten, so kommt ein BerAnspr nur wg des auf den Empf übergegangenen Bes od einer sonst von ihm erlangten RStellg in Betr (Anm 4b); in übr bestehen VindikationsAnspr, zB aus dem beim Leistden verbliebenen Eigt. **Bei wirksamem Erfüllungsgeschäft** fehlt ein RGrd für die Leistg, wenn das ihr zugrdeliegde RGesch aus irgdeinem Grd von Anfang an nichtig od sonst unwirks war, zB bei Erf eines formungült Vertr (RG **105**, 382 **111**, 98); bei Grdst ist aber die Möglichk einer Heilg nach § 313 S 2 zu beachten (vgl auch Anm 4b über die Kondiktion einer Aufl); Übertr eines Erbteils aGrd nichtigen ErbschKaufs (RG **137**, 177); wirks Leistg (zB nach § 107) an einen nicht voll Geschäfh; Leistg aGrd

§ 812   6 A a–c

eines schwebd unwirks Vertr in Unkenntn der Unwirksamk (BGH **65**, 123). Hierher gehören ferner die Fälle der Nichteinigg der Beteil über die Zweckbestimmg der Leistg: Die eine Part leistet zwecks DarlHingabe, die and nimmt die Leistg als Schenkg an (vgl zur Handschenkg RG **111**, 151); Abtretg einer Hyp als Kaution an Dr, der SchuldErf annimmt (RG **87**, 41); Leistg auf einen best, vom Leistden irrig unterstellten Vertr zw ihm u dem LeistgsEmpf (RG **98**, 64; s aber zur Pers des Leistden aus der Sicht der ZuwendgsEmpf bei Beteiligg mehrerer Pers BGH **40**, 272 u Anm 5 B b). Einen RGrd für die Leistg kann auch ein unanfechtb VA einer Beh darstellen (Nürnb VersR **69**, 454 für AnerkenngsBescheid des Amtes für VerteidiggsLasten). – Liegt eine wirks ZweckVereinbg der Beteil vor, so besteht ein BerAnspr immer dann, wenn die Leistg den vereinb Zweck (nicht nur einen darü hinausgehden Erfolg, hierü unten d) aus irgdeinem Grd nicht erreicht, zB Rückfdg eines Kredits, den die Bank ohne Anweisg statt an den DarlNehmer unmittelb an den WohngsBauG ausbezahlt hat (BGH **50**, 227; hierzu Ehmann NJW **69**, 398, Lorenz JZ **69**, 148; abl Pfister JR **69**, 47). Erteilt der Schu entspr getroffener Vereinbg seiner Bank ÜberweisgsAuftr auf ein best Treuhandkonto des Gläub u überweist die SchuBank auf ein and im Soll stehdes Konto des Gläub, so hat die Überweisg ihren TilgsgsZweck verfehlt u ist ohne RGrd geleistet (BGH NJW **85**, 2700).

b) Leistungen zum Zwecke der Erfüllung einer Verbindlichkeit, die in Wirklichkeit nicht besteht (condictio indebiti). Die Beteil müssen zunächst darü einig sein, daß zum Zwecke der Erf einer best Schuld geleistet wird. Gleichgült ist, ob die Schuld in der best Höhe von Anfang an nicht bestanden hat od zZ der Leistg erloschen war, ob die Verbindlichk gesetzl od vertragl begründet, schuldrechtl od dingl Art ist (RG **146**, 355), sofern die Rückfdg nicht gesetzl ausgeschl ist; üb unvollk Verbindlichk s §§ 656, 762ff (RG **160**, 139). Der Leistg auf eine Nichtschuld steht gleich, wenn die Schuld zwar bestand, aber in Wahrh nicht der Leistde verpfl od nicht der Empf ansprberecht war. Voraussetzg für einen direkten BerAnspr des Leistden gg den Empf ist aber stets, daß der Leistde sich selbst irrtüml als Schuldn od den Empf als den berecht Gläub angesehen u daß der Empf die Leistg auch so verstanden hat (BGH NJW **74**, 1132, Weitnauer-Betr **85**, 2496 [2499]; aA zum Empf-Horizont, Picker NJW **74**, 1790). Erbringt dagg jemand als Dr die Leistg in der irr Ann, dem Schuldn od dem wirkl Gläub hierzu verpfl zu sein, so besteht bei Vorliegen der sonst AnsprVoraussetzgen ein BerAnspr nur ggü diesen Pers (näher Anm 5 c dd); zur wirks Leistg an einen Nichtberecht s § 816 Anm 4. – Der Erf einer Nichtschuld steht die Erf eines Anspr gleich, dem eine **dauernde Einrede** – mit Ausn der Verj – entggsteht, § 813 I. Als Leistg auf eine Nichtschuld gilt ferner die Erf einer aufschieb bdgten Verbindlichk vor Eintritt der Bdgg; and bei vorzeit Erf einer betagten Schuld, § 813 II. Für die Kondiktion einer Leistg auf eine Nichtschuld ist es unerhebl, ob der Irrtg der Leisten entschuldb od unentschuldb, tats od rechtl Natur ist (BGH **37**, 363 [371]). Nach § 814 ist jedoch die **Rückforderung ausgeschlossen,** wenn der Leistde gewußt hat, daß er zur Leistg nicht verpfl war od wenn die Leistg einer sittl od AnstandsPfl entsprach. Wird ein and Ggst als der geschuldete geleistet, so liegt gleich die Erf einer Nichtschuld vor (BGH **7**, 123), dem Gläub steht jedoch ggf dem BerAnspr des Schu regelm ein ZbR nach § 273 zu. Zur Rückfdg eines SchuldAnerk s Anm 2 b. Zur Beweislast bei Erf einer in Wirklichk nicht bestehden Verbindlichk, insb hins Kenntn des Leistden, Leistg unter Vorbeh, s Anm 8 u § 814 Anm 4.

Beispiele: Freigabe von Ggst aus der Verwaltg des TestVollstr in der irr Ann, dem Erben ggü hierzu verpfl zu sein (BGH **12**, 100, **24**, 106). Zahlgen aGrd eines in Wirklichk nicht zustandegek DarlVertr (RG **151**, 123). ProvZahlg des Bauherrn für nicht in Anspr genommene FinanziergsVermittlg (Mü Betr **82**, 1003). Löschgs-Bewilligg, ohne daß Verpfl hierzu bestand (RG HRR **30**, 1316). Vorrangeinräumg zur Erf eines nicht bestehden BerichtiggsAnspr (RG **146**, 355 [360]). Vereinbg einer höheren Miete als nach WerkfördergsVertr zuläss (BGH NJW **67**, 2260). Zahlg dch KonkVerw an KonkGläub in der irr Ann einer Masseschuld (RG **60**, 419) od an MasseGläub bei nicht vorhand Masse (RG **61**, 259). Zahlg do der VerglVerw über die Quote hinaus (BGH **71**, 309). Zahlg des vollen Unterh dch den UmgangsBerecht für das Kind nach geschied Ehe währd einer mehrwöch Ferienreise mit ihm (KG FamRZ **79**, 327). Leistg von Unterh aGrd einer matrechtl unricht einstw Anordng (Mü FamRZ **83**, 1043) od an geschiedenen Eheg für die Zeit nach Wirksamk des VersAusgl, sow ein UnterhRentenAnspr aGrd des dchgeführten VersAusgl erlangt hat (BGH **83**, 278). Leistg eines HaftPflVers an SozVersTräger aGrd irrig angen TeilgsAbk (BGH VersR **69**, 1141). Leistg auf eine Verbindlichk, die rechtswirks nicht eingegangen werden konnte, zB als GglLeistg für den Erlaß eines best VerwAkts (RG **135**, 374). – Nicht hierher gehört versehentl Wechseleinlösg ohne Deckg (BGHJR **70**, 463).

c) Späterer Wegfall des Rechtsgrundes (condictio ob causam finitam). Hier war im Ztpkt der Leistg ein RGrd vorh, der mit der Leistg verfolgte Zweck ist jedoch nachträgl endgült weggefallen. Der bloß vorübergehde Wegfall des RGrdes reicht dagg hierfür idR ebsowenig aus wie die Unübersichtlichk der künft Entwicklg (BGH **LM** § 527 Nr 1). Der Grd des Wegfalls ist grdsätzl unerhebl, soweit nicht für den speziellen Fall eine Sonderregelg vorgesehen ist. Die §§ 814, 815 gelten für diesen BerFall nicht (s dort jew Anm 1). Hins der Voraussetzgen einer verschärften BerHaftg, wenn der Wegfall des RGrdes als mögl angesehen wird, s § 820 I 2. Im einz kommen in Betr:

aa) Eintritt einer auflösenden Bedingung od eines **Endtermins** (BGH MDR **59**, 658), Vertragsaufhebg. Ebso bei allen ihrer Natur nach nur **vorläufigen Leistungen,** soweit nicht ein unter d) einzureihder Fall gegeben ist (zB bei Vorschüssen) od das Ges SonderVorschr enthält, zB für die Rückg der Draufgabe (§ 337 II), des Schuldscheins (§ 371) od des HypBriefs (§ 1144) sowie für die Rückfdg einer Vorleistg beim ggs Vertr, bei dem die Unmöglichk der GglLeistg von keiner Seite zu vertreten ist (§ 323 III). Ebso Rückfdg der VersSumme nach Wiedererlangg der gestohlenen Sachen (RG **108**, 110). Hierunter fällt auch der Anspr auf Rückg der Leistg aus einem rechtskr, aber im WiederAufnVerf beseit Titels (RG **91**, 195, Gaul JuS **62**, 1 [12]), währd für die ungerechtf ZwVollstr aus einem VorbehUrt od aus einem nur vorl vollstr Urt in §§ 302 IV, 600 II, 717 II ZPO eine bes SchadErsPfl vorgesehen ist. BerAnspr nur bei ZwVollstr aus vorl vollstr Urt des OLG, § 717 III ZPO.

bb) Willenserklärung einer Partei kann den RGrund wegfallen lassen, währd eine nachträgl GesÄnd regelm den RGrd für eine bisher gerechtf Leistg noch nicht wegfallen läßt (RG **126**, 226). **Anfechtung** des Kausal- u ggf auch des ErfGesch (Anm 4b) werden vielf auch wg der in § 142 I vorgesehenen Rückwirkg als

Einz. SchuldVerh. 24. Titel: Ungerechtf. Bereicherung § 812 6 A c, d

BerAnspr nach a) angesehen. Abgesehen davon aber, daß die Rückwirkg nicht unbeschr gilt (vgl § 611 Anm 2 b, § 705 Anm 3 d), hat der RGrd für die Leistg tats bis zur Erkl der Anf bestanden. Beiden Teilen stehen BerAnspr zu (zum Saldo s § 818 Anm 6 A, D), gleichgült wer die Anf erkl hat; doch sind § 142 II (Kenntn) u § 144 (Bestätigg, zB bei Leistg in Kenntn der Anf) zu beachten (vgl ferner § 813 Anm 2 b u § 814 Anm 2 a). Wer aber selbst die Anf wg argl Täuschg verurs hat, kann wg § 242 idR als Ber nicht mehr verlangen, als ihm aGrd des angefochtenen Vertr zustehen würde (BGH **LM** § 123 Nr 22). Über die ggf konkurrierden Anspr aus unerl Hdlg s Einf 4. – Für den **Rücktritt vom Vertrag** gelten hins einer Anspr auf Rückgewähr sowohl beim vertragl vorbeh Rücktr wie beim Rücktr wg einer vom Gegner zu vertr Unmöglichk der Leistg (§ 327 S 1) od inf GewlAnspr (Wandelg) beim Kauf- od WerkVertr (§§ 467, 634, 636) grdsätzl die schärfere Haftg anordnenden §§ 346 ff. Doch tritt dann BerHaftg ein, wenn der Rückgewährpflichtige den Rücktr nicht zu vertr hat, gleichviel von wem die RücktrErkl ausgeht (BGH **53**, 144; vgl § 327 Anm 2). Der RGedanke des § 327 S 2 gilt entspr für und gesetzl RücktrR (RG **116**, 377); desh BerAnspr bei Rücktr aus § 242 wg weggefallener od völl **veränderter Geschäftsgrundlage** (vgl § 242 Anm 6), zB bei Überlassg eines Hauses an Genossen, wenn die Mitgliedsch in der Genossensch GeschGrdlage war u der Genosse ausscheidet (RG **147**, 201; vgl aber Ffm NJW **67**, 984). – Entspr (dh § 347 bei Versch des Rückgewährpflichtigen, sonst BerAnspr wg Wegfalls des RGrdes) gilt für die – ggf anteil (Ffm MDR **84**, 230) – Rückzahlg von Vorausleistgen bei **Kündigung von Dauerschuldverhältnissen**, zB § 628 I 3 nach außerord Künd eines Dienst- od ArbeitsVertr od § 557 a I für die Rückzahlg vorausbezahlten Mietzinses. Darü hinaus ist ein BerAnspr des Mieters wg spät Wegfalls des RGrdes auch in allen and Fällen der **vorzeitigen Auflösung des Mietvertrages** (zB nach § 19 KO) denkb, insb bei verlorenen od noch nicht abgewohnten BaukZusch (BGH **29**, 289) sowie bei sonst Aufbauleistgen des Mieters (BGH NJW **67**, 2255; vgl hierzu § 557 a Anm 2 u insb Einf 11 vor § 535; zum Umfang des Anspr § 818 Anm 5 c; zur Verj § 558 Anm 1 b). Unter d) ist der Fall nur einzuordnen, wenn der Mieter dch die Leistg einen bes Erfolg (zB langfrist MietVertr) bezweckte (BGH **LM** Nr. 41). Auch schließt bei Vorenthaltg der Mietsache dch den Mieter § 557 I einen weitergehenden BerAnspr des Verm nicht aus (BGH BB **67**, 857 u Einf 5 a). – Ferner **Widerruf vollzogener Schenkung** nach §§ 530, 531 II sowie endgült Wegfall des RGrdes bei der Zweckschenkg (BGH **LM** 527 Nr 1), währd sich die Rückfdg bei NichtErf einer Auflage nach § 527 richtet (BGH aaO). – Verweigert der **Konkursverwalter** nach § 17 KO die Erf eines zweiseit, noch nicht voll erfüllten Vertr, so steht ihm hins der vom GemSchu bereits erbrachten Leistgen ggü der KonkFdg des Gegners aus § 26 S 2 KO ein BerAnspr wg spät Wegfalls des RGrdes insow zu, als der obj Wert der vom GemSchu bereits erbrachten TeilLeistgen den Schad übersteigt, dessen Ers wg ErfVerweiger der VertrPartner des GemSchu verlangen kann (BGH **68**, 379). Hat der KonkVerw einen MasseGläub voll befriedigt u stellt sich dann heraus, daß der Anspr gem § 60 I Nr 1 KO auf eine Quote beschr ist, muß der Empf das zu viel Erhaltene zur Masse zurückzahlen (aA BAG Betr **79**, 847, den vollen Betrag). – In der **Ehescheidung** u im Scheitern einer noch nicht gesch Ehe liegt bei ges Güterstd kein Wegfall des rechtl Grdes für früh gemachte Zuwendgen od einen RErwerb nach § 946, die Anspr der Ehg untereinand regeln sich nach den Vorschr über den ZugewinnAusgl (BGH **65**, 320, **82**, 227 u FamRZ **82**, 778). UU kommt Wegfall des rechtl Grdes für die Zukunft in Betr, wenn ein Eheg dem and Mittel zum Bau eines FamWohnhauses auf dessen Grdst zugewendet (BGH NJW **68**, 245) od MitEigt an einer Gaststätte als Basis gemeins wirtsch Existenz übertr (BGH WM **72**, 564) od in Erf seiner UnterhPfl für die voraussichtl GesDauer der Ehe auf dem Grdst des and Eheg ein FamWohnhaus errichtet hatte (BGH WM **72**, 661 bei Gütertrenng). Gg solche Verdrängg des BereicherngsR Joost JZ **85**, 11. Vgl auch unten d bb.

cc) Erfolgreiche **Anfechtung der Ehelichkeit** eines Kindes. BerAnspr des Scheinvaters gg das Kind, sow nicht nach § 818 III entfallen. Falls UnterhAnspr übergeleitet, gg den Träger der SozHilfe (BGH **78**, 201).

dd) **Tatsächliche Handlung.** Kein Wegfall des rechtl Grdes (LeihVertr) ist es, wenn der Schwiegersohn, der im Hause der Schwiegermutter Räume als Wohng für seine Familie ausgebaut hat, später die ehel Gemsch verläßt u auszieht, seine Familie aber wohnen bleibt (BGH NJW **85**, 313). Persönl Beziehg mit GeschlechtsGemsch können der RGrund für Zuwendgen sein, die nicht nur zum Gebr od Verbr innerh nicht allzu langer Zeit geschehen sein (Stgt Just **85**, 201: hält WohngsEigt).

d) **Nichteintritt des mit einer Leistung bezweckten Erfolgs** (zusfassd Kupisch JZ **85**, 101 u 163; Weber JZ **89**, 25 hält diese Alternative außer in den VeranlassgsFällen (unten bb) für überholt, sucht den Ausgl bei and RInstituten). Erforderl hierfür ist, daß – über den mit jeder Leistg notwendigerw verfolgten Zweck hinaus (Anm 6 A u 2 a) – ein bes zukünft eintretder Erfolg rechtl od auch nur tatsächl Natur nach dem Inhalt des RGesch von den Beteil vorausgesetzt, aber nicht eingetreten ist. Für die Leistg ist zwar ein RGrd vorh, sie erreicht aber den hiermit bezweckten Erfolg nicht. Über die **Zweckbestimmung** (Erfolg) muß nach dem Willen der Part eine **Einigung** als wesentl Teil ihrer Abmachgen erzielt worden sein, zw Leistg u erwartetem Erfolg muß eine Verknüpfg bestehen derart, daß die Leistg von der Zweckerreichg abhäng gemacht wird (KG MDR **84**, 492). Es genügt also nicht, daß die Zweckbestimmg lediglich der – wenn auch vom and Teil erkannte od erkennb – BewegGrd (Motiv) der Leistg geblieben ist. Andseits darf sie auch nicht als (aufschiebde od auflösde) Bedingg vereinb sein, von deren Eintritt die RWirksamk des RGesch abhängt. Bloß einseit Vorstellgen und Erwartgen des Leistden über den Zweck der Zuwendg reichen nicht aus; vielm muß die and Part die zum Ausdr gebrachte Zweckvorstellg teilen. Hierfür ist allerd eine vertragl Bindg der Beteil nicht erforderl (überholt BGH WM **66**, 1062, RGRK/Heimann-Trosien Rdn 89); es genügt vielm die – auch dch schlüss Verhalten (stillschw) mögl – tats WillÜbereinstimmg zw Leistden u Empf über den mit der Leistg bezweckten Erfolg (BGH **44**, 321, BGH NJW **84**, 233). Eine solche tats WillÜbereinstimmg ist nicht anzunehmen, wenn der Empf zwar den vom Leistden bezweckten Erfolg kennt, aber seiners einen and von ihm mit der EntggNahme bezweckten Erfolg angibt (BGH NJW **73**, 612; abl Ehmann NJW **73**, 1035, der offenen Dissens annimmt). Wg des Wesens der AusfallBürgsch (2 c vor § 765) ist schwerl als Zweck der gewöhnl Bürgsch die Erlangg einer AusfallBürgsch anzusehen. Desh keine ungerechtf Ber des KreditGläub um die gewöhnl Bürgsch, wenn die AusfallBürgsch wegfällt (BGH NJW

875

§ 812 6 A d

79, 646; vgl auch § 769 Anm 1). Ist der bezweckte Erfolg nicht eingetreten, so richten sich die RFolgen primär nach einschläg vertragl Regeln (vgl Einf 5 a), erst subsidiär nach §§ 812ff. Beim **gegenseitigen Vertrag** (Einf 1 c vor § 320) bestimmen sich die Anspr der Part bei Ausbleiben der GgLeistg grdsätzl allein nach den speziellen Vorschr, zB Wandelg, Minderg (BGH NJW 63, 806), sonst nach §§ 320ff (BGH 44, 321). BerAnspr können hier regelm nur über § 323 III od § 327 S 2 in Betr kommen. Die Rspr läßt jedoch ausnahmsw einen BerAnspr nach § 812 I 2 2. Fall dann zu, wenn mit der Leistg ein über die GgLeistg hinausgehder Erfolg nach der Einigg der Beteil als zusätzl Zweckvereinbg eintreten sollte, dieser Erfolg aber nicht erreicht wird (BGH MDR 52, 33).

Der **Anspruch entsteht** erst dann, wenn endgült feststeht, daß der Erfolg nicht eintritt, nicht schon mit Hdlgen des AnsprBerecht (zB Einbauten) zu einer Zeit, in der der Erfolg noch mögl ist. Dient ein Wechsel der Sicherg v Anspr gg den Aussteller u gg den Akzeptanten, so entsteht der HerausgAnspr erst, wenn der SichergsZweck hinsichtl beider Anspr weggefallen ist (BGH WM 76, 347). Desh ist der Ztpkt des endgült Ausfalls des bezweckten Erfolgs der Wertberechng (Höhe des BerAnspr bei PreisÄndrg) u dem Zinsbeginn (vorher höchstens NutzgsErs nach § 818 I) zugrdezulegen (BGH 35, 356, BGH WM 68, 369 u Betr 69, 2271). Der Nichteintritt des Erfolgs muß daher spätestens in der letzten mdl Verh feststehen, die bloße Unübersichtlichk der Sach- u RLage reicht hierfür idR noch nicht aus (BGH LM § 527 Nr. 1). Ist der bezweckte Erfolg eingetreten, später aber wieder weggefallen, so besteht grdsätzl kein BerAnspr (RG DR 40, 541); und aber, wenn der Erfolg nach der Vorstellg der Beteil dauernd vorh sein sollte (RG 169, 249). Die Rückfdg wg Nichteintritts des mit einer Leistg bezweckten Erfolgs ist nicht schon desh ausgeschl, weil der Leistde gewußt hat, daß er zur Leistg (noch) nicht verpfl ist; § 814 gilt in diesem Fall nicht (s dort Anm 1), wohl aber dann, wenn der Eintritt des Erfolgs von Anfang an unmögl war u der Leistde dies gewußt oder wenn er den Eintritt des Erfolgs wider Treu u Gl verhindert hat (§ 815). Verschärfte Haftg des Empf, wenn der Eintritt des Erfolgs nach dem Inhalt des RGesch als ungewiß angesehen wurde gem § 820 I 1. Im einz kommen hierfür folgde Fälle in Betr:

aa) Ist die **vereinbarte Zweckbestimmung alleinige Grundlage der Leistung,** so ist diese bei Fehlschlagen des hiermit bezweckten Erfolgs rückforderbar. **Beispiele:** Hingabe einer Quittg in Erwartg der Zahlg, die dann unterbleibt; Hingabe eines Schuldscheins in Erwartg der – später nicht erfolgten – Auszahlg; Begebg eines Wechsels als Deckg für einen Kauf, der nicht zur Ausführg kommt (RG 56, 317); Vorschüsse aller Art auf eine künft, dann aber nicht entstehde Verpfl, zB Vorauszahlg eines KaufprTeils in Erwartg des Zustandekommens des Vertr (RG 129, 307, BGH JZ 61, 699; aA Singer JR 83, 356: Fall des Abs I 1), Leistg aGrd eines schwebd unwirks Vertr in der Erwartg seiner dann abgelehnten Genehmg (BGH MDR 76, 38); zur Rückfdg von Gratifikationen vgl § 611 Anm 7 e; Vorschuß auf Jahresgewinn einer Gesellsch, wenn das Jahr mit Verlust abschließt (BGH WM 88, 1494 [1496]: Rückzahlg einer Überzahlg aus vorl Abrechng); Vorrangeinräumg für BaugelHyp, wenn Geld später nicht ausbezahlt wird, Rückfdg einer Bürgsch, wenn dennoch DiszipVerf eingeleitet wird (RG 118, 358) od einer sonst Leistg, die zur Abwendg einer dann doch erstatteten StrafAnz erbracht wurde (Zweibr MDR 77, 227). RückfdgAnspr dessen, der gem § 268 SteuerFdgen in der irr Ann bezahlt, daß diese das VorR des § 10 Z 3 ZVG genießen (RG 150, 58); Verkauf eines Grdst an den Staat zur Errichtg einer Anlage, die nicht gebaut wird (RG 132, 238); unentgeltl Tätig im GewerbeBetr in Erwartg der EheSchließg, die dann nicht zustkommt (Stgt NJW 77, 1779); Kondiktion der GrdSch bei Nichtig der GrdGesch (vgl § 1191 Anm 2 c). Das gleiche gilt, wenn der Empf der Leistg diese nicht in der mit ihr bezweckten Weise verwendet, zB Hing einer Aussteuer, wenn Ehe nicht zustandekommt; für Schenkg unter Verlobten enth § 1301 Sonderregelg. – § 812 I 2, 2. Fall kann auch anwendb sein, wenn beide Seiten wissen, daß ein AustauschVertr unwirks ist, die eine Seite trotzdem leistet zu dem Zweck, die GgLeistg zu erlangen, diese aber dann nicht erlangt (BGH NJW 76, 237). Die Rspr zählte hierher früher auch den BerAnspr (WertErsAnspr) dessen, der ein Grdst bebaut hat aGrd der später nicht realisierb Vereinbg, Eigtümer des Grdst zu werden (BGH 35, 356). § 812 I 2 2. Fall ist der nur anwendb auf eine Leistg, dh eine zweckgerichtete Zuwendg an einen and. Dies ist bei Einbauten der vorl Art, die der Einfügde im eig Interesse vornimmt, nur selten der Fall, so daß insow ein Anspr aus Ber „in sonst Weise" in Betr käme (offen gelassen in BGH Betr 69, 2271; für LeistgsKondiktion Klinkhammer Betr 72, 2385); maßg Ztpkt für die Wertberechng ist jedenf die Verweigerg der Auflassg (BGH aaO). Zur Kondiktion einer Auflassg s im übr Anm 4 b. – **Keinen Bereicherungsanspruch** hat jedoch der Käufer, wenn der Verk, der die Umsatzsteuer in den Kaufpr einkalkuliert hat, später von der Steuer befreit wird (RG 109, 94). Auch kein Anspr nach Eröffng des AnschlKonk gg die gleichberecht VerglGläub auf Rückzahlg der an sich ordngem erbrachten Teilleistgen; und jedoch bei Leistg von VerglZahlgen nur an einen Teil der Gläub über VorzugsAbk nach § 8 VerglO (BGH 41, 98). Keinen BerAnspr, weil der vereinb Zweck erreicht ist, hat der Käufer einer Wohng, der dem Hausverwalter, ohne daß dieser eine Tätigk zu entfalten hätte, die für den Fall des Erwerbs der Wohng vereinb „MaklerProv" bezahlt hat (BGH WM 78, 247). Kein BerAnspr bei Beendigg einer eheähnl LebensGemsch wg der von beiden Partnern geleisteten übl Beitr zur gemeins Haush- u Lebensführg. Sie ist der erreichte Zweck, auch wenn eine erwartete Erbeinsetzg nicht geschieht (Ffm FamRZ 81, 253).

bb) Tritt die **vereinbarte Zweckbestimmung neben einen anderen Rechtsgrund,** so kann die Leistg gleichf nach Wegfall bzw Nichteintritt des mit ihr bezweckten Erfolgs zurückgefordert werden. So insbes, wenn jemand ZwVollstrMaßn versucht, den Empf zu einem best Verhalten (Erbeinsetzg, Vermächtn, Adoption) zu veranlassen. **Beispiele:** Rückfdg einer Leistg zur Tilgg einer fremden Schuld zu dem erklärten Zweck, damit ZwVollstrMaßn des Gl gg den Schu zu verhindern, wenn Gl dann gleichwohl solche Maßn ergreift (Hamm NJW 71, 1810); Pächter errichtet Anbau in der dem Verp, seinem Verwandten, bekannten Erwartg, dieser werde ihm das Grdst vererben; die Erwartg erfüllt sich nicht (BGH 44, 321); Verfehlg des SchenkgsZwecks bei einer ZweckSchenkg (BGH NJW 84, 233). Darf der Lieferant den ihm vom Kreditvermittler übersandten Scheck über die Kaufsumme nur einziehen, wenn er das Angeb auf Abschl eines TrHandVertrs annimmt, so steht dem Vermittler ein BerAnspr wg Zweckverfehlg zu, wenn der Lieferant nach Ablehng des TrHandVertr den Scheck eingezogen hat (BGH NJW-RR 87, 937). Zahlg des DrittSchu an den nachrang VollstrGläub vgl Anm 5 B b. RückFdg der Zahlg an Leihmutter für heterologe Insemination, Geburt und Freigabe des Kindes zur Adoption, wenn sich später herausstellt, daß das Kind nicht aus dieser Insemination stammt (Hamm NJW **86**, 781). Zusage, den Mietzins zu ermäßigen bei Verlängerg des MietVertr, wenn der Mieter dann doch vorzeit kündigt (BGH NJW-RR **86**, 944). Wegfall des bezweckten Erfolgs bei einer primär iR familienrechtl Pfl nach § 1619 erbrachten Leistg (BGH WM **65**, 796); regelm aber nicht bei unentgelt Pflege im Hinbl auf eine erwartete Eheschl (Schlesw SchlHA **54**, 14, KG OLG **71**, 22). Der Leistg von Diensten in Erwartg einer späteren Zuwendg des Empf liegt zudem vielf ein zumindest fakt schuldr RVerh (Dienst-, Arb-, GesellschVertr) zugrde; der Leistde hat dann die Dienste nicht unentgeltl u grdlos erbracht, vielm bei Ausbleiben der erwarteten Zuwendg einen Anspr gem § 612 II auf die übl Vergütg nach dem Wert der Leistg im Ztpkt ihrer Erbringg (BGH NJW **65**, 1224, BGH MDR **66**, 821). Ein BerAnspr nach § 812 I 2 2. Fall scheidet regelm auch aus, wenn ein Eheg Mittel zum Bau eines Wohnhauses od zur Einrichtg eines GewerbeBetr zur Vfg gestellt hat u die Ehe später gesch wird (BGH NJW **66**, 542); desgl bei Zuwendg vor Eheschließg (BGH WM **83**, 1086). Abgesehen davon, daß für den Ausgl unter Eheg primär familien- u gesellschrechtl Gesichtspkte zu prüfen sind (BGH **47**, 157), ist der mit der Leistg bezweckte Erfolg mit der Errichtg des Hauses usw eingetreten (vgl auch oben Anm c bb aE; aA Joost JZ **85**, 11). Ein ArbN, der einen SparVertr über vermwirks Leistgen vorzeit auflöst, muß die vom ArbG aGrd TarifVertr erhaltenen Spar-Leistgen nach Abs I 2, 2. Fall dann zurückzahlen, wenn sich aus dem TarifVertr ergibt, daß die Aufrechterhaltg der vermwirks Anl vorausgesetzt war (BAG WM **75**, 1011).

B) Ungerechtfertigte Bereicherung „in sonstiger Weise" (Anm 3). And als bei der Leistgskondiktion ist hier für das Vorliegen od das Fehlen des die VermVerschieb rechtf Grdes nicht von der Zweckerreichg auszugehen. Der RGrd fehlt hier vielm stets dann, wenn der RErwerb nach der für den Einzelfall maßg **rechtlichen Güterzuordnung** nicht bei dem Empf verbleiben soll, sond dem BerGläub gebührt (BGH WM **87**, 469). Da der BerAnspr auch bei den verschärften Haftg der §§ 818 IV, 819, 820 kein DeliktsAnspr ist, entsch hierfür in erster Linie nicht die beim EingrErwerb meist gegebene, sonst aber nur selten vorliegde Widerrechtlichk des BerVorgangs (hierfür Jakobs, EingrErwerb u VermVerschiebg, 1964, S 30 u 123 ff), sond der Zuweisgsge- halt des verl Rechts (Larenz, SchR II, § 68 II; abw zT Kleinheyer JZ **70**, 471, der auf die Verwendg eines fremden RGuts abstellt). Ob ein Widerspr gegen die rechtl Güterzuordng anzunehmen ist, kann daher nur unter Berücksichtigg des jew Einzelfalls entsch werden. Im einz kommen in Betr:

a) Handlungen der Bereicherten: Beisp s Anm 3 a, 4 d. In diesen Fällen der EingrKondiktion ist ein BerAnspr regelm dann gegeben, wenn der Bereicherte für seine Hdlg kein im Ges begründetes od vom Berecht abgeleitetes (zB Einwilligg) Recht zum Eingr hat. Versch des Bereicherten ist nicht Vorauss; der bereits in 3 Jahren verjährte SchadErsAnspr aus unerl Hdlg ist vom BerAnspr unabhäng; § 852 III (s dort Anm 5). Ein BerAnspr scheidet jedoch aus, wenn das Ges aus best Gründen, vornehml der VerkSicherh, ausdr von einem Ausgl der an sich ungerechtf VermVerschiebg absieht od sonst zu erkennen gibt, daß diese dem Empf endgült verbleiben soll (näher Einf 5 b).

b) Handlungen eines Dritten: Beisp s Anm 3 b. Auch hier sind rgdlos alle Eingr, zu denen dem Handelnden ein Recht nicht od nicht allein (vgl zB §§ 1434, 1457) zustand. Zum SondFall der Eingr in das Verm des Benachteil im Wege der ZwVollstr ohne rechtf Grd s Anm 5 B a bb.

c) Rechtsveränderungen kraft Gesetzes. Soweit in den unter a) u b) genannten Fällen die VermVerschiebg nicht unmittelb dch die Hdlg des Bereicherten od eines Dr, sond aGrd einer vom Ges an diese Hdlg geknüpften RFolge eintritt, ist nach Sinn u Zweck der einz Vorschr zu beurteilen, ob nur eine formelle RWirkg vorliegt, die im Verh zum Benachteil die rechtf Gütes entbehrt, od ob die RÄndg vom Ges auch als mat gerechtf gewollt war (BGH **LM** Nr. 25). Wenn zB die Hyp mit der Begleichg der HypFdg dch einen Dr auf den Eigtümer des Grdst als GrdSch übergeht (§§ 1163 I, 1177 I), so liegt hierin kein diese VermVer- schiebg rechtf mat Grd; dieser RErwerb kann daher kondiziert werden (BGH aaO). Dagg liegt in § 868 I ZPO der rechtfertigde Grd dafür, daß der GrdstEigtümer die ZwangsHyp als Gläub erwirbt, wenn der der Eintr zuGrde liegde Titel aufgeh od wenn die ZwVollstr aus ihm für unzuläss erklärt wird (BGH WM **76**, 719). Auch sow es sich um den Rang eines im GB eingetr Rechts handelt, gibt § 879 auch die rechtf Norm; daher kein BerAnspr des unter Verletzg des § 45 GBO im Rang Beeinträchtigten gg die dch die RangÄnd Bevorzugten (BGH **21**, 98; vgl § 879 Anm 3 e), desgl nicht des HypGläub, dessen Recht irrtüml gelöscht u später mit schlechterem Rang wieder eingetr wird, gg den vorrückden Gläub (RG **88**, 278).

Bereicherungsanspruch zu bejahen, wo das Ges ausdr die Anwendg der BerVorschr vorsieht (Einzelh Einf 6 a vor § 812), insb in den Fällen der Verbindg, Vermischg u Verarbeitg (§ 951) od des Fundes (§ 977), ebso bei RVerlust inf Anbaus an eine Kommunmauer (näher § 921 Anm 2 e); ferner bei Verletzg von ImmaterialgüterR (Einf 6 b vor § 812) u des PersönlichkR (Anm 3 a, 4 d); bei Eingr von Dr iW der ZwVollstr, auch wenn der Benachteil sein Recht nicht währd des ZwVollstrVerf geltd macht (Anm 5 B a bb); aber kein Anspr gg Erwerber, da Zuschlag rechtsbegründ wirkt. Zur Ersitzg s Einf 5 b. – Dagg **Bereicherungsanspruch zu verneinen,** wo das Ges eine Spezialregelg vorsieht, insb wo in kr Ges eintretder RVerlust gerade zu dem Zweck gewollt ist, nach gewisser Zeit von einem Ausgl abzusehen (Einzelh Einf 5 b); ferner in allen Fällen eines gutgläub RErwerbs, soweit nicht §§ 816, 822 einen BerAnspr ausdr vorsehen, ebso beim gutgläub Erwerb des Eigt an Früchten (§ 955) od an einem Bienenschwarm (§ 964), sofern nicht die dem BerR vorgehden § 987 ff anzuwenden sind. Auch bei der ordngsmäß Liquidation eines Vereins od einer sonst jur Pers begründet nach Ablauf des Sperrjahrs einen rechtl Grd für die vorgen Verteilg ggü verspäteten Gläub (RG **124**, 210 für § 73 GmbHG, BGH **43**, 51 für § 90 GenG); and bei Ausschüttg unter Verstoß gg die gesetzl Vorschr (RG **109**, 387). Kein BerAnspr auch bei Hdlgen des KonkVerw nach rechtskr KonkEröffng, selbst wenn diese unzul war (RG **129**, 390); zum BerAnspr, soweit Leistgskondiktion in Frage steht, Anm 6 A b, c). Ferner bei versehentl NichtAufn eines Rechts in das geringste Gebot (RG **59**, 266); ebso wenn ein aus dem GB nicht ersichtl Recht nicht rechtzeit angemeldet wird (RG HRR **29**, 93). Erhebt ein KonkursGläub, dessen vom KonkVerw anerk Fdg irrtüml nicht in das Schlußverzeich aufgenommen worden ist, im Schlußtermin keine Einw gg das Schlußverzeich, so kann er den Betr, den inf des Ausschl von der Verteilg die and KonkGläub

§§ 812, 813   2. Buch. 7. Abschnitt. *Thomas*

mehr erhalten haben, von diesen nicht als unger Ber herausverlangen (BGH **91**, 198). – **Urteile** außer GestaltgsUrt haben zwar keine rbegründde Wirkg, die ihnen innewohnde RKraft trägt jedoch grdsätzl, so lange sie besteht (zur RLage bei WiederAufn des Verf s Anm 6 A c), die Rechtfertigg des zuerkannten Anspr in sich, auch wenn es sachl unricht ist (s auch § 814 Anm 3). Soweit nicht im Hinbl auf nach Schluß der letzten mdl Vhdlg entstandene neue Tatsachen dem Urt die materielle Rechtskraftwirkg fehlt (BGH NJW **84**, 126) und nicht ein Fall von UrtMißbr (§ 826 Anm 8 o) od des § 767 ZPO gegeben ist, besteht kein BerAnspr gg den LeistgsEmpf aGrd rechtskr Urt (BGH **LM** § 322 ZPO Nr 10, LG Kblz NJW **63**, 254: AusschlUrt im AufgebVerf; zusfassd Gaul JuS **62**, 1). Eine einstw Vfg ist dagg als nur vorläuf proz RBehelf kein RGrd für eine erbrachte Leistg (RG JW **28**, 712 mit zust Anm von Philipp aaO S 1055; vgl auch § 945 ZPO). Ebso nicht eine einstw Anordng nach § 620 ZPO, soweit sie über den matrechtl UnterhAnspr hinausgeht (BGH NJW **84**, 2095).

  d) **Handlungen des Entreicherten.** Hier fehlt der RGrd regelm dann, wenn der eingetretene Erfolg vom Handelnden nicht beabsichtigt war. Beim Ausbau von Räumen für eine eig Familienwohng in fremdem Haus ist der Zweck mit Vollendg der BauMaßn erreicht (BGH NJW **85**, 313 [315]).

  e) **Tatsächliche Vorgänge** werden, wenn sie zu einer VermVerschiebg führen, prakt immer des rechtf Grdes entbehren.

  7) Sind die Voraussetzgen eines BerAnspr nach Anm 2 bis 6 gegeben, so besteht ein Anspr des Benachteiligt den Bereicherten auf **Herausgabe des Erlangten.** Inhalt u Umfang dieses Anspr, insb Berücksichtigg einer GgLeistg od von Aufw (Saldo), sind in §§ 818–820 näher geregelt. Zum Ztpkt der Entstehg des BerAnspr s § 818 Anm 1 b. Der Anspr geht je nach Sachlage auf Herausg einer Sache, eines Inbegr, zB Unternehmen, falls die Identität gewahrt ist (Schintowski JZ **87**, 588), auf Zahlg, Befreiung von einer Schuld, Einwilligg in Auszahlg od in Umschreibg des GB, Neubestellg eines erloschenen R, Verz auf ein ohne rechtl Grd erlangtes R od eine solche RPosition (näher § 818 Anm 2). Der BerAnspr berechtigt auch zur **Einrede** gem § 821. Befindet sich der AnsprBerecht unverschuldet in Unkenntn über den Umfang seines Anspr, so insb bei Verletzg von ImmaterialgüterR (Einf 6 b), bei Anspr auf Herausg gezogener Nutzgen (§ 818 Anm 3), so ist der Bereicherte zur AuskErteilg sowie uU zur Rechngslegg verpfl (RG **90**, 137, s §§ 259–261 Anm 2 c, d). Über Aktiv- u Passivlegitimation s Anm 5 B. Einzelh zur Geltdmachg des BerAnspr sowie zu den gg ihn in Frage kommden allg Einwendgen, insb Leistgsort, GerStand, Verzinsg, VorhSein mehrerer Bereicherter, internat PrivR, Verj, unzul RAusübg, s Einf 7, 8. Über konkurrierde Anspr Einf 4, 5.

  8) Beweislast. Die Voraussetzgen des BerAnspr hat der AnsprBerecht zu bew. Da § 812 keinen einheitl Tatbestd der ungerechtf Ber enth, ist auf den jew geltd gemachten Anspr im EinzFall, insb auf die behauptete Art des fehlden rechtl Grdes (Anm 6) abzustellen (Saarbr NJW **89**, 1679: PkwDiebstahl). **a)** Wer **Herausgabe wegen Erfüllung einer Nichtschuld** verlangt, hat zu bew, daß er zur Erf einer best Verbindlichk geleistet u daß die Verbindlichk nicht bestanden hat (BGH WM **58**, 1275). Zur BewLast für behaupteter Kenntn der Nichtschuld (Irrt, Zweifel), insb bei Leistg unter Vorbeh s § 814 Anm 4. Ist dagg auf eine noch nicht anerkannte, sond erst festzustellde Fdg gezahlt, so muß der AnsprGegner (Bekl) beweisen, daß die Feststell zu seinen Gunsten erfolgt ist od erfolgen muß (BGH NJW **89**, 161, NJW **89**, 1606). **b)** Wer ein **positives Schuldanerkenntnis**, muß II kondiziert, muß dartun, daß das Anerk nicht erforderl ist der Nachw, daß das Anerk irrtüml erfolgt sei (RG **146**, 355 [360]). Ist jedoch ein **negatives Schuldanerkenntnis** Ggst der BerAnspr, so muß Kl nicht nur das Bestehen der Schuld dartun, sond auch beweisen, daß er sich bei Abg des Anerk geirrt hat (RGRK/Heimann-Trosien Rdn 116). Der Bekl ist beweispfl, wenn er behauptet, ein Akzept sei ohne rechtl Grd gegeben od der WechselGläub sei sonst wg Wegfalls des RGrds gegen die WechselFdg ungerechtf bereichert (zusfassd Stötter NJW **71**, 359). Auch wenn feststeht, daß das Akzept zunächst ohne RGrd gegeben wurde, der Gl aber schlüss vorträgt, er habe sich nachträgl mit dem Schu über einen RGrd geeinigt, trägt der WechselSchu weiterhin die BewLast für das Fehlen dieses RGrdes (BGH NJW **75**, 214). – **c)** Wer das **Fehlen eines die Vermögensverschiebung rechtfertigenden Grundes** behauptet, muß dartun, wie diese gewollt war u inwiefern der rechtl Grd fehlt. Es genügt jedoch regelm der Bew, daß der vom Gegner behauptete RGrd nicht vorh ist (BGH WM **73**, 1135); nicht dagg braucht er zu bew, daß auch kein and RGrd zugrde liegt (Düss NJW-RR **88**, 1536). Das gleiche gilt hins des späteren Wegfalls des rechtl Grdes. Bei BerAnspr wg Nichteintritts des mit einer Leistg bezweckten Erfolges muß derjen, der einen solchen Anspr erhebt, diesen Nichteintritt beweisen, bzw den vom Bekl behaupteten Zweck widerlegen (§ 815 Anm 4). Ist ein Betr ohne RGrd nur als Vorschuß od Sicherh geleistet worden, hat der Empf zu bew, daß dieser Betr dch GgAnsprüche verbraucht sei (BGH WM **85**, 449). – **d)** Ist dem BerSchu ein Betrag auf seinem Konto gutgeschrieben, hat er zu bew, daß er ihn nicht erhalten hat, weil das Konto nur pro forma auf seinen Namen lautet (BGH NJW **83**, 626). BewLast für Kenntn widerrufener Anw vgl oben Anm 5 B b cc. – **e)** BewLast für **Umfang** des BerAnspr s § 818 Anm 8.

813 *Erfüllung trotz Einrede.* ¹ Das zum Zwecke der Erfüllung einer Verbindlichkeit Geleistete kann auch dann zurückgefordert werden, wenn dem Anspruch eine Einrede entgegenstand, durch welche die Geltendmachung des Anspruchs dauernd ausgeschlossen wurde. Die Vorschrift des § 222 Abs. 2 bleibt unberührt.

II Wird eine betagte Verbindlichkeit vorzeitig erfüllt, so ist die Rückforderung ausgeschlossen; die Erstattung von Zwischenzinsen kann nicht verlangt werden.

  1) Bedeutung, Anwendungsbereich. § 813 enth ergänzde SonderVorschr für den BerAnspr wg Erf einer Nichtschuld (vgl § 812 Anm 6 A b); er ist auf and BerAnspr, auch der Leistgskondiktion, nicht anwendb. **Absatz I** stellt eine den § 812 I 1 erweiternde AnsprGrdlage dar; dem Fall des Nichtbestehens der Schuld ist gleichzuachten, daß die Verbindlichk zwar besteht, ihrer GeltdMachg aber eine dauernde Einr – Ausn: Verj – entggsteht, womit die Schuld prakt zu einer Nichtschuld wird. Dagg enth **Absatz II** einen AusschlTatbestd.

878

Die Rückfdg ist ausgeschl, wenn eine betagte Verbindlichk vorzeit erf wird. – Unerhebl ist, ob es sich handelt um schuldr od dingl Anspr (RG HRR **34**, 861), um die eigentl geschuldete od um Leistg an Erf Statt, um die Erf einer eig od einer fremden Verbindlichk. § 813 ist auch anwendb für Einr ggü Dr bei VzGDr (BGH **LM** Nr. 1 mit Anm Ascher u § 812 Anm 5 B bcc). Gleichgült ist auch, ob der Irrt tats od rechtl Natur, verschuldet od unversch ist. § 814 gilt allerd auch hier, dh keine Rückfdg bei Leistg in Kenntn der dauernden Einr. Unanwendb ist § 813 regelm dort, wo BerR nur kr Verweisg gilt (RG **139**, 17 für § 717 III ZPO).

2) Dauernde Einreden (I 1) begründen einen BerAnspr. Keine Rückfdg, wenn dem Anspr lediglich eine vorübergehde Einr entggstand, zB eine Einr rechtzeitg vor Vorleistg (BGH NJW **63**, 1869), der Stundg od des ZbR (RG **139**, 17) od wenn der Mieter Miete bis zur Höhe der Kostenmiete bezahlt hat aGrd einer MieterhöhgsErkl des Verm, die nicht den FormVorschr des § 10 I WoBindG entsprach (BGH NJW **82**, 1587). Im Falle der **Einwendung**, zB aus dem Recht zum Bes ggü dem HerausgAnspr des Eigtümers (§ 986 Anm 1), ist schon der Anspr von vorneherein entspr besch od ausgeschl, so daß bei dennoch erfolgter Leistg § 812 I 1 eingreift. Wesentl ist, daß die Einr schon zZ der Leistg dem Anspr entgegensetzt werden konnte. Tats, die erst nachträgl ein LeistgVR begründen, genügen nicht.

a) Als dauernde Einreden kommen in Betracht: Erwerb der Fdg ohne rechtl Grd dch ungerechtf Ber (§ 821) od dch die unerl Hdlg des Gläub (§ 853); Einr der anfechtb letztw Vfg nach Ablauf der AnfFrist (§§ 2083, 2345) od der beschr Erbenhaftg, wenn Erbe irrtümlicherw trotz unzuläss Nachl od ggü ausgeschl Gläub erf (§§ 1973, 1975, 1990) od wenn er ein Vermächtn in Unkenntn einer bestehden PflTeilLast zu hoch erf hat, § 2083 I (KG FamRZ **77**, 267); Einr des persönl Schu ggü HypGläub, der seiner BenachrichtiggsPfl hins Einleitg der ZwVerst nicht genügt hat (§ 1166); in EinzFällen auch die „Einrede" nach Treu u Gl, soweit sie dauernd wirkt, obwohl § 242 eigentl eine Einwdg darstellt (BGH **LM** § 242 ([Cd]) Nr. 19); die gg die kreditierde Bank dchgreifde Einwdg des AbzK gg seinen Verk (Stgt WM **77**, 1294).

b) Der **Bereicherungsanspruch** ist dagg **ausgeschlossen** bei Leistg auf eine verj Fdg in Unkenntn der Verj, obwohl an sich die Verj eine dauernde Einr begr; I 2 verweist ausdr auf § 222 II. Auch das dauernde LeistgsverweigerungsR des § 478 bei rechtzeitg MängelAnz des Käufers vor Eintritt der GewlAnspr gibt keinen BerAnspr nach I 1, wenn vor (RG **74**, 292) od nach MängelAnz der Kaufpr gezahlt wird (RG **144**, 93), da nach Verj der GewlAnspr kein VermAusgl mehr stattfinden soll. Wer in Unkenntn einer Aufrechnungsbefugn zahlt, hat kein RückfdgsR aus I 1, da die AufrBefugn keine Einr, sond ein GestaltgsR darstellt (RG **144**, 93, Staud-Lorenz Rdn 11; RGRK/Heimann-Trosien Rdn 5; offen gelassen in BGH WM **63**, 965); unbestr Ausschl des RückfdgsR wg § 814, wenn AufrBefugn bekannt war (BGH aaO). Hat dagg der Schu ggü eine mit einer dauernden Einr behaftete Fdg des Gläub aufgerechnet, so kann er über I 1 die Wiederherstellg seiner dch die Aufr getilgten Fdg verlangen, soweit nicht I 2 iVm § 222 II od § 814 entggstehen. Bei Anfechtbark greift § 813 I 1 gleichfl nicht ein, da trotz § 142 II (Kenntn des AnfR) bis zur Erkl der Anf dch den Empf eine wirks Verpfl bestand (RG **151**, 361 [376]; s § 812 Anm 6 A cbb u § 814 Anm 2a für Anf dch den Leistden). Die Rückfdg ist ferner ausgeschl bei Erf von unvollk Verbindlichk, zB §§ 656, 762 ff.

3) Betagte Verbindlichkeit (II) liegt nur vor, wenn die Verbindlichk bereits entstanden, jedoch ihre GeltdMachg (Fälligk) ganz od teilw aufgehoben ist (§ 163 Anm 1 b), insb bei einer Stundg. Wird diese betagte Verbindlichk vorzeit erf, so ist das keine Erf einer Nichtschuld; die Rückfdg der Leistg (auch SchuldAnerk) ist desh – ebso wie die Erstattg von ZwZinsen (vgl § 272) – ausgeschl. II enth allerd nachgieb Recht. Voraussetzg ist Leistg dch einen voll Geschfäh, soweit dies zur wirks Erf erforderl ist (§ 362 Anm 1). Auf „befristete" Schulden, die als solche erst zu einem späteren (Anfangs-)Termin entstehen, ist II dagg ebsowenig anwendb (hM, Staud-Lorenz Rdn 15) wie auf die Erf einer dauernd bdgten Verbindlichk vor Eintritt der – dem Leistden nicht bekannten – Bdgg (§ 812 Anm 6 A b), da § 163 beide Fälle gleich behandelt. Mit Entstehen der Fdg od Eintritt der aufschiebden Bdgg entfällt hier natürl der RückfdgsAnspr. Bei endgült Ausfall der Bdgg kann BerAnspr (hins Vorausleistg) wg Nichteintritts des mit der Leistg bezweckten Erfolgs (§ 812 Anm 6 A d) in Betr kommen (RG **71**, 316).

4) Beweislast. Es gelten die allg Grds (§ 812 Anm 8). Der AnsprBerecht hat also Leistg zur Erf einer best Verbindlichk sowie das Vorhandensein einer dauernden Einr zu beweisen, nicht aber, daß er sich geirrt hat (RG **133**, 275).

814 Kenntnis der Nichtschuld; Anstands- und Sittenpflicht.

Das zum Zwecke der Erfüllung einer Verbindlichkeit Geleistete kann nicht zurückgefordert werden, wenn der Leistende gewußt hat, daß er zur Leistung nicht verpflichtet war, oder wenn die Leistung einer sittlichen Pflicht oder einer auf den Anstand zu nehmenden Rücksicht entsprach.

1) Bedeutung, Anwendungsbereich. § 814 ist eine Ausprägg des allg Grds von Tr u Gl. Er enth – iW der rhindernden Einwdg (Anm 4) – zwei Ausn vom allg Grds, daß das zum Zwecke der Erf einer Nichtschuld Geleistete – gleichgült, ob in SchenkgsAbs od aus welchen sonst BewegGrden – nach § 812 I 1 zurückgefordert werden kann (Anm 2, 3). – **Gilt** nur für BerAnspr aGrd von Leistgen zum Zwecke der Erfüll einer Verbindlichk, die in Wirklichk nicht besteht (BGH WM **86**, 1324, § 812 Anm 6 A b). Insow für alle Fälle einer endgült freiw u vorbehaltl Erf einer Nichtschuld (näher Anm 2b). § 814 umfaßt nicht nur die Fälle realer Leistgen, sond auch die Abg selbstd SchuldVerspr od -Anerk (§ 812 Anm 2b, BGH **1**, 181). – **Gilt nicht** für and Fälle der Leistungskondiktion, zB nicht für die Rückfdg des bewußt trotz Fehlens des rechtl Grdes von Anfang an zu and Zwecken und ggf sogar gg den Willen des Empf Geleisteten (BGH WM **68**, 1201). Zur aufgedrängten Ber s näher § 951 Anm 2 c dd). So kann ein Dr, der dch Zahlg an den Gl bewußt eine fremde Schuld ohne RGrd im Verhältn zum Schu tilgt, von diesem die Herausg der dch seine Leistg eingetretenen Ber verlangen (BGH Betr **75**, 2432). § 814 gilt ferner nicht für BerAnspr wg spät Wegfalls des RGrdes od wg Nichteintritts des mit der Leistg bezweckten Erfolgs (BGH WM **72**, 283). Für letztgen Fall § 815 (s aber Anm 2c), auch nicht für Anspr aus § 817 (BGH WM **61**, 530), ferner nicht für Ber „in sonst Weise". Die

879

§ 814   1–4   2. Buch. 7. Abschnitt. *Thomas*

Anwendg des § 814 ist nach seinem Zweck ferner ausgeschl, wenn der Empf der Leistg trotz Kenntn vom Nichtbestehen der Verbindlichk nicht darauf vertrauen darf, das Empfangene behalten zu dürfen, zB der Erbe, der trotz TodesAnz die RentenVers des Verstorbenen weitererhält (BGH 73, 202) u die Fälle in Anm 2c.

2) Leistung in Kenntnis der Nichtschuld schließt BerAnspr (Rückfdg) aus.

a) Erforderl ist **positive Kenntnis der Rechtslage** im Ztpkt der Leistg. Nicht ausreichd ist die Kenntn der Tats, aus denen sich das Fehlen einer rechtl Verpfl ergibt; der Leistde muß vielm aus diesen Tats auch eine i Erg zutr rechtl Schlußfolgerg gezogen haben (BGH WM 86, 1160). Jeder R- od TatsIrrt schließt die Anwendg des § 814 aus (BGH Betr 68, 612). Auch „Kennen müssen" (§ 122 Anm 2c) genügt zum Ausschl des RückfdgsR nicht, selbst wenn die Unkenntn auf grober Fahrlk beruht (BGH WM 72, 283). **Bloße Zweifel** am Bestehen der Nichtschuld stehen gleichf regelm der pos Kenntn nicht gleich (BGH WM 73, 294). Sie genügen aber dann zum Ausschl des RückfdgsR nach § 814, wenn die Leistg in der erkennb Abs erfolgt ist, auch für den Fall der Nichtschuld zu bewirken (Übern des Risikos); in diesem Fall liegt ein Verz auf BerAnspr (od Erl) vor, wenn der Empf aus dem Verhalten des Leistden nach Treu u Gl den Schluß ziehen durfte, der Leistde wolle die Leistg gg sich gelten lassen, einerlei wie der RGrd beschaffen sei (BGH 32, 273, Karlsr WM 75, 480, RG JW 34, 1644: jahrelang fortgesetzte Zahlgen trotz bestehder Zweifel). Ob die Leistg in diesem Sinn erbracht ist, ist Sache der tats Verh im EinzFall; entschd ist, wie das Verhalten des Leistden obj aufzufassen ist (RG 97, 140); zB keine Rückfdg bei uneingeschr Vorwegleistgen des Versicherers (Hamm NJW 64, 406). Unaufklärb Zweifel darü, ob das Verhalten des Leistden iS eines RückfdgsVerz auszulegen ist, gehen zu Lasten des Empf (RG 154, 385 [397], s Anm 4). Die **Kenntnis von Einwendungen** (rechtshind od rechtsvernichtd) ggü der Verbindlichk steht der Kenntn der Nichtschuld gleich, aber nur, wenn alle mögl Einwdgen bekannt waren; andernf bleibt Rückfdg mögl, wenn nicht Verz anzunehmen ist. Dasselbe gilt wg § 142 II für die **Kenntnis der Anfechtbarkeit** dch den Leistden; zur Anf dch den Empf s § 813 Anm 2b, desgl zur Leistg in Kenntn einer AufrBefugn. Hat der Leistde, obwohl er die Nichtschuld od die Einwdg gekannt hat, in dem irr Gl geleistet, die Einwdg usw nicht bew erheben zu können, so ist eine Rückfdg gem § 814 ausgeschl (RG 59, 351).

b) Eine **Leistung, die ausdr unter Vorbehalt** erbracht u angen wird (§ 362 Anm 4b), schließt trotz Kenntn des Leistden die Rückfdg nicht aus (BGH 83, 278 [282], WM 88, 1494 [1496]); zur verschärften Haftg in diesem Falle s § 820 Anm 2d. Für eine Leistg unter Vorbeh reicht aber die Zahlg „ohne Anerk einer RPfl" idR nicht aus (Kblz NJW 84, 134), hier schließt § 814 einen BerAnspr aus. Dem ausdr Vorbeh steht es gleich, wenn der Schu erkennb nicht freiw, sond zur Vermeidg eines drohden Zwangs, insb unter dem Druck einer sonst zu befürchten ZwVollstr (RG 147, 17) leistet. § 814 gilt schließl auch nicht bei Zahlgen zur Erf der Voraussetzg einer ZwVollstr, zB Zug um ZugLeistg (RG JW 35, 3093).

c) Wird die **Leistung in Erwartung der Heilung** der (zB Form-)Nichtigk trotz Kenntn der Nichtschuld od in der Erwartg erbracht, daß eine wirks Verpfl später entsteht od der VertrPartner die GgLeistg seiners bewirken wird, so ist § 814 grdsätzl nicht anwendb (BGH JZ 71, 556 u BGH 73, 202). Auch kann – bei Vorliegen der sonstigen Voraussetzgen – ein BerAnspr wg Nichteintritts des mit der Leistg nach dem Inhalt des RGesch bezweckten Erfolgs gegeben sein, auf den § 814 nicht anwendb ist (näher § 812 Anm 6 A d).

d) Bei **Leistung durch Vertreter** kommt es auf dessen Kenntn an (BGH 73, 202), außer er hat unter Verletzg des § 181 geleistet (BGH WM 80, 1451). Hat der Vertretene mehrere Vertr (Organe), so entschd die Kenntn des die Leistg tats Erbringden (BAG JZ 61, 456), sofern es sich nicht um einen Fall des auch hier anwendb § 166 II 1 (Leistg auf Anweisg) handelt (vgl Herschel in krit Anm zu BAG aaO). Bei Gesamtvertr, die nur gemeins leisten können, gilt die Kenntn auch nur eines von ihnen als Kenntn des Vertretenen (§ 166 Anm 2).

3) Sittliche oder Anstandspflicht. Begriff § 534 Anm 1. § 814 Halbs 2 betr den Fall, daß der Leistde – and als bei der Pfl- u Anstandsschenkg des § 534 – irrtüml glaubte, zur Leistg verpfl zu sein, währd die Verbindlichk nicht bestand. Hier soll ein BerAnspr ausgeschl sein, wenn die Leistg zwar ohne RGrd erfolgte, aber im Ergebn nach den herrschden Moralvorstellgen obj einer sittl oder AnstandsPfl entsprach. Unerhebl ist, ob sich der Leistde dieses Umst bewußt war; hat der Leistde aber von vorneherein in der Abs geleistet, nur eine solche Pfl zu erf, so ist eine Rückfdg schon nach § 814 Halbs 1 ausgeschl (RG 78, 71 [78]). **Beispiele:** Gewährg von Unterh od abstr SchuldVerspr (VerleihRente) an Verwandte u Verschwägerte, denen ggü keine ges UnterhPfl besteht; Zahlg des angem Unterh trotz Verpfl nur zu beschr UnterhZahlg gem § 1611 (RG 63, 38; vgl aber RG 104, 246); Gewährg übl Trinkgelder; Erf einer bestehden Schuld in Unkenntn eines inzw ergangenen klageabweisden rechtskr Urt (bei Kenntn ist Rückfdg schon nach Halbs 1 ausgeschl; vgl auch § 812 Anm 6 A Bc); Befriedigg des Gläub dch Gem- od VerglSchu in einer Höhe über die Quote des ZwangsVergl hinaus in der irr Ann, hierzu verpfl zu sein (RG 78, 71), sofern man den rechtf Grd nicht schon in der Erf der weiter bestehenden unvollk Verbindlichk sieht (RG 160, 134, Staud-Lorenz Rdn 21). UU auch bei Erf formungült letztw Anordngen des Erbl dch den Erben (RG Warn 12, 189). Dagg **keine Erfüllung einer Anstandspflicht,** wenn jemand in der irr Ann, Erzeuger eines nichtehel Kindes zu sein, Unterh gewährt hat (hierzu § 812 Anm 4c u 5 Bbdd sowie § 1615b am Anm). Die Berufg auf die Formnichtigk eines Vertr (RG 107, 357) od auf den Ablauf einer gesetzl Frist (RG 48, 139: WechselprotestFr) verstößt grdsätzl nicht gg eine sittl Pfl, wohl aber kann im EinzFall der Einwand der Argl entggstehen (vgl § 125 Anm 6). Auch ein verbotenes RGesch (zB BörsenterminGesch) begr keine sittl od AnstandsPfl zu seiner Erf (Staud-Lorenz Rdn 21).

4) Beweislast. Die Grds in § 812 Anm 8 gelten auch hier. Der **Leistende** hat also zu bew, daß er zwecks Erf einer best Verbindlichk geleistet u daß diese nicht bestanden hat (RG 133, 275), daß bei Zahlg beide Seiten die Heilg des nichtigen Vertr nicht mehr erwarteten (Düss NJW-RR 86, 692). Einen Irrt, der nicht AnsprVorauss ist, braucht er dagg nicht zu bew (RG 146, 355 [360]). Eine unter schlichtem Vorbeh erbrachte Leistg entbebt den Leistden nicht vom Nachw des Nichtbestehens der Schuld, weil er sich dch den

Vorbeh ledigl gg die Anwendg des § 814 schützen will. Auch den Vorbeh muß, da AusnTatbestd, der Leistde bew (Hamm NJW-RR **87**, 985, Müko/Lieb Rdn 13). – Der **Leistungsempfänger** hat zu bew, daß der Leistde sich nicht irrte, sond die Leistg freiw in Kenntn der Nichtschuld erbracht hat (RG **90**, 314) od daß die Leistg einer sittl od AnstandsPfl entsprach. Er hat ferner zu bew, daß die Leistg zu einem and Zweck erfolgte (RG **133**, 275), u daß bei bloßem Zweifeln des Leistden aus seinen Erklärgen od aus seinem Verhalten ein Verz auf Rückfdg zu erblicken war (oben Anm 2a). Der Vorbeh kann im EinzFall auch die Bedeutg haben, daß der Empf im RückFdgsStreit das Bestehen des Anspr zu bew hat (BGH NJW **84**, 2826, Düss NJW-RR **89**, 27), so bei dem RückzahlgsAnspr einer auf erstes Anfordern geleisteten Zahlg des Bürgen (BGH NJW **89**, 1606; vgl Einf 2f vor § 765).

815 *Nichteintritt des Erfolges.* **Die Rückforderung wegen Nichteintritts des mit einer Leistung bezweckten Erfolges ist ausgeschlossen, wenn der Eintritt des Erfolges von Anfang an unmöglich war und der Leistende dies gewußt hat oder wenn der Leistende den Eintritt des Erfolges wider Treu und Glauben verhindert hat.**

1) Anwendungsbereich. § 815 betr ausschließl den Fall des BerAnspr wg Nichteintritts des mit einer Leistg bezweckten Erfolgs, der in § 812 I 2 2. Fall geregelt ist (näher § 812 Anm 6 A d). Von dem dort gewährten RückfdgsR gelten nach § 815 zwei Ausn (Anm 2, 3). § 815 ist nicht entspr anwendb auf den BerFall wg späteren Wegfalls des bei der Leistg vorhand RGrdes (§ 812 Anm 6 A c, Staud-Lorenz Rdn 3, BGH **29**, 171, BGH NJW **68**, 245 mit Anm von Lorenz in JZ **68**, 381), da auch bei Vorhersehbark des notw späteren Wegfalls des RGrdes od bei Herbeiführg des Wegfalls wider Treu u Gl ein derart SchwebeZust wie bei dem zu erwartden Erfolg bis zum Eintritt des BerFalles nicht bestanden hat; (str, aA Soergel-Mühl Rdn 1). § 815 gilt ferner nicht für BerAnspr wg Erf einer Nichtschuld (§ 812 Anm 6 A b); dafür gelten §§ 813, 814.

2) Unmöglichkeit des Erfolgseintritts. Die Rückfdg ist ausgeschl, wenn der Eintritt des Erfolgs aus tats od rechtl Grden von Anfang an dauernd unmögl war u der Leistde dies gewußt hat (RG **116**, 336). Wird in der Ann geleistet, daß die zZ der Leistg bestehde Unmöglichk des Erfolgseintritts später behoben wird, so ist § 815 unanwendb, ebso wenn die Unmöglichk (Unvermeidlichk) erst später eintritt, mag auch der Leistde damit gerechnet haben. Voraussetzg ist pos Kenntn des Leistden; bloße Zweifel an der Möglichk des Erfolgseintritts genügen nicht; doch ist auch hier zu prüfen, ob dann nicht ein Verz des Leistden auf Rückfdg vorliegt (RG **71**, 31, § 814 Anm 2a). Zur verschärften Haftg des Empf bei ungewissem Erfolgseintritt s § 820 I 1.

3) Verhinderung des Erfolgseintritts. Keine Part darf – wie in § 162 – die gemeins Erwartg des Erfolgseintritts unredl zunichte machen (BGH NJW **80**, 451). Nicht erforderl ist die Abs des Leistden, den Erfolg zu verhindern, es genügt, daß er ohne zwingden Grd eine Hdlg vornimmt, die bewußterm dazu geeignet ist, den Erfolg zu verhindern (RG Gruch **67**, 176). Ob der Leistde jede Einfluß auf den Erfolgseintritt unterl muß, ist Auslegsfrage. § 815 ist auch ggü dem Anspr auf Rückg der Brautgeschenke anwendb, wenn der schenkde Teil – ggf beide – die Eheschl wider Treu u Gl verhindert hat (BGH **45**, 258, § 1301 Anm 2 b). RückFdg ist dagg nicht ausgeschl, wenn sich bei ErfBereitsch des Empf der Leistde weigert, einen formnichtigen Vertr in rechtsgült Form abzuschließen od zu erf, sofern er dazu einen hinreichden Grd hat (BGH JZ **71**, 556), zB arglist Täuschg beim Abschl des formnichtigen Vertr (BGH NJW **80**, 451; aA Singer WM **83**, 254); ebso nicht, wenn ein unsittl Erfolg vereitelt wird (RG **78**, 41: Bordellkauf).

4) Beweislast. S zunächst § 812 Anm 8. Der Leistde muß Leistg zwecks Erreichg des Erfolges u dessen Nichteintritt als AnsprVoraussetzg bew (RG HRR **31**, 1752). Der LeistgsEmpf hat dagg die Tatbestdsmerkmale des § 815 (Einwdg) zu beweisen (RGRK/Heimann-Trosien Rdn 7), zB bei § 1301 die Braut die treuwidr Vereitelg der Eheschl dch ihren Verlobten (RG JW **25**, 2110). Das gilt auch für die Rückfdg eines selbstd (abstr) SchuldVerspr (RG **116**, 336).

816 *Verfügung eines Nichtberechtigten.* [I]**Trifft ein Nichtberechtigter über einen Gegenstand eine Verfügung, die dem Berechtigten gegenüber wirksam ist, so ist er dem Berechtigten zur Herausgabe des durch die Verfügung Erlangten verpflichtet. Erfolgt die Verfügung unentgeltlich, so trifft die gleiche Verpflichtung denjenigen, welcher auf Grund der Verfügung unmittelbar einen rechtlichen Vorteil erlangt.**

[II]**Wird an einen Nichtberechtigten eine Leistung bewirkt, die dem Berechtigten gegenüber wirksam ist, so ist der Nichtberechtigte dem Berechtigten zur Herausgabe des Geleisteten verpflichtet.**

1) Bedeutung. a) § 816 regelt einen Fall der **Eingriffskondiktion** (§ 812 Anm 3), denn er betrifft VermVerschiebgen dch Hdlgen des Bereicherten od eines Dr (BGH NJW **70**, 2059, Staud-Lorenz Rdn 2, RGRK/Heimann-Trosien Rdn 1; aA MüKo/Lieb Rdn 12). BGH WM **61**, 273 nennt § 816 noch eine Ausn vom Grds der Unmittelbark der VermVerschiebg zw Bereichertem u Benachteil. In Erweiterg des in § 812 enth allg Grds der Einheitlichk des BerVorgangs (§ 812 Anm 5 B) stellt § 816 klar, daß ein BerAusgl auch in den Fällen stattfinden soll, in denen ein Ggst (Sache, Fdg, Recht) dem Berecht wirks entzogen wird, der Nichtberecht aber ohne einen Ers (Surrogat) – wenn auch aGrd eines selbstd RGesch – ungerecht bereichert ist, ohne daß hierfür § 281 herangezogen zu werden braucht. § 816 ist von großer prakt Bedeutg; er hat in erster Linie die Aufg, überall dort einen **gerechten Ausgleich** zu schaffen, wo das G im Interesse der VerkSicherh, insb zG des gutgläub Erwerbers, Vfgen von Nichtberecht auch sachl-rechtl für endgült wirks erkl u mangels Verschuld des Nichtberecht ein Ausgl weder üb § 823 noch über § 687 II erfolgen kann. **Absatz I Satz 1** betr den Fall, daß ein Nichtberecht üb einen Ggst eine Vfg trifft, die dem Berecht ggü wirks ist (zB Übereigng einer bewegl Sache dch Nichteigtümer an gutgl Erwerber). Der Ausgl des RVerlusts, den

§ 816 1, 2   2. Buch. 7. Abschnitt. *Thomas*

der Berecht (der bish Eigtümer) erleidet, findet hier dadch statt, daß der Nichtberecht das dch die Vfg – wenn auch nur mittelb, zB aGrd eines ihr zugrdeliegdn KaufVertr – Erlangte (Anm 5 b) an den Berecht herauszugeben hat. **Absatz I Satz 2** betrifft den Fall, daß der Nichtberecht unentgeltl verfügt, also selbst nichts erlangt hat; dann richtet sich der BerAnspr unmittelb gg den Erwerber, der zur Herausg verpfl ist. Der unentgeltl gutgläub Erwerb wird daher im Ergebn nicht geschützt. I 2 enth eine Erweiterg des BerAnspr auf einen Dr; immerhin liegt hier noch – und als bei § 822 (dort Anm 1) – ein einheitl BerVorgang (§ 812 Anm 5 B) zugrde. – **Absatz II** betr den Fall, daß an einen Nichtberecht eine Leistg bewirkt wird, die dem Berecht ggü wirks ist, dch die also der Leistde befreit wird (zB § 407). Der RVerlust des Berecht wird hier dadch ausgeglichen, daß der Nichtberecht diesem die empf Leistg herausg muß.

b) Konkurrierende Ansprüche. Eine weitergehde Haftg bei Vorliegen der entspr AnsprVoraussetzgen bleibt unberührt, insb bei Versch aus unerl Hdlg (§ 823), aus Vertr (zB Auftr), aus § 681, wenn der Verfügde od Annehmde ein fremdes Gesch als sein eig behandelt, sowie aus § 687 II bei angemaßter EigGeschFg (RG **138**, 45, s § 687 Anm 2 a). Weitergehde BerAnspr, zB auf den Wert des Ggst (§ 818 II), entfallen dagg (Anm 5 b). § 816 wird auch dch die SonderVorschr des Eigtümer-BesitzerVerh nicht ausgeschl, sond tritt ergänzd hinzu §§ 987 ff (RG [GrZS] **163**, 348, BGH **LM** § 812 Nr 15; auch BGH **47**, 128 geht hiervon aus). Wird die Vfg des Nichtberecht erst dch Gen des Berecht wirks (Anm 2 c), so schließt diese Gen SchadErsAnspr des Berecht nach §§ 987 ff od § 823 idR nicht aus, da der Berecht hierdch nur auf seinen EigtHerausgAnspr gg den Dr verzichtet, der Verfügde aber trotzdem Nichtberecht bleibt (BGH Betr **76**, 814); and jedoch, wenn die Gen gerade darü hinaus per Vfg des Nichtberecht die Widerrechtlichk nimmt u damit als Verz auf SchadErsAnspr anzusehen ist (BGH NJW **60**, 860 mit Anm von Raiser in JZ **61**, 26). Soweit § 812 unmittelb anwendb ist (HerausgAnspr gg den Empf, weil er den Ggst nicht behalten darf), ist § 816 nicht anwendb, weil sein Tatbestd nicht erf (RG **156**, 395, RGRK/Heimann-Trosien Rdn 2). BGH NJW **56**, 338 will den AusschlTatbestd des § 817 S 2 als für alle Konditionen geltden Grds auch auf den BerAnspr aus § 816 anwenden, übersieht aber, daß § 817 S 2 nur für die LeistgsKondition, nicht für die bei § 816 vorliegde Ber „in sonst Weise" gilt (ebso MüKo/Lieb § 817 Rdn 15, Staud-Lorenz Rdn 3).

c) Ausgleich. Zw demjen, der dch fahrl uH den EigtVerlust des Gläub verurs hat, u demjen, der denselben EigtVerlust dch seine nichtberechtigt Vfg herbeigeführt hat u desh auf Herausg des VeräußergsErlöses haftet, besteht ein GesamtschuldVerh iS der §§ 421 ff (BGH WM **83**, 1189).

2) Wirksame Verfügung eines Nichtberechtigten (I 1).

a) Verfügungen sind solche RGesch, die die RLage eines Ggst unmittelb ändern dch Begründg eines Rechts, dessen inhaltl Änd, Übertr od Aufhebg (vgl näher Übbl 3 d vor § 104). Dagg fällt hierunter nicht die nur schuldr Verpfl zur Vorn einer RÄnd. Desh läßt sich bei Vermietg od Verpachtg fremder Sachen der Anspr auf Herausg des Mietzinses nicht auf § 816 stützen, es handelt sich hier vielm um einen Anspr aus EingrKondiktion nach § 812 I 1 (§ 812 Anm 4 d, 5 A b; ebso RG **105**, 408, Staud-Lorenz Rdn 6, RGRK/Heimann-Trosien Rdn 4; aA Larenz, SchR II, § 69 IV a, Esser-Weyers § 50 II 2 a: § 816 analog anwendb). Entspr besteht bei Verleihg einer fremden Sache kein Anspr aus I 2 gg den Entleiher auf Ers des Werts der hierdch erlangten GebrVort. – § 816 betr nur rgesch Vfgen. **Verfügungen im Wege der Zwangsvollstreckung** sind diesen in § 816 nicht gleichgestellt. Der BerAusgl bei ungerechtf ZwVollstrMaßn, insb bei Vollstr in das Verm eines Dr, hat vielm über die EingrKondiktion nach § 812 zu erfolgen (§ 812 Anm 5 B a bb). Keine Vfg ist auch der Verbrauch einer Sache (BGH **14**, 7). § 816 gilt aber für alle Fälle der wirks Vfg eines Nichtberecht, auch wenn der Verfügde den betr Ggst nicht unmittelb dem Berecht entzogen hat.

b) Von Anfang an wirksam ist die Vfg des Nichtberecht in den im G best Fällen, insb bei Einwilligg des Berecht (§ 185 I), bei Übertr des Eigt u Bestellg od Übertr sonstiger dingl Rechte dch den sachl-rechtl Nichtberecht, grundbuchm aber legitimierten RInh aGrd der Bestimmgen über den öff Gl des GB (§§ 892, 893, 1138, 1155 ff, 1192, 1200); Übertr od Belastg (Nießbr, PfdR) von bewegl Sachen dch Nichtberecht an gutgl Erwerber (§§ 932 ff, 936, 1032, 1207); Vfg über NachlGgst nach der Vorschr über den öff Gl des ErbSch od and vom NachlG ausgestellter Zeugn (§§ 2366–2368, 1507); ferner §§ 366 ff HGB; Art 16 WG, §§ 325 II, 898 ZPO, § 7 KO ua.

c) Wirksamwerden. § 816 ist auch anwendb, wenn die Vfg des Nichtberecht dem Berecht ggü zunächst unwirks war, aber nachträgl wirks geworden ist, dch die Ersitzg (Anm 5 b), (rückw, § 184 I) **Genehmigung des Berechtigten** nach § 185 II 1 1. Fall (BGH **29**, 157, BGH NJW **60**, 860). Hierdch werden lediglich die RFolgen der Vfg geändert; der Verfügde bleibt aber nach wie vor Nichtberecht. Dies ist vor allem von Bedeutg bei Vfgen, bei denen der Erwerber bösgl war od es sich um abhgk od gestohlene Sachen handelte. In diesen Fällen hat es der Berecht in der Hand, entweder die Sache (zB ein gestohlenes Kfz, an dem ein gutgl Erwerb nicht mögl ist) von dem Dr mit der EigtKl herauszuverlangen od (zB wenn dieser nicht zu ermitteln ist od die Sache vor Kenntn des RMangels [vgl §§ 990, 993] verbraucht od abgenutzt hat) die in der Veräußerg dch den Nichtberecht (Dieb, Abnehmer) liegde Vfg zu gen u den VerkErlös (Anm 5 b) zu verlangen. Die Gen schließt auch Anspr aus § 823 nicht aus (BGH Betr **76**, 814). Die GenFähigk ist unabh von dem späteren rechtl od tats Schicksal des Ggst, kann also auch noch erteilt werden nach Verarbeitg der Sache, über die unber verfügt worden ist; der Berecht hat die Wahl zw dem Anspr aus § 951 gg den Verarbeiter u aus § 816 gg den nichtberecht Vfgden (BGH **56**, 131). Mit der Gen wird die Vfg endgült wirks. Erteilg u Verweigerg der Gen sind unwiderrufl, so daß eine Gen nach endgült Verweigerg unwirks ist (BGH NJW **68**, 1326). Anderers ist aber in dem Umst, daß der Berecht zunächst SchadErs verlangt hat, noch keine endgült Verweigerg der Gen zu sehen (BGH aaO). Nach der Rspr (RG **106**, 44, BGH **LM** Nr 6) liegt in aller Regel bereits in der uneingeschr KlErhebg des Berecht auf Herausg des dch die Vfg Erlangten stillschw eine Gen, sofern der Genehmigde die Unwirksamk des Gesch gekannt od zumind mit einer solchen Möglichk gerechnet hat (BGH Betr **60**, 1212). Da sich der Berecht hierdch aber endgült seines EigtHerausgAnspr gg den DrErwerber begeben würde, obwohl in diesem Ztpkt weder der Erfolg der Kl noch die tats Durchsetzbark des BerAnspr nach § 816 feststehen u inzw die Sache selbst zB wieder auftauchen kann, wird verschiedentl vorgeschlagen, in der KlErhebg auf den Erlös nur eine auflösd bdgt erteilte Gen der an sich

Einz. SchuldVerh. 24. Titel: Ungerechtf. Bereicherung § 816 2, 3

unwirks Vfg zu sehen (Wilckens AcR **157**, 399). Die Gen ist jedoch als gestaltdes RGesch im Interesse der Klarh des RVerk grdsätzl bdggsfeindl (vgl Einf 6 vor § 158). Der Berecht braucht aber die Gen nur Zug um Zug gg die Herausg des Erlöses zu erteilen; hierdch sind die Voraussetzgen des § 816 (wirks Vfg) erfüllt (Staud-Lorenz Rdn 9 aE; Soergel-Mühl Rdn 8; krit Deubner MDR **58**, 197).

d) Gläubiger ist der **Berechtigte**, dh derj, der an sich zu der fragl Vfg berecht gewesen wäre u dch sie beeinträchtigt wird (RG **119**, 332), nicht jeder nur mittelb, zB ledigl schuldr an dem Ggst Interessierte. Berecht ist auch der TrHänder, nicht der TrGeb. Sind mehrere Pers betroffen (zB Miteigtümer, Eigtümer u PfdRInh), so steht jedem von ihnen der BerAnspr entspr § 1011 auf Herausg an alle zu (BGH **LM** § 812 Nr 15). Bei wirks Vfg eines von mehreren Mitberecht üb den gemeins Ggst (vgl § 744 Anm 3, § 747 Anm 3 c, § 2039) sind die übr ansprberecht. – **Schuldner** ist bei Abs I S 1 der **Nichtberechtigte**, der die wirks Vfg vorgen hat, nicht aber ein DrEmpf, mag er auch der Vfg zugestimmt haben (RG **137**, 356). Bei Stellvertretg ist der Vertretene herausgverpfl. Bei mittelb Stellvertretg ist dagg der im eig Namen Handelnde, nicht der AuftrGeb der iS des § 816 nichtberecht Verfügde (Wolf JZ **68**, 414; aA Rabe JuS **68**, 211; offen gelassen in BGH **47**, 128); ein BerAnspr wg des VerkErlöses gg den mittelb StellVertr scheidet aber jedenf (wg § 818 III) dann aus, wenn dieser (zB Kommissionär) den Erlös an seinen AuftrGeb (Kommittent) abgeführt hat (BGH aaO; s Anm 5 c: BerAnspr höchstens hins VerkProv). – Ein **Verschulden** ist für den BerAnspr auf Gläub- (Berecht-) wie auf SchuSeite nicht erforderl (BGH **37**, 363 [371], BGH BB **68**, 690, Gutgläubk des Verfügden); doch kann bei Versch auf Seite des Nichtberecht gem § 819 verschärfte Haftg eintreten, auch können konkurrierde Anspr in Betr kommen (Anm 1 b).

3) Unentgeltliche Verfügung eines Nichtberechtigten (I 2).

a) Bedeutung. Erfolgt die wirks Vfg des Nichtberecht iS der Anm 2 unentgeltl, so ist nicht der Verfügde, der nichts erlangt hat, sond der Dr, der aGrd der Vfg einen rechtl Vort erlangt hat, zur Herausg verpfl. Dies ist ein Ausfluß des allg Gedankens, daß ein unentgeltl, wenn auch gutgläub, Erwerb nicht auf Kosten des Geschädigten aufrecherht werden soll. Verfügt der Eigtümer unentgeltl über ein Grdst u erlischt deshalb über § 892 ein nicht eingetragenes R eines Dr am Grdst, so schuldet der Erwerber des Grdst die WiederEintr des R gem I 2 (BGH **81**, 395). Ebso ist ein gem § 1412 geschützter Dritter, zu dessen Gunsten ein Eheg über einen zum GesGut gehörden Ggstd als Nichtberecht verfügt hat, zur Herausg des Erlangten verpfl (BGH **91**, 288).

b) Unentgeltlichkeit. Begr, Beisp § 516 Anm 4. Der GgWert kann auch in der Vfg selbst liegen, zB bei einer wirks Schuldbefreiung. Entsch für die Frage der Unentgeltlichk ist stets der Standpkt des Erwerbers, da das Entgelt auch einem Dr zugeflossen sein kann (BGH **LM** Nr 4). HofÜbergVertr ist regelm gemischte Schenkg (§ 516 Anm 7); BGH WM **64**, 614 nimmt I 2 für die ganze Vfg an, wenn der unentgeltl Charakter überwiegt.

c) Unmittelbarer rechtlicher Vorteil bedeutet, daß dch die näml Vfg, die der Nichtberecht wirks ggü dem Berecht trifft, der Beschenkte einen rechtl Vort erlangt; I 2 ist desh unanwendb, wenn der Nichtberecht den GgWert des für eine wirks Vfg nach I 1 Erlangten zunächst in sein eig Verm bringt u erst hieraus einem Dr unentgeltl etwas zuwendet (BGH NJW **69**, 605); hier ggf nur § 822 gg Dr, sofern ErstEmpf aus RGrden – zB § 818 III, nicht bei § 819 – nicht mehr haftet (s § 822 Anm 1, 2 b).

d) Rechtsgrundlose Verfügung des Nichtberechtigten. Sehr umstr ist, ob – wie nach hM bei § 988 (dort Anm 4) – der unentgeltl Vfg die rechtsgrdlose gleichzustellen ist. „Erlangt" ist an sich nur, was jemandem dch rechtsgült Vertr zugeflossen ist. § 816 ist daher seinem Wortlaut nach grdsätzl unanwendb, wenn die Vfg zwar rechtswirks ist, die VermVerschiebg zG des Erwerbers aber aGrd vornherein nichtigen od nachträgl wieder weggefallenen (Anf, Rücktr, Wandelg) KausalGesch zw ihm u dem Nichtberecht vorgen worden ist. Unzweifelh hat hier der Erwerber die ohne RGrd empf Zuwendg herauszugeben; str ist jedoch, wem der BerAnspr zusteht. Von prakt Bedeutg ist der Unterscheidg insb dafür, ob der Erwerber die von ihm an den Nichtberecht erbrachte GgLeistg ggü dem BerAnspr in Anrechng bringen kann (vgl § 818 Anm 6 C b). – Nach der **Einheitskondiktionslehre** (vgl Grunsky JZ **62**, 207 mit weit Nachw) steht der BerAnspr dem urspr Eigtümer (E) unmittelb gg den Erwerber, zB den Käufer (K) zu, weil dieser „in sonstiger Weise" ohne RGrd auf Kosten des E bereichert ist. An der Einheitlichk des BerVorgangs (§ 812 Anm 5 B) fehlt es hier nicht, weil dch den gleichen Vorgang (Vfg des nichtberecht Verk V) E sein Recht, das Eigt, verloren u K es erworben hat; daß die Übertr V vorgen hat, steht dem nicht entgg (str). In Analogie zu § 816 I 2 sei ein völl rgrdloser Erwerb noch weniger schützenswert als ein unentgeltl. Hiergg spricht jedoch, daß die Parteien (V–K) das RGesch als entgeltl gewollt haben u vielf auch bereits K eine GgLeistg an V erbracht hat, die K dem E nicht enttgghalten könnte. Nach der **Doppelkondiktionslehre** (vgl Staud-Lorenz Rdz 16 ff mit ausf Zusfassg über den Stand der Meingen) ist dagg K unmittelb nur auf Kosten des V bereichert, dem er Zug um Zug gg die Rückg einer evtl GgLeistg das dch die Vfg Erlangte herauszugeben hat. E hat seinerseits ledigl einen BerAnspr gg V auf Abtretg des BerAnspr, den dieser gg K hat. Hiergg ist aber einzuwenden, daß, da V nicht über eig Verm, sond über ein Recht des E (zB Eigt) wirks verfügt hat, er bei der Kondiktion von K mehr erhalten würde (näml Bes u Eigt), als ihm vor der rgrdlosen Vfg zugestanden hat. – Der BGH hat hierzu bish keine grdsätzl Stellgn bezogen. In BGH **37**, 363 hat er für einen ausdr als Sonderfall bezeichneten SachVerh (Angest V unterschlägt Geld des E u verspielt es in der Spielbank K; der SpielVertr V – K war nach § 134 nichtig) in entspr Anwendg von § 816 I 2 einen unmittelb BerAnspr des E gg K zugelassen, weil K, um die Spielgelder zu erlangen, keine GgLeistg von wirtschaftl Wert erbracht habe, so daß der Interessenlage einer unentgeltl Zuwendg gleichzuachten sei (kein Anspr E – V aus § 816 I 1, da V infolge Verlusts nichts erlangt hat). Auf die Kritik an dieser Entsch (vgl Wiethölter JZ **63**, 286, Schlosser JuS **63**, 141) hat BGH **47**, 393 die früh Begr dahingehd erläutert, daß zwar die Gewinnchance des V als Entgelt angesehen werden könne, diese jedoch bei einem nichtigen SpielVertr V – K nicht als GgLeistg zu berücksicht sei. Auch in diesem Fall fehlt jedoch eine grdsätzl Entsch, da hier der SpielVertr gült war u desh weder ein unentgeltl noch ein rgrdloser Erwerb vorlag. – Da Unentgeltlichk eine freigieb Abs voraussetzt, die bei rgrdlosen, entgeltl gedachten VermVerschiebgen sicher nicht vorliegt, ist § 816 I 2 auf diesen Fall nicht, auch nicht entspr anwendb. Vielmehr kann ausschließl Verk V (rgrdlos Vfgder) unmittelb von Käufer K (Empf) den Ggst, ggf Zug um Zug gg Rückg der von diesem erbrachten GgLeistg, kondizieren (Staud-Lorenz Rdn 21 mwN); der Bes geht damit auf V über, ebso das EigtR (vgl § 932 Anm 5b). Eigtümer E kann von K erst nach Abtretg des BerAnspr V – K (aGrd des zw ihnen best RVerh od entspr § 816 I 1) RückÜbertr verlangen, muß sich dann aber die ggü V begründeten Einwendgen des K entggenhalten lassen, § 404 (vgl zum rechtsähnl Fall des Durchgr beim Doppelmangel § 812 Anm 5 B cee).

4) Wirksame Leistungsannahme durch Nichtberechtigten (II). Auch II regelt einen Fall der EingrKondiktion, die nicht bereits von § 812 od von § 816 I 1 erfaßt wird. Zur Frage, ob die Ann eine Vfg darstellt, s § 362 Anm 1. Hierher gehören alle Fälle, in denen der Leistde befreit bleibt, obwohl er an einen Nichtberecht geleistet hat (RG 92, 77), insb Leistg des Schu an urspr Gläub in Unkenntn der Abtretg der Fdg od eines sonst Rechts gem §§ 407, 408, 413 (BGH 26, 185 [193], 32, 357), wobei bei mehreren Abtretgen (EigtVorbeh, Globalzession) grdsätzl deren Reihenfolge entsch (vgl § 398 Anm 6c). Zahlt also iF von 2 Abtretgen der Schu an den Zweitzessionar (Bank), auch wenn dies nur iW einer Umbuchg geschieht, so muß dieser das Erlangte (Geld, dem Buchgeld gleichsteht) an den Ersterzessionar herausgeben (BGH NJW 74, 944), auch bei ggs FdgsÜberg gem § 412 (BGH 12, 220, Karlsr VersR 69, 564); Leistg an die in unricht AbtretgsAnz als Zessionar bezeichnete Pers (§ 409); Zahlg des Miet- od Pachtzinses an den urspr Verm od Verp in Unkenntn der Veräußerg des Grdst od der sonst Beendigg des GläubR (§§ 574, 579, 581, 1056, 2135); der Lieferant eines EinzHändlers, dem aGrd verlängerten EigtVorbeh die KaufPrFdg aus dem Verk eines von ihm gelieferten Ggst zusteht, kann, wenn das Ergeb des Verk zum Tilgg der KaufPrSchuld dem Käufer von einer TZahlgsBank gewährte Darl an einen and Lieferanten ausgezahlt wird, von diesem die Herausg des an ihn Geleisteten verlangen (BGH NJW 72, 1197); Unkenntn der Beteiligg mehrerer Gläub, zB bei Leistg an einen Gter (§ 710) od im FamR (§ 1473 II); Leistg an die dch ErbSch od TestVollstrZeugn fälschl ausgewiesene Pers (§§ 2367, 2368), desgl an den im GB eingetr NichtBerecht (§ 893) od an den legitimierten Inh des HypBriefs (§ 1155); Leistg an den nichtberecht Inh eines Inh- od Legitimationspapiers (§§ 793, 808) od an den besitzden Nichteigtümer nach Beschädigg der Sache (§ 851); Ann der Leistg dch VersNehmer nach § 76 VVG (BGH 32, 44 [52]). Der Empf der Leistg kann sich gegen den BerAnspr des Berecht nicht darauf berufen, daß er gg einen und einen Anspr auf die gleiche Leistg habe. – Wie bei Abs I S 1 (Anm 2c) fällt unter Abs II auch die Ann einer Leistg, die zunächst nicht befreiend wirkte, aber dch **Genehmigung** seitens des berecht Gläub wirks wird (BGH NJW 86, 2430). Der Berecht hat also hier das WahlR, ob er die Ann wirks werden lassen u das hierdch Erlangte von dem Nichtberecht herausverlangen od ob er gg den nicht befreiten Schu vorgehen will. – **Nicht unter Abs II fällt** Überweisg an Bank, als bloße Zahlstelle (Konto) des Gläub, weil da die Leistg nicht an die Bank, sond an den Gläub bewirkt wird (BGH 53, 139). Dies schließt aber nicht aus, daß bei nichtiger Globalzession der KundenFdgen die Berufg der Bank ggü VorbehLieferanten auf ihre bloße Eigensch als Zahlstelle des Tr u Gl verstößt mit der Folge, daß die Bank so behandeln lassen muß, als hätte sie die Zahlgen der Kunden nicht als bloße Zahlstelle des Gläub, sond aGrd der nichtigen Globalzession entggen, sodaß sie sie den VorbehLieferanten analog Abs II herausgeben muß (BGH 72, 316). Zum Verh zw Vorbeh- Lieferg u Globalzession vgl § 398 Anm 6c. Die Factoringbank, an die der VorbehKäufer seine KaufPrAnspr gg Kunden abgetreten hat, ist nicht bloße Zahlstelle (Messer NJW 76, 925). – Keinen Anspr auf Herausg des Geleisteten nach Abs II hat ferner der VorbehVerk (Lieferant), wenn die Bank zum Diskont einen Kundenwechsel ihres Kreditnehmers (VorbehKäufers) annimmt, obwohl dieser seine zu Grde liegde KaufPrFdg gg seinen Kunden dch den verlängerten EigtVorbeh an einen Lieferanten (VorbehVerk) abgetreten hat. Mit der Einlösg des Wechsels ggü der Bank erf näml der Kunde nicht die an den Lieferanten abgetretene KaufPrFdg, sond die an die Bank abgetretene WechselFdg u zahlt damit an den Berecht (BGH JZ 79, 443); vgl auch § 826 Anm 8 taa. Zahlt der Käufer an seinen Verk, der die Ware unter verlängertem EigtVorbeh erworben hatte, so hat er nicht an den Berecht bezahlt, weil mangels abw Vereinbg Erteilg der EinziehgsErmächtig dch den Erstverkäufer anzunehmen ist (Hbg ZIP 83, 46).

5) Gegenstand und Umfang des Bereicherungsanspruchs. a) Zur Frage des AnsprBerecht u des BerSchuldn s Anm 2d, 3a, 4.

b) Das durch die Verfügung Erlangte ist herauszugeben. Dies ist bei Abs I S 1 der dem Nichtberecht zugeflossene rgesch GgWert, bei Abs II die angenommene Leistg, bei Abs I S 2 der unentgeltl weggegebene Ggst. Nicht dagg ist der übl VerkWert des betr Ggst zu ersetzen, mag dieser auch höher sein als das tats Erlangte (BGH LM § 812 Nr 15). § 818 II ist insow dch die Sonderbestimmg des § 816 ausgeschl; s aber § 818 Anm 5b (WertErs für Erlangtes). Herauszugeben ist auch der anläßl der Vfg erzielte **Gewinn,** auch wenn er allein auf den bes Umst dieses VerfgsFalles, zB auf der Tüchtigk des nichtberecht Verk beruht (BGH 29, 157 u WM 75, 1179, RGRK/Heimann-Trosien Rdn 12, MüKo/Lieb Rdn 29). Hieran ist trotz vielf Ablehng (Soergel-Mühl Rdn 29, Larenz SchR II § 69 IV a, v. Caemmerer JR 59, 462; differenzierd Staud-Lorenz Rdn 23ff, Plambeck JuS 87, 793) festzuhalten. Richtig an dieser Kritik ist, daß der Anspr auf Herausg auch des ÜberPr von dem das BerR sonst beherrschden Grds des VermAusgl abweicht u sonst nur in den Fällen der angemaßten EigGeschFg nach § 687 II gegeben ist. Anderersprichts schon der eindeut Wortlaut des § 816 für die Meing der Rspr. Das Recht, den Ggst gewinnbringd zu verwerten, steht grdsätzl nur dem berecht RInh zu. Auch würden sich, wie der BGH aaO zutr hervorhebt, anderfnl nicht unerhebl BewSchwierigk ergeben. Die GgMeing führt im übr vielf zu dem gleichen Ergebn, da zunächst einmal vermutet wird, daß der Erlös dem wahren Wert entspr. Etw grobe Unbilligk müssen über § 242 (BGH aaO), ggf auch nach § 818 III (Unkosten, s unten c) ausgeglichen werden. Hat der Dieb (nichtberecht Vfgder) bereits SchadErs geleistet, so wird hierdch auch der Abnehmer des Diebes, der die Sache weiterveräußert hat, von dem BerAnspr des § 816 I 1 befreit, da beide wie GesSchu zu behandeln sind; ein Anspr des Diebs gem § 255 gg den Eigtümer auf Abtretg des BerAnspr gg den Nichtberecht scheidet desh aus (BGH 52, 39, Staud-Lorenz Rdn 26).

c) Der Umfang des BerAnspr des § 816 richtet sich i übr nach den allg Vorschr der §§ 818, 819. Der AnsprGegner, dh bei Abs I S 1 u Abs II der nichtberecht Vfgde, kann also insb seine **Aufwendungen,** die er

Einz. SchuldVerh. 24. Titel: Ungerechtf. Bereicherung **§§ 816, 817**

ohne die Vfg nicht gehabt hätte, abziehen, nicht aber die einem Dr gewährte GgLeistg, um den Ggst von einem und aus dem Berecht zu erhalten, zB den gutgl an den Dieb bezahlten Kaufpr. Näher § 818 Anm 6 C b. Er kann sich ferner, soweit er nicht gem § 819 verschärft haftet, auf den Nichteintritt od Wegfall der Ber (§ 818 III) berufen (BGH 9, 333), zB nach Abführg des VerkErlöses dch den als Nichtberecht verfügen Kommissionär an seinen AuftrGeb (BGH 47, 128: Ber höchstens noch in Höhe der VerkProv). Der dem SchadErsR angehörde § 255 ist auf den BerAnspr des § 816 auch nicht entspr anwendbar; der Nichtberecht kann daher nicht als GgLeistg für die Herausg des dch die wirks Vfg Erlangten die Abtretg von ErsAnspr, zB gg den Dieb des veräußerten Ggst, verlangen (BGH 29, 157). Zur Anwendbark des § 255 bei SchadErs-Leistg des Diebs s BGH 52, 39 u Anm 5 b.

6) Beweislast. Der AnsprBerecht ist bewpfl für alle Voraussetzgen des BerAnspr (vgl auch § 812 Anm 8), so für die Nichtberechtigg des Verfügden od des Empf (unterstützt dch Vermutgen, zB § 1006) sowie für die Wirksamk der Vfg bei der Ann dem Berecht ggü, im Fall des I 2 auch für die Unentgeltlichk der Vfg, ferner für den Umfang des Erlangten.

817 *Verstoß gegen Gesetz oder gute Sitten.* **War der Zweck einer Leistung in der Art bestimmt, daß der Empfänger durch die Annahme gegen ein gesetzliches Verbot oder gegen die guten Sitten verstoßen hat, so ist der Empfänger zur Herausgabe verpflichtet. Die Rückforderung ist ausgeschlossen, wenn dem Leistenden gleichfalls ein solcher Verstoß zur Last fällt, es sei denn, daß die Leistung in der Eingehung einer Verbindlichkeit bestand; das zur Erfüllung einer solchen Verbindlichkeit Geleistete kann nicht zurückgefordert werden.**

1) Allgemeines. a) Inhalt. § 817 enth im Zushang mit Leistgen, die gg ein ges Verbot od gg die guten Sitten verstoßen, ausdr zwei Sonderregeln: Nach **Satz 1** hat Leistder ein RückfdgsR, wenn ledigl der Empf der Leistg dch deren Ann gg das G od Sittengebot verstößt. S 1 ist hier zwar nicht ein Sonderfall des vielf gleichzeit gegebenen allg BerAnspr aus § 812 I 1, enth aber einen nach seinen Voraussetzgen selbstd geregelten BerTatbestd. Prakt Bedeutg hat die Vorschr vor allem für die Fälle, in denen die Gültigk des ErfGesch mit Rücks auf dessen selbst, abstr Charakter von der Nichtigk des ges- od sittenw GrdGesch nicht ergriffen wird u ein BerAnspr aus § 812 (wg Erf einer Nichtschuld) nach § 814 (Kenntn der Nichtschuld) ausgeschl wäre; § 814 gilt ggü § 817 S 1 nicht (BGH **LM** § 762 Nr 1). S 1 gilt auch für die Fälle, in denen das zugrdeliegde RGesch trotz Verstoßes des ErfGesch gg das G od die guten Sitten gült bleibt (RG **96**, 343; näher Anm 2b cc). — Nach **Satz 2** wird die Rückfdg aber grdsätzl ausgeschl, wenn dem Leistden gleichf ein solcher Verstoß zur Last fällt, also sowohl Empf wie Leistder verwerfl handeln. Hierdch wird der RSchutz für in vorwerfb Weise erbrachte Leistgen zum Nachteil des sich selbst außerh der ROrdng stellden Leistden versagt (Anm 3). Nicht geregelt ist in § 817 der Fall, daß das verwerfl Handeln ausschließl auf Seite des Leistden, nicht auch auf Seite des Empf vorliegt, denn die Rückfdgs aus sich nur auf § 812 berüht. Die hier bestehde GesLücke haben Rspr u hM dahin ausgefüllt, daß **Satz 2 eine allgemeine Regel für alle Bereicherungsansprüche** bei LeistgsKondiktion enth, dh als Einwdg auch BerAnspr aus § 812 entggsteht (RG **151**, 70, BGH **35**, 103, **36**, 395, **50**, 90, BAG BB **63**, 348).

b) Anwendungsbereich. § 817 gilt seinem klaren Wortlaut nach **nur für Leistungen,** dh für alle BerAnspr aus Leistgskondiktion (§ 812 Anm 2), nicht auch für das „in sonstiger Weise" (§ 812 Anm 3) Erlangte (RG JW **25**, 1392). S 2 kann daher einem Anspr aus Ber in sonstiger Weise, auch aus § 816 (EingrKondiktion) nicht entgehalten werden (Staud-Lorenz Rdn 10, RGRK/Heimann-Trosien Rdn 1, BGH WM **67**, 1217; aA BGH NJW **56**, 338: Ausdehnung auf § 816). S 2 gilt ferner nur ggü einem BerAnspr, nicht ggü der Einrede der Ber gem § 821 (BGH JR **58**, 299). Eine **ausdehnende Anwendung** des aus S 2 entnomm allg Gedankens über das Gebiet der BerAnspr hinaus ist grdsätzl **ausgeschlossen** (BGH **44**, 1: keine entspr Anwendg, wenn Versicherer frei wird, weil VersNehmer ihn argl getäuscht hat). S 2 gilt also nicht bei Anspr aus Vertr (BGH Betr **55**, 1163), aus uner Hdlg (BGH NJW **51**, 643, Oldbg NdsRpfl **88**, 136) aus GoA (BGH **39**, 87), aus Wandelg (RG **105**, 65) od ggü der Künd bzw dem Ausschl eines Gters (BGH **31**, 295), bei Anspr aus dem EigtümerBesitzerVerh (BGH **LM** Nr 1 u Nr 20; offen gelassen in BGH **31**, 295), ggü dem Anspr auf Herausg v Nutzgen nach § 987 (BGH **63**, 365), sowie ggü dem Anspr auf VerwendgsErs nach § 994 (BGH **41**, 341). Auch teilw die Literatur, es sei nicht einzusehen, daß S 2 zwar bei bloßer Nichtigk des GrdGesch einem BerAnspr, nicht aber bei zusätzl Nichtigk auch des ErfGesch dem EigtHerausgAnspr entgehalten werden könne (näher Einl 4 b bb vor § 854).

c) § 817 ist zwingend (BGH LM § 762 Nr 1). Desh auch S 2 als rechtshindernde Einwdg vAw zu beachten; ungenau daher BGH **36**, 232 („vorbehaltl der Einrede des § 817 S 2").

d) Für den **Umfang der Herausgabepflicht** aGrd eines BerAnspr nach S 1 besteht nach §§ 819 II, 818 IV verschärfte Haftg (§ 819 Anm 3).

e) Zum **IPR** s BGH NJW **66**, 730: Die ausländ ROrdng, die einen Ausschl des BerAnspr gem § 817 S 2 nicht kennt, verstößt deswg noch nicht gg den ordre public des Art 6 EGBGB.

2) Gesetzes- oder Sittenverstoß des Leistungsempfängers (S 1).

a) Allgemeine Voraussetzungen. S 1 enth für einen Sonderfall der Leistgskondiktion einen selbstd geregelten BerTatbestd (Anm 1). Es müssen daher, obwohl dies im Wortlaut nicht bes gesagt ist, alle sonst Voraussetzgen eines BerAnspr aus Leistgskondiktion gegeben sein, zB VermVerschiebg zw Benachteil u Bereicherten sowie die Einheitlichk des BerVorgangs (§ 812 Anm 5 B) aGrd einer „Leistg" (§ 812 Anm 2), auch iS des § 812 II. Gleichgült ist, ob der Empf die Leistg im Hinbl auf einen künft Erfolg od für vergangene Tätigk angen hat, zB als Belohng für geleistete Dienste, deren Bezahlg verbots- od sittenw ist (unten 2 d). Erforderl ist aber, daß der unmittelb Zweck der Leistg so bestimmt ist, daß der Empf gerade dch die Ann gg ein G- od Sittenverbot verstößt. Daher genügt zB nicht bloßes Mitwirken von unsittl BewegGrden beim Empf, desgl nicht eine an sich untersagte Leistg, die aber einem erlaubten Zweck dient; vielm ist Vorauss,

885

§ 817 2, 3

daß der Hauptzweck der Leistg verboten od sittenw ist (RG **144**, 24). Werden aGrd eines einheitl Vertr mehrere Leistgen erbracht, so ist jede von ihnen hins des mit ihr verfolgten Zwecks gesondert zu würdigen (BGH NJW **62**, 1148 für § 817 S 2).

b) Rechtswirkungen. Bei G- od Sittenverstoß des LeistgsEmpf ist zw der Wirksamk des Grund- (Kausal-) u des Leistgs (Erf-)Geschäfts zu unterscheiden. RGesch, die gg ein ges Verbot od gg die guten Sitten verstoßen, sind nach §§ 134, 138 nichtig. Die Nichtigk kann entw nur das GrdGesch od nur das LeistgsGesch od beide ergreifen (s hierzu Übbl 3d, e vor § 104; Einl 5b vor § 854): – **aa) Grundgeschäft nichtig, Erfüllungsgeschäft gültig.** Vielf ist ledigl das KausalGesch wg Verstoßes gg §§ 134, 138 nichtig. Inf der abstr Natur des oftmals wertneutralen ErfGesch erstreckt sich die Nichtigk des GrdGesch nicht von vornherein auf das ErfGesch, sofern nicht gerade der mit ihm bezweckte Erfolg verboten od sittenw ist (unten bb; zur Eingehg einer Verbindlichk s Anm 3a aa). Hier ist HerausgAnspr schon aus § 812 I 1 begr (RG **111**, 151). § 817 S 1, der gleichzeit anwendb ist, hat prakt Bedeutg für die Fälle, in denen § 812 dch § 814 ausgeschl ist (Anm 1a). – **bb) Grund- und Erfüllungsgeschäft sind nichtig,** wenn nach dem jew G (Auslegg) auch die VermVerschiebg (Erfolg) verboten ist (§ 134 Anm 2e) od – wie gerade bei Verstößen gg die guten Sitten nicht selten – die Sittenwidrigk gerade im LeistgsGesch ggü dem GeschGegner ihren Ausdr findet, zB beim WucherGesch des § 138 II (§ 138 Anm 4b). Zur Frage der Nichtigk auch des ErfGesch über § 139, insb wenn der mit der Leistg verfolgte Zweck Bdgg des LeistgsGesch ist, s § 139 Anm 3b. In diesen Fällen ist die Leistg – mit Ausn des Bes (§ 812 Anm 6 A a, 4b) – nicht in das Verm des LeistgsEmpf übergegangen. Der Leistde kann also entw die Sache nach § 985 (zur Anwendbark von § 817 S 2 s Anm 1b) od den Bes bzw WertErs nach §§ 812 I 1, 817 S 1, 818 II herausverlangen; wicht insb, wo Vindikation, zB inf Untergangs der Sache nicht zum Erfolg führt. § 812 ist hierbei ohne Rücks auf die Verbots- od Sittenwidrigk der LeistgsAnn anwendb. – **cc) Grundgeschäft gültig, Leistungsannahme verbots- oder sittenwidrig.** Dieser Fall liegt bei zahlr VerbotsG vor, die zwar das GrdGesch unberührt lassen, weil der mit der Leistg verfolgte Zweck als solcher nicht zu beanstanden ist, die aber, zB aus wirtschlenkden Grden, die Mitwirkg einer best Pers beim VertrSchluß verbieten u so die bloße Ann der Leistg als gg ein G od Sittengebot verstoß erkl (RG **96**, 343). Hier ist, da im Empfang der Leistg ein rechtl Grd gegeben ist, § 812 nicht anwendb u ein BerAnspr nur nach § 817 S 1 eingeräumt.

c) Positive Kenntnis. Der Empf muß posit Kenntn von dem GVerstoß bzw das Bewußtsein haben, sittenw zu handeln (BGH NJW **80**, 452); wer allerdings leichtfert vor dem Verbot bzw der Sittenwidrigk seines Handelns die Augen verschließt, ist wie ein bewußt Handelnder zu behandeln (BGH NJW **83**, 1420 [1423], WM **89**, 1083). Kenntn der TatUmst, die sein Verhalten obj als verwerfl erscheinen lassen, genügt bei Verstoß gg VerbotsG nicht, währd die Sittenwidrigk in diesen Fällen meistens bekannt sein wird. Nicht ausreichd ist bloßes Kennenmüssen des Verbots; selbst grobfahrl Handeln gg ein ges Verbot reicht nicht aus (BGH **50**, 90 „Wissen u Wollen"). In der Literatur ist vielf aA mit dem Hinw, im Versch jegl Art müsse für die Anwendg der hier stets in Betr kommden verschärften Haftg nach § 819 II genügen (zB Soergel-Mühl Rdn 31, 35; Larenz, SchR II, § 69 III a; s hierzu unten 3a ee). Danach ist auf Seite des Empf DeliktsFgk erfdl (RG **105**, 270). Bei Handeln eines Vertr entsch dessen Kenntn, § 166 I (§ 814 Anm 2d); zum KonkVerw s Anm 3b.

d) Einzelfälle. Beisp von nichtigen RGesch wg ZuwiderHdlg gg ein ges Verbot finden sich ausführl in § 134 Anm 3, desgl für Verstöße gg die guten Sitten in § 138 Anm 5; dort auch jew zur Frage, ob nur das GrdGesch od auch das ErfGesch nichtig ist. Entsch für § 817 S 1 ist, ob der unmittelb Zweck der Leistg gerade deren Ann verbots- od sittenw macht (RG **144**, 24). Dies ist ua der Fall bei Schenkg einer Gemeinde unter grober Verletzg haushaltsr Bestimmgen (BGH **36**, 395). GeldAnn zur Verschaffg eines Titels, aGrd einer Erpressg od dch einen Beamten für die Vorn einer AmtsHdlg (Bestechg) sowie Ann sonst Schmiergelder (hier ist allerd meist S 2 gegeben; s Anm 3c dd). GeldAnn gg das Verspr, eine Straftat nicht anzuzeigen (RG **58**, 204). Zuwendgen eines Verheirateten an seine Geliebte sind dagg nicht ohne weit sittenw; maßg ist die Gesamtwürdigg aller Umst für den Zweck der Leistg (BGH **53**, 369; näher § 138 Anm 5f). Bei wg § 138 nichtigem Darl (Ratenkredit) hat der DarlEmpf Anspr auf Rückgewähr aller ohne RechtsGrd geleisteten Zahlgen wie BearbeitgsGebühr, Zinsen, Vermittlgskosten u die Hälfte der Prämien, die er für VersSchutz bezahlt hat; dies auch, wenn der DarlVertr bereits voll abgewickelt war (BGH NJW **83**, 1420 u 2692; Besprechg Bunte NJW **83**, 2674).

3) Gesetz- od Sittenverstoß des Leistenden (S 2). Die Rückfdg ist trotz Ges- od Sittenverstoßes des Empf ausgeschl, wenn dem Leistden gleich- od allein (Anm 1 a) – ein solcher Verstoß zur Last fällt, sofern die Leistg nicht in der Eingehg einer Verbindlichk bestand. Der SatzgsVerstoß ist dem GesVerstoß nicht gleichzusetzen, S 2 gilt dafür also nicht (Köln NJW **71**, 1367: Handgeld an FußballVertrSpieler).

a) Bedeutung. Während die Rspr teilw die Auffassg vertritt, es handle sich zumindest auch um eine StrafMaßn ggü dem Leistden (BGH **19**, 338, **39**, 87; dies gilt aber regelm ebso für den Empf), versagt S 2 richtigerw ledigl die gerichtl Durchsetzbark für die Rückabwicklg eines zweifelh Gesch. Wer sich selbst außerh der Sitten- od ROrdng stellt, soll hierfür keinen RSchutz erhalten (BGH **36**, 395, **44**, 1 [6]). Die Anwendg des S 2 hat zur Folge, daß bei zweiseit RGesch, insb bei ggseit Vertr, der Vorleistde auf eig Risiko handelt, da er wg der Nichtigk des RGesch weder Erf verlangen noch seine eig Leistg zurückfordern kann. Dies kann leicht zu unbill Ergebn führen. Literatur u zT auch Rspr (BGH NJW **66**, 730) halten desh weitgeh die Vorschr für gesetzgeber verfehlt. Diese Erkenntn hat in der Rspr dazu geführt, S 2 als **Ausnahmevorschrift eng auszulegen,** um Unbilligk in der Anwendg dieser Vorschr, die sonst nicht in das Gefüge des BerR paßt u als Einwdg vAw zu beachten ist, möglichst auszuschl (BGH **35**, 103 [109]). Im einz kommen insow in Betr:

aa) Gesetzlicher Ausschluß. In einer Reihe von Fällen ist bzw war die Anwendg des S 2 gesetzl ausgeschl, so bei Leistgen entgg mietpreisr Vorschr, § 30 1. BMG; Rückfdg unzul FinanziergsBeitr, § 50 IV 2 WohnBauG; Zahlgen an WohngsVermittler, auf die kein Anspr bestand, § 5 S 1 Hs 2 G zur Regelg der WohngsVermittlg (abgedr Einf 6 vor § 652); Schmiergelder des TransportUntern, § 23 II 4 GüKG (hierzu

Einz. SchuldVerh. 24. Titel: Ungerechtf. Bereicherung § 817 3a–c

BGH NJW **63**, 102). – Bestand die Leistg in der **Eingehung einer Verbindlichkeit,** so ist nach S 2 aE die Rückfdg gleichf nicht ausgeschl. Der gesgeber Grd für diese Ausn liegt darin, daß ein zwar verbots- od sittenw, aber noch unfert Gesch nicht zwangsw dchgeführt werden soll (RG **73**, 143). Der Versprechde kann sowohl Befreiung von der Verbindlichk als auch deren Erf einredew (§ 821) verweigern. Hat er aber erfüllt, so ist ihm wiederum die Rückfdg kr ausdr ges Vorschr versagt. Eingeheg Verbindlichk ist auch das abstr Schuldverspr od Anerk (RG **64**, 146; § 812 Anm 2 b), ein Wechselakzept, auch die Bestellg einer Hyp wg ihrer Abhängigk von der Fdg (RG **71**, 432); nicht aber die Bestellg einer GrdSch anstelle einer Zahlg (RG **73**, 143), weil sie bereits einer Erf gleichsteht. Auch der Erl einer Verbindlichk od der Verz hierauf sind Erf, nicht Eingeh einer Verbindlichk; daher insow kein RückfdgsR (RG **100**, 159).

bb) Grdsätzl **keine ausdehnende Anwendung** des S 2 auf and als BerAnspr aus Leistgskondiktion; näher Anm 1 b.

cc) Voraussetzung einer **Leistung** iS des S 2 ist, daß der **Vermögensvorteil endgültig** in das Verm des LeistgsEmpf **übergegangen** ist; so auch bei Verz auf Rückfdg des Geleisteten (RG **100**, 159). Daher ist S 2 unanwendb, wenn die Leistg nur zu einem vorübergehden Zweck erbracht ist u ihrer Natur nach zurückgewährt werden muß, wie bei einer SichgsÜbereignig (BGH **19**, 205: Bestellg einer GrdSch zu SichgsZwecken; bei BeteiliggsDarl an BordellInh (Mü MDR **77**, 228), bei sittenwidr TlZahlgsKrediten (Canaris WM **81**, 978, BGH NJW **83**, 1420) od wenn der Empf wirtschaftl nicht endgült in dem Genuß der Leistg verbleiben soll, es sich also prakt nur um durchlaufde Posten (Überg zu einem vorügehden Zweck) handelt (BGH **28**, 255: Hing von Geld zum unerlaubten Umtausch in Devisen für den AuftrGeber, BGH WM **69**, 1083, Hamm NJW **86**, 2440: Zahlg als Kaution, BGH WM **72**, 383: Übertr im Rahmen einer uneigennütz Treuhand). Zum RückfdgsAnspr des Wucherers s Anm 3c bb.

dd) Maßgebender Zeitpunkt für die Anwendbark des S 2 ist allein der Zeitpkt der Leistg. Weder eine spätere sittenw Abrede (BGH **LM** § 1a KWVO Nr. 4) noch die spätere Verletzg einer Verbotsnorm stehen dem RückfdgsAnspr entgg. S 2 ist auch anwendb auf die Rückfdg einer Anzahlg auf einen noch nicht zustandegekommenen, möglicherw geswidr KaufVertr (BGH NJW **65**, 1432). – **Bei konkurrierenden Beweggründen,** sittenw u sittl einwandfreien, ist ein BerAnspr nicht ausgeschl, wenn die Leistg dch die einwandfreien Motive hinreichd gerecht ist (BGH **35**, 103 [108]). **Bei mehreren Leistungen,** die in einem Vertr vereinb sind, ist der Ausschl des RückfdgsR nach S 2 für jede Leistg gesondert zu prüfen (BGH NJW **62**, 1148, BGH **50**, 90: § 139 nicht anwendb).

ee) Vorsatz. Der Leistde muß vorsätzl verbots- od sittenwidr – wie bei S 1, vgl Anm 2c – gehandelt haben (BGH **50**, 90), wobei auch hier leichtfert Handeln vorsätzl Ges- bzw Sittenverstoß gleichsteht (BGH NJW **83**, 1420, WM **89**, 1083; näher Anm 2c; die dort genannte ggteil Meing zu S 1 läßt sich auf den Ausschl des BerAnspr nach S 2 im Interesse von dessen einschränkdr Anwendg keinesf übertr). Diese Voraussetzg fehlt zB vielf bei dem Bewucherten (unten cbb). Der Leistde muß daher gleich deliktsfäh sein (RG **105**, 270).

ff) Weitere Einschränkungen im **Anwendungsbereich** des S 2 werden zur Vermeidg von unbill Ergebn gemacht. So solle der Ausschl des BerAnspr nach S 2 nur für beiderseits erbrachte Leistgen gelten, eine Vorleistg könne daher zurückgefordert werden (Bufe AcP **157**, 215). Außerdem wird darauf abgestellt, ob der Schutzzweck des ges Verbots die Rückabwicklg verbietet od eher fordert (Fabricius JZ **63**, 85). So steht S 2 dem Anspr des Verleihers auf Erstattg der an die LeihArbN bezahlten Löhne gg den Entleiher iF unerl ArbNÜberlassg (Art 1 §§ 1, 9, 10 AÜG; vgl Einf 4a ee vor § 611) nicht entgg (BGH **75**, 299); ebso nicht dem Anspr auf Rückerstattg eines Betr, den Eltern eines Auszubildden an den Ausbilder für die Berufsausbildg bezahlt haben (BAG NJW **83**, 783). Eine Umgehung des S 2 (zB Umwandlg eines verbots- od sittenw RGesch in einen DarlVertr) kann nicht die Anwendg nicht ausschl (BGH **28**, 164). Auch § 817 S 2 steht aber unter der allg Herrsch der §§ 157, 242 u kann deshalb nicht eine VermVerschiebg als endgült sanktionieren, die gg **Treu u Glauben** mit Rücks auf die VerkSitte verstößt u desh als unbill angesehen werden müßte. Der BGH hatte zwar zunächst (BGH **8**, 348 [373]) ggü der Einwdg aus S 2 die Berufg auf den GgEinwand der Argl als nicht zul erkl, später jedoch ausdr der Generalklausel § 138 u dem Gds von Treu u Gl im RVerk bei der Abwicklg eines Vertr den Vorrang vor § 817 S 2 eingeräumt, weil ein von der ROrdng nicht gebilligter Zustand (zB BordellBetr) dch Ausschl eines RückfdgsR nicht legalisiert werden dürfe (BGH NJW **64**, 1791, nur teilw in BGH **41**, 341); vgl hierzu auch unten caa. Rückfdg eines Geschenks trotz sittenw Handelns des Schenkers im Hinbl auf die bes Umst der natsoz Zeit (BGH **41**, 395). Dch Anwendg des allg Grds von Treu u Gl im RVerk, der gerade auch für den Ausgleich ungerechtf VermVerschiebgn im BerR gilt (Einf 1,8a vor § 812), lassen sich die oftm unbill Ergebn bei der Anwendg des S 2, insb bei einseit Vorleistgn, weitgehd ausschalten (s näher unten ccc: Bordellkauf).

b) Hat der Leistde als **Vertreter** gehandelt, so geht sein G- od Sittenverstoß zu Lasten des Vertretenen (BGH **36**, 395). Der **Rechtsnachfolger,** auch Erbe, muß sich die Sittenwidrigk der Hdlg gerade auch gg den RVorgängers entghalten lassen, selbst wenn sich die Sittenwidrigk der Hdlg gerade auch gg den RNachf (Erben) richtete (RG **111**, 151); auch hier helfen jedoch ggf §§ 242, 826. Auch der **Konkursverwalter** kann wg S 2 nichts zurückfordern, wenn der GemSchu dch seine Leistg gg ein gesetzl Verbot od gg die guten Sitten verstoßen hat (BGH **106**, 169 unter Aufg der fr Rspr).

c) Einzelfälle. aa) Verstoß gegen Preisvorschriften spielt heute prakt keine große Rolle mehr; für früher vgl 39. Aufl. Sow solche noch bestehen, gilt für das RückfdgsR die spezielle ges Regelg. Wo eine solche fehlt, kommt es auf den EinzFall an, insb darauf, ob die noch bestehdn PrVorschr ausschließl od doch in erster Linie den Schutz eines wirtschaftl Schwächeren bezwecken, so daß der Ausschl des RückfdgsR bei Verstoß od Überzahlg in bes Maße gg Treu u Gl verstoßen würde.

bb) Darlehen. Dem RückfdgsAnspr des **Wucherers** steht trotz der Nichtigk des zugrdeliegdn DarlVertr (§ 138 II) S 2 nicht entgg (RG GrZS **161**, 52), weil dem Bewucherten nicht endgült die Substanz, sond nur die zeitweil Nutzg des Kapitals überlassen ist (oben 3a cc). Aus diesem Grd kann sich auch nicht der

Bewucherte auf den Wegfall der Ber hins der Hauptsache (DarlKapital) berufen (BGH WM **69**, 857). Der Inhalt des nichtigen DarlVertr ist aber nicht ohne jede Bedeutg; vielm ist das Darl in der vertragl vereinb Zeitfolge zurückzuzahlen (BGH 99, 333 [338], WM **89**, 1083). Ein ZinsAnspr bis zur Fälligk der einz RückzahlgsRaten besteht weder aGrd des (nichtigen) DarlVertr, noch aus BerR, da einem BerAnspr aus § 818 I, II der Ausschl nach § 817 S 2 entggsteht (BGH aaO). Das gilt auch, wenn das Darl nicht wucherisch, sond nur wg MißVerh nach § 138 I (BGH NJW **83**, 1420; aA Canaris WM **81**, 978 [985]) od gem § 134 (BGH WM **89**, 1083) nichtig ist. RückzahlgsAnspr des DarlEmpf vgl oben Anm 2 d.

cc) Bordellkauf. Die Nichtigk des GrdGesch ergreift hier grdsätzl nicht das wertneutrale ErfGesch, so daß der Käufer dch Aufl u Eintr Eigtümer des Grdst wird. Ist eine RestkaufgeldHyp bestellt, so würde S 2 zu dem unbefriedigden Ergebn führen, daß der Verk weder die persönl Fdg od die Hyp geltd machen, noch Rückg des Grdst verlangen kann, da die Hyp mangels wirks Fdg gem §§ 1163, 1177 zur EigtümerGrdSch geworden ist u dem BerAnspr auf Rückg des Grdst § 817 S 2 entggstünde. Hier hat schon RG **71**, 432 den Einwand der allg Argl ggü der Berufg des Käufers auf S 2 zugelassen, da es gg die guten Sitten verstoße, wenn der Bordellkäufer zwar Befreig von der vertragl Verpfl begehre, das unsittl Erlangte, nämlich das zu Bordellzwecken gekaufte Grdst, aber gleichwohl behalten wolle. Ähnl, wenn auch zT mit and Begr, BGH **41**, 341 (pachtw Überlassg eines Grdst zu Bordellzwecken; dem Anspr auf sof Rückg steht § 817 S 2 nicht entgg, auch nicht – wie bei einem wucher Darl – Überlassg für die Dauer der vereinb Pachtzeit, da sonst der von der ROrdng nicht gebilligte Bordell-Betr legalisiert würde u da § 138 Vorrang vor § 817 S 2 h muß) u BGH WM **69**, 1083 (Rückfdg einer Kaution für Bordellpacht nicht ausgeschl).

dd) Sonstiges. RückfdgsAnspr ausgeschl für DarlHingabe in GewinnerzielgsAbs zu verbotenem Spiel (§ 762 Anm 4 b, BGH LM § 762 Nr 1, Nürnb MDR **78**, 669) od zum Abschl einer Scheinehe zwecks Täuschung ausländ Behörden (Düss FamRZ **83**, 1023). Ggf § 817 S 2 auch ggü Rückfdg des Gewinns dch Spielbank bei nichtigem SpielVertr (BGH **37**, 363), desgl für Leistgen, die gg ein tarifvertragl Verbot verstoßen (BAG NJW **57**, 726) od die auf einer nach § 59 BetrVG ungült BetrVereinbg (Einf 6 c vor § 611) beruhen (BAG BB **63**, 348). Geldentschädigg zwecks Verz auf gesetzl VorkaufsR (RG **120**, 144), zur Verschaffg eines Titels (RG **86**, 98) od eines sonst nicht gerechtf Vort wie Schweige- u Schmiergelder (RG **77**, 96). Nach RBeratgsMißbrG verbotene Beratg begr keinen vertragl ErfAnspr; WertErs hierfür (§ 818 Anm 5 b) u Rückfdg des Geleisteten sind nach S 2 ausgeschl (BGH **50**, 90). Geschenke für die Gewährg des außerehel GeschlechtsVerk, falls zur Förderg u Fortsetzg des ehebrecher Verh gewährt (BGH **35**, 103 u **53**, 369; Würdigg aller Umst, vgl § 138 Anm 5 f); desgl grdsätzl ggü Anspr auf Rückg einer widerrufenen Schenkg (§ 531), wenn Schenker gleichw gg die guten Sitten verstieß (BGH MDR **60**, 384 für unmittelb Zuwendgen an Geliebte); dies aber noch nicht bei Überlassg eines Grdst an Geliebte, um dort mit ihr zusuleben (BGH **35**, 103). Rückzahlg von Handgeld dch FußballVertrSpieler, wenn es zu dem angebahnten Vereinswechsel nicht kommt (Köln NJW **71**, 1367). Nicht geswidr ist Zahlg u Ann des vereinb Mehrpreises bei GrdstKauf iF der FalschBeurk (BGH WM **83**, 1340).

4) Beweislast. Es gelten die allg Regeln (vgl § 812 Anm 8). Der AnsprBerecht hat desh bei S 1 die Anspr-Voraussetzgen, insb Leistg, G- od Sittenverstoß des Empf u dessen Kenntn hiervon zu beweisen, bei S 2, daß die Leistg in der Eingeh einer Verbindlichk bestand (Staud-Lorenz Rdn 26). Der Bereicherte hat zu beweisen, daß dem Leistden gleichf ein derart Verstoß (S 2) zur Last fällt (RG JW **25**, 1392).

818 Umfang des Bereicherungsanspruchs.
I Die Verpflichtung zur Herausgabe erstreckt sich auf die gezogenen Nutzungen sowie auf dasjenige, was der Empfänger auf Grund eines erlangten Rechtes oder als Ersatz für die Zerstörung, Beschädigung oder Entziehung des erlangten Gegenstandes erwirbt.

II Ist die Herausgabe wegen der Beschaffenheit des Erlangten nicht möglich oder ist der Empfänger aus einem anderen Grunde zur Herausgabe außerstande, so hat er den Wert zu ersetzen.

III Die Verpflichtung zur Herausgabe oder zum Ersatze des Wertes ist ausgeschlossen, soweit der Empfänger nicht mehr bereichert ist.

IV Von dem Eintritte der Rechtshängigkeit an haftet der Empfänger nach den allgemeinen Vorschriften.

Übersicht

1) Allgemeines
 a) Umfang der Herausgabepflicht
 b) Maßgebender Zeitpunkt
 c) Sonstiges
2) Herausgabe des Erlangten
 a) Herausgabe in Natur
 b) Inhalt der Herausgabepflicht
 c) Nur teilweise ungerechtfertigte Vermögensverschiebung
3) Nutzungen (I 1)
 a) Begriff
 b) nur tatsächlich gezogene Nutzungen
 c) Zinsen
 d) Nutzungen aus Surrogaten
 e) Wegfall der Bereicherung
 f) Auskunft und Rechnungslegung
4) Surrogate (I 2)
 a) auf Grund eines erlangten Rechts
 b) als Ersatz für Zerstörung, Beschädigung u. a.

5) Wertersatz (II)
 a) Objektive Unmöglichkeit und Unvermögen
 b) Beispiele
 c) Wertersatz in Geld
 d) Maßgebender Zeitpunkt für Wertermittlung
6) Beschränkung auf die Bereicherung (III)
 A) Allgemeines
  a) Saldierung
  b) Zusammenhang der Vor- und Nachteile
  c) Grund des Wegfalls der Bereicherung
  d) Gesamthand
  e) dispositive Natur
 B) Das Erlangte ist nicht mehr vorhanden
  a) Luxusausgaben
  b) Nicht mehr deckendes Aktivvermögen
  c) Weggabe von Sachen
  d) Tilgung eigener Schulden
  e) Anspruch gegen Dritten

Einz. SchuldVerh. 24. Titel: Ungerechtf. Bereicherung § 818 1, 2

C) Das Erlangte ist noch vorhanden
  a) Abzug von Verwendungen
  b) Kosten des Erwerbs
  c) Folgeschäden
  d) Sonstige Vermögensnachteile
D) Berücksichtigung der Gegenleistung
  a) Zweikondiktionenlehre
  b) Saldotheorie
  c) Notwendige Einschränkungen der Saldotheorie
E) Durchsetzung des Bereicherungsanspruchs

7) Haftungsverschärfung bei Rechtshängigkeit (IV)
  a) Anwendungsbereich
  b) Verweisung auf die „allgemeinen Vorschriften"
  c) Wegfall oder Minderung der Bereicherung
  d) Schuldnerverzug
8) Beweislast

1) Allgemeines. a) §§ 818 bis 820 regeln ergänzd den **Umfang der Herausgabepflicht** bei Vorliegen einer ungerechtf Ber. Sie setzen mithin voraus, daß ein BerAnspr aus §§ 812, 816, 817 S 1 auf Herausg des dch die VermVerschiebg Erlangten bereits besteht, was insb bei RVeränderg en kr Ges zweifelh sein kann (§ 812 Anm 6 Bc); bestand dagg zB ein Anspr aus § 985, so kann die wirks Veräußer einer Sache dch den Nichtberecht nicht zu einem WertErsAnspr nach § 818 II, sond nur zum – hierdch erst ausgelösten – BerAnspr nach § 816 I 1 auf Herausg des Erlöses (§ 816 Anm 5 b) führen. Entspr dem **Grundgedanken** des BerR, einen Ausgl ungerechtf VermVerschieben herbeizuführen (Einf 1 vor § 812), hat § 818 (insb III) zum Inhalt, daß – abgesehen von den Sonderfällen der verschärften Haftg nach §§ 818 IV, 819, 820, die zu SchadErsAnspr führen können – die RückgPfl des Bereicherten nicht über das obj Maß der Ber hinausgehen darf. Da der Empf dch die ungerechtf VermVerschiebg weder wirtsch Vort noch Schad haben soll, entsch für den Umfang des BerAnspr nicht die Entreicherg des AnsprBerecht (zB Wert seiner Leistg), sond allein die – hiermit nicht zwangsläuf übereinstmmde (§ 812 Anm 5 Ab) – **Höhe der Bereicherung** (BGH WM 66, 369, Hbg MDR 70, 926: begonnener Umbau). Von großer prakt Bedeutg ist hierbei der in der Rspr entwickelte, weitgehd anerkannte allg Grds, daß sich der Ausgl mit den Nachteilen, die dem Bereicherten anläßl des BerVorgangs verbunden sind, nicht nach den Grds der Aufr od des ZbR bemißt, sond daß es von vornherein nur einen einheitl, in sich beschr BerAnspr gibt, der sich nach dem Überschuß des erlangten VermVort über die Aufwendgen usw berechnet (**Saldo**; näher Anm 6 D). Dieser allg Grds gilt im übr auch für die Tatbestd der §§ 819, 820, soweit es sich darum handelt, ob überh eine Ber vorliegt (BGH 55, 128). Für die Bemessg des Umfangs der HerausgPfl ist ein obj Maßstab anzulegen; ein Verschd des Bereicherten ist – auch bei § 816 – unerhebl (BGH 37, 371). Im EinzFall kann aber § 242 ein and Ergebn bedingen (Einf 8a vor § 812; s auch unten 6 D).

b) Maßgebender Zeitpunkt für die Entstehg des BerAnspr u damit für dessen Umfang nach § 818 ist regelm der der VermVerschiebg bzw bei § 816 der Ztpkt der Vfg, sofern diese ohne RGrd vorgen wurde od der RGrd rückwirkd wieder wegfiel, zB bei Errichtg eines Bauwerks regelm dessen FertStell od die Einstellg des Weiterbaus (BGH NJW 62, 2293; vgl näher § 951 Anm 2c aa). Fällt dagg der RGrd nur für die Zukunft weg, so entsch der Ztpkt dieses Wegfalls (BGH NJW 59, 1424). Besonderh gelten für den BerAnspr wg Nichteintritts des mit der Leistg bezweckten Erfolgs (s § 812 Anm 6 A d u BGH WM 66, 369: endgült Ausfall des Erfolgs). Zum maßg Ztpkt für die Berechng des WertErs nach Abs II s Anm 5 d.

c) Sonstiges. Üb die **Konkurrenz** der BerAnspr (im Umfang der §§ 818ff) mit and ErsAnspr, insb aus §§ 987ff, 823 sowie aus Vertr s Einf 4, 5 vor § 812 u § 816 Anm 1b; darü, daß Anspr aus ungerechtf Ber insow ausgeschl ist, als die Leistg in der SchadErsPfl aus unerl Hdlg ihren RGrd findet, s § 812 Anm 6 u § 463 Anm 5b. Zur Geltg des § 818, insb Abs III, im **öffentlichen Recht** s Einf 6d vor § 812. Zur Pers des AnsprBerecht u des BerSchu s § 812 Anm 5 Bb (Leistgskondiktion), Einf 8e vor § 812 (mehrere Bereicherte u AnsprBerecht) sowie § 816 Anm 2d, 3b (EingrKondiktion dch Vfg eines Nichtberecht). Üb den Anspr auf AuskErteilg u ggf Rechnsglegg bei Herausg eines SachInbegr s § 812 Anm 7 u §§ 259–261 Anm 2c, d.

2) Herausgabe des Erlangten. a) Herausgabe in Natur. Nach den maßg BerVorschr (§§ 812, 816, 817 S 1) ist primär das dch die VermVerschiebg Erlangte (hierzu § 812 Anm 4 u § 816 Anm 5b) herauszugeben. Der BerAnspr geht also in erster Linie – unbeschadet eines etw Wegfalls der Ber (Anm 6) – auf Herausg des ungerechtf erlangten Ggst selbst. Nur bei dem Anspr aus § 951 (RFolgen einer untrennb Verbindg, Vermischg od Verarbeitg) scheidet kr ausdr gesetzl Bestimmg ein Anspr auf Wiederherstellg des früh Zust aus; der Anspr geht insow nur auf Vergütg in Geld, bemessen nach dem Mehrwert des GesamtObj als wirtsch Einh (BGH NJW 62, 2293; näher unten 5 c u § 951 Anm 2c bb). In den Fällen der §§ 528 I 2, 1973 II 2, 2329 II kann die geschuldete Herausg dch Zahlg des Werts der Ber abgewendet werden. Zur Geltdmachg des BerAnspr dch Einr s § 821.

b) Der **Inhalt der Herausgabepflicht** bestimmt sich nach der Art des Erlangten. Sie geht zB bei EigtÜbertr mit RückÜbertr des Eigt, bei beweg Sachen auch in der Form der §§ 930, 931, bei Grdst auf RückAufl u Zustimmg zur GBUmschreibg bzw auf Einräumg einer Mitberechtig (Hbg MDR 59, 759) od – falls das Eigt nicht übergegangen war – auf Wiedereinräumg des Bes u auf GBBerichtigg (RG 137, 324 [336]); bei bloßer Aufl (§ 812 Anm 4b) auf Verz auf die ohne rechtf Grd erlangte vorteilh RPosition (RG 108, 329 [336]); bei BesÜbertr auf Wiedereinräumg des unmittelb Bes bzw bei Erwerb des mittelb Bes auf Abtretg des Anspr gg den unmittelb Besitzer; bei Bestellg eines R an einem Ggst auf Herausg des R in der jew vorgeschriebenen Form; bei Abtretg eines R (Fdg) auf RückÜbertr; bei Aufhebg des R auf dessen Wiederbestellg mit altem Rang; bei Unmöglichk der entspr WiederEintr einer zu Unrecht gelöschten Hyp ist nach Abs II WertErs zu leisten (RG HRR 34, 379); bei Begr einer Verbindlichk auf Befreiung von ihr (s ferner § 821 Anm 1); bei Erlaß einer Verbindlichk auf deren Wiederherstellg, doch kann bei Fälligk sofort auf Erf geklagt u dem Einwand des Erl der GgEinwand der ungerechtf Ber entgegenhalten werden; bei Bankgutschrift auf Rücküberweisg (OGH 4, 81); bei Hinterlegg eines GeldBetr, auch PfdErlöses, für mehrere AnsprSteller auf Einwilligg in die Auszahlg an den wirkl Berecht od Freigabe (BGH NJW 72, 1045). Bei Herausg einer Geldsumme ist grdsätzl ein entspr Betr, nicht das mit diesen Mitteln Angeschaffte, zurückzugeben; ggf kann aber auch – zB bei Schenkg einer Geldsumme zum Erw einer best Sache – diese selbst Ggst des BerAnspr sein (BGH **LM** § 313 Nr. 1). Hat der Empf die ungerechtf erlangte Sache mit dingl Recht belastet, so hat er nicht nur die Sache, sond auch das Entgelt herauszugeben, das er für die Belastg erhalten hat. Besteht die Belastg in einer Hyp, so hat er deren GgWert herauszugeben, kann aber verlangen, daß er von der persönl Haftg befreit wird (RG JW **27**, 1931). Ers seiner Unkosten kann dagg der AnsprBerecht – and als der Bereicherte (Anm 6 C) –, soweit nicht eine SchadErsPfl (zB üb §§ 819, 818 IV) besteht, aGrd des bloßen BerAnspr nach §§ 812, 818 I nicht verlangen (BGH JZ **62**, 671 mit zust Anm von Esser).

c) War nur ein Teil der **Vermögensverschiebung ungerechtfertigt**, so ist nur der entspr Teil, bei Unteilbark ggf Zug um Zug (§ 273) gg entspr Ausgl herauszugeben. Das gleiche gilt, wenn nur ein Teil der VermVerschiebg auf Kosten des AnsprBerecht erlangt ist. Bei mehreren Bereicherten u AnsprBerecht s Einf 8e vor § 812 und § 812 Anm 5 Bb. Über den Fall, daß der Bereicherte mehr Rechte erlangt hat, als seinem GeschPartner vor der VermVerschiebg zustanden, s § 816 Anm 3 b.

3) Nutzungen, Absatz I Halbsatz 1. a) Begriff. Die Pfl zur Herausg des Erlangten (Anm 2) erstreckt sich auch auf die vom Bereicherten gezogenen Nutzgen, dh auf die **Sach- und Rechtsfrüchte** sowie **Gebrauchsvorteile** (§§ 99, 100). Voraussetzg ist also ein bereits bestehder BerAnspr (Anm 1a); die Pfl zur Herausg von Nutzgen (ZinsPfl) kann daher frühestens zus mit dem BerAnspr entstehen, wicht für den BerAnspr wg Nichteintritts des mit der Leistg bezweckten Erfolgs (BGH **35**, 356; vgl näher § 812 Anm 6 A d). Zum grdsätzl Ausschl des Abs I im Eigtümer-BesitzerVerh dch die Sonderregel der §§ 987 ff s Einf 5b vor § 812, Vorbem 2b vor § 987, aber auch § 988 Anm 4. § 818 I ist regelm auch ausgeschl, soweit ein BerAnspr aus § 951 in Frage kommt (BGH NJW **61**, 452; näher § 951 Anm 2c bb).

b) **Nur die tatsächlich gezogenen Nutzungen** sind herauszugeben (BGH **35**, 356). Solange der Empf den Mangel des rechtl Grdes nicht kannte u der BerAnspr auch nicht rechtshäng, also keine verschärfte Haftg nach §§ 819, 818 IV eingetreten war, ist es also unerhebl, ob der Bereicherte es, wenn auch schuldh, unterl hat, weitere mögl Nutzgen zu ziehen (BGH ZIP **87**, 1457). Umgekehrt sind auch solche Nutzgen, die der AnsprBerecht nicht gezogen hätte, grdsätzl herauszugeben, zB bei Verletzg eines UrhR oder bei Vermietg fremder Sachen (§ 812 Anm 4d). Soweit jedoch die Nutzg ausschließl auf der persönl Leistg des Bereicherten beruht – wie zB häuf bei dem aus einem herauszugebden Unternehmen gezogenen Gewinn – ist der BerAnspr beschr auf den obj GebrWert (BGH **7**, 208 [217], BGH **LM** § 818 II Nr 7 für Filmtheater).

c) Ist **Geld** Ggst des BerAnspr, so sind nach Abs I zunächst die tats erlangten **Zinsen** seit Entstehg des BerAnspr – nicht aber hierdch erspartes, sonst notw Aufwendgen – herauszugeben. Soweit allerd die Nutzgen bei dem Bereicherten zu verbleiben haben, zB wg § 817 S 2 bei dem Darl, das dem Bewucherten auf die vereinb Zeit zu belassen ist, entfällt eine ZinsPfl schlechthin (vgl § 817 Anm 3c bb). Sonst hat der AnsprBerecht grdsätzl nachzuweisen, daß Nutzgen (Zinsen) tats gezogen worden sind, falls nicht nach der LebensErfahrg best wirtsch Vorteile zu vermuten sind (BGH **64**, 322), wie bei einem als BetrMittel eingesetzten Darl (BGH NJW **62**, 1148), bei Herausg von zinstragden Wertpapieren od bei BerAnspr auf eine Geldsumme ggü einer Bank (RG **53**, 363 [371]). Bei ungerechtf überlassener Kapitalnutzg ist ferner als WertErs (II) für die unmögl Herausg der hierdch genossenen Vort zu der übl Zinssatz zu vergüten (RG **151**, 123, BGH NJW **61**, 452, NJW **62**, 1148). Da jedoch weder die auf das KaufR beschr AusnVorschr des § 452 noch §§ 352, 353 HGB auf den BerAnspr anwendb sind, kommt eine generelle Verzinsg des BerAnspr, insb wenn er auf Herausg von Sachwerten gerichtet ist, vor Eintritt der verschärften Haftg nach §§ 819, 818 IV (vgl Anm 7b) nicht in Betr, wie nicht, wenn WertErs für ein vom AnsprBerecht errichtetes Bauwerk zu leisten ist (BGH **35**, 356: hier nur Ers des obj Nutzgswerts).

d) **Nutzungen aus Surrogaten.** Herauszugeben sind auch die aus ErsWerten (Anm 4) gezogenen Nutzgen, nicht aber Nutzgen aus einem Ggst, der zB mit dem erlangten Geld angeschafft worden ist, da der Ggst der BerAnspr nur das urspr Erlangte u dessen Nutzgen umfaßt; hier ggf nur WertErs nach Abs II (RG **133**, 283; aA Koppenhöfer NJW **71**, 588/594, der sich im Interesse eines vollst BerAusgl hier für eine analoge Anwendg des § 818 I ausspricht).

e) **§ 818 II u III** sind hier gleich **anwendbar.** Kann der Bereicherte die gezogenen Nutzgen nicht mehr in Natur herausgeben, so hat er WertErs zu leisten (Anm 5; vgl auch oben b). Nach Abs III kann der Bereicherte insb die Gewinngskosten – ohne die Bschrkg des § 102 – abziehen (Anm 6 Ca). Sonst Einschränkgen der HerausgPfl von Nutzgen kennt das Ges nicht (RG **137**, 206).

f) Auf **Auskunft u Rechnungslegung** (s § 812 Anm 7 u RG **137**, 206) ist der Berecht hier bes oft angewiesen.

4) Surrogate, Absatz I Halbsatz 2. Die HerausgPfl erstreckt sich ferner auf das, was der Empf als Surrogat erworben hat.

a) **Auf Grund eines erlangten Rechts.** Hierunter ist – and als zB in § 281 (dort Anm 2c) od in §§ 1370, 2019 I – nur zu verstehen, was in bestimmgsgem Ausübg des Rechts erlangt ist, zB bei Einziehg einer Fdg der LeistgsGgst, beim Verwertg eines PfdR der erzielte Erlös, der Gewinn eines Loses, das ohne rechtf Grd nach § 812 od dch Vfg eines Nichtberecht nach § 816 erlangt war, **nicht** aber die sog **rechtsgeschäftlichen Surrogate,** also das, was der Bereicherte dch RGesch (Kauf, Tausch ua) anstelle des urspr Ggst erworben hat (RG **101**, 389, BGH **24**, 106), weil hierfür § 818 II (Anm 5) eine Sonderregel enthält. Ist also dch RGesch die Herausg des urspr erlangten Ggst unmögl geworden, so ist nicht das rgeschäftl Erlangte herauszugeben, sond WertErs nach Abs II zu leisten; war zB das Los nicht selbst Ggst des BerAnspr, wurde es vielmehr erst mit dem ungerechtf erlangten GeldBetr erworben, so fällt ein Gewinn nicht unter die HerausgPfl. Zum Wegfall der Ber (VerlustGesch) s Anm 6 B c.

b) **Als Ersatz für die Zerstörung, Beschädigung od Entziehung des erlangten Gegenstandes** (stellvertr Vort). Der Ers kann zB auf Vertr (BGH VersR **55**, 225: VersSumme), unerl Hdlg (SchadErsLeistg) od rechtm Eingr (EnteigngsEntsch) beruhen. Der BerAnspr nach I 2 umfaßt auch den Anspr auf diese, uU noch ausstehdn Leistgen.

Einz. SchuldVerh. 24. Titel: Ungerechtf. Bereicherung **§ 818** 5

5) Wertersatz, Absatz II, ist zu leisten, wenn die Herausg des Erlangten (Anm 2) samt Nutzgen (Anm 3) u Surrogaten (Anm 4) wg deren Beschaffenh unmögl od der Empf aus and Grd zur Herausg außerstande ist.

a) Die Vorschr umfaßt nach ihrem Wortlaut sowohl die obj **Unmöglichkeit** der Herausg wg der Beschaffenh des Erlangten, zB bei empf Dienstleistgen, GebrVort, Verbrauch der Sache, als auch das subj **Unvermögen** gerade des Empf, zB bei Veräußerg der Sache. Dabei ist unerhebl, ob die Unmöglichk (Unvermögen) auf Zufall od Versch des Empf beruht; anders ist der bei der verschärften Haftg des §§ 818 IV, 819, 820. Der Empf ist daher nicht verpfl, eine veräußerte Sache zum Zwecke der Herausg zurückzuerwerben od eine Verbindg wieder zu beseitigen, wenn er hierdch mehr als den Wert des Erlangten verlieren würde (Grd: § 818 III). Auch für vertretb Sachen ist unter den Voraussetzgen von Abs II ledigl WertErs in Geld (nicht gleichart Sachen) zu leisten. Teilw Unmöglichk, zB bei Beschädigg od Veränderg der Sache, steht der HerausgPfl nicht entgg; ebso grdsätzl nicht ihre Werterhöhg (nachstehd b und Anm 6 C); ledigl die Differenz ist hier auszugleichen. Abs II gilt auch, wenn der AnsprBerecht nicht in der Lage ist, eine etw GgLeistg (hierzu Anm 6 D) in Natur zurückzugeben. Ob die Herausg unmögl ist, ist nach obj Maßst zu beurteilen; es besteht kein WahlR des Empf od des AnsprBerecht zw Leistg in Natur u WertErs.

b) Beispiele: Die Beschaffenh hindert die Rückgewähr insb, wenn es sich um empf Dienstleistgen handelt (BGH **37**, 258, 41, 282); s aber zum VergütgsAnspr beim fakt ArbVerh Einf 4a aa vor § 611 sowie § 812 Anm 4 d. Zur Frage, wann hier überh eine zu ersetzde Ber eingetreten ist, s § 812 Anm 4 u BGH **55**, 128 (erschlichene Flugreise). Desgl ist WertErs zu leisten bei erlangten GebrVort, Fruchtgenuß, zB Kiesentnahme über die behördl festgesetzten Grenzen hinaus (BGH NJW-RR **56**, 874), oder Befreiung von einer Schuld (BGH Warn **80** Nr 312). In Betr kommen ferner Verbrauch (Verzehr), Untergang, Veräußerg der Sache sowie untrennb Verbindg, Vermischg od Verarbeitg, insb Errichtg eines Gebäudes auf fremdem Grdst (§ 951 Anm 2c bb; zum Vorrang einer etw Leistgskondiktion § 812 Anm 5 B b). Abs II ist auch anwendb, wenn ein rechtsgrdlos errichtgs Grdst inf Bebauung od deren Änderg wirtsch ein and Ggst geworden u Herausg nicht mehr zumutb ist; dabei ist nicht auf die Aufrechterhaltg des allg Funktionszushangs, sond auf das Wertverhältn zw dem Grdst u den errichteten Gbden abzustellen (BGH NJW **81**, 2687, WM **87**, 1533). Bei Nutzg eines fremden ImmaterialgüterR BerAusgl dch Zahlg einer Lizenzgebühr (nicht: Herausg des Verletzergewinns, BGH MDR **87**, 817), wie § 823 Anm 12b (BGH **77**, 16, **82**, 299 u 310); hierzu Falk GRUR **83**, 488). Nutzg einer fremden Sache (BGH **20**, 270), soweit nicht vertragl od vertrahnl AusglAnspr in Betr kommen (BGH **21**, 319, Einf 5 vor § 145, Einf 6b, c vor § 812); unterl VermErwerb zG eines and (Mü GRUR **51**, 468). – IF der **Sonderbestimmung des § 816** ist das dch die Vfg Erlangte herauszugeben, nicht WertErs für den weggegebenen Ggst zu leisten (§ 816 Anm 5b); soweit allerd die Herausg des Erlangten unmögl ist, ist nach § 818 II dessen Wert, nicht der Wert des urspr Ggst, zu ersetzen.

c) Wertersatz in Geld. Zu ersetzen ist der gemeine Wert, dh der **objektive Verkehrswert**, den die Leistg nach ihrer tats Beschaffenh für jedermann hat (BGH **82**, 299), bei PrBindg also der ges zul Pr (BGH NJW **62**, 580). Nicht zu ersetzen ist das Interesse eines Beteil, auch nicht – and als bei § 816 (dort Anm 5b) – der bei der Veräußerg erzielte Gewinn des Empf; bei einem Verlust des Empf ist dessen Ber insow nach Abs III weggefallen, s Anm 6 B c). Die Meing, im Hinbl auf Abs III sei auf einen subj WertBegr abzustellen (Koppensteiner NJW **71**, 1769), vermengt Ggst u Höhe der Ber (vgl Goetzke AcP **173**, 289). Bei Veräußerg zus mit and Sachen zu einem GesamtPr findet verhältnism Berechng entspr § 471 statt (RG **75**, 361). Der Inhalt eines der VermVerschiebg zugrde liegden unwirks Vertr ist danach an sich für die Wertberechng regelm bedeutsslos; er kann aber Anhaltspkt für die Bemessg der übl Vergütg (bei Dienstleistgn, s unten) sein. Auch kann der, der dch seine argl Täuschg Anlaß zur Leistg gegeben hat, wg § 242 regelm höchstens die vertragl vereinb Leistg verlangen (BGH LM § 123 Nr 22). – **Einzelfälle:** Der Wert eines auf fremdem Grdst errichteten **Gebäudes** bemißt sich nicht nach den Aufwendgen des Entreicherten (BGH **10**, 171, BGH WM **73**, 71). Maßg ist vielm grdsätzl die obj Erhöhg des gemeinen VerkWerts des Grdst, dh regelm der Ertragsfähigk abzügl entgangener Nutzgen, um deren Ertr für ungewisse Zeit nicht gezogen werden kann (BGH NJW **62**, 2293, WM **63**, 135; § 951 Anm 2c bb). Der ErtrWert bemißt sich idR nach dem kapitalisierten Mietertrag (and uU bei erschwerter Vermietbark), der mit dem übl VerkPreis nicht zusfallen muß; daneben können allerd ggf auch and Umst (zB Bauwert) ergänzd herangezogen werden (BGH NJW **61**, 2205). Es handelt sich dabei um einen einheitl WertErsAnspr. Die Mitgl einer schlichten GrdstGemsch haften für ihn nicht als GesSchu, sond jeder einz u nur in Höhe der Ber seines Anteils (BGH WM **73**, 71). Bei Umbauten des Pächters entsch regelm der Wert der inf vorzeit VertrAuflösg verlorenen besseren Nutzgsmöglichk (Hamm WM **70**, 1359). Zur aufgedrängten Ber s näher § 951 Anm 2c dd; über die Wertberechng bei Anbau an eine Kommunmauer s § 921 Anm 2 e. – Hat der Verm vorzeit Beendigg des MietVerh einen verlorenen **Baukostenzuschuß** od den Wert von Ein- u Umbauten dch den Mieter nach BerR zurückzugeben (§ 812 Anm 6 A c bb sowie Einf 11 vor § 535), so ist Ggst der Ber nicht der erlangte Zuschuß selbst bzw der Kostenaufwand des Mieters, sond die hierdch dem Verm ermöglichte bessere Verwertg der Mieträume, – idR in entspr Raten – zu ersetzen ist (BGH **29**, 289 u NJW **85**, 313 [315]). Bei einer sonst **Mietvorauszahlg** ist dagg, da § 557a nur eine RFolgenVerweisg für einen VertrAnspr enth, entsch, ob die empf Vorauszahlg wirtsch gesehen noch im Verm des Vermieters vorh ist (BGH **54**, 347; s § 557a Anm 3c); zum BerAnspr bei einverständl Auflösg s auch Strutz NJW **68**, 1955. – Bei **Dienstleistungen** bemißt sich der WertErs nach der übl, hilfsw nach der angem Vergütg (BGH **37**, 259: RBeratg entgg RBerG; **55**, 128: Erschleich einer Flugreise; BGH WM **82**, 97: Ing- u ArchLeistgn entgg Art 10 § 3 MRVerbG; BGH NJW **84**, 1456: ArbNÜberlassg bei formnichtigem Vertr; BGH NJW-RR **86**, 155: DLeistg unter Verwandten). Ggf WertErs für Dienste nach einer allg Gebührenordng (BGH NJW-RR **86**, 321 Hamm NJW-RR **86**, 449: ArchLeistgn aGrd nichtigen Vertr, Mindestsätze der HOAI; aA Hamm MDR **86**, 410 Nr 57: Einschränkg nach Abs III im EinzFall mögl). Ein Anhaltspkt für die Höhe der übl Vergütg kann, zB bei höheren Diensten, auch die unwirks vereinb GgLeistg sein (BGH **41**, 282; Kleinheyer JZ **61**, 473). Wenn kein fakt ArbVerh besteht (vgl Einf 4a aa vor § 611 u § 812 Anm 4d), hat der ArbN Anspr auf WertErs in Höhe des Tariflohns ohne Abgeltg für nicht genommenen Url (BAG NJW **87**, 2251). – Bei **SelbstErf** dch den RInh ist der Betr zu ersetzen, den der Verpfl hätte aufwenden müssen, jedoch nicht mehr als der RInh tats aufgewandt hat (BGH NJW **64**, 1365). – Bei einer rechtsgrundl **Kreditversicherung** ist als Wert die Hälfte der angem RestschuldVersPrämie zu erstatten (BGH NJW **83**, 1422, Kln ZIP **85**, 22). – Beim Ers von nicht in Natur herausgabefäh **Nutzungen** (insb GebrVort), zB bei Nutzg fremder Sachen od ImmaterialgüterR, ist entspr diesen Grds der Verkehrswert des Gebr zu ersetzen (BGH **99**, 244: angem u übl Lizenzgebühr; § 812 Anm 4d); doch ist auch hier, zB bei Nutzg eines Unternehmens, ein Gewinn, der nur auf der persönl Umst beruht, nicht herauszugeben (Anm 3b). Der Gebrauchsvorteil eines Pkw ist nach § 287 ZPO zu schätzen (Hamm VersR **82**, 248 mit Angabe der Kriterien). – Ist der **Besitz** Ggst des BerAnspr, so ist daneben der Wert der GebrVort zu ersetzen (vgl hierzu § 557 Anm 3b), nicht aber, zB bei Veräußerg der Sache, deren Sachwert (BGH **LM** § 812 Nr. 15).

d) Maßgebender Zeitpunkt der Wertermittlung ist der Eintritt der Bereicherg, also der VermVerschiebg (RG **119**, 332, BGH **5**, 197, BGH NJW **63**, 1299, Diederichsen JurA **70**, 378 [396]), weil grdsätzl der Ztpkt des Entstehens des BerAnspr auch dessen Umfang bestimmt (Anm 1b u für die Errichtg von Gebäuden auf fremdem Grdst § 951 Anm 2c aa mwN). Koppensteiner NJW **71**, 588 erkl den Ztpkt der letzten mdl Verhandlg (bzw der außergerichtl Inanspruch) für maßg, da der BerGläub bis zu diesem Ztpkt nach Abs III das Risiko des Wegfalls der Ber trage, so daß inzw eingetretene Wertsteigergen ihm voll zugutekommen müßten. Der Empf haftet aber bereits ab RHängigk nach Abs IV verschärft, so daß er sich grdsätzl schon dann nicht mehr auf den Wegfall der Ber berufen kann (Anm 7c); auch bestehen Bedenken dagg, den GeldAnspr aGrd einer eingetretenen Wertsteigerg für die ihm zugrdeliegden Sachwerte nachträgl aufzuwerten (und bei Haftg wg Verzugs nach Eintritt der verschärften Haftg; s Anm 7d). Unerhebl ist jedenf der Ztpkt der Abrechg (BGH NJW **62**, 580). Zu beachten ist aber, daß der BerAnspr, insb bei Nichteintritt des mit einer Leistg bezweckten Erfolgs, verschiedentl erst später entsteht (Anm 1b u § 812 Anm 6 A d), so daß dann dieser Ztpkt auch der Wertberechng für Abs II zugrdezulegen ist.

6) Beschränkung der Herausgabepflicht auf die Bereicherung, III.

A) Allgemeines. Gilt für alle Konditionen, zB auch ggü dem BerAnspr aus § 816; s dort Anm 5c. **Unanwendbar** dagg ggü dem selbstd geregelten BereicherungsTatbestd der Art 89 WG, 58 ScheckG (BGH **3**, 338). Zur Anwendbark des Abs III im öff R s Einf 6d vor § 812. – Der primär auf Herausg des Erlangten samt Nutzgen u Surrogaten od auf WertErs gerichtete BerAnspr ist, soweit nicht verschärfte Haftg des Empf eintritt (hierzu Anm 7c; s aber auch § 820 Anm 3), dch Abs III auf Vorhandensein u Fortbestd der Ber beschr. Dieser vielf als der eigtl **Grundgedanke des Bereicherungsrechts** bezeichnete Grds, der für and Anspr nicht gilt, enth eine Begünstigg des gutgl Empf. Vor Eintritt der verschärften Haftg, deren Vorauss der Gläub des BerAnspr zu bew hat (§ 819 Anm 5), darf die HerausgPfl des gutgl Bereicherten nicht zu einer Verminderg seines Verm über den Betr der wirkl Ber hinaus führen (BGH **55**, 128). – Hieraus ergibt sich folges:

a) Saldierung. Währd der KonditionsAnspr des BerGläub auf Herausg eines best Ggst od auf Ers gerade seines Wertes gerichtet ist, spricht Abs III allg von Wegfall der „Bereicherg". Dieser Begr ist nicht nach rechtl od rein rechner Gesichtspkten zu bestimmen. Die Rspr stellt vielm auf eine wirtsch Betrachtsweise ab (zB BGH MDR **59**, 109), währd die RLehre mehr das wertde Element in den VorderGrd stellt (Diederichsen JurA **70**, 378 [404]). Festzuhalten ist jedenf, daß Abs III den BerAnspr nicht zu einem allg WertErsAnspr macht, sond lediglich den primären HerausgAnspr usw gg den gutgl Empf auf den Umfang der noch vorh Ber beschr (Larenz, SchR II, § 70 II). Um diesen Umfang der Ber festzustellen, ist der VermStand des Bereicherten zZ der Entstehg des BerAnspr (Empfang der Leistg, Zufluß der „Ber in sonst Weise") mit dem zZ der Herausg od des Eintritts der RHängigk (§ 818 IV) bzw der Kenntn vom Mangel des RGrdes (§ 819) zu vergl. Hierbei sind nicht nur Nachteile (unten b) als VermMinderg abzuziehen, andererst dch den BerVorgang erlangte Vort, zB ersparte Aufwendgen (BGH **83**, 278 [283]) als VermMehrg zu berücks. Ergibt dieser Vergl einen **Überschuß der Aktiv- über die Passivposten (Saldo),** so ist in diesem Umfang ein BerAnspr gegeben (RG (GrZS) **163**, 348, BGH NJW **88**, 3011; Besprechg Kohler NJW **89**, 1849; „Saldotheorie"). Zur Berücks der GgLeistg bei ggs Vertr s näher unten D. Hiernach ist der BerAnspr ein von vornherein in sich beschr einheitl Anspr auf Ausgl aller mit der VermVerschiebg zurechnb zushängder Vorgänge u Tats in Höhe des sich dabei ergebden Saldos (BGH **1**, 75). Der BerSchu ist nicht gehalten, sich auf die Grds der Aufr od des ZbR zu berufen (RG **129**, 307, BGH NJW **63**, 1870), bei ungleichart Leistgen hat der BerGläub sich doch aus die Rückgewähr der empfangenen Leistg Zug um Zug anzubieten (BGH NJW **88**, 3011). Die für den Wegfall der Ber entwickelten Grds der Anrechng von GgLeistgen, Aufwendgen usw gelten ohne Rücks auf guten od bösen Glauben, also – für die Frage, ob u in welcher Höhe überh eine Ber entstanden ist – auch für die Fälle der verschärften Haftg nach §§ 818 IV, 819, 820 (BGH **55**, 128).

b) Zusammenhang der Vor- und Nachteile. Bestr ist, in welcher Weise die gem Abs III zu berücks Vor- u Nacht mit der VermVerschiebg verbunden sein müssen. Die Rspr verlangte insow bish stets nur das Vorliegen eines ursächl Zushangs, wobei die Gesamth der auf den BerVorgang einwirkden Umst zu berücks sei (BGH **LM** § 818 III Nrn 2, 6 u 7: Abwicklg eines Vertr nach § 323, BGH WM **67**, 395). Dieses Kriterium ist jedoch nicht immer bestimmt genug u verschiedentl zu weit; auch der dem Dieb gezahlte Kaufpr wäre ggü dem BerAnspr aus § 816 adäquat kausal (s demggü Anm 6 Cb). Den BerAnspr können daher nur solche VermNachteile u Aufwendgen beschränken, die der gutgl Bereicherte im Vertrauen auf die Beständigkeit des vermeintl VermZuwachses gemacht hat (ebso Soergel-Mühl Rdr 57, Beuthien Jura **79**, 532; aA MüKo/Lieb Rdn 59ff: Risikoverteilg; dagg RGRK/Heimann-Trosien Rdn 27; offen gelassen BGH WM **80**, 1428).

c) Der Grund für den Wegfall der Bereicherung ist unerheblich. Insb steht der Anwendbark von Abs III nicht entgg, daß der BerSchu die Ber schuldh gemindert od eine Nutzg nicht gezogen hat. Der Bereicherte kann sich auf eine Beschrkg des BerAnspr aber wg § 242 nicht berufen, wenn er die Grdlage der Ber dch eine ausschließl eigenen Interessen diende Hdlg selbst beseitigt hat (BGH JZ **61**, 699). Weitergehd befürwortet Flessner, Wegfall der Ber (1970), S 112ff eine HaftgsVerteilg nach materiellen ZurechngsGesichtspkten; entsch sei, welcher Seite nach dem jew EinzFall ein VermVerlust ua anzulasten sei. Dagg spricht

Einz. SchuldVerh. 24. Titel: Ungerechtf. Bereicherung § 818 6 A–C

aber, daß auf den BerAnspr gg den gutgl Empf, soweit also nicht eine verschärfte Haftg nach §§ 818 IV, 819, 820 in Frage steht, die allein für SchadErsAnspr geltden Grds auch nicht entspr herangezogen werden können, da hier nur ein obj BerAusgl vorzunehmen ist. Vor Eintritt der verschärften Haftg auch keine Haftg wg SchuVerz (RG 93, 271; näher Anm 7d). – Die Ber ist, ohne daß es einer Aufr bedarf, außerdem im Umfang eines GgAnspr auf SchadErs gemindert, weil das, was als Ber herauszugeben wäre, nach SchadErsR sofort wieder zurückerstattet werden müßte (BGH WM 76, 1307 [1310]).

d) Ein **BGB-Gesellschafter,** wenn er voll für die ungerechtf Ber der GesHand haftet (vgl § 718 Anm 4a), kann sich nach Auflösg der G u Verteilg des GVerm auf Wegfall der Ber schon bei der GesHand, bei seinen MitGtern u bei sich berufen (BGH 61, 338 mit Besprechg Meincke Betr 74, 1001, Reinhardt JZ 74, 768). Ob des auch für den bereichergsrechtl als GesSchu haftden **Miterben** nach Verteilg des NachlVerm gilt, läßt BGH WM 82, 101 offen.

e) § 818 III ist **dispositiv;** so kann zB für Lohnüberzahlgen eine uneingeschränkte RückzahlgsPfl vertragl vereinb werden (BAG NJW 64, 1241, s Einf 6c vor § 812).

Im einz ist für die Haftg des gutgl Erwerbers vor RHängigk zu unterscheiden:

B) Das ursprünglich Erlangte ist nicht mehr vorhanden: Ist der erlangte Ggst weitergegeben od verbraucht worden, so besteht eine Ber nur insow fort, als der Empf sich damit noch vorhandene VermVort geschaffen hat (BGH NJW 84, 2095), näml hierfür ein Surrogat bzw Nutzgen (Abs I) od einen ErsWert (Abs II) erhalten u noch in Händen hat od als er dch Verwendg des Erlangten Ausgaben erspart hat, die er notwendigerw auch sonst gehabt hätte. Auch hier entsch der Einzelfall unter Berücks der Verh beim Empf:

a) **Übermäßige Ausgaben.** Ist das Empfangene für außergewöhnl Dinge verwendet worden (Luxusausgaben usw), die sich der Empf sonst nicht verschafft hätte, so ist die Ber regelm weggefallen (BGH MDR 59, 109: überzahlte Bezüge, BVerwG MDR 61, 535; vgl aber auch BGH 55, 128: erschlichene Flugreise). Anschaffg unverwertb Maschinen mit dem erlangten Geld (RG 118, 185: nur Pfl zur Herausg der Maschinen).

b) **Nicht mehr deckendes Aktivvermögen.** Die Ber ist auch weggefallen, sofern das gesamte AktivVerm des Empf soweit abgesunken ist, daß es den BerAnspr nicht mehr deckt, so daß nicht mehr geprüft zu werden braucht, welche Verluste im einz mit der Ber zushängen (BGH LM § 818 III Nr 7). Dies ist regelmäß der Fall, wenn ein einkommens- u vermögensl Kind die UnterhZahlgen des Scheinvaters zum LebensUnterh verwendet (BGH NJW 81, 2183).

c) **Weggabe von Sachen.** Hat der Empf das Erlangte schenkw weggegeben, so ist er nicht mehr bereichert (zum Anspr gg den Erwerber s § 822). Hat er die Sache veräußert, so hat er nach Abs II den Erlös bis zur Höhe des gemeinen VerkWerts der Sache herauszugeben; ein darü hinausgehder Gewinn verbleibt dem Empf, währd bei Erzielg eines Mindererlöses die Ber nach Abs III nur in dieser Höhe fortbesteht (RG 101, 389, s Anm 5c). Hat dagg ein Nichtberecht wirks über einen Ggst verfügt, so hat er nach § 816 das gesamte Erlangte, aber auch nur dieses herauszugeben, also auch einen erzielten Gewinn (§ 816 Anm 5b, c). Abs III gilt im übr auch ggü einem BerAnspr aus § 816; so kann sich zB der als Nichtberecht verfügde Kommissionär nach Abführg des Erlöses an seinen AuftrGeb auf den Wegfall der Ber berufen (BGH 47, 128: Ber nur in Höhe der VerkProv). Ebso wirken bereichergsmindernd Verwendgen des nichtberecht Verfgden aus Anlaß der Veräußerg; ferner der Wegfall des VerwendgsErsAnspr des Besitzers gg den Eigtümer inf Veräußerg der herauszugebden Sache (§ 1001); soweit solche bestanden, kann er den Betr von dem herauszugebden Erlös abziehen (Gursky JR 71, 361). Auch Verwendgen als solche, die auf die später veräußerte Sache währd der Vindikationslage gemacht wurden, können nach hM vom Erlös abgezogen werden (aA Gursky aaO). Hat ein Vertreter eine Sache ohne RGrd erhalten, so entfällt die Ber des Vertretenen (vgl § 812 Anm 5 Bb bb), wenn der Vertr die Sache unterschlägt (Hamm NJW 81, 993). Zur Anwendbark von Abs III im Rahmen der verschärften BerHaftg s Anm 7c, § 819 Anm 4a u § 820 Anm 3.

d) **Kein Bereicherungswegfall bei Tilgung eigener Schulden** mit dem, was der BerSchu erlangt hat. So, wenn eine rgrundl Überweisg auf ein Konto des BereichergsSchu zur Verringerg des Sollstandes führt, weil diese teilw Befreig von einer Verbindlichk des BereichergsSchu ggü seiner Bank eine fortbestehde Bereicherg darstellt (BGH NJW 85, 2700). Jedoch darf der BerAusgleich nicht zu einem ungerechtf VermVerlust für den gutgl BerSchu führen. Das bedeutet bei nichtigem DarlVertr, daß die mit der DarlValuta getilgte KaufPrSchuld nicht isoliert betrachtet werden kann, sond im Rahmen des ges VertrWk zu sehen ist (BGH NJW 79, 1597).

e) **Kein Bereicherungswegfall bei Anspruchserwerb gegen Dritten.** Die Ber ist grdsätzl auch dann nicht weggefallen, wenn der Empf inf Weitergabe des Erlangten (zB als Darl od Zahlg an falschen Gläub) einen Anspr gg Dr erworben hat. In diesem Fall ist Empf nach Abs II zum WertErs, nicht nur zur Abtretg des Anspr gg Dr verpfl. Ist Anspr gg Dr prakt wertlos, so ist die Ber weggefallen (BGH 72, 9 [13]; aA zu Unr BGH 9, 333 für eine wg § 817 S 2 nicht realisierb Fdg gg Dr). Ist die Durchsetzbark des Anspr gg Dr zweifelh, so ist deren Wert derzeit nicht bestimmb; hier kann BerGläub nur Abtretg dieser ErsFdg verlangen (BGH 72, 9 [13]; s auch unten Cd). Hat eine Bank eine ihr zur Abdeckg eines Kredits ihres Kunden abgetretene, diesem aber nicht zustehde Fdg wirks eingezogen, so kann sie sich ggü dem BerAnspr des wahren Inh der Fdg aus § 816 II nicht darauf berufen, die Ber sei weggefallen, weil sie den Betr ihrem Kunden gutgeschrieben habe; diese Gutschrift kann jederzeit storniert werden (BGH 26, 185 [194]). Dagg ist die Ber weggefallen od gemindert, wenn die Bank im Vertrauen auf die Endgültigk der vorgen Abrechng von erfolgversprechden Maßn gg den Kunden, insbes rechtzeit Beitreibg ihrer Anspr, absieht (BGH aaO u NJW 60, 1712; s auch unten Cd).

C) Das ursprünglich Erlangte ist noch vorhanden. Dann ist es herauszugeben, gleichgült in welchem Zust es sich befindet (BGH NJW 62, 1909; s Anm 5a). Gleichwohl kann sich hier die Ber mindern od ganz wegfallen, wenn Empf in seinem Verm sonstige Nachteile erlitten hat, die mit dem BerVorgang in dem unter Ab genannten Zushang stehen, so daß sich der BerAnspr entspr verkürzt. Über den bes wicht Fall der

893

§ 818   6 C, D   2. Buch. 7. Abschnitt. *Thomas*

Erbringg einer GgLeistg s unten D; zur Frage der Berechng u Durchsetzg des Anspr, insb bei ungleichart Rechngsposten, s unten E. Als zu berücks Aufwendgen in diesem Sinne kommen in Betr:

a) Alle Verwendungen auf die erlangte Sache, nicht nur notw u nützl, sond auch wenn sie zu einer Werterhöhg der Sache nicht geführt haben, es sei denn, daß sie auch sonst gemacht worden wären (Gursky JR **71**, 361); einschränkd zur aufgedrängten Ber § 951 Anm 2 c dd. Als solche Verwendgen, die der Empf im Vertrauen auf die Beständigk des RErwerbs gemacht hat, sind insb anzusehen RepKosten; die gewöhnl UnterhKosten; Kosten der Nutzgs- u Fruchtziehg, für die der Beschrkgen des § 102 nicht gelten; endgült steuerl Mehrbelastg (RG **170**, 65); auch die Kosten der Heraugs des erlangten Ggst (RG **96**, 345), zB die Kosten des Rücktransports. Bebaug eines rgrundl erlangten Grdst vgl vorstehd Anm 5 b.

b) Kosten des Erwerbs zählen grdsätzl zu den Aufw, zB Frachtkosten, VermittlgsProv u MwSt (BGH NJW **70**, 2059), Kosten der VertrBeurk, iF der EingrKondiktion die Kosten der ZwVollstr (BGH **66**, 150; vgl § 812 Anm 5 B a bb); der Makler, der seine erlangte Prov als ungerechtf Ber an den AuftrG zurückzahlen muß, ist nach BGH BB **78**, 1088 entreichert um die Prov, die er an seine AußendienstMitarb bezahlt hat; falsch, weil die Begleichg v Schulden mit dem Erlangten nicht zur Entreicherg führt (so jetzt auch BGH NJW **81**, 277). Zur Berücks der GgLeistg s unten D. Dagg ist für **Gegenleistungen an Dritte** anerk, daß der Bereicherte ggü dem HerausgAnspr aus § 812 od § 816 nicht abziehen kann, was er für den Erwerb der Sache an einen Dr geleistet hat (BGH **55**, 176: wer infolge Verarbeitg an abhgek Sachen Eigt erwirbt, kann den an den Dieb gezahlten Kaufpr nicht vom BerAnspr abziehen, BGH Betr **74**, 1009: der Nichtberecht, der den Erlös nach § 816 an den Eigtümer herausgeben muß, kann den an einen Dr bezahlten Pr für den Erwerb nicht abziehen; aA Hamm WM **82**, 833 im Zushang mit Art 21 ScheckG). Dies ergibt sich insb für den BerAnspr gg den wirks als Nichtberecht Verfügenden aus § 816 daraus, daß dieser Anspr an die Stelle des HerausgAnspr aus § 985 getreten ist, dem ggü sich der Besitzer nicht auf Zahlgen an einen Dr hätte berufen können. Darü hinaus hat der Bereicherte die GgLeistg aGrd des mit dem Dr abgeschl Vertr erbracht, er muß sie desh im Rahmen der GewlAnspr allein von diesem zurückfordern. Das gilt auch ggü Anspr aus § 816 II; die Factoring-Bank als Zweitzessionarin kann dem Anspr des VorbehVerk als Erstzessionar auf Herausg des vom Kunden des VorbehKäufers wirks (§§ 404, 407) bezahlten KaufPr nicht Wegfall der Ber entgghalten, weil sie den KaufPr aGrd des FactoringVertr dem VorbehKäufer gutgeschrieben habe (Messer NJW **76**, 925). Kein Abzug auch, wenn der Berecht die Sache unter verlängertem EigtVorbeh verk hatte u gem § 407 die Leistg an den Dr gg sich gelten lassen müßte (BGH NJW **70**, 2059).

c) Folgeschäden, die der Bereicherte inf der ungerechtf VermVerschiebg erlitten hat (zB das rgrdlos erlangte kranke Vieh steckt das eig des Empf an), sind nach der Rspr als abzugsfäh Posten zu berücks, da sie dch den BerVorgang adäquat kausal verurs sind (RGRK/Heimann-Trosien Rdn 26). Als bloße Zufallschäden stehen sie jedoch in keinem Zushang mit dem Vertrauen des Empf auf die RBeständigk des Erwerbs (oben A b) u sind desh nicht abzugsfäh (Soergel-Mühl Rdn 57; im Erg ebso Müko/Lieb Rdn 68).

d) Darü hinaus sind nach III abzugsfäh alle Aufwendgen, Ausgaben u **Vermögensnachteile,** die Empf **im Vertrauen auf die Unwiderruflichkeit des vermeintlichen Vermögenszuwachses** erlitten hat. Hierzu zählen das Verjährenlassen der Fdg gg den wirkl Schu (RG **70**, 350); Versäumg einer AusschlFr; Rückg von Sicherh; Investition eines Eheg vor Scheidg in Grdst, das ihm der and Eheg zu MitEigt als Basis wirtsch Existenz übertr hatte (BGH WM **72**, 564); Rückauflassg eines MitEigtAnt nach SchenkgsWiderruf nur Zug um Zug gg Erstattg der zweizl Aufw für die Bebauung (BGH NJW **80**, 1789); Einräumg eines weiteren (verlorenen) Kredits der Bank an ihren Kunden im Vertrauen darauf, daß der Kunde ihr früher Fdgen wirks abgetreten hat, während die Abtr in Wahrh wg verlängerten EigtVorbeh des Warenlieferers des Kunden unwirks war u die Bank desh den eingezogenen Betr wg § 816 nicht behalten darf (BGH **26**, 185 [195]). Dagg kein Wegfall der Ber, wenn die Bank aGrd eines nichtigen GlobalzessionsVertr (§ 138) mit ihrem Kunden dessen unter verlängertem EigtVorbeh stehde Fdgen (unwirks) eingezogen u im Vertrauen darauf weiteren verlorenen Kredit gewährt hat (BGH **56**, 173; krit Olschewski NJW **71**, 2307, Lieb JR **71**, 507). Abzugsfäh Nachteil ferner, wenn inzw der wirkl Schu (zB bei einer fehlerh ZwVollstr, § 812 Anm 5 B a bb) zahlgsunfäh geworden ist od wenn anstelle des grdlos Erlangten nur ein unverwertb Anspr gg Dr besteht (oben B e), sofern diese Wertlosigk dch den BerVorgang in adäquater Weise verurs, zB rechtzeitg Beitreibg der Fdg gg den wirkl Schu vor dessen VermVerfall unterlassen worden ist (BGH WM **61**, 273).

D) Berücksichtigung der Gegenleistung, die der Empf für das Erlangte bewirkt hat. Die GgLeistg gehört zu den Kosten des Erwerbs der Sache (oben C b) u ist daher beim BerAusgl zu berücks. Str ist, wie dies zu geschehen hat:

a) Nach der **Zweikondiktionenlehre** hat jeder VertrTeil selbstd Anspr auf Herausg des jew Empfangenen od auf WertErs unabhg vom Schicksal des BerAnspr der GgSeite; ein Ausgl wäre hier nur iW der Widerkl, Aufr od des ZbR mögl. Diese Auffassg führt zwar idR zu befriedigenden Ergebn; sie wird aber dem GrdGedanken des BerR auf Dchführg eines einheitl BerAusgl zur Abwicklg ungerechtf VermVerschiebgen (oben A u Einf 1 vor § 812) nicht gerecht.

b) Die **Saldotheorie** herrscht in der Rspr schon des RG (**163**, 348 [360]) u des BGH (NJW **63**, 1870, BGH **53**, 144). Ihr hat sich zutr die hM angeschl (Nachw bei Staud-Lorenz Rdn 41 ff, RGRK/Heimann-Trosien Rdn 61 ff, Larenz SchR II § 70 III; aA MüKo/Lieb Rdn 88 ff). Sie ist die log Folge des Synallagmas beim ggs Vertr (Einf 1 c, 2 c vor § 320); trotz ihrer RGrdlosigk sind die beiderseit Leistgen auch weiterhin dch den Austauschzweck unmittelb miteinander verknüpft. In Abwicklg nach den Grds der vorrang LeistgsKondiktion (§ 812 Anm 2) besteht auch in diesem Fall vornherein nur ein einheitl Anspr auf Ausgl der beiderseit VermVerschiebgen, der auf Herausg bzw WertErs des Überschusses der Aktiv- über die Passivposten (Saldo) gerichtet ist. Bei Errechng des Saldos ist die GgLeistg genau wie die sonst Abzüge (Aufwendgen usw, oben C), soweit sie sich aus der Rückabwicklg des nichtigen od unausführb gewordenen Vertr ergeben, als Abzugsposten einzusetzen. Daraus folgt, daß nach der Saldotheorie der BerAnspr von vornherein nur einem VertrTeil zusteht (BGH NJW **63**, 1870; zur Berechng s unten E). Der Unterschied zw beiden

Einz. SchuldVerh. 24. Titel: Ungerechtf. Bereicherung **§ 818** 6, 7

Lehren wird prakt, wenn die GgLeistg untergegangen ist od an Wert verloren hat. Der Empf ist dann zwar insow nach Abs III nicht mehr bereichert; er kann aber nicht seiners seine noch vorh (Gg-)Leistg vom Gegner zurückverlangen, ohne sich den Wert der an ihn erbrachten, nunmehr – gleichgült ob vom Empf versch od nicht – entwerteten Leistg enttgehalten lassen zu müssen. Die Saldotheorie stimmt damit allerd mit den bei Wandelg u Rücktr vom Vertr geltden Regeln, insb mit § 350, nicht überein; sie schafft jedoch im Normalfall der beiderseit BerHaftg einen gerechten Ausgl der VermVerschiebgen, die den Grds des § 323 III u § 327 S 2 entspr (krit hierzu Flume NJW **70**, 1161). – Die Saldotheorie setzt nicht gleichart Leistgen voraus. So ist iF der Ehescheidg der Anspr eines Eheg auf Rückg eines GrdstAnteils von vornherein inhaltl beschr auf das Verlangen Zug um Zug gg Ausgl der Nachteile (Investitionen), die der and Eheg im Vertrauen auf die Unwiderruflichk der Zuwendg des GrdstAnteils gehabt hat (BGH WM **72**, 564).

c) Notwendige Einschränkungen der Saldotheorie. Sie gilt von vornherein nur für die Abwicklg von beiderseits bereits erbrachten Leistgen aus einem unwirks ggseit Vertr. Hat eine Seite vorgeleistet u ist der Ggst der Leistg beim Empf untergegangen, so kann der Leistde weder – wg Nichtigk des Vertr – die GgLeistg fordern noch – wg § 818 III – seine eig Leistg zurückverlangen (BGH **LM** § 818 III Nr. 2). Aus diesem Grd ist auch die einem Dr erbrachte „Gegen"-Leistg, zB zum Erwerb der Sache von einem and als dem Berecht, nicht abzugsfäh (oben Cb). Darü hinaus ist die Saldotheorie stets dann nicht anwendb, wenn übergeordnete allg Gesichtspkte aus BilligkGrden (Einf 1 vor § 812) eine abw Entsch verlangen. So behält der argl getäuschte Käufer, bei dem die Sache ohne sein Versch untergegangen od beschädigt worden ist, seinen vollen BerAnspr auf Rückgewähr des Kaufpr, da der argl Täuschde nicht besser gestellt werden darf als der RücktrSchu (BGH **53**, 144 mit Anm Weitnauer NJW **70**, 637 u Diesselhorst JZ **70**, 418; zur Berücks etw sonst GgAnspr des argl Täuschden s unten E). Ebso behält der argl getäuschte Käufer, bei dem die Sache vor Anfechtg dch sein Versch zerstört worden ist, seinen Anspr auf Rückgewähr des Kaufpr, der sich allerd gem § 242 bei Abwägg der Schwere der Täuschg u des Versch an der Zerstörg mindern kann (BGH **57**, 137 [146 ff]; krit Huber JuS **72**, 439; im Ergebn zust aber mit beachtl Bedenken gg die Begr Flessner NJW **72**, 1777; abl Honsell NJW **73**, 350). Wg Abs IV kann der Käufer, bei dem die Sache nach RHängigk der RückzahlgsFdg entwertet worden ist, nach IrrtAnfechtg den vollen KaufPr herausverlangen, weil das Risiko der Entwertg der zurückzugewährden Sache nach RHängigk den Verk trifft (BGH **72**, 252; krit Honsell JZ **80**, 802). Ebso kann der Käufer nach erfolgreicher Anf des KaufVertr wg Irrt über eine verkwesentl Eigensch der Sache den vollen KaufPr zurückverlangen, obwohl er die Sache nicht mehr in der ursp Zust zurückgewähren kann, Untergang od Verschlechterg aber auf einem Sachmangel beruht, für den nach dem Vertr der Verk einzustehen hätte (BGH **78**, 216). Dies bedeutet prakt eine ausnahmsw Rückkehr zur Zweikondiktionenlehre für die genannten Fälle, insbes für diejen, in denen einer der Beteil nach Abs IV od § 819 verschärft haftet. Jedenf kann die Saldotheorie auch dann keine Anwendg finden, wenn der vorrang Gesichtspkt des Schutzes eines Mj od sonst nicht voll GeschFäh gebietet, ihm den BerAnspr auf Herausg seiner GgLeistg in vollem Umfang zu erhalten.

E) Durchsetzung des Bereicherungsanspruchs. Aus der grdsätzl anwendb Saldotheorie folgt, daß der BerAnspr in diesen Fällen von vornherein nur einer Seite zusteht u auf Herausg des Überschusses geht (oben Db). Der Berecht muß desh die Ber des Schu darlegen u bereits dabei auch die Leistgen berücks, die dieser aus seinem Verm in Erf des Vertr od im Vertrauen auf die Unwiderruflichk des RErwerbs gemacht hat. Sind die beiderseit Leistgen gleichart, so hat dies dch entspr Verrechng zu erfolgen. Bei ungleichart Leistgen (zB Sache u Verwendgen ggü Kaufpr) ist dem Grds, daß die Ber nur in dem Überschuß besteht, in gleicher Weise Rechng zu tragen. Dem Schu steht also nicht nur ein LeistgsVR bis zur Erstattg seiner GgLeistg od ihres Werts zu, der Berecht hat vielm, ohne daß es einer Einr des Bekl bedarf, von sich aus die ungleichart GgLeistg derart zu berücks, daß er deren Rückgewähr Zug um Zug anbietet (BGH NJW **63**, 1870). Macht der Berecht nur einen Teil der Ber geltd, so kann der Schu – und als der Aufr – die Ber mindernden Posten insow nicht in Anrechng bringen, als der gesamte Anspr des Berecht (Saldo) jedenf den geltd gemachten Teil deckt (RG Recht **18**, 701). Soweit der argl Täuschde nach Anf auf Herausg der Ber in Anspr gen wird, brauchen zwar etw GgAnspr des AnfGegners (vgl hierzu § 463 Anm 4a) vom BerGläub nicht gem der Saldotheorie bereits im KlAntr berücks zu werden, der argl Täuschde kann sie aber im gleichen RStreit geltd machen (BGH NJW **64**, 39).

7) Haftungsverschärfung bei Rechtshängigkeit, Abs IV.
a) Anwendungsbereich. Ab Eintritt der RHängigk (§§ 261 I, II, 253 I ZPO; bei voraus gegangenem MahnVerf § 696 III ZPO) einer LeistgsKlage auf Herausg des Erlangten od WertErs, auch wenn der Anspr nur hilfsw erhoben wurde (RG **117**, 112), weil der Schu jedenf ab diesem Ztpkt mit dem Fehlen des die VermVerschiebg rechtf Grdes rechnen muß. Gilt für alle Arten von BerAnspr. Diese Vorschr über die verschärfte Haftg des BerSchu findet nicht Anwendg, wenn der Empf den Mangel des rechtl Grdes beim Empfang kennt od ihn später erfährt (§ 819 I), sowie in einigen Sonderfällen der Leistgskondiktion (§§ 819 II, 820). Die Erhebg einer FeststellgsKl nach einstw AO, daß ein UnterhAnspr nicht besteht, od eine AbänderungsKl gg einen UnterhTitel führt nicht zur verschärften Haftg für den RückzahlgsAnspr (BGH **93**, 183, BGH NJW **86**, 2057). Rechtsmißbr Geltdmachg eines BerAnspr trotz verschärfter Haftg vgl § 820 Anm 3 c.

b) Die „allgemeinen Vorschriften", nach denen sich die verschärfte Haftg bestimmt, sind in erster Linie die §§ 291, 292 mit den dort genannten Verweisgen. Dies bedeutet im einz: Eine fäll Geldschuld ist spätestens ab RHängigk mit 4% (§ 246) zu verzinsgen (§ 291); ein höhere Verzinsg, zB nach §§ 352, 353 HGB, scheidet auch dann aus, wenn der rgrdlosen VermVerschiebg ein HandelsGesch zugrdeliegt (RG **96**, 57). Währd nach hM dem Empf der Ber bis zur RHängigk ein Versch nicht schadet (Anm 6 Ac), ist nunmehr der Empf für den Schaden verantwortl, der dadch entsteht, daß inf eines von ihm zu vertr Umst der Ggst der Ber verschlechtert wird, untergeht od aus einem and Grd von ihm nicht mehr herausgegeben werden kann, §§ 292 I, 989. Der Empf hat ferner nicht nur tats gezogene Nutzgen herauszugeben (Anm 3a), sond auch schuldh nicht gezogene Nutzgen zu ersetzen, §§ 292 II, 987. Abzugsfäh sind nur notw Verwendgen im Rahmen der GoA, §§ 292 II, 994 II, zB Aufwendgen zur Bestreitg von Lasten des Ggst (§ 995, vgl RG **117**, 112). Entsch für die Abzugsfähig ist gem §§ 994 II, 683 regelm das Einverständn der GgSeite (RG DR **39**, 634); sonst nur bei notw Verwendgen. Zu den allg Vorschr gehören auch §§ 279 u 281 (BGH **83**, 293 u WM **85**, 89). Ist der verschärft haftde BerSchu wg Veräußerg zur Herausg nicht in der Lage, so hat er den rechtsgeschäftl VeräußergsErlös herauszugeben (BGH **75**, 203).

c) Auf **Wegfall oder Minderung der Bereicherung** nach Eintritt der RHängigk kann sich der gem Abs IV nach den allg Vorschr haftde Empf im allg nicht berufen (BGH **55**, 128); dies auch dann nicht, wenn sich die Ber dadch gemindert hat, daß der AnsprBerecht seiners die empfangene GgLeistg nur noch in entwertetem Zust zurückgeben kann (BGH **72**, 252; vgl vorstehd 6 D c). Er kann es nur dann, wenn sich die Befreiung von der LeistgsPfl aus den allg Vorschr ergibt, zB wenn unverschl Unmöglichk der Herausg nach § 275 (bei WertErsAnspr aber § 279, vgl oben b), sofern nicht – wie vielf – gleichzeit die Voraussetzgen des Verzugs vorliegen (§ 287 S 2; unten d). Wegfall der Ber auch dann, wenn die VermMinderg mit dem Tatbestd, der die Grdlage des BerAnspr bildet, unmittelb zushängt, es sich also um allg Grds des Ausgl von Vort u Nacht handelt (RG HRR **33**, 1008: „ursächl Zushang", s aber Anm 6 A b); zB sind Aufwendgen bei Tilgg der BerSchuld od Erbringg einer GgLeistg im Vertrauen auf die Beständigk des RErwerbs abzugsfähig; s auch § 820 Anm 3. Das gleiche (dh Wegfall der Ber) gilt auch bei Verlust des Ggst der Ber anläßl der Herausg, auch wenn es sich um die Übermittlg eines GeldBetr handelt, § 270 ist insow nicht anwendb (hM, Sieveking MDR **47**, 291; aA RGRK/Heimann-Trosien Rdn 49).

d) Verzugshaftung. Vor Eintritt des RHängigk haftet der BerSchu, soweit nicht § 819 eingreift (dort Anm 4), auch bei Verzug nicht verschärft, selbst wenn die Voraussetzgen der §§ 284ff bereits vorher vorliegen (RG **93**, 271 RGRK/Heimann-Trosien Rdn 49, Staud-Lorenz Rdn 51). Der Schu kommt spätestens mit der KlErhebg in Verz, sofern er sich nicht ausnahmsw nur von ihm zu beweisenden entschuldb RIrrt üb den Umfang seiner Pfl zur Herausg der Ber befindet, er die Nichtleistg mithin nicht zu vertr hat (§ 285). Zur Beachtlichk eines RIrrt allg s § 285 Anm 2c. Im Falle des Verzugs hat der BerSchu eine Geldschuld zu verzinsen (§ 288 I), ferner neben dem VerzSchad des § 286 nach § 288 II auch einen weitergehenden Schad zu ersetzen, zB einen dch inzw eingetretene Geldentwertg verurs Verlust (RG JW **27**, 980). Gem § 287 S 2 haftet der BerSchu ferner grdsätzl auch für eine dch Zufall eingetretene Unmöglichk der BerHerausg.

8) Beweislast. Allg vgl zunächst § 812 Anm 8. Der BerGläub hat zu bew, daß der Empf etwas erlangt hat, desgl den Umfang der Ber (zB der gezogenen Nutzgen, Anm 3b) sowie ggf den Wert des urspr BerGgst im maßg Ztpkt (Anm 5c, d). Der Empf hat die Unmögk der Herausg zu bew. Dazu genügt der Nachw des VeräußergsVertr; daß er nicht ernstl gemeint sei, hat der Gläub zu bew (BGH NJW **88**, 2597 [2599]). Der Empf hat Wegfall od Minderg der Ber (vgl Anm 6 A a) zu bew (BGH NJW **58**, 1725), weil es sich um eine rechtsvernichtde Einwendg handelt, die vAw zu beachten ist (Staud-Lorenz Rdn 48). Es genügt in diesem Zushang, wenn der Empf bew, daß er im ggwärt Ztpkt nicht mehr bereichert ist. Der BerGläub hat demggü darzutun, daß zZ des Eintritts der RHängigk (Anm 7a) die Ber noch bestand, der Bekl also für den Wegfall nach Abs IV verantwortl ist (BGH aaO). Auch bei Leistg an nicht voll GeschFäh tritt keine Umkehrg der BewLast ein (RGRK/Heimann-Trosien Rdn 51).

819 Verschärfte Haftung bei Bösgläubigkeit und bei Gesetzes- oder Sittenverstoß.

¹Kennt der Empfänger den Mangel des rechtlichen Grundes bei dem Empfang oder erfährt er ihn später, so ist er von dem Empfang oder der Erlangung der Kenntnis an zur Herausgabe verpflichtet, wie wenn der Anspruch auf Herausgabe zu dieser Zeit rechtshängig geworden wäre.

II Verstößt der Empfänger durch die Annahme der Leistung gegen ein gesetzliches Verbot oder gegen die guten Sitten, so ist er von dem Empfange der Leistung an in der gleichen Weise verpflichtet.

1) Bedeutung, Konkurrenz. § 819 erweitert die verschärfte Haftg des BerEmpf, die nach § 818 IV (dort Anm 7) für die Zeit ab RHängigk eintritt. Die strengere Haftg trifft den Empf danach bereits vor diesem Ztpkt bei Kenntn von der RGrdlosigk (I) u bei Verwerflichk des Empfangs (II); zwei weit Fälle verschärfter Haftg aus der Leistgskondiktion behandelt § 820. § 819 I gilt für alle Arten von BerAnspr. Die Haftg des Empf aus und AnsprGrdlagen, bleibt danebn bestehen (Einf 4 vor § 812). Die Verj des Anspr aus unerl Hdlg erstreckt sich nicht auf den BerAnspr (§ 852 III). Soweit in dem Empfang eine vorsätzl unerl Hdlg liegt, ist eine Aufr auch ggü dem BerAnspr aus §§ 812, 819 nach § 393 ausgeschl.

2) Kenntnis von Rechtsgrundlosigkeit des Empfangs, Abs I.

a) Positive Kenntnis ist erforderl, Kennenmüssen, dh fahrl Unkenntn, § 122 II, u Bösgläubigk iS des § 932 II genügen nicht. Auch bloße Zweifel am Fortbestd des RGrdes können die verschärfte Haftg nach § 819 nicht auslösen (s aber § 820 Anm 1). – Erfolgte die VermVerschiebg an einen **Vertreter**, so ist – entspr § 166 I – grdsätzl dessen Kenntn maßg u ausr (BGH NJW **82**, 1585). Ebso reicht grdsätzl die Kenntn des ges Vertr aus, zB wenn er weiß, daß der Mj trotz Unwirksk des MietVertr die Sache benutzt (BGH MDR **77**, 388). Bei VorhSein mehrerer Vertr genügt die Kenntn eines von ihnen (§ 166 Anm 2a). Unabhäng von einem VertretgsVerh genügt die Kenntn dessen, den der Empf mit der Erledigg best Angelegenh im Zushang mit der VermVerschiebg betraut hat (Hamm WM **85**, 1290).

b) Auch die Rechtsfolgen muß die Kenntn vom Mangel des rechtl Grdes umfassen. Sie können sich ow aus den Tats ergeben. Entsch ist, ob ein obj Denkder vom RMangel überzeugt sein würde (BGH **26**, 256). Kenntn hat auch, wer sich bewußt den RFolgen verschließt (BGH **32**, 76 [92]). Im Falle eines Darl weiß der Empf, auch wenn er den NichtigkGrd nicht kennt, daß er den KapBetr einmal zurückzahlen muß (BGH **83**, 293 u WM **85**, 89). Wg § 142 II genügt auch die Kenntn der Anfechtbark eines RGesch u der daraus herzuleitden RFolge; auf Ungewißh, ob AnfR ausgeübt wird od nicht, kommt es dabei nicht an (RG JW **32**, 1724). Wird demnächst angefochten, so tritt rückw (§ 142 I) die verschärfte Haftg von dem Ztpkt an ein, in dem Empf die Anfechtbark u deren RFolgen kannte (BGH WM **73**, 560, Staud-Lorenz Rdn 2, 7).

c) Maßgebender Zeitpunkt: Kennt Empf den Mangel des RGrdes schon im Ztpkt der VermVerschiebg, so tritt die verschärfte Haftg sofort ein. Sonst entsch der Ztpkt der nachträgl KenntnErlangg vom nicht vorh (§ 812 I 1) od später wieder weggefallenen (§ 812 I 2 1. Fall) RGrd. Bei BerAnspr nach § 812 I 2 2. Fall tritt verschärfte Haftg nach dessen Entstehen (§ 812 Anm 6 A d) ein, wenn der Empf erfahren hat, daß der mit der Leistg bezweckte Erfolg nicht eintreten wird (BGH **35**, 356 [361]). Zum ungewissen Erfolgseintritt s § 820 I 1.

d) Kenntnis des Leistenden. Ein BerAnspr ist regelm ausgeschlossen, wenn der Leistde selbst den Mangel des rechtl Grdes (§ 814) od die Unmöglichk des Erfolgseintritts (§ 815) gekannt hat. Weiß nun der Empf od hat er irrtüml angenommen, der Leistde habe selbst den Mangel des RGrdes gekannt – wofür der Empf allerd beweispfl ist – so haftet er nicht verschärft nach § 819 (RG **137**, 171, **151**, 361, Müko/Lieb Rdn 5), weil ihm die pos Kenntn der RFolgen (vgl Anm b) fehlt.

e) Ob Kenntnis des beschränkt Geschäftsfähigen, der beim Empfang des BerGgst nicht vertr war, die verschärfte Haftg auslösen kann, ist str (vgl Erm-Westermann Rdn 6, Larenz SchR II § 70 IV). Es ist zu unterscheiden: Bei der Leistgskondiktion verbietet der vorrang Gesichtspkt des Schutzes des Mj od sonst nicht voll Geschfäh bei dessen allein Kenntn die Anwendg der verschärften Haftg, weil sonst im Ergebn über § 819 oftm die gleiche Haftg wie aus dem – wg der GeschUnfähigk unwirks – RGesch eintreten würde (vgl § 812 Anm 4d aE zur Kfz-Anmietg dch Mj). Dieser Gesichtspkt gilt jedoch bei der Ber in sonst Weise, vor allem bei der EingrKondiktion regelm nicht. Soweit insb gleichzeit eine unerl Hdlg des Mj vorliegt, besteht kein Anlaß, die dort anwendb §§ 827–829 nicht auch zur Begründg der verschärften Haftg des den RMangel kennden Mj nach § 819 heranzuziehen (ebso BGH **55**, 128: erschlichene Flugreise eines Mj ohne Kenntn des ges Vertr).

3) Verwerflicher Empfang, Abs II. Vorauss ist ein BerAnspr nach § 817 S 1, dh pos Kenntn des Empf von dem GVerstoß bzw das Bewußtsein, sittenw zu handeln (näher § 817 Anm 2c). Die verschärfte Haftg tritt auch ein, wenn beide Seiten verwerfl handeln, § 817 S 2 aber im EinzFall nicht anwendb ist (BGH NJW **58**, 1725 zu § 5 der inzw aufgeh GrdstVerkVO). Die Kenntn des Empf muß im Ztpkt der Anm der Leistg bestehen, spätere Kenntn von den Umst, die die Verbots- od Sittenwidrigk begründen, genügt nicht. Bezieht sich die Kenntn auch auf die RFolgen, dann greift Abs I ein (Staud-Lorenz Rdn 13, MüKo/Lieb Rdn 14, RGRK/Heimann-Trosien Rdn 13).

4) Umfang der Haftung. a) Liegen die Vorauss des § 819 vor, so haftet der Empf ab dem maßg Ztpkt (Anm 2c, 3) wie ab RHängigk (vgl § 818 Anm 7). Insb kann er sich grdsätzl nicht gem § 818 III auf den Wegfall der Minderg der Ber nach diesem Ztpkt berufen, sofern nicht die später eintretden Verluste in unmittelb Zushang mit dem BerVorgang stehen od bereits vor dem Eintritt der verschärften Haftg veranlaßt worden waren (näher § 818 Anm 7c u unten b).

b) Verzugshaftung. § 819 fingiert nur den Eintritt der RHängigk, nicht aber auch ein Versch des Empf, das allerd vielf gleichzeit vorh sein wird; vgl auch § 818 Anm 7 d. Auch die verschärfte Haftg auf SchadErs nach §§ 819 I, 818 IV, 292 I, 989 setzt ein Versch des BerSchu voraus; soweit es einmal fehlen sollte, kann sich daher der Bereicherte auch im Falle des Abs I zunächst noch auf den Wegfall der Ber nach § 818 III berufen (OGH NJW **50**, 642).

5) Beweislast. Vgl zunächst § 818 Anm 8. Die Vorauss der verschärften Haftg hat der AnsprBerecht zu beweisen (BGH NJW **58**, 1725). Der Bereicherte hat darzutun, daß er von der Vorstellg ausgegangen ist, auch der Leistde habe den Mangel des RGrdes gekannt, wesh eine verschärfte Haftg nicht eintreten könne (Anm 2d).

820 *Verschärfte Haftung bei ungewissem Erfolgseintritt.* [1]War mit der Leistung ein Erfolg bezweckt, dessen Eintritt nach dem Inhalte des Rechtsgeschäfts als ungewiß angesehen wurde, so ist der Empfänger, falls der Erfolg nicht eintritt, zur Herausgabe so verpflichtet, wie wenn der Anspruch auf Herausgabe zur Zeit des Empfanges rechtshängig geworden wäre. Das gleiche gilt, wenn die Leistung aus einem Rechtsgrunde, dessen Wegfall nach dem Inhalte des Rechtsgeschäfts als möglich angesehen wurde, erfolgt ist und der Rechtsgrund wegfällt.

[II]Zinsen hat der Empfänger erst von dem Zeitpunkt an zu entrichten, in welchem er erfährt, daß der Erfolg nicht eingetreten oder daß der Rechtsgrund weggefallen ist; zur Herausgabe von Nutzungen ist er insoweit nicht verpflichtet, als er zu dieser Zeit nicht mehr bereichert ist.

1) Bedeutung. § 820 enth für 2 Fälle der Leistgskondiktion eine ggü §§ 819, 818 IV etwas abgewandelte verschärfte Haftg des BerSchu. War nach dem Inhalt des RGesch der mit einer Leistg bezweckte Erfolg (§ 812 Anm 6 Ad) ungewiß od wurde der Wegfall des RGrdes (§ 812 Anm 6 Ac) als mögl angesehen, so muß Empf von vornherein mit seiner HerausgPfl rechnen; dies rechtf eine strengere BerHaftg als nach § 818 I–III. Wesentl für die Anwendbark des § 820 ist, daß **beide Teile** bei VertrSchl den Eintritt des Erfolgs als unsicher od den Wegfall des rechtl Grdes als mögl angesehen haben u daß sich dies aus dem Inhalt des RGesch ergab (RGJW **38**, 1025). Hat nur Leistder gewußt, daß der Eintritt des Erfolgs unmögl ist, so hat er wg § 815 überh keinen BerAnspr (and bei späterem Wegfall des RGrdes, § 815 Anm 1); hat allein Empf Kenntn vom Ausfall des Erfolgs od vom Wegfall des RGrdes gehabt, so haftet er nach § 819 I.

2) Voraussetzungen der verschärften Haftung. a) Ungewißheit. Objektiv muß bei Abschl des RGesch nach dessen Inhalt der Erfolgseintritt ungewiß od der Wegfall des rechtl Grdes mögl gewesen sein. **Subjektiv** müssen die Beteil beim Abschl des RGesch von dieser Unsicherh ausgegangen sein. Hieran fehlt es, wenn die Beteil den Erfolgseintritt (zB eine behördl Gen nach mdl Zusage) für sicher od den Wegfall des RGrdes für unwahrscheinl gehalten haben (BGH ZIP **87**, 1457 [1460]). Die nur als entfernt angesehene Möglichk einer and Entwicklg als bezweckt u vorhersehb genügt für die Anwendbark des § 820 nicht (BGH **LM** Nr 1). Ebso ist nicht ausreichd, daß die Beteil nur mit der allg nicht ausscheidb Möglichk des Nichteintritts bzw Wegfalls gerechnet od sich aufdrängde Zweifel nicht beachtet haben, zB bei Hing einer Aussteuer vor Eingehg der Ehe, die dann nicht zustandekommt, weil sonst die verschärfte Haftg des § 820 in nahezu allen Fällen eines BerAnspr wg Nichteintritts des mit einer Leistg bezweckten Erfolgs eintreten würde. Erforderl ist daher, daß sich die Beteil die Ungewißh der zukünft Entwicklg bes vergegenwärtigen (BGH aaO).

b) Aus dem Inhalt des Rechtsgeschäfts selbst muß sich die Ungewißh der zukünft Entwicklg ergeben (RG JW **38**, 1025), außerh des Vertr liegde Umst können hierfür nicht maßg sein.

c) Unmöglichkeit. § 820 gilt auch für die Pfl zur Rückgewähr einer GgLeist aus einem ggseit Vertr nach § 323 III, wenn die Beteil mit der von keiner Seite zu vertretden Unmöglichk der Leistg gerechnet haben (RG **123**, 401, BGH NJW **75**, 1510).

d) Auf Leistungen, die unter Vorbehalt gemacht od angenommen werden (§ 814 Anm 2b), ist § 820 entspr anwendb (BGH WM **88**, 1494 [1496]).

e) Beispiele: Vorschuß Entrichtg einer MaklerProv; Leistgen auf einen noch genehmiggsbedürft Vertr, außer wenn die Beteil die Erteilg der Gen als sicher angen haben (RG HRR **33**, 1843); Abtretg des R auf Aushändigg von Aktien an einer noch nicht eingetr AG (RG **123**, 401); Leistgen auf einen zunächst nur mdl abgeschl GrdstKaufVertr (BGH JZ **61**, 699).

3) Umfang der Haftung. Der Empf haftet so, wie wenn der HerausgAnspr bei Empfang der Leistg rechtshäng geworden wäre (vgl § 818 Anm 7). Verschärfg der Haftg bedeutet aber gerade bei § 820 nicht von vornherein, daß die Ber nicht noch mit befreiender Wirkg wegfallen od sich mindern kann, insb sofern es sich um allg Grds des Ausgl von Vort u Nacht handelt, die mit dem BerVorgang unmittelb zushängen, also zunächst zu prüfen ist, ob u ggf inwiew (Saldo, § 818 Anm 6 A a) überh Ber vorliegt (RG HRR **33**, 1008, BVerwG MDR **61**, 535). – Die **verschärfte Haftung** ist aber ggü § 818 IV in zweierlei Hins **eingeschränkt:**

a) Nebenleistungen: Nach Abs II hat Empf abw von § 291 Zinsen (Höhe: § 246) erst von dem Ztpkt an zu entrichten, da er den tats Nichteintritt des Erfolges od Wegfall des RGrundes posit kennt. Nutzgen sind nur herauszugeben, soweit Empf noch bereichert ist, dh im Rahmen der allg Haftg nach § 818 I–III. Desh auch keine Haftg für Nutzgen, die Empf bis zum Ztpkt der KenntnErlangg hätte ziehen können. Die strengere Haftg des § 820 gilt mithin prakt nur für das Kapital.

b) Verzugshaftung. And als vielf bei § 819 (dort Anm 4b) u bei § 818 IV (dort Anm 7d) kommt bei § 820 eine verschärfte Haftg wg Verzugs nicht in Betr. Wenn der Leistde im Vertr den Verbleib der Leistg beim Empf trotz der Ungewißh der zukünft Entwicklg einverst war, trifft den Empf kein Versch (§ 285), so daß eine Haftg für Zufallschäden (§ 287 S 2) ausscheidet.

c) Rechtsmißbräuchlich kann das Verlangen auf Herausg der Leistg unter den verschärften Voraussetzgen des § 820 sein, wenn der Leistde den Empfänger veranlaßt hat, das Erlangte seiners an einen zahlungsfäh Dr weiterzugeben (BGH **LM** Nr 1).

4) Beweislast. Der AnsprBerecht hat die obj u subj Voraussetzgen für den Eintritt der verschärften Haftg (Anm 2) zu beweisen; desgl hins der Nebenleistgen den Ztpkt der KenntnErlangg (Anm 3a), währd den BerSchu den Wegfall der Ber (bei Nutzgen) darzutun hat. Im übr gelten die Grds in § 818 Anm 8.

821 Einrede der Bereicherung.
Wer ohne rechtlichen Grund eine Verbindlichkeit eingeht, kann die Erfüllung auch dann verweigern, wenn der Anspruch auf Befreiung von der Verbindlichkeit verjährt ist.

1) Bedeutung, Einrede. Eine Leistg iS des BerR ist auch die Eingehg einer Verbindlichk (§ 812 Anm 2). Ist dies ohne rechtf Grd geschehen, so besteht nicht nur nach § 812 ein Anspr auf Herausg des Erlangten, dh hier auf Befreiung von der Verbindlichk (§ 818 Anm 2b), sond daneben kann der Schu Erf aller Anspr verweigern, um deren Bestehen der Gläub ohne RGrund bereichert ist. So kann zB, wer ohne RGrd Eigt übertr hat, aber noch im Bes der Sache ist, die auf § 985 gestützte EigtHerausgKl des Bereicherten dch Einr der Ber abwehren. Desgl kann, wer ohne rechtl Grd ein SchuldAnerk (§ 812 Anm 2b) eingegangen ist, Erf des Anerk einredew verweigern (RGJW **36**, 917). Der Anspr auf Befreiung von der Verbindlichk verj nach den allg Grds für BerAnspr (Einf 7 vor § 812). § 821 bestimmt darü hinaus – wie zB § 853 ggü einer dch unerl Hdlg erlangten Fdg –, daß die Einr selbständ fortbesteht, auch wenn der Anspr auf Befreiung bereits verj ist, der Bereicherte sich aus einem trotz der Verj der Fdg weiter haftden PfdR od einer Hyp (§ 223 I) befriedigen will. Als echte Einr, die ein LeistgVR begründet, ist sie – and als zB bei der Berechng des BerSaldos (§ 818 Anm 6 Aa, D) – nicht vAw, sond nur zu beachten, wenn der Schu sie geltd macht.

2) Folgen. Da es sich um eine dauernde Einr handelt, kann das dennoch – zB zur Erf eines selbstd Schuld-Anerk – Geleistete gem § 813 I zurückverlangt werden (§ 813 Anm 2a); ebso Rückfdg einer Vorleistg, wenn Gegner Erbringg seiner Leistg nach § 821 verweigert. Ein für die Fdg bestelltes PfdR ist herauszugeben (§ 1254), auf eine Hyp ist zu verzichten (§ 1169). Die Einr kann dem Zessionar entgegenhalten werden (§§ 404, 405; RG **86**, 301); anderers kann sie auch derj erheben, der sich auf die Einr der Schu berufen kann, zB SchuldÜbern, Bürge, HypSchu, Verpfänder, unmittelb Besitzer (§§ 417, 768, 1137, 1211, 986 I; RG JW **36**, 917). Die Einr entfällt, wenn u soweit die Ber weggefallen ist (§ 818 III), sofern nicht verschärfte BerHaftg, zB nach § 819, eingreift. Auch schließt § 821 die allg „Einrede" der Argl ggü dem Verlangen des Gläub nicht aus.

822 Herausgabepflicht Dritter. Wendet der Empfänger das Erlangte unentgeltlich einem Dritten zu, so ist, soweit infolgedessen die Verpflichtung des Empfängers zur Herausgabe der Bereicherung ausgeschlossen ist, der Dritte zur Herausgabe verpflichtet, wie wenn er die Zuwendung von dem Gläubiger ohne rechtlichen Grund erhalten hätte.

1) Anwendungsbereich, Abgrenzung. Die Norm hat mit § 816 I 2 gemeins, daß der unentgeltlich Erwerbde den dingl wirks RErwerb bereichergsrechtl nicht behalten darf, sein Schutz muß ggü dem Interesse des Benachteil zurücktreten. Im übr bestehen aber erhebl Unterschiede: § 816 I 2 regelt die RFolge bei wirks Vfg dch einen Nichtberecht, § 822 bei wirks Vfg dch den Berecht. In § 816 I 2 bewirkt die Vfg des Nichtberecht zugl die Entreicherg des Benachteiligten u die Bereicherg des Beschenkten (Einheitlichk des BerVorgangs, § 812 Anm 5 B a), welcher deshalb primär auf Herausg haftet. § 822 enth eine Ausn von diesem Grds der Einheitlichk, weil der RVerlust des Entreicherten bereits vor der berecht Vfg des Ersterwerbers eingetreten ist, der Beschenkte haftet nur subsidiär auf Herausg. Seine bereichergsrechtl Haftg tritt hier ein, indem der bish BerSchu als dingl Berecht das Erlangte mit rechtl Grd unentgeltl dch einen weiteren Zuwendungsakt an den Dr übertr; sofern hierdch die Verpfl des ersten Empf zur Herausg der Ber ausgeschl ist, ist der beschenkte Dr zur Herausg verpfl, wie wenn er die Leistg unmittelb vom Benachteil ohne rechtl Grd erworben hätte. Auf ähnl RGedanken beruhen §§ 2287, 2329, § 32 KO u § 3 I Nr 3 u 4 AnfG. Abgesehen von der Dchbrechg des Erfordern der Einheitlichk des BerVorgangs enth § 822 somit nur eine Aushilfshaftg bei Wegfall der Haftg des urspr KondiktionsSchu. § 822 kann aber auch neben § 816 I 2 anwendb sein (unten 2a).

2) Unentgeltliche Zuwendung des Erlangten an Dritten. a) Der urspr Empf muß etwas ohne rechtl Grd erlangt haben. Es muß also ein **Bereicherungsanspruch gegen den ursprünglichen Empfänger** bestanden haben. Unerhebl ist, aGrd welcher Bestimmg dieser BerAnspr begr war. § 822 ist in gleicher Weise anwendb, wenn der Empf das nach § 812 Erlangte od wenn der wirks als Nichtberecht Verfügde den nach § 816 I 1 herausgebden Erlös unentgeltl einem Dr zuwendet (RG **98**, 131) od wenn der von einem Nichtberecht unentgeltl Erwerbde (§ 816 I 2) das Erlangte seiners unentgeltl weitergibt (BGH NJW **69**, 605). Der urspr BerAnspr kann schließl auch auf § 822 selbst beruhen; gibt der Dr das unentgeltl Erlangte an einen Vierten weiter, so ist auch dieser herausgpfl, soweit hierdch die BerHaftg aller Vormänner ausgeschl ist (Anm 3).

b) Erlangt vom urspr Empf ist zunächst der Ggst selbst (§ 812 Anm 4), ferner bei § 816 I 1 der Erlös samt Gewinn (§ 816 Anm 5b). Erlangt sind ferner die Nutzgen u ErsWerte, die unter § 818 I, II fallen (zum Wegfall der Ber nach § 818 III s unten 3a). Darü hinaus muß es nach dem GrdGedanken des § 822 für die Begr einer BerHaftg des Dr genügen, wenn das für den urspr Ggst dch RGesch Erworbene, zB eine von dem erlangten Geld gekaufte Sache, dem Dr unentgeltl zugewendet worden ist. And als bei § 816 I 2 (dort Anm 3a) steht der bei § 822 nicht anwendb Grds der Einheitlichk des BerVorgangs nicht entgg. Da aber der urspr Empf nach dem Verk gem § 818 II nur auf WertErs gehaftet hätte, ist in diesem Fall auch die Haftg des Dr auf den Wert des urspr Erlangten zu beschr. Anderers kann sich der Dr dch Herausg des ihm zugewendeten Ggst, um den er allein bereichert ist (§ 818 III), befreien.

c) Einem Dritten muß das Erlangte zugewendet worden sein (zum Begr des Dr s § 123 Anm 2f bb). § 822 ist daher zB nicht anwendb, wenn der ErstEmpf schon beim Erwerb als Vertr des Dr aufgetreten ist.

d) Zuwendung, vgl hierzu § 812 Anm 2a. § 822 betr also einen Fall der Leistgskondiktion. Mangels Zuwendg, insb dch RGesch, genügt ein Erwerb des Dr dch Ersitzg, Fund (soweit Anspr des Empf gg Dr besteht, hat er ihn an BerGläub abzutreten) od als Nacherbe nicht, weil dieser seinen Erwerb nicht vom Vorerben, sond vom Erbl ableitet; die Verpfl des Nachl aus Ber ist vielm NachlVerbindlichk (vgl § 2144 Anm 2).

e) Unentgeltlich sind insb Schenkg u Vermächtn, gleichgült ob sofort vollz Schenkg od in Erf eines SchenkgsVerspr. Zum Begr der Unentgeltlichk s näher § 516 Anm 4 u § 816 Anm 3a. Bei sog gemischter Schenkg (§ 516 Anm 7) besteht demnach die Haftg des Dr hins des Teils der Zuwendg, der als unentgeltl Erwerb anzusehen ist. Wie § 816 I 2 (dort Anm 3d) ist auch § 822 auf den Fall einer entgeltl, aber rgrdlosen Vfg nicht entspr anwendb.

3) Subsidiarität der Haftung. Die Verpflichtg des ursprüngl Empfängers zur Herausg der Ber muß ausgeschl sein. Die Aushilfshaftg des Dr tritt nur ein, wenn inf der unentgeltl Zuwendg des Erlangten an ihn (Anm 2) die Verpfl des urspr Empf zur Herausg der Ber ausgeschl ist.

a) Diese Voraussetzung ist erfüllt im regelm Anwendgsfall des § 822, näml wenn die Verpfl des urspr BerSchu (auch des Erwerbers nach § 816 I 2) inf Weitergabe des Ggst der Ber an den Dr gem § 818 III erloschen ist. Erforderl ist, daß der Anspr gg urspr Empf inf der Zuwendg an Dr aus Rechtsgründen erlischt. Mangelnde Dchsetzbark des Anspr aus nur tats Gründen (Zahlgsunfähigk, Abwesenh des urspr BerSchu) genügt also nicht, um die Aushilfshaftg des Dr nach § 822 zu begründen (BGH NJW **69**, 605).

b) Diese Voraussetzung ist nicht erfüllt, aa) soweit die **Verpflichtung** des urspr Empf schon **vor der Zuwendung weggefallen** war. Hat zB der Empf im Vertrauen auf Unwiderruflichk des RErwerbs Aufwendgen gemacht, die bei der Saldierg zu berücks sind (§ 818 Anm 6 A a, b), so ist bereits insow die Ber nach § 818 III weggefallen; eine BerHaftg des Dr lebt dann auch üb § 822 nicht wieder auf. Das gleiche gilt, wenn der BerAnspr gg den urspr BerSchu schon verj war (RGRK/Heimann-Trosien Rdn 5).

bb) wenn die **Verpflichtung des Erstempfängers fortbesteht,** zB weil er die Zuwendg an den Dr erst bewirkt hat, nachdem der BerAnspr ihm ggü rhängig geworden ist (§ 818 IV) od wenn die Voraussetzgen der verschärften Haftg des Ersterwerbers nach §§ 819, 820 (Kenntn vom RMangel, verwerfl Empfang, ungewisser Erfolgseintritt) vorliegen; in diesem Fall entsteht eine Haftg des Dr nach § 822 nicht (RG JW **38**, 1025). Kauft zB Dieb mit gestohlenem Geld einen Ggst u schenkt ihn einem gutgl Dr, so haftet dieser nicht nach § 822 (bei Bösgläubigk ggf § 826). Dieses Ergebn mag unbefriedigd sein, weil nicht einzusehen ist, warum derjen besser steht, der ein Geschenk statt vom gutgl BerSchu vom bösgl (u damit nach § 819 I weiter haftden) Dieb erhält; es läßt sich aber angesichts des klaren Wortlauts des § 822 nicht vermeiden (Staud-Lorenz Rdn 10).

4) Inhalt des Bereicherungsanspruchs. a) Herausgabe. Dr haftet, wie wenn er unmittelb vom BerGläub ohne rechtl Grd empfangen hätte. Der Umfang der Herausgabepfl bestimmt sich daher nach §§ 818–820. Der Dr kann sich auf Wegfall od Minderg der Ber, die in der Pers des urspr Empf schon vor der unentgeltl Weitergabe entstanden war, gem § 818 III berufen (oben 3, b). Anderers gilt § 819 (Kenntn der HerausgPfl inf rgrdlosen Erwerbs des urspr Empf u unentgeltl Weitergabe) auch ggü dem Dr. – **b)** Die **Verjährung** des BerAnspr gg Dr (Berechng Einf 7 vor § 812) beginnt gem § 198 erst mit der Zuwendg an ihn.

5) Beweislast. Aus dem Wortlaut des § 822 folgt, daß der BerGläub nicht nur Unentgeltlichk der Zuwendg an Dr, sond auch Ausschl der Haftg des urspr Empf aus RGrden inf der Zuwendg zu beweisen hat, desgl ggf die Voraussetzgen einer etw verschärften Haftg (§ 819 Anm 5). Soweit sich dagg der Dr auf Wegfall od Minderg der Ber beruft, trifft ihn die BewLast (§ 818 Anm 8).

Fünfundzwanzigster Titel. Unerlaubte Handlungen

Einführung

Übersicht

1) **Begriff**
2) **Vertrag und unerlaubte Handlung**
3) **Haftungsausschluß**
4) **Haftung ohne Verschulden**
   a) Enteignungsgleicher Eingriff, Aufopferung
   b) Haftung nach Art 5 V Menschenrechtskonvention
   c) Gefährdungshaftung
   d) Zufallshaftung
5) **Schadensersatz**
6) **Zurechnungszusammenhang, Normzweck**
7) **Beweis der Ursächlichkeit**
8) **Unterlassungsklage**
   a) bei Verletzung ausschließlicher Rechte

b) Vorbeugende Unterlassungsklage (Presse)
c) Klage auf Wiederherstellung
9) **Beseitigungsanspruch (Widerruf)**
   a) Widerrechtlichkeit künftiger Störung
   b) Fortwirken der Beeinträchtigung
   c) Eignung der Beseitigungsmaßnahme
10) **Gegendarstellung**
    a) Grundlagen
    b) Voraussetzungen
    c) Inhalt
    d) Verfahrensrechtliches
    e) Folgefragen
11) **Gerichtsstand**
12) **Internationales Privatrecht**

1) Begriff. a) Die Vorschr über uH bezwecken den Schutz des einz gg widerrechtl Eingr in seinen RKreis. Dabei handelt es sich aber nur um die Verletzung **der allgemeinen, zwischen allen Personen bestehenden, Rechtsbeziehungen,** die jeder beachten muß (Ggsatz: die zw bestimmten Pers bestehdn bes RBeziehgen aus Vertr od vertragsähnl RVerh). Gemeins ist allen uH **die objektive Widerrechtlichkeit** (vgl § 823 Anm 6 A), währd Versch oder vermutetes Versch zwar für die Mehrzahl der Tatbestde erforderl, jedoch für den Begr der uH nicht schlechthin wesentl ist. Unerl Hdlgen mit Haftg ohne Versch sind zB die Tatbestde der §§ 829, 833 S 1. Der AusnCharakter dieser Bestimmungen u der in anderen Ges für bes Fälle vorgesehenen Gefährdgshaftg verbietet eine Ausdehng der Gefährdgshaftg auf andere Tatbestde. – Ggst einer uH können Verletzgen von Pflichten jeder Art, auch von famrechtl Fürs- und AufsPfl sein, wenn sie gleichzeit eine Verletzg des betr RechtsPfl enthalten (RG **75**, 253: Verletzg des Kindes durch Unachtsamk des Vaters, RG **85**, 335: Schädigg der Ehefr durch ehewidr Verhalten). Über Verletzg von VertrPfl Einf 2. – Die uH kann auch in einem **Unterlassen** bestehen, vgl Vorbem 5 B i vor § 249.

b) Auch außerhalb des 25. Titels liegt uH überall da vor, wo die obigen BegrMerkmale erfüllt sind, mag der betr Tatbest im BGB selbst (außerh des 25. Titels) od in sonstigen Ges geregelt sein (Staud-Schäfer Vorbem 24ff vor § 823). Anspr aus uH sind daher auch aus §§ 228, 231, nicht aber die aus den §§ 42 II, 122, 160, 163, 179; die ErsAnspr aus ZPO §§ 302 IV, 600 II, 717 II, 945 (BGH WM **65**, 864 nur im Verh zum Arrestgegner, nicht auch ggü dem dch den Arrest betroffenen Dr; BGH **30**, 127: § 945 ZPO anwendb auch auf den Steuerarrest; vgl jedoch BGH **39**, 77, wonach Vollziehg eines unricht Steuerbescheids nur Anspr aus AmtsPflVerletzg begründen kann); ebso wie Anspr aus dem HaftpflG, StVG u LuftVG (BGH **1**, 391); ferner die Anspr aus WettbewVerstößen (BGH **40**, 394) u UrhRVerletzgen, nicht jedoch aus der GläubAnf der KO u des AnfG (RG **74**, 224, BGH **LM** § 30 KO Nr 1). – **Sondergesetze,** wie das Patent- u GebrauchsmusterG, schließen die Anwendg des BGB nicht aus. Das gilt auch grdsätzl für das UWG u das UrhRG (vgl dessen § 97 III u § 687 Anm 2c), die neben den §§ 823ff anzuwenden sind; sow sie jedoch Spezialtatbestde erschöpfd regeln, ist § 823 I u II unanwendb. Daher sind §§ 842–847, 852 auf HaftPflG, LuftVG, StVG nur anwendb, sow sie dort für anwendb erkl sind. Keine Regelg in § 22 Wasserhaushaltsg über Umfang der Haftg u Gehilfenhaftg, daher sind §§ 823, 826, 831, 842–846, 852 anwendb. § 840 unanwendb, da § 22 Sonderregelg gibt (vgl Wernicke NJW **58**, 775; zur Verj vgl § 852 Anm 1a u zum SchutzGCharakter § 823 Anm 9f).

2) Konkurrenz mit anderen Ansprüchen. a) Vertrag und unerlaubte Handlung. Verletzg von VertrPfl, auch vorsätzl od fahrl, sind als solche keine uH; sie können aber, wenn sie zugleich den Tatbestd der §§ 823ff erfüllen, auch eine uH darstellen u eine Haftg nach den für diese maßg RSätzen begrün den. Der Vertr verstärkt die allg RPfl, deren Verletzg eine uH darstellt, beseitigt sie aber nicht (BGH **32**, 203, 302). Vertragl u delikt Anspr sind nach Vorauss u RFolgen grdsätzl selbständ zu beurt, doch gibt es Wechselwirkgen. Vorrang vertragl Regelgen dürfen dch einen Anspr aus uH wg desselben Sachverhalts nicht ausgehöhlt werden (BGH **96**, 221: Kein AufwErsAnspr wg EigtmVerl ohne Mangelbeseitiggsverlangen nach WkVertrR). **Beispiel:** Arzt, der Behandlgsfehler begeht, verletzt nicht nur seine VertrPfl ggü Patienten, sond begeht auch eine uH (BGH NJW **59**, 1583); ebso Gemeinde, die gesundheitsschädl Wasser liefert (BGH **17**, 191). Fremdbesitzer, der den Rahmen seines BesitzR schuldh überschreitet (BGH BB **63**, 575). Beförderg von Personen u Gütern durch die Eisenbahn (BGH **24**, 188). FrachtVertr unter den HaftgsVorschr der KVO (BGH **32**, 203, 302) od in Beschränkg der VertrHaftg nach § 430 HGB (BGH **46**, 140). Verletzter kann nach seiner Wahl aus Vertr oder uH vorgehen. Praktisch bedeuts ist dies insb im Hinbl auf den nur bei uH gegebenen SchmerzGAnspr u die verschiedene Regelg der Verj (vgl § 852 Anm 1 a) sowie die verschiedene Haftg für Hilfspersonen (§ 278 bei Vertr, § 831 bei uH). Doch ist bei ZusTreffen von uH u VertrVerletzg § 278 auch anzuwenden, wenn Verl seinen Anspr auf Delikt od Gefährdg stützt, vgl § 254 Anm 5 a bb. – Diese Grds gelten auch dann, wenn die Möglichk der schuldh Einwirkg überh erst durch den Vertr gegeben war, vorausgesetzt, daß es sich um eine Verletzg einer allg RPfl handelt (RG **88**, 317, 433); so wenn jemand die vertragl Verpfl verletzt, Obliegenh zu erfüllen, die den Schutz der Allgemeinh dienen (BGH Betr **54**, 326). Bremser eines Lastzuganhängers, zu dessen VertrPfl es gehört, Gefahren für den Verkehr abzuwenden, begeht dch eine VertrVerletzg, dch die ein Dr geschädigt wird, zugleich eine uH (RG **156**, 193). – BewFragen bei Vertr u uH vgl Vorbem 8 vor § 249 u § 823 Anm 13. Über ZusTreffen von Vertr- u Deliktshaftg bei Vertr zG Dritter vgl RG **127**, 14, 218.

b) Aus der Art der **Ausübung eines Gewerbebetriebes** kann sich die allgem RPfl ergeben, auch Dritte vor Schädigg zu bewahren, deren Verletzg eine uH darstellen kann, zB beim Betr von BeförderysUntern od des Lagerhalters (RG **102**, 42, HRR **28**, 1802, BGH BB **53**, 513) od des BauUntern (BGH Betrieb **54**, 326) od der Molkerei bei dem InVerkBringen nicht pasteurisierter Milch (BGH **LM** § 823 (Eh) Nr 3). Hierunter fallen jedoch nur Pers, die eine selbständ Stellg erlangt haben od die ihre Dienste der Allgemeinh anbieten, nicht weisgsgebundene ArbN (BGH BB **54**, 273).

c) Öffentlichrechtliche Erstattung. Vgl zunächst Einf 6 d vor § 812. Geschlossene Regelgen des öffRechts für die Erstattg überzahlter Leistgen können SchadErsAnspr aus uH ausschließen (Gagel NJW **85**, 1872).

d) In **Sondergesetzen** findet sich **allgemeiner Ausschluß weitergehender Ansprüche**, auch für uH gilt. So schließt § 547 a im Verh zw Mieter u Verm weitergehende Anspr aus. Ist der Anspr des Mieters auf Wegn von Einrichtgen verj, so stehen ihm SchadErs- od BerAnspr wg EigtVerlustes gg den Verm auch dann nicht zu, wenn dieser das Grdst mit den eingebauten Einrichtgen veräußert (BGH **81**, 146, **101**, 37). – Nach § 46 BeamtVG hat Beamter bei Dienstunfall geg Staat bzw JP des öffR nur VersorggsAnspr nach §§ 30–43 BeamtVG außer iF vorsätzl begangener uH u bei Teiln am allg Verk (§ 1 ErwZulG); das ist relativ zu verstehen, dh nach dem Verhältn des verl Bediensteten zum Schäd, nicht nach seinem InnenVerhältn zum öffrechtl Dienstherrn (BGH **64**, 201); §§ 636, 637 RVO: grdsätzl Ausschl der ErsPfl v PersSchäd bei Versicherten gg ArbGeber u untereinander, insb für betragenhöhrl ArbNehmer, Kinder in Kindergärten, Schüler, Berufsschüler, Studenten bei betr- bzw schulbezogenen (BGH **67**, 279) Unfällen; Mitnahme eines ArbKollegen im eig Pkw auf der Heimfahrt von der ArbStätte fällt nicht darunter (KG VersR **83**, 175). Der Ausschl des § 847 ist verfmäß (BVerfG NJW **73**, 502). Ebso § 81 ff BVersG: VersorggsBerecht kann gg Staat nur Anspr nach VersorggsR erheben; ebso § 91 a SoldVersG u § 540 RVO: Unfall eines Strafgefangenen, auch bei Verl eines sog Freigängers in einem fremden Betrieb bei anstaltsvermittelter Beschäftigg (BGH NJW **83**, 574). Die Höchstgrenze in HGB §§ 485 II, 660 gilt auch für einen auf denselben Vorgang gestützten Anspr aus uH (BGH **86**, 234). Die Verl der RügeObliegenh gem § 377 I HGB hat nicht den Verlust delikt Ansprüche wg Verletzg eines der in § 823 genannten RGüter des Käufers zur Folge (BGH **101**, 337).

e) Vertragsmäßiger Ausschluß der Gewährleistungspflicht aus dem Vertrage gilt nicht ow für Haftg aus uH (BGH **67**, 366); and ggf bei allg Freizeichng v SchadErsAnspr (BGH NJW **79**, 2148). Hat jemand von einer Bank eine Ausk „ohne Verbindlichk" erbeten, so ist damit vertragl u außervertragl Haftg wg Fahrlk ausgeschl (BGH **13**, 198; § 676 Anm 3 c). – **Gesetzliche Beschränkung vertraglicher Haftung** auf best Schuldformen schließt strengere Haftg auch aus uH aus. – So Haftg des Schenkers (BGB **93**, 23; abl Schubert JR **85**, 324, krit Schlechtriem BB **85**, 1356). Ebso bei Haftg des Gesellschafters seinem Partner ggü (vgl § 708 Anm 1); Haftg des Verleihers (NJW-RR **88**, 157); bei konkurrierdem Anspr aus GoA wg § 680 (BGH NJW **72**, 475). Desgl bei Haftg des ArbN aus gefahrgeneigter Arbeit ggü ArbGeber seinem ArbKollegen (§ 611 Anm 14); dem ersatzberecht Dritten ggü verbleibt es jedoch auch in diesen Fällen bei der Vollhaftg des ArbN, auch wenn dieser Freistellg von seinem ArbG beanspr kann (BGH **41**, 203).

3) Haftungsausschluß, Handeln auf eigene Gefahr vgl § 254 Anm 6. Daß sich der Ausschl vertragl SchadErsAnspr auch auf parallele aus uH iR des Zuläss erstreckt, muß ausdr od jedenf hinreichd deutl vereinb sein (BGH Betr **79**, 1078 für Kauf- u WkVertr). LandesG kann die Haftg nach § 823 nicht (teilw) ausschließen (Hbg MDR **69**, 667).

4) Haftung ohne Verschulden.

a) Enteignungsgleicher Eingriff, Aufopferung. Vgl Übbl 2, 3 vor § 903.

b) Haftung aus Art 5 V Menschenrechtskonvention.

SchadErs-, nicht nur AusgleichsAnspr, gerichtet auf Ers des vollen Schad, wie bei Gefährdgshaftg; Voraussetzg ist allein Rechtswidrigk, nicht Versch (BGH **45**, 58: ob stets SchmerzGeld verlangt werden kann, ist unentsch geblieben). Über Verjährg dieses Anspr § 852 Anm 1 a.

c) Gefährdungshaftung. Im BGB zB § 833 S 1, in zahlr SonderG, zB § 7 StVG. Grdsätzl allg GefährdgsHaftg geht es weder darühinaus im PrivR noch über enteignungsgleichen Eingr u Aufopferg hinaus im öff R (BGH VersR **72**, 1047).

d) Zufallshaftung. Bes geregelte Haftg ohne Versch in and als GefährdgsTatbestd, zB § 945 ZPO.

5) Schadensersatz. Der Anspr wird nicht dadch ausgeschl, daß der Geschädigte wg des Nachteils auch einen Anspr gg einen Dritten hat (BGH WM **72**, 560). Für die Höhe des SchadErs ist es ohne Bedeutg, ob Haftg des Täters auf vorsätzl od fahrl Handeln beruht, ebso ob nur Gefährdshaftg vorliegt. Anders nur in einigen SonderGes, so in PatG § 139 II 2, GebrMG § 15 II 2 wonach bei nur leichter Fahrlk die Höhe der Entschädigg geringer sein kann. Für die Höhe sind die allg Grdsätze der §§ 249 ff maßg. – **Drittschaden** vgl Vorbem 6 b bb vor § 249. Anwendb ist **§ 254**; ggü vorsätzl Verhalten des Täters fällt allerd eig Versch des Verletzten im allg nicht ins Gewicht (RG **156**, 239). Über die Berücksichtig der Betriebsgefahr, für die der Verletzte, zB als KfzHalter, einzustehen hat, § 254 Anm 2b. Versch des gesetzl Vertreters des Geschädigten vgl § 254 Anm 5. Voraussetzg für die Anrechng eines solchen Versch ist jedoch stets, daß der gesetzl Vertreter in dieser Eigensch, also als Vertreter, gehandelt hat; fehlt es hieran, so entfällt die Anrechng. – Über Vorteilsausgleich § 823 Anm 12 c. Über WiderrufsAnspr Einf 9. Über AuskPfl des Schädigers vgl § 687 Anm 2 c, § 826 Anm 5 c. Im Einzelfall kann der Anspr auf SchadErs rechtsmißbräuchl sein, zB bei Beschädigg eines Kfz, das einem Mdj ohne Einwilligg der PersSorgeBerecht überlassen wurde (Stgt NJW **69**, 612 mit Anm Winter NJW **69**, 1120).

6) Zurechnungszusammenhang, Normzwecktheorie vgl Vorbem 5 vor § 249. Es besteht kein allg Gebot, andere vor Selbstgefährdg zu bewahren, u kein Verbot, sie zur Selbstgefährdg psycholog nicht zu veranlassen. Infdessen kann, wer sich selbst verletzt, einen and wg dessen Mitwirkg nur dann auf SchadErs in Anspr nehmen, wenn dieser einen zusätzl Gefahrenkreis für die Schädigg eröffnet hat (BGH NJW **86**, 1865). Wer sich berecht Verfolgg entzieht, haftet für einen dabei erlittenen KörperSchad des Verfolgden bei erkannter Verfolgg nur, wenn dieser Schad die Folge eines gesteigerten VerfolggsRisikos ist (BGH **57**, 25, Düss NJW **74**, 1093). Dabei bleibt unklar, wann ein Risiko gesteigert ist im Ggsatz zum normalen Lebensrisiko, ob es sich dabei um eine zusätzl AnsprVoraussetzg handeln soll od, wenn nicht, unter welche AnsprVoraussetzg das gesteigerte Risiko dogmat einzuordnen ist (vgl Comes NJW **72**, 2022). Nach BGH **63**, 189 kommt es bei Bejahg der Ursächlichk darauf an, ob der VerlErfolg dem Verfolgten obj zurechenb ist; das sei dann der Fall, wenn er dch sein Weglaufen, für ihn erkennb, eine erhöhte VerlGefahr für den Verfolger geschaffen u ihn dch sein Verhalten zur Verfolgg herausgefordert hat (BGH NJW **76**, 568; eingehd Zimmermann JZ **80**, 10). Der Verlust des SchadFreihRabatts inf eines KfzUnfalls ist kein FolgeSchad aus der Beschädigg des eig Kfz, sond ein VermSchad inf der Beschädigg des fremden Kfz, deshalb nicht nach § 823 I zu ersetzen; and bei KaskoVers (BGH NJW **76**, 1846). Rechtmäß Alternativverhalten vgl Vorbem 5 C g vor § 249.

7) Beweis der Ursächlichkeit, Anscheinsbeweis vgl § 823 Anm 13.

8) Unterlassungsklage. Der UnterlAnspr ist als RFolge einer uH im BGB nicht erwähnt, ausdr GesVorschr gewähren ihn, zB §§ 12, 862, 1004, PatG § 139 I, GebrMG § 15 I, WZG §§ 24, 25, RabattG § 12, ZugabeVO § 2, UrhRG § 97 I, AGBG §§ 13 ff. In Fortbildg dieses allg RGedankens hat die Rspr die UnterlKlage für eine große Zahl weiterer Tatbestd zugelassen; vgl § 1004 Anm 1, 6. Sie ist im Regelfall geeignet u notw zur Beseitigg der Beeinträchtigg. Ggf kann auch ein eingeschränktes Verbot genügen, zB wenn die mit Gebr einer Bezeichnung verbundene Gef der Irreführg dch einen aufklärden Zusatz (BGH GRUR **68**, 200) od wenn die Verletzg des PersönlR in einem Roman einwandfrei dch ein klärdes Vorwort zu beseitigen ist. Nöt ist dazu Abwägg, daß einers den Belangen des Verl ausreichd Genüge zu leisten ist u welche schutzwürd Interessen des Störers anderrs dch ein UnterlassgsUrt geopfert werden. In jedem Fall ist es Sache des Bekl, konkret formulierte Vorschläge zu machen, auf welche and Weise als dch Unterlassg die Beeinträchtigg zu beseitigen ist (BGH JZ **68**, 697 [702]). Vorangegangene einstw Vfg nimmt der UnterlKl nicht das RSchutzBedürfn (BGH Betr **64**, 259).

a) Bei **Ausschließlichkeitsrechten** ist die UnterlKlage allg anerkannt, also insb auch bei Verletzung eines „sonstigen Rechts" iS von § 823 I, wozu auch der eingerichtete u ausgeübte GewerbeBetr u das allg PersönlichkR gehören (vgl § 823 Anm 5 G, 14). Voraussetzg ist lediglich ein **objektiv widerrechtlicher Eingriff** in das absolute Recht (BGH **38**, 206, vgl § 823 Anm 6).

b) Die vorbeugende Unterlassungsklage gewährt, über diese Fälle hinausgehd, die Rspr zur Abwehr eines künft rechtwidr Eingr in alle dch SchutzG iS des § 823 II geschützten Lebensgüter u Interessen, auch sow sie rein persönl Natur sind. Sie ist daher bei den meisten uH zul (Ausn siehe unten). Voraussetzg ist auch hier lediglich **objektiv widerrechtlicher Eingriff** (§ 823 Anm 6), währd es auf Versch des Täters od das Bewußtsein der RWidrigk nicht ankommt (BGH **3**, 270, **30**, 7). Handelt es sich um die Unterlassg unwahrer TatsBehauptgen, so kommt weder eine InteressenAbwägg noch eine Berufg auf die Wahrg berecht Interessen in Frage, denn an der künft Verbreitg unwahrer TatsBehauptgen kann niemand ein schutzwürd Interesse haben (BGH Betr **74**, 1429). Ferner muß Besorgn künft Wiederholg des Eingr, **Wiederholungsgefahr**, vorhanden sein (unten ee). Nicht erforderl ist, daß Schad bereits entstanden ist, es genügt, daß bei Fortsetzg des rechtswidr Verhaltens Schad droht (BGH NJW **51**, 843). Antr muß auf Unterlassg best Hdlg gerichtet sein, wenn auch das Ger an den Wortlaut des Antr nicht gebunden ist (RG HRR **29** Nr 1090). Der Antr muß auch in den Grenzen des Notwend u Zumutb halten, sonst ist es Interessenabwägg (BGH NJW **57**, 827, MDR **60**, 371; vgl hierzu auch § 824 Anm 6). Der UnterlAnspr richtet sich gg den **Störer**. Das sind diejen, die die Beeinträchtigg herbeigeführt haben od deren Verhalten eine Beeinträchtigg befürchten läßt (BGH Betr **86**, 2535: ZeitgsVerleger, BGH NJW **76**, 799: Alleinimporteur einer Druckschrift. Für den Unterl Anspr kann das RSchutzBedürfn fehlen, wenn der TatBeitr des Störers untergeordnet ist u man den HauptVerantwortl zur Beseitigg der Störg ausreichd in Anspr nehmen kann. Bei den Medien kommt es für die Frage, ob sie Störer (Verlag, Anstalt, verantwortl Redakteur) sind, darauf an, ob sie lediglich die fremde Meing des Autors (Interviewten) sozusagen als Informationsmarkt verbreiten od sie sich zu eigen machen (BGH **66**, 182).

aa) Die **Ehre** gehört zu den geschützten Lebensgütern. UnterlAnspr insb bedeuts, wenn es sich um Ehrenkränkgen durch die **Presse** (Rundfunk, Fernsehen) handelt; über die Stellg u die Aufgaben der Presse

Einzelne Schuldverhältnisse. 25. Titel: Unerlaubte Handlungen **Einf v § 823** 8

im öff Leben § 823 Anm 14 u § 824 Anm 6e. Voraussetzg dieses Anspr ist nicht, daß der Verfasser einen best, dem Verletzten abträgl Vorwurf aufstellen wollte (BGH NJW **66**, 1214) od ob sich für den Leser ein solcher Vorwurf zwangsläufig ergibt; entscheidd ist vielm, „ob durch die Art der Berichterstattg ein Zust rechtswidr Ehrenkränkg geschaffen worden ist" (BGH NJW **61**, 1914). Geboten ist daher, bei der Berichterstattg auf die Ehre des Einzelnen Rücks zu nehmen; diese Pfl kann auch dch Auslassgen u grob einseit Berichterstattg verletzt w (BGH aaO u § **31**, 308). Wertgen eines polit Geschehens im wesentl vom polit Standpkt aus berechtigen mithin nur, wenn sie ehrenkränkder Natur sind, UnterlAnspr (BGH NJW **66**, 246, 648: Bericht über Reichstagsbrand, Bezeichng des Klägers als einen der Hauptbrandstifter, wenn hierfür nur „höchst zweifelhaft" Anhaltspunkte gegeben). Unterl kann ow ggü erwiesenerm unwahren, ferner ggü nicht erweisl wahren TatsBehauptgen verlangt werden, im letztgen Fall aber nur, wenn sich der Verletzer nicht auf ein R zu solchen Behauptgen berufen kann (BGH VersR **79**, 53). UnterlAnspr auch ggü ehrverletzden MeingsÄußergen u WertUrt, sow sich nicht der Störer auf ein berecht Interesse an der Wiederholg seiner Kritik berufen kann (BGH **66**, 182, BGH NJW **82**, 2246). Über den Ehrenschutz ggü Behörden unten cc; Verletzg des allg PersönlichkR, insb die gebotene Interessenabwägg vgl § 823 Anm 14, § 824 Anm 6. Über den BerichtiggsAnspr u das Recht auf GgDarstellg nach den Pressegesetzen der Länder unten Anm 9, 10.

bb) Kein Unterlassungsanspruch gg Einreichg od Verfolgg einer **Strafanzeige** (BGH NJW **62**, 245). Ebso nicht gg Einreichg von Beschw od sonst **Eingaben** wg angebl Mißstände bei den für ihre Beseitigg zuständ Stellen (BGH WM **78**, 62), auch an RA-Kammer (Hbg MDR **71**, 1009). Ebso kein UnterlAnspr gg das der RVerfolgg oder RVerteidigg diende Vorbringen einer Partei od ihres RA **im Zivilprozeß** (BGH NJW **71**, 284). Dabei spielt es keine Rolle, ob der dch das Vorbringen Beeinträcht am Proz beteil ist oder nicht (Düss NJW **87**, 2522, offengelassen BGH NJW **86**, 2504) u ob es sich um tats Behauptgen od WertUrt handelt (BGH Betr **73**, 818). Ebso kann die UnterlassgsKl nicht dazu benutzt werden, Vorbringen des Bekl in einem künft gerichtl Verf zu verhindern od zu entwerten (BGH NJW **77**, 1681). Auch gg Äußergen der an einem Verf beteil GerPers kann sich grds kein AbwehrAnspr richten (OVG Hbg JustVerwBl **87**, 39). Ein UnterlAnspr besteht zur Abwehr widerrechtl erlangter BewMittel (BGH NJW **88**, 1016: heiml Tonband-Aufn; abl Walter JZ **88**, 307). Der kann ausnahmsw bejaht werden, wenn die beeinträchtigte Äußerg offensichtl ohne jeden inneren Zushang mit der Ausf od Verteidigg von Rechten steht, der sie dienen soll, wie zB die reine FormalBeleidigg, ferner ggü bewußt unwahren od leichtfert TatsBehauptgen, deren Unhaltbark ow auf der Hand liegt; gilt rein wertden Urt kann in der Art u Weise, sie auszudrücken, eine nicht zu eng zu ziehde Grenze bestehen (BGH aaO). Der grdsätzl Ausschl der UnterlKl beruht darauf, daß man im Hinbl auf die Gewährg rechtl Gehörs keinem ProzBeteil eine Äußerg verbieten kann, u auf dem Interesse an einem sachgerechten Funktionieren der RPflege. Außerdem werden die inkriminierten Äußergen in dem Verf geprüft u gibt es dort VerfBehelfe wie RMittel, Ablehnungsgesuche. Auch die vorstehd genannten Ausn erklären sich daraus, daß es sich in diesen Fällen nicht mehr um die Ausüb rechtl Gehörs u den Schutz eines ungestörten VerfAblaufs handelt. BGH ZIP **87**, 1081 hält eine derart UnterlKl mangels RSchutzbedürfn für unzuläss. Gleiche Grds gelten für das **Verwaltungsverfahren**, soweit das Vorbringen als sachl Grdlage für das VerwVerf geeignet ist (Düss NJW **72**, 644), für **Zeugen** wg einer Aussage (BGH NJW **86**, 2502) od eidesstattl Erkl (Düss NJW **87**, 3268), grdsl für **Sachverständigengutachten** u wissenschaftl Veröff, weil sie auf Wertgen hinauslaufen, auch sow ihnen tats Feststellgen zu Grde liegen (BGH NJW **78**, 751; abl Schneider MDR **78**, 613), ferner für das **Petitionsrecht** nach Art 17 GG (Mü NJW **57**, 793 u für Vorbringen in einem **disziplinären Ordnungsverfahren** eines eV Düss NJW-RR **86**, 675). – Der Ausschl der UnterlKl kann sich ferner aus der bes sittl Natur des **ehelichen Verhältnisses** ergeben, uU auch noch nach gesch Ehe (Düss NJW **74**, 1250: kein Widerruf ehrverletzer Äußergen im engsten Familienkreis od im Gespräch mit eig RA); vgl auch Einf 1 vor § 1353. Darühinaus kann in Einzelfäln im Freiraum, sich auszusprechen ohne Unterlassg od Widerr, in Frage kommen im engsten Freundeskreis od in Beziehgen, die das Ges dch bes Vertraulichk heraushebt wie Arzt/ Patient, RA/Mandant (BGH NJW **84**, 1104).

cc) Rechtsweg. Sow die Unterlassg hoheitl Maßn verlangt wird, ist ggf grdsätzl der VerwRWeg offen (vgl § 1004 Anm 9a). Ebso sind UnterlKlagen gg amtl Erklärgen aus dem hoheitl Bereich grdsätzl im VerwRWeg zu erheben. Dagg ist gg behördl Presseinformationen unbeschadet ihres amtl Charakters im ZivRWeg gegeben, wenn der betroffene Lebensbereich der Beteil zueinand dch bürgerrechtl Gleichordng geprägt ist. Das kommt vor allem dann in Betr, wenn die Erkl an die Presse im Bereich privrechtl, fiskal Betätigg der öff Hand gegeben wurde (BGH **34**, 99, **66**, 229, **67**, 81). VerwRWeg gg behördl Presseerklärg, wenn sie der Darstellg od Rechtfertigg hoheitl VerwTätigk dient (BGH NJW **78**, 1860, BVerwG NJW **89**, 412).

dd) Strafbarkeit der uH steht dem UnterlAnspr nicht entgg (BGH NJW **57**, 1319).

ee) Wiederholungsgefahr, vom Kläger zu beweisen, ist notw Vorauss der UnterlKlage (BGH **14**, 163). Erforderl ist eine ernstl, sich auf Tats gründde Besorgn weiterer Eingr zZ der letzten mdl Verhdlg vor Urteilsfällg. Für diese Besorgn besteht eine tats Vermutg, wenn bereits ein rwidr Eingr stattgefunden hat (BGH Betr **82**, 2535), außer wenn das Verhalten des Bekl eine sichere Gewähr gg weitere Eingr bietet od die tatsächl Entwicklg einen neuen Eingr unwahrscheinl macht (RG **170**, 319, BGH NJW **66**, 648). Erweist sich eine behauptete Tats nachträgl als unwahr, obwohl die Reportage auf sorgf Recherchen beruht u desh dch Wahrnehmg berecht Informationsinteressen gerechtf ist, so setzt der UnterlAnspr des Betroffenen die konkrete Feststellg einer WiederholgsGef voraus (BGH NJW **87**, 2225). Bei Handeln in WettbewAbs ist WiederholgsGef zu vermuten (BGH Betr **64**, 259). Sie ist jedoch regelm zu verneinen, wenn die Beteil eine Vereinbg treffen, in der Verletzer sich unter Übern einer angem VertrStrafe für jed Fall der Zuwiderhandlg uneingeschr bedingungsl u ernstl zur Unterl weiterer Verletzgen verpfl (BGH Betr **85**, 968, WRP **87**, 124), auch wenn er sich die Wiederholg der Äußerg währd des schwebden RStreits vorbehält (BGH NJW **62**, 1392). Die Vereinbg einer Obergrenze der VertrStrafe muß dem Gläub einen angem Spielraum zur Anpassg

903

der Höhe auch an solche Verstöße gg die UnterlPfl gewähren, die schwerer wiegen als die den Anlaß zur Unterwerfg bildde VerletzgsHdlg; dh, die Obergrenze muß idR den als solchen angemessenen, zu vereinbarenden FestBetr um das Doppelte übersteigen (BGH NJW **85**, 191). Frage der Würdig im EinzFall ist es, ob die ggü einem von mehreren Verl abgegebene UnterlVerpfl geeignet ist, den Verletzer wirkl u ernsth von Wiederh der VerlHdlg abzuhalten (BGH NJW **87**, 3251). WiederholgsGef ist zu bejahen, wenn der Verletzer nach einer solchen UnterlErkl erneut gg sie verstößt (BGH Betr **80**, 535). Im WettbewProz gg den Kunden des gleichzeit auf Unterlassg verklagten Fabrikanten genügt es, wenn der Kunde sich zur Unterl bis zur Beendigg des Proz gg den Fabrikanten verpfl (BGH BB **57**, 413). Die WiederholgsGef entfällt nicht bereits desh, weil ein Dr ein gerichtl Verbot u eine strafbewehrte UnterlErkl erwirkt hat (Mü WRP **75**, 683) auf and Weise als die unter strafe bewehrte UnterlErkl ist die WiederhGef prakt kaum zu beseitigen (zweifelnd Steines NJW **88**, 1359). — UU kann auch drohder erstmal Eingr genügen (BGH NJW **51**, 843). Strenge Anforderg an Nachweis, daß einmal vorh WiederholgsGef beseitigt ist (BGH Betr **74**, 1429). Vgl § 1004 Anm 6c.

c) Die **Wiederherstellung des früheren Zustandes** ist von der vorbeugden UnterlKlage zu unterscheiden. Dieser Anspr in Gestalt einer UnterlKlage kommt in Frage, wenn die uH der Gegenwart angehört, insbbei fortdauerndem Einwirken, zB bei Klage auf Unterl des BordellBetr in NachbarGrdst. Diese Klage ist ihrem Wesen nach HerstellgsAnspr gem § 249 u erfordert den vollen subjektiven u objektiven Tatbestand einer uH sowie den Nachweis der Wiederholgsgefahr. SchadErs kann eben stets in der für die Wiederherstellg nöt Weise verlangt werden, Wiederholgsgefahr aber ist für jeden UnterlAnspr begriffl erforderl.

9) Beseitigungsanspruch. Die für die vorbeugde UnterlKlage entwickelte rechtsähnl Anwendg von § 1004 zum Schutze gg künftige uH (oben 8b) gibt die Möglichk, daß der Inh eines geschützten RGutes vom dem Störer Beseitigung der Beeinträchtigung verlangt; es ist ein Gebot der Gerechtigk, eine fortdauernde widerrechtl Beeinträchtigg ohne Rücks auf die Schuldfrage zu beseitigen (BGH NJW **58**, 1043). Über den BeseitiggsAnspr bei Verletzg von UrhRechten vgl § 97 I UrhRG u § 687 Anm 2c. Besondere Bedeutg hat BeseitiggsAnspr als Anspr auf **Widerruf unwahrer Tatsachenbehauptungen**, deren Fortwirkg dauernde Störg des Verletzten begründet (BGH (GrZS) **34**, 99, NJW **66**, 649), jedoch nur sow es um die Richtigstellg von TatsBehaupten (Ggs: Werturteile) geht, da andernf nicht Widerruf, sond Genugtug verlangt würde (BGH NJW **89**, 774: kein Anspr auf Widerruf einer ärztl Diagnose); über den Unterschied vgl § 824 Anm 2. Der WiderrufsAnspr ist grdsätzl nicht vermögensrechtl Natur; nur wenn die Klage in wesentl Weise auch der Wahrg wirtschaftl Belange dienen soll (BGH NJW **83**, 2572 u Betr **84**, 606). RSchutzBedürfn besteht für die WiderrufsKl nur, wenn mit ihr der Kl wirkl die Beseitigg des StörgsZust bezweckt u nicht und Zwecke verfolgt wie Rechthaberei, Genugtuung, Verbessergg der Stellg in einem künft Proz (BGH NJW **77**, 1681). Anspr auf Widerruf einer ehrenkränkden Behauptg setzt Feststellg ihrer Unwahrh voraus (BGH WM **77**, 653); uU kommt eingeschränkter Widerruf (Erklärg, die Behauptg nicht aufrechtzuhalten) in Frage, wenn zwar nicht die Unwahrh pos feststeht, anderers aber die BewAufn keine ernstl Anhaltspunkte für die Wahrh des Vorwurfs ergeben; bleibt es dagg nach dem Ergebn der BewAufn durchaus mögl, daß die Behauptgen zutreffen, gibt es keinen eingeschr Widerruf (BGH **69**, 181). Für eine differenzierte BewLastVerteilg BAG NJW **79**, 2532 (zustimmd Strauch NJW **80**, 358). Ggü ehrverletzden unwahren Behauptgen kann der Betroffene grdsätzl Widerruf verlangen, auch wenn sie nur im „kleinen Kreis" aufgestellt worden sind (BGH **89**, 198). Auch BeseitiggsAnspr muß sich in zumutb Grenzen – die Wirkg der beanstadeten Behauptg ist zu beseitigen (BGH WM **69**, 915) – bewegen (vgl oben § 8b u § 824 Anm 8). Ist die Behauptg nicht schlechthin unwahr, sond vermittelt sie dem Leser, Hörer od Zuschauer nur einen unzutreffden Eindruck, weil sie unvollst, übertrieben od mißverständl ist, so kann idR nicht Widerruf, sond nur **Richtigstellung** od **Ergänzung** verlangt werden (BGH **66**, 182); ebso wenn die ehr- od geschäftsschädigde Behauptg nur zum Teil unwahr ist (BGH WM **87**, 634). RichtigStellg mittels WerbeAnz vgl § 824 Anm 7. – Die Tauglichk des Widerrufs zur Beseitigg der Störg wird in Frage gestellt, der Inhalt, die Pfl zu persönl Abgabe der Erkl u die Art der ZwVollstr des WiderrufsUrt iS einer Reduzierg mit guten Grden krit überprüft (Ritter, Zum Widerruf einer TatsBehauptg, ZZP **84**, 163: nur wenigere Widerruf, nicht in best Form kann verlangt werden, er enthält keine StellgN zum WahrhGehalt der Behauptg; BVerfG NJW **70**, 651: zul die Erkl, der Widerruf geschehe in Erf eines rkräft GerUrt; Ffm JR **74**, 62: pers Widerruf kann nicht verlangt werden, ZwVollstr des Urt nicht nach § 888, sond nach § 894 ZPO mit Anm Leipold aaO S 63, beide mwN, u Leipold, Wirks Ehrenschutz dch gerichtl Feststellg v Tats, ZZP **84**, 150: Verf schlägt statt Widerruf FeststellgsUrt auf Unwahrh der Behauptg analog § 256 ZPO vor; ebso Hbg MDR **75**, 56: Kl auf Feststellg, daß eine näher bezeichnete PresseVeröff das PersönlkR verletzt, mit dem Antr, diese Verurteilg in der selben ZtSchr zu veröffentlichen). BGH **68**, 331 hält demgü Kl auf Feststellg der Unwahrh einer Behauptg od der RWidrigk einer PersönlkRVerletzg mit § 256 ZPO für unvereinb u die Kl auf Widerruf für einen geeigneten Schutz. Ein **Anspruch auf Veröffentlichung** eines UnterlUrt od einer freiwill abgegebenen UnterlVerpfl kann bei Verbreitg rufschädigender TatsBehauptgen u WertUrt bej werden, wenn die unzul MeingsÄußerg öff erfolgt ist und die Publikation der UnterwerfgsErkl zur Beseitigg der noch andauernden Folgen der Äußerg für das Ansehen des Verl erforderl ist (BGH **99**, 133). Bei **unzulässiger Datenübermittlung** hat der Verl Anspr gg die übermittelnde Stelle auf Widerruf bis zur Löschg beim DatenEmpf (BGH VersR **83**, 1140). Anspr auf **Löschung eines heimlich mitgeschnittenen Telefongesprächs** (BGH NJW **88**, 1016). – Der **Widerruf einer Formalbeleidigung** (Schimpfwort, Geste), etwa dch Rückn od EhrenErklärg kann nicht verlangt werden, weil eine unter staatl Zwang abgegebene EntschuldiggsErkl nicht geeignet ist, die frühere MißachtgsErkl iS eines Abrückens des Beleidigers zu beseitigen (Hbg MDR **79**, 140). – Zuläss **Rechtsweg** vgl oben 8b cc. – **Voraussetzungen der Beseitigungsklage:**

a) **Widerrechtlichkeit der künftigen Störung;** hierzu § 823 Anm 6 u oben 8a. Gleichgült ist, ob Verletzer in Wahrnehmg berecht Interessen gehandelt hat (§ 824 Anm 6); denn da feststeht, daß die Äußerg obj falsch ist, ist Verletzer in entspr Anwendg von § 1004 verpfl, die Einwirkg zu beseitigen (BGH **37**, 189, Helle NJW **62**, 1813).

b) **Fortwirken der Beeinträchtigung.** Es muß ein dauernder Zustand geschaffen sein, der zB bei Beleidiggen eine stetig sich erneuernde Quelle der Ehrverletzg bildet (BGH MDR 60, 371). Regelm wird eine einmal Störg einen best, alsbald feststellb Schad verursachen u keine weiteren Wirkgen äußern; so auch, wenn die Behauptg durch die Ereign überholt ist (BGH NJW 65, 36), zB Privatgutachten mit unricht TatsBehauptgen bei bloßer Verwertg im Proz (Ffm NJW 69, 557). Anders bei Beleidigg durch druckschriftl Veröff (oben 8b aa). Anspr des in seiner Ehre Verletzten auf Richtigstellg (BGH 31, 308), aber nicht bei Mitteilg tatsächl Vorgänge ohne Auslassg offenb wesentl Umstände u ohne kränkde Würdigg (BGH NJW 66, 246). Bei Fortwirken der Beeinträchtigg kann in AusnFällen eine Verpfl zum Beitr, daß die Störg nicht weiterwirkt, sogar bestehen, wenn die störde Handlg im Ztpkt ihrer Vornahme rechtmäß war (BGH 57, 325: period erscheindes Presseorgan, das über nicht rechtskr Verurteilg berichtet hat, muß auf Verlangen in zumutb Weise auch über den späteren rechtskr Freispruch berichten). Kein „Fortwirken", daher Anspr auf Widerruf ausgeschl, wenn beleidgde Äußerg nur dem Verletzten ggü gefallen ist (BGH 10, 104). Über den Schutz gg Ehrverletzgen durch amtl Äußergen, insb über den Anspr des Verletzten auf Widerruf ggü die Beh u den Beamten vgl § 839 Anm 10b.

c) **Eignung** der verlangten Beseitigsmaßn zur Aufhebg oder Mindergg der Beeinträchtigg (RG 163, 216). Auch Anspr auf **Auskunft** darü, wem ggü die ehrenkränkde Äußerg gemacht worden ist, wenn der Verletzte hierauf angewiesen ist (BGH NJW 62, 731; vgl auch §§ 259–261 Anm 2d bb).

d) **Kein Anspruch auf Widerruf** in den Fällen der Anm 8b bb.

10) Gegendarstellungsanspruch. Grdlegde Monographie: Seitz/Schmidt/Schoener, Der GgDarstellgsAnspr in Presse, Film, Funk u Fernsehen, NJW-Schriftenreihe, 2. Aufl 1989. **a) Grundlagen.** Der Anspr dient dem Schutz der Selbstbestimmg des Einz über die Darstellg der eig Pers, die von der verfassgsrechtl Gwl des allg PersönlkR (vgl § 823 Anm 14) in Art 2 I, 1 I GG umfaßt wird. Der GesGeber ist verpfl, als Korrelat zum mat-rechtl Anspr einen effektiven RSchutz zur Vfg zu stellen (BVerfG 63, 131 = NJW 83, 1179, 73, 118 = NJW 87, 239). Damit wird dem Grds audiatur et altera pars Rechng getragen (BGH NJW 63, 1155, 64, 1132). Der Anspr ist zivrechtl Natur; er ist in den Presse-, Rundfunk- u MedienG der Länder geregelt.

b) **Voraussetzungen.** Der Anspr steht zur Erwiderg auf in Medien aufgestellte TatsBehauptgen (vgl § 824 Anm 2, nur Behauptg zw den Zeilen Mü NJW 88, 349) mit TatsBehauptgen zur Vfg, eines der Kernprobleme des GgDarstellgsR. Die Unwahrh u die Wahrh der Entgegng werden grdsätzl nicht geprüft. Die Veröff der mängelfrei formulierten GgDarstellg muß unverzügl verlangt werden; zT bestehen HöchstFr. Einige Regelgn stellen auf die Aktualitätsgrenze ab. AnsprBerecht ist der von der Meldg Betroffene. Der Anspr richtet sich bei Presseveröff gg den verantwortl Redakteur u den Verleger, bei and Medien idR gg den Veranstalter. Erfolgter Widerruf schließt das (matrechtl) berecht Interesse, zumindest das (formelle) RSchutzbedürfn aus (Mü OLGZ 69, 438).

c) **Inhalt.** Die GgDarstellg muß bei Presseveröff in der nach Empfang der Einsendg nächstfolgden, dch den Druck nicht abgeschl Nr in dem gleichen Tl des DruckWks u in gleicher Schrift wie der beanstandete Text abgedruckt werden. Bei Rundfunk- u Fernsehsendgen muß die GgDarstellg unverzügl in dem gleichen Programmbereich zu einer Sendezeit verbreitet werden, die der Zeit der beanstandeten Sendg gleichwert ist. Einschaltgen u Weglassgen sind nicht zul. Überwieg wird auch die Glossierg eingeschränkt. Bei Verstoß gg diese Grds kann erneute Veröff verlangt werden.

d) **Verfahrensrechtliches.** In allen Fällen der RWeg zu den ord Ger gegeben. Sachl ist das LG zust, weil nichtvermögensrechtl Anspr (BGH NJW 63, 151). Für die örtl Zustdgk gelten keine Besonderh; § 32 ZPO ist nicht anwendb. Überwieg ist ausschl das Verf der einstw Vfg zugelassen, deshalb kaum BGH-Rspr. Ausn gelten etwa für Bayern u für den SWF ud das ZDF. § 938 ZPO gilt wg des stark persönlkrechtl Einschlags nur eingeschränkt (s im einz bei Seitz/Schmidt/Schoener RdNrn 557–587). Bei Ändergen der GgDarstellg durch den Betroffenen müssen Fr u Formalien eingehalten sein. Verleger und Redakteur können nicht mit der neg FeststellgsKl vorgehen (BGH NJW 68, 792).

e) **Folgefragen.** SchadErsAnspr auf Erstattg der Kosten einer AnzAktion besteht bei nicht freiw Erf des GgDarstellgsAnspr nur unter engen Vorauss (BGH 66, 182). Die ErstattgsFähigk muß auf wirkl schwerwiegde AusnFälle beschr bleiben, in denen von vorneherein erkennb ist, daß die berechtigten Anz dringd geboten sind, um einen unmittelb bevorstehen u sich in seinen Ausmaßen bereits abzeichnenden schweren Schad abzuwenden (BGH NJW 86, 981). Wird eine erwirkte u durchgesetzte gerichtl Anordg auf Veröff einer GgDarstellg im BerufsVerf als von Anfang an unricht aufgeh, so haftet der ASt grdsätzl nach § 945 ZPO auf SchadErs (BGH 62, 7).

11) Gerichtsstand. Nach ZPO § 32 ist für Klagen aus uH das Gericht des Begehgsortes zust (keine ausschließl Zustdgk). Begehgsort ist der Ort, an dem der Täter gehandelt hat (Hdlgsort), auch der, an dem der Erfolg der Hdlg eingetreten ist (Erfolgs- od Verletzgsort). Das ist bei Äußergen in PresseErzeugn neben dem Ort des Erscheinens jed Ort, an dem es verbreitet, dh nach der Vertriebsorganisation des Verlegers od Herausgebers bestimmgsgem (nicht nur zufäll) dr Pers zur Kenntn gebracht wird; bei and schriftl EhrVerl dort, wo diese den Empf erreichen. Nicht ist VerlOrt in diesem Sinn, wo weitere SchadFolgen auftreten, auch nicht bei Verl des PerslkR (BGH NJW 77, 1590, BGH 40, 394). Das gilt für alle unerl Hdlgen im weitesten Sinne (Einf 1), also auch für WettbewVerstöße (BGH 40, 394). – Über den Gerichtsstand für Anspr auf GgDarstellg oben 10. Rechtsweg vgl oben 8b cc.

12) Internationales Privatrecht EG 38.

823 *Schadensersatzpflicht.* ¹Wer vorsätzlich oder fahrlässig das Leben, den Körper, die Gesundheit, die Freiheit, das Eigentum oder ein sonstiges Recht eines anderen widerrechtlich verletzt, ist dem anderen zum Ersatze des daraus entstehenden Schadens verpflichtet.

§ 823 1–3 2. Buch. 7. Abschnitt. *Thomas*

^{II}Die gleiche Verpflichtung trifft denjenigen, welcher gegen ein den Schutz eines anderen bezweckendes Gesetz verstößt. Ist nach dem Inhalte des Gesetzes ein Verstoß gegen dieses auch ohne Verschulden möglich, so tritt die Ersatzpflicht nur im Falle des Verschuldens ein.

Übersicht

1) **Allgemeines**
2) **Verletzungshandlung**
3) **Geschützte Rechtsgüter**
   a) Leben
   b) Körper, Gesundheit
   c) Freiheit
4) **Eigentumsverletzung**
   a) Verletzung
   b) Beispiele
5) **Sonstige Rechte**
   A) Dingliche Rechte
   B) Besitz
   C) Namensrecht
   D) Immaterialgüterrechte
   E) Aneignungsrechte
   F) Familienrechte
      a) Gegenstand
      b) Schadensersatzansprüche gegen den Ehebrecher
   G) Der eingerichtete und ausgeübte Gewerbebetrieb
      a) Gegenstand
      b) Betriebsbezogener Eingriff
      c) Kritik, Warentest, Preisvergleich
      d) Streik
      e) Recht zur freien Meinungsäußerung
      f) Beispiele
   H) Recht am Arbeitsplatz
   I) Allgemeine Handlungsfreiheit
   K) Persönlichkeitsrecht
   L) Umweltgüter
   M) Keine sonstigen Rechte
6) **Rechtswidrigkeit**
   A) Bedeutung
      a) Meinungsstand
      b) Begriff
      c) Unterlassung
   B) Ausschluß der Rechtswidrigkeit
      a) Eigenes Recht zum Handeln
      b) Verwaltungsakte
      c) Notwehr
      d) Notstand
      e) Selbsthilfe
      f) Verkehrsrichtiges (sozialadäquates) Verhalten
      g) Verfahrenseinleitung
      h) Einwilligung des Verletzten
      i) Aufklärungspflicht des Arztes
7) **Verschulden**
   A) Vorsatz
   B) Fahrlässigkeit
      a) Grundsätze
      b) Einzelheiten
      c) Verstoß gegen Schutzgesetz
      d) Mitverschulden
      e) Haftungsmilderung
8) **Verkehrssicherungspflicht**
   A) Inhalt
      a) Allgemeine Rechtspflicht
      b) Verpflichteter
   c) Allgemeine Aufsichtspflicht
   d) Darlegungs- und Beweislast
   e) Haftung für Dritte
   f) Ursächlichkeit
   B) Einzelfälle (alphabetisch) einschließlich Streupflicht
9) **Schutzgesetz**
   a) Jede Rechtsnorm
   b) Schutz eines Dritten
   c) Widerrechtlichkeit
   d) Verschulden
   e) Ursächlichkeit
   f) Schutzgesetze sind (alphabetisch)
   g) Schutzgesetze sind nicht (alphabetisch)
10) **Ersatzberechtigter**
11) **Ersatzverpflichteter**
12) **Schadensersatzanspruch**
    a) Inhalt und Umfang
    b) Verletzung ausschließlicher Immaterialgüterrechte
    c) Vorteilsausgleichung
    d) Buße
    e) Maßgebender Zeitpunkt
    f) Arglistige Verleitung zum Vertragsschluß
    g) Ehrenkränkungen
    h) Auskunft
    i) Klage auf Unterlassung, Zurechnungszusammenhang
13) **Beweislast**
    a) Tatbestand, Verschulden, Schaden, Ursächlichkeit
    b) Anscheinsbeweis, Umkehr der Beweislast
    c) Ärztliche Behandlungsfehler
    d) Erschwerung und Vereitelung des Beweises
    e) Ausschluß der Widerrechtlichkeit
    f) Verstoß gegen Schutzgesetz
14) **Persönlichkeitsrecht**
    A) Begriff
    B) Grundlage und Gegenstand
       a) Individualsphäre
       b) Privatsphäre
       c) Intimsphäre
       d) Spezielle gesetzliche Regelungen
       e) Nach dem Tod
       f) Juristische Personen, Handelsgesellschaften
    C) Verletzungshandlung
    D) Widerrechtlichkeit, Abwägung
       a) Auf Seiten des Verletzten
       b) Auf Seiten des Schädigers
       c) Beispiele
    E) Verschulden
    F) Ansprüche des Verletzten, immaterieller Schadensersatz
15) **Produkthaftung**
    a) Gesetzliche Regelung
    b) Anspruchsgrundlage der Deliktshaftung
    c) Abweichungen gegenüber dem ProdHaftG
    d) Mehrere Ersatzpflichtige
    e) Keine Freizeichnung
    f) Beweislast

1) Allgemeines. Vgl Einf. AnsprVorauss ist – erfolgsbezogen – die Verletzg eines Rechts od RGuts (Abs I) od eines SchutzG (Abs II). Beides kann zustreffen. Die Verletzg muß zur Begründg eines SchadErsAnspr rechtswidr u schuldh geschehen sein u einen dem Verletzer zurechenb Schad verursacht haben, der, außer iF des Abs II u der §§ 824, 826, 839, nicht nur in einer VermBeschädigg besteht (BGH **41**, 127: Produktionsunterbrechg nach Beschädigg einer VersorggsLeitg).

2) Die **Verletzungshandlung** liegt in einer nachteil Beeinträchtigg eines der in Abs I genannten Rechte oder RGüter oder in der Erf eines in einem SchutzG normierten Tatbestds. Sie kann in einem pos Tun od in einer Unterl bestehen.

3) Geschützte Rechtsgüter. a) Verletzung des Lebens bedeutet Tötg, außerdem Abs II iVm StGB §§ 211 ff.

b) Körper-, Gesundheitsverletzung ist ein Eingr, der zu einer Störg der körperl, geist od seel Lebensvorgänge führt, auch wenn der Verletzte noch nicht geboren (BGH **58**, 48, NJW **89**, 1538) od erzeugt war

Einzelne Schuldverhältnisse. 25. Titel: Unerlaubte Handlungen § 823 3–5

(BGH **8**, 243). Ob das Absterben der Leibesfrucht zugl eine körperl Verl der Mutter ist, wird unterschiedl beurt (nein: Düss NJW **88**, 777; ja: Kblz NJW **88**, 2959). Auch Verl der geist od körperl Gesundh durch seel Einwirkgen, zB dch Schock inf Miterlebens des Unfalltodes eines nahen Angehör (vgl Vorbem 5 B d vor § 249) od inf Todes dch ärztl BehandlgsFehler u dadch verurs Schädigg der Leibesfrucht (BGH **93**, 351) od dch PresseVeröff od Lärm, falls eine GesundhBeschädigg mit echtem KrankhWert medizin diagnostiziert ist (Hamm VersR **79**, 579, Stgt VersR **88**, 1187). Auslösg einer psych FehlEntwicklg dch einen bei der OperationsNachbehandlg unterlaufenen Fehler (BGH VersR **82**, 1141). **Beispiele** für GesundhBeschädigg: Lieferg von gesundheitsschädl Wasser (RG **152**, 129). Ablagerg v Fäkalien in Wassereinzugsgebiet (BGH **LM** § 276 (Ci) Nr 15; vgl auch § 839 Anm 15 unter GesundhAmt). Ansteckg mit Geschlechtskrankh (RG **135**, 9). GesundhSchad dch Schlafstörg inf übermäß LärmEinwirkg von NachbGrdst (BGH MDR **71**, 37). Verletzg eines Polizeibeamten bei Verfolgg eines Täters (BGH **63**, 189 u NJW **76**, 568). UrlAusfall inf KörperVerl vgl § 847 Anm 3 a. Bei fehlerh Entnahme der einz Niere eines Kindes steht der Mutter als Organspenderin gg den schuldh handelnden Arzt ein eig SchadErsAnspr zu (BGH **101**, 215). Ärztl BehandlgsFehler vgl Anm 8 B Ärzte, Unfallneurose vgl Vorbem 5 B d cc vor § 249, ärztl Eingr ohne genügde Aufklärg vgl Anm 6 B h.

c) **Verletzung der Freiheit** bedeutet Entziehg der körperl Beweggsfreih oder Nötigg zu einer Hdlg durch Drohg, Zwang od Täuschg (RG **58**, 24). Nicht: Beeinträchtigg der allg HandlgsFreih (Mü OLG **85**, 466).

4) Eigentumsverletzung bedeutet Einwirkg auf die Sache derart, daß ein adäquater Schad eintritt. Die Vermutg des § 1006 gilt auch für die Darlegg des Eigt als ansprbegründder Vorauss, wobei allerd an den v Verl zu führden VerschNachw ein strenger Maßstab anzulegen ist (BGH VersR **77**, 136). Es gibt keine allgemeine Rechtspflicht, fremdes Eigentum vor Beschädigung zu schützen. Die Verpflichtung zur sorgfält Behandlg fremden Eigtums kann sich aus bes RVerh ergeben, u zwar als selbstäd Pfl neben den vertragl Pfl, zB aus dem GewerbeBetr des Lagerhalters, Frachtführers.

a) **Verletzung.** Zerstörg, Beschädigg, Verunstaltg, Entziehg der Sache, gleichgült, ob dch tatsächl Einwirkg od rechtl Vfg. Nicht erforderl ist SubstanzVerletzg, es genügt sonstige, das EigtR beeinträchtigde Einwirkg auf die Sache, zB Einsperren eines Schiffes dch umgestürzte Ufermauer (BGH **55**, 153), Herbei-Führg eines unberecht Widerspr gg die EigtEintr im LuftFahrzReg dch EigtPrätendenten (BGH VersR **77**, 136), Störg der systemat Ordng einer organisator SachEinh wie Briefmarkensammlg, Bibliothek, Archiv (BGH NJW **80**, 1518). Der Anspr kommt grdsätzl auch dann in Betr, wenn der Berecht sein Eigt erst dadch verliert, daß er die Vfg eines Nichtberecht genehmigt (BGH Betr **76**, 814). Nicht ausreichd: bloße Gefährdg, zB dch feuergefährl GewerbeBetr auf NachbarGrdst (RG **50**, 225), bloße Wertminderg ohne Einwirkg auf die Sache selbst, die nur VermBeschädigg darstellt (RG **64**, 251), zB benachbarter BordellBetr ohne unmittelb Einwirkg dch Lärm od dgl (RG **57**, 239). Der SchadErsAnspr des Best wg EigtVerl scheitert nicht daran, daß dessen Abnehmer keine MängelAnspr geltd machen (BGH WM **77**, 763). Soweit Verletzg des EigtAnspr auf Herausg der Sache in Frage steht, enthalten §§ 987 ff eine erschöpfde u ausschließl Regelg für best Anspr des nichtbesitzden Eigtümers gg den besitzden NichtEigtümer (vgl Vorbem 2 vor § 987). Wohl aber haftet **Fremdbesitzer** bei Überschreitg der Grenzen seines BesitzR direkt nach § 823, zB durch Veräußerg der Mietsache (BGH NJW **67**, 43), dch Veräußerg einer unter EigtVorbeh gelieferten Sache (BGH Betr **76**, 814). Ebso haftet der **Nichtbesitzer,** der bei Entziehg des Eigt eines Dr mitgewirkt hat, zB der ges Vertr einer jur Pers, der für diese den Bes erworben hat u dabei bösgl war (BGH **56**, 73).

b) **Beispiele. aa) Verletzung bejaht:** Verderb von Sachen inf Beschädigg von Versorggsleitgen bei Tiefbauarbeiten (Kln VersR **87**, 513), auch wenn Eigt Dr hierdch betroffen (vgl Vorbem 5 B e vor § 249). Beschädigg der Ware auf Transport bei Versendgskauf, Anspr des Verk trotz GefahrÜberg (BGH JZ **68**, 430). Verschmutzg einer Hausfront dch übermäß Zuführg von Rauch (BGH Betr **64**, 65), beim Abfahren von Schlamm (BGH **LM** (Dc) Nr 75: Haftg des Bauherrn). Einwirkg auf fremd dch Grdwasserverseuchg (BGH NJW **66**, 1360). Notwendigk der Räumg eines Grdst wg akuter Brand- od Explosionsgef inf eines auf dem NachbGrdst ausgebrochenen Brandes (BGH NJW **77**, 2264). Schädigg durch Immissionen u Vertiefg (BGH WM **66**, 34), dch fehlerh hergestellte SchleusenAnl, die bei starkem Regen zur Überschwemmg von NachbGrdst führen (BGH **106**, 283). Vergiftg von Bienen dch Gase des NachbGrdst (BGH NJW **59**, 68), dch Giftstreuen auf eig Grdst (BGH NJW **55**, 747). Kontaminierg von Tieren mit der Folge zeitw Unverkäuflichk dch Aufn pharmakolog Stoffe über das Futter (BGH MDR **89**, 244). – Ferner: Verletzg fremden Eigt dch Gläub, der fremde Sachen pfändet (BGH WM **65**, 864) od die Pfdg eines angebl HerausgAnspr aus § 985 auf Widerspr des wahren Eigtümers nicht freigibt (BGH **67**, 378). Veräußerg von Pfdstücken unter Verletzg der gesetzl Vorschr (RG **77**, 201). PfdVerkauf ohne PfdR (RG **100**, 274). Nichterfüllg der Pfl aus VermieterPfdR (RG DJZ **24**, 908). Verletzg des EigtVorbeh (BGH BB **63**, 1278). Herstellg u Lieferg einer mangelh Sache sind als solche keine EigtVerl (vgl Vorbem 4 h vor § 633), sog weiterfressde Fehler können aber zur ProdHaftg führen (vgl § 823 Anm 15 c dd). **bb) Keine Eigentumsverletzungen** sind: Gutgl Rechtserwerb von Nichtberecht, weil §§ 932, 892 diesen Erwerb sanktionieren (BGH NJW **67**, 564, RG **90**, 395). Auch nicht Übereignung einer von vornherein mit einem umfassden Mangel behafteten Sache, die für den Eigtümer von vornherein schlechth unbrauchb ist u wo sich Mängel u geltd gemachter Schad decken (BGH NJW **39**, 367). Fehlerh Ausf eines Wk, wenn nicht in eine schon vorher unversehrt vorhand Sache eingegriffen wird (BGH **55**, 392, Mü NJW **77**, 438; aA Freund u Barthelmess NJW aaO). Lieferg mangelh Sandes, dessen Verwendg zu schadh Verputz führt (BGH NJW **78**, 1051). Duldet ein Bauherr lediglich den Einbau von Material, das der BauUntern unter verlängertem EigtVorbeh bezogen hat, so haftet er dem Baustofflieferanten wg des diesen treffden EigtVerlustes nicht aus § 823, auch wenn die Abtretbark der VergütgsFdg des BauUntern vertragl beschr war (BGH **56**, 228). Keine EigtVerl ist der Entzug von GrdWasser dch GrdWasserFörderg od -Ableitg auf einem ang Grdst (BGH **69**, 1). Sperrg der öff ZufahrtsStr zum Grdst inf eines Brands auf dem NachbGrdst (BGH NJW **77**, 2264).

5) Sonstige Rechte sind im Hinbl auf die Nenng hinter „Eigentum" als ein Recht zu verstehen, das denselben rechtl Charakter wie das Eigt hat und das ebso wie Leben, Gesundh, Freih von jedermann zu beachten ist, dh also **die ausschließlichen Rechte.** Zu diesen gehören:

§ 823 5 A–G   2. Buch. 7. Abschnitt. *Thomas*

A) Dingliche Rechte wie ErbbauR, Dienstbk, dingl VorkaufsR, Reallast, Hyp, Grd- und Rentenschuld, PfdR. Verletzg des HypR dch Wegschaffg von Zubehör (RG **69**, 85), dch Pfändg von GrdstZubehör (RG SeuffA **60**, 249), dch Wegn von eingebauten Materialien (RG **73**, 333), dch Verschlechterg des Grdst inf baul Maßn seitens des Eigtümers od des Arch (BGH **65**, 211). Verletzg des gesetzl PfdR des Vermieters od Verpächters (BGH WM **65**, 704) od des PfändgsPfdR. Veräußerg von WertPap dch eine Bank trotz Pfändg aller Anspr des Schu gg die Bank aus BankGesch dch Dr (RG **108**, 318). Aber keine Verletzg des PfändgsPfdR an einer Fdg durch Zahlg od Aufr, da der darin zu sehde Versuch eines Eingr nach §§ 135, 136 unwirks ist (RG **138**, 252). GeschAnteile an GmbH (RG **100**, 278) od Aktien, soweit VerletzgsHdlg den Gter ganz od teilw um sein AktienR bringt, nicht aber, soweit nur Wert der Gesellsch geschmälert (RG **158**, 255). BergwerksEigt (RG **161**, 208). Auch das Recht des GrdEigtümers auf Unterl schädigder Anl gem § 907 gehört hierher (RG **145**, 115). EinlösgR des § 1249 (RG **83**, 393). Dingl Anwartschaftsrechte, zB auf Erwerb des Eigt an einer unter EigtVorbeh veräußerten Sache (BGH **55**, 20); nicht jedoch die RStellg des AuflassgsEmpf, wenn er keinen EintrAntr gestellt hat od dieser Antr zurückgen od zurückgewiesen wurde (BGH **45**, 186).

B) Besitz. Zu ersetzen ist der Schad, der dch den Eingr in das Recht zu Besitz, Gebr, Nutzg verurs ist. Dazu gehört auch der sog HaftgsSchad, dh das was der unmittelb Besitzer dem mittelb (Eigtümer) wg Beschädigg der Sache dch Dr od Unmöglkt der Rückg zu ersetzen verpfl ist (KG VersR **75**, 837, BGH VersR **76**, 943 u VersR **81**, 161); außerdem der Schad, der dch den Umfang der ErfPfl des Besitzers ggü dem Eigentümer best wird (BGH NJW **84**, 2569: WkUntern bei Beschädigg einer im Bau befindl Uferwand od ein Schiff). Auch der MitBes ist geschütztes RGut (Düss MDR **85**, 497: AutomatenaufstellVertr), auch im Verh von Mitbesitzern untereinand (BGH **62**, 243), MietBes (Bambg OLG **71**, 349). SchadErsAnspr des mittelb Besitzers, jedoch nicht ggü dem unmittelb Besitzer aus Abs I (BGH **32**, 204). Kein Anspr des nichtberecht Besitzers auf Ers des NutzgsSchad (Wieser NJW **71**, 597), jedenf nicht ggü NutzgsBerecht, auch wenn dieser den Bes dch verbotene Eigenmacht entzogen hat (BGH Betr **79**, 2033, BGH **79**, 232).

C) Namensrecht (BGH NJW **59**, 525). Verwendg des Signums einer polit Partei auf einem gg sie gerichteten Wahlplakat (Karlsr NJW **72**, 1810). FirmenR (BGH **LM** § 12 Nr 30: Promonta). WappenR (RG **71**, 265). Vgl auch § 12.

D) Immaterialgüterrechte. Vgl Anm 12b, § 687 Anm 2c, § 826 Anm 8m. Das UrhR ist als NutzgsR Eigt iS des Art 14 I GG (BVerfG JZ **71**, 773). – Bei unverschuldeter Benutzg fremden SchutzR vgl Einf 6b vor § 812.

E) Aneignungsrechte. Jagd- u JagdAusübgsR (BGH **LM** (F) Nr 10, Düss NJW **88**, 526). FischereiR (BGH VersR **69**, 928). WassergebrauchsR (RG Recht **16**, 2092). R des GrdstEigtümers auf GrdWasserFörderg (BGH **69**, 1); es umfaßt nicht ein R auf unbeeinträchtigten Zufluß. AneignsgR der Angehör an Implantaten nach der Trenng vom Leichnam (Gropp JR **85**, 181). **Nicht:** GemeinGebr an öff Wegen (RG Recht **21**, 1362) od öff Wasserstraßen (KG Recht **24**, 1678).

F) Familienrechte. Lit: Jayme, Die Familie im R der uH, 1971. **a) Gegenstand** vgl Einf 1c vor § 1353. Schutz der Intimsphäre des Ehegatten im famrechtl Bereich, ua Schutz der Ehefr gg Beeinträchtigg ihrer Stellg als Hausfrau u Mutter (BGH FamRZ **63**, 153, Brschw FamRZ **71**, 648). Elterl SorgeR (RG **141**, 320, LG Aachen FamRZ **86**, 713). Über Anspr der Eheg ggeinand vgl Einf 1c vor § 1353, aus Verlöbnisbruch vgl § 1298. Anspr gg einen Dr, der dch fehlerh Sterilisation die Geburt eines ungewollten ehel Kindes verurs hat (BGH **76**, 249, 259 bestr; zum Umfang des Anspr vgl Vorbem 3n vor § 249); auch SchmerzGAnspr der Mutter. SchwangerschAbbruch vgl Anm 8 B „Ärzte".

b) Schadensersatzansprüche gegen den Ehebrecher (vgl auch Einf 1cbb vor § 1353), auch auf SchmerzG, verneint der BGH, auch unter dem GesichtsPkt einer Verletzg des PerskR in stRspr (BGH **23**, 281, **26**, 222, **57**, 229, NJW **73**, 991). Der Bereich der EheStörgen sei nicht dem delikt RGüterSchutz zuzuordnen, weil er im wesentl einen innerehel Vorgang darstelle, der ohne Mitwirkg eines der Eheg nicht mögl sei. Eine Aufteilg dieses Vorgangs in eine allein eherechtl zu beurteilde Verfehlg des ungetreuen Eheg u eine SchadErsAnspr auslöse uH eines Dr gehe nicht an. Der BGH weist außerdem darauf hin, daß im Hinbl auf die Vielfalt mögl Eingr in den ehel Bereich für eine Haftg keine brauchb Abgrenzg zu finden sei u daß die ggf erforderl Ermittlgen unerwünscht seien (zust Löwisch JZ **73**, 669). Demggü bei ein Tl des Schrifft zumindest vermerchtl, vereinzelt sogar immat SchadErsAnspr gg den Dr, auch sow ein ErsAnspr des verl Eheg gg den ungetreuen u im InnenVerh ein AusglAnspr des Dr gg den ungetreuen Eheg verneint wird (Beitzke MDR **57**, 408, Schwab NJW **57**, 869, Bosch FamRZ **58**, 101, Aden MDR **78**, 536). Sow der Ehem dem nichtehel Kind seiner Ehefrau Unterh gewähren muß, besteht ein dch familrechtl Regelgen nicht ausgeschl deliktsrechtl ErsAnspr gg die Ehefrau (BGH **80**, 235) u gg den Erzeuger gem § 1615b. Vorauss für seine GeltdMachg ist Anerkenng od rkraftfäh Feststellg der nichtehel Vatersch od freiw Verpfl des Erzeugers (BGH **46**, 56). Zu den ges übergegangenen UnterhAnspr gehören auch die Kosten des EhelichkAnfProz, gleichgült ob der Ehem der Mutter od das Kind die Kl erhoben hat (BGH **57**, 229).

G) Der eingerichtete und ausgeübte Gewerbebetrieb ist von der Rspr als sonstiges Recht anerkannt (BGH NJW **63**, 484, BGH **45**, 307). Es handelt sich um einen AuffangTatbestd, der eine sonst bestehde Lücke im RSchutz, insb im gewerbl RSchutz schließen soll (BGH **45**, 296 [307], **43**, 359). Zu § 826 ist AnsprKonkurrenz mögl (BGH Betr **81**, 788, zu § 824 nicht, sow es um unwahre TatsBehauptgen geht (BGH NJW **89**, 1923).

a) Gegenstand. Der Schutz soll die Fortsetzg der bish Tätigk aGrd der schon getroffenen BetrVeranstaltgen sichern (BGH NJW **69**, 1207), er umfaßt alles, was in seiner Gesamth den wirtschaftl Wert des Betr ausmacht, also Bestand, ErscheingsForm, TätigkKreis, Kundenstamm (BGH Betr **71**, 571), er schützt den BetrInh gg Beeinträchtigg dch Außenstehde (Herschel Betr **75**, 690). VerschwiegenhPfl des ArbN über Belange des ArbG vgl § 611 Anm 4b. Enteignungsgleicher Eingr in GewerbeBetr vgl Übbl 2 H g vor § 903.

b) Betriebsbezogener Eingriff. Erforderl ist eine unmittelb Beeinträchtigg des GewerbeBetr als solchen, der Eingr muß betriebsbezogen sein (BGH 29, 165 u 86, 152), dh sich spezif gg den betriebl Organismus od die unternehmer EntschFreih richten (BGH NJW 85, 1620: Mietboykott). Zu den Grdlagen jeder unternehmer Betätigg gehört auch ein Mindestmaß an VertraulichkSchutz, insbes für die Informationsquellen eines PresseUntern; trotzdem kann die öffentl Erörterg interner Redaktionsvorgänge erlaubt sein; dies sogar dann, wenn die Kenntn darü dch unzuläss Einschleichen in den Betr erlangt sind, falls es sich um die Offenlegg von Mißständen handelt, die für die Allgemeinh von bes Interesse ist (BGH Betr **81**, 788). – Kein Eingr in den Bestand des GewerbeBetr bei seiner nur mittelb Beeinträchtigg dch ein außerh des Betr eingetretenes, mit seiner WesensEigtümlk nicht in Beziehg stehdes SchadEreign (BGH BB **83**, 464), zB Unterbrechg der FernsprechLeitg (Oldbg VersR **75**, 866) od der Stromzufuhr dch KabelVerl bei BauArb (BGH BB **77**, 1419; zusfassd Hager JZ **79**, 53), Unterbrechg der wasserseit Zufahrt über eine WasserStr dch fahrl verurs Dammbruch (BGH **86**, 152 [156]; zweifelnd Müller-Graff JZ **83**, 860); Verletzg eines Angest (BGH **7**, 30), Angriff auf den Inh, der nur mittelb eine Schädigg des GewerbeBetr herbeiführt (BGH **LM** § 823 (Da) Nr 2). Nicht dch Dchsetzg des OffenbargsVerf nach ZPO § 807 (BGH NJW **79**, 1351); ebso nicht dch günstigere Beurteilg eines Konkurrenzfabrikats in einem Warentest (BGH NJW **76**, 620). Die gleichen Grds gelten auch für **Angehörige freier Berufe**, die kein eigentl Gewerbe betreiben, iF unmitelb Eingr in ihre Berufstätigk (Mü NJW **77**, 1106), zB Arzt- (BGH GRUR **65**, 693).

c) Kritik, Warentest, Preisvergleich. Geschäftsschädigde Kritik außerh eines WettbewVerh, insb dch vergleichden Warentest, Preisvergleich ist nur rwidr, wenn ihre Art zu mißbill ist. Da sich der GeschMann einer Kritik seiner Leistgen stellen muß, beurteilt sich deren rechtm Schranke nach einer Güter- u PflAbwägg (BGH **45**, 296). Es kommt darauf an, ob das schutzwürd Interesse der Allgemeinh an obj Informationen höher zu werten ist als die wirtsch Belange des Betr (BGH NJW **86**, 981). Die Untersuchg dch das TestUntern muß neutral u sachkund vorgenommen werden u um Gewinng eines obj richt TestErgebn bemüht sein, an die SorgfPfl sind hohe Anfdgen zu stellen (BGH aaO). In diesem Rahmen hat das TestUntern weiten Spielraum, sow es um Angemessenh der PrüfgsMethoden, Auswahl der TestObj u Darstellg des UntersuchsErgebn geht. Das TestUntern darf dabei im SicherhBereich höhere Anfdgen stellen als sie der Hersteller nach DIN-Normen einhalten muß; das Untern verstößt nicht gg die gebotene Neutralität, wenn es Produkte, die den DIN-Normen nicht entsprechen, vom weiteren PrüfungsVerf ausschließt; auch die ZusFassg der Ergebn in einem „Test-Kompaß" unterliegt keinen Bedenken, wenn sie beim interessierten Verbraucher nicht zu Mißverständn führt (BGH NJW **87**, 2222). Rechtswidr ist der Eingr bei bewußtem FehlUrt, bewußten Verzerrgen, bewußt einseit Auswahl der TestObj, ferner wenn die Methode der Untersuchg od die daraus gezogenen Schlüsse nicht mehr diskutabel erscheinen, bei unricht TatsBehauptgen (BGH NJW **89**, 1923; vgl § 824 Anm 2; end bei unsachl od Schmähkritik (BGH **65**, 325; krit Deutsch JZ **76**, 451). Ob das testde Untern auch noch eig Ziele außerh des Wettbew verfolgt, ist ohne Belang. Warentest dch einen Wettbewerber ist in jedem Fall ein rwidr Eingr (Hamm WRP **80**, 281). Bei unsachl od parteiischer Beurteilg überwiegt das Interesse des Betr (Ffm Betr **74**, 576). Nicht betriebsbezogen ist Systemkritik an einem gesamten Industriezweig (BGH GRUR **64**, 162, Kln JMBlNRW **83**, 285, Ffm BB **85**, 293) od die Kritik an den etwa 70 priv ReiniggsFirmen in einer Stadt (Kln NJW **85**, 1643).

d) Streik zur DchSetzg eines tarifl nicht regelb Ziels ist rwidr u verpfl die Gewerksch zu SchadErs, wenn sie ein Versch trifft (BAG NJW **78**, 2114). Vom StreikR nicht gedeckt ist die Verhinderg des Zu- u Abgangs von Waren u Kunden sowie die Hinderg arbwill ArbN am Betreten des Betr über das bloße Zureden hinaus; die Gewerksch haftet für uH der Streikleiter nach § 31, der Streikposten nach § 831 (BAG NJW **89**, 57). Rwidr ist BetrBlockade, von der auch von einem Unternehmen betroffen wird, als ein ArbKampf nicht beteiligt ist (BAG NJW **89**, 61). Pfl der GewerkschOrgane zur Einwirkg auf ihre Mitgl, StreikExzesse zu unterlassen (BAG Betr **89**, 1087) u sie von rwidr Hdlgen, von denen die Organe Kenntn haben, abzuhalten (BAG NJW **89**, 1881). Bei nicht organisiertem u auch später nicht von der Gewerksch übernommenem Streik SchadErsPfl der Teiln u der unterstützden Gewerksch (BAG NJW **64**, 887, BB **89**, 503).

e) Recht zur freien Meinungsäußerung, insbes Medien, Boykott. Schutz des GewBetr nach Abs I u Recht zur freien MeinÄußer nach Art 5 I 1 GG können miteinand kollidieren. Über die in solchen Fällen gebotene Güter- u Interessenabwägg vgl unten Anm 14 D, § 824 Anm 6a. So verletzt die Verwendg einer als AntiWerbg satirisch verfremdeten Zigarettenreklame in einem Nichtraucherkalender zur Warng vor den GesundhGef des Rauchens u zur Kritik an der ZigarettenWerbg die Rechte des betroffenen ZigarettenHerst grdsätzl nicht (BGH **91**, 117; krit Moench NJW **84**, 2920). Auch wahrheitsgem Berichterstattg kann ein Eingr in die Ausübg eines eingerichteten GewerbeBetr sein (BGH **8**, 142: Kreditschutzlisten, BGH **36**, 18: ungerechtf Verbreitg eines unbegründeten KonkAntr, nicht jedoch Eingr dch den KonkAntr). Jedoch fehlt bei Wahrnehmg berecht Interessen die RWidrigk, wenn die rechtsverletzden Äußergen nach Inhalt, Form u BegleitUmst das gebotene u notw Mittel zur Erreichg des rechtl gebilligten Zwecks sind (BGH GRUR **70**, 465). Wahrheitsgem Berichterstattg über Gef die von best Produkten ausgehen, ist nicht rwidr, selbst wenn dabei beispielh das Etikett eines derart Produkts mit deutl lesb Firmenschlagwort gezeigt wird (BGH NJW **87**, 2746). – Bei kreditgefährdden Veröffentlichgen in Presse, Rundfunk, Fernsehen ist deren bes Stellg im öff Leben zu berücksichtigen (vgl unten Anm 14 D b bb; eingehd dazu Kübler, Schricker u Simitis AcP **172**, 177, 203 u 235). Erforderl ist sorgf Überprüfg, ob die Information der Wahrh entspricht u ob die Erkenntn-Quellen zuverläss u hinreichd sind (BGH Warn **69**, 165). – Eingr in den GewBetr dch den unzul Boykott (BGH Betr **65**, 889, NJW **64**, 29: polit Meingsäußerg, BVerfG NJW **89**, 381 u BGH NJW **85**, 1620: Mietboykott; hierzu auch Anm 14 D c, § 826 Anm 8k, u cc), dch Fernsehsendg (BGH NJW **63**, 484 u WPM **69**, 173: gewerbeschädigde Kritik bei zutr Berichterstattg), dch Tierschutzverein (Ffm NJW-RR **88**, 52: Plakat gg Pelzhändler), im Kampf der Presse untereinander (BGH **45**, 296) dch Blockade eines ZeitgsUntern dch Demonstration (BGH **59**, 30 u NJW **72**, 1571).

f) Beispiele: Unberecht **Abmahnung** (Verwarng) vor SchutzRVerletzg von Herst zu Herst, also vor GebrMuster- od Patentverletzg sowie Verletzg eines FirmenR, ist Eingr in den GewBetr des Verwarnten,

§ 823 5, 6   2. Buch. 7. Abschnitt. *Thomas*

wenn er sich der Verwarng fügt (BGH 38, 205). Das gilt auch dann, wenn das Patent mit rückwirkder Kraft erst nachträgl mit NichtigkKl beseitigt wird (BGH NJW 76, 2162). Ebso verletzt unberecht Verwarng der Abnehmer wg Verletzg gewerbl SchutzR das Recht des Herst am GewerbeBetr (BGH WRP 68, 50). Zusfassd Sack WRP 76, 733 mit krit Prüfg, inwiew § 823 (Eingr in GewerbeBetr) überh anwendb, wann die unbegr Verwarng rwidr u wann die SorgfPfl des SchutzRInh bei der Überprüfg der SchutzRLage verl ist. Quiring, WRP 83, 317 ff zieht Subsumtion unberecht Verwarng unter die Grds der cic vor. In der unberecht Verwarng eines Mitbewerbers wg vermeintl Verl eines AusstattgsR liegt nicht zugl ein zum SchadErs verpflichtder unmittelb Eingr in den GewerbeBetr des Zulieferers der angegriffenen Ausstattg (BGH NJW 77, 2313). Fügt sich der Verwarnte nicht, so ist unber Verwarng kein Eingr in GewBetr, zu seinem RSchutz genügt negat FeststellgsKl (BGH MDR 69, 638). Berecht Interesse u fehldes Versch des Verwarnenden schließt UnterlAnspr des Verwarnten gg ihn nicht aus; der Erfolg der UnterlKl hängt also nur davon ab, ob obj die Maßn des Kl gg die Verwarng gerichtet, das Patent od GebrM verletzt ist u die regelm zu bejahde Wiederholgsgefahr besteht (BGH 38, 206). Vorauss für den SchadErsAnspr des Verwarnten wg unberecht Verwarng ist Versch des Verwarners. Es fehlt, wenn er sich dch gewissenh Prüfg u aGrd vernünft u bill Überlegen, etwa dch Einholg des Rates fach- od rkund Berater (BGH NJW 76, 2162), die Über zeugg verschafft hat, sein SchutzR werde rechtsbeständ sein (BGH 62, 29). Dabei erhöhte SorgfPfl des Verwarnenden bei noch ungeprüften beanspruchten SchutzR, insb ggü Abnehmern des Herst (BGH NJW 79, 916). Unberecht wettbewerbrechtl Verwarng dch Schutzverband für Mitgl kann dch das R zur freien MeingsÄußerg gedeckt sein (Ffm GRUR 75, 492). RSchutzinteresse für UnterlKlage fehlt, wenn Verwarnender UnterlKlage gg den Verwarnten wg Verletzg seines Rechts erhoben hat (BGH 28, 203). Der bloße Hinw auf eine offengelegte SchutzRAnmeldg ist der unberecht Verwarng grdsätzl nicht gleichzustellen (Karlsr WRP 74, 215). Unberecht Abmahng ggü einem vermeintl allg WettbewVerstoß ist Eingr in den GewBetr nur in AusnFällen u unter best Umst (BGH NJW 86, 1815), zB wenn sie zur Einstellg od Umstellg der Produktion od des Vertriebs geführt hat (Hamm WRP 80, 216). – Auch die wirtsch Betätigg der **Bundesbahn** einschl ihrer SaniergsVorh ist dch das R am eingerichteten Gewerbtr geschützt. Dabei darf öff Kritik an PlangsVorh nicht auf falsche Angaben gestützt werden, ist für die Vergangenh rwidr aber nur, wenn der Kritiker bei Ermittlg u Weitergabe der Daten unredl vorgegangen ist (BGH 90, 113). – Entferng v **Typen- u Nummernschild,** die der Herst zur Überwachg der FunktionsFähigk u BetrSicherh angebracht hat (BGH Betr 78, 784). Vertrieb von Radio-, Tonband- u Fernsehgeräten mit unkenntl gemachter FabrikationsNr (Düss Betr 69, 1398). – Verwendg einer Messe- u AusstellgsBezeichng dch nicht ausstellde Firma (BGH NJW 83, 2195: „Photokina"). – Ausschließl gewerbl BestattgsHdlgen auf dem der Kirchenstiftg gehörden Friedhof (BGH 14, 294) ist idR nicht als Eingr in den Bestand des GewerbeBetr anzusehen. Eingr in PrBindgsSystem (§ 826 Anm 8 u gg) ist kein solcher in den Bestand des Unternehmens des Preisbinders (BGH BB 67, 774: Bücher). – **Kein Eingriff** ist die Sperrg der öff ZufahrtsStr dch LöschFahrz inf eines auf dem NachbGrdst ausgebrochenen Brandes (BGH NJW 77, 2264), Aushängg u Verteilg von Schriftgut zur SelbstDarstellg der Gewerksch, zur Information über tarif- u arbrechtl Fragen u zur BeitrittsAuffdg werder der ArbZt im betrfremde GewerkschBeauftr (BAG MDR 78, 605). Ob die in fördernder Absicht erfolgte Einmischg eines ausgeschiedenen, noch am wirtsch Ergebn interessierten Gters in die GeschFührg des Unternehmens rwidr ist, hängt vom EinzFall ab (BGH NJW 80, 881). Kein Eingr im Gewerbe des Veranstalters, wenn ohne seine Gen Ausschnitte aus Berufsboxkämpfen nach längerer Zeit im Fernsehen ausgestrahlt werden (BGH NJW 70, 2060). Zum Eingr in den Verk unter Preis vgl § 826 Anm 8 u aa, gg. Kein unmittelb Eingr in den GewBetr dch unbefugten Verkauf von Waren, die nur in Apotheken verkauft werden dürfen (RG 77, 217; vgl hierzu jedoch BGH 23, 184: Verletzg eines SchutzG).

H) Ob die **berufliche Betätiggung** über den GewBetr hinaus u speziell das **Recht am Arbeitsplatz** als sonst R deliktsrechtl geschützt sind, ist bestr. Als Ausschnitt aus dem allg PersönlkR ist solches R auch ohne ggstdl Verkörperg in einem GewBetr wohl zu bejahen (Soergel-Zeuner § 823 Rdn 130, 131).

I) Die **allgemeine Handlungsfreiheit,** GrundR nach Art 2 I GG, steht nicht nur natürl, sond auch jur Pers zu (BVerfG 10, 89). Auch in seiner speziellen Ausgestaltg nach Art 9 GG: sowohl R des einz Staatsbürgers zum ZusSchluß, als auch Bestands- u BetätiggsSchutz für Vereiniggen selbst, auch für Idealvereine (BGH 42, 210, BAG NJW 69, 861: unlautere MitglWerbg dch Gewerksch).

K) Persönlichkeitsrecht vgl Anm 14.

L) Umweltgüter. Es sind Überleggen im Gange, inwieweit aus der Verl solcher Güter wie saubere Luft, sauberes Wasser, Ruhe nach geltdem R od rpolit negator od SchadErsAnspr erwachsen können (Ronellenfitsch/Wolf NJW 86, 1955, Hager NJW 86, 1961).

M) Keine sonstigen Rechte sind: **Forderungsrechte,** da sie im Ggsatz zu ausschließl Rechten nur best Pers verpfl. Wohl aber kann NichtErf einer VertrPfl zugl den Tatbestd einer uH bilden (vgl Einf 2 vor § 823). Auch Miete u Pacht gewähren kein sonst Recht, es sei denn, daß es sich um Mietbesitz handelt (RG 105, 218). – Auch das **Vermögen** als solches ist kein sonst Recht (BGH 41, 127). VermBeschädiggen, bei denen einer der Tatbestände des Abs I nicht vorliegt, begründen daher nur unter den Vorauss der §§ 823 II, 824, 826, 839 eine ErsatzPfl.

6) Rechtswidrigkeit.

A) Bedeutung. Das RWidrigkUrt hat die Aufg, über die Normwidrigk des schädigden Verhaltens zu befinden. Zur Haftg des Schäd ist iR der uH grdsätzl außerdem Versch erforderl, dh die endgült Beurteilg der Verantwortlichk des Schäd für sein normwidr Verhalten iS der Vorwerfbark (RGRK/Steffen Rdn 106).

a) Meinungsstand. Es ist streit, ob die RWidrigk auf die Verhaltensweise (HdlgsUnrecht) od auf den Erfolg (ErfolgsUnrecht) zu beziehen ist. Nach der zweitgenannten klass Auffassg ist jede Verl eines der in § 823 genannten Rechte od RGüter dch posit Tun rwidr, die TatbestdMäßigk indiziert grdsätzl die RWidrigk. Beurteilt man die RWidrigk dagg verhaltensbezogen, so ist eine nicht vorsätzl R- bzw RGutsVerl nur dann rwidr, wenn der Handelnde gg eine von der ROrdng aufgestellte spezielle Verhaltensregel verstoßen oder die zur Vermeidg des SchadEintritts generell erforderl Sorgf verletzt hat; sozialadäquates (sach-, verkehrsricht) Verhalten ist danach nicht rechtswidr, auch wenn es im EinzFall zu einer R- oder RGutsVerl führt. (So, in Detailfragen unterschiedl, Nipperdey (NJW **57**, 1777, NJW **67**, 1991, Enn- Nipperdey § 209, v Caemmerer Festschr JurTag 1960 S 49ff, Wiethölter Der RFertiggsGrd des verkehrsricht Verhaltens, 1960; vermittelnd Larenz SchR II § 72 I c). Der Unterschied zw beiden Auffassgen ist prakt bedeuts beim NotwehrR (§ 227), bei der Unterl- u BeseitiggsKlage (s Einf 8, 9, § 1004) u bei der GehHaftg (§ 831). Ihre Bereiche sind umso enger, je mehr innere HdlgsElemente (sozadäquates Verhalten, obj Fahrlk) man auf die Ebene der RWidrigk vorverlagert. Der Meingsstreit verliert jedoch bei einer begriffl Entflechtg der Hdlgs- u Kausalitätsfragen vom RWidrigkBereich u bei einer wertfreien Betrachtg des RWidrigkBegr an Schärfe: UnrechtsUrt ist nicht UnwertUrt. – Der klass dreistuf Aufbau der HaftgsVorauss in: VerletzgsHdlg/obj RWidrigk/Versch u die Zuordng der erforderl SorgfWahrg zum Versch (Fahrlk) ist für die ZivRechtsdogmatik klarer (ebso RGRK/Steffen Rdn 114–116, Erm-Drees Rdn 46). Auch bleibt unbefriedigt, gg eine mit obj Sorgf vorgenommene, aber rgutverletzde Hdlg Notwehr zu versagen. Negator Unterl- u BeseitiggsAnspr müssen auch gg solche Hdlgen gegeben sein (ebso Erdsiek JZ **69**, 311), soweit nicht im EinzFall die rgutverletzde Hdlg dch den Grds des rechtl Gehörs od der freien MeingsÄußerg gedeckt ist (vgl Einf 8 a bb u Anm 14 De). Die hier vertretene Auffassg steht nicht zuletzt auch im Einklang mit der Terminologie des § 823 I, der Fahrlk u Widerrechtlk ausdr nebeneinander als HaftgsVorauss nennt. Vgl auch § 276 Anm 2 d. Die folgde Darstellg folgt unter Berücksichtig der Rspr des BGH im wesentl dem erfolgsbezogenen RWidrigkBegr.

b) Begriff. Rechtswidr ist demnach vorbehaltl der RechtfertiggsGrde (unten B) idR jede Verl eines der in Abs I genannten Rechte u Rechtsgüter (BGH **74**, 9, Jauernig-Teichmann Anm IV 1 b cc, Erm-Drees Rdn 45–47, RGRK/Steffen Rdn 114). Ausgen sind die sog offenen VerlTatbestd wie Eingr in den eingeleiteten u ausgeübten GewBetr u Verl des PerslkR; hier kommt es für die Frage der RWidrigk darauf an, ob das schadursächl Verhalten als solches gg Gebote der gesellschaftl RücksNahme verstieß. Ebso wenig indiziert eine RGutVerl dch subj redl Einleitg u DchFührg eines formal von der ROrdnng erlaubten Verf schon desh die Rechtswidrigk, weil der AntrSt leicht fahrl verkannt hat, daß matrechtl die Vorauss dafür gefehlt haben od entfallen sind, sond nur iF des § 826 od bei grober Fahrlk (BGH **95**, 10; abl Häsemeyer NJW **86**, 1028). Verkehrsricht (sozadäquates) Verhalten vgl unten B g. Die nachbarrechtl Vorschr sind in dem davon erfaßten RegelgsBereich maßg dafür, ob eine Handlg widerrechtl ist (BGH **90**, 255).

c) Unterlassung. Die Verl eines geschützten R od RGuts dch rein passives Verhalten ist rwidr nur, wenn der Schädiger gg eine RPflicht zum Handeln verstoßen hat (vgl Vorbem 5 B i vor § 249).

B) Ausschluß der Widerrechtlichkeit. Davon zu unterscheiden: vereinb HaftgsAusschl (vgl Einf 3; BerührgsPkte: Einwilligg des Verletzten, unten h).

a) Wenn dem Täter ein **eigenes Recht zum Handeln** zur Seite steht, das auf priv- od öffrechtl Grdlage beruhen kann, zB auf den §§ 903, 859, § 127 StPO (vorl Festn), Art 5 GG (Recht zur freien MeingsÄußerg). **Züchtigungsrecht** der Eltern u Dritter vgl § 1631 Anm 5, des Vormundes § 1800. – Auch BergwerksEigt schließt bei Ausnutzg iR bergpolizeil Vorschr RWidrigk etwaiger Schädigg fremden Eigtums aus (RG **161**, 208). Auch durch jagdpolizeil Vorschr kann die Widerrechtlichk ausgeschl sein (Stgt NJW-RR **86**, 1415: Tötg eines unerlaubt laufden Hundes). – **Wahrnehmung berechtigter Interessen** kann RWidrigk ausschließen (vgl § 824 Anm 6 und nachstehd Anm 14 zum allgem PersönlichkR).

b) Verwaltungsakte der Behörden können nur im verwaltungsgerichtl Verf nach der VwGO angefochten werden.

c) Notwehr. Notwehrexzeß u Putativnotwehr vgl § 227 Anm 5. Unter bes Umst kann für einen Gastwirt die Pfl bestehen, auf die vorhersehb Herbeiführg einer Notwehrlage ggü unbefugten Eindringlingen zu verzichten, weil die zu gewärtigde Notwendigk des SchußwaffenGebr und Gäste gefährden müßte (BGH NJW **78**, 2028).

d) Notstand §§ 228, 904. Notstandsexzeß u Putativnotstand vgl § 228 Anm 5.

e) Selbsthilfe §§ 229ff.

f) Verkehrsrichtiges (sozialadäquates) Verhalten im StrVerk ist nach BGH **24**, 21 dogmat kein eig RFertiggsGrd, sond schließt die Haftg des Handelnden für Verl von Leben, Gesundh od Eigt eines and schon mangels RWidrigk aus. Trotzdem behandelt der BGH prakt das verkehrsricht Verhalten als RFertiggsGrd, denn er bürdet dem Schädiger die BewLast dafür auf. Folgt man dem nicht, so handelt derj, der das abs R eines and verletzt, rwidr, aber dann nicht fahrläss, wenn er die VerkRegeln u die erforderl Sorgf beachtet hat. In vielen Fällen wird es dann auch an der adäquaten Kausalität fehlen.

g) Einleitung eines gesetzlichen Verfahrens der RPflege. Wer dies redl, gutgl, ohne sich dch die VerfEinleitg dann als ungerechtf erweist u dem Betroffenen Nachteile entstehen. Das schadursächl Verhalten ist näml wg seiner verfrechtl Legalität rmäß, der AntrSt ist mangels SelbsthilfeR auf die ges Verf angewiesen. Jede and Beurt würde die RPflege lahmlegen u damit einem rstaatl GrdGebot zuwiderlaufen (BVerfG NJW **87**, 1929, BGH **74**, 9: StrafAnz, BGH **36**, 18: KonkAntr). Rechtsw ist vorsätzl SchadZufügg dch nit mit unlauteren Mitteln betriebenes Verf (BGH NJW **85**, 1959).

h) Einwilligung des Verletzten schließt Widerrechtlichk aus, wenn sie nicht gg gesetzl Verbot od die guten Sitten verstößt. Unsittl ist Einwilligg in die eig Tötg, Verstümmelg, GesundhBeschädigg, FreihBeraubg; zul dagg Einwilligg in Verletzg des Eigtums, zB gestellter VerkUnfall (Ffm VersR **83**, 642), ärztl Operation, Anstaltsunterbringg. Je nach den Umst des Falles zu beurt ist die Einwilligg in die Sterilisation (BGH **67**, 48). Die Einwilligg eines beschr GeschFähigen ist wirks, sofern er nach seiner geist u sittl Reife die Bedeutg u Tragweite des Eingr u seiner Gestattg ermessen kann (BGH **29**, 36 u NJW **72**, 335, BayObLG **85**, 53). Das ist nicht der Fall bei Einwilligg eines 16jähr zu einers aufschiebb, andrers nicht unwicht Eingr (BGH VersR **72**, 153). Auch sonst kann im EinzFall Unterrichtg der Eltern nöt sein (BGH NJW **70**, 511).

§ 823   6 Bh, i   2. Buch. 7. Abschnitt. *Thomas*

Außer in Eil- u Notfällen ist die Einwilligg beider Elternteile eines Mdj, der nicht schon selbst die Einwilligg erteilen kann, erforderl. Dabei kann der Arzt idR davon ausgehen, daß ein Elterntl das Einverständn des anderen besitzt; dies gilt nicht für schwier u weitreichde Entsch mit erhebl Risikofaktoren für das Kind (BGH **105**, 45). Die Einwilligg muß **freiwillig** sein; hieran fehlt es, wenn sie dch Gewalt, rechtsw Drohg, Zwang od argl Täuschg herbeigeführt wird (BGH NJW **64**, 1177: Anstaltsunterbringg). Dch Irrt beeinflußte Einwilligg ist jedoch freiw (BGH aaO). Für Äußergen, die das Einverständn des Patienten mit einem Eingr betreffen, gelten die allg Grds für die Auslegg rgeschäftl WillErkl (BGH NJW **80**, 1903). Einwilligg in die Hdlg, gelegentl derer die Verl erfolgt ist, beseitigt die Widerrechtlk nicht, zB bei Ansteckg dch GeschlechtsVerk od GesundhBeschädigg dch einen mit der Behandlg beauftr Kurpfuscher (RG JW **31**, 1483). SportVerl vgl Anm 8 B Sport.

Der **Arzt** bedarf für jeden Eingr der Einwilligg des Patienten (BGH NJW **63**, 394, **66**, 1855: Elektroschockkur; BGH NJW **74**, 1422: Periduralanästhesie; krit zur Rspr des BGH Laufs NJW **69**, 529, NJW **74**, 2025, Brügmann NJW **77**, 1473). Sie braucht nicht ausdr erkl zu werden, kann sich aus den Umst ergeben (BGH NJW **61**, 261). Die Einwilligg ist nur wirks u schließt die RWidrigk nur aus, wenn der Patient das Wesen, die Bedeutg u die Tragweite des ärztl Eingr in seinen Grdzügen – nicht erforderl detaillierte Angaben (BGH NJW **61**, 261) – erkannt hat; dies setzt die entspr Aufklärg dch den Arzt voraus (BGH NJW **81**, 633). So ist die Einwilligg unwirks, wenn der Arzt die vorgeschlagene Therapie fälschl als die einz zZt mögl darstellt od wenn er die Operationsrisiken irreführd schildert (Nürnb VersR **88**, 299). Eingr ohne Einwilligg des Patienten ist nur zul, wenn sie der Arzt, zB wg Bewußtlosigk, nicht einholen kann u Gef im Verz besteht (RG **163**, 136). Die einem best Arzt erteilte Einwilligg berechtigt einen und nicht zum Eingr (BGH **LM** (Aa) Nr 11). Ohne Einwilligg stellen schon die Operation u ihre Beschwerden einen ersfäh KörperSchad dar (BGH NJW **87**, 1481).

i) Aufklärungspflicht des Arztes. Die nachstehend dargestellten Grds der Rspr zur ärztl AufklärgsPfl sind verfkonform (BVerfG NJW **79**, 1925 [1929]). **aa) Verpflichtet** ist der behandelnde **Arzt,** auch der nicht selbst operierde Arzt, der nur die Aufklärg des Patienten über die ihm angeratene Operation übernommen hat, muß vollst aufklären (BGH NJW **80**, 1905; krit Schünemann NJW **80**, 2753). Grdsätzl nicht der Konsiliarius (Kln MedR **83**, 112). Auch für den **Zahnarzt** besteht die AufklärgsPfl (Düss NJW **89**, 2334: Risiko der NervenVerl bei Entferng eines WeishZahns), ebso für den **Heilpraktiker** (Hamm VersR **87**, 1019, Eberhardt VersR **86**, 110). – Auf den **Tierarzt** sind die Grds der Rspr über die ärztl AufklärgsPfl nicht uv übertragb (BGH NJW **80**, 1904: Tod eines Reitpferdes inf Vollnarkose). Er schuldet außer der Behandlg auch Beratg über deren Vor- u Nachteile, bei der es aber nur um wirtsch Interessen des AuftrG geht, begrenzt dch die rechtl u sittl Gebote des Tierschutzes (BGH NJW **82**, 1327, Düss VersR **86**, 61, Celle NJW-RR **89**, 539). – **bb) Zeitpunkt.** Die Aufklärg muß so rechtzeitg geschehen, daß der Patient noch im Bes seiner Erkenntn- u EntschFreih ist u ihm bis zur Vornahme eine gewisse ÜberleggsFr bleibt (Stgt NJW **70**, 2355, Kln VersR **85**, 844). – **cc) Inhalt und Umfang.** Eingeh Giesen JZ **82**, 391, Steffen MedR **83**, 88, Kern u Laufs, Die ärztl AufklärgsPfl, 1983, Narr, Ärztl BerufsR Rdn 867 ff, Lawin u Hut, Die Grenzen der ärztl Aufklärgs- u BehandlgsPfl, 1982, Schmidt NJW **84**, 2601. Therpeut Aufklärg naher Angehör, falls ohne Einwilligg des Patienten überh zul, kann idR nicht das Gespräch zw Arzt u Patient ersetzen (BGH NJW **89**, 2318). Aufzuklären ist über die Natur des Eingr im großen und ganzen, die Wahl der BehandlungsMethode ist grds Sache des Arztes (BGH NJW **88**, 1515). Notw ist eine DiagnoseAufklärg, wenn die Kenntn der Diagnose für die BehandlgsEntsch des Patienten erkennb von Bedeutg ist (Stgt VersR **88**, 695); außerd ein Hinw auf die Risiken, die in der einschläg mediz Literatur beschrieben sind od der der Arzt auch ohne solche Beschreibg nicht ausschließen kann (BGH MedR **86**, 77) u die ein verständ Patient in dieser Lage unter Berücksichtigg seiner körperl Beschaffenh u seiner sonstigen Situation für die Entsch über die Einwilligg als bedeuts ansehen würde. Dabei kommt es nicht nur darauf an, wie häufg sich ein best Risiko statist verwirklicht, sond entscheid darauf, ob die später eingetretene Schädigg ein mit der vorgenommenen Operation typischerw verbundenes Risiko darstellt u welche Auswirkgen der Eintritt des Risikos für die weitere Lebensführg des Patienten haben kann (Stgt VersR **87**, 515: Risiko 0,25%, Querschnittslähmg, Hamm VersR **88**, 1133: seltendes Risiko der Querschnittslähmg). Auch das Verhältn zw Notwendigk der Behandlg u ihren mögl Folgen ist zu berücks. Darüberhinaus muß der Arzt eine umfassde u genauere Aufklärg geben, wenn der Patient eine solche fordert. Dabei hat der Patient, soweit mögl, dch verantwortl geführten Dialog aktiv mitzuwirken (BVerfG NJW **79**, 1925 [1929]). Die Aufklärg muß die im großen u ganzen bestehdn Risiken einer ordngsgem Behandlg (BGH NJW **85**, 2193) u die Dringlichk des Eingr (Hamm VersR **85**, 577) zum Ggst haben, ihre Intensität richtet sich nach dem EinzFall, wobei der sachl u zeitl Notwendigk des Eingr entscheidde Bedeutg zukommt. Bei einer Operation zur Linderung von Schmerzen ist Aufklärg nöt, daß uU keine SchmerzFreih für längere Zeit zu erreichen ist, der Patient vielmehr sogar subj größere Schmerzen haben kann (BGH NJW **87**, 1481). Die AufklärgsPfl kann idR nicht mit der Begr verneint werden, die Aufklärg hätte zu einer therapeut nicht zu verantwortden Belastg des Patienten geführt (BGH **90**, 103: vital indizierte Therapie, Risiko selten, seine Verwirklichg ohne die Therapie wahrscheinlicher). Auch die Sachkundigk des Patienten (Stgt NJW **73**, 560) sowie Intelligenz, BildgsGrad u seine Erfahrgen aus der Krankenvorgeschichte spielen eine Rolle (BGH NJW **76**, 363 u NJW **79**, 1933). Bei einem Eingr, der nach seinem Verlauf u seinem Schweregrad wg seiner Häufigk der Allgemeinh in bes Maße vertraut ist, kann sich der Arzt bei der Aufklärg über Natur u Risiko seines Eingr im allg kurz fassen (BGH NJW **80**, 633: Blinddarmoperation). Hat der Arzt demnach auf ein bestehdes erhöhtes Risiko hingewiesen, so kann er ein näheres Eingehen auf mögl ZwFälle, in denen es sich verwirklichen kann, von entspr Fragen des Patienten abhäng machen, die der Arzt jedoch nicht unricht od irreführd beantworten darf (BGH NJW **80**, 633). Verpfl des Arztes zur Aufklärg über Nebenwirkgen bei Verordng eines aggressiv wirkden Medikaments (BGH NJW **82**, 697). Über mehrere tats zur Wahl stehde diagnost od therapeut Verf mit einigermaßen gleichen Erfolgsaussichten (BGH NJW **86**, 780) u das Für u Wider muß der Arzt dann aufklären, wenn unterschiedl Risiken für den Patienten entstehen können u der Patient eine *echte Wahlmöglichk hat* (BGH NJW **88**, 763 u 765). Dabei spielt die erfahrgsmäß Häufigk von Mißerfolgen u unerwünschten Nebenwirkgen eine entsch Rolle (BGH NJW **71**, 1887), jedoch ist auch über seltene Risiken aufzuklären (Kblz NJW **86**, 1547). Bei Risikoschwangersch Aufklärg der Mutter vor der Geburt über die

Einzelne Schuldverhältnisse. 25. Titel: Unerlaubte Handlungen § 823 6 B i

Möglichk der operat Geburtshilfe (BGH MDR **89**, 437) u über die Risiken einer zur Geburtserleichterg vorgesehenen Anästhesie für das Kind (Hamm u BGH VersR **85**, 598). Ebso Aufklärg der Mutter über die Änderg des verabredeten Konzepts der Schnittentbindg in Geburt auf vaginalem Weg bei Beckenendlage (BGH NJW **89**, 1538), über schwerwiegde Risiken für eine erneute Schwangersch dch Bildg von Antikörpern nach Injektion von Immunglobolin (BGH NJW **89**, 2320). Umfassde SchwangerschBeratg einer 40jähr Frau über das erhöhte Schädiggsrisiko (Düss NJW **89**, 1548). Aufklärg über besondere Lagerg des Patienten währd der Operation mit Gefahr der Nervenschädigg (BGH NJW **85**, 2192). Aufklärg vor Schieloperation (BGH NJW **65**, 2005). Krebstherapie u AufklärgsPfl vgl NJW **62**, 1750, NJW **63**, 369, 373, 380, 381. Kropfoperation (Karlsr NJW **66**, 399). Intraartikuläre Injektion eines kortisonhalt Mittels in das Schultergelenk (BGH NJW **89**, 1533). – **dd) Erhöhte Aufklärungspflicht.** Bes umfassde Aufklärg ist nöt bei zweifelh Operationsindikation u hohem Mißerfolgsrisiko (BGH NJW **81**, 633) od der Gef einer deutl Verschlechterg nach der Operation (BGH NJW **88**, 1515). Muß eine hergebrachte Operationsmethode nach gewicht Stimmen in der medizin Literatur zu schweren Schäd führen, so muß der Arzt den Patienten darü aufklärn, wenn er sich über diese Bedenken hinwegsetzen will (BGH NJW **78**, 587). Dabei ist nicht allein auf das allg Risiko, sond auch auf die Gef des jeweil Falles abzustellen (BGH NJW **74**, 604: intravenöse Injektion – Thrombosegefahr). Hinw, daß ein indizierter Eingr nur innerh eines best Zeitraums mögl ist (Stgt MedR **85**, 175). Die Prüfgs- u AufklärgsPfl ist um so weitergehd, je weniger der Eingr aus der Sicht eines vernünft Patienten vordringl u geboten erscheint (BGH NJW **72**, 335: AufklärgsPfl in diesem Fall auch, wenn die Wahrscheinlichk erhebl Folgen zahlenmäß sehr gering ist), insbes wenn der Eingr weder vital indiziert noch überh dringl (BGH **90**, 96) od gar medizin an sich nicht vertretb ist (Düss VersR **86**, 63). Auf erhöhtes Infektionsrisiko, zB weg BauArb od wg fehler Erfahrg des Arztes gerade mit einer derart Operation, u zweifelh Qualifikation ist hinzuweisen (Kln NJW **78**, 1690 u VersR **82**, 453). Der Arzt, der währd der Operation auf ein erhöhtes Operationsrisiko stößt, muß den Eingr abbrechen, wenn er für seine Fortsetzg nunmehr mangels Aufklärg darü keine wirks Einwilligg des Patienten hat u die Operation ohne dessen Gefährdg unterbrochen od abgebrochen werden kann, um die Einwilligg einzuholen (BGH NJW **77**, 337). Zeigt sich währd der Operation die Notwendigk ihrer Erweiterg über den vorgesehenen Eingr hinaus, so darf der Arzt sie bei vitaler Indikation fortsetzen; ohne sie nach den Umst des EinzFalles unter engen Voraussetzgen (Ffm NJW **81**, 1322); auch dann, wenn damit kein erhöhtes Risiko verbunden ist u der Arzt vernünftigerw die Einwilligg des Patienten voraussetzen darf (Mü VersR **80**, 172, Kln VersR **88**, 1049). Eingehedere Belehrg bei Operation, die nicht der Abwendg einer akuten Gefahr, sond der Besserg des Zust dient (BGH VersR **68**, 558). Schongsl, harte Belehrg an Hand von Fotografien über den zu erwartden EndZustd bei Eingr nur aus kosmet Gründen (Hbg MDR **82**, 580, Düss VersR **85**, 552, Mü MedR **88**, 187). Bes strenge Anfdgen an die AufklPfl sich, wenn der Eingr nicht unmittelb der Heilg, sond nur ärztl Diagnose ohne therapeut Eigenwert dient (BGH NJW **71**, 1887 u NJW **79**, 1933); in diesem Fall muß der Arzt den Patienten auch darü aufklären, daß er bei dem DiagnoseEingr uU erhebl Schmerzen erdulden muß (BGH **90**, 96: Rektoskopie), auch über die typ Risiken einer Vollnarkose (MedR **85**, 79). Bei radiolog DiagnoseEingr muß der Arzt abwägen zw AussageFähigk des Eingr, AufklärgsBedürfn, zu erwartdem therapeut Nutzen u Risiko für den Patienten; die Aufklärg muß ihm eine Abwägg zw dem Risiko u den Gefahren u Beschwerden ohne den Eingr ermöglichen (Düsseldorf VersR **84**, 643: Vertebralis- Angiographie). – **ee) Aufklärung ist entbehrlich** über die allg Gef jeder Operation (BGH NJW **86**, 780: Embolie), zB Gef der Wundinfektion, die jeder einsicht Patient kennt (Düss VersR **88**, 1132); ferner, wenn die Gef der Behandlg so selten sind u auch im konkreten Fall so wen wahrscheinl, daß sie bei einem verständ Patienten in seiner Lage für den Entschl in die Behandlg einzuwilligen, nicht ernsth ins Gewicht fallen. Eine intraoperat Verlaufs- u RisikoAufklärg ist entbehrl, wenn der Patient psych u phys nicht in der Lage ist, einem solchen Gespräch zu folgen u eine eigenständ Entschl zu treffen; ausschlaggebd ist dann der mutmaßl Wille des Patienten, uU festzustellen dch Befragg naher Angehör od and BezugsPers (BGH NJW **87**, 2291). Ebso kann Aufklärg entbehrl sein, wenn die möglw eintretden ungünst Nebenwirkgen der Behandlg so wen gravierd sind, daß sie ein vernünft Mensch in der Lage des Patienten für die Entschließg, sich der Behandlg zu unterziehen oder sie abzulehnen, nicht als bedeuts ansähe. Hat der Patient aber eine und Abs zu erkennen gegeben, darf der Arzt nicht davon absehen, ihm die mögl Folgen stattfindder oder unterbliebener Behandlg vor Augen zu führen u seine Entsch herbeizuführen. Solange die eingeschlagene Therapie medizin Standard genügt, ist Aufklärg des Patienten über mehrere gleich erfolgversprechde u übl BehandlgsMöglk ohne nennenswert unterschiedl Risiko nicht erforderl (BGH NJW **82**, 2121, **102**, 17). Keine Pfl zur Aufklärg über neue diagnost u therapeut Verf, die sich in der Erprobg befinden u erst an einz Universitätskliniken zur Vfg stehen, solange der Patient keine reale Möglichk zu dieser Wahl u Behandlg hat (BGH NJW **84**, 1810). Verzicht auf Aufklärg ist allenf dann wirks, wenn ihn der Patient individuell u ohne Beeinflußg dch den Arzt wirkl freiwill erklärt hat (Laufs NJW **83**, 1345). – **ff) Die Beweislast** für genügde Aufklärg u dafür, daß er den Eingr überh vorgen hat, liegt beim Arzt (BGH VersR **78**, 551, NJW **81**, 2002), ebso dafür, daß sich der Patient auch bei vollständ Aufklärg über Risiken u Folgen zu der Operation entschlossen hätte (BGH NJW **76**, 363 u 365); ebso dafür, daß der Patient einer Aufklärg nicht mehr bedurft hätte, weil er von and Seite bereits hinreichd aufgeklärt worden sei (BGH NJW **84**, 1807). Eine unterschiedl Beurteilg der BewLast je nach dem, ob der Arzt aus Vertr od u H haftet (so Schmidt NJW **84**, 2601), ist weder von der Sache her gerechtf noch prakt dchführb. An den dem Arzt obliegden Bew der ordngsgem Aufklärg dürfen keine unbill u übertriebnen Anfdgen gestellt werden (BGH VersR **85**, 361). Eine allg gehaltene Bestätigg des Patienten für erhaltene Aufklärg beweist deren Inhalt u Umfang nicht (BGH VersR **85**, 361). Fehlde Anweisg der Klinikleitg an die Ärzte zur Aufklärg der Patienten ist OrganisationsVersch (Kln NJW **78**, 1690). Den Patienten trifft die BewLast, daß sein GesundhSchad auf dem Eingr beruht, über den er mangels aufgeklärt worden ist (BGH NJW **86**, 1541). – **gg) Die Ursächlichkeit unterlassener Aufklärung** für den Schad kann nicht mit der Begr verneint werden, ein verständ Patient würde gleichwohl eingewilligt haben (Mü NJW **83**, 2642), od die weitaus meisten Patienten pflegten auch nach Aufklärg in diesen Eingr einzuwilligen. Vielm kann sich die Überzeugg, der Patient würde eingewilligt haben, idR nur auf Umst stützen, die gerade dessen persönl WillLage betreffen (BGH NJW **80**, 1333). Dabei trifft den Patienten die SubstantiiergsLast für seine Behauptg, daß er trotz der Schwere der Erkrankg u der angewendeten, als Methode der

913

§ 823 6–8 2. Buch. 7. Abschnitt. *Thomas*

Wahl anerk Therapie mit günst Erfolgsprognose u idR verhältnismäß geringen Belastungen für den Patienten aus seiner Sicht vor einem echten EntschKonflikt gestanden hätte, aus dem heraus die behauptete Ablehng der Einwillig in den Eingr im damal Ztpkt verständl erscheint (BGH **90**, 96, Schlesw NJW **87**, 712). An die der BewLast des Arztes unterliegde Feststellg, der Patient würde eingewilligt haben, sind strenge Anfdgen zu stellen, die entggstehde Behauptg des Patienten schließt sie nicht aus (BGH NJW **82**, 700). – **hh) Zurechnungszusammenhang** zw unterl Aufkl u dem Risiko, das sich verwirklicht hat, besteht jedenf dann, wenn sich gerade das aufklärgspfl Risiko verwirklicht, selbst wenn es zu weiteren schweren Folgen geführt hat, mit denen nicht ernsth zu rechnen war u die dem Patienten desh vorher nicht darzustellen waren (BGH NJW **89**, 1533). Der Zurechngszushang fehlt, wenn der Arzt die gebotene Aufklärg über Schmerzen (Rektoskopie) unterlassen hat, währd sich in nicht aufklärgsbedürft Risiko (GesundhBeschädigg inf unvorhersehb Komplikation) verwirklicht hat (BGH **90**, 96, Karlsr NJW **83**, 2643, Jungnickel/Meinel MDR **88**, 456). – **ii) Mitwirkendes Verschulden** des Patienten ggü ärztl AufklärgsVersch kann nur ausnahmsw im EinzFall bej werden bei falscher od unvollständ Ausk über solche persönl Verh, deren Bedeutg für die Beurteilg seines Aufklärgs-Bedürfn der Patient erkennen konnte u mußte (BGH NJW **76**, 363).

7) Verschulden.

A) Vorsatz vgl § 276 Anm 3, dort auch über die Besonderh des Vors bei Verltzg eines SchutzG (Abs II), einer AmtsPfl und bei SchmerzG.

B) Fahrlässigkeit. a) Grundsätze wie Begriff, Arten u Grad der Fahrlk, SorgfMaßst, Vorhersehbark u Vermeidbark eines schädigden Erfolges, Irrt vgl § 276 Anm 4 A, B.

b) Einzelheiten vgl § 276 Anm 4 C. Fahrlk bei unberecht Verwarng vor Verletzg eines SchutzR vgl Anm 5 G f. Jeder ist iR seines WirkgsKreises verpfl, sich über das Bestehen von SchutzG (BGH **LM** (Bc) Nr 1) und polizeil VOen (BGH BB **57**, 240: SchneeBeseitigg) zu unterrichten. Einfluß kollegialgerichtl Entsch auf die Beurteilg der Fahrlkt vgl § 839 Anm 6. Behördl Gen od Duldg einer Anl od Hdlg u die Einhaltg von VerwVorschr entlasten idR vom VerschVorwurf, schließen ihn aber dann nicht aus, wenn aGrd bes Umst im konkreten Fall Anlaß zu weitergehen Maßn zur GefAbwendg bestand; die BewLast, sie getroffen zu haben, liegt beim Betreiber der Anl (BGH **92**, 143: Kupolofen, TA-Luft). Strenge Anfdgen an die Sorgf, wenn die Tätigk an sich eine Gefährdg der Allgemeinh mit sich bringt (BGH NJW **86**, 1182: Aufbewahrg einer gesundgefährdden Flüssigk, BGH NJW **65**, 199: Großfeuerwerk).

c) Verstoß gegen Schutzgesetz (Abs II) vgl Anm 9 d.

d) Mitverschulden des Verletzten vgl Einf 5 u § 254.

e) Haftungsmilderung bei Deliktshaftg zw Eheg vgl § 1359 Anm 1. Bei leicht fahrl SchadZufügg kann die Pfl des verl Angehör bestehen, ErsAnspr nicht geltd zu machen, wenn die FamilienGemsch dch den SchadAusgl übermäß belastet würde (BGH **61**, 101, Karlsr VersR **77**, 232). – Vgl auch Einf 2 d, e.

8) Verkehrssicherungspflicht.

A) Inhalt. a) Die **allgemeine Rechtspflicht**, im Verk Rücks auf die Gefährdg and zu nehmen, beruht auf dem Gedanken, daß jeder, der Gefahrenquellen schafft, die notw Vorkehrgen zum Schutze Dr zu treffen hat (BGH NJW **66**, 1457: StrVerkSichPfl, **LM** (Ef) Nr 11 b: Schutz spielder Kinder vor Gef einer Sandgrube). Diese allg RPfl besteht neben den Verpfl, die vielf durch SchutzG gem Abs II bes auferlegt sind. Da eine VerkSichg, die jeden Unfall ausschließt, nicht erreichb ist, muß nicht für alle denkb, entfernten Möglkn eines SchadEintritts Vorsorge getroffen werden. Vielm sind nur diejen Vorkehrgen zu treffen, die nach den SicherhErwartgen des jeweil Verkehrs (BGH NJW **85**, 1076) iR des wirtsch Zumutb geeignet sind, Gefahren v Dr tunlichst abzuwenden, die bei bestimmgsgem od bei nicht ganz fernliegder bestimmgswidr Benutzg drohen (BGH NJW **78**, 1629). Haftgs begründd wird eine Gef erst, wenn sich für ein objektiv Urt die naheliegde Möglk ergibt, daß RGüter and verl werden können (BGH VersR **75**, 812). Für GewerbeBetr wird der Inhalt der VerkSichgPfl dch UnfallVerhütgsVorschr konkretisiert (BGH MDR **79**, 45). Gleiche u nicht etwa gesteigerte Anfordergen an VerkSichPfl der öffVerw (BGH Betr **57**, 115). Die bloße Duldg eines Verk ist noch keine VerkEröffng (Bambg VersR **69**, 85). Behördl SchutzMaßn u -anordngen schließen Fahrlk nicht schlechthin aus (vgl Anm 7 B b. – **Keine Verkehrssicherungspflicht** besteht ggü Pers, die sich unbefugt in den GefBereich begeben (BGH NJW **57**, 499, VersR **64**, 727, MüKo/Mertens Rdn 186), zumal dann, wenn sich eine untyp Gef verwirklicht hat, die bei einem Befugten nicht eingetreten wäre (Jauerng-Teichmann Anm II B 3 d d; eingehd u teilw aA Schröder AcP **179**, 567). Vorstehende Einschränkg besteht nicht ggü Kindern (MüVersR **88**, 961, RGRK/Steffen Rdn 164).

b) Verpflichteter. Jeder der in der Lage ist, über die Sache zu verfügen, hat Gef, die von einer Sache drohen, tunl abzuwenden, zB Eigtümer, Mieter, dem das Haus im ganzen vermietet ist; doch kann ausnahmsw daneben Haftg des Eigtümers bestehen (Düss VersR **62**, 1112: Eigenheimbewerber). Ferner Kaufmann oder Gastwirt, der in den gemieteten Räumen einen allg Verk für sein Gesch eröffnet hat (BGH NJW **61**, 455), auch für Zugänge und Parkplatz (Düss VersR **83**, 925); nicht aber für den öff Gehweg vor dem GeschLokal (Kblz VersR **79**, 965). Die VerkSichPfl des Vermieters ist idR auf MietGrdst beschr, bei außergewöhnl Verk – Vermietg von Wohnhaus, das andrs ausgebauten Straßennetzes liegt – jedoch auch SichPfl für Verkehr zum Grdst (RG **165**, 159). Sichgspflichtig ist auch der Konk- od ZwangsVerw (RG **93**, 1). Die **Delegierung** der VerkSichsPfl auf einen and bedarf einer klaren Absprache, die die Sichg der GefStelle zuverläss garantiert (BGH NJW-RR **88**, 471). Mit der Übern wird der Übernehmde selbst deliktsr verantwortl, auch dem Delegierden ggü, dessen VerkSichPfl sich auf eine Kontroll- u ÜberwachgsPfl verengt (BGH NJW-RR **89**, 394).

c) Allgemeine Aufsichtspflicht als VerkSichgPfl trifft denjen, der die zur Erf der allg VerkSichgPfl notw Maßn einem Dr überläßt (BGH Betr **87**, 1838). Sie besteht in allg fortlaufder Überwachg u darf nicht erst einsetzen, wenn Zweifel an der Zuverlässigk des Dr auftauchen (BGH BB **57**, 15). Der Betr ist so einzurichten, daß die Aufs gewährleistet ist. Der Umfang der AufsPfl bestimmt sich nach den Umst des Einzelfalls. Ggf kann gestaffelte Aufs geboten sein, näml generelle Aufs, auszuüben durch die Oberleit

Einzelne Schuldverhältnisse. 25. Titel: Unerlaubte Handlungen § 823 8 A, B

eines Unternehmens, u spezielle Aufs an der ArbStelle (BGH **11**, 151: Verhütg von Diebstählen dch Überwachg der eingesetzten Arbeiterkolonne). Die allg AufsPfl aus § 823 ist neben der aus § 831 herzuleiten den AufsPfl hins der einz Tätigk des Angest zu erfüllen, fällt aber prakt vielf mit dieser Pfl zus. Überlassg der AufsPfl an Dr genügt im allg nicht (RG **113**, 293), jedoch dürfen auch hier die Anfordergen nicht überspannt werden (BGH **LM** § 831 (Fc) Nr 1).

d) Darlegungs- und Beweislast. § 282 ist grds unanwendb. Steht der obj PflVerstoß u damit die Verl der äußeren SorgfPfl fest, so indiziert dies die Verl der inneren Sorgf od der AnscheinsBew spricht hierfür (BGH VersR **86**, 765).

e) Haftung für Dritte nur nach § 831, nicht nach § 278. Doch wird die hiernach bestehde Entlastgsmöglichk prakt erhebl eingeengt durch die eigenen allg AufsPflichten (vgl oben c).

f) Die Gefahrenquelle ist **nicht mehr adäquat ursächlich,** für einen eingetretenen Schad, wenn die erforderl SichergsVorkehrgen getroffen sind, aber nicht beachtet werden (BGH VersR **69**, 895).

B) **Einzelfälle von Verletzung der allgemeinen Verkehrssicherungspflicht und sonstiger Verstöße gegen § 823** (alphabet geordnet; neuer Zeilenanfang nur bei größeren Abschnitten).

Abfälle s Industrieabfälle. **Abschlußprüfer der AG** Anm 9f. **Abwässer,** Einführg in Bachbett (BGH MDR **68**, 395); unsachgem Plang u Ausf der AbwasserAnl (BGH VersR **77**, 253). **Apotheker und Drogisten.** Abgabe von Giften u Sprengstoffen an Kinder (RG **152**, 325: keine Entschuldigg, daß die Kinder ihr Alter unricht höher angegeben haben). Pfl des Apothekers, DosiergsAnweisgen des Arztes deutl auf die Arzneimittelverpackg zu schreiben (Mü VersR **84**, 1095).

Architekt. Zusfassd Schmalzl, Die VerkSichgPfl des Arch, NJW **77**, 2042. Delikt Haftg ggü Dr bei ungenügder Sicherg der Baustelle, falls der Arch zum verantwortl Bauleiter bestellt ist (BGH Betr **74**, 426, Bindhardt BauR **75**, 376, Ganten BauR **73**, 148); dies gilt auch ggü Baufremden, wenn ein Teil des BauWk (Laden) vertrgem bereits vor Beendigg der BauArb benützt wird (Celle VersR **77**, 479). Die VerkSichgPfl des nur mit der örtl Bauleit betrauten Arch beschränkt sich darauf, iR der ihm vom Bauherrn übertragenen Bauüberwachg erkannte od erkennb baustellentyp Gefahrenstellen zu beseitigen, sog sekundäre VerkSichPfl. Primär trifft sie ihn nur, wenn er selbst Maßn an der Baustelle veranlaßt, die sich als Gefahrenquelle erweisen können (BGH NJW **84**, 360); ebso für Sicherg des Verk für Kfz, die Baumaterial anliefern (BGH Rspr Bau **Z** 2.20 Bl 17). Außerdem Haftg für Körper- u Sachschäd Dr, insbes der Benutzer des BauWks, inf von Mängeln, die auf Plangs- od AufsFehler des Arch beruhen, zB Schäd dch Herabstürzen einer mangelh erstellten Dachkonstruktion od Decke, dch ungesicherte Glaswand, dch Beschädigg von EinrichtgsGgstden des Mieters wg eindringden Regenwassers (BGH NJW **87**, 1013). **Artisten.** Vorführg von Raubtierdressuren (RG Recht **14**, 1665); gefährl Einrichtg bei Zirkusvorstellg (RG JW **33**, 2763).

Ärzte. Lit: Franzki, Der ArzthaftgsProz, 1984; Laufs, Arztrecht 4. Aufl. 1988, Die Entwicklg des Arztrechts 1986/87, NJW **87**, 1449; Deutsch u Matthies, ArztHaftgsR, 1985; Narr, Ärztl Berufsrecht, 1977 (Haftg, AufklärgsPfl, BehandlgsFehler, GemschPraxis, PraxisGemsch); BewLast vgl Anm 13c. Die Grds der Rspr zur BewLast sind verfkonform (BVerfG NJW **79**, 1925). Deutsch VersR **77**, 101 katalogisiert die Typen des ArztVersch in folgde FehlLeistgen: allg menschl, organisator, informator u eigentl medizin (BehandlgsFehler), die er wiederum unterteilt in Nicht-, Übermaß- u in den Regeln abweichde Behandlg, jew mit zahlreichen Bsp aus der Rspr. Zur AufklärgsPfl des Arztes u zur Einwilligg des Patienten vgl Anm 6 **B** h, i. Die vertragl u delikt SorgfPfl des Arztes sind ident, sie richten sich auf eine den Rahmen der ärztl Kunst entspr Versorgg des Patienten mit dem Ziel der Wiederherstellg seiner körperl u gesundheitl Integrität (BGH NJW **89**, 767). Für den BehandlgsFehler macht es keinen Unterschied, ob das Schwergewicht des ärztl Handelns in der Vorn einer sachwidr od im Unterl einer sachl gebotenen HeilMaßn liegt (BGH aaO). Übertragg einer selbständ dchzuführden **Operation** an einen dafür noch nicht genügd qualifizierten Assistenzarzt ist BehandlgsFehler; es haftet der Träger des Krankenhauses; der Assistenzarzt nur, wenn er nach den bei ihm vorauszusetzden Kenntn u Erfahrgen hätte Bedenken haben u eine Gefährdg des Patienten voraussehen müssen (BGH **88**, 248, BGH NJW **85**, 2193, Düss MedR **85**, 85); ebso bei Übertragg der Intubationsnarkose an einen nicht ausreichd ausgebildeten Assistenzarzt (Zweibr VersR **88**, 165). Ein Berufsanfänger hat den Gang der von ihm selbständ dchgeführten Operation auch bei sog RoutineEingr in den wesentl Punkten zu dokumentieren (BGH MedR **86**, 39). Ebso ist Ausf eines überflüss, medizin nicht indizierten Eingr ein BehandlgsFehler (Düss NJW **85**, 684). Bei Intubationsnarkose muß jederz Überwachg dch Facharzt gewährleistet sein (BGH NJW **74**, 1424). Bei Parallelnarkose an 2 Operationstischen muß Blick- od Rufkontakt zum Fachanästhesisten bestehen, so daß er jederzeit eingreifen u die Narkose bei ZwFall selbst weiterführen kann (BGH **85**, 393). Risikohaftes Vorgehen eines Anästhesisten in Notlagesituation (BGH MDR **85**, 833). Risikobehaftete Schenkelhalsoperation (BGH VersR **85**, 969). SorgfPfl bei Verwendg brennb Desinfektionsmittel iVm Elektrokauter (Celle VersR **77**, 258). Falsches Mittel bei intraarterieller Narkose (BGH VersR **68**, 276 u 280). Zurückbleiber Fremdkörper bei Operation (BGH **4**, 138). Unterlassene SichergsMaßnahme (BGH **8**, 138, BGH NJW **56**, 1834: Sicherg von Kompressen). Erhöhte Anfdgen auch an die präoperat Diagnostik bei einem Eingr, der spezielle Kenntn u Erfahrgen des Operateurs erfordert (BGH NJW **89**, 1541). Unterlassene ständ Überwachg des Patienten bei Atemstörg nach der Operation (Düss NJW **86**, 1548). Unterlassene AO der Überwachg v GehBewegungen nach Operation im Krankenhaus (Düss VersR **82**, 775). Unzulängl Ergebn chirurg Bemühgen zur Wiederherstellg einer weibl Brust nach Entferng inf falscher Plang (Düss VersR **86**, 1244). Entlassener Patient mit Verdacht einer Infektion im Operationsbereich muß tägl zur ambulanten Behandlg bestellt werden (Kln VersR **82**, 677). Die Kontrolle einer Verweilkanüle obliegt in der operat u in der postnarkot Phase bis zur Wiederherlangg der Reflexe dem Anästhesisten, dann dem für die Nachbehandlg zuständ Arzt (BGH **89**, 263). Ebso Behandlgs- u **Organisationsfehler,** wenn in einer Klinik einem noch unerfahrenen Assistenzarzt die endgült Entscheid über die Bahndlg einer komplizierten Gelenkverletzg ohne Beaufsichtigg dch einen Facharzt überlassen wird (Düss VersR **85**, 169). In einer Klinik sind genaue organisat Anweisgen für Einsatz, Anleitg u Kontrolle eines unerfahrenen Berufsanfängers erforderl (BGH NJW **88**, 2298). Der Chefarzt einer chirurg

§ 823 8 B   2. Buch. 7. Abschnitt. *Thomas*

Abteilg ist verpfl, selbst od dch einen damit beauftr Facharzt alsbald Diagnose u eingeleitete Therapie des in der Fachausbildg stehden Arztes, der den Patienten bei der Aufn ärztl versorgt hat, zu überprüfen (BGH NJW **87**, 1479). Zur Organisations- u AufsPfl des Arztes gehört auch Belehrg der Nachtschwester über bes Gef für den Patienten u Hinw auf die Art u Notwendigk von Maßn, einen krit Zustand sofort zu erkennen (Celle VersR **85**, 994). OrganisationsVersch dch Aufn in ein Krankenhaus ohne die für die notw therapeut Maßn erforderl tech Ausstattg (BGH NJW **89**, 2321), ferner wenn der zu fordernde Standard der anästhesiolog Leistgen nicht dch klare Anweisgen an die Ärzte gewährleistet ist (BGH **95**, 63), wenn nicht sichergestellt ist, daß kein dch Nachtdienst übermüdeter Arzt zur Operation eingeteilt wird (BGH NJW **86**, 776), wenn in gynäkolog Klinik nicht sichergestellt ist, daß in jed Fall ein Arzt bei der Geburt zugegen ist (Stgt VersR **87**, 1252). SchadErs für **Schwangerschaftsunterbrechung** nach fehlgeschlagener **Sterilisation,** fehlerh SterilisationsEingr mit folgder ungewollter Schwangersch vgl Vorbem 3 n vor § 249, zusfassd Engelhardt VersR **88**, 540. Das medizin nicht geforderte Hinausschieben der Fruchtwasserpunktion kann ein Behandlgsfehler sein (BGH NJW **89**, 1536). UnterhBelastg dch ein Kind nach schuldh mißlungenem zuläss SchwangerschAbbruch wg Notlage-Indikation, die auch auf wirtsch Grden beruht (BGH NJW **85**, 671, krit Stürner FamRZ **85**, 753), außer wenn die Mutter trotz Indikationslage ihren Entschl aufgibt u das Kind nunmehr austragen will. Bei mißlungenem SchwangerschAbbruch wg Notlage-Indikation ist die UnterhBelastg der Mutter dch das Kind dem Arzt nicht zuzurechnen, sobald sich die soz u wirtsch Verh der Mutter so günst entwickelt haben, daß aus nachträgl Sicht die Ann einer schwerwiegden Notlage nicht gerechtf erscheint (BGH NJW **95**, 199). Behauptet der Arzt, es habe keine Notlage-Indikation für den mißlungenen SchwangerschAbbruch vorgelegen, so hat er die dafür erforderl tatsächl Umst darzulegen u zu bew (BGH **95**, 199). Bei mißlungenem SchwangerschAbbruch aus medizin Grden oder der Schad der Eltern dch den UnterhAufwand für das Kind nicht zu ersetzen, weil der Eingr nicht die Verhinderg dieses Schad bezweckte (BGH NJW **85**, 2749). Ers der MehrAufw für ein behindertes Kind, wenn die Mutter inf fehlerh Beratg dch den Arzt die Frühschwangersch nicht unterbrochen hat (BGH **86**, 240). Kein SchadErsAnspr wg UnterhBelastg nach Scheidg, weil die Frau wg des Kindes nicht selbst berufstät sein kann (BGH NJW **81**, 630). BeratgsPfl des Arztes über Erfolgssicherh der anzuwendden Sterilisationsmethode (BGH NJW **81**, 630). Anspr der Eltern, nicht des behinderten Kindes, auf Ers der MehrAufw wg schwerer Behinderg, wenn der Arzt schuldh die Gefahr der Schädigg des ungeborenen Kindes nicht erkannt hat u der Wunsch der Mutter auf SchwangerschUnterbrechg gerechtf war (BGH **86**, 240). Auch die falsche od unvollständ Beratg der Mutter währd der Frühschwangersch über Möglichkten zur Früherkeng von Schädiggen der Leibesfrucht, die den Wunsch der Mutter auf Unterbrechg der Schwangersch gerechtf hätten, kann einen Anspr der Eltern gg den Arzt auf Ers der gesamten UnterhAufw für das mit körperl u geist Behinderngen geborene Kind begründen, außer wenn sich die Gefahr einer behebb, schwerwiegden Schädigg des Kindes, die der Mutter nach strafrechtl Grdsätzen einen SchwangerschAbbruch erlaubt hätte, nicht verwirklicht hat. Die BewLast, daß es ihr gelungen wäre, rechtzeit einen erlaubten SchwangerschAbbruch dchführen zu lassen, trägt die Mutter (BGH NJW **87**, 2923), ebso für die Unterl einer gebotenen pränatale Aufklärg (Mü VersR **88**, 523). Die BewLast, daß sich die Mutter trotz umfassder u richt Beratg nicht für eine pränatale Untersuchg u SchwangerschAbbruch entschieden hätte, obliegt dem Arzt (BGH **89**, 92, zust Fischer JuS **84**, 434). – **Sonstige Behandlungsfehler.** Verabreichg eines kontraindizierten Medikaments (MüVersR **89**, 198). Bei versch therapeut Möglichk muß die Wahl einer Möglichk mit höheren Risiken in den bes Sachzwängen des konkr Falls od in einer günstigeren HeilgsPrognose sachl gerechtf sein (BGH MDR **88**, 40). BeratgsPfl des Arztes auch ohne Zushang mit einem Eingr über Verhalten bei konkreten od denkb späteren Beschwerden (Celle MedR **87**, 108). Bei Entlassg aus dem Krankenhaus Pfl des Arztes, im Brief an den behandelnden Arzt die bes therapeuth Konsequenzen niederzulegen, wenn eine bes ärztl Überwachg notw ist (BGH MDR **88**, 38). Pfl des weiterbehandelnden Hausarztes, erkennte u ihm ew erkennb gewicht Bedenken gegen Diagnose u Therapie and Ärzte mit seinem Patienten zu erörtern (BGH NJW **89**, 1536). Pfl zu gewissenh Auswertg eines histolog UntersuchungsBefundes u Unterrichtg des Patienten u des weiterbehandelnden Arztes (Düss VersR **88**, 163). Verabreichg von Schmerz- u BeruhiggsMitteln bei Bauchschmerzen vor Aufklärg der Urs (Nürnb VersR **88**, 1050). Nichtfeststellg der Urs für 10 bis 14 Tage anhaltde Schmerzen nach Meniscusoperation (Hamm VersR **89**, 292). Unmißverständl Anweisg an Patienten bei Untersuchg (BGH NJW **71**, 1079). Pfl des Arztes, bei einem neuen UntersuchsErgebn den Patienten einzubestellen, auch wenn diesem aus and Grden der Besuch bereits angeraten war (BGH NJW **85**, 2749). Pfl des Arztes, medizin einwandfrei gebotene Befunde zu erheben; im UnterlFall BewErleichtergen für den Patienten (BGH **99**, 391). Unterl einer gebotenen RöntgenAufn (BGH NJW **89**, 2332). Nichtinformation des Patienten über einen bedrohl Befund (BGH NJW **89**, 2318). Fehlerh Diagnose inf Nichterkennens einer schwerwiegden Erkrankg trotz deutl Symptome ist BehandlgsFehler (BGH VersR **85**, 886), ebso Nichterkennen einer bakteriellen Infektion trotz deutl Symptome (Karlsr VersR **89**, 195), ebso unricht Auswertg einer Röntgen-Aufn (Celle VersR **87**, 941). Mitteilg einer unricht Diagnose, für die keine hinreichde Grdl besteht u die auf eine schwere Erkrankg schließen läßt, an einen Patienten, der psych zu Überreaktionen neigt, ist BehdlgsFehler (Kln MedR **88**, 184 u 185). Pfl zur Überprüfg einer nicht eindeut Diagnose bei anhaltden Beschwerden (Kln VersR **89**, 195), GehörSchad inf Überdosierg von Streptomycin (Kln VersR **67**, 775). Injektion eines gewebeunverträgl Mittels an eine ungeeignete Stelle u/od in falscher StrichRichtg (Düss VersR **88**, 38). NichtEinhalten asept Vorkehrgen (Karlsr VersR **89**, 195), ungenügde Desinfektion der Hand des Arztes vor der Injektion (Düss NJW **88**, 2307). Versehentl Treffen der Arterie bei einer Injektion (BGH MDR **88**, 948). Penicillinbehandlg mit Schockfolge ohne mediz Indikation (Ffm VersR **83**, 349). Bei Atemnot nach Intubationsnarkose muß der Anästhesist grdsl beim Patienten bleiben (Düss VersR **87**, 489). Unterlassene ärztl Überwachg währd Strahlenbehandlg (Stgt NJW **83**, 2644). Einem Hinw auf eine innere Blutg kurz nach der Operation muß der Arzt nachgehen (Kblz VersR **85**, 41). Pfl zur Überwachg eines an Depressionen leidden u erkennb selbstmordgefährdeten Patienten in geriatr Krankenhaus (Düss VersR **83**, 739). Pfl zur Überwachg eines Krankenhauspatienten im Zust des Deliriums bis zur Wirkg verabreichter BeruhiggsMittel (Kln VersR **84**, 1078). Ungenügde Überwachg des RöntgenbestrahlgsGeräts (Hamm VersR **80**, 1030). Vaginale statt der verabredeten Schnittentbindg bei unveränderter Beckenendlage des Kindes (BGH **106**, 153). Nach Unfall mit GliedAbtrenng Pfl, nach dem Verbleib des Amputats zu fragen u ggf Nachforschgen anzustellen

Einzelne Schuldverhältnisse. 25. Titel: Unerlaubte Handlungen § 823 8 B

(Celle NJW 83, 2639). Grdsätzl Haftg eines Arztes, dessen schuldh Versehen die Zuziehg eines zweiten Arztes veranlaßte, für Fehler dieses Arztes (Celle VersR 87, 941). Haftg wg Verletzg der **Schweigepflicht** (Kleinewerfers/Wilts NJW 63, 2345, BGH NJW 68, 2288). Zivilrechtl Verantwortlk bei ärztl **Teamarbeit** (Intensivbehandlg) vgl Westermann NJW 74, 577, Hamm MedR 83, 187. Der als **Konsiliarius** für eine best Diagnose zugezogene Facharzt ist nicht verpfl, die vom überweisen Arzt gestellte Indikation auf ihre sachl Richtigk zu überprüfen (Düss NJW 84, 2636). Ratschläge eines zugezogenen Konsiliarius entbinden den Arzt nicht von der Pfl zu eig verantwortl Prüfg (BGH 99, 391). – **Medizinische Geräte.** Ihr Nichteinsatz zur Therapie kann ein grober Behandlgsfehler sein (BGH NJW 89, 2321). Aus der Schwere der Gef bei Einsatz techn Geräte allein folgt noch keine Pfl des Arztes, sie selbst auf ihren einwandfreien Zustand zu prüfen, hinzukommen muß vielm, daß die Verwendg eig Kenntn u techn Kunstfertigk beim Arzt voraussetzt (BGH NJW 75, 2246). Arzt muß sich mit der Funktionsw insb solcher techn Geräte, die für den Patienten vitale Bedeutg haben (Intubationsnarkosegerät), vertraut machen, sow dies einem techn u naturwissenschaftl aufgeschlossenen Menschen mögl u zumutb ist (BGH NJW 78, 584). – Ein Arzt, der die Behandlg eines Patienten aGrd einer **Ferndiagnose** übernommen hat, ist iF einer schweren Erkrankg entw zum Hausbesuch verpfl, sobald keine anderw Verhinderg vorliegt, od er muß für anderw Hilfe sorgen (BGH NJW 79, 1248). – Ebso haftet der **Zahnarzt** für schuldh BehandlungsFehler, zB Überkrong gesunder Zähne ohne zahnmedizin anerkannte Grde (Düss VersR 85, 456); fehlerh Angliederung des ZahnErs (Oldbg VersR 87, 1022); unzureichde Okklusion bei ZahnErsBehandlg (Kln VersR 88, 1155); ungenügde Untersuchg u Prüfg der Indikation vor einer implantolog Maßn (Kln VersR 87, 620). Pfl des Zahnarztes, seine Patienten u sich selbst in deren Interesse vor Infektion zu schützen (Kln MedR 86, 200). Für den **Heilpraktiker** gilt grds nichts and als für den Arzt (Hamm VersR 87, 1019). – Der **Tierarzt** hat die Integritätsinteressen des Eigtümers zu wahren, dabei die von einem gewissenh Veterinärmediziner zu erwartden tierärztl Kenntn u Erfahrgen einzusetzen u seine Tätigk auch nach wirtsch Erwäggen auszurichten (BGH NJW-RR 86, 899).

Arzneimittelhersteller. Gefährdgshaftg § 84 AMG, vgl ProdHaftG § 15 Anm 2. Deliktsr bes strenge Anfdgen an die Aufklärgs- u WarnPfl (BGH NJW 89, 1544; vgl auch ProdHaftG § 3 Anm 2c).

Ätzende Flüssigkeit in einer Bierflasche (BGH NJW 68, 1182). **Atomschäden.** Das BundesG über die friedl Verwendg der Kernenergie u den Schutz gg ihre Gef (AtomG) v. 23. 12. 59, mit Ändergen. Grds: Gefährdgshaftg (§ 25), Haftgshöchstbeträge (§ 31). **Aufsichtspflicht** vgl Anm 8 A c unter den einz Stichwörtern. **Autorennen.** Sichere Abgrenzg v Fahrbahn u Zuschauerplätzen, eigverantwortl Pfl v Veranstalter, Rennleiter, StreckenAbnKommissar, Automobilclubs zur Prüfg der notw SichergsMaßn (BGH NJW 75, 533). VerkSichPfl auch ggü den Rennteiln (Kblz VersR 84, 1053).

Badeanstalt. Pfl des Untern, die Benützer vor solchen Gef zu schützen, die über das übl Risiko eines BadeBetr hinausgehen u nicht ow erkennb od vorhersehb sind (BGH NJW 78, 1629, Kln VersR 89, 159; Wasserrutschbahn). Keine Pfl, die Liegewiese währd des BadeBetr regelmäß nach gefährl Gstd abzusuchen (Düss NJW-RR 87, 862). IR des wirtsch Zumutb ist auch auf solche Gef zu achten, die Kindern nur bei einer zwar mißbräuchl, aber nicht ganz fernliegden Benutzg drohen können (BGH NJW 78, 1629). Duldg von Kugelstoßen dch jugendl Pers ohne Vorsichtsmaßregeln (RG JW 36, 2214). Rettgs- u SicherhVorkehrgen im Seebad nach Springflut (RG 136, 228, Sogström), aber geringere Anfordergen außerh der Badeanstalt (RG JW 38, 2542). Tiefe Stelle in einem für Nichtschwimmer freigegebenen Teil (BGH NJW 54, 1119). Sprunganlage muß GrdBerührg beim Springen ausschließen (Celle VersR 69, 1049), ebso die Verl and Schwimmer (Hamm VersR 79, 1064). Warng vor Sprüngen in Nichtschwimmerbecken (BGH NJW 80, 1159). Zumind Warng vor Glasscherben im Flußbad (Mü VersR 72, 472). Mit Fußbodenglätte wg Wassers muß Benützer rechnen (Ffm VersR 73, 625). Höhere Anfdgen an die RutschFestigk des Kunststoffbodens in medizin Badeanstalt (Mü VersR 75, 383). Nichtentferng eines Betonblocks unter der Wasseroberfläche eines Baggersees in Ufernähe (Mü VersR 83, 91). **Bahnhof.** Gefährl Benutzg der Bahnsteige (BGH VersR 81, 482).

Bauarbeiten und andere gefährliche Arbeiten. Auf Baustellen haftet derjen, dem die verantwortl Bauleitg übertr ist, für die VerkSicherg ggü jedem, zumindest soweit er sich befugt auf der Baustelle aufhält (BGH Betr 74, 426, Bindhardt VersR 72, 901, Schmalzl NJW 70, 2265), zB Bauherr, Arch (vgl oben Architekt), Handwerker, Lieferanten, Beamte der BauAufsBeh, uU Besucher (BGH NJW 85, 1078). Dabei spricht der AnschBew dafür, daß ein Verstoß gg UnfVerhütgsVorschr ursächl ist für einen Unf im EinwirkgsBereich der GefStelle (Karlsr VersR 88, 1071). Außerdem Pfl des BauUntern, solange er die tats Herrsch über das Baugeschehen und die Baustelle hat (Schlesw MDR 82, 318), währd der Dauer des Baus die Baustelle mit zumutb Mitteln so zu sichern, daß obj erkennb Gef von Dr ferngehalten werden (Bambg VersR 71, 233, BGH NJW 71, 752: kein AusglAnspr des BauUntern gg bauleitendem Arch bei Verletzg eines Arb wg Verletzg der VerkSichgPfl). Den Bauherrn, der einen als zuverläss bekannten Arch u BauUntern mit Plang u Ausf der Arb beauftragt hat, trifft idR keine AufsichtsPfl mehr (BGH VersR 82, 595). Er bleibt aber zu eig Eingreifen verpfl, wenn er Gef sieht od sehen müßte, wenn er Anlaß zu Zweifeln hat, ob der v ihm Beauftr den Gef u SichergsBedürfn in der gebührden Weise Rechng trägt od wenn dessen Tätigk mit bes Gef verbunden ist, die auch er, der AuftrGeber, hätte erkennen od dch eig Anweisgen abstellen können (BGH Betr 76, 2300: UnterfangsArb an der Giebelwand des NachbHauses; teilw aA Bindhardt BauR 75, 376, Ganten BauR 73, 148; zweifelnd Schmalzl NJW 77, 2042). Der Umfang der VerkSichgPfl entspricht dem nur beschränkt eröffneten Verk, u richtet sich grds nach den SichergsErwartgen der mit den Gegebenh u den übl Gef einer Baustelle vertrauten Pers, ggü befugten Besuchern können die Anfdgen höher sein, ggü erwachsenen Unbefugten genügt eine Hinweistafel mit BetretgsVerbot der Baustelle (BGH NJW 85, 1078). **Beispiele:** Beschädigg eines Anlieger-Gehwegs dch Schwerlaster (BGH WM 81, 202). Nichtbeleuchtg einer Absperrg (BGH VersR 55, 21). Gebäudeabbruch (BGH VersR 66, 165). Der TiefbauUntern ist verpfl, sich über den Verlauf von VersorggsLeitgen bei den VersorggsUnternehmen sorgfält zu vergewissern (BGH NJW 71, 1313) u insbes bei der Gef der Beschädigg einer Gasleitg äußerste Vors zu üben (BGH VersR 85, 1147), auch

917

§ 823 8 B								2. Buch. 7. Abschnitt. *Thomas*

bei Beauftragg eines SubUntern (BGH VersR **83**, 152). VerkSichgPfl ggü auf der Baustelle spielden Kindern (Oldbg BB **56**, 1013, Stgt VersR **77**, 64). Pfl des BauIng, die Sicherh eines in seinem Auftr aufgestellten Gerüsts im Kircheninnern zu Begehg dch eine PersGruppe zu überprüfen (BGH NJW-RR **89**, 921). VerkSichgPfl für Kfz, die Baumaterial anliefern (BGH Rspr Bau **Z 2.20 Bl 17**). Bei BaumfällArb je nach VerkFrequenz Absperrg, Absperrposten od deutl HinwSchilder (Ffm VersR **88**, 1180). Vgl auch unter „Gebäude, Straßen, Wege, Plätze". Keine VerkSichgPfl bei nicht offenem Neubau währd der ArbRuhe (BGH BB **56**, 771).

Bergsteigen. Allg zur VerkSichgsPfl Hagenbucher NJW **85**, 177, Schünemann NJW **85**, 1514. VerkSichgPfl der Gem auf angelegten Wanderwegen; des Bergführers auf geführten Touren; des Trägers von Klettergärten. Keine od doch nur ganz beschränkte VerkSichgPfl auf Hochgebirgs- u Klettersteigen.

Bergwerk. Sichg stillgelegten Grubenstollens (BGH VersR **85**, 781). Vermeidg unnöt Gefährdg für Besucher im Stollen (BGH VersR **86**, 991).

Brandgefährdung dch ungeschützten Transport geladener Batterien (BGH **66**, 208).

Deichunterhaltungspflicht. Bei Verletzg Anspr nur aus § 823 I, nicht aus Amtshaftg (BGH NJW **64**, 859, VersR **88**, 629).

Demonstration. Schrifttum: Ballerstedt, JZ **73**, 105; Diederichsen/Marburger, NJW **70**, 777; Merten, NJW **70**, 1625 u AfP **73**, 354; Kollhosser, JuS **69**, 510, Reinelt, NJW **70**, 19. Keine Haftg für NebenWirkgen einer friedl Demonstration, zB VerkStörg, Behinderg des Zugangs zu GewBetr, weil dch Art 5, 8 I GG gedeckt. Teiln (vgl § 830 Anm 2, 3), die sich wenigstens geistig u willensmäß mit akt Schädigern an einer überschaubaren Demonstration beteiligen (Hamm NJW **85**, 203), haften für Schäd aus Gewalttaten u aus Demonstration, zB Blockierg eines ZeitgsUntern (BGH **59**, 30 u NJW **72**, 1571); Besetzg einer KernkraftWksBaustelle (BGH VersR **84**, 359), eines KraftWkSchornsteins (LG Itzehoe NJW **87**, 1269). Die Haftg eines bloßen Teilnehmers an einer Großdemonstration setzt dessen zeitl u räuml überschaubare Beteiligg an Gewalttätigk voraus (BGH NJW **84**, 1226). Anwendg unmittelb Zwangs zur Unterl fremder MeinsAußerg ist rwidr. SchadHaftg ggü außenstehden Dr bei Vorgehen eines Hochschullehrers gg demonstrierde Studenten (Köln NJW **70**, 1322: Haftg aus § 823, wenn der Beamte nicht im Auftr der Universitätsorgane, sond als Staatsbürger handelt). Pfl der Demonstrationsveranstalter zu Vorkehrgen zum Schutze Dr, wenn die Anw von Gewalt eine sehr wahrscheinl Folge der Gesamtsituation ist (Karlsr Just **78**, 362 u **80**, 437). **Drehbrücke** (BGH **LM** § 839 (CA) Nr 33).

Eisenbahn. Bundesbahn, die bürgerlrechtl Unternehmen betreibt, hat VerkSichgPfl am Bahnübergang (RG **162**, 367, Nürnb VersR **67**, 1006). Entwicklg des Verk am Bahnübergang ist sorgfält zu beobachten, frühere Gen der AufsBeh schließt HaftPfl der Bahn nicht aus (BGH **11**, 175). Eisenwalze in Güterwagen löst sich aus dem Lagern (RG HRR **35**, 341). Fehlde Schranke am Bahnübergang (BGH **11**, 175). Rangiervorgang an unbewachtem Bahnübergang (Nürnb VersR **67**, 815). Sicherg zg zeitl ZusTreffen von Entladevorgang u Rangierbewegg auf Rangierbahnhöfen (BGH VersR **72**, 747). Duldg des Parkens von Kraftwagen in gefährl Nähe der Gleise (RG HRR **35**, 583). Verschüttetes Öl in der Bahnhofshalle (RG JW **33**, 1390). AufsPfl der Eisenbahn als Untern von Güterbeförderg (RG Recht **26**, 1949). Gefährdg des Frachtgutes inf mangelh Reinigg des Güterwagens (BGH **17**, 214). Zugmeldeverfahren u Signalsicherg bei eingleisiger Strecke (BGH **LM** (Dc) Nr 23). ErkundgsPfl des Schrankenwärters bei Zugverspätg (BGH VersR **56**, 52). VerkSichergsPfl auch hins der in den StraßenVerk hineinragden Brückenpfeiler (Hbg NJW **56**, 1922). Vorsorge zum Schutz der NachbGrdste im Einsatz dem UnkrautVernichtgsMittel im Gleiskörper (Karlsr VersR **87**, 1248). S auch § 839 Anm 15 Eisenbahn. Privatanschlußbahnen (RG JW **32**, 2076).

Eislauf. Sicherh der Eisdecke (RG JW **14**, 926). Läufer muß beim Überholen genügd Seitenabstand halten (BGH VersR **82**, 1004).

Energieleitung. Haftg bei Störg dch Dr ggü Eigtümer u Abnehmer (Taupitz, Haftg für Energieleiterstörgen dch Dr, 1981). **Explosion.** Drogist haftet Jugendl für ExplosionsSchäd dch verkauftes Pflanzenschutzmittel, dessen gefährl GrdSubstanz ihm erkennb od vor der er gewarnt war (BGH NJW **73**, 615). Ebso haftet einem Jugendl für ExplosionsSchäd, wer ihm unkontrolliert zur Sprengstoffbereitg geeignete Chemikalien überläßt (BGH Betr **73**, 446).

Fahrlehrer s KraftVerk. **Feuerwerk.** Veranstalter darf die Feuerwerkskörper nur bestimmgsgem u unter Beachtg der GebrAnleitg u vom Herst verlangten SicherhVorkehrgen verwenden; der Zuschauer muß sich beim Sylvesterfeuerwerk auf normale Gefährdgen einstellen (BGH NJW **86**, 52). **Forschungsvorhaben,** medizin Haftg bei Plang u Förderg (Bar u Fischer, NJW **80**, 2734). **Friedhof.** VerkSichergPfl des Anstaltsträgers, Haftg für die Standfestigk v Grabsteinen neben derjen des GrabstellenInh aus § 837 (BGH NJW **77**, 1392). Keine VerkSichgPfl auf einem erkennb unfert, mit ausgehobenen Gräbern versehenen Gräberfeld (Düss VersR **77**, 361). **Friseur.** Verletzg beim Maniküren (Naumbg JW **33**, 1422); beim Wellenlegen (RG **148**, 149).

Fußgänger. Rücksichtn auf FahrVerk beim Betreten der Fahrbahn (BGH Betr **58**, 23), bei zul Benutzg der Fahrbahn nachts (Oldbg DAR **61**, 256). MitVersch bei Betreten der Fahrbahn bei Dunkelh u ungünst SichtVerh od zw parkden od haltden Kfz ohne Benützg einer nicht weit entfernten SignalAnl (KG DAR **78**, 107); beim Überschreiten vereister Fahrbahn nachts vor sich näherndm Kfz (BayObLG DAR **65**, 82). UU auch Vorsicht geboten, wenn VerkPosten den Straßenübergang gestattet hat (BGH NJW **60**, 2235). SorgfPfl bei kurzem Betreten der Fahrbahn (BGH **LM** § 12 StVO Nr 2); auch am Fußgängerüberweg (BGH VersR **69**, 139); sogar bei Grünlicht (BGH NJW **66**, 1211); bei Überschreiten der Autobahn (BGH **LM** § 1 StVO Nr 11). Überschreitg einer Großstadtstr 30 m vor Fußgängerüberweg (BGH NJW **58**, 1630). Verpflichtg auch zur Benutzg des auf der linken Seite gelegenen Gehweges (BGH NJW **57**, 223). SorgfPfl beim Begehen eines Randstreifens dicht neben der Fahrbahn (BGH VRS **13**, 216). SorgfPfl vor der Einfahrt zu einer Tankstelle (Böhmer MDR **58**, 164). SorgfPfl bei der Überquerg eines Gehweges (BGH NJW **61**, 1622); dessen, der auf die äußerste Bordsteinkante des Gehweges an die Fahrbahn herangetreten ist (BGH NJW **65**, 1708).

Einzelne Schuldverhältnisse. 25. Titel: Unerlaubte Handlungen § 823 8 B

Garagen. Schutz der Fußgänger gg Verletzg dch die zur Feststellg der Türen dienden Rasten (Oldbg VersR **61**, 928). Allg zur VerkSichgPfl des GaragenEigtümers Schnitzerling DWW **68**, 19.
Gastwirte. Mit inf Alkoholgenusses unaufmerks Gästen und mit deren Neugier ist zu rechnen (BGH NJW **88**, 1588: Sichg von Türen, hinter denen sich eine Kellertreppe befindet). Kegelbahn (RG **88**, 433). Kennzeichng u Beleuchtg von Niveauunterschieden im Lokal (Mü r+s **83**, 205). Sichg des Zugangs zum Lokal, StreuPfl über das in der Ortssatzg festgesetzte Ende hinaus auch ggü solchen Passanten, die die Gaststätte nicht aufsuchen wollen (BGH NJW **87**, 2671). Herabfallender morscher Ast (BGH VersR **56**, 768). Nadel im Essen (Warn **29**, 159). Bei Pilzkonserven genügt Überprüfg auf Blasenbildg, Geruch u Verfärbg (Karlsr VersR **68**, 311). KörperVerl dch and Gäste (RG **85**, 185). VerätzgsSchäd von Gästen dch ein in der Toilette abgestelltes Desinfektionsmittel (Kln NJW-RR **87**, 1111). Keine Pfl zur Anstellg eines Rausschmeißers in Nachtlokal (KG VersR **72**, 157). Werfen mit Knallerbsen (RG JW **28**, 3185). Keine Haftg bei Überlassg der Gastwirtswiese für Vogelschießen (RG JW **27**, 1994); ebso nicht, wenn männl Gast bei Benutzg des Aborts für Frauen Unfall erleidet (RG **87**, 128) od bei Benutzg eines verriegelten Ausgangs (RG **160**, 153; aA BGH Betr **56**, 206 bei Öffng einer verriegelten Tür); ebso bei Steinstufe in beleuchtb Nebeneingang nach Sperrstunde (Karlsr VersR **68**, 457). Garantenstellg des Gastw ggü einem erkennb inf Trunkenh unzurechngsfäh Gast, der die Gaststätte verläßt (BGHSt **26**, 35). Verpfl zur Betreuung, falls für ihn hierdch erkennb eine unmittelb bedrohl Lage entsteht (Mü NJW **66**, 1165). Pfl des Betreibers eines Küchen- u MüllBetr, der Gef einer Selbstentzündg von Fettablagerg dch regelm Kontrolle u Reinigg zu begegnen (BGH NJW-RR **88**, 659). Haftg für eingebr Sachen des Gastes §§ 701ff.
Gasversorgungsunternehmen. Organisations- u SorgfPfl bei Umstellg von Stadt- auf Erdgas (BGH NJW-RR **87**, 147).
Gebäude und Grundstück. a) Allgemein. Bauliche Arbeiten (RG **106**, 133). Eisbildg inf Fehlens einer Dachrinne (RG DJZ **32**, 227). Keine allg Pfl, die durch Regen, Nebel oder Luftfeuchtigk verursachte Schlüpfrigk des Bodens zu beseitigen (Warn **31**, 123). Die Notwendigk von Schneefanggittern gg Dachlawinen richtet sich bei Fehlen ges od poliz AOen im Einzelfall nach den örtl Verhältn (Gegend, Witterg, Lebhaftigk des Verk zu od vor dem Gebäude, Bauart) u nach der Zumutbark von SichergsMaßn für der HausEigtümer (Einzelh u ZusStellg der Rspr vgl Birk NJW **83**, 2911, Saarbr VersR **85**, 299, Hamm NJW-RR **87**, 412); ebso Maßn gg Bildg von Eiszapfen nur iR des konkr Mögl u Zumutb (Celle NJW-RR **88**, 663). Jedenf nöt sind konkr EinzMaßn gg Gefahr v Dachlawinen, wenn mit dem Niedergehen von Schneemassen alsbald zu rechnen ist (Düss VersR **78**, 545, Celle VersR **82**, 979, Karlsr NJW **83**, 2946, NJW-RR **86**, 1404). Keine Haftg des GrdstEigtümers für Schäd auf dem NachbarGrdst inf Naturereign (BGH NJW **83**, 1773: Felssturz). – **b) Keller, Treppen und Fußböden:** Ungesicherter Kellerschacht neben Hotel (BGH VersR **67**, 801). Gefährl Treppe (BGH BB **57**, 240). Verglaste Treppenhaus-Außenwand (BGH VersR **69**, 665). Loses Aufliegen des Treppenläufers (RG SeuffA **58**, 54). Strenge Anfdgen an die SorgfPfl für Auswahl u Unterhaltg des Fußbodens in SelbstbediengsGroßmarkt (BGH Betr **86**, 1771). Linoleumglätte durch Bohnern (BGH BB **56**, 59). Reinigen des Linoleumfußbodens währd der Geschäftszeit (RG JW **28**, 2210). Verunreinigg der Ladentreppe (Schlesw VersR **52**, 214); jedoch braucht nicht jede Verunreinigg sofort beseitigt zu werden (Mü HRR **42**, 626). Keine Sicherg des Handlaufs eines Treppengeländers gg Hinunterrutschen Erwachsener erforderl (Celle VersR **83**, 1163). – **c) Gewerbliche Räume:** Kellereingang vor Schaufenstern (RG JW **36**, 2652: keine Entlastg durch baupolizeil Genehmigg); DachArb im Warenhauslichthof währd der VerkStunden (RG JW **31**, 2235). Rolltreppe im Warenhaus (Oldenbg MDR **65**, 134). Laufde Überprüfg des Fahrstuhls (BGH Betr **57**, 115). Schadh Fußbodenbelag (BGH NJW **86**, 2758). In SelbstbediengsLäden ist regelm Fußbodenreinigg in kurzen Abständen dch best, damit betraute Kräfte erforderl (Köln NJW **72**, 1950, Hamm VersR **83**, 43). Markise vor Laden (RG JW **31**, 194). Eisenrost vor Ladeneingang (RG **95**, 61). Haftg der Bank für Sicherh des Zugangs durch den Hintereingang (RG JW **26**, 1847). Pfl zur Kontrolle in gewissen Abständen, ob die Befestigg der Schaufensterscheiben noch den geltden DIN-Vorschr entspricht (Düss Betr **84**, 1772). – **d) Sonstiges:** Geringere Anforderungen an Sicherh einer Privatwohng (RG JW **35**, 273: unbefestigte Brücke auf Parkettfußboden). Gefährl Eisengitter (RG **89**, 120). Sicherh des Zuganges zum Schornstein (RG **90**, 408). Mängel an Toreinfahrt (RG JW **31**, 3446); an Dachrinnen (Mü HRR **42**, 760). Ungesicherte Bodenluke (Neust VersR **52**, 325). RuinenGrdst (BGH BB **59**, 394). Keine Pfl, Grdst generell gg unbefugtes Verk zu sichern, wohl aber uU gg unbefugtes Spielen von Kindern (BGH VersR **73**, 621), insb wenn sich auf dem Grdst gefährl Ggstde befinden (BGH NJW **75**, 108, Kln VersR **83**, 190). Strenge Anforderungen an Sicherg verlassenen RuinenGrdst gg Schädigg unbefugt spielder Kinder (BGH VersR **69**, 517); ebso bei aufgelassner Gärtnerei (BGH FamRZ **70**, 553). Sicherg eines gefährl Fabrikausfahrt (BGH NJW **68**, 1279). ÜberschwemmgsGefahr für NachbarGrdst dch Wasser-Verrohrg (BGH VersR **83**, 242).
Gewässer. Haftg privatr, vgl „Straßen" B. Sichg einer bes gefährl Stelle in einem Baggersee, an der kleinere Kinder wild baden (BGH VersR **89**, 155). Hochwasserschutz vgl § 839 Anm 15.
Hallenbad. Fehlde Absicherg einer Überlaufschwelle (Stgt VersR **72**, 987). Der Fußbodenbelag darf nicht außergewöhnl rutschgefährl sein (Hamm VersR **89**, 544). IdR genügt ein Schwimmeister zur Überwachg des Beckens u der VerkWege (BGH NJW **80**, 392). **Hausbesetzung.** Teiln ist psycholog Beihilfe bei Massendelikt (Celle NdsRPfl **73**, 184, BGH **63**, 124). **Haushalt.** Dr sind gg Gef zu sichern, die aus dem Bereich des Hauswesens hervorgehen (BGH LM § 832 Nr 3, Düss VersR **76**, 1133). Schad dch Bruch eines Wasserschlauchs der Waschmaschine eines Mieters bei und Mieter (LG Kln NJW **77**, 810 mit Anm Ruhwedel; zust Westhelle NJW **77**, 1405; auch Düss VersR **75**, 171). Hochwasserschutz vgl § 839 Anm 15.
Import von Bienen, Untersuchg auf übertragb Krankh (Ffm VersR **85**, 1189). Gefährl **Industrieabfälle** sind ordngsgem zu vernichten, Verseuchg des GrdWassers, Einschaltg eines selbstd BeseitiggsUntern (BGH NJW **76**, 46). VerkSichgPfl bei der Beseitigg (BGH **63**, 119, Ekrutt NJW **76**, 885, Birn NJW **76**, 1880). Schäd, die dch Heranzieh eines unzuverläss BeseitiggsUntern entstehen, sind zu ersetzen (BGH NJW **76**, 46; dort auch zur Haftg nach § 22 WHG).

§ 823   8 B   2. Buch. 7. Abschnitt. *Thomas*

Jagd. Jäger muß mit Abprallen der streuenden Schrotkörner rechnen (RG HRR **34**, 802, Karlsr VersR **56**, 70). Schießen nur gg sichere Deckg od bei Übersicht des Geländes bis zur Tragweite der Waffe (Hamm MDR **62**, 407). Fehler des Gewehrs (RG **156**, 140). Ungesichertes Gewehr (BGH VersR **55**, 579). Nichtentladg nach Jagdende (BGH **LM** § 254 (Da) Nr 7). Pfl des JagdAusübgsBerecht zur Sicherg des StrVerk gg erhöhte Gef dch aufgestörtes Wild (BGH Betr **76**, 720). Keine VerkSichgPfl des JagdBerecht für Hochsitz ggü unbefugten erwachsenen Benützern (Stgt VersR **77**, 384). – **Treibjagd:** Begriff (RG **156**, 140). Veranstalter haftet für Schäd, die ein erkennb unzuverläss Schütze anrichtet (Oldbg VersR **79**, 91: kein Jagdschein, keine JagdHaftPflVers).

Kegelbahn. Anlauffläche muß rutschfest sein (Düss VersR **73**, 527). **Kinder.** Haftg des Verkäufers bei Verk gefährl Spielgeräte ohne Mitwirkg der ErziehgsBerecht (BGH NJW **63**, 101). **Kindergarten.** Schutzmaßn gg einf verglaste Türen (LG Tüb VersR **62**, 268). Sicherg der Fenster (BGH MDR **69**, 209). Haftgs-Ausschl vgl Einf 2d. Öff **Kinderspielplatz.** Die Benutzg begründet kein SonderRVerh iS des § 278 Anm 1b aa (BGH **103**, 338). Bes strenge VerkSichgPfl unter Berücksichtigg der niederen od fehlden Einsichtsfähigk der kindl Benutzer (BGH NJW **78**, 1628, NJW **88**, 48). Zumutb Vorsorge auch gg bestimmgswidr Gebr (Celle VersR **84**, 167). Laufde Kontrolle, ausr Schutzvorrichtgen (Kbz VersR **80**, 1051: Rutsche). Haftg der Gemeinde für fehlerh Bauweise, mangelh Unterhaltg u Abgrenzg gg vorbeiführde Str ist privatr (BGH NJW **77**, 1965). Geringere Anfdgen an sog Abenteuerspielplätze für ältere Kinder (BGH NJW **78**, 1626). **Kirmes.** Pfl jedes Schaustellers, die zumutb Vorkehrgen zu treffen, um die Benutzer vor Gef zu schützen, die über das übl Risiko bei der AnlBenutzg hinausgehen und die für den Benutzer nicht vorhersehb u nicht ow zu erkennen sind (Nürnb NJW-RR **86**, 1224: Autoscooter). **Kleingolf.** Ausreichde Beleuchtg, Bodenunebenh (BGH VersR **68**, 281). Den **Konkursverwalter** treffen die allg VerkSichgPfl. Seine Haftg ist bei Verl nicht dadch ausgeschl, daß auch die KonkMasse haftet (BGH NJW-RR **88**, 89).

Kraftverkehr. Haftg für Verl von Pers vgl StVG; weitergehde Haftg für uH bleibt unberührt. **Abblenden:** Keine Verpfl des Überholten zum – (BayObLG NJW **64**, 213). **Abgestelltes Kfz** muß ausr beleuchtet sein (BGHSt **11**, 389, VRS **9**, 427). Dafür sind der Grad der Dämmerg u die bes Verh des Abstellortes maßg, sow wie für die Erkennbark des Kfz u die Sicherh des Verk v Bedeutg sind (Nürnb VersR **70**, 1160). Laternengarage (BGHSt **11**, 389: ausr, wenn hierdch gg Gef eines ZusStoßes gesichert). Sicherg gg **Abrollen** eines Kfz (BGH BB **62**, 578). **Abschleppen:** Für Schäd Dr dch Fahrz eines Abschleppverbandes mit unzulängl Mitteln haften Halter u HaftPflVers der Fahrz des Abschleppverbandes den Geschäd als GesSchu; im InnenVerh haftet der gewerbsmäß AbschleppUntern allein, außer dem Lenker des abgeschleppten Fahrz wird Versch dch unsachgem Nachsteuern nachgewiesen (Celle VersR **75**, 1051). **Abstandhalten:** Seitenabstand üblicherw 1 m; beim Überholen (BGH VersR **55**, 183, 764, BayObLG VRS **9**, 208); eines parkden Kfz (BGH BB **56**, 803, Hamm VersR **81**, 265); eines haltden Omnibusses (BGH VersR **73**, 1045). Kein Abstand von Bordkante nöt im Hinbl auf Kfz, die auf dem Fahrdamm abgestellt sind (Hbg VersR **74**, 267). Rücks auf rechts seitl befindl Zweiradfahrer (BGH VersR **69**, 1148); beim Überholen (BGH VersR **69**, 900). BewLast bei Unfall nach **Alkoholgenuß,** AnscheinsBew bei – s Vorbem 8b cc vor § 249. **Ampel.** Der Kraftfahrer kann mangels konkreter Anhaltspkte für das GgTeil darauf vertrauen, daß bei Grünlicht für ihn die Fußgänger das Rotlicht u Wartegebot zu beachten (Hamm VRS **85**, 321). Sorgf beim **Anfahren** (BGH VRS **11**, 246). Herausfahren aus einer Parkreihe (Brschw VerkBl **56**, 581). **Anhalten:** SichgsMaßn nach dem – (BGH BB **64**, 1149), insbes auf der Autobahn. **Auffahren** auf Vordermann liefert AnschBew für Versch des Auffahrden, im Kolonnen Verk für beidseit, hälft Versch (Ffm VersR **72**, 261). **Ausweichen,** auch auf Sommerweg, wenn es VerkSicherh gebietet (BGH BB **57**, 453); auch auf Bankette zul, wenn auf Warnschild (BGH BB **72**, 661). **Autobahn:** SicherhAbstand zu vorausfahrdem Kfz (BGH NJW **87**, 1075); Auffahrunfälle (BGH BB **65**, 439). KausalZushang bei Auffahrschäden (BGH **43**, 178). Halten auf – (BGH NJW **52**, 1413); auf der linken Fahrbahn nur in Notfällen (Köln NJW **66**, 933), nach Unfall (BGH NJW **59**, 573), nach Motordefekt (Hamm MDR **60**, 1512) od aus sonst zwingden Grden, zB VerkHindern (Düss VersR **62**, 455). Rückwärt Sicherg bei nächtl Halten (BGH NJW **56**, 1030). Geschwindigk auch auf der Autobahn bei Dunkelh so, daß innerh der überschaub Strecke rechtzeit Halten mögl (BGHSt **16**, 145), vgl auch Abstandhalten, Überholen. **Bahnübergang:** Auch bei geöffneter Schranke Umschau nach Zügen (BGH NJW **51**, 479; VRS **9**, 202: unbediente Schranke). Beleuchtg s abgestelltes Kfz, Autobahn. Auch **ohne Berührung** zweier Kfz kann sich ein Unfall bei dem Betr zugetragen haben (BGH MDR **72**, 1023). **Blendung:** Durch Sonnenwirkg (RG JW **36**, 2791). Dch EntggKommer (BGHSt VRS **4**, 126, BGH BB **58**, 1149). Übergang vom Sonnenlicht in eine dunkle Unterführg (RG HRR **37**, 1529). Plötzl **Bremsen** bei hoher Geschwindigk kann verkwidr sein (Hamm VRS **9**, 300; s auch Glatteis u Fußgänger). Versagen der Bremsen nach verkwidr Fahren schließt ursächl Zushang zw dieser Fahrweise u Unfall nicht aus (BGH NJW **64**, 1565). **Einbiegen** (s auch FahrtrichtgsAnzeiger); Pfl beim Links-, (BGH BB **66**, 920: Beobachtg des Verk vor dem Einordnen u regelm nochmals unmittelb vor dem Abbiegen, NJW **62**, 860: bei nachfolgder StrBahn, Düss VersR **70**, 1161: bei Einbiegen unmittelb nach dem Anfahren, Kblz DAR **69**, 341: unter Schneiden der Kurve). Bei Linkseinbiegen an signalgeregelter Kreuzg darf nach Erscheinen des Grünpfeils od Gelblichts der einbiegde Kraftf zwar nicht blindlings losfahren, wohl aber darauf vertrauen, daß ihm ein entggkommder Fahrer, dessen FahrtRichtg dch Rot gesperrt ist, das Räumen der Kreuzg ermöglicht; bei ZusStoß dann keine MitHaftg des Abbiegers (KG NJW **75**, 695). **Fahrlehrer** muß Schüler ständ sorgf überwachen u jederzeit zum Eingreifen bereit sein (BGH VersR **69**, 1037, KG NJW **66**, 2365, Düss u Ffm NJW-RR **88**, 24 u 26). **Fahrtrichtungsanzeiger** (s auch Einbiegen, Vorfahrt) ist so lange zu betätigen, daß alle Beteiligten hinreichd unterrichtet (BGH VersR **55**, 213). **Fahrtüchtigkeit.** Gewissenh Selbstprüfg bei altersbdgten Auffälligk, ggf Konsultierg eines Arztes (BGH NJW **88**, 909). **Fernlicht** nachts bei Nebel od Schneefall (BayObLG NJW **64**, 1912). **Frontalzusammenstoß** wg Benützg der linken Fahrbahnhälfte (BGH VersR **69**, 738). **Führerschein,** Zulassg der Führg eines Wagens durch Pers ohne – (BGH VersR **84**, 1152). Pfl zur Prüfg bei Überlassg des Kfz (Köln VersR **69**, 741). **Fußgänger** (s auch oben unter Fußgänger). SorgfPfl ggü – am Fußgängerüberweg (BGH BB **65**, 693). RücksNahme bei Wiederanfahren nach Rotphase auf Fußgänger, die noch in Überquerg der Str begriffen sind (BGH VersR **69**, 1115). Überhol

Einzelne Schuldverhältnisse. 25. Titel: Unerlaubte Handlungen § 823 8 B

grdsätzl hinter, nicht vor dem Fußgänger (BGH VRS **8**, 209). Einhaltg eines gehör Seitenabstandes auch im allg VerkInteresse (BGH BB **62**, 161). Bleibt Fußgänger stehen, so ist anzunehmen, daß er Kfz vorbeilassen will (BGH VerkMitt **57**, 31). Pfl zum Bremsen bei verkehrswidr handelndem Fußgänger (BGH VersR **61**, 261). Rücks auf Fußgänger bei in GgRichtg haltdem od anfahrdem Omnibus (BGH Betr **59**, 1003) u bei in gleicher Richtg haltdem Omnibus (BayObLG NJW **60**, 59). **Geschwindigkeit** (s auch Autobahn, Glatteis, Kinder, Haltestelleninsel) muß der Sichtweite angepaßt sein (BGH NJW **57**, 682), jedoch brauchen völl aus dem Bereich des Vorausseh fallde Umst nicht in Rechng gestellt zu werden (BGH aaO). Geschwindigk ist dem Bremsweg anzupassen (BGH NJW **51**, 234). Bei Straßenglätte (BGH Betr **65**, 1008), bei Abblendlicht (BGH VerkMitt **64**, 77). Keine Verpfl zur Tempoermäßigg vor übersichtl Einmündg u Kreuzg auf einer Vorfahrtstraße (BGH BB **57**, 453). Bei ZuverlässigkFahrt (BGH **39**, 159), Rennen (BGH NJW **52**, 779). In scharfer, unübersichtl Kurve (BGH BB **60**, 1361). Vorgeschriebene Höchstgeschwindigk muß auch beim Überholen eingehalten werden (BGH **LM** § 10 StVO Nr 6). Urs Zushang überhöhter Geschwindigk mit dem nachfolgden Unfall besteht nur dann, wenn bei dem Unfall eine der Gef mitgewirkt hat, um derentwillen die Geschwindigk begrenzt war (BGH VersR **85**, 637). Bei **Glatteis** kann Schrittgeschwindigk geboten sein (RG JW **35**, 194). Nicht notw Herabsetzg der Geschwindigk kann verkehrswidr sein (BGH RdK **55**, 42). Vorübergehde Benutzg der linken Fahrbahn (Ffm VerkMitt **57**, 17). **Halten** auf Straßen, sow wie mögl rechts, bei Einbahnstr auch links, heranfahren (BGH BB **62**, 782). **Halter** des Kfz; Pfl als Mitfahrer, wenn Fahrer fahruntücht (BGH DAR **60**, 79). **Haltestelle.** Pfl des Busfahrers, ganz nahe am Bordstein zu halten od die Fahrgäste auf Abstand hinzuweisen (Karlsr VersR **81**, 266), insbes bei Glatteis (BGH VersR **69**, 518). **Haltestelleninsel,** Annäherg an – (BGH NJW **67**, 981). Fahrer darf regelm darauf vertrauen, daß VorR des Verk auf der Fahrbahn beachtet wird. **Jugendliche** s Überwachg. Bes Vorsicht bei Annäherg an spielende **Kinder** (Stgt VersR **77**, 456), Herabsetzg der Geschwindigk u Bremsbereitsch, wenn sich bei Kindern bis zu 14 Jhren neben der Fahrbahn Auffälligk in der Situation od im Verhalten zeigen, die zu Gefährdg führen können (BGH NJW **86**, 184, Karlsr DAR **89**, 25). Rücksichn, wenn mit bevorstehdem verkwidr Verhalten erkennb zu rechnen ist (BGH VersR **81**, 1054: Kind schickt sich an, Fahrbahn zu überschreiten; Kln MDR **66**, 325: Schar kleiner Kinder, die vorher versucht hat, die Str zu überqueren). Überholen v Kindern auf Fahrrädern (Düss VerkMitt **65**, 93). Mit der Möglichk, daß ein für ihn unsichtb Kind plötzl auf die übersichtl Fahrbahn läuft, braucht der Kraftf nur bei trift Anlaß zu rechnen (BGH NJW **85**, 1950). Erhöhte Rücks auf Spielstr (Brschw NJW **63**, 2038) u bei Kindergärten (Stgt VersR **79**, 1039). **Laternengarage** s Beleuchtg u abgestelltes Kfz. Dch **Lichthupe** dürfen Fußgänger nur gewarnt werden, wenn sie eindeut gefährdet sind u die Abs der Warng für sie offensichtl ist (BGH Warn **77**, 32). **Liegengebliebenes Kfz,** Sicherg dch Warnblinker (BGH DAR **88**, 129). **Linksabbiegen.** Das Vorrecht des Geradeausfahrdn entfällt nicht dch dessen verkwidr Verhalten wie überhöhte Geschwindigk. Dieses kann nach den Umst des EinzFalles aber zu MitVersch des Geradeausfahrdn führen (VersR **84**, 440). **Martinshorn:** Pfl bei dessen Ertönen (BGH Betr **36**, 162). Wegerecht s § 38 I StVO wird, wenn zus mit blauem Blinklicht betätigt (BayObLG MDR **64**, 942). **Parken.** Dauerparken vor fremdem Grdst nicht verboten (Köln VerkMitt **62**, 83). Vermeidb Parken bei Dunkelh auf Fahrbahn verkreicher BundesStr verstößt gg § 1 StVO (BGH NJW **60**, 2097). Öffentl **Parkplatz,** Sicherg gg herabfallde Äste (Mü DAR **85**, 25). **Probefahrten** des Käufers; Verpfl des Verk (BGH **LM** § 823 (Ec) Nr 17). **Rückwärtsfahren** nur, wenn Fahrbahn übersehb (BGH VRS **8**, 142). Wenden unter Zurücksetz des Kfz in eine Ausfahrt (BGH NJW **57**, 100). **Schleudern.** Ursächlichk des Reifenzustands für Unfall muß feststehen (BGH LM § 286 ZPO (C) Nr 34). SorgfPfl bei Begegng mit schleuderndem Fahrzeug (Celle VersR **59**, 525). Anscheinsbeweis bei Glatteis (BGH MDR **61**, 133). **Schule,** SorgfPfl bei Annäherg nach Unterrichtsschluß (Brschw VersR **56**, 303). **Schwarzfahrt** des für den Betr der Kfz Angestellten berührt Halterhaftg nicht (StVG § 7 III 2); desgl nicht, wenn der, dem der Halter das Kfz überlassen hat, dieses unbefugt einem Dr zur Benutzg weiter überläßt u dieser sodann Unfall verursacht (BGH **37**, 306); desgl nicht, wenn Fahrer dch den Betr des Kfz einen Menschen vors tötet (BGH **37**, 311); wenn Halter Benutzg des Kfz schuldh ermöglicht (StVG § 7 III, 1). Bei schuldh Verletzg der Halterpfl darü hinaus Haftg aus § 823, so bei Anstellg ungeeigneter Pers, wie überh, wenn Halter dch Verletzg seiner VerkSichgPfl die dch unbefugte Benutzg des Kfz eingetretene Schädigg adäquat verursacht hat (BGH BB **66**, 102), zB dch ungenügde Aufbewahrg der Schlüssel (BGH VersR **68**, 575), dch Nichtverriegelg des Lenkradschlosses bzw, wo keines vorh (selbstfahrde Baumaschine), Nichtverschließen des Vorhangschlosses (Ffm VersR **83**, 464), Abstellen in einer nicht sicher verschlossenen Lagerhalle (Nürnb VersR **84**, 948). Dabei umfaßt die ErsPfl auch Schäd, die der Schwarzfahrer dadch verurs, daß er bei dem Versuch, sich der Festn zu entziehen, mit dem Kfz einen PolizBeamten bedingt vors verl (BGH NJW **71**, 459). Dem Halter gegü haftet er auch für die dch Schwarzfahrt Verantwortl als Einh (BGH VersR **71**, 350). – SorgfPfl der Reparaturwerkstatt, mißbräuchl Benutzg des Wagens zu verhindern (RG JW **33**, 826). **Seitenabstand** s Abstand, Überholen. **Sicherheitsgurt,** Nichtanlegen begründet MitVersch (Mü VersR **85**, 868). **Streufahrzeug,** Beschädigg abgestellter Pkw (Brschw VersR **89**, 93). **Türöffnen** bei haltendem Fahrz (BGH VersR **60**, 1079). **Überholen** s Abstandhalten, Geschwindigkeit. Erhöhte SorgfPfl bei Doppelüberholg (BGH NJW **57**, 502) u bei Überholg eines nach links blinkden Kfz (Schlesw VersR **79**, 1036). Beobachtg auch des rückwärt Verk (Hamm VRS **39**, 290), ebso der vorausfahrden Fahrz (Düss MDR **61**, 233). Warnzeichen nur, wenn der zu Überholde gefährdet erscheint (BGH LM § 256 ZPO Nr 6). Überholen auf der Autobahn (BGH **LM** § 9 StVO Nr 19a). AnscheinsBew für Versch des Überholden, wenn der Nachfolgde kurz nach dem Ausscheren des Überholden auffährt (Kln VersR **78**, 143). Rechtsüberholen, auch auf Autobahnen, im allg nur zur Abwendg einer dringend gegenwärt VerkGefahr (BGH BB **59**, 1010; Ffm BB **61**, 1299); erlaubt jedoch bei Überholen in der linken Fahrbahn durch eine Fahrzeugreihe (BayObLG DAR **64**, 253). **Überlassung** des Kfz (s auch Führerschein, Schwarzfahrt) an zum Fahren ungeeignete Pers (BGH VersR **71**, 350, VersR **84**, 1152). PrüfgPfl uU auch iR eines KfzVerk an Jugendl (BGH NJW **79**, 2309). **Überwachung** des Fahrers allg (BGH Betr **65**, 110), des jugendl Fahrers (RG HRR **32**, 1873). **Übungsfahrt,** s Probefahrten. **Umgehung** einer Unfallstelle. Der für den Unfall Verantwortl sind auch die Schäd zuzurechnen, die nachfolgde Kfz dch Benutzg des Rad- u Fußwegs anrichten (BGH **58**, 162). **Umleitung:** Erhöhte SorgfPfl (BGH Betr **59**, 1399). **Verkehrshindernis** muß deutl u sachgem

§ 823 8 B 2. Buch. 7. Abschnitt. *Thomas*

gekennzeichnet sein (BGH **LM** § 41 StVO Nr 2). Gefährl **Verlangsamung** auf der Überholspur wg Motordefekts kann Warng des nachfolgden Verk dch Blinker od Antippen der Bremse erforderl machen (BGH VersR 72, 1071). Verpfl zum **Verschließen** des Kfz, auch wenn Lenkradverschluß betätigt (BGHSt 17, 289, BGH VersR 60, 695: Steckenlassen des Zündschlüssels, BGH VersR 60, 736: unsachgem Aufbewahrg des Zündschlüssels, BGH VersR 61, 417: unsachgem Verwahrg des Zünd- u des GaragenSchlüssels). Zum Maß der Sorgf, um unbefugte Benutzg zu verhindern (BGH NJW 64, 404). **Vertrauensgrundsatz** u Entlastg (BGH VersR 69, 738). Begegng mit **Viehherde** (Kblz RdL 55, 271). **Vorfahrtsrecht** erstreckt sich auf die ganze Fahrbahnbreite u entfällt nicht, wenn der Berecht sich verkwidr verhält; schuldh ist sein verkwidr Verhalten nur bei Mißbr des VorfahrtsR (BGH VersR 77, 524). Berecht darf auf Beachtg seines Rechtes vertrauen (BGH NJW 61, 266). Verzicht auf – wirkt nur gg den Verzichtden (BGH VRS 11, 171). Pfl zur Gewährg der Vorfahrt schließt nicht grdsätzl WartePfl an Kreuzg ein; VorfahrtBerecht muß, wenn der and Teil ihn vorher nicht erkennen konnte u sich auf der Kreuzg befindet, zurückstehen (BGH NJW 57, 1190). Vorfahrt nach Anhalten an einer Kreuzg (BGH NJW 58, 259). Vorfahrt der PolizFahrz u der and in §§ 35, 38 StVO genannten Fahrz (BGH NJW 58, 341, KG MDR 76, 48). Vorfahrt des Rückwärtsfahrers (BGH **LM** § 1 StVO Nr 23). RichtgsÄnderg hat anzuzeigen, auch wer einer abknickenden VorfahrtsStr folgt (BGH 44, 257). Großfahrl VorfahrtVerl kann BetrGef des VorfahrtBerecht voll zurücktreten lassen (BGH VersR 69, 734). **Warndreieck.** Entferng zum liegengebliebenen Kfz richtet sich nach den Str- u WittergsVerh (Hamm VersR 84, 245). **Warnzeichen** ist richtig zu geben (BGH **LM** § 12 StVO Nr 2). **Wenden** s Rückwärtsfahren. **Wildwechsel.** SichergsPfl des JagdAusübgsBerecht gg erhöhte Gefahren bei Treib- u Suchjagd (BGH Betr 76, 720). SorgfPfl des Fahrers verlangt vorsicht Abbremsen nach Erkennen des ersten über die Str wechselnden Rehs (BGH VRS 60, 169). Nach dem **Zusammenstoß** Sicherg des Verk gg die Gefahren, die von dem auf der Fahrbahn verbliebenen Kfz ausgehen (BGH NJW 61, 262).

Krankenhaus. Pfl des Trägers zu Maßn, die verhindern, daß aufgen Patienten dch and Kranke od Besucher zu Schad kommen (BGH NJW 76, 1145: Säuglingsstation). Ständ Erreichbark eines Arztes währd einer Entbindg (Br VersR 79, 1060). Nacht- u Sonntagsdienst ist grdsätzl so zu organisieren, daß für den Patienten in Not- u Eilfällen der Standard eines Facharztes gewährleistet ist (Düss VersR 86, 659, auch zur Kausalität bei Organisationsmangel). Überprüfg techn Geräte, insb von vitaler Bedeutg für den Patienten, auf ihre Funktionstüchtigk vor jedem Einsatz (BGH NJW 78, 584 für Narkosegerät). Haftg wenn Leitg der Ambulanz einem Assistenzarzt anvertraut ist (BGH DR 44, 287) od fehlt (Stgt VersR 51, 525). Haftg für Chefarzt u Operationsschwester (BGH 1, 383). Überwachg des leitden Arztes (BGH **LM** § 831 (Fc) Nr 1). Leitgs- u AufsPfl des Vorst in bezug auf die ärztl AufklärgsPfl (BGH NJW 63, 395, Kln NJW 78, 1690; s auch Anm 7 B h, i); Haftg, wenn intramuskuläre Injektion nicht hinreich qualifiziertem Personal übertragen wird (BGH NJW 79, 1935, Kln VersR 88, 44). BewFragen vgl Vorbem 8 vor § 249 u Anm 13c.

Lehrer. Siehe Schulen und § 839 Anm 15.

Maschinen und gefährliche Anlagen. Duldg von Kindern in der Nähe einer Dreschmaschine (RG JW 31, 2562); an landwirtsch Maschine (RG HRR 30, 1319). Gefahr abgestellter LandwirtschMaschinen für spielde Kinder (Köln MDR 69, 140). Rutschbahn (RG Recht 24, 1229). VerwahrgsPfl gefährl Ggstände durch Marktschausteller (RG HRR 33, 1181). Tankstelle (RG JW 39, 560). Waschmaschine in EtagenWohng, Beaufsichtigg, Wasseraustritt (Düss NJW 75, 171, Hamm MDR 84, 668, Hamm NJW 85, 332). **Massenveranstaltung.** SorgfPfl des Veranstalters ggü Gefahren für das NachbGrdst, die von den Zuschauern ausgehen (BGH NJW 80, 223). **Mieter** haftet uU für Schad eines Mitmieters inf Unterlassg zumutb Maßn (BGH NJW 72, 34, NJW-RR 88, 89: Wasserrohrbruch bei Frost). **Müllkippe.** Verletzg eines Arb dch MüllFahrz (Ffm VersR 86, 1028). Sicherh der Kfz gg Umkippen beim Entleeren (Ffm VersR 86, 791). BrandGef (Karlsr VersR 80, 362). Beseitigg umweltgefährdden Industrieabfalls (BGH 63, 119).

Öffentliche Gebäude. Fußbodenglätte im Schlachthof (RG HRR 34, 798); in einer öff Sparkasse (BGH BB 76, 59). GerichtsGbde (Hbg MDR 54, 354). PostGbde (BGH BB 54, 273, Windfang- u Pendeltüren, LG Bonn MDR 53, 486, Fußmatte). Vgl unter Beleuchtg, Eisenbahn, Post, Schulen, Streupflicht. **Öltank.** Strenge Anfdgen an das Personal beim Befüllen (BGH MDR 70, 752: Grenzwertgeber od vorher Feststellg der noch im Tank befindl Menge u ständ Anwesenh am Einfüllstutzen; BGH NJW 78, 1576: Kontrolle gg Überlaufen; BGH NJW 83, 1108: unter Berücksichtigg der techn Einrichtgen u von ZumutbarkGesichtspkten; BGH NJW 84, 233: FassgsVerm des Öltanks überprüfen, vor Beginn des Einfüllvorgangs Instrumente am TankKfz u Funktionieren der TankAnl überprüfen, währd des Füllvorgangs kurze Kontrollgänge zum Tankraum, nach Abschl des Füllvorgangs Tankraum überprüfen). Zur Überprüfg der ordngsgem Installierg der TankAnl ist der Öllieferant nur verpfl, wenn ihm Mängel erkennb sind (Oldbg VersR 88, 357). Ähnl beim Befüllen stationären Benzintanks (BGH VersR 73, 713). Pfl zur Belehrg des Personals über die bes Gef dieser Tätigk u zur Erteilg von Verhaltensmaßregeln (BGH Betr 72, 234). Über HaftgsProbleme bei ÖlSchäd, die Frage der Haftg des Lieferanten, der MitHaftg des Tankinstallateurs, des TankInh u zur Frage der internen AusglAnspr vgl Appel u Scharlmann VersR 73, 993.

Pferde. Pfl des Eigtümers eines drusekranken Pferdes, Ansteckg and Pferde zu vermeiden (RG JW 13, 94). **Post** ist HohBetr (BGH 16, 111), Haftg vgl § 839 Anm 15. Bei Verletzg der VerkSichgPfl Haftg nach § 823. **Produkthaftung** vgl Anm 15.

Radfahrer. Beeinträchtigg des Verk durch Nebeneinanderfahren (BayObLG NJW 55, 1767). Abstand bei Vorbeifahrt an haltendem Kfz (Karlsr VkBl 56, 754); hierbei Rücksichtn auf Türöffng, soweit zur Rückschau des Kraftfahrers erforderl (BGH VersR 60, 1079). Abstand von Benutzern des Gehweges (BGH **LM** § 1 StVO Nr 17). Rechtzeit Anzeigen des Wechsels der Fahrtrichtg, auch wenn Warnschild hierauf hinweist (Schlesw VerkMitt 57, 18). Geschwindigk auf HauptverkStr (Oldbg MDR 57, 547). UU Pfl zum Ausweichen auf das Bankett (BGH NJW 57, 1400). Beobachtg des rückwärt Verk bei Linkseinbiegen (BGH NJW 61, 309). Erhöhte RücksNahme an den übr Verkehr beim Einbiegen von der Fahrbahn auf die Fahrbahn (BGH **LM** (C) Nr 27). Einhalten der äußersten rechten Fahrbahnseite (Hamm VRS 19, 78). **Radweg.** Gefährl Vertiefgen im Seitenstreifen (Celle Nds RPfl 87, 12).

Einzelne Schuldverhältnisse. 25. Titel: Unerlaubte Handlungen § 823 8 B

Reiseveranstalter. Pfl zu sorgf Vorbereitg u DchFhrg der Reise. Dazu gehört sorgf Auswahl u Überwachg des eig Personals u der LeistgsTräger auf Eigng u Zuverlässigk, Kontrolle eines ausr SicherhStandards in den VertrHotels entspr den Umst (BGH **103**, 298).

Rennen. VerkSichgPfl ggü Zuschauern u Teiln (BGH **5**, 318, Karlsr VersR **86**, 662). Radrennen, Strekkensicherg gg querde Fußgänger (Stgt VersR **84**, 1098); Abpolsterg der Planken in Kurven nur an ungewöhnl gefährl Stellen (BGH NJW-RR **86**, 1029). SicherhMaßn bei Autorennen (BGH **5**, 318). VerkSichgPfl des Veranstalters nach § 823, Staatshaftg der genehmigden Beh nach § 839 (BGH NJW **62**, 1245). Pferderennen (Mü OLG **28**, 296). Organisationsfehler bei Straßenrennen (BGH VersR **54**, 596). **Reparaturwerkstatt.** Weitergabe von Informationen des HerstWk an Angest betr ErsTle, von denen VerkSicherh der Fahrz abhängt (BGH JR **78**, 510). **Rodelbahn** (RG Gruch **57**, 691).

Sachverständiger. Verneing des Schwammes durch Berater eines GrdstVerkäufers unter Verschweigg der kurz zuvor stattgefundenen Schwammarbeiten (RG JW **36**, 3310). Leichtfert Gutachten (§ 826 Anm 8 c bb). **Gerichtlicher Sachverständiger.** Lit: Döbereiner u Graf v Keyserlingk, SachverstHaftg, 1979. Die Beziehgen zw ihm u dem Ger sind öffrechtl Natur. Er übt aber keine hoheitl Gew aus, weder anstelle des Ger noch von diesem übertr. Gilt auch für die VerkWertSchätzg gem § 74a V ZVG (Schlesw Rpfleger **75**, 88). Zu den ProzPart steht er in keinen vertragl Beziehgen, auch nicht über § 328 (Mü VersR **77**, 482, Düss NJW **86**, 2891). Ihnen haftet er ggf nach §§ 823 II (Hamm BB **86**, 1397), 826. Für die Folgen eines grob fahrl unricht Gutachtens haftet er im Hinbl auf Art 2 GG den ProzBeteil, wenn das Gutachten zu einer FreihEntzieh geführt hat (BVerfG NJW **79**, 305, Nürnb NJW-RR **88**, 791; Wasner NJW **86**, 119). – Für einen Fehler bei der Vorbereitg des Gutachtens, der sich in diesem nicht niederschlägt, haftet er gem § 823 (BGH **59**, 310: ärztl Kunstfehler bei der Untersuchg zur Vorbereitg des Gutachtens). **Sauna.** Benützer muß mit Fußbodenglätte wg Tropf- u Spritzwassers rechnen (Ffm VersR **73**, 625).

Schiffe. Vorrichtg zum Schutze der Fahrgäste bei starken SchiffsBeweggen u Anlegemanövern (RG **124**, 49). Haftg der Schiffahrtsgesellsch für Verkehrssicherh des Weges von u zur Anlegestelle (RG **118**, 91); jedoch keine BelehrgsPfl hins des Verhaltens bei An- u Ablegemanövern (BGH VersR **55**, 420). Pfl des Eigtümers einer Motoryacht zur Vertäuung an sicherer Liegestelle, keine Pfl ständ mit ungewöhnl, orkanart Sturm zu rechnen (Hbg VersR **72**, 660). Haftg des Schiffseigners u -Führers bei Auslaufen brennb Flüssigk (BGH Warn **69** Nr 80); bei Beschädigg einer SchleusenAnl inf niedr Wasserstandes (Hbg Betr **72**, 779). **Schulen** vgl § 839 Anm 15. **Schneeräumung.** SchadErs bei Räumg mit Schneepflug, wenn mit Streusalz vermischter Schnee auf NachbarGrdst geschleudert wird u dort Bäume beschädigt (Zweibr NJW-RR **86**, 1203). **Schußwaffen.** Mangelnde Sorgf bei Aufbewahrg (RG JW **37**, 1490). Liegenlassen auf dem Tisch, wo HausAngest arbeitet (RG JW **30**, 920). Vgl unter Jagd.

Skisport. Über Haftg für Skiunfälle Hummel, Nirk NJW **65**, 525 ff, Kleppe, Die Haftg bei Skiunfällen in den Alpenländern (C. H. Beck 1967) u VersR **68**, 127. Der Skiläufer muß kontrolliert fahren, dh angepaßt seinem Können, dem Gelände, der Schneebeschaffenh u dem VorhSein and Pers (BGH **58**, 40). Geschwindigk ist der Gefahrenlage anzupassen, insbes bei der Abfahrt (Mü NJW **66**, 2404, Kln OLGZ **69**, 152). Auf einen SkiUnf zw Deutschen im Ausland sind die Verhaltensregeln des HdlgsOrts, für die Beurteilg außervertragl SchadErsAnspr dtsch R anzuwenden (Kln OLGZ **69**, 152, Mü NJW **77**, 502; vgl auch Art 38 EG). Ein Verstoß gg die Eigenregeln des Skilaufs od gg die FIS-Regeln begründet idR ein MitVersch des verl Skiläufers. Sorgf ist auch beim Aufstehen nach ZusStoß am Steilhang erforderl (Karlsr VersR **77**, 869). – Auf **Skipisten** hat die VerkSichgPfl des BergbahnUntern zum Inhalt, daß die Skiläufer keinen verdeckten u atyp Gef begegnen, die nicht dem Skisport als solchem eigen sind (BGH NJW **73**, 1379; abl Hepp NJW **73**, 2085). Atyp sind solche Gef, mit denen im Hinbl auf das Erscheinungsbild u den angekündigten Schwierigk-Grad der Piste auch ein verantwortgsbewußter Skiläufer nicht rechnet, weil nicht pistenkonform, zB tiefe Löcher, Betonsockel, Abbrüche od Steilflanken im Randbereich der Piste; in einer Übgshang integrierte scharfkant Liftstützen sind dch Strohballen od dergl abzusichern (BGH NJW **85**, 620). UU neben dem BergbahnUntern haftet ein FremdenVerkVerband, der eine Abfahrtsstrecke unterhält u hierzu einen Pistendienst eingerichtet hat (Mü NJW **74**, 189). VerkSichgPfl der WintersportGem für empfohlene Touren-Skiabfahrt (BGH VersR **82**, 346: nicht entfernter Weidezaun). Allg zur VerkSichgPfl für Skipisten Hummel NJW **74**, 170, Hagenbucher NJW **85**, 177. Sie erstreckt sich nicht auf Gef, die zwangsläuf mit der Abfahrt verbunden sind u von den Skifahrern bewußt in Kauf gen werden (BGH Betr **71**. 962). Ebso nicht auf Fußgänger im Auslauf der Skiabfahrt (Mü VersR **77**, 382). **Skischleppliftanlage** fällt nicht unter § 1 HaftpflG (BGH NJW **60**, 1345).

Soldaten auf Dienstfahrt (BGH VersR **71**, 953). **Gefährl Spielgerät** vgl unter Kinder.

Sportanlage. Den Betreiber trifft die VerkSichgsPfl, die Benutzer vor Gef zu schützen, die über das übl Risiko bei der AnlBenützg hinausgehen, vom Benutzer nicht vorhersehb u nicht ow erkennb sind, wobei zu bedenken ist, daß das Augenmerk des SportTreibden in erster Linie der Sportausübg gilt u daß die aufmerksam iR des Kollektivs abnimmt (Mü VersR **88**, 739: Tennishalle). Zuschauer von SportVeranstaltgen u Unbeteil sind dch AbspeerMaßn, Schutzgitter, SicherhZonen vor Gef zu schützen, die normalerw mit dem SportBetr zushängen u aus denen sich für ein sachkund Urt die naheliegde Möglichk der Verl fremder RGüter ergibt (Mü VersR **82**, 1106 u 1153, BGH NJW **84**, 801: Eishockeypuck). Deliktshaftg ferner, wenn es um die Instandhaltg v SportAnl geht, zB Weitsprunggrube auf Trimm-Dich-Pfad, verfestigter Boden (Karlsr VersR **75**, 381).

Sportausübung. Deliktshaftg kommt auch bei Verl Außenstehder in Betr, zB Fußball fliegt in NachbGrdst (RG **138**, 21). DeliktsHaftg auch außerh v SportVeranstaltgen, zB ZusStoß v Ruder- u Segelboot (KG OLGZ **70**, 32), Anspielen des Gegners beim Tennisspiel (Mü VersR **70**, 958). Grdsl schließt die Teiln an einer sportl Unternehmg SchadErsAnspr gg MitBeteil unter dem GesichtsPkt des Handelns auf eig Gef nicht aus. Davon bestehen 2 Ausn: Bei bes gefährl Sportarten wie Autorennen, Boxen, waghals Kletterpartien kann schon in der Beteiligg ein HaftgsAusschl ggü MitBeteil liegen (Karlsr NJW **78**, 705). Bei Wettkampfspielen (Fußball) ist davon auszugehen, daß jeder Teiln diejen Verl, selbst mit schwersten Fol-

§ 823 8 B   2. Buch. 7. Abschnitt. *Thomas*

gen, in Kauf nimmt, die auch bei regelgerechtem Spiel nach den anerk Regeln der jeweil Sportart nicht zu vermeiden sind (BGH **63**, 140). Desh trifft den verl Spieler die BewLast, daß sich der schädigde Mitspieler nicht regelgerecht verhalten hat (ebso Bambg NJW **72**, 1820 u VersR **77**, 844; aA Mü NJW **70**, 2297). Selbst bei einem geringfüg Regelverstoß aus Spielereifer, Unüberlegth, techn Versagen, Übermüdg od ähnl Grden neigt BGH NJW **76**, 957 zur HaftgsFreistellg dch Inkaufnahme der Verl; gilt nicht für jedes u grob fahrl begangene Regelwidrigk (Hamm MDR **85**, 847). Nach LAG Kln VersR **85**, 649 kommt es darauf an, ob das Verhalten des Schädigers außerh des Grenzbereichs zw kampfbdgter Härte u Unfairneß liegt. Deutsch VersR **74**, 105 sucht nicht bei Tatbestd od der RWidrigk (Einwilligg, Sozialadäquanz, sportricht Verhalten, Unterwerfg unter die Sportregeln), sond beim Versch (Anfdgen an die SorgfPfl) die Anpassg an die tats Gegebenh zur Vermeidg übermäß Haftg. Ebso Peter VersR **76**, 320, der Einwilligg nur bei leichten Regelverstößen bej, iü jede Verl eines Mitspielers für rechtswidr hält. Nicht in jedem Foul ist ein schuldh Verhalten zu sehen (BGH NJW **76**, 2161, Basketball). Vorstehde Grds gelten nicht für Tanzveranstaltgen aus gesellschaftl Anlaß (Hamm NJW-RR **88**, 1245). Bei Galopprennen ist Hineindrängen in die Laufbahn konkurrierder RennTeiln grob fahrl (Hamm VersR **83**, 1040). Celle VersR **80**, 874 schließt Haftg bei Fahrlk aus, wenn sich die Beteil zu gemschaftl sportl Betätigg verabreden, in gleicher Weise fahrl handeln u die GesSituation verursachen u der InAnsprGenommene nicht den Schutz einer HaftPflVers genießt. Aufprall auf die BegrenzgsWand einer Sporthalle beim Kampf um den Ball gehört zum übl Spielerrisiko (Düss VersR **83**, 274). Vorstehde Regeln gelten auch für die priv Austragg eines gefährl Spiels od Trainingsspiels (Hamm VersR **85**, 296: Squash). – Vgl auch Autorennen, BadeAnst, Bergsteigen, Rodelbahn, Ski.

Sprengung. Pfl des ausführden Untern, sich Gewißh über die örtl Verh zu verschaffen, kein Verlaß auf Pläne od fremde Angaben (BGH VersR **73**, 1069).

Starkstromanlagen. Kletterabwehrschutz an Leitgsmasten (Zweibr NJW **77**, 111, Karlsr VersR **79**, 382). Bei AnstreichArb dauernde Beaufsichtigg, um Verl der Arbeiter zu verhindern (RG JW **36**, 2861). SichergsPfl der Gemeinde (RG HRR **32**, 444). Herabfall von Leitgsdraht auf fremdes Grdst (RG DRZ **25**, 419).

Straßen. Die VerkSichgPfl ist privrechtl Natur, kann aber dch eindeut anderweit Regelg den hoheitl Aufg der jP zugewiesen sein (BGH **86**, 152). Sie erstreckt sich auch auf PrivatStr, auf denen der Eigtümer für einen unbest u wechselnden Benutzerkreis einen Verk eröffnet hat (Oldbg NJW **89**, 305).

1) Straßen, Wege, Plätze einschl Streupflicht. a) Umfang. Maßgebd ist der Umfang der Widmg, dh für welche Art von Verk ein Weg nach seinem äußeren Befund unter Berücksichtigg der örtl Verhältn u der all VerkAuffassg gewidmet ist (BGH VersR **89**, 847). Die VerksichgPfl erstreckt sich auf Instandhaltg des Belages od Pflasters, Unterhaltg von Brücken (BGH VersR **88**, 629), Anbringg von Geländern an Brücken u Abhängen, Beleuchtg, Bestreug bei Glätte. Die StrBauBeh hat einen hinreichd sicheren Zust der Str herbeizuführen u zu erhalten, muß in geeigneter u obj zumutb Weise alle, aber auch nur diejen Gef ausräumen u erforderlichenf vor ihnen warnen, die für den sorgf Benutzer nicht od nicht rechtzeit erkennb sind u auf die er sich nicht od nicht rechtzeit einzustellen vermag (BGH VersR **79**, 1055). Es kommt auf die Verh im Einzelfall an (BGH **LM** § 823 (Dc) Nr 66 b), keine Überspanng der Anfdgen (BGH NJW **61**, 869). Die wirtsch Lage des VerkSichgPflichtigen kann berücksichtigt werden, wenn es um die Wahl der geeigneten Mittel geht, zB Beseitigg der GefQuelle od nur Warng, rechtfertigt aber nicht völl Untätigsein (offengelassen BGH VersR **83**, 39). Von einem Warnschild wird vermutet, daß es den VerkTeiln zu eigenen, die Gef vermeiddem Verhalten veranlaßt hätte (Celle VersR **80**, 387). – Die VerkSichgPfl beginnt ab Knntn, daß die Baufirma die Str für den Verk freigegeben hat (Karlsr VersR **79**, 165), auch wenn nur beschr Verkehr (RG JW **31**, 3325), od in einem solchen Fall weitergehder Verk eröffnet wird (BGH **LM** (Dc) Nr 7). – Nöt sind laufde Überwachg, um sichtb Veränderungen u Mängel festzustellen u Maßn zur Aufdeckg evw unsichtb Schäd, sofern deutl Anhaltpunkte auf ihr mögl VorhSein hinweisen; dies ist der Fall bei Neueröffnung, bei Übern der Unterhaltg einer bestehden Str, nach erhebl Eingr in den StrKörper, nach Wasserrohrbruch (BGH NJW **73**, 277). Die VerkSichgPfl erstreckt sich nicht nur auf die Fahrbahn, sond auch auf den StrKörper, näml Bankette, SicherhStreifen, Gräben, EntwässergsAnl, Böschgen (BGH **37**, 169: Steinkreuz in der Böschg, BGH VersR **68**, 72: Straßenbäume, Karlsr VersR **78**, 573: grasverdecktes Mäuerchen auf Bankett); Treppen, die im Zuge einer Böschg von einem Fußweg zur Fahrbahn führen (BGH VersR **82**, 854: fehlerh, wenn sie senkrecht direkt auf die Fahrbahn treffen); Fußgängerzone (Oldbg NJW-RR **86**, 903; Pflasterkanten mit Höhenunterschied); ferner auf Fußgänger-, Rad- (BGH MDR **64**, 657) u Wanderwege, hier aber geringere Anfdgen (Nürnb OLGZ **75**, 446). Auf Bürgersteigen muß der Fußgänger mit geringen Unebenh rechnen, nur bei erhebl Gef sind SichgsMaßn erforderl (Schlesw VersR **89**, 627). Auch Haftg für Sachschäden (Celle NJW **64**, 1230: Vieh). VerkSichgPfl auch bei Notbürgersteigen bei Neubau (RG Recht **17**, 1662). Geringere Anfdgen bei beschr Verk auf unfert Straße in Neubaugebiet (Saarbr VersR **74**, 207). Das Maß der Sorgf hängt von der Art des Weges, Größe der Ortsch, Verkehrshäufigk u Wichtigk des Weges (BGH **LM** (Dc) Nr 66 b: Spanndraht an einem Weidezaun), sowie von den bes Verhältn des Ortes ab. Zur Sicherg gehören insb: Instandhaltg des Pflasters (BGH MDR **66**, 484: abgenutztes Pflaster an VerkKnotenPkt), Anbringg von Geländern an gefährl Stellen (BGH **LM** § 823 (Dc) Nr 3, BGH **24**, 124), Beleuchtg, Betreuung, SichergsMaßn bei StrArb u plötzl auftretden Schäden wie Rohrbruch (BGH VersR **54**, 414, **LM** § 89 Nr 7), Sielverstopfg, unabgedecktes Gully (BGH § 823 **LM** (Ea) Nr 29, KG VersR **73**, 351), ordngsgem Zust der mit der Str verbundenen EntwässergsAnl (BGH VersR **68**, 555), Warnschild vor größerer Wasserpfützen (Düss VersR **69**, 643), Sicherg gg Lawinen u Steinschlag (BGH NJW **53**, 1865 u NJW **68**, 246), Entferng v Trümmern (BGH VersR **55**, 11), keine Sichtbehinderg dch Hecken (BGH NJW **80**, 2194). Geringere Anforderg an VerkSicherh bei Promenaden u Uferstraßen (BGH **LM** § 823 (Ea) Nr 25). Keine Pfl zur Beseitigg von Gef, die von AnliegerGrdstücken drohen (BGH NJW **53**, 1865). Die VerkSichgPfl des StrBaulastträgers entfällt nicht desh, weil auch der StrVerkBeh od sonst jemand zum Eingreifen verpfl ist (BGH Betr **71**, 1011).

b) Bei Straßenbauarbeiten gelten die Grds für and BauArb (vgl oben; Berr DAR **84**, 6). Keine Beschrkg der VerkSichgPfl bei Eröffng eines beschr Verk auf einem vorl hergerichteten Gehweg ggü den Pers, die auf

Einzelne Schuldverhältnisse. 25. Titel: Unerlaubte Handlungen § 823 8 B

die Benützg angewiesen sind (BGH VersR **86**, 704). Bei vertragl Übertr der VerkSichgPfl auf den BauUntern bleibt der Träger zur Überwachg der getroffenen Maßn verpfl, ebso der BauUntern iF der Beauftragg seines Bauführers (BGH NJW **82**, 2187). Dem BauUntern obliegt die VerkSichgPfl im eigentl Baustellenbereich, nicht darühinaus, soweit dort zulässigerw Fahr- u Fußgänger Verk stattfindet od die bes Führg der Str dies notw macht, zB StrKnick (BGH NJW **82**, 2187). Der mit der Erneuerg einer Brücke beauftr StrBauUntern hat bei den Maßn, die er zur Trockenlegg der Baustelle trifft, auch den dch eine mögl Hochwasserführg drohden Gef Rechng zu tragen (BGH VersR **76**, 776). Hins der erforderl VerkSichg iF einer StrSperre kann sich der BauUntern nicht schon dch den Hinw entlasten, die StrBauBeh habe die v ihr veranlaßten Maßn für genügd erachtet (BGH VersR **77**, 543). Keine VerkSichgPfl hins offen erkennb, typ FahrErschwergen geringfüg Art (Nürnb VersR **75**, 545). Kein Hinw erforderl auf sichtb GefQuelle in einer nur für Baustellen-Verk freigegebenen im Bau befindl Straße (Köln VersR **69**, 619). Kontrolle der zur Absicherg der GefStelle angebrachten SichgEinrichtgen im Abstand von 3 Std genügt (Br VersR **79**, 1126). Der Baulastträger hat bei StrBauArb auch verkregelnde Aufg, § 45 II, VI StVO. Dazu gehört auch Überwachg von AmpelAnl auf Schaltgsdefekte (BGH Betr **72**, 1163). Bei gefährl StrBauArb ist Wachtposten erforderl (RG **128**, 150); nachts bei Baustelle inmitten belebter Str Warnlampen, reflektierde Warnbaken, uU Kontrollen (Köln OLGZ **73**, 321). Die Übertr der VerkSichgPfl auf den BauUntern läßt die Haftg des Trägers der StrBaulast unberührt (BGH VersR **82**, 576).

c) Für **Bundesfernstraßen** ist der Bund zwar Träger der Straßenbaulast, sow sie nicht and übertr ist (zB hins der Ortsdurchfahrten). Die Erf der Aufg, die ihm hiernach obliegen, sind jedoch den StrAufsBeh der Länder übertr worden, § 20 BFStrG. Die Länder haften hiernach für eine Verl der Verk SichgPfl (BGH **16**, 95); keine Haftg des Bundes. Die Gem wird dadch nicht von ihrer VerkSichgPfl auf GemStr befreit, von denen Gef für den Verk auf der BundesStr ausgehen (Ffm VersR **81**, 438: Zuleitg von Regenwasser). Bei **anderen Straßen** ist maßgebd die allg VerkSichgPfl der nach LandesR verantwortl Körpersch.

d) **Einzelfälle:** Pfl zur Markierg eines wiederbeginnden Bürgersteigs (BGH LM § 823 (Ea) Nr 36); Sommerweg (RG JW **34**, 1645); unkenntl gewordener Zebrastreifen (BGH NJW **71**, 1213); Straßengräben (Celle NJW **64**, 1230); Tragfähigk eines in die Fahrbahn eingelassenen Schachtdeckels (BGH VersR **67**, 1155); Herausragen eines Schachtdeckels aus dem Fahrbahnniveau (KG OLGZ **76**, 452, Karlsr MDR **84**, 54); Sicherg v Abdeckrosten an od in öff VerkFlächen gg unbefugtes Abheben (BGH LM § 823 (Dc) Nr 102); Wassereinlaufroste dürfen keine Gef für Radfahrer bilden wg ihrer Länge u Breite (BGH VersR **82**, 39); Tragfähigk u verkpoliz Sicherg von Banketten (BGH VersR **69**, 280 u 515); Hinweis auf Nichtbefahrbark, wenn auch geringfüg u vorsicht Mitbenutzg gefährl (BGH LM § 823 (Ea) Nr 35, Kblz VersR **64**, 1255); Warnzeichen bei mangelnder Tragfähigk einer Schachtabdeckg im Seitenstreifen (Mü VersR **80**, 293); auch nur geringe Höhenunterschiede – Hamm NJW-RR **87**, 412 meint mehr als 2 cm – im Gehweg können inf bes Umst (HauptGeschStr, VerkDichte, Ablenkg) Pfl zur Beseitigg der GefLage begründen (BGH BB **67**, 229); Hinw auf Schlaglöcher (BGH VersR **58**, 604); in die Fahrbahn ragde Baumäste (BGH LM § 823 (Ea) Nr 16); Baumbestand auf Grdst neben der Str muß nach forstwirtsch Erkennen gg Windbruch u -wurf in angem ZtAbständen auf KrankhBefall überwacht werden (BGH VersR **74**, 88, Kblz NJW-RR **86**, 1086); grdsätzl genügt äußere Zust- u GesundhPrüfg, eingehde fachmänn Untersuchg ist nöt bei Feststellg bes verdächt Umst (Düss VersR **83**, 62); uU haften der Eigtümer u derjen, der den forsttechn Betr dchführt, als GesamtSchu (Ffm DAR **84**, 116). Vorsorge gg Herabfallen v Ästen (Oldbg VersR **77**, 845), keine laufde Kontrolle auf morsche Äste ohne erkennb Anlaß (Ffm NJW-RR **87**, 864); Freihaltg des Luftraums in angem Höhe über der Str im innerstädt Verk (KG VRS **39**, 408); rechtzeit Warng vor langsam fahrden ArbFahrz auf SchnellVerkStr (Schlesw DAR **67**, 324); SichergsMaßn bei plötzl StrSperrg; bei Gef der Fahrbahnüberflutg dch Regen (BGH VersR **70**, 545); bei StrAufbrüchen wiederholte Kontrolle der Warnbeleuchtg (BGH VersR **57**, 202); Hinw auf Hitzeaufbrüche (Celle VersR **84**, 1172); keine Pfl zum zusätzl Hinw auf Änderg einer Vorfahrtsregelg im StadtVerk (BGH NJW **70**, 1126); Warnschild bei StrVerengg (BGH NJW **60**, 239), bei unvorhersehb Straßenbeendigg (BGH MDR **59**, 190), bei Wildwechsel (Stgt DAR **62**, 242), vor Querrinne (BGH VersR **71**, 475) u bei Glatteisbildg (BGH NJW **62**, 1767), sowie bei Sichtbehinderg durch Qualm od Rauch (BGH LM § 823 (Ed) Nr 5); steil abfallender Abhang hinter Autobahnparkplatz (BGH MDR **66**, 661); Absicherg der Begrenzg öff Parkplätze (Karlsruhe VersR **73**, 355); gefährl Stellen der Parkplatzumrandg (BGH VersR **68**, 399); Aufstellg von VerkPosten bei VerkUmleitg (RG DJ **37**, 1124); sorgf Auswahl der UmleitgsStr (BGH NJW **60**, 239); VerkGefährdg dch StrVerschmutzg (BGH NJW **62**, 35: Viehtrieb); dch Überschwemmg bei Schneeschmelze (Kblz VersR **67**, 480); ausreichd Absperrg bei Viehmärkten (BGH NJW **55**, 1025), von Baustellen (BGH NJW **65**, 2104); Absicherg von gelagertem Baumaterial ggü Fußgängern (Stgt VersR **67**, 485). Wer bei Winterglätte u Dunkelh einen Abkürzgsfußweg benutzt, der immer unbeleuchtet bleibt, tut dies auf eig Gef (RG JW **35**, 34); Sicherh der Zugänge zum Schiffsanlegeplatz (RG **118**, 91). Absperrg v Rasenflächen dch Pfosten u Drähte (BGH VersR **56**, 95). Die Gef, die von in die Str eingelassenen Schienen ausgeht, ist für jeden VerkTeiln erkennb, daher keine Haftg (BGH VRS **7**, 20). Nur ausnahmsw Anbringg von Schneefanggittern (BGH NJW **55**, 300, Mü NJW **65**, 1085: bejaht im großstädt Verk); fehlt eine Vorschr über die Anbringg von Schneefanggittern, so genügt Aufstellg eines Warnschilds (Stgt VersR **73**, 356). Mangelnd Beleuchtg einer städt Str (BGH **36**, 237), der OrtsDchfahrt einer BStr (BGH MDR **71**, 649), von VerkHindern (BGH Betr **55**, 1063, KG VersR **52**, 211), von StrBauArb (BGH VersR **62**, 519). Geringere Anfdgen bei Waldwegen (Düss VersR **83**, 542).

e) **Streupflicht.** Zusfassd Schmid NJW **88**, 3177. **aa) Rechtsgrundlage** für die StreuPfl ist die Verantwortlichk dch VerkEröffng. Die der Gem als der Wegebaupflichtigen obliegde StreuPfl ist fast überall auf die Anlieger abgewälzt, u zwar entw aGrd von Observanz od aGrd bes ges Best (BGH BB **64**, 60; mit GG vereinb: BVerwG NJW **66**, 170). Sie haften nach §§ 823ff. Gem bleibt jedoch auch in diesen Fällen verpfl, die Anlieger zur Erf der StreuPfl anzuhalten, sonst PflVerletzg des öffR (BGH NJW **66**, 2311). Andrers haften, falls die StreuPfl nicht auf die Anlieger übertr ist, diese dann, wenn sie eine bes GefQuelle geschaffen haben, zB dch Freischaufeln eines Gehpfades (BGH Betr **69**, 1599). StreuPflVerl beurteilt sich auch bei öffrechtl Körpersch nach § 823, kann von diesen aber dem AmtsHaftgsR unterstellt werden, geschehen zB

925

§ 823 8 B   2. Buch. 7. Abschnitt. *Thomas*

in NRW (Düss VersR **88**, 274). – Über die StreuPfl der Gemeinden nach den LandesG vgl Wussow BB **67**, 353 u weiter nach Pr WegereiniggsG v 1. 7. 12, BGH NJW **66**, 202, 2311, nach *Nieders* StrG v 14. 12. 62 BGH NJW **65**, 201, in *Bay* u die der Anlieger nach OrtsVorschr BayObLG **63**, 240, BGH NJW **67**, 246 (eingeschränkte Abwälzg), Bamb NJW **67**, 1235 (zur „Gehbahn"). In *Hbg* gilt das WegeG v 4. 4. 61 (§§ 28 ff), in *RhPf* das LStrG v 15. 2. 63 § 17 (BGH NJW **71**, 43), in *SchlH* das v 6. 7. 62 (§§ 45, 46), in *BaWü* das StraßenG v 20. 3. 64 (§§ 43, 67; vgl Karlsr VersR **68**, 163); in *Berlin* StrG v 9. 6. 64 u *Pr* WegeRG; in *NRW* §§ 1 ff StrReiniggsG (Köln MDR **66**, 586: StreuPfl der Gem auch innerh festgesetzter Ortsdurchfahrten). – Bei Streit über die StreuPfl zw öff Körpersch hat die Körpersch weiter zu streuen, die bisher gestreut hat, bis der Meingsstreit entschieden ist (BGH **31**, 219).

bb) Der **Umfang der Streupflicht** richtet sich räuml u zeitl nach den Umst des EinzFalles, insb zu beurt nach den örtl Verh, Art u Wichtigk des VerkWeges, Stärke des Verk, LeistgsFähigk des StreuPflichtigen, Zumutbark der einz Maßn (BGH NJW **75**, 444). Daraus ergibt sich ie: Streug mit je nach Minustemperatur auftauenden Streumitteln (Hamm NJW-RR **89**, 611). In der Fußgängerzone genügt Bestreuung eines angem breiten Streifens im Mittelbereich, der als gestreut erkennb ist (Karlsr VersR **83**, 118); auf Bürgersteigen genügt, einen Streifen schnee- u eisfrei zu halten, auf dem zwei Fußgänger vorsicht nebeneinand vorbeikommen, also etwa 1 bis 1½ m, auch wenn die GemSatzg mehr vorschreibt (Bamb NJW **75**, 1787); and ausnahmsw dort, wo sich am Rand eine Haltestelle befindet (BGH NJW **67**, 2199); belebte unentbehrl Fußgängerüberwege (BGH VersR **69**, 667, Ffm NJW-RR **88**, 154); Fahrbahn für Fußgänger bei bes Bedürfn (BGH **LM** § 823 (Dc) Nr 18, (Eb) Nr 7); so ist bei Unbenutzbk des Gehwegs ein angrenzder Fahrbahnstreifen von 1 m Breite zu räumen u von 0,5 m zu streuen (BGH VersR **69**, 377), außerd Stellen, an denen die Fußgänger die Fahrbahn überschreiten müssen (Düss VersR **88**, 274). StreuPfl auf Parkplätzen, sow die KfzBenutzer die Fläche auf nicht nur unerhebl Entferng benutzen müssen, um ihr Kfz zu verlassen u wieder zu erreichen (BGH VersR **83**, 162); ob es sich zusätzl um einen belebten Parkplatz handeln muß (Karlsr VersR **89**, 45), ist zu bezweifeln. Fußpfad bis zum nächsten Bürgersteig (Ffm NJW-RR **86**, 1405). Für den FahrVerk besteht keine allg Pfl, alle Fahrbahnen öff Straßen od von PrivStr des öff Verk zu bestreuen; innerh geschl Ortsch nur an verkwicht u gefährl Stellen, also nicht auf NebenStr bei ihrer Einmündg in eine HauptStr (Ffm NJW **88**, 2546, Hbg NJW **88**, 3213), außerh geschl Ortsch nur an bes gefährl Stellen, nicht zur Nachtzeit (BGH NJW **72**, 903: Ruhrschnellweg); eine bes gefährl Stelle ist dort, wo Anl u Zustand der Str die Bildg von Glatteis derart begünstigen od seine Wirkg in einer Weise erhöhen, daß diese bes Verh von dem Kraftfahrer trotz der bei Fahren auf winterl Str von ihm zu fordernden erhöhten Sorgf nicht od nicht rechtzeit zu erkennen sind (BGH Betr **73**, 425); erkennb kurze Brücken auf FernStr, Brücken auf Stadtautobahn sind keine bes gefährl Stellen (BGH NJW **70**, 1682, Düss MDR **79**, 402); ebso nicht eine erkennb abschüss Kurve mit rechtzeit erkennb, zur Glatteisbildg neigdem Kopfsteinpflaster (Karlsr VersR **77**, 61). Grdsätzl strenge Anforderg (BGH **LM** § 823 (Eb) Nr 7: Durchgangs- u HauptVerkStr, BGH NJW **65**, 100: StreuPfl daselbst ggü allen VerkTeiln, auch Radfahrern, BGH VersR **87**, 899: verkwicht mit Ampeln versehener Fußgängerübergang in StadtGem). StreuPfl auf Bahnsteigen bei naheliegder GlatteisGef (Oldbg VersR **88**, 935). Geringere Anforderngen nur bei Promenaden u verkehrserleichternden Verbindgswegen. Keine StreuPfl auf unbeleuchtetem Abkürzgsweg ab Einbruch der Dunkelh (BGH VRS **25**, 242), bei unwicht Fußwegen am Ortsrand (BayObLG VersR **67**, 758) u auf Gehwegen außerh der im Zushang bebauten Ortsteile (Celle Nds RPfl **83**, 275). Auf Straßen, Parkplätzen, Zugängen, Außentreppen richten sich Beginn u Ende, wenn nichts anderes bestimmt ist, nach dem TagesVerk. Beginn mit Einsetzen des Verk, Ende etwa 20 Uhr bzw ca 1 Std nach Ende des bes Publikumsverkehrs (BGH NJW **85**, 270 u 482: Gastwirt, Hallenschwimmbad, Düss VersR **82**, 1054: Wochenmarkt). Mit dem Streuen ist erst angem Zeit nach Eintritt der Glätte od Aufhören des Schneefalls zu beginnen, weil bei dichtem Schneefall Streuen u Schneebeseitig im allg zwecklos sind; dagg muß bei leichten, von längeren Pausen unterbrochenen Schneefällen schon währd des Schneefalles mit groben Streumitteln gestreut werden; im Einzelfall entscheidet Beschaffenh des Schnee u Boden (BGH VersR **55**, 456; Stgt BB **62**, 4). Außergewöhnl GlätteVerh erfordern außergewöhnl Sorgf, uU häufigeres Streuen, regelmäß Überprüfg (BGH NJW **85**, 482: Gastwirt, Düss VersR **79**, 426: überfrierde Nässe; geringere Anfdgen Kln NJW-RR **86**, 772). Unter extremen Wetterverhältn mit ständ sich erneuernder Glatteisbildg keine StreuPfl, wenn die Streuung die Gef nur unwesentl u ganz vorübergehd herabgemindert hätte (Hamm VersR **82**, 1081).

cc) Streupflicht in ländlichen Gemeinden richtet sich nach der VerkBedeutg der zu sichernden Str (Mü VersR **68**, 976); bei kleinen Gem mit langen Wegen nur an VerkMittelpkten (BGH NJW **60**, 41), bei Ortsdurchfahrten (BGH NJW **70**, 853), nicht zur Nachtzeit (BGH **LM** *Pr* WegereiniggsG Nr 5); an gefährl Stellen von HauptVerkStr bis etwa 20 Uhr (Karlsr VersR **69**, 191), dort auch im EinmündgsBereich von NebenStr mit einer gewissen VerkBedeutg (Stgt NJW **87**, 1831). Auf **freien offenen Landstraßen** nur bei bes Gefahrenlage (BGH **45**, 143, **31**, 73: Brücken bei eintretendem Frost; bes Gefahrenlage bejaht; BGH NJW **63**, 39: kurvenreiche Strecke im Mittelgebirge mit wechselndem Waldbestand an einem bewaldeten Steilhang bei Nebel; bes Gefahrenlage verneint).

dd) Bei **Übertragung der Streupflicht an Dritte** strenge Anfdgen. ÜberwachgsPfl der Gem, die StreuPfl den Anliegern auferlegt hat, vgl oben aa; bei Vernachlässig der StreuPfl dch den Anlieger ist die Gem zum Streuen iW der ErsVorn nur iR ihrer Pfl zur Aufrechterhaltg der öff Ordng u Sicherh, also nach ErmGrdsätzen verpfl (BayObLG VersR **67**, 758). Bei Übertr der StreuPfl auf Anlieger haften diese – also auch die Gem selbst als Anlieger – nach § 823 (BayObLG **73**, 121), WohngsEigtümer als GesamtSchu (BGH NJW **85**, 484). ÜbertragsPfl des HausEigtümers, der StreuPfl auf Mieter, Pächter (BGH VersR **84**, 1190) od HausVerw, Hauswart (BGH VersR **67**, 877, NJW **85**, 484) überträgt. Bei Hilfspers ist neben sorgf Auswahl auch gründl Anweisg über Art des Streuens erforderl (BGH BB **57**, 15: strenge Überwachg); ebso ist bei Beauftragg eines and sorgf Überwachg u Kontrolle erforderl (BGH VersR **75**, 42). – IF der **Übernahme der Streupflicht durch Dritten** mit poliz Gen haftet dieser dem Geschädigten (BGH NJW **70**, 95). Der HausEigtümer (Verm), dem dch Satzg die poliz WegereiniggsPfl auferlegt ist, haftet nicht, auch nicht unter dem Gesichtspkt der Verletzg einer AufsPfl (BGH Betr **72**, 1965).

Einzelne Schuldverhältnisse. 25. Titel: Unerlaubte Handlungen § 823 8, 9

ee) Beweislast. Es gelten die allg Grds, dh der Verl hat die Versäumg der StreuPfl, ggf den Verstoß gg ein SchutzGes u deren Ursächlichk für das bei ihm eingetretene SchadEreign zu bew. Bew des ersten Anscheins zG des Verl nur, wenn er innerh der zeitl Grenzen zu Fall gekommen ist (BGH NJW **84**, 432). Streupflichtiger muß die Umst nachweisen, die ein Streuen zwecklos machen (BGH NJW **85**, 484).

2) Wasserstraßen u -Flächen, die dem öff Verk gewidmet sind (Häfen, Schleusen, RG **105**, 99), auch Seewege u Kanäle (BGH **35**, 111: Nord-Ostsee).

a) Allgemein gelten die Grds wie für Str (vgl oben Anm A, BGH **86**, 152). Turnusmäß Überprüfg, HindernBeseitig u Kennzeichng v GefStellen in dem dem Verk zur Vfg gestellten Tl der WasserStr u an Liegeplätzen (BGH VersR **79**, 437). Grdsätzl müssen sich die VerkTeiln darauf verlassen können, daß das ges Fahrwasser ungefährdet befahren werden kann (Hbg VersR **79**, 571). Haftg des Bundes für die Verk-Sichg auf dem Rhein: nicht nur eigentl Fahrrinne u amtl vorgesehene Anker- u Liegeplätze, sond alle befahrb Teile des Strombetts (Köln VersR **68**, 246); jedoch brauchen Hindern außerh der ausgebauten Fahrrinne nur gekennzeichnet zu werden (BGH **37**, 69). Umfang der VerkSicherPfl bei Prüfg der Fahrrinnentiefe (Rhein) dch Peilrahmen (BGH **LM** § 823 (Dc) Nr 66) od (Mosel) Meßschiff (Köln OLG **68**, 397). VerkSichgPfl auch auf SeewasserStr, jedoch auch hier keine überspitzten Anfordergen (BGH VersR **56**, 65).

b) Aus der Rechtsprechung: Haftg für ordngsgem Zust von Schiffsliege- u anlegestellen (BGH VersR **79**, 437); Hinw auf Unterwasserböschg an senkrecht eintauchder Wand im Hafen (Karlsr VersR **72**, 945); Hindern i Fahrrinne (BGH VersR **56**, 65); turnusmäß Überprüfg der Fahrrinne in Flüssen (Mosel, BGH VersR **69**, 1132); nicht ausreichde Kennzeichng einer GefStelle (BGH Betr **56**, 743); SchadErs bei Festliegen inf Hindern (BGH **85**, 153); Haftg des Staates bei Beschädigg einer Anlegebrücke dch Schiffe inf gefährl Anlage des Hafens (RG **120**, 258); liegengebliebener Anker im Fahrwasser (BGH VersR **72**, 435); Bedienngs-fehler im SchleusenBetr (BGH **20**, 57); fehlerh Einschleppen in eine Schleuse (BGH **LM** § 823 (Ea) Nr 23); jedoch keine VerkSichgPfl, nur so viele Fahrzeuge in die Schleuse einfahren zu lassen, wie in ihr Platz finden (BGH **LM** BinnSchStrO Nr 4); ebso nicht für plötzl auftretde Hindern, mit denen nicht zu rechnen ist, zB eines vorher mit Kies bedeckten Blocks in der Kanalsohle einer Schleuseneinfahrt (BGH VersR **68**, 746); Brückenunterhaltspfl (KG JW **33**, 709); Haftg des Staats für Anbringg von Seezeichen, wo erforderl (RG **128**, 353); Losreißen eines ungenügd vertäuten Docks (Warn **36**, 76); Staatshaftg auch bei Ausbau eines Wasserlaufs zu SchiffahrtsStr (Kblz VerkBl **62**, 639) u bei Hochwasserschutz (vgl § 839 Anm 15).

Straßenbahn. Im schaffnerl Großraumwagen grdsätzl keine Pfl des Wagenführers, sich zu vergewissern, ob der Fahrgast Platz od Halt gefunden hat (BGH MDR **72**, 226). PflVerletzg aber dch Abfahren von Haltestelle, obwohl die elektr Kontrollampe anzeigt, daß Türen noch nicht geschl (BGH **LM** (Ed) Nr 6). **Tennishalle.** Schutz vor Gef, die über das übl Risiko der AnlBenutzg hinausgehen, die vom Benutzer nicht vorhersehb u nicht ow erkennb sind (Mü NJW-RR **87**, 18). **Theater:** Bühnengeräte (RG Recht **20**, 3051). Verkehrssicherh der Ausgänge (RG HRR **28**, 422). Pfl zur Nachprüfg von Treppen- u LäuferZust in angem Zeiträumen (RG JW **38**, 808).

Umweltschäden, Haftg für – vgl Diederichsen BB **73**, 485, Medicus JZ **86**, 778; s auch Industrieabfälle. **Wasser:** Die RBeziehgen bei Wasserlieferg regeln sich nach KaufR, auch wenn die Gemeinde die Wasser versorgg kr autonomer Satzg als öff Einrichtg betreibt. Im SchadFall inf Lieferg verunreinigten Wassers folgt die BewLast den Grds über die ProdHaftg (BGH **59**, 303). Verseuchg des Grdwassers s Industrieabfäl-le. – Sow es sich um die **Verunreinigung von Gewässern** handelt, vgl § 38 WassHaushG v 27. 7. 57 (hierzu BayObLG BB **63**, 748); u weiter die WasserG der Länder; zu § 24 Pr WasserG BGH **LM** § 823 (Db) Nr 11; zu Art 37 V, 109 II bay WasserG (Zuführg von Abwässern) BayObLG **62**, 162.

9) Schutzgesetz. Zusfassd Dörner, Zur Dogmatik der SchutzGVerletzg, JuS **87**, 522.

a) Jede Rechtsnorm, nicht nur Ges im staatsr Sinne, also auch VO, poliz Vorschr, gleichgült, ob strafr od privr Natur, ob Gebote od Verbote; auch behördl Einzelfallregelungen iV mit der ihnen zuGrde liegdn ErmächtiggsNorm (Hamm JZ **81**, 277), Genehmiggen aGrd § 4 ff BImSchG für gewerbl Anl; dagg nicht Vereinssatzgen (RG **135**, 245).

b) Den Schutz eines anderen bezweckt die Norm, wenn ihr Inhalt nach dem Willen des GGebers in Form eines best Gebotes od Verbotes, zumind neben and Zwecken, auch einem gezielten Individualzweck dient u gg eine näher best Art der Schädigg eines best gelegenen RGuts od Individualinteresses gerichtet ist. Die Schaffg eines individuellen SchadErsAnspr muß erkennb vom G erstrebt sein od zumind iR des haftpflrechtl Gesamtsystems tragb erscheinen (BGH **46**, 23 u Betr **76**, 1665). ZusStellg drittschützder Normen vgl § 903 Anm 3. Den Schutz eines and bezwecken nicht die G, die die Ordng des Staatsganzen, seine Verfassg u Verw zum Ggst haben. Wohl aber sind die G, die die Gesamth der Staatsbürger als Summe der einz schützen, wie zB Vorschr zum Schutze der VerkSicherh, über Verk mit Nahrgsmitteln usw, auch zum Schutze des einz bestimmt.

c) Auch Widerrechtlichkeit ist nach Abs II erforderl (vgl Anm 6).

d) Verschulden ist AnsprVorauss auch dann, wenn Verstoß gg das SchutzG auch ohne Versch mögl ist; nur insow stellt Abs II an den subj Tatbestd weitergehde Anfordergen als das SchutzG. Im übr ist das SchutzG hins des subj Tatbest (Vors, Fahrlk) auch für die Anwendg des Abs II maßg (BGH **46**, 21). Für den Vors gilt die sog Schuldtheorie (BGH NJW **85**, 134; vgl § 276 Anm 3 b), für die Fahrlk der obj Begr wie § 276 Anm 4 A a (Dörner JuS **87**, 522), jedoch ausreichd, anders als bei Abs I, Voraussehbark, daß ein Verstoß gg ein SchutzG eintreten könnte, währd die Voraussehbark des Erfolges, der schädigenden Wirkg nicht erforderl ist (BGH **34**, 381). Über RechtsIrrt Anm 3a. VerschVermutg bei Nichtbeachtg polizeil angeordneter Schutzmaßn (BGH BB **57**, 240). Geschäftl Ungewandth, niedr Bildgsgrad u sonstige Umst sind kein genereller EntschuldiggsGrd für Unkenntn ges Bestimmgen, wohl aber die Betrauung einer zuverläss Fachkraft (BGH **LM** (Bc) Nr 1).

§ 823 9 2. Buch. 7. Abschnitt. *Thomas*

e) Ursächlicher Zusammenhang besteht bereits, wenn die Befolgg des SchutzG eine größere Sicherh gg den Eintritt des Schad geboten hätte (BGH **LM** (Ef) Nr 11 b). Vgl im übr Vorbem 5 vor § 249. Über BewLast: Anm 13 f.

f) Schutzgesetze sind: AFG 141 b V (LG Oldbg NJW-RR **86**, 581); 225 (BGH NJW **85**, 3064); Schad-Eintritt mit Nichtabführg der ArbNAntle (BGH NJW-RR **89**, 472). **AktG** 92 II (BGH WM **77**, 59 u NJW **79**, 1823); 92 III, außer wenn der Gläub die Zahlg nach den Regeln der KonkAnf behalten darf (Düss WM **85**, 1009 [1018]); 168, 403: Haftg d Prüfers den Gläub der AG ggü (BGH BB **61**, 652); 399 I Nr 4 zG der AG u der Pers, die aus der Kapitalerhöhg hervorgegangene Aktien erwerben (BGH **105**, 121). 401 I 2, II (BGH WM **85**, 384) **ArbZeitO** zum Schutze jedes BetriebsInh ggü unlauterem Wettbew durch Offenhalten (RG **138**, 219). **ArzneimittelG** ergibt sich aus dessen § 1. **AVG** 118, 121 (BGH ZIP **85**, 997). **BDSG** 3, 24 (Hamm ZIP **83**, 552), 29 (Bergmann/Möhrle/Herb, BDSG § 29 Rdn 12.3), 32 II (Winkelmann MDR **85**, 718). **BGB** 226 (RG **58**, 214) 394 (RG **85**, 108); 456–458 (MüKo/Westermann § 458 Rdn 2); 618 umstr; 858 (BGH **79**, 232); 906 (BGH NJW **86**, 2309); 907 (RG **145**, 107); 909 zG des angrenzden Nachbarn (BGH NJW **75**, 257, NJW **81**, 50); zum SchadErs verpfl ist jeder, der ein Grdst vertieft od daran mitwirkt, der Eingr ist aber nicht rwidr, wenn ihn der Nachb ausnahmsw dulden muß (BGH **101**, 290); 1004 (BGH Betr **64**, 65); 1027 (RG Recht **19**, 1430); 1134–1135 zum Schutze der HypGläub (BGH NJW **76**, 189). **Bebauungsvorschriften** nachbarschützden Inhalts, zB über die zuläss Geschoßzahl (BGH WM **74**, 572). **BetrVG** §§ 78 II, 78 a zG des auszubildden Amtsträgers (BAG Betr **75**, 1226); § 119 I Nr 2, uU auch analog zG des ArbG bei Störg von BetrVers (Herschel Betr **75**, 690). **Bienenschutz VO** 2 I (Hamm VersR **84**, 189). **BImSchG** 5 Nr 1, 2 zG des Nachb (OVG Münst Betr **76**, 2199, Mü BlGBW **78**, 150; weitergehd Baur JZ **74**, 657: zG eines jeden, der dch schuldh Zuwiderhdlg gg die schutzges Best geschäd ist; vgl auch § 903 Anm 3 b aa, § 906 Anm b). **BJagdG.** Soweit die JagdBeh gem § 27 I BJagdG dem JagdAusübgsBerecht dch VerwAkt einz nach Art u Umfg best Pfl zur Verringerg des Wildbestandes auferlegt, so wird hierdch der im SchutzG zG des einz GrdstBerecht sein (BGH **62**, 265). **BörsenG** 89 (Düss WM **89**, 175). **Eisenbahnbau- u BetrO** 11 (RG **169**, 380: Bahnübergang), 63 (RG Recht **13**, Nr 2723: Verbot, Außentüren währd der Fahrt zu öffnen, SchutzG zG der Mitreisenden). **FuttermittelG** 3 Nr 2 b, 17 mit Anl 3 der FuttermittelVO zG des Tierhalters (BGH NJW **87**, 1694), § 3 Nr 2 a, Nr 3 b (BGH **105**, 346). **GenG** 69 (RG **59**, 49); 147 (BGH WM **76**, 498); 148 (RG LZ **14**, 864). **GerätesicherhG**, vgl Anm 15 b bb. **GewO** 12 zG inländ Gl ausländ JP insow, als es um den Nachw für das VorhSein des zur Gen erforderl GesellschKapitals geht (BGH NJW **73**, 1547); 56 I Nr 6 kann je nach Art u Inh der Gesch SchutzG sein (BGH **71**, 358 [362]; vgl auch nachstehd Anm g); 120, 139h, 147 Z 2 (RG JW **09**, 493 für fr § 16); 120a–c (RG **105**, 336). 148 I Z 2 (RG **138**, 219); **GmbHG** 64 I zum Schutze der Gläub, auch BAnst für Arb wg der kr G übergegangenen Anspr der ArbN (Hbg ZIP **89**, 249: Ers des QuotenSchad) auf Erhaltg der Zugriffsmasse (BGH **29**, 100, BAG WM **75**, 185; eingehd, auch zum Umfang der ErsAnspr Schmidt JZ **78**, 661). SchadErsAnspr gg GeschF od Liquidator wg pflichtwidr Handelns setzt keinen Beschl gem § 46 Nr 8 voraus (BGH NJW **69**, 1712). Auch bei Verlust von AussondergsR Haftg nur für Quotenschad (BGH **100**, 19). **GSB** (G zur Sicherg von BauFdgen vom 1. 6. 09) §§ 1, 2 II, 4, 5 zG der BauGläub nach dem PrioritätsGrds nur bei Vors, der bei Verl eines SchutzG nicht dch fahrl VerbotsIrrt ausgeschl ist (BGH NJW **82**, 1037, NJW **83**, 1104, BB **87**, 437 [zur Darleggs-Last]). Unter das GSB fällt auch der Umbau od Ausbau eines schon errichteten Gbdes (BGH NJW **88**, 263), uU auch der Verk eines schlüsselfert Hauses u jede einz Rate (BGH NJW **86**, 1105). Baugeldgewährg kann ein KreditGesch jeder Art sein, entscheidd ist die Vereinbg über die dingl Sichg (BGH NJW **88**, 263), der Empf muß nicht selbst an der Bauherstellg beteil sein – B Generalübernehmer (BGH NJW-RR **89**, 789) –, Beauftragg einer Gesellsch, an der er beteil ist u deren Gesch er selbständ führt, genügt (BGH NJW-RR **86**, 446). **GWB** 26 II (BGH **36**, 100); 27 (BGH **29**, 344). **Interdikte**, gemeinrechtl Flußinterdikte (RG JW **33**, 508). **JugArbSchG**, sow es Pfl begründet (vgl Einf 8 d vor § 611, Herschel BB **60**, 750). **JSchÖG** 3 (BGH VersR **78**, 921). **KreditwesenG** in versch Vorschr zG der Bankkunden, nicht aber Pers (BGH WM **71**, 1330); insow auch öffrechtl Pfl ggü Bankkunden (BGH NJW **79**, 1354); 18 zG der Bank (Hamm WM **88**, 191). **KunstUrhG** 22, Recht am eigenen Bilde (RG JW **29**, 2257). **LebensmittelG** 4 Nr 2 (RG **170**, 156). **MargarineG** § 2 IV (BGH NJW **57**, 1762). **Mietpreisrecht**, soweit es den Mieter begünstigt (BVerwG NJW **56**, 1491, bestr). **Milch- u FettG** (BGH Betr **56**, 547). **MRG** 52 Art I II zG der Rückerstattgsberecht (BGH **21**, 153), nicht jedoch zG des VermInhabers (BGH BB **57**, 203). **MutterSchG** 9 II, aber keine Pfl des AGebers zur Belehrg der ANehmerin vor Nachteilen der EigenKünd (BAG NJW **83**, 1392). Sanktion in **OrdnungswidrigkeitsG** kann Verl eines SchutzG sein, soweit nicht die schützenswerten Belange des Beeinträchtigten anderweit abgesichert sind (BGH **84**, 312 [317]). **PersonenbeförderungsG** 60, 61 (früher 60) zG der BBahn, ungenehmigter Linienverkehr (BGH **26**, 42), auch zG anderer VerkUntern (Ffm MDR **62**, 571). **PflanzenschutzG** 8 IV S 2, 12 I 5, Schutz vor gefährl Nebenwirkgen von Pflanzenschutzmitteln; nicht vor den Folgen mangelnder Wirksamk (BGH NJW **81**, 1606). **PflichtVersG** 3 zG des VerkOpfers u des Fahrers, dem der Halter ein nichtgesichertes Kfz zur Benutzg überlassen hat (Düss VersR **73**, 374); 5 zG des VerkOpfers (BGH VRS **22**, 178); 6 zG des VerkOpfers (Mü VersR **73**, 236). **RechtsberatgsmißbrG** zum Schutz der Rechtssuchden u der Anwälte (BGH **15**, 315). **ReichsgaragenO** 45 III zG der Nachbarn gg Immissionen (BGH **40**, 306). **RVO** 393, 533, 536 aF, 529 I, 1428 I (BGH NJW **85**, 3064) zum Schutz der VersTräger; SchadEintritt mit der Nichtabführg der ArbNAntle (BGH NJW-RR **89**, 472), auch der Ersatzkassen, soweit es um die Beitr verpflicht ArbN geht, auch wenn die Kunden des ArbG auf dessen Weisg die Löhne direkt an die ArbN unter Verrechng mit der WkVergütgsFdg des ArbG auszahlen (BGH VersR **81**, 529); nicht dagg für SäumnZuschläge gem Art I § 24 I SGB IV (BGH VersR **85**, 1038) u soweit es um die NichtAbführg der ArbGAnteile geht (BGH NJW **76**, 2129); 317 zG der Krankenkasse, soweit es um die rechtzeit Abmeldg des ArbN dch den ArbG (BGH aaO) u um unberecht Leistgen der Krankenkasse wegen Anmeldg eines nichtversrpfl ArbN (Ffm NJW-RR **89**, 225) geht; 529 (Karlsr VersR **81**, 479). **ScheckG** 39 (Hamm SeuffA **77**, 72). **SeestraßenO** (RG **73**, 12). **SprengstoffG** 9 (BGH **LM** (Bf) Nr 4). **StGB** 136 I (RG Recht **07**, 3644); 142 (BGH NJW **81**, 750, offengelassen mit bejahder Tendenz auch für freiwill Helfer); 153, 154 (Warn **08**, 211); 156 (BGH MDR **59**, 118); 163 (BGH BB **65**, 14); 164 (BGH **LM** § 823 (Be) Nr 3); 170 b

928

Einzelne Schuldverhältnisse. 25. Titel: Unerlaubte Handlungen **§ 823 9**

zG des UnterhBerechtigten u für die Zt, in der UnterhPfl besteht, auch der Körpersch, die wg der Unterh Verweigerg Unterh gewähren muß (BGH NJW **74**, 1868); 182 (Warn **21**, 14); 185 ff (BGH **95**, 212 bei PersönlkRVerl neben § 823 I anwendb); 189 (RG **91**, 350); 221 (RG Recht **11**, 1129); 227 (BGH **103**, 197: EntlastgsMöglk des InAnsprGenommenen, daß seine Beteil den Schad nicht herbeigeführt hat); 233 (RG **66**, 255); 235 (RG JW **35**, 3108); 239 (Warn **17**, 118); 240 (BGH NJW **62**, 910); 241 (RG Gruch **67**, 568); 248 b zG des Eigtümers (BGH **22**, 293); 253 (RG **166**, 46); 257 (BGH **LM** § 823 (Be) Nr 15 a); nicht jedoch, sow nur bezweckt wird, den Täter der Bestrafg zu entziehen (BGH LM § 832 Nr 6); 259 (Hbg Recht **12**, 1784, RG **94**, 191); 263 (BGH **57**, 137: Der Käufer eines Gebrauchtwagens, der den KaufVertr wg argl Täuschg erfolgr angef hat, kann den Kaufpr zurückverlangen, auch wenn der Wagen bei einem von ihm versch Unf zerstört worden ist; es fehlt weder am Urs- noch am RWidrigkZushang, ggf führt § 254 zu einer AnsprMinderg); 264 (BGH **106**, 204); 266 (BGH **100**, 191); 288 (BGH BB **59**, 361); 302 a ff (RG **159**, 101); 306, 309 zum Schutze des Eigtümers u dingl Berechtigten u wohl auch der sich im Gbde aufhaltenden Menschen (BGH NJW **70**, 38); 315 ff, 316 zum Schutze der Gesundh u des Eigtums des EisenbahnUntern u der und vom Verk unmittelb berührten Pers (BGH **19**, 126); 323 (BGH **39**, 367, Schutz des Lebens u der Gesundh, nicht des Vermögens); 340 (RG JW **06**, 745). Bau- u BetriebsVO f **Straßenbahnen** (BGH VersR **53**, 255). **StVG** 1, 23 (RG Recht **25**, 691); 2, 21 (BGH LM (J) Nr 11); 21 II Nr 2 (BGH NJW **79**, 2309). **StVO** 2 II S 1, Rechtsfahrgebot, zG des Überhol- u GgVerk in LängsRichtg, nicht zG eines EntggKommden, der nach links einbiegen will (BGH NJW **81**, 2301); 3 I 2, Geschwindigk, auch zG and VerkTeiln (BGH NJW **85**, 1950). Abstand, auch zG Fußgänger (Mü NJW **68**, 653); 5, Überholverbot auch für NachfolgeVerk (BGH VersR **68**, 578); 12 I Nr 6 b, eingeschränktes Halteverbot, auch zG straßenüberquerder Fußgänger (Mü NJW **85**, 981) u ggüliegder GrdstEin- u Ausfahrt (Kln NJW-RR **87**, 478); 12 III Nr 3, IV Parkverbot vor GrdstEinfahrten (Karlsr NJW **78**, 274) u auf Gehwegen (LG Karlsr NJW-RR **87**, 479); 14 II, Sicherg des Kfz gg Schwarzfahrer (BGH NJW **81**, 113); 17 IV, Sicherg haltder Fahrzeuge (BGH VersR **69**, 895); 41, VerkGebot, -Verbot (BGH VersR **55**, 183), aber nicht, wenn der Schad unabh von der Gefahr, vor der das VerkZeichen schützen soll, eingetreten ist (BGH NJW **70**, 421: „Nur für Anlieger"); 41 Nr 7, Höchstgeschwindigk, auch ggü Fußgängern (BGH VersR **72**, 558). **StVZO** 29 d II, Stillegg eines nicht versicherten Kfz (BGH NJW **82**, 988); 38 a, Sicherg des Kfz gg Schwarzfahren (BGH NJW **81**, 113). **Trinkwasser VO** 3, 8 (BGH NJW **83**, 2935). **UrhRG** 63, Quellenangabe (RG **81**, 120 für fr Recht); 97. **ViehseuchenG** 9, AnzeigePfl (Schlesw SchlHA **60**, 140). **WaffG** 16 (Karlsr VersR **89**, 375). **WassHaushG** 8 iVm den WasserG der Länder für Stützverlust des NachbGrdst dch GrdWasserAbsenkg (BGH NJW **77**, 763); 8 III, IV, sow sie dem Betroffenen eine mat RStellg einräumen (BGH **69**, 1, BayObLG **80**, 168), u zwar unabhäng von dessen, ob für eine Gewässerbenutzg eine Bewilligg, eine Erlaubn od weder die eine noch die andere dieser beiden wasserrechtl Gestattgen beantragt wird (BGH **88**, 34). **ZahnheilkundeG,** zum Schutz der gesetzl zugelassenen Zahnbehandler (Oldbg NdsRpfl **55**, 133). **ZPO** 803 (BGH BB **56**, 254). **ZugabeVO** (BGH NJW **56**, 911). – **Landesrecht:** *BaWü* **BauO** 7 II, 87 zG der Angrenzer (Karlsr Just **75**, 309); § 18 III (Stgt VersR **74**, 251); *Bay* **BauO** Art 33 (BGH Betr **86**, 1814); Art 37 VII 1, 98 III 4 (jetzt Art 34 VII 1, 80) zG der Benutzer baul Anl in Bezug auf Unfallgefahren (BayObLG **77**, 309); *Bay* **FischereiG** Art 77 I, II, III zG des FischBerecht (BayObLG **62**, 201); *Bay* LandesVO über die Verhütg v Bränden 10 I (jetzt § 5 I, BayObLG NJW **75**, 2020: Aufbewahrg v Zündhölzern); *Bay* GaragenVO 25 III Nr 4 (BayObLG MDR **76**, 45); *Bay* **PresseG** 10, Veröffentlichg der GgDarstellung (BayObLG **58**, 193); *Bay* SchiffahrtsO 38 I, 26 III (Künnell VersR **85**, 1125); *Bay* WG 31 V (BayObLG **80**, 65); *Bay* BauO 33, Handlauf an Treppe (BGH VersR **86**, 916); über Bauordngen allg § 903 Anm 3 b aa); *Hess* **AG-ZPO** Art 2, ZwVollstr Privileg (PrG **124**, 105); BauO 71 III, Grenzabstand (Ffm NJW-RR **88**, 403); *Nds* BauO 12 IV, 7 zG des Nachb (BGH MDR **78**, 564: Einfriedg in unzul Höhe); *NRW* **PolVO** v 27. 1. 52, § 5 (BGH LM (Bf) Nr 22); *NRW* BauO 7, seitl Grenzabstand (BGH **66**, 354). **WasserG** 13, Hochwasserschutz (BGH NJW **70**, 1875); *Pr* **WasserG** 22 u die danach erl PolVOen (BGH VersR **46**, 23); 197 (RG **145**, 107, 202, RG VHR **33**, 528); 285 (BGH MDR **71**, 38). *Pr* **WegereinigssG** (BGH BB **69**, 1458). *SchlH* **GaragenVO** 25 V (BGH VersR **87**, 1014); LandesVO über die Verhütg von Bränden 11 (Schlesw VersR **89**, 53).

g) Keine Schutzgesetze sind: AFG 167 ff (RAG JW **33**, 261 für die entspr 157 ff AVAVG; Mü NJW **56**, 132), **AktG** 37 I 4 für Gl der AG (LG Hbg WM **77**, 152); 92 I, 93 I, II nicht zG der GesellschGläub (BGH NJW **79**, 1829), 92 II nicht zG eines RuhegehaltsEmpf (LAG Bln ZIP **82**, 211). **AVG** 151 für SozVersTräger hins der NichtEntrichtg der ArbGAntle (BGH **84**, 312). **BGB** 564 b für den Mieter, der auf unbereckt Künd freiwill auszieht (Hamm MDR **84**, 494), 733 (KG JR **51**, 22); 1807 (BGH **35**, 1); 1624 (RG **53**, 312). **BFernStrG** 9, 9 a zG des StrBaulastträgers (BGH NJW **75**, 47). **BJagdG** 1 II, 21, Hege- u AbschlußVorschr im Hinbl auf WildSchad (BGH RdL **57**, 191). Grds **DIN-Normen** (Köhler BB Beilage 4/85). **FernmeldeO**, früh FernsprechO 12, AusfBestimmgen, Herausg privater Teilnehmerverzeichn (BGH NJW **61**, 1860). **GenG** 34 (so RG DNotZ **33**, 382, wohl unzutreffd). **GewO** § 56 I Nr 6 nicht zG von DarlNehmern zwecks steuerl Vortle dch Beitritt zu einer AbschreibgsGesellsch (BGH **93**, 264; krit Dauner-Lieb Betr **85**, 1062). **GmbHG**, Buchhaltgs- u BilanziergsVorschr sind kein SchutzG (RG **73**, 30); 64 I ist kein SchutzG der BAnst für Arb im Hinbl auf die Zahlg von KonkAusfallgeld (Stgt NJW **89**, 593). **GüKG** zG der an Abschl des GüterFernVerkVertr beteiligten Untern (BGH NJW **64**, 1224). **HGB** 29, 30 (RG **72**, 408); 38 ff (BGH Betr **64**, 1585). **KO** 64 I schützt die Gl nicht davor, mit einer überschuldeten GmbH in GeschVerbindg zu treten (BGH ZIP **87**, 509). **KreditwesenG** 18 kein SchutzG zG des Bankkunden (BGH WM **84**, 131, Hamm WM **88**, 191); 21 IV kein SchutzG zG des Sparers gg seinen treul Vertreter (Kln WM **86**, 1495). **MontanUnionVertr** 4 b, c u 60 (BGH **30**, 74). **Ortssatzungen**, ausgen sie bezwecken auch die Begründg eines ind SchadErsAnspr, wenn dies iR des haftgsr Gesamtsystems trabg ist (Düss NJW **79**, 2618). **PersBeförderungsG** 39 (AG Ffm NJW **76**, 853, BB **76**, 1195). **PflVersG** 5 nicht zG des KfzHalters (Düss VersR **88**, 852); **ReichsgaragenO** 11 II BGH **40**, 306. **RVO** 393 Nichtabführg der ArbGAnteile (BGH NJW **76**, 2129). **SGB I** 60 (Gagel NJW **85**, 1872); **IV** 24 I (BGH ZIP **85**, 996). **StGB** 30 II (Wilts NJW **63**, 1963); 145 d nicht zG des v der falschen Anz Betroffenen (KG DAR **75**, 18); 180 (RG **53**, 239); 248 b nicht zG der VerkTeiln (BGH **22**, 293); 257, vgl oben unter f; 267 schützt die Sicherh des RVerk mit Urk, der Schutz von VermIn-

§ 823 9–12   2. Buch. 7. Abschnitt. *Thomas*

teressen ist Reflexwirkg, aber nicht Zweck der Norm (BGH **100**, 13); 317 nicht zG des Fernsprech- od FernschreibTeiln (BGH NJW **77**, 1147); 323 nicht für das Verm des Bauherrn (BGH NJW **65**, 534); 323c (Ffm NJW-RR **89**, 794); 356 (Frank MDR **62**, 945). **StPO** 79 (BGH NJW **68**, 787). **StVO** 12 I Nr 6b, 45 I Nr 1, VI kein SchutzG zG allg VermInteressen des StrBauUntern (LG Bln NJW **83**, 288, LG Stgt NJW **85**, 3028; aA LG Mü I NJW **83**, 288). **StVZO** 20 ff nicht zG eines Kreditgebers für den Erwerb eines Kfz (BGH WM **79**, 17); 21 nicht zG des KfzErwerbers (BGH BB **55**, 683); 27 III (BGH NJW **80**, 1792 [1793]); 29 a ff nicht zG des KfzHalters (Düss VersR **88**, 852); 29 c (BGH MDR **78**, 1014); 29 d I (BGH NJW **80**, 1792). **UnfallverhütgsVorschr** der Berufsgenossenschaften (BGH VersR **69**, 827). **UWG** 3 geht im Verh zu Mitbewerbern als SpezialRegel dem § 823 II vor. Im Verh zw Abnehmer od Verbraucher u Produzent od Werbden ist § 3 nach BGH NJW **74**, 1503 kein SchutzG; aA Sack BB **74**, 1369 mit dem berecht Hinw, der BGH halte TatbestdMäßigk u AnsprKonkurrenz nicht genügd auseinand; ebenf aA Schricker GRUR **75**, 111: § 3 UWG sei SchutzG auch zG des einz Verbrauchers u verdränge Anspr aus § 823 II nicht. Ebso hält Sack NJW **75**, 1303 §§ 1–3 UWG für SchutzG zG der Verbrauchersch u des Kunden od Verbrauchers. Grds **VDEBestimmungen** (Köhler BB Beilage 4/85). **VVG** 71, 158h (BGH NJW **53**, 1182). **WassHaushG** 2, 6, 41 I Nr 1 1. Alt (BGH **69**, 1; aA Mü NJW **67**, 570, krit Freudling NJW **67**, 1451). **WirtschPrüferOrdng** 2, 43, 48 (Saarbr BB **78**, 1434). **ZPO** 392, 410 (BGH **42**, 313). **1. WKSchG** § 1 in Bezug auf Umzugskosten bei unberecht Künd (Karlsr OLGZ **77**, 72). **ZPO** 410 I (Mü VersR **84**, 590, Düss NJW **86**, 2891). – **Landesrecht:** § 34 *Bay* Berufsordng für die Ärzte, 1958 (BGH NJW **65**, 2007: nicht zG der Fachärzte). – **BauOrdngen:** *Bay* Art 13 III (jetzt 14 III) für Stromabnehmer wg VermSchäd (BayObLG NJW **72**, 1085); Art 15 (jetzt 16) Schutz gg Feuchtigk (Mü NJW **77**, 438). *BW* § 82, *NRW* § 75 (Schmalzl NJW **70**, 2265 [2269]; Kein SchutzG für Stromabnehmer sind *BW* BauO § 18 III (Karlsr NJW **75**, 221); die BauO für das *Saarl* bei BauArb an VerkAnl (Saarbr VersR **76**, 176) u gleichart Vorschr and Länd (BGH **66**, 388). **G über Gewerbesteuerausgleich** (Anteil der WohngsGemeinde am Steueraufkommen der BetrGem) – mit GG vereinb (BVerwG WM **65**, 140). – *NRW* (Köln OLGZ **68**, 10); *Hess* (LG Ffm NJW **63**, 2174, zust Katholnigg NJW **64**, 408); *Bay* (Nürnb NJW **64**, 668). *NRW* **GemeindeO** 69 I, Errichtg wirtsch Unternehmgn durch die Gemeinde nur unter best Voraussetzgn (BGH BB **65**, 392; mögl aber SchadErsAnspr nach § 1 UWG, § 826 Anm 8 u ee).

10) Ersatzberechtigter. a) Der unmittelbar Geschädigte. Nur natürl u jur Personen. Vorgeburtl Verletzg vgl Anm 3 b. Im Falle des Abs I ist ersatzberecht der, dessen Lebensgut od Recht dch die uH verletzt worden ist, im Falle des Abs II der, dessen Schutz das verletzte G dienen soll (Hamm NJW **74**, 2091; vgl Anm 9b). Mittelb Geschädigte haben SchadErsAnspr gg den Verletzer aus uH nur nach §§ 844, 845 (BGH **7**, 30). Im Einzelfall kann str sein, ob unmittelb od nur mittelb Schädigg vorliegt. Vgl Vorbem 2 f vor § 249. Zu der Frage, ob SchadG einer GmbH auch der den AlleinGters ist, vgl Vorb 6a cc vor § 249. – Über Liquidation des DrittSchad vgl Vorbem 6 b bb vor § 249. – **b) Von mehreren Verletzten** kann jeder nur den eig Schad geltd machen (RG **56**, 271). Über gutgläub ErsLeistg wg EigtVerletzg an den Besitzer vgl § 851. – **c) Vererblich und übertragbar** sind alle ErsAnspr mit Ausn von § 847, soweit nicht § 400, ZPO 850b entggstehen. Übergang der ErsAnspr auf Versicherer u SozVersTräger ist gesetzl in best Fällen vorgesehen. – **d) Haftungsausschluß** dch SonderG vgl Einf 2 N.

11) Ersatzverpflichtet ist grdsätzl nur der Täter. Mittäter u Beteiligte § 830, mehrere Täter § 840, Haftg von Unzurechngsfäh, Jugendl §§ 827–829, von AufsPers §§ 831, 832. Eine allg Haftg des Vertretenen für uH des Vertreters kennt das BGB nicht (RG **132**, 80). Auch keine Haftg für Part kr Amtes, wie KonkVerw (BGH **21**, 285), TestVollstr (BGH VersR **57**, 297); diese haften unmittelb. Jedoch haftet die jur Pers des priv u öff Rechts für uH ihrer verfassgsm Vertr gem §§ 30, 31, 89 (BGH NJW **63**, 484: Versch der verfassgsm berufenen Vertr einer Fernsehgesellsch bei einer Werbesendg). Haftg insow auch für mangelnde Organisation in der Überwachg der Hilfspersonen (BGH Betr **65**, 324, NJW **63**, 904: Haftg des Verlegers für mangelnde Organisation) u für Unterbleiben erforderl Bestellg des Vertreters nach § 30 (vgl § 831 Anm 6 A b). Haftg der OHG für uH der vertretgsberecht Gesellschafter, die im inneren Zushang mit dem GeschBetr begangen sind (BGH NJW **52**, 538). In allen übr Fällen besteht Haftg für uH Dr (Bevollm, Angest usw) nur nach §§ 831, 832, also unter Vorbeh des dort zugelassenen EntlastgsBew. Haftg der Mitgl eines nicht rechtsfäh Vereins für uH von VorstdMitgl vgl § 54 Anm 6a. – Für PflVerl der öff Gew bei **hoheitlicher Tätigkeit** haftet der Staat od die sonstige Körperschaft nicht nach §§ 30, 31, 89, sondern nach § 839.

12) Anspruch auf Schadensersatz. a) Inhalt und Umfang bemessen sich nach den Grds der §§ 249 ff, gleichgült, ob die uH vorsätzl od fahrl begangen ist (Einf 5 vor § 823); außerdem nach den Sondervorschr der §§ 843, 845, 847. Zu ersetzen ist grdsätzl das negat Interesse (vgl Vorbem 2 g bb vor § 249). SchadErs umfaßt unmittelb u mittelb verurs Schad, der aus der Verletzg des Rechts bzw RGuts entstanden ist, das § 823 I od dch den SchutzG schützen will (BGH **46**, 23). Die Tatfolge, für die Ers begehrt wird, muß innerh des Schutzbereichs der verl Norm liegen (BGH NJW **68**, 2287; vgl Vorbem 5 A d vor § 249). So schützen Vorschr über Transportgefährdg nur Gesundh u Eigt der vom Verk unmittelb berührten Pers, nicht aber ihre allg VermInteressen (BGH **LM** § 426 Nr 8). Ebenf kein Anspr auf Erstattg der Verteidigerkosten eines Unfallbeteil gg den, der dem VerkUnfall schuldh herbeigeführt hat (BGH **27**, 137). Kein ErsAnspr des UnfallVerl wg früherer Pensionierg inf einer bis zum Unf verborgenen Krankh (BGH NJW **68**, 2287). Verlust des SchadFreihRabatts vgl Vorbem 5 B o aa vor § 249. Erstattg von AnwKosten vgl Vorbem 5 B n, h vor § 249. Zu den dem Verl gesch HeilgsKosten gehört auch der vermwerte, objektivierb Aufwand zum Krankenbesuch dch nahe Angehör, auch wenn diese selbst die Kosten getr haben u nicht unterhpfl sind, u zwar einschl des Verdienstausfalls Selbständ (BGH NJW **85**, 2757); eig ErstattgsAnspr der Angehör nach § 683 (BGH NJW **79**, 598). Nicht ersfäh ist die vermehrte elterl Zuwend als solche an das verl Kind (BGH NJW **89**, 766). Wird der Verl in der Körperverl gehindert, einen geplanten Urlaub zu genießen, dann führt dies nicht zu einem Anspr auf Ers im VermSchad – und im ReiseVertrR –, wohl aber zur Berücksichtigg beim SchmerzGeldAnspr (BGH VersR **83**, 392; Vorbem 5 B h bb vor § 249). – Kosten der Bekämpfg von Ladendiebstählen, Fangprämie vgl Vorbem 5 B l bb vor § 249. Zum gleichen Problem bei

Einzelne Schuldverhältnisse. 25. Titel: Unerlaubte Handlungen § 823 12, 13

Fangprämie nach Unfallflucht im StrVerk, Will MDR **76**, 6. – § 7 StVG umfaßt auch Schäd, die von dem Fahrer vorsätzl herbeigeführt werden (BGH **37**, 311). **Schmerzensgeld** nur bei Haftg aus uH, nicht bei VertrHaftg. Verpfl zur Zahlg einer Rente ist auch außerh der Tatbest der §§ 843–845 mögl (vgl § 847 Anm 4 b). Prozeßrechtl ist ZPO 287 zu beachten. Ersatz „neu für alt" bei der Zerstörg od Beschädigg gebrauchter Sachen vgl Vorbem 7 D e vor § 249. Konkurrenz zw Vertr- u DeliktsAnspr u solchen aus ungerechtf Ber vgl § 463 Anm 5.

b) Bei **schuldhafter Verletzung ausschließlicher Immaterialgüterrechte** (Patent-, Gebr-, Geschmacksmuster-, UrhR) u analog bei Verl einer vergleichb Position wie WarenzeichenR (BGH **99**, 244) od BetrGeheimn (BGH NJW **77**, 1062) hat Geschädigter nach stRspr die Wahl zw drei versch SchadBerechnungen (vgl § 687 Anm 2 c): Angemessene Lizenzgebühr u ggf Ers des darü hinausgehden Schad, Ersatz des dem Verletzten entgangenen Gewinns oder Herausg des dem Schädiger zugeflossenen Gewinns, wobei die letztgenannte Berechnungsart keinen eigentl SchadErs darstellt, sond eine HerausgPfl entspr § 687 II (BGH **20**, 253). IF der SchadErsLizenz iW der Lizenzanalogie gibt es keinen allg Verletzerzuschlag (BGH **77**, 16), die Umst des EinzFalles können es aber rechtfert, die Vort der Stellg des Verletzers ggü der Stellg des Lizenznehmers, zB Abrechng nicht in kurzen zeitl Abständen, sond erst später, lizenzerhöhd zu berücksichtigen (BGH NJW **82**, 1151) od einen Anspr auf „aufgelaufene Zinsen" zuzusprechen, auch iR des Anspr auf WertErs nach § 818 II (BGH NJW **82**, 1154). Über die AuskPfl des Schädigers § 687 Anm 2 c und § 826 Anm 5 c. Bei schuldl Verl vgl Einf 6 b vor § 812.

c) **Vorteilsausgleichung.** Bei Gelders sind alle aus der uH hervorgegangenen VermZugänge u -Abgänge auszugleichen (BGH NJW **62**, 1909), vgl Vorbem 7 vor § 249. Fortzahlg des ArbLohnes währd der Erkrankg vgl § 616 Anm 5. Einfluß von UnterhGewährg an Verletzten vgl § 843 Anm 7. VorteilsAusgl nach SchadErsR u nach BereicherngsR vgl § 463 Anm 5, bei SchmerzG § 847 Anm 4 a.

d) Zuerkenng von **Buße** im StrafVerf schließt Geldmachg weiterer ErsAnspr aus, aber nicht ggü einem im StrafVerf nicht verurteilten ErsPflichtigen (RG **79**, 148).

e) **Maßgebender Zeitpunkt:** Letzte mdl TatsachenVhdlg vor Urteilsfällg. Rentenberechng vgl § 843 Anm 4. Fehlen die nöt Unterlagen zur Bemessg des zukünft Schad, ist Feststellgsklage mögl.

f) Bei **arglistiger Verleitung zum Vertragsschluß** kann das negat VertrInteresse, also vor allem die Befreiung von den vertragl Pflichten, verlangt werden (BGH NJW **62**, 1198); steht fest, daß bei Unterbleiben der uH der Vertr mit einem best and Inhalt zustgek wäre, so richtet sich der SchadErsAnspr auf die Herstellg des Zust, der bei Abschl dieses and Vertr gegeben wäre (BGH WM **76**, 1307 [1310]). Ers des ErfInteresses vgl § 123 Anm 5 b.

g) **Ehrenkränkungen.** Vgl § 824; zum PersönlichkR Anm 14 u über die Unterl sowie den Widerruf ehrenkränker Äußergen Einf 8 b und 9 b vor § 823. Über den Ehrenschutz ggü amtl Äußergen Einf 8 b cc. Bei Verletzg des Briefgeheimn kann Herausg der widerrechtl hergestellten Vervielfältiggen (RG **94**, 1) u Unterl jeder Verwendg der widerrechtl erlangten Kenntn verlangt werden.

h) **Auskunft** kann der Verletzte als HilfsAnspr des SchadErsAnspr verlangen, zB darü, wem ggü die ehrenkränkden Äußergen gemacht worden sind (vgl Einf 9 c). Über die AuskPfl des Schädigers bei Verletzg gewerbl Schutzrechte u die Verpflichtg zur Rechngslegg vgl § 687 Anm 2 c.

i) Über **Klage auf Unterlassung** Einf 8, über **Zurechnungszusammenhang** Vorbem 5 vor § 249.

13) **Beweislast.** Allg vgl Th-P Vorbem 7 vor § 284. Zusfassd Baumgärtel-Wittmann, Zur BewLastVerteilg iR des § 823 I BGB in Festschrift für Schäfer, 1980, S 13 ff. a) **Objektiven Tatbestand, Verschulden, Schaden, Ursächlichkeit** (haftgsbegründ u haftgsausfülld, vgl Vorb 8 a, c vor § 249) hat grdsätzl der Verletzte zu beweisen. Dazu gehört der Bew einer Hdlg des Verletzers, dh eines der Bewußtseinskontrolle u Willenslenkg unterliegden beherrschb Verhaltens unter Ausschl phys Zwangs od unwillkürl Reflexes durch fremde Einwirkg (BGH **39**, 103). Die Vermutg des § 1006 gilt auch für eine obj EigtVerl (BGH WM **77**, 225). Zur Entstehg eines Schad gehört auch die Realisierbark einer Fdg (BGH NJW **86**, 246).

b) **Anscheinsbeweis** u **Umkehr der Beweislast** vgl Vorbem 8 b aa, d vor § 249. AnschBew auch bei mehrgliedr Geschehensablauf, wenn Kausalverbindg zw 1. Ursache u Erfolg dch einheitl ErfahrgsSatz gedeckt ist. Beisp: 1. Unsachgem Verlegg eines Kabels; 2. Geeignet, Isolationsfehler hervorzurufen; 3. Brandausbruch gerade an dieser Stelle (BGH VersR **70**, 61). Bei Verstoß geg UnfallVerhütgsVorschr spricht der Bew des ersten Anscheins für die UnfallUrsächlichk des Verstoßes, wenn sich ein Unfall im Einwirkgs-Bereich der GefStelle ereignet (BGH Betr **74**, 426). Bei ProdHaftg vgl Anm 15 f. Die gleichen Grds gelten auch für delikt Anspr wg Emissionen/Immissionen. Danach hat der Emittent die Ortsüblichk u außerdem zu bew, daß er die zumutb Vorkehrgen zur Verhinderung einer Schädigg Dr dch Immission getroffen hat (BGH **92**, 143).

c) Für **ärztliche Behandlungsfehler** gilt unter dem Gesichtspkt der pVV u der uH: Den obj Fehler und seine Ursächlichk für den Schad hat der Patient zu bew (BGH NJW **88**, 2949). Dabei erfordert der Grds der Waffengleichh, daß der Arzt dem Patienten Aufschluß über sein Vorgehen in dem Umfang gibt, in dem dies ow mögl ist u insow auch zumutb Bew erbringt. Dieser Pfl genügt der Arzt weithin durch Vorlage einer ordngsgem Dokumentation im Operationsbericht od in der Patientenkartei, soweit sie im unmittelb Zushang mit der Operation bzw Behandl erstellt ist (BGH NJW **78**, 1681). Unzulänglichk od Unrichtigk der ärztl Dokumentation über die für Diagnose u Therapie wesentl medizin Fakten (BGH NJW **89**, 2330, Schmidt NJW **87**, 681) begründet die Vermutg, daß der Arzt eine nichtdokumentierte Maßn auch nicht getroffen hat und führt deshalb zu BewErleichtergen für den geschädigten Patienten bzw seine Erben, die, je nach dem Gewicht der Mögl, daß der BehandlgsFehler zum Mißerfolg beigetragen hat und nach dem Ausmaß der PflWidrigk zu BewLastumkehr reichen können (BGH **72**, 132, NJW **88**, 2949). Der Patient bleibt aber verpfl, darzulegen und ggf zu bew, daß ein vom Arzt zu vertretder Fehler als Ursache des eingetretenen Schad ernstl in Betr kommt (BGH NJW **83**, 332). Steht allerd fest, daß der Arzt einen **groben**

Behandlungsfehler gemacht hat, der geeignet ist, einen Schad der Art herbeizuführen, wie er tatsächl entstanden ist und der konkret die Kausalitätsfeststellg erschwert (BGH **85**, 212, NJW **88**, 2303 u 2949), so trifft ihn die BewLast für die fehlde Ursächlichk im Einzelfall, soweit dch sein Versehen unmittelb verurs, haftgsbegründde GesundhBeschädiggen (Primärschäd) in Frage stehen (BGH NJW **68**, 1185, 2293 u **88**, 2948). Grob ist der BehandlgsFehler, wenn er iR einer GesamtBetrachtg des BehandlgsGeschehens unter Berücksichtgg der konkreten Umst (BGH NJW **88**, 1511) aus obj ärztl Sicht bei Anlegg des für einen Arzt geltden Ausbildgs- und Wissensmaßst nicht mehr verständl und verantwortb erscheint, schlechterdings nicht unterlaufen darf (BGH NJW **83**, 2080). Die gleichen BewErleichtergen treten ein, wenn der Arzt die Erhebg u Sichg medizin zweifelsfrei gebotener Befunde zum Aufschluß über den BehandlgsVerlauf unterlassen hat u dadch die Aufklärg eines immerhin wahrscheinl UrsZushangs zw BehandlgsFehler u GesundhSchad erschwert (BGH NJW **88**, 2949). Ist die Gesundh des Patienten bei einer Operation dch einen nicht ausr qualifizierten Assistenzarzt geschädigt worden, so trifft die BewLast dafür, daß dies nicht auf der mangelnden Qualifikation beruht, den Krankenhausträger u die für die Einteilg des Operateurs verantwortl Ärzte (BGH **88**, 248). Die BewErleichtergen gelten nur, falls sich gerade das Risiko verwirklicht hat, dessen Nichtbeachtg den Fehler als grob erscheinen läßt (BGH NJW **81**, 2513). Die BewLast für die Ursächlichk des PrimärSchad für FolgeSchäd, die erst dch den inf des BehandlgsFehlers eingetretenen GesundhSchad entstanden sein sollen (SekundärSchad), trägt der Verl, außer wenn der SekundärSchad eine typ Folge des PrimärSchad ist (BGH NJW **88**, 2948). Für das Versch wendet der BGH hier, auch beim Tierarzt (BGH NJW **77**, 1102 u VersR **80**, 428), die BewLastregel des § 282 nicht entspr an, soweit es um Diagnose und Heilbehandlg geht, weil der Arzt nur kunstgerechtes Bemühen, nicht aber Heilerfolg und nicht immer obj zutreffde Diagnose zusagen könne; dagegen gelte § 282, soweit es um die Erf voll beherrschb NebenPfl gehe, insbes um die Gewährleistg der techn Vorauss für eine sachgem u gefahrl Behandlg (BGH NJW **69**, 553, VersR **78**, 82: Narkosegerät). Ebso muß, wenn ein Patient dch Verabreichg einer im Krankenhaus unsteril gewordenen Infusionsflüssigk geschädigt wird, der Krankenhausträger dartun u bew, daß der Fehler nicht auf einem ihm zuzurechnden Organisations- oder PersonalVersch beruht (BGH NJW **82**, 699). – Die vorstehd dargestellten Regeln der BewLastverteilg sind verfkonform (BVerfG NJW **79**, 1925) u gelten auch für grobe **Verletzung sonstiger Berufspflichten,** soweit sie auf die Bewahrg und vor Gef für Körper u Gesundh gerichtet sind, zB beim Krankenpflegepersonal (BGH NJW **71**, 241), Schwimmeister (BGH NJW **62**, 959), Inhaber eines Kioskes auf dem Kirmesplatz (Köln OLGZ **70**, 311).

d) **Erschwerung oder Vereitelung des Beweises** dch den Verletzer vgl Th-P § 286 Anm 5.

e) **Ausschluß der Widerrechtlichkeit.** BewLast vgl § 227 Anm 6, Vorb 8a vor § 249; bei Verl der ärztl AufklärgsPfl oben Anm 6 B h.

f) Bei **Verstoß gegen Schutzgesetz** muß Geschädigten den Verstoß, den ursächl Zushang zw Verstoß u Schad u grdsätzl das Versch des Schädigers beweisen. Steht der obj Verstoß gg das SchutzG fest, so muß der das SchutzG Übertretde idR Umst darlegen u beweisen, die geeignet sind, die daraus folgde Annahme seines Versch auszuräumen (BGH VersR **85**, 452). Ebso kommt dem Verl für den ursächl Zushang der AnscheinsBew zugute, wenn das verletzte SchutzG typ GefährdgsMöglichk entggwirken will u wenn zeitl nach diesem Verstoß gerade derjen Schad eingetreten ist, zu dessen Verhinderg das SchutzG ergangen ist (BGH NJW **84**, 432, BGH Betr **86**, 1815). Das Versch bezieht sich hier auf die SchutzGVerletzg. Bei Unterl einer dch G gebotenen Tätigk kehrt sich die BewLast hins der für das Versch maßgebl Tats, nicht jedoch auch hins der Ursächlichk regelm dahin um, daß Bekl sich entlasten muß (BGH NJW **73**, 2207), dh daß er alles getan hat, um Ausf des SchutzG zu sichern (RG **145**, 116). Über die BewLast bei Ehrverletzg § 824 Anm 8.

14) **Persönlichkeitsrecht.** Neuere Literatur: Brandner, Das allg PersönlkR in der Entwicklg dch die Rspr, JZ **83**, 689; Ehlers, Der GeldErs für immat Schäd bei delikt Verl des allg PersönlkR, Schriftenreihe der Ufita Heft 51, 1976; Freund, Der persönlichkeitsr Schutz des Werbeadressaten, BB **86**, 409; Gola, Das BDSG schafft neue Rechte für den Bürger, MDR **77**, 448; Hollmann, AuskAnspr des Patienten im DatenschutzR, NJW **77**, 2110; Hubmann, Das PersönlkR, 2. Aufl. 1967; Laufs, Schutz der Persönlich-Sphäre u ärztl Heilbehandlg, VersR **72**, 1; Leßmann, Persönlk Schutz jur Personen, AcP **170**, 266; Meister, Datenschutz im ZivilR, 1981; Schlechtriem, Inhalt u systemat Standort des allg PersönlkR, DRiZ **75**, 65; W. Schmidt, Die bedrohte EntschFreih, JZ **74**, 241 (Problem der Informationsbeschaffg u Datenverarbeitg im Verh zum PerslkSchutz); ders, Der verfgerichtl GrdRSchutz im öff MeingsKampf, NJW **83**, 2066; Stein, Der Schutz von Ansehen u Geheimsphäre Verstorbener, FamRZ **86**, 7; Tettinger, Der Schutz der pers Ehre im freien MeingsKampf, JZ **83**, 317; Weber, Der Schutz der Perslk im Recht der Medien, 1988. Weitnauer, PersönlkSchutz u PresseFreih, Betr **76**, 1413.

A) **Begriff.** Das PersönlkR ist aufzufassen als einheitl, umfassdes subj R auf Achtg u Entfaltg der Persönlk (BGH **13**, 334) od als sog QuellR für einzelne konkretisierte Gestaltgen (BGH **24**, 72 [78]).

B) **Grundlage und Gegenstand.** In der Rspr hat der BGH seit **13**, 334 u die hM aus Art 1, 2 GG ein allg PersönlkR abgeleitet u ihm in verfkonformer Anwendg u Auslegg der Generalklauseln (BVerfG **7**, 198) den Schutz der abs Rechte zuerkannt, soweit nicht bereits durch spezielle Normen der gebotene Schutz gewährt wird. AnsprGrdl ist neben § 823 I bei Erf des Tatbestd auch Abs II iVm § 186 StGB (BGH **95**, 212). – Ggst ist das R des einz auf Achtg seiner individuellen Persönlk ggü dem Staat u im priv RVerk (BGH **24**, 72 [76], **27**, 284). Der Schutz umfaßt die Persönk in doppelter Hins (zur Begründg des RefEntw zum G zur Änderg u Ergänzg schadrechtl Vorschr S 59): einmal in stat Sicht in ihrem R, in Ruhe gelassen zu werden (zB BGH MDR **65**, 371), zum and in dynam Sicht in ihrem R auf freie EntfaltgsMöglk u aktive Entschließgs- u HandlgsFreih (zB BGH **26**, 349). Im einz lassen sich daraus drei geschützte PersönlkSphären präzisieren (Hbg NJW **67**, 2314): a) Die **Individualsphäre** bewahrt den für jen Eigenart des Menschen in seinen Beziehgen zur Umwelt, insb in seinem öff u berufl Wirken. b) Die **Privatsphäre** umfaßt das Leben im häusl od Familienkreis u das sonst PrivLeben. c) Die **Intimsphäre** umfaßt die innere Gedanken- u Gefühlswelt mit

Einzelne Schuldverhältnisse. 25. Titel: Unerlaubte Handlungen § 823 14 B–D

ihren äußeren Erscheingsformen wie vertraul Briefen, Tagebuchaufzeichngen sowie die Angelegenh, für die ihrer Natur nach Anspr auf Geheimhaltg besteht, zB GesundhZustand (BGH Ufita **52**, 208), Sexualleben (BGH NJW **88**, 1984). Die Intimsphäre genießt grdsätzl absoluten PerslkSchutz (BGH NJW **88**, 1984). Hinzu kommen **d) spezielle gesetzliche Regelungen,** näml das NamensR § 12, das R am eig Bild §§ 22 ff KUrhG, das UrhR nach UrhRG, das BDSG. Es schützt, sow nicht spezielles G vorgehen (§ 45), persbezogene Daten, die in Dateien gespeichert, verändert, gelöscht od aus Dateien übermittelt werden v Beh od sonst öff Stellen, ferner v natürl od jur Pers, Gesellsch od and PersVereiniggen unterschiedl, ob für eig od geschäftsm für fremde Zwecke, gg Verarbeitg ohne gesetzl Erlaubn od Einwilligg des Betroffenen (§§ 1–3, 22, 31). Dieser hat in Bezug auf die zu seinen Pers gespeicherten Daten ein R auf Ausk, Berichtig iF der Unrichtigk, Sperrg u Löschg unter den Vorauss der §§ 4, 13, 14, 26, 27, 34, 35 BDSG; bis zur Löschg auch Anspr gg die übermittelnde Stelle auf Widerruf unzuläss übermittelter Daten (BGH VersR **83**, 1140). Verstoß gg das BDSG kann Verletzg eines SchutzG od des allg PersönlkR sein. Lit: Bull NJW **79**, 1177; Hümmerich u Kniffka NJW **79**, 1182, Klippel BB **83**, 407 je mwN, Simitis/Wellbrock NJW **84**, 1591, Winkelmann MDR **85**, 718. Widerruf der Einwilligg zur Datenverarbeitg macht die erfolgten Speichergen nicht rückw rwidr (Düss WM **85**, 1220). **e) Nach dem Tode** erleidet der Schutz des PersönlkR zwar eine Einschränkg, die sich aus der Nichtmehr-Existenz einer handelnden Pers ergibt, der Schutz des Lebensbildes gg grob ehrverletzde Entstellgen besteht aber weiter (BGH **50**, 133: Mephisto, MDR **84**, 997: Unbefugte Namensverwendg zur Werbg). Nach BVerfG NJW **71**, 1645 erlischt zwar das PersönlkR mit dem Tode u endet damit der Schutz aus Art 2 I GG, das Andenken bleibt aber dch Art 1 I GG geschützt. Zumind haben die Angehör – fragl, ob nur in einer best Reihenfolge (vgl Bückeburg NJW **77**, 1066) – einen Unterl- od Widerrufs-, aber keinen SchmerzGAnspr (BGH NJW **74**, 1371). Ebso genießen die Integrität des Leichnams u das BestR der Angehör Schutz. Sektion der Leiche od ein and Eingr, zB Organentnahme zwecks Transplantation sind ohne Einwilligg des Verstorbenen od seiner nächsten Angehör rwidr. Sehr zweifelh ist, ob neben der Einwilligg od subsidiär Notstand des Arztes als RFertiggsGrd anzuerk ist. Zur ganzen Problematik LG Bonn JZ **71**, 56, zust Deutsch VersR **70**, 715, krit Roesch VersR **70**, 1084, Geilen JZ **71**, 41, zufassd Laufs VersR **72**, 1 [6], Samson NJW **74**, 2030, Zimmermann NJW **79**, 569, Schack GRUR **85**, 352, Stein FamRZ **86**, 7. Die analoge Anwend des § 847 ist auch auf derart RVerletzgen abzulehnen, sie würde einer bedenkl Kommerzialisierg der erteilten od verweigerten Einwilligg Vorschub leisten. **f)** Auch die **juristische Person** u die **politische Partei** (Kln NJW **87**, 1415) genießen PersönlkSchutz, allerd nur in einem Umfang, der dch ihr Wesen als Zweckschöpfg des Rechts u ihre satzungsmäß Funktionen beschr wird. Bsp: Funktion als Religions- od WeltanschauungsGemsch (BGH VersR **81**, 231, auch SchmerzG); Streitigmachen der wirtsch Selbstbestimmg u Entfaltg im TätigkBereich als ArbG u WirtschUnternehmen (BGH NJW **75**, 1882); Vermarktg des bekannten Firmenzeichens eines Unternehmens als Scherzartikel reicht hierfür nicht aus (BGH **98**, 94). Ein Interessenverband ist außerh des § 13 UWG nicht ow befugt, Angriffe gg ein Unternehmen u die Persönl seiner Mitgl abzuwehren (Kln JMBlNRW **83**, 285). Ebso genießt die **Handelsgesellschaft** Schutz, sow ihr soz GeltgsAnspr mit ihrem AufgBereich betroffen wird; aber kein Anspr auf SchmerzG wg RufSchädigg (BGH **78**, 24). Gg rufschädigden Angriff auf einen Gter od BetrAngehör kann sie sich mit der UnterlKlage nur wehren, wenn dieser Angriff die Gesellsch selbst trifft (BGH aaO). Zufassd zum PersönlkSchutz von Verbänden Klippel JZ **88**, 625.

C) Die **Verletzungshandlung** liegt in einer **Beeinträchtigung** einer der vorgenannten Sphären, also in einem **Eingriff** zum Nachteil des Verl, der nicht notw auch vermrechtl Art sein muß. Die VerlHdlg kann mittelb auch in einer Information der Presse liegen. Stellt sich eine PresseBerichtErstattg nach den Grds unten D als Verl des PersönlkR dar, so beruht die Haftg des Informanten auf der Erwägg, auf die von ihm der InformationsErteilg, meist als mittelb Täter od Anstifter, die VerlHdlg veranlaßt hat. Er haftet dann für solche von ihm gesetzte Bdggen, die nach den damals bekannten Umst die obj Möglich des eingetretenen Erfolges nicht unerhebl erhöht haben (BGH NJW **73**, 1460). Dch eine Verl des PersönlkR der Ehefr bzw mj Abkömml wird als PersönlkR des Ehem bzw Erziehgs Ber nur dann verletzt, wenn nach damals zugl sein eig PersönlkBild mit der Vorstellg eines Minderwertes belastet od der Vorwurf einer Vernachlässigg der ErziehgsPfl erhoben wird (BGH NJW **69**, 1110). Wird ein Anspr auf Geldentschädigg wg Verl des PersönlkR auf eine Behauptg gestützt, die eine Straftat des Betroffenen zum Ggst hat, so ist die BewRegel des § 190 StGB, unter die grdsätzl auch rkräft Urt der StrafGer der DDR fallen, anwendb (BGH **95**, 212). **Beispiele** s Anm D c.

D) Widerrechtlichkeit des Eingr ist Vorauss für jeden Abwehr- u ErsAnspr. Sie kann ausgeschl sein dch einen allg RFertiggsGrd (vgl Anm 6 B), insb Einwillig des Verl. Für die kommerzielle Verwertg v Nackt-Aufn einer 16jähr ist deren eig Einwilligg erforderl (offengelassen BGH NJW **74**, 1947). Im übr gilt hier nicht der Grds, daß die Tatbestdmäßigk die RWidrk indiziert (BGH **24**, 72, **36**, 77, **45**, 296 [307]). Die Feststellg, daß jemand in seiner Persönlk verl ist, reicht also für sich nicht aus, um die RWidrk zu bejahen. Nöt ist vielm in jedem Einzelfall unter sorgs Würdigg aller Umst, insb des Grds der Verhältnismäßigk, abzugrenzen, ob der Eingr befugt war od nicht. Dies gilt auch iF priv Mitteilg einer Vorstrafe, die tilggsreif ist (Ffm NJW **76**, 1410) u iF der Übermittlg persbezogener Daten (BGH VersR **83**, 1140). Maßg für diese **Abgrenzung** ist das Prinzip der **Güter- und Interessenabwägung.** Dabei muß die soz od pers Nützlichk der gefährdden Hdlg zur Wahrscheinlichk u Größe der erwarteten Nachteile in Bez gesetzt werden (BGH NJW **78**, 2151). Widerrechtl ist der Eingr, wenn diese Abwägg zum Nachteil des Angreifden ausgeht (BGH **24**, 72: Offenbarg von Krankenpapieren, Kln NJW **59**, 525: Andenken Vermißter). Bei der **Abwägung** sind vornehml folgde **Umstände zu berücksichtigen:**

a) Auf seiten des Verletzten: aa) In **welche Sphäre** seiner Persönlk (vgl oben B) eingegriffen wurde. Dabei genießt die Intimsphäre absoluten Schutz (BGH NJW **81**, 1366). Sie ist einer öff Darstellg ganz verschlossen. Auch die PrivSphäre darf nicht ohne zwingden Grd verl werden (BGH NJW **65**, 685). Dem Betroffenen bleibt hier grdsätzl vorbehalten, welcher Öffentlichk er sich in seiner Persönlk darstellt (BGH NJW **81**, 1366). Ein Eingr in die Privatsphäre kann nach dem Prinzip der Güter- u Interessenabwägg befugt sein, wenn die wahrhgem Aufklärg über Vorgänge aus dem priv Lebensbereich einer Pers aus bes Grden für

§ 823 14 D 2. Buch. 7. Abschnitt. *Thomas*

die Allgh von Bedeutg ist (BGH NJW **64**, 1471, Kln NJW **70**, 1325: Veröffentlchg der ScheidgsAbs). Keinen so weitgehden Schutz genießt die Individualsphäre, insb die Betätigg im öff, speziell im polit Leben (BVerfG **7**, 198, BGH **45**, 296). Daß auch Informationen, die ein Mitarbeiter dch Einschleichen in den berufl TätigkKreis des Betroffenen hat, ohne Verl des PersönlkR veröffentlicht werden dürfen (so BGH **80**, 25), ist eine bedenkl Rspr. **bb)** Die **Schwere des Eingriffs** u seiner Folgen (BGH NJW **66**, 647), vor allem für Ers des immat Schad (vgl unten F). **cc)** Das **eigene Verhalten des Verletzten**, das dem Eingr vorausgeht. So muß jemand, der in Fragen der polit Haltg eine gezielte Einflußn versucht, das Risiko öff Kritik in scharfer Form auf sich nehmen (BGH **31**, 308 [314]). Wer im polit MeingsKampf auftritt, muß scharfe, abwertde Kritik seiner Ziele u Polemik gg seine Pers hinnehmen (BVerfG NJW **61**, 819, BGH NJW **45**, 1476), insb wenn sie ein adäquates Mittel zur Abwehr eines beabsicht grdrechtsgefährdden Verhaltens ist (BVerfG NJW **69**, 227). Wer im geist Meingskampf schwerwiegde Vorwürfe erhebt od sonst herausfordert, muß sich gefallen lassen, daß scharf u drast zurückgeschlagen wird (BGH **45**, 296 [309]). Zum Ehrenschutz in der polit AuseinandS vgl Otto JR **83**, 1.

b) Auf seiten des Schädigers: aa) Auch hier spielen die verl **Persönlichkeitssphäre**, die Schwere des Eingr u das vorangegangene Verhalten des Verl eine Rolle. **bb)** Ausschlaggebd ist das Motiv u der **Zweck des Eingriffs**. Es muß ein vertretb Verh bestehen zw dem erstrebten Zweck u der Beeinträchtigung des Betroffenen überh (BGH **31**, 308 [313], **36**, 77 [82]). Insb können die Verfolgg öff Interessen, die Aufklärg der Allgh, die Diskussion von Fragen des Gemeinwohls, die geist od polit AuseinandS, das **Recht zur freien Meinungsäußerung** u ihrer DchSetzg (BGH NJW **71**, 1655) u zur Kritik sowie die Freih von Kunst, Wissensch, Forschg u Lehre (Art 5 GG) eine Beeinträchtigg des PersönlkR rechtf. Das gilt insb für Presse – geschützt ist hier auch die Vertraulichk der RedaktionsArb (BVerfG NJW **84**, 1741) –, Rundfunk, Fernsehen, Film u Äußergen im Wahlkampf (BGH VersR **84**, 88) u im Parlament in einem öff AnhörgsVerf (BGH MDR **81**, 926). Dabei genießt grdsätzl keiner der beiden verf WerteVorrang vor dem and, vielm ist im EinzFall die Intensität des Eingr in den PersönlkBereich abzuwägen gg das Informationsinteresse der Öffentlk (BVerfG NJW **73**, 1226). Vorrang hat die MeingsFreih nur, soweit eine Äußerg Bestandt der ständ geist AuseinandS in Angelegenh von öffentl Bedeutg ist, die für eine freiheitl demokrat Ordng schlechthin konstituierd ist (BVerfG NJW **83**, 1415). Die Vermutg spricht für die Zulässig der freien Rede, wenn es sich um einen Beitr zum geist MeingsKampf in einer die Öffentlich wesentl berührden Frage handelt (BVerfG NJW **85**, 787 „schwarze Sheriffs"). Für die Abwägg gilt der Grds der Verhältnismäßig, dh die dem einen Schutzbereich abverlangten Einschränkgen müssen noch in angem Verh zu dem Gewinn an Wertverwirklchg für den and Bereich stehen (BGH NJW **78**, 1797). Dabei geht die krit WertUrt das R in Art 5 I GG auf Äußerg der eigenen, nicht der nach Meing des Ger richtigen Meing, auch wenn es sich um AußenseiterMeingen handelt (BGH **45**, 296 [306]). Unerhebl ist, ob der sich Äußernde Grde für seine Meing angibt od angeben kann, ob die Grde emotional od rational, wertvoll od wertl sind (BVerfG NJW **83**, 1415). Bei krit WertUrt ist eine Angabe tats BezugsPkte nicht erforderl (BGH NJW **74**, 1762), selbst wenn sie im polit MeingsKampf ehrverletzd sind (BVerfG NJW **76**, 1680). Die subj Meing darf gerade in StrPkten des allg Interesses, zB zur krit MeingsBildg bei AuseinandS mit Mißständen in einem ganzen Zweig der gewerbl Wirtsch, wirks, dh hart, scharf u übersptzt (BVerfG Betr **82**, 1609), abwertd, polem u iron geäußert werden; die Grenze ist vors Kränkg Andersdenkker (BGH NJW **87**, 1398), diffamierde Schmähkritik (BGH NJW **87**, 2225). Ehrverletzde unwahre TatsBehauptgen (Abgrenzg zu WertUrt vgl § 824 Anm 2) genießen, auch im Wahlkampf (BGH NJW **84**, 1104), keinen Schutz (BVerfG NJW **89**, 1789, BGH **84**, 237); ebso nicht ein abwertdes Urt, das zur bloßen Schmäh des Gegners herabsinkt, das jeden Bezug zu dem vertretenen Standpkt des Kritikers vermissen läßt u nicht mehr ein adäquates Mittel des MeingsKampfes ist (BGH NJW **80**, 1685). Zitate des Kritisierten müssen den BezugsZushang berücks u richt wiedergegeben werden; ein unricht Zitat genießt keinen Schutz. Ebso nicht rechtfertigt Art 5 I GG es nicht, eine nach dem Verständn eines Dchschnittslesers od -Hörers vertretb Interpretation einer mehrdeut Äußerg des Kritisierten als Zitat auszugeben, ohne kenntl zu machen, daß es sich um eine Interpretation des Kritikers handelt (BVerfG NJW **80**, 2072). Das Recht der Öffentlk auf wahrhgem Information rechtfertigt nur solche wahre Mitt, an deren Kenntnisn die Öffentlichk ein berecht Interesse hat (KG NJW **89**, 397). Ein rein gewerbl Interesse an der Verbreitg von Sensationsnachrichten („Knüller") rechtfertigt keine PersönlkRVerletzg (BGH **39**, 124, NJW **77**, 1288). Einen Verdacht auf ehrenrühr Vorgänge darf die Presse nur veröff, wenn sie dch ihr mögl Ermittlgen die Gef, über die Betroffenen etwas Falsches zu verbreiten, nach Kräften ausgeschaltet u wenn sie einen Mindestbestand an BewTats zusgetragen hat, die für den WahrhGeh ihrer Information sprechen. Das Interesse der Allgemeinh an histor Aufklärg u Belehrg, ferner an der Aufklärg u künft Verhinderg v Verbrechen kann rechtfertigder Grd z Darstellg v Hdlgen, Namensangabe u BildVeröff, auch in unterhalts Form im Fernsehen sein (Mü NJW **70**, 1745, Ffm NJW **71**, 47). Bei Berichterstattg über aktuelle Straftaten geht das allg Informationsinteresse dem PersönlkSchutz idR vor, jedoch ist bei späterer Berichterstattg eine Gefährdg der Resozialisierg rwidr (BVerfG NJW **73**, 1226, Kln JMBlNRW **86**, 268). Die Berichterstattg über ein strafr ErmittlsVerf muß den jeweil ErkenntnStand der ErmittlgsBeh zutreffd u ausgewogen wiedergeben, darf nicht einen Verdacht als Gewißh hinstellen u nicht bekannte entlastde Umst verschweigen od nur an versteckter Stelle mitteil (Düss NJW **80**, 599), darf nicht unter Verstoß gg die UnschuldsVermutg eine Verurteilg enthalten (Kln NJW **87**, 2682). Die GerBerichterstattg muß zw Verdacht u erwiesener Schuld streng unterscheiden u, wo das pers Ansehen auf dem Spiel steht, im Kernpunkt genau u obj sein (BGH NJW **79**, 1041). Vgl auch § 839 Anm 15 Fernsehanstalt. Das Opfer einer Straftat hat grdsätzl Anspr darauf, daß das an ihm begangene Verbrechen nach Berichterstattg in der Presse über das abgeschl GerVerf nicht auch noch zum Ggst eines Fernsehfilms gemacht wird (Hbg NJW **75**, 649). – Boykottaufruf eines Presseorgans zum Zweck des wirtsch Wettbew mit Mitteln, die über eine freie geist ÜberzeuggsBildg hinausgehen, indem sie wirtsch Druck auf die Adressaten mit der Gefahr schwerer Nachteile ausüben, ist dch Art 5 GG nicht gedeckt (BVerfG NJW **83**, 1180). – Die **Freiheit der Kunst** (Art 5 III 1 GG) unterliegt nicht den Schranken des Art 2 I Halbs 2 GG, ist aber nicht schrankenl auszuüben, sond der in Art 1 I GG garantierten Würde des Menschen eingeordnet (BGH **84**, 237). Kunst- u MeingsÄußerg schlie-

Einzelne Schuldverhältnisse. 25. Titel: Unerlaubte Handlungen § 823 14 D

ßen sich nicht aus, eine Meing kann auch in Form künstler Betätigg kundgetan werden (BVerfG NJW 87, 2661). Die KunstFreihGarantie schützt nicht nur die eigentl künstler Betätigg, den „Werkbereich", sie umfaßt auch den „Wirkbereich", also die Darbietg des KunstWks dch Medien u Werbg (BVerfG NJW 88, 325). Bei Lösg der SpannsLage zw PersönlkSchutz u R auf KunstFreih ist abzustellen auf die Wirkg des KunstWks im Sozialbereich u auf kunstspezif GesichtsPkte. Dabei ist zu beachten, ob u inwieweit das „Abbild" ggü dem „Urbild" dch die künstler Gestaltg des Stoffes u seine Ein- u Unterordng in den Gesamtorganismus des KunstWks so verselbständ erscheint, daß das Individuelle, PersIntime zG des Allg, Zeichenhaften, der „Figur" objektiviert ist. Ergibt eine solche Betrachtg, daß den Künstler ein „Porträt" des „Urbilds" gezeichnet hat od gar zeichnen wollte, kommt es auf das Ausmaß der künstler Verfremdg od den Umfang u die Bedeutg der „Verfälschg" für den Ruf des Betroffenen od dessen Andenken an (BVerfG NJW 71, 1645, Mephisto). Bei der Abwägg beider Belange ist auf die nachteil Auswirkgen der Veröffentlichg für das PersönlkR des Dargestellten u auf die in Veröffentlichungsverbot betroffenen Belange freier Kunst abzustellen, wobei auch hier ein Schutzbedürfn für eine eindeut falsche Beschuldigg nicht besteht (BGH 84, 237). Eine grdlegde negative Entstellg dch freie Zutaten, ohne daß dies als satir od sonst Übertreibg erkennb ist, ist auch in einem KunstWk rwidr (BGH 50, 133). Karikaturen, die in den Kern menschl Ehre eingreifen, sind dch Art 5 III GG nicht gedeckt (BVerfG NJW 87, 2661). Die **Dokumentation** bewegt sich mit TatsBehauptgen auf der Ebene der realen Wirklichk. Der Inhalt als MeingsÄußerg genießt nicht den Schutz des Art 5 III GG. Dieser Schutz erstreckt sich nur auf die Form als solche (Stgt NJW 76, 628, Dokumentarsatire). – **Die Freiheit der Wissenschaft und Forschung** ist beschr dch die Wahrg verfassgemäß geschützter Rechte und (Kln MDR 84, 231, zust Deumeland), sie berecht nicht zur Aufstellg unwahrer TatsBehautgen. – Wg des GrdR auf **rechtliches Gehör** (Art 103 I GG) ist die Aufstellg ehrverl Behauptgen zur RVerfolgg od RVerteidigg innerh eines gerichtl Verf, einer StrafAnz, eines Verf vor der RA-Kammer grdsl nicht rechtsw, ohne daß es auf der Nachw der Unwahrh ankommt; ebso Vorbringen eines Beteil in einem VerwVerf, das als sachl Grdlage für diese Verf geeignet ist (vgl Einf 8b bb vor § 823; dort auch Äußergen im engsten Familienkreis od ggü eig RA). **cc)** Die **Art und Weise des Eingriffs.** Es muß ein vertretb Verh bestehen zw dem erstrebten Zweck sowie Form, Art u Ausmaß des Angriffs. Letztere müssen geeignet u angem sein zur Erreichg des Zweckes. Dabei gewährt Art 5 GG iR einer geistigen Meingskampfes u freier Diskussion bei wertden Urt über Fragen von allg Bedeutg auch hinsichtl der Art u Form der Äußerg große Freih (BGH 45, 296 [308]), die abwertde Kritik darf, solange sie sachbezogen ist, scharf, schongslos, ausfäll sein. Es darf aber keine Schmähkritik sein, die auch aus der Sicht des Kritisierden keine vertretb Grdlage mehr hat (BGH NJW 81, 2117). Sie genießt, ohne daß es auf Güter- u InteressenAbwägg ankommt, keinen RSchutz (BGH NJW 77, 626). Schließl ist bei Verbreitg ehrenrühr TatsBehauptgen in Art u Form des Angriffs große Zurückhaltg geboten.

c) Beispiele. aa) Rechtswidrige Verletzung bejaht: Veröffentlichg eines Briefes od priv Aufzeichngen mit Ändergen u Auslassgen (BGH **13**, 334), von Tagebüchern (BGH **15**, 249). Ungefragtes Fotografieren einer Pers, auch zu BewSichsZwecken, außer uU zur Identifizierg eines Straftäters (Ffm MDR **81**, 316, Hamm JZ **88**, 308). BildVeröffentlichg für geschäftl Zwecke, insb für Werbezwecke (BGH NJW **71**, 698). BildVeröffentlichg einer nicht im öff Leben stehden Pers (BGH NJW **65**, 1375), der Eltern bei Bericht über rauschgiftsücht Sohn (BGH VersR **74**, 756, 758), aus dem Intimbereich in einer Wochenzeitschrift (Stgt NJW **82**, 652). Veröffentlichg einer ohne Wissen gemacht BildAufn (BGH **29**, 243, Mü NJW **88**, 915), der NacktAufn einer Mdj ohne Einwilligg des ges Vertr (Düss FamRZ **84**, 1221), der ohne Einwilligg gestatten Aufnahme einer barbus Frau am Badestrand (Oldbg NJW **89**, 400), uU der barbus Aufn einer Frau 5 Jhre nach der unter and Umst erteilten Einwilligg (Ffm NJW-RR **87**, 1433). Veröff einer ohne wirks Einwilligg gemachten pornograf Aufn (Stgt NJW-RR **87**, 1434). Veröff eines Fotos im Zushang mit einem Artikel über Aids (Hbg NJW-RR **88**, 737). FernsehAusstrahlg einer für and Zwecke gestatteten NacktAufn (BGH NJW **85**, 1617), Verwendg eines aus and Anlaß gemachten Fotos für Werbeprospekt (Ffm NJW-RR **87**, 541). Ungen Veröff von Informationen aus vertraul Gesprächen (BGH NJW **87**, 2667). Veröff heiml abgehörten Telefongesprächs (BGH **73**, 120). Verhinderg pers od telefon KontaktAufn unter nahen Verwandten (KG JZ **89**, 38). Verarbeitg von VideoAufn eines Betrunkenen (Ffm NJW **87**, 1087). Unbefuge NennNng eines Namens zu WettbewZwecken (BGH MDR **84**, 997, eingeh Sack WRP **84**, 521), den der Berecht selbst im GeschVerk werbd verwendet (BGH **81**, 75). Namentl Nenng einer Pers im ZusHang mit Werbg (BGH **30**, 7 u **35**, 363); namentl Nenng eines RA als SpezialAnw für best RMaterie in einer Zeitschr ohne dessen Einverständn (Hbg GRUR **78**, 325). Erdichtetes Interview (BGH NJW **65**, 685). Kritik an Stellenbesetzg wg Auswahl nach Parteimitgliedsch kann ausnahmw Verl des PersönlkR des Angest enthalten (BGH NJW **82**, 1805 „schwarzer Filz"). Fortsetzg individ gestalteter Briefwerbg gg den Widerspr des Empf kann das PersönlkR verletzten (BGH NJW **73**, 1119, Mü NJW **84**, 2422, Stgt ZIP **87**, 1487). Telefon Wahlwerbg dch polit Part (Stgt NJW **88**, 2615). Unzuläss VerkWerbg mit Abbildg eines fremden Grdst (BGH NJW **71**, 1359). Verwendg eines Lügendetektors (BGHSt **5**, 332). Heiml TonbandAufn eines – auch geschäftl – Telefongesprächs zur Verwendg als BewMittel in einem ZivProz über VermVerh (BGH NJW **88**, 1016). Abspielen heiml gemachter TonbandAufn, wenn nicht überwiegde Interessen der Allg dies zwingd gebieten (BVerfG NJW **73**, 891, BGH **50**, 133). Verbreitg des ungenehm Tonbandschnitts eines vertraul Gesprächs (BGH NJW **81**, 1089). Überwachg des Ehepartners dch einen heiml in die Wohng eingeführten Dr (BGH NJW **70**, 1848). Ständ Überwachg der ArbN am ArbPlatz dch versteckte Kamera, außer wenn überwiegde schutzwürd Interessen des ArbG dies rechtfertigen (BAG BB **88**, 137). Einholg graphologo Gutachtens ohne Einwilligg des ArbNehmers (LAG Fbg NJW **76**, 310). Nichtberücksichtig einer Stellenbewerberin wg ihres Geschlechts (LAG Hbg Betr **88**, 131). EhrVerletzg dch negativ entstelldn Pressebericht (BGH **31**, 308), dch verzerrte Reportage (BGH **39**, 124), dch polit Informationsschrift (BGH Warn **65**, 207), dch wahrwidr Pressebericht über IntimBeziehgen eines kathol Geistl zu einer verheirateten Frau (BGH VersR **88**, 405), dch Bezeichng eines ArbGebers als Halsabschneider in GewerkschZeitg (BGH WM **77**, 653), dch unkorrekte od unvollst Zitierweise mit herabsetzd Wirkg auf den Hörer (BGH NJW **82**, 635), dch Aufführg eines Theaterstücks, das den Ruf einer AG beeinträchtigt (BGH NJW **75**, 1882), dch ehren-

§ 823   14 D–F   2. Buch. 7. Abschnitt. *Thomas*

kränkde Behauptg zweifelh Tats über Reichstag-Brandstiftg (BGH NJW 66, 648), dch vors unricht Angaben eines Kreditinstituts an die Schufa über ein KreditVerh (Ffm WM 88, 154, kein SchmerzG). Ehrverletzde Gestaltg einer Schlagzeile in TagesZeitg (Hbg NJW-RR 88, 737). Entstellg des Lebensbildes Verstorbener (BVerfG NJW 71, 1645). In einem Sachbuch steht der offenen Aussage die verdeckte gleich, sow der Autor Schlußfolgergen dem Leser als eig unterbreitet (BGH 78, 9). Eingr in Therapie u AnsehensSchädigg des Arztes dch Kritik des Apothekers an der Medikamentierg (Celle OLGZ 78, 74). Veröff von Scheidgs-Abs, selbst wenn sie tats bestehen (Hbg NJW 70, 1325). Vorspiegel von ScheidgsAbs u Versprechen anschließder Eheschließg dch verheirateten Mann (Hamm NJW 83, 1436; abl Pawlowski NJW 83, 2809), Veröff einer unwahren VerlobgsAnz (Saarbr NJW 78, 2395). Fernsehberichterstattg über Mitgliedsch u Tätigk unter Namensnenng in einer kirchl Organisation (Mü NJW 86, 1260). Zuschieb eines fremden Werks an einen angesehenen Autor (KG Ufita 48, 274). Jemandem Äußergen in den Mund legen, die er nicht getan hat u die seinen von ihm selbst definierten sozÜGeltgsAnspr beeinträchtigen (BVerfG NJW 80, 2070, Hbg NJW 87, 1416). Nicht genehmigte Organtransplantation von einem Verstorbenen (LG Bonn JZ 71, 56; vgl auch oben B e). Verstoß gg Grds der Verhältnismäßigk bei Fahndg in Massenmedien (Hbg GRUR 79, 72, NJW 80, 842). Presseberichte, die währd eines noch laufden ErmittlgsVerf unter Verstoß gg die UnschuldsVermutg eine Vorverurteilg der Betroffenen enthalten (Kln NJW 87, 2682). Gefährdg der Resozialisierg dch Bericht über Straftat (BVerfG NJW 73, 1226). Boykottaufruf, der vornehml mit wirtsch Machtmitteln dchgesetzt werden soll (BVerfG NJW 69, 1161), ähnl NJW 83, 1180).

bb) Rechtswidrige Verletzung verneint: Vorwürfe gg angebl Mißstände bei DLeistgen ggü denjen Stellen, die zur Beseitigg solcher Mißstände berufen sind (BGH WM 78, 62). Zutr Bericht über gewerbl Waffenhandel (BGH 36, 77). Abwertde Kritik an gewerbl Betätigg (BGH 45, 296 „Höllenfeuer"). Wahrhgem Presseberichterstattg über in öff Verhandlg erörterte Straftat (Stgt MDR 86, 935). Wahrheitsgem Bericht über wirtsch Mißstände mit Namensnenng u BildVeröff best GewTreibder (Hbg MDR 72, 1038). Fernsehbericht über die Gefahren eines best Prod, in dem beispielh das Etikett eines solchen Prod gezeigt wird (BGH NJW 87, 2746). Massive Kritik eines Gters an der GeschFg bei gesellschinterner AuseinanderS (BGH MDR 72, 227). Gewerbeschädigde berecht Kritik an DLeistgen (BGH WM 78, 62). Boykottaufruf aus eth Grden (Kln NJW 65, 2345); ebso, wenn er nicht mit wirtsch MachtMitteln dchgesetzt werden soll (Stgt GRUR 75, 505 „Piz Buin"). Antiwerbg (BGH NJW 91, 117). Boykottaufruf kann dch freie MeingsÄußerg gerechtf sein (BVerfG 7, 198 „Lüth"). Mitteilg von Krankenpapieren (BGH 24, 72; aA Laufs NJW 75, 1433: auch Weitergabe unter Ärzten bei PraxisVeräußerg od -Nachf ohne Zust des Patienten verletzt dessen PersönlkR); keine Beeinträchtig des HausEigtümers dch Bekanntg der Wohng einer Prostituierten im Film (BGH NJW 60, 1614). FilmAufn einer Pers in ihrer gegenwärt Umwelt, deren Verhalten im natsoz Staat Anlaß zu Kritik gab (BGH NJW 66, 2353). Fälschl Zuschreibg eines Ausspr an einen Politiker, wenn sie dessen PersönlkBild entspricht (Stgt JZ 77, 684). Öff Darbietg od Weitergabe gefälschter Aquarelle geraume Zt nach dem Tod des imitierten Malers (Schlesw NJW 88, 339: Nolde). Namensnenng einer Bank, aber grdsätzl nicht des schuld Direktors bei Bericht über Kreditschwindel (Stgt NJW 67, 1422). Versehentl Nichteinlösg eines Wechsels u Veranlassg der Eintr in die Liste der Wechselproteste (KG WM 79, 210). Psycholog EigngsUntersuchg (BAG MDR 64, 535, BVerwG NJW 64, 607). Namensnenng eines vermißten Soldaten auf Gedenktafel (BGH Ufita 51, 291). Weiterleitg eines ausgefüllten Fragebogens an das BAmt für VerfassgsSchutz zur SicherhPrüfg (BAG Betr 84, 139). Bloßes Auslegen pornograph Schriften in einer Buchhandlg (BGH 64, 178). Fotografieren eines Wohngsbalkons im Zushang mit einem ZivProz (Celle MDR 80, 311). Wiedergabe eines vertraul Gesprächs aus der Erinnerg (BGH 80, 25); hat sich der Publiziierde die Informationen widerrechtl in der Absicht verschafft, sie gg den Getäuschten zu verwerten, so hat die Veröffentlichg grdsätzl zu unterbleiben, ausgen die Bedeutg der Informationen für den Unterricht der Öffentlk u für die öff MeingsBildg überwiegt eindeut die Nachteile des RBruchs für den Betroffenen u für die ROrdng (BVerfG NJW 84, 1741). Priv Mitteilg einer Vorstrafe trotz VerwertgsVerbots in § 49 BZRG (Ffm NJW 76, 1410). Weitergabe nicht gesicherter Erkenntn über ehrenrühr od strafb Verhalten eines Dr an Stellen außerh der öff Hand, die dadch an die Öffentlk gelangen, kann nach dem Grds der Güter- u Interessenabwägg rechtswidr sein (BGH 78, 274). BildVeröffentlichg eines Bundesligaspielers auf Deckblatt eines Fußballkalenders (BGH GRUR 79, 425), als Spitzentennisspieler auf dem Schutzumschlag eines Tennislehrbuchs (Ffm VersR 89, 258). Bericht über Untaten währd des natsoz Gewaltherrsch mit Namensnenng (Ffm NJW 80, 597). Fotografieren eines in der Öffentlk spielden Kindes als BewMittel für Beschädigg eines Zaunes im ZivProz (KG NJW 80, 894). Fotografieren eines Hauses mit Bewohnern im Garten aus der Luft ledigl zu dem Zweck, die Aufn den Bewohnern zum Kauf anzubieten (Oldbg NJW-RR 88, 951). Weitergabe persbezogner Negativmerkmale des Bü eines Personalkredits an die Schufa dch die kreditgebde Bank (Kln ZIP 84, 1340). Täuschg des Ehem bei Abschl eines sog LeihmutterVertr, Verbreitg rgeschäftl Vereinbgen in einem solchen Vertr (LG Freibg NJW 87, 1486).

E) Verschulden. Den Erfordern des PersönlkSchutzes muß die nöt Beachtg geschenkt werden (BGH NJW 65, 685). Insb ist eine sorgfält Abwägg iS oben Anm D vorzunehmen. Für alle Publikationsmittel, auch Herausgeber u Verlage besteht die Verpfl, einen gez Vertr od ein Sonderorgan (§§ 30, 31) mit der Aufg zu betrauen, krit Beiträge unter dem Gesichtspkt des RSchutzes Dritter zu prüfen (BGH 39, 124, 130, NJW 80, 2810). Das gilt in AusnFällen auch für den Inhalt einer die RGüter Dr gefährdden unricht Anz im AnnoncenTl (BGH NJW 72, 1658, Saarbr NJW 78, 2395: unwahre VerlobgsAnz). Bei PerslkRVerl in einem Presseartikel haftet der Ressort-Redakteur (Kln NJW 87, 1418); außerdem der verantwortl Redakteur, wenn die Verl einen Straftatbestand ausfüllt oder wenn er die ihm v Verleger auferlegte Inhaltskontrolle pflwidr unterlassen hat (BGH NJW 77, 626). Es stellt grdsätzl keine Verl journalist SorgfPfl dar, wenn sich der Journalist bei seiner Berichtstattg auf amtl PresseMitteilgen verläßt (Brschw NJW 75, 651). Haftg des Verlags nach § 831.

F) Ansprüche des Verletzten. Berecht ist nur der unmittelb Verl, nicht auch derjen, der von den Fernwirkgen eines Eingr in das PersönlkR eines und nur mittelb belastet wird, solange diese Auswirkgen nicht auch als Verl des eig PersönlkR zu qualifizieren sind (BGH NJW 80, 1790). Für die Entsch ist der

Einzelne Schuldverhältnisse. 25. Titel: Unerlaubte Handlungen § 823 14, 15

ZivRWeg auch bei Kl gg öffrechtl Anst gegeben (BGH **66**, 182; für Kl auf Unterlassg u Widerruf aA – VerwRWeg – Bettermann NJW **77**, 513). Die rwidr Verletzg des PersönlR gibt Anspr auf Unterlassg (Einf 8), bei WiederVeröffentlichg eines Sachbuches uU verbunden mit klarstellden Zusätzen (BGH **78**, 9), auf Beseitigg (Widerruf, Berichtigg, Ergänzg, Einf 9) u auf GgDarstellg (Einf 10); wg spezieller Anspr nach BDSG vgl vorstehd Anm B d. Sie sind vermrechtl Natur nur ausnahmsw dann, wenn das RSchutzBegehren in wesentl Weise auch der Wahrg wirtsch Belange – über eine ReflexWirkg hinaus – dienen soll (BGH NJW **74**, 1470 u MDR **83**, 655). Die rwidr schuldh Verletzg gibt Anspr auf SchadErs (Anm 12). Auch wettbewrechtl Anspr iF unbefugten NamensGebr können in Frage kommen (Sack WRP **82**, 615). Die mit dem GG vereinb (BVerfG NJW **73**, 1221) Rspr (BGH **26**, 349; **39**, 124) gibt auch Anspr auf **Ersatz des immateriellen Schadens** in Geld unter zwei einschränkden Voraussetzgen (BGH NJW **71**, 698): Es muß sich um eine schwere Verletzg des PersönlR handeln u Genugtuung dch Unterl, GgDarstellg od Widerruf darf nach Art der Verletzg auf and Weise nicht zu erreichen sein. Ob der Eingr derart schwer ist, daß dem Betroffenen, dessen nichtvermrechtl Einbuße auf and Weise nicht ausgleichb ist, gerechterw eine Genugtuung in Geld für erlittene Unbill zuzusprechen ist, ist nach den Umst des Einzelfalles zu beurteilen; dabei kommt es insb auf den Grad des Versch, Art u Schwere der Beeinträchtigg, Nachhaltigk u Fortdauer der Interessen- u Rufschädigg Anlaß u BewegGrd des Handelns u darauf an, in welche geschützte Sphäre der Eingr stattgefunden hat (BGH NJW **85**, 1617, VersR **88**, 405). Der Umst, daß der Verl um die Wiedergutmachg vor Ger streiten muß u seine Rechte erst nach Jahren dchsetzen kann, rechtfertigt idR SchmerzG, weil dch so späte Richtigstellg der StörgsZust für die Vergangenh nicht mehr zu beseitigen ist (BGH **66**, 182). Vermindernd kann uU wirken, daß der Betroffene keine GgDarstellg veranlaßt hat (BGH NJW **79**, 1041). Herausfdg dch den Verl kann ggf ErsAnspr sprechen (BGH **54**, 332). Vorsätzl Handeln wird hierbei nicht vorausgesetzt (BGH NJW **63**, 904), jedoch kann bei versehentl Veröffentlichg eines Nacktfotos zu einem and Zweck als demj, für den es der Verletzte zur Vfg gestellt hat, schwere Beeinträchtigg verneint werden (Stgt NJW **83**, 1204). Ungünst dienstl Beurteilg eines Beamten gibt grdsätzl keinen Anspr auf SchmerzG (BGH MDR **72**, 305). Ebso im konkr Fall widerrechtl Offenlegg von Personalakten (LAG Kln Betr **83**, 1664). In öff Rüge eines Beamten dch Dienstvorgesetzten sah BGH MDR **77**, 206 unter den Umst des Falles keine schwere Beeinträchtigg. Ebso wird bei Ehrverletzg im ZivProz ein solcher Anspr verneint, weil Kreis derer, die hiervon erfahren, übersehb (BGH BB **64**, 150). Ebso bei vertraul Äußerg (BGH Betr **72**, 677). Auch kein EntschAnspr des hintergangenen Eheg kg den am Ehebruch beteil Dr (BGH NJW **73**, 991). Endl kein SchmerzG bei Verl des PersönlkSchutzes einer HandelsGesellsch (BGH NJW **80**, 2807) u Verstorbener (BGH NJW **74**, 1371). Die bloße Einholg eines graphologen Gutachtens über einen ArbNehmer ist kein genügd schwerer Eingr in Rechtfertigg v SchmerzG; bei der Bek an od Verwertg gg den ArbNehmer kommt es auf den Einzelfall an (eingehd Bepler NJW **76**, 1872). Der Umst, daß die PersönlkRVerl zugl VertrVerl ist, schließt den Anspr nicht aus (Wiese Betr **75**, 2309). – Das Schrifttum folgt dieser Rspr teilw nicht (ZusStellg bei Giesen NJW **71**, 801; dogmat Untersuchg, die der Rspr weitgehd recht gibt, bei Ehlers, vgl Literatur zu Beginn dieser Anm). Ausdrückl ges Regelg in § 97 II UrhRG. – Neben dem Anspr aus uH können bei unberecht Nutzg eines fremden PersönlkR Anspr aus § 812 (vgl dort Einf 6 b, Anm 3 a, 4 d) u aus § 687 II (vgl dort Anm 2 c) bestehen.

15) Produkthaftung
a) Gesetzliche Regelung. Die ProdHaftg wird in der EG übereinstimmd als GefährdgsHaftg geregelt. In der BRep müßte seit *1. 8. 88* das ProdHaftG gelten, abgedruckt u kommentiert hinten unter den NebenG. Nach seinem § 15 bleibt daneben die DeliktsHaftg anwendb; bis zu dem in Kürze in Kraft tretden ProdHaftG ist sie die einzige AnsprGrdlage.

b) Anspruchsgrundlage der Delikthaftung.
aa) § 823 I unter dem GesichtsPkt Verl der VerkSichgsPfl. Die haftgsbegründde Hdlg des Herst (vgl unten Anm c gg) ist das InVerkBringen (vgl ProdHaftG 1 Anm 6 a) des fehlerh (vgl ProdHaftG 3) Produkts (vgl ProdHaftG 2). Der Verstoß gg die dem Herst obliegde VerkSichgsPfl begründet die RWidrigk. Ansprberecht ist jeder Geschädigte, gleichviel ob es sich um den Abnehmer des Prod, einen sonst Benutzer od einen unbeteil Dr handelt. Der zu ersetzde Schad umfaßt sämtl BegleitSchäd aus der RGutsVerletzg, nicht aber bloßen allg VermSchad, nicht auch das Leistgsinteresse bezügl des Prod. Sind Herst u Verk im EinzFall persgleich, besteht zw ProdHaftg u vertragl GewlAnspr echte AnsprKonkurrenz, bei der auch hins der Verj jeder Anspr seinen eig Regeln folgt (BGH **67**, 359; abl Lieb JZ **77**, 346; zust Röhl JZ **79**, 369). Verh zw Gewl u ProdHaftg vgl ProdHaftG 3 Anm 1.

bb) § 823 II erfaßt einen Teilbereich der ProdHaftg, sow für die Herstellg von – meist gefahrgeneigten – Prod SchutzG bestehen. Als SchutzG zG des Verbr kommen in Frage StVZO, LebMG, ArzneiMG (weitere Angaben bei Diederichsen, Haftg des WarenHerst, 1967, S 78 ff), Medizingeräte VO v allem das G über techn Arbeitsmittel, Gerätesicherheitsgesetz v 24. 6. 68, BGBl S 717. Vgl oben Anm 9 f. § 3 des GerätesicherhG ist SchutzG iS des § 823 II (BGH NJW **80**, 1219). Geschütztes RGut ist Leben u Gesundheit, nicht Eigt u Verm. Eine Abweichg von einer der in § 3 genannten Best kann einen ProdFehler nur begründen, wenn die Best dem GefSchutz dient (BGH NJW **85**, 1769). Der Herst haftet für Konstruktions-, Fabrikations- u Instruktionsfehler (vgl ProdHaftG 3 Anm 2). Eine GefährdgsHaftg begründet § 3 nicht, doch wird bei SchutzGVerletzg Versch vermutet (BGH VersR **68**, 592).

cc) § 831 hat wg der Möglichk des EntlastgsBew im Hinbl auf die eig OrganisationsPfl des Herst kaum prakt Bedeutg.

c) Abweichungen der Delikthaftung gegenüber der Haftung nach dem ProdHaftG (s NebenG).
aa) Verschulden des Herst ist Vorauss seiner Haftg. Es liegt in dem zumind fahrl Verstoß gg seine VerkSichgPfl bei InVerkBringen (vgl ProdHaftG 1 Anm 6 a) des fehlerh (vgl ProdHaftG 3) Prod (vgl ProdHaftG 2). So muß sich der Herst bei Konstruktion, Produktion u Instruktion (vgl ProdHaftG 3 Anm 2 a–c) nach dem erkennb u ermittelb **Stand von Wissenschaft und Technik** richten (vgl ProdHaftG 3 Anm

3 c). Maßgebd sind dabei die Erkenntn, die zu der Zt bestanden, als eine SchadAbwendg in Betr kam (BGH 80, 186). – Für sog **Ausreißer** besteht mangels Versch keine DeliktsHaftg – and die GefährdgsHaftg nach ProdHaftG. Das sind Fabrikationsfehler, die trotz aller zumutb Vorkehrgn unvermeidb sind (BGH VersR 56, 410, VersR 60, 855); dasselbe gilt für ProdSchäd, die auf Fehlern zugelieferter Teile beruhen, die trotz der dchgeführten, gebotenen Kontrollen nicht erkennb waren (BGH NJW 68, 247). **(1) Organisationspflichten.** Der Herst hat den Betr so einzurichten, daß Fehler in den 3 genannten Fehlerkategorien möglichst ausgeschaltet od dch Kontrollen entdeckt werden, zB Prüfg älterer Mehrwegflaschen auf BerstDruck-Sicherh vor Wiederauffüllen (Ffm VersR 85, 890) u „Statussicherh", dh Sicherg des PrüfgsBefundes (BGH 104, 323, Karlsr VersR 89, 375); Prüfg der Erzeugn von Zulieferern auf FehlerFreih (BGH VersR 60, 855). **(2) Die Instruktionspflicht** trifft auch den selbständ Vertriebshändler (BGH NJW 87, 1009, Karlsr VersR 86, 46). Eine Warn- u HinwPfl kann unter deliktsr Aspekt schon dann bestehen, wenn ein zur Abwendg von Gef best Prod nicht gefährl, sondern unter best Voraussn nur wirkgsl ist – fehlerh iS des ProdHaftG ist es desh aber nicht –, der Benützer aber im Vertrauen auf die Wirksamk der Verwendg eines and, wirks Prod zur GefAbwendg absieht (BGH 80, 186, Schmidt-Salzer BB 81, 1041, v Westphalen WPM 81, 1154 [1162]). **(3) Produktbeobachtungspflicht.** Ab InVerkBringen hat der Herst seine Prod auf noch unbekannt gebliebene schädl Eigensch u sonstige eine GefLage schaffde VerwendgsFolgen zu beobachten (BGH 80, 199; Ffm VersR 87, 1196, Sack BB 85, 813). Diese VerkSichgsPfl kann außer dem Herst auch seine VertriebsG treffen, um rechtzeit Gef aufzudecken, die aus einer Kombination seines Prod mit Prod and Herst entstehen können, u ihnen entgegenzuwirken (BGH 99, 167). Aus der ProdBeobachtg kann sich eine folgde zusätzl InstruktionsPfl (BGH aaO), uU sogar eine **Rückrufpflicht** (Löwe DAR 78, 288, Schwenzer JZ 87, 1059) u eine Pfl zur kostenl Beseitigg einer Gefährdg ergeben (Hager VersR 84, 799, Mayer Betr 85, 319). **(4)** Für **Entwicklungsfehler** (vgl ProdHaftG 1 Anm 6e) haftet der Herst mangels Verschuldens nicht.

bb) Sachschaden an privat genutzten Sachen. Die Selbstbeteiligg mit den ersten 1125,– DM gemäß § 11 ProdHaftG entfällt bei delikt Haftg.

cc) Sachschaden an gewerblich genutzten Sachen ist über das ProdHaftG hinausgehd (vgl § 1 Anm 2 B c bb), ersetzb.

dd) Sachschaden an dem fehlerhaften Produkt selbst ist nach dem ProdHaftG nicht ersetzb (vgl § 1 Anm 2 B c aa). Auch deliktsr erstreckt sich die VerkSichgsPfl unter dem Gesichtspkt der EigtmVerl grdsätzl nicht auf die fehlerh Sache selbst, dafür bestehen GewlAnspr (zur Abgrenzg vgl ProdHaftG 3 Anm 1). Prakt bedeuts ist dies bei sog **weiterfressenden Fehlern,** näml wenn ein Fehler an einem funktionell abgrenzb Teil geeignet ist, das hergestellte EndProd zu zerstören od zu beschädigen (BGH 86, 256; NJW 85, 2420; abl Reinicke u Tiedtke NJW 86, 10). Ein deliktsr Anspr besteht nur dann, wenn das Integritätsinteresse (Haftg des Herst) u das Nutzgs- u Äquivalenzinteresse (Gewl des VertrPartners) nicht „stoffgleich" (eingehd Steffen VersR 88, 977) sind. Stoffgleich sind sie, wenn sich der geltd gemachte Schad mit dem im Augenblick des EigtÜbergangs dem Produkt anhaftdn Mangelunwert, dh der im Mangel verkörperten Entwertg der Sache für das Äquivalenz- u NutzgsInteresse deckt (BGH NJW 85, 2420). Das ist dch eine natürl u wirtsch Betrachtgsweise zu beantworten (ähnl Löwe BB 78, 1495; krit Nickel VersR 84, 318, Mayer BB 84, 568). Die Stoffgleichh fehlt idR – dh ProdHftg –, wenn ein Teildefekt an einem Einzelteil geeignet ist, die hergestellte wertvolle Sache zu beschädigen od zu zerstören (BGH 86, 256; abl Reinicke u Tiedtke NJW 86, 10), wobei es keine Rolle spielt, ob dies gewalts, plötzl od allmähl geschieht (BGH NJW 85, 2420). **Beispiele:** Ein funktionell begrenztes fehlerh Einzelteil (Steuergerät) bei Versagens an der iü einwandfreien gesamten Sache (industrielle Anl) einen weiteren Schad (Brand) führt herbei (BGH 67, 359); fehlerh Bereifg, hängenbleibder Gasseilzug führen später zu Unfallbeschädigg des Kfz (BGH NJW 78, 2242, BGH 86, 256; krit Stoll JZ 83, 501); eine nach ihrer Anbringg inf eines ProdFehlers wasserundicht gewordene Dachabdeckfolie führt zu FeuchtigkSchäd an den unteren Schichten des Dachaufbaus (BGH NJW 85, 194); Dachdämmplatten, die entspr einer vom Herst gegebenen fehlerh VerlegeAnleitg verlegt worden sind, verursachen inf ihrer Formunbeständigk ggü äußeren Temperatureinflüssen Knackgeräusche im ganzen Haus (Oldbg NJW-RR 88, 540); konstruktiv ungenügd befestigtes Ölablaßrohr eines Motors zum Antrieb eines Kompressors bricht u führt zu schwerem Schäd am Motor (BGH NJW 85, 2420). In diesen Fällen hat der Herst dch InVerkBringen der mit einem unfallträcht Fehler behafteten Sache VerkSichgPfl verletzt, die ihm nicht nur im Nutzgs- u Äquivalenzinteresse des späteren Käufers, sondern gerade auch im Integritätsinteresse des späteren Eigtümers und Besitzers aufgegeben sind; diese Schäd decken sich nicht mit dem der Sache von Anfang an anhaftdm Mängelunwert. Einschränkd meint Schwenzer JZ 88, 525, ein delikt Anspr bestehe nur, wenn der PflVerstoß des ErsPflichtigen zu Gefährdg von Pers od von SachEigt führt, das nicht Ggstd der VertrLeistg iwS ist.

ee) Kein Haftungshöchstbetrag bei KörperVerl u Tod wie in § 10 ProdHaftG.

ff) Schmerzensgeld, im ProdHaftG nicht vorgesehen, wie sonst bei uH gemäß § 847.

gg) Ersatzpflichtig ist der tats **Hersteller** des fehlerh End- od TeilProd (vgl ProdHaftG 4 Anm 2), der es in Verk gebracht hat (vgl ProdHaftG 1 Anm 6a aa). Außerd der **QuasiHersteller** (vgl ProdHaftG 4 Anm 3), weil er sich auch deliktsr daran festhalten lassen muß, weil am Markt als Herst aufgetreten zu sein (ähnl schon BGH 40, 108, 51, 91). Deliktsr – nicht nach dem ProdHaftG – haftet ferner für Fabrikationsfehler der für die Produktion verantwortl **Geschäftsleiter** (BGH NJW 75, 1827; einschränkd auf PersG Diederichsen NJW 78, 1281 [1287]), für Konstruktions- u Fabrikationsfehler – idR aber nicht für Instruktionsfehler – der Labor- u HerstellgsLeiter (BGH NJW 87, 372). **Importeur,** (vgl aber ProdHaftG 4), **Vertriebshändler** und **Lieferant** (vgl ProdHaftG 4 Anm 5) haften als solche deliktsr grdsätzl nicht, weil sie nicht Herst sind (BGH NJW 80, 1219, NJW 87, 1009). Sie trifft deliktsr eine Pfl zur Überprüfg der Ware auf gefahrgeneigte Beschaffenh bloß, wenn dazu aus bes Grden Anlaß besteht, weil ihnen bereits SchadFälle bekannt geworden sind od die Umst des Falles eine Überprüfg nahelegen. Das gilt auch bei enger wirtsch u rechtl Verflechtg zw Herst u Vertriebshändler u auch für die „ausgegliederte VertriebsGes", bei der allerd aGrd der engen Verflechtg bes Umst, die eine Überprüfg des Produkts erforderl machen, eher vorliegen können (BGH NJW **81**, 2250, BGH **67**, 359). Sonst haftet die VertriebsGes deliktsr für die Folgen von Konstruktions- od Fabrikationsfehlern nur dann, wenn der Geschädigte ihr vorproz Verhalten dahin auffassen durfte, sie solle u wolle für Rechng des Herst für dessen HaftPflVerbindlichk ggü den Käufern einstehen (BGH NJW **81**, 2250, Ffm BB **86**, 1117). Die inländ Vertriebsgesellsch treffen eig InstruktionsPfl, wenn der ausländ Herst sie mit der ProdInformation der Erwerber u VertrHändler beauftr hat, außerdem eig ProdBeobachtgsPfl, jedenf wenn sie als einz Repräsentant des ausländ Herst auf dem dtsch Markt in Erscheing tritt (BGH NJW **87**, 1009). Größere SchadAbwendgsPfl als die bloß Vertreibde, aber nicht die gleich strenge wie der Herst hat ein Untern, der mit der Endmontage des Geräts betraut ist, dessen Tle ihm ein und Untern mit den Montageplänen geliefert hat (BGH BB **77**, 1117). Jeder an Herstellg od Vertrieb Beteil kann nur iR seiner individuellen VerhaltensPfl u seines Versch in Anspr gen werden (Mü BB **80**, 1297). Zusfassd zur ProdHaftPfl des Händlers, Kossmann NJW **84**, 1664. Die bloße Gewinng von Naturprodukten ist keine Herstellg. Eine Haftg kommt insow nur in Betr, als die SchadUrs im Betrieb dessen liegt, der das Produkt gewinnt, zB bei der Gewinng od Verarbeitg (Hamm Betr **73**, 325: fehlerh Torf). — Br VersR **77**, 867 (krit Niewöhner VersR **77**, 1087) wendet iErg die Grds der ProdHaftg auf FolgeSchäd an, die die VertrWkStätte eines KfzHerst dch eine mangelh Rep dem Erwerber des Kfz zufügt, Ffm VersR **82**, 151 auf den Gastwirt, der eine mit Salmonellen behaftete Speise verabreicht.

d) Mehrere Ersatzpflichtige haften dem Geschädigten als GesSchu, ggf mit AusglAnspr im InnenVerhältn (vgl § 840 u 5 ProdHaftG).

e) Keine Freizeichnung. Die ProdHaftg ist im Verh zu den Benutzern u Verbr des Produkts **zwingend** (Simitis aaO S 87 ff; Giesen NJW **69**, 587; aA Weitnauer NJW **68**, 1599 f). Eine Freizeichng des Herst kommt nur ggü seinem unmittelb Abnehmer in Frage. Freizeichnungsklauseln auf Originalverpackgn od in GebrAnwgen sind daher wirkgsl. Bei best Warngen können aber die Grds des Handelns auf eig Gef (§ 254 Anm 6 c) anwendb sein.

f) Beweislast. aa) Fehler, Schaden und Ursächlichkeit hat wie in § 1 IV ProdHaftG der Geschädigte zu bew. Ausnahmsw BewErleichterg bis zur Umkehr der BewLast für FehlerFreih bei InVerkBringen des Prod u Ursächlk unterlassener Sichg des PrüfgsBefunds für entstandenen Schad (BGH **104**, 323, Karlsr VersR **89**, 375). Unter der Vorauss, daß keinerlei AnhaltsPkt für eine nachträgl ProdVeränderg bestehen (BGH BB **87**, 295, Ffm VersR **87**, 469) gelten hierfür auch die Grds über den AnschBew, zB für UnfallUrsächlichk des Fehlers bei Verstoß gg UnfallVerhütgsVorschr (BGH BB **72**, 13). Demggü hat der Herst die sog äußere Sorgf zu bew, also daß ihm kein obj PflVerstoß zur Last fällt (BGH **80**, 186). Bei Verl der InstruktionsPfl hat der Verl außerdem zu bew, daß die fehlerh Instruktion auf einer obj PflWidrigk des Herst beruht, daß also Tats vorh waren, aus denen sich obj ergab, daß der Herst zur Warng verpfl war (BGH **80**, 186). Die BewLast dreht sich insofern um, als der Herst bew muß, daß der Verl auch in Kenntn des vollen Umfangs der Gef einen Hinw unbeachtet gelassen hätte (BGH NJW **75**, 824). Auch dafür gelten ggf die Regeln über den AnschBew. **bb) Verschulden.** Bei einem ProdFehler, der den Schad verurs hat, muß der Herst bew, daß ihn an dem Fehler kein Versch trifft (BGH **51**, 91). Rührt der schadursächl ProdFehler aus dem Organisations- u GefBereich des Herst, so kann er sich nur entlasten, wenn er bew, daß weder ihn noch einen verfmäß berufenen Vertr od ein Organ ein Versch trifft, daß kein Organisationsmangel bestand u daß er, hauptsächl iF von Fabrikationsfehlern, bei Auswahl u Überwachung jedes einz der von ihm zu benennden Bediensteten, die mit der Fertigg gerade dieses schadursächl Ggst seinerzt befaßt waren, die erforderl Sorgf angewendet wurde (BGH NJW **73**, 1602). Dies gilt für Fabrikations-, Konstruktions- u EntwicklgsFehler (BGH JZ **71**, 29). Bei Instruktionsfehlern kann sich der Herst ebenf noch dem Nachw der sog inneren Sorgf entlasten, näml daß er keine ErkenntnMöglichk hatte od sich verschaffen mußte, aus denen sich obj Tats für die Notwendigk einer Warng od eines Hinw ergaben (BGH **80**, 186). Die BewLastUmkehr gilt bei Fabrikationsfehlern auch für den im Produktionsbereich verantwortl GeschLeiter (BGH NJW **75**, 1827; zust Schmidt-Salzer u v Westphalen BB **75**, 1032/33; abl Marschall v Bieberstein VersR **76**, 411; Bedenken Diederichsen NJW **78**, 1281 [1287]). Vorstehde Grds der BewLastUmkehr gelten für Anspr aus uH auch dann, wenn zw Produzent u Geschäd unmittelb kaufvertragl Anspr bestehen (BGH WM **77**, 79). — MitVersch des Verl hat Herst zu bew.

824 Kreditgefährdung.

¹Wer der Wahrheit zuwider eine Tatsache behauptet oder verbreitet, die geeignet ist, den Kredit eines anderen zu gefährden oder sonstige Nachteile für dessen Erwerb oder Fortkommen herbeizuführen, hat dem anderen den daraus entstehenden Schaden auch dann zu ersetzen, wenn er die Unwahrheit zwar nicht kennt, aber kennen muß.

II Durch eine Mitteilung, deren Unwahrheit dem Mitteilenden unbekannt ist, wird dieser nicht zum Schadensersatze verpflichtet, wenn er oder der Empfänger der Mitteilung an ihr ein berechtigtes Interesse hat.

1) Bedeutung. § 824 ist nicht SpezialVorschr zu § 823 II mit StGB §§ 185 ff, sondern daneben anwendb (BGH NJW **83**, 1183). Er schützt die wirtsch Wertschätzg von Pers u Unternehmen vor unmittelb Beeinträchtigen, die dch Verbreitg unwahrer Behauptgn über sie herbeigeführt werden (BGH NJW **78**, 2151). Er stellt im wesentl eine Ausdehng des Schutzes der sog GeschEhre, der wirtsch Wertschätzg ggü fahrl Angriffen dar (BGH NJW **63**, 1872). Vorsätzl Kreditgefährdg fällt auch unter § 823 II iVm StGB §§ 186, 187 od unter § 823 I, wenn hierdch die GlaubwRd od das BetätigsR von Vereinigungen verletzt wird (vgl § 823 Anm 14), ferner unter § 826. Der Kreditgefährdg sind sonstige Nachteile für Erwerb u Fortkommen gleichgestellt. § 824 erfaßt jede eig Aufstellg u jede Verbreitg, dh Weitergabe einer anderweit aufgestellten unwahren TatsBehauptg (Düss NJW **78**, 704), mag sie auch nur mittelb geeignet sein, den Erwerb od das Fortkommen eines anderen zu gefährden (BGH NJW **65**, 32), vorausgesetzt, daß die Äußerg so, wie sie im Verk verstanden wird, mit dem Kläger befaßt, od wenn die verbreitete Tats doch in enger Beziehg zu seinen Verhältn, seiner Betätigg od seiner gewerbl Leistg steht (BGH Betr **89**, 921: AlleinvertriebsBerecht

§ 824 1–6

eines Prod), währd allg Systemkritik ohne Bezug auf best Pers nicht ausreicht (BGH NJW **63**, 1872, NJW **65**, 37, NJW **78**, 2151, Ffm BB **85**, 293, Hbg NJW **88**, 3211). Der Schutzzweck der Norm umfaßt nicht schlechthin jede Bedrohg, die auf unricht od herabsetzde Äußergen zurückgeführt werden kann. Darunter fallen vielmehr nur solche äußergsbedgten Nachtle, die sich in bestehden od künft GeschVerbindgen zu (potentiellen) GeschPartnern, nicht solche, die sich außergeschäftl im Verhalten Außenstehder niederschlagen (BGH **90**, 113 [121]). Der Verletzte kann nach § 824 auch eine jur Pers in ihrer Funktion (BGH NJW **82**, 2246, NJW **83**, 1183) od in ihrer Tätigk als ArbGeber u WirtschUntern (BGH NJW **75**, 1882; zustimmend Hubmann JZ **75**, 639) u eine HandelsGesellsch im Rahmen ihres GesellschZwecks (Stgt NJW **76**, 629) sein u auch der, der die betroffene jur Pers wirtschl beherrscht (BGH NJW **54**, 72). Verletzt kann grdsätzl auch die BBahn als nicht rfäh SonderVerm des Bundes iR ihrer wirtsch Betätigg sein, Kritik an Zweckmäßigk u Wirtschaftlichk von PlangsVorhaben fällt aber nicht in den Schutzbereich der Norm (BGH **90**, 113). Unbefugte Verwendg mit fremdem Namen kann den Tatbestd erfüllen (Sack WRP **84**, 521 [535]). Liegt WettbewAbs vor, greift der weitergehde Schutz UWG § 14 ein (RG **118**, 137 u. Anm 6 d, 8).

2) Tatsachen stehen im Ggsatz zu Urteilen. Für die Unterscheidg beider kommt es darauf an, ob der Gehalt der Äußerg einer obj Klärg zugängl ist u als etwas Geschehenes grdsätzl dem Bew offensteht. Eine TatsBehauptg kann wahr od unwahr sein u ist dem WahrhBew zugängl. Ein WertUrt od eine Meings-Äußerg kann je nach dem Standpkt entw als falsch abgelehnt od als richtig akzeptiert werden (BGH NJW **82**, 2246). In beeinträchtigden Äußergen können zugl TatsBehauptgen u WertUrt versch Art miteinand verbunden sein. Entscheid ist dann, ob der tats Gehalt der Äußerg so substanzarm ist, daß er ggü der subj Wertg in den Hintergrd tritt, dann Urt, MeingsÄußerg (BVerfG NJW **83**, 1415) od ob die Äußerg bei dem Adressaten zugl die Vorstellg von konkreten in die Wertg eingekleideten Vorgängen hervorruft, die als solche einer Überprüfg mit den Mitteln des Bew zugängl sind (BGH NJW **82**, 2248: Vorwurf des Betrugs). Das ist zu beurt nach dem Inhalt der Äußerg, wie ihn nach dem GesamtZushang die angesprochenen VerkKreise, meist unbefangene Hörer od Leser verstehen (BGH NJW **88**, 1589). Eine TatsBehauptg kann je nach den Umst auch in die Äußerg eines Verdachts, einer Vermutg, einer Möglichk od auch in die Gestalt einer Frage gekleidet sein (BGH aaO). Urt ist Bezeichg als „Schwindelfirma" (RG **101**, 338), „billiger Schmarren" (BGH NJW **65**, 36), Bezeichg des Verhaltens als illegal (BGH NJW **82**, 2246), ein Verlag arbeite mit Geschichtsfälschgen, wobei ihm jedes Mittel recht sei (Kln NJW **88**, 2892), Kritik an kirchenrechtl Thesen (BGH NJW **66**, 1618). Doch kann auch in einem Urt die Behauptg einer Tats enthalten sein, insb wenn etwas als geschehen od vorh bezeichnet wird, so daß nach Maßg dieser tatsächl Aussagen das Urt aufgestellt wird. Bei vergleichenden Warentests handelt es sich überwieg um wertde MeingsÄußergen (BGH **65**, 325), denen TatsBehauptgen aus unselbstd WertgsElemente untergeordnet sind. Unricht TatsBehauptgen sind nur dann relevant, wenn ihnen iR des Tests eigständ Bedeutg zukommt als Grdlage für ein eig QualitätsUrt des Lesers (BGH NJW **89**, 1923); ie vgl Seitz/Schmidt/Schoener, GgDarstellgsAnspr, NJW-Schriftenreihe 2. Aufl 89, Rdn 292 ff. Wissenschaftl Kritik enthält nur Urt, auch wenn mangels Sorgf od mangels Kenntn irrig (RG JW **28**, 2090); ebso ärztl Diagnose (BGH NJW **89**, 774).

3) Unwahrheit beurt sich danach, wie die beanstandete Mitteilg nach ihrem Aussagegehalt vom dchschnittl Empf, Leser, Hörer unbefangen zu verstehen ist (BGH WM **69**, 915, VersR **88**, 1181 [1183]). Bei Verbreitg sowohl wahrer wie unwahrer TatsBehauptgen in einem Bericht kommt es darauf an, ob der Kern des gesamten Berichts in einem falschen Licht darstellt (BGH NJW **87**, 1403). Unwahr bei vorsätzl Entstellg eines Sachverhalts (BGH NJW **61**, 1914). Vgl auch Einf 8 b aa vor § 823. Unwahr muß zZ der Verbreitg der Tats bestehen, nachträgl Änderg der Verh genügt nicht (RG **66**, 231). Bei Wahrh der behaupteten Tats kann uU § 826 vorliegen (vgl dort Anm 8 c dd). Zur Behauptg od Verbreitg ist idR Mitteilg an Dr erforderl, nicht nur dem Betroffenen ggü (RG **101**, 338; vgl auch Einf 9 vor § 823).

4) Kreditgefährdung usw. Vgl Anm. 1. Geschützt ist nur die Gefährdg u unmittelb Beeinträchtigg wirtsch Interessen. Wirtsch Schwächg einer Gewerksch – fühlb Mitgl- u BeitrRückgang (BGH **42**, 219). Ehrenrührig der Tats ist nicht erforderl, wohl aber Beeinträchtigg der wirtsch Wertschätzg (BGH NJW **65**, 37). Das ist nicht der Fall bei Einstufg eines Krankenhauses als sog gemischte Anst (Hamm VersR **82**, 387).

5) Verschulden. Fahrl Nichtwissen, daß die Tats unwahr ist, genügt. Wg vorsätzl Kreditgefährdg s Anm 1. Pfl zu bes Gewissenhaftigk bei Mitt über Kredit- u VermVerh (Ffm ZIP **89**, 89: Schufa), strenge SorgfPfl bei Warentest u PreisVergl (BGH NJW **86**, 981). – Auch der **Verlag** ist schaderspfl, wenn er für den verantwortl Redakteur nach § 831 einzustehen od es unterlassen hat, einen verfassgsm berufenen Vertr (§§ 30, 31) mit der Überwachg des RedaktionsBetr zu beauftragen (BGH **39**, 129, NJW **63**, 904; vgl § 823 Anm 11).

6) Berechtigtes Interesse. Abs II entspr im wesentl StGB § 193. Berecht Interesse nur auf seiten des MitteilgsEmpf genügt; wichtig für Auskunfteien u Kreditvereinigen. Auch das berecht Interesse des Betroffenen u bei Medienveröffentlichg ein ernsth Interesse der Öffentlichk (Düss VersR **85**, 247) sind zu berücks.

a) Interessenabwägung ist erfdl. Dabei sind auch die Schutzwürdigk des angegriffenen RGutes u das Verhalten des Angegriffenen vor dem Angriff zu berücks (BGH **31**, 308). Kollision zw Ehrenschutz u Recht der freien Meingsäußerg s § 823 Anm 14 Db. Bei Vorbringen im Proz, Eingaben an Beh od bei Strafanz zur Verteidigg von Rechten ergibt sich der Wahrnehmg berecht Interessen idR aus dem Wesen dieser Hdlgen (vgl Einf 8 b bb vor § 823). Gleiches gilt für die Äußerg im engen Familienkreis od im Gespräch mit eig RA (Düss NJW **74**, 1250). Ausk eines ArbGebers über Angest s § 630 Anm 3. Berecht Interesse bei anonymer Verbreitg von Ehrenkränkgen entfällt idR, weil insow mutmaßl auch unsachl Motive maßgebd gewesen sind (BGH NJW **66**, 1215).

b) Bei Absicht der Beleidigung nach Form der Äußerg od nach BegleitUmst versagt der Schutz des Abs II, weil dann wg der darin liegenden Sittenwidrigk § 826 eingreift; ebso wenn die Äußerg den Boden der sachl Kritik verläßt u nach Inhalt, Form u BegleitUmst auf eine vorsätzl Kränkg hinausgeht (BGH **LM** § 823 (Bd) Nr 5: öff Kritik an einer Inseratensperre).

Einzelne Schuldverhältnisse. 25. Titel: Unerlaubte Handlungen §§ 824, 825

c) Bei **wissentlicher Unrichtigkeit** der Mitteilg entfällt Abs II. Dann § 823 II iVm StGB § 187. Auch dann, wenn der Mitteilde selbst keine sichere Überzeugg von der Richtigk hat u sich der Unsicherh seines Wissens bewußt ist. Wissentl falsche Mitteilg auch dann, wenn Sachverhalt dch geflissentl Verschweigen wesentl Umst od dch übertreibde Ausmalg von BegleitUmst vorsätzl entstellt wird (RG JW **32**, 3060; Einf 8 b aa vor § 823).

d) **Recht zur freien Meinungsäußerung, Freiheit der Kunst** nehmen einer Äußerg ebenf die RWidrigk (s § 823 Anm 14 D), ohne daß es der Anwendg des Abs II bedarf. Bei Warentest u PreisVergl sind die wirtsch Belange des Geschädigten u das Interesse der TestZeitschr an freier Kommunikation zw ihr u ihren Lesern ggeinand abzuwägen (BGH NJW **86**, 981).

e) **Rechtsfolge.** Ist die Äußerg dch Wahrnehmg berecht Interessen gedeckt, so entfällt der SchadErsAnspr. Steht die Unwahrh einer TatsBehauptg fest, so bleibt dem Verletzten der UnterlassgsAnspr, weil an der künft Verbreitg einer unwahren Behauptg niemand ein berecht Interesse haben kann (BGH Betr **74**, 1429).

7) Als Schadenersatzanspruch kommen auch Zurückn der Behauptg, Löschg gespeicherter unricht Daten (Ffm Betr **88**, 749) od sonstige, dch die Umst gerechtf Maßn in Frage (vgl Einf 8, 9 vor § 823). Ers des immat Schad bei Verl des PersönlkR vgl § 823 Anm 14 F. Zum VermSchad gehören alle Aufw, die der Verl für obj zweckm halten durfte, um drohde Nachteile zu vermeiden. VermSchad einer Gewerksch dch fühlb Mitgl- u Beitragsrückgang (BGH **42**, 219). Wer dch falsche Behauptn in der Presse in seinem wirtsch Ruf geschädigt ist, hat in erster Linie Anspr auf GgDarstellg, uU Anspr auf Richtigstell im näml Blatt, auch in Form einer publikumswirks WerbeAnz, die die unwahren Behauptgen richtigstellt (BGH **70**, 39); dazu ist erfdl, daß die WerbeAnz für den aufmerks Leser den Zushang mit der früheren Veröffentlichg kenntl macht (BGH NJW **79**, 2197). Anspr auf Ers der Kosten für eine kostspiel AnzAktion besteht nur in ganz bes AusnFällen (BGH NJW **86**, 981).

8) Beweislast. Der Verletzte hat die Unwahrh der Behauptg zu beweisen. Dieser Bew erübrigt sich, wenn der Verletzer eine nähere Substantiierung verweigert, obwohl sie ihm ow mögl sein müßte (BGH NJW **74**, 1710). Außerdem hat Verletzter die BewLast für fahrl Unkenntn des Verletzers von der Unwahrh; sie wird, auch wenn die Unwahrh obj feststeht, nicht vermutet. Ein berecht Interesse (Abs II) hat der Verletzer zu bew. Ist weder die Wahrh noch die Unwahrh der ehrverletzdn TatsBehauptg einer Falschaussage bewiesen, so ist ein berecht Interesse an der Wiederholg zu bej, falls der Verletzer aus der Sicht eines obj Betrachters genügde AnhaltsPkte für eine Falschaussage hatte (BGH VersR **79**, 53). Abw Regelg der BewLast bei UWG § 14, wo Kläger nur die kreditgefährdde Eigensch der Tats nachzuweisen hat. – Zur BewLast nach **§ 186 StGB, § 823 II:** Erfüllt die Behauptg den Tatbestd des § 186 StGB, so besteht ein Anspr aus § 823 II schon dann, wenn sie nicht erweisl wahr ist. Verletzer hat also die Wahrh seiner Behauptg zu beweisen (Ffm NJW **81**, 2707). Beruft sich der SchadErs wg übler Nachrede in Anspr genommene Bekl auf die Wahrnehmg berecht Interessen, so ist für die Güterabwägg die Wahrh der behaupteten Tats solange zu unterstellen, bis deren Unwahrh festgestellt ist. Ist auf dieser Grdlage ein berecht Interesse an der Äußerg zu bej, so trifft den Kl die BewLast für die Unwahrh der Behauptg (BGH NJW **85**, 1621). **Widerruf** kann nur verlangt werden, wenn die Unwahrh der Behauptg obj feststeht (vgl Einf 9 vor § 823). Die für den UnterlAnspr u den Anspr auf SchadErs in Geld geltden BewRegeln sind insow nach BGH **37**, 189 (krit hierzu Helle NJW **62**, 1813) unanwendb, da andernf Verletzer, wenn er die Richtigk seiner Äußerg nicht beweisen kann, ggf zu einer in der ZwVollstr durchsetzb unrichtigen Erkl gezwungen werden könnte. Mögl ist jedoch modifizierter Widerruf etwa dahin, „daß der erhobene Vorwurf nach dem Ergebn der BewAufn nicht aufrecht erhalten werden kann" (BGH aaO, NJW **66**, 649: einschränkder Widerruf, wenn Anhaltspkte für Richtigk der Behauptg höchst zweifelh). Auch hier muß Widerruf dem Verletzer zumutb sein (vgl Einf 8b vor § 823, BGH **LM** § 1004 Nr. 85 zum öff Widerruf).

825 *Bestimmung zur Beiwohnung.* Wer eine Frauensperson durch Hinterlist, durch Drohung oder unter Mißbrauch eines Abhängigkeitsverhältnisses zur Gestattung der außerehelichen Beiwohnung bestimmt, ist ihr zum Ersatze des daraus entstehenden Schadens verpflichtet.

1) Allgemeines. Die Bestimmg ist prakt bedeutgsl, weil der Tatbestd meist auch unter § 823 I (Verl des PersönlkR) u/od § 823 II iVm StGB §§ 177 ff fällt. Es besteht AnsprKonkurrenz. Unbescholtenh ist, and als in § 1300, nicht Vorauss. Auch Alter und FamStand sind ohne Bedeutg. Nicht nöt ist Gewaltanwendg, es genügt Einwirkg auf die Willensentschließg, so daß die Frau ohne Anwendg der im § 825 angeführten Mittel die Beiwohng nicht gestattet hätte. BewLast trifft die Frau. Die Best schließt SchadErsAnspr eines Mannes wg Verl des PerslkR nicht aus (LG Freiburg NJW **87**, 1486).

2) Hinterlist bedeutet ein vorbedachtes, die wahre Abs verdeckdes Handeln zu dem Zwecke, den unvorbereiteten Zustand der Frau zur Verwirklichg seines Vorhabens zu benutzen, ohne daß jedoch Anwendg bes Kunstgriffe Vorauss. Beisp: Schwächg der Willenskraft durch Verabreichg berauschder Getränke; HeiratsVerspr unter Verschweigg der eigenen Verheiratg (RG JW **06**, 352); Vorspiegelg der HeiratsAbs zu dem Zwecke, Duldg der Beiwohng herbeizuführen (RG **149**, 148). **Drohung** ist Inaussichtstellg eines Übels, das zur Willensbeeinflussg geeignet ist.

3) Mißbrauch eines Abhängigkeitsverhältnisses: Ausnutzg der auf wirtsch od and Gründen beruhden tatsächl Überlegenh zum Zwecke der Willensbeeinflussg der Frau. Doch ist ursächl Zushang zwischen AbhängigkVerh u Gestattg der Beiwohng erforderl, das Bestehen des AbhängigkVerh an sich genügt noch nicht (RGRK/Steffen Rdn 3). Anderers ist nicht notw, daß Nachteile für den Fall der Weigerg der Beiwohng in Aussicht gestellt sind. Täter muß sich der dch sein Vorgehen herbeigeführten Beeinträchtigg der Willensfreih der Frau bewußt sein (Karlsr Recht **04**, 2101). AbhängigkVerh besteht zB zw Hausherrn u Hausgehilfin, Schülerin u Lehrer, BetriebsAngeh u Untern; denkb auch zw einer Frau u ihrem Arzt, Rechtsbeistand oder

941

§§ 825, 826
2. Buch. 7. Abschnitt. *Thomas*

Geistl. Auch mittelb Abhängigk kann genügen, wenn zB der Vater der Frau in einem AbhängigkVerh zum Täter steht, dch das die freie Willensentschließ der Frau selbst beeinträchtigt wird.

4) Der **Schadensersatzanspruch** umfaßt sowohl den VermSchad (Kosten der Entbindg, ärztl Behandlgskosten, Verlust der Stellg, § 842) als auch den NichtvermSchad (§ 847).

826 Sittenwidrige vorsätzliche Schädigung.
Wer in einer gegen die guten Sitten verstoßenden Weise einem anderen vorsätzlich Schaden zufügt, ist dem anderen zum Ersatze des Schadens verpflichtet.

Übersicht

1) Allgemeines
2) Sittenwidrigkeit
3) Vorsatz
4) Ersatzberechtigter
5) Schadensersatzpflicht
6) Unzulässige Rechtsausübung
7) Verhältnis zu anderen Bestimmungen
8) Einzelfälle
   a) Aktienrecht
   b) Arglist bei Vertragsschluß
   c) Auskunft, Rat, Empfehlung
   d) Berufsangelegenheiten
   d a) Denunziation
   d b) Durchgriffshaftung
   e) Eigentumsmißbrauch
   e a) Einziehungsermächtigung
   f) Familien- und erbrechtliche Beziehungen
   g) Formmangel
   h) Gläubigerbenachteiligung, Lohnschiebungen, Kreditverträge und Vermögensverschiebungen, Konkursverzögerung
   i) Immaterialgüterrechte
   j) Kartelle und Monopole
   k) Lohnkämpfe
   l) Organe und Mitglieder von Gesellschaften (sittenwidriges Verhalten)
   m) Patente und Gebrauchsmuster
   n) Prozeßführung
   o) Urteilsmißbrauch
   p) Schmiergeld, Eintrittsgeld, Anzapfen
   q) Verletzung von Vertragsrechten Dritter, insbes Verleitung zum Vertragsbruch
   r) Vertragsverletzung
   s) Warenzeichen und Ausstattung
   t) Wechsel und Schecks
   u) Wettbewerbshandlungen
      aa) Äußerungen und Anpreisungen; vergleichende Werbung
      bb) Abwerbung von Arbeitnehmern
      cc) Boykott
      dd) Kundenfang
      ee) Mißbrauch öffentlich-rechtlicher Stellung
      ff) Nachahmungen und dergleichen
      gg) Preisunterbietung
      hh) Vertriebsbindungen
      ii) Verwertung von Betriebsgeheimnissen
      kk) Aus dem Verkehr ziehen
      ll) Warentest in Zeitschriften
      mm) Unentgeltl AnzBlatt
      nn) WettbewVerbot
      oo) Sonstiges
   v) Zwangsvollstreckung
   w) Sonstige Fälle

1) Allgemeines. § 826 bildet eine wicht Ergänz zu den begrenzten Tatbestd der §§ 823 u 824 und ist deshalb von großer prakt Bedeutg. Er gewährt auch ohne Verletzg eines best Lebensgutes od Rechtes einen ErsAnspr bei bloßer VermBeschädigg. Die Vorschr dient der Verwirklichg des über alle formalen Rechte u RBehelfe erhabenen Rechts höherer Ordng; sie gestattet Beachtg jedes Gesichtspkts, der Erreichg wahrer innerer Gerechtigk ermöglicht, is – neben §§ 226, 242 – Ausgangspkt allg REinrichtgen, wie Einwand unzul RAusübg (RG 166, 117). § 826 greift vor allem überall da ein, wo die an sich berecht Ausübg eines Rechtes im Einzelfall gg das Anstandsgefühl aller billig u gerecht Denkden verstößt u sich damit als ein sittenw Mißbr der formalen RStellg darstellt (BGH Betr **57**, 185), ist aber auch für alle sonst Fälle sittenw SchadZufügg von Bedeutg. Der Anwendg des § 826 steht nicht entgg, daß das anstöß RGesch unwirks ist (BGH WM **75**, 325). – Verh zu and Bestimmgen s Anm 7.

2) Verstoß gegen die guten Sitten liegt vor, wenn ein Handeln gg das Anstandsgefühl aller billig u gerecht Denkden verstößt (vgl § 138 Anm 1 b).

a) Maßstab. Ob dies der Fall ist, beurteilt sich nach den Erläut in § 138 Anm 1 b–d. Daß bei Hdlgen, die nur in best Kreisen vorkommen, auf das allg Anstandsgefühl dieser Kreise Rücks zu nehmen ist, hat insb Bedeutg bei der Beurteilg wettbewerbl Handlgen. Daß eine Hdlg als unbill erscheint, genügt für sich allein nicht, um Sittenverstoß anzunehmen (RG **86**, 194). Ebso ist die Verfolgg eig Interessen bei der Ausüb von Rechten grds auch dann als legitim anzusehen, wenn eine Schädigg Dritter damit verbunden ist (BGH Betr **88**, 226). Doch sind die Grenzen flüssig u es bedarf stets der Prüfg aller Umst des Einzelfalls (BGH WM **62**, 935). Der Maßstab ist ein obj, weg der subj Einstellg s unten c.

b) Aus **Inhalt oder Gesamtcharakter**, Zweck, Beweggrund der Hdlg im Einzelfall ist die Sittenwidrigk zu entnehmen (vgl § 138 Anm 1 c). Ein Verhalten, das den Tatbestd eines Diebstahls od einer Unterschlagg erfüllt, ist sittenw (Saarbr NJW-RR **87**, 500).

c) Die **innere Einstellung** des Täters ist ausnahmsw dann erhebl, wenn er nach Lage der Dinge sein Verhalten als gerechtf ansehen durfte (RG **123**, 271: Verletzg der SchweigePfl des Sachverst, RG **155**, 238). Vgl Anm 3 b.

d) Das sittl Verwerfliche kann in dem verfolgten **Zweck**, zB planm Schadenszufügg, oder in den für erlaubten Zweck angewandten **Mitteln**, zB unerl WettbewHdlg, gesehen werden. Eine an sich erlaubte Einzelhdlg kann auch dadurch sittenw werden, daß sie das Glied eines Gesamtverhaltens bildet, das die Schädigg eines anderen bezweckt (RG **140**, 397).

e) Auch der **Mißbrauch einer formalen Rechtsstellung**, insb die mißbräuchl Ausübg von Rechten, kann sittenwidr sein. Beisp: SozialversTräger, der Pauschalsätze geltd macht, obschon er sie bei weitem nicht aufgewandt hat (BGH NJW **65**, 2013). Wer Einr der Verj erhebt, obwohl er den and Tl dch sein Verhalten von rechtzeit Unterbrechg der Verj abgehalten hat (BGH **9**, 5). Wer ein KündR mißbräuchl ausübt, zB PachtVertr in letzter Stunde kündigt, um dem Pächter die Möglichk einer Abwendg zu nehmen (RG **150**, 232). Wer KonkVerf mißbraucht, um Künd des PachtVertr zu erreichen (BGH WM **62**, 930). Nimmt der Gläub eine rkräft zuerkannte UnterhRente weiter entgg ohne die Aufn einer Erwerbstätigk zu offenbaren, so liegt darin allein, wenn nicht bes Umst hinzutreten, keine sittenwidr Schädigg (BGH NJW **86**, 2047). Wer von seinem R zur Aufhebg der Gemeinsch nach § 753 Gebrauch macht, um reale Teilg, dch erbrechtl TeilgsAnordg vorgeschrieben, zu vereiteln (BGH **LM** (B) Nr. 7).

f) In einem **Tun oder Unterlassen** kann die Sittenwidrigk bestehen. IF der Unterlassg muß das Handeln einem sittl Gebot entsprechen (BGH NJW **63**, 149). Sittenverstoß, wenn jemd bei Fälschg der eig Unterschr nicht bes Maßn ergreift u dadch den Fälscher schützt (RG JW **35**, 34) od Anfrage nach Echth der Unterschr unbeantwortet läßt.

g) **Grob leichtfertiges, gewissenloses Verhalten** kann sittenwidr sein. Beisp: leichtfert, grobfahrl Gutachten (BGH NJW-RR **86**, 1150), Äußergen od Auskünfte insb dann, wenn der and Tl auf das Ansehen od den Ruf des grob leichtfert Handelnden vertraut hatte (BGH WM **75**, 559; vgl Anm 3 c und 8 c). Einschaltg eines Schwindelunternehmens zur Vermittlg von WarenterminGesch (BGH WM **89**, 1047). Barauszahlg erhaltener Kundenfehler dch GeschF einer Börsentermin-Vermittlgsfirma an einen Dr, ohne sich über die bestimmgsgem Verwendg der Beträge zu vergewissern (Hbg WM **89**, 1239).

3) **Vorsatz** u Sittenwidrk sind grdsätzl getrennt festzustellen. Allerd läßt sich aus der Art u Weise, in der sich das sittenwidr Verhalten kundgibt, nicht selten folgern, ob der Täter vorsätzl gehandelt hat od nicht. So läßt sich der Nachw bdgten Vors oft nur dch den Bew erbringen, der Schädiger habe so leichtfert gehandelt, daß er eine Schädigg des and Tl in Kauf gen haben mußte (BGH WM **75**, 559, WM **86**, 904).

a) **Zum Vorsatz gehört** u genügt das Bewußtsein, daß das Handeln den schädl Erfolg haben wird, er muß daher die gesamten SchadFolgen umfassen (BGH NJW **63**, 150; s aber Anm 5 a). Eine nur allg Vorstellg über etwa mögliche Schädigg genügt nicht (BGH **LM** § 823 (Be) Nr. 15). Nicht erforderl ist Abs der Schädigg (BGH **8**, 393). **Bedingter Vorsatz** genügt, dh das Bewußtsein des Täters, daß inf seines Verhaltens ein and Schaden erleiden könne, sofern Täter dieser mögl Erfolg in seinen Willen aufgenommen u für den Fall seines Eintritts in Kauf genommen hat (BGH Betr **57**, 185, BGH WM **77**, 59). Dabei sind auch ErfahrgsSätze heranzuziehen (BGH NJW **87**, 1758: Testat eines Steuerberaters dient zur Vorlage an Bank zwecks KreditBeschaffg). Nicht erforderlich ist, daß Vors sich gg best Pers richtet; ausreichd, wenn der Täter die Richtg, in der sich sein Verhalten zum Schad and auswirken konnte u die Art des möglicherw eintretden Schad vorausgesehen u in seinen Willen aufgenommen oder gebilligt hat (BGH WM **66**, 1152).

b) **Nicht erforderlich ist Bewußtsein der Sittenwidrigkeit** (BGH WM **62**, 579). Täter muß nur die Tatumst gekannt haben, die sein Verhalten als sittenw erscheinen lassen. Es entlastet bei Kenntn der TatUmst den Schädiger nicht, daß er den Rat seines RA gefolgt ist (BGH **74**, 281). Anderers ist § 826 nicht erfüllt, wenn Täter wg Irrt über die tatsächl Verh sein Verhalten als erlaubt ansehen durfte (RG **159**, 227).

c) **Fahrlässigkeit**, auch grobe, genügt nicht (BGH NJW **62**, 1766). Damit steht nicht in Widerspr, daß das Merkmal der Sittenwidrigk in manchen Fällen in einem grobfahrl, gewissenlosen Verhalten zu sehen ist (vgl Anm 2 g). Dadch wird an dem Erfordern, daß daneben Vors vorliegen muß, nichts geändert (BGH WM **66**, 1150). Jedoch ist hierbei zu beachten, daß aus einem bes leichtfert Verhalten des Schädigers auf seinen bdgt Vors zur SchadZufügg geschl werden kann (BGH WM **86**, 904).

4) **Ersatzberechtigter** ist nur der wirkl, auch der mittelb Geschäd, sofern Bewußtsein u Wille der Schädig sich zumind ev auch gg diesen richteten (Hamm NJW **74**, 2091) u auch im Verhältn zw Schädiger u ihm die VermVerl sittenwidr ist (BGH NJW **79**, 1599). KonkVerw ist kr eig Rechts nur berecht, wenn die vors sittenw Schädigg den GemeinSchu od die Gesamth der KonkGläub dch Verkürzg der KonkMasse getroffen hat (BGH WM **86**, 1174). Aktionär hat unmittelb SchadErsAnspr gg Organe der AG aus sittenw Hdlg (RG **142**, 228). Der ErsAnspr wird nicht ausgeschl, weil geschädigte Gesellsch noch nicht bestanden hat (RG **100**, 177). **Mitwirkendes Verschulden** des fahrläss handelnden Geschädigten bei der Verursachg des Schadens kommt ggü dem vorsätzl, sittenwidr Verhalten des Täters, seines ges od besVertr gem § 31 grdsätzl nicht in Betr, bes Umst können aber im Einzelfall eine SchadTeilg rechtfertigen (BGH NJW **84**, 921, BGH WM **70**, 633: nur bdgter Vors des Schädigers, gleichwert Mitverursachg des Schad dch Leichtsinn des Geschädigten). § 254 kann außerdem in Frage kommen, wenn es um Abwendg od Mindergg des Schad nach Begehg der uH geht.

5) **Schadensersatzpflicht. a) Die Bestimmungen der §§ 249 ff** gelten. Der gesamte entstandene Schad (vgl Vorbem 2 vor § 249) ist zu ersetzen, nicht nur der vorausgesehene od voraussehb. Auch nichtvermögensrechtl Schaden ist zu ersetzen, dch Wiederherstellg u ggf SchmerzG. Zum Schad gehört auch Beeinträchtigg einer nur tatsächl Erwerbsaussicht (RG **111**, 151); wichtig bei Beeinträchtigg der erbrechtl Anwartsch, des Kundenstammes od bei Abschneidg von Bezugsquellen (vgl Anm 8 u dd). SchadZufügg ggü Verein kann darin bestehen, daß ihm bei Erf seiner Vereinsaufgaben, der Anwerbg neuer Mitgl od Erhaltg des MitglBestandes Schwierigk erwachsen (BGH **42**, 219). Auch Ausschluß aus Verein kann unter § 826 fallen (vgl § 25 Anm 4). Schad des GeschHerrn, wenn sein Vertreter Schmiergelder erhalten hat, vgl Anm 8 p.

b) **Bei arglistiger Täuschung** kann Betrogener den Vertr gem § 123 anfechten u insow die Befreiung von seinen vertragl Pfl erreichen; Ausgl sodann auch nach BereicherungsR. Zu demselben Erfolg führt der delikt SchadErsAnspr, ohne daß der Vertr angefochten zu werden braucht u auch ohne daß die Voraussetzgen der §§ 123, 124 gegeben sind (BGH NJW **62**, 1198). Zu ersetzen ist das negat Interesse (BGH BB **69**, 696; vgl § 823 Anm 12 a, f); so bei Kredittäuschg durch Sichergsübereignng (RG **143**, 48), unrichtiger Ausk über den Schu (BGH WM **57**, 545). Im Intimbereich zweier vollj Partner unterliegt iF der Geburt eines Kindes grdsätzl auch dann nicht dem DeliktsR, wenn der eine Partner den and über die Anwend von empfängnisverhütden Maßn getäuscht hat (BGH **97**, 372).

§ 826 5–8 2. Buch. 7. Abschnitt. *Thomas*

c) Auskunft, Rechnungslegung. Täter ist verpflichtet, dem Geschädigten bei Vorliegen der Vorauss (vgl §§ 259–261 Anm 2d) dch AuskErteilg u Rechngslegg die Bezifferg des entstandenen Schad zu ermöglichen (BGH NJW **62**, 731, **LM** § 1 UWG Nr. 144: einschränkd bei Wettbew). Vgl auch § 687 Anm 2c.

d) Weitere Ansprüche. Unterlassg, Beseitigg der Beeinträchtigg vgl Einf 8, 9 vor § 823.

e) Zurechnungszusammenhang, vgl Vorbem 5 vor § 249. Beweisfragen vgl Vorbem 8 vor § 249 u § 823 Anm 13.

f) Freiwillige Aufopferung von VermStücken führt idR nicht zum SchadErsAnspr. And, wenn der Wille durch argl Täusch bestimmt war. Ers von Zufallsschäd im AuftrR vgl § 670 Anm 3b.

6) Unzulässige Rechtsausübung. § 826 ist neben §§ 226, 242 für alle nichtvertragl RBeziehgen die Grdlage für den Einwand der unzul Rechtsausübg (vgl § 242 Anm 4).

7) Verhältnis zu anderen Bestimmungen: § 826 greift ergänzd auch nach Ablauf der Anfechtgsfristen der §§ 123, 124 ein (s oben Anm 5b). Neben § 839 ist § 826 nicht anwendb. Wegen § 254 s Einf 5 vor § 823. Verh zu § 2287 s dort Anm 4.

Durch **Sondergesetz** wird § 826 nur dann ausgeschl, wenn dieses für best Tatbestd ausdrückl u absichtl weitergehen Schutz ausschließt (vgl Einf 1b vor § 823). Im einz gilt: **a)** § 826 greift neben dem **UWG** ergänzd ein (BGH **36**, 256; Anm 8u); wichtig für Verj, die beim Vorliegen beider Bestimmgen sich nach § 852, nicht UWG § 21 richtet (vgl § 852 Anm 1). **b)** § 826 gilt neben dem **GeschmacksmusterG** (RG **115**, 184). **c)** Auch das **WarenzeichenG** schließt § 826 nicht aus, insb nicht da, wo der formale Schutz des WZG versagt (vgl Anm 8s). **d)** Auch **Patent- u GebrauchsmusterG** schließen Ausdehg des dort geregelten Schutzes auf weitere Tatbestde nicht aus (RG **157**, 1, vgl Anm 8m). **e)** Dasselbe gilt vom **UrheberRG** § 97 III. **f)** Neben dem **AnfechtungsG** ist § 826 nur anwendb, wenn über die AnfTatbestde hinausgehde sittenwidr Umst vorliegen (Hbg WM **85**, 773).

8) Einzelfälle: Die Rspr hat für best häuf wiederkehrde Tatbestd sittenw Verhaltens gewisse Begr-Merkmale entwickelt, die als Richtschnur für die Beurteilg ähnl Tatbestde von Bedeutg sind. Indessen ist VorhSein dieser Merkmale nicht schlechthin Voraussetzg für die Anwendbark von § 826, vielm handelt es sich hierbei nur um typ Erscheingsformen eines sittenw Tatbestd; entscheidd sind nicht abstr Merkmale, sond die ges Umstände des Einzelfalls (RG **155**, 276).

a) Aktienrecht. Erpokern einer völl unangem AbfindgsZahlg für die NichtErhebg einer AnfKl dch einen Aktionär, der sich tats nicht für die Wahrg gefährdeter AktionärsR einsetzt, u Unterstützg dch einen NichtAktionär zur Erreichg eines eig unberecht finanziellen Vort (Kln ZIP **88**, 967).

b) Arglist bei Vertragsschluß. aa) Unwahre Angaben über Mieterträge u VermVerh des Schu, insb argl Täuschg bei Grdst- u HypVerkauf (RG **103**, 154). Vortäuschg der BörsenterminGeschFgk (Warn **17**, 207). Sittenw handelt, wer durch Kreditzusage an Schu die Gläub zum VerglAbschl veranlaßt, den versprochenen Betrag nachher aber trotz Zahlgsfähigk nicht zahlt (BGH DJZ **33**, 499). Bestechg von Angest des VertrGegners bei GrdstKauf (RG **134**, 55).

bb) Auch **Verschweigen** von Umst kann sittenw sein, wenn nach Treu u Glauben mit Rücks auf die VerkSitte VertrGegner eine Mitteilg erwarten durfte (BGH VRS **12**, 161). Allerd besteht keine allg AufklärgsPfl über alle Umst, die den and vom VertrSchluß abhalten könnten (RG **91**, 80). Verschweigen der ZwVersteiger u ZwVerwaltg bei Abtretg einer Hyp (RG JW **11**, 213), der Fälligk der ersten Hyp u der bevorstehden ZwVersteigerg bei GrdstKaufverhandlgen (RG JW **29**, 3149), der Entmündigg (KG OLG **28**, 282). Argl Verschweigen des Fehlens der Vertretgsmacht (RG JW **28**, 2433), erhebl wertbildder Umst bei KaufVertrAbschl (Köln NJW **72**, 497). Vgl auch § 463 Anm 3b.

cc) Auch **Mitwirkung bei arglistigem Verhalten eines anderen** ist sittenw. Ausstellg einer unricht Bescheinigg, die Empf zur Täuschg eines Dr bei VertrSchl benutzt (RG **114**, 289). Unlauteres ZusWirken eines VertrTeiles mit dem Vertreter des and (BGH NJW **62**, 1099). Der Dr, der mit einem Gter bewußt einen Vertr abschließt, dch den dieser seine GPfl schwer verl, ist den übr Gtern schadersptl (BGH **12**, 308). – Vgl auch über Versch bei VertrSchl § 276 Anm 6.

c) Auskunft, Rat, Empfehlung (vgl § 676 Anm 6). **aa) Bewußt unrichtige** Ausk, a Grd deren der Geschäd die schädigde Hdlg vorgen hat, ist sittenw. Voraussetzg ist, daß er von der Ausk Kenntn erh hat (BGH NJW **79**, 1599). Bsp: Ausk des Gläub ggü dem zukünft Bü über den HauptSchu (BGH NJW **83**, 1850), des Kreditsuchden ggü dem Bü über die eig VermVerh (Warn **30**, 10), des Firmenberaters ggü dem Kreditgeber (BGH Betr **66**, 2020, auch zum KausalZusang), des GeschF einer GmbH über die ZusSetzg des OptionsPr für den Erwerb einer Warenterminsoption (BGH ZIP **83**, 421), eines Gters ggü dem Verkäufer über die wirtsch Situation der Gesellsch (BGH NJW **84**, 2284). Wer behauptet, der Kunde hätte das Gesch auch bei ordngsgem Aufklärg abgeschlossen, trägt die BewLast dafür (WM **84**, 221).

bb) Grob fahrlässig unrichtige Ausk in dem **Bewußtsein der möglichen Schädigung** des and ist sittenw, wenn dem AuskGeber erkennb ist, daß die Ausk für die Entschließg des Empf von Bedeutg ist (BGH NJW **87**, 1758: Testat eines Steuerberaters). Dies insb, wenn Ausk leichtfert, gewissenlos, ins Blaue hinein gegeben wird, und Schädiger nach Ansehen u Beruf eine Vertrauensstellg einnimmt (BGH BB **56**, 865: unricht Vermögensaufstellg; BGH WM **66**, 1150: falsches, gewissenloses Gutachten über GrdstWert; BGH Betr **72**, 676: RA ggü Gegner seines Mandanten; BGH ZIP **85**, 1506: SteuerBevollm als „verlängerter Arm" seines AuftrG). Wg HaftgsAusschl vgl § 676 Anm 3c. – Über gerichtl Sachverst vgl § 823 Anm 8 B.

cc) Zeugnisse von Arbeitgebern vgl § 630 Anm 3. SchadErs bei vorsätzl Verschweigen von Unterschlaggen (BGH NJW **70**, 2291). Hat der AusSt nachträgl erkannt, daß das Zeugn grob unricht ist u daß ein best Dritter dch Vertrauen auf das Zeugn Schad zu nehmen droht, so haftet der AusSt für den dch die Unterlassg einer Warng entstehden Schad nach § 826, nach vertragl od vertr-ähnl Grds u bei Vorliegen der Voraussetzgen auch nach § 823 (BGH **74**, 281).

Einzelne Schuldverhältnisse. 25. Titel: Unerlaubte Handlungen § 826 8c–h

dd) Auch **richtige Auskünfte** können uU erspflicht machen, wenn Sittenwidrigk aus bes Umst herzuleiten ist (RG **76**, 112), zB wenn Auskunftei eine viele Jahre zurückliegde Vorstrafe mitteilt, ohne Prüfg, ob es im Hinbl auf die Belange des Kunden der Erwähng der Vorstrafe überh bedarf; Mitteilg aller Einzelh von Strafe u Tat ist jedenf nicht immer erforderl, vielm mildere Form geboten (RG **115**, 416). So dürfen überh Tatsachen aus dem Privatleben nicht ohne zwingdn Grd bekanntgegeben werden (BGH **LM** (Gb) Nr. 3, (Gc) Nr 2: Schutz der Intimsphäre); vgl § 823 Anm 14 D a aa.

d) Berufsangelegenheiten. Überschreigt der Grenzen des Erlaubten bei existenzgefährdden Folgen des Ausschlusses eines Mitgl (RG **107**, 386), uU auch ohne Existenzgefährdg (RG **140**, 23). Auswirkg der VermittlgsSperre gg VereinsMitgl auf NichtMitgl (Taxifahrer) kann sittenw sein (BGH Betr **80**, 1687). Unzul Boykott durch Inng (BGH BB **54**, 10). Ausschl von der Belieferg der Sozialversicherten (BGH **36**, 91 [100]). Verweigerg der Aufn in einen WirtschVerband u Verstoß gg das Diskriminiergsverbot unten j. Erhebg des Differenzeinwandes kann sittenw sein (RG **144**, 242). Vgl auch § 138 Anm 5.

da) Denunziation. Vors od leichtfert unwahre Anz begründen ErsatzPfl nach § 823 II iVm § 164 StGB. Ungerechtf VerfEinleitg vgl § 823 Anm 6 Bg.

db) Durchgriffshaftung auf Mitgl einer JP vgl § 242 Anm 4 C g. Zu bej, wenn die Gter die RBeziehgen zw der G u den Gtern aGrd ihrer beherrschden Stellg einseit zum NachTl der G ausgestaltet u die G so angelegt haben, daß diese NachTl notw die GGläub treffen (BGH NJW **79**, 2104). Zu bej, wenn die Gesellsch ausschl zu dem Zweck gegründet ist, Gläub zu benachteiligen (BGH NJW-RR **88**, 1181).

e) Eigentumsmißbrauch liegt vor bei Grabsteinentferng durch Grabeigtümer (Mü SeuffA **82**, 172) oder wenn jemand bewußt dch BordellBetr das NachbarGrdst in seinem Verkaufs- od Mietwert schädigt (RG **57**, 239) od wenn durch Verk des Hauses an Ehegatten ein KündR gg Mieter geschaffen werden soll (RG LZ **20**, 856), ebso bei GrdstErwerb in der ZwVersteigerg od im KonkVerf, um lästige MietVertr zu beendigen (BGH WM **62**, 930) od bei einvernehml ZusWirken zw HauptVerm u Mieter, um Untermieter loszuwerden (vgl § 556 Anm 3).

ea) Einziehungsermächtigung (vgl § 675 Anm 5 d). Der Schu, der den Widerspr gg die Lastschr bei seiner Bank wirks zu dem Zwecke einlegt, Zahlgen auf begründete u von seiner EinziehgsErmächtigg gedeckte GläubAnspr rückgängig zu machen, die er, wenn er sie überwiesen hätte, dch Widerr nicht mehr hätte rückgäng machen können, handelt, wenn er damit vors das Ausfallrisiko der 1. Inkassostelle (Gläub-Bank) zuschiebt, dieser ggü mißbräuchl u sittenwidr (BGH **74**, 300). Ebso, wenn Schu u SchuBank (Zahlstelle) dieses Risiko auf GläubBank durch einvernehml ZusWirken abwälzen (Hamm WM **85**, 888) oder wenn die SchuBank im eig Interesse ihren Kunden zum Widerspr gg die Lastschr animiert, um dessen SchuSaldo zurückzuführen, währd die GläubBank mit ihrem WiedervergütgsAnspr gg den ZahlgsEmpf wegen dessen Konk ausfällt (BGH **74**, 309), od wenn sich der Schu nachträgl ohne anerkennenswerten Grd die Fdg eines Dr gg den Gläub abtreten läßt, um mit ihr aufzurechnen u so das Ausfallrisiko auf die GläubBank (1. Inkassostelle) abzuwälzen (Oldbg NJW **87**, 655). Ggü seinem Gläub handelt ein Schu sittenw, wenn er kurz vor KonkEröffnungsAntr der Belastg seines Kontos aGrd einer berecht EinziehgsErmächtiggsLastschr widerspricht, um den Betrag einem and Gläub noch vor KonkEröffng zuzuwenden; ebso die Bank, die aus eig wirtsch Interesse den Schu zum Widerspr verleitet (BGH **101**, 153). Nicht sittenwidr im Verhältn zur GläubBank (erste Inkassostelle) ist der Widerspr des Schu gg die Lastschr ggü seiner Bank (Zahlstelle), wenn der Schu von seiner WidersprMöglichk Gebr macht, weil er ein LeistgsVerweigergs-, ZbR od Aufr ggü dem Gläub geltendmachen will; das SchadRisiko, von ihrem Kunden die Rückvergütg nicht mehr erlangen zu können, trägt in diesem Fall die GläubBank (BGH **74**, 300 u WM **85**, 82). Sittenwidr ist der Widerspr des LastschriftSchu (DarlGebers), wenn er dadch das Risiko der DarlRückzahlg system- u zweckwidr auf die GlBank (Inkassostelle) verlagert (BGH NJW **79**, 2146), falls der Empf der Gutschr DarlNehmer ist (Hamm WM **84**, 300 mit Anm Hadding u Häuser). – Zur Entstehg eines Schad der GläubBank vgl § 675 Anm 5 d.

f) Familien- und erbrechtliche Beziehungen. aa) Anspr des Verlobten auf Ersatz seiner Aufw, wenn Vater aus verwerfl Gründen der Tochter die zunächst in Aussicht gestellte Heiratseinwilligg verweigert (RG **58**, 248). **bb)** Anspr gg Ehebrecher u Ehegatten s Einf 1 § 1353. Über den Anspr der enterbten Ehefr gg die Geliebte des Ehemannes, die als Begünstigte in einem LebensversVertr eingesetzt worden ist, BGH NJW **62**, 958. Anspr auf Rückn einer von dtsch Ehegatten im Ausland zwecks Umgehg der dtsch Gesetzgebg erhobenen Scheidgsklage (RG **157**, 136). **cc)** Nach Aufhebg der Ehe kein Anspr auf Rückgewähr geleisteter UnterhZahlgen (BGH **48**, 82). **dd)** Erbteilsübertragg mit dem Ziel, die Miterben um ihr VorkR nach § 2034 zu prellen (BGH WM **60**, 553).

g) Formmangel s § 125 Anm 6.

h) Gläubigerbenachteiligung. Zusfassd Koller JZ **85**, 1013. Sittenverstoß, wenn sich ein Gläub zur an sich legitimen Verfolgg eig Interessen bei der Ausübg von R unlauterer Mittel bedient, dch die Anspr and Gläub vereitelt werden (BGH NJW **88**, 700 [703]). Die Unlauterk der Mittel kann sich ergeben aus dem Maß der eigennütz Mißachtg fremder Interessen od aus dem Grad der Abhängigk des Schu von dem Gläub, zB Auspielen einer rechtl od tats Machtstellg, Ausübung von Druck (BGH WM **85**, 866 [868]). **aa) Lohnschiebungen.** Vertr mit Dritten, dch den sich Schu einkommenlos stellt, um seine Gläub zu prellen, sind sittenw u können Anspr gg den Dr nach § 826 begründen, trotz Fiktion des § 850h ZPO (BGH WM **64**, 613).

bb) Kreditverträge und Vermögensverschiebung. Die Nichtigk von KreditsichergsVertr wg Knebelg od GläubGefährdg nach § 138 (vgl dort Anm 5 i, k) ist zu trennen von der ErsVerpfl aus § 826 (BGH NJW **53**, 1665, JR **70**, 219). KreditVertr sind wg Knebelg sittenw, wenn sie dem Schu fast alles nehmen od seine wirtsch Unabhängigk auf and Weise, zB dch Eingr in die GeschFg zu eig Nutzen (BGH WM **81**, 1238) vernichten (BGH **19**, 12, WM **62**, 529), oder Dr über die Kreditwürdig des Schu täuschen (BGH WM **65**, 476). Jedoch reicht nicht aus, wenn eine Bank von ihrem vertragl vorbehalt Rechten auf Kreditrückführg Gebr macht, selbst in dem Bewußtsein, daß dadch möglicherw and Gläub gefährdet werden (Düss WM **83**, 874 [885]). Knebelg des Schu ist für ErsAnspr Dr nur insow von rechtl Bedeutg, als diese über die Kreditwürdigk des

§ 826   8h–1

Schu getäuscht werden (BGH WM **62**, 1222). Währd der SichergsVertr nichtig sein kann, auch wenn Gläub u Schu nicht in der Abs der GläubGefährdg gehandelt haben, ja insow bereits grobe Fahrlk (Gewissenlosigk) genügen kann (BGH **10**, 228), setzt ErsPfl nach § 826 vorsätzl Handeln voraus, wofür dolus eventualis (vgl Anm 3a) genügt (BGH WM **62**, 529).

cc) Konkursverzögerung. Vertr sind wg GläubGefährdg sittenw, wenn sie der KonkVerschleppg dienen. Das ist der Fall, wenn ein Gläub einem konkursreifen Untern nicht den zur Sanierg nöt Kredit gibt, sond nur soviel, um den ZusBruch zu verzögern, damit er sich in dieser Zt zum Nachtl and Gläub Sicherh verschaffen od sich daraus befriedigen kann u dabei billig in Kauf nimmt, daß and Gläub Schad nehmen (BGH WM **81**, 1238) od wenn der Kreditgeber um eig Vorteile willen den Konk des Untern ledigl hinausschiebt u für ihn abzusehen ist, daß er den Zusbruch allenf verzögern, aber nicht auf Dauer verhindern kann (BGH NJW **84**, 1893 [1900]); uU auch, wenn ein Dr die Gesch des konkursreifen Unternehmens im eig Namen weiterführt (BGH NJW-RR **86**, 579). Ebso wenn der beherrschde Gter einer GmbH deren GeschF zur HinausAntr bestimmt, um in der ZwZt die Tilgg einer v ihm verbürgten Fdg gg die GmbH zu erreichen (BGH **LM** § 826 (Ge) Nr. 9). Geht der Gläub zutreffd davon aus, daß der Schu saniert werden kann, so kann er gleichwohl sittenw handeln, wenn die Sanierg nur dch die Inanspruchn von Krediten der Lieferanten mögl ist u das Scheitern der Sanierg nur zu deren Lasten geht. Mißbr einer Kapitalerhöhg bei einer AG als Mittel zur KonkVerschleppg führt zur Haftg der Verantwortl für den Schad, den die Erwerber der neuen Aktien aus der Kapitalerhöhg erleiden; idR keine ErsPfl für Schäd, die Anleger dch den Erwerb alter Aktien von Dr zu einem nach Lage der AG zu hohen Pr erleiden (BGH **96**, 231). GläubSchädigg der Bank, die dch Mißbr der RFigur des Schecks (verschleierte Kreditbeschaffg dch Scheck-RingVerk) den ZusBruch konkursreifen Schu hinauszögert (BGH WM **70**, 633).

dd) Sonstiges: ZusWirken der Ehefr des Erzeugers mit diesem zwecks Vereitelg des UnterhAnspr des nichtehel Kindes, RAG JW **32**, 2747. EinmannGmbH, bei der sich Inh planm zum GroßGläub des eig Untern macht u dadch beim Konkurs andere Gläub schädigt (RG JW **38**, 862). ZusWirken von Kommittent mit insolventem Kommissionär unter Schädigg von dessen Gläub (BGH NJW **65**, 249). Sittenw GläubSchädigg durch AbschlPrüfer einer AG (BGH BB **61**, 652; § 823 Anm 9f). Schädigg von ProlongationsGläub dadch, daß Bank dem zahlgsschwachen Schu durch uneingeschränkte Gutschrift von Schecks die Einlösg belieb Wechsel od Zahlg sonst Verbindlichk ermöglicht (BGH WM **73**, 674 u NJW **61**, 2302); Schädigg des ZahlgsEmpf einer Überweisg dadch, daß beauftragte Bank der endbeauftragten Bank des Empf, mit deren ZusBruch zu rechnen ist, Gutschrift erteilt (BGH NJW **63**, 1872, Haftg bejaht; vgl hierzu § 665 Anm 4). Haftg der Bank, die als kreditgebde Bank einer Gesellsch einen an dieser Beteil nicht über deren VermVerfall aufklärt, verneint von BGH NJW **63**, 2270. SchadErsPfl der Bank, die einen ÜberweisgsAuftr des konkursreifen Kreditnehmers ausführt u es ihres Vortls wg zuläßt, daß der ÜberweisgsEmpf im Vertrauen auf Fortbestand des Kreditengagements dem Kreditnehmer weiter erhebl WkLeistgen erbringt (Zweibr WM **85**, 86). Schädigg der Gläub durch Unterzeichn einer unricht Bilanz (BGH WM **62**, 579: ErsPfl verneint in bezug auf den Kommanditisten). ZusWirken eines Gläub mit dem Schu, um dessen Verm dem Zugriff eines and Gläub zu entziehen u es wirtsch dem Schu zu erhalten (BGH Betr **74**, 282).

i) Immaterialgüterrechte. Sittenw kann unerl Ausnutzg fremder geist Leistg sein. Abwehr solcher Eingr mögl nach den SpezialG u nach §§ 823, 826; Einf 1b vor § 823 u § 823 Anm 5D. Unredl Verwertg eines BetrGeheimn (BGH NJW **77**, 1062). Anlehng an einen bekannten Liedertext (Lili Marleen) kann auch ohne Verl des UrhR unlauter sein (BGH **LM** § 1 UWG Nr. 58).

j) Kartelle, Monopole: vgl hierzu GWB u unten u cc, gg. Monopole, das sind Unternehmen, die für eine best Art von Waren od gewerbl Leistgn ohne Wettbewerber od keinem wesentl Wettbewerb ausgesetzt sind, vgl §§ 22ff GWB (Kontroll- u Direktionsbefugn der Kartellbehörde). **Einzelfälle:** Unsittl Untersagg des Theaterbesuches zur Behinderg sachl Kritik (RG **133**, 388). Ein Monopolverband kann zur Aufn von Bewerbern verpfl sein (BGH **63**, 282); ebso eine Vereinigg eines Monopolstellg mit erhebl wirtsch od soz Machtstellg, sofern der Bewerber zur Verfolgg od Wahrg wesentl Interessen auf die Mitgliedsch angewiesen ist (BGH NJW **80**, 186). Unangem Bindg des Lizenznehmers (vgl § 20 GWB), Verweigerg der Aufn eines Unternehmens durch einen Wirtsch- od Prüfgsverband (§ 27 GWB, BGH **37**, 163, BKartellamt BB **65**, 687, 924 u allg über den Zwang aus Aufn Bohn BB **64**, 788); Unternehmensbegr iS BKartellamt BB **61**, 657, BGH **42**, 325. SozialVersTräger als Untern nach GWB (BGH **36**, 102). Diskriminierungsverbot allg (§ 25, BGH **44**, 279), das ggü marktbeherrschd Unternehmen (§ 26 II GWB, BGH **42**, 319). Anspr aus § 826 u GWB bestehen nebeneinand (BGH BB **64**, 616). Verweigerg der Aufn in Idealverein mit Monopolstellg kann nur ausnahmsw unter § 826 fallen (BGH NJW **69**, 316). – Vgl weiter oben a.

k) Lohnkämpfe. Streik, Aussperrgen, Boykott sind als Hdlgen des ArbKampfes nur unter best Voraussetzgen rechtsw (vgl Vorbem 1e vor § 620). Sittenw ist der ArbKampf, der das Prinzip der fairen Kampfführg, das unter dem Grds der sozialen Adäquanz steht, verletzt (so Hueck-Nipperdey II/2, § 49 B II 8). So wenn sich eine Part wahrheitswidr od aufhetzder Propaganda bedient, Gewalt anwendet od androht u duldet. Desgl, wenn Mittel u Zweck in einem unerträgl MißVerh zueinand stehen; hier ist jedoch im Einzelfall vorsicht Prüfg geboten. Desgl streikähnl Maßn Beamter zur DchSetzg standespolit Fdgen (BGH **70**, 277: Bummelstreik der Fluglotsen; ergänzd BGH BB **79**, 1377). Die beabsichtigte wirtsch Vernichtg des Gegners begründet die Sittenwidrigk (RG **104**, 327: Zwang, einer Gewerksch beizutreten, BAG **AP** § 1 TVG FriedensPfl Nr 3: Streik unter Bruch der Friedenspfl des TV; vgl Einf 6b cc vor § 611). Über Streik u Boykott als Eingr in den eingerichteten u ausgeübten GewerbeBetr vgl § 823 Anm 5G d. – Kein SchadErs-Anspr Dritter wg Geldentwertg als angebl Folge zu hoher Abschl iR der Tarifautonomie (BGH NJW **78**, 2031, Schmidt-Preuss JuS **79**, 551).

l) Organe u Mitglieder von Gesellschaften. aa) Mißbräuchl Ausnutzg ihrer Stellg als Vorstands- u AufsRatsMitgl bei Erwerb junger Aktien (RG **15**, 289). Erhöhg des Grdkapitals mit der Mehrh (RG **107**, 72). Veräußerg von Aktien an Strohmänner, um Abstimmg über FusionsBeschl zu beeinflussen (RG **85**, 170). Über StimmRBindg vgl Vorbem 5 c vor § 709. **bb)** Mißbr der Vertretgsbefugn bei

Einzelne Schuldverhältnisse. 25. Titel: Unerlaubte Handlungen § 826 81–o

öffrechtl Körpersch (RG **145**, 311). Betrieb eines Unternehmens unter immer wechselnder RForm, um sich den Verbindlichk zu entziehen (RG HRR **33**, 299). Vgl auch vorstehd h. **cc)** Anspr des Gters wg eines Schad, der ihm dch vorsätzl pflwidr Handelns eines Liquidators entstanden ist, auch wenn kein Beschl nach GmbHG § 46 Nr 8 gefaßt worden ist (BGH NJW **69**, 1712). **dd)** Vors Hinauszögern des KonkAntr bzw des Antr nach § 46 b KWG dch die geschf Organe von Gesellsch, ev dch diejen, die tats eine solche Funktion ausgeübt haben oder dch and als Anstifter oder Geh (BGH **75**, 96). **ee)** Gter u GeschF der Komplementär-GmbH einer unterkapitalisierten GmbH u Co KG, die die RBeziehgen einseit zum Nachteil der Gesellsch ausgestaltet u diese so angelegt haben, daß diese Nachteile notw die GesellschGläub treffen (BGH Warn **78**, 298).

m) Patente und Gebrauchsmuster: Patenterschleichg dch argl Täuschg des PatAmts, zB dch Verschweigen neuheitsschädl Umst (§ 3 PatG, RG **140**, 184). – Über sklavischen Nachbau Anm u ff. – Lizenznehmer handelt sittenw, wenn er ein ihm iR der Verbesseregsklausel unentgeltl zur Benutzg überlassenes Patent mit der NichtigkKlage angreift (BGH **LM** § 9 PatG Nr 6). – Verträge, die dem Erwerber oder Lizenznehmer gewerbl SchutzR WettbewBeschrkgen auferlegen, die über den Inhalt des SchutzR hinausgehen, sind uU unwirks (§ 20 GWB).

n) Prozeßführung: Mit Rücks auf ZPO § 138 ist bewußte Unwahrh idR sittenw. Planm Prozeßverzögergerg mittels unricht Einwdgen (RG **95**, 310). Benutzg verfälschter BewMittel (RG HRR **35**, 665). Vorsätzl Herbeiführg unricht Entscheidg in einem Proz (Warn **35**, 184). Keine Sittenwidrigk, wenn bei Abschl eines ProzVergl eine Part die Unglaubwürdigk eines ihrer Zeugen versehweigt (Warn **35**, 35). UU Haftg des RA bei argl herbeigeführtem ProzVergl (RG HRR **36**, 330). Unberecht VerfEinleitg vgl § 823 Anm 6 Bg. Strengere Anfordergen für sog SchutzRVerwarngen stellt BGH **38**, 200. Eingeh zum Ganzen Hopt, SchadErs aus unberechnet VerfEinleitg (1968), der jedoch SchadErsPfl oft bedenkl weit ausdehnt.

o) Urteilsmißbrauch, auch rkräft VersUrt u VollstrBescheid (Düss NJW **85**, 153). **aa) Voraussetzungen, Beispiele.** Der BGH läßt den Anspr auf Unterl der ZwVollstr, Heraus des Titels u SchadErs wg UrtMißbr unter folgden Vorauss zu (vgl **13**, 71; **26**, 391): Unrichtigk des Urt – außer sie ist auf nachläss ProzFührg des Betroffenen zurückzuführen (BGH NJW-RR **88**, 957) –, vom Kläger zu beweisen; entscheid ist, wie nach Ansicht des jetzt über den Anspr befindden Ger richtig zu entsch gewesen wäre (vgl Vorbem 5 B k vor § 249). Ferner Kenntn von der sachl Unrichtigk des Urt (BGH WM **65**, 278), auch erst nach Rechtskr (BGH NJW **51**, 759). Hinzukommen müssen schließl bes Umst, von dem Verletzten zu beweisen, die das Verhalten des Schädigers als sittenw erscheinen lassen, hierbei strenge Anfordergen an BewLast (BGH aaO). Sie können entw darin liegen, daß eine Part das Urt od seine RKraft dch eine rechts- od sittenw Hdlg im Bewußtsein der Unrichtigk herbeigeführt hat od daß die Ausnutzg des zwar nicht erschlichenen aber als (auch nachträglich) unrichtig erkannten Urt in hohem Maße unbill u geradezu unerträgl ist (BGH NJW-RR **26**, 396 u NJW-RR **87**, 1032). Unentschieden geblieben in BGH NJW **63**, 1608, ob auch Ausnützg unricht gerichtl Entscheidgen, die selbst keine Sachentscheid enthalten (Beschl, durch den ein RMittel als unzul verworfen wird), ebso zu beurteilen ist. Sittenw handelt, wer Urt dadch erschleicht, daß er einen Zeugen zu einer falschen Aussage bestimmt (BGH **LM** (Fa) Nr 7). Wer in Kenntn, daß ihm keine Fdg zusteht, in Vertrauen auf die Unerfahrenh des Gegners von dem Schuldtitel Gebr macht (RG **155**, 57). ZwVollstr in Kenntn d nachträgl Leistgsunfähigk des UnterhSchu (BGH NJW **83**, 2317). Verschweigen einer nach Erl des UnterhUrt aufgenommen Erwerbstätigk dch UnterhGläub (BGH NJW **86**, 1751) od einer and grdleg hab der Änderg seiner wirtsch Verh (Kblz NJW-RR **87**, 1033). Kein Erschleichgseinwand, wenn beide Part da Gericht getäuscht haben (BGH JW **38**, 1262); auch nicht allein, weil es sich um VersäumUrt handelt (BGH **13**, 71; BGH WM **65**, 278: Mißbr eines VersäumnUrt). U U auch, wenn das Urt dch Dritten erschlichen war (RG **156**, 347). ZusWirken der Prozeßpart zwecks Benachteiligg eines Dritten (BGH WM **62**, 909: Schädigg des Zessionars der im Streit befangenen Fdg). Daß auch die sonst Vorauss für eine RestitutionsKl (§§ 580, 581 ZPO) erf sind, steht der Kl aus § 826 nicht entgg (Celle OLGZ **79**, 64; BGH **50**, 115, krit dazu Zeiss JuS **69**, 362, abl Baumgärtel/Scherf, JZ **70**, 316; aA auch Celle NJW **66**, 2020). § 826 ist nicht anwendb, wenn das OLG im KlErzwiggsVerf nach StPO § 172 die AnklErhebg wg Mangels an Beweisen abgelehnt hat (BGH NJW **64**, 1672). Ebso, wenn die unterlegene Part dch eig Nachlässigk die Vorlage einer BewUrk in Vorproz versäumt hat u ihr deswg die RestitutionsKl gg die obsiege Part verschlossen ist (BGH Betr **74**, 1158); nur im Proz gg sie, nicht gg einen Dr, auf den sich die Rkraftwirkg des Urt im Vorproz nicht erstreckt, ist § 582 ZPO entspr anwendb (BGH NJW **89**, 1287). Keine einstw Einstellg der ZwVollstr aus dem Titel entspr ZPO 767 bei Kl auf seine Herausg (Mü NJW **76**, 1748).

bb) Andere Titel. Diese Grdsätze gelten auch für Schiedsspruch (RG JW **28**, 1853), AusschlUrt (RG **168**, 15), ProzVergl (RG **84**, 131), rechtskr Entscheidgen der freiw Gerichtsbark (BGH **LM** (Fa) Nr 10) u ZuschlagBeschl (BGH **53**, 47), auch wenn er selbst richt ist, aber auf fehlerh Festsetzg des GrdstWerts beruht (BGH NJW **71**, 1751). Nicht dagg für erschlichenen ZwVergl (RG **158**, 82), EntmBeschl (Warn **22**, 46), Anmeldg einer nicht bestehden Fdg zum Konk (zu eng RG Recht **14**, 920).

cc) Vollstreckungsbescheid aufgrund sittenwidrigen Ratenkredits. Die vorstehden Grdsätze gelten auch hier, wobei abzugrenzen ist zw sittenwidr ZustKommen des VollstrBescheids und der ZwVollstr daraus. Allein die Wahl des MahnVerf reicht für sittenwidr Erwirkg des VollstrBescheids nicht aus (so aber Stgt NJW **85**, 2272, Kblz NJW-RR **86**, 405; wie hier Geissler NJW **87**, 166, BGH WM **89**, 169). Vielmehr ist die ZwVollstr dann unzul, wenn der Gläub einen VollstrBescheid über einen Anspr aus einem sittenw Ratenkredit Vertr erwirkt hat, obwohl er erkennen konnte, daß bei einer GeldMachg im KlWeg bereits die gerichtl SchlüssigkPrüfg nach § 331 ZPO nach dem Stande der Rspr im ZtPunkt des Antr auf Erlaß des VollstrBescheids zu einer Ablehng seines KlBegehrens führen mußte (BGH **101**, 380, WM **88**, 611); zuläss bleibt die ZwVollstr wg solcher Betr, die dem TitelGläub auch bei Nichtigk des DarlVertr gg den Ratenkreditnehmer zustehen (BGH WM **89**, 170). Dies gilt nur für Fallgruppen, die nach der Art der zGrde liegden RBeziehgen fallgruppentyp Merkmale der Sittenwidrigk aufweisen u in denen ein bes SchutzBedürfn des InAnsprGenommenen hervortritt (BGH **103**, 44). Die Vorauss des § 826 liegen nicht vor, wenn der Kredit-

§ 826 8 o–r　　　　　　　　　　　　　　　　　　　　2. Buch. 7. Abschnitt. *Thomas*

geber zZt des MahnVerf nach dem Stand der höchstrichterl Rspr mit der Möglk rechnen konnte, bei Vorgehen im KlWeg ein VersUrt zu erwirken (BGH WM **89**, 169); wenn der Ratenkreditnehmer sich unmittelb nach Abschl des DarlVertr noch vor der Zahlg der 1. Rate u währd des späteren MahnVerf anwaltl hat beraten u vertreten lassen (BGH NJW **87**, 3259).

dd) Ursächlichkeit des argl Verhaltens hat Kl zu beweisen; maßg ist jedoch nicht, wie das Gericht ohne das argl Verhalten entschieden haben würde, sond wie es nach Ansicht des jetzt entscheidden Ger bei richt Beurteilg hätte entscheiden müssen. SchadErmittlg nach § 287 I ZPO (BGH NJW **56**, 505).

ee) Schadensersatz geht auf Unterl der ZwVollstr u auf Herausg des VollstrTitels (BGH NJW **63**, 1608), auch auf Ers einer bezahlten Geldstrafe aGrd einstw Vfg (BGH Warn **69**, 29), auf Rückzahlg bezahlten Unterhalts (BGH NJW **86**, 1751 u 2047), auf Rückzahlg von Zahlgen, die auf einen sittenwidr Ratenkreditvertr zur Abwendg der ZwVollstr geleistet wurden (Düss NJW-RR **89**, 240). Darüberhinaus spricht Kln (NJW **86**, 1350) dem VollstrBescheid mangels Schlüssigk Prüfg die RKraftWirkg überh ab, Brann (WM **86**, 781) dann, wenn er nicht erlassen worden wäre, falls eine solche stattgefunden hätte. Auch bei rechtsgestaltendem Urt können die vermögensrechtl Folgen o Rücks auf die Möglk einer WiederAufnKl (BGH **LM** (Fa) Nr 7) beseitigt werden, währd die geschiedene Ehe geschieden bleibt. Der SchadErsAnspr wird nicht dadch ausgeschl, daß der Geschäd es unterl hat, gg das Urt RMittel einzulegen (RG **78**, 393); entspr Anwendg des § 839 III entfällt, weil das sittenw erlangte Urt nicht anzuerkennen ist (aA Bambg NJW **60**, 1062). Nichteinlegg von RMitteln kann nur nach § 254 berücks werden.

p) Zahlung von Schmiergeldern, auch wenn der Tatbestd des § 12 UWG nicht erf ist, ist sittenw (BGH NJW **62**, 1099: Zahlg an einen Vertreter, um bei der Vergabe von Aufträgen bevorzugt zu werden). Ebso **„Eintrittsgeld"** u **„Anzapfen"**, dh das Verlangen nach einer PauschalZahlg für den ersten Marktzutritt, zB Erteilg eines Auftr, Aufn einer Ware in das Sortiment, od für den Verbleib auf dem Markt dch Weiterführen der Ware im Sortiment (BGH NJW **77**, 1242; krit Loewenheim GRUR **76**, 224). Vgl hierzu auch § 667 Anm 3 a.

q) Verletzung von Vertragsrechten Dritter. aa) Planmäßiges Zusammenwirken eines Dr mit einem VertrTeil zum Schad des and VertrTeiles kann auch auf seiten des Dr sittenw sein (BGH **14**, 317), zB Vereitelg des Rechtes des ersten Käufers dch ZusWirken eines Dr mit dem Verk. Immer aber müssen über die obj Verleitg zum VertrBruch hinaus noch bes Umst hinzukommen, die das Handeln des Dr als sittl verwerfl stempeln (BGH **12**, 318). So handelt der zweite Käufer idR sittenwidr, wenn er einen höheren Kaufpr bietet (BGH WM **81**, 624), den Verk von RegreßAnspr des ersten Käufers freistellt (GgBeisp Hamm VersR **87**, 509) od dch Übern der VertrStrafe auf den VertrBruch hinwirkt (RG **81**, 86). Bei Fehlen einer vertragsfeindl Gesinng kann die Anwendg unlauterer Mittel od ein Mißverhältn bes Umst zw Mittel u Zweck sittenwidrig sein (BGH NJW **81**, 2184). Sittenw ist auch, wenn Gter einer GmbH eine neue GmbH gründen, um langfristige Vertr mit einem Dr zu beseitigen (RG **114**, 69). Sittenw soll auch die einf Abtr einer intern gesellschrechtl gebundenen Fdg sein, weil Verletzg gesellschaftl Pfl schwerer wiege als die einf schuldrechtl VertrPfl (BGH **12**, 318; bedenkl, weil diese Begr nur auf den ungetreuen VertrPartner abstellt, maßg aber die Sittenwidrigk des Dr, des Verleitden, ist). Die bloße Ausnutzg der Bereitsch des VertrPartners ohne dessen Verleitg zum Vertr-Bruch ist nicht sittenw (BGH NJW **60**, 1853). IdR erfüllt die Verleitg zum VertrBruch nur dann den Tatbestd des § 826, wenn der VertrPartner sich ver vertragl **Hauptpflichten** bestimmt wird (BGH aaO). – Verleitg zum VertrBruch u Beihilfe dazu zu **Wettbewerbszwecken** ist auch ohne Hinzutreten weiterer Umst sittenwidrig (BGH Betr **81**, 1668). Wettbewidr Verleitg zum VertrBruch ist es auch, wenn der Werbde dem Umworbenen ohne Kenntn der Einzelh des Vertr die unricht Ausk erteilt, der Abschl sei trotz der vertragl Bindg des Umworbenen an einen Mitbewerber zuläss (BGH Betr **75**, 1595). Bloße Ausnutzg fremden VertrBruchs ist in diesem Fall bei Hinzutreten bes Umst wettbewidr, so wenn die zu wahrden Interessen des Mitbewerbers erhebl beeinträchtigt werden (BGH BB **73**, 1229). Beschaffg preisgebundener Waren unter Ausnutzg fremden VertrBruches zum Zwecke der Abwehr einer Diskriminierg vgl BGH **37**, 30. Ggf Pfl des Außenseiters, dem Herst der preisgebundenen Ware seinen Lieferanten aufzugeben (BGH NJW **64**, 917). Vgl hierzu auch unten Anm u gg. Keine Verleitg zum VertrBruch, wenn Endverbraucher Buchhändler ansinnt, Preisnachlaß auf preisgebundene Bücher zu gewähren, da es hier an der Vorstellg fehlt, hierdch könnten vertragl Pfl verletzt werden (BGH BB **67**, 774). – Über die Vereitelg des VorkR § 506 Anm 2.

bb) Bewußte Ausnutzung des Mißbrauches der Vertretungsmacht ist sittenw (RG HRR **29**, 1730, LZ **31**, 1197), ebso ZusWirken eines VertrTeiles mit dem Vertreter des and (BGH NJW **62**, 1099) od wenn die Bank Wechsel einer AG diskontiert, obwohl sie weiß, daß das einzige VorstandsMitgl diesen Wechsel für persönl Zwecke ausgestellt hat (RG JW **31**, 794). Od wenn Schu an ungetreuen TrHänder zahlt (RG JW **25**, 1635). Unsittl handelt auch, wer unbezahlte Ware käufl übernimmt, um eigene Verbindlichk durch Verrechng zum Schad des Warenlieferanten erfüllen zu können (BGH NJW **57**, 587). Vgl auch oben h u unten t.

cc) Vereitelung einer Erwerbsanwartschaft kann sittenw sein (Saarbr NJW-RR **87**, 500).

r) Vertragsverletzung: aa) NichtErf einer VertrPfl ist nicht ow unsittl, es müssen **besondere Umstände** hinzukommen, die das Verhalten als sittl verwerfl erscheinen lassen (Stgt NJW **58**, 465), zB bei bewußter Vereitelg des VertrZweckes, der für sich nicht allein den Rücken der übr ein Geschäft abschließt u den Abschl durch die Gesellsch vereitelt (RG **89**, 99). – **bb) Vertrauensbruch**, eines Treuhänders, der sich Sondervorteile versprechen läßt (RG **79**, 194), eines Handelsvertr, der sich heiml auch einer and Firma für dieselbe Ware u dasselbe Absatzgebiet verpfl (RG JW **26**, 563), einer ProzPartei, die gg die Zusage verstößt, die Eintragg als Eigtümer bis zur Erledigg des Proz über die Nichtigk des GrdstKauf Vertr nicht zu beantragen (RG Recht **24**, 15). – **cc) Kündigung eines Dienstverhältnisses** kann nach Beweggrund u Zweck sittenw sein, vgl Vorbem 2 d bb vor § 620. – **dd) Planmäßiges Herausdrängen** des VertrGegners aus ReklameVertr durch Gründg einer neuen GmbH mit denselben Gtern u demselben GesellschZweck (RG

Einzelne Schuldverhältnisse. 25. Titel: Unerlaubte Handlungen § 826 8r–u

114, 69). Planm Handeln des Gläub, um seinem Schu den allg Kredit abzuschneiden, zu dem Zweck, das Grdst in der ZwVerst billig zu erwerben (RG **58**, 219). Sittenwidrigk des Gläub ggü dem Bürgen vgl § 776 Anm 1. – **ee)** Auch **nachvertragliche Treuepflichten** können sittenw verl werden (vgl unten u ii).

s) Warenzeichen u Ausstattung: aa) Das formelle ZeichenR darf nur **innerhalb des lauteren Wettbewerbs** u der guten Sitten ausgeübt werden (vgl RG **114**, 363, BGH **45**, 177). Benutzgzwang für WZ besteht gem § 11 I Nr 4 WZG. Anmeldg eines inländ WZ, um Benutzg des ident ausländ WZ im Inland zu verhindern, kann sittenwidr sein (BGH MDR **69**, 733). VerwirkgsEinwand dessen, der das Kennzeichen redl u ungestört längere Zeit benutzt hat (BGH **45**, 246).

bb) Einzelfälle. Sittenwidrigk der Erteilg einer WZ-Lizenz zu Täuschgszwecken (RG **100**, 22), der WZAnmeldg, um einen im Ausland geschützten Dr zu einer best, dem Interessen des Anmelders bekannten Auswertg zu veranlassen (BGH **46**, 130). Bei Duldg des Berecht ist Aneignung fremden Ausstattgsschutzes nicht ow sittenw, wohl aber dann, wenn sich jmd in fremde Ausstattg hineinschleicht u nunmehr gg den älteren Ausstattgsbesitzer vorgeht (BGH **4**, 100). Sittenverstoß, wenn jmd gebrauchte Nähmaschinen neu auflackiert u auf der Neulackierg das WZ des Herst wieder anbringt, um die Maschinen als neue in den Verk zu bringen (RG **103**, 367).

t) Wechsel und Schecks: aa) Weitergabe von **Wechseln** an einen gutgl od bösgl Erwerber, um dem Schu Einr abzuschneiden, od entgg einer Vereinbg mit dem Schu (BGH WM **71**, 855: planmäß ZusArb zw Erwerber u Inh zur Abdeckg von dessen alten Schulden). Ebso kann der Namensträger, dessen Unterschr auf dem Wechsel gefälscht ist, sittl verwerfl handeln, wenn er die Anfrage des WechselInh nach der Echth der Unterschr unbeantwortet läßt (BGH **47**, 110). Voraussetzg ist auch hier, daß er vorsätzl handelt, also erkennt, daß sein Schweigen dem Anfragden einen Schad zufügen kann und diesen Erfolg billigt (BGH WM **63**, 637). Sittenwidr handelt die Bank, die ihren Kreditnehmer zum Diskont zwecks Rückführg des Kredits zu nötigen, obwohl sie weiß, daß ihr Kreditnehmer ggü seinem Lieferanten (VorbehVerk) verpfl ist, nur ihm die aus Weiterverkauf der gelieferten Ware stammden Kundenwechsel zum Diskont zu übertr (BGH NJW **79**, 1704). Bei Diskontierg eines vom Akzeptanten eingereichten Wechsels prüft die Bank dessen Zahlgsfähigk nur im eig, nicht auch im Interesse des AusSt (BGH Betr **84**, 399). Nicht ow sittenwidr handelt die Bank mit der Diskontierg eines Akzeptantenwechsels, auch wenn sie weiß, daß ihr Kunde sein GeschVerm so weit sichergsübereignet hat, daß bei ihm für einen etwaigen Regreß des AusSt kein vollstreckgsfäh Verm vorh ist (BGH NJW **84**, 728). Sittenwidr ist die Diskontierg eines Akzeptantenwechsels, wenn die Bank weiß, daß der Akzeptant zahlgsunfäh ist (Kblz NJW-RR **87**, 40). Arglistige Täuschg eines WechselGläub über die RUnwirksamk des vom Bürgermeister einer Gem gegebenen Akzeptes (RG JW **28**, 2433). Wechselbürge, der mit der Verfälschg des Wechsels gerechnet hat (RG **126**, 223). Organisierter Austausch von Finanzwechseln unter Einschaltg eines Vermittlers, dem die Prüfg der Kreditwürdigk des Partners u dessen Auswahl obliegt, der jedoch selbst nicht verantwortl ist (BGH **27**, 172). Wechselreiterei, auch kombiniert mit Scheck, (Austausch zweier Wechsel [Scheck] zur verdeckten Kreditbeschaffg für beide Beteil ohne zGrde liegdes Gesch) liegt nicht vor, wenn der Wechselnehmer dem Akzeptanten für den Wechsel einen gedeckten, sofort fäll Scheck gibt (BGH NJW **80**, 931). **bb) Schecks.** Ausfüllg aus Gefälligk mit Bewußtsein, daß sie zur Täuschg eines Kreditgebers best sind (RG SeuffA **88**, 145). Abredewidr Verwendg eines Schecks od der ausbezahlten Schecksumme (BGH Betr **56**, 986, BGH NJW-RR **88**, 671). Abredewidr Verwendg von Prolongationsschecks (BGH NJW **61**, 2302 u NJW **73**, 1366; vgl oben Anm h cc). Haftg des Kreditinstituts, das ein der Scheckreiterei dienedes Konto führt, das auf dieses Konto gezogenen Schecks als in Ordng bezeichnet u dabei Schädigg eines Scheckbeteiligten in Kauf nimmt (BGH WM **69**, 334). ScheckRingVerk, dh dem keine Warenumsätze u ZahlgsVerpfl zugrde liegen, Zweck der verschleierten Kreditbeschaffg ist sittenw (BGH WM **70**, 663). Scheckreiterei, dh Kreditschöpfg dch Austausch von Schecks auf die gleiche Summe ohne zGrde liegdes Gesch, die am selben Tag zum Einzug eingereicht werden (Hgb WM **78**, 941). Kollusives ZusWirken zw ScheckAusst u Zessionar zum Nachtl der scheckeinziehden Bank (BGH **102**, 68 [73]).

u) Wettbewerbshandlungen. Schädigg and Wettbewerber liegt in Natur des WirtschKampfes. Was ihm den Stempel des Unerlaubten u sittl Verwerfl aufdrückt, sind hauptsächl die **Kampfmittel**, wenn diese nach der gesunden Anschauung der beteil VerkKreise nicht mehr als sachl u wirtsch vernünft Werbg betrachtet werden können (BGH NJW **60**, 1853). Auch der Zweck ist bei Berücksichtigg der Gesamtverh mitzuwerten (RG **134**, 342). Auch bei Existenzgefährdg eines and ist Anwendg erlaubter Mittel nicht sittenw (BGH LM § 1 UWG Nr 7). **§ 1 UWG** gewährt einen SchadErsAnspr, wenn der Verletzer im geschäftl Verk zu Zwecken des Wettbew Hdlgen vornimmt, die gg die guten Sitten verstoßen. Dafür ist entscheiddd, ob das konkrete Wettbewerbverhalten nach Anlaß, Zweck, Mittel, BegleitUmst u Auswirkgen dem Anstandsgefühl der beteil VerkKreise widerspricht od von der Allgemeinh mißbilligt u für untragb angesehen wird (BGH GRUR **72**, 553). Hinzukommen muß Versch, dh Vors hins der ges TatUmst u die Vorwerfbark der Hdlg (BGH GRUR **60**, 200). Sie kann fehlen, wenn sich in bezug auf den konkreten Sachverhalt in der Rspr noch keine festen RGrdsätze entwickelt haben; dann keine SchadErsPfl (BGH **27**, 273). – Neben UWG gelten §§ 824, 826 uneingeschränkt; § 823 I u II sind jedoch unanwendb, wenn die WettbewHdlg gg eine gesetzl Spezialregelg verstößt (BGH **36**, 256 ff: keine SchadErsPfl aus § 823 I, wenn WettbewHdlg zugl Eingr in den eingerichteten u ausgeübten GewerbeBetr; vgl § 823 Anm 5 G). Der Verl kann nicht RechngsLegg, aber Ausk verlangen, die nach Art u Umfang seinen Bedürfn gerecht wird unter schonender RücksNahme auf die Belange des Verletzers (BGH BB **76**, 661). Über Verj vgl § 852 Anm 1. Verbraucher, die dch sittenwidr WettbewHdlgen geschädigt werden, können bei Vorliegen der sonst Voraussetzgen nach § 826 SchadErs nur dann verlangen, wenn die im EinzFall verl Sittennorm den Schutz des Verbrauchers bezweckt (Sack NJW **75**, 1303).

aa) Äußerungen und Anpreisungen: (1) Mitteilgen über das **Vorleben des Wettbewerbers**, wenn es sich um längst vergessene Vorkommnisse handelt (RG **76**, 110). Mitteilg von gerichtl Bestrafg zu Wettbew-Zwecken (RG JW **25**, 2327) od soweit überh der and geschädigt werden soll (RG JW **33**, 1403). – (2) Unzul

§ 826 8 u

ist Hinweis auf die **Beteiligung von ausländischem Kapital** an WettbewBetr (RG 150, 55). – (3) **Vergleichende Werbung.** Sittenwidr sind herabsetzende Äußergen über die Leistgen des Gegners od der Ware des and (BGH GRUR 53, 293, LM § 1 UWG Nr 19), auch bei wissenschaftl Äußerg eines im Dienste eines Konkurrenten stehden Gelehrten (BGH BB 84, 329). Krit Würdigg des Unterschieds zw der eig u der fremden Ware ist nur insow zu billigen, als sie sich nach Art u Maß in den Grenzen des Erforderl u wahrgem sachl Erörterg hält (BGH BB 71, 253); dabei ist die Grdlage des Vergl mit nachprüfb Fakten anzugeben, so daß die v Werbden vorgen Wertg nachvollziehb ist (BGH GRUR 73, 270, Ffm Betr 77, 201). Zuläss ist die GgÜberstellg zweier Systeme (BGH BB 61, 9: um den technischen Fortschritt zu verdeutlichen) u die vergleiche Werbg, sofern für sie ein hinreicher Anlaß besteht (Celle NJW-RR 89, 37), zB bei Wahrnehmg berecht Interessen entw in der Pers des Wettbewerbers od in einem schutzwürd Bedürfn der angesprochenen VerkKreise nach sachgem Aufklärg (BGH BB 76, 434). Wer ein Produkt billiger als sein Mitbewerber anbieten kann, muß die Möglichk haben, den Verbraucher hierü in seiner Werbg wahrheitsgem u sachl, auch dch Preisvergleich, aufzuklären (BGH 45, 115 [119]); jedoch ist hierbei behuts zu verfahren, um ungerechtf Schädig des Konkurrenten zu vermeiden (Moser-von Filseck GRUR 63, 182); über die gebotenen Grenzen des SystemVergl vgl BGH Betr 67, 896. – Kein unzul PreisVergl bei WerbeAnkünd „20% unter dem empfohlenen Richtpreis" (BGH 42, 134). Kein unzul Vergl der Erzeugn bei Werbg: „Den u keinen anderen" (BGH 43, 140). Der Hinw, daß konkurrierde Erzeugn dch größeren Werbeaufwand auffallen, kann nach den Umst eine unlautere Abwertg dieser Erzeugn enthalten (BGH BB 85, 1867). Systemwertg auf wettbewerbl Basis u Warentest vgl unten II und § 824 Anm 1. – **Anlehnende bezugnehmende Werbung** ist unzul. Bei ihr wird fremde Leistg u fremder guter Ruf zum Nachteil des Konkurrenten als Vorspann für die eig Werbg ausgenutzt (BGH GRUR 72, 554: „statt Blumen Onko-Kaffee", Nürnb BB 64, 904: „Kleidg wie nach Maß") od es wird neben der markttübl angebotenen Hauptware, deren Umsatz gefördert werden will, eine meist branchenfremde Ware, jedoch nicht ohne die Hauptware, zu einem bes günst erscheinden Pr angeboten. – **Vorspannangebot** (BGH 65, 58). Ein ungekoppeltes VorspannAngeb ist sittenwidr nur, wenn ein psych Kaufzwang hins der Hauptware, die der Kunde eigentl nicht kaufen will, dch das günst Angeb der branchenfremden Ware ausgeübt wird (BGH BB 79, 64). Die Beurteilg als VorspannAngeb wird nicht dadch ausgeschl, daß die branchenfremde Ware zum regelmäß LeistgsAngeb des Anbieters gehört (BGH MDR 84, 113) od zu einem höheren Pr angeboten wird als die Ware, deren Abs dch die Koppelg gefördert werden soll (kopflast Vorspannangebot). Es entscheidet der VerkAuffassg (BGH NJW 76, 2013). Auch die **Ausbeutung fremden Rufs** kann sittenwidr sein (BGH 86, 90: gestellte Abbildg eines Rolls-Royce-Pkw in einer WerbeAnz für Whisky). – (4) **Irreführende Werbung** ist unzul, zB „med" als Bestandtl der Warenbezeichng (BGH BB 69, 890; BGH NJW 86, 379: Verwendg der Whisky-Marke „Dimple" für andersart Waren; BGH NJW 86, 381: Imitation exclus Uhren zu Absatzförderg von Billiguhren). „Reine HandArb" bei Herstellg auf und Weise (Nürnb BB 71, 1075). Bei Hinw auf eine DIN-Norm erwartet der Verkehr, daß die Ware normgem ist (BGH BB 85, 1417). Ankündigg einer nicht mit hinreicher Sicherh zu erwartden (BGH NJW 83, 2505) od einer monatelang nicht lieferb Ware (BGH NJW 84, 52). Werbg mit einer bes günst Pauschalreise, die am ErscheingsTag der Anz nicht mehr zu buchen ist (Karlsr WRP 87, 401). Werbg mit „EinführgsPr" ohne best zeitl Geltg unter GgüStellg mit einem „späteren Pr" (BGH NJW 85, 2949). „Neueröffng" iF bloßer Wiedereröffng nach vorügehder Schließg (Kblz NJW-RR 89, 36). Die Bezeichng Markt deutet auf EinzelhandelsGesch mit gewisser Größe u AngebVielfalt hin (BGH NJW 84, 174). Werbg mit der Bezeichng „Institut" dch einen PrivGewerbeTreibden ohne einen klarstellden Zusatz unzul (BGH WRP 87, 375). Werbg mit „bio-Fix", „biolog abbaub", „umweltfreundl", ohne daß das Prod besonders naturschütz ist (Düss V + R 89, 104). Werbg mit dem erteilten UmweltZeichen (blauer Umweltengel) ohne Angabe des Grdes für die Verleih (BGH NJW 89, 711). **Redaktionelle Schleichwerbung** ist unzul, dh irreführde Vermengg von objr Information od Darstellg eigverantwortl gebildeter Meing der Redaktion mit Werbg für die wirtsch Interessen Dr zG eines best Produkts, einer best Marke im redaktionellen Tl einer TagesZeitg (Hamm Betr 79, 787). **Getarnte Werbung** ist unzul, näml wenn ein Untern, der auch Inserataufträge erteilt, derselben Zeitg zum Zwecke der Veröff im redaktionellen Tl Beitr zusendet, die den Anschein obj Unterrichtg des Lesers erwecken, dabei jedoch als Werbg nicht einem hinreich absatzfördernde Hinw auf ein Erzeugn des Untern enthalten (BGH 81, 247). – (5) **Fernsprech- und Telexwerbung** ist wettbewwidr, außer bei Einverständn, wenn sie nicht sachbezogen ist u wenn kein sachl in der Interessensphäre des Adressaten liegder Grd für die gewählte Weg der Werbg besteht (BGH 59, 317). Das gilt auch, wenn der Anruf beim Nichtkunden nur den VertrBesuch ankündigen soll (KG WRP 78, 373). – (6) **Anpreisungen im Komparativ** können, da Irreführg des Verbrauchers insow mögl, unzul sein (BGH BB 83, 163). Die Verwendg des negat Komparativs („Es gibt weit u breit nichts Besseres") versteht der Verk idR iS einer AlleinStellg mit einem nach obj, der BewAufn nachprüfb Aussagegehalt (Düss WRP 77, 26). Desgl solche im **Superlativ**, sow nicht erkennb marktschreierische Reklame, zB Alleinstellgswerbg (BGH BB 62, 1223: „größte deutsche Spezialzeitschrift", Hbg BB 72, 1112: „die größte Autovermietg im RegBez", BGH Betr 85, 858: „größtes Teppichhaus der Welt", Düss Betr 63, 1603: „die beste Zigarette der Welt", BGH NJW 72, 104: „der meistgekaufte der Welt", dies für das Inland nicht zutrifft, Ffm Betr 73, 66: „Höchstrabatt" bei 3% BarzahlgsNachl, Hbg WRP 77, 651: „TiefstPr"). – (7) **Weitere Beispiele** unzul Werbg: Verbreit von Werbeschriften in wissenschaftl Gewande (RG Mitt des DPA 36, 155). Kostenlose Verteilg eines AnzBlattes, das sich den Anschein einer Zeitg gibt (BGH 19, 392). Unricht Hinw auf ausländ Herkunft der Ware (BGH 44, 16), desgl auf angebl Steuervorteile (Ffm BB 53, 456). **Werbung mit Diskontpreisen** ist idR nicht irreführd, wenn alle Pr des Sortiments erhebl niedriger liegen als im EinzHandel (BGH NJW 71, 378). Auch keine irreführde Werbg bei Ankünd „vom Herst direkt zum Verbr" unter Hinw auf PrVorteile (BGH MDR 64, 905). Irreführde Werbg dch GgüStellg eines **Richtpreises** mit eigenen VerkaufsPr, insb dann, wenn der Richtpreis irreal („Mondpreis") ist (BGH 45, 115 (128), NJW 66, 1559). Irreführde ZeitschrWerbg mit MitglZahlen (Düss BB 84, 145); solche eines Kreditvermittlers, wenn er die Notwendigk, einen BausparVertr abzuschließen, verschweigt (BGH BB 67, 772).

§ 826 8u

bb) Abwerbung von Arbeitnehmern: Die einfache Abwerbg ist wie die Verleitg zum VertrBruch (vgl oben q) nur bei Hinzutreten bes Umst sittenw, wie etwa wenn bezweckt od bewußt in Kauf gen wird, daß ein Mitbewerber ernstl beeinträcht od seine Leistg ausgebeutet wird (BGH **LM** § 1 UWG Nr 16) od bei Abwerbg der meisten Arb des Konkurrenten (BGH Betr **68**, 38). Zum Umfang der ErsPfl vgl BGH NJW **67**, 875. Verleitg zur Verletzg des WettbewVerbotes (RG SeuffA **88**, 23). Auch die **Abwerbung von Kunden** ist nur bei Hinzutreten bes, anstöß Umst sittenwidr, zB Kunden des VertrPartners währd der Dauer der ZusArb (BGH WM **79**, 59). **Abwerbung von Vereinsmitgliedern** dch unricht tats Behauptgen (BGH MDR **68**, 118).

cc) Boykott ist eine rein negat, auf Aussperrg gerichtete Maßn, näml planmäß ZusWirken von mindestens drei Personen (BGH Betr **65**, 889), u zwar Verrufer, Verrufenen, Verrufsadressat (Ffm BB **71**, 1254), nicht rein zufäll Zustreffen von EinzelHdlgen (BGH **19**, 72), um den Wettbewerber dadch gefüg zu machen, daß ihm nicht mehr geliefert (Liefersperre) od nichts mehr abgekauft wird (Bezugssperre), od wenn sonst auf die freie WillEntschließg des Adressaten eingewirkt wird, damit dieser geschäftl Beziehgen zu einem Dr abbricht od nicht aufnimmt (eingehd: Kreuzpointner, Boykottaufrufe der Verbraucherorganisationen, 1980). Das VorhSein von zwei hintereinand mit unterschiedl Zielrichtg angesprochenen bzw anzusprechden Adressaten (zweistuf Boykott) hindert nicht, den ersten Boykottierer für den Boykott auf der zweiten Stufe verantwortl zu machen (Düss Betr **79**, 82). Boykott und -Aufruf ist idR rwidr, im EinzFall kann er bei InteressenAbwägg mit dem R zur freien MeingsÄußerg rmäß sein (§ 823 Anm 14 D b); die Äußerg muß dann aber lediglich Mittel im geist Meingskampf in einer die Öffentlich wesentl berühren Frage sein u sich beschr auf die Darlegg der eig Ans u die Bekämpfg abw Auffassg, sie darf nicht in die wettbewrechtl AuseinandS auf einer Seite aktiv eingreifen (BGH Betr **80**, 583, NJW **85**, 60 u 62). Boykott ist auch dann untersagt, wenn er fremden WettBew fördert (BGH BB **54**, 10). Dagg dient der AusschließlichVertr einem posit Zweck, dem GeschVerk zw zwei VertrPart, er wirkt nur mittelb sperrd u ist grdsl rechtmäß u wettbewgem (Celle Betr **79**, 1397). Über unzul Boykott aus WettbewGrden vgl §§ 25 ff GWB. Ausschl von der Belieferg der Sozialversicherten (BGH **36**, 91 [100] u MDR **67**, 985). Unzul Aufforderg zu boykottähnl Maßnahmen (BGH Betr **60**, 230). Androhg einer Liefersperre (Hbg Betr **60**, 719). Unzul, wenn dch gemeinschaftl Einstellg der Milchbelieferg Molkerei wirtsch vernichtet werden soll (BGH Betr **65**, 889). Vgl auch zum Eingr in den GewerbeBetr § 823 Anm 5 G d.

dd) Kundenfang: Unaufgeforderte Hausbesuche von Bestattgsfirmen in Sterbefällen (RG **145**, 396). Werbg für Grabsteine nach Todesfällen (BGH MDR **67**, 378). Zusendg unbestellter Ware, es sei denn, daß Empf hierdch nicht in eine Zwangslage versetzt wird, zB: keine Pfl zur Rücksendg, Bezahlg, Aufbewahrg (BGH Betr **59**, 283, Wessel BB **66**, 432); jedoch dann unlauter, wenn im angeforderten Gratisprospekt Zusendg der Ware angekündigt wird, falls Empf nicht vorher widerspricht (BGH NJW **65**, 1662). Unentgeltl Massenverteilg von Warenproben (BGH **23**, 365; eingeschränkt jedoch BGH **43**, 278 bei Einführg völlig neuart Ware). Ansprechen von StrPassanten zu Werbezwecken (BGH NJW **65**, 628). Anlocken zu Werbeveranstaltg dch übermäß Geschenke (BGH BB **67**, 692). Öff Patientenwerbg (Brem NJW **54**, 1937). Anlocken von Kunden dch unentgeltl Zuwendgen, die ihrer Art u ihrem Wert nach geeignet sind, die angesprochenen Kreise unsachl zu beeinflussen, so daß sie ihre Entsch nicht nach dem im LeistgsWettbew maßgebl GesichtsPkten, sond allein im Hinbl auf die unentgeltl Zuwendg (auch DienstLeistg) treffen (Ffm NJW **71**, 811: Kaffeefahrt, BGH Betr **72**, 87: BesichtiggsReise mit BegleitPers, BGH WM **84**, 850: unentgeltl Kundentransport, Hbg NJW-RR **86**, 130: Butterfahrt nach Dänemark, Mü NJW-RR **87**, 625: kostenl Uhrenüberprüfg u Schmuckreinigg), verletzt § 1 UWG, wenn dies über angem Ausgl standortbdgter Nachtle hinausgeht (BGH Betr **72**, 1385: Anlocken von Kunden kurz vor Ladenschluß ist Verstoß gg § 1 UWG, BGH NJW **74**, 45, BGH NJW **77**, 2075, WRP **89**, 504: Anlocken von Kunden dch Geldgewinnspiele), wenn die Kunden zum Erwerb eines Loses das Ladenlokal betreten müssen od sonst unter psycholog Kaufzwang gesetzt werden od unter Irreführg über die Gewinnchancen; dabei spielen Art u Größe der erhofften Gewinne, Art der zum Kauf angebotenen Waren, denen die Interessenten verbleibde Anonymität eine Rolle. Anlocken von Kunden dch das Angeb einer branchenfremden Nebenware zu bes günst Pr, wenn diese Nebenware nur zus mit der zu marktübl Pr angebotenen Hauptware abgegeben wird (BGH WM **75**, 1185). Vortäuschg von KonkurrenzPr dch Inh zweier Firmen (RG JW **26**, 1549). Hydra- u Schneeballsysteme, vgl § 763 Anm 1. Preisausschreiben (vgl § 661 Anm 1) sind als solche nicht unlauter. Sie verstoßen gg gute WettbewSitten, wenn die angesprochenen Pers dazu verleitet werden können, ihre Entschließg nicht im Hinbl auf Eigensch u Pr der Ware zu treffen, sond im Hinbl auf sachfremde Mot, insb in der Hoffng, einen Pr zu gewinnen (BGH BB **76**, 435). Dazu genügt noch nicht, daß die Lösg jedermann ohne Mühe mögl ist (GratisVerlosg). Unlauter ist ein mühel zu lösdes PrAusschreiben mit hochwert Pr, wenn mit der Aushändigg eines TeilnScheins die Hingabe eines Vordrucks für Warenbestellgen gekoppelt ist (BGH **73**, 621); wenn ein beigefügtes vorgedrucktes Bestellformular auch als TeilnSchein verwendet werden kann (BGH BB **76**, 435), od wenn zusätzl Loser über das Gratislos hinaus in übertriebener Anlockeffekt erzielt wird (Hbg NJW-RR **86**, 132). Unzul Lockvogelwerbg, wenn die angebotene Ware nur in unzureichdn Mengen zur Verfügg steht (KG Betr **80**, 1394). Belieferg eines brauereigebundenen Gastw mit and Bieren bei Zukäufen ist nicht ow sittenwidr (BGH NJW **69**, 1293).

ee) Mißbrauch der öffentlich-rechtlichen Stellung. Beteiligg einer Körpersch öffR an priv Untern kann Gefahr eines Interessenwiderstreits begründen u daher unzul sein (BGH **LM** § 1 UWG Nr 134). Preisunterbietg durch öff Verbände, mit VerbandsAngeh in Wettbewerb treten (RG **138**, 174). Werbg für öff-rechtl VersichergsAnst durch Beh (RG JW **32**, 2529) oder staatl Kurverwaltg für staatseig Betriebe (BGH **19**, 299). Beliefergsausschluß durch SozVersTräger (BGH **36**, 91 [100]). Verstoß gg gesetzl Verbot (GemeindeO), auf gewissen Gebieten wettbewerbl tätig zu sein (BGH **LM** § 1 UWG Nr 149). Sittenwidrigk ist verneint bei der vom Unterrichtsminister angeordneten zwangsw Unfallversicherg der Schüler bei best VersichergsAnst (RG **128**, 134), ebso bei Überlassg von Anschriftenmaterial für FernsprechAnschl durch die Post an priv Herausgeber des Branchenfernsprechbuches (RG **137**, 57).

ff) Nachahmungen und dgl: (1) **Ausnutzung fremder Arbeit** u Mühe ist nicht ow sittenw, da alle neuen Arb naturgem an dem bisher Erreichten anknüpfen u darauf aufbauen (BGH **44**, 288). Die Ausnutzg

§ 826 8u 2. Buch. 7. Abschnitt. *Thomas*

verstößt aber dann gg die guten Sitten, wenn sie täuschd wirkt u die Gefahr von Verwechslgen hervorruft, od wenn sie dadch eine ungerechtf Bereicherg herbeiführt, daß eine üblicherw vergütgspflicht fremde Leistg kostenl genutzt wird (BGH 33, 20, Tonband, 38, Rundfunk) od wenn die fremde Leistg erschlichen ist (BGH 28, 387; BB 63, 831). Planm Verwendg fremder Ausstattg ist sittenw (RG 146, 247), ebso Eindringen in Abnehmerkreis einer Zeitschrift durch ein Blatt mit verwechslgsfäh Titel (BGH 28, 320), ebso Nachbildg von Möbeln nach früheren Liefergen (RG 101, 2). Vermehrg fremder Stecklinge unter Ausnutzg der im Verk bestehden Gütevorstellg (BGH 28, 387). Nachahmg von Käte-Kruse-Puppen (RG 111, 254), einer Walt-Disney-Figur (BGH Betr 59, 1340), eines Adreßbuches (RG 116, 292), von Bildwerken (RG 117, 318). Zielstreb Anklammern an Schmuckstückmodelle (BGH MDR 60, 202). – (2) **Sklavischer Nachbau**, d maßgetreue Nachahmg der wesentl Teile eines gewerbl nicht geschützten Fabrikats, ist an sich nicht sittenw; and, wenn die Gefahr besteht, daß der Verk hierdch über die Herkunft dieser Ware getäuscht wird, sie also mit der bereits im Verk bekannten Ware verwechselt wird (BGH 41, 57) od wenn and be Umst die Sittenwidrigk begründen (BGH 44, 288). SchadBerechng nach entgangener Lizenzgebühr (vgl § 687 Anm 2c) ist mögl, wenn wg des bes Schutzwertes des nachgebildeten Erzeugn die Nachbildg auch jedem and untersagt ist (BGH 57, 116, krit Haines NJW 72, 482). Sittenwidrigk der **Aneignung**, also der einf Übernahme einer fremden Leistg (Mü BB 64, 1277 mit Anm Schibel).

gg) Preisunterbietung (vgl auch vorsteh aa) ist grdsätzl erlaubt, wettbewerbswidr nur bei Hinzutreten unzul WettbewerbsHdlgen (BGH 44, 288), insb zum Zwecke des VernichtgsWettbew (Hamm Betr 69, 1505). Unterbietg gesetzl gebundener Preise kann jedoch im Einzelfall sittenw sein (BGH NJW 60, 284: Frachtenrückvergütg). Auch bei **preisgebundenen Markenwaren** reicht Preisunterbietg für sich allein nicht aus, wohl aber dann, wenn sie aGrd der Ausnutzg eines VertrBruches geschieht u wenn ferner das PrBindgSystem lückenl aufgebaut u dchgeführt ist (BGH NJW 64, 917); über Anspr gg den Außenseiter oben q aa. Darü, ob dch einen solchen Eingr auch das Recht des Preisbinders am eingerichteten u ausgeübten GewerbeBetr verletzt wird, vgl § 823 Anm 5 G. – Über den Nachweis der Lückenlosigk des PrBindgSystems vgl BGH 40, 135; dieses System ist nicht schon deshalb lückenh, weil dem PrBinder nicht jederzeit Einsicht in die Bücher des Großhändlers gestattet ist (BGH 43, 359). Vertikale Preisbindgen bei Markenwaren sind nur zul, wenn beim BKartellamt angemeldet, §§ 15, 16 GWB. Hierunter fällt auch eine vertikale unverbindl Preisempfehlg, wenn im Erfolg einer Preisbindg der zweiten Hand gleichkommt (BGH 28, 208); über die vertikale Preisempfehlg allg BKartellamt BB 61, 846. – Bei **preisgebundenen Verlagserzeugnissen** ist RabattEinräumg von 20% wettbewwidr (Düss Betr 78, 785). – **Testkäufe** des preisbindden Untern bei zur Preisbindg notw, um diese zu überwachen, u daher zul (LG Hbg NJW 62, 1969). Hausverbot für Testkäufer unzul (BGH 43, 359, NJW 66, 1558). Preisunterbietg ist dann sittenw, wenn nur unter Ausnutzg der Vorarbeiten des Konkurrenten mögl (BGH 28, 396). – Über Werbg mit „Diskontpreisen" vgl vorsteh unter aa.

hh) Vertriebsbindungen. Ob **Direktverkäufe**, das sind solche des Großhändlers an den Endverbraucher unter Umgehg des Einzelhändlers, sittenw sind, hängt vom Einzelfall ab (BGH 28, 54). **Unterkundengeschäfte** sind solche, die der Großhändler unmittelb mit dem Letztverbraucher schließt, der ihm von seinem Hauptkunden zugeführt wird; über die Werbg mit diesen Geschäften BGH LM § 13 UWG Nr 15.

ii) Bei Verwertung von Betriebsgeheimnissen dch einen entlassenen Angest kommt es entscheidd darauf an, ob die Verwertg als solche gg die guten wettbewerbl Sitten od die nachwirkde TreuePfl (vgl § 611 Anm 4 cbb) verstößt, nicht jedoch auf die Umst, unter denen die Kenntn erlangt worden ist (BGH 38, 396). Ist die Kenntn des BetrGeheimn rwidr gg § 17 UWG erlangt, so ist die Verwertg stets wettbewerbswidr, auch wenn das Ergebn nur mitursächl auf ihr beruht (BGH BB 85, 544). Eindringen eines ausgeschiedenen Angest in den Kundenkreis seines bish Dienstherrn (BGH NJW 64, 351). Nachahmg artist Geheimn unter Vertrauensbruch (Warn 12, 75). Sittenw ist Einschleusen von Dr als ArbNehmer in KonkurrenzBetr, um dort BetrVorgänge auszukundschaften (BGH WM 73, 811). Der SchadErs für die unredl Verwertg ist analog wie bei Verl von ImmaterialgüterR dch LizenzZahlg zu leisten (BGH NJW 77, 1062).

kk) Aus dem Verkehrziehen von Konkurrenzerzeugn ist nur dann sittenw, wenn das einer Marktverdrängg oder einer ernstl Marktbehinderg gleichkommt (BGH NJW 60, 1853).

ll) Warentest in Zeitschriften ist idR dch das Informationsinteresse der Öffentlichk und damit durch die Pressefreih (Art 5 GG) gedeckt, es sei denn, daß hierdch der Wettbew best WirtschKreise beeinflußt werden soll (Stgt BB 63, 831 u NJW 64, 48). Warentest u Eingr in den eingerichteten GewerbeBetr vgl § 823 Anm 5 G c.

mm) Unentgeltliches Anzeigenblatt mit redaktionellem Tl. Seine Verteilg ist unlauterer Wettbew, wenn sie zu einer gemschädl Störg der WirtschOrdng führt (BGH NJW 71, 2025). Dies ist auch der Fall, wenn dadch eine verstärkte Behinderg regional konkurrierder TagesZeitgen u eine Verfremdg des Leistgs-Wettbew eintritt (BGH Betr 77, 1087). Ständ unentgeltl Verteilen einer sonst nur gg Entgelt zu beziehden **Fachzeitschrift** in Konkurrenz mit and Fachzeitschr ist idR wettbewwidr (BGH NJW 77, 1060). Die Lieferg einer Fach- als Verbandszeitschrift an alle VereinsMitgl auf Kosten des Vereins ist kein unlauterer Wettbew, sow die Lieferg iR des Vereinszwecks erfolgt u kein Mißbr der Vereinsautonomie vorliegt (BGH NJW 71, 2027).

nn) Wettbewerbsverbot. Soweit seine vertragl Vereinbg nicht nach SpezialBest, zumindest ohne KarenzEntsch nichtig ist, darf sie nicht über die schutzwürd Interessen des Berecht hinausgehen u nicht die wirtsch BeweggsFreih des Verpfl unangem einschränken (Karlsr GRUR 75, 271).

oo) Sonstiges: Anpreisg von Schutzmitteln gg Ansteckg bei Geschlechtsverk ist nicht schlechthin sittenw (RG 149, 224). Über unzul Werbg außerhalb von Fachkreisen mit Hauszeitschriften vgl G über die Werbg auf dem Gebiete des Heilwesens idF v 18. 10. 78, BGBl 1678, § 11 Nr 9 (zur fr PolizeiVO BGH NJW 63, 1673); unzul Werbg mit Preisausschreiben, § 11 Nr 13 (Mü NJW 63, 2375); unzul auch Werbg mit

Einzelne Schuldverhältnisse. 25. Titel: Unerlaubte Handlungen §§ 826–828

Dankschreiben usw, § 11 Nr 11, mit Gutachten, § 11 Nr 1, mit Krankengeschichten, § 11 Nr 3 (zur Polizei VO Hbg NJW **63**, 1681). – Vertrieb von Arzneimitteln unter Nichtbeachtg des Apothekenzwanges (BGH **44**, 208). – KoppelgsGesch kann sittenw sein (LG Nürnbg BB **64**, 530: MietVertr über Wohng u Möbelkauf, Köln DRspr II (243), 79: Preisverschleier, BGH Betr **52**, 35: Verkauf eig, gekoppelt mit Inzahlnahme fremder Ware); zuläss Koppel im Verhältn des Herst zum Großhändler (BGH **LM** § 1 UWG Nr 152). – Zugaben grdsätzl verboten, ZugabeVO § 1 I, Ausnahmen § 1 II. Zul ist Zugabe als handelsübl Zubeh der Ware (Köln BB **65**, 721), als solche von geringem Wert (Düss BB **66**, 96). Über den Begr der Kunden Zeitschr (§ 1 II e idF v 15. 11. 55, BGBl 719, BGH **LM** § 1 ZugabeVO Nr 18).

v) Zwangsvollstreckung. Sittenw erlangt ist der Rang eines PfandR, wenn der Gl die öff Zustellg des Titels erschlichen hat (BGH **57**, 108). Ob Abhalten vom Bieten dch entspr Vereinbg gg die guten Sitten verstößt, ist Tatfrage (BGH NJW **61**, 1012). Sittenverstoß ist zu bejahen, wenn die Abrede bezweckt, alle in Betr kommden Bieter überh auszuschalten, sodaß der gesetzl Zweck der ZwVerst, dch Erziel eines möglichst hohen, dem GrdstWert entspr Gebots bei freier Konkurrenz der Bieter weitgehde Deckg der GrdstLasten zu erreichen, vereitelt wird zum Vort des Täters u zum Schad des Eigtümers u der dingl Berecht (Ffm WM **89**, 1102). Auch die Ausschaltg eines best Bieters, wie überh die Schmälerg der Konkurrenz der Bieter kann sittenw sein (BGH WM **65**, 203 u NJW **79**, 162). Unsittl ist Abgabe von Scheingeboten dch Strohmänner, um and Bieter zu höheren Geboten zu veranlassen (RG HRR **35**, 664); ebso sittenw Erschleich des Zuschlags dch einen Strohmann (BGH **LM** (Gi) Nr 2). Kein Sittenverstoß dagg, wenn Gläub bei Versteiger Grdst od bewegl Sachen ersteht u die ihm daraus erwachsenen Vorteile lediglich für sich in Anspr nimmt, zB die ZwVerst wg seiner ausgefallenen RestFdg betreibt, obwohl der wirkl Wert des billig erstandenen Grdstücks die Fdg deckt (RG **80**, 153, JW **17**, 812). Keine Sittenwidrigk, wenn Eigtümer die ZwVerst zwecks Beseitig von Grdstückslasten betreibt, die nach seiner Überzeugg wertlos sind (RG **160**, 52). Mißbr des KonkVerf zur Erreichg konkursfremder Zwecke wie Künd eines PachtVertr (BGH WM **62**, 930).

w) Sonstige Fälle: Unsittl Ausnutzg der Spielleidensch (BGH **LM** § 762 Nr 1 u § 762 Anm 4). Gläub, der sich einen Geldbetrag überweisen läßt, von dem er weiß, daß er aus einem Betruge des Schu herrührt (RG **94**, 193). Erwirkg einer behördl Anordng auf Übertr eines Gesch durch Täuschg, wobei polit Beziehgen u ZeitUmst ausgenutzt werden (BGH **LM** § 25 HGB Nr 1). Mißbr der formalen RMacht, Zahlg auf erstes Anfordern bei der Garantiebank zu verlangen (Mü WM **85**, 189).

827 *Ausschluß und Minderung der Verantwortlichkeit.* Wer im Zustande der Bewußtlosigkeit oder in einem die freie Willensbestimmung ausschließenden Zustande krankhafter Störung der Geistestätigkeit einem anderen Schaden zufügt, ist für den Schaden nicht verantwortlich. Hat er sich durch geistige Getränke oder ähnliche Mittel in einen vorübergehenden Zustand dieser Art versetzt, so ist er für einen Schaden, den er in diesem Zustande widerrechtlich verursacht, in gleicher Weise verantwortlich, wie wenn ihm Fahrlässigkeit zur Last fiele; die Verantwortlichkeit tritt nicht ein, wenn er ohne Verschulden in den Zustand geraten ist.

1) Unzurechnungsfähigkeit, Satz 1 (vgl §§ 104, 105 und Einf 2 vor § 104), schließt die zivrechtl Verantwortlk aus. Anwendb auf alle Fälle der VerschHaftg, auch außerh der uH (BGH NJW **68**, 1132; vgl § 276 I 3), auch iRv § 254 (RG **108**, 87). Trotz Unzurechngsfähig ErsPfl in Sonderfällen, § 829; Haftpfl der AufsPersonen s § 832. – Ausschl der freien WillensBest – auch durch Ohnmacht od Schlaf (BGH **23**, 90) – ist erforderl; bloße Minderg der Geistes- u Willenskraft, krankh Gleichgültigk gg die Folgen des eig Handelns, Unfähigk zu ruh u vernünft Überlegen genügen für sich allein nicht (RG **108**, 87). Entmündigg als solche führt den Ausschl der Verantwortlichk noch nicht herbei, da eine dem § 104 Nr 3 entspr Best fehlt. Begeh einer uH durch Entmündigten ist also mögl, zB währd eines lichten Zwischenraumes od im Falle der Gesundg vor AufhebG der Entm wg Geisteskrankh. Doch kann aus der Entm eine Vermut für Anwendbark des § 827 S 1 entnommen werden (RG aaO). – § 827 ist nicht anwendb, wo die Verantwortlichk ohne das gesetzl Erfordern eines Versch besteht (MüKo/Mertens Rdn 10).

2) Nach Satz 2 ist der Täter bei **selbstverschuldetem vorübergehendem Ausschluß der freien Willensbestimmung** nur dann verantwortl, wenn die von ihm begangene uH auch im Falle fahrl Begehg zum SchadErs verpflichtet. Auch der Ann grober Fahrlk steht bei Verl ganz elementarer Verhaltensregeln die eingeschränkte Einsichts- u HemmgsFähigk nicht entgegen (BGH NJW **89**, 1612, TrunkenhFahrt). Vorauss der Haftg ist, daß sich der Täter schuldh in diesen Zust versetzt hat, wobei das Versch aber vermutet wird. Nicht braucht sich das Versch zu beziehen auf die SchadVerurs u auf ihre Vorhersehbark in nüchternem Zust. Hat sich der Täter fahrl in den RauschZust versetzt, so haftet er nicht für Hdlgen, die nur bei vorsätzl Begeh ersphlichtig machen, zB aus § 826; hat er sich vorsätzl in den Zustand der Willensunfreih versetzt, um eine uH zu begehen, so ist es so anzusehen, als ob er die Tat vorsätzl begangen hätte (RGRK/Steffen Rdn 12, MüKo/Mertens Rdn 8). – Unverschuldet ist der Zustand der Unzurechnsfgk, wenn zB Täter die berauschde Eigensch des Getränkes weder gekannt hat noch kennen mußte (BGH NJW **68**, 1132). Auf die ihm bekannte mangelnde Widerstandskraft seines Körpers gg geist Getränke, zB inf von Krankh, kann er sich nicht berufen.

3) Beweislast für Unzurechnungsfähigk trifft den Täter (BGH **98**, 135, **102**, 227), währd Verl nachzuweisen hat, daß Täter sich selbst in den Zustand der Willensunfreih gebracht habe. Demggü steht dem Täter der Nachw offen, daß er ohne Versch in diesen Zustand geraten sei.

828 *Minderjährige; Taubstumme.* [1]Wer nicht das siebente Lebensjahr vollendet hat, ist für einen Schaden, den er einem anderen zufügt, nicht verantwortlich.

§§ 828, 829

II Wer das siebente, aber nicht das achtzehnte Lebensjahr vollendet hat, ist für einen Schaden, den er einem anderen zufügt, nicht verantwortlich, wenn er bei der Begehung der schädigenden Handlung nicht die zur Erkenntnis der Verantwortlichkeit erforderliche Einsicht hat. Das gleiche gilt von einem Taubstummen.

1) Allgemeines. Der Ausschl der Verantwortlichk von Kindern unter 7 Jahren entspr § 104 Nr 1. Auch mitw Versch eines solchen Kindes bei der eig Beschädigg ist nicht denkb (RG **54**, 407). ErsPfl aus Billigk-Gründen vgl § 829, Haftg AufsPflichtiger § 832. Vorlagebeschluß Celle NJW-RR **89**, 791 an das BVerfG.

2) Zurechnungsfähigkeit u **Verschulden** des Jugendl sind zu unterscheiden, sie sind getrennt voneinand zu prüfen (BGH **LM** Nr 1). Die ZurechngsFgk ist nach § 828 II, das Versch nach § 276 zu beurteilen.

a) Die Zurechnungsfähigkeit ist zu bejahen, wenn der Jugendl die zur Erkenntn der Verantwortlichk **erforderliche Einsicht**, dh die geist Entwicklg besitzt, die den Handelnden in den Stand setzt, das Unrecht seiner Hdlg ggü den Mitmenschen u zugl die Verpfl zu erkennen, in irgdeiner Weise für die Folgen seiner Hdlg selbst einstehen zu müssen. Abs II stellt also allein auf diese intellektuelle Fähigk ab, nicht auch auf die individuelle SteuergsFähigk, sich dieser Einsicht gem zu verhalten (BGH NJW **84**, 1958). Nicht erforderl ist, daß der Jugendl eine best Vorstellg von der Art seiner Verantwortlichk hat, es genügt die Fähigk zur Erkenntn einer VerhaltensPfl dem Verletzten od der Allgemeinh ggü, gleichgült ob zivil- oder strafrechtl. Ist die hiernach erforderl Einsicht vorhanden, so gestattet sie regelm den Schluß auf die Einsicht zur Erkenntn der Verantwortlichk (BGH **LM** Nr 3, VersR **70**, 374). Auch wenn man die hins der Versch zu prüfde Erkenntn der Gefährlichk des Tuns verneint, kann der Täter zurechngsfäh u damit verantwortl sein, wenn er gg vorausgegangene Verbote u Warngen gehandelt hat u die zur Erkenntn der Verantwortlichk für die Verbotsverletzg nötige Verstandesreife besaß (RG JW **31**, 3319). In jedem Falle ist die Prüfg der bes Umst des Einzelfalles, wie Lebensalter u geist Entwicklg des Täters, bedeuts (BGH **LM** § 276 (Be) Nr 2). Bei der Berücksichtigg des Lebensalters genügt die Annäherg an die obere od untere Altersgrenze für sich allein nicht, um die erforderl Einsicht zu bejahen od zu verneinen, wenngleich die Lebenserfahrg hins der Verstandesreife für Jugendl best Alters iR dieser Prüfg mit heranzuziehen ist (RG JW **06** 686). Immer ist aber zu beachten, daß nach der sprachl Fassg des § 828 der Mangel der Einsicht nicht vAw zu berücks, sond vom Täter zu behaupten u zu beweisen ist (BGH **LM** Nr 1, VersR **70**, 467). Dabei ist AnschBew ausgeschl (offengelassen BGH NJW **70**, 1038). Zweifel gehen zu Lasten des Jugendl. Davon zu trennen ist der VerschNachw.

b) Schuldhaft handelt, wer vorsätzl od fahrl einen Schad verursacht, § 276. Fahrlk setzt voraus die Erkenntn der Gefährlichk einer uH od die sorgfaltswidr Verkenng ihrer Gefährlichk (BGH NJW **63**, 1609); ferner muß das Verhalten gem der vorhandenen od der zu gewinnenden Erkenntn zumutb sein (BGH **LM** Nr 1). Hierbei ist nicht auf die individuellen Fähigk des Jugendl abzustellen, sond darauf, ob ein normal entwickelter Jugendl dieses Alters die Folgen seines Tuns hätte voraussehen u dieser Einsicht gem hätte handeln können u müssen (BGH NJW **70**, 1038). Handelt der Täter aus altersgruppenbdgten Gründen schuldlos, so entfällt die Haftg, auch wenn er die erforderl Einsicht nach Abs II hat (Böhmer MDR **64**, 278). Zur BilligkHaftg s § 829. Das Versch hat der Geschädigte zu beweisen. AnschBew ist mit der Einschränkg zul, daß es bei der Prüfg der Fahrlk nicht auf die persönl Schuld des Jugendl ankommt, sond obj darauf, was von einem Jugendl seiner Altersgruppe zu fordern war (BGH NJW **70**, 1038). Bei der Abwägg des MitVersch nach § 254 ist § 828 II entspr anzuwenden; maßg ist auch hier die Einsicht, die zur Erkenntn der Gefährlichk des eig Verhaltens erforderl ist (Düss VersR **69**, 380).

c) Rechtsmißbrauch kann die InansprNahme des Mj für einen Schad aus uH unter den Vorauss des § 242 sein. So, wenn der Halter einem Mj ein Kfz überläßt, ohne sich der Billigg des PersSorgeBerecht zu vergewissern u der Mj fahrl das Kfz dch Unfall beschädigt (Stgt NJW **69**, 612).

3) Einzelfälle: 7jähr läuft hinter Ball auf die Fahrbahn (BGH VersR **70**, 374), schießt trotz Warng mit Schleuder ein Auge aus (BGH VersR **54**, 118), 8jähr spielt auf der Fahrbahn (Düss VersR **76**, 595), 10jähr verurs Scheunenbrand (BGH NJW **84**, 1958), verletzt Spielkameraden mit Beil (Mü VersR **52**, 229). 11jähr schießt mit Pfeilen (BGH FamRZ **64**, 505). 12jähr Sonderschüler wirft auf Spielplatz mit Steinen (Hbg VersR **80**, 1029). 15jähr verletzt Auge bei Tomatenwurf (BGH VersR **53**, 28). 16jähr verurs BrandVerl dch Wurf mit Wunderkerze (BGH VersR **63**, 755).

829 *Ersatzpflicht aus Billigkeitsgründen.*

Wer in einem der in den §§ 823 bis 826 bezeichneten Fälle für einen von ihm verursachten Schaden auf Grund der §§ 827, 828 nicht verantwortlich ist, hat gleichwohl, sofern der Ersatz des Schadens nicht von einem aufsichtspflichtigen Dritten erlangt werden kann, den Schaden insoweit zu ersetzen, als die Billigkeit nach den Umständen, insbesondere nach den Verhältnissen der Beteiligten, eine Schadloshaltung erfordert und ihm nicht die Mittel entzogen werden, deren er zum angemessenen Unterhalte sowie zur Erfüllung seiner gesetzlichen Unterhaltspflichten bedarf.

1) Allgemeines: § 829 enthält Ausn von dem VerschuldensGrds. Da einer „der in den §§ 823 bis 826 bezeichneten Fälle" vorliegen muß, wird die Auffassg vertreten, daß – abgesehen von der Frage der ZurechngsFgk – neben dem obj auch der subj Tatbestd der uH im natürl Sinne vorliegen müsse (RGRK/Steffen Rdn 8). Dieses Erfordernis ist aber jedenf in den Fällen zu weitgehd, in denen gerade die UnzurechngsFgk den Schad verursacht hat (BGH NJW **58**, 1630). In den Fällen allerd, in denen SchadVerursachg mit UnzurechngsFgk gar nichts zu tun hat, haftet der Unzurechngsfäh nur dann, wenn sein Verhalten bei einem Zurechngsfäh als Vorsatz od Fahrlk zu werten wäre (BGH **39**, 281).

2) Nur hilfsweise besteht die ErsPfl des Unzurechngsfäh, dh wenn entw § 832 aus RGründen nicht durchgreift od wenn vom AufsPflichtigen aus tatsächl Gründen Ers nicht zu erlangen ist. Im letztgenannten

Einzelne Schuldverhältnisse. 25. Titel: Unerlaubte Handlungen **§§ 829, 830**

Falle haften Unzurechngsfäh u AufsPflichtiger als GesamtSchu, § 840. BilligkAnspr auch neben dem Anspr aus § 7 StVG (BGH **23**, 90). VorausKl ist nicht erforderl.

3) Die **Billigkeit** muß unter Berücksichtigg aller Umst eine Schadloshaltg des Geschäd erfordern, nicht nur erlauben (BGH NJW **69**, 1762) u entscheidet über Umfang u Art des Ers (Rente, Kapital). Der ErsAnspr setzt ein wirtsch Gefälle, also erhebl bessere VermVerh des Schäd voraus; dabei kann eine freiwill HaftPfl Vers iS einer Korrektur hins der Höhe des zu zahlden Betr von Bedeutg sein, aber allein nicht zur Bejahg der Billigkhaftg (BGH NJW **79**, 2096) u nicht zur Zubilligg von Beträgen führen, die die finanziellen Möglichk des Schädigers sonst schlechthin überschreiten würde (BGH **76**, 279). Zu berücksicht sind auch die sonst LebensVerh u Bedürfn, auch die Umst der Tat, insbes erhebl Gefälle im beiders Versch (BGH NJW **69**, 1762). Ein BilligkAnspr kann sich auch daraus ergeben, daß nach Ableben des schuldunfäh Schäd sein Verm nicht mehr für seinen angem Unterh erfdl ist (BGH **76**, 279). Treten die BilligkVoraussetzgen, zB wirtschaftl LeistgsFgk, erst später ein, so ist der ges durch die schädigde Hdlg erwachsene Schad zu ersetzen u der Umfang der Leistungsverpflichtg für jeden einz SchadAbschn nach Billigk zu bestimmen (BGH NJW **58**, 1632). Angemessener Abänderg des Urt ist hier nur unter den Voraussetzgen ZPO § 323 zul. Angemessener Unterhalt: § 1610. Gesetzl UnterhPfl: §§ 1360ff, 1569ff, 1601ff. Feststellgsklage ist schon zul, bevor sämtl Voraussetzgen vorliegen, insb wenn der Umfang des Anspr von der späteren Entwicklg des Verhältn der Part abhängt (BGH JZ **79**, 445); insow auch Teilabweisg mögl, wenn auch Klage gg einen Vollverantwortl nur zu einem Teil begründet sein würde (BGH NJW **62**, 2201).

4) **Entsprechende Anwendung** auf vertragl Haftg ausgeschl, weil in § 276 I nicht erwähnt; wohl aber in den Fällen der §§ 830 I 2, 831, 833 S 2, 836, da es sich hier um Ableitgen der Haftg aus §§ 823–826 handelt (RGRK/Steffen Rdn 4). Anwendbar auf §§ 844, 845 (RG **94**, 220). Mit der bei einer AusnRegelg gebotenen Vors auch anwendb auf die SchadVerteilg bei mitw „Versch" des nicht ZurechngsFäh, sow die Billigk dies erfordert (BGH **37**, 102, Karlsr DAR **89**, 25). Daß der Schädiger dem 5jähr geschäd Kind ohne Versch haftet, rechtfert selbst bei erhebl „Versch" des Kindes nicht die Anwendg des §§ 829, 254. HaftPflVers des Schädigers schließt die Mithaftg des geschäd Kindes aus, auch wenn es selbst sozversichert ist (BGH NJW **73**, 1795). Die eig Mithaftg des Kindes entfällt nicht desh, weil es auch von seinen Eltern wg Verl der AufsPfl Ers seines Schad verlangen könnte (Celle NJW **69**, 1632, eine Entscheid, die iü mit der entspr Anwendg des § 829 (Ers von nur ⅓ des Schad eines vermlosen 5jähr Kindes) zu weit geht, zutr Böhmer JR **70**, 339). BGH **39**, 281 bejaht BilligkHaftg des über 7 Jahre alten Jugendl, auch wenn er aus altersgruppenbdgten Gründen nicht schuldh handelt, sofern er nur die erforderl Einsicht (§ 828 II) besitzt; hiergg Böhmer MDR **64**, 278.

5) **Verjährung** vgl § 852 Anm 2b.

830 *Mittäter und Beteiligte.* ¹Haben mehrere durch eine gemeinschaftlich begangene unerlaubte Handlung einen Schaden verursacht, so ist jeder für den Schaden verantwortlich. Das gleiche gilt, wenn sich nicht ermitteln läßt, wer von mehreren Beteiligten den Schaden durch seine Handlung verursacht hat.

II Anstifter und Gehilfen stehen Mittätern gleich.

1) **Anwendgsbereich.** § 830 betrifft drei Fälle der Beteiligg Mehrerer an einer uH u läßt als eig, bes AnsprGrdl jeden von ihnen haften, ohne daß festgestellt sein müßte, daß gerade er dch sein Verhalten den Schad verurs hat (BGH **72**, 355). Es handelt sich um die Fälle der gemschaftl Begehg (I, 1), der Anstiftg u Beihilfe (II) u den davon versch Fall der Beteiligg iS des I, 2. Nicht unter § 830 fällt die sog fahrl Nebentätersch, dh wenn mehrere Täter durch selbständ EinzelHdlgen ohne bewußtes ZusWirken einen Schad mitverursacht haben (BGH **30**, 203). Der Nebentäter haftet, auch bei nahem örtl u zeitl ZusHang für die Folgen seines eig rwidr Verhaltens nach den allg ZurechngsRegeln (BGH NJW **88**, 1719), dh auf das Ganze, wenn sein Verhalten den GesamtSchad mitverursacht hat, sonst auf den best, unterscheidb Teil des Schad, den sein Verhalten verursacht hat (MüKo-Mertens § 830 Rdn 6).

2) **Vorsätzliches Zusammenwirken** gehört zum Tatbestd von Abs I S 1 u II. Ihre Anwendbk gg einen Beteil setzt nur voraus, daß auch die and die Merkmale einer uH erfüllt haben, u scheitert nicht daran, daß die and wg eines beamtenrechtl Sonderstatus nicht nach Deliktsregeln in Anspr gen werden können (BGH **70**, 277).

a) **Gemeinschaftliche Begehung (Abs I S 1)** ist iS der strafrechtl Mittätersch zu verstehen, setzt also bewußtes u gewolltes ZusWirken Mehrerer zur Herbeiführg eines Erfolges voraus, BGH NJW **72**, 40. Für die Haftg eines Teiln ist es unerhebl, ob er dem Schad eighänd mitverurs u wieviel er selbst zu ihm beigetragen hat. Das gilt auch für den Anspr auf SchmerzG, sow dafür die gemschaftl begangene uH BemessgsFaktor ist (Schlesw VersR **77**, 183). Psych od intellektuelle Mittätersch genügt (BGH **8**, 288). Dies gilt auch für Teiln an Demonstration, weil GewAnwendg dabei nicht dch Art 5, 8 I GG gedeckt. Maßg ist, ob der Wille des Teiln auf eine RVerletzg gerichtet u als solcher erkennb geworden ist (Celle VersR **82**, 598) u ob der Teiln schadstiftde Ausschreiten zumindest billig in Kauf nimmt. Keine Haftg für den Exzeß einz Mittäter, die ohne Billigg des betr Teiln die Grenzen des DemonstrationsR überschreiten (BGH **63**, 124). Nebentätersch (vgl Anm 1) genügt nicht.

b) **Anstifter und Gehilfen (Abs II)** stehen Mittätern gleich. Die Begr sind ebenf im strafrechtl Sinne zu verstehen. Nöt ist die vorsätzl Unterstützg einer fremden VorsTat, wobei bdgter Vors genügt. Das Ausmaß spielt keine Rolle, psych Unterstützg genügt, auch wenn sie nicht um ihrer selbst willen, sond zur Erreichg and Ziele gewährt wird u auch dann, wenn der Täter nicht erkennt, daß der Geh ihn unterstützen will (BGH **70**, 277). Unanwendb ist der strafrechtl Begr der fortges Handlg. Der Helfer ist also verantwortl nur für TeilHdlg, an der er mitgewirkt hat (BGH **LM** § 823 (Be) Nr 4). Nicht unter § 830 fallen Hehler u Begünstigter, jedoch ist das ZivG an eine derart rechtl Qualifizierg im StrafUrt nicht gebunden, sond kann Mittätersch od Beihilfe annehmen (BGH **8**, 288).

c) Beispiele: Gewerksch als Geh bei Unterstützg eines wilden Streiks (BAG NJW **64**, 887); Beihilfe zu Einzelakten eines fortges Betruges (BGH **LM** § 823 (Be) Nr 4); Steinschlacht bei willentl gemeins Werfen mit TreffVors (BGH NJW **72**, 40); Teiln an einer Demonstration mit GewaltTätigkn und dem Ziel, ein ZeitgsUnternehmen zu blockieren, sofern er sich an den schadstiftden Ausschreitgen beteil u Schäd dieser Art in seinen Will aufgen bzw das Ziel der Demonstration (Blockade) gekannt hat (BGH **59**, 30 u NJW **72**, 1571); Bummelstreik der Fluglotsen (BGH NJW **78**, 816). Vgl auch § 823 Anm 14.

3) Beteiligung (Abs I S 2). a) Abgrenzung. Sie liegt nicht vor in den Fällen des auf den Erfolg bezogen vorsätzl ZusWirkens Mehrerer (Abs I S 1, Abs II), vorstehd Anm 2, u iF der Nebentätersch (vorstehd Anm 1).

b) Bedeutung und Zweck der Vorschr liegen darin, daß in den vorstehd genannten Fällen der Fall gleichgestellt wird, in dem sich nicht ermitteln läßt, wer von mehreren Beteil den Schad dch seine unmittelb gefährdde (Karlsr Just **78**, 362) Hdlg verurs hat od welcher Anteil des Schad auf mehrere feststehde Verursacher entfällt. Damit soll eine BewSchwierigk des Geschäd überwunden werden, dessen ErsAnspr nicht daran scheitern soll, daß nicht mit voller Sicherh festgestellt werden kann, welcher von mehreren beteil Tätern den Schad tats od zu welchem Anteil verurs hat (BGH **55**, 86). Es haften also neben dem, der den Schad wirkl verurs hat, aber nicht genau ermittelt werden kann, auch die weiteren Handelnden, die ihn alternativ nur möglicherw verurs haben. Insow ist das Prinzip dchbrochen, daß der Verl den Bew adäquater Verursachg des ganzen Schad dch einen best a der gefährl Hdlg Beteil führen muß.

c) Voraussetzungen: aa) Urheberzweifel, alternat Kausalität. Mehrere haben unabhäng voneinand eine gefährl Hdlg begangen, dch die ein Schad herbeigeführt worden ist, mind einer der Beteil - ungewiß welcher - hat diesen Schad verurs, die Hdlg des gerade in Anspr genommenen Beteil kann ihn verurs haben (BGH **25**, 271). Steht einer der Beteil als Verantwortl für den ganzen dch die gefährl Hdlg entstandenen Schad fest, so haften die and, die ihn nur möglw verurs haben, nicht nach Abs I S 2 (BGH **67**, 14 u VersR **85**, 269); die bloße Ungewißh, ob zusätzl ein and Beteil verantwortl ist, reicht als für die Anw von Abs I S 2 nicht aus; so, wenn ein vom Zweitschäd möglicherw verurs FolgeSchad haftgsrechtl dem ErstSchäd zuzurechnen ist (BGH **72**, 355; abl Fraenkel NJW **79**, 1202, Deutsch NJW **81**, 2731; Celle VersR **82**, 598 für DemonstrationsSchäd). Die Beteiligg des in Anspr Genommenen muß feststehen, dafür gilt § 830 nicht (BGH **89**, 383). Das bloße Dabeisein reicht dazu je nach FallGestaltg nicht aus (Saarbr VersR **74**, 41 iF fahrl Brandstiftg). „Beteiligt" wird man bei einer Großdemonstration - außer bei Mitwirkg an der Plang od bei leitder Funktion in der Durchführ - erst dch Solidarisierg mit und gewalttät Demonstranten od Teilgruppen an Ort u Stelle (BGH **89**, 383). Nicht erforderl ist, daß zw den Beteil eine subj Beziehg besteht, sie also voneinand wissen (BGH **33**, 286). **bb) Anteilszweifel,** kumulat Kausalität: Zwei Beteil haben selbstd einen SchadFall verurs, das Ausmaß des v dem einen od dem and verurs Schad, also der jeweil SchadUmfang läßt sich nicht feststellen. Für die Anwendg des Abs I S 2 ist nöt, daß die mehreren selbstd Handlgen nach der prakt Anschaug des tägl Lebens in zushängder Vorgang sind, was nach den Besonderh des einz Falles zu beurt ist. Von entscheidder Bedeutg hierfür ist die Gleichartigk der Gefährdg. Die mehreren SchadFälle dürfen nicht beziehgslos u zufäll nebeneinand stehen, sie müssen tats miteinand verknüpft sein, wozu zeitl u örtl Einh nicht erforderl ist BGH **55**, 86: erste Verletzg eines VerkTeiln bei einem VerkUnfall, zweite Verletzg danach in 2,5 km Entferng bei einem zweiten VerkUnfall im Krankenwagen auf der Fahrt ins Krankenhaus. Der für den SchadUmfang potentielle ZweitSchädiger haftet also auch neben einem für den SchadEintritt als solchen feststellb kausal handelnden ErstSchädiger (bestr, Deutsch JZ **72**, 105 verlangt statt des Zushangs als ZurechngsGrd für fremde Kausalität, daß der in Anspr Genommene damit rechnen mußte, daß sich ein weiterer alternativ im SchädiggsBereich aufhält). **cc) Rechtswidrigkeit und Verschulden** - nicht widerlegte Vermutg, zB §§ 833 S 2, 836 genügt - bzw Verantwortlichk nach §§ 828, 829 (Schlesw MDR **83**, 1023) muß bei dem jeweils in Anspr genommenen Beteil hinzukommen, soweit uH er in Frage steht. „Beteil" kann aber auch sein, wer ohne Versch schaderspfl ist (vgl unten f), zB der Halter eines Kfz, dessen Fahrer einen auf der Straße liegden VerkTeiln überfährt, der kurz zuvor von einem and Kfz überfahren wurde, wobei nicht feststellb ist, welches Kfz welchen Schad angerichtet hat (BGH NJW **69**, 2136) od der Tierhalter iF des § 833 S 1 (BGH **55**, 96). **dd) Drittbeteiligung.** Die Haftg der Beteil entfällt nicht deshalb, weil ein unbeteil Dr eine andere SchadBdgg gesetzt hat, zB der Verl fällt, v 2 Pers angestoßen, inf des einen, ungewiß welchen Stoßes, in einen offenen Kanalschacht: Die Haftg der beiden Anrempelnden entfällt nicht deshalb, weil der Dr wg der versäumten Abdeckg des Schachts ebenf für die UnfFolgen verantwortl ist (BGH **67**, 14).

d) Entlasten kann sich ein Beteil dch den Bew, daß sein Verhalten den Schad bei alternativer od kumulativer Kausalität zu einem best Teil nicht verurs haben kann (Nürnb VersR **72**, 447). Anders in den Fällen Abs I S 1, Abs II. Da die Herbeiführ des Erfolges für jeden Beteil rwidr sein muß, entfällt die Haftg für alle, wenn auch nur einer der Beteil einen RFertiggsGrd hat, weil der Erfolg dann dch einen rechtmäß Handelnden herbeigeführt sein kann (BGH **LM** Nr 2). Da iF der Selbstverletzg kein SchadErsAnspr besteht, § 830 I, 2 aber die Entstehg eines solchen Anspr überh - ungewiß nur gg wen - vorausgeht, haftet kein Dr, wenn u sow der Gesch selbst Beteil an der gefährl Hdlg war u nicht auszuschließen ist, daß er sich selbst verletzt hat, bzw als potentieller SchadUrh in Betr kommt (Reinicke NJW **51**, 317, Klein NJW **71**, 453, BGH NJW **73**, 1283 mit Besprechg Henckel JuS **75**, 221, Kettenauffahrunfall: Kein ErsAnspr des ErstAuffahrden gg den ZweitAuffahrden für die eig FrontSchäd, die möglicherw sowohl vch das eig Erstauffahren verurs wurden). Nürnb VersR **72**, 447, BGH **60**, 177, **67**, 14; aA Celle NJW **50**, 951, Heinze VersR **73**, 1081 [1086]). Stgt VersR **73**, 325 vertritt in diesem Zushang keine aM (Kettenauffahrunfall: ErsAnspr des

Einzelne Schuldverhältnisse. 25. Titel: Unerlaubte Handlungen   **§§ 830, 831**

ErstAuffahrden gg den schuldh plötzl haltden Vordermann), weil in diesem Fall der geschäd ErstAuffahrde allein, dh ohne Anhalten des Vordermanns seinen Schad nicht verurs haben kann. Fehldes Versch vgl vorstehd Anm c.

e) Beispiele: Steinschlacht (Celle NJW **50**, 951, BGH NJW **60**, 862). Verl eines Fußgängers an einer Baustelle, an der mehrere Baufirmen arbeiten, dch einen herabfallden Stein (BGH BB **60**, 1181). Verl dch Rakete, abgefeuert aus einer Gruppe von Pers, die sämtlich Raketen abgebrannt haben (Mü MDR **67**, 671). Haftg mehrerer Jäger für Verl eines Passanten (BGH VersR **62**, 430). Treibjagd, Verl eines Teiln (Oldbg VersR **80**, 339). Haftg mehrerer WegeEigtümer, wenn Wegebenutzer inf mangelnder VerkSicherh im Grenzbereich der Wege verunglückt (BGH **25**, 271). Ebso benachbarter HausEigtümer bei mangelh Streug (Bambg VersR **68**, 1069). Haftg des Untern, der mangelh Baumaterial liefert, u des Untern, der es fehlerh einbaut, wenn der Bau einstürzt u sich nicht feststellen läßt, bei welchem der beiden Untern die Urs liegt (BGH **LM** Nr 4). Verl eines Fußgängers dch mehrere einand folge Fahrzeuge (BGH **33**, 286 u **72**, 355), auch wenn einer nur nach § 7 od 18 StVG haftet (BGH NJW **69**, 2136). Verl eines Fahrgastes, nicht feststellb, ob dch Notbremsg zur Verhütg eines Unfalls od dch Auffahren des nachfolgden Fahrz (Celle VersR **77**, 1008). Schad eines Patienten dch schuldh Behandlgsfehler eines, ungewiss welchen, Operateurs bei mehreren in engem zeitl u sachl Zushang stehden Operationen (Düss MDR **85**, 234). SachSchad dch Pferde mehrerer Halter, auch iF der Gefährdgshaftg gem § 833 S 1 (BGH **55**, 96). Psych Beihilfe bei Massendelikten, zB Teiln an einer Hausbesetzg (Celle NdsRPfl **73**, 184). Haftg eines Teiln für Demonstrationsschäden vgl § 823 Anm 8 B u vorstehd Anm caa.

f) Entsprechend anwendbar ist Abs I S 2 auf ein schadstiftdes Verhalten außerh der uH mit gleicher BewNot für den Verl wie bei Gefährdgshaftg (BGH **55**, 96), bei AusglAnspr nach § 906 III 2 sowie EntschAnspr aus enteigndem u enteignungsgleichem Eingr (BGH **101**, 106).

4) Haftung. a) Im **Außenverhältnis** hat in allen Fällen des § 830 u grdsätzl auch iF der Nebentätersch (oben Anm 1) jeder Beteil den ganzen Schad zu ersetzen. Die mehreren ErsPfl haften dem Verl als GesSchu, § 840. MitVersch des Geschäd vgl § 254 Anm 4c. Trifft iF der Anm 3 den Verl ein MitVersch nur ggü einem der Alternativtäter, so kann auch der and, wenn sein VerursBeitrag pos festgestellt ist, nur zu der näml, ggf zu der hypothet geringsten Quote verurteilt werden (BGH NJW **82**, 2307).

b) Der **Ausgleich im Innenverhältnis** zw den mehreren Beteil regelt sich nach §§ 426, 840 II, III, 841.

831   **Haftung für den Verrichtungsgehilfen.** ¹Wer einen anderen zu einer Verrichtung bestellt, ist zum Ersatze des Schadens verpflichtet, den der andere in Ausführung der Verrichtung einem Dritten widerrechtlich zufügt. Die Ersatzpflicht tritt nicht ein, wenn der Geschäftsherr bei der Auswahl der bestellten Person und, sofern er Vorrichtungen oder Gerätschaften zu beschaffen oder die Ausführung der Verrichtung zu leiten hat, bei der Beschaffung oder der Leitung die im Verkehr erforderliche Sorgfalt beobachtet oder wenn der Schaden auch bei Anwendung dieser Sorgfalt entstanden sein würde.

II Die gleiche Verantwortlichkeit trifft denjenigen, welcher für den Geschäftsherrn die Besorgung eines der im Absatz 1 Satz 2 bezeichneten Geschäfte durch Vertrag übernimmt.

1) Allgemeines. Die Haftg des GeschHerrn gründet sich auf die Vermut seines eigenen Versch bei der Auswahl od Leitg der Hilfspers od bei Beschaffg der erforderl Vorrichtgen od Gerätsch (RG **151**, 297) sowie auf die weitere Vermut des ursächl Zushgs zw dem Versch des GeschHerrn u dem dem Dritten zugefügten Schad. Jede der beiden Vermutgen kann GeschHerr nach Abs I S 2 entkräften (RG **142**, 368). Infdessen entfällt die Haftg, wenn d GeschHerr deliktsunfäh (§§ 827, 828) ist, währd Deliktsunfähig auf seiten der HilfsPers die Haftg des GeschHerrn nicht ausschließt; denn die HilfsPers braucht nur widerrechtl, nicht auch schuldh gehandelt zu haben (RG **142**, 368). § 829 bleibt auch bei Deliktsunfähigk des GeschHerrn anwendb (vgl § 829 Anm 4). – Neben der Haftg aus § 831 kann Verpfl bestehn, **besonderen Vertreter** iS von § 30 zu bestellen, bei deren Verl der GeschHerr sich nicht nach § 831 I, 2 entlasten kann. Das gilt allg bei Körpersch des öff od priv Rechts, sobald der Vorst außerstande ist, den Verpfl zu genügen, den Körpersch wie jede natürl Pers nachkommen muß, vgl § 31 Anm 2c, auch § 823 Anm 8 A c, 11. – Haftg aus § 831 kann weder durch Vertr zw GeschHerrn u HilfsPers noch durch PolizeiVO abgeändert werden (RG **102**, 269).

2) Verhältnis zu anderen Bestimmungen:

A. Zu § 278: Nach § 278 haftet der GeschHerr für fremdes Versch oRücks auf sein eig Verhalten, nach § 831 haftet er für eigenes vermutetes Versch ohne Rücks auf das Versch der HilfsPers; § 278 regelt die Haftg für VerrichtgsGeh außerh eines für ErfGeh innerh eines bestehden SchuldVerh, § 831 betr die Haftg für VerrichtgsGeh außerh eines solchen SchuldVerh; nach § 278 ist kein EntlastgsBew des GeschHerrn mögl, wohl aber nach § 831. Vertragl Haftg aus § 278 ist somit schärfer als Haftg aus § 831, doch kann SchmerzG nur aus § 831 verlangt werden. Konkurrenz zw vertragl u delikt Anspr vgl Einf 2 vor § 823.

B. Zu §§ 30, 31, 89 Abs I: Nach diesen Vorschr haften jur Pers ohne die Möglichk eines EntlastgsBew für Schäd aus uH, die ihr Vorst od und verfassungsmäß berufene Vertr in Ausführ der ihnen zustehden Verrichtgen einem Dritten zufügen (vgl §§ 30, 31 je Anm 2). Den Ggsatz bilden diej, die ihren Dienstauftr erst wiederum von den vorerwähnten Pers herleiten; für sie haftet die jur Pers nur nach § 831 (BGH **LM** § 831 (Fc) Nr. 1). Anwendbark des § 31 auf nichtrechtsfäh Verein vgl § 54 Anm 6a.

C. Zu sonstigen Vorschriften: a) ErsPfl der HilfsPers selbst gem § 823 bleibt von § 831 unberührt. Dann gesamtschuldn Haftg beider gem § 840 I, währd im Verh zueinander die HilfsPers allein haftet, § 840 II. Doch kann bei Unterl der erforderl Aufs od Überwach Haftg des GeschHerrn auch nach § 823 begründet sein (BGH **11**, 151; vgl § 823 Anm 8 A c, 11). In diesen Fällen hat Geschädigter die schuldh Verletzg der

SorgfPfl zu beweisen. Wegen der aus § 831 herzuleitenden ÜberwachgsPfl vgl Anm 6 A. **b)** Gem § 254 kann sich GeschHerr auf das eig Versch des Geschädigten berufen, auch dann, wenn die HilfsPers vorsätzl gehandelt hat (vgl § 254 Anm 4b). Darü, ob dem Geschädigten auch ein Versch seiner HilfsPers zuzurechnen ist, vgl § 254 Anm 5. **c)** Unanwendb bei hoheitl Tätigk, anwendb im privatr TätigkBereich des Staates. – **d)** Keine Anwendg im Falle **RVO** § 640f, § 903f aF (KG KGBl 22, 118). – **e)** Anwendb neben **HaftpflG § 2** (Müko/Mertens Rdn 5 a). – **f)** Anwendb neben §§ 485, 486 HGB, **Reederhaftung** (BGH **26**, 152). – **g)** Anwendb bei SchadHaftg im Bereich des **gewerblichen Rechtsschutzes** (Soergel-Zeuner Rdn 63, Müko/Mertens Rdn 5 a). – **h)** Anwendb auch iR des **UWG** § 14 I 1 (BGH NJW **80**, 941). – **i)** Haftg aus dem **StVG** besteht neben Haftg aus § 831. Nach § 7 III 2 StVG haftet Halter i R des StVG für Angest u denj, dem er Fahrzeug überlassen hat (vgl auch Anm 4). – **k)** Weitergehde Haftg der **Gastwirte** aGrd von §§ 701 ff für eingebrachte Sachen des Gastes; soweit Deliktshaftg, ist § 831 anwendb. – **l)** Haftg der **Eisenbahn** u des **Frachtführers** nach HGB §§ 456, 458, 429, 606 schließt Haftg aus § 831 nicht aus (BGH **24**, 188). – **m)** Desgl anwendb neben Haftg aus § 22 **WassHaushG** (Müko/Mertens Rdn 5 a).

3) Verrichtungsgehilfe. a) Begriff. Zu einer Verrichtg bestellt ist, wem von einem and, in dessen Einflußbereich er allg oder im konkr Fall u zu dem er in einer gewissen Abhängigk steht (BGH WM **89**, 1047), eine Tätigk übertr worden ist. Für das WeisgsR ist ausreich, daß GeschHerr die Tätigk des Handelnden jederzeit beschränken, untersagen oder nach Zeit u Umfang bestimmen kann (BGH **45**, 313). Die Tätigk kann tatsächl od rechtl Natur sein, entgeltl od unentgeltl, ausdr od stillschw übertr, mit VertrMacht verbunden od nicht. Der Begr des GeschHerrn verlangt, daß der Bestellte bei Ausführg der Verrichtg vom Willen des Best abhäng ist, auch höhere Angest, auch Leiter eines gewerbl Unternehmens, wobei bedeutgsl ist, ob Bestellten ihm übr selbständ (BGH NJW **56**, 1715: Generalvertreter). Den Ggsatz bilden diejen, die über ihre Pers frei verfügen u Zeit u Umfang ihrer Tätig selbst bestimmen können (RG **92**, 345). Demgem sind im allg selbständ BauUntern u HandwMeister nicht VerrichtgsGeh, selbst wenn der AuftrGeber dem Untern die Arbeiter stellt (BGH BB **53**, 690).

b) Haftungsbeispiele: Ehem, falls von seiner Frau zur Verw ihres Vermögens bestellt (RG **91**, 363). RA als VerrichtgsGeh seines Mandanten (BGH **LM** § 823 (Hb) Nr 5). Der Jagdberecht ist GeschHerr ggü dem Jagdaufseher (Warn **28**, 76), ebso die Krankenkasse im Verh zum Vertrauensarzt (RG **131**, 73). Haftg des Arztes, der seinen Patienten dch eine im Krankenhaus angestellte Schwester nach seinen Anordnungen mit Röntgenstrahlen behandeln läßt (RG **139**, 255), u für den bei seiner vorübergehden Abwesenh bestellten ärztl Vertreter (BGH NJW **56**, 1834). Haftg des Krankenhausträgers für die Ärzte (BGH NJW **88**, 2298) u Krankenschwester (BGH NJW **59**, 2302). Über das Verhältn des Schriftleiters zum Verleger vgl BGH **3**, 282 u § 824 Anm 6 e. Haftg des Gters für den MitGter vgl § 714 Anm 3 d. Bei einem LeihArbVerh (Einf 4 a ee vor § 611) kommt es auf den EinzFall an, ob der entleihde od der verleihde ArbG die Tätigk des entliehenen ArbN beschränken, entziehen u nach Zt u Umfang bestimmen kann (BGH NJW **71**, 1129). Ist der verliehene ArbN mehreren WeisgsZustdgk untergeordnet, so ist maßgebl, in wessen WeisgsZustdgk das widerrechtl Verhalten fällt (BAG Betr **89**, 131). Der verleihde ArbG haftet iü nur dafür, daß der verliehene ArbNehmer für die zur Vfg gestellte Tätigk geeignet ist. Der abgestellte ArbN selbst haftet dem entleihden DHerrn ggf aus uH, wenn nicht HaftgsBefreiung wg gefahrgneigter Arb eintritt (BGH Betr **84**, 982). Der BauUntern bleibt GeschHerr seiner Arbeiter, auch wenn eine BauOberLeitg mit Überwachgs- u WeisgsR vorh ist (BGH VersR **74**, 243).

c) Nicht Verrichtungsgehilfe sind: GerVollzieher. Taxifahrer im Verh zum Fahrgast (RG JW **35**, 35). Jagdherr im Verh zum Jagdgast (RG **128**, 39). KfzHalter ggü einem Bekannten, dem er den Wagen aus Gefällig zur Vfg gestellt hat (RGJW **35**, 35). Reeder ggü einem selbständ StauereiUntern (BGH **26**, 152). Verfasser, dem im VerlVertr das Korrekturlesen übertr ist, ist nicht VerrichtsGehilfe des Verlegers (BGH NJW **70**, 1963, Druckfehler in medizin Werk). Auszubilder fällt nicht unter § 831, solange er als Lernder beschäftigt, wohl aber, wenn er mit selbständ Tätigkeit betraut wird. Nichtangest HandelsVertr ist idR nicht VerrichtgsGeh; er ist es bei einer Tätigke, bei deren Weisgen des Untern unterworfen u von ihm abhäng ist, zB VerkStand auf Messe (BGH NJW **80**, 941). Selbstliquidierder Chefarzt ist bei reiner BehandlgsTätig iR eines aufgespaltenen Arzt/KrankenhausVertr nicht VerrichtsGeh des Krankenhausträgers (BGH JR **76**, 151). Hoteliers, Betreiber einer FerienwohnAnl sind nicht VerrichtsGeh des Reiseveranstalters (LG Ffm NJW **85**, 2424). Vermietet ein Untern Bagger samt Führer an einen and Untern, so ist währd des Einsatzes dort der Baggerführer VerrichtsGeh nicht des Vermieters, sond des mietdn Untern (Düss VersR **79**, 674).

d) Mehrere Gehilfen, mehrere Geschäftsherren. Haben mehrere Geh die Verrichtg zus ausgeführt, so genügt es, wenn Haftg des GeschHerrn aus § 831 nur für einen von ihnen in Frage kommt (RG **157**, 233). – Der für eine gemschaftl Anl zweier Untern von einem von diesen Bestellte ist nicht VerrichtsGeh des and (RG **170**, 321).

4) In Ausführung der Verrichtung muß der Schad zugefügt sein, nicht nur gelegentl der Verrichtg. In letzterem Falle haftet lediglig Täter selbst. Es muß ein unmittelb innerer Zushang zw der dem Geh aufgetragenen Verrichtg nach ihrer Art u ihrem Zweck u der schädigden Hdlg bestehen (BGH NJW **71**, 31, NJW-RR **89**, 723), das Verhalten des Geh darf nicht aus dem Kreis od allg Rahmen der ihm anvertrauten Aufg herausfallen (BGH WM **77**, 1169). Auch NichtErf der allg VerkSicherPfl durch Angest gehört hierher (RG **159**, 290). Selbst bewußtes u eigenmächt Zuwiderhandeln gg Weisgen des GeschHerrn stellt das Handeln des Geh noch nicht außerh des Kreises der ihm aufgetragenen Verrichtg (BGH **49**, 19). Deshalb haftet Handwerksmeister, wenn seine Angest bei Ausführg ihrer Arb in fremdem Hause Möbel beschädigen, dagg nicht, wenn sie dort einen Diebstahl begehen, es sei denn, daß ÜberwachgsPfl insow besteht, zB bei Einsatz einer größeren ArbKolonne (BGH **11**, 151), u diese Pfl verletzt wurde (vgl § 823 Anm 8 A c). Ebso haftet GeschHerr, wenn Depositenkassenvorsteher trotz Verbots der AuskErteil eine unricht Ausk erteilt (RG **94**, 318). Haftg für EisenbahnAngest (BGH LM § 823 (Dc) Nr. 23). – § 831 ist auch dann noch anwendb, wenn

Wagenführer hins der Fahrstrecke von den erteilten Weisgen abweicht, nicht jedoch, wenn er verbotswidr Bekannten mitnimmt u dieser auf der Fahrt zu Schaden kommt (BGH NJW **65**, 391). Im übr ist es Tatfrage, ob bei Abweichgen von Weisgen die Hdlg noch im Kreis der aufgetragenen Verrichtg liegt. Bei Schwarzfahrt, die ohne Wissen u Wollen des FahrzHalters vorgenommen ist, handelt Kraftfahrer idR nicht in Ausführg der Verrichtg (BGH Betr **70**, 2314). Dann nur Haftg des Schwarzfahrers u des Halters nach § 7 III StVG. – Keine Haftg des Untern für Hdlgen seiner Arbeiter auf dem Wege zur ArbStätte (RG DR **42**, 1280); des TransportUntern für Schäd, die seine Kraftfahrer bei vertragl nicht geschuldeter Mithilfe zur Entladg verurs (Hbg VersR **74**, 52, bedenkl enge Auffassg).

5) Widerrechtlich ist der Schad zugefügt, wenn der obj Tatbestd einer uH erfüllt ist (§ 823 Anm 6 A). Auf ein Versch des Bestellten kommt es nicht an (vgl Anm 1). Dort, wo Kenntn der TatUmst Vorauss der Widerrechtlichk ist, muß Bestellter diese Kenntn gehabt haben (BGH NJW **56**, 1715). Ausschl der Widerrechtlichk s § 823 Anm 6 B und unten Anm 8. – Nach dem **Schutzzweck der Norm** haftet der GeschHerr dem Geschädigten trotz rwidr SchadZufügg dch einen VerrichtgsGeh nicht, wenn dieser obj fehlerfrei gehandelt, dh wenn er sich so verhalten hat, wie jede mit Sorgf ausgewählte u überwachte Pers sich sachgerecht u vernünft verhalten hätte (BGH VersR **75**, 447, NJW-RR **88**, 38); auch iF eig Handelns bestünde gg den GeschHerrn bei obj fehlerfreiem Verhalten kein Anspr.

6) Entlastungsbeweis.

A. Widerlegung der Verschuldensvermutung. Beachtg der im Verk erforderl Sorgf.

a) Auswahl. Das Maß der bei der Auswahl zu stellden Anfordergen richtet sich nach der Art der Verrichtg. Je verantwortgsvoller u schwieriger die Tätigk ist, um so größere SorgfPfl. Dies gilt bes dann, wenn mit der Tätigk Gefahren verbunden sind, wie zB beim Arzt, KfzFührer. Bei solchen Pers genügt es nicht, daß sie die nöt Sachkunde u techn Geschicklichk in Ausübg ihres Berufes aufweisen, sie müssen vielm darü hinaus auch die moral Eigensch, wie Charakterstärke, Besonnenh, Verantwortgsgefühl besitzen, die sie vor leichtfert Gefährdg des Verk u ihrer Mitmenschen behüten. Nicht notw ist, daß sich im SchadFall gerade derjen Mangel ausgewirkt hat, den der GeschHerr bei der Auswahl od Überwachg bei gehör Sorgf hätte erkennen müssen (BGH NJW **78**, 1681). Strenge Anfordergen an Auswahl eines **Kraftwagenführers**. Vorlegg von Zeugn genügt im allg nicht, unmittelb Erkundiggen bei den früheren ArbGebern sind erforderl od UrtBildg aus bisher Fahrtweise, pers Eindruck, Auswertg des Fahrtenschreibers (BGH VersR **84**, 67). Moral Mängel, die an sich mit dem Kraftfahrwesen nichts zu tun haben, geben dem GeschHerr Veranlassg zu bes sorgf Überwachg (s unten) geben. Auch Erprobg kann notw sein, mitunter sogar genügen, zB bei langjähriger Erprobg (BGH **1**, 383). Der Halter des Kfz kann sich, wenn sein angest Fahrer gem § 18 StVG haftet, nur dch den Nachw entlasten, daß sich der Fahrer verkrichtig verhalten hat (BGH Betr **71**, 1809).

b) Überwachung. Da es darauf ankommt, ob der Bestellte noch im Ztpkt der SchadZufügg als gehör ausgewählt anzusehen ist, genügt nicht sorgf Auswahl bei Einstellg, vielm ist fortgesetzte Prüfg erforderl, ob der Angest noch zu den Verrichtgen befähigt ist. Infdessen ist bei längeren Zwräumen zw Anstellg u SchadZufügg der Nachw reichende planm, unauffäll Überwachg mit unerwarteten Kontrollen erforderl (BGH **LM** § 823 (Dc) Nr 23), ggf auch mit ärztl Kontrollen (Köln VersR **53**, 166, BGH NJW **64**, 2401 zur period ärztl Untersuchg der StrBahnführer). Diese ÜberwachgsPfl deckt sich nicht mit der ggf erforderl „Leitg" der Verrichtg, die nur die Ausführg der Verrichtg betrifft (vgl unten d). Strenge Kontrolle eines ärztl Berufsanfängers (BGH NJW **88**, 2298) od wenn der Bestellte bereits früher moral Mängel (Neigg zu Trunksucht, leichtsinn Schuldenmachen) gezeigt hat (RG JW **31**, 3340). Immer ist für die erforderl Auswahl u Überwachg der Einzelfall entscheidd (BGH VersR **66**, 364). Keine Überspanng der Anforderg der ÜberwachgsPfl (BGH **LM** (Fc) Nr 1: keine Überwachg des leitden Arztes eines Instituts in der Überwachg des Angest); überh keine starren Regeln für Überwachg (BGH VersR **66**, 364). Beim **Kraftwagenführer** ist grdsätzl auch die Fahrweise zu überwachen, entw dch gelegentl Mitfahren od dch Beobachtg von einem and Kfz aus bei gelegentl unauffäll Kontrollfahrten (BGH VersR **84**, 67). Kontrolle des Straßenbahnpersonals (BGH **LM** § 823 (Dc) Nr. 23, NJW **64**, 2401). Bei **Großbetrieben** oder wenn GeschHerr an eig Leitg u Beaufsichtigg behindert ist, kann u muß uU Auswahl u Überwachg des Angest einem höheren Angest übertr werden. Für den EntlastungsBew soll dann nach BGH **4**, 1, VersR **64**, 297 genügen, daß der höhere Angest (AufsPers) sorgf ausgewählt u überwacht ist, sog **dezentralisierter Entlastungsbeweis**. Dies führt zu einer nicht gerechtf Bevorzugg von Großbetr. Erforderl ist vielm der Nachw, daß die AufsPers (ZwischenGeh) seiners der hauptsächl BetrAngehör sorgf ausgewählt u überwacht hat (BGH Betr **73**, 1645; vgl auch § 823 Anm 15 D cff). Der Krankenhausträger genügt seiner Pfl, die Ärzte über die AufklärgsPfl vor Operationen zu unterrichten, nicht dadch, daß er die Chefärzte auf die AufklärgsPfl allg hinweist u ihnen einschläg Urt übersendet; ebsowen ist er hins seiner ÜberwachgsPfl über angest Ärzte dadch entlast, daß der Chefarzt jahrelang die ihm obliegde Tätigk ohne PflVersäumnisse erf hat (KG VersR **79**, 260). Jedenf muß **ausreichende Organisation** nachgewiesen werden, die die ordngsgem GeschFg u Beaufsichtigg gewährleistet (vgl § 31 Anm 2c). Die allgem AufsAnordngen hat GeschHerr selbst zu treffen (BGH MDR **68**, 139). – Ist nicht zu klären, welcher Geh den Schad verurs hat, so ist der EntlastgsBew für alle Pers zu führen, die dem schadstiftden Geschehen in Berührg gek sein können (BGH VersR **71**, 1021).

c) Sorgf bei der Beschaffg der **Vorrichtungen** u **Geräte** ist nur nachzuweisen, wenn die Beschaffg erforderl war. BeschaffgsPfl hat Verletzter zu beweisen. Maßgebd sind die Umst des Einzelfalles, auch VerkSitte. Persönl Auswahl der Gerätsch dch den GeschHerrn ist nicht notw, es genügt, daß die entspr Geräte vorhanden sind (RG **53**, 124). Hierunter fällt auch die Verpflichtg des FahrzHalters, für verksicheren Zustand des Fahrz zu sorgen.

d) Die Notwendigk der **Leitung** hat der Verl zu beweisen. So ist der FuhrUntern verpfl, seinen mit der Ölabfüllg beauftragten Fahrer über die bes Gefahren dieser Tätigk zu belehren u ihm die erforderl Verhaltensmaßregeln zu erteilen (BGH Betr **72**, 234). Die Leitg kann uU einem and Angest übertr werden, der

§§ 831, 832

aber sorgfältig ausgewählt sein muß. Keine allg Leitg des Geschäfts od gewerbl Betr im ganzen, sond SonderAufs der einz Verrichtg (RG 82, 206); diese kann neben der generellen Oberleitg des ArbEinsatzes auch die spezielle Überwach auf der ArbStelle erfordern (BGH 11, 151; § 823 Anm 8 A c). Unter Umst ist sorgfält Unterweis ausreich; es können auch allg Dienstanweisgen, etwa bei größeren KraftfahrUntern, geboten sein, zB hins des Verhaltens bei Annäher an Eisenbahnübergänge (RG 142, 356). Verhalten des Linienbuspersonals bei Halten u Überwach des Ein- u Aussteigens (BGH VersR 69, 518). Leitg des ArbEinsatzes, Verhütg von Übermüdg des Fahrers (BGH **LM** (Fc) Nr 3). Anweisg über Überwach an Fahrer u Beifahrer über Anbringg der Anhänger u Kontrolle des Bremssystems (BGH VersR 56, 382). Je gefährlicher die Verrichtg, um so größer die SorgfPfl des GeschHerrn.

e) Haftpflichtversicherung. Auswahl, Überwach u Leitg der Hilfspers sollen Schädigg Dritter verhüten. Weitergehde Haftg dahin, daß die Hilfspers haftpflversichert ist, besteht jedoch nicht (BGH 12, 75).

B. Widerlegung der Ursächlichkeitsvermutung (S 2 letzter Halbs). Neben dem EntlastgsBew nach Anm A kann der GeschHerr auch Bew dafür antreten, daß es an der erforderl Ursächlichk zw der angebl SorgfVerletzg und dem Schad fehle, daß näml der Schad auch bei Anwendg der erforderl Sorgfalt entstanden sein würde (BGH **LM** (Fb) Nr 1). Ungenügd ist der Nachw dafür, daß nicht derj Mangel in der Pers des VerrichtgsGeh den Schad verursacht hat, den der GeschHerr bei Auswahl unberücks ließ (BGH **LM** (Fa) Nr 6); ebso ungenügd die bloße Möglichk, daß der Schad trotz Anwendg der Sorgf entstanden sein würde (RG 159, 314). Vielmehr ist der Nachw erforderl, entw daß der Schad auch von einer sorgf ausgewählten (überwachten) Pers angerichtet worden wäre (BGH 12, 96) oder daß auch ein sorgfält GeschHerr nach den Unterlagen, die er eingeholt hätte, den Bestellten ausgewählt hätte (BGH 4, 4, **LM** (Fa) Nr 6).

7) Vertrag (Abs II). Beisp: Werkführer, Betriebsleiter. Der GeschF einer GmbH haftet Dr ggü bei Verl seiner AufsPfl für uH von Bediensteten der GmbH nicht nach Abs II, es gilt allein § 43 GmbHG (BGH NJW 74, 1371; aA Frank BB 75, 588). Nicht erforderl ist Abschl mit dem GeschHerrn, Abschl mit Dritten genügt (RG 82, 217). Tatsächl Übern, insb als GeschF oA, genügt dagg nicht. Denkb ist ZusTreffen von Abs I und II. GeschHerr u VertrPartner haften dann als GesamtSchu (§ 840 I). Ausgleich nach dem zw ihnen bestehenden RVerh, nicht nach § 840 II.

8) Beweislast: Verletzter hat widerrechtl SchadZufügg durch eine zu der Verrichtg bestellte Pers u deren HdlgsFähigk zZ des SchadEreign (BGH VersR 78, 1163) zu beweisen, ev das Erfordern einer Beschaffgs- u LeitgsPfl des GeschHerrn nach Abs I S 2 (vgl Anm 6 A c, d). Dabei ist nicht erforderl, daß Verletzter best Pers als SchadVerursacher bezeichnet, es genügt, wenn er den Vorfall nach Art, Zeit u Umst so bezeichnet, daß sich ein Tätigwerden der Hilfspers ergibt (RG 159, 290). – Da die Tatbestdsmäßig (Verletzg des Körpers, Eigt usw) die Widerrechtlichk der Hdlg indiziert, ist es Sache des GeschHerrn, den Ausschl der Widerrechtlk zu beweisen (vgl § 823 Anm 13 e). Dem GeschHerrn obliegt desh der Bew, daß sich der VerrichtgsGeh verkrichtig u damit rechtm benommen hat (BGH (GrZS) **24**, 21: StrVerk), daß er sich so verhalten hat, wie jede und zuverläss Pers sich sachgerecht u vernünft ebenf verhalten hätte (BGH VersR 75, 447, Oldbg NJW-RR **88**, 38); die Möglichk, daß die Schädigg auf einem Ausstattgsfehler beruht, bleibt dabei offen (BGH NJW 71, 2030). Soweit der GeschHerr die RWidrigk nicht ausräumen kann, trifft ihn die BewLast für die Anwendg der erforderl Sorgf bei der Auswahl u der Überwachg des VerrichtgsGeh, wobei er best Tats vorzutragen hat; allg Erwäggen sind ungenügd (RG 159, 290; vgl Anm 6 B). Grobe Fahrlk des VerrichtgsGeh rechtf nicht, dem GeschHerrn den EntlastgsBew abzuschneiden (RG JW 05, 340). Im Einzelfall kann eine so hohe Wahrscheinlichk für die Vernachlässigg der SorgfPfl sprechen, daß daneben die Möglichk einer Schädigg auch bei Erf der SorgfPfl ausgeschl erscheint (RG JW 28, 1721). – Keine Pfl des Gerichts, die dch RA vertretene Partei auf die Möglichk des EntlastgsBew hinzuweisen (BGH **LM** § 13 StVO Nr 6). – Bei Auswahl eines RA kann sich der Mandant auf die berufl Qualifikation verlassen, ihn trifft keine ÜberwachgsPfl (Kblz NJW-RR **89**, 363). IF eines GesundhSchad eines Patienten inf der Behandlg im Krankenhaus hat dessen Träger darzulegen und zu bew, daß der Fehler nicht auf einem ihm zuzurechnden Organisations- od PersonalVersch beruht (BGH NJW 82, 699).

9) Sonstige Einzelfälle: Haftg des KfzHalters für Fahrer (BGH VersR 66, 364); des Inh einer Fahrschule für angestellten Fahrlehrer, (KG NJW 66, 2365); des StraßenbahnUntern für Zugführer (BGH VersR 59, 375); des EisenbahnUntern für Lokführer (BGH VersR 59, 310). Keine Haftg des Bauherrn bei vergebenen Spezialarb (BGH BB 53, 690). Beiseiteschaffg von Frachtgut durch EisenbahnAngest (BGH BB 57, 597). EntlastgsBew eines Gastwirts, in dessen Betr ein Gast durch Genuß von Speisen erkrankt ist (RG JW 36, 2394). AufsPfl des TiefbauUntern für Bauingenieur u Baggerführer (Kblz VersR 59, 628). Auch bei Kleinkraftrad keine geringeren Anfordergen (BGH VersR 52, 238). Minderj Stiefsohn als KfzFührer auf FamUrlReise (BGH FamRZ 64, 84). Krankenschwester, die nicht für eine SpezialAufg bes angewiesen od belehrt worden ist (BGH NJW 59, 2302). Haftg für Schaltwärter im ElektrWerk (RG 147, 363). Kraftfahrer, der mit Betanken von ÖlheizgsAnl betraut ist, muß über die techn Einrichtgen unterrichtet u über die Überwachg des Abfüllvorgangs belehrt sein (BGH NJW 72, 42).

832 *Haftung des Aufsichtspflichtigen.* **¹**Wer kraft Gesetzes zur Führung der Aufsicht über eine Person verpflichtet ist, die wegen Minderjährigkeit oder wegen ihres geistigen oder körperlichen Zustandes der Beaufsichtigung bedarf, ist zum Ersatze des Schadens verpflichtet, den diese Person einem Dritten widerrechtlich zufügt. Die Ersatzpflicht tritt nicht ein, wenn er seiner Aufsichtspflicht genügt oder wenn der Schaden auch bei gehöriger Aufsichtsführung *entstanden sein würde.*

II Die gleiche Verantwortlichkeit trifft denjenigen, welcher die Führung der Aufsicht durch Vertrag übernimmt.

Einzelne Schuldverhältnisse. 25. Titel: Unerlaubte Handlungen   § 832   1–4

1) Regelungsgehalt. Für den Fall, daß ein AufsBedürft (Anm 2) einem Dr widerrechtl Schad zugefügt hat, stellt § 832 **zwei Vermutungen** auf, näml daß der AufsPflichtige (Anm 3) seine AufsPfl (Anm 4) schuldh verl hat, indem er die im konkr Fall erforderl Hdlgen ganz od teilw unterlassen hat (eingeh Aden MDR **74**, 9) u daß die Verl der AufsPfl für den entstandenen Schad ursächl ist. Gg beide Vermutgen steht der EntlastgsBew offen (Anm 6). Schuldh Verhalten des aufsbedürft Täters ist nicht erforderl (BGH VersR **54**, 558). Keine entspr Anwendg auf and AufsPers, zB Vorgesetzte, Dienstherrn; doch ist Haftg für nachgewiesene Verl der FürsPfl, zB des Vormds, gem § 823 mögl (BGH **LM** Nr 8). Auch kann der HaushVorstd aGrd seiner Stellg in der Familie verpfl sein, zu verhindern, daß ein Angehör seines Hausstands einen Dr verl (BGH **LM** Nr. 3, Düss VersR **76**, 1133: Stiefvater; Hamm VersR **75**, 616: Ehefr; Mü NJW **66**, 404: Heiminsasse gefährdet öff Verkehr). Übertr der Aufs an eine and Pers ist mögl (vgl Anm 3b); dadch wird jedoch der Übertragde seiner AufsPfl nicht gänzl led (BGH NJW **68**, 1672). Die Vermutgen gelten nicht, wenn es um die Haftg des AufsPflichtigen für einen Schad geht, den der AufsBedürft einem and für ihn ebenf AufsPflichtigen zugefügt hat (Stgt FamRZ **83**, 68). – Der Schädiger hat gg den AufsPfl keinen RegreßAnspr aus § 832; bei gleichzeit kausaler u schuldh Verl der AufsPfl kann aber AusglAnspr nach §§ 840, 426 bestehen (Oldbg FamRZ **75**, 635).

2) Aufsichtsbedürftige Personen. a) Minderjährige bedürfen als solche wg der Mjährigk der Aufs, auf die bes Gegebenh des EinzFalles kommt es dafür nicht an (BGH NJW **76**, 1145). Doch sind für den Inhalt der AufsPfl u damit für den EntlastgsBew gem S 2 im konkr Fall das Alter des Kindes, sein pers Verhalten (Veranlagg, Benehmen) u weitere Umst, insb Voraussehbark des schädigden Verhaltens u die LebensVerh des AufsPflichtigen von Bedeutg (vgl Anm 4 u 6). Keine entspr Anwendg auf Vollj in der HausGemsch der Eltern (BGH **LM** Nr 6), auch nicht auf entmündigte Vollj als solche; bei ihnen ist der Nachw der AufsBedürftig im einz Fall erforderl.

b) Wegen ihres geistigen oder körperlichen Zustandes können im EinzFall der Beaufsichtigg bedürfen Kranke oder Behinderte wie Geistesgestörte, Epileptiker, Blinde.

3) Aufsichtspflicht. a) Kraft Gesetzes: aa) Inhaber des Personensorgerechts ggü mj Kind, näml Eltern (§§ 1626 ff, 1671 ff, 1719, 1736, 1757, 1765), nichtehel Mutter (§ 1705), Vormd u Pfleger ggü Mündel (§§ 1793, 1797, 1800, 1896, 1901, 1909 f, 1915). AufsPfl dieser Pers entfällt aber ggü Minderj, solange dieses der FürsErziehg überwiesen sind, es sei denn, daß Mj inf Beurlaub oder Entweichens aus der Anst zu dem AufsPflichtigen zurückkehrt (RG **98**, 247); außerdem, wenn das PersSorgeR entzogen ist (Düss NJW **59**, 2120).

bb) Ausbilder ggü dem mj Auszubildenden (§§ 6, 9 BerufsbildgsG, § 76 HGB), wenn er nicht in Kost u Pflege steht. Die AufsPfl ist idR beschr auf GeschZeit u GeschBereich (RG **52**, 73 u **97**, 229, BGH VersR **58**, 549, DüssVRS **10**, 100, alle für das fr Recht, MüKo/Mertens Rdn 5; aA RGRK/Kreft Rdn 17). Volle AufsPfl, wenn der Ausbilder den Auszubildenden in die HausGemsch aufgn hat. AufsPfl der Eltern entfällt währd dieser Zeit idR nicht (Köln MDR **57**, 227). Den Lehrer an öff Schulen trifft ebenf AufsPfl. Auf ihre Verl ist nicht § 832, sondern § 839 anwendb (BGH **13**, 25; vgl § 839 Anm 15 „Lehrer").

cc) Keine Aufsichtspflicht trifft den Beistand u GgVormd ggü dem Kind (§§ 1686, 1799). Auch Erziehgsbeistandsch nach §§ 55 ff JWG und §§ 8, 9 JGG begründet keine AufsPfl iS des § 832, da Beistand nur den PersSorgeberecht zu unterstützen und den Mj zu beraten hat (§ 58 JWG). Nach LandesR ist Ausdehng der gesetzl AufsPfl mögl, zB auf Leiter von HeilAnst, Altenheimen (Celle NJW **61**, 223). – Über Verh zur Amtshaftg vgl § 839 Anm 1.

b) Aufsichtspflicht kraft Vertrages (Abs II) kann auch stillschw ausbedungen sein (Celle NJW-RR **87**, 1384). Doch genügt tatsächl Übern nicht, zB Beaufsichtigg fremder Kinder, die mit den eig in der Wohng spielen (BGH Betr **68**, 1446) od dch einen FamAngeh (aA Weimar MDR **62**, 357, der hier regelm VerpflWillen des Übernehmenden u damit Haftg aus § 832 bejahen will). Gleichgültig, ob entgeltl od unentgeltl, vorübergehd od längerdauernd. Nicht erforderl ist, daß der Vertr mit dem AufsPflichtigen od AufsBedürft geschl ist, Abschl mit einem Dritten genügt (Köln OLG **34**,121). Haftg neben dem gesetzl AufsPflichtigen als GesamtSchu. Typische Anwendgsfälle: Ärzte u Pfleger einer offenen psychiatr Klinik (BGH NJW **85**, 677), Kindermädchen, Inh einer Schülerpension, Krankenhaus (BGH FamRZ **76**, 210), staatl Heim für schwer erziehb Jugendl (Hbg NJW-RR **88**, 799).

4) Inhalt der Aufsichtspflicht. Das Maß der gebotenen Aufs bestimmt sich nach Alter, Eigenart u Charakter des Kindes, nach der Voraussehbark des schädigden Verhaltens sowie danach, was den Eltern in ihren jeweil Verh zugemutet werden kann (BGH NJW-RR **87**, 1430), wobei Aufs u Überwachg umso intensiver sein müssen, je geringer der ErziehgsErfolg ist (BGH NJW **84**, 2574), insbes bei älteren Kindern (BGH NJW **80**, 1044). Entscheidd ist, was verständ Eltern nach vernünft Anfordergen im konkreten Fall unternehmen müssen, um die Schädigg Dr dch ihr Kind zu verhindern (BGH NJW-RR **87**, 13), welchen konkr Anlaß zu best AufsMaßn sie hatten (Köln VersR **75**, 162). AufsPflichtiger hat sich daher auch darum zu kümmern, womit sich die Kinder in der Freizeit beschäftigen, gelegentl müssen sie sich dabei beobachten, beim Aufräumen des Kinderzimmers u Säubern der Kleidg auf die Ggstde achten, mit denen sich die Kinder beschäftigen (BGH NJW-RR **87**, 13). Danach bestimmt sich das Maß der Überwachgs- u BelehrgsPfl (BGH Betr **66**, 700: gefährl Spiele – Wurfpfeile – im VerkKreis des Kindes) u die Notwendigk von Kontrollen. Erhöhte AufsPfl bei Kindern, die zu üblen Streichen neigen (BGH NJW **80**, 1044) u bei schwer erziehb Kindern in Heimen (Hamm u Hbg NJW-RR **88**, 798 u 799). Bei Gebr gefährl Spielzeugs ist zu unterscheiden zw der Überlassg dch den AufsPflichtigen od der eigenmächt Beschaffg dch den Mj, wobei es für fahrl Unkenntn davon auf die Erwerbs-, AufbewahrgsModalitäten u BesDauer ankommt (BGH VersR **73**, 545). Jedoch ist der AufsPflichtige auch in dem letztgenannten Fall gehalten, sich darü zu vergewissern, was der AufsBedürft u seine Genossen treiben, wenn sie allein gelassen sind; Untätig ist kein Freibrief (BGH Betr **66**, 700). Strenger Maßstab an die ÜberwachgsPfl hins Umgangs mit u Verwahrg von Streichhölzern (BGH NJW **69**, 2138 u NJW **83**, 2821, Düss VersR **83**, 89, Karlsr VersR **85**, 599). Ist dem Kind die Benutzg eines

§§ 832, 833   2. Buch. 7. Abschnitt. *Thomas*

gefährl and Kindern gehörden Spielzeugs verboten, so genügt zumutb Überwachg, weitere Belehrg über mögl Gefahren ist dann entbehrl (BGH FamRZ **64**, 84: 4jähr Kind, Dreirad). Verletzg der AufsPfl bejaht, wenn spielder 6jähr nicht vom Rande eines Bauplatzes zurückgeholt wird (BGH FamRZ **65**, 75); wenn 4jähr Kind in einem haltden Kfz an einer BundesStr zurückgelassen wird (Oldbg VersR **76**, 199). Verl der AufsPfl ist es auch, dem Kind falsche Belehrgen od Weisgen zu erteilen, zB mit dem Fahrrad auf dem Bürgersteig zu fahren (Düss MDR **75**, 580). **Verletzung dieser Pflicht verneint,** wenn 11jähr Kind in der Wohng alleingelassen wird (BGH VersR **57**, 131); wenn einem normal entwickelten 8–9jähr Kind das Spielen im Freien ohne Aufs auch in einem räuml Bereich gestattet wird, den die Eltern ein sofortiges Eingreifen nicht ermöglicht (BGH NJW **84**, 2574); wenn 5jähr Kind Spiel auf dem Bürgersteig gestattet wird (Köln **LM** § 683 Nr 5); wenn normal veranlagtes 6jähr Kind beim Spiel außerh der Wohng nur gelegentl beobachtet wird (Köln FamRZ **62**, 124); wenn 6jähr Schüler auf dem Schulweg nach häuf Belehrg u Begleit nicht ständ beaufsichtigt wird (Oldbg VersR **72**, 54); wenn 6jähr im Radfahren geübtes Kind in vertrauter Umgebg ohne Begleit radfahren darf (Celle NJW-RR **88**, 216); wenn Tennis spielde Mutter 4½jähr Kind auf dem Familienfreizeitgelände des Tennisplatzes nicht dauernd beaufsichtigt (Karlsr VersR **79**, 58). Vgl auch Anm 6.

5) Haftung. a) Den objektiven Tatbestand einer uH iS der §§ 823ff muß der AufsBedürft rwidr erf haben (Oldbg NdsRPfl **74**, 135). Versch ist nicht erforderl. Deliktsunfähigk daher ohne Bedeutg. Bei Betrug od Verstoß gg die guten Sitten müssen jedoch auch die subj Erfordern dieser Tatbestde erf sein, bloße VermBeschädig genügt nicht (RG HRR **29**, 705). – **b) Ein Dritter** muß durch das widerrechtl Verhalten geschädigt sein. Dem AufsBedürft selbst gibt § 832 keinen SchadErsAnspr gg den AufsPflichtigen (Celle VersR **86**, 972). Ein solcher kann sich zB aus § 1664 ergeben. – **c) Mitverschulden** des Geschädigten ist gesondert abzuwägen: Für die Haftg des AufsPfl ist nur dessen, für die Haftg die Mj nur dessen VerursachgsBeitr dem des Geschädigten ggüzustellen. Bei der Haftquote kommt vorrangig die Verursachg in Betr, das Versch nur in zweiter Linie u als Korrektiv (Saarbr OLGZ **70**, 9).

6) Entlastungsbeweis ist in doppelter Richtg mögl.

a) Erfüllung der Aufsichtspflicht. Der AufsPflichtige hat umfaßd u konkret darzulegen u zu beweisen, was er zur Erf der AufsPfl ie unternommen hat (BGH NJW-RR **87**, 13). Strenge Anforderg an die AufsPfl bei Gebr von Schußwaffen u dgl (BGH NJW **80**, 1044). Unverschlossene Aufbewahrg von Schußwaffen kann AufsPfl verletzen (RG HRR **34**, 1449). Insbes ist bei Schießgeräten (Luftgewehr, Armbrust), die zum Spiel best sind, eindringl u ersichtl erfolgreiche Unterweisg u Überwachg des Kindes erforderl. Bogenschießen mit zugespitzten Pfeilen darf nicht gestattet werden (RG LZ **15**, 525; vgl auch BGH VersR **55**, 421 u oben Anm 4). Genaue u ins einz gehde Unterweisg, wenn einem 12jähr Jungen die selbstd Bediengn eines Grills unter Verwendg v Spiritus gestattet wird (BGH NJW **76**, 1684). Strenge Anforderngen an die Erf der AufsPfl auch hins der Führg von Kraftfahrz (BGH **LM** Nr 1, Mü MDR **84**, 757), auch Kleinkrafträdern (BGH VersR **52**, 238), von Fahrrädern (Oldbg MDR **62**, 736), Rollern (BGH VersR **68**, 301) u bei kleinen Kindern im StraßenVerk (BGH NJW **68**, 249, Köln VersR **69**, 44); geringere Anforderngen auf Fuß- u Radweg (Celle Nds RPfl **87**, 213). Jederzeit Eingriffsmögl braucht ggü einem mehr als 4 Jahre alten Kind nicht gewährleistet zu sein (Celle VersR **69**, 333). AufsPfl des Vaters auch neben dem Halter des Kraftfahrz (BGH **LM** Nr 1). Verletzg der AufsPfl, wenn KfzPap einem mj Sohn nicht alsbald nach Beendigg einer erlaubten Fahrt abgenommen werden (Celle NJW **66**, 302). AufsPfl erfordert Verbot von Fahrradwettfahrten der Kinder auf öff Straße (BGH VersR **61**, 838); Überg eines 4jähr Kindes in die Obhut noch rüst Großeltern genügt grdsätzl der AufsPfl (Celle VersR **69**, 333).

b) Keine Ursächlichkeit. Der EntlastgsBew ist dahin zu führen, daß der Schad auch bei gehör Beaufsichtigg entstanden sein würde. Die bloße Möglichk, daß der Unfall sich auch bei Erf der AufsPfl ereignet hätte, genügt nicht, vgl hierzu § 831 Anm 6 B.

833 *Haftung des Tierhalters.* Wird durch ein Tier ein Mensch getötet oder der Körper oder die Gesundheit eines Menschen verletzt oder eine Sache beschädigt, so ist derjenige, welcher das Tier hält, verpflichtet, dem Verletzten den daraus entstehenden Schaden zu ersetzen. Die Ersatzpflicht tritt nicht ein, wenn der Schaden durch ein Haustier verursacht wird, das dem Berufe, der Erwerbstätigkeit oder dem Unterhalte des Tierhalters zu dienen bestimmt ist, und entweder der Tierhalter bei der Beaufsichtigung des Tieres die im Verkehr erforderliche Sorgfalt beobachtet oder der Schaden auch bei Anwendung dieser Sorgfalt entstanden sein würde.

1) Allgemeines. Eingehd Siegfried, Diss Mainz, 1986. **S 1** enthält den Grds der **Gefährdungshaftung** des Tierhalters, der aber durch die im **S 2** für Haustiere vorgesehene Ausn der **Haftung für vermutetes Verschulden** durchbrochen ist. Daraus folgt, daß auch der DeliktsUnfäh aus S 1 in vollem Umfang haftet, dagg nicht im Falle des S 2. Wohl aber ist in den Fällen des S 2 die Best des § 829 anwendb. Der Grd für die Tierhalterhaftg liegt in der Unberechenbark tierischen Verhaltens u der dadch hervorgerufenen Gefährdg v Leben, Gesundh u Eigt Dr, also in verwirklichter Tiergefahr (BGH **67**, 129). Die Haftg nach S 1 entfällt, wenn sie nicht unter den Schutzzweck der Norm fällt. So, wenn der Verl die Herrsch über das Tier in Kenntn der damit verbundenen bes Tiergefahr in eig Interesse übernommen hat, zB Reiter erbittet sich Pferd vom Halter, um diesem seine bessere Reitkunst zu beweisen (BGH NJW **74**, 234); Teiln an Springreiten (Ffm VersR **79**, 961); bei unentgeltl Überlassg des Pferdes aus Gefälligk auf ausschl freundschaftl Basis (Celle VersR **86**, 396, Hbg MDR **86**, 439). Dagg schließt der Umst, daß sich der Geschäd bewußt u freiwill der normalen Tiergefahr aussetzt, die Hftg nicht aus (BGH NJW **77**, 2158, NJW **82**, 763, NJW-RR **86**, 572). Grdsätzl auch Anspr des Reitschülers gg den Tierhalter (Kln NJW **74**, 2051). Unter dem Gesichtspkt des Handelns auf eig Gefahr (vgl § 254 Anm 6c) kann die Haftg nur entfallen, wenn sich der Verl aus vorwiegd eig Interesse einer bes, über die normale TierGef hinausgehden Gef ausgesetzt hat, zB Reiter übernimmt ein

Einzelne Schuldverhältnisse. 25. Titel: Unerlaubte Handlungen § 833 1–4

erkennb böses Pferd, Springen, Fuchsjagd (BGH NJW 77, 2158; krit Bornhövd JR 78, 50), Stafettenzeitspringen (Ffm VersR 85, 670); lediglein selbständ Ausritt ins Gelände schafft kein erhöhtes Risiko (BGH NJW 86, 2883), ebso nicht Teiln an Siegerehrg mit Galopprunde (Düss VersR 86, 1244). Ggü dem Entleiher haftet der Tierhalter nur iR der §§ 599, 600. – Über landesrechtl Vorbeh vgl EG Art 107.

2) Vertraglicher Haftungsausschluß, auch stillschw mögl, sonst nach § 254 (ZusStellg Hermann JR 80, 489 [496]). Ein Schild am Reitstall „Reiten auf eig Gefahr" und gleichlautde mündl Erkl genügt dazu nicht (KG NJW-RR 86, 326). **a) Haftungsausschluß** ist anzunehmen, wenn der Verl unmittelb EinwirkgsMöglk auf das Tier im vorwiegd eig Interesse od zur Berufsausübg erhält. Bsp: Trainer, Zureiter, Dompteur, Jockey, Entleiher wenn nicht nur kurzfrist. Deshalb keine Haftg eines gemeinnütz Reitvereins ggü einem Mitgl od eines gewerbl Reitinstituts ggü dem Mieter eines Pferdes bei selbständ Ausritt bei Reitunfall, (Celle Nds RPfl 82, 11, KG NJW-RR 86, 326). – **b) Kein Haftungsausschluß,** wenn die Merkmale vorstehd a) fehlen. Bsp: Tierarzt, Hufschmied in Anwesenh eines Beauftr des Tierhalters (BGH NJW 68, 1932), Reitschüler gg Entgelt (Düss NJW 75, 1892), Verwahrer, iR eines ArbVertr Tätige wie Tierpfleger, Tierwärter, Stallmeister, Viehtreiber. In allen Fällen ist aber gleichwohl das Bestehen des VertrVerh für die BewLast von Bedeutg; denn da bei Beschädigg Dr zunächst die von diesen Pers zu beobachtde vertragl SorgfPfl verletzt erscheint, sind sie dafür beweispflicht, daß sie ihrer SorgfPfl genügt haben od daß Schad auch ohne ihr Versch entstanden sein würde (vgl RG 61, 54; Warn 12, 430: Hufschmied; RG 58, 413: Trainer; JW 05, 202: Viehtreiber). Ebso wenn der Mieter des Tieres selbst dch dieses verl wird (Düss NJW 76, 2137). Kritik an dieser BewLastverteilg MüKo/Mertens Rdn 25. – **c) Stillschweigender Haftungsausschluß, Handeln auf eigene Gefahr** vgl § 254 Anm 6.

3) Schadensverursachung durch ein Tier. a) Alle Tiere, gleichgült, ob gezähmt, wild, bösart, fallen hierunter. Dagg nicht Tiere niederster Ordng, deren Leben sich dem der Pflanzen nähert, wie Bazillen, Bakterien (aA Deutsch NJW 76, 1137: GefährdgsHaftg des Züchters iF des Entweichens aus dem Laboratorium ggü Außenstehden).

b) „Durch ein Tier" ist Schad verursacht, wenn sich die dch die Unberechenbk tier Verhaltens hervorgerufene Gefährdg v Leben, Gesundh u Eigt Dr verwirklicht hat (BGH 67, 129; zB Scheuen, Durchgehen, Ausschlagen u Beißen der Pferde, Ausbrechen aus der Weide (Köln MDR 73, 582), Anspringen u Beißen der Hunde (BGH LM Nr 3a). Auch der Deckakt, den Tiere ohne Wissen u Willen ihrer Halter vollziehen, ist Ausfluß dieser in der Unberechenbk liegden Tiergefahr (BGH 67, 129). Nicht als typ Tiergefahr wurde angesehen zB Decken eines Tieres entspr der menschl Leitg (Düss MDR 75, 229). And dagg wenn das männl Tier sich losreißt (Köln VersR 72, 177), wenn beim Deckakt Bulle die Kuh seitl besteigt (Oldbg RdL 63, 20), wenn brünst Rinder dch elektr Weidezaun in Bullenweide einbrechen u Bullen beim Bespringen verl werden (Oldbg NJW 76, 573). Ein solches unberechenb Verhalten liegt auch dann vor, wenn ein äußeres Ereign auf Körper od Sinne des Tieres anreizd einwirkt, wie zB Lokomotivpfiffe, Motorengeräusch, flatternde Wäsche, Fliegenstich, Hundegebell od schmerzl Berührgen irgendwelcher Art. Dagg nicht Haftg ausgelöst bei Einwirkgen von außergewöhnl äußeren Kräften nach Art mechan Ursachen, dch die selbsttät Verhalten des Tieres ausgeschaltet wird (BGH VersR 78, 515). Auch bei Verl eines Tieres auf gemeins Tiertransport kommt es darauf an, ob sie auf einem Verhalten beruhn, in dem sich die typ, spezif Tiergefahr manifestiert (BGH VersR 78, 515). – Prakt wicht sind die Fälle, in denen die Beschädigg von einem **unter menschlicher Leitung befindlichen Tier** ausgeht, zB Reitpferd. Hier ist § 833 nicht anwendb, wenn das Tier dem Willen seines Lenkers gehorcht hat (BGH NJW 52, 1329, Düss NJW-RR 86, 325). Anders, wenn trotz der menschl Leitg willkürl Beweggen des Tieres (Seitensprung, Beißen, Schlagen, Ausrutschen des Reitpferdes) den Schad verurs haben (BGH VersR 66, 1073, Düss VersR 81, 82, MüVersR 81, 937).

c) Zurechnungszusammenhang ist nöt (vgl Vorbem 5 vor § 249). Das tier Verh muß nicht einz Urs des eingetretenen Unfallerfolges gewesen sein, MitVerursachg genügt (BGH Betr 71, 333). Auch mittelb ursächl Zushang genügt, zB ein tot auf der Str liegder Hund, der dorthin gelaufen u überfahren worden war, verurs einen VerkUnfall (Celle VersR 80, 430); ebso wenn das Verhalten des Tieres lediglpsych Wirkgen auslöst (Nürnb NJW 65, 694); od wenn Kinder inf Anspringens dch einen Hund in ein Fahrzeug laufen.

4) Tierhalter ist, wer an der Haltg ein eig Interesse, eine, auch mittelb u grdsätzl nicht nur vorübergehde BesStellg u die Befugn hat, über Betreuung u Existenz des Tieres zu entscheiden (Hamm VersR 73, 1054); er braucht es nicht zu Gesicht bekommen zu haben (Düss VersR 83, 543). Das können auch mehrere Pers sein (Saarbr NJW-RR 88, 1492). Eigt u EigenBes sind nicht Vorauss. Da rein tatsächl Verhältn die Halterigensch begründet, ist GeschFgk bedeutgsl. Begründg der Haltereigensch dch nicht voll GeschFähigen entspr §§ 104 ff, also dch gesetzl Vertr od mit dessen Zust. Darü hinaus, also wenn zB Mj das tatsächl HalterVerh auf eig Faust begründet, ist (mit Hofmann NJW 64, 228) entspr Anwendg von §§ 828, 829 geboten (krit Canaris NJW 64, 1989). Auch JP kann Tierhalter sein. Bei Vermietg (zB Reit-, Dressurpferd) verliert der Verm die HalterEigensch nur dann, wenn das Tier für die Dauer der Überlassg völl aus seinem WirtschBetr ausscheidet (BGH Betr 71, 333). Tierhalter bleibt, wer das Tier auch für längere Zt einem Dr überläßt, solange er weiterhin für die Kosten der TierHaltg aufkommt, den allg Wert u Nutzen des Tieres für sich in Anspr nimmt u das Risiko des Verlustes trägt (Saarbr NJW-RR 88, 1492); eine Nutzg des Tieres dch den Dr auch für eig Zwecke steht nicht entgg, solange sich nicht der SchwerPkt der Nutzg auf den Dr verlagert (BGH NJW-RR 88, 655). Tierhaltereigensch, zB dch Entlaufen, berührt die TierhEigensch nicht, und bei dauernder BesEntziehg, zB Diebstahl (Oldbg SeuffA 75, 21; RGRK/Kreft Rdn 40) – **Tierhaltereigenschaft bejaht:** Entleiher bei vorübergeh unentgeltl Überlassg des Tieres zur selbständ Verwendg in seiner Wirtsch (RG 62, 79). ReitVerein, dem ein Mitgl ein Pferd zur reitsportl Nützg überlassen hat (Celle VersR 79, 161). LandGem beigl Gemeindebullen (RGJW 17, 287). Viehhändler (Warn 37, 34). Verk bleibt Tierh bis zur Überg (RG JW 30, 2421). Stadt, die ein dem Publikum zugängl eingezäuntes Wildgehege unterhält (BGH VersR 76, 1175). – **Kein Tierhalter:** Wer Vieh von der Ausladerampe zum Schlachthofstall zu befördern u dort 2 Tage zu füttern hat; er ist Tierhüter (RG 168, 332). Viehverkaufskom-

963

§ 833 4–6   2. Buch. 7. Abschnitt. *Thomas*

missionär (Celle VersR **76**, 763). LandwirtschKammer, die für Landwirte den Verk von Schlachtvieh vermittelt (RG **66**, 1). Behörde, die eine Zwangsimpfg vornimmt (RG JW **33**, 693). Tierarzt, dem das Tier zur Behandlg vorgeführt ist. Veranstalter eines Pferderennens (Mü SeuffA **68**, 127). Stadtgemeinde hins der bei Hundesperre eingefangenen Hunde (RG JW **13**, 431). – Bei **zugelaufenen Tieren** ist Halter, wer die Sachherrsch nicht nur vorübergeh übernimmt (KG VersR **81**, 1035); also nicht, wer das Tier dem Eigtümer zurückgeben will, worauf er sich aber nach 6 Mon nicht mehr berufen kann (Nürnb MDR **78**, 757).

5) Schadensersatz, auch für den Schad, den das entlaufene Tier anrichtet (BGH NJW **65**, 2397), desgl SchmerzG (BGH VersR **77**, 864). Mehrere Halter des Tieres haften nach § 840 I als GesSchu, ebso Tierhalter neben Tierhüter (§ 834). Ausgleich zw mehreren Tierh findet nach dem zw ihnen bestehenden RVerh statt (RGRK/Kreft Rdn 50). Beim ZusWirken mehrerer Tiere haftet der gesschuldner Haftg der Tierh, Ausgleich untereinander gem § 426 (vgl auch § 840 Anm 3). Auch bei ZusTreffen mit Haftg aus StVG u HaftPflG gilt § 840. – Bei **mitwirkender Verursachung** des Schad dch die vom eig Tier des Geschäd ausgehe Tiergefahr muß sich der Geschäd seine eig Tierhalterhaftg entspr § 254 anrechnen lassen, auch wenn Tiere verschiedener Halter sich ggseit verletzen od auch nur eines Tieres von dem and vorl wird, dabei aber seine spezif Tiergefahr mitgewirkt hat (BGH NJW **76**, 2130). Die ErsVerpfl bestimmt sich nach dem Gewicht, mit dem die Tiergefahren beider Tiere im Verhältn zueinand bei der Schädigg wirks geworden ist (BGH NJW **85**, 2416). Bei **mitwirkendem Verschulden** ist auf der einen Seite die Tiergefahr, auf der and das Maß des Versch u der Verursachg zu berücksichtigen. Schuldh handelt der Verl nur dann, wenn er die Sorgf außer acht läßt, die ein ordentl u verständ Mensch zu beobachten pflegt, um sich vor Schad zu bewahren (BGH **LM** Nr 3a: Anspringen dch Kettenhund); BißVerl eines Hundehalters (Kblz VersR **86**, 247) bzw eines Hundeführers aus Gefälligk (Stgt VersR **78**, 1123) bzw eines Unbeteil (Koblz MDR **79**, 229) bei dem Versuch, sich verbeißende Hunde zu trennen; wenn Tierarzt od Hufschmied bei Behandlg des Tieres unvorsichtig ist (RG JW **04**, 57); oder wenn sich jmd ohne zwingden Grd in gefahrbringde Nähe von Tieren begibt (BGH JZ **55**, 87) od bei zu großer Annäherg an Bienenstand (RG JW **39**, 288). Dagg kein eig Versch, wenn jmd beim Durchgehen der Pferde ungeschickt vom Wagen springt (RG JW **07**, 307); auch nicht, wenn sich jmd durchgehenden Pferden entggstellt od sonstige RettgsMaßn unternimmt (RG **50**, 219). **Schaden durch das eigene Tier.** Wg § 840 III ist § 254 nicht anwendb, wenn der Tierhalter wg Versch eines and einen Schad sich an seinem eig Tier erleidet, den er gem § 833 S 1 einem Dritten ersetzen müßte, falls dieser verl worden wäre (RGRK/Kreft Rdn 60).

6) Der Entlastungsbeweis (Satz 2) ist mögl nur bei Verursachg des Schad dch ein sog Nutztier. Für diese Tiere ändert S 2 die GefährdgsHaftg nach S 1 in eine Haftg für vermutetes Versch ab. Der Entlastgs-Bew richtet sich gg die Versch- od gg die Kausalitätsvermut (vgl auch §§ 831, 832 je Anm 6).

a) Haustier. Maßgebd ist der gewöhnl SprachGebr. Zahme Tiere, vom Menschen in seiner Wirtsch zu seinem Nutzen gezogen u gehalten (RG **79**, 248), wie Pferd, Maultier, Esel, Rind, Schwein, Ziege, Schaf, Hund, Katze, Geflügel (auch Tauben), zahmes Kaninchen. Im Ggsatz hierzu sind Nichthaustier, zB das gezähmte Reh. Auch die Biene ist kein Haustier, weil keine genügde Vfgsgewalt des Eigtümers (RG **158**, 388). Erforderl ist auch, daß das Tier in seiner Eigensch als Haustier gehalten wird; S 2 ist daher unanwendb, wenn Tiere zu wissenschaftl Untersuchgszwecken als Versuchstiere gehalten werden (RG **79**, 248). Haustier ist auch das von einer jP gehaltene Tier, wenn es für deren Aufgabenbereich eingesetzt wird (Ffm VersR **85**, 646).

b) Dem Beruf, der Erwerbstätigkeit oder dem Unterhalt zu dienen bestimmt. Diese Einschränkg grenzt im wesentl ggü den Luxustieren ab. Zur Anwendg von S 2 ist erforderl, daß das Tier in erhebl Umfang einem der dort genannten Zwecke dient. Dabei ist entscheid die allg ZweckBest, außer wenn sie mit den tats Gegebenh nicht mehr im Einklang steht (BGH NJW-RR **86**, 572). Ggf wird S 2 dch § 839 als AnsprGrdlage verdrängt, die BewLastRegelg des S 2 bleibt aber anwendb (BGH VersR **72**, 1047). **Berufstiere** sind zB Jagdhunde des Försters, Polizeihunde (Celle VersR **72**, 469). Hütehunde (BGH **LM** Nr 2), Katzen in landwirtschaftl Betr zum Schutz von Vorräten (LG Kiel NJW **84**, 2297). Der **Erwerbstätigkeit** dient auch Schlachtvieh des Fleischgroßhändlers im Schlachthof (Düss VersR **83**, 543), der zur Pferdezucht gehaltene Vollbluthengst, Pferde eines priv Halters od eines Reitvereins, die – ev entgg der Satzg – weitgeh dch Vermietg wirtsch genutzt werden (BGH NJW-RR **86**, 572, NJW **86**, 2501), nicht jedoch das zu Liebhaberzwecken gehaltene Rennpferd (BGH NJW **55**, 116), auch Reitpferde eines IdealVereins, die im wesentl nur den Mitgl zur Vfg stehen (BGH NJW **82**, 763 u 1589); ferner Zuchttiere staatl Gestüte, das vom Händler zur Weiterveräußerg angeschaffte u eingestellte Tier (RG Recht **21**, 1368). Wachhund kann Berufs- od Erwerbstier dienen (BGH **LM** Nr 3a, Mü VersR **84**, 1095); dient er jedoch lediglich der Bewachg priv Wohnhäuser, so ist S 2 nicht erfüllt (Stgt HRR **30**, 110, Weimar BRR **63**, 1707). Dem **Unterhalt** dient zB die Milchkuh od das zu Schlachtzwecken best Schwein; der Blindenhund (Deutsch JuS **87**, 674 [679]). Nicht Jagdhund des Arztes, für den die Jagdausüb von ausschl ideellem Interesse ist (Hamm VersR **73**, 1054).

c) Beaufsichtigung. An den Bew, daß der Tierh dabei die im Verk erfdl Sorgf beobachtet hat, sind strenge Anfdgen zu stellen (Ffm VersR **82**, 908), insbes bei Vermieten eines Reitpferdes zum Ausreiten im StrVerkehr (BGH NJW **86**, 2501). Zur Beaufsichtigg gehört uU auch Auswahl geeigneter Tiere (RG JW **14**, 36); ausreichd Verwendg normaler, den Anfdgen einer Eigngsprüfg entspr Hütehunde (BGH **LM** Nr 2). Bestellg eines taugl Tierhüters genügt nicht immer, vielm ist gehör Sorgf bei Beaufsichtigg des Tieres erforderl, der Tierh muß dem Hüter die nöt Anweisg erteilen u deren Einhaltg überwachen (DüssVers **67**, 1100). Doch haftet Tierh nach § 833 nur für eig Versch bei Beaufsichtigg, nicht für Versch des Tierhüters; Tierhalterhaftg u Haftg für den Tierhüter nach § 831 stehen selbständ nebeneinander (BGH VersR **56**, 516). Vielfach genügt allerd Tierh dch Bestellg u laufende Überwachg eines taugl Tierhüters auch der NachwPfl aus S 2 (Oldbg VersR **59**, 218). Für Kuhherde auf einer Straße ist Bestellg u Überwachg der erfdl Anzahl von Hütern nöt (Nürnb VersR **68**, 285). Zum EntlastgsBew gehört uU auch Bew für das NichtVorhsein von gefährl Eigensch des Tieres wie Neigg zum Durchgehen (BGH VersR **56**, 502). Die AufsPfl des Tierh

Einzelne Schuldverhältnisse. 25. Titel: Unerlaubte Handlungen §§ 833–835

geht weiter als die in § 834 bestimmte, da sie sich auch auf die Beaufsichtgg des Tierhüters od and Angest erstreckt (RG JW **11**, 218). Immer sind sowohl die allg Eigensch der betr Tierart als auch die bes Eigenarten des einen Tieres zu berücksichtigen (BGH VersR **56**, 502). Sonstige **Einzelfälle:** Beaufsichtigg von Wachhunden (BGH VersR **62**, 807, **LM** Nr 3a: Kettenhund in Gastwirtsch). Geringere Anfdgen ggü Angehör u dem Hund vertrauten Pers, jedenf wenn er gutart ist (BGH NJW **83**, 1311). Umherlaufen eines biss Hundes auf Grdst mit Warnschild (Düss VersR **81**, 1035). Umherlaufen eines großen Wachhundes auf einer öff Straße (BGH VersR **62**, 807). Nichtanketten eines Hofhundes in nicht abgeschlossenem Hof (BGH VersR **67**, 1001). Umherlaufen eines ausgebrochenen Pferdes auf einer öff Straße (BGH **LM** Nr 3). Gitter an der Vorderseite der Boxen im Stall einer Reitschule (Celle VersR **72**, 469). Junge, nicht verksichere Pferde (RG JW **34**, 412). Intakter Zaun, auch Elektrozaun – tägl Überprüfg der Funktionsfähigk erforderl (Hamm MDR **89**, 639) – genügt idR (Ffm VersR **82**, 908); bei erregten Tieren u bei panikartigem Ausbruch dann, wenn bei Berührg die notw Stromstärke abgegeben wird, um Tier wie bei phys Widerstand vom Ausbrechen zurückzuhalten (BGH VersR **76**, 1086, Ffm VersR **78**, 645). Sicherg eines Weidetores nach einer BundesStr od Bahn dch Schloß (BGH VersR **67**, 906, Ffm VersR **71**, 942). Nichtaufklärbark, wie Weidetiere aus der Weide auf die Str kommen, geht zu Lasten des Tierh (Celle NJW **75**, 1891, Ffm VersR **82**, 908).

7) **Beweislast. a) Verletzter** hat HalterEigensch u Verl dch unberechenb, willkürl Verhalten eines Tieres zu beweisen (Düss VersR **81**, 82, Honsell, BewLastProbleme bei der TierhHaftg, MDR **82**, 798). **b) Tierhalter** muß beweisen vertraglich vereinb HaftgsAusschl, wobei jedoch zu beachten ist, daß sich ggü dem VertrPartner die BewLast insofern umkehrt, als dieser die gehör Erf seiner vertragl Pfl bei Verrichtgen an u mit dem Tier zu beweisen hat (RG **61**, 54, BGH VersR **72**, 1047, Düss NJW **76**, 2137; aA RGRK/Kreft Rdn 69, Müko/Mertens Rdn 25). Erfüllg der SorgfPfl gemäß S 2, wobei ungeklärte Umst zu Lasten des Tierh gehen (Celle NJW **75**, 1891, Ffm VersR **82**, 908), jedoch dürfen, soweit dem Tierh auch der negat Nachw dafür obliegt, daß das Tier nicht gefährl Eigensch habe, die Anfdgen nicht überspannt werden (Düss MDR **60**, 841). EntlastgsBew kann nicht durch den Nachw der allg Friedfertigk des Tieres erbracht werden (BGH VersR **62**, 807). Bei Schad dch entlaufenes Tier hat Halter auch zu beweisen, daß Entlaufen unverschuldet (BGH NJW **65**, 2397). Außerdem hat der Halter fehlde Kausalität der SorgfPflVerletzg für den eingetretenen Schad zu bew.

834 **Haftung des Tieraufsehers.** Wer für denjenigen, welcher ein Tier hält, die Führung der Aufsicht über das Tier durch Vertrag übernimmt, ist für den Schaden verantwortlich, den das Tier einem Dritten in der im § 833 bezeichneten Weise zufügt. Die Verantwortlichkeit tritt nicht ein, wenn er bei der Führung der Aufsicht die im Verkehr erforderliche Sorgfalt beobachtet oder wenn der Schaden auch bei Anwendung dieser Sorgfalt entstanden sein würde.

1) **Grundlage der Haftung** ist vermutetes Versch des Tierhüters u vermuteter ursächl Zushang. Übern der Aufs dch **Vertrag** kann auch stillschw geschehen, zB dch Übergabe zur Verwahrg. Wartg, zum Zureiten u dgl (RG **58**, 410), doch genügt ges AufsPfl od eine nur tatsächl Aufsichtstätigk, zB durch FamAngehör, nicht. Der Vertr kann auch mit anderen Pers als dem Tierhalter abgeschl sein (RG **168**, 333).

2) **Aufsichtsführung** bedeutet Übertragg der selbstständ allg Gewalt u Aufs über das Tier. Trifft nicht zu bei Bediensteten, die nur auf Anweisg handeln, zB Stallburschen, angestellte Reitlehrer (Düss VersR **81**, 82). Trifft zu bei Hirten, Transportbegleitern, Viehtreibern (RG **168**, 333), Viehkommissionär, dem das Tier zum Verk übergeben ist (Mü VersR **57**, 31; **58**, 461), Mieter eines Pferdes zum selbständ Ausritt (BGH NJW **87**, 949), auch einmal (Saarbr VersR **88**, 1080). Pers, denen es in Pension (Hamm VersR **75**, 865), zum Trainieren, in Verwahrg, zum Abrichten übergeben worden ist (Hbg VersR **65**, 1009, Kln VersR **76**, 197).

3) **Tierhalter** u Tierhüter haften als GesSchu § 840 I; für Ausgleich untereinander ist VertrVerh maßg, nicht § 840 III. Ist Tierhüter selbst der Verletzte, so haftet Tierhalter nach § 833, doch muß Tierhüter beweisen, daß er seine vertragl AufsPfl gehörig erfüllt hat od der Schaden auch bei Erfüllg seiner SorgfPfl entstanden sein würde. Gelingt ihm dieser Bew nicht, sind die beiders HaftgsAnteile entspr § 254 zu best (Hamm VersR **75**, 865).

4) **Beweislast:** Voraussetzgen des S 2 hat der Tierhüter zu beweisen (RG **168**, 333).

835 **Wildschaden** und Art 70–72 EGBGB sowie alle landesrechtl Vorschr über Wildschaden sind durch § 46 Abs II Z 1 des am 1. 4. 53 in Kraft getretenen **Bundesjagdgesetzes,** jetzt idF v 29. 9. 76 (BGBl 2849) in *Bay, Brem, Hess* u *Wü-Ba* außer Kraft gesetzt. Die übr Länder des BGebiets hatten diese bereits nach § 71 Abs II Nr 1 des RJagdG v 3. 7. 34 bestehende RLage nicht geändert.

1) **Gefährdungshaftung** (§ 29 I, II BJagdG) bei Schäd an Grdst, die zu einem gemschaftl Jagdbezirk gehören od einem gemschaftl od einem EigJagdBez angegliedert sind. **Verschuldenshaftung** (§ 29 III BJagdG) bei Schäd an Grdst, die zu einem EigJagdBez gehören. Dort haftet der JagdausübgsBerecht nur nach dem zw ihm u dem Geschädigten bestehenden RVerh u beim Fehlen einer anderweit Bestimmg nur dann, wenn er den Schad dch unzulängl Abschuß verursacht hat. Wird Wildschad dch ein aus dem Gehege austretdes Schalenwild angerichtet, so ist es ausschließl derj zum Ersatz verpfl, dem als JagdausübgsBerecht, Eigtümer od Nutznießer die Aufs über das Gehege obliegt (§ 30 BJagdG).

2) **Umfang.** Gehaftet wird für den durch Schalenwild, Wildkaninchen od Fasanen angerichteten Schaden (§ 29 I BJagdG). Schalenwild ist Wisent, Elch-, Rot-, Dam-, Sika-, Reh-, Gams-, Stein-, Muffel- u Schwarzwild, § 2 III BJagdG.

3) **Ersatzpflichtig** ist bei gemschaftl Jagdbezirken die Jagdgenossensch. Hat Jagdpächter im Vertr die ErsPfl ganz od teilw übernommen, so haftet Pächter allein; ErsPfl der Jagdgenossensch tritt in diesem Fall

§§ 835, 836　　　　　　　　　　　　　　　　　　　　　2. Buch. 7. Abschnitt. *Thomas*

nur hilfsw ein (§ 29 I BJagdG). Handelt es sich um Flächen, die einem Eigenjagdbezirk angegliedert sind, so haftet der Eigtümer od der Nutznießer, bei Verpachtung der Pächter, wenn er Haftg im PachtVertr übernommen hat. Im letztgen Fall haftet Eigtümer od Nutznießer nur subsidiär (§ 29 II BJagdG).

4) Die Geltendmachung des ErsAnspr ist an eine Frist von 1 Woche seit Kenntn od Kennenmüssen gebunden, § 34 BJagdG. Über das Verfahren vgl § 35 BJagdG.

5) Landesrecht. *Baden-Württ* v 20. 12. 78 (GBl 79, 12) § 25, Verf § 25 mit §§ 12ff VO v 5. 9. 80 (GBl 562); *Bayern* v 13. 10. 78 (BayRS 792–1–E) Art 40–47, Verf Art 64 III; *Berlin* BJagdG gilt als LandesR (GVBl 86, 503, 523); *Bremen* v 14. 7. 53 (GVBl 73) §§ 28 ff; *Hamburg* v 22. 5. 78 (GVBl 162), Verf: VO v 2. 3. 71 (GVBl 40); *Hessen* v 24. 5. 78 (GVBl 286) §§ 29–31; DVO v 16. 7. 79 (GVBl 197) §§ 26, 27; *Niedersachsen* v 24. 2. 78 (GVBl 218) Art 36–38, geändert dch Art 27 Ges v 5. 12. 83 (GVBl 281); Verf Art 39, VO v. 4. 8. 53 (GVBl 67); *Nordrhein-Westfalen* v 11. 7. 78 (GVBl 318) §§ 31–33, teilw geändert Art 27 G v 18. 9. 79 (GVBl 552, 563), §§ 1, 2 DVO idF v 1. 3. 79 (GVBl 105); *Rheinland-Pfalz* v 5. 2. 79 (GVBl 23) §§ 28, 32, 33, VO v 15. 3. 56 (GVBl 15), Verf §§ 42–49 VO v; *Schleswig- Holstein* v 13. 4. 78 (GVBl 129), Verf § 24 mit VerfVO v 22. 6. 54 (GVBl 105).

836 *Haftung bei Einsturz eines Gebäudes.* ¹Wird durch den Einsturz eines Gebäudes oder eines anderen mit einem Grundstücke verbundenen Werkes oder durch die Ablösung von Teilen des Gebäudes oder des Werkes ein Mensch getötet, der Körper oder die Gesundheit eines Menschen verletzt oder eine Sache beschädigt, so ist der Besitzer des Grundstücks, sofern der Einsturz oder die Ablösung die Folge fehlerhafter Errichtung oder mangelhafter Unterhaltung ist, verpflichtet, dem Verletzten den daraus entstehenden Schaden zu ersetzen. Die Ersatzpflicht tritt nicht ein, wenn der Besitzer zum Zwecke der Abwendung der Gefahr die im Verkehr erforderliche Sorgfalt beobachtet hat.

ᴵᴵEin früherer Besitzer des Grundstücks ist für den Schaden verantwortlich, wenn der Einsturz oder die Ablösung innerhalb eines Jahres nach der Beendigung seines Besitzes eintritt, es sei denn, daß er während seines Besitzes die im Verkehr erforderliche Sorgfalt beobachtet hat oder ein späterer Besitzer durch Beobachtung dieser Sorgfalt die Gefahr hätte abwenden können.

ᴵᴵᴵBesitzer im Sinne dieser Vorschriften ist der Eigenbesitzer.

1) Allgemeines: Es handelt sich um einen dch bes BewLastRegelg gekennzeichneten Fall der allg VerkSichgPfl (BGH NJW **85**, 1076), um einen Anwendgsfall des allg Satzes, daß jeder für Beschädiggen durch seine Sachen insofern aufzukommen hat, als sie dch billige Rücksichten auf die Interessen des and hätten verhütet werden müssen (BGH **58**, 149). Haftg beruht auf **vermutetem Verschulden** des GrdstBesitzers u vermutetem ursächl Zushang zw der Versch des Besitzers u dem Schad (BGH **LM** Nr 4). Indfessen keine Haftg Deliktsunfäh außer iF des § 829, da es sich bei § 836 um einen Fall des § 823 mit BewLastumkehr handelt (BGH WM **76**, 1056); auch keine entspr Anwendg auf gesetzl Vertreter von Deliktsunfäh (RG **113**, 296). § 836 setzt die RPfl zur Unterhaltg eines BauWk u zur sorgf u fortges Überwachg seines Zust (BGH VersR **76**, 66); Jur Pers haften für ihre Vertr unbedgt, §§ 30, 31; für ihre Verrichtungsgehilfen haften sie nach § 831. Besteht kein EigBes, kommt Haftg des Eigtümers wg Verl der VerkSichgPfl in Frage (BGH NJW **85**, 1076). Nicht unter den Schutzzweck der Norm fällt der Schad, den ein AbbruchUntern od seine Arb beim Einsturz und Ablösen von Tln inf der AbbruchArb erleiden (BGH NJW **79**, 309, Karlsr VersR **89**, 82). Die Vermutg erstreckt sich nicht auf ein MitVersch des Besitzers, sow das Gbde selbst dch einen Dr beschädigt wird (BGH **79**, 259). § 836 läßt verschuldensunabhäng Anspr aus einem nachbarrechtl Verhältn unberührt (BGH VersR **85**, 740). Landesgesetzl Vorbehalte EG 106.

2) Ein mit einem Grundstück verbundenes Werk ist ein einem best Zweck dienender, nach gewissen Regeln der Kunst od Erfahrg unter Verbindg mit dem Erdkörper hergestellter Ggst (BGH NJW **61**, 1670), unerhebl, für welche Dauer best. **Beispiele:** Hafendamm (BGH **58**, 149). Telegrafenmast (Karlsr NJW-RR **88**, 152). Brücke (BGH VersR **88**, 629). Böschg (RG **60**, 138). Staudamm (BGH WM **97**, 114). In Deich fest eingebaute Schleuse (RG HRR **30**, 1104). Baugerüst (RG JW **10**, 288). Auf Laufschienen montierter Turmdrehkran (Düss BB **75**, 942). Gemeindl Wasserleitg (BGH **55**, 229). Öltank (BGH WM **76**, 1056). Rohrleitg im Erdboden (RG **133**, 1, BGH Elektrizitätswirtsch **59**, 24 (Rechtsbeilage). Kanalisationsanschlußrohr (BGH VersR **83**, 588). Masten einer Starkstromanlage, Draht als Teil des Werkes (RG VersR **147**, 353). Rutschbahn im Neubau zur Beförderg von Dachdielen (RG HRR **35**, 730). Im Boden verankerte Kinderschaukel (Celle VersR **85**, 345), Brücken (BGH NJW-RR **88**, 853). Denkmäler, Grabsteine (BGH NJW **71**, 2308); Brunnen, Terrassen, Schaubuden, Zelte, Jagdhochsitz (Stgt VersR **77**, 384, aber keine Haftg ggü unbefugten erwachsenen Benützern).

3) Gebäude, Gebäudeteil. Zu den Gbden gehören auch Gebäuderuinen, die unbewohnb sind (BGH NJW **61**, 1670). Teil eines Gbdes ist eine Sache, wenn sie zur Herstellg des Gbdes eingefügt ist od wenn sie in einem so festen baul Zushang mit dem Gbde steht, daß sich daraus nach der VerkAnschaug ihre Zugehörigk zum Bauganzen ergibt (BGH VersR **85**, 666). Nicht erforderl ist, daß es sich um Bestandt nach §§ 93ff handelt, doch genügt nicht eine nur mechan Verbindg eines Ggstandes mit dem Gbde, zB Befestigg durch Klammern oder dgl (RG **107**, 337), vielm muß die Sache irgdwie aus baul Grden od zu baul Zwecken an dem Gbde angebracht sein (BGH NJW **61**, 1670). Infolgedessen gehören nicht hierher solche Teile, die noch nicht in eine baumäß Verbindg mit dem Grdst gebracht sind, wohl aber eine bereits im wesentl abgebundene Betondecke (BGH **LM** Nr 11). **Teile sind:** Balkon, Schornstein, Dachziegel, Haken für Gardinenstangen (KG JW **24**, 1380), an Stützbalken angenagelte Bretter (BGH NJW **85**, 1076), Ösen zum Einhängen einer Treppe (RG JW **32**, 1208). Fahrstuhl (Warn **14**, 334). Hölzerne Fensterläden (RG **60**, 421). Torflügel (RG JW **31**, 3446). Nägel zum Befestigen eines Signalmastes (RG JW **13**, 868). Riegel an Oberfenstern (RG

113, 286). In die Wand eingelassene Schultafel (RG Recht **21**, 1371). Brandmauer (Ffm NJW **47/48**, 426). Platte eines Wellblechdaches (BGH VersR **60**, 426). Duschkabine je nach ihrer Befestigg (BGH NJW **85**, 2588). **Keine Teile sind:** Schwerer Spiegel, der an der Wand aufgehängt u durch Klammern abgestützt ist (RG **107**, 337). Eisstücke, die sich vom Hause ablösen, od Schnee, der vom Dach stürzt (BGH NJW **55**, 300, Hamm NJW-RR **87**, 412).

4) Einsturz bedeutet ZusBruch des ganzen Werkes. **Ablösung** bedeutet, daß ein Teil in seinem ZusHang mit dem Ganzen getrennt od gelockert wird od auch nur in seinem eig inneren Zushang, das übr Werk aber unversehrt bleibt (RG **133**, 1), zB Herabfallen von Steinen, Stuckbekleidgn, Fahnenstangen, des Fahrstuhls, Bruch eines Abwasserrohrs im Erdboden (BGH VersR **83**, 588); ebso wenn morsches Brett eines Laufsteges (RG HRR **35**, 1515) od verrostete Platte eines Wellblechdaches (BGH VersR **60**, 426) dchbricht od ein Mauereck od die provisor Einfassg einer Loggia inf DaggLehnens abbricht (Hamm VersR **72**, 1173, BGH NJW **85**, 1076). Nicht dagg, wenn das Gbde planvoll niedergerissen wird (BGH VersR **78**, 1160).

5) Fehlerhafte Errichtung oder mangelhafte Unterhaltung müssen Einsturz od Ablösg verursacht haben; Bew-Last beim Geschädigten, dem aber AnscheinsBew zugute kommen kann. Fehlerh ist ein Bau dann errichtet, wenn er nicht alle Anfdgen dafür erfüllt, daß er Leben und Gesundh nicht gefährdet (BGH DRiZ **62**, 422). Nicht erforderl ist, daß diese Fehler auf das Versch irgdeiner Pers zurückzuführen sind (BGH **LM** Nr 4) od daß sie die alleinige Ursache waren; es können and Ursachen, zB menschl Tätigk od Witterungseinflüsse, hinzukommen (BGH **58**, 149). Zur UnterhaltsPfl gehört die Überprüfg des baul u techn Zust, deren Verl für den Einsturz des Gbdes od die Ablösg von GbdeTlen ursächl geworden sein muß u deren Erf den Schad typischerw hätte verhindern können (Hamm u BGH VersR **87**, 1096).**Gegensatz: außergewöhnliche Naturereignisse,** wie Bergrutsch, Blitzschlag, Wolkenbruch. Bei gewöhnl WittersgEinflüssen dagg, mit deren Einwirkg auf das Bauwerk erfahrsgem, wenn auch selten (Sturmbö, BGH VersR **76**, 66) zu rechnen ist, spricht gerade die Ablösg des Teiles für die Mangelhaftigk der Anl od Unterhaltg (BGH NJW **61**, 1670).

6) Ursächlicher Zusammenhang besteht, wenn der Schad dch die typ Gefahren des Einsturzes od der Ablösg verurs ist, also gerade dch die bewegd wirkde Kraft des Einsturzes od der Ablösg, wenn auch dch Vermittlg and dadch in Bewegg gesetzter Massen (BGH VersR **83**, 588) od dch Druck inf DaggLehnens (BGH NJW **85**, 1076). **Beispiele:** Verletzg eines Menschen dch Ablösg einer Falltürdecke od eines Mauerecks inf DaggLehnens od dch Absacken eines Gerüstbretts wg ungenügder Verankerg (BGH VersR **60**, 426, Hamm VersR **72**, 1173, BGH Warn **73**, 150), Beschädigg eines Grdst dch einströmdes Wasser inf Dammbruchs (RG DR **40**, 723). Nicht, wenn inf Ausströmens von Gas aus beschädigtet Rohrleitg Feuer entsteht od jmd dch das Einatmen Schad erleidet (RG **172**, 156). Nicht wenn Passant über nach dem Einsturz einer Ruine liegengebliebene Steine stürzt (BGH NJW **61**, 1670). Nicht wenn Öl aus undichtem Tank in Grdwasser sickert (BGH WPM **76**, 1056). Wahlweise Feststellg verschiedener SchadUrsachen ist mögl, nur muß sich dann der EntlastgsBew auf alle Möglichkeiten erstrekken (BGH DRiZ **62**, 422). – Bei mitw Versch § 254.

7) Ersatzpflichtig ist nach § 836 nicht der Eigtümer, sond der ggwärt od frühere (Abs II) **Eigenbesitzer** (§ 872), bes Erbe; allerd nur dann, wenn er auch Eigenbesitzer des schädigden Werkes ist (BGH **LM** Nr 9); sonst § 837. Das kann der Mieter des Grdst sein, der dort ein MassivBauWk errichtet, das nach Ende der Mietzeit wiederbeseitigt werden soll (Ffm VersR **78**, 966). Gleichgült, ob mittelb od unmittelb Besitzer, also auch Verpächter (RG LZ **16**, 57, KG JW **24**, 1380). – Mehrere Eigenbesitzer aus der frühere haften gem § 840 I als GesSchu (Düss VersR **52**, 134). Ausgleich untereinander aGrd des VertrVerh, ev nach § 426 (vgl § 840 Anm 3b). Eigenbesitzer u ein aus und § 823 Verantwortl haften ebenf als GesSchu, im InnenVerh ist jedoch der Dr allein verpflichtet (§ 840 III).

8) Der **Entlastungsbeweis** des ggwärt und des früh Besitzers erstreckt sich auf die Anwendg aller Sorgf währd seiner Besitzzeit. Der frühere Besitzer kann sich außerdem dch den Nachw entlasten, daß ein späterer Besitzer dch Beobachtg der erforderl Sorgf die Gef hätte abwenden können (Abs II). An die Substantiiergs- u BewPfl des HaftPfl sind hohe Anfdgen zu stellen (BGH VersR **76**, 66). Da RStellg des Eigenbesitzers auf dessen Erben übergeht, trifft auch ihn die SorgfPfl von dem Ztpkt an, in dem er den Erbf erfährt (BGH **LM** Nr 6). Der EntlastgsBew ist ggü § 831 erschwert, da sorgfält Auswahl nicht genügt, sond Beachtg der zur Abwendg der Gef erforderl Sorgf bewiesen werden muß (BGH Warn **68**, 172). Sie wird idR, insb bei Errichtg eines Gbdes, dch Betrauung eines zuverläss Sachverst erf sein, außer wenn der Besitzer den gefahrdrohen Zust selbst kannte od kennen mußte (BGH **1**, 105). Doch kann darü hinaus im EinzFall noch eine eig Kontrolle notw sein (BGH NJW **56**, 506). Auch der Nichtfachmann ist zur Überprüfg einer uU gefahrbringden Einrichtg auf erkennb Mängel verpfl. Baupolizeil Abnahme für sich allein genügt nicht immer (BGH NJW **56**, 506).

Zur ordngsgem **Unterhaltung** gehört regelm Prüfg der Gbde dch zuverläss Sachkund, deren Häufigk sich nach den Umst des EinzFalles richtet (RG JW **16**, 190: Gastwirt muß regelm Haltbark des Wandverputzes nachprüfen lassen). Markise muß mind einmal jährl auf ihre Ungefährlichk geprüft werden (RG JW **31**, 194). Untersuchg des Hochkamins einer Bäckerei (BGH NJW **56**, 506), der Mieträume dch den Hausbesitzer (Warn **30**, 153), des Daches auf Haltbk bei Sturm (LG Hbg VersR **70**, 579). Beauftragg eines Hausverwalters u dessen allg Beaufsichtigg kann bei ortsabwesendem Besitzer genügen (RG JW **32**, 1210, ähnl Ffm OLGZ **85**, 144), nicht jedoch Übertr der HausVerw als solcher an einen RA od eine GrdstVerwGesellsch (BGH VersR **76**, 66). Erhöhte SorgfPfl ist geboten, wenn dch Beschaffenh od Bestimmg des Gbdes eines bes Gefährdg begründet ist, zB bei dem öff Verk dienden Gbden (BGH VersR **55**, 692). Haftg wird nicht dadch ausgeschl, daß Aufwendg sehr hoher Kosten notw gewesen wäre (RG Recht **21**, 2381). – Keine Überspanng der SorgfPfl bei **Ruinengrundstücken** im allg (BGH **1**, 103). Bes SorgfPfl jedoch bei gefahrdroher Ruine an verkreicher Str (BGH VersR **53**, 432). Mitw Versch (BGH **LM** Nr 1). – Über BewLast bei wahlw Feststellg mehrerer SchadUrsachen Anm 6. – Über die Haftg der Gemeinden § 839 Anm 15 „Polizei".

§§ 837–839

837 *Haftung des Gebäudebesitzers.* **Besitzt jemand auf einem fremden Grundstück in Ausübung eines Rechtes ein Gebäude oder ein anderes Werk, so trifft ihn an Stelle des Besitzers des Grundstücks die im § 836 bestimmte Verantwortlichkeit.**

1) Bedeutung. § 837 enthält eine Ausn von der Regel des § 836, indem nicht der Eigenbesitzer des Grdst, auf dem ein Gbde od ein mit dem Grdst verbundenes Werk sich befindet, sond der Eigenbesitzer des Gbdes oder Werkes haftet. Der gesgeber Grd liegt darin, daß in diesem Sonderfall idR nur der Besitzer des Gbdes od Werkes in der Lage ist, die zur Abwehr von Gefahr notw Maßn zu treffen. Die Haftg aus § 837 unter Ausschl derjen aus § 836 greift aber auch ein, wenn im EinzFall auch der EigBesitzer des Grdst die Maßn treffen kann, die zur Abwehr der v dem Wk ausgehen Gefahren erforderl sind; entscheid ist nur, daß der EigBes am Gbde od Wk u der EigBes am Grdst auseinand fallen (BGH NJW **77**, 1392).

2) Gebäude-, Werksbesitzer. Haftpfl ist unter der Voraussetzg der Anm 1 derjen, der auf fremdem Grdst in Ausübg eines wirkl bestehend od vermeintl (RG JW **16**, 40) Rechts ein Gbde od sonstiges Werk besitzt. Ob das Recht dingl od ob es öffrechtl Natur ist, zB Grabstelle (BGH NJW **71**, 2308 u NJW **77**, 1392), ist unerhebl. Hauptanwendgsfälle: Nießbraucher, GrdDbk, ErbbauBerecht. Elektr Leitgsdraht des Elektr-Werks, der über öff Weg führt (RG JW **38**, 1254). R des BauUntern, der iR des BauVertr ein Gerüst od einen auf Schienen montierten Kran auf dem Grdst hält (Düss BB **75**, 942). Haftg des Mieters od Pächters, der in Ausübg eines Rechtes an einem Grdst ein Gbde errichtet hat, das nur er, nicht auch der Eigenbesitzer des Grdst besitzt (RG JW **16**, 1019), zB Pächter, der auf dem Pachtgut Anl errichtet (RG JW **10**, 653), od Gastwirt, der auf gemietetem Platz Restaurationszelt errichtet hat (RG Recht **08**, 3265). Auch ein vom Mieter eines GeschRaumes angebrachtes Firmenschild kann hierher gehören (RG LZ **16**, 1241). Immer muß aber die Verantwortlichk für Fehlerhaftigk des Werkes dessen Besitzer, nicht dem Besitzer des Grdst zufallen (RG DRZ **35**, 196).

3) Ist daneben ein **Dritter** aGrd unerl Hdlg haftb, zB der Träger eines Friedhofs wg Verl der VerkSichgPfl, so haften beide nach § 840 I als GesSchu (BGH NJW **77**, 1392). Im Verh zueinand ist jedoch nach § 840 III der Dr allein erspflichtig.

838 *Haftung des Gebäudeunterhaltungspflichtigen.* **Wer die Unterhaltung eines Gebäudes oder eines mit einem Grundstücke verbundenen Werkes für den Besitzer übernimmt oder das Gebäude oder das Werk vermöge eines ihm zustehenden Nutzungsrechts zu unterhalten hat, ist für den durch den Einsturz oder die Ablösung von Teilen verursachten Schaden in gleicher Weise verantwortlich wie der Besitzer.**

1) Anwendungsbereich. Ersatzpflicht neben den nach §§ 836 oder 837 Haftpflichtigen. Unter § 838 fällt der, der die Unterhaltg vertragl übernommen hat, wobei es genügt, daß sich diese Übern aus dem Sinn u dem Zweck des Vertr ergibt (BGH **6**, 315). Ferner auch der, der die Unterhaltg übernommen hat aGrd eines gesetzl SchuldVerh, das ähnl Verpflichtg wie ein vertragl GeschBesorggsVerh begründet (BGH **21**, 285). Es muß sich um die Übern der Verantwortg für Bau- od Werkschäden handeln, eine allg UnterhPfl genügt nicht (RG JW **16**, 1019: sichere Befestigg eines Firmenschildes). Keine Haftg des Verwalters eines RuinenGrdstücks, wenn ihm keine Mittel zur Vfg standen, wohl aber, wenn er sich zur Instandsetzg des Gebäudes verpflichtet hatte (BGH **6**, 315), od wenn er der Verpflichtg, bei Gefahr Baupolizei zu benachrichtigen, nicht nachkommt (BGH BB **53**, 747). Die Heranziehg des NutzgsBerecht bedeutet, daß diese nicht nur ggü dem Eigtümer, sond aGrd von § 838 auch Dr ggü zur Unterhaltg des Grdst verpfl sind. Hierzu gehören der Nießbraucher (§§ 1030ff), der GrdDbkBerecht im Falle des § 1021 I 2 u die Eltern hins des KindesVerm dann, wenn sie nach § 1649 II ein NutzgsR am Gbde usw haben u dieses Recht auch ausüben.

2) Gesamtschuldner. Der ErsPflichtige haftet neben dem nach §§ 836, 837 Verpfl als GesSchu (§ 840 I). Ausgl untereinander nach § 426. Bei gesschuldner Haftg mit einem Dr, zB dem Erbauer, ist jedoch für AusglPfl § 840 III maßg.

839 *Haftung bei Amtspflichtverletzung.* [I]**Verletzt ein Beamter vorsätzlich oder fahrlässig die ihm einem Dritten gegenüber obliegende Amtspflicht, so hat er dem Dritten den daraus entstehenden Schaden zu ersetzen. Fällt dem Beamten nur Fahrlässigkeit zur Last, so kann er nur dann in Anspruch genommen werden, wenn der Verletzte nicht auf andere Weise Ersatz zu erlangen vermag.**

[II]**Verletzt ein Beamter bei dem Urteil in einer Rechtssache seine Amtspflicht, so ist er für den daraus entstehenden Schaden nur dann verantwortlich, wenn die Pflichtverletzung in einer Straftat besteht. Auf eine pflichtwidrige Verweigerung oder Verzögerung der Ausübung des Amtes findet diese Vorschrift keine Anwendung.**

[III]**Die Ersatzpflicht tritt nicht ein, wenn der Verletzte vorsätzlich oder fahrlässig unterlassen hat, den Schaden durch Gebrauch eines Rechtsmittels abzuwenden.**

Übersicht

1) Allgemeines
2) Staatshaftung an Stelle der Beamtenhaftung
   A. Art 34 GrundG
   B. Haftende Körperschaft

C. Verhältnis von Staatshaftung zur persönlichen Beamtenhaftung
3) Beamtenbegriff
4) Inhalt der Amtspflichten

Einzelne Schuldverhältnisse. 25. Titel: Unerlaubte Handlungen § 839 1, 2

a) Allgemeines
b) Überschreitung der dienstlichen Befugnisse oder der Zuständigkeit
c) Ermessensentscheidungen
d) Verstöße gegen §§ 823, 826 usw
e) Fürsorgepflicht
f) Anregungen
g) Auskünfte
h) Folgenbeseitigung
i) Verfahrensfehler
5) **Amtspflichten, die einem Dritten gegenüber obliegen**
A. Gegensatz zu Pflichten gegenüber Allgemeinheit oder Behörde
B. Kreis der Dritten
6) Vorsatz oder Fahrlässigkeit
7) Aushilfshaftung
8) Spruchrichter
9) Schadensabwendung durch Einlegung eines Rechtsmittels
10) Schadenersatz
11) Beweislast
12) Verhältnis zu anderen Bestimmungen
13) Bindung der ordentlichen Gerichte an verwaltungsgerichtliche Vorentscheidungen
14) Rückgriff des Staates gegen Beamte
15) Einzelfälle von Amtspflichtverletzungen (alphabetisch geordnet)

1) Allgemeines. Ohne § 839 würde ein Beamter für schuldh widerrechtl SchadZufügg nach §§ 823, 826 haften. § 839 bringt demggü insofern eine Erweiterg, als ein Beamter iF schuldh Verl einer ihm einem Dr ggü obliegden AmtsPfl auch für VermSchäd haftet, u zwar auch dann, wenn die Tatbestde der §§ 823, 826 nicht erf sind. Anderers ist die allg Haftg insofern eingeschränkt, als der Beamte für die Verl einer ihm ggü einem Dr obliegden AmtsPfl nur nach § 839, dh mit den HaftgsBeschrkgen nach I S 2, II und III haftet, u zwar o Rücks darauf, ob er iR der hoheitl od der fiskal Verw handelt (BGH (GrZS) **34**, 99; vgl näher Anm 2c). Die BeamtenhaftPfl für schuldh Verhalten ist in § 839 erschöpfd geregelt, so daß demggü die allg Bestimmgen der §§ 823, 826 nicht in Betr kommen (BGH aaO). Dies gilt nach §§ 831, 832 sind neben § 839, Art 34 GG nicht anwendb (BGH **3**, 301, **13**, 25). Liegt dagg keine AmtsPflVerletzg vor, so kommt Haftg des Beamten aus §§ 823, 826, der öffrechtl Körpersch nach §§ 89, 31, 831 in Frage. – Verh zur Staatshaftg vgl unten Anm 2 C. Verh der Anspr aus Staatshaftg zu anderen Anspr Anm 12. Verj § 852 Anm 2b. – ZivRechtsweg § 40 II 1 VwGO. BSG MDR **76**, 610 hält SozGer für zuständ, wenn zur Herstellg des Zust ohne die AmtsPflVerl Vorn einer AmtsHandlg des SozVersTrägers verlangt wird. Sachl Zustdgk: Nach GVG § 71 II Nr 2 LGe.

2) Staatshaftung an Stelle der Beamtenhaftung.
A. Art 34 GG. Die Staatshaftg dient nicht nur dem Interesse des Beamten sond auch des Geschäd (RG **163**, 89). Nach EG Art 77 sind die landesgesetzl Vorschr insow unberührt geblieben, als es sich um die Haftg des Staates u der Kommunalverbände für den von Beamten in Ausübg der ihnen anvertrauten öff Gewalt zugefügten Schaden handelt.

Art 34 GG
Verletzt jemand in Ausübung eines ihm anvertrauten öffentlichen Amtes die ihm einem Dritten gegenüber obliegende Amtspflicht, so trifft die Verantwortlichkeit grundsätzlich den Staat oder die Körperschaft, in deren Dienst er steht. Bei Vorsatz oder grober Fahrlässigkeit bleibt der Rückgriff vorbehalten. Für den Anspruch auf Schadensersatz und für den Rückgriff darf der ordentliche Rechtsweg nicht ausgeschlossen werden.

a) Diese Bestimmg enthält **unmittelbar geltendes Recht,** nicht nur einen Programmsatz. Grdsatz: der Staat haftet anstelle des Beamten, dessen persönl Haftg ausgeschl ist (vgl Anm 2 C). – Die Haftg des Staates od der Körpersch richtet sich sowohl im Bereich des Art 34 GG (BGH **13**, 88 [103]) wie des Art 77 EG u der einschläg Best der Länder (BayObLG NJW **76**, 1979 für Art 97 BayVerf) in Voraussetzgen u Umfang nach § 839. – Art 34 GG gibt keine erschöpfde Regelg der Haftg aus AmtsPflVerletzg. **In Kraft geblieben sind:**

aa) **Haftungsbeschränkungen,** die sich **aus § 839** ergeben.
bb) **Haftungsbeschränkungen gegenüber Ausländern.** Die Vorschr über die Verbürgg der Ggseitigk verstoßen nicht gg das GG (BGH **76**, 375) u gelten auch, wenn der Ausländer seinen Aufenth zu vorübergehdem Zweck mehrere Jahre in Deutschland hatte (BGH NJW **81**, 518). Die Haftg der Körpersch hängt von der Verbürgg der GgSeitigk u deren Bek ab. Einzelnen dazu Neufelder NJW **74**, 979. Erfordern der Ggseitigk aufgehoben in NRW (BGH VersR **83**, 1047). Abtretg an u Erbfolge dch einen Inländer ändern daran nichts. Keine Beschrkg der Staatshaftg, wenn der geschäd Ausländer nachträgl dch Einbürgerg Deutscher wird (BGH **77**, 11), wenn sein SchadErsAnspr sofort bei Entstehg kr Ges auf die inländ Vers übergeht (BGH **99**, 62; aA Breuer NJW **88**, 1567: entw voll Abschaffg od ausnahmsl Anwendg der GgSeitigkErfordern), ggü Staatenlosen. Ggseitigk verbürgt, also keine Amtshaftg ggü Schweden (OGH NJW **50**, 66), Italien (BGH VersR **88**, 1047, auch für EigtVerl (BGH NJW **85**, 1287), Polen (BGH **13**, 241), Türkei (BGH WPM **82**, 241). Ggseitigk ggü Griechenland verbürgt, Bek v 31. 5. 57, BGBl 607, desgl ggü Holland, Bek v 6. 5. 58, BGBl 339, Belgien, Bek v 27. 2. 59, BGBl **88**, Schweiz, Bek v 18. 11. 60, BGBl 852, Frankreich, Bek v 28. 9. 61, BGBl 1855, Dänemark u Norwegen, Bek v 28. 4. 67, BGBl 532, sowie Japan (in bezug auf die nach dem 11. 9. 61 begangenen AmtsPflVerletzgen), Bek v 5. 9. 61, BGBl 1655, Spanien, Bek v 31. 1. 75, BGBl 448. Im Verh zu Österreich ist Verbürgg der Ggseitigk nicht erforderl, G v 17. 7. 78, BGBl II 997 u 79 II 332 (vgl dazu Schulz NJW **78**, 1731). Bei HaftgsAusschl des Staates haftet der Beamte persönl nach § 839.

cc) **Haftungsbeschränkungen bei Gebührenbeamten,** wonach die Staatshaftg bei Beamten entfällt, die ausschließl auf Bezug von Gebühren angewiesen sind, sowie bei solchen AmtsHdlgen und Beamter, für die die Beamten eine bes **Vergütung von den Beteiligten** beziehen (§ 1 III pr G v 1. 8. 09, § 5 Nr 1 ReichsG v 22. 5. 10, Weimar DÖV **52**, 459 u BGH NJW **72**, 2088). Unerhebl für HaftgsAusschl ist, ob Beamter die Gebühren aus der öff Kasse od unmittelb von den Beteiligten erhält (RG **134**, 178). Hierher gehören zB Notare (§ 19 BNotO), BezSchornsteinfegermeister (BGH **62**, 372); nicht GerVollzieher (RG **87**, 294) u Schiedsmänner (BGH **36**, 195).

dd) Haftungsbeschränkungen im Postdienst. Zur Haftg vgl Anm 15 „Post".

ee) Keine Haftung der Strafanstalt nach Art 34 GG, wenn Gefangener ArbUnfall erleidet; wg Unfallversicherg nach § 540 (nF) RVO (vgl auch BGH **25**, 231 zum fr Recht u Art 4, § 2 II des UVNG v 30. 4. 63, BGBl 289).

b) Der ordentliche Rechtsweg darf nach Art 34 S 3 GG nicht ausgeschl werden. Er ist auch gegeben, wenn Anspr auf AuskErteilg u Abg einer eidesstattl Vers ledigl als Hilfs- u VorbereitgsAnspr eines auf GeldErs gerichteten AmtshaftgsAnspr geltd gemacht werden (BGH **78**, 274). Auch AbgO § 361 steht dem RWeg nicht entgg, wenn konkrete AmtsPflVerletzg behauptet wird (RG **157**, 197 für früh § 242). Doch ist **ordentl Rechtsweg unzulässig,** wenn auf dem Umweg über angebl AmtsPflVerletzg richterl Nachprüfg von bindden HohAkten der VerwBeh begehrt wird, zB bei verweigerter Anstellg od Beförderg eines Beamten (vgl auch Anm 5), od bei Rückzahlg von SteuerBetr, falls nicht konkret pflichtwidr Verhalten der beteil Beamten behauptet wird (RG **157**, 197, **164**, 25). Ebso bei SchadErsAnspr wg NichtErf eines öffentlrechtl Vertr (BGH NJW **83**, 2311).

c) Staatshaftung tritt nur ein, wenn jm in **Ausübung eines öffentlichen Amtes** gehandelt hat. Dafür ist maßgebd, ob die *Zielsetzg* der Tätigk des Beamten dem Bereich hoheitl Verwaltg zuzurechnen ist u ob ein *innerer Zushang* zw dieser Zielsetzg u der schädigden Hdlg besteht (BGH **42**, 176, BGH Betr **77**, 1090).

aa) Die Zielsetzung, in deren Sinn die Pers tät wird, muß hoheitl Verw zuzurechnen sein. Der Einsatz öffentl Machtmittel ist ein wesentl Kennzeichen der öff Gewalt. Zu ihr zählt aber auch die schlichte HoheitsVerw (BGH NJW **62**, 796). Handelt es sich um eine ZielSetzg, die, wie häuf insb auf dem Gebiet der Daseinsvorsorge einschl der VerkSicherg von der öff Hand mit hoheitl Mitteln od auf der Ebene des PrivR verfolgt werden kann, so kommt es darauf an, wie die öff Hand die Bewältigg der Aufg organisiert hat (BGH NJW **73**, 1650, NJW **81**, 50). So ist Plang u AO von Str-, Kanal- od Hochwasserschutzbauten regelm hoheitl Tätigk, ihre Ausf dch private Untern aber nur, wenn Behörde sie bindd anweist. Ausübg hoheitl Gewalt wurde bej bei soz Betreuung der am Untern RAutoB (jetzt Bundesautobahn) beschäft Arb u Dienstfahrt zu diesem Zweck (RG **168**, 370); bei Vertrauensarzt u Leiter der Krankenkasse im Verh zu Versicherten (RG **165**, 98); bei Untersuchg eines ArbSuchden dch Amtsarzt im Auftr des ArbAmts (BGH **LM** (Fc) Nr 2); bei NachUntersuchg eines RentenEmpf dch VertrArzt im Auftr des VersorggsAmts (BGH NJW **61**, 969); bei fehlerl Feststellg der ArbFähigk dch Vertrauensarzt eines SozVersTrägers (BGH NJW **68**, 2293), je nach der Satzg Heil- u PflegeAnst (BayObLG **80**, 114); Versorggsamt in seinem FürsAufg ggü dem VersorggsEmpf (BGH **LM** § 81 BVersG Nr 2); Lehrlingsheim als unselbständ Anst eines städt Waisenhauses (BGH **LM** (Fe) Nr 23); Prüflng für Baustatik (BGH **39**, 358). Wenn auch die Beh Aufg schlichter HohVerw auf privrechtl Ebene ausführen lassen kann, so ist doch anzunehmen, daß eine Beh, wenn sie typ Aufg ihrer HohVerw wahrnimmt, nicht privrechtl, sond hoheitl tät wird (BGH **38**, 52). Über Ausf solcher Aufg dch priv Untern vgl Anm 3b aE.

bb) Innerer Zusammenhang zw der Zielsetzg iR hoheitl Verw u dem schädigden Ereign ist auch dann zu bejahen, wenn nur ein Teilhdlg als hoheitl Verw zu bewerten ist, denn hierdurch wird die ges dieser Aufg diende Tätigk des Beamten zu einer Einheit zusgefaßt (BGH **42**, 176: Dienstfahrt mit Kfz). Dienstfahrt kann zwar bei gewissen Fahrzeugen (Militär-, Polizei-, FeuerwehrKfz) idR angen werden, es gibt dafür aber keinen AnscheinsBew (§ 823 Anm 13b, BGH NJW **66**, 1264). Unter § 839 fällt auch eine Dienstfahrt des Beamten im PrivKfz zur Erf einer hoheitl Aufg, wenn die Wahl dieses VerkMittels zur sinnvollen Verwirklichg des hoheitl Ziels geboten war (BGH VersR **79**, 225). Der innere Zushang fehlt, wenn von Dienstwaffe, Dienstfahrzeug od dgl aus rein persönl Gründen — ohne innere Beziehg zum Dienst, wenn auch möglicherw bei Gelegenh u währd des Dienstes — Gebr gemacht wird (BGH **11**, 181). Er fehlt auch dann, wenn die persönl Grde zur Tat zwar dch Vorkommn im Dienst veranlaßt sein mögen, die Tat selbst aber ihre angebl Berechtigg nicht im DienstVerh findet (BGH aaO; vgl auch unten d u § 823 Anm 8 B Demonstration).

cc) Einzelfälle: Städt Beamte, die rechtsf Stiftgen verwalten, handeln im Bereich öff Verw der Gemeindeangelegenh (RG **161**, 295). Führer eines behördl Kfz auf Dienstfahrt (BGH **42**, 176), desgl eines Feuerwehrwagens; auch bei Übgen, nicht aber bei Erprobg anläßl des Ankaufs eines Wagens (BGH MDR **62**, 803); eines Unfallrettgswagens (BGH **37**, 337). Soldaten der BWehr u der Stationiergsstreitkräfte als KfzFührer auf Dienstfahrt (BGH NJW **68**, 696), regelm aber nicht auf priv Schwarzfahrt (BGH NJW **69**, 421). Transport von Straßenbaumaterial durch Bedienstete der StrBaubehörde (BGH NJW **62**, 796). Ausübg öff Gew bei Benutzg von Kfz od Fahrrädern (BGH **29**, 38, **LM** (Fe) Nr 23). Bedeutsl ist, ob beamten- od behördeneig Fahrz benutzt wird (BGH **29**, 38). Ausübg öff Gew bei Gewährg freiwill FürsLeistgen (BVerwG NJW **61**, 137). GVz auch dann, wenn er freiw Versteiger gem §§ 1228ff vornimmt (RG **144**, 262). Behördl Auskünfte von Bürgermeistern, mögen sie im Wege der Amtshilfe öff Behörden od PrivPers zur Verwendg für bürgerlichtl Zwecke erteilt werden (RG **170**, 134). — **Bundespost** ist HoheitsBetr (BGH **16**, 111). Das gilt auch für PersBeförderg (BGH **20**, 102; vgl auch Anm 15 „Post"). — **Bundesbahn** ist bürgerlrechtl GeschBetr (BGH **LM** (Fa) Nr 3). — **Privatrechtlichen Charakter** haben kommunale Betr wie GasAnst, Elektro- u Wasserwerk, StrBahn (RG **63**, 374), kommunale StrReinigg in Bln (KG OLGZ **80**, 459), Märkte (BGH NJW **55**, 1025), Sparkasse (RG **91**, 341), städt Krankenhaus (KG JR **51**, 25), UnivKlinik (BGH NJW **53**, 778, BGH **89**, 263: selbständiger beamteter Arzt), ErstVersorgg eines UnfallVerl dch Dchgangsarzt einer Berufsgenossensch (BGH **63**, 265). Anders aber bei Einweisg des mittell Patienten durch die FürsBeh (BGH **4**, 138); Haftg iR dieses öffrechtl Verh nach § 278, nicht nach AmtshaftgsGrdsätzen (BGH aaO u NJW **53**, 778); anders möglicherw das Verh zu dem in einer staatl Anst aufgen Gemüts- od Geisteskranken, wenn privrechtl Gleichordng zu verneinen (BGH **38**, 52). Dadurch, daß sich Beamte im privrechtl GeschKreis des Staates bei ihren Hdlgen auch von dem Gesichtspkt der Wahrg der Staatsautorität leiten lassen, wird ihre Tätigk noch nicht Ausübg öff Gew. — Bei Betätigg im privatrechtl GeschKreis haftet Staat od Gem nicht aus Art 34 GG, sond nur nach §§ 31, 89, 831 (bei unerl Hdlgen) oder § 278 (bei

Einzelne Schuldverhältnisse. 25. Titel: Unerlaubte Handlungen § 839 2 A, B

VertrVerh). Das gilt auch für Verhdlgen u Vertr über GrdstVerk angesichts eines drohnden EnteigngsVerf (BGH JR **81**, 192).

d) „In Ausübung eines anvertrauten öffentl Amtes" bedeutet, daß Beamter nicht nur bei Gelegenh der Ausübg öff Gew gehandelt haben darf. Hierzu vorstehd zu c. Zur Überschreitg der Zustdgk vgl Anm 4 b.

e) Juristische Personen des öffentlichen Rechts, denen die Ausübg öff Gew übertr ist, haften ebso. So: Ortskrankenkasse (RG DR **39**, 243), Versichergsanstalt für Angestellte (RG **112**, 335), die ReligionsGemschaften öff R (BGH **22**, 383, VersR **61**, 437). Anspr gg nicht mehr bestehde öffentl RTräger u ihre Geldmachg vgl das RTrägerabwicklgsG v 6. 9. 65, BGBl 1065.

f) Staatshaftg **nicht für ein Kollegium,** sond nur für einzelne Beamte (vgl Anm 11 A). Steht aber das pflichtwidr Verhalten einer Beh fest, so bedarf es nicht der Feststellg der verantwortl Einzelpersönlich (BGH WM **60**, 1305).

B. Haftende Körperschaft. a) Grundsatz: Die **Anstellungskörperschaft,** dh die Verantwortlichk trifft grdsätzl die Körpersch, in deren Diensten der Beamte steht, Art 34 GG (BGH **99**, 326). Das ist idR zugl die Körpersch, die dem Beamten die hoheitl Aufg anvertraut hat, bei deren Wahrnehmg die AmtsPflVerl vorgek ist (BGH VersR **79**, 1056; vgl auch Anm d). Grdsätzl ist gleichgült, wessen HohRechte der Beamte bei der beanstandeten AmtsHdlg ausübt (BGH **87**, 202). Der Staat haftet für den GVz, der im Auftr einer Landsch tätig wird (RG **137**, 38), für einen bayer Hochschullehrer für AmtsPflVerletzg bei Abn einer Prüfg (BayObLG NJW **69**, 846), für amtl anerk Kfz-Sachverst (vgl Anm 15, Sachverst). Eine Haftg der Körpersch, deren HohRechte ausgeübt werden, kann nur in Betr kommen, wenn sie AufsPfl ggü der beauftr Körpersch verletzt (BGH NJW **56**, 1028). – Für **legislatives Unrecht** haftet der Staat für die bei der GesGebg beteil Organe grdsätzl nicht nach Art 34 GG. Hier können Pfl ggü einem Dr nur bei sog Maßn- u EinzFallGes bestehen (BGH **56**, 40 u NJW **89**, 101). Man sucht daher die Entsch eher im enteigungsgleichen Eingr (Schack MDR **63**, 186, Schenke NJW **88**, 857). Haftg des Kreises für Mitgl des Kreistages (BGH **15**, 192), der Gem für Mitgl des GemRats (BGH WM **82**, 1106), der Stadt für Mitgl des Stadtrats (BGH VersR **84**, 849). Haftg der EG für legislat Unrecht vgl EuGH NJW **78**, 1742. – Versagt die Anknüpfg an die Anstellg, weil kein Dienstherr od mehrere Dienstherren vorh sind, ist darauf abzustellen, wer dem Amtsträger die Aufg, in deren Erf eine PflVerl begangen hat, anvertraut hat (BGH **87**, 202). Über die Haftg für Stationiergsschäden (Truppenschäden) vgl am Schluß der 35. Aufl.

b) Bei echter **Doppelstellung** des Beamten – Landrat als staatl u kommunaler Beamter – haftet die Körpersch – also Staat od Kreis –, deren Aufg im Einzelfall wahrgen worden sind (BGH **LM** Art 34 GG Nr 24, BayVerfGH WM **59**, 1099). Diese Teilg der Haftg beruht auf der Erwägg, daß der Beamte bei der echten Doppelstellg zwei Herren dient, und daher auch nur dem Herrn verpfl kann, dessen Aufg er im einz wahrnimmt (RG **140**, 126). Voraussetzg ist allerd auch hier, daß die Ausübg öff Gew in den Kreis der Dienste fällt, die der Beamte aGrd seiner Anstellg durch die öff Körpersch leistet (RG aaO). Verletzt der Beamte gleichzeit die Pfl beider Ämter, so haften beide Dienstherrn (BGH VersR **66**, 1049).

c) Weisung. Erteilt eine übergeordnete Beh eine bindde Weisg, so hat der angewiesene Beamte sie auch iF der GesetzWidrk auszuführen, außer bei erkennb Verl eines StrafG (RemonstrationsPfl). Die Haftg trifft dann die AnstellgsKörpersch des anweisden Beamten, weil diese die Verantwortlk für die Gesetzmäßigk des VerwHandelns mit der Weisg übernimmt (BGH NJW **77**, 713 u VersR **85**, 588).

d) Betrauung – Abordnung des Beamten. Festzuhalten ist an dem Grds, daß die Haftg der Anstellgskörpersch nicht davon abhängt, ob im Beamten im Einzelf ein eig HoheitsR dieses Gemeinwesens od ein von einem and Gemeinwesen übertragenes ausübt. Es ändert daher nichts an der Haftg des Kreises, wenn der Kreiskommunalbeamte von seinem Landrat mit der Wahrnehmg staatl Aufg betraut wird; denn hier wird der Beamte nicht in einer Doppelstellg, sond als Beamter des Kreises, wenn auch im staatl AufgKreis, tätig (BGH **87**, 202). – Zu trennen von dieser einf Betrauung mit Aufg and Körpersch ist die **Abordnung** des Beamten zu diesen. Soweit hiernach die and Körpersch uneingeschr über die Dienste des abgeordneten Beamten verfügen kann, haftet sie (RG **168**, 361: Untern Reichsautobahn haftet für die ihr zur Dienstleistg zugeteilten Beamten der Reichsbahn). Das gilt auch dann, wenn der Beamte nur zu einem Teil seiner ArbKraft an eine and Körpersch abgeordnet worden ist (BGH **34**, 20). Daher keine Haftg der Kirche für Pfarrer, der Religionsunterricht an einer öff Volksschule erteilt (BGH **34**, 20). Die Grenze zw einf Betrauung u Abordng mag im einz Fall schwer zu finden sein. BGH **LM** Art 34 GG Nr 24 stellt darauf ab, daß der Beamte durch die ihm übertr Aufg aus der Organisation seiner Anstellgskörperschaft u aus deren Behördenapparat völ herausgelöst u verselbständigt sein müsse; hierauf kann es aber, wie bereits die Fälle der teilw Abordng zeigen, nicht entscheidd ankommen. Maßgebd ist vielm neben dem Formalakt der Abordng, der sich bereits erkennb von der einf Übertr dienstl Angelegenh unterscheidet, die Direktionsbefugn der and Körpersch mit der korrespondierden Weisgsunterworfenh des Beamten, mag auch der Beamte der Organisation seiner Anstellgskörpersch weiter verhaftet sein.

e) Für Angestellte, denen ein öff Amt übertr worden ist (vgl Anm 3b) gelten die gleichen vorgenannten Grdsätze. Es haftet daher auch für sie idR die Anstellgskörpersch, u zwar auch dann, wenn es sich um die Wahrnehmg der dieser Körpersch übertragenen staatl VerwAufg handelt (BGH **6**, 215). Amtl anerk Kfz-Sachverst (vgl Anm 15, „Sachverst").

f) Haben sich zweitl die räuml o sachl **Grenzen geändert,** so haftet die Körpersch, die die Funktion des früheren VerwTrägers übernommen hat, Funktionstheorie (BGH NJW **59**, 287, 289, BGH **27**, 29: BAnstalt f ArbVermittlg).

g) Fehlt ein Beamten- oder Anstellungsverhältnis, so haftet diejen öffrechtl Körpersch, die den Schädiger mit hoheitl Befugn ausgestattet hat, zB der Staat für Feld- u Forsthüter (RG **142**, 190), für Schüler, die der Lehrer vorübergehd mit der Klassenaufsicht beauftr hat, u für Schülerlotsen (BGH VersR **58**, 705), für amtl anerk Sachverständ des TÜV (vgl Anm 15 „Sachverst"); der Landkreis für Mitgl des Kreistages (BGH **11**, 192); BauGenBeh für stat Prüflng (BGH **39**, 358).

§ 839 2–4

C. Verhältnis der Staatshaftung zur persönlichen Haftung des Beamten. Staatshaftg greift gem Art 34 GG nur Platz, wenn Beamter in Ausübg öff Gew gehandelt hat. Insoweit entfällt persönl Haftg des Beamten dem Dritten ggü. Hat aber der Beamte innerh des privatrechtl GeschKreises des öffrechtl Dienstherrn gehandelt (s oben Anm 2 A c), so haftet Staat für auswl Hdlg des Beamten nach §§ 89, 30, 31, 831 u neben ihm der Beamte persönl, jedoch nur gem § 839 (BGH DRiZ **64**, 197). Für den Staat kommt in diesem Falle die BefreiungsVorschr des § 839 I S 2 nicht in Frage, wohl aber für den Beamten, der sich gerade auf den Staat als einen and ErsPflichtigen berufen kann. Bei vorsätzl Handeln haften beide nebeneinand. Stellt sich die Hdlg eines od mehrerer Beamter sowohl als Betätigg innerh des privatrechtl GeschKreises des Diensthern als auch als eine in Ausübg öff Gew begangene AmtsPflVerletzg dar (vgl Anm 12 m), so haftet der öffrechtl Dienstherr trotz der Befreiungsmöglichk des § 839 I S 2 oder III immer noch gem §§ 89, 30, 31, 831 (RG **155**, 266 u BGH **LM** § 823 (Dc) Nr 19, Kblz VersR **73**, 41). – Ist der Beamte als Halter eines Kfz erspflichtig (§ 7 StVG), so haftet er insoweit unmittelb; jedoch keine Haftg neben der öffrechtl Körpersch als KfzFührer nach § 18 StVG (BGH **29**, 38 [43], NJW **59**, 985). Konkurrenz zw Haftg der Körpersch aus AmtsPflVerletzg u § 7 StVG vgl Anm 7 a.

3) Der Beamtenbegriff ist verschieden, je nachdem, ob es sich um Eigenhaftg des Beamten nach § 839 im privatr Bereich oder um Staatshaftg nach Art 34 GG u die EigHaftg des Beamten für hoheitl Tätigkeit handelt. Bei privatr Tätigkeit gilt für die EigHaftg des Beamten der staatsr BeamtenBegr (s unten a), bei hoheitl Tätigkeit gilt für die StaatsHaftg u die EigHaftg des Beamten der weitere haftgsrechtl BeamtenBegr (s unten b, BGH NJW **72**, 2088, Bachof DÖV **54**, 95 u Gützkow DÖV **53**, 292ff). Für die StaatsHaftg ist Voraussetzg, daß es sich um die AmtsPfVerletzg einer best einz Pers (Ggsatz: Dienststelle, Behörde) handelt. Jedoch bedarf es, wenn das pflichtwidr Verhalten feststeht, nicht der Feststellg der verantwortl Einzelpersönlichk (BGH WPM **60**, 1305). Fehlerh Kollegialentscheidgen vgl Anm 11.

a) Für die **Eigenhaftung des Beamten bei privatrechtlicher Tätigkeit** fallen unter § 839 alle Bundes-, Landes-, Kommunalbeamte u Beamte and öffrechtl Körpersch – unerhebl ob mit Gehalt od unentgeltl, ob auf Probe, Künd od Widerruf, ob ständ od außertrautl, ob Dienst höherer od niederer Art, ob hauptamtl oder nebenamtl. Entscheidd ist, und als bei hoheitl Tätigk, daß der Beamte ein solcher im beamten-(staats-)rechtl Sinn ist (BGH **42**, 178, **LM** (Fa) Nr 3: persönl Haftg eines solchen Beamten der bürgerlichrl BBahn, vgl Anm 2 A c und Anm 3 Abs 1). Das BeamtenVerh wird nach BBG § 6 II dch Aushändigg einer Urk, in der die Worte „unter Berufg in das Beamtenverhältn" enthalten sind, begründet. Für Landesbeamte vgl die entspr RahmenVorschr § 5 BRRG.

b) Bei **hoheitlicher Tätigkeit** gilt für die EigHaftg des Beamten u für die Haftg der JP der haftgsrechtl BeamtenBegr. Art 34 GG stellt nicht darauf ab, daß jmd als Beamter tät wird, entscheidd ist vielm, daß dieser Pers öff Gew anvertraut ist. Auch der Nichtbeamte im staatsrechtl Sinn fällt also unter Art 34 GG, sofern er mit hoheitsrechtl Aufg betraut ist (BGH **LM** § 81 BVG Nr 2: Krankenhausarzt in Begutachtg von VersorggsEmpfängern). So auch der auf PrivatdienstVertr angestellte Kraftfahrer einer öff Beh (Mü HRR **42**, 648), Schöffen od sonst Beisitzer in Ger, Angeh des JugAmts (Düss VersR **79**, 942, Kindererholgsfahrt), auch Angeh von Hilfsorganisationen, die zur Katastrophenabwehr von staatl Organen herangezogen werden (Düss VersR **71**, 185). Die Tätigk muß aber immer so geartet sein, daß die Pers in Ausübg einer hoheitl Aufg handelt, was bei rein mechanischer Schreibarbeit (Kanzlei) meistens nicht der Fall sein wird. Beamte iS von Art 34 GG sind daher: Schiedsmänner (BGH **36**, 193), mit Polizeigew betrauter Nachtwächter (RG **59**, 235), Kfz-Sachverst (vgl Anm 15 „Sachverst"), Schülerlotsen, es haftet der schul HohTräger (Köln NJW **68**, 655, BGH VersR **58**, 705), der vom Lehrer nur vorübergeh mit AufsPfl beauftragte Schüler (LG Rottweil NJW **70**, 474; krit dazu Martens NJW **70**, 1029), Freiwillige Feuerwehr (BGH **20**, 290), Beamter der öffrechtl Kirchengesellsch (BGH **22**, 383, VersR **61**, 437). Über RStellg der Notare Anm 15 Notar, über die gerichtl Sachverst Anm 8 d. Hierher gehören als Mitglieder der BReg u der LandRegiergen (BGH Betr **67**, 985), der Parlamente (vgl oben 2 B), des Kreistages (BGH **11**, 197), des Gemeinderats (BGH NJW **70**, 1252) u eines VerwAusschusses (BGH WM **65**, 719: BeschlFassg über Ausübg gemeindl VorkR). Über die Ausübg öff Gew dch den Bezirksschornsteinfegermeister vgl Anm 15. **Keine öffentliche Gewalt üben aus:** RA, auch nicht als beigeordneter RA (BGH **60**, 255), Schiedsrichter (§ 675 Anm 3 a), Amtsvormund, Pfleger, TestVollstr, Nachl- u KonkVerw, Sequester (Kassel JW **36**, 2356), Leiter einer kommunalen RAuskStelle (RG JW **23**, 77), der Untern, dem die Gem die ihr hoheitl obliegde Enttrümmerg dch WerkVertr überträgt (BGH **LM** § 909 Nr 2, Nürnb OLGZ **66**, 405, Abschlepp Untern), die Gem ledigl dch Übertr von BauArb an private Fa, auch wenn die Ausführg den AufsVorh zu ihren öffrechtl Pfl gehört (Düss VersR **72**, 158), die Polizei im Verh zum KfzBerecht bei Beauftragg eines AbschleppUntern; sie schuldet dem Berecht sorgf Auswahl wie ein zivrechtl Beauftr (BGH NJW **77**, 628). Zusfassd mit Warng vor der Flucht ins PrivatR, Schimikowski VersR **84**, 315.

4) Verletzg einer **Amtspflicht** ist erforderl, die den Beamten einem Dritten ggü obliegt. Nur dieser Dr ist schadnersberecht. Ist der Staat, in dessen Diensten der Beamte steht, der Geschädigte, so haftet der Beamte nach BBG § 78 I; bei Pers, die nicht Beamte im staatsrechtl Sinne sind, ist DienstVertr maßg. Auch Ruhestandsbeamter kann AmtsPflVerletzg begehen (RG JW **38**, 1597: Zurückhaltg von Akten).

a) Inhalt der Amtspflicht bestimmt sich bei Landesbeamten nach LandesR (RG JW **31**, 1786), daneben auch nach BBG u BRRG. In Betr kommen nicht nur Ges, allg Dienst- u VerwVorschr (BGH WM **63**, 788), sond auch bes Dienstbefehle; zur unricht Gesetzesauslegg s Anm 6. Allg besteht die Pfl zur Amtsverschwiegenh (BGH **34**, 184), zur vollst Erforschg des Sachverhalts iR des Zumutb (BGH NJW **89**, 99) u zu sorgfält geschäftl Behandlg anvertrauter fremder Belange, damit auch die AmtsPfl, Anträge ggf mit dem AntrSt zu erörtern, auf ihre sachgem Formulierg hinzuwirken (OVG Lüneb BB **60**, 643). Bei Antr in einem behördl GenVerf besteht die AmtsPfl, das Gesuch gewissenh, förderl, sachdienl u in angem Fr zu bearbeiten u zu entscheiden (BGH WM **72**, 743), dabei jede vermeidb Schädigg des AntrSt zu unterlassen, eine sachgerechte, ermfehlerfreie StellgN zu dem Antr abzugeben u ihn nicht verzögerl zu behandeln (BGH WM **70**, 1252). Die Fr ist dabei auch nach dem Interesse der Beh an einer ausr Vorbereitg ihrer Entsch zu bemessen. Auch

Einzelne Schuldverhältnisse. 25. Titel: Unerlaubte Handlungen § 839 4

ohne bes dienstl Anweisg kann sich eine AmtsPfl aus der vorangegangenen Art der Erledigg eines Gesch ergeben (RG JW **34**, 2398). Danach auch AmtsPfl zur konsequenten Durchführg der eingeleiteten Maßn (BGH WM **63**, 788), um Schädigg Dritter, die auf die Fortdauer des einmal geschaffenen Tatbestdes vertrauen, zu vermeiden (BGH WM **66**, 801); spätere sachl Änderg daher nur ausnahmsw, wenn sachl zwingd geboten (BGH NJW **60**, 2334, 63, 644: Änderg von Ausschreibsbedigen). Daraus ergibt sich auf jeden Fall Pfl zur Mitteilg der Änderg (BGH WM **61**, 532, NJW **65**, 1227: Hinw auf bevorstehde Änderg der RLage). Jedoch kein allg Anspr auf Aufrechterhaltg der zZ geltden Rechtslage (BGH **45**, 83: Aufhebg eines Schutzzolls; Anm v Arndt **LM** [D] Nr 23 u Ritter NJW **66**, 1355). Bei Abg einer VerpflErkl hat der Beamte deren Zulässigk nach dem Ges sorgf zu prüfen; § 307 I 2 ist nicht anwendb (BGH NJW **76**, 16: Nichtige Verpfl einer Gemeinde zur Aufstellg eines BebauungsPlanes innerh best Fr). Aus der allg FürsPfl des Staates ggü den Beamten u seinen versorggsberecht Hinterbl kann AmtsPfl zur Raterteilg folgen (RG **146**, 40). AmtsPfl des Beamten den von ihm zu betreuden PersKreis zu belehren u aufzuklären, auch von ihm vermeidb Schad abzuwenden (BGH NJW **65**, 1227, BB **70**, 1279), insbes bei soz schwächeren u rechtsunkund Gesuchsteller (Hamm NJW **89**, 462).

b) Befugnis des Beamten zur Vornahme dieser AmtsHdlg ist ausreichd, Verpfl nicht notw. Polizeibeamter befindet sich auch dann in amtl Eigensch, wenn er in seiner dienstfreien Zeit gg Störer der öff Ordnung einschreitet (RG HRR **30**, 901). Handelt der Beamte auf **Weisung** seines Vorgesetzten, so kann AmtsPflVerlg dch ihn entfallen (BGH NJW **59**, 1629). – AmtsPflVerlg kann auch in **Zuständigkeitsüberschreitung** liegen (RG **140**, 423), wenn innnerer Zushang zw der Hdlg u dem Dienst (vgl Anm 2 A c bb) besteht (RG **156**, 232). Falschbeurkundg dch einen unzust Beamten mit dem Anschein, der zust Beamte habe beurkundet (RG **71**, 60, JW **11**, 452). Haftg des Amtsvorstehers, der ohne sachl Zustdgk Nottestament aufnimmt (RG JW **38**, 810). Grdbuchbeamter spiegelt vor, er sei für Hinterleggssachen zust, nimmt Gelder für Hinterlegg entgg u unterschlägt diese (RG **148**, 251). Ist für ein Vorgehen die Mitwirkg des Parlaments (RechtsVO) erforderl u handelt eine VerwBeh ohne solche, so verpfl ihr Vorgehen zum SchadErs (BGH **63**, 319). Auch wenn zw ZustdgkÜberschreitg u dem Dienst innerer Zushang besteht, kann der geschädigte Dr auch hier SchadErs nur dann fordern, wenn eine ihm ggü obliegende AmtsPfl verl worden ist (vgl Anm 5).

c) Ermessensfehler. Setzt voraus, daß ErmSpielraum gegeben. Fehlt es hieran, etwa weil best VerwAnordngen Erm ausschließen, weil der Beamte nur einen unbest RBegr mit Beurteilgsspielraum anzuwenden hat (BGH NJW **70**, 1543: StaatsAnw bei der Entsch über die Erhebg der Ankl) od weil nur eine einz ermfehlerfreie Entsch denkb ist (Celle VersR **75**, 177), so ist bereits Ausübg des Erm fehlsam u daher AmtsPflVerl (BGH WM **63**, 789: Einfuhrbewillgg). Auch sow Erm zul, ist Klärg des Sachverh vor Ausübg des Erm geboten, andernf kann schon in unterl Klärg AmtsPflVerl liegen (BGH WM **64**, 383). – Keine AmtsPflVerl, solange sich die Behörde innerh der Grenzen fehlerfreien ErmGebr hält, wobei sie an die allg Erfordern des RStaats gebunden ist, u a an den Grds, daß von jeder Ermächtigg nur iS des GesZwecks Gebr gemacht werden darf. Der Beamte verletzt also seine AmtsPfl, wenn er die ges Grenzen des Erm überschritten od von dem Erm in einer dem Zweck des Ges nicht entspr Weise Gebr gemacht hat, ohne daß bereits die Schwelle des ErmMißbr erreicht wäre od ein Fall evident fehlerh AmtsTätigk vorliegen müßte (BGH **74**, 144 [156]: BankenAufs). AmtsPflVerl insbes, wenn Beamter willkürl gehandelt (BGH **4**, 10 und WM **63**, 791: Verletzg des GleichbehandlgsGrdsatzes), also insb keine sachl Erwäggen angestellt – nicht ausgeschl allerd, typ Fälle nach generellen Erwäggen zu behandeln (BGH **6**, 178) –, die ihm gesetzten Schranken bewußt überschritten (BGH WM **66**, 800: Einfuhrlizenz von GgLeistg abhängig gemacht), sachfremden Erwäggen Raum gegeben (BGH NJW **57**, 298) hat. Da ordngsmäß Verw erfordert, daß **Zweck und Mittel in angemessenem Verhältnis** zueinand stehen (BGH WM **63**, 788), kann schon in der Wahl eines dch den Zweck nicht gerechtf Mittels ErmFehler liegen (BGH **4**, 308, NJW **64**, 198: Beeinträchtigg der Benutzer dch Straßensperrg nur, soweit unvermeidl, BGH Betr **67**, 985: BReg verweist jmden als Landesverräter, obschon insow nur Verdacht besteht). Die obj Voraussetzgen für die Ausübg des Erm sind nachprüfb (BGH NJW **55**, 258, BGH **45**, 149: gefährl Warnzeichen an Kfz-Fahrer bei Glatteis); jedoch verpfl nicht jeder gefahr drohde Zust die Polizei zum Einschreiten, sond nur ein solcher, in dem wesentl RGüter unmittelb gefährdet sind (BGH NJW **62**, 1246: Überschreitg der Toleranzgrenze, Hamm NJW **88**, 1096: Rammen eines Kfz zur Verhinderg von VerkGefährdg). Aus der Notwendigk, das gelindeste Mittel anzuwenden, folgt die Verpflg, die nachteil Folgen für den Betroffenen herabzumindern (BGH **18**, 366). – **Ursächlicher Zusammenhang** zw ErmFehlEntsch u Schad besteht nur, wenn feststeht, daß bei rmäß Handhabg des Erm der Schad nicht eingetreten wäre (BGH VersR **85**, 887).

d) Unerlaubte Handlungen. Selbstverständl fallen unter § 839 alle Hdlgen, die schon aGrd der §§ 823, 826 unerlaubt sind, insb alle Verstöße gg SchutzG, zB Beamte als agent provocateur verleiten zu einer strafb Hdlg (BGH **8**, 83). Schädigt ein Beamter einen Dr in einer gg die guten Sitten verstoßden Art, so tritt die ErsPfl aus AmtsPflVerletzg schon dann ein, wenn er nur fahrl handelt (BGH **LM** (C) Nr 77). Ferner gehört hierher fahrl Verl der allg Pfl, auf Leben, Gesundh u Freih Dritter gebührd Rücks zu nehmen (BGH **LM** (Fc) Nr 15), ebso auf das PersönlkR (BGH **78**, 274). Nachteile, die unbeteil Dr drohen, sind tunlichst gering zu halten; wiegen sie schwerer als die zu beseitigde Gefahr, so hat Einsatz des Machtmittels überh zu unterbleiben (BGH **12**, 206). AmtsPfl eines Beamten, auch außerh des Dienstes jede Gefährdg Dr durch mangelnh Zus seiner Waffe auszuschließen (RG **155**, 367). Verhütg mißbräuchl Benutzg der Waffe (RG **91**, 381); Schreckschüsse (RG **104**, 203). Unterbringg asozialer Elemente ohne gehör Überwachg (BGH **12**, 206); widerrechtl Festhaltg eines Geisteskranken in einer öff Heilanstalt (BGH **LM** (Fc) Nr 15); verspätete Vorführg eines vorl Festgenommenen vor den Richter (RG **135**, 161); unzuläss Haftbefehl (RG **89**, 13); Eingr in eingerichteten u ausgeübten GewBetr (BGH NJW **77**, 1875).

e) Pflicht zum rücksichtsvollen Verhalten ggü jedem Dritten obliegt jedem Beamten (BGH WM **63**, 788), u zwar auch dann, wenn er nur im Allgemeininteresse od im Interesse eines best Dritten tätig wird (BGH **LM** (C) Nr 77). Er hat bei jeder dienstl Tätigk sein Amt sachl und im Einklang mit den Fdgen von Treu und Glauben und guter Sitte zu führen, jedes Mißbrs seiner AmtsGew hat er sich zu enthalten (BGH

973

aaO). Das bedeutet, daß die Machtmittel streng in den Schranken der Amtsausübg gebraucht, daß nachteil Folgen – auch später – soweit wie mögl, behoben werden u daß dabei nicht in den Bereich eines Unbeteil eingegriffen wird (RG **139**, 149). Soweit rechtl zweifelh, ist daher der für den Betroffenen sicherere Weg zu wählen (BGH WM **65**, 1058). Auch AmtsPfl zur Befolgg eines im VerwStreitVerf ergangenen VerpflUrt (BGH **LM** § 75 MRVO (BrZ) 165 Nr 1), wie überh jeder gerichtl Entsch. Der Beamte darf nicht beziehgsl zu dem vorgebrachten Anliegen tät werden, insb nicht sehden Auges zulassen, daß der Bürger Schad erleidet, den zu verhindern er dch einen Hinw in der Lage ist (BGH WM **78**, 37). Dazu gehört auch die **Amtspflicht zu konsequentem Verhalten.** Haben TeilgsGen gem § 21 II BauGB zu einer Bindg in plangsrechtl Hins geführt, besteht die AmtsPfl, diese ges Bindg nicht dch grdlose Ablehng des in Aussicht gestellten ErschließgsVertr i Erg zu unterlaufen (BGH **76**, 343). Erfüll der allg **Verkehrssicherungspflicht** gehört jedenf dann zu den AmtsPfl ggü Dr, wenn Ausübg öff Gew in Frage steht (BGH **42**, 180). And, wenn es sich um Beamte in privatrechtl UnternehmerBetr des Staates handelt (BGH **16**, 114); abw jedoch BGH **LM** (Fa) Nr 3 in bezug auf die FahrdienstVorschr der privatrechtl BBahn.

f) **Anregungen einer Behörde oder ihre Einwirkung auf die formell zuständige Behörde,** best Maßn gg einen Dr zu ergreifen, können AmtsPflVerl sein, wenn unvollst od sonst nicht sachgemäß (BGH NJW **63**, 1199).

g) **Auskünfte** einer Beh können SchadErsAnspr begründen. Es ist AmtsPfl eines Beamten, der die Erteilg v Rat od Ausk übernommen hat, diese richt, klar, unmißverständl u vollst zu erteilen, selbst wenn Pfl zur AuskErteilg nicht bestand (BGH NJW **80**, 2574) od der Beamte zu ihrer Erteilg nicht befugt war (BGH VersR **85**, 492). Etwas and gilt nur dann, wenn die Ausk nach dem G nur von einer best Stelle erteilt werden kann (Kln NJW **55**, 106: ZollAusk). Die AmtsPfl zur Erteilg einer richt, vollständ u unmißverständl Ausk besteht ggü jedem, auf dessen Antr od in dessen Interesse sie erteilt wird (BGH NJW **85**, 1338). Das gilt auch dann, wenn sich die Ausk auf eine künft Entsch od Leistg der Beh bezieht (BGH NJW **70**, 1414: fehlerh Zusage, die von der Beh nicht eingehalten werden kann, BGH WM **86**, 1327: Ausk an Spark über die zu erwarte EnteigngsEntschädig des GrdstEigtümers) od auf einen künft Zust (BGH NJW **78**, 371: Ausk über FertStellg eines U-Bahnbaus, BGH WM **80**, 988: künft bauliche Nutzbark von Grdst). Der Betroffene hat in diesem Falle zu bew, daß ihm Schad inf seines in die RWirksamk der Zusage gesetzten Vertrauens entstanden ist (BGH WM **76**, 98). Vertrauensschutz genießt auch eine TatsAusk, die sich auf die künft Entschließg eines zur Normsetzg berufenen Organs bezieht (BGH Betr **76**, 575: Gemeindebeamter erteilt Ausk über beabsichtigte Änderg des Bebauungsplans). Dabei hat der Geschäd darzulegen, inwiefern die Ausk unricht, unvollst od mißverständl war. Wenn dafür die äußeren Umst sprechen u es sich um Vorgänge im Bereich der Beh handelt, hat sie darzulegen, inwiefern die Ausk trotzdem richt u vollst war (BGH NJW **78**, 371).

h) **Folgenbeseitigung.** IF unricht Sachbehandlg hat der Beamte die Amtspfl, den Beteil die Gelegenh zu geben, ihr Begehren der wirkl RLage anzupassen, außerdem die AmtsPfl, iR des Zumutb die Folgen der bisher unricht Sachbehandlg zu beseitigen u den Bürger bei seinem Bemühen, den rechtl anerk Zustand prakt zu verwirklichen, nach Kräften zu unterstützen (BGH MDR **81**, 915).

i) **Verfahrensfehler.** Ggü AmtshaftgsAnspr aus verfahrensm fehlerh Hdlgen kann nicht geltd gemacht werden, diese hätten bei Beachtg der VerfVorschr rechtsgült vorgenommen werden können (RG **169**, 358). Dagg kann eingewendet werden, der Beamte hätte bei pflgem Verhalten denselben Erfolg herbeiführen müssen (BGH WM **75**, 95).

5) Einem Dritten gegenüber muß die AmtsPfl obliegen, nicht nur ggü der Allgemeinh od der Behörde.

A. Maßgebd ist der Amtskreis des Beamten u die bes Art der zur AmtsPfl gemachten Tätigk, wobei das Hauptgewicht auf den Zweck zu legen ist, dem die AmtsPfl dienen soll (BGH **26**, 232). Danach AmtsPfl einem Dr ggü dann, wenn der Zweck mind auch die **Wahrnehmung der Interessen des einzelnen** ist (BGH NJW **66**, 1456). Den Ggsatz bilden die AmtsPfl, die dem Beamten nur zur Aufrechterhaltg der öff Ordng od nur zum Schutze der Allgemeinh obliegen od die im Interesse des Staates an einer ordnungsgem Amtsführg des Beamten erlassen sind (Ordngsvorschr u AufsVorschr z Regelg des inneren Dienstes). Dabei ist unerhebl, ob dch die Ausübg dieser AmtsPfl mittelb in die Interessen Dr eingegriffen wird (BGH **26**, 232, WM **62**, 529). Daher keine Haftg ggü dem Untern einer Seilbahn, wenn staatl Überwachg unzulängl (BGH NJW **65**, 200). Keine Amtshaftg der LandwBeh wg Verletzg der Vorschr zur Beschrkg des Verk mit landw Grdst (Celle RdL **68**, 242); desgl nicht, wenn Käufer von Geflügel dadch geschädigt wird, daß veterinärpolizeil Maßn gg die Ausbreitg der Hühnerpest unzulängl waren (BGH **LM** (C) Nr 60). Keine Haftg ggü dem Importeur od Abnehmer bei Prüfg der lebensmittelrechtl EinfuhrFähigk ausländ Ware (BGH MDR **72**, 127); nicht, wenn VerwErlasse der nachgeordneten Verw allg eine best GesAuslegg vorschreiben (BGH NJW **71**, 1699). Denn in diesen Fällen ist zwar auch der Geschädigte betroffen, die behördl Maßnahmen dienen aber nur den Interessen der Allgemeinh. – AmtsPflVerletzg ist auch **gegenüber einem Beamten** mögl (BGH **34**, 378 u VersR **83**, 1031). So bei Verstoß gg das Prinzip der Vertraulichk von Personal- u Disziplinarakten; nur unabweisb öff Belange können im EinzFall das GeheimhaltgsInteresse des Beamten überwiegen (BGH NJW **71**, 468). AmtsPfl öffrechtl ArbGeber auch beim Austausch sog besoldgsrechtl VerglMitteilgen ggü dem einz davon betroffenen Besoldgs- od GehaltsEmpf (BGH NJW **84**, 2946). Jedoch kein Anspr auf Anstellg od Beförderg eines Beamten (BGH **21**, 256, DRiZ **69**, 157). Dies schließt aber AmtsPflVerl ggü dem Beamten od versorggsberecht Angehör iR einer Beförderg nicht aus, zB sachwidr, möglicherw auf Organisationsmangel beruhde verzögerl Behandlg bei Aushändigg der ErnennungsUrk (BGH VersR **83**, 1031). Keine AmtsPflVerl durch Ermittlgen, die der Überwachg der VerfTreue eines einzustellden Bewerbers dienen, ohne sachwidr VerfVerzögerg (BGH NJW **79**, 2041). Erhöhte SorgfPfl bei der Prüfg, ob Wartestandsbeamter wieder aktiv werden kann (BGH **23**, 36) u bei EinstellgsPfl (**LM** (Cb) Nr 1). Verletzg der dem Dienstherrn obliegenden **Fürsorgepflicht** (§ 79 BBG) ist idR Verl der schuld-

Einzelne Schuldverhältnisse. 25. Titel: Unerlaubte Handlungen § 839 5, 6

rechtsähnl SonderVerbindg sowie AmtsPflVerl. Für erstgen kommt vertragsähnl SchadErsAnspr entspr §§ 276, 278, 618 III (BGH **43**, 184 unter Aufg der ggteil Meing **29**, 312) in Frage, zuständ die VerwG gem § 126 I BRRG (BVerwG **13**, 17). Für letztgen ist § 839 – für SchmerzG einzige – AnsprGrdlage (BGH VersR **72**, 368). Beide Anspr bestehen in AnsprKonkurrenz unabh nebeneinand (Einf 2 vor § 823). – AmtsPfl der BankAufs mit KWG ggü einz Gläub eines Kreditinstituts (BGH NJW **79**, 1354 u BGH **75**, 120); über KWG als SchutzG vgl § 823 Anm 9 f. AmtsPfl des Zulassgsbeamten, sich den KfzBrief vorlegen zu lassen, besteht nur ggü dem am Kfz dingl Berecht, nicht auch ggü dem, der auf die Verfüggsbefugn des Briefbesitzers vertraut (BGH **10**, 122). Polizei hat auch ggü dem Eigtümer des AmtsPfl, gg Sachbeschädiger einzuschreiten (RG **147**, 144), sowie den Täter zu ermitteln u das Diebesgut sicherzustellen (OGH NJW **51**, 112) und allg strafb Hdlgen zu verhüten (BGH **LM** (Fg) Nr 5); dagg nicht der Staatsanwalt zur Verfolgg strafb Hdlgen ggü dem Geschädigten (RG **154**, 266). Der Staatsanwalt ist dem Beschuldigten ggü verpfl, das Ermittlgs-Verf ordngsgem zu führen (BGH **20**, 178). Der Polizeibeamte, der bei einem Autounfall die Wagennummer nicht feststellt, verletzt auch eine ihm ggü dem VerkOpfer obliegde AmtsPfl (aA KG JW **30**, 1977). Nur eine ihm ggü der Allgemeinh obliegde Pfl verletzt der Registerrichter, der einen Verein nicht zur Anmeldg einer Satzgsänderg anhält (RG HRR **36**, 1348). AmtsPfl, gg SteuerSchu keine unbegründete Steuer zu verlangen (RG **165**, 259), u kein unzul RMittel einzulegen (BGH **21**, 359). Keine AmtsPfl der VersÄmter ggü den VersTrägern bei der Beurkundg u Prüfg von RentenAntr (BGH **26**, 232), desgl nicht des Beamten der UmsiedlgsBeh des Abgabelandes ggü dem Aufnahmeland (BGH **32**, 145; vgl hierzu auch unten B b). AmtsPfl der Gem im Feuerschutz auch ggü dem einz Bürger (BGH **LM** (C) Nr 26). Bauvorschriften als AmtsPfl ggü Nachbarn od aber nur der Allgemeinh vgl § 903 Anm 3 b. AmtsPflVerletzg bei Zulassg neuer Baustoffe (BayObLG **65**, 144). Pfl zur Amtsverschwiegenh (BGH **34**, 186). Hingg verl ein Beamter, der seine Zustdgk überschreitet (vgl Anm 4 b), die einem Dr ggü obliegde AmtsPfl nur dann, wenn er nach der Natur dieser AmtsHdlg verpfl ist, die Interessen auch dieses Dr zu wahren (ähnl BGH NJW **59**, 1316). IR der Staats- u DienstAufs hat die AufsichtsBeh die AmtsPfl ggü dem BeschwFührer, ihn vor gesetzwidr Maßn zu bewahren u für ihre Beseitigg zu sorgen, ggf die Sache an sich zu ziehen u selbst zu entsch (BGH NJW **71**, 1699). AmtsPfl bei Dienstfahrten ggü and VerkTeiln vgl Anm 2 A c aa, bb. AmtsPfl ggü der Allgemeinh zu wahrheitsgem Unterrichtg der Presse, aber auch der Presse u dem einz Journalisten (BGH **14**, 319; aA Bettermann NJW **55**, 97). AmtsPfl dem AntrSt ggü, wahrheitsgem über den Sachstand zu berichten u eine Sachentscheidg alsbald herbeizuführen (BGH **30**, 19, WM **66**, 233: verzögerl Sachbehandlg bei ErmessensEntsch). Bei **Amtsmißbrauch** des Beamten ist jeder dadch Geschäd Dr (BGH Betr **73**, 468).

B. Der Kreis der Dritten ist von der Rspr sehr weit gezogen worden, insb auf dem Gebiet des Beurkundgs- u Grundbuchwesens.

a) Dritter ist jeder, dessen Belange nach der bes Natur des AmtsGesch dch dieses berührt werden u in dessen RKreis dch die AmtsPflVerletzg eingegriffen wird, auch wenn sie dch die Amtsausübg nur mittelb od unbeabsichtigt betroffen od zu einem Eingr in ihre RStellg veranlaßt werden (BGH NJW **66**, 157, Betr **74**, 915, VersR **88**, 963). Der Kreis der geschützten Pers reicht somit über den Kreis der bei einem AmtsGesch unmittelb Beteiligten, zB Prozeßparteien, Zeugen, Sachverst, VertrSchließende, AntrSt in behördl GenVerf (BGH WM **70**, 1252) erhebl hinaus; vgl auch Anm 15 unter Notar. Auch ein and Beamter kann Dr sein; vgl vorstehd unter A. Bei AuskErteilg ist Dr Jeder, auf dessen Antr od in dessen Interesse die Ausk erteilt wird (BGH WM **80**, 1199). Die StiftgsAufs dient auch dem Schutz der **Stiftung** vor ihren eig Organen, deren Versch allerd nach § 254 zu berücksichtigen ist (BGH **68**, 142). – Dr kann auch **eine andere öffentlrechtliche Körperschaft** sein; Voraussetzg hierfür ist, daß auch die Wahrg der Interessen dieser Körpersch zu den AmtsPfl des handelnden Beamten gehört (BGH **32**, 145).

b) Dritter ist nicht, wer nur dch zufäll äußere Umst von der AmtsHdlg betroffen wird (BGH **LM** KonsG Nr 1: zur HilfeleistgsVerpfl nach § 26 KonsG), wie zB die VersGesellsch, die für den Schad haftet, od der Bürge (RG **145**, 56, **147**, 143). SchadErsAnspr bei legislativem Unrecht vgl oben Anm 2 B Abs 1. Regelm auch keine AmtsPfl Dr ggü, Dienststellen hinreichd mit Personal auszustatten (BGH WM **63**, 1104). PersAmt hat aber Dr ggü die AmtsPfl, die vorh Kräfte sachgem einzusetzen (BGH NJW **59**, 575). – Ist eine AmtsPfl nach Art der Tätigk – wie zB auf dem Gebiete des VollstrR – auf einen best PersKreis beschr, so sind and Pers nicht Dr, mögen auch ihre Belange dch spätere Nachwirkgen der AmtsHdlg betroffen werden, RG **147**, 143, Mü NJW **56**, 752. Deshalb begründen zB rein schuldrechtl Beziehgen eines Dr zum VollstrGläub od Schu keine AmtsPfl des GVz diesem Dr ggü, selbst wenn das VollstrVerf einwirkt auf die Abwicklg jener Beziehg ggü den Part (RG **151**, 113). Daher verletzt UrkBeamter, der Rechtskr eines Urt zu Unrecht attestiert, AmtsPfl nur ggü den ProPart, nicht ggü Dritten (BGH **31**, 388). Entspr gilt, wenn VerpflErkl der öffrechtl Körpersch wg Formmangels nichtig ist; eine einem Dr ggü obliegde AmtsPfl kann hiernach nur dann verl sein, wenn dieser in besond Interesse an der RWirksamk der Erkl hat (BGH WM **65**, 718: unzul Ausübg des gesetzl VorkR; vgl § 504 Anm 1). Ebso bestehen für die Träger der VersAufs keine AmtsPfl ggü einz Versicherten od Geschäd (BGH **58**, 96 für KfzPflVers; aA Scholz NJW **72**, 1217). – Der Erbe des Gl eines erst mit seiner Festsetzg vererbl werdden Entschädiggs-Anspr ist nicht Dr (BGH **56**, 251). Dr ist auch nicht der Käufer eines gebrauchten Kfz, dessen ErstZulassg die ZulassgsStelle nicht ermittelt u im KfzBrief falsch eingetragen hat (BGH WM **82**, 213) od bei Zulassg dch TÜV trotz techn Mängel; ebso nicht der Kfz-HaftpflVersicherer bei Verletzg der StrVerkSichgPfl (BGH NJW **73**, 458). Eine Pers, der ggü eine AmtsPfl zu erf ist, muß nicht in allen ihren Belangen Dritter sein (Bsp: BGH NJW **81**, 2345).

c) Einzelfälle vgl Anm 15.

6) Vorsätzlich oder fahrlässig muß die AmtsPflVerl zur Auslösg eines SchadErsAnspr begangen sein. Nicht jede bloß unricht Sachbehandlg hat also ErsPfl zur Folge. Nicht notw ist, daß Vors u Fahrlk sich auch auf die Voraussehbark des Schad beziehen (BGH NJW **65**, 963, WM **69**, 535). **a) Vorsätzlich** handelt der Beamte, der die Tats, die die PflVerl obj ergeben, kennt – also zB sich bewußt über bestehe Vorschr

§ 839 6, 7   2. Buch. 7. Abschnitt. *Thomas*

hinwegsetzt – und sich auch der PflWidrigk bewußt ist (BGH DRiZ **66**, 308), od mind mit der Möglk eines Verstoßes gg AmtsPfl rechnet u gleichwohl handelt (BGH **34**, 381 u VersR **73**, 443). **b) Fahrlässig** handelt der Beamte, der bei Beobachtg der erforderl Sorgf hätte voraussehen müssen, daß er seiner AmtsPfl zuwiderhandelt; desgl, wenn Beamter sich irrigerw für verpfl hält, sich über Vorschr od Weisg hinwegzusetzen (BGH WM **63**, 377). Entschuldb Irrt schließt auch hier Fahrlk aus (BGH WM **65**, 720, § 823 Anm 7 B a). Für den SorgfMaßst kommt es auf die für die Führg des Amtes erforderl R- u VerwKenntn an, die sich der Beamte verschaffen muß (BGH VersR **89**, 184). Eine unricht GAusleg od RAnwendg ist vorwerfb, wenn sie gg den klaren, best, unzweideut Wortlaut einer Vorschr od gg höchstrichterl Rspr verstößt, wobei schon eine einz Entsch Klärg herbeiführen kann (BGH WM **63**, 1104, VersR **89**, 184). Ebso, wenn sich Beamter nicht rechtzeit über GesÄndergen unterrichtet. And dagg, wenn Beamter bei der Auslegg v zweifelh GesBest, zu einer zwar unricht, aber nach gewissenh Prüfg der zu Gebote stehden Hilfsmittel u der vernünft Überlegen gestützten StellgN kommt (BGH WM **75**, 426), bes wenn die Best neu u die Zweifelsfragen noch ungeklärt sind (BGH **36**, 149, VersR **68**, 788); kann danach die GesAnwendg als rechtl vertretb angesehen werden, so ist die spätere Mißbilligg der RAuffassung des Beamten ihm nicht rückschauend als Verssch anzulasten (BGH NJW **68**, 2144). Bei der RAnwendg ist zwar nur eine Lösg richt, aber unterschiedl Lösgen von versch Betrachter können mögl sein, ohne daß sie als pflichtwidr bezeichnet werden können; entsch ist jedenf, daß die maßgebl Norm herangezogen u die Probleme erkannt wurden. RAnwendg ist auch die Auslegg unbest RBegr (BGH NJW **70**, 1543). Auch keine versch Unkenntn des Richters von neuerer, von den führden Erläutergsbüchern abweichder Entsch höchster Gerichte, wenn ihm diese nicht im ordentl GeschGang zugängl gemacht worden ist (RG JW **38**, 947). Hat ein mit mehreren Rechtskund besetztes KollegialGer (unrichtigerw) das Verhalten des Beamten für obj berecht gehalten, so ist im allg Versch des Beamten zu verneinen (BGH **97**, 97 [107]), oRücks darauf, ob diese Entsch vor od nach der AmtsHdlg ergangen ist (BHG **LM** (Fg) Nr 19). Ausn: Wenn das KollegialGer in entscheidden Punkten von einem unricht Sachverh ausgegangen ist od wenn es nicht erschöpfd gewürdigt hat (BGH WM **88**, 1639); wenn es eine eindeut Best handgreifl falsch ausgelegt hat od das Verhalten des Beamten aus and RGründen als der Beamte als obj gerechtf ansieht (BGH NJW **82**, 36) od wenn es sich bei dem beanstandeten Verhalten um eine grdsätzl Maßn zentraler Dienststellen bei Anwendg eines ihnen bes anvertrauten SpezialGes handelt (BGH NJW **71**, 1699); außerd, wenn der Entsch des Ger nur ein summar Verf zGrde liegt (BGH NJW **86**, 2954). – **Arbeitsüberlastung** des Beamten kann unter bes Umst EntschuldiggsGrd sein (BGH WM **63**, 1103), ist aber nicht schlechthin Freibrief (RG HRR **36**, 257). AmtsPflVerl bei ErmessensEntsch Anm 4 c. – EntschädiggsPfl bei rechtsw-schuldloser Ausübg öff Gew vgl Übbl 2, 3 vor § 903.

7) Hilfsweise Haftung tritt nach Abs I S 2 ein, wenn Beamter ledigl fahrl gehandelt hat. Gilt nur für Anspr aus AmtsPflVerl (BGH **6**, 23, NJW **88**, 2946). Keine analoge Anwendg auf die Haftg der Körpersch aus konkurrierder anderweit AnsprGrdlage wie GoA, öffr Verwahrg, Aufopferg (BGH NJW **75**, 207). Die Best wird vielf als antiquiert erachtet, die Rspr nicht fd desh die Tendenz, ihren AnwendgsBereich einzuschränken, indem sie nicht mehr die bloße Möglk anderweit Ers mit dem Ziel einer StaatsEntlastg genügen läßt, und darauf abstellt, ob der ErsAnspr des Verl gg den Dr den Zweck hat, den Schäd endgült auf Kosten des Dr zu entlasten (BGH NJW **78**, 495).

a) Bedeutung. Beamter kann erst in Anspr genommen werden, wenn Verletzter nicht auf and Weise Ers zu erlangen vermag, gleichgült, ob ein and ErsPflichtiger nicht vorh ist od ob aus tats Grden die InanspruchN eines and nicht zum Ziel führt (BGH MDR **59**, 107). So auch, wenn SchmerzG in angem Höhe nur von dem Beamten zu erlangen ist (Stgt NJW **64**, 727). Der selbstliquidierde beamtete Arzt kann sich ggü delikt SchadErsAnspr wg Schäd bei stationärer Behandlg auf nur subsidiäre Haftg berufen (BGH **85**, 393, NJW **86**, 2883), auch wenn sein Patient die Schädigg erst nach Verlegg in and Abteilg des Krankenhauses erleidet (BGH **89**, 263). Nachweis der Unmöglichk anderweiter ErsErlangg gehört zur Klagebe gründg (BGH NJW **64**, 1895). Kläger kann sich jedoch zunächst auf Widerlegg der sich aus dem Sachverhalt selbst ergebben ErsMöglichkeiten, die begründete Aussicht auf bald Verwirklichg bieten, beschränken (BGH WM **69**, 621). Es genügt die Darlegg, daß u wesh die InAnsprN eines Dr keine Aussicht auf Erfolg verspricht, der Bew, daß gg den Dr nicht alle AnsprVoraussetzgen vorliegen, kann nicht verlangt werden (BGH VersR **78**, 252). Sache der Bekl ist es sodann, and ErsMöglichkeiten aufzuzeigen (BGH Betr **69**, 788). Bevor der Ausfall feststeht, ist weder Leistgs- noch Feststellgsklage begr (BGH **4**, 10). Ausn: wenn Dritter nur zu einem best Bruchteil haftet (BGH aaO). Das schließt aber nicht gleichzeit KlErhebg gg Körpersch u Dr aus; mit Abs I S 2 kann die Kl gg die Körpersch dann nicht vorweg abgewiesen werden (BGH VersR **58**, 451, BayObLG **64**, 427, KG OLGZ **69**, 20). Ist die in Anspr genommene Körpersch selbst die ErsPflichtige, so kann sie sich nicht auf die aushilfw Haftg berufen (BGH GrZS **13**, 88: Konkurrenz zw amtspflVerletzg u enteignungsgleichem Eingr). Ebso, soweit sich die Ansprüche der Körpersch aus § 839 u aus §§ 7, 12 StVG decken (BGH **50**, 271). Abs I S 2 ist wg der haftgsrechtl Gleichbehandlg aller VerkTeiln nicht anwendb, wenn ein Amtsträger, auch ein Angehör der StationiergsStreitkräfte bei einer dienstl Fahrt mit einem MilitärKfz (BGH NJW **81**, 681), ohne InAnsprN v SonderR – and bei InAnsprN (BGH **85**, 225) – bei einer Dienstfahrt im allg StrVerk einen VerkUnfall verurs (BGH **68**, 217 im Hinbl auf einen Zweitschädiger; BGH NJW **79**, 1602 im Hinblick auf die ges UnfallVers des Verletzten). Dies gilt auch, sow die Haftgs-Höchstgrenzen des StVG überschritten werden, für SchmerzG u wenn im EinzFall die Körpersch nicht KfzHalter ist; interner Ausgl zw mehreren ErsPfl entspr ihren Verantwortgsanteilen nach § 17 StVG. Ebso ist die Leistg des Kaskoversicherers an den Geschädigten entgg früh Rspr (BGH NJW **47**, 195, **50**, 271) keine anderw ErsLeistg (BGH **85**, 230, Hamm VersR **82**, 795). Der Grds haftgsr Gleichbehandlg gilt auch, Abs I S 2 ist also unanwendb, wenn ein Amtsträger dch Verl der ihm als hoheitl Aufg obliegden StreuPfl einen Fußgänger schuldh verletzt (BGH NJW **81**, 682) od wenn er dch Verl der ihm als hoheitl Aufg obliegden StrVerkSichgPfl u ein KfzFahrer einen VerkUnfall schuldh verurs (BGH NJW **75**, 134). Dagg nur subsidiäre Haftg, wenn ein PolBeamter unter Verletzg seiner AmtsPfl die zuständ Stelle nicht unverzügl von der FunktionsStörg einer LichtampelAnl unterrichtet (BGH **91**, 48). – Die Subsidiarität der Haftg entfällt ferner,

Einzelne Schuldverhältnisse. 25. Titel: Unerlaubte Handlungen § 839 7a–h

wenn sich der anderweit ErsAnspr gg eine and öff-rechtl Körpersch richtet, sofern nur dieser Anspr u der aus Amtshaftg demselben TatsKreis entsprungen ist, da insow von der Einheitlichk der öff Hand auszugehen ist; dabei spielt es keine Rolle, welchem RGrd der and Anspr gg die öff Hand entspringt (BGH NJW **83**, 627). Ebso ist entgg früh Rspr (BGH **49**, 267 u **62**, 394) Anspr gg ges Unfall- u RentenVers nicht als anderweit ErsMöglk anzusehen (BGH **70**, 7, NJW **83**, 2191). Gleiches gilt für Leistgen der ges KrankenVers bei unfallbdgter Krankh jedenf für die Haftg des Staates (BGH **79**, 26). Das gilt für alle Anspr gg Sozial- u priv Vers mit ges FdgsÜbergang, weil eben dieser die HaftgsFolge nicht endgült der Vers zuweist u weil der Zweck des Abs I 2 nicht ist, den Schädiger zu Lasten dch PrämienZahlgen erkaufter Vers u damit zu Lasten aller Versicherten zu entlasten (Stgt VersR **82**, 351 für SozVersRente). Das gilt auch für Anspr gg die priv KrankenVers, denn ihr Zweck ist nicht, dem Staat das HaftgsRisiko abzunehmen (BGH **79**, 36). Das gilt auch iF unsachgem Feuerstättennachschau dch BezSchornsteinfegermeister: Anspr des Geschädigten gg priv FeuerVers ist keine anderweit ErsMöglichk (BGH VersR **83**, 462). Ebso ist Lohnfortzahlg an den verl ArbNehmer nach LFZG kein „Ers", insow die Haftg des Staates also nicht nur subsidiär (Düss WM **74**, 290, BGH **62**, 380). Ferner keine Subsidiarität für die BRep im Verh zur EWG jedenf dann, wenn der EuGH dem Kl aufgegeben hat, ihm eine Entsch der dtschen Ger über seine Klage dErsKl gg die BRep vorzulegen (BGH NJW **72**, 383, nach Köln NJW **68**, 1578 schlechthin). GrdUrt ist zuläss, wenn feststeht, daß eine vorh anderweit ErsMöglichk den Schad nicht zureichd ausgleichen kann (BGH WM **76**, 873). Verletzter muß aber nicht nur die ggwärt Unmöglichk eines anderweiten Ersatzes, sond darüber hinaus auch nachweisen, daß er eine **früher vorhandene Ersatzmöglichkeit** nicht schuldh versäumt hat (BGH WM **65**, 291). Im übr ist auf den Ztpkt der Erhebg der RückgrKlage abzustellen (RG **161**, 118). Nichteinlegg eines RMittels gg ein die ErsMöglichk ablehndes unricht AG-Urt (RG **150**, 323). Nichtbetreiben des OffenbargseidVerf – jetzt: Eidesstattl Vers – (RG HRR **37**, 800). Unterlassg der Pfändg eines AuseinandSAnspr (BGH **LM** (Fi) Nr 5). Keine Berufg auf Aushilfshaftg, wenn geschädigter Mj ErsAnspr gg Vormd hat, aber mangels Bestellg eines Pflegers nicht geltd machen konnte (RG JW **35**, 3530). Hatte Geschädigter keine Kenntn von Entstehg des Schad u dadch anderweite ErsMöglichk versäumt, so schließt dies die HaftPfl des Beamten selbst dann nicht aus, wenn Verletzter den Eintritt des Schad schuldh nicht gekannt hat (RG **145**, 258); wohl aber kann dies für § 254 von Bedeutg sein. Der vertragl HaftgsAusschl eines Dr kann uU argl sein, wenn er zwecks Herbeiführg der Staatshaftg vereinb ist (RG Recht **27**, 31).

b) Rechtsgrundlage anderweitiger Ersatzmöglichkeit kann Vertrag, zB SachVersicherg (BGH WM **77**, 716) oder Ges, zB dtsch SozVers (BGH **70**, 7), sein. Ausn: LebensVers (RG **155**, 186). Daß der SchadErsAnspr des Geschäd auf andere übergeht (§§ 116 SGB X, 67 VVG, 4 LFZG, 87a BBG) steht der Anwendg des Abs I S 2 nicht entgg (Bamb NJW **72**, 689; aA Waldeyer NJW **72**, 1249). Dagst ist Abs I S 2 nicht anwendb auf den RückgrAnspr des SozVersTrägers auf Ers seiner Aufw zum Ausgl des Schad (§§ 640, 641 RVO), der dem verl Versicherten inf einer AmtspflVerl entstanden ist; auch § 254 ist auf diesen RückgrAnspr nicht anwendb (BGH NJW **73**, 1497). And ErsMöglk des Hofinhabers gg seinen Sohn, der ohne sonst Einkommen u Verm als künft Hoferbe auf dem Hof mitarbeitet, kann nicht nach § 850 II ZPO fingiert werden (BGH NJW **79**, 1600). Auch schuldh Versäumg einer nur **tatsächlichen Möglichkeit** von SchadErs hindert Anspr gg Beamten u Staat (BGH NJW **60**, 663: Möglichk der Anfechtg eines Vertr). Es genügt, wenn HaftgsAnspr u ErsAnspr gg Dr demselben TatsKreis entspringen (BGH **31**, 150). Die ErsLeistg des Dr ist, ggf auf verschiedene Arten entstandenen Schadens, anzurechnen (RG **158**, 178). Leistg Dr, auf die kein RAnspr besteht, od die ihrer Natur nach nicht dem Schäd zugute kommen sollen, sind nicht zu berücks (Hamm VersR **69**, 1150). Ein Anspr, der gegen erspfl Dr verfolgt werden müßte, scheidet als and ErsMöglk nur dann aus, wenn die Kl eine etw ZwVollstr im Ausland eine Erschwerg u Verzögerg mit sich bringen würde, die dem Geschäd nicht zumutb sind (BGH NJW **76**, 2074).

c) Klage gegen Dritten. Keine Verpfl des Verl, zunächst gg den Dr zu klagen; er kann die Vorauss der Aushilfshaftg im AmtshaftsProzeß nachweisen (BGH VersR **60**, 663). Unerhebl für Anwendbark der BefreiungsVorschr, ob der ersatzpfl Dr seiners von dem Beamten SchadErs verlangen kann (BGH WM **71**, 802).

d) Auf eine **zukünftige Ersatzmöglichkeit** braucht sich der Verl nicht verweisen zu lassen (BGH WM **65**, 1061), auch nicht auf ErsAnspr, die er erst in einem längeren u schwier Proz durchsetzen kann (BGH WM **63**, 377, RG JW **30**, 1304: langwieriges KonkVerf). Überh muß die Verweisg des Geschädigten auf and ErsMöglichk nach Treu u Glauben zumutb sein. Das gilt jedoch nur den der Ausnutzg tats and ErsMöglichk, nicht etwa gilt § 242 schlechthin (aA Stgt NJW **64**, 728: Unzumutbark der Klage gg den pflichtigen Stiefvater, mißbilligt von BGH NJW **64**, 1898, bes wg des VersSchutzes des Stiefvaters, u von Isele NJW **64**, 728). Demnach begründen Schwierigk der Auslegg ges Vorschr, die für die Frage anderw ErsMöglichk maßg sind, nicht die Voraussetzg des Abs I S 2 (RG **166**, 14).

e) Haben mehrere Beamte fahrl gehandelt, so kann nicht etwa der eine den Verletzten an den d verweisen, da insow ein GesamtschuldVerh nach § 840 I besteht (BGH WM **65**, 1061: VormschRichter u Notar); ebso, wenn mehrere öff Körpersch nebeneinand haften (BGH **13**, 88) od wenn Staat für GBrichter haftet u daneben Notar persönl (BGH WM **60**, 986). And aber, wenn ein Beamter vorsätzl, die and nur fahrl gehandelt haben; die letzteren können sodann den Geschädigten an den vorsätzl Schädiger verweisen.

f) Bei **teilweiser Ersatzmöglichkeit** keine Inanspruchn des Beamten, solange die Höhe des Ausfalles u damit das Fehlen einer and ErsMöglichk nicht ziffernmäß feststeht (RG **137**, 20).

g) Unanwendbar ist Abs I S 2, wenn Beamter, auch Arzt (BGH NJW **88**, 2946), auch aus Vertr haftet; ferner wenn Haftg des Beamten nicht auf § 839, sond ausschließl auf §§ 823, 826 beruht. Erfüllt der Tatbestd sowohl die Voraussetzgen von § 823ff als auch von § 839, so entfällt die Befreiungsmöglichk (BGH **LM** § 823 (Dc) Nr 19). Die ErsPfl aus § 839 geht derjen aus dem EntschädiggsFonds für Schäd aus KfzUnfällen vor (BGH VersR **76**, 885), BewLast s Anm 11.

h) Unzumutbar kann im EinzFall für den Verl die InanspruchN des Dr sein, sodaß die Körpersch sich auf die Subsidiarität ihrer Haftg nicht berufen kann, zB bei Schädigg einer Ehefr dch ihren Ehem u ein Kfz der Körpersch (BGH **61**, 101).

i) Rechtskraftwirkung des Urt, das die Klage gg den Beamten abweist, weil ErsAnspr gg Dr besteht, nur insow, als zZ unbegründet (BGH 37, 377 ff, Anm v Kreft hierzu **LM** (E) Nr 12a). Die Kl kann also wiederholt werden, wenn nachher feststeht, daß ein anderweit ErsAnspr nicht besteht od nicht dchsetzb ist (BGH VersR 73, 443).

8) Richterprivileg des Abs II. Allg s Hagen NJW 70, 1017 mit beachtl Grden für Ausdehg der Staatshaftg auch auf grob fahrl fehlerh Sachbehandlg, soweit dadch zusätzl außergerichtl Kosten verurs werden; realisierb aber wohl erst de lege ferenda. Abs II gilt auch ggü NichtPart (BGH 50, 14; eingeh, auch zu EhrVerl dch Urt Köndgen JZ 79, 246).

a) Spruchrichter sind auch Beisitzer, Schöffen u and ehrenamtl Ri der verschiedenen GerZweige; nicht dagg SchiedsRi; doch wird bei ihrer Bestellg als stillschw VertrBedingg anzunehmen sein, daß sie nicht weiter haften sollen als Ri der ord Gerichtsbark (BGH 42, 313). Schiedsgutachter haften nur sow ihre PflVerletzg dazu führt, daß ihr Gutachten wg offenb Unrichtigk unverbindl ist (BGH 43, 374). Sachverständ vgl § 823 Anm 8 B.

b) Urteil. Entscheidend ist nicht die formale Natur der Entsch, sond ihr materieller Inhalt (BGH NJW 66, 246). Auch Beschlüsse fallen unter Abs II, wenn es sich um richterl Entsch handelt, die ihrem Wesen nach ein Urt sind u die ein durch Klage od Anklage begründetes ProzVerh unter den für ein Urt wesentl ProzVoraussetzgen für die Instanz beenden (BGH aaO in stRspr). Maßg Kriterien sind Notwendk rechtl Gehörs, Begründgzwang, mat RKraftWirkg (BGH 51, 326 [329]). BerichtiggsBeschl gem § 319 ZPO gehört hierher, weil Bestandtl eines Urteils (RG 90, 228) **Urteilscharakter bejaht** für Beschl nach § 91a ZPO (BGH 13, 142); für solche in ErbgesundhSachen (BGH 36, 379); solche, die die Entmündigg wg Geistesschwäche aussprechen, § 645 I ZPO (BGH 46, 106). Beschl der freiw Gerichtsbk, sow sie Streitsachen betreffen (vgl Keidel-Kuntze-Winkler § 12 Rdn 109 ff). Beschl gem § 383 I StPO, der Eröffng des PrivatKlVerf ablehnt (BGH 51, 326, abl Leipold JZ 70, 26: Trend zur Ausdehg des Richterprivilegs), für Beschl des Strafrichters, der Entschädigg nach dem G betr die Entschädigg der im WiederaufnVerf freigesprochenen Pers ablehnt (BGH NJW 71, 1986), EinstellgsBeschl nach § 153 II StPO (BGH 64, 347). – **Urteilscharakter verneint** für Entsch im Arrest- u einstw VfgsVerf dch Beschl (BGH 10, 55 [60]), im ProzKostenhilfeVerf (BGH VersR 84, 77 für das früh Armenrechtsverf), im Vollstr-, insb KonkVerf (BGH NJW 59, 1085), VertrHilfeVerf (BGH **LM** (G) Nr 6), Verf der freiw Gerichtsbark, sow Fürsorgecharakter (BGH NJW 56, 1716); bei vorläuf Entziehg der Fahrerlaubn im StrafVerf nach § 111a StPO (BGH NJW 64, 2402), Entsch im Kostenfestsetzgs Verf (BGH NJW 62, 36, KG NJW 65, 1603), Streitwertbeschluß (BGH 36, 144). – Jedes Versagen bei einem Urteil ist gemeint, gleichgült ob eth od intellektuelles Versagen. – **Bei dem Urteil** heißt nicht „durch" das Urt; darunter fallen also nicht nur Fehler der SachEntsch selbst, sond auch bei Maßn, die darauf gerichtet sind, die Grdlagen für sie zu gewinnen (BGH 50, 14; dazu Steffen, DRiZ 68, 237; BGH VersR 84, 77: differenziert für Festsetzg der Sachverständ-Entschädigg; Düss JMBl NRW 88, 119: ZgLadg trotz EntschuldiggsGrden).

c) Die Unterausnahme nach Abs II S 2 besagt etwas Selbstverständliches. Denn die Verweigerg od Verzögerg eines RiSpruches kann nicht Ggst eines Urt sein. Bei ProzVerzögerg dch überflüss BewErhebg verbleibt es bei S 1 (anders J Blomeyer NJW 77, 557), denn der Fehler ist „bei dem Urt" gemacht (vgl vorsteh b aE) u Abs II will, jedenf auch, die richterl Unabhängigk schützen.

9) Schadensabwendung durch Einlegung eines Rechtsmittels. Schuldh Nichteinlegg ist ein Fall des mitw Versch, der ohne Abwägg gem § 254 (BGH NJW 58, 1532) nach Abs III zum völl HaftgsAusschl führt; kein Widerspr zu Art 34 GG (BGH 28, 104).

a) Rechtsmittel sind alle RBehelfe im weitesten Sinne, die eine Beseitigg od Berichtigg der schädigden Anordng u zugl Abwendg des Schad selbst bezwecken u ermöglichen (BGH VersR 82, 954), also auch forml Erinnergen, Beschw, Widerspr gg Arrest, WiederAufn des Verf (str), Antr auf gerichtl Entsch, Einspruch gg Strafbefehl, Erinnerg nach ZPO § 766, Antr auf Aussetzg der Vollziehg eines Steuerscheids (Mü u BGH WM 84, 1273 u 1276), Widerspr gg Teilgsplan in ZwVerst (RG 166, 255), Einwdgen gg Entsch des Rpflegers, auch Anregg der Eintr eines Amtswiderspr ins GB (RG 138, 114), auch einf Erinnerg an Erledigg eines Antr (BGH 28, 104) od Erinnerg des Not an Eintr der RestKaufPrHyp (Düss MDR 77, 588), auch DAufsBeschw (BGH VersR 86, 575) u GgVorstellg (BGH NJW 74, 639), Verpfl (BGH 15, 312), Untätigk-Klage (BGH WM 63, 841) im VerwGVerf. Die in Frage kommden Maßn müssen sich aber unmittelb gg die AmtsHdlg oder Unterl selbst richten; soweit mehrere Beamte einen Schad verurs haben, muß das RMittel also gg die AmtsHdlg des in Anspr genommenen Beamten einzulegen gewesen sein (BGH NJW 60, 1718). Nicht anwendb ist III, wenn der Betroffene es unterläßt, gg einen VerwAkt, der den Inhalt eines vorher erlassenen u von ihm angefochtenen VerwAkts ledigl wiederholt, erneut ein RMittel einzulegen (BGH 56, 57). Der Rechtsm Begr ist auch bei AmtsPflVerl dch Notar derselbe (BGH NJW 74, 639) – **Nicht zu den Rechtsmitteln gehören selbständige Verfahren,** die zwar einem drohnden Schad begegnen sollen, nicht aber der Überprüfg der beanstandeten AmtsHdlg dienen, zB Einholg eines baurechtl Vorbescheids ggü einer erteilten falschen Ausk (BGH WM 78, 763); Antr auf einstw Einstell der ZwVollstr bei Einlegg der Berufg (RG JW 37, 2038). Unanwendb ist Abs III, solange nicht AmtsPflVerl nicht begangen ist (BGH VersR 82, 953) u wenn die Einlegg des RMittels nicht zur Abwehr der Entsteh des Schad, sond zur Wiedergutmachg bereits entstandenen Schad gedient hätte (RG 150, 328); dafür gilt Abs I S 2. – Zum ordngsgem GebrMachen von einem RMittel gehört, falls ges vorgeschrieben, auch seine Begründg.

b) Schuldhafte Nichteinlegung des RMittels läßt den Anspr entfallen. Es ist im EinzFall auf Bildgsgrad u GeschErfarenh der Beteil Rücks zu nehmen (BGH 28, 104), auch kann der Staatsbürger im allg auf die Richtigk einer amtl Belehrg vertrauen, wenn hiergg nicht gewicht Grde sprechen (BGH WM 63, 841). Im allg kann sich Geschädigter nicht auf RUnkenntn berufen; er muß dann RKund zuziehen. Das bedeutet aber nicht, daß er auch in Verf ohne RAZwang bereits vorsorgl mit Rücks auf möglicherw unricht künft GerMaßn einen RA beauftragen müßte (RG 166, 256). Fahrl handelt im allg, wer die vom GBA od RegGer

Einzelne Schuldverhältnisse. 25. Titel: Unerlaubte Handlungen § 839 9, 10

erhaltene EintrMitteilg nicht auf Richtigk u Vollständigk prüft (BGH WM **58**, 1050). Denn Zweck der Benachrichtigg ist es gerade, eine angem Mitwirkg der Beteil dch Überwachg der GBVorgänge zu ermöglichen. Ist die Geschädigte nicht die Körpersch, so hat diese für Versch eines Beamten hins der Nichteinlegg der RMittels gem § 278 einzustehen, da die Verpfl aus § 839 III eine Verbindlichk ist (RG **138**, 117), ebso der Mj für Versch des ges Vertr, die Partei für Versch des RA (RG **163**, 124). IR betreuender Tätigk auf dem Gebiet der vorsorgden RPflege gem § 24 BNotO kann auch ein Notar ErfGeh eines Beteil ggü der and Part bei Einlegg von RBehelfen sein (BGH WM **84**, 364). **Kein Verschulden,** wenn Bietgswilliger im ZwVerst Verf inf Unkenntn der Vorschr es unterläßt, gg das Unterbleiben des Einzelausgebots (ZVG § 63) Erinnerg einzulegen (RG Recht **16**, 1718), oder wenn ein Gl es unterläßt, gg Teilgsplan bei verwickelter RLage Widerspr zu erheben (RG **166**, 255); ebso nicht bei Unterlassg einer AufsBeschwerde od Erinnerg an Erledigg, wenn die Ann einer Dienstwidrigk nicht dringl naheliegt (BGH WM **63**, 350); ebso nicht die Nichterhebg der verwger VerpflKlage alsbald nach Ablauf der ges Fr (BGH **15**, 312). Eine Part verstößt idR nicht gg die im eig Interesse gebotene Sorgf, wenn sie sich auf die Richtigk einer erstinstanzl GerEntsch verläßt; die Nichteinlegg eines RMittels ist schuldh nur, wenn bes Umst eine Anf als aussichtsreich erscheinen lassen (BGH MDR **85**, 1000).

c) Kausalzusammenhang zw der Nichteinlegg des RMittels u dem Schad, zu beweisen vom Beamten. Hätte der RBehelf den Schad nur teilw abwenden können, so entfällt bei Nichteinlegg der SchadErsAnspr nur zum entspr Tl (BGH NJW **86**, 1924). Kommt es darauf an, wie das Ger od die Beh auf den RBehelf entschieden hätte, ist grdsätzl darauf abzustellen, wie sie nach Auffassg des Ger im AmtsPflProz richtigerw hätten entscheiden müssen. Steht allerd fest, daß GgVorstellg od DAufsBeschw erfolgl geblieben wären, ist ihre Nichteinlegg nicht ursächl für entstandenen Schad (BGH NJW **86**, 1924).

10) Schadenersatz. a) Das **negative Interesse** ist auch hier zu ersetzen (vgl § 823 Anm 12a). Maßg ist also, wie sich die Dinge bei pflichtgem Handeln des Beamten u wie sich in diesem Falle die VermLage des Betroffenen entwickelt hätten (BGH NJW-RR **88**, 1367). Bei unricht Ausk vgl Anm 4g. Die AmtsPflVerl ist für den Schad nicht ursächl, wenn dieser auch bei pflichtgem Handeln des Beamten entstanden wäre (BGH WM **63**, 791: Außenhandelsstelle), zB wenn der Prüfling die Prüfg auch sonst nicht bestanden hätte (BGH NJW **83**, 2241). Nicht ursächl ist die AmtsPflVerl für einen Schad inf von Hdlgen des Betroffenen, wenn er zumutb darauf vertrauen konnte, den Schad allein durch das eingelegte RMittel abzuwenden (MüVersR **89**, 142). Die Grdsätze des AnscheinsBew gelten (BGH WM **65**, 720; vgl auch Anm 11). Wenn ein SchadErsAnspr davon abhängt, wie eine gerichtl od behördl Entsch hypothet ausgefallen wäre, ist darauf abzustellen, wie sie nach Auffassg des über den ErsAnspr urteilden Ger richtigerw hätte getroffen werden müssen (BGH WM **66**, 1248, VersR **81**, 256); vgl näher Vorbem 5 Bk vor § 249. Gilt auch, wenn der Not schuldlos seine AmtsPfl verl hat u der Kläger infolgedessen in einem RStreit unterliegt (BGH NJW **56**, 140). KausalZushang bei ZusWirken von AmtsPflVerletzg von Not u VersteigersRi (RG **145**, 199), zweier Ri (RG **142**, 383).

b) Geldersatz. Im Ggs zum Grds der Naturalrestitution gebietet die öffrechtl Besonderh des SchadErs-Anspr aus AmtsPflVerletzg, diesen auf Geldersatz zu beschränken (BGH (GrZS) **34**, 99, hierzu Kreft **LM** (D) Nr 13, Rupp NJW **61**, 811 u Helle NJW **61**, 1157). Andernfalls würden die ord Ger mit der Verurteilg zur Aufhebg eines schädigden VerwAktes in den ZustdkBereich der VerwGer übergreifen; auch kann allenf von der zust Körpersch, nicht aber von dem Beamten, dessen Amtsführg beanstandet wird, ein best öffrechtl Verhalten gefordert werden. Daher grdsätzl auch kein Anspr gg den Beamten auf Unterl od Widerruf (BGH aaO). Ob ausnahmsw ein solcher Anspr doch gg den Beamten besteht, weil insow eine unvertretb persönl Leistg des Beamten in Rede steht, ist nur aus den Besonderh des EinzFalles zu beantworten. – Es bestehen jedoch keine Bedenken gg Naturalrestitution, die nicht auf Rückgängigmachg des VerwAktes – Herausg der beschlagn Sache –, sond auf Lieferg eines und Ggst von best Art u Beschaffenh od auf vertretb Sachen gerichtet ist (BGH **5**, 102). Ebso kann AuskErteilg u Abg einer eidesstattl Vers zur Vorbereitg eines auf GeldErs gerichteten AmtshaftgsAnspr verlangt werden (BGH **78**, 274). – §§ 843 bis 845 sind anwendb (RG **94**, 102), auch § 847, u zwar auch bei Staatshaftg (BGH **12**, 278). **Vorteilsausgleichung** gilt auch hier (vgl Vorbem 7 vor § 249). Bei Rangverschlechterg einer Hyp führt Anwendg von § 255 zur Verurteilg zur Abtretg der Hyp (RG JW **37**, 1917). Kein Anspr auf Abtretg der SchadErsAnspr gg einen zahlgsunfäh Dr, sie gehen von selbst über (BGH NJW **60**, 240). Für SchadBemessg ist Ztpkt der letzten mdl Verh maßg (RG **142**, 11, ungenau: Ztpkt des Urt). Doch entsteht bei versehentl Eintr eines schlechteren Ranges im GB der Schad sofort, weil dadch die Gefahr eines Ausfalls mit Rückst u die Befriedigg des Gläub gefährdet wird (RG JW **37**, 1917); ebso bei pflichtwidr Auszahlg der Valuta ohne die vereinb dingl Sicherg best Ranges (RG **144**, 80). Schad des Nacherben ist schon dann entstanden, wenn Vorerbe inf unrichtiger Ausstellg des Erbscheins als freier Erbe handeln konnte u mit der Erbsch unwirtsch verfahren ist (RG **139**, 343).

c) Kosten als Teil des Schadens. Zu dem Schad gehören alle nicht von einem Dr zu erstattde Kosten, die zur zweckentspr RVerfolgg aufgewandt werden mußten (BGH **21**, 361, **30**, 154), daher insb die Kosten eines VorProz gg einen Dr, der weg Abs I S 2 auf ErsLeistg zunächst in Anspr genommen werden mußte (BGH NJW **56**, 57).

d) § 254 ist anwendb, wenn die ErsPfl nicht nach § 839 III ausgeschl ist (BGH NJW **65**, 962 u VersR **85**, 358). Da der Verl im allg auf die RMäßigkeit der AmtsHdlg vertrauen darf, handelt er nur dann vorwerfb, wenn er nicht das ihm zumutb Maß an Aufmerksamk u Sorgf bei der Besorgg seiner eig Angelegenh aufgewendet hat (BGH VersR **59**, 233). Er ist jedoch darü hinaus auch gehalten, iR des Zumutb alles zur Vermeidg von Schwierigk zu veranlassen u daher ggf zu einem berichtigden Hinweis verpfl (BGH NJW **64**, 195). Auf die Richtigk einer gerichtl Entsch kann sich die Partei idR verlassen, Nichteinlegg eines RBehelfs ist nur dann schuldh, wenn bes Umst die Anfechtg als aussichtsreich erscheinen lassen (BGH VersR **85**, 358). Fällt dem Beamten Vors zur Last, so kommt demggü bloße Fahrlk des Geschädigten regelm nicht in Betr (vgl § 254 Anm 4b). Desgl nicht, wenn auch die zust Beamten nicht erkannt haben, wie zweckmäßigerw vorzugehen ist (BGH **15**, 315). – Mündel muß gg sich gelten lassen, daß Vormd drohden Schad nicht abgewendet od gemindert hat, § 254 II (BGH **LM** § 254 (Ea) Nr 10). Hingg keine Anrechng des schuldh Verhaltens des Vormds, wenn dieser eig Interessen wahrnahm u daher das Mündel gar nicht vertreten konnte (BGH 33, 136: Unterschlagg von Mündelgeldern).

e) Drittschadensliquidation kommt bei AmtsPflVerl regelm nicht in Betr (Hamm NJW **70**, 1793).

f) Mehrere Ersatzpflichtige haften nach § 840 I, im InnenVerh nach § 426, Sonderfall § 841.

11) Beweislast. A. Geschädigter hat zu beweisen: **a)** schuldh AmtsPflVerletzg – also auch, daß Beamter hoheitl u nicht fiskal tät gewesen ist (Schneider NJW **66**, 1263; über den AnscheinsBew in diesen Fällen oben Anm 2 A c bb) u hierdch entstandenen Schad (BGH NJW **62**, 1768). Sow eine tats Vermutg od tats Wahrscheinlichk für einen erfahrgsgem Ablauf besteht, kann der Geschäd sich darauf beschränken, die AmtsPflVerl u die nachfolge Schädigg zu beweisen; Sache des Beamten ist es sodann, die Vermutg des ursächl Zushangs seinerseits auszuräumen (BGH NJW **83**, 2241). Benenng des schuld Beamten, wenn fehlsames Verhalten der Beh feststeht, vgl Anm 3. Bei KollegialGer muß Geschäd auch beweisen, daß der etwa persönl in Anspr Genommene der Entschg zugestimmt hat; uU Vernehmg der Ri über die Abstimmg (RG **89**, 13), keine Vermutg für die Einstimmigk des Kollegiums. – **b)** Bei fahrl PflVerletzg: daß er auf and Weise Ers nicht erlangen kann, ggf eine früh ErsMöglichk ohne Versch versäumt hat (vgl Anm 7). – **c)** Im Fall des II: Nachw, daß die PflVerletzg in einer Straftat besteht. – **d)** Dieselben Grdsätze gelten auch, wenn Anspr auf Verl der FürsPfl gestützt wird (BGH **LM** (Fd) Nr 12).

B. Der Beamte hat zu beweisen: **a)** daß Geschädigter schuldh RMitteleinlegg versäumt hat; **b)** daß die an sich gegebene Widerrechtlichk aus bes Gründen ausgeschl ist.

12) Verhältnis zu anderen Bestimmungen. a) Verh zu §§ 7, 17, 18 **StVG** vgl Anm 2 C u Anm 7 a. – **b)** § 79 **BBG**, FürsPfl der Beh ggü ihrem Beamten, Anm 5 A. – **c)** Über § 46 **BeamtVG** – Begrenzg der Anspr des Beamten bei DienstUnfall – vgl Einf 2 d vor § 823. Hierdch wird nicht ausgeschl, daß die Anspr des Beamten auf UnfallFürs u -Versorgg auch auf Verletzg der FürsPfl gestützt werden können (BGH **43**, 178). – Über Rückgr einer öff Verwg gg eine ande BGH **LM** § 151 BBG Nr 1. – **d)** §§ 636, 637 **RVO** (vgl dazu auch § 611 Anm 14a) schließen Anspr des verl Angehör des öff Dienstes auf Ers v PersSchäd gg seinen für den Unfall verantwortl öffrechtl Dienstherrn nach § 839 außer den in § 636 RVO genannten Fällen aus; ebso für Kindergärten, Schüler, Berufsschüler, Studenten. Dabei ist der Begr „Teiln am alg Verk" relativ zu verstehen (BGH **64**, 201), dh nach dem Verhältnis des verl öffrechtl Bediensteten zum Schädiger, nicht nach seinem internen Verhältn zur eig Verw. – **e)** Verh zu §§ 734 ff **HGB**, Art 7 EG HGB (RG **113**, 301, **151**, 271 und BGH **3**, 321: ZusStoß mit einem Kriegsschiff). – **f)** Verh zum **BEG**. Spezialregel (§ 8); Anspr aus AmtsPflVerletzt gg Bund u Länder (nicht gg Gemeinden u -körperschaften, § 8 II BEG) ausgeschl. Auch kein SchmerzG, da auch Anspr hierauf echter SchadErsAnspr ist (BGH **7**, 223; aA BGH **12**, 278 zur älteren Fassg des BEG). Das gilt auch dann, wenn das LandesR Anspr aus Amtshaftg neben solchen aus dem EntschG zuläßt; denn der Vorbeh zG weitergehder entschädiggsrechtl Anspr nach LandesR (§ 228 II) greift nicht Platz, weil Anspr aus Amtshaftg eben nicht ein solcher des EntschädiggsR ist (BGH **12**, 10). – **g)** Verhältn zur **Enteignung** u zum **enteignungsgleichen Eingriff:** Anspr bestehen selbständ nebeneinander (BGH (GrZS) **13**, 88); das gleiche gilt für EntschädiggsAnspr aus § 77 BLG (BGH NJW **66**, 881). – **h)** Anspr der VersorggsBerech von Bund und Ländern nach **BVersG** §§ 81, 81a und § 91a **SoldVersG** vgl Einf 2 d vor § 823. Anspr gg Dritte, auch gg JP des öff Rechts, insb aus unerl Hdlg, auch AmtsPflVerletzg, sind hierdch jedoch nicht ausgeschl (BGH **LM** § 81 BVG Nr 2). – **i)** AmtshaftgsAnspr werden durch **LAG** u **AKG** nicht berührt (BGH WM **64**, 704), desgl nicht dch Anspr nach der **Menschenrechtskonvention** v 4. 11. 50 (BGH **45**, 30, 46, 58). – **k)** SchadErsAnspr aGrd öffrechtl Verh nach den RGedanken der §§ 276, 278 vgl § 276 Anm 8. – **l)** Soweit mit der Erf einer öffrechtl Pfl zugl das privatrechtl Gesch eines Dr besorgt wird, bleiben §§ 680, 677 ohne die Einschränkg in § 839 I 2 anwendb (BGH **63**, 167). – **m) Haftg aus § 839 u § 823** kann grdsätzl nicht zutreffen. Ausn nur, wenn das best Verhalten eines Beamten als eine in Ausübg eines öffentl Amtes begangene AmtsPflVerl u zugleich als uH innerh des bürgerlrechtl GeschKreises des öffentl Dienstherrn darstellen kann (BGH VersR **83**, 638). – **n)** Im **Flurbereinigungsverfahren** kann ein Teiln nicht von der Anfechtg ihn belastder rwidr Maßn absehen u sich auf StaatshaftgsAnspr beschränken (BGH **98**, 85). – **o)** § 44 IV **SGB X** schließt Anspr aus § 839 nicht aus (BGH VersR **89**, 747).

13) Bindung der Zivilgerichte an verwaltungsgerichtliche Vorentscheidungen. Ist im VerwStreit-Verf auf AnfKlage ein VerwAkt rechtskr aufgeh worden, so steht die RWidrigk dieses VerwAkts auch für die ZivGer im Verf über den SchadErs wg Fehlerhaftigk dieses VerwAkts fest (BGH **9**, 332, **20**, 281, WM **75**, 426). Ebso ist das ZivGer an ein verwgerichtl FeststellgsUrt iR seiner RKraftwirkg gebunden (BGH VersR **81**, 256). Dagg kann das ZivGer einen ohne verwaltungsger Entsch bestandskräft VerwAkt als rechtswidr qualifizieren (BGH VersR **85**, 492).

14) Rückgriff des Staates gegen den Beamten gem Art 34 S 2 GG nur bei vorsätzl od grob fahrl Verhalten, das sich nur auf die AmtsPflVerl, nicht auch auf den UrsZushang zw dieser u dem entstandenen Schad erstrecken muß (BayObLG VersR **84**, 990). Gilt auch für Rückgr gg Soldaten, § 24 II SoldatenG (vgl hierzu Haeger NJW **60**, 799) u für den gg den Dienstleistden nach § 34 ZDG v 16. 7. 65, BGBl 984. Rückgr auch zul, wenn der Staat dem Verl – wie etwa dem verl Beamten – sowohl aus beamtenrechtl UnfallFürs wie auch aus AmtsPfl Verl ersatzpflichtig geworden ist (BGH NJW **63**, 2168). RGrdlage für Rückgr gg Nichtbeamten, für den aber Amtshaftg besteht, ist nicht Art 34 GG, sondern VertrVerh, mangels eines solchen der allg RSatz, daß bei schuldh rechtsw ZuwiderHdlg gg öff- od privatrechtl Pfl diese sich in Verpfl zum Ausgl des dem Berecht dadch entstandenen Schad verwandelt (RG **165**, 334). Rückgr auch gg Nichtbeamten ausgeschl, wenn dieser nicht fahrl gehandelt hat (RG **165**, 333). – Beamter hat keine RAnspr, bei Rückgr nur nach Maßg seiner wirtsch Verh herangezogen zu werden; insow nur verwaltgsmäß BilligkRücksichten (RG **163**, 89). Über die Zulässigk der Haftgsminderg nach den Grdsätzen der gefahrgeneigten Arb vgl § 611 Anm 14 b. Ggü dem Rückgr kann Beamter einwenden, daß den Staat insofern MitVersch treffe, als er der

Einzelne Schuldverhältnisse. 25. Titel: Unerlaubte Handlungen § 839 14, 15

dienstl Überlastg trotz Vorstellgen nicht abgeholfen habe, vorausgesetzt jedoch, daß wirkl Überlastg das Versehen mitverursacht hat (RG HRR **36**, 257; vgl auch Anm 6). Niemals kann § 839 selbst RückgrGrdlage sein (RG **165**, 332). – **Zuständig** für die Geltdmachg des RückgrAnspr aus Amtshaftg im hoheitl Tätigkbereich sind gem Art 34 S 3 GG die ZivGer (MüKo/Papier Rdn 320, RGRK/Kreft Rdn 136), einschl des Anspr auf Erstattg der Kosten, die der AnstellgsKörpersch dch den AmtshaftsProz entstanden sind (BayObLG VersR **84**, 990). Für eig SchadErsAnspr, die nicht RückgrAnspr sind, zB wenn ein Beamter schuldh BehEigt verl, sind die VerwGer zust, §§ 40 I VwGO, 126 I BRRG); außerdem kann der öffrechtl Dienstherr einen LeistgsBescheid erlassen (MüKo/Papier Rdn 319).

15) Einzelfälle von Pflichtverletzungen (alphabetisch geordnet, nur bei größeren Abschn neuer Abs):
Abwasserbeseitigung. Für Fehler beim Betrieb einer solchen Anlage kann die Gemeinde aGrd eines öffentlrechtl SchuldVerh oder aGrd Amtshaftg zu SchadErs verpfl sein (BGH NJW **84**, 615, Kln VersR **85**, 867).
Amtsvormund. Pfl zum Abschl einer HaftPflVers zG des Mdls nur unter Umst (Hamm VersR **82**, 77); Pfl zur Überprüfg des NachlWertes bei Anerk des Pflichtteilsanspr des Mündels (BGH MDR **83**, 1080). Ausnahmsw AmtsPfl auch ggü VertrPartner, mit dem er über ArbVertr zG des Mündels verhandelt (BGH **100**, 313: Hinw auf krankh Neigg des Mündels zur Brandstiftg). **Arbeitsamt.** Zuweisg eines Arbeiters ohne Führerschein eines Kraftfahrers (BGH **31**, 126: PflVerl ggü dem ArbGeber); mangelnde RücksNahme auf den GesundhZustand des Arbeitslosen (BGH **AP** Nr 2). Der ArbGeber ist nicht Dr, wenn das ArbAmt die Vorauss für die Gewährg von Kurzarbeiterged prüft (BGH MDR **72**, 492). Unterl Belehrg (Karlsr VersR **79**, 944).
Arzt. Amtsarzt. Der selbst liquidierde beamtete Arzt haftet für Schäd aus Behandlgsfehlern bei stationärer Behandlg nach § 839 (BGH **85**, 393, **89**, 263, auch Abs I S 2 anwendb). Falsches Gutachten über Dienstfähigk (BGH **LM** (Fc) Nr 2); unricht Zeugn über Eigng einer Pers zum Schwimm-Meister in öff Schwimmbad (Düss VersR **70**, 1058). Verletzg der Kontroll- u AufsichtsPfl in bezug auf priv KrankenAnst (BGH **LM** (Fe) Nr 42). Impfarzt muß sich vor Wiederimpfg vom Erfolg der ersten Impfg überzeugen (BGH VersR **68**, 987). **Vertrauensarzt**, falsches Gutachten über Krankh; für ihn haftet LandesVersAnstalt (BGH MDR **78**, 736); Pfl des Vertrauensarztes ggü KassenMitgl zur sorgf, sachgem Untersuchg (BGH VersR **78**, 252), auch Nachuntersuchg eines RentenEmpf im Auftr des VersorggsAmts (BGH NJW **61**, 969). Fehlerh Begutachtg eines VersorggEmpf (BGH **LM** § 81 BVG Nr 2). Fehlerh Feststellg der ArbFähigk (BGH NJW **68**, 2293). **Anstaltsarzt.** Widerrechtl Festhaltg eines Geisteskranken in einer öff Heilanstalt (BGH **LM** (Fc) Nr 15, BayObLG **80**, 114). **Amtstierarzt** im Tuberkulose-BekämpfgsVerf (BGH **LM** (Fc) Nr 6, 7). **Ausgleichsamt** vgl „Lastenausgleich". **Auskünfte** vgl Anm 4g. **Ausschreibungen** vgl unter „Prüfgsausschuß". Behördl Betätigg in der **Außenhandelswirtschaft** (s auch unter „Einfuhrverfahren") regelm nicht fiskalisch, sond hoheitl Tätigk (BGH WM **63**, 788).
Autobahnverwaltung. WarnPfl vor langsam auf der Überholspur fahrden ArbFahrz (BGH **LM** (Ca) Nr 11); dazu genügt bei unbehinderter Sicht Rundumleuchte u rot-weiße Warnstreifen am Fahrz (Düss VersR **69**, 356).
Bankaufsicht. Aufg des BAufsAmts bestehen nur im öff Interesse, § 6 III KWG; die fr Rspr ist überholt.
Baubehörde. Zusfassd über Amtshaftg bei Fehlern im Bauleitplan in im BauGenVerf Kröner ZfBR **84**, 20, Nierwetberg BauR **84**, 114). AmtsPfl der BauBeh, das Baugesuch im Einklang mit dem gelten R gewissenh, förderl u sachdienl zu behandeln u zu bescheiden u dabei jede vermeidb Schädigg des AntrSt zu unterlassen. Die BauGen muß erteilt werden, wenn keine bes im Ges vorgesehenen VersaggsGrde vorliegen, andernf AmtsPflVerl (BGH **39**, 358 [364]). Ebso wenn die Baubeh die Erteilg der Gen an unzuläss Bdggen knüpft od sie mit den AntrSt belastden NebenBest versieht, ohne daß dafür die rechtl Vorauss vorliegen (BGH VersR **86**, 683). SchadErsAnspr des Bauherrn bei erteilter BauGen hängt davon ab, ob er in den Schutzweck der verl Best einbezogen ist; verneint bei stat Berechngsfehler dch Prüfg für Baustatik (BGH **39**, 358); bej – aber nicht ggü dem BauUntern (BGH NJW **80**, 2578) – bei widerrechtl erteilter BauGen (BGH **60**, 117, BGH VersR **89**, 184; bej bei Anordng der sofort Vollziehbark einer rwidr BauGen, aber Wegfall des Anspr, wenn der Bauherr weiß, daß ein Nachbar gg die Gen (einen später erfolgreichen) Widerspr eingelegt hat, er aber vorreilig mit dem Bau beginnt (Kblz u BGH NJW **85**, 265); bejaht bei Aufstellg eines fehlerh BebaugsPlanes u Erteilg einer darauf beruhden BauGen für ein WohnbauVorh in einem Plangebiet, das wg beträchtl GesundhGef weitghd unbebaub u unbewohnb ist (BGH NJW **89**, 976: ehem Mülldeponie); verneint ggü dem Nachbarn, wenn die RWidrigk der BauGen nicht auf der Verletzg solcher baurechtl Vorschr beruht, die nachbarschützden Charakter haben (BGH **86**, 356); verneint ggü dem Eigtümer bei sachl unricht Vorbescheid auf Antr eines nicht antragsberecht Bauwilligen (BGH WM **83**, 628). Wer im Vertrauen auf die Richtigk eines ihm pflwidr erteilten, von Anfang an fehlerh Vorbescheids (BebaugsGen) Aufw für den Erwerb vermeintl Baugeländes macht, kann deren Ers verlangen, wenn später die Bebaug aus Grden scheitert, die schon zur Versagg des Bescheids hätten führen müssen (BGH **105**, 52). Rückn eines rwidr erteilten Vorbescheids ist rmäß, das Ger hat aber im AmtsHaftgsProz des Kl, der die Rückn für rwidr hält, auch zu prüfen, ob sich der AmtsHaftgsAnspr aus dem Erlaß des Vorbescheids herleiten läßt (BGH WM **87**, 568). MitVersch des Bauherrn, wenn er wg gewpolizeil od bauordngsr Bedenken u sachl Widerstände der Nachb Zweifel am endgült Bestand der BauGen haben mußte (BGH NJW **75**, 1968). BauGen für Garage an einer in vorl Bebauungs Plan eingezeichneten Str ist keine PflVerl, auch wenn die Str später nicht gebaut wird (Nürnb MDR **69**, 842). Pfl zu Hinw an AntrSt od Kreisbauamt im BauGenVerf, wenn sich die Verh inf eines EntwässergsPlanes geändert haben (Hamm BB **74**, 391: Höhenlage des Erdgeschosses). Pfl zum Hinw an AnstrSt auf Bedenken gg Gültigk der BaustufenOrdng (BGH MDR **78**, 296), PflVerletzg dch behördeninterne fakt Zurückstellg (BGH WM **72**, 743). PflVerl der Gem ggü dem Bauwerber, uU auch ggü einem am Verf formell nicht Beteil (bej BGH **93**, 87; verneint BGH VersR **86**, 95), wenn sie das nach § 36 I BauGB erforderl Einvernehmen versagt, obwohl das BauVorh nach den §§ 33–35 BauGB zuläss ist (BGH **65**, 182); dies auch dann, wenn sich später herausstellt, daß das

981

§ 839 15　　　　　　　　　　　　　　　　　　　　　　　2. Buch. 7. Abschnitt. *Thomas*

Einvernehmen nicht erfdl war (BGH NJW **80**, 387). PflVerl der BauBeh, die die Erteilg einer BauGen mit der Verpfl des AntrSt zu einem GeldBeitr für die Schaffg öffentl Parkplätze koppelt, die ohne Auswirkg auf das BauVorh sind (BGH NJW **79**, 642) od die sie nicht errichtet (BGH NJW **83**, 2823). Aus der Pfl der BauBeh zu konsequentem Verhalten aGrd der Erteilg einer früh BauGen läßt sich keine Pfl zur Gen eines mit der mat Baurechtslage nicht in Einklang stehden u auch vom überwirkden Bestandsschutz nicht gedeckten ErweitergsBaus herleiten (BGH WM **85**, 142). Pfl der Gem, bei Plang ihrer Ver- u EntsorggsLeistgen auf die Bauleitplang Rücks zu nehmen (BGH VersR **80**, 650). Anspr auf Ers von Aufw im Vertrauen auf eine rechtsw erteilte TeilsGenehmigg (BGH **92**, 302), Anspr des Nachb auf SchadErs gg die BauBeh bei Verletzg nachbschützder Normen vgl Timmermann, Der baurechtl Nachbarschutz (1969) §§ 2, 12 u § 903 Anm 3 b. Den Amtsträgern einer Gemeinde obliegen iR der plangsrechtlAbwägg nach § 1 VI BauGB ggü einem Planbetroffenen grdsätzl nur dann drittgerichtete AmtsPfl, wenn das Gebot der RücksNahme zG des Betroffenen drittschützde Wirkg hat (BGH **92**, 34). **Beamte.** Entsch über seine RBeziehgs zu seiner Beh (Entlassg, Beförderg usw) darf nicht and Stellen übertr werden (BGH **15**, 185). Beamter ist zu hören, bevor für ihn ungünst Schlüsse aus einem Sachverhalt gezogen werden (BGH **22**, 258). **Betriebsprüfer der AOK.** Keine AmtsPfl, den BetrInhaber vor Überzahlgen oder Nachfdgen zu schützen; AmtsMißbr dch Verschleierg eig Unregelmäßigk iR einer Nebentätigk für den geprüften Betr (BGH VersR **85**, 281). **Bezirksschornsteinfegermeister** übt öff Gew aus, soweit es sich um die Wahrnehmung hoheitl Aufgaben in der Feuerschau u der BauAufs handelt; iü, so insb bei KehrArb, privatrechtl Tätigk (Hamm NJW **72**, 2088). Für Schad aus hoheitl Tätigk haftet der BezSchornsteinfegermeister als Gebührenbeamter (vgl Anm 2 A a cc) selbst (BGH **62**, 372). **Binnenschiffahrt.** Pfl bei der Verwaltg des Abwrackfonds (§§ 32e, b BSchVG) bestehen nur im Interesse der Allgemeinh, nicht auch zum Schutz der Schiffahrt Treibden (BGH NJW **84**, 2220). **Bundesbank.** Rwidr Heranziehg zur BardepotPfl (BGH NJW **79**, 2097). **Bundesregierung.** Öffrechtl Pfl ggü Außenhandelsberatern (BGH NJW **67**, 1662). **Bundeswehr.** Erteilg von Befehlen u Disziplinarstrafen währd des Verf auf Anerkenng als Kriegsdienstverweigerer u bis zur Entlassg wg Wehrdienstuntauglichk sind keine PflVerl (Hamm NJW **69**, 1388 mit Anm Kreutzer). Die Verpfl militär Aufsichtspers, die vorschriftswidr Benutzg von DienstKfz im öffentl StrVerk zu verhindern, besteht auch ggü gefährdeten VerkTeiln (BGH VersR **83**, 638).

Deichunterhaltungspflicht vgl § 823 Anm 8 B. **Demonstration.** ErmSpielraum der Polizei bei Einschreiten (Celle NdsRpfl **71**, 64). **Deutsches Rotes Kreuz.** Wahrnehmg gemeinnütz Aufg innerh des normalen TätigkBereiches ist keine Ausübg hoheitl Gew (Ffm VersR **73**, 1124). **Dienstherr** ggü dem Beamten. FürsPflVerletzg dch mangelnd eines 60jähr unvorbereiteten Beamten binnen 2 Tagen in eine entfernte Stadt (Br OLGZ **70**, 458). **Drehbrücke** (BGH Warn **77**, 171).

Einfuhrverfahren. Bei wirtschaftslenkden Maßn ist gerecht u unparteiisch zu verfahren; Waffengleichh für alle Bewerber. Vertrauen in die Beständigk behördl Maßn darf nicht mißachtet w (BGH WM **66**, 799). **Eisenbahn.** BBahn privatrechtl Betr, daher pers Haftg des Beamten nach § 839, nicht Hoheitshaftg der BBahn nach Art 34 GG, Anm 2 c, 3 a. Versehen bei Abstempelg od Herausg von Duplikatsfrachtbriefen (BGH NJW **52**, 1211). Nah- u Fernbedieng von Schranken (BGH **LM** (Fa) Nr 2). Über FahrdienstVorschr u allg über VerkSichgsPfl Anm 4 e. Vgl hierzu auch § 823 Anm 8 B unter „Eisenbahn". **EWG,** Marktorganisation für Milch u MilchErzeugn. Die wahrzunehmden nationalen Kontroll- u ÜberwachgsPfl dienen nicht zum Schutze Dritter (BGH NJW **87**, 585).

Fahndung, öffentliche: Die Beh muß den Grds der Verhältnismäßigk beachten, so Schwere der Straftat, entscheidde Bedeutg der öff Fahndg für ihre Aufklärg, erhebl Tatverdacht des Beschuldigten, Schwere seiner Beeinträchtigg, VorhSein weniger einschneidder Mittel (Hbg GRUR **79**, 72 u NJW **80**, 842). **Fernsehanstalt:** Die Veranstaltg von Sendgen ist Aufg der öff Gewalt. Die Anst übt desh insow eine Tätigk der öff Verw aus, nimmt sie aber weitgehd mit privrechtl Mitteln wahr. Im Einzelfall kann die Ausstrahlg aber auch Ausübg hoheitl Gewalt sein, die Anst unterliegt dann der Haftg nach § 839, Art 34 GG (BVerfG **14**, 121, BGH NJW **62**, 1295). Ausübg öff Gewalt ist eine Sendg in ZusArb mit den ErmittlgsBeh zu Zwecken der kriminalpoliz Ermittlg od Fahndg. In solchen Fällen ist auch Aufbereitg in einer für das Publikum interessanten Form ohne Verl der Pfl zur Wahrh u Sachlichk zul (Mü NJW **70**, 1745 mit Anm Schmidt NJW **70**, 2026 im Ergebn zust, aber keine Ausübg hoheitl Gewalt; ebso Ffm NJW **71**, 47, Fette NJW **71**, 2210, dagg Buri NJW **71**, 468, NJW **72**, 705). Sonst bei Verl des PersönlkR zivrechtl Haftg. Vgl auch § 823 Anm 14 D b, F.

Feuerwehr. Hydrant muß so bezeichnet sein, daß seine schnelle Auffindbark gesichert ist (BGH **LM** (C) Nr 26). Tätigk in der freiw Feuerwehr als öff Gew (BGH MDR **59**, 107, BayObLG **70**, 216); aber geringere Anfordergen an die Pfl der Mitgl dieser Feuerwehr (Celle NJW **60**, 676). Unfallrettgswagen (BGH **37**, 337); Fahrt des Feuerwehrwagens zur Überprüfg dch TÜV (Oldbg NJW **73**, 1199, abl Butz NJW **73**, 1803). ÜbgsFahrten als Ausübg öff Gew, als fiskal Tätigk jedoch den des Ankaufs u der Erprobg von Fahrz (BGH MDR **62**, 803). Transport von Blutkonserven kann Ausübg hoheitl Gew sein (BGH VersR **71**, 864). **Finanzbeamter** vgl Steuerbeamter. **Fluglotsen.** Haftg der BRep ggü GewBetr, die sich auf das ungestörte Funktionieren der FlugSicherg in ihrer betriebl Plang eingerichtet hatten, für Schäd inf Bummelstreiks (BGH **69**, 129 u **76**, 387). **Flugverkehr** s Luftverkehr. **Forstamt.** AmtsPfl ggü der Gem als Eigtümerin, bei der Gestattg der Holzabfuhr aus dem Wald die Berechtigg des Käufers zu prüfen (Ffm NJW-RR **87**, 1056). **Förster** bei Tötg eines wildernden Hundes (RG **155**, 338).

Geistlicher. Haftg des kath Bistums für unricht Lebensbescheinigg (Düss NJW **69**, 1350). S auch Kirchl Beamte.

Gemeinde. Öffrechtl Pfl im Feuerschutz auch ggü dem einz Bürger (BGH **LM** (C) Nr 26); Pfl, in den Grenzen der LeistgsFähigk die notw LöschwasserversorgsAnl bereitzustellen (BayObLG **86**, 398). Pfl im öff BauR auch ggü dem Nachb § 903 Anm 3 b. PflVerl bei Zulassg neuer Baustoffe (BayObLG **65**, 144). Haftg für PflVerl bei Aufn von Nottestament (BGH NJW **56**, 260, Nürnb OLGZ **65**, 157). Pfl nach § 5 GaststättenG Auflagen zu verfügen (BGH NJW **59**, 767). Fehler bei amtl Schätzg zwecks GrdstBeleihg (RG JW **38**,

Einzelne Schuldverhältnisse. 25. Titel: Unerlaubte Handlungen   § 839 15

47); ungerechtf Einziehg des Sparkassenguth eines Beamten durch Bürgerm (RG JW **36**, 2396). Abwässerbeseitigg, Beschädigg von VersorggsLeitgen (BGH VersR **67**, 859), StellgN im BauGenVerf (BGH VersR **76**, 1038). Erteilg einer unricht Ausk über Tragfähigk des BauGrdst (BGH Betr **77**, 301), über künft bauliche Nutzbark (BGH NJW **80**, 2576). Verffehlerh Bauleitplang kann SchadErsAnspr begründen (Degenhart NJW **81**, 2666). Keine Pfl ggü dem Träger der ges KrankenVers, dessen Interesse an einer Vermeidg nicht rückforderb Krankengeldüberzahlgen wahrzunehmen (BGH VersR **77**, 765). Unterlassener Hinw an Bauwerber auf Bedenken gg Gültigk einer städt BaustufenOrdng u unterlassene Unterrichtg der Bediensteten v solchen Bedenken (BGH MDR **78**, 296). Kein ErsAnspr für Aufw im Vertrauen auf einen Bebauungsplan, der nichtig ist, weil er entgg § 8 II BauGB nicht aus einem FlächenNutzgsPlan entwickelt wurde (BGH **84**, 292). AmtsPfl ggü gemeinnütz WoBauUntern beim Vollzug des WoBindG (BGH WM **83**, 1157). Haftg der Gem für PflVerl der Mitgl des Umleggs- (BGH NJW **81**, 2122) od eines VerwAusschusses (BGH WM **65**, 719), des GemRats (BGH WM **78**, 1252, Saarbr VersR **88**, 520: BebaugsPlan, Verpfl zur Kennzeichng von Flächen, bei denen bes baul Vorkehrgen erforderl sind, auch im Interesse des einz GrdstEigtümers). Pfl des Gutachterausschusses nach § 192 BauGB zur Erstellg eines richt VerkGutachtens auch ggü dem GrdstEigter (BGH WM **82**, 617). Vgl auch Baubehörde, Feuerwehr, Meldebehörde, Polizei sowie über die StrVerkSichPfl der Gem § 823 Anm 8 B Straßen.

Gerichtsvollzieher. BenachrichtiggsPfl von Versteigerstermin u Zwangsräumg (RG **147**, 136; BGH **7**, 287). Haftg insow auch ggü Dr (RG JW **31**, 2427). **Zwangsvollstreckung:** Verzöger (RG **79**, 241). Nichtbeachtg der Frist v ZPO § 798 (RG **125**, 286). Pfändg unpfändb Sachen unter Freilassg der pfändb (RG **72**, 181); ungenügde Kenntlichmachg der Pfändg (BGH NJW **59**, 1775: Pfl ggü dem Schu); Versteigerer eines Kfz ohne Sicherstell des Briefes (aA Hbg MDR **54**, 431). Unterlassg v Abwehrmaßn bei Gefährdg der Befriedigg des Gläub (RG **161**, 115). Belassg der Pfandstücke im Gewahrs des Schu trotz Gefährdg der Anspr des Gläub (BGH MDR **59**, 282, Hbg MDR **67**, 763: Kfz). In der Versteigerg ist „anderer" jeder, dessen Recht verl wird, zB der Bieter (BGH BB **57**, 163). Ausübg öff Gew auch bei freiwill Verst §§ 1228 ff (RG **144**, 262). Auszahlg des Versteigererlöses trotz Kenntn von bevorstehender Einstellg der ZwVollstr zG des Vermieters (RG **87**, 294), trotz Streites der Beteil (RG HRR **31**, 220). Abführg des Versteigerungserlöses vor Übergg der Sache an Ersteher (RG **153**, 257). Haftg bei EmpfangN von Geld zur Hinterlegg (RG HRR **33**, 372). Nichtausführg der Weisg des Gläub, den beim Schu eingezogenen Betr an einen Dr zu zahlen, keine Haftg ggü dem Dr (RG **151**, 113). Nichtversteigerer trotz Verlangens des Gläub (RG **137**, 153). Fehler bei Wechselprotest, bei Zwangsräumg, bei gewalts Öffng von Türen (§ 758 II ZPO, BGH BB **57**, 163). **Zustelldienst:** persönl Ausübg erforderl, RG JW **34**, 34, aber auch RG HRR **35**, 734; Niederlegg bei Postanstalt statt Ersatzzustellg (RG **87**, 412, bedenkl, da dem GVz schwerl ein Vorwurf daraus zu machen ist, daß er die Vorauss der ErsZustellg nicht als gegeben erachtete); Nichtüberwachg der Postzustellg bei Eilauftr (RG **91**, 179). Pfl bei Erledigg eilbedürft Auftr (Vorpfändg), auch wenn bes Eilvermerk fehlt (RG JW **38**, 1452). Bei Zweifeln über Auslegg eines PfändgsBeschl muß GVz sich an VollstreckgsG wenden (RG HRR **31**, 220).

Geschäftsstelle. ObhutsPfl bei Verwahrg von Sachen ggü Einlieferer u Eigtümer. Gerichtl **Geschäftsverteilung** u BesetzgsPlan dient auch den Interessen der RSuchenden (BGH VersR **78**, 460).

Gesundheitsamt. Fehler in der Trinkwasserversorgg (BGH BB **57**, 277). Organisator Maßn, um Errichtg von Testamenten in öff Krankenhäusern zu gewährleisten (BGH NJW **58**, 2167). Kontrolle der Nachuntersuchg Tuberkuloseverdächt (BGH LM (Fc) Nr 12). AmtsPfl der chem Untersuchgsämter als Kontrollorgane der öff GesundhAufs u -Fürs (BGH LM (Fc) Nr 19). Unberecht öff Warng vor best Prod eines best Herstellers von Lebensmitteln als verdorben (LG Stgt NJW **89**, 2257). SchulgesundhPflege dch Überwachg ansteckd erkrankter Lehrer od Schüler (BGH VersR **69**, 237). Überprüfg eines Schwimmeisters wg seiner Eigng für öff BadeAnst (DüssVersR **70**, 1058). FürsPfl des ärztl Leiters einer Blutsammelstelle ggü dem Blutspender, sow aus der Blutentnahme Gefahren erwachsen (BGH NJW **72**, 1512).

Grundbuchamt. Nichtberücksichtigg von unerled EintrAntr bei Ausk über Belastg (Warn **37**, 69). Versäumte MittPfl von Eintr (RG JW **30**, 1063). BelehrgsPfl (RG **169**, 320). Zurückweisg eines Antr auf Eintr einer AuflVormkg wg Nichtzahlg des Kostenvorschusses, ohne vorher auch dem Begünstigten als weiteren KostenSchu Gelegenh zur Einzahlg zu geben (BGH WM **81**, 1357). Haftg bei Eintr einer Hyp vor Erledigg eines früher eingegangenen Antr (RG **60**, 392), bei Weglassg einer Hyp iF der Übertr von Belastgen auf ein abzuschreibdes Trennstück (RG **138**, 114); bei Eintr des Vorerben ohne das Recht der Nacherben zu vermerken, Haftg auch ggü späteren Käufern des Grdst (RG **151**, 395). Bei Nichtbeachtg von § 7 I GrdstVG Haftg auch ggü dem, die auf die Richtigk des GB vertrauen (RG **155**, 255). Bei fehlerh Nichteintr einer EigtümerGrdSchu ist auch der Zessionar Dr, nicht geschützt ist aber seine Aussicht, eine FremdGrdSchu kr guten Gl an die unricht Eintr einer matrechtl nicht bestehdn EigtümerGrdSchu zu erwerben (BGH NJW **86**, 1687; krit Foerste JuS **88**, 261).

Hafenlotse in Hamb übt bei seinen naut Maßn keine hoheitl Gewalt aus (BGH **50**, 350). – **Hauptfürsorgestelle.** AmtsPfl ggü ArbG u schwerbehindertem ArbN, vor Erteilg der Zustimmg zur Künd deren Vorauss hinreichd zu ermitteln (Kln VersR **89**, 748). **Heil- u Pflegeanstalt.** Zw ihr u dem gg seinen Willen Eingewiesenen besteht öffrechtl Verh mit der Pfl, den Eingewiesenen vor Schad zu bewahren (BGH NJW **71**, 1881). Es ist im EinzFall abzuwägen, welches Maß an BeweggsFreih dem Kranken im Interesse seiner Heilg gewährt werden kann, ohne ihn selbst u and zu gefährden (Stgt Just **75**, 228). Verletzg der Pfl zur Beaufsichtigg von Patienten, die sich freiwill od mit Einverständn ihres ges Vertr in einer offenen öffrechtl getragenen psychiatr Klinik befinden, beurt sich privrechtl, nicht nach § 839 (BGB VersR **84**, 460).

Angeh v **Hilfsorganisationen**, die zur Katastrophenabwehr von staatl Organen herangezogen werden, üben hoheitl Gewalt aus; es haftet der Staat (Düss VersR **71**, 185). Vgl auch „Feuerwehr". **Hochschulinstitut**, das als Prüfstelle dem Herst von Haushaltsgeräten aGrd eines privatr Vertr eine Prüfbescheinigg nach MaschSchG erteilt, wird nicht hoheitl tät (BGH NJW **78**, 2548). **Hochwasserschutz** ist als Daseinsvorsorge hoheitl Aufg, näml zumutb Schutz von möglicherw betroffenen Anliegern (Celle VersR **89**, 484), auch

983

NichtMitgl eines Wasser- u Bodenverbandes, (BGH **54**, 165). Dagg ist die GewässerUnterhaltg privr Aufg (BGH JR **76**, 478). Bei DchFührg von StrBauMaßn sind die Erfordern des Hochwasserschutzes zu beachten (BGH Vers **74**, 365). Pfl des WasserWirtschaftsVerbandes auch ggü Bauunternehmen, das im gefährdeten Gebiet Arb dchführt (Karlsr VersR **75**, 59).

Jagdbehörde. Die waldbaul und forstwirtschaftl Belange haben Vorrang vor den Hege- und Abschuß-Vorschr des BJagdG; die fehlerh Festsetzg von Abschußplänen kann eine AmtsPflVerl ggü dem WaldEigtümer darstellen (BGH **91**, 243). **Jugendamt.** Überwachg des Vormundes u Pflegers (BGH **33**, 136); vgl Anm 10d. Aufs bei Kindererholgsfahrt (Düss VersR **79**, 942). **Juristische Personen des öffentlichen Rechts** sind im Verh zueinand Dritte nur, wenn sie bei Erledigg des DienstGesch, bei der die AmtsPflVerl geschehen ist, widerstreitde Interessen verfolgen, nicht dagg, wenn sie gleichsinnig zuwirken (BGH MDR **87**, 387: Austausch von VerglMitteilgen).

Kanalisation. Haftg der Gem für Überschwemmung inf ungenügder Kapazität (Düss VersR **82**, 857). AmtsPfl des **Katasterbeamten,** dem Grdbuchamt zutreffende Mitteilgen zu machen (RG **148**, 375, HRR **42**, 550). **Katastrophenschutz** ist hoheitl Aufg (Ffm VersR **73**, 1124). Haftg auch für herangezogene Hilfsorganisation (BGH **20**, 290, Düss VersR **71**, 185). **Kassenärztliche Vereinigung,** AmtsPfl der rechtsetzden Organe ggü den Mitgl (BGH **81**, 21). **Kirchliche Beamte** (BGH **22**, 383, VersR **61**, 437). **Kläranlage.** AmtsPfl ggü Nachb zur Einhaltg nachbarschützder Auflagen in einem betriebsbezogenen PlanfeststellgsBeschluß (BGH **97**, 97). **Konsuln** (BGH **LM** KonsularG Nr 1). **Kommunalaufsicht.** Pfl ggü Gem zur Wahrg ihrer Belange u zur Bewahrg vor Schad (RG **118**, 94). **Kraftfahrzeugbenutzung** Anm 2 Ac. Vgl auch unter StrVerkAmt. **Krankenhaus.** AmtsPfl der Bediensteten einer PflegeAnst, für sichere Fenster des BeruhiggsRaumes im 3. Stock zu sorgen (BGH VersR **87**, 985). Vgl GesundhAmt u Anm 2 Ac, Einf 2a cc vor § 611. **Krankenkasse** (Leiter) bei sachwidr Behandlg ärztl Gutachtens (RG **165**, 102). **Kreistag** (BGH **11**, 197).

Landrat, Vernachlässigg der Überwachg ortspolizeil Maßn für VerkSicherh (BGH NJW **52**, 1214). **Lehrer.** Vgl auch unter „Schulen". Überschreitg des Züchtiggsrechts (BGH DRiZ **66**, 308: Irrtum über die Grenzen dieses Rechts; Zweibr NJW **74**, 1772: Überschreitg nach Anlaß, Zweck, Maß); AufsPfl bei Schulausflug auch ggü and, der beim Spiel der Kinder verl wird (BGH **28**, 297). Pfl der Schulleitg, dafür zu sorgen, daß tuberkuloseverdächt Lehrer Kinder nicht gefährdet (RG JW **36**, 860). Dch das G über die UnfallVers für Studenten, Schüler u Kinder in Kindergärten (BGBl **71**, 237) sind Amts HaftgsAnspr, die aus Schulunfällen abgeleitet werden könnten, ausgeschl, §§ 539 I Nr 14b, 635, 637 RVO (Celle VersR **74**, 747). **Luftverkehr.** Die Aufgaben der LuftAufs (Luftpolizei, Flugleitg) sind hoheitl Natur u werden von den Ländern im Auftr des Bundes wahrgenommen, sow sie nicht der BAnst für Flugsicherg od dem LuftfahrtBAmt übertr sind (Karlsr VersR **69**, 547). AmtsPfl der LuftfahrtBeh, sich bei der Prüfg der GenVorauss für ein Drachenflugexperiment eines Sachverst zu bedienen (BGH VRS **73**, 432).

Marktordnung. Kontroll- u ÜberwachgsPfl iR der gemeins Marktorganisation für Milch u -Erzeugn der EWG dienen nicht dem Schutz der am WirtschVerk teilnehmden Unternehmen (BGH WM **86**, 1528). **Meldebehörde.** Unrichtt AufenthBescheinigg, ausgestellt zum Nachw der anspruchbegründden Voraussetzgen nach den EntschädiggsG (BGH **LM** (C) Nr 56: AmtsPfl auch ggü dem Land).

Naturschutzbehörden. AmtsPfl, VerkTeiln gg die Gefahren zu schützen, die von einem eingetragenen Naturdenkmal ausgehen (BGH **LM** RNatSchG Nr 3).

Nord-Ostsee-Kanal. Verwaltg Ausübg öff Gewalt (RG **105**, 99, BGH **35**, 111).

Notar. Lit: Rinsche, Die Haftg des RA u des N, 3. Aufl 89. **a) Rechtsstellung.** Der N ist nicht Beamter, sond unabhäng Träger eines öff Amtes, § 1 BNotO; und die in OLGBez Karlsr u die württ BezirksN, für die die BNotO gem deren §§ 114, 115 nicht gilt (Keidel-Kuntze-Winkler Tl B § 64 BeurkG Rdn 1). IR betreuender Tätigk auf dem Gebiet vorsorgder RPflege (§ 24 BNotO) kann ein N ErfGeh eines Beteil sein (BGH NJW **84**, 1748).

b) Persönliche Haftung. Der N haftet für AmtsPflVerl pers nach § 19 BNotO. Mögl ist Staatshaftg wg mangelnder Dienstaufsicht (BGH **35**, 44). G gilt nicht für die württemberg BezN (§ 114) u die bad N (§ 115); insow bleibt es bei der landesges Regelg. Der N kann seine Haftg grdsätzl nicht ausschließen, weil er Träger eines öff Amtes ist (aA für sog disponible AmtsPfl Rossatz VersR **85**, 1121). **Notarvertreter,** auch Assessor als Vertr, haftet neben dem Not als GesSchu, im InnenVerh allein, § 46 BNotO. **Notarassessor** (§ 19 II BNotO) haftet bei selbständ Erledigg eines Gesch nach §§ 23, 24 BNotO wie der N. Bei Übertr zur selbständ Erledigg haftet N als GesSchu mit, im InnenVerh der Assessor allein.

c) Haftungsvoraussetzungen. aa) Verletzung einer Amtspflicht, also obj Verstoß gg eine AmtsPfl. Vgl dazu Anm d. Rechtmäß Alternativverhalten vor Vorbem 5 C g vor § 249. **bb) Einem Dritten gegenüber** muß die AmtsPfl bestehen. Das sind die AuftrG u alle Pers, deren vermögensr Interessen dch das AmtsGesch berührt werden können (BGH **56**, 26: Organ einer jur Pers bei VertrAbschl dch diese), insb solche, die aus dem beurk RGesch Rechte erwerben sollen (BGH NJW **66**, 157), auch unmittelb Beteil, die im eig Interesse bei der not Beurk anwesd sind (BGH BB **82**, 334). N haftet daher auch den ges Erben, die erbrechtl Anspr hätten geltd machen können, wenn der Widerruf einer wechselbezügl Vfg eines gemschaftl Testaments wirks gewesen wäre (BGH **31**, 5). AmtsPfl des Not bei Beurk des Angeb zur Aufhebg eines ErbVertr ohne gleichzeit Anwesenh beider VertrPart auch ggü demjen, dem die Aufhebg zugute käme (BGH WM **82**, 615). N, der Bestellg eines GrdPfR beurk hat, muß die Bank, die bei ihm nicht der Sicherh des GrdPfdR anfragt, auf ihm bekannten NachEVermerk im GB hinweisen (BGH WM **69**, 621). Auf den **Auftraggeber** stellt § 19 ab in bezug auf die Gesch nach §§ 23, 24 (Verwahrg von WertGgständen [für den N im OLG-Bez Karlsr git G v 20. 7. 62, BaWü GBl 73]; Betreuung u Beratg der Beteil); die weitergehe betruede BelehrgsPfl besteht nur ggü den Pers, die seine Amtstätigk in Anspr nehmen, nicht ggü einem nur mittelb Beteiligten (BGH NJW **66**, 158, BB **69**, 294). – Vgl auch Anm d. **cc) Vorsätzlich** handelt der N, der die Tats, die die PflVerl obj ergeben, kennt u sich der PflWidrigk bewußt ist (BGH DRiZ **66**, 308) od zumindest mit der Möglichk eines Verstoßes rechnet u gleichwohl handelt (BGH **34**, 381, VersR **73**, 443).

Einzelne Schuldverhältnisse. 25. Titel: Unerlaubte Handlungen § 839 15

dd) Außerachtlassung der den Umständen nach gebotenen Sorgfalt. Maßgebd ist die Eigenart der not Tätigk, zu verlangen die spezif Sorgf eines erfahrenen, pflbewußten Not mit den zur Führg des Amtes erforderl Kenntn (BGH **LM** § 839 (Fi) Nr 28).

d) Amtspflichten des Notars: BeurkG §§ 10 ff regeln ie, was in den Aufgabenkreis des N fällt. Dch die Beurk eines Gesch, an dem er selbst mat beteil ist (§ 3 I Nr 1 BeurkG) verletzt der N seine AmtsPfl (BGH **NJW** 85, 2027). – **aa) Umfassende Prüfungs- und Belehrungspflicht** (§§ 10–12, 17–21 BeurkG); vgl Hill, Die Rspr des BGH zur BelehrgsPfl der Not, WM 82, 890: **1.** Bei der **Beurkundung** u bei VertrEntw, auch wenn der Vertr dann nicht beurk, sond schriftl abgeschl wird (BGH VersR 72, 1049) hat der N klar zu formulieren (BGH KTS 82, 441), so daß Irrt u Zweifel vermieden, unerfahrene u ungewandte Beteil nicht benachteiligt werden. Sorgfält Ermittlg des Will der Beteil; möglichst umfassde Aufklärg des Sachverhalts (BGH **NJW** 87, 1266), eig Entsch, welche Unterlagen von Bedeutg sein können, Pfl, diese pers zur Kenntn zu nehmen und bei Errichtg der Urk zu berücks (BGH **NJW** 89, 586). Belehrg der Beteil über die rechtl Auswirkgen des Gesch u unzweideut Wiedergabe der Erkl in der Niederschr (§ 17). Hinw auf VorkR (§ 20). Sichere Formulierg des BebauungsZwecks im GrdstKaufVertr iF des § 19 II Nr 1 BauGB u Belehrg über Bedeutg des Negativattests (BGH **NJW** 81, 451). Bei mehreren rechtl GestaltgsMöglichkten des Vertr Hinw auf die am wenigsten schadenträcht (BGH Betr 76, 817); der N muß den zur Erreichg des erstrebten Zieles sichersten u gefahrlosesten Weg wählen (BGH WM 77, 1259). Hinw, falls UnbedenklichkBescheinigg des FinAmts für die Eintr im GB od HandelsReg erforderl ist, § 19. Auch Pfl des N, beurkundete Erkl unverzügl bei dem GB od RegGer einzureichen (RG **JW** 33, 1055 u 1766); Versäumg der Unterschr (BGH 17, 69). N hat iR der vorsorgden RPflege die Beteil über außerh eines zu beurkundden Vorgangs liegde Umst zu belehren, dh auf jede einem RKund erkennb Gefahr hinzuweisen, wenn besondere Umst vermuten lassen, einem Beteil drohe ein Schad u der Beteil sei sich dessen, namentl wg mangelnder Kenntn der Rechtslage, nicht oder nicht voll bewußt (BGH 58, 343 [348]; ähnl BB 82, 334). So Belehrg über die Gef, die mit einer VorleistgsPfl eines Beteil verbunden sind (BGH **NJW** 89, 102), zB VorausZahlg auf den KaufPr vor Löschg einer nicht vom Käufer übernommenen Belastg (GlobalHyp, BGH Betr 67, 727), Hinw auf Gef der Zahlg der Valuta vor Eintr des sichernden GrdPfdR (BGH WM 60, 890); Belehrg über Gef bei Übern einer nicht voll valutierten Hyp dch Käufer (BGH VersR 78, 60), über Möglichk einer Sichg dch Aufl-Vormkg (BGH **NJW** 89, 102, Schlesw NJW 72, 2001 u NJW 73, 334), über Vorrang früh gestellter EintrAntr vor AuflVormkg (BGH VersR 69, 422). Der N muß darauf hinwirken, daß im Vertr die Rückzahlg des KaufPr iF vorbehaltenen Rücktr des Käufers von der Bewillig der Löschg der eingetragenen AuflVormkg abhäng gemacht wird (BGH **NJW** 88, 1143). Belehrg über ges od im GB eingetragenes vertragl VorkRecht u seine Bedeutg; die Pers des VorkBerecht braucht der N nicht zu benennen (BGH VersR 84, 537). Wg Pfl zur Unparteilichk darf der N nicht zG eines Beteil Sichgen vorschlagen, die im Widerspr zum erkennb Will eines and Beteil stehen u nicht wg prakt undurchführb Sichg eines Beteil vom VertrSchluß abraten (BGH NJW-RR 87, 84). Grdsätzl keine Pfl des N, den Beteil steuerrechtl Belehrgen zu erteilen. And, wenn aGrd bes Umst Anlaß zu der Besorgn besteht, daß sich ein Beteil wg mangelnder Kenntn der RLage einer Gefährdg seiner Interessen nicht bewußt ist (BGH VersR 83, 181), zB Pfl zur Belehrg über Entstehg der GrdrEwerbsteuer bei Erwerb aller GeschAnteile einer GmbH (BGH BB 71, 724), über Gef der Versteuerg eines SpekulationsGew (BGH **NJW** 89, 586); sonst nur unter bes Umst BelehrgsPfl über entstehde GrdErwerbsteuerPfl od wegfallde GrdErwerbsteuerVergünstigg (BGH **NJW** 80, 2472). Keine Pfl des N zur Ermittlg bes Umst, aus denen sich eine SteuerPfl ergeben könnte, auch nicht bei der Einsichtnahme in das GB (BGH **NJW** 85, 1225). Jedenf Pfl zu richt Ausk auf Frage, zB nach EinkSteuer (BGH VersR 83, 181), nach Spekulationssteuer (Hamm VersR 81, 361); über Gefahren bei Zahlg des Kaufpr vor vormschgerichtl Gen des GrdstKaufVertr (BGH **NJW** 19, 5); Hinw auf Bestehen u RWirkgen des § 1365, falls nicht seine Anwendbk nach Familien- u Güterstd od VermVerh von vorneherein ausscheidet; Nachforschgen muß N nur anstellen, wenn konkr AnhaltsPkte dafür vorh sind, daß das Grdst nahezu das ganze Verm des Veräußerers darstellt (BGH **NJW** 75, 1270). Belehrg über Fortdauer der Haftg von Miterben bei AuseinandS (RG DNotZ 36, 627); Verweisg auf den rechtl unbedenkl Weg, auch wenn dieser kostspieliger (BGH WM 66, 377). Pfl zum Hinw auf rechtl Bedenken gg die Wirksamk eines Test, dem die Berufg eines Schlußerben in einem früh gmschaftl Test entggsteht, uU auch dem Schlußerben ggü (BGH WM 74, 172). BelehrgsPfl bei Beurkundg eines GesellschVertr über den Ztpkt der Entstehg der Gesellsch (BGH **LM** § 21 RNotO Nr 8); über Haftg des übernehmdn Gters iF der Umwandlg einer GmbH nach §§ 24, 25 UmwG für Verbindlichkten (Karlsr VersR 82, 197). Sow eine BelehrgsPfl besteht, setzt sie der SchweigePfl des N Grenzen u geht ihr vor (BGH VersR 73, 443). **Keine Belehrungspflicht** über Zuverlässig u Zahlgsfähig des Kreditnehmers od eines Beteil (BGH **NJW** 67, 931) od über die Gefahren der von den VertrPart vereinb Bestellg eines TrHänders (BGH **LM** (Ff) Nr 2). BelehrgsPfl über die **wirtschaftlichen Folgen** des Vertr, die nicht auf rechtl, sond rein tats Umst beruhen, grdsätzl nicht (BGH **NJW** 67, 931); ausnahmsw dann, wenn der N aGrd bes Umst Anlaß zu der Vermut haben muß, einem Beteil drohe Schad u Beteil sei sich, vor allem wg mangelnder Kenntn der RLage, der Gefahr nicht od nicht voll bewußt (BGH **NJW** 75, 2016). Auch keine BelehrgsPfl über eine anfallde UmsatzSt (BGH BB 71, 724) od GrdErwerbSt (BGH VersR 79, 185). § 254 anwendb, wenn Verletzter den N ungenügd unterrichtet hat (BGH WM 59, 1112). – **2.** Bei **Beglaubigung** von Unterschr beschr sich PrüfgsPfl des N darauf, ob er tät werden darf (keine Mitwirkg bei erkennb unerl od unredl Hdlgen, § 14 II BNotO; Ausübg des Amtes ausgeschl, § 16). Im übr keine Prüfgs- u BelehrgsPfl, so denn, daß insow bes Auftr erteilt worden ist. – **3.** Bei Ausstellg einer **Bestätigung** hat der N wahr zu bezeugen u einen falschen Anschein, zB dch Unvollständigk zu vermeiden (BGH Betr 72, 1672). Dazu hat er den zGrde liegdn Sachverh zu ermitteln, die rechtl Schlußfolgergen zu ziehen u das Ergebn in einer Schriftstück niederzulegen (BGH WM 85, 1109). **Sonstige Betreuung** der Beteil. AmtsPfl des beglaubigend N, bei Beratg über den Entw einer privschriftl Urk auf die Formbedürftigk von Vereinbgen hinzuweisen (BGH VersR 84, 946). – **bb) Einzelpflichten: 1. Identitätsprüfung.** Bei Beurk u Beglaubigg ist diese Prüfg bes sorgfält vorzunehmen, §§ 10, 40 BeurkG. **2. Prüfung der Geschäftsfähigkeit.** Bei schwer erkrankten Pers hat N bei der Beurk von RGesch Tats der Erkrankg u seine Feststellg

985

§ 839 15 2. Buch. 7. Abschnitt. *Thomas*

über die GeschFgk in der Niederschr anzugeben, § 11. **3. Prüfung der Vertretungsmacht und der Verfügungsbefugnis** bei der Beurk von RGesch, Erörterg von Bedenken, uU Ablehng der Beurk bei fehlder Vollm u Aussichtslosigk der Gen (BGH WM 88, 545). **4. Prüfung der Genehmigungsbedürftigkeit** eines zu beurkddken Gesch. Hinw auf die Notwendigk ger od behördl Gen (BGH WM 66, 1248) u Vermerk über Hinw in der Niederschr, auch wenn die GenBedürftigk zweifelh ist, § 18. **5. Pflicht zur Grundbucheinsicht.** N hat sich zu vergewissern, ob die Beteil das GB eingesehen haben; notf Belehrg hierü (§ 21). N hat vor der Auflassg od Bestellg od Übertr eines grdstücksgleichen Rechts das GB einzusehen (Ffm VersR 85, 768); dazu gehört auch die Einsichtn in die EintrBewilligg, auf die Bezug genommen worden ist (RG Seuff A 88, 56). Die Beteil können den N von dieser Verpflichtg befreien; sodann entspr Vermerk in der Niederschr, § 21. **6. Prüfung der Echtheit** der dem N übergebenen WertP (RG 114, 295). **7. Vollzugspflicht** (§ 53 BeurkG). Einreich einer VormkgsBewilligg darf nicht dem Makler überlassen werden (Hamb MDR 69, 842). **8. Vollzugsüberwachung** durch den N nur dann, wenn vereinb od im Einzelfall dch bes Umst erforderl (BGH VersR 69, 902). Prüfg der Zustellg durch den GVz, wenn wechselbezügl Vfg eines gemschaftl Testaments widerrufen (BGH 31, 5). In diesem Rahmen. **9. Bei Auszahlung von Treuhandgeld** hat der N sich an die erteilten Weisgen zu halten (BGH NJW 87, 3201), i ü grdsl nur die formellen Voraussz zu prüfen, die Auszahlg aber ausnahmsw zu verweigern, wenn ihm erkennb ist, daß die hinterlegde Part dadch geschäd werden kann (BGH VersR 78, 247). SchadErsPfl des N bei pflichtwidr Auszahlg einer KaufPrRate (BGH WM 85, 832). Pfl des N, EinlösgsZusage einer Bank für einen Scheck auf ihre OrdngsMäßigk zu überprüfen (BGH WM 82, 452). **10. Zur Befolgung von Weisungen** ist der N verpfl, zB Einreich einer Anmeldg zum HReg bis zu einem best Termin aus steuerl Grden (BGH NJW 83, 1801). – **cc) Organisation des Bürobetriebs** so, daß RSuchde vor Schad bewahrt bleiben (RG 162, 24: RAusk dch Bürovorsteher).

e) Die **Subsidiarität der Haftung** (vgl Anm 7) gilt nicht – also PrimärHaftg des N ggü dem AuftrG – bei den AmtsGesch der Verwahrg u der vorsorgden RPflege gem §§ 23, 24 BNotO, wenn er sie selbständ, also nicht nur in Verbindg mit einer Beurk vornimmt. Zu den letzten gehören treuhänd Aufbewahrg u Auszahlg des GrdstKaufpr u vorherige zusätzl BetreuungsAufg (BGH NJW 85, 2028).

f) Der **Schadenersatz** ist nach der Vorschr der u H zu leisten, so daß auch VermSchad erfaßt ist. Verj nach § 852 (vgl dort insb Anm 2b). Bei Verl einer AmtsPfl keine Haftg für Hilfskräfte nach § 278 (BGH NJW 76, 847). Im Falle der §§ 23, 24 BNotO (vgl vorstehd Anm e) kann bei N, der zugl RA ist, zweifelh sein, in welcher Funktion er tät geworden ist; in Verbindg mit typ AmtsGesch (zB Beratg vor der Beurk) als N; isoliert als RA (§ 24 II BNotO); insow Haftg aus DVertr, auch § 278. – Bei pflichtwidr unterl Belehrg hat der Geschäd darzulegen u zu bew, daß er iF ordngsgem Belehrg das vorgesehene RGesch entw nicht od mit Einverständn des VertrPartners zu best Bdggen abgeschlossen hätte (Hamm VersR 84, 449). – Ausschl zuständ die LGe.

g) Keine Haftung. Es gelten die Erl in Anm 9, wobei hier als RBehelf auch Beanstandg der Amtsführg ggü dem N u DienstaufsichtsBeschw gelten (BGH VersR 82, 853).

Paßbehörde. Nachforsch nach VersaggsGrd (BGH NJW 57, 1835: Entziehg aus UnterhPfl). **Pflanzenschutz.** Fernhalten nicht einseuchgspflicht Pflanzen von der Entseuchg bei Einfuhr ist keine AmtsPfl ggü dem Importeur (BGH VersR 84, 488). **Polizei.** Allg über die Verpflichtg zum Einschreiten bei gefahrdrohdem Zust Anm 4c. Pfl, neben Feststellg des Unfallherganges HilfsMaßn für die Verl u ihr Eigt zu ergreifen u für Wiederherstellg der Sicherh des Verk an der Unfallstelle zu sorgen (KG DAR 77, 134), verkpoliz Sicherg von Straßenbanketten (BGH VersR 69, 280). Sicherstell eines unversicherten ausl Kfz (Brschw OLGZ 67, 275); Sicherstell verkunsicherer Kfz (Nürnb VersR 71, 279). Pfl ggü Eigtümer zum Einschreiten gg Sachbeschädigg (RG 147, 144), zur Ermittlg des Täters u Sicherstell des Diebesguts (OGH NJW 51, 112) u allg zur Verhütg strafb Handlgen (BGH **LM** (Fg) Nr 5). Pfl zur Sicherstellg des Kfz eines fahruntücht Fahrers (BGH NJW 58, 1724). Rammen eines Kfz, um jugendl Fahrer ohne FahrErlaubn zum Halten zu zwingen, kann zur GefAbwendg rmäß sein (Hamm NJW 88, 1056). Pfl zur unverzügl Unterrichtg der StrVerkehrsBeh über Funktionsstörg einer AmpelAnl (BGH 91, 48); Verletzg Unbeteil bei Verfolgg Verdächt (RG 108, 366); Nichtverhütg strafb Hdlgen (BGH **LM** (Fg) Nr 5); mangelnde Überwachg eines Asozialenlagers (BGH 12, 206), od von Strafgefangenen; Nichteinschreiten gg unfriedl Demonstration mit Lahmlegg des StrVerk (Celle VersR 75, 177; AmtsPflVerl verneint). Die Zulässigk der Anwendg unmittelb Zwangs schließt die Annahme amtspflichtwidr Verhaltens bei Dchführg der ZwangsMaßn nicht aus (BGH VersR 84, 68). – Vermittelt od beauffr die Pol ein Abschleppunternehmen, so handelt sie diesem ggü idR privrechtl (BGH Warn 76, 255). – Erhöhte SorgPfl beim Umgang mit einer Schußwaffe (BGH VersR 80, 924). – Duldg gefährl Zust einer Mietwohng durch **Baupolizei** (RG Recht 29, 757); AO eines Abbruchs (RG 169, 353); Zulassg der Errichtg u Inbe triebN ungeprüfter Bauten (BGH 8, 97); unzulängl Prüfg der statischen Berechng (BGH 39, 358); vorl BauGen, ohne daß Vorausss für die endgült Gen erfüllt werden können (BGH NJW 75, 1778); Unterl des Hinw auf bevorstehde Änderg baurechtl Vorschr (BGH NJW 60, 1244); ungenügde BauAufs, auch bei MitVersch des Bauherrn (Stgt NJW 58, 1923, vgl zu dieser Entsch im übr BGH 39, 364); Ruineneinsturz, wenn baupolizeil ÜberwachgsPfl verletzt (Düss NJW 51, 567, keine Überspanng der Anfordergen, BGH **LM** [Fe] Nr 1). – Wiedereinweisg der RäumgsSchu zur Vermeidg der Obdachlosigk (BGH **LM** § 254 (Da) Nr 19). Mitteilg von im StrafReg getilgten Strafen an andere Behörden (RG 168, 193); vgl auch unter StrafRegFührer. Einweisg eines vermeintl Gemeingefährlichen in eine Heilanstalt (BGH NJW 59, 2303). Genehmigg eines Autorennens trotz ungenügd gesicherter Rennstrecke (BGH NJW 62, 1420). – Vgl auch zu Gemeindebeamte, Staatsanw, sow Pol als sogen Hilfsbeamter tät wird, Straßenverkrsbeh u Luftverkehr.

Post. a) Haftung Benutzungsverhältnis. Die RBez, die dch die InansprN der Einrichtgen des Postwesens bestehen, sind gem § 7 PostG idF des PoststrukturG v 8. 6. 89 (BGBl I 1026), in Kraft seit 1. 7. 89, privrechtl Natur. Hoheitl betätigt sich die BPost gem § 16 PostG nur im PostAuftrD bei ordngsgem förml Zustellg u Erhebg des Wechselprotests; nur in diesem Rahmen Haftg nach § 839, Art 34 GG. AmtsPfl zur

Aufbewahrg u Aushändigg eines nach § 182 ZPO niedergelegten ZustellgsBriefes (BGH **28**, 30). Iü haftet die Post in den Bereichen PostD u Postbank eingeschränkt nach §§ 11 ff PostG privatrechtl, u zwar: Brief- u PaketD §§ 12–14, GeldübermittlgsD § 15, PostZeitgsD § 17, PostgiroD § 19, PostSparkD § 20, unricht Ausk § 21, Verj § 24. Im GiroD bei Unterl einer geschuldeten Rückbuchg (§ 12 V PostGiroO) Ers des Zinsschad (BGH WM **84**, 958). Im Bereich der Telekommunikation haftet die Post privrechtl für Körper-, Gesundheits-, Sach- u VermSchad nach § 446, für fehlerh Gebührenabrechng nach § 447, für unricht Ausk nach § 448 jew TKO idF v 16. 7. 87 (BGBl I 1761) iVm § 46 III PoststrukturG. Verpfl der Post, Namen der vors handelnden Bediensteten anzugeben (BVerwG **10**, 274). – Für den Verlust von Einschreibsendgen im internat PostVerk haftet die Post nicht, wenn er auf einer Beschlagn aGrd der RVorschr des BestimmgsLandes beruht (Art 41 § 2 Nr 2 WeltpostVertr). Auf die Rechtmäßigk der Maßn staatl Stellen des BestimmgsLandes kommt es nicht an (BGH Betr **80**, 1339).

b) Verl ein PostAngest **außerhalb eines konkreten Benutzungsverhältnisses** seine AmtsPfl, haftet die Post nach § 839, Art 34 GG. Verurs eines Unfalls beim Bau u bei der Unterhaltg von Fernmeldekabeln, auch bei Dienstgang eines Postbediensteten im Rahmen dieser Tätigk (BGH **LM** Art 34 GG Nr 66). AmtsPfl zur Einhaltg der UnfallverhütgsVorschr nicht ggü der Berufsgenossensch (BGH NJW **83**, 641).

c) Wg **Verletzung privatrechtlicher Pflichten einschließlich der Verkehrssicherungspflicht** (vgl § 823 Anm 8 B unter „Post") haftet die Post nicht nach § 839, Art 34 GG, sond nach §§ 823 ff (BGH **LM** § 823 (Ac) Nr 33: Beschaffg von Leercontainern).

d) Welcher **Rechtsweg für Ansprüche der Post** gg einen Benützer einer ihrer Einrichtgen gegeben ist, ist unterschiedl; vgl BGH WM **76**, 1040.

Prüfungsausschuß bei Ausschreibgen; Ermittlg des vorteilhaftesten Angeb (BGH WPM **61**, 207). **Prüfungswesen** (Hochschule). Fehlerh Anwendg von PrüfgsBest bei Abn einer Prüfg (BGH VersR **79**, 1056, BayObLG NJW **69**, 846); Voreingenommenh des Prüfers (BGH NJW **83**, 2241). **Staatliche Reblausbekämpfung** ist Ausüb öff Gewalt (BGH **LM** Art 34 GG Nr 59). Beigeordneter **Rechtsanwalt** übt keine öff Gew aus (BGH **60**, 255). **Falsche Rechtsmittelbelehrg** dch Behörde kann AmtsPflVerletzg sein (BGH NJW **84**, 168).

Rechtspfleger: kein Unterschied zw SorgfPfl des RPflegers u des Ri (RG JW **34**, 1342); HypEintr ohne vormschgerichtl Gen (RG HRR **35**, 10); ungerechtf Rückg eines EinstellgsAntr zur Ergänzg (RG JW **34**, 3194). Überprüfg der Zustdgk (BGH Warn **67**, 176).

Richter. Spruchrichter vgl Anm 8. **a) Allgemeines:** Unricht Streitwert festsetzg, unricht Besetzg des KollegialGer (BGH **36**, 144). Grdsätzl kein Unterschied zw AmtsPfl des Ri u Not bei Aufn von Urk (BGH DRiZ **63**, 234), bei Beurk eines ProzVergl auch ggü dem auf seine RGültigk vertrauenden Dr (RG **129**, 37). Bei Entsch über ProzKostenhilfe Pfl nur ggü AntrSt (RG **135**, 110), auch ihm ggü nicht iF der Bewilligg (RG **155**, 218). Pfl ggü Part zur alsbald Absetzg der UrtGrde (Ffm VersR **67**, 461). – b) **Aufsichtsrichter:** Haftg für AO hins Pfandkammer (RG **145**, 204). – c) **Haftrichter** (BGH **27**, 338). – d) **Konkursgericht.** Pfl das SchuVerzeichn richt zu führen ggü allen, die in das Verzeichn einsehen (RG **140**, 152). Ggü dem Gläub Pfl zur Überwachg u Beaufsichtig des KonkVerw (RG **154**, 291, BGH DRiZ **65**, 378); Prüfg der Zahlgsunfähigk des GemSchu vor Eröffng des KonkVerf (BGH **LM** (Fi) Nr 4). – e) **Nachlaßgericht.** Nichtsperrg eines Sparbuches u verspätete Aufhebg der Pflegsch (RG **154**, 110); Nicht erwähng der Nacherbfolge im Erbschein (RG **139**, 348); ungnügde Beaufsichtig des NachlVerw, Haftg nach den NachlGläub (RG **88**, 264). – AmtsPfl, bei Erteilg eines Zeugn über die Fortsetzg der ehel GüterGemsch ggü einem einseit Abkömmling insow, als dessen RStellg dch die Verwendg eines unricht Zeugn im RVerk beeintr werden kann (BGH **63**, 35). – f) **Privatklagegericht.** (RG JW **3**, 266). – g) **Prozeßgericht.** BelehrgsPfl iR der ZPO, für sie gilt § 839 II (RG HRR **33**, 651). – h) **Registergericht.** Pfl zur NichtEintr od Löschg einer unzul Firma im öff Interesse an der Richtigk u Vollständigk des HandelsReg zum Schutz des Publikums vor irreführendem Firmengebrauch; dazu gehört nicht die Einzutrage (BGH **84**, 285). PflVerletzg bei Eintr iR der AG (RG **154**, 276), GenossenschReg (RG **140**, 174); VereinsReg (RG HRR **36**, 1348); EintrVerzögerg bei SchiffsReg (RG JW **36**, 2707). – i) **Strafrichter.** Entsch über Eröffng des HauptVerf ist keine ErmEntsch; hinreichder Tatverdacht ist unbest RBegriff mit BeurteilgsSpielraum (BGH NJW **70**, 1543). – k) **Vergleichsrichter.** Pfl zur Ablehng der VerfE röffng ohne Bestellg eines vorl Verwalters, wenn Aussichtslosigk des Verf ow erkennb (BGH NJW **81**, 1726). – l) **Vollstreckungsgericht.** Abn der eidesstattl Vers trotz unvollst VermVerzeichn (RG **62**, 351); Haftg bei Verteilg nach ZPO § 872 (RG **144**, 391); Nichtverständigg des Gläub von Abn der eidesstattl Vers, Nichterforschg des Verstecks von VermWerten (BGH **7**, 287). – m) **Vormundschaftsgericht.** PflVerl ist jede Verl des Kindes-, Mdl- od Pfleglingsinteresses innerh des vom VormschGer übertr AufgKreises, zB mangelh Beaufsichtigg des Vormd, unterlassene AO der Vormsch (§§ 1837, 1773, 1846), Übertr von Vormsch über die Kräfte des Vomd hinaus (BGH MDR **62**, 641). Das Ger muß bei seinen AO den für den Mdl gefahrlosesten Weg wählen (BGH DNotZ **62**, 158) u auf die RWirksamk vom RGesch achten, an denen es mitwirkt (BGH NJW **68**, 196). AmtsPfl ggü dem Mündel zu sorgf Aufklärg u Gesamtwürdigg des Sachverhalts bei GenAnträgen; dabei genaue Abwägg, ob ideelle Interessen des Mündels es rechtfertigen, einen wirtsch nicht vorteilh Vertr zu genehmigen (BGH NJW **86**, 2829). Übermäß GrdstBelastg darf nicht gen werden (BGH VersR **74**, 358). Daß auch der Notar denselben Fehler gemacht hat, gilt nicht als Entlastg (BGH DNotZ **62**, 158). Pfl zur erforderl rechtzeit Pflegebestellg (BGH VersR **68**, 172). Zu den AufsPfl der VormschGer gehört vor allem Überwachg der für das MdlVerm gegebenen SchutzVorschr, zB sofortige Anl von MdlGeld mit der sich aus § 1809 ergebden VfgsBeschrkg (RG **88**, 266), unverzügl Hinterlegg von Wertpapieren entspr §§ 1814ff (RG **80**, 256). MdlGeld darf nicht ohne Grd in der Hand des Vormd bleiben, die Sperre eines Sparkassenbuch nicht über den erforderl Betr hinaus aufgeh werden (RG **85**, 416). Versch des Vormd bei Abwendg des Schad muß sich Mdl gem § 254 II anrechnen lassen, wenn er als sein ges Vertr gehandelt hat, was bei Veruntreuungen des ungnügd überwachten Vormd zu verneinen ist (BGH **33**, 136). Sorgfält Prüfg vor Entsch nach § 1822 Ziff 2 (BGH WM **65**, 1058). Auch Pfl zur unterstützden u wirtsch beratden Tätigk ggü dem Vormd,

§ 839 15 2. Buch. 7. Abschnitt. *Thomas*

insb über die Gefahren des v ihm zu beurkunddden Gesch (BGH DRiZ **63**, 234). Auch FürsPfl ggü dem Kind bei AuseinandS der VermGemsch zw ihm u dem sich wiederverheiratden ElternTl, § 1683 (BGH WM **65**, 1957). – **n) Zwangsversteigerungsgericht.** Pfl zur Einhaltg der ges Vorschr auch ggü dem Bieter (RG **154**, 397); nicht ggü AusfallBü für eine Hyp (RG **138**, 209) od ggü dem Bü für ein Darl (RG **151**, 175). Pfl zur Beachtg u des § 43 I 1 ZVG (BGH **LM** [D] Nr 5). Entferng des RPflegers währd der Bietgsstunde aus Terminszimmer, auch wenn in einem and Zimmer jederzeit erreichb (RG **154**, 397); ZuschlErteilg trotz nichtordnsgem Zustellg des VersteigergsBeschl an Schu (RG **129**, 23); Versagg des Zuschlags wg eines Formfehlers (BGH MDR **87**, 298); unricht Berechng des geringsten Gebots (BGH WM **77**, 592); bei unricht Teilgsplan bedeutet Unterl eines Widerspr des Geschädigten trotz ZPO § 877 I nur, daß er sich dem VerteilgsVerf nicht widersetzen will, aber nicht, daß er etwaigen SchadErsAnspr preisgibt (RG **166**, 153). Terminsbest ohne in der die im ZVG § 37 Nr 4 vorgeschriebene Aufforderg zur GlaubhMachg (RG **129**, 23); Fortsetzg eines ZwVerstVerf, das auf Bewilligg der betreibden Gläub zunächst eingestellt war (RG **125**, 23); ungerechtf Vertagg eines Termins (RG **125**, 299); ZwVerstGer darf sich auf Richtigk der ihm nach ZVG § 19 II zu erteildden GBAbschr verlassen (RG **157**, 92). Aufbewahrg eines GrdSchBriefes nebst AbtrUrk bei den Akten (RG JW **34**, 2842). **Zwangsverwaltungsverfahren** (BGH WM **64**, 789).

Rundfunkanstalt vgl „Fernsehanstalt". **Sachverständiger.** Gerichtl vgl § 823 Anm 8 B; Kfz-Sachverst des TÜV iR der Untersuch des Kfz (BGH NJW **89**, 2065); es haftet das Land. Der Käufer eines gebrauchten Kfz ist mit seinen VermInteressen aber nicht „Dr" bei Zulassg trotz techn Mängel des Kfz (BGH NJW **73**, 458). Gleiches wird zu gelten haben für die Aufgaben nach § 29 StVZO (bestr, vgl LG Saarbr VersR **70**, 1136 mit Nachw). Prüfng für Baustatik vgl „BauBeh". – Ein HochschulInst wird nicht hoheitl tät, wenn es als Prüfstelle den Herst eines HaushGeräts aGrd privrechtl Vertr eine PrüfBescheinigg erteilt (BGH VersR **78**, 518).

Schiedsmann. Ausübg öff Gew (BGH **36**, 193). **Schlachthof.** Anhalten von verdächt Fleisch (BGH **LM** § 839 [B] Nr 11). Einstellen von Tieren begründet öffrechtl BenutzgsVerh, auf das die vertragl Best des SchuldR sinngem anzuwenden sind. Die VerkSichgPfl kann den kommunalen Bediensteten als AmtsPfl auferlegt sein (BGH **61**, 7).

Schleusenmeister s „Nord-Ostsee-Kanal". **Schornsteinfeger** s „Bezirksschornsteinfegermeister".

Schulen. Gefährl Pausenhalle, Pfl des Hausmeisters (BGH **LM** [Fd] Nr 12a: Glaswände auf dem Schulhof); Oldbg VersR **68**, 655: tiefreichde Glasfenster in der Turnhalle; BGH VersR **72**, 979: zweistünd Fehlen einer Aufs über Klasse int 14–15Jähr. PausenAufs im Schulh je nach den Umst (Celle NdsRpfl **85**, 281). Keine AmtsPfl des Lehrers, radfahrde Schulkinder auf dem Weg von der Schule zu einer außerh der Schule stattfindden Schulveranstaltg zu überwachen (BGH **44**, 103). Pfl, berechtigterw mitgebrachtes Eigt der Schüler in angem Umfang vor Verlust u Beschädigg zu schützen (BGH NJW **73**, 2102). Pfl zur sicheren Aufbewahrg mitgebrachter Garderobe währd eines ElternVersammlg nur unter best Vorauss (BGH NJW **88**, 1258). Verantwortg des Trägers der SchulVerw für möglichst gefahrl Auswahl, Einrichtg u Überwachg einer Schulbushaltestelle (BGH MDR **77**, 207 u NJW **82**, 37). Anpassg des SchulGbdes nebst Anlagen an die bes Zwecke der Schule (BGH VersR **69**, 799). Haftg für ordnsgem Beschaffenh von Geräten u Einrichtgen (BGH **LM** § 839 (Fd) Nr 9: Schutz der Schüler vor jeder Gef kann nicht gefordert werden), des Schulhofes (RG **102**, 6), für VerkSicherh des Schulgebäudes (BGH **LM** § 839 (Fd) Nr 9 u BGH MDR **67**, 656); Sicherg des Treppengeländers gg Hinunterrutschen (BGH NJW **80**, 1745); Turngeräte (BGH VersR **57**, 201), Spielgeräte (BGH **LM** § 839 (Fd) Nr 11). **Schulbus** ist nicht in SchulBetr eingegliedert, Haftg des BusUntern also nicht dch RVO §§ 636, 637 ausgeschl (BGH NJW **82**, 1042). Haftg für **Schülerlotsen** (Köln NJW **68**, 655). Mitwirkdes Versch der Eltern (BGH NJW **64**, 1670 u Einf 5 vor § 823). Vgl auch oben unter „Lehrer".

Staatsanwalt. Einen Dritten kränkde Veröffentlich währd des ErmittlgsVerf, Pfl bei Stellg des Antr auf Haftbefehl (BGH **27**, 338). Sicherstellg der dem Täter abgenommenen Sachen (RG **108**, 250). Grds der VerhältnMäßigk bei Fahndg in Massenmedien (Hbg GRUR **79**, 72). Pfl, unter dem Grds der Verhältn-Mäßigk auch ggü dem Beschuldigten, nach Beendigg des ErmittlgsVerf alsbald Anklage zu erheben od das Verf einzustellen (BGH **20**, 178, NJW **89**, 96). Anklageerhebg u Einl des ErmittlgsVerf sind keine Erm-Entsch, lassen aber dem Staatsanwalt Beurteilungsspielraum. Unberecht Anklageerhebg ist amtspflwidr nur, wenn die Bejahg hinreichden Tatverdachts unvertretb war (BGH NJW **70**, 1543 u WM **83**, 866), unberecht Einl eines ErmittlgsVerf nur, wenn die Bejahg eines Anfangsverdachts unvertretb war (BGH NJW **89**, 96). Gleiches gilt für die DchsuchgsAO (BGH NJW **89**, 1924). Ausschaltg eines PrivDetektivs ist rmäß nur zur Abwehr rwidr Störg des ErmittlgsVerf (BGH NJW **89**, 1924). Keine Pfl ggü dem Geschäd zur Verfolgg strafb Hdlgen (RG **154**, 266). **Steuerbeamter.** Unbegründete Steuerveranlagg (BGH **39**, 77). Verzögerte Sachbehandlg (BGH WM **63**, 349). Freigabe einer Sicherh zum Nachteil eines SteuergesamtSchu (RG DR **42**, 1242). Schädigg des Steuerpflichtigen durch Einlegg eines unzul RMittels (BGH **21**, 359). Gleichzeit Steuerfestsetzg u Vollstr ohne vorher Mahng u ohne Gewährg v Erleichtergen wie Stundg, VollstrSchutz (BGH WM **82**, 824). Unbefugte Preisgabe eines Steuergeheimn (BGH NJW **82**, 1648). Rwidr AO u Vollziehg eines Steuerarrestes (BGH NJW **86**, 2952). AmtsPfl des Steuerprüfers zu richt Feststellgn auch ggü dem Steuerpflichtigen (BGH NJW **87**, 434). **Stiftungsaufsicht.** Dem damit betrauten Beamten obliegt die Wahrnehmg als AmtsPfl auch ggü der Stiftg selbst (BGH **68**, 142). **Strafregisterführer.** Tilggsreife eines Strafvermerks übersehen (BGH **17**, 153). Pfl zur Richtigstellg des Zeugn, aber nicht ggü dem Verpächter einer Gaststätte hinsichtl des Pächters (BGH NJW **81**, 2347). **Strafvollzugsanstalt.** AmtsPfl des AnstArztes ggü dem an ansteckder Krankh leidden Häftling u ggü den and Häftlingen (BGH NJW **62**, 1054). Vgl auch Anm 2 A a ee. Ebso Pfl zur GesundhFürs für UntersuchgsHäftling mit schweren KrankhErscheingn (BGH NJW **82**, 1328). Pfl zur Verhinderg eines erkennb SelbsttötgsVersuchs eines Häftlings (Hamm NJW **89**, 1809). Pfl dafür zu sorgen, daß an einen Gefangenen versandte Waren diesen erreichen, *auch ggü dem Lieferanten* (BGH NJW **83**, 627).

Bei **Straßenbauarbeiten** gebührde Rücks auf Benutzerinteressen (BGH NJW **64**, 199). BauAufs dch beauftr Bediensteten über priv BauUntern ist Ausübg hoheitl Gewalt (BGH WM **73**, 390). Teiln an

988

Einzelne Schuldverhältnisse. 25. Titel: Unerlaubte Handlungen § 839 15

Straßenverkehr ist Ausübg hoheitl Gew, wenn damit hoheitl Aufgaben unmittelb wahrgen werden (Streifenfahrt der Polizei), ferner wenn die eigentl Zielsetzg der Fahrt hoheitl Tätigk zuzurechnen ist u zw dieser Zielsetzg u der schädigden Handlg ein enger innerer u äußerer Zushang besteht (BGH VersR **71**, 934 mit Beisp; vgl auch § 823 Anm 8 A d, 8 B unter „Straßen usw"). Anderweit ErsMöglk vgl Anm 7 a. Verantwortlich der Stadt für baul Mängel einer Bushaltestelle (BGH VersR **73**, 346).

Straßenverkehrsbehörde a) Zulassung eines Kfz ohne HaftPflVers (BGH BB **53**, 694). Geschützt ist der Unfallgeschädigte, nicht jedoch der Halter od Entleiher des Kfz (Mü NJW **56**, 752, Düss NJW RR **88**, 219). Zulassg, ohne daß KfzBrief vorgelegt wird, ist PflVerletzg nur ggü dem Eigentümer u dingl Ber (BGH **10**, 122) u ggü dem EigtVorbehKäufer (BGH **30**, 374); unberecht Stillegg eines Kfz (BGH WM **64**, 65); unricht Übermittlg der technischen Daten an Sammelstelle ist PflVerl ggü Eigentümer des abhanden gekommenen Kfz (BGH **10**, 389), nicht jedoch deren unricht Auskn in den KfzBrief ggü Erwerber (BGH **11**, 110). Pfl zur richt Ermittlg der ErstZulassg u ihrer Eintr im KfzBrief besteht nicht ggü dem Erwerber zum Schutz seiner VermInteressen (BGH NJW **82**, 2188). Zulassgsstelle muß auf Anz nach § 29 d II StVZO unverzügl den ErlaubnSchein einziehen u die notw Maßn zur Stillegg des nichtvers Kfz einleiten, ggü allen potentiellen Opfern des StrVerk einschl dem Mitfahrer u ggü der weiterhaftden Vers (BGH NJW **82**, 988, NJW **87**, 2737) ohne Beschränkg der Haftg auf die MindestVersSummen (BGH NJW **65**, 1524); Überwachg der züg Erledigg eines Amtshilfeersuchens in dieser Richtg (Kblz VersR **78**, 575); keine AmtsPfl ggü dem öff Dienstherrn des Verletzten, der diesem Versorggsleistgen zu erbringen hat (BGH NJW **61**, 1572); AmtsPfl zum sofort Handeln der PolDienststelle, die StilleggsErsuchen der KfzZulassgsStelle erhält (BGH VersR **76**, 885). AmtsPfl nach § 25 III StVZO, mißbräuchl Verwendg von KfzBriefVordrucken zu verhüten, auch ggü dem Käufer eines Gebrauchtwagens (BGH NJW **65**, 911). Keine Haftg ggü dem Käufer eines Gebrauchtwagens für VermSchäd wg Mängeln, die der Sachverst bei Zulassg übersehen hat, § 21 StVZO (BGH DAR **73**, 155). Ausgabe eines Führerscheins an körperl Untaugl (BGH VersR **56**, 96). Versagg der Wiedererteilg eines entzogenen Führerscheins ohne hinreichde Ermittlg nach § 9 StVZO (BGH NJW **66**, 1356). **b) Verkehrsregelung** ist öffrechtl Pfl der StrVerkBeh (§§ 44, 45 StVO) ggü allen VerkTeiln, die die Str nach der Art ihrer VerkEröffng benützen dürfen (BGH VersR **81**, 336). Dazu gehören Sicherh u Leichtigk des Verk u die Einrichtgen für die VerkRegelg. Zu unterscheiden ist die VerkSicherhsPfl, dh Schutz der VerkTeiln vor Gefahren, die aus dem Zustand der Str bei zweckgerechter Benutzg drohen. Die Anbringg von Warnschildern od sonst VerkZeichen ist zur Sicherh des StrVerk nur an gefährl Stellen obj erforderl. Das setzt voraus, daß wg der nicht ow od nicht rechtzeit erkennb bes Beschaffenh der Str eine nahegelegene Möglk eines Unfalls auch für den Fall naheliegt, daß der VerkTeiln die im Verk erforderl Sorgf hat walten lassen (BGH VersR **81**, 336). Verkehrsumleitg (BGH NJW **60**, 239). Anbringg von Warn-, Gebots- u Verbotsschildern (BGH NJW **52**, 1214, VersR **69**, 539); fehlerh Aufstellg eines VerkZeichens (Hamm NJW-RR **86**, 770); fehlende Negativbeschilderg einer von rechts kommden Str (Karlsr VersR **84**, 1077). Hinw auf überraschd eingeführte Änderg der VorfahrtsRegelg (BGH Warn **70**, 95); kein zusätzl Hinw auf geänderte VerkFührg, wenn die VerkRegelg auch so deutl erkennb ist (Stgt VersR **89**, 627). Haftg für undeutl u irreführende Maßnahmen (BGH NJW **66**, 1457); sich widersprechde Lichtzeichen an einer Kreuzgs-Ampel-Anl (BGH NJW **72**, 1806, NJW **87**, 1945, Düss VersR **89**, 58), PhasenSchaltg nicht den örtl Verh angepaßt (Düss VersR **77**, 455); fehlerh Ampelschaltg inf falscher Programmierg (BGH NJW **71**, 2220: HerstFirma wird nicht öffrechtl tät); automat Umschaltg auf gelbes Blinklicht bei Ausfall aller Rotlichter in einer FahrtRichtg (Kln DAR **77**, 323); bei BetrStörg liegt die BewLast für fehldes Versch bei der Gem (Düss MDR **76**, 842). In einigen BLändern bestehen spezielle Regelgen, nach denen es für die Haftg nicht auf Versch ankommt (vgl Jox NZV **89**, 133). Dagg gehört Überwachg der AmpelAnl auf Funktionsstörgen (SchaltgsDefekte) zur privrechtl VerkSichgPfl (BGH NJW **72**, 1268); keine laufde ÜberwachgsPfl bei eingebauten techn SichergsSystem (Celle VersR **82**, 76). Prüfg der Tragfähigk einer Brücke bei bevorstehendem MassenVerk (RG JW **35**, 3369). Nichtbeseitig einer Ölspur (BGH VersR **54**, 401), wie überh Duldg verkwidr Zust auf öff Str (RG **162**, 275) u Märkten (BGH VersR **55**, 453). Vgl auch Polizei u § 823 Anm 8 A d.

Theatersubvention. Grdsätzl Pfl, das Vertrauen des Subventionsbewerbers in die Beständigk des Verw-Handelns zu beachten (BGH JZ **75**, 485).

Tierarzt s unter Amtstierarzt. **Treuhänder** vgl 25. Aufl. Nichtbeamteter **Trichinenbeschauer** in Bayern; Haftg der Gem (BGH VersR **61**, 849); **Trimmanlage** ist Leistg der Verw iR der Daseinsvorsorge, Haftg der Gem für konstruktiv bdgte Gefahren (Düss VersR **76**, 1160). **TÜV** vgl vorstehd Sachverständiger.

Umsiedlungsbehörden. Keine Pfl der beteil Beh gg einand (BGH **32**, 145). **Umweltschutz.** Abwasserbeseitigg ist hoheitl Tätigk, Pfl zur Abwendg von Gefahren (BGH NJW **72**, 101). Haftg für UmweltSchäd vgl Diederichsen BB **73**, 485. Keine AmtsPfl ggü Waldbesitzern zum Erlaß von Vorschr gg schädl Immissionen (Mü VersR **86**, 871). Haftg der Gem für Schäd der Bewohner von verkauften Grdsten eines ehemal Zechengeländes wg Verseuchg des Erdreichs dch Rückstände von Kokereischadstoffen (LG Dortm VersR **87**, 265).

Urkundsbeamter. Pfl ggü den ProzPart bei förml Beendigg des RStreits (Ffm VersR **67**, 461), aber nicht in allen ihren Belangen (BGH NJW **81**, 2345). Versehentl Aufn in Liste der Pers, bzgl deren KonkAntr mangels Masse abgelehnt ist (RG **118**, 241). Pflichtwidr verzögerte Zustellg einer Wechselkl (BGH ZIP **83**, 1245). Fehlerh Zustellg. Nichtüberwachg der wg VerjGefahr eiligen Zustellg eines Schriftsatzes (BGH WPM **83**, 985). Verspätete Abholg eines Antr auf Erlaß von Mahnbescheid aus Postfach (Warn **38** Nr 3); unrichtiges RechtskrAttest (BGH **31**, 388: ggü ProzPart, nicht ggü Dr). Vgl auch Grundbuchamt.

Versicherungsanstalt haftet für Verlust der von ihr verwahrten Invalidenkarten (RG JW **35**, 2356). **Versicherungsaufsicht,** keine AmtsPfl ggü dem einz VersN od VerkOpfer (BGH **58**, 96, Ffm VersR **70**, 657; aA Scholz NJW **72**, 1217). **Versicherungsträger.** Bei Beanstandg des Heil- u Kostenplanes eines Zahnarztes über Prothetik u dadch veranlaßtem Wechsel des Zahnarztes Haftg (BGH NJW **81**, 636). **Versorgungsbehörde,** verpflichtet zur sachgem Beratg von Schwerbeschädigten (BGH NJW **57**, 1873).

§§ 839, 840

Pfl in bezug auf die versorggsrechtl notw Untersuchg u Begutachtg (BGH **LM** § 81 BVG Nr 2). Fehlerh unterlassene Zuerkenng des Merkzeichens „G" an den Schwerbehinderten (Nürnbg NJW **88**, 1597). Ausübg öff Gew auch bei Gewährg freiwill FürsLeistgen (BVerwG NJW **61**, 137). **Vormund** vgl „Jugendamt".
Waldsterben. Kein SchadErsAnspr des geschäd Eigtümers gg die BRepublik od das Land (BGH **102**, 350, Kln NJW **86**, 589, v Hippel NJW **85**, 30). **Wasseraufsicht** zur Vermeidg von Überschwemmungs-Schäd (BGH VersR **72**, 980). **Wasserlieferung** s § 823 Anm 8 B. Landwirtsch **Wasser- und Bodenverband.** SchadErsPfl ggü Mitgl wg fehlerh dchgeführter MeliorationsMaßn (BGH VersR **87**, 768). **Wehrersatzamt.** Kein SchadErsAnspr für Zeitverlust bei Einziehg eines Untaugl zum Wehrdienst (BGH **65**, 196). **Weinbaugebiet:** Siehe bei Reblausbekämpfung. **Staatlicher Weinkontrolleur** (BGH **LM** [Fc] Nr 19).
Zivildienst. Keine AmtsPflVerletzg, wenn ein ZivDienstLeistder fahrl das Eigt seiner privrechtl organisierten Beschäftiggsstelle beschädigt (BGH **87**, 253).
Zollbeamte. Pfl zu Verzollg zollpflicht Ware bei Einfuhr auch ggü dem ZollSchu (RG **121**, 173), Pfl zur richt Tarifierg der gerade einzuführden Sendg auch im Interesse des ZollPflicht (BGH NJW **76**, 103). Haftg ggü dem Küfer, der zur Wiederversiegelg eines Weingeistfasses hinzugezogen wird (RG HRR **37**, 1224). Pfl zur Beachtg des gesetzl PfdRechts von Spediteur, der Waren beim Zollamt einlagert (Waren **35**, 8), zur Anfertigg einer Niederschr über die getroffenen Maßn u Zuleitg einer Abschr an den Betroffenen (BGH **LM** (Fl) Nr 5). Pfl zur lückenl KfzHaftPflVers bei Einreise von Ausländern, in deren Heimatstaat keine HaftpflVers besteht, sowie zur Zurückweisg nichtvers Kfz von der Einreise (BGH NJW **71**, 2222, Kln VersR **78**, 649); diese Pfl beschränkt sich auf die zugelassenen Grenzübergänge (Hbg NJW **74**, 413). Mangelh Sicherg der Waffe auf außerdienstl Gang (RG **155**, 362). Für Fehler des Kapitäns eines Zollkreuzers haftet Staat als Reeder, EGHGB Art 7 (RG JW **36**, 2653). ZollAusk begründen Haftg nur dann, wenn sie unter Beachtg der ges SonderVorschr in § 23 ZollG, §§ 28–31 AZO erteilt werden (BGH Betr **75**, 2430).

840 *Haftung mehrerer.* ¹Sind für den aus einer unerlaubten Handlung entstehenden Schaden mehrere nebeneinander verantwortlich, so haften sie, *vorbehaltlich der Vorschrift des § 835 Abs. 3,* **als Gesamtschuldner.**
ᴵᴵIst neben demjenigen, welcher nach den §§ 831, 832 zum Ersatze des von einem anderen verursachten Schadens verpflichtet ist, auch der andere für den Schaden verantwortlich, so ist in ihrem Verhältnisse zueinander der andere allein, im Falle des § 829 der Aufsichtspflichtige allein verpflichtet.
ᴵᴵᴵIst neben demjenigen, welcher nach den §§ 833 bis 838 zum Ersatze des Schadens verpflichtet ist, ein Dritter für den Schaden verantwortlich, so ist in ihrem Verhältnisse zueinander der Dritte allein verpflichtet.

1) Allgemeines. In Abs I sind die Wörter „vorbehaltlich der Vorschrift des § 835 III" durch § 71 RJagdG u § 46 II Nr 1 BJagdG gestrichen. Er setzt voraus, daß von Mehreren jeder einz nach allg DeliktsVorschr bereits haftet, schafft aber selbst keine AnsprGrdlage (BGH NJW **79**, 544). **Begriff der unerlaubten Handlung (Abs I)** ist hier im weitesten Sinne zu verstehen, er umfaßt nicht nur die Tatbestd der §§ 823ff, sond jede Haftg aus wirkl od vermutetem Versch, ebso die Gefährdgshaftg ohne Rücks darauf, ob sie im BGB od in SonderGes geregelt sind. Anwendb auch, wenn ein Schädiger aus uH, der and aus nachbarrechtl AusglPfl haftet (BGH **85**, 375). Haftg des Untern ggü dem SozVersTräger neben dem, der den ArbUnfall vorsätzl od grob fahrl verursacht hat, vgl § 641 RVO. Ist die Haftg des ArbG unserem ArbN ggü nach § 636 RVO ausgeschl (vgl § 611 Anm 14), so fehlt GesSchuldVerh mit dem außerh des SozVersTräger stehdn ZweitSchäd; dieser haftet desh dem SozVerTräger nur auf den Tl des Anspr, der seinem VerantwortgsTl im Verh zum ArbG entspricht (BGH **51**, 37). Dies gilt auch dann, wenn es sich bei dem für den Unf mitverantwortl ErstSchäd um einen ArbKollegen handelt (BGH MDR **71**, 122). Der außerh des VersVerh stehde ZweitSchäd haftet dem geschäd ArbN insow nicht auf SchadErs, als der für den Unfall mitverantwortl Untern ohne seine HaftgsFreistellg (§ 636 RVO) im Verh zum ZweitSchäd nach §§ 426, 254 für den Schad aufkommen müßte (BGH **61**, 51); ferner insow nicht, als ErsAnspr auf SozVersTräger übergegangen sind (Düss MDR **72**, 144). Ein MitVersch des Untern, der seinem geschäd ArbN Krankenbezüge bezahlt hat, muß sich der SozVersTräger anrechnen lassen (BGH MDR **70**, 834). Kein GesSchuldVerh zw dem erspflicht Beamten u einem aus Gefährdg haftdn Tierhalter (BGH NJW **86**, 2883).

2) Verhältnis nach außen.

a) Nebeneinander verantwortlich sind mehrere, wenn jeder von ihnen nach § 830 I haftet, ferner wenn mehrere nicht miteinand in Verbindg stehde Pers selbständ als Nebentäter denselben Schad verurs haben (BGH **LM** Nr 7 a). Nebeneinand verantwortl sind also: mehrere Tierhalter, Tierhalter u KfzHalter, die Eisenbahn u der Tierhalter, die Eisenbahn u mehrere KfzHalter (BGH **11**, 170), die Eisenbahn mit einem nach § 823 haftenden Dr (BGH **17**, 214), auch wenn dies ein ElternTl wg Verl der AufsPfl ist (BGH **73**, 190), mehrere Eisenbahnen, Eigt u Pächter bei Verl der allg VerkSichgPfl (RG HRR **29**, 298), KfzHalter u Fahrer, der sich eigenmächt in Bes des Kfz gesetzt hat (KG OLGZ **79**, 77). Mehrere ArbN bei Tätlichk, die zugl and ArbN gefährden, (BAG BB **68**, 1383), ArbG u ArbN, die den Verl nach §§ 823, 831 haften, sow nicht die Grds der gefgeneigten Arb eingreifen (BAG Betr **89**, 1727). Mehrere Schädiger, wenn der Schad dch das ZusWirken mehrerer EinzelSchäd (KörperVerl dch zwei aufeinanderfolge Unfälle) verurs worden ist, es sei denn, daß der spätere GesSchad ganz od teilw nach unabhängig von dem 2. SchadEreign eingetreten sein würde (BGH **LM** Nr 7 a, NJW **64**, 2011). Gleichgült ist, ob einer der GesSchu bereits rechtskr verurteilt ist. Nicht erspfl ist der ArbN dem ArbG iR gefahrgeneigter Arb (§ 611 Anm 14 b) neben einem außenstehden ZweitSchäd (s auch Anm 2 d).

b) Zusammentreffen mit Vertragshaftung. Haftet einer der an der uH Beteil auch aus Vertrag, bleibt § 840 anwendb, nicht jedoch, wenn einer nur aus Vertr haftet (RG **84**, 430). Stehen jedoch die Beteil in einem echten GesamtschuldVerh zueinand, was sich danach bemißt, ob ein innerer Zushang der beiden Verpfl iS einer rechtl ZweckGemsch besteht, so gilt für sie § 840, auch wenn einer von ihnen nur aus Vertr haftet (BGH VersR **69**, 737). Über den vertragl Ausschl der Haftg ggü einem Schädiger vgl § 426 Anm 5a. Mitw Versch, das sich der Geschäd im Verh zu einem GesSchu aGrd einer zu diesem bestehden VertrBeziehg anrechnen lassen muß, wirkt auch zG der übr GesSchu, auch wenn diese allein aus uH haften (BGH **90**, 86).

c) Haftung als Gesamtschuldner bedeutet, daß jeder zum Ers des ganzen Schad verpfl ist, der Gläub den SchadErs aber nur einmal fordern darf (§§ 421 ff). Ist im StrafVerf der eine zur Zahlg einer Buße verurteilt, so schließt dies die Geltdmachg weiterer Anspr gg den and Beteil nicht aus (RG **97**, 229). Daß Haftg der mehreren GesSchu stets gleich hoch sein müsse, folgt nicht aus § 840 I, vielm ist unterschiedl Haftgsumfang mögl, zB BilligkHaftg eines Verletzers nach § 829, unterschiedl Bemessg des SchmerzGeldes wg unterschiedl pers od wirtsch Verh (BGH NJW **71**, 33). GesSchuldVerh besteht sodann bis zum geringeren Betrag (BGH **12**, 213 [220]). Wg der HaftgsFreistellg des ArbN bei gefahrgeneigter Arb verkürzt sich der ErsAnspr des ArbG gg den außenstehden Zweitschädiger um die Quote, die im InnenVerh der beiden Schädiger auf den ArbN entfällt (Karlsr OLGZ **69**, 157). Ebso ist der Anspr des geschäd ArbN gg einen außerh des SozVersVerh stehden ZweitSchäd auf den Betr beschr, der auf ihn im InnenVerhältn zum ArbG (ErstSchäd) endgült entfiele, wenn die SchadVerteilg nach § 426 nicht dch die SonderRegelg der §§ 636, 637 RVO gestört wäre (BGH **61**, 51, Ffm VersR **88**, 191). Nicht zu kürzen ist in diesem Fall der ErsAnspr des Verl, wenn sein ArbG od ArbKollege ohne diese Freistellg ggü dem in Anspr gen Schädiger nicht ausglpfl wäre (BGH VersR **76**, 991). Der Anspr gg den Zweitschädiger entfällt, wenn dieser im InnenVerh zum ArbG des Verl dch eine vertragl Vereinbg von der Haftg freigestellt ist (BGH NJW **87**, 2669). Ebso kann wg der HaftgsBeschrkg in § 46 BeamtVG der auf einer Dienstfahrt verl Beamte einen außerh des DienstVerh stehden Zweitschädiger nur insow auf SchadErs in Anspr nehmen als dieser im Verh zu dem im öff Dienst stehden Erstschädiger für den Schad verantwortl ist (BGH **94**, 173). Sind für eine UnfallVerl sowohl der Ehegatte des Verl als auch ein Dritter verantwortl, dann sind die ErsAnspr gg den Dr nicht von vornherein wg § 1353 um den MitVerantwortgsAntl des Ehegatten zu kürzen (BGH NJW **83**, 624), die ErsPfl des Schäd wird auch nicht dch das HaftgsPriviileg der mitbeteil Eltern in § 1664 I berührt (BGH **103**, 338). Das Vorgehen des Gläub nur gg einen GesSchu kann im Einzelfall rmißbräuchl sein (BGH WM **84**, 906).

d) Bei **Mitverschulden** des Geschäd ist die Abwägg nach dem Grds der Gesamtschau vorzunehmen, wenn die Schädiger Mittäter sind, sie eine HaftgsEinh bilden (vgl § 254 Anm 4c cc) od wenn ihre VerhWeisen zu ein u demselben unfallsächl Umst geführt haben, ehe der VerursBeitrag des Geschäd hinzutrat (BGH **54**, 283). Der Grds der GesSchau ist nicht anzuwenden, wenn sich die Verhaltensweisen des einen Schädigers u des Geschäd in dem näml unfallbdgten UrsBeitrag ausgewirkt haben, bevor der dem and Schädiger zuzurechnde Kausalverlauf hinzutritt u zum SchadEintritt führt. In diesem Fall stehen sich beim Ausgl auf der einen Seite der eine Schädiger u Geschäd mit einer einheitl Quote, auf der and Seite der and Schädiger ggü (BGH **61**, 213). Ebso gilt in and Fällen der Nebentätersch der Grds der EinzelAbwägg (vgl § 254 Anm 4c bb). Eine MitVerantwortlk eines schuldl, geschäd Kindes wg MitVersch seines ges Vertr kommt weder aus § 278 noch aus dem Gesichtspunkt der Haftgs- od Zurechngs-Einh in Betr (BGH MDR **82**, 142).

3) Verhältnis nach innen.

a) Regelfall. Nach § 426 I S 1 sind GesSchu im Verh zueinand zu gleichen Anteilen verpfl, soweit nicht ein anderes bestimmt ist. Dieser AusglAnspr ist selbständ u besteht neben u unabhäng von dem Anspr des Verl gg Täter, er ist insb auch unabhäng davon, ob etwa Haftg des einen von mehreren Verantwortl durch rechtskr Urt verneint wurde ist (RG **69**, 422). Einfluß einer Vereinbg üb HaftgsAusschl od -Beschrkg auf die AusglPfl der übr Schädiger vgl § 426 Anm 5a.

b) Eine anderweite Bestimmung iS von § 426 kann sich aus dem Ges ergeben, vgl dazu auch § 426 Anm 5b. Sie kann sich auch aus dem VertrVerh od aus dem die SchadErsPfl begründden Sachverhalt ergeben, zB inf entspr Anwendg von § 254 (BGH **30**, 203, NJW **64**, 2011: Nebentäter), NJW **62**, 1680: Haftg des KfzHalters u des -Führers, KG OLGZ **79**, 77: Haftg des KfzHalters u des Fahrers, der sich eigenmächt in den Bes des Kfz gesetzt hat, BGH NJW **80**, 2348: idR kein AusglAnspr des Zweitschädigers gg den ersten, wenn dessen Haftg ggü dem Geschädigten nur darauf beruht, daß er eine vom Zweitschäd bewußt geschaffene Gefahrenlage nicht alsbald erkannt hat, BGH **54**, 177: Untern, der für Unfall des ArbN mitverantwortlich ist u Krankenbezüge bezahlt hat, muß sich ggü ZweitSchäd außerh des SozVers-Verh sein MitVersch anrechnen lassen. Halter und Fahrer desselben Kfz bilden einem Mitschädiger ggü eine Haftgseinheit u sind ihm deshalb entspr ihrem gemeins Anteil nur einmal zum Ausgl verpflichtet (BGH NJW **66**, 1262, § 426 Anm 3). – Bei SchiffsZusStößen ist, soweit überh eine gesschuldner Haftg der Reeder eingreift (Schäden an Leib u Leben), für den AusglAnspr mehrerer Reeder untereinander § 736 II HGB maßg.

c) Keine entsprechende Anwendung der für den SchadErsAnspr geltden Regeln auf den AusglAnspr; denn beide Anspr sind selbstd nach den für sie geltden Normen zu beurteilen (BGH **11**, 172). Daher auch Verj des AusglAnspr in 30 Jahren, wenn für SchadErsAnspr kürzere Verj gilt (BGH aaO).

d) Ein **Anspruch aus § 812** ist dann nicht ausgeschl, wenn die Voraussetzgen des § 426 nicht erf sind. So, wenn ein Nebentäter (Kfz-Fahrer) unter Verkenng einer ihn mit dem geschäd Mdj (VerkOpfer) verbindden ZurechngsEinh (vgl vorstehd 2d) mit einer zu hohen Quote belastet worden ist u nunmehr von einem and Nebentäter (AufsPfl über das VerkOpfer) teilw Ers verlangt (BGH NJW **78**, 2392). Ausgl bei ZusTreffen mit **Anspruch aus § 816** vgl dort Anm 1c.

4) Abs II u III enthalten eine anderweit Best iS des § 426 I S 1. **Grundgedanke:** wenn auf der einen Seite Gefährdgshaftg od Haftg aus vermutetem Versch, auf der and erwiesenes Versch vorliegt, soll derj den ganzen Schad tragen, der nachweisl schuldh gehandelt hat (RG **71**, 8). Ands wird aber die Ausdehng dieser Vorschr auf ähnl Fälle von Haftgsunterschieden, insb zG der Haftg des EisenbahnUntern u KfzHalters, im Verhältn zu einem and ErsPfl in der Rspr abgelehnt (BGH **6**, 3 [28]), da die Wesensverschiedenh der Tatbest der §§ 833–838 die Ableitg eines allg Grdsatzes nicht zulasse. Der nach dem HaftpflG verantwortl EisenbahnUntern kann daher von einem dritten Verantwortl Ausgleich nur nach § 426, nicht nach § 840 II, III verlangen.

a) Abs II: Nach § 831 haften neben dem Täter der GeschHerr u die ihm nach § 831 II gleichgestellten Pers, nach § 832 der kraft G oder aGrd Vertr AufsPflichtige, wobei natürl vorausgesetzt wird, daß der Täter für sich den HaftgsTatbestand erfüllt hat. Diese Pers können – abweichd vom Grds des § 426 – in vollem Umfang beim Täter Rückgr nehmen. Ausn bei gefahrgeneigter Arb des Verrichtgsgehilfen (vgl § 611 Anm 14b). Weitere Ausn iF des § 829; da ist im InnenVerh zum Täter der AufsPflichtige allein verpfl.

b) Abs III betr den Fall, daß neben dem nach §§ 833–838 ErsPflichtigen ein Dritter für den Schad verantwortl ist. Dieser soll im Verh zu dem aus §§ 833–838 Haftden allein verpfl sein. Das ist verständl, wenn der Dritte aus wirkl od vermutetem Versch haftet, mag auch seine Haftg selbst auf einer Sonderregelg außerh des BGB beruhen. Nicht vertretb ist es jedoch, den Dr im InnenVerh auch dann allein haften zu lassen, wenn für ihn ein reiner GefährdgsTatbestd gegeben ist. Hier kann sich der nach §§ 833–838 Haftde dem gleichf aus Gefährdg Haftden ggü nicht auf § 840 III berufen, ist vielm nach der allg Regel des § 426 zum Ausgl verpflichtet. Er hat daher ebso wie in den Fällen, in denen auch der Dritte nach §§ 833–838 haftet, intern einen Teil zu tragen (ebso Hamm NJW **58**, 346, MüKo/Mertens Rdn 29). – Sonderregelg nach § 17 StVG (mehrere Kfz, Kfz u Tier, Kfz u Eisenbahn) u nach § 41 LuftVG (mehrere Luftfahrzeuge, Luftfahrzeug u ein and ErsPflichtiger).

c) § 254 ist entsprechend anwendbar auch im Verhältn zw Gläub u Schu, u zwar auch dann, wenn einer von ihnen für Versch, der and für Gefährdg einzustehen hat (vgl § 254 Anm 2b. Auch hier Sonderregelg nach § 17 I S 2 StVG u § 41 I S 2 LuftVG). Rechnerische Verteilg des Gesamtschad in diesen Fällen, wenn mehrere Nebentäter dem mitverantwortl Geschädigten quotenmäß haften, gem dem bei der Einzelabwägg gewonnenen Quoten (BGH NJW **64**, 2011).

841 *Ausgleichung bei Beamtenhaftung.* Ist ein Beamter, der vermöge seiner Amtspflicht einen anderen zur Geschäftsführung für einen Dritten zu bestellen oder eine solche Geschäftsführung zu beaufsichtigen oder durch Genehmigung von Rechtsgeschäften bei ihr mitzuwirken hat, wegen Verletzung dieser Pflichten neben dem anderen für den von diesem verursachten Schaden verantwortlich, so ist in ihrem Verhältnisse zueinander der andere allein verpflichtet.

1) Weitere Ausnahme von dem Grundsatz des § 426 neben § 840 II, III. Voraussetzg ist ein GesSchuVerh zw Beamten u Drittem. Dieses ist auch bei nur fahrl Handeln des Beamten mögl. Zwar kann der Beamte in diesen Fällen nur in Anspr genommen werden, wenn der Verl nicht auf and Weise Ers erlangen kann, § 839 I, 2; jedoch ist nicht die rechtl Existenz eines Anspr gg den Dr, sond seine prakt Durchsetzbark entscheidd (vgl § 839 Anm 7). Kann der Verl seinen Anspr gg den Dr nicht realisieren od ist ihm auch nur die Verfolgg dieses Anspr nach Treu u Glauben nicht zuzumuten (vgl BGH VersR 64, Anm 7h), so haften ihm Beamter u Dr als GesSchu; andernf besteht überh kein GesSchuVerh (BGH VersR **84**, 759). § 841 gibt den dort genannten bes Beamtengruppen in diesen Fällen abweichd von § 426 Anspr auf den vollen Ausgl. In allen übr Fällen eines GesSchuVerh bestimmt sich der Ausgl nach § 840 I iVm § 426. **Hauptfälle:** VormdschRi im Verh zu Gewalthaber, Vormd, GgVormd (RG **80**, 255), Pfleger. NachlRi ggü dem NachlPfleger. KonkRi ggü dem KonkVerw. VollstrRi ggü dem Zwangsverwalter. – Ähnl Best enthält § 1833 II S 2 über das Verh von Vormd zum GgVormd oder Mitvormd.

842 *Umfang der Ersatzpflicht bei Verletzung einer Person.* Die Verpflichtung zum Schadensersatze wegen einer gegen die Person gerichteten unerlaubten Handlung erstreckt sich auf die Nachteile, welche die Handlung für den Erwerb oder das Fortkommen des Verletzten herbeiführt.

1) Bedeutung, Anwendungsbereich. Unter § 842 fallen alle gg Pers gerichteten uH, auch die in den §§ 833, 834, 836 und 838 geregelten Tatbest, soweit Verl einer Pers in Frage kommt, obwohl hier eine gegen die Person gerichtete uH im strengen Wortsinn nicht vorliegt (RGRK/Boujong Rdn 2). Auch Verl des NamensR, der Ehre u des allg PersönlkR fallen hierunter. Entspr Anwendg iF des § 618 III. Dagg keine Anwendg auf uH, die nur gg das Verm gerichtet sind; aber das Ergebn ist dort nach § 249 ebso (RG **141**, 172). § 842 wg eigenständ Regelg in den Sonderges der GefährdgsHaftg nicht anwendb (RGRK/Boujong Rdn 4). – Ist ein Kind verletzt, kommt Feststellgsklage in Betracht (vgl § 843 Anm 4 D a).

2) Nachteile für Erwerb oder Fortkommen entstehen nicht schon dch Wegfall od Verminderg der ArbKraft als solcher, sond dch Beeinträchtigg der konkreten ArbLeistg.

a) Zu ersetzen sind ein konkreter Schad dch den Verlust von ArbEink u alle wirtsch Beeinträchtiggen, die der Geschäd erleidet, weil u soweit er seine ArbKraft verletzgsbdgt nicht verwerten kann (BGH VersR **84**, 639), zB Verlust bisher bezogener Einnahmen od wahrscheinl künft Gewinnsteigerg (§ 252 S 2), Differenz zw dem tats erzielten Eink u dem hypothet Entgelt des entgangenen Berufs (Ffm VersR **83**, 1083). Die tats Grdlagen dafür hat der Verl beizubringen, erst dann hilft ihm beim Bew § 287 ZPO (BGH **54**, 45; dort auch, wesh hier nicht vom normat SchadBegr ausgegangen werden kann). Abzulehnen desh Karlsr FamRZ **75**, 341, wonach der verl Partner einer EhegGes neben dem entgangenen anteil Gewinn die Kosten einer ErsKraft ersetzt verlangen kann. Auch der geschfürde AlleinGter einer KapitalG kann Erstattg seiner TätigkVergütg als GeschF, die ihm währd der unfallbdgten ArbUnfähigk weiterbezahlt wurde (BGH NJW **71**, 1136) u Ers seines Einnahmeausfalls als Gter wg entgangenen GeschGewinns der Gesellsch, auch iR einer EhegattenInnenG (BGH Warn **72**, 210), verlangen (BGH NJW **77**, 1283; krit Mann NJW **77**, 2160 u John JZ **79**, 511); ebso Tantiemenausfall (Hamm VersR **79**, 745), Entgang einer „Auslöse" (Mü VersR **86**, 69; vgl aber unten b). Zu den Nachteilen gehören schlechter bezahlte Stellg trotz Ausheilg der Verl, entgangene GewinnBeteiligg (BGH VersR **73**, 423), Verlust einer noch nicht rechtl begründeten Aussicht auf Erwerbsstellg (Kln VersR **89**, 756), Verzögerg des Eintritts in das Erwerbsleben (Düss VersR **69**, 671), Differenz zw ArbEinkünften u unfallbdgt Altersruhegeld schon mit Vollendg des 63. Lebensjahres (BGH NJW **82**, 984); auch der Verlust der Anwartsch auf Leistgn aus öff od priv Versichergen; daher auch Ers der Beiträge zur freiw Fortsetzg der RentenVers (BGH **46**, 332), auch dann, wenn der Verl noch nicht sicher ist, daß die beitragsl Zt später zu einer Verkürzg seiner Rente führen würde (BGH NJW **78**, 155), u auch dann, wenn ihm inf des Unfalls eine BerufsUnfähigkRente gezahlt wird, die eine spätere Verkürzg seines Altersruhegeldes versorggsmäß ausgleichen kann (BGH **69**, 347; zweifelnd Buchmüller NJW **78**, 999). Ers der BeitrDefizits in der Abführg von PflBeiträgen zur ges RentenVers eines arbunfähl verletzten SozVersicherten (BGH NJW **86**, 2247). Ers der Beitr des ArbG zu einer priv Pensionskasse (KG OLGZ **72**, 406) und der ArbGAntle zur soz Kranken- u RentenVers (§ 4 LFZG, BGH ZfBR **86**, 121) u zu den Sozialkassen des Baugewerbes (BGH MDR **86**, 572). Ers der Defizite in der Abführg von PflBeitr zur ges RentenVers auch insow, als BeitrLücken für MonatsTle entstanden sind (BGH **97**, 330), auch wenn der Träger der ges KrankenVers für dieselbe Zeit FinanziergsBeitr abgeführt hat (BGH NJW-RR **87**, 982). In den vorgenannten Fällen aber kein Anspr auf Ers des unfallbdgten Beitragsausfalls zur RentenVers, wenn der Geschädigte bereits eine „unfallfeste", dh einer Position erworben hatte, die dch die beitragslose Zt nicht od nur unwesentl gestört wird (BGH **101**, 207). ErwerbsSchad erleidet haftgrechtl auch, wer inf KörperVerl arbeitsunfäh wird u desh den Anspr auf Arbeitslosengeld od -hilfe verliert, selbst wenn er Krankengeld in gleicher Höhe erhält; der ErsAnspr des Erwerbsl gg den Schäd geht auf den SozVersTräger über (BGH **90**, 334). Ferner VermSchaden, der dadch entsteht, daß Verl sein ErwerbsGesch unter dem wirkl Wert veräußern mußte (RG **95**, 173) oder dadch, daß er seine ArbKraft verlbdgt nicht zur Renovierg des eig Hauses einsetzen kann u desh Lohn an Handw bezahlen muß (Hamm BB **89**, 1226). Das ArbEntgelt muß nicht fix sein, es kann in der Höhe von best BetriebsErg, Gewinn od Umsatz abhängen. VermSchad kann auch dch ZwVerst eines Grdst entstehen (RG **141**, 173), ebso dch Beschränkg der Heiratsaussichten einer Frau (BGH JZ **59**, 365). Bei der Bemessg des ErwerbsSchad kann auch ein nach dem SchadEreign gefaßter Entschl des Geschäd hins seiner ferneren Lebensgestaltg zu beachten sein, sow er nicht ausschließl dch das Bestreben nach höheren SchadErsAnspr motiviert ist (BGH **74**, 221). Zu ersetzen sind auch die Kosten einer beruf Umschulg, wenn nach dem Grds „Rehabilitation vor Rente" im Ztpkt der Entschließg bei verständ Beurteilg ihrer Erfolgsaussichten u des Verh dieser Chancen zum wirtsch Gewicht des andernf absehb ErwerbsSchad geeignet u sinnvoll erscheint (BGH NJW **82**, 1638), u zwar die Kosten der Ausbildg zu einem gleichwert Beruf ohne VortAusgl wg des Mehrverdienstes, wenn der Verl sich zu einem höher qualifizierten Beruf ausbilden läßt (BGH NJW **87**, 2741). Beeinträchtigg der Ehefr in der Haushaltsführg vgl § 843 Anm 4 A d.

b) Nicht zu ersetzen. Die ArbGAntle zur ges Unfallvers, weil nicht als ArbEntgelt des versich ArbN anzusehen (BGH NJW **76**, 326); ebso nicht die vom AGeber des Baugewerbes gem § 186a AFG gezahlte Winterbauumlage (BGH MDR **86**, 572); ebso nicht die BeitrDifferenz zw den ohne den Unfall abzuführden Beitr zur Sozial- u ArbeitslosenVers u den wg des geminderten ArbVerdienstes tats entrichteten Beitr (BGH **86**, 181). Nicht zu ersetzen sind Bezüge, die sich nicht als – ggf auf ZtAbschn aufteilb – Vergütg für unfallbdgt Ausfallen der ArbLeistg darstellen, sond die, bloß als Vergütg für ArbLeistgen bezeichnet in Wahrh eine Entn auf Gewinn verdecken, zB beim GeschF einer GmbH, der zugl Gter ist (BGH NJW **78**, 40). Nicht zu ersetzen ist ferner der Ausfall an Zahlgen, die sich als Ers für Aufw des Verl darstellen wie Spesen, Zulagen, auch Auslöse (BGH MDR **68**, 38), sow er sie nicht erspart hat (Mü DAR **84**, 117). Nicht zu ersetzen ist iF einer Verletzg, die zur SchwerbehindertenEigensch führt, der Schad des ArbG inf des nach § 44 SchwBG zu gewährden ZusatzUrl (BGH NJW **80**, 285). Nicht zu ersetzen ist entgangener Erwerb aus geswidr Tun, zB wenn er nur unter Verstoß gg die ArbZeitordng erzielb gewesen wäre (BGH NJW **86**, 1486); nur eingeschr zu ersetzen ist entgangener Erwerb aus einer Betätigg, die gg die guten Sitten verstößt wie Prostitution (BGH **67**, 119).

c) Sonstiges. SchadBerechng bei Verdienstentgang aus abhäng u selbständ Arb vgl § 252 Anm 3, 4. Steuerl Auswirkgen des SchadFalles auf den ErsAnspr vgl Vorbem 7 D d vor § 249. Fdgs Übergang auf Vers- u VersorggsTräger vgl Vorbem 7 E vor § 249. Ersparn währd der Zt beitragsl soz KrankenVers inf Zahlg von Krankengeld sind bei der SchadBerechng anzurechnen (BGH DAR **88**, 23).

843 Geldrente oder Kapitalabfindung.

^IWird infolge einer Verletzung des Körpers oder der Gesundheit die Erwerbsfähigkeit des Verletzten aufgehoben oder gemindert oder tritt eine Vermehrung seiner Bedürfnisse ein, so ist dem Verletzten durch Entrichtung einer Geldrente Schadensersatz zu leisten.

^{II} Auf die Rente finden die Vorschriften des § 760 Anwendung. Ob, in welcher Art und für welchen Betrag der Ersatzpflichtige Sicherheit zu leisten hat, bestimmt sich nach den Umständen.

^{III}Statt der Rente kann der Verletzte eine Abfindung in Kapital verlangen, wenn ein wichtiger Grund vorliegt.

^{IV}Der Anspruch wird nicht dadurch ausgeschlossen, daß ein anderer dem Verletzten Unterhalt zu gewähren hat.

1) Allgemeines. Neue Literatur: Eckelmann/Nehls, SchadErs bei Verl u Tötg, 1987. Bei Verl von Körper u Gesundh ist als Ausgl für dauernde Nachteile regelm Rente zu bezahlen, Kapitalabfindung nur in

§ 843   1–4

bes AusnFällen. Herstellg in Natur ist ausgeschl. Voraussetzg ist entw Beeinträchtigung der Erwerbsfähigk od Vermehrg der Bedürfn. Es handelt sich hierbei nicht um zwei versch ErsAnspr, vielm ist die Rente ein einheitl, ziffernm nicht teilb Ganzes, gleichgült, ob sie einem od and GesichtsPkt gewährt wird. Daher ist bei der Festsetzg auf beide Umst Rücks zu nehmen (RG 74, 131). Auch kann eine anderw Verteilg innerh dieser beiden SchadErsTeile stattfinden, ohne daß dadch VerjEinr gg die Erhöhg des einen od and RechngsPostens zul wäre (RGRK/Boujong Rdn 37). Infolgedessen besteht bei Klage aus § 323 ZPO keine Herabsetzgsmöglichk, falls das Eink sich zwar gebessert, die Bedürfn sich aber vermehrt haben; ebso keine Erhöhg im umgekehrten Fall (RG 74, 131). Anspr auf Erstattg der Heilgskosten steht selbständ neben dem Anspr wg Beeinträchtigg der Erwerbsfähigk od Vermehrg der Bedürfn (RG 151, 286); für ihn gelten §§ 249 ff, aber auch § 843 IV. Denkb im EinzFall ist auch Zubilligg von Heilgskosten in Form einer Rente (RG 95, 85). Die Grds des VortAusgleichs gelten. Ersparte Aufw für Fahrt zur ArbStätte sind grdsl zu berücksichtigen (BGH NJW 80, 1787). **Sondervorschriften** enthalten HaftpflG §§ 6, 8; StVG §§ 10 ff; LuftVG 36, 38.

2) Beeinträchtigung der Erwerbsfähigkeit (Abs I, 1. Alternative) verpfl nur zum SchadErs, soweit tats Schad entstanden, dh soweit Verletzter von seiner Erwerbsfähigk ohne die Verl hätte Gebr machen können u uf Verletzg Einnahmeausfall hat (BGH NJW 62, 1055: vorzeit Pensionierg). Rentenbetrag ist also (und als bei der Sozialversicherg u dem beamtenrechtl PauschaliergVerf, Mü DAR 68, 275), nicht abstrakt, sond **konkret nach der tatsächlichen Erwerbsminderung** zu ermitteln. ErwTätigk ist auch die ArbLeistg im Haushalt, sow sie der Erf der ges UnterhPfl ggü FamilienMitgl dient (BGH NJW 74, 41, zust Grasmann FamRZ 75, 32), u nicht den eig Bedürfn (vgl Anm 3, 4 A d). Kein SchadErs also, wenn jmd von den Einkünften aus seinem Verm gelebt hat, ohne von seiner Erwerbsfähigk Gebr zu machen; ebso bei noch nicht erwerbsfäh Kind. Doch Feststellgsklage für den Fall, daß sie in Zukunft in die Lage kommen würden, Erwerb auszuüben (BGH 4, 133, Kln VersR 88, 1185). § 843 ist unanwendb, sow es sich um die Minderg der Versorggsbezüge der Angehör handelt; sie stehen ihnen kr eig Rechts – nicht als Erben des Verletzten – zu u sind daher allein nach § 844 II zu beurteilen (BGH NJW 62, 1055). Sow ErwerbsSchad vorliegt u SozVersTräger dafür Rente bezahlt, ges FdgsÜbergang nach § 116 SGB X, abgedr Vorbem 7 E vor 249 (Celle VersR 77, 549 für früh § 1542 RVO).

3) Vermehrung der Bedürfnisse (Abs I, 2. Alternative). Gemeint ist der schadbdgt vermehrte Bedarf für die pers LebensFührg (BGH NJW 74, 41, zusfassd Drees VersR 88, 784), also alle unfallbdgt ständ wiederkehrden vermwerten objektivierb Aufw, die den Zweck haben, diejen Nachteile auszugleichen, die dem Verl inf dauernder Störg körperl Wohlbefindens entstehen (KG VersR 82, 978) wie MehrAufw dch bessere Verpflgg, dch Kuren, dch Erneuerg künstl Gliedmaßen, Pflegepersonal, verstärkte Verkehrsmittelbenutzg eines Gehbehinderten (BGH NJW 65, 102), höhere Miete für Wohng am zwangsläuf neuen ArbOrt (Celle NdsRpfl 62, 108), uU Zuschuß für Bau od Ausbau eines der Behinderten angepaßten Eigenheimes (BGH NJW 82, 757), Kosten einer notw HaushHilfe (sie muß nicht tats eingestellt werden, Celle VersR 81, 357), sow die ausgefallene ArbLeistg im Haush nach der Erf der UnterhPfl ggü FamilienMitgl – unter ErwTätigk, 1. Alternative –, sond den eig Bedürfn diente (BGH NJW 74, 41); zu den HaushaltsArb iwS gehören auch GartenArb u EigLeistgen an einem BauVorh (BGH NJW 89, 2539). Kosten für die Unterbringg eines hilfebedürf Verl in einem Tagespflegeheim u zusätzl einer Hilfskraft außerh der ÖffngsZt (Kln FamRZ 89, 178). Nicht ersfäh ist die vermehrte elterl Zuwendg als solche an das verl Kind (BGH 106, 28). Auch hier müssen die vermehrten Bedürfn konkret dargetan werden, auch bei ges FdgsÜbergang nach § 87 a BBG; abstrakte Pauschaliergn nur, wo das G sie zuläßt, (BGH LM § 139 BBG Nr 2 für früh § 1542 RVO). Anspr wg Vermehrg der Bedürfn entsteht schon mit dem Eintritt der vermehrten Bedürfn, nicht erst mit ihrer Befriedig; daher ist der ErsPflichtige zur Nachzahlg der Rente auch dann verpfl, wenn die vermehrten Bedürfn aus Geldmangel nicht befriedigt werden konnten (BGH NJW 58, 627, VRS 39, 163: notw Stärkgsmittel).

4) Geldrente ist ihrer Natur nach kein Unterh-, sond SchadErsAnspr. Die für UnterhAnspr gelten Vorschr finden keine Anwendg, auch nicht § 1613. Vgl aber unten D c. Der RentenAnspr entsteht als Ganzes bereits mit der Beeinträchtigg der Erwerbsfähigk, nur die Fälligk der einz Rentenbeträge ist hinausgeschoben (RG 142, 291). Für Höhe u Dauer der Rente bilden die Verh zZ des Unfalls den zeitl Ausgangspkt, doch ist, da es sich um Ausgl für zukünft Nachteile handelt, die künft Gestaltg der Verh insow zu berücksichtigen, als sie nach dem gewöhnl Lauf der Dinge u den Umst des Einzelfalles vorausehbar ist, u zwar von dem Ztpkt der Urteilsfällg aus gesehen. Über die Anwendbark von ZPO § 323 s unten D d.

A) Höhe der Rente.

a) Die **konkrete Sachlage** ist maßg, keine abstr Berechng. Hat jmd im Ztpkt des Unfalles einen ständ Erwerb gehabt, so ist regelm davon auszugehen, daß er ihn auch in Zukunft gehabt haben würde; es ist Sache des Gegners, den GgBew zu führen (RG JW 11, 584); hypothetischer Ursachenverlauf, der nachweisl gegeben sein würde, ist zu berücksichtigen (BGH NJW 53, 977). Bei Unsicherh der künft wirtsch Verhältn, insb bei schwankender Lohnlage kann DurchschnRente in Betr kommen (RGJW 35, 2949). Berücksichtigg krankh Veranlagg des Verletzten (BGH 20, 137, MDR 60, 916).

b) Verdienstausfall, entgangener Gewinn bei abhäng u selbständ Arb vgl § 252 Anm 3, 4, § 615 Anm 5. Kein Ers des Vorteils, der nach dem G verboten od sittenw ist (BGH 67, 119: Prostitution). Steuerl Auswirkgen des SchadFalles auf den ErsAnspr vgl Vorbem 7 D d vor § 249.

c) Bei **verminderter Erwerbsfähigkeit** kommt es darauf an, wie weit der Geschädigte den Rest seiner ArbKraft nutzb machen kann. Kann er trotz teilw Erwerbsfähigk keine ArbStelle finden, so ist der ganze DurchschnVerdienst zu ersetzen (Zweibr VersR 78, 1029). Auch darf ihm keine Energieleistg zugemutet werden, die weit über das DurchschnMaß hinausgeht (RG JW 37, 1916). Ands ist vielf ein Berufswechsel zuzumuten (BGH 10, 18). So muß sich zB ein an der Hand verletzter Geiger in vernünft ZusWirken mit dem ErsPflichtigen (RG 160, 120) nach einer and Stellg, etwa in einem Musikalienverlag, umsehen (RG SeuffA 91,

Einzelne Schuldverhältnisse. 25. Titel: Unerlaubte Handlungen § 843 4 A–D

64). BewLast für die Möglichk and Erwerbstätigk trifft den ErsPflichtigen, der uU auch Mittel für die Ausbildg zu neuem Beruf zur Vfg stellen muß (RG **160**, 120). UU MitVersch des Verletzten, der sich nicht einer Operation unterziehen will, um Erwerbsfähigk wieder zu erlangen (RG **139**, 131), od sich weigert, Gesch durch Hilfskraft fortführen zu lassen (BGH **LM** Nr 1).

d) Verletzung eines Ehegatten. aa) Häusliche Arbeitsleistung. Der verl Ehegatte hat eigene Anspr gg den Schädiger auf Ers seines vollen Schad. Das gilt auch für den nicht berufstät Eheg hins der Verminderg seiner häusl ArbLeistg (BGH (GrS) **50**, 304) einschl der (vom and Eheg beschafften) Kreditkosten für die Einstellg einer ErsKraft im Haush (Celle NJW **69**, 1671). Der Ausfall der Haushaltstätigk gehört zur SchadGruppe vermehrte Bedürfnisse, sow er sich auf die eig Bedarfsdeckg bezieht, zur SchadGruppe Erwerbsfähigk, sow er die UnterhLeistg an FamilienAngehör betrifft; nur insoweit ist eine Verletztenrente der Berufsgenossensch anzurechnen (BGH NJW **85**, 735). Der ErsAnspr ist, and als in § 844 II, nicht nach der ges geschuldeten, sond nach dem Wert der ohne die Verl tats erbrachten ArbLeistg zu bemessen (BGH NJW **74**, 1651; im Erg zust Denck NJW **74**, 2280, Becker MDR **76**, 620). Maßstab sind die Kosten einer ErsKraft (zusfassd Hofmann VersR **77**, 296, Eckelmann DAR **78**, 29); für sie geben bestehde TarifVertr über die Vergütg der im Haush beschäftigten Pers einen geeigneten Anhaltspkt (Oldbg NJW **77**, 961). Die HaushFührg eines Eheg (§ 1356) ist auch dann nicht „Dienstleistg" (§ 1360 S 2), wenn er vor der Ehe verletzt worden ist (BGH **38**, 57). Der and Eheg ist nicht mehr ber, SchadErs wg Behinderg des Verletzten in der HaushFührg zu verlangen (BGH GrZS **50**, 304). – Ges FdgsÜbergang nach § 116 SGB X vgl Anm 2 2 aE. – **bb) Erwerbstätigkeit.** Auch soweit der verl Eheg erwerbstät ist (§ 1356 II), stehen die Anspr aus der Aufhebg od Minderg der ArbKraft ihm selbst zu (BGH **59**, 172; vgl § 845 Anm 2, 3). – **cc)** Bei **Gütergemeinschaft** ist durch Erwerbsausfall eines Eheg immer das GesGut geschädigt, also auch der and Eheg. Der das GesGut verwaltde Eheg (§ 1422) ist daher stets klageberecht; ist er nicht der Verletzte, so kann auch dieser klagen.

e) Anrechnung von Versicherungs-, Versorgungsleistungen, Ruhegehalt, gesetzlicher Forderungsübergang vgl Vorbem 7 C vor § 249.

B) Dauer der Rente. Die zeitl Grenze der Verdienstausfallrente ist auf die voraussichtl Dauer der ErwerbsTätigk des Verl im Urt festzusetzen, ihre Best richtet sich nach der Art der Berufstätigk, dem körperl u geist Zustand des Verl. Bei einem nicht selbständ Tätigen ist, falls keine Grde für eine abw Entwicklg dargetan werden, von einem Ende der ErwerbsTätigk mit Vollendg des 65. LebJahres auszugehen (BGH VersR **88**, 464). Nur ausnahmsw Rente auf LebensZt, wenn zB nach den persönl u berufl Verh des Verl ein best Erwerb bis ins hohe Greisenalter mit Zuverlässigk anzunehmen ist (RG JW **31**, 865), od wenn der arbeitsfäh Verl den Unfall in sehr hohem Alter erleidet (Warn **08**, 57).

C) § 760 ist anzuwenden, § 843 II S 1. Der RentenAnspr endigt mit Ablauf des Todesmonats des Berecht. Keine Befugn des Ri, abw ZeitAbschn od nachträgl Zahlg anzuordnen (RG **69**, 296). Die FormVorschr des § 761 findet auf einen Vergl, dch den als Abfindg eine Rente zugesagt wird, keine Anwendg (RG **89**, 259).

D) Verfahrensbesonderheiten: a) Ob **Leistungs- oder Feststellungsklage**, hängt davon ab, ob sich die künft Erwerbsmöglichk mit hinreichend Wahrscheinlichk übersehen lassen (vgl auch § 844 Anm 4 und unten d). Ist dies der Fall, so kann Verl Leistgsklage auch für eine fernere Zukunft erheben u braucht sich nicht auf Feststellg verweisen zu lassen (RG JW **35**, 2953). Leistgsklage als Nachforderungs- od Zusatzklage nach § 258 ZPO, wenn ein früh Urt nur über einen Teil des Anspr entsch hat, vgl d. Nur Feststellgsklage möglich bei noch nicht erwerbsfäh Jugendl, es sei denn, daß nur gewöhnl DurchschnLohn für Hand-, Haus- od Fabrikarbeit in Frage steht (RG JW **06**, 236). Ist künft Entwicklg nicht zu übersehen, so kann statt der begehrten Leistg auf Feststellg erkannt werden, wenn – idR ja – dem Kläger hiermit gedient ist (RG **145**, 196). Bei Feststellgsklage ist Vorausstzg, daß überh noch ein weiterer Schad entstehen kann (RG **142**, 291). Bei Leistgsklage kann die Höhe der Rente in das richterl Ermessen gestellt werden, wenn dem Ger genügde Grdlagen hierfür geboten werden (BGH **4**, 138). Vorl Vollstreckbark § 708 Nr 8 ZPO.

b) Entscheidung über Grund des Anspruchs gem ZPO § 304 muß grdsätzl alle den Anspr selbst betr Einwdgen erledigen (Th-P § 304 Anm 2). Jedoch ist Vorbeh im ZwUrt zul, wenn KlagFdg auf jeden Fall AufrechngsFdg übersteigt, u zwar auch bei konnexer AufrFdg (BGH **11**, 63). Auch über die Quote des mitw Versch muß im ZwUrt entsch werden; jedoch genügt auch hier Vorbeh, wenn feststeht, daß KlagFdg nur gemindert werden kann (BGH **1**, 34). ZwUrt kann nur ergehen, wenn über den Einwand des gesetzl FdgsÜbergangs auf öff VersTräger entschieden werden kann (BGH NJW **56**, 1236). Zeitl Begrenzg der Rente im Grdurteil zweckm; wenn nicht, muß sie in den UrtGrden dem NachVerf vorbehalten werden (BGH **11**, 181).

c) Pfändungsschutz: Die Rente ist grdsätzl unpfändb, § 850b I Nr 1 ZPO. Daher grdsätzl keine Übertragbark (§ 400), keine Aufrechng (§ 394), keine Verpfändbark (§ 1274 II), keine Zugehörigk zur KonkMasse (KO § 1 I). Ausnahmen: § 850b II ZPO u § 400 Anm 2; der Anspr auf Rente ist in dem Umfang abtretb, wie der Zessionar den Schad getragen hat (Celle DAR **75**, 325).

d) Abänderung. aa) Abänderungsklage nach § 323 ZPO für alle Renten gg alle dort genannten Titel bei wesentl Veränderg der Verhältn, sei es im konkreten Bereich des Berecht od Verpfl, sei es im allg wirtsch Bereich. Das Gericht muß aber bereits bei Festsetzg der Rente auf die künf Gestaltg der Verhältn, soweit voraussehb, Rücks nehmen. ZPO § 323 greift erst ein, wenn eine davon abw Entwicklg eintritt (BGH **34**, 118). Die Einheitlichk der Rente ist auch für die AbändergsKl von Bedeutg (vgl Anm 1). AbändergsKl auch bei FeststellgsUrt (OGH **1**, 62), nicht bei Kapitalabfindg (BGH NJW **81**, 818). Ob AbändergsKl nach § 323 ZPO od Nachfordergs- bzw Zusatzklage nach § 258 ZPO zu erheben, bemißt sich danach, ob im ersten Verf über die volle dem Verl zustehde Rente – dann § 323 ZPO – od nur über einen Teil hiervon entschieden worden ist – dann Nachforderg nach § 258 ZPO (vgl Th-P § 323 Anm 2i), die schon bei geringer Änderg des allgem Lohn- u Preisgefüges gegeben ist (BGH **34**, 110). Wesentl Änderg der wirtsch Verhältn vgl Th-P § 323 Anm 4. **bb) Vereinfachte Abänderung** von UnterhRenten Mj, die auf einer GerEntsch, Vereinbg od VerpflUrk beruhen, gem § 1612a u den dazu gem Abs II erlassenen AnpassgsVOen. Für UnterhTitel geschieht dies nach dem vereinfachten Verf gem §§ 641l bis t ZPO dch Beschl des AG. Die AbändergsKl ist

995

§§ 843, 844

nach § 323 V ZPO nur zul, wenn das vereinfachte Verf zu einem Betr führen würde, der wesentl von dem Betr abweicht, der der Entwicklg der bes Verh der Part Rechng trägt. Unter der gleichen Voraussetzg u iF abw Vereinbg kann der Verpfl gem § 641g II ZPO AbändersgsKl gg den letzten im vereinfachten Verf ergangenen Beschl erheben.

e) Streitwert: kostenrechtl, § 17 II GKG, für Zuständigk u RMittel § 9 ZPO.

5) Sicherheitsleistung. Nur, wenn die Umst nach freiem Erm des Ger SicherhLeistg geboten erscheinen lassen, zB bei Gefährdg des RentenAnspr inf der VermVerhältn des ErsPflichtigen. Höhe des Gesamtbetr u Dauer der Rentenverpfl sind hierbei zu berücksichtigen. HaftpflVers des ErsPflichtigen steht der Zuerkenng einer Sicherh nicht ow entgg (RG JW **35**, 2949, vgl aber auch RG **157**, 349). Keine SicherhLeistg, wenn nur FeststellgsAnspr (RG **60**, 416). Entscheid über SicherhLeistg gehört, wenn über Grund bes entschieden ist, zum NachVerf (RGRK/Boujong Rdn 83). Nachträgl SicherhLeistg s ZPO § 324.

6) Kapitalabfindung (Abs III) kann der Verl bei Vorliegen eines wicht Gr verlangen. Doch kein Recht des ErsPflichtigen, den Verl in Kapital abzufinden. Der ErsBerecht kann die Wahl zw Rente u KapAbfindg idR bis zum Schluß der letzten TatsVerh treffen (BGH Betr **72**, 1868). **Wichtiger Grund** kann darin liegen, daß Gewährg der Abfindg voraussichtl günst Einfluß auf den Zust des Verl od daß Gewährg einer Geldrente ungünst Einfluß haben würde (RG **73**, 418) od daß Verl gg einen von mehreren Schädigern aus Vertr einen KapitalAnspr hat (RG JW **32**, 3719) od daß der jugendl Verl den Wunsch hat, sich durch Errichtg eines ErwerbsGesch selbständig zu machen (RG JW **33**, 840) od daß die Durchsetzg eines RentenAnspr gg den im Ausland wohnden od seinen Wohns oft wechselnden Schu sehr Schwierigk bereiten würde, selbst dann, wenn eine inl VersGesellsch für den Verpfl den Schad zu tragen hat (Nürnb FamRZ **68**, 476; zweifelh). Kein wicht Grund, wenn Schu zwar in Konkurs geraten, aber zahlgsfäh Vers hinter ihm steht (RG **93**, 209). Bei mehreren ErsPfl ist die Frage, ob Kapitalabfindg od Rente, nach den Verhältn aller Beteil einheitl zu entscheiden (RG **68**, 429, JW **32**, 3719), mehrere GesGläub (SozVersTräger nach FdgsÜbergang) können die Wahl nur gemeinschaftl treffen (BGH **59**, 187). Zuläss ist Zusprechg von Rente für einige Jahre u später Kapitalabfindg (RG Recht **17**, 1631). Auch bei Festsetzg des KapitalBetr sind mögl künft wirtsch Veränderngen, zB EinkSteigerg, GeldEntwertg wie sonst bei der Dynamisierg der Renten in Anw von § 287 ZPO zu berücksichtigen (BGH NJW **81**, 818). – Für Verj ist wicht, daß Kapital u Rente nur verschiedene Formen desselben Anspr, nicht verschiedene Anspr sind (RG HRR **33**, 1083).

7) Andere Unterhaltspflichtige (Abs IV) schließen den Anspr des Verl nicht aus, auch nicht, wenn der UnterhPflichtige bereits geleistet hat (BGH **54**, 269 [274]). Ausdruck des allg RGedankens, daß auf den Schad keine Leistgen und anzurechnen sind, die nach ihrer Natur dem Schädiger nicht zugute kommen sollen (BGH NJW **63**, 1051). Abs IV gilt nicht, wenn nur die Pers des UnterhVerpfl, nicht aber die VermMasse gewechselt hat (BGH NJW **69**, 2008: Verm, aus dem Unterh geleistet wurde, geht durch Erbf auf und UnterhPflichtigen über). Die Vorschr des IV ist auch nicht auf den Fall der Wiederverheiratg anwendb, bei der der Ehepartner nunmehr UnterhAnspr gg den neuen Eheg erlangt, sond bereits sich nur auf Fälle, in denen ein UnterhPfl „aus Anlaß des Unfalls" unterhpfl wird (BGH NJW **70**, 1127). Daher kann der Anspr aus § 843 auch nicht geschmälert werden dch Anspr des Verl gg den UnterhPflichtigen aus Verletzg seiner AufsPfl (Celle NJW **62**, 51), – Abs IV bezieht sich auch auf die Heilgskosten (RG **132**, 223). Anspr hierauf also auch dann, wenn UnterhPflichtiger diese gezahlt hat; auch dann, wenn die verl Ehefr dch ihren Ehem (Arzt) behandelt worden ist (RG **132**, 223). Andrers muß sich das verl Kind die inf KrankenhausAufenth ersparten UnterhLeistgen der Eltern anrechnen lassen (Celle NJW **69**, 1765). – Der UnterhPflichtige kann seiner aus auftragloser GeschFg od ungerechtf Bereicherg von dem Schädiger Ers verlangen (BGH NJW **79**, 598, VersR **61**, 272).

844 Ersatzansprüche Dritter bei Tötung.

¹Im Falle der Tötung hat der Ersatzpflichtige die Kosten der Beerdigung demjenigen zu ersetzen, welchem die Verpflichtung obliegt, diese Kosten zu tragen.

II Stand der Getötete zur Zeit der Verletzung zu einem Dritten in einem Verhältnisse, vermöge dessen er diesem gegenüber kraft Gesetzes unterhaltspflichtig war oder unterhaltspflichtig werden konnte, und ist dem Dritten infolge der Tötung das Recht auf den Unterhalt entzogen, so hat der Ersatzpflichtige dem Dritten durch Entrichtung einer Geldrente insoweit Schadensersatz zu leisten, als der Getötete während der mutmaßlichen Dauer seines Lebens zur Gewährung des Unterhalts verpflichtet gewesen sein würde; die Vorschriften des § 843 Abs. 2 bis 4 finden entsprechende Anwendung. Die Ersatzpflicht tritt auch dann ein, wenn der Dritte zur Zeit der Verletzung erzeugt, aber noch nicht geboren war.

1) Allgemeines. Neue Literatur vgl § 843 Anm 1. **a)** §§ 844, 845 regeln die **Ansprüche Dritter,** die inf der Verl eines und Schad erlitten haben. Einz Ausn von dem Grds, daß nur der in seinem RGut selbst Verletzte ersberecht ist. Der AusnCharakter schließt entspr Anwendg auf und mittelb Geschädigte regelm aus (BGH **7**, 30). Die Anspr des Dr sind in ihrem Bestand unabhäng von dem Anspr des unmittelb Verletzten, entstehen aber nicht, wenn der unmittelb Verletzte keinen Anspr haben würde. Daher schließt vertragl HaftgsAusschl ggü dem unmittelb Verletzten auch die Anspr der Dr aus §§ 844, 845 aus (RG **117**, 102). Umstr ist, ob das auch für den gesetzl Ausschl der Haftg ggü dem Verletzer gilt. Auszugehen ist hierbei von dem Zweck des ges HaftgsAusschl; erfordert dieser, daß der Verletzer überhaupt freigestellt wird von Anspr aus der Verl, so entfallen auch die Anspr des Dr aus §§ 844, 845. Das gilt für die Anspr der Hinterbl u Angehör nach § 636 RVO (vgl § 611 Anm 14a; Celle NJW **59**, 990 zu § 898 aF RVO). Von §§ 844, 845 abgesehen sind die ErsAnspr der Erben, auch nach § 839 u Aufopferg, beschr auf die Anspr, die auch der Erbl schon zu seinen Lebzeiten hätte geltd machen können, selbst wenn die Folgen des SchadEreign noch über den Erbf hinaus wirken u das Verm des Erbl nach seinem Tod nunmehr in der Pers der Erben schädigen (BGH BB **68**, 566: Abwicklgskosten eines Notariats). – Vergleiche u Verzichte, die der unmittelb Verletzte nach der Verl

Einzelne Schuldverhältnisse. 25. Titel: Unerlaubte Handlungen § 844 1–6

abschließt, beseitigen Anspr aus §§ 844, 845 nicht, (RGRK/Boujong Rdn 5, MüKo/Mertens Rdn 5). Mitw Versch des unmittelb Verl vgl § 846. Bei Klagen von Hinterbl ist zu scheiden zw eig Anspr der Hinterbl aus §§ 844, 845 u dem auf sie als Erben übergegangenen Anspr des Getöteten (BGH NJW **62**, 1055).

b) Geltungsbereich für alle uH, auch bei Gefährdgshaftg (§§ 833, 836), auch im Fall des § 829. Dagg keine Anwendg auf vertragl Anspr außer § 618, HGB § 62 III. Kein SchadErsAnspr der Witwe mit der Begründg, daß sie inf Tötg des Ehem den Kindern unterhpfl geworden sei (RG **64**, 344, 360). SonderVorschr: HaftpflG §§ 5, 8, StVG §§ 10ff; LuftVG §§ 35ff; AtomG §§ 28ff.

2) Tötung. Vorsätzl oder fahrl. Erforderl ist hier nur tatsächl obj Zushang zw schuldh begangener Körperverl u dem Tode. Unerhebl ist dagg, ob Täter den Tod voraussehen konnte od nicht, auch Selbstmord inf traumat Neurose fällt unter § 844 (RGRK/Boujong Rdn 15, MüKo/Mertens Rdn 11). UnterhSchad inf KörperVerl fällt nicht darunter (BGH NJW **86**, 984).

3) Beerdigungskosten. Zusfassd Theda, DAR **85**, 10. Auch Kosten der Feuerbestattg. Ersberecht ist, wer verpfl ist, die Beerdiggskosten zu tragen (§§ 1968, 1615 II, 1615m, 1360a III, 1361 IV S 4). Hat sie ein nicht dazu Verpfl bezahlt, folgt sein ErsAnspr gg den Schäd aus §§ 683, 677 (KG VersR **79**, 379). Auch die nur vertragl begründete Verpfl ist ausreichd (RGRK/Boujong Rdn 17, MüKo/Mertens Rdn 12, Staud- Schäfer Rdn 34). Der Umfang der ErsPfl richtet sich nicht in jedem Fall nach den tats entstandenen BeerdiggsKosten, sond stimmt mit der KostenTragsPfl des Erben für eine standesgem Beerdigg gem § 1968 überein (vgl dort Anm 1), bei Beschaffg eines Doppelgrabes zugl für den überl Eheg nur die Kosten, die der Beerdigg des Getöteten selbst zuzurechnen sind (BGH **61**, 238), unter des Umst auch die Kosten der Überführg der Leiche (BGH NJW **60**, 911) u der Exhumierg (Karlsr NJW **54**, 720). Nicht: Grabpflege- u InstandsetzgsKosten (BGH **61**, 238), Transport des Verl zum Krankenhaus u Kosten der versuchten Heilg; diese Anspr sind vielm in der Pers des Verl entstanden u gehen auf dessen Erben über. IdR auch nicht die Reisekosten, die ein Angeh hat aufwenden müssen, um an der Beerdigg teilzunehmen (BGH **32**, 72). – Übergang des Anspr auf den Versorggs- u VersTräger vgl Anm 6 Ba.

4) Unterhaltsberechtigte nach Abs II. Gesetzl UnterhPfl ist Vorauss. Den Kreis der gesetzl Unterh- Pflichtigen bestimmen §§ 1360ff, 1570ff, 1601ff, 1615aff, 1736ff, 1739, 1754, 1755; Vorauss ist regelm Bedürftigk des UnterhBer, § 1602. Sow jedoch die Ehefrau ihre UnterhPfl der Familie ggü durch Führg des Haushalts od dch gesteigerte MitArb in Beruf od Gesch des Ehem erfüllt (§ 1360, BGH **77**,157), kommt es auf die Bedürftigk des Mannes nicht an u umgekehrt. Diese ArbLeistg kommt daher dem Ehem u den Kindern als gesetzl geschuldeter Unterh zugute, so daß Ehem u Kinder nach Abs I, auch im Bereich der GefährdgsHaftg, Anspr gg den Schädiger haben (BGH **51**, 109), wobei sich die Höhe der Antle zueinand am ausgefallenen Unterh nach dem EinzFall bemißt (BGH NJW **72**, 251). Angem FamUnterh vgl § 1360a Anm 1. Die zur Deckg des Wohnraumbedarfs einer Familie unterhrechtl geschuldeten HaushKosten bemessen sich nach dem Mietwert einer dem Eigenheim nach Ortslage, Zuschnitt u Bequemlichk vergleichb Wohng (BGH NJW **85**, 49). – Sow Bedürftigk AnsprVorauss ist, genügt es, daß sie erst später eintritt od ein zunächst UnterhPflichti- ger später fortfällt. Solange Bedürftigk nicht eingetreten ist od der entstandene od noch entstehde Schad nicht od nicht voll beziffert werden kann, gibt es nur FeststellgsKl (BGH NJW **56**, 1479). An die BewFührg dürfen keine strengen Anfdgen gestellt werden, ausreichd ist der Bew einer nicht eben entfernt liegden Möglichk (BGH **LM** Nr 9). Ebso FeststellgsKl, wenn der getötete Angehör, zB mj Sohn, erst später unterhPfl geworden wäre. Kl- u UrtTenor etwa: Es wird festgestellt, daß der Bekl der Klin SchadErs dch Entrichtg einer Geldrente zu leisten hat, sobald sie von ihrem am ... getöteten Sohn Unterh hätte verlangen können. Da das die UnterhPfl begründde Verhältn z Zt der Verletzg, also nicht z Zt des Todes bestanden haben muß, steht der Witwe, die den bereits Verl geheiratet hat, der Anspr nicht zu; ebso nicht dem von ihr Verl Erzeugten (vgl II S 2) u der z Zt der Verl Verlobten (Ffm VersR **84**, 449). Darüber, ob der Dr zur Zt der Verl bereits erzeugt war, ist gem ZPO § 286 ohne Bindg an §§ 1592, 1600 o II S 3 zu entsch.

5) Entziehung des Rechtes auf Unterhalt durch Tötung (Abs II) ist weitere Vorauss des ErsAnspr, also auch LeistgsFähigk des UnterhVerpfl (BewLast beim Berecht) u Beitreibbark (BGH NJW **74**, 1373). UnterhSchad auch, wenn die UnterhPfl auf die Erben übergeht, diese aber tats zur Leistg nicht in der Lage (RG **74**, 375), od aus RGründen zu geringeren Leistgen befugt sind. Erlischt die UnterhPfl mit dem Tode, so kann sich der ErsPflichtige nicht darauf berufen, daß nunmehr ein and hilfsw zur UnterhGewährg verpflichtet sei, § 843 IV iVm § 844 II S 1. § 843 IV jedoch unanwendb, wenn nur der UnterhPflichtige, nicht aber die UnterhQuelle gewechselt hat, wenn also auch nach dem Tode dem UnterhPflichtigen der Unterh ebso vor her aus denselben Einkünften gewährt wird (Mü VersR **67**, 190). Ebso wird dem Kind dch den Tod der Mutter kein UnterhAnspr gg diese entzogen, wenn ihm dch den Tod des Vaters – sei es bei dem näml Unfall – im Erbweg Verm zufällt, dessen Einkünfte den Unterh des Kindes decken (BGH NJW **74**, 745). Auf den Fall, daß dem Dritten ein UnterhSchad inf KörperVerl des UnterhVerpfl entsteht, ist Abs II nicht entspr anwendb (BGH NJW **86**, 984).

6) Geldrente (Abs II) ist SchadErs, u zwar Ers des tats Ausfalls (BGH **LM** § 844 Abs 2 Nr 2). Ob Abs II auch die UnterhRückstände erfaßt, ist bestr; bej, soweit der Getötete in der Lage gewesen wäre, sie im Laufe der Zt zu tilgen (Nürnb VersR **71**, 921, Düss FamRZ **70**, 103; verneind BGH NJW **73**, 1076, KG NJW **70**, 476, Mü NJW **72**, 586), vgl auch § 843 Anm 4. Die Bewertg entgangener HaushFührg bestimmt sich konkret nach dem tats erfdl Aufwand, wobei aber dem Schädiger nicht zugutekommen darf, daß der Schad teilw interfami- liär aufgefangen wird (BGH VersR **86**, 790).

A) Höhe.
a) Maßgebend sind der nach den famrechtl Vorschr (vgl Anm 4) geschuldete, nicht der tatsächl gewährte Unterh (BGH DAR **89**, 21), also die Anspr, die die Hinterbliebenen gg den Getöteten währd der mutmaßl Dauer seines Lebens gehabt hätten (BGH NJW **69**, 1667, BGH DAR **86**, 114: Beihilfeleistgen des Dienst- herrn). Dabei sind die letzten (Köln VersR **69**, 382) EinkVerh des UnterhPfl u deren voraussichtl Entwicklg zu

berücksichtigen (BGH VersR **64**, 597). Der UnterhSchad ist nicht ident mit dem Teil des Eink des Getöteten, der über seinen eig Bedarf hinausging (Stgt VersR **69**, 720). Fixe Kosten s unten Anm b. Bei Eink aus einer Gesellsch kommt es nicht auf tats Entnahmen, sond auf den Umfang des EntnahmeR an (BGH VersR **68**, 770). Anderers ist VermBildg zu Lasten der für den Unterh verfügb Mittel anzuerkennen (BGH aaO). Der UnterhAufwand ist nicht in einem best Prozentsatz des Eink des Getöteten, sond in den Beträgen auszudrükken, die er zur Erf seiner UnterhPfl hätte aufwenden müssen (BGH VersR **64**, 597). Zum Eink gehören unabhäng von ihrer Bezeichg, ihrer steuer- od sozialrechtl Behandlg all Bezüge, sofern sie nicht von vornherein dch ihren bes VerwendsZweck aufgebraucht werden. Zu berücksichtigen sind also als Eink des Getöteten zB VerlRente seitens einer Berufsgenossensch (Brschw VersR **79**, 1124), KriegsbeschRente (BGH NJW **60**, 1615), Auslöse, sow sie nicht dch die erhöhten Aufw des auswärts Arbeitden aufgezehrt wird (Saarbr VersR **77**, 272:50%), UrlGeld, Gratifikation, LeistgsZuschlag, Treueprämie (BGH NJW **71**, 137). Ohne Bedeutg sind dagg die Verhältn des ErsPflichtigen. – Die Aufw des Ehem für eine angem Altersversorgg können seiner Witwe als Tl des ihr entgangenen Unterh zugebilligt werden (BGH VersR **71**, 717), ebso der Tl der Einkünfte, der üblicherw für die spätere Altersversorgg des UnterhBerecht zurückgelegt worden wäre (BGH VersR **56**, 38), u die Prämien, die der Erbl für eine Lebens- od Unfallvers weiter hätte zahlen müssen, wenn er nicht vorzeitig gestorben wäre (BGH **39**, 254). Die UnterhLeistg kann auch in Dienstleistgn der nichtehel Mutter ggü dem pflegebedürft Kind (BGH NJW **53**, 619) bestanden haben. Der UnterhSchad dch den Tod der Mutter ist unter Berücksichtigg v HaushFührg u BarEink zu ermitteln, weil die Berufstätigk die Mutter nicht von der Sorge um die pers Betreuung und Erziehg der Kinder befreit (BGH FamRZ **76**, 143).

b) Kinder. Das Maß des zu ersetzden Unterh best sich danach, welchen Betr seines Eink der UnterhPflichtige hätte aufwenden müssen, um seinem Kind denjen LebensUnterh zu verschaffen, der nach der Lebensstellg der Eltern des Kindes angem ist. Dabei ist gg eine Bemessg der UnterhAntle der Kinder am verteilb Eink des Getöteten nach Abzug der fixen Kosten nach richterl SchätzgsErm aGrd von Quotentabellen (Eckelmann-Nehls-Schäfer NJW **84**, 946, RegelUnterhVO, Nürnb-Tabelle, Düss Tabelle) unter Berücksichtig der Besonderh u Auswertg dieser Tabellen, auch mit einigen % Abweichg von den dort Quoten nach oben od unten, nichts einzuwenden (BGH NJW-RR **87**, 538, NJW **88**, 2365). Die Quote für Kinder in versch Altersgruppen muß wg unterschiedl tats Bedarfs nicht gleich hoch ausfallen, eine Staffelg je nach Alter ist angebracht (BGH NJW **88**, 66 u 2365: 15–23,5% für Kinder von 4 bis 10 Jahren). Vorweg abzuziehde fixe Kosten sind diejen HaushAusgaben, die unabhäng vom Wegfall eines FamMitgl weiterlaufen; dazu können auch die Kosten für Haltg eines Kfz gehören (BGH NJW **88**, 2365). Diese fixen Kosten sind auf die UnterhBerecht nach den Umst des EinzFalles aGrd richterl SchätzgsErm zu verteilen, wobei idR ein höherer Antl auf die Witwe als auf die Kinder entfällt (BGH NJW **88**, 2365). IF der Tötg der Mutter u entgeltl Unterbringg bei Verwandten sind die dafür erforderl Kosten zu ersetzen (BGH NJW **82**, 2864), sonst sind AnhPkt die übl Kosten einer gleichwert Unterbringg in einer fremden Familie ohne die gesondert zu berechnden Sachleistgn für Verpflegg, Kleidg etc (BGH NJW **71**, 2069). Im Falle einer notw Heimunterbringg sind die Heimkosten abzügl anzurechnden BarUnterh zu ersetzen (Düss VersR **85**, 698). Bei Tötg beider Elternteile sind iF der Nur-Hausfrauenehe der vom Vater geleistete Bar- u der von der Mutter geleistete NaturalUnterh als gleichwert anzusehen; bei od einverständl AufgTeilg, insbes iF der Berufstätigk auch der Mutter in intakter Ehe, bewertet sich der Anteil am BarUnterh idR nach dem Verhältn der ErwerbsEink der beiden Elternteile, der Anteil am NaturalUnterh im umgekehrten Verhältn; je nach dem EinzFall bedarf dieses Schema der Korrektur (BGH NJW **85**, 1460). Bei einem nichtehel Kind kann als BewertgsMaßstab dafür der Regelbedarf als AusgangsPkt genommen werden (Celle VersR **80**, 583). Rückstände s oben. Kein Ers für das vom Getöteten bezogene Kindergeld (BGH DAR **80**, 85).

c) Die Witwe kann als UnterhRente eine betragsmäß zu errechnende Quote vom verteilb Eink des verstorbenen Ehem verlangen. Für die Festsetzg des %-Satzes gelten die Ausf vorstehd Anm b (BGH NJW-RR **87**, 538). Die Witwe kann auch Ers dafür fordern, daß sie inf des vorz Ablebens ihres Mannes ein geringeres od überh kein Witwengeld erhält (BGH **32**, 246, Warn **70**, 322), desgl auch Ers für Verringerg der Sozialrente inf des Todes ihres Mannes (Düss VRS **3**, 329). Hat die Witwe neben ihrem getöteten Ehem zum FamUnterh beigetragen, so ist ihr an Unterh nur der Tl entgangen, den der Ehem zu den HaushKosten u zu ihren pers Bedürfn zugesteuert hatte (BGH NJW **83**, 2315). BerechngsBeisp, wenn der getötete Ehem im Betr der Frau mitgearbeitet hat, BGH NJW **84**, 979. Dch den Tod des Ehem hat die Witwe nicht nur den UnterhAnspr verloren, sond ist auch von ihrer UnterhVerpfl aus eig ArbEink od Renteneinkünften (BGH FamRZ **83**, 567) ihm ggü frei geworden. Inwieweit dieser Vort den ErsAnspr wg des UnterhSchad mindert, beurt sich nach den Grds der VortAusgl (BGH VersR **83**, 726). Ein schadmindernder Umst kann dem Schädiger nicht zugute kommen, wenn ihn seine Berücksichtigg bei Würdigg aller Umst unbill entlasten würde. Hat die Witwe für ein Kind, nach überwiegder Auffassg bis zu 15 Jahren, zu sorgen u war sie ihrem Mann ggü zu einer Erwerbstätigk nicht verpfl, braucht sie weder den nach Berücksichtigg ihrer Rentenbezüge verbleibden RestBetr dch Aufn eig ErwerbsTätigk selbst zu verdienen (Celle FamRZ **80**, 137) noch sich den Ertr ihrer Arb auf den UnterhSchad anrechnen zu lassen (BGH VersR **69**, 469); ebso nicht eine 74jähr Witwe ihr ArbEink, das sie neben ihrer Rente freiwill erzielt (KG VersR **71**, 966). Sie kann sich jedoch nicht darauf berufen, daß die Söhne ohne die Tötg des Vaters eine bessere Ausbildg genossen u ihr dann mehr Unterh gewährt hätten (KG JW **36**, 464). Einer jungen, arbfäh, kinderl Witwe ist im allg zuzumuten, zum Zwecke der SchadMinderg einen ihrem soz Stand u ihren Fähigk angem Beruf auszuüben (BGH NJW **76**, 1501).

d) Der Witwer hat Anspr auf diejen Mittel, die erforderl sind, um den Wegfall der geschuldeten UnterhLeistgn, sei es in der HaushFührg, sei es dch geschuldete MitArb in Beruf od Gesch (BGH NJW **80**, 2196) auszugleichen, sow sie ihm zugute kamen. Dabei kommt es auf das Maß des rechtl geschuld, nicht des tats geleisteten UnterhBeitr der Ehefr an. Geschuldet ist die HaushTätigk so, wie es dem Einvernehmen beider Eheg entspricht; der Anspr auf SchadErs wg entgangener HaushTätigk besteht grds auch dann, wenn die Eheg den Haush zu gleichen Teilen besorgt haben (BGH **104**, 113: zeitl Mehraufwand des hinterbliebenen Eheg). AnhPkt für den Wert der HaushFührg ist die NettoVergütg einer vergleichb ErsKraft (BGH **86**, 372), wobei die Größe des Haush, der Umfang der anfallden Arb unter Berücksichtigg des Wegfalls der Ehefr u

Mutter (BGH VersR 82, 951), die zur Vfg stehden Hilfsmittel, die erforderl Kenntn u Fähigk der ErsKraft u die übl Vergütg zu berücks sind. Zu ersetzen sind die angem tats Aufw, wenn dch sie der entstandene Schad vollständ ausgeglichen wird; erledigt die ErsKraft nur einen Tl der Arb, zB weil der Schad innerfamiliär aufgefangen wird, so darf dies dem Schädiger nicht zugute kommen (BGH NJW-RR 86, 1217). Zu den Kosten einer fiktiven ErsKraft sind nicht die ArbGAnteile zur SozVers hinzuzurechnen (BGH NJW 82, 2866). Aus ArbEink der getöteten Ehefr aus eig ErwTätigk, auch wenn sie zu ihr nicht verpfl war, hatte sie einen Beitrag zum FamUnterh zu leisten; auch sein Wegfall ist desh zu ersetzen (BGH NJW 74, 1238). Berechnungs-Beispiel, wenn beide Eheg Bareinkommen erzielten, BGH VersR 84, 81. – Nach den Regeln des VortAusgl ist zu best, inwieweit eines der Wegfall der eig UnterhVerpfl ggü der Ehefr (BGH NJW 71, 2066), ands deren über das ges geschuldete Maß hinausgehde tats ArbLeistgen (BGH NJW 79, 1501) zu berücksicht sind. Bestehen neben dem Anspr des Witwers gleichart UnterhAnspr von Kindern, so bemißt sich der Schad des einz UnterhBerecht nach dem auf ihn entfallden Ant an der von der Ehefr u Mutter geschuldeten HaushFührg (BGH NJW 72, 1130). Bei Ermittlg der zur Erf der ges UnterhPfl erforderl ArbZeit ist auf eine der übl SchätzgsMethoden abzustellen (BGH NJW 79, 1501), auch ErfahrgsWerte in Tabellen dürfen der Ger heranziehen (BGH VersR 88, 390). Eine MitVerpfl der heranwachsenden Kinder u des pensionierten Ehem zur MitArb im Haush ist zu berücksichtigen, so daß im EinzFall eine stundenw bez Hilfskraft zum Ausgl der ausgefallenen HaushFührg dch die Ehefr u Mutter ausr sein kann (BGH FamRZ 73, 535). Muß der Geschäd die SchadErs-Renten versteuern, so hat ihm der Schäd diese Steuer zu ersetzen, nicht dagg sonst dch Aufhebg der Ehe entstandene steuerl Nachteile wie Verlust des Splittingtarifs, Verringerg steuerfreier PauschalBetr (BGH NJW 79, 1501). Der SchadErsAnspr des Witwers wg Tötg seiner zweiten Ehefr erstreckt sich nicht auf die weggefallene unentgeltl Versorgg seiner erstehel Kinder dch die zweite Ehefr; der dadch entstehde Mehraufwand zur Erf seiner ges UnterhPfl kann aber iW der VortAusgleichung auf seine UnterhErsparn angerechnet werden (BGH NJW 84, 977).

e) **Vorteilsausgleichung, insbesondere Anrechnung von Versicherungs-, Versorgungsleistungen, gesetzlicher Forderungsübergang, Erbschaft** vgl Vorbem 7 vor § 249. Auf den SchadErsAnspr sind diejen finanziellen Vortle anzurechnen, die mit dem SchadEreign korrespondieren (BGH VersR 84, 936). Die begrenzten Anspr mittelb geschädigter Hinterbliebener erlauben nur VortlsAnrechng, soweit die mit der Verwertg der ArbKraft in unmittelb Zushang steht (BGH NJW 84, 979). Haftet der Schädiger nur auf eine Quote, so sind Renteneinkünfte der Witwe bzw des Witwers nur insow schadmindernd zG des Schädigers zu berücksichtigen, als die Ersparn den von der Witwe bzw dem Witwer selbst zu tragden SchadTl übersteigt (BGH VersR 83, 726, VersR 87, 70).

B) **Dauer der Rente. a) Mutmaßliche Lebensdauer des Getöteten.** Die Rente kann nur beansprucht werden für die Zeit, in der der Getötete währd der mutmaßl Dauer seines Lebens unterhpfl gewesen wäre. Jedoch kann hieraus nicht allg gefolgert werden, daß ErsAnspr für die Zeit nach dem mutmaßl Ztpkt des Todes entfallen. Soweit näml der Getötete währd der mutmaßl Dauer seines Lebens für seine Angehör auch für die Zeit nach seinem Tode gesorgt haben würde, er hieran aber dch sein vorzeit Tod gehindert wordn ist, hat auch dieser erst nach dem mutmaßl Tode des Getöteten eintret Schad den Hinterbl zu erstatten (BGH 32, 246 m Anm von Hauß **LM** § 844 Abs 2 Nr 21). Die mutmaßl Lebensdauer des Getöteten ist unter Berücksichtigg von GesundhZustand, Alter, Beruf, Lebensgewohnh des Verl zu ermitteln. Die Rente ist daher trotz der Schwierigk der Ermittlg dieses Ztpktes kalendermäß abzugrenzen (RG 90, 226). Daß der Getötete ohnehin an einer Krankh zZt des Unfalls gestorben od aus gesundheitl Grden vorzeit erwerbsunfäh geworden wäre (überholde Kausalität), hat der Schädiger zu bew (BGH NJW 72, 1515). Unzul ist es, die Rente der Witwe für deren Lebenszeit mit der Begründg zuzusprechen, daß der Getötete vermutl ebso lange gelebt haben würde wie die unterhberecht Witwe (RG JW 27, 2371). – Ist der Anspr og den Schädiger nach § 116 SGB X, § 81a BVersG, § 87a BBG auf den Träger der Vers bzw der Versorgg od den Dienstherrn übergegangen, so kann er von diesen so lange geltd gemacht werden, als sie selbst die dch den Tod ausgelösten VersorggsAnspr der Hinterbl zu erfüllen haben, also nicht nur bis zu dem Ztpkt, in dem der Getötete Altersrente od Ruhegehalt bezogen hätte (noch BGH 1, 45), sond bis zu seinem voraussichtl natürl Tode (BGH (GrZS) 9, 179; aA Reinicke NJW 53, 1243). Zuläss Pauschbeträge vgl § 843 Anm 3. Übergang der Anspr gg nahe FamAngeh aus FahrlkHaftg für Körperschäden (§ 823 Anm 7 B e) verneint, weil gg den Schutzzweck der gesetzl VersorggsBest verstoßd (BGH 41, 79 zu früh § 1542 RVO, analog § 67 II VVG, BGH 43, 78: Versorgg nach BeamtenR); verneint auch Übergang der Anspr auf Erstattg der Beerdiggskosten in diesen Fällen, sow diese auf Abtretg gestützt werden (BGH 43, 79).

b) **Durch Wiederverheiratung** verliert die Witwe den Anspr nicht, vielm bleibt er insow bestehen, als sie in der neuen Ehe nur eine geringere Versorgg erhält. Es ist daher unzul, den Anspr bis zum Ztpkt der Wiederverheiratg zu beschränken (vgl § 843 Anm 7). Der Umst, daß die Witwe eine eheähnl LebensGemsch eingegangen ist, in der sie dch ihren Lebensgefährten Versorgg erhält, genügt allein bei der Feststellung ihres UnterhSchad nicht berücksichtigt werden. Der Wert der Haushaltführg ist aber unter dem Gesichtspkt der zumutb Erwerbsobliegenh (§ 254 Anm 3b dd) als Eink wie jede and Tätigk zu berücksichtigen (BGH 91, 357). **Adoption** von Unfallwaisen ist auf ihren SchadErsAnspr ohne Einfluß (BGH NJW 70, 2061; vgl auch § 1755 Anm 1 b). Wesentl Änderg der Verhältn kann von dem ErsPfl wie auch von dem ErsBerecht nach § 323 ZPO geltd gemacht werden (BHG 34, 115; vgl § 843 Anm 4 D d).

c) **Wegfall des Anspruchs.** Der RentenAnspr kann schon vor dem mutmaßl Lebensende des UnterhVerpfl wegfallen, wenn seine UnterhPfl früher endigen würde. Dabei ist darauf abzustellen, wie sich die RBeziehgn zw dem UnterhBerecht u dem unterhpflicht Getöteten bei Unterstellg seines Fortlebens entwickelt haben würden. Für die Beurteilg dieser künft Entwicklg benötigt der Richter eine greifb Tats als Ausgangsposition (BGH 54, 45 [55]). Nicht zu berücksichtigen ist in diesem ZusHang eine bloße Scheidgs-Abs, wohl aber die Erfolgsaussicht eines bereits erhobenen ScheidgsAntr (BGH Betr 74, 1284). Zu berücksichtigen ist ferner zB, wenn die Kinder wirtschl selbständ werden. Auch die Wahrscheinlichk der Heirat der Kinder ist in Betr zu ziehen (Düss NJW 61, 1408). UnterhRenten eines 8-jähr Kindes sind idR auf die

§§ 844–846   2. Buch. 7. Abschnitt. *Thomas*

Vollendg des 18. LebensJhres zu begrenzen u etwaige weitere Anspr dch ein FeststellgsUrt abzusichern (BGH NJW 83, 2197).

d) Die UnterhPfl kann auch erst gewisse Zeit nach dem Tode beginnen.

C) Verfahrensrechtliches. a) Best der mutmaßl Lebensdauer vgl § 843 Anm 4 B. Mehrere gg einen Bekl aus dem gleichen Ereign Berecht müssen EinzSummen angeben (BGH **11**, 181), dürfen aber eine and Aufteilg auf die einz Kl iR des insges geltd gemachten Betr dem Ger überlassen (BGH NJW **72**, 1716). – **b)** Leistgs- u Feststellgsklage vgl Anm 4 u § 843 Anm 4 D a. Klage nach § 323 ZPO u Antr auf Anpassg im vereinfachten Verf wegen wesentl Veränderg der Verhältn vgl § 843 Anm 4 D d. – **c)** Über Pfändgsschutz § 843 Anm 4 D c. – **d) Streitwert:** s § 843 Anm 4 D e. – Kapitalabfindg, Form der Entschädigg u UnterhPfl eines Dritten vgl § 843 Anm 6, 7.

845 **Ersatzansprüche wegen entgangener Dienste.** Im Falle der Tötung, der Verletzung des Körpers oder der Gesundheit sowie im Falle der Freiheitsentziehung hat der Ersatzpflichtige, wenn der Verletzte kraft Gesetzes einem Dritten zur Leistung von Diensten in dessen Hauswesen oder Gewerbe verpflichtet war, dem Dritten für die entgehenden Dienste durch Entrichtung einer Geldrente Ersatz zu leisten. Die Vorschriften des § 843 Abs. 2 bis 4 finden entsprechende Anwendung.

1) Allgemeines und Geltungsbereich vgl § 844 Anm 1. Ges FdgsÜbergang nach § 116 SGB X (BGH NJW **59**, 2062 für früh § 1542 RVO).

2) Dienstleistungspflicht kraft Gesetzes. Der Eheg erbringt weder dch die HaushFührg noch dch MitArb im Beruf od GeschDienste iS des § 845, sond erfüllt seine UnterhPfl. Sow er diese Tätig schuldete, bestehen ErsAnspr nur nach § 844 II, nicht nach § 845, der auch für darühinausgehde Dienste des getöteten Eheg keinen ErsAnspr gibt (BGH **77**, 157). Das gilt auch, wenn der getötete Ehem im Haush mitgearbeitet hat (Stgt VersR **73**, 1077). R des Eheg zu eig Erwerbstätig § 1356 II. Auch insow steht der ErsAnspr aus dem Aufhebg od Minderg der ArbKraft dem verl Eheg selbst zu (BGH NJW **59**, 172; aA Kropholler FamRZ **69**, 241). Kinder – auch nichtehel – ggü Eltern § 1619, auch Kinder aus nichtigen Ehen, ferner legitimierte, angen Kinder, §§ 1591 I 1 Halbs 2, 1671 VI, 1705, 1754, 1755. Die Ann familienrechtl Dienstleistg eines erwachsenen Sohnes im elterl Hof ist auch unter heut gesellsch Verh nicht ausgeschl (BGH NJW **72**, 429). Entscheidd ist nicht die Art der Dienste, sond nur ob sie in den Rahmen des Hauswesens od Gesch der Eltern fallen; also auch höhere Dienste (RG **162**, 119). Verh zum Anspr des Kindes selbst s unten Anm 3 f. Grdsätzl keine DLeistgsPfl der Eltern ggü Kindern (BGH VersR **85**, 290, Bambg NJW **85**, 2724). Keine Anwendg auf vertragl od tats DienstLeistgen sow, wenn etwa der Getötete mit seinem Eheg iR eines GesellschVerh (BGH NJW **62**, 1612) od ein Ordensbruder kr Satzg od Gelübde (Celle VersR **88**, 1240) tät war. – Dienstverpflg muß bereits im Ztpkt der Verl bestanden haben (Mü NJW **65**, 1439, KG NJW **67**, 1090).

3) Schadensersatz. a) Nur für die gesetzlich geschuldeten entgehenden Dienste. Unerhebl ist, ob der DVerpflichtete die Dienste tats geleistet hatte od nicht, od ob er dch eine berufl Tätigk ganz od teilw an deren Wahrnehmg verhindert war (BGH Betr **96**, 487). Bei Verl eines Eheg steht dieses selbst der ErsAnspr infolge Ausfalls seiner ArbKraft im Haush u im Beruf od Gesch des and Eheg zu. Hat der DBerecht ErsKräfte eingestellt, so sind grdsätzl die an diese geleisteten Zahlgen einschl etwaiger Kreditspesen zu ersetzen (Celle NJW **69**, 1671). – **b) Höhe der Geldrente:** ZPO § 287. Ausgangspunkt bieten die tats Verhältn im Ztpkt des Unfalles, doch ist die voraussichtl künft Entwicklg zu berücksichtigen. Zu ersetzen ist aber nicht der Schad aus Verlust der Dienste, sond der Wert der Dienste, das ist der Betr, der auf dem freien ArbMarkt für eine ErsKraft aufzuwenden ist, die die Leistgen des Verletzten erbringt (Karlsr FamRZ **88**, 1050), zuzügl Wert der SachAufw we Verpflegg usw. Über Anrechng der Ersparn vgl unter d. – **c)** Für die **Dauer der Rente** ist maßg, wie lange der DVerpflichtete voraussichtl die Dienste geleistet hätte. Auch hier keine schemat Beurteilg der voraussichtl ArbFähigk. Auch Annahme überdurchschnittl Lebenserwartg kann sachl gerechtf sein (BGH VRS **26**, 327). Etwaige Wiederverheiratg des Mannes ist unberücksichtigt zu lassen; für diesen Fall bleibt Abänderungsklage aus ZPO § 323. RentenAnspr endet in jedem Fall mit dem Tode des Dritten. – **d) Anrechnung anderer Renten** u Übergang auch der Anspr aus § 845 auf den Träger der Vers od Versorgg, vgl Vorbem 7 C c, E vor § 249. Keine Anrechng, sow diese Renten einem and Zweck dienen als dem Ausgl für die entgangenen Dienste (BGH NJW **62**, 800). – VortAusgleichsg wg Wegfalls der UnterhPfl nur, sow Ausgaben für Wohng u Verpflegg entfallen, im übr nicht (BGH **4**, 123, VersR **61**, 856). – **e) Übertragbarkeit.** And als in den Fällen der §§ 843, 844 ist § 850b ZPO nicht anwendb. Die Rente ist also pfändb, übertragb, verpfändb, aufrechenb u gehört zur KonkMasse. – **f) Verhältnis zum Anspruch des Kindes selbst aus § 842:** Dem Anspr der Eltern geht vor ein eig Anspr des verl Kindes nach § 842, sow es dch Aufn einer zumutb ErwerbsTätigk außer Haus seine ArbKraft zu verwerten vermag. Das Fehlen eines vorrang Anspr des Kindes selbst haben die Eltern zu beweisen (BGH **69**, 380). Ist das bereits berufstät Kind zur Mitarb in der NebenErwLandwirtsch der Eltern verpfl, können beide Anspr nebeneinand bestehen (Saarbr VersR **89**, 757). – **g) Streitwert:** § 843 Anm 4 D e.

846 **Mitverschulden des Verletzten.** Hat in den Fällen der §§ 844, 845 bei der Entstehung des Schadens, den der Dritte erleidet, ein Verschulden des Verletzten mitgewirkt, so finden auf den Anspruch des Dritten die Vorschriften des § 254 Anwendung.

1) Ausdehng der Anwendg des § 254. Mitw Versch des Verl beeinflußt die Anspr des Dr aus §§ 844, 845 in gleicher Weise wie eig Anspr des unmittelb Verl. Verletzter kann sich auch den nach §§ 844, 845 Berecht

Einzelne Schuldverhältnisse. 25. Titel: Unerlaubte Handlungen §§ 846, 847

ggü auf den gesetzl u vertragl Ausschl der Haftg dem Verletzten ggü berufen (vgl § 844 Anm 1). Handeln auf eig Gefahr vgl § 254 Anm 6. Einwand unzul RAusübg ist ggü den nach §§ 844, 845 Berecht in gleicher Weise wie ggü dem Verl mögl (RG **170**, 315). Sow die SchadErsAnspr der nach §§ 844, 845 Berecht kraft G auf Dritte übergegangen sind (Vers, Dienstherr), kann diesen ein eig mitw Versch ebso wie eine von ihnen zu vertret BetrGefahr nicht entggehalten werden. – Grds des § 846 auch im HaftPflRecht anwendb (BGH NJW **61**, 1966). Unanwendb jedoch auf Fälle, in denen eine schadstiftde Einwirkg auf einen Dr begriffl kein notw Erforderm für die zum Schad des Verl führende Ursachenreihe ist (BGH NJW **56**, 260: AmtsPflVerletzg bei der Beurkundg eines Testamentes; SchadErsAnspr dessen, der hierdch nicht Erbe wird).

2) Keine entsprechende Anwendung, wenn bei einer dch Unfall eines nahen Angehör seel verurs GesundhBeschädigg (Vorbem 5 B d vor § 249) den unmittelb Verl ein MitVersch trifft. Dieses Versch kann aber nach §§ 254, 242 anzurechnen sein, weil die psych vermittelte Schädigg nur auf einer bes pers Bindg an den unmittelb Verl beruht (BGH **56**, 164; vgl § 254 Anm 5 c).

847 *Schmerzensgeld.* [1]**Im Falle der Verletzung des Körpers oder der Gesundheit sowie im Falle der Freiheitsentziehung kann der Verletzte auch wegen des Schadens, der nicht Vermögensschaden ist, eine billige Entschädigung in Geld verlangen. Der Anspruch ist nicht übertragbar und geht nicht auf die Erben über, es sei denn, daß er durch Vertrag anerkannt oder daß er rechtshängig geworden ist.**

[II] **Ein gleicher Anspruch steht einer Frauensperson zu, gegen die ein Verbrechen oder Vergehen wider die Sittlichkeit begangen oder die durch Hinterlist, durch Drohung oder unter Mißbrauch eines Abhängigkeitsverhältnisses zur Gestattung der außerehelichen Beiwohnung bestimmt wird.**

Neueres Schrifttum: Braschos, Der Ers immat Schad im VertrR, 1979; Ebel, Zur HöchstPerslk des SchmerzGAnspr, VersR **78**, 204; ADAC-Handbuch, Hacks-Ring-Böhm, SchmerzGBeträge; Hupfer, SchmerzG bei VerkUnfällen, **77**, 781; Lemcke-Schmalzl u Schmalzl, Tendenzen u Entwicklgen in der neueren SchmerzGRspr, MDR **85**, 272, 358.

1) Allgemeines.

a) Bedeutung. Ausn von dem Grds, daß NichtVermSchad nicht in Geld zu ersetzen ist, § 253. Der SchmerzGAnspr bildet selbständ Anspr neben dem auf Ers der HeilgsKosten u auf Rente; er ist nicht etwa nur RechngsPosten des GesSchad. Daher keine Auswechslg mit and ErsAnspr (RG **140**, 392). Doch genügt für RechtsHängigk Einklagg v VermSchäd u SchmerzG in einer Summe, ggf ist Aufteilg auf Hinw nach § 139 ZPO erforderl (BGH **LM** § 253 Nr 11). **Anwendbar** auf alle uH des BGB, auch aus § 831 (Ffm VersR **75**, 267), § 833 (BGH NJW **77**, 2158). Bei Verl der allg PerslkR vgl § 823 Anm 14 F. Bei Verl des UrhR in bes Fällen s § 97 II UrhG. **Nicht anwendbar** auf and Tatbestd, insb nicht auf Haftg aus HaftpflG, StVG, LuftVG, EVO § 4, auf Haftg aus öffrechtl Verpflichtg (RG **112**, 290, BGH **4**, 147); od wenn Anspr gg Verletzer nach §§ 636, 637 RVO (vgl § 611 Anm 14a cc) ausgeschl (BAG BB **67**, 670). Dies ist auch bei unfallvers Zahlern untereinand der Fall (LG Hann VersR **76**, 1153). Der Ausschl ist verfmäß (BVerfG NJW **73**, 502). Ggü SchadErsAnspr des Nothelfers wg Verl bei der HilfeLeistg, die nach § 539 I Nr 9a RVO versichert sind, kann derjen, dem die Hilfe geleistet worden ist, sich grdsätzl nicht auf das HaftgsPrivileg aus § 636 RVO berufen (BGH NJW **81**, 760). Unanwendb, wenn durch VersorggsG (BBG, BVersG usw) ausgeschl, vgl Einf 2 d vor § 823 (BGH VRS **26**, 334 zu § 91a SoldVersG). Desgl unanwendb auf Vertragshaftg, auch iF des § 618 (RG **113**, 287) u des § 670 (BGH NJW **69**, 1665). – In den ZugewinnAusgl ist § 847 vorbehaltl der HärteRegelg in § 1381 einzubeziehen (BGH **80**, 384). – Keine analoge Anwendg, da AusnBestimmg.

b) Wesen des Anspruchs. Der SchmerzGAnspr ist im wesentl auf den **Ausgleich der Schäden** des Verl gerichtet, also SchadErsAnspr. Der Verl soll dch das SchmerzG in die Lage versetzt werden, sich Erleichtergen u and Annehmlichk an Stelle derer zu verschaffen, deren Genuß ihm dch die Verletzg unmögl gemacht wurde. Darüberhinaus soll das SchmerzG auch zu einer wirkl **Genugtuung** führen (BGH (GrZS) **18**, 149; krit Pecher AcP **171**, 44 [70]; abl Honsell VersR **74**, 205, Nehlsen-v Stryk, JZ **87**, 119). Einheitl Anspr; keine Aufspaltg in einen Betr zum Ausgl immaterieller Schäden u einen solchen, der der Genugtuung dienen soll (BGH VersR **61**, 164). Honsell VersR **74**, 205 hält desh die Genugtuungs-Funktion für überflüss. Bei VerkDelikten tritt die Genugtuungsfunktion des SchmerzG hinter der AusglFunktion zurück (BGH **18**, 149); ebso wenn der Täter bestraft worden ist (Düss NJW **74**, 1289). Strafgerichtl Verurteilg des Schädigers ist auf das SchmerzG anzurechnen (Celle JZ **70**, 548 mit Anm von Deutsch). Bes Bedeutg gewinnt die Genugtuungsfunktion, wenn die bes Schwere der Verl (schwerste HirnVerl, die zum Erlöschen aller geist Fähigken u der wesentl SinnesEmpfindgen führt) die AusglFunktion unmögl macht, weil die schadbedingte Zerstörg der Persönlk dem Verl die Eins sowohl in ihren Verlust wie in die Bedeutg des Ausgl nimmt. Der Anspr auf SchmerzG wird nicht dadch ausgeschl, daß der Verl mit Wahrschlk keine Schmerzen u mit Sicherh keine Genugtuung empfinden kann. Die Höhe des SchmerzG ist in diesem Fall nach seiner zeichenh Sühnefunktion auszurichten (BGH NJW **76**, 1147, Hamm NJW-RR **88**, 1301). BemessgsGrdl vgl Anm 4a. Bei rechtsw Körperverl ist Anspr nicht desh abzulehnen, weil beim rechtm Eingr ähnl Schmerzen entstanden wären (BGH VersR **67**, 495).

c) Mitwirkendes Verschulden des Verl ist nach § 254 als einer der BewertgsFaktoren, nicht quotenmäß (Karlsr VersR **88**, 59) mindernd zu berücksichtigen. Demnach auch die BetrGefahr, für die Verletzter, zB als KfzHalter, einzustehen hat (BGH **20**, 259; vgl auch § 254 Anm 2a). § 254 II 1 aE ist anwendb; daraus folgt Obliegenh des Geschäd, den Schad dch zumutb Maßn zu mindern (vgl § 254 Anm 3b). Der Erfolg solcher zumutb Bemühg soll auch dann anspruchsmindernd berücks werden, wenn er nur wg einer dem Verl eig außergewöhnl Willenskraft mögl war (BGH NJW **70**, 1037; aA Nürnb VersR **69**, 91). Stehen dem Verl, den mitw Versch trifft, mehrere Schädiger ggü, gilt bei Mittätern der Grds der GesSchau (vgl § 840 Anm 2d). In and Fällen kann die Höhe der angem Entsch bei jedem einz Beteil entspr den Grds der Anm 4 unterschiedl sein (BGH 54, 283).

d) Mehrere Schädiger vgl § 830 Anm 2, § 840 Anm 2c; im Verh zu mitw Versch des Verl vorstehd Anm c.

2) Voraussetzungen. Verl von Körper od Gesundh od FreihEntziehg, Abs I. Ganz geringfüg Körper-Verl (SchürfVerl) u kurzfrist rdwidr Festhaltg auf PolDienststelle ohne erhebl psych Beeinträchtigg rechtfert kein SchmerzG (KG NJW 78, 1202, KG OLGZ 73, 327; aA LG Oldbg MDR 82, 143). Bei Frauen außerdem (Abs II) Verbrechen od Vergehen gg die Sittlichk (StGB §§ 174ff, 182) sowie Tatbestd des § 825. Auch Mädchen im Kindesalter. SchmerzG bei Verl des allg PersönlichkR vgl § 823 Anm 14 F.

3) Nichtvermögensschaden. a) Nachteilige Folgen. Schmerzen, für die körperl u seel Verfassg des Verl, also Kummer u Sorgen, Unbehagen, Bedrückg inf Entstellg, Wesensänderg (BGH VRS **79**, 169), Schmälerg der Lebensfreude (vgl Anm 1b). Immer aber muß es sich bei den psych Schäden um solche handeln, die sich als adäquate Folge einer Körperverl od einer medizin diagnostizierb GesundhBeschädigg darstellen (Hamm VersR **79**, 579; vgl Vorbem 5 B d vor § 249). Schwangersch u Geburt eines Kindes sind als solche keine Verl der Gesundh u rechtf desh kein SchmerzG (Karlsruhe NJW **79**, 599). Ausfall eines geplanten Urlaubs ist außerh des § 651 f II kein ersetzb VermSchad, kann aber bei Bemessg des SchmerzG berücksichtigt werden (BGH **86**, 212).

b) Beispiele: Meniskusverl (Mü VersR **74**, 269). Komplizierter Unterschenkelbruch mit ungünst Heilverlauf (Celle VersR **73**, 60). Mehrere schwere Brüche (Celle VersR **79**, 451). Oberschenkelamputation (Nürnb NJW **82**, 1337, Kln VersR **88**, 277). Unterschenkelamputation (Schlesw VersR **78**, 1028). Beinamputation bei Säugling (Mü VersR **78**, 285). Verkürzg u Vernarbg eines Beins bei 18jähr Mädchen (Köln Betr **73**, 617). Versteifg eines Kniegelenks u BeinVerkürzg (Oldbg VersR **83**, 1064). DauerSchäd an verletztem Hüftgelenk (Hamm VersR **80**, 291). Fehlgeschlagene Hüftgelenkoperation (Düss VersR **87**, 569). Dauernde Einschränkg der Beweglichk eines Armes (DüssVersR **84**, 1045). Schwerste Verl mit irreparablen körperl Schäd (KG VersR **79**, 624). Schädelbruch, schwere Gehirnerschütterg, diverse Brüche, Wesensveränderg u dauernder Erwerbsverlust (Karlsr VersR **88**, 850). Gehirnquetschg, Gehörverlust u PersönlkVeränderg (Zweibr VersR **76**, 74). Sehr schwere Verl mit Gehirnquetschg, die nach 3jähr Bettlägrigk zum Tode führen (Düss VersR **77**, 60). Schwere Gehirnschädigg mit verbleibder Hirnleistgsschwäche (Hbg VersR **85**, 646). Schwere KopfVerletzg bei bleibdem psychoorgan Syndrom mit HirnleistgsSchwäche u organ Wesensveränderg (Mü VersR **84**, 342). Querschnittssyndrom mit schwersten Lähmgen, Potenzverlust, Rollstuhlbindg (KG NJW-RR **87**, 409). Inkomplete Querschnittslähmg (Ffm VersR **89**, 254). Luftröhrenabriß, Kehlkopffraktur u schweres Schädelhirntrauma mit Dauerfolgen (Stgt VersR **80**, 342). Schwere Vergiftgsschäd mit Erblindg u Verlust des Ehepartners (BGH VersR **87**, 939). Zungen- u MundVerletzg bei zahnärztl Behandlg (LG Bielef VersR **74**, 66). Gehirnerschütterg mit Schädelbasisbruch (Stgt DAR **75**, 70). Schwere VerbrenngsVerl (Kln VersR **89**, 750). Schwerste körperl u geist-seel Beeinträchtiggen eines 6jähr Jungen (KG DAR **75**, 158). Schwere BrandVerl mit Entstellg im Gesicht (Ffm JZ **78**, 526). Verlust des Geschlechtsorgans bei 10jähr Jungen (Saabr NJW **75**, 1467). Querschnittlähmg (Ffm VersR **88**, 1180, KG NJW **74**, 607). Halsmarklähmg iVm Blasen- u Mastdarmlähmg, Unterschenkelschrägbruch (Oldbg VersR **87**, 1150). Bes schwere Beeinträchtiggen, die im geist-seel Bereich über die Folgen schwerster Querschnittslähmgen hinausgehen (BGH VersR **86**, 59). Beckenringbruch u and Verl mit Unfallschock (Bambg VersR **79**, 534). GesichtsVerletzg mit Entstellg u Schädigg des Trigeminusnervs bei 31jähr Frau (Hbg VersR **73**, 1151). Völl Erblindg (Saabr NJW-RR **87**, 984). Verlust eines Auges (KG DAR **74**, 125, Celle DAR **75**, 302). 80% Sehverlust auf einem Auge (Stgt VersR **77**, 580). Starke Beeinträchtigg der Sehfähigk (Oldbg VersR **86**, 69). Herabsetzg der Sehkraft eines Auges, Ausfall des zentralen Gesichtsfelds, Schielstellg u partielle Pupillenlähmg (Stgt VersR **78**, 652). Erblindg beider Augen u hirnorgan Schädigg mit Wesensveränderg, Leistgs-Ausfall u traumat Epilepsie (Zweibr VersR **81**, 660). Trümmerbruch der Nase mit Verlust des Geruchsinns bei einem Koch, Schleudertrauma der Halswirbelsäule (Ffm VersR **87**, 1140). Verminderg der Heiratsaussichten, sow nicht Schaden nach § 842 (BGH **LM** Nr 14, Celle NJW **68**, 1677). Verstärkg der Leiden dch langdauernden Proz (BGH BB **60**, 574). Nervenschock mit andauernder schwerer psych Beeinträchtigg als Folge der Benachrichtigg von dem Unfalltod des Ehem (Mü VersR **70**, 525). Unfallbdgte Totgeburt im achten SchwangerschMonat (LG Ellwangen VersR **73**, 1127). Vergewaltigt (Düss NJW **74**, 1289). Libidoverlust (Celle NJW **67**, 1514). Verlust eines Hodens (Kln VersR **78**, 1075). Harnincontinenz u Impotenz (Hamm VersR **88**, 1181). Schmerzen bei SchwangerschUnterbrechg nach fehlgeschlagener Sterilisation (Brschw FamRZ **80**, 240). Fehlerh SterilisationsEingr, als Folge davon ungewollte Schwangersch (BGH NJW **80**, 1450; krit Stürner FamRZ **85**, 761). Unterbliebene Aufklärg über Mißerfolgsquote einer Operation, vollständ Harndranginkontinenz (Mü VersR **88**, 524). FreihEntziehg dch Unterbringg in geschlosser Anstalt inf grobfahrl unricht psychiatr Gutachtens (Nürnb NJW-RR **88**, 791).

4) Billige Geldentschädigung.

a) Höhe gem ZPO § 287 nach freiem Erm zu bestimmen. Es muß das Bemühen um eine angem Beziehg der Entschädigg zu Art u Dauer der Verletzgen unter Berücksichtigg aller für die Höhe maßgebl Umst erkennen lassen u darf nicht gg RSätze, DenkGes u ErfahrgsSätze verstoßen (BGH VersR **88**, 943). **Bemessungsgrundlagen** (vgl BGH GrZS **18**, 149) sind Ausmaß u Schwere der psych u phys Störgen, die persönl u VermVerh des Verl u des Schädigers, also Maß der Lebensbeeinträchtigg, Größe, Dauer, Heftigkeit der Schmerzen, Leiden, Entstellgen, Dauer der stationären Behandlg, der ArbUnfähigk u der Trenng von der Familie, Unübersehbk der weiteren KrankhVerlaufs, Fraglk der endgült Heilg, ferner Grad der Versch, des MitVersch des Verl u sonstige Umst des Falles, zB Bestehen einer HaftPflVers für den Schädiger, grdlose Verzögerg der Regulierg (Karlsr NJW **73**, 851), zusätzl Belastg dch langwier RStreit (BGH VersR **70**, 134) od verschweigen einer Fehldiagnose (Karlsr VersR **88**, 1134), uneinsicht Verhalten des Vers, das zu unnöt langer ProzDauer führt u damit Verschlimmerg der Leiden des Verl zur Folge hat (Kblz VersR **70**, 551);

Einzelne Schuldverhältnisse. 25. Titel: Unerlaubte Handlungen § 847 4, 5

Zahlungsverweigerg währd eines langen RStreits, jedoch nur, wenn der Schädiger seine LeistgsPfl kannte od kennen mußte, also nicht bei zweifelh RLage (KG VersR 70, 379), Verletzg des Mitfahrers einer Gefällk-Fahrt od eines Unbeteiligten (Nürnb NJW 71, 246). Familiäre Beziehgen zw Schädiger u Geschäd können, wenn die FamGemsch dch die AusglPfl übermäß belastet würde, die Pfl begründen, SchmerzG nicht geltd zu machen (BGH 61, 101, Karlsr VersR 77, 232). Daß der Geschäd die Verl nur wenig überlebt, auch wenn der Tod gerade dch das UnfallEreign verurs worden ist, ist ein Grd zur Minderg des SchmerzG (BGH NJW 76, 1147, Kln VersR 88, 61; aA Mü VersR 70, 463). Ebso bei der Bemessg des SchmerzG mindernd zu berücksichtigen, daß seine Funktion (Ausgl u Genugtuung) weitgehd entfällt, wenn der noch empfindgsfäh Verletzte inf der dch HirnVerl erlittenen Ausfälle unter seiner Beeinträchtigg weder körperl noch seelisch leidet (BGH NJW 82, 2123). Zul ist auch, die Unfallfolgen, die auf einer krankh Konstitution des Verl beruhen, geringer zu bewerten (BGH NJW 62, 243). Gesond Bemessg nach best, abgrenzb ZtAbschn u Addition zu einem GesBetr (so Hbg NJW 73, 1503) ist unzuläss, weil es sich um einen einheitl Anspr handelt (Oldbg NJW-RR 88, 615). Begrenzg auf einen best ZtPkt ist nur zuläss, wenn die zukünft Entwicklg noch nicht überschaub ist (Celle VersR 73, 60). Maßgebl Ztpkt: Letzte mdl TatsVhdlg (Nürnb VersR 68, 359). Bei der Bemessg dürfen nicht berücksichtigt werden GesichtsPkte des mat SchadAusgl, zB daß der Verl eine Rente der SchülerunfallVers erhält, auch wenn er keine Erwerbseinbuße erleidet (BGH NJW 82, 1589). VortAusgl (Vorbem 7 vor § 249) findet nicht statt (vgl Hüffer VersR 60, 500).

b) Kapital oder Rente. Regelm Kapital, doch ist uU Rente, insb bei dauernden Nachteilen, zweckm (BGH 18, 167, NJW 57, 383). Die Rente muß in einem ausgewogenen Verh zu vergleichb KapBeträgen stehen, also bei Berechng der KapLeistg annähernd einem vergleichb KapBetrag entsprechen (Celle VersR 77, 1009). Auch für gewisse Zeitabschnitte, wenn die Auswirkgn der Verl nur für einen best Zeitraum übersehb (BGH VersR 61, 727); dabei LeistgsKl für Vergangenh, FeststellgsKl für Zukunft, wenn Entwicklg noch nicht übersehb (Celle VersR 73, 60). Jedoch kann die Gefahr, daß SpätSchäd eintreten, sich als seel Belastg auswirken u bereits bei der Bemessg des SchmerzG berücksichtigt werden (Celle DAR 75, 269). Ausnahmsw auch Rente neben Kapital, wenn die lebenslängl Beeinträchtigg des Geschäd sich immer wieder erneuert u immer wieder schmerzl empfunden wird (Ffm JZ 78, 526: schwere BrandVerl im Gesicht). Dabei müssen die Kap- u RentenBetr in einem ausgewogenen Verh stehen untereinand, ands zum zeitl Auftreten der Nachteile; endl muß der GesBetr eine bill Entsch für die GesBeeinträchtigg darstellen. Starkes Abweichen v vergleichb Rspr muß im Hinbl auf RSicherh u GleichhGrds aus den Gegebenh des EinzFalles gesondert begründet werden (BGH Betr 76, 1520). Dynam Rente dch Koppelg an den amtl Lebenshaltgs-Kostenindex ist unzul (BGH NJW 73, 1693; aA u gg Ciupka VersR 76, 826).

5) Übertragbarkeit und Prozeßrecht.

a) Nicht übertragbar, nicht vererblich ist grdsätzl der SchmerzGAnspr, also auch nicht pfändb (ZPO § 851), nicht verpfändb (§ 1274 II), Aufrechng gg ihn ausgeschl (§ 394), keine gewillkürte ProzStandsch (BGH FamRZ 69, 273), nicht KonkGgst (KO § 1), Sondergut bei vereinb GüterGemsch (§ 1417). Kein Übergang auf den VersTräger, Dienstherrn nach §§ 636, 116 SGB X, 81a BVG (BGH 3, 298, Betr 70, 2114) wg fehlder Kongruenz. – **Ausnahme.** Der Anspr ist übertragb u vererbl, wenn der Verl selbst noch dch AnerkenngsVertr od gerichtl GeltdMachg den Will kundgegeben hat, daß er diesen höchstpersönl Anspr erheben will. Die fehlde RHängigmachg ist keine verzichtb Einr (so aber Nürnb VersR 83, 469 ohne Begründg; zust Finzel VersR 86, 324), vielm ist RHängigmachg Voraussetzung für die Vererblichk (Hamm VersR 88, 804). Wenn der Schädiger od seine Vers den Geschädigten von der rechtzeit KlErhebg abgehalten haben, muß er sich nach Tr u Gl so behandeln lassen, als sei die Klage rechtzeit erhoben worden (LG Kln VersR 88, 962). – Unter den genannten Vorauss kann gg den Anspr aufgerechnet werden, wenn nicht im EinzFall das Sozialstaatsprinzip iVm § 242 entggsteht (Br NJW 87, 846).

b) Für vertragliche Anerkennung genügt deklarator Anerkenntn, auch ledigl zum SchuldGrd (BGH NJW 73, 620). Formlos Beurteilg nach §§ 133, 157 (KG NJW 70, 1050 bei stillschw Leistg einer Akontozahlg als „Vorschuß").

c) Rechtshängigkeit des Anspr auch bei Einklagg einer einheitl Summe für Verm- u NichtVermSchad. Bezifferter KlAntr macht den Anspr nur in dieser Höhe rhäng, vererrb u übertragb (BGH NJW 61, 2347). Wird die Kl im Namen des geschunfäh Verl ohne Vertretgsmacht erhoben u die ProzFührg später von den Erben gen, so wird der Anspr zwar rhäng, aber nicht vererbl, weil es an der dazu nöt eig WillKundgebg des Verl od seines ges Vertr fehlt (BGH 69, 323, BGH NJW 86, 1039), selbst wenn der Verl eine BlankoVollm zur KlErhebg unterzeichnet hat (BGH NJW 84, 2348). Rechtshäng ist des § 847 jedenfalls dann, wenn nach den Vorschr der ZPO im Kl- od MahnVerf (§§ 253 I, 261 II, 696 III ZPO) bzw nach den Vorschr der VerfOrdngen für die and RWege (vgl Jauernig NJW 86, 34, Eggert zu § 404 StPO) die RHängigk eintritt. Dabei gelten allerd die Vorschr nicht, die zur FrWahrg die Wirkg der Zustellg auf den Ztpkt der Einreichg zurückbeziehen (§§ 207, 270 III, 693 II ZPO), weil es nicht um die Wahrg einer Fr geht (BGH NJW 76, 1890). Der Anspr ist auch rhäng, wenn der Mahnbescheid zu Lebzeiten des Verl zugestellt ist u die Sache alsbald nach Erhebg des Widerspr gem § 696 III ZPO abgegeben wird (so auch BGH NJW 77, 1149). Stgt NJW 75, 1468, Hamm MDR 76, 222 lassen darüberhinaus Zustellg des Mahnbescheids genügen, auch wenn nicht alsbald an das ProzGer abgegeben wird (§ 696 III ZPO). Bloße Einreichg von Kl, Antr auf Mahnbescheid od ProzKostenhilfe genügen nicht, denn irgendeine Beteiligg des Schädigers verlangt § 847 in beiden Alternativen (wie hier Karlsr MDR 75, 757, Peters VersR 76, 1005, BGH NJW 76, 1890 u NJW 77, 1149; aA Nürnb NJW 68, 1430, Schlesw SchlHA 73, 153, Jauernig NJW 86, 34). Für materiell zu bestimmbd RHängigkBegriff Rauscher NJW 85, 596.

d) Unbezifferter Klageantrag ist zuläss, wenn Kl die geeigneten tats Grdlagen für die Bemessg vorträgt (BGH 4, 138, NJW 74, 1551). Ist dies geschehen, unterbricht die Rhängigk die VerjFr für den ganzen SchmerzGAnspr (BGH ZZP 89, 199). **Zinsen** können auch bei unbeziffertem KlAntr ab RHängigk gefordert werden (BGH NJW 65, 1376, KG NJW 66, 259). **Streitwert** bei unbeziffertem KlAntr ist der aGrd des Sachvortrags vorgestellte, nicht ow der vom Ger als angem zugesprochene Betr.

1003

§§ 847–851   2. Buch. 7. Abschnitt. *Thomas*

e) Im Grundurteil wird teilw eine Quotierg des Anspr für zul erachtet (Br NJW **66**, 781; Nürnb NJW **67**, 1516); teilw hält die Rspr nicht eine Quotierg des Anspr, sond den Ausspr für zul, daß der Bekl ein angem SchmerzG unter Berücksichtigg eines best prozentualen MithaftgsAnteils des Verl schuldet (Celle NJW **68**, 1785; Düss VersR **75**, 1052). Prakt läuft das auf das Gleiche hinaus. Dogmat richtiger ist die zweitgenannte Auffassg, weil matr nicht eine Quote eines eigentl, vollen Betr, sond ein Betr zuzusprechen ist, für dessen Angemessenh der MithaftgsAnteil des Verl ein bestimmder Faktor ist.

f) Rechtskraftwirkung. Neue erhebl Beeinträchtiggen (Spätfolgen, Komplikationen) kann der Verl nach rkräft Entsch über uneingeschränktes SchmerzG nur geltd machen, wenn sie in dem früh Verf nicht berücks werden konnten, weil sie obj nicht erkennb u ihr Eintreten nicht vorsehb war (BGH NJW **80**, 2754, NJW **88**, 2300). NachFdg nach AbfindgsVergl s § 779 Anm 4b. – **Änderung** einer Rente nach § 323 ZPO mögl (BGH (GrZS **18**, 149).

g) Ein Feststellungsurteil auf Ers jed weiteren Schad erstreckt sich auf immat Schäd, wenn sich nicht aus dem Urt od dem PartWillen eindeutig Hinw auf eine gewollte Beschränkg des StrGgstdes auf mat Schäd ergibt (BGH NJW **85**, 2022).

h) Revision. Die Bemessg des SchmerzG ist nach stRspr Sache des TatR. Die RevInst kann insb nicht nachprüfen, ob das SchmerzG „überreichl od allzu dürft" erscheint, sond nur, ob die Festsetzg einen RFehler enthält (BGH WM **71**, 634: Wertg aller maßgebl Umst u ihre Darlegg in den Grden). **Beschwer** bei unbeziffertem SchmerzGAntr vgl ThP Vorbem IV 2c aa vor § 511.

848 *Haftung für Zufall bei Entziehung einer Sache.* Wer zur Rückgabe einer Sache verpflichtet ist, die er einem anderen durch eine unerlaubte Handlung entzogen hat, ist auch für den zufälligen Untergang, eine aus einem anderen Grunde eintretende zufällige Unmöglichkeit der Herausgabe oder die zufällige Verschlechterung der Sache verantwortlich, es sei denn, daß der Untergang, die anderweitige Unmöglichkeit der Herausgabe oder die Verschlechterung auch ohne die Entziehung eingetreten sein würde.

1) Haftung für Zufall, wenn der Schädiger aGrd uH zur Herausg einer körperl Sache verpfl ist. Kursminderg einer Aktie ist keine Verschlechterg (RG Recht **07**, 762). Geldentschädigg nach § 251. Dafür, daß der Untergang, die Verschlechterg od die Unmöglichk der Herausg auch ohne die Entziehg der Sache eingetreten sein würde, ist der HerausgVerpflichtete bewpflichtig. – § 848 enthält einen RGrds, hypothet Kausalverlauf ist zu berücks (OGH **1**, 308, BGH **10**, 6).

849 *Verzinsung der Ersatzsumme.* Ist wegen der Entziehung einer Sache der Wert oder wegen der Beschädigung einer Sache die Wertminderung zu ersetzen, so kann der Verletzte Zinsen des zu ersetzenden Betrags von dem Zeitpunkt an verlangen, welcher der Bestimmung des Wertes zugrunde gelegt wird.

1) Anwendungsbereich. Zinsen sind als SchadErs zu leisten für die endgült verbleibde Einbuße an Substanz u Nutzbark der Sache, nicht für od Entzieh od Beschädig der Sache geschuldet werden (BGH **LM** Nr 2). Der Verl kann für denselben ZtRaum abstrakte Verzinsg od Ers des konkreten NutzgsAusfalls verlangen, nicht beides nebeneinand (BGH **87**, 38). Gesetzl Zinsfuß § 246. Auch Entziehg von Geld gehört hierher (BGH **8**, 288: Unterschlagg, Mü OLG **70**, 457: Betrug). SchadNachweis nicht erforderl, Geltdmachg höherer Schad nicht ausgeschl. Entspr Anwendg auf GefährdgsHaftg, zB Anspr aus StVG (BGH **87**, 38), sow nicht dort eine abschließde Regel enthalten.

2) Dauer der Zinspflicht. Beginn: Ztpkt der Wertbestimmg, das ist regelmäß der des Eingr od des SchadEreign. Bei zwischenzeitl Wertsteigerg ZinsPfl jeweils von dem betr BerechngsZtpkt an; ggf auch gleichmäß Verzinsg nach mittleren Werten (BGH NJW **65**, 392). Keine Verzinsg währd der Zeit, für die konkreter Nutzgsausfall zu ersetzen ist (BGH **87**, 38). – Ende der Verzinsg mit Beschaffg der ErsSache od WertErs in Geld.

850 *Ersatz von Verwendungen.* Macht der zur Herausgabe einer entzogenen Sache Verpflichtete Verwendungen auf die Sache, so stehen ihm dem Verletzten gegenüber die Rechte zu, die der Besitzer dem Eigentümer gegenüber wegen Verwendungen hat.

1) Vgl §§ 994–1003. ZurückbehaltgsR wg der Verwendgen gem § 273, es sei denn, daß der Besitz dch vorsätzl uH erlangt ist (§ 273 II, § 1000 S 2).

851 *Ersatzleistung an Nichtberechtigten.* Leistet der wegen der Entziehung oder Beschädigung einer beweglichen Sache zum Schadensersatze Verpflichtete den Ersatz an denjenigen, in dessen Besitze sich die Sache zur Zeit der Entziehung oder der Beschädigung befunden hat, so wird er durch die Leistung auch dann befreit, wenn ein Dritter Eigentümer der Sache war oder ein sonstiges Recht an der Sache hatte, es sei denn, daß ihm das Recht des Dritten bekannt oder infolge grober Fahrlässigkeit unbekannt ist.

1) Schutz guten Glaubens bei Leistg von SchadErs wg Entzieh od Beschädigg einer bewegl Sache, zB wenn HaftpflVers an Leasingnehmer des Pkw bezahlt (KG VersR **76**, 1160). Keine Ausdehg auf unkörperl Ggstände, an denen kein Besitz besteht. Ausgleych zw Besitzer u Eigtümer § 816. Die BewLast für die Kenntn od grobfahrl Unkenntn trifft den ErsBerechtigten.

852 *Verjährung.* ¹Der Anspruch auf Ersatz des aus einer unerlaubten Handlung entstandenen Schadens verjährt in drei Jahren von dem Zeitpunkt an, in welchem der Verletzte von dem Schaden und der Person des Ersatzpflichtigen Kenntnis erlangt, ohne Rücksicht auf diese Kenntnis in dreißig Jahren von der Begehung der Handlung an.

ⁿSchweben zwischen dem Ersatzpflichtigen und dem Ersatzberechtigten Verhandlungen über den zu leistenden Schadensersatz, so ist die Verjährung gehemmt, bis der eine oder der andere Teil die Fortsetzung der Verhandlungen verweigert.

ⁿⁿHat der Ersatzpflichtige durch die unerlaubte Handlung auf Kosten des Verletzten etwas erlangt, so ist er auch nach der Vollendung der Verjährung zur Herausgabe nach den Vorschriften über die Herausgabe einer ungerechtfertigten Bereicherung verpflichtet.

Vorbem. Neuer Abs II eingefügt dch Art 4 des G zur Änderg schadensrechtl Vorschr vom 16. 8. 77, BGBl 1577, in Kraft seit 1. 1. 78. Früherer Abs II jetzt Abs III.

1) Anwendungsgebiet.

a) Gilt für alle Tatbestd aus uH u Gefährdg im BGB u and G, sow nicht dort eine Sonderregelg getroffen (BGH **57**, 170 [176]) od sow dort auf § 852 verwiesen ist, wie in §§ 11 HaftPflG, 14 StVG, 39 LuftVG. Für SchadErsAnspr aus ZPO 302 IV, 600 II, 717 II, 945 (BGH NJW **80**, 189), für ErsAnspr wg Verl gemeinrechtl Flußverdikte (RG JW **33**, 508), aus § 35 GWB (BGH NJW **66**, 975) u aus Art 5 V der MenschenR-Konvention (BGH **45**, 58; vgl Einf 4 B vor § 823); ferner für ErsAnspr aus § 22 WassHaushG (BGH **57**, 170, **98**, 235), aus § 145 AFG (BSG MDR **84**, 523). Gilt entspr für ErsAnspr der Beteil gg den KonkVerw gem § 82 KO (BGH **93**, 278). ErsAnspr wg unzul Immissionen vgl § 906. – Beim **Zusammentreffen mit Vertragshaftung** besteht grdsätzl AnsprKonkurrenz, dh der VertrAnspr wird dch die Verj des Delikts-Anspr nicht berührt (BGH **66**, 315), grdsätzl auch nicht die DeliktsAnspr dch die Verj des vertragl Anspr (BGH aaO u NJW **77**, 1819); das gilt auch bei konkurrierden Anspr aus §§ 43 GmbHG, 34, 41 GenG, 93, 116 AktG (BGH **100**, 190 [201]), § 651f (BGH WM **88**, 537). Jedoch gilt für konkurrierde SchadErsAnspr des Vermieters, Verleihers u Nießbrauchers wg Veränderg der Sache aus fahrl begangener uH die kürzere VerjFr in §§ 558, 581 II, 606, 1057 (BGH **55**, 392, **71**, 175, BGH NJW **85**, 798), u zwar auch dann, wenn der Mieter die ErsPfl für Verschlechtergn übernommen hat, die dch vertrgm Gebr entstanden sind (BGH NJW **87**, 2072). Für alle Anspr aus einer der CMR unterliegden Beförderg gilt dessen Art 32 und nicht § 852 (BGH NJW **76**, 1594). Düss NJW **75**, 453 wendet die kurze VerjFr des § 477 I 1 auch auf die MangelfolgeSchäd an, die zugl aus uH ersetzt verlangt werden können, ohne dafür eine überzeugde Begr zu geben. Bei AmtspflVerl eines Notars gilt nur § 852, da AmtsPfl nicht Ggst vertragl Bindg sein kann. Für **Ansprüche aus UWG** gilt § 852 insow, als sie auch auf uH gestützt werden können (BGH **36**, 254 u NJW **85**, 1023; vgl § 826 Anm 8u). Ebso gilt, auch sonst § 852, wenn § 21 UWG, sow ein Unterlassgs- od WiderrufsAnspr seine AnsprGrdl sowohl im UWG wie in § 823 I unter dem Gesichtspkt des Eingr in den eingerichteten u ausgeübten GewerbeBetr hat, weil der letztgen Anspr nur lückenfüllde Bedeutg hat (BGH NJW **73**, 2285). Ebso für **Ansprüche aus WZG** (BGH MDR **68**, 381). BereichergsAnspr verj, auch wenn sie mit DeliktsAnspr konkurrieren, grdsätzl in 30 Jahren (Einf 7 vor § 812).

b) Gilt nicht für Anspr aus § 904 S 2 (BGH **19**, 82), aus §§ 985 ff (RG **117**, 423), AusglAnspr der GesSchu untereinand, §§ 830, 840, 426 I (RG **69**, 426; **77**, 317), Anspr aus §§ 618, 463 (RG **66**, 86), RegreßAnspr des Kindes gg den Inhaber der SorgeR, des Mündels gg den Vormd (RG 1664, 1833), Anspr der AG u der Genossensch gg Vorstands- u AufsRMtgl, §§ 93 VI, 116 AktG (Celle NdsRPfl **82**, 212), §§ 34 VI, 41 GenG. Ferner nicht für Anspr auf Ers von Aufw, den ein Dr aus ungerechtf Ber od GeschFg oA geltd macht, weil er den dch die uH verursachten Schaden behoben habe (RG **86**, 96). AufopfergsAnspr u enteignsgleicher Eingr vgl Übbl 2 G, 3 vor § 903.

c) Sondervorschriften: UWG § 21 (vgl oben Anm a und § 826 Anm 8 u), UrhRG § 102, PatG § 141, GebrMG § 15 III, HGB § 902, BinnenSchG § 117, 118 (BGH **69**, 62), AtomG § 32, BRAO § 51, PatAO § 45, BBG § 78 für die ErsAnspr u die RückgrAnspr des Staates gg den Beamten; entspr Regelg in den Ländern, BRRG § 46; RVO § 642 für die RückgrAnspr des Trägers der Unfallvers. – DeliktAnspr auf Ers eines dch Nichterbringg wiederkehrder Leistgn (Renten) entstandenen Schad verjähren nach § 852, die aGrd der bestehden RentenAnspr selbst verjähren nach § 197 (BGH NJW **68**, 46), auch wenn sie rkräftig dch Urt festgestellt sind (BGH VersR **80**, 927).

2) Beginn der Verjährungsfrist, sobald der Verl von Schad u Pers des ErsPflicht Kenntn erlangt. Diese Kenntn ist vorh, wenn der Geschädigte aGrd der ihm bekannten Tats gg eine best Pers eine SchadErsKlage, sei es auch nur eine FeststellgsKl, erheben kann, die bei verständ Würdigg der von ihm vorgetragenen Tats soviel Erfolgsaussicht hat, daß ihm der Kl zuzumuten ist. Dabei kommt es, auch iF der Arzthaftg, nicht darauf an, ob er die ihm bekannten tats Umst zutreffd würdigt (BGH NJW **84**, 661, Düss NJW **86**, 2377) u ob der anzustrengde Proz mehr od weniger risikolos erscheint. Bei bes verwickelter u zweifelh RLage können ausnahmsw auch erhebl rechtl Zweifel bis zu ihrer Klärg die Kenntn ausschließen (BGH Betr **74**, 427 mit Nachw). Fahrl Unkenntn steht der Kenntn nicht gleich, wohl aber, wenn sich der Verl die Kenntn in zumutb Weise ohne nennenswerte Mühe u Kosten beschaffen kann, sich vor der Kenntn mißbräuchl verschließt (BGH VersR **88**, 465, NJW **89**, 2323: Nichtüberprüfg von Krankenhausunterlagen auf ärztl Behandlungsfehler genügt dazu nicht). – Mögl Einwdgn des Bekl schließen Fristbeginn nicht aus (BGH Betr **59**, 232). – In den Fällen der §§ 844, 845 kommt es auf die Kenntn der Ersberecht Dritten an. Waren RentenAnspr nach § 844 dch Wiederheirat entfallen u wird die 2. Ehe aufgelöst, so beginnt mit dieser Auflösg die VerjFr neu zu laufen (BGH VersR **81**, 1080 IV, NJW **79**, 268). – **Vertreter:** Bei GeschUnfähigen od GeschBeschränkten – BewLast dafür trägt der Verl (BayObLG **67**, 319) – ist Kenntn des gesetzl Vertr maßg. Dagg genügt Kenntn des rechtsgeschäftl Vertr nicht, wohl aber steht Kenntn des mit den TatsErmittlgen Beauftragten (sog Wissensvertreter) der Kenntn des Verl gleich (BGH NJW **89**, 2323); das gilt auch, wenn ein ElternTl dem and die Wahrg der Belange des Kindes im ZusHang mit einer an ihm begangenen uH tats allein überlassen hat (BGH NJW **76**, 2344). – **Bei gesetzlichem Forderungsübergang** gem § 116 SGB X u BVG § 81 a geht ErsAnspr sofort mit Entstehg auf den Vers- bzw LeistgsTräger über; es kommt deshalb nur auf seine Kenntn an (BGH **48**, 181). Bestand die SozVers zZt des Unfalls noch nicht, muß sich der SozVersTräger die bis zum FdgsÜbergang erworbene Kenntn des Verl anrechnen lassen (BGH NJW **83**, 1912). Bei öffrechtl LeistgsTrägern ist auf die Kenntn des zuständ Bediensteten der vfgsberecht Behörde abzustellen (BGH VersR **86**, 163), bei Übertr der LeistgsAufg auf eine and Körpersch des öffR auf deren Kenntn (BGH NJW **74**, 319); das den RentenAntr aufnehmde VersAmt gehört nicht zu diesen and Körpersch, maßg bleibt also die Kenntn der BVersAnst (BGH VersR **77**, 739). Geht der Anspr erst später über, zB VVG § 67, ist KenntnErlangg des VersTrägers nur dann maßg für Beginn der VerjFrist, wenn der Verl zZ des FdgsÜberg noch keine Kenntn hatte (BGH **LM** § 1542 RVO Nr 23). Entspr gilt für SchadErs-Anspr des verl Beamten, der auf den Dienstherrn übergegangen ist; Fristbeginn in dem Ztpkt, in dem die Unfallfolgen voraussehb sind, nicht erst mit der Versetzg des Verl in den Ruhestand (BGH NJW **65**, 909). Hemmg der VerjFrist übergegangener ErsAnspr iF des § 116 SGB X bei AblehngsBescheid u seiner späteren Aufhebg dch SozGer vgl BGH NJW **69**, 1661. – **Im Erbfall** ist maßg Kenntn des verl Erblassers. Fehlt es hieran, so ist Kenntn jedes einz Miterben erforderl, solange die ErbenGemsch den Anspr als solchen der GläubGesHand geltd macht, auch wenn ein Miterbe Leistg an die GesHand verlangt (Celle NJW **64**, 869, § 2039 S 1). – Bei **Drittschadensliquidation** (vgl 6 b bb vor § 249) ist maßg die Kenntn des AnsprStellers, nicht die des Dritten (BGH NJW **67**, 931).

a) **Kenntnis vom Schaden** ist nicht gleichbedeutd mit Kenntn vom Umfang des Schad. Erforderl ist, daß Verl den als Einh aufgefaßten GesSchad (aA Peters JZ **83**, 121) gekannt hat, unnöt dagg volle Übersehbark von Umfang und Höhe (BGH NJW **60**, 380). Es genügt, wenn Verl zur Erhebg der FeststellgsKl in der Lage ist (BGH WM **60**, 885). **Bei späteren, fortdauernden oder sich wiederholenden Schadensfolgen** ist zu unterscheiden, ob sie dch eine abgeschl (uU auch Dauer-) Hdlg od dch ein wiederholtes, fortgesetztes SchadEreign verurs sind (BGH NJW **85**, 1023). Im erstgen Fall beginnt die VerjFr auch für nachträgl auftretde SchadFolg (Verschlimmerungen), die im Ztpkt der Kenntn vom GesSchad als mögl voraussehb waren, mit diesem Ztpkt (BGH WM **78**, 331). Nur solche SchadFolgen, die nicht voraussehb waren, sind von der Kenntn des GesSchad nicht erfaßt. Für sie läuft bes Verj vom Tage ihrer Kenntn u der Kenntn ihres ursächl Zushanges mit der uH (BGH VersR **68**, 1163). Für fortdauernde wiederkehrde Nachtle läuft keine bes VerjFr, wenn eine gewisse Dauer der SchadFolgen als mögl zu erwarten war. Das gilt auch für negator Anspr wg Verl des PersönlkR (BGH NJW **69**, 463). Dauert dagg die schädigde Hdlg an od wiederholt sie sich (zB laufde od wiederholte Einl von Abwasser in einen Fluß mit immer bzw jeweils neuen SchadFolgen; wiederholter Gebr einer fremden Firma), so beginnt die VerjFr bei laufdem SchadHdlgen entw nach Ablauf best ZtAbschn für die währd dieser ZtAbschn eingetretenen Schäd od, wenn sich eine solche zeitl Zäsur nicht machen läßt, mit Ende der schädigden Hdlg, bei wiederholten Hdlgen jeweils mit der Kenntn von ihnen (BGH NJW **85**, 1023). Dabei hat der Schädiger darzulegen, welche SchadErsAnspr aus den einz uH verjährt sind u wann der Geschäd Kenntn v den Folgen der einz uH erlangt hat (BGH NJW **77**, 788: wiederholte Immissionen währd eines längeren Zeitraumes verursachen Pers- od SachSchad; BGH NJW **81**, 573: Vertiefg eines Grdst). Dabei spielt es keine Rolle, ob sich die schädigden Hdlgen in strafr Sicht als natürl HdlgsEinh od fortges Hdlgen darstellen, denn beide Begr sind im ZivR nicht verwendb. Bei Verl der ärztl AufklärgsPfl setzt der Beginn der VerjFr die Kenntn des Patienten von dem Tats voraus, aus denen sich die Notwendigk einer Aufklärg ergibt (Kln VersR **88**, 744). Unterläßt es der PatentInh pflwidr, eine unberecht ausgesprochene Verwarng zu widerrufen, so beginnt der Lauf der VerjFr für jeden inf der NichtBeseitigg eintretden Schad jeweils mit dem Ztpkt, in dem der Geschäd von dem ausbleibenden Widerruf Kenntn erlangt (BGH NJW **78**, 1377: Abnehmer beziehen wg Nichtwiderrufs der Verwarng bei der Konkurrenz). Soweit der Verl Anpassg einer fortlaufd gezahlten SchadRente an die veränderten Lohn- u Preisverhältn verlangt, kann ihm nicht entgegenhalten werden, er hätte diesen „erweiterten" Anspr rechtzeit iW der FeststellgsKl geltd machen müssen; denn es handelt sich hierbei gar nicht um einen Anspr auf Ers eines weitergehenden Schad, sond allein um die Neubewertg des alten, rechtskr festgestellten SchadErsAnspr, die den Verletzer, da ihm die Änderg der wirtsch Verh ja ebenf bekannt ist, nicht überraschen kann (BGH **33**, 112; **34**, 119; vgl hierzu auch § 843 Anm 4 D d. Ebso beginnt die VerjFr mit Auflösg der zweiten Ehe neu zu laufen, wenn RentenAnspr wg der Wiederverheiratg erloschen waren (BGH NJW **79**, 268, VersR **81**, 1080).

Einzelfälle: Fehlerh Wirbelsäulenoperation, Spätschaden (BGH NJW **60**, 380). Verj des ErsAnspr aus ZPO § 945 (BGH **75**, 1; zum Anspr dieser Art vgl BGH **30**, 127, WM **63**, 346). Verj des SchadErsAnspr bei laufder Einl von Abwasser in einen Fluß (BGH Betr **72**, 2056). Verj bei ungenügder ärztl Aufklärg über Operationsfolgen, deren Ausmaß erst später übersehb wird (BGH NJW **76**, 363), bei ärztl BehandlgsFehler (BGH NJW **84**, 661, MDR **85**, 834: nöt ist Wissen von den wesentl Umst des BehandlgsVerlaufs). Beginn der VerjFr mit Entziehg einer Sache, nicht erst mit ihrer folgden Zerstörg (BGH WM **78**, 331).

b) **Kenntnis von der Person des Ersatzpflichtigen.** Dazu gehört auch die Kenntn von Tats, die auf ein schuldh Verh des Schäd hinweisen, das Schad verursacht haben kann, wobei jedoch Kenntn von Einzelh des schädigden Verhaltens nicht erforderl ist. Sie muß aber sow gehen, daß der Geschäd in der Lage ist, eine SchadErsKl erfolgversprechd, wenn auch nicht risikolos zu begr (BGH VersR **71**, 154). Zustellg der Anklageschrift in einem StrafVerf gg die Schädiger kann genügen (BGH VersR **83**, 273). Zur Kenntn von einem schuldh BehandlgsFehler des Arztes gehört das Wissen von den wesentl Umst des BehandlgsVerlaufs (BGH VersR **85**, 740). Ein RIrrt über die Verantwortlichk des Schädigers hindert FrBeginn grdsätzl nicht (BGH VersR **72**, 394). Soweit Kenntn innerer Tats für FrBeginn erforderl (zB hins Zweck u BewegGrd der Hdlg), ist maßg Kenntn der äußeren Umst, aus denen auf die inneren Tats geschl werden kann (BGH NJW **64**, 494). Kennenmüssen vgl oben Anm 2. Mehrere Beteil an einem KfzUnfall beantworten erfahrgsgem die Schuldfrage verschieden; Sache des Verl ist es, alsbald gerichtl Klärg herbeizuführen; tut er das nicht, so beginnt die VerjFrist zu laufen; nicht ist insow darauf abzustellen, ob ProzKostenhilfe gg einen Beteil bewilligt worden wäre (BGH NJW **63**, 1104). Kenntn zu bej, wenn ProzKostenhilfe gg eine Pers gewährt wird (BGH **LM** Nr 9: mehrere öff Körpersch). Kenntn der Pers de in Anspr zu nehmden Erben des Schädigers ist ebenf nicht erforderl (Neust MDR **63**, 413). – **Bei Amtshaftung** gehört das Wissen, daß an Stelle des Beamten der Staat haftet, nicht zur Kenntn von der Pers des ErsPflichtigen (RG **142**, 348). Beginn der Verj, wenn der Verl weiß, daß die AmtsHdlg widerrechtl u schuldh u deshalb eine zum SchadErs verpfl AmtsPflVerl war; dabei ist nicht erfdl, daß der Verl alle Einzelh der schadstiftden Hdlg weiß, es genügt vielm, daß er sie in ihren Grdzügen kennt u gewicht AnhPkte für ein Versch des Verantwortl vorliegen (BGH WM **76**, 643), wobei Kenntn der tats Umst im allg ausreicht. Da aber gem § 839 I S 2 bei nur fahrl AmtsPflVerl Beamte bzw JP nur hilfsw haften, beginnt Verj diesen ggü erst mit Kenntn des Verl, daß entw der Beamte vors gehandelt hat od daß keine anderweit ErsMöglk besteht (BGH Betr **83**, 1976 u VersR **85**, 642); dazu ist die Kenntn erfdl, daß die anderweit ErsMöglk den Schad zumind teilw nicht deckt u desh die Erhebg einer FeststellgsKl zumutb ist (BGH NJW **86**, 1866, BGH **102**, 246), zB Ausfall der KonkFdg gg den und ErsPflichtigen (Ffm NJW-RR **87**, 1056). Hat der Verl die Erhebg der Klage gg dritten ErsPflichtigen unterlassen, so beginnt Verj in dem Ztpkt, in dem er sich im Proz od in and Weise hinreichde Klarh hätte verschaffen können, ob u in welcher Höhe ihm ein and ErsAnspr zustand (BGH NJW **79**, 34). – Dieselben Grds gelten für die **Notarhaftung** (BGH Betr **83**, 1976, NJW **88**, 1146). Bei Anspr aus § 829 ist Kenntn, daß von einem aufsichtspfl Dritten Ers nicht zu erlangen ist, sowie Kenntn von der Nichtverantwortlichk des Täters erforderl (RG **94**, 220). In den Fällen der §§ 831 bis 834, 836 bis 838 bedarf es nicht der Kenntn, daß dem GeschHerrn usw keine entlastden Umst zur Seite stehen (RG **133**, 1). In den Fällen der §§ 831, 832 bedarf es ferner nicht der Kenntn von der Pers, die zur Verrichtg bestellt worden ist. Werden Anspr aus dem Ereign gg die näml Pers sowohl aus § 823 wie aus § 831 hergeleitet, ist eine getrennte Berechng der VerjFr nicht mögl (BGH VersR **71**, 1148). Bei **mehreren Ersatzpflichtigen** (zB KfzHalter u HaftPflVers) kann die Kenntn von der Pers zu versch Ztpkten eintreten.

3) Die 30jährige Verjährung beginnt nicht mit der Entstehg des ErsAnspr (§ 198), sond mit Begehg der uH, dh mit dem Setzen der SchadUrs, auch dann, wenn der Schad erst später eingetreten od erkennb geworden ist (BGH NJW **73**, 1077, Betr **86**, 2017).

4) Lauf der Verjährungsfrist.

a) Für **Unterbrechung und Beendigung** der Verj gelten die allg Vorschr der §§ 208 ff. Die UnterbrechsWirk einer Leistgs- od FeststellgsKl beschränkt sich auf deren StreitGgst, erstreckt sich nicht auf and nicht eingeklagte SchadFolgen (BGH NJW **88**, 965). Einklagg eines KapitalAnspr aus § 843 unterbricht auch Verj des RentenAnspr, soweit sich beide der Höhe nach decken; denn es handelt sich um die näml SchadFolge (RG **77**, 213). Dagg unterbricht Klage wg VermSchad nicht Verj des SchmerzGAnspr. – Läßt sich der GesSchad noch nicht übersehen, so kann Verj nur durch Erhebg der FeststellgsKl unterbrochen werden. Dies gilt auch, wenn sich die künft ErwerbsMöglken noch nicht übersehen lassen (§ 843 Anm 4 D a) od erst später die Bedürftigk eintritt bzw UnterhPfl des Getöteten beginnen würde (§ 844 Anm 4). Schlägt sich die AmtsPflVerl in einem rechtsw VerwAkt nieder, so unterbrechen wegen des Vorrangs des PrimärRSchutzes Widerspr, Anf-, Feststellgs- od VerpflKl nach VwGO u sozrechtl HerstellgsKl die Verj des Amtshaftgs-Anspr in entspr Anwendg von § 209 I (BGH NJW **95**, 238, Besprechg Peters NJW **86**, 1087, BGH **103**, 242). Ebso kann die Verj von AmtshaftsAnspr aus dem pflichtwidr Vollzug eines PlanfeststellgsBeschl dch die Anfecht mit verwrechtl RBehelfen u dch die Einleitg eines Verf zur Verschärfg der im Beschl festgesetzten Auflagen unterbrochen werden (BGH **97**, 97).

b) Für die **Hemmung** gelten Abs II u die allg Vorschr in §§ 202–207. §§ 14 StVG, 39 LuftVG, § 11 HaftPflG verweisen auf § 852. Abs II gilt für delikt, vertragl u konkurrierde Anspr aus § 558 (BGH NJW **93**, 64). Er gilt entspr für Verh nach Schiffszusammenstoß §§ 92, 118 BinnSchG (BGH NJW **82**, 1041). Der Begr **Verhandlung** ist weit auszulegen (BGH NJW **83**, 2075). Es genügt jeder Meingsaustausch über den Schad-Fall zw dem Berecht u dem Verpfl, wenn nicht sofort erkennb die Vhdlg über die ErsPfl (BGH **93**, 64) od jeder Ers abgelehnt werden (BGH VersR **69**, 857). Nicht nöt ist Vhdlg unter ausdr Anspr aus uH (Düss ZIP **85**, 1394) od Erkl der VerglBereitsch. Es genügen Erkl, die den Geschäd zu der Ann berecht, der Verpfl lasse sich jedenf auf Erörtergen über die Berechtigg von SchadErsAnspr ein (BGH MDR **88**, 570); auch die Mitteilg des Versicherers, er werde nach Abschl des StrafVerf unaufgefordert auf die Sache zurückkommen (BGH VersR **75**, 440); auch Verf vor einer ärztl Schieds- od Gutachterstelle (BGH NJW **83**, 2075, Düss VersR **85**, 744). Vhdlgen mit dem Halter wg der Regulierg beziehen sich auch auf Anspr gg den berecht Fahrer (BGH MDR **65**, 198). Keine Vhdlg ist formularmäß EingangsBestätigg einer nicht spezifizierten RegreßAnz (Stgt VersR **71**, 1178). Nach Abbruch der Vhdlgen od Ablehnung einer ErsLeistg wird nch WiederAufn der Vhdlg die noch nicht abgelaufene VerjFr erneut gehemmt. Hat der Verl dem Vers den GesSchad angemeldet, so umfassen die Vhdlgen idR diesen u beschränken sich nicht auf konkretisierte EinzAnspr (BGH VersR **85**, 1141). Die **Hemmung endet** dch Verweigerg der Fortsetzg v Vhdlgen; iF ihrer Verschleppg od ihres Einschlafens in dem Ztpkt, in dem der nächste Schritt nach Tr u Gl zu erwarten gewesen wäre (BGH NJW **86**, 1337), zB dch Schweigen des Berecht auf das Anerbieten, die Vhdlgen abzuschließen (BGH VersR **67**, 502). Haben die Beteil eine VhdlgsPause vereinb, um die SchadEntwicklg abzuwarten, ist es grdsätzl Sache des Schu, die Initiative zur WiederAufn der Vhdlgen zu ergreifen, wenn er die Hemmg beenden will (BGH NJW **86**, 1337). Nimmt bei KfzUnfällen der Geschädigte die HaftPflVers direkt in Anspr, so gilt auch für den Anspr aus uH § 3 Nr 3 S 3 PflVersG, wonach die VerjFr von der Anmeldg des Anspr beim Versicherer bis zum Eingang seiner schriftl Entsch, dh bis zur endgült Ablehng des ErsAnspr nach Grd u ggf Höhe (Kln VersR **83**, 959), gehemmt ist (BGH NJW **77**, 532), u zwar des ganzen Anspr, nicht nur des Teils, für den auch die Vers iR der vereinb DeckgsSumme einzustehen hat (BGH VersR **84**, 441). An die Anmeldg des SchadErsAnspr sind dabei inhaltl nur geringe Anfdgen zu stellen (BGH NJW-RR **87**, 916).

c) Arglisteinwand ggü Verj vgl Übbl 5 vor § 194.

§§ 852, 853   2. Buch. 7. Abschnitt. *Thomas*

5) Der Bereicherungsanspruch, Abs III, behält die RNatur eines SchadErsAnspr, §§ 812ff sind nicht für die Vorauss der HerausgPfl, sond ledigl für deren Umfang maßg (BGH **71**, 86; vgl auch Einf 6a vor § 812). Jedenf hat aber der Empf für die Bereicherg einzustehen, wenn er an der uH beteiligt war (BGH NJW **65**, 1914). Herauszugeben ist ein VermZuwachs auch dann, wenn er dem Schädiger über einen VertrPartner auf Kosten des Geschäd zugeflossen ist (BGH **71**, 86). Auch ggü dem Anspr aus III schließt § 393 die Aufr aus (BGH NJW **77**, 529). Anspr aus § 852 III verjährt idR in 30 Jahren (BGH Betr **86**, 2017).

853 *Arglisteinrede.* Erlangt jemand durch eine von ihm begangene unerlaubte Handlung eine Forderung gegen den Verletzten, so kann der Verletzte die Erfüllung auch dann verweigern, wenn der Anspruch auf Aufhebung der Forderung verjährt ist.

1) Bedeutung. Die Vorschr ist ein AnwendgsFall unzuläss R-Ausübg (RG **87**, 281). Gemeint ist, daß gg jmd dch uH, zB Betrug, Erpressg, eine Fdg begründet worden ist, deren Aufhebg er als SchadErs nach § 249 verlangen kann. Ist der SchadErsAnspr aus uH verjährt, so kann der Verl gleichwohl die Erf verweigern. Tut er das, so ist er verpflichtet, das, was er seiners aGrd des ggs Vertr erhalten hat, dem Schädiger zurückzugeben, da er andernf selbst argl handeln würde (RG **130**, 215). Ist jedoch der ggs Vertr nichtig, weil er gg die guten Sitten od gg das G verstößt, so kann auch hier die Rückg des Geleisteten nach § 817 S 2 verweigert werden. § 853 ist bei Hinzutritt bes Umst sinngem anzuwenden, wenn Verletzter die Anfechtgsfrist aus §§ 123, 124 versäumt hat (BGH NJW **69**, 604), ebso hins der Frist KO § 41 I (RG **84**, 225). Konkurrenz zw Vertr- u DeliktsAnspr u solchen aus ungerechtf Bereicherg vgl § 463 Anm 5.

Drittes Buch. Sachenrecht

Bearbeiter: Dr. Bassenge, Vorsitzender Richter am Landgericht Lübeck

Schrifttum

Kommentare: Alternativkommentar, Bd. 4, 1. Aufl 1983 – Erman, Bd 2, 7. Aufl 1981 – Jauernig, 4. Aufl 1987 – Münchener Kommentar, Bd 4, 2. Aufl 1986 – Planck, Bd 3, 5. Aufl 1938 – Reichsgerichtsrätekommentar, Bd 3, 12. Aufl 1979 ff – Staudinger, Bd 3, 12. Aufl 1979 ff – Soergel, Bd 5, 11. Aufl 1978 – Studienkommentar, 2. Aufl 1979. – **Lehrbücher:** Baur, 14. Aufl 1987 – Eichler, Institutionen, 1954–1960 – J. v. Gierke, 4. Aufl 1954 – Hedemann, 3. Aufl 1960 – Lange, 1967 – Müller, 1988 – Schwab, 22. Aufl 1989 – Westermann, 5. Aufl 1966, 6. Aufl 1988 (Bd II §§ 77–141) – Weirich, GrdstR, 1985 – E. Wolf, 2. Aufl 1979 – Wolff-Raiser, 10. Bearbeitg 1957. – **Grundrisse:** Heck, 1930 – Stoll, 1983 – M. Wolf, 8. Aufl 1989. – **Einzeldarstellungen:** Dehner, NachbR im Bundesgebiet (ohne Bayern), 6. Aufl 1982 – E. Schwerdtner, Verzug im SachenR, 1972 – Serick, EigtVorbeh u SichgÜbereigng, Bd I–VI, 1963–1986. – H. Weber, SichgGesch, 3. Aufl 1986. – Zum **Grundbuchrecht:** Übbl 3 vor § 873.

Einleitung

1) Sachenrecht.

a) Das SachenR regelt die RVerhältn der körperl Ggstände („Sachen", § 90), vereinzelt aber auch an Rechten (vgl §§ 1068, 1273). Seine Systematik, der individualist EigtBegriff, die Scheidg von Eigt u Besitz ua wurzeln im römischen, die vielf Andersbehandlg von Liegenschaften u Fahrnis, der Gutglaubensschutz, das Grundbuchsystem ua im deutschen Recht. – Im Schrifft (zB Schwab § 1 I; Westermann §§ 2, 3) wird ein Hauptmerkmal des SachenR in seiner Aufgabe gesehen, die **Sachen bestimmten Personen zuzuordnen;** aus dieser Wirkg folge das Wesen der dingl Rechte. Sowohl die Unmittelbark der Sachbeziehg wie die Absoluth des Klageschutzes seien nur Ausfluß dieser güterzuordnden Funktion. Die dingl Anspr seien Folge einer doppelten Zuordng eines Ggst; so entsprängen zB aus der doppelten Zuordng der mit Nießbr belasteten Sache die ggseit Anspr zw Eigtümer u Nießbraucher, die das gesetzl Schuldverh zw diesen bildeten. Dem ist grdsätzl zuzustimmen.

b) Das SachenR ist in den **§§ 854–1296 sowie außerhalb des BGB** (zB ErbbRVO, BBergG, RHeimstG, WEG, LuftfzRG, SchiffRG, LandesR) geregelt.

2) Dingliche Rechte.

a) Wesen. Das BGB (vgl aber KO 43, ZPO 24) verwendet den Ausdruck nicht. Es spricht von Rechten „an einer Sache (Grdst)" oder ähnl, vgl §§ 889, 901, 955 I 2, 973 I 2, 1042 S 2, nur in § 221 von dingl Anspr. Das dingl Recht wird aufgefaßt als das **Recht einer Person zur unmittelbaren Herrschaft über eine Sache:** beim Eigt grdsätzl unbeschränkt, bei den übrigen dingl Rechten in bestimmten Beziehgen. – Die dingl Rechte sind **absolute Rechte:** sie wirken gg jedermann. Der Berecht kann ihn beeinträchtigde Einwirkgen Dritter ausschließen, vgl §§ 894ff, 985, 1004, 1005, 1017 II, 1027, 1065, 1090 II, 1098 II, 1107, 1134 I, 1192, 1200 I, 1227; ErbbRVO 11 I 1; WEG 34 II. Im Konkurs eines Dritten bleiben sie vollwirks, vgl KO 43, 47, auch VerglO 26, 27. – Im Verhältn untereinander **geht das beschränkte dingliche Recht dem Recht des Eigentümers vor.** Die Rangordng beschränkter dingl Rechte an derselben Sache richtet sich grdsätzl nach der Zeit ihrer Entstehg: **das ältere Recht geht dem jüngeren vor;** bei eingetragenen Rechten entscheidet grdsätzl die Eintragg (§§ 879ff).

b) Ausschluß der Vertragsfreiheit. Die Gesetze (insb BGB, ErbbRVO, WEG) bestimmen die mögl dingl Rechte erschöpfd (Typenzwang) u schreiben den Umfang ihrer Abänderbark zwingd vor (Typenfixierg). Dies ist dch das Bedürfn nach RSicherh, insb im GrdstVerkehr, gerechtfertigt. Doch sind auch dingl Rechte mit dem LebensVerh u der Denkweise der Beteil wandelb (zB Anpassg des Inhalts von Dbk an wirtsch u soziale Entwicklg; vgl § 1018 Anm 4 e).

c) Gegenstand der dingl Rechte sind Sachen iSv § 90. Auf Sachgesamth sind die Vorschr über Sachen grdsätzl nicht anwendb (Übbl 3e vor § 90). Bestimmte SachenRe können auch an Rechten bestehen: Nießbr, § 1068 I; PfdR, § 1273 I. Auch grdstgleiche Rechte (Übbl 1c vor § 873) mit dingl Rechten belastbar. – Das BGB unterscheidet bewegl Sachen (Fahrnis) u Grdst (Liegenschaften); Besitz, Eigt u Nießbr können an allen Sachen, PfdR nur an bewegl Sachen u an Rechten bestehen; ErbbR, Dbk, dingl VorkR, Reallast u GrdPfdRe können nur Grdst belasten; aber Erstreckg auf bewegl Sachen u auf Rechte nach §§ 1096, 1107, 1120ff, 1192 I, 1200 I.

d) Umfang des Herrschaftsrechts: – aa) Eigentum als das umfassdste u grdsätzl unbeschränkte (vgl aber Übbl 1 vor § 903) HerrschR, das die ROrdng an einer Sache zuläßt. – **bb) Beschränkte dingliche Rechte,** die, soweit sie reichen, das HerrschR des HauptRInh ausschließen (doppelte Zuordng). Sie können NutzgsRe (ErbbR, Dbk, DWR), VerwertgsRe (Reallast, GrdPfR, PfdR) od ErwerbsRe (dingl VorkR, AneigngsR, AnwR) sein. – **cc) Besitz.**

e) Inhaber des Herrschaftsrechts: – aa) Subjektiv-persönliche Rechte, die einer bestimmten natürl od jur Person (od PersMehrh) zustehen, u **subjektiv-dingliche Rechte,** die dem jeweil Eigtümer eines Grdst zustehen u bei Übertr des Eigt ohne weiteres als Bestandt iSv § 96 mit übergehen. Es gibt Rechte, die nur subj-persönl (zB Nießbr) od nur subj-dingl (zB GrdDbk) sein können; einige können entweder das eine od sein (zB Reallast, dingl VorkR). – **bb) Fremdrechte,** die einem NichtEigtümer der Sache zustehen, u **Eigentümerrechte,** die dem Eigentümer der belasteten Sache zustehen. Bestellg als EigtümerR gesetzl vorgesehen bei GrdPfdR (§§ 1163, 1196) u von hM zugelassen bei GrdDbk (§ 1018 Anm 3), Nießbr (§ 1030 Anm 3), bpDbk (§ 1090 Anm 3), Reallast (§ 1105 Anm 3 c), ErbbR (ErbbRVO 1 Anm 3), DWR (WEG 31 Anm 2); in and Fällen kann EigtümerR nachträgl entstehn (zB §§ 1063 II, 1173, 1256). Dogmat Bedenken gg Bestellg von EigtümerR, die nicht fordergsabhäng, wg § 889 nicht dchschlagd; Erleichterg des Dchgangs zum FremdR (bei Veräußerg) rechtfertigt Zulässigk ohne bes BestellgsInteresse (Weitnauer DNotZ **64** 716).

f) Von Akzessorietät (Anlehng) eines dingl Rechts spricht man, wenn es bzgl Entstehg, Erlöschen u RInhabersch von einer schuldrechtl Fdg abhängt (vgl Heck § 78; Medicus JuS **71**, 497). Sie besteht krG im Grds bei eine Fdg sichernden Rechten: Vormkg (§ 883 Anm 1 a aa), Hyp (Übbl 2 A a vor § 1113) u PfdR (Übbl 1 a aa vor § 1204); sie ist nicht abdingb. Nichtakzessorisch sind SichgEigt (§ 930 Anm 4 b) u SichgGrdSch (§ 1191 Anm 3 c).

g) Gesetzliches Schuldverhältnis (Dimopoulos-Vosikis AcP **167**, 515). Wird an einem Ggst Besitz od ein beschr dingl Recht begründet, so knüpft diese doppelte Zuordng häufig auch schuldrechtl Beziehgen zw dem jeweil Eigtümer u dem jeweil Besitzer bzw RInh (zB zw Verlierer u Finder [Vorbem 2 vor § 965], zw Eigtümer u Besitzer [§§ 987 ff], zw Eigtümer u DbkBerecht [§ 1018 Anm 1, Einf 1 vor § 1030, § 1090 Anm 1]) od zw RBesteller uRInh (zB zw Verpfänder u PfdGläub [Übbl 1 c bb vor § 1204]), für die die Vorschr des allg SchuldR gelten (zB § 278; BGH NJW **85**, 2944).

3) Dingliche Ansprüche.

a) Dem Schutz der dingl Rechte u ihrer Verwirklichg dienen die **dinglichen Ansprüche** (Heck §§ 31, 32), zu denen gehören: HerausgAnspr (zB §§ 861, 985, 1007, 1065, 1227), AbwehrAnspr gg Störgen auf Beseitig/Unterl aus Sach- u RBesitz (zB §§ 862, 1029, 1090 II) od aus dem Recht (zB §§ 888, 894, 1004, 1027, 1065, 1134, 1227) u Anspr auf Befriedig aus dem PfdGgst (zB §§ 1113, 1191, 1199, 1204). Sie sind nicht ohne das dingl Recht, aus dem sie fließen, abtretb; die Ausübg kann aber einem and überlassen werden.

b) Die **Anwendung des allgemeinen Schuldrechts** ist grdsätzl mögl, soweit nicht SonderVorschr od die Eigenart sachenrechtl Beziehgen entggsteht (BGH **49**, 263; vgl auch E. Schwerdtner S 24 ff mwN). Zur Anwendg von § 242 vgl dort Anm 4 C i; zur Anwendg der VerzugsVorschr vgl E. Schwerdtner aaO; zur Anwendg von § 281 vgl dort Anm 1 c; zur Anwendg von § 283 vgl dort Anm 2; zur Anwendg von § 817 vgl unten Anm 4 b bb.

4) Dingliche Rechtsgeschäfte.

a) Das dingl RGesch hat **unmittelbar die Begründung, Übertragung, Inhaltsänderung oder Aufhebung eines dinglichen Rechts** zum Ggst (Verfügen; vgl Übbl 3 d vor § 104). Die dingl RGesch sind entw einseit RGesch (zB EigtAufgabe gem §§ 928, 959; Bestellg einer EigtümerGrdSch gem § 1196) od Verträge (zB Einigg über EigtÜbertr gem §§ 873, 929; Einigg über Inhaltsänder eines GrdstR gem § 877).

b) Auf dingl RGesch sind die **allgemeinen Vorschriften über Rechtsgeschäfte (§§ 104–185) anwendbar**, soweit nicht SonderVorschr entggstehen (zB Ausschluß der Befristg u Bddg in § 925 II, ErbbR VO 11 I 2, WEG 4 II). – Einzelfragen: – **aa) § 134:** Dingl RGesch nichtig, wenn dieses selbst (nicht nur GrdGesch) unter das gesetzl Verbot fällt (vgl § 134 Anm 2 e). – **bb) § 138 I:** Sittenwidrigk des dingl RGesch ergibt sich nicht schon aus dem GrdGesch, sond erst, wenn die Sittenwidrigk gerade in seinem Vollzug liegt (vgl § 138 Anm 1 e). **§ 138 II:** Nichtig ist das dingl RGesch, mit dem Bewucherer das wucherische GrdGesch erfüllt; so ist zB das für wucherische Fdg bestellte GrdPfdR nichtig (BGH NJW **82**, 2767). Nach hM erfaßt der Mangel des Wuchers (unbeschadet § 139) das ErfGesch des Wucherers nicht (vgl § 138 Anm 4 b). – Wg des RückFdgsAnspr aus §§ 812, 817 bei sittenwidr GrdGesch u wirks ErfGesch vgl § 817 Anm 2 b aa. Ist auch das ErfGesch nichtig, so hat Verfügder die dingl Anspr aus §§ 894, 985; kondizieren kann er höchstens den Buchstand (RG **139**, 355) od den Besitz. Dem dingl Anspr (insb §§ 985 ff) soll § 817 S 2 nicht entggstehen (BGH **41**, 341; **63**, 365; RGRK/Pikart § 985 Rdn 45; vgl § 817 Anm 1 b). Der Gg-Meing (Erm/Hefermehl § 985 Rdn 7; Soergel/Mühl § 986 Rdn 9; Staud/Gursky § 985 Rdn 54; Honsell, Die Rückabwicklg sittenwidr od verbotener Gesch, 1974, S 57; Zimmermann JR **85**, 48) ist zuzustimmen: wenn verwerfl Gesinng dem Leistden schon dann schadet, wenn nur GrdGesch nichtig, so muß dies erst recht gelten, wenn auch ErfGesch wg Sittenwidrigk nichtig. § 817 S 2 steht nicht entgg, wenn nicht EigtÜbertr, sond nur GebrÜberlassg vereinbart war (zum Mietwucher vgl aber § 138 Anm 4 c) od wenn sich Zuwendg außerh des rgesch Verkehrs vollzog (BGH MDR **64**, 494).

c) Auf dingl RGesch sind die **allgemeinen Vorschriften des Schuldrechts (§§ 241–432) grundsätzlich nicht anwendbar** (RG **66**, 97), denn sie enthalten ein verpflichtdes Element. Einzelfragen: – **aa) §§ 328 ff:** Dingl RGesch zG Dritter sind nicht mögl (str; vgl Einf 5 b vor § 328); schuldrechtl Anspr aus Vertr zG Dritter aber dch Vormkg sicherb (vgl § 883 Anm 2 c aa). – **bb) §§ 399 Fall 2, 413:** Teilw sind dingl Rechte schon krG unübertragb (zB §§ 1059 S 1; 1092 I 1; 1098 iVm 514). Subjdingl Rechte folgen dem herrschdem Grdst, bzgl dessen eine ÜbertrBeschrkg gg § 137 S 1 verstieße. Bei ErbbR (ErbbRVO 5) u WohngsEigt (WEG 12, 35) kann VfgsBeschrkg zum Inhalt des dingl Rechts gemacht werden. Ist Übertr od Verpfändg einer dch Hyp od PfdR gesicherten Fdg vertragl ausgeschl, so wirkt dies wg §§ 1153 II, 1250 I 2 auch hinsichtl der dingl Rechte. Auch AbtrBeschrkg für GrdSch od subjpers Reallast dch Inhaltsänder nach § 877 zul (Stgt OLGZ **65**, 96; Hamm NJW **68**, 1289); Köln DNotZ **70**, 419; aA Böttcher Rpfleger **83**, 49 [51]). Keine dingl wirkde ÜbertrBeschrkg für AnwR des VorbehKäufers (BGH NJW **70**, 699).

d) Auf dingl RGesch sind die **Vorschriften des AGBG anwendbar** (vgl Übbl 3 d bb vor § 873).

5) Dingliches Rechtsgeschäft und schuldrechtliches Grundgeschäft.

a) Abstraktionsprinzip: Das dingl RGesch (oben Anm 4) ist in seiner Geltg losgelöst vom zugrde liegden schuldrechtl GrdGesch, dessen Erfüllg (zB Übereignung der Sache in Erfüllg der Verpfl aus § 433 I 1) es dient. Beide sind rechtl selbstd (Trenngsprinzip); das wird teilw als lebensfremd bekämpft (vgl Übbl 3e dd vor § 104), doch kann auch schon nach geltdem Recht das ErfGesch die Ungültigk des GrdGesch teilen (vgl Übbl 3f vor § 104).

b) Folgen: Die Ungültigk des GrdGesch (zB Formfehler, Anfechtg, Sittenwidrigk) hat als solche noch nicht die des ErfGesch zur Folge (Ffm NJW **81**, 876; vgl aber Übbl 3f aa vor § 104); Erwerber wird Berecht u kann als solcher verfügen. Dingl RÄnderg auch dann, wenn die Beteil von verschied GrdGesch (zB Schenkg u Darlehn) ausgehen. Fehlt das GrdGesch anfängl od entfällt es nachträgl, so ist Verfügder auf schuldrechtl Anspr aus §§ 812ff angewiesen; er hat also keine dingl Anspr (§§ 894, 985, KO 43).

6) Öffentliche Lasten und Baulasten.

a) Öffentliche Lasten sind auf öff Recht beruhde AbgabeVerpfl, die dch wiederkehrde od einmalige Geldleistgen zu erfüllen sind, u für die der Schuldn persönl sowie eine Sache (idR Grdst) dingl haften (BGH NJW **81**, 2127). Wegen der Verwandtsch mit den VerwertgsR des BGB können dessen Vorschr auf die öff Lasten entspr angewendet werden (RG **146**, 321; str). Öffentl Lasten sind nur eintraggsfähig, wenn die Eintragg gesetzl zugelassen od vorgeschrieben (GBO 54). Entstehg stets außerh des GB, kein Gutglaubensschutz! Bedenkl Aushöhlg des öff Gl des GB! Über die Behandlg in der ZwVerst u ZwVerw vgl ZVG 10 I Nr 3 und 7, 13, 156 I. Gleicher Rang aller öff Lasten untereinand. Haftg des Verkäufers § 436, des Nießbrauchers § 1047. – Öff Lasten kraft BundesR sind zB Beitragspflichten der Teilnehmer am FlurbereiniggsVerf (FlurbG 20), im UmleggsVerf u für Erschließgsanlagen (BauGB 64, 134); der Eigtümer u Nutznießer von Wasser- u Bodenverbänden (1. WassVerbVO 80, 95, IV) Kehrgebühren (SchornsteinfegerG 25 IV); GrdSteuer (GrdSteuerG 12). Im übr beruhen die öff Lasten auf LandesR. Ausführl ZusStellg der öff Lasten: Zeller, ZVG § 10 Rdn 7.

b) Baulasten nach LBauO (zB *BaWü* 70; *Bln* 73; *Brem* 107a; *Hess* 110; *Nds* 92; *NRW* 78; *Saarl* 82; *SchlH* 79; vgl Sachse NJW **79**, 195; Harst RhNK **84**, 229; Wilhelmi Betr **85**, 161; Drischler Rpfleger **86**, 289; Lohre NJW **87**, 877) enthalten freiwill übernommene öffentrechtl Verpfl des Eigtümers ggü der Baubehörde zu einem das Grdst betr Tun, Dulden od Unterlassen, die sich nicht schon aus öffR ergibt. Sie entstehen dch öffrechtl VerpflErkl, Eintr im BaulastenVerzeichn nur deklaratorisch; keine GBEintr. Zu den privatrechtl Folgen vgl BGH **79**, 201; **86**, 97; Düss MDR **89**, 819; VG Schlesw NVwZ **85**, 782; Hagedorn, Die privatrechtl Auswirkgn der öffr Baulast, Diss Göttingen 1985; Ziegler BauR **88**, 18. – Zu unterscheiden von öffrechtl Herstellgs- u UnterhaltsgsPfl (zB Straßenbaulast).

7) Surrogation (vgl Strauch, Mehrheitl RErsatz, 1972; Wolf JuS **75**, 643, 710; **76**, 32, 104). Die SurrogationsVorschr enthalten keinen allg Grds (RG **105**, 87); zur entspr Anwendg eingeh Wolf aaO. – **a) Bei dinglicher** Surrogation tritt krG anstelle eines Ggst bei Eingr in ihn dch Delikt, HohAkt, rgesch Vfg, TatHdlg od Natureign sein Surrogat (dafür erworbener Ggst, ErsStück, EntschFdg, ErsAnspr, VersichergsFdg) entweder in eine SachGesamth (zB §§ 588 II, 1048 I 2, 1370, 2111 II) bzw ein SonderVerm (zB §§ 718 II, 1418 II 3, 1473 I, 1638 II, 2041, 2111 I) ein (bei BeziehgsGesch unter Verwendg fremden Verm ist das Surrogat kein ErsGgst) od es tritt anstelle eines EinzelGgst mit Fortbestand an diesem urspr bestehder beschr dingl R (zB §§ 966 I 3, 975 S 2, 979 II, 1046 I, 1075 I, 1127 I, 1219 II 1, 1247 S 2, 1287). – **b) Bei schuldrechtlicher** Surrogation besteht nur ein Anspr auf Einräumg einer RStellg am Surrogat, die der am urspr Ggst entspr (zB §§ 816 I 2, 1258 III).

8) Internationales Privatrecht: EG 38 Anh II. – **Landesrecht:** EG 55ff. – **Übergangsrecht:** EG 180ff.

Erster Abschnitt. Besitz

Überblick

Schrifttum: Last, Fragen der Besitzlehre JhJ **63**, 71. – Medicus, Besitzschutz dch Anspr auf SchadErs, AcP **165**, 115. – Pawlowski, Der Rechtsbesitz im geltden Sachen- u ImmaterialgüterR, 1961. – Kurz, Der Besitz als möglicher Ggstand der EingrKondiktion, 1969. – Wieser, Der SchadErsAnspr des Besitzers aus § 823, JuS **70**, 557. Sandtner, Kritik der BesLehre, Diss Mü 1968. –

1) Besitz: Begriff im BGB nicht umschrieben. Besitz ist die vom Verkehr anerkannte tatsächl Herrschaft einer Pers über eine Sache (wg Rechtsbesitzes vgl Anm 4b), also kein Rechts-, sond tatsächl Verhältnis (str). Dennoch gewährt er eine wichtige RStellg, so daß er Bedeutg eines, wenn auch nur vorläufigen Rechts hat. Besitzer hat Recht auf Schutz seines Besitzstandes, §§ 859ff; früherer Besitzer hat uU HerausgAnspr gg jetzigen, § 1007; Besitzer kann uU auch dem Eigtümer ggü Herausg verweigern, §§ 985, 986; Besitz ist übertragb, §§ 854 II, 870, u vererbl, § 857; kann Ggst eines Vermächtn sein, § 2169. Wichtige RVermutgen knüpfen an Besitz an, zB EigtVermutgen, §§ 1006, 1248, 1362 I und II, Vermutg für die Empfangsberechtigg des Besitzers od Legitimation eines Eigtümers ggü gutgläubigen Dritten, §§ 793ff, 851, 932, 969, 1117 III, 1253, vgl auch §§ 920; Besitz ist Voraussetzg für den Erwerb verschiedener Sachenrechte, §§ 929ff, 900, 927, 937, 955, 958, 1032, 1205. Besitz ist „sonstigem Recht" iS des § 823 I gleichzuachten (RG **170**, 6), auch mittelb Besitz (nur nicht ggü unmittelb Besitzer, BGH **32**, 204); andrers Haftg nach §§ 836/7. Besitz kann wie Vermögensleistg als ungerechtf Bereicherg herausverlangt werden (RG **129**, 311, vgl aber § 861 Anm 7a); auf Fahrnisbesitz kann, wenn dem Schuldn ggü Recht auf Besitz besteht, WiderspKl nach ZPO 771 gestützt werden (Brox FamRZ **81**, 1125 mwN; aA ThP § 771 Anm 6g); anders ggü LiegenschVollstr, wie überh im LiegenschR nicht Besitz, sond GBEintragg für dingl RGestaltg maßgebd. WiderspKl des Besitzers aber iF ZVG 93 I 3 mögl u bei HerausgTiteln (Hamm NJW **56**, 1682). Über AussondergsR im Konkurs vgl § 861 Anm 2, § 1007 Anm 1d.

2) Besitzschutz: Der von der ROrdng dem zunächst nur rein tatsächl HerrschVerh verliehene Schutz gg unrechtm Entziehg u Störg. Das hiervon scharf zu trennende **Recht zum Besitz** ist in anderen Teilen des BGB behandelt (vgl zB §§ 903, 1007, 1036, 1205, 1206, 1274, 1278, 1422, 1450 I 2, 1487, 1985, 2205; dgl auch ZVG 150ff u KO 117). – **a)** Der **unmittelbare** Besitzschutz besteht in Selbsthilfe, § 859, u Rechtshilfe (Anspr auf Wiedereinräumg entzogenen Besitzes, auf Beseitigg u Unterlassg von Besitzstörgen, §§ 861/2, u auf Gestattg der Aufsuchg u Wegschaffg aus der Gewalt gelangter Sachen, § 867). – **b) Mittelbarer** Schutz wird durch §§ 812ff, 823ff (vgl dazu § 861 Anm 7b), insb durch die dingl Anspr betreffenden Bestimmgen, zB §§ 985, 1004, 1007 III 2, 989ff; 1065, 1227, gewährt. – Grd für weitgehenden Besitzschutz ist allg Interesse am RFrieden, der fordert, daß bestehende tatsächl Verhältnisse nicht eigenmächtig beseitigt werden; demgem regelm Besitzschutz ohne Erforschg des dem BesitzVerh zugrunde liegenden RGrundes.

3) Arten. – **a) Eigenbesitz und Fremdbesitz,** je nachdem, ob Besitzer die Sache als ihm gehörd besitzt, § 872, od nicht. Eigenbesitz wichtig für Ersitzg, § 937, Aneigng, § 958, Buchersitzg, § 900, Aneigng nach Aufgebot, § 927, Erwerb von Früchten, § 955. Mögl, daß sich ein dritter Besitzer dazw schiebt, der Oberbesitzer des unmittelb Fremdbesitzers ist, der zugl aber für diesen als zweistufigen mittelb Besitzer besitzt, zB § 1052 II 2. Ein unmittelb Alleinbesitzer kann nicht teils Eigen- u teils Fremdbesitzer sein, denn Eigen- u FremdbesWille nicht gleichzeit verwirklichb (BGH **85**, 263; aA Baur NJW **67**, 22). – **b) Unmittelbarer und mittelbarer Besitz,** je nachdem, ob Besitzer tatsächl SachHerrsch unmittelb ausübt od durch Besitzmittler, der auf Dauer eines zeitl begrenzten RVerh Sache unmittelb in Besitz hat, § 868. Mittelb Besitz kann mehrf gestuft sein, § 871; er ist übertragb, § 870. „Besitzer" im BGB bedeutet häufig beide Arten, zB §§ 929 II, 930, 931, 937; in anderen Fällen nur der unmittelb Besitz gemeint, zB §§ 935, 1007 (abhanden gekommene Sache); in wieder anderen Fällen zweifelh u nur durch Einzelauslegg zu ermitteln, zB §§ 858, 985. Im Zw ist mittelb Besitz dem unmittelb gleichzustellen. – **c) Vollbesitz und Teilbesitz** an abgesonderten Teilen einer Sache, § 865. – **d) Alleinbesitz und Mitbesitz,** je nachdem, ob einer allein od mehrere als unmittelb od gleichstufig mittelb Besitzer dieselbe Sache beherrschen, § 866. – **e) Besitzdiener** hat keinen Besitz, § 855.

4) Gegenstand. – **a)** Körperl **Sachen** (§ 90) od reale Sachteile (§ 865); nicht aber ideelle SachAnt (BGH **85**, 263). Bei Sachgesamth Besitz nur an den zugehör Einzelsachen mögl (RG **52**, 388). Nicht besitzfähig sind Personen, Naturkräfte, ArbKraft, Geisteswerke, eingerichteter Gewerbebetrieb (RG Warn **27**, 55). An öff Sachen Besitz mögl, zB an Grabstätten Besitz der FriedhVerwaltg (KG JW **36**, 399); nach Hbg LZ **24**, 476 GrabstättenInh an Grabsteinen: uU bei Ausübg des Gemeingebrauchs (Hbg MDR **62**, 407 für Parklücke). – **b) Rechtsbesitz.** BGB kennt ihn nur bei GrdDbk u bpDbk (§§ 900 II, 1029, 1090). Nicht an sonstigen dingl Rechten; soweit mit diesen Sachbesitz verbunden, zB Nießbr, ErbbauR, auch WohngsR, reicht Sachbesitzschutz aus. RBesitz ferner an LandesR anerkannt, vgl zB *Bay* FischereiG 16. Dem Jagdpächter spricht man RBesitz zu, u zwar an dem ihm überlassenen JagdausübgR, während er am Grdst idR keinen Besitz (auch nicht Mitbesitz) hat (BGH **LM** § 823 (F) Nr 10; RG **107**, 206) wg Fischerei pacht vgl OLG **35**, 326. Vgl Schapp, Jagdverpachtg u JagdausübgsR des Pächters, MDR **68**, 808.

5) Besitz in anderen Gesetzen: „Gewahrsam" in ZPO 739, 808, 809, 886 enspricht dem unmittelb Besitz (RG **61**, 92). In ZVG 55 II soll Besitz nach Hbg JW **37**, 552 nicht im techn Sinne gebraucht sein; bedenkl; hier nur die Besonderh, daß Scheinbesitz genügt: Ersteher erwirbt Eigt auch an nicht dem GrdstücksEigtümer gehör Zubehör, sofern er diesen für den Besitzer der auf dem Grdst befindl Sache halten konnte; ist der Besitz des Dritten nicht äußerl erkennbar, so steht dies dem EigtErwerb durch Zuschlag nicht entgg (RG **49**, 254; Mü SeuffA **73**, 172; Naumbg SeuffA **68**, 479). Im StrafR sind „Besitz" und „Gewahrsam" nach rein natürl, nicht zivilistischen Gesichtspunkten zu bestimmen (RGSt **52**, 143; **58**, 143). Im SteuerR liegt Besitzbegriff nicht fest, vielm gibt Zweck des Steuergesetzes Ausschlag. Zum Besitzbegriff im AbfallR vgl BGH JZ **85**, 689.

6) Internationales Privatrecht: EG 38 Anh II 3.

854 *Besitzerwerb.*

^I Der Besitz einer Sache wird durch die Erlangung der tatsächlichen Gewalt über die Sache erworben.

^{II} Die Einigung des bisherigen Besitzers und des Erwerbers genügt zum Erwerbe, wenn der Erwerber in der Lage ist, die Gewalt über die Sache auszuüben.

1) Erwerb des unmittelbaren Besitzes (wg des mittelb vgl § 868 Anm 3) entweder **a)** originär durch einseit Besitzergreifg, sei es einer bisher besitzlosen Sache (zB Fund), sei es einer bisher im Besitz eines anderen befindl gg dessen Willen (zB Diebstahl, Unterschlagg des Besitzdieners) od **b)** derivativ durch Nachfolge, sei es Gesamt- (zB § 857) od Einzelnachfolge.

Zu a): Nötig Erlangg der **tatsächlichen Gewalt (I)** und **Besitzbegründungswille** (Anm 2). Ob tatsächl Gewalt erlangt ist, entscheidet die Verkehrsanschauung aGrd zusfassder Wertg aller Umstände (BGH **101**, 186). Dies ist für Erwerb strenger zu beurteilen als für die Fortdauer des Besitzes. Erlangg der tatsächl Gewalt braucht nicht rechtm zu sein, auch der Dieb wird Besitzer. Tatsächl Gewalt setzt gewisse Dauer, Festigk der Beziehgen voraus; bloß vorübergehende, flüchtige Sachberührg unzureichd (vgl RG **92**, 266). Auch räuml Beziehg zur Sache notw, derart, daß Sache der Pers räuml zugängl geworden u diese jederzeit in der Lage ist, belieb auf sie einzuwirken, sei es aGrd physischer Innehabg od zufolge der Achtg anderer vor fremdem Bes (Schwab § 4 I 1a). Für AlleinBes nicht nötig, daß Sache Einwirkg Dritter völlig entzogen (RG **151**, 187); nur darf Mitbesitz anderer nicht bestehen, sonst fehlt erforderl Ausschließlichk (RG JW **07**, 141). Bloßes Mitbenutzen ist noch kein Mitbesitzen, wenn eigener Besitzwille fehlt (RG **108**, 123). – Zur BesEinweisg vgl BauGB §§ 72 I, 77, 116 (Oldbg NdsRpfl **67**, 283; Schiller DVBl **67**, 278); FlurBG § 65.

Besitz § 854 1–4

Zu b): Einzelnachfolge dch **Übergabe** (I) od **Einigung** (II, vgl Anm 4). Überg erfordert Geben u Nehmen od Nehmen dch Erwerber mit Zust des bish Besitzers u beiderseit Wille zur Änderg der Sachherrsch (BGH **67**, 207; dazu Damrau JuS **78**, 519), wobei auch bei dem Übertragden GeschFgk nicht nötig (anders nach II); natürl Wille genügt; fehlt dieser beim Übertragden, so kann BesErwerb nach a) vorliegen. Einräumg bloß rechtl Befugnisse genügt nicht, es muß tats HerrschVerh des Erwerbers hergestellt werden (RG **153**, 261); VerkAuffassg entscheidd (BGH Betr **71**, 40). Gilt auch bei behördl Einweisg (OGH MDR **48**, 230; **49**, 281); anders bei Enteigng (vgl W-Raiser § 64 III) und im UmleggsVerf nach BBauG 72; vgl auch § 858 Anm 3a. Für BesErwerb guter Glaube an Besitz des anderen bedeutgslos (RG **105**, 414).

Zu a und b): Für BesErlangg äußerl **Erkennbarkeit** (durch alle, die darauf achten, RG **77**, 208) des Vorgangs u des Bes selbst erforderl, symbolische Handlg unreichd (RG **151**, 186; BGH NJW **79**, 714); vgl auch Anm 3 b. Besitzwille allein (zB des BesDieners) reicht nicht aus. Vgl auch Anm 4a.

2) Besitzwille. Erlangg der Sachherrsch muß von nach außen hervorgetretenem SachherrschWillen des Erwerbers getragen sein, wobei allg u nicht auf best Sachen gerichteter Wille genügt (BGH **101**, 186). Zwar kein rechtsgeschäftl, wohl aber der zur Vornahme rein tatsächl Hdlg erforderl Wille in natürl Sinne notw. GeschFgk nicht Voraussetzg für BesErwerb, aber Wille des GeschUnfähigen muß reif genug sein, um sich auf SachHerrsch richten zu können (W-Raiser § 10 III 2). Kein Besitz an Sachen, die ohne Wissen des Wohnsinhabers in seine Räume gelangen u ihm deren genereller Beherrschgswille fehlt (RG **106**, 136). Aber BesErlangg ohne Bewußtsein von Erwerb, wenn Anstalten getroffen, die allg auf Empfang der betr Sache gerichteten Willen erkennen lassen, wie Anbringg von Briefkasten, Sammelbüchse, Wild- u Fischfangvorrichtg (vgl KG JW **26**, 2647), Fundsachenstelle in Kaufhaus (BGH **101**, 186). BesErwerb iR daher auch bei EntggNahme unbestellt zugesandter Waren (vgl W-Raiser § 10 Anm 2), wg Haftg Vorbem 1 vor § 987. – RLehre verlangt vielf keinen BesBegründgsWillen bei Einfügg der Sache in eine Organisation, die eine HerrschSphäre darstellt (vgl Erm/Werner Rdn 10 mwN). – BesBegründg als solche keine WillErkl, sond Realakt (Tathandlg), desh Vorschr über Willensmängel unanwendb.

3) Einzelfälle (vgl auch § 866 Anm 1 b [Eheg], § 1205 Anm 3): – **a) Besitzerwerb bejaht:** Schlüssel-Überg (fällt idR unter I) führt zu Bes an dazugehörigen Behältern mit Inhalt. Tatfrage, ob bei Überg einzigen Schlüssels Allein- od MitBes (BGH **LM** Nr 8). Offenes Behalten eines Zweitschlüssels führt zu MitBes (BGH NJW **79**, 714; AlleinBes aber, wenn keine Mitbenutzg vorgesehen; LG Düss WoM **74**, 112); unbewußtes zu AlleinBes (Rosenberg JW **22**, 219). Heimliches Behalten eines Zweitschlüssels führt zu MitBes (Westermann § 128 I 1 a; aA RG JW **22**, 219 Anm Rosenberg); and iFv II, da hier § 116 hilft. – BesErwerb dch LadenInh an üblicherw morgens an Ladentür abgestellten Waren (BGH JR **68**, 106). Bes des Patienten an probew eingesetzten Goldkronen (RG AkZ **38**, 279); der Postverwaltg bei Niederlegg von Paketen im Annahmeraum mit Wissen des Postbeamten (RG **70**, 318); as dem in Fallen gefangenen Wild (KG JW **26**, 2647); an Außenwand von GeschHäusern, soweit sie den gemieteten Räumen entspricht u zu Reklamezwekken geeignet ist, jedenf mit Anbringg der Reklame (RG **80**, 284); Verkehrssitte entscheidend (BGH **LM** § 535 Nr 10); Sonderlagerg von umspannten Steinstapeln auf Fabrikgelände, die tags von Angestellten des BesErwerbers bewacht werden (BGH Betr **71**, 40). MitBes mit Gemeinde (BGH **21**, 328). Wegen Parklücke Hbg MDR **62**, 407; Hamm NJW **70**, 2074. Automatenaufsteller an Stell/Hängefläche (Düss OLGZ **85**, 233) u Automat (§ 868 Anm 2 b cc). – **b) Besitzerwerb verneint:** Bloße Gestattg der Wegnahme ohne tats BesErgreifg (RG **153**, 261; KG OLG **18**, 135); Gestattg des Abhiebs des auf Stamm verkauften Holzes u dessen Abholzen, wenn nach dem VertrEigt u Besitz erst nach Bezahlg u Abfuhr übergehen sollen (RG **72**, 310); Gestattg des Entrindens u dgl (BGH **LM** Nr 4); vgl aber auch Anm 4 c. Anschlagen mit Hammer (Danzig JW **32**, 67); Anbringg von EigtTafeln an Lagergut od Ggst, der fest mit beschr zugängl Grdst verbunden (Ffm BB **76**, 573); Bestellg eines TrHänders, ohne daß dieser unmittelb Besitzer wurde (RG **151**, 186); bloßes Fällen von Holz auf fremdem Grdst (RG LZ **23**, 311); Verbringen auf umzäunten Platz, wenn Dr Torschlüssel hat (BGH JR **75**, 214). Bank an Stahlfachinhalt (§ 866 Anm 1 a). ZollVerw an Waren unter Zollverschluß (RG **112**, 40) u auf Amtsplatz gem ZollG 6 I 1 (BGH JR **75**, 214).

4) Einigung (II). – a) Reicht zum Besitzerwerb nur aus, wenn Erwerber sogleich in der Lage, SachHerrsch auszuüben (was er darzutun hat, RG Gruch **49**, 127). Bish Besitzer muß tatsächl SachHerrsch erkennbar aufgeben (BGH **27**, 362; NJW **79**, 714); andernf nützt auch die formularmäß Bezeichng des Erwerbers als unmittelb Besitzers (BGH WPM **69**, 657). Erlangg der tatsächl Gewalt selbst oder deren Ausübg nicht nötig (KG OLG **16**, 328; Siebert JW **36**, 2453), aber sie muß auch ohne Mitwirkg des bish Besitzers überh mögl sein, auch dürfen sonstige Umst, insb das Verhalten Dritter unmittelb SachHerrsch nicht hindern (OLG **5**, 150; RGRK/Kregel Rdn 14). Einigg kann der Möglichk, SachHerrsch auszüben, vorausgehen u muß bei Erlangg der SachHerrsch fortbestehen (BGH NJW **76**, 1539).

b) Einigg ist **Rechtsgeschäft.** Daher auf beiden Seiten GeschFgk erforderl. Sie unterliegt allen Regeln über WillErkl, §§ 116 ff, 164 ff, 181, kann also auch angefochten werden; Stellvertretg beim Besitzerwerb nach II daher zul; Bedingg u Zeitbestimmg mögl. Bei Eintritt der aufschiebd Bedingg muß Erwerber die Herrsch noch ausüben können; dies nicht der Fall, wenn Übertrager erkennbar nicht mehr den Besitz aufgeben will, uU auch bei Eingriffen Dritter (BGH **LM** Nr 4). Nichtigk des GrdGesch berührt die Einigg nach II u damit den Besitzübergang nicht; anders idR bei Nichtigk der Einigg über den Eigtümerwechsel (od die Bestellg eines PfdR od Nießbr). Besitzerwerb zG eines Dritten (§ 328) mittels Einigg nicht mögl (RG **66**, 99). – Einigg formfrei, ausdr Erkl nicht erforderl. Mögl auch stillschw, gleichzeit mit Einigg über Eigtümerwechsel (BGH Betr **62**, 1638); von jener aber inhaltl zu scheiden. Einigg nach II liegt in Abmachg, daß bish Besitzer bestehde BesLage auf and überträgt. Einigg, dch die ledigl ein VfgsR begründet wird, nie ausreichd; auf rechtl VfgsGewalt kommt es nicht an.

c) Einzelfälle: Einigg nach II ausreichend bei BesÜbertragg auf BesDiener (RG Recht **24**, 1686); an einem im Flusse liegden Kahn (RG Recht **24**, 1232); uU am Holz im Hafen (vgl BGH **27**, 362); auf Käufer von Holz im Walde, wenn Forstverwaltg die Holzabfuhrzettel aushändigt (Celle DRZ **50**, 40 mit Anm Abraham) od die

Abfuhr erlaubt (BGH **LM** Nr 1; BayObLGSt **53**, 23); vgl aber auch Anm 3b und BGH **LM** Nr 4. Im Probeeinbau von Heizkörpern (Rohmontage) liegt idR BesAufgabewille des Handwerkers auch bei EV (BGH NJW **72**, 1187 mit Anm Mormann **LM** § 97 Nr 6 u Kuchinke JZ **72**, 659).

5) Vertreter, Organ. – a) Erwerb des unmittelbaren Besitzes durch Stellvertreter (§ 164) nicht mögl (außer hins der Einigg iF II), da BesErwerb nicht auf RGesch, sond Erlangg der tats Gewalt beruht (BGH **16**, 263). BesDienersch (§ 855) keine eigentl Stellvertretg, wenn auch ihr ähnl (RG **137**, 26). Auch Übergabe einer Sache an Besitzmittler des Erwerbers (§ 868) kein Fall der Stellvertretg (RG aaO). – TestamentsVollstr, Konkurs-, ZwangsVerw, NachlVerw, Treuhänder handeln kraft eigenen Rechts, nicht als Stellvertreter, erwerben daher ihrerseits unmittelb Bes (RG **52**, 333). Auch bei gesetzl Stellvertretg (elterl Sorge, Vormsch) ist der Stellvertreter vermöge seiner selbständ Stellg unmittelb Besitzer der von ihm in Bes genommenen, dem Vertretenen gehörigen Sachen (OLG **4**, 148), soweit nicht nach den jeweiligen Verhältnissen das Kind Alleinbesitzer ist (zB auswärts studierender Sohn).

b) Juristische Person: Da handlgsunfäh, BesWille u Innehabg dch Organ, das grdsätzl weder BesMittler noch BesDiener ist, so daß jur Pers selbst Bes (BGH **57**, 166; abw E. Wolf § 2 E IIb 2) u Gewahrs iSv ZPO 808, 809 (Ffm OLGZ **69**, 461) erwirbt u hat. Sie ist für BesSchutzAnspr sachbefugt, die Organ als ihr Vertreter verfolgt; bei Streit mehrerer VorstandsMitgl § 866 entspr. Passivlegitimiert ebenf die jur Pers als Besitzer; Vollstreckg des Urteils auf Herausg gg jur Pers über ZPO 883, 886, da ihr Organ die Sachherrsch ausübt. Aus diesem Grd ist die dch das Organ unbefugt weggegebene Sache der jur Pers auch nicht abhgek iSv § 935 (BGH **57**, 166); gleichw verübt das EigenBes begründde Organ verbotene Eigenmacht (Erm/Werner Rdn 6). Auch wenn BesDiener Sachherrsch ausübt, besitzt die jur Person. Ein Doppelorgan, wie der bay Landrat erwirbt für die jeweils in Frage kommende Körpersch (BGH **LM** Art 11 bay LandkreisO Nr 1). Zur Umwandlg des Willens, für die eine od die and jur Pers zu besitzen, vgl BGH WM **71**, 1452. Eine Stellvertretg iS von § 164 liegt aber nicht vor, da das Handeln der Vertreter als eig Handeln der jur Pers anzusprechen ist. Mögl ist jedoch auch, je nach der Verfassg, daß der Vertreter unmittelb Besitz für sich selbst erwirbt. Das Organ wird ab Ende der Organstellg BesMittler, wobei das abzuwickelnde Anstellgs-Verh § 868 erfüllt (Westermann § 20 II; str).

6) Gesamthandsgemeinschaften. Schrifttum: Ballerstedt, JuS **65**, 272/276. – Steindorff, BesVerh beim GesHandVerm in OHG und KG, FS-Kronstein 1967, 151 u JZ **68**, 70. – Kuchinke, Die BesLage bei Sachgütern des GesellschVerm, FS-Paulick 1973, 45. – Flume, Die GesHand als Besitzer, Freundesgabe Hengeler 1972, S 76 ff. – Klett, Die BesVerh bei der PersGesellsch, Diss Fbg 1989.

a) Nichtrechtsfähiger Verein: Wenn auch die Träger des gesbänder gebundenen Vermögens selbst handlgsfäh sind, legt die körperschaftl Organisation doch die Annahme nahe, daß die unmittelb Sachherrsch dch die Organe ausgeübt wird, woran der zeitweil MitGebr der Mitgl nichts ändert. Bei unbefugter Weggabe dch Organe gilt Anm 5b. – Sind für bestimmte Geschäfte bes Vertreter bestellt, ist damit die Übertragg ggständl beschr unmittelb Sachherrsch verbunden u der Vertreter wird idR für seinen Machtbereich unmittelb Fremdbesitzer für die mittelb besitzden Gesamthänder sein.

b) BGB-Gesellschaft: Die Vorstellg des OrganBes versagt, da die GesHänder handlgsfäh, die geschführgs- u vertretgsberecht Gter nicht Organe sind. Einen unmittelb GesHandsMitBes im rechtstechn Sinn gibt es nicht. Das Faktum des Bes läßt sich nicht mit der RBegr der gebundenen Verfüggsmacht der GesHand zur Deckg bringen. Der qualifizierte MitBes (Mitverschluß – § 1206) wird fälschl als GesHandsBes bezeichnet. Grdsätzl haben die Gter also MitBes nach § 866 (BGH **86**, 340); tats Verh maßg, ob schlichter od qualifizierter MitBes (BGH **86**, 300). Ihre geshänder Bindg ist immer dann offenb, wenn sich das Faktum der unmittelb Sachherrsch in rechtl Abstraktion zeigt: im mittelb MitBes der GesHänder ggü einem unmittelb besitzden Dritten; wenn BesStör Ansprüche entstehen: § 719. Für BesStörg innerh der GesHand: § 866, bei Entziehg steht Anspr aus § 861 der GesHand od dem einzelnen GesHänder (actio pro socio) zu. Unbefugte Veräußerg dch einen Gter führt zu Abhandenkommen iSv § 935.

Ist einem Gter eine Sonderaufgabe oder ein abgegrenzter Sonderbereich der GeschFührg übertragen, kann er insow alleiniger unmittelb Fremdbesitzer sein, der allen GesHändern als mittelb Eigenmitbesitzern den Bes vermittelt. Ob diese BesAufspaltung grdsätzl mit der Beschrkg der GeschFührg auf einen od einz Gter Hand in Hand geht, ist bestr. Im allgemeinen Sinn Ballerstedt JuS **65**, 276, der in der auftragsähnl Bindg des GeschFührden an das Gemeininteresse der GesHand ein BesMittlgsVerh (§§ 713, 868) sieht. Für letzteres ist nach Steindorff aaO die bloße Beziehg GeschFührer – Gesamthand nicht ausreichd. Er nimmt daher unmittelb Eigen-MitBes auch der von der GeschFg ausgeschl Gter an, dessen Ausübg allerd entspr der gesellschaftsrechtl Bindg modifiziert sei („unmittelb Mitbesitz zur ges Hand"). Flume aaO (von einz Gtern od von BesDiener ausgeübter Bes wird der Gesellsch als einer Gruppe zugerechnet) u Kuchinke aaO (GesHands-MitBes aller Gter u unmittelb Bes der Gesellsch als solcher). Ungezwungener erscheint, alle Gter als mittelbare, die Geschäftsführden als unmittelb Besitzer anzusehen. Zur Passivlegitimation vgl § 866 Anm 3.

c) OHG – KG: Hier ergibt sich die gleiche Problemstellg, wie zu b, falls man nicht, gestützt auf HGB 124, der Ans folgt, daß die vertretgsberecht Gter OrganBes – wie zu Anm 5b und 6a – ausüben. Dies ist aus den zu 6b dargelegten Gründen u auch deshalb abzulehnen, weil beide Handelsgesellsch eben nicht körperschaftl organisiert sind. Auch sind die Gesellschafter, ebensowenig wie die Organe der jur Pers, nicht BesDiener der OHG (so Schwerdtner JR **72**, 116). BGH **57**, 166 (= **LM** § 854 Nr 5/6 Anm Braxmaier) spricht den **Kommanditisten** schlechth jede Besitzerstellg ab, da der Bes als tats Herrsch allein den geschführgsbefugten Gesellschaftern zustehe; dies vermengt die Frage, wer Besitzer sei u wer die (aktive u passive) RPosition des Besitzers (hier: der Gesamthänder) aGrd der gesellsch Bindg ausüben könne; die oben Anm b) aE angedeutete Lösg über § 868 ließ BGH unerörtert; triftiger erscheint das Arg, die nicht beschränkb Vertretgsmacht nach HGB 126 II schließe einen auf §§ 859 ff gestützten Angriff des Kommanditisten gg BesÜbertr an Dritte aus. – HerausgAnsprüche aber könnten, da der unmittelb MitBes der Gter zum

Besitz §§ 854, 855

GesHandVermögen gehört, nach beiden Ansichten wg HGB 124 I auch gg die OHG selbst gerichtet werden (BGH JZ **68**, 69 Anm Steindorff; OLG Celle NJW **57**, 27). HGB 128, 161 II allein begründen keine Passivlegitimation des persönl haftdn Gters; BGH JZ **70**, 105 (Anm Steindorff) bejaht sie (bei Anspr aus § 985), wenn er die tatsächl Verfüggsgewalt hat, mit der Begründg, auch der Mitbesitzer sei für den HerausgAnspr (allein?!) legitimiert; vgl § 866 Anm 3. Unbefugte Weggabe einer Sache dch vertretgsberecht Gter führt nicht zur Anwendg des § 935, gleichviel ob man ihm den Bes zuspricht (BGH **57**, 166), ob man BesMittlg dch ihn, ob man Organstellg od BesDienersch (Schwerdtner JR **72**, 116) od MitBes aller GesHänder annimmt, da auch in letzterem Fall die Vertretgsmacht durchschlägt.

d) Erbengemeinschaft: s § 857 Anm 2. Miterben werden Mitbesitzer gem § 866, mittelb Mitbesitzer zur ges Hand, wenn der Erblasser mittelb Besitzer war, da sich auch hier die gesamthänder Bindg zwar nicht im Faktischen des unmittelb MitBes, wohl aber in der vergeistigten Sachherrsch des mittelb Bes auswirkt. Unbefugte Weggabe dch einen Erben führt zu Abhandenkommen iSv § 935. BesitzschutzAnspr kann jeder Miterbe geltend machen, § 866, 2038 I, 2039. Ergreift ein Miterbe befugt allein die tats Sachherrsch an NachlGgst für die ErbenGemsch, werden alle Miterben mittelb Mitbesitzer u er unmittelb Fremdbesitzer.

e) Gütergemeinschaft: § 866 Anm 1b cc.

855 *Besitzdiener.* Übt jemand die tatsächliche Gewalt über eine Sache für einen anderen in dessen Haushalt oder Erwerbsgeschäft oder in einem ähnlichen Verhältnis aus, vermöge dessen er den sich auf die Sache beziehenden Weisungen des anderen Folge zu leisten hat, so ist nur der andere Besitzer.

Schrifttum: Hoche und Westermann, BesErwerb u BesVerlust durch BesDiener, JuS **61**, 73.

1) Besitzdienerschaft erfordert nach außen erkennb (RG HRR **33**, 923; str) **soziales Abhängigkeitsverhältnis,** kraft dessen Besitzer tatsächl Gewalt durch anderen, den Besitzdiener, als Werkzeug ausübt (BGB LM § 1006 Nr 2). Nicht ausreichd bloß wirtschaftl Abhängigk od schuldrechtl Verpflichtung zur Aufbewahrg od Herausg (BGH Betr **56**, 963). Tatsächl Unterordng unter Besitzherrn erforderl, dem auch seinen Weisungen schlechthin Folge zu leisten u dieser notf selbst eingreifen darf, wobei aber nicht erforderl, daß Besitzer ununterbrochene räuml Einwirkungsmöglichk hat (vgl RG **71**, 252; BGH **27**, 363). Das AbhängigkVerhältn braucht nicht dauernder Art zu sein; BesDiener auch der Dienstmann, die Waschfrau. BesDienerschaft bleibt auch bei räuml Trenng bestehen (GeschReisender). Anders bei zeitl ungewiss Überlassg von Sachen zu selbstverantwortl Entscheidung (Bambg NJW **49**, 716). Das BesDienerVerh kann privrechtl u öffrechtl Natur sein. Auch ein rein tatsächl Verhältnis (nichtiger DienstVertr) kann genügen, wenn Beteiligte nur glauben, daß Weisgen des „anderen" Folge zu leisten sei. Die Vollm, über Sachen des Besitzers verfügen zu dürfen, schließt BesDienersch nicht aus. BesDiener kann dann wirks DrittBes begründen, ohne verbotene Eigenmacht zu verüben (BGH WPM **71**, 1268; vgl auch RG **138**, 270). IdR ist BesDiener in eine Organisation (einen HerrschBereich) eingegliedert; dann erstreckt sich das BesDienerVerh grdsätzl auf alle zu der Organisation in Beziehg stehenden Sachen. **Haushalt** weiter als Hausstand (§ 1618). Der Gast dagg kein BesDiener; reines RaumVerh. „In dessen Haushalt" nicht räuml zu verstehen (RG **71**, 248), auch nicht nur auf HaushaltsGgstände beschränkt. **Erwerbsgeschäft** in weitestem Sinne zu verstehen; jede berufsm, auf Erwerb gerichtete kaufmänn, gewerbl, künstlerische, wissenschaftl Tätigk. Bloße wirtschaftl Abhängigk aber nicht genügd (RG HRR **33**, 923; BGH **27**, 363).

2) Ausübung der tatsächlichen Gewalt für den Besitzherrn im Rahmen des Abhängigkeitsverhältnisses. Dies Erfordern rein sachl zu verstehen; anders gerichteter Wille des BesDieners unbeachtl, wenn er nur tatsächl aGrd des Folgeverhältn die tats Gewalt anstelle des anderen ausübt.

3) Folgen der Besitzdienerschaft. – a) Nur der andere, der BesHerr, ist Besitzer, u zwar unmittelbarer, **Besitzdiener hat keinen Besitz,** nur Innehabg. Desh ist Widerstand gg Entziehg der tats Gewalt durch BesHerrn verbotene Eigenmacht (§ 858). Aber im Interesse des BesHerrn hat BesDiener VerteidiggsR, § 860. Aber keine Klage wg BesEntziehg od -störg. Keine Vermutg aus § 1006.

b) Besitzerwerb durch Besitzdiener. § 855 deckt auch einen solchen, der aber nicht kraft Stellvertretg erfolgt (§ 854 Anm 5a). Originär zB dch Ansichnahme erlegten Wildes dch Förster od verlorener Sachen innerh des Rahmens des DienstVerh (BGH **8**, 133: Platzanweiserin im Kino). Entggstehender Wille des BesDieners unbeachtl, außer wenn dieser erkennb betätigt. Dies gilt auch beim BesErwerb von dritter Seite. Läßt sich Hausangestellte zB beim Einkauf den Besitz übertragen, so spricht Vermutg dafür, daß dies iR des BesDienerVerh geschehen, sofern nicht Wille, für sich zu erwerben, erkennb hervortritt. Wegen Gut- oder Bösgläubigk iS des § 990 vgl dort Anm 1a.

c) Besitzverlust durch Besitzdiener. BesHerr behält den Besitz, bis er selbst od sein BesDiener diesen aufgegeben. Nicht erkennb betätigter Wille des BesDieners, nicht mehr für den Herrn zu besitzen, wieder unbeachtl. Aber BesVerlust, wenn der BesDiener sich die Sache zueignet, indem er sie in seinen Alleinbesitz bringt (Mitnahme in seine Wohng in ZueigngsAbs u dgl) oder wenn er den Besitz einem anderen einräumt. Geschieht dies gg den Willen des BesHerrn, so ist sie diesem (der ja die Sache nicht „aus der Hand gegeben" hat, wie bei der Übergabe an Besitzmittler) iS des § 935 abhanden gekommen (§ 935 Anm 3a); hierbei gleichgültig, ob der BesDiener strafbar geworden hat, wobei wieder unerhebl, ob Diebstahl od Unterschlagg od (str) ob Weggabe aus Versehen od inf sonstigen Irrtums.

d) Eigtümer, der unmittelb Besitzer, kann dingl Übereign mit sich selbst als dem Vertreter u künft BesDiener eines anderen abschließen (RG **99**, 209).

4) Einzelfälle: – a) Besitzdiener sind zB: Mitarbeiter (einschl Prokurist; RG **71**, 252) eines Betr (nicht aber bzgl überlassener Ggst wie zB DienstPKW, die auch privat benutzt werden dürfen; Düss NJW **86**, 2513); Verwalter eines Kinos (BGH WPM **60**, 1149); idR Gutsverwalter bzgl Inventar (RG **99**, 209; KG

§§ 855–857

OLG **42**, 272) Reisender bzgl der auf die Reise mitgenommenen Muster (RG **71**, 248); anders die selbstd Handelsvertreter (vgl LG Brschw MDR **55**, 362); Kinder, auch vollj, im Gesch des Vaters. Ferner zB auch Zweigstelle der Bank, die bei ihr hinterlegte Wertpapiere für die Hauptbank verwahrt (RG **112**, 113); Jagdaufseher hins erlegten Wildes (RGSt **39**, 179); Förster hins zu beaufsichtigenden geschlagenen Holzes (RGSt **14**, 305); Garderobepächter hins der Garderoberäume (RG **97**, 166); Kapitän hins des Schiffes (Ewald MDR **57**, 134); Kahnschiffer hins Unterkunftsräume (RAG **5**, 266); Pfandhalter als Vertreter des PfdGläub im Pfdbesitz (RG **77**, 209); ArbN, der mit Vollm des ArbG für diesen Geld von dessen Bankkonto abhebt (LAG Düss Betr **71**, 2069); Eheg, der GewBetr des and bei dessen Verhaftg fortführt (BGH **LM** Nr 3); Soldat/Beamter bzgl dienstl anvertrauter Sachen (Mü NJW **87**, 1830). – **b) Keine Besitzdiener** sind: BesMittler iSv § 868; Eheg u Lebensgefährten (Ffm NJW-RR **86**, 470) bzgl Sachen des and (aA LG Bn FamRZ **67**, 678 bei Empfangn von Privatbriefen des and); wem WohngsInh bei längerer Abwesenh Wohngsschlüssel anvertraut (Dresden OLG **33**, 103); Bahn (BGH **LM** Nr 1); Vorstd einer jur Pers (vgl § 854 Anm 5); VollstrSchuldn hins der in seinem Gewahrs belassenen Sachen (RG **94**, 348); AmtsG als Hinterleggsstelle (KG OLG **15**, 348) ausl Tochtergesellsch bzgl ihr mit bestimmter Weisg von der Muttergesellsch übersandter Konnossemente (RG **168**, 8). – Zur Stellg des Hausverwalters vgl LG Mannh MDR **73**, 764.

5) Beweislast: BesDienerVerh von dem zu beweisen, der sich darauf beruft.

856
Beendigung des Besitzes. I Der Besitz wird dadurch beendigt, daß der Besitzer die tatsächliche Gewalt über die Sache aufgibt oder in anderer Weise verliert.

II Durch eine ihrer Natur nach vorübergehende Verhinderung in der Ausübung der Gewalt wird der Besitz nicht beendigt.

1) Allgemeines: Für Beendigung, des **unmittelbaren Besitzes** (wg mittelb Besitzes vgl § 868 Anm 4) entscheidt ist der Verlust der tatsächl Sachherrschaft. Dann nicht läßt sich Besitz nicht durch bloßen Willen aufrechterhalten. Andererseits reicht der Wille allein, nicht mehr zu besitzen, nicht aus; ebsowenig idR bloße Erkl der BesAufgabe. Erlöschen des Rechts zum Besitz allein beendet den Besitz nicht, sond ist nur für dessen Rechtmäßigk von Bedeutg. Zeitablauf od Eintritt auflöser Bdgg nicht ausreichd. § 856 gilt auch für Besitz an Grdst. BesVerlust durch BesDiener vgl § 855 Anm 3c.

2) Aufgabe der tatsächlichen Gewalt: Nur bei erkennb, willentl Handeln (BGH WPM **76**, 1192) od Nichthandeln (zB Unterlassen der Wiederbeschaffg, RG Gruch **69**, 373), verbunden mit Willen, tatsächl SachHerrsch aufzugeben. Für BesAufgabewillen (natürl Wille) gilt § 854 Anm 2. Besitzaufgabe kann durch Preisgeben (Dereliktion) od durch Besitzübertragg erfolgen. Besitzergreifg durch Dritten im Einverständn mit früh Besitzer ist der Übergabe gleichzusetzen (RG JW **08**, 681). Keine Besitzaufgabe bei bloßer Beschrkg in Ausübg (BayObLG **31**, 309) od bei Mitbesitzeinräumung (RG **66**, 259). Über Bes an Leiche/-asche vgl LG Kiel FamRZ **86**, 56.

3) Besitzverlust auf andere Weise: Bei Einbuße der tatsächl Gewalt unabhäng vom Willen des Besitzers, zB Verlieren (vgl Vorbem 1 vor § 965), BesErgreifg seitens eines Dritten od and Ereign, die das HerrschVerh nicht nur vorübergehd (§ 856 II) beenden. Kein Verlust bei Verlegen der Sache innerh der gewaltunterworfenen Räume od Grdst (RGSt **39**, 28). Bei Haustieren ist Ablegg der Gewohnh, zurückzukehren, nicht unbedingt entscheidend (RG GoldtArch **48**, 311, RGSt **50**, 185, wg Tauben vgl auch RGSt **48**, 385). Besitzverlust an gesunkenen Schiffen: RG **165**, 172; Gruch **69**, 374; die zunächst nur als vorübergehend iS des Abs II erscheinende Verhinderg in Ausübg der Gewalt wird durch Unterlassen mögl Hebg zu endgült Besitzverlust. Über Besitzverlust an versenkten Schiffen Ewald MDR **57**, 134; aber auch Reich MDR **58**, 890.

4) Vorübergehende Verhinderung keine Besitzbeendigg. Einzelfälle: Vorübergehde Benutzg der Sache durch Besitzdiener im eig Interesse (RG **52**, 118); zeitweilige Abwesenh (RG **51**, 23); uU kurzfristige Beschlagn durch Besatzungsmacht (LG Köln MDR **51**, 356); frei umherlaufende Haustiere (RGSt **50**, 184; LZ **19**, 208); Flucht eines Lagerhalters, wenn Besitzdiener Gesch fortführen (RG **138**, 217); Liegenlassen (auch in Eisenbahn), wenn Ort des Verlustes bekannt, bei Möglichk der Wiederlangg (RGSt **38**, 445); vorübergehen des Verlassen eines gestrandeten Schiffes (RG **57**, 26, vgl auch RGSt **10**, 85); Verlust des Ankers, wenn Schiff in der Nähe bleibt u Anstalten zur Bergg getroffen werden (RG **138**, 121; vgl auch RG **134**, 168).

857
Vererblichkeit. Der Besitz geht auf den Erben über.

Schrifttum: Weimar, Zur Vererblk des Besitzes, MDR **69**, 282. – Lange, Bes Fälle des § 857 in FS-Felgenträger **69**, 295 ff.

1) Besitzvererbung bedeutet nicht Übergang der SachHerrsch auf Erben (das ist rein tatsächl, nach Verkehrsanschauung zu bestimmender Vorgang), sond Nachfolge in die an SachHerrsch des Erblassers geknüpfte Besitzstellg, die Erblasser zZ des Erbfalls innehatte, ohne daß bes Besitzergreifg erforderl (RG **83**, 229). Also Besitz ohne SachHerrsch (andere sprechen von vergeistigter SachHerrsch). Die tatsächl Sachherrsch entsteht erst mit bes Besitzergreifg (vgl Celle NdsRpfl **49**, 169). Ob Erbl materielles Recht zum Besitz hatte, gleichgültig. Auch bei Nichtvererblichk des Rechts zum Besitz (zB Nießbr) Besitz selbst vererbl (RG JW **18**, 368; Soergel/Mühl Rdn 3). So auch Übergang bei **Verwaltungsbesitz** (Staud/Bund Rdn 9), zB bei Besitz des Beauftragten, verwaltenden Eheg (§ 1422), TestVollstr, Konkurs- u Zwangs-Verw, jedoch nur, wenn diese ihrers Besitz ergriffen hatten, sonst Anfall an die sonst berechtigten Personen, zB nachfolgenden TestVollstr. Bei Fortbestand einer **Gesellschaft** trotz Todes eines Gesellschafters (§ 727) geht Mitbesitz des Erblassers kraft Anwachsg (§ 738) auf übrige Gesellschafter über, etwaiger Alleinbesitz an Sachen der Gesellsch aber auf einen Erben (vgl Soergel/Mühl Rdn 3). – § 857 gilt nicht für BesDiener, da diese nicht Besitzer. – Besitzvererbg setzt voraus, daß Erblasser zZt des Todes noch Besitz hatte. Ob Besitzübergang, wenn Verlust der tatsächl Gewalt gleichzeitig mit Tod des Erblassers, zB bei Kleidgstücken im Falle des Ertrinkens u Nichtauffindbark der Leiche, ist str. – Unkenntnis von Erbanfall u Erblasser besitz unschädl (BGH JZ **53**, 706). GeschFgk nicht erforderl, auch § 1923 II anwendbar. Wegen der Anspr des wahren Erben gg besitzenden vorl Erben 1959. – Vom Besitz nach § 857 zu unterscheiden **„Erbschaftsbesitz"** des § 2018, der voraussetzt, daß jemand aGrd eines ihm nicht zustehenden, aber angemaßten ErbR etwas aus der Erbsch erlangt hat, was auch durch Anmaßg des Eigenbesitzes an Sachen des Erblassers erfolgen kann, die der „Erbschaftsbesitzer" vor Todesfall in umittelb Fremdbesitz hatte (RG **81**, 294). – Über Nacherbfolge vgl § 2139 Anm 3.

2) Folgen der Besitzvererbung: Besitz geht auf Erben über, wie er beim Erbl bestand; gilt für unmittelb u mittelb, Fremd-, Eigen-, Teil-, Mitbesitz. BesitzmittlgsVerh zw Erbl u Erben erlischt, Erbe wird (od bleibt) unmittelb Besitzer (RGRK/Kregel Rdn 2). Fehlerhaftigk des ErblBesitzes setzt sich fort (vgl § 858 II). Wg §§ 935, 2366 in diesem Fall vgl § 2366 Anm 3c aE. – Erbe genießt Besitzschutz der §§ 861, 862. Eingreifen eines Nichterben in den Nachl bedeutet verbotene Eigenmacht (vgl § 858 Anm 1); bei Wegnahme ist die Sache abh gekommen (§ 935). Hatte allerd der vorl od der Erbe, der seine Erbenstellg dch Anf der Anm od des Test od dch ErbunwürdigErklärg verloren hatte, eine Sache aus dem schon in Besitz genommenen Nachl weggegeben, so greift § 935 nach hM (zB Soergel/Mühl Rdn 4; dazu Wiegand JuS **72**, 87) nicht zG des endgült Erben ein (vgl § 1953 Anm 2b). And, wenn Pseudoerbe (aGrd früheren, dch späteres entkräfteten Test) Besitz ergriffen hatte. Hier hilft dem Erwerber gg § 935 nur § 2366 (s dort Anm 3c). – Erbe kann sich auf die an Besitz geknüpften Vermutgen berufen, wie er anderers auch als Besitzer haftet. Die für u gg Erbl bestehenden possessorischen Anspr bleiben aufrecht erhalten. – Erbenbesitz des § 857 kann durch tatsächl Besitzergreifg zum Besitz des § 854 werden, der Erbenfremdbesitz zum Eigenbesitz des Erben (§ 872). Zur Frage, ob Bösgläubigk des Erbl dch Gutgläubigk des Erben geheilt wird, vgl § 943 Anm 1, § 990 Anm 1a.

3) Entsprechende Anwendung von § 857 bei Anfall eines Vereins- od Stiftgsvermögens an Fiskus, vgl §§ 46, 88, und bei sonstiger Gesamtrechtsnachfolge, zB bei Verschmelzg od Umwandlg von Kapitalgesellsch, auch in den Fällen der § 1416 II, 1483, 1490. Wegen § 738 vgl Anm 1.

4) Beweislast: Wer sich auf Besitz gem § 857 beruft, muß bisherigen Besitz des Erblassers u das behauptete Erbrecht beweisen.

858 *Verbotene Eigenmacht; Fehlerhaftigkeit des Besitzes.* I Wer dem Besitzer ohne dessen Willen den Besitz entzieht oder ihn im Besitze stört, handelt, sofern nicht das Gesetz die Entziehung oder die Störung gestattet, widerrechtlich (verbotene Eigenmacht).

II Der durch verbotene Eigenmacht erlangte Besitz ist fehlerhaft. Die Fehlerhaftigkeit muß der Nachfolger im Besitze gegen sich gelten lassen, wenn er Erbe des Besitzers ist oder die Fehlerhaftigkeit des Besitzes seines Vorgängers bei dem Erwerbe kennt.

1) Verbotene Eigenmacht ist jede ohne Gestattg vorgenommene Beeinträchtigg (Entziehg, Störg) der tatsächl Gewalt des unmittelb Besitzers (RG **55**, 55; JW **31**, 2904), einerlei, ob dieser Recht auf Besitz hatte od nicht (RGSt **60**, 278; JW **21**, 686). Hins des mittelb Besitzers vgl § 869. Widerrechtl Beeinträchtigg liegt idR auch bei Eingriffen derjenigen vor, die Anspr auf Besitzeinräumg haben; zur Durchsetzg ihrer Rechte müssen sie sich staatl Machtmittel bedienen (RG **146**, 182); vgl aber § 864 II. War Besitz dem Besitzer schon vorher abh gekommen (zB durch Verlust), so verbotene Eigenm begriffl ausgeschl. Keine verbotene Eigenm des BesHerrn ggü BesDiener mögl, jedoch umgekehrt; Nichtbefolgen der Weisg des BesHerrn kann schon genügen. Verbotene Eigenm des mittelb Besitzers ggü unmittelb Besitzer mögl (RG **69**, 197; Stgt Recht **17**, 1277; § 869 Anm 1); nicht aber umgekehrt. Auch jur Personen können durch ihre Vertreter verbotene Eigenm begehen (Mü SeuffBl **72**, 553; RG **55**, 56). Verbotene Eigenm kann vorliegen bei Verhinderg der Besitzübertragg, nicht aber bei Verhinderg der Besitzerlangg (RG JW **31**, 2904). – Zur **Widerrechtlichkeit** genügt objektive Beeinträchtigg des Bes ohne Willen des Besitzers. Bewußtsein der Widerrechtlichk nicht nötig (OGH MDR **48**, 472), auch nicht **Verschulden.** Gleichgült ist Kennen od Kennenmüssen des beeinträcht Bes (wg verbotener Eigenm des ErbschBesitzers gg Erben § 2025 Anm 2); ebso irrtüml Annahme des Einverständn des Besitzers (RG **67**, 389). – GeschFgk des Handelnden nicht notw.

2) Ohne Willen, dh ohne irgendwie kundgegebene Zust des unmittelb Besitzers; nicht erforderl gg Willen, gg ausdrückl Widerspr des Besitzers (RG JW **28**, 497). Zust auch stillschw; sie kann in Gleichgültigk hins des Verbleibs der Sache (RG **72**, 198) liegen, aber nicht ohne weiteres in Unterlassg gewaltl Widerstandes od Nichtanrufen der Polizei, wenn Besitzer widerspricht (RG Warn **14**, 335). Sie folgt auch nicht aus unrechtm Besitz (RG SeuffA **81**, 309). Zustimmg muß zZ der Beeinträchtigg bestehen. Doch kann sie im voraus erteilt werden; sie kann in der vertragl Einräumg des WegnahmeR (RG **146**, 186; Schlesw SchlHA **75**, 47) od des Betretens der Mietwohng liegen; sie wirkt weiter bis zum (jederzeitigen) Widerruf, doch wird ihre Fortdauer vermutet (RG **146**, 186). War Zust bedingt erteilt, muß Bedingg eingetreten sein (RG **67**, 388). Zustimmg braucht nicht rechtsgeschäftl wirks zu sein (str; vgl Mittenzwei MDR **87**, 883 mwN), doch muß Besitzer den für Besitzerwerb nötigen Willen in natürl Sinne haben (§ 854 Anm 2). Zustimmg muß auf freier Entschließg des Besitzers beruhen (RG Warn **25**, 24: Besitzentziehg ggü sinnlosem Betrunkenem), darf also nicht unter Druck des Entziehenden erteilt sein (RG JW **28**, 497; LG Kiel MDR **49**, 366: Besitzaufgabe wg unerträgl Besitzstörg; enger Freibg JZ **53**, 474: unwiderstehl psych Zwang). Vertragl Vereinbarg nach § 138 nichtig bei Knebelg des Besitzers (RG JW **29**, 1380). Entscheidend immer nur Wille des unmittelb

Besitzers, bei Besitzdienersch also des Besitzherrn; Zust nicht ersetzb durch die des mittelb Besitzers. – **Beweislast:** vgl § 861 Anm 6 d.

3) Einzelfälle: a) Verbotene Eigenmacht **bejaht:** Fällen von Holz gg Willen des GrdstBesitzers (RG **129**, 384); Jagdausübg auf fremdem Grdst mit Zust des Jagdpächters, aber gg Verbot des Eigtümers (OLG **6**, 254); Pfändg u Wegnahme entgg ZPO 809, 883 bei widersprechendem Dritten (OLG **10**, 104; str; vgl Lüke NJW **57**, 425); Wegnahme unter EigtVorbeh verkaufter Sachen durch Verk, auch wenn Käufer zur Duldg vertragl verpflichtet, zZ der Wegn aber entggstehenden Willen hatte (RG **146**, 182; JW **35**, 1554); eigenmächtige Rückn verliehener Sachen (RG Recht **24**, 986); Ausräumg der Möbel durch Vermieter ohne Willen des Mieters, auch bei Räumungsurteil (RG SeuffBl **68**, 145; vgl auch § 861 Anm 1, § 869 Anm 1, § 864 Anm 2b); Zurückbehalten der vom verreisten WohngsInh überlassenen Schlüssel u Abschließen der Wohng (OLG **31**, 308); ArbGeber reißt ihm mißlieb Anschläge der Gewerksch vom schwarzen Brett, das er ihm im Betr zur Vfg gestellt hatte (LAG Ffm Betr **72**, 1027; eigenmächtiges Anbringen von Antenne durch Mieter (Hbg JR **27**, 11); Sperrg von VersorggsLeitgen dch Vermieter (LG Itzeh SchlHA **62**, 245; AG Landau ZMR **84**, 246) od Versorger (LG Bn WoM **80**, 231); eigenmächt Parken auf Privatparkplatz (Karlsr OLGZ **78**, 206).

b) Verneint: Anbringg von Lichtreklame an Außenwand durch Mieter, vgl § 854 Anm 3a. Betreten des Pachtguts durch Verpächter zu erlaubten Zwecken, zB Ausübg des Forstschutzes (OLG **2**, 40); Behinderg des Nachbarn am Befahren, wenn GrdDbk nicht mehr besteht (Mü LZ **28**, 426); bei Störg des Jagdpächters, weil dieser keinen Sachbesitz (Jena JW **22**, 233); aber Schutz des JagdausübgsR nach § 823 dch UnterlKlage; uU § 826: RG JW **08**, 653); Klageerhebg (BGH **20**, 169); Erwirkg einer unberechtigten einstw Vfg (Kiel SchlHA **11**, 209) oder eines Arrests.

4) Besitzentziehung ist vollständige u andauernde Beseitigg der SachHerrsch (RG **67**, 389; Hinderg durch Schließg eines Torweges). Durch physische Einwirkg; auch durch psychische (Raape JW **28**, 497), so uU durch Drohg (OLG **20**, 395). Grenze ggü Besitzstörg fließd, nur quantitativer Art (OLG **15**, 328: Abzäung eines GrdstTeils vom übrigen Grdst als Besitzentziehg).

5) Besitzstörung ist Beeinträchtigg des unmittelb Besitzers im Genusse des Besitzes in der Weise, daß befriedeter Zustand in solchen der RUnsicherh verwandelt wird. Dies kann geschehen dch **körperliche** Einwirken, zB Immissionen iS des § 906, baul od sicherheitsgefährdende Veranstaltgen, Rundfunkstörgen, geräuschvolle Wohngsbenutzg (LG Köln ZMR **67**, 273; LG Bln NJW-RR **88**, 909), Beschädigg der Sache (Köhler JuS **77**, 652 zu II 1d), Briefkastenwerbg (Ffm NJW **88**, 1854). Auch dch **psychische** Einwirkg, zB dch bloß wörtl Bestreiten des Bes dch Drohgen od Verbote, zB Androhg der Wegnahme einer Grenzmauer (OLG **4**, 290). Wörtl Bestreiten nur ausreichd, wenn mit Verbot ferner Besitzhandlg od mit Androhg tätl Verhinderg der Besitzausübg verbunden, wobei Verwehrg der Herausg der Sache an mittelb Besitzer dch Verbot od Drohg genügen kann (RG JW **31**, 2904). Auch mit Sicherh zu erwartde Einwirkg kann Zustand der RUnsicherh hervorrufen, zB bedrohl Bauvorbereitg. Besitzstörg kann dch eigenes Einwirken (Handeln od Unterlassen) des Störers, durch Duldg der Einwirkg Dritter, die verhindert werden könnte (Köln MDR **78**, 405), od dch Behinderg des Besitzers in Besitzausübg erfolgen (W-Raiser § 17 I 2). Nicht erforderl gewisse Dauer der Beeinträchtigg, jedenf nicht bei körperl (aA LG Augsbg NJW **85**, 499). § 905 S 2 gilt entspr (Brem VersR **71**, 277). – **Nicht ausreichd** bloße GebrHinderg ohne Eingr in Sachherrsch (v Venrooy JuS **79**, 102); Fotografieren einsehb Sachen (Celle MDR **80**, 311).

6) Gestattung der Entziehung/Störung durch Gesetz (oder VerwAkt kraft gesetzl Ermächtigg, Bettermann MDR **48**, 474) schließt Widerrechtlichk aus. ZB bei zuläss Eingreifen der Polizei. Ob Beamter im Rahmen seiner Amtsbefugnisse gehandelt, hier durch ordentl Richter nachprüfbar (RG **108**, 239). Wichtig Bestimmgen der ZPO 758, 808 ff, 883–885, 892, ferner ZVG 150. Gegen VollstreckgsGläub keine Besitzziehgsklage des VollstrSchuldners, hier nur ZPO 766 (RG JW **02**, Beil 102). Antr auf ZwVerst keine verbotene Eigenm ggü besitzendem NichtEigtümer (RG **116**, 356). Recht zur Beschlagn von Überführgstücken gemäß StPO (RG **64**, 385). Endl gehören Bestimmgen der SelbsthilfeR hierher, §§ 227–229, 859 auch §§ 561 I, 581 II, 910, 962; auch solche der Länder gem BJagdG 23, 25. Ferner EG 89 betr Privatpfändgsr. DuldgsPfl nach §§ 904, 906 u BImSchG 14. Stets zu prüfen, ob G ausdrückl od seinem Sinne nach eigenmächtiges Handeln gestattet, od nur im Wege der Klage durchsetzbares Recht verleihen will, wie zB in §§ 1361a I 1, 1422, 1450 I 2, 1985, 2205, KO 117, Hammerschlags- u LeiterR (KG OLGZ **77**, 448) nach LNachbR (EG 124 Anm 2a). Keine Gestattg der Beeinträchtigg bedeuten die §§ 867, 258. Schuldrechtl Gestattg nicht genügd (RG **146**, 186); uU hierin Zust (vgl Anm 2); ebsowenig subjektives dingl (zB WegeR; KG NJW-RR **88**, 780) od persönl Recht, das zur Vornahme der betr Besitzhandlg befugt (Anm 1; aA RG JR **25**, 1750); insow nur § 683. – **Beweislast** für Gestattg hat eigenmächt Handelnder.

7) Fehlerhaftigkeit des Besitzes (nicht zu verwechseln mit unredl od ungerechtf Besitz). – **a)** Sie **wirkt relativ,** dh nur zG des Beeinträchtigten im ieS inner RNachf (§§ 861 II, 862 II) u nicht auch Dritten ggü; daher ist zB Dieb gg Besitzentziehg durch Dritte nach § 859 geschützt. – **b)** Makel der Fehlerhaftigk geht auf **Besitznachfolger** über: **aa)** Bei Erbfolge Haftg schlechthin, auch ohne Kenntnis der Fehlerhaftigk; Voraussetzg, daß Erbe als Erbe Besitz erlangt, nicht etwa vor Erbfall durch Besitzübertragg, dann seine Stellg wie die jedes Besitznachfolgers. **bb)** Sondernachfolger muß bei Erwerb Fehlerhaftigk kennen; nachträgl Erkennen steht nicht gleich; fahrl Unkenntnis genügt nicht. Nur fehlerh Besitz des unmittelb Vormannes schädl. War Sache schon von einem früh Besitzers fehlerl erworben, so muß Vormann bei Besitzerwerb Fehlerhaftigk gekannt haben, damit sie der derzeitigem Besitzer, der sämtl den Besitz fehlerl machende Umstände bei Erwerb kennen muß, angerechnet werden kann (RGRK/Kregel Rdn 14). SonderNachf im Besitz ist nicht nur, wessen Besitz auf Übertragg beruht, sond auch, wer unmittelb nach früherem Besitzer Besitz erlangt, zB der zweite Dieb (Westermann § 22 III) od wer eine vom fehlerh Besitzenden fortgeworfene Sache in Kenntn der Fehlerhaftigk in Besitz nimmt. – SonderNachf besitzt nicht fehlerh, wenn ihm Gesetz (Schlesw SchlHA **75**, 47) od Erstbesitzer die Nachfolge im Bes gestatten (vgl Schneider JR **61**, 368).

Besitz   §§ 858–861

BewLast für BesitzNachf und Kenntn der Fehlerhaftigk trifft den, der Rechte daraus herleitet; Gegner muß Recht zum Eingr od Zust des Besitzers beweisen (RGRK/Kregel Rdn 15).

859 *Selbsthilfe des Besitzers.* **I** Der Besitzer darf sich verbotener Eigenmacht mit Gewalt erwehren.
II Wird eine bewegliche Sache dem Besitzer mittels verbotener Eigenmacht weggenommen, so darf er sie dem auf frischer Tat betroffenen oder verfolgten Täter mit Gewalt wieder abnehmen.
III Wird dem Besitzer eines Grundstücks der Besitz durch verbotene Eigenmacht entzogen, so darf er sofort nach der Entziehung sich des Besitzes durch Entsetzung des Täters wieder bemächtigen.
IV Die gleichen Rechte stehen dem Besitzer gegen denjenigen zu, welcher nach § 858 Abs. 2 die Fehlerhaftigkeit des Besitzes gegen sich gelten lassen muß.

1) **Allgemeines.** Selbstwehrberechtigt ist unmittelb Besitzer, auch fehlerhafter (RG Recht **26**, 1674); wg des mittelb vgl § 869 Anm 2. Besitzdiener: § 860. Gesetzl Vertreter zur Ausübg der Rechte des § 859 auch dann befugt, wenn nur der Vertreter Besitzer (RG **64**, 386); sonst Ausübg durch Dritte unzul, sofern vom G nicht ausdrückl gestattet (RGSt **60**, 278). Besitzer darf sich aber im Rahmen der Erforderlichk der Hilfe Dritter bedienen. – Selbsthilfe bei Besitzentziehg wie bei Besitzstörg, sofern diese verbotene Eigenm darstellen; zu beachten § 906 u BImSchG 14, vgl § 862 Anm 2. Einwendg fehlerh Besitzes gg Selbsthilfe unzul, wohl aber gilt § 864 II (RG **107**, 258); gilt auch für Mieter gg Vermieter, vorbehaltl abw Regelg (zB BetretgsR, LG Köln ZMR **67**, 177); vgl § 861 Anm 1.

2) **Recht der Besitzwehrung (I),** dh Recht zur Verteidigg bestehenden Besitzes, nicht identisch mit NotwehrR, § 227, od SelbsthilfeR des § 229, sond weitergehend (vgl BGH NJW **46/47**: nicht jedes, § 859 I auslösde Aufrechterhalten eines verbotn Zustands ist auch schon die Notwehr rechtfertigder ggwärt Angr iS von § 227). Daß obrigkeitl Hilfe nicht zu erlangen (§ 229), keine Voraussetzg (RG HRR **34**, 1282). Gewaltanwendg nur insow eingeschränkt, als sie nicht über das zur Abwehr ggwärtiger, verbotener Eigenm gebotene Maß hinausgehen darf (Kblz MDR **78**, 141; Schlesw SchlHA **87**, 12; LG Köln ZMR **67**, 177), sonst wird Handlungsweise widerrechtl u Besitzer bei Versch schadensersatzpfl (§ 823); nicht anwendb § 231. Aus an sich berecht, die störde Sache gefährder BesWehr kann sich gem § 242 RPfl zu gefahrmindernden zumutb Maßn ergeben (BGH WPM **68**, 1356: Abdecken von ins Freie gestellten Töpferwaren). Ob Überschreit vorliegt, nach obj Sachlage zu beurteilen. Höhe des drohnden Schadens ohne Bedeutg (Schlesw SchlHA **87**, 12). Widerstand des Eigenmächtigen gg rechtm Besitzwehr keine Notwehr, sond widerrechtl.

3) **Recht der Besitzkehrung.** Überschreiten ist verbotene Eigenm, sofern nicht § 229 gegeben. – **a)** Bei **beweglichen Sachen (II):** Nur im unmittelb Anschl an Wegnahme zul, entwder bei Ertappen auf frischer Tat, dh unmittelb bei od alsbald nach der Tat, od wenn die Tat bei od sofort (Schlesw SchlHA **87**, 12: 30 Minuten) nach Verübg entdeckt, durch Verfolgen auf frischer Spur, so Nacheile. Verfolg darf erforderlichenf bis in Wohng des Eigenmächtigen fortgesetzt werden (vgl RG JW **31**, 2643). – **b)** Bei **Grundstücken (III):** Entsetzung des Täters aus dem Besitz. Auch bei Teilentzieh nur zul, wenn Wiederbemächtigg sofort nach Entziehg. Parken auf fremdem Grdst idR Teilentziehg, insb wenn dieses nur aus Parkplatz besteht (LG Ffm NJW **84**, 183; AG Brschw NJW-RR **86**, 1414; aA AG Mü BlGWB **82**, 132); über WarteFr vgl AG Ffm NJW-RR **89**, 83. „Sofort" nicht gleich unverzügl sond: so schnell wie nach obj Maßstab mögl ohne Rücks auf subj Kenntnis der Entziehg (LG Ffm aaO: 4 Std nach widerr Parken). Aber dem Besitzer ist Zeit zu notw Vorbereit zu lassen. Ist BesWehrg bzgl Grdst zugl BesKehrg bzgl GrdstTeils, gilt Zeitgrenze des III auch für BesWehrg (BGH NJW **67**, 46: Wegnahme eines an Gebäudefläche angebr Werbeschildes). III berecht nicht dazu, dem auf fremden Grdst widerrechtl Parkden die Ausfahrt zu versperren, da dadch keine Beseitigg der BesStörg (Hamm MDR **69**, 601); jedoch dazu, ihn abzuschleppen (Karlsr OLGZ **78**, 206).

4) **Besitznachfolger (IV):** Vgl § 858 Anm 7. Es gelten die Zeitgrenzen von II, III.

860 *Selbsthilfe durch Besitzdiener.* Zur Ausübung der dem Besitzer nach § 859 zustehenden Rechte ist auch derjenige befugt, welcher die tatsächliche Gewalt nach § 855 für den Besitzer ausübt.

1) **Selbsthilferecht** des BesDieners iSv § 855 ist kein ihm zustehendes selbstd Recht, sond ledigl Befugnis zur Ausübg des dem Besitzherrn zustehenden SelbsthilfeR (RG **97**, 167); daher nur in dessen Interesse, nie gg ihn zul, vgl auch § 858 Anm 1. BesDiener kann erforderlichenf Gehilfen zuziehen; er darf auch solche Sachen gem § 859 verteidigen, über die anderer BesDiener tatsächl Gewalt zusteht, der aber inner desselben Kreises (zB Betr, Haushalt) befindl (vgl W-Raiser § 6 IV). Wegen Selbsthilfe gg anderen BesDiener desselben BesHerrn bzgl Arbeitsgeräten vgl Köln AP Nr 1 § 860 BGB m Anm von Götz Hueck. Rechte aus §§ 861, 862 stehen ihm nicht zu; dagg hat er selbstd Rechte aus §§ 227, 229, nicht aber gg BesHerrn, es sei denn, daß dieser widerrechtl Angriffe auf seine Pers unternimmt, § 227.

861 *Besitzentziehungsanspruch.* **I** Wird der Besitz durch verbotene Eigenmacht dem Besitzer entzogen, so kann dieser die Wiedereinräumung des Besitzes von demjenigen verlangen, welcher ihm gegenüber fehlerhaft besitzt.
II Der Anspruch ist ausgeschlossen, wenn der entzogene Besitz dem gegenwärtigen Besitzer oder dessen Rechtsvorgänger gegenüber fehlerhaft war und in dem letzten Jahre vor der Entziehung erlangt worden ist.

§ 861 1–6

1) Die §§ 861 (BesEntziehg), **862** (BesStörg) geben bei verbotener Eigenm dem im Besitz bewegl wie unbewegl Sachen Beeinträchtigten einen **Besitzschutzanspruch** (possessorischen Anspr), abgeleitet aus dem Besitz als solchem; daher Recht (od besseres Recht) zum Besitz unerhebl sowohl für den Anspr wie für die Verteidigg (§ 863); entscheidend allein, ob Besitz des Bekl durch verbotene Eigenm ggü Kläger erlangt. Sachbefugt daher auch fehlerhafter Besitzer, zB Dieb, mit der sich aus II ergebenden Einschränkg (vgl Anm 5). Aber Fehlerhaftigk aus und Grd als verbotener Eigenm als KlageGrd nicht ausreichd (RG Recht 07, 588). Dem Mieter, der nach Beendigg des Mietvertr wohnen bleibt, steht der Anspr aus §§ 861, 862 gg Vermieter zu, wenn dieser den Besitz entzieht od stört; vgl § 859 Anm 1 aE. Auch keine Einr der Argl (KG NJW 67, 1915; Westermann § 24 II 4; Mühl NJW 56, 1659). Wer dem Besitzer, der ihm den Besitz dch verbotene Eigenm entzogen hat, diesen wieder entzieht, ist besitzberechtigt (BGH WPM 66, 774).

2) Wiedereinräumungsanspruch ist HerausgAnspr gerichtet auf Herstellg des Zust vor BesEntziehg (Schlesw SchlHA 75, 47); auch auf Auskunft über Verbleib (Hbg OLG 45, 184). Selbst abtretb (RG Recht 14, 1839) u vererbl. §§ 251, 987ff gelten nicht. Im Konk gibt § 861 AussondergsR (Kuhn/Uhlenbruck § 43 Rdn 52).

3) Anspruchsberechtigt (sachbefugt) ist der (bisherige) unmittelb Besitzer, auch gg mittelb Besitzer (vgl § 858 Anm 1). Wegen des mittelb Besitzes vgl § 869. Ob unmittelb Besitzer Sache für sich od als gesetzl Vertreter für anderen, ob als eig od fremde Sache besaß, gleichgültig (RG 59, 327). Selbst bloßer Verwahrer hat Anspr gg Eigentümer (OLG 6, 256 u 10, 104). Wegen Teil- u Mitbesitzer vgl § 865 Anm 2, § 866 Anm 2. Gesellschaft: vgl § 854 Anm 6 b, c; nach BGH 57, 166 nie Kommanditisten, da sie nicht besitzen. Sachbefugt auch Erbe u sonstige Gesamtnachfolger, vgl § 857 Anm 2, 3. Dem Besitzdiener steht Klage nicht zu.

4) Anspruchsgegner: Ggwärtiger fehlerhafter Besitzer. Hatte Entzieher an gutgl Dritten weiterveräußert u dann von diesem Besitz zurückerlangt, so gilt § 932 Anm 5 b entspr, so daß Fehlerhaftigk nicht aufleb (so bei Rückkauf Oldbg DJZ 35, 441). Stets erforderl, daß Bekl zZ der Klageerhebg noch Besitzer (RG Warn 25, 24), andernf nur SchadErsKlage, Anm 7. Besitz des Bekl muß fehlerhaft sein, sei es nach § 858 I, sei es nach § 858 II. Gleichgültig, ob er Besitz für sich od anderen, aus eigenem Antrieb od im Auftrage Dritter erworben. Klage auch gg mittelbaren Besitzer mögl, zB wenn er unmittelb Besitz fehlerh erworben u dann nach § 868 an Besitzmittler übertr hat (vgl Celle NJW 57, 27: Pfändg). Nicht passivlegitimiert ist BesDiener. Zur Passivlegitimation beim Besitz jur Personen od Handelsgesellsch vgl § 854 Anm 5, 6 u § 866 Anm 3.

5) Ausgeschlossen (II) ist Anspr, wenn Besitz des Klägers (od seiner Besitzvorgänger) dem Bekl od seinem Rechtsvorgänger ggü fehlerh u fehlerhafter Besitz des Klägers innerh Jahresfrist vor seiner Entsetz erlangt war (vgl LG Duisb ZMR 70, 190: Vermieter beseitigt die widerrechtl errichtete Dachantenne des Mieters). Rechtsvorgänger, nicht Vorgänger im Besitz wie bei § 858 II (vgl § 858 Anm 7), ist nicht nur Erblasser, sond jeder, in dessen Besitzstellg Beklagter inf, nicht nötig aGrd, Rechtsnachfolge eingetreten ist (RG 53, 10; 56, 244), so eingetreten wäre, wenn nicht der Kläger verbotene Eigenm begangen hätte (W-Raiser § 19 Fußn 10). Nicht genügd bloße Übertragg des Anspr aus § 861 seitens eines Dritten auf Bekl (RGRK/Kregel Rdn 9). AusschließgsGrd auch dann, wenn Kläger nach Maßg des § 858 II Fehlerhaftigk des Besitzes seines Besitz- (nicht Rechts-) Vorgängers sich gg sich gelten lassen muß. – Da ggü „Einwand" des Bekl Kläger seiners einwenden kann, daß Bekl vor Entsetzg durch ihn (Kläger) ihm ggü fehlerhaft besessen habe, und so fort, so ist Anspr des Klägers nur begründet, wenn die Reihe der gem § 861 in Betr kommenden widerrechtl Besitzentziehungen von der anderen Partei eröffnet wurde (Kiel SchlHA 25, 110) u zw den einzelnen Entziehungen nicht mehr Zeit als ein Jahr verstrichen ist. – Frist des Abs II ist AusschlFrist, § 186. Sie rechnet von der Entsetzg des Klägers, nicht vom Ztpkt der Klageerhebg zurück. – Geltdmachg II keine Einrede im eigentl Sinne, sond anspruchshindernde Tats; daher auch im VersäumnisVerf zu berücksichtigen.

6) Prozessuales: a) Anspruchshäufung: Stützt der Kläger sein HerausgVerlangen materiell auf § 861, hindert ihn das nicht, sein RFolgebegehren gleichzeit mit petitor Anspr (§§ 1007, 985) zu begründen (BGH Betr 73, 913). Das Ger muß sogar den vorgetragenen Sachverhalt auch unter diesem rechtl Gesichtspunkten prüfen, da Kläger mit der Behauptg, er sei früherer Besitzer, zugl die von Amts wg anzuwende Vermutg des § 1006 anspricht. Trotz materiellr AnsprKonkurrenz ein StreitGgst, somit keine Klagehäufg iS ZPO 260 (Jauernig Anm 2 c; MüKo/Joost Rdn 13; aA Soergel/Mühl Rdn 10; Zöller/Vollkommer Einl Rdn 70). – Zul, unter den Voraussetzgen der ZPO 256, 280 WiderKl iF II auf Feststellg, daß Bes des Klägers dem Beklagten ggü fehlerh war. – Zu beachten auch § 864 II.

b) Besitzverlust nach KlErhebg erledigt Kl in der Haupts; dann bei übereinstimmder ErledigtErklärg Entscheidg nach ZPO 91 a; beharrt Bekl auf KlAbweisg, muß SachUrt über die bestr Erledigg ergehen, falls Kläger nicht auf InteresseKl (ZPO 264 Nr 3) übergeht.

c) Weitergabe des Besitzes währd des RStreits: – **aa)** Beklagter bleibt nicht Oberbesitzer (§ 868): Dann gelten ZPO 265, 325 I; nach Titelumschreibg (ZPO 727, 731) Vollstr gg BesNachfolger. Diesen schützt aber singmm ZPO 325 II, wenn er hins der Streitbefangenh u der Fehlerhaftigk des VorBes (§ 858 II 2) gutgläub war. – **bb)** Bleibt der Beklagte mittelb Bes, ist er zwar (wie bei §§ 985, 1007; vgl oben Anm 4 aE) weiter passiv legitimiert, währd iF aa) nur prozführgsbefugt bleibt. Doch könnte der BesMittler sowohl iF des ZPO 886, wie bei Verurteilg des mittelb Besitzers zur Abtretg des HerausgAnspr gg BesMittler sein vom Beklagten abgeleitetes BesR einwenden. Diese Abschwächg der Passivlegitimation ist der Grd dafür, daß GesGeber auch die BesStufg nach § 868 in die Regelg der ZPO 265, 325 I eingezogen hat. Dann muß sich aber der BesMittler gg die Wirkg des ZPO 325 I wie zu aa) verteidigen können (Staud/Bund Rdn 24), was ihn allerd nur gg § 861 schützt, nicht aber wenn HerausgAnspr zugleich auf § 1007 II od § 985 gestützt ist. – **cc)** Kläger kann bei BesVerlust zur InteressenKl (ZPO 264 Nr 3) übergehen; bei BesÜbertr wird dies

Besitz §§ 861, 862

zweckm sein, wenn er im Verf zur Klauselumschreibg gg BesNachfolger diesem bösen Glauben nicht beweisen kann. BesInteresse, wenn Kl nur possessor, volles Sachinteresse, wenn sie zugleich petitorisch begründet war.

d) Beweislast: – aa) Kläger für Besitz vor Entzieh (wobei tatsächl Vermutg für Fortbestehen, wenn einmal nachgewiesen), für Besitzentzieh ohne seinen Willen (BGH Betr 73, 913) u für Besitz des Bekl; Entzieh ohne Wissen des Klägers spricht für solche ohne seinen Willen (RG JW 04, 361), Bekl muß dann GgBew führen. – **bb) Beklagter** für Voraussetzgen von II, für Beendigg des Besitzes des Klägers vor Entsetzg durch Bekl, für eigene od BesDienersch des Klägers, für gesetzl Gestattg der Entzieh (RG 64, 386). Vgl auch Schneider JR 61, 367.

e) Zu beachten die ausschl Zustdgk des Richters der FG gem **HausratsVO 1,** die auch eine BesSchutzKl gg den eigenmächt der Hausratverteilg vorgreifden Eheg vor dem ProzGer ausschließt (BGH NJW 83, 47). Zur Anwendbark von § 1361a iVm HausRVO ggü BesSchutzAnspr vgl Hamm FamRZ 88, 1303; Hambitz FamRZ 89, 236.

f) Mit **einstweiliger Verfügung** kann Zust geschaffen werden, der Befriedigg gleichkommt (Düss MDR 71, 1011; Ffm FamRZ 79, 515; Schopp MDR 74, 851). VfgGrd ZPO 935, 940 (Schopp aaO).

7) Sonstige Rechtsbehelfe: – a) Bereicherungsanspruch nur, wenn Besitzübergang auf einer (rechtsgrundlosen) Leistg des früheren Besitzers beruht (RG 129, 311); sie ist ausgeschl, sofern nur auf verbotene Eigenm oder sonstigen unfreiw BesVerlust gestützt; denn §§ 861, 1007 insoweit Sonderregel, die vom Gesetz nicht dem BereicherngsR unterstellt; also idR keine Eingriffskondiktion, es sei denn, der entzogene Bes hätte durch Recht zum Bes einen bestimmten Zuweisgsgehalt bekommen (vgl BGH WPM 87, 181).

b) Schadensersatzanspruch bei verschuldeter BesVerletzg, insb dch Beschädigg od Vernichtg der Sache od verbot Eigenm, aus § 823 II iVm § 858 (BGH 20, 171; Wieser JuS 70, 559; aM Medicus AcP 165, 118) u aus § 823 I, da Besitz als „sonstiges R" angesehen (RG 170, 6; BGH 32, 204); aber kein SchadErsAnspr des mittelb gg den unmittelb Besitzer aGrd § 823 I (BGH 32, 194). Str, ob im übr §§ 866, 864 I auch delikt SchadErsAnspr des Besitzers einschränken; so Medicus aaO; dagg zutr Wieser aaO, Westermann § 21, 4; § 25, 2. – Wg Höhe des zu ersetzden Schadens eingehd Medicus aaO 115 ff; er gibt, weil sonst Schaden des Besitzers nicht ermittelb (Wert des Bes als solcher kaum feststellb), SchadErsAnspr nur, wenn Bes mit über den possessorischen Schutz hinausgehender Befugn zustrifft, die den Bes eigtumsähnl erscheinen läßt, wie zB NutzgsR, ZbR, endgült HerausgAnspr (§ 1007). Gg Anspr des rechtlosen Besitzers auf Ers des Nutzgsschadens (and bei Haftgs- u Verwendungsschäden) auch Wieser NJW 71, 597; BGH NJW 81, 865 (krit dazu Honsell JZ 83, 531). Beachte für die Zeit nach der BesEntzieh §§ 1007 III 2, 989–992, 823 I, 286 (vgl Medicus aaO; dort auch zur Konkurrenz mit SchadErsAnspr des Eigtümers). E. Schwerdtner S 117 verneint beim possessor Anspr Haftg des Entziehden für Verzugsschaden.

c) Sonstige. Petitorische BesitzKl (§ 1007). UnterlKl bei Wiederholgsgefahr (§ 862 Anm 7). – Keine FeststellgsKl auf Anerkenng des Bes als Tats (Staud/Bund Rdn 21) zB bei mündl Bestreiten.

862 *Besitzstörungsanspruch.* **I** Wird der Besitzer durch verbotene Eigenmacht im Besitze gestört, so kann er von dem Störer die Beseitigung der Störung verlangen. Sind weitere Störungen zu besorgen, so kann der Besitzer auf Unterlassung klagen.

II Der Anspruch ist ausgeschlossen, wenn der Besitzer dem Störer oder dessen Rechtsvorgänger gegenüber fehlerhaft besitzt und der Besitz in dem letzten Jahre vor der Störung erlangt worden ist.

1) Besitzstörung. Allgemeines über den possessorischen Anspr vgl § 861 Anm 1. Vgl auch § 858 Anm 5; Einzelfälle dort Anm 3. SchadErsAnspr nur bei Versch (§ 823).

2) Besitzstörungsanspruch gerichtet auf Herstellg des vor Störg bestehenden Zustandes (BeseitiggsAnspr) od der früh Sicherh im Besitz (UnterlassgsAnspr). Letzterer nur bei einer auf Tatsachen sich gründenden Wahrscheinlichk weiterer Wiederholg (RG JW 13, 543); bloß denkbare Möglichk nicht ausreichd (RG 63, 379). Verbot weiterer Störgen kann Verpflichtg zur Beseitigg von Anlagen (der Störgsquelle) od Vornahme von Einrichtgen bedeuten (vgl RG aaO). Da Anspr aus § 862 kein SchadErsAnspr, keine Geldentschädigg (BGH WPM 76, 1056). Kein BesitzstörgsAnspr, soweit gem § 906 Eigtümer Einwirkg zu dulden hätte (§ 906 Anm 1a, 5, 6, 7), währd ihm andrers ein Ausgl/SchadErs/EntschAnspr entspr § 906 Anm 4f, 5, 6, 7 zusteht.

3) Anspruchsberechtigter vgl § 861 Anm 3, § 869 Anm 1. Mieter gg Hausgenossen bei Immissionen (RG HRR 31, 1219). Besitzverlust nach Rechtshängigk beseitigt Sachbefugnis; bei BesÜbertragg ZPO 265 II (vgl auch § 861 Anm 6).

4) Anspruchsgegner: Störer, dh derjenige, mit dessen Willen beeinträchtigender Zustand besteht od von dessen Willen Beseitigg abhängt (RG JW 36, 3454) zB ggwärt Besitzer der störenden Anlage (vgl RG 103, 174); auch bei Handeln im Auftr eines anderen; aber auch AuftrGeber Störer (RG 92, 25), uU nur dieser (OLG 2, 42). UU ist Störer auch, wer Einwirkg Dritter duldet, die er hindern könnte (RG 97, 26). Vgl auch § 1004 Anm 4.

5) Ausschluß des Anspr: vgl § 861 Anm 5.

6) Prozessuales: Vgl Anm 3. – Bei Abhilfe währd des RStreits Anspr auf Beseitigg erledigt (RG HRR 31, 1219), aber UnterlAnspr nur bei Gewähr für dauernde Abhilfe. Widerklage im Falle II auf Rückg der durch Kl od dessen Besitzvorgänger mittels verbotener Eigenm gg Bekl od dessen RVorgänger erlangten Sache mögl. **Beweislast:** Kläger für seinen Besitz, für Störg u Pers des Störers, für Besorgn weiterer

1021

Beeinträchtiggen; Beklagter für Voraussetzgen von **II**, für gesetzl Gestattg der Beeinträchtigg, für Voraussetzgen des § 906 (RG HRR **31**, 1219), für Besitzdienereigensch des Klägers u Beendigg des Besitzes vor Störg. ZwVollstr bei BeseitiggsAnspr: ZPO 887, bei UnterlAnspr: ZPO 890.

7) Erweiternde Gesetzesanwendung: Rspr gibt in Ausdehng des in §§ 12, 862, 1004 enthaltenen RGedankens Unterlassgsklage bei jedem obj rwidr Eingr in geschütztes RGut, sofern Wiederholgsgefahr besteht (RG **116**, 151). So auch Schutz eines eingerichteten Gewerbebetriebes vor Störgen, obwohl keine „Sache". Ggüber UnterlKlage wg Störg kann, da es nicht die Besitzstörgsklage ist, Recht zur Vornahme störender Hdlg unbeschränkt geltd gemacht werden (RG LZ **27**, 905).

863 *Einwendungen aus dem Recht.* Gegenüber den in den §§ 861, 862 bestimmten Ansprüchen kann ein Recht zum Besitz oder zur Vornahme der störenden Handlung nur zur Begründung der Behauptung geltend gemacht werden, daß die Entziehung oder die Störung des Besitzes nicht verbotene Eigenmacht sei.

1) Ggü den (possessorischen) BesSchutzAnspr aus §§ 861, 862 sind (petitorische) **Einwendungen aus materiellem Recht ausgeschlossen** (Ausn: § 864 II), um Besitzer rasche Wiederherstellg seines dch verbotene Eigenmacht beeinträchtigten BesStandes zu ermöglichen (BGH NJW **79**, 1358). Ein Recht zum Besitz gibt grdsätzl kein Recht zur eigenmächt Inbesitznahme. Vgl auch § 861 Anm 1. Ausnahmsw Berufg auf Recht zum Besitz od zur Vornahme Besitz beeinträchtigender Hdlg zul, wenn zum Nachw des Fehlens verbotener Eigenm (s § 858 „ohne dessen Willen", „sofern nicht das G... gestattet") ggü Kläger erfolgt. **Statthaft** ist Berufg auf **a)** ausdrückl gesetzl Gestattg, vgl § 858 Anm 6. – **b)** Einverständn des Klägers, vgl § 858 Anm 2. – **c)** ZbR nach § 273 II (Soergel/Baur Rdn 3) im Ggs zu § 320 (Schlesw SchlHA **62**, 245). – **d)** Fehlder Besitz des Klägers. – **e)** Einwendg aus § 864 II.
Ggüber Ansprüchen aus sonstigen RGrunde, zB bei SchadErsKlage, BereichergsAnspr, Klage aus § 1007, gilt Beschrkg des § 863 nicht. Bei Verbindg der Besitzklage mit Klage aus materiellem Recht, vgl § 861 Anm 6, bleiben jedoch grdsätzl Einreden aus dem Recht ggü Besitzklage unzul, ebso bei Feststellgsklage auf Besitz.

2) Widerklagen ggü BesSchutzKl auch zul, wenn sie auf gem § 863 ausgeschl Einwendg gestützt (BGH NJW **79**, 1358). Hierdch verliert § 863 nicht an Bedeutg, da über die idR zuerst entscheidgsreife BesSchutzKl dch TeilUrt (ZPO 301) zu entscheiden ist. Sind Kl u WiderKl gleichzeit entscheidgsreif, so ist unabhäng davon, ob Entscheidg über WiderKl sogleich rkräft wird (BGH NJW **79**, 1359) od nicht (BGH NJW **79**, 1358), die Kl zur Vermeidg widerspr Verurteilgen entspr § 864 II abzuweisen. Vgl auch Hagen JuS **72**, 124; Spieß JZ **79**, 717; Gursky JZ **84**, 604 zu I 4.

3) Beweislast für Vorliegen eines AusnFalles hat Beklagter.

864 *Erlöschen der Besitzansprüche.* [I] Ein nach den §§ 861, 862 begründeter Anspruch erlischt mit dem Ablauf eines Jahres nach der Verübung der verbotenen Eigenmacht, wenn nicht vorher der Anspruch im Wege der Klage geltend gemacht wird.

[II] Das Erlöschen tritt auch dann ein, wenn nach der Verübung der verbotenen Eigenmacht durch rechtskräftiges Urteil festgestellt wird, daß dem Täter ein Recht an der Sache zusteht, vermöge dessen er die Herstellung eines seiner Handlungsweise entsprechenden Besitzstandes verlangen kann.

1) Jahresfrist (I) ist vAw zu berücksichtigde AusschlFrist (RG **68**, 389). Unterbrechg nur dch Erhebg der BesSchutzKl; FeststellgsKl od Antr auf einstw Vfg genügen nicht; ab Anordng des Ruhens der Verf läuft neue Frist (Düss OLGZ **75**, 331). Frist läuft ab Verübg verbotener Eigenm, auch wenn beeinträchtigder Zustand fortwährt; bei wiederholten Beeinträchtiggen Fristablauf hins vorheriger Störgen unschädl. Fristbeginn unabhäng von Kenntn od Unkenntn des Klägers, Kenntn nur maßg bei BesStörg dch wörtl Bedrohen. Fristberechng nach §§ 187 I, 188 II. – **Beweislast** für Fristbeginn u -ablauf hat Bekl, für Fristwahrg der Kläger.

2) Stellt ein **Urteil ein Recht des Besitzentziehers/störers auf den eigenmächtig hergestellten Besitzstand** fest, so erlischt der BesSchutzAnspr **(II)**; akzessor verursachter SchadErsAnspr erlischt nicht. Dies ist Tatbestands- u nicht RKraftWirkg des Urt. BesSchutzKl ist als unbegründet abzuweisen; war ihr schon vorher stattgegeben, so ZPO 767. Wg Pfändg des gg Gläub selbst gerichteten Anspr aus § 861 vgl Stgt HRR **34**, 389.

a) Gesetz spricht von **Recht an der Sache.** Aber nicht auf dingl Rechte (zB § 985) zu beschränken; gilt auch bei obligator Anspr (zB § 433 I 2) u Recht aus älterem Bes (§ 1007).

b) Rechtskräftiges Urteil. Vorl vollstreckb Urt (aA Hagen JuS **72**, 124) od einstw Vfg genügen nicht; BesSchutzKl aber abzuweisen, solange eine das GgTeil bestimmde einstw Vfg besteht (Kiel JW **32**, 3640; Dresd Recht **41** Nr 2922); nach ihrer Beseitigg neue Kl zul. EnteigngsBescheid steht Urt nicht gleich (Hbg OLG **43**, 208). Da rkräft Feststellg des Rechts notw, muß über Kl od WiderKl des Täters entschieden worden sein; nicht genügd, wenn EigtKl des BesSchutzKlägers abgewiesen wurde (Soergel/Mühl Rdn 7). BesSchutzAnspr erlischt nicht, solange noch VollstrSchutz besteht (Furtner NJW **55**, 698). FeststellgsUrt genügt, wenn es Berechtigg des Täters ausspricht, Herstellg eines seiner Handlg entspr BesStandes zu verlangen; ebso Abweisg der negativen FeststellgsKl des Gegners.

Besitz §§ 864–866

c) RKräft Feststellg **nach Verübung** verbotener Eigenm. Keine entspr Anwendg auf vorher rkräft gewordenes Urt, damit nicht FaustR statt ZwVollstr u wg Möglichk der Änderg der RLage (Schwab § 11 III 4; Soergel/Mühl Rdn 8; W-Raiser § 19 V Fußn 16; aA RG **107**, 258; RGRK/Kregel Rdn 3; Westermann § 24 II 6).

865 *Teilbesitz.* **Die Vorschriften der §§ 858 bis 864 gelten auch zugunsten desjenigen, welcher nur einen Teil einer Sache, insbesondere abgesonderte Wohnräume oder andere Räume, besitzt.**

1) Teilbesitz mögl, soweit gesonderte räuml Herrsch am einzelnen Teil neben Herrsch einer anderen Pers am anderen Teil mögl u von Verkehrsanschauung anerkannt. Ist Besitz am realen Sachteil, nicht MitBes (§ 866) an der ganzen Sache. Kein Bes an ideellen Brucht mögl (RG JW **36**, 251). TeilBes mögl an bewegl (zB selbständig verschließb Schubfach) u an unbewegl Sachen. Gewisse baul Abgeschlossenh erforderl (RGSt **64**, 235). Auch an wesentl Bestandteilen mögl; § 93 steht nicht entgg, denn Besitz kein dingl Recht. So ist Teilbesitz am Holz auf dem Stamm mögl, wenn auch tatsächl Herrsch nur ausnahmsw (RG **108**, 272; vgl auch § 854 Anm 1 und 3b; RG **72**, 310; **77**, 207; Mü OLG **26**, 1). Teilbesitz am häufigsten bei abgesonderten Räumen. Mieter einzelner Räume hins dieser Teilbesitzer, hins mit anderen Mietern gemeinschaftl benutzter (zB Treppenflur, Waschküche) Mitbesitzer; Eigtümer hins des ganzen Gebäudes unmittelb Besitzer (RG **64**, 182), hins der vermieteten Teile mittelb Besitzer. Über Außenwand vgl § 854 Anm 3a aE. Kein Besitz des Stockwerksmieters am Dach (Hbg JR **27**, 11 betr Antenne). – Mögl Teileigenbesitz (str) u Teilmitbesitz (§ 866 Anm 1). Über Besitz u Besitzschutz beim WohngsEigt vgl WEG 13 Anm 1b, 2b.

2) Besitzschutz genießt Teilbesitzer in gleicher Weise wie Alleinbesitzer; Mieter auch ggü Vermieter u Mitmietern, wobei § 906 zu beachten (RG JW **32**, 2984). Bei Anbringg von Reklame- u Firmenschildern hat Mieter Besitzschutz gg Vermieter nur, wenn Anbringg mit dessen Gen od ohne diese statthaft (vgl § 854 Anm 3a; KG OLG **2**, 32); gg Dritte auch ohne diese Voraussetzg (RG **80**, 281).

866 *Mitbesitz.* **Besitzen mehrere eine Sache gemeinschaftlich, so findet in ihrem Verhältnisse zueinander ein Besitzschutz insoweit nicht statt, als es sich um die Grenzen des den einzelnen zustehenden Gebrauchs handelt.**

1) Mitbesitz erfordert, daß mehrere Pers in der Weise besitzen, daß jeder die ganze Sache od einen realen Sachteil (§ 865) besitzt u dabei dch den gleichen Besitz der and beschränkt ist; kein MitBes nach ideellen Bruchteilen. Mitbenutzg ist nicht MitBes, wenn AlleinBes des and anerkannt u eigener BesWille fehlt (RG **108**, 128; Hbg OLG **26**, 3). Inh eines unter Zollverschluß stehden Lagers hat AlleinBes (RG **112**, 40). Der Besitz muß gleichstuf sein (mittelb u unmittelb Besitzer haben keinen MitBes), kann aber verschiedenen Zwecken dienen (zB Fremd- u EigenBes). RVerh unter den Mitbesitzern gleichgült; zB BruchtGemsch, GesHdsGemsch (vgl § 854 Anm 6), PfdBestellg nach § 1206. – **Erwerb** dch geschäftl BesErgreifg (§ 854) od dadch, daß Alleinbesitzer MitBes einräumt, zB dch Aushändigg eines Zweitschlüssels (vgl § 854 Anm 3a) od uU auch des einzigen Schlüssels (vgl BGH **LM** § 854 Nr 8). – **Verlust** gem § 856.

a) Formen. – aa) Schlichter Mitbesitz: jedem Mitbesitzer ist die Sache alleine zugängl; zB gemeinsamer Hausflur (RG **64**, 182) od Fahrstuhl (BGH **62**, 243) od Privatweg (LG Münst MDR **61**, 234). Bei zeitl Wechsel (zB Waschküche) kein aufeinandfolgder AlleinBes (Soergel/Mühl Rdn 4). – **bb) Qualifizierter Mitbesitz:** den Mitbesitzern ist die Sache nur gemschaftl zugängl; zB Mitverschluß mittels verschiedenartiger Schlüssel (am Inhalt des Bankschließfachs hat der Kunde idR AlleinBes; Celle JW **27**, 73 u hM; vgl Werner JuS **80**, 175) od unmittelb Besitzer besitzt für mehrere mittelb Besitzer gemeins (zu unterscheiden von NebenBes, vgl § 868 Anm 1b) od BesDiener besitzt für mehrere BesHerren gemeins.

b) Eherecht. – aa) Für alle Güterstände gilt: **Alleinbesitz** jedes Eheg an den seinem persönl Gebrauch dienden Sachen u solchen unter seinem Sonderverschluß; wg persönl Briefe vgl § 855 Anm 4. – **Mitbesitz** am gemeins benützten **Hausrat**, wobei jew nicht der mitbesitzde NichtEigtümer dem Eigtümer den Bes aGrd des MitBesR aus 1353 vermittelt (BGH NJW **79**, 976). – ZG des Gläub jedes Gatten gelten aber die Vermutgen BGB § 1362 u ZPO § 739, wonach der jew Schu als Alleinbesitzer gilt, so daß der and Eheg der ZwVollstr nicht wg seines MitBes nach ZPO 766, 771 widersprechen kann. – MitBes gleicherw auch an **Ehewohnung**, auch wenn sie nicht gemeins gemietet (Celle FamRZ **71**, 28); ist Räumgstitel gg Mieter auch gg and Eheg (u sonst mitbesitzde FamAngehörige) vollstreckb (LG Tüb NJW **64**, 2021); and, wenn beide Eheg Mieter (Hamm NJW **56**, 1681) od der Verurteilte wg Trenng ausgezogen (LG Mannh NJW **62**, 816); vgl auch BLAH § 885 Anm 1 Bb; Th-P § 885 Anm 2b. – Vgl weiter Anm 1 vor § 1414.

bb) An **sonstigen Sachen** ist bei Gütertrenng u ZugewGemsch jeder Gatte Besitzer der ihm gehörden. Der Verwalter nach § 1413 vermittelt dem and Bes nach § 868.

cc) Gütergemeinschaft. – Vorbehaltsgut: Für gemeins benützten Hausrat u Ehewohng gilt hier erst recht das für Gütertrenng u ZugewGemsch oben zu aa) Gesagte. Sonst idR AlleinBes des Eigtümers (Erm/Heckelmann § 1418 Rdn 6). – **Sondergut:** idR unkörperl Gegenstände; sow RechtsBesSchutz vorgesehen (vgl etwa §§ 1090 II, 1029), steht dieser dem Eheg zu, zu dessen Sondergut das Recht gehört. – **Gesamtgut:** Bei **Einzelverwaltung** gilt § 1422 Anm 1. Doch muß auch hier aGrd v § 1353 MitBes an Hausrat u Ehewohng angen werden (Erm/Heckelmann § 1422 Rdn 4). Sow der Verwalter im übr das GesGut in Bes genommen hat (was iZw anzunehmen), vermittelt er der GesHand der Gatten den Bes (§ 868). – Bei **gemeinsamer Verwaltung** vgl § 1450 Anm 3.

dd) Getrenntleben: Trennen sich die Eheg, endet ihr Recht zum Bes am Hausrat, sow es auf § 1353 beruhte; nun greift **§ 1361a** ein. Der GrdGedanke dieser Vorschr sollte auch für das Recht zum Bes der

§§ 866, 867

Ehewohng gelten (vgl Mü FamRZ **69**, 93; **70**, 86; Stgt NJW **70**, 101). Hat sich der Ehemann unter Aufg seines MitBes an der Ehewohng von der Familie in ScheidgsAbs getrennt, hat er damit sein Recht auf MitBes an der Wohng aus der ehel LebensGemsch u seiner elterl Sorge für die Kinder verloren (BGH MDR **72**, 33).

ee) Besitzdienerschaft: vgl § 855 Anm 4.

c) Gesellschaftsrecht: vgl § 854 Anm 6.

2) Besitzschutz: a) Ggü **Mitbesitzern** bei BesEntzieh nur, soweit es sich nicht um Grenzen des den einz zustehden Gebr handelt, wie bei völl BesEntziehg (BGH Betr **73**, 913). Dagg bei BesStörgen unterein- and kein BesSchutz (BGH **29**, 377), sond nur RKlage (zB § 823 I), wobei derart Anspr nicht analog § 866 „relativiert" wird (BGH **62**, 243 gg Medicus AcP **165**, 139); and wohl zutr Köln MDR **78**, 405, wenn MitBes nicht nur in einz Beziehgen sond insges beeinträchtigt. Über Berufg des Störers auf § 242 vgl BGH NJW **78**, 2157. – **b)** Ggü **Dritten** hat jeder einz Mitbesitzer unbeschränkten BesSchutz (§§ 859–862, 867). – Mitbesitzer kann idR nach § 861 nur Wiedereinräumg des MitBes fordern; aber solche des AlleinBes, wenn übr Besitzer den MitBes nicht mehr übernehmen wollen od können (§ 869 S 2 Halbs 2 entspr). AlleinBes ggf auch mit Rechtsklage beanspruchb.

3) Herausgabepflicht der Mitbesitzer (§§ 861, 1007, 985): Teilw wird angenommen, daß MitEigtümer (aGrd ihres Mitbesitzes?) gesamtverbindl zur Herausg verpflichtet seien (Mü LZ **22**, 169; Erm/Hefermehl § 985 Rdn 5; Soergel/Mühl § 985 Rdn 14), teilw, daß gg einen Mitbesitzer „geklagt" werden könne, wenn die and einverstanden seien (RG LZ **24**, 123) od, daß der volle HerausgAnspr gg einen Mitbesitzer begründet sei, wenn er allein die ungehinderte tatsächl Gewalt habe (RG JW **18**, 368 bzgl eines Miterben). Doch kann jeder Mitbesitzer nur in dem dingl HerausgAnspr nur in dem Umfang passiv legitimiert sein, in dem er besitzt. Das wird klar, wenn man die ZwVollstr eines Urt bedenkt, das (nur) einen Mitbesitzer zur (umfass den) SachHerausg verurteilt; sie muß an den Erinnergen (ZPO 809, 766) der nicht verurteilten Mitbesitzer scheitern, wenn diese Mitgewahrs haben. Die Tats des MitBes allein begründet keine Ges-Schuldnersch zur Herausg (MüKo/Medicus § 985 Rdn 12; Staud/Gursky § 985 Rdn 35). Wenn auch jeder Mitbesitzer die Sache ganz besitzt, so doch nicht allein. Er kann also nur verurteilt werden, seinen MitBes zu übertragen. Daß er uU dem Gläub des HerausgAnspr je nach Sachlage den AlleinBes verschaffen kann, schließt nicht aus, daß er dadch verbotene Eigenm gg seine Mitbesitzer verübt. Vgl BGH **4**, 77, in welchem Sonderfall die an einen Mitbesitzer gerichtete LeistgsAnforderg nach RLG 15 auch die BesÜbertr dch diesen ggü seinen Mitbesitzern deckte. – Hat sich allerd der Erbenmitbesitz nach §§ 2032, 857 in der Hand eines Erben, der für sich u seine Miterben tatsächl Bes ergriff, verdichtet, ist dieser auch allein (aber nicht nur er allein) passivlegitimiert. – Übt im Rahmen einer KG der alleinige Komplementär die tatsächl Vfgsgewalt aus, so mag seine Verurteilg zur Herausg (des ganzen Bes) als Zweitbeklagter neben der KG unbedenkl sein (so BGH JZ **70**, 105), weil die Verurteilg der KG als Erstbeklagter den Mitgewahrs etwa unmittelb mitbesitzder Kommanditisten (vgl dazu § 854 Anm 6c) als erinnerungsgründ iS von ZPO 809, 766 ausschaltet, weil zudem die dem Komplementär unterstellte „alleinige VfgsGewalt" dessen Alleingewahrs bedeuten wird; die Praktikabilität der Entscheidg im Einzelfall ändert aber nichts an der Berechtigg von Steindorffs Kritik in JZ **68**, 70 u **70**, 106. – And, wenn man wie BGH **57**, 166 dem Kommanditisten jeden Bes abspricht. – Sind mehrere Mitbesitzer verklagt, kein Fall des ZPO 62 (vgl RG JW **18**, 368), da die Voraussetzgen des § 932 (ggü §§ 985, 1007 I) od des § 859 II (ggü § 861) den einen Beklagten schützen können, den and nicht. Anderes gilt, wenn mehrere Beklagte als Besitzer nach § 857 passivlegitimiert sind; doch auch hier kein Fall des § 62 Gruppe 2 (notw gemeins Kl).

867

Verfolgungsrecht des Besitzers. Ist eine Sache aus der Gewalt des Besitzers auf ein im Besitz eines anderen befindliches Grundstück gelangt, so hat ihm der Besitzer des Grundstücks die Aufsuchung und die Wegschaffung zu gestatten, sofern nicht die Sache inzwischen in Besitz genommen worden ist. Der Besitzer des Grundstücks kann Ersatz des durch die Aufsuchung und die Wegschaffung entstehenden Schadens verlangen. Er kann, wenn die Entstehung eines Schadens zu besorgen ist, die Gestattung verweigern, bis ihm Sicherheit geleistet wird; die Verweigerung ist unzulässig, wenn mit dem Aufschube Gefahr verbunden ist.

1) Voraussetzungen: Sache muß aus Gewalt des Besitzers auf von einem anderen besessenes Grdst gelangt sein; ob mit od ohne Versch, gleichgült; bei Absicht entfällt AbholgsAnspr nur, wenn darin BesAufg (Soergel/Mühl Rdn 3). Besitzverlust nicht erforderl, liegt auch idR nicht vor, vgl § 856 II. Gelangt Sache auf bewegl Sachen, zB auf Schiff, Wagen, § 867 entspr.

2) Verfolgungsrecht (vgl auch §§ 911, 962). Ergänzg der allg Besitzschutzmittel. Nur Aufsuchen u Wegschaffen, keine sonstige Tätigk erlaubt, u dies auch nur, wenn GrdstBesitzer es gestattet. Verweigert er Gestattg (mit, S 3, od ohne Recht), so ist eigenmächt Vorgehen des Sachbesitzers (Betreten des Grdst) verbotene Eigenm; bei Versch SchadErsPfl des Sachbesitzers (§ 823), Eigenmächt Verhalten nach §§ 229, 904 statth – § 867 gibt nur Anspr auf Gestattg. Ggü Klage aus § 867, weil reine Besitzklage, Einreden aus dem Recht unzul (Staud/Bund Rdn 8). Sachbefugt unmittelb Besitzer (wg mittelb Besitzers vgl § 869 S 3), Teilbesitzer, Mitbesitzer, auch Eigtümer (§ 1005), aber nicht BesDiener (Soergel/Mühl Rdn 3; aA Staud/Bund Rdn 5). AnsprGegner ist der unmittelbare GrdstBesitzer (uU auch der mittelbare, vgl Staud/Bund Rdn 6), einerlei, ob zugl GrdstEigtümer, aber nur solange er die Sache nicht in Bes genommen hat; dann uU §§ 861, 985, 1007 (vgl Düss MDR **72**, 147 Anm Weitnauer). – ZwVollstr nach ZPO 890. – Bei widerrechtl schuldh Verweigerg der Gestattg (od grdlosem Verlangen von SicherhLeistg; vgl S 3) SchadErsPfl des GrdstEigtümers, § 823, ggf § 286 (Naumburg OLG **26**, 4).

3) Inbesitznahme der Sache durch Dritte od GrdstBesitzer läßt VerfolggsR entfallen. Diese Einwendg muß GrdstBesitzer beweisen. In Verweigerg der Abholg liegt idR noch nicht Inbesitznahme. Inbesitznahme durch diesen od Dritte ist regelm verbotene Eigenm, wenn Gelangen auf Grdst, wie meist, ohne Besitzverlust erfolgt. Dann Besitzschutz nach §§ 859–861 (KlageAntr gem § 861 zu ändern [ZPO 264 Nr 2], wenn sich Bekl auf Inbesitznahme beruft, Staud/Bund Rdn 9); bei Versch auch SchadErsAnspr; ferner unabhäng von verbotener Eigenm, RBehelfe aus Recht selbst, §§ 985, 1065, 1227, und aus früh Besitz, § 1007.

4) Schadensersatzanspruch des GrdstBesitzers aus § 867 S 2 setzt kein Versch des Aufsuchenden voraus, ist ähnl wie § 904, AusglAnspr. Schaden, der durch Sache selbst angerichtet, nach §§ 823 ff zu ersetzen; außerdem können §§ 833 f, 836–838 in Frage kommen.

5) Sicherheitsleistung (vgl §§ 232 ff) kann nicht verlangt werden, wenn mit Aufschub Gefahr verbunden; ErsAnspr (Anm 4) bleibt unberührt. Wegen SchadErsPfl vgl Anm 2. Vor SicherhLeistg dilatorische Einrede.

868 *Mittelbarer Besitz.* Besitzt jemand eine Sache als Nießbraucher, Pfandgläubiger, Pächter, Mieter, Verwahrer oder in einem ähnlichen Verhältnisse, vermöge dessen er einem anderen gegenüber auf Zeit zum Besitze berechtigt oder verpflichtet ist, so ist auch der andere Besitzer (mittelbarer Besitz).

Schrifttum: Wieling, AcP **184**, 439

1) Allgemeines. – a) Mittelbarer Besitz ist auch eine tatsächl Beziehg einer Pers zur Sache, u zwar vermittelt dch die unmittelb SachHerrsch des BesMittlers; erforderl ein zw ihnen bestehdes BesMittlgsVerh u Willen des Mittlers, „für den anderen" zu besitzen, also als Fremd-, nicht als Eigenbesitzer. Er ist wirkl Besitz („vergeistigte Sachherrsch"), nicht nur Fiktion od schuldrechtl HerausgAnspr; denn mittelb Besitzer genießt Besitzschutz (§ 869); er kann uU ohne Ausübg des HerausgAnspr Einräumg des unmittelb Besitzes an sich verlangen (vgl § 869 Anm 3 u 4), Einwand des § 861 II geltd machen, als solcher gemäß ZPO 76 verklagt werden. Für ihn gilt EigtVermutg des § 1006, ihm steht HerausgAnspr des § 1007 zu, er kann aus § 985 verklagt werden. Alle für den Besitzer gegebenen gesetzl Bestimmgen auch mittelb Besitzer (der Eigen- od Fremdbesitzer sein kann) anwendb, sofern sie nicht ausdrückl od sinngemäß auf unmittelb Besitzer beschränkt, wie §§ 854–856. Sonderregel für mittelb Besitzer in §§ 869, 870, 871. Mittelb Besitz kein StellvertretgsVerh, vgl § 854 Anm 5. – Erweiterg des § 868 durch § 871, der mehrfch gestuften mittelb Besitz vorsieht. Gemäß § 866 auch gleichstufiger mittelb Mitbesitz mögl durch Schaffg eines Ges- od GemschGläubigerverhältnisses, §§ 428, 432 (vgl § 866 Anm 1); dies von Anfang an od dch Umwandlg des dem bish allein mittelb Besitzden zustehden HerausgAnspr in einen GesGläubAnspr (BGH WPM **68**, 406).

b) Nebenbesitz iS eines gleichstuf mittelb Bes mehrerer Pers, der auf von einand unabhäng (Unterschied zum mittelb MitBes) BesMittlgsVerh zu demselben unmittelb Besitzer beruht, ist abzulehnen, da die Anerkenng der HerausgPfl ggü dem einen ihre Verneing ggü dem n bedeutet (RG **135**, 75; **138**, 265; Tiedtke WPM **78**, 446 [450]; Picker AcP **88**, 511 [533]; aA [bei nicht eindeut Beendigg eines BesMittlgsVerh bei Begründg eines and] Baur § 52 II 4c bb; Medicus Rdn 558, 561; Westermann § 19 II 4). Die Vertreter der NebenBesLehre lassen die Übertragg bloßen NebenBes iFv § 934 Fall 1 nicht ausreichen. – **aa)** Überträgt der unmittelb besitzde VorbehKäufer *K* sein AnwR nach § 930 an *A*, so erlangen der Verkäufer zweitstuf mittelb EigenBes u *A* erststuf mittelb FremdBes, nicht aber beide NebenBes, u *A* kann die Sache nach § 934 Fall 1 dch Abtretg seines HerausgAnspr gg *K* übereignen (BGH **28**, 16 [22]; aA Westermann § 19 II 4). – **bb)** Übereignet der unmittelb besitzde *K* die von *V* unter EV erworbene Sache unbefugt nach § 930 an *A* (wodch *A* wg § 933 nur das AnwR des *K* erwirbt; vgl § 929 Anm 6 C a), so vernichtet *K* dch die Begründg des BesMittlgsVerh zu *A* das zu *V* (vgl Anm 4c), so daß nur *A* mittelb Bes hat, nicht aber beide NebenBes, u *A* kann die Sache nach § 934 Fall 1 dch Abtretg seines HerausgAnspr gg *K* übereignen (BGH **50**, 45; Ffm BB **76**, 573; Lange JuS **69**, 162; aA Medicus Rdn 561; Picker AcP **88**, 511). – **cc)** Übereignet *A* den Besitzer, die der Eigtümer *E* an *B* zur Aufbewahrg gegeben hat, dch Abtretg seines angebl HerausgAnspr gg *B* an *C* u erklärt *B* dem *C,* für *C* künft besitzen zu wollen, so vernichtet *B* damit das BesMittlgsVerh zu *E* (vgl Anm 4c), so daß nur *C* mittelb Bes hat, nicht aber beide NebenBes, u *C* ist nach § 934 Fall 2 Eigtümer geworden (vgl § 934 Anm 2b; RG **135**, 75; **138**, 265; Tiedtke WPM **78**, 446 [450]; aA Medicus Rdn 558; Westermann § 48 III)

2) Besitzmittlungsverhältnis. – a) Allgemeines. Erforderl **konkret bestimmtes,** schuldrechtl, dingl od sonstiges wirkl od vermeintl RVerh, durch das NutzgsR od VerwPfl des sein Recht von dem anderen ableitenden unmittelb Besitzers begründet wird (RG **54**, 396; JW **29**, 2149; BGH LM Nr 6).

aa) Subjektiv entspr BesWille beider Teile notw (RG **135**, 78), sofern mittelb Bes auf RVerh beruht, das vom Willen der Beteil abhängt (BGH LM Nr 4). Unmittelb Besitzer muß HerausgPfl anerkennen (BGH **85**, 263); geheimer Vorbeh des BesMittlers, nicht für mittelb Besitzer besitzen zu wollen, dürfte unbeachtl sein (vgl Tiedtke WPM **78**, 451). Bei gesetzl BesMittlgsVerh (zB elterl Sorge, TestVollstr) ist abw Wille unbeachtl (BGH LM Nr 4; BayObLG **53**, 277).

bb) Nicht notw, daß mittelb Besitzer Sache vorher im Besitz u unmittelb Besitzer durch ihn in Besitz gelangt, vielm (nur) nötig, daß Besitzmittler sein BesitzR vom mittelb Besitzer **ableitet,** daß sein BesitzR dem des mittelb Besitzers untergeordnet ist (BGH LM Nr 6); also mögl, daß Besitzmittler vorher unmittelb Eigenbesitzer war u dann mit „anderem" BesitzmittlgsVerh vereinbart (vgl RG JW **29**, 2149), od auch, daß er Sache überh erst erwirbt u dadurch mittelb Besitz des anderen zur Entstehg gelangt, sofern übrige Voraussetzgen gegeben, vgl Anm 3c.

cc) Unmittelb Besitzer darf dem anderen ggü **nur auf Zeit** (bestimmte od unbestimmte, RG **90**, 219) zum Besitze berecht od verpflichtet sein, dh MittlgsVerh muß als eines Tages endigend gedacht sein, wobei

§ 868   2a, b   3. Buch. 1. Abschnitt. *Bassenge*

nicht erforderl, daß dies gerade durch Herausg an mittelb Besitzer; mögl auch zB durch EigtErwerb seitens bish Besitzmittlers (RG 69, 198). Ausreichd HerausgAnspr nur für den Fall des Nichteintritts einer Bedingg od Nichterfüllg der Verpflichtgen des unmittelb Besitzers, zB bei käufl Übergabe unter EigtVorbeh od bei Sichergsübereigng (RG 54, 397). Nicht erforderl, daß mittelb Besitzer HerausgAnspr an sich selbst zu irgendeinem Ztpkt hat (BGH **LM** § 2203 Nr 1).

dd) Rechtswirksamkeit des vereinb RVerh nicht erforderl, sofern nur BesMittlgswille u HerausgAnspr irgendwelcher Art (zB GeschFührg, Bereicherg) besteht (MüKo/Joost Rdn 15; Staud/Bund Rdn 13; aA BGH **LM** Nr 5, 6: BesMittlgswille genügt); RG **98**, 113 verneinte bei Nichtig des Vertr wg GeschUnfgK des Oberbesitzers, RG **86**, 265 bei fehlender Vertretgsmacht für diesen ein BesMittlgsVerh; beide Entscheidgen aber gerechtf, weil BesErwerbswille fehlte. Bei BesMittlgsVerh trotz ungültigem RVerh kein Recht/Pflicht zum Besitz. – Bestellt Nichteigtümer Nießbr od PfdR, dann wird er u nicht der Eigtümer mittelb Besitzer.

ee) BesMittlgsVerh **stillschweigend** begründbar (RG HRR 33, 1186); nur muß es sich immer um konkret bestimmtes RVerh handeln (RG Warn 25, 166) u auf individuell bestimmte Sache beziehen (RG **52**, 390, vgl auch RG **132**, 187).

b) Einzelfälle. Jedes Verhältn, das obigen Voraussetzgen der beispielsw genannten VertrFormen entspricht, also konkret bestimmtes RVerhältn, vermöge dessen unmittelb Besitzer sein Recht vom mittelb Besitzer ableitet u diesem ggü auf Zeit zum Besitze berecht od verpflichtet ist. Nicht erforderl, daß es sich um benannten Vertr (RG JW **15**, 656), od um solchen handelt, der den gesetzl Begriffsmerkmalen eines in § 868 angeführten Vertr entspricht (RG **132**, 186). Genügd zB Verpflichtg, Lagerbestände für einen anderen zu besitzen, zu bearbeiten u zu verkaufen (RG Gruch **53**, 1048).

aa) Gesetzliche Beispiele: – **Nießbraucher** vermittelt den Besitz (§ 1036) idR dem Eigtümer, uU dem NichtEigtümer, vgl § 1032. – **Pfandgläubiger** vermittelt den Verpfänder (s §§ 1205 ff, 1223 I, 1253, 1274, 1278). – **Pächter/Mieter** vermittelt (nicht jedoch hins eingebrachter Sachen) dem Verpächter/Vermieter (§§ 581, 536); vom Pächter zu vorübergehendem Zwecke (§ 95) errichtetes Bauwerk steht nicht im mittelb Besitz des Verpächters, auch nicht aGrd dessen gesetzl PfdR (RG JW **34**, 1484). Wg Gasautomaten vgl RGSt **45**, 249). – **Verwahrer** (vgl RG **106**, 135) vermittelt dem Hinterleger (§ 688) Besitz, gerichtl bestellter Verwahrer demj, zu dessen Sicherg er Verwahrg erhielt (vgl §§ 432, 1217, 1281, 2039). VormschG Besitzmittler bzgl Sparkassenbücher der Mündel (RG **59**, 201). Wegen Sammelverwahrg nach DepotG vgl RGRK/Kregel Rdn 13.

bb) Ähnliche Verhältnisse: – Hinterlegung. Nach KGJ **44**, 279 ist der Hinterleger noch solange mittelb Besitzer, als ihm Rücknahme mögl, § 376 II. Verlangt man aber richt Ansicht nach (RG **135**, 274; Westermann § 19 I 2) ein irgendwie in Erscheing tretdes Einverständn des Begünstigten, damit für ihn die – wenn auch vergeistigte – Sachherrsch des mittelb Bes entsteht, kann man ihm diesen erst mit Annahme, nicht schon mit Rücknahmeverzicht zusprechen, arg auch § 382. Haben mehrere Begünstigte Annahme erklärt, besitzt Hinterleggsstelle für den, an den letztl gem HintO 21 ausgehändigt wird (nach RGRK/Kregel Rdn 9 mittelb MitBes der Beteiligten); vgl dazu (Hinterlegg eines GrdSchBriefs) BGH WPM **69**, 208, 209. – **Leihe** (§ 604) u ähnl NutzgsR (Düss NJW **86**, 2513). – **Verwahrungsähnliches Verhältnis** (RG **132**, 186); GBA bzgl HypBrief (KGJ **40**, 322); dch Übersendg des Nummernverzeichn seitens Bank kann Kunde uU mittelb Besitz an Kuxscheinen erlangen (RG **121**, 50); Eigtümer des Grdst, auf das Unternehmer zwecks Bauausführg Materialien geschafft hat, vermittelt für diesen (RG **104**, 93). – **Lager-** (RG Warn **26**, 281), **Fracht-** (BGH **32**, 204) u **Speditionsvertrag**, wobei Unterspediteur wieder dem Hauptspediteur Besitz vermitteln kann (RG **118**, 253; vgl auch § 855 Anm 4b). – **Auftragsverhältnisse** (RG **109**, 170) insb VerwaltgsAuftr, TrHdVerh; kann (als vorweggen BesMittlgsVerh) dch Erteilg u GebrMachen von Empfangsvollm entstehen (vgl Einf 3 vor § 662; zweifelh daher Ffm NJW-RR **86**, 470, wo aber keine Vollm [BGH NJW **86**, 2826]). – **Verkaufskommissionär** Besitzmittler hins der ihm übergebenen Ware (RGSt **62**, 357), auch hins der für Kommittenten vereinnahmten Gelder, deren sofortiger Übergang auf letzteren vereinbart ist (RGSt **62**, 31). Bei **Geschäftsbesorgung** u Dienstleistg Verhältn nach § 868 mögl. Bei **Geschäftsführung ohne Auftrag** soll nach RG **98**, 134, HRR **28**, 1805, Wille des GeschFührers, Sache für andern zu besitzen, genügen; bedenkl, solange GeschHerr nicht Willen zum mittelb Besitz hat; diesen hat er erst ab Gen (Westermann § 9 I 2); daß die Aufn der GoA den GeschF mit dem GeschHerrn dch ein ges SchuldVerh verknüpft, schafft noch kein BesMittlgsVerh. – **Werkvertragsähnliches Verhältnis** (RG Warn **22**, 70); Übergabe von Holz an Sägemüller zum Schneiden (RG Warn **29**, 180), einer Sache zum Ausbessern (OLG **15**, 358). – Bei **Sicherungsübereignung** nach § 930 begründet die Sichgsvereinbg ein BesMittlgsVerh (§ 930 Anm 3 b). Hier noch den SichgNehmer gleichzeitig als BesMittler für den SichgGeber (als Oberbesitzer 2. Stufe) anzusehen, wäre überspitzt u scheitert auch daran, daß SichgEigtümer Eigenbesitzer ist (vgl § 872 Anm 1). – Bei **Veräußerg unter Eigentumsvorbehalt** ist Käufer BesMittler für den Verkäufer (§ 929 Anm 6 A b). – **Erbbaurecht** s ErbbRVO 1 Anm 5.

Im **Familienrecht:** BesMittlgsVerh zw Eheg s § 866 Anm 1 b. BesMittlgsVerh zw SorgeBerecht u Kind (§ 1626; BGH NJW **89**, 2542); zw Vormd/Pfleger u Mündel/Pflegebefohlenem hins der seiner Verwaltg unterliegenden Sachen (§§ 1793, 1890, 1897, 1915); in allen Fällen Inbesitznahme durch Berechtigten erforderl. – Im **Erbrecht** BesMittlgsVerh zw TestVollstr, NachlVerwalter u NachlPfleger einerseits, Erben andrerseits, sobald erstere Besitz ergriffen haben.

Pfändung (ZPO 808): hat GVz Sache in Gewahrs, so hat er unmittelb FremdBes, Gläub mittelb FremdBes 1. Grades u Schu mittelb EigenBes 2. Grades; bleibt Sache beim Schu, so hat er unmittelb FremdBes u zugl mittelb EigenBes 3. Grades, GVz mittelb FremdBes 1. Grades u Gläub mittelb FremdBes 2. Grades (vgl Schlesw SchlHA **75**, 47). Bei Wegnahme einer Sache aGrd einstw Vfg GVz unmittelb, Gläub u Schu mittelb Mitbesitzer (Hbg HRR **34**, 1058). Durch Versteigerg u Zuschlag Ersteher noch nicht Besitzer, Überg (mittels Besitzkonstituts ausreichd) außerdem erforderl (RG Warn **17**, 55). – **Konkursverwalter** vermittelt dem GemSchu (s KO 117) – **Zwangsverwalter** vermittelt dem Eigtümer (s ZVG 150, 154) den Besitz, sobald sie diesen ergriffen. – **Beschlagnahme:** Mittelb Bes der BeschlagnBeh an Sachen, die nicht in unmittelb Bes gen; aber kein BesMittlgsVerh zw Staatsanwaltsch u Bestohlenem (RG Warn **17**, 55) od zw BeschlagnBeh u nicht mehr unmittelb besitzden Eigtümer (Mü NJW **82**, 2330). Ein öffrechtl Verwahrgs-Verh iSv §§ 688, 868 (Einf 4c vor § 688) wird nicht schon durch Beschlagn od behördl VfgsVerbot, sondern erst dch die den Berecht insow verdrängde Inbesitznahme begründet (BGH WPM **73**, 1416).

cc) Kein Besitzmittlungsverhältnis: Zw **Käufer u Verkäufer** nach GrdstÜberg vor Auflassg u Eintragg (RG **105**, 23); bei nichtigem GrdstKaufVertr (RG LZ **19**, 788); bei bloßer Vereinbg, Erwerber könne jederzeit Herausg von Veräußerer verlangen (RG DRZ **33**, 83). Aber mögl, daß (zB durch KaufprZahlg) bedingte EigtÜbertragg (zB bei Siegelg verk Weins, vgl Gallois AcP **154**, 169) od (zB nach schon erfolgter Zahlg) sofortiger EigtÜbergang gewollt u Verkäufer Ware fortan als Verwahrer besitzen soll. Nicht ausreichd Erkl der Übereigng von Hausrat seitens Mutter an vollj Tochter (RG LZ **26**, 486, wo aber wohl bei Annahme stillschw Verwahrgsabrede ein befriedigenderes Ergebn mögl gewesen wäre). – Zw **Kommittent u Einkaufskommissionär** nicht ohne weiteres BesMittlg, vgl aber Anm 3c, § 929 Anm 5b. – Keine BesMittlg zw **Eigentümer u Finder,** selbst wenn Finder Eigtümer kennt u dieser von Besitz des Finders weiß (RG JR **27**, 1114; str). – **Organbesitz** (§ 854 Anm 5) u **Besitzdienerschaft** (§ 855). – Kein BesMittlgs-Verh zw **Vor- u Nacherben** (Westermann § 18, 6); keine EigtÜbertr unter auflösder Bdgg (RG JW **12**, 144). – An **Warenautomaten** u Aufstell/Anhängfläche haben Aufsteller u Gastwirt idR unmittelb MitBes (Weyland, Automatenaufstellg, Diss Marburg 1988, S 72 ff).

3) Erwerb durch selbstd Begründ (wobei die Sachen, deren Bes vermittelt wird, bestimmt sein müssen, vgl § 930 Anm 3b, 4a) od dch Übertr (§ 870). Bei Begründg drei Möglichkeiten:

a) Bish unmittelb Besitzer überträgt unter Vereinbg eines RVerh gem § 868 seinen unmittelb Besitz auf Dritten u wird selbst mittelb Besitzer, zB er vermietet die Sache; **Insichgeschäft** (§ 181, mögl, nur muß entspr Wille erkennb in Erscheing treten (RG **139**, 117). Entsteht RVerh kraft Gesetzes, zB durch Bestellg eines Vormunds, so wird bish unmittelb Besitzer durch bloße Inbesitznahme seitens des Vormunds zum mittelb. Mittelb Besitz kann auch für Dritte mit deren Zust entstehen, str; zB durch Hinterlegg für die Berecht.

b) Unmittelb Besitzer verschafft anderem mittelb Besitz durch Vereinbg eines RVerh gem § 868, zB bei Sichergsübereign (§ 930 Anm 4) unter Vereinbg leihweiser Belassg. Auch hier Selbstkontrahieren mögl, wenn entspr Wille erkennb (RG **86**, 264).

c) Keiner der Beteiligten hat zunächst Besitz; wirks aber Vereinbg, daß, sobald der eine unmittelb Besitz erlangt, er diesen als BesMittler für den anderen erwerben soll; sog **vorweggenommenes Besitzkonstitut** (§ 930 Anm 3 d). Häufig bei Auftr zum Erwerb einer Sache dch AuftrGeber (hier bes Abrede über BesMittlgsVerh nicht nöt) u bei SichÜbereign von Warenlager mit wechselndem Bestand. Ob der Erwerber des unmittelb Besitzes hins des mit der BesÜbertr verbundenen schuldrechtl od dingl Gesch als offener od verdeckter Stellvertreter handelt, ist für den Erwerb der mittelb Besitzes gleichgült (str). Im Ztpkt der Erlangg des unmittelb Besitzes muß der Wille zur Begründg eines BesMittlgsVerh fortbestehen, was vermutet wird, aber dch enttggstehdes äußeres Verhalten widerlegb ist. Eines InsichGesch (§ 181) bedarf es beim vorweggen Konstitut nicht (RG **109**, 170).

4) Verlust auf dreif Weise mögl: – **a) Beendigung des Besitzmittlungsverhältnisses** unter gleichzeitigem Erlöschen des aus RVerh herrührenden HerausgAnspr (zB durch ErlaßVertr, EigtÜbertragg nach § 929 S 2 ua); solange dieser fortbesteht, Beziehg zur Sache nicht gelöst, zB Mieter behält nach Ablauf des MietVertr Sache weiter; dann bleibt Vermieter trotz Beendigg des MittlgsVerh mittelb Besitzer (RGRK/Kregel Rdn 20).

b) Ende des unmittelbaren Besitzes, sei es mit od ohne Willen des Besitzmittlers, unter gleichzeitiger Beseitigg der Beziehgen des mittelb Besitzers zur Sache, zB bei Verbrauch, Veräußerg od endgültigem Verlust der Sache. Ohne Lösg der Beziehgen keine Beendigg; zB wenn unmittelb Besitzer Sache einem Dritten unter Vereinbg eines Verhältn nach § 868 übergibt, dann bleibt Besitzstand des mittelb Besitzers erhalten, § 871. Endigt unmittelb Besitz, ohne daß Dritter Besitz erlangt, so kann hierdurch bisheriger mittelb Besitzer zum unmittelb werden, zB Verpächter bei Aufgabe des Pachtbesitzes durch Pächter. Wegen „Abhandenkommens" vgl § 935 Anm 2. – Rein persönl Verhältnisse des unmittelb Besitzers, zB Eintritt der GeschUnfgk od Tod, berühren mittelb Besitz im allg nicht.

c) Einseitige Loslösung des unmittelb Besitzers vom BesMittlgsWillen, sei es, daß er Sache fortan als Eigenbesitzer od als Fremdbesitzer für neuen mittelb Besitzer besitzen will. Geheime Willensänderg hierzu nicht ausreichd (BGH **LM** Nr 6); Erklärg nicht gerade ggü mittelb Besitzer nötig, (BGHZ JZ **66**, 234); ausreichd bestimmte, äußerl feststellb Hdlg, zB durch Wegnahme des Pfandsiegel (RG **57**, 326); durch Mitteilg an bisherigen mittelb Besitzer. Ausreichd zB Duldg der Pfändg durch GVz für neuen Dritten (RG **105**, 415). Ebenso vernichtet jedes Besitzkonstitut mit Drittem (auch bei geheimem Vorbeh des Fortbestandes) den Besitz des früheren mittelb Besitzers (BGH NJW **79**, 2037; Tiedtke WPM **78**, 451). Zum Problem des Nebenbesitzers vgl oben Anm 1b. Wegen gesetzl BesMittelgsVerh vgl Anm 2a aa.

869 *Schutz des mittelbaren Besitzers.*

Wird gegen den Besitzer verbotene Eigenmacht verübt, so stehen die in den §§ 861, 862 bestimmten Ansprüche auch dem mittelbaren Besitzer zu. Im Falle der Entziehung des Besitzes ist der mittelbare Besitzer berechtigt, die Wiedereinräumung des Besitzes an den bisherigen Besitzer zu verlangen; kann oder will dieser den Besitz nicht wieder übernehmen, so kann der mittelbare Besitzer verlangen, daß ihm selbst der Besitz eingeräumt wird. Unter der gleichen Voraussetzung kann er im Falle des § 867 verlangen, daß ihm die Aufsuchung und Wegschaffung der Sache gestattet wird.

1) Allgemeines: Mittelb Besitzer genießt den ihm durch § 869 gegebenen Besitzschutz nur bei verbotener Eigenm gg unmittelb Besitzer (BGH WPM **77**, 218), da er selbst keine unmittelb SachHerrsch hat u sein Besitz auf RVerh beruht. Mittelb Besitzer hat keinen Besitzschutz gg Besitzmittler, auch nicht bei vertrags- od rechtswidr Verhalten desselben (RGSt **36**, 322); dann auf petitorische Klagen u sonstige RBehelfe angewiesen. Dagg hat unmittelb Besitzer gg mittelb vollen Besitzschutz, zB Mieter gg Vermieter (Hbg LZ **24**, 169; vgl auch § 858 Anm 1, 3; § 861 Anm 1). Liegt keine verbotene Eigenm gg unmittelb Besitzer vor, hatte dieser zB, auch dem mittelb Besitzer gg zu Unrecht, Besitzbeeinträchtigg gestattet, so kein Anspr aus § 869 (RG **111**, 410). War Anspr aber einmal entstanden, so nachträgl Gen der verbotenen Eigenm ohne Einfluß. – Keine Haftg des unmittelb Besitzers ggü dem mittelb aus § 823 I wg Besitzverletzg (BGH **32**, 204).

2) Selbsthilferecht hat mittelb Besitzer jedenf nach §§ 227ff; aber auch § 859 bei verbotener Eigenm gg unmittelb Besitzer (Baur § 9 III 2; Lopau JuS **80**, 503; aA RGRK/Kregel Rdn 1; Schwab § 7 III 3).

3) Besitzklagen: Bei Besitzstörg decken sich Anspr des mittelb u unmittelb Besitzers (RG JW **31**, 2906). Bei Besitzentziehg hat mittelb Besitzer regelm nur Anspr auf Wiedereinräumg an Besitzmittler. An sich selbst kann er Einräumg nur verlangen, wenn bish Besitzer Besitz nicht mehr übernehmen kann od will, was mittelb Besitzer zu beweisen hat (Soergel/Mühl Rdn 5). Gg Besitzklagen gem § 869 kann Einwand des Bekl aus §§ 861 II, 862 II auch dahin gehen, daß unmittelb Besitzer ihm ggü fehlerh besessen habe (RGRK/Kregel Rdn 4). – KlageR des mittelb Besitzers als selbständ Recht unabhängig von dem des unmittelb Besitzers, so daß Klage beider mögl; RHängigk od RKraft der Klage des einen läßt Klage des anderen unberührt (RGRK/Kregel Rdn 3), so daß an sich in beiden Prozessen verschiedene Entscheidgen mögl (vgl Rimmelspacher, Materiellr Anspr u StreitGgstProbleme im ZivilProz, 1970, § 11 IV). Ggüber jeder Klage Einwand mögl, daß dem Anspr des anderen Klägers Genüge getan. Bei Klagenverbindg (ZPO 147) notwend Streitgenossensch iSv ZPO 62 (Erm/Werner Rdn 3; aA RGRK/Kregel Rdn 3). – Wird mittelb Besitzer selbst mit Besitzklage belangt, weil er sich mittelb Besitz durch verbotene Eigenm verschafft, so hat er Einwand des § 861 II (RG **69**, 197).

4) Verfolgungsrecht. Nur wenn bisheriger Besitzer Besitz nicht mehr übernehmen kann od will, hat mittelb Besitzer Anspr des § 867 für sich selbst; dann muß er ggf SchadErs u Sicherh leisten; sonst Anspr nur auf Gestattg der Aufsuchg u Wegschaffg durch unmittelb Besitzer.

870 *Übertragung.* **Der mittelbare Besitz kann dadurch auf einen anderen übertragen werden, daß diesem der Anspruch auf Herausgabe der Sache abgetreten wird.**

1) Übergang des mittelbaren Besitzes. a) Rechtsgeschäftl **Übertragung** erfolgt (nur) dch Abtretg des aus RVerh nach § 868 fließden HerausgAnspr (RG Warn **19**, 95); also nicht des etwaigen Anspr aus § 985; vgl auch Anm 2. Die übr Anspr aus RVerh (zB auf Mietzins) können, brauchen aber nicht mitabgetreten zu werden. Keine Übertr dadch, daß BesMittler aufhört, für bish mittelb Besitzer zu besitzen u statt dessen für einen anderen besitzt; nach hM dann Beendigg des einen u Neuentstehg des anderen, aber str, ob letzteres der Fall, vgl § 868 Anm 4c. Wenn mittelb Besitzer seinen BesMittler anweist, an seiner Stelle für Dritten zu besitzen, keine Übertr des mittelb Besitzes, sond Untergang und, bei Vereinbg eines BesitzmittlgsVerh, Neuentstehg eines solchen für Dritten; aber auf diese Weise EigtÜbertr nach § 929 S 1 mögl (§ 929 Anm 3b cc). – Auch mittelb Mitbesitz nach § 870 übertragb; wg Begründg mittelb Mitbesitzes vgl § 866 Anm 1, § 868 Anm 1 u BGH WPM **68**, 406.

b) Überg von **Traditionspapieren** (Ladeschein, Orderlagerschein, Konnossement) überträgt mittelb Besitz an der Ware; vgl auch § 929 Anm 3e. Keinen Besitz verschaffen Frachtbrief-, Fakturaübergabe, Schuldanweisg (KG OLG **14**, 80). Aber Aushändigg des Zollniederlagescheins enthält meist Abtretg des HerausgAnspr (RG Warn **33**, 22); ebso bei Frachtbriefdoppel gem EVO 61 IV, so vor allem bei Aushändigg nach Klausel „Kasse gegen Dokumente". Vgl auch § 931 Anm 4b. Wg Bedeutg der Überg eines Lieferscheins bei „DchHandeln" eingelagerter Ware vgl § 929 Anm 3e. Wg Kfz-Brief vgl § 952 Anm 2c.

c) Übergang des mittelb Besitzes durch Erbgang od sonstige Gesamtnachfolge, vgl § 857 Anm 1, 3.

d) Gesetzl Übergang zB nach § 571.

e) Bei Wertpapieren in Sammelverwahrg (DepG 6) vgl § 1008 Anm 3a.

2) Abtretung des Herausgabeanspruchs (Anm 1a). Wenn das RVerh nicht wirks ist (vgl § 868 Anm 2a dd), wird Abtretg des BereichergsAnspr genügen (vgl Schönefeld JZ **59**, 302). Anspr kann befristet (OLG **34**, 218) od bedingt sein. Abtretg formlos nach § 398ff; Mitwirkg od Kenntnis seitens unmittelb Besitzer nicht erforderl (RG **52**, 277). Mitteilg aber wg Sicherh des Nachfolgers (§§ 407ff) empfehlenswert. Unmittelb Besitzer behält gem § 404 die ihm gg mittelb Besitzer zustehenden Einwendgen. Bei Übergang des Herausg-Anspr kraft G §§ 412, 413. Überweisg des HerausgAnspr zur Einziehg im Wege der ZwVollstr reicht zur Übertragg nicht aus (RG **63**, 218). Zessionar erlangt keinen mittelb Besitz, wenn ihn Zedent nicht hatte (RG Warn **19**, 95).

871 *Mehrfach gestufter mittelbarer Besitz.* **Steht der mittelbare Besitzer zu einem Dritten in einem Verhältnisse der in § 868 bezeichneten Art, so ist auch der Dritte mittelbarer Besitzer.**

1) § 871 betrifft nur das Verhältn des entfernteren od mehrstufigen mittelb Besitzes, dh daß ein unmittelb Besitzer mittelb Besitz in nachgeordneter Stufenfolge mehreren vermittelt (Staffelbesitz). – Sog „Nebenbesitz", dh mehrfacher gleichstufiger mittelb Besitz aus gesonderten RBeziehgen unmögl, mögl aber mittelb Mitbesitz; vgl § 868 Anm 1.

2. Abschn. Allg. Vorschr. über Rechte an Grundstücken §§ 871, 872, Überbl v § 873

2) Entstehung in der Weise mögl, daß bish Besitzmittler seinerseits unter Vereinbg eines Verhältnisses nach § 868 mittelb Besitzer wird (OLG **39**, 223), zB Mieter einer Sache vermietet sie weiter an Dritten; dann Dritter unmittelb Besitzer, Mieter (Untervermieter) der nähere, Vermieter der entferntere mittelb Besitzer. Wegen Pfändg vgl § 868 Anm 2c bb. Entsteh ferner so mögl, daß bish mittelb Besitzer mit Drittem RVerh nach § 868 abschließt, so daß dieser entfernterer mittelb Besitzer, er selbst näherer mittelb Besitzer wird u der unmittelb Besitzer dies bleibt, zB Vermieter schließt mit Drittem SichgÜbereigngsVertr mittels Besitzkonstituts nach § 930. Unmittelb Besitzer braucht höherstufigen mittelb Besitzer nicht zu kennen (BGH NJW **64**, 398).

3) Rechtsstellung des entferneren mittelb Besitzers die gleiche, wie die jedes mittelb Besitzers; nur bei Besitzklage gem § 861 kann er Besitzeinräumg an sich selbst nur verlangen, wenn auch der nähere mittelb Besitzer Besitz nicht haben kann od will. Gleiches gilt im Falle von § 867. EigtVermutg des § 1006 III nur zG des entferntesten Besitzers, ebso Ersitzg nur für diesen.

872 Eigenbesitz. Wer eine Sache als ihm gehörend besitzt, ist Eigenbesitzer.

1) Eigenbesitzer ist, wer die tatsächl Gewalt über die Sache mit dem Willen ausübt, sie wie eine ihm gehörde zu beherrschen (BGH WPM **81**, 625); unmittelb u mittelb EigenBes mögl. Nicht erforderl, daß sich dieser Wille auf Eigt od rechtmäß Erwerb stützt (BGH **LM** Nr 1): Dieb kann Eigenbesitzer sein. Mittelb Eigenbesitzer kann zugleich unmittelb Fremdbesitzer sein (Eigtümer wohnt bei Mieter zur Untermiete), unmittelb Eigenbesitzer aber nicht zugleich mittelb Fremdbesitzer (BGH NJW **83**, 568). – Käufer unter **Eigentumsvorbehalt** ist Fremdbesitzer (BGH **LM** § 1006 Nr 11). – **Sicherungseigentümer** ist unabhängig davon, ob er mittelb od unmittelb Besitzer, von BesErwerb an Eigenbesitzer, denn er besitzt die Sache von vornherein als ihm gehörd (BGH **LM** § 1006 Nr 11; Serick II § 20 III; aA BGH aaO Nr 8 [erst ab Verwertgsreife]; Soergel/Mühl § 930 Rdn 51); § 1006 daher anwendb (vgl dort Anm 2).

2) Erwerb dch BesErwerb mit Eigenbesitzerwillen; soweit für BesErwerb natürl Wille ohne GeschFähigk ausreicht, genügt dies auch für EigenBesWillen. Auch dch Umwandlg von Fremd- in EigenBes dch Kundmachg des EigenBesWillens (BGH **LM** Nr 1). – **Verlust** dch Verlust des unmittelb (§ 856) od mittelb (§ 868 Anm 4) EigenBes sowie dch Umwandlg von Eigen- in FremdBes (RG **99**, 210).

3) Bedeutung für EigtErwerb nach §§ 900, 927, 937ff, 955, 958; für Haftg nach § 836, für EigtVermutg nach § 1006. Vgl ferner §§ 920, 1120, 1127; ZVG 147, 164; nicht für ZPO 771 (str). Kein bes Schutz.

Zweiter Abschnitt.
Allgemeine Vorschriften über Rechte an Grundstücken

Überblick

1) Grundstück und Grundstücksrecht

a) Der Begriff „**Grundstück**" wird in den Gesetzen ohne Definition verschieden gebraucht. Grdst iSv BGB u GBO **(Grundstück im Rechtssinn; Grundbuchgrundstück)** ist unabhäng von der Nutzgsart ein räuml abgegrenzter Teil der Erdoberfläche, der unter einer bes Nr im BestandsVerzeichnis eines GBBlattes nach GBO 3 III gebucht ist (Oldbg Rpfleger **77**, 22). Auch GrdstVG (BGH **49**, 145) u BauGB/BauNVO (BVerwG DNotZ **76**, 686) gehen von diesem GrdstBegriff aus. Auch Gewässer können Grdst sein; für sie gelten aber SonderVorschr (EG 65). Davon zu unterscheiden: – **aa) Flurstück (Katasterparzelle)** ist ein Begriff des Vermessgs- u Katasterwesens. Ein FlSt ist ein Teil der Erdoberfläche, der von einer in sich zurücklaufenden Linie umschlossen u im amtl Verzeichn der Grdst iSv GBO 2 II (Flurkarte) unter einer bes Nr geführt wird. Ein GBGrdst kann aus mehreren FlSt bestehen, nicht aber umgekehrt (BayObLG **56**, 470). – **bb) Zuflurstück** ist eine Teilfläche, die von einem FlSt 1 [Bezeichnung im VeränderungsNachw: „-20 qm = Zu 2 (aus 1)"] zu einem anderen FlSt 2 [Bezeichnung im VeränderungsNachw: zu 2 (aus 1) 20 qm] gemessen wurde. Es erhält keine eigene FlStNr u kann daher weder im BestandsVerzeichn eines GBGrdst als dessen Teilfläche geführt werden (Ffm DNotZ **60**, 246) noch selbstd GBGrdst sein. Zu Einzelh vgl Weber DNotZ **60**, 229. – **cc) Grundstück im wirtschaftlichen Sinn** sind Bodenflächen, die eine wirtsch Einh bilden. So wird der Begriff zB im RSiedlG (BGH **94**, 299) verstanden; vgl auch BewG 2, 70.

b) Grundstücksrechte sind das Eigt u die beschr dingl Rechte an einem Grdst (Einl 2d bb vor § 854). Vormkg (§ 883 Anm 1a), Widerspr (§ 899 Anm 2) u VfgsBeschrkgen gehören nicht dazu.

c) Grundstücksgleiche Rechte sind beschr dingl Rechte an einem Grdst, die gesetzl den Grdst gleichgestellt sind; zB ErbbR (ErbbRVO 11), BergwerksEigt (BBergG 9 I), über WohngsEigt vgl Übbl 2a vor WEG 1. Sie werden materiell u formell wie Grdst behandelt (BGH **23**, 244; KG JFG **14**, 397).

d) Rechte an Grundstücksrechten sind Belastgen eines beschr dingl Rechts an einem Grdst (vgl § 876 Anm 1b).

2) Heimstätte (RHeimstG v 25. 11. 37 [BGBl III 2 Nr 2332-1] mit AVO v 19. 7. 40 [BGBl III 2 Nr 2332-1-1]; Kommentar: Wormit-Ehrenforth, 4. Aufl 1967).

a) Begriff. Kleinere landw od gärtnerisch genutzte Grdst (wg ErbbR vgl ErbbRVO 11 Anm 1c; wg WohngsEigt vgl Übbl 2e vor WEG 1) können von den in § 1 genannten Ausgebern als Heimstätte ausgegeben werden; entgg § 2 auch an Ausländer (Köln Rpfleger **68**, 27). Eintr der HeimstEigensch in Abt II des GB (§ 4; GBVfg 62); sie hat, ohne daß zu ihrer Eintr Vorrangeinräumg od Zust der RealBerecht notw (Düss

RhNK 77, 53), krG ersten Rang (§ 5) vor allen Belastgen u Beschrkgen in Abt II u III (LG Darmst DNotZ 68, 489), Rangvermerk aber zuläss (Schlesw Rpfleger 74, 400); ihre Löschg (§ 21) bedarf nicht der Zust des Heimstätters (BayObLG Rpfleger 81, 354), unrechtm Löschg beseitigt RWirkgen nicht (BGH DNotZ 82, 235). Verschuldgsgrenze (§ 18) nicht eintragb (KG OLGZ 77, 12).

b) Rechtswirkungen ab GBEintr (§ 7): VfgsBeschrkg (vgl unten Anm 4b dd). – VorkR (§ 11; vgl Übbl 3b vor § 1094) u HeimfallAnspr (§ 12; AVO 17ff) des Ausgebers mit VormkgsWirkg (§ 14). – Hyp u GrdSch nur als unkündb (vgl dazu LG Oldbg NdsRpfl 59, 249; AVO 22 II) Tilggsschuld eintragb (§ 17 II 1). Ausn für SparkGrdPfdR (vgl RArbeitsBl 1938 I 193; 1939 I 505) u bei Gen der zustd Behörde (LG MöGladb DNotZ 71, 99). Sie erlöschen mit gesicherter Fdg (§ 17 II 2). – ZwVollstr idR nur wg dingl gesicherter Schuld (daher Anspr auf BGB-648-Hyp nicht dchsetzb; LG Dortm BauR 82, 289) u öff Abgaben (§ 20); dazu Köln Rpfleger 67, 14 Anm Stöber; 84, 280 (Notargebühren nein); Hamm Rpfleger 75, 366 (GerKosten ja); LG Lüb SchlHA 64, 194; LG Oldbg Rpfleger 81, 120 (*Nds* SOG 42 ja). – ErbR: vgl § 1922 Anm 2d.

3) Grundsätze des Grundbuchrechts (Schrifttum: Eickmann, GBVerfR 2. Aufl 1986; Haegele/Schöner/Stöber, GBR 8. Aufl 1986; Horber/Demharter, GBO 18. Aufl 1989; Kuntze/Ertl/Herrmann/Eickmann, GBR 3. Aufl 1985; Meikel, GBR 7. Aufl 1987).

a) Allgemeines. Die große wirtsch Bedeutg von GrdstEigt u GrdstRen erfordert Klarh über den dingl RZustand an Grdst. Diese wird dch das **Grundbuchsystem** erreicht. Jedoch ist das GB dch zahlr unsichtb GrdstBelastgen (vgl unten b) entwertet (vgl Walter JA 81, 322); auch sonst läßt sich nicht erreichen, daß das GB stets den wahren RZustand angibt (vgl unten c). Sonderformen des GB: Wohngs/TeilEigtGB (WEG 7, 30), ErbbRGB (ErbbRVO 14), BahnGB (EG 112), BergwerksGB (*BaWü* VO v. 7. 9. 81 [GBl 505]; *Bay* AGGVG 40; *Nds* FGG 20aff), SalzabbauRGB (Nds FGG 20d). Die **Hauptgrundsätze** des Grdst- u GBRechts sind unten b–h in den folgzügen zugestellt.

b) Eintragungsfähigkeit. Grdsätzl dürfen nur Eintr erfolgen, die dch RNorm vorgeschrieben od zugelassen sind; die Zulassg kann sich auch daraus ergeben, daß das materielle Recht an die Eintr od NichtEintr eine RWirkg knüpft (Zweibr Rpfleger 82, 413). Regelm folgt aus der Eintraggsfähigk auch die EintrBedürftigk; Ausn (dh Eintr zul, aber zur Wirkg ggü Gutgläubigen nicht notw) zB BauGB 64 VI, EG 187 I 1. Eintr, die kein eintragsfäh Recht verlautbart od das Recht nicht mit dem gebotenen od zuläss Inhalt angibt, ist vAw als inhaltl unzuläss zu löschen (GBO 53 I 2). – **aa)** Die **dinglichen Rechte** an einem Grdst/MitEAnt od GrdstR, soweit sie sich aus dem BundesR od LandesR ergeben (Typenzwang, vgl Einl 2b vor § 854), sind mit ihrem gesetzl gebotenen od erlaubten Inhalt (Typenfixierg, vgl Einl 2b vor § 854), sind eintragsfäh. Ausn enthalten zB §§ 914 II 2, RHeimstG 11, 12. – **bb) Bedingungen und Befristungen** für Entstehg, Übertr u Änderg eines dingl Rechts sind wg §§ 161 III, 163, 892, 893 eintraggsfäh. – **cc) Sicherungsmittel** wie Vormkgen (§§ 883, 1179; GBO 18 II, 76; BauGB 28 II 2), Widerspr (§§ 899, 1139, 1157; GBO 18 II, 23, 24, 53 I, 76; BauGB 23 III; GrdstVG 7 II) u RHängigkVermerk (§ 892 Anm 4a) sind eintragsfäh. – **dd)** Bei **Verfügungsbeschränkungen** ist zu unterscheiden: **Absolute** VfgsBeschrkgen, die erst mit GBEintr entstehen (zB BauGB 35 VI 3, BVersG 75 I 3, RVO 610 II 2), sind notw eintraggsfäh. Soweit sie außerh des GB entstehen (zB §§ 1365ff; StPO 290ff), sind sie nur eintraggsfäh, wenn eine RNorm die Eintr zuläßt (zB BBauG 54). **Relative** VfgsBeschrkgen (zB VAG 72, 110 II; FlurbG 53; StPO 111c; einstw Vfg) u die ihnen gleichgestellten VfgsEntziehgen nach §§ 1984, 2113ff, 2129, 2211; KO 7, 106; VerglO 12, 59ff sind eintraggsfäh. **Rechtsgeschäftliche** VfgsBeschrkgen nach ErbbRVO 5; WEG 12, 35 u solche, die zum Inhalt eines beschr dingl Rechts gemacht werden können (vgl Einl 4c bb vor § 854), sind eintraggsfäh; sonstige nicht. Auf **persönliche Eigenschaften** beruhde VfgsBeschrkgen (zB Minderjährigk) sind nicht eintraggsfäh. – **ee) Öffentliche Lasten** (GBO 54) **und Rechte** (BayObLG 60, 447) sind, soweit keine Ausn gesetzl vorgesehen (zB BauGB 64 VI), ebsowenig eintraggsfäh wie **persönliche Rechte** (zB Miete, WiederkR, AnkaufsR).

c) Eintragungsgrundsatz. Die rgesch RÄnderg erfordert idR deren Eintr im GB, die RÄnderg dch Hoheitsakt erfordert teils GBEintr (zB ZPO 867 I) u vollzieht sich teils außerh des GB (zB ZVG 90), der gesetzl RÄnderg vollzieht sich außerh des GB. Eine Eintr, die nicht mit den materiellrechtl Voraussetzgen der RÄnderg in Einklang steht, macht das GB unrichtig; Berichtig nach § 894, GBO 22 mit Sicherg dch Widerspr gem § 899, GBO 53 I 1.

d) Einigungs- und Bewilligungsgrundsatz. – aa) Das materielle Recht erfordert zur rgesch RÄnderg neben der GBEintr die Einigg als dingl Vertrag **(materielles Konsensprinzip)** zw Verlierdem u Gewinndem (zB §§ 873, 877). – **bb)** Das formelle Recht erfordert zur GBEintr der rgesch RÄnderg idR nur die einseit Bewilligg **(formelles Konsensprinzip)** des Betroffenen als VerfHdlg (GBO 19); dabei hat das GBA auch VfgsMacht, GeschFgk u Vertretg des Bewilligden zu prüfen. Über Widerruf vgl Hamm Rpfleger 89, 148. Doch Pfl des GBA, das GB richtig zu halten; daher Ablehng einer Eintr, wenn GBA erwiesenerm zweifelsfrei weiß, daß die Eintr (zB wg Unwirksamk des dingl RGesch) das GB unricht macht (BGH NJW 86, 1687; BayObLG 86, 81); daher muß GBA auch sich aus den EintrUnterlagen ergebde Unwirksamk der Einigg nach AGBG beachten (BayObLG Rpfleger 80, 105; vgl dazu Schmid Rpfleger 87, 133), idR aber keine Prüfg nach AGBG 9 (Hamm DNotZ 79, 752). Zur Frage, ob GBA bei Kenntn von mangelnder Berechtigg/VfgsMacht des Verfügden den Eintr einen gutgl RErwerb herbeiführen darf, vgl § 892 Anm 8. **Ausnahme:** Bei Aufl eines Grdst sowie Bestellg, Inhaltsänderg u Übertr eines ErbbR ist die Einigg nachzuweisen (GBO 20); zusätzl Bewilligg nach GBO 19 entbehrl (RG 141, 374), da idR in Einigg enthalten (vgl § 873 Anm 3; Behmer Rpfleger 84, 306).

e) Antragsgrundsatz. Eine Eintr erfolgt grdsätzl nur auf Antr (GBO 13) od behördl Ersuchen (GBO 38). Der Antr als VerfHdlg bestimmt, ob u was eingetr wird; GBA aber nicht an Fassgsvorschlag für Eintr gebunden (BayObLG Rpfleger 75, 362). Keine Ermittlgen vAw (FGG 12) in AntrVerf (BayObLG WPM 83, 1270). – In zahlr AusnFällen Eintr vAw (zB GBO 18 II, 48, 51, 52, 53 I, 76, 82a, 84ff, 90ff; BauGB 54 I 2). Hier gilt FGG 12. – Zur BewErhebg im GBVerf vgl Böttcher MittBayNot 86, 1.

f) Bestimmtheitsgrundsatz. Der Zweck des GB erfordert klare u eindeut Eintr. Betroffenes Grdst (vgl GBO 28), Berecht, Umfang u Inhalt des Rechts, Bdgg für Entstehen/Erlöschen (BayObLG Rpfleger 85, 489)

Allgemeine Vorschriften über Rechte an Grundstücken **Überbl v § 873** 3, 4

sind bestimmt zu bezeichnen. Umfangserweitergen daher grdsätzl nur als neues Recht eintragb (vgl § 877 Anm 1c). Auslegg unklarer EintrBew (BayObLG Rpfleger **82**, 141) u GBEintr (§ 873 Anm 4c) zuläss.

g) Vorrangsgrundsatz. Materiell richtet sich der Rang eines GrdstR nach dem Rangvermerk bzw der Reihenfolge der Eintr im GB (§ 879). – Formell hat die früher beantragte Eintr Anspr auf den besseren Rang (GBO 17, 45).

h) Richtigkeitsvermutung des Grundbuchs. Dch GBEinsicht (GBO 12) kann sich jeder, der ein berechtigtes Interesse darlegt (dazu Hamm Rpfleger **86**, 128; Zweibr NJW **89**, 531; von Sparkassen u Banken vgl BVerfG NJW **83**, 2811, von Maklern vgl BayObLG u Stgt Rpfleger **83**, 272, von Redakteuren vgl Hamm NJW **88**, 2482, von Notaren vgl BeurkG 21) darlegt, von dem dingl RZustand des Grdst überzeugen. Er kann auf den GBInhalt vertrauen, denn die Richtigk des Eingetragenen wird vermutet (§ 891). Der gutgl Erwerber wird geschützt (§§ 892, 893): Dem Gutgläubigen ggü gelten Eintr als richtig, dh er erwirbt das Recht wie es eingetr ist u wird damit Berecht (**positive** Wirkg). Dem Gutgläubigen ggü gilt der GBInhalt als vollständ, dh nicht eingetr (relative) VfgsBeschrkgen hindern den RErwerb nicht u nicht eingetr Rechte erlöschen od treten im Rang zurück (**negative** Wirkg).

4) Beschränkungen im Grundstücksverkehr (Schrifttum: Haegele/Schöner/Stöber Rdn 3800ff; Sichtermann, Bedeutg u Behandlg von Eintr in Abt II des GB, 9. Aufl 1981).

a) Allgemeines. Zahlr VfgsGesch über Grdst/grdstgl Rechte u GrdstR bedürfen der **Genehmigung** einer Behörde od PrivPers. Die Beschrkgen entstehen idR außerh des GB, zT aber auch erst mit GBEintr (zB BauGB 35 VI 3, BVersG 75 I 3; RVO 610 II 2). Die VfgsBeschrkg hindert grdsätzl nicht die Eintr einer Vormkg vor Gen der Vfg (vgl § 885 Anm 1b). Eine zur absoluten Unwirksamk führe VfgsBeschrkg u eine ErwerbsBeschrkg bewirken eine GBSperre (keine Eintr der RÄnderg). Eine zur relativen Unwirksamk führe VfgsBeschrkg führt nur zur GBSperre, wenn sie nicht eingetr u dem GBA bekannt ist (sofern man GBA für berecht u verpflichtet hält, gutgl Erwerb zu verhindern (vgl § 892 Anm 8); aber auch bei Eintr keine Löschgen ohne notw Gen. Bei Gen unter Auflage muß GBA ohne ErfNachw eintragen (KG JW **37**, 895), bei Gen unter aufschieber Bdgg nur bei Nachw (in der Form von GBO 29) des BdggEintritts (Ffm OLGZ **80**, 84). Bei Eintr ohne notw Gen wird das GB unrichtig; ggf AmtsWiderspr (GBO 53 I 1). – Bei **privatrechtlichen** VfgsBeschrkgen gelten für die Gen §§ 182ff, soweit keine SonderVorschr. – Bei **öffentlichrechtlichen** VfgsBeschrkgen sind §§ 182ff nicht anwendb (vgl Einf 3 vor § 182). Die Gen ist ein privatrechtsgestalter Ger-/VerwAkt. Mit der Gen wird die zunächst schwebend unwirks Vfg rückwirkd wirks. Die Rückn der Gen ist auch nach Eintritt der sachenrechtl Wirksamk der Vfg nicht generell ausgeschl, sond richtet sich nach VwVfG 48 (BVerwG NJW **78**, 338; Hamm OLGZ **78**, 304; LG Bielef Rpfleger **78**, 216); vgl aber FGG 55. Mit unanfechtb Versagg der Gen wird die Vfg rückwirkd endgült unwirks (BayVGH BayVBl **72**, 297) u heilt nicht dch nachträgl Gen/Negativattest (BayVGH aaO), nachträgl Wegfall des GenErfordernis (BGH **37**, 233) od nachträgl Aufhebg der Versagg (BGH NJW **56**, 1918). Zu Einzelh vgl § 275 Anm 9 mwN.

b) Die **wichtigsten Verfügungsbeschränkungen** für den RInhaber sind:

aa) BauGB. – (1) Unter den **Voraussetzungen von § 19 I** bedarf die **Teilung eines Grundstücks** der Gen der nach § 19 III zuständ Behörde (vgl Schmittat RhNK **86**, 209). Grdst ist im RSinn (Übbl 1a vor § 873) zu verstehen (BVerwG DNotZ **76**, 686; Hamm NJW **74**, 865). Teilg ist sachenrechtl zu verstehen; zB auch Aufhebg einer Vereinigg (BayObLG **74**, 237) od Zuschreibg (BayObLG Rpfleger **78**, 56), Abschreibg räuml getrennter FlSt (BVerwG NJW **74**, 818). Genehmigt wird nur best Teilg (BayObLG Rpfleger **79**, 337); notw daher neue Gen bei Unterteilg des TeilGrdst (BayObLG **74**, 263) od wenn dieses verselbständigt statt zugeschrieben werden soll (BayObLG Rpfleger **81**, 482). GBA hat GenBedürftigk selbst zu prüfen u bei Zweifeln an GenFreih Gen bzw Negativattest zu verlangen (§ 23 I, II), wenn GenFreih nicht in der Form von GBO 29 nachgewiesen (BayObLG Rpfleger **78**, 56; **79**, 337); RKraftZeugn für Gen/Negativattest kann GBA nicht verlangen (Hamm NJW **74**, 863; LG Lüb SchlHA **78**, 86). Dch Eintr genbedürft Teilg ohne Gen od aGrd falschen Negativattestes (BGH NJW **80**, 1691) wird GB unrichtig mit Heilsmöglichk dch nachträgl Gen bei gutgl Erwerb (BayObLG MittBayNot **81**, 125); Widerspr nach GBO 53 I 1 od § 23 III (GBA darf EintrErsuchen der GenBeh nur zurückweisen, wenn GB mit Sicherh richtig; BayObLG **74**, 263; Hamm OLGZ **78**, 304), Widerspr nach § 23 III auch bei Rückn (LG Bielef Rpfleger **78**, 216) od Widerruf (Hamm aaO) der Gen gem VwVfG 48, 49, sofern Eigtümer nicht vorher übereignet hat. Zwzeitl Belastg hindert Widerspr nicht (Hamm aaO). – (2) Unter den **Voraussetzungen von § 22** bedarf die **Begründung/ Realteilung von Wohnungs-/Teileigentum** (bzw Wohngs-/TeilErbbR u DWR) einer Gen der nach § 22 VI zuständ Behörde. GBVerf wie bei § 19 (§ 22 VII, 23). – (3) Unter den **Voraussetzungen von § 35 VI** bedarf die **Veräußerung eines Grundstücks** der Gen der zuständ Behörde. Beschrkg wirkt erst ab GBEintr; bei Verstoß ist Veräußerg absolut unwirks. – (4) Im **Umlegungsverfahren** bedürfen die **Grundstücksteilung sowie Verfügungen jeder Art über Grundstücke und Grundstücksrechte** (zB Bestellg [BayObLG **64**, 170] u Aufhebg [Hamm OLGZ **80**, 267] eines GrdPfdR) der schriftl Gen der UmleggsStelle (§ 51); genfrei sind Eintr von Vormkg (BayObLG **69**, 303) u ZwHyp (AG Eschweiler Rpfleger **78**, 187), ErbteilsÜbertr u Zuschlag in ZwVerst. Zur Eintr des Umleggsvermerks auf Ersuchen der Umleggs Stelle vgl BayObLG **70**, 182 u Ffm Rpfleger **74**, 436. Dch Eintr genbedürft Teilg/Vfg wird GB (auch wenn kein Umleggsvermerk eingetr) unrichtig mit Heilsmöglichk dch nachträgl Gen; Widerspr nach GBO 53 I 1 od gem BGB 899 auf Ersuchen der UmleggsStelle (Haegele/Schöner/Stöber Rdn 3870). – (5) Im **förmlich festgelegten Sanierungsgebiet** bedürfen gem § 144 der Gen der Gemeinde: Veräußerg eines Grdst dch RGesch (auch Übertr des AlleinEigt auf Miterben iW der ErbauseindS [Brem OLGZ **77**, 16], nicht aber Bestellg einer AuflVormkg [LG Hann DNotZ **74**, 295]); Bestellg ev Veräußerg eines ErbbR sowie GrdstBelastg (nicht aber Eintr einer ZwHyp; LG Regensbg Rpfleger **77**, 224) einschl des schuldrechtl GrdGesch (bei dessen Gen gilt auch ErfGesch als genehmigt); GrdstTeilg (Begriff wie in § 19. Für das GBVerf gilt § 23 entspr (§ 145 VI). – (6) Im **städtebaulichen Entwicklungsbereich** gelten die gleichen VfgsBeschrkgen (§ 169 I Nr 5).

bb) BVersG 75, RVO 610 II. Wird eine Kapitalabfindg zum Ankauf eines Grdst gewährt, so kann der Versorggsträger anordnen, daß **Weiterveräußerung und Belastung** innerh höchstens 5 Jahren nur mit seiner Gen zuläss; der Eintr der VfgsBeschrkg zeitl nachfolge Vfgen sind absolut unwirks (KG JFG **9**, 178; Wolber Rpfleger **78**, 433). Wird MitEigt erworben, gilt die VfgsBeschrkg nur für MitEigtAnt (BGH **19**, 355).

cc) GrdstVG. Die **Veräußerung land- und forstwirtschaftlicher Grundstücke** sowie kultivierb Moor- u Ödlandes, wobei nicht tats Nutzg, sond obj Eigng maßg (BGH DNotZ **81**, 769), u die in § 2 II gleichgestellten RGesch bedürfen der Gen der zuständ (vgl Fußn zu § 3 bei Schönfelder) Behörde (§§ 1–3); das LandesR kann die GenPfl auf best grdstgl Rechte u FischereiRe erweitern (§ 2 III Nr 1). Die GenPfl entfällt iFv § 4 u nach Maßg des LandesR (vgl Fußn zu § 2 bei Schönfelder) bei Grdst best Größe (§ 2 III Nr 2; vgl dazu Hötzel AgrarR **83**, 176). Schuldrechtl GrdGesch u dingl VfgsGesch bedürfen der Gen (§ 2 I 1); Gen des GrdsGesch erfaßt die in seiner Ausführg (vgl dazu BGH DNotZ **83**, 770: ScheinGesch; BayObLG **62**, 362: Messgskauf) erfolgte Vfg (§ 2 I 2). – **Genehmigungspflichtig** sind nur die in § 2 aufgeführten RGesch, zu denen auch gehören: AuseinandS von GesHdsGemsch, insb ErbenGemsch (Celle DNotZ **66**, 113; Stgt AgrarR **79**, 319); Schenkg (Köln RdL **64**, 13); VermächtnErfüll (Hamm RdL **65**, 298); Karlsr RdL **75**, 78); Übertr des AnwR aus Aufl. **Genehmigungsfrei** sind: Veräußerg von Bestandt u Zubehör; Gebot u Zuschlag in ZwVerst (Stgt Rpfleger **81**, 241); Übertr von GesellschAnt, wenn landw Grdst zum GesellschVermögen gehört; EheVertr auf GüterGemsch; EigtAufgabe; Belastgen (außer Nießbr; § 2 II Nr 3); Bestellg von VorkR, ErbbR (BGH DNotZ **76**, 369) od AnkaufR (BGH **87**, 233); Beschaffgs-Vertr, wenn Beauftragter im eigenen Namen handelt (BGH **82**, 292); Vormkg; Widerspr; GBBerichtigg; Übertr eines ErbbR. – Genpfl RGesch vor Gen **schwebend unwirksam** (BGH DNotZ **79**, 306). Klage auf Aufl aus noch nicht genehmigtem GrdGesch unbegründet (erfolgt Verurteilg, so Vfg noch genpfl); bei genfreien ÜbertrAnspr (zB BeschaffgsVertr) Verurteilg zur Aufl schon vor deren Gen zuläss (BGH **82**, 292). RGesch wird mit Gen rückwirkd wirks (BGH NJW **65**, 41); Negativattest (auch ministerielles; vgl BGH NJW **80**, 1691) steht Gen gleich (§ 5 S 2). – **Grundbuchamt** hat GenBedürftigk selbst zu prüfen. Hält es Gen für erforderl od hat es aGrd konkreter Anhaltspkte (wofür Lage des Grdst in Landgemeinde nicht ausreich; aA Ffm Rpfleger **80**, 297 abl Anm Meyer-Stolte) ernsth Zweifel an GenFreih (BayObLG Rpfleger **69**, 301; DNotZ **69**, 119; Celle DNotZ **67**, 639), so darf es Ränderg erst eintr, wenn ihm Unanfechtbark der Gen/ Negativattest nachgewiesen (§ 7 I). RKraftBescheinigg der GenBeh dafür nur erforderl, wenn Gen unter Auflage od Bdgg erteilt (BGH **94**, 24), da Negativattest u vorbehaltlose Gen unanfechtb (§ 22); and bei gerichtl Gen. Dch Eintr genbedürft Ränderg ohne Gen (nicht aber aGrd falschen Negativattests; vgl BGH NJW **80**, 1691) wird GB unrichtig mit Heilgsmöglichk dch nachträgl Gen, gutgl Dritterwerb od gem § 7 III (gilt auch, wenn GrdGesch nur ScheinGesch; BGH DNotZ **81**, 770); Widerspr nach GBO 53 I 1 od § 7 II (GBA darf EintrErsuchen der GenBeh nur zurückweisen, wenn GB mit Sicherh richtig; Stgt Rpfleger **81**, 241). Widerspr nach § 7 II auch bei Rückn od Widerruf der Gen nach VwVfg 48, 49 (vgl oben aa), sofern kein zweizl Dritterwerb.

dd) RHeimstG. Der Zustimmg des Ausgebers bedürfen: Teilg (§§ 9 I, 19); Teilveräußerg (§ 9 I), bei Vollveräußerg nur VorkR des Ausgebers (vgl Übbl 3b vor § 1094); Zuschreibg von/Vereinigg mit and Grdst (§ 10 II); Belastg (§ 17 I), Ausn in AVO 38 II nicht analog anwendb (Hamm DNotZ **78**, 552). – Zustimmgsfrei sind: Veräußerg eines MitEAnt (Ffm DNotZ **63**, 442); Eintr einer GrdPfdRVormkg (AVO 21) aGrd einstw Vfg (LG Bchm Rpfleger **83**, 272).

ee) Verschiedenes. – §§ 1642, 1821 ff iVm FGG 55, 62, 63; §§ 1365 ff, 1424 ff iVm FGG 50. – **Familienfideikommisse:** vgl EG 59 Anm 1. – **FlurbG** 52, 53: Veräußergs- u BelastgsVerbot für Abgefundenen. Bei Verstoß relative Unwirksamk der Vfg ggü TeilnehmerGemsch (§ 52 III 2). – **HdwO:** Veräußerg u Belastg von Grdst dch HandwInng u Kreishandwerkersch bedürfen der Gen der HandwKammer (§§ 61 III, 89 I Nr 3), GrdstBelastgen dch HandwKammer der Gen der obersten LandesBeh (§ 106 II). – **KAGG:** Vfgen über das GrdstSonderVerm bedürfen der Zust der Depotbank (§ 31 II 1). Bei Verstoß relative Unwirksamk der Vfg ggü den AntInh (§ 31 II 2) mit GutGlSchutz (§ 31 II 3); daher Eintr der VfgsBeschrkg (§ 31 IV 1). – **Kirchenrecht:** Veräußerg u Belastg von Grdst/grdstgl Rechten u Vfgen über GrdstR der Gen der kirchl AufsBeh; ohne Gen ist die Vfg zivilrechtl absolut unwirks (Hbg MDR **88**, 860). – **Kommunalrecht:** Veräußergen u Belastgen von Grdst der Gemeinden u Kreise bedürfen nach Maßg des KommunalR (GemO, KreisO) der Gen der AufsBeh; bei Verstoß ist die Vfg absolut unwirks (KG JW **38**, 1834). – **MRG 53** v 19. 9. 49 (BAnz 1983 Beilage 54 S 18) Art I Nr 1: Vfgen in der DDR ansässig natürl od jur Pers über im BRep/West-Bln belegene Grdst sowie üben sGrdstR an diesen u Rechte an letzteren bedürfen der Gen der örtl zuständ LZB, da sie von der allg Gen der DBB idF v 1. 6. 83 (Mitt 6005/ 83 – vgl MittBayNot **83**, 272) ausgen. – **VAG** 72 I, 110 II: Vfgen über zum Deckgsstock gehöre Grdst, BuchHyp, Grd- u RentenSch nur mit Zust des TrHänders; bei Verstoß relative Unwirksamk der Vfg ggü dem VersichUnternehmen (KG JFG **11**, 321). TrHändervermerk, der nur deklarator Wirkg hat (Ffm DNotZ **72**, 490), ohne Bezug auf EintrBew ins GB einzutragen (LG Bn DNotZ **79**, 309); zum EintrVerf vgl LG Kblz DNotZ **71**, 97. Einzelh bei Prölss/Schmidt/Frey, VAG 9. Aufl, § 72 Rdn 5–7). – **WassVerbVO:** GrdstVeräußerg u SicherhBestellg bedürfen der Gen der AufsBeh (§ 122); bei Verstoß absolute Unwirksamk der Vfg (§ 123).

c) Erwerbsbeschränkungen. – aa) Nachfolge Vorschr machen den Erwerb von Grdst, grdstgl Rechten u GrdstRen von einer behördl Gen abhäng, bei deren Fehlen das ErwerbsGesch absolut unwirks ist: EG 86, 88 iVm LandesR; HdwO 61 III, 89 I Nr 3; SGB IV § 85. – **bb)** Nachfolge ErwerbsBeschrkgen haben keine zivilrechtl Wirkg: BauspG 4 IV, HypBkG 5 IV, KAGG 27, VAG 54a II Nr 10. – **cc)** Über Erwerbsverbot aGrd einstw Vfg vgl § 888 Anm 5.

Allgemeine Vorschriften über Rechte an Grundstücken § 873 1–3

873 *Erwerb durch Einigung und Eintragung.* ¹Zur Übertragung des Eigentums an einem Grundstücke, zur Belastung eines Grundstücks mit einem Rechte sowie zur Übertragung oder Belastung eines solchen Rechtes ist die Einigung des Berechtigten und des anderen Teiles über den Eintritt der Rechtsänderung und die Eintragung der Rechtsänderung in das Grundbuch erforderlich, soweit nicht das Gesetz ein anderes vorschreibt.

II Vor der Eintragung sind die Beteiligten an die Einigung nur gebunden, wenn die Erklärungen notariell beurkundet oder vor dem Grundbuchamt abgegeben oder bei diesem eingereicht sind oder wenn der Berechtigte dem anderen Teile eine den Vorschriften der Grundbuchordnung entsprechende Eintragungsbewilligung ausgehändigt hat.

1) Allgemeines.

a) Grundsatz. Die in I genannten Vfgen erfolgen dch **Einigung und Eintragung;** zeitl Reihenfolge unerhebl (vgl § 879 II). Beide Erfordern müssen inhaltl übereinstimmen (Anm 4a) u zeitl zustreffen (BGH NJW-RR **88**, 1274); eine Eintr ohne entspr Einigg (nicht aber umgekehrt) macht das GB unricht (Widerspr nach § 899 u ggf GBO 53 I 1; Berichtigg nach § 894, GBO 22). – Bei **nachfolgender Eintragung** müssen Einigg (vgl Anm 5) u VfgsBerechtigg (vgl Anm 3b) bei Eintr noch bestehen; dieser Ztpkt auch maßg für Bösgläubigk bei Anfechtg nach KO/AnfG (BGH **41**, 17; vgl aber § 419 Anm 3c, § 1365 Anm 2b). – Bei **nachfolgender Einigung** ist NeuEintr nicht notw bei Ersetzg zur Eintr führder nichtiger Einigg dch neue Einigg der VertrPart od ihrer GesamtRNachf (RG **139**, 229; KG JW **25**, 2617; OLG **45**, 185; JFG **4**, 329). Nach überwiegder Rspr aber NeuEintr geboten, wenn fälschl als Berecht aGrd ErbfolgeZ Eingetragener dch RGesch erwirbt (KGJ **51**, 187; BGH LM Nr 1), bei Neubestellg des Rechts nach Erlöschen außerh des GB (RG SeuffA **91**, 56) od bei Ersetzg zur Eintr führder nichtiger Einigg mit BuchBerecht dch neue Einigg mit wahrem Berecht (RG JR **26** Nr 804; aA BGH NJW **73**, 613); auch in diesen Fällen jedoch bei Deckg des eingetr RZustandes mit neuer Einigg entspr § 929 S 2 keine NeuEintr notw (Gotzler NJW **73**, 2014; Baur § 19 B III 3b; Erm/Hagen Rdn 21; MüKo/Wacke Rdn 50; Ffm OLGZ **89**, 3; einschränkd Streuer Rpfleger **88**, 513; nur bei anfängl Unrichtigk), ggf bloße Berichtigg der EintrGrdlage (GBVfg 9d). Einigg wirkt nicht zurück; Eintr aber für Rang maßg (§ 879 II). Eintr muß zZ der Einigg noch bestehen; § 184 hilft nicht bei Gen schwebd unwirks Einigg nach Löschg der Eintr (BGH MDR **71**, 380). – **Zustimmung Dritter** ausnahmsw erforderl; zB ErbbRVO 5, WEG 12.

b) Ausnahmen. – aa) Einseitige Erklärung u Eintr genügen bei Bestellg von EigtümerRen (zB § 1196 II) sowie zB nach §§ 1188, 1195, VerglO 93, BauGB 28 III 3. – **bb) Ohne Eintragung** zB Vfg über buchgsfreies Grdst (GBO 3 II). Statt Eintr genügt schriftl Abtretgs- od BelastgsErkl bei BriefGrdPfdRen u Rechten daran: §§ 1069, 1154, 1192, 1200, 1274, 1291.

2) Geltungsbereich. § 873 gilt nur bei Übertr od Begründg der in I genannten Rechte dch RGesch, nicht aber bei Erwerb krG od dch Staatsakt.

a) Wechsel des Rechtsträgers erforderl. – **aa)** § 873 **anwendbar** bei: Übertr des Rechts von GesHd-Gemsch (auch bei AuseinandS) auf GesHänder (RG DR **44**, 292) u umgekehrt. Umwandlg von Gesamtgut in VorbehGut (KG JFG **15**, 192) u umgekehrt (KGJ **52**, 136). Übertr des Rechts von einer PersGemsch auf daneben bestehde and personengleiche PersGemsch: von ErbenGemsch/GüterGemsch auf persgl PersGesellsch (Hamm DNotZ **58**, 416) u umgekehrt; von GesHdGemsch auf persgl BruchtGemsch u umgekehrt (RG **65**, 233); von PersGesellsch auf KapitalGesellsch mit gleichen Anteilseignern (RG **74**, 6) u umgekehrt. – **bb)** § 873 **nicht anwendbar** (ggf GBBerichtigg) bei: An- bzw Abwachsg des GesellschVerm inf Ein- bzw Austritts eines Gters bei PersGesellsch (RG **106**, 63; Düss Rpfleger **69**, 177; Hamm OLGZ **84**, 50); RFormwechselnde Umwandlg einer PersGesellsch: OHG/KG in BGB-Gesellsch (Hamm OLGZ **84**, 50) u umgekehrt (BGH NJW **67**, 821).

b) Bei Übertr von Anteilen an Gesamthandsvermögen, zu denen in I genanntes Recht (auch als einziger VermGgst) gehört, gilt § 873 nicht (ggf GBBerichtigg): Übertr von MitErbenAnt (BayObLG **59**, 50). Übertr von PersGesellschAnt; auch bei gleichzeit Auswechselg aller Gter (BGH **44**, 229) od bei Übertr aller Anteile auf einen NichtGter (BGH NJW **78**, 1525; BWNotZ **79**, 149; LG Köln RhNK **77**, 125) od auf einen Gter (BayObLG Rpfleger **83**, 431) od auf eine aus den alten u neuen Gtern bestehde Gesellsch (Hamm OLGZ **86**, 316).

c) Bei Erwerb iW der **Gesamtrechtsnachfolge** gilt § 873 nicht, selbst wenn in I genanntes Recht einziger VermGgst (ggf GBBerichtigg): §§ 1416, 1922, 2139. Übertragde Umwandlg nach UmwG 5, 44 I 2, 49 II 2, 55 I 2, 56 f I 2. Verschmelzg nach AktG 346 III. Umwandlg von GesellschVerm in AlleinVerm bei Beendigg einer PersGesellsch dch Ausscheiden des vorletzten Gters aGrd vertragl Fortsetzgsklausel od Ausübg eines ÜbernahmeR (BGH **32**, 307; **50**, 307; Celle MDR **78**, 846).

3) Einigung. Zu unterscheiden von der rein verfrechtl (str; vgl KEHE/Ertl § 19 Rdn 14ff) EintrBew nach GBO 19, die aber in Einigg enthalten sein kann (BayObLG Rpfleger **75**, 26).

a) Rechtsnatur. Abstrakter auf dingl RÄnderg gerichteter Vertr (Einl 5a vor § 854). Formfrei (Ausn: § 925 I, WEG 4 II); aufschiebde/auflösde Bdgg u Befristg zul (Ausn: § 925 II, ErbbRVO 11 I 2, WEG 4 II). Sie verschafft (auch iFv II) keinen schuldrechtl Anspr auf RÄnderg, bewirkt ohne Eintr noch keine RÄnderg (Anm 1a) u beschränkt (auch iFv II) nicht die VfgsBefugn des Veräußerers. Sie kann die Zustimmg zu weiteren Vfgen des Erwerbers als (Noch-)NichtBerecht enthalten (§ 925 Anm 5c) u diesem ein AnwR verschaffen (§ 925 Anm 6b). Das betroffene Grdst/GrdstR (§ 925 Anm 5a bb) sowie die gewollte RÄnderg nach Art/Umfang/Inhalt müssen erkennb sein. Über Fehlvorstellg u Falschbezeichng vgl § 925 Anm 5a cc. – **Auslegung** und **Umdeutung** sind zul (KG OLGZ **67**, 324). Für die Auslegg unter den VertrPart u ihren

1033

GesamtRNachf gelten §§ 133, 157 unbeschränkt dch die Grds über die Auslegg der Eintr (Köln RhNK 81, 186; MüKo/Wacke Rdn 38; RGRK/Augustin Rdn 48; aA BGH 60, 226; W-Raiser § 38 II 2). Unter diesen Pers gilt der so ermittelte RInhalt (MüKo/Wacke Rdn 54; RGRK/Augustin Rdn 53; Erm/Hagen Rdn 20); nicht am BestellgsAkt Beteil braucht sich nur Auslegg der Eintr (Anm 4c) enttgehalten zu lassen. Im GBEintrVerf gilt aber Anm 4c entspr (Ffm Rpfleger 78, 213). – Bei **Rechtserwerb durch Personenmehrheit** ist Angabe des GemschVerh notw Inhalt der Einigg (vgl § 925 Anm 5a dd).

b) Einigungsberechtigt (auf Veräußererseite) ist der nicht in seiner VfgsBefugn beschr wahre RInh (bzw der für ihn VfgsBefugte wie zB TestVollstr, KonkVerw); seine GBEintr (GBO 39) ist materiellrechtl nicht erforderl. Für EiniggsErkl eines NichtBerecht gilt § 185 (BGH NJW 89, 521); vgl aber §§ 892, 893. Die VfgsBefugn muß im Ztpkt der nachfolgden Vollendg der RÄndern noch bestehen, insb bei nachfolgder Eintr (BGH 27, 366); vgl aber § 878! – **aa) Ehegüterrecht:** Zust des Eheg notw, wenn Grdst zw Einigg u Eintr Gesamtgut geworden (BayObLG MittBayNot 75, 228; Staud/Ertl Rdn 40; aA Tiedtke FamRZ 76, 510; Böhringer BWNotZ 83, 133) od VfgsBeschrkg nach § 1365 eingetreten (sofern nicht schon vorher wirks VerpflGesch; str, vgl MüKo/Gernhuber § 1365 Rdn 33). § 878 aber anwendb (vgl insb dort Anm 2c dd). – **bb) Rechtsnachfolge** vor Vollendg: Bei EinzelRNachf neue Einigg od Gen der alten (§ 185) notw (BayObLG 56, 172). Bei GesamtRNachf wirkt Einigg fort (BayObLG 86, 493; zB § 2033), selbst wenn RNachf zweitl eingetr (BGH 48, 351); ebso Einigg des VorE bei Eintritt der Nacherbfolge (KG DR 41, 2196). Einigg des Erbl wirkt weiter, wenn Erbe od Erbeserbe Grdst nach Übereign an Dritten zurückerwirbt (BayObLG 73, 139; § 185 II 1 Fall 2). Zur Änderg des GterBestandes bei PersGesellsch zw Einigg u Eintr vgl Eickmann Rpfleger 85, 85 zu VI 5; LG Ach Rpfleger 88, 14 mit Anm. – **cc) Verfügungsbefugte** (zB TestVollstr, KonkVerw): Bei PersWechsel od Erlöschen der VfgsBeschrkg des RInhabers vor Vollendg ist neue Einigg od Gen der alten (Celle NJW 53, 945; Köln RhNK 81, 139; Soergel/Baur Rdn 28; Staud/Ertl Rdn 46). § 878 aber anwendb (vgl dort Anm 2c cc). – **dd) Stellvertreter:** Bei PersWechsel od Erlöschen der VertrMacht vor Vollendg wirkt Einigg fort (§ 178 Anm 1a; Celle NJW 53, 945; BayObLG DNotZ 83, 752).

4) Eintragung. Das EintrVerf richtet sich nach GBO u GBVfg sowie ergänzdem LandesR.

a) Inhaltliche Übereinstimmung mit der Einigung notw; wg nachfolgder Einigg vgl Anm 1a. Ist mehr eingetr als gewollt (zB Hyp von 3000 DM statt 2000 DM), so ist das Recht nur im Umfang der Einigg entstanden; ist weniger eingetr als gewollt (zB Hyp von 2000 DM statt 3000 DM), so ist für Entstehg des Rechts im eingetr Umfang § 140 maßg (RG 108, 146). Ist bei bedgter/befristeter Einigg unbdgtes/unbefristetes Recht eingetr, so ist nur bdgtes/befristetes entstanden (LG Mannh BWNotZ 84, 22); gutgl Dritter erwirbt eingetr Recht. Ist bei unbdgter/unbefristeter Einigg bdgtes/befristetes Recht eingetr, so ist für Entstehg bdgten Rechts § 140 maßg. Bei Eintr subjdingl subjpers Rechts entsteht letzteres (BayObLG NJW 61, 1265), nicht aber umgekehrt. Vgl auch § 879 Anm 5 (RangAbw), § 881 Anm 3d (VorbehAbw), § 1008 Anm 2a (MitEigt statt AlleinEigt), § 1116 Anm 3 (Brief- statt BuchHyp u umgekehrt), § 1184 Anm 4a (VerkHyp statt SichgHyp), Horn NJW 62, 726 (GrdSch statt Hyp).

b) Rechtswirksame Eintragung notw. Inhaltl unzul Eintr ist unwirks; zB Eintr ohne Angabe des notw Inhalts, unzul Bezugn auf EintrBew (§ 874 Anm 1b), unbehebb Unklarh in wesentl Punkt (BayObLG NJW 61, 1263). Unwirks auch Eintr dch PrivPers od sachl unzuständ Beamten (KG JFG 11, 180) od unter Drohg/Zwang; kein GutGlSchutz (BGH NJW 52, 1289 Anm Hoche; aA Lutter AcP 164, 152). Eintr aber wirks bei: Verstoß gg GBO 13, 19, 20, 29, 39; Eintr in falsche Abteil od Spalte des GB (RG 94, 8); Täuschg, örtl Unzuständigk, Unzuständigk nach GeschVerteilg od GeschUnfähigk des GBBeamten (Hoche aaO). – **Teilunwirksamkeit** läßt Wirksamk der RestEintr idR unberührt (BGH NJW 66, 1656).

c) Die **Eintragung ist auslegbar** (§ 133); auch vom Rev-/RBeschwGer. Maßg ist die für Unbefangene nächstliegde Bedeutg, wie sie sich unter Berücksichtigg der EintrZeit (BayObLG 87, 129) aus dem Wortlaut der Eintr einschl der gem § 874 in Bezug gen EintrBew (einschl nicht einzutragder Teile; BGH NJW 69, 661) unter Berücksichtigg der offenkund Tats (insb der GrdstVerh zZ der RBestellg) ergibt (BGH DNotZ 76, 529; MDR 79, 42); EntstehgsGeschichte u GrdGesch ohne Bedeutg. Unzul Bezugn ist zur Auslegung (nicht Ergänzg) verwertb (Staud/Ertl Rdn 166; aA MüKo/Wacke Fußn 140). Klare in Bezug gen EintrBew geht unklarer Eintr vor (KG DNotZ 56, 555) u läßt bewilligtes Recht entstehen (AG Stgt BWNotZ 74, 34). Bei Zweifeln aus ZusHalt von Eintr u Bewilligg ist die Eintr nur dann inhaltl unzul, wenn Zweifel nicht anderweit behebb (BGH WPM 68, 1087; BayObLG NJW 61, 1263). – So ermittelter EintrInhalt ist für RInhalt ggü nicht am BestellgsVertr Beteil maßg (vgl Anm 3a).

5) Bindung an die Einigung (II). Die Einigg ist (und als zugrde liegdes VerpflGesch; BGH NJW 80, 228) bis zur Eintr dch Erkl ggü dem und Teil einseit widerrufl, auch wenn Recht „unwiderrufl" od unter Verzicht auf Widerruf von EintrAntr/Bew bestellt ist (Mü DNotZ 66, 283). Dieser Grds wird unter den Voraussetzgn von II aufgehoben:

a) Voraussetzungen; es genügt, wenn eine erfüllt ist. – **aa)** Notarielle Beurkundg (BeurkG 8ff) der EiniggsErkl beider VertrPart od ProzVergl (§ 127a). Öff Beglaubigg (§ 129, BeurkG 40) genügt nicht. – **bb)** Abgabe der EiniggsErkl beider VertrPart vor dem GBA; Protokollierg nicht notw (str). – **cc)** Einreichg der (auch privatschriftl) EiniggsErkl beider VertrPart beim GBA. – **dd)** Aushändig einer GBO 28, 29 entspr EintrBew (GBO 19) mit Willen des Bewilligden (Ffm DNotZ 70, 162) an Erwerber od dessen Vertreter; davon hat GBA bei Vorlage dch Erwerber auszugehen. BesMittlgsVerh Veräußerer/Erwerber unzureichd (RG JR 25 Nr 1759); Veräußerer muß Besitz aufgeben. Erwerber muß Besitz erlangen; daher genügt Einreichg vom Veräußerer beim GBA nicht (KG HRR 30, 975). UrkNotar vom Empfang für Erwerber oft stillschw bevollmächtigt (BGH NJW 63, 36). Ermächtigg des Notars, von der Bewilligt zG des Erwerbers *Gebr* zu machen, steht erst ab Erstellg der Ausfertigg der Aushändigg gleich (BGH 46, 398). Bloße Anweis in not Urk, Erwerber Ausfertigg zu erteilen, ersetzt Aushändign nicht (Ffm DNotZ 70, 162). Zur Frage, ob Anspr aus BeurkG 51 der Aushändigg gleichsteht, vgl Ertl DNotZ 67, 652; Kofler RhNK 72, 674.

Allgemeine Vorschriften über Rechte an Grundstücken §§ 873–875

b) Wirkung. Die EiniggsErkl sind für beide VertrPart (KG HRR 30, 975) u ihre GesamtRNachf (BGH 32, 369; BayObLG 73, 139) **unwiderruflich;** vgl auch § 878. Aufhebg der Bindg bis zum Vollzug der Eintr mögl dch formlosen Vertr (Brem OLGZ 76, 92), wobei AufhebgsErkl auch gem ZPO 894 erfolgen kann (RG 111, 98), od vorläuf dch einstw Vfg auf EintrVerbot (RG 120, 118). Bindg hindert weder anderweit Vfg des Veräußerers über das Recht (BayObLG Rpfleger 83, 249) noch die Rückn des EintrAntr (BGH 49, 200); sie steht der Kondiktion der Einigg wg unwirks GrdGesch nicht entgg (RG 111, 98).

874 *Bezugnahme auf die Eintragungsbewilligung.* Bei der Eintragung eines Rechtes, mit dem ein Grundstück belastet wird, kann zur näheren Bezeichnung des Inhalts des Rechtes auf die Eintragungsbewilligung Bezug genommen werden, soweit nicht das Gesetz ein anderes vorschreibt.

1) Allgemeines. § 874 ist materiell-rechtl Natur (KG OLGZ 75, 301). Die im Erm des GBA stehde Bezugn (insow keine Bindg an Antr) soll Überfüllg des GB vermeiden. – **a) Zulässige Bezugnahme** wirkt als vom öff Gl des GB erfaßte Eintr des in Bezug Genommenen (Düss OLGZ 83, 352; BayObLG NJW-RR 89, 907); maßg ist die jeweils bei den GrdAkten befindl Urk (KG JFG 15, 85). Der Ggst der Eintr ist nach § 133 dch Auslegg der in Bezug gen Urk zu ermitteln (KG JFG 1, 284). EintrVermerk u in Bezug Genommenes bilden eine Einh (RG 113, 229). – **b) Unzulässige Bezugnahme** wirkt nicht als Eintr; sie verhindert nicht gutgl Dritterwerb im Umfang der Eintr (Düss OLGZ 83, 352). Fehlt der Eintr dadch ein wesentl Teil, so ist sie inhaltl unzul (GBO 53 I 2) u das Recht nicht entstanden (KG OLGZ 75, 301); fehlt ein unwesentl Teil, so ist die Eintr inhaltl zul u führt zur RÄnderg, wenn sie sich noch mit der Einigg deckt od entspr Einigg nachfolgt (RG 108, 146). Vgl auch Anm 4b.

2) Grundstücksrechte sind alle eintraggsfäh Rechte außer Eigt (RG SeuffA 91, 104). Bezugn ferner zul bei Eintr von Vormkg (§ 885 II), Widerspr (§ 899 Anm 5c), ErbbR (ErbbRVO 14 I 3; GBVfg 56 II, 60), SonderEigt u DWR (WEG 7 III, 32 II), InhaltsÄnderg (§ 877) sowie nach dem Zweck des § 874 bei Eintr von VfgsBeschrkgen (Soergel/Baur Rdn 3; MüKo/Wacke Rdn 7; aA RGRK/Augustin Rdn 4) u Rechten an GrdstR (KGJ 48, 181).

3) Inhaltsbezeichnung. – a) Inhalt: § 877 Anm 1a. Nicht zum Inhalt gehören (u daher in EintrVermerk aufzunehmen): Bezeichnung des Berecht (BayObLG Rpfleger 82, 274), bei Mehrh auch BeteiliggsVerh; Bdggen u Befristgen (Bezugn nur zu ihrer näheren Kennzeichng zul; Düss OLGZ 83, 352). Bezugn auf Bdgg für RAusübg (zB Gewährg von GgLeistg) aber zul, weil zum Inhalt u nicht zur Entstehg gehörd (Karlsr DNotZ 68, 432; aA Ffm Rpfleger 74, 430). Ergibt sich Bdgg/Befristg nur aus der EintrBew, so ist bdgtes/befristetes Recht entstanden (vgl § 873 Anm 4a), aber gutgl Dritter erwirbt unbdgtes/unbefristetes Recht (Düss OLGZ 83, 352; LG Mannh BWNotZ 84, 22). – **b) Bezeichnung.** Im EintrVermerk genügt die ges Bezeichng des Rechts, wenn diese den wesentl RInhalt kennzeichnet (zB ErbbR, Hyp, Nießbr, VorkR). Bei and Rechten (zB GrdDbk, Reallast, bpDbk) muß konkreter RInhalt mind schlagwortart (zB WohnR) aufgen werden (BGH 35, 378), sofern er sich nicht aus der Bezeichng iVm and Angaben des EintrVermerks ergibt (KG OLGZ 75, 301; BayObLG NJW-RR 86, 882) od aus ges InhaltsBeschrkg (zB dch LandesR) ergibt; vgl für Dbk § 1018 Anm 9a bb. Umfang der Belastg muß aus EintrVermerk erkennb sein (Nürnb OLGZ 79, 79).

4) Eintragungsbewilligung (GBO 19). Bezeichnung als solche nicht erforderl (KG JFG 8, 232); privat schriftl Urk unschädl, da GBO 29 nur VerfR (KG HRR 31, 1459). Bezugn zul auch auf Urk (auch Karte, Zeichng), auf die die EintrBew verweist; sie muß eindeut bezeichnet u zu den GrdAkten gen werden (KGJ 48, 175). Zul auch Bezugn auf Urk, die EintrBew ersetzen, insb Ersuchen (GBO 38) u Urteile (BayObLG 62, 8) sowie auf erst erteilte ges Vorschr (KGJ 51, 252). – **a) Bestimmtheitsgrundsatz** für EintrVermerk (Übbl 3f vor § 873) gilt auch für die ihn ergänzde EintrBew (BayObLG 67, 48; Ffm Rpfleger 73, 82). – **b) Uneingeschränkte Bezugnahme** auf Urk, die eintraggsfäh u nichteintraggsfäh Bestimmgen enthält, ist unzul. Trenng der Bestimmgen sowie Beschrkg der EintrBew auf erstere in der Urk u Bezeichng des die EintrBew enthaltden Teils der Urk in der Bezugn notw (KG JFG 1, 284; 8, 232; Köln Rpfleger 56, 340; BayObLG 67, 48). Die nichteintraggsfäh Bestimmgen wird dch die Bezugn nicht Inhalt des in seinem Bestand davon unberührten Rechts.

5) Ausschluß: §§ 879 III, 881 II, 882, 1115, 1116 II, 1179a V 2, 1184 II, 1189 I, 1190 I (1192), 1199 II, ZPO 800 (KGJ 45, 261; Köln Rpfleger 74, 150). – **Erweiterung:** GBO 49.

875 *Aufhebung eines Rechtes.* [I]Zur Aufhebung eines Rechtes an einem Grundstück ist, soweit nicht das Gesetz ein anderes vorschreibt, die Erklärung des Berechtigten, daß er das Recht aufgebe, und die Löschung des Rechtes im Grundbuch erforderlich. Die Erklärung ist dem Grundbuchamt oder demjenigen gegenüber abzugeben, zu dessen Gunsten sie erfolgt.

[II]Vor der Löschung ist der Berechtigte an seine Erklärung nur gebunden, wenn er sie dem Grundbuchamte gegenüber abgegeben oder demjenigen, zu dessen Gunsten sie erfolgt, eine den Vorschriften der Grundbuchordnung entsprechende Löschungsbewilligung ausgehändigt hat.

1) Allgemeines. – a) I erfordert für die gänzl od teilw **Aufhebung von Grundstücksrechten** dch RGesch (Anm 2) die AufgabeErkl des Berecht (Anm 3) u die Löschg im GB (Anm 4). Das Recht erlischt erst, wenn beides zustrifft; Löschg ohne AufgabeErkl (nicht aber umgekehrt) macht das GB unricht (Widerspr nach § 899 u ggf GBO 53 I 1; Berichtigg nach § 894, GBO 22 dch WiederEintr). – **b)** Daneben **Zustimmung des Eigentümers** bei Aufhebg eines GrdPfdR (§§ 1183, 1192, 1200), einer SchiffsHyp (SchiffsRG 56) od eines ErbR (ErbbRVO 26) sowie eines **Drittberechtigten** (§ 876) erforderl. – **c)** Enthaftg **ideeller Bruchteile** nur soweit solche belastb (§§ 1095, 1106, 1114, 1192); bei Enthaftg **realer Grundstücksteile** GBO 7 zu beachten.

§§ 875, 876

2) Geltungsbereich. – a) Nur bei Aufhebg von **Grundstücksrechten** (über RangVorbeh vgl § 881 Anm 6; über Vormkg vgl § 886 Anm 1b; über Widerspr vgl § 899 Anm 6a; für Eigt gilt § 928) dch RGesch; Erlöschen krG ohne AufgabeErkl außerh des GB. Entspr Anwendg in §§ 1132 II 2, 1168 II, 1180 II 2. – **b)** Bei Aufhebg von **Rechten an Grundstücksrechten** gilt § 875, wenn Belastg eines grdstgl Rechts (Übbl 1c vor § 873) aufgehoben wird; Nießbr u PfdR an GrdstRen dch bloße AufgabeErkl aufhebb (§§ 1064/1072; 1255/1273).

3) Aufgabeerklärung. Zu unterscheiden von der rein verfrechtl LöschgsBew nach GBO 19; sie enthält aber idR die AufgabeErkl (Hamm DNotZ 77, 535) u umgekehrt (BayObLG DNotZ 75, 685).

a) Sie ist eine **abstrakte einseitige empfangsbedürftige Willenserklärung**, die auf eine Vfg über das Recht gerichtet u formfrei ist. Sie verschafft (auch iFv II) keinen schuldrechtl AufhebgsAnspr, bewirkt ohne Löschg noch keine RÄndeg (Anm 1a) u beschränkt (auch iFv II) nicht die VfgsBefug des RInh. **Aufhebungswille muß erkennbar sein**; bei GrdPfdR u SchiffsHyp ist Unterscheidg von Verzicht wesentl (§§ 1168, 1175, 1178 II; SchiffsRG 57, 71). Sie wird bei ordngsgem Abgabe (§ 130 Anm 1a) mit Zugang beim empfangsberecht Adressaten (Anm 3c) **wirksam** (§ 130); nach §§ 111, 182, 1831 erforderl Zust muß vorher wirks geworden sein, bei wiederholten AufgabeErkl (zB erst ggü Begünstigtem u danach ggü GBA) reicht Zust vor letzter AufgabeErkl (KGJ 24 A 216; 25 A 273). Bdgte/befristete AufgabeErkl materiell wirks; Löschg aber nur, wenn aufschiebde Bdgg eingetreten od Anfangsfrist abgelaufen (nicht bei auflösder Bdgg od Endfrist).

b) Erklärungsberechtigt ist der wahre RInh (bzw der für ihn VfgsBefugte); bei Hyp (für FremdGrdSch vgl § 1192 Anm 2) nach Befriedigg also der Eigtümer (§§ 1143 I, 1163 I 2, 1172, 1173) od der, auf den Hyp sonst übergegangen (§§ 1150, 1164, 1174), aber nicht mehr der Gläub (daher reicht seine löschgssfäh Quittg nicht; KG OLGZ 65, 92). Bei GesamtBerecht genügt AufgabeErkl des materiell VfgsBerecht (BayObLG 75, 191); da Aufgabe ausleggsbedürft (ob Aufhebg der Hyp im ganzen od nur der EinzelSicherg des Erklärden), genügt AufgabeErkl eines GesamtGläub nicht, um Hyp im ganzen aufzuheben (KEHE/Ertl § 27 Rdn 27; aA KGJW 37, 3158). Die **Verfügungsbefugnis muß im Zeitpunkt der Löschung noch bestehen,** § 873 Anm 3b gilt entspr; vgl aber § 878.

c) Empfangsberechtigt sind jeder Begünstigte (Eigtümer; gleich- od nachrang Berecht) u als sein Vertreter (BGH JR 80, 412 Anm Kuntze) das GBA. § 181 gilt, wenn Begünstigter die Aufgabe als Vertreter des RInh ggü sich od dem GBA (BGH aaO) erklärt; nicht aber, wenn RInh ggü sich als Vertreter des Begünstigten od dem GBA erklärt (nur rechtl Vorteil für Vertretenen; vgl aber § 1183 Anm 3b).

4) Löschung erfolgt auf Antrag (GBO 13) u Bewilligg (GBO 19) in der Form des GBO 46 (Rötg nach GBVfg 17 genügt alleine nicht). Bei der Herabsetzg von Nebenleistgen eines GrdPfdR genügt Eintr der Herabsetzg in der Veränderggspalte ohne LöschgsVermerk (KG HRR 32, 1657).

5) Bindung an die Aufgabeerklärung (II). Die AufgabeErkl ist (and als zugrde liegdes VerpflGesch; BGH NJW 80, 228) dch Erkl ggü ihrem Adressaten einseit widerrufl. Dieser Grds wird unter den Voraussetzgen von II aufgehoben: – **a) Voraussetzungen:** Abgabe (auch mündl od privatschriftl) der AufgabeErkl ggü dem GBA od Aushändig einer GBO 28, 29 entspr LöschgsBew (GBO 19) mit Willen des Aufgebden an den ErklAdressaten (vgl § 873 Anm 5 a dd); auch not Beurk innerh eines Vertr mit letzterem genügt (KGJ 49, 155). – **b) Wirkung:** § 873 Anm 5b gilt entspr.

876 Aufhebung eines belasteten Rechtes.

Ist ein Recht an einem Grundstücke mit dem Rechte eines Dritten belastet, so ist zur Aufhebung des belasteten Rechtes die Zustimmung des Dritten erforderlich. Steht das aufzuhebende Recht dem jeweiligen Eigentümer eines anderen Grundstücks zu, so ist, wenn dieses Grundstück mit dem Rechte eines Dritten belastet ist, die Zustimmung des Dritten erforderlich, es sei denn, daß dessen Recht durch die Aufhebung nicht berührt wird. Die Zustimmung ist dem Grundbuchamt oder demjenigen gegenüber zu erklären, zu dessen Gunsten sie erfolgt; sie ist unwiderruflich.

1) Grundsatz. – a) Zur Aufhebg eines GrdstR dch RGesch (nicht bei Erlöschen krG) ist die **Zustimmung des Drittberechtigten** notw, da die Belastgen des Rechts mit seiner Aufhebg erlöschen; entspr Anwendg in §§ 880 II, 1109 II, 1116 II, 1132 II, 1168 II, 1180. Löschg ohne Zust macht GB unricht (Widerspr nach § 899 u ggf GBO 53 I 1; Berichtigg nach § 894, GBO 22 dch WiederEintr); Berichtiggs Anspr hat neben DrittBerecht wg absoluter Unwirksamk auch Inh des GrdstR (MüKo/Wacke Rdn 13; Staud/Ertl Rdn. 19; aA W-Raiser § 39 IV). – **b) Belastungen.** Unmittelb belastet sind Reallasten/GrdPfdR/DWR mit Nießbr od PfdR bzw Vormkg dafür (KG JFG 9, 218), übertragb Rechte mit Vormkg für ÜbertrAnspr (BayObLG Rpfleger 87, 156) u grdstgl Rechte (Übbl 1c vor § 873) wie Grdst. Mittelb belastet sind subjdingl Rechte (§§ 1018, 1094 II, 1105 II) dch alle Belastgen des herrschden Grdst.

2) Ausnahmen. – a) Bei Aufhebg eines **subjektivdinglichen Rechts** ist die Zust materiellrechtl entbehrl, wenn sie das DrittR nicht berührt (S 2); rechtl (nicht wirtsch) Beeinträchtigg maßg (BGH LM ZPO § 3 Nr 40). Reallast- u GrdPfdRBerecht am herrschden Grdst müssen stets zustimmen, da subjdingl Recht ihnen als Bestandt (§ 96) mithaftet, währd bei Dbk Zust oft entbehrl (BGH aaO). GBA muß Zust erfordern, wenn subjdingl Recht gem GBO 9 vermerkt od ihm sonst bekannt. Zust ersetzb dch UnschädlichkZeugn: EG 120 II Nr 2. – **b)** Bei Aufhebg **grundstücksgleichen Rechts** ist die Zust entbehrl, wenn das Grdst zu gleichgünst Rang für belastdes Nutzgs/VerwertgsR haftet (BayObLG Rpfleger 87, 156).

3) Zustimmungserklärung. Zu unterscheiden von der rein verfrechtl LöschgsBew nach GBO 19; sie enthält aber idR die ZustErkl u umgekehrt. – **a)** Sie ist eine **abstrakte einseitige empfangsbedürftige Willenserklärung,** die eine Vfg über das DrittR enthält u formfrei ist; selbst RGesch ggü AufhebgsErkl nach § 875. Sie führt selbst zum Erlöschen des DrittR, wenn sie dazu alleine ausreichde AufgabeErkl (vgl

Allgemeine Vorschriften über Rechte an Grundstücken §§ 876–878

§ 875 Anm 2b) enthält. Sie schafft keinen schuldrechtl ZustAnspr u beschränkt nicht die VfgsBefugn des DrittBerecht. Sie wird bei ordngsgem Abgabe (§ 130 Anm 1 a) mit Zugang beim EmpfangsBerecht **wirksam** u ist dann unwiderrufl (S 3). Für notw Zust zu ihr sowie bdgte/befristete Erkl gilt § 875 Anm 3a entspr. – b) **Zustimmungsberechtigt** ist der wahre Inh des DrittR (bzw der für ihn VfgsBefugte) zZ des Wirksamwerdens der ZustErkl; danach eintretde Änderg in der Vfgs-/VertretgsMacht unerhebl, auch RNachf ist an unwiderrufl gewordene Zust gebunden. – c) **Empfangsberechtigt** sind jeder Begünstigte (Eigtümer, Inh des aufzuhebden Rechts, diesem gleich- od nachrangig Berecht) u als sein Vertreter (BGH JR 80, 412 Anm Kuntze) das GBA. Für Anwendbark von § 181 bei Vertretg des DrittBerecht dch den Begünstigten u umgekehrt gilt § 875 Anm 3c entspr.

877 *Inhaltsänderungen.* **Die Vorschriften der §§ 873, 874, 876 finden auch auf Änderungen des Inhalts eines Rechtes an einem Grundstück Anwendung.**

1) Recht an einem Grundstück iSv § 877 sind alle beschr dingl Rechte an einem Grdst einschl der grdstgleichen; nicht aber Rechte an GrdstR (KG OLG 29, 377; Einigg u, soweit für Bestellg notw, Eintr), Vormerkg (KG DNotZ 30, 110; vgl § 885 Anm 1), Widerspr. § 877 gilt auch bei Inhaltsänderg von Rechten an grdstgleichen Rechten (vgl ErbbRVO 11 Anm 2b); wg Inhaltsänderg von WohngsEigt vgl WEG 8 Anm 4, 10 Anm 2a.

a) Der **Rechtsinhalt** umfaßt alle dem Berecht zustehden Befugn (Hamm NJW 68, 1289) einschl VfgsBeschrkgen (str) u iwS auch den Rang (Zweibr Rpfleger 85, 54; aA Planck/Strecker Anm 3 vor § 879).

b) **Inhaltsänderung** iSv § 877 ist jede Änderg der Befugn des Berecht iR des bereits bestehden Rechts, die nicht Übertr/Belastg (§ 873), Aufhebg (§ 875) od Rangänderg (§ 880; § 877 aber ergänzd anwendb, soweit §§ 880, 881 nicht zutreffen) ist. Nicht aber Umwandlg eines GrdstR in ein and (KG JW 34, 2997; zB WegeDbk in ÜberbauungsDbk [BayObLG Rpfleger 67, 11], GrdDbk in bpDbk u umgekehrt [§ 1018 Anm 10, § 1090 Anm 7], RentenSch in Reallast u umgekehrt), wozu Aufhebg u Neubestellg an rangbereiter Stelle notw; Ausn: §§ 1116 II, 1186, 1198, 1203. – **Beispiele:** Ausschluß der Übertragbark (Einl 4c bb vor § 854), Umwandlg von Gesamtberechtigg iSv § 428 in Sukzessivberechtigg (LG Schweinf MittBayNot 82, 69), Erstreck auf neuen Bestand bei Vereinigg/Zuschreibg (Neust DNotZ 64, 344) od als Gesamtberechtigg auf and Grdst, Aufteilg einer Gesamt- in Einzelbelastgen (Neust DNotZ 60, 385), Bildg einer EinhHyp (RG 145, 47), Änderg einer KündVereinbg (BGH 1, 305); **nicht** aber: Künd (BGH 1, 306), Vereinbg einer Unterwerfgsklausel iSv ZPO 800 (KG HRR 31, 1705; str), Überlassg der RAusübg gem §§ 1059 S 2, 1092 I 2 (KG JFG 1, 411).

c) **Erweiterung und Verminderung des Rechtsumfangs** fallen nicht unter § 877; sie sind Teilneubestellg (Ffm Rpfleger 78, 312; insb Erhöhg des GrdPfdRKapitals) bzw Teilaufhebg (RG 72, 362; insb Herabsetzg von GrdPfdRKapital/zinsen). Wie Inhaltsänderg zu behandeln (Eintr in Verändergsspalte): Erhöhg der Nebenleistg eines GrdPfdR bzw Einzelleistg einer Reallast (Ffm aaO), Austausch von Nebenleistgen eines GrdPfdR, Verlängerg des Nießbr- (KG JFG 13, 75) od ErbbRZeit (BayObLG 59, 520), Umwandlg bdgten in unbdgtes (KG aaO) bzw befristeten in unbefristetes Recht u umgekehrt, Änderg der EntstehgsBdgg.

2) Die rechtgeschäftliche Inhaltsänderung erfordert: – a) **Einigung** zw GrdstEigtümer u RInh (bei Rechten an eigenen Grdst genügt einseit Erkl des Eigtümers) **und Eintragung** gem §§ 873, 874. – b) **Zustimmung Drittberechtigter** gem § 876. Entbehrl aber, wenn Beeinträchtig ihrer RStellg ausgeschl (BGH 91, 343); zB des GrdPfdRGläub an RVerlängerg der ErbbRZeit (BayObLG 59, 520) od Erstreckg des ErbbR auf zugeschriebenes Grdst (Neust DNotZ 64, 344) im Ggs zur zustbedürft Aufteilg eines Gesamt- in EinzelErbbR (Neust DNotZ 60, 385). Im Zweifel Zust geboten. – c) **Zustimmung gleich- und nachrangiger Rechtsinhaber** zur Vermeidg des Rangverlustes, wenn deren RStellg verschlechtert wird, weil die Inhaltsänderg (insb die ihr gem Anm 1c gleichzubehandelnden Erweitergen) den Gesamtumfang des Rechts erweitert (BayObLG 59, 520); zB Erhöhg von Nebenleistgen eines GrdPfdR außerh von § 1119 (KG HRR 32, 320) od der Einzelleistgen einer Reallast (Ffm Rpfleger 78, 312), Erleichterg der EntstehgsBdggen für ein Recht (KG HRR 33, 1929) im Ggs zu deren zustfreier Verschärfg/Erweiterg (KGJ 52, 197). Zust entbehrl bei Erhöhg einer Nebenleistg, wenn wg gleichzeit Herabsetzg des Kapitals; KG HRR 32, 320) Gesamtumfang der Belastg nicht erweitert (Brschm JFG 9, 255). Fehlde Zust macht Inhaltsänderg nicht unwirks, nur der Rang ist unrichtig (Ffm Rpfleger 78, 312).

878 *Nachträgliche Verfügungsbeschränkungen.* **Eine von dem Berechtigten in Gemäßheit der §§ 873, 875, 877 abgegebene Erklärung wird nicht dadurch unwirksam, daß der Berechtigte in der Verfügung beschränkt wird, nachdem die Erklärung für ihn bindend geworden und der Antrag auf Eintragung bei dem Grundbuchamte gestellt worden ist.**

1) Allgemeines.

a) Die in §§ 873, 875, 877 genannten RÄndergen treten grdsätzl nur ein, wenn der Verfügde im Ztpkt der seiner VfgsErkl nachfolgden rechtsändernden GBEintr noch vfgsberecht ist (vgl § 873 Anm 3b, § 875 Anm 3b). Den Ztpkt der GBEintr können die Beteil nicht bestimmen. Obwohl alles von ihnen Vorzunehmde getan ist, würde die RÄnderg vereitelt, wenn der Verfügde noch vor GBEintr in seiner VfgsBefugn beschr wird; **dieser sich aus dem Eintragungsgrundsatz ergebenden Gefahr will § 878 begegnen** (Mot III 90), indem unter best Voraussetzgen die nachträgl VfgsBeschrkg die Wirksamk der VfgsErkl nicht mehr beeinträchtigt. – Liegen diese Voraussetzgen nicht vor, so ist die Vfg unwirks; sie kann aber zB iFv §§ 1984, 2113, 2211; KO 7, 15; VerglO 58 ff dch Zust des NachE, TestVollstr, Nachl/Konk/VerglVerw wirks werden (Düss DNotZ 81, 130).

§ 878 1–3   3. Buch. 2. Abschnitt. *Bassenge*

b) Nicht anwendbar ist § 878, wenn folgde Ereign zw dem Vorliegen der für § 878 maßg Voraussetzgen u der GBEintr eintreten: – **aa)** Bei **Tod oder Verlust der Geschäftsfähigkeit** bleibt die VfgsErkl wirks (§ 130 II); sie kann aber, sofern keine Bindg nach §§ 873 II, 875 II eingetreten, vom Erben (bei Miterben genügt einer; Düss NJW **56**, 876) bzw Vormund einseit widerrufen werden (KG HRR **36** Nr 361; vgl § 873 Anm 5, § 875 Anm 5). – **bb)** Bei **Verlust der Rechtsinhaberschaft** (Ffm OLGZ **80**, 100; BayObLG RdL **84**, 179; vgl auch § 873 Anm 3 b bb); jedoch muß NachE rechtm Vfg des VorE gelten lassen, wenn Nacherbfall vor GBEintr eingetreten ist (KG DR **41**, 2196). Über Umwandlg von Allein- in GesamtBerechtigg vgl Anm 2 c dd. – **cc)** Bei **Verlust der Vertretungsmacht** für den RInh; diese ist unschädl (vgl § 873 Anm 3 b dd). – **dd)** Bei absoluten u relativen **Erwerbsbeschränkungen** (RG **120**, 118; KG DNotZ **62**, 400; aA MüKo/Wacke Rdn 25).

c) § 878 und § 892 schließen sich aus bzgl derselben VfgsBeschrkg (Rahn NJW **59**, 97; Schönfeld JZ **59**, 140): § 878 regelt den Fall, daß die VfgsBeschrkg nach der AntrStellg eintrat, währd sie bei § 892 vorher eingetreten sein muß (§ 892 II). – War die VfgsBeschrkg außerh des GB vor Erfüll der Voraussetzgen des § 878 eingetreten, aber erst nach deren Erfüllg ins GB eingetr, so ermöglicht weder § 878 noch § 892 einen Erwerb (Däubler JZ **63**, 588 zu III; aA Baur/Stürner Rdn 988); vgl § 892 Anm 7 d aa.

2) Geltungsbereich.

a) Rechtsgeschäftliche Verfügungserklärungen nach §§ 873, 875, 877, auch wenn nach ZPO 894/5 ersetzt. Anwendg vorgeschrieben in §§ 880 II 1, 1109 II 2, 1116 II 2, 1132 II 2, 1154 III, 1168 II 2, 1180 I 2, 1196 II. – **aa) Entsprechende Anwendung** auf EigtVerzErkl (§ 928 Anm 3), einseit EigtümerErkl bei Vereinigg/Zuschreibg/Teilg (§ 890 Anm 1 c cc, 2 b aa) od Bestellg/Än derg/Aufhebg von EigtümerR, Bestellg (§ 885 Anm 3 c) u Aufhebg (Köln Rpfleger **73**, 299) einer Vormkg, bewilligten Widerspr (§ 899 Anm 5 a) u seine Aufhebg, BerichtiggsBew nach GBO 22 (Staud/Ertl Rdn 5), TeilgsErkl nach WEG 8 (aA LG Köln RhNK **84**, 16). – **bb) Nicht anwendbar** auf erzwungene Vormkg (§ 885 Anm 2 c) u Widerspr, Zust Dritter nach §§ 876, 880, 1183 (RG **52**, 411), Vfg iW der ZwVollstr (BGH **9**, 250; AK/LvSchweinitz Rdn 8; aA Staud/Ertl 6; Wacke ZZP **82**, 377), Unterwerfgsklausel nach ZPO 800.

b) VfgsErkl des **Verfügungsberechtigten** iSv § 873 Anm 3 b (Soergel/Baur Rdn 7); bei BerechtMehrh muß § 878 für jeden erfüllt sein (KG JFG **13**, 92). Bei VfgsErkl eines NichtBerecht ist zu unterscheiden: – **aa)** Ist ein **Nichtberechtigter als Berechtigter eingetragen** u ergeht gg ihn eine das eingetr Recht erfassde (daran kann es zB iFv KO 6 fehlen; vgl Jäger/Henckel § 7 Rdn 71) VfgsBeschrkg, so ist auf seine VfgsErkl § 878 anwendb, damit gutgl Erwerber nicht schlechter steht als bei Erwerb vom Berecht (Däubler JZ **63**, 588 zu II 3; MüKo/Wacke Rdn 13; Soergel/Baur Rdn 7; aA RGRK/Augustin Rdn 2). – **bb)** Auf VfgsErkl eines **nichteingetragenen Nichtberechtigten mit Einwilligung des Berechtigten (§ 185 I)** ist § 878 anwendb, wenn gg den NichtBerecht eine VfgsBeschrkg ergeht (KG DNotZ **34**, 284; Köln Rpfleger **75**, 20 [bei Vfg über AnwR]); Däubler aaO zu II 1 a; MüKo/Wacke Rdn 14; Staud/Ertl Rdn 19; aA RG **135**, 378; BGH **49**, 197; BayObLG **60**, 456), weil Vfg des Berecht gleichzustellen (ähnl wie Stellvertretg). Unterliegt der Berecht einer VfgsBeschrkg, nachdem NichtBerecht die Voraussetzgen des § 878 erfüllt hat, so ist § 878 entspr anwendb (Däubler aaO zu II 1 b; Schönfeld JZ **59**, 140 zu III 3 b; MüKo/Wacke aaO; Staud/Ertl aaO), zumal auch seine Einwilligg nach bindder VfgsErkl des NichtBerecht nicht mehr nach § 183 widerrufb (§ 183 Anm 1 a; MüKo/Thiele § 183 Rdn 8; Staud/Dilcher § 183 Rdn 6). – **cc)** Auf VfgsErkl eines **nichteingetragenen Nichtberechtigten mit Genehmigung des Berechtigten (§ 185 II 1 Fall 1)** ist § 878 anwendb, wenn gg den NichtBerecht eine VfgsBeschrkg ergeht; dabei muß die Gen vor deren Eintritt erteilt sein, denn bei späterer Erteilg fehlt die Voraussetzg nach Anm 3 c für § 878 (MüKo/Wacke Fußn 29; Staud/ Ertl Rdn 22; aA Däubler aaO zu II 2 a; AK/LvSchweinitz Rdn 17). Unterliegt der Berecht einer VfgsBeschrkg, so ermöglicht seine Gen den Erwerb nur, wenn er sie vor deren Eintritt erteilte (allgM); sie ist unwiderrufl (BGH **40**, 156 [164]). – **dd)** Auf VfgsErkl eines ohne Zustim des Berecht verfügde **eingetragenen Nichtberechtigten, der den VfgsGegenstand nachträglich erwirbt (§ 185 II 1 Fall 2)** ist § 878 unmittelb anwendb, wenn der Erwerb vor Eintritt der VfgsBeschrkg erfolgte; erfolgte er danach, so ist § 878 nicht anwendb, da VfgsErkl dch Erwerb nicht mehr wirks geworden (RG **89**, 152; MüKo/ Wacke Rdn 14; Staud/Ertl Rdn 22). Gilt entspr iFv § 185 II 1 Fall 3.

c) Verfügungsbeschränkungen beeinträchtigen unmittelb die Befug des Berecht, rgeschäftl über ein Recht dch Übertr, Aufhebg, Belastg od Inhaltsänderg zu verfügen. Sie können auf Gesetz (vgl § 135), behördl Anordng (vgl § 136) u ausnahmsw (vgl § 137) auf RGesch (ErbbRVO 5; WEG 12, 35; §§ 1424, 1450) beruhen. Gleich stehen **Verfügungsentziehungen** (Mot III 192) zB nach KO 6; §§ 1984, 2211. Keine VfgsBeschrkg iSv § 878 ist die **Vormerkung** (vgl § 883 Anm 1 a bb); entspr Anwendg von § 878 aber trotz § 1098 II auf dingl VorkR, wenn nach Vorliegen der für § 878 maßg Voraussetzgen die VorkLage eingetreten, da dies im Ggs zur Vormkg nicht im GB erscheint. – **aa)** § 878 gilt für alle **außerhalb des Grundbuchs** entstehden VfgsBeschrkgen; nicht aber für solche, die erst mit der Eintr entstehen, da hier gem GBO 17 Schutz des Erwerbers dch den EintrAntr für Ränderg (KG JFG **9**, 178). – **bb)** § 878 gilt für **absolute und relative** VfgsBeschrkgen (KG aaO). – **cc)** § 878 gilt entspr bei Verlust der **Verfügungsmacht als Amtsinhaber,** zB als KonkVerw od TestVollstr (Däubler JZ **63**, 588 zu IV; Böhringer BWNotZ **84**, 137; Haegele/Schöner/Stöber Rdn 125; MüKo/Wacke Rdn 13; Staud/Ertl Rdn 20; aA KG OLG **26**, 4; Celle NJW **53**, 945; Köln RhNK **81**, 139; LG Osnabr KTS **72**, 202). – **dd)** § 878 gilt entspr, wenn sich außerh des GB nach dem maßg Ztpkt **Allein- in Gesamtberechtigung** umwandelt; zB gem § 1416 (MüKo/Wacke Rdn 21; vgl auch Staud/Ertl Rdn 13).

3) Voraussetzungen für Wirksambleiben der VfgsErkl. Alle müssen vor Eintritt der VfgsBeschrkg erfüllt sein; zB vor KonkEröffng (vgl dazu Düss MittBayNot **75**, 224). Zeitl Reihenfolge gleichgült.

a) Bindung an die Verfügungserklärung gem §§ 873 II, 875 II. Bei und als den in § 875 II genannten einseit VfgsErkl (vgl Anm 2 a aa) gilt § 875 II entspr (AK/LvSchweinitz Rdn 5; MüKo/Wacke Rdn 9; aA LG Köln RhNK **84**, 16 iFv WEG 8).

Allgemeine Vorschriften über Rechte an Grundstücken §§ 878, 879

b) Eingang des Eintragungsantrags beim Grundbuchamt. Verfügder (Planck/Strecker Anm 4b; aA Staud/Ertl Rdn 16) od Erwerber kann AntrSteller sein. Antr muß sich auf das betroffene Recht beziehen; was nicht der Fall, wenn Notar allg Antr in der Urk im Begleitschreiben auf and Punkt beschr (Köln KTS **68**, 245). Er muß zur Eintr führen. AntrRückn od -Zurückweis machen VfgsErkl unwirks; bei Aufhebg der Zurückweis gem FGG 18 od auf Beschw lebt Antr mit Wirkg aus § 878 wieder auf (KG DNotZ **34**, 284). Eine ZwVfg nach GBO 18 führt noch nicht zur Unwirksamk (Celle OLG **17**, 352; LG Nürnb MittBayNot **78**, 216); dies gilt wg Anm 3c aber nur, wenn Mängel bzgl formeller EintrVoraussetzgen bestehen (Haegele/Schöner/Stöber Rdn 119).

c) Sonstige zur Rechtsänderung notwendige Voraussetzungen müssen erfüllt sein, da § 878 nur Nachteile des EintrGrdsatzes ausschließen will. Dazu gehören zB: BriefÜberg bei Bestell eines BriefGrdPfdR (KG NJW **75**, 878), Entstehg der gesicherten Fdg bei Hyp, notw Zust DrittBerecht, notw Gen dch VormschG od and Behörde (Hamm JMBlNRW **48**, 244 [Beh]; **51**, 92 [VormschG]; AK/LvSchweinitz Rdn 24; Haegele/Schöner/Stöber Rdn 122; aA Köln NJW **55**, 80 [Beh]; Dieckmann FS-Schiedermaier **76**, 99; Knöchlein DNotZ **59**, 3 [17]; MüKo/Wacke Rdn 12).

4) Wirkung. Die VfgsErkl bleibt wirks u die RÄnderg eingetr tritt mit Eintr ein. Dies auch, wenn VfgsBeschrkg noch vor Eintr der RÄnderg eingetr (KG JW **32**, 2441) od Erwerber bekannt geworden (Hbg OLG **15**, 230; Staud/Ertl Rdn 10; Schönfeld JZ **59**, 140 zu II 1b; aA BGH **28**, 182; Seufert NJW **59**, 527). Das GBA muß auch noch einem Antr des Verfügden stattgeben (KG Rpfleger **75**, 88; MüKo/Wacke Rdn 8; Jäger/Henckel § 15 Rdn 100; Rahn BWNotZ **67**, 272; aA Böhringer BWNotZ **79**, 141; Ertl Rpfleger **80**, 44), da § 878 auch AntrR fortbestehen läßt. – Anfecht nach KO 29 ff bleibt mögl; maßg Ztpkt dafür aber Eintr (BGH **41**, 17; aA Wacke ZZP **82**, 377). Über Auswirkgen auf WahlR des KonkVerw aus KO 17 u AntrRückn dch ihn vgl Müller JZ **80**, 554; MüKo/Wacke Rdn 23; Staud/Ertl Rdn 29.

879 *Rangverhältnis mehrerer Rechte.* ¹Das Rangverhältnis unter mehreren Rechten, mit denen ein Grundstück belastet ist, bestimmt sich, wenn die Rechte in derselben Abteilung des Grundbuchs eingetragen sind, nach der Reihenfolge der Eintragungen. Sind die Rechte in verschiedenen Abteilungen eingetragen, so hat das unter Angabe eines früheren Tages eingetragene Recht den Vorrang; Rechte, die unter Angabe desselben Tages eingetragen sind, haben gleichen Rang.
II Die Eintragung ist für das Rangverhältnis auch dann maßgebend, wenn die nach § 873 zum Erwerbe des Rechtes erforderliche Einigung erst nach der Eintragung zustande gekommen ist.
III Eine abweichende Bestimmung des Rangverhältnisses bedarf der Eintragung in das Grundbuch.

1) Allgemeines. – a) Das materielle Rangverhältnis in § 879 regelt die Reihenfolge, in der an demselben BelastgsGst (Anm 1b) bestehde Rechte der Abt II u III verwirklicht werden; zB dch Befriedigg von VerwertgsR in der ZwVollstr od dch Dchsetzg widersprecher NutzgsR (vgl § 1024 Anm 1) bzw ErwerbsR (vgl § 1094 Anm 1). Die RNatur des Ranges ist str (vgl MüKo/Wacke Rdn 2; Planck/Strecker Anm 3 vor § 879); jedenf sind die für den RInhalt geltden Vorschr entspr anwendb (Hamm OLGZ **81**, 129). – **b) Belastungsgegenstand** kann ein Grdst, ein selbst belastb GrdstMitEigtAnt (auch WE/TeilE), ein grstgl Recht od ein dch Eintr belastb GrdstR (KG JFG **3**, 439) sein. Ein RangVerh ist nur für Rechte an demselben BelastgsGst mögl; nicht zB für Rechte an verschied MitEigtAnt eines Grdst (KJG **52**, 213). – **c)** Bei **nichteintragungsbedürftigen Rechten** richtet sich der Rang nach dem Gesetz (zB §§ 914 I 1, 917 II 2) od dem EntstehgsZtpkt (vgl §§ 1075 I, 1287 S 2; ZPO 848 II 2); in dem nicht entspr Eintr macht das GB unrichtig. – **d) Zwingender Rang.** Hat eine räuml od zeitl später eingetr Belastg krG Vorrang (zB RHeimstG 5 iVm AVO 12 II; vgl Übbl 2a vor § 873), so bedarf es keines RangRücktr der voreingetr Belastg (vgl LG Aach DNotZ **59**, 318). Darf ein Recht nur an best Rangstelle bestellt werden (zB ErbbRVO 10; vgl Übbl 2a vor § 873), so entsteht es bei Eintr an and Rangstelle nicht (vgl Hamm Rpfleger **76**, 131). – **e) Relatives Rangverhältnis.** Grds ist das RangVerh absolut: ist ein Recht (C) ggü einem and (B) nachrang, so ist es (C) auch denen (A) ggü nachrang, denen dieses (B) nachrang ist. In AusnFällen (§ 881 Anm 5 cbb; § 892 Anm 4 bcc) ist es relativ: C ist ggü B nachrang, aber ggü A vorrang, obwohl B ggü A nachrang ist.

2) Materielle Rangfähigkeit. – a) Beschränkte dingliche Rechte an Grdst u GrdstR, die für Entstehg eintragsbedürft u deren Rang dch RGesch änderb (KG JFG **14**, 435). § 879 regelt das RangVerh dieser Rechte unter sich u zu Vormkgen. Teile u NebenR haben gleichen Rang, soweit sie unter einer Nr im GB eingetr sind (RG **132**, 110; Planck/Strecker Anm 8a) u sich nichts anderes aus abw Vorschr (zB §§ 1143, 1150, 1164, 1176; ZVG 10, 12, 13) ergibt; einheitl GrdPfdR nicht mit unterschiedl Rang für TeilBetr bestellb (Zweibr Rpfleger **85**, 54). – **b) Vormerkungen** (auch AuflVormkg). § 879 regelt das RangVerh von Vormkgen unter sich u zu beschr dingl Rechten (RG **124**, 200; Ffm Rpfleger **80**, 185; aA Schneider DNotZ **82**, 523). LöschgsVormkgen sind nicht rangfäh (KG DR **44**, 189). – **c) Vereinbarungen nach § 1010** sind rangfäh (vgl dort Anm 1 b). – **d) Widersprüche** sind nicht rangfäh; sie haben den Rang des jeweils gesicherten Rechts (RG **129**, 124). Soweit ihre Eintr für die Möglichk gutgl Erwerbs bedeutet, sind GBO 17, 45 anwendb (KEHE/Eickmann § 45 Rdn 8). – **e) Verfügungsbeschränkungen** sind nicht rangfäh, da aus ihnen keine Befriedigg erlangt werden kann. Hier ist nur die Wirksamk ggü and VfgsBeschrkgen (sie richtet sich nach der Entstehgszeit; MüKo/Wacke Rdn 6; Staud/Kutter Rdn 12) od GrdstR/Vormkgen (die nach §§ 878, 892/893 u SonderVorschr wie §§ 2113, 2136; KG JW **32**, 2441; JFG **16**, 234) bedeuts. Soweit die Eintr einer VfgsBeschrkg für ihre Entstehg od nach §§ 892/893 für die Möglichk ihr widersprechen gutgl RErwerbs Bedeutg hat, sind GBO 17, 45 anwendb (KG JW **33**, 2708; JFG **13**, 114; KEHE/Eickmann § 45 Rdn 8; Böttcher Rpfleger **83**, 49 [55]). Wird ein NachEVermerk vor (KG JW **35**, 3560; LG Düss Rpfleger **50**, 38), gleichzeitig mit (KG JW **33**, 2708) od nach (KG JFG **16**, 234) einer vom VorE bestellten Belastg eingetr, so ist aus dem GB nicht ersichtl, ob der RErwerb dem NachE ggü nach §§ 185, 2113 III (nur

1039

wenn Belastg zuerst eingetr) od § 2136 wirks ist; bei WirksamkNachw gem GBO 29 aber deklarator Vermerk in Veränderggsspalte bei Belastg zul, daß sie ggü NachE wirks (KG JW 35, 3560; aA LG Düss aaO: bei NachEVermerk) u Antr auf „Rangvermerk" ist dahin umzudeuten (Hamm Rpfleger 57, 19). – **f) Eigentum** ist nicht rangfäh. Hat GBA neuen Eigtümer u Belastg am selben Tag eingetr, so ist von einheitl Vollzug u damit vom Eintritt beider auszugehen (RG 123, 19; Nürnb DNotZ 67, 761; aA MüKo/Wacke Rdn 3 bei zuerst beantragter EigtUmschreibg), wenn nicht wg Anlegg eines neuen GBBlatts anzunehmen ist, daß EigtümerEintr zuerst vollzogen wurde (BGH DNotZ 71, 411); es geht hier um die Frage, bis zu welchem Ztpkt der alte Eigtümer noch vfgsbefugt war.

3) Gesetzliches Rangverhältnis (I, II). – **a)** Bei **Eintragungen in derselben Abteilung (I 1)** entscheidet unabhäng vom EintrDatum die räuml Aufeinanderfolge (RG HRR 35 Nr 1016; MüKo/Wacke Rdn 17; Planck/Strecker Anm 1; aA [tats EintrZeit] KGJ 41, 223; Erm/Hagen Rdn 8; Staud/Kutter Rdn 31). Über RangVerh bei sog Sammelbuchgen vgl Böttcher BWNotZ 88, 73. Mangels ggteil Vermerks haben aber die gem GBO 49 zugefaßten Rechte Gleichrang (Staud/Kutter Rdn 20). IFv von GBO 45 1 Halbs 2 richtet sich der Rang nach dem Gleichrangvermerk, der insow materielle Bedeutg hat. – Dch nachträgl Eintr in einen ZwRaum (zB der entgg GBVfg 21 III freigelassen od bei Umschreib einer nicht entstandenen bzw erloschenen Vormkg) geht der einmal erworbene Rang and Rechte nicht verloren. Der Rang so eingetr Rechte richtet sich nach der tats EintrZeit (nicht nach der Datumsangabe); sie können jedoch von Dritten gem § 892 mit dem ihrer räuml Stellg entspr Rang erworben werden, wobei das EintrDatum noch nicht bösgl werden (MüKo/Wacke Rdn 18). – **b)** Bei **Eintragungen in verschiedenen Abteilungen (I 2)** entscheidet die zeitl Aufeinanderfolge nach Maßg der Tagesangabe; bei gleicher Tagesangabe besteht (vorbehaltl abw Vermerks nach GBO 45 II, der insow materielle Bedeutg hat) Gleichrang. Fehlde od falsche Tagesangabe macht Eintr nicht unwirks (GBO 44 S 1 ist nur OrdngsVorschr). – Eine **undatierte** Eintr geht noch allgM Eintr in and Abteilgen vor, wenn das GB aus dem ZusHalt der übrigen Eintr den zeitl Vorrang ergibt (folgt einer undatierten Eintr in derselben Abteilg eine datierte, so hat erstere Vorrang vor allen später datierten Eintr der and Abteilg). Läßt sich die wirkl EintrZeit anders (zB aus den GrdAkten) zweifelsfrei nachweisen, so ist sie ebenf maßg, so daß undatierte an letzter Stelle ihrer Abteilg nicht notw ggü datierten Eintr der and Abteilg nachrang (AK/BvSchweinitz Rdn 12; Erm/Hagen Rdn 12; aA Planck/Strecker Anm 2; Staud/Kutter Rdn 55). – Dch **falsch datierte** Eintr geht der einmal erworbene Rang and Rechte nicht verloren. Der Rang bestimmt sich nach der tats EintrZeit (MüKo/Wacke Rdn 23); das Recht kann jedoch von Dritten gem § 892 mit dem seinem EintrDatum entspr Rang erworben werden.

4) Einzelfragen. – **a)** Bei **nachfolgender Einigung (II)** wird trotz späterer Entsteh auf die Eintr gem I abgestellt. Dies gilt entspr bei einseit EigtümerErkl zur Bestellg eines EigtümerR, bei Genehmgg schwebd unwirks od Nachholg nichtiger Einigg (KG HRR 32 Nr 1823), aufschiebder Bdgg od AnfangsFr für REntsteh (Planck/Strecker Anm 3). Entspr II wird zT rückwirkde Heilg angen, wenn der TitelZustellg der ZwHypEintr od Erlaß der einstwVfg der VormkgsEintr nachfolgt (Streuer Rpfleger 88, 513). – **b)** Eine **Eintragung in der Veränderungsspalte** teilt idR den Rang des zugehör Rechts (Ffm Rpfleger 78, 312; Hamm OLGZ 85, 23; aA Schmid Rpfleger 84, 130; Böttcher BWNotZ 88, 73). Über Nachverpfändg eines Grdst für mehrere Belastgen einses auf demselben GBBlatt eingetr Grdst od dch Mithaftvermerk vgl § 1132 Anm 2 c. – **c)** Bei **Verstoß gegen GBO 17, 45** wird das GB nicht unrichtig, denn die den Rang bestimmde Eintr hat formale RKraft; daher weder GBO 53 I noch § 894. Benachteiligter hat keinen BereichergsAnspr gg Begünstigten, da § 879 RGrd für den besseren Rang schafft (BGH 21, 98; Hoche JuS 62, 60; Staud/Kutter Rdn 42; aA Erm/Hagen Rdn 11; Westermann JZ 56, 655). Mangels schuldrechtl RangverschaffgsVereinbg hat Eigtümer gg Begünstigten auch keinen BereichergsAnspr auf RangRücktr, dessen Abtretg Benachteiligter verlangen könnte. Es bleibt Amtshaftg. – **d) Erlöschen eines vorrangigen Rechts.** Die nachrang Rechte rücken vor (bewegl RangVerh); wo das Gesetz den Eigtümer die Rangstelle erhalten will, ordnet es das Nichtlöschen an (vgl §§ 889, 1163). Eine unrechtmäß Löschg läßt den Rang unberührt u macht das GB unrichtig. WiederEintr kann wg § 892 zu relativem RangVerh führen (§ 892 Anm 4 bcc); gutgl lastenfreier EigtErwerb zu Rechts- u damit Rangverlust.

5) Rangbestimmung durch die Beteiligten (III). – **a)** § 879 III, GBO 45 III. Von der materiellrechtl Rangbestimmg nach III ist die verfrechtl nach GBO 45 III (dazu Eickmann S 228 ff) zu unterscheiden. Letztere muß im EintrAntr od in der EintrBew enthalten sein, zB dch Hinweis darauf mit materiellrechtl Rangbestimmg bestelltes Recht (BayObLG Rpfleger 76, 302). Eintr unter Verstoß gg bloß verfrechtl Rangbestimmg macht GB nicht unrichtig. – **b) Materiellrechtliche Rangbestimmung** erfordert Einigg zw Eigtümer u Erwerber (bei EigtümerR einseit EigtümerErkl) über den Rang eines zu bestelldn Rechts. Den vereinbarten Rang erlangt das Recht erst mit der ihm entspr Eintr, wobei ein Rangvermerk (insow keine Bezugn nach § 874) zumind bei nachrang Recht eingetr sein muß (vgl § 880 Anm 2 b). Stillschw Einigg mögl; zB ist idR vereinb, daß ein bei GrdstVeräußerg für den Veräußerer bestelltes Recht Vorrang vor für Dritte zu bestellde Rechte haben sollte (BayObLG Rpfleger 76, 302; Bay Rpfleger 83, 421). Für Einigg nicht ausreichd: Bestellg an „bereitester" Stelle (KGJ 26, 290; 52, 197); ein Recht soll den ersten Rang erhalten, wobei Part aber mit Löschg von Vorlasten erst nach seiner Eintr rechnen (Düss DNotZ 50, 41); ein Recht soll einen bestimmten Rang u notf den bereitesten Rang erhalten (BayObLG aaO); wenn einem Recht bestimmte andere nicht vorgehen dürfen (Ffm DNotZ 81, 580 [FallBesonderh maßg]). Ausreichen kann: Bestellg mehrerer Rechte mit einem an bereitester Stelle (KG HRR 35 Nr 114); Bestellg eines Rechts im Rang nach einem and zu bestelldn Recht (LG Köln RhNK 81, 259). GBO 15 berecht Notar nicht zur Rangbestimmg nach III. – **c) Schuldrechtliche Rangverschaffungsvereinbarung** von Anm 5 b zu unterscheiden; dch Eintrag sicherb. Ist sie vom Besteller nicht erfüllt, so ist er benachteil Erwerber SchadErsAnspr gg ihn, der gem § 275, 281 auf Abtr etwa vorhandenen RangfreimachgsAnspr (zB §§ 812, 894) gg vorrang Berecht geht; eigener Anspr auf Rangtausch nur bei Vereinbg zw beiden RInh, nicht aber aus § 812. – **d) Nichtübereinstimmung von Einigung und Eintragung.** Zu der sehr str RLage vgl Planck/Strecker Anm 6 b; Staud/Kutter Rdn 61 ff; Streuer Rpfleger 85, 388; Böttcher BWNotZ 88, 73. Wg der Nichtübereinstimmg ist das Recht (vorbehaltl § 139) nicht entstanden u das GB bezgl des Rechts (nicht nur des Rangs) un-

Allgemeine Vorschriften über Rechte an Grundstücken §§ 879, 880

unrichtig. Vielf ist aber wenigstens die Entstehg auch ohne den vereinb Rang gewollt (§ 139) u das Recht dann mit dem Rang nach I entstanden; fehlt ein der Einigg entspr Rangvermerk, so ist das GB richtig (KG JFG 12, 290; wg schuldrechtl Anspr vgl Anm 5c), währd ein der Einigg nicht entspr Rangvermerk das GB bezgl des Vermerks unrichtig macht (KG HRR 35 Nr 114; BayObLG Rpfleger 76, 302).

880 **Rangänderung.** I Das Rangverhältnis kann nachträglich geändert werden.

II Zu der Rangänderung ist die Einigung des zurücktretenden und des vortretenden Berechtigten und die Eintragung der Änderung in das Grundbuch erforderlich; die Vorschriften des § 873 Abs. 2 und des § 878 finden Anwendung. Soll eine Hypothek, eine Grundschuld oder eine Rentenschuld zurücktreten, so ist außerdem die Zustimmung des Eigentümers erforderlich. Die Zustimmung ist dem Grundbuchamt oder einem der Beteiligten gegenüber zu erklären; sie ist unwiderruflich.

III Ist das zurücktretende Recht mit dem Rechte eines Dritten belastet, so finden die Vorschriften des § 876 entsprechende Anwendung.

IV Der dem vortretenden Rechte eingeräumte Rang geht nicht dadurch verloren, daß das zurücktretende Recht durch Rechtsgeschäft aufgehoben wird.

V Rechte, die den Rang zwischen dem zurücktretenden und dem vortretenden Rechte haben, werden durch die Rangänderung nicht berührt.

1) Allgemeines. – a) § 880 regelt die rgeschäftl **nachträgliche Rangänderung** dch Rücktr eines schon eingetr Rechts unter Einräumg des Vor- od Gleichrangs für ein schon eingetr od gleichzeit einzutragdes Recht (Hamm OLGZ 81, 129; BayObLG NJW-RR 89, 907); nicht aber die gleichzeit Eintr mehrerer Rechte mit Rangbestimmg (§ 879 Anm 5) u nicht die Änderg iW der GBBerichtigg (KG HRR 29 Nr 35). Die RNatur ist str (vgl Planck/Strecker Anm II 1; Staud/Kutter Anm 33). Von der dingl wirkden Rangänderg sind zu unterscheiden: die dch Vormkg sicherb schuldrechtl Verpfl zur Rangänderg (Hamm DNotZ 72, 493) u die schuldrechtl Abrede über die Vorwegbefriedigg eines rangschlechteren Rechts (RG Warn 10 Nr 117). – **b) Rangänderungsfähig** sind materiell rangfäh Rechte (§ 879 Anm 2) an demselben BelastgsGgst (§ 879 Anm 1b); nicht aber Rechte mit gesetzl vorgeschriebenem Rang (zB ErbbRVO 10, RHeimstG 5).

2) Voraussetzungen. – a) Einigung (II 1) der ggwärt Inhaber (daher nicht des Eigtümers bzgl künft EigtümerGrdSch; RG 84, 78) der rangändernden Rechte bzw einseit Erkl bei Rechten desselben Inhabers; § 873 Anm 3 gilt entspr. Bei Gesamt- (LG Brschw Rpfleger 72, 365) od BruchBerecht (Darmst JW 34, 2485) müssen alle mitwirken. Bdgg/Befristg zuläss u für Drittwirkg eintraggsbedürft (RG JW 34, 282). Einigg über GrdPfdR umfaßt auch Nebenleistgen (Ffm Rpfleger 80, 185; LG MöGladb RhNK 77, 131). Wird zu bestellder BaugeldHyp Vorrang eingeräumt, so erstreckt er sich iZw auch auf die vom Eigtümer dem ZwFinanzierer abgetretene vorläuf EigtümerGrdSch (BGH 60, 226; vgl dazu Staud/Kutter Rdn 16ff). – **b) Eintragung (II 1)** bei beiden Rechten (GBVfg 18); materiellrechtl genügt Eintr bei rücktretdem Recht (RG HRR 31 Nr 1912; KJG 44, 256; MüKo/Wacke Rdn 9; aA Erm/Hagen Rdn 9; Staud/Kutter Rdn 22), nicht aber nur bei vortretdem Recht (aA Fratzky BWNotZ 79, 27). Änderg ist auf GrdPfdRBrief zu vermerken (Oldbg WPM 82, 494). AntrR (GBO 13 II) haben die beteil RInh; ferner der Eigtümer bei Vor- od Rücktr eines GrdPfR wg Auswirkg auf künft EigtümerGrdSch (LG Hann RPfleger 77, 310; aA Böttcher Rpfleger 82, 52). EintrBew (GBO 19) des Zurücktretenden od der ZustBerecht iSv II 2, III (idR in Zust enthalten) notw; auch des Berecht eines nur teilw vortretenden GrdPfdR (BayObLG Rpfleger 85, 434). – **c) Zustimmung des Eigentümers (II 2)**, wenn GrdPfdR (nicht aber GrdPfdRVormkg; KG JFG 13, 418) zurücktritt (wg Auswirkg auf künft EigtümerGrdSch); formfreie (uU schlüss., LG Köln DNotZ 77, 610) abstrakte einseit empfangsbedürft WillErkl; selbst RGesch ggü Einigg (RG 157, 24). IdR in EintrBew (Anm 2b) enthalten. Empfänger: II 3. § 181 gilt, wenn einer der Beteil die Zust als Vertreter des Eigtümers ggü sich od dem GBA (vgl BGHZ JR 80, 412) erklärt; nicht aber, wenn Eigtümer die Zust ggü sich als Vertreter eines Beteil od dem GBA erklärt (kein rechtl Nachteil für Vertretenen). Eintr ohne Zust macht GB unricht (Widerspr nach § 899 u ggf GBO 53 I 1; Berichtigung nach § 894, GBO 22); Berichtiggs-Anspr haben neben dem Eigtümer auch die Beteil. § 878 auf ZustErkl nicht anwendb (RG 52, 411). – Keine Zust erforderl: §§ 1151, 1192; wenn keine EigtümerGrdSch entstehen kann (RG 88, 160 für § 1178); bei Vorrangeinräumg für ZwangsHyp (KG JFG 12, 304). – **d) Zustimmung Dritter (III)** wg Beeinträchtigg erforderl; vgl § 876.

3) Wirkung. – a) Allgemeines. Das vortretde Recht tritt mit seinen NebenR vor bzw neben das zurücktretde Recht u verdrängt es aus seinem Rang (KGJ 53, 178); aber keine Haftgserstreckg auf nur dem zurücktretden Recht haftdes Zubeh (RG Recht 18 Nr 863). Vorrang ggü TeilBetr führt zu Gleichrang mit RestBetr. Treten mehrere Rechte gleichzeit od nacheinand hinter ein anderes zurück, so ändert sich ihr RangVerh untereinand nicht (KGJ 42, 265); ebso wenn mehrere gleichzeit vor ein anderes treten (KGJ 47, 189), währd bei nicht gleichzeit vollzogenem Vortritt die Eintr das RangVerh bestimmt (KG JFG 8, 306). Bei Nichtbestehen eines der rangändernden Rechte behält das andere seinen Rang; dch Vortritt ist aber der Rang des zurücktretden ScheinR gutgl erwerbb u Dritter kann vortretend ScheinR mit eingeräumten Vorrang gutgl erwerben (Erm/Hagen Rdn 4, 8; Staud/Kutter Rdn 38, 39). – **b) Bestehen keine Zwischenrechte oder treten diese auch zurück,** so hat die Rangänderg für die beteil u die ihnen nachrang Rechte dieselbe Wirkg wie bei ursp Bestellg im neuen Rang (KG HRR 42 Nr 539; Düss OLGZ 66, 489); vgl Anm 3 d zu 1/2/3. Die dch den späteren Rücktr des ZwischenR entfallde Beschrkg nach V wird dch die Eintr des Rücktr verlautbart (Düss aaO; Köln RhNK 76, 587). Bloße Zust des ZwBerecht ohne eigenen Rücktr wirkt nur schuldrechtl. – **c) Zwischenrechte werden nicht berührt (V):** sie dürfen weder Vor- noch Nachteile haben. Ist das zurücktretde Recht größer als das vortretde, so tritt es nur mit einem TeilBetr in Höhe des vortretden hinter das ZwischenR, währd der Rest zw vortretdem u ZwischenR bleibt (Hamm

1041

§§ 880, 881

Rpfleger **85**, 246); vgl Anm 3 d zu 1/2. Ist das vortretde Recht größer als das zurücktretde, so tritt es nur mit einem TeilBetr in Höhe des zurücktretden vor, währd der Rest hinter dem ZwischenR u vor dem zurücktretden bleibt; vgl Anm 3 d zu 3/4. – Bei **Erlöschen des zurücktretenden Rechts** krG (zB §§ 158 II, 1061; Freiwerden mithaftder Grdst nach §§ 1173–1175, 1181 II) tritt das vortretde Recht wieder hinter das ZwischenR (vgl Anm 3 d zu 4/5 b), währd die Aufhebg dch RGesch (zB § 875; inf Zahlg [MüKo/Wacke Rdn 17]) den Rang des vortretden Rechts vor dem ZwischenR gem IV nicht berührt (vgl Anm 3 d zu 4/5 a). – Bei **Erlöschen des vortretenden Rechts** inf RGesch od krG tritt das zurücktretde wieder vor das ZwischenR (BayObLG **81**, 44); vgl Anm 3 d zu 4/5 c. – **d) Bei mehrfacher Rangänderung** zu verschied Zeiten ist der Rang schrittw für die einz Ändergen festzustellen (Düss OLGZ **66**, 489). Beispiel:

1 1. Juni	2 3. Juni	3 5. Juni	4 7. Juni	5a oder 9. Juni	5b oder 9. Juni	5c 9. Juni
Ausgangslage	A räumt C Vorrang ein	B räumt C Vorrang ein	A räumt D Vorrang ein	A wird dch RGesch aufgehoben	A erlischt	D wird aufgehoben od erlischt krG
1. 50 für A 2. 10 für B 3. 30 für C 4. 70 für D	1a. 30 für C 1b. 20 für A 2. 10 für B 3. 30 für A 4. 70 für D	1. 30 für C 2. 10 für B 3. 30 für A 4. 70 für D	1. 30 für C 2. 50 für A 3. 10 für B 4. 70 für D	1. 30 für C 2. 50 für D 3. 10 für B 4a. 20 für D 4b. 50 für A	1. 30 für C 2. 50 für D 3. 10 für B 4. 20 für D	1. 30 für C 2. 10 für B 3. 70 für A	1. 30 für C 2. 50 für A 3. 10 für B

4) Aufhebung der Rangänderg rgeschäftl nur dch neue Rangänderg mögl.

881 Rangvorbehalt.

I Der Eigentümer kann sich bei der Belastung des Grundstücks mit einem Rechte die Befugnis vorbehalten, ein anderes, dem Umfange nach bestimmtes Recht mit dem Range vor jenem Rechte eintragen zu lassen.

II Der Vorbehalt bedarf der Eintragung in das Grundbuch; die Eintragung muß bei dem Rechte erfolgen, das zurücktreten soll.

III Wird das Grundstück veräußert, so geht die vorbehaltene Befugnis auf den Erwerber über.

IV Ist das Grundstück vor der Eintragung des Rechtes, dem der Vorrang beigelegt ist, mit einem Rechte ohne einen entsprechenden Vorbehalt belastet worden, so hat der Vorrang insoweit keine Wirkung, als das mit dem Vorbehalt eingetragene Recht infolge der inzwischen eingetretenen Belastung eine über den Vorbehalt hinausgehende Beeinträchtigung erleiden würde.

1) Allgemeines. – a) Rechtsnatur. Der RangVorbeh ermöglicht dem Eigtümer weitere Belastgen mit besserem Rang (zu idR günstigeren Bdggen), als ihnen nach § 879 zukäme. Er ist für den Eigtümer ein nicht selbstd übertragb/verpfändb Stück EigtR u für den Inh des belasteten Rechts eine RBeschrkg (KGJ **40**, 234). Ähnl wirtsch Erfolg unter Vermeidg der relativen Rangordng (Anm 5c cc) dch Bestellg eines EigtümerR (vgl Eickmann NJW **81**, 545) od einer Vormkg zur Sicherg des Anspr des Eigtümers auf künft Rangänderg (vgl KG aaO) bzw des Anspr des künft RInh auf Bestellg des vorbehaltenen Rechts. Der Vorbeh steht weiteren Belastgen (ohne VorbehAusnutzg des and Vorbeh) nicht entgg. – **b) Belastetes Recht** kann jedes dch RGesch (nicht dch ZwVollstr) bestellte GrdstR sowie aGrd Bewilligg (nicht aGrd einstwVfg) eingetr Vormkg (auch AuflVormkg) sein, sofern nicht Erstrangigk geboten (zB ErbbRVO 10). – **c) Vorrang oder Gleichrang** können vorbehalten werden (BayObLG **56**, 456).

2) Inhalt. – a) Vorbehaltenes Recht kann jedes dch RGesch zu bestellde eintrag- u rangfäh Recht einschl Vormkg zur Sichg des BestellgsAnspr (KG JW **26**, 2546) sein. Es muß nach Inh u Umfang bestimmt sein; Berecht braucht nicht angegeben zu werden. Bei Nebenleistgen eines GrdPfdR muß HöchstBetr so genau wie bei ihrer Eintr (vgl § 1115 Anm 6) bestimmt sein, ihre Art muß nicht erkennb sein (Henke JW **38**, 50); mangels abw Angaben werden wiederkehrde Nebenleistgen ab Eintr des GrdPfdR vorbehalten (LG Aach Rpfleger **86**, 89). – **b)** Aufschiebd od auflösd **bedingter oder befristeter Vorbehalt** zuläss (KG JFG **8**, 294); zB bei zwei Vorbeh ist einer auflösd bdgt dch Ausnutzg des and. – **c) Beschränkungen** sind vereinb; zB dahin, daß vorbehaltenes Recht nur zugl mit zuläss LöschgsVormkg (KG JFG **18**, 41), nach Löschg einer vorrang Rechts (KGJ **48**, 179), nach Absicherg dch Versicherg (LG Duisbg RhNK **26**, 643), bei Beglaubigg der EintrBew dch best Notar (LG Düss Rpfleger **85**, 100), für best Berecht (KG HRR **31** Nr 288) od bei Entstehg als FremdR (KGJ **28**, 255) bestellt werden darf, od dahin, daß eingeräumter Vorrang auflösd bdgt (zB dch Vereinigg des vortretden Rechts mit dem Eigt; RG JW **33**, 605; KG JFG **18**, 41) od nur einmal ausnutzb. – **d) Mehrere Rangvorbehalte** für verschied Rechte zu Lasten eines Rechts zuläss (KG JFG **8**, 294).

3) Begründung. – a) Zeitpunkt. Bei Bestellg des belasteten Rechts gem § 873 od nachträgl gem § 877 (KG OLG **15**, 330). Zuläss ist auch nachträgl Begründg mit Ausnutzg für schon bestelltes Recht (KG JFG **8**, 287; nach aA nur § 880). – **b) Einigung** zw Eigtümer u Berecht des belasteten Rechts; bei Belastg eines EigtümerR nur einseit EigtümerErkl. – **c) Eintragung** bei belastetem Recht (**II**) u in dessen Brief (BayObLG MittBayNot **79**, 113); bei anfängl Begründg auf EintrBew des Eigtümers in der Hauptspalte, bei nachträgl auf EintrBew nur das RInh (bei nachträgl Belastg eines GrdPfdR EintrBew des Eigtümers nicht

Allgemeine Vorschriften über Rechte an Grundstücken **§ 881** 3–6

erforderl; KG JFG **12**, 285; aA Haegele/Schöner/Stöber Rdn 2131) in der Veränderungsspalte. Im EintrVermerk müssen das vorbehaltene Recht entspr § 874 Anm 3 u der Höchstumfang (bei GrdPfdR entspr § 1115) bezeichnet werden; iü gilt § 874 entspr, zB für Beschrkgen iSv Anm 2c (KGJ **48**, 179; HRR **31** Nr 288). – **d)** Zu den sehr str Fragen bei **Nichtübereinstimmung von Einigung und Eintragung** vgl MüKo/Wacke Rdn 9, Staud/Kutter Rdn 10.

4) Ausnutzung. – **a) Wirkung** grds wie eine Rangänderg (KG JFG **6**, 307). Das vorbehaltene (= vortretde) Recht erlangt den Rang des belasteten (= zurücktretden) u verliert ihn nicht dch dessen rgesch Aufhebg (§ 880 IV); ZwischenR werden nicht berührt (§ 880 V), beeinflussen aber die Rangordng zw dem vortretden u dem zurücktretden Recht (**IV**; vgl Anm. 5c). – **b) Bestellung des vorbehaltenen Rechts** nach allg Grds. Bestellgsberecht ist der jeweil Eigtümer (**III**) bzw der für ihn VfgsBefugte (zB KonkVerw). Inh des belasteten Rechts u von ZwischenR müssen nicht zustimmen od Eintr bewilligen. Im EintrVermerk müssen Vorrang vor zurücktretdem Recht (§ 879 III) u VorbehAusnutzg (KG JFG **6**, 307) angegeben werden; Brief des zurücktretden Rechts wird nicht ergänzt (BayObLG MittBayNot **79**, 113). Einem schon eingetr Recht kann nachträgl gem § 877 der vorbehaltene Rang beigelegt werden (KGJ **40**, 236). – **c) Vorbehaltinhalt** (Anm 2) darf nicht überschritten werden; sonst § 894, GBO 53 I 1, sofern nicht nach § 880 verfahren. Vorbeh für Hyp deckt GrdSch u umgekehrt (KG JFG **5**, 340); über Ausnutzg eines GesamtGrdPfdRVorbeh vgl LG Bchm DNotZ **56**, 604, Staud/Kutter Rdn 28. Vorbeh für „10% Jahreszinsen u Nebenleistgen" geht nicht über jährl 10% des Kapitals hinaus (LG Kiel SchlHA **85**, 41). Vorbeh für Zinsen erfaßt auch ani Nebenleistgen (Schmitz-Valckenberg NJW **64**, 1477; aA Ffm Rpfleger **64**, 376 abl Anm Haegele). Bei Vorbeh „verzinsl" GrdPfdR ist § 119 anwendb; nicht aber bei Ausschl der Verzinsg des vorbehaltenen Rechts (hM) u bei VorbehBegrenzg auf best Zins. Vorbeh für ein Recht erfaßt entspr Vormkg. Vorbeh für Vorrang erfaßt auch Gleichrang (Mümmler JurBüro **79**, 1777). – **c) Stufenweise Ausnutzung** dch mehrere Rechte zuläss (KGJ **49**, 234); Ausschl wiederholter Ausnutzg nicht entgg (BayObLG MittBayNot **79**, 113). Sie haben unter sich Rang nach § 879 I (vgl Unterreitmayer Rpfleger **60**, 82); Gleichrang unter sich nur bei entspr Eintr zB aGrd Rangänderg od GleichrangVorbeh bei dem den GesamtVorbeh ausnützden rangbegünstigtem Recht (BayObLG **56**, 456). Also keine zweitstell Eintr eines den Vorbeh nur teilw ausnutzden Rechts; notw hierzu weiterer RangVorbeh bei diesem zG des die Restlücke ausfüllten TeilR (Düss RhNK **67**, 781). – **d) Wiederholte Ausnutzung** nach Erlöschen des vortretden Rechts zuläss, wenn keine einmalige Ausnutzbark vereinb (hM; KG JFG **8**, 294; aA Erman/Hagen Rdn 8; Planck/Strecker Anm 6). Sie kann aber als VorbehInhalt vereinb u gem § 874 eingetr werden (LG Aach Rpfleger **77**, 22). – **e) Zwangsvollstreckung.** Der Vorbeh ist nicht pfändb (RG **117**, 426). Keine Eintr einer ZwangsHyp für Gläub des Eigtümers in vorbehaltener Rangstelle (BGH **12**, 238; Haegele/Schöner/Stöber Rdn 2142; Jansen AcP **152**, 508; aA MüKo/Wacke Rdn 14; Staud/Kutter Rdn 18). – **f) Grundstücksteilung** (real u ideell) u VorbehAusnutzg vgl LG Köln Rpfleger **87**, 368.

5) Wirkung in der Zwangsversteigerung. – **a)** Solange der **Vorbehalt nicht ausgenutzt** ist, ist er nicht im geringsten Gebot zu berücksichtigen. Nach Beschlag keine Ausnutzg mehr zum Nachteil des betreibden Gläub. – **b)** Bei **Ausnutzung ohne Zwischenrecht** richtet sich das RangVerh zw beiden Rechten nach § 880. – **c)** Bei **Ausnutzung mit Zwischenrecht** (zw Eintr u Ausnutzg des Vorbeh ist ein Recht ohne Vorbeh wie bei dem des zurücktretden Rechts im Rang nach letzterem entstanden; RG **131**, 206) gilt folges: **aa)** Das zurücktretde Recht muß sich das bei seiner Bestellg und als iFv § 880 nicht vorhandene ZwischenR nicht vorgehen lassen, sond nur das vortretde Recht (**IV**); es erhält also den Erlösanteil, der das vorbehaltene Recht übersteigt. **bb)** Das ZwischenR braucht sich, da selbst nicht mit dem Vorbeh belastet, nur den Erlösanteil vorgehen zu lassen, der auf das vortretde Recht entfällt (§ 880 V). **cc)** Das vortretde Recht erhält den Überschuß. Das führt zu merkwürd Ergebn: das zurücktretde Recht erhält nichts, solange der Erlös das vortretde Recht nicht übersteigt, währd ihm ein MehrBetr auf Kosten des vortretden Rechts zugute kommt (relatives RangVerhältn zw beiden). Beispiel:

	Erlösverteilung bei einem Gesamterlös von DM:			
	5000	10500	12000	13000
Nr. 1: 4000 DM mit 10000 DM Vorbeh	–	500	2000	3000
Nr. 2: 7000 DM ohne Vorbeh	1000	6500	7000	7000
Nr. 3: 10000 DM in VorbehAusnutzg	4000	3500	3000	3000

6) Erlöschen. – **a)** Ein **nicht ausgenutzter** Vorbeh erlischt mit dem belasteten Recht (KGJ **40**, 234). Ferner dch Aufhebg gem § 875 (aA: § 877); Löschg im GB u auf Brief des belasteten Rechts erfordert nur EintrBew des Eigtümers (BayObLG MittBayNot **79**, 113). – **b)** Ein **ausgenutzter** Vorbeh erlischt mit Wegfall des vortretden Rechts, sofern er auf einmalige Ausübg beschr (Anm 4d). Ferner dch Aufhebg (Anm 6a), die Vorrang des vortretden Rechts nicht berührt (Studenmaier Rpfleger **60**, 81; hM), so daß dessen Inh nicht zustimmen muß (LG Hof MittBayNot **74**, 268).

§§ 882, 883

882 Höchstbetrag des Wertersatzes. Wird ein Grundstück mit einem Rechte belastet, für welches nach den für die Zwangsversteigerung geltenden Vorschriften dem Berechtigten im Falle des Erlöschens durch den Zuschlag der Wert aus dem Erlöse zu ersetzen ist, so kann der Höchstbetrag des Ersatzes bestimmt werden. Die Bestimmung bedarf der Eintragung in das Grundbuch.

1) Erlischt dch Zuschlag ein nicht auf KapitalZahlg gerichtetes Recht (zB Dbk, Reallast, dingl VorkR für mehrere VerkFälle, altes ErbbR, DWR, Vormkg), das nicht ablösb ist (daher nicht RentenSch, vgl § 1199 II), so tritt an seine Stelle ein Anspr auf WertErs (ZVG 92 I). Nach Anm 2 bestimmte HöchstBetr ist dann in den Teilgsplan aufzunehmen (ZVG 114 I); Herabsetzg auf den wahren Wert auf Widerspr (ZVG 115). Keine Bindg für ZVG 50 II (Hamm OLGZ **84**, 71).

2) Wertbestimmg bei RBestellg dch Einigg u Eintr. Auch nachträgl dch Inhaltsänderg (§ 877); Zustimmg gleich- od nachrang Berecht wg ZVG 115 nicht notw, wohl aber Zust von Berecht am geänderten Recht.

Vormerkung (§§ 883–888)

883 Wesen und Wirkung der Vormerkung. I Zur Sicherung des Anspruchs auf Einräumung oder Aufhebung eines Rechtes an einem Grundstück oder an einem das Grundstück belastenden Rechte oder auf Änderung des Inhalts oder des Ranges eines solchen Rechtes kann eine Vormerkung in das Grundbuch eingetragen werden. Die Eintragung einer Vormerkung ist auch zur Sicherung eines künftigen oder eines bedingten Anspruchs zulässig.

II Eine Verfügung, die nach der Eintragung der Vormerkung über das Grundstück oder das Recht getroffen wird, ist insoweit unwirksam, als sie den Anspruch vereiteln oder beeinträchtigen würde. Dies gilt auch, wenn die Verfügung im Wege der Zwangsvollstreckung oder der Arrestvollziehung oder durch den Konkursverwalter erfolgt.

III Der Rang des Rechtes, auf dessen Einräumung der Anspruch gerichtet ist, bestimmt sich nach der Eintragung der Vormerkung.

1) **Allgemeines.** Da die rgesch Änderg von GrdstR Einigg u Eintr erfordert, kann der schuldr Anspr auf dingl RÄnderg vor Erfüllg dch eine und mit Einigg u Eintr wirks gewordene Vfg über das von ihm betroffene Recht beeinträchtigt werden. Dagg schützt eine Vormkg: Sie **sichert den Anspruch auf dingliche Rechtsänderung,** indem sie den Anspr gefährdd Vfgen über das betroffene Recht dem VormkgsBerecht ggü unwirks sein läßt (II) u den Rang des geschützten Rechts wahrt (III). Vgl auch Vormkgen nach LuftfzRG 10, SchiffsRG 10. – Die Wirkg einer Vormkg haben das dingl VorkR (§ 1098 II), das VorR auf ErbbRErneuerg (ErbbRVO 31 IV), das VorkR u der HeimfallAnspr aus RHeimstG 11, 12 (RHeimstG 14), das eingetr WiederkR aus § 20 RSiedlG (Übbl 4 vor § 1094); für sie keine Vormkg aus § 883 (KG JW **28**, 2467).

a) **Wesen der Vormerkung.** Rechtl Einordng, auf deren GrdLage alle Zweifelsfragen lösb, erscheint nicht mögl. Die Rspr u die hL gehen zutreffd davon aus, daß die Vormkg weder ein dingl Recht ist (aA Kempf JuS **61**, 22; Wunner NJW **69**, 113) noch ein solches aufschiebd bedgt verschafft (Kupisch JZ **77**, 486 tritt für Analogie dazu ein), sond daß es sich um ein mit gewissen dingl Wirkgen ausgestattetes **Sicherungsmittel eigener Art** für einen Anspr iSv Anm 2 handelt (BGH DNotZ **75**, 414; BayObLG Rpfleger **80**, 294; Knöpfle JuS **81**, 157; Schneider DNotZ **82**, 523). Zweifelsfragen sind nicht dch formal-begriffl Subsumtion (zB unter dingl R), sond dch Interessenbewertg zu lösen. – **aa)** Sie ist **abhängig vom Bestand des gesicherten Anspruchs.** Sie entsteht nicht ohne ihn, erlischt mit ihm (§ 886 Anm 1 b bb) u kann ohne ihn nicht (auch nicht gutgl; § 885 Anm 3 d, 5 b) erworben werden. – **bb)** Sie hat **dingliche Wirkung** wg SicherungsWirkg (II) u Rangwirkg (III). Diese rechtfertigt es, die Bewilligg einer Vormkg einer Vfg über das vom Anspr betroffene Recht iSv §§ 878, 893 gleichzustellen (§ 885 Anm 3 c, 4); ihrerseits ist die Vormkg aber keine VfgsBeschrkg iS dieser Vorschr (RG **113**, 403; aA Knöpfle JuS **81**, 157). – **cc)** Sonstige Wirkungen: §§ 884, 1971, 1974 III, 2016 II; KO 24, 193; VerglO 50 IV, 82 II; ZVG 48.

b) **Vormerkungen besonderer Art. – aa) GBO** 18 II. Sie ist nicht wesensgl mit der des § 883 (KG JFG **23**, 146); KO 24 auf sie nicht anwendb (KGJ **39**, 167). Sie gewährt in GBVerf einen vorl Schutz für den öffrechtl Anspr gg das GBA auf Erledigg des EintrAntr nach Maßg des Sachstandes zZ seines Eingangs (RG **110**, 207). Sie ist unzul, wenn die EintrVoraussetzgen bei AntrStellg fehlen u nicht rückwirkd nachholb sind. Sie ist mit AntrRückn zu löschen (KG DNotZ **73**, 33). Vgl auch SchiffsRO 28 II, LuftfzRG 77, 86 I. – **bb) Enteignungsrecht:** zB *Pr*EnteignsG 24 IV (dazu KGJ **40**, 130; LG Duisbg NJW **64**, 670). – **cc)** BauGB 28 II 3 – **dd)** § 1179 (vgl dort Anm 1 a). – **ee)** ZVG 130a (vgl § 1179 Anm 6).

c) **Andere Sicherungsmittel. – aa) Widerspruch** (§ 899). Die Vormkg sichert den schuldr Anspr auf RÄnderg u schützt bei richtigem GB gg Erwerb vom Berecht. Der Widerspr sichert ein bestehdes, aber nicht eingetr dingl Recht u schützt bei unrichtigem GB gg gutgl Erwerb vom NichtBerecht. – **bb) Veräußerungsverbot** (§ 888 II). Es sichert ein nicht vormerkb Anspr (vgl Anm 2 b aa; § 888 Anm 4).

2) **Gesicherter Anspruch** muß ein auf einem best SchuldGrd beruhder **schuldrechtlicher Anspruch auf dingliche Rechtsänderung** sein (I). Gesichert sind nicht auch inhaltsgl Anspr aus and SchuldGrd (KG OLGZ **72**, 113); Vormkg für AuflassgsAnspr aus VorkR sichert nicht auch AuflAnspr aus AnkaufsR u umgekehrt (Haegele Rpfleger **60**, 57); AuflassgsVormkg des Käufers sichert auch seine Ansprüche aus VertrRückabwicklg (BGH WPM **66**, 1224); AuflVormkg für „Anspr aus dem Vertr" kann aber AuflAnspr aus VertrRückabwicklg sichern (KG OLGZ **69**, 202 [207]). Der Anspr muß rbeständ sein; ein nur als mögl angenommener Anspr genügt nicht (RG Warn **37**, 100). Fälligk nicht erforderl. – Über AnsprÄnderg vgl § 885 Anm 1.

Allgemeine Vorschriften über Rechte an Grundstücken § 883 2a–e

a) Schuldrechtlicher Anspruch des PrivatR (RG **60**, 423) aus Vertr, einseit RGesch od Gesetz (zB §§ 648, 812; KO 37); auch WahlschuldVerh (Ffm MittBayNot **83**, 59: nur eine Vormkg). Anspr bis zur Eintr der RÄnderg vormerkb (KG OLGZ **71**, 457). Dingl Anspr zB aus §§ 894, 1169 sind dch Widerspr gem § 899 zu sichern (BayObLG **75**, 39); daneben bestehder schuldr Anspr aus § 812 dch Vormkg sicherb (RG **139**, 353); uU beides gleichzeit. Einigg alleine begründet keinen vormerkb Anspr (BGH **64**, 56). Wg erbrechtl Anspr vgl Anm 2 g. – Der Anspr muß **inhaltlich bestimmbar** sein; dafür genügt, daß aufzulassde Teilfläche (BayObLG DNotZ **85**, 44) od Ggst zu bestelldn WohnR (BayObLG Rpfleger **86**, 174) später von einer VertrPart od Dr gem §§ 315, 317 zu bestimmten ist; ZweckBestimmg (BayObLG MittBayNot **72**, 228: „erforderl StraßenGrd") od Flächenmaß (BayObLG **73**, 309) ohne solches BestimmgsR nicht ausreichd. Über ReallasterhöhgsAnspr vgl Düss DNotZ **89**, 578.

b) Dingliche Rechtsänderung. Gesicherter Anspr muß seine Erfüllg dch endgült Eintr der RÄnderg finden können u daher sowohl eine nach ihrer allg Natur als auch an dem Recht, an dem sie vorgemerkt werden soll, eintraggsfäh (wenn auch nicht notw eintraggsbedürft) dingl RÄnderg betreffen (BayObLG **86**, 511); Vormkg eines nicht eintraggsfäh Rechts ist gem GBO 53 I 2 zu löschen. – **aa)** Auf **dingliche** RÄnderg richten sich zB auch Anspr auf HypBestellg mit Unterwerfgsklausel nach ZPO 800 (KG JFG **4**, 407) u RückgewährAnspr aus KO 37; nicht aber rgesch **Verfügungsverbot/beschränkung** (BGH FamRZ **67**, 470; Hamm DNotZ **56**, 151), RückgewährAnspr aus AnfG 7 (RG **60**, 423), Anspr aus ZahlgsTit bzgl SichgsR (BayObLG **75**, 39; JW **22**, 911) u HerausgAnspr aus § 2130 (hier hilft uU VeräußerungsVerbot gem § 888 II). Neben einem nicht vormerkb VfgsVerbot kann aber bedgter Anspr auf dingl RÄnderg bei verbotswidr Vfg vereinbart u vorgemerkt werden (Kohler DNotZ **89**, 339; aA Timm JZ **89**, 13); zB in ErbVertr mit verbotswidr Vfg des Erbl als Bdgg für AuflAnspr des VertrErben (BayObLG Rpfleger **89**, 190) od in VeräußergsVertr mit verbotswidr Vfg des Erwerbers od ZwVollstr im Grdst als Bdgg für RückAuflAnspr (BayObLG **77**, 268; LG Köln RhNK **88**, 67). – **bb)** Anspr auf best **realen Grundstücksteil** beschränkb (BayObLG **73**, 297), zB Aufl einer best Teilfläche; bei geringem Unterschied zw vorgemerktem u abvermessenem Teil wirkt Vormkg auch für letzteren (BGH DNotZ **71**, 95). Zweckbestimmg alleine (zB „erforderl StraßenGrd") kennzeichnet Teilfläche nicht ausreichd (BayObLG MittBayNot **72**, 228); Anspr auch auf einen **ideellen Anteil** beschränkb (BayObLG **73**, 309), zB Anspr auf Übertr eines MitEigtAnteils (BayObLG DNotZ **76**, 160). Vormerkb daher auch Anspr auf Übertr eines MitEigtAnteils an best realen GrdstTeil (LG Köln RhNK **76**, 216).

c) Gläubiger des Anspr (VormkgsBerecht) muß eine natürl od jur Person (auch GmbH in Gründg; BayObLG NJW-RR **87**, 334; vgl auch **87**, 812) od eine OHG/KG (iFv HGB 2 auch schon vor HandelsRegEintr; BayObLG Rpfleger **85**, 353) unter ihrer Firma sein. – **aa) Vertrag zugunsten Dritter.** VertrPart des Schuldn muß nicht mit künft RInh ident sein; SchuldR für VertrGestaltg maßg (RG **128**, 246). Stets ist der eigene Anspr des VersprEmpf (§ 335) dch seine Eintr als bestimmb Gläub sicherb; Dritter kann dann noch unbestimmt sein (BGH NJW **83**, 1543). Hat Dritter eigenen Anspr (§ 328 I), so ist dieser (auch neben dem des VersprEmpf) nur sicherb, wenn Dritter als Gläub eintragb (nicht dch Eintr des VersprEmpf als VormkgsBerecht; BayObLG DNotZ **87**, 101); das erfordert zumindest Bestimmbark des Dritten nach sachl Merkmalen (Schlesw DNotZ **57**, 661): zB jeweil Eigtümer eines best Grdst (RG **128**, 246) bzw Inh einer Firma (KG DNotZ **37**, 330), noch nicht erzeugter Abkömmling, aber Längstlebder einer best Pers-Mehrh (LG Köln RhNK **81**, 237), vom VersprEmpf noch zu benennde Pers (BGH NJW **83**, 1543; dazu: Ludwig Rpfleger **86**, 345; Denck NJW **84**, 1009; Hörer Rpfleger **84**, 346), Erben einer best Pers (LG Traunst NJW **62**, 2207). – **bb) Gläubigermehrheit** (zB BruchtGemsch an AuflAnspr; BayObLG Rpfleger **86**, 371). GBO 47 gilt. Anspr von GesGläub iSv § 428 vormerkb, auch wenn dingl Recht (zB Eigt) ihnen nicht als GesGläub zustehen kann (BayObLG **63**, 128; Köln Rpfleger **75**, 19). Angabe des GemschVerh nicht geboten, wenn Anspr mehrerer AnkaufsBerecht vorgemerkt werden soll (entspr § 513; BayObLG **67**, 275; Düss RhNK **83**, 49; vgl dazu auch LG Aach Rpfleger **63**, 155), u entfällt ganz bei Selbständigk der Berechtiggen (LG Flensbg SchlHA **70**, 230). Bei Mehrh der Berecht neben ihrem Anspr auch bdgter od künft AlleinAnspr eines von ihnen vormerkb (LG Oldbg Rpfleger **74**, 263). Anspr eines in GüterGemsch lebden Eheg für ihn od für beide Eheg vormerkb (BayObLG **57**, 184). Kann ein Anspr nur A od B zustehen (Alternativberechtigg), so sind zwei Vormerkgen notw (BayObLG Rpfleger **85**, 55); soll er zunächst A u B sowie bdgt/künft A od B zustehen (Sukzessivberechtigg), so nur eine Vormkg (Zweibr Rpfleger **85**, 281).

d) Schuldner des Anspr muß bei Eintr der Vormkg derjenige sein, dessen Eigt od GrdstR von der künft RÄnderg betroffen wird (BayObLG NJW **83**, 1567); iFv §§ 876, 880 III ist Anspr gg Dr sicherb (str). Da SchuldR maßg für AnsprGestaltg (RG **128**, 246) u diesem Vertr zu Lasten Dr fremd (Einf 5 a vor § 328), ist Anspr gg jew Eigtümer od RInh nicht vormerkb (RG **158**, 355; BayObLG **55**, 48). Vormerkb aber Anspr, der erst gg Erben des Schuldn entsetzb, zB weil bindes Angebot des Berecht erst nach seinem Tod annehmb (KG JFG **21**, 32) od Anspr dann erst fäll (BayObLG **55**, 48; Schlesw SchlHA **63**, 268) od Anspr dch Tod des Berecht aufschiebd bdgt (BayObLG **77**, 268). Wechsel des Schuldn nicht eintraggsfäh (KG JR **27**, 1394); § 418 I gilt entspr (Hoche NJW **60**, 464).

e) Künftiger Anspruch (I 2). Dazu zählen aufschiebd befristete (mit Anfangstermin für Entstehg) Anspr; sie sind stets vormerkb. Künft sind aber auch Anspr, deren rgeschäftl EntstehgsTatbestd noch nicht vollendet sind; Vormerkbark aller dieser Anspr würde aber fakt VfgsSperre bedeuten, so daß Eingrenzg geboten (BayObLG **77**, 247). Künft Anspr dieser Art nur vormerkb, wenn für Entstehg schon **feste Rechtsgrundlage** geschaffen (KGJ **37**, 280); sonst Vormkg unzul iSv GBO 53 I 2 (BayObLG **77**, 103). Dafür genügt die **vom künftigen Schuldner nicht mehr einseitig zu beseitigende Bindung** (KG DR **43**, 802; BayObLG **72**, 397; Rpfleger **72**, 361; v Olshausen JuS **76**, 522; Ertl Rpfleger **77**, 345; ähnl KG OLGZ **72**, 113); sie ist eingetreten, wenn künft Schuldn seine zur AnsprEntstehg notw WillErkl nicht mehr einseit widerrufen kann od zu ihrer Abgabe verpflichtet ist. Nicht notw, daß AnsprEntstehg **nur** noch vom Willen des VormkgsBerecht abhängt (Ertl aaO; Geimer DNotZ **77**, 662; Lichtenberger NJW **77**, 1755; aA RG **151**, 75; BGH NJW **81**, 446; BayObLG **77**, 103, 247, 268; KG NJW **71**, 1319); sonst wäre zB künft

1045

§ 883 2, 3   3. Buch. 2. Abschnitt. *Bassenge*

AuflAnspr aus schuldr VorkR nicht vormerkb, da VorkFall im Belieben des künft Schuldn. – **aa) Ausreichend:** Binddes formgült GrdstVerkAngebot (BGH NJW **81**, 446), von dem sich Verkäufer nicht einseit lösen kann (Oldbg DNotZ **87**, 369). Für Käufer von vollmachtlosem Vertr geschlossener GrdstKauf Vertr (KG NJW **71**, 1319). Schuldn zum Abschluß des HauptVertr verpflichtder VorVertr (BGH **LM** Nr 13). KaufVertr, der noch behördl Gen (RG **108**, 91) od Zust Dr (KG NJW **73**, 428) bedarf; Vertr zG noch unbest Dritten (Denck NJW **84**, 1009). – **Ankaufsrecht** (nach aA bdgter Anspr; vgl BGH **LM** Nr 13), vereinbartes **Rücktrittsrecht** (Celle RhNK **76**, 15; BayObLG **77**, 103; aA BGH **16**, 153: bdgter Anspr), schuldr **Vorkaufsrecht** (Larenz SchuldR II § 44 III; aA RG **104**, 122: bdgter Anspr) geben vormerkb künft Anspr, der erst mit RAusübgsErkl des Berecht entsteht (Larenz aaO; Jahr JuS **63**, 224 Fußn 9), währd Vereinbg des Rechts den Schuldn schon bindet. Unerhebl, ob RAusübgsErkl des Berecht von best Handlgen des Schuldn od sonst Bdgg abhäng, wie dies bei VorkR wesensnotw u bei and Rechten idR vereinbart (im Ergebn Ertl u Lichtenberger aaO; für RücktrR Celle aaO gg BayObLG **77**, 103). – **bb) Nicht ausreichend:** Formnicht GrdstKaufVertr (BGH **54**, 56; MittBayNot **83**, 10; aA Lüke JuS **71**, 341). Auf Verkäuferseite von einem Dritten ohne BindgsWirkg für den Verkäufer (zB vollmachtloser Vertr) abgeschl GrdstKaufVertr (BayObLG **72**, 397; Rpfleger **77**, 361). VorVertr, von dem sich Schu jederzeit lösen kann (BayObLG **76**, 297). Keine Vormerkg für Hyp nach VerglO 93 vor VerglAnn (aA Mohrbutter KuT **56**, 24). Vgl auch Anm 2 g.

f) Bedingter Anspruch (I 2), aufschieb od aufläsd, ist vormerkb. Zur AnsprBegründg notw rgesch WillErkl sind abgegeben u bilden **feste Rechtsgrundlage** (BayObLG Rpfleger **89**, 190). BdggsEintritt kann im Belieben des Gläub (RG **69**, 281) od Schuldn (zB seine Vfg über Grdst als Bdgg; BayObLG aaO) stehen. Auch hier daher nicht notw, daß Wirksamwerden des Anspr **nur** noch vom Willen des VormkgsBerecht abhängt. Bdgg darf aber nicht so sein, daß in Wahrh noch keine vertragl Bindg des Schuldn (KGJ **48**, 189). Mehrfache Bedingth zul (BayObLG Rpfleger **81**, 190; Zweibr OLZ **81**, 167). – **Beispiele:** AuflAnspr aus KaufVertr, der erst mit Erteil einer BauGen wirks werden soll (Ffm DNotZ **72**, 180); RückAuflAnspr des Verkäufers bei Vorversterben des Erwerbers (BayObLG **77**, 268; auch iVm Nichteintritt best Erbfolge, Hamm Rpfleger **78**, 137) od Scheidg des Erwerbers (LG Mannh BWNotZ **78**, 43) od ZwVollstr in das Grdst (Hamm aaO). WiederkR (BayObLG **86**, 134).

g) Erbrechtliche Ansprüche sind aus mehreren vorgenannten Grden nicht vormerkb; insb weil Erbl seine Vfg vTw jederzeit widerrufen (Testament, Schenkg vTw) u unter Lebden noch verfügen (ErbVertr, Überlebder bei gemschaftl Testament) kann. Über Sicherg eines VfgsVerbots im ErbVertr vgl Anm 2 b aa. – **aa) Erbe** aGrd Testaments (KGJ **48**, 189) od ErbVertr (BGH FamRZ **67**, 470; Hamm OLGZ **65**, 347) hat zu Lebzeiten des Erbl keinen vormerkb Anspr gg diesen. Ebso Schlußerbe aus gemschaftl Testament gg Überlebden (KG JFG **23**, 148). – **bb) Vermächtnisnehmer** aGrd Testaments od ErbVertr hat zu Lebzeiten des Erbl keinen vormerkb Anspr gg diesen od künft Erben (BGH **12**, 115). Gilt auch bei Vermächtn aGrd gemschaftl Testaments (Schlesw SchlHA **59**, 175) u bei VorausVerm (KGJ **48**, 189). Nach Erbfall VermAnspr gg Erben vormerkb (Hamm MDR **84**, 402). – **cc) Schenkung von Todes wegen** (§ 2301) nicht zu Lebzeiten des Erbl vormerkb (BGH **12**, 115; KG JFG **21**, 32). – **dd) Auseinandersetzungsanspruch** vor Erbfall weder aGrd Vereinbg unter künft Erben (Hamm OLGZ **65**, 347) od zw VorE u NachE (KG HRR **31**, 590) noch aGrd TeilgsAO (KGJ **48**, 189) vormerkb. – **ee) Herausgabeanspruch** des NachE gg VorE (§ 2130) nicht vormerkb. – **ff)** Anspr aus **Nachvermächtnis** (§ 2191) nach Eintr des VermächtnNehmers vormerkb (BayObLG Rpfleger **81**, 190).

3) Sicherungswirkung (II 1). Den Anspr vereitelnde od beeinträchtigde Vfgen sind ggü dem VormkgsBerecht unwirks. Die SichergsWirkg **beginnt** mit Eintr der Vormkg (beachte aber § 878; vgl § 885 Anm 3 c) u schützt künft Anspr daher schon vor seiner Entstehg (BGH NJW **81**, 449; vormerkb auch § 886 S. 446). Keine Rückwirkg der späteren dingl RÄnderg, denn III betrifft nur den Rang (BGH **13**, 1). Ist aus § 117 nichtiger AuflAnspr vorgemerkt, so wird Käufer nicht rückbezogen auf Ztpkt daneben mündl geschl u gem § 313 S 2 geheilten Vertr geschützt (BGH **54**, 56). SichergsWirkg bei AuflVormkg erfaßt auch Vfg über von Anspr betr Zubeh u Erzeugn (BGH **LM** § 559 Nr 1; aA Schmidt BWNotZ **75**, 104) sowie über VersFdg, die gem § 1128 für vormkgswidr GrdPfdR haftet (BGH **99**, 385). **Unrechtmäßige Löschung** der Vormkg hebt Sichgs Wirkg ggü Vfg vor u nach der Löschg nicht auf (BGH **60**, 46; BayObLG **61**, 63); bei Vfg nach Löschg gutgl DrErwerb mögl.

a) Vormerkungswidrige Verfügung. Inhalt des gesicherten Anspr maßg, ob er von Vfg betroffen. Belastg mit FremdR widerspricht AuflVormkg, sofern nicht Übereigng unter Bestehenbleiben späterer Belastgen vereinbart (BGH NJW **81**, 980; zur „Kaufpreisbeleggsklausel" vgl Wörbelauer DNotZ **63**, 584). Belastg mit EigtümerGrdSch widerspricht AuflVormkg (da mit Übereigng FremdGrdSch), nicht aber Abtr schon bestehder (BGH **64**, 316). Vermietg/Verpachtg widerspricht wg § 571 AuflVormkg auch bei GebrÜberlassg (Schwab § 15 III 4; Erm/Hagen Rdn 20; MüKo/Wacke Rdn 42; aA BGH **13**, 1; Baur § 20 IV 1 d; Finger JR **74**, 8). Vormkgswidr kann nur eine Vfg sein, die vor Eintr der Vormkg noch nicht dch Einigg u vollzogene Eintr vollendet (RG **113**, 403). Ggü eingetr Vormkg ist Gutgläubigk des DrErwerbers unerhebl (RG **93**, 114 [118]). – Keine Vfg: bloße GBBerichtigg od Widerspr (vgl aber § 885 Anm 3 d bb); Umwandlg einer Hyp in EigtümerGrdSch gem ZPO 868 (Ffm KTS **84**, 162).

b) Relative Unwirksamkeit. Der vormkgswidr Dritterwerber wird in jeder Hinsicht u ggü jedermann RInhaber; dem Verfügden bleibt aber die Fähigk, zugunsten des VormkgsBerecht (bzw des Pfdgs/PfdGläub des gesicherten Anspr; KG JFG **8**, 318) über das nunmehr fremde Recht zu verfügen (Gursky JR **84**, 3 mwN; vgl KG Rpfleger **65**, 14); nur letztere können sich daher auch die relat Unwirksamk berufen (Nürnb WPM **69**, 1427). Sie endet, wenn VormkgsBerecht Unwirksamk nach § 888 (nicht § 894) geltd macht, die Vfg dch Gen des VormkgsBerecht voll wirks wird (BGH **LM** Nr 6; Wirksamk dann auch zG jedes RNachf des VormkgsBerecht) od die Vormkg erlischt (vgl § 886 Anm 1 b).

c) Keine Verfügungsbeschränkung (GBSperre). Das GBA darf Eintr der vormkgswidr Vfg nicht ablehnen (RG **132**, 419 [424]). Jedoch ist das mit der Vormkg belastete Recht entspr § 876 nur mit Zust des VormkgsBerecht aufhebb (KG JFG **9**, 218); lastenfreie Abschreibg eines GrdstTeils nur mit LöschgsBewil-

Allgemeine Vorschriften über Rechte an Grundstücken §§ 883–885

ligg des VormkgsBerecht (BayObLG Rpfleger **75**, 425) od wenn dessen Nichtbetroffenh gem GBO 29 nachgewiesen (BayObLG **73**, 297).

4) Erweiterung der Sicherungswirkung (Anm 3) auf Vfg iSv **II 2**. Entspr Anwendg auf Erwerb krG, zB Buchersitzg, geboten (W-Raiser § 48 III 1).

a) Konkurs. SichergsWirkg nur, wenn Vormkg vor KonkEröffng eingetr; für rgesch bewilligte Vormkg gilt aber § 878 zG des vorgemerkten Rechts (§ 885 Anm 3 c). Vfg des KonkVerw relativ unwirks. Er muß gesicherten Anspr, sofern dieser auf Erfüllg geht u sie (wie zB § 648) nicht nur sichert, erfüllen (KO 24) ohne WahlR nach KO 17; über künft Anspr vgl Denck NJW **84**, 1009, Ludwig Rpfleger **86**, 345. Geht der dem gesicherten Anspr zugrdeliegde Vertr auf Erstellg eines Bauwerks u ist dieses noch nicht (fertig) erstellt, so verdrängt auch hier KO 24 in Ansehg des AuflAnspr (im Ggs zum BauherstellgsAnspr) KO 17 (BGH NJW **81**, 991). Bei Anspr auf RÄnderg ist Vormkg nicht inkongruente Deckg iSv KO 30 Nr 2 (BGH **34**, 254). BGH **47**, 181 verneint AbsondersgR des GrdSchGläub am Erlös für GrdstVeräußerg dch Konk-Verw an rangbesseren AuflVormkgsBerecht (aA beachtl Keuk NJW **68**, 476).

b) Zwangsversteigerung. – aa) Grundsatz. VormkgsBerecht ist Beteil nach ZVG 9. Dch Vormkg gesichertes Recht ist bei der Feststellg des geringsten Gebots wie eingetr Recht in der Rangstelle des ZVG 10 Nr 4 zu berücksichtigen. Es müßte aber bei endgült Eintr selbstd neue GrdstBelastg ergeben; zB Anspr auf Neubestellg od Erweiterg im Ggs zu Anspr auf Aufhebg, Übertrg od RangÄnderg (BGH **53**, 47; krit Häsemeyer KTS **71**, 22). Es ist wie ein bdgtes Recht zu behandeln: ZVG 50, 51, 114, 119, 120, 124, 125; insb ErsBetr zu bestimmen, den Ersteher neben Bargebot zahlen muß, wenn gesicherter Anspr nicht besteht od nicht entsteht. Ist das Recht des betreibden Gläub dem VormkgsBerecht ggü unwirks, so fällt die Vormkg auf Einräumg eines Rechts in das geringste Gebot u bleibt bei Zuschlag bestehen (ZVG 52); anderenfalls erlischt sie mit Zuschlag (ZVG 91) u WertErsAnspr (ZVG 92) für VormkgsBerecht. Im VerteilgsVerf Auszahlg des auf die Vormkg entfallen Erlösanteils erst nach endgült Feststellg des Anspr (RG **55**, 217). – **bb) Auflassungsvormerkung.** Ist sie **vorrangig** ggü dem Recht des betreibden Gläub, so ist ZwVerst deshalb nicht ausgeschl (RG **125**, 242 [251]). ZPO 772 nicht anwendb, da Vormkg kein Veräußergsverbot (str). Aufl Vormkg gehört auch bei bdgtem Anspr in geringstes Gebot (BGH **46**, 124). Wird VormkgsBerecht vor Zuschlag als Eigtümer eingetr, so ist Verf aufzuheben (ZVG 28; LG Frankth Rpfleger **85**, 371). Vormkg als solche dagg kein dch ZwVerst entggstehends Recht iSv ZVG 28, 37 Nr 5 (BGH **46**, 124). Aber beeinträchtigte Vfg iW der ZwVollstr relativ unwirks u VormkgsBerecht kann vom Ersteher Zust zur Aufl (§ 888 I) u Herausg verlangen (RG **133**, 267). Ersteher hat keinen Anspr auf GgLeistg (Kaufpr) des VormkgsBerecht (str), kann aber, wenn er Gläub des bish Eigtümers ist, dessen KaufprAnspr pfänden. – Ist sie **nachrangig** ggü dem Recht des betreibden Gläub, so kommt sie nicht in das geringste Gebot u erlischt mit Zuschlag (ZVG 91); VormkgsBerecht hat WertErsAnspr (ZVG 92). Erlös bdgt zuzuteilen u zu hinterlegen; str, ob dabei vom VormkgsBerecht zu erbringde GgLeistg abzuziehen (nein: RG **144**, 284; Tiedtke Jura **81**, 360; ja: Wörbelauer DNotZ **63**, 721; Keuk NJW **68**, 476; Blomeyer DNotZ **79**, 528).

c) Vergleich. Vergl nach VerglO 82 II berührt Recht aus einer Vormkg nicht (VerglO 87 I, vgl auch 50 IV); ebsowenig ZwVergl (KO 193). VormkgsBerecht ist nicht VerglGläub (VerglO 26 I). Sicherg iSv VerglO ist auch iW der ZwVollstr erlangte Vormkg.

5) Rangwirkung (III). – a) Die Vormkg (auch AuflVormkg) steht im RangVerh (§ 879) zu den eingetr Rechten (Ffm Rpfleger **80**, 185); RangÄnderg u bei bewilligter Vormkg auch RangVorbeh mögl. Bei mehreren ranggl AuflVormkgen ist die erste Übereigng den and VormkgsBerecht ggü wirks (Holderbaum JZ **65**, 712; Wieling JZ **82**, 839 Fußn 48; Werner FS-E. Wolf **85**, 671; MüKo/Wacke Rdn 59; aA Erm/Hagen Rdn 8; Lemke JuS **80**, 514; Lüdtke-Handjery Betr **74**, 517: BruchtEigt der VormkgsBerecht). – **b)** Wird der gesicherte Anspr dch Herbeiführg der dingl RÄnderg erfüllt, so verwirklicht sich die Rangwahrg, indem krG das Recht, in das die Vormkg umgeschrieben wird, den Rang der Vormkg erhält. Ztpkt der Umschreibg unerhebl. Ist für V eine HypVormkg eingetr u wird vor Umschreibg dem H eine Hyp bestellt, so hat die danach für V eingetr Hyp ohne weiteres den Rang vor H (§ 879 I 1): die Hyp des V steht im GB räuml vor der des H, weil eine HypVormkg in die linke Halbspalte eingetr wird, die vorgemerkte Hyp dann in die freie rechte Halbspalte (vgl GBVfg 12, 19); wird vor Umschreibg für N ein Nießbr eingetr, so hat die Hyp des V den Vorrang vor V (§ 879 I 2): der VormkgsEintr datiert vor der des Nießbr. Evtl Rangvermerk der Vormkg maßg. Voraussetzg ist, daß die Vormkg noch bestand, als der gesicherte Anspr erfüllt wurde (KG JW **31**, 1202) u das endgült Recht in einem RangVerh stehen kann (KG JFG **8**, 318; vgl § 879 Anm 2); über Eintr einer SichgHyp nach ZPO 848 vgl KG aaO.

884 Haftung des Erben.
Soweit der Anspruch durch die Vormerkung gesichert ist, kann sich der Erbe des Verpflichteten nicht auf die Beschränkung seiner Haftung berufen.

1) Stirbt der Schu des gesicherten Anspr, so hat ihn nach allg Grdsätzen der Erbe zu erfüllen. § 884 gewährt dem Gläub des Schu Schutz: der Erbe haftet unbeschränkt u unbeschränkbar, soweit Anspr u Vormkg sich decken. Auch die aufschiebenden Einreden stehen ihm nicht zu, § 2016. Ferner wird der Gläub vom Aufgebot nicht betroffen, §§ 1971 S 2, 1974 III, 2060 Nr 2. Die Vormkg muß vor dem Erbfall aGrd Bewilligg od einstw Vfg od nach dem Erbfall aGrd Bewilligg des Erblassers (Erm/Hagen Rdn 1) od Erben eingetr worden sein; vgl §§ 1990 II, 2016; KO 221 II.

885 Begründung der Vormerkung.
¹Die Eintragung einer Vormerkung erfolgt auf Grund einer einstweiligen Verfügung oder auf Grund der Bewilligung desjenigen, dessen Grundstück oder dessen Recht von der Vormerkung betroffen wird. Zur Erlassung der einstweiligen Verfügung ist nicht erforderlich, daß eine Gefährdung des zu sichernden Anspruchs glaubhaft gemacht wird.

§ 885 1–3

II Bei der Eintragung kann zur näheren Bezeichnung des zu sichernden Anspruchs auf die einstweilige Verfügung oder die Eintragungsbewilligung Bezug genommen werden.

1) Allgemeines. § 885 gibt SonderVorschr für Begründg einer Vormkg; § 873 nicht anwendb, da keine Begründg dch Einigg (vgl Anm 3). Sie gilt auch, wenn bei schon eingetr Vormkg der gesicherte **Anspruch geändert oder erweitert** werden soll (BGH **LM** § 883 Nr 6); auch bei Verlängerg der AnnFr für Kaufangebot (Köln NJW **76**, 631; krit Promberger Rpfleger **77**, 157). Unwesentl Änderg beeinträchtigt SichgsWirkg nicht (Düss RhNK **86**, 195). Bei bloßer AnsprBeschrkg bleibt Vormkg insow bestehen, so daß keine NeuEintr notw; Eintr der Inhaltsänderg bei Vormkg (LG Köln RhNK **83**, 154).

a) Voraussetzungen für wirks Vormkg: Vormerkb Anspr (§ 883 Anm 2), einstw Vfg (Anm 2) od Bewilligg (Anm 3), Eintr (Anm 4); alle drei müssen sich decken. Einstw Vfg muß der Eintr vorausgehen (KGJ **46**, 200 [208]), ohne sie ist Eintr unwirks; bei Bewilligg ist (entspr § 873) Reihenfolge gleichgült (W-Raiser § 48 Fußn 15; aA KG aaO).

b) Verfügungsbeschränkungen (Übbl 4 vor § 873) sind von Fall zu Fall darauf zu prüfen, ob Eintr einer Vormkg der Gen bedarf. Meist wird Gesetzeszweck dch Eintr einer Vormkg nicht beeinträchtigt, weil die Gen des vorgemerkten RGesch versagt werden kann. – **aa) Genehmigungsfrei** ist Vormkg für genehmiggsbedürft RGesch nach GrdstVG 2, BauGB 19, 51 (BayObLG **69**, 303) u 144 (LG Hann DNotZ **74**, 295), AVO zu RHeimstG 21, BVersG 75 (aA RG **134**, 182), DevisenR (KG JFG **17**, 184; aA BayObLG DNotZ **52**, 578), ErbbRVO 5 (Köln NJW **68**, 505; str), WEG 12 (BayObLG **64**, 237), § 1365 (BayObLG **76**, 15). – **bb) Genehmigungsbedürftig** ist Vormkg iFv § 1821 I Nr 1 (Oldbg DNotZ **71**, 484; Celle RPfleger **80**, 187; aA LG Stade MDR **75**, 933) u bei Beschlagn nach StPO 290ff, AO 399.

2) Einstweilige Verfügung. Sie ersetzt die Bewilligg des von der VormkgsEintr Betroffenen (Anm 3b) u muß sich daher gg diesen richten (BayObLG NJW **86**, 2578: nicht gg einen Gter, wenn OHG/KG betroffen). Jeder Gläub eines vormerkb Anspr (sowie der PfdR- u PfdgsGläub; Hoche NJW **56**, 146) kann sie erwirken, selbst wenn er bei AnsprBegründg auf sie verzichtet hat (Ffm NJW **58**, 1924; Friese DNotZ **55**, 243); nach Bewilligg fehlt aber RSchutzInteresse für einstw Vfg, sofern nicht nur ZPO 895 gegeben u Gläub Sicherh leisten muß (Celle MDR **64**, 333). Über Vormkg aGrd vorl Anordng nach LwVG 18 vgl Celle NdsRpfl **65**, 245.

a) Verfahren: ZPO 935ff. – Zuständ ist nur das ProzGer, nicht das GBA u in LandwSachen auch nicht das LandwGer (Celle NdsRpfl **64**, 268; Oldbg NdsRpfl **67**, 271). – Zu sichernder Anspr ist glaubh zu machen (ZPO 920 II, vgl aber 921 II), nicht aber seine wg EintrGrds stets gegebene Gefährdg **(I 2)** u bes SichergsBedürfn (Hamm MDR **66**, 236). Einstw Vfg zwar wg betagter u bedgter Anspr, nicht aber wg künft Anspr zul, weil ZPO 926 nicht erfüllb (RG **74**, 158; aA Jauernig Anm 3c); wg Anspr aus II WoBauG 54 vgl Köln RhNK **80**, 109. – Über Vormkg einer GesHyp vgl KG JFG **5**, 328. – Vollziehg mit Eingang des EintrAntr/Ersuchens beim GBA (ZPO 932 III). Beide VollziehgsFr des ZPO 929 II u III müssen gewahrt sein; sonst Vormkg nichtig u Umschreibg in endgült Recht unzul (RG **151**, 155); auch keine Umdatierg der Eintr auf neue einstw Vfg (KG HRR **29**, 1823). – Zur Löschg vgl § 886 Anm 1b cc.

b) Inhalt. Sie muß alle Erfordern der sie ersetzden Bewilligg enthalten, insb den Berecht u Verpflichteten sowie den Ggst (nicht den SchuldGrd) des vorzumerkden Anspr; vgl ferner GBO 28 (Düss Rpfleger **78**, 216; BayObLG Rpfleger **81**, 190).

c) § 878 auf erzwungene Vormkg nicht entspr anwendb, da keine VfgsErkl des Berecht.

d) Kein gutgläubiger Erwerb (Ersterwerb) erzwungener Vormkg (BayObLG NJW-RR **87**, 812).

3) Bewilligung des Betroffenen. Einseit empfangsbedürft materiellrechtl WillErkl; Einigg nicht erforderl (BGH **28**, 182). In Einigg über RÄnderg oder EintrBew für diese liegt noch nicht VormkgsBewilligg (BayObLG Rpfleger **79**, 134). Materiellrechtl formfrei (RG JW **26**, 1955), formellrechtl gilt GBO 29. Vormkg aGrd einstw Vfg hindert Vormkg aGrd Bewilligg nicht (KG JR **27**, 1021); nachträgl Bewilligg im GB eintragb (KGJ **20**, 79), dann Löschg nach GBO 25 ausgeschl.

a) Abgabe ggü Gläub od GBA. Tod des Gläub nach Zugang der Bewilligg beim GBA u seine Eintr läßt Vormkg für Erben entstehen (RG JW **26**, 1955). Bei Urt auf Bewilligg der Eintr einer Vormkg gilt Bewilligg mit RKraft als abgegeben (ZPO 894). Bei Urt auf Bewilligg der Eintr einer dingl RÄnderg gilt Eintr einer Vormkg mit Verkündg vorl vollstreckb Urt als bewilligt (ZPO 895; vgl auch Anm 2); Eintr erfordert weder VollstrKlausel noch Zustellg (vgl BGH Rpfleger **69**, 425), aber Nachw angeordneter SicherhLeistg.

b) Betroffen ist der ggwärt wahre Inh des dingl Rechts, das dch die Erfüllg des gesicherter Anspr übertr oder beeinträchtigt wird (für GrdSchÜbertrAnspr vgl § 1191 Anm 4b); auch wenn sich der Anspr erst gg den Erben richtet (KG DR **40**, 796). Nicht ein DrBerecht (zB PfdGläub an Hyp, deren Aufhebg vorgemerkt); diesen schützt § 876. Bei Mehrh von RInh sind alle betroffen. An die Stelle des RInh tritt der VfgsBerecht (KonkVerw, TestVollstr). Bei gleichzeit Eintr eines Rechts u einer Vormkg daran genügt Bewilligg des GrdstEigtümers, da beschr Recht bewilligt (KG JFG **11**, 269; Hieber DNotZ **58**, 379). Für Bewilligg eines NichtBerecht gilt § 185; hieraus folgt aber kein Recht des AuflEmpfängers, für sich Auflvormkg eintragen zu lassen (BayObLG Rpfleger **79**, 134). Zur Frage, ob AuflEmpfänger seinen Abkäufer dch Vormkg sichern kann, vgl § 925 Anm 6b bb.

c) § 878 ist auf bewilligte Vormkg entspr anwendb (BGH **28**, 182). Er verhilft zur Vormkg, wenn diese rechtzeit iSv § 878 beantragt war u Betroffener vor Eintr vfgsbeschr geworden; Vormkg sichert dann auch RErwerb, auf den gesicherter Anspr zielt. VfgsBeschrkg nach VormkgsEintr hindert RErwerb nicht. – Dies gilt auch bei fingiertem rgesch Erwerb nach ZPO 894, 898; nicht aber iFv ZPO 895.

d) Gutgläubiger Erwerb (Ersterwerb). § 893 Fall 2 ist auf die bewilligte Vormkg anwendb (§ 893 Anm 3). Ebso bei fingiertem rgesch Erwerb nach ZPO 894, 898; nicht aber iFv ZPO 895 (aA Reinicke NJW

64, 2373). Gesicherter Anspr muß aber bestehen, denn er wird vom öff Gl des GB nicht erfaßt. – **aa) Erwerb vom wahren Berechtigten.** Der gute Glaube an das Nichtbestehen wird nicht gegtr Recht u VfgsBeschrkgen wird geschützt. – **bb) Erwerb vom Buchberechtigten.** Die Vormkg wird erworben, wenn der Erwerber zZ des EintrAntr gutgl war u vor VormkgsEintr weder der wahre Berecht noch ein Widerspr gg Richtigk des GB eingetr (BGH NJW 81, 446). VormkgsErwerber erwirbt vorgemerktes Recht später auch (ebso sind ZwVfg ihm ggü unwirks), wenn zw Vormkgs- u REintr wahrer Berecht od Widerspr eingetr od er bösgl geworden (BGH aaO; Canaris JuS **69**, 80; Dannecker MittBayNot **79**, 144; Baur/Riede JuS **87**, 380; aA Goetzke-Habermann JuS **75**, 82; Wiegand JuS **75**, 205; Knöpfle JuS **81**, 157; zT auch Hepting NJW **87**, 865 [bei künft/bdgt Anspr nur bei Gutgläubigk zZ der AnsprEntstehg]; ähnl Hager JuS **87**, 555). Wird wahrer Berecht vor Umschreibg eingetr, so hat VormkgsBerechts gg ihn entspr § 888 Anspr auf Bewilligg der Eintr aGrd Einigg mit BuchBerecht (Lutter AcP **164**, 122 Fußn 213; Roloff NJW **68**, 484; aA J. Baur JZ **67**, 437: auf Zust zur Einigg nach § 185; Düss DNotZ **71**, 372 u Kupisch JZ **77**, 486 zu V 1: auf RVerschaffg); vgl auch zum GBVerf Canaris aaO. – **cc) Erbschein.** Vom falschen Erbscheinerben kann gutgl erworben werden, § 2366 (BGH **57**, 341).

4) Eintragung. Die EintrStelle im GB regeln GBVfg 12, 19. Über Ranggleichh vgl § 883 Anm 5.

a) Voraussetzungen. – Antrag (GBO 13) od Ersuchen des ProzGer der einstw Vfg (GBO 38, ZPO 941); uU Vorlage des GrdPfdRBriefs (GBO 41), den AntrSteller sich beschaffen muß. Bei Eintr aGrd einstw Vfg müssen VollziehgsFr gewahrt sein (vgl Anm 2a). – **Eintragungsbewilligung** (GBO 19) in der Form GBO 29 **oder einstweilige Verfügung.** Sie muß inhaltl den Erfordern der beantragten Eintr entsprechen (KG OLGZ **72**, 113); dazu Anm 4c. Eintr aGrd EintrBew abzulehnen, wenn GBA weiß, daß zu sichernder Anspr nicht besteht, nicht vormerkb ist od ohne feste RGrdLage iSv § 883 Anm 2e, 2f (BayObLG Rpfleger **81**, 190); bloße Zweifel insow rechtfertigen weder ZwVfg noch AntrZurückweisg (KG aaO), zB ob Gläub nach ausländ GüterR AlleinBerecht werden kann (BayObLG Rpfleger **86**, 127). – **Voreintragung** (GBO 39); GBO 40 anwendb (KG JFG 7, 328). Daher keine Vormkg zur Sicherg der Abtr einer vorl EigtümerGrdSch (BayObLG Rpfleger **69**, 316; dazu Rimmelspacher JuS **71**, 14); vgl auch § 925 Anm 6b bb (Vormkg für Abkäufer des AuflEmpfängers). – **Zustimmung** zweitl eingetr Berecht (§ 877), wenn schon vorgemerkter Anspr ohne NeuEintr geändert od erweitert werden soll u sie davon betroffen (vgl Anm 1). – Zur PrüfgsPfl des GBA vgl Ertl Rpfleger **79**, 361.

b) Teilfläche. VormkgsEintr ohne Abschreibg (GBO 7) zul, wenn Lage u Größe dem VerkBedürfn entspr zweifelsfrei bezeichnet (BayObLG DNotZ **85**, 44); dabei GBO 28 S 1 nicht förmelnd anzuwenden (Hamm OLGZ **70**, 447); katasterm Vermessg nicht notw. Diese Bezeichnung kann dch wörtl Beschreibg unter Anknüpfg an Merkmale in der Natur (Mü DNotZ **71**, 544; BayObLG Rpfleger **82**, 335) od dch Bezugn (vgl dazu Köln Rpfleger **84**, 407) auf mit EintrBew verbundener (bloße Verbindg ohne Bezugn reicht nicht) Karte/Zeichng (amtl Lageplan nicht notw) erfolgen (BayObLG DNotZ **83**, 440; **85**, 44). Bei geringem Unterschied zw vorgemerkter u später abvermessener Teilfläche wirkt Vormkg auch für letztere (BGH DNotZ **71**, 95). – Zu unterscheiden von Vormerkg hins noch zu bestimmder Teilfläche (vgl § 883 Anm 2a), die ganzes Grdst erfaßt.

c) Inhalt. Bezeichng als Vormkg nicht notw; Eintr als Widerspr unschädl, wenn AnsprSicherg in EintrVermerk erkennb (Karlsr NJW **58**, 1189). Gläub, Schu u gesicherter Anspr (nach Ggst, Art u Umfang der RÄnderg) sind anzugeben (KG JFG **9**, 202; OLGZ **89**, 202; **72**, 113). Der SchuldGrd ist nicht anzugeben (KG aaO; nach BGH **LM** § 883 Nr 1 gg Jansen DNotZ **53**, 382 aber bei mehreren inhaltsgl Anspr eines Gläub) u daher vom AntrSteller auch nicht nachzuweisen; Angabe falschen SchuldGrd unschädl, wenn richtiger feststellb. – Der **Eintragungsvermerk** selbst muß bestimmb (vgl § 883 Anm 2c aa) den Gläub (BayObLG MittBayNot **75**, 93) sowie Art u Umfang der Leistg (KG JFG **4**, 407; JW **31**, 2743) angeben; iü Bezugn zul (**II**), auch hins ZwVollstrKlausel (KG JFG **4**, 407). § 1115 I gilt hier nicht; mangels Angabe des Zinsbeginns bei HypVormerkg sind Zinsen ab HypEintr gesichert (LG Lüb SchlHA **57**, 99).

d) Nach **Konkurseröffnung** keine Eintr aGrd einstw Vfg (KO 14 II); für bewilligte Vormkg gilt KO 7. Vgl ferner KO 221 II (dazu Hamm NJW **58**, 1928), 236; VerglO 47, 50 IV. – Über Eintr währd **Flurbereinigungsverfahren** vgl LG Bn NJW **64**, 870; währd **Baulandumlegungsverfahren** vgl LG Wiesb Rpfleger **72**, 307.

e) Rechtsmittel. Unbeschr Erinnerg nach RPflG 11, GBO 71 I (BayObLG NJW-RR **87**, 334), da kein gutgl Zweiterwerb mögl (vgl Anm 5b). Wer mit BGH **25**, 16 bei bestehdem Anspr gutgl Zweiterwerb zuläßt, kann in diesem Fall nur beschr Beschw nach GBO 71 II zulassen.

5) Übertragung, Pfändung, Verpfändung.

a) Nur der **gesicherte Anspruch** ist übertragb/pfändb/verpfändb. Für Vormkg gilt § 401; Eintr des neuen Gläub bzw PfdREintr bei Vormkg ist GBBerichtigg nach GBO 22 (BayObLG RhNK **85**, 42); aufschiebd bdgte AnsprAbtretg bei Vormkg eintragb (BayObLG Rpfleger **86**, 217). Bei Ausschl des Übergangs erlischt Vormkg auch, wenn nur TeilAnspr abgetreten wird (vgl TeilAbtr eines AuflAnspr vgl BayObLG Rpfleger **72**, 17 Anm Vollkommer). Übertr der dch Aufl erlangten RStellg (§ 925 Anm 6b) bewirkt Übergang der Vormkg nur, wenn zugl noch nicht erfüllter AuflAnspr abgetreten wird (§ 925 Anm 6a).

b) Gutgläubiger Erwerb (Zweiterwerb) ist denkb, wenn nur BuchVormkgsBerecht (weil VormkgsBestellg unwirks od Vormkg vom NichtBerecht bösgl erworben) bestehden Anspr (Vormkg ermöglicht keinen gutgl Erwerb des Anspr) gg denjenigen, für den betroffenen Recht eingetr, an Gutgläubigen abtritt. BGH **25**, 16 (mit unzutreffder Beschrkg auf Erwerb vom Bösgläubigen) bejaht dies ohne Begr; Schrifft stimmt zT zu, da dch Eintr VertrauensTatbestd (AK/BvSchweinitz Rdn 26; Westermann § 85 IV 4; Wunner NJW **69**, 113; vgl auch Kempf JuS **61**, 22; Furtner NJW **63**, 1484). Gutgl Erwerb jedoch abzulehnen, da kein RGesch über eingetr Recht (sond über Anspr, dem Vormkg gem § 401 folgt)

1049

§§ 885–888 3. Buch. 2. Abschnitt. *Bassenge*

mit BuchBerecht (Reinicke NJW 64, 2373; Canaris JuS 69, 80; Rahn BWNotZ 70, 25; Wiegand JuS 75, 205 zu V 2; Kupisch JZ 77, 486 zu IV; Medicus AcP 163, 9; Gursky, Fälle u Lösgen/BGB-SachenR, 4. Aufl, Fall 3).

886 *Beseitigungsanspruch.* Steht demjenigen, dessen Grundstück oder dessen Recht von der Vormerkung betroffen wird, eine Einrede zu, durch welche die Geltendmachung des durch die Vormerkung gesicherten Anspruchs dauernd ausgeschlossen wird, so kann er von dem Gläubiger die Beseitigung der Vormerkung verlangen.

1) Unwirksame und erloschene Vormerkungen haben keine Sichergs- u keine Rangwirkg; sie können nicht in das vorgemerkte Recht umgeschrieben werden. Bei Erlöschen einer HypVormkg entsteht keine EigtümerGrdSch (BayObLG Rpfleger 80, 294). – **Zu Unrecht gelöschte Vormerkung** wirkt fort (§ 883 Anm 3). GB wird unricht u Gläub hat Anspr aus § 894; Widerspr gem § 899, GBO 53 zul (RG 132, 419), nicht aber bei relativ unwirks erworbenem Recht eintragb. Über WiederEintr der Vormkg vgl BayObLG 61, 63. Für ZwVerst gilt wg ZVG 28 aber nur die formelle RLage (LG Stade DNotZ 68, 636).

a) Unwirksamkeit (anfängl) der Vormkg, wenn ihre Bewilligg od die Vollziehg der einstw Vfg (RG 81, 288; Köln OLGZ 87, 405) unwirks ist od wenn der gesicherte Anspr nicht entstanden ist (BGH 57, 341).

b) Erlöschen der Vormkg: – **aa)** Entspr § 875 dch AufgErkl des Berecht u Löschg im GB; nicht alleine dch Löschg auf Antr u Bewilligg (BGH 60, 46), doch kann LöschgsBew die AufgErkl enthalten (vgl § 875 Anm 3). § 1183 gilt nicht. Bei Vormkg für Recht an GrdstR genügt AufgErkl (str; Planck/Strecker Anm 1b). AufgErkl hinsichtl aller vor EigtErwerb des Bewilligden eingetr Belastgen erfaßt für ihn eingetr AuflVormkg nur bei gleichzeit Löschg aller ZwRe (BGH aaO). – **bb)** Wenn **gesicherter Anspruch erlischt,** zB dch Erlaß, Rücktr, AufhebgsVertr, Unmöglichk der Erfüllg, Konfusion (BGH NJW 81, 447; ein schränkd Wacke NJW 81, 1577), §§ 158, 163. Dch Erf aber erst, wenn alle aGrd relativ unwirks Vfg eingetr Rechte beseitigt (BGH BB 64, 576). Erlöschen gleichzustellen die endgültige Umwandlg in GeldAnspr (Effertz NJW 77, 794: Erlöschen nachrang Vormkg nach Erf vorrang gesicherten Anspr. – **cc)** Nach **GBO 25** dch Aufhebg der einstw Vfg (mit Erlaß der AufhebgsEntscheidg; LG Dortm Rpfleger 82, 276) od des vorl vollstreckb Urt; Löschg nur GBBerichtigg (BGH 39, 21). – **dd)** Bei **Abtretung des gesicherten Anspruchs** unter Ausschl des VormkgsÜbergangs (KGJ 43, 209). – **ee)** Nach §§ 158, 163. Zulässig einer Klausel nach GBO 23 II wird bejaht bei AuflVormkg, wenn diese (nicht gesicherter Anspr; LG Aach RhNK 78, 151) auf Lebzeiten des Berecht bestellt, da etwa eingetr vormkgswidr Rechte Rückständen iSv GBO 23 I gleichzustellen (LG Bchm Rpfleger 71, 314; LG Köln RhNK 75, 560; aA Düss RhNK 75, 485). – **ff)** Nach § 887. – **gg)** Vgl auch RSiedlG 9, BauGB 28 II 6.

c) Grundbuchverfahren. – **aa)** Unwirks od erloschene Vormk macht das GB unricht; **Löschung** aGrd BerichtiggsBewilligg od entspr GBO 22, wenn Unwirksamk od Erlöschen gem GBO 29 nachgewiesen (BayObLG RhNK 89, 52), auch gem GBO 84. Sonst Klage des betroffenen RInh gg Gläub entspr § 894 (RG 163, 62). Bei PfdgsVermerk für gesicherten Anspr Löschg nur bei gleichzeit VermerkLöschg auf Bewilligg des PfdgsGläub und UnrichtigkNachw (BayObLG 83, 301). – **bb)** Nach Eintr des vorgemerkten Rechts keine Löschg der Vormkg vAw, solange gesicherter Anspr noch nicht erfüllt (zB weil ZwRe noch eingetr od Erf aus and Grd [zB VfgsBeschrkg] unwirks). Bei beschr dingl Recht zul aber **Umschreibung** in vorgemerktes Recht unter schlichter Rötg der Vormkg (GBVfg 19 II), da Recht u Vormkg in gleicher Abt u Spalte (GBVfg 12 Ib); Vormkg wirkt dann fort (BGH 60, 46). Zulässig derart Umschreibg bei Aufl-Vormkg bestr, weil Eigt u AuflVormkg gem GBVfg 9, 12 Ia in versch Abt eingetr (nein: LG Karlsr BWNotZ 78, 167; LG Hdlbg BWNotZ 85, 86; ja: LG Heilbr Rpfleger 77, 99; LG Mannh BWNotZ 80, 38; Dieterle Rpfleger 86, 208); zur Löschg auf Antr u Bewilligg vgl Düss RhNK 75, 751; BayObLG Rpfleger 75, 395. – **cc)** Löschg gem GBO 71 II 2 **anfechtbar;** WiederEintr statt WiderspEintr aber, solange Vormkg nicht dch gutgl Dritterwerb erloschen (BayObLG 61, 63; LG Kstz RhNK 84, 81).

2) Beseitigungsanspruch bzgl wirks Vormkg gibt § 886. Kann Schuldn Erf des bestehden Anspr aGrd Einrede dauernd verweigern (zB §§ 222 I [BGH NJW 89, 220: Einredeerhebg notw], 821, 853), so hat Gläub (auch dessen Rechtsnachf iwS) die Vormkg zu beseitigen (GBO 13, 19; ebso, weil auch von § 894). Auch der RNachf des urspr Schuldn kann den Anspr geltd machen (Jahr JuS 64, 299); ebso, weil auch von Vormkg betroffen (§ 1004), nachstehde dingl Berecht (Wörbelauer DNotZ 63, 594; Ripfel BWNotZ 69, 34).

887 *Ausschluß unbekannter Berechtigter.* Ist der Gläubiger, dessen Anspruch durch die Vormerkung gesichert ist, unbekannt, so kann er im Wege des Aufgebotsverfahrens mit seinem Rechte ausgeschlossen werden, wenn die im § 1170 für die Ausschließung eines Hypothekengläubigers bestimmten Voraussetzungen vorliegen. Mit der Erlassung des Ausschlußurteils erlischt die Wirkung der Vormerkung.

1) Voraussetzungen: § 1170 Anm 2. – AufgebotsVerf: ZPO 988, 1024. – **Wirkung** (S 2): Die Vormkg erlischt; auch eine HypVormkg, weil § 1163 nicht anwendb. GBBerichtigg dch Löschg. Über Vorbehalte im AusschlUrteil vgl § 1170 Anm 4a. Der gesicherte Anspr erlischt nicht.

888 *Verwirklichung des Anspruchs; Veräußerungsverbot.* ¹Soweit der Erwerb eines eingetragenen Rechtes oder eines Rechtes an einem solchen Rechte gegenüber demjenigen, zu dessen Gunsten die Vormerkung besteht, unwirksam ist, kann dieser von dem Erwerber die Zustimmung zu der Eintragung oder der Löschung verlangen, die zur Verwirklichung des durch die Vormerkung gesicherten Anspruchs erforderlich ist.

II Das gleiche gilt, wenn der Anspruch durch ein Veräußerungsverbot gesichert ist.

Allgemeine Vorschriften über Rechte an Grundstücken § 888 1–3

1) Allgemeines. – a) Fehlt eine vormerkungswidrige Verfügung, so wird das vorgemerkte Recht nach allg Grds eingetr. Bei beschr dingl Recht muß EintrBew od sie ersetzdes Urt wg § 883 III Ausübg der Vormkg ergeben (LG Ffm Rpfleger **77**, 301). Bei teilb Recht (zB Hyp, Reallast) stufenw Ausnutzg der Vormkg zul (BayObLG **62**, 322; **77**, 93). HypVormkg nicht in ZwangsHyp aGrd ZahlgsTit umschreibb (KG JW **31**, 1202); wohl aber mit Zust des VormkgsBerecht in GrdSch (u umgekehrt), da HypEintr u anschließde Umwandlg gem § 1198 übertriebene Förmelei (KG DNotZ **35**, 321). – **b) Eintragung einer vormerkungswidrigen Verfügung** (vgl § 883 Anm 3c) macht das GB nicht unrichtig; VormkgsBerecht hat keinen BerichtiggsAnspr aus § 894 (BayObLG NJW-RR **87**, 1416). Zur Dchsetzg des gesicherten Anspr kann VormkgsBerecht vom Schuldn aus schuldr AnsprGrdLage Erfüllg (Anm 2) u vom DrErwerber aus **I** dessen nach GBO 19 notw Zust (Anm 3) verlangen; Zust eines Nacheingetragenen aber nicht notw, wenn vorgemerktes Recht nach § 883 III den Vorrang hat (vgl 883 Anm 5b). Klage gg beide gleichzeit od einzeln in beliebiger Reihenfolge (BGH NJW-RR **88**, 1357; Düss OLGZ **77**, 330). – I entspr anwendb, wenn nach AuflVormkg VeräußergsVerbot eingetr (BGH **LM** Nr 1). Über Anwendbark ggü wahrem Berecht, der nach gutgl VormkgsErwerb eingetr, vgl § 885 Anm 3 d.

2) Rechtsverhältnis zwischen Vormerkungsberechtigtem und Schuldner. Nur der Schuldn des gesicherten Anspr ist zur Herbeiführ der dingl RÄnderg verpflichtet. Ihn hat der VormkgsBerecht notf aus dem SchuldVerh zu verklagen; dadch wird Grdst/GrdstR nicht streitbefangen iSv ZPO 265 (BGH **39**, 21; Link NJW **65**, 1464) u ZPO 24 gilt nicht; kein dingl Anspr. Schuldn hat die Erkl abzugeben, die die vorgemerkte RÄnderg herbeiführt; er kann sich wg § 883 I nicht auf Unmöglichk berufen. Kann VormkgsBerecht vorgemerkte RÄnderg aGrd pers SchuldVerh auch vom DrErwerber verlangen, so Mitwirkg des Schuldn nicht notw (BGH BB **58**, 1225). Für Verschlechter des Grdst haftet Schuldn aus VertrVerh, nicht aus §§ 823, 1004.

3) Rechtsverhältnis zwischen Vormerkungsberechtigtem und Dritterwerber.

a) Zustimmungsanspruch. VormkgsBerecht kann vom DrErwerber (der nicht Schuldn des gesicherten Anspr) Zust zur dingl RÄnderg u ggf Vorlage des GrdPfdBriefs (KG JFG **5**, 327) verlangen. Dieser unselbstd HilfsAnspr ist nur zus mit dem gesicherten Anspr abtretb (RG JW **27**, 1413) u verjährt nicht (Weber BlGBW **64**, 23); er unterliegt § 242 (BGH NJW **81**, 980) u § 284 (MüKo/Wacke Rdn 10; aA BGH **49**, 263).

aa) Welche Zustimmung zu erklären ist, hängt von der Art der Vormkg u der Beeinträchtigg ab. IdR Zust zu der mit dem Schuldn vereinbarten RÄnderg. Ist lastenfreie RÜbertr vorgemerkt, so hat Erwerber einer zwzeitl Belastg deren Löschg zuzustimmen (KG JFG **5**, 324); doch kann VormkgsBerecht auch Verzicht od Übertr an sich verlangen (str). Ist AuflAnspr abgetreten, kann AbtrEmpfänger Zust zu seiner Eintr verlangen (RG JW **27**, 1413). Ist der DrErwerber buchm an Stelle des Schuldn vfgsbefugt, so darf er auch selbst gem § 267 I die zur RÄnderg notw Erkl (zB Aufl) abgeben (BGH BB **58**, 1225; KGJ **51**, 192); nach LG Tüb BWNotZ **84**, 39 genügt AuflVormkg.

bb) Der DrErwerber kann **Einreden/Einwendungen aus seinem persönlichen Rechtsverhältnis zum Vormerkungsberechtigten** geltd machen (BGH **LM** § 883 Nr 6); sie gehen mit Übertr des vormkgswidr erworbenen Rechts nicht ohne weiteres auf dessen Erwerber über (RG **142**, 331; **143**, 159). – Ferner entspr §§ 768, 1137, 1211 **Einreden/Einwendungen des Schuldners gegen den gesicherten Anspruch** (BGH aaO), auch wenn Schuldn auf sie verzichtet hat (Celle NJW **58**, 385) od schon rkräft zur Erfüllg verurteilt ist (RG **53**, 28); zB Nichtfällig (Düss OLGZ **77**, 330). Anf- u RücktrR des Schuldn gibt Einrede entspr § 770 (Arndt DNotZ **63**, 597). RG **144**, 281, versagt Berufg auf nur verzögerl Einrede wie §§ 320, 322; GgMeing (Celle aaO; Wörbelauer DNotZ **63**, 591; Arndt aaO; Westermann § 84 IV 4c; W-Raiser § 48 III 1) ist zutr, da keine weitergehde Verpfl als Schuldn. – Weiter **Einwendungen gegen Bestand der Vormerkung** (zB unwirks Bestellg, Erlöschen).

cc) Prozeßrecht. VormkgsBerecht muß Bestehen u Fälligk des gesicherten Anspr beweisen. Urt zw ihm u Schuldn hat keine RKraft gg DrErwerber (RG **53**, 28); bei rkräft Abweisg seiner Klage gg Schuldn fehlt der Klage gg den DrErwerber aber das RSchutzInteresse. – Für Klage gilt ZPO 24; sie macht das Grdst/GrdstR streitbefangen iSv ZPO 265 (BGH **39**, 21; Link NJW **65**, 1464).

b) Sonstige Ansprüche sind insb bei AuflVormkg denkb (vgl ähnl Problemlage bei § 1098 Anm 3).

aa) Dritterwerber gegen Vormerkungsberechtigten: Mietzins, solange MietVerh zw Schuldn u VormkgsBerecht gem § 571 mit DrErwerber fortbesteht (BGH **LM** § 883 Nr 13). – NutzgsEntsch aus § 812, wenn VormkgsBerecht ihm ggü ohne RGrd besitzt (BGH aaO); RGrd entfällt mit Fälligk des Aufl- u ZustAnspr (BGH **75**, 288; and wohl LM § 883 Nr 13). – Herausg nach § 985, solange Aufl- u ZustAnspr nicht fäll. – VerwendgsErs entspr §§ 994ff ab Fälligk des Aufl- u ZustAnspr (auch für Verwendgen vor diesem Ztpkt) mit ZbR aus § 273 II ggü ZustAnspr (BGH **75**, 288; Gursky JR **84**, 3). Bösgläubigk iSv § 990 I 1 dch VormkgsEintr, deren Unkenntn idR grobe Fahrlässigk begründet; dies gilt auch, wenn AuflAnspr bei DrErwerb noch künft od aufschiebd bdgt (Gursky aaO; Kohler NJW **84**, 2849; aA BGH aaO: Kenntn von späterer Entstehg/BdggsEintritt zB dch Ausübg des WiederkR).

bb) Vormerkungsberechtigter gegen Dritterwerber: Vor EigtErwerb des VormkgsBerecht kein HerausgAnspr (Gursky JR **84**, 3; bedenkl BGH **75**, 288 über § 1100). – Bei Verschlechterg des Grdst dch DrErwerber nach Fälligk des Aufl- u ZustAnspr (neben schuldr Anspr zB aus §§ 459ff gg Schu) Unterl-Anspr aus §§ 823, 1004 schon vor EigtErwerb des VormkgsBerecht (Baur § 20 IV 1e; Westermann § 84 IV 4c; Canaris, FS-Flume **78**, 384; aA Paulus, Richterl VfgsVerbot u Vormkg im Konk, 1980, § 2 IV). – Keine Herausg von Nutzgen aus § 985, da EigtErwerb des VormkgsBerecht nicht zurückwirkt; §§ 987ff ab Fälligk des Aufl- u ZustAnspr entspr anwendb (BGH **75**, 288; krit Kohler NJW **84**, 2849), wg Bösgläubigk iSv § 990 vgl Anm 3b aa.

§§ 888–890　　　　　　　　　　　　　　　　　　　　　　　　　3. Buch. 2. Abschnitt. *Bassenge*

4) Veräußerungsverbot (II): nur relatives aus §§ 135, 136, nicht aGrd Bewilligg (§ 137). Obwohl § 1365 absolutes VeräußergsVerbot, ist wg subj Theorie (§ 1365 Anm 2 b) gerichtl Verbot widersprechder Vfg eintragb (Celle NJW **70**, 1882) u unterliegt II. – **a)** Es kann schuldr Anspr aller Art (zB auf Duldg der ZwVollstr) u dingl Anspr sichern; ggf gleichzeit Sicherg dch Vormkg u VeräußergsVerbot zul. VeräußergsVerbot aGrd einstw Vfg (ZPO 938 II) wird mit Zustell innerh der VollziehgsFr (ZPO 929 II) an Gegner wirks; Eintr (wohl erst ab Zustellg zul; Furtner MDR **55**, 136 gg hM) nicht notw, hindert aber gem § 892 I 2 gutgl Erwerb (RG **135**, 384), so daß ab Eintr keine GBSperre. GBA muß (auch ggü vorherigem EintrAntr) ihm bekanntes Verbot schon vor dessen Eintr beachten; dann also GBSperre (BayObLG **54**, 97; str), aber § 878 zu beachten. § 884 gilt nicht. Vgl ferner ZPO 772, KO 13. – **b)** Geschützter kann von DrErwerber gleiche Zust wie VormkgsBerecht verlangen. Auch zur Einräum des Vorrangs, denn § 883 III gilt nicht.

5) Erwerbsverbot. Gesetzl nicht vorgesehen, von der Rspr aber als SichergsMaßn iRv ZPO 938 (zB zur Verhinderg der Heilg eines nichtigen KaufVertr nach § 313 S 2) zugelassen. Rspr u hM sehen in dem Verbot, einen EintrAntr zu stellen bzw aufrechtzuerhalten (dessen Nichtbeachtg sachlrechtl bedeutgslos wäre, da GBO 13 nur OrdngsVorschr), zugl einen sachlrechtl Eingr in das ErwerbsR (BayObLG Rpfleger **78**, 306); nach aA suspendiert es vorläuf die Wirksamk der Aufl (Habscheid FS-Schiedermair **76**, 245; Lange/Scheyhing [wie Anm 3 a] Fall 5 zu Fußn 4). Kein Verbot an GBA (RG **120**, 118). – **a)** Verbot wird mit Zustellg der einstw Vfg innerh der VollziehgsFr (ZPO 929 II) an Erwerber wirks. GBA muß ihm bekanntes Verbot (auch ggü vorherigem EintrAntr) beachten u widersprechde Eintr ablehnen (BayObLG aaO); § 878 nicht anwendb (RG **120**, 118). Verbot mangels VorEintr des Erwerbers (GBO 39) nicht eintragb (KG JFG **18**, 192); nach LG Tüb BWNotZ **84**, 39 genügt AuflVormkg. – **b)** Verbotswidr Erwerb ist dem Geschützten ggü unwirks (RG **117**, 291; Mü OLGZ **69**, 196; Hamm OLGZ **70**, 438). Geschützter kann GBBerichtigg (§ 894) verlangen u diesen Anspr dch Widerspr (§ 899) sichern; uU auch GBO 53 I 1 (BayObLG **22**, 314).

889 **Keine Konsolidation.** Ein Recht an einem fremden Grundstück erlischt nicht dadurch, daß der Eigentümer des Grundstücks das Recht oder der Berechtigte das Eigentum an dem Grundstück erwirbt.

1) Das BGB läßt beschr dingl **Rechte am eigenen Grundstück** u grdstgl Recht (EigtümerR) zu, sofern sie nicht (wie Vormkg u Hyp) eine gesicherte Fdg (die Eigtümer nicht gg sich haben kann) voraussetzen. Sie können anfängl bestellt werden (vgl Einl 2 e bb vor § 854) od nachträgl dch ZusTreffen von Eigt u urspr FremdR in einer Pers entstehen. Bei Veräußerg eines mit einem EigtümerR belasteten Grdst wandelt sich das Recht in ein FremdR des früh Eigtümers, wenn es nicht bes mitübertragen wird (BayObLG MDR **84**, 145). – Ausn von § 889: §§ 914 III, 1107, 1178 I, 1200 I.

2) Treffen **Nießbrauch/Pfandrecht an einem Grundstücksrecht** mit letzterem in einer Pers zus, so erlöschen sie nach Maßg §§ 1072, 1063 bzw §§ 1273 II, 1256. Erwirbt Eigtümer jedoch Nießbr/PfdR an einem FremdR, so bleibt dieses bestehen (KGJ **47**, 194).

890 **Vereinigung und Zuschreibung.** ¹Mehrere Grundstücke können dadurch zu einem Grundstücke vereinigt werden, daß der Eigentümer sie als ein Grundstück in das Grundbuch eintragen läßt.
ᴵᴵEin Grundstück kann dadurch zum Bestandteil eines anderen Grundstücks gemacht werden, daß der Eigentümer es diesem im Grundbuche zuschreiben läßt.

Schrifttum: Kriegel, GrdstTeilgen u -vereiniggen, 3. Aufl 1967. – Röll, DNotZ **68**, 523.

1) Vereinigung und Zuschreibung von Grundstücken (I, II).

a) Begriff. Vereinigg u Zuschreibg haben gemeins, daß aus zwei oder mehr Grdst dch Eintr unter einer neuen Nr des BestandsVerzeichn (vgl GBVfg 13 I 2) **ein einziges neues Grundbuchgrundstück** (vgl Übbl 1 a vor § 873) wird. Die Zuschreibg ist eine bes Art der Vereinigg u unterscheidet sich von dieser materiell nur im Hinblick auf § 1131 teilw in ihrer Wirkg (BayObLG DNotZ **72**, 350); Zuschreibg kann nur zu einem u nicht zu mehreren Grdst erfolgen (KG HRR **41** Nr 602), wohl aber können mehrere Grdst einem and zugeschrieben werden.

b) Geltungsbereich. § 890 gilt auch für die Vereinigg/Zuschreibg von gleichart grdstgl Rechten untereinand, für Vereinigg von Grdst mit grdstgl Recht (Horber/Demharter § 5 Anm 2 a) sowie für Zuschreibg eines grdstgl Rechts zu einem Grdst u umgekehrt (Horber/Demharter § 6 Anm 2 a); über Vereinigg/Zuschreibg im Bereich des WEG vgl WEG 6 Anm 1 a, 1 b, 2 c. Keine Vereinigg/Zuschreibg mögl von MitEigtAnt untereinand od mit einem Grdst, selbst wenn sie nach GBO 3 III gebucht (LG Münst DFG **40**, 141; Horber/Demharter aaO mwN).

c) Voraussetzungen. – aa) Rechtliche Selbständigkeit der betroffenen Grdst als GBGrdst (vgl Übbl 1 a vor § 873). Soll von einem GBGrdst nur eine Teilfläche betroffen werden u wird diese aus einem od mehreren **Flurstücken** (vgl Übbl 1 a aa vor § 873) gebildet, so ist sie zunächst als GBGrdst zu verselbständigen. Wird die GBGrdstTeilfläche aus der Teilfläche eines FlSt gebildet, so kann die Verselbständigg unterbleiben; man spricht dann von **Zuflurstück** (vgl Übbl 1 a bb vor § 873), das für § 890 als selbstd Grdst gilt (BayObLG Rpfleger **74**, 148). Erhalten mehrere ZuFlSt nach ZusMessg eine neue FlStNr, so kann dieses FlSt als GBGrdst aGrd Vereinigg eingetr werden (BayObLG DNotZ **58**, 388); str ist, ob dies auch aGrd Zuschreibg mögl (so KEHE/Eickmann § 6 Rdn 6; Roellenbleg DNotZ **71**, 286), od ob Zuschreibg eines ZuFlSt zu einem and nur mögl, wenn als HauptGrdst vorgesehenes ZuFlSt eigene FlStNr erhält, die zu der des HauptGrdst wird (so BayObLG DNotZ **58**, 388; **72**, 350; Ffm Rpfleger **76**, 245; LG Nürnb DNotZ

Allgemeine Vorschriften über Rechte an Grundstücken §§ 890, 891

71, 307). – **bb)** Die Grdst müssen spätestens zZ der NeuEintr als ein Grdst **demselben Eigentümer** in derselben EigtFormen gehören; über Vereinigg/Zuschreib eines Grdst u eines WEGrdst vgl Übbl 2b vor WEG 1. Räuml od wirtsch ZusHang nicht notw; bei Zuschreib kann das kleinere u wirtsch weniger bedeuts Grdst HauptGrdst werden (BayObLG DNotZ 72, 350). – **cc)** Formfreie materiellrechtl **Vereinigungs-/Zuschreibungserklärung** des Eigtümers (bei EigtümerMehrh: aller), die verfrechtl der Form von GBO 29 I 1 bedarf. Sie muß erkennen lassen, ob Vereinigg od Zuschreibg gewollt (KGJ 49, 233); iZw ist Vereinigg gewollt (BayObLG DNotZ 72, 350), nicht aber wenn „Zuschreibg" beantragt wird (KG HRR 41 Nr 28). Der (dann der Form von GBO 30 unterliegde) EintrAntr (GBO 13 II) enthält idR diese Erkl (BayObLG DNotZ 58, 388). § 878 anwendb. Ohne diese Erkl macht die Eintr der Vereinigg/Zuschreibg das GB unrichtig (KGJ 49, 233). – **dd)** Zustimmung **Drittberechtigter** zur Vereinigg/Zuschreibg nicht erforderl (Saarbr OLGZ 72, 129 [137]). Der Zuschreibg müssen aber iFv § 1131 diejenigen zustimmen, die der Belastg des zugeschriebenen Grdst zustimmen müßten (vgl Übbl 4 vor § 873). Vgl auch RHeimstG 10 II. – **ee) Grundbucheintragung.** Zum Verf gem GBO 5, 6; GBVfg 6, 13 vgl Haegele/Schöner/Stöber Rdn 621ff, 650ff; Horber/Demharter § 5 Anm 8, § 6 Anm 8. Ein Verstoß gg GBO 5, 6 macht die Vereinigg/Zuschreibg nicht unwirks (vgl dazu Böttcher BWNotZ **86**, 73).

d) Wirkung. Die von der Vereinigg/Zuschreibg betroffenen Grdst werden nichtwesentl Bestandt des neuen einheitl Grdst (BGH DNotZ 78, 156); zukünft Belastgen erfassen das ganze Grdst. Zur Erstreckg der HeimstEigensch vgl RHeimstG 10 I. – **aa) Berechtigungen.** War eines dieser Teile herrschdes Grdst einer GrdDbk an einem DrittGrdst, so bleibt die GrdDbk dem GesamtGrdst in AusübgsBeschränkg auf den Teil, der bish herrschdes Grdst war (BayObLG Rpfleger 74, 148); war ein and GrdstTeil bish dienendes Grdst, so erlischt die GrdDbk nicht (Erm/Hagen Rdn 3; MüKo/Wacke Rdn 13; vgl auch BGH DNotZ 78, 156; aA KGJ **51**, 258; RGRK/Augustin Rdn 18; Soergel/Baur Rdn 10). – **bb) Belastungen, die nicht Grundpfandrecht.** Jeder Teil bleibt wie bish belastet u unterliegt insow der ZwVollstr; ein auf allen Teilen lastdes GesamtR bleibt als solches bestehen. Die nur an einem GrdstTeil bestehden Belastgen erstrecken sich nicht auf die and GrdstTeile (BGH DNotZ 78, 156); Erstreckg auf diese erfordert rgesch Inhaltsänderg (vgl § 877 Anm 1b), sie behalten dabei unter sich den bish Rang (vgl KG HRR 41 Nr 683). – **cc) Grundpfandrechte.** Bei **Vereinigung** gilt bb. Bei **Zuschreibung** gilt bb für GrdPfdR, die auf dem zugeschriebenen Grdst lasten. GrdPfdR des HauptGrdst erstrecken sich krG auf das zugeschriebene Grdst, dessen Belastgen aber im Rang vorgehen (§ 1131); bish GesamtGrdPfdR wird EinzelGrdPfdR (KGJ 30, 178).

e) Aufhebung nur dch GrdstTeilg gem Anm 2 (BayObLG 56, 470).

2) Teilung eines Grundstücks.

a) Begriff. Eine GrdstTeilg liegt vor, wenn aus einem GBGrdst (vgl Übbl 1 a vor § 873) mehrere gebildet werden (auch nur vorübergehd zwecks Vereinigg od Zuschreibg mit dem Grdst) od von einem Grdst ein ZuFlSt (vgl Übbl 1a bb vor § 873) abgetrennt wird. Die Befugn zu der im BGB nicht geregelten Teilg folgt aus § 903 (Hamm NJW 74, 865); sie muß erfolgen bei Veräußerg u nach Maßg von GBO 7 bei Belastg eines GrdstTeils.

b) Voraussetzungen. – aa) Formfreie materiellrechtl **Teilungserklärung** des Eigtümers (bei Eigtümer-Mehrh: aller), die verfrechtl der Form von GBO 29 I 1 bedarf (Hamm NJW 74, 865). Der (dann der Form von GBO 30 unterliegde) EintrAntr (GBO 13 II) enthält idR diese Erkl; iFv GBO 7 (BayObLG **56**, 470) u Teilveräußerg (Ffm DNotZ 62, 256) erfolgt die Abschreibg vAw. § 878 anwendb. Ohne diese Erkl macht die Eintr der Teilg das GB unrichtig. – **bb) Genehmigung** erforderl nach BauGB 19 I, 51 I Nr 1, 144 I Nr 2, 169 I Nr 5 (vgl Übbl 4b aa vor § 873), RHeimstG 9 I (vgl Übbl 4b dd vor § 873) u LandesR (vgl EG 119 Nr 2). **Drittberechtigte** brauchen nicht zuzustimmen (KG NJW 69, 470). – **cc) Grundbucheintragung.** Zum Verf vgl Haegele/Schöner/Stöber Rdn 666ff; Horber/Demharter § 7 Anm 4, 9; GBVfg 13.

c) Wirkung. Es entstehen (soweit nicht bloße Abtrenng eines ZuFlSt) selbstd GBGrdst, die wie bish belastet bleiben; GrdPfdR werden zu GesamtGrdPfdR (vgl GBO 34, 292 [296]). Bes Vorschr für Teilg belasteter Grdst in §§ 1026, 1090 II, 1108 II; für Teilg berechtigter Grdst in §§ 1025, 1109. Vgl ferner EG 120.

d) Aufhebung nur dch Vereinigg/Zuschreibg gem Anm 1.

3) Ohne materiellrechtliche Wirkung u von Vereinigg/Zuschreibg iSv § 890 u Teilg zu unterscheiden sind: – **a) Zusammenschreibung** mehrerer GBGrdst auf gemschaftl GBBlatt je unter bes Nr des Bestands-Verzeichn nach GBO 4 u deren Wiederaufhebg. Nur gbtechn Verf (KG HRR **41** Nr 28), das rechtl Selbständig der Grdst nicht berührt. – **b) Katastermäßige Verschmelzung und Zerlegung** nach FlSt (BayObLG MittBayNot **80**, 66); die Verschmelzg folgt einer GrdstTeilg mit anschl Vereinigg/Zuschreibg unter Beteiligg von ZuFlSt stets nach (vgl Weber DNotZ **60**, 229). Verschmelzg nur innerh eines GBGrdst (LG Mü I MittBayNot **79**, 70).

891 Gesetzliche Vermutung.

^IIst im Grundbuche für jemand ein Recht eingetragen, so wird vermutet, daß ihm das Recht zustehe.

^{II}Ist im Grundbuch ein eingetragenes Recht gelöscht, so wird vermutet, daß das Recht nicht bestehe.

1) Allgemeines.

a) Das GB kann auf vielf Weise unricht werden (vgl § 894 Anm 3). Soll es seinen Zweck erfüllen (vgl Übbl 3a vor § 873) muß sich der RVerk auf seinen Inhalt verlassen können. Desh genießt das GB gem §§ 891–893 **öffentlichen Glauben.** Zur RScheinwirkg der Buchg: § 892 Anm 1.

b) In § 891 **widerlegbare Vermutung** für Richtigk des GB u zwar bzgl des Eigt (auch BruchteilsEigt, KG JR **27**, 1325, vgl aber auch § 892 Anm 3b), der beschr dingl Rechte (Inhaber, Ggst, Inhalt) u solcher Rechte (PfdR, Nießbr) an ihnen. §§ 891ff gelten für die Fälle der §§ 1075 I, 1287, 2; ZPO 848 II, sowie für

1053

§§ 891, 892

vor 1900 begründete Rechte (RG 127, 261). – Für den, der das Bestehen des Anspr beweist, wird gem § 891 vermutet, daß die diesen sichernde Vormerkg besteht (RGRK/Augustin § 883 Rdn 2; Soergel/Baur Rdn 7). § 891 nicht anwendb auf: Einrede aus § 1157; Widerspr (vgl § 899 Anm 2); VfgsBeschrkg; öff Rechte (BayObLG 60, 447) u Lasten; nicht eintraggsfäh Rechte (vgl § 914 II 1, 917 II); Rechte, die zur Wirksamk gg Dritte der Eintr nicht bedürfen (zB EG 187 I 1). Auf nicht geschützte Eintr nicht ZPO 418 sond ZPO 417 anwendb (MüKo/Wacke Rdn 24).

c) Der Grdbuchstand ist auch maßg für den Teilgsplan in der ZwVerst u ZwVerw. Aus dem GB nicht ersichtl Anspr sind anzumelden, ZVG 114, 156 II 4.

2) Geltungsbereich.
a) Die Vermutg gilt nur für **rechtswirksame** GB-Eintr (vgl § 873 Anm 4b). Widersprüchl **Doppelbuchungen** genießen keinen Schutz, auch nicht bei Buchgen auf verschiedenen Blättern verschiedener GBA (Stgt BWNotZ 78, 124); über Widerspr zw Eintr u für RBestand maßg tats Verhältn vgl Lüke JuS 88, 524.

b) Die Vermutg greift nicht über das **Grundbuch** hinaus: dies ist das GB-Blatt, auf dem das betr Grdst derzeit gebucht ist (BayObLG 57, 49; LG Aach DNotZ 84, 767); dieses Blatt allerd ergreift sie ganz, nicht etwa nur die einz Abteilgen (RG 116, 180). Bei subjdingl Rechten ist GB des belasteten Grdst maßg, wobei Vermerk nach GBO 9 unerhebl (BayObLG Rpfleger 87, 101); daher kein gutgl Erwerb einer nichtbestehdn GrdDbk, die nur auf herrschdem Grdst eingetr, währd gutgl Erwerb, wenn sie allein auf diendem Grdst eingetr (Ffm Rpfleger 79, 418). Bei grdstgleichen Rechten (Übbl 1c vor § 873) entscheidet für Bestehen u Rang das GrdstBlatt, für Inhalt u Belastg das Blatt (Dresden JFG 2, 307); vgl auch ErbbRVO 14.

c) Die Vermutg gilt auch für das **Grundbuchamt** (BayObLG NJW-RR 89, 718) u Behörden. Das GBA darf sich grdsätzl die zur Widerlegg notw Tatsachen nicht dch and Ausleg früh EintrUnterlagen verschaffen (BayObLG Rpfleger 82, 467). Auch im GB-Verk gehört zur Widerleg der Vermutg der Ausschl gutgl Erwerbs dch Eingetragenen (KG NJW 73, 56; Berg JR 73, 155).

3) Bedeutung der Vermutung: Nicht Tatsachen, wie in ZPO 292, sond das Bestehen od Nichtbestehen von Rechten. Jeder, für den dies von rechtl Bedeutg, kann sich darauf berufen; auch der VertrPartner (BGH LM Nr 5), auch der HypGläub im Verh zum GrdstEigtümer (BGH WPM 72, 384). – Wer Unrichtigk behauptet, muß sie beweisen; dies kann jeder, der an Widerlegg rechtl Interesse hat (RG JW 36, 2399). – Wg BewLast, wenn Unrichtigk des GB gg einen aGrd unricht ErbSch Eingetragenen geltd gemacht wird, vgl LG Hagen NJW 66, 1660.

4) Umfang der Vermutung: Maß gibt der Buchstand zZ der Berufg auf ihn.

a) I. Es wird (auch zu seinen Lasten) vermutet, daß der in diesem Ztpkt Eingetragene **Rechtsinhaber** ist u das Recht auf die von ihm behauptete Weise erworben hat (BGH NJW 80, 1048). Ist Erblasser noch eingetr, so streitet § 891 für Erben (RG JW 26, 1955; aA KG OLG 41, 25). § 891 läßt nicht vermuten, daß der Eingetr auch der wirtschaftl Berecht u nicht nur TrHänder ist (RG JW 29, 2592), doch wird dafür tats Vermutg sprechen. – Vgl auch § 1141 I 2, 1148. Gläub über BriefHyp muß Brief besitzen (BayObLG Rpfleger 83, 17); § 1155 verlängert die Vermutg. – Über die Eintr eines Rechts für die Fa einer Zweigniederlassg vgl KG JFG 15, 105. – **Nicht vermutet** werden: RFähigk (KG HRR 29, 1996 für Verein, str); GeschFgk. Ist eine eintraggsfäh VfgsBeschrkg (zB TestVollstr, NachErbsch) eingetr, muß sie GB-Führer beachten, ebso, wenn er weiß, daß sie fälschl gelöscht ist (vgl KGJ 40 A 199; **52**, 167). Sind **mehrere Berechtigte** eingetr, so muß die Art der RGemsch angegeben sein, damit sie von § 891 erfaßt wird (Brucht-, GesHdsGemsch bestimmter Art). Fehlt Angabe des GemschVerh (GBO 47), so spricht keine Vermutg für BruchtGemsch; § 742 nicht anwendb. Das **Recht** (Anm 1b) gilt als Eintr (W-Raiser § 44 Fußn 3, str) mit dem eingetr Inhalt (RG 116, 181) einschl Rang (BayObLG NJW-RR 89, 907) als bestehd; nach § 1138 ergreift die Vermutg auch die Fdg. Auch die Angaben zu Umfang u Begrenzg des HaftgsGgst, da hiervon der RInhalt abhängt, werden ergriffen, nicht aber and tats Angaben, vgl § 892 Anm 4a.

b) II. Das jetzt **gelöschte Recht** wird als erloschen vermutet. Nach Löschg wird sein früh Bestehen vermutet, wenn feststeht, daß Löschg nicht berichtigen sollte (BGH 52, 355). Keine Vermutg für negat Vollständigk.

5) Widerlegung der Vermutung dch Beweis des GgTeils zul, nicht schon dch Erschütterg der Vermutg (BGH NJW 80, 1048). Möglichk des Bestehens, **I**, od Nichtbestehens, **II**, ist auszuräumen; nicht jede denkbare, aber jede sich aus dem GB ergebde od vom Eingetragenen behauptete (BGH NJW 84, 2157). Vermutg zG des eingetr HypGläub ist widerlegt, wenn ein Dritter Brief u öff begl AbtretgsErkl erhalten hat (Köln RhNK 83, 52), die Vermutg gilt aber wieder, u zwar dch das GBA, wenn der Eingetragene den Brief besitzt u eine auch nur privatschriftl RückabtretgsErkl vorlegt (KG JW 39, 562). Zur Widerlegg genügt nicht, daß bei der Eintr verfrechtl Vorschr verletzt wurden (BGH WPM 69, 1352), od daß bei der Eintr kein Recht erworben ist, wenn späterer RErwerb (zB nachfolgende Einigg, gutgl Erwerb) behauptet wird (dann muß der Eingetragenen dieses widerlegt werden). Vgl auch § 900 Anm 3e. Tatsächl Vermutgen als solche widerlegen die RVermutg nicht, sind aber bei der Würdigg des GgBew zu werten (RG JW 36, 2400). Eintr eines **Widerspruchs** (§ 899, GBO 53) entkräftet Vermutg nicht (BGH LM Nr 3, 5).

892 **Öffentlicher Glaube des Grundbuchs.** ¹Zugunsten desjenigen, welcher ein Recht an einem Grundstück oder ein Recht an einem solchen Rechte durch Rechtsgeschäft erwirbt, gilt der Inhalt des Grundbuchs als richtig, es sei denn, daß ein Widerspruch gegen die Richtigkeit eingetragen oder die Unrichtigkeit dem Erwerber bekannt ist. Ist der Berechtigte in der Verfügung über ein im Grundbuch eingetragenes Recht zugunsten einer bestimmten Person beschränkt, so ist die Beschränkung dem Erwerber gegenüber nur wirksam, wenn sie aus dem Grundbuch ersichtlich oder dem Erwerber bekannt ist.

II Ist zu dem Erwerbe des Rechtes die Eintragung erforderlich, so ist für die Kenntnis des Erwerbers die Zeit der Stellung des Antrags auf Eintragung oder, wenn die nach § 873 erforderliche Einigung erst später zustande kommt, die Zeit der Einigung maßgebend.

Schrifttum: Lutter, Die Grenzen des sog Gutglaubensschutzes im GB, AcP **164**, 122. – Rahn, Hat § 892 II Bedeutg f d GB-Verf?, Just **66**, 258. – Reeb, Die Tatbestde der sog NichtVerkGesch, Diss. Mainz 1967. – Wiegand, Der öff Glaube des GB, JuS **75**, 205.

1) Allgemeines.

a) Rechtsscheinwirkung bei Unrichtig od Unvollständig des GB. Kraft der Fiktion seiner Richtigk hat der Eingetragene die RMacht, zG des gutgl Erwerbers über das Recht des nicht eingetr wahren RInhabers als NichtBerecht wirks so zu verfügen, als bestünde es so, wie eingetragen. Die Legitimationswirkg der Eintr wird dch Eintr des Widerspr od posit Kenntn der Unrichtigk ausgeschl (vgl Anm 6).

b) Fingiert wird **positiv,** daß das Recht dem Eingetragenen mit eingetr Inhalt u Rang zusteht; so erwirbt es der Gutgläub. – Fingiert wird **negativ,** daß nicht eingetragene od unricht gelöschte Rechte u VfgsBeschrkgen nicht (mehr) bestehen, daß der Inh des GB also vollständig ist. – Die Vermutg des § 891 ergreift nur gelöschte, nicht aber nicht eingetragene Rechte.

c) Inhaltlich unzulässige Eintragungen vermitteln keinen GutGlSchutz. Inhaltl Unzulässigk besteht bei Verlautbarg rechtl unzul RZustandes u bei dch Ausleg nicht zu behebder Widersprüchlichk; sie muß sich aus dem EintrVermerk od den zul in Bezug gen EintrUnterlagen ergeben (BayObLG **87**, 390).

2) Geltungsbereich.

a) Öff Glaube iSv Anm 1 ergreift nur **Rechte,** die eingetr sein müssen, um gg Dritte zu wirken, aber auch außerh des GB entstehde (sich ändernde) Rechte (§§ 1075, 1287, 1154 I, ZPO 848); wg **tatsächlicher Angaben** vgl Anm 4a. – Für **Verfügungsbeschränkungen** u **Widerspruch** gilt nur die negative Wirkg: ist Konk aufgeh, Vermerk aber nicht gelöscht, wird nicht geschützt, wer von KonkVerw erwirbt (W-Raiser § 45 II 1). – Wg **Vormerkung** vgl § 885 Anm 3 d, 5 b. – Kein Gutglaubensschutz bei **buchungsfreien** nicht gebuchten Grdst; and bei Voreintragg (RG **156**, 126; **164**, 389). – Kein Schutz gg Nichtbestehn **öffentlicher Lasten** u **Beschränkungen** (VG Freibg NJW **79**, 1843: WoBindG).

b) Nicht geschützt: persönl Verhältn des Eingetragenen, GeschFgk, Vollm (s aber § 1189); Identität des Verfügden mit Eingetragenem (RG **128**, 279; SeuffA **87**, 28); schuldr Anspr (aber § 1138); Erwerb des Anspr auf Wertersatz nach ZVG 92 (RG **76**, 277); Unterwerfgsklausel (Mü JFG **15**, 261).

c) Entsprechende Anwendung: §§ 893, 1138, 1155, 1157, S 2, 2113 III; EG 61, 118, 187 II.

d) Anwendung ausgeschlossen: §§ 1028 II, 1158, 1159 II; EG 114, 187 I, 188. Bei Verstoß gg MRG 52, 53 u ggü RückerstattgsR (BGH **25**, 27); hier auch kein Erwerb dch gutgl Nachmänner. Für **Zubehör:** § 926 II.

3) Schutzbereich. § 892 schützt nur den rgesch Erwerb dch VerkehrsGesch. Gemeint ist das dingl RGesch (weitergehd Canaris NJW **86**, 1488: Erwerb als Folge eines RGesch): Einigg, Eintr u etwa weitere notw VfgsElemente (BriefÜberg, § 1117). Es muß wirks sein: Mängel des ErwerbsGesch sind nicht geschützt, wie Fehlen der Vollm (RG **134**, 284; vgl aber § 1189 Anm 3 b), der VfgsMacht (RG **128**, 279), des Erwerbswillens (BGH DNotZ **66**, 172). – Auch die Eintr muß wirks sein (vgl § 873 Anm 4 b). – § 892 greift nicht ein bei Erwerb von Erb- od GmbHAnteil, da diese u nicht das für Erbl/GmbH fälschl eingetr Recht GeschGgst sind. And iFv § 419, wo § 892 grdsätzl nicht ausgeschl wird (RG **123**, 53; BayObLG NJW-RR **89**, 907).

a) Rechtsgeschäft. Kein Schutz bei: – **aa)** Erwerb dch **Staatsakt.** Auch nicht bei ZwVollstr: zB bei Eintr einer ZwHyp auf schuldnerfremdem Grdst (BGH WPM **63**, 219); die eingetr kann aber Dr rgesch gutgl erwerben (BGH NJW **75**, 1282); ebso, wenn Hyp gem ZPO 844 dch Privaten versteigert wird (BGH **LM** Nr 6). Bei Pfdg einer Hyp kein Schutz vg nichteingetr VfgsBeschränkgen (RG **90**, 337). Ersteher in ZwVerst erwirbt dagg dch den **Hoheitsakt des Zuschlags** (vgl dazu RG **129**, 159) gem ZVG 90, 91 Eigt am Grst, frei von Belastgen, die nach VerstBedinggen nicht bestehen bleiben, selbst bei Kenntn, daß VollstrSchuldn nicht Eigtüm. – **bb)** Erwerb **kraft Gesetzes,** wenn GB also dch RVeränderg unricht wird, die sich außerh seiner vollziehen, vor allem bei GesamtRNachfolgen; das gilt auch bei vorweggenommener Erbfolge (Zweibr OLGZ **81**, 139; BayObLG NJW-RR **86**, 882). – Kein Schutz bei urspr Erwerb (Zweibr aaO), zB § 928. – Für RÄndergen dch Zeitablauf, §§ 900, 901, ist Glaube bedeutgsl.

b) Verkehrsgeschäft. Geschützt wird nur ein RGesch, bei dem auf der Erwerberseite mind eine Pers beteiligt (aber nicht nur als Strohmann; RG **130**, 390), die nicht auch der Veräußerseite beteiligt ist **(Dritterwerb);** nur dann Bedürfn für Vertrauensschutz. Kein Schutz des guten Gl des Erwerbers an Nichtbeteiligg auf Veräußererseite (aA Hbg MDR **59**, 759), da er insow nicht auf Unterrichtg dch GB angewiesen. Trotz formaler PersVerschiedenh auch kein Schutz bei wirtsch Identität.

aa) Kein Gutglaubensschutz: Bei **persönlicher Identität** wie zB: BuchEigtümer bestellt sich EigtümerR (KG OLG **46**, 61) od behält sich für GrdstVeräußerg beschr dingl Recht vor (zB RestkaufprHyp). Umwandlg einer GesHands- in BruchtBerechtigg unter gleichen Pers u umgekehrt. Übertr von GesHand auf and persgleiche GesHand (zB von ErbenGemsch auf KG; RG **117**, 257) od auf GesHänder (zB von ErbenGemsch auf Miterben; Hamm MittBayNot **75**, 72). BuchAlleinEigtümer, der tats GesHänder, veräußert an and GesHänder (BGH **30**, 255; aA bei gutem Gl des Erwerbers an AlleinEigt: Hbg MDR **59**, 759; Erm/Hagen Rdn 12). Kein Erwerb des eigenen Brucht, wenn BuchAlleinEigtümer Bruchteile an Dritte (die gutgl erwerben) veräußert (RG DJZ **29**, 917). – Bei **wirtschaftlicher Identität** wie zB: Umwandlg von Brucht- (RG **119**, 126) od GesHandsBerechtigg (KG JW **27**, 1431) in solche jur Pers, wenn an dieser nur gleiche Pers beteiligt, u umgekehrt. Veräußerg von AG/GmbH an alleinigen Aktionär/Anteilseigner (RG **126**, 48) u umgekehrt (RG **143**, 202).

§ 892 3–5 3. Buch. 2. Abschnitt. *Bassenge*

bb) Aber **Gutglaubensschutz** wg mangelnder Identität zB bei: Natürl Pers veräußert an jur Pers (RG JW 30, 3740) od OHG/KG, an der außer ihr Dritte beteiligt, u umgekehrt (RG JW 29, 1387). BuchMitEigtümer bestellen beschr dingl Recht für einen von ihnen am GesGrdst (KG Recht 28, 2461). BuchMitEigtümer erwirbt Brucht eines and BuchMitEigtümers (Erm/Hagen Rdn 12; RGRK/Augustin Rdn 10; aA Soergel/ Baur Rdn 24); aber kein lastenfreier Erwerb, wenn MitEigtümer weiteren Brucht erwirbt, nachdem Belastg des GesGrdst zu Unrecht gelöscht (KG JW 27, 2521; BayObLG JW 28, 522; Köln DRiZ 30 Nr 306). TestVollstr erwirbt NachlGgst (BGH NJW 81, 1271).

4) Grundsatz: Der Inhalt des GB zZ der Vollendg des RErwerbs (BGH Rpfleger 80, 336) gilt als richt u vollständ. Schutz gg Unrichtigk (§ 894 Anm 3). Kein Schutz gg zwar unklare aber ausleggsfäh Eintr (§ 873 Anm 4 c), gg nichtige Eintr (§ 873 Anm 4 b; zB Radierg, Ffm OLGZ 82, 56) od Doppelbuchg (§ 891 Anm 2 a) u gg Abweichg der tats Verh vom GBInhalt (BGH NJW 76, 417). Wg bei herrschden Grdst eingetr (subj-dingl) Recht vgl § 891 Anm 2 b.

a) Grundbuchinhalt ist die Gesamth der sich auf die eintraggsfäh Rechte u VfgsBeschrkgen beziehden Eintraggen (RG 116, 180; BayObLG NJW-RR 89, 907) auf dem maßg GB-Blatt (vgl § 891 Anm 2 b) einschl der gem § 874 in Bezug genommenen Urk iR der zuläss Bezugn (BayObLG aaO). § 1155 erweitert den RSchein auf den HypBrief. – **Tatsächliche Angaben:** Der öff Glaube erstreckt sich auf Bestandsangaben (Gemarkg, Flur, FlSt/Parzelle) des GB insow, als dadch wird eine bestimmte Bodenfläche als Ggst des eingetr Rechts nachgewiesen wird (BayObLG 87, 410; dort auch zur Grenzänderg dch natürl Ereign). Doch genügt bei zul u hinreichd bestimmter Buchg des Bestandes unter GesBezeichg auch Bezugn auf Grdsteuermutterrolle (RG JW 27, 44); zu beachten, daß Erwerber Grdst mit dem GB bezeichneten Umfang nur erwirbt, wenn sich Einigg darauf erstreckt (vgl LG Frankental NJW 56, 873; vgl zu allem Lutter aaO 138), – Nicht geschützt andere rein tats Angaben in Spalte 3 e, 4 des BestandsVerz (BayObLG 87, 410), nicht auch BestandteilsEigensch eines Gebäudes (§§ 93–95). – Wg ZPO 325 II ist auch die **Rechtshängigkeit,** die das Grdst (GrdstR) streitbefangen macht, wie eine VfgsBeschrkg eintragb. Grdlage der Eintrag: einstw Verfügg (Mü NJW 66, 1030; Stgt NJW 60, 1109, das zu Unrecht § 899 II hier nicht gelten lassen will). Auch der Anspr ist glaubh zu machen (Wächter NJW 56, 1365; aA Mü aaO). Entgg der hM kann die Eintr auch gem GBO 19, 22, 29 begehrt werden, wie auch sonst, wenn VfgsBeschrkg nicht eingetragen (Stgt OLGZ 79, 300; Zweibr NJW 89, 1098); vgl unten Anm 6 b. – Zur EintrFähigk von auf GrdstR bezügl **Prozeßverträgen** vgl Soehring, NJW 69, 1096.

b) Wirkung. – aa) Eingetragener gilt als der wahre Berecht; ist er als BruchtBerecht eingetr, gilt er als solcher, auch wenn er GesHänder ist (Hamm DNotZ 54, 256). War nicht der Veräußerer eingetr, kann Erwerber nur auf Bestand des Rechts, nicht auf Berechtigg des Veräußerers vertrauen. Öff Glaube erfaßt nicht den ErwerbsGrd. Der gem § 1155 ausgewiesene HypGläub steht einem eingetragenen gleich. – **bb)** Ist noch der (nichtberecht) Erblasser eingetr, schützt § 892 den vom wahren **Erben** Erwerbden, vgl § 891 Anm 4 a. Gem §§ 892, 2366 kann ein doppelt Gutgläubiger vom falschen ErbSchErben Grdst erwerben, das fälschl für Erbl eingetr war (vgl BGH NJW 72, 435); die dch falschen ErbSchErben bewilligte Vormerkg verhilft dem Gutgl auch zum Erwerb des dingl Rechts selbst. § 892 II gilt nicht für Erwerb dch 2366 (vgl dort Anm 3); es entscheidet nur Ztpkt des RErwerbs. – Ist der **Vorerbe** des verst Eigtümers noch nicht eingetr, wird Dritterwerber nicht gem § 892 I 2 im Glauben daran geschützt, daß mangels Eintr des Rechts des NachE (GBO 51) der VorE VollE sei (BGH NJW 70, 943; krit Batsch NJW 70, 1314). – **cc)** Die **Richtigkeit und Vollständigkeit des Grundbuchs werden fingiert;** kein GgBeweis. Erwerber erwirbt ohne Rücks auf tats Kenntn vom Buchinhalt (BGH Rpfleger 80, 336) so, wie wenn Eintr wahrer RLage entspräche; das **Grundbuch wird richtig,** Dritte erwerben vom Berecht auch bei Kenntn früh Unrichtigk (BayObLG Rpfleger 87, 101). Wirkg des § 313 S 2 tritt ein (§ 313 Anm 12 b aa). Bei gutgl Erwerb eines Rechts an einem eingetr, aber nicht bestehden (od einem mit schlechterem Rang als eingetr) GrdstR (zB Hyp an ErbbR) gilt letzteres nur insow (bzw mit dem besseren Rang) als entstanden, nicht aber im Verh zw Eigtümer u BuchBerecht (KG OLG 46, 62; BayObLG 86, 294). Bisheriger (nicht eingetr) Berecht verliert sein Recht, soweit der gutgl Erwerber dch dieses geschmälert; zB Hyp des A (2000) zu Unrecht gelöscht; danach wird eine Hyp von 5000 für den bösgl B u später eine von 3000 für den gutgl C eingetr: dann verliert A Vorrang vor C, nicht den vor B (relatives RangVerh), Wirkg bei Erlösverteilg entspr § 881 IV (§ 881 Anm 5 c cc; KG JFG 5, 402), so daß bei zu verteildem Erlös von 6000 erhalten: C 1000, B 4000, A 1000. Erwirbt dagg vor WiederEintr des A der gutgl D das Eigt, erlischt die Hyp des A. – **dd) Bisheriger Berechtigter** ist gg den Erwerber auf § 816 I 2, § 826 (RG 117, 189) od Anfechtg nach KO od AnfG (RG 68, 153) beschränkt; kein SchadErsAnspr nach § 823 (RG 90, 397), weil § 892 Haftg für (jede) Fahrlk ausschließt. Kein Anspr aus § 1004, da Erwerb rechtm (BGH 60, 46, 49). Über Ggst des BereichergsAnspr, wenn BuchEigtümer belastet, Schuler NJW 62, 2332. – **ee)** Über **Rückerwerb des Nichtberechtigten** vom gutgl Erwerber vgl § 932 Anm 5 b.

5) Verfügungsbeschränkungen.

a) Nur den Schutz bestimmter Personen bezweckde **(relative)** VfgsBeschrkgen u -Entziehgen u gleichstehde (vgl § 878 Anm 2 c); zB TestVollstrkg; hierher gehört auch die VfgsBeschrkg des Vorerben, obwohl sie eine absolute ist, deren WirkgsKraft zeitl hinausgeschoben ist (vgl § 2113 Anm 1 b); also Nacherbsch (einschl der Belastg des NacherbR, RG 83, 436). Ersatznachersbsch (BGH JW 37, 2045), Konk (KO 7, 106), VfgsVerbote im VerglVerf (VerglO 58 ff), Veräußergs- u Erwerbsverbote aGrd einstw Vfg (RG 117, 292), aber auch Ausschließg der Abtretbark eines Rechts, VfgsBeschrkg nach § 161 (LG Nürnb-Fürth MittBayNot 82, 21). – § 892 betrifft nicht VfgsBeschrkgen, die nach § 878 bedeutslos (vgl § 878 Anm 1 c).

b) Wirkung relativer VfgsBeschrkgen. Eingetragene sperren das GB regelm nicht (anders bei VfgsEntziehg durch Konk, NachlVerwaltg, TestVollstrg). Entggstehende Vfgen sind nur dem Geschützten ggüber unwirks (RG 106, 140). Er kann, sow nicht § 888 II Sonderregelg trifft (s dort Anm 2 b), Berichtigg des GB nach § 894 beanspruchen, wie zB KonkVerw ggü dem nach KO 7 bösgl RErwerber. Nichteingetragene hindern den RErwerb nur, wenn Erwerber sie kennt (vgl Anm 6b, 7). Auch SchadErsAnspr, §§ 823ff, mögl. Vgl ferner EG 168. Wg RangVerh von VfgsBeschrkgen vgl § 879 Anm 2a aa. – Für VfgsBeschrkgen gilt nur die negative Wirkg (Anm 1b, 2a).

c) Gutgläubiger Erwerb ggü **absoluten** VfgsBeschränkungen durch ersten Erwerber nicht mögl. Daher kein Schutz bei nach § 1365 unwirks Erwerb eines Grdst von einem Ehegatten; and wenn Dritter nicht weiß, daß Grdst gesamtes Vermögen darstellt (BGH **43**, 105 anderers; vgl auch Vorbem 4 vor § 932. Der Zweiterwerber ist regelm geschützt (RG **156**, 93). Anders in den Fällen Anm 2c.

6) Ausschluß des Erwerbs. Beweispflichtig ist der Gegner des Erwerbers.

a) Eintr eines **Widerspruchs** (vgl § 899 Anm 1) im GB. Er muß wirks eingetr (§ 899 Anm 5) u begründet sein (RG **128**, 55). Der Eintr steht unrichtige Löschf gleich, wenn Erwerber deren Unrechtmäßigk kennt (str; aA KGJ **49**, 179). Das durch den Widerspruch gesicherte Recht muß dem zu erwerbenden Recht entggstehen. Ein Widerspr gg das Eigt wirkt gg jede Vfg des NichtEigtümers; er hindert nicht nur die Bestellg, auch die weitere Abtretg der Hyp, letztere aber dann nicht, wenn Widerspr gg Eigt erst nach Bestellg der Hyp eintr wurde u der Zedent, zB von Bösgläubigk, die Hyp nicht erworben hatte (Westermann § 85 II 5b; Medicus AcP **163**, 13; aM RG **129**, 127); Zessionar muß sich auf Wirksamk der Hyp verlassen dürfen. Eintr im Ztpkt der Vollendg des RErwerbs maßgebd; Gutgläubigk des Erwerbers bei AntrStellg belanglos. Im Sonderfall § 1139 wirkt Widerspr zurück.

b) **Kenntnis der Unrichtigkeit** (zu ihr § 894 Anm 3). Inwieweit Kenntn der die Unrichtigk begründenden **Tatsachen** gleichzusetzen, hängt vom Einzelfall ab; Folgen der GeschUnfähigk zB sind nach der Lebenserfahr als bekannt anzunehmen (BGH WPM **70**, 476). Bei bedingten Rechten od Fdgen kommt es auf die Kenntn vom Eintritt od Ausfall nicht an, weil diese Umst nicht zum Inhalt des GB gehören (RG **144**, 28). Für **Kenntnis** genügen Zweifel an der Richtigk (RG **117**, 189; vgl auch LG Bayr MittBayNot **87**, 200; billigde Inkaufnahme) od grobfahrl Unkenntnis nicht; keine ErkundiggsPfl (BayObLG NJW-RR **89**, 907). Kenntn aber, wenn Erwerber über die Unrichtigk so aufgeklärt worden ist, daß sich ein redl Denkender der Überzeugung nicht verschließen würde (BGH **LM** Nr 5). Auch ein Rechtsirrtum kann Kenntn hindern (RG **98**, 220; JW **28**, 102). Für anfechtbare Eintragen gilt **§ 142 II**. Kenntn der **Rechtshängigkeit** eines Proz, in dem die Unrichtigk des GB geltd gemacht wird, genügt (ZPO 325 II, RG **79**, 168; vgl dazu oben Anm 4 aaE). Maßg ist die Kenntn des **Vertreters**, § 166 I; vgl aber § 166 II 1; Vertr kann auch ein Notar sein; war dieser nur als UrkPers tätig, schadet seine Kenntn nicht (KG NJW **73**, 56). – Bei jur Pers genügt die Kenntn nur eines Vertreters (RG JW **35**, 2044), bei GesHändern die Kenntn eines Teilhabers.

c) Vgl §§ 1140, 1192, wenn sich die Unrichtigk des GB aus dem Brief ergibt.

d) Über die Wirkg eingetragener Vormkgen vgl § 883 Anm 3, über VfgsBeschrkgen vgl Anm 5b und § 879 Anm 2a aa.

7) Für Kenntnis entscheidet (ebenso wie für Buchstand, Anm 4) idR der **Zeitpunkt**, da sich RErwerb vollendet, also der, in dem alle sachlrechtl Elemente der RÄnderg, von der fehldn Vfgsmacht des and Teils abgesehen, erfüllt sind. Über Gutgläubigwerden zw Einigg u maßgl Ztpkt vgl Gursky JR **86**, 225.

a) **II** greift zG des Erwerbers ein, der nach Stellg des EintrAntr (gleichviel ob er od der Verfügde diesen stellte) bösgl wird. Er hilft nur über nachträgl Kenntn von Unrichtigk hinweg, aber nicht gg zzweitl eingetr Widerspr od richt gewordenes GB (vgl unten d aa), so daß also Stellg des Vorgemerkten stärker ist (§ 885 Anm 3d bb). – Ist somit Einigg vorausgegangen, wird der maßg Ztpkt vorverlegt auf den Eingang des EintrAntr beim GBA (Schutz des Erwerbers vor verzögerter Erledigg). Dies gilt aber nur, wenn RErwerb sich mit Eintr vollendet, wenn also zB bei Bestellg einer BriefHyp auch die Überg des Briefs bereits gem § 1117 II ersetzt war (RG **137**, 95), wofür GBO 60 II nicht genügt. **II daher zu lesen:** „Ist zum Erwerb des Rechts nur noch die Eintr erforderl, so ist für die Kenntn des Erwerbers die Zeit der Stellg des EintrAntr od, wenn die sonstigen materiellrechtl Erfordern zum RErwerb (zB Einigg, Brief-Überg, Valutierg der Hyp [RG **141**, 379], Gen [Anm 7c]) erst später erfüllt, dieser Ztpkt maßg". Der EintrAntr braucht nicht von Anfang an allen formellen Erfordern zu genügen, er muß aber die Eintr (auch wenn auf RMittel) herbeiführen (RG HRR **29**, 384).

b) Bei **aufschiebend bedingter Einigung** braucht Erwerber nicht auch dann noch gutgl sein, wenn Bedingg eintritt; gilt entspr für Befristg.

c) Verfügt NichtBerecht od vollmachtloser Vertr u genehmigt dies BuchBerecht, so entscheidet Ztpkt der **Genehmigung;** also kein RErwerb, wenn Bösgläubigk vorher eintritt. Keine Rückwirkg gem § 184 I, da diese wirks Gen dch Berecht voraussetzt (RG **134**, 286; aA Pfister JZ **69**, 623). – And RG **142**, 59 bei vormschgerichtl Gen u behördl Gen 38 bei schlechthin, bei der es auf den Ztpkt ankommen soll, da alle sonstigen sachlrechtl RGeschElemente u Eintr vorliegen. Dagg mit Recht Zunft AcP **152**, 300; Schönfeld JZ **59**, 140: Lutter 169; Westermann § 101 II 6d.

d) Das **Grundbuch** muß zZ der Eintr des gutgl RErwerbers (BGH **60**, 46, 54) u grdsätzl auch schon zZ des EintrAntr **unrichtig** sein. II nicht anwendb bei Unrichtigwerden zw AntrStellg u Eintr (BGH NJW **80**, 2413).

aa) War das GB bei Stellg des EintrAntr unrichtig u wurde es (auch unter Verstoß gg GBO 17, 45) vor Eintr richtig od wurde vor Eintr ein Widerspr eingetr, so kein GutGlSchutz (RG HRR **31** Nr 1313; KE-HE/Ertl § 19 Rdn 95; MüKo/Wacke Rdn 61; zur Anwendg von § 878 vgl dort Anm 1c).

bb) Wird GB erst zw Eingang des Antr u Eintr unricht, stellt RG **116**, 351; **140**, 39 auf Ztpkt der Vollendg des RErwerbs ab. Richtig: Ztpkt, da die unricht Eintr erfolgt (Erm/Hagen Rdn 18; Lutter aaO 174); wurde zB Belastg erst nach Stellg des Antr auf EigtUmschreibg zu Unrecht gelöscht, dann lastenfreier Erwerb schon bei Gutgläubigk zZ der Eintr der Unrichtigk, also der Löschg. Wenn sich der Erwerb eines BriefGrdPfdR mit der die BriefÜberg ersetzden Vereinbg gem §§ 1154 I 1, 1117 II vollendet, muß das GB, um gutgläub Erwerb zu ermöglichen, in diesem Ztpkt unricht gewesen sein (BGH **60**, 53).

cc) War der unbefugt Verfügde nicht im GB eingetr, wird Erwerber geschützt, wenn er im Ztpkt der falschen Eintr des NichtBerecht (Erm/Hagen Rdn 18; Lutter aaO 174; aA RG **116**, 351; **140**, 39: bei Vollendg des RErwerbs) noch gutgl war, sofern in diesem Ztpkt zum RErwerb nur noch die Eintr fehlte.

dd) RErwerber kann sich auch auf **Eintragung** stützen, die **gleichzeitig** mit der seines (gutgläub erworbenen) Rechts erfolgt sind. Werden mehrere, am selben Tag eingegangene Anträge gleichzeit erledigt, gilt die Eintr aller RÄndergen und Vollzug des letzten GB-Eintrags als einheitl abgeschl. Beispiel: ErbbR wird fälschl gelöscht u Hyp (in diesem Sinn) gleichzeit eingetragen; § 892 hilft dieser zum Rang vor dem ErbbR (BGH NJW **69**, 93). Wird gleichzeit mit EigtUmschreibg Hyp gelöscht, dann dch § 892 lastenfreier Erwerb (RG **123**, 22; **140**, 39). – Maßgebd hier Ztpkt der (einheitl) Eintr.

ee) Auch der Zweiterwerber bei **doppeltem Rechtsübergang** ist geschützt. In RG **147**, 301 war eine HöchstBetrHyp für Fdgen gg X in VerkHyp desselben Gläub für Fdg gg Y umgewandelt u dann abgetr worden, wobei sie noch nicht valutiert war; obwohl UmwandlgsErwerb des Zedenten zeitl mit AbtrErwerb des Zessionars zusfiel u beides in einem Vermerk vollzogen, erwarb Zessionar gem §§ 892, 1138 gutgläub.

ff) Nicht kann sich der Gutgläub aber auf die Eintr des eigenen RErwerbs stützen, mag dieser erst später dch nachfolgde Einigg vollendet worden sein (RG **128**, 280, 284): Geschützt ist nur das Vertrauen auf den dem RErwerb des Gutgläub unmittelb vorausgehenden GBStand.

8) Kennt das Grundbuchamt die Unrichtigk od die nicht eingetr VfgsBeschrkg, so darf es nicht dch Eintr gutgl RErwerb herbeiführen, denn es hat VfgsMacht im Zeitpkt der Eintr zu prüfen (KG DNotZ **73**, 301; Düss MittBayNot **75**, 224; RGRK/Augustin Rdn 125; aA Habscheid ZZP **77**, 199; Ertl Rpfleger **80**, 44; Böttcher Rpfleger **83**, 187; Böhringer BWNotZ **85**, 102).

893 *Rechtsgeschäft mit dem Eingetragenen.* Die Vorschriften des § 892 finden entsprechende Anwendung, wenn an denjenigen, für welchen ein Recht im Grundbuch eingetragen ist, auf Grund dieses Rechtes eine Leistung bewirkt oder wenn zwischen ihm und einem anderen in Ansehung dieses Rechtes ein nicht unter die Vorschriften des § 892 fallendes Rechtsgeschäft vorgenommen wird, das eine Verfügung über das Recht enthält.

1) § 893 erweitert den öffentlichen Glauben auf zwei Tatbestände: Leistg an eingetr NichtBerecht (Anm 2) u Vfg anderer Art dch diesen (Anm 3). Beides muß unmittelb auf dem eingetr dingl Recht beruhen, nicht auf einem SchuldVerh. Ausschl dch § 1140. Die entspr Anwendg auf die dch § 1155 ausgewiesenen NichtBerecht (dort Anm 3c) bedeutet andrers, daß Vfg des als BriefGrdPfdGläub Eingetragenen u Leistg an ihn nicht dch § 893 geschützt werden, wenn er nicht im Besitz des Briefes ist (RG **150**, 356). Wg SichgHyp vgl § 1184 Anm 2.

2) Leistungen auf Grund eingetragener Rechte. Jede Sachleistg (zB §§ 1094, 1105) od Geldzahlg (zB §§ 1105, 1113, 1191, 1199) zur Tilgg des dingl Anspr. Gleichgültig, ob der Verpflichtete od ein Dritter leistet, zB nach §§ 268, 1143, sofern auf das dingl Recht geleistet wird. Auch ErfüllgsSurrogate, §§ 387, 364 I. – Nach hM legitimiert die Eintr im GB allein (also ohne BriefBes, §§ 1144, 1145 I, 1160 I) nicht zur Entgnahme des Kapitals aus dem BriefR (RG **150**, 356). Gelangt der Eingetragene nach wirks Abtretg (außerh des GB) wieder in Besitz des Briefes, dann Leistg des Gutgl an ihn wirks. – Kein Schutz bei Tilgg des bloßen pers Schu od Bürgen, da keine Leistg „für die Hyp"; aber §§ 406 ff uU anwendb (vgl Boehmer ArchBürgR **37**, 206). Doch wird auf Hyp leistder Eigtümer, der zugl pers Schu, auch von der pers Schuld frei (MüKo/Wacke Rdn 4). Kein Schutz bei Zahlg an vermeintl RNachf. Nicht befreit auch Leistg an Vorgemerkten, der nicht Gläub des Anspr ist (RGRK/Augustin Rdn 6; aA MüKo/Wacke Rdn 6). Kein Schutz für zahlden Mieter (MüKo/Wacke Rdn 5; aA Erm/Hagen Rdn 2).

3) Verfügungen sind RGeschäfte, die unmittelbar auf die Änderg dingl Rechte gerichtet sind (RG **90**, 399). Der Abschl schuldrechtl Verträge (RG **106**, 112) od die Prozeßführg (vgl aber § 1148) fallen nicht darunter. Str, ob bei Vermietg mit BesÜberlassg § 571 zuungunsten des wahren Berecht anwendb; hM verneint (RG **106**, 109; BGH **13**, 1). § 892 schützt den RErwerb, § 893 Vfgen anderer Art. Zu diesen gehören: Inhaltsänderg, § 877. Rangänderg, § 880. Aufhebg eines Rechts am Grdst. § 875; auch dann, wenn die Erkl dem GBA ggü abgegeben wird (MüKo/Wacke Rdn 8; aA RGRK/Augustin Rdn 10). Zustimmg Dritter, §§ 876, 1183. VormkgsBestellg aGrd Bewilligg (BGH **57**, 341; Medicus Rdn 553; aA [§ 892 weil Vormkg dingl Recht] Kempf JuS **61**, 22; Wunner NJW **69**, 113). Kündigg (BGH **1**, 304; vgl auch §§ 1141 I 2, 1156 S 2); Einwilligg u Gen einer Vfg (RG **90**, 399); hiernach auch unwiderrufl Vollm mit Einräumg des Besitzes u der Nutzgen (bedenkl).

4) Wirkung. Der Nichtberechtigte, der die Leistg annimmt od verfügt, gilt als der wahre Berecht (RG **116**, 177). Der Leistende wird also befreit, die Vfg ist ihm ggü wirks. Anders nur bei Eintr eines Widerspruches od einer VfgsBeschrkg od bei Kenntnis (§ 892 Anm 6, 7). Bei berechtigten Zweifeln darf der Leistende nach § 372 S 2 hinterlegen (RG **97**, 173). Wegen der Rechte des wahren Berechtigten vgl § 892 Anm 4b dd.

894 *Berichtigung des Grundbuchs.* Steht der Inhalt des Grundbuchs in Ansehung eines Rechtes an dem Grundstück, eines Rechtes an einem solchen Rechte oder einer Verfügungsbeschränkung der in § 892 Abs. 1 bezeichneten Art mit der wirklichen Rechtslage nicht im Einklange, so kann derjenige, dessen Recht nicht oder nicht richtig eingetragen oder durch die Eintragung einer nicht bestehenden Belastung oder Beschränkung beeinträchtigt ist, die Zustimmung zu der Berichtigung des Grundbuchs von demjenigen verlangen, dessen Recht durch die Berichtigung betroffen wird.

Aus dem Schrifft: Pohle, Der materiellrechtl u der prozessuale Verzicht auf den GBBerichtiggsAnspr, JZ 56, 53.

1) Allgemeines.

a) Das GB steht nicht stets mit der wahren RLage in Einklang (vgl Anm 3). Heilg: Nachholg der zur RÄnderg fehlden sachlrechtl Erfordernisse; dch § 185 II; dch Verjährg, § 901. Beseitigt: dch RErwerb eines Dritten, §§ 892, 900, 927; dch Staatsakt (Enteigng). IdR aber müssen – bei Gefahr der RVerlusts dch §§ 892 ff, in der ZwVerst (vgl RG 157, 96) – die **Beteiligten die Berichtigung betreiben**, um den Buchstand wieder dem Sachstand anzugleichen. Berichtiggszwang: GBO 82; Berichtigt vAw: GBO 82a.

b) Das Grundbuchamt berichtigt auf **Nachweis der Unrichtigkeit** (GBO 22) od auf **Bewilligung des Betroffenen** (GBO 19), die auch unter Berücksichtig des formellen Konsensprinzips (Übbl 3 d bb vor § 873) den Berichtiggs- (also nicht etwa einen RÄndergs-) -willen u die Art der Unrichtigk enth muß (Ffm DNotZ 72, 490). – Die Bewilligg des BuchBerecht bedarf der Zustimmg des bish wahren Eigtümers. Ist zweifelh, ob BuchEigtümer oder der Neueinzutragde Eigtümer des Grdst ist, so genügt Einigg zw diesen nicht; notw GBO 35 (Stgt BWNotZ 70, 90). Die Unrichtigk kann in grundbuchm Form, GBO 29, nicht immer nachgewiesen werden. § 894 gibt deshalb dem Berecht (Anm 4) gg den Betroffenen (Anm 5) einen dingl Anspr auf Bewilligg der Berichtigg. Der Berecht kann zw dem Verf nach GBO 22 u § 894 frei wählen (RG HRR 31, 1049); uU kann für Klage RSchutzbedürfn fehlen (BGH NJW 62, 963; Furtner DNotZ 63, 196), so wenn Nachw nach GBO 22 glatt zu führen, zB dch Urk (Zweibr OLGZ 67, 439) od aus GB selbst (Ffm NJW 69, 1906; aA Hoffmann NJW 70, 148), nicht aber bei zweifelh Erfolg des GB-Verf (Schlesw MDR 82, 143). – § 894 verdrängt als Sondernorm § 1004 (vgl dort Anm 1c). Davon ist zu unterscheiden: der schuldrechtl BerichtggsAnspr aus Vertr, dem Gesichtspkt des SchadErs od nach § 812 (RG 139, 355); der schuldrechtl Anspr auf Herbeiführg einer RÄnderg; vgl auch Anm 7. – Im AntrVerf ist dem GBA bei Berichtig des Eigentümers u ErbbBerecht UnbedenklichkBescheinigg des Finanzamts (vgl § 925 Anm 7) erforderl (Haegele/Schöner/Stöber Rdn 148; Weber NJW 73, 2015).

c) Sicherung durch Widerspruch; vgl § 899 Anm 1.

2) Geltungsbereich

a) § 894 gilt nur für Rechte an Grdst, Rechte an GrdstR, relative VfgsBeschrkgen u gleichzubehandelnde VfgsEntziehgen (§ 892 Anm 5 a).

b) Entspr Anwendg, wenn VfgsBeschrkg, Vormkg (RG 163, 62) od Widerspr zu Unrecht eingetr od gelöscht worden (RG 132, 424; BGH 51, 50).

c) Ist ein Recht entgg einer relat VfgsBeschr erworben, so wird § 894 im Anwendgsbereich des **§ 888** dch diesen verdrängt (Erm/Hagen Rdn 6). Anders – also § 894 – nach RG 132, 149 bei nicht dch § 888 II erfaßten Veräußerungsverboten.

d) Nicht unter § 894 fällt die Berichtigg nicht am öff Glauben teilhabder rein tatsächl Angaben (§ 892 Anm 4 a), der unrichtigen Bezeichng des Berecht (KG JFG 1, 371), von Schreibfehlern od ungenauer od undeutl gefaßter Eintr (KG DR 42, 1796). Nachweis solcher Unrichtigkeiten bedarf nicht der Form des § 29 GBO; Berichtigg od Klarstellg vAw. Vgl auch Hbg DNotZ 55, 148 Anm Hoche. Über Parzellenverwechslg vgl RG 133, 281. Bei inhaltl unzul Eintr nur Löschg nach GBO 53 I 2 (Schmid Rpfleger 87, 133 zu Fußn 53); bei nicht eintrfäh Rechten Anspr aus § 1004 (RG JW 23, 750).

e) Wegen der Hyp vgl §§ 1138, 1155, 1157.

3) Gründe für die Unrichtigkeit: GBA trägt falsch ein. Das formelle Konsensprinzip (Übbl 3 d bb vor § 873): es enthebt GBA idR der Prüfg, ob materielle Einigg vorliegt; diese kann zudem nichtig, angefochten sein. Einigg u Eintr decken sich nicht (§ 873 Anm 4 a). Behördl Gen fehlt. Vormkg nennt und Anspr als vereinbart oder Erfüllg des gesicherten Anspr wird unmögl (BGH MittBayNot 75, 21). Beweggvorgänge bei GrdPfdR führen außerh des GB zu Änderg des RInhabers, der gesicherten Fdg, §§ 1143, 1150, 1163, 1164. Surrogation: §§ 1075, 1287, ZPO 848. Belastg (ZPO 830, 857), Erlöschen (§ 1025 S 2) eines Rechts außerh des GB. Eine (relative) VfgsBeschrkg (§ 892 Anm 5 a) ist noch nicht nicht richt eingetr od erloschen (z Nacherbenvermerk BayObLG 73, 272: dieser wird nicht schon unrichtig, wenn Nacherbe Pflichtteil erhält, im Hinblick auf § 2306 II). Zur Eintr der RHängigk vgl § 892 Anm 4 a. – GesRNachfolgen (Erbgang, GüterGemsch) u gesellschrechtl Vorgänge: vgl § 873 Anm 2 a bb, b, c.

4) Berechtigt ist nur, wer dch die Unrichtigk unmittelb beeinträchtigt ist.

a) Das ist der **wahre Inhaber** des nicht od nicht richtig eingetr Rechts; zB der HypGläub bei versehentl Herabsetzg des Zinsfußes; derjenige, auf den zu Unrecht gelöschte Hyp als GrdSch übergegangen ist; Drittbrecht bei Löschg belasteten Rechts. Bei nicht od nicht richtig eingetr VfgsBeschrkg der Geschützte (KGJ 52, 144). Bei MitEigtümern, § 1011, od Miterben § 2039, jeder von ihnen (RG HRR 30, 1220); vgl aber Anm 6 b. Der KonkVerwalter (RG 77, 108). Nie der Buchberecht (vgl KGJ 47, 184); kann er die Berichtigg nicht selbst herbeiführen (vgl wg GBO 22 II, 27), ist er auf schuldrechtl Anspr gg den wahren Eigtümer beschränkt. Nie VormerkgsBerecht bei vormerkgswidr Eintr (§ 886 Anm 1b).

b) Bei einer unrichtig eingetr Belastg od VfgsBeschrkg können **mehrere Personen** beeinträchtigt sein. Jeder unabhängig vom anderen berichtiggsberechtigt. – **aa)** Der wahre Inh des belasteten Rechts; zB der Eigtümer bei versehentl Erhöhg von HypZinsen; dagg nicht, wenn aGrd nichtiger Abtretg B statt A als HypGläub eingetr ist. – **bb)** Gleich- u nachstehende Berechtigte, wenn ihr Rang beeinträchtigt wird. Sie können die Löschg des vorgehenden Rechts beanspruchen (KGJ 47, 208).

5) Verpflichtet sind die Inh aller durch die Berichtigg betroffenen Rechte.

a) Betroffen wird das Recht, das durch die Berichtigg buchm beseitigt (gelöscht od übertragen) od geschmälert (belastet, im Inhalt, Rang oder HaftsGgst verändert) werden soll. ZB verpflichtet können sein bei Eintr einer Hyp mit unrichtigem Inhalt: HypGläub, Eigtümer, PfdGläub, uU die gleich- u nachstehenden Berechtigten; bei Eintr einer VfgsBeschrkg der Geschützte. Betroffener kann auch ein nicht Eingetragener sein, wenn seine Mitwirkg zur Berichtigg nöt, zB der Besitzer des Briefs einer zu löschden Hyp (vgl BGH **41**, 30, 32).

b) Der verfüggsberechtigte Inh hat zuzustimmen (KGJ **40**, 159); also zB der KonkVerw (Celle NJW **85**, 204), TestVollstr; Vorerbe und Nacherbe. Soll ein Recht gelöscht od übertragen werden, wird (nur) der Buchberechtigte betroffen, dessen BuchR beseitigt werden soll; der wahre Berecht wird in diesen Fällen nur begünstigt. Bei Berichtigg anderer Art wird nur der wahre Berechtigte (RGJ **49**, 207) betroffen; dem GBA muß aber seine VfgsBefugnis nachgewiesen werden, weil für den Buchberechtigten die Vermutg des § 891 spricht. MitEigtümer, Miterben müssen sämtl zustimmen; aber TeilGläub einer Hyp je für sich (RG **141**, 385). Wegen Zust des Eigtümers zur Löschg eines GrdPfdR vgl GBO 27.

6) Berichtigungsanspruch.

a) Dinglicher Anspruch als Bestandt des dch die Unrichtigk beeinträchtigten dingl Rrechts. Daher erwachsen die Feststellgen zur dingl RLage, soweit sie GrdLage des Urt sind (BGH NJW **76**, 1095), in RKraft (RG **158**, 43; JW **36**, 3047; Düss DNotZ **71**, 371 für AuflVormkg); nicht aber die schuldr GrdLage der dingl RLage (RG JW **35**, 2269). Daher Anspr nicht selbstd abtretb (BGH WPM **87**, 1406) u verpfändb. Berecht kann aber einen and unter den Voraussetzgen der ProzStandsch ermächtigen, den Anspr im eigenen Namen einzuklagen (BGH aaO); Aufl enthält idR solche Ermächtigg (RG **78**, 89). Berecht bleibt stets AnsprInh (RG JW **22**, 218), Ermächtigter verfolgt fremden Anspr. ZwischenEintr des Berecht wg GBO 39 immer nöt (RG **133**, 279; vgl Haegele Rpfleger **64**, 118). Der Anspr kann nur der Ausübg nach gepfändet werden (KGJ **47**, 176); ein PfdR an den zugrunde liegenden Rechten entsteht dadurch nicht; der Gläub kann die Eintr des Berecht herbeiführen u dann in dessen Recht vollstrecken. Ausn: LöschgsAnspr ist unpfändb (OLG **18**, 235). – §§ **284ff** anwendb (E. Schwerdtner S 169). Da Anspr § 985 gleicht, sind §§ **986ff** entspr anwendb (BGH **75**, 288; Saarbr OLGZ **87**, 221). AussondersR im Konk des Verpfl (RG **86**, 240). GerStand: ZPO 24.

b) Zustimmung zur Berichtigung bedeutet EintrBew iSv GBO 19 unter Beachtg von GBO 28 (bei Teilfläche daher erst nach Abschreibg od Vorliegen eines VerändersgNachw einklagb; BGH NJW **86**, 1867) zu einer best Eintr einschl Löschg. Der Anspr kann nicht auf die bloße Löschg des eingetr Eigtümers beschr werden (BGH NJW **70**, 1544). Die Voreintragg des RVorgängers des jetzigen wahren Berecht kann nicht beansprucht werden; unrichtig RG JW **38**, 1256, weil vorzutragen iS GBO 39 nur der wahre Berecht, nicht der RVorgänger ist. Form GBO 29 I 1. Urteil, ZPO 894, ersetzt diese Form. Der Eigtümer kann statt Berichtigg Aufl (RG Warn **29**, 44), statt Umschreibg in EigtümerGrdSch Löschgsbewilligg verlangen (RG **101**, 234); der Verpflichtete wird dadurch nicht beschwert; ein MitEigtümer (vgl oben Anm 4a) kann nur Berichtigg begehren (BGH WPM **72**, 384). Der Anspr reicht nur soweit wie die Beeinträchtigg; RSchutzbedürfn nötig (RG **135**, 35). Der nachstehende Berecht muß sich mit Einräumg des Vorranges begnügen, wenn er nur insow beeinträchtigt ist (RG **146**, 358). Beweispfl für die Unrichtigk ist der Kl. Bei einer Klage auf Löschg einer HöchstBetrHyp hat aber der Bekl die Entstehg der Fdg zu beweisen (RG HRR **36**, 687). Vgl auch § 891 Anm 3.

c) Einwendungen. – aa) § 242: Arglist (RG **137**, 336); so bei schuldr Verpfl des wahren Berecht, dem BuchBerecht das Recht zu verschaffen entspr § 986 (BGH JR **75**, 17 Anm Schmidt); sonst unzul RAusübg (RG JW **34**, 3054; BGH NJW **79**, 1656); Verwirkg (OGH MDR **49**, 161; Ergebn bedenkl, vgl Grussendorf AcP **150**, 440; Mühl NJW **56**, 169). Vgl BGH **44**, 367 zur Einrede der Argl eines Miterben ggü der BerichtigungsKl eines and in Prozeßstandsch gem § 2039 klagden. – **bb) Zurückbehaltungsrecht** (RG **141**, 226); so wg Verwendgen auf Grdst ggü EigtBerichtiggsAnspr, auch ggü LöschgsAnspr bzgl AuflVormkg (RG **163**, 62); Kläger kann das ZbR nicht dadch vereiteln, daß er anstatt des pers Anspr gg den vorgemerkten Beklagten seinen dingl BerichtiggsAnspr erhebt (BGH WPM **66**, 1224); aber nicht ggü LöschgsAnspr hins der jetzigen EigtümerGrdSch wg Aufwendgen auf Grdst (BGH **41**, 30) u ggü LöschgsAnspr hins unwirks GrdPfdR wg pers Fdg (BGH NJW **88**, 3260). Auch nicht für vertrbrüch Käufer wg aufgewendeter Erschließgskosten am anstoßden StraßenGrdst (§ 273 II) ggü Anspr auf Löschg der AuflVormkg (Schlesw WPM **72**, 1476); s auch § 1000 Anm 1. – **cc) Verzicht** (str); in diesem liegt uU wirks dingl Einigg (falls etwa notw Form erfüllt); sonst aber schuldrechtl Wirkg (vgl RG JW **28**, 2315; **30**, 907). Verzicht des Eigtümers auf Berichtigg bei nur teilw Tilgg der HypFdg, daher nicht im voraus mit dingl Wirkg (Schäfer BWNotZ **57**, 123); Verzicht nicht eintragb (Hbg Rpfleger **59**, 379).

d) Weitere Anspr in §§ 895, 896 – Ferner Anspr auf Duldg der für Eintr der Berichtigg nötigen Vermessg (Schäfer BWNotZ **57**, 123); zB wenn Unrichtigk nur Teilfläche betrifft (Taupitz WPM **83**, 1150).

7) Neben § 894 kann uU Berichtigg aus §§ 823, 249 verlangt werden, wenn Delikt des BuchBerecht zu seiner Eintr führte. – Schuldr „BerichtAnspr" aus § 812 (s dort Anm 4b) auf (Wieder-)eintr bedeuts, wenn Buchstand ohne RGrd auf Kosten des bish Eingetragenen, ebenf NichtBerecht erlangt war (RG JW **31**, 2723); aber auch ohne Eintr des (veräußernden) NichtBerecht, wenn diesem Anwartsch zustand (BGH NJW **73**, 613); Anspr des unbefugt Verfügden auf (Wieder-)erlangg des Buchstands entfällt allerd, wenn der zuletzt Eingetragene dch Auflassg seitens des wahren Eigtümers Eigt erlangt hatte (BGH aaO mit Anm Gotzler NJW **73**, 2014; vgl hierzu § 873 Anm 1a). – Wg des Verh zu § **1004** dort Anm 1c. – Wg der **Kosten:** § 897. –

Allgemeine Vorschriften über Rechte an Grundstücken   §§ 895–899

895 *Voreintragung des Verpflichteten.* Kann die Berichtigung des Grundbuchs erst erfolgen, nachdem das Recht des nach § 894 Verpflichteten eingetragen worden ist, so hat dieser auf Verlangen sein Recht eintragen zu lassen.

1) **Erweiterung** des Anspr des BerichtiggsBerecht (§ 894 Anm 4) für die Fälle **doppelter Unrichtigkeit** des GB; falls näml auch das Recht des Verpflichteten (§ 894 Anm 5) nicht od nicht richtig eingetr; zB WiederEintr zu Unrecht gelöschter Hyp, wenn fälschl noch Erbl des jetzigen Eigtümers, od wenn BruchteilsEigtümer mit unricht Anteilen eingetr (RG **54**, 85: passiv legitimiert hier alle MitEigtümer). Erweiterg notw wg GBO 39 I, der die Voreintragg des Verpflichteten verlangt. Kein Anspr, wenn die Voreintragg nach GBO 39 II, 40 entfällt, es ei denn, daß das GBA auf ihr besteht.

2) Der Anspr ist **auf Herbeiführung der Eintragung,** nicht auf Zust gerichtet. Der Verpflichtete hat alle Berichtiggsunterlagen zu beschaffen u die Berichtigg zu beantragen. Ein solches Urteil ersetzt den Antr aus GBO 13 (ZPO 894); sonst Vollstr nach ZPO 888 (MüKo/Wacke Rdn 5; aA RG **55**, 57: ZPO 887).

3) Der Berecht kann, statt aus § 895 zu klagen, auch nach GBO 14 vorgehen, wenn er die für die Berichtigg notw Urk (etwa gem FGG 85, ZPO 792, 896) beschaffen kann.

896 *Vorlegung eines Briefes.* Ist zur Berichtigung des Grundbuchs die Vorlegung eines Hypotheken-, Grundschuld- oder Rentenschuldbriefs erforderlich, so kann derjenige, zu dessen Gunsten die Berichtigung erfolgen soll, von dem Besitzer des Briefes verlangen, daß der Brief dem Grundbuchamte vorgelegt wird.

1) **Allgemeines.** Nach GBO 41 I 1, 42 S 1 ist grdsätzl für jede Eintr bei einem BriefR der Brief vorzulegen. § 896 gibt für diese Fälle dem BerichtiggsBerecht (§ 894 Anm 4) einen sachlrechtl VorleggsAnspr. Vorlegg eines AusschlUrt kann genügen, GBO 41 II. Entspr Anwend auf Inh- u OrderPap, GBO 43.

2) Verpflichtet **jeder Besitzer,** im Ztpkt der Klageerhebg, auch wenn er nicht der zur Zust Verpflichtete (§ 894 Anm 5) ist (RG **69**, 42). Einwendgen aus §§ 273 II, 986 zul. Bei Eintr einer außerh des GB erfolgten Teilg ist auch der Stammbrief vorzulegen (KGJ **30** A 238).

3) Der Anspr ist auf **Vorlegung an das Grundbuchamt** gerichtet. Vgl aber §§ 1144, 1167 (Aushändigg), 1152 (Bildg eines Teilbriefes). Vollstr durch Wegnahme, ZPO 883 I.

897 *Kosten der Berichtigung.* Die Kosten der Berichtigung des Grundbuchs und der dazu erforderlichen Erklärungen hat derjenige zu tragen, welcher die Berichtigung verlangt, sofern nicht aus einem zwischen ihm und dem Verpflichteten bestehenden Rechtsverhältnisse sich ein anderes ergibt.

1) § 897 behandelt nur die **Kostenpflicht der Beteiligten untereinander;** Haftg ggü Gericht od Notar richtet sich nach KostO. Ferner nur für dingl BerichtiggsAnspr (§ 894); nicht für schuldrechtl Anspr (zB nach § 812) u nicht für Prozeßkosten. Die Kostenlast richtet sich nach dem bestehenden RVerh (Vertr od § 823); sonst trägt sie der Berecht. Er hat die Kosten notf vorzuschießen.

898 *Unverjährbarkeit der Berichtigungsansprüche.* Die in den §§ 894 bis 896 bestimmten Ansprüche unterliegen nicht der Verjährung.

1) Eingetragene od durch Widerspr gesicherte Rechte verjähren grdsätzl nicht, § 902. Deshalb verjährt auch der BerichtiggsAnspr nicht. Nur Anspr nach §§ 894–896; entspr Anwendg auf EG 187 I 2 (vgl dort Anm 2); anders Anspr nach § 897. BerichtiggsAnspr entfällt, wenn das (nichteingetr) Recht gem §§ 900, 901 erloschen ist; dann ist GB richtig geworden; vgl ferner § 1028. BerichtiggsAnspr bleibt bestehen, wenn der HerausgAnspr gg den Besitzer verjährt ist (§§ 985, 195), das Eigt des nicht eingetr Dritten (§ 900 I 1) aber nicht erlischt (Erm/Hagen Rdn 3; MüKo/Wacke Rdn 1; aA Planck/Strecker Anm 2).

899 *Widerspruch.* ¹In den Fällen des § 894 kann ein Widerspruch gegen die Richtigkeit des Grundbuchs eingetragen werden.

II Die Eintragung erfolgt auf Grund einer einstweiligen Verfügung oder auf Grund einer Bewilligung desjenigen, dessen Recht durch die Berichtigung des Grundbuchs betroffen wird. Zur Erlassung der einstweiligen Verfügung ist nicht erforderlich, daß eine Gefährdung des Rechtes des Widersprechenden glaubhaft gemacht wird.

1) **Allgemeines.**

a) Das GB läßt sich meist nur nach geraumer Zeit berichtigen. Deshalb kann sich der aus § 894 Berecht (dort Anm 4) für die ZwZeit vor allem gg den RVerlust inf gutgl Dritterwerbs dch einen **Widerspruch** schützen; bzgl Hyp vgl ferner §§ 1138, 1139, 1155, 1157. Zum Unterschied zw Vormkg u Widerspr vgl § 883 Anm 1 caa.

b) **Sonstige Widersprüche** mit gleicher Wirkg wie § 899 (KG JW **25**, 1780). – **aa)** AmtsWiderspr nach GBO 53 I 1. Ferner nach GBO 76 I; AVO GBO 15 II; GB Vfg 38 I b. – **bb)** Auf Ersuchen von Behörden wg fehlender behördl Gen, zB GrdstVG 7 II; BauGB 23 III (vgl Übbl 4 b aa vor § 873). Als Berecht ist nur der Inh des BerichtiggsAnspr einzutragen, nicht die Behörde (BayObLG **55**, 321). – **cc)** LuftfzRG 21, SchiffsRG 21.

§§ 899, 900

c) Ein **Widerspruch eigener Art** ist der aus GBO 23, 24, der eine unrechtm Löschg verhindern soll. Ferner der Widerspr aus GBO 18 II; der Schutzvermerk (SchiffsRegO 28 H).

2) Der Widerspr ist ein **Sicherungsmittel eigener Art.** Kein Recht am Grdst, für ihn gilt nicht § 891. Desh kein Widerspr gg die Eintr eines Widerspr (RG 117, 352) od dessen Löschg (hier neuer Widerspr). Keine VfgsBeschrkg (vgl Anm 4 b). Übertragb nur zus mit dem geschützten dingl Recht.

3) Sicherung eines Berichtigungsanspruchs aus § 894; aber kein Widerspr, wo dieser nicht dch gutgl Erwerb vom eingetr NichtBerecht bedroht. – **a)** Kein Widerspr gg eingetr **Verfügungsbeschränkung,** da sie keinen gutgl Erwerb ermöglicht; jedoch gg deren Löschg, da sie gutgl beschrwidr Erwerb ermöglicht. – **b)** Gg **Vormerkung** (gleichgült ob aGrd einstw Vfg od Bewilligg; Furtner NJW 63, 1484) grdsätzl kein Widerspr zul. Gilt soweit mangels gesicherten Anspr keine Vormkg entstanden, da dann kein gutgl Erwerb vom eingetr VormkgsBerecht mögl (KG OLGZ 78, 122). Gilt aber auch sonst, da kein gutgl Erwerb einer für NichtBerecht eingetr Vormkg (§ 885 Anm 5 b; Rahn BWNotZ 70, 25); wer mit BGH 25, 16 gutgl Zweiterwerb zuläßt, muß auch Widerspr gg Vormkg zulassen. Widerspr aber zul, soweit die Eintr der Vormkg den gutgl Erwerb des vorgemerkten Rechts selbst ermöglicht: hat der bloße BuchEigtümer N dem bösgl V eine HypVormkg bestellt, so erwirbt nach Eintr der Hyp diese ein gutgl Zessionar, selbst wenn der wahre Eigtümer E nach Eintr der Vormkg Widerspr gg das Eigt des N hat eintragen lassen (V hätte aGrd der Vormkg die Hyp auch bei nachträgl Widerspr erwerben können; § 885 Anm 3 d bb); E kann daher öff Gl des GB dch Widerspr gg Vormkg selbst ausschließen (Medicus AcP 163, 12). Widerspr zul gg Löschg der Vormkg, da sie gutgl vormkgswidr Erwerb ermöglicht. – **c)** Kein Widerspr gg **nichtübertragbare Rechte** (vgl Köln DNotZ 58, 488 zu bpDbk).

4) Wirkung

a) Verhinderung gutgläubigen Erwerbs, §§ 892 I 1, 893. Weitere Wirkgen in §§ 900 I 3, 902 II, 927 III. Voraussetzg ist stets, daß das gesicherte dingl Recht, also ein BerichtiggsAnspr besteht. Auch Dritte können sich auf den Widerspr berufen, nicht nur der eingetr WidersprBerecht (MüKo/Wacke Rdn 24). Im übrigen vgl § 892 Anm 6 a (Rückwirkg?). Der zeitl vorgehden, gutgl erworbenen Vormkg muß aber der Widerspr weichen. Der Vermutg des § 891 steht der Widerspr nicht entgg, vgl § 891 Anm 5 aE.

b) Keine Verfügungsbeschränkung (GBSperre) für Betroffenen (RG 117, 351); § 883 Anm 3 c gilt entspr. Für den eingetr Betroffenen gilt auch die Vermutg des § 891 weiter. Das GBA darf also eine von diesem bewilligte Eintr nur ablehnen, wenn es die Vermutg für widerlegt erachtet.

5) Eintragung des Widerspruchs (II) aGrd Bewilligg od einstw Vfg; vgl auch § 1139.

a) Die **Eintragungsbewilligung** enthält hier, weil (anders als bei der Vormkg) der Widerspr keine dingl Gebundenh des betroffenen Rechts zur Folge hat, sond reines VerfMittel ist, keine Vfg (RG HRR 28, 842). Trotzdem § 878 anwendb (AK/LvSchweinitz Rdn 6; Erm/Hagen Rdn 4; Staud/Ertl § 878 Rdn 4; aA RGRK/Augustin Rdn 20; Soergel/Baur Rdn 10; Wacke ZZP 82, 377). Bewilligg muß von sämtl Betroffenen, dh zur Berichtigg Verpflichteten (§ 894 Anm 5) erteilt werden. Vgl im übrigen § 885 Anm 3.

b) Die **einstweilige Verfügung** ersetzt die Bewilligg des Betroffenen. Sie muß sich daher gg alle Betroffenen (§ 894 Anm 5) richten. Also zB gg Eigtümer u HypGläub, wenn sie der nachstehende Berecht erwirkt (KG JFG 5, 352). Der BerichtiggsAnspr ist glaubh zu machen, ZPO 936, 920 II; die Gefährdg im Hinbl auf § 892 nicht, II S 2. Vgl iü § 885 Anm 2 a.

c) Eintragungsvermerk muß Berecht (§ 894 Anm 4; auch wenn Dr zur Ausübg ermächtigt) u Inhalt des BerichtiggsAnspr enthalten (KGJ 23, 135); iü gilt § 885 II entspr. Wg Vorlegg des Briefs vgl GBO 41 I, 42. Eintr auch auf Grdst Teilen zul; GBO 7 I gilt nicht. KonkEröffng hindert die Eintr nicht, vgl KO 14, 43.

6) Löschung des Widerspruchs, womit er rückwirkd jede Wirkg verliert: – **a)** Auf Bewilligg des Berecht, GBO 19, ZPO 894. Auch dies keine Vfg (RG HRR 28, 842). Bei Widerspr aGrd Ersuchens (Anm 1 b bb) genügt die Löschgbewilligg nur bei nicht gesetzmäßiger Eintr (KG HRR 35, 131); sonst Löschg nur auf Nachweis der Gen od der GenFreiheit (iF Anm 1 b bb) od auf Ersuchen der Behörde. – **b)** Nach Aufhebg der einstw Vfg gem GBO 25.

900 *Buchersitzung.*

I Wer als Eigentümer eines Grundstücks im Grundbuch eingetragen ist, ohne daß er das Eigentum erlangt hat, erwirbt das Eigentum, wenn die Eintragung dreißig Jahre bestanden und er während dieser Zeit das Grundstück im Eigenbesitze gehabt hat. Die dreißigjährige Frist wird in derselben Weise berechnet wie die Frist für die Ersitzung einer beweglichen Sache. Der Lauf der Frist ist gehemmt, solange ein Widerspruch gegen die Richtigkeit der Eintragung im Grundbuch eingetragen ist.

II Diese Vorschriften finden entsprechende Anwendung, wenn für jemand ein ihm nicht zustehendes anderes Recht im Grundbuch eingetragen ist, das zum Besitze des Grundstücks berechtigt oder dessen Ausübung nach den für den Besitz geltenden Vorschriften geschützt ist. Für den Rang des Rechtes ist die Eintragung maßgebend.

Schrifttum: Siebels, Die Ersitzg im LiegenschR, RhNK 71, 439.

1) Buchersitzung (Tabularersitzg): Dingl Rechte an Grdst, die zum Sach- od RBesitz (vgl Übbl 4 vor § 854) berechtigen (also nicht: Reallasten, GrdPfdR), können vom nichtberecht Besitzer, der fälschl als Berecht eingetr ist, bei 30jähriger Besitz- u EintrZeit ersessen werden. Keine Ersitzg gg den Inhalt des GB. Der Nichteingetragene kann kein Recht ersitzen; ist Alleinbesitzer nur zu Bruchteil eingetr, ersitzt er nur insow. Aber gewisser Ersatz durch § 927. Die Ersitzg führt zu urspr Erwerb. Der Rang des Rechts richtet sich nach der Eintr, **II S 2**. Das Recht des bish Berechtigten erlischt. Die Ersitzgslage begründet eine Art Anwartsch (Raiser S 13).

2) Ersitzbar: – **a) Eigentum (I).** Auch MitEigtAnt (Celle RdL **57**, 321) u WE; über GesHdsEigt vgl Siebels aaO. – **b) Grundstücksgleiche Rechte** iSv Übbl 1 c vor § 873 (BayObLG **71**,351). – **c) Rechte (II),** die zum Bes des Grdst berecht (Nießbr, WohngsR, DWR) od deren Ausübg BesSchutz genießt (GrdDbk, bpDbK).

3) Voraussetzungen: – a) Eintragung des Eigt/Rechts; Vormkg od Widerspr genügen nicht. Keine Ersitzg bei Doppelbuchg des Grdst zG verschiedener Eigtümer (BayObLG **79**, 112) od bei Eintr nur firmengleicher OHG (Brschw NdsRpfl **52**, 16). – **b) Eigenbesitz** (iFv I), wobei mittelb EigenBes genügt (BayObLG **79**, 111), od **Rechtsausübung** (iFv II) in jedem der 30 Jahre mind einmal (vgl § 1029; MüKo/ Wacke Rdn 8; Siebels aaO 451; aA RGRK/Augustin Rdn 9), wobei § 938 anwendb. Muß sich mit Eintr decken. – **c) Frist:** 30 Jahre. Für Berechg gelten §§ 938–944 (I 2). Ersitzzeit des RVorgängers u des ErbschBesitzers (Eintr des letzteren nicht notw, wohl aber des Erblassers) anzurechnen. Hemmg nach I 3 auch bei unbegründetem Widerspr. – **d) Guter Glaube nicht erforderlich** (BayObLG **79**, 111).

4) Beweislast. Wer Eigt/Recht des Eingetragenen bestreitet, muß alle Voraussetzgen der Ersitzg (Anm 3a–c) widerlegen, auf die sich Eingetragener beruft (BGH JZ **72**, 128).

5) Übergangsrecht: EG 169, 189. Ab GBAnlegg kann noch nicht vollendete Ersitzg nur noch nach § 900 fortgesetzt werden (RG Warn **19**, 97; BGH MDR **72**, 224).

901 Erlöschen nichteingetragener Rechte durch Verjährung (Versitzung).
Ist ein Recht an einem fremden Grundstück im Grundbuche mit Unrecht gelöscht, so erlischt es, wenn der Anspruch des Berechtigten gegen den Eigentümer verjährt ist. Das gleiche gilt, wenn ein kraft Gesetzes entstandenes Recht an einem fremden Grundstücke nicht in das Grundbuch eingetragen worden ist.

1) Buchversitzung (Tabularverschweigg). Damit das GB nicht ständ unrichtig bleibt, läßt § 901 das nichteingetr Recht an fremdem Grdst mit der Verj des Anspr erlöschen. Ausn von § 222 I (hier bleibt das Recht trotz AnsprVerj bestehen). Gilt bei unricht Löschg, die allein das Recht nicht zum Erlöschen bringt (vgl § 875 Anm 1 a) u bei Nichteintr krG entstandener eintraggsfäh Rechte (§§ 1075 I, 1287 S 2, ZPO 848 II 2; vgl auch § 1113 Anm 3 c). – Nicht: Überbau-, Notwegrenten, §§ 914, 917 II. – Gilt für alle beschr dingl Rechte, auch GrdPfdR (anders § 900). Verlust des Eigt aber: §§ 900, 927. SonderVorschr für DbkVersitzg trotz Eintr: §§ 1028, 1090. Vgl EG 189 III.

2) Voraussetzung: Verjährg des Anspr des Berecht gg den Eigtümer. Das ist nicht der BerichtiggsAnspr (der unverjährbar, § 898), sond der dingl Anspr aus dem Recht auf Duldg od Leistg (od Anerkenng, zB bei VorkR). Diese Anspr aus nichteingetr Rechten verjähren nach §§ 194 ff. Unverjährbar nur der Anspr aus eingetr Rechten, § 902. Beginn der Verj mit Entstehg des Anspr, § 198; wenn Recht eingetr gewesen, aber frühestens mit Löschg (vgl § 902). Anspr entsteht mit dch Löschg, sond mit Entstehg eines dem Recht nicht entsprechden Zustands (bei GrdPfdR u Reallasten mit Fälligk, bei GrdDbk mit Verweigerg der Ausübg, bei Nießbr mit Vorenthaltg des Besitzes dch den Eigtümer). Bei WiederEintr des Rechts vor Ablauf der Verj bisheriger VerjLauf wirkgslos, ebso, wenn Widerspr gg Löschg eingetr, mit dieser Eintr, falls Recht später eingetr, vgl § 902 II. Mit Löschg des Rechts od Widerspr beginnt neue Verj, jedoch § 216 I entspr anwendb.

3) Wirkung: Mit Verj des Anspr erlischt das (nichteingetr) Recht selbst.

902 Unverjährbarkeit eingetragener Rechte.
^IDie Ansprüche aus eingetragenen Rechten unterliegen nicht der Verjährung. Dies gilt nicht für Ansprüche, die auf Rückstände wiederkehrender Leistungen oder auf Schadensersatz gerichtet sind.

^{II}Ein Recht, wegen dessen ein Widerspruch gegen die Richtigkeit des Grundbuchs eingetragen ist, steht einem eingetragenen Rechte gleich.

1) Bei der Verjährung ist zu unterscheiden: – **a)** Das **dingliche Recht** verjährt nach BundesR niemals (vgl § 194 Anm 2 b). Es erlischt aber nach § 901, 1028 I 2, 1090 II. – **b)** Der (Haupt-) **Anspruch aus dem dinglichen Recht** (zB §§ 985 ff, 1018, 1094, 1105, 1113) verjährt nicht, wenn das Recht eingetr **(I 1)** od dch Widerspr gesichert **(II)** ist; Ausn: I 2 (vgl Anm 3). Vgl auch § 1028, ErbbRVO 4. Unverjährb hiernach auch die Anspr auf Tilggsbeträge (weil Kapitalteile), auch bei Erhebg als Zinszuschlag. – **c)** Der **Anspruch aus § 894** verjährt nicht (§ 898). Er erlischt aber, wenn das GB dch Verj des HauptAnspr richtig wird (§ 901). – **d)** Die dch ein dingl Recht **gesicherte Forderung** verjährt nach § 194 (vgl § 223).

2) Grundsatz nach I 1, II gilt für alle Rechte einschl Eigt, auch für nicht eintraggsbedürftige. – **a)** Voraussetzg ist eine inhaltl zuläss **Eintragung** (vgl GBO 53 I 2). Nur für Anspr des eingetr Berecht od solcher RNachf, die das Recht außerh des GB erworben haben (MüKo/Wacke Rdn 3; Soergel/Baur Rdn 1). Nur soweit, als die Anspr aus dem eingetr Inhalt des Rechts fließen; Anspr aus nichteingetr Teilen od Bdggen des Rechts verjähren. Dch Vormkg gesicherte Anspr verjähren. – **b)** Ein **Widerspruch** steht der Eintr gleich. Vgl aber § 901 Anm 2 aE.

3) Ausnahme nach I 2 für Anspr, die im einzelnen aus dem GB nicht ersehb. – **a)** **Rückstände** wiederkehrder Leistgen (zB §§ 1105, 1199 I, Zinsen); über Tilggsbeträge vgl Anm 1 b. – **b)** SchadErsAnspr (zB

§§ 904, 989ff, 1057, 1065) u deshalb nach BGH **60**, 235 (krit Baur JZ **73**, 560; abl Picker JuS **74**, 357) auch Anspr aus § 1004.

Dritter Abschnitt. Eigentum

Überblick

Übersicht

1) **Begriff, Inhalt und Garantie des Eigentums**
   a) Eigentum im Sinne des BGB
   b) Eigentum im Sinne des GG
   c) Eigentumsgarantie
2) **Enteignung, enteignender Eingriff und enteignungsgleicher Eingriff**
   A. Enteignung
   B. Gesetzliche Regelungen
   C. Eingriff
   D. Enteignender und enteignungsgleicher Eingriff

E. Entschädigungsbeteiligte
F. Verfahren und Rechtsweg
G. Entschädigung
H. Einzelfälle
I. Konkurrenzen

3) **Öffentlichrechtliche Aufopferung**
   a) Allgemeines
   b) Anspruchsvoraussetzungen
   c) Anspruchsinhalt
4) **Eigentum in der DDR**

1) Begriff, Inhalt und Garantie des Eigentums.

Neueres **Schrifttum:** – Krohn/Löwisch, EigtGarantie/Enteigng/Entschädigg, 3. Aufl 1984. – Schwerdtfeger, Die dogmat Struktur der EigtGarantie, 1983, u JuS **83**, 104. – von Brünneck, Die EigtGarantie des GG, 1984. – Böhmer, Gewährleistg des Eigt in der Rspr des BVerfG, NJW **88**, 2561. – Erbguth, Verfrechtl EigtGarantie, JuS **88**, 699. – Schoch, EigtGarantie des GG 14, Jura **89**, 113.

a) Eigentum im Sinne des BGB. Das BGB enthält keine Legaldefinition des Eigt, denn § 903 will hauptsächl den Inhalt der dem Eigtümer zustehdn Befugn festlegen (Mot III 262). **Begrifflich** ist das Eigt das umfassdste Recht zu tatsächl (Benutzg, Verbrauch) u rechtl (Belastg, Veräußerg) HerrschaftsHdlgen, das die ROrdng an einer bewegl u unbewegl Sache zuläßt; als formaler ZuordngsBegr ist er unwandelb u für alle Sachen gleich. **Inhaltlich** wird das Eigt dch den Umfang der aus dem HerrschR fließdn Befugn des Eigtümer bestimmt. Der EigtInhalt ergibt sich daher aus der jeweil ROrdng, die ihn für unterschiedl Kategorien von Sachen unterschiedl ausgestalten kann, u ist mit ihr wandelb. Dabei stellen die Einschränkgen des HerrschR dch Gesetz u Rechte Dritter iSv § 903 keine Ausn ggü einem grdsätzl totalen HerrschR dar, sond sind wesensmäß Begrenzgen des EigtInhalts. – Das BGB geht nicht von einem in Ober- u Unter(Nutzgs)Eigt teilb Eigt aus, sond betrachtet die zeitw Übertr von EigtümerBefugn auf Dritte als Belastg des **ungeteilten Eigentums** mit einem beschr dingl Recht.

b) Eigentum im Sinne des GG. Das GG enthält keine Legaldefinition des Eigt, sond setzt diesen Begr voraus. **Begrifflich** ist das Eigt die Zuordng eines RGuts an einen RTräger (BVerfG NJW **82**, 745) unter dem Gesichtspunkt der Privatnützigk u Verfügbark. Eigtfäh sind neben den Sachen iSv § 90 alle von Zweck u Funktion der EigtGarantie erfaßten privatrechtl VermögensR (BVerfG NJW **76**, 1783; **80**, 383); vgl unten Anm 2 Ca. **Inhaltlich** wird das Eigt dch die Rechte u Pflichten bestimmt, die der RTräger aGrd der Gesamth aller verfassgsmäß Gesetze privat- u öffentlrechtl Natur hat (BVerfG NJW **82**, 745).

c) Eigentumsgarantie. GG 14 I 1 gewährleistet zum einen das **Privateigentum als Rechtseinrichtung,** um in Ergänzg der FreihGarantie (GG 2 I) dem Eigtümer einen FreihRaum im vermögensrechtl Bereich zu sichern u ihm dadch eine eigenverantwortl Lebensgestaltg zu sichern; der rechtl Gehalt dieses Eigt wird daher dch Privatnützigk u Verfügbark gekennzeichnet (BVerfG NJW **89**, 970). Aber nicht jedes RGut muß privatrechtl Herrsch unterworfen sein (BVerfG NJW **82**, 745). Die konkrete Reichweite dieses Schutzes ergibt sich aus der abstrakten u generellen Bestimmg von **Inhalt und Schranken** des Eigt (GG 14 I 2), bei deren Festlegg sowohl die Institutsgarantie (GG 14 I 1) als auch das Sozialgebot (GG 14 II) zu beachten u auszugleichen sind (BVerfG NJW **85**, 2633). Maß u Umfang zul Sozialbindg hängen vom sozialen Bezug u der sozialen Funktion des EigtObjekts ab (BVerfG NJW **80**, 985) u müssen den Gleichh- u VerhältnismäßigkGrds wahren (BVerfG NJW **80**, 985; **82**, 745). In jedem Fall erfordert die Institutsgarantie die Erhaltg des ZuordngsVerh u der Substanz des Eigt (BVerfG NJW **85**, 2633), anderenf verstößt die Inhalts- u Schrankenbestimmg gg GG 19 II (BVerfG NJW **82**, 745). Verfassgsmäß Gesetze iSv GG 14 I 2 führen nicht zur Enteigng; and uU bei Entzug aGrd alten Rechts ausgeübter subj Rechte (vgl BVerfG NJW **82**, 745; BGH NJW **82**, 2488). – GG 14 I 1 schützt zum and den **konkreten Bestand in der Hand des einzelnen Eigentümers** (BVerfG NJW **87**, 1251). Dieser braucht die Entziehg seiner verfassgsrechtl geschützten RStellg nur hinzunehmen, wenn der Eingr GG 14 III entspricht; dann tritt an die Stelle der Bestands- eine **Wertgarantie** (BVerfG NJW **82**, 745). Ein verfassgswidr Gesetz iSv GG 14 I 2 ist unwirks u kann nicht dch Zubilligg einer in ihm nicht vorgesehenen Entschädigg in eine Enteigng umgedeutet u geheilt werden (BVerfG NJW **80**, 985).

2) Enteignung, enteignender Eingriff, enteignungsgleicher Eingriff.

Neueres **Schrifttum:** Bender, StaatshaftgsR, 3. Aufl 1981. – Gelzer-Busse, Der Umfang des EntschAnspr aus Enteign u enteigngsgl Eingr, 2. Aufl 1980. – Kreft, Öffrechtl ErsLeistgen, 1980. – Krohn/Löwisch, EigtGarantie/Enteign/Entschädigg, 3. Aufl 1984. – Ossenbühl, StaatshaftgsR, 3. Aufl 1983. – Aust/Jacobs, Die EnteigngsEntsch, 2. Aufl 1984. – Papier, GrdFälle zu Eigt, Enteign u enteigngsgl Eingr, JuS **89**, 630. – Schmidt-Aßmann, Formen der Enteign, JuS **86**, 833 – Nüßgens/Boujong, Eigt/Sozialbindg/Enteigng, 1987.

A. Enteignung.

a) Begriff. Der Staat muß notf zur Erfüll öff Aufgaben trotz GG 14 I 1 in den Besitzstand des einzelnen eingreifen können. Der klass Enteigngsbegriff verstand unter Enteignung nur die volle (partielle) Entziehg (Belastg) von GrdEigt dch gesetzl zugel VerwAkt unter Übertr auf den Staat od gemeinnütz Unternehmen. Die Rspr zu WeimRV 153 erweiterte den Begriff; auf ihr aufbauend versteht man heute unter Enteigng einen zwangsw Eingr unmittelb dch Ges od dch VerwAkt aGrd eines Ges in vermögenswerte Rechte (nicht nur Eigt) von einzelnen od begrenzten PersGruppen (zum Gruppenopfer vgl Schack NJW 67, 613) unter Überschreitg der Grenze des GG 14 I 2.

b) Enteignung und Inhaltsbegrenzung. Verfassgsmäß Ges, die nach GG 14 I 2 Inhalt u Schranken des Eigt bestimmen, führen nicht zur Enteigng u können dies daher ohne EntschRegelg tun; Ges, die die verfassgsmäß Grenzen von GG 14 I 2 überschreiten, ohne eine Entsch vorzusehen, sind nicht zu entschädiggspfl Enteigng, sond sind nichtig (vgl oben Anm 1 c). — **aa)** Zur Festlegg der verfassgsmäß Grenzen von GG 14 I 2 dch das **Bundesverfassungsgericht** vgl oben Anm 1 c. — **bb)** Der **Bundesgerichtshof** stellte zunächst darauf ab, ob der Eingr den Betroffenen im Vergl zu anderen ungleich (besonders) trifft u ihn zu einem besonderen, den anderen nicht zugemuteten Opfer für die Allgemeinheit zwingt (BGH **6**, 270; **31**, 316; **22**, 10; **32**, 208). Enteignung wird danach dch einen EinzelEingr, der dem einzelnen ein Sonderopfer auferlegt, gekennzeichnet. Sonderopfer erbringt idR nicht, wer sein Eigt freiwill in Gefahr bringt (BGH **37**, 48). Mangels Sonderopfer sind Eingr der Justiz dch fehlerh VollstrAkte keine Enteigng (BGH **30**, 123: ArrestPfändg; **32**, 240: Vollstr in DrittEigt; NJW **59**, 1085: KonkEröffng; BB **67**, 941: ZwVerst; NJW **87**, 2573: SichgsMaßn im StrafVerf). Doch ist nach neuerer Rspr auch des BGH der EinzelEingr nicht mehr allein entscheidds Kriterium: Auch eine mit dem GleichSatz vereinb EigtBeschrkg kann, wenn sie den Wesenskern des Eigt antastet (GG 19 II), Enteignug sein (BGH **30**, 338; **LM** GG 14 Nr 71). Wesentl für Abgrenzg zw Sozialbindg u Enteignug ist bei Grdst die Situationsgebundenh: bei NutzgsBeschrkg ist eine bloß situationsbdgte Belastg (Sozialbindg) anzunehmen, wenn vernünft u einsicht Eigtümer, der auch Gemeinwohl nicht aus dem Auge verliert, von sich aus im Hinblick auf Lage u Umweltverhältn von best Nutzgsform absehen würde (BGH NJW **87**, 2068; BayObLG **88**, 333); hierfür idR bedeuts bish Nutzg u ob beschr Nutzg schon verwirklicht war bzw sich nach GrdstSituation als künft Nutzg obj anbietet (BGH u BayObLG aaO). Kein Bestandsschutz bei Wandel im Begr „Sozialbindg": kein entschpfl Eingr, wenn zB Wiederaufbau alten Hinterhauses als Wohnhaus versagt wird (BGH **48**, 193). — **cc)** Das **Bundesverwaltungsgericht** stellt auf Schwere u Tragweite des Eingr unter Berücksichtigg der Ortsbezogenh u geschichtl Entwicklg (NJW **76**, 765: Situationsgebundenh; BauR **78**, 289) ab.

B. Gesetzliche Regelungen.

a) WeimRV 153: ReichsG (nicht LandesG) konnte Enteigng ohne Entsch anordnen (zB 2. NotVO v 5. 6. 31 – RGBl I 279, 306); galt bis 23. 5. 1949 (BGH **6**, 270; BVerfG **2**, 237). Enteignungen vor Geltg des GG aGrd von Gesetzen, die keine Entsch vorsahen, bleiben dch GG unberührt, wenn vorher wirks geworden. Entsch ab GG dann, wenn Enteignungsvorgang noch nicht abgeschl u Enteigng sich tatbestandl in die GeltgsZeit von GG 14 fortsetzte – Dauerwirkg des Eingr (BGH **LM** GG 14 Nr 60 u Cb Nr 5; vgl auch GG 14 Nr 7); and wenn Eingr vorher abgeschl, mag er auch später noch nachteil wirken (BGH **71**, 1).

b) GG 14 III: Enteigng nur zum **Wohl der Allgemeinheit** (S 1); vgl dazu Brünneck NVwZ **86**, 425. Zugriff auf das Eigt nur dann zul, wenn er einem bes im öff Interesse liegden Zweck dient (BVerfG NJW **87**, 1251). Auch Enteigng zG Privater kann AllgWohl dienen (BVerfG aaO; BGH NJW **89**, 216); doch genügt priv od fiskal Interesse (BVerfG NJW **75**, 37) nicht. Enteignung nur dch **Gesetz oder Verwaltungsakt auf Grund Gesetzes** (zur Abgrenzg BVerfG NJW **77**, 2349), das Art u Maß der Entsch gerecht regelt (S 2, 3: **Junctimklausel**), wobei salvatorische Klausel genügt (BGH **99**, 24); Gesetze sind auch RechtsVO u autonome Satzg, wenn ErmächtiggsG GG 14 III 2, 3 genügt (str). EnteigngsG, das Entsch nicht nach GG 14 III 2, 3 regelt, ist nichtig u darf nicht dch Rspr ergänzt werden (BVerfG NJW **82**, 745), and bei vorkonstitutionellem Recht (BGH NJW **80**, 888). Keine Nichtigk bei ungewollten, atyp Eingriff in Eigt; hier uU Entsch aus enteigndem Eingr (vgl Anm D a).

c) Einzelregelungen: Vorbeh für LandesR in EG 109; BundesenteigngsG fehlt, doch sehen EinzelG Enteignen vor wie zB: BBahnG v 13. 12. 51 (BGBl 915) § 37; BauGB 39 ff, 85 ff, 185; BFStrG 8 IX, 9 IX, 9a II, 19; BLG 20 ff; EnergieSichgsG v 20. 10. 74 (BGBl 3681) § 11; EnergiewirtschG v 13. 12. 35 (BGBl III 752–1) § 11; FluglärmG 8; GräberG v 1. 7. 65 (BGBl 589) § 3; LBG 10 ff; LuftVG 28; PostverwaltgsG v 24. 7. 53 (BGBl III 900–1) § 32; SchBG 12 ff; TierSG 66; WaStrG 44; ZollG 70.

C. Eingriff.

a) Gegenstand. — aa) Eigentum wird geschützt, auch das GrdstEigt ausländ jur Pers (BGH NJW **80**, 1567); über Eigt einer Körpersch des öff R vgl BVerfG NJW **87**, 2501; BGH **63**, 196; BayObLG NJW **75**, 1128. — **bb) Eigentumsähnliche Rechte** u RStellgen werden geschützt wie zB: Fdgen (BVerfG NJW **80**, 2705), UrhR (BVerfG NJW **71**, 2163), Erfindg (Schulte GRUR **85**, 772), schutzfäh Warenzeichen (BVerfG NJW **80**, 383), KaufR (BGH **37**, 47); schuldr NutzgsR (BGH NJW **82**, 2181/2183; NVwZ **86**, 689), JagdausübgsR (BGH **84**, 261), Fährregal (BGH **94**, 373), wirtsch Struktur eines Vereins (BGH **25**, 266), MitgliedschR (BayObLG **60**, 27), Holz- u GemeindeNutzR (BayObLG **61**, 373), ForstR (BVerwG NVwZ **86**, 1012), ErbbR (BVerfG NJW **89**, 1271), AnliegerGemGebr (§ 903 Anm 5 b), GewerbeBetr (Anm H g); aber grdsl nicht das Vermögen als solches (BVerfG NJW **88**, 3258). Das EingrObjekt muß schutzwürd, darf nicht unerlaubt (BGH WM **70**, 1488) erlangt sein. — **cc) Rechtspositionen** werden geschützt, nicht bloße Aussichten u Erwartgen (BGH **64**, 382; NJW **76**, 1088). Eine solche RPosition ist insb das dch die rechtm EigtAusübg Geschaffene (BVerwG BauR **76**, 100; NJW **76**, 765) u ein dch rechtl zuläss Nutzg erworbenes Qualitätsmerkmal eines Grdst (BGH NJW **82**, 2488). Auch eine noch nicht verwirklichte EigtNutzg kann EigtSchutz genießen, wenn ein Anspr auf die Nutzg besteht u sie sich nach GrdstSituation als angem aufdrängt (BVerwG NJW **76**, 765). — **Eingriff:** Herabzong von Bauerwartgs- zu Grünland (BGH BauR **75**,

118) u GebietsErkl nach SchBG 12, BFStrG 9, LuftVG 9, WHG 19, BNatSchG 12ff, die dch Behindrg von Verkauf, Beleihg od Bebauung spürb beeinträchtigen (BGH BauR **78**, 211). Vorenthaltg angem GrdstNutzg dch Bebauungsplan (BGH **92**, 34), Anspr auf best Bebauung aber nicht vor Erschließg (BVerwG BauR **75**, 253). Abrißverbot aGrd DenkmalSch (BGH **72**, 211). Verhindrg der Kiesausbeute aus nicht wasserwirtsch Grd (BGH NJW **83**, 1657). – **Kein Eingriff:** Erschwerg der Fischerei dch Wasserbau (BGH **45**, 150; **49**, 231; NJW **68**, 1284); Entzug der Möglichk, Ware wie bish zu bezeichnen (BGH NJW **69**, 2083); Widerruf unter WiderrufsVorbeh erteilter BauGen (BGH NJW **70**, 1178); Künd eines Vertr (BGH MDR **77**, 821); Verhindrg erst geplanter BetrErweiterg (BGH NJW **72**, 758; BVerwG NJW **76**, 765); Verhindrg der Entwicklg von Acker- zu Bauland (BGH **64**, 382) od zu intensiverer Bebaubark (BGH BauR **77**, 337); Lagevorteile eines Grdst (BGH NJW **76**, 1088; BVerwG BauR **76**, 181: Uferlage; BGH NJW **74**, 53: Uneinsehbark); VerkLärm ggü Grdst ohne RAnspr auf Bebauung (BGH JR **76**, 476); Versagg eines Dispenses, zu dessen Erteilg keine Verpfl besteht (BGH NJW **80**, 1567); Versagg wasserrechtl Erlaubn zur Auskiesg (BGH NJW **84**, 1172; vgl auch Krohn WPM **84**, 825); Fährregalbeinträchtigg dch Brückenbau (BGH **94**, 373). – **dd) Öffentlichrechtliche Rechtspositionen** werden geschützt, wenn sie dem priv Nutzen dienen, der priv VfgsBefugn unterliegen u dch eigene Leistg erworben sind, wie zB: Sozialversichergsrechtl Positionen (BVerfG NJW **86**, 39); Anspr auf Arbeitslosengeld (BVerfG NJW **87**, 1930); Apothekenpersonalkonzession (BVerfG NJW **15**, 17); Überwachgskompetenz des TÜV (BGH **25**, 266); Schornsteinfegerbezirk (BGH NJW **56**, 1109); Kassenarztzulassg (BGH NJW **81**, 21); RA – Zulassg (BGH NJW-RR **86**, 2499).

b) Art und Inhalt. Es gilt der Grds des **geringstmöglichen Eingriffs** (BVerfG NJW **75**, 37). Keine Vollenteigng, wenn Dbk od schuldrechtl Nutzgsabrede genügt, so wenn zB GestattgsVertr (vgl BGH MDR **69**, 467) angeboten wird, der Benutzg des Straßenkörpers für Versorggsleistgen gewährleistet (BVerwG DVBl **69**, 210, 312). Grdsätzl vor Einleitg des EnteignsVerf sachgerechte Verhandlgen über freihänd Verk (BVerwG VerwRspr **19**, 811). – **aa) Positiver Eingriff** rechtl od tatsächl (BGH **94**, 373) Art nötig. Keine Enteigng dch Unterlassen (BayObLG **78**, 69 [76]; Köln NJW **86**, 589), sofern dieses nicht ausnahmsw wg Verstoßes gg eine HdlgsVerpfl als eingreifdes Handln zu qualifizieren (BGH NJW **88**, 478). Fakt Eingr aber, wenn ablehndes Verhalten der Behörde jemanden von der AntrStellg od -verfolg absehen läßt (BGH NJW **80**, 1567; BayObLG **76**, 310). Kein Eingr bei unabsichtl Verzögerg der AntrBearbeitg (BayObLG **76**, 310). Eingr aber bei rechtswidr AntrAblehng trotz bestehden Anspr (BGH NJW **70**, 1178). – **bb)** Die Enteignung erfolgt dch einen **gewollten und gezielten** Legal- od AdministrativEingr aGrd Gesetzes in den geschützten Ggst (Wagner NJW **67**, 2333). – **cc)** Inhaltl besteht die Enteignug in der **Entziehung oder Beschränkung** (zB Belastg mit Dbk; BGH **83**, 61) der EingrObjekte. Das dch Enteignug erworbene Recht verändert seine RNatur nicht, die Enteignug verändert nur das ZuordngsVerh. Dch Enteignug kann nur Eigt iS des ZivilR übertr od nur ein im ZivilR vorgegebenes beschr dingl Recht bzw schuldr NutzgsR begründet werden (BVerfG NJW **77**, 2349). Enteignug kann auch in der Beschrkg der Benutzbark eines Grdst bestehen.

D. Enteignender und enteignungsgleicher Eingriff.

a) Von **enteignendem Eingriff** spricht die Rspr, wenn die einzelfallbezogene nachteil Einwirkg auf den geschützten Ggst (vgl Anm C a) die ungewollte Nebenfolge rechtm hoheitl Maßn ist u dadch die Schwelle des enteigngsrechtl Zumutbaren überschritten wird (BGH NJW **88**, 478; Hamm NJW **88**, 1096). Dieses aus Einl ALR 74, 75 (vgl unten Anm 3a) abgeleitete RInstitut ist dch die neuere Rspr des BVerfG zur EigtGarantie (vgl oben Anm 1c) nicht überholt (BGH NJW **88**, 478). – Die Maßn muß **unmittelbar** in den geschützten Ggst eingreifen, indem sie eine von ihr ausgehde typische Gefahr verwirklicht (BGH NJW **87**, 2573), so daß sich eine natürl Einh von Maßn u Folge ergibt (BayObLG **78**, 69 [77]), bloß mittelb (BGH LM GG 14 D Nr 42) od adäquat kausale (BGH NJW **87**, 2573) Auswirkgen reichen nicht; überzeugde Abgrenzg bish nicht gelungen (vgl Olivet NVwZ **86**, 431). Zum Eingr dch Unterlassen vgl Anm C b aa; krit Ossenbühl § 19, 2b. – **Beispiele** sind die Immissionen iSv § 906 (vgl dort Anm 7) u Einwirkgen iSv § 909 (vgl dort Anm 5) sowie Eingr in GewerbeBetr inf Straßenarbeiten/verändergen (vgl unten Anm Hg); nicht aber Waldsterben (BGH **102**, 350), Beschädigg gestohlenen PKWs bei polizeil Verfolgg (Hamm NJW **88**, 1096).

b) Von **enteignungsgleichen Eingriff** spricht die Rspr, wenn rwidr (schuldh od schuldlos) dch hoheitl Maßn in einen geschützten Ggst (vgl Anm C a) eingegriffen u dadch dem Berecht ein Sonderopfer für die Allgemeinh auferlegt wird (BGH **90**, 17); dieses aus Einl ALR 74, 75 (vgl unten Anm 3a) abgeleitete RInstitut ist dch die neuere Rspr des BVerfG zur EigtGarantie (vgl oben Anm 1c) nicht überholt (BGH NJW **88**, 478), erfaßt aber nicht legislatives Unrecht (BGH NJW **88**, 478; krit Schenke NJW **88**, 857). Keine Entsch für Nachteile, die dch schuldh unterl RMittel hätten abgewehrt werden können (BGH **90**, 17; vgl aber NJW **87**, 2068). EntschAnspr entfällt aber wg Mißachtg der Junctimklausel, wenn Eingr nur deswegen rwidr, weil zugrdeliegdes Gesetz mangels EntschRegelg nichtig (Papier NVwZ **83**, 258): Betroffener muß sich gg Eingr selbst wehren. – Gewollte u gezielte Beeinträchtiggs des geschützten Ggst nicht erforderl BGH **48**, 46). Die Maßn muß aber **unmittelbar** in den geschützten Ggst eingreifen, indem sich eine von ihr ausgehde typische Gefahr verwirklicht (BGH **76**, 387); zB Unfall dch militärisch bdgte Ausrüstg eines MilitärKfz (BGH MDR **76**, 826) im Ggs zu Unfall in normalem Verkehrsablauf. Diese Unmittelbark erfordert, daß der Eingr nicht ganz außerh der auf der hoheitl Maßn beruhden Gefahrenlage liegt (BGH JR **76**, 478; NJW **82**, 1277); überzeugde Abgrenzg bish nicht gelungen (vgl Olivet NVwZ **86**, 431). Zum Eingr dch Unterlassen vgl Anm C b aa; krit Ossenbühl § 19, 2b. – Die RWidrigk der hoheitl Maßn begründet idR das **Sonderopfer** (BGH **32**, 208; BayObLG **76**, 309); das gilt jedoch nicht bei einer nur formelle RWidrigk bei materiell zul EigtBindg (BGH **58**, 124). – Eingr **bejaht**: Waldbrand inf Schießübg (BGH **37**, 44); Panzer rammt Haus (BGH NJW **64**, 104); Hausbeschädigg dch Kanalisationsarbeiten (BGH **LM** GG 14 Cc Nr 15a); GrdstSchäden dch Betrieb einer Talsperre (BGH LM GG 14 Cc Nr 21) od hoheitl Abwasserregulierg (BGH JR **76**, 478); Schädigg eines GewerbeBetr inf Straßenschäden dch Panzer (BGH MDR **68**, 391), unsachgem Straßenbauarbeiten (BGH **LM** GG 14 Cf Nr 24) od unsachgem Straßensperrg (BGH MDR **68**, 307);

Eigentum **Überbl v § 903** 2 D–G

Beschädigg einer Stützmauer dch Straßenkörper (BGH NJW **76**, 1840); Fluglotsenstreik (BGH **76**, 387); verfassgswidr RechtsVO (BGH **78**, 41), Beschrkg aGrd nichtigen Bebauungsplans (BGH **92**, 34); rwidr Versagg des Einvernehmens nach BauGB 36 (BGH **65**, 182); rwidr Smogalarm (Jacobs NVwZ **87**, 100). Forst/Flurschäden dch Tiere als Folge unsachgem JagdVorschr (BGH MDR **88**, 1033). – Eingr **verneint**: Rohrbruch gemeindl Wasserleitg (BGH **55**, 229); VerkUnfall inf Ampelversagens (BGH **54**, 332; vgl aber **99**, 249; krit Ossenbühl JuS **71**, 575); rwidr Erteilg des Einvernehmens nach BauGB 36 (BGH NJW **87**, 1320), Waldsterben (BGH NJW **88**, 478).

E. Entschädigungsbeteiligte.

a) Entschädigungsberechtigt ist, wer in seinem Recht dch den Eingr beeinträchtigt wird u dadch einem Verm Nachteil erleidet (vgl BauGB 94 I); nicht aber, wer nur mittelb dch gg Dr gerichteten Eingr geschädigt wird (vgl BGH **23**, 235; VerwRspr **13**, 64). Entschberecht auch Inh dingl od pers Recht an dem Ggst des Eingr (NebenBerecht; BauGB 97), die Bes- od NutzgsR haben od Verpflichteten in der Nutzg beschr; zB GrdDbkBerecht, Pächter (BGH **59**, 250), Mieter (BGH ZMR **68**, 196). – Kein Übergang des EntschAnspr bei Übertr des beeinträchtigten Rechts nach vollzogenem Eingr (BGH NJW **86**, 1980); zur uU stillschw AnsprAbtr BGH NJW **78**, 941.

b) Entschädigungspflichtig ist mangels SonderVorschr bei Enteigng u enteignendem Eingr der Begünstigte (BGH NJW **80**, 582). Das ist (abgesehen von VermTrägern mit Spezialaufgaben) bei Begünstigg der Allgemeinh grdsl eine Gebietskörpersch mit Allzuständigk, mithin idR der Staat u nur bei Eingr zur Erfüllg rein örtl Aufgaben die Gemeinde (BGH **LM** GG 14 [Fb] Nr 12). Ebso bei enteignungsgl Eingr, nur daß hier stets Hoheitsträger statt begünstigter PrivPers haftet (BGH **40**, 49; Betr **73**, 1599); mangels Begünstigg haftet die Körpersch, die den Aufgabenbereich wahrnimmt, dem die EingrHdlg zuzuordnen ist (BGH **76**, 387). Nicht selbst eingreifder Hoheitsträger ist begünstigt, wenn ihm bes Vorteil zugeflossen (BGH NJW **76**, 1840). Bei Begünstigg mehrerer uU GesSchuld. – Gemeinde haftet idR bei Eingr dch baupol Maßn (BGH **23**, 169; **26**, 10), bauplanerischer Maßn (BayObLG **67**, 358) bei Enttrümmerg (BGH **13**, 81); Träger der Straßenbaulast haftet bei VerkLärm (BGH NJW **80**, 582); Land bei Natur/LandschSchutzMaßn (BGH NJW **84**, 1169); zur Wohnraumbeschlagn vgl BGH **13**, 371, 395; BayObLG **57**, 252; Celle MDR **57**, 101.

F. Verfahren und Rechtsweg.

a) Verfahren. Die älteren EnteignsG gliedern meist in vier Abschnitte: Auf Antr wird dem zu begünstigden Unternehmer das EnteignsR verliehen, worauf im PlanfeststellgsVerf nach Prüfg der Einwendgen der Enteignsplan festgestellt wird; nach Festsetzg der Entsch wird sodann die Enteigng vollzogen (Vollzugsakt). Die wichtigsten neueren EnteignsG vereinfachen: EnteigngsPlan u Entsch werden in einer Entscheidg festgelegt (EnteigngsBeschl, vgl BauGB 113, LBG 47).

b) Rechtsweg. Er ist grdsätzl gespalten: VerwRWeg gg die EnteigngsMaßn selbst (zB SchBG 26), ordentl RWeg gg die Festsetzg der Entsch (GG 14 III 4; zB SchBG 25); für den Enteigneten wie für den EntschPflichtigen (vgl BGH **7**, 296; **9**, 242; **41**, 264). Auch hier Vereinfachg in BauGB u LBG: Gegen die umfassde Festsetzg gem BauGB 113, LBG 47 kann binnen AusschlFrist (vgl BauGB 217, LBG 61) Antr auf einheitl gerichtl Entscheidg gestellt werden. Dann entscheidet die ZivKammer (LBG 59 III) bzw die beim LG gebildete Baulandkammer. Vgl auch WaStrG 29. VerwRWeg für Entsch nach TierSG (§ 72b). – Sieht Betroffener in einer Maßn eine Enteigng, so kann er eine Entsch im ordentl RWeg nur einklagen, wenn zugrde liegdes Gesetz eine EntschRegelg enthält; fehlt sie, so kann er nur die Maßn selbst im VerwRWeg angreifen (BVerfG NJW **82**, 745).

G. Entschädigung.

a) Höhe. Nach GG 14 III 3 der Einbuße (dazu gehört merkantiler Minderwert; BGH NJW **81**, 1663) entspr angem Ers (nicht voller SchadErs), der abstr Wiederbeschaffg gleichen Objekts ermöglicht (BGH **39**, 198); ob ErsObjekt fakt greifb od zu seinem Erwerb bes Aufwendgen nötig, bleibt außer Betracht (BGH **41**, 354). Wirtschaftl Betrachtgsweise geboten (BGH **43**, 300). Nicht billiges Erm, doch ZPO 287 anwendb (BGH **29**, 217). – GG 14 III 3 erlaubt dem GGeber, je nach Lage vollen Ers od geringere Entsch zu gewähren, sofern letztere noch gerechten InteressenAusgl darstellt (BVerfG **24**, 367; BGH Betr **80**, 829); GG 14 III 3 begrenzt Entsch für GGeber nicht nach oben (BayObLG **67**, 358) und erlaubt Entsch dch Übern-Anspr bzgl wertgeminderten EingrGgst (dazu Schmidt-Aßmann BauR **76**, 145) wie zB ErgGRSiedlG 7 II (BGH **59**, 250); BauGB 40ff, 93ff (BGH NJW **86**, 2253); GSBEG 2ff (BayObLG **72**, 7). Wegen Entsch dch ErsLand vgl BBauG 100; LBG 22 (BVerwG RdL **71**, 269). – Grds gelten auch bei enteignungsgl Eingr (BGH **23**, 171). Entsch mind so hoch wie bei normalem Eingr (BGH **13**, 395; BayObLG **72**, 7), sie kann über die in SonderG gewährte hinausgehen. – Einheitl EntschAnspr, bei dem mehrere EingrFolgen nur unselbstd RechngsPosten (BGH NJW **77**, 119); Entsch für Vorwirkg (unten d aa) kann aber schon vor Enteign verlangt werden u ist auf Entsch für letztere anzurechnen (BGH NJW **78**, 939).

aa) Substanzverlust (vgl BauGB 95 I 1). Zu ersetzen ist der Verkehrswert; das ist der im gesunden GrdstVerkehr unter gewöhnl Verh nachhaltig erzielb Preis (BGH **39**, 198). Bewertt nach dem Ertrags-, Sach- od VerglWertVerf (BGH NJW **87**, 1256); es ist das Verf zu wählen, das im Einzelfall den GgWert im Gesamtbetrag angem feststellt. Da kein SchadErs, keine Entsch künft Wertsteigerg, die ohne Enteign od deren Vorwirkg eingetreten wäre, sofern nicht die preiserhöhden Faktoren als solche schon im gesunden GrdstVerk greifb waren (BGH NJW **66**, 497).

bb) Teilflächen (Vahle MDR **81**, 625). Hat Teilfläche selbstd VerkWert, gibt dieser Maß. Andernf (zB bei Vorgärten) idR Bewertg nach der Differenzmethode; dabei VerkWerte des GesGrdst u des RestGrdst ggüzustellen, wenn Ertragswerte nahezu gleich (BGH BauR **75**, 326). Bodenwert unbebauter Teilfläche idR unter Dchschnittswert des GesGrdst (BGH aaO). Vorteilsausgleichg, wenn RestGrdst dch Teilenteigng wertvoller. Teilenteignig kann auch zugl Eingr in RestGrdst sein (BGH BauR **79**, 506; MDR **83**, 290); entfällt für RestGrdst Schutzzone gg lästige Nutzg fremden Grdst, so Entsch nur für Mehrbeeinträchtig

1067

dch Straße an neuer statt (parallel verschoben) an alter GrdstGrenze (BGH NJW **81**, 2116; **86**, 2424). Zur Berechng sog „Arrondiergsschadens" (Straße dchschneidet geschlossenen GrdBes) vgl BGH NJW **82**, 95.

cc) Bauerwartungsland. Es ist fallw zu prüfen, ob greifb (nicht nach starren Fristen zu beurteilde) Bauerwartg sich im gesunden GrdstVerk preissteigernd auswirkt; maßg sind die konkr tats (Lage, Beschaffenh, Verk Anbindg) u rechtl (Plangsstand, Dispensmöglichk) Umstände (BGH **39**, 198; BauR **77**, 337; Krohn/Löwisch Rdn 284).

dd) Bodenschätze (Sand, Kies) sind Substanzwert nur, wenn Enteigneter sie hätte nutzen können u genutzt hätte (BGH WPM **69**, 275); mit Abbau muß noch nicht begonnen sein (BGH NJW **80**, 39). Tonhöfigk im Ggs zu Tonhaltigk (Düss WPM **71**, 872).

ee) Zeitlich begrenzte Eingriffe in Benutzbark. Nutzgsentgang ist Bewertgsfaktor. Vorübergehde Bausperre: Betrag, den Bauwilliger gezahlt hätte, wenn ihm Bauen gestattet worden wäre (Bodenrente), abzügl Wert der Nutzgen, die von Bausperre nicht beeinträchtigt (BGH BauR **75**, 328; ähnl BGH NJW **83**, 1663 für vorübergehde Zufahrtssperre). Vorübergeher Eingr in GewerbeBetr: Unterschied zw tats erzieltem Gewinn od Verlust u dem Gewinn od Verlust, der aGrd konkr im Betr begründeter Aussichten ohne den Eingr hätte erzielt werden können (BGH NJW **75**, 1966; **76**, 1312; **77**, 1817; **83**, 1663).

ff) Folgeschäden (dazu Schmitt-Assmann NJW **74**, 1265). Auch wenn SonderVorschr (zB BauGB 96, LBG 19) es nicht vorsehen, sind VermNachteile zu entschädigen, die noch nicht dch SubstanzEntsch abgegolten (BGH NJW **77**, 189); dies aber nur bis zum Betrag des Aufwands für Nutzg eines Grdst in gleicher Lage (DoppelEntsch unzul). – **Ja:** Umzugs-, Verleggs- u Reisekosten (BGH MDR **67**, 390); Abstands- u InstandsetzgsKosten für ErsObjekt; unbrauchb gewordenes Inventar; Anlaufkosten, Minderg des Firmenwerts, Verlust best Kundenkreise (BGH NJW **66**, 493; MDR **67**, 390); PrivGutachten (BGH NJW **86**, 1980); Anwaltskosten im EnteignsVerf (nicht aber im UmleggsVerf; BGH **63**, 81), falls es zur Enteigng kommt (BGH **65**, 280), u im BesEinweisgsVerf, falls es zur BesEinweisg kommt (BGH aaO); Umsatzsteuer für Entsch (BGH **65**, 253). – **Nein:** Entgangener Gewinn aus erst zu schaffdem Wertobjekt (BGH **32**, 351; MDR **68**, 219); Kosten für Beschaffg (Kaufpr, Makler- u Notarkosten), Aufschließg od Bebauung eines ErsGrdst (BGH NJW **66**, 493); Mehrkosten dch Auflage für Lärmbekämpfg (BGH WPM **70**, 1250); Einkommensteuer für Entsch (BGH **65**, 253); Steuer für Veräußerungsgewinn, wenn wg drohder Enteigng veräußert (BGH WPM **76**, 98); AusglPfl des Hoferben nach HöfeO 13 (BGH **55**, 82).

gg) Einzelfälle: Enteigng schuldr NutzgsR: BGH NJW **82**, 2181 (MietR); MDR **89**, 797 (PachtR). – Enteigng dingl NutzgsR: Brem NJW **68**, 657 (WohnR); Nürnb OLGZ **72**, 35 (QuellR); Hbg NJW **74**, 801 (ErbbR). – Enteigng dch Belastg mit Dbk für U-Bahn (BGH NJW **85**, 387); Dbk für VersorggsLeitgen: BGH NJW **77**, 827 (auf KiesGrdst); **77**, 983 (Erdgasleitg); Hamm MDR **70**, 677 (nachträgl Bündelg); Celle DVBl **80**, 689 (in Mischgebiet); Hamm BlGBW **82**, 137 (Hochspanngsleitg über landw Grdst); Schoenemann AgrarR **84**, 173 (landw Grdst); Nießbr (BGH WM **77**, 1411). – Beschrkg der GrdstBenutzg dch: Widmg zur öff Straße (BGH Betr **70**, 1537); Veränderg des Straßenniveaus (BGH NJW **74**, 53); Entziehg der Bebauark schon in Betr einbezogenen Grdst (BGH NJW **65**, 2101). – Entsch für wg bes Einrichtg beschr verwendb Grdst: BGH BauR **75**, 122; GewGrdst mit Wohnbauqualität: BGH NJW **77**, 1725; Mietshaus: Kblz Betr **77**, 1362. – LandwBetr (insb Teilenteigng): BGH **67**, 190, 200; WM **78**, 468; **79**, 1191; BayObLG **77**, 134. – Waldgelände (Ffm WM **81**, 1368).

b) Verzinsung der Entsch kann verlangt werden, wenn Entsch nicht zugl mit Eingr zur Vfg gestellt wird (Ausgl für entzogene Nutzgsmöglichk des EingrGgst). Zinslauf ab RVerlust; zB EigtÜbergang, BesEinweisg (BGH NJW **69**, 1897), EnteigngsVorwirkg (BGH BauR **75**, 328). – Mangels abw Vorschr (zB 4% in PrAGBGB; BGH **60**, 337) kann BauGB 99 III, bayEnteigngsG 13 II (2% über jeweil Diskontsatz; BGH NJW **86**, 1980) Anhalt bieten. – § 248 anwendb (BGH Betr **73**, 2184); and nur, wenn Verzinsg des Wertes des EingrGgst Entsch für Minderwert dch entzogene Nutzgsmöglichk darstellt (BGH NJW **64**, 294; vgl auch **LM** LBG Nr 20). – §§ 284 ff nicht entspr anwendb (BGH NJW **82**, 1277).

c) Minderung. – aa) Vorteilsausgleich (dazu Küppers DVBl **78**, 349) mit VermVorteilen, deren Anrechng Zweck der Entsch entspr u Enteignetem zumutb (BGH NJW **77**, 189) u Sondervorteil für ihn darstellen (BGH NJW **77**, 1817). Sie ist eine Frage der EntschHöhe (BGH BauR **75**, 325). Vorteile bei Folgekosten nicht auf SubstanzEntsch anrechenb (BGH **55**, 294). SonderVorschr zB LBG 32 I; LBG 17 II; BauGB 93 III; LandesR. – Bei Enteignung von Teilflächen Werterhöh des RestGrdst anrechenb (BGH Betr **83**, 2188); plangsbdgte Wertsteigerg aber nur, wenn sie dem RestGrdst dch bes Zuordng Sondervorteil erbringt u nicht nur allg Wertzuwachs des GesGebiets (BGH **62**, 305; BauR **75**, 325; DVBl **77**, 766; NJW **78**, 941). Entsch für NutzgsVerlust auf Verzinsg der Entsch anrechenb (BGH **48**, 291). Ersparte Aufwendgen für Erfüllg von Auflagen für GrdstNutzg anrechenb (BGH **60**, 126). Wertsteigerg auf Bodenrente für Bausperre anrechenb (BGH NJW **89**, 2117). – **bb)** § 254 anwendb bei schuldh unterl Abwendg od Minderg der EingrFolgen (BGH NJW **56**, 57; JR **76**, 478) u schuldh Mitverwirklichg des SchädiggsTatbest (BGH NJW **90**, 17).

d) Zeitpunkt für Bemessung der Entschädigung. Scharf zu trennen sind zwei Stichtage:

aa) Qualitätsstichtag (vgl BauGB 93 IV). Der Ztpkt des Eingr ist maßg für die **wertbildenden Faktoren** (BGH NJW **86**, 2421), zB ob ein Grdst Acker-, Bauerwartgs- od Bauland ist. Spätere Veränderg dieser Faktoren sind nur zu beachten, wenn sie am Stichtag bereits wertändernd greifb waren. – Vorwirkg künftiger Enteigng: wenn eine vorbereitde od verbindl Plang, die für die spätere Enteigng ursächl ist u sie hat sicher erwarten lassen, das Grdst von der konjunkturellen Weiterentwicklg ausgeschlt hat; maßg ist dann schon der Ztpkt des Ausschl (BGH NJW **87**, 1256) u spätere Qualitätserhöhgen (BGH **LM** BBauG § 95 Nr 4) od -mindergen (Brem OLGZ **70**, 466) bleiben unbeachtl. Vorwirkg auch bei zivilrechtl Beanspruchg mögl (BGH NJW **80**, 40). War vor Geltg des GG eingetretene Vorwirkg ohne Entsch hinzunehmen (WeimRV 153), so sind bei Enteich für Enteigng nach Geltg des GG die Faktoren maßg, die die Vorwirkg schuf (BGH NJW **78**, 939); Faktoren bei Eintritt aber maßg, wenn nach damaligem Recht Entsch nur bis zur Enteigng aufgeschoben (BGH NJW **78**, 941).

Eigentum **Überbl v § 903** 2 G, H

bb) Bewertungsstichtag (vgl BauGB 95 I 2, II) bei schwankden Preisen. Die Zustellg des die Entsch festsetzden Bescheides (BGH **44**, 52) od die Vorlage eines angem (BGH NJW **87**, 1256) u später nicht widerrufenen (BGH **61**, 240) Kaufangebots ist maßg für die **Preis- und Währungsverhältnisse**. Bei wesentl zu gering festgesetzter Entsch (BGH **44**, 52) od vereinbarter Abschlagszahlung (BGH NJW **76**, 1499) verschiebt sich der Stichtag bzgl des RestBetr auf die letzte gerichtl TatsVerh. Bei unangem (entspr nicht in etwa der Entsch od bloßes Abschlagszahlsangebot) od widerrufenem Kaufangebot verschiebt sich Stichtag für GesBetr auf den Ztpkt des die angem Entsch festsetzden Beschl der EnteignsgsBeh (BGH NJW **75**, 157) bzw der letzten gerichtl TatsVerh (BGH NJW **76**, 1255); ebso bei angem Angebot, das zunächst VorteilsAusgl nicht berücksichtigt (BGH NJW **77**, 955) od EntschAblehng (BGH NJW **86**, 2421). Bei nicht nur unwesentl verzögerter Zahlg der Entsch ist die Zahlg maßg Stichtag (BGH aaO). Ficht der Enteignete die Enteignng erfolglos an, so verschiebt sich der Stichtag nicht (BGH NJW **77**, 955). Auszahlg maßg, wenn sie vor Entscheidg über EnteigngsAntr erfolgt (BGH BB **67**, 44).

e) Zeitablauf: Der EntschAnspr verjährt gem § 195 (BGH NJW **82**, 1277), sofern nicht SonderVorsch (zB *Bay*AGBGB 71 [dazu BGH NJW **75**, 1783], LBG 61 [dazu BGH **35**, 227], *pr*EnteignsgG 30 I [dazu BGH NJW **72**, 1714; **86**, 2255; Köln NJW **73**, 198], WaStrG 39 I] kürzere Verj- od AusschlFr vorsieht; nach deren Ablauf kein Rückgr mehr auf enteigngsgl Eingr (BGH NJW **82**, 1281).

f) Rückübereignung. – aa) Enteigneter hat RückübereignungsAnspr, wenn Zweck der Enteignng nicht in angem Zeit verwirklicht wird (BVerfG NJW **75**, 37). SonderVorschr: zB BauGB 102/3; BLG 43; LBG 57; RSiedlG 21; RHeimstG 32 II; LandesR (EG 109). Weitsteigerg steht früherem Eigtümer (BGH **76**, 365). –
bb) Bei Verkauf zur Abwendung der Enteignung (die noch nicht eingeleitet; zu unterscheiden vom „EnteigngsVertr" gem BauGB 110, 111) regeln sich die Beziehgen der Parteien nur nach PrivR; ob dann die Grds über die Höhe der EnteigngsEntsch anwendb, hängt vom Willen der Vertragschließden ab (BGH NJW **67**, 31; WPM **68**, 581); RückeignsAnspr des Verk bei Nichtverwirklichg des Ankaufszwecks dann uU aus dem Vertr (BGH **84**, 1) od aGrd § 812 I 2 Fall 2 (BayObLG **73**, 173), aber kein Anspr des Käufers auf Rückabwicklg (BGH **71**, 293).

H. Einzelfälle.

a) Wirtschaftslenkungsmaßnahmen enthalten idR EigtBegrenzg iSv GG 14 I 2 (BGH NJW **56**, 468): Allg AnbauBeschrkg (BGH **LM** GG 14 Nr 49); Verbot der Neuanlage von Weinbergen (BVerfG **21**, 150); Versagg von ApothKonzession (BGH NJW **62**, 2347); Verbot der Schweinemästerei im Wohngebiet (BGH **45**, 23); Versagg von Ausn bei Ausfuhrverbot (BGH **LM** § 839 [C] Nr 5); Exportregelg (BGH **22**, 6); Änderg ges Bestimmgen, auf die ein Unternehmen seine Produktion ausgerichtet hatte (BGH NJW **68**, 293); Herabsetzg des Schutzzolls (BGH **45**, 83); Sperrg der Grenze für Importe (BGH NJW **68**, 2140); Zweckentfremdgsverbot für Wohnraum (BVerwG NJW **83**, 2893). – And wenn VertrauensTatbestd geschaffen u die Täuschg der Erwartg zu Eingr in Unternehmensstruktur führt (BGH **LM** GG 14 [Cf] Nr 22; Betr **68**, 43; dazu Ossenbühl JuS **75**, 545); gg Übermaßverbot verstoßde PreisregelgsVO (BGH **48**, 385).

b) Energieversorgungsanlagen, die nach AVBGasV 8 zu AVBEltV 8 zu dulden (§ 1004 Anm 7c gg). DuldgsPfl bleibt im Rahmen der Sozialpflichtigk (Düss NJW-RR **87**, 1208; vgl Kimminich NJW **83**, 2785).

c) Umlegung und Flurbereinigung sind EigtBegrenzg iSv GG 14 I 2, wenn wertgleiche Landabfindg vollst dchgeführt (BGH **31**, 49; NJW **83**, 1661). And bei unentgeltl od nicht wertgleicher LandAbtr (BGH NJW **76**, 1088) u bei nicht gewünschter Geldabfindg; und auch, wenn Sonderopfer auferlegt wird, zB wenn Eigtümer dch Vfgs- u BauBeschrkgen mehr u länger belastet wird, als bei zügig dchgeführtem Verf erforderl (BGH NJW **65**, 2101).

d) Natur-, Landschafts-, DenkmalschutzG enthalten im allg nur EigtBegrenzg iSv GG 14 I 2. Enteigng erst dann, wenn ges Regelg bish ausgübte Nutzg od vernünftigerw in Betracht zu ziehde NutzgsMöglichk ausschließt. – Einzelfälle: BGH BauR **78**, 211 (GipsAbbauverbot); BayObLG **87**, 454 (GbdeAbrißverbot); BGH NJW **84**, 1172 (KiesAbbauverbot); BaWüVGH NVwZ **82**, 204 (Abbrennverbot); BGH **99**, 24 (Unterschutzstellg u NutzgsBestimmg); BGH **90**, 17 (*Nds* BodenabbauG, *NRW* AbgrabgsG); VGH Mannh NJW **84**, 1700 (Naturdenkmal); BVerwG NJW **88**, 505 (Eintr in Denkmalliste); BayObLG **88**, 154 (Torfabbauverbot); BGH NJW **88**, 3201 (Sichg von Bodenfunden).

e) Forstwirtschaft. Ges Abholzverbot (LVG Schlesw SchlHA **60**, 29); Aufforstgszwang (OVG Münst MDR **54**, 763; OVG Lüneb DÖV **61**, 623); rechtm Holzeinschlagsanordg (BGH **LM** WeimRV 153 Nr 19). Zur Ablösg von WeideR nach *bay*ForstRG vgl BVerwG RdL **70**, 19.

f) Anschlußzwang. EigtBegrenzg iSv GG 14 I 2: Wasser, Müllabfuhr u dgl dch Gemeindesatzg (auch ggü MüllabfuhrBetr; BGH **40**, 355; aA OVG Lüneb GewA **77**, 218); auch wenn dadch früher erworbenes WasserableitgsR des Eigtümers ggstlos wird (BGH **54**, 293); Schlachthausbenutzg (BGH MDR **68**, 999); Fernheizg (vgl BGH **77**, 179: uU ggü Lieferant).

g) Gewerbebetrieb

aa) Allgemeines. Der eingerichtete u ausgeübte GewBetr ist dch GG 14 in seinem ggwärt sachl Bestand (vgl dazu BGH **92**, 34) u in allen seinen Erscheinungsformen, die auf dem Arbeits- u Kapitaleinsatz des Inh beruhen (zB Kundenstamm, Verkehrsanbindg, Außenkontakt [BGH NJW **78**, 373]) geschützt; der Schutz reicht aber nicht weiter als der seiner wirtsch GrdLage, so daß kein Schutz bloßer Chancen (zB Lagevorteil [BGH **78**, 41]; Erweitergsabsicht [BGH **92**, 34]) od rechtl unzul GrdstNutzg (zB Auskiesg; BGH NJW **82**, 2488). Begriff des GewBetr weit zu fassen, zB auch landw Betr (BGH **92**, 34) u freier Beruf (BGH **81**, 21). – Erwerb bestehden GewBetr währd Eingr steht Entsch nicht entgg (BGH **LM** GG 14 [Cf] Nr 27); bei Errichtg u Investition währd Eingr ist auf dessen dch Einholg einer Auskunft voraussehb Dauer Rücks zu nehmen (BGH NJW **78**, 371). Über Enteignng noch nicht in Betr einbezogenen NachbGrdst vgl BGH NJW **87**, 1256.

bb) Eingriff in Straßen. – AnliegergewerbeBetr muß **Straßenbauarbeiten** (Erhaltg u. Verbesserg, Versorggsleitgen) grdsl entschädiggslos dulden, sofern nur die Straße als VerkMittler erhalten bleibt. Entsch wg enteigngsgl Eingr (Anm 2 Db), wenn die Arbeiten nach Art u Dauer über das hinausgehen, was bei ordngsgem Plang u Dchführg mit mögl u zumutb sachl u pers Mitteln mögl (BGH NJW 80, 2703; Karlsr NJW 87, 384). Entsch wg enteigngen Eingr (Anm 2 Da), wenn die Arbeiten trotz ordngsgem Plang u Dchführg nach Art u Dauer zu einer existenzgefährdden od sonst bes einschneidden Beeinträchtigg führen (BGH aaO; Karlsr aaO); wie oft bei U-Bahn-(BGH NJW 83, 1663) u S-Bahn-Bau (BGH NJW 76, 1312) od VerkBedeutg übersteigder Umgestaltg (BGH NJW 80, 2703). – Keine Entsch bei **Änderung von Lagevorteilen;** zB Verschlechterg der Verkehrsanbindg (BGH NJW 78, 373), Verkehrsumleitg (BGH WPM 63, 1100), Aufhebg öff Parkplatzes (BGH NJW 78, 373), Anordng eines Halteverbots (BGH NJW 78, 373), Umwandlg einer Straße in Fußgängerzone (BGH NJW 78, 373; dazu Trouet BB 81, 640); Änderg der VerkehrsFührg (BGH NJW 83, 1663). – Entsch bei **Zufahrtsbehinderung** wg enteigndem Eingr (Anm 2 Da), wenn bish Benutzbark des Grdst verändert u deshalb Wert erhebl gemindert (BGH NJW 79, 1043; vgl auch Celle VersR 85, 992); zB Straßenverengg (BGH aaO), Niveauänderg (BGH NJW 59, 1916; WPM 70, 1191), Militärübg (BGH LM § 906 Nr 61). Zufahrt muß rechtm gewesen sein (LG Hann BlGBW 82, 135) u sich im GemeinGebr gehalten haben (BGH WPM 83, 1244).

cc) Sonstige Eingriffe. – **Entschädigungspflicht bejaht:** bei Verbot einer Verkaufsausstellg dch WanderGewTreibden (BGH 32, 208); uU Schließg eines Friedhofs (BGH LM WeimVerf 153 Nr 20). Stillegg eines AbdeckereiBetr dch Aufteilg des Anfallbezirks (BGH MDR 68, 126). RWidr Versagg der BauGen (BGH NJW 80, 387), einer AusnGen nach StVO 46 (BGH NJW 75, 1880) od einer SondernutzgsErlaubn nach StraßenR (BGH 78, 41); Schädigg der Fischzucht dch lange Schonzeit für Reiher (BayObLG 78, 75) od Beeinträchtigg rechtl geschützter Wasserzufuhr (BayObLG 89, 57); Dschchneidg von Gewerbe- (BGH WPM 79, 168) od LandwGrdst (BGH NJW 82, 95) inf Straßenbau; Luftraumsperrg über Flugschule (LG Marbg NVwZ 82, 154); ImSchBeschrkg aGrd nichtigen Bebauungsplans (BGH 92, 34). – **Entschädigungspflicht verneint:** Umweg für Fischer inf Staudammerrichtg (BGH 45, 150) od Landwirt inf Unterbrechg eines Verbindgsweges (BGH BauR 75, 335; Mü RdL 74, 20). Änderg der Vorschr über Ausrüstg von Kfz, auf die Produktion eingerichtet war (BGH NJW 68, 293). Untersagg eines ordngswidr GewBetr; doch kann Maßn nach GewO 51 ausnw Enteigng sein (BVerwG BB 71, 1028).

h) Bebauungsanordnungen.

aa) GG 14 I 1 ergibt **Anspruch auf Baugenehmigung** (BGH 65, 182); AnsprBeschrkg dch GG 14 I 2 gedeckt, wenn sie dadch gerechtfertigt, daß sie Eigt gg über- od gleichgeordnete kollidierde Werte abgrenzt (BVerwG NJW 76, 340). Die Vorschr des materiellen BauR sind daher grdsl Inhaltsbestimmg des Eigt (BVerwG 3, 28; BGH 30, 338), ebso AbstandsVorschr bei Wäldern (BVerwG BlGBW 64, 81) u Werbeanlagenverbot nach BFStrG 9 (BVerwG 16, 301); and Bauverbote nach BFStrG, wenn sie schon verwirklichte Nutzgsart ausschließen (BGH BB 67, 1225). Jetzt in erster Linie BauGB maßg; so auch BNVO. Im GeltgsBereich eines Bebauungsplans grdsätzl Recht zur Bebauung; im Außenbereich nur ausnahmsw gem bes Zulassg, BauGB 30, 35. Ein allg, auf **Plangewährleistung** gerichteter Anspr wird dch BundesR nicht eingeräumt (BVerwG BB 69, 1507). In BauGB 40 ff umfangreicher Katalog von EntschPflichten (ev ÜbernahmeAnspr des Eigtümers) für VermNachteile aGrd eines Bebauungsplans, insb wenn dort Bebauungsverbote ausgesprochen, Grdst für den Gemeindebedarf, als Verkehrs-, Grünflächen u dgl ausgewiesen, sog **Herabzonung** (dazu BGH DVBl 74, 430; 74, 432; WPM 75, 697; Mü DVBl 74, 434; Schrödter, DVBl 74, 437). Nach BGH WPM 73, 650 kein PlangsSchaden (BBauG 44 I Nr 1), wenn Grdst nachbGrdst zu Hochstr ausgebaut u Wohnnutzg dadch zwar erhebl gemindert, aber nicht ausgeschl wird. Wg Wandels des Begr der Sozialbindg des Eigt kein entschpfl Eingr, wenn Gen zum Wiederaufbau alten Hinterhauses als Wohnhaus versagt wird (BGH 48, 193). – Der Herabzong kann die Aufgabe einer PlangsAbsicht grdsätzl (and uU, wenn schon Zusicherg darauf gegeben) nicht gleichgestellt werden, dazu Luhmann BayVBl 74, 458. – Eingr bei Festhalten an dch baul Entwicklg außer Kr getretenen Bebauungsplan (BGH WPM 75, 630).

bb) Nach BGH 15, 268 Beschrkg des gesamten GrdEigt einer Gemeinde aGrd behördl Kontrolle der Bauvorhaben idR inhaltl Begrenzg. Daher keine Enteigng, wenn Grdst in die Bauleitplang der Gemeinde nicht miteinbezogen (BGH WPM 68, 1132). Auch nicht Baufluchtlinien- u Baustufenfestsetzg, Plangen (vgl BGH 17, 96) u **Veränderungs(Bau-)sperren.** Gesetzl EntschPfl bei letzteren in BauGB 18 u BFStrG 9a (nicht zu verwechseln mit BauGB 15, vgl Brem OLGZ 70, 26). – Von **faktischer Sperre** spricht man, wenn ein Baugesuch wg künft Plang abgelehnt od verzögerl behandelt wird, auch, wenn der Eigtümer schon von Antr absieht, weil Haltg der Behörde diesen als aussichtslos erkennen läßt (BGH NJW 75, 1783; BGH 94, 77). Dies ist rwidr. Liegen weder die sachl Voraussetzgen für einen förml Erlaßvorbehalt noch die vor, unter denen eine Bausperre nur eigtbeschränkt ist (BGH NJW 66, 884), hat der Eigtümer zudem bauen wollen u können (BGH 58, 124), gilt für ihn nicht die entschädiggslose zeitl DuldgsPfl (BGH NJW 79, 653); solange allerd förml Bausperre ohne Entsch hinzunehmen gew wäre, gilt dies auch für die fakt (BGH NJW 72, 1946; 74, 1040; 75, 1783; 81, 458).

cc) Bei **Bauverboten** kommt es nach der Rspr des BGH darauf an, ob das Grdst nach seiner Situationsgebundenh (insb natürl Beschaffenh, Umgebg, histor Entwicklg) zZ des Eingriffs objektiv in der Weise nutzb war wie sie jetzt verboten wird, dem Eigtümer also etwas „genommen" wird. – **Enteignung** mögl bei: Bauverbot gleichkommde Versagg der Baulinienfestlegg (BGH NJW 64, 202); Versagg der BauGen wg beabsichtigter Neufestsetzg der Baulinien (BGH 19, 1) od nach BauGB 33 (OVG Bln DÖV 64, 817), 34 (BGH 64, 366); Umklassifizierg von Bauland (BGH 43, 120; 50, 93; OVG Bln JR 70, 394); Einstufg als Außengebiet od BaulinienÄnderg (BayObLG 74, 190); Beschrkg der baul Nutzbark ohne Rücks auf nachbarrechtl BesStand, damit Nachbar sinnvoll bauen kann (BGH DVBl 76, 173). ImSchBeschrkg für GewerbeBetr aGrd Bebauungsplans (BGH 92, 34). Zur Entsch bei Verlegg der Baugrenze Wagner NJW 77, 2046; BGH NJW 79, 2303. – **Keine Enteignung:** Bauverbot für bish nur als Ackerland genutzgs Grdst, für das keine Bebauung vorgesehen war (BGH 64, 361); Zurückverlegg einer Baulinie, wenn Bebauung in bish übl

Eigentum   Überbl v § 903   2, 3

Art mögl (BGH **LM** GG 14 [Ce] Nr 24); rechtm Verbot der Benutzg eines ohne BauGen errichteten Gbdes (BGH WPM **62**, 1008).

i) Verschiedenes. – aa) Enteignung verneint: Bei Verbot verunstaltender Werbg (BayVerfGH DÖV **58**, 822) u der Aufstellg von Plakaten u Schaukästen in Vorgärten (BVerwG DVBl **55**, 61); bei Beschränkg dch landesr FensterR (BayVerfGH **11**, 81); bei Beschränkg dch RGaragenO (BVerwG DÖV **56**, 215; **63**, 71; BB **62**, 81); bei Schäden, die Bienen eines Imkers auf fremdem Grdst dch Schädlingsbekämpfg erleiden (BGH **16**, 366). – **bb) Enteignung bejaht:** Bei rechtsw Verbot, Dachflächen für Reklame zu vermieten (BGH NJW **65**, 1912) bei willkürl Widerruf einer AusnahmeGen (BGH NJW **64**, 1567; **65**, 1172: EntschPfl uU auch bei willkürfreiem Widerruf, wenn im Zug anderw Enteigng). Bei Gebäudeschäden inf Kanalisationsarbeiten (BGH DÖV **65**, 203); Hühnertod dch Düsenjägerlärm (Düss NJW **68**, 555); über Immissionen dch Straßenbau u -Verkehr vgl § 906 Anm 7.

I. Konkurrenzen.

a) EntschAnspr wg schuldh enteigngsgleichem Eingr u SchadErsAnspr aus **§ 839** können konkurrieren; keiner ggü dem and subsidiär (BGH **13**, 88; NJW **76**, 1840). Zur Abgrenzg beider Anspr vgl Kuschmann NJW **66**, 574; zur wahlweisen Verurteilg aus einem der beiden HaftgsGründe vgl BGH **14**, 363.

b) AusglAnspr aus enteigngsgl Eingr lassen keinen Raum für Anspr aus **§§ 987ff, 812ff**, treten ihrerseits zurück, wenn der Eingr von hoher Hand in schlichter Teilnahme am StraßenVerk (zB Unfall dch Postbus) besteht; dann gelten nur **StVG** u BGB (so zutr Kessler DRiZ **67**, 378). Dagg sollen nach Düss NJW **68**, 555 Anspr aus enteigngsgl Eingr u aus Gefährdgshaftg (LuftverkG 33ff, 53) konkurrieren.

c) Neben Anspr aus **BLG** 77 keine wg Enteign (Schlesw SchlHA **68**, 17). Wohl aber können uU Anspr aus § 839 mit BLG 77 konkurrieren (BGH NJW **66**, 881).

3) Öffentlichrechtliche Aufopferung.

Schrifttum: Bender, StaatshaftsR, 3. Aufl 1981. – Kreft, Öffrechtl Ersatzleistgen, 1980. – Ossenbühl, StaatshaftsR, 3. Aufl 1983. – Steffen, BGH-Rspr. DRiZ **67**, 110.

a) Allgemeines. Der aus §§ 74, 75 Einl ALR abgeleitete u in der ganzen BRep gewohnrechtl anerkannte (BGH **9**, 83) öffrechtl AufopfergsAnspr bildet in seinem heutigen Anwendgsbereich die **Entschädigungsgrundlage für hoheitliche Eingriffe in immaterielle Rechtsgüter** wie insb Leben, Gesundh u BewegsFreih (BGH **66**, 118); zT wird Schutz aller Persönlichk- u FreihRe (zB Ehre) angenommen (Maunz-Dürig, GG Art 2 I Rdn 27). Er ist eine Ausprägg der Prinzipien der Lastengleich (GG 3) u des sozialen RStaats (GG 20 I). Die Vorschr lauten:

§ 74: *Einzelne Rechte und Vorteile der Mitglieder des Staates müssen den Rechten und Pflichten zur Beförderung des gemeinschaftlichen Wohls, wenn zwischen beiden ein wirklicher Widerspruch (Kollision) eintritt, nachstehen.*

§ 75: *Dagegen ist der Staat denjenigen, welcher seine besonderen Rechte und Vorteile dem Wohl des gemeinen Wesens aufzuopfern genötigt wird, zu entschädigen gehalten.*

b) Anspruchsvoraussetzungen. – aa) Hoheitliche Zwangsmaßnahmen, aus deren Eigenart notw eine Gefahrenlage folgt, aus der der Schaden an dem geschützten RGut entstanden ist (vgl BGH **28**, 310). Gezielter Eingr gg Geschädigten nicht erforderl (BGH **20**, 81: auf fliehden Verbrecher gerichteter Schuß der Polizei trifft Passanten; **45**, 290). Psychische Einwirkg kann Zwang (BGH **24**, 45: Gewissenszwang; BGH **31**, 187 u Mü NJW **70**, 1236: psycholog Abfordern) sein; dazu Arndt DRiZ **70**, 326 u Burmeister NJW **83**, 2617 (staatl Förderg des Hochleistgssports [zu weitgehd]). Der Eingr kann rechtmäß (gesetzl angeordnet) od rwidr (schuldh od schuldos) sein (BGH **45**, 58 [77]). – **bb)** Dem **Wohl der Allgemeinheit** muß der Eingr (nicht das dch ihn bewirkte Sonderopfer) zumind auch dienen, ohne daß dieser Erfolg eingetreten sein muß (BGH **37**, 388]). – **cc)** Als **Sonderopfer** des Geschädigten muß sich die Schädig darstellen; das ist am GleichhSatz zu prüfen (BGH **9**, 83; **36**, 379 [389]; Krumbiegel, Der SonderopferBegr in der Rspr des BGH, 1975) u kann auch beschr PersKreis treffen (vgl BGH **37**, 44). Bei **allgemeinem Zwang** (zB Schule, Wehr/Zivildienst, FreihEntziehg) konstituiert sich das Sonderopfer erst in eingriffsinadäquaten (-atypischen) Schäden. Primär entscheidet der (ggf dch Ausleg zu ermittelnde) GesZweck (vgl zB BSeuchG 52 I), welche Opfer gefordert u gewollt sind (BGH **36**, 379 [389]; **65**, 196 [207]). Soweit Opfergrenze so nicht zu ermitteln, ist „vernünft Urt der billig u gerecht Denkden" (BGH **17**, 172; NJW **63**, 1828 [1830]) bzw „allg Lebensrisiko" (BGH **46**, 327; dazu Ossenbühl JuS **70**, 276) maßg. Wer sich (ohne psych Zwang; vgl oben aa) selbst in Gefahr versetzt, bringt idR kein Sonderopfer (BGH **60**, 302). Innerh der Opfergrenze liegd: Wehrdienstbeschädigg (BGH **20**, 61); Wehrdienst eines Untauglichen od Freizustellden (BGH **65**, 196); Zivildienst unter Verstoß gg ZDG 19 I 2 (BGH **66**, 118); Schäden (auch eines Unbeteil; BGH NJW **68**, 989) inf unrichtt Urt (BGH NJW **36**, 379]; **45**, 58 [78]) od and spruchrichterl Maßn iSv § 839 II (BGH JZ **68**, 463 krit Anm Leipold); Schäden in Straf- u zurechenb Untersuchungshaft (BGH **60**, 302; str); Verletzg des Kfz-SicherhGurte (Schwabe NJW **83**, 2370; aA Müller NJW **83**, 593). Außerh der Opfergrenze liegd: Querschnittslähmg inf Behandlg nach GeschlechtskrankenG (BGH **25**, 238); Tötg eines Strafgefangenen dch geisteskranken Mitgefangenen (Tiedemann NJW **62**, 1761; aA BGH **17**, 172); Körperverletzg eines nach StGB 63 Untergebrachten dch Mitpatienten (BGH NJW **71**, 1881). Bei **Sonderzwang** kann dieser schon das Sonderopfer begründen (BGH **20**, 61: zwangsw Erprobg von Medikamenten), so insb der rwidr Zwang (BGH **36**, 379 [391]). – **dd) Keine Entschädigung aus anderer Rechtsgrundlage.** Der Anspr scheidet aus, wenn für die Entsch SonderVorschr bestehen (BGH **45**, 58 [77]; krit Konow DVBl **68**, 205); zB SVG für Wehrdienstbeschädigg (BGH **20**, 61), G v 8. 3. 71 (BGBl 157) u MRK 5 V für StrafverfolggsMaßn (BGH **45**, 58 [80]; NJW **73**, 1322), BSeuchG jetzt für Impfschäden (BGH **51**, 3; vgl dazu Schiwy, Impfg u AufopfergsAnspr, 1974), RVO 539 I Nr 14 jetzt für Schulunfälle (vgl früher BGH **46**, 327; VersR **67**, 470; Celle DVBl **66**, 44; Ffm NJW **67**, 632). Auch zivilrechtl (vertragl) ErsAnspr schließen den Anspr aus, so daß vertragl Haftder nicht Ausgl nach § 426 von dem verlangen kann, der aus Aufopferg haften würde (BGH **28**, 297). Da der Anspr entfällt, soweit SozialVersTräger leisten muß, auch kein FdgsÜbergang nach SGB X

1071

§ 116 (BGH **20**, 81). AufopfergsAnspr u § 839 bestehen aber nebeneinand (Celle DVBl **66**, 44) u verjähren jeder für sich.

c) Anspruchsinhalt. Angem Entsch in Geld (Kapital od Rente; BGH **22**, 43) für unmittelb Beeinträchtigg (BGH **45**, 59 [77]); § 847 nicht anwendb (BGH aaO). Kann sich im Einzelfall mit vollem SchadErs decken (BGH **22**, 43), bleibt aber oft dahinter zurück; BVersG-Regelg heranziehb, ZPO 287 anwend (BGH NJW **70**, 1231). § 254 anwendb (BGH **45**, 290); vgl aber oben b cc (Sonderopfer kann entfallen). Einheitl AusglAnspr, in dem verschied EingrFolgen nur unselbstd BerechngsFaktoren (BGH **22**, 43). – **Anspruchsberechtigt** ist der Beeinträchtigte. §§ 844, 845 gelten entspr; nur in diesem Rahmen haben RNachf Anspr. – **Anspruchsverpflichtet** ist nie eine PrivatPers, sond der dch das Sonderopfer begünstigte (muß nicht zugl der eingreifde sein) HohTräger (Übbl 2 Eb vor § 903 gilt entspr; vgl Schack JuS **65**, 295). – **Verjährung** nach § 195 (BGH **45**, 58 [77]); für *Bay* gilt AGBGB 71. Kein Rückgr auf allg AufopfergsAnspr, wenn kürzere Verj in SonderVorschr abgelaufen (BGH **45**, 58 [82]). – **Rechtsweg:** ZivilGer (VwGO 40 II 1).

4) Eigentum in der DDR. ZGB v. 19. 6. 75, GBl 465: §§ 17–21 (sozialistisches Eigt); §§ 22–24 (pers Eigt); §§ 34–42 (gemschaftl Eigt); §§ 25–33, 297–311 (EigtErwerb); §§ 284ff (Nutzg von Grdst u Gbden); §§ 316–322 (NachbR).

Erster Titel. Inhalt des Eigentums

903 *Befugnisse des Eigentümers.* Der Eigentümer einer Sache kann, soweit nicht das Gesetz oder Rechte Dritter entgegenstehen, mit der Sache nach Belieben verfahren und andere von jeder Einwirkung ausschließen.

Übersicht

1) Bürgerlichrechtliches Eigentum
   a) Begriff
   b) Gegenstand
   c) Formen
2) Befugnisse des Eigentümers
   a) Positive Wirkung
   b) Negative Wirkung
   c) Benachbarte Grundstücke
3) Beschränkung der Eigentümerbefugnisse durch Gesetz
   a) Privatrecht
   b) Öffentliches Recht
   c) Privat- und öffentlichrechtlicher Nachbarschutz
4) Beschränkung der Eigentümerbefugnisse durch Rechte Dritter
5) Gemeingebrauch
   a) Allgemeines
   b) Wege
   c) Gewässer
   d) Wald
6) Treuhandeigentum
   a) Rechtsgeschäftliche Treuhand
   b) Dingliche Rechtlage

1) Bürgerlichrechtliches Eigentum.

a) Zum **Begriff** des Eigt als des umfassdsten HerrschR an einer Sache u der Bedeutg seiner Beschrkg dch Gesetz u Rechte Dritter vgl Übbl 1a vor § 903. – Im LandesR findet sich das von der Rspr (BVerfG NJW **69**, 309; **76**, 1836; BVerwG DVBl **67**, 917) anerkannte RInstitut „**öffentliches Eigentum**" (*BaWü*WasserG 5; *Hbg*WasserG 4a; *Hbg*WegeG 4) mit seiner Ausgestaltg; solches besteht aber nicht an AusweisPap (aA AG Heilbr NJW **74**, 2182). Davon zu unterscheiden das privrechtl Eigt von jur Pers des öffR, bei dem der privrechtl EigtInhalt im Umfang der öffrechtl Zweckbestimmg (zB GemeinGebr) zurücktritt (dazu Papier Jura **79**, 93; Pappermann JuS **79**, 794).

b) Gegenstand des Eigt können nach BGB nur einz beweg u unbeweg Sachen iSv § 90 sein, nicht aber unkörperl Ggst (BGH **44**, 288); weitergeh der EigtGgst in GG 14 (vgl Übbl 1b vor § 903). Zu Einzelh der EigtFähigk vgl Übbl 4 vor § 90, § 90 Anm 1, 2. Eigtfähig sind auch AusweisPap (aA AG Heilbr NJW **74**, 2182), doch steht die öffrechtl Zweckbestimmg VfgsGesch entgg.

c) Formen. – aa) Alleineigentum. RInh ist nur eine natürl od jur Pers. – **bb) Miteigentum nach Bruchteilen.** Jedem Miteigentümer steht ein ideeller Anteil an der ganzen Sache zu (vgl § 1008 Anm 1), über den er frei verfügen kann (vgl § 1008 Anm 3). Dch RGesch begründb (vgl § 1008 Anm 2a). – **cc) Gesamthandseigentum.** Es besteht an Sachen, die zum Vermögen einer GesHandsGemsch (§§ 54, 718, 1416, 1485, 2032; HGB 105, 161, 489) gehören. Jedem GesHänder steht an der als gesamhand gebundenen Vermögen zu; die einz Sache (auch wenn einziger VermGgst) gehört ihm ganz (daher keine Vfg über den Anteil an der einz Sache mögl: §§ 719 I, 1419 I, 1485 II, 2033 II), aber beschr dch das gleiche Recht der and GesHänder. Dch RGesch nicht begründb. – **dd) Sonderformen:** BergwerksEigt (vgl EG 67 Anm 3), StockwerksEigt (vgl EG 131, 182), Wohngs/TeilEigt (vgl Übbl 2a vor WEG 1).

2) Die Befugnisse des Eigentümers wirken im Rahmen der Beschrkgen nach Anm 3, 4 (zu deren Bedeutg für den EigtInhalt vgl Übbl 1a vor § 903) in zwei Richtgen:

a) Positive Wirkung: mit der Sache nach Belieben verfahren. Rechtl dch Übereign, EigtAufgabe od Belastg mit beschr dingl Rechten; tatsächl dch Besitz, Benutzg/Nichtbenutzg, Veränderg, Verbrauch od Vernichtg.

b) Negative Wirkung: Einwirkung Fremder auf die Sache ausschließen. Das AusschließgsR betrifft Einwirkgen auf die Sache wie zB Wegnahme, Zerstörg, Beschädigg, Benutzg (BGH **LM** § 1004 Nr 27), Bemalen (auch bei Verschönerg; Hoffmann NJW **85**, 244), Immissionen (vgl § 906), vgl weiter § 1004 Anm 2a. Geltdmachg des AusschließgsR dch Notwehr (§ 227) sowie Klage auf Herausg (§ 985) u Unter-

Eigentum. 1. Titel: Inhalt des Eigentums　　　　　　　　　　　　　　**§ 903**　2, 3

lassg od Beseitigg der EigtStörg (§§ 907–909, 1004); bei rwidr schuldh Einwirkg auch SchadErs (§ 823; uU § 826).

c) Bei **benachbarten Grundstücken,** auch wenn sie nicht unmittelb aneinand grenzen, kann die posit Wirkg (insb BenutzgsR) für den einen Eigtümer mit der negat (AusschließgsR) für den anderen kollidieren. Jedes dieser Rechte ist dch die inf des nachbarl Verhältn gebotene Rücksichtn inhaltl begrenzt. Dabei gehen §§ 903 ff davon aus, daß bei einer mit Grenzüberschreitg verbundenen Benutzg des eigenen Grdst der AusschließgsR ggü dem BenutzgsR zurücktritt, so daß dem Eigtümer des betroffenen Grdst das AbwehrR aus § 1004 zusteht, wenn nicht ein bes ErlaubnTatbestd vorliegt. Grdsätzl sind daher **Grenzüberschreitungen von Menschen und festkörperlichen Gegenständen** (einschl Tieren u Flüssigk) nach § 1004 abwehrb. Führt die GrdstBenutzg zur **Grenzüberschreitung von unwägbaren Stoffen und ähnlichen Einwirkungen** iSv § 906 (vgl dort Anm 2 b), so ist diese nur unter den einschränkden Voraussetzgen des § 906 nach § 1004 abwehrb; soweit danach EigtBeeinträchtiggen zu dulden sind, wird das Eigt am betroffenen Grdst dch Einschränkg des AusschließgsR inhaltl begrenzt. Eine **Benutzung, die sich innerhalb der Grenzen des eigenen Grundstücks hält,** bedarf keiner bes Rechtfertigg (BGH NJW 84, 729). Daraus, daß einz mit Beeinträchtigg des NachbGrdst verbundene nichtgrenzüberschreitde Benutzgen in §§ 907 ff u im LNachbR (EG 124) für abwehrb erklärt sind, folgt, daß grdsätzl Beeinträchtiggen des Eigt an einem Grdst inf einer insb zu negat (vgl unten aa) od immateriellen (vgl unten bb) Einwirkgen führden Benutzg eines and Grdst in seinen räuml Grenzen nicht nach § 1004 abwehrb ist; insow ist das Eigt am betroffenen Grdst dch Einschrkg des AusschließgsR inhaltl begrenzt. Erst wenn das privrechtl unbeschr BenutzgsR des eigenen Grdst dch dritt(nachb)-schützde Vorschr des öffR beschr wird, ist eine widerspr Benutzg abwehrb (vgl Anm 3 c aa). – Demggü wird namentl im Schrifttum (Nachw unten zu aa, bb) teilw die Auffassg vertreten, § 906 enthalte eine abschließde Dchbrechg des AbwehrR aus §§ 903, 1004, so daß jede EigtBeeinträchtiggg, die auf einer nicht von § 906 erfaßten Einwirkg (wie insb negat u immaterielle) beruht, in den entspr anwendb Grenzen des § 906 nach § 1004 abwehrb sei.

aa) Negative Einwirkungen. Hdlgen auf dem eigenen Grdst, die natürl Vorteile u Zuführgen vom NachbGrdst abhalten, sind aus dem genannten Grd nicht als Bes/EigtBeeinträchtiggg nach §§ 862, 1004 abwehrb (BGH **88**, 344; Erm/Hefermehl § 1004 Rdn 12; MüKo/Medicus § 1004 Rdn 28, 29; RGRK/Pikart § 1004 Rdn 23; Soergel/Baur § 906 Rdn 20; Soergel/Mühl § 1004 Rdn 9; Staud/Gursky § 1004 Rdn 47; Jauernig JZ **86**, 605; aA AK/Winter § 906 Rdn 36; Heck § 50, 7; StudK/Wolf Anm 3 b; Pleyer JZ **59**, 305; Baur BB **54**, 483; Tiedemann MDR **78**, 372). Abwehr/AusglAnspr können sich aus nachbarl GemschVerh (BGH **LM** Nr 2; vgl Anm 3 a bb) od bei Verstoß gg §§ 226, 826 (vgl RG **98**, 15) ergeben. Weiterer Schutz dch nachbschützdes öffR wie zB GrenzabstandsVorschr des öff BauR (vgl Anm 3 b). – **Beispiele.** Kein AbwehrAnspr aus §§ 862, 1004 gg: Behinderg der Zufuhr von Licht u Luft zum NachbGrdst od des Ausblicks von diesem dch baul Anlagen/Zäune/Antennen od Bäume/Pflanzen (BGH **LM** Nr 1, 2; Celle NdsRpfl **59**, 180; Hbg MDR **63**, 135; Düss NJW **79**, 2618; Ffm NJW-RR **89**, 464); Rundfunk/Fernsehempfangsstörgen (BGH **88**, 344); Entziehg von GrdWasser dch GrdWasserförderg auf eigenem Grdst (BayObLG **65**, 7; vgl auch § 905 Anm 1 b). AbwehrAnspr aber bei Beeinträchtigg des dch § 917 gewährleisteten Zugangs zum NachbGrdst, da Eingr in erweitertes Eigt am NachbGrdst (§ 917 Anm 4 c); zur Behinderg des dch GemeinGebr vermittelten Außenkontakts eines Grdst vgl § 906 Anm 6 a.

bb) Immaterielle (ideelle) Einwirkungen. Hdlgen auf dem eigenen Grdst, die das ästhetische/sittliche Empfinden des Nachb verletzen oder den Verkehrswert des NachbGrdst mindern, sind aus dem genannten Grd nicht als Bes/EigtBeeinträchtiggg nach §§ 862, 1004 abwehrb (BGH **95**, 307; KG NJW-RR **88**, 586; Ffm NJW-RR **89**, 464; aA AG Münst NJW **83**, 2886; Jauernig JZ **86**, 605). AbwehrAnspr können sich aus nachbarl GemschVerh (vgl Anm 3 a bb) od bei Verstoß gg §§ 226, 826 (RG **57**, 239; **76**, 130; LG Limburg NJW-RR **87**, 81; so im Fall AG Münst aaO) od bei Verletzg des allg PersönlichkR (MüKo/Säcker/Medicus § 906 Rdn 21, § 1004 Rdn 30, 31; Staud/Gursky § 1004 Rdn 57) od Störg des gesundheitl Wohlbefindens bzw bei körperl Unbehagen (BGH **95**; 307; KG NJW-RR **88**, 586) ergeben. Weiterer Schutz dch nachbschützdes öffR (vgl Anm 3 b). – **Beispiele.** Kein AbwehrAnspr aus §§ 862, 1004 gg: Nacktbaden (RG **76**, 130) od Bordell (BGH **95**, 307) auf NachbGrdst; Baumaterialienlager in Wohngegd (BGH JZ **69**, 431 abl Anm Baur); Schrottplatz neben Hotel (BGH JZ **70**, 782 abl Anm Grunsky; vgl aber AG Münst aaO); häßl Stützmauer an GrdstGrenze (BGH NJW **75**, 170 abl Anm Loewenheim NJW **75**, 826), Antenne auf Nachb-Dach (Ffm NJW-RR **89**, 464).

3) Beschränkung der Eigentümerbefugnisse durch Gesetz.

Neueres Schrifttum: – Berger, GrdFragen umweltrechtl NachbKlagen, 1982. – Ernst/Hoppe, Das öff Bau- u BodenR/BauplangsR, 2. Aufl 1981. – Finkelnburg/Ortloff, Öff BauR, 1981. – Schapp, Das Verhältn von priv zu öff NachbR, 1978. – Peine, Öff u priv NachbR, JuS **87**, 169. – Hahn, Das baurechtl NachbAbwehrR, JuS **87**, 536. – Kleinlein, Das System des NachbR, 1987.

a) Privatrecht. Die EigtümerBefugn werden dch zahlr Vorschr des PrivatR beschr. In Einzelfällen ist dort ein Anspr auf Schadloshaltg als Ausgl für eine DuldgsPfl ggü Eingr vorgesehen (zB §§ 904 S 2, 906 II 2, 912 II, 917 II, 962 S 2; LNachbR). Im Schrifttum wird hieraus ein allg bürgerlichtl AufopfergsAnspr hergeleitet für alle Fälle, in denen ein (meist geringerwert) einem (meist höherwert) Interesse aufgeopfert werden darf (Hemsen, Der allg bürgerlrechtl AufopfergsAnspr, Diss Hbg 1961; Hubmann JZ **58**, 489; AK/Kohl § 904 Rdn 4; MüKo/Säcker § 904 Rdn 24; zur Dogmatik vgl Spyridakis FS-Sontis 1977, 241). Für den Versuch, alle priv EingrRe zu einem RInstitut der privatrechtl Aufopferg zuzufassen, sind aber doch wohl die jeweil positivrechtl Ausgangslagen u erfolgten Teilregelgen zu unterschiedl (Konzen [Schrift vor § 904] S 154; Canaris JZ **71**, 399).

aa) Die wichtigsten ges Beschrkgen der EigtümerBefugn enthalten **§§ 904, 905 und das Nachbarrecht** (§§ 906 ff; EG 124 Anm 2); diese Vorschr bestimmen auch ggü hoheitl Eingr die Grenzen des Eigt (BGH NJW **78**, 1052). Die letzte Schranke bilden **§§ 226, 242, 826.**

bb) Der gerechte Ausgl widerstreitder Interessen von Nachb kann im Einzelfall ein Hinausgehen über die ges Regelgen des NachbR erfordern. RGrdLage ist das sog **nachbarliche Gemeinschaftsverhältnis** (vgl dazu Brox JA 84, 182; Deneke, Das nachbarl GemschVerh, 1987 [Erlanger Jur Abhandlgen Bd 36]), das eine Auspräg von § 242 für den bes Bereich des notw ZusLebens von GrdstNachb, aus dem Pfl zu ggseit Rücks entspringen, darstellt; es soll nach der Rspr (BGH 42, 374; LG Dortm MDR 65, 202; Dehner aaO mwN; aA Palandt/Heinrichs § 278 Anm 1 b bb mwN; vgl aber § 922 Anm 5) kein ges SchuldVerh iSv § 278 sein. Aus diesem RInstitut wurden vor Erlaß der LNachbRG Rechte u Pfl (zB Hammerschlags- u LeiterR; Hamm NJW 66, 599) entnommen, die heute im LNachbR abschließd geregelt sind, so daß insow kein Rückgr mehr auf nachbarl GemschVerh (Schlesw SchlHA 82, 58); das soll nach BGH 38, 61 auch iFv § 906 nF gelten, doch § 242 bleibt auch im SachenR stets anwendb (vgl Köhler Jura 85, 225). Das nur in zwingden AusnFällen anwendb (BGH NJW 84, 729) RInstitut kann: bestehde Rechte (zB Anspr aus §§ 908, 909, 1004; BGH 68, 350) beschr od ausschließen, selbst wenn die Ausübg nicht sittenwidr (BGH 28, 110), u dafür AusglAnspr geben (vgl § 906 Anm 6) sowie Anspr auf Hdlgen oder Unterl geben (BGH 28, 110; **LM** Nr 2; NJW 76, 1840; Ffm NJW-RR 89, 464). Zur Duldg von Grenzüberschreitgen dch Haustiere (Katzen) vgl Köln NJW 85, 2338; Celle NJW-RR 86, 821; LG Augsbg NJW 85, 499; LG Oldbg NJW-RR 86, 883; LG Kass AgrarR 87, 58; AG Passau NJW 83, 2885; zutreffd krit Dieckmann NJW 85, 2311.

b) Öffentliches Recht. Die EigtümerBefugn werden dch zahlr Vorschr des öffR beschr (vgl § 1004 Anm 7c cc; unten Anm 5). Die Dchsetzg dieser EigtBeschr präventiv dch GenVerf u repressiv dch Einschreiten gg Verstöße obliegt primär den VerwBeh (Steinberg NJW 84, 457). Aber auch eine PrivPers kann ihre Einhaltg erzwingen, wenn sie sich aus drittschützden Normen (unten aa) ergeben. Daneben begründen einen öffrechtl Drittschutz **GG 14 I**, wenn unmittelb in das NachbGrdst eingegriffen wird (zB dch direkte Inanspruchnahme) od wenn dch nachhalt Veränderg der GrdstSituation das Eigt am NachbGrdst schwer u unerträgl betroffen wird (BVerwG NJW 76, 1987; BauR 76, 181; 77, 244; Schwerdtfeger NVwZ 82, 5 zu II; Schenke NuR 83, 81 zu IV; Wahl JuS 84, 577 zu III 1) u **GG 2 II** (nicht I; BVerwG NJW 78, 554; Schwerdtfeger aaO zu III, IV; Steinberg NJW 84, 457) sowie bei weniger gravierder Betroffenh das insb im BauR u ImschR entwickelte **Gebot der Rücksichtnahme** (BGH 86, 356; BVerwG NVwZ 85, 37; vgl dazu Dürr NVwZ 85, 719 u Geiger JA 86, 76 mwN).

aa) Drittschützende Normen müssen, wenn auch nicht als Hauptzweck, den Schutz eines hinreichd bestimmten u abgrenzb Kreises Einzelner beabsichtigen (Schutznormtheorie; vgl BVerwG DVBl 74, 358; BGH 86, 356; NJW 76, 1888; Wahl JuS 84, 577; krit Schlichter NVwZ 83, 641; Degenhart JuS 84, 187; Martens NJW 85, 2302); dies ist dch Auslegg zu ermitteln. Von **nachbarschützender** Norm spricht man, wenn der geschützte Dritte Nachb des in seiner Benutzg dch öffrechtl Normen geregelten Grdst ist. Erhebl Bedeutg haben drittschützde Normen im **Baurecht**; aber nicht jede Norm des öff BauR hat potentiell drittschütze Wirkg (BVerwG NVwZ 87, 409; dazu Degenhart JuS 84, 187). Außerh konkreter baurechtl Normen hat hier der öffrechtl Drittschutz aus GG 2 II, 14 I u dem RücksichtnGebot Bedeutg. – Im **Bauordnungsrecht,** das in zT abweichden LandesR (LBauO) geregelt ist, besteht eine umfangreiche Kasuistik (vgl Grundei NJW 70, 833; Ortloff NVwZ 89, 615). Auch bei originär öffrechtl Vorschr wird der Drittschutz unterschiedl beurteilt; zB Anordg von Stellplätzen u Garagen (OVG Lüneb BauR 79, 489: ja – BaWüVGH DÖV 81, 293: nein). Als drittschützd anerkannt sind Vorschr über seitl Grenzabstand (BGH NJW 85, 2825; VGH Mannh NVwZ 86, 143) u Vorschr, die der Verhütg von Bränden sowie von Schall- und Geruchsbelästiggen dienen (vgl Dehner A § 7 III 4b mwN). Nicht als drittschützd anerkannt sind Vorschr über Baugestaltg (OVG Münst BB 65, 1205), Erreichbark (HessVGH NJW 83, 2461) u Schaffg (VGH Mannh BauR 80, 256) von Stellplätzen, Anlage u Unterhaltg von Freiflächen (HessVGH NJW 83, 2461). – Im **Bauplanungsrecht** besteht nach der Rspr weitgehd kein Drittschutz, insb werden nicht als drittschützd angesehen: Erfordern vorgäng Bauleitplang für Großvorhaben gem BauGB 1 III (OVG Saarlouis NJW 82, 2086; krit Degenhart JuS 84, 187), Erfordern der Erschließg gem BauGB 30, 34 (VGH Mannh BaWüVBl 80, 57), Zulässigk von Bauvorhaben im unbeplanten Innenbereich gem BauGB 34 (BGH NJW 86, 789) u im Außenbereich gem BauGB 35 (BGH 86, 356; zum Drittschutz für Eigtümer eines privilegierten Vorhabens vgl BVerwG DVBl 71, 746); drittschützd aber Erfordern der Würdig nachbarl Interessen gem BauGB 31 II (BVerwG NVwZ 87, 409). Den Festsetzgen eines Bebauungsplans (BauGB 9 iVm BauNVO) kann (muß aber nicht) drittschützde Wirkg zukommen (BVerwG NVwZ 87, 409; Dolde NJW 86, 1021 mwN); dieser Schutz beruht auf dem Ausgl der wechselseit garantierten NutzgsBeschrkgen u -Berechtiggen zw den Planbetroffenen (Degenhart JuS 84, 187; BVerwG 74, 811; dort auch zum plangebietüberschreitden Drittschutz) u ist vielf gegeben bei der Festsetzg von Geschoß- u Geschoßflächenzahlen (OVG Münst BauR 77, 389) sowie Baulinien u -grenzen (VGH Mannh BauR 84, 52); zum Drittschutz der BauNVO 15 als Ausprägg des RücksichtnGebots vgl BVerwG NJW 84, 138.
Im **Gaststättenrecht** haben GaststG 5 I 3, 18 drittschützde Wirkg, nicht aber GaststG 4 I 3 (Stober JuS 83, 843 zu IV; Uechtritz JuS 84, 130 zu II 2); vgl auch Demme DVBl 67, 758; Birk GewA 68, 121; Buhren GewA 74, 221. – Im **Gewerberecht** haben GewO 69, 69a relative drittschützde Wirkg (OVG Münst NVwZ 84, 531).
Im **Immissionsrecht** haben BImSchG 5 Nr 1 (BVerwG NJW 88, 2396; gg Immissionen iR dieser Vorschr kein Drittschutz aus GG 14 od RücksichtnGebot, BVerwG NJW 84, 250) im Ggs zu Nr 3 (OVG Münst NVwZ 87, 146), BImschG 22 (BVerwG NJW 88, 2396), *NRW*ImSchG 9, 10 (OVG Münst NVwZ 84, 531) u *Nds*SpielplatzG 2 III 2 (OLG Lüneb NJW 85, 217), AtomG 7 II Nr 3 u 5 drittschützde Wirkg; nicht aber FluglärmG (BGH NJW 77, 1917), BImschG 5 I Nr 2 (BVerwG NVwZ 83, 32; BGH NJW 88, 478) u AtomG 7 II Nr 6, 9a (BaWüVGH DVBl 84, 880). Zur drittschützden Wirkg der Grenzwerte der TA-Luft/ Lärm vgl Jarass aaO zu II 6. Vgl weiter § 906 Anm 1 c bb.
Im **Umweltrecht** gibt das GG kein UmweltGrdR, Drittschutz aber dch GG 2 II mögl (BVerwG BauR 77, 394); zu BayVerf 141 vgl BayVerfGH NVwZ 86, 631/633. Nicht drittschützd sind BWaldG 1 Nr 1 (OVG Münst NuR 83, 122), EinbringgsG 2 II (BVerwG DVBl 83, 353).

Im **Wasserrecht** haben WHG 7, 8 als solche keine drittschützde Wirkg (BGH **88**, 34), wohl aber das in WHG 7, 8 iVm LandesR enthaltene materielle Recht (BGH aaO) u WHG 4 I 2 (BVerwG NJW **88**, 434).

bb) Wer **geschützter Dritter** ist, ist nach dem Schutzzweck der Norm zu beurteilen. – Im **Baurecht** sind es der Eigtümer (auch WohngsEigtümer; OVG Bln BauR **76**, 191) eines NachbGrdst u gleich schutzwürd dingl Berecht wie Dbk/ErbbBerecht (Art der Dbk maßg; verneind für § 1093-Berecht bzgl Grenzabstand OVG Saarlouis in Derichs [Schrifft vor Übbl WEG] II Nr 78 u bzgl EigtümerBauGen OVG Brem NVwZ **84**, 594), wobei dch Vormkg gesicherter Anspr auf EigtÜbertr/RBegründg ausreicht (BVerwG JZ **83**, 201); nicht aber schuldrechtl BesBerecht wie Mieter/Pächter (OVG Bln NVwZ **86**, 848; OVG Hbg NVwZ **84**, 48), denen aber Drittschutz aus GG 2 II, 14 I zustehen kann (Schlichter NVwZ **83**, 641 zu VI; vgl auch OVG Hbg aaO). Normzweck maßg, ob benachbart außer angrenzend Grdst auch im Wirkgsbereich liegde (BVerwG NJW **67**, 2325; Schlichter aaO). – Im **Immissionsrecht** u AtomR sind es die Benutzer aller im Einwirkgsbereich der Anlage gelegenen Grdst (Jarass NJW **83**, 2844 zu III). Benutzer sind neben dem Eigtümer auch die, die auf dem Grdst dauerh wohnen od regelm arbeiten (OVG Lüneb DVBl **84**, 890), nicht aber nur zufäll od gelegentl Benutzer (BVerwG NJW **83**, 1507).

c) Privat- und öffentlichrechtlicher Nachbarschutz. – aa) Drittschützde Normen des öffR sind **Schutzgesetze im Sinne von § 823 II.** Verstößt der GrdstEigtümer gg sie, so hat der geschützte Dritte gg ihn bei Verschulden einen SchadErsAnspr aus § 823 II (BGH NJW **70**, 1180) u entspr § 1004 den sog quasinegator verschuldensunabhäng Unterl- bzw BeseitiggsAnspr (BGH **86**, 356; **LM** § 1004 Nr 132; NJW **70**, 1180; Steinberg NJW **84**, 457; nach Picker AcP **176**, 28 [42ff] bestimmen die den EigtInhalt, so daß § 1004 unmittelb anwendb; gg Anwendbark von §§ 823 II, 1004 Schapp S 203ff); zur Beschrkg des Anspr aus § 1004 vgl dort Anm 8 c, § 912 Anm 1 a (krit Picker aaO). Verstößt die VerwBeh (zB bei Erteilg einer BauGen) gg sie, so kann der geschützte Dritte SchadErsAnspr aus § 839 haben (BGH **86**, 356). Ist dch unanfechtb VerwAkt Befreig von einer drittschützden Norm erteilt, so ist auch für das ZivilR bindd die Norm außer Kraft gesetzt (Hbg MDR **63**, 135; Rüfner DVBl **63**, 609; Picker aaO); ob diese Schutzwirkg auch aGrd bestandskräft AusnGen od einf Gen (zB BauGen) entfällt, ist str (vgl Breuer DVBl **83**, 431 zu II 2 a; Dehner A § 7 IV; Ernst/Hoppe Rdn 879b; Schapp S 200ff). – **bb)** Die **Durchsetzung des öffentlichrechtlichen Drittschutzes** erfolgt im VerwRWeg. Verletzt eine BenutzgsGen eine drittschützde Norm, so kann der geschützten tats beeinträchtigte (vgl Jacob BauR **84**, 1) Dritte dies mit der AnfechtgsKl (VwGO 42 I) geltd machen (vgl Degenhart JuS **84**, 187), nicht aber sonstige RWidrigk (BVerwG NJW **81**, 67). Ist die wirks angefochtene Gen bereits ausgenutzt, so kann Beseitig des materiell rwidr Zustandes mit dem FolgenbeseitiggsAnspr verlangt werden (vgl Ernst/Hoppe Rdn 461). Wird ein Grdst ohne notw Gen unter Verstoß gg drittschützde Normen benutzt, so kann der geschützte Dritte mit der VerpflKl (VwGO 123) ein behördl Einschreiten erzwingen (vgl zum Ermessensspielraum der VerwBeh OVG Bln **83**, 777; OVG Münst NVwZ **84**, 883; Finkelnburg/Ortloff S 300; Steinberg NJW **84**, 457 zu IV); ebso bei genfreier Benutzg unter Verstoß gg drittschützde Normen. Zum vorläuf RSchutz vgl Ernst/Hoppe Rdn 459; Finkelnburg/ Ortloff S 275. – **cc)** In der Geltdmachg sind priv- u öffrechtl **Abwehrrechte voneinander unabhängig** (OVG Bln NJW **83**, 777); eine Möglichk nimmt der and nicht das RSchutzInteresse (vgl auch Breuer DVBl **83**, 431 zu I 3).

4) Beschränkung der Eigentümerbefugnisse durch Rechte Dritter. Beschr dingl Rechte (Einl 2 d bb vor § 854) an der Sache u UrheberRe (BGH NJW **74**, 1387; Ffm OLGZ **86**, 208) beschränken das HerrschR des Eigtümers unmittelb. Schuldrechtl Anspr bzgl einer Sache beschränken nicht das Eigt, sond legen dem Eigtümer nur eine pers Verpfl auf u beschränken ihn in der RAusübg.

5) Gemeingebrauch.
Neueres **Schrifttum:** Papier, Recht der öff Sachen, 2. Aufl 1984. – Pappermann/Löhr/Andriske, Recht der öff Sachen, 1987. – Vgl auch zu d).

a) Allgemeines. Eine Sache kann krG im **Gemeingebrauch** stehen; jedermann darf sie dann ohne bes Zulassg gem dem sich aus Gesetz od Widmg ergebden Zweckbestimmg unter Beachtg des GemeinverträglichkGrds benutzen u das aus dem fortbestehden Eigt fließde HerrschR des Eigtümers tritt insow zurück (RG **125**, 108; BGH **21**, 319; **33**, 230; BayObLG **80**, 121). Str, inwieweit sich GebrUmfang aGrd gewandelter VerkGewohnh ändert (vgl VGH Mannh NJW **84**, 819). Im Rahmen der Zweckbestimmg darf die zuständ VerwBeh ohne Zustimmg des Eigtümers über den GemeinGebr hinausgehde u diesen beeinträchtigde **Sondernutzung** gestatten (vgl zB BFStrG 8 I); zur Abgrenzung vgl Thiele DVBl **80**, 977. Benutzg innerh GemeinGebr/Sondernutzg gibt Einwendg nach §§ 863, 1004 II ggü AbwehrAnspr des Besitzers/ Eigtümers (BGH **60**, 365; BayObLG **80**, 121). – Bei **Behinderung** der Benutzg iRv GemeinGebr/Sondernutzg dch HohTräger im VerwRWeg verfolgb öffrechtl AbwehrAnspr u dch PrivPers im ZivilRWeg verfolgb privrechtl AbwehrAnspr aus § 1004 (Wolff/Bachof § 58 II c). – GemeinGebr ist **unentgeltlich**, soweit nicht Ausn gesetzl vorgesehen (zB BFStrG 7 I 4); Unentgeltlichk daher kein Wesensmerkm. Für GemeinGebr beeinträchtigde Sondernutzg darf Gebühr erhoben werden (zB BFStrG 8 III); über privrechtl Vertr vgl BGH NJW **65**, 387, OVG Lüneb DVBl **70**, 588. Beeinträchtigt Sondernutzg den GemeinGebr nicht, so kann sie nur dem privrechtl VfgsBerecht aGrd privrechtl Vertr gestattet werden (vgl zB BFStrG 8 X).

b) Gemeingebrauch an Wegen. – aa) Er ist in BFStrG 7 u in entspr LandesR geregelt. Inhalt u Grenzen nicht allggült beschreibb (BGH NJW **79**, 435). GemeinGebr für jedermann nur, wenn Straße/Wegg/Platz dem öff Verkehr gewidmet (Stattfinden öff Verkehrs alleine nicht genügd; BGH **20**, 270), u iR der Gemeinverträglichk. „Gebr zum Verkehr" iSv BFStrG 7 u LandesR ist nicht nur Fortbewegg (Schneider NJW **63**, 276). – Der **Anliegergebrauch** ist in seinem Kern dch GG 14 geschützt (BVerfG NJW **73**, 913; vgl Übbl 2 H g vor § 903; BGH Anm 6a, 7b [Außenkontakt]. Er reicht so weit, als die angem Nutzg des GrdstEigt eine Benutzg der Straße erfordert (BVerwG NJW **80**, 354; Brschw ZMR **85**, 334; BayObLG **89**, 97); dies ist keine SonderNutzg. – **bb) Einzelfälle,** bei denen aber stets Landes- u OrtsR zu beachten: – **Kommerzielle**

Werbung für AnliegerUntern im Luftraum über der Straße dch sog Nasenschilder zul (BVerwG NJW **79**, 440; OVG Kblz NJW **82**, 1828; Schwab NVwZ **83**, 459; vgl aber BGH NJW **78**, 2201; OVG Bln GewA **81**, 88), nicht aber für Waren (BVerwG aaO). Keine Verteilg von Handzetteln (BVerwGE **35**, 326; VGH Mü DVBl **76**, 920). – **Verkauf:** Unzul sind Aushängen von Warenautomaten (BVerfG NJW **75**, 357), Aufstellg von Ständen (BGH **23**, 166) od Imbißwagen (HessVGH NVwZ **83**, 48), Eisverkauf aus Kfz (Stgt NVwZ **84**, 468); über Aufstellg von Obstkisten uä vgl LG Kblz NJW **61**, 1071. – **Bauliche Anlagen u Geräte:** Zul sind Hotelschutzdach (RG **132**, 398; BGH NJW **57**, 1396), Radständer (OVG Lünebg SchlHA **63**, 80), Bauzaun nebst Lagerg von Baugerät (BGH **22**, 397; **23**, 168); Kellerschacht (BVerwG NJW **81**, 412). Unzul ist Überbau von Erker u Balkonen (RG SeuffA **65**, 241). – **Parken:** Laternengaragen iRv StVO u Gemeinverträglichk grdsl zul (BVerwG DVBl **79**, 155), ebso mehrtäg Abstellen von Wohnwagenanhänger (BVerwG NJW **86**, 337); aA Brschw NVwZ **82**, 63 für Wohnmobil; vgl Hentschel NJW **86**, 1307 zu II 1 b. Keine Aufstellg von MietKfz (BayObLG NJW **80**, 1807; aA BVerwG NJW **82**, 2332) od Kfz zum Verkauf (BayObLG VRS **63**, 476). Kein Anspr auf Parkmöglichk in GrdstNähe (BVerwG NJW **83**, 770). – **Politische Werbung:** Pappermann NJW **76**, 1341; Groll NJW **76**, 2156; Crombach DVBl **77**, 277; Steinberg NJW **78**, 1898; Steinberg/Herbst JuS **80**, 108; OVG Lünebg NJW **77**, 916 (Flugblattverteilg zul); Karlsr Just **77**, 422 (Plakatkleben auf Kabelkästen unzul); BVerwG NJW **78**, 1933 (Informationsstand u zahlreiche Plakattafeln unzul); BGH NJW **79**, 1690 (Aufstellen eines Tisches unzul). – **Straßenkunst:** Würkner NJW **89**, 1266; BVerwG NJW **87**, 1836 (Musik); VGH Mannh NJW **89**, 1299 (Scherenschnitte). – **Zufahrt:** Beschrkg zul (BGH NJW **79**, 1043; BVerwG NJW **80**, 354; BayObLG NJW **75**, 693; OVG Lünebg NJW **79**, 1422; KG OLGZ **80**, 486). – **Radfahren:** auf öffentl Fußwegen unzul (VGH Mannh VBlBW **84**, 275).

c) GemeinGebr an **Gewässern**. Gesetzl Regelgen: WaStrG 5, 6; WHG 23 iVm LandesR (vgl EG 65 Anm 2b). Einzelfälle vgl EG 65 Anm 3c. Zum GemeinGebr am **Meeresstrand** vgl BGH **44**, 27; VG Schlesw SchlHA **73**, 124; Gröpper SchlHA **66**, 49.

d) GemeinGebr an **Wäldern** (Schriftt: Leisner AgrarR **80**, 126; Gassner NuR **83**, 114 zu II 1). Gesetzl Regelgen: § 14 BWaldG v 2. 5. 75 (BGBl 1037), vgl BVerfG NJW **89**, 2525 (Reiten); §§ 37ff *BaWü* LWaldG v 4. 4. 85 (GBl 106); Art 21ff *Bay* NatSchG v. 10. 10. 82 (GVBl 874); § 14 *Bln* LWaldG v 30. 1. 79 (GVBl 177); § 9 *Hbg* LWaldG v 15. 3. 78 (GVBl 74); § 25 *Hess* LForstG v 4. 7. 78 (GVBl 424); § 23 *Nds* LWaldG idF § 68 NatSchG v 20. 3. 81 (GVBl 31), §§ 1ff *Nds* Feld- u ForstOrdngsG idF v 30. 8. 84 (GVBl 216); § 2ff *NRW* LForstG v 24. 4. 80 (GV 546), vgl Düss NJW-RR **88**, 526, u § 50ff LG v 26. 6. 80 (GV 734); § 11 *RhPf* LForstG v 2. 2. 77 (GVBl 21); §§ 25ff *Saarl* LWaldG v 26. 10. 77 (ABl 1009); §§ 20ff *SchlH* LWaldG idF v 10. 1. 83 (GVBl 11).

6) Treuhandeigentum

Aus dem **Schrifttum:** Siebert, Das rgeschäftl TrHandVerhältn, 1933 (1959). – Coing, Die TrHand kraft privaten RGesch, 1973. – Liebich/Mathews TrHand u TrHänder in Recht u Wirtsch, 2. Aufl 1983. – Breuer, RhNK **88**, 79. – Gernhuber, JuS **88**, 355.

a) Rechtsgeschäftliche Treuhand (über gesetzl TrHandVerhältn vgl Liebich/Mathews S 327ff). Es gibt keinen gesetzl definierten od allg anerkannten RBegriff der TrHand. Allen TrHandVerhältn ist gemeins, daß der TrGeber dem TrHänder VermögensRe überträgt od ihm eine RMacht einräumt, ihn aber in der Ausübg der sich daraus im Außenverhältn (TrHänder zu Dr) ergebden RMacht im Innenverhältn (TrHänder zu TrGeber) nach Maßg der schuldrechtl TrHandVereinbg beschränkt (vgl auch Übbl 3g vor 104, Einf 3b vor § 164).

aa) Nach der **Rechtsstellung des Treuhänders** ist zu unterscheiden: **Ermächtigungstreuhand** (BGH NJW **54**, 190; MüKo/Thiele § 185 Rdn 48). Der TrGeber bleibt VollRInh (daher auch unechte TrHand genannt) u ermächtigt den TrHänder gem § 185 (vgl dort Anm 4) zu Vfgen im eigenen Namen; der TrGeber kann auch selbst verfügen, solange der TrHänder nicht verfügt hat. Die Ermächtigg erlischt mit dem Ende der RInhabersch des TrGebers u entspr § 168 mit Ende des TrHandVertr (MüKo/Thiele § 183 Rdn 3). Bei Konk des TrHänders od ZwVollstr gg ihn hat der TrGeber KO 43 bzw ZPO 771; bei Konk des TrGebers od ZwVollstr gg ihn hat der TrHänder nicht KO 43 bzw ZPO 809, 766). – **Vollmachttreuhand** (BGH WPM **64**, 318; Erm/Brox Rdn 16 vor § 164). Der TrGeber bleibt VollRInh (daher auch unechte TrHand genannt) u bevollm den TrHänder zu RGesch im Namen des TrGebers. Es gelten §§ 164ff. – **Vollrechtsübertragung** (sog fiduziarische od echte TrHand); vgl dazu Anm 6b. Der TrGeber verliert die VfgsMacht; der TrHänder kann ihn aber zu Vfgen bevollmächtigen od ermächtigen (BGH Betr **72**, 2010). Zur Anwendg von § 419 vgl dort Anm 3a.

bb) Nach dem **Interesse an der Treuhand** ist zu unterscheiden: **Eigennützige (Sicherungs-) Treuhand,** wenn das TrHandVerhältn im Interesse des TrNehmers (idR um ihn dingl zu sichern) begründet wird (BGH WPM **69**, 935); Beispiele: SichgsAbtretg (§ 398 Anm 6), SichgsÜbereign (§ 930 Anm 4), SichgsGrdSch (§ 1191 Anm 3b). – **Fremdnützige (Verwaltungs-) Treuhand,** wenn das TrHandVerhältn im Interesse des TrGebers (weil er sein Recht nicht ausüben will od kann; vgl Reinhardt/Erlinghagen JuS **62**, 42) begründet wird (BGH FamRZ **72**, 559); Beispiele: InkassoAbtretg (§ 398 Anm 7), RA/Notaranderkonto (Zimmermann DNotZ **80**, 457), SaniergsTrHand. Vergütg des TrHänders steht nicht entgg (BGH **11**, 37; WPM **69**, 935). – Bei **doppelseitiger Treuhand** ist beides mögl: der TrGeber überträgt das TrGut auf den TrHänder, damit er es für ihn verwaltet (fremdnütz TrHand; BGH NJW **66**, 1116) u zugl die SichgsInteressen der TrGeberGläub (mit denen TrHänder zusätzl Vertr schließt) wahrt (eigennütz TrHand zGDr; Serick II § 19 I 1); Beispiele: BassinVertr (Liebich/Mathews S 305; Serick II § 19 I 1, 21 IV 3), gerichtl od außergerichtl TrHandliquidationsVergl (BGH NJW **66**, 1116). Künne Betr **68**, 1253/1300; Grohmann, Die RStellg des TrHänders u ihre Auswirkg auf die Abwicklg eines TrHandliquidationsVergl, Diss Göttingen 1983), Anderkontoverwahrg für mehrere Beteil (Hamm OLGZ **84**, 387; KG OLGZ **84**, 410), Konsortialkredit mit SicherhPool (Obermüller Betr **73**, 1833). Bei Mehrh von Gläub ist auch mögl, das TrGut auf einen von ihnen als eigennütz TrHänder, der auch die SichgsInteressen der and wahrnimmt, zu übertragen (BGH NJW **66**, 1116; Serick II § 28 I 3).

Eigentum. 1. Titel: Inhalt des Eigentums § 903 6a, b

cc) Einen typ **Treuhandvertrag** gibt es nicht, der Einzelfall bestimmt die RBeziehgen zw den Beteil (BGH NJW 66, 1116; WPM 69, 935); zB Auftr od GeschBesorgg (BGH 32, 67; vgl § 675 Anm 3), InnenGesellsch (§ 705 Anm 8a), SichgsVertr (§ 930 Anm 4b bb, § 1191 Anm 3b). VertrArt auch dafür maßg, ob TrGeber jederzeit RückÜbertragg des TrGuts verlangen kann (wie zB bei fremdnütz TrHand; BGH FamRZ 72, 559) od ob TrHandVertr mit Tod des TrHänders erlischt (wie zB bei Auftr/GeschBesorgg; KG HRR 31 Nr 1866).

dd) Dch das Erfordern einer **unmittelbaren Übertragung des Treuguts** vom TrGeber auf den TrHänder begrenzt die Rspr (zustimmd: Serick II § 19 II 2; Soergel/Mühl Einl Rdn 49; krit Gernhuber aaO zu IV mwN) die bei Konk u ZwVollstr für die Gläub des TrHänders nachteil Anerkenng der wirtsch Zugehörigk des TrGuts zu TrGeberVermögen. Diese Beschrkg gilt nicht für die Anerkenng einer schuldrechtl TrHandVerpfl im InnenVerh zw TrGeber u TrHänder (Serick II § 19 II 2; vgl RG LZ 28, 1248). – An der Unmittelbark soll es fehlen, wenn der **Treuhänder als mittelbarer Stellvertreter** das TrGut für Rechng u im Interesse des TrGebers erwarb (RG 153, 366; JW 31, 3105; Hbg MDR 65, 1001). Die bemängelte Offenkundigk der TrGutEigensch kann aber auch bei unmittelb Erwerb fehlen. Die Interessenlage spricht für Anerkenng als TrGut, wenn der TrHänder mit Mitteln des TrGebers erwarb. Für Dchbrechg des Unmittelbark-Grds bei offenliegder TrHänderstell iR eines Konsortialkredits Obermüller Betr 73, 1833. Um Rspr zu genügen, muß als mittelb Stellvertr zu eigenem Recht erwerbder TrHänder dch InsichGesch gem § 930 auf TrGeber übereignen u von diesem gem § 929 S 2 rückübereignet erhalten. Unmittelbark bzgl Fdg gg Bank (TrGut) anerkannt, wenn TrGeber auf offenes TrHandKto des TrHänders (BGH NJW 59, 1223; Canaris NJW 73, 825), nicht aber auf verdecktes TrHandKto (BGH NJW 71, 559) einzahlt. – Eine **dingliche Surrogation** wird nicht anerkannt. An der Unmittelbark soll es daher bzgl dessen fehlen, was vom TrHänder als Ers für Zerstörg/Beschädigg/Enteigng des TrGuts, mit Mitteln des TrGuts od dch ein sich auf das TrGut beziehdes RGesch erworben wurde (RG 153, 366; Wolf JuS 75, 716). Dem ist jedenf für die erste Fallgruppe (ErsLeistg) nicht zuzustimmen (Schuler JuS 62, 52; RGRK/Pikart Rdn 96 vor § 929; Soergel/Mühl Einl Rdn 50; Serick II § 19 II 2).

b) Dingliche Rechtslage

aa) Der Treuhänder erwirbt das **Eigentum zu vollem Recht** nach den für die Sache geltden ÜbereignsVorschr u ist ggü dem TrGeber schuldrechtl gebunden, das EigtR nur nach Maßg der TrHandVereinbg auszuüben (BGH NJW 54, 190). Ein **gutgläubiger Erwerb** vom TrGeber ist bei SichgsTrHand mögl, mangels VerkGesch aber nicht bei VerwaltgsTrHand (Gernhuber aaO zu IV 6). Das Eigt ist **vererblich** (KG HRR 31 Nr 1866), sofern der Tod des TrHänders nicht auflösde Bdgg für die Übereignng, u unterliegt sonstigen GesamtRNachf (KG JFG 7, 307).

bb) Die Übereignng kann (auch stillschw) unter einer **auflösenden Bedingung** erfolgen, sofern dies nicht gesetzl verboten (zB § 925). Bdgg kann zB sein: Beendigg des TrHandVerh (vgl BGH NJW 62, 1200; Ffm MDR 54, 110), Nichtentstehen od Fortfall des SichgsZwecks (vgl § 930 Anm 4b cc), vertrwidr Vfg des TrHänders, ZwVollstr von TrHänderGläub in TrGut. TrGeber hat bis BdggsEintritt ein AnwR auf EigtErwerb (BGH NJW 84, 1184), über das er verfügen kann.

cc) **Verfügungen des Treuhänders** über das TrGut erfolgen im eigenen Namen u aus eigenem Recht. Vfgen, für die der ges Vertr des TrGebers die Gen des VormschG benötigt hätte, bedürfen einer solchen nicht. – **Vertragswidrige Verfügungen** sind dem Erwerber ggü grds wirks, da der TrHänder als Eigt Berecht verfügt u die Bindg ggü dem TrGeber gem § 137 nur schuldrechtl wirkt (BGH NJW 68, 1471; § 137 Anm 1a; MüKo/Mayer-Maly § 137 Rdn 18); der TrGeber hat gg den Erwerber idR weder dingl (§ 985) noch schuldrechtl (auch bei unentgeltl Vfg nicht § 816 I 2) Anspr. Wirkte der Erwerber vorsätzl an bewußt vertragswidr Vfg des TrHänders mit, ist die Vfg gem §§ 134 iV StGB 266, 138 nichtig u TrGeber hat dingl HerausgAnspr (Huber JZ 68, 791; aA Serick III § 37 I 3a) u schuldrechtl SchadErsAnspr aus §§ 823 II iVm 266 StGB, 826 (BGH NJW 68, 1471) auf Herausg an sich (vgl RG 108, 58). Bei bloßer Fahrlässigk des Erwerbers ist der TrGeber nicht dch Anspr gg ihn geschützt, da die Grds über die fahrl Unkenntn des VollmMißbr (§ 164 Anm 2) nicht anwendb sind (BGH aaO; aA Timm JZ 89, 13 zu IV 2 mwN). – Bei **auflösend bedingter Übereignung** an den TrHänder ist der TrGeber gem § 161 II geschützt, wobei §§ 161 III, 936 iF der nach § 930 erfolgten Übereignng den Verlust des AnwR dch gutgl Erwerb verhindern u EigtRückerwerb mit BdggsEintritt ermöglichen.

dd) Nach Beendigg des TrHandVerhältn, die nicht auflösde Bdgg für Übereignng (vgl Anm 6b bb), ist der TrHänder zur **Rückübereignung** des TrGuts verpfl; Anspr bei Grdst dch Vormkg sicherb. Dabei bei eigennütz TrHand EigtErwerb des TrGebers, der zuvor als NichtBerecht übereignete (MüKo/Quack § 932 Rdn 63; RGRK/Pikart § 932 Rdn 34; vgl § 932 Anm 5b; aA Gernhuber aaO zu V 3); bei fremdnütz TrHand erwarb TrHänder kein Eigt (vgl Anm 6b aa) u EigtErwerb entfällt mangels VerkehrsGesch (vgl § 932 Anm 1c). Nach Rückübereignng kann ein Gläub des TrGebers auch wg einer vom TrHänder für Rechng des TrGuts eingegangenen Verbindlichk nur dann nach § 419 gg den TrGeber vorgehen, wenn der TrHänder bei Rückübereignng neben dem TrGut kein eigenes Vermögen besaß (BGH 27, 257).

ee) **Treugut in der Zwangsvollstreckung.** – Vollstrecken **Gläubiger des Treuhänders** in das TrGut, so hat bei fremdnütz TrHand der TrGeber WiderspR aus ZPO 771 (BGH 11, 37; NJW 59, 1223), da das TrGut wirtsch nicht zu seinem Vermögen gehört (vgl aber Anm 6a dd). Bei unmittelb Besitz kann TrGeber auch nach ZPO 766, 809 vorgehen. Bei eigennütz TrHand vgl § 930 Anm 4e aa. – Vollstrecken **Gläubiger des Treugebers** in das TrGut, so hat bei fremdnütz TrHand der TrHänder keine Rechte aus ZPO 771, 805 (BGH 11, 37), da das TrGut wirtsch nicht zu seinem Vermögen gehört. Bei unmittelb Besitz kann TrHänder nach ZPO 766, 809 vorgehen; Gläub muß dann in AnwR/RückübereignsAnspr des TrGebers vollstrecken. Bei eigennütz TrHand vgl § 930 Anm 4e bb.

ff) **Treugut im Konkurs.** – Im **Konkurs des Treuhänders** hat bei fremdnütz TrHand der TrGeber ein AussondergsR (BGH NJW 59, 1223; Baur/Stürner Rdn 1075); da das TrGut wirtsch zu seinem Vermögen

§§ 903–905 3. Buch. 3. Abschnitt. *Bassenge*

gehört (vgl aber Anm 6a dd). Bei eigennütz TrHand vgl § 930 Anm 4f aa. – Im **Konkurs des Treugebers** hat bei fremdnütz TrHand der TrHänder kein Aus-/AbsondersgsR u KonkVerw kann Herausgabe verlangen (BGH NJW **62**, 1200; Baur/Stürner Rdn 1075), da das TrGut wirtsch nicht zum TrHänderVerm gehört u TrHandVerh mit Konk des TrGebers endet (KO 23 II). Bei eigennütz TrHand vgl § 930 Anm 4f bb.

gg) Treugut im Vergleich. – Im VerglVerf über das **Vermögen des Treuhänders** hat bei fremdnütz TrHand der TrGeber entspr Anm 6b ff ein AussondersgsR (VerglO 26). Bei eigennütz TrHand vgl § 930 Anm 4g aa. – Im VerglVerf über das **Vermögen des Treugebers** endet bei fremdnütz TrHand das TrHandVerh nicht krG. Bei eigennütz TrHand vgl § 930 Anm 4g bb.

904 Notstand.
Der Eigentümer einer Sache ist nicht berechtigt, die Einwirkung eines anderen auf die Sache zu verbieten, wenn die Einwirkung zur Abwendung einer gegenwärtigen Gefahr notwendig und der drohende Schaden gegenüber dem aus der Einwirkung dem Eigentümer entstehenden Schaden unverhältnismäßig groß ist. Der Eigentümer kann Ersatz des ihm entstehenden Schadens verlangen.

Schrifttum: Konzen, Aufopferg im ZivilR, 1969.

1) Allgemeines. § 904 behandelt die zur Abwehr einer dem Einwirkden (Notstand) od einem Dritten (Nothilfe) drohden Gefahr vorgenommene **Einwirkung auf fremde Sachen, von denen die Gefahr nicht ausgeht** (Aufopfergsgedanke); § 228 behandelt demggü die Einwirkg auf die gefahrbringde Sache (Verteidigg). § 904 auch anwendb bei Einwirkg auf and absolute Vermögens Re (hM), nicht aber bei Einwirkg auf **eigene Sachen** iW der Selbstaufopferg (MüKo/Säcker Rdn 27; Soergel/Baur Rdn 24; hier uU § 683 [BGH **38**, 270]). Einwirkgen zur Gefahrenabwehr auf **Personen** od pers RGüter, von denen die Gefahr ausgeht, sind iRv StGB 34 auch zivilrechtl gerechtfertigt (vgl § 228 Anm 1; dort auch zur Anwendg von § 904 S 2 iFv StGB 34, 35). – **Sondervorschriften:** LuftVG 25; HGB 700, BinnSchG 78; TelWG 12; KatastrophenschutzG (zB *SchlH* G v 9. 10. 74, GVBl 446, §§ 17, 18).

2) Voraussetzungen der Notstandslage. – **a)** Notstandsfäh sind eigene u fremde **Rechtsgüter jeder Art**; bes Beziehg des Einwirkden zum bedrohten RGut nicht erforderl. – **b)** Für das RGut muß eine **gegenwärtige Gefahr** bestehen. Sie liegt vor, wenn zur Abwendg von Schaden für das RGut sof Abhilfe erforderl (MüKo/Säcker Rdn 4; RG **57**, 187). Sie kann über längere Zeit andauern, wenn mit Schadenseintritt jederzeit zu rechnen ist (BGH **LM** Nr 3; Hamm NJW **72**, 1374). Gleich gült, ob u von wem die Gefahr verschuldet ist (Hamm VRS **16**, 142). BewLast wie Anm 3c.

3) Die Notstandshandlung besteht in der unmittelb od mittelb (RG **156**, 187) Einwirkg auf eine Sache; zB Benutzg, Beschädigg, Zerstörg. – **a)** Die Einwirkg muß zur Abwehr der Gefahr **notwendig** sein. Die Notwendigk ist obj zu bestimmen. Kann die Gefahr anders abgewendet werden, ist § 904 nicht anwendb. Eigng zur Gefahrabwehr genügt, Erfolg nicht wesentl. Die Einwirkg muß die **Gefahrabwehr** bezwecken u nicht nur zufäll bewirken (BGH JZ **85**, 179 Anm Konzen). – **b)** Der drohde Schaden muß ggü dem aus der Einwirkg **unverhältnismäßig groß** sein. Gefahr für Leben u (idR) Gesundh wiegt schwerer als Sachschaden; bei VermSchäden Abwägg dch Schätzg beider in Geld. – **c) Beweislast** hat, wer sich auf Rechtfertigg dch § 904 beruft.

4) Rechtsfolgen. – **a)** Eigtümer u Besitzer (RG **156**, 187) der betroffenen Sache können die **Einwirkung nicht verbieten: sie ist rechtmäßig**; keine AbwehrAnspr aus §§ 823, 862, 1004, keine Rechte aus §§ 227, 859, Einwirkder kann Widerstand nach § 227 brechen. Bei lang andauernder Gefahr auch klagb Anspr auf Duldg der Einwirkg (Hamm NJW **72**, 1374; MüKo/Säcker Rdn 14). – **b) Schadensersatzanspruch** des Duldgspflichtigen, auch bei seiner Einwilligg in Einwirkg (BGH **LM** Nr 2); entfällt, wenn er Notstandslage schuldh verursacht hat (BGH **6**, 102 [110]; LG Fbg NJW-RR **89**, 683), § 254 anwendb. – **Schuldner** ist nicht der Begünstigte (so aber Horn JZ **60**, 350, Canaris NJW **64**, 1987 zu III; Krafftert AcP **165**, 453; MüKo/Säcker Rdn 17), sond der Einwirkde (BGH **6**, 102; Erm/Hagen Rdn 8; RGRK/Augustin Rdn 9; Soergel/Baur Rdn 23), denn er ist für Geschädigten leichter zu ermitteln u Anspr gg ihn aus §§ 862, 1004 wird ersetzt. Nur bei AbhängigkVerh u Einwirkg in Ausübg daraus folgder Verrichtg haften AuftrGeber bzw Anweisder (BGH **6**, 102; Danzig JW **38**, 1205) u Einwirkder als GesamtSchuldn (entspr §§ 831, 823); dies gilt auch bei Einwirkg im öff Interesse (BGH **LM** Nr 2). Bei HdlgsPfl des Einwirkden aus StGB 323c haftet er nicht (Erm/Hagen Rdn 8; Schwab § 24 II 4; Westermann § 28 III 1; aA Soergel/Baur Rdn 23). Geschäftsunfäh haftet ohne Beschrkg nach § 829 (Erm/Hagen Rdn 8; aA Säcker Rdn 18), da Einwirkg zu dulden. Mehrere haften als GesamtSchuldn (BGH **LM** Nr 2). – **Rückgriff** des Einwirkden gg Begünstigten gem §§ 677ff, 812ff. – Bei fahrl **Irrtum** über Voraussetzgen nach S 1 haftet Einwirkder aus § 823, bei unverschuldetem Irrtum aus S 2 entspr (MüKo/Säcker Rdn 26; Soergel/Baur Rdn 14). – **Verjährung** gem § 195 (MüKo/Säcker Rdn 22; BGH **19**, 82, dort auch zur Anwendg von BinnSchG 117 Nr 7; aA Dehner B § 14 II 6; § 852).

905 Begrenzung des Eigentums.
Das Recht des Eigentümers eines Grundstücks erstreckt sich auf den Raum über der Oberfläche und auf den Erdkörper unter der Oberfläche. Der Eigentümer kann jedoch Einwirkungen nicht verbieten, die in solcher Höhe oder Tiefe vorgenommen werden, daß er an der Ausschließung kein Interesse hat.

1) Das Herrschaftsrecht des Eigentümers erstreckt sich auch auf das Erdreich einschl vorhandener Hohlräume (BGH WPM **81**, 129) senkrecht unter u den Luftraum senkrecht über seinem Grdst. **(S 1).** Einwirkgen kann er verbieten (§ 1004). Gesetzl Beschrkgen gem EG 65, 67, 68, 124. – **a) Luftraum.** DuldgsPfl ggü zugelassenen Luftfahrzeugen (LftVG 1; vgl Martin NJW **72**, 564). LNachbR (EG 124) regelt

Eigentum. 1. Titel: Inhalt des Eigentums §§ 905, 906

vielf DuldgsPfl ggü übergreifden Bauteilen einer Grenzwand *(BaWü* 7b; *Nds* 21, *NRW* 23, *Saarl* 19, *SchlH* 15). – **b) Grundwasser** wird vom HerrschR des GrdstEigtümers nicht erfaßt (BVerfG NJW 82, 745). GrdWasser ist das gesamte unterird Wasser, soweit es nicht künstl gefaßt ist (BVerwG DVBl 68, 32); nur vorübergeh hervortretdes (BVerwG DÖV 69, 755) od freigelegtes (zB Baggersee; str) GrdWasser bleibt solches. Einwirkgen auf das GrdWasser, die sich auf GrdWasser unter NachbGrdst auswirken, verstoßen nicht gg § 823 I (BGH NJW 77, 1770); beachte aber LNachbRG (EG 124) *Hess* 20, *Nds* 38, *SchlH* 27 u § 909 Anm 2b bb. Nach WHG 2 bedarf GrdWasserBenutzg iSv WHG 3 grdsl der Erlaubn od Bewilligg, auf die Eigtümer keinen RAnspr hat (BVerfG aaO). Über Drittschutz dch WHG vgl § 903 Anm 3b aa. Zum Recht auf GrdWasserZufluß vgl auch *Jarass* NJW 76, 2195. – **c) Bodenbestandteile,** die nicht dem Bergregal (BBergG 3 II 1) unterliegen, werden vom HerrschR erfaßt (BGH NJW 84, 1169, 1172).

2) Gesetzlicher Ausschluß des Verbietungsrechts (S 2); vgl weiter § 1004 Anm 7. Gilt auch für Besitzer (Brem OLGZ 71, 147) u Erbb/Dbk/DWRBerecht. – **Kein Ausschließungsinteresse.** Geschützt ist jedes schutzwürd vermögensrechtl od immaterielle (zB ästhetische) Interesse (BGH WPM 81, 129) an ungestörter Benutzg des Grdst (nicht nur seiner Oberfläche; BGH aaO) dch den Eigtümer od NutzgsBerecht (BGH NJW 81, 573); Besorgn nicht Behinderg reicht (BGH aaO). Mangels Beziehg zur GrdstBenutzg genügt es nicht, nur Wettbewerber fernhalten od Vergütg für Gestattg erlangen zu wollen (BGH WPM 81, 129). – **Beispiele:** Führg von Leitgen unter (Brem OLGZ 71, 147) od über Straßen (RG JW 28, 502; 32, 46; Hamm JW 27, 2533) od über noch wachsde Bäume (BGH NJW 76, 416); Untertunnelg (RG JW 12, 869; BGH NJW 81, 573; 82, 2179); überschwenkder Baukran (AG Arnsbg MDR 80, 579); hineinragde Reklametafel (Hbg MDR 69, 576), Tiefenspeicher (BGH WPM 81, 129; Baur ZHR 86, 507). – Einwirkder muß **beweisen,** daß vom Eigtümer behaupteter Gesichtspkt für Ausschließgsinteresse nicht besteht (BGH NJW 81, 573; WPM 81, 129). Ist Einwirkg nach S 2 zu dulden, so hat Duldgspflichtiger verschuldensunabhäng **Schadensersatzanspruch** entspr §§ 867, 904; BImSchG 14 (hM; aA Baur § 25 II 2 b); bei Versch § 823.

906 **Zuführung unwägbarer Stoffe.** ¹Der Eigentümer eines Grundstücks kann die Zuführung von Gasen, Dämpfen, Gerüchen, Rauch, Ruß, Wärme, Geräusch, Erschütterungen und ähnliche von einem anderen Grundstück ausgehende Einwirkungen insoweit nicht verbieten, als die Einwirkung die Benutzung seines Grundstücks nicht oder nur unwesentlich beeinträchtigt.

IIDas gleiche gilt insoweit, als eine wesentliche Beeinträchtigung durch eine ortsübliche Benutzung des anderen Grundstücks herbeigeführt wird und nicht durch Maßnahmen verhindert werden kann, die Benutzern dieser Art wirtschaftlich zumutbar sind. Hat der Eigentümer hiernach eine Einwirkung zu dulden, so kann er von dem Benutzer des anderen Grundstücks einen angemessenen Ausgleich in Geld verlangen, wenn die Einwirkung eine ortsübliche Benutzung seines Grundstücks oder dessen Ertrag über das zumutbare Maß hinaus beeinträchtigt.

IIIDie Zuführung durch eine besondere Leitung ist unzulässig.

Übersicht

1) Privat- und öffentlichrechtlicher Immissionsschutz
2) Einwirkungen im Sinne von § 906
3) Keine oder nur unwesentliche Beeinträchtigung der Benutzung eines Grundstücks (I)
   a) Grundsatz
   b) Unwesentliche Beeinträchtigung
   c) Ausschluß von Abwehransprüchen
   d) Summierte Einwirkungen
4) Wesentliche Beeinträchtigung der Benutzung eines Grundstücks (II)
   a) Grundsatz
   b) Wesentliche Beeinträchtigung
   c) Ortsübliche Benutzung
   d) Unverhinderbarkeit der Beeinträchtigung
   e) Ausschluß von Abwehransprüchen

f) Ausgleichsanspruch
g) Summierte Einwirkungen
h) Nichtvorliegen der Voraussetzungen von § 906 II 1
5) Beeinträchtigungen durch genehmigte und gemeinwichtige Betriebe
   a) BImSchG 14, AtG 7, LuftVG 11
   b) Betriebe der Volksgesundheit
   c) Gemeinwichtige Betriebe
6) Nachbarrechtlicher Ausgleichsanspruch außerhalb von § 906 II 2
7) Beeinträchtigungen durch hoheitliche Tätigkeit
   a) Eingeschränkter Abwehranspruch
   b) Öffentlichrechtlicher Entschädigungsanspruch
   c) Hoheitliche und nichthoheitliche Tätigkeit

Schrifttum: *Forkel,* ImSch u PersönlichkR, 1968. – *Gerlach,* Priv UmweltR u öffR, JZ 88, 161. – *Kleindienst,* Der privrechtl ImSch nach § 906, 1964. – *Kleinlein,* Das System des NachbR, 1987. – *Lutz,* EigtSchutz bei störder Nutzg gewerbl Anlagen, 1983. – *Peine,* Öff u priv NachbR, JuS 87, 169. – *Schapp,* Das Verhältn von priv zu öffentl NachbR, 1978. – *Sellner,* ImSchR u Industrieanlagen, 2. Aufl 1988. – *Steinberg,* Das NachbR der öff Anlagen, 1988. – Neuere Kommentare zum **BImSchG:** *Engelhardt,* 2. Aufl 1980. – *Jarass,* 1983. – Zur **TA-Luft:** *Hansmann,* 1987.

1) Privat- und öffentlichrechtlicher Immissionsschutz

a) § 906 (idF des G v 22. 12. 59, BGBl 781) regelt den **privatrechtlichen Immissionsschutz** u enthält als gesetzl EigtInhalt eine Beschrkg des AusschließgsR des Eigtümers aus § 903 dch Ausschl des Abwehranspr aus §§ 907, 1004. Entspr ausgeschl ist der AbwehrAnspr des Dbk/DWR/ErbbBerecht aus § 907, 1004 iVm §§ 1027, 1065, 1090 II, ErbbRVO 11 I, WEG 34 II u des Besitzers aus § 862 (BGH **LM** Nr 32); anwendb auch auf das Verhältn mehrerer Mieter (BGH **LM** Nr 1) bzw Vermieter/Mieter (LG Hbg WoM 84, 79; aA BayObLG NJW 87, 1950), eines Gbdes untereinand. **Grundgedanke:** aus dem nachbarl LebensVerhältn heraus sind bestimmte Störgen (notf gg GeldAusgl) hinzunehmen, um eine sinnvolle GrdstNutzg zu ermöglichen; über § 906 u nachbarl GemschVerhältn vgl § 903 Anm 3a bb. Die Anwendg muß der steten

§ 906 1, 2 3. Buch. 3. Abschnitt. *Bassenge*

Änderg der Verhältn u Anschauungen inf techn u wirtsch Fortschritts angem Rechng tragen (RG **154**, 161; BGH **48**, 31; **LM** Nr 23), insb der stärker werdden Bedeutg des ImSch u Umweltschutzes (Schlesw NJW-RR **86**, 884). – **Internationales Privatrecht:** EG 38 Anm 2 c gg.

b) Große Bedeutg hat der **öffentlichrechtliche Immissionsschutz** insb dch: **BImSchG** mit 1. BImSchV (Feuerungsanlagen) idF v 15. 7. 88 (BGBl 1059), 2. BImSchV (Emissionsbegrenzung von leichtflüchtigen Halogenkohlenwasserstoffen) v 21. 4. 86 (BGBl 571), 3. BImSchG (Schwefelgehalt von leichtem Heizöl u Dieselkraftstoff) v 15. 1. 75 (BGBl 264), zul geänd dch VO v 14. 12. 87 (BGBl 2671), 7. BImSchV (Holzstaub) v 18. 12. 75 (BGBl 3133), 8. BImSchV (Rasenmäher) v 23. 7. 87 (BGBl 1687), 13. BImSchV (Großfeuerungsanlagen) v 22. 6. 83 (BGBl 719), 15. BImSchV (Baumaschinen) v 10. 11. 86 (BGBl 1729), geänd dch VO v 23. 2. 88 (BGBl 166), 1. BImSchVwV (TA-Luft) v 27. 2. 86 (Beil BAnz Nr 58a), 2. BImSchVwV (Krane) v 19. 7. 74 (BAnz Nr. 135), 3. BImSchVwV (Drucklufthämmer) v 10. 6. 76 (BAnz 112/165) u den gem BImSchG 66 fortgeltden Vorschr (insb TA-Lärm; abgedruckt zB bei Jarass Anh 16). – **LImSchG:** *Bay* G v 8. 10. 74 (BayRS 2129-1-1-U), zuletzt geändert dch G v 16. 7. 86 (GVBl 135); *Brem* G v 30. 6. 70 (GBl 71), zuletzt geändert dch G v 16. 8. 88 (GBl 223); *NRW* G v 18. 3. 75 (GV 232), zuletzt geändert dch G v. 19. 3. 85 (GV 292); *RhPf* G v 28. 7. 66 (GBVl 211), zuletzt geändert dch G v 5. 11. 74 (GVBl 479). – **AbfallG** v 27. 8. 86 (BGBl I 1410, 1501) mit ergänzdem LandesR. – **AtomG** mit StrahlenschutzVO idF v 30. 6. 89 (BGBl 1321). – **FluglärmG** mit SchallschutzerstattgsVO v 11. 8. 77 (BGBl 1553). – **LärmschutzVO:** *Bln* VO v 14. 6. 84 (GBVl 862); *Hbg* VO v 6. 1. 81 (GVBl 4) idF v 15. 3. 88 (GVBl 36); *Hess* VO 8. 12. 70 (GVBl 745), zuletzt geändert dch G v 4. 9. 74 (GVBl 361).

c) Privatrechtliche Auswirkungen des öffentlichrechtlichen Immissionsschutzes. – aa) Bei § 906 hat die Einhaltg bzw Nichteinhaltg öffrechtl ImSchVorschr Bedeutg für die Beurteilg der Wesentlichk einer Beeinträchtigg (vgl Anm 3 b, c), der Kausalität zw Emission u Beeinträchtigg (vgl Anm 3 c), der Ortsüblichk einer GrdstBenutzg (vgl Anm 4 e) u der Zumutbark einer Beeinträchtigg (vgl Anm 4 f, 7 b). – **bb)** Ungeklärt ist, inwieweit öffrechtl ImSchVorschr als SchutzG iSv § 823 II anzusehen sind (vgl § 903 Anm 3 b aa; weitgehd bejahd für LärmschutzVorschr zB Dehner B § 16 XI 3; abl für dch BImSchG 72 aufgehobenes BaulärmG Scherer ZMR **66**, 33; offenlassd AK/Winter Rdn 76), so daß Geschützter **quasinegatorischen Abwehranspruch** haben kann (vgl § 903 Anm 3 c aa, § 1004 Anm 1 b cc, dd). § 906 regelt jedoch für die dort genannten Einwirkgen den privrechtl ImSch abschließd, so daß zB bei Verstoß gg 8. BImSchV (Rasenmäherlärm) privrechtl AbwehrAnspr nur iRv § 906 (aA Glaser ZMR **83**, 361).

2) Einwirkungen im Sinne von § 906.

a) Nicht unter § 906 fallen Grenzüberschreitgen von größeren **festkörperlichen Gegenständen** (sog Grobimmissionen), zu denen auch größere Tiere u Flüssigk (and bei Zerstäubg) zählen; AbwehrAnspr hier aber uU ausgeschl aGrd nachbarl GemschVerhältn (vgl § 903 Anm 3 a bb; zum AusglAnspr vgl Anm 6) od WasserR (vgl BGH VersR **65**, 689; zB *SchH*WasserG 68 II). Ferner nicht die sog **negativen Einwirkungen** (vgl § 903 Anm 2 c aa) u die sog **immateriellen Einwirkungen** (vgl § 903 Anm 2 c bb).

b) Unter § 906 fallen Grenzüberschreitgen von (inkorrekterw sog) **unwägbaren Stoffen** (sog Imponderabilien) inf natürl Verbreitg (zB Zuführg dch wild abfließdes Regenwasser; BGH **90**, 255). Dabei zeigen die gesetzl Beisp, daß es sich auch bei den ähnl Einwirkgen um Grenzüberschreitgen von gesundh- od sachschädigder Wirkg handeln muß (RG **76**, 130; BGH **51**, 396). Die Einwirkg geht auch dann von einem Grdst aus, wenn sie nur zurechenb Folge eines auf ihm eingerichteten Betr ist (BGH **69**, 105). Einzelfälle:

aa) Gase, Dämpfe, Gerüche: Fluor (BGH **70**, 102); Kläranlage (BGH **91**, 20; Ffm VersR **83**, 41); Misthaufen (AG Esens NdsRpfl **72**, 61); Komposthaufen (LG Mü I NJW-RR **88**, 205); Müllbehälter (Kblz MDR **80**, 578); Nerzfarm (Köln Betr **63**, 199); Ölheizg (Düss MDR **77**, 931); Schwefeldioxyd (BGH **15**, 146; **30**, 273); Schweinemast (BGH **48**, 31; NJW **77**, 146; Celle NdsRpfl **76**, 14; Düss AgrarR **74**, 27; Oldbg RdL **76**, 66; AgrarR **84**, 73; Hamm AgrarR **81**, 317; LG Kass RdL **69**, 53); Teer (BGH Betr **58**, 1039; **LM** Nr 29, 40); landw NebenerwerbsBetr (Brschw NdsRpfl **87**, 185).

bb) Rauch, Ruß (Staub): Erzverladg (BGH **30**, 273); GbdeBau (BGH **LM** Nr 49); Industrie (Nürnbg MDR **80**, 667); Ölheizg (BGH **LM** Nr 18; Betr **71**, 526; Köln VersR **65**, 722; Düss MDR **77**, 931); Splittwerk (BGH **LM** Nr 39); Zementwerk (BGH **62**, 186; LG Münst NJW-RR **86**, 947); Straßenbau (BGH **LM** Nr 27, 40).

cc) Geräusche. – Fahrzeuge: auf Straßen (BGH NJW **88**, 900); auf NachbGrdst (BGH **LM** Nr 11, 19, 38; WPM **70**, 492; LG Bielef BB **61**, 354); unzul Halten mit lfdem Motor (BGH NJW **82**, 440); Bushaltestelle (BGH NJW **84**, 1242; Düss VersR **79**, 578); Straßenbahnkehre (BGH **LM** Nr 28). – **Musik:** Freilichtbühne (BGH **LM** 32); Hausmusik (Karlsr NJW-RR **89**, 1179); Kino (Oldbg MDR **56**, 738); Kirche (LG Esn MDR **70**, 505); Vergnüggspark (RG JW **27**, 45); Volksfest (Karlsr NJW **60**, 2241; VGH Mannh NVwZ **86**, 62); Gaststätte (vgl zu Verschiedenes). – **Sport:** Kegelbahn (BGH ZMR **66**, 50; Köln MDR **65**, 742; Hamm NJW-RR **89**, 1176); Tennisplatz (BGH NJW **83**, 751; Mü NJW-RR **88**, 1142; Celle NJW **88**, 424; Karlsr NJW-RR **89**, 145; Köln NVwZ **89**, 290); Minigolf (Karlsr ZMR **89**, 90); Sportplatz (Stgt NVwZ **85**, 784; BVerwG NJW **89**, 1291; OVG Bln NVwZ-RR **89**, 125; Nürnb NJW-RR **88**, 979; LG Osnabr MDR **85**, 1029); vgl auch Vieweg JZ **87**, 1104 mwN. – **Tiere:** Gänse (RG Warn **17**, 244); Hühner (Hamm MDR **88**, 966; LG Kiel MDR **66**, 412; LG Stgt RdL **67**, 49; LG Augsbg RdL **83**, 264; LG Mü I NJW-RR **88**, 205; **89**, 1178); Hunde (Hamm MDR **88**, 966; LG Würzbg NJW **66**, 1031; LG Brschw NdsRpfl **75**, 275); Hundezucht (Stgt NJW-RR **86**, 1141); Kühe (LG Fbg AgrarR **77**, 41: Glocken; LG Darmst AgrarR **80**, 319: Muhen); Tauben (vgl Anm ee); Vogelhaltg (Hbg MDR **77**, 492; Ffm NJW-RR **87**, 1166); Frösche (Schlesw NJW-RR **86**, 884; LG Hanau NJW **85**, 500); vgl auch Kunz ZMR **85**, 398. – **Verschiedenes:** Alarmsirene (Schlesw ZMR **80**, 146); Bauarbeiten (BGH **LM** Nr 1, 14, 23, 49; NJW **86**, 1980); Flugzeuge (Militärflugplatz: BGH **LM** Nr 41, 64; NJW **86**, 2423; Zivilflugplatz: BGH **69**, 105, 118; **79**, 45); Gaststätte (BGH **LM** Nr 17, 37; LG Aach NJW-RR **86**, 818); Kirchenglocken (BVerwG NJW **84**, 989; VGH Mü NJW **80**, 1973); LadenGesch (LG Hbg WoM **84**, 79); Manöver (BGH **LM** Nr 61); Maschinen (BGH **46**, 35; **LM** § 823 Ef Nr 15; ZMR **65**,

Eigentum. 1. Titel: Inhalt des Eigentums **§ 906** 2, 3

301); Holzverarbeitg (Stgt NJW-RR **86**, 1339); Müllbehälter (Kblz MDR **80**, 578); Schule (BGH **38**, 61); Wasserrauschen (BGH **LM** Nr 25: Stadtparkfontäne; Düss MDR **68**, 496: Bad/WC).

dd) Erschütterungen: GbdeBau (BGH **85**, 375); Maschinen (BGH ZMR **65**, 301); Rammarbeiten (BGH WPM **66**, 33); Sägewerk (BGH **LM** Nr 30); Sprengg (BGH **66**, 70); Straßenbau (BGH **72**, 289).

ee) Ähnliche Einwirkungen; zu ihnen zählen nicht ideelle u immaterielle Einwirkgen (vgl Anm 2a). – **Laub/Nadel/Blütenbefall.** Als Folge ersstrebenswerter Begrünung nach Dchschnittsempfinden idR unwesentl Beeinträchtigg iSv Anm 3b (Stgt NJW-RR **88**, 204; LG Karlsr MDR **84**, 401; LG Saarbr NJW-RR **86**, 1341; aA nachfolgde Urt). Bei Wesentlichk idR ortsübl iSv Anm 4c u unvermeidb iSv Anm 4d (Nürnb RdL **72**, 36; Ffm NJW **88**, 2618; LG Ulm NJW **85**, 440); für danach zu duldden Befall wg Lagevorteil in begrünter Umgebg idR kein GeldAusgl nach Anm 4f (Nürnb aaO; Stgt NJW **86**, 2768; Ffm NJW-RR **87**, 1101; NJW **88**, 2618; Müller NJW **88**, 2587; LG Saarbr MDR **54**; aA Karlsr NJW **82**, 2886; LG Wiesb NJW **79**, 2617; LG Lüb NJW-RR **87**, 532). Kein Abwehr- u AusglAnspr, wenn NaturschutzR Eingriff in Baum untersagt (LG Aschaffbg NJW **87**, 1217; LG Dortm NJW-RR **87**, 1101). – **Sonstige Kleinstkörper:** Feuerwerksrückstände (RG JW **27**, 45); Unkrautsamen (Karlsr RdL **72**, 8; LG Stgt MDR **65**, 990; AG Tecklenburg MDR **81**, 51; Engel NuR **82**, 247; Schmid NJW **88**, 29). – **Kleintiere:** Bienen (RG **141**, 406; BGH **16**, 366; Köln RdL **68**, 46; Kblz RdL **68**, 325; Nürnb RdL **70**, 95; LG Kiel MDR **66**, 412; LG Lüb MDR **70**, 506; LG Mannh RdL **83**, 41; LG Ellw NJW **85**, 2339; LG Memmg NJW-RR **87**, 530; LG Ambg NJW-RR **88**, 1359); Fliegen (RG **160**, 381; LG Stgt RdL **67**, 49); Mäuse/Ratten (Dehner B § 16 II 2); Tauben (Düss MDR **68**, 841; OLGZ **80**, 16; KG RdL **69**, 54; Hamm MDR **88**, 966; Celle NJW-RR **89**, 783; AG Hbg MDR **70**, 329). Nicht aber: Katzen/Hühner/Kaninchen (§ 903 Anm 3a bb); Flugenten (aA Oldbg VersR **76**, 644). – **Strahlungen:** grelle Lichtreflexe (RG **76**, 130); elektr Ströme (RG **133**, 342); Lichtreklame (Hbg MDR **72**, 1034); Straßenbeleuchtg (OVG Kblz NJW **86**, 953); Röntgenstrahlen; ionisierde Strahlg. – **Chemikalien:** Rückstände von Unkrautvernichtgmitteln (BGH **90**, 255) od Öl/Benzin (LG Aach NVwZ **88**, 188) in wild abfließdem Regenwasser.

c) Wird eine Einwirkg iSv Anm 2b dch eine **besondere Leitung,** zB an der Grenze angebrachtes Auspuffrohr (Mü OLG **26**, 125) im Ggs zu zufäll Schall/Wärmeleiter (RG HRR **33**, 1928), zugeführt, so ist sie nie nach § 906 zu dulden **(III).** – **Beweislast** für derart Zuführg hat Betroffener (Baumgärtel Rdn 4).

3) Keine oder nur unwesentliche Beeinträchtigung der Benutzung eines Grundstücks (I).

a) Grundsatz. Von einem (emittierden) Grdst aGrd nichthoheitl Tätigk eine von einem Einwirkgen iSv § 906 (vgl Anm 2b) auf ein nicht notw unmittelb angrenzdes (BGH **LM** Nr 6) and (betroffenes) Grdst können, sofern nicht dch bes Leitg zugeführt (vgl Anm 2c), nicht verboten werden (vgl Anm 3c), wenn sie die Benutzg des betroffenen Grdst nicht od nur unwesentl beeinträchtigen (vgl Anm 3b); dies gilt auch bei nichtortsübl Benutzg des emittierden Grdst (Schlesw NJW-RR **86**, 884).

b) Keine wesentliche Beeinträchtigung der GrdstBenutzg. – **aa) Maßstab** ist das wandelb (zB vom jeweil Umweltbewußtsein geprägte) Empfinden eines DurchschnBenutzers des betroffenen Grdst in seiner dch Natur, Gestaltg u Zweckbestimmg geprägten konkreten Beschaffenh (BGH NJW **82**, 440; **84**, 1242 u 2207) u nicht das subj Empfinden des Gestörten; zB können Staubniederschläge die Benutzg eines WohnGrdst wesentl u die eines GewerbeGrdst unwesentl beeinträchtigen (Hamm BB **72**, 1074) od Geräusche die Benutzg eines Gbdes mit Einfachfenstern wesentl u mit Doppelfenstern unwesentl (BGH NJW **84**, 1242). Für ein WohnGrdst ist maßg, ob das Wohnen an Annehmlichk verliert u GrdstWert dadch gemindert (BGH **LM** Nr 64); Geräusch/Geruchsbelästigg idR erst unwesentl, wenn dchschnittl Mensch sie kaum noch empfindet (BGH NJW **82**, 440). Einmalige Einwirkg ist unwesentl (Schlesw NJW-RR **86**, 884). – Beurteilg ist im wesentl tatrichterl Natur; RevGer prüft aber, ob von zutreffden rechtl Gesichtspkten ausgegangen. Über BewLast/würdigg vgl Anm 3c. – **bb) Geräusche** wurden früher in DIN-Phon (BGH **LM** Nr. 32, 38) u werden heute als Schallpegel in dB(A)=Dezibel nach der VDI-Richtl 2058 u der TA-Lärm auch außerh ihrer Geltgsbereiche gemessen u beurteilt (BGH **69**, 118; **79**, 45); zur Messg vgl Mü NJW-RR **86**, 1142. Entscheidd ist die Lästigk, für die Lautstärke nur eine Komponente (Schlesw NJW-RR **86**, 884). Die Eigenarten der verschied Lärmeinwirkgen wie hohe Frequenzen (BGH **LM** Nr 32), Nachtzeit (BGH **LM** Nr 36), kurzzeit hohe Schalldrücke in best FrequenzZusSetzgen (BGH **79**, 45) od Impulscharakter (BGH NJW **83**, 751) können unterschiedl Bewertg meßb physikal Größen gebieten. Über die Lästigk entscheidet das ZivilGer ohne Bindg an Grenzwerte im FluglärmG (BGH **69**, 105) od in VerwVorschr wie TA-Lärm bzw VDI-Richtl (BGH NJW **83**, 751; Karlsr NJW-RR **89**, 145; Köln NVwZ **89**, 290), die aber Anhalt geben; dies gilt insb für Emissionsgrenzwerte, denen Bes/EigtSchutzAnspr nicht ausgelöst, wenn eine Emission zu einer iSv § 906 beeinträchtigden Immission wird (vgl Westermann FS-Larenz 1973, 1003 [1010]). – **cc) Luftverunreinigungen** werden nach der TA-Luft sowie den bes GrenzwertVorschr des Bundes- (zB 1., 2., 7 u. 13. ImSchV) u LandesR gemessen u beurteilt. Über die Lästigk entscheidet das ZivilGer ohne Bindg an diese Grenzwerte (BGH **70**, 102) nach dem Gesamterscheinigsbild; dies gilt insb für Emissionsgrenzwerte (vgl oben aa).

c) Eigtümer (Dbk/DWR/ErbbBerecht) u Besitzer (BGH **LM** Nr 49) des betroffenen Grdst können die **Einwirkung nicht verbieten: Abwehransprüche aus §§ 862, 907, 1004 sind ausgeschlossen,** ohne daß Einwirkder entschädiggspfl; Einwirkg auch nicht rwidr iSv § 823 (BGH **90**, 255). Betroffener darf die Einwirkg aber tats abwehren (BGH **16**, 366). – **Beweislast/würdigung** bei Erhebg eines AbwehrAnspr: Betroffener für Emission, Beeinträchtigg u Kausalität zw beiden (BGH **70**, 102); bei Nichteinhalt öffrechtl Grenzwerte spricht AnscheinsBew für Kausalität (Baur JZ **74**, 657 zu II 3; enger BGH aaO: idR Hinweis dafür; weiter Walter NJW **78**, 1158 u Baumgärtel Rdn 10: BewLastUmkehr). Einwirkder für Unwesentlichk (BGH NJW **85**, 2823); bei Einhaltg der Grenzwerte spricht dafür noch kein AnscheinsBew (AK/Winter Rdn 43; Baumgärtel Rdn 11; wohl auch BGH **70**, 102; **92**, 143; aA Baur aaO) u Nichteinhaltg ergibt nicht zwingd Wesentlichk (aA Mittenzwei MDR **77**, 99 zu V).

d) Summierte Einwirkungen: vgl Anm 4g aa.

4) Wesentliche Beeinträchtigung der Benutzung eines Grundstücks (II).

a) Grundsatz. Von einem (emittierden) Grdst aGrd nichthoheitl Tätigk ausgehde Einwirkgen iSv § 906 (vgl Anm 2b) auf ein nicht notw unmittelb angrenzdes (BGH **LM** Nr 6) and (betroffenes) Grdst können, sofern nicht dch bes Leitg zugeführt (vgl Anm 2c), nicht verboten werden (vgl Anm 4e), wenn sie zwar die Benutzg des betroffenen Grdst wesentl beeinträchtigen (vgl Anm 4b), die Benutzg des emittierden Grdst aber ortsübl (vgl Anm 4c) u die Beeinträchtigg nicht dch wirtsch zumutb Maßn verhinderb ist (vgl Anm 4d); als Ausgl kann dem Duldgspflichtigen ein GeldAnspr zustehen (vgl Anm 4f).

b) Wesentliche Benutzungsbeeinträchtigung für betroffenes Grdst; vgl dazu Anm 3b. Zur BewLast/Würdigg vgl Anm 4e (AbwehrAnspr), 4f (AusglAnspr).

c) Ortsübliche Benutzung des emittierden Grdst. Beurteil ist im wesentl tatrichterl Natur; RevGer prüft aber, ob von zutreffden rechtl Gesichtspkten ausgegangen. Zur BewLast/Würdigg vgl Anm 4e (AbwehrAnspr), 4f (AusglAnspr).

aa) Im maßg VerglBezirk muß eine Mehrh von Grdst mit nach Art u Umfang **annähernd gleich beeinträchtigender Wirkung** auf and Grdst benutzt werden (BGH NJW 83, 751; Ffm NJW 88, 2618); diese Benutzgen müssen öfter erfolgen (BGH **LM** Nr 49). Aber schon die Art der Benutzg nur eines Grdst kann den Gebietscharakter prägen; zB Fabrik (RG Warn **12**, 215; BGH **15**, 146; **30**, 273), Flughafen (BGH **59**, 378; **69**, 105; **LM** Nr 54), Baudenkmal (BGH **LM** Nr 49), Mülldeponie (BGH NJW 80, 770). – Maßg nicht die abstr Benutzungsart der VerglGrdst zB als Garagen- od SchulGrdst, sond der jeweil **Beeinträchtigungsgrad** zB aGrd unterschiedl Lage der Lärmquelle (BGH **LM** Nr 11), der unterschiedl NutzgsZeiten (Köln NVwZ **89**, 290) od unterschiedl LärmschutzMaßn (BGH **38**, 61). Trotz gleicher Emission kann Benutzg ortsübl sein, weil sie Wohn- statt GewerbeGrdst od einz Grdst bes stark beeinträchtigen (BGH **30**, 273) od in der Frei- statt in der Arbeitszeit erfolgen (BGH NJW 83, 751). Die Einwirkgen müssen **gleichartig** sein (Lärm nicht mit Geruch vergleichb; RG Warn **12**, 215); sie können aber unterschiedl erzeugt sein (zB Sport-, u Gewerbelärm), wenn Auswirkgen annähernd gleich (BGH ZMR **88**, 50; Ffm NJW **88**, 2618). – Als **Vergleichsbezirk** ist vom ganzen Gemeindegebiet auszugehen (Brschw NdsRpfl **87**, 185), bei gebietsprägder Benutzg von weiteren Räumen (BGH **30**, 273). Beschrkg auf engeres Gebiet geboten, wenn dieses wg gleichart Benutzg (zB Villen- od Industrieviertel) erkennb eigentüml Gepräge aufweist (BGH **LM** Nr 11; Karlsr NJW **60**, 2241). Str, ob in vielen Orten einer Region anzutreffde Benutzg schon damit in jedem ortsübl (bejahd RG DJZ 06, 486 für Dorfschmiede; RG Recht **11** Nr 2733 für Schützenhaus; verneind Karlsr aaO für Volksfest). Bei **Verkehrsanlagen** sind die Verhältn im gesamten Gebiet, dch das die Anlage führt, zum Vergl heranzuziehen (BGH **54**, 384; **LM** Nr 25); Schnellstraßen sind idR ortsübl (BGH **LM** Nr 29). Es besteht die Gefahr, den VerglBezirk willkürl zu bestimmen (E. Wolf § 3 F I 6; Lang AcP **174**, 381 [392]).

bb) Die mit zeitw **erhöhten Einwirkungen** verbundenen gewöhnl Herstellgs- (BGH **72**, 289), Erhaltgs- (BGH **LM** Nr 29, 49), Umgestaltgs- (BGH **LM** Nr. 40; vgl aber Nr 23) od Abbrucharbeiten (BGH **LM** Nr 14) sind ortsübl, wenn das Halten der Anlage ortsübl ist; and bei vermeidb od außergewöhnl starken Einwirkgen (BGH **54**, 384; **LM** Nr 14, 27). Die Steigerg des Verk auf öffentl Straßen (BGH **49**, 148; **62**, 186) od Flughäfen (BGH **59**, 378; **69**, 105) bleibt idR ortsübl; ebso bes störde Übg im Manövergebiet (BGH **LM** Nr 61). Ortsüblichk entfällt nicht notw schon dann, wenn allg geübte Benutzg aus betrwirtsch Grd geändert u dadch störder erfolgt, solange nicht BetrArt dadch ortsunübl wird (BGH **48**, 31).

cc) Maßgebender Zeitpunkt ist die letzte mdl TatsVerhdlg (BGH NJW **76**, 1204), wobei Zufälligk auszuschalten. Bei **längerer Benutzung** Gesamtbild aller Teilakte maßg, wobei Unüblichk weniger Teilakte unschädl (BGH **72**, 289). Unerhebl idR, daß beeinträchtigte **Benutzung des betroffenen Grundstücks später begonnen** als die des emittierden (BGH **LM** Nr 32; NJW **76**, 1204; **77**, 146) od Ortsüblichk dch Änderg der Verhältn später entfallen (LG Augsbg AgrarR **72**, 259). Eine im **Bebauungsplan** erst vorgesehene Benutzg hat noch keinen maßg Einfluß auf die Ortsüblichk (BGH **46**, 35; ZMR **66**, 301; **LM** Nr 5, 11, 39; NJW **76**, 1204; Brschw NdsRpfl **87**, 185; aA Schapp S 34 ff; Westermann FS-Larenz 1973, 1003 [1014]; vgl auch MüKo/Säcker Rdn 80).

d) Unverhinderbarkeit der Beeinträchtigung bei Fortdauer der beeinträchtigden Benutzg dch wirtsch zumutb techn od organisator Maßn. Ob Zumutbark gegeben, ist unter Berücksichtigg des nachbarl Verhältn, der Vor- u Nachteile, der techn/organisator Möglichk u der Leistgsfähigk eines dchschnittl (nicht des konkreten) Benutzers (Karlsr BB **65**, 690; Düss OLGZ **80**, 16) des emittierden Grdst festzustellen. Nach Hager NJW **86**, 1961 Verhältnismäßigk iSv BJmSchG 17 II maßg. Nach Schlesw NJW-RR **86**, 884 auch NaturSch zu berücksichtigen. Zur BewLast vgl Anm 4e (AbwehrAnspr), 4f (AusglAnspr).

e) Eigtümer (Dbk/DWR/ErbbBerecht) u Besitzer (BGH **LM** Nr 49) des emittierden Grdst können, wenn die Benutzg des emittierden Grdst ortsübl (vgl Anm 4c) u Beeinträchtigg nicht zumutb verhinderb (vgl Anm 4d), die **Einwirkung nicht verbieten: Abwehransprüche aus §§ 862, 902, 1004 sind ausgeschlossen,** sofern nicht ortsübl Benutzg des betroffenen Grdst unmögl gemacht (Kleindienst S 39); Einwirkg auch nicht rwidr iSv § 823 (BGH NJW **84**, 2207). Betroffener darf die Einwirkg aber tats abwehren (BGH **16**, 366). – **Beweislast/würdigung** bei Erhebg eines AbwehrAnspr: Betroffener für Emission, Beeinträchtigg u Kausalität zw beiden (BGH **66**, 70; **70**, 102); Anm 3c gilt entspr. Einwirkder, der Unwesentlichk nicht beweisen kann (vgl Anm 3c), für Ortsüblichk seiner GrdstBenutzg (BGH **LM** Nr 38) u Unverhinderbark (BGH **72**, 289). Planerische Zulässigk u Einhaltg öffrechtl Grenzwerte geben nur allg Anhalt (BGH NJW **83**, 751), nicht aber AnscheinsBew (Baumgärtel Rdn 7; aA Baur JZ **74**, 657 zu II 3) für Ortsüblichk (so kann Tennisplatz trotz Lage in Mischgebiet u Grenzwerteinhaltg wg Nähe zu WohnGbde u Lärmeigenart ortsunübl seh BGH NJW **83**, 751), u trotz Nichteinhaltg ist Ortsüblichk mögl (Baumgärtel Rdn 6; aA Mittenzwei MDR **77**, 99 zu V).

f) An die Stelle des ausgeschl AbwehrAnspr tritt ein verschuldensunabhäng **Anspruch auf Ausgleich in Geld,** wenn die zu duldde Einwirkg eine ortsübl Benutzg (Anm 4c gilt entspr) des betroffenen Grdst od

Eigentum. 1. Titel: Inhalt des Eigentums § 906 4, 5

dessen Ertrag unzumutb beeinträchtigt. – Für die **Unzumutbarkeit** ist auf das Empfinden eines normalen (nicht des konkreten) Benutzers des betroffenen Grdst in seiner örtl Beschaffenh, Ausgestaltg u Zweckbestimmg abzustellen (BGH **49**, 148; **LM** Nr 64). Keine Beschrkg auf bes schwere Beeinträchtiggen insb Existenzbedrohg (BGH **LM** Nr 14, 40; NJW **78**, 373). Grenze kann steigen, wenn beeinträchtigte Benutzg erst in Kenntn bereits erfolgder Einwirkg vorgenommen (BGH NJW **77**, 894). Grenzwerte in ImSchVorschr sind Anhaltpkte, binden die ZivilGer aber nicht (BGH **69**, 105; BauR **78**, 391). Dem DuldgsPflichtigen können iR der Ortsüblichk selbst aufwend SchutzMaßn zumutb sein; zB Verstärkg der GbdeFestigk (BGH **66**, 70) od SchallschutzMaßn (BGH **LM** Nr 32). – **Anspruchsinhalt.** Die Rspr (BGH NJW-RR **88**, 1291) gleicht aus EnteigngsGrds die Vermögenseinbuße aus, die AusglBerecht dch Überschreiten der ZumutbarkGrenze erleidet (dh den unzumutb Teil der Beeinträchtigg); § 254 entspr Übbl 2 G c bb vor § 903 auch bei schuldloser Mitverursachg des AusglBerecht anwendb (BGH NJW-RR **88**, 136). Ausgleichb für Eigtümer zB: Unterschied zw VerkWert inf der Beeinträchtigg (unter Berücksichtigg merkantilen Minderwerts; BGH NJW **81**, 1663) u dem fiktiven VerkWert bei noch zumutb Beeinträchtigg, wobei für ertragsabhäng VerkWert auf Verhältn vor Beeinträchtigg ohne Berücksichtigg hypothet Entwicklg abgestellt wird (BGH **62**, 361; vgl aber auch **LM** Nr 29: entgangener Gewinn bei GrdstErzeugn). NutzgsBeeinträchtigg bei selbst bewohntem Haus (BGH **91**, 20) od GewerbeGrdst (BGH NJW-RR **88**, 1291: Ertragsverlust). Aufwendgen für BeeinträchtiggsBeseitigg ersetzb (BGH **62**, 186; Karlsr NJW **83**, 2886). Richtig aber volle Schadloshaltg nach §§ 249ff, 254 unter Berücksichtigg von überholder Kausalität (vgl BGH **LM** Nr 18) u VorteilsAusgl ab ZumutbarkGrenze (Oldbg AgrarR **79**, 199; Jauernig JZ **86**, 605; Spieß aaO zu III 2; schon ab DuldgsGrenze: Müko/Säcker Rdn 118). ZPO 287 anwendb (BGH **LM** Nr 30). Zur DbkBestellg für AusglPflichtigen iR des Ausgl vgl BGH **LM** § 249 Ha Nr 27 mwN. – **Beweislast:** Betroffener für Emission, Beeinträchtigg u Kausalität zw beiden (BGH **66**, 70; **70**, 102); Anm 3 c gilt entspr. Ferner, da Ausschl des AbwehrAnspr dch II 1 AnsprVoraussetzg, für: Wesentlichk der Beeinträchtigg, ortsübl Benutzg des emittierden Grdst u Unverhinderbark der Beeinträchtigg (BGH **92**, 143), Unzumutbark (BGH NJW **78**, 373). – **Ausgleichsberechtigt** sind Eigtümer (Dbk/DWR/ErbbBerecht) u Besitzer (BGH **30**, 273) des betroffenen Grdst; nicht bloße Benutzer (BGH **92**, 143). **Ausgleichspflichtig** ist der Benutzer des emittierden Grdst; nicht der von diesem beauftragte BauUntern (BGH **72**, 289) od Architekt (BGH **85**, 375) od der Begünstigte (BGH **LM** Nr. 29). – **Verjährung** wie verdrängter AbwehrAnspr: § 195 (Hamm NJW **88**, 1031; aA LG Regbg NJW **86**, 2768).

g) **Summierte Einwirkungen** mehrerer Emittenten; zu unterscheiden von mehreren Einwirkgen eines Emittenten (vgl dazu Stgt NJW-RR **86**, 1339). – **aa) Abwehranspruch.** Ist jede Beeinträchtigg für sich unwesentl, werden sie aber dch ihr ZusWirken wesentl, so kann wahlw von jedem Emittenten Unterl verlangt werden, bis Unwesentlichk erreicht (Dehner B § 16 V 1; Kleindienst S 60 zust Pleyer AcP **165**, 560; Soergel/Baur Rdn 53; Westermann FS-Larenz 1973, 1003 [1012]). Daher kein AusglAnspr (Oldbg AgrarR **75**, 258). – **bb) Ausgleichsanspruch.** Ist jede Beeinträchtigg für sich nach § 906 II 1 nicht abwehrb, so ist unter Anwendg von ZPO 287 festzustellen, wie weit die Beeinträchtigg dch den einz Emittenten (lineare Steigerg) od ob sie nur dch ZusWirken (progressive Steigerg) entstanden (BGH **66**, 70) od sie auch ganz von jedem alleine bewirkt werden kann (Alternativität). Bei linearer Steigerg haftet jeder Emittent nur nach Maßg seines Anteils (BGH **66**, 70; Zweibr NJW-RR **86**, 688); nach Hager NJW **86**, 1961 ist Anteil nicht gem ZPO 287 festzustellen, sond von Ermittelten zu beweisen (sonst Gesamtschuld). Bei progressiver Steigerg haften alle als Gesamtschuldn (BGH **66**, 70; **72**, 289; **85**, 375); ebso insow unaufklärb, ob lineare od progressive Steigerg (BGH **66**, 70; **85**, 375). Bei Alternativität kann Haftg zu gleichen Anteilen gerechtfertigt sein (BGH **72**, 289; **85**, 375).

h) Ist die Beeinträchtigg des betroffenen Grdst wesentl (vgl Anm 4 b) u die Benutzg des emittierden Grdst nicht ortsübl (vgl Anm 4 c) od ist bei ortsübl Benutzg die wesentl Beeinträchtigg zumutb verhinderb (vgl Anm 4 d), so sind AbwehrAnspr des Besitzers u des Eigentümers (Dbk/DWR/ErbbBerecht) des betroffenen Grdst aus §§ **862, 907, 1004 nicht durch II 1 ausgeschlossen.** Betroffenem idR keine SchutzMaßn (zB Schlafzimmerverlegg) zumutb, damit Beeinträchtigg unwesentl (Schlesw NJW-RR **86**, 884). Ausschl od Beschrkg können sich aber aus RGesch (Dbk, schuldrechtl Vertr) od aus bes Grd (vgl Anm 5, 6) ergeben. Kein WahlR zw Abwehr- u AusglAnspr (RGRK/Augustin Rdn 75; aA Dehner B § 16 V 2 c), denn II 2 knüpft AusglAnspr an Ausschl des AbwehrAnspr; AusglAnspr nur, wenn bestehder AbwehrAnspr nicht dchsetzb (vgl Anm 6).

5) Beeinträchtigungen durch genehmigte und gemeinwichtige Betriebe.

a) Dch **BImSchG 14** u entspr **AtG 7, LuftVG 11** (gilt nicht für Landeplätze [BGH **69**, 118] u Militärflughäfen [BGH **LM** Nr 41]) werden die AbwehrAnspr aus §§ 862, 907, 1004 ggü einer nicht schon nach § 906 nicht abwehrb Einwirkg auf SchutzMaßnAnspr beschr bzw dch SchadErsAnspr ersetzt (BGH NJW **88**, 478); auch diese Anspr entfallen, wo bereits BImSchG 10 III 3 zum AnsprAusschl führt (Jarass Rdn 2, 10). Soweit AbwehrAnspr bereits bes, bleibt es dabei u bei § 906 II 2 (BGH **69**, 105; Baur JZ **74**, 657 zu II 2). BImschG 14 ist eine Norm des PrivatR (BGH NJW **88**, 478).

BImSchG § 14 – *Ausschluß von privatrechtlichen Abwehransprüchen:* Auf Grund privatrechtlicher, nicht auf besonderen Titeln beruhender Ansprüche zur Abwehr benachteiligender Einwirkungen von einem Grundstück auf ein benachbartes Grundstück kann nicht die Einstellung des Betriebes einer Anlage verlangt werden, deren Genehmigung unanfechtbar ist; es können nur Vorkehrungen verlangt werden, die die benachteiligenden Wirkungen ausschließen. Soweit solche Vorkehrungen nach dem Stand der Technik nicht durchführbar oder wirtschaftlich nicht vertretbar sind, kann lediglich Schadensersatz verlangt werden.

aa) Voraussetzungen. Nach BImSchG genehmbedürft Anlage; für genehmfreie Anlagen gelten §§ 862, 907, 1004 iVm 906 u nicht BImSchG 14. Die Erst- od ÄndersGen (auch TeilGen; Jarass Rdn 4, str) muß unanfechtb sein u die Anlage in ihrem Rahmen betrieben werden. Über Anlagen aus der Zeit vor dem 1. 4. 1974 vgl Jarass aaO u zu § 67.

1083

§ 906 5–7

bb) Rechtsfolgen. Aus §§ 823, 862, 907, 1004 u LNachbR (nicht aber aus RGesch) sich ergebder Einstellgs- od vorbeugder UnterlAnspr wird auf **Schutzvorkehrungsanspruch** beschr, bleibt aber iü (zB RWeg, Verj) unverändert (Jarass Rdn 10). Nach Erlöschen der Gen od Wegfall der GenPfl lebt unbeschr AbwehrAnspr wieder auf, sofern Betroffener nicht dch SchadErs (S 2) endgült abgefunden (Jarass Rdn 5). – Unter den Voraussetzgen von S 2 (dazu Jarass Rdn 15 mwN) od wenn für SchutzMaßn ÄndersgsGen erforderl (Ffm VersR **83**, 41), wandelt sich der AbwehrAnspr des GrdstBesitzers/Eigentümers in einen verschuldensunabhäng **Schadensersatzanspruch** gg den Störer (BGH **102**, 350); daher nicht die BRep bei Waldsterben (BGH aaO; Mü JZ **87**, 88). Dieser bemißt sich nach §§ 249ff u verjährt wie der verdrängte AbwehrAnspr (idR § 195). Nach Wegfall der Voraussetzgen von S 2 lebt SchutzMaßnAnspr wieder auf, sofern Betroffener nicht dch endgült abgefunden (Jarass Rdn 16).

b) Die SonderVorschr für **Betriebe der Volksertüchtigung/gesundheit** (vgl dazu 46. Aufl) sind aufgeh dch Art 28 G v 16. 12. 86 (BGBl I 2441).

c) Führt ein unmittelb dem öffentl Interesse diender nichthoheitl **gemeinwichtiger Betrieb** dch Einwirkgen iSv § 906 (vgl BGH NJW **76**, 416) zu Beeinträchtiggen, die nicht schon nach § 906 zu dulden u ggf auszugleichen sind, so ist nach §§ 862, 907, 1004 u LNachbR sich ergebder Einstellgs- u vorbeugder UnterlAnspr ausgeschl. Es besteht nur ein beschr AbwehrAnspr auf Unterl einz BetrMaßn od auf SchutzMaßn, wenn dies ohne unzumutb Aufwendgen sowie ohne wesentl Änderg u funktionelle Beschrkg des Betr mögl (BGH **LM** Nr 25, 31; NJW **84**, 1242; BayObLG **62**, 421 [437]; Soergel/Baur Rdn 66; aA AK/Winter Rdn 22; Papier NJW **74**, 1797: nur wenn Gen- od PlanfeststellgsVerf vorgeschaltet; krit auch MüKo/Säcker Rdn 106ff). Soweit danach nicht abwehrb Beeinträchtiggen das nach § 906 II 2 entschädiggslos zu Duldde übersteigt, hat Betroffener AusglAnspr nach Anm 6b (BGH **LM** Nr 25). – **Beispiele:** priv EnergieversorggsBetr (BGH **LM** § 249 Ha Nr 27 [aber keine DuldgsPfl ggü Leitgsmasten; BGH NJW **76**, 416]), priv AutobusBetr (BGH NJW **84**, 1242), Straßenbahn (BGH **LM** Nr 28), nichthoheitl gestaltete Bauarbeiten an öffentl VerkWegen/Daseinsvorsorgeanlagen (BGH **LM** Nr 27; Zweibr NJW-RR **86**, 688); nicht aber Zeitgsdruckerei (BGH **LM** § 903 Nr 4), Stadtpark (BGH **LM** Nr 25), Waldorfschule (BGH **LM** Nr 29a), Freilichtbühne (BGH **LM** Nr 32).

6) Nachbarrechtlicher Ausgleichsanspruch außerhalb von § 906 II 2.

a) Voraussetzungen. Gehen von einem Grdst inf nichthoheitl Benutzg (auch der öffentl Hand), die auch nicht ortsübl sein kann (Hamm NJW **88**, 1031), auf ein Grdst grdsätzl abwehrb Einwirkgen iSv § 906 aus, die aber **aus besonderem Grund nicht nach §§ 862, 907ff, 1004 abwehrbar** sind, so besteht ein aus dem RGedanken der §§ 904 S 2, 906 II 2, BImSchG 14 S 2 abgeleiteter (auch bürgerlrechtl AufopfergsAnspr genannter) verschuldensunabhäng nachbrechtl AusglAnspr (BGH **90**, 255; WM **85**, 1041); über Verh zu § 459ff vgl BGH NJW **88**, 1202 krit Pfeiffer JuS **89**, 358. Anspr negat gegeben, wenn (wie zB vage od immaterielle, vgl § 903 Anm 2c) Einwirkg schon grdsätzl nicht abwehrb (BGH NJW **84**, 729) od abschließde gesetzl Regelg besteht (BGH **72**, 289). Versagg des AbwehrAnspr kann auf **rechtlichen Gründen** (zB genehmigte GemeinGebrÜberschreitg [BGH **70**, 212], DuldgsPfl aus nachbarl GemschVerh [BGH **28**, 225; **58**, 149; **68**, 350; EBE **87**, 353]) od auf **tatsächlichen Gründen** (zB nachzrzeit Geltdmachg unmögl [BGH **72**, 289] od nicht veranlaßt [BGH **85**, 375]) beruhen. – Anspr besteht auch bei **anderen Einwirkungen** als solchen iSv § 906 wie zB: bei Grobimmissionen (BGH **28**, 225; **68**, 350), Verstoß gg § 908 (BGH **58**, 149) od § 909 (BGH **85**, 375) od GrenzabstandsVorschr (BayObLG **79**, 16; vgl aber § 912 Anm 1a), Beeinträchtiggung des Außenkontakts dch Zugangs- (BGH **62**, 361) od Werbebehinderg (BGH **70**, 212), Anlockgswirkg auf Tiere (Zweibr NJW-RR **86**, 688); nicht aber übergreifdes Feuer bei Brandstiftg (Hamm NJW **87**, 1315).

b) Anspruchsinhalt. Auszugleichen sind Einwirkgen, die das entspr § 906 entschädiggslos zu Duldde übersteigen (BGH **85**, 375). Die Rspr (BGH NJW-RR **88**, 136) entschädigt insow nach EnteigngsGrds wie bei § 906 II 2 (vgl Anm 4f); richtig aber auch hier volle Schadloshaltg (vgl Anm 4f; vgl auch BGH **28**, 225; WPM **85**, 1041). AnsprBeteil u Verjährg wie Anm 4f.

7) Beeinträchtigungen durch hoheitliche Tätigkeit.

a) Führt hoheitl Tätigk zu nicht mehr als nur unwesentl Beeinträchtigg (vgl Anm 3b), so ist diese entschädiggslos zu dulden (BGH NJW **80**, 582; BaWüVGH DVBl **84**, 881). Führt sie zu wesentl Beeinträchtigg u kann sie nicht untersagt werden, so besteht ein im VerwRWeg verfolgb **eingeschränkter Abwehranspruch** auf SchutzMaßn, wenn diese ohne unzumutb Aufwendgen u ohne wesentl Änderg/Beschrkg der Tätigk mögl (vgl OVG Kblz NJW **86**, 953); anderenf AbwehrAnspr ausgeschl u dafür uU EntschAnspr (BGH NJW **84**, 1876; krit zur beschr Anwendg von § 906 ggü hoheitl Tätigk zB MüKo/Säcker Rdn 106ff). Einwirkgen können zB nicht untersagb sein: weil sie auf Planfeststellg (BGH **54**, 384: Straßenbauimmission), Widmg (BGH NJW **80**, 582: VerkImmission), Betr der Daseinsvorsorge (BGH NJW **76**, 1204 u **84**, 1876: Kläranlage; BGH NJW **80**, 770: Mülldeponie) od MilitärMaßn (BGH **LM** Nr 41, 61) beruhen; rechtl Dchsetzg eines AbwehrAnspr nicht mögl ist (BGH **72**, 289); Einwirkg ortsübl ist (OVG Kblz NJW **86**, 953).

b) Soweit ein AbwehrAnspr rechtl od tats ausgeschl, hat Duldgspflichtiger einem im ZivilRWeg verfolgb **öffentlichrechtlichen Entschädigungsanspruch** (enteigndr Eingr; vgl Übbl 2 Da vor § 903), wenn die Beeinträchtigg sich als unmittelb Eingr in Eigt darstellt u das nach § 906 II entschädiggslos zu Duldde übersteigt, weil die Benutzg des störden Grdst nicht ortsübl (BGH **54**, 384) od bei ortsübl Benutzg ZumutbarkGrenze von § 906 II 2 überschritten (BGH NJW **88**, 900). Anspr besteht auch bei and Einwirkgen als Immissionen iSv § 906; zB Verstoß gg § 909 (BGH NJW **81**, 1663), Beeinträchtigg der Zugänglichk („Außenkontakt") insb eines GewerbeGrdst (vgl Übbl 2 Hg vor § 903). Über Verh zu §§ 459ff vgl BGH NJW **88**, 1202 krit Pfeiffer JuS **89**, 358. – Die **Zumutbarkeitsgrenze** iSv § 906 II 2 wird von der GrdstSituation beeinflußt u steigt, wenn betroffenes Grdst im zur Aufnahme von immissionsintensiven Anlagen best Außenbereich liegt (BGH NJW **77**, 894; **80**, 770) od beeinträchtigte Benutzg erst in Kenntn bereits erfolgder Immission vorgenommen (BGH **59**, 378; NJW **77**, 894). Bei dauerh **Verkehrslärm** richtet sich die Grenze nach der WertEntscheidg des BImSchG; maßg ist, ob die zugel Straßennutzg die dch die örtl Verhältn

Eigentum. 1. Titel: Inhalt des Eigentums §§ 906, 907

einschl Gebietsstruktur geprägte u realisierte Funktion des betroffenen Grdst schwer u unerträgl trifft (BGH NJW **88**, 900; dort auch zur Bedeutg von Lärmvorbelastg). Grenzwerte in VerwVorschr (TA-Lärm/Luft, VDI-Richtl) sind Anhaltspkte, binden die ZivilGer aber nicht (BGH NJW **88**, 900). Dem Duldgspflichtigen können Aufwendgen für SchutzMaßn zumutb sein (BGH NJW **77**, 894). – **Anspruchsinhalt:** Auszugleichen sind nur die Beeinträchtiggen, die nicht nach § 906 entschädiggslos zu dulden wären (BGH NJW **86**, 2421; WPM **87**, 245). Die Rspr entschädigt insow nach EnteigngsGrds (BGH aaO; Celle NJW-RR **88**, 1040) entspr Anm 4 f. Bei dauerh VerkLärm entspr BImSchG 42 AufwendgsErs für Lärmschutzanlagen; am geminderten VerkWert ausgerichteter GeldAusgl erst, wenn Lärmschutz unwirks od unverhältnismäß aufwend u Eigtümer dch nachhalt Veränderg der GrdstSituation schwer u unerträgl getroffen (BGH aaO). – **Entschädigungsberechtigt** sind Eigtümer (Dbk/DWR/ErbbBerecht) u Besitzer des betroffenen Grdst. **Entschädigungsverpflichtet** ist nicht die eingreifde Körpersch, sond der Begünstigte (BGH NJW **80**, 582), die aber oft ident; zB bei VerkImmission der Träger der Straßenbaulast (BGH aaO). Mehrere haften als Gesamtschuldn, soweit nicht trennb Sonderbegünstigg vorliegt (BGH **72**, 289). – **Verjährung:** § 195 (vgl Übbl 2 G e vor § 903).

c) **Hoheitliche Tätigkeit:** Betr öffentl Schule (RG Warn **16**, 248); ClubBetr der NATO (BGH **LM** Nr 17); Militärübg (BGH **LM** Nr 61); Betr eines Militärflughafens mit Start/Landelärm (BGH **LM** Nr 64); Betr gemeindl Kläranlage (BGH **91**, 20), Kanalisation (BGH NJW **78**, 1051), Mülldeponie (BGH NJW **80**, 770); Sportplatz (Kblz NVwZ **87**, 1021) od dafür gewidmeten Kinderspielplatzes (Karlsr NVwZ **86**, 964); Denkmalserhaltg (BGH **LM** Nr 49); Eröffng öffentl Straße mit dadch bewirkten BenutzgsImmissionen (BGH NJW **88**, 900; Saarbr VersR **88**, 935); Feuersirene (BVerwG NJW **88**, 2396); Kirchenglocken (Ffm NJW-RR **86**, 735, str); Straßenbeleuchtg (VGH Kass NJW **89**, 1500). – **Nichthoheitliche Tätigkeit:** gemeindl Kirmesfest (BGH **41**, 264; Karlsr NJW **60**, 2241); Betr eines Stadtparks (BGH **LM** Nr 25), kirchl Sportplatzes (Nürnb NJW-RR **88**, 979) od gemeindl Operettenfreilichtbühne (BGH **LM** Nr 32); Bau u Betr gemeindl Saalbaus (BGH **70**, 212) od eines Zivilflughafens (BGH NJW **81**, 1369); privatrechtl betriebene Buslinie (BGH WPM **84**, 1242); Kurkonzert. – Nach **Organisationsform:** Tätigk der Daseinsvorsorge kann Bauarbeiten an öffentl Straßen (BGH **72**, 289), Kanalisation (BGH **88**, 1202) u U/S-Bahn (BGH NJW **81**, 1663) od der Betr einer Mülldeponie (Zweibr NJW-RR **86**, 688) sind idR hoheitl, können aber dch Beauftragg priv Untern nichthoheitl gestaltet sein, sofern die Untern aGrd von Weisgen u and starke Einflußn nicht bloße Werkzeuge hoheitl Tätigk sind.

907 *Gefahrdrohende Anlagen.* ^{I} Der Eigentümer eines Grundstücks kann verlangen, daß auf den Nachbargrundstücken nicht Anlagen hergestellt oder gehalten werden, von denen mit Sicherheit vorauszusehen ist, daß ihr Bestand oder ihre Benutzung eine unzulässige Einwirkung auf sein Grundstück zur Folge hat. Genügt eine Anlage den landesgesetzlichen Vorschriften, die einen bestimmten Abstand von der Grenze oder sonstige Schutzmaßregeln vorschreiben, so kann die Beseitigung der Anlage erst verlangt werden, wenn die unzulässige Einwirkung tatsächlich hervortritt.

^{II} Bäume und Sträucher gehören nicht zu den Anlagen im Sinne dieser Vorschriften.

1) § 907 gibt von § 1004 unabhäng **vorbeugenden** (vgl aber I 2) **Abwehranspruch** als EigtInhalt; für Eigtümer der Gefahrquelle beschr er das Recht aus § 903. – **a) Anlagen** sind künstl geschaffene Werke von gewisser Selbständigk u Dauer (BGH BB **65**, 1125) wie zB: Bauwerke, Teich (RG JW **10**, 654), Graben, Erdaufschüttg (RG **60**, 138), Taubenschlag (Düss OLGZ **80**, 16), angepflockte Bienenkörbe (LG Lüb MDR **70**, 506), dauerh Lagerg aufgeschichteter bewegl Sachen (str); nicht aber: natürl Geländebeschaffenh (RG **134**, 234: Felshang), Bodenhöhen (BGH NJW **80**, 2580; vgl dazu EG 124 Anm 3), einzelne bewegl Sachen (RG JW **12**, 752), Bäume u Sträucher (II). – **b) Benachbart** sind alle Grdst im mögl EinwirkgsBereich der Anlage (RG JW **23**, 288). – **c) Unzulässige Einwirkung** ist die grenzüberschreitde sinnl wahrnehmb Stoffe (BGH NJW **80**, 2580), deren Beseitigung Nachb nach § 1004 verlangen könnte, weil keine privod öffrechtl DuldgsPfl. Die Einwirkg muß auf dem normalen Stand (wenn auch dch Mitwirkg von Naturkräften) od der ordngsgem Benutzg der Anlage beruhen (BGH **51**, 396); bei Einwirkgen aGrd Mängeln od unsachgem Benutzg nur § 1004 (RG **63**, 374; JW **07**, 299; Marienwerder OLG **4**, 59). – **d) Sichere Voraussicht** ist höchster Grad der Wahrscheinlichk (RG **134**, 255); Gewißh nicht erforderl, bloße Möglichk nicht ausreichd. Fehlt idR bei ordngsgem verlegten Rohrleitgen (Oldbg NJW **58**, 1096), ordngsgem gelagertem Baumaterial (BGH **51**, 396), Garagenzufahrt in Grenznähe (Celle JW **37**, 2116; vgl aber BGH BB **65**, 1125). **Eintritt** der unzul Einwirkg notw bei Einhaltg privrechtl (zB EG 124 Anm 3) od öffrechtl (zB LBauO) AbstandsVorschr des LandesR; auch keine vorbeugde Unterl. – **e) Beweislast** hat Berecht auch insow, als Störer iRv § 906 beweispfl wäre (BGH **LM** § 559 ZPO Nr 8); Verpflichteter für Einhaltg landesrechtl AbstandsVorschr (RG **104**, 84).

2) **Berechtigt** sind Eigtümer/Miteigtümer (§ 1011), Nießbraucher (§ 1065), ErbbBerecht (ErbbRVO 11) u wg Ähnlichk mit § 1004 DbkBerecht (§§ 1027, 1090); nicht Besitzer (RGRK § 59, 326; RGRK/Augustin Rdn 3; aA Soergel/Baur Rdn 11 a), der aber zur Ausübg ermächtigt werden kann. **Verpflichtet** ist der Störer iSv § 1004 Anm 4. **Klageantrag/Urteil** gehen auf Beseitigg der Anlage; bei erst geplanter Anlage auf Unterl (Mü NJW **54**, 513).

3) **Schaden.** SchadErs nach § 823 II (BGH NJW **80**, 2580). Verschuldunabhäng Ausgl/EntschAnspr, wenn Anlage als nichthoheitl Maßn aus bes Grd (§ 906 Anm 6) od als hoheitl Maßn (§ 906 Anm 7) zu dulden.

§§ 908, 909

908 ***Drohender Gebäudeeinsturz.*** Droht einem Grundstücke die Gefahr, daß es durch den Einsturz eines Gebäudes oder eines anderen Werkes, das mit einem Nachbargrundstücke verbunden ist, oder durch die Ablösung von Teilen des Gebäudes oder des Werkes beschädigt wird, so kann der Eigentümer von demjenigen, welcher nach dem § 836 Abs. 1 oder den §§ 837, 838 für den eintretenden Schaden verantwortlich sein würde, verlangen, daß er die zur Abwendung der Gefahr erforderliche Vorkehrung trifft.

1) § 908 gibt von § 1004 unabhäng **vorbeugenden Abwehranspruch** als EigtInhalt; für Eigtümer der Gefahrquelle beschr er das Recht aus § 903. – **a) Gebäude:** Bauwerk, das dch räuml Umfriedg Menschen od Sachen Schutz gewährt; Beispiele bei § 836 Anm 3. **Werk:** zu einem best Zweck (auch nur vorübergehd) unter Verbindg mit dem Erdkörper nach techn Regeln hergestellter Ggst (BGH NJW 61, 1670); Beispiele bei § 836 Anm 2. – **b) Einsturz** od **Ablösung:** § 836 Anm 4. Sie müssen inf Beschaffenh od Erhaltgszustand des Gbdes/Werkes eintreten (RG 70, 206), mögen auch menschl Tätigk (RG Warn 19, 169) od NaturEreign (BGH 58, 149) sie auslösen. – **c) Beschädigungsgefahr** für and Grdst (muß nicht unmittelb angrenzen) od seine Bestandt/Zubehör. Schaden muß dch die bewegd wirkde Kraft von Einsturz/Ablösg herbeigeführt werden können (BGH NJW 61, 1670). Nicht ganz entfernte Möglichk des Schadeneintritts reicht aus. Verschulden des Verpflichteten nicht erforderl u des Berecht unerhebl (LG Lüb SchlHA 51, 25). – **d) Beweislast** hat Berecht; keine Entlastg nach § 836 I 2, da Verschulden unerhebl.

2) Berechtigt sind Eigtümer/Miteigtümer (§ 1011), Nießbraucher (§ 1065), ErbbBerecht (ErbbRVO 11) u wg Ähnlichk mit § 1004 DkbBerecht (§§ 1027, 1090); nicht Besitzer (Planck/Strecker Anm 2 a; RGRK/Augustin Rdn 6; aA MüKo/Säcker Rdn 7; Staud/Beutler Rdn 7), der aber zur Ausübg ermächtigt werden kann. **Verpflichtet** ist, wer bei Verschulden nach §§ 836 I, 837, 838 schadenersatzpfl wäre; nicht früh Besitzer (§ 836 II nicht angeführt). Die zu treffden Vorkehrgen sind im **Klageantrag/Urteil** nicht anzuführen (LG Lüb SchlHA 51, 25); Wahl obliegt Schu u ist vom Gläub erst in der ZwVollstr nach ZPO 887 zu treffen.

3) Schaden. SchadErs nach § 823 II. Verschuldunabhäng Ausgl/EntschAnspr, wenn Gbde als nichthoheitl Maßn aus bes Grd (§ 906 Anm 6; vgl BGH 58, 149) od als hoheitl Maßn (§ 906 Anm 7) zu dulden.

909 ***Vertiefung.*** Ein Grundstück darf nicht in der Weise vertieft werden, daß der Boden des Nachbargrundstücks die erforderliche Stütze verliert, es sei denn, daß für eine genügende anderweitige Befestigung gesorgt ist.

1) Allgemeines. § 909 richtet sich gg jedermann (vgl Anm 4 a); für den Eigtümer beschr er das Recht aus § 903 ggü fremdem Eigt (BGH 102, 39). Er gilt **nur für Vertiefungen**. Keine entspr Anwendg gB auf Abbruch eines Gbdes (BGH VersR 62, 572), Erhöhgen (BGH NJW 76, 1840; vgl aber LNachbR [EG 124 Anm 3] u Anm 2 a); in diesen Fällen kann nachbarl GemschVerh (§ 903 Anm 3 a bb) Anspr auf billigen Ausgl od SchutzMaßn (BGH NJW 76, 1840) geben. Gg Einwirkg auf Grdwasser ohne Vertiefg u Stützverlust schützen nur WasserR (EG 65) u LNachbR (EG 124 Anm 3).

2) Unzulässige Vertiefung. Behördl Gen beseitigt privatr Unzulässigk nicht (BGH NJW 83, 872); auch nicht Einhaltg von AbstandsVorschr des LandesR. Aber kein UnterlAnspr, wenn Vertiefg in Planfeststellg einbezogen (BGH BauR 80, 582; zB BFernstrG 17 VI).

a) Vertiefung ist jede Senkg der (idR auch künstl erhöhten; vgl Stgt SeuffA 64, 111; Hbg OLG 31, 319) Oberfläche, selbst auf kleinstem Raum (zB Bohrloch) od nur vorübergehd (BGH **LM** Nr 17); Vertiefg einer Vertiefg genügt (BGH **WPM** 79, 1216). **Bodenaushub nicht notwendig;** es genügten zB Abgraben eines Hangfußes (BGH **LM** Nr 14; NJW 80, 1679), Abbruch eines Kellers (BGH NJW 80, 224) od Oberflächensenkg inf Drucks dch Bebauung od Auflagerg (BGH **LM** Nr 12). Einrammen einer Spundwand auf Grdst A, um dieses gg Grube auf Grdst B zu sichern, ist nicht Teil der Vertiefg von B (BGH **LM** Nr 7). Vertiefg erfordert Mitverursachg dch Hdlg od pflichtwidr Unterlassg (RG DRiZ 35 Nr 386); nicht bloße Wirkg von Naturkräften (vgl § 1004 Anm 2 a bb). BewLast hat Nachb.

b) Stützverlust für Nachbargrundstück; BewLast hat Nachb. – **aa) Schutzbereich.** NachbGrdst muß nicht angrenzen; Wirkgsbereich der Vertiefg maßg (RG 167, 21). Geschützt sind auch die auf Bodenfestigk angewiesenen GrdstBestandt u im DrittEigt stehdn Scheinbestandt (LG Köln VersR 70, 644). Widerrechtl Aufschüttgen sind nicht geschützt (BGH **LM** Nr 14). – **bb) Stütze in der Waagerechten oder Senkrechten** (BGH 101, 106, 290). Geschützt wird zum einen die Festigk, die das NachbGrdst in seinen unteren Bodenschichten findet u sein **Einstürzen** verhindert u die dadch verlorengeht, daß der UnterGrd absinkt od in Bewegg gerät (BGH 101, 106, 290; LG Fbg NJW-RR 87, 141). Diese Stütze kann sich die stabilisierde Wirkg der Bodenfeuchtigk inf versickerndn Regenwassers mitgeben (BGH **LM** Nr 17). Sie kann auch dch das GrdWasser mitgegeben werden (BGH 101, 106, 290) u bei GrdWasserSenkg/-Entziehg/-Strömg inf Vertiefg verloren gehen; zB auch weil GründgsPfähle anfaulen (BGH **WPM** 79, 1216). Auch GrdWasserAnstieg inf Vertiefg kann dch Aufweichen des Untergrdes zu Stützverlust führen (aA RG 155, 160). – Geschützt wird zum and die Festigk, die sich NachbGrdst ggseit dch das Erdreich gewähren u **seitliches Abstürzen** verhindert. Diese Stütze kann verlorengehen zB bei Grabenaushub mit Drainagewirkg verlegter Rohre (BGH **LM** Nr 17) od bei Abschwemmg dch dchfließdn Wasserlauf (BGH 63, 176). – **cc) Stützverlust.** Es genügt Einsturzgefahr. Die Vertiefg muß adäquat kausal für den Stützverlust sein (BGH **LM** Nr 17). Schäden am Grdst od seinen Bestandt, die zwar bei Vertiefg eines and Grdst, nicht aber auf Beeinträchtigg seiner eigenen Festigkeit beruhen, erfaßt § 909 nicht (BGH **12**, 75; **LM** Nr 20). Der zu erhaltde FestigkGrad bestimmt sich nach der ggwärt u künft sich iR bestimmgsmäß Ausnutzg halten Benutzg (BGH 63, 176). – **dd) Schlechter Zustand** des NachbGrdst od seiner Bestandt, der für Stützverlust ursächl, beseitigt Vertiefgsverbot nicht (BGH 101, 106, 290); Ausn nach § 242, wenn auf

Eigentum. 1. Titel: Inhalt des Eigentums §§ 909, 910

Vertiefg angewiesener Eigtümer im Verhältn zum GrdstNutzen zu außergewöhnl Opfern für die Sicherg veranlaßt wird (BGH NJW **88**, 136).

c) Keine anderweitige Befestigung. Die notw Maßn richten sich nach den örtl Verh u dem zu erhaltden FestigkGrad (Anm 2b). Sie muß schon zZ der Vertiefg auf vertieftem Grdst erfolgen u den nach ihrem jeweil Umfang zu erwartden Stützverlust ausschließen. Soweit erforderl, kann NachbGrdst iR des Hammerschlags- u LeiterR (EG 124) zur Ausführg der Befestigg betreten werden. Kostenbeteiligg des Nachb gem § 242, wenn Schong baufäll Gbdes Aufwendgen unzumutb erhöht (BGH **LM** Nr 9; NJW **81**, 50). BewLast hat Nachb.

3) Ansprüche aus § 909. Von § 1004 unabhäng selbstd **Unterlassungs- u Beseitigungsanspruch** des Eigtümers/Miteigtümers (§ 1011), Nießbrauchers (§ 1065), ErbbBerecht (ErbbRVO 11) u wg Ähnlichk mit § 1004 auch der DbkBerecht (§§ 1027, 1190), der aber nach § 1004 II ausgeschl sein kann (vgl auch Anm 5); da in erfolgter Vertiefg EigtStörg liegt, wird dann oft inhaltsgl Anspr aus § 1004 gegeben (RG **103**, 174; BGH **LM** Nr 8). Nach hM (aA zurt Planck/Strecker Anm 3a; wohl auch Mot III 296) auch des Besitzers; anderenf ist dieser nach § 862 geschützt (Dehner B § 20 Fußn 34) od kann zur Ausübg ermächtigt werden. Anspr entfällt, wenn sie od RVorgänger selbst das NachbGrdst vertieften (BGH **91**, 282). − **a) Unterlassungsanspruch** bei drohder (erster od wiederholter) Vertiefg gg Eigtümer, Besitzer u and Vertiefde (Anm 4a bb). Anspr geht auf Unterl iSv § 909 unzul Vertiefg, wobei zu erhaltde Festigk in KlageAntr/Urt anzugeben (vgl BGH NJW **78**, 1584). − **b) Beseitigungsanspruch** nach erfolgter Vertiefg gg Eigtümer od Besitzer (RG **103**, 174), auch wenn RVorgänger vertiefte (BGH **LM** Nr 8); bei Veräußerg währd RStreits gilt ZPO 265. Gegen Vertiefde iSv Anm 4a bb idR kein Anspr, da keine VfgsMacht über Grdst (RG **103**, 174; RGRK/Augustin Rdn 12). KlageAntr/Urt, müssen wiederherzustellde Festigk ohne Auferleg best Maßn angeben (BGH NJW **78**, 1584); die Wahl der Maßn obliegt dem Schu u ist vom Gläub erst in der ZwVollstr nach ZPO 887 zu treffen (Zweibr OLGZ **74**, 317).

4) Schadenersatz. § 909 ist SchutzG iSv § 823 II (BGH **101**, 290); falls nicht zG des Besitzers (vgl Anm 3), kann § 858 SchutzG sein. Versch muß sich auf Stützverlust erstrecken (BGH **LM** Nr 16); dabei ist die Gefahrenlage für das NachbGrdst genau zu prüfen (BGH NJW **83**, 872). Auch § 823 I anwendb (BGH VersR **65**, 1204; aA RG JW **36**, 804); jedenf bei unmittelb Eingriff in NachbGrdst (BGH NJW **70**, 608). **Verjährung** gem § 852 (vgl dazu BGH VersR **63**, 753; NJW **81**, 573; WPM **82**, 616).

a) Es haften (ggf gem § 840), sofern nicht RWidrigk wg DuldgsPfl (vgl Anm 5) ausgeschl (BGH **101**, 290): − **aa)** Ggwärt u früherer **Eigtümer/Besitzer,** der Vertiefg veranlaßte od fortdauern ließ (RG **103**, 174; **167**, 28). Bei Ausführg dch Fachleute idR kein Versch, wenn er sorgfält auswählt, informiert u sich von Beachtg des § 909 vergewissert (BGH **101**, 106; NJW-RR **88**, 136); Rspr stellt hohe Anfordergen. Für Dritte haftet er nach § 831 (Architekt, BauUntern usw aber idR mangels WeisgsAbhängigk keine Verrichtgsgehilfen; Brem MDR **60**, 495), nicht aber nach § 278 (BGH **LM** Nr 2; str). − **bb) Architekt** (BGH NJW **83**, 872), **Bauunternehmer** (BGH NJW **81**, 50), bauleiter **Ingenieur** (BGH VersR **64**, 1070), **Statiker** (Düss BauR **75**, 71; **87**, 472). Jeden von ihnen trifft eigenverantwortl PrüfgsPfl, von der er nicht dch Weisgen eines and od des Bauherrn befreit wird (Düss aaO).

b) Mitverschulden. Schlechter Zustand des NachbGrdst u seiner Bestandt bei Versch des Eigtümers/ Besitzers (zB mangelh Erstellg od Unterhaltg) kann Mitversch begründen (BGH **63**, 176), id grdsl nicht (BGH WPM **79**, 950; NJW **81**, 50; **83**, 872); bei baufäll Gbde beschr sich Anspr aber auf zusätzl herbeigeführten Schaden (BGH **LM** Nr 6). Verbot des Betretens des NachbGrdst zur Ausführg von SicherungsMaßn kann Mitversch begründen (RG JW **10**, 330).

5) Verschuldunabhäng **Ausgleichs/Entschädigungsanspruch** gg Eigtümer bzw Benutzer (BGH **101**, 106, 290), wenn Vertiefg als nichthoheitl Maßn aus bes Grd nicht abwehrb (§ 906 Anm 6) od als hoheitl Maßn zu dulden (§ 906 Anm 7).

910 **Überhang.** ^I Der Eigentümer eines Grundstücks kann Wurzeln eines Baumes oder eines Strauches, die von einem Nachbargrundstück eingedrungen sind, abschneiden und behalten. Das gleiche gilt von herüberragenden Zweigen, wenn der Eigentümer dem Besitzer des Nachbargrundstücks eine angemessene Frist zur Beseitigung bestimmt hat und die Beseitigung nicht innerhalb der Frist erfolgt.

^{II} Dem Eigentümer steht dieses Recht nicht zu, wenn die Wurzeln oder die Zweige die Benutzung des Grundstücks nicht beeinträchtigen.

1) Abschneiderecht. − **a) Allgemeines.** § 910 gibt ein nicht verjährb (aber verwirkb) SelbsthilfeR als EigtInhalt, ist aber kein SchutzG iSv § 823 II bzgl Überwuchsschäden (Düss NJW **75**, 739). Er schließt § 1004 nicht aus (BGH **97**, 231; str). − **b) Berechtigt** sind Eigtümer/Miteigtümer (§ 1011) u ErbbBerecht (ErbbRVO 11); DkbBerecht (Planck/Strecker Anm 2; aA Staud/Beutler Rdn 3) u Mieter/Pächter können nur zur Ausübg ermächtigt werden. − **c) Überwuchs.** Grenzüberschreitg erforderl (BayObLG **68**, 76); gg bloße Unterschreit des Grenzabstandes schützt LNachbR (EG 124). Auf and Pflanzen (Stauden, Ranken, Unkraut) als Wurzeln/Zweige ist § 910 entspr anwendb (Staud/Beutler Rdn 17; Schmid NJW **88**, 29; aA 47. Aufl); bei grenzüberneigdem Baumstamm nur § 1004. − **d) Fristsetzung** nicht bei Wurzeln, nur bei Zweigen; sie muß zB Wachstums- u Obsterntezeit berücksichtigen. Bei Wurzeln uU nach § 242, damit BaumEigtümer für Erhaltg der Standfestigk sorgen kann (Kiel OLG **39**, 215; LG Oldbg ZMR **85**, 99). − **e) Rechtsinhalt.** Abschneiden des Überwuchses, aber nicht jenseits der Grenze (LG Bielef NJW **60**, 678) u ohne Betreten des NachbGrdst (KG OLG **26**, 72; LG Mü WoM **88**, 163). Berecht wird Eigtümer einschl der Früchte am Zweig. Da Abschneiden rechtmäß, kein SchadErs für daraus entstehden Schaden (Kiel aaO; LG Oldbg aaO). − **f) Ausschluß (II)** des AbschneideR, wenn GrdstBenutzg (auch bzgl bevorstehder Nutzgs-

§§ 910–912   3. Buch. 3. Abschnitt. *Bassenge*

Änderg) nicht beeinträchtigt; uU bei geringem Laub/Blütenbefall (LG Saarbr NJW-RR **86**, 1346). BewLast hat Nachb. Beeinträchtigt nur ein Teil des Überwuchses, so darf nur dieser abgeschnitten werden (Staud/ Beutler Rdn 4, 6). Zur Anwendg von II iRv § 1004 vgl dort Anm 7 c aa. – Beschrkg nach EG 122, 183 u dch öff NaturschutzR (auch LandesR u GemeindeR) mögl (vgl Düss NJW **89**, 1807; LG Aschaffbg NJW **87**, 1271; LG Dortm NJW-RR **87**, 1101; aA Karlsr WEZ **88**, 149), denn es gilt auch für eigene Bäume.

2) Ansprüche. – a) Beseitigungskosten. AbschneideBerecht kann von dem, der aus § 1004 beseitiggspfl war, nach §§ 812, 818 Ers der von diesem ersparten Aufwendgn verlangen (BGH **97**, 231; NJW **89**, 1032; Düss NJW **86**, 2648; aA LG Ffm NJW-RR **86**, 503; LG Bn NJW-RR **87**, 1421). – **b) Schutzmaßnahmen** gg künft Überwuchs können nach § 1004 verlangt werden (Düss aaO). – **c) Überwuchsschäden.** SchadErs/BeseitiggsPfl aus §§ 823 I, 1004 (Düss aaO); nicht aus § 823 II (vgl Anm 1 a). – **d) Beseitigungsschäden.** SchadErs aus § 823 I kann von § 910 nicht gedeckt (zB Verstoß gg Anm 1 d) od unsachgem Abschneiden. – **e) Herausgabe/abholung** aus §§ 861, 985 bzw §§ 867, 1005, wenn Abschneidder kein Eigt erworben hat, weil Abschneiden nicht dch § 910 gedeckt.

911 *Hinüberfall.* **Früchte, die von einem Baume oder einem Strauche auf ein Nachbargrundstück hinüberfallen, gelten als Früchte dieses Grundstücks. Diese Vorschrift findet keine Anwendung, wenn das Nachbargrundstück dem öffentlichen Gebrauche dient.**

1) Abweichg von §§ 953 ff: Fallen Früchte, gleichviel wodch, auf NachbGrdst and Art als S 2, gehören sie dessen EigtÜmer od dem hier zum Bezug der Früchte Berecht. Aus EigtErwerb folgt keine DuldgsPfl (AG Backnang NJW-RR **89**, 785). Gemeint sind nur Früchte im engsten Sinne, zB nicht Äste. Selbst abtrennen od schütteln darf der Nachbar nicht; er erwirbt dann kein Eigt u haftet auf SchadErs (§§ 823 ff).

912 *Überbau.* ¹ **Hat der Eigentümer eines Grundstücks bei der Errichtung eines Gebäudes über die Grenze gebaut, ohne daß ihm Vorsatz oder grobe Fahrlässigkeit zur Last fällt, so hat der Nachbar den Überbau zu dulden, es sei denn, daß er vor oder sofort nach der Grenzüberschreitung Widerspruch erhoben hat.**
² **Der Nachbar ist durch eine Geldrente zu entschädigen. Für die Höhe der Rente ist die Zeit der Grenzüberschreitung maßgebend.**

Schrifttum: Korbion-Scherer, Gesetzl BauhaftgsR/baul NachbR, 1964

1) Anwendungsbereich.
a) Die §§ 912–916 regeln den **unrechtmäßigen Überbau**; die zur Verhütg wertvernichtder Zerstörg (Mot III 283) bestehde DuldgsPfl beseitigt nicht die RWidrigk des Überbaus (BGH **LM** Nr 4). Sie sind entspr anwendb auf die unrechtm Verletzg von Grenzabständen, die auf dem eigenen Grdst gem nachbschützdem öffentl BauR (Staud/Beutler Rdn 29), LNachbR (Staud/Beutler Rdn 29; aA RG **87**, 371), dingl Rechten (BGH **39**, 5; str) od schuldrechtl Verpfl (Staud/Beutler Rdn 28; Westermann § 80 II 2; aA W-Raiser § 55 Fußn 8) einzuhalten sind; im letzteren Fall aber wohl nur § 912 I iVm SchadErsAnspr. – **Übergangsrecht:** Für Überbau vor dem 1. 1. 1900 gelten §§ 912 ff (EG 181; BGH **97**, 292).
b) Besonderh gelten für den mit formfreier Zustimmg des Eigtümers des NachbGrdst (nicht des Nutzgs-Berecht od BuchEigtümers) erfolgte u daher **rechtmäßigen Überbau;** Unterlassen des Widerspr (Anm 2 e) ist keine Zustimmg (Nürnb RdL **68**, 102), and uU bei WidersprRückn (Nürnb DWW **63**, 124). Ist nur für eine best Breite zugestimmt, so gelten für weitergehden Überbau §§ 912 ff, 1004 (BGH **LM** Nr 21). Keine DuldgsPfl nach Ablauf zeitl beschränkter Zustimmg (BGH BB **66**, 961). Über Nachbarwand (Kommunmauer) vgl § 921 Anm 2. – **aa) Beseitigung** kann nicht verlangt werden; die DuldgsPfl folgt aus der Zust (BGH NJW **83**, 1112). EinzelRNachf des Zustimmden nicht an schuldrechtl Zustimmg (and bei Dbk) gebunden; §§ 912 ff aber anwendb, wenn Überbau vor Eintritt der EinzelRNachf erfolgte, da Überbau wg Zustimmg des RVorgängers iSv Anm 2 d entschuldigt (BGH NJW **83**, 1112). – **bb) Für Entschädigung/ Abkauf** gilt die Vereinbg maßg (BGH NJW **83**, 1112). Fehlt EntschRegelg, so ist dch Auslegg zu ermitteln, ob auf Entsch verzichtet; andernf gilt II (RG **74**, 87; Ffm MDR **80**, 229; aA 44. Aufl). Bloß schuldrechtl Vereinbg bindet RNachf nicht (BGH NJW **83**, 1112); vgl § 914 Anm 2, 3. – **cc) Eigentümer** des GesamtGbdes ist der jeweil Eigtümer der Grdst, das unabhäng von obj Kriterien nach dem Willen des Erbauers zZ der Errichtg StammGrdst ist (BGH **62**, 141; **LM** Nr 7). Für Übereigng des übergebauten GbdeTeils gilt Anm 3 b entspr (Staud/Beutler Rdn 37).
c) Baut ein **Erbbauberechtigter** über, so sind die §§ 912–916 mit der Maßg anwendb, daß das ErbbR an die Stelle des überbauenden Grdst (zB für § 914) u der ErbbBerecht an die Stelle des Eigtümers tritt (ErbbRVO 11 I).

2) Voraussetzungen des Überbaus im Sinne von § 912.
a) Gebäude ist ein Bauwerk, das dch räuml Umfriedg gg äußere Einflüsse Schutz gewährt u den Eintritt von Menschen gestattet (BGH **LM** Nr 25); völlige Umschlossenh nicht notw. Der Normzweck (Anm 1 a) gebietet Einbeziehg und großer Bauwerke (Staud/Beutler Rdn 2; W-Raiser § 55 Fußn 2) u Ausschl leicht versetzb Gbde (Stgt Recht **13** Nr 1290). Für Zeitbauten gelten §§ 912–914, 916 bis zur Erfüllg des Bestimmgszwecks (Nürnb DWW **63**, 124). – Keine Gbde: selbstd Backöfen (BGH **LM** Nr 1); Zäune/Mauern (BGH **LM** Nr 25; vgl aber Anm 2c dd); Gruben (AG Garmisch-P MDR **66**, 505).
b) Der **Eigentümer** des überbauenden Grdst muß das Gbde errichten, dh es muß in seinem Namen u wirtsch Interesse (GeschHerr) gebaut sein (BGH NJW **83**, 2022); wer GeschHerrnEigensch beansprucht, ohne unmittelb mit Herstellg befaßt zu sein, muß sie beweisen (BGH aaO). Errichtet dch Dritte (Bucheigtü-

1088

mer, DbkBerecht, Pächter) genügt nur, wenn Eigtümer dem Überbau entspr §§ 183–185 zustimmt (BGH **15**, 216; aA MüKo/Säcker Rdn 11); über ErrichtgdchErbbBerechtvglAnm1c.

c) Grenzüberschreitung. – **aa)** Ein **einheitliches Gebäude** muß übergebaut sein (BGH NJW-RR **89**, 1039). Ausreichd, daß GbdeTeil über die Grenze ragt, der mit dem and GbdeTeil fest verbunden u von diesem nicht getrennt werden kann, ohne daß der eine od and zerstört od in seinem Wesen verändert wird (BGH aaO); zB Dachvorsprung (BGH Betr **68**, 799; WPM **79**, 644), Balkon, Erker, nicht aber Doppelhaushälften (Karlsr BWNotZ **88**, 91). Überschreitg nur unter (BGH **53**, 5; **LM** Nr 19: Benutzg der NachbFundamente) od über (BGH NJW **76**, 669) der Erdoberfläche ausreichd. – **bb) Umfang** der Überschreitg unerhebl. Gbde kann überwiegd auf NachbGrdst stehen (Nürnb DWW **63**, 124; vgl aber Mü HRR **39** Nr 837); NachbGrdst kann auch ganz überbaut sein (RG **83**, 146). Gbde darf sich aber nicht ausschließl auf NachbGrdst befinden. – **cc)** Überschreitg im **Zeitpunkt** der GbdeErrichtg erforderl. Nicht ausreichd daher Überschreitg mit nachträgl angebautem GbdeTeil wie zB Balkon od Erker (Dehner B § 24 I 4; Staud/Beutler Rdn 9; aA Korbion-Scherer Rdn M 24). Ausreichd aber Überschreitg mit Anbau, der selbst Gbde wie zB Veranda (Stgt Recht **13** Nr 1291) od Garage, darstellt ist, jedenfalls wenn er nicht vollständ auf NachbGrdst (vgl RG **169**, 172 [178] u oben bb). Ausreichd auch Überschreitg bei Erweiterg dch Versetzen der Außenwand (BGH **LM** Nr 9) sowie anläßl späterer Neigg od Ausbauchg der Wand (BGH **97**, 292). §§ 912ff entspr anwendb auf spätere Erweiterg eines Überbaus (Dehner B § 24 I 2; Staud/Beutler Rdn 9; Korbion-Scherer Rdn M 24; aA RG **160**, 183), aber nicht auf bloßen Anbau an Überbau (BGH NJW **85**, 789). – **dd) Keine Überschreitung**, wenn Grenzwand auf NachbGrdst (§ 921 Anm 3) dch Anbau in Gbde auf eigenem Grdst einbezogen wird (vgl BGH **41**, 177; aA Korbion-Scherer Rdn M 34); and wenn auf die Grenze gesetzte Wand (Nürnb RdL **68**, 102) od bloße Reste einer Grenzwand (LG Duisbg NJW **62**, 1251) in eigenes Gbde einbezogen werden. – **ee)** Ein Grdst muß **überbauendes Grundstück** (Stammgrdst iSv Anm 4a) sein (BGH NJW **85**, 789).

d) Höchstens **leichte Fahrlässigkeit** des Überbauers im Ztpkt der Grenzüberschreitg (BGH WPM **79**, 644); BewLast hat Überbauer (BGH **42**, 68). Vorsatz u grobe Fahrlässigk schließen § 912 auch aus, wenn kein Widerspr erhoben. Sie können sich auf Kenntn od Beachtg des Grenzverlaufs (RG **88**, 39) od die Annahme eines ÜberbauR (BGH Betr **68**, 799) beziehen. – Verschulden des **Architekten** ist dem Bauherrn zuzurechnen (BGH NJW **77**, 375: § 166); nicht aber das Verschulden des **Bauunternehmers** u seines Personals: weder nach § 166 (BGH aaO), noch nach § 831 (BGH aaO; aA Schubert JR **77**, 414), noch nach § 278 (BGH **42**, 63; aA Westermann § 80 II 3). – **Verschulden** idR anzunehmen, wenn Überbauer/Architekt örtl Lage nicht genau angibt (BGH NJW **77**, 375), den Ausführden freie Hand läßt od sich auf Zaunverlauf verläßt (Nürnb RdL **68**, 102).

e) Kein sofortiger Widerspruch des Eigtümers des NachbGrdst (vgl auch § 916) od seines Vertreters; bei MitEigtümern genügt gem § 1011 Widerspr eines von ihnen, ebso bei GesHdsEigtümern (str). Der Widerspr muß vor od nach objektiv erkennb Grenzüberschreitg so rechtzeit erhoben werden, daß Beseitigg ohne erhebl Zerstörg mögl (BGH **59**, 191); BewLast hat WidersprBerecht. Kenntn od Erkennbark der Überschreitg unerhebl (BGH **97**, 292). Unterlassen des Widerspr ist nicht anfechtb (BGH **59**, 191; WidersprRückn zuläss (Posen OLG **15**, 350; vgl Anm 1b). – Der Widerspr ist formfrei, bedarf keiner Begründg (falsche daher unschädl; BGH **59**, 191) u ist beschränkb (RG **109**, 107). Adressat ist der Überbauer (bei mehreren genügt einer; Staud/Beutler Rdn 18, aA Dehner B § 24 Fußn 62) od sein Vertreter.

3) Rechtsfolgen des Überbaus im Sinne von § 912.

a) Duldungspflicht (I) des jeweil Eigtümers (vgl auch § 916) des überbauten Grdst als gesetzl EigtBeschrkg (BGH **LM** Nr 1, 33) u **Duldungsrecht** des jeweil Eigtümers des überbauenden Grdst als EigtInhalt verbunden mit einem **Recht zum Besitz** am überbauten GrdstTeil (BGH **27**, 204). Überbau darf nach Kenntn der Grenzüberschreitg nur ohne deren Vergrößerg planmäß vollendet werden (BGH WPM **79**, 644; Staud/Beutler Rdn 21); spätere Erweiterg, Aufstockg (BGH **64**, 273) od Vertiefg (Nürnb RdL **68**, 102) sind nicht zu dulden. DuldgsPfl/R endet mit Beseitigg (Ursache unerhebl) des Überbaus; Wiederaufbau aber zu dulden, wenn Reste noch von wirtsch Bedeutg (BGH **LM** Nr 8). Bei Beseitigg dch DuldgsPflichtigen aber Anspr auf Wiederherstellg aus §§ 823, 249 (vgl aber Dehner B § 24 II). – DuldgsPfl/R nicht im **Grundbuch** eintragb (BGH **LM** Nr 1); Zweifel aber dch GrdDbk klarstellb (Düss OLGZ **78**, 19). Ausschl od Beschrkg der DuldgsPfl im GB des überbauenden Grdst als GrdDbk eintragb (BGH **LM** Nr 9). Formfreier schuldrechtl Vertr über BeseitiggsPfl wirkt nur zw den VertrPart. – DuldgsPflichtiger hat keine **Sicherungspflicht** bzgl des Überbaus (BGH VersR **64**, 975).

b) Eigentümer des ganzen Gbdes einschl in Überbau einbezogener Kellermauerreste auf NachbGrdst (BGH **LM** Nr 19) wird der Überbauer (BGH **27**, 197; aA MüKo/Säcker Rdn 33ff); str, ob dies aus § 95 I 2 od (wohl zutreffd) aus §§ 93, 94 II folgt. Eigtümer des Überbaus hat Rechte des § 903 (zB Abriß; BGH **105**, 202) mit Ausn baul Erweiterg (Karlsr NJW-RR **88**, 524).

c) Geldrente (II). Entschädigg für DuldgsPfl als Ausgl für NutzgsVerlust (BGH NJW **76**, 669). Einzelh: §§ 913, 914. – **Schadensersatzanspruch** des Überbauer aus § 823 u AusglAnspr aus § 906 Anm 6 wg NutzgsVerlusts dch II ausgeschl (BGH EBE **86**, 243), nicht aber wg weitergehender Verletzg des Eigt od and Rechte (BGH **28**, 116; **57**, 304). SchadErs gg BauUntern aus § 823 dch II nicht ausgeschl (BGH JZ **58**, 744 Anm Westermann [auch zur Vermeidg einer DoppelEntsch]; aA Soergel/Baur Rdn 21). SchadErsAnspr des Käufers gg Verkäufer des überbauten Grdst aus § 463 nicht ausgeschl (BGH NJW **81**, 1362).

4) Eigengrenzüberbau. – **a)** Wird ein Gbde **auf mehreren Grundstücken desselben Eigentümers** errichtet, so wird das GesamtGbde Bestandt des Grdst (StammGrdst), zu dem es unabhäng von obj Umständen (zB Ort des Baubeginns, Größe u Bedeutg der GbdeTeile) nach Absicht u Interesse des Erbauers gehören soll (BGH NJW **85**, 789) u damit Eigt des jeweil Eigtümers dieses Grdst. Ein Erwerber des überbauten Grdst hat den Überbau zu dulden; für ihn gelten §§ 912 II, 915 ab Erwerb. Ist ein StammGrdst nicht festzustellen (vgl BGH aaO) od sind die GbdeTeile selbst RaumEinh (BGH **102**, 311), so wird auf den einz Grdst stehder GbdeTeil wesentl GrdstBestandt u Eigt des jeweil GrdstEigtümers. – **b)** Wird ein Gbde

§§ 912–914

nach **Grundstücksteilung** von der Grenze dchschnitten, so gilt Anm 4a mit der Maßg entspr, daß sich das StammGrdst nach obj Umständen bestimmt (BGH **64**, 333); ist solches nicht feststellb, so vertikale Teilg (vgl Düss NJW-RR **87**, 397; aA Karlsr OLGZ **89**, 341 [MitEigt]). – **c)** Baut ein **Nutzungsberechtigter des Stammgrundstücks auf ein eigenes Grundstück** über u stimmt der Eigtümer des StammGrdst zu, so sind §§ 912 ff anwendb (BGH **15**, 216).

5) Sind die **Voraussetzungen des § 912 I** nicht erfüllt (u hat der Nachb dem Überbau nicht zugestimmt), so gilt folgendes:

a) Der Eigtümer des NachbGrdst kann **Beseitigung** des Überbaus (§ 1004) auf Kosten des Überbauers u Herausg der überbauten Fläche (§ 985) verlangen; vgl auch §§ 823, 862. Der Anspr ist verwirkb (BGH WPM **79**, 644); dafür reicht langjähr Duldg alleine nicht (Nürnb RdL **68**, 102). In engen AusnFällen kann er dch DuldgsPfl aus nachbarl GemschVerh (§ 903 Anm 3a bb; vgl BGH **LM** Nr 25) od entspr § 251 II (BGH **62**, 388; WPM **79**, 644; vgl § 1004 Anm 8c) ausgeschl sein; dann aber RentenPfl entspr II (Soergel/Baur Rdn 1).

b) Der übergebaute GbdeTeil wird **Eigentum** des Nachb, da §§ 93, 94 II bei rechtsw EigtVerletzg zurücktreten (BGH NJW-RR **89**, 1039; hM). Da Überbauer idR Besitzer, gelten im Verh zum Nachb §§ 987 ff (BGH **27**, 204; vgl Eichler aaO). Überbauer hat, da Überbau keine Verwendg auf das Grdst (Vorbem 2 vor § 994), Anspr aus § 951 (Staud/Beutler Rdn 38; aA BGH **41**, 157) nach den Grds der aufgedrängten Bereicherg.

913 **Zahlung der Rente.** ¹ Die Rente für den Überbau ist dem jeweiligen Eigentümer des Nachbargrundstücks von dem jeweiligen Eigentümer des anderen Grundstücks zu entrichten.

ᴵᴵ Die Rente ist jährlich im voraus zu entrichten.

1) Schuldner (I) ist der jeweil Eigtümer (auch bei gutgl Erwerb) des überbauenden Grdst. Er haftet dingl (§§ 914 III, 1107 Anm 2c) auch für Rückstände u persönl (§§ 914 III, 1108) erst für ab EigtErwerb fäll Rente. Veräußerer haftet persönl für Rückstände zZ des EigtÜbergangs weiter.

2) Gläubiger (I) ist der jeweil Eigtümer (vgl auch § 916) des überbauten Grdst. StammR als subjdingl Recht (BayObLG Rpfleger **76**, 180) nicht selbstd abtretb, verpfändb od pfändb (§ 96); and aber der Anspr auf Einzelleistgn (§§ 914 III, 1107 Anm 2a). Gläub der zZ des EigtÜbergangs fäll Einzelleistgn bleibt der Veräußerer.

3) Beginn der RentenPfl mit Grenzüberschreitg unabhäng vom Ztpkt der Entdeckg. – **Vorauszahlung** gem II wirkt ggü Erwerber; von II abw Vereinbg wirkt ggü Dritten entspr § 914 III nur bei GBEintr (RGRK/Augustin Rdn 5). Keine Verzugszinsen (§§ 914 III, 1107 Anm 2d bb), bei Verzug auch kein BeseitiggsAnspr. – **Erlöschen:** § 914 Anm 3.

4) Höhe. GrdLage ist der Verkehrswert (für den konkrete Bebauungsmöglichk zu berücksichtigen) der überbauten Fläche im vom Gläub zu beweisden (BGH NJW **86**, 2639) Ztpkt der Grenzüberschreitg (§ 912 II 2); spätere Änderg (zB der Benutzbark od des BewertgsmaßstabesΤ) bewirken keine Änderg der Rentenhöhe (BGH **57**, 304); ZPO 323 nicht anwendb. Der Verkehrswert ist angem zu verzinsen (Stgt MDR **76**, 400); für Angemessenh auch Ztpkt der Grenzüberschreitg maßg. Mangels Verkehrswert (zB bei Straßen) übl Nutzgsentgelt (BGH NJW **76**, 669). – Über Festlegg dch **Vertrag/Urteil** vgl § 914 Anm 2.

914 **Rang; Eintragung; Erlöschen.** ¹ Das Recht auf die Rente geht allen Rechten an dem belasteten Grundstück, auch den älteren, vor. Es erlischt mit der Beseitigung des Überbaues.

ᴵᴵ Das Recht wird nicht in das Grundbuch eingetragen. Zum Verzicht auf das Recht sowie zur Feststellung der Höhe der Rente durch Vertrag ist die Eintragung erforderlich.

ᴵᴵᴵ Im übrigen finden die Vorschriften Anwendung, die für eine zugunsten des jeweiligen Eigentümers eines Grundstücks bestehende Reallast gelten.

1) Das RentenR (StammR u Recht auf Einzelleistgn) hat **Rang** vor allen and Rechten (I 1); der Rang mehrerer Überbau- u Notwegrenten untereinand richtet sich nach der Entstehg. Es ist **nicht eintragungsfähig** (II 1).

2) Feststellung der Rentenhöhe durch Vertrag oder Urteil wirkt zw den Part u GesamtRNachf. Wirkg ggü Dritten nur bei Eintr im GB (Abt II) des überbauenden Grdst (Brem DNotZ **65**, 295 abl Anm Bessell); GBO 9 anwendb. Vorrang (I 1) für gesetzl Höhe (§ 913 Anm 4) übersteigden Teil nur bei Vorrangeinräumg. Niedrigere als die gesetzl Höhe wirkt ggü RealBerecht am überbauten Grdst nur bei deren Zustimmg (RGRK/Augustin Rdn 5; Staud/Beutler Rdn 5).

3) Erlöschen des RentenR mit Beseitigg des Überbaus (I 2) od Verzicht (II 2). Verzicht, der nicht nur zw den Part wirken soll (BGH NJW **83**, 1112), erfordert Aufhebg des RentenR gem §§ 875, 876 S 2, die im GB (Abt II Spalte 3) des überbauenden Grdst einzutragen ist (BayObLG Rpfleger **76**, 180; Düss OLGZ **78**, 19); GBO 9 anwendb. Verzicht schon eintragb, wenn RentenR zweifelh (Düss aaO). Kein Erlöschen dch ZwVerst (ZVG 52 II) od Ablösg (EG 116). – **Verjährung:** nur Recht auf Einzelleistgn (§§ 924, 197).

4) Entsprechend anwendbar (III): §§ 1107, 1108, 1109 III, 1110; nicht aber §§ 1111, 1112. Bei Teilg des überbauten Grdst bleibt das RentenR alleine bei dem überbauten neuen Grdst; bei Teilg des überbauenden Grdst haften die Eigtümer aller neuen Grdst (Staud/Beutler Rdn 7).

Eigentum. 1. Titel: Inhalt des Eigentums §§ 915–917

915 **Abkauf.** ᴵ Der Rentenberechtigte kann jederzeit verlangen, daß der Rentenpflichtige ihm gegen Übertragung des Eigentums an dem überbauten Teile des Grundstücks den Wert ersetzt, den dieser Teil zur Zeit der Grenzüberschreitung gehabt hat. Macht er von dieser Befugnis Gebrauch, so bestimmen sich die Rechte und Verpflichtungen beider Teile nach den Vorschriften über den Kauf.

ᴵᴵ Für die Zeit bis zur Übertragung des Eigentums ist die Rente fortzuentrichten.

1) Berechtigt ist nur der jeweil Eigtümer des überbauten (nicht auch des überbauenden) Grdst; mehrere nur gemschaftl, da einer die and nicht zur Übereign verpflichten kann (Soergel/Baur Rdn 1; Staud/Beutler Rdn 1; aA Dehner B § 24 Fußn 113). § 915 nicht anwendb auf Zeitbauten (Erm/Hagen § 912 Rdn 2; aA MüKo/Säcker § 912 Fußn 15; Staud/Beutler § 912 Rdn 2) u wenn kein RentenR (zB Verzicht) besteht. – **Rechtsausübung** erfordert einseit empfangsbedürft formfreie (RG **74**, 90) WillErkl, die RVerh entstehen läßt, auf das §§ 433 ff (zB §§ 434, 449; nicht aber § 439) anwendb; entstandene Anspr verjähren nach KaufR. Mangels KaufVertr kein VorkRAusübg (str). – **Übereignung** nach §§ 873, 925; über Zustimmg des Nach erben vgl KG Rpfleger **74**, 222. – **Rentenrecht erlischt** (II) auch schon mit Annahme des WertErs (allgM). Rentenzahlen auf WertErs (zur Höhe vgl § 913 Anm 4) nicht anzurechnen.

2) Entsprechende Anwendung auf RückgPfl eines Käufers, der trotz nichtigen KaufVertr das Grdst bebaut hat (RG **133**, 293; Staud/Beutler Rdn 6).

916 **Beeinträchtigung von Erbbaurecht oder Dienstbarkeit.** Wird durch den Überbau ein Erbbaurecht oder eine Dienstbarkeit an dem Nachbargrundstücke beeinträchtigt, so finden zugunsten des Berechtigten die Vorschriften der §§ 912 bis 914 entsprechende Anwendung.

1) Für jeden Beeinträchtigten besteht ein selbständiges RentenR. Entspr anwendb auf Berecht nach WEG 31, aber nicht auf andere RealBerecht (zB HypGläub; ihnen haftet das RentenR, §§ 96, 1107, 1126). Vgl ferner EG 63, 68.

917 **Notweg.** ᴵ Fehlt einem Grundstücke die zur ordnungsmäßigen Benutzung notwendige Verbindung mit einem öffentlichen Wege, so kann der Eigentümer von den Nachbarn verlangen, daß sie bis zur Hebung des Mangels die Benutzung ihrer Grundstücke zur Herstellung der erforderlichen Verbindung dulden. Die Richtung des Notwegs und der Umfang des Benutzungsrechts werden erforderlichen Falles durch Urteil bestimmt.

ᴵᴵ Die Nachbarn, über deren Grundstücke der Notweg führt, sind durch eine Geldrente zu entschädigen. Die Vorschriften des § 912 Abs. 2 Satz 2 und der §§ 913, 914, 916 finden entsprechende Anwendung.

1) Allgemeines. Die DuldgsPfl ist für das VerbindgsGrdst gesetzl Beschrkg, das BenutzgsR für das verbindgslose Grdst gesetzl Erweiterg des EigtInhalts. – Das LandesR regelt in den Wald- od ForstG vielf ein NotwegR an **Waldgrundstücken** (zB *BaWü* 28; *Hess* 17; *RhPf* 17; *Saarl* 15; *SchlH* 9 II) u in den NachbRG (EG 124 Anm 2) ein NotwegR für **Versorgungsleitungen** (*BaWü* 7e; *Hess* 30; *RhPf* 26; *Saarl* 27). Soweit dort keine SonderVorschr (LG Fbg MDR **81**, 229), gelten §§ 917, 918 auch für die Benutzg von WaldGrdst bzw die Verlegg od Mitbenutzg von VersorggsLeitgen (BGH NJW **81**, 1036). – § 904 bleibt unberührt.

2) Voraussetzungen; maßg sind die Verhältn zZ der letzten TatsVerhandlg (BGH **LM** Nr 8). Liegen sie nicht vor, so begründet langjähr stillschw Duldg LeihVerh, dessen Kündbark nicht auf des Grd beschr (Hamm NJW-RR **87**, 137; vgl auch BGH **LM** Nr 7); freiw Gestattg wirkt nicht ggü EinzelRNachf.

a) Fehlende Verbindung zu einem öffentlichen Weg. LandesR maßg, ob ein Weg öffentl. Fehlt die Verbindg inf Entwidmg od WidmgsBeschrkg, so NotwegR erst nach Ausschöpfg der RMittel (Köln OLGZ **67**, 156). Ursache für Verbindgslosigk nur iRv § 918 erhebl. Vorübergehe Verbindgslosigk ausreichd; ebso uU Verbindgslosigk nur eines GrdstTeils (BGH **LM** Nr 1; Hamm NJW **59**, 2310). – Fehlde Verbindg zu Wasserstraße (BGH **LM** § 891 Nr 3), Eisenbahn od and Grdst desselben Eigtümers reicht nicht; ebso Haustür zum NachbGrdst statt zur Straße (Düss OLGZ **89**, 118). – Verbindg ist tats od rechtl (zB WegeR) Zugangsmöglichk (Brschw OLG **26**, 29).

b) Ordnungsmäßige Benutzung des verbindungslosen Grundstücks, wenn sie der Lage, Größe u WirtschArt des Grdst entspricht (BGH **LM** Nr 12/13); rein persönl Bedürfn des Eigtümers od NutzgsBerecht (BGH **LM** Nr 14) od vorübergehe außergewöhnl Bedürfn (BGH WM **66**, 145; hier uU § 904) sind nicht maßg. Nach Düss MDR **89**, 819 nicht für hoheitl Aufgaben. Bei befugter NutzgsÜberlassg muß die vom NutzgsBerecht ausgeübte Benutzg ordngsmäß sein (MüKo/Säcker Rdn 11; Staud/Beutler Rdn 8; vgl dagg RG **79**, 116). Bei rkräft BauGen kann OrdngsmäßigK mit BauRMäßigk verneint u bei rkräft Versagg idR nicht mit BauRMäßigk bejaht werden (BVerwG NJW **76**, 1987). Errichtg u Unterhalt eines WohnGbdes keine ordnsmäß Benutzg, wenn bisher Behelfsheim nur mit Zustimmg des Nachb erreichb (BGH **LM** Nr 14). – **Benutzungssteigerung** ist ordngsmäß, wenn sie inf techn od wirtsch Entwicklg zur Aufrechterhaltg eines rentablen WirtschBetr notw (BGH BB **66**, 639). – **Änderung der Benutzungsart** ist ordngsmäß, wenn sie der techn od wirtsch Entwicklg u den örtl Verhältn Rechng trägt (RG Warn **14** Nr 290).

c) Notwendigkeit der Benutzung des Verbindungsgrundstücks für die ordngsmäß Benutzg des verbindgslosen Grdst. Strenger Maßstab (BGH **LM** Nr 7). – **aa)** Die **Benutzung als solche** muß notw sein. Dies auch mögl, wenn vorhandene Verbindg nicht ausreicht (BGH **LM** Nr 1; 12/13). Nicht gegeben, wenn and ausreichder (wenn auch unbequemerer od teuerer) Zugang mögl (BGH **LM** Nr 7; 12/13), zB über eigenes Grdst (Hbg MDR **64**, 325) od aGrd dingl od schuldrechtl WegeR (Celle RdL **64**, 157 [160]) bzw Anspr darauf (Brschw OLG **26**, 29); im Verhältn zum Gesamtertrag seines Grdst unzumutb Kosten braucht Berecht aber nicht aufzuwenden (BGH LM Nr 7; 12/13). Ob auf streit WegeR verwiesen werden kann, richtet sich nach Einzelfall (RG **157**, 305). – **bb) Art und Ausmaß** müssen notw sein. Nicht notw **Zufahrt für Kraftfahrzeuge** auf WohnGrdst (selbst wenn dort AnwPraxis), wenn in der Nähe auf der Straße Parkmöglichk (BGH LM Nr 11; BGH **75**, 315), od für GästeKfz zu Berggasthof (BayObLG MDR Nr 2); und bei fehlder Parkmöglichk (LG Aach MDR **86**, 936) sowie uU wenn Notweg über ausgebaute Privatstraße führt (Ffm MDR **81**, 932; ähnl LG Lüb MDR **75**, 665). Zufahrt auf GewerbeGrdst idR notw, wenn dort Be- u Entladen erforderl. Die Benutzg muß der Verbindg dienen; dazu zählt nicht das Aufstellen von Kfz zum Beladen (BGH **31**, 159), nach Ffm MDR **81**, 932 auf Privatstraße aber Parken bis zu 2 Stunden. – **cc) Bei mehreren möglichen Verbindungen** (Mehrh von mögl Wegen od mögl VerbindgsGrdst) muß die Benutzg der konkreten Verbindg notw sein. Das erfordert eine Abwägg zw dem Interesse an geringster Belastg dch den Notweg u dem an größter Effektivität des Notwegs (LG Verd MDR **57**, 547; LG Ffm MDR **69**, 225; MüKo/Säcker Rdn 27 ff); daher reicht stets kürzester Weg maßg (BayObLG SeuffA **62** Nr 41; Nürnb RdL **68**, 78). Auch bei völliger Gleichwertigk kein WahlR des Berecht (Westermann § 81 III 2; W-Raiser § 56 II 1 b; aA Soergel/Baur Rdn 8; Karding AcP **99**, 413), sond konstitutive Konkretisierg gem Anm 3 c notw.

d) Verlangen der BenutzgsDuldg ist TatbestdMerkmal (BGH **94**, 160; Hamm OLGZ **85**, 222). Empfangsbedürft WillErkl, die bei Mehrh von DuldgsPflichtigen ggü allen abzugeben ist.

3) Benutzungsrecht und Duldungspflicht.

a) Notwegberechtigt sind der Eigtümer (mehrere wg RentenPfl nur gemschaftl; RGRK/Augustin Rdn 7; Soergel/Baur Rdn 7; Staud/Beutler Rdn 18; aA MüKo/Säcker Rdn 16) des verbindgslosen Grdst u der Inh eines grdstgl Rechts (RG **79**, 116) insb eines ErbbR (ErbbRVO 11); VfgsBefugte (Konk/ZwVerw, TestVollstr) dürfen das NotwegR des Berecht gerichtl u außergerichtl geltd machen (LG Landau NJW **68**, 2013). NutzgsBerecht haben kein eigenes NotwegR (BGH LM Nr 6), dürfen den Notweg aber benutzen; vgl auch Anm 4 b. – **Duldungspflichtig** sind alle Eigtümer, Erbb/DbkBerecht (II 2, § 916), DWR/DNRBerecht (WEG 31 I 2) des VerbindgsGrdst. Das Verlangen (Anm 2 d) ist an sie zu richten (Brschw SeuffA **56** Nr 150); das dadch entstandene NotwegR wirkt auch ggü deren NutzgsBerecht.

b) Es ist die notwendige Benutzung zu dulden. Ist Zugang verschlossen, so ist Schlüssel auszuhändigen (Nürnb RdL **68**, 78). – Zur **Herstellung und Unterhaltung** des Notwegs ist der DuldgsPflichtige nicht verpflichtet (BayObLG SeuffA **62** Nr 41). DuldgsPflichtiger kann **Verlegung** entspr § 1023 I verlangen (BGH NJW **81**, 1036); für Kosten gilt § 1023 I 1 Halbs 2 jedenf iFv § 918 II entspr (BGH aaO). – DuldgsPflichtiger hat **Zurückbehaltungsrecht** bis Zahlg fäll Notwegrente (BGH LM Nr 12/13).

c) Festlegung der Ausgestaltung. Der konkrete RInhalt ergibt sich (für die Beteil oft schwer erkennb) aus dem Gesetz. Schuldrechtl **Vereinbarung** der Nachb wirkt (wie auch Verzicht) nicht ggü EinzelRNachf; and bei GrdDbk. **Urteil** nach I 2 wirkt ggü EinzelRNachf iRv ZPO 325. Vereinbg/Urt haben nur deklarator Wirkg (BayObLG SeuffA **61** Nr 369; ganz hM); konstitutive Wirkg nur bei völliger Gleichwertigk mehrerer Möglichk (LG Verd MDR **57**, 547; Erm/Hagen Rdn 5).

d) Das NotwegR ist nicht im **Grundbuch** eintragb. Vom gesetzl Inhalt abw Ausgestaltg als GrdDbk eintragb; auch bei Zweifeln über gesetzl DuldgsPfl klarstellde GrdDbk eintragb (vgl Düss OLGZ **78**, 19).

4) Entstehung und Ausübung, gerichtliche Geltendmachung, Rechtsschutz.

a) Das NotwegR entsteht in seiner konkreten gesetzl Ausgestaltg mit dem Vorliegen der Voraussetzgen (RG **87**, 424; Dehner B § 27 II 4; MüKo/Säcker Rdn 19; Staud/Beutler Rdn 1), zu denen das DuldgsVerlangen gehört (str; vgl Anm 2 d). Die **Ausübung** des entstandenen Rechts ohne Gestattg des unmittelb Besitzers des VerbingsGrdst ist verbotene Eigenm (Planck/Strecker Anm 2 a; BGH NJW **79**, 1359 für HessNachbRG 30; Brschw NdsRpfl **71**, 231 für NdsNachbRG 47; KG OLGZ **77**, 448 für BlnNachbRG 17; im Ergebn auch Erm/Hagen Rdn 4, 5 u Soergel/Baur Rdn 13; aA Dehner aaO; MüKo/Säcker Rdn 23; Staud/Beutler Rdn 28; W-Raiser § 56 II 1 a), denn § 917 gestattet nicht iSv § 858 die Benutzg. In Notfällen eigenmächt Benutzg nach § 904.

b) Gerichtliche Geltendmachung dch den Berecht iW der Klage auf Duldg der Benutzg (Klage braucht Richtg u Umfang nicht anzugeben); MitEigtümer sind als notw Streitgenossen gemeins zu verklagen (BGH NJW **84**, 2210). Veräußert Berecht währd des Proz, so gilt ZPO 265 (BGH LM Nr 12/13). VerwRWeg, wenn VerbindgsGrdst hoheitl Zwecken dient (BGH MDR **69**, 606; Kblz MDR **81**, 671). – Klagt Eigtümer des VerbindgsGrdst auf Unterlassg aus § 1004 I, so kann NotwegR gem § 1004 II (auch vom NutzgsBerecht; BGH LM Nr 6) geltd gemacht werden; klagt er aus § 862, so ist wg § 863 nur WiderKl mögl (vgl § 863 Anm 2).

c) Rechtsschutz genießt das NotwegR als EigtInhalt dch § 1004 (Mü OLG **29**, 339). BesSchutz nur entspr § 1029 (Staud/Beutler Rdn 29; Karding AcP **99**, 425 ff), da BesSchutz am verbindgslosen Grdst sich nicht auf Notweg erstreckt (aA Soergel/Baur Rdn 15; Figge AcP **160**, 418) u idR auch kein MitBes des Berecht am Notweg (aA Westermann § 81 III 2).

5) Notwegrente. – a) Anspr **entsteht** mit dem NotwegR (BGH NJW **85**, 1952). Über Vorauszahlg (II 2 iVm § 913 II) u Verzugszinsen vgl § 913 Anm 3; über ZbR bei Nichtzahlg vgl Anm 3 b. – **b) Höhe** richtet sich nach dem Nachteil für das VerbindgsGrdst (RG Warn **14** Nr 290); mangels Nachteil kann Rente entfallen (LG Aach ZMR **83**, 382). Maßgebd sind der regelm erzielb Ertrag der benutzten Fläche u dessen Minderg dch die RAusübg (Nürnb RdL **68**, 78; LG Mosb MDR **60**, 1013). Auf die tats Verhältn im EntstehgsZtpkt ist abzustellen (II 2 iVm § 912 II 2; vgl § 913 Anm 4); Änderg nur, wenn sich Umfang der DuldgsPfl ändert. Über Feststellg dch Vertr oder Urt (II 2 iVm § 914 II 2) vgl § 914 Anm 2. – **c) Schuldner** ist der jeweil Eigtümer des verbindgslosen Grdst (II 2 iVm § 913 I), nicht der NutzgsBerecht (BGH LM

Eigentum. 1. Titel: Inhalt des Eigentums §§ 917–919

Nr 6); **Gläubiger** der jeweil Eigtümer des VerbindsGrdst (II 2 iVm § 913 I). Über Einzelh vgl § 913 Anm 1, 2. – **d) Sonstiges** (Rang, GBEintr, Erlöschen, Verzicht, Verj, GrdstTeilg) vgl § 914 Anm 1–4 (II 2 iVm § 914). – **e) Schadensersatzanspruch** wg Beschädigg des Weges aus § 823 od des Käufers gg den Verkäufer des VerbindsGrdst aus § 463 (vgl BGH NJW **81**, 1362) nicht ausgeschl.

918 *Ausschluß des Notwegrechts.* ᴵDie Verpflichtung zur Duldung des Notwegs tritt nicht ein, wenn die bisherige Verbindung des Grundstücks mit dem öffentlichen Wege durch eine willkürliche Handlung des Eigentümers aufgehoben wird.

ᴵᴵ Wird infolge der Veräußerung eines Teiles des Grundstücks der veräußerte oder der zurückbehaltene Teil von der Verbindung mit dem öffentlichen Wege abgeschnitten, so hat der Eigentümer desjenigen Teiles, über welchen die Verbindung bisher stattgefunden hat, den Notweg zu dulden. Der Veräußerung eines Teiles steht die Veräußerung eines von mehreren demselben Eigentümer gehörenden Grundstücken gleich.

1) Verbindungsverlust durch willkürliche Handlung des Eigtümers **(I)** od and NotwegBerecht bzw deren Vertretern/Gehilfen (Staud/Beutler Rdn 3). Hdlg muß bish Verbindg aufheben (RG JW **25**, 474; Brschw OLG **26**, 29). – **Willkür** gegeben bei Aufhebg der Verbindg ohne verständ Berücksiditgg der ordngsmäß GrdstBenutzg (BGH Betr **74**, 2469); Versch nicht maßg. Beispiele: Bebauen (BGH aaO) od Verschütten (Dresden SeuffA **75** Nr 160) des Zugangs, Aufgabe eines WegeR (LG Bielef MDR **63**, 678), Verzicht auf NotwegR über and Grdst (BGH **53**, 166), GrdstVeräußerg (vgl II), Zust zu sonst nicht erfolgter Verlegg des öffentl Wegs; nicht aber ordngsmäß Benutzgssteigerg/änderg (§ 917 Anm 2b), Dchführg eines Bebauungsplans (LG Ffm MDR **69**, 925). – **Beweislast** hat DuldgsPflichtiger. – Auch **Rechtsnachfolger** verliert NotwegR (BGH Betr **74**, 2469); auch Erwerber in ZwVerst (RG **157**, 305).

2) Verbindungsverlust durch Grundstücksveräußerung (II); ZwVerst steht gleich (RG **157**, 305). Das NotwegR wird auf bish VerbindgsGrdst, sofern dieses rechtl u tats Verbindg ermöglichte (tats Benutzg nicht maßg), konkretisiert u ggü Grdst and Nachb ausgeschl (BGH **53**, 166; Brschw OLG **26**, 29). Für dieses NotwegR gilt § 917 (RG **157**, 305); Benutzg des bish Weges kann nicht beansprucht werden (RG **160**, 166 [185]). II gilt auch, wenn Zugang zu verbindgslos gewordenem Grdst bish aGrd schuldrechtl Vereinbg über drittes Grdst erfolgte (BGH **53**, 166). – II bindet auch die RNachfolger. – Verzichtet Veräußerer auf dieses NotwegR, so handelt er willkürl iSv I (BGH aaO).

919 *Grenzabmarkung.* ᴵ Der Eigentümer eines Grundstücks kann von dem Eigentümer eines Nachbargrundstücks verlangen, daß dieser zur Errichtung fester Grenzzeichen und, wenn ein Grenzzeichen verrückt oder unkenntlich geworden ist, zur Wiederherstellung mitwirkt.

ᴵᴵ Die Art der Abmarkung und das Verfahren bestimmen sich nach den Landesgesetzen; enthalten diese keine Vorschriften, so entscheidet die Ortsüblichkeit.

ᴵᴵᴵ Die Kosten der Abmarkung sind von den Beteiligten zu gleichen Teilen zu tragen, sofern nicht aus einem zwischen ihnen bestehenden Rechtsverhältnisse sich ein anderes ergibt.

Schrifttum: Herold, BlGBW **64**, 26. – Kriegel, GrdstAbmarkg, 1964.

1) § 919 dient der **Sicherung einer unstreitigen Grenze** dch Grenzzeichen u begründet einen aus dem Eigt fließden (RG **56**, 58) unverjährb (§ 924) dingl **Mitwirkungsanspruch.** Sind die Nachb über den Grenzverlauf nicht einig, so erst od zugl Klage aus § 920 (KG DFG **37**, 188; Celle NJW **56**, 632) od auf EigtFeststellg; aber keine Verbindg von Klagen aus §§ 919, 985 (Celle aaO). Grd für mangelnde Kennzeichng unerhebl. – **a) Anspruchsberechtigt** sind der GrdstEigentümer u hinsichtl der belasteten Fläche (Dehner B § 5 I) auch der ErbbBerecht; jeder Miteigtümer alleine (§ 1011). Verzicht wirkt nicht gg EinzelRNachf. **Anspruchsverpflichtet** ist der Eigtümer des unmittelb angrenzden Grdst; Miteigtümer nur gemeins. – **b) Geltendmachung** dch Klage auf Mitwirkg bei der Abmarkg mit ZwVollstr nach ZPO 887 ff *(Hbg)* bzw auf Zustimmg zu dem nach LandesR maßg AbmarkgsVerf mit ZwVollstr nach ZPO 894 *(übrige Länder).*

2) Abmarkungsverfahren. – a) Landesrecht: *BaWü* VermG v 4. 7. 61 (GBl 201), zuletzt geändert dch G v 4. 7. 83 (GBl 265). – *Bay* AbmarkgsG v 6. 8. 81 (GBl 318 = BayRS 219–2–F), zuletzt geändert dch G v 23. 3. 89 (GVBl 89). – *Bln* VermG v 8. 4. 74 (GVBl 806). – *Brem* VermKatG v 24. 8. 82 (GBl 241). – *Hbg* vgl Dehner B § 5 I, III 1. – *Hess* AbmarkgsG v 3. 7. 56 (GVBl 124), zuletzt geändert dch G v 18. 6. 70 (GVBl 256). – *Nds* VermKatG v 2. 7. 85 (GVBl 187). – *NRW* VermKatG v 11. 7. 72 (GV 193), zuletzt geändert dch G v 6. 11. 84 (GV 663); AbmarkgsVO v 6. 6. 73 (GV 345), zuletzt geändert dch VO v 20. 11. 82 (GV 733). – *RhPf* AbmarkgsG v 7. 12. 59 (GVBl 240), zuletzt geändert dch Art 2 G v 7. 2. 83 (GVBl 17). – *Saarl* AbmarkgsG v 2. 7. 62 (ABl 557), zuletzt geändert dch G v 10. 12. 80 (ABl 1082); AbmarkgsVO v 22. 7. 77 (ABl 740). – *SchlH* VermKatG v 6. 12. 74 (GVOBl 470), zuletzt geändert dch G v 29. 6. 82 (GVOBl 148). – **b)** Nur die **Kosten** des AbmarkgsVerf werden geteilt (uU volle Kostentragg dem § 823 II iVm StGB 274 I Nr 3 od Vereinbg); für ErstattgsAnspr ordentl RWeg. Für Kosten des RStreits nach Anm 1b gelten ZPO 91 ff.

3) Wirkung. Die Abmarkg ändert nicht den Grenzverlauf u damit nicht die EigtVerh u die dingl Rechte Dritter; sie ist aber ein starkes Beweismittel iRv ZPO 286 (Nürnb BayJMBl **65**, 80; Dehner B § 5 IV 3). Die anerkannte Abmarkg widerlegt die Vermutg des § 891 bei Abweichg von abgemarkter u eingetr Grenze; Kenntn der abgemarkten Grenze schließt gutgl Erwerb (§ 892) aus. – Hat die Abmarkg als beurkundder VerwAkt Bestandskraft erlangt, so ist sie nur noch dch Einigg der Nachb od Urt änderb (BVerwG DÖV **72**, 174).

§§ 920, 921

920 *Grenzverwirrung.* ¹ Läßt sich im Falle einer Grenzverwirrung die richtige Grenze nicht ermitteln, so ist für die Abgrenzung der Besitzstand maßgebend. Kann der Besitzstand nicht festgestellt werden, so ist jedem der Grundstücke ein gleich großes Stück der streitigen Fläche zuzuteilen.

II Soweit eine diesen Vorschriften entsprechende Bestimmung der Grenze zu einem Ergebnisse führt, das mit den ermittelten Umständen, insbesondere mit der feststehenden Größe der Grundstücke, nicht übereinstimmt, ist die Grenze so zu ziehen, wie es unter Berücksichtigung dieser Umstände der Billigkeit entspricht.

Schrifttum: Herold, BlGBW **61**, 225.

1) **Allgemeines.** Bei Streit über den Grenzverlauf kann jeder Eigtümer der benachbarten Grdst die Rechte aus dem Eigt der von ihm in Anspr genommenen Fläche (zB §§ 985, 1004) geltd machen od auf Feststellg seines Eigt an dieser Fläche klagen (KG DFG **37**, 188); dabei muß er sein Eigt bezeichnen u beweisen. Kann keine Part die richtige Grenze bezeichnen u nachweisen, dann bleibt nur die (auch hilfsw od dch Klageänderg geltd zu machde) Klage aus § 920 (Anm 2) od ein GrenzfeststellgsVertr (Anm 3).

2) **Grenzscheidungsanspruch;** aus dem Eigt fließder (RG **56**, 58) unverjährb (§ 924) dingl Anspr. – **a) Voraussetzung** ist die Nichtfeststellbark der richtigen Grenze (BayObLG **62**, 214). Daran fehlt es, soweit die Vermutg des § 891 bzgl der GrdstGrenze reicht (Celle NJW **56**, 632) od ein GrenzfeststellgsVertr besteht (Nürnb DNotZ **66**, 33). – **b) Anspruchsberechtigt u -verpflichtet** sind die unmittelb benachbarten GrdstEigtümer; MitEigtümer wie bei § 919 Anm 1a. Nicht RealBerecht (Dehner B § 6 V; Staud/Beutler Rdn 6; aA Westermann § 82 III 2); doch haben diese uU FeststellgsKl, § 920 entspr anwendb (Staud/Beutler aaO). – **c) Der Klageantrag** geht auf richterl Abgrenzg der Grdst. Bestimmte Grenzlinie darf beantragt werden (BGH **LM** Nr 1; Kblz OLGZ **75**, 216); dann darf das Urt zwar and Grenze festlegen, die beanspruchte Fläche aber nicht überschreiten (BGH aaO). – **d) Entscheidung** in erster Linie nach dem Besitzstand zZ des Urt (I 1); bei fehlerh Besitz (§ 858) einer Part nach dem früheren (Kblz aaO), solange BesAnspr nicht gem § 864 ausgeschl (Dehner B § 6 IV 2a; Soergel/Baur Rdn 7; Staud/Beutler Rdn 8). Fehlt ein Besitzstand u steht das streitige Gebiet nach Form u Inhalt fest (Kblz aaO), so Teilg zu gleichen Teilen (I 2). – II gilt ggü I 1 u I 2 (RG SeuffA **76** Nr 118). Feststehde Größe ist tatsächl Flächeninhalt (BGH **LM** Nr 2). – **e)** Das Urt hat **konstitutive Wirkung** (KG OLG **20**, 405; Soergel/Baur Rdn 8; Staud/Beutler Rdn 17; aA RG JW **06**, 302; RGRK/Augustin Rdn 8 ifV I 1) u wirkt auch für u gg EinzelRNachf, RealBerecht (Dehner B § 6 V; aA Westermann § 66 III 4) u VermessgsAmt (BayVGH RdL **79**, 36), sofern zw den richtigen Part ergangen (also nicht zum BuchEigtümer Part war). Auf Grd des Urt kann Abmarkg (§ 919) u ohne Zust der RealBerecht GBBerichtigg (GBO 22) verlangt werden (KG aaO).

3) **Grenzfestellungsvertrag.** Er bedarf der Form des § 313 nur, wenn mit EigtÜbertr verbunden (RG JW **06**, 302; Nürnb DNotZ **66**, 33). Er kann in Anerkenng eines AbmarkgsProt liegen (Nürnb aaO). Einzelh bei Bengel/Simmerding, GrdBuch-Grdst-Grenze, 2. Aufl 1978, u Dehner B § 5 V. Über Wegfall der Gesch-GrdLage bei groben VermessgsFehlern vgl BGH MDR **79**, 743.

921 *Gemeinschaftliche Benutzung von Grenzanlagen.* Werden zwei Grundstücke durch einen Zwischenraum, Rain, Winkel, einen Graben, eine Mauer, Hecke, Planke oder eine andere Einrichtung, die zum Vorteile beider Grundstücke dient, voneinander geschieden, so wird vermutet, daß die Eigentümer der Grundstücke zur Benutzung der Einrichtung gemeinschaftlich berechtigt seien, sofern nicht äußere Merkmale darauf hinweisen, daß die Einrichtung einem der Nachbarn allein gehört.

Schrifttum: Korbion-Scherer, Gesetzl BauhaftgsR/baul NachbR, 1964

1) **Grenzeinrichtung**

a) Die Einrichtg muß zwei **Voraussetzungen** erfüllen: – **aa)** Sie muß (nicht notw in der Mitte) von der **Grenzlinie geschnitten** werden (BGH **41**, 177), so daß an der Grenze ganz auf einem der NachbGrdst stehde Einrichtgen (zB Grenzwand iSv Anm 3; Hecke [LG Oldbg WoM **86**, 283]) u im MitEigt stehde ZwischenGrdst (Celle SeuffA **62** Nr 207) ausscheiden. Bodenflächen (Zwischenraum [RG Recht **16** Nr 1123], Rain, Winkel [BGH WPM **66**, 143], Graben [VGH Mü NuR **84**, 28]) müssen Bestandt beider Grdst sein; künstl Einrichtgen (Mauer [BGH **41**, 177], Hecke [Düss OLGZ **78**, 190; KG BlGBW **82**, 217], Brunnen [Dresden Recht **04** Nr 2490], Zaun [BGH BlGBW **85**, 112]) müssen auf beiden Grst stehen. – **bb)** Sie muß obj dem **Vorteil beider Grundstücke** dienen, der nicht in Grenzscheidg bestehen muß (Düss MDR **82**, 62; zB gemschaftl Garagenzufahrt ander Grenze (Düss aaO; LG Mannh NJW **64**, 408), nicht aber Gbde über die Grenze (RG **70**, 200). – **cc)** Sie muß aber **keine Grenzscheidungsfunktion** haben (Düss aaO; Dehner B § 7 I 3; Staud/Beutler Rdn 4; aA RG **70**, 200; Celle RdL **58**, 210; wohl auch BGH BlGBW **85**, 112); „voneinand geschieden" weist auf Lage gem Anm 1a aa hin.

b) Zur **Errichtung** sind die Nachb nicht ggseit verpflichtet; bei Errichtg ohne Zustimmg des Nachb hat dieser Anspr aus § 1004 (BGH **91**, 282). Ist die Errichtg einverständl geschaffen, so wirkt dies auch ggü EinzelRNachf. Die Errichtgskosten trägt der Erbauer; bei EigtVerlust aber Anspr aus § 951 mögl.

c) Ein **Recht zur gemeinschaftlichen Benutzung** wird vermutet; zum Umfang vgl § 922 Anm 2. Es ist nicht im GB eintraggsfäh. Vermutg entfällt, wenn äußere Merkmale auf AlleinEigt eines Nachb hinweisen (BewLast hat, wer AlleinbenutzgsR beansprucht) od AlleinEigt eines Nachb bewiesen ist.

d) Eigentum; insow keine Vermutg. Besteht kein MitEigt, so gehört jedem Nachb der auf seinem Grdst stehde Teil der Einrichtg (ebso wenn keine Grenzeinrichtg; BGH **91**, 282); bei einer Hecke also die auf seinem Grdst stehden Pflanzen ganz u die auf der Grenze stehden Pflanzen bis zur Grenze in vertikaler Teilg

Eigentum. 1. Titel: Inhalt des Eigentums § 921 1, 2

(Düss OLGZ **78**, 190; KG BlGBW **82**, 217), wobei letztere bei Trenng vom Grdst MitEigt werden (RG **70**, 200).

2) Nachbarwand (NbW), Kommunmauer, halbscheid Giebelwand.
a) Allgemeines. Das Recht der NbW ist im LNachbR (EG 124 Anm 2a) teils ausführl (*Bln* 4–13; *Hess* 1–7; *Nds* 3–15; *NRW* 7–18; *RhPf* 3–12; *Saarl* 3–14; *SchlH* 4–10), teils nur bzgl Erhöh (*Bay* 46, *Brem* 24) u teils nicht (*BaWü; Hbg*) geregelt. Die Anm 2b–2f stehen unter dem Vorbeh abw **Landesrechts.** Dieses regelt nicht das Eigt u die Eigensch als Grenzeinrichtg. Bei der Beurteilg der EigtVerh kommt es zum Widerstreit zw §§ 94 I 1, 93 u § 94 II; der BGH sucht im Einzelfall nach einer der Verkehrsauffassg u dem prakt Bedürfn entspr Lösg (BGH **27**, 197 u 204) u gibt dabei § 94 II grdsätzl den Vorrang (BGH **57**, 245).

b) Die NbW ist eine (nicht notw mittig) **auf der Grundstücksgrenze** stehde Wand, die dch Anbau auf beiden Seiten wesentl Bestandt sowohl eines Bauwerks auf dem einen als auch auf dem and Grdst ist od werden kann. Sie wird zugl mit einem (einseit) Anbau auf der Seite des Erbauers od zugl mit (beiderseit) Anbauten auf beiden Seiten errichtet. – Eine gesetzl **Befugnis zur Grenzüberschreitung** gibt es nicht; wenn das öffR Reihenhäuser od geschlossene Bauweise vorschreibt, genügen zwei Grenzwände od Anbau an eine (vgl Anm 3). Befugn nur bei Zustimmg des Nachb; GewohnhR nur noch dort mögl, wo LNachbR nicht Zustimmg vorschreibt. **Fehlt die Überschreitungsbefugnis** od wird mehr als zuläss übergebaut, so ist die Wand im Umfang der unzuläss Überschreitg unter den Voraussetzungen von § 912 I zu dulden. Sind sie erfüllt, so ist der Eigtümer des überbauenden Grdst Alleineigtümer der Wand (§ 912 Anm 3b), die er alleine nutzen (zB Reklame auf NachbSeite) u beseitigen darf u alleine zu unterhalten hat; Anbau des Nachb nur mit Zustimmg des Eigtümers zuläss (Korbion-Scherer Rdn M 321; Staud/Beutler Rdn 27; aA RGRK/Augustin § 922 Rdn 13) u begründet MitEigt. Sind sie nicht erfüllt, so steht die Wand im real geteilten Eigt (§ 912 Anm 5b); jeder Nachb hat seinen Wandteil zu unterhalten u darf ihn alleine nutzen; Anbau des Nachb ohne Zustimmg zuläss (RG Warn **24** Nr 98; Staud/Beutler Rdn 28) u begründet MitEigt an der ganzen Wand (BGH **43**, 127). – Zur Frage der **Überbaurente/Grundabnahme** vgl § 912 Anm 1b bb. Oft ist beides wg AnbauR stillschw abbedungen (BGH **53**, 5; Karlsr MDR **60**, 671); nicht aber, soweit mehr als zuläss übergebaut (BGH aaO).

c) Vor dem Anbau des Nachb steht die NbW im **Eigentum** des jeweil Eigtümers des überbauenden Grdst (BGH **27**, 197; **57**, 245; vgl § 912 Anm 1b cc). Er trägt die Errichtgskosten. Aus AlleinEigt folgt, daß die NbW **keine Grenzeinrichtung** ist (Dehner B § 8 II 1; Staud/Beutler Rdn 25; vgl auch BGH **42**, 374; aA RG Warn **15** Nr 270; BGH **LM** § 912 Nr 8; Korbion-Scherer Rdn M 199; Soergel/Baur Rdn 12; Westermann § 82 IV 2). Nur dem Eigtümer obliegt die Unterhaltg (aber kein Anspr des Nachb), nur er hat Nutzgs- (zB Reklame auf NachbSeite) u BeseitiggsR (nach Beseitigg Anspr des Nachb aus § 812 wg Verlustes der Anbaumöglichk auf Ausgl der GrdstNutzg) und die NbW. **Vergrößerung** (Erhöhg, Verlängerg) der NbW nur mit Zustimmg des Nachb zuläss (BGH **64**, 273).

d) Das **Anbaurecht** des Nachb ergibt sich aus Gesetz (LNachbR), GewohnhR od Vertr. Bei Vertr als RGrdLage ergeben sich Schwierigk bei EinzelRNachf. Eindeut Bindg der EinzelRNachf auf beiden Seiten nur bei Sicherg dch GrdDbk (vgl Neust NJW **58**, 635). Schuldrechtl AnbauR wirkt vorbehaltl VertrEintritt für EinzelRNachf des Nachb (der NbW stets dulden muß; vgl § 912 Anm 1b aa) nur iFv § 328 u gg EinzelRNachf des Erbauers nicht. Nach Dehner (B § 8 II 1) u Staud/Beutler (Rdn 25, 26) verdinglicht sich die NbWVereinbg mit der Errichtg der Wand u wirkt dann ggü EinzelRNachf. Zur Haftg des BauUntern ggü Nachb wg fehlerh Herstellg der NbW vgl Düss NJW **65**, 539 (abl Soergel/Baur Rdn 23). – Ein **Anbau** liegt nur vor, wenn die NbW auch wesentl Bestandt des auf dem NachbGrdst errichteten Bauwerks wird (BGH **36**, 46). Es genügt, wenn sie ohne tragde Funktion in Skelett des NachbGbdes eingefügt wird u dessen Abschlußwand bildet (Karlsr NJW **67**, 1232) od wenn Wand des NachbGbdes erst dch Anlehng an NbW Standsicherh erlangt (BGH NJW **63**, 1868). Bloßes Nebeneinand standsicherer (BGH aaO) od dch isolierde Dehngsfuge verbundener Wände (LG Bn ZMR **71**, 89) genügt nicht; die Wände müssen zu SachEinh zugefügt sein (Düss ZMR **69**, 20).

e) Mit dem **Anbau des Nachbarn** u bei gleichzeit Anbau von beiden Seiten wird die NbW wesentl Bestandt beider Bauwerke u damit **Miteigentum u Mitbesitz** beider Nachb (ganz hM; aA Gollnick AcP **157**, 460: Realteilg). Wird die NbW voll in den Anbau einbezogen, so haben die Nachb MitEigt je zu ½ (BGH **57**, 245). Wird in der Tiefe u/od Höhe nur teilw angebaut, so erwirbt der Anbaude zu dem Brucht MitEigt an der ganzen Wand, der dem Verhältn der halben von ihm zugebauten Fläche zur Gesamtfläche der NbW entspricht (BGH **36**, 46); baut er zB in voller Tiefe u halber Höhe an, so werden er zu ¼ u der bish Alleineigtümer zu ¾ Miteigtümer. – Wer dch den Anbau AlleinEigt an der Wand verliert, hat gg den Erwerber (anbaude MitEigtümer haften anteilig; Düss NJW-RR **87**, 531) von MitEigt einen **Vergütungsanspruch** aus §§ 951, 812, 818 II in Höhe des Wertes des erworbenen MitEigt (entspr Brucht des obj Mauerwerts zZ des Anbaus; Düss aaO) unabhäng von eigenen Ersparn (BGH **36**, 46; **53**, 5) u ohne Abzug für ersparte Überbaurente (Karlsr MDR **60**, 761); beim Wert der NbW bleiben bes baul Maßn auf der Innenseite des Erstbauden unberücksicht (Köln NJW **61**, 1820); Aufwendgen des Anbauden, die auch dem Erstbauden wesentl Vorteile bringen (zB Schallschutz; Düss ZMR **69**, 20) u zu weiter VermehrBGH **53**, 5; Düss NJW **63**, 161; Köln NJW **65**, 2109) können den Anspr mindern, nicht aber Aufwendgen zur Ermöglichg des Anbaus (Köln NJW **61**, 1820; Düss ZMR **69**, 20). Der Anspr entsteht mit dem Anbau (Fertigstellg im Rohbau) u wird vom Gläub bei Übereigng seines Grdst idR stillschw abgetreten; wg Vfg über den Anspr vgl Staud/Beutler Rdn 36. Vereinbg über den Anspr im VertrPart (aA Korbion-Scherer Rdn M 342). – Die NbW ist nach dem Anbau **Grenzeinrichtung** (BGH NJW **89**, 2541). Für die Verwaltg gelten §§ 922 S 4 iVm 744ff. Für die Unterhaltungskosten gilt § 922 S 2 ohne Rücks darauf, ob sie nur dch Benutzg eines Nachb entstanden (Karlsr MDR **71**, 1011). Dies kann bei nur teilw Anbau zu Unbilligk führen. Daher wird im Schrifft teilw nur der zum Anbau benutzte Teil der NbW als Grenzrichtg angesehen (Korbion-Scherer Rdn M 363; Staud/Beutler Rdn 43 bei Anbau nicht in voller Länge);

1095

§§ 921, 922

damit entspricht UnterhaltskostenAnt dem MitEigtAnt u Eigtümer mit größerem MitEigtAnt hat alleinige Nutzg der Freifläche (zB für Reklame) bis zum weiteren Anbau. – Eine **Vergrößerung** (Erhöhg, Verlängerg) od (auch nur teilw) **Beseitigung** der NbW ist nur mit Zustimmg des MitEigtümers zuläss (BGH **29**, 372).

f) Wird **ein angebautes Bauwerk zerstört oder abgerissen,** so behält dessen Eigtümer MitEigt (BGH **78**, 397; Betr **75**, 1843) u MitBes (vgl BGH **29**, 372); Verlust des MitEigt dch Übereign an den Nachb iVm Aufhebg des BenutzgsR (vgl BGH **57**, 245). Die NbW bleibt Grenzeinrichtg (Staud/Beutler Rdn 46). Für die Verwaltg/Unterhalt gelten dieselben Grds wie vor Zerstörg/Abriß (Karlsr MDR **71**, 1011); Eigtümer des beseitigten Anbaus muß auf eigene Kosten notw gewordene Außenisolierg vornehmen (BGH NJW **89**, 2541). AnbauR darf wieder ausgeübt werden; die NbW darf auch im Bereich des früh Anbaus anderweit (zB Reklame) benutzt werden (BGH **43**, 127; Betr **75**, 1843). – Werden **beide angebauten Bauwerke zerstört oder abgerissen** u bleibt die NbW ganz od teilw erhalten, so bleibt die NbW im MitEigt zu bish Quoten (BGH **57**, 245) u MitBes (BGH **29**, 372) beider Nachb u Grenzeinrichtg (BGH **29**, 372). Für die Verwaltg u Nutzg gelten dieselben Grds wie nach Zerstörg/Abriß nur eines Anbaus. Einseit Wiederanbau ändert die MitEigtVerh nicht (Quotenänderg aber, wenn früh Teilanbau vergrößert wird) u die NbW bleibt Grenzeinrichtg (Staud/Beutler Rdn 49; aA Hamm NJW **54**, 273); waren aber nur noch geringe Reste der NbW vorhanden u werden sie in einseit Wiederaufbau einbezogen, so gelten die Regeln des erstmaligen Baus u Wiederanbauer wird Alleineigtümer (BGH **27**, 197; **53**, 5). Bei späterem od gleichzeit Wiederanbau des and Nachb gilt Anm 2e.

3) Grenzwand (GzW)

a) **Allgemeines.** Das Recht der GzW ist im LNachbR (EG 124 Anm 2a) teils ausführl (*Bln* 14–16; *Hess* 8–10; *Nds* 16–22; *NRW* 19–23; *RhPf* 13–16; *Saarl* 15–20; *SchlH* 12–16), teils nur in Einzelfragen (*BaWü* 7a, 7b; *Hbg* 88) u teils nicht *(Bay; Brem)* geregelt. Die Anm 3b u 3c stehen unter dem Vorbeh abw **Landesrechts;** dieses regelt ua Gründg, Unterfangen, Unterhaltg.

b) Die GzW ist eine **ganz auf dem eigenen Grundstück an der Grenze** stehde Wand. Errichtet der Erbauer eine Wand als Teil eines auf seinem Grdst stehden Gbdes an der Grenze auf dem NachbGrdst, so ist sie nur unter den Voraussetzgen von § 912 zu dulden; nach LNachbR sind dann zT die GzWVorschr anwendb (*Nds* 22; *Saarl* 20; *SchlH* 16).

c) **Vor dem Anbau** des Nachb steht die GzW im Eigt des jeweiligen Eigtümers des BauGrdst u ist nicht Grenzeinrichtg (BGH **41**, 177). – **Anbaurecht** des Nachb nur aGrd Zustimmg des Eigtümers. EinzelR-Nachf des Eigtümers nicht an schuldrechtl Zustimmg des RVorgängers gebunden (BGH NJW **77**, 1447; aA Köln DWW **75**, 164); and bei GrdDbk. Mangels ihn bindder Zustimmg kann Eigtümer Beseitigg des Anbaus gem § 1004 verlangen, sofern nicht § 242 iVm nachbarl GemschVerh enttggsteht (BGH aaO). – **Durch den Anbau** wird die GzW weder MitEigt noch Grenzeinrichtg (BGH **41**, 177; NJW **77**, 1447; aA Hodes NJW **64**, 2382; Korbion-Scherer Rdn M 313). Daher kein VergütgsAnspr des Eigtümers aus §§ 951, 812, 818 II; Eigtümer obliegt die Verwaltg u die Nutzg freier Außenflächen. Er darf die nur als Abschlußwand diende GzW abreißen (Celle NdsRpfl **76**, 10), sofern nicht § 242 iVm nachbarl GemschVerh enttggsteht (BGH NJW **77**, 1447). – Bei **Zerstörung/Abriß** des Bauwerks des Eigtümers nach Anbau (ohne die GzW) ändern sich die EigtVerh u die Eigensch als Nichtgrenzeinrichtg nicht (BGH NJW **77**, 1447; LG Duisbg NJW **62**, 1251). Für zu duldde GzW AusglAnspr entspr § 912 II (BGH aaO). Eigtümer darf freie Außenflächen nutzen u wieder anbauen. Zur Frage, ob er dafür sorgen muß, daß keine Feuchtigk dch die GzW in NachbGbde eindringt, vgl Ffm OLGZ **82**, 352 u BGH in Anm dazu. Zum Abriß einer GzW, an die nicht angebaut ist, ist er berechtigt, auch wenn GzW auf NachbGrdst dadch freigelegt wird (Köln NJW-RR **87**, 529).

922 *Art der Benutzung und Unterhaltung.* Sind die Nachbarn zur Benutzung einer der im § 921 bezeichneten Einrichtungen gemeinschaftlich berechtigt, so kann jeder sie zu dem Zwecke, der sich aus ihrer Beschaffenheit ergibt, insoweit benutzen, als nicht die Mitbenutzung des anderen beeinträchtigt wird. Die Unterhaltungskosten sind von den Nachbarn zu gleichen Teilen zu tragen. Solange einer der Nachbarn an dem Fortbestande der Einrichtung ein Interesse hat, darf sie nicht ohne seine Zustimmung beseitigt oder geändert werden. Im übrigen bestimmt sich das Rechtsverhältnis zwischen den Nachbarn nach den Vorschriften über die Gemeinschaft.

1) **Allgemeines.** § 922 gilt nur, wenn die Benutzgsvermutg des § 921 besteht. Abweichde Vereinbg zuläss; Wirkg ggü EinzelRNachf iRv § 746 u bei GrdDbk. – Über die **Nachbarwand** vgl § 921 Anm 2.

2) Jeder Nachb darf die **ganze Einrichtung benutzen (S 1);** auch soweit sie ihm nicht gehört (RG Warn **11**, Nr 243). Aber nur die Einrichtg, nicht das anliegde NachbGrdst (RG Warn **16** Nr 169). – **a)** Benutzg nur im Rahmen der Beschaffenh. Bei einer Mauer gehören Erhöhg od Einbau eines Fensters nicht dazu (RG **162**, 209; BGH **29**, 372). – **b)** Nachb hat bei Beeinträchtig seines MitbenutzgsR AbwehrAnspr aus § 1004 u entspr § 1027 (RG Warn **16** Nr 169); BesSchutz nur bei völl Entzug der Mitbenutzg (BGH **29**, 372).

3) Die **Verwaltung** obliegt beiden Nachb (S 4 iVm § 744; Köln ZMR **69**, 244). Die **Unterhaltungskosten** tragen sie stets zu gleichen Teilen (**S 2**); dazu gehören Aufwendgen für Niederlegg bei Gefahr (vgl BGH **16**, 13), nicht aber für Stützwand neben der Grenzeinrichtg (Zweibr AgrarR **79**, 81; vgl aber Karlsr MDR **71**, 1011) od für Isolierg nach Abriß eines Anbaus (BGH **78**, 397; aA Dehner B § 7 Fußn 89).

4) Bei **Beseitigung/Änderung** entgg S 3 hat nichtzustimmder Nachb aus §§ 1004 u entspr § 1027 (RG Warn **16** Nr 169) u ggf §§ 823, 249 Unterl- bzw WiederherstellgsAnspr (BGH NJW **85**, 1458). Gilt auch bei Änderg des äußeren Erscheingsbildes (BGH aaO).

Eigentum. 2. Titel: Erwerb u. Verlust an Grundstücken §§ 922–925

5) Soweit nicht Anm 2–4 eingreifen, sind §§ 741 ff anwendbar (S 4). Verweisg auf dieses SchuldVerh deckt auch Anwendg von § 278 im Verh zw den Nachb (Düss NJW 59, 580 für NachbWand; Soergel/Baur Rdn 7; Medicus Rdn 799; aA BGH 42, 378; LG Dortm MDR 65, 202).

923 *Grenzbaum.* I Steht auf der Grenze ein Baum, so gebühren die Früchte und, wenn der Baum gefällt wird, auch der Baum den Nachbarn zu gleichen Teilen.

II Jeder der Nachbarn kann die Beseitigung des Baumes verlangen. Die Kosten der Beseitigung fallen den Nachbarn zu gleichen Teilen zur Last. Der Nachbar, der die Beseitigung verlangt, hat jedoch die Kosten allein zu tragen, wenn der andere auf sein Recht an dem Baume verzichtet; er erwirbt in diesem Falle mit der Trennung das Alleineigentum. Der Anspruch auf die Beseitigung ist ausgeschlossen, wenn der Baum als Grenzzeichen dient und den Umständen nach nicht durch ein anderes zweckmäßiges Grenzzeichen ersetzt werden kann.

III Diese Vorschriften gelten auch für einen auf der Grenze stehenden Strauch.

1) Über das Eigt an Grenzeinrichtgen vgl § 921 Anm 1 d. Grenzbäume u Sträucher werden wg ihrer organischen Natur zT anders behandelt. Baum u Früchte gehören mit der Trenng den zum Fruchtbezug berechtigten (§ 954) Nachbarn stets je zur Hälfte; Ausn für Stamm in II 3. – II 1 gibt Anspr auf Zust zur Beseitigg; Beseitigg ohne Zust ist unzul (LG Mü II NJW 76, 973). Anspr nach II 4 od vertragl ausgeschl, ausnahmsw auch nach §§ 226, 242 (LG Mü II aaO; AG Sinsheim NJW-RR 87, 142; aA AG Büdingen NJW 80, 193). Kein SchadErs bei eigenmächt Beseitigg, wenn ZustAnspr bestand. Über Obstbäume u WaldGrdst vgl EG 122, 183. Für Bäume neben der Grenzlinie gilt § 923 nicht (vgl §§ 910, 911).

924 *Unverjährbarkeit nachbarrechtlicher Ansprüche.* Die Ansprüche, die sich aus den §§ 907 bis 909, 915, dem § 917 Abs. 1, dem § 918 Abs. 2, den §§ 919, 920 und dem § 923 Abs. 2 ergeben, unterliegen nicht der Verjährung.

1) Der Grd der Vorschr liegt in der fortwährenden Neuentstehg der Anspr, in den Fällen der §§ 919, 920 in dem öff Interesse. § 924 gilt nicht für KostenerstattgsAnspr aus § 919 III.

Zweiter Titel. Erwerb und Verlust des Eigentums an Grundstücken

Einführung

1) **Erwerbsarten** bei GrdstEigt. – **a) Rechtsgeschäft** nach §§ 873, 925. – **b) Gesetz:** zB §§ 46, 88, 1416, 1922, 2139. – **c) Staatsakt:** zB Zuschlag (ZVG 90); Flurbereinigungsplan (FlurbG 61); Umleggsplan (BauGB 72); Grenzregelgsplan (BauGB 83); Grenzbereiniggsplan (zB § 10 nds GrenzbereiniggsG v 13. 6. 79, GVBl 108); Zuteilg im EnteigngsVerf; GrdErwerb dch Gemeinde gem BauGB 28 III 3 (vgl Übbl 3 c dd vor § 1094). – **d) Buchersitzung** (§ 900 I 2) u **Aneignung** (§§ 927 II, 928 I, EG 129).

2) Über das früh Reichsvermögen u Beteiliggen des früh Preußen vgl ReichsvermögenG v 16. 5. 61, BGBl 597. Übergang grdsätzl auf den Bund. Wg § 14 vgl BGH Warn **65**, 7. SonderVorschr (vgl § 15) für Bundesbahn, -post, Autobahnen ua.

3) **Internationales Privatrecht:** EG 11 Anm 2 c bb, 6; 38 Anh II; § 925 Anm 5 a ff. Es gilt die lex rei sitae; vgl BGH **73**, 391 (Spanien); Mü OLGZ **74**, 19 (Italien). – **Kirchenrecht:** Über Anwendbark von §§ 925, 873 bei EigtÜbergang an kirchl Grdst vgl BVerfG NJW **83**, 2571; Hbg NJW **83**, 2572 mwN.

925 *Auflassung.* I Die zur Übertragung des Eigentums an einem Grundstück nach § 873 erforderliche Einigung des Veräußerers und des Erwerbers (Auflassung) muß bei gleichzeitiger Anwesenheit beider Teile vor einer zuständigen Stelle erklärt werden. Zur Entgegennahme der Auflassung ist, unbeschadet der Zuständigkeit weiterer Stellen, jeder Notar zuständig. Eine Auflassung kann auch in einem gerichtlichen Vergleich erklärt werden.

II Eine Auflassung, die unter einer Bedingung oder einer Zeitbestimmung erfolgt, ist unwirksam.

1) **Allgemeines.** Dch G v 5. 3. 53 (BGBl 33) wurden die beiden AuflassgsVOen v 1934 u 1940 in § 925 eingearbeitet u § 925 a eingefügt. Fassg des I 2 beruht nunmehr auf BeurkG 57 III Nr 3. § 925 enthält für die GrdstÜbereigng dch RGesch im Interesse der RKlarh zwei Ausnahmen von § 873: Die Einigg bedarf besonderer Form (**I**) u muß unbedingt u unbefristet sein (**II**). – Solange Aufl aussteht, hat auch GrdstErwerber seine KäuferPfl noch nicht voll erfüllt (BGH NJW **72**, 875); wichtig für KO 17, VerglO 36.

2) **Geltungsbereich.** Übereignng von Grdst, realen GrdstTeilen (vgl Anm 5 a bb) u Anteilen an Brucht-Gemsch (RG **76**, 413) dch RGesch; wg WohngsEigt vgl WEG 6 Anm 2 a, wg ErbbR vgl ErbbRVO 11 Anm 2 e. Es muß ein **Rechtsträgerwechsel** stattfinden (vgl § 873 Anm 2 c); § 925 gilt nicht bei Übertragg von Anteilen an GesHdsGemsch (vgl § 873 Anm 2 b), bei GesamtRNachf (vgl § 873 Anm 2 c) u bei Erwerb krG/Staatsakt (vgl § 873 Anm 2 d).

3) **Form der Auflassung.**

a) Mündliche Erklärung notw (aA Staud/Ertl Rdn 86); bloßes Stillschw genügt nicht (RG JW **28**, 2519). Auch bei fehlender od fehlerh Beurkundg ist Aufl gültig (RG **132**, 408; BGH **22**, 315). Unterzeichng durch

1097

die Parteien daher nicht erforderl. Über grundbuchm Nachweis (GBO 20!) erklärter, aber nicht beurkundeter Aufl vgl Celle MDR **48**, 258; Fuchs-Wissemann Rpfleger **78**, 431; Huhn Rpfleger **77**, 199. Die Aufl kann unter Voraussetzgen des BeurkG 9 I 2 auch in einer Anlage enthalten sein (Mü JFG **21**, 27). Bzgl des ProzVergleichs vgl Anm 4 c.

b) Gleichzeitige Anwesenheit beider Teile notw; vgl hierzu BGH **29**, 10, Ausn von § 128. Aber Vertretg zul. Vollmacht sachlrechtl formfrei (§ 167 II), formellrechtl gilt aber GBO 29; über VollmGeständnErkl vgl BGH **29**, 368. Bei Mangel der Vertretgs- od VfgsMacht gelten allg Regeln (§§ 182, 184 I, 185); auch bei Aufl durch einen Teil der Mit-/GesHdsEigtümer (BGH **19**, 138; LG Aurich Rpfleger **87**, 194), vollmachtloser Vertreter (BayObLG Rpfleger **84**, 11) od von mehreren GesVertretern (Lange NJW **61**, 1893). Selbstkontrahieren gem § 181 zul; sonst Gen mögl. Bevollmächtigt Verkäufer den Käufer zur Aufl an sich (§ 181) unter Verpfl, RestkaufgeldHyp zu bestellen, gilt Vollmacht nur, wenn diese gleichzeit eingetr w (BGH WPM **66**, 376). Vgl ferner AktG 52 I. Zustimmg bedarf nicht der Form des § 925, nur der aus GBO 29; vgl über Nachweis des Zugangs BGH **29**, 370. Bei stiller Stellvertretg erwirbt der Vertreter das Eigt. Gibt sich Bevollm vor GBA fälschl als die Pers des Erwerbers selbst aus, ist die Aufl nichtig (RG **106**, 199). Keine Aufl an Vertr noch nicht benannter Pers (AG Hbg NJW **71**, 102; BayObLG Rpfleger **84**, 11 für vollmachtlosen Vertreter). – **Ausnahmen: aa)** ZPO 894. Die Erkl gilt mit Eintritt der RKraft als abgegeben. Zur Erfüllg der Form des § 925 genügd u erforderl, daß Kläger seine Erklärg unter Vorlage des rkräft Urt vor zust Stelle abgibt (BayObLG Rpfleger **83**, 390); Beglaubigg der Unterschr genügt nicht (Celle DNotZ **79**, 308). Bei Zug-um-Zug-Leistg erst nach Erteilg einer vollstreckb Ausfertigg (RG HRR **28**, 215; Rahn, BWNotZ **66**, 266 u 317). **bb)** EG 143: Aufl im Versteigergstermin. **cc)** EG 127; Übereigng buchgsfreier Grdst. **dd)** RVermG v 16. 5. 61, BGBl I 597: formfreie Einigg.

4) Zuständige Behörden. BeurkG 57 III Nr 3 beseitigte die Zustdgk des GBA u des AG.

a) Jeder dtsche (nicht ein ausländ, KG OLGZ **56**, 319; vgl EG 11 Anm 2c bb) **Notar** iS des BeurkG, auch wenn Grdst nicht in seinem Bezirk liegt. Beurkundet der Notar außerh desselben od seines Landes, schadet dies der Wirksamk nicht, BeurkG § 2. – Ausschließg; vgl BeurkG 6 Anm 3 aE.

b) Jedes **Gericht bei gerichtlichem Vergleich** (dazu Walchshöfer NJW **73**, 1102). Gemeint sind die ord u bes (Arbeits-)Gerichte auf dem Gebiete der streitigen u freiw Gerichtsbark. Alle Instanzen. Aber nur im Rahmen bürgerl RVerk. Also zB auch Vollstr- u KonkGer; LwG (BGH **14**, 387). Dagg zB nicht: FideikommißBeh (Hesse, DR **40**, 1035); nicht im GenVerf nach GrdstVG (vgl Keidel DNotZ **52**, 106). Nach hM (vgl BayVGH, BayVBl **72**, 664) auch nicht vor Strafgerichten (aA Stgt NJW **64**, 110) u nicht vor VerwGerichten; Vergleich nicht notw iS des § 779. Es genügt eine das gerichtl Verf ganz od teilw beendigde Vereinbg, sof die Aufl hierm sachl zushängt (Hesse aaO; aM Keidel DNotZ **52**, 104). Erforderl u genügd Wahrg der prozeßrechtl Form; vgl BGH **14**, 390 (LandwSachen). Die hM (vgl zuletzt Saarbr OLGZ **69**, 210 mit Nachw) läßt die ProzVollm des ProzBevollm zum Nachw der Vollm genügen; im Hinbl auf GBO 29, ZPO 88 II sehr bedenkl. Über Vergl auf Widerruf vgl Anm 5 b.

c) Alle **Konsularbeamten** sind zur Entggnahme befugt: § 12 Nr 1 iVm §§ 19 (II nur DienstVorschr), 24 KonsG.

5) Auflassungserklärung

a) Inhalt. Zur Surrogation des ErsGrdst in Aufl bei Aufl des EinlageGrdst währd des UmleggsVerf nach BBauG 51 vgl BayObLG Rpfleger **80**, 293.

aa) Erkennb muß sein, daß **Eigentum übertragen** (veräußern u erwerben) werden soll, wobei schlüss Verhalten, insb bloßes Stillschw nicht genügt (RG JW **28**, 2519). Doch bestimmte Wortfassg nicht notw, da auch Aufl ausleggsfäh (RG **152**, 189). Sie kann dah auch in wechselseit Formalerklärgn gesehen w (GBO 13, 19), so wenn Veräußerer Umschreibg bewilligt, Erwerber sie beantragt (KG HRR **36** Nr 137); Ffm Rpfleger **73**, 394 läßt Feststellg über neue EigtümerStellg ohne erkennb ÜbertrWillen nicht genügen. – BerichtiggsBewilligg regelm nicht in Aufl umdeutb: wer vermeintl Eigt des Dritten anerkennt, will es ihm damit nicht auch schon übertr, wenn er wüßte, daß er selbst Eigtümer. Aufl des ganzen Grdst nicht in Aufl ideeller Anteils umdeutb (Ffm Rpfleger **75**, 174).

bb) Materiellrechtl genügt, daß das **Grundstück zweifelsfrei bezeichnet** ist; GBO 28 gilt insow nicht (BayObLG NJW-RR **88**, 330). – Bei erst abzuschreibdem **Teilstück** genügd, wenn Lage u Größe dem Verkehrsbedürfn entspr zweifelsfrei bezeichnet (BayObLG NJW-RR **86**, 505); § 885 Anm 4b gilt entspr. Unter diesen Voraussetzgen auch Verurteilg zur Aufl eines Teilstücks (BGH **90**, 323; NJW **88**, 415); Verurteilg zur Abgabe der EintrBew erfordert Bezeichng gem GBO 28 u daher gilt RVeränderungsNachw (BGH aaO). Bei geringem Unterschied zw aufgelassener u später abvermessener (über VermNachw vgl Hamm DNotZ **58**, 643) Teilfläche wirkt Aufl auch für letztere (LG Wuppert RhNK **84**, 167). Katasterm Bezeichng des Trennstücks dch eigene FlStNr erst zur Eintr notw. – Fehlde Bezeichng nach GBO 28 können Erwerber wie Veräußerer alleine nachholen (IdentitätsErkl), wegen der unbedingten Wille des and VertrTeils nachweisb (BayObLG **74**, 112; LG Ellw BWNotZ **77**, 178; LG Bielef Rpfleger **89**, 364).

cc) Fehlvorstellungen über Objekt der Aufl: iZw ist nicht der buchmäß, sond der tatsächl Umfang des Grdst der gewollte AuflGgst (RG Recht **14** Nr 627), wie er vor allem Besicht u Ortskenntn entspr (Oldbg Recht **20** Nr 1220). – Bei **falscher Bezeichnung** Aufl wirks, wenn beide Teile dasselbe Grdst gemeint haben (RG **133**, 281; BGH BB **67**, 811). Decken sich die Erklärgn, nimmt aber jede Partei anderes Objekt, so versteckter Dissens (§ 155), bei Mehrdeutig der Erkl, bei Eindeutig nur Anf für den Irrdn. – Bei bloßer Fehlbezeichng ist die Aufl insow wirks, als die Willensmeinngn sich decken (BGH BNotZ **66**, 172); keine Auflassg bzgl Grdst, das versehentl in AuflassgsErkl miterwähnt (BGH WPM **78**, 194). Aber AuflErkl muß berichtigt w (Form GBO 29). Zur Frage, ob Dissens od ErklIrrt, wenn Flächenmaßangabe der Parteien im KaufVertr nicht mit der Größe der den VertrGgst bildden Teilstücke gem Planskizze übereinstimmt vgl BGH DNotZ **68**, 22. Läßt A je eine Parzelle an B und C auf, w die Parzellen aber verwechselt, so ist mit

Eintr auf der in Wahrh nicht veräußerten Parzelle keiner Eigtümer geworden; keiner kann vom and Berichtigg verlangen, jeder nach Ermächtigg dch A nur solche auf diesen; RG **112**, 268 gibt aber jedem AuflEmpf BereicherngsAnspr gg den fälschl Eingetragenen (abl Raiser, Dingl Anwartsch S 41); doch liegt der Fall and als der in BGH **21**, 98 entschiedene (vgl § 879 Anm 3e): Die Anwartsch auf RErwerb ist (and, als die Erwartg gem GBO 17, 45) eine Vermögensposition, die dch Eingr verschoben w kann.

dd) Bei **Auflassung an mehrere** ist Angabe des GemschVerh der Erwerber notw Inhalt der Einigg (BayObLG **75**, 209); Bezugn auf Angabe in zugl beurk SchuldVertr genügt (Düss MittBayNot **77**, 66). Fehlt Angabe des gemsch Verh od w mehrere alternativ angegeben (Zweibr RhNK **80**, 89), so ist Aufl unwirks. Nachholg fehlder u Änderg gemachter Angaben nur dch alle VertrPart (BayObLG **75**, 209; Ffm Rpfleger **77**, 204). Fällt Grdst in GesGut ehel GüterGemsch (§ 1416), so darf zu AlleinEigt erwerbder Eheg allein unmittelb Eintr beider Eheg in GüterGemsch beantragen (BayObLG **75**, 209) u Eheg dürfen sich bei Aufhebg der GüterGemsch nach Aufl alleine über Erwerb zu MitEigt einigen (Köln Rpfleger **80**, 16) u zu MitEigt erwerbde Eheg dürfen Eintr in GüterGemsch beantragen (BGH **82**, 346). Irrtüml Aufl an Eheg in GüterGemsch, die tats im ges Güterstd leben, in Aufl zu MitEigt umdeutb (BayObLG Rpfleger **83**, 346). – Bei **Auflassung durch mehrere** Angabe des GemschVerh nicht notw, wenn alle MitBerecht veräußern.

ee) Zur Aufl an **künftige juristische Personen oder Personalgesellschaften** des HandelsR vgl BayObLG NJW **84**, 497.

ff) Über **Ausländerbeteiligung** (insb Aufl an Eheg in ausl Güterstand) vgl Amann MittBayNot **86**, 222; Böhringer BWNotZ **88**, 49; Düss MittBayNot **77**, 66 (Belgien) LG Bambg MittBayNot **75**, 261 (CSSR); LG Köln RhNK **78**, 113 (Holland).

b) Eine **bedingte oder befristete Auflassung ist nichtig (II).** Keine Bdgg bei Verurteilg Zug um Zug (Düss JurBüro **87**, 1823). Sie wird durch den Eintritt einer aufschiebenden Bedingg nicht wirks. Beifügg von Rechtsbedingungen (zB Gen des Berechtigten bei Aufl durch Nichtberechtigten, Aufl an künftige GütGemsch [BGH NJW **52**, 1331]) ist unschädl; anders, wenn die Rechtsbedingg zur rechtsgeschäftl Bedingg erhoben wird (KGJ **36** A 198). Haben Eheleute im ScheidsRStreit „für den Fall der Scheidg" zu gerichtl Vergleich die Auflassg eines Grdst erklärt, ist dies unwirks, auch wenn das Urt im gleichen Termin noch verkündet u RMittelVerz sofort rechtskr wurde (BayObLG **72**, 257). Unwirks Aufl, für die Wirksamk des GrdGesch Bdgg (Celle DNotZ **74**, 731; vgl auch § 139 Anm 4). Abrede über Hinausschieben des grundbuchm Vollzugs verstößt nicht gg II (BGH **LM** Nr 3; Hamm Rpfleger **75**, 250). Vorbeh nach GBO 16 II zul (KG JFG **1**, 337) u auch stillschw (zB Aufl u KaufgeldHyp) häuf; über Wegfall eines derart Vorbeh, wenn Eintr des Nießbr wg Todes unzulss, vgl Hamm DNotZ **73**, 615. Ist die AuflVollm vor dem vormschgerichtl Gen bedingt, Eintr nur bei Nachweis des Eintritts der Bedingg (KGJ **53**, 143); erfolgt Eintr ohne solche, kann, da ohne Vertretgsmacht aufgelassen ist, dch Gen Wirksamk herbeigeführt w. AuflVormkg mögl. Ob die Aufl bedingt ist, wenn in derselben Urk beurkundete VerpflichtgsGesch bedingt ist oder RückttrVorbeh enthält, ist Frage der Auslegg (KG DNotZ **26**, 51); bei letzterem idR nicht anzunehmen (Düss JMBl NRW **57**, 160). Da auch auflöse Bdgg unzul, gerichtl **Vergleich mit Widerrufsvorbehalt** unwirks (Celle DNotZ **57**, 660; Walchshöfer NJW **73**, 1102 Fußn 62; aA Soergel/Baur Rdn 39). Der Widerruf hat dem nicht nur die Folgen des Rücktr von dem der Aufl zugrde liegden KausalGesch, er macht vielm den Vergl hinfäll (BGH **LM** RVO § 1542 Nr 5). Insow dies gewollt w, steckt im WiderrufsVorbeh eine Bedgg der Aufl (vgl BGH **46**, 278). Wurde mit Aufl für Verkäufer Nießbr bestellt, ist dessen Wirksamk iZw nicht Bedingg der Aufl (Saarbr JBlSaar **67**, 164); vgl § 139 Anm 4.

c) In der Einigg liegt häufig die **Einwilligung (§ 185 I) des Veräußerers zu weiterer Verfügung** (insb zur Aufl; BayObLG NJW-RR **88**, 330), dh, daß der Erwerber vor seiner Eintr vornimmt; anders zB, wenn Eintr u Rang der vom Erwerber dem Veräußerer bewilligten KaufgeldHyp (KG JFG **2**, 316) od RückAuflVormkg (Düss OLGZ **80**, 343) nicht gewährleistet. Einwilligg in GrdPfdRBestellg für Dritten jedenf dann zu verneinen, wenn KaufprSchuld an Erstauflassden noch offen, od wenn EinwilliggsBereich (zB KaufprFinanzierg) überschritten (BGH Rpfleger **89**, 146). – Die Aufl enthält aber keine Einwilligg in Begründg schuldrechtl Anspr des Zweiterwerbers gg Veräußerer dch Ersterwerber (BayObLG **72**, 397), so daß schon deshalb Zweiterwerber nicht dch **Vormerkung** sicherb. Tritt Ersterwerber seinen AuflAnspr gg den Veräußerer an den Zweiterwerber ab, so geht für Ersterwerber bestellte AuflVormkg mit über; fehlt solche Vormkg, so kann Ersterwerber sie nicht bestellen, denn die Aufl enthält keine Einwilligg des Veräußerers dazu (BayObLG Rpfleger **79**, 134; MüKo/Kanzleiter Rdn 41). – Zur Anwendg von **§ 878** auf WeiterVfg des Erwerbers vgl § 878 Anm 2b.

6) Wirkung der Auflassung.

a) Erst **Auflassung u Eintragung** (Ausn: buchsfreie Grdst) bewirken den EigtÜbergang. Vorher ist ein schuldr EigtVerschaffgsAnspr mangels Eintritt des geschuldeten Leistgserfolges noch nicht erfüllt; er besteht nach Aufl neben den Rechten nach Anm 6 b fort u ist noch vormerkb (KG DNotZ **71**, 418) sowie abtretb/verpfändb/pfändb (BayObLG **85**, 332).

b) Die **Rechtsstellung des Auflassungsempfängers** zw binddr (§ 873 II) Aufl u Eintr ist stark umstritten.

aa) Der Eingang des **Eintragungsantrags des Auflassungsempfängers** beim GBA verstärkt dessen RStellg zu einem **Anwartschaftsrecht,** denn der Veräußerer kann danach die RPosition des AuflEmpf nicht mehr einseit zerstören, weil dessen EintrAntr nach GBO 17 vor späteren des Veräuße-rers erledigt werden muß (BGH NJW **89**, 1093; str). Das so entstandene AnwR erlischt mit Rückn od Zurückweisg des EintrAntr (BGH Rpfleger **75**, 432); and bei schon früherer Entstehg (Anm 6b bb). Das AnwR ist ein minus ggü dem Eigt, kein aliud. – Das AnwR ist dch **§§ 823 I, 826** geschützt (BGH **49**, 197; Dieckmann FS-Schiedermaier **76**, 108: nur § 826); SchadErs aber nur bei Kenntn von Aufl u EintrAntr (arg § 892 I 2; Röwer NJW **61**, 539). Es begründet aber **kein Besitzrecht** iSv § 986 (Celle NJW **58**, 870 Anm Hoche). – Es ist **übertragbar** entspr § 925 dch Aufl ohne Eintr u ohne Zust des GrdstVeräußerers (BayObLG NJW-RR **88**,

§§ 925–926   3. Buch. 3. Abschnitt. *Bassenge*

330); aber kein gutgl Erwerb vom vermeintl AnwBerecht (Raiser, Dingl Anw, S 36). Nicht bei AuflVormkg eintragb (Staud/Ertl Rdn 129). Weitere Aufl des AuflEmpf vor eigener Eintr kann als Übertr des AnwR verstanden werden (Hoche NJW **55**, 652; LG Hag NJW **55**, 1798; vgl sonst Anm 5c). AbtrEmpf kann EigtUmschreibg unmittelb auf sich verlangen u erwirbt dann Eigt ohne Dchgangserwerb des AuflEmpf (BGH **49**, 197), sofern das AnwR nicht vor Übertr schon einem and übertr war. VfgsBeschrkg des Veräußerers nach Eingang des EintrAntr (§ 878) u des AuflEmpf nach wirks Übertr sind unschädl; über Einfluß des Konk vgl Haegele BWNotZ **71**, 1. – Das AnwR ist bis zur EigtUmschreibg **pfändbar** nach ZPO 857, wobei Zustell an AuflEmpf genügt (BGH **49**, 197; str). Gläub kann sich erforderl Urk nach ZPO 792 beschaffen u Eintr des AuflEmpf herbeiführen, mit EigtUmschreibg erwirbt er SichgHyp entspr ZPO 848 II 2 kr G (BGH aaO). Da ohne EintrAntr des AuflEmpf schon ein noch nicht als AnwR anzusprechendes pfändb VermR besteht (Anm 6b cc), erlischt das PfdgsPfdR am AnwR zwar mit dessen Erlöschen dch Rückn oder Zurückweisg dieses EintrAntr (BGH Rpfleger **75**, 432), mangels ausdrückl Beschrkg auf dieses AnwR (zB bei Pfdg der „Re aus der Aufl") bleibt dieses VermR aber gepfändet (vgl auch Münzberg FS-Schiedermair **76**, 439). – Das AnwR ist **verpfändbar** (§ 1274 Anm 1c aa; § 1287 Anm 3b).

bb) Der Schutz der §§ 883 II, 888 rechtfertigt es, auch die RStell des dch **Vormerkung** gesicherten AuflEmpf unabhäng von einem EintrAntr als AnwR anzusehen (BGH NJW **82**, 1639; Hamm NJW **75**, 879; Düss DNotZ **81**, 130; aA Staud/Ertl Rdn 140); Vormkg ohne Aufl genügt nicht (BGH Betr **84**, 713). Für dieses AnwR gilt Anm 6b aa entspr; es erlischt aber nicht schon mit Zurückweisg des EigtUmschreibgsAntr (LG Düss RhNK **85**, 147).

cc) In **allen anderen Fällen** (weder AuflVormkg noch GBO 17 unerledigter vorrang EintrAntr des AuflEmpf) kann der Veräußerer den EigtErwerb des AuflEmpf nicht dch Aufl an Dr u dessen Eintr verhindern, weil Dr dadch (auch bei Kenntn der ErstAufl) Eigt erwirbt. Der AuflEmpf hat daher noch keine gesicherte RStellg; gleichwohl unterscheidet sich seine RStellg von der vor Aufl, denn er kann dch Antr nach GBO 13 die Vollendg des EigtErwerbs selbst herbeiführen. Dch die Aufl w daher ein VermR begründet, das noch kein dingl AnwR ist (aA insow zB Hoche NJW **55**, 652; BayObLG **72**, 242). – Das VermR ist nicht dch **§ 823 I** (uU aber dch § 826) geschützt (BGH **45**, 186). Es begründet **kein Besitzrecht** iSv § 986 (Celle NJW **58**, 870 Anm Hoche). – Das VermR ist **übertragbar** (KG JFG **4** 339); Anm 6b aa gilt entspr (krit zu § 925 Vollkommer Rpfleger **69**, 409 Fußn 68). – Es ist **pfändbar**; Anm 6b aa gilt entspr (Hoche NJW **55**, 931; Stöber Rdn 2066ff; KG JFG **4** 339; **14**, 131; BayObLG JFG **9**, 234 mit aA zu ZPO 848 II 2; Horber in Anm zu LG Esn NJW **55**, 1401), insb hinsichtl der Wirkg gem ZPO 848 II 2 ist eine abw Behandlg ggü der Pfdg des AuflAnspr u des AnwR nicht gerechtfert, zumal das VermR mit Stellg des EintrAntr dch den PfdgsGläub zum AnwR erstarkt. – Es ist **verpfändbar** (§ 1274 Anm 1c aa; § 1287 Anm 3b).

c) Bindend (nicht einseit widerrufl) ist die Aufl erst unter den Voraussetzgen des § 873 II (Bassenge, Rpfleger **77**, 8 mwN; aA BayObLG **57**, 229; Staud/Ertl Rdn 111). Zur Wirkg der Bindg vgl § 873 Anm 5b. Eintr nach Aufhebg der Aufl bewirkt keinen EigtÜbergang. Aufl dch vollmachtlosen MitBerecht zugl namens eines und MitBerecht ist für Vertretenen bindd, sobald dieser wirks genehmigt hat (BayObLG **57**, 229) u § 873 II gegeben. Vom Eigtümer erklärte Aufl bleibt nach dessen Tod wirks (§ 130 II). Über nach Aufl eintretde VfgsBeschrkg vgl § 878.

d) Aufhebung dch formlosen Vertr (BayObLG **54**, 147); als eintraggshinderde Tats nicht gem GBO 29 I nachzuweisen (BayObLG **67**, 13), um EigtUmschreibg zu verhindern.

7) Behördliche Genehmigung der Aufl oft notw; vgl Übbl 4 vor § 873. – Zu beachten sind **gesetzliche Vorkaufsrechte** (vgl Übbl 3 vor § 1094). – Fehlen od Widerruf der nach § 22 GrEStG 1983 v. 17. 12. 1982 (BGBl I 1777) erforderl **Unbedenklichkeitsbescheinigung des Finanzamts** läßt Wirksamk von schuldr GrdGesch (über Re des Verkäufers nach § 326 bei Nichtbeibringg dch Käufer vgl RG SeuffA **97**, 1) u Aufl unberührt (BGH **5**, 179), ist aber EintrHindern für EigtUmschreibg (BayObLG **75**, 90); Umschreibg ohne Bescheinigg macht GB nicht unricht (BayObLG aaO). GBA muß prüfen, ob der RVorgang der GrdErwerbSt unterliegt; trifft dies nicht zu, darf es keine Bescheinigg verlangen (and bei Zweifeln; BayObLGRpfleger **83**, 103; MittBayNot **84**, 37). Zum GterWechsel bei GbR vgl Celle Rpfleger **85**, 187 u LG Oldbg Rpfleger **84**, 265. – Altes Bundes- u LandesR dch §§ 24, 25 GrEStG 1983 aufgehoben.

925a *Urkunde über Grundgeschäft.* Die Erklärung einer Auflassung soll nur entgegengenommen werden, wenn die nach § 313 Satz 1 erforderliche Urkunde über den Vertrag vorgelegt oder gleichzeitig errichtet wird.

1) Eingefügt durch G v 5. 3. 53, BGBl 33. Entspricht dem § 2 der aufgehobenen AuflVO v 11. 5. 34. Ordngsvorschr, um mdl u privatschriftl Kaufverträge, die Quelle vieler Unklarheiten u Streitigk, auszuschließen. Verstoß macht Aufl nicht unwirks. GrdGesch muß formgerecht beurkundet sein. Form: vgl § 313 Anm 11. RWirksamk nur zu prüfen, wenn Mängel auf Aufl übergreifen können (Hamm Rpfleger **59**, 127). GBA darf Umschreibg nicht von Vorlage der Schuldurkunde abhäng machen (Schlesw SchlHA **60**, 341). – Gilt auch bei Veräußerg durch städt Unternehmgen (KG DJ **34**, 1511).

926 *Zubehör.* [I] Sind der Veräußerer und der Erwerber darüber einig, daß sich die Veräußerung auf das Zubehör des Grundstücks erstrecken soll, so erlangt der Erwerber mit dem Eigentum an dem Grundstück auch das Eigentum an den zur Zeit des Erwerbes vorhandenen Zubehörstücken, soweit sie dem Veräußerer gehören. Im Zweifel ist anzunehmen, daß sich die Veräußerung auf das Zubehör erstrecken soll.

Eigentum. 2. Titel: Erwerb u. Verlust an Grundstücken §§ 926, 927

II Erlangt der Erwerber auf Grund der Veräußerung den Besitz von Zubehörstücken, die dem Veräußerer nicht gehören oder mit Rechten Dritter belastet sind, so finden die Vorschriften der §§ 932 bis 936 Anwendung; für den guten Glauben des Erwerbers ist die Zeit der Erlangung des Besitzes maßgebend.

1) Allgemeines. – a) Zubehör. § 926 betrifft nur Ggst, die zZ des Übergangs des GrdstEigt (Augsbg OLG **34**, 177) Zubeh iSv §§ 97, 98 nur dieses Grdst (Breslau OLG **35**, 291) sind; kein GutGlSchutz bezgl ZubehEigensch (KG OLG **14**, 80). Es kann nach § 926 od nach §§ 929 ff übereignet werden (Augsbg aaO). – **b) Bestandteile.** Wesentl Bestandt werden mit dem Grdst ohne weiteres Eigt des Erwerbers. Ebso nichtwesentl Bestandt, die dem Veräußerer gehören; sonst Erwerb nach §§ 932 ff.

2) Eigentum des Veräußerers (I) zZ des Übergangs des GrdstEigt; § 1006 anwendb. Wollen die Part mit dem Grdst auch das Zubeh übereignen, so geht das ZubehEigt zus mit dem GrdstEigt über; Veräußerer-Bes, Überg (§ 929 S 1) od ÜbergErs (§§ 930, 931) entbehrl. § 878 auf diese Einigg anwendb. GgBew gg die Ausleggsregel des I 2, die nur bei VeräußererEigt gilt (LG Saarbr NJW-RR **87**, 11), ist zul.

3) Gutgläubiger Erwerb (II). – a) Bei **Eigentum eines Dritten** zZ des Übergangs des GrdstEigt muß zu der Einigg iSv I (für die auch I 2 gilt) die BesErlanngg nach §§ 929–931 treten; ifv §§ 929 S 1, 854 II kann die Einigg in der Aufl enthalten sein (Augsbg OLG **34**, 177). Es gelten dann §§ 932–935. Maßg Ztpkt für Gutgläubigk ist der BesErwerb, jedoch ifv §§ 929 S 2, 932 die Aufl u ifv §§ 931, 934 Fall 1 die Abtretg. – **b) Belastungen mit Rechten Dritter** erlöschen bei Gutgläubigk im maßg Ztpkt (Anm 3a) mit Erwerb des ZubehEigt, ifv I aber erst mit BesErlangg, wenn sie dem EigtErwerb nach folgt.

927 *Aufgebotsverfahren.* **I** Der Eigentümer eines Grundstücks kann, wenn das Grundstück seit dreißig Jahren im Eigenbesitz eines anderen ist, im Wege des Aufgebotsverfahrens mit seinem Rechte ausgeschlossen werden. Die Besitzzeit wird in gleicher Weise berechnet wie die Frist für die Ersitzung einer beweglichen Sache. Ist der Eigentümer im Grundbuch eingetragen, so ist das Aufgebotsverfahren nur zulässig, wenn er gestorben oder verschollen ist und eine Eintragung in das Grundbuch, die der Zustimmung des Eigentümers bedurfte, seit dreißig Jahren nicht erfolgt ist.

II Derjenige, welcher das Ausschlußurteil erwirkt hat, erlangt das Eigentum dadurch, daß er sich als Eigentümer in das Grundbuch eintragen läßt.

III Ist vor der Erlassung des Ausschlußurteils ein Dritter als Eigentümer oder wegen des Eigentums eines Dritten ein Widerspruch gegen die Richtigkeit des Grundbuchs eingetragen worden, so wirkt das Urteil nicht gegen den Dritten.

Schrifttum: Süß, AcP **151**, 1 ff; Siebels, RhNK **71**, 439.

1) Allgemeines. Wer im GB nicht als Eigtümer eingetr ist, kann kein Eigt ersitzen, sond nur nach Ausschl das Grdst aneignen. § 927 gilt auch für MitEigtAnt (hM) u vergleichb altrechtl Anteile (LG Flensbg SchlHA **62**, 246) sowie reale GrdstTeile (Staud/Ertl Rdn 4); nicht aber für GesHdAnt (AK/LvSchweinitz Rdn 3; Planck/Strecker Anm 7; RGRK/Augustin Rdn 2; aA MüKo/Kanzleiter Rdn 3; Soergel/Baur Rdn 1), hier können einige GesHänder alle ausschließen (vgl Bambg NJW **66**, 1413).

2) Voraussetzungen. – a) 30jähriger Eigenbesitz iSv § 872; guter Glaube nicht notw. Fristberechng nach §§ 938–944 einschl § 943 (Bambg NJW **66**, 1413). – **b) Wahrer Eigentümer nicht eingetragen oder verschollen.** Ersteres gegeben, wenn kein Eigtümer od ein NichtEigtümer (kann der Eigenbesitzer sein) eingetr (BGH WPM **78**, 194); zB weil wg Nichterwerbs NichtBerecht eingetr (Schlesw SchlHA **54**, 52), eingetr ehemals Berecht tot/für tot erklärt (Erben brauchen nicht unbekannt/unfeststellb zu sein; LG Köln RhNK **85**, 215) od jur Pers erloschen. Für Verschollenh ist VerschG 1 nicht Voraussetzg. – **c) Bei Tod/Todeserklärung und Verschollenheit:** Seit 30 Jahren vor Beginn des AufgebotsVerf keine Eintrg, der Eigtümer zZ der Eintr hätte nach GBO 19, 20, 22 II, 27 zustimmen müssen; Nachw der Zust unerhebl (Planck/Strecker Anm 2c). Keine Fristunterbrechg bei Zust in vor Fristbeginn erteilter Vollm (LG Flensbg SchlHA **62**, 256; str) od dch AbwesenhPfleger (AG Bln-Schönebg MittBayNot **75**, 22).

3) Aufgebotsverfahren: ZPO 946 ff, 1024 I. AntrR (pfändb) hat nur Eigenbesitzer (ZPO 979).

4) Wirkung des Ausschlußurteils. – a) Ausschluß des Eigentümers. Mit Erlaß (ZPO 957 I) vorbehaltlosen Urt wird jeder Eigtümer (auch Eigenbesitzer selbst) ausgeschl u das Grdst herrenlos (RG **76**, 357; BGH NJW **80**, 1521). Ein VorbehUrt (ZPO 953) wirkt erst dann wie ein vorbehaltloses, wenn Vorbeh dch Verzicht des Anmeldden od Urt in bes Proz beseitigt u damit feststeht, daß vorbeh Eigt bei Erlaß des AusschlUrt nicht bestand (BGH NJW **80**, 1521). Ausschl wirkt nicht gg Dritte iSv III (vgl Anm 5a). Über vorschrwidr Beschrkg des Ausschl cart best PersKrgl od PersKr od KG OLG **15**, 353. – **b) Das Aneignungsrecht** des Eigenbesitzers ist abtretb (Form: § 925) u (ver)pfändb. – **c) Eigentumserwerb** mit AusschlUrt nur, wenn Eigenbesitzer schon (weniger als 30 Jahre; sonst § 900) als Eigtümer eingetr (Süß aaO); sonst gilt Anm 5 u Erwerb ist dch Widerspr (nach aA dch Vormkg) sicherb. – **d) Rechtsgrund** für AneignsR; daher kein BereichsAnspr das Ausgeschl bei unrichtigem AusschlUrt (LG Kblz NJW **63**, 254).

5) Eigentumserwerb. – a) Durchführung. AneignsBerecht kann aGrd AusschlUrt (ggf mit Nachw des VorbehBeseitigg) seine Eintr beantragen. Formloser EintrAntr, weil Erkl des Aneignswillens keine EintrVoraussetzg (hM). FinAmtBescheinigg (§ 925 Anm 7) nicht notw (Zweibr NJW-RR **86**, 1461). – Bei **Eigentümereintragung gemäß III** (die nach § 891 I wirkt) EigtEintr erst mögl, wenn GBBerichtigg (zB nach § 894) od Zust des Eingetragenen erwirkt (KG OLG **15**, 353). Wer von Erlaß des AusschlUrt eingetr, wird von ihm nicht betroffen (KG aaO). EigtEintr erst mögl, wenn GBBerichtigg (zB nach § 894, falls kein gutgl Erwerb) od Zust des Eingetragenen erwirkt (Planck/Strecker Anm 5e; vgl BGH NJW **80**,

1101

§§ 927, 928, Einf v § 929 3. Buch. 3. Abschnitt. *Bassenge*

1521). – **Widerspruch gemäß III** hindert EigtEintr nicht (KG aaO); WidersprBerecht kann GBBerichtigg aGrd EigtNachw betreiben. – **b) Wirkung.** Urspr/originärer EigtErwerb mit Eintr **(II)** ohne Rückwirkg (RG JW **13**, 204; vgl LG Aach RhNK **71**, 405). Belastgen (wg urspr Erwerbs auch fälschl gelöschte; W-Raiser § 62 III) u schuldr Anspr bzgl des Grdst (BGH NJW **80**, 1521) bleiben unberührt.

928 *Aufgabe des Eigentums.* ¹ Das Eigentum an einem Grundstücke kann dadurch aufgegeben werden, daß der Eigentümer den Verzicht dem Grundbuchamte gegenüber erklärt und der Verzicht in das Grundbuch eingetragen wird.

II Das Recht zur Aneignung des aufgegebenen Grundstücks steht dem Fiskus des *Bundesstaats* zu, in dessen Gebiete das Grundstück liegt. Der Fiskus erwirbt das Eigentum dadurch, daß er sich als Eigentümer in das Grundbuch eintragen läßt.

1) Allgemeines. Das BGB läßt den Verzicht zu, obwohl der Eigtümer sich dadch mißbräuchl der ihm obliegden öff Verpflichtgen entziehen kann (BayObLG Rpfleger **83**, 308). § 928 auch anwendb auf reale GrdstTeile; nicht aber auf MitEigtAnt (KG NJW **89**, 42) einschl WE/TeilE (LG Kstz WoM **89**, 448) u ErbbR (ErbbRVO 11 I 1, 26). II auch anwendb auf urspr herrenloses Grdst (Süß AcP **151**, 25).

2) Eigentumsaufgabe (I) erfordert VerzErkl u Eintr; erst beides zusammen macht Aufgabe wirks. – **a) Verzichtserklärung** ist einseit empfangsbedürft formfreie (vgl aber GBO 29 I 1) WillErkl, für die § 925 entspr gilt u die nach § 130 I, III mit Eingang beim GBA unwiderrufl (RG **82**, 74). Vom vfgsberecht Eigtümer abzugeben (vgl § 873 Anm 3b); § 878 entspr anwendb. – **b) Eintragung** des Verzichts (KG HRR **31**, 1860) erfordert formfreien Antr des Eigtümers (GBO 13), der nach Unwiderruflichk der VerzErkl rücknehmb (Karlsr KJG **48**, 256), u EintrBew des Eigtümers (GBO 19; str), die idR in VerzErkl enthalten (BayObLG Rpfleger **83**, 308). Nicht gebuchtes Grdst ist zuvor einzutragen (BayObLG aaO).

3) Wirkung. a) Das **Grundstück wird herrenlos.** Ebso die wesentl u die dem GrstEigtümer gehörden nichtwesentl Bestandt. Dem GrdstEigtümer gehördes Zubeh wird erst mit BesAufgabe herrenlos (§ 959). Erzeugn u Bestandt, die nach § 953 in das Eigt des GrdstEigtümers gefallen wären, unterliegen auch dem AneigngsR des Fiskus (nach aA ist jedermann aneigngsberecht). Subj-dingl Rechte (§ 96) werden subjektlos (vgl von Lübtow, FS-Lehmann I 379ff). – **b) Rechte Dritter bleiben bestehen,** auch Vormkg (KGJ **51**, 195). Für Klage u ZwVollstr ist ein Vertreter zu bestellen, ZPO 58, 787; ob Pfleger aus § 1913, str (vgl KGJ **50**, 53). Dieser ist Partei kraft Amtes. Gegen den bish Eigtümer können Rechte Dritter dingl nicht mehr geltd gemacht werden (RG **89**, 367). Pers Verpfl des Eigtümers bleiben bestehen; tilgt er sie, so greift zu seinen Gunsten § 1164 ein, umgekehrt nicht § 1143 zu seinen Lasten, wenn der AneigngsBerecht die Hyp tilgt, vielm gilt dann § 1163. – **c)** Eine **Eigentümergrundschuld** wird FremdGrdSch des bish Eigtümers (Erm/Ronke Rdn 6; MüKo/Kanzleiter Rdn 8); nach aM bleibt sie EigtümerGrdsch, nach dritter Ansicht fällt sie als gläubigerlos fort.

4) Aneignung. a) Berechtigt ist nur der Fiskus des Landes (vgl aber EG 129), den GBA von VerzEintr zu benachrichtigen hat (GBVfg 39 II). Das AneigsngR ist dch Abtretg übertragb; Form des § 925 (str). – **b) Eigentumserwerb** erst mit Eintr des Berecht (KG JFG **8**, 214); Eintr erfordert neben Antr (GBO 13) AneigngsErkl in der Form des GBO 29 (Schlesw JurBüro **89**, 90). Ursprüngl Erwerb; daher § 892 nicht anwendb (Zweibr OLGZ **81**, 139), auch nicht zG des Erwerbers des AneigngsR (KG JFG **15**, 112). Jedoch § 571 entspr anwendb (RG **103**, 167). Die Aneign ergreift auch die Surrogate (EnteigngsEntsch, Überschuß in ZwVerst) u die wesentl Bestandt. Fiskus kann wg Verletzg seines AneigngsR (§ 823 I) SchadErs verlangen, wenn ein Dritter das Grdst schuldh beschädigt hat, währd es herrenlos war. – **c) Verzicht** auf das AneigngsR mögl dch einseit sachl rechtl formfreie Erkl ggü GBA (vgl aber GBO 29) u Eintr; jeder Dritte kann dann ohne Verf nach § 927 aneignen (LG Hbg DNotZ **67**, 34).

Dritter Titel. Erwerb und Verlust des Eigentums an beweglichen Sachen

Einführung

1) Geltungsbereich. §§ 929–984 gelten für **bewegliche Sachen** iSv Übbl 3a vor § 90; dazu gehören auch: nichtwesentl Bestandt (RG JW **28**, 561) u Scheinbestand (BGH NJW **87**, 774) eines Grdst, nichteingetr Schiffe u Schiffsbauwerke (§ 929a). Sie gelten ferner für **Miteigentumsanteile** an bewegl Sachen (vgl § 1008 Anm 3a) u **Anwartschaftsrechte** auf Erwerb bewegl Sachen (BGH NJW **84**, 1184).

2) Erwerb des Eigentums ist in folgden Formen mögl: – **a) Erwerb durch Rechtsgeschäft,** das auf Übertragg des Eigt an einer bestimmten Sache gerichtet ist (abstr VfgsGesch iSv Einl 4a, 5a vor § 854). Er ist geregelt in §§ 929–936 u SonderVorschr (zB § 926; DepG 18 III; HintO 7 I, 23) u führt, auch bei Erwerb vom NichtEigtümer (Schwab § 32 VIII; MüKo/Quack § 932 Rdn 59; RGRK/Pikart § 932 Rdn 32; aA Planck/Brodmann 5 vor § 932), zu abgeleitetem/derivativem EigtErwerb. – **b) Erwerb kraft Gesetzes** kann Folge eines nicht auf EigtÜbertragg an der Sache gerichteten RGesch (zB §§ 589 II, 1416) od einer TatHdlg (zB § 946) sein od auf einer GesamtRNachf beruhen (zB § 1922) u führt zu urspr/originärem EigtErwerb (beruht nicht auf rgesch Willen von RVorgänger u RNachf). Die §§ 937–984 regeln Fälle des gesetzl EigtErwerbs. – **c) Erwerb durch Staatsakt** zB nach HausRVO 8 III; ZPO 817 (Zuschlag u Überg), 825 (Übereign an Gläub); ZVG 90 II; StGB 74 e I; Zuweisg iR einer Eneign). Er führt zu urspr/originärem EigtErwerb (BGH **4**, 272; BayObLG **84**, 198). Erwerber in ZwVollstr zB nach ZPO 817 (BGH **55**, 25; aA Marotzke NJW **78**, 133) od ZPO 825 (BGH **126**, 26) erwirbt auch dann Eigt, wenn er NichtEigt des Schuldn kennt. Kein EigtErwerb nach ZPO 825 an wesentl GrdstBestant (BGH NJW **88**, 2789).

3) Verlust des Eigentums tritt ein bei Erwerb dch einen anderen (Anm 2), Herrenloswerden (§§ 959, 960, 961) u Untergang der Sache.

4) Internationales Privatrecht. Es gilt die *lex rei sitae* (BGH **100**, 321; KG NJW **88**, 341; EG 38 Anh II).

I. Übertragung

Vorbemerkung

1) Rechtsgeschäftlicher Erwerb vom Eigentümer. Die §§ 929-931 behandeln den rgesch **Erwerb vom wahren Eigentümer** als dem kraft Innehabg des materiellen Rechts grdsl VfgsBefugten, wobei dieser von einem gesetzl/rgesch Vertreter vertreten sein kann. – **a)** Fehlt dem Eigtümer die **Geschäftsfähigkeit** od der **Veräußerungswille** od seinem Vertreter die **Vertretungsmacht**, so wird der gute Glaube des Erwerbers hieran nicht geschützt (vgl § 932 Anm 2a). – **b)** Fehlt dem Eigtümer ausnahmsw die **Verfügungsberechtigung**, so wird der gute Glaube des Erwerbers an dieser nur geschützt, wenn eine Vorschr dies vorsieht, wie zB 135 II, 136, 161 III, 163, 2113 II, 2129 II 1, 2211 II, EG 168 (vgl auch WG 16; ScheckG 19, 21; HGB 365; AktG 68 I). Kein Schutz daher iFv §§ 1365, 1369 bei gutem Glauben daran, daß kein gesetzl Güterstand, die Sache nicht unter §§ 1365, 1369 fällt od Zustimmg des and Eheg erteilt (vgl § 1365 Anm 3, § 1369 Anm 2) u iFv KO 7 I, MRG 53, § 1984. Dritterwerb von demjenigen, der wg VfgsBeschrkg des Veräußerers nicht erwarb, nach §§ 932ff mögl (BGH **LM** § 932 Nr 28).

2) Rechtsgeschäftlicher Erwerb vom Nichteigentümer, der im eigenen Namen veräußert, ist in folgen Fällen mögl: – **a)** Wenn der **Nichteigentümer zur Veräußerung gesetzlich berechtigt** ist; zB §§ 966 II 1, 1048 I 1, 1087 II 2, 1242 I, 1422, 2205; nicht aber befugte GoA (BGH **17**, 181 [188]; Bertzel AcP **158**, 107; aA Baur JZ **52**, 328). Guter Glaube des Erwerbers hieran wird nur geschützt, wenn eine Vorschr (zB §§ 1244, 2368 III iVm 2205) dies vorsieht. – **b)** Wenn der **Eigentümer zustimmt** (VfgsErmächtigg nach § 185) od in den and Fällen des § 185 II. Guter Glaube des Erwerbers an EigtümerZust wird nur geschützt, wenn eine Vorschr (zB HGB 366) dies vorsieht. Zum Schutz des guten Glaubens daran, daß tats Zustimder Eigtümer ist, vgl § 932 Anm 1, 2c. – **c)** Wenn der **Erwerber den Veräußerer für den Eigentümer hält,** nach Maßg der §§ 932-935; daneben ist gutgl Erwerb nach HGB 366 zu prüfen (BGH **77**, 274), sofern Erwerber nicht selbst behauptet, an eine VfgsBefugn des Veräußerers als NichtEigtümer nicht geglaubt zu haben (BGH **LM** HGB § 366 Nr 4). Das Gesetz schützt das Vertrauen des Erwerbers im Hinblick auf den dch den Besitz des Veräußerers begründeten RSchein.

929 **Einigung und Übergabe.** Zur Übertragung des Eigentums an einer beweglichen Sache ist erforderlich, daß der Eigentümer die Sache dem Erwerber übergibt und beide darüber einig sind, daß das Eigentum übergehen soll. Ist der Erwerber im Besitze der Sache, so genügt die Einigung über den Übergang des Eigentums.

Übersicht

1) Allgemeines
2) Einigung
   a) Rechtsnatur
   b) Inhalt
   c) Einigungsberechtigte
   d) Zeitpunkt
3) Übergabe
   a) Allgemeine Voraussetzungen
   b) Einzelfälle
   c) Geheißerwerb
   d) Strecken-/Kettengeschäft
   e) Traditionspapiere, Lieferschein
4) Einigung ausreichend
5) Stellvertretung
   a) Unmittelbare Stellvertretung
   b) Mittelbare Stellvertretung
   c) Übereignung an den, den es angeht
6) Eigentumsvorbehalt und Anwartschaftsrecht
  A. Eigentumsvorbehalt
   a) Allgemeines
   b) Aufschiebend bedingte Einigung
   c) Bedingungsausfall
   d) Erwerb des Volleigentums
   e) Weiterveräußerung mit Verkäuferzustimmung
   f) Weiterveräußerung ohne Verkäuferzustimmung
   g) Übereignung durch Verkäufer
   h) Belastung der Sache
  B. Anwartschaftsrecht des Käufers
   a) Allgemeines
   b) Entstehung
   c) Belastung
   d) Recht zum Besitz
   e) Schutz
   f) Erlöschen
  C. Übertragung des Anwartschaftsrechts
   a) Übertragung
   b) Rechtsstellung des Erwerbers
   c) Erlöschen
  D. Zwangsvollstreckung, Konkurs, Vergleich
   a) Pfändung der Sache
   b) Pfändung des Anwartschaftsrechts
   c) Doppelpfändung
   d) Käuferkonkurs
   e) Verkäuferkonkurs
   f) Vergleich

1) Allgemeines. § 929 begründet das für alle Formen der Übereigng geltde Erfordern der Einigg (Anm 2), zu der vorbehaltl S 2 die Überg (Anm 3) od ein ÜbergErs (§§ 930, 931) hinzutreten muß.

2) Einigung.
a) Rechtsnatur. Die Einigg ist ein formfreier abstrakter dingl Vertrag (Einl 4,5 vor § 854). – **aa) Stillschweigende Einigungserklärungen** (Einf 3 vor § 116), insb dch schlüss Verhalten, genügen: Automatenaufstellg u Geldeinwurf in verlangter Höhe. SB-Tanksäulenaufstellg (vgl aber Anm 2a bb) u Abzapfen (Herzberg NJW **84**, 896 mwN; str), währd für Ware in SB-Laden Einigg erst bei Bezahlg erklärt wird (dann

§ 929 2, 3   3. Buch. 3. Abschnitt. *Bassenge*

auch erst KaufVertr). Verkäufer übersendet die Ware u Käufer gibt zu erkennen, sie als Eigt behalten zu wollen (RG **108**, 25), zB dch hohe Abschlagszahl trotz für später vereinbarter SchlußAbn (BGH **LM** Nr 20), nicht aber bei unverzügl ZurVfgStellg wg (auch nur abgebl) Mangels. FinInstitut des Käufers nimmt dessen SichgsÜbereigngsAngebot dch KaufprZahlg an Verkäufer an (BGH WPM **66**, 113). Kfz-Verkäufer nimmt SichgsÜbereigngsAufforderg des FinInstituts des Käufers dch verlangtes Übersenden des Kfz-Briefs an (BGH **LM** Nr 19). Überg einer Sache, von der Beteil irrtüml vorherige Übereigng nach § 930 annehmen (BGH WPM **68**, 1145; Tiedtke WPM **78**, 446 [454]). Über stillschw Rückübereigng von SichgsGut vgl § 930 Anm 4b cc. Vorschußzahlg wird idR (insb bei Vorauszahlg auf später fäll ZahlgsAnspr) zu Eigt übertr (und uU, wenn von ihnen künft Aufwendgen zu bestreiten); Haushaltsgeldzahlg eines Eheg an den and wird iZw zweckgebundes TrHdEigt (BGH NJW **86**, 1869). Bei Geldautomat keine Einigg mit Bank bei Benutzg der Code-Karte dch NichtBerecht (BGH NJW **88**, 979), wohl aber bei unerlaubter KtoÜberziehg dch KtoInh (Schlesw NJW **86**, 2652; Stgt NJW **88**, 981); vgl Dieter WPM **87** Beil 6 S 9. – **bb) Bedingte Einigung** zuläss; zB aufschiebd bdgte Einigg bei EV (Anm 6 A b), auflösd bdgte SichgsÜbereigng (§ 930 Anm 4b cc). Bedingth auch stillschw vereinb: Übereigng von Telefonmünzen idR dch AnschlHerstellg bdgt (Düss JR **84**, 34; NJW **88**, 1335). Bloße Nichtaushändigg des Kfz-Briefs (BGH WPM **65**, 1136) u SB-Tanksäule (Düss JR **82**, 343; Herzberg NJW **84**, 816; aA Hamm NStZ **83**, 266) idR kein stillschw Angebot zur Übereigng unter EV. Zum stillschw EV vgl Schulte BB **77**, 269. – **cc) Befristete Einigung** zuläss (BGH **LM** § 163 Nr 2). Anfangsbefristet: EigtÜbergang wird auf best Ztpkt hinausgeschoben; endbefristet: zu best Ztpkt endet die Übereigng u Veräußerer ist wieder Eigtümer.

b) Inhalt. Die Einigg muß auf EigtÜbertr (Veräußerg u Erwerb) gerichtet sein. – **aa) Bestimmte Sache.** Dies ist bes bei Übereigng nach S 2 (Anm 4) zu beachten, während die Übereigng nach S 1 ohnehin nur dch Überg konkreter Sachen (auf die sich Einigg beziehen muß) mögl. – **bb) Person des Erwerbers** (Ffm NJW-RR **86**, 470). Hochzeitsgeschenke Dritter werden idR (persönl ausgen) an beide Eheg zu MitEigt übereignet (KG Recht **07** Nr 1452). Bei Übereigng von Dritten an einen Eheg iRv § 1357 führt nach hM zu MitEigt der Eheg (Schlesw FamRZ **89**, 88; LG Münst NJW-RR **89**, 391; aA Walter JZ **81**, 601), nicht aber Erwerb mit Mitteln des Partners bei nichtehel LebensGemsch (Hamm NJW **89**, 909). Über Staatsgeschenke vgl Köln NJW **84**, 2299. – **cc) Umfang der Rechtsübertragung.** War Vollübereigg vereinbart, der Veräußerer aber nur MitEigtümer, so fehlt es idR an einer Einigg über die Übertr von MitEigt (BGH **LM** § 932 Nr 19). War EigtÜbertr vereinb, hat Veräußerer aber nur AnwR, so wird idR dieses übertr (BGH **LM** Nr 11a).

c) Einigungsberechtigt als Veräußerer ist der nicht seiner VfgsBefugn beeinträchtigte wahre Eigtümer (bei EiniggsErkl eines NichtEigtümers vgl Vorbem 2 vor § 929) bzw bei VfgsBeeinträchtiggen der für ihn VfgsBefugte (zB KonkVerw, TestVollstr); als Erwerber derjenige, der Eigtümer werden soll (keine Einigg zG Dritter; Einl 4c aa vor § 854). Vgl aber Anm 5.

d) Zeitpunkt. – **aa)** Bei Überg (S 1) od BesErlangg (S 2) **vorausgehender Einigung** geht das Eigt über, wenn sie bei Überg (BGH NJW **76**, 1539) bzw BesErlangg fortbesteht. Die Einigg kann bis zum EigtÜbergang einseit widerrufen werden (arg § 873 II; BGH NJW **78**, 696; **79**, 213; aA Schödermeier/Woopen JA **85**, 622 mwN); Widerruf muß dem Gegner zugehen (dafür reicht Erkennbark) u von diesem zu beweisen, der sich auf ihn beruft (vgl BGH NJW **78**, 696). Bei Tod od Beeinträchtigg der GeschFähigk/VfgsBefugn zw Einigg u Überg/BesErlangg kommt es auf den Widerruf dch den Erben bzw ges Vertreter/VfgsBefugten an. – **bb)** Bei **Gleichzeitigkeit** von Einigg u Überg/BesErlangg geht das Eigt sofort über. – **cc)** Bei Überg (vgl aber Anm 3a cc) od BesErlangg **nachfolgender Einigung** geht das Eigt mit der Einigg über, wobei Erwerber nur iFv S 2 im Ztpkt der Einigg noch Besitzer sein muß. – **dd)** Bei **aufschiebend bedingter oder anfangsbefristeter Einigung** im Ztpkt der Überg/BesErlangg schaden einseit EiniggsWiderruf, Tod, Beeinträchtigg der GeschFähigk/VfgsBefugn od BesVerlust zw Überg/BesErlangg u BdggsEintritt bzw Anfangstermin nicht (BGH **20**, 88; **30**, 374; **LM** § 163 Nr 2).

3) Übergabe (S 1).

a) Allgemeine Voraussetzungen. – **aa) Veräußerer darf keinen Besitz behalten.** Er darf BesDiener des Erwerbers sein (RG **99**, 208), nicht aber mittelb Bes behalten (RG **137**, 23). Bleibt er BesMittler des Erwerbers, so gilt § 930. Über Behalten von MitBes vgl Anm 3b cc. – **bb) Erwerber muß Besitz erlangen** (Ausn: Anm 3c bb), der nicht auf baldige RückÜbertr angelegt sein darf (RG **75**, 221); bloß symbolische ÜbertrHdlg reicht nicht (BGH NJW **79**, 714). Mittelb Bes genügt, sofern Veräußerer nicht BesMittler ist (dann § 930) od er nach § 870 erlangt ist (dann § 931). Ist zweifelh, ob S 1 erfüllt, so kann Ausleg ergeben, daß Übereigng nach § 930 gewollt (BGH **LM** Nr 21). Dch Erlangg von MitBes mit Drittem kann AlleinEigt erworben werden (vgl auch Anm 3b cc). – **cc) Übergabe muß in Vollziehung der Übereignung erfolgen** (BGH MDR **59**, 1006), nicht nur zur vorübergehen Benutzg. Veräußerer muß daher BesErgreifg dch Erwerber wollen (RG **137**, 23); dazu reicht BesErgreifg mit vorher erklärter u fortbestehder Zust des Veräußerers (BGH NJW **79**, 714; aA BGH **67**, 207 [dazu Damrau JuS **78**, 519]), zB Abzapfen aus SB-Tanksäule (Düss JR **82**, 343). Also kein EigtErwerb, wenn Bote Ware auftragswidr ohne Bezahlg aushändigt. Bauhandwerker, der sich Rohstoffe an Baustelle liefern läßt, übergibt damit idR noch nicht an Bauherrn/Untern (BGH Betr **70**, 294). – **dd)** Bei **aufschiebend bedingter oder anfangsbefristeter Einigung** im Ztpkt der Überg hindert späterer BesVerlust des Erwerbers den EigtErwerb bei BdggsEintritt nicht (BGH **LM** § 163 Nr 2; vgl aber Saarbr OLGZ **67**, 1 zur Rückg gem § 1368).

b) Einzelfälle. – **aa) Übertragung des unmittelbaren Besitzes** vom Veräußerer auf den Erwerber (vgl § 854 Anm 1b, 2, 3). Auf beiden Seiten können entspr angewiesene BesDiener handeln; es genügt auch, wenn der Veräußerer mit Zust des Erwerbers seinen BesDiener anweist, die tats Gewalt für den Erwerber auszuüben, od das selbst als dessen BesDiener tut (RG **99**, 208). – **bb) Weisung an Besitzmittler.** Die BesÜbertr erfolgt dch einen entspr angewiesenen BesMittler des Veräußerers od an einen solchen des Erwerbers (BGH WPM **76**, 153; NJW **86**, 1166); auch auf beiden Seiten können BesMittler handeln. BesMittler des Veräußerers beendet auf dessen Weisg das BesMittlgsVerh u geht neues mit Erwerber ein

(BGH **92**, 280; aA Schwab § 29 III 1). – **cc) Mitbesitz von Veräußerer und Erwerber.** Alleinbesitzder Veräußerer kann dem Erwerber dch Einräumg von MitBes nur MitEigt übertragen (BGH **LM** § 932 Nr 19); Übertr von AlleinEigt unter Behalt von MitBes nach § 930 mögl. Schon mit Erwerber mitbesitzder Veräußerer kann ohne MitBesAufgabe dem Erwerber MitEigt nach S 2 u AlleinEigt nach § 930 (zB Hausrat an Eheg; vgl § 930 Anm 3b) übertragen. – **dd) Einigung nach § 854 II** (BGH NJW **76**, 1539); zB bei Veräußerg an tats Gewalt ausübden BesDiener des Veräußerers (RG LZ **20**, 695). Kann schlüss mit Einigg nach Anm 2 zusfallen (BGH WPM **63**, 125).

c) Geheißerwerb (dazu Wadle JZ **74**, 689; Martinek AcP **88**, 573). – **aa) Auf Veräußererseite:** Die Überg an den Erwerber erfolgt auf Geheiß des Veräußerers dch einen Dritten, der nicht BesMittler des Veräußerers ist (BGH **36**, 56; NJW **74**, 1132) od dch einen Vierten auf Geheiß des vom Veräußer entspr angewiesenen Dritten (BGH **LM** Nr 22). – **bb) Auf Erwerberseite:** Die Überg an den Erwerber erfolgt auf sein Geheiß an einen Dritten, der nicht BesMittler des Erwerbers ist (BGH **LM** Nr 19; NJW **73**, 141; aA [weil Erwerber keinen Bes erlangt] Ffm NJW-RR **86**, 470; Jauernig Anm 3 g). – **cc) Auf beiden Seiten:** Auf Geheiß des Erwerbers weist der Veräußerer einen Dritten, der nicht sein BesMittler ist, an, die Sache einem Vierten, der nicht BesMittler des Erwerbers ist, zu übergeben (BGH **LM** Nr 22).

d) Strecken-/Kettengeschäft (dazu Padeck Jura **87**, 454 [460]). Liefert der Erstveräußerer auf Weisg des Ersterwerbers (= Zweitveräußerer) an den Zweitverwerber, so sind idR zwei Übereignung gewollt (BGH NJW **86**, 1166; vgl auch Flume FS-E. Wolf **85**, 61; aA Lopau JuS **75**, 773), wobei die Einiggen stillschw mit KaufvertrAbschl erklärt werden. Die Überg vom Erstveräußerer an den Zweiterwerber enthält eine Überg vom Erstveräußerer an den Ersterwerber nach Anm 3b bb (zB wenn Übereignung von Erst- an Zweitverwerber vor EV erfolgt) u nach Anm 3c bb sowie zugl eine Überg vom Erst- an den Zweiterwerber nach Anm 3c aa (BGH NJW **82**, 2371; Gursky JZ **84**, 604 zu II 2).

e) Überg von Traditionspapieren an den papiermäß Legitimierten steht der WarenÜberg gleich (HGB 424, 450, 650); aber Veräußerer muß noch mittelb Besitzer sein. Die Übertr des mittelb Bes an der Ware dch Überg des TradPap (§ 870 Anm 1b) steht für Vfgen über die Ware der Verschaffg des unmittelb Bes gleich. Zur Übereigung eingelagerter Ware bei Austellg eines Lagescheins vgl Tiedtke WPM **79**, 1142. – **Lieferschein**, der beim DchHandeln einer unverändert für den Erstveräußerer eingelagerten Ware verwendet wird, ist Anweisg (Einf 3e vor § 783); seine Überg führt daher nicht zur Übereignung nach S 1 (vgl aber § 931 Anm 4b), sond iZw erst mit Ablieferg an Letzterwerber verliert Erstveräußerer sein Eigt (BGH NJW **71**, 1608).

4) Einigung ausreichend (S 2), dh Übergabe/ÜbergErs entbehrl, wenn Erwerber die Sache alleine od mit Drittem (über MitBes mit Veräußerer vgl Anm 3b cc) besitzt: unmittelb Bes (zB Rückübereignung von SichsgsGut; vgl § 930 Anm 4b cc) od nicht vom Veräußerer vermittelter mittelb Bes (BGH WPM **87**, 74); Veräußerer darf keinen Bes haben. Nicht S 2 sond S 1 liegt vor, wenn die BesErlangg dch Überg erfolgte (vgl Anm 3a cc) u Einigg nachfolgt.

5) Stellvertretung bei der Übereignung.

a) Unmittelbare Stellvertretung (§ 164 Anm 1). Bei der Versendg von Waren haben TransportPers idR die Stellg von bloßen ErklBoten (MüKo/Quack Rdn 70). – **aa)** Bei der **Einigung** als Vertr können auf beiden Seiten Vertreter handeln; InsichGesch ist nach Maßg von § 181 zuläss. IFv S 2 kann der unmittelb Besitzer für den Vertretenen aGrd (auch vorweggen) BesMittlgsVerh zu ihm erwerben (RG HRR **38** Nr 655). – **bb)** Bei der **Übergabe** können auf beiden Seiten Vertreter handeln, wenn sie als RGesch nach § 854 II erfolgt. Bei der Überg nach S 1 als Realakt ist keine Stellvertretg mögl (BGH **16**, 259; Ffm NJW-RR **86**, 470); da die Überg nach S 1 aber nicht auf die unmittelb Übertr der tats Gewalt vom Veräußerer auf den Erwerber beschr ist, kann die Überg auf beiden Seiten der EiniggsVertreter als BesDiener (Anm 3a) od BesMittler (Anm 3b) des Vertretenen, wobei das BesMittlgsVerh zw dem Erwerber u seinem Vertreter vorweggen (§ 868 Anm 3c) od dch InsichGesch (§ 868 Anm 3c) begründet sein kann, od als GeheißPers (Anm 3c) vornehmen. – **cc) Unmittelbarer Eigentumsübergang** vom Veräußerer auf den Erwerber ohne Dchgangserwerb des Vertreters.

b) Mittelbare Stellvertretung (Einf 3a vor § 164). Die Wirkg der Einigg trifft den im eigenen Namen handelnden mittelb Vertreter. – **aa)** Bei mittelb Stellvertretg für den **Veräußerer** erwirbt der Erwerber (vorbehaltl §§ 932ff) unter den Voraussetzgen von § 185 unmittelb vom Veräußerer (kein Dchgangserwerb). – **bb)** Bei mittelb Stellvertretg für den **Erwerber** kann zunächst nur der Vertreter als EiniggsPart erwerben, der dann an seinen GeschHerrn nach §§ 929ff (iFv § 930 zB dch erlaubtes I InsichGesch od vorweggen Einigg u BesMittlgsVereinbg) weiterübereignen muß (Dchgangserwerb).

c) Übereignung an den, den es angeht (vgl dazu Siebert [Schrifttum zu § 903 Anm 6] S 118ff; von Lübtow ZfHG **122**, 227; Müller JZ **82**, 777) ist unmittelb Stellvertretg für den Erwerber (§ 164 Anm 1 c). – **aa) Einigung.** Ist es dem Veräußerer gleichgült, ob er an den übereignet, der die EigtErwerbsErkl abgibt, od an einen von diesem Vertretenen, dann kommt die Einigg (bei wirks VertrMacht) auch dann mit dem Vertretenen zustande, wenn der ErklGegner ohne Offenlegg des Vertretgswillens für diesen erwerben will (RG **140**, 223); auch mögl, wenn ErklGegner schuldrechtl GrdGesch im eigenen Namen abschloß (RG **99**, 208; **100**, 190; Celle NJW **55**, 671). Bei auftragswidr Eigenerwerbswillen des ErklGegners keine Vertretg, selbst wenn er Mittel des AuftrGebers verwendet (RG LZ **20**, 695); äußere Umstände können Vermutg für Fremderwerbswillen ergeben (vgl RG **100**, 190; BGH FamRZ **67**, 279). – **bb) Übergabe:** Anm 5a bb gilt.

6) Eigentumsvorbehalt und Anwartschaftsrecht

Aus dem **Schrifttum:** Reinicke, Gesetzl PfdR u Hyp an AnwR aus bdgter Übereign. 1941. – Raiser, Dingl Anw, 1961. – Forkel, GrdFragen der Lehre vom privatrechtl AnwR, 1962. – Georgiades, EigtAnw beim VorbehKauf, 1963. – Sponer, Das AnwR u seine Pfdg, 1965. – Graf Lambsdorff, Hdb des EV im dtsch u ausl Recht, 1974. – Marotzke, Das AnwR ein Beispiel sinnvoller RFortbildg?, 1977. – Thamm,

§ 929 6 A 3. Buch. 3. Abschnitt. *Bassenge*

Der EV im dtsch Recht, 4. Aufl 1977. – Stumpf/Fichna/Zimmermann, EV u SichgsÜbereign im Ausland, 4. Aufl 1980.

A. Eigentumsvorbehalt. – a) Allgemeines. Über den Zweck des EV vgl § 455 Anm 1b. Es ist die schuld- (§ 455 mit Anm) von der sachenrechtl Seite des EV zu unterscheiden. Die Übereign erfolgt idR nach § 929, weil der Käufer schon unmittelb besitzen soll (von dieser Sachlage wird nachfolgd ausgegangen); Übereign aber auch nach §§ 930 (BesMittlgsVerh iZw wie Einigg aufschiebd bdgt), 931 mögl. – **Internationales Privatrecht:** EG 38 Anh II 3, 4.

b) Aufschiebend bedingte Übereignung (§ 158 I) verwirklicht den EV sachenrechtl. Die Übereign erfolgt nach § 929, wobei die Einigg (auch stillschw; vgl Anm 2a bb) zum Inhalt hat, daß der EigtÜbergang erst mit vollständ Tilgg der KaufprFdg (od und Fdg; vgl § 455 Anm 2b) eintritt. Bis zum BdggsEintritt hat der Verkäufer auflösd bdgtes Eigt (das bei Abtretg der KaufprFdg nicht gem § 401 folgt; Düss EWiR Art 1 ScheckG 1/86, 509) u mittelb EigenBes, der Käufer aufschiebd bdgtes Eigt u unmittelb FremdBes (BGH **LM** § 1006 Nr 11; vgl Hamm NJW-RR 87, 245). Vor BdggsEintritt ist die Einigg dch Vertr zw Verkäufer (nicht einseit dch ihn; vgl Anm 6 A d aa) u Käufer aufhebb u änderb (insb dch Änderg der Bdgg; BGH 75, 221); vgl aber Anm 6 C b cc, c cc über Einschränkg nach AnwRÜbertr.

aa) Ist ein **EV im Kaufvertrag vereinbart,** so enthält (falls Einigg nicht schon früher erfolgt) die Überg das Angebot des Verkäufers zu bdgter Übereignng u die BesErgreifg des Käufers dessen Annahme. Erklärt der Käufer einseit, ohne EV erwerben zu wollen, so scheitert die Einigg u Käufer erwirbt kein aufschiebd bdgtes Eigt.

bb) Ist ein **EV im Kaufvertrag nicht vereinbart,** so enthält (falls Einigg nicht schon früher erfolgte) die Überg grdsätzl das Angebot des Verkäufers zu vertragsgem Übereignng ohne EV (BGH NJW 82, 1751). Der Verkäufer kann aber die Einigg vertragswidr unter EV anbieten (sog **einseitiger nachträglicher EV**), selbst wenn schon vorher Einigg ohne EV erfolgt war (BGH NJW 79, 213; vgl Anm 2d aa); bei Ablehng scheitert die Einigg u Käufer erwirbt kein aufschiebd bdgtes Eigt, währd er bei Annahme unter EV erwirbt (BGH NJW 75, 1699). Die Umstände, die dem Angebot den vertragswidr Inhalt geben, müssen spätestens bei Überg dem Käufer od einer für VertrGestaltgen zuständ Pers (BGH NJW 79, 2199) bekannt sein od ihnen muß die Kenntnisnahme unter Anlegg eines strengen Maßst zumutb sein, anderenf der Käufer ohne EV erwirbt (BGH NJW 79, 213, 2199). Kenntn zB: Käufer kennt EV enthaltde VerkäuferAGB, der wg Abwehrklausel in KäuferAGB nicht KaufVertrInhalt geworden (BGH NJW 82, 1749, 1751; dazu Ulmer/Schmidt JuS 84, 18; vgl auch BGH NJW 75, 1699). Kenntnisnahme zumutb zB: Hinweis des Verkäufers bei VertrVerhdlg im kfm GeschVerkehr auf seine AGB, ohne daß EV enthalter Text dem Käufer zugegangen (BGH NJW 82, 1749); deutl Erkennbark des nicht gelesenen EV auf Lieferschein/Rechng u berecht Erwartg des Verkäufers von Kenntnisnahme wg bes Veranlassg zu diesbzgl Prüfg dch dazu nicht allg verpfl Käufer (BGH NJW 79, 213, 2199; **82,** 1749).

cc) Nach **unbedingter Übereignung** kann Verkäufer dch einseit Erkl keinen EV mehr begründen. Rückübereignung nach § 930 mit nachfolgder Wiederübereignung unter EV nach § 929 S 2 mögl; auch Rück-Übertr um AnwR gekürzten (dh auflösd bdgten) Eigt nach § 930 mit umgestaltetem Kaufvertr als BesMittlgsVerh mögl (Honsell JuS 81, 705 zu II 3 b; Brox JuS 84, 657 zu II 2; aA BGH **LM** § 930 Nr 2). Vereinb auch auflösd bdgte SichgsÜbereignng an Käufer nach § 930 (Heck A 107, 5; vgl Honsell aaO).

c) Bedingungsausfall u damit Unmöglichk des EigtÜbergangs wg Wirkgslosigk der Einigg (§ 158 Anm 1) tritt ein bei Erlöschen der KaufprFdg wg Aufhebg od Anfechtg des KaufVertr, Rücktr vom KaufVertr od SchadErsVerlangen nach § 326 I 2 (BGH **35,** 85; **75,** 221); vgl aber Anm 6 C c bb über Einschränkg nach AnwRÜbertr. Anfängl Ausfall bei Unwirksamk des KaufVertr.

d) Erwerb des Volleigentums dch den Käufer. – **aa)** Mit **Bedingungseintritt** geht das VollEigt ohne weiteres auf den Käufer über (wg ZwVfg des Verkäufers vgl Anm 6 A g). Die wirks erklärte u nicht einverständl aufgehobene od wirks angefochtene Einigg wirkt fort (Anm 2d bb), Käufer braucht nicht mehr gutgl (§ 932 Anm 3e) u nicht mehr Besitzer (Anm 3c) zu sein. Zur Frage der KaufprZahlg bei nichtigem KaufVertr vgl Flume AcP **161,** 385 zu II u Gernhuber FS-Baur 1981, 31 Fußn 11. – **bb)** Mit einseit erklärb **Verzicht des Verkäufers auf den EV** (BGH NJW 58, 1231; Düss EWiR Art 1 Scheck 1/86, 509; aA Jauernig Anm 6 H d; Gernhuber aaO S 37). ZwVollstr in die Sache dch Verkäufer wg KaufprFdg enthält idR keinen Verzicht (Serick I § 12 IV 1), vgl aber Anm 6 D a bb. – **cc)** Nach §§ 949 S 1, 950 II (and bei verlängertem EV; vgl § 950 Anm 3b).

e) Übereignung der Sache durch den Käufer mit Zustimmung des Verkäufers; zu unterscheiden von AnwRÜbertr (Anm 6 C). – **aa) Zustimmung** des Verkäufers ist Ermächtigg des Käufers iSv § 185 I, im eigenen Namen zu verfügen. Sie wird insb dadch erteilt, daß Verkäufer mit Weiterveräußerg unter weitergeleitetem (§ 455 Anm 2b aa), nachgeschaltetem (§ 455 Anm 2b bb) od verlängertem (§ 455 Anm 2b cc) EV einverstanden, u deckt dann Veräußerg im ordentl GeschBetr (vgl dazu § 185 Anm 2c). Über Widerrufbark der Zust vgl § 183 Anm 1b. – **bb) Eigentumserwerb.** Bei unbdgter Übereignng erwirbt der Dritte ohne DchgangsEigt des Käufers unmittelb vom Verkäufer (Serick I § 15 IV 1; aA Wochner BB **81,** 1802). Erfolgt die Übereignng aufschiebd bdgt dch BdggsEintritt im Verhältnis Verkäufer/Käufer, so ebenf Direkterwerb vom Verkäufer bei BdggsEintritt. Schaltet Käufer im ZweitGesch selbst EV nach, so verliert Verkäufer das Eigt, wenn entweder seine KaufprFdg (dann EigtErwerb des Käufers) od die des Käufers (dann Direkterwerb des Dritten vom Verkäufer) getilgt ist (BGH JR **71,** 287 Anm Bähr).

f) Übereignung der Sache durch den Käufer ohne Zustimmung des Verkäufers (bzw unter Zust-Überschreitg); zu unterscheiden von AnwRÜbertr (Anm 6 C). – **aa)** Bei **gutgläubigem Erwerb** nach §§ 932 ff, HGB 366 geht iF unbdgter Übereignng das Eigt unmittelb vom Verkäufer auf den Dritten über. Bei bdgter Übereignng (nachgeschalteter EV; § 455 Anm 2b bb) erwirbt er das VollEigt iW des DchgangsErwerbs, wenn erst im Verhältn Verkäufer/Käufer u danach im Verhältn Käufer/Dritter die Bdgg für den jeweil VollEigtErwerb eintritt; tritt erst die Bdgg im Verhältn Käufer/Dritter ein, so wird das gutgl

1106

Eigentum. 3. Titel: Erwerb u. Verlust an bewegl. Sachen § 929 6 A, B

erworbene AnwR des Dritten (Anm 6 C a bb) zum VollEigt u Dritter erwirbt unmittelb vom Verkäufer. – **bb) Erwirbt der Dritte nicht gutgläubig** (zB bei Übereign nach § 930 mangels BesErwerbs), so erwirbt er das Eigt iW des DchgangsErwerbs gem § 185 II 1 erst mit BdggsEintritt im Verhältn Verkäufer/Käufer bzw im Anschluß an den EigtErwerb des Käufers; das Eigt des Dritten ist mit ges PfdR/PfdgsPfdR/ GrdPfdR belastet, wenn vor Übereign an ihn deren Entstehgsvoraussetzgen (bis auf KäuferEigt) vorlagen (BGH **LM** § 559 Nr 3), nicht aber bei nachträgl Eintritt (§ 185 II 2; str). Übereign aber idR in AnwRÜbertr umzudeuten (Anm 6 C a), so daß Anm 6 C b gilt.

g) Übereignung der Sache durch den Verkäufer. – aa) Bei Übereign **ohne Zustimmg des Käufers**, der die Sache besitzt, an einen Dritten nach §§ 930, 931 wird dieser Eigtümer; Käufer kann aber Herausg verweigern (Anm 6 B d). Da das AnwR entspr § 936 I 3, III nicht erlischt, wird Käufer auch bei Gutgläubk des Dritten mit BdggsEintritt Eigtümer (BGH **45**, 186; Düss EWiR Art 1 ScheckG 1/86, 509). Vor BdggsEintritt ist die Einigg dch Vertr zw Käufer u Dritten aufhebb u änderb (insb dch Änderg der Bdgg; BGH **42**, 53). – **bb)** Bei Übereign **mit Zustimmung des Käufers** an einen Dritten, erwirbt dieser unbdgtes Eigt u das AnwR erlischt (BGH **92**, 280; Celle OLGZ **79**, 329; Düss aaO).

h) Bei **Belastung der Sache** mit Nießbr/PfdR gelten Anm 6 A e-g entspr; sofern diese Belastgen (zB mangels Gutgläubigk) nicht entstanden sind, entstehen sie ohne Rückwirkg u daher ggf gleichrang erst mit VollEigtErwerb (vgl Anm 6 D a cc). Über Pfdg vgl Anm 6 D a.

B. Anwartschaftsrecht des Käufers. – a) Allgemeines. Der Verkäufer kann die Vollendg des EigtErwerbs des Käufers nur noch dann einseit verhindern, wenn er den BdggsAusfall herbeiführen kann (Anm 6 A c). Die Summe der sich aus der derart gesicherten RStellg ergebden Befugn des Käufers läßt sich als dingl AnwR bezeichnen, das so verstanden dem Typenzwang des SachenR (Einl 2 b vor § 854) nicht widerspricht u in seiner BestandsKr dch seine Verknüpfg mit der Fdg, deren Erfüllg Bdgg des EigtErwerbs ist, geschwächt ist (nach Serick AcP **166**, 129 daher relativ-dingl Recht). Aus dem Begriff „AnwR", insb seiner Umschreibg als Vorstufe des VollEigt (BGH NJW **84**, 1184), sind daher keine RFolgen ableitb, sond nur aus dem Zuweisgehalt der den Käufer sichernden Vorschr.

b) Entstehung. Das AnwR entsteht dch die bdgte Übereign (Anm 6 A b), sofern die Fdg, deren Erfüllg zur aufschiebden Bdgg gemacht ist, besteht (BGH **75**, 221). **Gutgläubiger Erwerb** (Ersterwerb) des Käufers nach § 932 ff, HGB 366, wenn der Verkäufer Nichteigtümer war, denn er erwirbt auch bei späterer Bösgläubigk das VollEigt mit BdggsEintritt (Anm 6 A d aa); aber kein gutgl Erwerb, wenn BdggsAusfall (Anm 6 A c) bei bdgter Übereignung schon eingetreten (BGH **75**, 221).

c) Belastung. Das AnwR kann mit einem Nießbr (§ 1032 Anm 1) od einem PfdR (§ 1274 Anm 2 c aa) belastet werden (wg PfdgsPfdR vgl Anm 6 D b); es unterliegt ges PfdR (§ 559 Anm 4 c, § 647 Anm 2 b) u dem GrdPfdR (§ 1120 Anm 3 c). Verwertg der Sache aber erst, nachdem AnwR zum VollEigt geworden, was RInh nach Maßg §§ 267, 268 herbeiführen kann. Mit BdggsEintritt setzen sich die Belastgen des AnwR im dortigen RangVerh an der Sache fort (Reinicke S 49; MDR **61**, 682); sie haben Vorrang vor erst mit VollEigtErwerb entstehenden Nießbr/PfdR an der Sache aGrd deren Belastg vor diesem Ztpkt (vgl Anm 6 A h). Über Schutz des Nießbr/PfdRBerecht gg Aufhebg des AnwR vgl § 1120 Anm 3 c, § 1276 Anm 2 d.

d) Recht zum Besitz. – aa) Ein **obligatorisches** BesR hat der Käufer aus dem KaufVertr mit Vorbeh-Abrede. Es wirkt grds nur ggü dem Verkäufer u gibt ggü dessen Anspr aus § 985 eine Einwendg nach § 986 I 1; übereignet der Verkäufer die Sache nach §§ 930, 931 an einen Dritten, so wirkt die Einwendg nach § 986 II auch diesem ggü. Es **endet** mit dem BdggsAusfall (Anm 6 A c), u zwar auch iFv § 326 I 2 (§ 325 Anm 4 A c bb), sowie entspr § 223 mit Berufg des Käufers auf Verjährg der KaufprFdg (BGH NJW **79**, 2195). Es endet aber auch, wenn der Verkäufer bei ZahlgsVerzug (Honsell JuS **81**, 705 zu IV 2; Serick I § 7 III 1) od vertragswidr Gebr/Weitergabe (Flume AcP **161**, 385 zu IV 4; Honsell aaO; Lange JuS **71**, 511 zu IV 1) wg Gefährdg des SichgsZwecks ein Rücktrittsrecht erlangt hat; die GgMeing (hM seit BGH **54**, 214), nach der erst ein darauf gestützter Rücktr zur RückFdg berechtige, vernachlässigt die SichgsFunktion des EV, das Element der GebrÜberlassg vor BdggsEintritt (das BesR ergibt sich aus der VorbehAbrede des KaufVertr) u den Umstand, daß die BesÜbertr nicht eine schon erbrachte Teilleistg ist (die wirtsch geschl LeistgsPfl des Verkäufers läßt sich nicht in Bes- u EigtVerschaffg zerlegen, da erstere zugl TatbestdElement letzterer ist). – **bb)** Ob das AnwR dem Käufer ein ggü jedermann wirkdes **dingliches** BesR gibt, ist str (ja: Karlr NJW **66**, 885; Diederichsen, Das Recht zum Bes aus SchuldVerh 1965, § 18; Raiser S 62; Baur § 59 V 5 b cc; Bauknecht NJW **55**, 1251; Soergel/Mühl Rdn 38; nein: BGH **10**, 69; Stoll JuS **67**, 12; Gudian NJW **67**, 1786; Müko/Medicus § 986 Rdn 9; RGRK/Pikart § 986 Rdn 3; Staud/Gursky § 986 Rdn 7). Die Frage ist zu bejahen, da dem Käufer mit der BesÜbertr das im Eigt enthaltene Recht auf Bes u Nutzg schon übertr ist. Folge: Hatte der Käufer das AnwR gutgl von einem NichtBerecht erworben (Anm 6 B b), so kann er sich auch ggü dem Eigtümer schon vor BdggsEintritt auf sein BesR berufen (BGH **10**, 69 gab Arglistseinrede). – **cc)** Im **Verhältnis zum Verkäufer**, der zugl Eigtümer ist, ist es im Ergebn gleichgült, ob man ein dingl BesR neben dem obligator auch ein dingl BesR gibt, denn bei BdggsAusfall endet auch das AnwR u dem RückFdgsAnspr bei Verzug/VertrWidrigk steht ein AnwR nicht entgg.

e) Schutz des AnwR. – **aa)** §§ **858 ff, 1007** schützen Käufer u Verkäufer (diesen nach Maßg von § 869 S 2). – **bb)** § **823 I** schützt Käufer (AnwR ist sonstiges Recht; BGH **55**, 20) u Verkäufer; daneben auch § **823 II** iVm § 858. Der ErsAnspr bzgl des Bes- u Nutzgsschadens steht dem Käufer idR allein zu; bzgl des Substanzschadens ist er entspr §§ 432, 1281 von Käufer u Verkäufer geltd zu machen bzw vom Schädiger (der dch § 851 geschützt) zu erfüllen (Serick I § 11 V 3 b; Brox JuS **84**, 657 zu III 3 b; Eichenhofer AcP **185**, 162 [190]). – **cc)** §§ **812 ff** (Eingriffskondiktion) schützen Käufer (AnwR) u Eigtümer. Geltdmachg u Erfüllg wie bei § 823. – **dd)** §§ **985 ff, 1004** schützen Käufer (AnwR) u Eigtümer (hM; aA Brox JuS **84**, 657 zu III 3 a: Käufer bedarf Ermächtigg des Eigtümers). Geldmachg u Erfüllg von SchadErsAnspr wie § 823. Für HerausgAnspr des Eigtümers gilt § 986 I 2.

f) Erlöschen des AnwR. – **aa)** Mit **Erwerb des Volleigentums** dch den Käufer (Anm 6 A d; zum Fort-

§ 929 6 B–D 3. Buch. 3. Abschnitt. *Bassenge*

bestand entspr § 1256 II vgl Derleder JuS **69**, 481) od wenn Dritter unbdgtes Eigt erwirbt (Anm 6 A e–g). – **bb)** Mit **Ausfall der Bedingung** für den EigtÜbergang (Anm 6 A c). – **cc)** Mit **Aufhebung der Einigung** (Anm 6 A b); zB wenn Käufer der Übereign der Sache dch Verkäufer an Dritten zustimmt (BGH **92**, 280). – **dd)** Mit **Untergang der Sache**.

C. Übertragung des Anwartschaftsrechts. – a) Übertragung. Der Käufer kann das AnwR (insb zur Kreditsichg) auf einen (Zweit-)Erwerber übertragen; zu unterscheiden von Übereignug der Sache (Anm 6 A e, f). Ist der Käufer (unbewußt) schon VollEigtümer, so ist die AnwRÜbertr in EigtÜbertr umdeutb. Eine EigtÜbertr dch den Anwärter, die wg Bösgläubigk (§ 932) od fehler BesErlangg (§ 933) nicht zum EigtErwerb führt, ist idR in AnwRÜbertr umdeutb (Loewenheim JuS **81**, 721; Gursky, Fälle u Lösgen, SachenR 5. Aufl., Fall 7 Fußn 10; nach BGH **20**, 88 so auslegb). – **aa) Durchführung.** Die Übertr erfolgt ohne Mitwirkg des Verkäufers (BGH **20**, 88) nach §§ 929 ff (BGH NJW **84**, 1184) u nicht nach § 413; daher wirkt ÜbertrVerbot nur nach § 137 u nicht nach § 399 (BGH NJW **70**, 699). – **bb) Gutgläubiger Erwerb** (Zweiterwerb). Da §§ 932 ff den dch Bes vermittelten guten Glauben an die RZuständigk schützen, sind ein bestehdes AnwR vom NichtBerecht (zB Mieter des Käufers veräußert es; Baur § 59 V 3b; Raiser S 38; Gernhuber, BürgerlR § 13 III 3; Eichenhofer AcP **185**, 162 [177]; aA Flume AcP **161**, 385 zu IV 3; Wiegand JuS **74**, 201 zu VI 2; Brox JuS **84**, 657 zu IV 2b) u ein trotz wirks KaufVertr wg Unwirksamk/Aufhebg des bdgten Einigg nicht bestehdes AnwR (Raiser S 39; Serick I § 11 IV 2; aA Flume aaO; MüKo/Westermann § 455 Rdn 67) gutgl erwerbb; wg BdggsVerknüpfg mit ev erfüller Fdg, die nicht vom GutglSchutz erfaßt (BGH **75**, 221), aber nicht wg BdggsAusfalls nicht bestehdes AnwR u auch kein GutglSchutz bzgl BdggsInhalt (Höhe der Fdg; welche Fdg zu erfüllen).

b) Rechtsstellung des Erwerbers. – aa) Der Erwerber rückt in die **dingliche Rechtsstellung** des Käufers ein, deren BestandsKr weiterhin dch die Verknüpfg mit der Fdg, deren Erfüllg Bdgg für den EigtÜbergang, geschwächt ist (vgl aber Anm 6 C b cc, cbb, ccc); Käufer verliert sie u kann KaufprZahlg des Erwerbers nicht gem § 267 II widersprechen (BGH **75**, 221). Belastgen des AnwR (Anm 6 B c) bleiben bestehen, soweit sie nicht gem § 936 od aus and Grd (zB §§ 560, 1121) erlöschen; für Belastgen dch den Erwerber gilt Anm 6 B c. Für den Schutz des AnwR gilt Anm 6 B e. – **bb) Besitz.** IFv § 929 erlangt der Erwerber statt des jeden Bes verlierden Käufers unmittelb FremdBes; iFv § 930 schiebt sich sein erststuf mittelb FremdBes zw den unmittelb FremdBes des Käufers u den zweitstuf mittelb EigenBes des Verkäufers (BGH **28**, 16). Da dingl BesR (Anm 6 B d bb), kann sich der Erwerber ggü dem Eigtümer schon vor BdggsEintritt auf dieses berufen. – **cc) Eigentumserwerb.** Mit BdggsEintritt erlangt im Verhältn Verkäufer/Käufer erlangt der Erwerber das VollEigt unmittelb vom Verkäufer (BGH **20**, 88; NJW **84**, 1184); ebso bei Verzicht des Verkäufers auf den EV (Anm 6 A d bb). Originärer Erwerb nach § 949 S 1, 950 II mögl. Beim Erwerb des AnwR bestehen gebliebene u auch später nicht erloschene sowie neue Belastgen des AnwR werden entspr § 1287 zu Belastgen der Sache (BGH **54**, 319 [331]; Brox JuS **84**, 657; Reinicke JuS **86**, 957). Eine nicht schon vor AnwRÜbertr vorgesehene Erschwerg der Bdgg für den EigtÜbergang (zB Erweiterg des EV auf and Fdg) bedarf der Zust des Erwerbers (BGH **75**, 221).

c) Erlöschen des AnwR. – **aa)** Mit **Erwerb des Volleigentums** dch den Erwerber (Anm 6 C b cc) od wenn Dritter unbdgtes Eigt erwirbt (Anm 6 A e–f). – **bb)** Mit **Bedingungsausfall** im Verhältn Verkäufer/Käufer (BGH **75**, 221; Anm 6 A c). Willkürl Herbeiführg dch RHdlgen des Verkäufers u Käufers bedürfen der Zust des Erwerbers; zustbedürft daher vertragl Aufhebg des KaufVertr (Flume AcP **161**, 385 zu IV 2; aA Loewenheim JuS **81**, 721), nicht aber Ausübg ihm innewohnder Rechte (BGH **75**, 221) wie Anfechtg u Wandlg (Gernhuber FS-Baur 1981, 31) sowie gesetzl od vorbeh Rücktr. – **cc)** Mit **Aufhebung der Einigung** zw Verkäufer u Käufer; sie bedarf der Zust des Erwerbers (Marotzke § 2 III 3; aA Derleder JuS **79**, 480). – **dd)** Mit **Untergang der Sache**.

D. Zwangsvollstreckung, Konkurs, Vergleich. – a) Pfändung der Sache. Sie hindert nicht die AnwRÜbertr, da sie AnwR nicht erfaßt (Anm 6 D b aa). – **aa)** Bei Pfdg dch **Gläubiger des Verkäufers** hat der Anwärter ZPO 771 (BGH **55**, 20) u ggf ZPO 766, 809; § 161 I 2 alleine schützt ihn nicht gg hoheitl Dritterwerb in ZwVerst (Baur/Stürner Rdn 774). Das PfdgsPfdR erlischt mit BdggsEintritt. – **bb)** Der **Verkäufer** kann in die Sache wg seiner Fdg gg den Käufer bei diesem (AnwRErwerber hätte ZPO 771; 766, 809] vollstrecken; obwohl kein PfdgsPfdR entsteht (GläubEigt), ermöglicht die Verstrickg die Verwertg (RG **156**, 395). Zur Frage, wann dch VollstrAkte AbzG 5 erfüllt ist vgl BGH **37**, 97; **55**, 59; AbzG 5 Anm 2 d–f. Käufer kann sich auf ZPO 811 berufen (Baur/Stürner Rdn 336; aA AG Offenbach NJW **87**, 387); and bei Vollstr des HerausgAnspr. – **cc)** Bei Pfdg dch **Gläubiger des Anwärters** entsteht zunächst kein PfdgsPfdR (kein SchuldnEigt), sond nur Verstrickg. Verkäufer hat ZPO 771 (BGH **54**, 214) u nach Versteigerg § 812 Anm 5 B a bb). Erst mit VollEigtErwerb des Vollstrschuldn entsteht ohne Rückwirkg PfdgsPfdR an der Sache (RG **60**, 70; BGH NJW **54**, 1325); bei zeitl aufeinanderfolgden Pfdgen mit Gleichrang (Reinicke S 48 ff; MDR **59**, 613; aA Stöber Rdn 1496), sofern nicht auch AnwR gepfändet war (Anm 6 D b bb); gesetzl PfdR/GrdPfdR an der Sache, das aus entspr Belastg des AnwR entstanden (Anm 6 B c), hat Vorrang. Nimmt Verkäufer RestkaufprZahlg des Gläub nicht an, so gilt Bdgg als eingetreten (§ 162 I); and bei Widerspr des Käufers (§ 267 II; vgl aber Anm 6 D b bb). – **dd)** Bei Pfdg dch **Gläubiger des Käufers, der kein Anwärter** ist (wg AnwRÜbertr vor Pfdg), hat neben dem Verkäufer (Anm 6 D a cc) auch der Anwärter ZPO 771 (BGH **20**, 88; JZ **78**, 199) u ggf ZPO 766, 809. Gleiches gilt bei AnwRÜbertr nach SachPfdg. In beiden Fällen erwirbt Gläub mit BdggsEintritt den VollstrSchuldn enteignd Pfdg an der Sache (vgl deshalb Anm 6 D b bb). – **ee)** Über **Schutz des Pfandrechts** am AnwR bei SachPfdg vgl Frank NJW **74**, 211.

b) Pfändung des Anwartschaftsrechts. Verwertg prakt bedeutgslos (Stöber Rdn 1494). – **aa)** Die **Durchführung** erfolgt nach ZPO 857 I, 829 u wird mit Zustellg des PfdgsBeschl an den Verkäufer als DrittSchuldn wirks (BGH NJW **54**, 1325; Baur/Stürner Rdn 550; Reinicke MDR **59**, 613; aA [mit Zustellg an Anwärter] Hbg MDR **59**, 398; Strutz NJW **69**, 831); ZPO 811 entspr anwendb (Stöber Rdn 1487). Nach aA erfolgt die Pfdg nach ZPO 808 (Bauknecht NJW **55**, 451; Kupisch JZ **76**, 417 [427]; Eichenhofer AcP **185**, 162 [179]), so daß SachPfdg auch AnwR erfassen würde (Raiser S **91**; vgl auch Brschw MDR **72**, 57).

Eigentum. 3. Titel: Erwerb u. Verlust an bewegl. Sachen §§ 929, 929a

Gesetzl PfdR/GrdPfdR am AnwR (Anm 6 Bc), das vor Pfdg entstanden, hat Vorrang. – **bb) Wirkung.** Anwärter unterliegt VfgsVerbot hinsichtl des AnwR; die Sache selbst wird nicht erfaßt. Ist er zugl Käufer, so BdggsEintritt jetzt auch, wenn Verkäufer (der nach ZPO 840 über Restkaufpr auskunftspfl) Restkaufpr wg KäuferWiderspr nicht annimmt (BGH NJW **54**, 1325); Restkaufpr fällt nicht unter ZPO 788 (Stöber Rdn 1500). Mit Erstarken des AnwR zum VollEigt wird das PfdgsPfdR am AnwR nicht zum PfdgsPfdR an der Sache (BGH aaO; Hgb MDR **59**, 398; Reinicke S 37; Stöber Rdn 1490; aA Baur/Stürner Rdn 550), denn es fehlt äußerer Hinweis auf Beschlagn; war aber zugl die Sache gepfändet, so wahrt die Pfdg des AnwR den Rang des an der Sache entstehdn PfdgsPfdR (Reinicke MDR **59**, 613; Tiedke NJW **72**, 1404; Rimmelspacher, KreditSichgR² Rdn 262).

c) Doppelpfändung (Folge aus Anm 6 D a cc, bbb). Da der Gläub des Käufers nur bei Pfdg der Sache erreicht, daß er (bei Erstarken des AnwR zum VollEigt) ein PfdgsPfdR an der Sache erwirbt, u nur die Pfändg des AnwR bewirkt, daß ihm ggü nicht mehr über das AnwR verfügt werden kann u der Käufer den BdggsEintritt dch RestkaufprZahlg nicht mehr dch Widerspr verhindern kann, ist Pfdg von Sache u AnwR geboten.

d) Käuferkonkurs. – aa) Ist der **Käufer noch Anwärter,** so gehört das AnwR zur Masse. KonkVerw hat WahlR aus KO 17, denn KaufVertr ist vor EigtÜbergang noch nicht erfüllt (BGH **48**, 203; aA hier § 455 Anm 1 e). Wählt er die Erfüllg, so ist die RestkaufprFdg Masseschuld, mit deren Erfüllg der Käufer das in die Masse fallde Eigt erwirbt. Lehnt er die Erfüllg ab, so erlischt das AnwR wg BdggsAusfalls; Verkäufer kann aussondern (hM; BGH **54**, 214) u nimmt mit SchadErsFdg am Konk teil. Bei verlängertem EV (§ 455 Anm 2 b cc) hat der Verkäufer ein AbsondersR am SichgsSurrogat (BGH JZ **71**, 505; vgl § 930 Anm 4 f bb), sofern es vor KonkEröffng erworben wurde; nicht also wenn das erst nach abgetretene Fdg nach KonkEröffng entsteht (BGH NJW **55**, 544; Kuhn/Uhlenbruck § 17 Rdn 18 h). Wg (auf and selbstd Fdg des Verkäufers) erweiterten EV, KtokorrentVorbeh u KonzernVorbeh vgl Jaeger/Henckel § 17 Rdn 61, 62; Kuhn/Uhlenbruck § 17 Rdn 18 i–m; Serick V § 68. – **bb)** Hatte der **Käufer das Anwartschaftsrecht übertragen** (vor KonkEröffng), so fällt das AnwR nicht in die Masse. Der KonkVerw kann nach KO 17 die Erfüllg ablehnen; dies führt noch nicht zum BdggsAusfall, denn Erwerber hat AblösgsR aus § 268, so daß KO 17 seinem Schutzbedürfn nicht entggsteht (Jaeger/Henckel § 17 Rdn 57; Kuhn/Uhlenbruck § 17 Rdn 18 e; aA Raiser S 96; Bauknecht NJW **56**, 1177). Erwerber erlangt mit RestkaufprZahlg an den Verkäufer massefreies Eigt vom Verkäufer (BGH **20**, 88; **LM** Nr 11 a). Zur RLage bei bloßer SichgsÜbertr des AnwR vgl Jaeger/Henckel § 17 Rdn 58; Kuhn/Uhlenbruck § 17 Rdn 18 f. – **cc)** Hatte der **Käufer die Sache weiterübereignet** (vor KonkEröffng) u der Erwerber wg VerkäuferZust od gutgl VollEigt erlangt, so wird dies vom Konk nicht mehr berührt (Jaeger/Henckel § 17 Rdn 60). Hatte der Käufer mit nachgeschaltetem EV (§ 455 Anm 2 b bb) u VerkäuferZust übereignet, so erlangt der Erwerber mit Zahlg an den dem Käufer geschuldeten Kaufpr an die Masse massefreies VollEigt (vgl BGH **56**, 34); fehlte die VerkäuferZust u erwarb der Erwerber sein AnwR gutgl, so erlangt er dch die Zahlg massefreies VollEigt; fehlte die VerkäuferZust u erwarb der Erwerber nicht gutgl ein AnwR (zB iFv § 930 mangels Bes), so fällt die Sache in die KonkMasse (Kuhn/Uhlenbruck § 17 Rdn 18 f).

e) Verkäuferkonkurs. Obwohl KaufVertr vor EigtÜbergang noch nicht erfüllt, ist KO 17 nicht anwendb, da Käufer dadch entgg Schutzzweck benachteiligt würde (Jaeger/Henckel § 17 Rdn 52ff; Kuhn/ Uhlenbruck § 17 Rdn 18 d; Honsell JuS **81**, 705 zu VI 1; Brox JuS **84**, 657 zu VII 1 a; aA BGH **48**, 203; **98**, 160; **LM** KO 17 Nr 6; Serick V § 62 III 2 c). Käufer wird trotz KO 15 dch RestkaufprZahlg an die Masse Eigtümer (BGH **27**, 360 [366]). Bei Zahlgsverzug kann KonkVerw nach allg VertrR BdggsAusfall herbeiführen u Herausg an die Masse verlangen (vgl auch Anm 6 B d aa).

f) Vergleich. – aa) Im VerglVerf über das **Käufervermögen** hat der Käufer das WahlR aus VerglO 50. Wählt er Erfüllg, so muß er den Restkaufpr zahlen u wird mit BdggsEintritt Eigtümer. Lehnt er die Erfüllg ab, so erlischt das AnwR wg BdggsAusfalls; Verkäufer kann aussondern u mit SchadErsFdg am Vergl teil. Bei AnwRÜbertr gilt Anm 6 D d bb entspr. Zur RLage bei Weiterübereign der Sache vgl BSt/Kilger VerglO § 36 Anm 4. – **bb)** Im VerglVerf über das **Verkäufervermögen** ist entspr Anm 6 De VerglO 50 nicht anwendb (BSt/Kilger VerglO § 50 Anm 8).

929a Nicht eingetragene Seeschiffe.

ᴵ Zur Übertragung des Eigentums an einem Seeschiff, das nicht im Schiffsregister eingetragen ist, oder an einem Anteil an einem solchen Schiff ist die Übergabe nicht erforderlich, wenn der Eigentümer und der Erwerber darüber einig sind, daß das Eigentum sofort übergehen soll.

ᴵᴵ Jeder Teil kann verlangen, daß ihm auf seine Kosten eine öffentlich beglaubigte Urkunde über die Veräußerung erteilt wird.

Schrifttum: Schaps-Abraham, Das Deutsche SeeR, 3. Aufl 1959–1967. – Schlegelberger-Liesecke, SeehandelsR, 2 Aufl. 1964. – Prüssmann-Rabe, SeehandelsR, 2. Aufl 1983. – Prause, Das Recht des Schiffskredits, 3. Aufl 1979. – Abraham, Das Seerecht, 4. Aufl 1974. – Prause-Weichert, SchiffssachenR u SchiffsRegR, Formularbuch, 1974. – GesSlg: v. Laun-Liesecke, 1969.

1) Schiffssachenrecht (§§ 1–84 ohne GesAngabe = SchiffsRG).

a) Materielles Schiffssachenrecht. Der Erwerb des Eigt (einschl MitEigtAnt) u beschr dingl Rechte (Nießbr, § 1032 Anm 1; SchiffsHyp, Einf 5 vor § 1204) an im SchiffsbauReg eingetr See-/Binnenschiffen, Schiffsbauwerken u Schwimmdocks ist geregelt im **SchiffsRG** mit SchiffsRVO v 21. 12. 40 (RGBl I 1609).

aa) Schiff: Fahrzeug, das zur Fortbewegg auf od unter dem Wasser u zur Beförderg von Personen od Sachen bestimmt ist, zB auch Schwimmbagger (BGH **76**, 201), Schwimmkran (BGH **LM** BinnSchG 4 Nr 3); nicht aber kleinere Ruder- u Segelboote, Flöße, schwimmendes Hotel, Wohnboot, berggs- od ausbessrgsunfäh Wrack (Hbg VRS **1**, 317). Für den Charakter als **See-** od **Binnenschiff** entscheidet ggwärt regelm Verwendg (Hbg MDR **60**, 316).

§§ 929a, 930

bb) Schiffsbauwerk: Ein auf der Schiffswerft in Bau befindl Schiff, § 76 I. Es kann, bestimmte Größe vorausgesetzt (§ 76 II 2), in das SchiffsbauReg eingetr w, jed nur, wenn zugleich BauwerksHyp eingetr od ZwVerst beantragt w, SchiffsRegO 66. Nunmehr auch Schwimmdocks im Bau eintragb.

cc) Unterscheide **Bruchteilsmiteigentum** am Schiff (§§ 1008 ff) von der **Schiffspart.** Das Wesen des Anteils an einer Partenreederei (HGB 489) ist bestr (vgl BGH MDR **69**, 556): sie ist gem HGB 491 I ein Anteil am gesamten Reedereivermögen, also eine gesellschaftsrechtl Beteiligg (Ruhwedel, die Partenreederei, 1973 S. 98 ff). Nach aA (Abraham § 13 III 5, 6) baut die Schiffspart auf dem MitEigtAnt der Mitreeder am Schiff u Zubehör auf, zu dem ein entspr Ant am übr ReedereiVerm komme, so daß eine Sonderform des BGB-Gesellsch vorliege, deren sachenrechtl Basis, das Schiff, aber im BruchTEigt stehe. Doch ist es rechtl nicht mögl, das bloße Eigt am Schiff zu übertr (BGH aaO). Der ersteren Auffassg ist dah beizustimmen.

b) Formelles Schiffssachenrecht. Es entspricht grdsl dem formellen GrdstR (Prause MDR **56**, 139). RQuellen: **SchiffsRegO** mit SchRegDV v 24. 11. 80 (BGBl I 2169). Je ein vom AG (grdsätzl des Heimathafens) geführtes Reg für See-, Binnenschiffe u Schiffsbauwerke, SchiffsRegO 3 I, 65 I. Eintr auf Anmeldg des Eigtümers, SchiffsRegO 9. Dieser ist dazu verpflichtet: Bei Seeschiffen, wenn sie unter FlaggRG 1, 2 fallen (SchiffsRegO 3 II) u an den in SchiffsRegO 10 I 2 gen Bruttoraumgehalt überschreiten. Schiffe im öff Dienst können, müssen aber nicht angemeldet w (SchiffsRegO 10 III). Binnenschiff muß zur Eintr angemeldet w, wenn es die in SchiffsRegO 10 II gen Grenzen (Raum, Triebkraft) überschreitet. Bis zur Grenze gem SchiffsRegO 3 III 2 sind Binnenschiffe überh nicht eintraggsfäh. – Für Schiffsbauwerke AntrGrdS. – Das Reg ist nach dem Grds der Realfolie angelegt u besteht aus Aufschrift u 3 Abt: Beschreibg des Schiffes (I); Angaben über Eigtümer, etw Mitreeder u ihre Parten, ggf Korrespondenzreeder, MitEigtümer u ihre Anteile, etw EigtBeschrkgen (II); Belastgen, also SchiffsHyp, Nießbr, ArrestPfdRechte u Pfandrechte an Schiffsparten (einschl SchiffsGläubRechte, vgl Einf 5 vor § 1204). Vormerkungen (§§ 10–13), Widerspr (§§ 18, 21) u Schutzvermerke (ähnl GBO 18, SchiffsRegO 28 II) kommen in Abt II, wenn auf Eigt bezügl, sonst in Abt III. – In Betr kommen weiter VeräußergsVerbote (§ 14 II) u VfgBeschrkgen (§ 16 I 2, SchiffsRegO 54 f). Wie im GBR gelten das formelle Konsensprinzip u der GrdS der VorEintr des Betroffenen. SchiffsRegO 46. – Entspr § 891 begründet § 15 die Vermutg für Richtigk u Vollständigk des Reg. §§ 16, 17 schützen (wie §§ 892, 893) den guten Gl im rgeschäftl Verk.

c) Schiffsurkunden: Das Schiffszertifikat (bei Seeschiffen) begründet u beweist das Recht, die Schiffsflagge zu führen (FlaggenRG 3; vgl Soergel/Abraham, Einl 8 vor § 1). Schiffszertifikat u (bei Binnenschiffen) Schiffsbrief enthalten die vollst RegEintr, SchiffsRegO 60, 61; Vorleggszwang zwecks ständ Ergänzg. Bei Widerspr zw Reg u SchiffsUrk entscheidet das Reg, da Urk keinen öff Gl genießt.

d) Übbl über **rechtsgeschäftlichen Eigentumserwerb** an Schiffen: Wie schon das VerpflGesch (Kauf oder BauVertr, § 651) ist auch die dingl Einigg formlos gült. – **Seeschiffe.** Eingetr: bloße Einigg (§ 2); nicht eingetr: Einigg u Überg (-Ersatz) nach §§ 929 ff mit SonderVorschr §§ 929 a, 932 a. – **Binnenschiffe.** Eingetr: Einigg u Eintr (§ 3); nicht eingetr: Einigg u Überg (-Ersatz) nach §§ 929 ff ohne §§ 929 a, 932 a. – **Schiffsbauwerke:** Eingetr: Einigg u Eintr (§§ 3, 78); nicht eingetr: Einigg u Überg (-Ersatz) nach §§ 929 ff ohne §§ 929 a, 932 a. – **Miteigentumsanteil** wie Eigt. – **Schiffsparten.** Einigg u Eintr nach HGB 503 (vgl BGH MDR **69**, 556).

e) Belastung: Nießbr vgl § 1030 Anm 1; PfdR/SchiffsHyp vgl Einf 5 vor § 1204.

f) Zwangsvollstreckung: In nichteingetr **Schiffe** wie in bewegl Sachen, in eingetr See- u Binnenschiffe sowie in eingetr od eintragb **Schiffsbauwerke** (nunmehr auch in Schwimmdocks) dch ZwangsSchiffsHyp od dch ZwVerst, ZPO 870 a, mit einigen Besonderheiten gem ZVG 162 ff. Beschrkg bei Seehandelsschiffen, die sich auf der Reise befinden u nicht in einem Hafen liegen, HGB 482. – In den Fällen des ZPO 870 a III entsteht entgg ZPO 868 I kein EigtümerGrdPfdR, sond die Hyp erlischt, wenn nicht Eigtümer von der ihm auch hier vorbehaltenen Befugn nach § 57 III (dazu Einf 5 b bb vor § 1204) Gebrauch macht. – In **Schiffspart:** ZPO 857, 858, also Eintr der Pfändg ins Reg konstitutiv. DrittSchu ist nicht vorhanden. Zustellg an Schu zur Wirksamk der Pfändg nicht erforderl, arg: ZPO 858 III 1 HS 1. Ist Korrespondenzreeder bestellt (HGB 492): beachte ZPO 858 III 2; zu allem vgl Stöber Rdn 1744 ff. Dort auch zur Verwertg, ZPO 858 IV, V, 844 u zum Zugriff auf GewinnanteilsAnspr des Schu (vgl HGB 502). – In **Miteigentumsanteil:** ZPO 864 II. – Zur Vollziehg des **Arrests** vgl ZPO 931: Mischsystem, das gem ZPO 931 IV auf GläubAntr zur (berichtigden) Eintr die nach MobiliarVollstr begründeten PfdR als HöchstBetrHyp führt.

2) Übereignung nichteingetragener Seeschiffe (§ 929 a).

a) Geltungsbereich. § 929 a betrifft nur nicht eingetr Seeschiffe; für eingetr gilt SchiffsRG (vgl Anm 1 d). Es entscheidet allein die Tats der Eintr, nicht die der EintrFähigk. Unter Anteilen sind hier nur solche einer BruchtGemsch zu verstehen. HGB 503, ZPO 858 (Schiffsparten) gelten nur für eingetr Schiffe. Bzgl der Anteile am GesellschVerm vgl § 719, HGB 105 II. Nicht eingetr Schiffe werden nach den allg für bewegl Sachen geltden Vorschr übereignet u belastet. § 929 a bezweckt die Erleichterg der Übereignung wg der im SeeVerk mögl tatsächl Schwierigk sofortiger BesÜberg.

b) Die bloße Einigung genügt (I). „Sofort" bedeutet: ohne Überg. Das muß gewollt u hinreichd deutl erkl sein. Bdgg (BGH BB **58**, 676) u Befristg zul. Vgl im übr § 929 Anm 2.

c) Die Urkunde (II) ist nur BeweisUrk. Doch kann ihre Erteilg rechtsgeschäftl zur Bedingg für den EigtÜbergang gemacht werden. Verschuldete NichtErf dieser gesetzl Verpfl begründet SchadErsAnspr.

930 **Besitzmittelung (Besitzkonstitut).** Ist der Eigentümer im Besitze der Sache, so kann die Übergabe dadurch ersetzt werden, daß zwischen ihm und dem Erwerber ein Rechtsverhältnis vereinbart wird, vermöge dessen der Erwerber den mittelbaren Besitz erlangt.

Eigentum. 3. Titel: Erwerb u. Verlust an bewegl. Sachen   § 930   1–3

Übersicht

1) **Allgemeines**
2) **Bestimmtheitsgrundsatz**
   a) Bezeichnung, Sachgesamtheit
   b) Einzelfälle
   c) Wechselnder Bestand
3) **Besitzmittlungsverhältnis**
   a) Besitz des Veräußerers
   b) Besitzmittlungsverhältnis nach § 868
   c) Aufschiebende Bedingung
   d) Vorweggenommenes Besitzmittlungsverhältnis
4) **Sicherungsübereignung, -eigentum**
   a) Begriff
   b) Gesicherte Forderung, Sicherungsvertrag, Übereignung
   c) Sicherungsgut
   d) Verwertung
   e) Sicherungsgut in der Zwangsvollstreckung
   f) Sicherungsgut im Konkurs
   g) Sicherungsgut im Vergleich

1) Allgemeines. § 930 ändert nichts am Erfordern der Einigg (§ 929 Anm 2), sond ermöglicht nur die Ersetzg der Übergabe dch die Vereinbg eines BesMittlgsVerh. Einigg u BesMittlgsVereinbg bilden zusammen das abstr VfgsGesch. Im RVerk ist die SichgsÜbereignung (Anm 4) der Hauptfall des § 930. – **Stellvertretung** (§§ 164–181) ist auf beiden Seiten bei Einigg u BesMittlgsVereinbg zulässig (BGH NJW **89**, 2542). – **Internationales Privatrecht:** EG 38 Anh II 3, 4. Befindet sich die Sache im Inland, so gilt § 930 bei Übereign an im Ausland befindl Ausländer (RG **103**, 31; BGH **50**, 45), wobei die ausländ ROrdng die Anerkenng versagen kann (vgl OGH Wien ZIP **84**, 1330); umgekehrt gilt das betr AuslandsR (BGH **39**, 173).

2) Bestimmtheitsgrundsatz
a) Die Sache muß im ÜbereignsVertr (Einigg u BesMittlgsVereinbg) so **bestimmt bezeichnet** sein, daß jeder Kenner des Vertr sie zu dem Ztpkt, in dem das Eigt übergehen soll, unschwer von anderen unterscheiden kann (BGH NJW **86**, 1985); bloße Bestimmbark (insb aGrd außervertragl Umstände; BGH **LM** Nr 9) genügt nicht. Bis zum vorgesehenen Ztpkt des EigtÜbergangs kann der ÜbereignsVertr entspr ergänzt werden (ein schriftl auch mündl; BGH BB **56**, 1086). In dem für den EigtÜbergang vorgesehenen Ztpkt muß diese Bezeichng mit den tats Verhältn übereinstimmen. – Bei **Sachgesamtheiten** (zB Warenlager, Sachmenge) genügt für die notw Einzelübereignung (BGH NJW **68**, 392) eine Sammelbezeichng, die den Übereignungswillen auf alle Sachen erstreckt u die gemeinten Einzelsachen klar erkennen läßt (BGH NJW **86**, 1985). Unschädl, wenn sich in solcher Gesamth neben Sachen des Veräußerers auch Sachen unter EV (insow idR Übertr des AnwR vereinbart; vgl § 929 Anm 6 C a) od im VollEigt Dritter (insow zunächst kein gutgl Erwerb; vgl § 933) befinden (RG **132**, 183; HRR **34** Nr 1116; Mü NJW **37**, 1896).

b) Bei nicht individuell bestimmten Sachen **für Konkretisierung ausreichend,** wenn im ÜbereignsVertr bestimmt, daß übereignet werden sollen: die zum Inventar eines bestimmten Hauses (BGH **73**, 253; NJW **89**, 2542) od Hofes (BGH **LM** Nr 9) gehörden Sachen; alle Sachen (BGH NJW **84**, 803) od alle Sachen einer bestimmten Warengattg (BGH BB **56**, 1086) in einem vertragl festgelegten Raum (BGH **28**, 16) od vom Veräußerer auszuwählden (BGH WPM **60**, 1223) Raum (bei SichgsÜbereignung daher: RaumSichgsVertr); die entspr dem Vertr bes gelagerten u gekennzeichneten Sachen (BGH **LM** Nr 8; WPM **77**, 218; Celle OLGZ **71**, 40); Aufn in Verzeichn (BGH WPM **60**, 1223). – **Nicht ausreichend:** bloße Wert- od Mengenangaben (BGH **21**, 52); rechtl UnterscheidsMerkm (BGH NJW **86**, 1985: soweit im Eigt des Veräußerers; BGH FamRZ **88**, 255: soweit gem ZPO pfändb; im ÜbereignsVertr nicht vereinbarte Absonderg (BGH NJW **84**, 803) od Markierg (Celle OLGZ **71**, 40); äußerl nicht erkennb Trenng in Gebrauchts- u Reparaturmaschinen (Celle aaO); Angabe des Produktionsdatums (BGH WPM **77**, 218); vertragl Bezugn auf Lagerbuch (Celle aaO; zweifelh).

c) Bei **Sachgesamtheit mit wechselndem Bestand** wird anfängl Bestimmth nicht dadch hinfäll, daß nachträgl dch Hinzukommen weiterer nicht übereigneter Sachen Unsicherh über Abgrenzg eintritt (BGH **73**, 253); nur BewFrage, welche übereignet sind. – Sollen auch **künftig hinzukommende Sachen** übereignet werden, so müssen Einigg u vorweggen BesMittlgsVerh (Anm 3 d) dem BestimmthGrds genügen (BGH NJW **86**, 1985) u ggf muß eine ihm genügde AusführgsHdlg erfolgen (Anm 3 d aa); bei ErsSachen, die anstelle abgäng Sachen treten, tritt keine dingl Surrogation ein (Wolf JuS **76**, 33). Sollen nicht alle hinzukommenden Sachen (zB nur ErsSachen) übereignet werden, so müssen die zu übereigndn im ÜbereignsVertr gem dem BestimmthGrds unterscheidb bezeichnet werden (BGH **LM** 9; 12).

3) Besitzmittlungsverhältnis
a) Im Ztpkt, zu dem der EigtÜbergang vorgesehen ist, muß der **Veräußerer Eigenbesitzer** der Sache sein, wobei MitBes mit Dritten (RG **139**, 114) od Erwerber (BGH **73**, 253) genügt. Ist der Veräußerer mittelb Besitzer, so wird er dch Übereign nach § 930 erststuf mittelb Fremd- u der Erwerber zweitstuf mittelb Eigenbesitzer; der unmittelb Fremdbesitzer bleibt dies u braucht Übereign nicht zu kennen (BGH WPM **64**, 398). Übereignung bei mittelb Bes auch nach § 929 S 1 (§ 929 Anm 3 b bb) od § 931 mögl.

b) Es muß ein bestimmtes (konkretes/individualisiertes) **Besitzmittlungsverhältnis im Sinne von § 868** zw Veräußerer u Erwerber zumind stillschw begründet sein; wirks RVerh nicht notw (vgl § 868 Anm 2 a dd). Ungenügd die allg Abrede, der Veräußerer solle künft für den Erwerber besitzen (sog abstr BesMittlgsVerh; vgl Planck/Brodmann Anm 3). Besteht schon ein (idR gesetzl) RVerh, aGrd dessen der Veräußerer einen Kreis von Sachen des Erwerbers für diesen besitzt (zB §§ 1353, 1626), so genügt für Vereinbg eines BesMittlgsVerh bzgl zugehöriger Sache, daß Veräußerer nach PartWillen aus diesem RGrd BesMittler sein soll (BGH **73**, 253; NJW **89**, 2542). Unschädl, daß VertrPart irrig Übergabe annahmen (RG **118**, 361). Wird Veräußerer nur BesDiener des Erwerbers, so liegt § 929 S 1 vor. – Bei der **Sicherungsübereignung** stellt die SichgsAbrede (vgl Anm 4 b bb) ein ausreichedes BesMittlgsVerh dar, wenn sich aus ihr ergibt, daß das SG solange weiterbesitzen darf, bis der SN die Sache zur Befriedigg seiner Fdg herausverlangt; es bedarf keiner Vereinbg eines Leih-, Verwahrgs- od KommissionsVerh. Da die SichgsAbrede die heute typ RBeziehgen zw SG u SN hinreichd konkretisiert, reicht sie auch ohne nähere Ausgestaltg („Übereignng zur Sicherh") als

BesMittlgsVerh aus (MüKo/Quack Rdn 38; Soergel/Mühl Rdn 32; Serick BB **74**, 285; aA RGRK/Pikart Rdn 11, 19, 53). Die Rspr kommt dch Ausslegg der Abrede „zur Sicherh übereignet" zum gleichen Ergebn (BGH NJW **79**, 2308; Stgt WPM **75**, 1322).

c) Das BesMittlgsVerh kann **aufschiebend bedingt** sein (Oldbg NJW **77**, 1780); die Einigg muß dann bei BdggsEintritt fortbestehen (vgl Anm 3 d aa). Ist die Einigg aufschieb bdgt, so muß das BesMittlgsVerh bei BdggsEintritt fortbestehen (Erm/Schmidt Rdn 3; Planck/Brodmann Anm 4; aA MüKo/Quack Rdn 24). Kein Fall von § 930 (sond § 929), wenn Eigt erst übergehen soll, wenn Erwerber unmittelb Bes erlangt (zB Sache bleibt beim Verkäufer, bis Käufer sie abholt; vgl RG SeuffA **78**, 135).

d) **Vorweggenommenes Besitzmittlungsverhältnis.** – **aa)** Einigg u Vereinbg des BesMittlgsVerh können erfolgen, bevor der Veräußerer Eigtümer u/od Besitzer der Sache ist (zB bei künft Erwerb/Herstellg). Die notw **Bestimmtheit** (Anm 2) ist gewahrt, wenn die Sache individuell beschrieben ist od eine IndividualisiergsMaßn vereinbart u vereinbgsgem ausgeführt ist (nur insow ist die von der Rspr gelegentl geforderte AusführgsHdlg notw). – **bb)** In dem Ztpkt, in dem der Veräußerer Bes erlangt, müssen **Einigung und Besitzmittlungsverhältnis fortbestehen,** was vermutet wird (BGH WPM **65**, 1248; **77**, 218; RGRK/Pikart Rdn 29, 30); dieser Ztpkt ist auch für GeschFähigk maßg. Hat der Veräußerer zu diesem Ztpkt erkennb u nicht nur insgeheim den Übereigns- u/od BesMittlgsWillen aufgegeben, so geht das Eigt nicht über; bei mehrf Übereigng dch vorweggen BesMittlgsVerh entscheidet daher, an wen der Veräußerer bei BesErlangg übereignen will u nicht, mit wem der erste ÜbereignsVertr geschlossen wurde (BGH WPM **60**, 1223, 1225). – **cc)** Handelt der Veräußerer beim Erwerb der Sache im eigenen Namen, so erwirbt er zunächst selbst Eigt, das dann gem § 930 auf den Erwerber übergeht: **Durchgangserwerb,** dch den die Sache von gesetzl PfdR u GrdPfdR ergriffen werden kann. Handelt entspr bevollm Veräußerer im Namen des Erwerbers (od für den, den es angeht), so erlangt der Erwerber mit Übergabe der Sache an den Veräußerer unmittelb vom Dritten Eigt gem § 929 S 1 dch Übergabe an BesMittler.

4) Sicherungsübereignung (SÜ), Sicherungseigentum

Schrifttum: Bülow, Anwendbark von PfdRBestimmgen auf die SichgsTrHand, WPM **85**, 373, 405. – Reich, Funktionsanalyse u Dogmatik bei der SÜ, AcP **169**, 247; Die SichgsÜbereignung, 1970.

a) Begriff. Die Sache wird vom SG (Veräußerer) dem SN (Erwerber) übereignet, um den SN wg einer Fdg gg die SG od einen Dritten zu sichern, indem der SN sich notf dch Verwertg der Sache befriedigt. Der SN erlangt Eigt iSv § 903 (RG **124**, 73) u ist ggü dem SG nur schuldrechtl gebunden: **eigennützige Treuhand** (vgl § 903 Anm 6); er ist desh Eigenbesitzer (vgl § 872 Anm 1).

b) Drei Rechtsbeziehungen sind zu unterscheiden, die aber in einer Abhängigk zueinand stehen. Eine Akzessorietät (vgl Einl 2 f vor § 854) zw gesicherter Fdg u SichgsEigt besteht krG nicht, kann aber vertragl vereinbart werden.

aa) Die **gesicherte Forderung** mit dem ihr zugrdeliegden RVerhältn, deren Gläub der SN ist, deren Schuldn der SG u/od ein Dritter sein kann. – Ist sie endgült **nicht entstanden oder erloschen,** so berührt das die dingl RLage am SichgsGut nur, wenn das Entstehen der Fdg zur aufschieb bzw ihr Erlöschen zur auflösden Bdgg der SÜ vertragl gemacht wurde (vgl Anm 4 b cc). Anderenf ist die SÜ mangels Akzessorietät dingl wirks u der SG hat aus dem SichgsVertr (selbst wenn dort keine ausdrückl Regelg; str) einen bis zum Ende des SichgsZwecks aufschieb bdgten RückübereignsAnspr (vgl BGH NJW **82**, 2768); aus § 812 aber, wenn die Nichtigk des KreditVertr gem § 139 die des SichgsVertr bewirkt (Serick I § 4 II 3, 4). Die Verj der gesicherten Fdg beeinträchtigt das VerwertgsR des SN nicht (BGH **70**, 96). – Wird die gesicherte Fdg vom SN **abgetreten,** so geht das SichgsEigt nicht krG auf den Zessionar über, denn es ist kein NebenR iSv § 401. Der Zessionar kann aber idR vom SN die Übertr beanspruchen (vgl § 401 Anm 1 c), ggü dem SG ist der SN aber nur unter Wahrg der vereinb InnenVerhRegelgen dazu befugt (str; vgl Zunft NJW **58**, 1219); Gleiches gilt bei ges FdgsÜbergang nach §§ 268 III, 774 (vgl RG DR **41**, 2609), 1225. Dch den FdgsÜbergang wird der Zessionar nicht Partei des SichgsVertr, muß sich aber gem § 404 alle aus dem SichgsVertr ergebden Einreden/Einwendgn gg die Fdg (zB Zahlg nur gg Rückübereign) entgghalten lassen. – Wird die gesicherte Fdg **übernommen,** so entsteht entspr § 418 ein RückübereignsAnspr (Boeck LZ **22**, 241), sofern dies nicht auflöse Bdgg für die SÜ ist.

bb) Der **Sicherungsvertrag** (nicht die gesicherte Fdg!) ist das grdsl formfreie (vgl aber §§ 311, 313) schuldrechtl GrdGesch der SÜ. Er regelt das InnenVerh zw SG u SN wie zB: Verpflichtg zur SÜ; Festlegg der gesicherten Fdg (mögl auch Ktokorrent/Konzernklausel entspr § 455 Anm 2 b dd, ee); Verwaltg des SichgsGuts (bei SÜ von Waren/Materiallagern mach SG idR die Befugn, im eigenen Namen iR ordngsmäß Wirtsch über das SichgsGut zu verfügen [§ 185 Anm 2 c gilt entspr] iVm Vorausabtretg des Anspr auf die GgLeistg [Konflikt mit Globalzession entspr § 398 Anm 6 c mögl] bzw die Befugn, Material zu verarbeiten iVm Übertr des gem § 950 erworbenen Eigt dch vorweggen BesMittlgsVerh); Verwertg (vgl Anm 4 d). Bei Verletzg SchadErsAnspr aus pVV. – Bei **Fehlen/Unwirksamkeit** des SichgsVertr ist die SÜ als abstr VfgsGesch gleichwohl dingl wirks, der SG hat aber einen RückübereignsAnspr aus § 812; nur wenn iFv § 930 damit zugl das BesMittlgsVerh fehlt, ist auch die Übereign unwirks (Jauernig Anm 5 D c). Zul aber, wirks SichgsVertr zur Bdgg der SÜ zu machen od beide RGesch zu Einh iSv § 139 zu verbinden (Tiedtke Betr **82**, 1709). – Der SichgsVertr kann wg **Sittenwidrigkeit** nichtig sein (vgl dazu § 138 Anm 5 i, 5 k, 5 q); damit ist idR auch die SÜ als dingl RGesch nichtig (vgl § 138 Anm 1 e).

cc) Die **Übereignung des Sicherungsguts** als abstr VfgsGesch kann nach §§ 925, 929–931 erfolgen. Die **Übereignung nach § 930** (zum BesMittlgsVerh vgl Anm 3 b) ist der häufigste Fall, um dem SG den oft unentbehrl unmittelb Bes zu erhalten (daher keine Verpfändg); die Zulässigk wird heute nicht mehr bezweifelt (über SÜ u Publizität vgl Hromadka JuS **80**, 89). – Vereinb ist eine dch die Entstehg der gesicherten Fdg aufschieb u/od dch ihr Erlöschen auflösd **bedingte Übereignung** (außer iFv § 925). Dies ist nach der Interessenlage auch bei Fehlen entspr ausdrückl Vereinbg anzunehmen (Baur § 57 III 1 b; Heck § 107, 4; Serick I § 37 I 3; Soergel/Mühl Rdn 78; W-Raiser § 180 II 2; aA Jauernig NJW **82**, 268; Erm/Schmidt Anh

Eigentum. 3. Titel: Erwerb u. Verlust an bewegl. Sachen § 930 4b–f

§§ 929–931 Rdn 3; MüKo/Quack Anh §§ 929–936 Rdn 24; Schwab § 31 III), idR aber nicht bei SÜ an Kreditinstitut (BGH NJW **84**, 1184). Bei auflösd bdgter SÜ kann der SG über sein AnwR wie VorbehKäufer verfügen (BGH aaO; vgl § 929 Anm 6 C), zB dch AnschlußSÜ (vgl dazu Picot BB **79**, 1264), u ist gg Vfgen des SN gem §§ 161 III, 936 geschützt (vgl § 903 Anm 6 b cc). – Ist **Rückübereignung** bei Wegfall des SichgsZwecks vereinbart, so kann SN mit Außenwirkg verfügen (vgl § 903 Anm 6b cc); der SG ist iFv § 930 auf § 986 II beschränkt (Zunft NJW **58**, 1219). SG braucht die gesicherte Fdg nur gg Rückübereigng zu erfüllen; iFv § 930 liegt in der Annahme der geschuldeten Leistg unter Verzicht auf die Rechte aus dem SÜVertr die Einigg über die nach § 929 S 2 erfolgde Rückübereigng (BGH Warn **71** Nr 10).

c) Sicherungsgut können außer beweglichen Sachen auch das AnwR auf EigtErwerb an ihnen u WertPap (zB Scheck zum Inkasso; Hamm WPM **84**, 1467) sein; SÜ von Grdst mögl aber unübl (dafür SichgsGdSch). Zur SÜ von **Sachgesamtheiten** (zB Warenlager) nach § 930 vgl Anm 2. – **Unpfändbare Sachen** (ZPO 811) können in den Grenzen von § 138 zur Sichg übereignet werden (Bambg MDR **81**, 50; Gerhard JuS **72**, 696); dies gilt auch für ganze Wohngseinrichtg (Bambg aaO; aA Stgt NJW **71**, 50). Grdsätzl kann sich SG iFv § 930 auf ZPO 811 berufen, wenn SN wg gesicherter Fdg (nicht wg HerausgAnspr) in das SichgsGut vollstreckt (LG Heilbr NJW **88**, 148 mwN; str). – Bei **Eigentum Dritter** erwirbt SN nur nach §§ 932ff Eigt. Bei SÜ einer vom SG unter EV erworbenen Sache wird idR das **Anwartschaftsrecht** zur Sichg übertragen, wobei selbst wenn die Part irrtüml von VollEigt des SG ausgehen (vgl § 929 Anm 6 Ca).

d) Verwertung des Sicherungsguts. (Lit: Trinkner BB **62**, 80; Serick BB **70**, 541; Schreiber JR **84**, 485). Maßg ist der SichgsVertr (BGH NJW **80**, 226); schweigt er, so nur **sehr beschränkter Rückgriff auf Pfandrechtsvorschriften**; im AußenVerh nicht, weil Erwerber vom Volleigtümer erwirbt, u im InnenVerh nur, soweit sie (zB §§ 1228 II, 1234; vgl Ffm NJW-RR **86**, 44) TreuPfl bestimmen. Keine **Verwertungspflicht** des SN (BGH NJW **80**, 226); bei Verwertg aber GläubInteresse an günstigster Verwertg zu beachten (BGH NJW **66**, 2009; NJW-RR **87**, 1291; LG Wiesb NJW-RR **87**, 1270; LG Ffm WPM **88**, 700). – **Kosten** einschl Vermittlgskosten (BGH BB **62**, 319) trägt SG entspr ZPO 788.

aa) Verwertungsreife nach Fälligk der gesicherten Fdg entspr § 1228 II. TreuPfl gebietet idR Androhg entspr § 1234 I mit angem Frist. Nach Eintritt kann SN (auch wenn gesicherte Fdg verjährt; BGH NJW **70**, 96) **Herausgabe** ohne Beschrkg nach ZPO 803 I 2 (BGH BB **61**, 463; and bei erhebl Übersichg) verlangen; Wegnahme ohne Zust des SG (Zust in SichgsVertr muß fortdauern; vgl § 858 Anm 2) ist verbotene Eigenmacht. Bei HerausgWeigerg w SG unberecht Besitzer u haftet nach §§ 987ff (BGH NJW **80**, 226). Herausg-Urt ohne Beschrkg nach ZPO 811 vollstreckb.

bb) Verwertungsarten. Schweigt SichgsVertr, so wahlweise: freihänd Verkauf (Serick § 38 I 2c; Jauernig Anm 5 D b dd; aA RGRK/Pikart Rdn 75), PfdVerkauf gem § 1233 (Verstoß iSv § 1243 I berührt Wirksamk im AußenVerh nicht; VerstV 12 I 3 bei öff Verst anwendb [BGH NJW **73**, 246]) od ZwVollstr aGrd ZahlgsTitels (hier gelten ZPO 777, 803 I 2, 811). NutzgsZiehg (BGH NJW **80**, 226) u Verfall/Selbsteintritt (unten dd) nur bei Vereinbg. Verwertg bestmögl (dazu Serick § 38 II 3) u nur im zur Befriedigg notw Umfang (BGH BB **61**, 463); sonst SchadErsPfl des SN mit Beweislast entspr § 282 (Serick § 38 II 4). Sieht SichgsVertr best Art vor, so ist nur sie zul (BGH NJW **80**, 226); unzul Verwertg im AußenVerh aber wirks.

cc) Erlös. Über EigtErwerb entscheidet VerwertgsGesch (keine Surrogation). Bei EigtErwerb des SN Tilgg der gesicherten Fdg in Erlöshöhe abzügl Kosten (Verrechng gem SichgsVertr); Überschuß an SG auszukehren. SN muß Rechng legen (§ 666).

dd) Verfallklausel iSv § 1229 in den Grenzen von § 138 zul (BGH NJW **80**, 226; RGRK/Pikart Rdn 72; Serick aaO III; aA Gaul AcP **168**, 351; Soergel/Mühl Rdn 60). Vereinb, daß SN SichgsGut an Erfüllg Statt bindgsfrei behält u von VerwertgsPfl befreit. § 138 zu prüfen, wenn SN Überschuß zw Marktpr u gesicherter Fdg nicht auskehren muß. – Vereinb, daß SN zw Verkauf u Verfall zum Marktpr (**Selbsteintritt**) wählen darf. Nicht nur Selbsteintritt, wenn SN Erwerber Kaufpr stundet (BGH BB **80**, 193).

e) Sicherungsgut in der Zwangsvollstreckung. – aa) Vollstrecken **Gläubiger des Sicherungsnehmers** in das SichgsGut u ist die **gesicherte Forderung befriedigt,** so hat der SG unabhäng davon, ob er dadch VollEigt od RückübereigngsAnspr erlangte, WiderspR aus ZPO 771 (allgM). Bei unmittelb Bes kann SG auch nach ZPO 766, 809 vorgehen. – Ist die **gesicherte Forderung nicht befriedigt** u ist noch keine Verwertgsreife eingetreten, so hat der SG unabhäng davon, ob die SÜ auflösd bdgt ist od nur ein RückübereigngsAnspr besteht, ein WidersprR aus ZPO 771 (BGH **72**, 141; hM), da das SichgsGut noch nicht für den SN verwertb. Nach Eintritt der Verwertgsreife entfällt die VerwertgsBeschrkg u damit das WidersprR des SG aus ZPO 771 (BGH aaO; Baur/Stürner Rdn 776). Bei unmittelb Bes kann der SG auch nach ZPO 766, 809 vorgehen; Gläub kann dann nur in den bei Verwertgsreife fäll HerausgAnspr des SN ge SichgsGut vollstrecken. – **bb)** Vollstrecken **Gläubiger des Sicherungsgebers** in das SichgsGut, so hat der SN bis zur Befriedigg der gesicherten Fdg (BGH NJW **87**, 1880) ein WidersprR aus ZPO 771 (BGH **80**, 296; Baur/Stürner Rdn 776), dem der Gläub AnfG 5 sowie uU § 419 (vgl BGH **80**, 296; NJW **86**, 1985; Becher-Eberhard AcP **185**, 429) enttghalten kann. Bei unmittelb Bes kann der SN auch nach ZPO 766, 809 vorgehen. Gläub kann in AnwR/ RückübereigngsAnspr des SG vollstrecken u die gesicherte Fdg gem § 267 I erfüllen.

f) Sicherungsgut im Konkurs. – aa) Fällt der **Sicherungsnehmer in Konkurs** u ist die **gesicherte Forderung befriedigt,** so hat der SG unabhäng davon, ob er dadch VollEigt od RückübereigngsAnspr erlangte, ein AussondersR (allgM). – Ist die **gesicherte Forderung nicht befriedigt** u ist noch keine Verwertgsreife eingetreten, so hat der SG zwar ein AussondersR, der KonkVerw ist aber nach Maßg der Sichgsabrede besitzberecht bzw der besitzde SG erhaltgsverpfl (Serick III § 35 II 2 c; vgl auch Kuhn/Uhlenbruck § 43 Rdn 15a). Der SG darf ohne Zust des KonkVerw auch nicht vorzeit erfüllen. Nach Verwertgsreife darf der KonkVerw wie der SN verwerten u muß Übererlös an SG abführen. – **bb)** Fällt der **Sicherungsgeber in Konkurs**, so hat der SN ein AbsondersR (RG **124**, 73; BGH NJW **62**, 46; Baur/Stürner Rdn 1076; aA Grunsky JuS **84**, 497). Besitzt der KonkVerw das SichgsGut, so muß er es dem SN gem KO 127 II zur Verwertg herausgeben (BGH NJW **78**, 632).

1113

§§ 930–932

g) Sicherungsgut im Vergleich. – aa) Im VerglVerf über das **Vermögen des Sicherungsnehmers** hat der SG entspr Anm 4 f aa ein AussondergsR aus VerglO 26 (Serick III § 36 II 3). – **bb)** Im VerglVerf über das **Vermögen des Sicherungsgebers,** der auch Schuldn der gesicherten Fdg ist, hat der SN ein AbsondergsR aus VerglO 27 II; ihm gebührt dann die VerglQuote nur auf den tats od mutmaßl Ausfall (BGH **31**, 174). Ist der SG nicht Schuldn der gesicherten Fdg, so ist der SN nicht am VerglVerf beteiligt; das SichgsGut dient vorzugsw seine Befriedigg (Serick III § 36 II 1 c).

931 *Abtretung des Herausgabeanspruchs.* Ist ein Dritter im Besitze der Sache, so kann die Übergabe dadurch ersetzt werden, daß der Eigentümer dem Erwerber den Anspruch auf Herausgabe der Sache abtritt.

1) Allgemeines. § 931 ändert nichts am Erfordern der Einigg (§ 929 Anm 2), sond ermöglicht nur die Ersetzg der Überg dch die Abtretg des HerausgAnspr; Einigg u Abtretg bilden zusammen das abstr VfgsGesch. Die Abtretg kann stillschw die Einigg enthalten (auch bei irrtüml Annahme, Eigt sei schon übergegangen; BGH Betr **68**, 1576) u umgekehrt. Für die Einigg gilt der BestimmthGrds iSv § 930 Anm 2 (BGH **LM** Nr 7; Düss WPM **70**, 765). – **Stellvertretung** (§§ 164, 181) auf beiden Seiten bei Einigg u AnsprAbtretg zuläss.

2) Besitz eines Dritten; bei besitzlosen Sachen genügt bloße Einigg (Erm/Schmidt Rdn 2; MüKo/ Quack Rdn 11; aA Hbg Recht **18** Nr 1536; RGRK/Pikart Rdn 9). Unmittelb od mittelb (sofern Veräußerer nicht BesMittler) Bes, Eigen- od FremdBes. Ist Veräußerer mittelb Besitzer, so kann die Übereign wahlw nach § 929 S 1 (§ 929 Anm 3b bb), § 930 (§ 930 Anm 3a) od § 931 erfolgen.

3) Herausgabeanspruch. – a) Art und Inhalt. Gemeint sind Anspr auf Herausg an den Veräußerer u nicht bloß auf Vorlage (RG **69**, 36) od Wegnahme (RG JW **34**, 1484) aus BesMittlgsVerh (BGH **LM** Nr 2) od Gesetz (zB §§ 812, 823); mangels Abtretbark aber nicht § 985. Die Pers des AnsprGegners braucht nicht bekannt zu sein (BGH WPM **74**, 11). Fehlt ein solcher Anspr, so genügt bloße Einigg (hM); richtet er sich gg eine and Pers, so liegt keine wirks Übereign vor. – **b) Künftige Ansprüche** reichen; zB HerausgAnspr bei künft EigtErwerb des Veräußerers nach § 950 bei Verarbeitg in seinem Auftr (vgl aber Anm 4c, 5).

4) Abtretung. – a) Form. Formlos nach §§ 398ff, zB auch dch VertrEintritt (BGH **LM** Nr 2); Abtretgs-Verbot (§ 399) nach § 137 unwirks, wenn hierdch VfgsMacht tatsächl Eigt ausgeschl (Düss WPM **70**, 765). Zust od Benachrichtig des AnsprGegners nicht notw; er wird dch §§ 404, 407, 936 III, 986 II geschützt. Bei Abtretg in TradPap verbrieften Anspr (ohne Indossament) ist PapÜberg notw (BGH **49**, 160). – **b) Stillschweigende Abtretung** kann liegen in Überg von Namens- od InhLagerschein (RG **135**, 85; BGH **LM** Nr 7), girierten Depotschein (RG **118**, 34), indossiertem Lieferschein (BGH **LM** Nr 8) od Frachtbriefdoppel (RG **102**, 96; Mü NJW **58**, 424); nicht aber in bloßer Überg eines Lieferscheins (BGH **LM** Nr 8) od Bevollm zum Empfang von Sachen (Dresden JW **34**, 2723). Vgl auch Soergel/Mühl Rdn 7–12. – **c) Bestimmbarkeit** des Anspr bzgl herauszugebder Sachen bei künft Anspr od Teilmenge für Abtretg ausreichd (§ 398 Anm 4). Für die Einigg gilt aber der BestimmthGrds (Anm 1); vgl daher Anm 5.

5) Eigentumsübergang mit Wirksamwerden von Einigg u AnsprAbtretg. – **a)** Bei Abtretg **künftigen Anspruchs** muß die Einigg bei AnsprEntstehg noch fortbestehen (BGH **LM** Nr 7; § 929 Anm 2d aa gilt entspr) u dem BestimmthGrds genügen (BGH aaO); bei mehrf Übereign dch Abtretg künft Anspr entscheidet Priorität der Abtretg daher nur, soweit die zugehörige Einigg bei AnsprEntstehg nicht widerrufen (vgl BGH aaO). – **b)** Bei Abtretg eines Anspr bzgl nicht hinreichd konkretisierter **Teilmenge** geht das Eigt erst mit Aussonderg über (vgl BGH NJW **82**, 2371).

932 *Gutgläubiger Erwerb.* I Durch eine nach § 929 erfolgte Veräußerung wird der Erwerber auch dann Eigentümer, wenn die Sache nicht dem Veräußerer gehört, es sei denn, daß er zu der Zeit, zu der er nach diesen Vorschriften das Eigentum erwerben würde, nicht in gutem Glauben ist. In dem Falle des § 929 Satz 2 gilt dies jedoch nur dann, wenn der Erwerber den Besitz von dem Veräußerer erlangt hatte.

II Der Erwerber ist nicht in gutem Glauben, wenn ihm bekannt oder infolge grober Fahrlässigkeit unbekannt ist, daß die Sache nicht dem Veräußerer gehört.

1) Allgemeines. – a) § 932 schützt den, der eine **bewegliche Sache durch Rechtsgeschäft nach § 929** erwirbt u dabei den trotz NichtEigt od bloßer MitBerecht (RG Warn **18**, 212) als AlleinEigtümer Veräußernden fälschl für den AlleinEigtümer hält (vgl Vorbem 2 c vor § 929). Auch anwendb, wenn Erwerber den wissentl Erwerb vom NichtEigtümer dem gem § 185 Zustimmenden fälschl für den Eigtümer hält (vgl Anm 2c). § 932 gilt gem ZPO 898 auch bei Erwerb nach ZPO 883, 894, 897; über sonstigen Erwerb in der ZwVollstr vgl Einf 2 c vor § 929. – **b)** Ein **Miteigentumsanteil** kann vom angebl AlleinEigtümer gutgl erworben werden. Mangels RScheins für AntGröße aber nicht, wenn angebl MitEigtümer seinen Anteil od wirkl MitEigtümer zu großen Anteil überträgt u die and wahren MitEigtümer nicht zustimmen (Koller JZ **72**, 646; MüKo/Schmidt § 747 Rdn 16). Übertragen alle angebl MitEigtümer zu AlleinEigt, so ist dieses erwerbb. Überträgt NichtEigtümer AlleinEigt unter Einräumg von MitBes, so wird weder MitEigt (insow keine Einigg) noch AlleinEigt (wg MitBes der Veräußerers) erworben (BGH **LM** Nr 19). – **c)** Das RGesch muß ein **Verkehrsgeschäft** iSv § 892 Anm 3 b sein (über Übereign/Rückübereign bei TrHand/Sichgs-Eigt vgl § 903 Anm 6 b, aa, dd) u sich auf Übereign der Sache richten (§§ 932ff daher zB iFv § 1416 nicht anwendb). – **d) Kein gutgl Erwerb abhandengekommener Sachen** (§ 935).

2) Alle Erfordernisse des § 929 (bis auf Eigt des Veräußerers) müssen erfüllt sein; bei Übereign nach § 929 S 2 zusätzl **I 2**.

Eigentum. 3. Titel: Erwerb u. Verlust an bewegl. Sachen **§ 932** 2, 3

a) Die **Einigung** muß wirks sein. Kein Erwerb nach § 932, wenn dem veräußernden NichtEigtümer die GeschFähigk (vgl aber § 107 Anm 2 c) od der Veräußergswille (RG Warn **32**, 164) od seinem Vertreter die Vertretgsmacht fehlt. VfgsBeschrkgen, die iF des Eigt des Veräußerers (zB nach KO 7 [BGH WPM **69**, 175] od § 1369 [Petermann Rpfleger **60**, 233; Eichenhofer JZ **88**, 326]) die Sache ergreifen würden, hindern den EigtErwerb nicht (aA Medicus Rdn 542), weil die Sache nicht erfaßt wird. Über EigenGesch unter fremdem Namen vgl Düss NJW **85**, 2484 (dazu Giegerich NJW **86**, 1975; Mittenzwei NJW **86**, 2472; **89**, 906).

b) Für **Übergabe** (§ 929 S 1) genügt, daß der unmittelb Besitzer auf Weisg des Veräußerers (der nicht mittelb Besitzer sein muß) dem Erwerber übergibt (BGH **36**, 56; NJW **73**, 141); dabei muß der Besitzer aber wirkl auf Weisg des Veräußerers handeln (Picker NJW **74**, 1790 [1794]; Lopau JuS **75**, 773; Medicus Rdn 564; aA [Anschein dafür genügt] BGH NJW **74**, 1132; Wieling JZ **77**, 291 [295]), denn § 932 schützt nicht guten Gl an nicht bestehde Weisg. Es genügt Überg an BesDiener/BesMittler des Erwerbers. – Ist der **Erwerber schon Besitzer** (§ 929 S 2), u zwar unmittelb od dch Dritten als BesMittler, so muß der Besitz vom Veräußerer dch Überg iSv § 929 S 1 (also genügd von Dritten auf Weisg des Veräußerers) erlangt sein **(I 2)**; genügd aber BesErlangg von dem, der ihn zuvor vom Veräußerer erhielt (Wiegand JuS **74**, 203). – Völlige **Besitzaufgabe des Veräußerers** stets notw.

c) Bei wissentl **Erwerb vom Nichteigentümer mit Zustimmung des angeblichen Eigentümers** ausreichd u erforderl, daß Besitz vom Zustimmden erlangt (BGH **56**, 123; dazu Wieser JuS **72**, 567) od Veräußerer bei BesÜbertr auf Erwerber BesMittler des Zustimmden war (BGH **10**, 81; **LM** Nr 6) sowie völlige BesAufg des Zustimmden (BGH **56**, 123); vgl auch Celle OLGZ **79**, 329.

3) Mangelnde Gutgläubigkeit (Bösgläubigk) des Erwerbers hindert den Erwerb. Auf den Glauben des Veräußerers kommt es nicht an (RG **89**, 348).

a) Person. Bei Erwerb dch GesHänder schadet Bösgläubigk eines handelnden GesHänders (RG Warn **18**, 212; BGH WPM **59**, 348); bei Erwerb zu MitEigt erwirbt nur der Bösgläubige seinen MitEigtAnt nicht. Bei Erwerb dch StellVertr gilt § 166 (BGH NJW **82**, 38); Bösgläubigk des Erwerbers aber maßg bei Überg an seinen BesDiener/BesMittler, der nicht StellVertr (RG **137**, 22), u iFv ZPO 883, 894, 897, 898 (Th-P § 898; Zöller/Stöber § 898; aA RG **77**, 24), da GVz nicht StellVertr.

b) Gegenstand des guten Glaubens ist das Eigt des Veräußerers (bzw Zustimmden) an der übereigneten Sache; bei Übereigng dch TradPap auch bzgl der Ware (BGH **LM** HGB § 365 Nr 1; Glaser NJW **58**, 451; Reinicke BB **60**, 1368). Wird Vorerwerb des Veräußerers nach Weiterveräußerg angefochten, so ist Gutgläubigk des Erwerbers bzgl des tats AnfGrd des Vorerwerbs notw (BGH NJW **88**, 482). Gutgläubigk bzgl and fehlder Übereignsvoraussetzgen unerhebl (vgl Anm 2 a).

c) Begriff (II). – aa) Kenntnis des NichtEigt; zB bei Kennzeichng als PfdFlasche (Köln NJW-RR **88**, 373). Sie kann bei Kenntn der maßg Tats inf RUnkenntn fehlen (BGH NJW **61**, 777); dann zu prüfen, ob diese auf grober Fahrlk beruht. – **bb) Grobfahrlässige Unkenntnis** des NichtEigt. Erwerber muß die im Verkehr erforderl Sorgfalt in ungewöhnl hohem Maße verletzt u dasjenige unbeachtet gelassen haben, was im gegebenen Fall jedem hätte einleuchten müssen (BGH NJW **81**, 1271); dh für ihn muß bei nur dchschnittl Merk- u ErkenntnVermögen des Aufmerksamk u bes gründl Überleggen erkennb gewesen sein, daß Veräußerer NichtEigtümer war (BGH WPM **78**, 1208). Dies bestimmt sich nach obj Kriterien, so daß die pers Verhältn des Erwerbers u HandelsGewohnh den Maßstab nicht mindern (BGH **LM** Nr 12, 21) wohl aber verschärfen (MüKo/Quack Rdn 36) können. Eine allg NachforschgsPfl, insb bei Dritten, besteht nicht (BGH NJW **75**, 735). Umstände des Einzelfalles (Art, Ggst u Umstände des Gesch; persönl u wirtsch Verhältn der Beteil) maßg, ob Bösgläubig aGrd konkreter VerdachtsGrd (zB Verkauf von Pelzen zum SchleuderPr; Hbg MDR **70**, 506) od auch ohne solche wg unterl Nachforschg im Hinblick auf verkehrsübl Möglichk von DrittEigt (zB wg EV); nur im letzteren Fall entfällt Bösgläubigk, wenn Ergebn unterl Nachforschg zur Gutgläubigk geführt hätte (MüKo/Quack Rdn 44, 47). Bei NachforschgsPfl genügt EigtBestätigg des Veräußerers nicht (BGH **LM** Nr 29; WPM **78**, 1208). Bei legitimierden Urk (Vertr, Rechng, Kfz-Brief uä) maßg, welche Legitimationswirkg Erwerber ohne grobe Fahrlk annehmen konnte (Erbschein/TestVollstrZeugn begründen keine Vermutg für NachlZugehörigk; BGH **LM** Nr 35) u ob er Fälschg grob fahrl verkannte (BGH **LM** Nr 21).

d) Einzelfälle. Nur Anhaltspkte, da stets Einzelumstände maßg. RevGer prüft nur, ob RBegr (Anm 3b) verkannt u BewWürdigg fehlerh (BGH WPM **78**, 1208). – **aa) Mögliche Sicherungsübereignung.** Keine NachforschgsPfl des Erwerbers, der von KreditAufn nichts weiß (BGH **LM** Nr 26), wohl aber bei SÜ von bekannterm hochverschuldetem SG (Celle JZ **78**, 400). Befindet sich die Sache noch bei Vorlieferant, so braucht Erwerber nicht nachzuforschen, ob Veräußerer sie an Dritten sichgsübereignete (BGH **LM** Nr 22). Wg mögl SÜ an Bank bei finanz Erwerb des Veräußerers vgl Anm 3 d bb. – **bb) Möglicher Eigentumsvorbehalt.** Bei Erwerb hochwert Investitions- od Konsumgüter vom Händler (BGH WPM **80**, 1349) od Endabnehmer (Ffm WPM **75**, 1050) ist mit dem üblicherw vereinb EV des Vorlieferanten (bzw mit SÜ an Finanzierginstitut) zu rechnen, wenn der Erwerb innerh der übl Finanzierungsdauer erfolgt (Celle NJW **60**, 967; Ffm WPM **75**, 1050); danach nicht mehr (BGH **LM** Nr 29, sofern nicht schlechte Vermögenslage des Veräußerers bekannt (BGH WPM **78**, 1208). Nachforschg bei Vorlieferant in diesen Fällen geboten. Dies auch, wenn üblicherw unter EV gelieferte u zum WeiterVerk im ordentl GeschVerk bestimmte Ware zur Kreditsichg (BGH **LM** HGB § 365 Nr 1) od unter EinkaufsPr (BGH **LM** § 455 Nr 23) erworben wird, od wenn bekannt, daß Veräußerer zahlgsschwach (BGH **LM** Nr 22) od kfm unkorrekt (BGH WPM **80**, 1349). Bei Erwerb vom Verarbeiter bes NachforschgsPfl (insb wenn AbtrVerbot für KaufPrFdg vereinbart), da oft einf od verlängerter EV (BGH **77**, 274 [dazu Maier JuS **82**, 487; Grunsky JZ **84**, 604]; Ffm MDR **59**, 578). – **cc) Gebrauchtes Kraftfahrzeug**, nicht aber Neuwagen gleichstehder Vorführwagen (Hamm NJW **64**, 2257). Bösgläubig gegeben, wenn Erwerber sich nicht aGrd der Eintr im Kfz-Brief davon überzeugt, daß Veräußerer vfgsbefugt (Hamm NJW-RR **89**, 890), sofern sie nicht dch bes Umstände ausgeräumt (BGH **LM** HGB § 366 Nr 12; Schlesw NJW **66**, 1970); dies gilt auch, wenn bei finanz Kauf Brief unmittelb an

§§ 932–933　　　　　　　　　　　　　　　　　　　3. Buch. 3. Abschnitt. *Bassenge*

Bank geht (BGH **47**, 207), bei Veräußerg zum Verschrotten (Mü DAR **65**, 99) od bei Erwerb dch Ausländer, dessen HeimatR keinen Kfz-Brief kennt (Celle JZ **79**, 608). Ist jur Pers eingetr, so erstreckt sich PrüfgsPfl auch auf VertrMacht des Handelnden (Schlesw DAR **85**, 26). Diese Prüfg ist aber nur Mindestvoraussetzg für Gutgläubigk; weitere Nachforschgen können geboten sein, zB wenn Brieffälschg nur grob fahrl übersehb (BGH **LM** Nr 21). Bei Erwerb von Händler, der Brief besitzt, ohne selbst eingetr zu sein, weitere Nachforschg jedenf geboten, wenn Umstände der Veräußerg zweifeln (BGH NJW-RR **87**, 1456; Ffm NJW-RR **86**, 1380; Hbg NJW-RR **87**, 1266; zB Preis); zT wird stets Nachforschg bei Letzteingetragenem verlangt (KG NJW **60**, 2243; Hamm NJW **75**, 171). Über Erwerb bei Kfz, für das kein Inlands-KfzBrief ausgestellt wird, weil es exportiert wird, vgl BGH **LM** Nr 17, 23, od eine BetrErlaubn genügt (Raupe/Bagger), vgl BGH WM **69**, 175 u Brschw WM **77**, 1212. Besteht bzgl des Kfz keine NachforschgsPfl, so besteht sie grds auch nicht bzgl einz nichtwesentl Bestandt (BGH **18**, 233 für Motor).

e) Maßgebender Zeitpunkt. Bei Übereigng nach § 929 S 1: BesErwerb; bei Übereigng nach § 929 S 2: Einigg. Diese Ztpkte (u nicht BdggsEintritt) auch bei aufschieb bdgter Übereigng (BGH **10**, 69; **30**, 374) u iFv Anm 2c bei Einwilligg maßg, währd iFv Anm 2c bei Gen deren Erteilg maßg ist (vgl § 892 Anm 7). Über Gutgläubigwerden zw Einigg u maßg Ztpkt vgl Gursky JR **86**, 225. Spätere Bösgläubigk unschädl (vgl Anm 5a).

4) Beweislast. Wer sich auf EigtErwerb beruft, muß die tats Erwerbsvoraussetzgn beweisen; wer ihn bestreitet, muß NichtEigt des Veräußerers u tats Umstände für Bösgläubigk des Erwerbers beweisen (BGH NJW **82**, 38; dort auch zur Notwendigk substantiierten Bestreitens der Bösgläubigk) u der BewPflichtige dies widerlegen (vgl BGH BlGBW **85**, 89).

5) Wirkung. – a) Der gutgl Erwerb führt zum **Erwerb wie vom Eigentümer.** Bösgläubigk nach dem maßg Ztpkt (vgl Anm 3 e) unschädl u begründet (auch bei Herausg an früh Eigtümer) keinen RMängel-GewLeistgsAnspr. Bei Weiterveräußerg erwirbt der Dritte wirksam, so daß seine Bösgläubigk bzgl NichtEigt des Erstveräußerers unerhebl. Früh Eigtümer ist gg den Erwerber auf Anspr aus §§ 816 I 2, 819 I beschränkt; auch bei leichter Fahrlk wg rechtm Erwerbs kein Anspr aus § 823 (BGH JZ **56**, 490). Entfällt das VfgsGesch inf Anfechtg od Eintritts auflöser Bdgg, so fällt das Eigt an den urspr Eigtümer zurück. Fehlt od entfällt das schuldrechtl GrdGesch, so steht der Anspr aus § 812 dem veräußernden NichtEigtümer zu (v Caemmerer FS-Boehmer S 145; str); über Wirkg der Rückübereigng vgl Anm 5 b. – **b)** Bei **Rückerwerb des Nichteigentümers** vom Erwerber wird der früh NichtEigtümer Eigtümer u ist dem früh Eigtümer aus SchadErsVerpfl (pVV/§ 823 iVm § 249) od §§ 812ff zur Übereigng verpfl. Dies gilt nicht nur bei Rückerwerb aGrd selbständ RGesch (allgM), sond auch bei Rückerwerb wg Fehlens (zB Unwirksamk, Anfechtg) od Aufhebg (zB Rücktr, Wandlg) des schuldrechtl GrdGesch od weil dieses (zB SichgsVertr) schon Rückübereignspfl begründete (AK/Reich Rdn 6; MüKo/Quack Rdn 62ff; RGRK/Pikart Rdn 34ff; Schwab § 32 VI; Wiegand JuS **71**, 62). Die GgMeing, die in den letzteren Fällen EigtErwerb des früh Eigtümers annimmt (44. Aufl; Erm/Schmidt Rdn 14; Planck/Brodmann Anm 4; Baur § 52 IV 2; Westermann § 47 II 3; W-Raiser § 69 IV; Lopau JuS **71**, 233), ist mit dem Abstraktionsprinzip nicht vereinb. EigtErwerb des früh NichtEigtümers auch, wenn Rückerwerb anfängl beabsichtigt, da Übertr auf Erwerber wg dessen Gutgläubigk nicht nichtig (MüKo/Quack Rdn 68).

932 a　**Gutgläubiger Erwerb nicht eingetragener Seeschiffe.** Gehört ein nach § 929a veräußertes Schiff nicht dem Veräußerer, so wird der Erwerber Eigentümer, wenn ihm das Schiff vom Veräußerer übergeben wird, es sei denn, daß er zu dieser Zeit nicht in gutem Glauben ist; ist ein Anteil an einem Schiff Gegenstand der Veräußerung, so tritt an die Stelle der Übergabe die Einräumung des Mitbesitzes an dem Schiff.

1) Für **eingetragene Schiffe** gelten SchiffsRG 15ff, wobei der öff Glaube des Registers den Erwerb vom NichtBerecht auch in den Fällen des SchiffsRG 2 deckt, also bei der Übereigng von Seeschiffen, wo zum EigtÜberg dessen Eintr im Reg nicht notw ist (vgl Baur § 31 II 2c). Nach hM gilt die RVermutg des § 15 SchiffRG sinngem auch für die Veräußerg von Schiffsparten u PfdRechten an ihnen.

2) Für **nichteingetragene Seeschiffe** usw gem § 929a gelten gem § 932a die Grdsätze des § 932.

933　**Gutgläubiger Erwerb bei Besitzmittelung.** Gehört eine nach § 930 veräußerte Sache nicht dem Veräußerer, so wird der Erwerber Eigentümer, wenn ihm die Sache von dem Veräußerer übergeben wird, es sei denn, daß er zu dieser Zeit nicht in gutem Glauben ist.

1) Allgemeines. – a) § 933 schützt den, der eine **bewegliche Sache durch Rechtsgeschäft nach § 930** vom NichtEigtümer erwirbt (§ 932 Anm 1 gilt. **Beweislast** wie § 932 Anm 4; **Wirkung** wie § 932 Anm 5. – **b)** Zw VertrAbschl (Anm 2a) u EigtErwerb dch Überg (Anm 2b) ist der Erwerber aGrd des wirks BesMittlgsVereinbg (MüKo/Quack Rdn 13; Jauernig Anm 4; aA W-Raiser § 69 II 2 c) **mittelbarer Besitzer** u Dritter kann von ihm nach § 934 Fall 1 erwerben (vgl § 868 Anm 1 b bb).

2) Alle **Erfordernisse des § 930** (bis auf Eigt des Veräußerers) müssen erfüllt sein; **zusätzlich Übergabe** von Veräußerer an Erwerber notw (Anm 2b).

a) Die **Einigung** muß wirks sein; § 932 Anm 2c gilt entspr. Einigg u **Besitzmittlungsvereinbarung** (§ 930 Anm 3) müssen dem BestimmthGrds genügen (§ 930 Anm 2).

b) Eigentumserwerb erst mit Übergabe iSv § 929 S 1, bei der Einigg fortbestehen (wird vermutet) aber nicht wiederholt werden muß. Überg dch BesDiener od unmittelb besitzden Dritten auf Weisg des Veräußerers genügt (vgl § 932 Anm 2b). Überg an BesDiener od BesMittler (BesMittlgsVerh muß bei Überg schon bestehen; BGH JR **78**, 154) des Erwerbers genügt. Überg kann dch Abtr des HerausgAnspr gg

Eigentum. 3. Titel: Erwerb u. Verlust an bewegl. Sachen §§ 933–935

einen unmittelb Besitzer erfolgen (RGRK/Pikart Rdn 10; Tiedtke WPM **78**, 450). – Erwerber muß den **Besitz vom Veräußerer mit dessen Willen in Vollziehung der Veräußerung** erhalten (BGH **67**, 207); dafür genügt Wegn dch GVz aGrd HerausgUrt (nicht aber aGrd einstw Vfg; Hamm Recht **25**, 652) od Herausg dch KonkVerw aGrd vermeintl AussondersgsR (BGH **LM** Nr 1; dazu Baumgärtel MDR **60**, 305); nicht genügt, daß Erwerber ihm zunächst trhd übergebene Sache später in EigenBes nimmt (BGH JZ **72**, 165; dazu Serick BB **72**, 277). Wegn dch Erwerber nur genügd, wenn Veräußerer zZ der Wegn damit einverstanden (BGH **LM** Nr 1); dazu reicht vorher erklärte u fortbestehde VeräußererZust (vgl § 929 Anm 3 a cc); nicht aber nachträgl Genehmigg (BGH JR **78**, 154; aA Deutsch JZ **78**, 385). – Völlige **Besitzaufgabe des Veräußerers** notw (BGH JR **78**, 154); vorübergehde GebrÜberlassg an Erwerber genügt nicht (Mü NJW **70**, 667).

3) **Mangelnde Gutgläubigkeit** (Bösgläubigk) des Erwerbers hindert den Erwerb. – **a) Person, Gegenstand, Begriff:** § 932 Anm 3 a–d gilt. – **b) Maßgebender Zeitpunkt:** Überg nach Anm 2 b. Über Gutgläubigwerden zw Einigg u maßg Ztpkt vgl Gursky JR **86**, 225.

934 *Gutgläubiger Erwerb bei Abtretung des Herausgabeanspruches.* Gehört eine nach § 931 veräußerte Sache nicht dem Veräußerer, so wird der Erwerber, wenn der Veräußerer mittelbarer Besitzer der Sache ist, mit der Abtretung des Anspruchs, anderenfalls dann Eigentümer, wenn er den Besitz der Sache von dem Dritten erlangt, es sei denn, daß er zur Zeit der Abtretung oder des Besitzerwerbes nicht in gutem Glauben ist.

1) **Allgemeines.** § 934 schützt den, der eine **bewegliche Sache durch Rechtsgeschäft nach § 931** vom NichtEigtümer erwirbt; § 932 Anm 1 gilt. **Beweislast** wie § 932 Anm 4; **Wirkung** wie § 932 Anm 5.

2) Alle **Erfordernisse des § 931** (bis auf Eigt der Veräußerers) müssen erfüllt sein, soweit nicht iFv Anm 2b ein bloß behaupteter HerausgAnspr genügt. Iü unterscheidet § 934, ob der Veräußerer mittelb Besitzer ist (Anm 2a) od nicht (Anm 2b).

a) Veräußerer ist mittelbarer Besitzer, dh ihm steht als mittelb Eigen- od Fremdbesitzer (BGH WPM **77**, 1090) ein wirkl bestehder (BGH **LM** § 931 Nr 7; bei Nichtbestehen Erwerb nach Anm 2b mögl) HerausgAnspr aus einem BesMittlgsVerh zu. Das Eigt geht mit der wirks Abtretg auf den Erwerber über; hier genügt also Verschaffg des mittelb Bes nach § 870, währd iFv § 933 zur Verschaffg dch Vereinbg eines BesMittlgsVerh die Überg hinzutreten muß (vgl dazu BGH **50**, 45; Lange JuS **69**, 162; Michalski AcP **181**, 384; Picker AcP **88**, 511). EigtErwerb nach § 934 Fall 1 daher in folgden Fällen mögl: erststuf mittelb Fremdbesitzer (= NichtEigtümer) tritt seinen HerausgAnspr gg den unmittelb Fremdbesitzer ab u verdrängt damit zweitstuf mittelb Eigenbesitzer aus dem Eigt (vgl § 868 Anm 1b aa); mittelb Eigenbesitzer (aber NichtEigtümer) tritt seinen HerausgAnspr aus einem BesMittlgsVerh ab, das bei seiner Begründg ein zum Eigtümer bestehdes wg Unvereinbark vernichtet hat (vgl § 868 Anm 1b bb); NichtEigtümer läßt die Sache verwahren u tritt HerausgAnspr gg Verwahrer ab. Spätere einseit Beendigg des mittelb Bes dch BesMittler unschädl. – Entspr § 936 III kein EigtErwerb, wenn Eigtümer als BesMittler des Veräußerers (zB als Mieter des Nießbrauchers) besitzt (MüKo/Quack Rdn 12; Westermann § 50, 3; aA Planck/Brodmann Anm 3; RGRK/Pikart Rdn 7).

b) Veräußerer ist nicht (mittelbarer) Besitzer, dh ihm steht ein nicht auf einem BesMittlgsVerh iSv § 868 beruhder (zB §§ 812, 823) od ein nur behaupteter (BGH NJW **78**, 696) HerausgAnspr zu. Dch Abtretg alleine kein EigtÜbergang. EigtÜbergang erst, wenn der Erwerber (nicht notwendig iFv abgetr Anspr) auf der GrdLage des VeräußergsGesch (Westermann § 48 II 3; W-Raiser § 69 II 2d) unmittelb (zB auch dch Überg an seinen BesDiener) od mittelb (zB dch Überg an seinen BesMittler; RG **137**, 23) Bes erlangt; für Erlangg mittelb Bes reicht, daß der unmittelb Besitzer als Schuldn des angebl HausausgAnspr sein BesMittlgsVerh zu einem Dritten (zB Eigtümer) dch Begründg mit diesem nicht vereinb BesMittlgsVerh zum Erwerber beendet (BGH NJW **78**, 696; vgl § 868 Anm 1b cc). Eigenmächt BesVerschaffg des Erwerbers reicht nicht (Schlesw SchlHA **57**, 122). Späterer BesVerlust (auch des mittelb Bes dch einseit Beendigg seitens des BesMittlers) unschädl.

3) **Mangelnder Gutgläubigkeit** (Bösgläubigk) des Erwerbers hindert den Erwerb. – **a) Person:** § 932 Anm 3 a gilt. – **b) Gegenstand:** § 932 Anm 3 b gilt; iF der Abtretg eines nicht bestehden HerausgAnspr (Anm 2b) darf der Gegner auch hinsichtl dieses Anspr nicht bösgläub sein (MüKo/Quack Rdn 17). Kein Schutz des guten Gl iFv Anm 2a daran, daß abgetr Anspr wirkl besteht, nicht gem § 399 beschr abtretb (BGH NJW **79**, 2037) u nicht in nicht mitübergebenem TradPap verbrieft (BGH **49**, 160), so daß mangels wirks Abtretg kein EigtErwerb; EigtErwerb nach Anm 2b bleibt aber mögl (vgl Tiedtke WPM **79**, 1142; MüKo/Quack Rdn 8, 14). – **c) Begriff:** § 932 Anm 3c, 3d gilt. – **d) Maßgebender Zeitpunkt:** Abtretg iFv Anm 2a, BesErlangg iFv Anm 2b. Über Gutgläubigwerden zw Einigg u maßg Ztpkt vgl Gursky JR **86**, 225.

935 *Abhanden gekommene Sachen.* I Der Erwerb des Eigentums auf Grund der §§ 932 bis 934 tritt nicht ein, wenn die Sache dem Eigentümer gestohlen worden, verlorengegangen oder sonst abhanden gekommen war. Das gleiche gilt, falls der Eigentümer nur mittelbarer Besitzer war, dann, wenn die Sache dem Besitzer abhanden gekommen war.

II Diese Vorschriften finden keine Anwendung auf Geld oder Inhaberpapiere sowie auf Sachen, die im Wege öffentlicher Versteigerung veräußert werden.

1) **Allgemeines. – a) Kein Eigentumserwerb nach §§ 932–934,** wenn der Eigtümer (I 1) od sein BesMittler (I 2) ihren unmittelb Bes unfreiwill verloren haben (Ausn: **II**). Das Gesetz hält hier den Eigtümer für schutzwürdiger als den gutgl Erwerber. Der Eigtümer kann die Sache von jedem späteren Erwerber

1117

§§ 935, 936

nach § 985 ff herausverlangen, wenn er das Eigt nicht nach §§ 937 ff, 946 ff verloren hat (Mü NJW **87**, 1830); Erwerber kann nicht Ers des Kaufpr verlangen (2a vor § 994). Eigtümer kann Weiterveräußerg dch einen Erwerber genehmigen u von ihm den Erlös verlangen (§ 816 Anm 2c). – b) Werden **Bestandteile/Früchte** widerrechtl getrennt u in Bes genommen, so sind sie dem Besitzer der Haupt/Muttersache abhgek, in dessen Eigt sie mit der Trenng fielen. Mit der Hauptsache abhgek sind ihre Bestandt zZ des Abhkommens; str für Früchte, die bei Abhkommen der Muttersache schon im Keim vorhanden (vgl § 955 Anm 1). – c) **Nicht anwendbar ist § 935**, wenn unmittelb Besitzer, der nicht BesMittlers des Eigtümers, seinen Bes unfreiwill verliert (Düss JZ **51**, 269 Anm Raiser; MüKo/Quack Rdn 7; aA Erm/Schmidt Rdn 5; Westermann § 49 I 5) u wenn Eigtümer seinen mittelb Bes unfreiwill verliert, weil der BesMittler ohne Willen des Eigtümers die Sache fortgibt, sich aneignet od sonst das BesMittlgsVerh beendet (zB dch Begründg eines BesMittlgsVerh zu einem Dritten).

2) **Abhandengekommen** ist eine Sache, wenn der Eigtümer od sein BesMittler den unmittelb Bes ohne (nicht notw gg) seinen Willen verloren hat (RG **101**, 224). Unfreiwill BesVerlust des BesMittlers aber unschädl, wenn dies mit Willen des Eigtümers geschah. Die Sache ist solange abhgek, bis Eigtümer/ BesMittler wieder unmittelb Bes erhalten (Beschlagn reicht nicht; RG Warn **25**, Nr 25) od Eigtümer die Rückerlangg ablehnt (Planck/Brodmann Anm 2). – a) **Diebstahl** (StGB 242–244, 248a) ist Unterfall des Abhkommens; Schuld od StrafAntr iFv StGB 247 nicht notw. Bei Unterschlagg dch BesMittler gelten §§ 932–934; über BesDiener vgl Anm 3a. – b) **Verlust** ist Unterfall des Abhkommens. Es gilt nicht Begriff des Verlierens iSv §§ 965 ff, denn im dortigen Sinn verloren ist auch die vom BesMittler ohne Willen des Eigtümers weggeworfene Sache. – c) **Geschäftsunfähigkeit**. Weggabe dch GeschUnfähigen ist unfreiwill (KG OLG **15**, 356); bei beschr GeschFähigen ist UrtFähigk über ihre Bedeutg maßg (Baur § 52 V 2b aa; Jauernig Anm 2b aa; aA Hbg OLG **43**, 225; Westermann § 49 I 3: freiwill). – d) **Irrtum, Täuschung** begründen keine Unfreiwilligk (RG **101**, 225); Anfechtg unerhebl. – e) **Drohung** begründet Unfreiwilligk (Baur § 52 V 2b bb; enger BGH **4**, 10 [34]; NJW **53**, 1506: nur bei unwiderstehl Gewalt gleichstehdem seelischen Zwang). – f) **Nichtiges Rechtsgeschäft** (Grd- od VfgsGesch) begründet keine Unfreiwilligk (KG OLG **15**, 356; Ffm NJW **49**, 429). – g) **Hoheitsakt** (zB ZwVollstr, Beschlagn) ersetzt Besitzerwillen. Wegnahme aGrd (auch anfechtb) HohAkts begründet (auch nach erfolgreicher Anfechtg; aA RGRK/Pikart Rdn 19) kein Abhkommen; and bei Nichtigk (RGRK/Pikart aaO; aA MüKo/Quack Rdn 14).

3) **Besondere Besitzlagen.** – a) **Besitzdiener.** Unfreiwill BesVerlust des BesHerrn, wenn BesDiener die Sache ohne dessen Willen sich zueignet (unterschlägt) od weggibt (RG **71**, 248; **106**, 4; Ffm OLGZ **89**, 198). Gilt auch bei Verstoß gg Weisungen für die Weggabe (aA Baur § 52 V 2a bb; Westermann § 49 I 6) sowie wenn BesDiener nicht als solcher erkennb u Einwirkg des BesHerrn entzogen (RG aaO; Baur aaO; aA Soergel/Mühl Rdn 2; Westermann aaO). Erwerber aber geschützt, wenn BesDiener nach HGB 56 od sonst entspr vertretgsberecht. – b) **Mitbesitzer.** Unfreiwill BesVerlust für einen Mitbesitzer genügt (Brschw OLG **26**, 58). Die von einem Mitbesitzer ohne Willen des and weggebene Sache ist letzterem abhgek. – c) **Erbenbesitz** ist dch § 935 geschützt (vgl § 857 Anm 2). – d) **Juristische Person.** Zum Abhkommen bei Weggabe dch ein Organ vgl § 854 Anm 5 b. – e) **Gesamthandsgemeinschaft.** Zum Abhkommen bei Weggabe dch ein Mitgl vgl § 854 Anm 6.

4) **Ausnahmen** wg VerkSchutz in **II**. Bei Bösgläubigk aber kein EigtErwerb (RG **103**, 288). – a) Umlaufäh in-/ausländ **Geld**, das obj als Zahlgmittel geeignet (entgstehde Zweckbestimmg des Veräußerers unerhebl; LG Würzbg NJW **88**, 2191); nicht also reine Sammlerstücke . – b) Wahre **Inhaberpapiere**: (§§ 793 ff; AktG 10 I; KAGG 18 I 2; auch auf den Inh gestellte Karten usw (§ 807). Nicht Legitimations- u OrderPap; vgl aber HGB 365, 367; WechselG 16 II; ScheckG 21. Zum GutGlaubErw beim Erwerb gestohlener ErsDividendenscheine Franke WPM **73**, 982; bei vor Ausg an die weiteren Aktionäre in Verk gelangten Aktien Canaris, Die Vertrauenshaftg im dt PrivR, 1971, S 252f, u Zöllner, WertPapR[14], § 29 III. – c) **Öffentliche Versteigerung**: § 383 III, also nicht aGrd ZPO (vgl dazu Einf 2c vor § 929), ZVG. EigtErwerb nach § 383 III erfolgt gem §§ 929 ff. Für den guten Glauben, der sich, wenn Ersteher nicht schon dch § 932 II geschützt ist, analog § 1244 auch auf die Zulässigk der Versteiger erstrecken muß (Kuhnt MDR **53**, 641; Dünkel, Öff Verst u gutgl Erwerb, 1970 S 71 ff) entscheidet der Ztpkt der Überg.

5) **Beweislast.** Wer EigtErwerb bestreitet, muß Abhkommen beweisen. Wer sich auf Erwerb nach **II** beruft, muß dessen Voraussetzgen beweisen; Gegner muß dann NichtEigt des Veräußerers u Bösgläubigk des Erwerbers beweisen.

936 *Dingliche Rechte Dritter.*

I Ist eine veräußerte Sache mit dem Rechte eines Dritten belastet, so erlischt das Recht mit dem Erwerbe des Eigentums. In dem Falle des § 929 Satz 2 gilt dies jedoch nur dann, wenn der Erwerber den Besitz von dem Veräußerer erlangt hatte. Erfolgt die Veräußerung nach § 929a oder § 930 oder war die nach § 931 veräußerte Sache nicht im mittelbaren Besitze des Veräußerers, so erlischt das Recht des Dritten erst dann, wenn der Erwerber auf Grund der Veräußerung den Besitz der Sache erlangt.

II Das Recht des Dritten erlischt nicht, wenn der Erwerber zu der nach Abs. 1 maßgebenden Zeit in Ansehung des Rechtes nicht in gutem Glauben ist.

III Steht im Falle des § 931 das Recht dem dritten Besitzer zu, so erlischt es auch dem gutgläubigen Erwerber gegenüber nicht.

1) **Allgemeines.** – a) **Lastenfreier Erwerb** einer veräußerten Sache (**I**; Ausn: **III**), wenn der Erwerber hinsichtl der Belastg gutgl ist (**II**). Die Belastg erlischt endgült (vgl § 932 anm 5a); über Wiederaufleben bei Rückerwerb vgl § 932 Anm 5b. – b) **Belastungen:** Nießbr, vertragl/gesetzl PfdR, PfdgsPfdR (RG **161**, 109; BGH WPM **62**, 1177; aA Lüke JZ **55**, 484), VerfolggsR nach KO 44 (str), AnwR aus aufschieb (zB des

Eigentum. 3. Titel: Erwerb u. Verlust an bewegl. Sachen §§ 936–940

VorbehKäufers) od auflösd (zB des SichgGebers) bdgter Übereign, AneigngsR, nicht aber ZbR nach HGB 369 sowie schuldrechtl BesR (vgl dazu § 986). – **c**) **Sondervorschriften:** §§ 1121 II 1, 1242 II; SchiffsRG 16, 77; LuftfzRG 98 I; PachtKrG 5 (vgl Einf 2e vor § 1204).

2) Voraussetzungen für Erlöschen. – **a) Eigentumserwerb (I 1)** vom Eigtümer nach §§ 929–931 od vom NichtEigtümer nach §§ 932–934, 935 II. – **b) Besitzerlangung (I 2, 3)** aGrd Veräußerg entspr §§ 932 I 2 (vgl dort Anm 2b), 933 (vgl dort Anm 2b), 934 Fall 2 (vgl dort Anm 2b). Dies ist bei Erwerb vom NichtEigtümer schon Voraussetzg für EigtErwerb (womit zugl Lastenfreih eintritt) u bei Erwerb vom Eigtümer zusätzl Voraussetzg für Lastenfreih des erworbenen Eigt.

3) Kein Erlöschen. – **a) Mangelnde Gutgläubigkeit (II)** des Erwerbers (§ 932 Anm 3a gilt) hinsichtl des Bestehens der Belastg zZ der BesErlangg hindert das Erlöschen; bei PfdR wird Gutgläubigk an die Höhe der gesicherten Fdg nicht geschützt. Begriff entspr § 932 II (vgl dort Anm 3c, 3d). Wer in Mieträumen befindl Sachen erwirbt od landw Erzeugn aufkauft, muß idR mit Vermieter- (BGH NJW **72**, 43) bzw FrüchtePfdR (Schlesw SchlHA **56**, 111) rechnen. Guter Gl an Befugn zu lastenfreier Übereign nur iRv von HGB 366 II geschützt. – **b) Besitz des Rechtsinhabers (III).** Bei Veräußerg nach § 931, 934 kein Erlöschen, solange der RInh unmittelb od mittelb (KG OLG **41**, 184) Besitzer ist. Über entspr Anwendg auf Eigt vgl § 934 Anm 2a. – **c) Abhandenkommen.** Ist die Sache dem RInh abhgek, so kein Erlöschen (§ 935 I; and iFv § 935 II). Ist sie nicht auch dem Eigtümer abhgek, so kann belastetes Eigt erworben werden.

4) Beweislast. Wer sich auf Lastenfreih beruft, muß EigtErwerb wie bei §§ 929–934, 935 II sowie BesErlangg (Anm 2b) beweisen; wer sie bestreitet, muß Bösgläubigk, die EigtErwerb (§§ 932–934, 935 II) bzw Erlöschen (Anm 3a) hindert, od AbhKommen, das EigtErwerb (§ 935 I) bzw Erlöschen (Anm 3c) hindert, beweisen.

II. Ersitzung

Vorbemerkung

1) Ersitzung. Sie ermöglicht den EigtErwerb in Fällen, in denen dies dch RGesch (insb wg §§ 105 I, 935 I) nicht mögl. Ersitzder erwirbt krG urspr/originär Eigt u bish Eigtümer verliert es.

2) Schuldrechtliche Rückgewähransprüche. – **a) Bereicherung.** Die RBereinigg aGrd § 937 ist bzgl des Mangels des RGrd engült, so daß keine Anspr aus §§ 812ff des bish Eigtümers gg den Ersitzden bestehen (Planck/Brodmann § 937 Anm 3; RGRK/Pikart § 937 Rdn 20; Schwab § 33 VI; im Ggs zu §§ 951, 977 keine Verweisg auf BereicherungsAusgl. Nach aA Leistgskondiktion, wenn Ersitzder im Zuge fehlgeschlagener Leistgsbeziehg zum bish Eigtümer EigenBes erwarb: BesKondiktion, die sich aus § 818 I auf Herausg des aGrd des Bes erlangten Eigt erstreckt (RG **130**, 69; MüKo/Quack § 937 Rdn 24; Staud/Wiegand § 937 Rdn 22). – **b) Vertrag.** Vertragl RückgAnspr (zB aus Leihe) bleiben unberührt u gehen auf Rückübereigng. – **c) Delikt.** Anspr aus § 823, der bei leicht fahrl EigenBesErwerb denkb, ausgeschl, selbst wenn VerjFr noch nicht abgelaufen (Erm/Hefermehl § 937 Rdn 6).

937 Voraussetzungen. ¹ Wer eine bewegliche Sache zehn Jahre im Eigenbesitze hat, erwirbt das Eigentum (Ersitzung).

² Die Ersitzung ist ausgeschlossen, wenn der Erwerber bei dem Erwerbe des Eigenbesitzes nicht in gutem Glauben ist oder wenn er später erfährt, daß ihm das Eigentum nicht zusteht.

1) Zehnjähriger Eigenbesitz (I); unmittelb od mittelb EigenBes iSv § 872. FrBerechng: §§ 187ff. BewLast hat, wer sich auf Ersitzg beruft (vgl auch § 938). – **Nicht gutgläubig (II)** ist, wer bei BesErwerb weiß od inf grober Fahrlk nicht weiß, od nicht Eigtümer ist, od wer dies nachträgl erkennt (grobe Fahrlk genügt hier nicht). Nachträgl Gutgläubigk mögl (Grunsky JR **86**, 225); mit ihr beginnt Frist nach I. BewLast hat, wer Ersitzg bestreitet. – **Wirkung:** Vorbem 1, 2. Über Ersitzg dch ErbschBesitzer vgl § 2026.

938 Vermutung des zwischenzeitlichen Besitzes. Hat jemand eine Sache am Anfang und am Ende eines Zeitraums im Eigenbesitze gehabt, so wird vermutet, daß sein Eigenbesitz auch in der Zwischenzeit bestanden habe.

1) Beweis des Ggteils ZPO 292. Vgl auch § 940.

939 Hemmung. Die Ersitzung kann nicht beginnen und, falls sie begonnen hat, nicht fortgesetzt werden, solange die Verjährung des Eigentumsanspruchs gehemmt ist oder ihrer Vollendung die Vorschriften der §§ 206, 207 entgegenstehen.

1) Zeit, währd der Verj des Anspr aus § 985 nach §§ 202–204 gehemmt, wird in ErsitzgsFr nicht eingerechnet (§ 205). Solange Ablauf der VerjFr gehemmt (§§ 206, 207), kann Ersitzg nicht vollendet werden. BewLast hat, wer Ersitzg bestreitet.

940 Unterbrechung durch Besitzverlust. ¹ Die Ersitzung wird durch den Verlust des Eigenbesitzes unterbrochen.

§§ 940–945

II Die Unterbrechung gilt als nicht erfolgt, wenn der Eigenbesitzer den Eigenbesitz ohne seinen Willen verloren und ihn binnen Jahresfrist oder mittels einer innerhalb dieser Frist erhobenen Klage wiedererlangt hat.

1) Verlust des Eigenbesitzes (I) überhaupt (nicht schon dch Tod, § 857) od dch Betätigg des Fremdbesitzerwillens (zB bei SichersÜbereigng) unterbricht Ersitzg (Wirkg: § 942). BewLast hat, wer Ersitzg bestreitet. – **Keine Unterbrechung (II)** bei zeitweil unfreiwill (§ 935 Anm 2) BesVerlust. BewLast hat, wer sich auf Ersitzg beruft.

941 *Unterbrechung durch Geltendmachung des Eigentumsanspruches.* Die Ersitzung wird unterbrochen, wenn der Eigentumsanspruch gegen den Eigenbesitzer oder im Falle eines mittelbaren Eigenbesitzes gegen den Besitzer gerichtlich geltend gemacht wird, der sein Recht zum Besitze von dem Eigenbesitzer ableitet; die Unterbrechung tritt jedoch nur zugunsten desjenigen ein, welcher sie herbeiführt. Die für die Verjährung geltenden Vorschriften der §§ 209 bis 212, 216, 219, 220 finden entsprechende Anwendung.

1) Gerichtliche Geltendmachung §§ 209, 210, 220) des Anspr aus § 985 (auch iW ZPO 256) dch den wahren Eigtümer unterbricht die Ersitzg zG des Eigtümers u seiner RNachf (Wirkg: § 942). Unterbrechg zG aller MitEigtümer, wenn einer nach § 1011 auf Herausg an alle klagt (MüKo/Quack Rdn 9; aA Staud/Wiegand Rdn 6). Klage gg BesDiener od ZwBesitzer iSv § 940 II unterbricht nicht (str; vgl MüKo/Quack Rdn 6, 7). Dauer der Unterbrechg: §§ 211, 212, 216, 219. – **Außergerichtliche Geltendmachung** unterbricht nicht, kann aber bösgläub iSv § 937 II machen.

942 *Wirkung der Unterbrechung.* Wird die Ersitzung unterbrochen, so kommt die bis zur Unterbrechung verstrichene Zeit nicht in Betracht; eine neue Ersitzung kann erst nach der Beendigung der Unterbrechung beginnen.

1) Wirkg entspr § 217. Aber neue Ersitzg nur, wenn der Besitzer auch gutgl ist (§ 937 II Fall 1).

943 *Rechtsnachfolge.* Gelangt die Sache durch Rechtsnachfolge in den Eigenbesitz eines Dritten, so kommt die während des Besitzes des Rechtsvorgängers verstrichene Ersitzungszeit dem Dritten zustatten.

1) Sondernachfolge aGrd Einigg mit Vorbesitzer (vgl § 221 Anm 1; RG **129**, 204) od nach § 158 II. Bei Vorgänger u Nachf müssen die Voraussetzgen des § 937 vorliegen. Anzurechnen ist die Ersitzzeit des Vorgängers gem §§ 939 ff. – **Gesamtnachfolge.** Erbe (§ 857) kann die Ersitzg des Erblassers fortsetzen od, wenn dieser bösgläub war, er aber gutgläub, eine eigene beginnen. – Bei **mehrfacher Nachfolge** gilt § 943 auch (Ffm MDR **76**, 223; aA Ordemann JR **61**, 93).

944 *Erbschaftsbesitzer.* Die Ersitzungszeit, die zugunsten eines Erbschaftsbesitzers verstrichen ist, kommt dem Erben zustatten.

1) Der ErbschBesitzer (§ 2018) ist nicht RNachf des Erblassers, der Erbe nicht RNachf des ErbschBesitzers. Trotzdem schadet der BesVerlust dem Erben nicht. Er kann sich anrechnen: die Ersitzzeit des ErbschBesitzers, wenn dieser gutgl annahm, die Sache gehöre zum Nachl; guter Gl in bezug auf das ErbR nicht nötig (Staud/Wiegand Rdn 1; aA Erm/Hefermehl Rdn 1). Außerdem die Ersitzzeit des Erblassers nach § 943.

945 *Rechte Dritter.* Mit dem Erwerbe des Eigentums durch Ersitzung erlöschen die an der Sache vor dem Erwerbe des Eigenbesitzes begründeten Rechte Dritter, es sei denn, daß der Eigenbesitzer zur Zeit des Erwerbes des Eigenbesitzes in Ansehung dieser Rechte nicht in gutem Glauben ist oder ihr Bestehen später erfährt. Die Ersitzungsfrist muß auch in Ansehung des Rechtes des Dritten verstrichen sein; die Vorschriften der §§ 939 bis 944 finden entsprechende Anwendung.

1) Geltungsbereich. § 945 regelt das Erlöschen vor Erwerb des EigenBes begründeter Rechte Dritter iSv § 936 Anm 1 b. Danach begründete Rechte bleiben bestehen.

2) Voraussetzungen für Erlöschen. – **a)** EigtErwerb dch Ersitzg; aber auch dch RGesch, das zu belastetem Erwerb geführt hat (vgl § 936 Anm 3 c; Ersitzg der LastenFreih). – **b)** Ablauf der ErsitzgsFr ggü dem DrittBerecht (vgl §§ 939–944). – **c)** BewLast hat, wer sich auf LastenFreih beruft (für EigtErwerb hindernde Bösgläubig vgl aber Anm 3 a).

3) Kein Erlöschen. – **a)** Mangelnde Gutgläubig iSv § 937 II bzgl Belastgen hindert Erlöschen. BewLast hat, wer LastenFreih bestreitet; gilt auch für EigtErwerb hindernde Bösgläubig. – **b)** Besitz des DrittBerecht hindert Erlöschen (§ 936 III entspr).

Eigentum. 3. Titel: Erwerb u. Verlust an bewegl. Sachen **Vorbem v § 946, §§ 946, 947**

III. Verbindung. Vermischung. Verarbeitung

Vorbemerkung

Schrifttum: Spyridakis, Zur Problematik der Sachbestandteile, 1966. – Serick, VerbindgsKlauseln als KreditsichergsMittel, BB **73**, 1405. – Pikart, Die Rspr des BGH z EigtErwerb durch Verbindg, Vermischg u Verarbeitg, WPM **74**, 650.

1) An zu wesentl Bestandteilen einer anderen Sache gewordenen u an untrennb vermischten od vermengten Sachen verschiedener Eigtümer kann entspr dem Grds des § 93 das bish Eigt nicht fortbestehen; das Gleiche bei Vermengg, da hier die Zuordng der einz Sachen nicht mehr bestimmb ist. Die Eigtümer der einzelnen Sachen werden Miteigtümer (§§ 947 I, 948) od der Eigtümer der Haupts wird AlleinEigtümer (§§ 946, 947 II, 948). Bei der Verarbeitg muß das Eigt am Stoff dem Wert der Verarbeitg weichen (§ 950). Rechte Dritter erlöschen (§§ 949 S 1, 950 II) od bleiben nur im MitEigtAnteil bestehen (§ 949 S 2). Der Beeinträchtigte ist nach § 951 zu entschädigen.

2) Unterscheide davon EigtErwerb dch Einverleibg in Inventar, vgl § 582a Anm 2a; § 1048 Anm 1; § 2111 Anm 4.

946 *Verbindung von Fahrnis mit Grundstücken.* Wird eine bewegliche Sache mit einem Grundstücke dergestalt verbunden, daß sie wesentlicher Bestandteil des Grundstücks wird, so erstreckt sich das Eigentum an dem Grundstück auf diese Sache.

1) **Allgemeines.** Verbindg ist TatHdlg (Übbl 2 d vor § 104), nicht rgesch Vfg (zB iSv § 816).

2) **Voraussetzung.** Verbindg von Fahrnis mit einem Grdst als dessen wesentl Bestandt. Oder mit einem Gebäude, das wesentl Bestandt (nicht nur Scheinbestandt; BGH NJW **87**, 774) des Grdst ist. ZB Tankanlage des GaragenGrdst (RG **150**, 27). Oder mit eingetragenem Schiff (BGH **26**, 225; Motor wesentl Bestandt nach § 94 II). – Versorggsleitgen (Gas, Wasser) können unter den Voraussetzgen des § 95 Scheinbestandteile des Grdst, in denen sie liegen, damit aber Zubehör des WerkGrdst sein (BGH **37**, 353, 357/8; vgl BGH NJW **68**, 2331 für priv Abwässerleitgen u Willers Betr **68**, 2023). – Zum Eigt an Hausanschlußleitgen vgl Lenz, Betr **67**, 1972 (Wasserleitg: Gemeinde; Strom u Gas: Energieunternehmen). Vgl §§ 93–95. Gleichviel wer die Verbindg dieser Art herstellt; ob geschäftsfäh od berecht od gutgl od nicht; vgl aber § 951. Regelmäß ist auch der Wille belanglos (RG **152**, 352); anders in den Fällen §§ 94 II, 95: zur Herstellg des Gebäudes; zu einem vorübergehden Zweck (dies idR nur bei Einfüg von Sachen unter EV, zB Heizkessel, Köln Rpfl **70**, 88; BGH WPM **74**, 126; Serick BB **73**, 1409); in Ausübg eines Rechts. Eigt am Behelfsheim erwirbt Bauherr (LG Hgb MDR **47**, 122); uU anders, wenn es auf Dauer berechnet (BGH WPM **63**, 1066); Einzelfall entscheidet; so w wesentl Bestandteil, so w Pächter in der berecht Erwartg einbaut, GrdEigtümer zu w (BGH WPM **72**, 389). Nachträgl Fortfall der Bestimmg z einem vorübergehden Zweck (§ 95 I 2) des fremden Rechts (§ 95 I 2) ändert dagg die EigtVerhältnisse nicht (vgl Gollnik AcP **157**, 469; BGH **23**, 57). Nachträgl Begründg eines derart Verh beseitigt die Wirkg des § 946 nicht von selbst, vielm ist Einigg u (so Pikart WPM **74**, 651) Trenng notw. Vgl im übr § 95 Anm 2, 3.

3) **Wirkung: a)** Bish FahrnEigtümer verliert sein Eigt; GrdstEigtümer erwirbt es im Ztpkt der Verbindg. Nach deren Aufhebg fällt es nicht von selbst wieder zurück (daher lebt auch EV nicht wieder auf; Stgt ZIP **87**, 1129), doch konkretisiert sich uU die Wertkondition des § 951 I wieder auf den abgetrennten Bestandteil. Nachträgl Wegnahme durch den bish Eigtümer ist rechtsw; Ausn § 951 II. Zustimmg des GrdstEigtümers zur Entferng bereits verbundener Sachen ist dem HypGläub ggü nach §§ 1121, 1134 wirkgslos (RG **73**, 335). Versuchsweise Einfügg genügt nicht (RG LZ **15**, 213). Zwingende Vorschr, ebso wie § 93; entggstehende Vereinbarg wirkgslos (RG **130**, 312). Bei Verbindg einer Sache mit zwei Grdst erwirbt jeder GrdstEigtümer den auf seinem Grdst befindl Teil; über spätere Trenng vgl RG **70**, 201. Ausnahmen §§ 95 I 2, 912 I; EG 182; vgl § 912 Anm 3b. Wegen § 242 bei völliger Umgestaltg vgl § 985 Anm 1.

b) Fehlvorstellungen über LeistgsBeziehgen vgl § 951 Anm 1c.

947 *Verbindung von Fahrnis mit Fahrnis.* ¹ Werden bewegliche Sachen miteinander dergestalt verbunden, daß sie wesentliche Bestandteile einer einheitlichen Sache werden, so werden die bisherigen Eigentümer Miteigentümer dieser Sache; die Anteile bestimmen sich nach dem Verhältnisse des Wertes, den die Sachen zur Zeit der Verbindung haben.

II Ist eine der Sachen als die Hauptsache anzusehen, so erwirbt ihr Eigentümer das Alleineigentum.

1) **Allgemeines.** Verbindg ist TatHdlg (vgl § 946 Anm 1). Liegen gleichzeitig die Voraussetzgen des § 950 vor, gilt nur § 950 (OGH **2**, 389). – § 947 gilt nicht für **unwesentliche Bestandteile.** Vorschr nicht dch SichgNehmer aus SichgÜEigng od VorbehVerkäufer zum Nachteil eines and Lieferanten abdingb, was prakt, wenn WertVerh des § 950 diesen ausschaltet u so zu § 947 führt (BGH JZ **72**, 165, dazu Serick BB **72**, 277; **73**, 1407).

2) **Voraussetzung.** Verbindg von Fahrnis mit Fahrnis. Auch mit Gebäuden, die nicht wesentl Bestandteile eines Grdst sind (§ 95 I). Gleichviel wer verbindet (RG Warn **29**, 161). Der Wille ist belanglos; Ausn §§ 94 II, 95 II. Im übr ist zu unterscheiden: **a) Erster Fall: Entstehung einer neuen einheitlichen Sache.** Die bisher selbständ Sachen werden wesentl Bestandteile (§ 93). ZB ZusBau von Eisenteilen zu einem

§§ 947–949   3. Buch. 3. Abschnitt. *Bassenge*

Brückenkörper (RG **132**, 348), Konservendosen u Füllgut (LG Brschw MDR **50**, 740). Über den ZusBau von Kraftwagen RG **144**, 239; Lechner JW **34**, 2540; OGH **2**, 389; Stgt NJW **52**, 145; KG NJW **61**, 1026; Lange MDR **51**, 165; auch Anm 2b.

b) Zweiter Fall: Eine Sache wird Hauptsache, die andere ihr wesentl Bestandteil. Maßgebd ist die nach der Verkehrsauffassg zu beurteilende allg Bedeutg der Teile für das Wesen (Funktion) des Ganzen, nicht (jedenf nicht entscheidend) das WertVerh (RG **152**, 99). Nebensachen sind Bestandteile, die ohne Beeinträchtigg der prakt Verwendbark der Sache fehlen könnten (BGH **20**, 163). Beispiele für den 2. Fall: Briefmarkensammlg u die einzelnen eingeklebten Marken (Dresden SeuffA **73**, 196); Wildling u aufgepropftes Edelreis (RG JW **28**, 2448). Fahrgestell eines Wagens meist (aber nicht immer, Karlsr NJW **51**, 447; KG NJW **61**, 1026) Hauptsache (Kbg JW **34**, 2540). Über Kfz- u Schiffsmotoren vgl § 93 Anm 5c. LKW-Bremstrommel ist wesentl KfzBestandt (Hamm MDR **84**, 842).

3) Wirkung: Fall 2a: Miteigentum (§§ 741ff, 1008ff). Entspr dem WertVerh der selbständigen Sachen zZ der Verbindg. § 742 gilt nicht; jeder MitEigtümer muß seinen Anteil beweisen (RG **112**, 103). **Fall 2b: Alleineigentum**, dh fortbestehdes Eigt an der Hauptsache, das sich auf die Nebensache erstreckt, dazu Serick BB **73**, 1406. – Zwingende Vorschr (§ 946 Anm 3). Abweichde Regelg nur nach §§ 929ff. – Wertausgleich § 951. – Tritt durch nachträgl Trenng früherer Zustand wieder ein, so bleiben die einzelnen Sachen im Mit- od AlleinEigt. Aber der früh Eigtümer kann jetzt die ihm früher gehörige Sache kondizieren; vgl § 946 Anm 3, § 951 Anm 2a.

948 **Vermischung.** ^I Werden bewegliche Sachen miteinander untrennbar vermischt oder vermengt, so finden die Vorschriften des § 947 entsprechende Anwendung.

^{II} Der Untrennbarkeit steht es gleich, wenn die Trennung der vermischten oder vermengten Sachen mit unverhältnismäßigen Kosten verbunden sein würde.

1) Vermischung ist TatHdlg (Übbl 2d vor § 104), nicht rgesch Vfg (zB iSv § 816; Ffm NJW-RR **87**, 310).

2) Voraussetzungen. – a) Bei untrennb **Vermischung** verlieren die Sachen ihre körperl Abgrenzg; zB Gase, Flüssigk. Bei untrennb **Vermengung** behalten sie diese, lassen sich aber mangels natürl Unterscheidbark od Kennzeichng (Schlesw SchlHA **56**, 239) nicht mehr den bish Eigtümer zuordnen (BGH **14**, 114), Baumaterial (BGH NJW **58**, 1534; Hbg SeuffA **71**, 255), Geld (RG Warn **18**, 117), Tiere. – **b)** Die Vermischg/Vermengg darf **weder Übergabe** nach §§ 929ff (RG Warn **18**, 117) **noch Verarbeitung** nach § 950 (RG **161**, 113) sein.

3) Wirkungen. – a) Es entsteht **Bruchteilsmiteigentum** an der Gesamtmenge nach den WertVerh zZ der Vermischg/Vermengg. Ist das WertVerh nicht feststellb, so ist auch § 742 nicht anwendb (BGH NJW **58**, 1534 Anm Hoche, Soergel/Mühl Rdn 4; aA Flume NJW **59**, 922; Reinicke/Tiedtke WPM **79**, 186 wenn Vermischer nicht selbst Beteil u Sache ihm nicht unter EV geliefert), denn § 948 ist SonderVorschr u die dingl RLage kann nicht von der BewLage abhängen; daher kann auch § 1006 nicht schlechthin entscheiden. Wer bestimmten MitEigtAnt geltd macht, muß entspr Wertbeisteuerg beweisen. Rechte Dritter: § 949. AuseinandSetzg gem § 752; TeilgsR des besitzden MitEigtümers entspr HGB 419 nur bei **Geld** (RGRK/Pikart Rdn 17). – **b)** Entspr § 947 II entsteht **Alleineigentum** bei verschiedenart Sachen (zB Gerbstoff u Leder; Schlesw SchlHA **56**, 239) od sehr großem Mengenununterschied (BGH **14**, 114; RGRK/Pikart Rdn 14; aA Baur § 53a III 2). Für AlleinEigt bei Geld Medicus JuS **83**, 897 zu III 3b. Rechte Dritter: § 949.

4) Sondervorschrift. § 963; HGB 419; OLSchVO 23, 28; DepG 2–17 (für nicht vertretb WertP gilt § 948).

949 **Rechte Dritter.** Erlischt nach den §§ 946 bis 948 das Eigentum an einer Sache, so erlöschen auch die sonstigen an der Sache bestehenden Rechte. Erwirbt der Eigentümer der belasteten Sache Miteigentum, so bestehen die Rechte an dem Anteile fort, der an die Stelle der Sache tritt. Wird der Eigentümer der belasteten Sache Alleineigentümer, so erstrecken sich die Rechte auf die hinzutretende Sache.

1) S 1. In den Fällen der §§ 946, 947 II erlöschen mit dem Eigt an der einen Sache die Rechte Dritter daran endgültig. Entspr gilt für die VerfolggsR aus KO 44 (Planck Anm 1c). – **S 2.** In den Fällen der §§ 947 I, 948 (MitEigt) setzen sich die Rechte Dritter an dem seither EigtAnteil fort (vgl auch § 1066, 1258). Entspr Anwendg bei Sammelverwahrg (DepG 6). – **S 3.** Erstreckg der Rechte am Grdst (§ 946) u der Haupts (§ 947 II, § 948) auf die verbundene (vermischte) Sache.

2) Für AnwR an einer der Sachen gilt § 949 entspr; VergütgsAnspr aus § 951 gg Eigtümer u Anwärter entspr § 431 (Serick I § 15 VII 2a).

3) § 949 entspr, wenn alle Sachen dem gleichen Eigtümer gehören. Im Falle Satz 2 bestehen die Rechte Dritter (Nießbr, PfdR) an dem Anteil fort, der dem Wert der belasteten einen Sache entspricht (vgl RG **67**, 425).

4) § 935 iVm §§ 946ff: Bei § 946 scheidet § 935 begriffl aus (beachte aber § 951 Anm 1d cc); war iFv § 947 II die Haupts abh gekommen, gilt § 935 auch für die zugesetzte Sache; war iFv §§ 947 I, 948 ein Bestandt od eine Teilmenge abh gekommen, ergreift § 935 nicht den ihr entspr MitEigtBruchteil, so daß gutgl Dritter gem § 932 erwerben kann (KG OLG **12**, 125; LG Bielefeld MDR **51**, 164; Erm/Hefermehl § 947 Rdn 4; RGRK/Pikart Rdn 3; aA Soergel/Mühl Rdn 3; Westermann § 52 I 4).

Eigentum. 3. Titel: Erwerb u. Verlust an bewegl. Sachen § 950 1–3

950 *Verarbeitung.* ¹ Wer durch Verarbeitung oder Umbildung eines oder mehrerer Stoffe eine neue bewegliche Sache herstellt, erwirbt das Eigentum an der neuen Sache, sofern nicht der Wert der Verarbeitung oder der Umbildung erheblich geringer ist als der Wert des Stoffes. Als Verarbeitung gilt auch das Schreiben, Zeichnen, Malen, Drucken, Gravieren oder eine ähnliche Bearbeitung der Oberfläche.

II Mit dem Erwerbe des Eigentums an der neuen Sache erlöschen die an dem Stoffe bestehenden Rechte.

Aus dem **Schrifttum:** Laufke, FS-Hueck Seite 69; Neumann-Duesberg, Verlängerter Eigentumsvorbehalt des Baustofflieferanten, Betr **65**, 1845; Serick I § 15 VII 2b; ders, Konfliktloses ZusTreffen mehrerer Verarbeitsklauseln, BB **72**, 277; ders, Kollisionsfälle im Bereich der VerarbeitsKlauseln, BB **75**, 381; Rothkegel, EigtErwerb dch Verarbeitg, 1974.

1) Allgemeines. Vgl Vorbem v § 946. § 950 löst kein sozial-, sond ein wirtschpolit Problem: den Interessenkonflikt zw dem Rohstofflieferanten u dem Hersteller, bzw zw Hersteller der niederen u der höheren Produktionsstufe, zG des Herstellers (BGH **56**, 88). – § 950 geht den §§ 947, 948 vor (RG **161**, 113); zur Abgrenzg Serick BB **73**, 1405. – Vergütg: § 951, wobei § 993 die Haftg des Verarbeitden aus §§ 812, 818 (EingrKond – ohne Abzug der Erwerbskosten –) nicht ausschließt (BGH **55**, 176 mit Anm Ehmann NJW **71**, 612): gutgl Erwerber gestohlener Sache hatte sie verarbeitet.

2) Voraussetzungen. a) Verarbeitung oder Umbildung eines oder mehrerer Stoffe. Fehlt die ArbLeistg ist sie gering, gilt § 950 nicht; also nicht beim Wachsen veredelter Pflanzen (RG JW **28**, 2248). Anders beim Ausbrütenlassen fremder Eier (Joerges Recht **16**, 642). Geschfgk nicht nötig, weil die Verarbeitg weder RGesch noch RHdlg ist. Unerhebl, ob die Stoffe einem od mehreren Eigtümern gehören (RGSt **18**, 567).

b) Herstellung einer neuen beweglichen Sache. Das gilt auch für die Beispiele in I S 2 (auch Photographie, Hbg HEZ **3**, 31). Neuheit wirtschaftl zu verstehen: also idR Erzielg höherer Produktionsstufe, damit auch Halbfabrikate (vgl Serick I § 15 VII 2b; vgl Hofmann NJW **61**, 1246); diese meist unter Formveränderg; Anhalt gibt oft neue Bezeichng im Verkehr. Neuheit zu verneinen: bei bloßer Reparatur (RG **138**, 50; OGH NJW **50**, 542; KG JR **48**, 191), selbst bei starker Beschädigg; bei Veränderg gestohlenen Wagens (KG NJW **61**, 1026); beim Einschmelzen von Metall, Dreschen von Korn; beim Umbau von Autobus in Lkw (Oldbg RdK **50**, 79); and bei Bau eines Schiffes aus Wrackteilen (Hbg VRS **1**, 320); beim Zerschneiden eines Bildwerkes in einzelne Bildergruppen (RGSt **57**, 160); Mästen von Jungtieren (BGH NJW **78**, 697).

3) Wirkung. a) Der Hersteller erwirbt endgültig Eigentum. Auch der bösgläubige. Selbst wenn der Stoff gestohlen war. Insoweit § 950 zwingd. Dies schließt aber nicht aus, daß für die Frage, wer Hersteller ist, der Parteiwille u die Verkehrsanschauung maßg sein können. – **aa) Hersteller** ist, in wessen Namen u wirtsch Interesse (GeschHerr) die Herstellg erfolgt; VerkehrsAuffassg eines mit den Verhältn vertrauten obj Beobachters maßg (BGH NJW **83**, 2022). Hersteller ist also nicht der im Betr Angestellte u idR auch nicht der Heimarbeiter, sond der Inhaber des Unternehmens. Hersteller kann auch der **Besteller** sein, wenn Verarbeitg in seinem Auftr u mit von ihm gelieferten Stoffen erfolgt (Ffm OLGZ **89**, 198). Eigt am Maßanzug erwirbt daher der Besteller, wenn er den Stoff liefert (WerkVertr), sonst der Schneider (WerkliefergsVertr); dieser auch, wenn er zB Kommissionsware verwendet. Rechtswirksamk des Werkvertrages nicht erforderl; Ausgleich dann über Leistgskondiktion, § 812 I 1. Wer unmittelb mit Herstellg nicht befaßt, aber HerstellerEigensch beansprucht, muß sie beweisen (BGH NJW **83**, 2022). – **bb)** Soll aber ein **Dritter** Eigt erwerben, zB der **Rohstofflieferant** (ohne VerarbeitgsAuftr), so ist dies nur mittels Besitzkonstituts (Sicherungsübereigng, § 930) mögl. Nur so kann der verlängerte EigtVorbehalt des Lieferanten (ohne VerarbeitgsAuftr), od die Abrede mit dem Geldkreditgeber, dem der Rohstoff sicherungsübereignet ist, diesem das Eigt am ArbProdukt verschaffen (Westermann § 53 III 2e; Planck-Brodmann Anm 1c; Erm/Hefermehl Rdn 7; Säcker JR **66**, 51). Besteht das Arbeitsprodukt aus dem Rohstoff mehrerer Lieferanten mit **Verarbeitungsklauseln,** gelten die Grdsätze über das Zusammentreffen mehrerer Sicherungsübereignungen (vgl Westermann § 53 III 2e aE); nach der hier vertr Auffassg erwirbt der Hersteller DurchgangsEigt (vgl Baur § 53b III 3). – **cc)** And die **hM;** bejaht Wirksamk der Verarbeitungsklausel, damit unmittelb EigtErwerb des (der) Rohstofflieferanten am Endprodukt. **Begründung** verschieden: Rechtspr hält zwar an der Unabdingbark der in § 950 ausgesprochenen Zuordng fest, für wirks jedoch Parteivereinbargen darüber, wer Hersteller sein solle. BGH **14**, 117 sieht als Hersteller von Malz den Verkäufer von Braugerste an, der sich das Eigt vorbehalten hatte derart, daß Vorbeh auch bei Verarbeitg wirks bleiben sollte, u der die Gerste auf Veranlassg des Käufers unmittlb an die Malzfabrik geliefert hatte, mit der der Käufer den MälzgsVertr geschl hatte; Begründg: die Fabrik habe die Gerste für den Verk verarbeiten u jeder Beteiligte den EV des Verk achten wollen. BGH **20**, 163 sieht noch weitergehend den unter EV Liefernden als Hersteller an, sofern Verarbeitg wie vorausgesetzt erfolgt, u zwar ohne Rücks auf entggstehenden Willen des Fabrikanten. Vereinbg von MitEigt in Abänderg des § 950 w für wirks gehalten (BGH NJW **64**, 149: im Verhältn der VorbehWare zu den anderen verarbeiteten Sachen; auch Neust NJW **64**, 1802: Lieferant u Verarbeiter können als Mithersteller MitEigtQuote frei bestimmen). Zum zulässigen Inhalt einer Verarbeitgsklausel BGH **46**, 117; zulässig hiernach Klausel, die MitEigt eines Rohstofflieferanten nach dem Verhältn des Werts seines Rohstoffes zum Wert des Fertigfabrikats od des Werts seines Rohstoffes u des Verarbeitgswerts zum Wert des Fertigfabrikats bestimmt, nicht aber können Lohnaufwand u Betriebskosten als BemessgsGrdlage für seinen EigtAnteil genommen w (zu unsichere Bestimmbark). Wird die neue Sache aus Stoffen verschiedener Lieferanten hergestellt, so kommt es zunächst auf den Inhalt des EV und der Verarbeitgsklauseln im einzelnen an; mangels bes Abreden entsteht Mit- od AlleinEigt entspr §§ 946, 947. Konflikte mögl, wenn die unabhäng voneinander vereinb Klauseln zus mehr als den Gesamtwert des Produkts ergäben; zur Berechng dann vgl Serick BB **72**, 283. Wegen Krankenhauskartei BGH NJW **52**, 662. – **dd)** Folgerichtger

§§ 950, 951

dann aber, § 950 schlechthin für dispositiv zu halten (RG **161**, 113; Flume NJW **50**, 841; Soergel/Mühl Rdnr 3; Baur § 53 b I 3), mit der Begründg, der dch § 950 zu lösde Konflikt zw Hersteller u Rohstofflieferanten bestehe gar nicht, wenn jener nicht für sich verarbeiten wolle. Konkurrenz mehrerer Verarbeitgsklauseln: wie oben cc) aE. – **ee)** Zweifellos entspricht das zu cc) in der Rspr gewonnene Ergebn den wirtschaftl Interessen der Rohstofflieferanten, nicht aber dem der Gläub des Herstellers. Wenn BGH (**20**, 159) die Lebensanschauung entscheiden lassen will, wer Hersteller sei, so entspricht es dieser sicherl nicht, eine Mehrh von Rohstofflieferanten als gemeins Hersteller des Endprodukts anzusehen (vgl Möhring, NJW **60**, 697). Auch wird (welcher Einwand auch ggü der Abdingbark gilt) der in § 950 im Interesse des allg RVerk doch auch einspiele Publizitätsgedanke völl vernachlässigt. Die Forderg Westermanns nach objektiven Kriterien ist daher berecht (so auch Erm/Hefermehl aaO; W-Raiser § 73 Fußn 16; Wadle JuS **82**, 477). Leitgedanke: Eingliederg des verarbeiten Betriebs in den Wirtschaftsablauf; verarbeitet er in der Regel für sich, um das Produkt abzusetzen, dann ist er Hersteller; verarbeitet er auf Veranlassg von Bestellern regelm für andere, dann sind diese Hersteller. Dem ist trotz Abgrenzsschwierigkeiten im einzelnen zuzustimmen. – **ff)** Im **Konkurs** des Verarbeitden bei Verarbeitgsklausel nur Absonderg für Rohstofflieferanten (Kuhn-Uhlenbruck § 43 Rdn 3 c); hat KonkVerw diese bei verlängertem EV dch Einziehung der Fdg vereitelt, hat Gläub entspr KO 46 ErsAussondergsR (BGH NJW **71**, 612).

b) Die **dinglichen Rechte am Stoff** (auch AnwR) **erlöschen** (II); aGrd VerarbKlausel bei verlängertem EV erneuter aufschiebd bdgter EigtErwerb mögl (Nierwetberg NJW **83**, 2235). Auch bei Verarbeitg eignen Stoffes; einschränkd RGRK/Pikart Rdn 62: nur wenn das dingl Recht des Dritten mit mit dem Wesen der durch die Verarbeitg entstandenen neuen Sache nicht vereinbar ist. Bei einheitl Verarbeitgsvorgang greift VerarbKlausel erst **mit Abschluß** der Verarbeitg ein; bis dahin bleibt EV bestehen (BGH JZ **72**, 165), dazu Anm 3 c.

c) Ausnahme. Erheblich geringerer Wert der Verarbeitung; zB die von Häuten zu Leder (Schlesw SchlHA **56**, 239). Maß gibt der Wert der neuen Sache abzügl des Werts aller (alten u neuen, also auch der dem Verarbeitden gehörenden) Stoffe (BGH **18**, 228). Dabei entscheidet der Wert der Ausgangsstoffe der Verarbeitg, zB eines Halbfabrikats, str. And, wenn GrdStoff mehrere Stufen einheitl Verarbeitg dchläuft (Kohl-Sauerkraut-Konserve, BGH JZ **72**, 165); maßgebend Wert des Kohls. Verhalten sich Stoff- u Verarbeitgswert wie 100 : 60, schließt dies § 950 aus; dann §§ 947–949. Reine ArbKosten oft nur ein Faktor der Verarbeitgskosten (BGH **56**, 88); beachte § 947 Anm 1. Beweispflichtig ist der Gegner des Herstellers.

d) Ausschl des Rücktritts: § 352, der Wandlg: § 467.

951 *Entschädigung für Rechtsverlust.* **I** Wer infolge der Vorschriften der §§ 946 bis 950 einen Rechtsverlust erleidet, kann von demjenigen, zu dessen Gunsten die Rechtsänderung eintritt, Vergütung in Geld nach den Vorschriften über die Herausgabe einer ungerechtfertigten Bereicherung fordern. Die Wiederherstellung des früheren Zustandes kann nicht verlangt werden.

II Die Vorschriften über die Verpflichtung zum Schadensersatze wegen unerlaubter Handlungen sowie die Vorschriften über den Ersatz von Verwendungen und über das Recht zur Wegnahme einer Einrichtung bleiben unberührt. In den Fällen der §§ 946, 947 ist die Wegnahme nach den für das Wegnahmerecht des Besitzers gegenüber dem Eigentümer geltenden Vorschriften auch dann zulässig, wenn die Verbindung nicht von dem Besitzer der Hauptsache bewirkt worden ist.

Schrifttum: Vgl Einf 1 vor § 985. – Wolf AcP **166**, 188; Jakobs AcP **167**, 350; ders, Die Verlängerg des EigtVorbeh u der Ausschl der Abtretg der WeiterveräußergsFdgen, JuS **73**, 152. – Klinkhammer Betr **72**, 2385; Huber JuS **70**, 342, 515 (Bau auf fremdem Boden). – Reeb, Grundfälle zum BereichergsR, JuS **73**, 227. – Vgl auch Wilhelm JuS **73**, 1. – Schopp, Die Anspr aus Verwendungen u Wegn von Einrichtungen bei EigtWechsel, ZMR **69**, 257. – Lorenz, Zur Frage des bereichergsrechtl „DchGriffs" iF des Doppelmangels, JZ **68**, 51. – Canaris, Der BereicherungsAusgl im DreipersonenVerh, Festschr Larenz 1973, S 799 ff. – Pikart WPM **74**, 654 (**Rspr**). – Götz, Der VergütgsAnspr gem § 951 I 1 BGB, 1975.

1) Allgemeines: a) § 951 regelt den schuldrechtl Ausgl zw dem, der aGrd der §§ 946–950 Rechte verliert, u dem, der hierdch gewinnt; Schutznorm für Bereicherten gg RestitutionsAnspr des Entreicherten (BGH WPM **72**, 389). RechtsfortwirkgsAnspr. Rechtsgrundverweisg: § 951 schafft keinen Anspr, der nur gem §§ 818 ff abzuwickeln, sond erfordert zudem den vollen Tatbestand des § 812 (h L, BGH **55**, 176, 177). § 951 gleicht nur **Eingriffskondiktion** („in sonstiger Weise") aus, vgl Baur/Wolf JuS **66**, 394 mit Nachweisen. Ist die Vermögensverschiebg Gegenstand einer Leistg, also einer zweckgerichteten Mehrg fremden Vermögens (BGH **40**, 272), dann Ausgl nach GrdGesch. § 951 **abdingbar** (BGH NJW **59**, 2163, WPM **72**, 389). Im **Konkurs** gibt § 951 einfache KonkFdg (Kuhn/Uhlenbruck § 43 Rdn 30 b).

b) § 951 gilt also nicht, wenn der Verlierde die Vermögensverschiebg im Rahmen einer bestehdn od auch nur vermeintl Leistgsverpflichtg (zB WerkVertr) vornimmt, mag diese auch nicht dem Gewinnden, sond einem Dritten ggü bestehen (BGH **27**, 326; **LM** § 812 Nr. 14; Hamm MDR **74**, 313). – **aa)** Baut Handwerker H auf Veranlassg des Bauunternehmers U, der auf dem Grdst des E ein Haus baut, eigenes Material ein, so hat H keinen BereicherungsAnspr gg E, da er für Rechng des U geleistet hat, von dem er vertragl Ausgl bekommt; **bb)** ist dieser Vertr U–H unwirks, hat H gg U u nur gg ihn Leistgskondiktion nach § 812, nicht Eingriffskondiktion nach §§ 951 (hM; BGH **36**, 32). Der Umfang str: nach BGH aaO ist U um die Befreiung von seiner LeistgsPfl ggü E bereichert, nach v Caemmerer JZ **62**, 386; Berg JuS **64**, 138 um den gemeinen Wert der Arbeit. – **cc)** Sind beide Verträge (H–U, U–E) unwirks, so gibt die hL dem Verlierden (H) über den Leistden (U) hinweg unmittlb den Durchgriff gg den Gewinnden (E). Erkennt aber die hL an, daß die Eingriffskondiktion der Leistgskondiktion subsidiär ist, so müßte auch dieser Fall im Rahmen der zweifachen Leistgsbeziehg H–U und U–E rückabgewickelt werden (so Erm/Hefermehl § 951 Rdz 6; Berg

Eigentum. 3. Titel: Erwerb u. Verlust an bewegl. Sachen **§ 951** 1, 2

AcP **160**, 512 ff; Kötter AcP **153**, 216; Baur § 53 c II 2 b cc; Lorenz aaO; zuneigd wohl auch BGH **48**, 70); vgl neuerd Canarais aaO, der für die Zulässigk des DchGriffs darauf abstellt, ob nur das KausalVerh od das dingl RGesch (§ 935 I) nicht zum Erfolg führte. Vgl aber auch § 812 Anm 5 B c dd, ee mit weit Nachw.

c) Bei Fehlvorstellgen der Beteiligten über die Leistgsbeziehgen (s § 812 Anm 5 B b) entsch nicht die – innere – Vorstellg des Zuwendnden (Berg NJW **64**, 720, Wilhelm aaO; Flume § 47 Fußn 20 a), sond es ist nach den Grdsätzen der §§ 133, 157 darauf abzustellen, ob der Empfänger hiernach die Leistg des Verlierden (H) als Erfüll der LeistgsPfl des Dritten (U) ansehen durfte (BGH **40**, 272/278; **67**, 232/241; Baur § 53 II 2 c, aber auch Ehmann NJW **71**, 612). Dies ist für den Zuwendnden nicht unbill, da er diese irrige Meing des Empfängers dch Klarstell des Eigenleistgswillens zerstören kann, wodch er selbst die Leistgskondiktion gg den Gewinner erhält.

d) Umstr, inwieweit der dch §§ 946, 950 sein Eigt Verlierde sein Interesse iW der EingrKondiktion bei dem unmittelb Gewinnden suchen muß u kann od ob dies ausgeschl, wenn das verlorene Eigt Ggst von Leistgsbeziehgen war. Trat der Verlust ein, ohne daß der Verlierde das VermVerschiebg als Leistg (für sich od Dritten) zweckgerichtet in den RVerk brachte, steht dies im Widerspr zum Zuweisgsgehalt des Eigt; Ausgl also über **Eingriffskondiktion**. – Nach BGH **40**, 272 EingrKond nur, wenn der BereichergsGgst dem Empf überh nicht, also von niemandem geleistet w ist. In dieser Allgemeinh unzutr, wie sich aus folgden **Grundfällen** ergibt: **aa)** Dieb verarbeitet dem A gestohlenes Leder u w gem § 950 originär Eigtümer des Produkts. Er haftet – von §§ 823 ff abgesehen – auch aus §§ 951, 812. Hatten (jew unwirks, § 935) Dieb an B, dieser an C veräußert, der nun gem § 950 Eigt erwirbt, so ist C, wie er vor der Verarbeitg dem § 985, so nun in Fortwirkg der Vindikation der EingrKond des A ausgesetzt (BGH **55**, 176). Doch hat A die Wahl: Er kann auch die unwirks Vfg des B genehmigen u bei diesem gem § 816 I kondizieren; dem steht der zwzeit originäre EigtErw dch C nicht entgg (BGH **56**, 131). Dem C hilft die Leistgsbeziehg zu B nichts, da die Leistgskette nicht weiter bis zum verlierden A führt (vgl Weitnauer DNotZ **68**, 707; **72**, 377; Ehmann NJW **69**, 398 Fußn 39). – **bb)** Gleiches muß gelten, wenn BauUntern B dem A gestohlenes Material aGrd WerkVertr mit C in dessen Haus einbaut (§ 946); auch hier kann A entspr § 816 bei B liquidieren, wenn auch der Einbau aGrd WerkVertr keine rechtsgesch Vfg ist (Erm/Hefermehl § 951 Rdz 8; vgl v Caemmerer, Ges Schr I S 267 zu Fußn 217; Canaris aaO S 853 ff; Medicus § 28 V 4). Wählt A die Kondiktion gg C, muß dieser aGrd RMängelgewähr im WerkVertr Rückgr gg B nehmen; dies ist dem WerkVertr nicht fremd, vgl Vorbem 2 vor § 633. – **cc)** Leihnehmer B unterschlägt Eigt des A, indem er es aGrd WerkVertr mit C in dessen Haus einbaut (§ 946). Auch hier keine zweigliedr Leistgskette A–B–C, da Leihe keine Sachleistg bezweckt. Also §§ 951, 812 gg C? Ungereimt, da er bei Übereigng nach § 929 u eigenhänd Einbau dch § 932 abgeschirmt wäre. Desh wendet Schriftt weitgehd (v Caemmerer aaO; Erm/Hefermehl Rdz 8; Westermann § 54, 3 aE; Larenz II § 68 III d 2; aA W-Raiser § 74 I 3; Soergel/Mühl Rdn 9; krit Jakobs JuS **73**, 153; vgl auch Berg AcP **160**, 505; offen BGH **56**, 228) § 932 entspr an, so daß, wenn dessen Voraussetzgen bei rechtsgesch Erw erfüllt wären, A gegen B aus § 816 (neben Vertr u Delikt) vorgehen kann. Dem ist zuzustimmen. – **dd)** A liefert dem BauUntern B Baustoff unter EV, den dieser aGrd WerkVertr ins Haus des Bauherrn C einbaut. War B hierzu befugt, dann kann die Abwicklg der VermVerschiebgen nur über die beiden Leistgsbeziehgen A/B u B/C erfolgen: also keine EingrKond gg C gem §§ 951, 812. – **ee)** Wie aber, wenn B unbefugt einbaut, weil C die WerklohnFdg des B vinkuliert (§ 399 Fall 2) u damit den für A verlängerten EV dchkreuzt hatte? BGH **56**, 228 sieht mit dem überw Schrifft (Nachw dort) die, wenn auch verletzte Leistgsbeziehg A/B als entscheidd an: habe A auch dem Einbau seines Eigt im konkreten Fall nicht zugestimmt, habe er doch den BereichergsGgst in Verk gebracht, der dann in doppelter Leistgskette A–B–C in dessen Eigt gelangt sei. AA zB Huber JuS **68**, 1905; W-Raiser § 74 I 3; krit auch Jakobs aaO. Doch ist dem BGH zuzugeben, daß der Verlierde das KonditionsObj in LeistgsVerk gebracht, sein Interesse also bei seinem VertrPartner zu suchen h, u schon aus diesem primären Grd keine (subsidiäre!) EingrKond gg C gegeben ist. – **ff)** Zur etw Deliktshaftg des Bereicherten in solchen Fällen vgl BGH **56**, 228. Er ist Teilnehmer am Tun des B; daß er den Einbau geduldet, kann ihm nicht als Unterlass angerechnet w, da die Vinkuliergn ihn nicht zum Handeln gü A verpflichtete.

e) Hatte Unternehmer U zwar aGrd Vertrages mit E, aber ohne dessen Vollm den Vertr mit H namens des E geschlossen, so hat nach BGH **36**, 35; **40**, 272 (hierzu Berg NJW **64** 720); **67**, 232/241 H keinen BereichergsAnspr gg E, weil E die Leistg, aus seiner Sicht betrachtet, von H, sond von U erhalten habe; gg diese Begründg Flume JZ **62**, 282 Anm 14; Berg JuS **64**, 140; Ehmann NJW **69**, 398, 401.

f) Nicht selten **baut** jemand **auf fremdem Grundstück** in der dem Eigtümer bekannten Erwartg, dieses später zu erwerben (forml Verspr des GrdEigtümers auf Übertr unter Lebden od von Todes wg, vgl BGH **35**, 356 = LM § 818 Abs 2 Nr 11 Anm Rietschel; NJW **70**, 136; **LM** § 812 Nr 84, wo BGH iF nicht zu Ende geführter VertrVerhandlgn Abwicklg des Fremdbaus über ergänzde VertrAuslegg od Wegfall der GeschGrdLage ablehnte u – von etw Versch bei VertrSchluß abgesehen – ebfalls über BereichersR löste). Hier str, ob dem Bauenden EingrKondiktion, § 812 I 1 Fall 2, od LeistgsKondiktion, § 812 I 2 Fall 2, zusteht. Letzteres vertrat urspr BGH (**35**, 356; **44**, 321; **LM** § 812 Nr 84, grdsätzl zust Huber JuS **70**, 520). Krit vielf das Schrifftt; vgl Nachw in BGH NJW **70**, 136, wo die Frage offen blieb. Für Leistgskondiktion eigener Art neuerd Klinkhammer Betr **72**, 2385. – Zum **Umfang** der Bereicherg u dem **Zeitpunkt** ihrer Wertberechng vgl unten Anm 2 c, aa, bb.

2) I. Schuldrechtlicher Bereicherungsanspruch. a) Anspruchsberechtigt ist, wer Eigt od ein dingl Recht an der Sache völlig verloren hat, nicht wer statt des AlleinEigt MitEigt erwirbt, §§ 947 I, 948, od wessen Recht sich an einem MitEigtAnteil fortsetzt, § 949 S 2.

b) Anspruchsverpflichtet ist, wer kraft Gesetzes das Eigt an der neuen Sache erworben hat. Nicht der dingl Berecht, dessen Recht sich nach § 949 Satz 3 auf die ganze Sache erstreckt (RG **63**, 423; str); vgl auch § 949 Anm 4 (AnwR). Veräußert der Gewinner die Sache, bleibt er weiter verpflichtet (§ 818 II), nur unter den Voraussetzungen des § 822 haftet der Beschenkte aushilfsw (BGH WPM **72**, 389). MitEigtümer (§ 1008) haften nicht samtverbindl, sond entspr der Bereicherg ihres Anteils (BGH WPM **73**, 71).

1125

§ 951 2, 3

c) Inhalt des Anspruchs: Nur auf **Vergütung in Geld** (I S 2, and § 818 I).

aa) Maßg ist grdsätzl der Wert im **Zeitpunkt** des RVerlusts (RG **130**, 313), wenn also zB das Bauwerk fertig (BGH NJW **54**, 265; **LM** Nr 16; BGH **10**, 180), der Weiterbau aufgegeben ist (NJW **61**, 1251; **LM** Nr 14). Doch läßt die Rspr mancherlei Abweichen vom Grds zu (vgl die sorgfält Zusammenstellg Klauser NJW **65**, 513/517 Fußnoten 54 bis 61). Kommt allerd der Eigtümer (Gewinner) erst nach dem Ztpkt des dingl RVerlusts wieder in die Lage, die Sache (Grdst) nutzen zu können, gilt dieser spätere Ztpkt für den Umfang der Bereicherg (Klauser aaO; Westermann § 54, 5; BGH **10**, 171/180; **LM** Nr 14; Erm/Hefermehl Rdz 11). – Bedeutet der Verweis in § 951 I 1 im Einzelfall Rückabwicklg mittels der LeistgsKond wg Zweckverfehlg, gibt der Ztpkt Maß, in dem diese feststeht; so BGH **35**, 156 für die oben Anm 1 f gen Fälle, was folgericht zur Anwendg auch des § 818 I führt (dazu Rietschel Anm **LM** § 818 Abs 2 Nr 11 = BGH **35**, 356). Auch wenn man diese Fälle nicht mehr mit der oa LeistgsKond, sond mit EingriffsKond lösen will (insow offen nun auch BGH NJW **70**, 136, 137), bleibt Ergebn hins des Ztpkts dem näml: entscheidt für die Wertberechn der Bereicherg das Ende der Schwebezeit, währd der der Entreicherte noch mit dem Erwerb des bebauten fremden Grdst rechnete (BGH aaO). – Vgl § 818 Anm 5 d.

bb) Umfang: Maßg ist der Vermögenszuwachs (Steigerg des VerkWerts, BGH WPM **73**, 71, 73) des Bereicherten, der den Verlust des Entreicherten übersteigen kann (BGH **17**, 236). Nach BGH **LM** Nr 16 u BB **68**, 400 sind ausschließl objektive Gesichtspkte entscheidd: bei **Bau auf fremdem Boden** die Erhöhg des gemeinen VerkWerts, den die objektive Ertragsfähigk bestimmt (BGH **17**, 236; **LM** Nr 14; aA insow [Begrenzg dch die aufgewendeten Kosten] Klauser NJW **65**, 513; Baur § 53 c III 2 c cc; Medicus § 32 V). Für die aufgedrängte Bereicherg muß aber eine Lösg gesucht w, die den Interessengegensatz ausgleicht; s unten zu dd. Bei Bau auf fremdem Boden begreift BGH (WPM **73**, 71; **66**, 369) die GesamtAnspr des Bauenden als einheitl Kond aus § 812 I, die neben dem Ausgl für den RVerlust an Baumaterial auch sonst Aufwendgen (Eigenarbeiten, Arbeitslöhne, Architektenhonorar usw) umfaßt (AnsprGrdLage idR – vgl aber Anm 1 f – § 812 I 1 Fall 2 iVm 818 I); zum maßgebden Ztpkt s oben Anm 2 c aa. Wer Kosten aufgewendet hat, um (gestohlenes) Material zu erwerben, an dem er dch Einbau (Verarbeitg) Eigt erworben, kann diese nicht abziehen (BGH **55**, 176, auch **47**, 130). § 818 I ist nicht anwendb, der um das Baumaterial Entreicherte hat also keinen Anspr gg den bereicherten GrdEigtümer des Nutzgen, die dieser aus dem Bauwerk zog (BGH NJW **61**, 452; BGH MDR **63**, 120; WPM **63**, 1066; Erm/Hefermehl Rdz 15; offen BGH WPM **72**, 389 bei bes Fallgestaltg). Wohl aber gelten § 818 III, IV, § 819.

cc) Nur bei nachträgl Trenng der entreichernden Verbindg konzentriert sich die Wertkondition wieder auf die dem Entreicherten früher gehörige Sache selbst.

dd) Aufgedrängte Bereicherung. Schrifttum: v. Caemmerer, Festschr Rabel S 367; Klauser NJW **65**, 513. – Von Rittberg, Die aufgedrängte Bereicherg, Diss, Mü 1969. – Feiler, Aufgedrängte Bereicherg bei Verwendgen des Mieters u Pächters, 1968. – Haas, AcP **176**, 1. – Ist die objektive Werterhöhg gem §§ 946 bis 950 für den Bereicherten ohne subjektives Interesse, ist ihm die Bereicherg aufgedrängt, hat er ff **Abwehrmittel** gg § 951 I 1: Sind die Tatbestände der §§ 1004, 823 rechtsw bzw schuldh rechtsw erfüllt: BeseitigssAnspr aus § 1004, bzw §§ 823, 249 (§ 251 II), zugleich Einwendg (RMißbrauch, § 242) gg BereicherungsAnspr gibt (BGH NJW **65**, 816), es sei denn, der Eigtümer selbst handelte damit arglistig (BGH NJW **57**, 460). Der Bereicherte kann uU entspr § 1001, 2 den Anspr auch dadch abwehren, daß er dem Entreicherten die Wegnahme gestattet, zB den gg seinen Willen errichteten Bau zum Abbruch zur Verfügg stellt (BGH **23**, 61; WPM **72**, 389; **LM** Nr 14). – Diese RBehelfe können versagen, etwa weil keine Beeinträchtigg (§ 1004), kein Schaden (§ 823) eingetreten, der Abbruch rechtl untersagt (s Anm 3 b) ist, der Entreicherte nicht identisch mit dem Störer (§§ 1004, 823). § 814 kann nur der Leistgskondition entgegengesetzt w; Klauser NJW **65**, 515 will ihn allerd sinngem bei aufgedrängter (Eingriffs-)Bereicherg anwenden; vgl hierzu Degenhart JuS **63**, 320 Fußn 24. Auch wenn man das ablehnt, kommt man zu befriedigenden Ergebn, wenn man (mit Westermann § 54, 5 c) die Bereicherg statt nach dem obj, nach dem subj Ertragswert des Vermögenszuwachses beim Bereicherten bemißt, also nach dessen Interesse; vgl BGH WPM **69**, 296: keine Bereicherg, wenn Haus als Schwarzbau abgebrochen w muß u diese Kosten den Wert des Abbruchguts übersteigen; § 818 III. Ähnl Larenz II § 70 I d. – Demggü will Jakobs (AcP **167**, 350) in den Fällen der aufgedrängten Bereicherg dch Verbindg usw den AusglAnspr des Entreicherten aus § 951 I dahin einschränken, daß er sich nicht auf WertErs, sond nur auf RealAusgl richtet: der Bereicherte braucht nur die Rücknahme der verbundenen Sache zu gestatten. Will er das nicht, so ist die Bereicherg nicht mehr aufgedrängt u desh WertErs nach § 951 I zu leisten, wobei dann zG des Bereicherten § 951 I 2 eingreife.

3) Weitergehende Rechte bleiben unberührt (Aufzählg in II nicht erschöpfd, OGH **3**, 354). So **a)** die Ansprüche aus §§ 823ff, 1004 – s oben Anm 2c dd.

b) Verhältnis des § 951 zu §§ 994ff: Erfüllt die Vermögensverschiebg nach §§ 946ff zugleich den Begr der Verwendg, erfolgt sie also zugleich zw rechtlosem Besitzer u Eigtümer der werterhöhten Sache, so verdrängen die §§ 994ff als Sonderregelg von § 951, da der Schutzzweck beider Normen der gleiche ist (vgl Vorbem 2b vor § 987, Vorbem 1 vor § 994; Baur § 11 C IV 1; Wolf AcP **166**, 206). Für Ausschließlichk der §§ 994ff bish vor allem der BGH (**41**, 157/162; WPM **73**, 560), der aGrd des von ihm angewendeten engen Verwendgsbegr (s Vorbem § 994 Anm 2) dem Erbauer eines Hauses auf fremdem Grd weder Anspr auf Ers seiner Verwendg (weil eine solche tatbestandsmäß nicht vorliege), noch auch wg der Ausschließlichk der §§ 994ff einen BereicherungsAnspr über § 951 gibt (insow offen allerd BGH WPM **69**, 295), sond nur das WegnahmeR. Diese Lösg war im konkreten Fall deshalb noch interessegerecht, weil dieses dch WohnR-BewG 22 I ausgeschlossen u daher nach § 242 eine angemessene Entschädigg zu gewähren war (Enteignungsgedanke). Dieser Ausweg wird sich aber nur selten bieten; wesentl anderer Ausgl der Interessen zu suchen ist; teils wird die Rückkehr zum weiten VerwendgsBegr des RG (**152**, 100) befürwortet (Baur § 11 C IV 1; Wolf AcP **166**, 193ff), teils § 951 dann zugelassen, wenn die Vermögensverschiebg keine Verwendg im engen Sinn des BGH war (Westermann § 33 I 3b; Weitnauer DNotZ **72**, 377; vgl Pikart WPM **71**, 1537). Diese Lösg ist vorzuziehen; eine im Vergleich zur Regelg der §§ 994ff den Eigtümer unbill belastde Berei-

Eigentum. 3. Titel: Erwerb u. Verlust an bewegl. Sachen **§§ 951, 952**

chergsFdg kann dieser in der oben zu Anm 2c dd dargelegten Weise abwehren; vgl BGH WPM **69**, 296. Bedeuts BGH **55**, 176, wo – allerd für Fall der Verarbeitg – ausgespr w, daß § 951 I 1 nicht dch die Sonderregelg der §§ 987 ff ausgeschl w; dazu Pikart aaO. Wg Bau auf fremdem Boden vgl Anm 1f u 2c aa, bb oben.

c) In den Fällen der §§ 946, 947 außerdem das Recht zur **Wegnahme** (Trenng u Aneigng) einer zugefügten Sache (vgl Wieling JZ **85**, 511), so nach § 500 S 2, § 547a, § 581 II, § 601 II 2, §§ 997, 1049 II, § 1093 I 2, § 1216, 2, § 2125 II, § 2172 II 1. Str, ob § 951 II nur auf diese WegnahmeR verweist, das des Besitzers aus § 997 gem § 951 II 2 erweitert (BGH **40**, 272/280; Erm/Hefermehl § 951 Rdz 20; Planck/Brodmann § 951 Anm 2c; Tobias AcP **94**, 946), od ob er jedem gem §§ 946 ff (also, worauf Baur-Wolf JuS **66**, 399 zutr hinweisen, dch EingrKondiktion) Entreicherten an Stelle des BereicherngsAnspr aus § 951 I 1 in Fortwirkg dieses Anspr auch ein WegnahmeR nach den Regeln des § 997, aber mit der Erweiterg des § 951 II 2 gibt (Baur § 53c IV 3 Fußnote 1; Westermann § 54, 6; Wolff-Raiser § 74 IV 3; Spyridakis S 123; Jakobs aaO S 388). Der letzteren Meing ist zuzustimmen. Daß dann § 951 I 2 sinnlos wäre, trifft nicht zu: Eigtümer kann die Wegnahme immer gemäß § 997 II dch Wertersatz abwenden. § 951 I 2 schließt den Anspr auf Wiederherstellg gg den Eigtümer aus, währd ein in diesem Fall die Kosten träfen, währd der Wegnehmende selbst tragen muß (§ 258 S 2 Halbs 2). Mit dem BereicherngsAnspr entfällt auch das WegnahmeR (Baur aaO). – Der Anspr auf Geldvergütg erlischt erst mit tatsächl Wegnahme (Ersetzungsbefugn, nicht Wahlschuld), BGH NJW **54**, 265. Das WegnahmeR bindet nur den ErstBerecht persönl, gibt also in dessen Konkurs kein AussonderungsR. Es ist aber seinerseits der ZwVollstr unterworfen, doch kann der GeldGläub des WegnahmeBerecht nur Aneign für diesen erzwingen, womit wie bei ZPO 847 PfändgsPfandR an abgetrenntem Bestandt entsteht.

d) Vgl § 985 Anm 1 (Anwendbarkv von § 242).

952 *Eigentum an Schuldurkunden.* [I] Das Eigentum an dem über eine Forderung ausgestellten Schuldscheine steht dem Gläubiger zu. Das Recht eines Dritten an der Forderung erstreckt sich auf den Schuldschein.

[II] Das gleiche gilt für Urkunden über andere Rechte, kraft deren eine Leistung gefordert werden kann, insbesondere für Hypotheken-, Grundschuld- und Rentenschuldbriefe.

1) **Allgemeines.** Urk sind bewegl Sachen; für sie gelten deshalb die §§ 929 ff, auch § 950 I 2. Aus Zweckmäßigk bestimmt § 952 eine Ausn für solche Urk, die ein FdgsR verbriefen: bei ihnen soll das Recht an der Fdg stets mit dem Recht an der Urk übereinstimmen. § 952 gilt nicht, wenn in einer Urk Anspr mehrerer Personen (zB ggs Vertr) verbrieft (RGRK/Pikart Rdn 18).

2) **In Betracht kommende Urkunde. a) I. Schuldschein** ist eine die Schuldverpflichtg begründende od bestätigende, vom Schuldn zwecks Beweissicherg für das Bestehen der Schuld ausgestellte Urk (RG **116**, 173). Auch zwei innerl zugehörende Urk, wenn die eine auf die andere Bezug nimmt (RG **131**, 6). Aber nicht: Schuldverschreibgn auf den Inh, §§ 793 ff; Legitimationspapiere des § 807; Orderpapiere (für Rektapapiere gilt § 952; str). Bei Übertr der WechselFdg gem § 398 mit Papierübergabe greift § 952 aber ein (str; vgl Erm/Hefermehl Rdz 3).

b) **II. Hypotheken-, Grundschuld- u Rentenschuldbriefe** (vgl aber §§ 1117, 1154, 1163); jedoch nicht auf den Inh gestellte, §§ 1195, 1199. Ferner Papiere des § 808, insb **Sparkassenbücher** (dazu BGH Betr **72**, 1226, 2299, wonach dch das Urt, das den Bes am Sparbuch zuspricht, über die GläubEigensch nicht mitentschieden ist) u Versicherungsscheine (RGRK/Pikart Rdn 14; über LebensversichergsPolice vgl AG Mölln VersR **78**, 131); diese nicht, wenn sie auf den Inh gestellt sind, weil bei ihnen die InhKlausel im wesentl nur dem Versicherer die Legitimationsprüfg erleichtern soll (RG **66**, 163). Auch Anteilscheine einer GmbH, vgl Warn **28**, 107. Ausfertiggen gerichtl od not Urkunden werden Eigt dessen, dem sie erteilt werden (RGRK/Pikart Rdn 19).

c) Entspr (nicht abdingb, Brem VRS **50**, 34) Anwendg auf **Kraftfahrzeugbrief** u Anhängerbrief in StVZO 20 III ff, 25, 27 (BGH **34**, 134; NJW **78**, 1854; Schlechtriem NJW **70**, 2088; aA Erm/Hefermehl Rdz 2). PfdR aus § 647 am Kfz ergreift Brief (Köln Betr **76**, 2204). Daher unzul (Anm 3c) selbständ Verpfändg od SichgÜbereignng von KfzBriefen (LG Ffm NJW-RR **86**, 986; AG Salzuflen DAR **68**, 184). Wg EigtVermutg vgl § 1006 Anm 2. Brief ist kein Wert- od gar Traditionspapier iS von § 870 Anm 1b (BGH NJW **78**, 1854). Grd für all dies ist, daß der Brief eben nicht Ggst selbst rechtsgeschäftl Verk ist u nicht das Eigt verbrieft. Nicht entspr anwendb auf Pferdepaß (aA LG Karlsr NJW **80**, 789; vgl auch Hamm NJW **76**, 1849) Automatenbrief u VermessgsPap eines Segelboots.

3) **Wirkung. Das Recht am Papier folgt dem Recht aus dem Papier.** Kraft G. a) Der Gläubiger erwirbt das Eigentum, wenn Fdg bereits entstanden, mit Ausstellg der Urk. Sonst mit Entstehg der Fdg. Vor Entstehg der Fdg gilt § 950. Den Gläub erwirbt das Eigt mit dem Übergang der Fdg. Mehrere Gläub werden MitEigtümer. Erlischt die Fdg, bleibt der letzte Gläub Eigtümer; der Schu hat nur einen schuldrechtl Anspr auf Rückg aus § 371 (str). – Ungeachtet verlängerten EV wird EV-Käufer Eigtümer eines Warenwechsels, den sein Abkäufer ihm ausgestellt; doch ist er verpfl, ihn seinem EV-Verkäufer zu überlassen (BGH WPM **70**, 245).

b) I S 2: dingl Rechte an der Fdg: Nießbr, PfdR. Der Drittberechtigte kann die Herausg beanspruchen von jedem schlechterberechtigten Besitzer, also nicht von einem vorgehenden PfdGläub. Über Pfändg vgl ZPO 836 III.

c) Unzulässig ist die selbstd Veräußerg od Belastg der Urk. Zulässig ist die Einräumg eines persönl wirkenden ZurückbehaltgsR (RG **66**, 26; LG Ffm NJW-RR **86**, 986) auch mittels Leihe (RG **91**, 158). Jedoch unwirks ggü dem PfändgsGläub, auch bei Pfändg einer BriefHyp (LG Insterbg JW **33**, 718), u SonderNachf

1127

§ 952, Vorbem v § 953, §§ 953, 954

in Eigt (LG Ffm aaO). Kein ZurückbehaltgsR über § 404 od § 986 II ggü Erwerber der Urk, der das R über Abtr des Anspr auf Herausg des Briefs erworben (Hbg MDR **69**, 139).

4) § 952 schaltet nicht den § 950 I S 2 aus; er gilt daher **nicht,** wenn Schuldschein auf Rückseite wertvoller Zeichng gesetzt wird od umgekehrt. Nach Prot **3,** 644 soll § 952 im Interesse der Autogrammsammler (!) dispositiv sein; daher sei zul Übereigng des Schuldscheins ohne Abtretg der Fdg; ebso RG **51**, 85 u hM (Abänder durch Vertr sei mögl; aber Vertr zwischen wem?). Gesetz bringt Abänderbark nicht zum Ausdr; Trenng nur mögl durch Aufhebg der Schuldschein- usw -Eigensch.

IV. Erwerb von Erzeugnissen und sonstigen Bestandteilen einer Sache

Vorbemerkung

1) An wesentl Bestandteilen einer Sache, insb an Erzeugnissen, sind nach § 93 bes Rechte vor der Trenng nicht mögl (Substantialprinzip im Ggsatz zum deutschrechtl Produktionsprinzip: „Wer säet, der mähet"). Die §§ 953–957 regeln das rechtl Schicksal der Erzeugnisse u anderer wesentl Bestandteile nach der Trenng. Gleiches gilt für nichtwesentl Bestandteile, wenn sie schon vorher im Eigt des Eigtümers der Sache standen.

Grundsatz: Erzeugnisse (u die ihnen gleichzubehandelnden sonstigen Trennstücke) fallen mit der Trenng in das Eigt des Eigtümers der Haupt- (Mutter-) Sache, § 953. Gleichgültig, wer die Früchte gesät hat, wer im Besitz der Muttersache ist, wer den Besitz der Trennstücke ergreift, ob Trenng absichtl od zufällig.

2) Ausnahmen: Erwerb durch andere: An Stelle des Eigtümers der Haupts erwirbt die Trennstücke uU ein wirkl od vermeintl Nutzgsberechtigter. **Dem Eigentümer der Hauptsache gehen vor und es erwerben Eigentum mit der Trennung:**

a) der **dingliche Aneignungsberechtigte,** § 954, zB der Nießbraucher, § 1030;

b) ihm, und erst die Haupts nicht besitzt, wieder vorgeh – aber nur hins der Sachfrüchte (§ 99 I) – der **Eigenbesitzer** od **dingliche Nutzungsbesitzer,** der zum Eigenbesitz od Fruchtgenuß nicht berechtigt, aber gutgl ist, § 955 I, II, zB wer wg Nichtigk der Aufl kein Eigt, wg Nichtigk der NießbrBestellg keinen Nießbr erworben hat;

c) ihnen beiden wieder vorgeh, wenn die Aneignung gestattet ist, also der (wirkl oder vermeintl) **persönlich Aneignungsberechtigte,** zB der Pächter od der Käufer stehenden Holzes, der Obsternte, wenn er noch in dem ihm überlassenen Besitz der Haupts ist, § 956. Ist ihm der Besitz durch den Gestattenden nicht überlassen, so erwirbt er das Eigt erst mit der Besitzergreifg. Zur Gestattg berecht ist, wer ohne die Gestattg den Bestand mit der Trenng erworben haben würde, also gem §§ 953–956 der Eigtümer u vor ihm die zu a–c Genannten. Der persönl AneignsBerecht erwirbt bei gutem Glauben aber auch, wenn der Gestattende nicht berechtigt ist, § 957, sofern nur letzterer im Besitz der Haupts war.

3) Nicht regeln §§ 954 ff, **ob der Erwerber das Eigentum** an den Trennstücken **auch behalten darf,** ob ihm also auch gebührt, was ihm gehört. So muß der gutgl Besitzer, obwohl er Eigtümer der Früchte geworden ist (§ 955), dem Eigtümer der Muttersache die Übermaßfrüchte (§ 993), die nach Rechtshängigk des HerausgAnspr gezogenen (§ 987) und, wer den Besitz unentgeltl erlangt hat, alle Früchte (§ 988) herausgeben. – Der Erwerber erlangt ferner das Eigt an den Früchten uU belastet mit dingl Rechten, zB mit einer Hyp, §§ 1120 ff, od mit dem gesetzl PfdR des Verpächters, §§ 581 II, 559, 585. Vgl § 953 Anm 3, § 955 Anm 2, 3, § 956 Anm 2.

953 **Grundsatz.** Erzeugnisse und sonstige Bestandteile einer Sache gehören auch nach der Trennung dem Eigentümer der Sache, soweit sich nicht aus den §§ 954 bis 957 ein anderes ergibt.

1) Begriff der Bestandteile § 93 Anm 2, der Erzeugnisse § 99 Anm 2a. Über Körperbestandteile § 90 Anm 2.

2) Sondervorschriften: Für Früchte, die auf das NachbarGrdst fallen, § 911. Für Bäume EG 181 II.

3) Die an der Haupts bestehenden **dinglichen Rechte** bleiben nach der Trenng regelm bestehen; vgl §§ 1120 ff, 1212. Anders die dingl Rechte des 954 u Rechte, die an Fahrnis nicht bestehen können. Pfändg ungetrennter Früchte vgl ZPO 810, 824.

954 **Erwerb durch dinglich Berechtigten.** Wer vermöge eines Rechtes an einer fremden Sache befugt ist, sich Erzeugnisse oder sonstige Bestandteile der Sache anzueignen, erwirbt das Eigentum an ihnen, unbeschadet der Vorschriften der §§ 955 bis 957, mit der Trennung.

1) Dingliche Rechte zum Erwerb von Bestandteilen. ErbbauR (§ 1013, ErbbRVO 1 II); Nießbr (§§ 1030, 1039); sonstige Dienstbk (§§ 1018, 1090, WEG 31); Nutzpfandrechte (§ 1213), auch EG 59, 63, 67, 68, 196, 197; diese auch für andere Bestandteile als Früchte. Der Berecht erwirbt das Eigt nur an den Bestandteilen, die im einzelnen Falle den Ggst des Rechts bilden. Vgl aber § 1039. Besitz nicht nötig. Mit Trenng (FlurBG 66 I 2) wird Eigtümer, wer nach FlurBG 65 vorl in den Besitz eines Grdst eingewiesen ist (BayObLG MDR **67**, 418).

2) Dem Erwerb nach § 954 geht der nach §§ 955–957 vor.

Eigentum. 3. Titel: Erwerb u. Verlust an bewegl. Sachen §§ 955, 956

955 *Erwerb durch gutgläubigen Eigenbesitzer.* **I** Wer eine Sache im Eigenbesitze hat, erwirbt das Eigentum an den Erzeugnissen und sonstigen zu den Früchten der Sache gehörenden Bestandteilen, unbeschadet der Vorschriften der §§ 956, 957, mit der Trennung. Der Erwerb ist ausgeschlossen, wenn der Eigenbesitzer nicht zum Eigenbesitz oder ein anderer vermöge eines Rechtes an der Sache zum Fruchtbezuge berechtigt ist und der Eigenbesitzer bei dem Erwerbe des Eigenbesitzes nicht in gutem Glauben ist oder vor der Trennung den Rechtsmangel erfährt.

II Dem Eigenbesitzer steht derjenige gleich, welcher die Sache zum Zwecke der Ausübung eines Nutzungsrechts an ihr besitzt.

III Auf den Eigenbesitz und den ihm gleichgestellten Besitz findet die Vorschrift des § 940 Abs. 2 entsprechende Anwendung.

1) **Allgemeines.** § 955 gilt **nur für Früchte,** § 99. Auch wenn Muttersache gestohlen, hindert § 935 nicht den Erwerb nach § 955. Bestr, wenn die Früchte schon zZ des Diebstahls usw als Bestandteile der Muttersache vorhanden waren, zB bei Trächtigk des gestohlenen Tieres. Für Anwendg des § 935 in diesem Fall Wolff-Raiser § 77 III 4, IV 5c; hM (zB Westermann § 57 II 3c, Soergel/Mühl Rdn 4), gutgl Erwerb wenigstens bei Früchten bejaht; beachte: für Sachbestandteile, die nicht Früchte (Rehkeule, Stein des Abbruchhauses) gilt nicht § 955, aber selbstverständl § 935. – Unberührt bleiben HerausgAnspr nach §§ 987, 988, 993. Vgl Vorbem 3.

2) **I.** Erwerb durch den **Eigenbesitzer,** § 872, zB den GrdstKäufer. Mittelb Besitz genügt, vgl aber Anm 3. Gutgläubigk erforderl; sie wird vermutet. Gegner muß Bösgläubigk beweisen. Letztere liegt vor, wenn der Eigenbesitzer, der nicht zum Eigenbesitz berechtigt ist od dem ein dingl FruchtbezugsR vorgeht, bei Besitzerwerb den Mangel des Rechts zum Eigenbesitz od des eigenen FruchtbezugsR kennt od inf grober Fahrlk nicht kennt od diesen Mangel vor der Trenng erfährt. § 955 gilt auch für den gutgl Eigtümer ggü dem dingl Berechtigten, außer wenn ersterer nur mittelb, letzterer unmittelb Besitz hat. Rechte Dritter (§§ 1107, 1120, 1192 I, 1199 I, 1212) bleiben bestehen.

3) **II. Nur dingliche Rechte.** Vgl § 954 Anm 1. Der gutgl (Anm 2) Nutzgsbesitzer schließt den Eigtümer, den Eigenbesitzer u den wahren Nutzgsberechtigten aus, auch wenn sie mittelb Besitzer sind. Dagg geht der im unmittelb Eigenbesitz befindl Eigtümer dem dingl Berecht vor, mag dieser auch mittelb Besitz haben. Hyp usw erlöschen, vgl § 1120; anders im Fall **I.**

4) **III.** Unter den Voraussetzgen des § 940 II erwirbt der Besitzer des § 955 Eigt mit Trenng auch, wenn er in deren Ztpkt nicht im Bes der Muttersache war. Bis zu dessen Wiedererwerb Schwebezustand: aufschiebd bedingtes Eigt des (bish) Besitzers, auflös bedingtes des Eigtümers der Muttersache. Eintritt der Bedingg: Wiedererlangg des Bes an Muttersache (RGRK/Pikart Rdn 13), nach Westermann (§ 57 II 3b) an den Früchten, doch kann dies nur gelten, wenn Muttersache untergegangen (vgl Erm/Hefermehl Rdz 7; W-Raiser § 77 III 3). Beachte, daß III nicht zg den EigtErwerb eines zwischenzeitl Besitzers schützt, also nur den Fall ergreift, daß ein solcher (zB als Dieb der Muttersache) nicht Eigentümer der bei ihm getrennten Frucht wird. Dann bleibt es bei der Verdrängg der an sich gem §§ 953, 954 FruchterwerbsBerecht, aber nicht mehr Besitzden dch den nach § 955 Berecht, obwohl er den Bes im entscheidden Augenblick der Fruchttrenng verloren hatte, aber eben nur vorübergehd (Wolff-Raiser § 77 III; Westermann § 57 II 3b cc).

5) Dem Erwerb nach § 955 geht der nach §§ 956, 957 vor.

956 *Erwerb durch persönlich Berechtigten.* **I** Gestattet der Eigentümer einem anderen, sich Erzeugnisse oder sonstige Bestandteile der Sache anzueignen, so erwirbt dieser das Eigentum an ihnen, wenn der Besitz der Sache ihm überlassen ist, mit der Trennung, anderenfalls mit der Besitzergreifung. Ist der Eigentümer zu der Gestattung verpflichtet, so kann er sie nicht widerrufen, solange sich der andere in dem ihm überlassenen Besitze der Sache befindet.

II Das gleiche gilt, wenn die Gestattung nicht von dem Eigentümer, sondern von einem anderen ausgeht, dem Erzeugnisse oder sonstige Bestandteile einer Sache nach der Trennung gehören.

Schrifttum: Spyridakis, Zur Problematik der Sachbestandteile, 1966, S. 144 ff. Medicus JuS **67**, 385.

1) **Aneignungsgestattung.** Nach der hier vertretenen Übertraggstheorie (RG **78**, 35; RGRK/Pikart Rdn 1; E. Wolf § 4 Fußn 57) wendet § 956 nur die §§ 929 ff auf einen Sonderfall der Übereigng künft Sachen an. In der Gestattg liegt das Angebot der Übereigng, in der Ergreif bzw Fortsetzg des Bes (1. Alternative) od in der BesErgreif des getrennten Erzeugnisses (2. Alternative), dessen Annahme u die Übergabe. Anders die im Schrifttt überw vertr Aneigngs- od Erwerbs- (auch Anwartsch-)theorie (Erm/Hefermehl Rdn 3; Schwab § 38 V 3; Soergel/Mühl Rdn 2): mit der (einseitig) Gestattg entstehe ErwerbsR, das mit Trenng od BesErgreifg zum Eigt führe; BGH **27**, 364 läßt offen. Folger aus der ÜbertrTheorie zB § 957 Anm 1. – § 956 unterscheidet, ob der Bes der Haupts dem Erwerber überlassen ist (Anm 2) – dann EigtErwerb mit Trenng – oder nicht (Anm 3) – dann Erwerb mit Besitzergreifg. Im 1. Fall Überlassg des mittelb Besitzes jedoch dann unzureichd, wenn Gestattender unmittelb Besitzer bleibt (BGH **27**, 363). **Hauptanwendungsfälle:** Anm 7.

2) Ist der **Besitz der Hauptsache** (vgl aber auch Anm 7) dem anderen **überlassen,** so ist hiermit u mit der Einigg das dingl RGesch insofern vollzogen, als Erwerb mit der Trenng ohne weiteres eintritt. Der Besitz des Erwerbers an der Haupts muß auf dem Willen des Gestattenden beruhn u noch zZ der Trenng bestehn; § 940 II wie bei § 955 entspr anwendb. Mittelb Bes genügt, es sei denn, der Gestattde bleibt unmittelb Besitzer (BGH **27**, 360). Da aber erst mit Trenng eine selbständ Sache entsteht u sich jetzt erst der

§§ 956, 957

Erwerb vollendet, muß die **Berechtigung zur Gestattung** in diesem Augenblick vorliegen (RG **78**, 36; str). Deshalb kein Erwerb, wenn zw Gestatt u Trenng Nießbr od PachtR des Gestattenden erlöschen, ein gutgl Besitz (§ 955) endet. Ebsowenig, wenn der gestattende Eigtümer die Hauptsache inzwischen veräußert hat, es sei denn, daß der neue Eigtümer zustimmt od aus bes Gründen die Gestattg gg sich gelten lassen muß (RG aaO); dies muß er bei Verpachtg, weil er nach §§ 571, 581 II in den PachtVertr eintritt u damit in die Verpflichtg, dem Pächter die Aneigng zu gestatten. Sonst, zB bei Abholzgestattg, vgl Anm 7, keine Bindg des neuen Eigtümers u deshalb kein Erwerb des Gestattgsempfängers an den Bestandteilen (str; vgl im einzelnen Anm 4 aE). Daraus, daß (bei Besitzeinräumg) der maßg Ztpkt der Gestattgsberechtigg die Trenng ist, folgt weiter: Wird das Grdst vor der Aberntg **beschlagnahmt** (ZVG 20, 146), so erstreckt sich die Beschlagn auf die Früchte auch nach deren Trenng (Brsl HRR **28**, 221); Ausn bei Verpachtg, ZVG 21 III, 152 II. Bei **Konkurs** über gestattenden EigtErwerb des Gestattgsempfängers an sie gebunden (str; vgl BGH **27**, 360; Baur § 53e V 2 c cc; Medicus JuS **67**, 385; Denk JZ **81**, 331).

Werden vor der Trenng Früchte auf dem Halm aGrd Titels gg den Gestattenden **gepfändet** (gem ZPO 810, der aber nur für ungetrennte Früchte, zB Getreide, Obst, nicht zB für Holz u Mineralien gilt), so kann der Pächter nach ZPO 809, 766 Erinnerg einlegen, auch nach ZPO 771 vorgehen. Nicht aber ein sonstiger persönl Berechtigter (zB Käufer von Rüben, Naumbg JW **30**, 845, aber mit der bedenkl Begr, die Einräumg des Besitzes des Ackerlandes habe nicht gleichzeitig Besitz an den Rüben zur Folge). Vgl auch § 581 Anm 5a. – Der Pfändg von ungetrennten Früchten durch Gläub des gestattgs gem persönl berechtigten Besitzers kann der Gestattende, auch wenn er Eigtümer ist, nicht nach ZPO 771 widersprechen, wenn er an die Gestattg gebunden, wie zB der Verpächter (str). Verpächter kann aber wg seines PfdR, § 585, nach ZPO 805 vorzugsw Befriedigg verlangen.

3) Wird dem Berecht **nicht der Besitz der Hauptsache** überlassen, vollendet sich das dingl RGesch erst mit der Besitzergreifg an den Bestandteilen. In diesem Ztpkt muß der Gestattende zur Gestattg berechtigt sein (BGH **27**, 366 für Konk). Erwerb schon mit Trenng nur gem §§ 929, 930 vereinb (RGRK/Pikart Rdn 14).

4) **Widerruf der Gestattung. a)** Einseitig unzul, wenn Pfl zur Gestattg (zB bei Verpachtg od Verkauf von Holz auf dem Stamm mit Abholzbefugnis des Käufers) u Erwerber noch im überlassenen Besitz; I 2. Vorübergehender Besitzverlust entspr §§ 955 III, 940 II unschädl. Sonst Widerruf zul, auch einseitiger. Daher kein AnwR (BGH **27**, 367). Zulässiger Widerruf hindert den Erwerb des Eigt, läßt aber schuldrechtl Anspr auf Verschaffg unberührt (RG Warn **24**, 9). Bei vertragl Verzicht auf EigtErwerb erwirbt Eigt der (berechtigt, Anm 5) Gestattende (RG **138**, 241).

b) Bindg des **Rechtsnachfolgers** an Gestattg str. Nach hM: nur wenn RechtsNachf – als Erbe, Schuldübernehmer, aus §§ 571, 581 II – zur Weitergestattg verpflichtet od Gestattg gem § 185 genehmigt u Berecht im Bes der Muttersache (vgl RG **78**, 35; RGRK/Pikart Rdn 4; Baur § 53e V 2c cc); weitergehd Westermann § 57 III 2d (Gestattg wirkt, kann aber frei widerrufen w, wenn keiner der eben genannten Fälle vorliegt) u Wolff-Raiser § 77 Fußn 39 (der den Rechtsgedanken des § 986 II dem Berecht zugute kommen lassen will). Für Bindg bei bewegl Sachen Soergel/Mühl Rdn 4.

5) **II. Gestattungsberechtigt** sind: der Eigtümer, der dingl Berecht (§ 954), der Eigen- u Nutzgsbesitzer (§ 955) bei Früchten, der persönl Berechtigte (§§ 956/7), sofern ihm der Besitz überlassen u die Weitergestattg nicht durch Vereinbg ausgeschl ist (RG **108**, 270). Von diesen im Einzelfall derjen, dem die Trennstücke sonst gehören würden, u zwar im Ztpkt der Trenng (im Fall Anm 2) od Besitzergreifg (im Fall Anm 3).

6) Dem Erwerb nach § 956 geht der gem § 957 vor.

7) Praktische Bedeutg gewinnt § 956 außer bei **Verpachtung** insb bei **Abholzungsverträgen**. Wird dem Käufer von Holz auf dem Stamm der Abhieb u das Abfahren überlassen, so liegt hierin eine Verpflichtg zur Gestattg der Besitzergreifg (vgl Anm 4), aber regelm noch keine Besitzeinräumg als WaldGrdst (vgl aber Brsl HRR **28**, 221). Wenn das WaldGrdst als Lagerplatz für die gefällten Bäume überlassen ist, vor der Trenng noch kein Besitz am Grdst (vgl RG **109**, 193). Mit Abhieb uU Besitzübergang am Holz, vgl aber § 854 Anm 3b. RG **108**, 271 u hM stellen Überlassg von Teilbesitz an noch ungetrennten Erzeugnissen (zB Holz auf Stamm) der Besitzeinr der Haupts gleich; jedoch solcher Teilbesitz an Bäumen nur ausnahmsw anzunehmen, uU bei gestatteter Kennzeichg der gekauften Bäume (vgl Baur § 53e V 3a). Bei Verkauf unter EigtVorbeh mit Abhiebsgestattg keine Aneignungsgestattg vor Bezahlg, § 956 nicht anwendb (RG **72**, 309). – Über TorfabbauVertr Hesse SchlHA **47**, 169.

8) **Fruchtziehung u Eigentumsvorbehalt: Schrifttum:** Serick I 230ff; v Tuhr, Recht **28**, 297. **a)** War Muttersache unter EigtVorbeh veräußert u dem Erwerber übergeben, wird mit BesEinräumg regelmäß bedingte Erwerbsgestattg hins der Früchte verbunden sein, wodann Käufer nur AnwartschR an den getrennten Früchten erwirbt (vgl Westermann § 57 III 2e; Flume AcP **161**, 386). Doch kann sich aus VertrInhalt (stillschw, zB bei Anfall rasch verderbder Früchte) anderes ergeben: EigtErwerb des VorbehKäufers nach § 956 mit Trenng, wenn mit KaufprRestzahlg Gestattg auf Ztpkt der Trenng zurückwirken soll (§ 159), dazu v Tuhr aaO; zust Soergel/Mühl Rdn 9.

b) Sind die – noch ungetrennten – Früchte unter EV veräußert (Holz am Stamm): dann mit Trenng dch VorbehKäufer noch kein Erwerb des Eigt, sond nur des AnwartschR.

957 *Gestattung durch den Nichtberechtigten.* Die Vorschriften des § 956 finden auch dann Anwendung, wenn derjenige, welcher die Aneignung einem anderen gestattet, hierzu nicht berechtigt ist, es sei denn, daß der andere, falls ihm der Besitz der Sache überlassen

Eigentum. 3. Titel: Erwerb u. Verlust an bewegl. Sachen   §§ 957–960

wird, bei der Überlassung, anderenfalls bei der Ergreifung des Besitzes der Erzeugnisse oder der sonstigen Bestandteile nicht in gutem Glauben ist oder vor der Trennung den Rechtsmangel erfährt.

1) Schutz des gutgläubigen persönlich Berechtigten. Entspr dem RGedanken der §§ 932ff (s dort Vorbem 1: Rechtsschein des Besitzes) ist notw, daß der Gestattende bei der Überlassg des Besitzes od bei der Besitzergreifg im Besitz der Haupts war (RG **108**, 271). Deshalb erwirbt auch im Gutgläubiger kein Eigt, dem ein Unbefugter, der sich für den Eigtümer eines Obstgartens ausgibt, diesen auch nicht besitzt, das Obstpflücken gestattet. Guter Glaube in bezug auf die Befugnis zur Gestattg. Grob fahrl Unkenntn bei Überlassg des Besitzes macht bösgl; später schadet nur Kenntn. Nach § 957 können Bestandteile einer gestohlenen Sache (§ 935) nicht erworben werden. Für ihre reifden Früchte ist dies in ähnl Weise bestr, wie zu § 955 (s dort Anm 1); für Anwendg des § 935 auch hier Wolff-Raiser § 77 IV 5b; and die hL.

V. Aneignung

958 Grundsatz. ⁱ Wer eine herrenlose bewegliche Sache in Eigenbesitz nimmt, erwirbt das Eigentum an der Sache.

ⁱⁱ Das Eigentum wird nicht erworben, wenn die Aneignung gesetzlich verboten ist oder wenn durch die Besitzergreifung das Aneignungsrecht eines anderen verletzt wird.

1) Der Aneignende erwirbt (urspüngl) Eigt; Ausn: **II**. Rechte Dritter erlöschen nicht; vgl aber § 945. Für Grdst gilt § 928, für eingetr Schiffe SchiffsRG 7.

2) Voraussetzungen. a) Herrenlose bewegliche Sache. Eigt hat noch nie bestanden (zB § 960 I 1) od es ist aufgegeben worden (§ 959) od sonst erloschen (§§ 960 II, III, 961). Ausn: Aneigng fremder Tauben, EG 130 (RGSt **48**, 384).

b) In Eigenbesitz nehmen. Vgl § 872. Aneigng ist kein RGesch; deshalb GeschFgk nicht nötig (Baur § 53f III 2; Westermann § 58 IV; Wolff-Raiser § 78 III; str). Vgl auch § 872 Anm 2. GgArgument, daß EigtErwerb auf einem darauf gerichteten Willen beruhe, nicht durchschlagd, weil EigtErwerb die gesetzl Folge des Eigenbesitzerwerbs. Anders § 959. Erwerb durch Besitzdiener (§ 855, RGSt **39**, 179) od Besitzmittler (§ 868) mögl. Daß der in Eigenbesitz Nehmende die herrenlose Sache irrtüml für eine fremde hält, hindert den EigtErwerb nicht (OLG **39**, 227).

3) II. Ausnahmsweise **bleibt** die Sache **herrenlos a)** bei gesetzl verbotener Aneigng; zB BNatSchG 22. Auch bei Verbot durch PolizeiVO (RGSt **48**, 124).

b) bei **Verletzung von Aneignungsrechten,** zB des Jagd- (BJagdG § 1) od Fischereiberechtigten (EG 69). Vgl ferner EG 67, 73; auch StrandO v 17. 5. 74 (vgl aber auch Ewald MDR **57**, 137). EigtErwerb erst durch Aneigng seitens des Berechtigten; dieser kann aGrd seines AneigngsR vom Besitzer Herausg verlangen, zB JagdBerecht vom Wilderer, in dessen Hand Wild herrenlos bleibt (str). Aber Gutgläubiger kann vom Wilderer Eigt erwerben, § 935 gilt nicht, weil Wild dem Jagdberechtigten nicht abhgek. Wilderer, der nicht mehr im Besitz, haftet der Berecht aus § 823; auch BereicherngsAnspr mögl.

959 Aufgabe des Eigentums. Eine bewegliche Sache wird herrenlos, wenn der Eigentümer in der Absicht, auf das Eigentum zu verzichten, den Besitz der Sache aufgibt.

1) Die EigtAufgabe ist einseit VfgGesch, das GeschFgk u VfgsBefugn erfordert. Der Verzichtswille muß erkennb betätigt werden. Anfecht (§§ 119ff) ggü Aneignendem mögl; sie vernichtet aber nur die WillErkl, der § 935 ausschließde Realakt der freiw BesAufgabe bleibt. Verzicht zG eines Dritten nicht mögl; sie ist idR Übereigng. Über Verzicht des AbzVerk vgl BGH **19**, 327. Notw ist ferner BesAufgabe od früherer BesVerlust; ob aus BesAufgabe auf den Verzichtswillen geschlossen werden kann, hängt von den Umst ab (vgl RGSt **57**, 337; **67**, 298; Fritsche MDR **62**, 714; Faber JR **87**, 313 [Nichtabholg bei WkVertr]; LG Ravbg NJW **87**, 3142 [Sperrmüll]). Besitz hier gleich unmittelb Besitz; mittelb Besitzer kann daher nicht schon dch Verzicht auf HerausgAnspr Eigt aufgeben (aM W-Raiser § 78 II 1a). EigtAufgabe steht nicht entgg, daß Eigtümer sich mißbräuchl öff Verpfl entzieht (BayObLG Rpfleger **83**, 308).

960 Wilde Tiere. ⁱ Wilde Tiere sind herrenlos, solange sie sich in der Freiheit befinden. Wilde Tiere in Tiergärten und Fische in Teichen oder anderen geschlossenen Privatgewässern sind nicht herrenlos.

ⁱⁱ Erlangt ein gefangenes wildes Tier die Freiheit wieder, so wird es herrenlos, wenn nicht der Eigentümer das Tier unverzüglich verfolgt oder wenn er die Verfolgung aufgibt.

ⁱⁱⁱ Ein gezähmtes Tier wird herrenlos, wenn es die Gewohnheit ablegt, an den ihm bestimmten Ort zurückzukehren.

1) Wilde Tiere. – a) In **natürlicher Freiheit** sind sie bis zur Aneigng herrenlos **(I 1). – b)** In **Gefangenschaft** sind sie nicht herrenlos **(I 2, II).** Tiergärten (in ihnen gilt kein JagdR; BJagdG 6 S 3) sind kleinere Flächen, in denen die Tiere zu anderen als Jagdzwecken gehalten w (KGJ **49**, 360); zB Zuchtfarm (Kbg JW **31**, 3463), sog Wild- u Safariparks. Nach aA (zB W-Raiser § 80 II 1; Staud/Gursky Rdn 3) entscheidend, ob zum Fangen u Erlegen jägerische Hdlg vorausgesetzt od nötig. Abzulehnen RGSt **42**, 75; **60**, 275 (entscheidend sei hiern, ohne Rücks auf Umfang, ob dem Wild durch die Umschließg das Wechseln in andere Reviere verwehrt). **Gegensatz:** eingehegte Reviere, dort gilt I S 1. Aber S 2 für Fische in geschlossenen Privatgewässern, die einen Wechsel in andere Gewässer nicht erlauben. Diese Tiere, auch ihre Abwurfstangen gehören dem, der sie gefangen hält, wenn er aneigngsberechtigt ist, § 958. Sie werden herrenlos nach II. Zur Verfolgg rechnen alle zur Wiedererlangg geeigneten Maßnahmen (Mü JW **30**, 2459), uU auch Zeitzungsanzeigen (entflogener Kanarienvogel). Unverzügl § 121 I 1; maßg, ob Verfolgg unverzügl nach Kenntnis der Freiheitserlangg.

2) Gezähmte Tiere sind von Natur wilde, aber dch lediql psychische Mittel (Gewöhng an den Menschen) derart beherrschte Tiere, daß sie die Gewohnh angenommen haben, an den ihnen bestimmten Ort zurückzukehren (zB Beizvögel, Schlesw Jb des Dtsch Falkenordens **70/71**, 121; aA Hammer SondDruck JbDFO **70/71**, 10). Sie werden herrenlos nach **III**, wenn sie diese Gewohnh ablegen.

3) Für zahme Tiere (Haustiere, Tauben) gilt § 959. Also kein Verlust des Eigt durch bloßes Entlaufen (RGSt **50**, 183). Die Gewohnh zur Rückkehr kann aber für den Besitz von Bedeutg sein. Über Aneigng von Tauben vgl EG 130.

Bienenrecht (§§ 961–964)

Schrifttum: Schüßler, Dtsch Bienenrecht, 1934. – Schwender, Hdb Bienenrecht, 1989.

961 *Herrenloswerden eines Bienenschwarmes.* **Zieht ein Bienenschwarm aus, so wird er herrenlos, wenn nicht der Eigentümer ihn unverzüglich verfolgt oder wenn der Eigentümer die Verfolgung aufgibt.**

1) Die §§ 961–964 gelten nur für die Bienen in Bienenstöcken. § 961 entspricht dem § 960 II. Herrenlose Bienenschwärme unterliegen der freien Aneigng; diese erfolgt gewohnheitsrechtl durch symbolische Besitzergreifg (Legen einer Sache unter den Baum; J v Gierke § 37 II 1b).

962 *Verfolgungsrecht des Eigentümers.* **Der Eigentümer des Bienenschwarms darf bei der Verfolgung fremde Grundstücke betreten. Ist der Schwarm in eine fremde nicht besetzte Bienenwohnung eingezogen, so darf der Eigentümer des Schwarmes zum Zwecke des Einfangens die Wohnung öffnen und die Waben herausnehmen oder herausbrechen. Er hat den entstehenden Schaden zu ersetzen.**

1) Besonderes SelbsthilfeR. Weitergeh als §§ 229, 867, 1005. Zur Verfolgg notwendiges Betreten, Öffnen usw ist nicht widerrechtl. SchadErs also trotz rechtmäß Handelns wie in § 904 S 2.

963 *Vereinigung von Bienenschwärmen.* **Vereinigen sich ausgezogene Bienenschwärme mehrerer Eigentümer, so werden die Eigentümer, welche ihre Schwärme verfolgt haben, Miteigentümer des eingefangenen Gesamtschwarmes; die Anteile bestimmen sich nach der Zahl der verfolgten Schwärme.**

1) Verfolgt nur ein Eigtümer seinen Schwarm, wird er AlleinEigtümer des mit herrenlosen Schwärmen vereinigten Schwarmes. Sonst entsteht MitEigt: aber anders als nach § 947 I nach Maßg der Anzahl der Schwärme (jeder Schwarm hat eine Königin).

964 *Einzug in eine fremde besetzte Bienenwohnung.* **Ist ein Bienenschwarm in eine fremde besetzte Bienenwohnung eingezogen, so erstrecken sich das Eigentum und die sonstigen Rechte an den Bienen, mit denen die Wohnung besetzt war, auf den eingezogenen Schwarm. Das Eigentum und die sonstigen Rechte an dem eingezogenen Schwarme erlöschen.**

1) Betrifft die Hungerschwärme. Die Rechte erlöschen ohne Entschädigg (als Ausgleich für den durch den Hungerschwarm regelm angerichteten Schaden). Auch kein BereichergsAnspr.

VI. Fund

Vorbemerkung

1) Begriffe (dazu Gottwald JuS **79**, 247). – **a) Verloren** sind Sachen, die nach BesR besitzlos aber nicht herrenlos sind. Nicht besitzlos sind liegengelassene (RGSt **38**, 444; vgl auch LG Ffm NJW **56**, 873) u versteckte (Hbg MDR **82**, 409) Sachen, deren Lage bekannt u deren jederzeit Wiedererlangg mögl, sowie gestohlene Sachen; ferner verlegte Sachen, deren Lage noch nicht endgült vergessen. Freiw BesAufg dch Eigtümer genügt, sofern darin ausnahmsw (zB GeschUnfgk; Anfechtg) keine EigtAufg liegt; verloren aber Sache, die BesDiener od BesMittler ohne Willen des Eigtümers od Dieb (Hamm NJW **79**, 725) wegwirft. Über nicht abgeholte Sachen bei WkVerk vgl Faber JR **87**, 313. – **b) Finder** ist, wer eine verlorene Sache nach Entdeckg in Bes nimmt; Aufheben zur Besichtigg genügt nicht. Finden setzt als TatHdlg (Übbl 2d vor § 104) GeschFgk nicht voraus. BesDiener findet für BesHerrn (BGH **8**, 130). Zum Schutz des FundBes vgl Mittenzwei MDR **87**, 883. – **c) Empfangsberechtigter** ist, wer BesR u daher HerausgAnspr hat. – **d) Zuständige Behörde** ist jede nach LandesR sachl (W-Raiser § 82 V 1b) zuständige VerwBehörde;

mangels SonderVorschr (*BaWü* AGBGB 5a, *Bay* VO v 12. 7. 77 [GVBl 386]: Gemeinde; *Brem* AGBGB 28: OrtspolizeiBeh; *NRW* VO v 27. 9. 77 [GV 350] u *SchlH* VO v 18. 10. 76 [GVBl 266]: örtl OrdngsBeh; *RhPf* VO v 20. 9. 77 [GVBl 340]) die Gemeinde.

2) Schuldrechtliche Beziehungen. Dch den Fund entsteht ein ges SchuldVerh, auf das §§ 677ff ergänzd anwendb (Hbg OLG **8**, 112); aber kein BesMittlgsVerh (§ 868 Anm 2c cc). Dch §§ 965ff sind ggü ehrl Finder §§ 987ff ausgeschl (Raiser, FS-Wolf 133, 140; aA RG JW **24**, 1715); vgl aber auch § 970 Anm 1.

3) Sondervorschrift für Strandgut: RStrandgsO v 17. 5. 1874, BGBl III 9516 – 1. – **IPR**: Recht des Fundortes maßg (Hbg OLG **10**, 114). – **DDR**: §§ 358–361 ZGB. – **Reform** dch G v 19. 7. 76, BGBl 1817: Bassenge NJW **76**, 1486.

965 *Anzeigepflicht des Finders.*
I Wer eine verlorene Sache findet und an sich nimmt, hat dem Verlierer oder dem Eigentümer oder einem sonstigen Empfangsberechtigten unverzüglich Anzeige zu machen.

II Kennt der Finder die Empfangsberechtigten nicht oder ist ihm ihr Aufenthalt unbekannt, so hat er den Fund und die Umstände, welche für die Ermittelung der Empfangsberechtigten erheblich sein können, unverzüglich der zuständigen Behörde anzuzeigen. Ist die Sache nicht mehr als zehn Deutsche Mark wert, so bedarf es der Anzeige nicht.

1) Anzeige. a) Stets an einen bekannten od nachträgl bekannt werdden EmpfangsBerecht (Vorbem 1 c); bei Mehrh genügt an einen. Unverzügl: § 121 I 1. – **b)** Hilfsw an zust Behörde (Vorbem 1 d); nur diese Anz kann bei Kleinfund unterbleiben. – **c)** Verletzg der Pfl: §§ 971 II, 973, 823ff.

966 *Verwahrungspflicht.*
I Der Finder ist zur Verwahrung der Sache verpflichtet.

II Ist der Verderb der Sache zu besorgen oder ist die Aufbewahrung mit unverhältnismäßigen Kosten verbunden, so hat der Finder die Sache öffentlich versteigern zu lassen. Vor der Versteigerung ist der zuständigen Behörde Anzeige zu machen. Der Erlös tritt an die Stelle der Sache.

1) Pflicht zur Verwahrung, §§ 688ff; notfalls zur Erhaltg u Fruchtziehg. Von Inbesitznahme ab (Vorbem 1b) Freiwerden nur nach §§ 966 II, 967, 969. Über guten Glauben vgl § 990 Anm 2.

2) Pflicht zur öffentlichen Versteigerung; vgl §§ 156, 383 III, 385. Ersteher wird Eigtümer, weil Finder zur Versteigerg berechtigt ist; Finder handelt kraft gesetzl Ermächtigg (aM Bertzel AcP **158**, 113: gesetzl Vertreter). Dingl Surrogation: II S 3. Liegt ein Fall des II S 1 nicht vor, gilt § 1244 entspr (RGRK/Pikart Rdn 10; Staud/Gursky Rdn 5; aA Soergel/Mühl Rdn 2). Vgl ferner § 935 II.

967 *Ablieferungspflicht.*
Der Finder ist berechtigt und auf Anordnung der zuständigen Behörde verpflichtet, die Sache oder den Versteigerungserlös an die zuständige Behörde abzuliefern.

1) Der Finder wird dch Ablieferg an die zust Behörde (Vorbem 1 d) von seinen Pfl frei, behält aber seine R (§ 975). AbliefergsAnordnung dch allgverbindl Anordng od im Einzelfall dch VerwaltgsAkt ggü Finder (SächsOVG JW **25**, 1061). Verpfl der Behörde nach §§ 973, 975, 976 u nach öffR (Hbg SeuffA **61**, 8); Haftg: OVG **12**, 127.

968 *Umfang der Haftung.*
Der Finder hat nur Vorsatz und grobe Fahrlässigkeit zu vertreten.

1) Im Rahmen des gesetzl Schuldverhältn u der §§ 823ff. Vgl § 680 und den entspr anwendbaren § 682 bei Nichtgeschäftsfähigen.

969 *Herausgabe an den Verlierer.*
Der Finder wird durch die Herausgabe der Sache an den Verlierer auch den sonstigen Empfangsberechtigten gegenüber befreit.

1) Hat ein BesDiener die Sache verloren, so befreit die Herausg an ihn, wenn das Verhältn aus § 855 noch besteht. Haftg für Herausg an einen Nichtempfangsberechtigten nach § 968. Empfangsberechtigte: Vorbem 1 c vor § 965.

970 *Ersatz von Aufwendungen.*
Macht der Finder zum Zwecke der Verwahrung oder Erhaltung der Sache oder zum Zwecke der Ermittelung eines Empfangsberechtigten Aufwendungen, die er den Umständen nach für erforderlich halten darf, so kann er von dem Empfangsberechtigten Ersatz verlangen.

1) § 994 I 2 gilt entspr, soweit Finder Nutzgen verbleiben (RGRK/Pikart Rdn 3). Vgl im übrigen §§ 256, 257, 972, 974. Anspr der Behörde richten sich nach öff Recht.

§§ 971–975   3. Buch. 3. Abschnitt. *Bassenge*

971 *Finderlohn.* **I** Der Finder kann von dem Empfangsberechtigten einen Finderlohn verlangen. Der Finderlohn beträgt von dem Wert der Sache bis zu eintausend Deutsche Mark fünf vom Hundert, von dem Mehrwert drei vom Hundert, bei Tieren drei vom Hundert. Hat die Sache nur für den Empfangsberechtigten einen Wert, so ist der Finderlohn nach billigem Ermessen zu bestimmen.

II Der Anspruch ist ausgeschlossen, wenn der Finder die Anzeigepflicht verletzt oder den Fund auf Nachfrage verheimlicht.

1) Der Finderlohn belohnt die Ehrlichk u Mühewaltg des Finders. Daneben besteht der Anspr aus § 970. Maßgebd ist der Wert der Sache od der Versteigerserlös zZ der Herausg. Für Sparkassenbücher gilt **I S 3**, da Ggst des Fundes das Buch, nicht die Fdg. Ausschluß bei mind grob fahrl (§ 968) Verletzg der AnzPfl (§ 965) od bei Verheimlichg auf Nachfrage eines glaubh Berechtigten (Dresden OLG **4**, 333). Wohl nicht beim geschäftsunfäh Finder (Staud/Gursky Rdn 4). Geltdmachg § 972.

972 *Zurückbehaltungsrecht des Finders.* Auf die in den §§ 970, 971 bestimmten Ansprüche finden die für die Ansprüche des Besitzers gegen den Eigentümer wegen Verwendungen geltenden Vorschriften der §§ 1000 bis 1002 entsprechende Anwendung.

1) Zurückbehaltungsrecht §§ 273 III, 274, 1000 S 1; vgl auch § 975 S 3. § 1000 S 2 nicht anwendbar. **Klagerecht** entspr §§ 1001, 1002; Gen des Finderlohns genügt für § 1001 (Bassenge NJW **76**, 1486 zu II 2b). EmpfangsBerecht kann sich nach § 1001 S 2 durch Rückg der Sache befreien.

973 *Eigentumserwerb des Finders.* **I** Mit dem Ablauf von sechs Monaten nach der Anzeige des Fundes bei der zuständigen Behörde erwirbt der Finder das Eigentum an der Sache, es sei denn, daß vorher ein Empfangsberechtigter dem Finder bekannt geworden ist oder sein Recht bei der zuständigen Behörde angemeldet hat. Mit dem Erwerbe des Eigentums erlöschen die sonstigen Rechte an der Sache.

II Ist die Sache nicht mehr als zehn Deutsche Mark wert, so beginnt die sechsmonatige Frist mit dem Funde. Der Finder erwirbt das Eigentum nicht, wenn er den Fund auf Nachfrage verheimlicht. Die Anmeldung eines Rechtes bei der zuständigen Behörde steht dem Erwerbe des Eigentums nicht entgegen.

1) Nach Ablauf von sechs Monaten seit Anzeige **(I)** bzw Fund **(II)** erwirbt der Finder *ex nunc* (str) **Eigentum** an der Sache nebst inzwischen gezogenen Früchten od am Versteigerserlös. Rechte Dritter erlöschen. BereichergsAnspr § 977. Der Finder ist der Behörde ggü (od den Erlös) noch in Besitz haben (RG JW **31**, 930; str). Für Anspr gg Behörde auf Herausg VerwRechtsweg (VGH Brem DVBl **56**, 628). Vor Fristablauf hat Finder ein übertragb AnwR (Mittenzwei MDR **87**, 883; RG JW **31**, 930), ohne daß damit Erwerber in die volle Stellg des Finders im gesetzl SchuldVerh mit Verlierer einrückt: seine Beziehungen zum Eigtümer regeln sich nach §§ 987ff; Übertragg entspricht EigtÜbertragg; Erwerber erwirbt dann nach Fristablauf unmittelb Eigt; passivlegitimiert für Anspr aus § 977 bleibt aber Finder, (außer iF des § 822) da EigtErwerb des neuen Anwärters Folge der Leistg des Finders ist. **Ausnahmen:** Vor Ablauf der Frist **a)** verzichtet Finder auf sein Recht, § 976 I; **b)** wird ihm das Recht des EmpfangsBerecht (nicht notw zugl sein Aufenth, § 965 II) bekannt. Ferner **c)** im Falle **I:** es meldet der EmpfangsBerecht sein Recht bei einer zust Behörde (Vorbem 1d) an; **d)** im Falle **II:** Finder verheimlicht trotz Nachfrage; vgl § 971 II. **Zu b und c:** vgl § 974.

974 *Eigentumserwerb nach Verschweigung.* Sind vor dem Ablauf der sechsmonatigen Frist Empfangsberechtigte dem Finder bekannt geworden oder haben sie bei einer Sache, die mehr als zehn Deutsche Mark wert ist, ihre Rechte bei der zuständigen Behörde rechtzeitig angemeldet, so kann der Finder die Empfangsberechtigten nach den Vorschriften des § 1003 zur Erklärung über die ihm nach den §§ 970 bis 972 zustehenden Ansprüche auffordern. Mit dem Ablaufe der für die Erklärung bestimmten Frist erwirbt der Finder das Eigentum und erlöschen die sonstigen Rechte an der Sache, wenn nicht die Empfangsberechtigten sich rechtzeitig zu der Befriedigung der Ansprüche bereit erklären.

1) Aufforderg an alle Empfangsberechtigte. Verschweigen sich alle, erwirbt der Finder Eigt wie nach § 973. Genehmigt auch nur einer, hat der Finder das KlageR nach §§ 972, 1001. Bestreitet einer den Anspr, zunächst Feststellgsklage u danach neue Aufforderg, vgl § 1003 Anm 3c. Hier setzt (abw zB § 1003 Anm 2) die Setzg einer unangemessenen Frist die angemessene nicht in Lauf, vielmehr muß neue gesetzt werden, damit Ztpkt des EigtErwerbs bestimmt ist (RGRK/Pikart Rdn 2; Staud/Gursky Rdn 1).

975 *Rechte des Finders nach Ablieferung.* Durch die Ablieferung der Sache oder des Versteigerungserlöses an die zuständige Behörde werden die Rechte des Finders nicht berührt. Läßt die zuständige Behörde die Sache versteigern, so tritt der Erlös an die Stelle der Sache. Die zuständige Behörde darf die Sache oder den Erlös nur mit Zustimmung des Finders einem Empfangsberechtigten herausgeben.

1) Die Befugn der Behörde zur Versteigerg richtet sich nach öff Recht. – Zustimmg (S 3) an Stelle des ZbR aus § 972; Nachw notf dch Urt (ZPO 894). Herausg ohne Zust wirks, aber § 839.

Eigentum. 3. Titel: Erwerb u. Verlust an bewegl. Sachen §§ 976–978

976 *Eigentumserwerb der Gemeinde.* ¹ Verzichtet der Finder der zuständigen Behörde gegenüber auf das Recht zum Erwerbe des Eigentums an der Sache, so geht sein Recht auf die Gemeinde des Fundorts über.

² Hat der Finder nach der Ablieferung der Sache oder des Versteigerungserlöses an die zuständige Behörde auf Grund der Vorschriften der §§ 973, 974 das Eigentum erworben, so geht es auf die Gemeinde des Fundorts über, wenn nicht der Finder vor dem Ablauf einer ihm von der zuständigen Behörde bestimmten Frist die Herausgabe verlangt.

1) Formloser Verzicht. Im Falle **I** Vorbeh der Anspr aus §§ 970, 971 mögl. Im Falle **II** sind sie erloschen. Ist der Aufenth des Finders unbekannt, gilt § 983.

977 *Bereicherungsanspruch.* Wer infolge der Vorschriften der §§ 973, 974, 976 einen Rechtsverlust erleidet, kann in den Fällen der §§ 973, 974 von dem Finder, in den Fällen des § 976 von der Gemeinde des Fundorts die Herausgabe des durch die Rechtsänderung Erlangten nach den Vorschriften über die Herausgabe einer ungerechtfertigten Bereicherung fordern. Der Anspruch erlischt mit dem Ablaufe von drei Jahren nach dem Übergange des Eigentums auf den Finder oder die Gemeinde, wenn nicht die gerichtliche Geltendmachung vorher erfolgt.

1) Anspruchsberechtigt sind der bish Eigentümer u die dingl Berechtigten; aber nicht der Finder im Falle des § 976 II. Anspruchsverpflichtet ist der Finder (§§ 973, 974) od die Gemeinde (§ 976) od ein Dritter nach § 822. Vgl im übr §§ 812 I 2, 818, 819. S 2 bestimmt eine AusschlFrist.

978 *Fund in öffentlicher Behörde oder Verkehrsanstalt.* ¹ Wer eine Sache in den Geschäftsräumen oder den Beförderungsmitteln einer öffentlichen Behörde oder dem öffentlichen Verkehre dienenden Verkehrsanstalt findet und an sich nimmt, hat die Sache unverzüglich an die Behörde oder die Verkehrsanstalt oder an einen ihrer Angestellten abzuliefern. Die Vorschriften der §§ 965 bis 967 und 969 bis 977 finden keine Anwendung.

² Ist die Sache nicht weniger als einhundert Deutsche Mark wert, so kann der Finder von dem Empfangsberechtigten einen Finderlohn verlangen. Der Finderlohn besteht in der Hälfte des Betrages, der sich bei Anwendung des § 971 Abs. 1 Satz 2, 3 ergeben würde. Der Anspruch ist ausgeschlossen, wenn der Finder Bediensteter der Behörde oder der Verkehrsanstalt ist oder der Finder die Ablieferungspflicht verletzt. Die für die Ansprüche des Besitzers gegen den Eigentümer wegen Verwendungen geltende Vorschrift des § 1001 findet auf den Finderlohnanspruch entsprechende Anwendung. Besteht ein Anspruch auf Finderlohn, so hat die Behörde oder die Verkehrsanstalt dem Finder die Herausgabe der Sache an einen Empfangsberechtigten anzuzeigen.

³ Fällt der Versteigerungserlös oder gefundenes Geld an den nach § 981 Abs. 1 Berechtigten, so besteht ein Anspruch auf Finderlohn nach Absatz 2 Satz 1 bis 3 gegen diesen. Der Anspruch erlischt mit dem Ablauf von drei Jahren nach seiner Entstehung gegen den in Satz 1 bezeichneten Berechtigten.

Schrifttum: Bassenge NJW **76**, 1486; Eith MDR **81**, 189; Kunz MDR **86**, 537.

1) **Fundort: Geschäftsraum** einer öff Behörde aller VerwaltgsArten; auch Nebenräume (aA Eith aaO) wie Treppen, Flure, Restaurationsräume, Aborte, Höfe, Bahnsteige. – **Beförderungsmittel** einer öff Behörde. – **Verkehrsanstalt** für öff Verkehr; hier nur die öff od priv Transportanstalt (Schwab § 42 V 1, 4), nicht aber Gaststätten (RG **108**, 259), Warenhäuser (vgl dazu BGH **101**, 186), Privatbanken (aA Hbg SeuffA **63**, 105; W-Raiser § 82 IX), auch nicht Betriebe (vgl dazu Rother BB **65**, 247).

2) **Ablieferungpflicht** des Finders (I 1); unverzügl: § 121 I 1. Haftgsmaßstab iRv § 968. Verletzg: vgl Anm 3b.

3) **Finderlohn** (Höhe: II 2) nur bei Sachen ab 100 DM Wert. Maßg obj VerkWert im Ztpkt der Wiedererlangg dch EmpfangsBerecht od VerstErlös; mangels solchen Werts der Wert für den EmpfangsBerecht (vgl II 2 mit § 971 I 3). – a) **Schuldner. aa) Empfangsberechtigter** (Vorbem 1c), solange Voraussetzgen des § 981 I noch nicht gegeben (II 1). Aber erst nachdem dieser die Sache wiedererlangt od Anspr (§ 972 Anm 1) genehmigt hat (II 4 mit § 1001); vorher keine Aufrechng. Dch Rückg an Behörde/VerkAnstalt vor Gen kann EmpfangsBerecht sich von Anspr befreien (II 4 mit § 1001). Dch Wiedererlanggg od Gen unbdgt gewordener Anspr verjährt nach § 195; § 1002 nicht anwendb. **bb) Eigentümer des Geldes,** der dies nach § 981 I erworben; Finder hat keinen Anspr auf Verst. Rechtzeit (III 2) geltd gemachter Anspr (nicht notw gerichtl) verjährt nach § 195; ordentl RWeg. – **b) Ausschluß** (II 3). Bedienstete der Behörde/VerkAnstalt (auch zB Angestellte einer beauftragten ReiniggsFirma) haben keinen Anspr. Ebso Finder, der mind grob fahrl (§ 968) AbliefergsPfl verletzt; Verheimlichg ggü EmpfangsBerecht unschädl, ebso unverzügl Ablieferg unmittelb an diesen (Umweg über Behörde/VerkAnstalt nur zur AnsprErhaltg nicht sinnvoll); wg geschäftsunfäh Finder vgl § 971 Anm 1. – **c) Benachrichtigungspflicht** der Behörde/VerkAnstalt (II 5), damit Finder Anspr geltd machen kann. Bei Verletzg: § 839 od § 276 (priv VerkAnstalt).

4) **Sonderregelung** in § 978, die auch bei Bes der Behörde usw anwendb (BGH **101**, 186), schließt aus: Anspr aus § 970; EigtErwerb nach §§ 973, 974; Finderlohn bei Sachen unter 100 DM Wert.

§§ 979–984

979 *Öffentliche Versteigerung.* **I** Die Behörde oder die Verkehrsanstalt kann die an sie abgelieferte Sache öffentlich versteigern lassen. Die öffentlichen Behörden und die Verkehrsanstalten des *Reichs*, der *Bundesstaaten* und der Gemeinden können die Versteigerung durch einen ihrer Beamten vornehmen lassen.

II Der Erlös tritt an die Stelle der Sache.

1) Öff Versteigerg. Vgl § 966 Anm 2 und §§ 980–982. Statt „Reichs" u. „Bundesstaaten" jetzt Bundesrepublik u Länder. Verkehrsanstalten zB Post, Bundesbahn. §§ 979, 980 gelten gem WaStrG 30 VII für beseitigte Ggstände, die ein Schiffahrtshindern bilden. – **II**: dingl Surrogation.

980 *Öffentliche Bekanntmachung des Fundes.* **I** Die Versteigerung ist erst zulässig, nachdem die Empfangsberechtigten in einer öffentlichen Bekanntmachung des Fundes zur Anmeldung ihrer Rechte unter Bestimmung einer Frist aufgefordert worden sind und die Frist verstrichen ist; sie ist unzulässig, wenn eine Anmeldung rechtzeitig erfolgt ist.

II Die Bekanntmachung ist nicht erforderlich, wenn der Verderb der Sache zu besorgen oder die Aufbewahrung mit unverhältnismäßigen Kosten verbunden ist.

1) Vgl § 982. Ist die Versteigerg unzul, erwirbt nur der gutgl Ersteher nach § 935 II od entspr § 1244 (RGRK/Pikart Rdn 3; aA Soergel/Mühl Rdn 1) Eigt.

981 *Empfang des Versteigerungserlöses.* **I** Sind seit dem Ablaufe der in der öffentlichen Bekanntmachung bestimmten Frist drei Jahre verstrichen, so fällt der Versteigerungserlös, wenn nicht ein Empfangsberechtigter sein Recht angemeldet hat, bei *Reichsbehörden* und *Reichsanstalten* an den *Reichsfiskus,* bei Landesbehörden und Landesanstalten an den Fiskus des *Bundesstaats,* bei Gemeindebehörden und Gemeindeanstalten an die Gemeinde, bei Verkehrsanstalten, die von einer Privatperson betrieben werden, an diese.

II Ist die Versteigerung ohne die öffentliche Bekanntmachung erfolgt, so beginnt die dreijährige Frist erst, nachdem die Empfangsberechtigten in einer öffentlichen Bekanntmachung des Fundes zur Anmeldung ihrer Rechte aufgefordert worden sind. Das gleiche gilt, wenn gefundenes Geld abgeliefert worden ist.

III Die Kosten werden von dem herauszugebenden Betrag abgezogen.

982 *Ausführungsvorschriften.* Die in den §§ 980, 981 vorgeschriebene Bekanntmachung erfolgt bei *Reichsbehörden* und *Reichsanstalten* nach den von dem *Bundesrat,* in den übrigen Fällen nach den von der Zentralbehörde des *Bundesstaats* erlassenen Vorschriften.

1) Statt ReichsBeh/Anstalt jetzt BBeh/Anstalt, statt BRat jetzt zuständ BMinister (Friehe ArchÖffR **109**, 76) u statt BStaat jetzt BLand. Für BBeh gilt Bek v 16. 6. 1896 (BGBl III 403–5). – *BaWü* VO 29. 9. 81 (GBl 510); *Bay* VO v 12. 7. 77 (GVBl 386); *Hbg* VO v 19. 11. 62 (GVBl 183); *Nds* AGBGB 25; *SchlH* VO v 18. 10. 76 (GVBl 266).

983 *Unanbringbare Sachen bei Behörden.* Ist eine öffentliche Behörde im Besitz einer Sache, zu deren Herausgabe sie verpflichtet ist, ohne daß die Verpflichtung auf Vertrag beruht, so finden, wenn der Behörde der Empfangsberechtigte oder dessen Aufenthalt unbekannt ist, die Vorschriften der §§ 979 bis 982 entsprechende Anwendung.

1) ZB für Überführungsstücke, deren Eigtümer unbekannt ist. Vgl auch § 976 Anm 1. Für vertragl Anspr bestehen SonderVorschr in HintO 19 ff; PostG 26 I. Für Private gelten nur die §§ 372 ff.

984 *Schatzfund.* Wird eine Sache, die so lange verborgen gelegen hat, daß der Eigentümer nicht mehr zu ermitteln ist (Schatz), entdeckt und infolge der Entdeckung in Besitz genommen, so wird das Eigentum zur Hälfte von dem Entdecker, zur Hälfte von dem Eigentümer der Sache erworben, in welcher der Schatz verborgen war.

1) Die (bewegl) Sache muß so lange verborgen gewesen sein, daß gerade deshalb der Eigtümer nicht zu ermitteln ist (Hbg MDR **82**, 409). Entsprechd wohl bei herrenlosen Sachen von wissenschaftl Wert, zB Fossilien; str. Bergende Sache kann auch bewegl sein (Geheimfach). Entdeckg (erfordert als TatHdlg kein GeschFgk) ist Wahrnehmg ohne Rücks auf Anlaß (zB auch bei Straftat). Bei planmäß/gezielter Nachforschg (nicht genügd, daß bei GbdeAbbruch auf wiederverwendb Sachen zu achten ist) iR eines ArbVerh/Auftr/WerkVertr ist der ArbGeber usw Entdecker, andf der ArbNehmer usw (BGH **103**, 101). Eigt wird aber erst mit BesNahme aGrd der Entdeckg (nicht notw dch Entdecker) erworben. Entdecker u Eigtümer der Sache, in der Schatz bei Bloßlegg (Wahrnehmg kann nachfolgen) verborgen war (BGH aaO), werden MitEigtümer iSv § 1008. Anspr aus §§ 809 u §§ 260, 261; vgl auch § 1040. – Schatzfund u StrandR, vgl Ehlers SchlHA **71**, 227.

2) **Landesrecht:** EG 73; ferner AusgrabgsG u DenkmalsschutzG (zB *BaWü* 23) der Länder.

Vierter Titel. Ansprüche aus dem Eigentume
Einführung

Schrifttum: Peters, Die Anspr aus dem Eigtum, AcP **153**, 454. – Raiser, Die Subsidiarität der Vindikation u ihrer Nebenfolgen, JZ **61**, 529. – Berg, Anspr aus dem Eigtümer-Besitzer-Verh, JuS **71**, 522, 636; **72**, 83, 193, 323. – Köbl, Das Eigtümer-Besitzer-Verh im AnsprSystem des BGB, 1971. – Pinger-Scharrelmann, Das Eigtümer-Besitzer-Verh, 1971. – Pinger, Funktion u dogm Einordng des Eigtümer-Besitzer-Verh, 1973. – Pikart, Die Rspr des BGH zum Eigtümer-Besitzer-Verh, WPM **66**, 1324; **72**, 454. – Mühl AcP **176**, 396 (zu Köbl u Pinger). – Vgl auch Vorbem vor § 987 u § 994.

1) Der Titel behandelt **drei dingliche Ansprüche,** durch die der Eigtümer Einwirkgen Dritter ausschließen kann, § 903. Für MitEigtümer vgl noch § 1011. Gerichtsstand ZPO 24. § 1006 erleichtert für Fahrnis den Nachweis des Eigtums. Für Grdst vgl § 891. § 1007 gehört sachl in den 1. Abschnitt.

a) Anspruch auf Herausgabe der Sache, Fahrnis wie Grdst, §§ 985–1003. Gerichtet gg den Besitzer. NebenAnspr bei bes Tatbestd: Herausg der Nutzgen; SchadErs, § 987ff. Der Besitzer kann bei Recht zum Besitz Herausg verweigern, § 986, nach §§ 994ff Ersatz seiner Verwendgen beanspruchen.

b) Anspruch auf Beseitigung anderer Beeinträchtigg als Besitzentziehg u **Unterlassung** weiterer Beeinträchtigungen, § 1004. Gilt für Fahrnis u Grdst.

c) Anspruch auf Abholung bewegl Sachen von einem Grdst, § 1005.

2) Auf die dingl Anspr sind die **allgemeinen Vorschriften des Schuldrechts** grundsätzlich anwendbar. Vgl aber auch Einl 3b vor § 854, § 985 Anm 1, 3b.

3) Weitere Rechte des Eigentümers. a) Anspr auf Herausg nach § 985 kann zusammentreffen (AnsprKonkurrenz, Georgiades-Schrift zu § 986 – S 220ff; Köbl aaO S 139) mit schuldrechtl Anspr auf Herausg – **aa)** Aus **Vertrag.** Der Eigtümer kann nach seiner Wahl den dingl od den persönl od beide Anspr verfolgen (BGH **34**, 123). Er kann die Herausg auch neben SchadErs wg Nichterfüllg (§ 326) verlangen; durch Herausg mindert sich sein Schaden (RG **141**, 261); soweit er dadurch bereichert wird, hat er die Anzahlg zurückzuzahlen (RG **144**, 66). Konkurrenzfrage aber str; gg hM insb Raiser JZ **61**, 529; Wolff-Raiser § 84 I 2 (dem Soergel/Mühl Rdn 6 vor § 985 jedenf im Ergbn beitreten), wonach § 985 zurücktritt hinter RückgAnspr aus Vertr od gesetzl SchuldVerh, wenn Besitzer den Bes mit R erworben hatte (§ 986). Aber nur, wenn dieses Recht noch besteht, entfällt § 985, vgl § 986 Anm 1. Haftungsmaßstab u NebenAnspr bestimmen sich aber jedenf primär nach dem vertragl Abwicklgsverhältn, hinter dessen Regelg §§ 987ff zurücktreten müssen, Vgl Vorbem 1d vor § 987. – **bb)** Aus **Gesetz:** Aus §§ 809ff. Aus §§ 812ff; beachte aber, daß hier – wg §§ 989, 990 – Konditionsobjekt nur der Besitz, nicht das Eigt mit seinem Substanzwert ist. Aus §§ 823ff, 861, 1007.

b) Feststellungsklage (ZPO 256) auf Bestehen des Eigt od Nichtbestehen eines beschränkten dingl Rechts. Auch neben od anstatt der Anspr Anm 1a–c zul, weil die RKraft der Urteile über diese Anspr die Feststellg des Eigtums selbst nicht mitumfaßt (RG **144**, 270; Warn **36** Nr. 173).

c) Sonstige: § 894 (GBBerichtiggsAnspr), §§ 2018ff (ErbschAnspr); ZPO 771; KO 43–46; ZVG 93.

4) Die §§ 985ff finden entspr **Anwendung** gemäß §§ 1017 II, 1065, 1227; EG 63 S 2, 68 S 2; ErbbRVO 11 I. Vgl ferner wg des GrundbuchberichtiggsAnspr § 894 Anm 6a; Vorbem 4 vor § 994; § 1004 Anm 2d. Ferner auf die Anspr des Bergwerkspächters auf Herausg der währd der Pachtzeit gewonnenen Mineralien, RG JW **38**, 3040.

5) Zum Verhältn von dingl HerausgAnspr (§ 985) zu schuldrechtl RückgewährAnspr (zB aus Vertr), wenn **Gläubiger nicht identisch** u Obligationsgläub ggü Eigtümer nicht besitzberecht, vgl Müller-Laube AcP **183**, 215 (weder Verdrängg noch RangVerh).

§ 985 Herausgabeanspruch.
Der Eigentümer kann von dem Besitzer die Herausgabe der Sache verlangen.

1) Allgemeines. Aus dem Eigt abgeleiteter u daher **nicht abtretbarer dinglicher Anspruch** *(rei vindicatio);* unwirks Abtretg in EinziehsErmächtigg (Anm 2a) umdeutb (LG Bln WPM **67**, 1295). Mögl aber Pfändg (MüKo/Medicus Rdn 6 vor § 985) u Verpfändg (Erm/Ronke § 1205 Anm 8; aA Jauernig Anm 3f). – Der Anspr unterliegt **§ 242** (BGH NJW **81**, 980; § 242 Anm 4 D i), insb bei unzul RAusübg (nach RG **133**, 296, wenn Sache mit Duldg des Eigtümers völlig verändert; vgl aber RG **139**, 353) u Verwirkg; auch bei Grdst (v Olshausen JZ **83**, 288; abw zT LG Itzeh JZ **83**, 308). Nicht anwendb ist **§ 254** (BGH **LM** § 366 HGB Nr 4). Wg **§ 817 S 2** vgl Einl 4b bb vor § 854. – **Verjährung:** §§ 195 (vgl aber § 937), 198ff, 221. – **Verhältnis zu anderen Herausgabeansprüchen:** Einf 3a, 5.

2) Anspruchsbeteiligte.

a) Anspruchsberechtigt ist jeder Eigtümer (auch SichgsEigtümer; KG JW **34**, 436); über MitEigtümer vgl § 1011. Zulässig ist **Ermächtigung** eines Dritten, den Anspr im eigenen Namen (im Proz unter den Voraussetzgen der gewillkürten ProzStandsch) geltd zu machen (BGH NJW-RR **86**, 158; Werner JuS **87**, 855). – Mit **Eigentumsverlust** erlischt der Anspr; vgl aber Anm 4b.

b) Anspruchsverpflichtet nur der **Besitzer. – aa)** Der unmittelb wie der mittelb. Auch gg diesen Kl auf Herausg (da dann Vollstr nach ZPO § 886 u nach ZPO § 883 gesichert) od auf Abtretg des HerausgAnspr gg unmittelb (ZPO 894). Nach BGH **53**, 29 (zust Wallerath JR **70**, 161) nur letzteres dann, wenn der unmittelb dem mittelb ggü zum Bes berecht ist u der mittelb nicht auf SchadErs haftet, da dann Kläger über § 283

§ 985 2–4   3. Buch. 3. Abschnitt. *Bassenge*

einen ihm nach §§ 989, 990, 993 nicht zustehden SchadErsAnspr erhalten könnte, weil Bekl im ZweitProz mit Einwendgen gg diesen präkludiert sei. Krit Kühne JZ 70, 187; Derleder NJW 70, 929; allerd kann der Bekl nicht mit der Einwendg nicht ausgeschl sein, er hafte nicht, da er redl Besitzer gew sei; Ausschl der Einwendg, mittelb Besitzer habe die Unmöglichk der Herausgabe nicht zu vertreten, würde zwar dem GrdGedanken des § 283 (s dort Anm 1 b aE) entspr, dem AusschließlichkGedanken des § 992 (s Vorbem 3a vor § 987) aber widersprechen; hält man – mit hM – daran fest, w man dem BGH zustimmen können. – Klage auf Herausg schlechth auch, wenn Bekl. teilw unmittelb, teilw mittelb Besitzer (BGH 12, 380, 397). – Anspruchsverpfl auch der **Mitbesitzer** (vgl § 866 Anm 3, § 854 Anm 5, 6). – Nicht der BesDiener. – **bb)** Anspr erlischt, wenn Besitzer Bes verliert od besitzberecht w (§ 986); nicht mit Wegn aGrd einstw Vfg (RG HRR 29, 104). Bei Verlust des unmittelb Bes dch poliz Beschlagen kann Zust auf Herausg von Polizei an Eigtümer verlangt werden (Hbg MDR 74, 754; vgl auch LG Köln MDR 62, 901). Besitzt der Bekl aGrd öffR VollstrAnspr, wird § 985 dch ZPO 766, 771 verdrängt (BGH NJW 89, 2542).

3) Anspruchsinhalt.

a) Die von Duldg der Wegnahme zu unterscheidde **Herausgabe:** Verschaffg des unmittelb Besitzes. Die Kosten (einschl Transport zum HerausgOrt) trägt der Besitzer (BGH NJW 88, 3264; Schlesw NJW-RR 88, 1459); Eigtümer trägt Kosten der Abholg vom HerausgOrt. – **Herausgabeort** (BGH NJW 81, 752): Für gutgl u unverklagten Besitzer dort, wo Sache sich befindet; für bösgl (§ 990) od verklagten (§ 987) Besitzer dort, wo Sache sich bei Eintritt der Bösgläubigk/RHängigk befand (vgl dazu Gursky JZ 84, 604 zu IV 1 b); Deliktsbesitzer (§ 992) am Ort der BesErlangg.

b) Nur Herausg, **nicht Wertersatz**; die Funktion der §§ 275, 280 übernehmen §§ 989 ff; § 281 nicht anwendb (hM; Merle AcP 183, 84); auch nicht bei zufäll Untergang bzgl VersSumme, die Besitzer aus EigenVers erhält (Jochem MDR 75, 177). – Keine Kl wahlw od als ErsetzgsBefugn auf Herausg od Schad-Ers. Auch gg bösgl Besitzer AlternativKl unzul (MüKo/Medicus Rdn 53; aA RG Warn 29 Nr 27; Erm/Hefermehl Rdn 11). Richtigerw wird man aber nur gem § 283 iVm ZPO 255 u 259 (falls dessen bes ProzVoraussetzgen gegeben) zulassen, daß auf Herausg binnen einer im Urt zu setzden Frist u zugl auf SchadErs nach deren fruchtl Ablauf geklagt wird; Zug um Zug gg dessen Leistg muß aber Kläger dem Bekl das Eigt an der vindizierten Sache verschaffen, was teilw mit § 255 BGB entspr (Wallerath JZ 70, 166) teilw mit § 242 begründet wird (W-Raiser § 84 VI 2); ist dies – wie bei Vindikation von Gebäudeteilen – wg §§ 93, 94 nicht mögl, scheidet § 283 aus (Westermann § 30 III 1). Mü OLGZ 65, 10 lehnt § 283 schlechth ab wg dessen Abs 1 S 3, wodch der Gläub Vorteil des § 283 verliert, da der Schu zwingt, nachträgl unvertretb Unmöglichk über ZPO 767 geltd zu machen. – ZPO 510b auf HerausgAnspr nicht anwendb (hM). – Neben Herausg kann vom bösgl Besitzer Ers des VerzSchad verlangt werden (BGH NJW 64, 2414; vgl § 990 Anm 3 u Kuchinke JZ 72, 659).

c) Wertvindikation. Auch wenn sich Geldwert in Sachen (Münzen, Banknoten) verkörpert, ergreift § 985 diese. Ändert sich die rechtl Erscheingsform des Geldes – dch Wechseln, Einzahlg auf Konto –, tretn anstelle des § 985 die §§ 989, 990, 816. Dadch aber kein Schutz (weder ZPO 771, noch KO 43) vor Drittzugriff. Deshalb soll (zB nach Westermann, § 30 V 3; Kaser AcP 143, 1; Simitis AcP 159, 459) Vindik-Zugriff (bzw ZPO 771, KO 43) solange gegeben sein, als der (umgewandelte) Geldwert erkennb in and Münzen, Scheinen od in Gestalt von Buchgeld beim Besitzer unterscheidb ist. Das ist abzulehnen (Medicus JuS 83, 897 zu IV mwN), denn damit wäre GeldEigtümer privilegiert; auch der SachEigtümer ist nach Umwandlg des § 985 in §§ 989, 990, 816 dem Vorgriff Dritter ausgesetzt. Oft hilft KO 46: vgl BGH 30, 176; RG 98, 143; **141**, 89; BGH 23, 307, wonach nach Einziehg der fremden Forderg der auf Konto eingezahlte Betrag auch dann noch ausgesondert werden kann, wenn kein Sonderkonto. Auch kann nach RG 160, 52 mit Geldwertforderg gg GeldherausgAnspr aufgerechnet werden.

4) Prozessuales. Zu beachten die ausschl Zuständigk gem ZPO 620 Nr 7, 621 Nr 7, die EigtHerausgKl ausschließt (Köln FamRZ 87, 77; vgl § 861 Anm 6e). – **a) Klage** erfordert Angabe der Tats, die EigtErwerb od EigtVermutg (§§ 891, 1006) ergeben (BGH LM Nr 1). KlageAntr erfordert genaue Bezeichng, bei Grdst notf räuml Abgrenzg (RG 68, 25); zusfassde Bezeichng mehrerer Sachen genügt, wo zweifelsfrei. – **Beweislast:** Kläger für sein Eigt u den Bes des Bekl zZ der RHängigk (BGH WPM 82, 749; krit Gursky JZ 84, 604 zu IV 1 f). Bei Fahrn muß er die für den Bekl sprechde Vermutg des § 1006 I, III widerlegen. Wenn für den Kläger die Vermutg des § 1006 II, III spricht, hat Bekl sie zu widerlegen. – Zum Beweise des Bes des Bekl genügt, daß seine tats HerrschGewalt bei RHängigk bewiesen. Bekl hat ggf zu beweisen, daß er nur BesDiener od den Bes nach RHängigk verloren hat (vgl aber b). Klage stets abzuweisen, wenn endgült BesVerlust feststeht od Wiedererlangg völlig ungewiß (BGH aaO). Bei bestr Unmöglichk der Herausg ist ihr Nachw nicht zuzulassen, wenn feststeht, daß sie vom Bekl zu vertreten (RG Warn 29, 27); Kläger hat dann den Vorteil des § 283, der auch für dingl Anspr gilt (BGH Betr 76, 573). – Keine **Klageänderung** bei Änderg des ErwerbsGrd. Bei Übergang von HerausgKl auf Anspr aus §§ 989, 816 gilt ZPO 264 Nr 3. – Keine **Klagehäufung** (ZPO 260) bei Kl aus Eigt u Vertr (BGH 9, 22; Berg JuS 71, 523); vgl auch § 861 Anm 6a. – Zur Sichg dch **einstweilige Verfügung** vgl Düss MDR 84, 411.

b) Veräußerung nach Rechtshängigkeit. – aa) Übereignet **Kläger** die streitbefangene Sache nach Rechtshängigk (insb nach §§ 931, 925), so bleibt er prozeßführgsberechtigt (ZPO 265 II 1). Er muß aber, bei Vermeidg der Klageabweisg, den KlageAntr auf Herausg an RNachfolger ändern (Relevanztheorie). Letzterer zum Eintritt in den Prozeß berechtigt nur bei Zust beider Parteien; tritt er als Streithelfer bei, ist er gem ZPO 265 II 2, 3 nie streitgenöss Nebenintervenient, damit er nicht auf diesem Wege die Stellg einer Partei erhält. Würde indessen Urteil nach ZPO 325 II gg den RNachfolger wirks sein (wenn dieser Eigt gutgl erworben hat u auch hins der Rechtshängigk gutgl war), so verliert Kl mit der Sachbefugn entgg ZPO 265 II *auch sein ProzeßführgsR (ZPO 265 III)*. – **bb)** Veräußert der **Beklagte** die streitbefangene Sache währd Rechtshängigk, so hat dies auf den Prozeß keinerlei Einfluß, Kl kann den bish KlageAntr weiter stellen (str); auch bei gutgl Erwerb eines Dritten, ZPO 265 III gilt hier nicht. Kläger kann aber zum SchadErsAnspr

Eigentum. 4. Titel: Ansprüche aus dem Eigentum   §§ 985, 986

(§ 989) od dem aus § 816 übergehen. Sonst Umschreibg der Klausel gg RNachf nach ZPO 727, 731, außer, wenn dieser sich auf ZPO 325 II (Gutgläubigk hins des Eigt u der Rechtshängigk, vgl c, RG **79**, 168) berufen kann. – Über Umfang der Rechtshängigk, insb bezgl eines Anspr aus § 1004, vgl BGH **28**, 153.

c) Rechtskraftwirkung. – aa) Objektiv. Das Urt stellt nur bindd fest, daß ein HerausgAnspr aus § 985 besteht od nicht besteht; nicht aber das EigtR (daher ZPO 256, 260 zweckm). Diese Feststellg bindet auch im RStreit über die von § 985 abhäng NebenAnspr aus §§ 987ff (BGH NJW **78**, 1529 [stattgbdes Urt], **81**, 1517 [abweisdes Urt]), aber nur soweit Zeit nach RHängigk der HerausgKl betroffen (BGH NJW **83**, 164). Bei Abweisg neue HerausgKl zul, wenn Abweisg wg fehlden Bes des Bekl od wenn auf späteren EigtErwerb (nicht aber auf and ErwerbsGrd) od schuldrechtl Anspr (zB § 812; RG JW **35**, 2269) gestützt. – **bb) Subjektiv.** Stets für RNachf (auch Nachf in EigenBes; BGH NJW **81**, 1517) nach RHängigk (ZPO 325 I); gg ihn nur bei Bösgläubigk bzgl Eigt u RHängigk (ZPO 325 I). Abweisg gg unmittelb Bes wirkt nicht ggü mittelb Bes bei Klage auf Abtretg des HerausgAnspr (BGH **2**, 165) od auf Herausg nach Rückerhalt. Über VerfStandsch vgl BGH NJW-RR **86**, 158; Werner JuS **87**, 855 zu Fußn 45. – **cc) Keine** RKraftwirkg für Anspr aus § 1004 (BGH **28**, 153).

986 *Einwendungen des Besitzers.* ¹ Der Besitzer kann die Herausgabe der Sache verweigern, wenn er oder der mittelbare Besitzer, von dem er sein Recht zum Besitz ableitet, dem Eigentümer gegenüber zum Besitze berechtigt ist. Ist der mittelbare Besitzer dem Eigentümer gegenüber zur Überlassung des Besitzes an den Besitzer nicht befugt, so kann der Eigentümer von dem Besitzer die Herausgabe der Sache an den mittelbaren Besitzer oder, wenn dieser den Besitz nicht wieder übernehmen kann oder will, an sich selbst verlangen.

ᴵᴵ Der Besitzer einer Sache, die nach § 931 durch Abtretung des Anspruchs auf Herausgabe veräußert worden ist, kann dem neuen Eigentümer die Einwendungen entgegensetzen, welche ihm gegen den abgetretenen Anspruch zustehen.

Schrifttum: Scherk, Die Einrede aus dem Recht zum Bes, JhJ **67**, 301. – Raiser, EigtAnspr u Recht zum Bes, FS-M. Wolff S 123. – Diederichsen. Das Recht zum Bes aus SchuldVerh, 1965. – Zeuner, Zum Verh zw Vindikation u BesR, FS-Felgenträger 1969, 423.

1) Allgemeines. I S 1 gibt dem Besitzer, der (od dessen Oberbesitzer, vgl aber auch Anm 3c) dem Eigtümer ggü zum Besitz berechtigt ist, das Recht zur Verweigerg der Herausg, u zwar im Wege der Einwendg (BGH **82**, 13 [18]), so daß kein VersäumnisUrteil, wenn Kläger stets die den BesitzR des Bekl ergebenden Tatbestd vorträgt. Bei Streit ist stets Besitzer beweispflichtig (BGH NJW-RR **86**, 282). – **II** schützt den Fahrnisbesitzer, der schuldrechtl dem früh Eigtümer ggü zum Besitz berechtigt ist (RG **109**, 130). Dingl Rechte bleiben schon nach §§ 936 II, 986 I 1 bestehen. Über die Anspr des Besitzers wg Verwendgen vgl §§ 994–1003. Über § 817 S 2 vgl Einl 4b bb vor § 854.

2) Recht zum Besitz, I 1; gleichviel, aus welchem RVerhältn; über BesR aGrd öffrechtl Baulast vgl BGH NJW **81**, 980. Es muß ggü dem Eigtümer bestehen (Ausn: II).

a) Absolut: vornehml aus dingl Rechten (§§ 1036 I, 1093, 1205), auch wenn gutgläub von NichtBerecht erworben. Aber auch aus familienrechtl Beziehg: Recht des Eheg aus § 1353 auf MitBes an Hausrat u Ehewohng; dazu BGH **71**, 216, Düss MDR **88**, 673 u Graba NJW **87**, 1721 sowie § 1353 Anm 2–4, § 1361 Anm 2 u Erl zu §§ 1368, 1369 III.

b) Relativ: auf schuldrechtl Beziehg zum Eigtümer beruhd (zB Mieter, Käufer), selbst wenn ErfüllgsAnspr auf Übereigng verj (BGH **90**, 269) od Vertr mangels behördl Gen schwebd unwirks (BGH **LM** Nr 1).

c) Wg des BesitzR des **Anwärters** aus VorbehKauf vgl § 929 Anm 6 B d; wg des AuflassgsEmpf vgl § 925 Anm 6b. VorbehKäufer, der sich auf **Verjährung** des KaufprAnspr beruft, hat kein BesitzR (BGH **34**, 191: § 223 entspr; aA Blomeyer JZ **68**, 694); zur weiteren Abwicklg vgl Müller, Betr **70**, 1209. Zur Bedeutg von BGH **54**, 214 für diese Frage vgl Lange JuS **71**, 515: entfalle mit Verj der Zahlgsverzug u damit die schuldr Rückabwicklg des VorbehKaufs, sei der Schutzzweck des EV, diesen zu sichern, ggstandsl; Käufer habe damit Recht zum Besitz. Dieses Argument übersieht, daß Zweck des EV primär die Sichg der KaufprFdg ist. Ein schuldrechtl Recht zum Besitz gewährt den Einwand immer nur dann, wenn Besitzer das BesitzR gerade dem klagenden Eigtümer (oder nach **II** dessen RVorgänger) ggü hat. Besitzer kann sich also nicht darauf berufen, daß er zB die herausverlangte Sache von einem Dritten (NichtEigtümer) gekauft oder gemietet od in Verwahrg erhalten habe (außer wenn der Dritte dem Eigtümer ggü zum Besitz u zur Überlassg des Besitzes an den Bekl berechtigt war, vgl Anm 3b, c, 4). Formgült Vorvertr genügt (RG **129**, 370; OGH SJZ **50**, 188). Käufer ist nicht mehr besitzberechtigt, wenn Verk nach § 326 (RG **141**, 261) oder KonkVerw nach KO 17 (RG **90**, 220) die Erfüllg ablehnt.

d) Zurückbehaltungsrechte nach §§ 273, 1000, die zur Verurteilg zur Herausg Zug um Zug führen, begründen kein BesR iS § 986, da sie den HerausgAnspr unberührt lassen u nur seine Vollstr einschränken (Erm/Hefermehl Rdn 1; MüKo/Medicus Rdn 17; Staud/Gursky Rdn 16; Diederichsen aaO 18ff; ArbG Bln MDR **68**, 531; aA BGH NJW-RR **86**, 282; Roussos JuS **87**, 606 mwN); and allrd iF § 1003 I 2. Die bloße Anfechtg des Veräußerungsvertrags nach dem AnfG gibt dem Anfechtenden kein Recht zum Besitz (KG OLG **30**, 103). Recht zum Besitz kann auch aus § 242 folgen (BGH **LM** § 7 HöfeO Nr 813). Zum BesR des Verlegers am Manuskript des Autors (VerlG 27) vgl BGH GRUR **69**, 552 (Anm Bappert) = JZ **70**, 105 (Anm Steindorff), wonach BesR auch ohne Vorbeh mit VerlagsVertr endet.

3) Der Besitzer kann sich berufen: a) Auf sein eigenes Besitzrecht. **b)** Auf das Besitzrecht dessen, dem er den Besitz vermittelt (sofern nicht zw diesem u Eigtümer Nichtbestehen rkräft festgestellt; RG LZ **24**, 818); vgl aber I 2 (Anm 4). Str, ob § 985 dchgreift, wenn berecht mittelb Besitzer die Sache

§ 986, Vorbem v § 987

erlaubt an den derzeit unmittelb Besitzer gegeben, dieses MittlgsVerh aber nicht rechtswirks ist; dies bejahen (mit Lösg entspr § 986 I 2) Raiser JZ **61**, 529; Firsching AcP **162**, 451; Westermann § 30 II 3b; Erm-Hefermehl Rdz 4. Dagg Schönfeld JZ **59**, 301; Köbl aaO S 322; Vindikation mit Nebenfolgen griffen nicht ein, wenn RVerh zw Eigtümer u mittelb Besitzer intakt; gesetzl kaum begründb; den Eingr in die schuldr Beziehgn zw mittelb u unmittelb Besitzer nimmt das Gesetz auch iFv § 986 I 2 hin; mittelb Besitzer mag sich an Eigtümer halten. Vgl auch Anm 1b vor § 994. – Ist BesMittler über das Recht des mittelb Besitzers ggü Eigtümer im unklaren, kann er nach ZPO 76 verfahren. **c)** In entspr Anwendg von I 1 kann sich Besitzer auf BesitzR seines Besitzvorgängers berufen, auch wenn dieser nicht mittelb Besitzer (BGH **90**, 269); zB seines Verkäufers, der besitzberechtigt ist, weil der Kl ihm die Sache rechtswirks (RG Warn **28**, 124) verkauft u übergeben, aber noch nicht übereignet hatte (RG **105**, 21; BGH NJW **89**, 895). Ebso, wenn hier Kl unmittelb dem Bekl übergeben hat (Westermann aaO).

4) I S 2 entspricht § 869 S 2. Ist der bekl Besitzer BesMittler für einen Dritten, so hat er die Einwendg nach I S 1, wenn sein Oberbesitzer dem Eigtümer ggü zum Besitz u zur Besitzüberlassg berechtigt ist. Ist der Oberbesitzer (mittelb Besitzer) zwar zum Besitz, aber nicht zur Besitzüberlassg berechtigt (zB der Mieter nach § 549 nicht zur Untervermietg, der ErbbBerecht nicht zur Vermietg (vgl BGH WPM **67**, 614); ferner zB §§ 603, 691, 1215), so kann bekl Besitzer die Herausg nach I S 2 nicht verweigern, jedoch kann der Eigtümer Herausg an sich selbst nur verlangen, wenn er beweist, daß der mittelb Besitzer den unmittelb Besitz nicht übernehmen kann od will; anderf kann er nur Herausg an mittelb Besitzer verlangen. I S 2 gilt auch für die Fälle Anm 3 c.

5) Einwendungen gegen den Rechtsnachfolger im Eigentum (II). a) Nur der Besitzer einer **beweglichen Sache** u nur ggü dem AbtrEmpf (nicht ggü Dr). §§ 404, 407 entspr anwendb (BGH **64**, 122). II gilt nicht bei Erwerb kraft G. Er gilt entspr, wenn mittelb Besitzer nach § 930 veräußert (Köln HRR **32**, 1567; Düss NJW **86**, 2513 [dazu Roussos JuS **87**, 606]); ferner, wenn ein Nießbr od PfdR nach § 931 bestellt wird, §§ 1032, 1205 II, 870; oder vorübergehd getrenntes Zubehör nach § 926 veräußert wird (Ehlke JuS **79**, 202).

b) Bei **Grundstücken** kann sich der Besitzer nicht darauf berufen, daß er dem RVorgänger des jetzigen Eigtümers ggü schuldrechtl zum Besitz berechtigt sei, zB weil er das Grdst gekauft habe, es sei denn, daß der jetzige Eigtümer in die schuldrechtl Verpflichtg eingetreten ist. Schutz des Besitzers aber, wenn er sich seine Anspr durch Vormerkg hat sichern lassen. Für Miete u Pacht gelten die wichtigen SonderVorschr der §§ 571 ff, 581 („Kauf bricht nicht Miete").

Nebenansprüche des Eigentümers auf Nutzungen und Schadensersatz
(§§ 987–993)

Vorbemerkung

Schrifttum: a) Allgemein zu §§ 987–1003; Dimopoulos-Vosikis, Die bereichergs- u deliktsr Elemente der §§ 987–1003, 1966 (dazu Helm AcP **168**, 71). – Emmerich, Das Verh der Nebenfolgen der Vindikation zu and Anspr, 1966. – Pinger, Die Nebenfolgen der Vindikation im AnsprSystem des BGB, JR **73**, 268; Die RNatur der §§ 987–1003. MDR **74**, 184. – Waltjen, Das Eigtümer-Besitzer-Verh u Anspr aus §§ 812 ff, AcP **175**, 109. – Vgl auch Einf v § 985 u Vorbem v § 994. – **b) Schadensersatz:** Krause, Haftg des Besitzers nach §§ 989–993, 1965. – Medicus AcP **165**, 115. – Wieling MDR **72**, 645. – Brox JZ **65**, 516 (Zufallschäden). – Lange JZ **64**, 640 (Verzugshaftg). – Müller JuS **83**, 516 (Deliktsrechtl Haftg). **c) Nutzungen:** Batsch, VermVerschiebg u BereichergsHerausg in den Fällen unbefugten Gebr bzw sonst Nutzens von Ggst, 1968 (dazu van Gelder AcP **169**, 542). – Wieling AcP **169**, 137 (gutgl Besitzer).

1) Allgemeines. – a) Die §§ 987–993 regeln die **Ansprüche des Eigentümers gegen den unberechtigten Besitzer** auf Herausg der Nutzgen u auf SchadErs. Sie gelten nicht für den Zeitraum, in dem Besitzer (zB als Vorerbe) Eigtümer war (BGH WPM **85**, 206). Zur Anwendbark im Verh zw wahrem u BuchEigtümer vgl § 894 Anm 6 a.

aa) Unberechtigter Besitzer ist, wer kein Recht zum Besitz iSv § 986 hat u daher nach § 985 zur Herausg verpflichtet ist; zB wer aGrd erst noch abzuschließden od (zB mangels Form od Gen) noch nicht wirks Vertr mit Einverständn des Eigtümers (BGH NJW **77**, 34; einschränkd [erst ab Fehlschlagen bzw nicht mehr Festhalten am Vertr] Staud/Gursky § 990 Rdn 10; Köhler NJW **88**, 1054) od nach Aufhebg wirks Beschlagn (BGH **32**, 92) besitzt. Wg des Finders vgl Vorbem 2 vor § 965; der gesetzmäß handelnde GeschFoA hat BesR (BGH **31**, 129), das er verliert, wenn Eigtümer den Ggst der GoA herausverlangt; daran ändert nichts, daß ein BesMittlgsVerh zum GeschHerrn erst mit dessen Gen der GoA entsteht (§ 868 Anm 2 c bb).

bb) War § 985 nicht gegeben, sind auch §§ 987 ff nicht anwendb (BGH NJW **81**, 1517). Für den Eigtümer ggü zum Bes **berechtigten Besitzer** gilt daher die **gesetzliche u die vertragliche Sonderregelung** (vgl § 989 Anm 1). Str, ob, wenn Vertr od Gesetz nichts hergeben, §§ 987 ff zur **Lückenausfüllung** heranzuziehen. Dies grdsätzl abzulehnen, vgl Baur § 11 B I 1 zu Fußn 2. And nur, wenn sonst rechtm Besitzer schlechter stehen würde als gutgl unrechtm (vgl Vorbem 1b aE vor § 994, ferner § 991 Anm 2 aE; § 1217 Anm 2). Ähnl Erm/Hefermehl vor §§ 987–993 Rdn 8. Für subsidiäre Anwendg der §§ 987 ff auf den rechtm Bes, wenn NutzgsHerausg u VerwendgsErsAnspr nicht geregelt, erneut BGH WPM **70**, 1366; **71**, 1268: berecht Fremdbesitzer dürfe nicht schlechter stehen als der nichtberecht. Über RLage, wenn sich rechtm Besitzer zum unrechtm macht, vgl unten d bb; über Haftg nach Beendigg wirks Vertrages vgl unten d.

cc) Die NebenAnspr aus §§ 987 ff gehen bei EigtWechsel nicht ohne weiteres mit über (str). Sie sind näml **schuldrechtlicher** Natur (vgl § 987 Anm 1 vor a), beruhen auf gesetzl SchuldVerh. Wg Nichtanwendbark des § 281 vgl § 985 Anm 3 b, § 281 Anm 1 a. Anspr aus § 992 deliktsähnl. **Verjährung:** 30 Jahre (§ 195;

Eigentum. 4. Titel: Ansprüche aus dem Eigentum **Vorbem v § 987** 1a–d

BayObLG **74**, 235), für § 992 str (vgl dort Anm 2). Der Anspr auf Nutzgen u SchadErs wg Verschlechterg sind Anspr auf Nebenleistgen, abhäng vom Bestehen des HauptAnspr, deshalb für Verj: § 224. **Prozeß:** Bei gleichzeit Geltdmachg gelten ZPO 26, 4 I. SchadErsAnspr wg Unmöglich der Herausg ist Fdg des Interesses iS ZPO 264 Nr 3. Zur RKraftwirkg eines Urt über § 985-Anspr für Anspr aus §§ 987 ff vgl § 985 Anm 4 c. Bei neuer Klage nach Rückn od Abweisg der ersten, wirkt Haftgsverschärfg nicht auf deren RHängigk zurück.

b) Die §§ 987 ff gelten grdsätzl auch für den nicht berecht **Fremdbesitzer,** währd sich die RBeziehgen zw dem berecht Fremdbesitzer u dem Eigtümer nach Vertr- u DeliktsR abwickeln; dies auch, wenn der rechtm Besitzer jederzt auf Verlangen des Eigtümers die Sache herausgeben muß (§§ 604 III, 695); abzul dah BGH **LM** §§ 688, 989 je Nr 2 – dazu § 989 Anm 1; wie hier die hM. – Überschreitet der rechtm Besitzer sein BesR (Mieter zerstört Mietsache), gelten für ihn ebenf nicht §§ 987 ff (als für einen „**nicht so berechtigten**" Besitzer), sond Vertr- u DeliktsR, hM; Nachw bei Pinger-Scharrelmann aaO S 44. – Str, wonach der rechtlose Fremdbesitzer haftet, der zwar hinsichtl seines BesR gutgläub ist, dieses aber überschreitet (**Exzess des rechtlosen Fremdbesitzers):** der aGrd nichtigen MietVertr Besitzde beschädigt die Mietsache über § 548 hinaus od überschreitet sie. Hier kein Grd für HaftgsAusschl, der von dem nicht Eigenbesitzer gerechtf ist, der sich für den Eigtümer hält. Daher haftet der Besitzer hier nach **§ 823** (RG **157**, 135; BGH NJW **51**, 643; BGH **46**, 140, 146). Der rechtlose Besitzer kann bei Exzess nicht besser stehen als der rechtm (vgl BGH WPM **71**, 1268); im Fall BGH NJW **73**, 1790 hatte Mj ohne elterl Gen gemieteten Wagen beschädigt: zutr hatte BGH daher unmittelb nach § 823 geprüft, ohne daß hierin eine Abkehr von der hier, unten Anm 2 b aa, vertretenen Konkurrenzlehre zu sehen wäre, wie Berg JR **74**, 64 meint; wie hier auch Medicus, JuS **74**, 221. Umgekehrt hat BGH **47**, 53 auch die delikt Haftg des rechtlosen Fremdbesitzers für Beschädigg der Mietsache bei fehlgeschlagenem MietVertr der kurzen Verj des § 558 unterworfen, wie dies bei rgült MietVertr anerkannt. Allg wird anzunehmen sein, daß sich die Haftg im Rahmen des vermeintl vereinb BesMittlgs-Verh hält (Wieling MDR **72**, 651).

c) Empfänger unbestellter Waren ist berecht Besitzer (aA Schwung JuS **85**, 449), selbst wenn er sie nach Ablauf der Prüfzeit auf Aufforderg (u bei beigefügtem Rückporto) nicht zurücksendet; zur Haftg währd des rechtm Besitzes vgl § 145 Anm 4 f. Erst ab HerausgWeigerg bei Abholgsversuch wird er bösgl unrechtm Besitzer u haftet nach §§ 987 ff (Weimar JR **67**, 417). Vgl auch Wessel BB **66**, 432.

d) Das Abwicklungsverhältnis: Ist das BesMittlgsverhältn beendet (Künd, Ablauf der Leihzeit), der Besitzer dem Eigtümer ggü also nicht mehr zum Besitz berecht, hat dieser sowohl den dingl Herausg- wie den schuldrechtl RückgAnspr (Einf 3 a vor § 985). Es ist zu klären, ob hins der SchadHaftg, der Nutzgs- u VerwendgsAnspr nach dem des beendeten Vertr od – auch? – nach §§ 987 ff abzuwickeln ist, wenn beide Regelgn divergieren. **Richtig:** Abwicklg nach den Regeln des beendeten SchuldVerh mit folgder Maßg:

aa) Schadensersatz: Beschädigt der Mieter die Mietsache, so haftet er aus pos VertrVerletzg u aus Delikt, wobei § 558 den § 852 modifiziert (vgl § 852 Anm 1); dies gilt auch dann, wenn die Beschädigg erst nach Ende der Mietzeit geschah (BGH **54**, 34). Unterschlägt der Mieter die Mietsache, indem er sie veräußert, haftet er nach §§ 556, 280 I, 195; §§ 823, 852 auf SchadErs; daneben bestehen die auch erst nach 30 Jahren verjähren Anspr des Eigtümers aus § 816. Für Anwendg der §§ 989 ff dah kein prakt Bedürfn (str; wie hier Baur § 11 B I 2; MüKo/Medicus Rdn 19 vor § 987; Soergel/Mühl Rdn 14, 17 vor § 987; aA Staud/Gursky Rdn 12 vor § 987 mwN).

bb) Zu Unrecht läßt dah BGH **31**, 129 generell den **berechtigten Fremdbesitzer,** der unberecht **Eigenbesitz** an der Sache ergreift, entspr § 990 I 1, 195 haften (abl auch Raiser JZ **61**, 125; Baur § 11 B I 1; Schwab § 45 IV 2 b, Soergel/Mühl vor §§ 987 ff Rdn 15, 16 je aE; Berg JuS **71**, 312; zust Westermann § 31 III 2 b; Blanke JuS **68**, 263). Veräußert näml der Leihnehmer iW der Unterschlagg die Leihsache, haftet er nach §§ 823, 852 u nach §§ 604, 280, 276, 195. Ein Bedürfn, die HaftgsBeschrkg gem § 990 I 2 auf pos Kenntn der Nichtberechtigg zum EigenBes dch die gezwungene Ann einzuschalten, die Änderg des BesWillens vom Fremd- zum EigenBes sei eine neue BesErgreifg, besteht also nicht. Mit R hält daher Raiser aaO entgg, daß die Verletzg eines BesMittlgsVerh dessen RGrd nicht beseitige. – Im konkreten Fall war die RLage and: der bish GeschFoA (berecht Fremdbesitzer, vgl oben Anm 1 a) hielt sich später für den Eigtümer u damit EigenBesitzer der Sache, die er veräußerte. In diesem Ztpkt war, und als bei Unterschlagg dch den Leihnehmer, die auf rechtm GoA beruhde Berechtigg zum Bes erloschen, weil dazu die Äußerg des Willens genügt, das Gesch, wenn auch aGrd Irrtums, nunm als eigenes zu führen. Da die subjekt Voraussetzgen des § 687 II nicht gegeben waren, DeliktsAnspr (vgl § 687 Anm 1) nicht gab, wenn, griff BGH zu § 990 I 1, indem er den Beginn der irrigen EigenGeschFg als Ergreifg des EigenBes ansah u so zur Haftg schon wg grober Fahrlk kam. Das – an sich billige – Ergebn war, wie bereits Blanke aaO S 264 dargelegt h, jedenf auch mit einer schuldh (§ 276) Verletzg des dch die begonnene GoA entstandenen gesetzl SchuldVerh zu begründen. Allerd ist der GeschFoA grdsätzl nicht verpflichtet, das einmal übernommene Gesch zu Ende zu führen (vgl § 677 Anm 4 e); aber auch das einmal geknüpfte gesetzl SchuldVerh ist wie ein vertragl abzuwickeln u darf nicht schlechth abgebrochen w, wenn dies dem GeschHerrn Nachteile bringt u die Fortführg ohne bes Schwierigk mögl wäre. Gg diese Verpfl hatte der GeschF schuldh verstoßen; SchadErsAnspr hierwg verj gem § 195. – **Ergebnis:** die Besonderh des in BGH **31**, 129 vorliegden Falls berecht jedenf nicht zu dem Leitsatz in seiner allg, umfassden Formulierg.

cc) Nutzungen: Grdsätzl sind die Rückabwicklgsnormen des beendeten od gestörten (§§ 326, 327, 347, 818) VertrVerh od eines gesetzl SchuldVerh (Westermann § 31 III 1 a; BGH NJW **55**, 340) maßg, wodch §§ 987 ff verdrängt w (Soergel/Mühl vor §§ 987 ff Rdn 17; Westermann aaO; Baur § 11 B I 2; Medicus § 23 V 2); Lücken sind aus §§ 812 ff auszufüllen, da der RGrd für die Leistg der nutzbringden Sache entfallen. Die Rspr ist uneinheitl: vgl BGH NJW **68**, 197 (Anm Rüber 1611), wo jedenf iF der Rückabwicklg eines Vertr der Ausschl der §§ 812 ff dch §§ 987 ff verneint w; ebso BGH **44**, 241. Im Sonderfall BGH **32**, 76 wurde zwar der Vorrang des § 557 vor § 988, dessen Anwendg aber für den Fall bejaht, daß der zunächst rechtm, entgeltl Besitzer nach Ablauf dieser Zeit rechtlos u unentgeltl, aber gutgläub weiterbesaß; der urspr BesEr-

1141

werb beruhte jed hier nicht auf bürgerrechtl Vertr, sond auf VerwAkt, näml einer ZwangsVfg der Besatzgsmacht (vgl dazu Soergel/Mühl Rdn 21 vor §§ 987 ff). Zum Verhältn der §§ 987 ff zu § 557 vgl dort Anm 5 b, wo Putzo ebenf die hier vertr Ans teilt. – Fielen die Früchte allerd ins Eigt des Eigtümers der Muttersache, so kann dieser sie beim Besitzer vindizieren.

2) Konkurrenzen: Im Verh des Eigtümers zum rechtlosen Besitzer (für den rechtm vgl oben Anm 1 b, d) enthalten nach der Rspr des RG (GrZS **163**, 352) wie der des BGH (**39**, 186; **41**, 157; NJW **52**, 257; **63**, 1249; **71**, 1358) die §§ 987 ff eine grdsätzl ausschließl Sonderregelg. Für AnsprKonkurrenz mit §§ 823 ff, 812 ff neuerd namentl Pinger, Funktion u dogm Einordng des Eigtümer-Besitzer-Verh, 1973, u JR **73**, 268.

a) Unberührt bleiben aber Anspr aus **§ 687 II** (Schwab § 45 VIII 6; Soergel/Mühl Rdn 14 vor § 987) u **§ 826** (hM). Unstr auch die BereicherungsHaftg des Besitzers, der die fremde Sache verbraucht (**§ 812**, BGH **14**, 7), verarbeitet (**§§ 951, 812**) od veräußert (**§ 816**; RG **163**, 352; BGH WPM **70**, 1297) hat; daneben kann Eigtümer einen den Erlös übersteigden Schaden nach § 990 verlangen (dort Anm 3 a).

b) Im übr ist das Verh der §§ 987 ff zu §§ 823 ff für SchadErsAnspr des Eigtümers gg den Besitzer wg Beschädigg der Sache od Unmöglichk ihrer Herausg, bes aber das Verh zu §§ 812, 818 ff einers für NutzgsAnspr des Eigtümers, anderers für die VerwendgsErsAnspr des Besitzers nach wie vor umstr. Die Fragen sind prakt bedeuts wg wesentl **Unterschiede der Rechtsfolgen** bei Anwendg der einen oder der and Normgruppe, zB: Haftgsverschärfg bei grober Fahrlässigk in §§ 989, 990, – erst bei posit Kenntn in § 819; – Haftg für jedes Verschulden in § 823; § 989 gibt im GgSatz zu § 823 keinen Anspr auf Ers des Vorenthaltgsschadens. Pfl des BereicherungsSchu zur NutzgsHerausg nach § 818 I im GgSatz zum redl Besitzer nach §§ 987 ff, 993; für den seine Aufwendgen saldierenden (vgl § 818 Anm 6) BereicherungsSchu gilt nicht das abgestufte AnsprSystem der §§ 994 ff, dem die VerwendgsErsAnspr des rechtlosen Besitzers unterstellt sind. **Im einzelnen:**

aa) Hat der Besitzer die fremde Sache beschädigt od ihre Herausg unmögl gemacht, regeln sich die **Schadensersatzansprüche** des Eigtümers grdsätzl nach §§ 987 ff, die §§ 823 ff insow verdrängen; so die Rspr (s oben Anm 2 vor a, zuletzt BGH **56**, 73, 77) und die überw Schrifttm (Soergel/Mühl § 993 Rdn 1; Baur § 11 A II 3; Westermann § 31 III 2 a; W-Raiser § 85 III 6 a; Medicus § 23 IV; ders JuS **74**, 223; Werner JuS **70**, 239). Nach aA (Berg JuS **72**, 84; **74**, 64; Schwab § 45 IV 3; Köbl aaO S 169 ff, Erm/Hefermehl Rdn 21 vor §§ 987 ff) soll der Vorrang der §§ 987 ff nur gelten für den unverklagten bzw gutgläub Eigen- u den (ebensolchen) Fremdbesitzer, für sein BesR nicht überschreitet. – Aufbau u Entstehgsgeschichte der Normen, die Haftgsverschärfg erst ab grober Fahrlässigk u vor allem § 993 I Halbs 2 sprechen aber für die hM mit ff **Maßgaben:** (1) § 992 eröffnet ausdrückl für den **Deliktsbesitzer** die §§ 823 ff. – (2) Diese gelten auch für den seine vermeintl BesR überschreitden FremdBes (**„Fremdbesitzerexzess"**), dazu oben Anm 1 b. – (3) Unberührt bleibt auch **§ 826.**

bb) Nutzungen: Auch hier hält die Rspr u ein Teil des Schrifttm am Vorrang der §§ 987 ff vor den §§ 812 ff fest (RG **137**, 206; **163**, 348; BGH **32**, 76; **37**, 363; RGRK §§ 987, 988 je Anm 2). Dagg das überw Schrifttm, das zT beide Normgruppen konkurrieren läßt (Erm/Hefermehl Rdn 28 vor § 987; Baur § 11 B II 3; Westermann § 31 III 1 b), bei Rückabwicklg doch der Leistgskondiktion (bei Nichtigk also sow des Grd- wie des ErfüllgsGesch) dieser sogar den Vorrang vor den Vindikationsnormen gibt (v Caemmerer, Ges Schr I S 308 Fußn 42; Köbl aaO S 250 ff; Schwab § 45 VIII 5 b). Nach Köbl u Schwab aaO soll aber dann, wenn der Grd für die Doppelnichtigk den gesteigerten Schutz des Veräußerers bezweckt (zB §§ 1365, 1369), jeweils die diesem günstigere Einzelnorm aus beiden – dann miteinand konkurrierden – Normgruppen eingreifen; bedenkl, vor allem w des schwer bestimmb Unterscheidgskriteriums. – Jedenf ist aber ein Eingreifen der **Leistungskondiktion** im Eigtümer-BesitzerVerh in den zu § 988 Anm 4 dargestellten Fällen zu billigen. –

cc) Zur Ausschließlichk der §§ 994 ff für die GegenAnspr des Besitzers auf **Verwendungsersatz** Vorbem 1 a vor § 994.

3) Haftungssystem. a) Unterschieden wird zw dem gutgl, dem bösgl (Begriff § 990 Anm 1), dem Prozeß- (Begriff § 987 Anm 1) u dem Deliktsbesitzer (Begriff § 992 Anm 1). Die Vorschriften gelten für Eigen- u Fremdbesitz (vgl des vermeintl Fremdbesitzers Anm 2 b aa β), und soweit nichts anderes gesagt, für unmittelb u mittelb Besitz. – Das G stellt den Normalfall an den Schluß, § 993 I. Der **gutgläubige, unverklagte entgeltliche Besitzer** haftet grundsätzl **nicht** für Nutzgen u auf SchadErs (beachte auch § 990 Anm 3). Er hat nur die Sache als solche gem § 985 herauszugeben. **Bösgläubigkeit u Rechtshängigkeit des Herausgabeanspruchs** verpflichten ihn dagg zur Verwahrg u Erhaltg, er haftet für jedes Versch nach §§ 276, 278, wenn die Sache verschlechtert wird, verloren- od untergeht. Die bes Tatbestände in den §§ 987 ff werden als Ausnahme behandelt, ihr Vorliegen muß Eigtümer beweisen.

b) Haftung für Nutzungen. Zugrunde liegt das (insb zG des gutgl Besitzers durchbrochene) Prinzip, daß die Sache mit allen Nutzgen herauszugeben ist. Haftg besteht unabhängig von EigtLage (aM Müller-Freienfels, JhJ **53**, 353). Der gutgl Prozeßbesitzer wird nach § 955 Eigtümer der Früchte, er muß sie aber herausgeben; ebso, wenn der Gutgläubige Übermaßfrüchte zieht od unentgeltl Besitzer ist (§ 993). Andererseits kann schlechtgl Pächter, der kein Eigt an den Früchten erwirbt, diese behalten, wenn ihm der gute Glaube seines Verpächters zustatten kommt (§ 991 I), der desh dem nichtbesitzden Eigtümer nicht haftet.

aa) Vor Rechtshängigkeit haften: Jeder Besitzer für die Übermaßfrüchte nach BereicherungsGrdsätzen, § 993 I. Im übrigen: Der unentgeltl gutgläubige Besitzer nach BereicherungsGrdsätzen, § 988. Der entgeltl gutgl Besitzer: gar nicht. Der bösgläubige Besitzer von der Erlangg des Besitzes od der Kenntnis ab für gezogene u schuldh nicht gezogene Nutzgen, §§ 990 I, 987; jedoch der unmittelb Besitzer (BesMittler) nur dann, wenn der mittelb Besitzer bösgl od bereits verklagt ist, § 991 I. Nach Verzug haftet der bösgl Besitzer auch für die Früchte, die nur der Eigtümer hätte ziehen können, §§ 990 II, 284 I, 286, 287. Der Besitzer kraft verbotener Eigenmacht od strafbarer Hdlg vom Erwerb des Besitzes ab nach §§ 823 ff (§ 992).

Eigentum. 4. Titel: Ansprüche aus dem Eigentum **Vorbem v § 987, §§ 987, 988**

bb) Nach Rechtshängigkeit: Jeder Besitzer für die gezogenen u schuldh nicht gezogenen Nutzgen, § 987. Der bösgl Besitzer außerdem, weil in Verzug, für die Nutzgen, die nur der Eigtümer hätte ziehen können, § 990 II.

c) Haftung auf Schadensersatz. aa) Vor Rechtshängigkeit: Der gutgläubige Besitzer gar nicht; Ausn: Exzeß des vermeintl Fremdbesitzers (Haftg nach §§ 823 ff, vgl Anm 2 b aa): ferner: wer einem Dritten den Besitz vermittelt, haftet dem Eigtümer ggü so, wie er dem mittelb Besitzer verantwortl ist, § 991 II. Der bösgläubige Besitzer für schuldh Verschlechterg od Unmöglichk der Herausg von Besitzerlangg od Kenntnis an, § 990 I. Von Verzug ab auch für Zufall u Vorenthaltgsschaden, §§ 990 II, 286, 287. Der deliktische Besitzer nach § 823 ff (§ 992), also für jeden Schaden u für Zufall (§ 848). **bb) Nach Rechtshängigkeit:** Auch der gutgl Besitzer haftet jetzt für schuldh Verschlechterg od Unmöglichk, § 989. Beim bösgl Haftgssteigerg wie bei Verzug, da Rechtshängigk bei ihm Verzug hervorruft, §§ 284, 285. **c)** HaftgsGrd iF §§ 989, 990 ist die Verletzg des VindikationsAnspr, nicht die des Eigt (OGH NJW 49, 302), anders iF § 992. **dd)** Wegen Fragen der Kausalität, insb der überholenden vgl Neumann-Duesberg JR 52, 225 u JZ 53, 171.

d) Maßgebl ist immer der **Zeitpunkt,** in dem die Nutzgen gezogen sind od der Schaden zugefügt ist, also ob damals Besitzer rechtm od unrechtm, gut- od bösgläubig, verklagt usw war; vgl Münzel NJW 61, 1379, Raiser JZ 61, 530 (mit Recht gg BGH 34, 131).

4) Verteilung der Nutzungen: §§ 993 II, 101.

987
Nutzungen nach Rechtshängigkeit. ^I Der Besitzer hat dem Eigentümer die Nutzungen herauszugeben, die er nach dem Eintritte der Rechtshängigkeit zieht.

^{II} Zieht der Besitzer nach dem Eintritte der Rechtshängigkeit Nutzungen nicht, die er nach den Regeln einer ordnungsmäßigen Wirtschaft ziehen könnte, so ist er dem Eigentümer zum Ersatze verpflichtet, soweit ihm ein Verschulden zur Last fällt.

1) Herausgabe der Nutzungen (I). Obligator Anspr auf Herausg u Übereign, wenn Besitzer Eigtümer geworden, u dingl Anspr aus § 985, wenn Eigtümer der Muttersache nach §§ 953 ff Eigtümer geworden (vgl Medicus JuS 85, 675). – **a)** Bei **Rechtshängigkeit** (ZPO 261) des HerausgAnspr (nicht ZPO 771) muß jeder rechtlose Besitzer, auch der gutgl, mit ProzVerlust rechnen, dah die gezogenen Nutzgen herausgeben, doch gilt § 102. Zeitgrenze entspr § 101. RHängigk wirkt nur ggü Bekl; macht den nichtverkl (unmittelb od mittelb) Besitzer nicht auch schon bösgl (BGH WPM 68, 1370). – Kein Anspr nach § 259 (RG 137, 212), doch nach § 260 (BGH 27, 204). – Ist obligator Anspr schuldh vereitelt so gelten §§ 280, 281, 283; bei dingl Anspr gilt § 989.

b) I erfaßt nur **Sachnutzungen** iS § 99 I, III, 100 (BGH 63, 365 mit Anm Bassenge in JR 75, 324). **Gewinn aus Gewerbebetrieb** od ähnl RGesamth w erfaßt, wenn dem Besitzer schon eingerichteter GewerbeBetr überlassen wurde; nicht aber Gewinn, den Besitzer aus selbst eingerichtetem GewerbeBetr zog (BGH NJW 78, 1578). Gewinn nur herauszugeben, soweit (Anteile notf nach ZPO 287 zu ermitteln) er auf Nutzg herausgebder Sache u nicht auf pers Leistg u Fähigk des Besitzers beruht (BGH aaO). – **Geldersatz** für objektiven Wert von GebrVorteilen (§ 100), auch wenn Eigtümer sie nicht gezogen hätte (BGH 39, 186); bei Grdst u and vermietb Sachen idR obj Mietwert (BGH WPM 78, 1208), bei Fabriken Pachtwert (BGH JR 54, 460); bei sittenwidr Gewinn aus GewerbeBetr nur obj Ertragswert (BGH 63, 365).

c) Zum Nebeneinander der Haftg des unmittelb Besitzers (auf die unmittelb Sachfrüchte, § 99 I) u des mittelb Besitzers (auf Früchte nach § 99 III) vgl § 991 Anm 1 aE. – AufwendgsErsAnspr des Besitzers, von § 102 abgesehen, nur gem §§ 994 ff, 687 II (BGH 39, 186). – Wg der Haftg im AbwicklgsVerh s Vorbem 1 d cc.

2) Haftung für nicht gezogene Nutzungen (II) erfordert obj Verstoß gg die Regeln ordngsmäßiger Wirtsch u Verschulden (gg sich selbst): §§ 276, 278. Nicht maßg als auch Fähigk des Eigtümers, Nutzgen zu ziehen; dies und iF des § 990 II (dort Anm 3) u des § 992 (dort Anm 2). – Keine Haftg, wenn Fremdbesitzer in Ausüb vermeintlichen RVerh besitzt, das ihn zur Nutzg nicht berechtigt; denn auch einem redl Besitzer wäre dann Nutzgsziehg verboten (BGH LM Nr 7, dort auch über SchadErsPfl aus anderen Gründen; WPM 71, 1268).

988
Nutzungen des unentgeltlichen Besitzers. Hat ein Besitzer, der die Sache als ihm gehörig oder zum Zwecke der Ausübung eines ihm in Wirklichkeit nicht zustehenden Nutzungsrechts an der Sache besitzt, den Besitz unentgeltlich erlangt, so ist er dem Eigentümer gegenüber zur Herausgabe der Nutzungen, die er vor dem Eintritte der Rechtshängigkeit zieht, nach den Vorschriften über die Herausgabe einer ungerechtfertigten Bereicherung verpflichtet.

1) Allgemeines. Wer unentgeltl Besitz unrechtmäßig (Vorbem 1 vor § 987) erwirbt, verdient geringeren Schutz. Er wird zwar, wenn er gutgl ist, Eigtümer der Früchte, § 955, ist aber schuldrechtl zur Herausg der Nutzgen verpflichtet, da § 955 den Fruchterwerb nicht rechtfertigt (vgl dort Vorbem 3). Ähnl RGedanke in § 816 I 2.

2) Voraussetzungen. – a) Eigen- oder Fremdbesitz aGrd vermeintl dingl od schuldr (BGH 71, 216) NutzgsR. – **b) Unentgeltlicher Besitzerwerb** liegt vor, wenn das GrdGesch keine GgLeistg des Erwerbers vorsieht. Nach LG Mannh (ZMR 69, 178) auch bei zunächst mietzinsfreiem Gebr einer Wohng, für die der ZwVerw eine angem Vergütg verlangt. Wohl nicht grdsätzl bei Verpfändg für zinsloses Darlehen. Anwend auf Käufer bei Vorkauf: § 1098 Anm 3. § 988 gilt auch, wenn Besitz unentgeltl von Dritten erworben. – **c) Gutgläubige Nutzungsziehung** vor Rechtshängigk. Bei Bösgläubigk u ab Rechtshängigk: §§ 990, 987.

1143

§§ 988–990 3. Buch. 3. Abschnitt. *Bassenge*

3) Herausgabe aller gezogenen Nutzungen (vgl § 987 Anm 1) gem § 818. Auch Wert der GebrVorteile (Ersparnisse), bei Grdst in Form der Verzinsg des jeweil Werts (BGH **LM** Nr 3). Auskunft § 987 Anm 1. Besitzer kann abziehen die Gewinnskosten (§ 102), die Kosten seiner notw Verwendgen, einschl der gewöhnl Erhaltskosten (§ 994), auch Aufwendgen für Erwerb der Sache, zB bei nichtigem Kauf (RG **163**, 360). Keine SchadErsPfl bei Gutgläubigk, § 993.

4) Rechtsgrundloser Erwerb: Der Grds der Ausschließlichk der §§ 987 ff führte bei Unwirksamk des (entgeltl) GrdGesch (ähnl wie iF des § 816 I 2, s dort Anm 3b) zu dem merkwürd Ergebn, daß der gutgläub Erwerber des Bes an der Muttersache die Nutzgen behalten darf, wenn GrdGesch und Übereign nichtig sind, daß er dagg nach §§ 812 I, 818 I auf diese Nutzgen haftete, wenn nur das GrdGesch unwirks wäre. – **a) Die Rechtsprechung** (BGH NJW **83**, 164) setzt **dem unentgeltlichen Besitzerwerb** den **rechtsgrundlosen** gleich u erreicht so die Haftg des Besitzers über §§ 988, 818 I; umgekehrt sind dann dem Besitzer alle Verwendgen, auch die gewöhnl Erhaltskosten zu ersetzen, vgl § 994 Anm 2. Rechtsgrdloser Erwerb zB: aGrd nichtigen (Nürnb RdL **60**, 47) od angefochtetenen (BGH WPM **77**, 893) Kauf- od PachtVertr; nichtigen VerwAkts (BGH **10**, 350); so auch bei rechtsgrdloser unentgeltl Fortsetzg des Bes nach zunächst rechtm entgeltl Bes, sofern nicht VertrR, wie § 557 vorgeht (BGH **32**, 94; WPM **65**, 476). Nach BGH NJW **52**, 779 soll § 988 entspr im Verh des Verkäufers eines gestohlenen Kfz zu seinem desh vom Kauf zurückgetretenen Käufer anzuwenden sein; unzutr, da sich Rückabwicklg nach §§ 327, 812 ff, 347, 987 ff aus dem Gesetz ergibt.

b) Das überw **Schrifttum** lehnt die Gleichstellg zutreffd ab u füllt die im Hinbl auf § 993 dadch entstehe Lücke damit aus, daß jedenf bei rechtsgrdlosem Erwerb **auch Leistgskondiktion** zugelassen wird (Baur § 11 B II 3; Schwab § 45 VIII 5b; Medicus Rdn 600; Westermann § 31 III 1b; W-Raiser § 85 II 6; Erm/Hefermehl Rdn 6; MüKo/Medicus Rdn 9; Soergel/Mühl Rdn 6; Staud/Gursky Rdn 3), in welchem Umfang dann allerd die §§ 987 ff auch keinen rechtfertigden Grd für den Erwerb von Eigt an Nutzgen mehr bilden. Die Frage ist weniger bedeuts, wenn der Besitzer die Sache rechtsgrdlos vom Eigtümer erwarb. Hatte Besitzer aber die Sache von einem Dritten rechtsgrdlos erworben, dessen auch die GgLeistg schon erbracht, könnte er dies dem Eigtümer – wenn man diesem über § 988 den Anspr auf die Nutzg zugestünde – weder iW der Saldierg noch des ZbR enttghalten. – Folgt man dieser Auffassg, so wickeln sich die RBeziehgen zw dem veräußernden Dritten u dem Besitzer wg der Unwirksamk des GrdGesch nach BereichergsR (Leistgskondiktion) ab; der Eigtümer muß sein Recht beim Dritten suchen (§§ 823, 249; 687 II; 812 ff). Soweit Nutzgen sich als Eingriff in das Eigt darstellen, wird die EingrKondiktion dch § 993 ausgeschl.

989 *Schadensersatz nach Rechtshängigkeit.* Der Besitzer ist von dem Eintritte der Rechtshängigkeit an dem Eigentümer für den Schaden verantwortlich, der dadurch entsteht, daß infolge seines Verschuldens die Sache verschlechtert wird, untergeht oder aus einem anderen Grunde von ihm nicht herausgegeben werden kann.

1) Voraussetzungen. – a) Rechtshängigkeit begründeter Klage aus § 985 od § 894 (RG **133**, 285). Nach BGH **LM** Nr 2 u § 688 Nr 2 bei Verwahrg, Leihe, Miete auch schon vorher entspr § 989; abzulehnen; hier pos Vertragsverletzg u Delikt; vgl auch Vorbem 1b u 1d. – **b) Verschlechterung od Unmöglichkeit** der Herausg. Verschlechterg auch durch Abnutzg inf Benutzg od durch Unterlassg von Reparaturen; auch Belastg, insb mit GrdPfdRechten (RG **121**, 336; **139**, 354); nach BGH **LM** Nr 10 aber nicht bei nachträgl Valutierg einer GrdSch, weil diese in ihrem Bestand nicht unmittelb berührt wird. Veräußerg od Besitzübertragg, wenn der Eigtümer trotz ZPO 325 I die Sache von dem Dritten nicht verlangen kann; § 255 anwendb, wenn der Dritte nicht Eigt erwirbt. Hat der unmittelb Besitzer die Sache einem Dritten zu unmittelb FremdBes weitergegeben, kann auch dies zur Unmöglichk führen; nicht aber, wenn die hierdch bedingte Verzögerg der Rücklangung nur vorübergeh ist (vgl etwa § 275 Anm 4) ist (Erm/Hefermehl Rdn 4; aA Staud/Gursky Rdn 7). Der RNachf des Bekl haftet nicht ohne weiteres nach § 989, sond nur nach §§ 990, 992 (RG JW **36**, 3454). – **c) Verschulden:** §§ 276 (827, 828) 278 (gesetzl SchuldVerh); kann bei RIrrtum über EigtVerh fehlen (Ffm NJW **82**, 653). Es liegt idR in Veräußerg, Herausg an Dritten (wg ZPO 76), Belastg u ZwVollstr dch DrittGläub (wg § 279; RG **139**, 353) sowie in Gebr, sofern dieser nicht zur Erhaltg notw. **Beweislast:** § 282. – Keine Haftg für Zufall (and § 990 II); § 848 nicht anwendb.

2) Schadensersatz. Nur für Verschlechterg u Unmöglichk der Herausg, auch für entgangenen Gewinn (BGH Betr **82**, 947; aA Wieling MDR **72**, 645). Bei SichgEigt wird Schaden dch SichgInteresse begrenzt (RG **143**, 374). Für die dch die Vorenthalt als solche entstandenen Schäden allerd Haftg nur nach §§ 990 II, 992 (RG **72**, 274); weitergeh für vorsätzl unredl Besitzer Köbl S 173 Fußn 77, E. Schwerdtner, Verz im SR, S 127 Fußn 152, weil dieser nicht desh besser als der auf VorenthaltsSchaden haftde VerzugsSchu stehen dürfe, weil ihn der Eigtümer nicht kenne u desh nicht mahnen könne (§§ 284, 990 II). Bei Gattgssachen Leistg anderer Stücke (RG **93**, 284). § 254 I, II 1 anwendb (BGH **LM** § 366 HGB Nr 4; MDR **62**, 473); auch § 254 II 2, da Eigtümer-BesitzerVerh auch schuldrechtl Beziehgen knüpft, in deren Rahmen § 278 eingreifen kann (MüKo/Medicus Rdn 9; aA RG **119**, 152).

3) Nach BGH NJW **51**, 643 kein **Ausschluß** entspr § 817 S 2; vgl aber Einl 4b bb vor § 854. **Verjährung:** § 195.

990 *Bösgläubiger Besitzer.* I War der Besitzer bei dem Erwerbe des Besitzes nicht in gutem Glauben, so haftet er dem Eigentümer von der Zeit des Erwerbes an nach den §§ 987, 989. Erfährt der Besitzer später, daß er zum Besitze nicht berechtigt ist, so haftet er in gleicher Weise von der Erlangung der Kenntnis an.

II Eine weitergehende Haftung des Besitzers wegen Verzugs bleibt unberührt.

Eigentum. 4. Titel: Ansprüche aus dem Eigentum § 990 1–4

Schrifttum: Blanke JuS 68, 263. – Pinger MDR 74, 184.

1) Der **gute Glaube** des Besitzers muß sich nicht auf sein Eigt od das seines Vorbesitzers, sond auf seine Berechtigg zum Bes ggü dem Eigtümer (zB auf die des mittelb Bes u dessen Befugn zur BesÜberlassg) beziehen (BGH NJW 77, 34).

a) Bösgläubig ist Besitzer, der bei bewußter BesErgreifg den Mangel des BesR **kennt oder grob fahrlässig nicht kennt.** War der Besitzer zunächst zwar zum FremdBes, nicht aber zu dem von ihm tatsächl ausgeübten EigenBes berecht, so entscheidet für seine Haftg ab dem Ztpkt, da sein Bes schlechthin – also auch als FremdBes – unrechtmäß wurde, sein Glaube an seine Berechtigg zum EigenBes im Ztpkt der ersten Besitzerlangg (BGH JR 58, 301). Zur Haftg desjenigen, der sich bösgläub vom Fremd- zum Eigen-Besitzer aufschwingt, vgl Vorbem 1 d bb vor § 987; § 992 Anm 1 b. Bösgläubigk kann dch **Rechtsirrtum** entfallen (BGH NJW 77, 34); zB bei Bes im Hinblick auf erst noch abzuschließden Vertr mit Einverständn des Eigtümers (BGH aaO). Gutgläub ist GrdstKäufer, der bei Übergabe trotz erkannter Formnichtigk des Kaufvertrages mit der Vollendg des EigtErwerbs rechnet (RG DR 42, 1279; entspr bei PachtVertr (RG DR 40, 1949). Unrichtig Kiel JW 34, 850 (bzgl Bösgläubigk des vermeintl Pächters; vgl dagg auch Kiel HRR 37, 797). – Bei Erwerb durch **Besitzdiener** schadet dem BesHerrn immer die eigene Bösgläubigk, da BesDiener nur sein Repräsentant (BGH 16, 259); auch wenn BesErwerb schon vor dessen Kenntn, genügt grobe Fahrlk zZ der Kenntniserlangg (BGH aaO). Andrers nützt dem BesHerrn die eig Gutgläubigk nichts bei Bösgläubigk des BesDieners (Hoche/Westermann JuS 61, 73; Birk JZ 63, 354). § 166 wird entspr anwendb (Kiefner JA 84, 189); nach BGH 32, 53 (vgl dazu auch BGH 41, 17/21) dies nur, wenn dem BesDiener völlig freie Hand gelassen; andere (zB Westermann, Baur) wenden § 831 entspr an; so wohl auch, wenn auch mit anderer BewLast, BGH 16, 264 bei nichtgehör Auswahl u Aufsicht. – Bei Erwerb des **mittelbaren Besitzes** dch BesErlangg des BesMittlers gelten die Grds für den Erwerb dch BesDiener entspr. – Bei **juristischen Personen** entscheidet der gute Glaube des Organs; Organ selbst haftet uU nach § 823 (BGH 56, 73). – Bei **minderjährigem Besitzer** entscheidet sein böser Glaube entspr § 828 (vgl BGH 55, 128, 135; Pawlowski JuS 67, 307; Kether-Ruchatz NJW 73, 1444; Medicus JuS 74, 223; aA Pinger MDR 74, 187; Metzler NJW 71, 690). – Über Empfänger **unbestellter Waren** vgl Vorbem 1c. – Zur (dch Freizeichng nicht ausgeschlossenen, Mü WPM 69, 510) Haftg der Bank gem §§ 989, 990 bei Erwerb eines **Verrechnungsschecks** vom Nichtberecht vgl BGH 102, 316; NJW 88, 2798; WM 89, 944. PrüfgsPfl bzgl Berecht des Einreichers nur bei bes Umständen in der Pers des Einreichers, des BankGesch od der ScheckUrk. IdR keine Bösgläubigkeit, wenn Bank bei KtoEröffng stets zu prüfde (LG Zweibr MDR 80, 581) Personalien des KtoInh dch Führerschein prüft (BGH NJW 74, 458) od Scheck auf ArbG des KtoInh zahlb gestellt (BGH Betr 74, 1904, 2046) od Rückseite von InhScheck nicht prüft (BGH NJW 77, 1197); und idR bei gleichzeit KtoEröffng (KG BB 80, 754), Einzieh eines GeschSchecks auf PrivKto (BGH WM 89, 944; Düss BB 88, 1558; LG Verd NJW-RR 88, 1317). Über KtoEröffng dch Minderj vgl BGH NJW 62, 1056 gg Isele JZ 63, 257, dch StellVertr vgl BGH WPM 77, 1019. PostG 11 I nicht anwendb (BGH NJW 80, 2353). – **Erbe:** Bei BesErwerb nach § 857 wird Bösgläubigk des Erbl nicht dch Gutgläubigk des Erben geheilt (hM); ist der Erbe bei Erwerb des tats Besitzes gutgl, so ist § 990 ab diesem Ztpkt unanwendb (Erm/Hefermehl Rdn 4; RGRK/Pikart Rdn 38; aA MüKo/Medicus Rdn 8; Staud/Gursky Rdn 23).

b) Bösgläubig wird Besitzer bei **späterer Erkenntnis** des Mangels des BesR; grobe Fahrlk genügt hier nicht. Kenntn der den RMangel begründenden Tatsachen genügt nur, wenn daraus ohne weiteres sich der RMangel ergibt; sonst entscheidend, ob objektiv Denkender vom RMangel überzeugt sein wird (BGH 26, 256). Bösgl auch, wer sich bewußt der Kenntn verschließt (BGH 32, 92). Klageerheb macht nicht ohne weiteres bösgl (RG JW 05, 494), ebsowenig Eintr eines Widerspr (RG 139, 355), wohl aber bewußtes Hintertreiben einer behördl Gen (RG DR 40, 1950). Zur Haftg des sich zum Eigenbesitzer aufschwingdn, vorher rechtmäß od rechtlosen Fremdbesitzers vgl Vorbem 1 d bb u 2b bb vor § 987.

2) Haftung vom Ztpkt der Bösgläubigk ab nach §§ 987 (beachte dort Anm 2 aE), 989. Nachträgl Gutgläubigk unerhebl (Gursky JR 86, 225; aA hM). Gezogene Nutzgn, an denen Besitzer kein Eigt erworben (vgl §§ 953, 955 I 2), hat er nach § 985 herauszugeben, im übr ist der Anspr ein SchadErsAnspr (RG 93, 283) wg Vereitelg des Anspr aus § 985. – Vgl auch § 991 I. Wg überholender Kausalität vgl Neumann-Duesberg JZ 53, 171; hierzu aber Niederländer AcP 153, 50 Anm 26. Von mehreren Besitzern haftet jede selbständig für seine Nutzg u SchadZufügg. § 278 ist anwendb, allerd nur für Verschlechtergen nach Begründg des Eigt-Bes-Verh (nicht etwa für den BesErwerb selbst), vgl BGH 16, 262; Westermann § 31 IV 1. Über **§ 254** vgl § 989 Anm 2. – **Verjährung** § 195 (weil nicht Haftg aus Delikt, sond FortwirkgsAnspr aus verschuldeter Unmöglichk der Erfüllg des HerausgAnspr, W-Raiser § 85 Anm 28); vgl auch Vorbem 1a vor § 987. – Zur Anwendg des **§ 281** s dort Anm 1 c u § 985 Anm 3 b. – **Beweislast:** § 282. – RechngsleggsPfl (§ 259) bei Kenntn der Nichtberechtigg gem §§ 687 II, 681, 666 (RG 137, 212). – Nach § 823 haftet, wer bei rechtswidr Veräußerg (zB Unterschlagg) fremder Sache auf seiten des Veräußerers mitwirkt, so wie dieser selbst.

3) Haftung für Verzug. II gilt nur für den bösgl Besitzer (vgl Kuchinke JZ 72, 659). Also beim gutgl keine Haftgssteigerg inf Verzugs. Verzug §§ 284ff. Also Haftg für Vorenthaltg der Sache u für Früchte, die nur der Eigtümer gezogen hätte. Ab Verzug auch Haftg für Zufall, § 287 S 2 (nach Brox JZ 65, 519 auch schon vorher, wenn Besitzerlangg den Tatbestd der §§ 823ff erfüllt; Anspr aus § 823 soll dann mit § 990 konkurrieren. § 993 I Halbs 2 beziehe sich nicht auf unredl Besitzer). Kein Verzug, wenn der Besitzer die Herausg wg seines ZurückbehaltgsR (§ 1000) verweigert (BGH WPM 71, 1271).

4) Haftg aus § 990 auch dann, wenn Eigtümer unter Gen der Vfg (§ 185) nach § 816 I 1 Herausg des Erlöses verlangt (BGH NJW 60, 860), es sei denn, die Gen wäre zugl als Verz auf SchadErs auszulegen. Umgekehrt liegt allein darin, daß der Bestohlene vom Dieb SchadErs nach §§ 989, 990 verlangt, noch nicht die endgült Verweigerg der Gen von dessen Vfg, so daß ein Anspr aus § 816 I 1 noch nicht entfällt (BGH NJW 68, 1326).

§§ 991–993   3. Buch. 3. Abschnitt. *Bassenge*

991 *Haftung des Besitzmittlers.* ¹ Leitet der Besitzer das Recht zum Besitze von einem mittelbaren Besitzer ab, so finden die Vorschriften des § 990 in Ansehung der Nutzungen nur Anwendung, wenn die Voraussetzungen des § 990 auch bei dem mittelbaren Besitzer vorliegen oder diesem gegenüber die Rechtshängigkeit eingetreten ist.

II War der Besitzer bei dem Erwerbe des Besitzes in gutem Glauben, so hat er gleichwohl von dem Erwerb an den im § 989 bezeichneten Schaden dem Eigentümer gegenüber insoweit zu vertreten, als er dem mittelbaren Besitzer verantwortlich ist.

1) I beschränkt die Haftung des unrechtmäßigen bösgläubigen unmittelbaren Besitzers, der einem anderen als dem Eigentümer den Besitz vermittelt, für die Nutzgen vor Rechtshängigk, bei Gutgläubigk des mittelb Besitzers. Dieser soll geschützt w gg RückgrAnspr, die sonst der unmittelb Besitzer uU gg ihn wg der entzogenen Nutzgen erheben könnte (zB nach §§ 581 II, 541). Ähnl § 956 II Beisp: *N,* der gutgläubig vom geisteskranken Eigtümer *E* den Nießbr eingeräumt erhalten hat, verpachtet das Grdst an *B,* der die Geisteskrankh des *E* kennt od grobfahrl nicht kennt. *B* haftet dem *E* für die Nutzgen nur wie ein gutgl Besitzer, also nur nach § 993 I. Die Stellg des *E* verbessert sich mithin nicht dadurch, daß ein gutgl Besitzer, der selbst nur nach § 993 I haftet, an einen bösgläubigen verpachtet. Gilt entspr bei mehrstufigem mittelb Besitz. Dann ist die Haftg des bösgl BesMittlers beschränkt bei Gutgläubigk des obersten mittelb Besitzers. – Also Haftg des (bösgl) BesMittlers nach § 990 nur, wenn auch der Oberbesitzer bösgl od verklagt war. Klage gg BesMittler dagg begründet schon für sich allein dessen verschärfte Haftg nach § 987. Freilich kann der Eigtümer dann zB nicht vom Verpächter den erhaltenen Pachtzins u zugl vom Pächter die gezogenen Nutzgen verlangen; er hat aber insoweit ein WahlR; bei nur teilw Ersatz durch einen der Besitzer haftet der andere im übr weiter (BGH **LM** § 987 Nr 10), nach fruchtloser ZwVollstr gg Oberbesitzer also Kl gg unmittelb Bes erfolgreich (BGH aaO). **I** gilt nicht für SchadErsAnspr gg den bösgl BesMittler (gg den gutgläub: **II**); er haftet von der Zeit seines Erwerbs an nach § 990, 989, mag der mittelb Besitzer gut- od bösgl sein.

2) II erweitert die Haftung des unrechtmäßigen Besitzmittlers für verschuldete Verschlechterg usw. Er haftet, soweit er seinem Oberbesitzer haftet, auch dem Eigtümer selbst bei Gutgläubigkeit; ähnl Lage wie bei Drittschadensliquidation; doch gibt das Ges nicht dem VertrPartner (Oberbesitzer) den Anspr auf Leistg an Geschädigten (Eigtümer), sond diesem unmittelb Zugriff gg den BesMittler. Doch kann auch der Oberbesitzer den Drittschaden liquidieren, str. Der BesMittler wird bei Zahlg des SchadErs an Oberbesitzer entspr § 851 befreit. – Beispiel: *B* beschädigt fahrl die von *A* in Verwahrg genommene (gestohlene) Sache des *E.* Es kommt dem *B* nicht zugute, daß er nicht den *E,* sond den *A* als Eigtümer angesehen hat. Der BesMittler haftet dem Eigtümer aber nur insoweit, als er seinem Oberbesitzer haftbar ist. Maßg für das Versch ist also das Verhältn zum mittelbaren Besitzer, zB haftet der unentgeltl Verwahrer auch dem Eigtümer ggü nur nach § 690; Freizeichng ggü seinem Oberbesitzer kommt dem unmittelb Besitzer auch dem Eigtümer ggü zugute (vgl aber RG **105,** 304); auch wirks Erlaubnis der EigtVerletzg durch Oberbesitzer (RG **157,** 135). Für Zufall haftet er dem Eigtümer selbst dann nicht, wenn er dem Oberbesitzer hierfür nach § 287 S 2 haften sollte; str. Soweit BesMittler dem Oberbesitzer nach § 278 einstehen müßte, haftet er auch dem Eigtümer. – § 991 II entspr anzuwenden bei Exzeß des rechtm Fremdbesitzers, der BesMittler eines anderen ist.

992 *Haftung des deliktischen Besitzers.* Hat sich der Besitzer durch verbotene Eigenmacht oder durch eine Straftat den Besitz verschafft, so haftet er dem Eigentümer nach den Vorschriften über den Schadensersatz wegen unerlaubter Handlungen.

1) Besitzverschaffung dch: – **a) Verbotene Eigenmacht** (§ 858) ggü dem unmittelb besitzden Eigtümer od dessen unmittelb besitzden BesMittler (vgl Brox JZ **65,** 518) bzw BesDiener. – **b) Straftat** erfordert Verstoß gg StrafG, das zum Schutz des Eigtümers die Art der BesVerschaffg mit Strafe bedroht (BGH **LM** Nr 2); zB StGB 240, 242, 249, 253, 259, 263; nicht aber ZollVorschr (RG **105,** 86). StGB 246, 266 nur, wenn mittels unbefugter BesVerschaffg begangen (str; vgl Blanke JuS **68,** 268): zB Fundunterschlagg im Ggs zur bloßen Umwandlg von Fremd- in EigenBes.

2) Haftung nach §§ 823 ff für die das Eigentum verletzende Besitzverschaffung (RGrd- u nicht nur FolgenVerweisg); Haftg für BesVerletzg unmittelb aus §§ 823 ff. Anspr aus §§ 989, 990 daneben mögl (Medicus Rdn 596). Folgen:

a) BesVerschaffg muß **schuldhafte Eigentumsverletzung** enthalten; leichte Fahrlässigk genügt (hM; aA Wieland MDR **72,** 649). Verschulden entfällt, wenn Täter sich selbst für Eigtümer hielt (BGH WPM **60,** 1148) od ohne Fahrlässigk Einwilligg des Eigtümers annahm. Ist Bes ohne schuldh EigtVerletzg erlangt, so wird für nachfolge schuldh EigtVerletzg nur nach § 990 u nicht nach §§ 992, 823 gehaftet (Soergel/Mühl Rdn 4; Staud/Gursky Rdn. 9; aA MüKo/Medicus Rdn 5; RGRK/Pikart Rdn 11).

b) Haftung für: VorenthaltgsSchaden; gezogene Nutzen, auch wenn Eigtümer sie nicht hätte ziehen können (BGH WPM **340,** 1148) – nicht gezogene nur, wenn Eigtümer sie hätte ziehen können; zufäll Untergang usw (§ 848; KG OLGZ **79,** 77). Wg überholder Kausalität vgl Neumann-Duesberg JZ **53,** 171; Niederländer AcP **153,** 50.

c) Verjährung: § 852 (KG JR **55,** 259; Medicus Rdn 596; aA RG **117,** 425; Mü VersR **61,** 1048: § 195.)

993 *Haftung des redlichen Besitzers.* ¹ Liegen die in den §§ 987 bis 992 bezeichneten Voraussetzungen nicht vor, so hat der Besitzer die gezogenen Früchte, soweit sie nach den Regeln einer ordnungsmäßigen Wirtschaft nicht als Ertrag der Sache anzusehen sind, nach den

Eigentum. 4. Titel: Ansprüche aus dem Eigentum § **993, Vorbem v § 994**

Vorschriften über die Herausgabe einer ungerechtfertigten Bereicherung herauszugeben; im übrigen ist er weder zur Herausgabe von Nutzungen noch zum Schadensersatze verpflichtet.

^{II} Für die Zeit, für welche dem Besitzer die Nutzungen verbleiben, finden auf ihn die Vorschriften des § 101 Anwendung.

1) Der unverklagte entgeltliche gutgläubige unrechtmäßige Besitzer ist grdsätzl weder zur Herausgabe von Nutzgen noch zum SchadErs verpflichtet. Der Anspr aus § 1004 (zB bei Bau auf fremdem Boden) ist kein SchadErsAnspr, also nicht ausgeschl (RGRK/Pikart Rdn 1; aA Baur AcP **160**, 490). — **Ausnahmen** (vgl auch Vorbem 2a vor § 987): **a)** Übermaßfrüchte hat er herauszugeben, soweit er bereichert ist. Vgl auch §§ 581, 1039, 2133; Auskunft § 987 Anm 1. **b)** Bei Veräußerg oder Verbrauch der Sache unter Ausgabenerspar hat er die vorhandene Bereicherg herauszugeben (RG GrZS **163**, 353; BGH **14**, 7). **c)** SchadErspflichtig ist der sein vermeintl BesR überschreitde Fremdbesitzer, vgl Vorbem 2c bb.

2) Beweislast: Eigtümer, der weitergehenden Anspr erhebt, beweispfl für Bösgläubigk, Rechtshängigk, Unentgeltlichk, deliktsmäßigen Erwerb.

Gegenansprüche des Besitzers auf Ersatz der Verwendungen (§§ 994–1003)

Vorbemerkung

Schrifttum: a) Allgemein: Klauser, NJW **65**, 513 (Verwendgen auf Grdst). — Schindler AcP **165**, 499. — M. Wolf AcP **166**, 188. — Jakobs AcP **167**, 350. — Gursky JR **71**, 361. — Möhrenschlager, Der VerwendgsErsAnspr des Besitzers im angloamerikanischen u dtsch R, 1971. — Haas, AcP **176**, 1 (aufgedrängte Bereicherg). — Vgl auch Einf v § 985 u Vorbem v § 987. **b) Zu Anmerkung 1c:** H. Müller, VerwendgsAnspr u Kreditrisiko, Festschr f Lent, 1957, S 170. — Münzel NJW **61**, 1377. — Firsching AcP **162**, 440. — Furtner MDR **62**, 95. — Kraft, NJW **63**, 1849. — Kaysers, Der VerwendgsAnspr des Besitzers bei vertragl Leistgen, 1968. — Berg JuS **70**, 12. — Schwerdtner JuS **70**, 64. — Helling BB **69**, 854 (ZbR).

1) Allgemeines. Die §§ 994–1003 regeln die Anspr des **unrechtmäßigen Besitzers** gegen den **Eigentümer auf Verwendungsersatz**. Sie gelten nicht für Verwendgen, die der Besitzer in der Zeit als Eigtümer (zB Vorerbe) machte (BGH WPM **85**, 206).

a) Nach hM enthalten die §§ 994ff die **erschöpfende Sonderregelung** eines ges SchuldVerh (RG **163**, 352; BGH **41**, 157; WPM **73**, 560), die auch §§ 812ff ausschließen (BGH Betr **86**, 1563); wg Verh zu § 951 vgl dort Anm 1, 3b. Im Schriftt wird AnsprKonkurrenz mit §§ 812ff teils schlechthin (Pinger JR **73**, 268; Reeb JuS **73**, 624) u teils bei Rückabwicklg einer Leistgsbeziehg wg Nichtigk des Grd- u ErfüllgsGesch (Berg JuS **72**, 193; Schwab § 45 VIII 5b; Medicus Rdn 897) vertreten; für Vorrang der Leistgskondiktion Waltjen AcP **175**, 109; Haas aaO S 17. Ggü Anspr aus § 985 keine Berufg auf § 255 (BGH **29**, 162).

b) Unrechtmäßiger Besitzer ist, wer kein R zum Besitz iSv § 986 hat u daher nach § 985 herausgabepflichtig ist. — **aa)** Die §§ 994ff gelten zunächst für den unrechtm **Eigenbesitzer**; wandelt sich rechtm zu unrechtm EigenBes, so gelten sie nach Eintritt der Vindikationslage auch für Verwendgen aus der Zeit des rechtm EigenBes (BGH **75**, 288). — **bb)** Die §§ 994ff gelten auch für den **unrechtmäßigen Fremdbesitzer;** er kann VerwendgsErs aber nur mit den seinen vermeintl BesR entspr Einschränkgen verlangen (BGH NJW **79**, 716; aA Raiser JZ **58**, 681), da er sonst besser als ein rechtm Besitzer stehen würde. — **cc)** Für den **rechtmäßigen Fremdbesitzer** gelten die gesetzl u vertragl SonderVorschr; §§ 994ff sind aber anwendb, wenn das das BesR begründde RVerh den VerwendgsErs nicht abschließd (zB auch dch Ausschluß) regelt (BGH NJW **79**, 716), da rechtm Fremdbesitzer sonst schlechter als unrechtm stehen würde. Gleiches gilt nach Eintritt der Vindikationslage (Ende des BesR) für Verwendgen aus der Zeit davor (BGH aaO); auch für Verwendungen nach Ende des BesR gelten die AbwicklgsVorschr (vgl § 347 S 2 iVm §§ 327 S 1, 467) des beendeten VertrVerh, doch können Lücken dch §§ 994ff ausgefüllt werden (Schwab § 45 VIII 2; RGRK/ Pikart § 994 Rdn 8).

c) Fremdbesitzer, der auf Grund Vertrages mit einem Dritten Verwendungen macht (zB Untern, der vom Besteller gemietete Sache zur Reparatur erhält), ist Verwender iSv § 994ff (hM; aA Beuthien JuS **87**, 845). — **aa)** War der **Dritte rechtmäßiger Besitzer und zur Besitzüberlassung befugt,** so war auch der Verwender rechtm Besitzer u hat daher keine Anspr aus §§ 994ff gg den Eigtümer sond nur aus Vertr gg den Dr (BGH **100**, 95). Verwender hat kein ZbR aus § 1000 (BGH WPM **60**, 879) u erwirbt kein ges WerkUnternPfdR (§ 1257 Anm 2a). — **bb)** War der **Dritte unrechtmäßiger Besitzer,** so war es auch der Verwender ggü dem Eigtümer; Verwender hat daher Anspr aus §§ 994ff gg Eigtümer. Hatte der Dr zuerst rechtm u später unrechtm Bes (zB EigtVorbehVerk tritt vom KaufVertr zurück), so bestehen Anspr aus §§ 994ff auch für Verwendgen währd des rechtm Bes (BGH **34**, 122; NJW **79**, 716; aA Baur § 11 B I 2), soweit Verwendungen nach BesRVerh nicht vom Besitzer zu tragen. Hatte der Dr zuerst unrechtm u später rechtm Bes, so gilt für die ganze Zeit Anm 1c aa. — **cc)** War der **Verwender unrechtmäßiger Besitzer,** weil Vertr zw ihm u Dr unwirks (vgl § 986 Anm 3b) od Dr zur BesÜberlassg nicht befugt war (Raiser JZ **58**, 683), so war Verwender ggü Eigtümer unrechtm Besitzer u hat Anspr aus §§ 994ff gg diesen (aA Beuthien JuS **87**, 845: ZbR entspr § 1000), selbst wenn ein tats BesMittlgsVerh entstand.

2) Verwendungen sind willentl VermAufwendgen, die (zumindest auch) der Sache zugute kommen sollen (BGH NJW **55**, 340), indem sie sie wiederherstellen, erhalten od verbessern sollen (BGH **10**, 177). Sie dürfen die Sache aber nicht grdlegd verändern (BGH **41**, 157; gg diese Einschränkg vielfach das Schriftt, vgl Haas AcP **176**, 12 mwN); zum Problem des Ausschl von § 951 u der Anwendg des engen

Vorbem v § 994, § 994   3. Buch. 3. Abschnitt. *Bassenge*

VerwendgsBegr vgl § 951 Anm 3b. Keine Verwendg ist Zufügg nichtwesentl Bestandt, die Eigt des Besitzers bleiben (M. Wolf Rdnr 209; aA Schmidt JuS **88**, 289 mwN).

a) Beispiele: Reparatur u (nicht grdlegde) Umgestaltg einschl ArbLohn u Material (BGH **34**, 122). BetrKosten. Transport, der zur Erhaltg für Eigtümer beiträgt (OGH MDR **49**, 470). Aufbewahrg auf sonst anderweit genutztem (Nürnb OLGZ **66**, 415) od dafür gemietetem (BGH NJW **78**, 1256) Platz. Auf die Sache verwendete ArbKraft des Besitzers, die Verdienstausfall bewirkt (Rostock OLG **29**, 353; Nürnb OLGZ **66**, 415) od (wie idR) fremde ArbKraft einspart (vgl aber BGH NJW **77**, 1240). Drainage u Urbarmachg von Grdst (BGH **10**, 177); ihre Bepflanzg (Höser AgrarR **84**, 117). Aufbau zerstörten Hauses (BGH **41**, 341). Bauwerk (zB Deich, Stützmauer) zur GrdstErhaltg (BGH **10**, 178). – **Nicht:** Errichtg von Gbde auf unbebautem Grdst (BGH **41**, 157; ZMR **69**, 286; zum BereichergsAnspr vgl § 951 Anm 3b) od Neuanlage eines Tennisplatzes. Erwerbskosten (BGH Betr **86**, 1563). Überlassg eines Raumes zur Aufbewahrg an Besitzer (Ffm JW **32**, 1228).

b) Einteilung: Notw (§ 994) u nichtnotw (§ 996) Verwendgen, Fruchtgewinngskosten (§ 102).

c) Wertermittlung: Notfalls nach ZPO 287 (BGH **LM** § 254 Dc Nr 6).

d) Zinsen: § 256; Befreiung von Verbindlichkeit: § 257.

3) Es können Ersatz verlangen, wobei maßg für guten/bösen Glauben od RHängigk die Zeit der Verwendg: – **a) Der** (entgeltl) **gutgläubige Besitzer:** für die vor Rechtshängigk gemachten notw Verwendgen (außer den gewöhnl Erhaltgskosten) u für die außerordentl Lasten schlechthin, §§ 994 I S 1, 995 S 2. Für nützl Verwendgen nur, wenn Sachwert noch erhöht, § 996. Nicht für gewöhnl Erhaltgskosten u gewöhnl Lasten vor Rechtshängigk, §§ 994 I S 1, 995 S 1; denn ihm verbleiben für diese Zeit ja die Nutzgen, Vorbem 3b vor § 987. Für Verwendgen nach Rechtshängigk steht er dem bösgl gleich. Bei unentgelt Erwerb s § 988 Anm 2, 3; § 994 Anm 2a; Vorbem 2a aa vor § 987. – **b) Der bösgläubige Besitzer** (auch der deliktische): für notw Verwendgen u notw Lasten, aber nur nach GeschFührgsGrdsätzen, §§ 994 II, 683, 684. Insoweit aber auch für gewöhnl Erhaltgskosten u gewöhnl Lasten, da er die Nutzgen herausgeben muß; Ausn: wenn sein Oberbesitzer gutgl ist (§ 991 I), da er dann auch die Nutzgen behält. Im übr, also auch für wertsteigernde Verwendgen kein ErsAnspr, § 996.

4) Die §§ 994 ff gelten entsprechend für die Klage aus § 894 (§ 894 Anm 6a); ferner gem §§ 292 II, 347 S 2, 850, 2185; PachtKrG 8 (RG **142**, 205). Beachte, daß auch bei mittelb Anwendg der §§ 994 ff über §§ 326, 347 die §§ 812 ff zurückgreifen müssen (BGH **LM** § 347 Nr 4). Die §§ 1000–1003 ferner gem §§ 972, 974, 2022 I 2. – Vgl ferner § 888 Anm 3b aa, § 1098 Anm 3a.

5) Geltendmachung in jedem Falle durch Zurückbehaltg, § 1000. Im übrigen ist sie erschwert. Wegnahme nur bei nutzb wesentl Bestandteilen, wenn Eigtümer nicht den Wert ersetzt, § 997. Klage nur bei Gen od Wiedererlangg durch den Eigtümer; vor Gen kann er sich durch Rückg der Sache befreien, § 1001; AusschlFrist, § 1002. Sonst nur Befriedig aus der Sache nach bestimmtem Verf, § 1003. Trat anstelle der Vindikation § 816, kann Besitzer Verwendgen gem § 818 III absetzen (Gursky JZ **71**, 361).

994 *Notwendige Verwendungen.*

I Der Besitzer kann für die auf die Sache gemachten notwendigen Verwendungen von dem Eigentümer Ersatz verlangen. Die gewöhnlichen Erhaltungskosten sind ihm jedoch für die Zeit, für welche ihm die Nutzungen verbleiben, nicht zu ersetzen.

II Macht der Besitzer nach dem Eintritte der Rechtshängigkeit oder nach dem Beginne der im § 990 bestimmten Haftung notwendige Verwendungen, so bestimmt sich die Ersatzpflicht des Eigentümers nach den Vorschriften über die Geschäftsführung ohne Auftrag.

1) Begriff. Verwendgen (Vorbem 2) sind **notwendig**, wenn sie zur Erhaltg od ordngsgemäß Bewirtschaftg der Sache obj erforderl sind, die also der Besitzer dem Eigtümer, der sie sonst hätte machen müssen, erspart hat u die nicht nur den Sonderzwecken des Besitzers dienen (BGH **64**, 333).

a) Beispiele: Hebgskosten eines Wracks (BGH NJW **55**, 340). Wiederaufbau eines zerstörten Gbdes (str; einschränkd BGH **LM** § 1004 Nr 14). BetrUmstellg, um Betr wettbewerbsfäh zu erhalten (RG **117**, 112) od wenn Eigtümer aus sonst Grd hätte umstellen müssen (RG **139**, 353). Mietzins für notw Aufbewahrg (BGH NJW **78**, 1256). – **Nicht:** Enttrümmerg od Planierg eines Grdst zur Anlegg eines Lagerplatzes (BGH **39**, 186; WPM **68**, 442). Fehlschlagener NachbessergsVersuch (BGH **48**, 272). Entgeltl Parken eines Kfz (LG Augsburg DAR **77**, 71). Rekultivierg von Moor zu Wieleland (LG Itzeh AgrarR **84**, 130: nützl).

b) Gewöhnliche Erhaltungskosten sind die regelm wiederkehrden lfden Ausgaben (FüttergsKosten (RG **142**, 205); Inspektionskosten für Kfz einschl Ers normalen Verschleißes (Schlesw SchlHA **51**, 32) im Ggs zu Austauschmotor (außergewöhnl ErhaltgsKosten; BGH Betr **61**, 1449; MüKo/Medicus Rdn 22); Beseitigg von Schäden inf bestimmgsgem Nutzg (BGH **44**, 237).

2) Dem gutgläubigen, unverklagten Besitzer (mittelb od unmittelb; Eigen- od Fremdbesitzer) sind zu erstatten: – **a)** Bei **unentgeltlichem** Erwerb (§ 988) alle notw Verwendgen; ebso bei rechtsgrdlosem Erwerb (§ 988 Anm 4). – **b)** Bei **entgeltlichem** Erwerb alle notw Verwendgen (auch wenn Sache nicht mehr im Wert erhöht) mit Ausn der gewöhnl Erhaltgskosten **(I 2)**. Letztere gelten dch Nutzg als ausgeglichen, auch wenn dazu berecht Besitzer keine ihm mögl Nutzgen gezogen hat od die gewöhnl Erhaltgskosten höher als Nutzgen.

3) In bösem Glauben oder nach Rechtshängigkeit gemachte Verwendungen sind nur nach §§ 683, 670 zu erstatten **(II)**, also nicht schon bei obj Notwendigk, sond nur, wenn sie außerdem dem wirkl od mutmaßl Willen des Eigtümers entspr; andernf nur BereichergsAnspr, § 684. Maßgebd ist Interesse od Wille dessen, der zZ der Verwendg Eigtümer. **I S 2** auf bösgl Besitzer anwendb (dh die notw Erhaltgskosten nicht

1148

Eigentum. 4. Titel: Ansprüche aus dem Eigentum §§ 994–997

zu erstatten), wenn ihm die Nutzgen verbleiben, so iF des § 991 I (mittelb Besitzer gutgl), anwendb auch auf Abzahlgskäufer vor Rücktr; obw er rechtmäß Besitzer, soll er insow dem bösgläub gleichstehen; da ihm die Nutzgen verbleiben, kann er iF des Rücktr des Verkäufers nicht Ers der Aufwendgen verlangen, die er zur Beseitigg von Schäden gemacht hat, die beim gewerbl Gebr der Kaufsache entstanden sind (BGH **44**, 239; vgl auch Loewenheim NJW **66**, 971). Im Fall der §§ 326, 347 ist der VertrPartner des Zurücktretenden bösgl, wenn er die tatsächl Voraussetzgen für Rücktr kannte (BGH MDR **68**, 223).

4) Beweislast. Der Besitzer hat Vornahme, Wert u Notwendigk der Verwendgen zu beweisen. Der Eigtümer, daß es sich um gewöhnl Erhaltgskosten handelt od daß zZ der Vornahme der HauptAnspr rechtshängig od Besitzer bösgl war.

995 *Lasten.* Zu den notwendigen Verwendungen im Sinne des § 994 gehören auch die Aufwendungen, die der Besitzer zur Bestreitung von Lasten der Sache macht. Für die Zeit, für welche dem Besitzer die Nutzungen verbleiben, sind ihm nur die Aufwendungen für solche außerordentliche Lasten zu ersetzen, die als auf den Stammwert der Sache gelegt anzusehen sind.

1) Gewöhnliche Lasten. Beispiele: Grundsteuern, HypZinsen; vgl auch § 1047 Anm 4a. Der Besitzer hat sie zu tragen, wenn ihm die Nutzgen verbleiben, vgl § 994 Anm 2b, 3; § 993 Anm 1, § 991 I; wobei ErsPfl für Übermaßfrüchte keine Rolle spielt. Ein gutgl Nießbraucher braucht jedoch diejenigen Lasten nicht zu tragen, die er auch bei gültigem Nießbr nicht zu tragen brauchte; vgl § 1047.

2) Außerordentliche Lasten. Gleichviel, ob öff od privrechtl. ZB einmalige Abgaben; Zahlg des Hyp-Kapitals. Sie sind dem gutgl, unverklagten Besitzer uneingeschränkt, sonst nur nach §§ 683, 684 zu erstatten. Verteilg: § 103.

3) Sonderfälle. Vgl §§ 1047, 2022 II, 2126, 2185, 2379.

996 *Nützliche Verwendungen.* Für andere als notwendige Verwendungen kann der Besitzer Ersatz nur insoweit verlangen, als sie vor dem Eintritte der Rechtshängigkeit und vor dem Beginne der im § 990 bestimmten Haftung gemacht werden und der Wert der Sache durch sie noch zu der Zeit erhöht ist, zu welcher der Eigentümer die Sache wiedererlangt.

1) Nützliche (wertsteigernde) Verwendungen (nicht notw iSv § 994 Anm 1) sind nur zu erstatten, wenn die Verwendg vor RHängigk der HerausgKl erfolgte u der Besitzer nicht bösgl iSv § 990 war; liegen diese Voraussetzgen nicht vor, so auch kein Anspr aus §§ 677ff, 812ff (BGH **39**, 186; WPM **83**, 393). VerwendgsErs nur bis zur Höhe der bei Wiedererlangg noch gegebenen Wertsteigerg, jedoch nicht über tats Aufwendgen hinaus (BGH NJW **80**, 833); ähnl wie bei der aufgedrängten Bereicherg (§ 951 Anm 2c dd) muß auch hier die subj Brauchbark für den Eigtümer regulierd wirken (MüKo/Medicus Rdn 5); Beweislast hat der Besitzer. – Bei Gen des Eigtümers sind die tats Verwendgen ohne die Voraussetzgen von § 996 nach § 1001 zu erstzen (RG DR **42**, 1278).

997 *Wegnahmerecht.* I Hat der Besitzer mit der Sache eine andere Sache als wesentlichen Bestandteil verbunden, so kann er sie abtrennen und sich aneignen. Die Vorschriften des § 258 finden Anwendung.

II Das Recht zur Abtrennung ist ausgeschlossen, wenn der Besitzer nach § 994 Abs. 1 Satz 2 für die Verwendung Ersatz nicht verlangen kann oder die Abtrennung für ihn keinen Nutzen hat oder ihm mindestens der Wert ersetzt wird, den der Bestandteil nach der Abtrennung für ihn haben würde.

1) Allgemeines. Verbindet der Besitzer eine eigene Sache mit der fremden zu deren unwesentl Bestandteil, bleibt er Eigtümer; er kann sie jederzeit wegnehmen od herausverlangen, § 985. Ebenso bei Zubehör. Bei Verbindg als wesentl Bestandteil erwirbt sie der Eigtümer der Hauptsache, §§ 946, 947 II. Der Besitzer kann dann **a)** Vergütg verlangen nach § 951 I 1, wenn keine Verwendg (vgl Vorbem 1a vor § 994); od **b)** Ersatz verlangen, wenn §§ 994, 996 vorliegen; od **c)** wegnehmen u aneignen, sofern nicht nach **II** ausgeschl. Schuldrechtl Anspr; kein AussondersgR im KonK des Eigtümers. Ausübg des Rechts zeitl nicht begrenzt; kein ZurückbehaltgsR ggü HerausgAnspr bzgl der einheitl Sache (BGH WPM **61**, 181). – Kein WegnahmeR bei MitEigt nach § 947 I (OGH NJW **50**, 543). – Bei Ausschl des WegnR gibt BGH **41**, 164 AusglAnspr nach § 242. – **d)** Wegnahme darf sich aber nicht nur auf die verwertb Bauteile beschränken; keine Ausschlachtg (BGH NJW **70**, 754).

2) Wegnahmeberechtigt ist der gutgl (vgl aber **II**, 1. Fall) wie der bösgl Besitzer. Der mittelb hat den Anspr aus § 258 S 2. § 1002 nicht anwendb (aA Hamm BB **77**, 418). Kosten u SicherhLeistg: § 258. Verpflichtet ist jeder Eigtümer entspr § 999 II. Bei Pflanzen (§§ 94 I, 95 I 1) zu beachten, daß der Zuwachs zur Nutzg gehört. Da der bösgl u den Prozeßbesitzer die keinen Anspr auf die Nutzg haben, müssen bei Wegnahme dem Eigtümer den Zuwachs in Geld ersetzen (MüKo/Medicus Rdn 7). WegnR gibt kein ZbR (vgl BGH WPM **61**, 181; Degenhart JuS **68**, 318 zu Fußn 18).

3) Aneignungsberechtigt ist der Besitzer, auch wenn ihm die Sache vor der Verbindg nicht gehört hat (str). Er erwirbt das Eigt u hat den früh Eigtümer zu entschädigen (§ 951 I 1). Aneignsgwille notw, daher nicht durch GeschUnfähigen.

§§ 997–1000   3. Buch. 3. Abschnitt. *Bassenge*

4) II. Ausschluß in drei Fällen. Ferner, wenn die Wegnahme ohne Zerstörg der Haupts nicht mögl ist; vgl § 258. Zu ersetzen ist auch ein Liebhaberinteresse. Wegnahme entgg II macht schadensersatzpfl, §§ 823 ff. Unbeschr WegnR in §§ 500 S 2, 547a II, 581 II, 601 II 2, 1049 II, 1093 I 2, 1216 S 2, 2125 II. Erweiterg: § 951 II 2, dort Anm 3 c.

998 *Bestellungskosten bei landwirtschaftlichem Grundstück.* Ist ein landwirtschaftliches Grundstück herauszugeben, so hat der Eigentümer die Kosten, die der Besitzer auf die noch nicht getrennten, jedoch nach den Regeln einer ordnungsmäßigen Wirtschaft vor dem Ende des Wirtschaftsjahrs zu trennenden Früchte verwendet hat, insoweit zu ersetzen, als sie einer ordnungsmäßigen Wirtschaft entsprechen und den Wert dieser Früchte nicht übersteigen.

1) Ergänzung des § 102. Jeder Besitzer, ob bös- od gutgläub, vor od nach Klageerhebg. Landw Grdst vgl § 582. Das WirtschJahr ist örtl u für jede Fruchtart gesondert zu bestimmen innerh eines Jahres seit Bestellg (RG **141**, 228). Anders §§ 592 (Pachtjahr), 1055 II, 2130 I 2.

999 *Ersatz von Verwendungen des Rechtsvorgängers.* ¹ Der Besitzer kann für die Verwendungen eines Vorbesitzers, dessen Rechtsnachfolger er geworden ist, in demselben Umfang Ersatz verlangen, in welchem ihn der Vorbesitzer fordern könnte, wenn er die Sache herauszugeben hätte.

II Die Verpflichtung des Eigentümers zum Ersatze von Verwendungen erstreckt sich auch auf die Verwendungen, die gemacht worden sind, bevor er das Eigentum erworben hat.

1) Der Ersatzanspruch geht auf den Rechtsnachfolger über (I). Abdingb Regelg. Gesamt- od EinzelRNachf, auch mehrf. Letzteres erfordert ein, wenn auch unwirks, VeräußergsGesch zw früherem u jetz Besitzer. Übertr der tatsächl Gewalt allein genügt nicht (RG **129**, 204). Ebsowenig Besitzmittlg (RG **158**, 397); der unmittelb Besitzer kann nur nach §§ 986 I 1, 1000 das ZurückbehaltgsR des mittelb geltd machen (Verurteilg also des unmittelb zur Herausg Zug um Zug gg Befriedigg des mittelb); der mittelb muß nach Herausg nach § 1001 klagen.

b) Alle Anspr des Vorbesitzers, §§ 994–998, auch Wegnahme. Der jetzige Besitzer ist dem Eigtümer ggü allein berechtigt. Anders bei Gen ggü Vorbesitzer, § 1001; dann bleibt dieser berechtigt, wenn er nicht abtritt. War Vorbesitzer Finder, gilt § 999 nicht für dessen Ermittlgs Kosten iSv § 970. Zur Konfusion dch I u II in der Person des wirks erwerbden Dritten vgl Gursky JR **71**, 361.

c) Gibt Besitznachfolger an Eigtümer heraus, ohne sich den Anspr auf Verwendgsersatz vorzubehalten (vgl § 1001 S 3), so kann ihn im Verhältn zum Vorbesitzer, von dem er SchadErs fordert, mitw Versch treffen (BGH **LM** § 254 (D c) Nr 6; Schlesw SchlHA **56**, 48).

Ist bei mehrfachem Verkauf der (zB dem Eigtümer gestohlenen) Sache ihr Wert nach Verwendgen des Erstverkäufers so stark gesunken, daß der Kaufpr beim letzten Verkauf niedriger ist als die Verwendgen, so kann nach hM der letzte Käufer den ErsAnspr nur bis zur Höhe seines eigenen RückgrAnspr gg den Zwischenverkäufer geltd machen, wenn der Vorbesitzer (Erstverkäufer) nicht mehr rückgriffsverpflichtet ist (Fbg JZ **53**, 404; Boehmer JZ **53**, 395). Gg das Arg der hM, daß sonst der Besitzer rechtlos bereichert wäre, beachtl Gursky AcP **171**, 82, der auch Begrenzg des Anspr auf den derz Wert der Sache ablehnt, da diese schon dch den Mechanismus der §§ 1003, 1001, 2 bewirkt werde.

2) Der jetzige Eigentümer (auch wenn er nicht iW der RNachf, sond originär erwarb) **haftet für alle Verwendungen ohne Rücksicht auf Zeit der Vornahme (II);** Ausn ZVG 93 II. Auch Wegnahme bleibt zul. Der frühere Eigtümer haftet dem Besitzer weiter, wenn er genehmigt od den Besitz erlangt hat, § 1001. Ausgleich zw den Eigtümern §§ 434, 445. Genehmigung durch früh Eigtümer bindet den jetzigen nicht (str), vgl § 1001 Anm 4b. Über Anwendg von II auf öff bestellten Verwalter vgl BGH **LM** § 390 Nr 2. II gilt nicht zulasten dessen, der nach Herausg der Sache an den Eigtümer von diesem Eigt erwarb (RGRK/Pikart Rdn 11). Zw VorEigtümer u Besitzer vereinb AnsprAusschl wirkt zG des neuen Eigtümers (BGH NJW **79**, 716).

1000 *Zurückbehaltungsrecht des Besitzers.* Der Besitzer kann die Herausgabe der Sache verweigern, bis er wegen der ihm zu ersetzenden Verwendungen befriedigt wird. Das Zurückbehaltungsrecht steht ihm nicht zu, wenn er die Sache durch eine vorsätzlich begangene unerlaubte Handlung erlangt hat.

1) Allgemeines. § 1000 nötig neben § 273 II, weil dieser fälligen GgAnspr verlangt, der Anspr aus §§ 994 ff vor Herausg der Sache aber erst bei Gen der Verwendgen fällig wird (§ 1001). Ggü Anspr aus §§ 888, 894 ZbR aus § 273 II (BGH NJW **80**, 833); dies gilt aber nicht für Löschg nach GBO 22 (BayObLG **59**, 227). Vgl ferner §§ 1065, 1227, 2022 (BGH WPM **72**, 1061). Das Recht erlischt mit freiwilliger od erzwungener Herausg (RG **109**, 105); es entsteht auch dann nicht wieder neu, wenn der Besitzer die Sache später erneut in Bes bekommt (BGH **51**, 250).

2) Zurückbehaltungsrecht. a) *Schuldrechtl* Anspr. Bereits vor Fälligk (§ 1001) des Verwendgs-Anspr. Entspr anwendbar sind §§ 273 III, 274. Erbieten zur Sicherh genügt regelm nicht; Verurteilg zur Herausg nach SicherhLeistg aber uU zul (RG **137**, 355; Fassg des Urt vgl RG JW **36**, 250). Sicherh muß regelm die GgAnspr voll decken (RG **137**, 355).

b) *Ausschluß* nach S 2. Ebenso § 273 II. Nur vorsätzl unerl Hdlg des Besitzers. Verbotene Eigenm (BGH WPM **71**, 1268) od strafb Hdlg genügen nicht, wenn nicht vorsätzl. Bei beiderseitiger Gesetzesverletzg soll nach RG JW **25**, 2233 das ZurückbehaltgsR entspr § 817 S 2 bestehen bleiben; vgl aber unten c.

Eigentum. 4. Titel: Ansprüche aus dem Eigentum §§ 1000–1002

c) **Ausschluß aus sonstigen Gründen**: Bei vertragl od Sonderbestimmg, zB § 556 II. Bei geringfügigen Verwendgen (RG JW **28**, 2438). Wenn die zu erstattenden Nutzgen die Verwendgen erhebl übersteigen (BGH JR **52**, 473). Wenn öff Interessen entgggstehen, insb wenn durch die Zurückhaltg die sachgemäße Bewirtschaftg landw Grdst gefährdet ist (Breslau HRR **40**, 77, das aber wohl zu weit verallgemeinert). Öffentl Interessen werden aber idR bei Verstoß gg GrdstVG die Zurückhaltg ausschließen, zumal auch das Belassen u Behalten des Besitzes nach Versagg der Gen (od deren Nichtnachsuchg) die ZwGeldFestsetzg rechtfertigen kann (GrdstVG 24).

3) Im **Konkurs** des Eigtümers hat Besitzer ein beschränktes AbsondersgR, KO 49 Nr 3. Nur an Fahrnis; es gilt § 127 II. – Bei der **Zwangsvollstreckung** in bewegl Sachen hat Besitzer die Rechte aus ZPO 771, 809. – Bei der **Zwangsversteigerung** von Grdst hat Besitzer kein WidersprR (Saarbr OLGZ **84**, 126). VerwendgsBerecht nicht Beteiligter (wenn er nicht beitritt, ZVG 27, 10 I Nr 5). Der Ersteher haftet für Verwendgen vor dem Zuschlag nicht, ZVG 93 II; kein Wertersatz. Verwendgen nach dem Zuschlag sind nach ZPO 767 geltd zu machen, nach hM (str) auch nach ZPO 732.

1001 **Klage auf Verwendungsersatz.** Der Besitzer kann den Anspruch auf den Ersatz der Verwendungen nur geltend machen, wenn der Eigentümer die Sache wiedererlangt oder die Verwendungen genehmigt. Bis zur Genehmigung der Verwendungen kann sich der Eigentümer von dem Ansprüche dadurch befreien, daß er die wiedererlangte Sache zurückgibt. Die Genehmigung gilt als erteilt, wenn der Eigentümer die ihm von dem Besitzer unter Vorbehalt des Anspruchs angebotene Sache annimmt.

1) Allgemeines. Der selbständige **einklagbare** VerwendgsAnspr ist aufschieb bdgt dch die **Genehmigung oder die Wiedererlangung durch den Eigentümer** (RGRK/Pikart Rdn 1; Soergel/Mühl Rdn 1; Staud/Gursky Rdn 1; aA MüKo/Medicus Rdn 17 [nicht fäll]; Heck § 70, 10 [unklagb]), u zwar den wirkl, nicht den, den der Besitzer dafür ansieht (RG **142**, 419, aM Wolff-Raiser § 86 zu Anm 27). Vorher ist der Besitzer auf die §§ 1000, 1003 beschränkt. Vorher keine Aufrechng, aber auch keine Verjährg. Gerichtsstand ZPO 26. AusschlFrist: § 1002.

2) Wiedererlangung. Erwerb des Besitzes durch den Eigtümer aGrd seines Eigt, u zwar entweder durch Heraus seitens des Verwenders (§ 1002) od auf andere Art (vgl Hoche NJW **57**, 468; Hassinger NJW **57**, 1268). Verwender muß Besitz verlieren, Eigtümer idR unmittelb Besitz erlangen. Heraus an den BesMittler des Eigtümers wird nur genügen, wenn BesMittler berechtigt, für den Eigtümer die Entscheidgen des § 1001 (Gen, Rückgabe) zu treffen (Hamm MDR **56**, 100, Köln NJW **57**, 224), insb bei Heraus an Beauftragten (Dresden HRR **36**, 875); BGH **87**, 274 läßt allerd Heraus an BesMittler allg genügen. Darüber, ob aber zB Werkunternehmer, der auf Bestellg des VorbehKäufers od SichgGebersSache repariert hat, VerwendgsAnspr gg den Eigtümer hat, vgl Anm 1 vor § 994. Frist des § 1002 kann bei Heraus an BesMittler erst beginnen, wenn Verwender von BesMittlgsVerh u Pers des Eigtümers Kenntnis erlangt hat (Rogge und Klüpfel NJW **56**, 226 u 1626). – ZwVerst durch Dritten steht der Wiedererlangg gleich, weil die Sache dann auch im Interesse des früh Eigtümers, dem der Erlös zusteht, verwertet wird. – Der Wiedererlangg des Grdst steht die des grundbuchmäßigen EigtRechtes gleich, vgl § 1000 Anm 1.

3) Genehmigung der Verwendgen überh, nicht notw des beanspruchten Betrages. Ausdrückl od stillschw, zB durch Aufrechng. Annahme trotz berechtigten Vorbehalts gilt, sofern nicht beiderseit Wille entgggsteht (BGH NJW **55**, 341), als Gen (S 2) od richtiger, da Widerspr nutzlos ist, als GenErsatz (BGH NJW **59**, 528), der keinen Anspr auf VerwendgsErs gibt, sond nur Voraussetzg für dessen Geltmachg ist u AusschlFrist (§ 1002) verhindert. Ob in der Annahme trotz unberechtigten Vorbehalts Gen liegt, ist Ausleggssache.

4) Befreiung des wieder im Besitz befindl Eigtümers (S 2), also Erlöschen des ErsAnspr:

a) Durch Rückgabe des Besitzes. Auch noch nach zwischenzeitl eingetretener Verschlechterg. An den unmittelb Besitzer, wenn sowohl dieser wie der mittelb Anspr stellen. Der Verwender wird nicht ohne weiteres Eigtümer; er muß nach § 1003 vorgehen. Zwischenzeitl vom Verwender erklärte Aufrechng wird hinfällig; daraus ergibt sich, daß das „Geltendmachen" nicht nur die proz Klagbark betrifft. Entspr Befreiung bei AnnVerzug des Besitzers (nach aM Hinterlegg nötig). Untergang der Sache, auch zufälliger (str), verhindert Befreiung. Entspr Anwendg bei aufgedrängter Bereicherg (vgl § 951 Anm 2c dd; BGH **23**, 61).

b) Nur bis zur Genehmigg. Mit dieser besteht der Anspr unbedingt. Daß ein früherer Eigtümer genehmigt hat, hindert die Rückg durch den jetzigen nicht; vgl § 999 Anm 2.

1002 **Erlöschen des Verwendungsanspruchs.** ⁱ Gibt der Besitzer die Sache dem Eigentümer heraus, so erlischt der Anspruch auf den Ersatz der Verwendungen mit dem Ablauf eines Monats, bei einem Grundstücke mit dem Ablaufe von sechs Monaten nach der Herausgabe, wenn nicht vorher die gerichtliche Geltendmachung erfolgt oder der Eigentümer die Verwendungen genehmigt.

ᴵᴵ Auf diese Fristen finden die für die Verjährung geltenden Vorschriften der §§ 203, 206, 207 entsprechende Anwendung.

1) Die **Ausschlußfrist** besteht nur bei vorbehaltsloser (vgl § 1001 S 3), freiwilliger Herausg durch den Besitzer an den wahren (§ 1001 Anm 1) Eigtümer od dessen BesMittler (§ 1001 Anm 2); kein Wiederaufleben nach erneuter BesErlangg (BGH **87**, 274). Sonst gilt § 195. Geltdmachg entspr § 209; nicht dch die Einrede aus § 1000 (RG Gruch **66**, 483). Genehmigg § 1001 Anm 3. Fristberechng: §§ 187 I, 188 II, III.

§§ 1003, 1004   3. Buch. 3. Abschnitt. *Bassenge*

1003 *Befriedigungsrecht des Besitzers.* ¹ Der Besitzer kann den Eigentümer unter Angabe des als Ersatz verlangten Betrags auffordern, sich innerhalb einer von ihm bestimmten angemessenen Frist darüber zu erklären, ob er die Verwendungen genehmige. Nach dem Ablaufe der Frist ist der Besitzer berechtigt, Befriedigung aus der Sache nach den Vorschriften über den Pfandverkauf, bei einem Grundstücke nach den Vorschriften über die Zwangsvollstreckung in das unbewegliche Vermögen zu suchen, wenn nicht die Genehmigung rechtzeitig erfolgt.

II Bestreitet der Eigentümer den Anspruch vor dem Ablaufe der Frist, so kann sich der Besitzer aus der Sache erst dann befriedigen, wenn er nach rechtskräftiger Feststellung des Betrags der Verwendungen den Eigentümer unter Bestimmung einer angemessen Frist zur Erklärung aufgefordert hat und die Frist verstrichen ist; das Recht auf Befriedigung aus der Sache ist ausgeschlossen, wenn die Genehmigung rechtzeitig erfolgt.

1) Allgemeines. Solange der Eigtümer die Sache nicht zurücknimmt od- erhält u solange er die Verwendgen nicht genehmigt (§ 1001), kann der Besitzer nur die Befriedigg aus der Sache erzwingen. Umständl Verf; Vereinfachg durch Klagenverbindg (Anm 3c)! Zweckmäßig wird der Besitzer ferner den Eigtümer in AnnVerzug setzen (§ 298), um sich die Vorteile der §§ 300 I, 302, 304 zu sichern. Über Parteivereinbarg vgl BGH NJW **55**, 341, dort auch über VerwendgsAnspr des Fiskus bei Wrack in Bundeswasserstraße (vgl auch Vorbem 1 vor § 987).

2) Erklärungsfrist (I 1). Zu kurze Frist setzt eine angemessene in Lauf. Fristsetzg entbehrl bei ernstl Bestreiten nach Grd od Höhe; dann sofort Verf nach Anm 3c (RG **137**, 99).

3) Die Folgen des Fristablaufs sind je nach dem Verhalten des Eigtümers verschieden.

a) Genehmigung innerhalb der Frist: KlageR nach § 1001.

b) Fristablauf ohne Genehmigg u ohne Bestreiten (I 2): Bei Fahrnis Verf nach §§ 1234 bis 1247. Bei Grdst: Klage auf Duldg der ZwVollstr in das Grdst. ZPO 704 I; ZVG 16, 146; der Besitzer hat die Setzg einer angemessenen Frist zu beweisen; der Eigtümer, daß er rechtzeitig genehmigt od bestritten hat. Danach ZwVerst od ZwVerw; Befriedigg aus Rangklasse 5, ZVG 10 I Nr. 5. Aber keine Eintr einer SichergsHyp, str. Bei registrierten Schiffen: ZPO 870a; ZVG 162ff. Deckt der Erlös die Verwendgen nicht, hat Besitzer gg Eigtümer keinen Anspr. Auch nicht, wenn dieser die Sache ersteht, weil er dann nicht aGrd seines Eigt wiedererlangt (RGRK/Pikart Rdn 4).

c) Bestreiten nach Grd od Höhe innerhalb der Frist, **(II):** Feststellgsklage. Danach neue ErklFrist. Je nach Ablauf Verf nach Anm 3a oder 3b. Verbindg der Klagen auf Feststellg, Fristsetzg u Duldg entspr ZPO 255, 259 zul u zweckm (RG **137**, 101).

1004 *Beseitigungs- und Unterlassungsanspruch.* ¹ Wird das Eigentum in anderer Weise als durch Entziehung oder Vorenthaltung des Besitzes beeinträchtigt, so kann der Eigentümer von dem Störer die Beseitigung der Beeinträchtigung verlangen. Sind weitere Beeinträchtigungen zu besorgen, so kann der Eigentümer auf Unterlassung klagen.

II Der Anspruch ist ausgeschlossen, wenn der Eigentümer zur Duldung verpflichtet ist.

Schrifttum: Picker, Der negator BeseitiggsAnspr, 1972. – Mertens, Zum Inh des BeseitiggsAnspr aus § 1004, NJW **72**, 1783. – Herrmann, Der Störer nach § 1004 BGB, 1987.

1) Allgemeines. a) Stellung im System. § 1004 ergänzt den dch §§ 985, 1005 gewährten Schutz des Eigt u sichert es gg Beeinträchtiggen, die nicht BesEntziehg sind; SchutzG iSv § 823 II (BGH NJW **88**, 1778). Er erstrebt die Herstellg des dem Inhalt des verletzten Rechts entspr Zustandes u die Wiederaufhebg der entstandenen RBeeinträchtigg. §§ 249, 251 hier nicht anwendb (vgl Anm 5a aa). Doch kann sich Anspr aus § 1004 auf Beseitigg fortdauernder Beeinträchtigg inhaltl mit Naturalrestitution des § 249 decken. Eingehd zum AbwAnspr neuerd Picker aaO: die hL vermenge unzul das TatbestdMerkmal „Beeinträchtigg" (§ 1004) mit dem der Schadenszufügg (§ 823). Er will dah insb (S 50ff) die Fälle der fortwirkden Beeinträchtigg aus dem Geltgsbereich des § 1004 ausscheiden, womit auch die Herleitg des WiderrufsAnspr (Anm 5b) aus § 1004 bezweifelt wird. Dies schränkt den Begr der Beeinträchtigg u eine interessegerechte Anwendg des § 1004 auf die Fälle fortdauernder Störg allzusehr ein.

b) Geltungsbereich. – aa) § 1004 schützt unmittelb nur das **Eigentum**. Entspr Anwendg auf **beschränkte Sachenrechte** zu deren Schutz: § 1017 II. ErbbRVO 11 I; §§ 1027, 1065, 1090 II; 1227; WEG 34 II; PachtkreditG 8. – **bb)** Ähnl RSchutz zG anderer **absoluter Rechte:** §§ 12, 1053, 1134, 1192 I; HGB 37 II 1; UWG 16 I; WZG 24, 25; PatG 6, 47; GebrMG 15; UrhG 11, 97 (dazu § 687 Anm 2c); GeschmMG 1. In entspr Anwendg des RGedankens dieser Vorschr stellte die Rspr alle absoluten Rechte unter den Schutz dieses AbwehrAnspr. Daher sind entspr § 1004 insb geschützt: Leben, Gesundh, Freih, allg PersönlichkR (§ 823 Anm 14), Recht am eigenen Bild (KUG 22; vgl BGH NJW **71**, 698), Ehre (Einf 8 b aa vor § 823), eheliche LebensGemsch (Einf 1c vor § 1353), eingerichteter u ausgeübter GewerbeBetr (§ 823 Anm 5 G), Jagd- u JagdausübgsR (Nürnb RdL **85**, 315), FischereiR (BGH **LM** § 906 Nr 43), SondernutzgsR am Meeresstrand (BGH **44**, 32), GemeinGebr. – **cc)** Schließlich stellte die Rspr auch bloße **Rechtsgüter** u **rechtlich geschützte Interessen** unter den Schutz dieses AbwehrAnspr. Daher sind entspr § 1004 insb geschützt: alle deliktisch geschützten RGüter (§§ 823 II iVm SchutzG [BGH **LM** Nr 132], 824, 826), Erwerb u Fortkommen (RG **140**, 402; Köln NJW **72**, 293), Freih der Willensbetätigg (BGH **LM** § 812 Nr 6). – **dd)** Bei aa spricht man allg von **negatorischen** Anspr. Bei bb und cc ist die Bezeichng unterschiedl: teils spricht man bei den SonderVorschr in bb von **quasinegatorischen** Anspr u ii von **deliktischen** Anspr (zB MüKo/Medicus Rdn 10), teils ho bb von negatorischen u bei cc von quasinegatorischen Anspr (zB Baur JZ **66**, 381) u teils bb u cc von quasinegatorischen Anspr (zB RGRK/Pikart Rdn 7, 137).

Eigentum. 4. Titel: Ansprüche aus dem Eigentum § 1004 1, 2

c) **Konkurrenzen.** – § 985 bei TeilBesEntziehg (RG **160**, 166; BGH **LM** Nr 14) u § 862 (BGH **44**, 27) neben § 1004 mögl. – § 894 geht als SonderVorschr § 1004 vor (BGH **5**, 76). Dies gilt trotz § 897 auch bei Vormkg u Widerspr. – § 910 (BGH **97**, 231) u **BFernStrG 11 II 2** sowie entspr LandesR (BGH **LM** Nr 156) schließen § 1004 nicht aus. – §§ 823, 249 bei Verschuld neben § 1004 mögl. – **FAG 23** schließt §§ 1004, 862 aus (LG Kstz MDR **83**, 316). – **ZPO 767, 771** verdrängen § 1004 (Henckel AcP **174**, 109).

2) Voraussetzungen des Abwehranspruchs.

a) **Beeinträchtigung des Eigentums** außer dch BesEntziehg (dann § 985) od eines and SchutzGgst (Anm 1b) insb dch Einwirken iSv § 903 Anm 2b.

aa) Hauptanwendungsbereich bei Grundstücken: Betreten dch Menschen (über Hausverbote vgl BGH NJW **80**, 700 u Nürnb BB **82**, 1505 [unzul für Testkäufer/beobachter], LG Münst NJW **78**, 1329 [unzul für Reporter bei Sportveranstaltg]) od Haustiere (AG Pass NJW **83**, 2885; zweifelh LG Augsbg NJW **85**, 499); ZugangsBehinderg (Karlsr NJW **78**, 274); Immissionen (§ 906); Anlagen (§ 907); Vertiefg u Untergrabg (§ 909); Überwuchs (§ 910); Überbau (§ 912); Einsickern auslaufden Heizöls (Baur JZ **64**, 355; BayVGH NJW **67**, 1146); Fotografieren außerh UrhG 59 sowie gewerbl Verbreitg der Fotos (BGH NJW **75**, 778 Anm Schmieder NJW **75**, 1164; vgl auch Ruhwedel JuS **75**, 242; Pfister JZ **76**, 345; nicht aber iRv UrhG 59 (BGH JZ NJW **89**, 2251; Brem NJW **87**, 1420); untersagte Briefkastenwerbg (BGH NJW **89**, 902). Auch Bauten, die nach § 946 Eigt des Gestörten werden (Celle MDR **54**, 294); daß dieser bereichert, schließt § 1004 nicht aus (vgl dazu auch BGH **40**, 18, 22), doch soll nach Baur AcP **160**, 493 der redl Eigenbesitzer nicht aus § 1004 auf Beseitigg des Bauwerks belangt werden können; vgl aber § 951 Anm 2c dd. – Droht dem Bauherrn Beeinträchtigg dch vom Bauunternehmer errichtetes Bauwerk, soll der Bauherr nach Stgt NJW **67**, 572 auch nach Verjährg der GewährleistggsAnspr Beseitigg aus § 1004 verlangen können; anders wohl BGH **39**, 366, weil Bauwerk nur so in Beeinträchtigt schon ins Eigt des Bauherrn gelangte, ein Ergbn das dem Vorrang der SachmängelgewährAnspr entspricht. – Rechtsanmaßung des Störers nicht notwend, doch kann solche selbst schon Beeinträchtigg sein; vgl unten Anm 9d. Störg kann auch die RStellg des Eigtümers (also nicht nur Besitz u Sachsubstanz) berühren, also in rechtsgeschäftl Vfg bestehen (Erm/ Hefermehl Rdn 8; Soergel/Mühl Rdn 6). – **Keine Eigentumsbeeinträchtigung** dch Behinderg des Blicks auf ein Grdst (Pleyer in abl Anm zu Köln JZ **63**, 94). Über negat u immaterielle (ideelle) Einwirkgen vom NachbGrdst vgl § 903 Anm 2c aa, bb.

bb) Tatbestd des § 1004 ist nicht erfüllt, wenn Beeinträchtigg ausschl auf **Naturkräfte** zurückgeht wie zB abgeschwemmtes Erdreich, abbröckelndes Gestein, Unkrautsamenflug (Karlsr RdL **72**, 8; LG Stgt MDR **65**, 990; aA Schmid NJW **88**, 29). Lösen also allein Naturkräfte die Störg aus, die von dem Grdst ausgeht, ist dessen Eigtümer nicht schon als solcher aus § 1004 verpflichtet, sond nur, wenn er od sein VorEigtümer sie dch eigene Hdlgen od pflichtwidr Unterlassen (mit-)verursacht hat (BGH NJW **85**, 1773); zB Erdabschwemmg wird dch künstl Hangabschrägg erleichtert; Verstärkg des Regenwasserablaufs dch Bodenveränderg (Kblz MDR **75**, 403); Beseitigg eines regulierden Weihers (Nürnbg RdL **70**, 220); anlockds Füttern von Tauben (LG Bln MDR **66**, 146) od Katzen (Schlesw NJW-RR **88**, 1360; Köln NJW-RR **89**, 205), die NachbHaus verschmutzen; Froschquaken in künstl Teich (Schlesw NJW-RR **86**, 884); Blätter-/Samenflug (Karlsr NJW **83**, 2886) od Wurzeln (BGH NJW **89**, 1032) von Anpflanzgen; Halten steinfr Haustiere (AG Pass NJW **83**, 2885; zweifelh LG Augsbg NJW **85**, 499); Dachlawine (LG Schweinf NJW-RR **86**, 1143); nicht aber Auswirkgen notw Bodenbearbeitg bei landwirtsch Grdst (BGH NJW **84**, 2207) od von Schwalbennestern an Hauswand (AG Kreuzn NJW-RR **86**, 98). Anders die Vertreter der Eigentumstheorie (vgl Pleyer AcP **156**, 291; JZ **59**, 308; Kübler AcP **159**, 276 ff): Der Eigentümer einer Sache aus, soll hiernach dem Eigtümer allein aGrd seines Eigt Störer u demnach aus § 1004 verpflichtet sein. Die hL lehnt diese – auch aus GG 14 II 1 hergeleitete – Garantiestellg ab (Baur AcP **160**, 480; Westermann § 36 II 2; Erm/Hefermehl Rdn 14). Ihr StörerBegr ist enger (s Anm 4). – Doch kann sich aus dem nachbarl GemschVerh die Pflicht des Eigtümers ergeben, die Beeinträchtigg zu verhindern, zu beseitigen od wertm auszugleichen (vgl § 903 Anm 3a bb; vgl auch BGH NJW **89**, 2541). Baur (AcP **160**, 480) gibt in solchen Fällen dem Gestörten Anspr wenigstens darauf, daß der Eigtümer des stören Grdst die Beseitigg des stören Zustands dulde; dem ist zuzustimmen.

cc) Nachkriegsproblem: Einwirkg (Trümmer, Feuchtigk) von **Trümmergrundstück** auf NachbGrdst. Rspr verneinte überw Störereigensch des TrümmerEigtümers u dessen RPflicht zur Beseitigg aus § 1004 (Ffm OLGZ **82**, 352); vgl Kübler AcP **159**, 281 ff mwN.

dd) Beeintr muß dch Handlg od Unterlassg des Störers adäquat (vgl Pleyer AcP **156**, 294 Fußn 10) (mit-)**verursacht** sein (RG **127**, 34). Höhere Gewalt allein genügt nicht (vgl BGH **19**, 126/9). Einwand mitwirkder Verursachg zul, zB bei bes Anfälligk des betroffenen Bauwerks (BGH WPM **64**, 1102).

ee) Rechtswidrig muß der dem Inhalt des Eigt (§ 903) widersprechde Zustand sein, nicht die EingrHdlg (BGH NJW **76**, 416; Baur AcP **160**, 465; zT abw Lutter/Overrath JZ **68**, 345). Die RWidrigk wird idR dch die EigtVerletzg indiziert (BGH WPM **71**, 278). Zur Rechtfertigg der Beeinträchtigg vgl Anm 7.

ff) Verschulden ist nicht Voraussetzg für § 1004, führt aber uU zu SchadErsPflicht, auch aus § 823 II, da § 1004 SchutzG (vgl BGH **30**, 7; NJW **71**, 426). Auch nicht Bewußtsein der RWidrigk ist erforderl.

b) Regelmäßig muß ein **Eingriff stattgefunden** haben. Bei bloßer Besorgn künftiger Beeinträchtigg im allg nur Feststellgsklage, ZPO 256. Androhg od Vorbereitg einer RVerletzg können aber schon eine Beeinträchtigg darstellen; so bei sicher bevorstehenden Störgen (zB dch Errichtg von Anlagen iSv § 907, BGH **51**, 196, 399) od ernsthafter Gefahr (BGH WPM **64**, 798; KG OLGZ **77**, 494 [umsturzgefährdeter Baum]; BayObLG NJW-RR **87**, 1040). Vgl auch Anm 6c.

c) Die **Beeinträchtigung muß fortdauern.** Geht sie von einer Anlage aus, dauert sie fort, solange Wiederholgsgefahr besteht. Insoweit gilt die Voraussetzg von I 2 auch für den BeseitiggsAnspr. Vgl. Einf 9b vor § 823.

1153

§ 1004 3, 4   3. Buch. 3. Abschnitt. *Bassenge*

3) Anspruchsberechtigt sind: **a)** Der **Eigentümer** bzw wem das beeinträchtigte Recht (RGut) zugeordnet ist. Auch eine jur Pers des öffR zB als Eigtümerin einer dem öffentl Gebr dienden Sache (BGH **33**, 230; **49**, 68) od als Ehrverletzte (BGH NJW **83**, 1183); bei Beleidigg eines Beamten aber nur dieser selbst (BGH aaO). Das gemeine Eigt am Meeresstrand gibt keinen bürgerlr AbwehrAnspr aus §§ 1004, 903 (BGH **44**, 27, 31); – Jeder MitEigentümer für die ganze Sache, § 1011, auch wenn er nicht in deren Besitz. Für MitEigentümer vgl. § 1011 Anm 1. – Zur Sachbefugn eines Eheg bei ideeller Beeinträchtigg des and BGH NJW **70**, 1599 (keine „Familienehre"). Nach RG **137**, 266 bei herrenlosen Grdst der AneigngsBerecht; aM Westermann § 26 I 1 b. – Nicht der Imker, dessen Bienen bei Flug auf fremdes Grdst dch vergiftete Pflanzen (Industrieabgase, Spritzmittel) Schaden leiden (BGH **16**, 366; RG **159**, 72) – vgl. auch § 906 Anm 2 a, 5 a.

b) Rechtsnachfolger: Wird die beeinträchtigte Sache nach RHängigk veräußert: ZPO 265, 266 (BGH **18**, 223). Bei Veräußerg vor RHängigk hat bei Fortdauer der Störg nur der neue Eigtümer Anspr aus § 1004 (BGH aaO; vgl Hoche NJW **64**, 2420); er ist ident mit dem des Veräußerers (BGH **98**, 235).

c) Der Anspr aus § 1004 ist **nicht selbständig abtretbar;** zulässig aber Ermächtigg eines Dritten zur Geltdmachg im eigenen Namen (Zweibr NJW **81**, 129; vgl § 985 Anm 2a).

4) Passivlegitimiert ist der **Störer.** Seine Bestimmg ist verschieden, je nachdem die Beeinträchtigg des Eigt Folge menschl Handlg od des störden Zustands einer Sache ist (vgl Anm 2a). Störer daher jedenf der, auf dessen Willensbetätigg die Beeinträchtigg unmittelb od adäquat mittelb (BGH **28**, 110/11) zurückzuführen ist (BGH **19**, 126/9); also nicht nur, wer den störden Zustand (mit-)geschaffen hat, sond auch, wer dch seinen maßgebenden Willen den, einem RVorgänger (BGH WPM **68**, 750) geschaffenen Zustand aufrechterhält (RG **159**, 136; BGH **29**, 314/7; **LM** § 1004 Nr 14; Ffm OLZG **82**, 352), wobei die Störereigensch mit der Handlgsfähigk verloren geht (BGH **40**, 18, 21). – Nicht also schlechthin der Eigtümer als solcher (BGH **28**, 110/12), sond zB auch der VorbehKäufer als Inhaber des AnwR, der PfdGläub (vgl Picker aaO S 141ff); und vor allem die Vertreter der EigentTheorie (vgl dazu oben Anm 2a bb). Anspr richtet sich auch nicht gg Begünstigten als solchen, also zB nicht gg den Staat, sond gg die beim Straßenbau tät Firma (BGH MDR **68**, 912); Störer kann auch ein MitEigtümer sein (Düss OLZG **78**, 349).

a) Im Fall der **Handlungshaftung** ist Störer jedenf immer der Einwirkde selbst. Bei gewerbl Anlagen neben dem Inh auch der, in dessen Interesse u mit dessen Mitteln die Anlage errichtet ist u aufrechterhalten wird (RG **155**, 319). Selbst Untern eines störden Betr auch Störer, wenn er Dritten (zB GrdstEigtümer) ggü zum Betr verpflichtet (BGH NJW **83**, 751). ArbN, der bei Arbeitsausführung stört, ist nicht Störer, wenn er weisgsgebunden (vgl BGH aaO); and aber, wenn er noch selbstd u eigenverantwortl handeln kann (BGH Betr **79**, 544) od nur bei Gelegenh u nicht iR der Arbeit stört (Pleyer AcP **161**, 500). – **Störer (mittelbarer)** ist auch, wer die störde Einwirkg Dritter adäquat ursächl veranlaßt hat u sie verhindern kann (BGH NJW **82**, 440; Düss NJW **86**, 2512 über Elt bei Stör dch Kinder); Veranlasser muß beweisen, daß er alle zumutb AbstellgsMaßn versucht hat (BGH NJW **82**, 440; Kblz NJW-RR **88**, 142). Beispiele: ZeitgsVerleger bzgl Störg in Zeitg (BGH NJW **86**, 2503) od Beilage (BGH **3**, 275); BusUntern bzgl Störg dch Fahrgäste (BGH **LM** Nr 51; LG Esn MDR **88**, 864); Bauherr bzgl Störg dch BauUntern (BGH NJW **62**, 1342); Clubhausbesitzer bzgl Besucherlärm auf der Straße (BGH NJW **63**, 2020; LG Aach NJW-RR **86**, 818); BRep bzgl Störg dch Nato-Streitkräfte (BGH **49**, 340); FlughafenUntern für Boden- sowie Start-/Landelärm (BGH **59**, 378; **69**, 105 u 118); BetrInh bzgl Störg dch Kunden u Lieferanten (BGH NJW **82**, 440; Kblz NJW-RR **88**, 142) od SubUntern (Saarbr NJW-RR **87**, 500); Tennisplatzbetreiber bzgl Spiellärm (BGH NJW **83**, 751); werbdes Untern u WerbgsVerteiler (BGH NJW **89**, 902); Vermieter bzgl Störg dch Mieter (Anm 4 d). Vorausgesetzt ist eine gewisse Sachbeherrsch, wie sie zB der SichEigtümer vor Erlangg des unmittelb Bes nicht hat (BGH **41**, 393). Daher nicht BPost bzgl Lärm der Telefonzellenbenutzer (BaWüVGH DVBl **84**, 881). – Bei **Ehrverletzung durch Beamte** idR nur die öffR Körpersch (BGH **34**, 99; vgl aber OVG Kblz NJW **87**, 1660); dch **Rechtsanwalt** idR nur der Mandant, and wenn zumutb Prüfg unterlassen od Erkl eigenmächt abgegeben (Walchshöfer MDR **75**, 11 mwN). Zur Störereigensch von **Rundfunk/Fernsehen (Presse)** bei Verbreitg von Äußergen Dr vgl BGH **66**, 182; NJW **77**, 1288, von Redakteuren vgl Köln NJW **87**, 1418.

b) Zustandshaftung: Störer ist auch (oder allein), wer eine störende Anlage hält, wenn von seinem Willen die Beseitigg abhängt (BGH **LM** Nr 14); jedenf dann, wenn er die störden Umst kennt (BGH NJW **66**, 1361). So BRep als Eigtümerin der Autobahnen, wenn sie störenden Zustand nicht beseitigt (BGH **29**, 317); Landkreis, der Abdeckerei finanziert (RG **155**, 316); der Eigtümer eines Steinbruchs, dessen Ausbeute einem anderen vertragl eingeräumt (RG DR **41**, 1785: beide sind Störer).

c) Bei einer **Mehrheit von Störern** besteht der Anspr gg jeden unabhäng vom Tatbeitrag, nur der AnsprInhalt richtet sich nach dem konkr Tatbeitrag (BGH NJW **76**, 799); zB Hersteller u Importeur von Zeitgen mit störden TatsBehauptgen (BGH aaO), Eigtümer u Benutzer störder Anlagen (RG **162**, 358; Warn **17**, 245); vgl auch BGH **14**, 174 (Haftg des Verlegers für Beilagen zu Druckschrift). Häuf sind mittelb u unmittelb Störer gemeins legitimiert, sow sie zur Beseitigg der Störg imstande sind (BGH **49**, 340); bei Ausführg eines Baus dch Mehrere vgl BGH NJW **71**, 935.

d) Vermieter/Mieter. Stört der Mieter, kann neben ihm der Vermieter in Anspr genommen werden, wenn er dem Mieter die störde Benutzg ausdrückl od stillschw gestattet hat u nicht ausgeschlossen werden kann, daß er die Störg beseitigen kann, was er beweisen muß (vgl BGH NJW **67**, 246; **LM** Nr 14; BayObLG NJW-RR **87**, 463; Celle NJW **88**, 424; LG Ffm NJW-RR **86**, 817; LG Aach NJW-RR **86**, 818). – Aber auch wenn Vermieter das störde Verhalten des Mieters verboten, also zunächst willentl keine adäquate Ursache für die Beeinträchtigg gesetzt hat, wird er zum Störer, wenn er das Verhalten des Mieters „in ungehöriger Weise duldet" (RG **45**, 298 u stRspr), idh wenn er es unterläßt, die Beeinträchtigg zu verhindern: doch Tathandlgen od rechtl Maßnahmen gg den Mieter, die dch Störg der Nachbarn regelm den MietVertr verletzen w. Einzelheiten, auch zu den Fällen samtverbindl Haftg von Verm u Mieter vgl Lutter/Overrath JZ **68**, 345.

Eigentum. 4. Titel: Ansprüche aus dem Eigentum § 1004 4–6

e) Bei einer **Rechtsnachfolge** auf seiten des Störers (vgl dazu Brehm JZ **72**, 225) erlischt der Anspr aus § 1004, wenn die Beeinträchtigung aufhört. Besteht sie fort od besteht wenigstens Wiederholgsgefahr, richtet sich der Anspr gg den bish Störer nur, wenn dieser über die störde Sache verfüggsberecht bleibt, zB wenn der Nießbraucher Eigtümer wird u das Grdst einem anderen vermietet. Sonst richtet er sich nur gg den RNachfolger, der den Zustand bestehen läßt, obwohl er ihn beseitigen könnte u müßte, da der von „Menschenhand geschaffene" Zustand „potentielle Störgsquelle" ist (so Baur AcP **160**, 479; Kübler AcP **159**, 276ff wg GG 14 II); vgl BGH **29**, 314, 317; NJW **68**, 1327. Anders bei Anspr auf SchadErs. Ob ZPO 265, 266 bei RNachf auf der Störerseite anwendb, ist str; nein: bei persönl Anspr; ja, wenn sich Beeinträchtigg, wie im NachbR od dch Errichtg u Aufrechterhaltg eines Bauwerks gewissermaßen „verdinglicht" hat (vgl BGH **28**, 253/6; Heinze, RNachf in Unterlassen, 1974 S 251 ff).

5) Beseitigungsanspruch zur Abwehr ggwärt Beeinträchtigg.

a) Beseitigg der Beeinträchtigg ist Abstellg der Einwirkg für die Zukunft, nicht Herstellg des früh Zustandes durch Beseitigg der Folgen der Einwirkg. Die Beseitigg der Beeinträchtigg ist zu unterscheiden von den Ersatz des Schadens; dieser kann nicht nach § 1004, nur nach §§ 823ff bei Versch verlangt werden (BGH **28**, 113); Abgrenzg mitunter schwierig in Rspr u Schrifft nicht einheitl (vgl Baur AcP **160**, 487). Richtig BayObLG SeuffA **38**, 106: bei Dammbruch nach § 1004 nur Beseitigg der Dammlücke, nicht Ersatz des Überschwemmungsschadens; and Stgt OLG **41**, 162 (Wasserleitgsbruch, Wegschwemmen der Humusschicht); lehrreich BGH **49**, 340: Beseitigg von im Übermaß angeschwemmten Sand, der dch Panzerübg auf Truppenübgsplatz abgelöst; RG **63**, 379: kein Ersatz für Explosionsschaden bei unverschuldetem Gasrohrbruch. Dagg gibt RG **127**, 35, wenn Haldenbrand auf Bahndamm übergreift, freilich Anspr aus § 1004 nicht nur auf Eindämmg des Feuers, sond auch auf Beseitigg der schon erfolgten Zerstörg, was aber wohl nur als SchadErs mögl wäre (str), BeseitiggsPfl entfällt nicht schon desh, weil sich stördes Material mit GrdEigt verbunden hat (BGH **40**, 18). – **aa) Beseitigung der Beeinträchtigung;** § 249 S 2, § 251 I nicht anwendb. Ist völlige Beseitigg nicht sofort mögl, kann Herabminderg der Störg in zumutb Weise verlangt w, vgl BGH **LM** Nr 70 (Kennzeichng eines Wracks). Störer kann uU in Geld entschädigen, wenn ihm Naturalbeseitigg nicht zumutb (§§ 242, 251 II; vgl Anm 8c). § 254 anwendb (§ Anm 7c cc). – **bb)** BeseitiggsPfl auch dann, wenn zB Beseitigg einer Anlage aus techn Gründen über die Behebg der Störg als solche hinausgeht (BGH **18**, 266). Nach BGH **LM** Nr 14 u hM auch dann, wenn Kosten der Beseitigg unverhältnism hoch; jedoch wird hier uU mit § 242 zu helfen sein (ArglEinwand). Anspr entfällt aber, wenn Beseitigg fakt unmögl od wirtschaftl undurchführb; hier hilft § 242 zur Anpassg, notf sogar zum Wegfall des Anspr. – **cc)** Die **Kosten der Beseitigung** trägt der Störer; dies gilt auch, wenn sein RVorgänger (der dem Eigtümer nur noch aus §§ 823ff haften kann) die Beeinträchtigg verursacht hat. Beseitigt der Eigtümer selbst, so haftet der Störer nach §§ 812ff (BGH **97**, 231; Düss NJW **80**, 2648) sowie u uU nach § 683 (BGH **60**, 235; NJW **68**, 1327); so auch bei ErsVornahme dch Dritte. – **dd) Klageantrag u Urteil** müssen lauten auf Vornahme geeigneter Maßn, dch die für das Grdst des Klägers wesentl Beeinträchtiggen (sofern Umfang der zu unterlassden Störg nicht näher bestimmb) dch Einwirkgen best Art verhindert werden (BGH **LM** § 906 Nr 5; ZMR **83**, 301); die Wahl der Maßn obliegt dann dem Bekl u ist vom Kläger erst in der ZwVollstr nach ZPO 887 zu treffen (nach Düss OLGZ **88**, 83 Vollstr nach ZPO 888). Verurteilg zu best Maßn aber, wenn nur sie Beseitigg gewährleistet (BGH NJW **83**, 751; Celle NJW **88**, 424). Erst in ZwVollstr notw behördl Gen zu prüfen (BGH **28**, 159). Einstw Vfg kann schon konkrete Maßn anordnen (Köln NJW **53**, 1592; str). Für präzisen KlageAntr u UrtSatz (wg RKraft u ZwVollstr) beachtl Schubert JR **72**, 177. – **ee)** §§ 284, 293 anwendb (vgl E. Schwerdtner, Verzug im SR S 156 ff, 165).

b) Ehrverletzung. Zu den bes Problemen des BeseitggsAnspr bei Ehrverletzgen vgl Einf 9 vor § 823.

6) Unterlassungsanspruch zur Abwehr künft Beeinträchtiggen.

a) I 2 gibt einen **materiellen Anspruch** auf Unterlassg (vgl Wesel, FS-vLübtow 1970, 787; Henckel AcP **174**, 97). Er hat seine materielle GrdLage im bedrohten HerrschR; dies zu achten, ist allerd jedermann gehalten (vgl Larenz NJW **55**, 263). Aus der scheinb dogm Schwierigk, sich eine Vielzahl daraus entspringender Abwehrrechte gg jedermann vorzustellen, folgert ein Teil des Schrifttums, daß die vorbeugende Unterl-Kl ein rein prozessuales RInstitut, eine bes Form des RSchutzes ist, dem ein materieller Anspr als StreitGgst nicht zugrde liegt. Aber wie der vertragl, so ist auch der gesetzl UnterlAnspr dch schlichte LeistgsKl verfolgb. Dem absoluten HerrschR entspringt näml nicht nur bei Verletzg, sond schon bei konkreter Bedrohg (s unten Anm c) der Anspr auf Unterlassg künft Beeinträchtiggen, womit nicht zu verwechseln ist (vgl BGH **LM** § 241 Nr 2) ein erst zukünf fäll werdder UnterlAnspr.

b) Bestr ist weiter, ob die LeistgsKl auf vorbeugde Unterlassg bes **Prozeßvoraussetzungen** erfordert. – Sieht man von der Möglichk eines erst künft fäll werdden UnterlAnspr ab (was bei gesetzl UnterlAnspr schwerl begegnen dürfte), so besteht kein Grd, die Klage dem **ZPO 259** zu unterstellen. Ist der Anspr dch die konkrete, tatbestdsmäß Bedrohg des Rechts dch einen Dritten einmal entstanden, so ist die UnterlPfl auch in der Gegenwart solange zu erfüllen, als die Bedrohg andauert, so daß ZPO 259 ausscheidet (BLAH § 259 Anm 1 A; Th-P § 259 Anm. 2; aA nur für den vertragl UnterlAnspr BGH **LM** § 241 Nr 2). – Die **Wiederholungsgefahr** ist nicht bes RSchutzvoraussetzg (vgl Anm 6c); Klage daher unbegründet u nicht unzuläss, wenn sie nicht schlüss dargelegt (str). – Möglich **strafrechtlicher Verfolgung** schließt allg RSchutzBedürfn nicht aus (BGH NJW **57**, 1319).

c) Wiederholungsgefahr ist materielle AnsprVoraussetzg (BGH **LM** UWG § 1 Nr 250; BayObLG **80**, 121). Sie ist die auf Tatsachen gegründete obj ernstl Besorgn weiterer Störgen. BewLast hat der Gestörte. Meist ist aber die Besorgn nach vorangegangener Verletzg zu vermuten u deshalb vom Störer zu widerlegen (RG **125**, 393; Karlsr NJW **56**, 1922; BayObLG NJW-RR **87**, 463, 1040; KG ZMR **88**, 268; krit Hirtz MDR **88**, 182); dabei sind an die dem Störer obliegde Darlegg des Wegfalls der Wiederholgsgefahr strenge Anforderrgen zu stellen (BGH WPM **61**, 1023; WPM **72**, 180). Im RStreit abgebene VerpflichtgsErkl beseitigt die Wiederholgsgefahr nur, wenn sie uneingeschränkt u nach der Überzeugg des Gerichts aus

1155

besserer Einsicht, nicht bloß unter dem Druck des Proz, abgegeben (RG **98**, 269). Zur Frage der Sicherg des UnterlassgsVerspr dch VertrStrafe u der Wertg einer Weigerg, sich ihr zu unterwerfen vgl Ffm OLGZ **70**, 40 u Einf 8 vor § 823. In den Fällen der §§ 550, 581 II, 1053 außerdem Abmahng erforderl. Nach dem Wortlaut („weitere") setzt der Anspr eine bereits erfolgte Beeinträchtigg voraus. Diese kann aber schon in Ankündigg liegen (vgl BGH **2**, 394; RG **151**. 246), währd bloße RBerühmg regelm dch ZPO 256 abgewehrt werden. Doch genügt auch eine **erstmals drohende Beeinträchtigung** (BayObLG NJW-RR **87**, 1040); trifft Störer Anstalten hierzu, braucht mit UnterlKlage nicht bis zur Vollendg des Eingriffs gewartet zu werden (BGH **LM** Nr 27, 32; § 906 Nr 19).

d) **Anspruchsinhalt:** Ihn bestimmt die zu besorgde weitere Beeinträchtigg. Liegt ein störder Zustand vor, deckt sich Anspr auf dessen Beseitigg inhaltl mit dem UnterlAnspr (BGH **LM** Nr 32). **Klageantrag:** das oben zu Anm 5a dd Gesagte gilt auch hier; für Vollstr wg Zuwiderhandlg muß aus den UrtGründen ersichtl sein, ob eine den KlageGrd bildde Einwirkg vorliegt (BGH WPM **66**, 926, 929).

7) **Ausschluß des Anspruchs (II).** Der Anspr aus § 1004 setzt RWidrigk des BeeinträchtiggsZustandes voraus (vgl Anm 2a ee). Er entfällt, wenn Eigtümer den Eingr dulden muß; rechtmäß Eingr aber muß er dulden. Damit begründet II eine rechtshinderde Einwendg (bestr, nach RG **144**, 271 Einrede), wenn Eingr gerechtfertigt. Dies muß Störer beweisen (BGH NJW **89**, 1032). § 986 I 1 gilt entspr (BGH NJW **58**, 2061). Fällt der rechtfertige Grd (zB Ehrverletzg rechtfertigdes StrafUrt [BGH **57**, 325]; Anlage rechtfertigde GrdDbk [aA Schlesw SchlHA 68, 259]) später weg, so ist der Störer zur Beseitigg fortbesthder Beeinträchtigg verpfl (Baur AcP **160**, 481; Picker JZ **76**, 370; aA Westermann § 36 I 2). Über **Beschränkung des Anspruchs** dch BImSchG 14 u bei lebenswicht Betr vgl § 906 Anm 5. – DuldgsPfl kann beruhen:

a) Auf allg **Rechtfertigungsgründen:** §§ 227, 229, 904; StGB 193 (nicht bei unwahrer TatsBehauptg BGH Betr **72**, 279). – Meings- u PresseFreih (GG 5 I) berechtigt zu werdten Meingsäußergen, die nicht nur Diffamierg bezwecken, nicht aber zur Behauptg unwahrer Tats (BGH NJW **87**, 1398; Köln NJW **87**, 1415; vgl § 823 Anm 14 D b). Sie hat auch ggü Recht am eingerichteten u ausgeübten GewBetr (GG 14) Vorrang (Stgt JZ **75**, 698); nach LG Münst NJW **78**, 1329 auch ggü HausR. Polit Plakate auf fremdem Eigt unzul (Karlsr Just **77**, 422). – KunstFreih (GG 5 III). Vgl dazu § 823 Anm 14 D b; BGH NJW **75**, 1882; Köln NJW **84**, 1119; Hbg NJW **84**, 1130. – Einwilligg des Gestörten (BGH WPM **71**, 179), auch wenn aGrd unwirks Vertr (RG **133**, 296); längere Duldg bedeutet noch nicht Einwilligg (BGH VersR **64**, 1070; Hbg MDR **69**, 576). – Einstw Vfg (BGH **LM** ZPO § 926 Nr 1).

b) Auf **Rechtsgeschäft:** dingl Recht (zB GrdDbk) od schuldr Vertr zw Eigtümer u Störer; § 986 I entspr anwendb (BGH **LM** § 164 Nr 13). Schuldr Vertr bindet EinzelRNachf der Part nur iRv § 328 od nach Abtr der DuldgsAnspr bzw bei SchuldÜbern (dazu Schapp in Anm zu BGH NJW **76**, 1092); ohne dingl Sicherg ist der EinzelRNachf des Eigtümers idR nicht gebunden u kann Beseitigg verlangen (BGH NJW **76**, 416; **LM** Nr 123 Anm Kreft). Oft stillschw Verzicht auf Anspr bei Veräußerg eines GrdstTeils für Zweck, der Beeinträchtigg voraussetze läßt (RG Warn 31, 8). Vermieter eines Hauses kann dessen Betreten durch Besucher des Mieters od WohnBerecht idR nicht verbieten (Medicus SchlHA **63**, 269; LG Ffm WM **64**, 41; Köln MDR **54**, 359 nicht zu verallgemeinern; vgl LG Karlsr NJW **61**, 1166); auch nicht das Befahren von Privatstraßen einer Siedlg dch Lieferanten der Mieter (LG Münst MDR **61**, 234). – Keine Berufg des Störers auf Handelsbrauch (BGH **LM** Nr 7). Keine grdsätzl Pflicht, GemeinschFernsehantenne auf Reihenhaus zu dulden, auch wenn Aufstellg als solche von Eigtümern vereinbart (Schleier SchlHA **66**, 135).

c) Auf **Rechtsnormen: – aa) Privatrechtlicher** (einschl GewohnhR) Natur: hier kommen vor allem die Vorschr des NachbR (§§ 906ff, EG 124) in Betr, vgl auch BGH NJW **63**, 1918: WohngR des Verpächters zwingt zur Duldg auch ggü Pächter; daneben § 242, vor allem iR des nachbarl GemschVerh (vgl § 903 Anm 3a bb). Bei Überwuchs ist § 910 II entspr anwendb (Köln NJW-RR **89**, 1177; LG Kleve MDR **82**, 230; LG Saarbr NJW-RR **86**, 1341. – **bb) Öffentlichrechtlicher** Natur: zB AbwasserR; BauordngsR; DenkmalsSchR; VermessgsR; NaturSchR (Düss MDR **88**, 776: auch kommunales); TelWG 1 (BGH NJW **79**, 164); StraßenR (über von Straße auf Grdst eindringde Wurzeln vgl BGH **97**, 231; vgl Hamm VersR **75**, 1154). – Über GemeinGebr vgl § 903 Anm 5. Das Recht von Trägern von VerwVermögen (Rathaus einer Stadt, GerGebäude), andere abzuwehren (Betretgsverbot) kann aus der öffr Zweckbestimmg u dem GleichhSatz heraus beschränkt sein (BGH **33**, 230; JZ **72**, 663 mit Anm Stürner); hierzu allg Zeiler DVBl **81**, 1000. – Über Ausschl/Beschrkg des AbwehrAnspr ggü hoheitl Einwirkgen auf Grdst vgl § 906 Anm 7. – **cc)** § 254 kann AbwehrAnspr nicht nur beschränken, sond ausnahmsw ganz ausschließen (vgl [Soergel/Mühl Rdn. 106), u zwar uU ohne Verschulden des Gestörten bei bloßer Mitursach (RG **138**, 329; BGH WPM **64**, 1104; ZMR **65**, 301; **66**, 50; LG Frankth NJW **55**, 263). – **dd) Energieversorgungsanlagen:** BBauG 42 I 2 (BGH NJW **76**, 416; Celle NJW **73**, 1505); AVBGasV 8; AVBEltV 8 (BGH BB **81**, 875; Düss NJW-RR **86**, 1208).

8) **Verjährung, Verwirkung, rechtsmißbräuchliche Ausübung, Verzug.** Unzulässige Einwirkgen werden durch Zeitablauf allein nicht zul. Auch ist es grdsätzl unerhebl, daß der Verletzte das Eigt erst nach Errichtg der störenden Anlage erworben (RG JW **35**, 1775).

a) **Verjährung** nach §§ 194, 195, 198. Verjährgsfrist 30 Jahre (BGH **60**, 235). Aber erst von der letzten Einwirkg ab; mit jeder Einwirkg (zB unzul Immission, § 906) entsteht ein neuer Anspr; anders bei Fortdauer schädigder Einwirkgen dch ein u dieselbe Handlg (vgl BGH Betr **72**, 2056; NJW **69**, 463 u oben § 852 Anm 2a). Bei Störg dch Baum (Schatten) ließ BGH **60**, 235 im Hinbl auf NachbRG NW 41 I 1 b, 50 die Verj einmalig mit Einpflanzg, nicht aber wg fortdauernder Einwirkg ständ neu entstehen; and für Blätter- u Samenwurf dieses Baums (dazu Baur JZ **73**, 561; Mattern in Anm zu **LM** § 1004 Nrn 124–127). – Beachte aber §§ 902, 924. Wirkt sich der Zustand eines Grdst erst dch Verändergen aus dem NachbGrdst aus, beginnt mit dieser die Verjährg. Mit Wechsel des Eigt am gestörten Grdst dch Sonder- od GesamtNachf beginnt keine neue VerJFr (BGH **60**, 235; **98**, 235). Für deliktische Unterl- u Beseitiggs-(Widerrufs-)Anspr (vgl Einf 8, 9 vor § 823) gilt § 852. Weithin wird § 852 auch auf quasinegator Anspr dieser Art angewendet (BGH

Eigentum. 4. Titel: Ansprüche aus dem Eigentum §§ 1004–1006

NJW **69**, 463; **LM** Nr 3 zu § 21 UWG; Soergel/Mühl Rdn 94; Hoche, Unstimmigk im VerjR, FS-H. Lange 1970, 241 [250]); doch erscheint hier die hist Herkunft des Instituts aus dem DeliktsR überbewertet. Negator Anspr verjähren nach § 195.

b) Verwirkung mögl, wenn die Geltdmachg gg Treu u Gl verstößt. Für Verletzg gewerbl Schutzrechts allg anerkannt (BGH **21**, 78; wg UrheberR vgl v Gamm NJW **56**, 1789). Bei Störg des Eigt an einer Sache nur in bes gelagerten AusnFällen (vgl auch RG JW **35**, 1775). Jedenfalls kann sich der Störer nicht ohne weiteres auf Verwirkg durch den RVorgänger des Verletzten berufen. Darüber, daß iF des § 906 der Grds der Prävention nicht gilt, vgl dort Anm 3b aa.

c) BeseitiggsVerlangen kann entspr §§ 251 II, 633 II 2 **Rechtsmißbrauch** sein, wenn die Beseitigg mit unverhmäß, nach den Interessen der Beteil u allen sonst Umst unbill Aufw verbunden wäre (BGH **62**, 388; **LM** Nr 132); and idR bei vors Beeinträchtigg (BGH NJW **70**, 1180; vgl aber Hamm OLGZ **76**, 61).

d) Verzug. SchuldnVerz mögl, nicht aber GläubVerz (Schwerdtner S 155 ff).

9) Prozessuales. a) Zivilrechtsweg auch bei fiskal Handeln von Beamten/Behörden (BGH **34**, 99). Beruht die Störg dch Privaten auf VerwAkt, kann Gestörter zwar dessen Nichtigk, auch den Wegfall der hoheitl Bindg (Widmg) der streitbefangenen Sache zur Nachprüfg dch das ordentl Gericht stellen (BGH **4**, 304, **5**, 70; **18**, 253; **LM** GVG 13 Nr 16); doch muß er einen (nur angreifb) VerwAkt mit den Mitteln des VerwRSchutzes zu beseitigen suchen, zB dch Anfechtungsklage gg Verlängerg der Sperrzeit störde Gaststätte (BGH **5**, 102; **14**, 228; **34**, 99; **LM** GVG 13 Nr 70). Für AbwehrAnspr gg Eingr von hoher Hand sowohl in das Eigt (vgl für Immissionen § 906 Anm 7) als auch bei Ehr- u PersönlichkRVerletzgen (dch Beamte) **Verwaltungsrechtsweg** gegeben (BGH NJW **78**, 1860; Zweibr NVwZ **82**, 332; OVG Münst NJW **84**, 1982); ebso der auf Beseitigg der Folgen einer rwidr Amtshandlg zielde FolgenbeseitiggsAnspr (BVerwG NJW **85**, 817; OVG Münst aaO). Ob für Kl gg **behördliches Hausverbot** ord od VerwRWeg, richtet sich danach, ob der Betroffene privatr od öffr angelegen regeln will; zu erstern gehört Vergabe öff Aufträge (BVerwG DVBl **71**, 111 Anm Bettermann = JZ **71**, 96 Anm Stürner; BGH NJW **67**, 1911). – **Abgeordneten-immunität u -indemnität** stehen Verurteilg nicht entgg (BGH **75**, 384; NJW **82**, 2246; Mü OLGZ **87**, 442).

b) Zur Frage, ob Wiederholgsgefahr (§ 1004 I 2) bes ProzVoraussetzg (**Rechtsschutzbedürfnis**) ist, u zur Anwendbark des ZPO 259 auf die negator Klage vgl oben Anm 6a, b.

c) Ausschl **Zuständigkeit** iF des ZPO 24: es entscheidet die Lage des gestörten Grdst.

d) Über Zulässigk einer **Feststellungsklage** anstelle der beiden Leistgsklagen aus § 1004 I gelten die allg Regeln des ProzR. Sie wird zweckmäß sein, wenn neben dem LeistgsAnspr auch das Eigt des Klägers rechtskr festgestellt werden will, od wenn Bekl sich des vom Kläger für sich in Anspr genommenen absoluten R berühmt, ohne damit schon den Tatbestd des Eingr vollendet zu haben, vgl oben Anm 2b u 2a aa (bloße RAnmaßg). – Häufig nach ZPO 260 zuläss.

e) Klageänderung: Nein, wenn zur Begründg des BeseitiggsAnspr neue, gleichart Einzeltatbestände der Störg vorgebracht werden (RG **99**, 175; **108**, 169;). Soweit §§ 1004, 985 konkurrieren (oben Anm 1c aa), liegt im Wechsel des Anspr keine Klageänderg (vgl Soergel-Mühl Rdn 122). Nach BGH MDR **69**, 648 ist der Übergang von UnterlAnspr zum AusglAnspr nach § 906 II 2 KlÄnderg.

f) Fassg von **Klageantrag und Urteilstenor:** vgl oben Anm 5a dd.

g) Zur Anwendg der **ZPO 265, 266, 325** bei Veräußerg auf Klägerseite: oben Anm 3b; auf Beklagtenseite: Anm 4e.

h) Rechtskraft: Abwehrkl macht das Eigt des Klägers nicht zum StreitGgstand; nur Vorfrage. – Benutzgsverbot erfaßt rechtskraftmäß nur die konkrete Verletzgsform. Nur wenn deren spätere Abänderg den Kern der Störgsform unberührt läßt, erfaßt die Rechtskr des Urt auch sie (BGH **5**, 189).

i) Erledigung der Hauptsache: Problematisch insb, wenn Bekl den Wegfall der Wiederholgsgefahr währd des RStreits behauptet, Hauptsache ist dann nur erledigt, wenn feststellb, daß Versprechen des Bekl, nicht weiter zu stören, redl, also nicht nur unter dem Druck des RStreits abgegeben ist (BGH **14**, 163); dazu genügt zB Übern einer Verpflichtg zur Unterlassg mit Vertragsstrafe (BGH **LM** § 823 Ag Nr 1). Die bloße Versicherg, die störde Handlg nicht mehr vorzunehmen, kann die Wiederholgsgefahr regelm nicht ausräumen (RG **103**, 177; BayObLG NJW-RR **87**, 463).

k) Zwangsvollstreckung: BeseitiggsAnspr: ZPO 887, 888, s oben Anm 5a dd; Widerruf s oben Anm 5b; UnterlassgsAnspr ZwVollstr nach ZPO 890. – **Konkurs:** vgl Schmidt ZZP **90**, 38.

1005 *Verfolgungsrecht.* Befindet sich eine Sache auf einem Grundstück, das ein anderer als der Eigentümer der Sache besitzt, so steht diesem gegen den Besitzer des Grundstücks der im § 867 bestimmte Anspruch zu.

1) Vgl Anm zu § 867. Anspr aus § 1005 auch bei Verbindg der Sache mit dem fremden Boden (§ 95); str; vgl BGH NJW **56**, 1274. Nur solange die Sache nicht in Besitz genommen ist; dann Klage aus § 985.

1006 *Eigentumsvermutung für Besitzer.* I Zugunsten des Besitzers einer beweglichen Sache wird vermutet, daß er Eigentümer der Sache sei. Dies gilt jedoch nicht einem früheren Besitzer gegenüber, dem die Sache gestohlen worden, verloren gegangen oder sonst abhanden gekommen ist, es sei denn, daß es sich um Geld oder Inhaberpapiere handelt.

II Zugunsten eines früheren Besitzers wird vermutet, daß er während der Dauer seines Besitzes Eigentümer der Sache gewesen sei.

III Im Falle eines mittelbaren Besitzes gilt die Vermutung für den mittelbaren Besitzer.

§§ 1006, 1007

1) Allgemeines. – a) § 1006 **verkürzt die Behauptungs- und Beweislast** des Besitzers (iFv § 855 des BesHerrn) nur zu seinen Gunsten u ohne Auswirkg auf die materielle RLage: Der Besitzer braucht nur den ggwärt bzw früheren unmittelb od (höchststuf) mittelb Besitz als TatsBasis der Vermutg darzulegen u zu beweisen, nicht aber die den EigtErwerb begründden Tats (BGH FamRZ **70**, 586) wie zB VfgsBefugn des Veräußerers (BGH **LM** Nr 8) od Unbedingth der Einigg (BGH **LM** Nr 14); weil EigenBes vermutet wird (BGH **LM** Nr 14), kann er sich auch die Behauptg seines Eigt ersparen (Medicus FS-Baur **81**, 63; aA Werner JA **83**, 617). Gilt auch ggü einem früheren Besitzer od Eigtümer. Bei MitBes wird MitEigt iSv § 1008 vermutet (BGH **LM** § 985 Nr 1), nicht aber BruchtGröße. § 1006 gilt nicht, wenn Eigt des Besitzers unstr, aber str, ob nur trhd übereignet (was vom Gegner zu beweisen; BGH WPM **62**, 1372). Die Vermutg gilt auch zG desjenigen, der Rechte von dem dch § 1006 geschützten Besitzer ableitet (RG HRR **32**, 234); zB: PfdgsGläub kann sich in der Verf nach ZPO 771 auf für den Schuldn sprechde Vermutg berufen (Staud/Gursky Rdn 26), Gläub eines ges PfdR kann sich für SchuldnEigt auf für diesen sprechde Vermutg berufen (BGH **54**, 319; LG Hbg NJW-RR **86**, 971), auf III kann sich der BesMittler berufen (BGH **LM** Nr 8), auf für Gemeinschuldn sprechde Vermutg kann sich der KonkVerw berufen (BGH ZIP **84**, 348). – **b)** § 1006 gilt nur für **bewegliche Sachen** einschl Sachen iSv § 95 u GrdstZubeh. Er gilt nicht für Urk iSv § 952 (zB Sparbuch; BGH **LM** Nr 13), da diese nicht mittels BesÜbertr übereignet werden (Vermutg spricht also für Kfz- u nicht für Briefbesitzer). Für blankoindossierte OrderPap gelten nur HGB 365 I, AktG 68 I, WG 16, ScheckG 21 (Rostock OLG **31**, 117). – **c)** § 1006 gilt iR aller **Ansprüche, die Eigentum voraussetzen** (BGH **LM** Nr 16). In schuldrechtl Anspr (zB §§ 816, 823) bezieht er sich nur auf das Eigt, nicht aber auf subj AnsprVoraussetzgen wie Kenntn/Kennenmüssen des DrittEigt (BGH JR **77**, 242). – **d)** § 1006 dient auch zum Nachw von **Nießbrauch und Pfandrecht** (§§ 1063, 1227) des Besitzers, u zwar auch ggü dem Eigtümer (RGRK/Pikart Rdn 24). – **e) Internationales Privatrecht:** vgl BGH **LM** Nr 6.

2) Vermutungsinhalt. – a) Die Vermutg baut auf dem ZusTreffen von Bes- u EigtErwerb auf (arg I 2). Es wird nicht Eigt des Besitzers vermutet (BGH **LM** Nr 10), sond daß die in I-III genannten Besitzer **bei Erwerb dieses Besitzes Eigenbesitz begründeten und unbedingtes Eigentum erwarben** (BGH NJW-RR **89**, 651); Streit über schuldrechtl GrdGesch mit Vorbesitzer unerhebl (BGH aaO). § 1006 daher nicht anwendb, wenn Besitzer selbst behauptet, daß BesErwerb nicht zum EigtErwerb führte, weil er schon vorher Eigt erworben habe (BGH NJW **84**, 1456) od weil er bei BesErwerb zunächst FremdBes u erst später Eigt erworben habe (BGH NJW **79**, 1358); einschränkd Wolf JuS **85**, 941. Erwerb als SichgsEigt bedeutet EigenBesErwerb (MüKo/Medicus Fußn 19; Staud/Gursky Rdn 9; vgl § 872 Anm 1). Begründete Besitzer bei Erlangg der tats Sachherrsch noch keinen EigenBes, so gilt § 1006 nur, wenn feststeht, daß er damals BesDiener war (BGH **LM** Nr 2). – **b)** Für die **Dauer des Eigentums** gilt die allg RFortdauervermutg (MüKo/Medicus Rdn 20; Staud/Gursky Rdn 7, 13). Daher wirkt trotz des Wortlauts II auch noch nach BesVerlust für früheren Besitzer fort (BGH NJW **84**, 1456; aA Werner JA **83**, 617), tritt aber hinter die Vermutg aus I (u II für späteren früheren Besitzer) zurück; somit kann sich früherer Besitzer weiter auf II berufen, wenn für späteren Besitzer wg I 2 od Widerlegg keine Vermutg streitet (BGH **LM** Nr 4).

3) Widerlegung der Vermutung. Gegner kann beweisen: – **a)** Die Sache (die nicht Geld od InhPap) ist ihm od seinem RVorgänger iSv § 935 **abhandengekommen**. I–III gilt dann nur ihm ggü nicht **(I 2)** u späterer Besitzer muß EigtErwerb nach §§ 935 II, 937, 950 beweisen. – **b)** Besitzer **erwarb Fremdbesitz** nach seiner Willensrichtg **oder erwarb kein Eigentum** trotz Erwerb zu EigenBes (BGH FamRZ **70**, 586). Diesen Beweis muß der Gegner auch dann führen, wenn der Besitzer die ihm mögl Behauptg von ErwerbsTats unterlassen hat, u bei Behauptg solcher Tats beschränkt sich der ihm obliegde Beweis nicht auf deren Widerlegg (Werner JA **83**, 617; aA Medicus FS-Baur **81**, 63; Staud/Gursky Rdn 35, 36); die Widerlegg vom Besitzer behaupteter ErwerbsTats kann aber im Einzelfall gem ZPO 286 zur Vermutgswiderlegg ausreichen, zumal der Gegner schwer jede denkb Erwerbsmöglichk ausräumen kann (BGH **LM** Nr 7, 16; vgl auch BGH WM **89**, 1292; KG JR **78**, 378; Baumgärtel/Wittmann JR **78**, 18) u das Ger keinen Sachverhalt als mögl ansehen darf, den keine Part behauptet u der sich auch nicht nach allg Erfahrg aufdrängt. Besitzer muß dann nachträgl EigtErwerb beweisen. – **c)** Besitzer **verlor das Eigentum** nach BesErwerb wieder (Widerlegg der RFortdauervermutg). Besitzer muß dann Rückerwerb beweisen.

1007 *Ansprüche des früheren Besitzers.*

^I Wer eine bewegliche Sache im Besitze gehabt hat, kann von dem Besitzer die Herausgabe der Sache verlangen, wenn dieser bei dem Erwerbe des Besitzes nicht in gutem Glauben war.

^{II} Ist die Sache dem früheren Besitzer gestohlen worden, verloren gegangen oder sonst abhanden gekommen, so kann er die Herausgabe auch von einem gutgläubigen Besitzer verlangen, es sei denn, daß dieser Eigentümer der Sache ist oder die Sache ihm vor der Besitzzeit des früheren Besitzers abhanden gekommen war. Auf Geld und Inhaberpapiere findet diese Vorschrift keine Anwendung.

^{III} Der Anspruch ist ausgeschlossen, wenn der frühere Besitzer bei dem Erwerbe des Besitzes nicht in gutem Glauben war oder wenn er den Besitz aufgegeben hat. Im übrigen finden die Vorschriften der §§ 986 bis 1003 entsprechende Anwendung.

Schrifttum: Hörer, Die BesitzRKlage, Bln 1974 – Koch, § 1007-Neues Verständn auf der GrdLage alten Rechts, Köln/Wien 1986.

1) Allgemeines. – a) Die prakt **Bedeutung** der Vorschr, die eher in den 1. Abschn gehört, ist gering. Sie ermöglicht dem früh Besitzer, der sich nicht auf §§ 985, 861, 823 od Vertr stützen kann, die Wiedererlangg des Besitzes vom schlechter Berecht (vgl RGRK/Pikart Rdn 2, 3). – **b)** § 1007 gilt nur für **bewegliche**

Eigentum. 4. Titel: Ansprüche aus dem Eigentum **§ 1007** 1–5

Sachen, nicht auch für Wohn- und GeschRäume (hM; aA BGH 7, 208). – **c)** Anspr aus §§ 812, 823, 861, 985 können **konkurrieren.** Abweisg der Klage aus § 1007 steht Klage aus diesen Anspr nicht entgg; zur RKraftWirkg vgl weiter RGRK/Pikart Rdn 39; Staud/Gursky Rdn 34. – **d)** Im **Konkurs** gibt § 1007 ein AussondersgsR (Kuhn/Uhlenbruck § 43 Rdn 52).

2) § 1007 enthält in I (Anm 3) u II (Anm 4) **zwei selbständige Ansprüche,** die nebeneinand bestehen können (ggwärt Besitzes abhgek Sache war bei BesErwerb bösgl); sie sind abtretb u vererbb. – **a) Anspruchsberechtigter** ist in beiden Fällen der früh Besitzer. BesArt unerhebl: Eigen-, Fremd-, Allein-, Mit-, Teil-, unmittelb od mittelb Besitzer; nicht aber BesDiener. – **b) Anspruchsgegner** ist in beiden Fällen der ggwärt Besitzer. BesArt unerhebl (Anm 2 a gilt). BesVerlust nach RHängigk hat gleiche Wirkg wie bei §§ 861, 985. – **c) Anspruchsinhalt.** Der Anspr geht auf Herausg wie bei § 985. Früh mittelb Besitzer kann aber nur entspr § 869 S 2 Herausg verlangen. Früh Mitbesitzer kann nur Einräumg des MitBes od Herausg entspr § 1011 Anm 2 verlangen. – **d) Verjährung** gem §§ 195, 198 ff, 221.

3) Anspruch gegen den bösgläubigen Besitzerwerber (I, III); erfaßt auch Geld/InhPap. **a) Voraussetzungen: – aa) Früherer Besitz.** AnsprBerecht ist der frühere rechtmäß Besitzer. Das BesR (als Eigtümer od diesem ggü als dingl od obligator Berecht) muß bei BesErwerb bestanden haben (späteres Erlöschen unerhebl) od vor BesVerlust entstanden sein (Staud/Gursky Rdn 9 aE). AnsprBerecht ist aber auch der bei BesErwerb gutgl frühere unrechtmäß Besitzer (spätere Bösgläubigk unerhebl). BesR u Gutgläubigk bei fehldem BesR werden vermutet u brauchen vom AnsprSteller nicht dargelegt zu werden (vgl Anm 3 b aa). – **bb) Bösgläubigkeit.** Ggwärt Besitzer muß bei BesErwerb bösgläub gewesen sein **(I);** spätere Bösgläubigk bzw Gutgläubigk unerhebl. Er muß das Fehlen eines ggü dem AnsprSteller wirkden BesR (gegeben, wenn ggwärt Besitzer kein BesR od nur ein schwächeres als der AnsprSteller hat; Staud/Gursky Rdn 12) gekannt od grob fahrl verkannt haben (BGH Warn 73 Nr 3); alle Mängel des ErwerbsGesch dch Gutgläubigk heilb. Vom AnsprSteller zu beweisen.

b) Ausschlußgründe: – aa) Anspr ausgeschl, wenn **früherer Besitzer bei Besitzerwerb kein Besitzrecht hatte und bösgläubig war (III 1 Fall 1),** weil er Mangel des BesR bei BesErwerb kannte od grob fahrl verkannte (alle Mängel des ErwerbsGesch dch Gutgläubigk heilb); vgl Anm 3 a aa. Vom AnsprGegner zu beweisen; AnsprSteller muß dann nachträgl BesRErwerb vor BesVerlust beweisen. – **bb) Besitzaufgabe** dch früheren Besitzer schließt Anspr aus **(III 1 Fall 2);** vom AnsprGegner zu beweisen. Keine BesAufgabe dch unmittelb Besitzer, wenn er (zB dch Vermietg) zum mittelb Besitzer wird. Bei Weggabe dch unmittelb Besitzer/BesDiener ohne Willen des mittelb Besitzers/BesHerrn keine BesAufgabe dch letztere (BGH Warn 73 Nr 3; RGRK/Pikart Rdn 27; Staud/Gursky Rdn 11); and wenn erstere zur BesAufgabe für letztere bevollm (BGH **LM** § 855 Nr 3). Für Weggabe dch nicht voll GeschFähige od aGrd Drohg/Täuschg/Zwang gilt § 935 Anm 4 a. – **cc) Ein gegenüber dem Anspruchsteller wirkendes Besitzrecht des gegenwärtigen Besitzers** (BGH **LM** § 855 Nr 3) gibt letzterem eine Einwendg (hM) ggü dem HerausgAnspr **(III 2 iVm § 986);** vom ggwärt Besitzer zu beweisen. Es muß nach BesErwerb erlangt sein, da BesR bei BesErwerb bösgläubig nach Anm 3 a bb ausschließt; BesR bei BesErwerb kommt aber in Betracht, wenn stärkeres des AnsprStellers nachträgl entfallen. Das BesR des ggwärt Besitzers kann sich aus Eigt/PfdR/Nießbr (zu deren Beweis keine Berufg auf § 1006; Staud/Gursky Rdn 15) od einem obligator RVerh zw ihm u dem Eigtümer od dem AnsprSteller ergeben. – Ggwärt Besitzer dringt mit dem Einwendg aus seinem BesR aber nicht dch, wenn AnsprSteller beweist, daß er ihm ggü wirkdes stärkeres BesR erworben hat (zB PfdR ggü Eigt); dessen Erlöschen ist dann vom ggwärt Besitzer zu beweisen. BesR des AnsprStellers aus obligator RVerh, das nicht (unmittelb od mittelb) zw ihm u ggwärt Besitzer besteht, wg seiner nur relativen Wirkg der Einwendg nicht entggsetzb; zB entfällt Anspr aus § 1007, wenn AnsprSteller aGrd fortbestehenden MietVertr mit Eigtümer besaß u Eigtümer die Sache dem ggwärt Besitzer übereignet od vermietet hat (Staud/Gursky Rdn 13; Westermann § 35 I 2 a; aA BGH **LM** § 855 Nr 3; Canaris FS-Flume **78,** 399; Koch ZMR **85,** 187).

4) Anspruch bei abhandengekommenen Sachen (II, III). Der Anspr besteht nicht bei Geld u InhPap **(II 2),** denen blankoindossierte OrderPap gleichzusetzen (RGRK/Pikart Rdn 19; W-Raiser § 23 Fußn 17; aA Staud/Gursky Rdn 23); hier nur Anspr aus I (Anm 3) mögl.

a) Voraussetzungen: – aa) Früherer Besitz. AnsprBerecht ist der frühere entw rechtmäß od bei BesErwerb gutgl unrechtmäß Besitzer; Anm 3 a aa gilt. – **bb) Abhandenkommen.** Die Sache muß dem früheren Besitzer abhgek sein (gleicher Begriff wie in § 935); vom AnsprSteller zu beweisen. Ist sie dem unmittelb Besitzer abhgek, so ist sie es auch dem mittelb (vgl § 935 I 2). Da dann keine BesAufgabe, entfällt AusschlGrd nach III 1 Fall 2 (vgl Anm 3 b bb).

b) Ausschlußgründe: – aa) Anspr ausgeschl, wenn **früherer Besitzer bei Besitzerwerb kein Besitzrecht hatte und bösgläubig** war **(III 1 Fall 1);** Anm 3 b aa gilt. – **bb)** Anspr ausgeschl, wenn **gegenwärtiger Besitzer Eigentümer** der Sache ist **(II 1 Fall 1).** In II überflüss u irreführd hervorgehoben, weil Eigt schon Einwendg aus III 2 iVm § 986 gibt (Anm 4 b dd); dem Eigt aber auch hier stärkeres BesR des AnsprStellers entggshaltb. – **cc)** Anspr ausgeschl, wenn die Sache **dem gegenwärtigen Besitzer (oder seinem Rechtsvorgänger) selbst vor der Besitzzeit des Anspruchstellers abhandengekommen** ist **(II 1 Fall 2);** war ggwärt Besitzer bei BesErwerb bösgl, so bleibt Anspr aus I. Vom AnsprGegner zu beweisen. Dieser Einwend entggsetzb, daß ggwärt Besitzer bei Erwerb seines früh Besitzes selbst bösgl war od AnsprSteller nachträgl Eigt od ggü ggwärt Besitzer wirkdes BesR erworben hat (RGRK/Pikart Rdn 22; Staud/Gursky Rdn 25; W-Raiser § 23 II 2 a); vom AnsprSteller zu beweisen. – **dd) Ein gegenüber dem Anspruchsteller wirkendes Besitzrecht des gegenwärtigen Besitzers** (BGH **LM** § 855 Nr 3) gibt letzterem eine Einwendg (hM) ggü dem HerausgAnspr **(III 2 iVm § 986);** Anm 3 b cc gilt.

5) Neben- und Gegenansprüche (III 2 iVm §§ 987–1003). – **a) Nutzungen** sind entspr §§ 987 ff stets nur zu Besitz herauszugeben; auch keine EigtÜbertr, wenn AnsprSteller bei fortdauerndem Besitz Eigtümer

§§ 1007–1009   3. Buch. 3. Abschnitt. *Bassenge*

geworden wäre (Staud/Gursky Rdn 30; aA Westermann § 35 III). HerausgPfl auch bei EigtErwerb eines Dritten (MüKo/Medicus Rdn 12; Westermann § 35 III) u wenn ggwärt Besitzer selbst Eigtümer geworden u AnsprSteller kein NutzgsR hat u dies weiß (Staud/Gursky Rdn 30; aA W-Raiser § 23 Fußn 18). – **b) Schadensersatz** entspr §§ 989ff. Zu ersetzen ist nur das BesInteresse (RG Warn **29** Nr 181 u hM; aA Staud/Gursky Rdn 31); es bemißt sich vor allem nach dem Haftgs- u NutzgsInteresse des früh Besitzers (vgl Medicus AcP **165**, 115 [140ff]). – **c) Verwendungsersatz** entspr §§ 994ff. Weiß ggwärt Besitzer, daß AnsprSteller NichtEigtümer, so BefriediggsR gem §§ 1003, 1248 nur, wenn Frist dem wahren Eigtümer gesetzt (Westermann § 35 III; W-Raiser § 23 III 2 c).

Fünfter Titel. Miteigentum

1008 *Miteigentum nach Bruchteilen.* Steht das Eigentum an einer Sache mehreren nach Bruchteilen zu, so gelten die Vorschriften der §§ 1009 bis 1011.

1) Rechtsnatur. BruchtEigt ist eine Unterart der BruchtGemsch iS §§ 741ff. Keine reale Teilg der Sache (daher Eigt an einem unter § 95 fallden Haus nicht so bestellb, daß zwei Pers AlleinEigtümer je einer Haushälfte w; BGH **LM** § 93 Nr 14) sond ideelle Teilg des sich auf die ganze Sache beziehden EigtR. Der **Anteil des einzelnen Miteigentümers ist Eigentum,** auf den neben §§ 741ff u §§ 1009ff alle Vorschr über das AlleinEigt anwendb sind (RG **146**, 364; BGH **36**, 368). Gemschaftl Eigt ist idR BruchtMitEigt (§ 741); wer GesHandsEigt behauptet, muß es beweisen.

2) Entstehung. – a) Rechtsgeschäft: Übereigng an mehrere, die nicht GesHänder (RG SeuffA **88**, 8), od wenn AlleinEigtümer einem und Brucht übereignet; keine quotenm VorratsTeilg des AlleinEigt (BGH **49**, 253) u keine quotenm Belastg von GrdstAlleinEigt mit AuflVormkg (Düss MittBay Not **76**, 137); nacheinander erworbene Brucht bleiben nicht rechtl selbst (LG Köln RhNK **77**, 32), vgl aber § 1114 Anm 2. Bei Fahrnis Einigg u MitBesVerschaffg erforderl. Bei Grdst gem §§ 925, 873, Angabe der Brucht im GB (GBO 47); auch BruchtGemsch an Erbanteil wg prakt Bedürfn einzutragen, obwohl keine BruchtGemsch am NachlGrdst (Düss Rpfleger **68**, 188; Köln Rpfleger **74**, 109; aA BayObLG **67**, 405). Kein MitEigt entsteht, wenn bei Auflassg zu AlleinEigt MitEigt eingetr (Kblz MDR **78**, 669). – **b) Gesetz:** §§ 947 I, 948, 963, 984; vgl auch § 921 Anm 4, 5; DepG 6; HGB 419; OLSchVO 23, 30 II.

3) Verfügung über Anteile. Jeder MitEigtümer kann über seinen Anteil verfügen (§ 747 S 1); nicht mit dingl Wirkg beschränkt (Walter DNotZ **75**, 518). Vfg über die ganze Sache nur dch alle MitEigtümer (§ 747 S 2); über Umdeutg in Vfg eines MitEigtümers nur über seinen Anteil vgl § 747 Anm 3; RG JW **10**, 473. Vfg über AlleinEigt nicht in Vfg über Anteil umdeutb (BGH **LM** § 932 Nr 19; Ffm Rpfleger **75**, 174). – **a) Übertragung.** Bei Grdst gem §§ 925, 873; über gutgl Erwerb dch MitEigtümer vgl § 892 Anm 2b bb. Bei Fahrnis gem §§ 929ff; Übertr des MitBes ersetzb nach §§ 930 (RG **139**, 117); 931 (zB WertPap in Sammelverwahrg od Streifband; BGH Betr **67**, 1677; WPM **74**, 450; über gutgl Erwerb vgl § 932 Anm 1; Koller Betr **72**, 1860, 1905 u Krümpel WPM **80**, 422 (SammeldepotAnt); Pikart WPM **75**, 404. SonderVorschr: DepG 24 II. Bei Übertr eines Anteils von einem od mehrere RInh von einem Anteil entsteht keine UnterBruchtGemsch sond einheitl Gemsch an der ganzen Sache (BayObLG RPfleger **79**, 302). – **b) Quotenänderung** bei Grdst wie Übertr (GBO 20 gilt; BayObLG DNotZ **83**, 752); bei Fahrn genügt Einigg. – **c) Belastung** auch zG and MitEigtümer mögl (BayObLG **58**, 201); vgl auch §§ 1095, 1106, 1114 (1192, 1199), 1258. Belastg mit GrdDbk, bpDbk od ErbbR ausgeschl (KG DNotZ **75**, 105); belasten diese Rechte das ganze Grdst, so können sie nicht dch gutgl Erwerb eines MitEigtAnteils, wohl aber dch Zuschlag in der ZwVerst (str, vgl § 1018 Anm 11) erlöschen. – **d) Zwangsvollstreckung** (Furtner NJW **57**, 1620; **69**, 871; Hoffmann JuS **71**, 20). Bei Fahrnis dch Pfdg des Anteils nach ZPO 857; Pfdg der ganzen Sache dch des Gläub eines MitEigtümers können die and MitEigtümer nach ZPO 771 widersprechen, auch wenn sie nur MitEigtümer unwesentl Bestandt sind (RG **144**, 241). Bei Grdst nach ZPO 864ff, nicht dch Pfdg des Anteils nach ZPO 857. In beiden Fällen zul Pfdg u Überweisg der Anspr aus §§ 743 I, 749 (BGH **90**, 207); nicht im GB eintragb (LG Siegen Rpfleger **88**, 249). Weiteres Verf bei Fahrnis nach §§ 751 S 2, 752ff, bei Grdst nach ZVG 181 II 1; Ausschl der Aufhebg wirkt entspr § 751 S 2 auch nicht bei Grdst gg Gläub (vgl § 1010 Anm 1a). Im Konk KO 16, 51.

4) Das **Gemeinschaftsverhältnis** regeln §§ 741ff, 1009ff. AufhebgsAnspr ausgeschl bei MitEigt der AnteilsInh am SonderVerm einer KapitalanlageGesellsch (§ 11 G idF v 14. 1. 70, BGBl 128). Wg Realteilg von Grdst u Häusern bei GemschAufhebg vgl BGH **58**, 146; Schlesw SchlHA **67**, 179; § 752 Anm 2b.

1009 *Belastung zugunsten eines Miteigentümers.* [I] Die gemeinschaftliche Sache kann auch zugunsten eines Miteigentümers belastet werden.

[II] Die Belastung eines gemeinschaftlichen Grundstücks zugunsten des jeweiligen Eigentümers eines anderen Grundstücks sowie die Belastung eines anderen Grundstücks zugunsten der jeweiligen Eigentümer des gemeinschaftlichen Grundstücks wird nicht dadurch ausgeschlossen, daß das andere Grundstück einem Miteigentümer des gemeinschaftlichen Grundstücks gehört.

1) I gestattet die Belastg **der ganzen Sache** zG eines MitEigtümers; wg Belastg eines Anteils vgl § 1008 Anm 3b. Da alle MitEigtümer verfügen müssen (§ 747 S 2), erklärt Erwerber (wie bei Veräußerg von allen an einen u umgekehrt) die erforderl Einigg im eig Namen mit sich selbst (RG **47**, 209). Dem GBA sind EintrBew u VfgBefugn auch des auf Seiten der Belastden mitwirkden Erwerbers nachzuweisen, in seinem EintrAntr (für den dann GBO 29 gilt) liegt idR Gen der EintrBew der übr MitEigtümer. § 1009 schließt §§ 1063, 1177, 1256 I 1 aus. Hyp des MitEigtümers ist FremdHyp am ganzen Grdst u an den and Anteilen,

Eigentum. 5. Titel: Miteigentum §§ 1009–1011

am eig Anteil EigtGrdsch (KG JR **57**, 420); MitEigtümer kann ZwVollstr in das ganze Grdst u die Anteile der and MitEigtümer (nicht in den eig) betreiben. – **II** betr die subj-dingl R: §§ 1018, 1094 II, 1105 II.

2) Auf **Gesamthandseigentum** ist § 1009 insow entspr anwendb, als das einem GesHänder an der gemsch Sache bestellte R insges FremdR ist, da es einen sonderrechtsf Anteil eines GesHänders nicht gibt (Soergel/Baur Rdn 5; zu allg dah KG OLG **8**, 119; Stgt OLG **15**, 410).

1010 **Sondernachfolger eines Miteigentümers.** ⁱ Haben die Miteigentümer eines Grundstücks die Verwaltung und Benutzung geregelt oder das Recht, die Aufhebung der Gemeinschaft zu verlangen, für immer oder auf Zeit ausgeschlossen oder eine Kündigungsfrist bestimmt, so wirkt die getroffene Bestimmung gegen den Sondernachfolger eines Miteigentümers nur, wenn sie als Belastung des Anteils im Grundbuch eingetragen ist.

ⁱⁱ Die in den §§ 755, 756 bestimmten Ansprüche können gegen den Sondernachfolger eines Miteigentümers nur geltend gemacht werden, wenn sie im Grundbuch eingetragen sind.

Schrifttum: Döbler, RhNK **83**, 181.

1) Regelungen der Verwaltung und Benutzung (§§ 744ff) u über den **Ausschluß der Aufhebung** (§§ 749ff) wirken nach §§ 746, 751 S 1 für u gg den Sondernachfolger eines Teilhabers. – **a) I** macht bei BruchtMitEigt (nicht bei GesHandsEigt; BayObLG **52**, 246) **an Grundstücken** die Wirkg **gegen** den (auch bösgl) SonderNachf von der GBEintr abhäng (Mü NJW **55**, 637). Aber auch bei Eintr gelten KO 16 II, §§ 749 II, III, 750, 751 S 2 (hM). § 1010 gilt auch für PfdgsGläub an einem aus dem MitEigt fließden Anspr (Ffm NJW **58**, 65) u bei Übergang eines Brucht auf mehrere Pers zu Brucht (LG Bln NJW **56**, 471). – Über Anspr der übr MitEigtümer, wenn einer entgg NutzgsVereinbg seinen Anteil mit Nießbr belastet BGH **40**, 326. – **b)** Die Vereinbg begründet eine **Belastung** der MitEAnteile zG des aus ihr Berecht, die im RangVerh zu und Belastgen steht (LG Zweibr Rpfleger **65**, 56) u ohne weiteres ggü dem AntErwerber wirkt (BayObLG Rpfleger **80**, 478). Der Berecht muß MitEigtümer sein (RGRK/Pikart Rdn 8; Fleitz BWNotZ **77**, 36; Ertl Rpfleger **79**, 81; aA Hamm DNotZ **73**, 546; MüKo/Schmidt Rdn 10; Erm/Ronke Rdn 3; Döbler aaO 190). Die Belastg wird mit Beendigg der Gemsch ggstandslos; Vereinbg für Zeit danach nicht sicherb (BayObLG MittBayNot **64**, 275). – **c) Eintragbar:** Vereinbg, daß Zust eines MitEigtümers od Außenstehden zur Aufhebg notw (KGJ **51**, 198; Hamm DNotz **73**, 546) od Aufhebg nur bei best Erlös (KG aaO; Köln OLGZ **70**, 276); Vereinbgen zw dem AlleinEigtümer u dem Nießbraucher an einem ideellen Anteil (LG Mü I MittBayNot **72**, 294 abl Anm Promberger). **Nicht** aber: TeilgsAbreden (Ffm Rpfleger **76**, 397); Verpfl zur Kosten- u LastenTragg (Hamm DNotZ **73**, 546; Köln RhNK **84**, 104; aA LG Traunst MittBayNot **78**, 157; Döbler aaO 185); Vereinbg über Beschrkg der VfgsBefugn nach § 747 (Hamm DNotZ **73**, 549). – **d) Eintragung** in Abt II richtet sich nach §§ 873–878; Berecht ist anzugeben (BayObLG DNotZ **76**, 744). EintrBew nur des Inh des belateten Anteils notw (BayObLG Rpfleger **81**, 352). Bei Eintr gem § 874 genügt Eintr „Verw- u BenutzgsRegelg" (BayObLG **73**, 84); Einzeichng auf in EintrBew in BezugsGen Karte genügt zur Bezeichng des GrdstTeils, auf den sich die Regelg erstrecken soll (Hamm DNotZ **73**, 546; vgl BGH NJW **81**, 1781). Über Fassg der EintrBew u Eintr Pöschl BWNotZ **74**, 79. Döbler aaO 190.

2) II. Einschränkg der §§ 755 II, 756 S 2 für Grdst. Eintr als Belastg eigener Art in Abt II. Zur Sicherg des Anspr eines Dritten auf allen Anteilen; des Anspr eines MitEigtümers auf den übrigen Anteilen. – II betrifft nicht Anspr, die in der Person des RNachfolgers, außerh der dingl RLage, entstanden sind (BGH WPM **66**, 579); vgl auch § 756 Anm 1.

1011 **Ansprüche aus dem Miteigentum.** Jeder Miteigentümer kann die Ansprüche aus dem Eigentume Dritten gegenüber in Ansehung der ganzen Sache geltend machen, den Anspruch auf Herausgabe jedoch nur in Gemäßheit des § 432.

1) Gegenüber den anderen Miteigentümern kann jeder MitEigtümer nur sein AnteilsR geltend machen; zB auf Einräumg des Mitbesitzes (§ 985), Beseitigg einer Beeinträchtigg (§ 1004) od aus §§ 743, 744, 745 (KG NJW **53**, 1592), 748. Über Besitzschutz vgl § 866.

2) Gegenüber Dritten kann jeder MitEigtümer sein AnteilsR geltd machen. Darüber hinaus nach § 1011 die dingl Anspr (zB §§ 894, 985, 1004) aus dem Eigt einschl EigtFeststellg **aller Miteigtümer** sowie die auf EigtVerletzg beruhenden schuldrechtl Anspr (zB §§ 812ff, 823, 906 II, 987ff); ebso Anspr aus Besitz (§§ 861, 862, 1007) u ZPO 771. Er muß das Eigt aller MitEigtümer beweisen, wobei § 1006 anwendb. Jeder MitEigtümer hat ein von den gleichen Rechten der anderen unabhängiges SonderR (BGH NJW **81**, 1097). – Sofern die anderen nicht mit Leistg an den AnsprSteller einverstanden (Köln FamRZ **59**, 460) od nicht empfangen können/wollen (entspr § 986 I 2), kann der MitEigtümer nur **Leistung an alle** (§ 432) bei HerausgAnspr u im RSinn unteilb Anspr aGrd EigtVerletzg (BGH LM § 812 Nr 15) verlangen; soweit letztere teilb, kann er anteilige Leistg an sich od volle Leistg an alle fordern. – Im **Prozeß** ist der alleine klagde MitEigtümer gesetzl ProzStandschafter, wobei sich die RKraft des Urt nur bei Zust zur Klage auf die and MitEigtümer erstreckt (BGH NJW **85**, 2825); daher keine notw Streitgenossensch (BGH **92**, 351).

3) Auf Gesamthandseigentum ist § 1011 nicht anwendb (BGH WPM **64**, 651); vgl 432 Anm 1b.

Vierter Abschnitt. Erbbaurecht

Überblick

Aus dem **Schrifttum: a)** Zum ErbbauR des BGB: Pesl, Das Erbbaurecht, 1910. – **b)** Zur ErbbRVO: Ingenstau, Kommentar zur ErbbRVO 6. Aufl 1987. – Knothe, Das ErbbR, 1987. – Linde/Richter, ErbbR u Erbbzins, 1987. – vOefele/Winkler, Handbuch des ErbbR, 1987. – Samoje, Kommentar zur ErbbRVO, 1919.

1) Bedeutung. Dch das ErbbR w der Kleinwohngsbau gefördert u die Bodenspekulation bekämpft. ErbbBerecht spart den Kaufpreis für das Grdst u wird gleichwohl Eigtümer des Bauwerks, das mit dem ErbbR veräußerl u vererbl ist. Der Wertzuwachs am Grdst verbleibt dem GrdstEigtümer.

2) Rechtsgrundlage. – a) Für vor dem 22. 1. 1919 begründete ErbbRe gelten die **§§ 1012–1017** fort (ErbbRVO 35, 38). Für die seit dem 22. 1. 1919 begründeten ErbbRe gilt die **ErbbRVO** (amtl Begründg RAnz 1919 Nr 26). – **b)** EG 131, 133 (LandesR); 181, 182, 184, 189, 196 (ÜbergangsR). **WEG 30** (WohngsErbbR).

3) Begriff u Inhalt. – a) Das ErbbR ist das veräußerl u vererbl **Recht, auf oder unter einem fremden Grundstück ein Bauwerk zu haben** (§ 1012, ErbbRVO 1 I). Vereinbgen nach ErbbRVO 2, 5 gehören zum RInhalt; nur bei GBEintr wirken sie ohne Übern u sg VgSonderRNachf. And schuldr wirkde Vereinbgen sind zul; sie wirken nur bei Übern für u gg SonderRNachf (Hamm DNotZ **76**, 534; LG Brschw Rpfleger **76**, 310). – **b)** Das ErbbR ist ein **beschränktes dingliches Recht** an einem fremden Grdst u zugl ein **grundstücksgleiches Recht,** das grdsl wie ein Grdst behandelt wird (§ 1017, ErbbRVO 11).

4) Schuldrechtliches Grundgeschäft (ErbbRVO 11 II) vom ErbbR u seinem dingl BestellgsGesch (ErbbRVO 11 Anm 2a) zu unterscheiden (vgl Einl 5 vor § 854), auch wenn beide RGesch zusgefaßt. Es ist idR auch GrdGesch für die Erbbzinsreallast u ihr dingl BestellgsGesch. Über mögl Nichtigk der RBestell bei Formnichtigk des GrdGesch vgl Wufka DNotZ **85**, 651; über Unmöglichk bei Bauverbot vgl BGH **96**, 385. Es wirkt für u gg SonderRNachf nur bei Abtretg bzw Übernahme der sich aus ihm ergebden Anspr/Pfl (BGH **96**, 371). Aus diesem Vertr ist Besteller uU auch ohne Abrede verpflichtet (§ 242), Konkurrenz fernzuhalten (aA Karlsr NJW **62**, 807). – **a)** Verstoß gg **verdinglichte Verpflichtung** (ErbbRVO 2) führt **nach Eintragung** des ErbbR nicht zu dessen Aufhebg, da sonst Zweck des ErbbRVO 1 IV (Sicherg des Bestandes für vorgesehene Dauer) gefährdet. Daher haben der GrdstEigtümer bei LeistgsStörgen/VertrVerletzgen des ErbbBerecht (BGH WPM **61**, 1148; aA Hbg MDR **62**, 132) u der ErbbBerecht bei Verstößen des GrdstEigtümers (BGH **LM § 1 Nr 4**; krit Hönn NJW **69**, 1669) kein RücktrR od KündR (als DauerschuldVerh aus wicht Grd). Anderes gilt **vor Eintragung** des ErbbR (BGH LM § 1 Nr 1). – **b)** Bei Verstoß gg **nichtverdinglichte Verpflichtung** (zB GewährLeistg) gefährdet Rückabwicklg des KausalGesch (dch Übertr auf GrdstEigtümer) über § 346 iVm §§ 326, 465 den Schutzzweck des ErbbRVO 1 IV nicht (BGH WPM **61**, 1148; Düss NJW **71**, 436).

Bestimmungen des BGB für alte Erbbaurechte

1012 *Ein Grundstück kann in der Weise belastet werden, daß demjenigen, zu dessen Gunsten die Belastung erfolgt, das veräußerliche und vererbliche Recht zusteht, auf oder unter der Oberfläche des Grundstücks ein Bauwerk zu haben (Erbbaurecht).*

1) Entspricht ErbbRVO 1 I.

2) Das **Eigentum am Bauwerk** richtet sich nach §§ 93 ff. – **a)** Die Bestellg des ErbbR verändert die EigtVerh an vorhandenen Bauwerken nicht. – **b)** Das von dem ErbbBerecht errichtete Bauwerk w sein Eigt (§ 95 I 2) u ist wesentl Bestandt des ErbbR (KG RJA **14**, 187). Ein GrdPfdR am ErbbR erstreckt sich auf das Bauwerk (§§ 1120 ff). Nach Erlöschen des ErbbR gehört dem ErbbBerecht das Bauwerk als bewegl Sache (KG aaO) u haftet für GrdPfdR fort; GrdstEigtümer kann Beseitigg verlangen (§ 1004), § 997 II nicht anwendb (Bauwerk nicht wesentl Bestandt des Grdst).

1013 *Das Erbbaurecht kann auf die Benutzung eines für das Bauwerk nicht erforderlichen Teiles des Grundstücks erstreckt werden, wenn sie für die Benutzung des Bauwerkes Vorteil bietet.*

1) Abweichd ErbbRVO 1 II. Vorteil zB dch Gartennutzg od Entnahme von Bodenbestandt für im Bauwerk betriebenes Gewerbe (RG JW **29**, 745). Form: § 1015.

1014 *Die Beschränkung des Erbbaurechts auf einen Teil eines Gebäudes, insbesondere ein Stockwerk, ist unzulässig.*

1) Entspricht ErbbRVO 1 III.

Erbbaurecht **§§ 1015–1017, ErbbRVO 1**

1015 *Die zur Bestellung des Erbbaurechts nach § 873 erforderliche Einigung des Eigentümers und des Erwerbers muß bei gleichzeitiger Anwesenheit beider Teile vor dem Grundbuchamt erklärt werden.*

1) Abweichd ErbbRVO 11 I (vgl dort Anm 2a). § 1015 heute noch bedeuts für Übertr, Erstreckg (§ 1013) u sonst InhaltsÄnderg; jetzt AuflForm (§ 925) erforderl (str).

1016 *Das Erbbaurecht erlischt nicht dadurch, daß das Bauwerk untergeht.*

1) Entspricht ErbbRVO 13. Untergang kann aber auflösde Bdgg sein (abw ErbbRVO 1 IV 1).

1017 ^I *Für das Erbbaurecht gelten die sich auf Grundstücke beziehenden Vorschriften.*
^{II} *Die für den Erwerb des Eigentums und die Ansprüche aus dem Eigentume geltenden Vorschriften finden auf das Erbbaurecht entsprechende Anwendung.*

1) Entspricht ErbbRVO 11 I 1. Gilt nach KG JW **35**, 650 nur für bestehde ErbbR (arg § 1015). II ermöglicht keine Anwendg von § 928 (kein Erwerb), wohl aber von § 927 (str). – Mit dem Erlöschen des ErbbR erlöschen seine Belastgen; über Fortbestand am Bauwerk vgl § 1012 Anm 2.

Verordnung über das Erbbaurecht

Vom 15. Januar 1919
(RGBl S 72, 122/BGBl III 403–6)
Zuletzt geändert durch Gesetz vom 8. 6. 1988 (BGBl I 710)

I. Begriff und Inhalt des Erbbaurechts
1. Gesetzlicher Inhalt

ErbbRVO 1 ^IEin Grundstück kann in der Weise belastet werden, daß demjenigen, zu dessen Gunsten die Belastung erfolgt, das veräußerliche und vererbliche Recht zusteht, auf oder unter der Oberfläche des Grundstücks ein Bauwerk zu haben (Erbbaurecht).
^{II} Das Erbbaurecht kann auf einen für das Bauwerk nicht erforderlichen Teil des Grundstücks erstreckt werden, sofern das Bauwerk wirtschaftlich die Hauptsache bleibt.
^{III} Die Beschränkung des Erbbaurechts auf einen Teil eines Gebäudes, insbesondere ein Stockwerk ist unzulässig.
^{IV} Das Erbbaurecht kann nicht durch auflösende Bedingungen beschränkt werden. Auf eine Vereinbarung, durch die sich der Erbbauberechtigte verpflichtet, beim Eintreten bestimmter Voraussetzungen das Erbbaurecht aufzugeben und seine Löschung im Grundbuch zu bewilligen, kann sich der Grundstückseigentümer nicht berufen.

1) Der **gesetzliche Mindestinhalt** des ErbbR ergibt sich aus **I**; Veräußerlich u Vererbbark sind unabdingb (KGJ **35** A 251), aber einschränkb (Hamm OLGZ **65**, 72; vgl § 5). Verwendg als BauGrd wesentl (RG **61**, 1); kein ErbbR an Grdst, das nicht bebaut werden soll (LG Lüb SchlHA **62**, 247). Zul Inhalt, mehrere Bauwerke auf einem Grdst zu haben.

a) **Umfang.** Das ErbbR belastet das ganze Grdst. Belastg realen Teils nur nach Abschreibg (GBO 7); Belastg ideellen Anteils unzul. Vereinigg/Zuschreibg eines Grdst bewirkt Belastg des neuen GrdstBestandteils nur bei Erstreckg des ErbbR, dessen Belastgen dann das erweiterte ErbbR ergreifen (Hamm DNotZ **74**, 91).

aa) **Erstreckung auf nicht zu bebauende Fläche (II).** Obwohl ErbbR ganzes Grdst belastet, darf nur für BauGrd benötigte Fläche benutzt werden; NutzgsR am RestGrdst verbleibt Eigtümer (BayObLG Rpfleger **84**, 313). Bedarf ErbbBerecht zur Ausübg seines Rechts noch unbebauter Fläche (zB als Zugang, Hof, Garten), so muß ErbbR auf Benutzg dieser Fläche erstreckt werden (dch Einigg u Eintr), wobei Bauwerk wirtsch Haupts bleiben muß (BayObLG Rpfleger **84**, 313); dies trifft zu für Gbde einer Schweinezüchterei (BayObLG **20**, 142), nicht aber einer landwirtsch Siedlg (Kiel JW **32**, 1977) od einer großen Sportanlage (LG Brschw MDR **53**, 480). Für Bauwerk nicht erforderl Fläche mit Dbk belastb, u zwar sowohl das Grdst wie das ErbbR daran (BayObLG **59**, 365); dies auch zG des GrdstEigtümers. II gilt entspr, wenn EinzelErbbR auf nicht zu bebauendes Grdst erstreckt werden soll (Düss Rpfleger **71**, 356; BayObLG Rpfleger **84**, 313), wodch GesErbbR entsteht (Anm 2).

bb) **Beschränkung auf Gebäudeteile (III).** Str, ob das Verbot nur hins horizontalen (Stockwerk) od auch hins vertikalen GbdeTeils gilt; ob also ErbbR zul, das Errichtg eines Bauwerks auf mehreren ErbbGrdst aGrd selbstd EinzelErbbR (**Nachbarerbbaurecht**) od teils auf ErbbGrdst u teils auf eigenem

1163

ErbbRVO 1, 2

Grdst vorsieht (Ja: Stahl-Sura DNotZ 81, 604 mwN; Düss DNotZ 74, 698; Stgt NJW 75, 786; nein: BGH **LM** Nr 7/8). Bei Beschrkg auf vertikalen GrdstTeil entsteht zwar keine Art StockwerksEigt, aber die EigtVerh am Bauwerk sind ebso wie bei Beendigg eines GesErbbR problemat (dazu Schraepler NJW 72, 1981; Rothoeft NJW 74, 665), soweit nicht bei ErbbRBestellg geregelt (dazu Esser NJW 74, 921). Wirtschaftl Bedürfn erheischt Lockerg zumindest hins Grenzüberbauung; Beschrkg auf selbstd NebenGbde od vertikalen GbdeTeil, den VerkAuffassg als selbstd Gbde ansieht, zul (BayObLG DNotZ 58, 409). Nach BGH **LM** Nr 7/8 wird ErbbRVertr nicht unwirks, wenn Gbde ohne entspr Vereinbg teils auf ErbbGrdst u teils auf Grdst errichtet.

cc) **Ausübungsbeschränkung auf realen Grundstücksteil** mit dingl Wirkg dch Einigg u Eintr zul (Hamm Rpfleger 72, 171); ErbbR belastet aber weiter ganzes Grdst. Nach Abschreibg dieses Teils erlischt ErbbR entspr BGB 1026 an RestGrdst (BayObLG DNotZ 58, 409).

b) **Bauwerk.** – **aa) Begriff.** Dch Verwendg von Arbeit u bodenfremdem Material iVm dem Erdboden hergestellte Sache (RG 56, 43); Erdbodenverbindg dch Schwerkraft ausreichd (LG Oldbg Rpfleger 83, 105). Außer Gbde auch Brücke, Leitgsmast, Seilbahnträger (Kiel OLG 26, 126), selbstd Keller, unterird Tank, oberird Großtank (LG Oldbg aaO), Grabdenkmal (Stgt OLG 8, 122), Gleisanlage (KGJ 29 A 130), Straße (LG Kiel SchlHA 72, 169), Tennis- mit Kinderspielplatz (LG Itzeh Rpfleger 73, 304), Campingplatz mit WirtschGbde (LG Paderb MDR 76, 579); **nicht** aber festgeschraubte Maschine (BayObLG 6, 596), lose Rohrleitg (KGJ 29 A 132), Sportplatzanlage (LG Brschw MDR 53, 480; and aber bei Kunststoffaschenbahn, Rasenheizg uä), Garten (LG Lüb SchlHA 59, 151). – **bb) Einigung und Eintragung** müssen Art u Umfang der zul Bebauung mind ungefähr bezeichnen (BGH Rpfleger 87, 361; KG Rpfleger 79, 208); auch ob ein od mehr (Zahl nicht notw) Gbde (BGH WPM 75, 498). Ungenügd bloße Wiedergabe des GesWortlauts „Bauwerk" (BGH **LM** Nr 3). Genügd, wenn offenkund örtl Verh nur eine best Bauweise zulassen (BGH 47, 190; Ffm Rpfleger 75, 305), sowie „nach Maßg künft Bebauungsplans" (BGH **101**, 143). „Parkhaus/Tankstelle" steht zusätzl Einrichtg einer Gaststätte nicht notw entgg (BGH **LM** Nr 10). Ungenügde Bezeichng läßt ErbbR nicht entstehen, Eintr ist inhaltl unzul (Ffm OLGZ 83, 165).

2) **Gesamterbbaurecht** als Belastg mehrerer Grdst (auch verschiedener Eigtümer) mit einem einheitl ErbbR zul (BGH NJW 76, 519); es entsteht dch anfängl Bestellg, Teilg eines belasteten Grdst, Erweiterg eines EinzelErbbR auf and Grdst od Vereinigg von EinzelErbbR (Demharter DNotZ 86, 457; Böhringer BWNotZ 88, 97). Die Grdst müssen nicht benachbart sein (aA Köln Rpfleger 88, 355 abl Anm Meyer-Stolte). Bei Erweiterg erstrecken sich Belastgen des früheren EinzelErbbR in Abt II u III auf das neue GesamtErbbR (Hamm DNotZ 74, 91). Zur Erweiterg auf unbebautes Grdst vgl Anm 1 a aa.

3) **Berechtigter.** Natürl od jur Pers; auch PersMehrh (GesHandsGemsch, BruchtGemsch). GesBerecht entspr BGB 428 zul (LG Hagen DNotZ 50, 381). Auch Eigtümer des belasteten Grdst (BGH Rpfleger 82, 143; vgl Einl 2 e vor BGB 854): **Eigentümererbbaurecht;** daher auch Beteil an PersMehrh, der Grdst gehört (LG Düss DNotZ 55, 155). Nicht aber jeweil Eigtümer eines and Grdst (KG OLG 15, 360).

4) **Auflösende Bedingung IV;** über Befristg vgl § 27 Anm 1. – a) **Auflösend bedingtes Erbbaurecht ist nichtig (IV 1);** § 139 unanwendb (str). Bestimmt befristete u aufschieb bdgte Bestellg zul. Wg ungewissen Endtermins auch Bestellg auf **Lebenszeit des Bestellers** nichtig u damit auch die dch VorE ohne Zust des NachE (BGH 52, 269; str, vgl v Oefele/Winkler 2.150 ff). Bestellg auf **Lebenszeit des Berechtigten** wg Verstoß gg VererblichkGrds (I), zumind aber wg ungewissen Endtermins nichtig (Celle Rpfleger 64, 213). – b) **Unwirksamkeit einer Vereinbarung nach IV 2** trifft nur Besteller, § 139 unanwendb (BGH RhNK 74, 23). Unwirks (jedenf ab Eintr des ErbbR) auch vereinbartes RücktrR vom KausalGesch (BGH **LM** Nr 1). Über Heimfall vgl § 2 Anm 2 d.

5) **Besitz.** Eigtümer ist mittelb Eigenbesitzer des Grdst, ErbbBerecht unmittelb Fremdbesitzer. Dch Beendigg des ErbbR bdgt HerausgAnspr des Eigtümers ist abtretb (BGH **LM** BGB 868 Nr 10).

2. Vertragsmäßiger Inhalt

ErbbRVO 2 Zum Inhalt des Erbbaurechts gehören auch Vereinbarungen des Grundstückseigentümers und des Erbbauberechtigten über:
1. die Errichtung, die Instandhaltung und die Verwendung des Bauwerkes;
2. die Versicherung des Bauwerkes und seinen Wiederaufbau im Falle der Zerstörung;
3. die Tragung der öffentlichen und privatrechtlichen Lasten und Abgaben;
4. eine Verpflichtung des Erbbauberechtigten, das Erbbaurecht beim Eintreten bestimmter Voraussetzungen auf den Grundstückseigentümer zu übertragen (Heimfall);
5. eine Verpflichtung des Erbbauberechtigten zur Zahlung von Vertragsstrafen;
6. die Einräumung eines Vorrechts für den Erbbauberechtigten auf Erneuerung des Erbbaurechts nach dessen Ablauf;
7. eine Verpflichtung des Grundstückseigentümers, das Grundstück an den jeweiligen Erbbauberechtigten zu verkaufen.

1) Die **Vereinbarungen** wirken nur bei GBEintr ohne weiteres auch für u gg SonderRNachf u zT gg Dritte (BGH NJW 54, 1443); ohne Eintr nur schuldr Wirkg unten den Part. Zur Bestimmth des Antr vgl BayObLG 67, 48; 69, 97; ungenügd: den ErbbRVertr als RInhalt einzutragen, soweit gesetzl zuläss. Bei dingl wirkd er Vereinbg Verpflichtg u Berechtigg des jeweil ErbbBerecht ggü jeweil Eigtümer u umgekehrt bzgl der währd Bestehens seines Rechts fälligen Leistgen. ErbbR haftet aber nicht dingl, wie Grdst für Hyp. Aber HeimfallAnspr auch ggü RNachfolger (auch Erwerber in ZwVerst; Behmer Rpfleger 83, 477 gg Scharen Rpfleger 83, 342), wenn ggü RVorgänger entstanden (Rahn BWNotZ 61, 53 [auch über Wirkg im Konk]; Weichhaus Rpfleger 79, 329). Änderg mit Zust der Gläub der das ErbbR belastden Rechte (BGB 876 S 1). Bes Sicherg dch Dbk mögl (str). Über nur schuldr wirkde Vereinbgen vgl Übbl 3 a vor § 1012.

Erbbaurecht **ErbbRVO 2–5**

2) Einzelheiten. – a) Zu Nr 1: Zur Errichtg gehört auch die Erschließg (Schulte BWNotZ **61**, 321). Unter Nr 1 fällt auch Abrede über Verwendg der unbebauten GrdstTeile, über BesichtggsR des Eigentümers (LG Lünebg MDR **55**, 36), über Notwendigk der EigtümerZust zur Vermietg (BGH DNotZ **68**, 302) od Veränderg (BayObLG NJW-RR **87**, 459) des Bauwerks; nicht aber AbrißPfl (LG Düss RhNK **87**, 129). Bei Verstoß hat Eigtümer gg ErbbBerecht vertragl Anspr auf Unterlassg/Beseitigg/SchadErs, auch BGB 1004 (BGH **59**, 205); uU auch gg Dritte (vgl Ingenstau Rdn 22); wg nur mittelb Besitzes aber keinen BesSchutz (vgl BGH **32**, 199). Notw EigtümerZust nicht nach § 7 ersetzb; ZustAnspr kann sich aus BGB 242 ergeben (BayObLG NJW-RR **87**, 459) u kann vor ProzGer selbstd od einredeweise gg Unterl/BeseitiggsAnspr geltd gemacht werden. – **b) Zu Nr 2;** Pfl zum Wiederaufbau nur bei Abrede u, wenn zumutb (§ 242). Vgl auch VO 13 Anm 1. – **c) Zu Nr 3:** Gilt nicht für VerkSichgsPfl (LG Mannh BWNotZ **83**, 146). Aus Übernahme von Lasten folgt aber keine unmittelb Haftg dem Gläub ggü (Ingenstau Rdn 31). – **d) Zu Nr 4:** Die frei vereinb (Ausn §§ 6 II, 9 III) Voraussetzgen des Heimfalls müssen bestimmt sein (BGH DNotZ **85**, 370) u mit dem ErbbR zushängen (LG Oldbg Rpfleger **79**, 383); zB Tod des Berecht (Hamm DNotZ **66**, 41), Unvermögen des Berecht zu fristgem Bebauung (BGH WPM **73**, 1074), Vernachlässigg/Veränderg/Untergang des Bauwerks (BGH NJW-RR **86**, 1269 [auch zur Beschrkg nach BGB 242]), bei kirchl Grdst Kirchenaustritt (LG Mü II Rpfleger **83**, 268; aA Brschw OLGZ **76**, 52) u kirchenfeindl Verhalten, zweckwidr Nutzg (BGH NJW **84**, 2213), Belastg nur mit EigtümerZust bei schuldrechtl BelastgsVerbot (vgl § 6 Anm 2), Nichteintritt eines Erwerbers in ErbbRVertr (Oldbg DNotZ **88**, 591); nicht aber jederzeit Verlangen des GrdstEigtümers (LG Oldbg Rpfleger **79**, 383). Entstandener ÜbertrAnspr idR auch dchsetzb, wenn verletzte VertrPfl nachgeholt ist (BGH NJW-RR **88**, 715). Zur VertrGestaltg bei Gesamt- u NachbErbbR vgl Haegele Rpfleger **67**, 280; Krämer DNotZ **74**, 659. Da Anspr auf Übertr, ist Verpfl zur Löschg unwirks (Mattern WPM **73**, 667). – **e) Zu Nr 5:** VertrStrafe auch für unpünktl ErbbZinszahlg (Strafzinsen; § 9 I gilt insow nicht); auch Verzugszinsen in nicht bestimmter Höhe (Merkel NJW **55**, 1114); keine gesetzl VerzZinsen (§ 289; BGH NJW **70**, 243). Anspr auf VertrStrafe durch Hyp sicherb; sonst kein Recht auf Befriedigg aus dem ErbbR (str). – **f) Zu Nr 6:** ErneuergsR, vgl VO 31. – **g) Zu Nr 7:** Als Inhalt des ErbbR eingetr (u dah nur für die Zeit währd seines Bestehens zu begründende, Hamm NJW **74**, 863) dingl **Verkaufsverpflichtung** wirkt zwar nicht wie Vormkg, aber dem Erwerber der Grdst ggü ausübb (BGH NJW **54**, 1444), dort auch über Verhältn zu dingl VorkR). Die wesentl KaufBdggen müssen festgelegt, mind bestimmb sein. Mögl ist Beschrkg auf den Fall des Verkaufs an Dritten u Übernahme des Inhalts dieses Vertr; ähnelt dann einem dingl VorkR, über dieses BGH aaO u § 10 Anm 1. Ausübg der Rechts nach Nr 7 durch Erkl ggü Eigtümer; hierdurch kommt Kauf zustande. Bei Erwerb des Grdst (durch Aufl u Eintr) bleibt ErbbR bestehen, ebso sonstige Belastgen des Grdst. ErbbBerecht konnte sich aber AuflAnspr durch Vormkg sichern (Ingenstau Rdn 67). Wurden ErbbR u AnkaufsR notariell beurkundet, kann ersteres unter Fortbestand des AnkaufsR dch forml Vereinbg aufgehoben u dch MietVertr ersetzt werden (BGH MDR **72**, 854). – Eine **Kaufverpflichtung** des ErbbBerecht nicht mit dingl Wirkg begründb, sond nur schuldrechtl, Form: § 313 BGB. Sie ist nicht ohne weiteres sittenwidr (BGH NJW **89**, 2129), Gestaltg des Einzelfalles maßg. Über analoge Anwendg von § 9a vgl Macke NJW **77**, 2233; Richter BWNotZ **78**, 61; Uibel NJW **79**, 24; über KaufprAnpassg gem § 242 vgl Demmer NJW **83**, 1636.

ErbbRVO 3 Der Heimfallanspruch des Grundstückseigentümers kann nicht von dem Eigentum an dem Grundstück getrennt werden; der Eigentümer kann verlangen, daß das Erbbaurecht einem von ihm zu bezeichnenden Dritten übertragen wird.

1) Halbs 1: HeimfallAnspr ist als wesentl GrdstBestandt nicht übertragb/verpfändb/pfändb (Düss DNotZ **74**, 177). – **Halbs 2:** Abdingb (str). Nur Anspr auf dingl Übertr an Dr, nicht auf schuldr Vereinbg mit Dr (Düss aaO). Übertr auf Dr erfüllt HeimfallAnspr des Eigtümers (BGH NJW **66**, 730). Bezeichng des Dr, der kein eigenes Recht erhält, änderb. MitbestimmgsR eines und bei Bezeichng des Dr nicht mit dingl Wirkg vereinb u nicht dch Vormerkg sicherb (Alberty NJW **53**, 691; LG Münst NJW **54**, 1246).

ErbbRVO 4 Der Heimfallanspruch sowie der Anspruch auf eine Vertragsstrafe (§ 2 Nr. 4 und 5) verjährt in sechs Monaten von dem Zeitpunkt an, in dem der Grundstückseigentümer von dem Vorhandensein der Voraussetzungen Kenntnis erlangt, ohne Rücksicht auf diese Kenntnis in zwei Jahren vom Eintreten der Voraussetzungen an.

ErbbRVO 5 ^{I} Als Inhalt des Erbbaurechts kann auch vereinbart werden, daß der Erbbauberechtigte zur Veräußerung des Erbbaurechts der Zustimmung des Grundstückseigentümers bedarf.

^{II} Als Inhalt des Erbbaurechts kann ferner vereinbart werden, daß der Erbbauberechtigte zur Belastung des Erbbaurechts mit einer Hypothek, Grund- oder Rentenschuld oder einer Reallast der Zustimmung des Grundstückseigentümers bedarf. Ist eine solche Vereinbarung getroffen, so kann auch eine Änderung des Inhalts der Hypothek, Grund- oder Rentenschuld oder der Reallast, die eine weitere Belastung des Erbbaurechts enthält, nicht ohne die Zustimmung des Grundstückseigentümers erfolgen.

1) Die **Verfügungsbeschränkungen** des § 5 sind ergänzd zu § 2 als dingl RInhalt vereinb; Ausn von BGB 137. Sie sollen den Eigtümer schützen (vgl Anm 2, 3); Schutz des ErbbBerecht dch § 7. – **a) Entstehung** anfängl (BGB 873) od nachträgl (BGB 877) dch Einigg u Eintr im ErbbGB. Eintragg dch Bezugn auf EintrBew (§ 14 I 3) materiellrechtl wirks, nur formellrechtl gilt GBVfg 56 II (BayObLG Rpfleger **79**, 384). Ohne Eintr nur schuldrechtl Wirkg. – **b) §§ 5–8 gelten** entspr für UnterErbbR, wo ZustErfordern des Eigtümers (aA RGRK/Räfele Rdn 11) u/od des OberErbbBerecht (LG Kleve RhNK **79**, 74) vereinb; nicht aber für ErbbHeimstätte (RHeimstG 26 II).

1165

ErbbRVO 5–7 3. Buch. 4. Abschnitt. *Bassenge*

2) Veräußerungsbeschränkung (I) soll zweckwidr Veräußerg u Veräußerg an unzuverläss Erwerber verhindern. – **a) Veräußerung** ist die vollständ od teilw Übertragg des ErbbR dch RGesch unter Lebden auf neuen RInh (vgl auch WEG 12 Anm 2b). Erfaßt wird auch Veräußerg iW vorweggen Erbfolge (LG Münst MDR **68**, 585); nicht aber Übertragg eines Anteils am GesHdsVermögen, wenn ErbbR (auch als einziger Ggst) zum Vermögen gehört (BayObLG **67**, 408), UnterErbbRBestellg (RGRK/Räfle Rdn 5) od Teilg (vgl auch WEG 30 Anm 1). Wg Vormkg für ÜbertrAnspr vgl § 6 Anm 1. – **b) Zustimmungserfordernis** kann auf best Veräußergsfälle (zB bis zu best Ztpkt od an best Pers) beschränkt werden bzw best Veräußergsfälle (zB an best Pers od iW der ZwVerst [auch aus best GrdPfdR; Brschw OLGZ **72**, 187]) können (auch iW der Vorauserteilg) ausgen werden; das ist als RInhalt eintragb.

3) Belastungsbeschränkung (II) soll wg § 33 übermäß Belastg verhindern. RInhalt kann nur das ZustErfordern sein; nur mit schuldrechtl Wirkg vereinb u nicht eintraggsfäh, daß Belastg nur mit best Inhalt, für best Gläub od zu best Zweck zul (KG JFG **20**, 14; BayObLG **59**, 327). – **a) Belastung (II 1)** wird mit BGB-648/1287-Hyp u wg WEG 42 II auch DWR (Stgt NJW **52**, 979); nicht aber Dbk od UnterErbbR (RGRK/Räfle § 7 Rdn 9). II 2 erfaßt nicht Teilg der Belastg, Umwandlg Hyp in GrdSch u umgekehrt, Abtretg (KG JFG **16**, 208), Unterwerfg gem ZPO 800 (str). Wg Vormkg für BelastgsAnspr vgl § 6 Anm 1. – **b) Zustimmungserfordernis** kann auf best Belastgsfälle beschränkt bzw best Belastgsfälle (zB best GrdPfdR [BayObLG **59**, 325; Rpfleger **79**, 384]) können ausgen werden; Anm 2b gilt entspr.

4) Zustimmungserteilung nach BGB 182ff; Nachw für Erwerber/BelastgsEintr gem GBO 29 (GeschWert: KostO 39 [Stgt DNotZ **82**, 779]). ZustBerecht ist der Eigtümer bzw der für ihn VfgsBefugte (zB KonkVerw); gesetzl Vertreter bedarf keiner Gen nach BGB 1821 (LG Ffm Rpfleger **74**, 109; aA MüKo/vOefele Rdn 4). Unwiderrufb, wenn VfgsErkl des ErbbBerecht gem BGB 873 II bindd geworden (BGH LM Nr 2).

ErbbRVO 6 ^I Ist eine Vereinbarung gemäß § 5 getroffen, so ist eine Verfügung des Erbbauberechtigten über das Erbbaurecht und ein Vertrag, durch den er sich zu einer solchen Verfügung verpflichtet, unwirksam, solange nicht der Grundstückseigentümer die erforderliche Zustimmung erteilt hat.

^{II} Auf eine Vereinbarung, daß ein Zuwiderhandeln des Erbbauberechtigten gegen eine nach § 5 übernommene Beschränkung einen Heimfallanspruch begründen soll, kann sich der Grundstückseigentümer nicht berufen.

1) Fehlende Zustimmung (I), deren Erfordern RInhalt (§ 5 Anm 1a), macht die Vfg über das ErbbR u das schuldrechtl GrdGesch ggü jedermann schwebd unwirks (BGH **33**, 76; Stgt Rpfleger **80**, 308). Bei Belastg mit GrdPfdR auch keine EigtümerGrdSch. – **Vormerkung** aGrd Bewilligg od einstwVfg, insb iFv BGB 648 (Nürnb OLGZ **67**, 22; Köln OLGZ **67**, 193), ohne Zust eintragb u wirks (Ingenstau Rdn 9–13; vgl BGB 885 Anm 1b aa).

2) Heimfall (II). Vereinbg, daß bei Verstoß gg Vereinbg nach § 5 HeimfallAnspr, nicht dchsetzb; aber erfüllb (LG Mü II MittBayNot **72**, 20; Soergel/Baur Rdn 3; aA Ingenstau Rdn 21; RGRK/Räfle Rdn 5). Verstoß gg bloß schuldrechtl VfgsVerbot als Heimfallvoraussetzg vereinb (Hamm OLGZ **86**, 14).

ErbbRVO 7 ^I Ist anzunehmen, daß durch die Veräußerung (§ 5 Abs. 1) der mit der Bestellung des Erbbaurechts verfolgte Zweck nicht wesentlich beeinträchtigt oder gefährdet wird, und daß die Persönlichkeit des Erwerbers Gewähr für eine ordnungsmäßige Erfüllung der sich aus dem Erbbaurechtsinhalt ergebenden Verpflichtungen bietet, so kann der Erbbauberechtigte verlangen, daß der Grundstückseigentümer die Zustimmung zur Veräußerung erteilt. Dem Erbbauberechtigten kann auch für weitere Fälle ein Anspruch auf Erteilung der Zustimmung eingeräumt werden.

^{II} Ist eine Belastung (§ 5 Abs. 2) mit den Regeln einer ordnungsmäßigen Wirtschaft vereinbar, und wird der mit der Bestellung des Erbbaurechts verfolgte Zweck nicht wesentlich beeinträchtigt oder gefährdet, so kann der Erbbauberechtigte verlangen, daß der Grundstückseigentümer die Zustimmung zu der Belastung erteilt.

^{III} Wird die Zustimmung des Grundstückseigentümers ohne ausreichenden Grund verweigert, so kann sie auf Antrag des Erbbauberechtigten durch das Amtsgericht ersetzt werden, in dessen Bezirk das Grundstück belegen ist. Die Vorschriften des § 53 Abs. 1 Satz 1, Abs. 2 und des § 60 Abs. 1 Nr. 6 des Reichsgesetzes über die Angelegenheiten der freiwilligen Gerichtsbarkeit gelten entsprechend.

1) Zustimmungsanspruch. – a) Gesetzlicher (I 1, II). Nicht ausschließb/einschränkb u nicht selbstd abtretb/verpfändb/pfändb; Übertragg u Pfdg/Überweisg zur Ausübg (ZPO 857 II) zul (BGH **33**, 76). Er soll ErbbBerecht VfgsFreih u wirtsch Nutzg des ErbbR ermöglichen. – **b) Vertraglicher als Rechtsinhalt (I 2).** Ist Vereinbg nach I 2 dch Einigg u Eintr RInhalt geworden, so wirkt sie auch ggü RNachf. Für Abtretg usw gilt Anm 1a. Nicht auf Belastgen (II) anwendb; hier nur Anspr nach Anm 1c mögl (BGH **98**, 362). – **c) Schuldrechtlicher.** ZustAnspr bzgl Veräußerg, der nicht RInhalt, od bzgl Belastgen wirkt nur schuldrechtl; ggü SonderNachf also nur bei Übernahme/Eintritt.

2) Voraussetzungen bei Veräußerung (I 1). Feststellgslast hat ErbbBerecht. – **a) Keine Zweckbeeinträchtigung/Gefährdung.** Zweck der ErbbRBestellg bestimmt sich nach dem ErbbRVertr (GrdGesch, dingl Bestellg, Bauwerksbezeichng [§ 1 Anm 1b bb] u Vereinbgen nach § 2 Nr 1, 4, 5); ferner nach den Umständen des Zustandekommens u der Handhabg (BayObLG **72**, 260; LG Mü I DNotZ **73**, 554; aA Hamm NJW **68**, 554). Beeinträchtigg idR bei spekulativer Veräußerg (Ffm Rpfleger **79**, 24) od wenn

ErbbBerecht schuldrechtl Verpfl ggü Eigtümer (insb bzgl ErbbZins) nicht an Erwerber weitergibt (Hamm DNotZ 76, 534 u Oldbg Rpfleger 85, 203 [bei Verpfl dazu]; Celle DNotZ 84, 387); nicht aber, wenn Erwerber Zusatzvereinbg (insb über ErbbZinserhöhg) mit Eigtümer od berechtigte (u deshalb einklagb) ErbbZinserhöhg (vgl BayObLG NJW-RR 87, 459) verweigert. Wesentlichk kann bei Hinnahme früh Beeinträchtiggen fehlen (BayObLG 72, 260). – b) **Zuverlässigkeit des Erwerbers** bzgl der Erfüllg von Verpfl aus dem gesetzl od vertragl ErbbRInhalt; nicht aber bzgl schuldrechtl Verpfl od der nicht zum RInhalt gehörden ErbbZinszahlg (RGRK/Räfle Rdn 7; aA Ingenstau Rdn 12). Da Erzielg vereinb ErbbZinses aber idR auch Zweck der ErbbRBestellg (BGH 100, 107; Hbg OLGZ 88, 385), kann mangelnde Zahlgsgewähr ZustVerweigerg wg Zweckgefährdg (Anm 2a) rechtfertigen (Celle DNotZ 84, 387).

3) **Voraussetzungen bei Belastung (II).** Feststellgslast hat der ErbbBerecht. Voraussetzgen zu a) u b) können sich überschneiden. – a) **Keine Zweckbeeinträchtigung/Gefährdung** (über Bestellgszweck u Wesentlichk vgl Anm 2a): Belastg zwecks Bebauung and Grdst bei Vermietg auf ErbbGrdst errichteten Hauses (Hamm NJW 68, 554); Belastg für zul Anbau (BayObLG Rpfleger 74, 357); Belastg des zum Gewerbebau bestellten ErbbR zur Finanzierg des Betr (Ffm DNotZ 78, 105); ErbbBerecht verweigert berechtigte (u daher einklagb) ErbbZinserhöhg (BayObLG NJW-RR 87, 459). IdR auch Belastg des zum Wohnbau bestellten ErbbR zur Finanzierg von Gewerbebau (BayObLG Rpfleger 89, 97; aA Karlsr WoM 72, 97). – b) **Ordnungsmäßige Wirtschaft.** Zum einen muß dem ErbbBerecht ein wirtsch GgWert zufließen, der sich zu seinem Nutzen bzgl des Bauwerks od seiner wirtsch Lage auswirkt u zum and darf keine Überbelastg erfolgen (Hbg OLGZ 88, 385; BayObLG NJW-RR 89, 97). Hierfür sind weder die bankübl (BayObLG NJW-RR 87, 459) noch die Beleihgsgrenzen nach §§ 18–22 (Ffm DNotZ 78, 105) maßg; 70% des Verkehrswerts idR zul (BayObLG Rpfleger 89, 97). Zu beachten Auswirkgen für Eigtümer bei Heimfall gem § 33 (BayObLG NJW-RR 87, 459; Ffm aaO; Hbg OLGZ 88, 385).

4) **Zustimmungsersetzung (III).** Das Verf findet (erst nach ErbbREntstehg; KG JFG 13, 366) nur statt bei Verweigerg der ZustAnspr aus I 1, 2 u II (auch bei Verweigerg formgerechter Zust od bei Zust unter unberecht Bdgg); Eintragg entgg § 15 steht nicht entgg (KG JFG 17, 81). ProzGer zuständ für: schuldrechtl ZustAnspr (BGH 98, 362), ZustAnspr bzgl baul Veränderg (§ 2 Anm 2a), ZustAnspr bzgl ErbbRTeilg (LG Bchm NJW 69, 1673), Streit über Wirksamk der Zust (KG JFG 17, 81), Anspr des ErbbBerecht gg Eigtümer auf Vorrangeinräumg (Stgt BWNotZ 63, 303). – a) **Voraussetzung.** Kein ausreichder VerweigergsGrd, wenn ZustAnspr nach I 1, 2, II gegeben (BGH 100, 107). Tats Verhältn bei Erlaß der Entscheidg maßg (BayObLG NJW-RR 87, 459). – b) **Verfahren.** Echtes StreitVerf der FG. AntrR hat nur der ErbbBerecht bzw der für ihn VfgsBefugte wie zB sein KonkVerw (Hamm OLGZ 66, 574) od PfdgsGläub des ZustAnspr (Hamm OLGZ 85, 269). Bei Mehrh von GrdstEigtümern braucht Antr nur gg Verweigerer gerichtet zu werden (Ffm Rpfleger 79, 24). Amtsermittlg (Ffm Rpfleger 12). GeschWert: KostO 30 (Stgt Rpfleger 80, 316; BayObLG Betr 89, 104; LG Osnabr JurBüro 87, 1211). – c) **Entscheidung.** Ersetzg muß das VfgsGesch genau bezeichnen (Ffm Rpfleger 77, 308), wobei Bdgg (zB Aufhebg vorrang Belastg) zul (Ffm aaO); wirks mit RKraft (FGG 53 I 1; Ausn: FGG 53 II) u mit sofBeschw nur des Eigtümers anfechtb (FGG 20 I, 60 I Nr 6). Versagg mit Bek wirks (FGG 16) u mit einfBeschw nur des AntrStellers anfechtb (FGG 19, 20 II).

ErbbRVO 8 Verfügungen, die im Wege der Zwangsvollstreckung oder der Arrestvollziehung oder durch den Konkursverwalter erfolgen, sind insoweit unwirksam, als sie die Rechte des Grundstückseigentümers aus einer Vereinbarung gemäß § 5 vereiteln oder beeinträchtigen würden.

1) **Allgemeines.** § 8 dehnt ein gem § 5 vereinb ZustErfordern vollen Umfangs auf die genannten Maßn aus (BGH 100, 107); nicht auf ZwVerwaltg u Vormkg aGrd einstwVfg (§ 6 Anm 1). Gilt auch für ZwVollstr in EigtümerErbbR (Hamm Rpfleger 85, 233) od wenn Eigtümer selbst vollstreckt (BayObLG 60, 473; VollstrAntr enthält wg § 7 Anm 2b noch nicht Zust). Wirkg fehler Zust wie in § 6 (BGH 33, 85).

2) **Veräußerungszustimmung (§ 5 I).** – a) Notw für Zuschlagserteilg in ZwVerst. Zust bzw Ersetzg muß wg § 7 Anm 2b erst bei Zuschlagserteilg vorliegen (BGH 33, 76). BelastgsZust enthält wg § 7 Anm 2b noch nicht ZuschlagsZust bei ZwVollstr auch dieser Belastg (BGH 100, 107). – b) Notw für VerpflGesch (MüKo/vOefele Rdn 12; aA Ingenstau Rdn 24; RGRK/Räfle Rdn 10) sowie Vfgen (freihänd od iW der ZwVerst) des KonkVerw.

3) **Belastungszustimmung (§ 5 II).** – a) Notw für SichgsHyp nach ZPO 848 II, 867, 932 (aA AG Eppelheim BWNotZ 88, 169), sofern Belastg zG des Gläub nicht zustfrei (Celle RPfleger 85, 22). Nicht für SichgsHyp nach ZVG 128 (weil Folge zul Verst) u nicht für AnfKlage nach AnfG (BGH NJW 66, 730). – b) Für KonkVerw gilt Anm 2b entspr.

4) **Zustimmungsersetzung** nach § 7 III nur, wenn ZustAnspr nach § 7 I (BGH 100, 107) od II (Hamm OLGZ 85, 269) gegeben. Kein ausreichder VerweigergsGrd bei Zuschlagserteilg, daß dem Recht des betreibden Gläub nachrang ErbbZinsreallast erlischt u Ersteher Neubestellg verweigert (BGH aaO gg Hamm DNotZ 87, 40). AntrR hat betreibder Gläub auch ohne vorherige Pfdg/Überweisg des ZustAnspr (BGH aaO). Iü gilt § 7 Anm 4.

3. Erbbauzins

ErbbRVO 9 [I] Wird für die Bestellung des Erbbaurechts ein Entgelt in wiederkehrenden Leistungen (Erbbauzins) ausbedungen, so finden die Vorschriften des Bürgerlichen Gesetzbuchs über die Reallasten entsprechende Anwendung. Die zugunsten der Landesgesetze bestehenden Vorbehalte über Reallasten finden keine Anwendung.

[II] Der Erbbauzins muß nach Zeit und Höhe für die ganze Erbbauzeit im voraus bestimmt sein.

ErbbRVO 9 1–3   3. Buch. 4. Abschnitt. *Bassenge*

Der Anspruch des Grundstückseigentümers auf Entrichtung des Erbbauzinses kann in Ansehung noch nicht fälliger Leistungen nicht von dem Eigentum an dem Grundstück getrennt werden.

III Zahlungsverzug des Erbbauberechtigten kann den Heimfallanspruch nur dann begründen, wenn der Erbbauberechtigte mit dem Erbbauzinse mindestens in Höhe zweier Jahresbeträge im Rückstand ist.

Schrifttum: Müller-Frank, RhNK 75, 355. – Hartmann, BWNotZ 76, 1 u NJW 76, 403 (Wertsicherg). – Dürkes, BB 80, 1609 (Wertsicherg).

1) Ob die Bestellg des ErbbR entgeltl od unentgeltl (BGH **LM** Nr 6) erfolgt, ist Frage des GrdGesch (BayObLG 59, 525; vgl Übbl 4 vor § 1012). Vereinbarter **Erbbauzins ist Belastung des Erbbaurechts** u nicht RInhalt (BGH NJW-RR 87, 74); auch nicht nach § 2 zum Inhalt machb (KG DNotZ 84, 384). Beliebiges Entgelt vereinb; zB einmalige Geld- (dch GrdPfdR am ErbbR sicherb) od SachLeistg. § 9 gilt nur bei Vereinbg wiederkehrder Leistgen als Entgelt (vgl aber Anm 2d).

2) Erbbauzins iSv § 9 erfordert (nicht notw regelm) dauernd od für einen best Zeitraum **wiederkehrende** (nicht notw aus dem Grdst oder ErbbR zu erbringde; Celle DNotZ 55, 315) Sach- od GeldLeistgn; unterschiedl Höhe (BGH **LM** Nr 12) u Art der Einzelleistgn zul. Über angem Höhe vgl Götz DNotZ 80, 3.

a) ErbbZins muß **im Voraus bestimmt** sein **(II 1)**, damit nachrang Kreditgeber die vorrang ErbbZins-Reallast genau berechnen können (BGH **LM** Nr 12); bloße Bestimmbark (wie bei Reallast) genügt nicht. Verstoß macht Zinsbrede u iZw gesamte ErbbRBestellg nichtig (BGB 139; GBO 53 I 2 für Zinsbrede, 53 I 1 für ErbbR; vgl Mohrbutter-Riedel NJW 57, 1500). – **Zulässig:** Wahlschuld u ErsetzgsBefugn (Celle DNotZ 55, 315) „x DM od x kg Roggen" (beide Mengen müssen im voraus bestimmt sein); auflösde Bdgg (Soergel/Baur Rdn 3). – **Unzulässig:** x% des in best Zeitabständen neu zu schätzden Bodenwerts; Gleitklauseln nach statist Index, Diskontsatz, Beamtengehalt, Bodenwert u. ä.; Neufestsetzg in best Zeitabständen (BGH 22, 220), auch nicht innerh best Grenzen (Dresd JFG 3, 325); Zuschlag iF des Verzuges (Stgt NJW 58, 2019); ohne FälligkBestimmg als RInhalt (LG Düss RhNK 87, 129).

b) Haben die Beteil nicht erkennb nur eine schuldr Verpfl gewollt (vgl Anm 2d), so enthält die ErbbZins-Vereinbg die formfreie Einigg iSv BGB 873 über die Belastg des ErbbR mit einer **reallastartigen dinglichen Erbbauzinspflicht**, die mit der Eintr im ErbbGB entsteht.

aa) Gem II 2 Eintr nur für jeweil Eigtümer des mit dem ErbbR belasteten Grdst (subjdingl) zul (BayObLG 61, 23); subjpers R inhaltl unzul (GBO 53 I 2). Einzelleistgn stehen jeweil GrdstEigtümer zu (zur Berechtigg bei GesErbbR vgl Haegele Rpfleger 67, 280). GrdstErwerber (dch RGesch od in ZwVerst) erwirbt Anspr auf die nach EigtÜbergang fäll Leistgn; Anspr auf rückständ Leistgn kann von Übertr ausgenommen w, da nichtwesentl GrdstBestandt. Anspr auf nicht fäll Leistgn nicht selbstd übertragb, verpfändb u pfändb (auch nicht nach ZPO 857 VI); Zugriff nur über Vollstr in Grdst.

bb) Aus **entsprechender Anwendung von BGB 1105ff** folgt: – **Persönliche Haftung** des ErbbBerecht iRv BGB 1108 neben Pfl zur Duldg der ZwVollstr aus BGB 1105, 1107, 1147. – **Haftungsgegenstand** für ErbbZins neben ErbbR: BGB 1107, 1120ff. – **Unterlassungsanspruch** des Eigtümers: BGB 1107, 1134, 1135. – Keine **Verzugs-/Prozeßzinsen** (BGH NJW 80, 2519). – **Rückstände:** gem BGB 1107, 1178 II verzichtb, gem BGB 1107, 1159, 1274, 1280 abtretb/verpfändb, gem ZPO 829, 835 pfändb. – **Unterwerfungsklausel** (ZPO 800) unzul (BayObLG 59, 83).

cc) Verjährung fäll ErbbZinsen: 4 Jahre (BGB 902 I 2, 197).

c) Änderung dch nachträgl Vereinbg u Eintr zul. In nachträgl Erhöhg (sie ist Neubestellg im Umfang des ErhöhgsBetr; Ffm Rpfleger 78, 312) können Betr für die Zeit vor Eintr der Änderg einbezogen u zu einer Leistg zusgefaßt w; der dingl Anspr entsteht aber erst mit Eintr u wird frühestens mit ihr fäll (BGH **LM** Nr 12). Nachträgl Erhöhg mit Vorrang vor gleich- od nachrang RealBerecht am ErbbR erfordert deren Zust, nachträgl Minderg die der am Grdst RealBerecht (BGB 876 S 2). Zur Eintr des geänderten ErbbZinses vgl Düss DNotZ 76, 539; Ffm aaO. – RangÄnderg u RangVorbeh zul, da Rangstelle nicht vorgeschrieben.

d) Nur **schuldrechtliche Verpflichtung** zur Zahlg wiederkehrder Leistgen hat keine reallastähnl RNatur (Planck Anm 1c); daher Verzugszinsen mögl (aA Düss Betr 78, 2166; vgl aber Anm 4b). II 1 gilt nicht (BGH **LM** Nr 6), da nachrang Berecht nicht zu schützen. Auch II 2 gilt nicht (Ingenstau Rdn 4; MüKo/v Oefele Rdn 7; aA W-Raiser § 104 Fußn 31), aber Verpfl zG jeweil GrdstEigtümer begründb (BGB 328). Sie kann auch neben ErbbZinsReallast vereinbart werden (BGH **LM** Nr 6).

3) Anpassung. BestimmthErfordern (Anm 2a) erschwert Berücksichtigg zukünft wirtsch Entwicklg. Mögl ist eine schuldr AnpassgsVerpfl (unten a), die dch Vormkg für neuen Zins (unten b) od HöchstbetrHyp (str, vgl Haegele/Schöner/Stöber Rdn 1837) gesichert; hilfsw Anpassg wg Wegfalls der GeschGrdLage (unten c).

a) Schuldrechtl **Vereinbarung**, ErbbZins in best Zeitabständen od unter best Voraussetzgn neu festzusetzen, ist zul (BGB 22, 220; 61, 209); bei EigtümerErbbR aber nicht mögl (BGH Rpfleger 82, 143). Sie wirkt für u gg SonderRNachf nur, wenn sie in diese eingetreten (BGH NJW-RR 87, 74); BGB 571 gilt bei GrdstVeräußerg nicht entspr (BGH NJW 72, 198); Abrede kann aber gem BGB 328 zG künft GrdstErwerber getroffen werden (BGH WPM 82, 977). Vereinbg in ErbbRVertr unterliegt BGB 313 iVm § 11 II, nicht aber die ihr entspr Neufestsetzg (vgl BGH DNotZ 73, 609). Schutz vor unbill Erhöhgen gibt § 9a.

aa) Die einem festen Zins beigefügte Gleitklausel hat nur schuldrechtl **Wirkung**, der feste Zins bleibt dingl vereinb (BGH Betr 70, 1732). Fehlt BemessgsGrdLage für Neufestsetzg, so gilt BGB 315 (Karlsr Betr 79, 934); bei ErbbR für Eigenheim Änderg der allg Lebenshaltungskosten maßg (BGH **LM** Nr 9; DNotZ 73, 478; vgl aber § 9a!), bei Gewerbebau auch die der Bodenpreise (BGH **LM** Nr 13). Sieht Klausel Einigg über Neufestsetzg (BGH Betr 78, 927) od Festsetzden (BGH 57, 47) vor, so ist idR bei Nichteinigg Neufestsetzg

Erbbaurecht **ErbbRVO 9, 9a**

dch Urt gewollt; dabei kann (ebso wie bei Verweigerg der Schiedsgutachterernenng; BGH **74**, 341) sogleich auf Zahlg geklagt werden. Ob Festsetzg dch Urt zurückwirken soll, ist Frage der Klauselauslegg (BGH MDR **79**, 298).

bb) Auslegung typischer Klauseln: angem Verzinsg des Bodenwerts (BGH DNotZ **70**, 351); Wirtsch-Verh (BGH **LM** Nr 3); allg wirtsch Verh (BGH **LM** BGB § 157 [Ge] Nr 15; KG OLGZ **77**, 276; vgl auch § 9a Anm 2c bb); Bodenwertsteigerg (BGH **LM** Nr 5; Hbg MDR **70**, 49); Beamtenbesoldg ohne Zuschläge u Zuwendgen (BGH Betr **76**, 1484: Änderg von Ortszuschlag u Weihnachtsgeld bleiben unberücksichtigt); BeamtenGrdGehalt (BGH DNotZ **77**, 411: GrdGehalt iS des BesoldgsR); Beamtendienstbezüge (BGH Betr **79**, 933); Gehalt eines [Amtsbezeichng] (Düss Betr **78**, 2166); allg Wirtsch- u WährgsVerh (Köln OLGZ **79**, 104); Getreidepreis (BGH WPM **84**, 406; **85**, 417: Lebenshaltgskosten).

cc) Genehmigungspflicht nach WährG 3. Zur Abgrenzg genbedürft Gleitklauseln von genfrei Leistgs-Vorbeh- u SpanngsKlauseln vgl BGB 245 Anm 5. **Genehmigungsfrei:** ÄndergsAnspr bei best Änderg der Bezugsgröße; ebenso bei Anpassg ein, wenn auch eingeschränkter Spielraum bleibt, wie bei „ungefähre Aufrechterhaltg des WertVerh zw ErbbZins u GrdstWert" (BGH DNotZ **69**, 96) od „ErbbZins nicht unter x% des GrdstWerts" (BGH BB **78**, 581) od „Anpassg an veränderte GrdstPreise" (BGH ZMR **71**, 127). – Bei genbedürft aber nicht genehmigter Klausel (zB ErbbZins richtet sich nach GrdstVerkehrsWert) besteht idR Verpfl zur Änderg in genfreie Klausel, sofern solche nach Grds ergänzder VertrAuslegg bestimmb; diese gilt dann als anfängl vereinb (BGH NJW **79**, 1545).

b) Zulässigk einer **Vormerkung** mit Rangwirkg zur Sicherg des Anspr auf Bestellg einer ErbbZinsReallast entspr dem neu festzusetzden Zins dch § 9a III (trotz ungenauen Wortlauts, denn AnpassgsAnspr nicht vormerkb) bestätigt (BGH NJW-RR **87**, 74); sie kann mehrere Anpassgen sichern (BayObLG **77**, 93). – Künftiger **Zinsanspruch muß hinreichend bestimmbar** sein (vgl BGB 883 Anm 2a). Ausreichd bestimmt Bezugsgröße: Wert des ErbbGrdst (BGH **22**, 220); Jahresmietzins des Gbdes (LG Duisbg JMBlNRW **60**, 99); best Lebenshaltgskostenindex des Statist Bundes- (Celle Rpfleger **84**, 462) od Landesamtes (BGH **61**, 209); Ecklohn best Lohngruppe BAT oä (Oldbg NJW **61**, 2261); best Beamtengehalt (Hamm DNotZ **64**, 346); angem Verzinsg des GrdstWerts gemessen am Lebenshaltgskostenindex (Celle NdsRpfl **85**, 70). **Zu unbestimmt:** Anpassg, die ohne Rücks auf Zeitablauf u Anlaß verlangt werden kann (Schlesw SchlHA **70**, 60); VerkWert (Hamm OLGZ **67**, 450) od Pachtzins (Düss OLGZ **69**, 221) von Grdst in gleicher od ähnl Lage.

c) Grds über **Wegfall der Geschäftsgrundlage** in engen Grenzen anwendb, wenn ergänzde VertrAuslegg keine AnpassgsPfl ergibt (BGH **81**, 135; WPM **85**, 417). Urspr Verh zw Leistg u GgLeistg muß so stark gestört sein, daß Grenze des dch langfrist Vertr übernommenen Risikos überschritten u Interessen des Benachteiligten nicht mehr annähernd gewahrt (BGH **97**, 171: über 60% Kaufkraftschwund). Es besteht aus dem GrdGesch ein ErhöhgsAnspr u ein Anspr auf Änderg der ErbbZinsReallast (BGH **96**, 371); es kann auch sogleich auf Zahlg des erhöhten ErbbZinses geklagt werden.

4) Verzug. – **a) Zahlungsverzug**, der als Voraussetzg für Heimfall vereinbart (§ 2 Nr 4), braucht nicht aufeinandfolgde Zeiträume zu betreffen. Haftg für Verzugsschaden: BGB 286. Keine Verzugszinsen (Anm 2b bb; vgl aber 2d). – **b) Anpassungsverzug.** Haftg für Verzugsschaden: BGB 286 (BGH **LM** Nr 18). Keine Verzugszinsen, da keine Zinsschuld (im Ergebn zutr Düss Betr **78**, 2166).

5) Landesrechtliche Vorbehalte (EG 113, 115, 120 II Nr 2) gelten nicht (**I 2**). – **Währungsumstellung** 1:1 (UmStG 18 I Nr 1).

ErbbRVO 9a [I] Dient das auf Grund eines Erbbaurechts errichtete Bauwerk Wohnzwecken, so begründet eine Vereinbarung, daß eine Änderung des Erbbauzinses verlangt werden kann, einen Anspruch auf Erhöhung des Erbbauzinses nur, soweit diese unter Berücksichtigung aller Umstände des Einzelfalles nicht unbillig ist. Ein Erhöhungsanspruch ist regelmäßig als unbillig anzusehen, wenn und soweit die nach der vereinbarten Bemessungsgrundlage zu errechnende Erhöhung über die seit Vertragsabschluß eingetretene Änderung der allgemeinen wirtschaftlichen Verhältnisse hinausgeht. Änderungen der Grundstückswertverhältnisse bleiben außer den in Satz 4 genannten Fällen außer Betracht. Im Einzelfall kann bei Berücksichtigung aller Umstände, insbesondere

1. einer Änderung des Grundstückswertes infolge eigener zulässigerweise bewirkter Aufwendungen des Grundstückseigentümers oder
2. der Vorteile, welche eine Änderung des Grundstückswertes oder die ihr zugrunde liegenden Umstände für den Erbbauberechtigten mit sich bringen,

ein über diese Grenze hinausgehender Erhöhungsanspruch billig sein. Ein Anspruch auf Erhöhung des Erbbauzinses darf frühestens nach Ablauf von drei Jahren seit Vertragsabschluß und, wenn eine Erhöhung des Erbbauzinses bereits erfolgt ist, frühestens nach Ablauf von drei Jahren seit der jeweils letzten Erhöhung des Erbbauzinses geltend gemacht werden.

[II] Dient ein Teil des auf Grund des Erbbaurechts errichteten Bauwerks Wohnzwecken, so gilt Absatz 1 nur für den Anspruch auf Änderung eines angemessenen Teilbetrages des Erbbauzinses.

[III] Die Zulässigkeit einer Vormerkung zur Sicherung eines Anspruchs auf Erhöhung des Erbbauzinses wird durch die vorstehenden Vorschriften nicht berührt.

1) Allgemeines. § 9a (in Kraft seit 23. 1. 74; G v 8. 1. 74, BGBl 41) ergänzt § 9 u will sozial („Wohnzwecke") unerwünschte Belastgen des ErbbBerecht aus AnpassgsKlauseln eindämmen.

a) § 9a **erfaßt Erhöhungsanspruch aus Anpassungsvereinbarung** iSv § 9 Anm 3, die im ErbbVertr od später (Mü MDR **76**, 931) getroffen; nicht aber im Einzelfall (zB anläßl einer Zust nach § 5) vereinb

ErbbRVO 9a 1–6

Erhöhgen (BGH NJW **80**, 588). Unerhebl ist die Pers des Gläub des AnpassgsAnspr; zB auch Voreigtümer nach Übereigng ohne Abtr des AnpassgsAnspr. Unerhebl ist die Art der AnpassgsVereinbg; § 9a gilt bei Gleit- u Spanngsklauseln ebso wie bei LeistgsVorbehKlauseln; entspr dem GZweck auch bei Ersetzgs-Befugn, Wahlschuld u Sachleistg, soweit derart Vereinbg tats wie AnpassgsVereinbg wirken; Umfang der Erhöhg kann nach BGB 315ff (BGH **68**, 152) oder aGrd vereinb BemessgsGrdlage vorzunehmen sein.

b) § 9a **beschränkt den Anspruch aus der Anpassungsvereinbarung** u gibt ihm ggü Einwendg. Eine diese Beschrkg überschreitde Vereinbg ist nicht nach BGB 134, 138 nichtig, sond wird nur in ihrer Wirksamk begrenzt (zB Befristg nach I 5 gilt statt vereinb kürzerer Frist; BGH NJW **83**, 986). Übereinstimmg einer Vereinbg mit § 9a ersetzt nicht GenErfordern nach WährG 3. – Neufestsetzg über die Grenze des § 9a ist im Umfang der Unbilligk unwirks, wenn einseit erfolgt (BGB 315ff), bzw rechtsgrdlos u kondizierb, wenn vereinbart (Hamm RhNK **80**, 178; aA Dürkes BB **80**, 1069); Leistgn aGrd derart Erhöhgn sind kondizierb (uU BGB 814).

2) Wirkungsweise. § 9a unterwirft den Umfang (nicht aber Voraussetzgen) des ErhöhgsAnspr einer **Billigkeitsprüfung** (BGH LM Nr 6). Bei einer vereinb BemessgsGrdLage ist zunächst die sich aus ihr ergebde Erhöhg festzustellen. Das gilt auch für GrdstWertKlauseln, denn I 3 schließt den GrdstWert nicht als zu vereinbarde BemessgsGrdLage sond nur bei der BilligkPrüfg aus (BGH LM Nr 6), u für Lebenshaltgskostenindexklauseln, denn dieser Index ist nicht allein maßg. Die BilligkPrüfg kann das Ergebn der vereinb BemessgsGrdLage bestätigen od ermäßigen, nicht aber erhöhen; bleibt die vereinb BemessgsGrdLage hinter dem zurück, was nach § 9a zul wäre, so ist nur sie maßg (BGH **75**, 279).

a) Bei der BilligkPrüfg sind die **Wertverhältnisse des Grundstücks** (isoliert od im Verband mit Nachbod sonst vergleichb Grdst) vorbehaltl I 4 nicht zu berücksichtigen **(I 3).** Nach BGH (NJW **79**, 1546; **82**, 2382; abl Uibel NJW **83**, 211) soll dies auch für negative Entwicklg gelten; dies entspr zwar dem allg Wortlaut des I 3, nicht aber dem Schutzweck des § 9a. – Ausn in **I 4: Nr 1:** Aufwendgen des GrdstEigtümers sind auch solche aus seiner Sphäre (zB des RVorgängers). **Nr 2:** Nur die vom ErbbBerecht realisierb Vorteile (Sager-Peters NJW **74**, 263; aA Staud/Ring Rdn 8); also ohne Ausschlagg zB die nicht genutzte Möglichk einer intensiveren Bebauung aGrd Umzong.

b) Im übrigen sind **alle Umstände des Einzelfalles** zu berücksichtigen **(I 1),** daher auch die pers Verh (zB Alter, Krankh, Einkommen) des ErbbBerecht (MüKo/v Oefele Rdn 12; aA BGH NJW **79**, 1546 abl Anm v Hoyningen-Huene; vgl auch Köln OLGZ **79**, 104). Ist eine BemessgsGrdLage vereinb, so sind grdsl nur ihre Faktoren zu berücksichtigen, da UnbilligkMaßstab in I 2.

c) Obergrenze für die Erhöhg gibt **I 2**; sie gilt entgg Wortlaut auch, wo keine BemessgsGrdLage vereinb (BGH **68**, 152). – **aa)** I 2 bildet **keine absolute Grenze,** wie „regelm" u I 4 zeigen; Einzelumstände (I 1) können daher Über- od Unterschreiten der objektiv u ohne BilligkErwägen zu ermittelnden Grenze nach I 2 rechtfertigen (BGH **75**, 279). – **bb)** Maßstab für die **Änderung der allgemeinen wirtschaftlichen Verhältnisse** ist der aus den im jeweil Bezugszeitraum (vgl cc) eingetretenen prozentualen Steigergen einer der Lebenshaltgskosten (eines 4-Pers-ArbNHaush) u ands der Einkommen (Mittelwert aus Bruttoverdienst der Arb in der Industrie sowie aus dem der Angest in Industrie u Handel) gebildete Mittelwert (BGH NJW **80**, 2519); dabei ist auf die für die männl u weibl Gesamtbevölkerg der BRep maßg Monatsindexzahlen des StatistBAmts abzustellen (BGH **87**, 198). – **cc) Vertragsabschluß** iSv I 2 ist Vereinbg der AnpassgsKl u nicht die letzte ErhöhgsVereinbg (BGH NJW **81**, 2567). Bei mehrf Vereinbg von AnpassgsKl kommt es darauf an, welche Vereinbg die Part als Basis für künft Erhöhgen angesehen haben (BGH NJW **81**, 2567; das kann eine unverändert übern AnpassgsKl bei frei vereinb ZinsErhöhg (BGH NJW **81**, 2567; Karlsr NJW-RR **88**, 332) od bei Erstreckg des ErbbR auf weiteres Grdst (BGH NJW-RR **88**, 775) sein. Maßg Werte für Abschluß der Entwicklg sind die zuletzt vor Stellg des Erhöhgsverlangens veröffentlichten Monatsindizes (BGH **87**, 198).

d) AnsprBerecht muß **beweisen,** daß Erhöhgsverlangen nicht unbill (dazu Sager-Peters NJW **74**, 263).

3) Befristung (I 5). Der ErhöhgsAnspr ist, auch wenn er nicht unbill ist od AnpassgsVereinbg keine Fristenregelg enthält (BGH NJW **83**, 986), von der Erstfestsetzg bei der Erstrerhöhg bzw von einer Erhöhg bis zur nächsten 3 Jahre zwingd (BGH NJW-RR **89**, 138) aufschiebd befristet. Aber Geltdmachg vor Ablauf der 3 Jahre für diesen Ztpkt zul (BGH NJW **83**, 986). Zul ist auch Vereinbg, daß Neufestsetzg ab einem best Ztpkt eintritt; dieser darf nur nicht vor Ablauf der 3-Jahres-Fr liegen: I 5 steht also ErhöhgsAnspr für feste Intervalle nicht entgg.

4) Das Bauwerk muß **Wohnzwecken** dienen **(I 1)** od Nebenanlage zu WohnGbden (Garage, Schwimmbad) sein. Dazu gehören auch vom ErbbBerecht vermietete Wohngen (BGH **75**, 279), gewerbl betriebene Wohnheime, Zweitwohngen; nicht aber Hotels, Pflegeheime (Dürkes BB **80**, 1611). Keine Begrenzg auf sozialen od steuerbegünst Wohngsbau. Bei vom ErbbRVertr abw Verwendg entscheidet jeweils die Zweckbestimmg, der die betr Part (od RVorgänger) in dem für sie nachteil Fall zugestimmt hat: dh § 9a nur anwendb, wenn Verwendg gem ErbbRVertr od mit Zust des GrdstEigtümers zu Wohnzwecken erfolgte; § 9a dagg nicht anwendb, wenn ErbbBerecht gem ErbbVertr od eigenmächt Bauwerk zu and Zwecken benutzt. – Bei **gemischter Verwendung (II)** ist der ErbbZins im Verh der Bruttoertragswerte von Wohnu (zB) Gewerbeteil aufzuteilen (Odenbreit NJW **74**, 2273; Düss Betr **78**, 2166).

5) III sanktioniert bish schon geübte Praxis von Vormkgen für erhöhten ErbbZins (vgl § 9 Anm 3b). III hat weiter die Bedeutg, daß Vormkg nicht deshalb als unzul angesehen werden kann, weil vorgemerkter Anspr wg § 9a nicht hinreichd bestimmb wäre.

6) Übergangsregelung gem G v 8. 1. 74, BGBl 41:

Art. 2: [1] *Für nach dem Inkrafttreten dieses Gesetzes fällig werdende Erbbauzinsen ist § 9a der Verordnung über das Erbbaurecht in der Fassung des Artikels 1 Nr. 1 dieses Gesetzes auch bei Vereinbarungen des dort bezeichneten Inhalts anzuwenden, die vor Inkrafttreten dieses Gesetzes geschlossen worden sind.*

Erbbaurecht **ErbbRVO 9a–11**

II Ist der Erbbauzins auf Grund einer solchen Vereinbarung vor dem Inkrafttreten dieses Gesetzes erhöht worden, so behält es hierbei sein Bewenden. Der Erbbauberechtigte kann jedoch für die Zukunft eine bei entsprechender Anwendung der in Absatz 1 genannten Vorschrift gerechtfertigte Herabsetzung dann verlangen, wenn das Bestehenbleiben der Erhöhung für ihn angesichts der Umstände des Einzelfalles eine besondere Härte wäre.

a) Abs 1 gilt für die inhaltl u für die zeitl Schranke der Erhöhg. Die 3-Jahres-Fr läuft ab der letzten Festsetzg des ErbbZinses, nicht etwa ab Inkrafttr der Neuregelg.

b) Abs 2: Erhöhgen des ErbbZinses aus der Zeit vor dem 23. 1. 74 bleiben grdsl bei Bestand. Muß Erhöhg dch Urt erfolgen, weil Einigg gescheitert (BGH Betr **78**, 927) od Schiedsgutachten unbill (BGH Betr **79**, 887; nicht aber, wenn Urt Unbilligk verneint, BGH WPM **82**, 767), so ist Erhöhg erst mit Verurteilg vorgenommen; Zugang des Erhöhgsverlangens reicht nur bei Gleitklausel (BGH WPM **79**, 466). Nach S 2 aber Möglichk einer (nicht rückw) Herabsetzg gem dem Maßstab des § 9a I 1 mit 4; zusätzl Voraussetzg ist, daß Bestehenbleiben bes Härte wäre, was vom ErbBerecht zu beweisen. Herabsetzgs-Möglichk besteht nur, wenn ErbbZins aGrd eines Anspr iSv § 9a I 1 erhöht wurde.

4. Rangstelle

ErbbRVO 10 ^I Das Erbbaurecht kann nur zur ausschließlich ersten Rangstelle bestellt werden; der Rang kann nicht geändert werden. Rechte, die zur Erhaltung der Wirksamkeit gegenüber dem öffentlichen Glauben des Grundbuchs der Eintragung nicht bedürfen, bleiben außer Betracht.

^II Durch landesrechtliche Verordnung können Bestimmungen getroffen werden, wonach bei der Bestellung des Erbbaurechts von dem Erfordernisse der ersten Rangstelle abgewichen werden kann, wenn dies für die vorhergehenden Berechtigten und den Bestand des Erbbaurechts unschädlich ist.

1) ErbbR nur an erster Rangstelle (I), damit Ausfall in ZwVerst des Grdst unmögl (vgl auch § 25) u Beleihbark gesichert. Umfang u Ausübg der Vorbelastg unerhebl (Ffm Rpfleger **73**, 400). Unzul auch gleichrang Re. Bestellg mehrerer ErbbRe im Gleichrang auch dann unzul, wenn Ausübg auf verschied GrdstTeile beschr (Ffm DNotZ **67**, 688; MüKo/v Oefele § 1 Rdn 37; aA Erm/Ronke § 1 Rdn 11; Weitnauer DNotZ **58**, 414). I gilt nur für Belastg mit rangfäh Ren (vgl BGB 879 Anm 2a); also auch für Vormkg, nicht aber für VfgsBeschrkg. Bei belastetem Grdst ErbbR nur nach RangRücktr des RealBerecht bestellb. – **a) Zulässig** ist gleichrang subjdingl VorkR für ErbBerecht (BGH Rpfleger **73**, 355); ebso subjpers, wenn es in seiner Bedeutg für ErbbR konkret dem subjdingl gleichkommt (Düss NJW **56**, 875). Zul auch gleich- od nachrang Vormkg für ErbbR, wenn nur erste Rangstelle für ErbbR gewollt. NachEVermerk steht ErbbREintr nicht entgg (Hamm Rpfleger **89**, 232); stimmt NachE zu, ist ErbbRBestellg wirks u es besteht kein Rangproblem; zur Nichtigk bei Nichtzustimmg vgl § 1 Anm 4a. – **b) Verstoß** macht Eintr inhaltl unzul (GBO 53 I 2); Löschg u rangricht NeuEintr erforderl, nicht bloße Vorrangeinräumg (Hamm Rpfleger **76**, 131). KausalGesch wird dch vor- od gleichrang Belastg nicht berührt, wenn erstrang ErbbR gewollt (LG Aach RhNK **68**, 542). – **c) Rangverschlechterung kraft Gesetzes** wird dch I 1 nicht verhindert: fälschl gelöschtes ErbbR kann nach gutgl erworbenen ZwRen eingetr werden (BGH **51**, 50).

2) Ausnahme (I 2): BGB 914 II 1, 917 II 2; EG 187 I 1 (BayObLG **82**, 210); RSiedlG 5, 14; RHeimstG 14; öff Lasten (zB BBauG 64 III, LAG 111a). Vgl Ingenstau Rdn 11ff.

3) Landesrecht (II). *Pr* VO v 30. 4. 19 (GS 88; dazu Hbg DNotZ **67**, 373), aufgeh in *Nds* (VO v 26. 3. 71, GVBl 135) u *SchlH* (AGGBG 25 I Nr 11); *Hbg* AGGBG 42a.

5. Anwendung des Grundstücksrechts

ErbbRVO 11 ^I Auf das Erbbaurecht finden die sich auf Grundstücke beziehenden Vorschriften mit Ausnahme der §§ 925, 927, 928 des Bürgerlichen Gesetzbuchs sowie die Vorschriften über Ansprüche aus dem Eigentum entsprechende Anwendung, soweit sich nicht aus dieser Verordnung ein anderes ergibt. Eine Übertragung des Erbbaurechts, die unter einer Bedingung oder einer Zeitbestimmung erfolgt, ist unwirksam.

^II Auf einen Vertrag, durch den sich der eine Teil verpflichtet, ein Erbbaurecht zu bestellen oder zu erwerben, findet der § 313 des Bürgerlichen Gesetzbuchs entsprechende Anwendung.

1) Das ErbbR wird wie ein Grdst behandelt **(I): grundstücksgleiches Recht** (Übbl 1c vor BGB 873). Es kann herrschdes Grdst für subjdingl Rechte sein. – **a) Entsprechend anwendbar** sind auf Entstehg u entstandenes ErbbR neben den in Anm 2 genannten Vorschr zB BGB 93ff, 416, 436, 439 II, 444, 446 II, 449, 477, 503, 510 II, 571ff (wenn ErbBerecht sein Bauwerk vermietet u dann ErbbR veräußert; BGH NJW **72**, 198), 648, 753, 836, 837, 891ff, 1126, 1424, 1807 I Nr 1 u II, 1821. Ferner Vorschr and Bundes- (BGH MDR **72**, 854) od LandesG (KG JW **35**, 650), soweit sich nicht aus ihrem Inhalt, Sinn u Zweck od der ErbbRVO etwas ergibt (RG **108**, 70). – **b) Ansprüche aus dem Eigentum:** BGB 985ff, 1004, 1011; ferner BGB 861ff (vgl § 1 Anm 5). – **c)** ErbbR kann **Heimstätte** sein od werden (KG JFG **4**, 384), wenn GrdstEigtümer Heimstättenausgeber sein kann (RHeimstG 26 I, AVO 43f), Eintr: GBVfg 63. Näheres: Schneider BlGWB **63**, 199/216; vgl auch LG Wuppt NJW **65**, 1767 (Eigtümer-ErbbHeimst).

2) Für **rechtsgeschäftliche Verfügungen** ergibt sich aus I:

a) Entstehung (vgl auch BGB 900 II, BauGB 61). – **aa)** Als **dingliches Recht** gem BGB 873 (BGB 925a nicht anwendb; BGH LM § 1 Nr 3) dch formlose (Oldbg DNotZ **85**, 712; LG Lüb SchlHA **84**, 147) Einigg

1171

ErbbRVO 11 2, 3   3. Buch. 4. Abschnitt. *Bassenge*

bzw einseit Erkl bei EigtümerErbbR u Eintr im GrdstGB (vgl § 10 Anm 1); GBO 20, 29 gelten (KG Rpfleger **79**, 208). GBA muß grdsl auch bei formlosem u daher nichtigem GrdGesch eintragen (Oldbg aaO; Wufka DNotZ **85**, 651). Mangelnl Einigg bei Verstoß gg BestimmthGrds (BGH **LM** § 1 Nr 3). Je nach GrdstVG 2 nicht erforderl (BGH NJW **76**, 519), aber nach BauGB 51 I Nr 1, 144 II Nr 1 u EGBGB 88 (Hbg JW **27**, 2323). UnbedenklichkBescheinigg iSv § 925 Anm 7 notw (EGAO 1977 Art 97 § 7); vgl auch BFH NJW **79**, 392. – **bb) Anfangszeitpunkt.** Dingl entsteht das ErbbR frühestens mit der Eintr (BGH Rpfleger **73**, 355); über aufschiebde Bdgg u Befristg vgl § 1 Anm 4a. Ein Ztpkt vor der Eintr kann aber als AnfangsZtpkt für die Berechng des BeendiggsZtpkts festgelegt w (LG Würzb Rpfleger **75**, 249; zur Ausslegg von ZtpktKlauseln vgl Promberger Rpfleger **75**, 233); auch and Wirkgen der ErbbRBestellg sind schuldr auf jeden belieb Ztpkt beziehb.

b) Inhaltsänderung gem BGB 877 dch Einigg u Eintr. Dch sie betroffen w GrdstEigtümer, uU auch Inh von Ren am Grdst u am ErbbR. Die Eintr erfolgt im ErbbGB (§ 14 III 1), nur für Änderg von aufschiebden Bdggen sowie Anfangs- u EndZtpkt entscheidet das für Bestand des ErbbR maßg GrdstGB. Verlängerg der ErbbRZeit wie InhaltsÄnderg zu behandeln (BayObLG **59**, 527).

c) Teilung des ErbbR zul, wenn ErbbBerecht mehrere Bauwerke (Ffm DNotZ **67**, 688) u nicht nur eines (Hamm MDR **84**, 402: Doppelhaus) haben darf. Für entstehde TeilErbbRe gilt urspr ErbbRVertr; an ihnen bleiben Belastgen des ErbbR als GesBelastg bestehen. Teilg erfordert: – **aa)** Teilg des Grdst dch Eigtümer in selbstd TeilGrdst (BayObLG **61**, 32), wozu dieser dem ErbbBerecht nur bei Vereinbg verpflichtet (Hamm MDR **84**, 402); TeilgsAnspr vor ProzGer einklagb, nicht nach § 7. – **bb)** Teilg des ErbbR dch ErbbBerecht dahin, daß auf jedem TeilGrdst R, (mindestens) ein Bauwerk zu stehen hat. Sie beschränkt ErbbRe auf Umfang der TeilGrdst u enthält damit TeilAufhebg, der gem BGB 875, 876 RealBerecht am ErbbR (Neust NJW **60**, 1157), nicht aber am Grdst, u gem § 26 Eigtümer (BGH NJW **74**, 498; für Verpfl dazu gilt aa entspr) zustimmen müssen. Sie enthält EnthaftgsErkl (Lutter DNotZ **60**, 91; KEHE/Eickmann § 7 Rdn 23); Praxis verlangt vielf ausdrückl EnthaftgsErkl. – **cc)** Eintr der TeilErbbRe in neuem ErbbRGB.

d) Vereinigung, Zuschreibung (BGB 890). – **aa)** ErbbRe können vereinigt od einand als Bestandt zugeschrieben werden. Zugeschriebenes ErbbR haftet nur für GrdPfdR (BGB 1131) auf HauptErbbR, nicht aber für Einzelleistgen eines ErbbZinsreallast (vgl BGB 1107 Anm 2c). – **bb)** ErbbR kann einem and Grdst des ErbbBerecht als Bestandt (jederzeit lösb) zugeschrieben werden (Schulte BWNotZ **60**, 137); auch belastetes Grdst dem ErbbR (Kehrer BWNotZ **54**, 86). Vereinigg mögl (vgl BGB 890 Anm 1b).

e) Übertragung gem BGB 873 dch Einigg u Eintr im ErbbGB. Bdgg (auflösd od aufschiebd) u Befristg unzul (**I 2**). Übertr auf Eigtümer mögl, da gem BGB 889 kein Erlöschen. Für behördl Gen u UnbedenklichkBescheinigg gilt Anm 2a; kein VorkR nach BauGB 24. – Kein Erwerb entspr BGB 927.

f) Belastung gem BGB 873 dch Einigg u Eintr im ErbbGB. Zul ist die Belastg mit jedem R, das an einem Grdst bestellt w kann; eine dingl BelastgsBeschrkg kann vereinb w (§ 5). Bei Nichtentstehg des ErbbR inf Nichtigk der dingl Bestellg können Belastgen kr öff Glaubens des ErbbGB wirks entstehen (BGH WPM **63**, 533); ErbbR gilt dann insow als bestehd u entsteht für den Ersteher in der ZwVerst. Keine Heilg, wenn ErbbBerecht selbst belastet (BGH WPM **64**, 182). Inhaltl unzul Eintr ermöglicht keinen gutgl Erwerb (Ffm Rpfleger **75**, 305). – **aa)** Zul ist auch die Belastg mit einem **Untererbbaurecht** (BGH **62**, 179; hM). Der Inhalt muß sich im Rahmen des belasteten ErbbR halten (BGH aaO), in dessen ErbbGB in Abt II es erscheint, währd für das UnterErbbR ein eigenes ErbbGB anzulegen ist. – **bb)** Belastg mit einer **Dienstbarkeit** nur im Rahmen der eigenen Befugn des ErbbBerecht; zB wenn TankstellenDbk, wenn ErbbBerecht nur Wohnhaus haben darf (BayObLG DNotZ **58**, 542). – **cc)** Belastg des ErbbR ergreift nicht das Grdst (Hamm NJW **69**, 2052). Aber ein GrdPfdR kann gleichzeit auf beiden lasten u ist dann GesGrdPfdR (Mü JFG **23**, 151); wohl auch GesDbk (BayObLG **59**, 365; Rutenfranz DNotZ **65**, 464). Wird ErbbR auf zugeschriebenes Grdst erstreckt, so ergreifen dingl ErbbRBelastgen das ErbbR in seinem neuen Bestand (Hamm DNotZ **74**, 94).

g) Beendigung dch Aufhebg (§ 26), Zeitablauf (§ 27), Verj (BGB 901), Enteigng, entspr BGB 1026 (vgl § 1 Anm 1a cc); **nicht** aber dch Verzicht entspr BGB 928 (I 1), auflösde Bdgg (§ 1 IV 1), Untergang des Bauwerks (§ 13), Erwerb des ErbbR dch ErbbBerecht od des ErbbR dch GrdstEigtümer (BGB 889), Zuschlag in ZwVerst (§ 25), Heimfall (§ 32), NichtErf der BebaubarkErwartg (BGH **101**, 143).

h) Zwangsvollstreckung in ErbbR wie in Grdst. Bei ZwVollstr in Grdst bleibt ErbbR bestehen (§ 25).

3) Form des Grundgeschäfts (vgl Übbl 4 vor § 1012). – **a)** Der Form des **BGB 313** unterliegen die vertragl Verpfl zur Bestellg, Übertr od Erwerb eines ErbbR (**II, I 1**) sowie ihre Änderg (BGH **59**, 269). Dies gilt auch für Übertr aGrd Träger-Siedler-Vertr (BGH **16**, 334; Oldbg Rpfleger **61**, 240). – **aa) Alle Abreden** des GrdGesch sind in die Urk aufzunehmen (BayObLG Rpfleger **79**, 180; vgl BGB 313 Anm 8). Eine Vereinbg über die Ablösbark des ErbbZinses kann nicht als formlos wirks selbst Vertr angesehen w (BGH BB **67**, 8). NichtBeurk einer GrdstErwerbsPfl des ErbbBerecht macht ganzen ErbbRVertr nichtig (BGH BB **64**, 148). – **bb)** Heilung (BGB 313 S 2). ÜbertrVertr w auch geheilt dch Eintr des Erwerbers als GrdstEigtümer ohne VorEintr als ErbbBerecht u Bewilligg der ErbbRLöschg dch Veräußerer des ErbbR (BGH **32**, 11). Die Eintr des ErbbR heilt nicht die formlos (in ErbbR- od ÄndergsVertr) begründete Verpfl, das Grdst nach Beendigg des ErbbR zu übereignen (BGH **59**, 269).

b) Formfrei sind: satzgsgem Zuteilg dch Genossensch an Genossen (BGH NJW **78**, 2505) im Ggs zur Erkl des Genossen, die ErwerbsPfl für ihn begründet (vgl BGH aaO); vertragl Verpfl zur InhaltsÄnderg bestehden ErbbR (MüKo/v Oefele Rdn 28; aA Ingenstau Rdn 76) od Belastg/BelastgsÄnderg (zB ErbbZins; BGH NJW **86**, 932); Bestimmg des ErbbGrdst, wenn ErbbRVertr dies einer VertrPart od Dr überläßt (BGH **LM** § 1 Nr 7/8).

6. Bauwerk. Bestandteile

ErbbRVO 12 ^{I} Das auf Grund des Erbbaurechts errichtete Bauwerk gilt als wesentlicher Bestandteil des Erbbaurechts. Das gleiche gilt für ein Bauwerk, das bei der Bestellung des Erbbaurechts schon vorhanden ist. Die Haftung des Bauwerkes für die Belastungen des Grundstücks erlischt mit der Eintragung des Erbbaurechts im Grundbuch.

^{II} Die §§ 94 und 95 des Bürgerlichen Gesetzbuchs finden auf das Erbbaurecht entsprechende Anwendung; die Bestandteile des Erbbaurechts sind nicht zugleich Bestandteile des Grundstücks.

^{III} Erlischt das Erbbaurecht, so werden die Bestandteile des Erbbaurechts Bestandteile des Grundstücks.

1) Zu I: Das **Bauwerk** teilt als **wesentlicher Bestandteil des Erbbaurechts** dessen dingl RLage u kann nicht Ggst bes dingl R sein; daher Enthaftg nach I 3 kr G (Schutz der GrdstGläub dch § 10 I). Sofern zul, Bauwerk teils auf eig u teils auf ErbbGrdst zu errichten (vgl § 1 Anm 1 a bb), ist entspr Eigengrenzüberbau (BGB § 912 Anm 2 b) gesamtes Bauwerk vielf nur Bestandt des eig Grdst. – Wg Errichtg eines Bauwerks dch Mieter in nicht erfüllter Erwartg der ErbbRBestellg (BGB 94, nicht 95) vgl BGH **LM** § 951 Nr 14; Ausgl: BGB 946, 951 (s dort Anm 3). – **a) Erbbauberechtigter wird Eigentümer** u unmittelb EigBesitzer (Weitnauer DNotZ **68**, 303) der zZ der Entstehg des ErbbR (Nürnb DNotZ **55**, 204) vorhandenen (str, Ingenstau Rdn 13) od von ihm od Dr aGrd des ErbbR, wenn vertrwidr (vgl § 2 Anm 2 a) errichteten Bauwerks. Bei Überbau über den zum Bau best GrdstTeil: BGB 912 ff entspr. – Wg Eigt bei altem ErbbR vgl § 1012 Anm 2. – **b) Mit Übertragung des Erbbaurechts** w Erwerber Eigtümer, bei Heimfall (vorbeh § 3 Halbs 2) der GrdstEigtümer. Bei Heimfall eines GesamtErbbR (§ 1 Anm 2) entsteht GesamtEigtümer-ErbbR u MitEigt – uU GesHandsEigt – (Rothoeft NJW **74**, 665; Krämer DNotZ **74**, 647). Str, ob bei Heimfall eines NachbErbbR (§ 1 Anm 1 a bb) vertikal geteiltes AlleinEigt (Rothoeft u Krämer aaO) od MitEigt (Schraepler NJW **74**, 2076) entsteht.

2) Zu II: Erzeugnisse des Grdst nach BGB 94 iFv 1 II sind Eigt des ErbbBerecht u unterliegen der Belastg des ErbbR. Anders die Sachen iSv BGB 95, die im Eigt des bish Eigtümers verbleiben.

3) Zu III: Mit **Erlöschen des Erbbaurechts** (auch nach § 26) wird das Bauwerk wesentl GrdstBestandt u damit Eigt des GrdstEigtümers, es haftet nicht mehr für die Belastgen des ErbbR; vgl aber § 29. Mit Erlöschen des ErbbR erlöschen auch damit verbundene subjdingl Rechte (BGB 96); das soll nach LG Verden NdsRpfl **64**, 250 für ein für den ErbbBerecht eingetr WegeR selbst dann gelten, wenn ErbbBerecht das Eigt am Grdst erwirbt (unbefriedigd; man könnte an Fortbestand des WegeR bis zum vorgesehenen Ablauf des ErbbR denken; jedenf schuldrechtl Anspr aus evtl BestellgsVertr). – Str, ob bei Erlöschen eines Gesamt- (§ 1 Anm 2) od NachbErbbR (§ 1 Anm 1 a bb) vertikal geteiltes AlleinEigt (Rothoeft NJW **74**, 665; Krämer DNotZ **74**, 647) od MitEigt (Schraepler NJW **74**, 2076) entsteht.

ErbbRVO 13 Das Erbbaurecht erlischt nicht dadurch, daß das Bauwerk untergeht.

1) Berecht darf ein neues Bauwerk errichten, dazu auch die Baustoffe des alten (die sein Eigt bleiben) verwenden od (str) veräußern. Verpflichtet zum Neuaufbau nur ggf aus BestellgsVertr. – Untergang des Bauwerks gibt nicht Anspr auf Herabsetzg des ErbbZinses (BGH **LM** § 157 D Nr 1). Vereinbg, daß ErbbR erlischt, wg § 1 IV unwirks; mögl aber Vereinbg eines HeimfallR nach § 2 Nr 4 (Ingenstau Rdn 4).

II. Grundbuchvorschriften

ErbbRVO 14 ^{I} Für das Erbbaurecht wird bei der Eintragung in das Grundbuch von Amts wegen ein besonderes Grundbuchblatt (Erbbaugrundbuch) angelegt. Im Erbbaugrundbuch soll auch der Eigentümer und jeder spätere Erwerber des Grundstücks vermerkt werden. Zur näheren Bezeichnung des Inhalts des Erbbaurechts kann auf die Eintragungsbewilligung Bezug genommen werden.

^{II} Bei der Eintragung im Grundbuch des Grundstücks ist zur näheren Bezeichnung des Inhalts des Erbbaurechts auf das Erbbaugrundbuch Bezug zu nehmen.

^{III} Das Erbbaugrundbuch ist für das Erbbaurecht das Grundbuch im Sinne des Bürgerlichen Gesetzbuchs. Die Eintragung eines neuen Erbbauberechtigten ist unverzüglich auf dem Blatte des Grundstücks zu vermerken. Der Vermerk kann durch Bezugnahme auf das Erbbaugrundbuch ersetzt werden.

1) Anlegg des **Erbbaugrundbuchs** stets vAw; anders GBO 8 für alte ErbbR. Maßg, u zwar auch für den öff Gl (BGB 891/2) u bei Widerspr zw beiden GB (vgl Horber/Demharter § 8 Anm 7) ist: Für die **Entstehung** (BayObLG **86**, 294), die Pers des Ersterwerbers, das belastete Grdst, den Rang u die Dauer (zur Eintr vgl Ffm Rpfleger **75**, 59) die Eintr im **Grundstücksgrundbuch**; dieses auch für die Eintr von Widerspr, Vormerkg, VfgsBeschrkgen. Für den **Inhalt** (also auch für §§ 2 ff), die Übertr u Belastg des ErbbR die Eintr im **Erbbaugrundbuch**. Im übrigen enthalten die §§ 14–17 nur OrdngsVorschr. Vgl auch GBVfg 54 ff. Über Eintr einer Verlängerg der ErbbRZeit vgl BayObLG **59**, 528. Für GesamtErbbR (§ 1 Anm 2) nur ein ErbbGB (Köln Rpfleger **61**, 18); Bestimmg evtl nach GBO § 1 II, FGG § 5.

ErbbRVO 15 In den Fällen des § 5 darf der Rechtsübergang und die Belastung erst eingetragen werden, wenn dem Grundbuchamte die Zustimmung des Grundstückseigentümers nachgewiesen ist.

1) OrdngsVorschr; Nachw gem GBO 29. Gilt auch im Fall des § 8 (BayObLG **60**, 472).

ErbbRVO 16 Bei der Löschung des Erbbaurechts wird das Erbbaugrundbuch von Amts wegen geschlossen.

ErbbRVO 17 ^I Jede Eintragung in das Erbbaugrundbuch soll auch dem Grundstückseigentümer, die Eintragung von Verfügungsbeschränkungen des Erbbauberechtigten den im Erbbaugrundbuch eingetragenen dinglich Berechtigten bekanntgemacht werden.

^{II} Den Erbbauberechtigten soll die Eintragung eines Grundstückseigentümers, die Eintragung von Verfügungsbeschränkungen des Grundstückseigentümers sowie die Eintragung eines Widerspruchs gegen die Eintragung des Eigentümers in das Grundbuch des Grundstücks bekanntgemacht werden.

^{III} Auf die Bekanntmachung kann verzichtet werden.

1) Ergänzg zu GBO 55.

III. Beleihung

1. Mündelhypothek

ErbbRVO 18 Eine Hypothek an einem Erbbaurecht auf einem inländischen Grundstück ist für die Anlegung von Mündelgeld als sicher anzusehen, wenn sie eine Tilgungshypothek ist und den Erfordernissen der §§ 19, 20 entspricht.

ErbbRVO 19 ^I Die Hypothek darf die Hälfte des Wertes des Erbbaurechts nicht übersteigen. Dieser ist anzunehmen gleich der halben Summe des Bauwerts und des kapitalisierten, durch sorgfältige Ermittlung festgestellten jährlichen Mietreinertrags, den das Bauwerk nebst den Bestandteilen des Erbbaurechts unter Berücksichtigung seiner Beschaffenheit bei ordnungsmäßiger Wirtschaft jedem Besitzer nachhaltig gewähren kann. Der angenommene Wert darf jedoch den kapitalisierten Mietreinertrag nicht übersteigen.

^{II} Ein der Hypothek im Range vorgehender Erbbauzins ist zu kapitalisieren und von ihr in Abzug zu bringen.

1) Öff Lasten bleiben bei Wertberechn außer Ansatz (BayObLG NJW **54**, 1040); zur WertBerechng vgl Glaser Betr **78**, 1775. – Allg über Beleihbark vgl Götz DNotZ **80**, 3.

2) II: Hyp u kapitalisierter ErbbZins zus dürfen die Beleihgsgrenze (I 1) nicht übersteigen.

ErbbRVO 20 ^I Die planmäßige Tilgung der Hypothek muß
1. unter Zuwachs der ersparten Zinsen erfolgen,
2. spätestens mit dem Anfang des vierten auf die Gewährung des Hypothekenkapitals folgenden Kalenderjahrs beginnen,
3. spätestens zehn Jahre vor Ablauf des Erbbaurechts endigen und darf
4. nicht länger dauern, als zur buchmäßigen Abschreibung des Bauwerkes nach wirtschaftlichen Grundsätzen erforderlich ist.

^{II} Das Erbbaurecht muß mindestens noch so lange laufen, daß eine den Vorschriften des Absatzes 1 entsprechende Tilgung der Hypothek für jeden Erbbauberechtigten oder seine Rechtsnachfolger aus den Erträgen des Erbbaurechts möglich ist.

2. Sicherheitsgrenze für sonstige Beleihungen

ErbbRVO 21 ^I Erbbaurechte können nach Maßgabe der §§ 11 und 12 des Hypothekenbankgesetzes von Hypothekenbanken und nach Maßgabe des § 54a des Versicherungsaufsichtsgesetzes von Versicherungsunternehmen beliehen werden, wenn eine dem § 20 Abs. 1 Nr. 3 und 4 entsprechende Tilgung vereinbart wird.

^{II} Auf einen der Hypothek im Range vorgehenden Erbbauzins ist die Vorschrift des § 19 Abs. 2 entsprechend anzuwenden.

1) § 21 zuletzt geänd dch Art. 2 I G vom 8. 6. 1988 (BGBl I 710). – HypBkG jetzt idF v 5. 2. 63 (BGBl I 81), 11. 3. 74 (BGBl I 671).

2) Bei einem Unterschied der nach § 19 I u HypBkG 12, VAG 69 ermittelten Werte ist der geringere maßgebd. Für Vorrang des Verkaufswerts bei sachwertorientierten Eigenheimen: Praxl, Der langfrist Kredit **82**, 592.

Erbbaurecht

ErbbRVO 22–27

3. Landesrechtliche Vorschriften

ErbbRVO 22 Die Landesgesetzgebung kann für die innerhalb ihres Geltungsbereichs belegenen Grundstücke

1. die Mündelsicherheit der Erbbaurechtshypotheken abweichend von den Vorschriften der §§ 18 bis 20 regeln,
2. bestimmen, in welcher Weise festzustellen ist, ob die Voraussetzungen für die Mündelsicherheit (§§ 19, 20) vorliegen.

1) Zu Nr 2: zB BremAGBGB 56; vgl auch § 1807 II.

IV. Feuerversicherung. Zwangsversteigerung

1. Feuerversicherung

ErbbRVO 23 Ist das Bauwerk gegen Feuer versichert, so hat der Versicherer den Grundstückseigentümer unverzüglich zu benachrichtigen, wenn ihm der Eintritt des Versicherungsfalls angezeigt wird.

1) Pflicht des ErbbBerecht zur Versicherg des Bauwerks u zum Wiederaufbau wird idR zum Inhalt des ErbbVertrages gemacht, § 2 Nr 2. Trotzdem gesetzl Schutz des GrdstEigtümers unzureichd, weil er anders als der HypGläub (BGB 1128) kein Recht an der VersFdg hat.

2. Zwangsversteigerung

a) des Erbbaurechts

ErbbRVO 24 Bei einer Zwangsvollstreckung in das Erbbaurecht gilt auch der Grundstückseigentümer als Beteiligter im Sinne des § 9 des Gesetzes über die Zwangsversteigerung und die Zwangsverwaltung (Reichsgesetzbl. 1898 S. 713).

1) ZwVollstr in ErbbR wie in Grdst: ZwangsHyp, -Verst, -Verw. Über ZwVerst vgl Hagemann Gruch 65, 31; Pöschl BWNotZ 56, 41. Fällt (dingl gesicherter) ErbbZins nicht in das geringste Gebot, erlischt Belastg u Ersteher erwirbt erbzinsfrei (BGH 81, 358; dazu Winkler NJW 85, 940 mwN) ohne Eintritt in schuldrechtl Vertr; ZVG 52 II auf ErbbZins nicht entspr anwendb (BGH aaO). Im VerteilgsVerf, wenn Deckg, Kapitalisierg (ZVG 92 I). – Vgl auch § 8 Anm 2.

b) des Grundstücks

ErbbRVO 25 Wird das Grundstück zwangsweise versteigert, so bleibt das Erbbaurecht auch dann bestehen, wenn es bei der Feststellung des geringsten Gebots nicht berücksichtigt ist.

1) Ausn von ZVG 52 I 2, 91 I, 92. Vgl aber ZVG 59 I. Bestehen bleiben auch die Belastgen des ErbbR. Zur Anwendbark von ZVG 57, BGB 571 I vgl Mü WPM 66, 693.

V. Beendigung, Erneuerung, Heimfall

1. Beendigung

a) Aufhebung

ErbbRVO 26 Das Erbbaurecht kann nur mit Zustimmung des Grundstückseigentümers aufgehoben werden. Die Zustimmung ist dem Grundbuchamt oder dem Erbbauberechtigten gegenüber zu erklären; sie ist unwiderruflich.

1) **Aufhebung** gem § 11 I iVm BGB 875 (maßg Löschg im GrdstGB), 876, 878. Zust des GrdstEigtümers sachlrechtl formfrei; verfrechtl GBO 29. Über ZustErfordern bei Mithaft des Grdst vgl BGB 876 Anm 2b. Dingl Rechte am ErbbR erlöschen mit dessen Aufhebg (daher BGB 876 für RInh); ggf Neubestellg am Grdst notw (liegt idR in „Übertr" der Rechte bei Erwerb des Grdst dch ErbbBerecht unter Aufhebg des ErbbR mit Zust des RInh; BayObLG Rpfleger 84, 145).

b) Zeitablauf

ErbbRVO 27 ^{I} Erlischt das Erbbaurecht durch Zeitablauf, so hat der Grundstückseigentümer dem Erbbauberechtigten eine Entschädigung für das Bauwerk zu leisten. Als Inhalt des Erbbaurechts können Vereinbarungen über die Höhe der Entschädigung und die Art ihrer Zahlung sowie über ihre Ausschließung getroffen werden.

^{II} Ist das Erbbaurecht zur Befriedigung des Wohnbedürfnisses minderbemittelter Bevölkerungskreise bestellt, so muß die Entschädigung mindestens zwei Drittel des gemeinen Wertes betragen, den das Bauwerk bei Ablauf des Erbbaurechts hat. Auf eine abweichende Vereinbarung kann sich der Grundstückseigentümer nicht berufen.

ErbbRVO 27–31

III Der Grundstückseigentümer kann seine Verpflichtung zur Zahlung der Entschädigung dadurch abwenden, daß er dem Erbbauberechtigten das Erbbaurecht vor dessen Ablauf für die voraussichtliche Standdauer des Bauwerkes verlängert; lehnt der Erbbauberechtigte die Verlängerung ab, so erlischt der Anspruch auf Entschädigung. Das Erbbaurecht kann zur Abwendung der Entschädigungspflicht wiederholt verlängert werden.

IV Vor Eintritt der Fälligkeit kann der Anspruch auf Entschädigung nicht abgetreten werden.

1) Zu I: – a) Das ErbbR wird idR auf **bestimmte Zeit** bestellt; zur Bestell auf Lebenszeit vgl § 1 Anm 4a. Diese Zeitdauer (als Bestimmg des BeendiggZtpkts) kann ab dem Tag der Eintr od ab einem best Tag davor od danach festgelegt werden (Promberger Rpfleger 75, 233). Mit Zeitablauf erlischt ErbbR; keine Aufhebg. GrdstEigtümer zZ des Erlöschens schuldet vereinb, sonst angem Entsch für Bauwerk (bei Einfamilienhaus nach SachwertVerf, BGH Betr 75, 685). EntschPfl ausschließb (Ausn: II). – b) Bestell auf **unbestimmte Zeit** („ewiges ErbbR") zul; jedenf solange Eigt nicht völlig ausgehöhlt (vgl LG Degdf MittBayNot 87, 254).

2) Zu II: Auch hier muß (entgg dem zu engen Wortlaut) andere Vereinbg wirks sein, wenn GrdstEigtümer selbst das Bauwerk errichtet hatte. II auch anwendb bei Errichtg von Mietwohngen für Minderbemittelte (KG Rpfleger 81, 108). Über Minderbemittlgen vgl LG Ffm DNotZ 69, 299 u KG aaO. – Zu III: Angebot muß so rechtzeit erfolgen, daß Verlängerg vor Ablauf des ErbbR mögl (BGH NJW 81, 1045). AbwendgsR unterliegt BGB 242 (BGH aaO). Verlängerg ist Inhaltsänderg iSv BGB 877 (BGH aaO); ihre Ablehng trifft auch die RealGläub. Erlöschen im ErbbRVertr abdingb. – Zu IV: Bei Abtretg nach Fälligk (Erlöschen des ErbbR) bleiben Rechte der RealGläub, § 29, bestehen.

ErbbRVO 28 Die Entschädigungsforderung haftet auf dem Grundstück an Stelle des Erbbaurechts und mit dessen Range.

1) Ein im Wege der GBBerichtigg eintraggsfäh u zum Ausschl gutgl Erwerbs eintraggsbedürft reallastähnl dingl R eigener Art (Ingenstau Rdn 1; aA Soergel/Baur: SichgHyp), das an die Stelle des ErbbR tritt. RealRe am ErbbR setzen sich an der Fdg fort (§ 29). § 28 begründet Gefahr des Ausfalls nachrang Re in der ZwVerst (BGH WPM 74, 430).

ErbbRVO 29 Ist das Erbbaurecht bei Ablauf der Zeit, für die es bestellt war, noch mit einer Hypothek oder Grundschuld oder mit Rückständen aus Rentenschulden oder Reallasten belastet, so hat der Gläubiger der Hypothek, Grund- oder Rentenschuld oder Reallast an dem Entschädigungsanspruch dieselben Rechte, die ihm im Falle des Erlöschens seines Rechtes durch Zwangsversteigerung an dem Erlöse zustehen.

1) Mit Erlöschen des ErbbR wird Bauwerk Eigt des GrdstEigtümers (§ 12 III). Daher schützt § 29 wenigstens die aufgeführten RealGläub. Auch Gläub von Überbau- u Notwegrenten (BGB 914 III, 917 II 2) u vorgemerkten Anspr. Vgl ZVG 92. Rangordng der Gläub wie nach ZVG 10. Befriedigg wie PfdGläub einer Fdg (hM). Rechte bei Eintr des EntschädiggsAnspr mit eintragb (Ingenstau Rdn 8).

ErbbRVO 30 I Erlischt das Erbbaurecht, so finden auf Miet- und Pachtverträge, die der Erbbauberechtigte abgeschlossen hat, die im Falle der Übertragung des Eigentums geltenden Vorschriften entsprechende Anwendung.

II Erlischt das Erbbaurecht durch Zeitablauf, so ist der Grundstückseigentümer berechtigt, das Miet- oder Pachtverhältnis unter Einhaltung der gesetzlichen Frist zu kündigen. Die Kündigung kann nur für einen der beiden ersten Termine erfolgen, für die sie zulässig ist. Erlischt das Erbbaurecht vorzeitig, so kann der Grundstückseigentümer das Kündigungsrecht erst ausüben, wenn das Erbbaurecht auch durch Zeitablauf erlöschen würde.

III Der Mieter oder Pächter kann den Grundstückseigentümer unter Bestimmung einer angemessenen Frist zur Erklärung darüber auffordern, ob er von dem Kündigungsrechte Gebrauch mache. Die Kündigung kann nur bis zum Ablauf der Frist erfolgen.

1) BGB 571 ff entspr anwendbar. Auch bei rechtsgeschäftl Aufhebg. Vgl aber **II, III**.

2. Erneuerung

ErbbRVO 31 I Ist dem Erbbauberechtigten ein Vorrecht auf Erneuerung des Erbbaurechts eingeräumt (§ 2 Nr. 6), so kann er das Vorrecht ausüben, sobald der Eigentümer mit einem Dritten einen Vertrag über Bestellung eines Erbbaurechts an dem Grundstück geschlossen hat. Die Ausübung des Vorrechts ist ausgeschlossen, wenn das für den Dritten zu bestellende Erbbaurecht einem anderen wirtschaftlichen Zwecke zu dienen bestimmt ist.

II Das Vorrecht erlischt drei Jahre nach Ablauf der Zeit, für die das Erbbaurecht bestellt war.

III Die Vorschriften der §§ 505 bis 510, 513, 514 des Bürgerlichen Gesetzbuchs finden entsprechende Anwendung.

IV Dritten gegenüber hat das Vorrecht die Wirkung einer Vormerkung zur Sicherung eines Anspruchs auf Einräumung des Erbbaurechts. Die §§ 1099 bis 1102 des Bürgerlichen Gesetzbuchs gelten entsprechend. Wird das Erbbaurecht vor Ablauf der drei Jahre (Absatz 2) im Grundbuch gelöscht, so ist zur Erhaltung des Vorrechts eine Vormerkung mit dem bisherigen Range des Erbbaurechts von Amts wegen einzutragen.

Erbbaurecht **ErbbRVO 32–34**

V Soweit im Falle des § 29 die Tilgung noch nicht erfolgt ist, hat der Gläubiger bei der Erneuerung an dem Erbbaurechte dieselben Rechte, die er zur Zeit des Ablaufs hatte. Die Rechte an der Entschädigungsforderung erlöschen.

1) ErneuergsR nur ähnl dingl VorkaufsR; für ErbbBerechtigten deshalb u wg **II** praktisch zieml wertlos. Entstehg des Vorrechts nach BGB 873, 876, 877. Mit Ausübg des Vorrechts entsteht zw dem Berecht u dem GrdstEigtümer ein Vertr über die Bestellg eines ErbbR zu den mit dem Dritten vereinb Bedinggen, BGB 505 II. Wirkg ggü Dritten: BGB 883 II, 888 I u 1099 ff. Über AmtsEintr der Vormkg vgl GBVfg 17 II 3. – **IV** S 3 gilt nur bei Erlöschen des ErbbR durch Zeitablauf, nicht bei Aufhebg gem § 26 (KG DR **44**, 624). – An dem neuen ErbbR entstehen die Hyp usw **(V)** kraft Gesetzes; Berichtigg des GB nach BGB 894; GBO 22. Über Erneuerg von ErbbHeimstätten vgl RHeimstG 26 V.

3. Heimfall

ErbbRVO 32 ^I Macht der Grundstückseigentümer von seinem Heimfallanspruche Gebrauch, so hat er dem Erbbauberechtigten eine angemessene Vergütung für das Erbbaurecht zu gewähren. Als Inhalt des Erbbaurechts können Vereinbarungen über die Höhe dieser Vergütung und die Art ihrer Zahlung sowie ihre Ausschließung getroffen werden.

^{II} Ist das Erbbaurecht zur Befriedigung des Wohnbedürfnisses minderbemittelter Bevölkerungskreise bestellt, so darf die Zahlung einer angemessenen Vergütung für das Erbbaurecht nicht ausgeschlossen werden. Auf eine abweichende Vereinbarung kann sich der Grundstückseigentümer nicht berufen. Die Vergütung ist nicht angemessen, wenn sie nicht mindestens zwei Dritteile des gemeinen Wertes des Erbbaurechts zur Zeit der Übertragung beträgt.

1) Heimfallanspruch: § 2 Nr 4, §§ 3, 4. Übertr dch Einigg u Eintr, kein Übergang krG (BGH Betr **76**, 671); vgl auch § 3 Halbs 2. ErbbR bleibt nach Übertr als EigtümerErbbR bestehen (BGB 889) u GrdstEigtümer w Eigtümer der Bauwerke (§ 12 I).

2) Vergütung für das ErbbR umfaßt realen Wert des Bauwerks, Ertragswert des ErbbR u Wert für Rückerhalt der Bodennutzg (BGH Betr **75**, 685; vgl Ingenstau Rdn 2). Schon vor Fälligk (BGH NJW **76**, 895) abtretb, pfändb u verpfändb schuldr Anspr, der wg § 33 nicht den GrdPfdRGläub haftet. Schu ist auch iF § 3 Halbs 2 der GrdstEigtümer. Vertragl abdingb (Ausn II 1; vgl dazu § 27 Anm 2 zu II).

ErbbRVO 33 ^I Beim Heimfall des Erbbaurechts bleiben die Hypotheken, Grund- und Rentenschulden und Reallasten bestehen, soweit sie nicht dem Erbbauberechtigten selbst zustehen. Dasselbe gilt für die Vormerkung eines gesetzlichen Anspruchs auf Eintragung einer Sicherungshypothek *sowie für den Bauvermerk (§ 61 des Gesetzes über die Sicherung der Bauforderungen vom 1. Juni 1909, Reichsgesetzbl. S. 449)*. Andere auf dem Erbbaurechte lastende Rechte erlöschen.

^{II} Haftet bei einer Hypothek, die bestehen bleibt, der Erbbauberechtigte zugleich persönlich, so übernimmt der Grundstückseigentümer die Schuld in Höhe der Hypothek. Die Vorschriften des § 416 des Bürgerlichen Gesetzbuchs finden entsprechende Anwendung. Das gleiche gilt, wenn bei einer bestehenbleibenden Grundschuld oder bei Rückständen aus Rentenschulden oder Reallasten der Erbbauberechtigte zugleich persönlich haftet.

^{III} Die Forderungen, die der Grundstückseigentümer nach Absatz 2 übernimmt, werden auf die Vergütung (§ 32) angerechnet.

1) I. Beim Heimfall (§ 2 Nr 4) **erlöschen** alle Belastgen des ErbbR (auch UnterErbbR) außer den in S 1 u 2 sowie in WEG 42 II, 31 genannten mit dingl Vollzug der Übertr. Ges Anspr auf SichgHyp: BGB 648. Mit dem ErbbR verbundene subj-dingl R (zB GrdDbk) bleiben bestehen. Geht das ErbbR in and Weise auf den Eigtümer über, so bleiben alle Belastgen bestehen.

2) II. Befreiende **Schuldübernahme** kr G dch Eigtümer (iF § 3 Halbs 2: Dr) hins der pers Schuld des ErbbBerecht (nicht Dr). Solange Gläub nicht genehmigt: ErfüllgsÜbern (BGB 415 III). Entspr ZVG 53. Eigtümer kann sich nach § 5 II schützen; sonst unabdingb ges Haftg nur nach **III** gemildert.

4. Bauwerk

ErbbRVO 34 Der Erbbauberechtigte ist nicht berechtigt, beim Heimfall oder beim Erlöschen des Erbbaurechts das Bauwerk wegzunehmen oder sich Bestandteile des Bauwerkes anzueignen.

1) Gleichviel, weshalb das ErbbR erlischt. Auch nicht vor dem Heimfall usw im Hinbl auf diesen od nachher.

2) Gilt auch für unwesentl Bestandteile, nicht für Sachen iSv BGB 95, 97 (BGH **23**, 57; WPM **62**, 767).

3) Abdingbar (BGH DNotZ **70**, 35). – § 34 ist SchutzG iS § 823 II (Soergel/Baur Rdn 2).

VI. Schlußbestimmungen

ErbbRVO 35 Diese Verordnung hat Gesetzeskraft und tritt am Tage der Verkündung in Kraft. Gleichzeitig treten die §§ 1012 bis 1017 des Bürgerlichen Gesetzbuchs und § 7 der Grundbuchordnung außer Kraft.

1) Verkündg am 22. 11. 19. Für die vor diesem Tage begründeten ErbbR gelten BGB 1012ff weiter, § 38, ebso GBO 8, der dem § 7 alter Fassg entspricht; für neue ErbbR gelten §§ 14–17.

ErbbRVO 36 Soweit in Reichs- oder Landesgesetzen auf die §§ 1012 bis 1017 des Bürgerlichen Gesetzbuchs verwiesen ist, treten an deren Stelle die entsprechenden Vorschriften dieser Verordnung.

ErbbRVO 37 (betrifft Änderungen der GBO).

ErbbRVO 38 Für ein Erbbaurecht, mit dem ein Grundstück zur Zeit des Inkrafttretens dieser Verordnung belastet ist, bleiben die bisherigen Gesetze maßgebend.

1) Keine Umwandlg eines alten in ein neues ErbbR durch Inhaltsänderg gem BGB 877 (aA Ffm DNotZ **56**, 488; Staud/Ring Rdn 4).

ErbbRVO 39 Erwirbt ein Erbbauberechtigter auf Grund eines Vorkaufsrechts oder einer Kaufberechtigung im Sinne des § 2 Nr. 7 das mit dem Erbbaurechte belastete Grundstück oder wird ein bestehendes Erbbaurecht erneuert, so bleiben reichs-, landesgesetzliche und kommunale Gebühren, *Stempel-* und Umsatzsteuern jeder Art insoweit außer Ansatz, als sie schon bei Begründung des Erbbaurechts entrichtet worden sind.

1) Ob pers od dingl VorkR bleibt gleich.

2) Gebühren- u Steuervergünstigg gilt sinngem auch bei Verlängerg des ErbbR gem § 27 III; sie gilt nicht für Notargebühren, nicht für die bloße Vereinbg der Verlängerg (Hamm Rpfleger **66**, 380).

Fünfter Abschnitt. Dienstbarkeiten

Überblick

1) Dienstbarkeiten sind auf ein Dulden (der Benutzg bzw NutzgsZiehg) od Unterlassen (tats Hdlgen, RAusübg) gerichtete beschr dingl Rechte am BelastgsGgst, währd die Reallast auf eine aktive Hdlg gerichtet ist (vgl Übbl 1b vor § 1105); es gibt kein dingl Recht mit dem Doppelcharakter von Dbk u Reallast. Es sind zu unterscheiden: – **a) Grunddienstbarkeit** (§§ 1018–1029). Der Eigtümer eines („dienden") Grdst muß einzelne Benutzgen des Grdst dulden od darf einzelne tats Hdlgen auf dem Grdst nicht vornehmen od darf aus dem Eigt fließde Rechte nicht ausüben (Übereinstimmg mit bpDbk). Berecht kann nur jeweil Eigtümer eines and („herrschden") Grdst sein u die GrdDbk muß für die Benutzg dieses Grdst vorteilh sein (Unterschied zur bpDbk). – **b) Nießbrauch** (§§ 1030–1089). Der Eigtümer eines Grdst od einer bewegl Sache bzw der Inhaber eines Rechts muß dulden, daß sämtl (einzelne ausschließb) Nutzgen des Ggst vom Berecht gezogen werden. Berecht kann nur eine bestimmte Pers sein. Nicht übertragb u nicht vererbl. – **c) Beschränkte persönliche Dienstbarkeit** (§§ 1090–1093). Gleicher RInhalt wie bei der GrdDbk (Übbl 1a). Berecht kann nur eine bestimmte Pers sein u Vorteil für Benutzg eines and Grdst nicht notw (Unterschied zur GrdDbk). Nicht übertragb u nicht vererbl (Unterschied zum DWR/DNR). – **d) Dauerwohn-/nutzungsrecht** (WEG 31ff). Der Eigtümer eines Grdst muß dulden, daß Räume in einem Gbde auf seinem Grdst bewohnt bzw benutzt werden. Berecht kann nur eine bestimmte Pers sein. Übertragb u vererbl (Unterschied zu bpDbk).

2) Landesrecht. EG 96 (Altenteil); 113, 114 (Ablösg, Umwandlg u Einschränkg von Dbk); 115 (Inhalt von GrdDbk u bpDbk), 120 I (Befreig von Belastg mit Dbk bei GrdstTeilg) u II 2 (Nichterforderlichk der Zust von RealBerecht des herrschden Grdst bei Aufhebg von GrdDbk), 128 (Begründg u Aufhebg von Dbk an buchgsfreien Grdst). – **Übergangsrecht.** EG 184 (Fortbestand altrechtl Dbk), 187 (öff Gl des GB ggü nicht eingetr altrechtl GrdDbk), 189 (Vfgen über altrechtl Dbk), 191 (Besitzschutz). – **Internationales/ lokales Privatrecht.** Es gilt das Recht des Ortes des BelastgsGgst, auch soweit Pfl für Eigtümer des herrschden Grdst bestehen (W-Raiser § 111 II).

3) Zwangsvollstreckung in den Belastungsgegenstand. – **a)** GrdDbk/bpDbk: Fallen sie in das geringste Gebot, so bleiben sie bei Zuschlag bestehen (ZVG 44, 52). Anderenfalls erlöschen sie mit Zuschlag (ZVG 52, 91; Ausnahme: EGZVG 9) u an ihre Stelle tritt Anspr auf WertErs aus VerstErlös (ZVG 92); bei Belastg realen GrdstTeils (nicht aber bei örtl AusübgsBeschrkg) ergreift ErsAnspr nur auf diesen entfallen Erlösteil. Über WertErs bei Ausfall mit EigtümerDbk vgl Staudenmaier BWNotZ **64**, 308 (nein) u Rahn BWNotZ **65**, 45 (ja). Vgl zusfassd Schubert/Czub ZIP **82**, 266. – **b)** Nießbr: Einf 4 vor § 1030.

4) Dem öffR zugehörig sind die **Baulasten** nach LBauO (vgl dazu Einl 6b vor § 854).

Erster Titel. Grunddienstbarkeiten

1018 Begriff. Ein Grundstück kann zugunsten des jeweiligen Eigentümers eines anderen Grundstücks in der Weise belastet werden, daß dieser das Grundstück in einzelnen Beziehungen benutzen darf oder daß auf dem Grundstücke gewisse Handlungen nicht vorgenommen werden dürfen oder daß die Ausübung eines Rechtes ausgeschlossen ist, das sich aus dem Eigentum an dem belasteten Grundstücke dem anderen Grundstücke gegenüber ergibt (Grunddienstbarkeit).

1) Allgemeines. Die GrdDbk ist ein **beschränktes dingliches Recht** an einem Grdst. Ihre Bestellg begründet ein **gesetzliches Schuldverhältnis** (vgl Einl 2g vor § 854) zw dem jeweil Eigtümer des belasteten Grdst u dem Berecht mit Inhalt nach §§ 1020–1023 u NebenPfl (BGH NJW 89, 1607; ausführl Amann DNotZ 89, 531). Mehrf GrdDbk für gleichen Berecht mit gleichem Inhalt unzuläss (Haegele Rpfleger 67, 61), jedoch können für gleiche Verpfl des Eigtümers nebeneinand GrdDbk u bpDbk bestellt werden (KG OLG 15, 359; BayObLG Rpfleger 82, 372). – Neben der GrdDbk ist ein vom GrdGesch (Anm 9b) zu unterscheidds **schuldrechtliches Nutzungsrecht** (zB Pacht) mögl; erfordert idR ausdrückl Abrede (BGH LM Nr 22). Es wirkt ggü EinzelRNachf nur bei Übernahme. Auch ein nach den Regeln der GrdDbk ausgestaltetes rein schuldrechtl NutzgsR ist vereinb (RG JW 30, 2922).

2) Belastungsgegenstand. Grdst (auch öffentl), reale GrdstTeile (vgl aber GBO 7; zu unterscheiden von örtl AusübgsBeschrkg gem Anm 9a bb), WohngsEigt (WEG 6 Anm 2e), grdstgleiche Rechte; nicht aber MitEigtAnt (BGH 36, 187), and bei Dbk iSv Anm 7 (LG Bchm Rpfleger 82, 372). **Gesamtbelastung** mehrerer Grdst desselben od verschied Eigtümer mit einer einzigen GrdDbk zuläss, wenn gleichzeit u gleichart RAusübg an ihnen stattfinden soll (BayObLG 55, 170; Böhringer BWNotZ 88, 97; aA LG Dortm Rpfleger 63, 197; Staud/Ring Rdn 15). – Bei **Vereinigung/Zuschreibung** (§ 890) findet keine Erstreckg der Belastg statt (BGH **LM** Nr 26).

3) Berechtigter. Nur jeweil Eigtümer (subjdingl Recht) eines and („herrschden") Grdst, WohngsEigt (Übbl 2a vor WEG 1) od grdstgl Rechts (Hamm DNotZ 81, 264); nicht aber jeweil Inhaber eines MitEigtAnt. Eigtümer kann PersMehrh (zB MitEigt) sein (Düss RhNK 88, 175). Bestellg für jeweil Eigtümer eines realen GrdstTeils erfordert Abschreibg nach GBO 7 I (BayObLG 65, 267), doch ist Ausübg auf Vorteil für GrdstTeil beschränkb (BayObLG aaO). Bei Bestellg für best Pers „u deren RNachf" entsteht höchstens bpDbk (BGH **LM** Nr 11). EigtErwerb einer best Pers od anderer als best Pers als auflösde Bdgg für GrdDbk vereinb (BayObLG RJA 12, 69). – Für die (auch verschied) **Eigentümer mehrerer Grundstücke** usw können selbstd inhalts- u ranggleiche GrdDbk bestellt werden. Diese können aber auch als GesamtBerecht iSv § 428 (BayObLG 65, 267; Schlesw SchlHA 75, 94; LG Traunst Rpfleger 87, 242) sowie bei unteilb LeistgsGgst als MitBerecht iSv § 432 u bei teilb LeistgsGgst als BruchtBerecht iSv § 420 (BayObLG aaO; RGRK/Rothe Rdn 10) verbunden sein; unteilb LeistgsGgst bei UnterlPfl (KG JW 35, 3564) u DuldgsPfl (Köln DNotZ 65, 686). – Mehrere Grdst können wechselseit herrschd u belastet sein (Neust NJW 58, 635). – **Eigentümergrunddienstbarkeit.** Berecht kann zugl Eigtümer des belasteten Grdst sein (BGH NJW 88, 2362). – Bei **Vereinigung/Zuschreibung** (§ 890) findet keine Erstreckg der Berechtigg statt (KG JFG 13, 314).

4) Inhalt. Die GrdDbk kann die **aus dem Grundstückseigentum fließenden Befugnisse** (§§ 903 ff) in dreifacher Weise (Anm 5–7) **beschränken,** um dadch Vorteile für die Benutzg des herrschen Grdst zu bieten (§ 1019). ZusFassg unterschiedl Beschrkgen zu einheitl GrdDbk mögl (BGH **LM** Nr 30). And Inhalt macht Eintr unzuläss iSv GBO 53 I 2. **Gemeinsamkeiten:**

a) Aktive Handlung kann nicht HauptPfl sein. Außer den NebenPfl nach §§ 1021–1023 kann aber als NebenPfl des Eigtümers des belasteten Grdst dessen Erhaltg in einem der GrdDbk entspr Zustand vereinb werden (BGH DNotZ 59, 240); vgl auch Amann DNotZ 89, 531). Keine Umgehg dch UnterlassgsPfl, die gleiche Wirkg wie Pfl zur Vornahme der erlaubten Hdlg hat, wie zB Wärmeerzeugungsverbot auf WohnGrdst (BayObLG MittBayNot 82, 242; aA BGH WM 84, 820; Walter/Maier NJW 88, 377).

b) GrdDbk, die **inhaltsgleiche gesetzliche Beschränkung** zum Ggst hat, ist nicht eintraggsfäh (Köln Rpfleger 82, 463); eintraggsfäh aber, wenn Bestehen (Düss Rpfleger 78, 16) od Umfang (Celle NJW 58, 1096) der ges Beschrkg zweifelh od weitergehde Pfl vereinb (Hamm OLGZ 76, 47). Dazu gehören nicht Beschrkgen aus Flächennutzgs- u Bebauungsplänen (vgl BGH **LM** 1028 Nr 1; aA Quack Rpfleger 79, 281) u GemGebr (aA RG HRR 32, 134), da diese nicht dauerh; jedenf aber Bestellg unter aufschiebder Bdgg des Wegfalls derart Beschrkg zul (Staud/Ring Rdn 53).

c) Ob bei Belastg des ganzen Grdst **örtliche Ausübungsbeschränkung** (vgl § 1023 I 2) zum RInhalt gehört, hängt davon ab, ob die AusübgsStelle dch RGesch (§§ 873, 877) festgelegt ist (KG NJW 73, 1128; Oldbg Rpfleger 79, 199). Diese Festlegg gehört zum notw RInhalt, wenn die AusübgsStelle von so wesentl Bedeutg ist, daß ohne ihre Festlegg der RInhalt nicht erkennb (KG aaO; Hamm OLGZ 81, 270); das gilt zB für Bauverbot bzgl Teilfläche (Celle NdsRpfl 78, 57; Hamm aaO), sofern Ausübg nach tats Verh nicht ohnehin nur an einer Stelle mögl. Gehört sie nicht zum notw RInhalt wie zB bei WegeR od AnlagenR (einschl zugehörigem Bauverbot; BGH 90, 181) bzgl Teilfläche (KG aaO; LG Aach RhNK 81, 110), dann kann von der Festlegg dch RGesch abgesehen werden u die Bestimmg der tats Ausübg überlassen bleiben, die dann § 1020 S 1 unterliegt (KG aaO). Wird dagg nur ein nicht abgeschriebener GrdstTeil belastet, so ist dieser stets genau festzulegen (BGH WPM 86, 1155).

d) Konkreter Inhalt der GrdDbk ist dch Ausleg (vgl dazu § 873 Anm 3a, 4c) unter Berücksichtigg etwaiger InhaltsÄnderg (Anm 4e) festzustellen. Dabei kann längere Zeit geduldete tats Ausübg (BGH MDR

88, 1044), auch wenn mit ihr erst einige Zeit nach Bestellg begonnen (BGH **LM** Nr 25), Anhalt für ursprüngl RInhalt geben; aber kein gutgl Erwerb aGrd einer von Eintr abw Ausübg (BGH aaO). **Ausübung außerhalb des Inhalts** braucht Verpflichteter auch dann nicht zu dulden (§ 1004), wenn er bei inhaltsgem Ausübg genauso belastet wäre (BGH **LM** § 1004 Nr 131). Duldg einer über den Inhalt hinausgehen Ausübg bewirkt keine dingl RÄnderg u idR auch keine schuldrechtl Erweiterg (BGH **LM** Nr 10).

e) Der **Inhalt kann sich ändern,** insb wenn GrdDbk zeitl unbegrenzt. Mangels abw Vereinbg (unten zu aa) richtet er sich nach dem jeweil Bedürfn des herrschden Grdst, so daß sich mit diesem auch der Umfang der dingl Belastg selbst ändern kann (BGH NJW-RR **88**, 1229). – **aa)** Ist der **Inhalt genau fixiert,** so wandelt er sich nicht mit einer BedürfnÄnderg (Baur § 33 II 5b). Dies gilt insb für Regelgn über den räuml (zB genaue Wegebreite; Zweibr OLGZ **68**, 143), zeitl (zB genaue BenutzgsZeit) u ggstndl (zB nur zu Fuß) Umfang u die Art (FahrR gibt kein AbstellR: BGH Betr **77**, 206; BauBeschrkg bewirkt keine NutzgsBeschrkg: BGH **LM** § 874 Nr 5; Hbg MDR **85**, 1029) der Benutzg des belasteten Grdst. Gilt aber auch für die Festlegg des Bedürfn des herrschden Grdst, so daß WegeR für haus- u landwirtsch Zwecke kein WegeR für gewerbl Zwecke gibt (BGH **LM** Nr 5, 10) u WegeR für Hofzugang kein WegeR für seitl Hauseingang (BGH **LM** Nr 25). – **bb)** Ein **nicht abschließend fixierter Inhalt** kann sich entspr dem Bedürfn ändern. Eine **Umfangserweiterung** tritt ein, wenn bei einer der Art nach gleichbleibden Benutzg des herrschden Grdst inf techn od wirtsch Entwicklg der NutzgsBedarf steigt (BGH **LM** Nr 25; BayObLG **62**, 24; Mü MDR **82**, 144). Bei Bedarfssteigerg inf NutzgsÄnderg tritt sie ein, wenn Änderg bei RBestellg vorhersehb u nicht willkürl (BGH NJW-RR **88**, 1229: Mü Rpfleger **84**, 461). Kein GeldAusgl. Eine **Umfangsbeschränkung** kann bei Bedarfsminderg eintreten (BGH DNotZ **59**, 240; **LM** § 1028 Nr 1). Mit Rücks auf Gebietscharakter vereinb BauBeschrkg auf 2-Familien-Haus kann sich bei entspr Änderg des Gebietscharakters auf 4-Familien-Haus beschränken (Hbg MDR **63**, 679).

f) Entgeltlichkeit (GgLeistgsPfl des Berecht) kann nicht zum dingl RInhalt gemacht werden (BayObLG **79**, 278). Die schuldrechtl (vgl Anm 8) geschuldete GgLeistg kann aber zum aufschiebden (zB bei einmaliger GgLeistg) od auflösden (zB bei fortlaufder GgLeistg) Bdgg für die RAusübg (BGH **54**, 18; Karlsr DNotZ **68**, 432; Ffm Rpfleger **74**, 430; RGRK/Rothe Rdn 21; nach aA nur für RBestand: MüKo/Falckenberg Rdn 7; Ripfel DNotZ **68**, 404; Dammertz RhNK **70**, 88) od den RBestand gemacht werden. GgLeistgsPfl u Pfl zur Beteiligg an UnterhaltgsKosten auch dch Reallast auf Grdst des Berecht sicherb.

5) Duldung der Benutzung in einzelnen Beziehungen, die Eigtümer kraft seines Eigt (§ 903) sonst verbieten könnte. Schuldrechtl Vereinbg, die einz Benutzgen wieder verbietet (vgl BGH NJW **81**, 343) od BenutzgsR erweitert (BGH **LM** Nr 10), zulässig; ebso, daß derart Dbk (zB BiervertriebsR) nur Sichg nicht dch Dbk sicherb HdlgsPfl (zB BierbezugsPfl) dient (BGH BlGBW **85**, 167).

a) Benutzung ist jeder fortgesetzte od wiederholte (nicht nur einmalige) Gebr (BGH **41**, 209); zB Überweg (Anm 5 c), Halten von Anlagen (zB Leitg, Gbde), Entnahme von Bodenbestandt od Wasser, GbdeBenutzg (keine AufbauPfl des Eigtümers nach Untergang des Gbdes; BGH NJW **80**, 179), Betreten, ausschl GewerbeBetrR od WarenvertriebsR (BGH NJW **85**, 2474), Errichtg u Mitbenutzg einer halbscheidigen NachbWand (KG HRR **34**, 169). Bloße Mitbenutzg ausreichd (KG **LM** Nr 24). Unschädl bei GewerbeBetrR, daß GbdeErrichtg einmalige Nutzg, denn sie bildet mit Betreiben u Erhalten eine Einh. Pflicht zur Duldg einmaliger Benutzg kann neben UnterlPfl DbkInhalt sein, wenn die Handlg die fortdauernde Unterl erst ermöglicht (BayObLG DNotZ **66**, 538); zB Pfl, GbdeAbriß zu dulden u neue Bebauung zu unterl. – **Ausschließliches/alleiniges** BenutzgsR beinhaltet zugl Pfl des Eigtümers zur Unterl gleichart Benutzg (BGH NJW **85**, 2474). – **Benutzungsberechtigt** sind je nach dem Einzelfall auch ohne Eintr Hausgenossen, Angehörige, Mitarbeiter, Mieter, Kunden uä (BGH **LM** Nr 20).

b) Einzelne Beziehungen; auch mehrfach. Dem Eigtümer muß mehr als nur unwesentl Nutzgsmöglichk verbleiben. Unzul daher Dbk zum Bau eines Gbdes, Betr eines Gewerbes (Köln Rpfleger **82**, 61) od Benutzen von WE (BayObLG **79**, 444; vgl aber Rpfleger **88**, 62: Dbk an StellplatzTeilE zul), wenn dies jede wirtsch sinnvolle Benutzg des Grdst/WE dch Eigtümer ausschließt. Eine Benutzg in einz Beziehg, die zum Ausschl des Eigtümers von der tats Benutzg eines GrdstTeils führt, ist zuläss (BayObLG MittBayNot **85**, 127; LG Pass Rpfleger **72**, 135); aber auch bzgl GrdstTeil umfassdes NutzgsR nur als Nießbr zuläss (BayObLG DNotZ **86**, 622 Anm Kanzleiter; LG Regbg Rpfleger **87**, 295 Anm Dietzel). Über Verh zu § 1030 II vgl Schöner DNotZ **82**, 416. Ausreichd Mitbenutzg eines GrdstBestandt, der nur eine Nutzg gewährt (KG DR **44**, 332), od eines Grdst (Ffm Rpfleger **85**, 393).

c) Wegerecht. RInhalt oft nur allg beschrieben („ÜberweggsR"), so daß ggwärt RInhalt dch Ausslegg des urspr RInhalts (Anm 4d) u Feststellg etwaiger InhaltsÄnderg (Anm 4e) zu ermitteln; über genau fixierten Inhalt vgl Anm 4e aa. – **aa)** Bei der Ermittlg des **ursprünglichen Inhalts** ist vom tats Bedürfn prägden) Charakter der herrschden Grdst zZ der RBestellg (offenkund GrdstVerh) u nicht von überholten Angaben im BestandsVerzeichn auszugehen (BGH **LM** Nr 20). UmfangsBeschrkg auf diese NutzgsArt muß eindeut erkennb sein (BGH **92**, 351) WegeR für WohnGrdst deckt Ausübg bei gelegentl Vermieten eines Zimmers (BGH aaO). FahrR beinhaltet GehR (RG Warn **08**, 479). – **bb) Inhaltsänderung zu bejahen:** „FahrR" berecht zur Ausübg mit jeweils gebrauchsübl Fahrzeug (Karlsr OLGZ **78**, 81); ebso „WegeR" (Karlsr OLGZ **86**, 70). WegeR für gewerbl Zimmervermietg erfaßt stärkere Ausübg inf ortsübl BetrErweiterg (BGH **LM** Nr 23). WegeR für landwirtsch Betr erfaßt stärkere Ausübg inf Umstellg von Ackerbau auf Viehzucht (Karlsr aaO). Stärkere Ausübg wird erfaßt, wenn erweiterte Benutzg des herrschden Grdst dch zusätzl Bebauung (BGH **LM** Nr 20), intensivere Vermietg (BGH **LM** § 242 [D] Nr 41) od Änderg der NutzgsArt (BGH WPM **66**, 254; **LM** Nr 23: gewerbl statt privat) bei RBestellg vorhersehb. Ist Betr auf herrschdem Grdst auf weiteres Grdst ausgedehnt, so gibt dchschnittl Benutzg vor Erweiterg unter Berücksichtigg normaler Weiterentwicklg Maß für Umfang des WegeR (BGH **44**, 171; **LM** § 1004 Nr 131). Nach Karlsr (Just **73**, 204) soll stärkere Belastg dch BetrÄnderg auf herrschdem Grdst insow zu dulden sein, als allg VerkSteigerg reicht (bedenkl, da u insow diese belastetes Grdst sonst nicht erreicht hätte). – **cc)** **Inhaltsänderung zu verneinen:** Bei RBestellg nicht vorhersehb Änderg der Nutzg des herrschden Grdst dch

Dienstbarkeiten. 1. Titel: Grunddienstbarkeiten § **1018** 5–9

Umstellg von Landwirtsch auf Fabrik/Handwerk/Gaststätte (Karlsr OLGZ **78**, 81) od Anlage eines Sportplatzes auf GaststättenGrdst (BGH **LM** Nr 14).

6) Unterlassung gewisser tatsächlicher Handlungen (nicht aber rechtl Vfgen), die der Eigtümer kraft seines Eigtums (§ 903) sonst vornehmen dürfte; verbotene u noch zul Hdlgen müssen unterschiedl tatsächl Nutzgsart darstellen (BayObLG **89**, 89). Schuldr Vereinbg, dch die einz Hdlg wieder gestattet, zulässig (BayObLG Rpfleger **83**, 391); zB ErlaubnVorbeh (BGH NJW **83**, 115), dessen Eintr keine inhaltl Unzulässigk begründet (Karlsr NJW **86**, 3212).

a) Ihm muß die Benutzg des Grdst in **bestimmten einzelnen Beziehungen** verwehrt sein (Ggstück zu Anm 5), wobei ihm wenigstens eine Verwertgsmöglichk verbleiben muß (BayObLG **80**, 232), die auch die einzig sinnvolle sein kann (BayObLG **85**, 285). Die verbotenen Hdlgen können dch Bezeichng der gestatteten Befugn umschrieben werden (BayObLG aaO; vgl aber Anm 4a). GewerbeBetrR (Anm 5b) verpfl nicht, nach Zerstörg des BetrGbdes neue zu errichten (BGH NJW **80**, 179). – **aa) Zulässig:** BebauungsBeschrkg (Celle DNotZ **58**, 421); Gestaltgs-/FarbgebgsBeschrkg (BGH NJW **83**, 115); Verbot des Anbaus ohne Benutzg der NachbWand (BGH **LM** Nr 24); BeseitiggsVerbot für Einfriedg (Köln Rpfleger **76**, 209); WohngsbesetzgsBeschrkg (BayObLG **89**, 89); Verbot und als befristeter Eigen- u ständ wechselnder Fremdbenutzg einer Wohng (BayObLG **85**, 193); Verbot und Nutzg als Betr einer Behindertenwerkstatt (BayObLG **85**, 285); FensteröffngsVerbot (BGH NJW **89**, 2391). – **bb) Unzulässig:** Verbot rgesch Vfg über das Grdst (BayObLG **53**, 84); Veräußerg nur zus mit and Grdst od nur mit Zust Dr (Ffm Rpfleger **78**, 306); TeilgsVerbot; VerpachtgsVerbot (KGJ **51**, 297); Beschrkg in Architektenwahl (Dittus NJW **54**, 1827); NutzgsÜberlassg nur dch Vermietg (Düss NJW **61**, 176); Verbot, Grdst Drittem zu einem und als einem best Zweck zu überlassen (BayObLG Rpfleger **81**, 105); GrdstVerwendg nur für gewerbl Fremdenverkehr (BayObLG NJW **82**, 1054; vgl aber BayObLG **85**, 193); Wohngsbenutzg nur dch Eigtümer (BayObLG Rpfleger **82**, 273); Atomwaffenlagergsverbot (LG Siegen Rpfleger **84**, 58).

b) Sicherung von Wettbewerbsbeschränkungen (Prütting GS-Schultz **87**, 287 mwN [auch über Verh zu GWB]). – **aa)** Zul Dbk, die dem Eigtümer den **Betrieb eines od eines bestimmten Gewerbes** (auch iVm einem BetriebsR des Berecht; Anm 5a) auf dem Grdst schlechthin od ohne Zust des Berecht verbietet (BGH NJW **79**, 2149; **81**, 343; BayObLG Rpfleger **83**, 391); schuldrechtl kann vereinbart werden, daß das Gewerbe unter best Voraussetzgn (zB ausschließl Bezug von Waren des Berecht) betrieben werden darf (BGH aaO; BayObLG aaO; Karlsr NJW **86**, 3212). – **bb)** Unzul Dbk, die Lagerg, Verarbeitg, Vertrieb od Bezug and Waren als die eines **bestimmten Herstellers/Lieferanten** auf dem Grdst verbietet (BGH NJW **85**, 2474). Zul aber Dbk mit derart Verbot für **Waren bestimmter Art** (zB Wein, Flaschenbier) schlechthin od ohne Zust des Berecht (BGH aaO); schuldrechtl können Ausnahmen (zB für Waren eines best Herstellers/Lieferanten) vereinbart werden (BGH aaO). – **cc)** Soll dch die Dbk eine nur mit zeitl Begrenzg zul **Bezugspflicht gesichert** werden, so ist die Verpfl zur Bestellg einer zeitl unbegrenzten Dbk nichtig (BGH NJW **79**, 2150). Eine der notw zeitl Begrenzg nicht entspr Dbk ist grds wirks (BGH DNotZ **88**, 572; NJW-RR **89**, 519); jedenf keine Nichtigk sond AufgabePfl aus § 812 nach Zeitablauf, wenn BezugsPfl mit zuläss zeitl Begrenzg gem § 139 aufrechtzuerhalten (vgl BGH **LM** § 138 Bb Nr 37). Zur SichgsDbk vgl Amann DNotZ **86**, 578; Walter/Maier NJW **88**, 377.

7) Ausschluß der Ausübung gewisser Rechte. Der Eigtümer des belasteten Grdst soll ihm nach §§ 903ff erlaubte Einwirkgen auf das NachbarGrdst unterlassen od vom NachbGrdst ausgehende Einwirkgen dulden (RG **119**, 213); nicht aber Ausschl rgesch Befugn (Ffm Rpfleger **78**, 306). Eintraggsfäh ist der Verzicht auf SchadensErs wg Einwirkgen nur, wenn kraft bes gesetzl Vorschr der ErsAnspr anstelle der Abwehrklage (§ 1004) zum Inhalt des Eigt gehört, zB BBergG 114 (Hamm Rpfleger **86**, 364), BImSchG 14 (vgl KG HRR **34**, 262); nicht aber Verzicht auf bloß wirtschaftl SchadErsAnspr (LG Traunst MittBayNot **81**, 241). Gleiches muß gelten für die Fälle gem § 906 II 1 und Anm 5b–bb zu § 906 (Ffm Rpfleger **75**, 59). – Soll aber die Ausübg eines Rechts ausgeschl w, das nicht aus dem Eigt unmittelbar entspringt, sond aus einem Recht, das Bestandteil des Eigt ist, wie aus einer GrdDbk, so kann dies nicht dadch geschehen, daß ein Recht aus der GrdDbk wieder durch eine GrdDbk wegbedungen wird, sond nur dadch, daß das diende Grdst unmittelb zum Teil gem § 875 entlastet wird (KG OLG **4**, 305).

8) Schuldrechtliche Vereinbarungen können neben dem dingl Recht selbständ od als Teil des GrdGesch getroffen werden; zB über GgLeistg des Berecht (BGH **LM** § 398 Nr 20), UnterhaltsPfl des Berecht (Ffm Rpfleger **74**, 430) sowie and Einschränkgen od Erweitergen der beiderseit Rechte u Pfl ggü dem dingl RInhalt (RG HRR **29**, 602; BGH **LM** Nr 10; NJW **81**, 343). Sie sind nicht einzugsfäh u wirken ohne Übern nicht ggü EinzelRNachf; § 571 ist nicht anwendb (BGH **LM** § 398 Nr 20). – **Auswirkungen auf das dingliche Recht** haben sie nur insow, als Umstände aus ihrem Bereich (zB Erfüllg od Nichterfüllg; Ausübg eines GestaltgsR; Wegfall/Beendigg des GrdGesch, vgl Düss DNotZ **61**, 408) als Bdgg für die Ausübg od den Bestand der GrdDbk zu deren dingl RInhalt gemacht worden sind (vgl Anm 4f).

9) Entstehung. Die GrdDbk kann dch RGesch (unten a) od Staatsakt (zB EnergiewirtschG 11) sowie krG (zB § 900 II) entstehen.

a) Als abstraktes **dingliches Recht** entsteht sie rechtsgeschäftl gem § 873 dch Einigg (bei EigtümerR: einseit Erkl) u Eintr auf dem GBBlatt des belasteten Grdst; auch bei Bezeichng als bpDbk kann GrdDbk gewollt u entstanden sein (BGH **LM** Nr 15). Vermerk auf GBBlatt des herrschden Grdst zul (GBO 9) u zweckm (vgl GBO 21), aber ohne konstitutive Wirkg u nicht für §§ 891, 892 maßg. Bei Bestellg eines WegeR keine GenPfl nach GrdstVG 9 (Oldbg DNotZ **67**, 394), wohl aber nach BauGB 51 iF der Gefährdg eines UmleggsPlans (BayObLG NJW **58**, 1092) u nach HeimstG 17 I (Hamm OLGZ **78**, 302). Entspr Anm 11 Bestellg unwirks, wenn Ausübg anfängl dauernd ausgeschl (BGH NJW **85**, 1025). – **aa)** Die sachlrechtl formfreie **Einigung** muß ein subjdingl Recht (Anm 3) u einen zuläss sowie notw Inhalt (Anm 4–7) zum Ggst haben. Aufschiebde (Hamm Rpfleger **76**, 95) od auflösde (BayObLG Rpfleger **85**, 489)

§§ 1018, 1019

Bdgg u Befristg zul; auch beides nebeneinand (Köln Rpfleger **63**, 381). Begründet iFv § 873 II Anw, die mit Übertr des herrschden Grdst übergeht (vgl Anm 10). – **bb)** Die **Eintragung** muß den Berecht (Anm 3) u den RInhalt (Anm 4–7) enthalten. Letzterer ist so genau zu bezeichnen (vgl Übbl 3f vor § 873), daß er im Streitfall dch Ausleg feststellb (BayObLG NJW **82**, 1054; RhNK **88**, 234; Ffm OLGZ **83**, 34; Karlsr BWNotZ **85**, 123; Hamm Rpfleger **86**, 364); Bezug auf örtl BauR (KGJ **46**, 221) od allg Grds der Baugestaltg/Denkmalspflege (Düss Rpfleger **79**, 305) genügt insow nicht. – Der **Berechtigte** ist im EintrVermerk anzugeben; sonst GBO 53 I 2 (Ffm Rpfleger **80**, 185). – Der **Rechtsinhalt** ist im EintrVermerk mind schlagwortart anzugeben (BGH **35**, 378), sonst GBO 53 I 2; dafür genügen zB BauBeschrkg, Hochspanngs- od RohrleitgsR, TankstellenBetrR od -Verbot, WegeR, WohnR, WohngsBeleggsR (vgl BayObLG Rpfleger **89**, 230), nicht aber NutzgsBeschrkg (Köln Rpfleger **80**, 467) od BenutzgsR (vgl aber BayObLG NJW-RR **86**, 882). Für Einzelh genügt Eintr gem § 874. – Wird dch RGesch (nicht aber, wenn dies tats Ausübg od einseit Bestimmg überlassen bleibt) die **Ausübung auf einen Grundstücksteil beschränkt,** so ist dieser mind in der gem § 874 in Bezug gen EintrBew bestimmt zu bezeichnen (BGH NJW **81**, 1781); dafür genügt Einzeichng auf in EintrBew in Bezug gen (nicht nur mit ihr verbundener) Karte/ Zeichng (BGH aaO), nicht aber Bezug auf BauAntr (BayObLG Rpfleger **84**, 12). Für hinreich bestimmte Bezeichnung der AusübgsStelle genügt bei WegeR u AnlagenR (einschl Bauverbotsstreifen) Anknüpfg an Lage von Weg/Anlage in der Natur, wenn Weg/Anlage schon vorhanden u die Lage die vereinb AusübgsStelle kennzeichnen soll (BGH Rpfleger **82**, 16; BayObLG **88**, 102). – Wird die **Belastung auf einen Grundstücksteil beschränkt,** der nicht abgeschrieben ist, so gilt GBO 7 II.

b) Das **schuldrechtliche Grundgeschäft,** bei dessen Fehlen die GrdDbk wirks aber kondizierb, kann sein zB Schenkg, Kauf, SichsVertr (Amann DNotZ **86**, 578 Walter/Maier NJW **88**, 377); es unterliegt nicht § 313 u § 567 (BGH **LM** Nr 22). Stillschw Verpfl mögl (RG JW **12**, 361; Stgt ZMR **65**, 122); zB wenn Eigtümer zweier Grdst das fakt herrschde verkauft, für das Anlage auf ihm verbleiben unentbehrl. BestellgsAnspr vormerkb. Wird Bestellg dch GrdstVeräußerg unmögl, so kein Anspr des Gläub aus § 281 auf Herausg des Mehrerlöses inf Lastenfreih (BGH **46**, 260); Ausleg des VeräußergsVertr kann ergeben, daß Erwerber BestellgsPfl übernimmt (BGH BNotZ **71**, 723; Rpfleger **74**, 351). – BestellgsPfl mit Entstehg der Dbk erfüllt (BGH **LM** § 398 Nr 20); keine Verpfl zur Verschaffg der einz Nutzger (RG HRR **36**, 1166).

10) Übertragung nur zus mit dem herrschden Grdst, dessen Bestandt (§ 96) sie ist. Abtrenng (auch Übertr an ErbbBerecht) wg § 1019 nicht mögl (Hamm Rpfleger **80**, 225), wohl aber schuldrechtl Überlassg der Ausübg (Hamm aaO). Mit Übereign des herrschden Grdst geht ein dch gem § 873 II bindd gewordene Einigg über die RBestellg entstandenes AnwR auf den Erwerber über (Köln OLGZ **68**, 453). – **Belastung** unmögl, weil GrdDbk nicht für sich alleine übertragb (§ 1069 II, 1274 II). – **Inhaltsänderung** dch RGesch nach § 877 od krG dch BedürfnÄnderg (vgl Anm 4e). Gilt auch für altrechtl GrdDbk. – **Umwandlung** in bpDbk nicht mögl (LG Zweibr Rpfleger **75**, 248); Aufhebg u Neubestellg notw.

11) Erlöschen dch Aufhebg (§§ 875, 876), krG (zB §§ 158 II, 163, 901, 1025 S 2, 1026, 1028, EG 120) od dch Staatsakt (zB ZVG 91 [auch bei Versteiger eines MitEigtAnt des belasteten Grdst; Ffm Rpfleger **79**, 149], Enteignng). Bei Kündigg des Eigtümers des belasteten Grdst nur, wenn diese zur auflösden Bdgg gemacht. Ferner wenn Ausübg inf Veränderg eines der Grdst dauernd ausgeschl od Vorteil für herrschdes Grdst aus rechtl od tats Grd dauernd entfallen (BGH NJW-RR **88**, 1229; BayObLG NJW-RR **88**, 781), was vom Eigtümer zu beweisen ist. KellerR erlischt noch nicht mit Zerstörg des Gbdes auf belastetem Grdst (BayObLG **67**, 397), GewerbeBetrVerbot nicht mit Zerstörg der BetrGbde auf herrschdem Grdst (BGH **LM** § 1020 Nr 1), BauBeschrkg nicht ohne weiteres mit gleichart öff Bauplan (BGH **LM** § 1028 Nr 1, § 242 [D] Nr 58; KG JR **63**, 18), Wettbewerbsverbot nicht dch Unmöglwerden gleichzeit vereinb BetrR (BGH **LM** Nr 30). Eigtümer des belasteten Grdst hat Anspr aus § 894; mögl auch Verf nach GBO 84ff. Erlöschen auch bei Vereinigg von belastetem u herrschden Grdst od wenn eines dem und als Bestandt zugeschrieben (KGJ **51**, 260); nicht aber wenn Eigtümer des herrschden das belastete Grdst erwirbt u umgekehrt (§ 889). – Kein Erlöschen aber **Anspruch auf Verzicht** (dch Aufhebg) gem § 242, wenn inf endgült Verändergen Nutzen für herrschdes Grdst in keinem Verh zum Schaden für belastetes Grdst u dem nicht dch InhaltsÄnderg (Anm 4e bb) Rechng getragen werden kann (RG **169**, 180; BGH **LM** § 1028 Nr 1, § 242 [D] Nr 58).

1019 *Vorteil für herrschendes Grundstück.* **Eine Grunddienstbarkeit kann nur in einer Belastung bestehen, die für die Benutzung des Grundstücks des Berechtigten Vorteil bietet. Über das sich hieraus ergebende Maß hinaus kann der Inhalt der Dienstbarkeit nicht erstreckt werden.**

1) Zwingende Vorschrift für Inhalt der GrdDbk (and bei § 1090). Anfängl Fehlen des Vorteils macht Bestellg nichtig (idR keine Umdeutg in bpDbk; Mü NJW **57**, 1765) u Eintr unzul iSv GBO 53 I 2; bei nachträgl dauerh Fortfall erlischt die GrdDbk (vgl § 1018 Anm 11). Bei Verstoß gg S 2 ist Bestellg hins Überschreitg nichtig; ü ist sie idR wirks (vgl § 873 Anm 4c). – § 1019 gilt auch bei InhaltsRegelg nach EG 115, nicht aber für altrechtl GrdDbk (EG 184; RG **169**, 183).

2) Vorteilhaftigkeit. a) Der Vorteil muß für die **Benutzung des herrschenden Grundstücks** bestehen, wofür die obj Nützlichk (KG NJW **75**, 697) aGrd seiner Lage, Beschaffenh u Zweckbestimmg maßg ist (Celle DNotZ **58**, 153); unmittelb Nachbarsch nicht notw, aber weite Entferng schließt Vorteil vielf aus; Überlassg des Grdst an NutzgsBerecht steht nicht entgg (KG NJW **75**, 697). Beispiele: KfzStellplatz auf Grdst nahe eines MietshausGrdst (BGH DNotZ **76**, 18); Bewirtschaftg erleichterndes WohnR auf nahem Grdst (aA Celle DNotZ **58**, 153); Gewerbeverbot u BauBeschrkg in Umgebg eines GaragenGrdst (BGH NJW **83**, 115). Nicht ausreich sind bloße Wertsteigerg (KGJ **52**, 173), Vorteile nur für Eigtümer persönl (Celle aaO) od Vorteil für weiteres Grdst des Berecht. – Mittelb Vorteil wie **Förderung des Gewerbebe-**

Dienstbarkeiten. 1. Titel: Grunddienstbarkeiten §§ 1019–1022

triebs auf herrschdem Grdst genügt. EntnR für Bodenbestandt als GrdDbk zul, wenn Ausbeute nicht nur verkauft sond auf herrschdem Grdst verarbeitet werden soll. Bei WettbewerbsBeschrkg (§ 1018 Anm 6b) ist Vorteil für Benutzg des herrschden Grdst dch Förderg dortigen GewerbeBetr mögl, wenn dieses dafür speziell u dauerh eingerichtet (KGJ **52**, 173; Mü MDR **83**, 934; zweifelh aber Mü MittBayNot **80**, 15) wie zB Produktionsstätte im Ggs zu HandelsGesch (Mü MDR **83**, 934); vielf nur bpDbk mögl.

b) Der Vorteil muß **privater u wirtschaftlicher Natur** (BGH NJW **83**, 115) u rechtl erlaubt sein. Sicherg bloßer Annehmlichk wie baul Gestaltg der Umgebg (BGH **LM** Nr 2; KG JR **63**, 18) od Erhaltg freien Ausblicks (Hbg OLG **36**, 161) od Fernhalten eines GewerbeBetr (BGH **LM** § 1018 Nr 19) genügt; nicht aber Einhaltg öffentl BauR (BGH aaO).

c) Der Vorteil muß **nicht gleichbleibend oder dauerhaft** sein; einmaliger kurzfrist Vorteil reicht aber nicht (RGRK/Rothe Rdn 5), zeitw Behinderg der Ausübg unschädl (BGH **LM** § 1020 Nr 2). Bei normalem Verlauf künft zu erwartder Vorteil genügt (BGH NJW **84**, 2157).

1020 *Schonende Ausübung.* Bei der Ausübung einer Grunddienstbarkeit hat der Berechtigte das Interesse des Eigentümers des belasteten Grundstücks tunlichst zu schonen. Hält er zur Ausübung der Dienstbarkeit auf dem belasteten Grundstück eine Anlage, so hat er sie in ordnungsmäßigem Zustande zu erhalten, soweit das Interesse des Eigentümers es erfordert.

1) Die **Pflichten des Berechtigten** sind Inhalt des ges SchuldVerh zw den beteiligten GrdstEigtümern (BGH **95**, 144; vgl § 1018 Anm 1) u Auspräge g des § 242; sie sind nicht im GB eintraggsfäh (Ffm Rpfleger **83**, 61). Bei **Verletzung** hat der Eigtümer des belasteten Grdst Anspr aus §§ 823 I, 1004 (wg EigtStörg) u aus pos VertrVerhältn (bei Bejahg ges SchuldVerh); kein Anspr auf Aufhebg der GrdDbk (BGH **LM** § 1004 Nr 79). – § 1020 gilt auch für altrechtl GrdDbk (EG 184 S 2).

2) Tunlichste Schonung (S 1). Der Eigtümer des belasteten Grdst soll in dessen Benutzg nur soweit eingeschränkt werden, als es zur sachgem RAusübg notw ist. Berecht muß unerhebl Erschwergen hinnehmen, zB Verschließg des Weges bei Nacht (Ffm NJW-RR **86**, 763); aber kein teilw AusübgsVerzicht (RG HRR **30**, 1323). AusübgsStelle (zB für WegeR) ist gem S 1 zu wählen, falls sie nicht vertragl festgelegt (BGH BB **65**, 1125). Aus S 1 kann sich Pfl des Berecht zur Anbringg von Schutzvorrichtg (BGH **LM** Nr 2) od zur Beseitigg von Verschmutzgen (Hamm OLG **18**, 147) ergeben.

3) Anlagen (S 2); dh vom BelastgsGgst zu unterscheidde (RG HRR **34**, 1027) von Menschen geschaffene Einrichtgen (KG JFG **6**, 282) auf belastetem Grdst (RG **112**, 368). Die ges UnterhaltspPfl des Berecht erweitert S 1 u soll nur Beeinträchtiggen des Eigtümers des belasteten Grdst dch den Zustand der Anlage verhindern, nicht aber ihre Benutzbark sichern (das ist Sache des Berecht); daher greift S 2 nicht ein, wenn es sich um die Erhaltg der GebrFähigk einer von beiden benutzten Anlage handelt (KG OLGZ **70**, 372). Unerhebl, wer Eigtümer der Anlage (RG HRR **40**, 1248) u ob ihre Verschlechterg vom Berecht verschuldet. Halten der Anlage erfordert alleiniges BenutzgsR des Berecht; S 2 nicht anwendb bei MitnutzgsR neben Eigtümer (Soergel/Baur Rdn 5) od bei unbefugter Benutzg (RGRK/Rothe Rdn 5; aA MüKo/Falckenberg Rdn 9).

1021 *Vereinbarte Unterhaltungspflicht.* ᴵ Gehört zur Ausübung einer Grunddienstbarkeit eine Anlage auf dem belasteten Grundstücke, so kann bestimmt werden, daß der Eigentümer dieses Grundstücks die Anlage zu unterhalten hat, soweit das Interesse des Berechtigten es erfordert. Steht dem Eigentümer das Recht zur Mitbenutzung der Anlage zu, so kann bestimmt werden, daß der Berechtigte die Anlage zu unterhalten hat, soweit es für das Benutzungsrecht des Eigentümers erforderlich ist.

ᴵᴵ Auf eine solche Unterhaltungspflicht finden die Vorschriften über die Reallasten entsprechende Anwendung.

1) **Unterhaltungspflichten (I)** können bei RBestellg od später (§ 877) dch Einigg u Eintr (auch gem § 874; KG JFG **20**, 280) im GB des belasteten Grdst zum dingl RInhalt werden (BayObLG **79**, 372); ohne Eintr nur schuldrechtl Wirkg zw den VertrPart. IFv I 2 keine Eintr als Reallast im GB des herrschden Grdst für Wirkg gg jeweil Eigtümer notw (MüKo/Falckenberg Rdn 7; aA LG Ellw BWNortZ **87**, 141 abl Anm Böhringer). Zum Begriff der Anlage vgl § 1020 Anm 3. – **a)** Bei UnterhaltsPfl des **Eigentümers (S 1)** ist die Anlage so zu unterhalten, daß Berecht die GrdDbk ausüben kann (BGH **LM** § 242 [D] Nr 41); dazu gehören auch Verbessergen iR neuzeitl Wirtschaftg u Wiederherstellg (LG Heilbr BWNotZ **75**, 124). Auch nur teilw Aufflerlegg der Unterhaltg (zB Kostenquote, Teil der Anlage, Art der Maßn) zul; bzgl des Restes ist UnterhaltsPfl des Berecht ggü dem Eigtümer nur bei MitbenutzgsR (S 2) vereinb (KG OLGZ **70**, 372). Ersthrstellgs- (RG **131**, 176) od HaftPflVersPfl (Ripfel BWNotZ **58**, 181) sind keine Unterhaltg. – **b) Berechtigten (S 2)** ggü dem Eigtümer nur bei MitbenutzgsR vereinb; dann auch Verteilg entspr Anm 1a mit gegseit Verpfl (KG OLGZ **70**, 372). Ohne Vereinbg keine ggseit UnterhaltgsPfl (KG aaO); auch § 1020 S 2 gilt dann nicht (vgl § 1020 Anm 3).

2) UnterhaltgsPfl ist **keine selbständige Reallast (II)**. LandesR gilt nicht (EG 116); statt § 1109 gilt § 1025. Persönl Haftg gem § 1108 (RG **131**, 163).

3) § 1021 gilt auch für altrechtl GrdDbk.

1022 *Anlagen auf baulichen Anlagen.* Besteht die Grunddienstbarkeit in dem Rechte, auf einer baulichen Anlage des belasteten Grundstücks eine bauliche Anlage zu halten, so hat, wenn nicht ein anderes bestimmt ist, der Eigentümer des belasteten Grundstücks seine

§§ 1022–1025   3. Buch. 5. Abschnitt. *Bassenge*

Anlage zu unterhalten, soweit das Interesse des Berechtigten es erfordert. Die Vorschrift des § 1021 Abs. 2 gilt auch für diese Unterhaltungspflicht.

1) Das Recht, auf einer baul Anlage eine baul Anlage zu halten, muß Hauptinhalt der GrdDbk sein (RG **112**, 368); sonst §§ 1020, 1021. Die ges UnterhaltgsPfl ist nicht eintraggsfäh; abw Vereinbg bedarf für dingl Wirkg der Eintr (vgl § 1021 Anm 1).

2) § 1022 gilt auch für altrechtl GrdDbk.

1023 *Verlegung der Ausübung.* ⁱBeschränkt sich die jeweilige Ausübung einer Grunddienstbarkeit auf einen Teil des belasteten Grundstücks, so kann der Eigentümer die Verlegung der Ausübung auf eine andere, für den Berechtigten ebenso geeignete Stelle verlangen, wenn die Ausübung an der bisherigen Stelle für ihn besonders beschwerlich ist; die Kosten der Verlegung hat er zu tragen und vorzuschießen. Dies gilt auch dann, wenn der Teil des Grundstücks, auf den sich die Ausübung beschränkt, durch Rechtsgeschäft bestimmt ist.

ⁱⁱ Das Recht auf die Verlegung kann nicht durch Rechtsgeschäft ausgeschlossen oder beschränkt werden.

1) § 1023 ist ein bes Fall des § 1020 S 1 (BGH **LM** Nr 2). Trotz II erleichternde Voraussetzgen vereinb (Amann DNotZ **82**, 410); dingl Wirkg nur bei GBEintr. Verj (§ 902). – § 1023 gilt auch für altrechtl GrdDbk.

2) **Voraussetzungen.** – a) Belastg des ganzen Grdst mit GrdDbk. Ist nur realer Teil belastet, so gilt § 1023 für ihn; Anm 3a gilt entspr. – b) AusübgsBeschrkg auf best GrdstTeil; dabei unerhebl, ob sie sich aus dem Wesen der GrdDbk (zB AnlagenR, WegeR) od RGesch (I 2) ergibt (KG OLGZ **69**, 216). § 1023 aber nicht anwendb, wenn Berecht auf gesamtem Grdst gleichzeit ausüben darf, aber nur auf Teilfläche ausübt. – c) Besondere Beschwerlichk (schon anfängl od erst nachträgl) für Eigtümer des belasteten Grdst u ebso geeignete Stelle für Berecht. Interessen der Beteil sind abzuwägen (BGH WPM **63**, 483).

3) **Verlangen.** – a) Berechtigt ist der Eigtümer des belasteten Grdst; Eigtümer des herrschden Grdst uU nach § 242 (Erm/Ronke Rdn 1; MüKo/Falckenberg Rdn 7). – b) **Durchsetzung.** Gehört die AusübgsStelle zum RInhalt (vgl § 1018 Anm 4c), so ist Verlegg eintraggsbedürft InhaltsÄndrg nach § 877 (BGH **LM** Nr 1) u Klage geht auf Einigg u EintrBew; ist sie nur AusübgsRegelg, so ist Verlegg nicht eintraggsfäh (KG NJW **73**, 1128) u Klage geht auf Unterlassg der beschweren Ausüb (§ 1004). Keine eigenmächt Dchsetzg der Verlegg („kann verlangen"), sonst § 1029. – c) Verlegg auf **anderes Grundstück** des Eigtümers nur in bes Ausnahmefällen nach § 242 (MüKo/Falckenberg Rdn 6; Soergel/Baur Rdn 6; aA RG HRR **30**, 1323; RGRK/Rothe Rdn 3) dch Aufhebg u Neubestellg.

4) Zu den **Kosten** der Verlegg gehören die für Herstellg/Veränderg notw Einrichtgen u GBEintr. Abw Vereinbg (KostenPfl des Berecht) mögl; dingl Wirkg nur bei GBEintr. Persönl Haftg des Berecht.

5) Zur entspr Anwendg auf die Kosten einer dch Straßenausbau erforderl Neuverlegg von **Versorgungsleitungen** vgl BGH **LM** Nr 2; NJW **82**, 1283 mwN; BayObLG **69**, 169.

1024 *Zusammentreffen mehrerer Nutzungsrechte.* Trifft eine Grunddienstbarkeit mit einer anderen Grunddienstbarkeit oder einem sonstigen Nutzungsrecht an dem Grundstücke dergestalt zusammen, daß die Rechte nebeneinander nicht oder nicht vollständig ausgeübt werden können, und haben die Rechte gleichen Rang, so kann jeder Berechtigte eine den Interessen aller Berechtigten nach billigem Ermessen entsprechende Regelung der Ausübung verlangen.

1) **Voraussetzungen.** – a) GrdDbk im gleichen Rang (bei verschied Rang geht besserrang Dbk vor) mit and dingl NutzgsR (GrdDbk, Nießbr, bpDbk, ErbbR, DWR/DNR; nicht aber Eigt, Reallast, GrdPfdR, schuldr NutzgsR). – b) Ggseit AusübgsBeeinträchtigg.

2) **Ausübungsregelung.** Nur unverjährb (§ 902) Anspr der NutzgsBerecht ggeinand ohne Auswirkg auf RVerh zu Eigtümer; daher keine InhaltsÄndrg u nicht eintraggsfäh (RGRK/Rothe Rdn 4; Staud/Ring Rdn 4; aA Erm/Ronke Rdn 2; Planck/Strecker Anm 4; 41. Aufl). Kommt Vereinbg nicht zustande, so Klage auf Unterlassg best NutzgsArt (§§ 1027, 1004; BGH **LM** Nr 1), od auf Abschluß einer best Vereinbg. Keine Wirkg ggü EinzelRNachf (aA Staud/Ring aaO). Regelg entfällt, wenn ein beteiligtes NutzgsR wegfällt.

3) § 1024 gilt auch für altrechtl GrdDbk.

1025 *Teilung des herrschenden Grundstücks.* Wird das Grundstück des Berechtigten geteilt, so besteht die Grunddienstbarkeit für die einzelnen Teile fort; die Ausübung ist jedoch im Zweifel nur in der Weise zulässig, daß sie für den Eigentümer des belasteten Grundstücks nicht beschwerlicher wird. Gereicht die Dienstbarkeit nur einem der Teile zum Vorteile, so erlischt sie für die übrigen Teile.

1) **Grundsatz (S 1).** – a) Nach Teilg des herrschden Grdst besteht die GrdDbk als einheitl Recht für die *einz* Teile fort (*Gesamt*Berechtigg). Eintr auf abgeschriebenen Teilen ist nur berichtigt; auch ohne sie ist für die Löschg die Bewilligg der Eigtümer aller Teile erforderl (KG NJW **75**, 697). Jeder Berecht kann die GrdDbk ausüben, dch Klage geltd machen, Unterhaltg von Anlagen (§§ 1021 I 1, 1022) verlangen. Bei

1184

Dienstbarkeiten. 1. Titel: Grunddienstbarkeiten   §§ 1025–1029

Verstoß gg Halbs 2 hat Eigtümer des belasteten Grdst Anspr aus § 1004; Halbs 2 gilt nicht, wenn der Umfang der Ausübg sich nach den jeweil Bedürfn des herrschden Grdst richten soll. Für die Berecht untereinander gilt § 745 entspr (nach aA § 1024 entspr; vgl MüKo/Falckenberg Rdn 2 mwN), denn S 1 hat den Beteil hier abw von § 1024 keinen Anspr auf AusübgsRegelg gegeben, sond beschrkt die Ausübg kr G. Verteidigg des beschwerten Eigtümers des belasteten Grdst hier nach § 1004. – **b)** Die UnterhaltgsPfl aus §§ 1020 S 2, 1021 I 2 hat jeder Eigtümer der Teilstücke.

2) Ausnahme (S 2). – **a)** Teillöschen im Hinbl auf § 1019 kr G ohne Löschg. Berichtigg nach § 894, GBO 22; vgl auch GBO 9. – **b)** Die UnterhaltgsPfl aus §§ 1020 S 2, 1021 I 2 hat nur noch der Eigtümer des berecht bleibden Grdst.

1026 *Teilung des dienenden Grundstücks.* **Wird das belastete Grundstück geteilt, so werden, wenn die Ausübung der Grunddienstbarkeit auf einen bestimmten Teil des belasteten Grundstücks beschränkt ist, die Teile, welche außerhalb des Bereichs der Ausübung liegen, von der Dienstbarkeit frei.**

1) Grundsatz. – **a)** Nach Teilg des belasteten Grdst ist jedes Grdst mit einer GrdDbk belastet (BayObLG Rpfleger **83**, 143). Sie ist bei der Abschreibg mitzuübertr (BayObLG aaO); sonst Berichtgg nach § 894, GBO 22. – **b)** Unterhaltspfl aus §§ 1021 I 1, 1022 u -berecht ist §§ 1020 S 2, 1021 I 2 jeder Eigtümer.

2) Ausnahme; auch bei altrechtl Dbk (BayObLG 88, 102). – **a)** Die GrdDbk erlischt krG an dem Teil, der völl außerh des Bereichs liegt, auf den ihre Ausübg **rechtlich** (BayObLG **88**, 102) beschränkt ist, weil der Berecht aGrd rgesch Vereinbg od nach Art der GrdDbk dauernd gehindert ist, diesen Teil des belasteten Grdst zu benutzen (BayObLG Rpfleger **83**, 143); tats Beschrkg genügt nicht, wenn Änderg mögl (KG NJW **69**, 470). – Keine MitÜbertr GBO 46 II (BayObLG aaO); sonst Berichtigg nach § 894, GBO 22 (KGJ **24**, 118). GBmäß Nachw gem GBO 29 zB dch Bescheinigg öff bestellter VermessgsIng (KG DR **39**, 1174) od Vermessgsamt (BayObLG **88**, 102). – **b)** Unterhaltgspfl u -berecht (vgl Anm 1 b) ist nur noch der Eigtümer, auf dessen Grdst die Anlage steht (KG JW **34**, 3142).

1027 *Beeinträchtigung der Grunddienstbarkeit.* **Wird eine Grunddienstbarkeit beeinträchtigt, so stehen dem Berechtigten die im § 1004 bestimmten Rechte zu.**

1) Beeinträchtigung der GrdDbk ist jede Behinderg der zu duldden Benutzg des belasteten Grdst (bei WegeR aber nicht immer schon Mitbenutzg [Köln OLGZ **75**, 221] insb dch nachrang Berecht [Hamm Rpfleger **81**, 105]) od die Vornahme zu unterlassder Hdlgen. – Bei Beeinträchtigg des belasteten Grdst dch von RInhalt nicht gedeckte Hdlg gilt § 1020 Anm 1, § 1018 Anm 4 d.

2) Ansprüche des Eigtümers (vgl aber auch § 1065) des herrschden Grdst (für bloßen Besitzer gilt § 1029) gg den Störer (kann auch Eigtümer des belasteten Grdst sein, der Störg dch Dritte duldet). – **a) Beseitigung/Unterlassung** gem § 1004 unabhäng von Verschulden; verjährt wie § 1004 (RGRK/Rothe § 1028 Rdn 1; aA 41. Aufl). Anspr gem § 1004 II ausgeschl, wenn Beeinträchtigung zu dulden; zB bei Zust, nach § 1024, entspr § 912 I (BGH **39**, 5; MDR **66**, 749; str), Hoheitsakt. – **b) Besitzschutz** nach §§ 858 ff, wenn Berecht im SachBes gestört, od § 1029. – **c) Schadensersatz** aus § 823 I u II (RG Warn **11**, 331) u pos VertrVerletzg (des ges SchuldVerh, wenn Eigtümer stört). – **d) Geldrente** entspr § 912 II (wenn § 1004 entspr § 912 I ausgeschl; vgl Anm 2 a) od **Entschädigung** nach EnteigngsGrds (wenn hoheitl Eingr zu dulden).

3) § 1027 gilt auch für altrechtl GrdDbk.

1028 *Verjährung.* **¹ Ist auf dem belasteten Grundstück eine Anlage, durch welche die Grunddienstbarkeit beeinträchtigt wird, errichtet worden, so unterliegt der Anspruch des Berechtigten auf Beseitigung der Beeinträchtigung der Verjährung, auch wenn die Dienstbarkeit im Grundbuch eingetragen ist. Mit der Verjährung des Anspruchs erlischt die Dienstbarkeit, soweit der Bestand der Anlage mit ihr im Widerspruch steht.**

II Die Vorschriften des § 892 finden keine Anwendung.

1) Verjährung des Anspruchs auf Beseitigung einer störenden Anlage auf belastetem Grdst wie auch in den and Fällen des § 1027 (§ 1027 Anm 2a) nach 30 Jahren ab Errichtg der Anlage (I 1). Unerhebl von wem u warum Anlage errichtet. Wird Anlage in der VerjFr dch andere Anlage ersetzt, so beginnt neue VerjFr (BGH LM Nr 1). EigtWechsel bei belastetem od herrschden Grdst unterbricht Verj nicht (§ 221).

2) Mit Verj dieses BeseitiggsAnspr (nicht in and Fällen des § 1027) **erlischt die Grunddienstbarkeit** krG (**I 2**); GBBerichtigg nach § 894, GBO 22. GrdDbk bleibt aber in dem Umfang bestehen, in dem Anlage sie nicht beeinträchtigt (BayObLG **59**, 478). – **Kein Gutglaubensschutz (II)** für Erwerber, des herrschdes Grdst in Unkenntn der lfden VerjFr od des Erlöschens der GrdDbk erwirbt; jedoch für Erwerber, der es erst nach Beseitigg der Anlage erwirbt (Soergel/Baur Rdn 2; aA RGRK/Rothe Rdn 5).

3) § 1028 gilt auch für altrechtl GrdDbk.

1029 *Besitzschutz des Rechtsbesitzers.* **Wird der Besitzer eines Grundstücks in der Ausübung einer für den Eigentümer im Grundbuch eingetragenen Grunddienstbarkeit gestört, so finden die für den Besitzschutz geltenden Vorschriften entsprechende Anwen-**

§ 1029, Einf v § 1030

dung, soweit die Dienstbarkeit innerhalb eines Jahres vor der Störung, sei es auch nur einmal, ausgeübt worden ist.

1) Besitzschutz bei verbotener Eigenmacht genießen: – **a)** Wer in Ausübg der GrdDbk (auch wenn diese nicht eingetr) das belastete Grdst iSv §§ 854ff besitzt (**Sachbesitz**), unmittelb nach §§ 858ff. – **b)** Wer das herrschde Grdst in unmittelb od mittelb Voll-, Teil-, Allein-, Mit-, Eigen- od FremdBes hat u eine für den Eigtümer eingetr (Widerspr nach unrechtm Löschg reicht nicht) GrdDbk ausübt (**Rechtsbesitz**), nach § 1029 iVm §§ 858ff wie Sachbesitzer; zB Eigtümer selbst, NutzgsBerecht.

2) Voraussetzg für BesSchutz des RBesitzers ist wenigstens **einmalige Ausübung** der GrdDbk dch eine befugte Pers (zB auch Besucher des Mieters) ohne Rücks auf RAusübgsAbsicht (hM; aA Stgt OLG **6**, 252) nach GBEintr u innerhalb eines Jahres vor der Störg. Bei Berechtigg zum Halten einer Anlage kein FrBeginn, solange Anlage besteht. Bei UnterlassgsDbk genügt als AusübgsHdlg schlichtes Unterlassen ohne bes Verbot (BayObLG **33**, 292), so daß Frist mit erster Zuwiderhdlg beginnt.

3) § 1029 gilt für altrechtl GrdDbk, sofern diese eingetr; andernf gilt EG 191.

Zweiter Titel. Nießbrauch

Einführung

Schrifttum: Jansen, Der Nießbr im Zivil- u SteuerR, 4. Aufl 1984. – Mittelbach/Richter, Nießbr (Zivil- u SteuerR), 8. Aufl 1986. – Seithel, Einkommensteuerrechtl Behandlg des Nießbr, 1984.

1) Dch die NießbrBestellg entsteht zw Eigtümer u Nießbraucher ein **dingliches Rechtsverhältnis und ein gesetzliches Schuldverhältnis** (vgl Einl 2g vor § 854; zB §§ 1041–1047; 1049–1051, 1055). Letzteres gestaltet den Inhalt des dingl Rechts, denn es regelt die RBeziehgen zw Nießbraucher u jeweil Eigtümer (auch wenn Nießbr von Dritten bestellt). Dch anfängl od nachträgl Vereinbg kann der Inhalt des ges **Schuldverhältnisses geändert** werden; dies wirkt dingl (dh ohne Übernahme ggü RNachf) nur bei Eintr (auch gem § 874) im GB. Dingl wirkde u eintragb Abänderg darf aber Wesenskern der Nießbr nicht beeinträchtigen: **unzulässig** (nur schuldrechtl Wirkg) daher Begründg von LeistgsPfl des Eigtümers (BayObLG **85**, 6), Abdingg von §§ 1036, 1037 I, 1039 I 2, Abhängigk des dingl Rechts von MietVertr (BayObLG **79**, 273); VfgsBefugn für Nießbraucher (§ 1030 Anm 4d) – **zulässig** aber Abdingg von § 1051 (BayObLG **77**, 81) u § 1059 S 2 (LG MöGladb NJW **69**, 140), Vereinbg von EntgeltPfl des Nießbrauchers (BayObLG **79**, 273) u Verwendg der Nutzgen zu best Zwecken (§ 1030 Anm 4c), Erweiterg von § 1041 (BayObLG **6**, 6). – **Kein Nießbrauch:** NutznießgsR nach § 1417 III 2, 1649 II; NutzgsVermächtn (vgl BGH **LM** § 2203 Nr 1); Vorerbsch. Keine Eintr im GB (vgl RG HRR **36** Nr 336).

2) Entstehung. – **a)** Außer krG (zB §§ 900 II, 1033, 1075 I, FlurbG 68, BauGB 63) als abstraktes **dingliches Recht** dch RGesch: bewegl Sachen gem § 1032; Grdst gem §§ 873, 874; Rechte gem §§ 1069, 1081 II. Befristg od Bdgg zul (zB Bestellg für mehrere nacheinand derart, daß für den einen auflösd u den and aufschiebd bdgt). Behördl Gen erforderl nach GrdstVG 2 II Nr 3, BauGB 51 I Nr 1, 144 II Nr 2. – **b) Schuldrechtliches Grundgeschäft** für Bestellg kann sein zB ÜberlassgsVertr, Vfg vTw, Kauf, Sichgs-Vertr (§ 1030 Anm 4c). Versprechen des Eigtümers, VertrPartner solle Einnahmen des Grdst u eigtümer-ähnl Stellg haben, kann Anspr auf NießbrBestellg begründen (BGH Warn **69**, 153). Bei Nichtigk des (formfreien) GrdGesch Konditktion (§ 812) des Nießbr.

3) Erlöschen. – **a)** Kraft **Rechtsgeschäfts:** §§ 875, 1062, 1064. – **b)** Kraft **Gesetzes:** Tod bzw Erlöschen des Berecht (§ 1061; vgl aber § 1059a). Auflösde Bdgg (§ 158 II) od Befristg (§ 163); Verlängerg erforderl Neubestellg (OGH MDR **49**, 470). Durch völligen Untergang der Sache (vgl aber auch § 1046); nicht aber des Gbdes bei GrdstNießbr. Dch Enteignng. Dch Konsolidation regelm bei Fahrn (§ 1063 I; Ausn: dort II); nicht bei Grdst (§ 889). Bei bewegl Sachen ferner nach §§ 936, 945 od 1242 II 2. Bei Grdstücken nach §§ 892, 901 od dch ZwVerst (ZVG 91, 121). Bei Rechten: § 1072 (vgl dort Anm 1). Vgl auch EG 184, 189.

4) Zwangsvollstreckung: Zur ZwVollstr gg den Nießbraucher vgl § 1059 Anm 3, 4. Bei ZwVollstr ggden Eigtümer: Bei VermögensNießbr § 1086, ZPO 737, 738. Allg gilt: Nießbraucher hat gg FahrnVollstr ZPO 771 u (wenn im Besitz der Sache) ZPO 766, 809; pfändb also nur der Anspr des Eigtümers auf Herausg nach NießbrEnde (§ 1055, ZPO 846, 847). Im Konkurs des Eigtümers: KO 43 für Nießbraucher – **Zwangsversteigerung:** Ist Nießbrauch rangbesser, kommt er ins geringste Gebot u bleibt nach Zuschlag bestehen, ZVG 44, 52; geht Nießbr dem betreibdn Gläub nach, erlischt er mit Zuschlag, ZVG 52 I, 91 I; an seine Stelle tritt der Anspr auf WertErs aus dem Versteigergserlös als Rente, ZVG 121, 92 II – **Zwangsverwaltung:** Geht der betreibde Gläub vor, kann u muß er Duldgstitel gg Nießbraucher erwirken, damit Zwangsverwalter Grdst besitzen u verwalten kann (KG JW **33**, 2348; OLG **20**, 390). Ist Nießbr rangbesser, kann zwar die ZwVerw angeordnet w; doch ist sie auf Erinnerg des Nießbrauchers hin zu beschränken, so daß Zwangsverwalter nur mittelb Besitz u die dem Eigtümer gg den Nießbraucher zustehdn Befugnisse erhält (Köln NJW **57**, 1769). – Zusammentreffen von Hyp u Nießbr am gleichen Grdst: § 1124 Anm 4b.

Dienstbarkeiten. 2. Titel: Nießbrauch §§ 1030, 1031

I. Nießbrauch an Sachen

1030 *Begriff.* ^I Eine Sache kann in der Weise belastet werden, daß derjenige, zu dessen Gunsten die Belastung erfolgt, berechtigt ist, die Nutzungen der Sache zu ziehen (Nießbrauch).

^{II} Der Nießbrauch kann durch den Ausschluß einzelner Nutzungen beschränkt werden.

1) Über **Nießbrauchsverhältnis, Entstehung** u **Erlöschen** des Nießbr vgl Einf 1–3 vor § 1030.

2) **Gegenstand. – a) Sachen** (bewegl u unbewegl) iSv § 90, grdstgl Rechte (Übbl 1 c vor § 873), Schiffe (§ 1032 Anm 1); nicht aber eingetr Luftfz (LuftfzRG 9). Mehrere Sachen nur dch selbstd EinzelR belastb (KG HRR **34** Nr 521; LG Düss RhNK **73**, 658). **Reale Sachteile,** die unwesentl Bestandt (zB GrdstTeile; LG Tüb BWNotZ **81**, 140); nicht aber wesentl Bestandt (zB GbdeTeil; BayObLG **79**, 361). **Ideelle Bruchteile** (§ 1066), zB WE (WEG 6 Anm 2 e). Auch AlleinEigtümer kann Bruchteil belasten (QuotenNießbr), zw ihm u Nießbraucher entsteht Nutzgs- u VerwGemsch, für die §§ 741 ff entspr gelten (KG JFG **13**, 447). – **b)** Der Nießbr **erstreckt sich auf die Bestandteile** iSv §§ 93–96. Unwesentl Bestandt sind aber ausnehmb; bei DrittEigt an ihnen gelten §§ 1032 S 2, 892. Nachträgl eingefügte wesentl Bestandt werden erfaßt (zB wiederaufgebautes Gbde; BGH **LM** § 1090 Nr 10), nicht aber gem § 890 II zugeschriebene Grdst (arg § 1132). **Zubehör** vgl § 1031. Keine Erstreckg auf **schuldrechtliche Ansprüche** (u deren LeistgsGgst) gg Dritte wegen Zerstörg/Beschädigg od aus Veräußerg (Zust des Nießbrauchers kann Verpfl zur NießbrBestellg am Erlös begründen; RGRK/Rothe Rdn 6), wohl aber auf VersFdg (§ 1046) u nach LandesR (EG 52, 53, 109) auf EnteigngsEntschädig.

3) **Berechtigter** kann nur eine bestimmte natürl od jur Person sein; subjdingl Bestellg nicht mögl. – Bestellg für **Mehrheit von Berechtigten** mögl: GesHandsGemsch, BruchtGemsch od GesamtBerecht nach § 428 (BGH **NJW 81**, 176); nicht aber für MitBerecht nach § 432 (Hamm Rpfleger **80**, 21). Bei BruchtBerecht gelten im InnenVerh §§ 741, 746, 748, 1010, 1011 entspr; erlischt Nießbr eines Berecht, so entsteht zw den anderen u dem Eigtümer die Nutzgs- u VerwGemsch, für die §§ 741 ff entspr gelten (BayObLG **55**, 155). Eintr als „GesamtBerecht" genügt GBO 47 nicht (BGH **NJW 81**, 176). Ergibt GBEintr nicht Art des GemschVerh, so ist wirtsch Anlaß der Bestellg zur Auslegg heranzuziehen (RG HRR **37** Nr 1443). – **Eigentümernießbrauch** bei Grdst zul (Harder DNotZ **70**, 267; vgl Einl 2 e vor § 854); hM verlangt schutzwürd Interesse (LG Hbg DNotZ **69**, 39; LG Verd NdsRpfl **70**, 208).

4) **Rechtsinhalt** (wg Abänderg vgl Einf 1 vor § 1030). – **a)** Der Nießbraucher darf regelm **alle Nutzungen** (§ 100) ziehen **(I).** Der Eigtümer hat nicht zu leisten, sond nur zu dulden. Der Nießbraucher ist zum Besitz berecht (§ 1036 I). Er kann die Sache vermieten/verpachten. Er erwirbt die Nutzgen aus eigenem Recht; bei unmittelb Früchten nach §§ 954 ff, bei mittelb dch Einziehg. Er wird Gläub der Miet/PachtzinsFdg (RG **124**, 329), u zwar bei bestehendem Miet/PachtVertr schon mit NießbrBestellg (wg der hiervon verschied Frage, ab wann sie ihm „gebühren", vgl § 101). Trotzdem Pfändg der eigenen Fdg dch Nießbraucher wg einer Fdg gg Eigtümer zul (RG **86**, 138; wg § 1124); nicht folgericht, wenn RG **80**, 316 Abtretg nicht zuläßt. Dritte bedürfen zur ZwVollstr in die Nutzgen eines Titels gg den Nießbraucher. – **b) Ausschluß einzelner Nutzungen** (zB Gebr [BGH **LM** § 2203 Nr 1], Vermietg [LG Aach Rpfleger **86**, 468]) bei Bestellg od später dch InhaltsÄnderg vereinb **(II);** wirkt ggü EinzelRNachf nur bei GBEintr. Stets muß RNatur als umfassdes NutzgsR erhalten bleiben; unzulässig daher Bestellg nur für eine od einzelne NutzgsArten (zB HolznutzgsR an WaldGrdst; BayObLG **81**, 439) sowie Ausschluß wesentl Bestandt (zB bestimmte Wohng; BayObLG **79**, 361) von NutzgsR. Über Verh zu §§ 1018, 1090 (Benutzg in einz Beziehung) vgl Schöner DNotZ **82**, 416. Ausschließb aber NutzgsR für unwesentl Bestandt/GrdstTeile, da Hauptsache ohne sie belastb. – **c) Verwendungszweck der Nutzungen** (SichgsNießbr) bei Bestellg od später dch InhaltsÄnderg vereinb, zB Verrechng auf Fdg des Nießbrauchers gg Eigtümer (BayObLG **79**, 273); wirkt ggü EinzelRNachf nur bei GBEintr. Nießbr ist dann idR dch Tilgg der Fdg auflösd bdgt u SG hat bei Wegfall des SichgsZwecks LöschgsAnspr (BGH WPM **66**, 653). Nießbraucher ist im InnenVerh dch TreuPfl beschr (BGH WPM **65**, 479), im AußenVerh aber unbeschr Nießbraucher (Dresden OLG **9**, 15). Bei Abtr der gesicherten Fdg kann Eigtümer Aufgabe des Nießbr verlangen, wenn Nießbraucher Früchte nicht weiter zur Tilgg verwend od neuem Gläub nicht Ausübg des Nießbr überläßt. – **d)** Erweiterg des RInhalts auf Befugn zu **Verfügungen über den Belastungsgegenstand** (DispositionsNießbr), wie zB Belastg, widerspricht dem Wesen des Nießbr als NutzgsR; Eigtümer kann aber Nießbraucher zu Vfgen ermächtigen (§§ 183, 185) od bevollmächtigen u sich ihm gem § 137 S 2 verpflichten (BGH NJW **82**, 31). Für GrdstInventar vgl aber § 1048.

1031 *Erstreckung auf Zubehör.* Mit dem Nießbrauch an einem Grundstück erlangt der Nießbraucher den Nießbrauch an dem Zubehöre nach den für den Erwerb des Eigentums geltenden Vorschriften des § 926.

1) **Allgemeines.** Vgl § 1030 Anm 2 b u § 926. Regelmäß w die Beteiligten Grdst u Zubehör (§§ 97, 98) als wirtschaftl Einh behandeln wollen. Dem tragen §§ 314, 926, 1031, 1096 Rechng.

2) Entspr Anwendg des **§ 926.** Im Zw ist anzunehmen, daß sich die Belastg auf das vorhandene Zubehör erstrecken soll. Dann wird das dem Besteller gehörende Zubehör mit der Entstehg des Nießbr am Grdst (§§ 873, 874) belastet, anderes Zubehör mit Besitzergreifg durch den gutgl Nießbraucher entspr §§ 932 ff. Rechte Dritter gehen dem Nießbr nach entspr § 936. Nachträgl Belastg nur nach § 1032.

1187

§§ 1032–1036   3. Buch. 5. Abschnitt. *Bassenge*

1032 *Bestellung an Fahrnis.* **Zur Bestellung des Nießbrauchs an einer beweglichen Sache ist erforderlich, daß der Eigentümer die Sache dem Erwerber übergibt und beide darüber einig sind, daß diesem der Nießbrauch zustehen soll. Die Vorschriften des § 929 Satz 2, der §§ 930 bis 932 und der §§ 933 bis 936 finden entsprechende Anwendung; in den Fällen des § 936 tritt nur die Wirkung ein, daß der Nießbrauch dem Rechte des Dritten vorgeht.**

1) Die **Bestellung** des Nießbr **an beweglichen Sachen** ist ähnl geregelt wie die Übertr des Eigtums (§§ 929 ff). Bestellg an den einzelnen Sachen auch iFv §§ 1035, 1085, 1089 erforderl. Nießbr am AnwR w mit EigtErwerb des Bestellers zum Nießbr an der Sache. Nach S 2 NießbrBestellg mögl, auch wenn Nießbraucher unmittelb Bes nie erhalten soll (BGH **LM** § 2033 Nr 1). – Für die Bestellg des Nießbr an nicht eingetr **Schiffen** bewendet es bei den allg für Fahrn gelten Vorschriften; §§ 929a, 932a sind nicht entspr anwendb. Für eingetr Schiff: SchiffsRG 9, 82: also nicht an Schiffsbauwerken u Schwimmdocks; an eingetr Schiffen nur, womit die Verpfl zur Bestellg des Nießbr am ganzen Verm des Eigtümers od an einer Erbsch od an Bruchteil daran erfaßt w soll. Auf Nießbr am Schiff gelten die Vorschr des BGB für GrdstNießbr, SchiffsRG 82 I.

2) **Grundsatz: Einigung** zw Eigtümer u Nießbraucher (vgl § 929 Anm 2) **und Übergabe.** Auch des Zubehörs, anders für Grdst, § 1031. Überg entbehrl nach § 929 S 2. ÜbergErsatz entspr § 930 (so daß mittelb Besitz zB genügt bei TestVollstreckersch, BGH **LM** § 2203 Nr 1) u § 931. NießbrBestellg an Fahrnisbruchteil (vgl § 1066 Anm 1, 2) erfordert Mitbesitzeinräumung. Dem gutgl Nießbraucher ggü gilt Besteller als Eigtümer, § 1058. Schutz des gutgl Nießbrauchers entspr §§ 932–935; Rechte Dritter (§ 936) gehen dem gutgl Nießbraucher nach, S 2 Halbs 2; ist er bösgl, geht sein Nießbr den Drittrechten nach. Bei Vorbeh des Nießbr seitens des bösgl Veräußerers verbleibt Nießbr dem Eigtümer (Blomeyer AcP **153**, 253).

1033 *Erwerb durch Ersitzung.* **Der Nießbrauch an einer beweglichen Sache kann durch Ersitzung erworben werden. Die für den Erwerb des Eigentums durch Ersitzung geltenden Vorschriften finden entsprechende Anwendung.**

1) Die Vorschr schützt den gutgl Erwerber im Falle des § 935. Entspr anwendb sind die §§ 937–942. Wg § 1059 nicht die §§ 943, 944 bei natürl Pers; doch kommt die BesZeit des gutgl Nichteigtümers dem Nießbraucher zugute (Wolff-Raiser § 115 Fußn 7). § 945 ist nur mit der Maßg entspr anwendb, daß das Recht des Dritten im Range zurücktritt; vgl § 1032 S 2. Für Nießbr am Grdst gilt § 900 II. Vgl ferner EG 185.

1034 *Feststellung des Zustandes.* **Der Nießbraucher kann den Zustand der Sache auf seine Kosten durch Sachverständige feststellen lassen. Das gleiche Recht steht dem Eigentümer zu.**

1) Der Zustand der Sache zZ der Bestellg des Nießbr ist wesentl für ihre Rückg. Eigtümer u Nießbraucher können deshalb jederzeit die Feststellg verlangen. Bei Grdst/WohngsNießbr kein BesichtiggsR des Eigtümers (LG Fulda NJW-RR **89**, 777). Verf nach FGG 15, 164. § 1034 stellt nicht auf Besteller, sond auf Eigtümer ab; doch gelten für Besteller die Vermutgen §§ 891 I, 1006; für Nießbraucher § 1058.

1035 *Nießbrauch an Inbegriff von Sachen; Verzeichnis.* **Bei dem Nießbrauch an einem Inbegriffe von Sachen sind der Nießbraucher und der Eigentümer einander verpflichtet, zur Aufnahme eines Verzeichnisses der Sachen mitzuwirken. Das Verzeichnis ist mit der Angabe des Tages der Aufnahme zu versehen und von beiden Teilen zu unterzeichnen; jeder Teil kann verlangen, daß die Unterzeichnung öffentlich beglaubigt wird. Jeder Teil kann auch verlangen, daß das Verzeichnis durch die zuständige Behörde oder durch einen zuständigen Beamten oder Notar aufgenommen wird. Die Kosten hat derjenige zu tragen und vorzuschießen, welcher die Aufnahme oder die Beglaubigung verlangt.**

1) Gilt nur für Nießbr an einem **Inbegriff von Sachen,** vgl § 260 Anm 1. Ebenso für Nießbr an Rechten, § 1068, Vermögen u Erbschaft. Vgl auch § 2121. Verlangen nach Mitwirkg, Beglaubigg, § 129, od behördl Aufnahme ist gesetzl gestellt w. Bloße Ausk genügt nicht. Persönl Mitwirkg od durch Bevollmächtigte, um Zahl u Beschaffenh der belasteten Sachen mögl unstreitig festzustellen (RG **126**, 106). ZwVollstr nach ZPO 888. Unterzeichng begründet keinen AnerkenngsVertr; nur Geständn, daß die Sachen vorhanden u mit dem Nießbr belastet sind.

1036 *Recht zum Besitz, Pflicht zur Bewirtschaftung.* **I Der Nießbraucher ist zum Besitze der Sache berechtigt.**

II Er hat bei der Ausübung des Nutzungsrechts die bisherige wirtschaftliche Bestimmung der Sache aufrechtzuerhalten und nach den Regeln einer ordnungsmäßigen Wirtschaft zu verfahren.

1) Gegen jedermann wirkdes u nicht mit dingl Wirkg abdingb (Hamm Rpfleger **83**, 144) **Recht zum Besitz (I).** Regelm Anspr nur unmittelb Besitz; anders nur, wenn ein Dritter nach § 868 unmittelb besitzt (BGH **LM** § 2203 Nr 1; Hamm aaO); Vereinbg von Mitbesitz möglich, so für § 1030 II; Mitbesitz krG: § 1081. Über SchutzAnspr (auch gg Dritte) vgl § 1065 Anm 1. Mittelb Besitz des Bestellers: § 868.

1188

Dienstbarkeiten. 2. Titel: Nießbrauch §§ 1036–1040

2) Bei **Ausübung des Nutzungsrechts (II)** ist die wirtsch Bestimmg zZ der NießbrEntstehg zu erhalten; nicht mit dingl Wirkg abdingb (LG Aach RhNK **86**, 24). Charakter des Ganzen darf nicht geändert werden; teilw Änderg, zB eines einzelnen Waldstückes in eine Obstpflanzg, kann zul sein (RG **80**, 231). Die ordngsm Bewirtschaft kann auch positive Hdlgen erfordern, zB Aufforstg nach Kahlschlag (BayObLG **72**, 366); nicht aber Wiederaufbau eines Weinbergs nach Rodg im FlurbVerf (Zweibr OLGZ **84**, 460). Bei Verstoß SchadErsPfl aus pos VertrVerletzg des ges SchuldVerh (Einf 1 vor § 1030) u § 823 I. Vgl auch §§ 1037, 1038, 1041.

1037 **Umgestaltung.** I Der Nießbraucher ist nicht berechtigt, die Sache umzugestalten oder wesentlich zu verändern.

II Der Nießbraucher eines Grundstücks darf neue Anlagen zur Gewinnung von Steinen, Kies, Sand, Lehm, Ton, Mergel, Torf und sonstigen Bodenbestandteilen errichten, sofern nicht die wirtschaftliche Bestimmung des Grundstücks dadurch wesentlich verändert wird.

1) **I** führt den Grds des § 1036 II weiter fort; nicht mit dingl Wirkg abdingb (BayObLG Rpfleger **77**, 251; vgl auch LG Aach RhNK **86**, 24). Unwesentl Ändergen zur Verbesserg der WirtschFührg sind gestattet. Die Errichtg von Anlagen nach **II** ist keine Umgestaltg, wenn der Gesamtcharakter des Grdst gewahrt bleibt. Errichtg von Gebäuden über II hinaus idR unzul. Wg des Eigt am Gebäude vgl § 95 I 2; Platten BB **65**, 1211. Über BergR u AbbauR vgl EG 67, 68. Vgl ferner § 1038.

1038 **Wirtschaftsplan für Wald und Bergwerk.** I Ist ein Wald Gegenstand des Nießbrauchs, so kann sowohl der Eigentümer als der Nießbraucher verlangen, daß das Maß der Nutzung und die Art der wirtschaftlichen Behandlung durch einen Wirtschaftsplan festgestellt werden. Tritt eine erhebliche Änderung der Umstände ein, so kann jeder Teil eine entsprechende Änderung des Wirtschaftsplans verlangen. Die Kosten hat jeder Teil zur Hälfte zu tragen.

II Das gleiche gilt, wenn ein Bergwerk oder eine andere auf Gewinnung von Bodenbestandteilen gerichtete Anlage Gegenstand des Nießbrauchs ist.

1) Verlangen jederzeit zul; Zuziehg von Sachverst kann beiderseits verlangt werden. Kosten tragen Eigtümer u Nießbraucher je zur Hälfte. Notfalls Klage auf Gen eines bestimmten Planes. Schuldh Verletzg des Planes macht schadensersatzpfl. Abänderg, wenn er den Regeln ordngsmäßiger Wirtsch nicht mehr entspricht. Ebso § 2123. Die Landesgesetze (EG 67, 68) verlangen Betriebspläne nur nach polizeil Gesichtspunkten.

1039 **Übermäßige Fruchtziehung.** I Der Nießbraucher erwirbt das Eigentum auch an solchen Früchten, die er den Regeln einer ordnungsmäßigen Wirtschaft zuwider oder die er deshalb im Übermaße zieht, weil dies infolge eines besonderen Ereignisses notwendig geworden ist. Er ist jedoch, unbeschadet seiner Verantwortlichkeit für ein Verschulden, verpflichtet, den Wert der Früchte dem Eigentümer bei der Beendigung des Nießbrauchs zu ersetzen und für die Erfüllung dieser Verpflichtung Sicherheit zu leisten. Sowohl der Eigentümer als der Nießbraucher kann verlangen, daß der zu ersetzende Betrag zur Wiederherstellung der Sache insoweit verwendet wird, als es einer ordnungsmäßigen Wirtschaft entspricht.

II Wird die Verwendung zur Wiederherstellung der Sache nicht verlangt, so fällt die Ersatzpflicht weg, soweit durch den ordnungswidrigen oder den übermäßigen Fruchtbezug die dem Nießbraucher gebührenden Nutzungen beeinträchtigt werden.

1) **Eigentumserwerb. – a)** Der Nießbraucher erwirbt das Eigt an allen **Sachfrüchten** (§ 99 I) mit der Trenng (§ 954); auch an Raub- u Übermaßfrüchten. Ausn nur nach §§ 955–957. – **b) Mittelbare Früchte** (§ 99 III) erwirbt er zu Eigt ab dem Einziehg; das Recht auf Erträge aber schon mit NießbrBestellg od späterer Entstehg des Rechts (vgl § 1030 Anm 4a).

2) **Ausgleich** zw Nießbraucher u Eigtümer bei Übermaßfrüchten. – **a)** Dem Nießbraucher gebühren nur die Früchte, die er bei ordngsmäßiger Wirtsch (§ 1036 II) gezogen hätte. Der Wert der darüber hinaus gezogenen Früchte ist dem Eigtümer zu erstatten. Grd der Fruchtziehg unerhebl; Wertersatz auch bei Gestattg einer Umwandlg (RG **80**, 233).

b) Zahlg des **Wertersatzes (I 2)** regelm erst nach Beendigg des Nießbr. Bis dahin gebühren dem Nießbraucher die Zinsen des Wertersatzes. Aber SicherhLeistg nach §§ 232 ff, 1051 ff. Statt dessen Anspr Beider auf sof Verwendg des ErsBetrages zur Wiederherstellg der Sache im Rahmen ordngsmäßiger Wirtsch: **I 3, II** (wo zB an Waldabholzg gedacht). WertErsPfl nicht mit dingl Wirkg abdingb (BayObLG Rpfleger **77**, 251).

c) Bei Versch des Nießbrauchers sofortiger SchadErs nach §§ 249, 276. RechtsGrd: § 1036 Anm 3 aE. Vgl ferner §§ 1051–1054.

1040 **Schatz.** Das Recht des Nießbrauchers erstreckt sich nicht auf den Anteil des Eigentümers an einem Schatze, der in der Sache gefunden wird.

1) Der Schatz, § 984, ist keine Frucht, auch nicht Bestandt od Zubehör der Sache.

§ 1041 Erhaltung der Sache.
Der Nießbraucher hat für die Erhaltung der Sache in ihrem wirtschaftlichen Bestande zu sorgen. Ausbesserungen und Erneuerungen liegen ihm nur insoweit ob, als sie zu der gewöhnlichen Unterhaltung der Sache gehören.

1) Die §§ 1041–1047 behandeln **Pflichten** iR des gesetzl Schuldverhältn (Einf 1 vor § 1030).

a) Zur **Erhaltung der Sache in ihrem wirtschaftlichen Bestand** (die dem Nießbraucher schlechthin obliegt, § 1036 II) gehört zB bei (selbst gestattetem) Kahlschlag die Wiederaufforstg (BayObLG 72, 366); zur regelm Neubestockg eines Weinbergs vgl Zweibr OLGZ 84, 460. ErhaltgsPfl nicht mit dingl Wirkg abdingb (BayObLG 77, 205; aA; LG Ulm BWNotZ 77, 173; LG Augsbg MittBayNot 76, 139). – Doch ist Nießbraucher nicht zum Wiederaufbau zerstörten Hauses verpflichtet (dies auch nicht der Eigtümer, vgl BGH LM § 1090 Nr 10).

b) Von laufenden **Unterhaltungskosten** trägt er nur die gewöhnl (S 2), da ihm auch nur die gewöhnl Nutzgen gebühren. Vertragsm Erlaß zul. Er hat für die Erhaltg zu sorgen: bei gewöhnl UnterhaltsMaßn dch Vornahme, iü dch Anzeige an den Eigtümer (§ 1042) u Duldg (§ 1044). Zur Vornahme außergewöhnl UnterhaltsMaßn ist er nicht verpflichtet (and bei Vereinbg, die auch NießbrInhalt werden kann; BayObLG 85, 6), aber berechtigt (§§ 1043, 1044, 1049). Vom Eigtümer kann er sie nicht beanspruchen (BGH 52, 234). VersichergsPfl §§ 1045, 1046. Für verschuldete Schäden haftet der Nießbraucher nach §§ 276, 278, 249, wg pVV des ges SchuldVerh (Einf 1 vor § 1030); daneben aus § 823 I. Vgl auch §§ 1048, 1050.

2) Nießbraucher einer ideellen GrdstHälfte ist dem Eigtümer der and Hälfte nicht zur Erstattg von Baukosten über § 1041 hinaus verpfl (BGH NJW 66, 1707).

§ 1042 Anzeigepflicht des Nießbrauchers.
Wird die Sache zerstört oder beschädigt oder wird eine außergewöhnliche Ausbesserung oder Erneuerung oder eine Vorkehrung zum Schutze der Sache gegen eine nicht vorhergesehene Gefahr erforderlich, so hat der Nießbraucher dem Eigentümer unverzüglich Anzeige zu machen. Das gleiche gilt, wenn sich ein Dritter ein Recht an der Sache anmaßt.

1) Vgl § 1041 Anm 2. Ähnl § 545. AnzeigePfl (§ 121) entfällt nicht, wenn der Nießbraucher selbst erneuert od selbständig gg Dritte vorgeht, §§ 1036 I, 1065. SchadErs bei schuldh Verletzg der AnzeigePfl; RechtsGrd s § 1041 Anm 2b. Eigtümer ist beweispfl für die Voraussetzgen der AnzeigePfl u seinen Schaden; Nießbraucher für die gehörige Absendg der Anzeige od sein Unverschulden.

2) Von dem Dritten können Eigtümer u Nießbraucher selbständig SchadErs beanspruchen; s dazu Anm zu § 1065. Über die Entschädigg für eine Enteignng vgl EG 52, 53, 109.

3) Anmaßg eines Rechts wörtl od dch Handlgen. Abwehrklage, § 1004, für Eigtümer u Nießbraucher; sow die Anmaßg beide zugleich berührt, können sie, müssen aber nicht zugleich klagen; tun sie es: notw Streitgenossen nach ZPO 62 I 1. Fall.

§ 1043 Ausbesserung oder Erneuerung.
Nimmt der Nießbraucher eines Grundstücks eine erforderlich gewordene außergewöhnliche Ausbesserung oder Erneuerung selbst vor, so darf er zu diesem Zwecke innerhalb der Grenzen einer ordnungsmäßigen Wirtschaft auch Bestandteile des Grundstücks verwenden, die nicht zu den ihm gebührenden Früchten gehören.

1) Vgl § 1041 Anm 2. Nur soweit der Nießbraucher nach § 1049 Ersatz beanspruchen könnte, darf er statt dessen Bestandteile verwenden, die nicht Früchte sind od im Übermaß gezogen waren. Ebso bei gewöhnl Ausbessergen, wenn ihm diese vertragsm entgg § 1041 S 2 nicht zur Last fallen. Nießbraucher kann also entw nach § 1043 verfahren od eigene Aufwendgen machen u nach § 1049 vorgehen.

§ 1044 Duldung von Ausbesserungen.
Nimmt der Nießbraucher eine erforderlich gewordene Ausbesserung oder Erneuerung der Sache nicht selbst vor, so hat er dem Eigentümer die Vornahme und, wenn ein Grundstück Gegenstand des Nießbrauchs ist, die Verwendung der im § 1043 bezeichneten Bestandteile des Grundstücks zu gestatten.

1) Vgl § 1041 Anm 2 u § 1043 Anm 1. § 1044 gilt für gewöhnl u außergewöhnl Ausbessergen. Kein BesichtiggsR des Eigtümers, ob ReparaturBedürfn besteht (LG Fulda NJW-RR 89, 777); and zur Vorbereitg notw Reparatur. VornahmeR des Nießbrauchers geht dem des Eigtümers vor. Vornahme ohne NießbraucherZust ist verbotene Eigenm, § 858. ZwVollstr des Eigtümers geg den Nießbraucher nach ZPO 890, 892; schuldh Weigerg macht schadenersatzpfl. Nutzgsmindrg dch Verwendg von Bestandteilen (§ 1043) muß Nießbraucher dulden, wenn Grenzen ordngsm Wirtsch nicht überschritten werden.

§ 1045 Versicherungspflicht des Nießbrauchers.
I Der Nießbraucher hat die Sache für die Dauer des Nießbrauchs gegen Brandschaden und sonstige Unfälle auf seine Kosten unter Versicherung zu bringen, wenn die Versicherung einer ordnungsmäßigen Wirtschaft entspricht. Die Versicherung ist so zu nehmen, daß die Forderung gegen den Versicherer dem Eigentümer zusteht.

II Ist die Sache bereits versichert, so fallen die für die Versicherung zu leistenden Zahlungen dem Nießbraucher für die Dauer des Nießbrauchs zur Last, soweit er zur Versicherung verpflichtet sein würde.

Dienstbarkeiten. 2. Titel: Nießbrauch §§ 1045–1047

1) Die ErhaltgsPfl (§ 1041 S 1) gebietet dem Nießbraucher die Versicherg – nicht HaftPflVers – im Rahmen ordngsmäßiger Wirtsch. Also nach Lage des einzelnen Falles, insb auch Ortsüblichk. Durch Versicherg für fremde Rechng, VVG 74 ff mit § 1046. Zum vollen Wert der Sache ohne Abzug des Nießbr, vgl § 1046. Unterlassg begründet Anspr auf SchadErs, Übern der vom Eigtümer abgeschlossenen Versicherg u Erstattg der Kosten. Bei bestehender Versicherg haftet Nießbraucher dem Eigtümer (nicht dem Versicherer) für die Kosten, II. Über Hagelversicherg vgl VVG 115. Str, ob auch wg der stehden Früchte Fremdversicherg od EigVersicherg; letzteres nur, wenn man bei Tod des Nießbrauchers vor Ernte gem VVG 115 Eintritt des Eigtümers in den Vertrag annimmt, was RG **161**, 86 wohl zu Recht ablehnt.

1046 *Nießbrauch an der Versicherungsforderung.* ¹ An der Forderung gegen den Versicherer steht dem Nießbraucher der Nießbrauch nach den Vorschriften zu, die für den Nießbrauch an einer auf Zinsen ausstehenden Forderung gelten.

II Tritt ein unter die Versicherung fallender Schaden ein, so kann sowohl der Eigentümer als der Nießbraucher verlangen, daß die Versicherungssumme zur Wiederherstellung der Sache oder zur Beschaffung eines Ersatzes insoweit verwendet wird, als es einer ordnungsmäßigen Wirtschaft entspricht. Der Eigentümer kann die Verwendung selbst besorgen oder dem Nießbraucher überlassen.

1) Erstreckg des Nießbr auf die beim VersFall entstandene EntschädiggsFdg (dingl Surrogation), um Nießbraucher u Eigtümer gleichermaßen zu schützen. Gilt für bestehde u neu abgeschlossene Versichergen im Rahmen des § 1045. Nach Maßg der §§ 1070–1072, 1076–1079 mit 1046 II. Wird die Wiederherstellg verlangt, geht das Recht des Eigtümers vor; anders § 1044 Anm 1; § 1079 S 2. Im Verhältn zum Versicherer gelten §§ 1070 I, 406 ff; sinngem Anwendg des § 1128 II wird überw abgelehnt.

1047 *Lastentragung.* Der Nießbraucher ist dem Eigentümer gegenüber verpflichtet, für die Dauer des Nießbrauchs die auf der Sache ruhenden öffentlichen Lasten mit Ausschluß der außerordentlichen Lasten, die als auf den Stammwert der Sache gelegt anzusehen sind, sowie diejenigen privatrechtlichen Lasten zu tragen, welche schon zur Zeit der Bestellung des Nießbrauchs auf der Sache ruhten, insbesondere die Zinsen der Hypothekenforderungen und Grundschulden sowie die auf Grund einer Rentenschuld zu entrichtenden Leistungen.

1) **Allgemeines.** Regelm soll dem Nießbraucher nur der Reinertrag gebühren. Deshalb hat er die **Lasten** zu tragen, deren Entrichtg aus den Erträgen des Sache erwartet w darf (RG **153**, 32). Ebso die Betriebs- u Fruchtgewinngskosten. Auch wenn die Lasten die Erträge übersteigen (RG **153**, 35); der Nießbraucher kann nicht die Erträge guter Jahre behalten, die Fehlbeträge schlechter Jahre auf den Eigtümer abwälzen. Er muß dann im ganzen auf den Nießbr verzichten. Für Nießbr am Vermögen vgl § 1088.

2) § 1047 gilt nur für das **Innenverhältnis** zw Eigtümer u Nießbraucher. Der Eigtümer kann die Befreiung von den Lasten verlangen. Verteilt nach Beendigg des Nießbr nach § 103. Dem Gläub haftet der Nießbraucher regelm nicht persönl (BGH WPM **65**, 479); Ausn § 1088. Bei öff Lasten kommt es auf die dafür gegebenene Vorschr an. Zahlg der Lasten durch den Nießbraucher tilgt die Fdg. Kein Übergang der Fdg auf den Nießbraucher, Abtretg an ihn mögl, doch wertlos, da Eigtümer gg Nießbraucher Einwendg der BefreiungsPfl hat (RG **100**, 157).

3) **Öffentliche Lasten,** Begriff: Einl 6 a vor § 854. Auch wenn erst nach NießbrBestellg entstanden. Kosten der ZwVerwaltg sind nicht öff Lasten (Köln NJW **57**, 1770 abl Anm Dempewolf).

a) **Zu tragen hat sie der Nießbraucher,** insb die auf den wirtschaftl Ertrag der Sache gelegten, zB Grund-, Gewerbesteuer. Aber nur der auf der Sache ruhenden. Daher nicht die VermSteuer, die eine persönl des Eigtümers ist (Karlsr NJW-RR **89**, 13); anders bei VermNießbr, § 1088 Anm 2 b.

b) **Ausnahmen.** Eigtümer trägt von den Lasten, die auf den Stammwert gelegt sind (dh die nicht aus den Erträgen, sond aus der Substanz zu leisten sind; BGH NJW **56**, 1070), die außerordentl, dh die nicht ständig wiederkehrenden, zB Erschließungsbeiträge, Flurbereiniggsbeiträge (vgl OVG Lünebg RdL **59**, 332). Zur Frage, nach welchen GrdSätzen der Nießbraucher „angemessen" an den Beiträgen des Eigtümers (FlurBerG 19, 69) zu beteiligen ist, vgl BVerwG MDR **70**, 355.

4) **Privatrechtliche Lasten. a)** Das sind **Zinsen von Grundpfandrechten** (BayObLG Rpfleger **88**, 523), mangels abw Vereinbg einschl HöchstBetrHyp (MüKo/Petzoldt Rdn 20; hM); nicht von Eigtümer-Hyp (vgl § 1197 Anm 1 b; str). Die einzelnen Leistgn von Reallasten u Rentenschulden; Überbau- u Notwegrenten; Leistgen nach § 1022. **Nicht** hierunter fallen: Tilggsbeträge (Düss OLGZ **75**, 341), Verzugszinsen für verspätete Kapitalzahlgen, Zinsen für vorgemerkte od dch Pfand gesicherte Fdg.

b) Der **Nießbraucher** hat alle zZ der Bestellg vorbestehenden privatrechtl Lasten zu tragen; dies auch, wenn „unentgeltl Nießbr" bewilligt u eingetr (BGH NJW **74**, 641). Zinsen von GesHyp nur soweit, als sie sonst dem Eigtümer des mit dem Nießbr belasteten Grdst zur Last fallen; fehlt es an interner Regelg, muß er sie ganz tragen (Soergel/Baur Rdn 9). Für eigene Hyp kann der Nießbraucher keine Zinsen beanspruchen, auch nicht bei Entziehg der Verw nach § 1052 (RG **141**, 225). Nachträgl aufgenommene od erweiterte Belastgen erhöhen die Haftg des Nießbrauchers regelm nicht; doch wird für eine wirtschaftl gebotene Zinserhöhg eine Ausn zu machen sein (MüKo/Petzoldt Rdn 18; RGRK/Rothe Rdn 12), zT wird der Gedanke des § 1119 angewendet (W-Raiser § 117 I; Soergel/Baur Rdn 9). Beim SichgNehmer wird vielf auch stillschw vereinb sein, daß der Eigtümer die die Nutzgen übersteigden Lasten zu tragen hat (vgl RG Gruch **57**, 631).

5) Abweichende Vereinbarung zul, u zwar, da Verpflichtg aus § 1047 zum Inhalt des Nießbr gehört (RG **143**, 234), bei Eintr auch mit dingl Wirkg; die Einschränkg Einf 1 vor § 1030 gilt auch hier.

1048 *Nießbrauch an Grundstück mit Inventar.* ^I Ist ein Grundstück samt Inventar Gegenstand des Nießbrauchs, so kann der Nießbraucher über die einzelnen Stücke des Inventars innerhalb der Grenzen einer ordnungsmäßigen Wirtschaft verfügen. Er hat für den gewöhnlichen Abgang sowie für die nach den Regeln einer ordnungsmäßigen Wirtschaft ausscheidenden Stücke Ersatz zu beschaffen; die von ihm angeschafften Stücke werden mit der Einverleibung in das Inventar Eigentum desjenigen, welchem das Inventar gehört.

^{II} Übernimmt der Nießbraucher das Inventar zum Schätzwert mit der Verpflichtung, es bei der Beendigung des Nießbrauchs zum Schätzwert zurückzugewähren, so finden die Vorschriften des § 582a entsprechende Anwendung.

1) Das Inventar ist nicht Eigt des Nießbrauchers. Er darf darüber aber in den Grenzen ordngsmäßiger Wirtsch **verfügen, I 1.** Auch bei Überschreitg der VfgsMacht ist die Vfg dann gutgl Erwerber ggü wirks, wenn sie ihrem Inhalt nach innerh der Grenzen einer ordngsm Wirtsch liegen kann (Celle JW **38**, 49; Westermann § 121 III 3; str). Verpflichtg zur Ersatzbeschaffg entspr § 1041 S 1. – **I 2:** Der InventarEigtümer erwirbt das **Eigentum an den Ersatzstücken** kraft G, wenn Nießbraucher Eigt erworben hatte, u zwar in Sonderform des EigtErwerbs dch Einverleibg (Herstellg räuml Verhältn) od bei späterem EigtErwerb. Aber nur, soweit der Nießbraucher zur Anschaffg verpflichtet war (Stgt HRR **32**, 1049).

2) Entspr Anwendg auf Nießbr an Sachinbegriff wie zB Unternehmen (BGH **LM** § 930 Nr 12), wenn nicht § 1067 Platz greift.

1049 *Ersatz von Verwendungen.* ^I Macht der Nießbraucher Verwendungen auf die Sache, zu denen er nicht verpflichtet ist, so bestimmt sich die Ersatzpflicht des Eigentümers nach den Vorschriften über die Geschäftsführung ohne Auftrag.

^{II} Der Nießbraucher ist berechtigt, eine Einrichtung, mit der er die Sache versehen hat, wegzunehmen.

1) Die §§ 994 ff gelten für die Dauer des Nießbr nicht. Für Aufwendgen nach §§ 1041, 1047, 1048 kann der Nießbraucher keinen Ersatz verlangen; er hat dann auch kein WegnR. Für andere Verwendgen (vgl RG **152**, 101) kann er: – **a)** Ersatz verlangen nach §§ 677 ff (insb §§ 679, 683); nur vom Eigtümer zZ der Verwendg (RG HRR **37**, 1444 u hM; aA Staud/Promberger Rdn 8: § 999 entspr). – **b)** Ersatz verlangen nach §§ 684, 812 ff; auch vom späteren Eigtümer (§ 822; hM). – **c)** Statt Ersatz nach §§ 677 ff, 684 zu verlangen, die Einrichtg wegnehmen (**II**; vgl § 258); auch wenn sie wesentl Bestandt, wie sie wg § 95 idR nicht ist (RG **106**, 49).

2) Verjährg: § 1057. Wegen der ErsAnspr hat Nießbr ZbR (§ 273 II) u AbsondersgR (KO 49 I Nr 3). Verzinsg lehnt hM ab (Soergel/Baur Rdn 1; Staud/Promberger Rdn 9; aA RGRK/Rothe Rdn 2); maßg wohl, ob Nießbrauch gg Vergütg (vgl § 256 S 2).

1050 *Abnutzung.* Veränderungen oder Verschlechterungen der Sache, welche durch die ordnungsmäßige Ausübung des Nießbrauchs herbeigeführt werden, hat der Nießbraucher nicht zu vertreten.

1) Vgl § 1041. Ähnl § 548. Vgl auch § 1057 u Anm. Für Nießbr an HandelsGesch nach LG Mannh (BB **60**, 1147) insow nicht anwendb, als die für Instandhaltg nöt Investitionsmittel aus dem BetriebsVerm genommen w (bestr, vgl Hassel, RhNK **68**, 170 Fußn 4).

1051 *Sicherheitsleistung.* Wird durch das Verhalten des Nießbrauchers die Besorgnis einer erheblichen Verletzung der Rechte des Eigentümers begründet, so kann der Eigentümer Sicherheitsleistung verlangen.

1) Verschulden wird nicht vorausgesetzt. Gefährdg durch Dritten, dem die Ausübg des Nießbr überlassen ist, genügt; leistgspflichtig ist aber nur der Nießbraucher. SicherhLeistgn nach §§ 232 ff. § 1011 entspr anwendb. Anordng einer Verw § 1052. Maßn bei eingetretener RVerletzg §§ 1053, 1054; §§ 284 ff anwendb (vgl E. Schwerdtner, Verz i SR 183). Mit dingl Wirkg abdingb, dies ist im GB eintragb (BayObLG Rpfleger **77**, 251).

1052 *Gerichtliche Verwaltung mangels Sicherheitsleistung.* ^I Ist der Nießbraucher zur Sicherheitsleistung rechtskräftig verurteilt, so kann der Eigentümer statt der Sicherheitsleistung verlangen, daß die Ausübung des Nießbrauchs für Rechnung des Nießbrauchers einem von dem Gerichte zu bestellenden Verwalter übertragen wird. Die Anordnung der Verwaltung ist nur zulässig, wenn dem Nießbraucher auf Antrag des Eigentümers von dem Gericht eine Frist zur Sicherheitsleistung bestimmt worden und die Frist verstrichen ist; sie ist unzulässig, wenn die Sicherheit vor dem Ablaufe der Frist geleistet wird.

^{II} Der Verwalter steht unter der Aufsicht des Gerichts wie ein für die Zwangsverwaltung eines Grundstücks bestellter Verwalter. Verwalter kann auch der Eigentümer sein.

^{III} Die Verwaltung ist aufzuheben, wenn die Sicherheit nachträglich geleistet wird.

Dienstbarkeiten. 2. Titel: Nießbrauch §§ 1052–1056

1) Der Eigtümer kann die **Sicherheitsleistung** dch ZwVollstr erzwingen.

2) Statt dessen kann er beim VollstrGer (ZPO 764) die Anordng einer **Verwaltung** beantragen. Voraussetzgen: Rechtskr u fruchtloser Ablauf der Frist, vgl ZPO 255 II. Vgl auch § 1070 II. Die Anordng ist nicht eintraggsfäh. Für den Verwalter gelten ZVG 153, 154 entspr. Er ist Partei kr Amtes, arg: § 1052 II 1. Der Nießbraucher kann die Verw abwenden durch Leistg der Sicherh; im Einvernehmen mit dem Eigtümer auch durch Bestellg eines Bevollmächtigten zur Verw. – Anordng der vorläuf Verw dch einstw Vfg vor Verurteilg zur SicherhLeistg zul (Celle HRR **34**, 1683).

1053 *Unterlassungsklage bei unbefugtem Gebrauch.* Macht der Nießbraucher einen Gebrauch von der Sache, zu dem er nicht befugt ist, und setzt er den Gebrauch ungeachtet einer Abmahnung des Eigentümers fort, so kann der Eigentümer auf Unterlassung klagen.

1) Einschränkg des § 1004. Abmahng u Fortsetzg des unbefugten Gebrauchs sind unentbehrl Voraussetzgen. Ähnl § 550. Über Verhältn zu § 1004 vgl Medicus SchlHA **63**, 34. Die Klage kann auch gg den Ausübungsberechtigten (§ 1059 S 2) gerichtet werden.

1054 *Gerichtliche Verwaltung wegen Pflichtverletzung.* Verletzt der Nießbraucher die Rechte des Eigentümers in erheblichem Maße und setzt er das verletzende Verhalten ungeachtet einer Abmahnung des Eigentümers fort, so kann der Eigentümer die Anordnung einer Verwaltung nach § 1052 verlangen.

1) Verschulden wird nicht vorausgesetzt. SicherhLeistg befreit hier nicht, wie bei Besorgn erhebl Verletzg. Der Eigtümer muß auf Duldg der Verw klagen. Vgl im übrigen § 1052 Anm 1.

1055 *Rückgabepflicht des Nießbrauchers.* I Der Nießbraucher ist verpflichtet, die Sache nach der Beendigung des Nießbrauchs dem Eigentümer zurückzugeben.

II Bei dem Nießbrauch an einem landwirtschaftlichen Grundstück finden die Vorschriften des § 596 Abs. 1 und des § 596a, bei dem Nießbrauch an einem Landgut finden die Vorschriften des § 596 Abs. 1 und der §§ 596a, 596b entsprechende Anwendung.

1) I. Der hier behandelte Anspr auf Rückg beruht auf dem gesetzl SchuldVerh, Einf 1 vor § 1030. Daneben besteht der Anspr gg den Besitzer nach §§ 985ff. Berechtigt ist derjenige, der zZ der Beendigg des Nießbr Eigtümer ist. Rückg in dem Zustande, in dem sich die Sache bei ordngsm Wirtsch befinden müßte; vgl §§ 1036 II, 1050. § 591 gilt für jeden Nießbr entspr. Beweispflichtig für diesen Zustand ist der Eigtümer; vgl § 1034 S 2. Bei verschuldetem Unvermögen ist der Nießbraucher schadenersatzpfl (§§ 275ff); §§ 989ff greifen nicht ein, da Nießbr nicht rechtloser Besitzer war. Wg Beschädigg nach Ende des BesRechts vgl Vorbem 1d bb vor § 987. Vgl ferner §§ 101, 103, 1056. Kein Anspr auf Rechngslegg (Naumbg JW **30**, 278).

2) Zu II vgl die Anm zu §§ 596–596b. § 1067 gilt für die in § 596b behandelten landwirtschaftl Erzeugnisse nicht.

3) Zur Divergenz zw Eigtümer u Besteller s § 1065 Anm 3.

1056 *Miet- und Pachtverhältnisse bei Beendigung des Nießbrauchs.* I Hat der Nießbraucher ein Grundstück über die Dauer des Nießbrauchs hinaus vermietet oder verpachtet, so finden nach der Beendigung des Nießbrauchs die für den Fall der Veräußerung geltenden Vorschriften der §§ 571, 572, des § 573 Satz 1 und der §§ 574 bis 576, 579 entsprechende Anwendung.

II Der Eigentümer ist berechtigt, das Miet- oder Pachtverhältnis unter Einhaltung der gesetzlichen Kündigungsfrist zu kündigen. Verzichtet der Nießbraucher auf den Nießbrauch, so ist die Kündigung erst von der Zeit an zulässig, zu welcher der Nießbrauch ohne den Verzicht erlöschen würde.

III Der Mieter oder der Pächter ist berechtigt, den Eigentümer unter Bestimmung einer angemessenen Frist zur Erklärung darüber aufzufordern, ob er von dem Kündigungsrechte Gebrauch mache. Die Kündigung kann nur bis zum Ablaufe der Frist erfolgen.

1) Nach NießbrEnde würden die mit Nießbraucher geschlossenen Miet- u Pachtverträge ggü dem Eigtümer nicht mehr zum Besitz (§ 986) berechtigen. § 1056 (entspr § 2135; vgl auch ErbbRVO 30; ZVG 57a S 2) bestimmt für Grdst, die dem Mieter bereits überlassen worden sind (vgl § 571 I) 2 Ausnahmen – **a)** Das **Miet-/Pachtverhältnis** endet vor VertrEnde nur, wenn der Eigtümer mit gesetzl Frist (**II S 1**), nicht notwendg zum erstzul Termin, aber innerh eines vom Mieter gesetzten Frist (**III**) kündigt. Gilt nach AG Stgt ZMR **73**, 152 auch für MietVerh auf best Zt; WoRKSchG anwendb. Kein KündR, wenn Eigtümer selbst aus dem MietVertr verpfl ist (LG Stgt NJW-RR **89**, 1171). – Sonst gelten die Vorschr über die Veräußerg des Grdst entspr. Dies gilt auch für den Ersteher, wenn der Nießbr durch Zuschlag erlischt; bleibt er bestehen, so auch die vom Nießbraucher abgeschl Miet- u PachtVertr (ZVG 57ff dann nicht anwendb, Staud/Promberger Rdn 23). Über Verhältn des Mieters zum Nießbraucher nach Künd vgl § 541. –

b) Ein Verzicht des Nießbrauchers beeinträchtigt den Mieter nicht, II S 2. Erlischt der Nießbr gem § 875, so verliert der Zessionar die ihm vom Nießbraucher abgetr künft MietzinsAnspr jenseits des dch § 573, 1 bestimmten ZtRaumes; Eigtümer ist dch Einziehg der nun in seiner Pers entstehden Fdgen auch nicht auf Kosten des Zessionars ungerechtf bereichert (BGH **53**, 174).

2) Eigtümer, der dem MietVertr beigetreten war, bleibt an ihn gebunden (Staud/Promberger Rdn 21).

3) Keine erweiternde Anwendg der AusnVorschr, etwa wenn NießbrBestellg nichtig od nur schuldrechtl Anspr darauf besteht (Köln NJW **68**, 2148).

1057 *Verjährung der Ersatzansprüche.* **Die Ersatzansprüche des Eigentümers wegen Veränderungen oder Verschlechterungen der Sache sowie die Ansprüche des Nießbrauchers auf Ersatz von Verwendungen oder auf Gestattung der Wegnahme einer Einrichtung verjähren in sechs Monaten. Die Vorschriften des § 558 Abs. 2, 3 finden entsprechende Anwendung.**

1) Nur die ErsAnspr des Eigtümers wg Verändergen od Verschlechtergen; nicht wg Unmöglichk der Rückg (RG Warn **08**, 320). Gleichviel, ob sie auf der Verletzg des gesetzl SchuldVerh od auf unerl Hdlg beruhen. Anspr des Nießbrauchers vgl § 1049 Anm 1. Vgl Anm zu § 558. Ebenso § 1226. Die ab Veränderg od Verwendg laufende (§ 198 S 1) ordentl Verj wird durch § 1057 ausgeschl. § 902 I 1 nicht anwendb (§ 902 Anm 2c).

1058 *Guter Glaube des Nießbrauchers.* **Im Verhältnis zwischen dem Nießbraucher und dem Eigentümer gilt zugunsten des Nießbrauchers der Besteller als Eigentümer, es sei denn, daß der Nießbraucher weiß, daß der Besteller nicht Eigentümer ist.**

1) Im Gegensatz zum PfandR (Pfandgläub-Verpfänder) knüpft das G hier das gesetzl Schuldverhältn zw Nießbraucher u Eigtümer des NießbrObjektes. Dieser muß nicht mit dem Besteller (mit dem der Nießbraucher jedenf dch das rechtswirks Grundverhältn verknüpft ist) ident sein: So bei wirks (gutgläub) Bestellg dch Nichtberecht; so wenn der Besteller währd des Nießbr seine belastete Sache veräußert. Im ersten Fall schützen den Nießbraucher §§ 1032, 892. Darüber hinaus erstreckt § 1058 den Schutz des gutgläub Nießbrauchers auf das gesetzl Schuldverhältn (Einf 1 vor § 1030) dch **unwiderlegbare Vermutung.** Der Eigtümer muß Rechtshandlgen des Bestellers u Leistgen an diesen gg sich gelten lassen, so Rückgabe, Ers der Übermaßfrüchte; er muß Verwendgen ersetzen, doch entscheidet für sie Wille u Interesse des Bestellers §§ 1049 I, 683. Ist Nießbraucher bei Rechtshängigk gutgläub iS des § 1058, muß der Eigtümer das Urteil im Rechtsstreit zw Nießbraucher u Besteller auch gg sich gelten lassen. Zu Leistgen wird er aber durch Verträge des Bestellers od gg diesen ergangene Urteile nicht verpflichtet. Der Eigtümer ist auf die §§ 816 u 823 ff beschränkt.

2) Der Nießbraucher ist **bösgläubig** nur bei Kenntnis zZ der RechtsHdlg od der Rechtshängigk. Grobe Fahrl (anders § 932 II) od Eintr im GB (anders § 892 I) genügen hier nicht, wenn der Nießbraucher den Nießbr wirks erworben hat.

3) Für den **Besteller** gelten nur die Vermutgen der §§ 891, 1006 III, nicht § 1058.

1059 *Unübertragbarkeit; Überlassung der Ausübung.* **Der Nießbrauch ist nicht übertragbar. Die Ausübung des Nießbrauchs kann einem anderen überlassen werden.**

1) Der Nießbr entzieht dem Eigtümer das NutzgsR u entwertet daher wirtschaftl das Eigt. Deshalb bestimmt das G wenigstens eine zeitl Begrenzg. Daher kann der Nießbr **seinem Bestande nach nicht übertragen** (S 1), vererbt (§ 1061), belastet (§§ 1069 II, 1274 II) od gepfändet (ZPO 851 I, 857 I) werden. – Überlassg der Ausübg (S 2) u entspr Pfandbark (vgl Anm 3) bedeutet einen komplizierten Ausweg. – **Ausnahme** (Übertragbark): §§ 1059a ff. – Über Übergang kraft G vgl § 1061 Anm 2b. – Der Anspr auf Bestellg des Nießbr ist ebenf grdsätzl (vgl § 1059e) unübertragb u unvererbl. Aber mögl, für Dritte, auch Erben, Anspr auf Bestellg neuen Nießbr zu begründen u durch Vormkg zu sichern (LG Traunst NJW **62**, 2207; vgl auch § 1090 Anm 8, § 1092 Anm 1b).

2) Zulässig ist die **Überlassung der Ausübung** des Nießbrauchs (S 2).

a) Ohne bes Gestattg; anders § 1092. Überlassg im ganzen od bzgl einzelner Nutzgen. Durch formlosen Vertr. „Abtretg" ist regelm in Überlassg der Ausübg umzudeuten (RG JW **10**, 801); uU auch Verpachtg des nießbrauchbelasteten Grdst (Celle MDR **52**, 744). Der AusübgsBerecht genießt als unmittelb Besitzer BesSchutz nach §§ 858 ff, ggü dem Eigtümer hilft ihm § 986. Das AusübgsR ist vererbl; ob übertragb, richtet sich nach der Ermächtigg, §§ 399, 413.

b) Die Überlassg ist schuldrechtl Natur (BGH **55**, 111) u keine eintragsfäh Änderg des RInhalts (KG JFG **1**, 411). Fruchterwerb also nach §§ 956 II, 957. Der Erwerber des AusübgsR übt daher die aus dem Nießbr fließden (für ihn fremden) Rechte im Namen des Nießbrauchers als Rechtsinhabers, aber für eigene Rechng aus (vgl RG **101**, 7). Über die schuldrechtl Verpfl zur Überlassg hinaus kann der Nießbraucher dem Erwerber einzelne Ansprüche aus dem Nießbr (zB Miet-, Pachtzinsforderg) mit dingl Wirkg übertragen; dies liegt in jenem nicht von selbst beschlossen (RG aaO), doch wird der Nießbraucher aGrd des Kausal-Vertr meist dazu verpflichtet sein. Insow macht der Erwerber diese EinzelAnspr im eigenen Namen u für eigene Rechng geltend. Aber selbst bei einer solchen Übertr bleibt der Nießbraucher Inh des StammR u behält seine VfgsBefugnis (soweit eine solche besteht, Anm 1). Daher erlöschen mit Verzicht des Nießbrauchers auf den Nießbr alle Rechte des AusübgsErwerbers ebso wie beim sonstigen Erlöschen des Nießbr;

Zust des Ausübgsberechtigten zur AufgabeErkl nicht notw, dieser ist dann auf seine persönl Ansprüche gg den Nießbraucher beschränkt. Vgl aber § 1056 II 2. Verzichtet Nießbraucher gg Rentenzahlg auf Ausübg des R, das nahezu sein ganzes Verm, ist § 419 nicht anwendb (BGH **55**, 111; Schricker JZ **71**, 502).

c) Das gesetzl Schuldverhältn besteht nach wie vor zw Nießbraucher u Eigtümer. Diesem haftet daher hieraus nur jener, nicht der AusübgsBerecht, der insow Erfüllungsgehilfe (§ 278) des Nießbrauchers ist. Unmittelb Anspr des Eigtümers gg den AusübgsBerecht gem §§ 823 ff. 1004, allerd nur gem § 1053.

d) Ausschl der ÜberlassgsBefugn mit dingl Wirkg dch Einigg u Eintr abdingb (BGH **95**, 99).

3) Pfändung des Nießbr, auch im Falle des § 1059a, nur nach Maßg ZPO 857 III. Der Nießbr als solcher (StammR) ist unpfändb (arg § 1059b; KG JFG **16**, 332; Ffm NJW **61**, 1928; Strutz Rpfleger **68**, 145; aA BGH **62**, 133; Köln NJW **62**, 1621; Brem NJW **69**, 2147; Stöber Rdn 1710); pfändb wie aber das **Recht auf Ausübung** des Nießbr. ZPO 851 II anwendb (BGH **95**, 99). Der PfändgsGläub ist berecht, den Nießbr auszuüben, aber verpflichtet, die Lasten zu tragen (RG **56**, 390). Die Pfändg des AusübgsR ist (wie dessen Verpfändg, KGJ **40**, 254) nach der hier vertretenen u bish hM im GB **nicht** eintragbar (KGJ **48**, 212; Schlesw SchlHA **56**, 202), da AusübgsR dem SchuldN angehört u da durch Pfändg des Nießbrauchers nur gehindert wird, die Ausübg einem anderen zu übertragen, aber nicht daran, über den Nießbr (soweit überh mögl, Anm 1) zu verfügen (and die GgMeing, die – ihrers folgericht – die Pfändg als VfgsBeschrkg eintragb sein läßt: RG **74**, 85; Köln NJW **62**, 1621; Stöber Rdn 1714). Nach dem hier vertretenen Standpunkt kann Nießbraucher trotz Pfändg wirks auf Nießbr verzichten (ihn aufheben, § 875); dennoch kann dies bei Überlassg der Ausübg, Anm 2; PfdGläub hat aber keine stärkere RStellg als ein AusübgsBerechtigter (KG JFG **16**, 332). Zust des PfändgsPfdGl also nicht erforderl (Mü JFG **14**, 343; Ffm NJW **61**, 1928; aM Brem NJW **69**, 2147; Köln NJW **62**, 1621; BGH **62**, 133 [keine Eintr der NießbrPfändg im GB erforderl u dennoch Aufhebg nur unter Zust des Gl]). Der Gläub kann sich dingl nur sichern, indem er außer dem Nießbr die einzelnen Anspr auf die Früchte pfänden läßt (vgl dazu auch § 1056 Anm 1b); nach KG JFG **16**, 336 soll er dem Nießbraucher durch einstw Vfg die Aufhebg verbieten lassen dürfen; abl zu Recht Stöber Rdn 1714 Fußn 13. – Verwertg des PfändgsPfdR nach ZPO 857 IV, 844, insb durch Verw.

4) Im **Konkurs** des Nießbrauchers Ausübg des der Substanz nach nicht in die Masse fallenden Nießbr durch KonkVerw. Verzicht des GemSchuldn auf Nießbr aber wirks (aA MüKo/Petzoldt Rdn 13). Vgl auch RG DJZ **16**, 813. Das Grundverhältn eines entgeltl bestellten Nießbr unterfällt KO 17.

1059 a   *Übertragbarkeit bei juristischer Person.*   Steht ein Nießbrauch einer juristischen Person zu, so ist er nach Maßgabe der folgenden Vorschriften übertragbar:
1. Geht das Vermögen der juristischen Person auf dem Wege der Gesamtrechtsnachfolge auf einen anderen über, so geht auch der Nießbrauch auf den Rechtsnachfolger über, es sei denn, daß der Übergang ausdrücklich ausgeschlossen ist.
2. Wird sonst ein von einer juristischen Person betriebenes Unternehmen oder ein Teil eines solchen Unternehmens auf einen anderen übertragen, so kann auf den Erwerber auch ein Nießbrauch übertragen werden, sofern er den Zwecken des Unternehmens oder des Teiles des Unternehmens zu dienen geeignet ist. Ob diese Voraussetzungen gegeben sind, wird durch eine Erklärung der obersten Landesbehörde oder der von ihr ermächtigten Behörde festgestellt. Die Erklärung bindet die Gerichte und die Verwaltungsbehörden.

1059 b   *Unpfändbarkeit.*   Ein Nießbrauch kann auf Grund der Vorschriften des § 1059a weder gepfändet noch verpfändet noch mit einem Nießbrauch belastet werden.

1059 c   *Übergang oder Übertragung des Nießbrauchs.*   ¹ Im Falle des Übergangs oder der Übertragung des Nießbrauchs tritt der Erwerber an Stelle des bisherigen Berechtigten in die mit dem Nießbrauch verbundenen Rechte und Verpflichtungen gegenüber dem Eigentümer ein. Sind in Ansehung dieser Rechte und Verpflichtungen Vereinbarungen zwischen dem Eigentümer und dem Berechtigten getroffen worden, so wirken sie auch für und gegen den Erwerber.
² Durch den Übergang oder die Übertragung des Nießbrauchs wird ein Anspruch auf Entschädigung weder für den Eigentümer noch für sonstige dinglich Berechtigte begründet.

1059 d   *Miet- und Pachtverhältnisse bei Übertragung des Nießbrauchs.*   Hat der bisherige Berechtigte das mit dem Nießbrauch belastete Grundstück über die Dauer des Nießbrauchs hinaus vermietet oder verpachtet, so sind nach der Übertragung des Nießbrauchs die für den Fall der Veräußerung geltenden Vorschriften der §§ 571 bis 576, 578 und 579 entsprechend anzuwenden.

1059 e   *Anspruch auf Einräumung des Nießbrauchs.*   Steht ein Anspruch auf Einräumung eines Nießbrauchs einer juristischen Person zu, so gelten die Vorschriften der §§ 1059a bis 1059d entsprechend.

1) §§ 1059a–e eingefügt durch G v 5. 3. 53, BGBl 33. Sie entsprechen sachl dem G v 13. 12. 35, RGBl 1468 (amtl Begr DJ **36**, 21), nebst DVOen, die gleichzeitig aufgeh sind.

§§ 1059e–1064

2) Sie gelten für jur Personen des öff u des PrivatR, auch für solche in Liquidation. Auch für OHG u KG (BGH **50**, 307 für den Fall der Anwachsg des GesVerm auf den das Gesch allein übernehmden Gter; Düss MittBayNot **76**, 215). Bei Umwandlg einer OHG in BGBGesellsch bleiben die Gter Berecht (RG **155**, 86). Über NachfKlausel im GB: Düss MittBayNot **76**, 215 (zul); LG Bchm Rpfleger **75**, 433 u AG Mannh BWNotZ **77**, 26 (unzul).

3) **Zu § 1059a Nr 1**: GesRNachfolge: zB §§ 46, 88; AktG 339 ff; GenG 93 a ff (BayObLG Rpfleger **83**, 391); HGB 142; nicht bei bloßer Übertr des Aktiv- u Passivvermögens (dann aber Nr 2).

4) **Zu § 1059a Nr 2**: Feststell durch LGPräs (*Hbg*) AGPräs) gem AV RMJ v 8. 12. 38, DJ 1974; *Bay* Bek v 16. 8. 56, BSVJu III 156; *Bln* AV v 27. 8. 54, ABl 1008; *Nds* AV v 26. 11. 71, NdsRpfl 270; *Ba-Wü* AV v 2. 5. 57, Just 71; *SchlH* AV v 21. 10. 82, SchlHA 182. JustVerwAkt iS von EGGVG 23.

5) **Zu § 1059c**: Gemeint ist das gesetzl Schuldverhältn; vgl Einf 1 vor § 1030.

6) **Zu § 1059d**: Betrifft § 1059a Nr 2; iF Nr 1 ergibt sich Eintritt in Miet-(Pacht-)Vertr schon aus GesR-Nachfolge. Statt „über die Dauer des Nießbr" richtiger: über die Dauer seines Nießbr. Gilt auch, wenn schon Eigtümer vermietet usw hatte (Soergel/Baur Rdn 3).

1060 *Zusammentreffen mehrerer Nutzungsrechte.* **Trifft ein Nießbrauch mit einem anderen Nießbrauch oder mit einem sonstigen Nutzungsrecht an der Sache dergestalt zusammen, daß die Rechte nebeneinander nicht oder nicht vollständig ausgeübt werden können, und haben die Rechte gleichen Rang, so findet die Vorschrift des § 1024 Anwendung.**

1) Vgl § 1024. Über ZusTreffen mit Miete vgl § 577; mit PfdR vgl §§ 1208, 1242 II 2, 1245 I 2, 1247.

1061 *Tod des Nießbrauchers.* **Der Nießbrauch erlischt mit dem Tode des Nießbrauchers. Steht der Nießbrauch einer juristischen Person zu, so erlischt er mit dieser.**

1) Der Nießbr ist **unvererblich**; unabdingb. Der Eigtümer kann sich nur schuldrechtl verpflichten, dem Erben des Berechtigten einen neuen Nießbr zu bestellen. Stand er mehreren nach Bruchteilen zu, erlischt er nur zum Bruchteil des Verstorbenen u zwischen den übrigen Nießbrauchern u dem Eigtümer besteht dann eine NutzgsGemsch entspr §§ 741 ff (KG JFG **13**, 448; BayObLG **55**, 155); Neubestellg zum Bruchteil mögl. Kein Übergang, sond Neuentstehg liegt vor, wenn der Nießbr für einen zweiten Berecht aufschieb bedingt durch den Tod des ersten Berechtigten bestellt wird (BayObLG **55**, 155). – Da Nießbr befristet bestellt w kann, Abrede ev früheren Erlöschens zul; über Eintr u Löschg im GB (GBO 22–24) LG Mü u Nürnb DNotZ **54**, 260, 262; Hamm DNotZ **73**, 616 (unzul Eintr nach Tod des Berecht); BGH **66**, 341 (Eintr einer Klausel nach GBO 23 II). – Bei Tod eines GesBerechtigten iSv § 428 oder GesHänders bleibt Nießbr für die übrigen bestehen (BayObLG **55**, 155).

2) Regelm erlischt der Nießbr mit dem **Erlöschen der juristischen Person**. Entspr bei OHG u KG. Aber nicht schon bei Eintritt, sond erst mit Ende der Liquidation (RG **159**, 199); anders nur, wenn der Nießbr durch ihren Eintritt auflösd befingt ist; möglicherw hat der Eigtümer einen persönl Anspr auf Aufhebg. **Ausnahme:** §§ 1059a ff.

1062 *Erstreckung der Aufhebung auf das Zubehör.* **Wird der Nießbrauch an einem Grundstücke durch Rechtsgeschäft aufgehoben, so erstreckt sich die Aufhebung im Zweifel auf den Nießbrauch an dem Zubehöre.**

1) **Aufhebung** nach §§ 875, 878. Zustimmg nach § 876 niemals erforderl, auch nicht bei Pfändg, § 1059 Anm 3. Aufhebg an Fahrnis § 1064, an Rechten an Grdst § 1072. Aufhebg durch Staatsakt zB nach FlurbG 49; BBauG 61.

2) Der Nießbr am **Zubehör** (§§ 97, 98) besteht nur fort, wenn dahingehender Wille festzustellen. Dann besondere Aufhebg nach § 1064. Vgl auch §§ 926, 1031.

1063 *Zusammentreffen mit den Eigentum.* **I Der Nießbrauch an einer beweglichen Sache erlischt, wenn er mit dem Eigentum in derselben Person zusammentrifft.**

II Der Nießbrauch gilt als nicht erloschen, soweit der Eigentümer ein rechtliches Interesse an dem Fortbestehen des Nießbrauchs hat.

1) An **beweglichen Sachen** erlischt der Nießbr, wenn der Nießbraucher das AlleinEigt erwirbt. Ausnahme: wenn die Sache mit gleichrangigen od nachstehenden Rechten, Nießbr od PfdR, belastet ist. Der Dritte soll nicht auf Kosten des Eigtümers unbegründete Vorteile erlangen; vgl §§ 1060, 1242 II 2, 1247 S 2. Ebenso bei auflösd bedingtem od befristetem EigtErwerb. Entspr § 1256. Vgl auch § 1072.

2) Für **Grundstücke** gilt § 889. Beachte aber § 1072 Anm. 1.

1064 *Aufhebung des Nießbrauchs an Fahrnis.* **Zur Aufhebung des Nießbrauchs an einer beweglichen Sache durch Rechtsgeschäft genügt die Erklärung des Nießbrauchers gegenüber dem Eigentümer oder dem Besteller, daß er den Nießbrauch aufgebe.**

Dienstbarkeiten. 2. Titel: Nießbrauch §§ 1064–1067

1) Die einseitige Erkl genügt. An den Besteller auch dann, wenn Nießbraucher den wahren Eigtümer kennt. Rückg der Sache od Besitzaufgabe nicht notw. Auch nicht Zust des PfändgsGläub, § 1059 Anm 3. Über Grdst vgl § 1062 Anm 1; Rechte an Grdst § 1072.

1065 Ansprüche bei Beeinträchtigung.
Wird das Recht des Nießbrauchers beeinträchtigt, so finden auf die Ansprüche des Nießbrauchers die für die Ansprüche aus dem Eigentume geltenden Vorschriften entsprechende Anwendung.

1) Der Nießbraucher kann **gegen Dritte** aus eigenem Recht folgde Anspr geltd machen:

a) Aus **Besitz**, §§ 861, 862, 1007.

b) Aus **dem Eigentum**, §§ 985ff, 1004, 1005, 1006. Jedoch nur in entspr Anwendg. SchadErs, nur sow er geschädigt ist. Den übr Schaden liquidiert der Eigtümer. Klagen beide gemeins: Einf Streitgenos. Der Nießbr erstreckt sich nicht kr Gesetzes auf die ErsFdg des Eigtümers (and § 1046). Doch kann der Nießbraucher uU gem dem Grdverhältn verlangen, daß die ErsLeistg zur Wiederherstellg des Nießbr-Objekts verwendet wird (RGRK/Rothe Rdn 4). – Heraug der Nutzgen insow, als sie dem Nießbraucher gebühren, § 1030 II; damit aber auch Anspr auf Übermaßfrüchte, § 1039 I 2 erst bei NießbrEnde eingreift. Seine ErsPflicht für Verwendgen des Drittbesitzers (§ 994 II) bestimmt sich nach seinem Interesse u Willen; Befriedigg (§ 1003) kann der Besitzer nur nach ZPO 857 III, IV suchen. Gem § 1006 besteht die Vermutg, daß er Nießbraucher ist od war. Für mehrere Berechtigte gilt § 1011 entspr.

c) Aus **unerlaubter Handlung** (§§ 823ff) u **ungerechtfertigter Bereicherung** (§§ 812ff), sow diese Vorschr nicht dch die Sonderregel der §§ 987ff, 993 im Verhältn des Nießbrauchers zu einem rechtlosen Besitzer verdrängt werden.

d) Ist eine GrdDbk Bestandt des mit dem Nießbr belasteten Grdst, hat der Nießbraucher die Schutzrechte nach § 1027.

2) Die Anspr gg den Eigtümer richten sich nach dem der Bestellg zugrundeliegden vertragl u nach dem dch die Bestellg entstandenen gesetzl Schuldverhältn (vgl Einf 1 vor § 1030). Daneben § 823.

3) Hat der nicht mit dem Eigtümer ident Besteller gestört, haftet er nach dem Grdverhältn, daneben aus § 823.

1066 Nießbrauch am Anteil eines Miteigentümers.
I Besteht ein Nießbrauch an dem Anteil eines Miteigentümers, so übt der Nießbraucher die Rechte aus, die sich aus der Gemeinschaft der Miteigentümer in Ansehung der Verwaltung der Sache und der Art ihrer Benutzung ergeben.

II Die Aufhebung der Gemeinschaft kann nur von dem Miteigentümer und dem Nießbraucher gemeinschaftlich verlangt werden.

III Wird die Gemeinschaft aufgehoben, so gebührt dem Nießbraucher der Nießbrauch an den Gegenständen, welche an die Stelle des Anteils treten.

1) Nießbr am **Miteigentumsanteil** ist SachNießbr. Bestellg wie an Sachen (2 a vor § 1030); bei bewegl Sachen MitBesEinräumg. Ob bei NießbrBestellg für mehrere (vgl § 1030 Anm 3) das ganze Eigt od nur je ein Brucht belastet werden soll, ist AuslegsFrage. – **a) I:** Der Anteilsnießbraucher übt die Rechte der §§ 743–745, 1011 an Stelle des MitEigtümers aus. Da er nicht mehr Rechte haben kann als dieser, muß er früher getroffene Vereinbgen gg sich gelten lassen (§ 746). Keine Erweiterg der Befugn aus §§ 1036ff ggü Inh des belasteten Anteils; dieser muß daher Umgestaltg der Sache zustimmen (BGH NJW **83**, 932). Übrige MitEigtümer haben gg Nießbraucher keinen Anspr auf Kosten- u Lastentragg (BGH Betr **79**, 545). – **b) II:** Das Aufhebsverlangen (§§ 749–751, 1010) kann nur von beiden u gg beide gemschaftl (notw StreitGen) gestellt werden. Ggseit MitwirkgsPfl, wenn Aufhebg ordngsgemäß Wirtsch entspr (MüKo/Petzold Rdn 5; RGRK/Rothe Rdn 3). – **c) III:** Wortlaut ("gebührt") spricht für schuldrechtl Anspr auf NießbrBestellg am Surrogat. BGH **52**, 99 nimmt für gleichlautden § 1258 III dingl Surrogation an (vgl § 1258 Anm 3a).

2) Für **Quotennießbrauch** (§ 1030 Anm 2a) gilt § 1066 entspr (KG JFG **13**, 447).

1067 Nießbrauch an verbrauchbaren Sachen.
I Sind verbrauchbare Sachen Gegenstand des Nießbrauchs, so wird der Nießbraucher Eigentümer der Sachen; nach der Beendigung des Nießbrauchs hat er dem Besteller den Wert zu ersetzen, den die Sachen zur Zeit der Bestellung hatten. Sowohl der Besteller als der Nießbraucher kann den Wert auf seine Kosten durch Sachverständige feststellen lassen.

II Der Besteller kann Sicherheitsleistung verlangen, wenn der Anspruch auf Ersatz des Wertes gefährdet ist.

1) An **verbrauchbaren Sachen** (§ 92) erlangt der Nießbraucher das Eigt mit der Bestellg, § 1032. Wird die Sache später zu einer verbrauchbaren, mit Eintritt des Ereignisses, zB Tod des Tieres. Vgl auch § 1084.

2) Hier entsteht das **gesetzliche Schuldverhältnis** (Einf 1 vor § 1030) ausnahmsw zw dem Nießbraucher u dem Besteller. Nicht dem bisherigen Eigtümer; dieser ist auf § 816 beschränkt. Der Nießbraucher hat den Wert zu erstatten; er ist nicht verpflichtet, unverbrauchte od den verbrauchten gleichart Sachen zurückzugewähren. Feststellg des Wertes nach FGG 15, 164; entspr § 1034. Auch § 1035 anwendb. **II**

ersetzt die §§ 1051–1054. Es entscheidet die objektive Gefährdg. Verhalten des Nießbrauchers unerhebl. SicherhLeistg nach §§ 232 ff.

3) Nachgiebiges Recht. So kann zB dem Nießbraucher nur die VfgsBefugn eingeräumt werden od die Befugn, das Eigt erst mit dem Verbrauch zu erwerben. Folgen für die Aufrechng: § 1074 Anm 4.

II. Nießbrauch an Rechten

Vorbemerkung

1) Der Nießbrauch an einem Recht ist ebso ein dingl Recht wie der Nießbr an einer Sache (str). Der Nießbraucher ist nicht auf schuldrechtl Anspr gg den Berechtigten beschränkt; er **zieht die Nutzungen selbständig** an Stelle des Berecht, §§ 1068 II, 1030, 1070. Um das Recht nutzbar zu machen od zu erhalten, besitzt er bestimmte VfgsBefugnisse, §§ 1074, 1077–1080, 1082, 1083. Über die Begründg vgl § 1069, über die Beendigg vgl § 1072.

2) Nießbrauch an Wertpapieren. Bestellg an: – **a)** Rektapapieren: entspr der Übertr des verbrieften Rechts; Nießbr am Papier entsteht dann nach § 952; – **b)** Orderpapieren: durch Indossament, Einigg über NießbrBestellg u Papierübergabe (od deren Surrogat, §§ 929 S 2, 930/31); – **c)** Inhaberpapieren: Einigg u Papierübergabe (od deren Surrogat) od Mitbesitzeinräumg (§ 1081 II); – **d)** mit Blankoindossament versehenen Orderpapieren: wie zu c, aber auch wie zu b. – Sondervorschr nur zu c und d: §§ 1081 ff. – Wg Aktien vgl auch § 1068 Anm 3 a.

1068 *Grundsatz.* ^I Gegenstand des Nießbrauchs kann auch ein Recht sein.

^{II} Auf den Nießbrauch an Rechten finden die Vorschriften über den Nießbrauch an Sachen entsprechende Anwendung, soweit sich nicht aus den §§ 1069 bis 1084 ein anderes ergibt.

1) Belastungsgegenstand. Nur übertragb (§ 1069 II) Rechte, die unmittelb od mittelb Nutzgen gewähren können. Absolute Re (zB Urheber-, PatentR); obligatorische Re, sofern nutzfähig, wie zB aus Kauf, Pacht. Nießbr am Erbteil fällt unter § 1068 (RG 153, 30) u ist im GB eines NachlGrdst eintragb (Hamm Rpfleger 77, 136). Nießbr am MitEigtAnt (§ 1066 Anm 1) u grdstgleichen Rechten ist dagg SachNießbr. Keine Nutzg gewähren Vork- u WiederkaufR. Vgl über Leibrenten § 1073; Fdg § 1074, 1075; verzinsl Fdg §§ 1076–1079; GrdSch § 1080. Über WertP vgl Vorbem 2.

2) Entsprechende Anwendung der §§ 1030 ff, insb der §§ 1030, 1036, 1039, 1045–1047, 1049–1055, 1057–1061, 1063–1067. Zu berücksichtigen ist die rechtl Natur des Nießbr als dingl Belastg des Rechtes u der wirtschaftl Zweck. Der Nießbraucher erwirbt den Anspr auf Zinsen (bei der Reallast auf die einzelnen Leistgen) mit der Bestellg des Nießbr (RG 124, 329) auflösd dadurch bedingt, daß sie währd seines Nießbr fällig werden. Ausgl § 101 Nr 2. Der Nießbraucher hat das Recht auf den Besitz des Schuldscheines, § 1036 I. Ihm ggü gilt der Besteller als der Berecht, § 1058.

3) Nießbrauch an Gesellschaftsanteilen. Schrifttum: v. Godin, NutzgsR an Unternehmen, 1949. – Wiedemann, Die Übertr u Vererbg von MitgliedschR bei Handelsgesellsch, 1965. – Bunke, DNotZ 68, 5. – Spieß RhNK **69**, 752 (Aktien u GmbHAnteile). – Schulze zur Wische Betr **70**, 171. – Rohlff NJW **71**, 1337. – Teichmann ZGR **72**, 1. – Grunsky BB **72**, 585. – **Flume, FS-Larenz 1973, 769.** – **Sudhoff GmbHR 71**, 53; NJW **71**, 482; **74**, 2205. – Beuthin ZGR **74**, 41. – Gebele RhNK **75**, 468 (StimmRAusübg). – Finger Betr **77**, 1033. – Hadding, GesellschAnt als KreditSicherh, S 37 (OHG, KG). – Mühl, ebda S 129 (GmbHAnt). – Schüller, RhNK **80**, 97 (PersGesellsch).

a) Aktien u GmbHAnteile. aa) Bestellung an Aktien: Vorbem 2 vor § 1068. An GmbHAnteil gem GmbHG 15 III, an GewinnstammR vgl Petzold GmbHR **80**, 197; Überg des Anteilsscheins nicht nöt. – **bb) Stimmberechtigt** ist nur der Nießbraucher, weil er verwaltgsberecht ist (Sudhoff NJW **74**, 2207; MüKo/Petzold Rdn 36); nach aA nur Gter (RGRK/Rothe Rdn 11; Erm/Ronke § 1081 Rdn 7) bzw auch beide gemschaftl (Soergel/Baur Rdn 9). – **cc) Gewinnanteil** steht dem Nießbraucher zu. Ob BezugsR gem AktG 186, GmbHG 55 ihm zusteht, ist str; die hM gibt es belastet mit Nießbr dem Aktionär/Gter (Brem Betr **70**, 1436 mwN; vgl auch § 99 Anm 3 c). Zweckm w sich Nießbraucher aber Bestellg des Nießbr an den jungen Aktien ausdr ausbedingen u den Nießbr übertr lassen (vgl Heidecker NJW **56**, 892 mwN). **Liquidationsquote** (AktG 271, GmbHG 72) gebührt dem Gter, Nießbraucher hat entspr § 1079 Anspr auf Nießbr-Bestellg. Nach Brem aaO gehört dem Aktionär auch der beim Verk der Aktien erzielte Kursgewinn, da dieser weder Frucht noch GebrVorteil der Aktie sei.

b) Personalgesellschaften. – aa) Nießbr am **Anspruch auf Gewinnanteil u Auseinandersetzungsguthaben** zul; dann w die MitgliedschR vom Gter ausgeübt. Nießbraucher am Verlust nicht beteiligt, § 717 Anm 2 b gilt entspr; doch hat Nießbraucher AuskAnspr bzgl Höhe des Gewinnanteils. Wirtschaftl dies als Nießbr an Fdg gem § 1075 I nur solchen an deren Erlös, also prakt nur Zinsgenuß am Gewinn (Wiedemann aaO 400). – **bb)** Nießbr am **Gesellschaftsanteil** ist wg Unübertragbark der GterR (§§ 717 S 1, 719) nur zul, wenn der GesellschVertr die Übertr od Belastg von GesellschAnteilen erlaubt od die MitGter zustimmen (hM; vgl Baums Betr **81**, 355); zu unterscheiden von trhd VollRÜbertr, die dem Erwerber einen im InnenVerh schuldrechtl auszugleichenden Überschuß an äußerer RMacht gibt (BGH DNotZ **75**, 735). Der dem Nießbraucher zustehe Ertrag ist der Gewinn einschl Zinsen auf Guthaben der GterKonten (BGH WPM **85**, 1343) abzügl von den Gtern beschlossener Rücklage (BGH DNotZ **75**, 735); bei Erhöhg der MitglAnteile hat er keinen Anspr auf Vollerwerb eines Anteils (BGH **58**, 316). Nießbr ist im GB eines

GesellschGrdst eintragb (Hamm Rpfleger **77**, 136). – **cc)** Str, ob Nießbr an **Gewinnstammrecht** zul (vgl Sudhoff NJW **74**, 2210 mwN. Er würde Nießbraucher kein MitVerwR verschaffen (BGH DNotZ **75**, 735). § 1073 würde entspr gelten (str).

1069 *Bestellung.* [I] Die Bestellung des Nießbrauchs an einem Rechte erfolgt nach den für die Übertragung des Rechtes geltenden Vorschriften.
[II] An einem Rechte, das nicht übertragbar ist, kann ein Nießbrauch nicht bestellt werden.

1) I. Durch die Bestellg des Nießbr überträgt der Besteller einen Teil seiner Rechte. Bestellg u Übertr erfordern deshalb dieselbe Form. Regelm genügt formlose Einigg über die Bestellg des Nießbr, §§ 398, 413. Belastg eines Rechts am Grdst nach §§ 873, 1153ff, 1192, 1199; hier GutglSchutz (sonst nicht, außer §§ 405, 2366). Zur gleichzeitigen Eintr einer Hyp u eines Nießbr daran genügt die Bewilligg des Eigtümers (KG JFG **11**, 271); ebso genügt die des Gläub bei Abtretg einer Hyp unter Vorbeh des Nießbr (RGRK/Rothe Rdn 1; Soergel/Baur Rdn 4; aA KGJ **51**, 292).

2) II. Über **unübertragbare Rechte** vgl §§ 399, 400, 514, 613 S 2, 664 II, 717 S 1 (vgl § 1068 Anm 5), 847 I 2, 1300 II. Auch Nießbr am Nießbr unzul, § 1059 S 1; ob der Nießbraucher am AusübgsR Nießbr bestellen kann, ist str; zul aber, daß der Erwerber des – obligator – AusübgsR an diesem einem Dritten einen Nießbr bestellt; vgl auch § 1059 Anm 2 b aE. Ebso bei bpDbk (§ 1090, 1093), am DWR/DNR (WEG 31 Anm 3); kein Nießbr an GrdDbk u subjdingl (§ 1105 II) Reallast; Nießbr am berecht Grdst erfaßt die Nutzgen auch dieser Rechte. An Hyp u PfdR nur zus mit der Fdg, §§ 1153 II, 1250 I 2. Vgl auch § 1274. – Zur NießbrBestellg an WasserNutzgsRen iVm ErbbRBestellg an den wirtsch dazugehör Grdst BGH WPM **73**, 999.

1070 *Nießbrauch an Recht auf Leistung.* [I] Ist ein Recht, kraft dessen eine Leistung gefordert werden kann, Gegenstand des Nießbrauchs, so finden auf das Rechtsverhältnis zwischen dem Nießbraucher und dem Verpflichteten die Vorschriften entsprechende Anwendung, welche im Falle der Übertragung des Rechtes für das Rechtsverhältnis zwischen dem Erwerber und dem Verpflichteten gelten.
[II] Wird die Ausübung des Nießbrauchs nach § 1052 einem Verwalter übertragen, so ist die Übertragung dem Verpflichteten gegenüber erst wirksam, wenn er von der getroffenen Anordnung Kenntnis erlangt oder wenn ihm eine Mitteilung von der Anordnung zugestellt wird. Das gleiche gilt von der Aufhebung der Verwaltung.

1) I. Der Schuldn soll dch die Bestellg des Nießbr nicht beeinträchtigt od begünstigt w. Deshalb gelten für den Nießbr an Fdg die §§ 404–411; an Hyp u Grdschulden für künftig fällig werdende Zinsen u Nebenleistgen die §§ 1156, 1192. Entspr für künftige Einzelleistgen bei Reallasten u Rentenschulden, §§ 1107, 1200 I. Für Rückstände gilt § 1159. – Zugunsten des Nießbrauchers gelten § 796; HGB 364, 365; WG 16, 40. – Über Aufrechng vgl § 1074 Anm 4.

2) II entspricht dem § 407. Jedoch genügt Zustellg des Beschlusses statt Kenntnis. Entspr §§ 1275, 2129 II 2, 3.

1071 *Aufhebung oder Änderung des belasteten Rechts.* [I] Ein dem Nießbrauch unterliegendes Recht kann durch Rechtsgeschäft nur mit Zustimmung des Nießbrauchers aufgehoben werden. Die Zustimmung ist demjenigen gegenüber zu erklären, zu dessen Gunsten sie erfolgt; sie ist unwiderruflich. Die Vorschrift des § 876 Satz 3 bleibt unberührt.
[II] Das gleiche gilt im Falle einer Änderung des Rechtes, sofern sie den Nießbrauch beeinträchtigt.

1) Der Berechtigte kann das Recht übertragen od weiter belasten; der Nießbraucher wird dadurch regelm (vgl §§ 936, 892) nicht berührt. Dies aber wohl dadch, daß er gg den Willen des Nießbrauchers das Recht **verändert** oder **aufgibt**. Fehlt sie, so ist das RGesch relativ (ggü Nießbraucher) unwirks (MüKo/Petzoldt Rdn 2; Staud/Promberger Rdn 2). Fehlde Zustimmg eines Nießbrauchers am Verm einer GmbH nimmt der satzgsgem ausgespr Kündigg der Gesellsch nicht die gesellschaftsrechtl Wirksamk (Hamm BB **71**, 14). Der Schu kann im Rahmen der §§ 1070, 406 mit einer ihm zustehdn Fdg gg den Gläub aufrechnen. Zust (§§ 183, 184; vgl auch § 876 Anm 3) ggü dem Gläub, Schu, nachstehden Gläub, bei eingetr Rechten auch ggü dem GBA zu erklären. Auch die Einwilligg ist unwiderrufl; anders § 183. §§ 1070, 407 bleiben aber dch § 1071 unberührt.

2) Konkurs u Vergleichsverfahren über das Vermögen des Schu verändern die Forderg. Bei Vergleichsverfahren: VerglO 72 II. Bei unverzinsl Forderg vertritt der Nießbraucher die Forderg im Konkurs allein, bei verzinsl zusammen mit dem Gläub; dies immer bei Abstimmgen, wie über Zwangsvergleich (hM).

1072 *Beendigung des Nießbrauchs.* Die Beendigung des Nießbrauchs tritt nach den Vorschriften der §§ 1063, 1064 auch dann ein, wenn das dem Nießbrauch unterliegende Recht nicht ein Recht an einer beweglichen Sache ist.

1) Der Nießbr am Recht endet mit Vereinigg von Recht u Nießbr, mit der Ausn des § 1063 II. Gilt auch für Nießbr an GrdstRechten; § 889 gilt hier nicht (aber für Nießbr an ErbbR). Erlöschen ferner durch einseit formlose AufgabeErkl (§§ 1064, 1071) ggü dem Berecht od dem Besteller, nicht ggü dem GBA. Löschg im GB nicht erforderl (anders § 875); sie ist nur Berichtigg. Gutgl Erwerb vorher mögl. Im übr erlischt Nießbr an Rechten aus den gleichen Gründen wie SachNießbr, vgl Einf 3 vor § 1030; Erlöschen der belasteten Fdg durch Konfusion wirkt nicht ggü Nießbraucher (KGJ **44**, 295); auch durch Vereinigg von Nießbr u Schuld erlischt Nießbr nicht, auch auf das belastete Recht ist sie ohne Einfluß (KG OLG **31**, 341).

1073 Nießbrauch an einer Leibrente.
Dem Nießbraucher einer Leibrente, eines Auszugs oder eines ähnlichen Rechtes gebühren die einzelnen Leistungen, die auf Grund des Rechtes gefordert werden können.

1) Die **einzelnen Leistungen** der Leibrenten, §§ 759 ff, Altenteile, EG 96, Reallasten, Rentenschulden werden als Erträge des StammR behandelt. Vgl §§ 1107, 1200 I. Sie gebühren deshalb dem Nießbraucher aus eigenem Recht (RG HRR **28**, 1417). Er klagt sie aus eigenem Recht ein (BayObLG **32**, 57). Anders bei wiederkehrden Leistgen, die als Kapitalteile anzusehen sind, zB Tilggsbeträge. Zur sinngem Anwendg auf Nießbr am „GewinnstammR" vgl § 1068 Anm 3 bcc.

1074 Nießbrauch an einer Forderung; Kündigung und Einziehung.
Der Nießbraucher einer Forderung ist zur Einziehung der Forderung und, wenn die Fälligkeit von einer Kündigung des Gläubigers abhängt, zur Kündigung berechtigt. Er hat für die ordnungsmäßige Einziehung zu sorgen. Zu anderen Verfügungen über die Forderung ist er nicht berechtigt.

1) Allgemeines. Die Befugnisse des Nießbrauchers sind verschieden geregelt, je nachdem ob das Recht sich in **einmaliger Leistung** erschöpft od ob es **dauernd Früchte** trägt. Im ersten Fall (unverzinsl Fdg) soll sich der Nießbraucher den LeistgsGgst nutzbar machen können. Er erhält die **alleinige Einziehungsbefugnis** (§ 1074) mit der Wirkg des § 1075. Im zweiten Fall (verzinsl Fdg) soll dem Nießbraucher die Nutzg auch gesichert, gleichzeitig aber verhindert werden, daß er die Substanz gg den Willen des Gläub verändert. Deshalb sind **nur beide zusammen einziehungsberechtigt** (§§ 1076–1078) u das Kapital ist wieder zinstragend anzulegen, § 1079; die §§ 1067, 1075 II werden ausgeschaltet.

2) Beschränkte Verfügungsbefugnis. Ähnl § 1282.

a) Zur Einziehg gehören die Künd, Mahng, Klage, ZwVollstr u Annahme. Auch die Ausübg eines WahlR, § 263; str. Der Nießbraucher ist aus eigenem Recht zur Einziehg berechtigt. Leistg an den Gläub braucht er nur nach Maßg der §§ 1070, 407 gg sich gelten zu lassen. Anders eine Künd, weil er nach S 2 die Fdg so früh wie mögl einzuziehen hat, anders die hM, ein Schutzbedürfn des Nießbrauchers besteht jedoch hier nicht. Die Rechtskr des zw Nießbraucher u Schuldn ergehenden Urteils wirkt nicht gg den Gläub (RG **83**, 120). Vgl weiter § 407 II: Urt zw Gläub u gutgl Schuldn wirkt Rechtskr ggü Nießbraucher.

b) Der Nießbraucher klagt hier in gesetzl Prozeßstandsch, der Rechtsinhaber ist nicht prozeßführgsbefugt. Gleichwohl lehnt – im Anschluß an RG **83**, 120 – die hM eine RechtskrErstreckg des Urteils gg den Gläub des Rechts ab; unbefriedigd, weil wenn der Schuldner erneut dessen Klage ausgesetzt sieht. Sein Interesse sollte schwerer wiegen als das des Eigtümers, der bei nachläss ProzFührg durch den Nießbraucher aus dem gesetzl Schuldverhältn bei diesem Regreß nehmen kann. Wer dem Nießbraucher ein eigenes materielles EinziehgsR gibt, verneint damit die RechtskrErstreckg zwingd; vgl Bettermann, Die Vollstreckg des ZivUrt u im Gb in den Grenzen seiner Rechtskr S 145 ff. War der Nießbr an bereits rechtshäng Fdg bestellt worden, so führt der Gläub den Rechtsstreit weiter; dann gelten ZPO 265, 325.

3) S 3. Die Abtretg u die Ann an Zahlgs Statt sind dem Nießbraucher stets verwehrt; Stundg, Erlaß u Vergl regelm; sie können nur ausnahmsweise im Rahmen einer ordngsm Einziehg liegen.

4) Aufrechnung. Es kann aufrechnen: der Schu mit seiner Fdg gg den Gläub nach Maßg der §§ 1070, 406. Der Schu mit seiner Fdg gg den Nießbraucher u der Nießbraucher gg die Fdg des Schuldners (aA RG **103**, 29). Jedoch wirkt die Aufrechng wie die Einziehg; vgl auch §§ 1075 II, 1067 I 1, wie hier Wolff-Raiser § 121 Fußn 1; Staud/Promberger Rdn 17/18 bei Forderg auf Geld u verbrauchb Sachen; einer Einschränkg, falls die Beteiligten § 1067 abbedungen haben (vgl dort Anm 3) ist zuzustimmen.

1075 Wirkung der Leistung.
^I Mit der Leistung des Schuldners an den Nießbraucher erwirbt der Gläubiger den geleisteten Gegenstand und der Nießbraucher den Nießbrauch an dem Gegenstande.

^{II} Werden verbrauchbare Sachen geleistet, so erwirbt der Nießbraucher das Eigentum; die Vorschriften des § 1067 finden entsprechende Anwendung.

1) Betrifft nur **unverzinsl Fdg**. Der Nießbraucher ist aus eigenem Recht annahmeberechtigt, I; § 1074 Anm 2. Er ist auch befugt, eine Aufl entggzunehmen. **a)** Die **Annahme** wirkt ebso wie die Annahme durch den Gläub. Dieser **wird Eigentümer** der an den Nießbraucher übergebenen (§§ 929 ff) Sache (Ausn **II**) od Gläub des übertragenen Rechts. Bei Grdst kann der Nießbraucher die Eintr für den Gläub beantragen. Maßgebd ist der gute Glaube des Nießbrauchers, wenn er nicht nach bestimmten Weisgen gehandelt hat; vgl § 166. Über den Fall, daß der Nießbraucher zugl der Schu ist, vgl Planck Anm 5.

b) Zugleich mit dem EigtErwerb des Gläub erwirbt der **Nießbraucher** kraft G **den Nießbrauch am geleisteten Gegenstand**. Ebenso § 1287; ZPO 848 II. Besondere Bestellg nicht notw. Das GB wird un-

Dienstbarkeiten. 2. Titel: Nießbrauch §§ 1075–1081

richtig, Berichtigg nach § 894, GBO 22; vgl auch § 1287 Anm 1. § 1075 gilt nur bei Leistg an Nießbraucher. Anders wenn der Schu unmittelbar an den Gläub leistet; dann ist besondere Bestellg nötig; str für den Fall, daß Schu dem Nießbraucher ggü (nach §§ 1070, 407 I) frei wird; vgl W-Raiser § 121 I 2.

2) **II** bringt eine Ausn für verbrauchbare Sachen (insb Geld) entspr § 1067.

1076 *Nießbrauch an verzinslicher Forderung.* Ist eine auf Zinsen ausstehende Forderung Gegenstand des Nießbrauchs, so gelten die Vorschriften der §§ 1077 bis 1079.

1) Vgl § 1074 Anm 1. Nur Fdg, die kraft RGeschäfts (Staud/Promberger Rdn 2; aA RGRK/Rothe Rdn 2) dauernd Nutzgen abwerfen soll. Tägl Geld fällt nicht hierunter. Andererseits schadet eine zeitweilige Unverzinslichk nicht. § 1074 S 2 gilt nicht. Abweichende Vereinbarg zul. Entspr ZVG 120 II.

1077 *Kündigung und Zahlung.* **I** Der Schuldner kann das Kapital nur an den Nießbraucher und den Gläubiger gemeinschaftlich zahlen. Jeder von beiden kann verlangen, daß an sie gemeinschaftlich gezahlt wird; jeder kann statt der Zahlung die Hinterlegung für beide fordern.

II Der Nießbraucher und der Gläubiger können nur gemeinschaftlich kündigen. Die Kündigung des Schuldners ist nur wirksam, wenn sie dem Nießbraucher und dem Gläubiger erklärt wird.

1) **Zahlung** des Kapitals einer verzinsl Fdg muß **an Nießbraucher und Gläubiger** gemeinschaftl erfolgen. Ähnl § 432; vgl auch § 1281. Auch Zahlg von SchadErs (RG 89, 432). Beide werden Mitbesitzer; der Gläub erwirbt das Eigt, der Nießbraucher den Nießbr. § 1075 II gilt nicht (hM; aA Soergel/Baur Rdn 1, die Miteigtum annehmen, bis § 1079 durchgeführt). Hinterlegg nach §§ 372ff (Nießbraucher erlangt Nießbr an Fdg des Gläub gg Hinterleggsstelle). Zahlg an Gläub ohne Einwilligg des Nießbrauchers ist diesem ggü idR unwirks, vgl §§ 1070 I, 407.

2) **Kündigung** von u an beide. Sie wird erst mit der letzten Erkl wirks. Kündigt einer für den anderen, so gelten die §§ 174, 180. Die Mahng eines von ihnen ist wirks. Vgl auch § 1283.

3) Kein Zwang zur gemeins Klage. Wird sie aber erhoben: ZPO 62 1. Altern. Die Notwendigk der einheitl Entscheidg folgt aus der Unteilbark des Streitgegenstandes. Bei getrennter Klage keine RKraftErstreckg.

1078 *Mitwirkung zur Einziehung.* Ist die Forderung fällig, so sind der Nießbraucher und der Gläubiger einander verpflichtet, zur Einziehung mitzuwirken. Hängt die Fälligkeit von einer Kündigung ab, so kann jeder Teil die Mitwirkung des anderen zur Kündigung verlangen, wenn die Einziehung der Forderung wegen Gefährdung ihrer Sicherheit nach den Regeln einer ordnungsmäßigen Vermögensverwaltung geboten ist.

1) Weder der Nießbraucher (anders § 1074 S 2) noch der Gläub ist zur ordngsm Einziehg verpflichtet. Jeder kann vom anderen nur die **Mitwirkung** verlangen. Zur Kündigg nur bei Gefährdg der Sicherh, S 2. Klage auf Einwilligg in die vom Kläger bestimmt zu bezeichnende Hdlg. Bei schuldh Verletzg SchadErs aus pos VertrVerletzg des ges SchuldVerh. Vgl § 1285. ZwVollstr: ZPO 894.

1079 *Anlegung des Kapitals.* Der Nießbraucher und der Gläubiger sind einander verpflichtet, dazu mitzuwirken, daß das eingezogene Kapital nach den für die Anlegung von Mündelgeld geltenden Vorschriften verzinslich angelegt und gleichzeitig dem Nießbraucher der Nießbrauch bestellt wird. Die Art der Anlegung bestimmt der Nießbraucher.

1) Obligator Surrogation. Anlegg nach Maßg der §§ 1807, 1808, EG 212 auf den Namen des Gläub. ZwVollstr: ZPO 887. Der Nießbr entsteht hier nicht kraft G wie nach § 1075 I; er ist bes zu bestellen. Für Inh- u Orderpapiere gelten die §§ 1081ff. Vgl auch § 1288.

1080 *Nießbrauch an Grund- oder Rentenschuld.* Die Vorschriften über den Nießbrauch an einer Forderung gelten auch für den Nießbrauch an einer Grundschuld und an einer Rentenschuld.

1) Entspr § 1291. Bei der Reallast gebühren die einzelnen Leistgen dem Nießbraucher, § 1073 Anm 1. Wenn sie nach LandesR ablösb sind, ist auf die Ablösgssumme § 1079 entspr anwendb. – Nießbr an Hyp ist Nießbr an Forderg.

1081 *Nießbrauch an Inhaber- oder Orderpapieren; gemeinschaftlicher Besitz.* **I** Ist ein Inhaberpapier oder ein Orderpapier, das mit Blankoindossament versehen ist, Gegenstand des Nießbrauchs, so steht der Besitz des Papiers und des zu dem Papiere gehörenden Erneuerungsscheins dem Nießbraucher und dem Eigentümer gemeinschaftlich zu. Der Besitz der zu dem Papiere gehörenden Zins-, Renten- oder Gewinnanteilscheine steht dem Nießbraucher zu.

II Zur Bestellung des Nießbrauchs genügt anstelle der Übergabe des Papiers die Einräumung des Mitbesitzes.

§§ 1081–1085

1) Die §§ 1081–1083 gelten für alle Papiere, die durch **bloße Übergabe** der Urk übertragen werden. Vgl §§ 793 ff (aber nicht Legitimationspapiere nach § 808, zB Sparkassenbücher); HGB 363, 365; AktG 10 I, 24, 68 I, 278 III; WG 12 III, 13 II, 14 II; ScheckG 15 IV, 16 II, 17 II. Ausn: § 1084. Abweichende Vereinbarg zul (RG Warn **08**, 168). – Wg sonstiger WertP vgl Vorbem 2 vor § 1068. – Über Aktien u GmbHAnteile vgl § 1068 Anm 4.

2) Gemeinschaftlicher Besitz (vgl §§ 866, 1084) des Papiers u des Erneuerungsscheins, § 805. Zum Schutz des Eigtums gg eigenmächtige Einziehg des Nießbrauchers. Der Schu darf an alleinbesitzenden Nießbraucher zahlen; § 1077 I 1 gilt nicht.

3) Zur **Bestellung** genügt die Einräumg unmittelb od mittelb Mitbesitzes. Auch wenn eine SichgHyp nach § 1187 bestellt ist.

1082 *Hinterlegung.* Das Papier ist nebst dem Erneuerungsschein auf Verlangen des Nießbrauchers oder des Eigentümers bei einer Hinterlegungsstelle mit der Bestimmung zu hinterlegen, daß die Herausgabe nur von dem Nießbraucher und dem Eigentümer gemeinschaftlich verlangt werden kann. Der Nießbraucher kann auch Hinterlegung bei der *Reichsbank*, bei der *Deutschen Zentralgenossenschaftskasse* oder bei der Deutschen Girozentrale (Deutschen Kommunalbank) verlangen.

1) Hinterlegg beim AmtsG, HintO § 1. Befreiung von der HinterleggsPfl zul; zB dch Test (RG Recht **11**, 1144). Kosten tragen beide Teile je zur Hälfte. Ähnl §§ 1814, 2116. – Die beiden ersten Institute des S 2 bestehen nicht mehr. Die RBank ist nicht dch die Deutsche Bundesbank od die Landeszentralbanken ersetzt (RGRK/Rothe Rdn 2; Staud/Promberger Rdn 12; aA MüKo/Petzoldt Rdn 2; Soergel/Baur Rdn 2). An Stelle der Dtsch ZentrGenKasse nunmehr Deutsche Genossenschaftsbank (G v 22. 12. 75; BGBl I 3171).

1083 *Mitwirkung zur Einziehung.* **I** Der Nießbraucher und der Eigentümer des Papiers sind einander verpflichtet, zur Einziehung des fälligen Kapitals, zur Beschaffung neuer Zins-, Renten- oder Gewinnanteilscheine sowie zu sonstigen Maßnahmen mitzuwirken, die zur ordnungsmäßigen Vermögensverwaltung erforderlich sind.

II Im Falle der Einlösung des Papiers finden die Vorschriften des § 1079 Anwendung. Eine bei der Einlösung gezahlte Prämie gilt als Teil des Kapitals.

1) Erweiterg des § 1078 auf alle Maßnahmen ordngsmäßiger Verw. Vgl §§ 799 ff, 805. Auch auf Verkauf wg gefährdeter Sicherh. Kosten der Maßn je zur Hälfte.

1084 *Verbrauchbare Sachen.* Gehört ein Inhaberpapier oder ein Orderpapier, das mit Blankoindossament versehen ist, nach § 92 zu den verbrauchbaren Sachen, so bewendet es bei den Vorschriften des § 1067.

1) Vgl § 92; zB Banknoten u zur Veräußerg im Betriebe bestimmte Papiere. Der Nießbraucher wird Eigtümer, § 1067. Abweichende Vereinbarg zul.

III. Nießbrauch an einem Vermögen

1085 *Bestellung.* Der Nießbrauch an dem Vermögen einer Person kann nur in der Weise bestellt werden, daß der Nießbraucher den Nießbrauch an den einzelnen zu dem Vermögen gehörenden Gegenständen erlangt. Soweit der Nießbrauch bestellt ist, gelten die Vorschriften der §§ 1086 bis 1088.

1) Der Nießbr an einem **Vermögen** (praktisch insb der am Nachlaß, § 1089) ist seinem Wesen nach eine **Summe von Nießbrauchsrechten an den einzelnen Gegenständen** (RG **153**, 31). Deshalb keine Bestellg durch eine einheitl RechtsHdlg; keine GesRNachfolge. Zum Schutz der bei Bestellg vorhandenen Gläub des Bestellers ist eine Sonderregel notw. Die §§ 1086 ff gelten aber nur hins der Ggstände, an denen der Nießbr zum Zwecke der Bestellg des Nießbrauchs am Verm bestellt worden ist, § 1085. Im übrigen gelten die §§ 1030 ff. – Zum Nießbraucher als TestVollstr vgl § 2197 Anm 3 u Rohlff DNotZ **71**, 518.

2) Vermögen. Vgl §§ 310, 311 und § 419 Anm 2. Nachl § 1089. Am ganzen Verm od an einem Bruchteil. Unschädl, wenn einzelne Ggstände ausgenommen werden. Nicht übertragbare Rechte können nicht belastet werden, § 1069 II; doch kann dem Nießbraucher der Anspr auf die Nutzgen eingeräumt w. Keine unmittelb Anwendg auf den Nießbr an einem SonderVerm, zB VorbehGut; entspr Anwendg der §§ 1087, 1088 III, wenn vertragl vereinbart.

3) Verpflichtg zur Bestellg nach §§ 311, 2174. **Bestellung für jeden Gegenstand gesondert** gemäß §§ 873, 1031, 1032, 1067, 1069 I, 1081 II, SchiffsRG 9. Daher neue Bestellg nötig für einen später in das Verm gelangenden Ggst (keine dingl Surrogation dch Einverleibg, Brem Betr **70**, 1436); umgekehrt bleibt der aus dem Vermögen ausscheidde EinzelGgst weiter belastet. Wird ein Grdst veräußert, bleibt der Nießbr also an ihm bestehen, nicht ergreift er die für den Eigtümer bestellte RestkaufgeldHyp. Bestellg „an sämtl Erbteilen" kann die Einigg über die Bestellg an allen Ggständen enthalten (RG **153**, 30). Zugehörigk zu einem Verm ist nicht eintraggsfäh (Staud/Promberger Rdn 8; hM).

Dienstbarkeiten. 2. Titel: Nießbrauch §§ 1085, 1086

4) Nießbrauch an einem Handelsgeschäft. Schriftt: R. von Godin, NutzgsR an Unternehmen u Unternehmensbeteiliggen, 1949. – Hassel, RhNK **68**, 161. – Haegele, Nießbr an einem HandelsGesch sowie bei Personen- u Kapitalgesellschaften, BWNotZ **74**, 24. – Bökelmann, Nutzgen u Gewinn beim UnternehmensNießbr, 1971, dazu Grunsky BB **72**, 585. – Prakt in vorweggenommener Erbf od zur wirtschaftl Sichg von MitE des verstorbenen Untern statt VorErbsch. Scheide den **Ertragsnießbrauch** (der Eigtümer leitet das Unternehmen weiter, der Nießbraucher ist – obwohl dingl berecht – auf gewisse KontrollR u den Ertrag beschr) vom echten **Unternehmensnießbrauch**: hier führt der Nießbraucher selbst das Untern. Behält sich Einzelkaufm bei Überg des Gesch an Dritten QuotenNießbr vor, ist er idR nur noch Ertragsbeteiligter, (also Löschg im HReg), falls nicht ausdrückl anderes (kaufmänn Weitermitverantwortg) vereinb (BayObLG **73**, 168). – Das Nachstehde handelt vom UnternehmensNießbr.

a) HGB 22, VVG 151 II setzen ihn voraus. Sachenrechtl gibt es keine Bestellg dch Gesamtakt. Also muß jeder einzelne Ggst des Inbegriffs belastet w; damit ist aber nicht erfaßt der „Tätigkeitsbereich" des Unternehmens (von Gierke HandelsR § 14 II), die „Chancen", der good will, also die Betriebs- u Absatzorganisation, Kundenstamm, Geschäftsbeziehgen, -erfahrgen u -geheimnisse. Das GrdGeschäft verpflichtet den Besteller regelmäß, den Nießbraucher hierein einzuweisen; erst dann ist sein Zweck erreicht; nun hat der Nießbraucher die Möglichk, diesen „Tätigkeitsbereich" absolut gg rechtswidr Eingriffe zu verteidigen hat. In diesem Sinne erkennt die hL an, daß die so vollzogene NießbrBestellg ein umfassendes dingl Recht am Handelsgeschäft (MüKo/Petzoldt Rdn 9 mwN) begründet. – Die §§ 1085 ff allerd sind auch hier nur anwendb, wenn das Handelsgeschäft das Vermögen des Bestellers ausmacht, sonst gelten die §§ 1030 ff; dann auch das VerpflGesch formfrei (BGH **25**, 1).

b) Im einzelnen: Das GrdGesch (Vertr, letztw Vfg) wird idR ergeben, daß Fdgen zur vollen Vfg im Rahmen ordentl GeschBetriebs zu übertr sind; sonst würden §§ 1074, 1076 gelten, die hier unpraktikabel wären. UmlaufVerm (Warenlager) wird Eigt des Nießbrauchers, § 1067, AnlageVerm bleibt im Eigt des Bestellers. § 1048 gilt entspr (BGH **LM** § 930 Nr 12). Dem Nießbraucher gebührt als Nutzg der bilanzm ausgewiesene (Baur JZ **68**, 79) Reingewinn, hierzu v Godin S 27ff aber auch Bökelmann aaO S 166ff. Echte Betriebsverluste hat Nießbraucher zu tragen (v Godin S 37ff), für Werteinbußen des Unternehmens haftet der dem Besteller nur bei Versch; nach Bökelmann aaO §§ 708, 2131 anwendb. Unverschuldete Einbußen am AnlageVerm trägt grdsätzl der Eigtümer. Fdgen u Schulden aus dem Betr treffen allein den Nießbraucher, seine Gläub können sich nur an das UmlaufVerm u das pers Vermögen des Nießbrauchers halten. Für AltGläub gelten §§ 1086, 1088. Bei Firmenfortführg (vgl HGB 22 II) haftet für Altschulden der Nießbraucher nach HGB 25, entspr der Besteller nach Rückerwerb für solche des Nießbrauchers (RG **133**, 323; str).

c) Die umfassde RNatur des dingl Gesch beeinflußt auch das gesetzl SchuldVerh zw Eigtümer u Nießbraucher; vgl § 1050 Anm 1. Nießbraucher muß aus dem Gewinn die Abschreibgen für die Abnutzg des Anlagevermögens vornehmen, die mit dem Gesch verbundenen öff u priv Lasten tragen, kurz den Betrieb als solchen, nach Bökelmann aaO auch die Marktstellg des Unternehmens im Verh zur Konkurrenz erhalten u hierzu investieren; vgl dazu Grunsky aaO.

5) Satz 2: Die Bestellg erfordert – außer der Summe der einzelnen dingl BestellgsGesch – daß die Beteiligten über die Bestellg des Rechts gerade als eines VermögensNießbr einig sind (RG SeuffA **91** Nr 103). Auch muß der Nießbraucher – wie bei §§ 419, 1365 gewußt haben, daß ein Vermögen belastet wird (RAG HRR **40**, 669); was zu § 419, gilt hier auch hier. Geschieht der dingl Vollzug zeitl nacheinander, so greift S 2 ein, wenn der GläubSchutz (§ 1086) es erfordert, wenn also die Summe der belasteten Einzelgegenstände den wesentl Teil des Vermögens ausmacht (bestr; nach aA soll schon der Beginn der Belastgeschäfte die §§ 1086 ff auslösen; vgl Soergel/Baur Rdn 4; Staud/Promberger Rdn 23).

1086

Rechte der Gläubiger des Bestellers. Die Gläubiger des Bestellers können, soweit ihre Forderungen vor der Bestellung entstanden sind, ohne Rücksicht auf den Nießbrauch Befriedigung aus den dem Nießbrauch unterliegenden Gegenständen verlangen. Hat der Nießbraucher das Eigentum an verbrauchbaren Sachen erlangt, so tritt an die Stelle der Sachen der Anspruch des Bestellers auf Ersatz des Wertes; der Nießbraucher ist den Gläubigern gegenüber zum sofortigen Ersatze verpflichtet.

1) Allgemeines. a) Nur beim VermNießbr haben die Gläub das unmittelb ZugriffsR. Beim Einzel-Nießbr müssen die nachstehenden dingl u die persönl Gläub den Nießbr gg sich gelten lassen od nach dem AnfG anfechten.

b) Über die obj u subj Erfordernisse des Eingreifens des § 1086 siehe § 1085 Anm 5. Erst die Einigg in diesem Sinn eröffnet § 1086; folgt sie zB bei Eintragg des Nießbr bei dem das Vermögen bildden Grdst nach (RG SeuffA **91** Nr 103), so tritt die Wirkg erst im letzteren Ztpkt ein.

2) Zugriffsrecht. Nießbraucher hat die ZwVollstr zu dulden. Weitergehend § 1088 I, II.

a) Berechtigt sind die persönl Gläub des Bestellers, nicht des Eigtümers. Für die Fdg genügt die Entstehg vor Bestellg des Nießbr, wofür die Grdsätze zu KO 3 Maß geben. So reicht Entstehg der Forderg als bedingte od als befristete (vgl RG **69**, 421). Bei Anspr auf wiederkehrende Leistgen entscheidet die Entstehg dem Grunde nach; bei Anspr aus § 1602 I (§ 1615a) muß die Bedürftigk eingetreten sein.

b) ZwVollstr in alle dem Nießbr unterliegenden Ggstände. Titel nach ZPO 737, 738, 794. Auch in die ErsAnspr des Nießbr; vgl Anm 3. Auch in Fahrnis, auch wenn der Besteller nicht Eigtümer ist. Für Grdst gelten ZPO 866ff, ZVG 17, 147. Der Nießbraucher hat den Eigtümer zu benachrichtigen, § 1042. Der Eigtümer, der nicht Besteller ist, kann nach ZPO 64, 771 vorgehen.

3) Verbrauchbare Sachen; vgl §§ 1067, 1084. Der ErsAnspr ist dem Gläub ggü sofort fällig. Pfändg aGrd Titels gg Besteller (Nießbraucher ist DrittSchuldn); str.

1087 *Verhältnis zwischen Nießbraucher und Besteller.* ^I Der Besteller kann, wenn eine vor der Bestellung entstandene Forderung fällig ist, von dem Nießbraucher Rückgabe der zur Befriedigung des Gläubigers erforderlichen Gegenstände verlangen. Die Auswahl steht ihm zu; er kann jedoch nur die vorzugsweise geeigneten Gegenstände auswählen. Soweit die zurückgegebenen Gegenstände ausreichen, ist der Besteller dem Nießbraucher gegenüber zur Befriedigung des Gläubigers verpflichtet.

^{II} Der Nießbraucher kann die Verbindlichkeit durch Leistung des geschuldeten Gegenstandes erfüllen. Gehört der geschuldete Gegenstand nicht zu dem Vermögen, das dem Nießbrauch unterliegt, so ist der Nießbraucher berechtigt, zum Zwecke der Befriedigung des Gläubigers einen zu dem Vermögen gehörenden Gegenstand zu veräußern, wenn die Befriedigung durch den Besteller nicht ohne Gefahr abgewartet werden kann. Er hat einen vorzugsweise geeigneten Gegenstand auszuwählen. Soweit er zum Ersatze des Wertes verbrauchbarer Sachen verpflichtet ist, darf er eine Veräußerung nicht vornehmen.

1) Allgemeines. Das InnenVerh zw Nießbraucher u Besteller richtet sich in erster Reihe nach dem Vertr. § 1087 enthält nur nachgiebiges Recht (RG **153**, 31). Zweck: Abwendg der ZwVollstr unter Wahrg der beiderseitigen Interessen. Vgl auch § 1088 III. Über die in Betr kommenden Gläub vgl § 1086 Anm 2a.

2) I verpflichtet den Nießbraucher zur nießbrauchfreien Rückg der erforderl Ggstände; dabei § 242 dch Eigtümer zu wahren; vorzugsw geeignet sind zB Schuldverschreibgen (Brem Betr **70**, 1436). Statt verbrauchbarer Ggstände hat der Nießbraucher sofort Wertersatz zu leisten.

3) II berechtigt ihn zur unmittelb Befriedigung des Gläub, wenn ein bestimmter in seinem Besitz befindl Ggst geschuldet wird. Ist dieser nicht im NießbrVermögen, darf er bei Gefahr im Verzug einen zur Befriedigg vorzugsw geeigneten anderen Ggst (S 3) dieses Vermögens veräußern (S 2). Soweit er aber dem Besteller Wertersatz schuldet, muß er diesen zur Befriedigg des Gläub verwenden (S 4); vgl auch § 1086 S 2 Halbs 2. Schuldh Verletzg macht schadensersatzpfl. Die Veräußerg ist wirks, wenn die Verbindlichk besteht u Gefahr im Verzuge; guter Glaube bzgl dieser Voraussetzgen genügt nicht; doch schützt § 1058 den Nießbr auch hier.

1088 *Haftung des Nießbrauchers.* ^I Die Gläubiger des Bestellers, deren Forderungen schon zur Zeit der Bestellung verzinslich waren, können die Zinsen für die Dauer des Nießbrauchs auch von dem Nießbraucher verlangen. Das gleiche gilt von anderen wiederkehrenden Leistungen, die bei ordnungsmäßiger Verwaltung aus den Einkünften des Vermögens bestritten werden, wenn die Forderung vor der Bestellung des Nießbrauchs entstanden ist.

^{II} Die Haftung des Nießbrauchers kann nicht durch Vereinbarung zwischen ihm und dem Besteller ausgeschlossen oder beschränkt werden.

^{III} Der Nießbraucher ist dem Besteller gegenüber zur Befriedigung der Gläubiger wegen der im Abs. 1 bezeichneten Ansprüche verpflichtet. Die Rückgabe von Gegenständen zum Zwecke der Befriedigung kann der Besteller nur verlangen, wenn der Nießbraucher mit der Erfüllung dieser Verbindlichkeit in Verzug kommt.

1) Der Nießbraucher haftet (I) für die Dauer des Nießbr pers u unbeschr u unabdingb **(II)** mit dem Besteller als GesSchu für best wiederkehrde Leistgen (ges Schuldbeitritt), für die dieser pers haftet (also nicht für HypZinsen, wenn in Dr pers Schu ist). § 103 gilt auch im Verh zum Gläub. – **a) Zinsen** (vertragl od ges). Die Fdg muß vor NießbrBestellg (§ 1085 Anm 5) als verzinsl entstanden sein. – **b) Wiederkehrende Leistungen,** die ein ordentl Verwalter aus den Einkünften zu bestreiten pflegt, auch wenn sie diese übersteigen (RG **153**, 29). Die Fdg muß vor NießbrBestellg (§ 1085 Anm 5) entstanden sein. Dazu gehören: Tilggsraten (insb am Verm dingl gesicherter Schulden; Düss OLGZ **75**, 341); Einkommen- u VermSteuern (RG **153**, 29; Halm BWNotZ **56**, 103; aA Boesebeck JW **37**, 463); Unterhaltsbeiträge; Versichergsprämien; vgl auch LAG § 73.

2) Im Innenverhältnis hat der Nießbraucher die Lasten zu tragen **(III)**. Dies gilt über den zu engen Wortlaut hinaus für alle (auch nach NießbrBestellg entstandenen) Lasten, die ein ordentl Verwalter aus den Einkünften bestreitet (Düss OLGZ **75**, 341). – Über Ausgleich zw Besteller u Nießbraucher, wenn Gläub aus nießbrauchsfreiem (nachträgl erworbenem) Verm befriedigt w, die Schuld aber dem NießbrGut zur Last fällt, und umgekehrt, vgl Wolff-Raiser § 124 V. Die bei Bestellg bestehden Passiven trägt intern das NießbrVerm; entstanden die Schulden aus einem das nießbrauchsfreie Verm betr Rechtsverhältn, muß dieses sie tragen, techn dch Auffüllg des NießbrVerm seitens des Bestellers.

1089 *Nießbrauch an einer Erbschaft.* Die Vorschriften der §§ 1085 bis 1088 finden auf den Nießbrauch an einer Erbschaft entsprechende Anwendung.

Schrifttum: Petzoldt, Vorerbsch u NießbrVerm, BB **75**, Beil 6 zu Heft 13.

1) Nießbrauch am Nachlaß. Zuwendg durch Vermächtn, §§ 2147ff, häufig unter Eheg im gemeinschaftl Testament unter Erbeinsetzg der Kinder; oft zweifelh, ob nicht Vor- u Nacherbsch gemeint. Zu unterscheiden von der Zuwendg des bloßen Anspr auf die Nutzgen (KG JW **33**, 184). Bestellg des Nießbr an den einzelnen Ggständen gem § 1085; vgl dazu RG **153**, 30; auch hier keine dingl Surrogation, § 1088 auch anwendb, wenn Vermächtn nicht an allen NachlGgst bestellt w (vgl Düss OLGZ **75**, 341). Gläub (§§ 1086/8) sind nur die NachlGläub, §§ 1967ff (RG DR **44**, 371), wo Anwendg der §§ 1087/8 auf ErbschSteuerschuld verneint wird; mutmaßl Wille des Erblassers maßg, ob Erbe vom Nießbraucher Zahlg der ErbschSteuer verlangen kann). Erbe kann Bestellg des Nießbr an denjenigen Ggständen verweigern, die er zur Erfüllg der NachlVerbindlichk benötigt (BGH **19**, 312). Vgl dort über Unanwendbark der Rechte aus § 1087, soweit der durch Ausschlagg (§ 2306 I 2) des zunächst Berufenen Erbe Gewordene jenem den Pflichtt zahlen muß. Nießbraucher haftet für NachlSchulden, auch wenn Nichterbe gem § 2366 den Nießbr bestellt hat. § 1058 gilt aber (W-Raiser § 124 VI). Rückg (§§ 1087 I, 1088 II 2) kann nur der wahre Erbe verlangen.

2) Für den **Nießbrauch an einem Miterbenanteil** (reiner RechtsNießbr) gelten die §§ 2033, 1068 ff, 1066 (Mü JFG **21**, 177). Auch bei Nießbr an allen Erbteilen, bei dem §§ 1086/8 entspr anzuwenden (str), der aber von dem an allen NachlGgständen zu unterscheiden ist; der Nießbr an allen Erbteilen ist ein Nießbr an einem Recht. Er ergreift die NachlGgstände nicht mehr, wenn sie aus dem Nachl ausschieden, dafür aber die in den Nachl gelangenden; umgekehrt beim Nießbr an einem Verm: Er belastet die aus ihm ausscheidden Ggstände weiter, ergreift aber nicht die neu darein gelangenden; vgl im einz Wolff-Raiser § 123 I; vgl aber auch § 1085 Anm 3. Erbauseinandersetzg u sonstige Vfg über NachlGgstände nur mit Zust des Nießbrauchers, § 1071; daher Eintr im GB als VerfüggsBeschrkg mögl (Hamm OLGZ **77**, 283).

Dritter Titel. Beschränkte persönliche Dienstbarkeiten

1090 **Begriff.** ^I Ein Grundstück kann in der Weise belastet werden, daß derjenige, zu dessen Gunsten die Belastung erfolgt, berechtigt ist, das Grundstück in einzelnen Beziehungen zu benutzen, oder daß ihm eine sonstige Befugnis zusteht, die den Inhalt einer Grunddienstbarkeit bilden kann (beschränkte persönliche Dienstbarkeit).

^{II} Die Vorschriften der §§ 1020 bis 1024, 1026 bis 1029, 1061 finden entsprechende Anwendung.

1) **Allgemeines.** Die bpDbk ist ein **beschränktes dingliches Recht** an einem Grdst. Ihre Bestellg begründet ein **gesetzliches Schuldverhältnis** (vgl Einl 2g vor § 854) zw dem jeweil Eigtümer des belasteten Grdst u dem Berecht; vgl § 1018 Anm 1) mit dem Inhalt nach II iVm §§ 1020–1023, dessen anfängl od nachträgl Änderg ggü EinzelRNachf nur mit GBEintr (auch gem § 874) wirkt. Für mehrf bpDbk u Nebeneinand von bpDbk u GrdDbk (BayObLG **82**, 246) gilt § 1018 Anm 1. – Neben der bpDbk ist ein vom GrdGesch (Anm 7) zu unterscheiddes **schuldrechtliches Nutzungsrecht** (zB Pacht) mögl (BGH **LM** Nr 7); § 1018 Anm 1 gilt entspr.

2) **Belastungsgegenstand** wie bei GrdDbk (§ 1018 Anm 2).

3) **Berechtigte** können nur bestimmte natürl od jur Pers (auch des öffR) sein (subjpers R). – Für **mehrere Berechtigte** können selbstd inhalts- u ranggleiche bpDbk bestellt werden (BGH **46**, 253; BayObLG Rpfleger **80**, 151). Die Mitgl einer GesHdsGemsch sind GesHdsBerecht einer zum GesHdsVerm gehörden bpDbk. Mehrere Berecht können auch als GesamtBerecht iSv § 428 (BGH **46**, 253; BayObLG **75**, 191), bei unteilb LeistgsGgst als MitBerecht iSv § 432 (KG JW **35**, 3564; Köln DNotZ **65**, 686) u bei teilb LeistgsGgst als BruchtBerecht iSv § 420 (Staud/Ring Rdn 17; KEHE/Eickmann § 47 Rdn 4) verbunden sein; über Teilbark des LeistgsGgst vgl § 1018 Anm 3. – **Eigentümer** des belasteten Grdst kann Berecht sein (Weitnauer DNotZ **64**, 716; vgl Einf 2e vor § 854; hM verlangt schutzwürd Interesse im Hinblick auf geplante Veräußerg (Ffm Rpfleger **84**, 264 mwN; LG Traunst MittBayNot **76**, 217); Dbk für MitEigtümer an ganzem Grdst zul (Ffm aaO).

4) **Inhalt.** Die bpDbk kann alles zum Inhalt haben, was Inhalt einer GrdDbk sein kann, aber auch nur das (zB keine Entgeltlichkeit als RInhalt; BGH ZMR **66**, 333); § 1018 Anm 4–7 gilt entspr. Unterschied nur insow, als § 1019 nicht anwendb ist, so daß wirtsch Vorteil für Berecht nicht notw; es genügt ein mit privatrechtl Mitteln verfolgb eigenes od zu förderndes fremdes (zB bei jur Pers für Mitgl) schutzwürd wirtsch od ideelles Interesse des Berecht (BGH **41**, 211; BayObLG **65**, 180), auch öff Interesse wie Benutzg als Verkehrsfläche (LG Pass Rpfleger **72**, 135) od VerändergsBeschrkg wg Denkmalsschutz (LG Pass MittBayNot **77**, 191) od Entlastg öff Verkehrsfläche (BayObLG **65**, 180) od Fernhaltg bestimmter Gewerbeart in beplantem Gewerbegebiet (BGH Rpfleger **83**, 478). – **a) Duldung der Benutzung in einzelnen Beziehungen** (§ 1018 Anm 5). Über WohngsDbk in Abgrenzg zu §§ 1093, 1105 vgl Übbl 1b vor § 1105. – **b) Unterlassung gewisser tatsächlicher Handlungen** (§ 1018 Anm 6); zB keine und GrdstBenutzg als KfzEinstellg (BayObLG **65**, 180). – **c) Ausschluß der Ausübung gewisser Rechte** (§ 1018 Anm 7) ggü dem Berecht statt ggü herrschdem Grdst (RG **119**, 211).

5) **Schuldrechtliche Vereinbarungen** (insb GgLeistg des Berecht) können neben dem dingl Recht getroffen werden; § 1018 Anm 8 gilt entspr.

6) **Entsprechend anwendbar (II)** auf die bpDbk sind §§ 1020–1024, 1026–1029 (BesSchutz genießt nur Berecht, nicht Drittbegünstigte; RGRK/Rothe Rdn 11), 1061 (vgl dazu Anm 8).

7) **Entstehung.** Als dingl Recht rechtsgeschäftl gem § 873 dch Einigg (bei EigtümerR: einseit Erkl) u Eintr; § 1018 Anm 9a gilt entspr. Wird Klausel iSv GBO 23 II bei DbkBestellg eingetr, so genügt EintrBew des Eigtümers (BGH **66**, 341). Über RNachfKlausel im GB vgl § 1092 Anm 1c. – **Übertragung u Belastung** vgl § 1092. – **Inhaltsänderung** dch RGesch gem § 877 od dch BedürfnÄnderg (vgl § 1018 Anm 4e). Auswechselg des Berecht ist nicht InhaltsÄnderg sond Neubestellg (KG JFG **20**, 7). – **Umwandlung** in GrdDbk nicht mögl (KG JW **23**, 760); Aufhebg u Neubestellg notw.

8) **Erlöschen** dch Aufhebg, krG, Staatsakt u dauerndes AusübgsHindern; § 1018 Anm 11 gilt entspr. – Ferner mit **Wegfall des Berechtigten** dch Tod einer natürl u Erlöschen einer jur Pers (II iVm § 1061). Aus § 1061 folgt Unvererblichk des dingl Rechts. Die bpDbk kann aber dch den Tod des Berecht auflösd bdgt

für diesen u zugl aufschiebd bdgt für den Erben des Berecht od einen Dritten bestellt werden (KG JFG **20**, 7); dann sind zwei aufeinandfolgde bpDbk bestellt. Auch der BestellgsAnspr aus dem GrdGesch ist (arg § 1059e) unvererbl (Staud/Ring § 1092 Rdn 1; Soergel/Baur Rdn 2; aA BGH **28**, 99); zuläss ist aber Vertr iSv §§ 328, 331 zw Eigtümer u Berecht zG des Erben des Berecht od eines Dritten auf Bestellg einer (neuen) bpDbk nach Tod des Berecht. Fällt ein GesamtBerecht fort, so bleibt bpDbk für den/die and bestehen (BGH **46**, 253).

1091 **Umfang.** **Der Umfang einer beschränkten persönlichen Dienstbarkeit bestimmt sich im Zweifel nach dem persönlichen Bedürfnisse des Berechtigten.**

1) Nur wenn die Beteil den Umfang der Ausübg nicht geregelt haben, gilt die **Auslegungsregel** (BGH **41**, 209) des § 1091; sie schließt Bestellg für fremde Bedürfn (auch nur für diese) nicht aus (BGH aaO). Persönl Bedürfn weit zu fassen; zB auch des Haushalts od Geschäfts (KGJ **33**, 233).

1092 **Übertragbarkeit; Überlassung der Ausübung.** ^I **Eine beschränkte persönliche Dienstbarkeit ist nicht übertragbar. Die Ausübung der Dienstbarkeit kann einem anderen nur überlassen werden, wenn die Überlassung gestattet ist.**

^{II} **Steht eine beschränkte persönliche Dienstbarkeit oder der Anspruch auf Einräumung einer beschränkten persönlichen Dienstbarkeit einer juristischen Person zu, so gelten die Vorschriften der §§ 1059a bis 1059d entsprechend.**

1) **Übertragung (I 1)**; über Vererbg vgl § 1090 Anm 8. – **a)** Das **dingliche Recht** ist unabdingb (BayObLG **80**, 176) unübertragb; gilt auch für bpDbk iR eines Altenteils (KG JW **32**, 1564). Übertragg liegt nicht vor, wenn § 873 nicht anwendb (vgl § 873 Anm 2). Auswechselg des Berecht ist nicht InhaltsÄnderg nach § 877 sond Aufhebg u Neubestellg an rangbereiter Stelle (KG JFG **20**, 7). Zuläss ist, die bpDbk dch dasselbe Ereign auflösd bdgt für den Berecht u aufschiebd bdgt für einen Dritten zu bestellen (KG JFG **20**, 7; dann sind zwei aufeinandfolgde bpDbk bestellt) od eine bestehde mit einer neuen zu einer Gesamtberechtigg zu verbinden (Düss RhNK **79**, 191). – **b)** Auch der **Bestellungsanspruch** aus dem GrdGesch ist (arg II, § 1059e) nicht abtretb (Soergel/Baur Rdn 2; Staud/Ring Rdn 1; aA BGH **28**, 99). Zuläss ist aber Vertr iSv §§ 328, 331 zw Eigtümer u Berecht zG eines Dritten auf Bestellg einer (neuen) bpDbk nach Erlöschen der ersten. – **c)** Der **Anspruch auf den Ersatzwert** nach Erlöschen der bpDbk inf Zuschlags (ZVG 92) ist übertragb (LG Ffm Rpfleger **74**, 122). – **d) Ausnahme (II).** Steht die bpDbk einer jur Pers od OHG/KG (BGH **50**, 307) zu, so ist nach §§ 1059a–1059d übertragb; über NachfKlausel im GB: Düss MittBayNot **76**, 215 (zul); LG Bchm Rpfleger **75**, 432 u GBA Mannh BWNotZ **77**, 26 (unzul). Gilt nicht für BestellgsAnspr, da § 1059e in II nicht erwähnt.

2) **Belastung** des dingl Rechts u des BestellgsAnspr wg Unübertragbark ausgeschl (§§ 1069 II, 1274 II); keine Ausn bei jur Pers od OHG/KG (II iVm § 1059b). Damit auch **Pfändung** u Überweisg zur Einziehg ausgeschl (ZPO 851 I, 857 I); vgl auch Anm 3 b. – Anspr auf ErsWert nach Erlöschen der bpDbk inf Zuschlags (ZVG 92) verpfändb u pfändb (LG Ffm Rpfleger **74**, 122).

3) **Überlassung der Ausübung (I 2).** Bei Eintritt des Berecht in MietVertr zw Eigtümer u Dritten (§ 577 S 1) beginnt sie mit NichtKünd ab erster KündMöglichk (BGH **59**, 51). – **a) Voraussetzung** ist Gestattg des Eigtümers. Sie ist eine (ausdrückl od stillschw) anfängl od nachträgl getroffene Vereinbg zw Eigtümer u Berecht (BGH LM § 1090 Nr 7), die zur Wirkg ggü EinzelRNachf (nicht aber zw den Beteil) der GBEintr (auch gem § 874; KG JFG **15**, 31) bedarf (BGH LM KO § 1 Nr 5); sie liegt noch nicht in Bestellg einer bpDbk zum Betr eines Gewerbes (BGH aaO). Kein einseit Widerruf der Gestattg dch Eigtümer (vgl Schmidt-Futterer ZMR **67**, 163). Überlassg selbst nicht eintraggsfäh. – **b) Wirkung.** Dritter erwirbt kein dingl Recht (BayObLG **82**, 246) u keinen Anspr gg Eigtümer, sond nur eine Einwendg gg die Klage aus §§ 1004, 1027. Nur iFv I 2 kann er gewillkürter ProzStandschafter für Berecht sein (BGH LM Nr 4). Nur iFv I 2 fällt bpDbk in KonkMasse des Berecht (BGH LM § 1090 Nr 7) u ist gem ZPO 857 III pfändb (KG OLGZ **68**, 295); zur Frage, ob Berecht nach Pfändg noch auf die bpDbk verzichten kann, vgl § 1059 Anm 3. – **c)** Bei **Überlassung ohne Gestattung** hat Eigtümer Anspr aus § 1004; bei Vermietg dch Berecht aber keinen Anspr auf den Mietzins (BGH **59**, 51).

1093 **Wohnungsrecht.** ^I **Als beschränkte persönliche Dienstbarkeit kann auch das Recht bestellt werden, ein Gebäude oder einen Teil eines Gebäudes unter Ausschluß des Eigentümers als Wohnung zu benutzen. Auf dieses Recht finden die für den Nießbrauch geltenden Vorschriften der §§ 1031, 1034, 1036, des § 1037 Abs. 1 und der §§ 1041, 1042, 1044, 1049, 1050, 1057, 1062 entsprechende Anwendung.**

^{II} **Der Berechtigte ist befugt, seine Familie sowie die zur standesmäßigen Bedienung und zur Pflege erforderlichen Personen in die Wohnung aufzunehmen.**

^{III} **Ist das Recht auf einen Teil des Gebäudes beschränkt, so kann der Berechtigte die zum gemeinschaftlichen Gebrauche der Bewohner bestimmten Anlagen und Einrichtungen mitbenutzen.**

1) Das **Wohnungsrecht** ist eine Abart der beschränkten persönlichen Dienstbarkeit mit nießbrauchsähnl Gestaltg. Es ist oft Bestandt eines Altenteils (vgl EG 96).

a) Ob **Miete** od WohngsR gewollt, ist dch Ausleg des PartWillens zu ermitteln. Von der Bestellg eines WohngsR bzw einer Verpfl dazu ist nur auszugehen, wenn ernsth Wille zur GrdstBelastg genügd klar

Dienstbarkeiten. 3. Titel: Beschr. persönl. Dienstbarkeiten § 1093 1–4

ausgedrückt; iZw Miete (Staud/Ring Rdn 3). Weder Wortlaut (zB „Mietzins" für Entgelt) noch Vereinbg nur schuldrechtl mögl Pfl (vgl Anm 5) sind alleine maßg. – Anfängl od nachträgl **Nebeneinander** von MietVertr u WohngsR ist mögl (BGH Rpfleger **74**, 187; Hamm DNotZ **57**, 314); mit späterer Künd des MietVertr entfällt nicht RGrd für WohngsR, da dieses nicht GrdGesch (BGH ZMR **66**, 333). Bei nachträgl WohngsRBestellg entspricht es oft dem PartWillen, den MietVertr aufzuheben u dch GrdGesch für WohngsR zu ersetzen (BGH **LM** § 398 Nr 20); VertrAuslegg oft dahin, daß die nicht ausschließl mietrechtl Bestimmgen des MietVertr als Bestandt des GrdGesch für WohngsR weitergelten (BGH aaO).

b) Unterschiede zur **beschränkten persönlichen Dienstbarkeit nach §§ 1090–1092. – aa)** Hauptzweck der Benutzg muß das **Wohnen** sein; andersart Nutzg vereinb, wenn sie nur Nebenzweck (BGH **LM** Nr 3; aA MüKo/Joost Rdn 4). – **bb)** Das BenutzgsR muß sich auf **Gebäude od Gebäudeteile** beziehen (vgl aber Anm 2). Unschädl, daß Gbde nicht für langfrist Wohnen geeignet (BGH BB **68**, 105) od noch nicht errichtet (Hamm DNotZ **76**, 229) bzw ausgebaut (LG Regbg BWNotZ **87**, 147). Erstreckg des BenutzgsR auf unbebaute GrdstTeile (zB Hausgarten, Garagenzufahrt) od nicht zum Wohnen bestimmte Gbde/Räume (zB Garage, Stall) desselben Grdst zul, wenn Benutzg iR des hauptsächl Wohnzwecks (BayObLG **85**, 31). – **cc) Ausschluß des Eigentümers** von der Benutzg des Gbdes/GbdeTeils ist unabdingb Wesensmerkmal (BayObLG **80**, 176); sonst nur bpDbk nach § 1090 (vgl Übbl 1b vor § 1105). Unschädl aber MitbenutzgsR des Eigtümers an unbebauten GrdstTeilen (Ffm OLGZ **83**, 31) od NichtwohnGbde/Raum (LG Osnabr Rpfleger **72**, 308; aA LG Stade Rpfleger **72**, 96), auf die sich WohngsR erstreckt; doch auch insow Ausschl des Eigtümers vereinb (Schlesw SchlHA **66**, 67), wodch auch beim WohngsR vollständ BenutzgsAusschl des Eigtümers bzgl des ganzen Grdst erreichb (LG Fbg BWNotZ **74**, 85).

c) Bei Überlassg eines Grdst (nicht nur realen GrdstTeils; RG **164**, 196) zu Wohnzwecken kann auch **Nießbrauch** gewollt sein. Dann muß Berecht umfassdes NutzgsR erhalten u darf nur von einz Nutzgen ausgeschl sein (vgl § 1030 Anm 4b). – Über Wohngsgewährg als Inhalt einer **Reallast** vgl Übbl 1 vor § 1105.

2) **Belastungsgegenstand** wie bei bpDbk (§ 1090 Anm 2); nicht GaragenTeilEigt (BayObLG NJW-RR **87**, 328). Die Beschrkg des BenutzgsR auf Gbde/GbdeTeile (Anm 1b bb) bedeutet nur eine räuml Ausübgs-Beschrkg bei Belastg des ganzen Grdst (BGH **LM** Nr 3). Bei Gesamtbelastg mehrerer Grdst muß auf jedem ein dem BenutzgsR unterliegdes Gbde sein (BayObLG DNotZ **76**, 227; aA Hamm DNotZ **76**, 229).

3) **Berechtigter** wie bei bpDbk (§ 1090 Anm 3), insb auch jur Pers (KGJ **53**, 157) u GesamtBerecht iSv § 428 (BGH **46**, 253); wg Unteilbark der Leistg aber keine BruchtBerecht iSv § 420 (Köln DNotZ **65**, 686). Eheg können zwecks Erwerbs u Haltens eines WohngsR eine BGB-Gesellsch gründen u GesHdsGemsch werden (vgl BGH NJW **82**, 170; aA Köln DNotZ **67**, 501). GesamtBerechtigg von Eheg in GüterGemsch nur, wenn WohngsR kein Gesamtgut (BayObLG **67**, 480); das nur einem Eheg bestellte WohngsR ist wg § 1092 I 1 Sondergut. Keine Bestellg für Eigtümer u Dritten (KG OLGZ **85**, 65).

4) Der **Inhalt** des WohngsR ergibt sich zunächst aus der RNatur als bpDbk (vgl § 1090 Anm 4) mit den sich aus I 1 ergebden Abweichgen (vgl Anm 1b). Er darf sich nicht nach einem zw den Beteil bestehdn MietVertr richten (BGH **LM** § 398 Nr 20). Über Grdst/GbdeTeile, die WohngsR nicht unterliegen, darf Eigtümer frei bestimmen (BGH WPM **82**, 298).

a) Die **dem Wohnungsrecht unterliegenden Gebäude/Räume** müssen bestimmt sein, sofern es sich nicht erkennb auf alle Gbde/Räume bezieht (BayObLG MittBayNot **88**, 127); Auswahl darf nicht Eigtümer (LG Aach RhNK **75**, 12) od Berecht (BayObLG **64**, 1) vorbehalten bleiben, Ausübg eines WahlR kann aber zugl auflösde u aufschiebde Bdgg für WohngsR an best Raum sein (BayObLG MittBayNot **88**, 127).

b) **Unterhaltung des Gebäudes. – aa) Gesetzlich** ist Berecht zu schonder Ausübg verpfl (§§ 1090 II, 1020 S 1) u hat ggü Eigtümer über §§ 1090 II, 1020 S 2 hinausgehde UnterhaltgsPfl iRv I 2, § 1041. Zu weitergehder Unterhaltg ist Berecht nicht verpfl (aber AnzeigePfl nach I 2, § 1042); bei Vornahme aber ErsAnspr nach I 2, § 1049. Eigtümer trifft keine Pfl (auch nicht aus §§ 1090 II, 1027) zur GbdeUnter haltg (BayObLG **85**, 414), da Dbk nicht zu aktiver Hdlg verpfl; daher muß Berecht dch die Benutzg verusachte WohngsNebenkosten (Müll, Wasser, Heizg) selbst tragen (LG Duisbg WoM **88**, 167). Zum ReparaturR einschl BesichtiggsR des Eigtümers vgl § 1044 Anm 1. – **bb) Vertraglich** vereinb (Anm 5), daß Eigtümer Gbde u Anlagen/Einrichtgen iSv III unterhält (BayObLG **80**, 176; Köln RhNK **86**, 264); LG Kölr Rpfleger **86**, 174; LG Traunst Rpfleger **86**, 365; LG Köln RhNK **87**, 105) od nach Zerstörg wiederaufbaut (LG Heilbr BWNotZ **75**, 124). Dies kann dch Einigg u Eintr zum RInhalt gemacht werden; auch Reallast mögl (Amann DNotZ **82**, 396).

c) **Benutzung durch Dritte. – aa) Familienangehörige/Hauspersonal** dürfen ohne bes Gestattg aufgenommen werden (II). Familie setzt keine UnterhaltsPfl voraus u umfaßt auch Sohn mit Angehörigen (AG Lindlar MDR **71**, 844); nach BGH **84**, 36 (abl Heinz FamRZ **82**, 763) auch dauerh Lebensgefährten. Aufnahme erfaßt nicht mehr Überlassg zur alleinigen Benutzg, sond erfordert Mitbenutzg; sie ist keine Überlassg iSv § 1092 I 2 (BGH **LM** KO § 1 Nr 5). – **bb) Sonstigen Dritten** darf die Allein- od Mitbenutzg nur bei Gestattg nach § 1092 I 2 überlassen werden; Gestattg idR bei WohngsR für jur Pers (KGJ **53**, 157). Ohne diese Gestattg kann Eigtümer vom Berecht Unterlassg verlangen (§ 1004), nicht aber etwaigen Mietzins (BGH **59**, 51; krit Baur JZ **72**, 630 u Kollhosser BB **73**, 820). Vorübergehde Aufn von Besuch hält sich iR des Wohnzwecks u bedarf keiner Gestattg.

d) **Mitbenutzung gemeinschaftlicher Anlagen/Einrichtungen (III).** Mangels bes Vereinbg sind die Grdst- u GbdeVerh sowie die allg Lebens- u Wohngewohnh maßg. Dazu gehören zB Sammelheizg (BGH **52**, 234), Wasserleitg, Keller (LG Verd NdsRpfl **65**, 84), Treppenhaus, Hof, Waschküche, Trockenboden (Schlesw SchlHA **66**, 67), EntsorggsAnlagen (BayObLG **85**, 31); nicht aber Garten (nicht zum Wohnen erforderl). Parkflächen (LG Ellw Rpfleger **65**, 12) u Garagen nur, wenn sie die Kfz aller Bewohner aufnehmen können; daher nicht Einzelgaragen u idR auch nicht Doppelgaragen. MitbenutzgsR gilt auch für neue

1207

(LG Kblz ZMR 63, 11) u erneuerte (BGH 52, 234) Anlagen usw. Beheizg kann nicht unentgeltl verlangt werden; daher hat Berecht auch BediengsKostenAnt zu tragen (aA LG Hbg MDR 63, 218). Eigtümer ist dem Berecht zur Instandhaltg verpfl (BGH **LM** Nr 8; aA Baur JZ **70**, 72).

e) **Entgeltlichkeit** des WohngsR kann nicht dingl RInhalt sein (BGH **LM** § 398 Nr 20; BayObLG NJW-RR **89**, 14: Tragg von GrdstLasten dch Berecht); § 1018 Anm 4f gilt entspr.

5) Schuldrechtliche Vereinbarungen (zB über GgLeistg des Berecht u Künd des Eigtümers) können neben dem WohngsR getroffen werden; § 1018 Anm 8 gilt entspr. MietpreisR auf NutzgsEntgelt nicht anwendb (BGH WPM **65**, 649; LG Mannh WoM **75**, 170).

6) Entspr **anwendbar auf das Wohnungsrecht** sind die in I 2 und 1090 II genannten Vorschr. Außerdem sind anwendb § 1055 I (hM) u bei BesVorenthaltg § 1065 (W-Raiser § 113 Fußn 9; Hurst ZMR **69**, 97; aA RGRK/Rothe Rdn 6); nicht aber § 1058 (RGRK aaO; aA W-Raiser § 113 II 3).

7) Entstehung. – a) Als abstraktes **dingliches Recht** rechtsgeschäftl gem § 873 dch Einigg (bei EigtümerR: einseit Erkl) u Eintr. Für Klausel iSv GBO 23 II bei RBestellg genügt EintrBew des Eigtümers (BGH **66**, 341). – Die **Einigung** muß den Berecht (Anm 3) u einen zul sowie notw Inhalt (Anm 4) zum Ggst haben. Für Bedingth u Befristg gilt § 1018 Anm 9a aa entspr. – Die **Eintragung** muß den Berecht (Anm 3) u den RInhalt (Anm 4) enthalten, zu letzterem gehört insb die Angabe der betroffenen Räume (Hamm DNotZ **62**, 402). Im EintrVermerk genügt Angabe „WohngsR" mit Bezugn gem § 874 wg Einzelh (KG OLGZ **68**, 295); „MitbenutzgsR" für Garten genügt (Ffm Rpfleger **82**, 465). – **b)** Für das **schuldrechtliche Grundgeschäft** gilt § 1018 Anm 9b entspr. Es ist von einem daneben bestehdn MietVertr zu unterscheiden (vgl Anm 1a).

8) Für die **Übertragung** u **Belastung** sowie die **Ausübungsüberlassung** gilt § 1092. Wird im WohngsR für Räume bestellt, die an Dritten vermietet, so gilt § 577 S 1 unabhäng von Gestattg nach § 1092 I 2 (BGH **59**, 51); § 1092 I 2 widerspr Überlassg erst ab erstmal KündMöglichk für Berecht (BGH aaO).

9) Erlöschen dch Aufhebg, krG (zB § 158 II; BayObLG Rpfleger **83**, 61), Staatsakt; § 1018 Anm 11 gilt entspr. Kein Erlöschen bei subj AusübgsHindern (Zweibr OLGZ **87**, 27). – **Zerstörung des Gebäudes** bewirkt Ruhen des WohngsR (Ffm SJZ **48**, 385; Dammertz RhNK **70**, 105; aA BGH **LM** Nr 6 u hM: Erlöschen), denn WohngsR belastet Grdst (Erlöschen nur, wenn Wiederaufbau dauernd unmögl); kein Wiederaufleben, wenn Eigtümer nicht zum Wohnen bestimmtes Gbde aufbaut (vgl auch BGH **8**, 58). WiederaufbauPfl des Eigtümers nur, wenn sie vereinb (vgl Anm 4b bb) od dch LandesR begründet. Bejaht man Erlöschen, so ist WiederaufbauPfl Reallast u NeuBestellgsAnspr dch Vormkg sicherb. – Bei **Tod des Berechtigten** gilt § 1090 Anm 8 entspr. Bei UnterhaltgsPfl des Eigtümers als dingl RInhalt sind Rückstände nicht iSv GBO 23 I ausgeschl (BayObLG **79**, 372; vgl auch LG Wuppt RhNK **77**, 131).

Sechster Abschnitt. Vorkaufsrecht

Überblick

Schrifttum: Immerwahr, JhJ **40**, 279. – Dumoulin, RhNK **67**, 740. – Schurig, Das VorkR im PrivatR, 1975.

1) Begriff. Das **Vorkaufsrecht** ermöglicht dem Berecht, von dem Verpflichteten das belastete Grdst zudenselben Bedinggen zu kaufen, zu denen der Verpflichtete es an Dritten verkauft hat. Das persönl VorkR (§§ 504 ff) verpflichtet nur den Besteller (od dessen GesRNachf) u gilt nur für einen Verkaufsfall; es kann sich auf Grdst u Fahrnis beziehen. Das dingl VorkR nur an Grdst (u deren Zubehör) bestellbar, §§ 1094, 1096; aber auch für mehrere od alle Verkaufsfälle, § 1097; dann verpflichtet es den jeweil Eigtümer. Es wirkt Dritten ggü, u zwar wie eine Vormkg, § 1098 II; über Unterschiede zum persönl, durch Vormkg gesicherten VorkR vgl § 504, Hochmann BWNotZ **81**, 166. – Die **Rechtsnatur** ist str (vgl Schurig S 61–106). Jedenf dingl Belastg des Grdst (RG **167**, 300); also keine VertrFreih (vgl § 1098 Anm 2); §§ 889, 891 ff, 902 anwendb. Es ist kein verdinglichtes persönl VorkR (str), es setzt ein persönl VorkR auch nicht (als KausalGesch) voraus, wenn es auch zur Verstärkg eines solchen bestellt w kann. KausalGesch kann auch ein kaufähnl Vertr, Vermächtn ua sein, od aber auch ganz fehlen.

2) Bedeutung. Das BGB kennt an Sachen nur rechtsgeschäftl bestellte VorkR. Es ermöglicht dem Verk, insb dem Gutsübergeber (Altenteiler), Einfluß auf das veräußerte Grdst zu behalten. Auch andere Beteiligte, zB Nießbraucher, Mieter, Pächter, können durch ein VorkR ihre RStellg verstärken. Gesetzl Vorkaufsrechte an einzelnen Ggständen gibt es nach dem BGB nicht. Die §§ 2034ff betreffen nur den Anteil am Nachl. Das BGB hat sich damit vom deutschen Recht entfernt, das in großem Umfang „Näherrechte" für nächste Verwandte, Gemeinschafter, Marktgenossen u Nachbarn kannte.

3) Gesetzliche Vorkaufsrechte enthalten das Bundes- u LandesR. Sie bedeuten keine Enteigng (BGH WPM **77**, 197 zu RSiedlG; **77**, 550 zu BBauG). Die Ausübg kann uU RMißbr sein (BGH **60**, 275; Warn **66**, 79). Über Nichtigk einer NießbrBestellg zur Umgehg ges VorkR vgl BGH **34**, 204. Ges VorkR hindert nicht Bestellg eines solchen nach § 1094 (LG Lüb SchlHA **63**, 119 zu BBauG 24 aF).

a) RSiedlG 1, 4–10, 11a. **Schrifttum:** Alberty, Das VorkR der gemeinnütz SiedlgsGesellsch, 1954. – Kahlke, Das ges VorkR der landw Siedlg, 1964. – Herminghausen, DNotZ **63**, 153, 200. – Schulte, RdL **65**, 305. – Pannwitz, RdL **68**, 146. – Steffen, RdL **79**, 199.

VorkR zG gemeinnütz SiedlgsUnternehmen (nach LandesR auch and Stellen) bei Verkauf (u UmgehgsGesch, Kahlke S 26) **landwirtschaftlicher Grundstücke** (auch Weinberge, BGH MDR **66**, 490; nicht aber forstwirtsch Grdst, BGH WPM **74**, 539) u kultivierb Öd- u Moorlandes von 2 ha aufwärts (nach LandesR höher od, für beschränkte Zeit, niedriger bestimmb), sofern die Veräußerg nach GrdstVG der Gen bedarf u diese nach GrdstVG 9 nach Auffassg der GenBehörde zu versagen wäre (dazu BGH **67**, 300). Kein VorkR, wenn Veräußerg unter Auflage genehmigt w kann (BGH NJW **65**, 816) u bei Verkauf an Erwerber iSv § 4 II (vgl Schlesw RdL **70**, 75). Bei Verkauf mehrerer zugehöriger Grdst kommt es auf die GesGröße an (Kblz RdL **64**, 292). Unterliegen in einem Vertr verkaufte Grdst teils dem VorkR teils nicht, kann das VorkR nicht ausgeübt w, außer Vertr u Antr auf Gen sind nach Sachlage od Interessen der Beteil teilb (BGH WPM **74**, 539). Ist im KaufVertr Kaufpr geringer als vereinb beurkundet, dann gilt das beurkundete Entgelt als vereinbart; doch muß auch hier das vereinb (nicht beurkundete) Entgelt bestimmb sein (BGH **53**, 52). Rechtsgeschäftl VorkR erlöschen bei Ausübg des gesetzl; uU EntschädiggsPfl, § 5. Nicht erlöschen (jetzt) AuflVormerkgen; diese noch von Bedeutg, wenn VorkR ausgeübt w für anderen als die durch die Vormkg Gesicherten, vgl Schulte RdL **61**, 277. Anwendb jetzt nur noch §§ 505 II, 506–509, so daß VorkR nach RSiedlG jetzt nicht mehr Wirkg einer Vormerkg hat (KG DNotZ **62**, 557; aA Kahlke S 71 ff). Dies beruht auf der Verknüpfg dieses VorkR mit der GenBedürftigk des RGesch nach GrdstVG. Eintr des Eigtümer-Wechsels darf nicht erfolgen, bis Gen nach GrdstVG vorliegt; erfolgt sie trotzdem, sind KaufVertr u Aufl unwirks. GenBehörde hat KaufVertr der Siedlgsbehörde vorzulegen, GrdstVG 12; diese reicht ihn dem Siedlgsunternehmen zur Entsch über Ausübg des VorkR weiter u hat dann den Beteiligten entspr Mitteilg zu machen (RSiedlG 6; BGH NJW **81**, 174; Karlsr RdL **68**, 69) mit Begr, weshalb Gen zu versagen (GrdstVG 21), aber die Versagg nicht auszusprechen (Oldbg NdsRpfl **64**, 197). Bis zum Zugang (nicht nachh, Düss OLGZ **72**, 416) dieser Mitteilg kann durch Rückn des GenAntrags (BGH **41**, 119) od einverständl Aufhebg des KaufVertr (Schulte RdL **64**, 117) das VorkR hinfällig w. Einwendgen der Kaufparteien, daß Verkauf nicht genehmiggspfl od Gen nicht zu versagen wäre, sind vor dem LwG geltd zu machen, § 10. Zum Verzicht auf VorkR vgl BGH WPM **65**, 1178. Zum GenVerf nach GrdstVG bei Ausübg des VorkR vgl Herminghausen DNotZ **65**, 211; Bendel und Kahlke RdL **62**, 169, 312; Pannwitz RdL **63**, 197. – Verwendet SiedlgsUntern das erworbene Grdst nicht binnen 6 Jahren zur Siedlg, hat Erstkäufer (od nach § 5 ausgefallener Vorkäufer) Anspr auf Übereign gem § 5.

b) RHeimstG 11, 14–16; AVO 13–16. VorkR des Ausgebers bei Veräußerg der Heimstätte (außer an nahe Angehörige, was nach Celle NJW **62**, 1869 nicht bei TeilgsVerst) u Verkauf dch ZwVollstr od KonkVerw; gilt auch bei Teilveräußerg, wenn veräußerte Fläche HeimstVoraussetzg erfüllt (BGH Rpfleger **81**, 229). Voraussetzgen: BGH NJW **80**, 2312. Form der Ausübg: Brschw NJW **63**, 1503; OVG Lünebg NdsRpfl **74**, 28.

c) BauGB 24–28.

aa) Vorkaufsrechte der Gemeinde nach §§ 24, 25 bei Kauf bebauter od unbebauter Grdst (nicht von Rechten nach dem WEG od ErbbR), sofern nicht nach § 26 ausgeschl. Es muß vor Abschluß des KaufVertr entstanden sein (BGH **32**, 383; VGH Mü BauR **80**, 249). Abwendgmöglichk nach § 27.

bb) Ausübung dch VerwAkt ggü Verkäufer binnen 2 Monaten ab Mitteilg (zu dieser vgl BGH **60**, 275) des rechtswirks (erforderl behördl Gen; zB nach WährG 3, BGH DNotZ **73**, 87, im Ggs zur Gen nach § 19) KaufVertr an Gemeinde (§ 28 II 1; Fristverlängerung nach § 27 I 3). Ausübg nur, wenn Wohl der Allgemeinh es erfordert (§ 24 III 1). Dch Ausübg kommt KaufVertr zw Verkäufer u Gemeinde (vgl aber § 28 IV 2) zustande: BGB 504, 505 II, 506–509, 512 gelten (§ 28 II 2); iFv § 28 III 1 Kaufpr zwingd nach Entschädiggswert. – **Anfechtung** der RAusübg zum vertragl Kaufpr nach VwGO 40 u zum Entschädiggswert (§ 28 III 1) nach BauGB 217. – Kauft die Gemeinde ein Grdst u w daraufhin ein rgesch VorkR ausgeübt, so kann die Gemeinde noch ihr vorrangiges ges VorkR ausüben (BGH WPM **77**, 550).

cc) Sicherung. Das GBA darf Erwerber eines Grdst aGrd Veräußerg erst als Eigtümer eintragen, wenn Nichtbestehen od Nichtausübg des VorkR dch Zeugn der Gemeinde nachgewiesen (§ 28 II 2); AuflVormkg u dingl VorkR für Erwerber noch nicht ausgeübt (vgl § 28 II 5, 6). Bei Verstoß EigtErwerb mögl. Daneben auf Ersuchen der Gemeinde Vormkg für diese einzutragen (§ 28 II 3), zB als Schutz gg Belastgen; nicht mehr nach EigtUmschreibg (BayObLG NJW **83**, 1567). – Zur AusstellgsBefugn für Zeugn vgl LG Regbg Rpfleger **77**, 311; LG Landsh Rpfleger **77**, 365; LG Ambg MittBayNot **77**, 206 (je für *Bay*); LG Klautern MittBayNot **78**, 110 (*für RhPf*); Engelken DNotZ **79**, 579 zu Fußn 8. – **Veräußerung** iSv § 4 ist **Verkauf** (BGH NJW **79**, 875); **nicht** aber Schenkg (BGH aaO), AltenteilsVertr uä (LG Mü II Rpfleger **77**, 173; LG Cobg DNotZ **77**, 414; LG Kleve RhNK **77**, 110; LG Osnabr Rpfleger **84**, 146; einschrkd Brschw DNotZ **78**, 97), ErbAuseinandS (KG OLGZ **79**, 11), Tausch (LG Regbg MittBayNot **77**, 234), GesGutAuseinandS (LG Memmg MDR **78**, 149), Übertr von Ant einer Gesellsch mit GrdstVerm (Düss RhNK **77**, 176), Übertr von MitEigtAnt auf and MitEigtümer (BayObLG **85**, 322) im Ggs zu Übertr an Dritten (BGH NJW **84**, 1617); vorweggenommene Erbfolge (Köln RhNK **78**, 54). Liegt zweifelsfrei kein VorkFall vor, kann GBA kein Negativattest verlangen (Köln Rpfleger **82**, 338; BayObLG **85**, 322).

dd) Wirkung der Ausübung. Nach § 28 III 3 geht das GrdstEigt ohne Aufl auf die Gemeinde über, wenn der Bescheid über die VorkRAusübg unanfechtb geworden u Eigt auf Ersuchen der Gemeinde im GB umgeschrieben. Diese Regelg gilt für alle Fälle der VorkRAusübg; denn auch wenn für Kaufpr nicht stets § 28 III 1 gilt, kann sie als allg Vorschr angesehen werden. – Mit EigtErwerb der Gemeinde erlöschen rgesch VorkRe (§ 28 II 5), auch wenn für mehrere VorkFälle bestellt; AuflVormkg für Käufer (zur Sicherg des AuflAnspr od schuldrVorkR) ist auf Ersuchen der Gemeinde zu löschen (§ 28 II 6), ebso dingl VorkR (GBO 22).

d) Landesrecht: zB DenkmalsschutzG *Bay* 19; *NRW* 32; *RhPf* 32; *Saarl* 24 – NaturschutzG *Hbg* 37; *Hess* 40; *Nds* 48 WaldG *BaWü* 25.

4) Dingliche Wiederkaufsrechte (über persönl vgl §§ 497 ff) gibt es nach BGB nicht. Aber nach RSiedlG 20, 21; dazu Hoche NJW **68**, 1661; Haegele Beschr Rdnrn 388 ff; es gilt für alle Wiederkaufsfälle (Celle RdL **70**, 187); ist es eingetr, ist es ein dem GBR unterligdes R mit der dingl Wirkg einer Vormkg (BGH NJW **80**, 833). Zur Eintr unbefristeter WiederkaufsR aus RSiedlG 20 vgl KG OLGZ **77**, 6. Nach

Überbl v § 1094, § 1094 3. Buch. 6. Abschnitt. *Bassenge*

Ausübg des WiederkaufsR kann das Siedlgsunternehmen die Löschg nachrang Belastgen nicht verlangen, sow sie dch den WiederKPreis gedeckt sind (BGH **58**, 395). Über HeimfallAnspr vgl ErbbRVO 2 Nr 4; 3; 4; 32ff; RHeimstG 12ff; WEG 36; der Sache nach, wenn entgeltl, WiederKR. Nach LandesR aGrd der Vorbehalte im EG häufiger. Ankaufsrechte sind stets rein persönl (KG JFG **3**, 317; RG **154**, 358); dch Vormkg sicherb (§ 883 Anm 3d).

1094 *Begriff und Formen des Vorkaufsrechts.* [I] Ein Grundstück kann in der Weise belastet werden, daß derjenige, zu dessen Gunsten die Belastung erfolgt, dem Eigentümer gegenüber zum Vorkaufe berechtigt ist.

[II] Das Vorkaufsrecht kann auch zugunsten des jeweiligen Eigentümers eines anderen Grundstücks bestellt werden.

1) Allgemeines. Begriff; Übbl 1. Mehrere dingl VorkRe sind (entspr AuflVormkgen; vgl § 883 Anm 5a) gleichrang bestellb (Hamm NJW-RR **89**, 912; LG Landsh MittBayNot **79**, 69; AG Gemünden MittBayNot **74**, 145 [jedenf wenn sie nach ihrer Ausgestaltg nicht kollidieren können], LG Düss Rpfleger **81**, 479; RGRK/Rothe Rdn 3; Zimmermann Rpfleger **80**, 326 [nur wenn Kollision ausgeschl]; aA Soergel/Baur Rdn 4; LG Darmst MDR **58**, 35). Mögl ist auch Eintr mit verschiedenem Rang; das rangschlechtere dann bei späterem Verkauf ausübbar (BGH **35**, 146). Für GrdPfdR Vorrang vor VorkR bestellb (Brschw JFG **1**, 423). Die VertrParteien können vereinb, daß dem dingl auch ein obligator VorkR zugrdeliegen soll (BGH WPM **70**, 1024); wicht, wenn mangels Eintr dingl Recht nicht entsteht. – § 1365 auf Bestellg nicht anwendb (MüKo/Gernhuber § 1365 Rdn 54). Gen nach GrdstVG für Bestellg nicht nöt (BGH NJW **52**, 1055; Celle RdL **66**, 181); aber für den die VorkLage auslösen u aGrd ihrer geschl Drittkauf (BGH aaO; Hamm RdL **55**, 274). Ausn: GrdstVG § 4 Nr 3. Zur Ausübg s § 505 Anm 1 u (vorsprschgerichtl Gen) § 1831 Anm 3. Bei Ausübg dch vollmlosen Vertr muß die Gen des Vertretenen binnen der AusübgsFr erteilt w sein (BGH **32**, 375). Dies gilt nicht für behördl Gen, die etwa für den dch Ausübg des VorkR zustande kommden Drittkauf notw sind, so zutr Schindler u Pachtner (BWNotZ **73**, 52, 54) gg Wendelstein (BWNotZ **72**, 55). – WoBindG berührt VorkR nicht (Düss MDR **67**, 1014).

2) Belastungsgegenstand. Grdst (über Zubehör vgl § 1096). Reale Teile nach Abschreibg (Verstoß gg GBO 7 macht Eintr nicht unwirks). Zul Belastg des ganzen Grdst mit bei Verk eines Teils auszuübden VorkR. MitEigtAnteil, § 1095. Wohngs/TeilEigt. Grdstgleiche Rechte; nicht erst nach Begr der selbstd Gerechtigk bestellt werden (KG HRR **40**, 293). Kein GesamtVorkR an mehreren Grdst (BayObLG **74**, 365; Böhringer BWNotZ **88**, 97); bei Eintr auf mehreren Grdst (was besser zu vermeiden) entstehen mehrere EinzelVorkRe (vgl Bratfisch u Haegele Rpfleger **61**, 40).

3) Berechtigter kann sein: – **a)** Natürl od jur Pers (**subjektivpersönlich, I**). Mehrere (zB GesBerecht; LG Köln RhNK **77**, 192) können das R nur im ganzen ausüben (§§ 1098, 513), so daß zw ihnen hinsichtl des entstandenen Übereignsanspr ein „gesamthandart" Verh (so KG JFG **6**, 293; BayObLG **58**, 202) entsteht, was die Frage unberührt läßt, in welcher Gemsch sie das Grdst erwerben (vgl dazu Schulze-Osterloh, Das Prinzip der geshänd Bindg 1972, § 4 zu Fußn 47). Kein VorkR zG Dritter (LG Düss RhNK **77**, 129). – **b)** Jeweil Eigtümer eines Grdst (**subjektivdinglich, II**) od MitEigtAnteils (BayObLG Rpfleger **82**, 274). Realer GrdstTeil muß vorher abgeschrieben sein (KGJ **53**, 171). Bestellg eines VorkR auch für die RNachf fällt nicht unter II (BGH **37**, 147). Über Teilg des herrschden Grdst vgl § 1103 Anm 1. – **c) Umwandlung** der einen Art in die and unzul (§ 1103); Aufhebg des einen u Neubestellg des and notw.

4) Entstehung. Als abstraktes **dingliches Recht** nach §§ 873, 874 (RG **125**, 262). Eintr auf Blatt des belasteten Grdst; Vermerk des subjdingl VorkR auch auf Blatt des herrschden Grdst (GBO 9). Mehrf Eintr desselben VorkR für denselben Berecht unzul (KGJ **51**, 274). Bei Eintr eines subjdingl statt des gewollten subjpers VorkR entsteht letzteres (BayObLG NJW **61**, 1265). Keine Ersitzg, § 900. – GBVerf: GBO 13, 19, 29; Einigg (LG Düss RhNK **77**, 129) u GrdGesch (BayObLG MittBayNot **87**, 53) nicht nachzuweisen. – Das **schuldrechtliche Grundgeschäft**, ohne das VorkR kondzierb, unterliegt § 313 S 1. Heilg des Formmangels entspr § 313 S 2 (BGH DNotZ **68**, 93), sofern nicht nur schuldr VorkR vorgemerkt war (RG HRR **34**, 1098).

5) Übertragung, Belastung, Pfändung. – **a) Subjektivpersönliches** VorkR vor Ausübg idR nicht übertragb u nicht vererbl (§§ 514, 1098). Abw Vereinbg (zB: „für A u RNachf") dch Einigg u Eintr (für die § 874 gilt nach §§ 873, 877 zul (Hamm Rpfleger **89**, 148); Übertr dann gem § 873 (über Eintr der RNachf vgl Hamm Rpfleger **60**, 154). Belastg mit Nießbr unzul (§ 1068 Anm 1); über Verpfändg vgl § 1274 Anm 2a. Pfändg vgl ZPO 851, 857. – **b) Subjektivdingliches** VorkR nicht selbstd übertragb/belastb/pfändb. Veräußerg/Belastg des herrschden Grdst u ZwVollstr in dieses ergreifen das Recht als GrdstBestandt (§ 96). Bei Teilg des herrschden Grdst kann das Recht nur von allen Eigtümern im ganzen (§§ 513, 1098 I) ausgeübt werden (RG **73**, 320); §§ 1025 S 2, 1109 III nicht entspr anwendb (BayObLG **73**, 21).

6) Erlöschen. Mit einmaliger fristgemäßer Ausübg (RG HRR **32**, 1208). Dch Nichtausübg innerh der Frist des § 510 II od Erkl auf die vom Verk gemachte Mitteilg, das VorkR nicht ausüben zu wollen (W-Raiser § 126 Anm 42), durch Übereign des Grdst an Dritten ohne VorkFall (vgl § 1097 Anm 1b, 2). All dies aber nur bei Bestellg für **einen** VerkFall. Schon vor Verkauf durch ErlaßVertr mit VorkVerpflichtetem (BGH DNotZ **57**, 306; nach Düss MDR **67**, 1014 ohne Rücksicht auf Löschg), oder Drittkäufer (BGH WPM **66**, 893). Dch Aufhebg nach §§ 875, 876; vgl dazu EG 120 Nr 2, GBO 21. Durch Zuschlag, ZVG 91 I, außer wenn das für mehrere Verkaufsfälle bestellte VorkR im geringsten Gebot. Vgl auch § 1097 Anm 2. Dch Eintritt auflöser Bdgg, Befristg, Aufgebot, § 1104. Zur Löschg eines subj persönl VorkR beim Tod des RInh (GBO 23) vgl LG Bochum NJW **71**, 289, Deimann Rpfleger **77**, 91. Verj § 901. Entspr anwendb § 1026. – § 889 bei vererbl u veräußerl subjpers VorkR anwendb (BayObLG MDR **84**, 145).

Vorkaufsrecht §§ 1095–1098

1095 *Belastung eines Bruchteils.* **Ein Bruchteil eines Grundstücks kann mit dem Vorkaufsrecht nur belastet werden, wenn er in dem Anteil eines Miteigentümers besteht.**

1) Belastb auch **Miteigentumsanteil.** Vgl Anm zu § 1114. Das VorkR kann auch zG der übrigen MitEigtümer (vgl auch § 1094 Anm 3 b) bestellt w, denen ein gesetzl VorkR nicht zusteht (vgl BayObLG **58**, 201). Nicht belastbar Anteil eines GesHandsEigtümers (BayObLG **52**, 246). Bei Verkauf des belasteten Bruchteils an MitEigtümer VorkR ausübbar (BGH **13**, 133, aber einschränkd). Keine Ausübg, wenn bei ZwVerst zur Aufhebg der Gemeinsch (ZVG 180) das ganze Grdst einem Miteigtümer zugeschlagen wird, dessen Anteil nicht dem VorkR unterliegt (BGH **48**, 1).

1096 *Erstreckung auf Zubehör.* **Das Vorkaufsrecht kann auf das Zubehör erstreckt werden, das mit dem Grundstücke verkauft wird. Im Zweifel ist anzunehmen, daß sich das Vorkaufsrecht auf dieses Zubehör erstrecken soll.**

1) Grdst u Zubehör (§§ 97, 98) werden die Beteiligten regelm als wirtschaftl Einh behandeln. S 2 entspricht § 314. Vereinbg ist nicht eintraggsfähig. Alles mit dem Grdst verkaufte Zubehör, auch wenn es dem Verpflichteten nicht gehört. Der Berecht erwirbt das Eigt am Zubehör nach § 926.

1097 *Bestellung für einen oder mehrere Verkaufsfälle.* **Das Vorkaufsrecht beschränkt sich auf den Fall des Verkaufs durch den Eigentümer, welchem das Grundstück zur Zeit der Bestellung gehört, oder durch dessen Erben; es kann jedoch auch für mehrere oder für alle Verkaufsfälle bestellt werden.**

1) **Vorkaufsfälle: a)** Beim **Verkauf an Dritten**, u zwar nach Entstehg des VorkR; früher liegender scheidet selbst dann aus, wenn behördl Gen erst nachher (BGH JZ **57**, 578; dies gilt auch für gesetzl VorkR, BGH **32**, 383). Ferner bei ZwVerst auf Antr des Erben (ZVG 175, 179) u zum Zwecke der Aufhebg der Gemsch, ZVG 180ff (BGH **13**, 136). Bei freihänd Verk durch KonkVerw § 1098 I 2. Bei Verkauf eines MitEigtAnt (BGH NJW **84**, 1617).

b) Dagg iZw **nicht** beim Verkauf an einen gesetzl Erben, §§ 511, 1098 I 1, od dessen Ehegatten, RG JW **25**, 2128, od bei ErbauseinanderS (BGH DNotZ **70**, 423, auch für gesetzl VorkR nach BBauG 24), od sonstiger Übertr auf einen der GesHänder, BGH **LM** § 1098 Nr 3; BB **70**, 1073 (selbst dann nicht, wenn zuvor ein Miterbe seinen Erbanteil an den Erwerber übertr hatte, außer wenn Zweck hiervon Vereitelg des VorkR war). Nach BGH **13**, 133 nicht bei Erwerb eines Bruchteils des ganz belasteten Grdst durch MitEigtümer (bedenkl); nach BGH **48**, 1 auch nicht, wenn bei Belastg nur ein MitEigtBrucht der Eigtümer eines nicht belasteten Brucht bei TeilgsVerst das ganze Grdst erwirbt. Nicht dch Übertr eines Erbteils, zu dem Grdst gehört (BGH DNotZ **70**, 423), selbst wenn Grdst einziger NachlGgst (LG Mü MittBayNot **86**, 179). Nicht bei **Tausch**, sei es auch mit Barzulage (BGH NJW **64**, 541). Nicht bei sonstigem ErwerbsGesch (KGJ **40**, 134) od bei Schenkg (RG **101**, 101). Nach Nürnb (DNotZ **70**, 39) nicht, wenn Gesellschafter das ihm gehör, mit VorkR belastete BetrGrdst zus mit Gesellschafterstellg an Dritten übertr. Nach RG **104**, 42 (RSiedlG) nicht bei Verkauf aller GmbH-Anteile, selbst wenn Grdst einziges Verm der GmbH; anders wohl mit Recht hM im Schriftt. RGesch zur Beeinträchtig des VorkR, zB NießbrBestellg am verk Grdst (BGH WPM **61**, 543), sind nichtig. Über Umgehgsgeschäfte vgl Ebert NJW **56**, 1623; **61**, 1435; BGH NJW **64**, 540 (Sittenwidrigk eines Tauschs nur ausnahmsw, insb bei ausschließ Zweck der SchadZufügg od aus verwerfl Motiven); wenn als Kaufverträge auslegb, zB Schenkg unter Auflage, lösen sie VorkR aus. – Kein VorkR bei ZwVerst in anderen als den in Anm 1a genannten Fällen, §§ 512, 1098 I 1; anders RHeimstG 11 (vgl aber auch AVO 14); vgl BGH WPM **70**, 1315. Über VorkR, das für mehrere VerkFälle bestellt, in der ZwVerst Fischer BWNotZ **63**, 44.

2) Das VorkR ist mangels abw Bestimmg beschränkt auf **einen Verkaufsfall** (vgl Anm 1a) durch den Besteller od dessen Erben. Es erlischt also, wenn der Besteller od sein Erbe das Grdst nach Anm 1 b veräußert (and BayObLG JurBüro **81**, 752, wenn MitEigtümer im Wege der AuseinandS erwirbt) od wenn der Berecht bei Verkauf nach Anm 1a nicht fristgemäß ausübt; vgl auch § 1094 Anm 5 c. GBBerichtigg nach § 894, GBO 22. Verzicht auf Ausübg bei geplantem, aber nicht ausgeführtem Verkauf bezieht sich iZw nicht auf späteren Verkauf. Über „Kindskauf" (§ 511) vgl auch Schlesw SchlHA **58**, 313.

3) **Abweichende Vereinbarungen** zul. ZB: Nur für Verkauf dch den Besteller (nicht dessen Erben) od nur für ersten Verkauf dch Besteller od einen nach Anm 1b erwerbdn SonderNachf. Ausschl des Erlöschens bei Erwerb nach Anm 1b (Waldner MDR **86**, 110). Für mehrere od für alle Verkaufsfälle, die wieder bedingt od befristet sein können; dann ist die Ausübg zul, auch wenn der Berecht in früh Fällen auf die Ausübg verzichtet od sie unterlassen hatte. Eintr notw, §§ 873, 874 (Köln Rpfleger **82**, 16), 877; sonst entsteht nur ein nach Anm 2 beschränktes VorkR.

4) § 1097 nicht entspr für gesetzl VorkR nach RSiedlG u BauGB (BGH DVBl **62**, 62).

1098 *Wirkung des Vorkaufsrechts.* **I Das Rechtsverhältnis zwischen dem Berechtigten und dem Verpflichteten bestimmt sich nach den Vorschriften der §§ 504 bis 514. Das Vorkaufsrecht kann auch dann ausgeübt werden, wenn das Grundstück von dem Konkursverwalter aus freier Hand verkauft wird.**

II Dritten gegenüber hat das Vorkaufsrecht die Wirkung einer Vormerkung zur Sicherung des durch die Ausübung des Rechtes entstehenden Anspruchs auf Übertragung des Eigentums.

III Steht ein nach § 1094 Abs. 1 begründetes Vorkaufsrecht einer juristischen Person zu, so gelten,

§ 1098 1–6

wenn seine Übertragbarkeit nicht vereinbart ist, für die Übertragung des Rechts die Vorschriften der §§ 1059a bis 1059d entsprechend.

1) Allgemeines. Beim dingl VorkR sind vier verschiedene RVerh mögl, vgl Anm 2–5. § 1098 berührt davon nur drei, vgl Anm 2, 3, 4.

2) Für das **Rechtsverhältnis zwischen Berechtigtem und Verpflichtetem** (Verkäufer) **(I)** gelten (mit der Erweiterg des S 2) die Vorschr über das persönl VorkR. Vgl die Anm zu §§ 504 ff. Jedoch sind beim dingl Recht erweiternde abweichende Vereinbgen unzul; zB wäre Koppelg von VorkR mit AnkaufR inhaltl unzul Eintr, BGH WPM **68**, 1087. Deshalb dingl VorkR zu fest bestimmtem Kaufpreis ungültig, BGH Betr **66**, 1351, RG **154**, 358; aber (für GBA wohl erst nach erfolgreicher ZwVfg gem GBO 18 zulässig, BayObLG DNotZ **54**, 30) Umdeutg (§ 140) in ein durch Vormkg zu sicherndes persönl VorkR, RG **104**, 123, auch zG des jeweiligen Eigtümers eines anderen Grdst, vgl RG **128**, 247; aM BayObLG JFG **4**, 348. MitteilgsPfl: §§ 510 I, 1099. Vertragl Abänderg der Mitteilg nicht mit dingl Wirkg (aM LG Karlsr BWNotZ **62**, 257). **Ausschlußfrist für Rechtsausübung:** § 510 II; Fristbeginn nur, wenn mitgeteilt, daß rechtswirksamer KaufVertr fest abgeschlossen, BGH Betr **66**, 1351 – dort auch über Umfang u Inhalt der Anzeige; mangels anderer Abrede (die zur dingl Wirkg bei mehrf AusübgsR im GB einzutragen) 2 Monate ab Empfang der Mitteilg vom VertrSchluß, dessen Inhalt u evtl GenErteilg. Ausübg des VorkR (§ 505) schon vorher, aber immer erst nach Abschl rechtswirks KaufVertr, der also formgült u ggf behördl genehmigt sein muß (BGH **67**, 395); Ausübg vertragl vorbeh Rücktr des Käufers vor Ausüb des VorkR beeinträchtigt dieses nicht (BGH aaO). Wg Schwarzkaufs vgl Haegele, Beschrkg im GrdstVerk Rdnr 646. Über Verwirkg Celle NJW **63**, 353. Bedingt im KaufVertr hindert die Ausübg nicht, RG **98**, 49. Ringtausch (Koppelg des Verk des belasteten Grdst mit Vertr mit Dritten über Erwerb von dessen Grdst dch den VorkVerpflichteten) löst das VorkR nicht aus, BGH **49**, 7. Mit der Ausübg kommt ein **selbständiger** schuldrechtl **Kaufvertrag** zw dem Verpflichteten u dem Berecht zustande. Er bedarf der Gen nach GrdstVG, vgl § 1094 Anm 1. Der Berecht kann darauf die Auflassg vom Verpflichteten verlangen (BayObLG **82**, 222). Bei Nichterfüllg kann er entweder nach §§ 325, 326 vorgehen, od, **II,** von dem dritten Eigtümer die Zust zur Aufl verlangen, RG JW **22**, 1576. Den Kaufpr hat er grdsätzl an den Verpflichteten zu zahlen. Nur soweit er nach § 1100 unmittelb an den Käufer od dessen RNachfolger zu leisten hat, ist er dem Verpflichteten ggü von der Verpflichtg frei, § 1101. Keine Herabsetzg eines unangemessen hohen Kaufpreises. Tritt Vorkäufer R aus ausgeübtem VorkR ab, §§ 398, 413, so ist dies nicht eintragb, BayObLG **71**, 28. – Ausübg des VorkR unzul (§ 242), wenn sich Berechtigter schuldrechtl zur Nichtausübg in bestimmten Fällen verpflichtet hat, BGH **37**, 147 m Anm Rothe **LM** § 1094 Nr 5; Betr **66**, 1351. Zu § 508 II (Koppelgs-Gesch) Celle BB **63**, 1236 m Anm Trinkner. Zu § 514 vgl § 1094 Anm 5a.

3) Rechtsverhältnis zwischen Berechtigtem und besitzendem Käufer (u dessen RNachf).

a) Vor Eigentumserwerb des Berechtigten. VorkBerecht hat ab Ausübg des VorkR den in § 1100 vorausgesetzten HerausgAnspr (zu diesem u seiner Sicherg dch einstw Vfg u dch Hoche NJW **63**, 302) u (falls Käufer schon als Eigtümer eingetr) Anspr auf Zust zur Aufl (BayObLG **82**, 222). Im Verh zw VorkBerecht u besitzden Käufer gelten §§ 987 ff entspr (BGH **87**, 296; Staud/Mayer-Maly § 1100 Rdn 5 ff; Gursky JR **84**, 3 [nur für §§ 994 ff]; aA MüKo/Westermann u RGRK/Rothe je § 1100 Rdn 5 ff). Dabei gilt der Käufer im Verh zum VorkBerecht als bösgl Besitzer, wenn er das Grdst in Kenntn (wohl auch bei grob fahrl Unkenntn) des VorkR vor Ablauf des AusübgsFr für das VorkR in Besitz nimmt (BGH aaO); Bösgläubigk setzt also nicht Ausübg des VorkR u Kenntn davon voraus (aA **42**. Aufl). Anspr aus §§ 994 ff gibt ZbR aus § 273 II ggü Anspr auf Zust zur Aufl (BGH NJW **80**, 833). Fehlgeschlagener KaufVertr zw Verkäufer u Käufer macht Käufer nicht zum unentgeltl Besitzer iSv § 988. Ab VorkRAusübg hat VorkBerecht UnterlAnspr aus §§ 823, 1004 gg GrdstBeeinträchtigg (Hoche aaO).

b) Ab Eigentumserwerb des Berechtigten gelten §§ 985 ff unmittelb (BGH WPM **64**, 301).

4) Das **Rechtsverhältnis des Berechtigten zu Dritten,** auch zum Käufer, die das Eigt od ein Recht am Grdst erwerben, regelt sich entspr der AuflVormkg, **II. Vormerkungsschutz** gg Belastgen beginnt mit **Eintritt der Vorkaufslage,** also nach wirks geschl u ev behördl genehmigten KaufVertr, BGH WPM **73**, 644; Belastgen nach diesem Ztpkt muß der RInh löschen lassen, vorh entstandene sind voll wirks, RG **154**, 366, 377. – Keine GB-Sperre, vgl § 883 Anm 5c (aber auch RHeimstG 11 III). – Gesichert ist auch der dch Kauf u Ausübg des VorkR bed Anspr. Bei **Übereignung** gilt idR das zu § 888 für den Fall vormkgswidr Aufl Gesagte. – Hat ein Erstkäufer, dessen AuflAnspr gg den Eigtümer nach Entstehg des VorkR (also bei vertraglichem Eintr, gesetzlichem ohne diese in den gesetzl festgelegten Ztpkten; Inkrafttr des BBauG für § 24, s aber auch § 25 I 1, dazu BGH **58**, 78) vorgemerkt war, das Grdst unter Abtretg seines AuflAnspr nebst (§ 401) den Rechten aus der Vormerkg an Zweitkäufer weiterverkauft, so sichert diesen zwar die erworbene Vormkg gg Vfgen des Eigtümers, welche die Übertr des Grdst an Erstkäufer beeinträchtigt hätten, nicht aber gg die Ausübg des VorkR für den zweiten Verkaufsfall; nach BGH **60**, 275 wirkt im Ergebn der vormkgsähnl Schutz des § 1098 II gg (auf Kauf beruhden, § 1097) EigtÜbertragen nicht erst – wie bei den Belastgen – ab Eintritt des VorkFalles, sond schon **ab Entstehung des Vorkaufsrechts.** – Wg § 878 vgl dort Anm 2c.

5) Der Vertrag zwischen dem Verpflichteten u dem Käufer wird durch die Ausübg des VorkR nicht aufgelöst. Erlangt der Käufer nicht das Eigt, gelten die §§ 439 I (RG JW **22**, 576), 440. Erwirbt er od sein RNachfolger das Eigt, verliert er es aber an den VorkBerecht, gilt daneben § 1102.

6) III eingefügt durch G v 5. 3. 53, BGBl 33 (vgl §§ 1059 a ff Anm 1, 2, 4). Vgl auch RG **163**, 142. Gilt auch für OHG u KG, BGH **50**, 307 (GeschÜbern dch Gfter, dem GesellschVerm gem HGB 142, BGB 738 anwächst).

1099 *Mitteilungen.* ᴵ Gelangt das Grundstück in das Eigentum eines Dritten, so kann dieser in gleicher Weise wie der Verpflichtete dem Berechtigten den Inhalt des Kaufvertrags mit der im § 510 Abs. 2 bestimmten Wirkung mitteilen.

ᴵᴵ Der Verpflichtete hat den neuen Eigentümer zu benachrichtigen, sobald die Ausübung des Vorkaufsrechts erfolgt oder ausgeschlossen ist.

1) I ergänzt den § 510 I. Jeder Eigtümer kann durch formlose Mitteilg des KaufVertr die Frist des § 510 II in Lauf setzen. Zum Inhalt der Mitteilg BGH WPM **66**, 891.

2) Ausübg nur ggü dem Verpflichteten, §§ 505 I, 1098 I 1. Dieser hat deshalb die Ausübg od die Fristversäumg dem jetzigen Eigtümer mitzuteilen. **II.** Unterlassg begründet SchadErs.

1100 *Rechte des Käufers.* Der neue Eigentümer kann, wenn er der Käufer oder ein Rechtsnachfolger des Käufers ist, die Zustimmung zur Eintragung des Berechtigten als Eigentümer und die Herausgabe des Grundstücks verweigern, bis ihm der zwischen dem Verpflichteten und dem Käufer vereinbarte Kaufpreis, soweit er berichtigt ist, erstattet wird. Erlangt der Berechtigte die Eintragung als Eigentümer, so kann der bisherige Eigentümer von ihm die Erstattung des berichtigten Kaufpreises gegen Herausgabe des Grundstücks fordern.

1) Grdsätzl hat der das VorkR Ausübde (Vorkäufer) den Kaufpr dem VorkVerpflichteten zu zahlen, u zwar ohne Rücks auf eine etwa schon vom Erstkäufer erfolgte Zahlg (dieser mag vom Verkäufer zurückfordern, vgl § 1098 Anm 5). War der Käufer (od sein RNachfolger) aber schon als neuer Eigtümer eingetr, so erfolgt nach §§ 1100 ff eine einfachere Abwicklg der schuldrechtl Beziehgen, dies auch zum Schutze des Käufers. Den vom Käufer bereits an den Verkäufer entrichteten Kaufpr muß ersterem der Vorkäufer erstatten, unter Befreiung des Vorkäufers ggü dem Verkäufer, § 1101, u unter Befreiung des Verkäufers ggü dem Käufer, § 1102 Halbs 2. Freilich entfällt hierdurch für Vorkäufer Möglichk der Aufrechng, die er dem Verkäufer ggü hätte erklären können. Käufer (od RNachf) hat Zurückbehaltgs R ggü den Ansprüchen des Vorkäufers (auf Zust zur Eintr u Herausg), S 1, nach Eintr des Vorkäufers klagb Anspr nach Maßg S 2 auf Erstattg. Seine Pfl zur Herausg des Grdst entfällt, wenn er den Besitz nie erlangt hat. Die Kosten des ersten KaufVertr kann er auch erstattet verlangen, RG JW **37**, 1255; BGH DVBl **64**, 526 (Notarkosten, aber nicht GrdErwerbsteuer); **LM** § 505 Nr 2 (wonach Käufer, der Kaufpr an Verk gezahlt hat, diesen vom Vorkäufer kondizieren kann; bedenkl); vgl auch Henrichs DNotZ **55**, 373 (zum RSiedlG); Celle NJW **57**, 1802 (zum *Nds* AufbauG).

1101 *Befreiung des Berechtigten.* Soweit der Berechtigte nach § 1100 dem Käufer oder dessen Rechtsnachfolger den Kaufpreis zu erstatten hat, wird er von der Verpflichtung zur Zahlung des aus dem Vorkaufe geschuldeten Kaufpreises frei.

1) Vgl § 1098 Anm 2 und § 1100 Anm 1. Der Vorkäufer schuldet also nach seiner eigenen Eintr, wenn Käufer (od RNachf) schon eingetr gewesen war, den Kaufpr, soweit dieser vom Käufer dem Verkäufer gezahlt war, dem Käufer (od dessen RNachf), im übr dem Verkäufer.

1102 *Befreiung des Käufers.* Verliert der Käufer oder sein Rechtsnachfolger infolge der Geltendmachung des Vorkaufsrechts das Eigentum, so wird der Käufer, soweit der von ihm geschuldete Kaufpreis noch nicht berichtigt ist, von seiner Verpflichtung frei; den berichtigten Kaufpreis kann er nicht zurückfordern.

1) Vgl § 1100 Anm 1. Die Befreiung tritt erst mit dem Verlust des Eigtums ein (BayObLG **26**, 127). Frei wird nur der erste Käufer. Das Verhältn zu seinem Abkäufer regelt sich nach §§ 320 ff.

1103 *Subjektiv-dingliches und subjektiv-persönliches Vorkaufsrecht.* ᴵ Ein zugunsten des jeweiligen Eigentümers eines Grundstücks bestehendes Vorkaufsrecht kann nicht von dem Eigentum an diesem Grundstücke getrennt werden.

ᴵᴵ Ein zugunsten einer bestimmten Person bestehendes Vorkaufsrecht kann nicht mit dem Eigentum an einem Grundstücke verbunden werden.

1) Keine **Umwandlung** eines subjdingl in ein subjpers VorkR u umgekehrt. Wg Übertragg, Belastg u Pfändg vgl § 1094 Anm 5.

1104 *Ausschluß unbekannter Berechtigter.* ᴵ Ist der Berechtigte unbekannt, so kann er im Wege des Aufgebotsverfahrens mit seinem Rechte ausgeschlossen werden, wenn die im § 1170 für die Ausschließung eines Hypothekengläubigers bestimmten Voraussetzungen vorliegen. Mit der Erlassung des Ausschlußurteils erlischt das Vorkaufsrecht.

ᴵᴵ Auf ein Vorkaufsrecht, das zugunsten des jeweiligen Eigentümers eines Grundstücks besteht, finden diese Vorschriften keine Anwendung.

1) Vgl Anm zu § 1170. AufgebotsVerf nach ZPO 988, 1024 I.

Siebenter Abschnitt. Reallasten

Überblick

Schrifttum: v. Lübtow, FS – H. Lehmann 1956 I 352. – v. Hertzberg RhNK **88**, 55.

1) Bei der **Reallast** ist das Grdst mit dem dingl StammR auf Entrichtg wiederkehrder Leistgen aus dem Grdst (§ 1105 I) u mit dem dingl Recht auf Entrichtg jeder Einzelleistg (§ 1107) belastet. Die ergänzde persönl Haftg des Eigtümers für die Einzelleistgen (§ 1108) ist nur eine Folge der dingl Haftg (BGH NJW **72**, 814). Die Reallast ist ein VerwertgsR (W-Raiser § 128 II 2). **Praktische Bedeutung** hat sie bes im AltenteilsR (EG 96 mit Anm), bei der Energieversorgg u als dingl SichgsMittel.

a) Die **Rentenreallast** hat große Ähnlichk mit der **Rentenschuld** (§ 1199); Ausslegg des PartWillens, ob Kaufpr dch Reallast od RentenSch zu sichern (BGH WPM **70**, 92). Rechtl bestehen ua folgde Unterschiede: – **aa)** Eine **Ablösungssumme** ist bei der Reallast im Unterschied zur RentenSch (§ 1199 II) nicht einzutragen. – **bb)** Die **Ablösung** richtet sich bei der Reallast nur nach LandesR (EG 113; RG **129**, 213), bei der RentenSch nach §§ 1200 ff. Sie führt zum Erlöschen der Reallast (§ 1105 Anm 9d), währd die RentenSch auf den Eigtümer übergeht (§§ 1143, 1192 I). – **cc) Persönliche Haftung** nur bei Reallast (§ 1108). – **dd) Zwangsvollstreckung:** ZVG 92, 121 I, 158.

b) Von der **Dienstbarkeit** unterscheidet sich die Reallast dadch, daß erstere auf ein Unterlassen od Dulden u letztere auf eine aktive Hdlg gerichtet sein muß; kein dingl Recht mit DoppelRNatur von Dbk u Reallast. Bei der **Wohnungsreallast** ist der Eigtümer verpflichtet, allg u nicht an best Räumen (dazu aber zusätzl schuldrechtl Verpfl zul) ohne Ausschluß des Eigtümers Wohnraum zu gewähren u gebrauchsfäh zu erhalten; bei der **Wohnungsdienstbarkeit** hingg zur Duldg der Benutzg best Räume zum Wohnen ohne (§§ 1090–1092) od unter (§ 1093) Ausschluß des Eigtümers (BayObLG Rpfleger **81**, 352).

2) Landesrecht gilt namentl für Ablösg, Umwandlg u InhaltsBeschrkg (EG 113–115). – **Übergangsrecht:** EG 184, 189.

3) Entsprechende Anwendung finden §§ 1105–1112 auf die Überbaurente (§ 914 III), die Notwegrente (§ 917 II 2), die UnterhaltsPfl nach §§ 1021 II, 1022 u auf den ErbbZins (ErbbRVO 9 I). LandesR gilt hier nicht (EG 116, ErbbRVO 9 I 2).

4) Öffentliche Lasten (vgl Einl 6 a vor § 854) sind keine Reallasten des BGB.

1105

Begriff und Formen der Reallast. [I]Ein Grundstück kann in der Weise belastet werden, daß an denjenigen, zu dessen Gunsten die Belastung erfolgt, wiederkehrende Leistungen aus dem Grundstücke zu entrichten sind (Reallast).

[II]Die Reallast kann auch zugunsten des jeweiligen Eigentümers eines anderen Grundstücks bestellt werden.

1) Es sind zu **unterscheiden:** – **a)** Die **Reallast als Ganzes (Stammrecht)** als dingl Belastg des Grdst (I). Für das StammR haftet der Eigtümer nur mit dem Grdst; ZwVollstr aber erst nach Ablösg wg der Ablösgssumme (EG 113). Zur selbstd rechtl Bedeutg des StammR vgl Planck/Strecker Anm 2 vor § 1105; Staud/Amann Rdn 20–22 vor § 1105. – **b)** Das **Recht auf die Einzelleistungen** als dingl Belastg des Grdst (§ 1107). Für sie haftet der Eigtümer mit dem Grdst (vgl § 1107 Anm 2c). – **c)** Die **persönliche Haftung des Eigentümers für die Einzelleistungen** (§ 1108) mit seinem gesamten Vermögen (vgl § 1108 Anm 1 a). – **d)** Die **persönliche Haftung für die durch die Reallast gesicherte Forderung;** für sie haftet Schu unabhäng davon, ob er GrdstEigtümer ist, mit seinem ganzen Vermögen. Ein SichgsAnspr kann sich aus Vertr od Gesetz (zB *schlh* AGBGB 2) ergeben. Besteht die Fdg nicht (mehr), so hat Eigtümer Anspr auf Aufhebg od Übertr der Reallast aus § 812 od SichgsAbrede (vgl § 1191 Anm 3 b).

2) Belastungsgegenstand. Grdst, MitEAnt an Grdst (§ 1106), reale GrdstTeile (vgl aber GBO 7), WohngsEigt (WEG 6 Anm 2 e), grdstgleiche Rechte. **Gesamtreallast** an mehreren Grdst desselben od verschiedener Eigtümer zul (Oldbg Rpfleger **78**, 411; Böhringer BWNotZ **88**, 97); sie entsteht auch bei realer Teilg des belasteten Grdst. Für Gesamtreallast an MitEigtAnt gilt § 1114 Anm 1 b.

3) Berechtigter kann sein: – **a) Subjektivpersönliche Reallast (I).** Eine od mehrere natürl od jur Pers; mehrere können GesamtBerecht iSv § 428 (BayObLG **75**, 191) od MitBerecht iSv § 432 (RGRK/Rothe Rdn 7) sein. GesamtBerechtigg von Eheg in GüterGemsch nur, wenn Recht kein Gesamtgut (BayObLG **67**, 480). – **b) Subjektivdingliche Reallast (II).** Der jeweil Eigtümer eines selbstd Grdst (reale GrdstTeile erst nach Abschreibg; KGJ **53**, 170), grdstgl Rechte (Übbl 1 c vor § 873), WohngsEigt (Übbl 2 a vor WEG 1); nicht eines gewöhnl MitEAnt. – **c)** Subjpers u subjdingl **Eigentümerreallast** anfängl bei Bestellg (heute allgM; vgl Einl 2 e vor § 854) u nachträgl nach § 899 mögl; nicht aber entspr §§ 1163 I 2, 1168 (hM; aA MüKo/Joost Rdn 40). Vorschr über EigtümerGrdSch entspr anwendb.

4) Inhalt der Reallast.

a) Leistungen in Form aktiver Handlgen u nicht bloßer Unterlassungen (BayObLG **59**, 301). Sie müssen nicht in Natur aus dem Grdst gewährt werden od mit ihm in Beziehg stehen, denn „aus dem Grdst zu entrichten" ist nur Hinweis auf dingl Haftg des Grdst im Wege der ZwVollstr (Schlesw DNotZ **75**, 720; hM); darum müssen sie in GeldFdg umwandelb sein (BayObLG **59**, 301). – **aa) Beispiele:** Zahlg einer Rente; Lieferg von Nahrg od Energie/Wasser; Gewähren von Wohng (vgl Übbl 1 b); Aufrechterhaltg (nicht nur Herstellg) eines best GrdstZustandes zB dch Betrieb u/od Unterhaltg von Einrichtgen auf dem Grdst; Anzeige von jedem abzuschließden MietVertr (KG OLG **7**, 32); Wärmebezug aus best Heizwerk (Celle JZ

Reallasten **§§ 1105–1107**

79, 268; Dümchen JhJ **54**, 418 [426]; Linde BWNotZ **80**, 33; M. Wolf Rdn 653; aA Joost JZ **79**, 467; Prütting GS-Schultz **87**, 287 [302]); persönl Dienste, Beerdiggskosten u Grabunterhaltg (BayObLG Rpfleger **83**, 308; **88**, 98); Stellen einer PflegePers (LG Aach Rpfleger **86**, 211). – **bb)** Das **Landesrecht beschränkt den Inhalt** vielf auf best LeistgsGgst (vgl EG 115).

b) Wiederkehrend. Die Leistgen müssen dauernd od für eine best Zeit (Schlesw DNotZ **75**, 720) u nicht nur einmal zu entrichten sein; regelm Wiederkehr (RG **131**, 175) u gleiche Art u Höhe (BGH Rpfleger **75**, 56) nicht notw. Unschädl, wenn einzelne von mehreren Leistgen nur einmal zu entrichten (Hamm Rpfleger **73**, 98) od erst nach Tod des Berecht fäll (BayObLG Rpfleger **83**, 308; LG Cobg Rpfleger **83**, 145).

c) Die **Höhe** der Einzelleistgen braucht nicht im voraus bestimmt zu sein. **Bestimmbarkeit** genügd (BGH **22**, 58), aber auch notw; für sie maßg Faktoren, die außerh des GB liegen können, sind ins GB (gem § 874 genügt) einzutragen (BayObLG DNotZ **80**, 94). **Ausreichend bestimmt** zB: standesgem Unterhalt (BayObLG **53**, 200); Höchstpension eines bay Notars (BGH **22**, 58); Anknüpfg an LebenshaltsIndex (Düss OLGZ **67**, 461); den LebensVerh des Berecht angem u für Grdst tragb Betrag (LG Brschw NdsRpfl **71**, 233); Beköstigg u Versorgg bei Krankh (LG Würzb MittBayNot **75**, 99); Nettomietwert best Wohng (LG Nürnb-Fürth MittBayNot **82**, 181); **nicht aber** Abänderbark entspr ZPO 323 ohne inhaltl ausreichd bestimmte Angabe von Voraussetzg u Maßstab der Änderg (BayObLG MittBayNot **87**, 94; Hamm NJW-RR **88**, 333; Ffm Rpfleger **88**, 247); Leistgskraft best Person (LG Memmg MDR **81**, 766); jeweil Kosten vom Berecht auszuwählder Mietwohng (KG Rpfleger **84**, 347); Anknüpfg an „Sozialrente" (aA LG Oldbg Rpfleger **84**, 461); Ertragskraft landw Betr (aA LG Augsbg MittBayNot **85**, 259).

d) Wertsicherung (vgl Müller-Frank RhNK **75**, 355). Es gelten die allg Grdsätze (§ 245 Anm 5; vgl auch ErbbRVO 9 Anm 3). Da Höhe nur bestimmb sein muß, ist bei automat Anpassg (Gleitklausel) jew Höhe dingl gesichert, währd schuldrechtl AnpassgsAnspr bei bestimmb Anpassgsrahmen (Düss Rpfleger **89**, 231) dch Vormkg zu sichern ist (Celle DNotZ **77**, 548; Hamm OLGZ **88**, 266). „Altenteil" bedeutet noch keine WertSichg (BGH WM **89**, 956).

e) Eine **Gegenleistung** des Berecht kann Bdgg sein (RGRK/Rothe Rdn 13; Staud/Amann Rdn 15).

5) Entstehung. – a) Als abstraktes **dingliches Recht** gem § 873 dch Einigg (bei EigtümerR: einseit Erkl) u Eintr (§ 874 u nicht § 1115 auch für Höhe der Einzelleistgen anwendb; Düss Rpfleger **86**, 366) auf GBBlatt des belasteten Grdst; bei subjdingl Recht zusätzl nichtkonstitutiver Vermerk auf GBBlatt des herrschden Grdst gem GBO 9. Ggf weiter Einigg u Eintr gem § 882. Keine Bestellg zG Dritter (BGH **LM** Nr 1; vgl Einf 5 b vor § 328). Aufschiebde u auflösde Bdgg sowie Befristg zul (Köln OLGZ **66**, 231). Entstehg dch Staatsakt zB BauGB 101 I Nr 1, FlurbG 49 I 3. Keine Ersitzg. – **b) Schuldrechtliches Grundgeschäft**, bei dessen Fehlen Reallast wirks abe kondizierb, können sein zB Schenkg, VersorggsVertr, SichgsVertr für Darlehn od Kaufpr (BayObLG **59**, 301; Schlesw DNotZ **75**, 720); gesicherte Fdg u dingl Recht können verschied Inhalt haben (BayObLG Rpfleger **81**, 106). Es unterliegt nicht § 313.

6) Inhaltsänderung gem § 877; vgl aber § 1110 Anm 2, § 1111 Anm 2 a. Anspr darauf (insb bei Altenteil) nach § 242 mögl (BGH **25**, 293; Betr **81**, 1614; Schlesw SchlHA **57**, 110; Celle RdL **85**, 11), auch wenn derzeit Eigtümer nur dingl haftet (Schlesw MDR **66**, 1002); vgl auch G v 18. 8. 23 (BGBl II 7811–5).

7) Übertragung, Belastung, Pfändung: § 1110 Anm 2, § 1111 Anm 2. Nichtübertragbark kann dch Einigg u Eintr RInhalt werden (Einl 4 c bb vor § 854).

8) Schutz als dingl Recht dch §§ 823, 894, auch § 1004 (str); aber kein Besitzschutz. Vgl auch § 1107 Anm 2 d dd.

9) Erlöschen. – a) Aufhebung dch RGesch gem §§ 875, 876; bei subjdingl Recht vgl EG 120 II Nr 2, GBO 21. Dch Staatsakt zB gem BauGB 86 I Nr 2, FlurbG 49. – **b) Ablauf der Bestellungszeit.** Bei gleichzeit Eintr der Reallast u der Klausel nach GBO 23 II genügt Bewilligg des Eigtümers (BGH **66**, 341). – **c) Eintritt auflösender Bedingung. – d) Ablösung** nach LandesR (EG 113); hM, aA MüKo/Joost Rdn 40. – **e) Ausschluß** gem § 1112. – **f) Zuschlag** des Grdst in ZwVerst (ZVG 91); WertErs nach ZVG 92 (vgl dazu v Lübtow 356; Drischler KTS **71**, 145; Haegele DNotZ **76**, 11). Wg Altenteils (EGZVG 9) vgl EG 96 Anm 3.

1106 *Belastung eines Bruchteils.* **Ein Bruchteil eines Grundstücks kann mit einer Reallast nur belastet werden, wenn er in dem Anteil eines Miteigentümers besteht.**

1) Nur der **Anteil eines Miteigentümers nach Bruchteilen** (§§ 1008 ff) ist selbstd be- u entlastb (ebso §§ 1095, 1114); nicht aber Anteil an GesHdsGemsch u keine quotenmäß beschr Be- u Entlastg von Allein- (KG JW **36**, 3479) od MitEigt (Colmar OLG **20**, 407). Maßg Ztpkt ist die Entstehg der Reallast. Bei späterer Vereinigg belasteter u unbelasteter Anteile in der Hand eines MitEigtümers od eines Dritten ist nur fiktiv fortbestehder Anteil belastet, in den ggf ZwVollstr; über Erstreckg der Belastg vgl § 1114 Anm 1 a.

2) Gesamtreallast an mehreren Anteilen zul; § 1114 Anm 1 b gilt entspr.

1107 *Einzelleistungen.* **Auf die einzelnen Leistungen finden die für die Zinsen einer Hypothekenforderung geltenden Vorschriften entsprechende Anwendung.**

1) Die **Einzelleistungen** (als dingl Belastg) verhalten sich zum StammR wie die HypZinsen zum HypKapital. Die Vorschr über die HypZinsen (auch außerh des BGB; BayObLG **59**, 87) sind entspr anwendb, soweit §§ 1105 ff keine abw Regelg enthalten od die Vorschr sich nur auf das HypKapital beziehen (zB §§ 1115, 1132 II, 1133, 1136–1138, 1149) bzw auf der bes Gestaltg der Hyp beruhen (zB Anhängigk von pers Fdg, Briefbildg). – § 1107 betr auch Anspr auf künft fäll Einzelleistungen (hM; aA MüKo/Joost Rdn 3).

§§ 1107–1109　　　　　　　　　　　　　　　　3. Buch. 7. Abschnitt. *Bassenge*

2) Einzelheiten. a) Verfügungen; erfassen auch Anspr aus § 1108 (vgl § 1108 Anm 1). Voraussetzg für aa)–cc) ist Übertragbark (§ 1111 Anm 3). – **aa) Abtretung:** künft Leistgen nach §§ 873, 1158; fäll Leistgen nach §§ 398 ff, 1159. – **bb) Belastung** (Nießbr, PfdR): künft Leistgen nach §§ 873, 1069, 1274; fäll Leistgen nach §§ 398 ff, 1069, 1274, 1280. – **cc) Pfändung** (KG JW **32**, 1564; Stöber Rdn 1738, 1739): künft Leistgen nach ZPO 829, 830 I 3 u II, 835, 837 I 2; fäll Leistgen nach ZPO 829, 830 II 1, 837 II 1. – **dd) Verzicht:** künft Leistgen nach § 875; fäll Leistgen nach § 1178 II. Dingl Belastg mit Einzelleistg erlischt.

b) Erbringung der Einzelleistung. Eigtümer dazu nach §§ 1107, 1147 (vgl aber § 1108) nicht verpflichtet (ganz hM), aber nach § 1142 berechtigt. Dingl Belastg mit Einzelleistg erlischt (§ 1178 I). War Einzelleistg vor EigtErwerb fäll, so erwirbt Eigtümer Anspr aus § 1108 gg früh Eigtümer (ohne dingl Recht) gem § 1143 I (vgl aber Staud/Amann Rdn 13); erbringt nach § 1108 haftder früh Eigtümer u hat er ErsAnspr gg Eigtümer, so erwirbt er dingl Recht entspr § 1164 (Planck/Strecker Anm 2i). Bei GesamtR gelten ferner §§ 1173, 1174.

c) Geltendmachung des dinglichen Anspruchs nur dch ZwVollstr nach §§ 1147, 1148, 1150/268. Dingl Belastg mit Einzelleistg erlischt bei Befriedigg (§ 1181). Bei GesamtR gelten §§ 1132 I (nicht II), 1182. Da bei ZwVerst StammR nicht in geringstes Gebot aufzunehmen (Zeller § 44 Rdn 4, 10), erlischt es mit Zuschlag u Berecht erlangt ErsAnspr (vgl § 1105 Anm 9f); wünscht Berecht Erhalt des StammR, muß er ZwVerwaltg beitreiben, Aufnahme des StammR in geringstes Gebot erreichen (ZVG 59) od nur Anspr aus § 1108 beitreiben. – **Haftungsgegenstand:** §§ 1120–1130; nicht aber § 1131, da keine weitergehde Haftg als für StammR (Königsberg OLG **11**, 332; RGRK/Rothe Rdn 4; Staud/Amann Rdn 7; aA Erm/Ronke Rdn 4; MüKo/Joost Rdn 16). – Da ZwVollstr DuldgTitel wg GeldFdg voraussetzt, muß **Naturalleistungsanspruch** vor AntrStellg gem § 283 in GeldAnspr umgewandelt werden (vgl Dümchen 449; Haegele DNotZ **76**, 12; RGRK/Rothe § 1105 Rdn 20); ZVG 46 nicht anwendb (aA RGRK/Rothe aaO; Staud/Amann Rdn 16; MüKo/Joost Rdn 14: entspr, da zu vollstreckdes Recht nicht in geringstes Gebot aufzunehmen. Da Eigtümer iRv § 1107 nicht zur Leistg verpflichtet (vgl Anm 2b), erfolgt Verurteilg zur Duldg der ZwVollstr in Grdst wg des Naturalleistgs Anspr (MüKo/Joost Rdn 13; aA v Lübtow 362: Berecht kann gleichen gemeinen Wert einsetzen); Eigtümer kann in zu setzder Frist zwar nicht diese Leistg, aber die zur Befriedigg führde Naturalleistg erbringen. Nach Fristablauf besteht Anspr auf Duldg der ZwVollstr (nur) wg des gemeinen Werts der Leistg (v Lübtow 361 Fußn 115). Daraus folgt auch, daß auf Grdst vorhandene Naturalleistg weder vom GVz gem ZPO 883 ff (RGRK/Rothe aaO; Staud/Amann Rdn 16; aA Westermann § 140 III 2; v Lübtow 361) noch vom ZwVerwalter iR der ZwVollstr wg des Anspr (MüKo/Joost Rdn 14; aA Erm/Ronke Rdn 5) zwecks Befriedigg weggenommen u Berecht übergeben werden darf.

d) Verschiedenes. – **aa) Verjährung** nach §§ 197, 902 I 2 auch für regelm wiederkehrde Leistgen (hM, aA Planck/Strecker Anm 2a). – **bb)** Keine **Verzugszinsen** gem § 289 (BGH NJW **70**, 243). Zul aber, KaufprRaten von 320 DM zuzügl 30 DM Zinsen dch Reallast mit Einzelleistgen von 350 DM zu sichern (BayObLG Rpfleger **81**, 106). – **cc)** Keine **dingliche Unterwerfungsklausel** nach ZPO 800 (KG DNotZ **58**, 203; BayObLG **59**, 83). – **dd)** Bei **Gefährdung der Sicherheit** §§ 1134, 1135 anwendb (KG OLG **29**, 359), nicht aber § 1133. – **ee)** Bei **Vereinigung mit Grundstückseigentum** erlischt Haftg für bei Vereinigg fäll Einzelleistgen nach Maßg § 1178 I. Für währd der Vereinigg fäll werdde Einzelleistgen gilt § 1197 II.

1108 *Persönliche Haftung; Teilung des belasteten Grundstücks.* ᴵ Der Eigentümer haftet für die während der Dauer seines Eigentums fällig werdenden Leistungen auch persönlich, soweit nicht ein anderes bestimmt ist.

ᴵᴵ Wird das Grundstück geteilt, so haften die Eigentümer der einzelnen Teile als Gesamtschuldner.

1) Persönliche Haftung des Eigtümers; zu unterscheiden von gesicherter Fdg (§ 1105 Anm 1 d), für die § 1108 nicht gilt (BGH NJW-RR **89**, 1098). Dieser schuldrechtl Anspr u der dingl aus § 1107 stehen derselben Pers zu (W-Raiser § 128 II 2 c); Abtr des Anspr aus § 1107 erfaßt notw Anspr aus § 1108, Anspr aus § 1108 aber ohne (dann entspr § 1178 erlöschden) Anspr aus § 1107 abtretb (W-Raiser § 128 III; aA Staud/Amann § 1105 Rdn 23). – **a) Durchsetzung.** LeistgsKl (ZPO 24 ff gelten) u ZwVollstr in gesamtes Vermögen. – **b) Ausschluß oder Beschränkung** der pers Haftg dch formlose Einigg zw Eigtümer u Gläub bei RBestellg od nachträgl. Wirkg gü RNachf nur bei GBEintr (§ 874 anwendb). Keine dingl wirkde Erweiterg (zB auf Haftg vor EigtErwerb) mögl.

2) Umfang wie der der dingl Haftg einschl etwaiger Dynamisierg (BGH NJW-RR **89**, 1098). Keine pers (aber dingl) Haftg für vor EigtErwerb fäll Einzelleistgen. Haftg nur für ab EigtErwerb fäll Leistgen, für künftige auflösd bdgt dch EigtVerlust (BGH Rpfleger **78**, 207). Haftg des früh Eigtümers für zw EigtErwerb u -Verlust fäll Leistgen besteht nach EigtVerlust fort, daneben haftet gesamtschuldähnl neuer Eigtümer für diese Leistgen (nur!) dingl (§ 1107); über InnenVerh zw beiden vgl § 1107 Anm 2b. Neben Haftg des neuen Eigtümers aus § 1108 besteht mangels SchuldÜbern Haftg aus KausalGesch (§ 1105 Anm 1 d) fort; über InnenVerh zw beiden Schu vgl BGH NJW **72**, 814 Anm Herr.

3) Bei realer od ideeller **Teilung des belasteten Grundstücks** entsteht GesamtR u jeder Eigtümer haftet pers als GesamtSchu (**II**, §§ 421 ff); im InnenVerh gilt § 1109 I 2 entspr (hM; aA Planck/Strecker Anm 5 b). II gilt entspr bei anfängl Gesamtreallast.

1109 *Teilung des herrschenden Grundstücks.* ᴵ Wird das Grundstück des Berechtigten geteilt, so besteht die Reallast für die einzelnen Teile fort. Ist die Leistung teilbar, so bestimmen sich die Anteile der Eigentümer nach dem Verhältnisse der Größe der Teile; ist sie nicht teilbar, so finden die Vorschriften des § 432 Anwendung. Die Ausübung des Rechtes ist im

Zweifel nur in der Weise zulässig, daß sie für den Eigentümer des belasteten Grundstücks nicht beschwerlicher wird.

II Der Berechtigte kann bestimmen, daß das Recht nur mit einem der Teile verbunden sein soll. Die Bestimmung hat dem Grundbuchamte gegenüber zu erfolgen und bedarf der Eintragung in das Grundbuch; die Vorschriften der §§ 876, 878 finden entsprechende Anwendung. Veräußert der Berechtigte einen Teil des Grundstücks, ohne eine solche Bestimmung zu treffen, so bleibt das Recht mit dem Teile verbunden, den er behält.

III Gereicht die Reallast nur einem der Teile zum Vorteile, so bleibt sie mit diesem Teile allein verbunden.

1) **Grundsatz (I).** Wird bei subjdingl Reallast herrschdes Grdst (auch ohne Veräußerg) geteilt, so bleibt **Stammrecht** als einheitl R bestehen ((**I 1**); die Eigtümer der Teile bilden Gemsch nach §§ 741 ff. Hinsichtl teilb (§ 752 Anm 2) **Einzelleistungen** sind sie TeilGläub, bei Unteilbark gilt § 432 (**I 2**); gilt für Anspr aus §§ 1107, 1108. **I 3** abdingb; wirkt ggü RNachf nur bei GBEintr.

2) **Ausnahmen (II, III).** Reallast an einem verselbständigtem Teil erlischt: - **a)** Bei Bestimmg (= AufgabeErkl iSv § 875) nach **II 1, 2**; Eintr bei belastetem Grdst. Kann auch im ZusHang mit Teilveräußerg erfolgen. - **b)** Bei unterl Bestimmg nach **II 3**; auch hier gelten §§ 876 (RGRK/Rothe Rdn 6; aA hM), 878. Reallast erlischt mit Abschreibg; GBBerichtigg bei belastetem Grdst. Bei Veräußerg aller Teile gilt I. - Dch Einigg des Veräußerers mit dem Erwerber u dem Eigtümer des belasteten Grdst sowie GBeintr kann Belastg an veräußertem Teil mit Wirkg nach I aufrechterhalten werden (Planck/Strecker Anm 3b; RGRK/Rothe Rdn 8; aA Staud/Amann Rdn 7). - **c)** IFv **III**. Reallast erlischt mit Abschreibg; GBBerichtigg bei belastetem Grdst. Keine Zust nach § 876 notw.

3) Dch **Vereinigung** (§ 890 I) od **Zuschreibung** (§ 890 II) keine Erweiterg der Berechtigg (§ 1110).

1110 *Subjektiv-dingliche Reallast.* Eine zugunsten des jeweiligen Eigentümers eines Grundstücks bestehende Reallast kann nicht von dem Eigentum an diesem Grundstücke getrennt werden.

1) § 1110 gilt nur für das **Stammrecht**; für Einzelleistgen gilt § 1107 Anm 2a. Die selbstd Übertragbark von AltR gehört zum „Inhalt" iSv EG 184 (allgM).

2) Keine **Umwandlung** in subjpers R u keine selbstd **Übertragung/Belastung/Zwangsvollstreckung**. Veräußerg u Belastg des herrschden Grdst (auch in ZwVollstr) erfassen Reallast als Bestandt iSv § 96.

1111 *Subjektiv-persönliche Reallast.* I Eine zugunsten einer bestimmten Person bestehende Reallast kann nicht mit dem Eigentum an einem Grundstücke verbunden werden.

II Ist der Anspruch auf die einzelne Leistung nicht übertragbar, so kann das Recht nicht veräußert oder belastet werden.

1) § 1111 gilt nur für das **Stammrecht**; für Einzelleistgen gilt § 1107 Anm 2a.

2) **Verfügungen.** - **a)** Keine **Umwandlung** in subjdingl R (**I**); Aufhebg u Neubestellg notw. - **b) Übertragung/Belastung** (Nießbr, PfdR) nach § 873, **Pfändung** nach ZPO 857 VI, 830 (KG JW **32**, 1564; Stöber Rdn 1736, 1737); sofern nicht Anspr auf Einzelleistgen unübertragb (**II**, ZPO 851; vgl Anm 3). - **c) Vererblich,** sofern nicht dch RGesch od Natur der Leistg (wie oft bei Altenteil) auf Lebzeit des Berecht beschränkt (BayObLG DNotZ **89**, 567).

3) **Anspruch auf Einzelleistungen** (bei subjdingl u subjpers R) **unübertragbar** nach §§ 399, 400, 413 (u damit unpfändb, ZPO 851). Unübertragb idR Anspr auf pers Dienste. Anspr auf Altenteilsleistgen daher unübertragb (BGH **53**, 41), selbst wenn Altenteil auch übertragb Leistgen (Geld) enthält (BayObLG **67**, 480); Altenteil mit bloßen Geldleistgen aber übertragb (RG **140**, 60).

1112 *Ausschluß unbekannter Berechtigter.* Ist der Berechtigte unbekannt, so finden auf die Ausschließung seines Rechtes die Vorschriften des § 1104 entsprechende Anwendung.

1) Vgl §§ 1104, 1170. § 1112 gilt nicht für subjdingl Reallasten (§ 1104 II).

Achter Abschnitt. Hypothek. Grundschuld. Rentenschuld

Überblick

Aus dem **Schrifttum:** von Lübtow, Die Struktur der Pfandrechte u Reallasten, Festschr f H. Lehmann, 1956, Bd I S 328 ff. - Moos, VergleichsGläubHyp, Heidelbg Diss 1965. - Reinicke, Pfandrechte und Hyp am Anwartschaftsrecht aus bedingter Übereign, 1941. - Mattern u Räfle, Rspr des BGH, WPM **77**, 1074; **83**, 806. - Medicus, Die Akzessorietät im ZivR, JuS **71**, 497. - Klinkhammer-Rancke, Hauptprobleme des HypR, JuS **73**, 665. - Hämmerle, Die AusfallHyp, Diss Würzbg 1979.

Überbl v § 1113 1, 2

Übersicht

1) Grundpfandrechte
2) Arten der Grundpfandrechte
   A. Hypothek. Grundschuld. Rentenschuld
   B. Arten der Hypothek
3) Übersicht über das Recht der Grundpfandrechte
   A. Gegenstand der dinglichen Haftung
   B. Begründung, Übertragung, Belastung

C. Schutzbestimmungen
D. Befriedigung des Hypothekengläubigers
E. Eigentümerhypothek und -grundschuld
F. Erlöschen der Grundpfandrechte
4) Landesrecht, Übergangsvorschriften
5) Einfluß der Währungsreform 1948 auf die Grundpfandrechte

1) Grundpfandrechte.

Das BGB unterscheidet – unter Vermeidg des Oberbegriffs „GrdPfdR" – **Hypothek, Grundschuld und Rentenschuld**. GrdPfdR sind weder Realobligationen (Eigtümer ist nicht zur Zahlg verpflichtet) noch dingl Schulden mit beschr Haftg, sond dingl **Verwertungsrechte** (Eigtümer muß ZwVollstr in Grdst dulden); in diesem Sinne sind auch Grd- u RentenSch trotz Fehlens einer gesicherten Fdg echte PfdRe (vLübtow JuS **63**, 171). Aus dem Grdst sind Geldleistgen zu entrichten (§§ 1113 I, 1191 I, 1199 I, 1146); bei Hyp u GrdSch einmalige Kapitalzahlg, bei Rentenschuld regelm wiederkehrde Beträge. Hierwegen kann sich Gläub aus dem Wert des Grdst iW der ZwVollstr befriedigen. Wirtschaftl sind sie Formen des **Bodenkredits**.

2) Arten der Grundpfandrechte.

A. Hypothek. Grundschuld. Rentenschuld.

a) Die **Hypothek** sichert eine pers Fdg gg den Eigtümer od einen Dritten (§ 1113). Rechtl ist die Fdg das HauptR u die Hyp das NebenR (RG **81**, 268); wirtschaftl ist es umgekehrt. Die Hyp ist als solche vom Bestand der Fdg abhängig (**akzessorisch**). Sie kann aber nur als solche ohne Fdg nicht begründet werden. Soweit die Fdg nicht od nicht mehr besteht, ist das dingl Recht eine GrdSch des Eigtümers, §§ 1163 I, 1177 I. Sie kann ohne die Fdg nicht abgetreten, belastet od gepfändet werden, §§ 1153, 1154, 1069, 1274, ZPO 830.

b) Die **Grundschuld** ist eine Belastg des Inhalts, daß schlechthin eine Geldsumme aus dem Grdst zu zahlen ist (§ 1191); diese Zahlg kann, muß aber nicht zur Befriedigg einer Fdg dienen. Tut sie es, so ist die GrdSch trotzdem ihrem dingl Inhalte nach von der Fdg unabhängig (**nichtakzessorisch**). Sie kann als solche für den Eigtümer bestellt werden (§ 1196).

c) Die **Rentenschuld** ist als Unterart der GrdSch wie diese von der persönl Fdg unabhängig. Ihre Besonderh liegt darin, daß zu regelmäßig wiederkehrenden Terminen eine bestimmte Summe aus dem Grdst zu zahlen ist, wobei der Eigtümer ein AblösgsR (Zahlg einer Ablösgssumme), der Gläub aber regelm kein KündR hat.

B. Arten der Hypothek.

a) Als Regelform behandelt das BGB die **Verkehrshypothek** genannte gewöhnl Hyp, bei der der gutgl Erwerber auch hinsichtl der Fdg u Einreden aus § 1137 geschützt wird (§ 1138), was sie für den Umlauf (insb als BriefHyp) geeignet macht. Den Ggs bildet die **Sicherungshypothek,** bei der der gutgl Erwerber nicht hinsichtl der Fdg u Einreden aus § 1137 geschützt wird (§§ 1184, 1185), was der Umlaufeigng entgggsteht (deshalb nur BuchHyp).

b) Die **Briefhypothek** wird als Regelform der VerkehrsHyp behandelt (§ 1116 I). Den Ggs bildet die **Buchhypothek;** BuchHyp sind alle SichgHyp (§ 1185) u eine VerkehrsHyp, bei der Briefbildg dch Einigg u Eintr ausgeschl (§ 1116 II).

c) Die **Einzelhypothek** sichert eine oder mehrere Fdg an einem Grdst. Die **Gesamthypothek** sichert dieselbe(n) Fdg an mehreren Grdst (§ 1132 Anm 1).

d) Tilgungs-, Tilgungsfonds- und Abzahlungshypothek.

Aus dem **Schrifttum:** Kaps, DR **41**, 401. – Riggers, JurBüro **71**, 29. – Wilke, WPM **74**, 386.

Regelm ist das Kapital nach Künd auf einmal fällig. Dies bedeutet für den Schu oft eine große Gefahr u trägt zur Mobilisierg des Bodens bei. Wirtschaftl gesünder, insb für den Schu günstiger ist es, wenn er das aufgenommene Kapital nicht aus der Substanz, sond allmählich aus den Nutzgen des Bodens abträgt. Die vom Gläub unkündb Rentenschuld, §§ 1199 ff, hat sich aber nicht eingebürgert.

aa) Die **Tilgungshypothek** (AmortisationsHyp) ist die sachgemäßeste Form des Anstaltskredits, währd sie sich für Privatkredit weniger eignet. Bei ihr hat der Schu **gleichbleibende,** aus Zinsen u Tilggsbeträgen sich zusammensetzende **Jahresleistungen** („Annuitäten") in einem bestimmten Hundertsatz des ursprüngl Kapitals bis zu dessen vollständ Tilgg zu entrichten. Da die Jahresleistg bis zur völl Tilgg gleichbleibt, die Verzinsg aber wg des Kapitalabtrags ständ geringer wird (vgl HypBkG 20 II), verschiebt sich innerh jeder Jahresleistg von Jahr zu Jahr das Verhältn zw Zins- u Kapitalabtrag in der Weise, daß der Zinsanteil ständig sinkt, der Kapitalanteil ständig wächst. Auf der Höhe der vereinbarten Zinsen u Kapitalabträge baut sich ein fester Tilggsplan auf. Beispiel: Bei 6½% Zinsen u 1% Tilgg, also 7½% Jahresleistg, ist ein Darl in 32 Jahren getilgt. Dem Tilggsplan kann bei regelm Tilgg der Jahresleistgen der jeweilige Stand der KapitalFdg entnommen w. – Die TilggsHyp wird von neueren Gesetzen mit Recht bevorzugt u ist jetzt weit verbreitet; vgl ErbbRVO 19–20. RHeimstG 17 kennt TilggsHyp u -GrdSchulden (LG Mönchen-Gladb DNotZ **71**, 99), ErbschSteuerG 38 TilggsGrdSch (die keine Rentenschulden sind), HypBkG 6 II.

Hypothek. Grundschuld. Rentenschuld   **Überbl v § 1113**   2 B

Einzelheiten: Die Tilggsbeträge sind, wenn sie auch als Zuschläge zu den Zinsen gezahlt werden, doch keine Nebenleistgen (§ 1115), da sie nicht neben der HauptFdg, sond auf diese gezahlt werden (RG **104**, 72). Sie brauchen deshalb nicht im GB eingetr zu werden (Bezeichng der Hyp als TilggsHyp zweckm, wenn auch nicht erforderl, BGH **47**, 47). Deshalb gelten nicht §§ 1119 II, 1178, 1159. – Mit jeder Leistg eines Tilggsbetrags entsteht eine EigtümerGrdSch (§§ 1163, 1177) mit Rang hinter der RestHyp (§ 1176); Ausn zB RHeimstG 17 II 2. Jeder Eigtümer erwirbt eine GrdSchuld in Höhe der von ihm währd der Dauer seines Eigt gezahlten Tilggsbeträge. Bei Teiltilgg Anspr gem § 1145, der aber idR unterbleibt. Bei Teillöschg Klarstellgsvermerk im GB nötig, ob jetzt TilggsBetr/Nebenleistgen vom ursprüngl od, wie bei außerplanmäßiger Teilrückzahlg, vom Restkapital zu berechnen sind (vgl Hamm OLGZ **85**, 273 u Düss Rpfleger **85**, 394). Bei mehrf EigtWechsel splittert sich die TilggsHyp in mehrere FremdGrdSchulden auf, was aus dem GB oft nicht ersichtl ist. Übereignet A sein Grdst nach Teiltilgg an B, B nach weiterer Teiltilgg an C, jedesmal unter Abtretg der durch Tilgg entstandenen EigtümerTeilGrdSchulden, so wird C GrdSchGläub des ges getilgten Betrages, wenn er als Gläub eingetr ist (§ 1154 III, § 873), od ihm der neugebildete Teilbrief übergeben wird (§ 1154 I); denn in der AbtretgsErkl des A liegt (bei BriefHyp jedenf dann, wenn er einen in seinem Besitz befindl Teilbrief nicht zurückbehält) die nach § 185 wirksame Einwilligg (Ermächtigg), daß B über die EigtümerTeilGrdSch des A verfügen darf; über diese hat B auch weiterverfügt u zugl den C entspr ermächtigt; KJG **41**, 234. Bei solchem mehrfachen EigtWechsel kann somit der letzte Eigtümer seine Eintr, u zwar ohne Eintr der ZwischenEigtümer als TeilGrdSchGläub (da in der Eintr als Eigtümer zugl die als Gläub etwa entstandener EigtümerGrdSchulden liegt, KGJ **45**, 268), herbeiführen, wenn die Vorgänger die Umschreibg grdbuchmäßig bewilligt haben. Str, wie § 1177 I 2 auf diese EigtümerGrdSch anwendb. Nach bish hM ist sie nicht (zB Westermann[5] § 113 II 3) od erst nach Abtragg der RestHypFdg (zB KG DR **44**, 39) gem deren Bdggen verzinsl u tilgb, damit keine Erweiterg der EigtümerHaftg, u gem § 1193 kündb (Staud-Scherübl Rdn 30 v § 1113). Nach BGH **67**, 291; Hbg MDR **76**, 401 (Verzinsg) u BGH NJW **78**, 1579 (Künd) gelten sogleich Bdggen der HypFdg (für Zinsen beachte aber § 1197 II); dem ist zuzustimmen, da Eigtümer seine Interessen dch ausdrückl abw rgeschl Regelgen wahren kann. – Jede Teilzahlg auf eine Jahresleistg ist zuerst auf Zinsen, dann auf Tilgg zu verrechnen, jede Zahlg auf einen Rückstand auf den ältesten; andere Bestimmg dch den Schu (§ 366) ist ungültig, sie würde dem festen Tilggsplan widersprechen, Kaps S 404. Wg Zahlg der Jahresleistgen in Halb- od Vierteljahresraten vgl RG **143**, 75. – Verjährg der Tilggsrückstände: persönl Fdg in 4 Jahren, § 197. Bzgl des dingl Anspr str, ob er, wie der dingl Anspr auf Zinsrückstände (§ 223 III, § 902 I 2) verjährbar ist od nicht (richtig verneinend Link JW **38**, 1299, Kaps DR **41**, 406; aM RG **54**, 93; KG RJA **3**, 137).

Wird die TilggsHyp einschl der getilgten u damit zur EigtümerGrdSch gewordenen Beträge abgetreten (EigtümerZust notw; LG Wuppt RhNK **84**, 167), so muß bei Umschreibg auf den Erwerber ersichtl gemacht werden, welcher Teil Hyp u welcher EigtümerGrdSch ist (KG DR **40**, 1575). – Zur Anwendg von §§ **1138, 892** bei Abtretg nach teilw Tilgg vgl § 1138 Anm 2b aa. – Gläub ist zur **Kündigung** mit ges Frist berecht, sofern Unkündbark nicht vereinb od ges vorgesehen (zB HypBkG 19, RHeimstG 17); im Einzelfall kann stillschw Ausschl des KündR bei vertragsm Verhalten des Schu vorliegen (nach Hamm MDR **63**, 844 idR nicht bei Privatkredit). Vgl auch Hbg MDR **65**, 294 (KündAusschl nach Treu u Gl), BGH NJW **78**, 1579 (Verwirkg der KündR). Währd HypBanken dch (unkündb) PfdBriefe refinanzieren (Folge: HypBkG 19), tun dies Sparkassen mit viel kürzerfristigen Spareinlagen, wesh sie sich idR KündR vorbehalten.

In der ZwVerst gilt für die Tilggsrückstände ZVG 10 I Nr 4. – Über Beschrkg des BefriediggsVorrechts (LAG 116) u der Vorrangseinräumung auf bestimmte TilggsLeistgen Busse MDR **56**, 209.

bb) Einzelne gesetzliche Tilgungshypotheken:
Deckungshypotheken der Hypothekenbanken. Die HyppPfandbriefe müssen (soweit nicht andere ordentl Deckg od Ersatzdeckg zul, HypBkG 6 I, IV) dch bes sichere (BeleihgsGrenze § 11; vgl auch VAG 69 I) Hyp gedeckt sein, die in ein HypRegister einzutragen sind. Soweit zur Deckg Hyp an landw Grdstücken verwendet werden, müssen es mind zur Hälfte TilggsHyp sein mit jährl Tilggsbetrag von mind ¼%, HypBkG 6 II, Hyp für die Bank grdsätzl unkündb, HypBkG 19. Recht des Schu zur vorzeitigen völligen od teilw Rückzahlg nur beschränkt ausschließbar, HypBkG 18 II, 21. Devastationsklage (§§ 1133, 1135) beschränkt, HypBkG 17. Arreste u ZwVollstr in alle Deckgs-, nicht nur in die TilggsHyp nur wg der Ansprüche aus den Pfandbriefen zul, HypBkG 34a. Im Konkurs der Bank genießen die PfdbriefGläub bevorrechtige Befriedigg aus den DeckgsHyp, HypBkG 35, das ist aber kein AbsondersgR.

Das gleiche VorzugsR genießen die Gläub der Schiffspfandbriefe, die von den **Schiffspfandbriefbanken** gem SchiffsbankG v. 8. 5. 63 (BGBl I 301) ausgegeben werden.

cc) Die Tilgungsfondshypothek schaltet die Entstehg von EigtümerGrdSch bei Teiltilggen aus. Bei ihr entsteht idR nur eine EigtümerGrdSch für den letzten Eigtümer, u zwar in voller Höhe. Die einzelnen Teilzahlgen werden bis zur Vollzahlg als besonderes Guthaben des Schu in einem Fonds gesammelt, evtl bis zur Erreichg einer größeren Teilzahlg. Wenn das Kapital (od ein bestimmter Teil) erreicht ist, findet die Tilgg der Fdg durch Verrechng od Aufrechng statt. Eine solche Vereinbg ist bei den landschaftl u ritterschaftl Kreditanstalten einer EG 167 übl u zul. In der übr ist sie nur mit schuldrechtl, nicht mit dingl Wirkg mögl, weil sie zur Abänderg des § 1163 führen würde, RG **104**, 72. Vgl auch § 1163 Anm 5a. – Das Tilggsguthaben des Schu ist pfändbar. – Über ZwVerstFragen Brox Rpfleger **59**, 176.

dd) Die Abzahlungshypothek (vgl LAG 96 Nr 2) unterscheidet sich von der echten TilggsHyp dadch, daß nicht gleichbleibende, sond wechselnde Jahresleistgen zu entrichten sind. Wenn auch der jährl Tilggsbetrag gleichbleibt (Hundertsatz des urspr Kapitals), so vermindert sich doch der jährl Zinsbetrag, da er nur vom Restkapital zu entrichten ist. Die Tilggszeit ist idR kürzer als bei TilggsHyp. Vgl RHeimstG 17 II iVm AVO v 19. 7. 40 § 22.

e) Einheitshypothek. Mehrere im Range gleichstehende od unmittelb aufeinanderfolgende Hyp desselben Gläub an denselben Grdst können zu einer einheitl Hyp zusgefaßt werden (RG **145**, 47), um die GBFührg zu vereinfachen. Nebenleistgen können den Rang hinter and Rechten haben (KG DNotZ **39**, 728); ZahlgsBdg-

1219

Überbl v § 1113 2, 3

gen (RGRK/Mattern § 1113 Rdn 41; aA hM), Zinsbeginn (LG Hof Rpfleger **64**, 375) u Zinssatz (vgl Celle Rpfleger **72**, 97; aA hM) können verschieden sein. Bei der Bildg der EinhHyp muß ihr eine einheitl HauptFdg zugrde liegen od gelegt werden. Die EinhHyp kann anfängl zu einem Teil GesHyp (KG JFG **20**, 381) od zu einem Teil mit Rechten Dritter belastet (Soergel/Baur § 1113 Rdn 31; KG JFG **20**, 385 für LöschgsVormkg; aA Erm/Räfle Rdn 22 vor § 1113) sein. Die ZusFassg ist nicht Aufhebg u Neubestellg, sond InhaltsÄnderg dch Verlust der Selbständigk (§ 877). Zur GBEintr vgl Haegele/Schöner/Stöber Rdn 2693 ff. – Gilt entspr für **Einheitsgrundschuld** (RG **145**, 47).

3) Übersicht über das Recht der Grundpfandrechte.
A. Gegenstand der dinglichen Haftung.
a) Grundstück (§ 1113 Anm 2) od Anteil eines MitEigtümers (§ 1114). Erzeugn/Bestandt u Zubeh nach Maßg §§ 1120–1122.
b) Rechte u Forderungen: Miet- u PachtzinsFdg (§§ 1123–1125), subjdingl Rechte auf wiederkehrde Leistgn (§ 1126), VersichergsFdg (§§ 1127–1130), EntschädiggsAnspr bei Enteign (EG 52 ff) od Erlöschen (zB ErbbRVO 29) des BelastgsGgst, Entgelt für gleich- od nachrang DWR/DNR (WEG 40).
B. Begründung, Übertragung und Belastung der Grundpfandrechte.
a) Begründung: vgl § 1113 Anm 3, 4; § 1191 Anm 2b; § 1199 Anm 3.
b) Abtretung. – Die **Hypothek** wird dch Abtretg der Fdg abgetreten (§ 1154). Hiermit geht kraft G die Hyp über (zwingd), § 1153. Ausnahmen: 1) Rückstände von Zinsen ua, § 1159. Übertr formlos. Zwar Mitübergang der Hyp nach § 401, aber vertragl ausschließbar. 2) HöchstbetragsHyp, § 1190 IV. Hier kann formlos die Fdg allein, ohne die Hyp, abgetreten werden. – Abtretg: 1) bei BuchHyp: a) Einigg, b) Eintr, §§ 1154 III, 873. Ausn: SicherhgsHyp für Inh- u Orderpapiere, § 1187, vgl dort Anm 5. 2) bei BriefHyp: a) Einigg, § 398, b) schriftl AbtretgsErkl od Eintr, § 1154 I, II; c) Überg des Briefs, § 1154 I. Schutz des Erwerbers: §§ 891, 892, 1138, 1139, 1155, 1156–1159. Teilübertragg: §§ 1151, 1152. – Abtretg der **Grundschuld** erfolgt entspr §§ 1154, 873. Abtretg der etwa zugrunde liegenden Fdg, die nach §§ 398 ff erfolgt, für die GrdSch bedeutgslos; §§ 401, 1153 nicht anwendbar. Besonderh bei der InhGrdSch § 1195: Abtretg durch Einigg u Briefübergabe.

c) Übergang kraft Gesetzes durch Sondernachfolge vgl D 1 c, E c. Ohne Eintr u ohne Briefübergabe. Erwerber kann Berichtigg, § 894, u Aushändigg des Briefes verlangen, § 1144.

d) Übergang durch gerichtliche Überweisung an Zahlgs Statt nach Pfändg, ZPO 837, 857 VI. Bei Überweisg zur Einziehg geht Vollrecht noch nicht über. Aushändigg des Überweisgsbeschlusses an Gläubiger. Zustellg an Schu od DrittSchu nicht nötig. Bei Überweisg von BuchHyp (–GrdSch) an Zahlgs Statt ferner Eintr nötig.

e) Belastung der Hypothek mit Nießbr od PfdR erfolgt durch Belastg der Fdg. AbtretgsVorschr entspr anwendb; also dch Einigg über die Belastg u Eintr, bei BriefHyp statt dessen auch schriftl BelastgsErkl u zusätzl Übergabe des Briefs, §§ 1069, 1274, 1154. Hyp des § 1187: vgl dort Anm 5. Entspr die Belastg der **Grundschuld**, nur daß hier wieder nicht die Fdg, sond die GrdSch als solche belastet wird, §§ 1080, 1291. Belastg der InhaberGrdSch erfolgt wie die der bewegl Sachen dch Einigg u Briefübergabe, §§ 1195, 1032, 1081, 1293. Bei Verpfändg einer BriefHyp (–GrdSch) Besonderh für ÜbergabeErsatz: §§ 1274 I 2, 1205 II.

f) Pfändung (ZPO 830, 857 VI 1): BuchR dch PfändgsBeschl u Eintragg: BriefR dch PfändgsBeschl u Übergabe des Briefs an Gläub od Wegnahme durch GVz. Aushändigg des PfändgsBeschl an Gläub genügt. Zustellg auch an DrittSchu (Eigtümer) nicht erforderl, wenn auch wg ZPO 830 II zweckm. Deshalb (im Ggsatz zu ZPO 829, 830 III) auch nur wg § 830 II ZPO von Bedeutg, daß PfändgsBeschl Zahlgsverbot an den DrittSchu enthält. Für **Briefrechte** beachte: Die Pfändg des HerausgAnspr des VollstrSchu gg GBA (bei dem Brief zB neugebildet liegt) begründet noch kein PfdR an GrdPfdR. Sie bleibt überh unwirks, wenn dem VollstrSchu außer dem gepfändeten materiellen HerausgAnspr (§§ 985, 952 II; § 1117 I; 931; § 1117 II) nicht zugleich der gg GBA gerichtete (unpfändb, KGJ **44**, 278) öffr Anspr aus GBO 60 II zusteht (vgl Horber § 60 Anm 6 mit Nachw). Gibt GBA freil pflichtwidr den Brief gleichwohl heraus, ist mit BriefBes PfändgsPfdR für Gläub entstanden, vgl Düss OLGZ **69**, 208. – Zur Teilpfändg (Aushändigg eines Teilbriefs) vgl Oldbg Rpfleger **70**, 100 (iZw Gleichrang mit RestHyp). – Wg Pfändg von Ansprüchen auf rückständige Zinsen ua (§ 1159) vgl ZPO 830 III 1, 829. Wg Pfändg der SichgsHyp des § 1187 vgl dort Anm 5. Pfändg der HöchstbetragsHyp erfolgt durch Pfändg von Fdg u Hyp nach ZPO 830, aber auch Pfändg der Fdg allein nach ZPO 829 bei gleichzeitiger Überweisg an Zahlgs Statt mögl, ZPO 837 III. Pfändg der InhaberGrdSch: § 1195 Anm 3, des EigtümerGrdPfdR unten Anm 3 E aE, der vorl EigtümerGrdSch: § 1163 Anm 4 d, § 1190 Anm 4 a. –

C. Schutzbestimmungen.
a) Für Gläubiger gg Gefährdg der Sicherh des GrdPfdR: §§ 1133–1135. Bei Rentenschuld vgl § 1201 II 2. Vgl ferner HypBkG 17 I. SchadErsAnspr nach §§ 823, 826.
b) Für Schuldner gg Ausbeutg: **aa)** Vertragl VfgsBeschrkg, insb Belastgsverbot ggü Gläub auch schuldrechtl unwirks, § 1136. – **bb)** Abrede des Privatverkaufs u Verfallklausel vor Fälligk unwirks, § 1149.
c) Für Eigentümer bei VerkehrsBuchHyp gg Vfg des vor DarlHingabe eingetragenen Gläub: Widerspr unter erleichterten Voraussetzgn gem § 1139.

D. Befriedigung des Hypothekengläubigers; über GrdSchGläub vgl § 1191 Anm 2 d, 3 h.

a) Dem Gläubiger stehen **zwei Ansprüche** zu: der **dingliche** Anspr gg den Eigtümer auf Duldg der ZwVollstr in die HaftgGgst zwecks Befriedigg aus ihnen (§ 1147) u **der persönliche** Anspr auf Zahlg gg den Schu aGrd der gesicherten Fdg. Der Gläub kann nach Fälligk beide Anspr gleichzeitig gericht geltd machen, also die hypothekarische (dingl) Klage mit der persönl verbinden. Der Antr ist dann, wenn der

Hypothek. Grundschuld. Rentenschuld **Überbl v § 1113** 3 D, E

Eigtümer zugl der persönl Schu ist, dahin zu stellen: den Bekl zu verurteilen, an den Kläger × DM usw zu zahlen u wg dieses Betrages die ZwVollstr in das im GB von usw eingetragene Grdst zu dulden. UU dringt nur eine der Klagen durch, so nur die dingl, wenn der Schu mit Erfolg Einwendgen nur gg den pers Anspr geltd machen kann, vgl zB §§ 1137 Anm 1, 1138 Anm 1, 1156 Anm 1 b.

Ein **dinglicher Titel** aGrd der dingl Anspr (vgl § 1147 Anm 2) berechtigt nur zur Vollstr in die HaftgsGgst, ein **persönlicher Titel** auf Zahlg der gesicherten Fdg berechtigt zur ZwVollstr sowohl in das Grdst wie in das sonstige Vermögen des Schu. Trotzdem wird sich der Gläub aber auch dann, wenn Eigtümer u pers Schu dieselbe Pers sind, nicht mit der pers Klage begnügen. Vielmehr ist gerade der dingl Titel von erhebl Bedeutg. Dieser ist nötig, damit der Gläub bei der ZwVollstr in der Rangstelle der Hyp befriedigt wird. Wird allein aGrd eines pers Titels die ZwVerst betrieben, dann fallen sämtl (auch die nachstehenden) dingl GrdstRechte in das geringste Gebot, der Gläub wird erst in der 5. Rangklasse befriedigt, ZVG 10 I 5, 44. Erfolgt die Beschlagn durch ZwVerst od ZwVerw aGrd dingl Titels, so ist spätere Veräußerg des Grdst auch dem hins der Beschlagn gutgl Erwerber ggü unwirks, ZVG 26, 146. Erfolgt sie aGrd des persönl Anspr, so kann der gutgl Erwerber (vgl ZVG 23 II) des Grdst nach ZPO 771 widersprechen. Nur Vollstreckg aGrd dingl Titels führt Beschlagn iS der §§ 1121 ff herbei. Gilt auch für Pfändg. Hat der Gläub MietzinsFdg aGrd dingl Titels pfänden u sich überweisen lassen, so erlischt die Hyp in Höhe der Befriedigg, § 1181. Hat er es aGrd pers Titels getan, entsteht insow EigtHyp, § 1163. – Zulässig Vereinbarg, daß Gläub Befriedigg zunächst od überh nur aus der Hyp suchen darf, Planck § 1113 Anm 5a.

b) Befriedigung im Wege der Zwangsvollstreckung auf Grund des dinglichen Titels führt zum Erlöschen der Hyp (§ 1181 Anm 3a) u der gesicherten Fdg (§ 1181 Anm 3c). Ist aber der Eigtümer nicht zugl auch persönl Schu, so geht die Fdg entspr § 1143 I auf den Eigtümer über, währd die Hyp erlischt (§ 1181 Anm 3c).

c) Freiwillige Befriedigung des Gläubigers. Der GrdstEigtümer ist idR zugl pers Schu, braucht es aber nicht zu sein; die Hyp kann auch der Sicherg der Fdg gg einen anderen dienen. Der pers Schu ist bei Fälligk der gesicherten Fdg zur Befriedigg des Gläub verpflichtet, der Eigtümer als solcher ist es nicht, sond nur zur Duldg der ZwVollstr, § 1147. Er hat aber ein AblösgsR, § 1142.

aa) Eigentümer befriedigt den Gläubiger. Ist er **auch persönlicher Schuldner:** Fdg erlischt u Eigtümer erwirbt sich in EigtümerGrdSch umwandelnde Hyp (§§ 1163 I 2, 1177 I). – Ist er **nicht persönlicher Schuldner:** Fdg erlischt nicht, sond geht mit der Hyp als (forderugsbekleidete) EigtümerHyp auf den Eigtümer über, §§ **1143**, 412, 401 I, 1153 I, **1177 II**. – Anders nur, wenn der Eigtümer od sein RVorgänger dem persönl Schu ggü zur Befriedigg des Gläub verpflichtet war, zB nach § 415 III; vgl hierzu § 1143 Anm 2. Besonderh bei Zinsrückständen ua: § 1178: FdgsÜbergang, aber Erlöschen der Hyp. – Wegen Aufrechng vgl § 1142.

bb) Vom Eigtümer verschiedener **persönlicher Schuldner befriedigt den Gläubiger.** Ist **er dem Eigentümer** ggü dazu verpflichtet (zB § 439 II) od hat er gg ihn keinen ErsAnspr: Fdg erlischt (§ 362) u Eigtümer erwirbt sich in EigtümerGrdSch umwandelnde Hyp (§§ **1163 I 2, 1177 I**). – Ist **der Eigentümer ihm** ggü dazu verpflichtet (zB der Käufer übernimmt die Hyp in Anrechng auf den Kaufpr, worin idR eine befreiende SchuldÜbern liegt, der Gläub genehmigt die SchuldÜbern aber nicht, § 415 III) od der Schu erlangt aus anderem Grunde inf der Befriedigg des Gläub einen ErsAnspr gg den Eigtümer od dessen RVorgänger: die Fdg des Gläub erlischt, § 362, die Hyp geht auf den pers Schu über u sichert jetzt dessen RückgriffsFdg (gesetzl FdgsAuswechslg), **§ 1164**. Schutzbestimmungen für Schu: §§ 1165–1167.

cc) Bürge befriedigt den Gläubiger: BürgschFdg erlischt, § 362; HypFdg geht mit der Hyp auf den Bürgen über, §§ 774, 412, 401.

dd) Ausgleichsberechtigter Mitschuldner befriedigt den Gläubiger: §§ 426 II, 412, 401. Wg Befriedigg durch einen **Miterben** vgl § 1143 Anm 2.

ee) Sonstiger Dritter befriedigt den Gläubiger: Fdg erlischt u Hyp wird EigtümerGrdSch, §§ 267, 1163 I 2, 1177 I. Persönl ErsAnspr des Dritten gg den Eigtümer od persönl Schu nach SchuldR; BGH **LM** § 812 Nr 25 gibt Zahlendem Anspr aus § 812. Ist der Dritte aber **ablösungsberechtigt:** Fdg geht mit der Hyp auf den Ablösenden über, §§ 1150, 268, 1153. Ablösgsberechtigt ist, wem der Verlust eines Rechts am Grdst od des Besitzes droht; u zwar schon dann, wenn der HypGläub Zahlg verlangt.

E. Eigentümerhypothek und Eigentümergrundschuld. Das BGB will dem Eigtümer die freie Vfg über eine günst Rangstelle sichern u verhindern, daß bei Wegfall des voreingetragenen GrdPfdR nachstehde GrdPfdGläub durch Aufrücken eine der Zinshöhe nicht entsprechende bessere Rangstelle erlangen (vgl aber §§ 1179a, 1179b). Das BGB erreicht diesen Zweck durch das EigtümerGrdPfdR.

a) Der Eigtümer kann **für sich selbst** eine GrdSch bestellen, § 1196; nicht eine Hyp, KG JW **36**, 3131. Aber Begründg einer EigtümerHyp nach ZVG 118, 128 mögl, KGJ **44**, 294.

b) Ursprünglich entsteht ferner eine EigtümerGrdSch, wenn das FremdGrdPfdR, das bestellt w sollte, nicht entstanden ist: **aa)** wenn bei einer Hyp die Fdg nicht od noch nicht entstanden ist, § 1163 I 1, insb bei Nichtvaluterg; weitere Beisp bei § 1163 Anm 4; **bb)** wenn bei BriefGrdPfdRechten der Brief noch nicht dem Gläub übergeben od Überg nach § 1117 II ersetzt ist. §§ 1163 II, 1192; **cc)** wenn bei der WertpapierHyp das HypPap noch nicht im Verkehr, bei Orderpapier der Hyp noch nicht indossiert ist, §§ 1187, 1188; wenn bei der InhGrdSch der Eigtümer noch Inh des Briefs ist, § 1195. **dd)** Wg der str Frage der Entstehg einer EigtümerGrdSch bei dingl ungültiger GrdPfdBestellg vgl § 1163 Anm 3.

c) Nachträglich entsteht ein EigtümerGrdPfdR: **aa)** bei Hyp, wenn die Fdg erlischt, § 1163 I 2, insb durch Erfüllg. Ausnahme insb: wenn der vom Eigtümer verschiedene pers Schu den Gläub befriedigt u von dem Eigtümer Ersatz verlangen kann, hier geht die Hyp, die jetzt die ErsFdg des pers Schu sichert, auf diesen über, § 1164. Weitere Ausn vgl § 1163 Anm 5b. Vgl ferner §§ 268, 1150, KO 225 II: die Fdg geht trotz Befriedigg des Gläub nicht unter, sond mit der Hyp (§ 1153) auf den befriedigenden Dritten über.

bb) Bei GrdSchulden: bei GrdSchAblösg (vgl oben D II), nicht aber bei bloßer Tilgg der pers Fdg. **cc)** Bei Verzicht des Gläub auf sein GrdPfdR, § 1168; gleichstehd § 418 I 2, 3. **dd)** Bei Wegfall der prozessualen GrdLagen einer Zwangs- u ArrestHyp, ZPO 868, 932. **ee)** Inf Ausschlußurteils gg unbekannte Gläub, §§ 1170, 1171. **ff)** Bei Vereinigg von Eigt u GrdPfdR in einer Pers, zB durch Erbgang od Abtretg, § 889. **gg)** Bei Herabsetzg im VertrHilfeVerf, vgl Anm 8b bb.

Erwirbt der Eigtümer nur die Hyp, nicht die Fdg (fordergsentkleidete EigtümerHyp), so verwandelt sich die FremdHyp in eine EigtümerGrdSch, § 1177 I. Erwirbt er die Hyp mit der Fdg (fordergsbekleidete EigtümerHyp), so ist sie EigtümerHyp, nicht EigtümerGrdSch, wird aber, solange Hyp u Eigt vereinigt sind, als EigtGrdSch behandelt, § 1177 II; es gilt also wie bei dieser § 1197. Wird das eingetragene FremdGrdPfdR zum EigtümerGrdPfdR, so wird das Grdbuch unrichtig, der Eigtümer kann von dem bish Gläub Berichtigg, § 894, u Herausg des Briefes, §§ 985, 952, verlangen. Der Eigtümer erhält eine echte Hyp od GrdSch (RG 88, 305; str; vgl Planck Anm 2e vor § 1113), wenn auch mit gewissen Besonderheiten, §§ 1177 I 2, II, 1197. Ihm verbleibt die Hyp od GrdSch auch dann, wenn er das Grdst veräußert. Die GrdSch bleibt auch dann GrdSch, Umwandlg nur nach § 1198. Vgl auch § 1177 Anm 3, 4. Der Eigtümer erhält in der ZwVerst den auf das EigtümerGrdPfdR entfallenden Erlös. Die nachstehenden Gläub müssen sich durch Pfändg des EigtümerGrdPfdR sichern, aber die grundbuchmäßige Rangfolge ist insow ohne Bedeutg, auch kann ein pers Gläub mit der Pfändg zuvorkommen. Es hätte genügt, dem Eigtümer die Rangstelle durch einen absoluten Rangvorbehalt zu sichern (vgl SchiffsRG 57 III).

Wird nur ein Teilbetrag EigtümerGrdSch, so gilt die Kollisionsklausel, § 1176. – Der Eigtümer kann sich, sofern nicht schon ein ges LöschgsAnspr nach §§ 1179a, 1179b besteht, zur Löschg eines EigtümerGrdPfdR verpflichten, so daß die nachstehenden Gläub aufrücken; dingl Sicherg dieser Verpflichtg durch Vormerkg, § 1179. – Ein EigtümerGrdPfdR entsteht nicht für rückständige Zinsen, anderweitige Nebenleistgen, wozu Tilggszuschläge nicht gehören, u Kosten, § 1178. – Für die GesHyp: §§ 1143 II, 1172, 1173, 1175. – Im Konkurs des Eigtümers fällt das vorher entstandene u das durch Befriedigg des Gläub mit Mitteln der Masse entstandene EigtümerGrdPfdR in die Masse, KO 1, 6.

Die **Pfändung** des EigtümerGrdPfdR erfolgt, da echtes GrdPfdR, nicht nach ZPO 857 II mit 829, sond nach ZPO 857 VI mit 830 (hM, jed str), deshalb Pfändg der BriefHyp u -GrdSch erst mit Überg, evtl Wegnahme des Briefes, der BuchHyp u -GrdSch erst mit Eintr in das GB wirks; wg vorheriger Umschreibg auf Eigtümer vgl § 1177 Anm 3c aE. – Da kein DrittSchu, beschr sich der an Eigtümer zuzustellde Pfändgs-Beschl auf das Gebot nach ZPO 829 I 2. Doch gilt nicht etwa ZPO 830 II zuungunsten des RInh dergestalt, daß vor Wirksamw der Pfändg in der Vfg beschr wäre. Zu den Wirkgen der Pfändg u Verpfändg vgl § 1197 Anm 2. Nach dem Zuschlag kann der Anspr auf Auszahlg des Erlösanteils gepfändet w, u zwar nach ZPO 857 II mit 829, so daß weder Briefwegnahme noch Eintr zur Wirksamk erforderl, RG 75, 316. Pfändg des künftigen Steigerlösanteils vor dem Zuschlag unzul, RG 70, 278. – Wg Pfändg der künftigen Eigtümer-GrdSch vgl § 1163 Anm 5c. – Zur Pfändg vgl Stöber Rdn 1913ff mit umfassden Nachw; U. Huber BB 65, 609.

F. Erlöschen der Grundpfandrechte.

Nicht durch Vereinigg von GläubR u Eigt (§ 889, Ausn: § 1178 I). Nicht durch Erlöschen der durch Hyp gesicherten Fdg, vgl D 1c aa. Ausn.: Anm F c. Nicht durch Verzicht, § 1168. Hier entsteht jedesmal EigtümerGrdSch. Sondern nur durch:

a) Aufhebung ch AufgErkl des Gläub u Löschg (§ 875) mit Zust des Eigtümers (§ 1183) u DrittBerecht (§ 876).

b) Befriedigung aus dem Grundstück (§ 1181), also aGrd dingl Titels im Wege der ZwVerst, ZwVerw od Pfändg.

c) Freiwillige Befriedigung des Gläub nur ausnahmsw, zB bei der RHeimstHyp (RHeimstG 17 II 2), der AbgeltgsHyp (Anm 2 B d bb).

d) Zuschlag in der ZwVerst bei Ausfall, ZVG 52 I 2, außer wenn Bestehenbleiben vereinbart.

4) Über **landesrechtliche Vorbehalte u Übergangsvorschriften** vgl insb EG 91, 112, 117, 118, 120, 167, 184, 186, 188, 189, 192ff.

5) Einfluß der Währungsreform 1948 auf die Grundpfandrechte: § 1113 Anm 7.

Erster Titel. Hypothek

1113 Begriff. ¹ Ein Grundstück kann in der Weise belastet werden, daß an denjenigen, zu dessen Gunsten die Belastung erfolgt, eine bestimmte Geldsumme zur Befriedigung wegen einer ihm zustehenden Forderung aus dem Grundstücke zu zahlen ist (Hypothek).

ᴵᴵ Die Hypothek kann auch für eine künftige oder eine bedingte Forderung bestellt werden.

1) Allgemeines.

a) Rechtsinhalt. Die Hyp ist eine Belastg des Inhalts, daß eine Geldsumme (idR mit Nebenleistgen) zur Befriedigg einer Fdg aus dem Grdst zu zahlen ist. Die Hyp ist nach Bestand als FremdR, Inhalt u Zuordng von der Fdg abhäng (akzessorisch); rechtl ist die Fdg das HauptR u die Hyp das NebenR (RG 81, 268). Sie ist ein dingl VerwertgsR, denn der Eigtümer ist nicht zur Zahlg verpfl, sond muß nur die ZwVollstr wg Kapital/Nebenleistgen in das Grdst dulden (§ 1147).

b) Arten: Übbl 2 B vor § 1113.

c) Grundgeschäft für die HypBestellg (Einl 5a vor § 854) ist ein SichgsVertr, für den § 1191 Anm 3b

Hypothek. Grundschuld. Rentenschuld. 1. Titel: Hypothek § 1113 1–4

gilt, soweit das Fehlen der gesicherten Fdg od deren Abtretg in den Auswirkgen auf die Hyp nicht dch den AkzessorietätsGrds geregelt ist (zB § 1163 I statt RückgewährAnspr bei fehlder Fdg).

2) Belastungsgegenstand. Grdst; reale GrdstTeile (vgl aber GBO 7); MitEigtAnt (§ 1114) einschl WE/TeilE; grstgl Rechte (zB ErbbR); BruchtAnt an grdstgl Rechten u WE/TeilE.

3) Entstehung der Hypothek.

a) Rechtsgeschäft. Dch Einigg (Ausn: § 1188) u Eintr (§ 873); ohne wirks Einigg entsteht kein dingl Recht (auch nicht eine EigtümerGrdSch; vgl § 1163 Anm 3), jedoch gutgl Dritterwerb mögl. Die Hyp steht trotz wirks Einigg u Eintr dem Eigtümer bis zur FdgsEntstehg (§ 1163 I) u bei BriefHyp bis zur BriefÜberg/ÜbergErs (§§ 1117, 1163 II) zu. Über Eintr vgl § 1115. Tritt der Gläub die Fdg vor der Eintr ab, kann der Zessionar unmittelb eingetr werden; notw ist entw EintrBew des Eigtümers zG des Zedenten u dessen AbtrErkl od EintrBew des Eigtümers zG des Zessionars. – Die Hyp kann **bedingt oder befristet** sein (RG 122, 327); Bdgg aber nicht auf GrdstTeil beschränkt (BayObLG 78, 223). Vor Eintritt aufschiebder Bdgg (Ablauf der AnfangsFr) u nach ihrem Ausfall keine EigtümerGrdSch. Bei Eintritt auflösder Bdgg (Ablauf der EndFr) erlischt Hyp (keine EigtümerGrdSch). Hyp auch dch selbes Ereign auflösd für Gläub 1 u aufschiebd bdgt für Gläub 2 bestellb (LG Traunst RhNK 78, 134). Bdgte Hyp zu unterscheiden von unbdgter Hyp für bdgte Fdg (Anm 4e). – Wg **behördlicher Genehmigung** vgl Übbl 4 vor § 873.

b) Zwangsvollstreckung (nur SichgsHyp, § 1184): ZwHyp (ZPO 866, AO 322); ArrestHyp (ZPO 932); für Fdg gg Ersteher in der ZwVerst (ZVG 128); gg Vormund/Pfleger auf Ersuchen des VormschG (FGG 54); nach LandesR (EG 91).

c) Kraft Gesetzes (ohne Eintr): dch Surrogation (§ 1287 S 2, ZPO 848 II); dch UmleggsPlan (BauGB 61).

4) Gesicherte Forderung.

a) Bestimmtheit. Der Hyp ist bei der Bestellg eine nach Gläub/Schu, LeistgsGgst u SchuldGrd individualisierte GeldFdg dch Einigg u Eintr zugrdezulegen (KGJ **35**, 279; BGH WPM **72**, 786; Westermann JZ **62**, 302); Ausn dch § 1190 für FdgsHöhe u SchuldGrd. Unwirks ist die Bestellg für die eine od die and Fdg (RG JW **11**, 653). Auswechselg der Fdg nach § 1180 (vgl auch §§ 1164 I 1, 1173 II, 1174 I, 1182 S 2); sie ist auch erforderl, wenn die bei Bestellg zugrundegelegte Fdg nicht entstanden ist u die Hyp eine andere Fdg sichern soll (Baur § 37 II 3; Jauernig Anm 4 c; Westermann aaO; aA BGH **36**, 89). – **aa) Eine Hypothek für mehrere Forderungen** mögl. Sie können sich gg denselben od verschiedene (selbständ od in VerpflGemsch stehde) Schu richten (KG **126**, 272; BayObLG **64**, 32). Bei GesSchu müssen nicht die Fdgen gg alle gesichert werden. – **bb) Mehrere Hypotheken für dieselbe Forderung** (EinzelHyp im Ggs zu GesamtHyp nach § 1132) nicht mögl (RG **131**, 16); wohl aber für selbständ FdgsTeile (RG aaO), zB MehrBetrHyp (HöchstBetrHyp für Kredit, der NennBetr bereits dch GrdPfdR gesicherter Fdg übersteigt) od Kapital u Zinsen. Zul aber: Hyp u GrdSch für eine Fdg (RG **132**, 136; LG Lüb Rpfleger **85**, 287; aA MüKo/Eickmann Rdn 67 bei gleichem Grdst); unbdgte u dch Ausfall in ZwVerst bdgte Hyp (RG **122**, 327); Verkehrs- u ZwangsHyp an verschiedenen Grdst (KG JFG **13**, 82; aA MüKo/Eickmann Rdn 71), aber wg ZPO 867 II nicht mehrere ZwangsHyp (KG JFG **18**, 152).

b) Subjekte der Forderung. – aa) Gläubiger der Fdg u der Hyp müssen zwingd dieselbe Pers sein; Zahlgsempfänger kann Dritter sein (KG JFG **12**, 312). Deshalb kann bei Begründg der Fdg dch echten Vertr zG Dritter nur der Dritte (Hyp aber nicht so bestellb; Anm 3 a) u bei ihrer Begründg dch unechten Vertr zGDritter nur der VersprEmpfänger HypGläub sein (BayObLG NJW **58**, 1917). Obwohl Fdg für jeweil Eigtümer eines and Grdst begründb (RG **128**, 246), kann dieser mangels §§ 1094 II, 1105 II entspr Vorschr nicht HypGläub sein (KG HRR **31**, 1862), wohl aber VormgsBerecht für Hyp (§ 883 Anm 2 c aa). Sofern (zB gem § 328) künft Abkömmlinge od unbekannte Erben einer best Pers FdgsGläub sein können, ist ihre Fdg dch Hyp sicherb (BayObLG aaO); die Einigg nach § 873 müssen sie aber dch einen Vertreter (zB Pfleger, TestVollstr) selbst erklären. – **bb) Gläubigermehrheit.** Mehrere können gleichzeit Gläub nur in Bruchteils- (KGJ **31** A 313) od GesHdsGemsch od als GesBerecht iSv § 428 (BGH NJW **75**, 445) sein, nicht aber alternativ (KG OLG **26**, 129; **45**, 238). Mehrere können nacheinand Gläub sein, wenn dasselbe Ereign für A auflöse u für B aufschiebde Bdgg für GläubStellg ist (RG **76**, 89). Bei GesGläub müssen nicht alle HypGläub w (BGH **29**, 363). – **cc) Schuldner** der Fdg u GrdstEigtümer müssen nicht dieselbe Pers sein; RVerh zw ihnen zB nach § 267 Auftr od Schenkg (vgl BGH **LM** § 516 Nr 2). Wg SchuMehrh vgl Anm 4 a aa.

c) LeistgsGgst muß die Zahlg einer der Höhe nach bestimmten **Geldsumme** sein; and Anspr sind daneben nicht sicherb (BayObLG **67**, 48). Anspr auf Lieferg von WertPap nicht sicherb (KG JFG **2**, 366). GeldFdg steht Befugn des Schu zur Leistg and Ggst nicht entgg (BGH **LM** Nr 3). WahlschuldVerh nur sicherb, wenn die Hyp die GeldFdg sichern soll u diese erst dch die Leistg and Ggst erlischt (RG **132**, 9; KG JFG **9**, 235). Keine Hyp ausschließl für lfde ZinsFdg, wohl aber für kapitalisierte ZinsFdg (LG Bn Rpfleger **82**, 75).

d) Die Fdg kann auf jedem rechtl zul **Schuldgrund** beruhen. – **aa)** Da die mit der Hyp verknüpfte Fdg bzgl des SchuldGrd individualisiert sein muß (Westermann § 111 II 1), muß die Einigg ergeben, ob bei nichtigem DarlehnsVertr Anspr aus § 812 gesichert (zB wenn SchuldGrd dch Rückzahlgs Anspr wg Geldhingabe; Hbg MDR **68**, 756) od nicht (zB wenn SchuldGrd dch Fälligk u Zinsen konkretisierter VertrAnspr; RG JW **11**, 653); sehr str (wie hier: Jauernig Anm 4 c; aA Westermann § 112 II 3: grdsl gesichert); wg Eintr des SchuldGrd vgl § 1115 Anm 7. – **bb)** Auch **öffentlich-rechtliche Ansprüche** sicherb. Wg Verbots der Doppelsicherg aber nur, wenn sie nicht od nicht mehr VorR gem ZVG 10 I 3 genießen (BayObLG **56**, 122); eintragb aber schon vor Wegfall der VorR als dch Wegfall aufschiebd bdgt od als HöchstBetrHyp (BayObLG aaO; LG Köln Rpfleger **62**, 104). Einzelfälle: SteuerFdg gem §§ 241 I Nr 5 c, 322 AO 1977; ZahlsAnspr aus öffentlrechtl Vertr (RG Warn **08**, 161; KG JW **32**, 1062); Erschließßbeiträge nach BBauG 133 II, III (LG Köln aaO).

e) Über künftige und bedingte Forderungen (II) vgl § 883 Anm 2e, f; iü müssen sie dem BestimmthGrds (Anm 4a) genügen, woran es idR bei der Sicherg zukünft ZugewinnAusglFdg fehlt (Gaul FamRZ **61**, 132). Bei künft (RG **51**, 43) u aufschieb bdgter (BayObLG DNotZ **51**, 180) Fdg entsteht zunächst EigtümerGrdSch (§§ 1163 I, 1177), die sich unter Beibehaltg ihres Ranges mit Entstehg der Fdg bzw BdggsEintritt in Hyp wandelt; bei nur noch nicht fäll Fdg entsteht Hyp schon mit Eintr (RG JW **32**, 1216). Bei auflösd bdgter Fdg entsteht mit BdggsEintritt EigtümerGrdSch. – Unbdgte Hyp für bdgte Fdg von bdgter Hyp (Anm 3a) für bdgte od unbdgte Fdg zu unterscheiden. Gleiche Bdgg für Entstehen/Erlöschen von Fdg u Hyp vereinb.

5) Wertbeständige Hypotheken haben nicht die Zahlg einer bestimmten Geldsumme zum Ggst, sond einer Geldsumme, welche nach dem Preis einer bestimmten Menge von Waren an einem bestimmten Stichtag zu errechnen ist. Das BGB läßt sie nicht zu, da § 1113 eine best Geldsumme voraussetzt. Ermöglicht wurden sie dch G v 23. 6. 23 (RGBl 407) mit mehreren DVOen, ferner G v 2. 2. 28 (RGBl 11). Wertmesser: Feingold (entweder als Preis einer best Gewichtsmenge Feingold od als Goldmark, wobei diese dem amtl festgestellten Preis von 1/2790 kg Feingold entspr), Roggen u Weizen, gewisse Sorten von Kohle u Kali, bei Hyp zur Sicherg best Anleihen auch Kurswert des US-Dollar. Einzelh s 28. u früh Aufl. Die Möglichk zur Begründg wertbeständ Hyp wurden schon vor 1945 wieder eingeschränkt; Gleichstellg Goldmark = Reichsmark (1 kg Feingold = 2790 RM) dch VO v 16. 11. 40 (RGBl 1521) § 1 I nahm außerdem Anreiz zur Verwendg des Wertmessers Feingold. Schließl waren nach der Mark = Mark-Gesetzgebg der Besatzgsmächte (vgl § 245 Anm 5a) alle Fdgen u Hyp in RM rückzahlb; demgem bezog sich Währgsumstell auch auf die ehem wertbeständ Hyp, jedenf bei Wertmesser Feingold. Die Streitfrage, ob heute noch wertbeständ Hyp begründet w können (weil die einschläg Bestimmungen nach dem 2. Weltkrieg formell nicht aufgeh wurden; vgl dazu Soergel/Baur § 1115 Rdn 10–13) ist kaum von prakt Bedeutg, da jedenf Gen nach WährG § 3 erforderl, die idR nicht erteilt wird. Fdgen mit zulässiger od genehmigter **Wertsicherungsklausel** (s hierzu § 245 Anm 5; ErbbRVO 9 Anm 3a cc) können dch Hyp wg der Voraussetzg des bestimmten GeldBetr auch nur iF der HöchstBetrHyp gesichert w, insow es sich um reine Geldschulden handelt (krit Müller-Frank RhNK **75**, 355).

6) Hypotheken in ausländischer Währung: Eintr wäre nach BGB mögl; aber GBO § 28 S 2 (OrdngsVorschr, Verletzg macht Eintr nicht unwirks, dann aber WährG § 3 zu beachten). Vorübergeh (bis 31. 12. 1929) war Eintr zugel dch VO v 13. 2. 1920, RGBl 231 (vgl 23. Aufl), die aber aufgeh wurde (ohne Rückwirkg für schon eingetr Rechte) dch Art IV G vom 8. 5. 63, BGBl 293, u heute nur noch von Bedeutg iF VO 15 III, eingefügt dch G v 16. 3. 31, RGBl 31 (PfdAustausch u -erstreckg), hierzu *Bay*VO v 6. 12. 56, BS III 134. – Sonderregelg für **Schweizer Goldhypotheken:** Abkommen v 6. 12. 1920, RGBl 2023, sah Rückzahlg in Gold od Schweizer Franken vor. Dch ZusatzAbk v 25. 3. 23, RGBl II 286, Umwandlg in Schweizer Franken-Grdschulden. Vereinb v 23. 2. 53 u G v 15. 5. 54, BGBl II 538, 740; Fälligk bis 31. 12. 57 hinausgeschoben, dann Tilg innerh 13 Jahren. Einzelh BGH WPM **66**, 324. – Andere Frage, inwiew bei **Fremdwährungsschulden** Sicherg dch Hyp in dtscher Währg erfolgen kann; vgl hierzu RG **106**, 79; **152**, 219; RG u Michaelis in AkZ **42**, 285, 278.

7) Währungsreform 1948. Vgl Haegele BWNotZ **73**, 1 ff. GrdPfdRechte, die auf RM, GM od Rentenmark lauten, sind in DM umgestellt worden, u zwar regelm nach dem für die gesicherten Fdg im Verhältn 10 : 1 (UmstG v 20. 6. 48 § 16). Dagg Umstellg 1 : 1 in den Fällen UmstG § 18 und 40. DVO UmstG § 2 (insb Fdgen aus Auseinandersetzgn, EigtümerGrdSchulden, HöchstBetrHyp). Bei Umstellg 10 : 1 wurde der durch die Umstellg eingetretene Schuldnergewinn zum Lastenausgleich herangezogen; in Höhe von 90% entstand zunächst eine UmstellgsGrdSch für die BRep; an ihre Stelle trat durch das LAG v 15. 7. 68, BGBl 806) grdsätzl die **Hypothekengewinnabgabe** (LAG 91–160), die als öff Last auf dem Grdst ruhte, für deren einzelne Verbindlichk aber der jeweilige Eigtümer auch persönl haftete (vgl 22. Aufl). Gesetz über Maßnahmen auf dem Gebiete des Grundbuchwesens v 20. 12. 1963, BGBl 986. – Über Einzel-, insb VerfFragen vgl zB Horber, GBO 16. Aufl, Anh zu § 22; AG Hann NdsRpfl **67**, 131.

a) Eintragung der Umstellung (§§ 1–13). Die grundbuchl Ungewißh über die Höhe der Umstellg wurde möglichst beseitigt. – **aa)** Die Eintr eines UmstBetrages, der höher ist als 1 DM : 10 RM, konnte grdsätzl nur bis 31. 12. 1964 beantragt u mußte bis 31. 12. 1965 vollzogen w; andernf bestand am 1. 1. 66 die Hyp nunmehr nur in Höhe von 1 DM : 10 RM, selbst wenn die zugrundeliegde Fdg (die bestehen bleibt u noch dem Verf nach 40. DVOzUmstG § 6 unterliegt) einer höheren Umst unterliegt; dann hat der Gläub Anspr auf Bestellg einer weiteren Hyp in Höhe der Differenz an nächstoffener Rangstelle (dies uU auch gg den RNachfolger des Eigtümers). – **bb)** Ausnahme (Antr u Eintr auch später als Ende 1964 bzw 1965 zul): 1. wenn ein vor Ende 1964 eingeleitetes UmstVerf (40. DVO § 6) noch schwebte und zZ der Eintr ein (idR bis 31. 12. 65 einzutragender) UmstellgsSchutzvermerk eingetr ist (was teils vAw, teils auf bis 31. 10. 65 zu stellenden Antr zu geschehen hatte, §§ 3, 4), 2. wenn die Voraussetzgn einer Umstellg (1 : 1) nach 40. DVOzUmstG § 2 Nr 4 vorlagen (also insb Hyp der AVN, die unter Londoner SchuldenAbk fällt) u seit Ende des Jahres ihres Eintritts bei AntrStellg nicht mehr als 3 Jahre verstrichen waren. – **cc)** Vereinfachtes GBBerichtiggsVerf: § 8. – **dd)** Regelg gilt für Hyp, GrdSch, RentenSch.

b) Umstellungsgrundschuld (§§ 14–17): Die durch LASG für BRep entstandenen (nicht eintraggsbedürft) UmstGrdSch konnten, bevor sie nach LAG durch die HypGewinnabgabe ersetzt worden waren, bereits auf den Eigtümer übergegangen od erloschen sein. Aus dem GB brauchte dies nicht ersichtl zu sein. Um die sich hierdurch ergebe Unsicherh zu beseitigen, bestimmt GBMaßnG: alle noch bestehenden (eingetr od nichteingetr) UmstGrdSch erlöschen, wenn nicht bis 31. 12. 1964 beantragt w, den Übergang auf den Eigtümer einzutragen. Von 1965 ab können daher die noch eingetr UmstGrdSch, für die ein solcher Antr nicht gestellt ist, vAw gelöscht w. Der Rang etwa vorgetretener Rechte w hierdch nicht berührt.

c) Löschung umgestellter geringwertiger Rechte (§§ 18–20). Grdbuchrechtl Voraussetzgn für Löschg einer umgestellten Hyp, SchiffsHyp od GrdSch bis 500 DM u einer umgestellten Rentenschuld od

Hypothek. Grundschuld. Rentenschuld. 1. Titel: Hypothek §§ 1113–1115

Reallast bis 25 DM Jahresleistg erleichtert; die Notwendigk der Abgabe der erforderl Erklärgen besteht jedoch nach wie vor (Hamm Rpfleger **83**, 146). Über Löschg sonstiger RM- u GMHyp, wenn Inh verstorben, vgl Bertzel u Hetz Rpfleger **63**, 722; **64**, 136; Haegele u OLG Neust DNotZ **65**, 32, 47.

d) Hypothekengewinnabgabe. Gem § 21 ist auf Ersuchen des FinAmts das Bestehen einer HGA im GB einzutragen (freilich nicht Höhe u Rang, hierüber gibt FinAmt Ausk, LAG 128). Wurde das Ersuchen nicht bis Ende 1965 gestellt, so erlischt die öff Last; pers Schu der noch nicht fälligen Abgabenschulden ist der GrdstEigtümer zZ des Erlöschens der HGA (Näheres LAG 111 a III). Um die Feststellg, ob das Ersuchen des FinAmts rechtzeitig beim GBA eingegangen ist, zu erleichtern, ist in einer Abschlußbekanntmachg mitzuteilen, welche EintrErsuchen rechtzeitig gestellt u erledigt sind. Mit Ablauf von 2 Monaten seit dieser Bek erlöschen schlechth alle nicht eingetr Lasten der HGA (selbst wenn das Ersuchen rechtzeit gestellt, aber dies übersehen war). Mit diesem Augenblick genießt das GB insow öff Glauben. Die AbschlBekanntm istnunmehr in allen Bundesländern ergangen. Keine HGA auf im Saarland belegene Grdst, daher dort auch keine Eintraggen bzw AbschlBek (§ 35 GBMaßnG).

1114 **Belastung eines Bruchteils.** Ein Bruchteil eines Grundstücks kann mit einer Hypothek nur belastet werden, wenn er in dem Anteil eines Miteigentümers besteht.

1) Nur der **Anteil eines Miteigentümers nach Bruchteilen** (§§ 1008ff) einschl des Anteils an den mithaftden Ggst (§§ 1120 ff) ist selbstd be- u entlastb; nicht aber Anteil an GesHdsGemsch (RG **117**, 276) u keine quotenmäß beschr Be- u Entlastg von Allein- (BayObLG **74**, 466; vgl aber Anm 2) od MitEigt (BayObLG RJA **16**, 137). – **a) Maßgebender Zeitpunkt** ist die Entstehg der Belastg (auch iFv § 1163). Bei späterer Vereinigg belasteter u unbelasteter Anteile in der Hand eines MitEigtümers (RG **68**, 79) od Dritten (BayObLG DNotZ **71**, 659) ist nur fiktiv fortbestehder Anteil belastet, in den ggf ZwVollstr; Erstreckg auf unbelasteten Anteil dch RGesch mit Gläub (§ 873) mögl, wobei str, ob Zust vor- u gleichrang Berecht dieses Anteils notw (nein: KGJ **36**, 237; ja: MüKo/Eickmann Rdn 6). – **b) Gesamthypothek** entsteht: bei Belastg mehrerer Anteile (ursp od iW der Nachverpfändg) mit Hyp für dieselbe Fdg (BGH NJW **89**, 831); bei Umwandlg von AlleinEigt an belastetem Grdst in MitEigt (Ffm DNotZ **61**, 411); bei Belastg des ganzen Grdst dch alle MitEigtümer gem § 747 S 2 (BGH **40**, 120), wobei iFv § 1163 die EigtümerGrdSch den MitEigtümern in BruchtGemsch (§ 741) zusteht (BGH NJW-RR **86**, 233).

2) Bruchteil eines Alleineigentümers aber belastbar, wenn der gesondert belastete Bruchteil eine gewisse rechtl Selbständigk hat (Ffm NJW-RR **88**, 463); vgl auch Anm 1a. – **a)** SichgHyp des ZVG 128 ist auf ersteigertem Anteil einzutragen, auch wenn Ersteher jetzt AlleinEigtümer (RG **94**, 154). – **b)** Eintr einer ZwangsHyp auf gem AnfG 7 anfechtb erworbenen Anteil zul (KG HRR **31**, 1709). – **c)** FlurbG 68; dazu LG Karlsr BWNotZ **60**, 24. – **d)** Vorbeh für LandesR EG 112, 113. – **e)** Abweich auch dch gutgl Erwerb mögl (W-Raiser § 133 Anm 3: AlleinEigtümer fälschl als MitEigtümer eingetr; RG LZ **29**, 838). – **f)** Erwirbt BruchtEigtümer RestBrucht als VorE, so kann er bish Brucht gesondert belasten (BayObLG NJW **68**, 1431). – **g)** Gläub eines VermÜbergebers (§ 419) kann ZwangsHyp auf mitübertr GrdstBrucht verlangen (Jena JW **35**, 3647). – **h)** Dch Buchg nach GBO 3 III verselbständigte Anteile gesondert be- u entlastb (BayObLG **74**, 466).

3) Auf die **Grund/Rentenschuld** entspr anwendb (§ 1192).

1115 **Eintragung.** ᴵBei der Eintragung der Hypothek müssen der Gläubiger, der Geldbetrag der Forderung und, wenn die Forderung verzinslich ist, der Zinssatz, wenn andere Nebenleistungen zu entrichten sind, ihr Geldbetrag im Grundbuch angegeben werden; im übrigen kann zur Bezeichnung der Forderung auf die Eintragungsbewilligung Bezug genommen werden.

ᴵᴵ Bei der Eintragung der Hypothek für ein Darlehen einer Kreditanstalt, deren Satzung von der zuständigen Behörde öffentlich bekannt gemacht worden ist, genügt zur Bezeichnung der außer den Zinsen satzungsgemäß zu entrichtenden Nebenleistungen die Bezugnahme auf die Satzung.

1) Allgemeines.

a) Die für die Entstehg der **Hyp nach § 873 notwendige Eintragung** wird umfangmäß dch § 1113 bestimmt u muß daher die RNatur der Belastg als Hyp (Anm 2) sowie die gesicherte Fdg nach ihren Individualisiergsmerkmalen (Anm 3–7) enthalten. Die für diese Eintr gegebene **Möglichkeit der Bezugnahme auf die Eintragungsbewilligung nach § 874 wird durch § 1115 eingeschränkt.** Fehlt eine nach § 1115 vorgeschriebene Angabe im EintrVermerk, so ist die Hyp nichtig (RG **127**, 309) u die Eintr unzul iSv GBO 53 I 2; fehlt die Eintr der Nebenleistgen (Anm 6), so ist die Hyp iü entstanden (RG **113**, 229). – Weiterer Ausschl der Bezugn in §§ 1116 II, 1184 II, 1189 I 2, ZPO 800 I 2; auch VfgsBeschrkg nach VAG 70, 72 ist in EintrVermerk aufzunehmen (LG Bn DNotZ **79**, 309).

b) Eintragungsfähigkeit von Vereinbarungen. Eintragb sind zunächst die rechtl mögl **Gestaltungen des dinglichen Rechts** selbst (zB zeitl begrenzter Ausschl der Geltdmachg). Sodann alle rechtl mögl **Gestaltungen der gesicherten Forderung**, weil sie Inhalt u Umfang des dingl Rechts bestimmen (Riedel DNotZ **54**, 454): Klare u eindeut (Ffm Rpfleger **73**, 23) Bestimmgen über Tilgg, Fälligk, AufrechngsVerbot, Anrechng von Teilleistgen, Wirksamk von Erkl für mehrere Schu, Kündigg (Hamm MittBayNot **79**, 173), AbtretgsVerbot (Stgt OLGZ **65**, 96). **Sonstige persönliche Verpflichtungen** des Schu od Eigtümers, die nicht die Fdg gestalten (zB GrdstUnterhaltg, GbdeVersicherg, VeräußergsVerbot) sind als solche nicht eintragb; soweit die Nichterfüllg Fälligk- od KündiggsVoraussetzg ist, sind (unmittelb od gem § 874) nur diese Voraussetzgen, nicht aber die pers Verpfl selbst eintragb (BGH **21**, 34; Riedel aaO).

2) Die **Bezeichnung der Belastung** als Recht, sich wg einer Fdg aus dem Grdst zu befriedigen (§ 1113 Anm 1), braucht nur gem § 874 eingetr zu werden. Bezeichng als „Hyp" im EintrVermerk nicht notw; Angabe des SchuldGrd („1000 DM Darlehn für A") ausreichd; bloße Angabe des Kapitalbetrages („1000 DM für A") ausreichd, wenn RNatur als Hyp als Eintr in Abt III iVm in Bezug gen EintrBew ersichtl (KG PrJMBl **14**, 772). TilggsHyp braucht nicht als solche im EintrVermerk bezeichnet zu werden (BGH **47**, 41), wohl aber SichergsHyp (§ 1184 II); vgl auch ZVG 130 I 2.

3) Der **Gläubiger** (§ 1113 Anm 4b) muß im EintrVermerk angegeben sein; Verstoß führt zur Nichtigk der HypBestellg.

a) Gläub ist der **materiellrechtliche Inhaber** der Hyp; er wird dch die Einigg bestimmt. Eintr eines and läßt Hyp nicht entstehen, ermöglicht aber gutgl Erwerb von diesem. Eintr eines and ist unschädl, wenn wahrer Berecht identifizierb (Anm 3b aa). – Bloß **Verfügungsbefugte** wie KonkVerw (BayObLG **80**, 255), NachlVerw (Hamm Rpfleger **89**, 17), TestVollstr (Hbg OLG **20**, 416) od gesVertr (KGJ **36**, 226) sind nicht einzutragen, sond RInh selbst. Im Falle v VerglO 93 ist der Sachwalter sond als Vertreter ohne Namensangabe zusätzl einzutragen. – **Juristische Personen** des priv od öffR sind einzutragen, nicht ihre Organe bzw Behörden. Eintr eines Vertretgszusatzes unzul (LG Düss Rpfleger **77**, 167), macht Eintr aber nicht unwirks. – Bei **nichtrechtsfähigen Personenmehrheiten** wie nichtrechtsfäh Verein (RG **127**, 309; Schmidt NJW **84**, 2249; GbR (and OHG/KG wg HGB 124 I), ErbenGemsch u BruchtGemsch (einschl WE-Gemsch; BayObLG **84**, 239) sind die einz Mitgl zZ der HypBestellg einzutragen. – **Treuhänder** ist einzutragen, da VollRInh; TrHdZusatz unzul (Saarbr OLGZ **67**, 112), macht Eintr aber nicht unwirks (KG HRR **30**, 219). Keine gleichzeit Eintr von TrHänder u TrGeber (Hamm Rpfleger **54**, 464), Eintr idR wg Unbestimmth des Gläub unwirks. Im Falle v VAG 72 ist der TrHänder nicht als Gläub sond als ZustBerecht ohne Namensangabe zusätzl einzutragen (vgl dazu LG Wiesb Rpfleger **68**, 393). Vgl weiter Haegele/Schöner/Stöber Rdn 1996ff.

b) Die **Bezeichnung** des Gläub erfordert keine Namensangabe. Es genügen sonstige Angaben, aus denen die Pers des Gläub zu entnehmen ist (RG **127**, 309), wie zB künft Abkömmlinge einer best Pers (KGJ **29**, 153) od die noch unbekannten Erben eines best Verstorbenen (KGJ **36**, 226). Vgl aber § 1187 Anm 4b, VerglO 93. – **aa)** Die Bezeichng muß auf den Gläub passen (Hoche DNotZ **55**, 151) u ihn so best bezeichnen, daß **keine begründeten Zweifel an seiner Identität** aufkommen können (Brem DNotZ **65**, 566). Es können ausreichen: Firma statt pers Name (BayObLG DNotZ **81**, 578), „Kfm W. F." statt „W. F. OHG" (Hbg DNotZ **55**, 148), „A & B" als PersGesellsch des HGB mit unzutreffendem Zusatz „GmbH" (Brem aaO), Behörde statt der unzweifelh von ihr vertretenen jur Pers des öffR (KGJ **39**, 210; **51**, 242; Schlesw JZ **55**, 619; Karlsr DNotZ **55**, 544), „A als KonkVerw über das Vermögen des B" statt „B"; nach RG **127**, 309 nicht aber jeweil Mitgl eines nichtrechtsfäh Vereins. – **bb)** GBVfg 15 ist nur OrdngsVorschr, deren Verletzg Entstehg der Hyp nicht hindert (Schlesw JZ **55**, 619; BayObLG **81**, 391); auch unterl Angabe des GemschVerh entgg **GBO 47** (dazu Böhringer BWNotZ **85**, 73) macht Eintr nicht unwirks (Horber § 47 Anm 7a; Hamm DNotZ **65**, 408). Daher führt BezeichngsMangel, der zur Zurückweisg des EintrAntr berechtigt (zB Firma bei EinzelKfm; BayObLG NJW-RR **88**, 980), bei Eintr nicht notw zur Unwirksamk.

4) Der **Schuldner** (§ 1113 Anm 4b cc) braucht nur gem § 874 eingetr zu werden. Fehlen der Eintr bewirkt weder bei Identität mit dem Eigtümer (allgM; Güthe Recht **09**, 463) noch (sofern Schuldn feststellb) bei Verschiedenh von ihm (RG **136**, 80; Soergel/Baur Rdn 8; Erm/Räfle Rdn 4; aA Naumburg JW **30**, 846) Nichtigk der Hyp; and wenn von Einigg abw Schuldn eingetr (Hamm JW **33**, 2921).

5) Der **Geldbetrag** (§ 1113 Anm 4c) muß aus dem EintrVermerk selbst hervorgehen. Es ist zahlenmäß bestimmte Summe einzutragen, nicht in Berechnungsmerkmalen (KGJ **36**, 229).

6) Nebenleistungen (NbL).

a) Allgemeines – aa) Begriff. Nebenleistgen sind außer dem Kapital zu entrichtde Beträge, die nach dem Willen der Beteil **von der Hauptforderung abhängig** sind (Schlesw SchlHA **68**, 260): der Anspr auf sie kann nur währd des Bestehens der HauptFdg entstehen. § 1115 behandelt ihre vertragl (im Ggs zu gesetzl: § 1118) NbL u unterteilt sie ohne rechtl Unterschied in Zinsen u and NbL. Die NbL kann **einmalig** sowie entw für die Dauer des Bestehens der HauptFdg (unbefristet lfd) od nur für einen Zeitraum ihres Bestehens (anfangs- u/od endbefristet) in **wiederkehrenden Beträgen** zu entrichten sein; in beiden Fällen kann sie bdgt sein. – **bb) Bestimmtheit.** Die NbL muß dem Umfang nach aGrd jederzeit feststellb obj (zur NbL außerh des GB liegder) Umstände bestimmb sein (BGH **35**, 22), sonst insow keine wirks Belastg (BGH NJW **75**, 1314); dies erfordern das materielle (§ 1113 Anm 4c) u das formelle (Übbl 3f vor § 873) BestimmthGebot (BayObLG **75**, 126). Bei variablen NbL sind neben der Normal- die Mindest- u Höchstbelastg mit den Änderungsvoraussetzgen einzutragen (BGH NJW **75**, 1314). – **cc)** Der **Eintragungsvermerk** muß nach dem Zweck des § 1115 das größtmögl Ausmaß der Belastg ohne Hinzunahme der EintrBew od von Umständen außerh des GB konkret errechnen lassen; dies gilt auch bei gesetzl (KG OLGZ **71**, 450) od dch Urt (KG JW **34**, 1506) festgelegter NbL (zB kein Eintr „2% Zinsen über Bundesbankdiskont"). Bei unbefristet lfd NbL genügt Höchstumfang in best Zeitraum (zB 5% jährl), da Gesamtdauer nicht abzusehen (Neust DNotZ **61**, 666; Böttcher Rpfleger **80**, 81). – Die **Bezugnahme auf die Satzung** (II) genügt nur für and NbL iSv Anm 6c einer DarlehnsHyp: Bezugn nur auf die EintrBew genügt insow nur, wenn diese auf die Satzg verweist (KGJ **47**, 206). Mind die SatzgsBestimmgen über die NbL müssen amtl veröffentl sein (KGJ **40**, 262). Dch Bezugn kann nur die bei HypBestellg (nicht die jeweils) geltde Satzg EintrInhalt werden (KG JFG **5**, 346); Bezugn nur für NbL zul, die satzgsgem für jedes Darlehn zu entrichten (KGJ **33**, 250). Geldbetrag muß bestimmt sein (KG DRiZ **29** Nr 269).

b) Zinsen. Begriff: § 246 Anm 1. Für verschied Teile einer einzutragden Hyp sind unterschiedl Zinsen zul (Celle Rpfleger **72**, 97). Eintr „Zinsen" enthält Angabe des SchuldGrd. – **aa) Höhe.** Der EintrVermerk muß den Zinssatz od einen FestBetr („jährl 500 DM") angeben; ohne diese Angabe ist verzinsl bezeichnete Hyp

Hypothek. Grundschuld. Rentenschuld. 1. Titel: Hypothek   §§ 1115, 1116

unverzinsl (RG **113**, 229). Bei Zinssatz („%") muß Zusatz „jährl" (Ffm Rpfleger **80**, 18) u Bezuggröße (Ursprungs- od Restkapital) nicht in EintrVermerk aufgen werden; insow genügt Eintr gem § 874. – **bb) Befristung.** Der Beginn kann vor od nach der Eintr liegen (BGH NJW **86**, 314; zB ab Darlehnshingabe), auch vor Eintritt aufschiebder Bdgg für Verzinsg (Stgt NJW **53**, 464). Eintr gem § 874 genügt; mangels abw Angaben Verzinsg ab Eintr (LG Aach Rpfleger **63**, 116; für GrdSch: RG **136**, 232 u Köln NJW **60**, 1108). Das Ende ist mangels abw Angaben der Untergang der Fdg (Ripfel DNotZ **61**, 670); früheres Ende gem § 874 eintragb. – **cc) Bedingung.** Sie kann sich auf die Verzinsg als solche u/od auf die Höhe beziehen. Zuläss, daß sich Zinssatz im eingetr Rahmen bei Änderg des Bezugsfaktors automat („gleitd") entspr ändert; Bezugsfaktor kann zB sein: allg Änderg der HypZinsen bei den öff Sparkassen (BGH **35**, 22), Änderg der von einer best öff Sparkasse allg erhobenen HypZinsen (BayObLG **75**, 126), Bundesbankdiskont. Zuläss auch, daß Gläub Zinssatz im eingetr Rahmen unter best Voraussetzgen dch einseit Erkl ggü Schuldn in best Umfang ändert; Voraussetzg kann zB sein: allg Änderg der HypZinsen (Stgt NJW **54**, 1646; LG Wuppt RhNK **76**, 24), Änderg der von den öff Sparkassen allg erhobenen HypZinsen (LG Köln RhNK **81**, 199), nicht aber willkürl Änderungswille des Gläub (BGH DNotZ **63**, 436). – EintrVermerk muß Höchstzins u Bedingtsein angeben (zB „uU bis 5% Zinsen"), Angabe von Normal- u Mindestzins sowie nähere Kennzeichng der Bdgg gem § 874 zuläss (BGH NJW **75**, 1314).

c) Andere Nebenleistungen wie zB: Entschädigg für Kapitalrückzahlg vor Fälligk, Zinseszinsen nach § 248 II 2 (KG JFG **1**, 464), Erstattg verauslagter VersPrämien (KG JW **37**, 2973), VerwKostenbeitrag, Geldbeschaffgskosten/AuszahlgsEntschädigg/Agio (BayObLG **68**, 315; Karlsr Rpfleger **68**, 353), Bürgsch-Gebühr (LG Bielef Rpfleger **70**, 335), Zinsen („Strafzinsen") bei unpünktl Kapital- od NbLZahlg als pauschalierter Verzugsschaden (BayObLG Rpfleger **81**, 297); nicht aber Kapitalanteile als darstellbe Tilgsbeiträge (RG **104**, 72). Sie sind auch dann and NbL, wenn sie in % des Kapitals festgesetzt u in die Form einer Zinserhöhg gekleidet (KG Rpfleger **66**, 303). Art der NbL als SchuldGrd einzutragen (Anm 7). – **aa) Höhe.** Der EintrVermerk muß die Berechnungsfaktoren od einen FestBetr angeben (BayObLG **47**, 41); bei Festlegg in %-Satz ist Zusatz „einmalig" od „jährl" bzw „monatl" aufzunehmen (Ffm OLGZ **78**, 437; Köln RhNK **79**, 40; LG Kiel WPM **84**, 509), nicht aber Bezugsgröße wie Ursprungs-, Restkapital od VerzugsBetr (BGH **47**, 41; BayObLG DNotZ **83**, 44; aA MüKo/Eickmann Rdn 33), für die Eintr gem § 874 genügt. – **bb) Befristung.** Die Dauer einer abw vom Bestehen der HauptFdg befristeten NbL ist nach hM im EintrVermerk anzugeben (zB „2% NbL jährl von ... bis ..."; „2% NbL auf 5 Jahre"), um Belastgsumfang errechenb zu machen (BGH **47**, 41; Stgt OLGZ **66**, 105; KG Rpfleger **66**, 303; Karlsr Rpfleger **68**, 352; Zweibr Rpfleger **68**, 390; Soergel/Baur Rdn 22; Staud/Scherübl Rdn 35; aA Erm/Räfle Rdn 11; Schäfer BWNotZ **55**, 237; Bühler BWNotZ **67**, 59; Haegele RpflJb **74**, 311: Eintr als befristet mit Bezug gem § 874 genügt). Angabe eines GesamtBetr (zB bei 2% jährl für 5 Jahre: „10% NbL" [BayObLG Rpfleger **74**, 189] od „einmalig 10% NbL" [LG Mü I DNotZ **73**, 617; aA LG Bielef Rpfleger **74**, 396]) materiell wirks Eintr, im letzteren Fall aber mehrdeut. – **cc) Bedingung.** Sie kann sich auf die LeistgsPfl als solche u/od auf die Höhe beziehen. EintrVermerk muß HöchstBetr u Bedingtsein angeben (zB „uU bis 10% jährl NbL"), Angabe von Normal- u MindestBetr sowie nähere Kennzeichn der Bdgg gem § 874 zul (BayObLG DNotZ **83**, 44).

d) Mehrere Nebenleistungen sind zu einem GesamtBetr zusaßb, wenn der EintrVermerk den Anfordergen jeder in ihm enthaltenen NbL genügt (dazu Böttcher Rpfleger **80**, 81); auch Zinsen mit and NbL zusaßb (KG Rpfleger **66**, 303; Hamm OLGZ **71**, 455; aA MüKo/Eickmann Rdn 40) u bdgte nicht mit unbdgten. – Einmalige NbL sind zusaßb: zB einmalig 4% u bdgt einmalig 2% zu „bis 6% NbL einmalig"; nicht aber mit wiederkehrden NbL (Karlsr Rpfleger **68**, 353). – Unbefristet lfde NbL sind zusaßb (KG Rpfleger **66**, 303; Hamm OLGZ **71**, 455; LG Itzeh RhNK **79**, 64): zB jährl 6% Zinsen mit bdgtl jährl 3% and NbL zu „bis 9% Zinsen u NbL jährl"; nicht aber mit befristeten u einmaligen NbL. – Befristete NbL sind nur untereinander u bei gleicher Laufzeit zusaßb: zB 6% Zinsen und bdgt 1% and NbL je von ... bis ... zu „bis 7% Zinsen u NbL jährl von ... bis ..."

7) Der **Schuldgrund** (§ 1113 Anm 4d) braucht nur dch Bezugn eingetr zu werden. Er muß so individualisiert sein, daß §§ 891, 1138 sinnvoll anwendb (BGH WPM **72**, 786). Das GBA hat bei fehlder (Colmar OLG **16**, 154) od (ihm bekannt) unricht Angabe die Eintr abzulehnen (LG Hof Rpfleger **65**, 367) Angabe die Eintr abzulehnen. Bei Eintr trotz **fehlender Angabe** ist Hyp wirks, wenn sich eine bestimmte Fdg (richtige od falsche) aus der Eintr iVm den zur Ausleg verwertb Umständen ermitteln läßt (KG JW **34**, 1422). Bei Eintr mit **unrichtiger Angabe** ist die Hyp wirks; Gläub muß notf richt SchuldGrd beweisen (RG JW **14**, 829; BayObLG **51**, 594).

8) Auf die **Grund/Rentenschuld** entspr anwendb (§ 1192). Statt des GeldBetr der Fdg (Anm 5) ist der der GrdSch einzutragen u die Angabe des SchuldGrd (Anm 7) entfällt. NbL nur aus gesichertem FdgsVerh (zB VorfälligkEntsch [LG Oldbg WPM **82**, 283], GeldBeschaffgsKosten, AuszahlgsEntsch) nicht eintragssfäh (Stöber ZIP **80**, 613). Bei and NbL (Anm 6c) braucht ihre Art (weil SchuldGrd) nicht eingetr zu werden (Stgt Rpfleger **86**, 464; LG Oldbg Rpfleger **81**, 60; WPM **82**, 283; LG Bln Rpfleger **85**, 56; aA Stöber aaO; MüKo/Eickmann Rdn 44); Eintr darf aber nicht ergeben, daß möglw Haupt- statt Nebenleistg gewollt (Schlesw SchlHA **68**, 260) od nur fdgsabhäng Nebenleistg.

1116 Brief- und Buchhypothek.

I Über die Hypothek wird ein Hypothekenbrief erteilt.

II Die Erteilung des Briefes kann ausgeschlossen werden. Die Ausschließung kann auch nachträglich erfolgen. Zu der Ausschließung ist die Einigung des Gläubigers und des Eigentümers sowie die Eintragung in das Grundbuch erforderlich; die Vorschriften des § 873 Abs. 2 und der §§ 876, 878 finden entsprechende Anwendung.

III Die Ausschließung der Erteilung des Briefes kann aufgehoben werden; die Aufhebung erfolgt in gleicher Weise wie die Ausschließung.

§§ 1116, 1117

1) Briefhypothek (I). Eine Hyp, die nicht gem §§ 1184, 1187, 1190 SichgsHyp u damit gem § 1185 stets BuchHyp ist (sog VerkehrsHyp), ist BriefHyp, wenn nicht gem II zur BuchHyp gemacht. Da BriefHyp Regelfall, entsteht sie auch bei fehlder od nichtiger Einigg über HypForm (vgl auch Anm 3) u Eintr als BriefHyp bei Verurteilg zur HypBestellg schlechthin (KGJ 2 A 171). – Diese Eigensch erleichtert Vfgen des Gläub (§§ 1154, 1069, 1274) u schützt Eigtümer iFv § 1163 gg Vfg des nur BuchGläub.

2) Hypothekenbrief. – a) Rechtsnatur. Er ist WertPap iwS, da für Vfg über das verbriefte Recht (§ 1154) u seine Ausübg (§ 1160) BriefBes notw; aber nicht WertPap iSv DepG 1 (RGSt **65**, 257) u HGB 369 (RG **149**, 93). Er genießt keinen öffentl Glauben, sond kann nur den des GB zerstören (§ 1140). Er begründet keine AnscheinsVollm für den Empfang der Valuta (Neumann-Duesberg BB **66**, 308). – **b) Eigentümer** ist stets der Gläub (§ 952 II), iFv § 1163 der GrdstEigtümer; bei teilw Valutierg MitEigt beider (RG **69**, 40). Am Brief kann kein selbstd dingl Recht bestehen (Düss DNotZ **81**, 642); wohl aber (zB bei Überg ohne Abtretg) ein schuldrechtl ZbR (Düss aaO), jedoch kein ZbR nach HGB 369 (RG **149**, 93). – **c) Bedeutung** hat er für: HypErwerb (§ 1117); Befriedigg des Gläub (§ 1144); Übertr (§§ 1154), Belastg (§§ 1069, 1274) u Pfändg (ZPO 830) der gesicherten Fdg; Geltdmachg von Hyp u Fdg (§ 1160 I, 1161); Künd u Mahng (§ 1160 II); GBEintr bei Hyp (GBO 41, 43). – **d) Inhalt u Erteilung:** GBO 56 ff, GBVfg 47 ff.

3) Buchhypothek (II). Entstehg erfordert zusätzl Einigg iSv § 873 zw Eigtümer (bei GesamtHyp: alle) u Gläub (bei Mehrh: alle) über Briefausschließg u Eintragg letzterer (zB „brieflos") im GB selbst (nicht gem § 874) auf Bewilligg von Eigtümer u Gläub (BayObLG **87**, 97). Wird Ausschließg trotz Einigg nicht eingetr, so ist das Recht bis zur zul Nachholg BriefHyp; PartWille kann dazu führen, daß ausnahmsw kein GrdPfdR entstanden (§ 139). Wird Ausschließg ohne Einigg eingetr, so ist das Recht bis zur Nachholg der Einigg od GBBerichtigg BriefHyp.

4) Umwandlung. – a) Brief- in BuchHyp dch nachträgl Ausschließg (II 2; vgl Anm 3). Brief ist unbrauchb zu machen (GBO 69); wird aber auch ohne dies rechtl bedeutgslos (KG JFG **7**, 419) u ermöglicht keinen gutgl Erwerb iW § 1154. – **b)** Buch- in BriefHyp dch Aufhebg der Ausschließg mittels Einigg u Eintr (III).

5) Auf die **Grund/Rentenschuld** entspr anwendb (§ 1192).

1117 *Erwerb der Briefhypothek.* ⁱ Der Gläubiger erwirbt, sofern nicht die Erteilung des Hypothekenbriefs ausgeschlossen ist, die Hypothek erst, wenn ihm der Brief von dem Eigentümer des Grundstücks übergeben wird. Auf die Übergabe finden die Vorschriften des § 929 Satz 2 und der §§ 930, 931 Anwendung.

ⁱⁱ Die Übergabe des Briefes kann durch die Vereinbarung ersetzt werden, daß der Gläubiger berechtigt sein soll, sich den Brief von dem Grundbuchamt aushändigen zu lassen.

ⁱⁱⁱ Ist der Gläubiger im Besitze des Briefes, so wird vermutet, daß die Übergabe erfolgt sei.

1) Allgemeines. – a) Das **dingliche Recht entsteht** schon mit Einigg u Eintr; es steht aber vor BriefÜberg (I) od AushändiggsVereinbg (II) dem Eigtümer als EigtümerGrdSch zu (§§ 1163 II, 1177) u eingetr Gläub kann mangels BriefBes nicht über das Recht verfügen. – **b)** Gläub hat aus GrdGesch **Anspruch auf Übergabe/Aushändigungsvereinbarung** als Teil der RVerschaffg, aber erst nach Entstehen der gesicherten Fdg dchsetzb, aber schon vorher dch Vormkg sicherb. – **c)** Der **Rechtserwerb** nach I od II tritt nur ein, wenn im Ztpkt der Überg/AushändiggsVereinbg die übr EntstehgsVoraussetzgen der Hyp (insb gesicherte Fdg!) erfüllt sind. Erwerb nach § 878 mögl, wenn vor VfgsBeschrkg des Eigtümers Einigg über HypBestellg gem § 873 II bindd u EintrAntr gestellt sowie vorher auch Überg erfolgt bzw Aushändiggs Vereinbg getroffen (KG NJW **75**, 878); letzteres vom Gläub ohne Hilfe von III zu beweisen (KGJ **40**, 278).

2) Briefübergabe (I). – a) Körperl **Übergabe** dch Eigtümer od seinen Bevollm (zB GBA iFv GBO 60 II); vgl auch ZPO 897 II. Bei EigtümerMehrh (GesamtHyp, GesHdsEigt) müssen alle zumind dch Einverständn mitwirken (RG **52**, 360). Überg dch Unbefugten (RG **75**, 221) od zu ganz vorübergehden Bes (RG aaO) od vom GBA entgg GBO 60 I genügt nicht. – **b) Einigung** iFv § 929 S 2 über BesAusübg als HypGläub. – **c) Vereinbarung eines Besitzmittlungsverhältnisses** iSv § 930. Bei Vereinbg vor Briefstellg erwirbt Gläub erst mit BesErlangg dch Eigtümer. – **d) Abtretung eines Herausgabeanspruchs** iFv § 931; zB des aus GBO 60 I auch bzgl des noch zu bildden Briefes (RG SeuffA **92**, 152; aA MüKo/Eickmann Rdn 17). Bdgte Abtr zul (RG JW **29**, 583). Überweisg zur Einziehg genügt nicht (RG **63**, 214).

3) Aushändigungsvereinbarung (II); kein Fall des § 931 (aA Derleder DNotZ **71**, 272). Sie ersetzt nicht Anweisg nach GBO 60 II, so daß GBA trotz Eigt des Gläub mangels solcher an Eigtümer aushändigen muß (KGJ **40**, 322). – **a)** Die **Vereinbarung** ist formfrei u einseitig nicht widerrufl; nicht als Vertr zGDr mögl (RG JW **30**, 3545). Verurteilg zur HypBestellg muß sich auf sie erstrecken (sonst I). Brief braucht noch nicht hergestellt zu sein, Voraussetzgen dafür müssen aber beim GBA vorliegen (RG **84**, 314). – **b) Rechtserwerb** dch Gläub (vorbehaltl Valutierg) mit Vereinbg, wenn Hyp schon eingetr; sonst mit Eintr (RG **89**, 161). Unerhebl, wann Brief hergestellt u wem er übergeben wird; Herstellgvoraussetzungen müssen aber vorliegen (BayObLG **87**, 97).

4) Übergabevermutung (III) bei mittelb od unmittelb Bes des Gläub; gilt nicht für ÜbergZtpkt (KGJ **40**, 278). Eigtümer muß widerlegen (ZPO 292), Gläub kann aber bei dchsetzb RVerschaffgsAnspr (Anm 1b) auf Einigg (Anm 2b) klagen. III gilt in Verf nach GBO 22, 53 (Bassenge/Herbst, FGG § 12 Anm I 4b; MüKo/Eickmann Rdn 31, 32; aA für GBO 53: Oldbg Rpfleger **66**, 174 u 41. Aufl). Gläub, der Brief nicht besitzt, muß RErwerb (zB nach II) ohne Vermutg des § 891 beweisen (BayObLG **73**, 246).

5) Auf die **Brief-Grund/Rentenschuld** entspr anwendb (§ 1192); Ausn: § 1195.

Hypothek. Grundschuld. Rentenschuld. 1. Titel: Hypothek §§ 1118–1120

1118 *Haftung für Nebenforderungen.* **Kraft der Hypothek haftet das Grundstück auch für die gesetzlichen Zinsen der Forderung sowie für die Kosten der Kündigung und der die Befriedigung aus dem Grundstücke bezweckenden Rechtsverfolgung.**

1) **Gesetzliche Haftung,** daher keine GBEintr (KGJ **35** A 325). Ergänzg in § 1146 (Verzugszinsen des Eigtümers), ZPO 867 I 3 (EintrKosten bei ZwangsHyp); Einschränkg in § 1190 II (Zinsen bei HöchstBetr-Hyp). Haftg für and Zinsen u Kosten nur bei Einigg u Eintr (§§ 873, 1115).

2) **Haftung** für: – **a) Gesetzliche Zinsen** der Fdg bis zur Höhe des gesetzl Zinssatzes (Hbg OLG **14**, 100); auch wenn Eigtümer nicht pers Schu ist. Beispiele: §§ 288 I 1 (nicht II), 291, 452, 641 II, 668, 675, 698, 1834. – **b) Kosten der Kündigung** mit Wirkg für die Hyp ggü Eigtümer (§ 1141); zB Zustellg, VertrBestellg (§ 1141 II), Anwalt bei Notwendigk (MüKo/Eickmann Rdn 12). – **c) Kosten der Rechtsverfolgung**, soweit zweckentspr (entspr ZPO 91 I, 788). RVerfolgg muß Befriedigg bezwecken (BGH WPM **66**, 326), auch wenn sie nicht erreicht wird (and wenn Gläub RVerfolgg abbricht; KG JW **33**, 708). Darunter fallen: Kosten dingl Klage einschl ZwVollstr (§ 1147; auch gg eingetr NichtEigtümer, KG JW **37**, 3159) od Beitritts zur ZwVerst (Anmeldg genügt; KG aaO), Maßn nach § 1133; nicht aber: EintrKosten, Kosten pers Klage (RG **90**, 171), UnterlKl nach § 1134 I, Maßn nach § 1134 II (RG **72**, 332), verauslagte VersPrämien, Kosten für GrdstErwerb dch Mitbieten (KG JW **34**, 777).

3) Auf die **Grund/Rentenschuld** entspr anwendb (§ 1192).

1119 *Erweiterung der Haftung für Zinsen.* ¹ **Ist die Forderung unverzinslich oder ist der Zinssatz niedriger als fünf vom Hundert, so kann die Hypothek ohne Zustimmung der im Range gleich- oder nachstehenden Berechtigten dahin erweitert werden, daß das Grundstück für Zinsen bis zu fünf vom Hundert haftet.**

II **Zu einer Änderung der Zahlungszeit und des Zahlungsorts ist die Zustimmung dieser Berechtigten gleichfalls nicht erforderlich.**

1) **Zinserhöhung (I).** – **a) Grundsatz.** Zinserhöhg ist InhaltsÄnderg iSv § 877, die Zust der gleich- u nachstehdn Berecht bedarf, um gleichen Rang mit HauptR zu erhalten; ohne Zust Rang nach diesen Berecht. – **b) Ausnahme in § 1119 I.** Erhöhg bis 5% ist zustfrei, auch bei Rückwirkg (KGJ **37** A 295). Über Anwendg auf HöchstBetrHyp nach Umwandlg in Verkehrs- od gewöhnl SichgHyp vgl § 1190 Anm 5. I gilt nicht bei Erweiter and Nebenleistgen iSv § 1115 Anm 6 c; Ersetz bdgter dch unbdgte Verzinsg (KG JFG **11**, 234), Erhöhg über 5% mit gleichzeit Kapitalherabsetzg (KG HRR **32**, 320).

2) **Änderung von Zahlungszeit u -ort (II);** zB Vereinbg von TilggsBetr (KG RJA **11**, 248). Ausfluß des allg Grds, daß InhaltsÄnderg iSv § 877, die gleich- u nachstehde Berecht nicht beeinträchtigen, deren Zust nicht bedürfen.

3) Auf die **Grund/Rentenschuld** entspr anwendb (§ 1192).

1120 *Erstreckung auf Erzeugnisse, Bestandteile und Zubehör.* **Die Hypothek erstreckt sich auf die von dem Grundstücke getrennten Erzeugnisse und sonstigen Bestandteile, soweit sie nicht mit der Trennung nach den §§ 954 bis 957 in das Eigentum eines anderen als des Eigentümers oder des Eigenbesitzers des Grundstücks gelangt sind, sowie auf das Zubehör des Grundstücks mit Ausnahme der Zubehörstücke, welche nicht in das Eigentum des Eigentümers des Grundstücks gelangt sind.**

1) **Allgemeines.** § 1120 regelt, welche vom Grdst getrennten Bestandt u welches Zubeh dem HypGläub haften; die §§ 1121, 1122 regeln, unter welchen Voraussetzgen diese Ggst von dieser Haftg wieder frei werden. Keine dingl wirkde Erweiter od Beschrkg dch Vertr (RG **125**, 362). – Entstehg bzw Erlöschen der Haftg muß **beweisen,** wer Rechte daraus herleitet.

2) **Bestandteile.** Dazu gehören die wesentl Bestandt einschl der Erzeugn (§§ 93, 94) u die nichtwesentl Bestandt (§ 93), nicht aber die ScheinBestandt (§ 95). Wg Bestandt iSv § 96 vgl § 1126.

a) Ungetrennte Bestandteile (mit Ausn im DrittEigt stehder nichtwesentl; Baur § 39 III 1) haften unabhäng davon, ob diese Eigensch vor od nach HypBestellg/HypVormkg erlangt. Bei Pfdg hat HypGläub ZPO 766, 771; nur Früchte iRv ZPO 810 I pfändb, aber Hyp/Gläub hat ZPO 810 II, 771 u 805 (RG **143**, 245).

b) Getrennte Bestandteile werden mit Trenng (Loslösg von Boden u Gbde) selbstd Sachen. – **aa)** Sie **haften nicht,** wenn Trenng vor HypBestellg/HypVormkg erfolgte (RG **135**, 201); mögl aber Haftg als Zubeh für später bestellte Hyp. – **bb)** Bei HypBestellg/HypVormkg eingetretene **Haftung besteht fort,** wenn Eigtümer (§ 953) od Eigenbesitzer (§ 955 I) des Grdst das Eigt mit Trenng erwirbt. Sie kann (später) nach §§ 949 S 1, 950 II, 1121, 1122 erlöschen; dagg nicht dch Zuschlag, wenn Bestandt von ZwVerst ausgen (BGH NJW **79**, 2514). PfdR nach DüngemittelG geht vor (§ 2 IV; vgl Einf 3 vor § 1204). – Pfdg vor GrdstBeschlag zuläss; HypGläub hat ZPO 805 (RG Warn **36** Nr 91) u 771, um gem § 809 zur Enthaftg führdes Entfernen dch GVz verhindern zu können (Hoche NJW **52**, 961). Pfdg nach GrdstBeschlagn unzuläss (ZPO 865 II 2); HypGläub hat ZPO 766, 771 (RG **69**, 93). – **cc)** Bei vorheriger HypBestellg/HypVormkg eingetretene **Haftung erlischt** mit Trenng, wenn ein and als der Eigtümer od Eigenbesitzer des Grdst das Eigt nach §§ 954ff erwirbt. Dies auch bei Vorrang der Hyp vor AneigngsR (Staud/

§§ 1120, 1121

Scherübl Rdn 21). Doch erlischt NießbraucherR zur hypfreien Fruchtziehg, wenn vorrang HypGläub ZwVerwaltg betreibt; entspr PächterR bleibt dagg bestehen (ZVG 21 III) u HypGläub hat Ausgl dch Haftg der PachtzinsFdg (§ 1123; Staud/Scherübl Rdn 22).

3) Zubehör (§§ 97, 98). Unpfändb (ZPO 865 II 1); HypGläub hat bei Pfdg haftden Zubeh ZPO 766 u 771 (RG **55**, 208).

a) Eigenes Zubehör des GrdstEigtümers haftet unabhäng davon, ob die ZubehEigensch vor od nach HypBestellg/HypVormkg erlangt (Plander JuS **75**, 345); aber keine Haftg mehr bei Verlust dieser Eigensch vor HypBestellg/HypVormkg, währd bei Verlust nach diesem Ztpkt §§ 1121, 1122 gelten. VermieterPfdR, das vor Entstehg der ZubehEigensch (Hamm OLG **27**, 153) od der HypBestellg/HypVormkg (BGH **LM** § 559 Nr 1) entstanden, hat Vorrang. – Bei MitEigt am Zubeh haftet MitEigtAnt. Ist bei MitEigt od GesHdsEigt ganzes Grdst belastet, so haftet auch im AlleinEigt stehdes Zubeh (RG **132**, 321) sowie Zubeh, das allen unabhäng von RForm gehört (Naumburg OLG **20**, 413).

b) Fremdes Zubehör haftet nicht (vgl aber ZVG 55 II). Ausnahmsw Haftg nach Anm 2b, wenn im Eigt des Eigenbesitzers stehd u zugl getrennter Bestandt (Staud/Scherübl Rdn 34). Übereignet Eigtümer vor HypBestellg/HypVormkg, so ist Zubeh auch ohne Entferng hypfrei (BGH **LM** § 559 Nr 1; Zweibr OLGZ **77**, 212); bei Übereign nach diesem Ztpkt erlischt Haftg nur nach §§ 1121, 1122.

c) Anwartschaftsrecht am Zubehör (zB bei Kauf unter EV) haftet (BGH **35**, 85; vLübtow JuS **63**, 171). VorbehVerkäufer muß wg ZVG 55 II gem ZVG 37 Nr 5, ZPO 771 vorgehen, sonst erlischt VorbehEigt mit Zuschlag (aA Graba/Teufel Rpfleger **79**, 401) u Anspr auf VerstErlös bzw aus § 812 nach Verteilg ist dch RestKaufPreisFdg begrenzt (Möschel BB **70**, 237; Mümmler JurBüro **71**, 815). Geht mit BdggsEintritt VollEigt auf GrdstEigtümer od AnwErwerber (u ist Sache noch auf Grdst) über, so setzt sich Hyp am AnwR im bisherigen Rang an Sache fort. HypR setzt sich am Übererlös fort, wenn Sache für VorbehVerkäufer verwertet wird (Staud/Scherübl Rdn 42; aA Bambg JZ **64**, 518 abl Anm Grunsky). – **Haftung entfällt** bei Aufhebg/Übertr des AnwR bzw Aufhebg der ZubehEigensch vor HypBestellg/HypVormkg. Bei Übertr des AnwR u Aufhebg der ZubehEigensch nach diesem Ztpkt gelten §§ 1121, 1122; bei Aufhebg des AnwR ist entspr § 1276 Zust des HypGläub notw (vgl § 1276 Anm 2d).

4) Auf die **Grund/Rentenschuld** entspr anwendb (§ 1192); auch auf EigtümerGrdSch (BGH NJW **79**, 2514; Plander JuS **81**, 565).

1121
Enthaftung durch Veräußerung und Entfernung. ^I Erzeugnisse und sonstige Bestandteile des Grundstücks sowie Zubehörstücke werden von der Haftung frei, wenn sie veräußert und von dem Grundstück entfernt werden, bevor sie zugunsten des Gläubigers in Beschlag genommen worden sind.

^{II} Erfolgt die Veräußerung vor der Entfernung, so kann sich der Erwerber dem Gläubiger gegenüber nicht darauf berufen, daß er in Ansehung der Hypothek in gutem Glauben gewesen sei. Entfernt der Erwerber die Sache von dem Grundstücke, so ist eine vor der Entfernung erfolgte Beschlagnahme ihm gegenüber nur wirksam, wenn er bei der Entfernung in Ansehung der Beschlagnahme nicht in gutem Glauben ist.

1) Allgemeines. § 1121 regelt, unter welchen Voraussetzgen nach § 1120 haftde Bestandt u Zubeh dch Veräußerg **und** Entferng (eines allein wie zB Veräußerg nach § 930 genügt nicht; BGH NJW **79**, 2514) haftgsfrei werden. Keine dingl Erweiterg od Beschrkg dch Vertr (RG **125**, 362). Es bedeutet: – a) **Veräußerung** ist Übereigng der bewegl Sache ohne das Grdst. KaufVertr, Belastg od Pfdg genügen nicht (RG **143**, 241). – b) **Entfernung** ist Wegschaffen vom Grdst dch Eigtümer, Erwerber od Dritten. Sie muß im Zushang mit der Veräußerg stehen (BGH **60**, 267) u auf dauerde Lösg vom Grdst gerichtet sein; zB aGrd Pfdg zwecks PfdVerwertg (RG **143**, 241). Überg nur zur Sicherg im Ggs zur Verwertg (Kbg HRR **34** Nr 1118) od Wegschaffg dch GVz aGrd nur Sicherg u Verwahrg bezweckde einstw Vfg (RG JW **11**, 46; vgl aber RG **144**, 152, wo einstw Vfg gerade Beschlagn zuvorkommen sollte) genügt nicht. – c) **Beschlagnahme** sind zunächst Anordng der ZwVerst/ZwVerwaltg bzgl des Grdst (ZVG 20, 146) u Beitrittszulassg (ZVG 27); UmfangsBeschrkg in ZVG 21, 148. Auch ZwVerwaltg aGrd einstw Vfg zur Sicherg des Anspr aus § 1147 (RG **92**, 20). BeschlagnWirkg nur zG des betreiben od beigetretenen HypGläub (Zweibr OLGZ **77**, 212). Beschlagn ist weiter Pfdg der bewegl Sache wg Anspr aus § 1147 (vgl RG **103**, 139).

2) Erfolgen Veräußerung und Entfernung vor der Beschlagnahme (gleichgült in welcher Reihenfolge), so tritt Enthaftg ein **(I)**. Dabei unerhebl, ob Erwerber Belastg mit Hyp kennt od ob Verstoß gg ordngsgem Wirtsch (BGH **60**, 267). – I gilt auch für KonkVerw; über RLage am Erlös vgl BGH aaO; Staud/Scherübl Rdn 9.

3) Bei den Reihenfolgen Beschlagnahme – Veräußerung – Entfernung sowie **Veräußerung – Beschlagnahme – Entfernung** wird die Sache nicht dadch haftgfrei, daß Erwerber bzgl eingetr (über RLage bei zu Unrecht gelöschter vgl Plander JuS **75**, 345 zu III 5b) Hyp gutgl **(II 1)**; § 936 also nicht anwendb. Enthaftg nur, wenn Erwerber im Ztpkt der Entferng bzgl der Beschlagn gutgl war **(II 2)**; bösgl ist er, wenn VerstVermerk eingetr od ihm der VerstAntr bekannt od grob fahrl unbekannt. Enthaftg aber auch, wenn Erwerber bzgl Zugehörigk zum HaftgsVerband gutgl iSv § 932 II (Erm/Räfle Rdn 6; Plander aaO zu III 5a mwN; aA MüKo/Eickmann Rdn 33).

4) Bei den Reihenfolgen Entfernung – Beschlagnahme – Veräußerung (sofern Entfernung nicht Enthaftg nach § 1122 bewirkt) sowie **Beschlagnahme – Entfernung – Veräußerung** tritt Enthaftg nach §§ 136, 135 II, 932 ff ein, wenn der Erwerber zu dem nach §§ 932 ff maßg Ztpkt bzgl der Beschlagn (nicht

Hypothek. Grundschuld. Rentenschuld. 1. Titel: Hypothek   §§ 1121–1123

auch der Hyp) gutgl iSv § 932 II (Plander aaO zu III 7, 8); ebso bei Gutgläubigk bzgl Zugehörigk zum HaftgsVerband (vgl Anm 3).

5) Mit der **Enthaftung** erlischt insow der Anspr des HypGläub aus § 1147. Mögl bleiben GläubAnfechtg (RG **100**, 87) sowie bei Verstoß gg §§ 1134, 1135 SchadErsAnspr aus §§ 823 I, II, 830 gg GrdstEigtümer u Erwerber (BGH **92**, 280).

6) Auf die **Grund/Rentenschuld** entspr anwendb (§ 1192).

1122 *Enthaftung ohne Veräußerung.* ¹ Sind die Erzeugnisse oder Bestandteile innerhalb der Grenzen einer ordnungsmäßigen Wirtschaft von dem Grundstücke getrennt worden, so erlischt ihre Haftung auch ohne Veräußerung, wenn sie vor der Beschlagnahme von dem Grundstück entfernt werden, es sei denn, daß die Entfernung zu einem vorübergehenden Zwecke erfolgt.
II Zubehörstücke werden ohne Veräußerung von der Haftung frei, wenn die Zubehöreigenschaft innerhalb der Grenzen einer ordnungsmäßigen Wirtschaft vor der Beschlagnahme aufgehoben wird.

1) Allgemeines. § 1122 regelt, unter welchen Voraussetzgen nach § 1120 haftde Bestandt u Zubeh ohne Veräußerg haftgsfrei werden. Keine dingl wirkde Erweiterg od Beschrkg dch Vertr (RG **125**, 362). – Über die Wirkg der Enthaftg vgl § 1121 Anm 5.

2) Erzeugnisse u Bestandteile (I) werden unter zwei Voraussetzgen (eines allein genügt nicht) ohne Veräußerg nur mit der Entferng frei: – **a) Trennung** (§ 1120 Anm 2b) iR ordngsmäß Wirtsch; an letzterem fehlt es zB bei BetrStillegg dch KonkVerw (BGH **60**, 267) od aus wirtsch Grd (LG Darmst KTS **77**, 125) sowie bei Ausbau wesentl GbdeBestandt dch Lieferant (RG **73**, 333). Entsteht dch Trenng Zubeh, so gelten nur II u § 1121. – **b) Dauernde Entfernung** (§ 1121 Anm 1b) vor Beschlagn (§ 1121 Anm 1c); iR ordngsmäß Wirtsch hier nicht notw (RG **143**, 249). BewLast für vorübergehen Zweck hat HypGläub.

3) Zubehör (II) wird dch Aufhebg der ZubehEigensch (vgl § 97) iR ordngsmäß Wirtsch (vgl Anm 2a) ohne Veräußerg u/od Entferng frei. Bloße Veräußerg (zB nach § 930) hebt ZubehEigensch nicht auf (BGH NJW **79**, 2514).

4) Auf die **Grund/Rentenschuld** entspr anwendb (§ 1192).

1123 *Erstreckung auf Miet- oder Pachtzinsforderung.* ¹ Ist das Grundstück vermietet oder verpachtet, so erstreckt sich die Hypothek auf die Miet- oder Pachtzinsforderung.
II Soweit die Forderung fällig ist, wird sie mit dem Ablauf eines Jahres nach dem Eintritte der Fälligkeit von der Haftung frei, wenn nicht vorher die Beschlagnahme zugunsten des Hypothekengläubigers erfolgt. Ist der Miet- oder Pachtzins im voraus zu entrichten, so erstreckt sich die Befreiung nicht auf den Miet- oder Pachtzins für eine spätere Zeit als den zur Zeit der Beschlagnahme laufenden Kalendermonat; erfolgt die Beschlagnahme nach dem fünfzehnten Tage des Monats, so erstreckt sich die Befreiung auch auf den Miet- oder Pachtzins für den folgenden Kalendermonat.

1) Grundsatz (I). – **a)** Auf Geld od and pfändb Leistg gerichtete **Miet/Pachtzinsforderung** aus Vermietg/Verpachtg dch Eigtümer, Eigenbesitzer od rangschlechteren Nießbraucher (RG **68**, 10; **81**, 146) einschl für haftdes Zubeh (RG **136**, 407) haftet für die Fdg (rückständ u künft fäll werdder Zins); nicht aber die des Mieters aus Untervermietg (LG Bn ZIP **81**, 730). Fdg aus gemischtem Vertr wie zB Pensions- (LG Bn NJW **64**, 52) od KrankenhausVertr (LG Karlsr Rpfleger **75**, 175) haftet nur mit dem Raumnutzgsentgeltant (MüKo/Eickmann Rdn 7; aA LG Karlsr aaO). Wg Anspr aus KO 19 S 3 vgl Sonnenschein JuS **80**, 559 u Ffm NJW **81**, 235. Eingezogener Zins haftet nicht. – **b) Zeitlicher Umfang.** Unerhebl, ob der Miet/PachtVertr vor od nach (RG **81**, 146) der HypBestellg abgeschl wurde; bei schon bestehdem Vertr haftet auch die Fdg für die Nutzg vor der HypBestellg (RGRK/Mattern Rdn 6; Staud/Scherübl Rdn 6). – **c)** Rangbesserer **Nießbrauch** (auch EigtümerNießbr; aA MüKo/Eickmann Rdn 11) geht der Hyp vor (Kiel OLG **15**, 366); Fdg aus Vermietg/Verpachtg dch rangschlechteren Nießbraucher haftet (RG **68**, 10; **81**, 146).

2) Freiwerden von Rückständen durch Zeitablauf (II); II idF des G v 5. 3. 53 (BGBl 33). – **a)** Ist der **Zins nachträglich** zu entrichten (§§ 551, 584), so wird die Fdg nach einem Jahr von der Haftg frei, wenn nicht vorher die Beschlagn (Anm 3) erfolgte **(S 1)**. Die Beschlagn erfaßt also nur die längstens ein Jahr fäll Rückstände (ältere werden befreiend an Eigtümer gezahlt); zahlt Mieter/Pächter sie nach Beschlagn an HypGläub, so kann Eigtümer sich nicht gestützt auf § 1124 I als Verzugsschaden nochmals fordern (BGH WPM **68**, 947). – **b)** Ist gem Vertr der **Zins voraus** zu entrichten u erfolgt die Beschlagn (Anm 3) später als ein Jahr nach Fälligk, so betrifft die Haftgsbefreig nach S 1 nicht den für die in **S 2** bestimmte Zeit nach der Beschlagn rückständ Zins; ist zB der am 1. 1. auf 2 KalJ voraus zu zahlde Zins rückständ, so haftet bei Beschlagn bis Ende des 1. KalJ die Fdg voll u bei Beschlagn am 16. 1. des 2. KalJ der auf März bis Dez entfallde Zins.

3) Beschlagnahme zG (nicht: dch) des HypGläub. – **a)** Anordng der **Zwangsverwaltung** (ZVG 146ff), wg ZVG 21 II nicht auch der ZwVerst, auf Antr eines dingl od pers (RG JW **33**, 1658) Gläub. ZwVerw kann die ZinsFdg mit NebenR (RG **144**, 194) einziehen u den Zins gem ZVG 155 verteilen. –

1231

§§ 1123, 1124　　　　　　　　　　　　　　　　　3. Buch. 8. Abschnitt. *Bassenge*

b) Pfändung der ZinsFdg (ZPO 829ff) wg des dingl (nicht nur pers) Anspr aus § 1147 (RG **103**, 137), die auch gg KonkVerw zul (Mü OLG **29**, 245). Wirkt nur zG des pfändden HypGläub, der iFv ZPO 835 die ZinsFdg mit NebenR (Hbg OLG **12**, 141) einziehen kann.

4) Auf die **Grund/Rentenschuld** entspr anwendb (§ 1192).

1124 *Vorausverfügung über Miet- oder Pachtzins.* ¹Wird der Miet- oder Pachtzins eingezogen, bevor er zugunsten des Hypothekengläubigers in Beschlag genommen worden ist, oder wird vor der Beschlagnahme in anderer Weise über ihn verfügt, so ist die Verfügung dem Hypothekengläubiger gegenüber wirksam. Besteht die Verfügung in der Übertragung der Forderung auf einen Dritten, so erlischt die Haftung der Forderung; erlangt ein Dritter ein Recht an der Forderung, so geht es der Hypothek im Range vor.

ⅡDie Verfügung ist dem Hypothekengläubiger gegenüber unwirksam, soweit sie sich auf den Miet- oder Pachtzins für eine spätere Zeit als den zur Zeit der Beschlagnahme laufenden Kalendermonat bezieht; erfolgt die Beschlagnahme nach dem fünfzehnten Tage des Monats, so ist die Verfügung jedoch insoweit wirksam, als sie sich auf den Miet- oder Pachtzins für den folgenden Kalendermonat bezieht.

ⅢDer Übertragung der Forderung auf einen Dritten steht es gleich, wenn das Grundstück ohne die Forderung veräußert wird.

1) Grundsatz (I). Vfgen über die nach § 1123 haftde ZinsFdg sind dem HypGläub ggü wirks, wenn sie vor der Beschlagn (§ 1123 Anm 3) erfolgten; sie können gem II nachträgl unwirks werden (vgl Anm 2). Vfgen nach der Beschlagn sind relativ unwirks (§§ 136, 135; ZVG 23 I 1), aber Schutz des zahlden Mieters/Pächters nach ZVG 22 II 2, 148 I. Vfgen sind: – **a) Einziehung** dch: Erfüllg (§ 362) u Leistg an ErfStatt (§ 364); Aufrechng (auch dch Mieter/Pächter) nach §§ 387ff od dch Vertr (Hbg OLG **34**, 207); schuldbefreide Hinterlegg (§ 378), AuszahlgsAnspr des Eigtümers gg die HinterleggsStelle haftet nicht (BGH NJW-RR **89**, 200). Fdg erlischt, die eingezogene Leistg haftet nicht. – **b) Abtretung** (§§ 398ff), auch wenn im Miet/PachtVertr vorgesehen (RG **144**, 144); Veräußerg des Grdst ohne die Fdg (Ⅲ). Haftg der Fdg erlischt, das AbtrEntgelt haftet nicht. – **c) Belastung** mit Nießbr (wg Nießbr am Grdst vgl Anm 3) od PfdR. Die Hyp tritt im Rang hinter das Recht des Dritten zurück (I 2) u erlischt mit Einziehg der Fdg dch ihn. – **d) Zwangsvollstreckung** aGrd pers od dingl Anspr dch Pfdg nach ZPO 829ff (RG **103**, 137) od ZwVerwaltg nach ZVG 146ff (Staud/Scheräbl Rdn 9). Bei Pfdg gilt iFv Überweisg an ZahlgsStatt Anm 1b und iFv Überweisg zur Einziehg Anm 1c entspr; bei ZwVerwaltg gelten ZVG 148, 155. – **e) Sonstiges.** Erlaß wirkt wie Einziehg. InhaltsÄnderg (zB Stundg) muß HypGläub gg sich gelten lassen. Aufg von NebenR wie zB Bürgsch (RG **151**, 379) u VertrKünd/Aufhebg sind keine Vfg über die Fdg u daher ohne Einschränkg nach II wirks (RG **151**, 379).

2) Nachträgliche Unwirksamkeit von Vorausverfügungen (II). II idF des G v 5. 3. 53 (BGBl 33). – **a) Unwirksam** wird die Vfg ggü dem HypGläub dch eine zu seinen Gunsten erfolgte Beschlagn (§ 1123 Anm 3) nur insow, als die Vfg den Zins für die in II bestimmte Zeit nach der Beschlagn betrifft (VorausVfg); Dritter, der Fdg aGrd Abtr/Verpfändg/Pfdg eingezogen hat, braucht den Zins nicht an ZwVerw/HypGläub herauszugeben (Planck/Strecker Anm 2b; aA Soergel/Baur Rdn 13 bei Gen). Unwirksamk entfällt, wenn HypGläub die Vfg genehmigt od der Eigtümer die Hyp erwirbt (zB dch Befriedigg des HypGläub) u dch Aufhebg der Hyp od der Beschlagn. – **b) Vorausverfügung zugunsten eines Hypothekengläubigers.** War die Vfg nicht zugleich Beschlagn zG des HypGläub (zB Abtr, Verpfändg, Pfdg wg pers Fdg), so wird sie ab Beschlag zG eines and HypGläub (§ 1123 Anm 3) nach Maßg von II unwirks, selbst wenn letzterer nachrang Hyp hat (Ffm OLG **18**, 169; Planck/Strecker Anm 2c; aA Hbg OLG **18**, 165); ersterer muß seinen etwaigen Vorrang dch nachfolge Beschlagn dchsetzen. War die Vfg eine Pfdg wg des dingl Anspr u damit selbst eine Beschlagn, so gilt nach Maßg von II im Verh der beiden Pfdg ab nachfolgder Beschlagn dch Pfdg das RangVerh iSv § 879 (RG **103**, 137; KG OLG **39**, 251) u ab nachfolgder Beschlagn dch ZwVerwaltg ZVG 148, 155 (Ffm JW **27**, 861; über nachfolge Beschlagn dch pers Gläub vgl Celle JR **55**, 267). – **c) Bei Vorauszahlung** aGrd nachträgl Vereinb ist II anwendb (RG JW **33**, 1658). Bei im Miet/PachtVertr vereinb Vorauszahlgen ist II nur dann nicht anwendb, wenn für die ganze VertrDauer ein um voraus fäll Betrag zu zahlen ist; anwendb ist II hingg, wenn der nach Zeitabschnitten (zB jährl) vereinb Zins vertragsgem ganz od zT im voraus gezahlt wird (BGH **37**, 346; NJW **67**, 555; Hamm WM **89**, 895; aA RG **144**, 194). Ausn davon bei Verrechng mit im Vertr od im ZusHang mit ihm vereinb **Baukostenzuschuß**, sofern dieser auch tats werterhöhd vereinb wurde (BGH **6**, 202; **15**, 296; NJW **59**, 380), was aber entgg BGH nicht vom Mieter/ Pächter zu beweisen (MüKo/Eickmann Fußn 28); gilt nicht für WerklohnFdg wg werterhöhder Leistg aGrd selbstd Vertr zw Mieter u Vermieter (Ffm MDR **83**, 669). Auf VertrBestimmg, die wg Leistg des Mieters/Pächters (zB auch Baukostenzuschuß; Erm/Räfle Rdn 3) zeitw **geringeren Zins** vorsieht, ist II nicht anwendb (RG **136**, 407). Zu den str Einzelh vgl ausführl Staud/Scheräbl Rdn 20ff mwN.

3) Nießbrauchbestellung am Grundstück u Überlassg seiner Ausübg sind keine Vfg iSv § 1124 (RG **101**, 5); für RangVerh zur Hyp an ZinsFdgen gilt § 879 (RG **81**, 146; Staud/Scheräbl Rdn 10). Bei vorrang Nießbr muß HypGläub gg sich gelten lassen, daß die ZinsFdg aus dem Vermögen des Eigtümers ausgeschieden ist (Staud/Scheräbl Rdn 11). Erst bei Vfg über die ZinsFdg in Ausübg nachrang Nießbr gilt § 1124.

4) Auf die **Grund/Rentenschuld** entspr anwendb (§ 1192).

Hypothek. Grundschuld. Rentenschuld. 1. Titel: Hypothek §§ 1125–1128

1125 *Aufrechnung gegen Miet- oder Pachtzins.* Soweit die Einziehung des Miet- oder Pachtzinses dem Hypothekengläubiger gegenüber unwirksam ist, kann der Mieter oder der Pächter nicht eine ihm gegen den Vermieter oder den Verpächter zustehende Forderung gegen den Hypothekengläubiger aufrechnen.

1) Für die **Aufrechnung des Mieters/Pächters** ggü beschlagnahmter ZinsFdg gilt zunächst § 392. Weitere Einschrkg dch § 1125: Hat der Mieter/Pächter gg den Vermieter/Verpächter einen Anspr, so kann er mit ihm ggü dem die ZinsFdg nach Beschlagn (§ 1123 Anm 3) geltd machden ZwVerw od HypGläub nur gg eine solche ZinsFdg aufrechnen, über die der Eigtümer wirks hätte verfügen dürfen (§ 1124), also nicht gg die ZinsFdg für einen späteren KalMonat als den gem § 1124 II maßgebden seit der Beschlagn. Im Miet/ PachtVertr vorgesehene weitergehde Aufrechng unzul (Stgt JW 30, 2989; Hbg OLG 34, 208; aA Karlsr JW 30, 2986). Vorgesehene Aufrechng eines Aufbaudarlehns, die der Sache nach Zinsvorauszahlg ist, wird jedenf zul sein (vgl § 1124 Anm 2c). ZbR zul, wenn es nicht unzul Aufrechng gleichkommt (BGH Rpfleger 79, 53).

2) Auf die **Grund/Rentenschuld** entspr anwendb (§ 1192).

1126 *Erstreckung auf wiederkehrende Leistungen.* Ist mit dem Eigentum an dem Grundstück ein Recht auf wiederkehrende Leistungen verbunden, so erstreckt sich die Hypothek auf die Ansprüche auf diese Leistungen. Die Vorschriften des § 1123 Abs. 2 Satz 1, des § 1124 Abs. 1, 3 und des § 1125 finden entsprechende Anwendung. Eine vor der Beschlagnahme erfolgte Verfügung über den Anspruch auf eine Leistung, die erst drei Monate nach der Beschlagnahme fällig wird, ist dem Hypothekengläubiger gegenüber unwirksam.

1) **Subjektivdingliche Rechte,** die Anspr auf wiederkehrde Leistg geben (ErbbZins- u and Reallasten, Überbau- u Notwegrenten; nicht aber VorkR) haften als GrdstBestand (§ 96) für die Hyp ebso wie Miet/ PachtzinsFdg. Jedoch sind länger als ein Jahr rückständ Beträge stets frei; § 1123 II 2 nicht anwendb. § 1124 III ist ersetzt dch S 3: VorausVfg über mehr als drei Monate nach der Beschlagn unwirks.

2) Auf die **Grund/Rentenschuld** entspr anwendb (§ 1192).

1127 *Erstreckung auf die Versicherungsforderung.* ¹Sind Gegenstände, die der Hypothek unterliegen, für den Eigentümer oder den Eigenbesitzer des Grundstücks unter Versicherung gebracht, so erstreckt sich die Hypothek auf die Forderung gegen den Versicherer.

II Die Haftung der Forderung gegen den Versicherer erlischt, wenn der versicherte Gegenstand wiederhergestellt oder Ersatz für ihn beschafft ist.

Schrifttum: R. Schmidt, Die rechtl Stellg des RealGläub ggü dem Versicherer nach den §§ 1127–1130 BGB u den §§ 97–107c VVG, Diss Bielefeld 1982.

1) **Allgemeines.** § 1127 erstreckt die HypHaftg iW dingl Surrogation auf die VersFdg (keine entspr Anwendg uf and ErsFdg; BGH NJW 89, 2123) u §§ 1128–1130 regeln die VfgsBeschrkg des Eigtümers (Eigenbesitzers) bzgl der VersFdg; nicht dch VersVertr abdingb. Bei der GbdeFeuerVers gelten ergänzd VVG 97–107c. – **a)** Der **Hypothekenhaftung** unterliegen neben dem Grdst u seinen ungetrennten Bestandt (§ 1120 Anm 2a) die getrennten Bestandt u das Zubeh nach Maßg von § 1120 (vgl dort Anm 2b, 3). Soweit Bestandt/Zubeh nach §§ 1121, 1122 haftgsfrei, haftet auch die VersFdg nicht. – **b)** Die **Versicherung** des HaftgsGgst kann Gefahren aller Art betreffen. Gläub der VersFdg muß der Eigtümer (Eigenbesitzer) des belasteten Grdst sein, es genügt als Versicherter iSv VVG 74ff (RG Warn **13** Nr 228).

2) **Haftung der Versicherungsforderung (I).** – **a) Voraussetzung.** Bei Eintritt des VersFalls müssen die Hyp (bei späterer Entstehg eine sie sichernde Vormkg; RG **151**, 389) u ein wirks VersVertr (RG **141**, 83) bestanden haben. – **b) Umfang.** Die gesamte VersFdg (auch bei NeuwertVers; Planck/Strecker Anm 2e; str) haftet in Höhe der Valutierg der Hyp zZ des Eintritts des VersFalls. – **c) Verwirklichung.** Die Haftg verwirklicht sich bei der GbdeVers dch ein PfdR (§ 1128 Anm 2) u bei and Vers dch Beschlagn (§ 1129 Anm 2).

3) **Wiederherstellung, Ersatzbeschaffung (II);** erfordert Wertsteigerg ggü Zustand nach Eintritt des VersFalls (Kbg HRR **42** Nr 206). Danach haften nur der wiederhergestellte Ggst u die VersFdg aus neuem SchadFall. HypGläub kann vom Versicherer nicht mehr Zahlg verlangen; Vfgen des Eigtümers über die VersFdg nach Wiederherstellg sind wirks, Vfgen vor Wiederherstellg werden es mit dieser (RG **95**, 207): HaftgsFortdauer aber, wenn HypGläub schon vorher in ZwVerst ausgefallen (RG **102**, 350), da ihm Wiederherstellg nicht nützt. Bei Teilwiederherstellg erlischt die Haftg zu entspr Teil (RG **78**, 23); volles Erlöschen aber bei gleichwert Sicherh (RG Warn **09** Nr 144).

4) Auf die **Grund/Rentenschuld** entspr anwendb (§ 1192). Abw von Anm 2b Haftg ohne Rücksicht auf Valutierg in voller Höhe des GrdSchBetr (RG **124**, 91).

1128 *Gebäudeversicherung.* ¹Ist ein Gebäude versichert, so kann der Versicherer die Versicherungssumme mit Wirkung gegen den Hypothekengläubiger an den Versicherten erst zahlen, wenn er oder der Versicherte den Eintritt des Schadens dem Hypothekengläubiger angezeigt hat und seit dem Empfange der Anzeige ein Monat verstrichen ist. Der Hypothekengläubiger kann bis zum Ablaufe der Frist dem Versicherer gegenüber der Zahlung widersprechen. Die Anzeige darf unterbleiben, wenn sie untunlich ist; in diesem Falle wird der Monat von dem Zeitpunkt an berechnet, in welchem die Versicherungssumme fällig wird.

§§ 1128, 1129

II Hat der Hypothekengläubiger seine Hypothek dem Versicherer angemeldet, so kann der Versicherer mit Wirkung gegen den Hypothekengläubiger an den Versicherten nur zahlen, wenn der Hypothekengläubiger der Zahlung schriftlich zugestimmt hat.

III Im übrigen finden die für eine verpfändete Forderung geltenden Vorschriften Anwendung; der Versicherer kann sich jedoch nicht darauf berufen, daß er eine aus dem Grundbuch ersichtliche Hypothek nicht gekannt habe.

1) Allgemeines. § 1128 enthält für die Verwirklichg der Haftg der VersFdg (§ 1127) eine SonderVorschr ggü § 1129 für GbdeVers. Bei der Vers von Zubeh ist die VersArt maßg: bei Einbezieh in GbdeVers gilt § 1128, bei Vers als bewegl Sache gilt § 1129. Über Glas/SpiegelscheibenVers vgl Staud/Scherübl Rdn 2.

2) Pfandrecht des Hypothekengläubigers (III). Der HypGläub erwirbt ohne Beschlagn mit Haftgsbeginn (Vorliegen von Hyp/Vormkg u VersVertr) u nicht erst mit Eintritt des VersFalls (Staud/Scherübl Rdn 8; aA LG Darmst VersR 79, 418) an der (zunächst künft) VersFdg ein PfdR, für das §§ 1273 ff gelten u das die VfgsMacht des Eigtümers über die VersFdg beschränkt; III enthält Veräußergsverbot iSv § 135, das HypGläub bei Pfändg der VersFdg dch pers Gläub ZPO 771 gibt (BGH VersR 84, 1137). Bei mehreren Hyp bestimmt ihr RangVerh das der PfdR (BGH NJW 81, 1671). – **a)** § 1275 (gilt mit Einschränkg dch III Halbs 2). Versicherer kann nach Maßg von § 404 bei Einziehg die ihm ggü dem Eigtümer zustehden Einwendgen gg die VersFdg geltd machen (RG 122, 131); zB Verj (RG 142, 66) od Einwendgen aus dem VersVertr (für GbdeFeuerVers vgl aber VVG 102–106). Versicherer kann nach Maßg von § 406 mit eigener Fdg gg Eigtümer ggü VersFdg aufrechnen (LG Darmst VersR 79, 418). – **b)** § 1276. Eigtümer kann VersFdg nur mit Zust des HypGläub stunden/erlassen/aufrechnen; über and Einwendgen u Aufrechng vgl Anm 2a. Versicherer kann nicht Abtretg der Hyp verlangen (RG 122, 131). Mit der Zahlg erlischt die Hyp entspr § 1181 III (Staud/Scherübl § 1181 Rdn 5; Westermann § 124 IV 1; aA RG 56, 322; Planck/Strecker § 1181 Anm 2a: wird EigtümerGrdSch [deren Abtr Versicherer nicht verlangen kann]). – **e)** § 1290. Vorrang kann nachrang HypGläub sein EinziehgsR (zB dch Zust zur Auszahlg an diesen) übertragen (BGH NJW 81, 1671).

3) Befreiende Zahlung an den Eigentümer (I, II); diese Vorschr gelten nicht iFv § 1130.

a) Voraussetzungen (alternativ). – **aa) Verschweigung (I),** sofern keine Anmeldg nach II vorliegt. Sie erfordert: – (1) Formlose Anzeige des Eintritts des VersFalls an HypGläub, wenn sie nicht (zB Aufenthalt/Erben unbekannt) untunl; III Halbs 2 anwendb. § 893 anwendb; bei BriefHyp ist idR ggwärt Gläub zu ermitteln (BGH VersR 81, 49). – (2) Kein rechtzeit formloser Widerspr des HypGläub; verspäteter Widerspr unbeachtl (vgl aber Anm 3b aE). Widerspr auch vor od ohne Anzeige wirks. Wirkt nur für Widersprechden. – **bb) Schriftliche Zustimmung (II)** des HypGläub bei formloser Anmeldg; Verschweigg nach I bei Anmeldg unschädl.

b) Erst die Zahlung befreit; HypGläub erwirbt kein PfdR an VersSumme (Planck/Strecker Anm 3a; aA Staud/Scherübl Rdn 32). Zw Fristablauf/Zust u Zahlg besteht PfdR mit VfgsBeschrkg fort (Brsl OLG 14, 110); HypGläub kann noch Beschlagn (§ 1129 Anm 2) erwirken.

4) Auf die Grund/Rentenschuld entspr anwendb (§ 1192). Abw von Anm 2d kann Versicherer ggü eingetr FremdGrdSchGläub nicht Nichtvalutierg der GrdSch einwenden (aA Staud/Scherübl Rdn 14), denn Bestand von GrdSch u damit PfdR bleiben unberührt; RückgewAnspr muß geltd gemacht werden.

1129 Sonstige Schadensversicherung.

Ist ein anderer Gegenstand als ein Gebäude versichert, so bestimmt sich die Haftung der Forderung gegen den Versicherer nach den Vorschriften des § 1123 Abs. 2 Satz 1 und des § 1124 Abs. 1, 3.

1) Allgemeines. § 1129 regelt die Verwirklichg der Haftg der VersFdg (§ 1127) außerh der GbdeVers (§ 1128) nach den für die Haftg der MitzinsFdg geltden Vorschr. Vor der notw Beschlagn (Anm 2) kann der Eigtümer über die VersFdg gem § 1124 I, III frei verfügen (Hamm VersR 77, 944; § 1124 Anm 1); zB dch Abtretg, Verpfändg, Einziehg (Versicherer wird dch Zahlg an Eigtümer frei), Erlaß, Aufrechng. Ein Jahr nach Fälligk der VersFdg wird sie gem § 1123 II 1 haftgsfrei (vgl § 1123 Anm 2a).

2) Haftungsverwirklichung. Sie erfordert Beschlgn nach Anm 2a–2c zG des HypGläub. Danach kann der Eigtümer über die VersFdg nicht mehr mit Wirkg ggü dem HypGläub verfügen (RG 95, 207; HRR 36 Nr 594). – **a)** Anordng der **Zwangsversteigerung** auf Antr eines dingl od pers Gläub (Einschränkg bei VersFdg für landw Erzeugn dch ZVG 21 I). Da sich die Beschlagn des Grdst u damit die ZwVerst gem ZVG 20 II, 55 I auf die VersFdg erstreckt, erwirbt sie der Ersteher gem ZVG 90 II, u zwar nach Maßg von ZVG 91 lastenfrei u damit frei von PfdR iSv § 1128 III (BGH NJW 81, 1671). Zw Beschlagn u Zuschlag hinterlegt Versicherer zweckm (Ffm OLGZ 78, 283) u Erwerber erwirbt mit Zuschlag die Fdg gg die HinterleggsStelle (Ffm aaO); keine Zahlg an VollstrGer (MüKo/Eickmann § 1130 Rdn 5). Wird von der Beschlagn nicht erfaßt (zB § ZVG 21 I) od nicht mitversteigert (zB ZVG 65), so haftet sie ausfalldem HypGläub weiter. – **b)** Anordng der **Zwangsverwaltung** auf Antr einer dingl od pers Gläub (wg VersFdg für landw Erzeugn vgl ZVG 148). Der ZwVerw hat die VersFdg einzuziehn u zur GläubBefriedigg zu verwenden. – **c) Pfändung** der VersFdg wg des dingl Anspr aus § 1147 (vgl § 1123 Anm 3b).

3) Auf die Grund/Rentenschuld entspr anwendb (§ 1192).

1130 **Wiederherstellungsklausel.** Ist der Versicherer nach den Versicherungsbestimmungen nur verpflichtet, die Versicherungssumme zur Wiederherstellung des versicherten Gegenstandes zu zahlen, so ist eine diesen Bestimmungen entsprechende Zahlung an den Versicherten dem Hypothekengläubiger gegenüber wirksam.

1) Allgemeines. § 1130 enthält eine von §§ 1128 I, II, 1129 abw Vorschr für die Zahlg der VersSumme bei WiederherstellgsKl (die bei GbdeVers übl). Bei GbdeFeuerVers mit WiederherstellgsKl gelten ergänzd VVG 97–100.

2) Befreiende Zahlung. Zahlt der Versicherer entspr der Klausel, so wird er auch ggü dem HypGläub befreit; dies gilt auch, wenn die VersSumme bei fehlder SicherstellgsKl nicht zur Wiederherstellg verwendet wird. Bei klauselwidr Zahlg kann HypGläub nochmal Zahlg an Eigtümer zur Wiederherstellg verlangen.

3) Verweigerung oder Unmöglichkeit der Wiederherstellung (vgl Schmidt S 125–147). Bei Verweigerg kann HypGläub stets nach § 1134 II vorgehen (Bestellg eines Verwalters, an den zur Wiederherstellg zu zahlen ist). – **a)** Bei **Mobiliarversicherung** erwirbt HypGläub weder bei einf noch bei strenger WiederherstellgsKl ein EinziehgsR; er muß Beschlag herbeiführen (vgl Anm 4). – **b)** Bei **Gebäudeversicherung** hat der HypGläub das EinziehgsR aus §§ 1128 III, 1281, 1282; nur bei strenger WiederherstellgsKl entfällt es iFv Verweigerg u HypGläub muß Beschlag herbeiführen (vgl Anm 4). – **c)** Bei **strenger Wiederherstellungsklausel** gilt Anm 3a, 3b für den ersten TeilBetr u den RestAnspr, sofern letzterer nicht bei unterbliebener Wiederherstellg ganz entfällt.

4) Beschlagnahme. Sie hindert auch iFv § 1130 eine wirks Zahlg an den Eigtümer. – **a)** Bei **Zwangsversteigerung** wird die VersFdg mitversteigert u geht auf den Ersteher über (§ 1129 Anm 2a). – **b)** Bei **Zwangsverwaltung** hat der Verwalter die VersSumme einzuziehn u zur Wiederherstellg (bei deren Unmöglich zur GläubBefriedigg; RG HRR **36** Nr 594) zu verwenden; eine Wiederherstellgsverweigerg des Eigtümers ist unbeachtl. – **c)** Eine **Pfändung** der VersFdg ist wg Zweckbindg unzul (Staud/Scherübl Rdn 10), sofern nicht Abtretg zugelassen (zB VVG 98). Zuläss ist die Pfändg bei Unmöglichk der Wiederherstellg; bei ihrer Verweigerg nur iF einer einf WiederherstellgsKl (Schmidt S 130; str), nicht aber bei strenger.

5) Auf die **Grund/Rentenschuld** entspr anwendb (§ 1192).

1131 **Zuschreibung eines Grundstücks.** Wird ein Grundstück nach § 890 Abs. 2 einem anderen Grundstück im Grundbuche zugeschrieben, so erstrecken sich die an diesem Grundstücke bestehenden Hypotheken auf das zugeschriebene Grundstück. Rechte, mit denen das zugeschriebene Grundstück belastet ist, gehen diesen Hypotheken im Range vor.

1) Haftungserstreckung nur bei Zuschreibg (vgl § 890 Anm 1d cc). Die Hyp des HauptGrdst einschl UnterwerfgsKl (BayObLG **29**, 162) u RangVorbeh (Bleutge Rpfleger **74**, 387; aA Haegele Rpfleger **75**, 158) erstrecken sich krG auf den zugeschriebenen Bestand (nicht umgekehrt; Schlesw MDR **55**, 47); keine GesamtHyp, sond Hyp an demselben HaftgsGgst. Bestand GesamtHyp an beiden Grdst, so wird sie EinzelHyp (KGJ **30**, 178). Auf zugeschriebenem Bestand lasten zunächst die bish Rechte (insow gesonderte ZwVollstr u Einzelausgebot zul); es folgen die Hyp des HauptGrdst im dortigen RangVerh.

2) Auf die **Grund/Rentenschuld** entspr anwendb (§ 1192).

1132 **Gesamthypothek.** ^IBesteht für die Forderung eine Hypothek an mehreren Grundstücken (Gesamthypothek), so haftet jedes Grundstück für die ganze Forderung. Der Gläubiger kann die Befriedigung nach seinem Belieben aus jedem der Grundstücke ganz oder zu einem Teile suchen.

^{II}Der Gläubiger ist berechtigt, den Betrag der Forderung auf die einzelnen Grundstücke in der Weise zu verteilen, daß jedes Grundstück nur für den zugeteilten Betrag haftet. Auf die Verteilung finden die Vorschriften der §§ 875, 876, 878 entsprechende Anwendung.

1) Voraussetzungen. Die GesamtHyp ist eine Hyp (Anm 1a) an mehreren Grdst (Anm 1b) zur Sicherg derselben Fdg (Anm 1c). Die Vorschr über die EinzelHyp sind anwendb, soweit nicht § 1172 (RLage iFv § 1163), § 1173 (GläubBefriedigg dch einen Eigtümer), § 1174 (GläubBefriedigg dch pers Schuldn) § 1175 (Verzicht), §§ 1181 II, 1182 (GläubBefriedigg aus dem Grdst) SonderVorschr enthalten; letztere bezwecken, daß der Betrag der pers Fdg nachrang Gläub nur einmal vorgeht (sog Vervielfältiggsverbot). – **a) Eine Hypothek** u keine HypMehrh (ganz hM). Die Hyp muß für alle Grdst so gleichart sein, daß sich das GläubR nicht vervielfachen kann, ohne daß der RInhalt in allen Einzelh gleich sein muß (BGH **80**, 119). Sie muß überall entw Brief- od BuchHyp bzw Verkehrs- od SichgsHyp sein (BayObLG NJW **62**, 1725), kann aber teils EigtümerR u teils FremdR sein (BayObLG aaO). Kein GesamtR aus Hyp u GrdSch oder Vertr- u ZwangsHyp (Planck/Strecker Anm 4a). Zahlgs- u KündBdgg (Planck/Strecker Anm 1b; Staud/Scherübl Rdn 33; aA KGJ **40**, 299; RGRK/Mattern Rdn 9; 48. Aufl), Unterwerfgs Kl nach ZPO 800 (BGH **26**, 344), Rang (BGH **80**, 119) u LöschgsAnspr aus § 1179a (dort Anm 4a dd) können für einz Grdst verschieden sein. Bei unterschiedl Kapital/Nebenleistg besteht eine GesamtHyp im Umfang der sich deckden Beträge (KGJ **40**, 299), iü EinzelHyp. – **b) Mehrere Grundstücke** desselben od verschied Eigtümer. Einem Grdst stehen gleich: MitEigtAnt (§ 1114) einschl WE/TeilE, grdstgl Recht (zB ErbbR), BruchtAnt an grdstgl Recht

1235

od WE/TeilE. Die BelastgsGgst können unterschiedl sein; zB GesamtHyp an Grdst u ErbbR. – **c) Dieselbe Forderung.** Die Hyp muß an allen Grdst eine (od mehrere; § 1113 Anm 4a aa) Fdg sichern, bei der Gläub, Schuldn u SchuldGrd dieselben sind. Bei Belastg mehrerer Grdst für eine Fdg entsteht krG eine GesamtHyp (KG HRR **34** Nr 278). Gläub können mehrere in RGemsch sein, Schuldn mehrere als GesamtSchuldn (hier auch EinzelHyp für Fdg gg einz Schuldn mögl; RG HRR **31** Nr 1653).

2) Entstehung. Zur Kennzeichn im GB vgl GBO 48; über HypBrief vgl GBO 59, 63. Kennzeichng als GesamtHyp hat nur deklaratorische Bedeutg u verhindert gutgl Erwerb als EinzelHyp. – **a) Rechtsgeschäftlich** dch Belastg mehrerer Grdst od and BelastgsGgst bei der HypBestellg (über Nachverpfändg vgl Anm 2c); die GesamtHyp entsteht erst mit Eintr in allen GB (Düss DNotZ **73**, 613). Geht Einigg auch auf Entsteh zunächst als EinzelHyp (Ausleggsfrage), so entsteht bis zur letzten Eintr zunächst solche; Notarermächtigg, EintrAntr zunächst nur für ein Grdst zu stellen, ergibt solche Einigg noch nicht (Düss aaO). Wird die (nicht vorsorgl auch als EinzelHyp gewollte) GesamtHyp nur auf einzelnen Grdst eingetr od ist die Einigg nur bzgl einzelner Grdst wirks, so bestimmt sich nach § 139, ob eine solche od (wie dort als EinzelHyp od GesamtHyp an weniger Grdst) entstanden; idR spricht Wille zu voller Absicherg an jedem Grdst dafür (BGH DNotZ **75**, 152). Bei Belastg eines im MitEigt stehen Grdst dch alle MitEigtümer gem § 747 S 2 entsteht eine GesamtHyp an allen MitEAnt (§ 1114 Anm 1b). – **b) Gesetzlich.** Dch ideelle (§ 1114 Anm 1b; WEG 7 Anm 5a) od reale Teilg mit EinzelHyp belasteten Grdst. Dch Ersetzg der gesicherten Fdg mehrerer EinzelHyp dch eine Fdg gem § 1180 (KG JFG **10**, 230). Nach § 1287 S 2, ZPO 848, wenn Anspr auf Übereignn mehrerer Grdst ver-/gepfändet war (Mü JFG **22**, 163). – **c) Nachverpfändung** (PfdUnterstellg/PfdErstreckg) eines weiteren Grdst für bereits dch Einzel- od GesamtHyp gesicherte Fdg. Sie ist für diese Grdst Neubelastg (BGH **80**, 119), die Zust der and Eigtümer nicht erfordert. Bei Nachverpfändg für mehrere Hyp eines auf demselben GBBlatt eingetr Grdst dch Mithaftvermerk in Verändergsspalte gilt bish RangVerh auch für Nachverpfändg (KG JFG **22**, 284; aA Böttcher BWNotZ **88**, 73; Meyer-Stolte Rpfleger **71**, 201); ist nachverpfändetes Grdst auf and GBBlatt eingetr, so kann fehlde Angabe über den Rang an diesem Grdst Ausleg ergeben, daß nicht Gleichrang sond Rang wie am vorverpfändeten Grdst bewilligt ist (LG Köln RhNK **73**, 438). – **d) Zwangsvollstreckung.** Nicht dch ZwVollstr (ZPO 867 II); Eintr inhaltl unzul (RG **163**, 121). GesamtZwHyp aber zuläss, wenn mehrere Eigtümer als GesamtSchuldn haften (KG OLG **2**, 356; BGH NJW **61**, 1352). GesamtZwHyp kann auch dch reale od ideelle Teilg mit EinzelZwHyp belasteten Grdst entstehen.

3) Einzelfragen. – a) Inhaltsänderung, die die Gleichartigk berührt (Anm 1a), muß für alle Grdst gelten u wird erst mit Eintr in allen GB wirks. – **b) Übertragung** nur bzgl aller Grdst u an denselben Erwerber; sofern GBEintr erforderl, wird sie erst mit Eintr in allen GB wirks (RG **63**, 74). – **c) Belastung:** Anm 3b gilt (RG **63**, 74); mehrere PfdR müssen inhaltl der einzelnen Grdst denselben Rang haben (KGJ **39**, 248). – **d) Verfügungsbeschränkungen** nur einheitl; Anm 3b gilt. – **e) Aufhebung** (ganz od teilw) bzgl einzelner Grdst zuläss (KG JFG **4**, 409); ist idR Verzicht nach § 1175 I 2 (KG JFG **11**, 243).

4) Grundstückshaftung. Der Gläub kann in alle (od einige) Grdst gleichzeit vollstrecken; die ZwVerst kann in einem Verf (ZVG 18) dch Einzel- od Gesamtausgebot (ZVG 63) erfolgen; vgl MüKo/Eickmann Rdn 53. Er kann auch in eines der Grdst vollstrecken. Die Wahl steht in seinem Belieben u kann noch im Verteilgstermin erfolgen (Köln KTS **58**, 155).

5) Verteilung (II). – a) Befugnis. Der Gläub kann nach seinem Belieben die gesicherte Fdg in selbstd TeilFdgen auf die Grdst verteilen. Bei GesamtHyp an mehr als zwei Grdst kann auch in Einzel- u entspr herabgesetzte GesamtHyp aufgeteilt werden (BayObLG **81**, 95). – **b) Durchführung.** GläubErkl ggü GBA od Eigtümer, auf die §§ 875, 876, 878 anwendb; EigtümerZust nicht notw (RG **70**, 91). Ferner GBEintr (zur Fassg vgl Haegele/Schöner/Stöber Rdn 2680, 2682; BaybLG **81**, 95); vgl auch GBO 48 II, 64. Ohne Eintr hat die VerteilgsErkl keine RWirkg (RG DR **39**, 935; BGH Betr **76**, 866). – **c) Wirkung.** Die GesamtHyp zerfällt in selbstd EinzelHyp (BGH Betr **76**, 866) u erlischt iH der jeweils überschießden Beträge (RG **70**, 91).

6) Auf die **Grund/Rentenschuld** entspr anwendb (§ 1192).

1133 *Gefährdung der Sicherheit der Hypothek.* Ist infolge einer Verschlechterung des Grundstücks die Sicherheit der Hypothek gefährdet, so kann der Gläubiger dem Eigentümer eine angemessene Frist zur Beseitigung der Gefährdung bestimmen. Nach dem Ablaufe der Frist ist der Gläubiger berechtigt, sofort Befriedigung aus dem Grundstücke zu suchen, wenn nicht die Gefährdung durch Verbesserung des Grundstücks oder durch anderweitige Hypothekenbestellung beseitigt worden ist. Ist die Forderung unverzinslich und noch nicht fällig, so gebührt dem Gläubiger nur die Summe, welche mit Hinzurechnung der gesetzlichen Zinsen für die Zeit von der Zahlung bis zur Fälligkeit dem Betrage der Forderung gleichkommt.

1134 *Unterlassungsklage.* [I] Wirkt der Eigentümer oder ein Dritter auf das Grundstück in solcher Weise ein, daß eine die Sicherheit der Hypothek gefährdende Verschlechterung des Grundstücks zu besorgen ist, so kann der Gläubiger auf Unterlassung klagen.

[II] Geht die Einwirkung von dem Eigentümer aus, so hat das Gericht auf Antrag des Gläubigers die zur Abwendung der Gefährdung erforderlichen Maßregeln anzuordnen. Das gleiche gilt, wenn die Verschlechterung deshalb zu besorgen ist, weil der Eigentümer die erforderlichen Vorkehrungen gegen Einwirkungen Dritter oder gegen andere Beschädigungen unterläßt.

1135 *Verschlechterung des Zubehörs.* Einer Verschlechterung des Grundstücks im Sinne der §§ 1133, 1134 steht es gleich, wenn Zubehörstücke, auf die sich die Hypothek erstreckt, verschlechtert oder den Regeln einer ordnungsmäßigen Wirtschaft zuwider von dem Grundstück entfernt werden.

1) Allgemeines. – a) §§ 1133–1135, die nebeneinand anwendb, schützen den HypGläub gg Verschlechterg der wichtigsten HaftgsGgst nach HypBestellg: nicht aber den PfdGläub an der Hyp (Staud/Scherübl § 1133 Rdn 21; vgl aber Breslau JW **28**, 2474) u den HypVormkgsBerecht. Keine bes SchutzVorschr für sonstige HaftgsGgst; Trenng/Entferng von Bestandt kann Verschlechterg des Grdst selbst sein (KG OLG **29**, 359). Über die Kosten der Maßn vgl § 1118 Anm 2c. – **b) Verschlechterung** des Grdst/Zubeh ist jede vom Verschulden unabhäng Zustandsänderg, die den VerkWert mindert wie zB GbdeAbbruch/Umbau (BGH **65**, 211; Rostock OLG **41**, 176); nicht aber die bloße Ändrg des BetrFührg (RG JW **34**, 755), bloßes Altern trotz Reparaturen (MüKo/Eickmann § 1133 Rdn 6; aA RGRK/Mattern § 1133 Rdn 6) od wirtsch gebotene VerwaltgsMaßn (KG OLG **21**, 99; Dresden OLG **34**, 213). – **c) Gefährdung** der HypSicherh besteht, wenn inf der Verschlechterg größerer Ausfall in ZwVollstr zu erwarten ist (Hbg OLG **14**, 112).

2) Eingetretene Verschlechterung (§§ 1133, 1135). – a) Ursache unerhebl, auch Natur-/KriegsEreign. – **b) Gläubigerrechte.** Setzg angem Frist; entbehrl bei endgült BeseitiggsWeigerg des Eigtümers (KG OLG **34**, 211). Befriedigg nach § 1147, wenn Eigtümer die Gefährdg der HypSicherh nicht fristgerecht dch GrdstVerbesserg (erfordert nicht Wiederherstellg des früh Zustandes) od anderweit HypBestellg (auch Rangverbesserg) beseitigt; Beseitigg nach Normzweck bis zum Zuschlag nachholb (MüKo/Eickmann § 1133 Rdn 19; aA Staud/Scherübl § 1133 Rdn 9), dem Gläub sind dann die Kosten zu ersetzen. BefrediggsR wg des ganzen Anspr, nicht nur im Umfang der Gefährdg (vgl aber HypBG 17 I); ZwZins abzuziehen (Berechng § 1217 Anm 2b). – **c) Sonstiges.** Bei Verschulden SchadErsAnspr aus § 823 I, II.

3) Drohende Verschlechterung (§§ 1134, 1135). – a) Ursache. Einwirkg des Eigtümer od Dritter; NaturEreign genügen nur für II 2. – **b) Gläubigerrechte.** UnterlAnspr **(I)** gg einwirkden Eigtümer (zB auch Veräußerungsverbot für Bestandt; KG OLG **29**, 359) od Dritten (zB Architekt; BGH **65**, 211; abl Scheyhing JZ **76**, 706 u Ratjen Betr **77**, 389); Verschulden nicht notw. DuldgsAnspr **(II)** gg Eigtümer bzgl notw Maßn wie zB Sequestration (RG **92**, 18) od FeuerVersicherg (BGH NJW **89**, 1034); Verschulden nicht notw. – **c) Sonstiges.** Bei Verschulden des Eigtümers od Dritten auch §§ 823 I, II, 830 (BGH NJW **85**, 376) bei eingetretener Entwertg der Hyp (BGH NJW **89**, 1034). RückverschaffgsAnspr gg Erwerber von Zubeh nur aus § 823 (MüKo/Eickmann § 1135 Rdn 18; aA Kiel JW **33**, 634).

4) Auf die **Grund/Rentenschuld** entspr anwendb (§ 1192).

1136 *Rechtsgeschäftliche Verfügungsbeschränkung.* Eine Vereinbarung, durch die sich der Eigentümer dem Gläubiger gegenüber verpflichtet, das Grundstück nicht zu veräußern oder nicht weiter zu belasten, ist nichtig.

1) § 1136 schützt die HdlgsFreih des Eigtümers. Seine anfängl od nachträgl **Verpflichtung gegenüber dem Gläubiger** (ggü Dr gilt § 137 S 2), nicht über das Grdst zu verfügen, ist nichtig; bei Verstoß gg sie kein SchadErs od VertrStrafe. Die Wirksamk der Vertr iü richtet sich nach § 139 (RG JW **26**, 1960); idR ist gleichzeit HypBestellg nach PartWillen gült (Lopau BlGBW **79**, 101), aber GBA muß EintrAntr zurückweisen, wenn er Vereinbg nicht ausnimmt (Hamm DNotZ **79**, 752; aA Lopau aaO). – Zul Vereinbg mit Gläub, die nicht in innerem ZusHang mit Hyp steht u RStellg als dingl Gläub nicht stärkt (BGH MDR **66**, 756). – Zul Vereinbg, die an vertragswidr Vfg Folgen (zB Fälligk der Hyp, Künd des Darlehns) knüpft (BGH **76**, 371; BayObLG DNotZ **81**, 128; aA Lopau BlGBW **80**, 167), da nur RückzahlgsBdgg. Gläub kann sich auch dch VorkR schützen.

2) Auf die **Grund/Rentenschuld** entspr anwendb (§ 1192).

1137 *Einreden des Eigentümers.* ¹Der Eigentümer kann gegen die Hypothek die dem persönlichen Schuldner gegen die Forderung sowie die nach § 770 einem Bürgen zustehenden Einreden geltend machen. Stirbt der persönliche Schuldner, so kann sich der Eigentümer nicht darauf berufen, daß der Erbe für die Schuld nur beschränkt haftet.
ᴵᴵIst der Eigentümer nicht der persönliche Schuldner, so verliert er eine Einrede nicht dadurch, daß dieser auf sie verzichtet.

1) Allgemeines. Ggü dem DuldgsAnspr des HypGläub aus § 1147 kann der Eigtümer geltd machen: – **a) Einwendungen gegen die Hypothek** bzgl ihres Bestandes (zB Nichtentstehen, Eintr mit falschem Inhalt) od der Berechtigg desjenigen, der sie geltd macht (zB Verlust des GläubR inf RÜbergangs außerh des GB auf Dritte od Eigtümer). Sie können bei gutgl Erwerb entfallen (§§ 892, 1138). – **b) Einreden gegen die Hypothek,** dh Rechte auf zeitw (zB Stundg, ZbR) od dauernde (zB §§ 242, 812, 823) LeistgsVerweigerg ggü dem in seinem Bestand unberührten Anspr aus § 1147 aus pers RVerh zw Eigtümer u HypGläub (§ 1157). Gutgl einredefreier Dritterwerb mögl (§ 1157 S 2). – **c) Einwendungen gegen die Forderung,** die deren Bestand berühren, begründen wg der Akzessorietät Einwendungen gg die Hyp (Anm 1a); zB Umwandlg in EigtümerGrdSch nach § 1163 I. – **d) Einreden gegen die Forderung** (Anm 2). Gutgl einredefreier Dritterwerb mögl (§ 1138).

2) Geltungsbereich. § 1137 betrifft bei Hyp aller Art nur die Geltdmachg von Einreden gg die gesicherte Fdg (Anm 1 d) ggü dem Anspr aus § 1147 dch den Eigtümer unabhäng davon, ob er zugl pers Schuldn ist od nicht. Der Eigtümer kann geltd machen: – **a) Einreden des persönlichen Schuldners** gg die in ihrem

§§ 1137–1139　　　　　　　　　　　　　　　　　　　3. Buch. 8. Abschnitt. *Bassenge*

Bestand unberührte Fdg, die diesem ein zeitw (zB Stundg, ZbR) od dauerndes (zB §§ 242, 812, 823) LeistgsVerweigergsR geben (I 1). Eigtümer kann sich auch auf rkräft Abweisg der FdgsKlage gg den Schuldn berufen; Stattgabe wirkt ihm ggü aber nicht. Eigtümer hat auch Einreden, auf die mit ihm nicht ident Schuldn verzichtet hat (II). Folge Einreden sind dem Eigtümer versagt: beschr Erbenhaftg (I 2), Verj der HauptFdg (§ 223), Herabsetzg im Vergl (VglO 82 II, KO 193 S 2). – **b) Einreden des Bürgen** nach § 770 (I 1) sowie nach § 770 Anm 4; nach § 771 nur, wenn Hyp für BürgschSchuld bestellt. Die GestaltgsR des Schuldn geben dem Eigtümer nur ein LeistgsVerweigersR; nach Ausübg des GestaltgsR dch den Schuldn hat der Eigtümer eine Einwendg nach Anm 1c. II gilt hier nicht; die Einrede des Eigtümers besteht nur solange, wie der Schuldn das GestaltgsR noch ausüben kann.

3) Auf die **Grund/Rentenschuld** nicht entspr anwendb, da Folge der FdgsAbhängigk.

1138 **Forderung und öffentlicher Glaube.** Die Vorschriften der §§ 891 bis 899 gelten für die Hypothek auch in Ansehung der Forderung und der dem Eigentümer nach § 1137 zustehenden Einreden.

1) **Allgemeines.** Weil die Hyp von der Fdg abhängt u §§ 891–899 nur für die Hyp gelten, erstreckt § 1138 diese Vorschr auf die Fdg u die Einreden nach § 1137, soweit das für die Geltdmachg der Hyp (and bei SichgsHyp; 1185 II) erforderl ist. §§ 891–899 gelten aber nicht für die Fdg selbst (RG JW **34**, 3054): wird aus Fdg u Hyp geklagt, kann desh nur die HypKlage Erfolg haben, selbst wenn der Eigtümer zugl pers Schuldn ist.

2) **Vermutung, öffentlicher Glaube** (§§ 891–893). Wird über die Hyp gestritten (zB Klage des Gläub aus § 1147 od des Eigtümers aus § 894), so gelten bzgl des Bestandes der Hyp u der Einreden gg sie aus § 1137:
a) **§ 891.** – **aa) Bestand.** Der gegwärt Bestand der eingetr Fdg wird widerlegb vermutet. Der Eigtümer muß beweisen, daß diese Fdg nicht entstanden (bei Darlehn weder nach § 607 I noch nach § 607 II; RG Warn **34** Nr 95) od erloschen ist; nicht nur, daß sie zZ der Eintr nicht bestand. Gläub muß aber beweisen, daß Hyp eine and als die eingetr Fdg sichert u daß als künft/bdgt eingetr Fdg entstanden. Nach HypLöschg muß Gläub Fortbestand (nicht nur Entstehg) der Fdg beweisen. – **bb) Einreden.** Eingetr Einreden gg die Fdg werden widerlegb als bestehd, gelöschte widerlegb als nichtbestehd vermutet. Die NichtEintr begründet aber keine Vermutg für Nichtbestehen (Planck/Strecker Anm 3c).

b) **§ 892.** Der geschützte Erwerb muß dch ein VerkehrsGesch (§ 892 Anm 3) erfolgen; zB auch SichgsAbtr in Ggs zur EinziehgsAbtr (Hbg MDR **53**, 171). Nicht anwendb ist § 892 bei Fdgen auf rückständ Zinsen/Nebenleistgen/Kosten (§ 1159 II). – **aa) Bestand.** Ist die Fdg nicht entstanden od erloschen (besteht also eine EigtümerGrdSch), so erwirbt der bzgl der Fdg gutgl Erwerber mit der Abtr der angebl Fdg eine FremdHyp (ohne Fdg), weil wg § 1153 II der Bestand der eingetr Fdg fingiert wird; diese fdgslose Hyp wird nicht zur GrdSch (MüKo/Eickmann Rdn 10; aA W-Raiser § 137 II 3). Dies gilt nicht bei der TilggsHyp, so daß ihr Erwerber sie nicht stets nur iH des tilggsplanmäß Restkapitals erwirbt; maßg ist, welche Tilgg im GB/Brief als erfolgt eingetr oder dem Erwerber bekannt ist (RG JW **34**, 1043; hM). Zum Erwerb einer bestehden Fdg vom NichtBerecht, der als HypGläub eingetr, vgl § 1153 Anm 1b. – Gilt entspr für Belastg der Fdg mit PfdR/Nießbr. – **bb) Einreden.** Nichteingetr Einreden gg die Fdg erlöschen bzgl der Hyp (nicht bzgl der Fdg) bei gutgl Erwerb; gg den Erwerber besteht kein Anspr aus § 1169. Gutgl ist, wer die einredebegründden Tats nicht kannte od trotz ihrer Kenntn aus RIrrtum an Nichtbestehen einer Einrede glaubte (BGH **25**, 27). Bei mögl GgAnspr des Schuldn ist der Erwerber nur bösgl, wenn er ihre Art u wahrscheinl Berechtigg kennt (BGH aaO).

c) **§ 893.** Der wahre HypGläub muß RGesch iSv § 893 bzgl der Fdg zw dem BuchBerecht u dem gutgl Eigtümer gg sich gelten lassen; ebso der wahre Eigtümer RGesch zw dem BuchEigtümer u dem gutgl HypGläub. Dies gilt nur bzgl der Hyp (nicht bzgl der Fdg).

3) **Grundbuchberichtigung, Widerspruch** (§§ 894–899). Der Eigtümer hat gg den HypGläub einen GBBerichtiggsAnspr, wenn die Fdg nicht besteht (auf Löschg od Umschreibg auf Eigtümer) od eine Einrede nicht od falsch eingetr ist; der HypGläub hat den Anspr gg den Eigtümer, wenn die Fdg falsch od eine nicht bestehde Einrede (bzw eine bestehde falsch) eingetr ist. Der GBBerichtiggsAnspr ist dch Widerspr sicherb.

4) Auf die **Grund/Rentenschuld** nicht entspr anwendb, da Folge der FdgsAbhängigk.

1139 **Widerspruch bei Darlehensbuchhypothek.** Ist bei der Bestellung einer Hypothek für ein Darlehen die Erteilung des Hypothekenbriefs ausgeschlossen worden, so genügt zur Eintragung eines Widerspruchs, der sich darauf gründet, daß die Hingabe des Darlehens unterblieben sei, der von dem Eigentümer an das Grundbuchamt gerichtete Antrag, sofern er vor dem Ablauf eines Monats nach der Eintragung der Hypothek gestellt wird. Wird der Widerspruch innerhalb des Monats eingetragen, so hat die Eintragung die gleiche Wirkung, wie wenn der Widerspruch zugleich mit der Hypothek eingetragen worden wäre.

1) **Widerspruch** gg BuchHyp (die nicht SichgHyp, § 1185 II), weil diese bis zur Darlehnshingabe EigtümerGrdSch (§ 1163 I). – **a) Voraussetzungen.** Formfreier (weil GläubBew nicht notw; str) fristgebundener (später nur § 899) Antr des Eigtümers mit Angabe, daß Darlehn nicht hingegeben. Nachw für Nichthingabe, EintrBew des Gläub od einstw Vfg nicht notw. – **b) Wirkung.** Wie § 899 mit der Besonderh der Rückwirkg bei fristgerechter Eintr (damit entfällt gutgl Erwerb eines vorher eingetr HypErwerbers); bei späterer Eintr od and Unrichtigk § 899 ohne Rückwirkg.

2) Auf die **Grund/Rentenschuld** nicht entspr anwendb, da Folge der FdgsAbhängigk.

1140 **Brief und Grundbuch.** Soweit die Unrichtigkeit des Grundbuchs aus dem Hypothekenbrief oder einem Vermerk auf dem Briefe hervorgeht, ist die Berufung auf die Vorschriften der §§ 892, 893 ausgeschlossen. Ein Widerspruch gegen die Richtigkeit des Grundbuchs, der aus dem Briefe oder einem Vermerk auf dem Briefe hervorgeht, steht einem im Grundbuch eingetragenen Widerspruche gleich.

1) Der **richtige Brief** zerstört den öff Glauben des GB; so wird der gutgl Erwerb auch bei Unkenntn des Briefs nicht geschützt, wenn die Unrichtigk des GB aus ihm hervorgeht. Dagg genießt der Brief keinen öff Glauben; so kann sich der Erwerber ggü dem richt GB nicht auf den unricht Brief berufen. – a) Der **Vermerk** auf den Brief (nicht auf mit ihm verbundener SchuldUrk) kann amtl od privat (zB Teilzahlgs-Quittg) sein; Aussteller ist gleichgült. Ein den Aussteller nicht ausweisder Vermerk genügt, wenn sich aus ihm begründete Zweifel an der Richtigk des GB ergeben (Erm/Räfle Rdn 2; aA MüKo/Eickmann Rdn 11). Ein dchstrichener (noch lesb) Vermerk ist unbeachtl, wenn die Streichg erkennb vom Vermerkaussteller vorgen (Erm/Räfle aaO; MüKo/Eickmann Rdn 14; nach aA wird er stets unbeachtl). – b) Der **Widerspruch** ist ein solcher nach § 899. Privater Widerspr ist Vermerk nach Anm 1a.

2) Auf die **Grund/Rentenschuld** entspr anwendb (§ 1192).

1141 **Kündigung der Hypothek.** ¹Hängt die Fälligkeit der Forderung von einer Kündigung ab, so ist die Kündigung für die Hypothek nur wirksam, wenn sie von dem Gläubiger dem Eigentümer oder von dem Eigentümer dem Gläubiger erklärt wird. Zugunsten des Gläubigers gilt derjenige, welcher im Grundbuch als Eigentümer eingetragen ist, als der Eigentümer.

IIHat der Eigentümer keinen Wohnsitz im Inland oder liegen die Voraussetzungen des § 132 Abs. 2 vor, so hat auf Antrag des Gläubigers das Amtsgericht, in dessen Bezirke das Grundstück liegt, dem Eigentümer einen Vertreter zu bestellen, dem gegenüber die Kündigung des Gläubigers erfolgen kann.

1) **Allgemeines.** Der unabdingb (LG Hbg Rpfleger 57, 114) § 1141 lockert den AkzessorietätsGrds zum Schutz des mit dem pers Schuldn nicht ident Eigtümers; nicht anwendb bei SichgHyp (§ 1185 II). – a) **Kündigung.** Die FdgKünd ist idR vertragl geregelt; sonst gelten die gesetzl Vorschr (zB §§ 609, 609a; vgl auch EG 117 II). Bei Gläub- od EigtümerMehrh bestimmt sich das KündR nach dem zugrdeliegden RVerh (bei MitEigt Künd dch od ggü allen). Die formlose Künd ist eine Vfg über die Hyp (BGH **1**, 294) u nicht einseit widerrufb (Hbg Rpfleger **59**, 379). Sie ist nicht eintraggsfäh u wirkt ohne GutGlSchutz ggü späteren RNachf (BGH aaO). SonderVorschr bei Belastg der Fdg mit Nießbr/PfdR: §§ 1074, 1077 II, 1283, 1286; bei Vorerbschaft: § 2114. – b) **Eigentümervertreter (II).** Bestellg im FGG-Verf nur zur Entggnahme der Künd; erspart öff Zustellg nach § 132 II. Vertreter kann seine Kosten (notf dch Klage) nur vom Eigtümer erstattet verlangen (Mü JFG **13**, 273); Kosten des Gläub fallen unter § 1118.

2) **Wirksamkeit der Kündigung (I);** bei BriefHyp vgl auch § 1160 II. – a) FdgKünd dch od ggü dem **persönlichen Schuldner,** der nicht zugl Eigtümer, wirkt nur für die Fdg. Der Eigtümer darf schon leisten (§ 1142 I), der Anspr aus § 1147 ist aber noch nicht fällig. – b) FdgKünd dch od ggü dem **persönlichen Schuldner, der zugleich Eigentümer,** wirkt für Fdg u Hyp. – c) FdgKünd dch u ggü dem **Eigentümer,** der nicht zugl pers Schuldn, wirkt nur für die Hyp; die Fdg wird dadch nicht fällig (RG **104**, 352 [357]).

3) **Buchberechtigte.** – a) **Bucheigentümer (I 2).** Für die Künd des Gläub ist der BuchEigtümer empfangsberecht (auch wenn GBUnrichtigk bekannt od Widerspr eingetr); Gläub kann sich auch ggü dem wahren Eigtümer nicht auf Unwirksamk berufen. § 1141 gilt nicht für die Künd des BuchEigtümers (W-Raiser § 138 Fußn 3; str); sie ist unwirks. – b) **Buchgläubiger.** Bei Künd dch u ggü dem BuchGläub gilt § 893 für den Eigtümer; im Verh zum wahren Gläub ist sie unwirks.

4) Auf die **Grund/Rentenschuld** nicht entspr anwendb; es gelten §§ 1177 I 2, 1193 bzw §§ 1201, 1202.

1142 **Befriedigungsrecht des Eigentümers.** ¹Der Eigentümer ist berechtigt, den Gläubiger zu befriedigen, wenn die Forderung ihm gegenüber fällig geworden oder wenn der persönliche Schuldner zur Leistung berechtigt ist.
IIDie Befriedigung kann auch durch Hinterlegung oder durch Aufrechnung erfolgen.

1) **Allgemeines.** § 1142 regelt als Sondervorschr ggü § 267 II, 268 das BefriediggsR des (nicht bloß buchmäß) Eigtümers, der nicht auch pers Schuldn ist (Mü JFG **13**, 275); ist er es auch, so leistet er idR auf die gesicherte Fdg (BGH **7**, 123) u die Hyp wird gem § 1163 EigtümerGrdSch. – a) **Befriedigungsrecht.** Der Eigtümer (u jeder MitEigtümer) ist auch bei Widerspr des pers Schuldn, des Gläub zwecks Abwendg von § 1147 (daher nicht mehr nach Erlöschen der Hyp dch Zuschlag; RG **127**, 355) zu befriedigen; aber keine pers BefriediggsVerpfl (BGH **7**, 123) u daher insow kein SchuldnVerzug mögl (Zweibr JW **37**, 894; vgl aber § 1146). Eigtümer erwirbt mit der Befriedigg Fdg (§ 1143 I) u Hyp (§ 1153 I). – b) **Abdingbarkeit.** Das BefriediggsR gehört zum zwingend EigtInhalt. Ausschl wirkt nur persönl (nicht dingl) u ist daher nicht eintraggsfähig (Mü JFG **13**, 275); ebso Ausschl der Aufrechng (LG Aach Rpfleger **88**, 99), des BestimmgsR nach § 366 II (Schäfer BWNotZ **57**, 128) u der Hinterlegg; über AufrechngsAusschl dch BarzahlgsKl, vgl KG JFG **11**, 199; LG Kass NJW **53**, 1024; **54**, 1121; Düss NJW **58**, 1142; Staud/Scherübl Rdn 15.

§§ 1142, 1143

2) Voraussetzungen. – a) Fälligkeit der Forderung gegenüber dem Eigentümer nach Gesetz od Vertr od aGrd Künd nach § 1141. Über Fälligk dch Konk des pers Schuldn vgl MüKo/Eickmann Rdn 11. – **b) Leistungsrecht der persönlichen Schuldners;** § 271 II gilt nicht (vgl dort Anm 3 d). Bei entspr vertragl Vereinbg od bei nur ihm u nicht auch dem Eigtümer ggü wirks Künd (§ 1141 Anm 2a).

3) Befriedigungsarten. – a) Leistung des Betr, für den Grdst haftet (§ 362); § 266 gilt. – **b) Hinterlegung** unter den Voraussetzgen der §§ 372 ff. – **c) Aufrechnung** des Eigtümers mit eigener Fdg gg Gläub (nicht mit bloßer TeilFdg, die HaftgsBetr nicht erreicht; Naumburg OLG **28**, 90); Ausn von § 387 wg fehlder Ggseitigk. Gläub kann mangels abw Vereinbg nicht mit seiner Fdg gg den pers Schuldn gg eine pers Fdg des Eigtümers (keine Ggseitigk) od dessen Anspr aus § 1147 (keine Gleichartigk; Kbg OLG **12**, 305) aufrechnen. Zur Einrede des Eigtümers bei Aufrechnungsmöglichk des pers Schuldn vgl § 1137 Anm 2b.

4) Grund/Rentenschuld. – a) I: BefriediggsR des Eigtümers bei Fälligk der Grd/RentenSch (§§ 1193, 1202); bei SichgsGrdSch nicht bei Fälligk nur der gesicherten Fdg. – **b) II:** Eigtümer kann mit pers Fdg gg Gläub gg Grd/RentenSch aufrechnen (RG JW **14**, 196) od unten den Voraussetzgen von §§ 372 ff dch Hinterlegg ablösen.

1143 **Übergang der Forderung.** ¹Ist der Eigentümer nicht der persönliche Schuldner, so geht, soweit er den Gläubiger befriedigt, die Forderung auf ihn über. Die für einen Bürgen geltenden Vorschriften des § 774 Abs. 1 finden entsprechende Anwendung.
II Besteht für die Forderung eine Gesamthypothek, so gelten für diese die Vorschriften des § 1173.

1) Allgemeines. a) Die Befriedigg des Gläub wegen seiner persönl Fdg hat verschiedenartige RFolgen. Erlischt die Fdg, geht die Hyp regelm als GrdSch auf den Eigtümer über, §§ 1163 I 2, 1177 I. Geht die Fdg auf einen anderen über, erwirbt dieser auch die Hyp, § 1153 I. Ob die Fdg erlischt oder übergeht, richtet sich nach schuldrechtl Vorschr (vgl §§ 267, 362, 426 II, 774) od den bes Bestimmgen der §§ 1143, 1150 (268 III); KO 225 II. In den Fällen der §§ 1164, 1173 II, 1174, VVG 102, 104 erlischt die Fdg; der Befriedigende erwirbt aber aus BilligkeitsGründen die Hyp zur Sicherg seiner ErsAnspr.
b) § 1143 behandelt nur die Befriedigg des Gläub **durch den Eigentümer, der nicht persönlicher Schuldner ist.** Befriedigt der letztere den Gläub, so gilt § 1163 I 2 od, wenn Schu ersatzberechtigt ist, § 1164 I 1.
c) § 1143 gilt für die freiwillige (§ 1142) u entspr für die erzwungene (§ 1147) Befriedigg, KGJ **42**, 277. Über das Erlöschen der Hyp im letzten Fall vgl § 1181.
d) Begr der Befriedigg erfordert nicht unmittelb Schuldtilgg dch Eigtümer; es genügt zB einverständl Freistellg des Gläub von and Verbindlichkeiten, BGH WPM **69**, 1103.

2) Befriedigung durch den Nur-Eigtümer od seinen Vertreter zZ der Zahlg od für seine Rechng (KGJ **41**, 251); uU auch den Erwerber, der noch nicht eingetr (str; vgl RGRK/Mattern Rdn 9); jedenf aber, wenn Eintr rückwirkt (RG **141**, 223).
a) Hat der Eigtümer die hypothekarische Schuld in Anrechng auf den Kaufpr übernommen, der Gläub die Schuldübernahme aber nicht genehmigt u befriedigt nun der Eigtümer den Gläub, so gilt § 1143 nicht, wenn der Eigtümer gem § 415 III für den Schuldn zahlt (was idR anzunehmen, RG **80**, 317); er erwirbt eine fordergsentkleidete EigtümerHyp = EigtümerGrdSch, §§ 1163, 1177; KG OLGZ **65**, 96; zahlt er als Eigtümer, so kann ihm der Schuldn der auf den Eigtümer nach § 1143 übergegangenen Hyp die rechtsver nichtde Einwend entgegenhalten, daß ihm ggü der Eigtümer zur Befriedigg des Gläub verpflichtet war, RG **143**, 287. Gleiches gilt, wenn ein RNachf des zur Befreiung verpflichteten Eigtümers abgelöst hat. Befriedigt iF des § 415 II der pers Schuldn den Gläub, so gilt § 1164 I 1.
b) Zahlt ein **Miteigentümer** im eig Namen, gilt § 1173 entspr (KGJ **41**, 245; RG **146**, 365); sonst erwerben alle die Fdg zu den ihren MitEigtAnteilen entspr Teilen. Der im eig Namen u mit eig Mitteln zahlende Teilhaber einer **Gesamthandsgemeinschaft,** deren Teilhaber nicht pers Schu sind, erwirbt die ganze Fdg nebst Hyp (MüKo/Eickmann Rdn 14; aM KGJ **50**, 208: EigtümerGrdSch der GesHandsGemsch). Haften die Teilhaber pers als GesSchu (zB **Miterben,** § 2058), so gehen Fdg u Hyp in Höhe des etw AusglAnspr (§ 426) auf Befriedigenden über, im übrigen (also beim Miterben in Höhe seiner Erbquote) erlischt die Fdg, Hyp geht insow als EigtümerGrdSch auf die GesHand über, (MüKo/Eickmann Rdn 15, KG aaO, OGH **1**, 44; str; nach Freibg HEZ **2**, 259, Celle NdsRpfl **51**, 6, Reinicke MDR **59**, 485, Westermann § 103 III 3 Übergang der Hyp in voller Höhe auf Befriedigenden, sie sichert in Höhe des nicht nach § 426 übergegangenen, sond erloschenen Teils der urspr Fdg entspr § 1164 die ErsFdg gg die GesSchuldn aus GeschFührg od Bereicherg; jedoch § 1164 wohl nicht anwendbar, da Befriedigender zugl pers Schu u (GesHands-)Eigtümer; bedenkl aber die Begr, mit der Strecker JR **51**, 582 den § 1164 ablehnt (Miterbe sei nicht pers zahlgsverpflichtet; aber er haftet doch grdsätzl unbeschränkt als GesSchu). – Befriedigt ein Miterbe den Gläub aus NachlMitteln, so entsteht, wenn Erben zugl pers Schu, EigtümerGrdSch der MiterbenGemsch (§§ 1163 I 2, 1177 I), sonst Übergang von Fdg u Hyp auf diese (§§ 1143 I, 1177 II). – Zahlt der Vorerbe mit eig Mitteln, erwirbt er die Fdg pers; andernf fällt sie in den Nachl, KGJ **50**, 214.

3) Die Forderung des Gläub gg den Schu **geht kraft Gesetzes auf den Eigentümer über;** bei GesamtSch gehen Fdgen gg alle Schuldn über u Eigtümer kann sich ohne Rücks auf InnenVerh an jeden halten (Reinicke/Tiedtke NJW **81**, 2145). Bei teilweiser Befriedigg nur teilweiser Übergang (§ 774 I 2; vgl auch § 1176). Dem Schuldner verbleiben die **Einwendungen a)** aus dem zwischen ihm u dem Eigtümer bestehenden RVerh, § 774 I 3; **b)** aus §§ 404, 406–408, 412; **c)** aus § 1164 I, daß er vom Eigtümer od seinem RVorgänger Ersatz verlangen kann, RG **143**, 283. § 1138 hier nicht anwendbar, weil er nur für die Hyp gilt.

Hypothek. Grundschuld. Rentenschuld. 1. Titel: Hypothek §§ 1143–1145

4) Auch Hypothek (§ 1153 I) u andere **Nebenrechte** (§ 412, 401) **gehen über,** Eigt am Brief nach § 952. Behandlg des Briefs bei Teilbefriedigg § 1145. Ausnahme: die Hyp für bestimmte Rückstände u Kosten erlischt, § 1178 I. Zum Ausgleich mit gleichzeit sicherndem Bürgen od Verpfänder vgl § 774 Anm 2 g, § 1225 Anm 2 c bb. Geltdmachg nur wie GrdSch, § 1177 II, Aushändigg des Briefes u der BerichtiggsUrk § 1145. Über Befriedigg nach dem Zuschlag vgl RG **127**, 353.

5) Auch wenn für die Fdg eine **Gesamthypothek** besteht, geht die Fdg auf den od die ersatzberechtigten befriedigenden Eigtümer über. Insoweit gilt nichts Besonderes. Für die Hyp gilt § 1173.

6) Auf GrdSch (insb SichgsGrdSch) u RentenSch nicht anwendb (BGH NJW **89**, 2530).

1144 *Aushändigung der Urkunden.* **Der Eigentümer kann gegen Befriedigung des Gläubigers die Aushändigung des Hypothekenbriefs und der sonstigen Urkunden verlangen, die zur Berichtigung des Grundbuchs oder zur Löschung der Hypothek erforderlich sind.**

Schrifttum: H. J. Hoffmann, LöschgsBewilligg u löschgsfäh Quittg, RhNK **71**, 605.

1) Allgemeines. a) § 1144 erweitert die Rechte des Eigtümers ggü den §§ 368, 371. Er kann die Aushändigg des Briefes u der zur Löschg der Hyp od deren Umschreib auf sich erforderl Urkunden Zug um Zug gg Befriedigg verlangen (auch so klagen), anstatt nach den §§ 402, 412, 413, 894 ff, 952 erst nach Befriedigg. Er kann dadurch Vfg des Gläub nach Befriedigg verhindern.

b) § 1144 gilt für jeden Eigtümer, ob er pers Schu ist od nicht, RG **132**, 15. Entspr Anwendg in §§ 1150, 1167, 1192 I (BGH NJW **88**, 3260); aber nicht auf HypVormkg. Verpflichtg nur schuldrechtl beschränkb, RG **132**, 15. – Über Kosten vgl §§ 369, 897.

c) HypKlage des Gläub braucht nicht Anerbieten der UrkAushändigg zu enthalten; nur EinredeR des Eigtümers; OLG **29**, 365.

2) Vollständige Befriedigung des Gläub dch hierzu nach § 1142 berechtigten Eigtümer (RG **111**, 401); auch wg der Kosten aus § 1118. Kein ges ZbR wg nicht dch Hyp gesicherter Anspr (BGH NJW **88**, 3260; Ausn: § 897 [Köln Rpfleger **83**, 307]), aber vertragl ZbR dafür vereinb (RG **132**, 15; Karlsr DJ **43**, 207; vgl auch § 1163 Anm 4 b). Vgl aber für SichHyp RG **111**, 401. Über teilweise Befriedigg vgl § 1145.

3) Anspruch des Eigentümers. a) Er kann die Aushändigg der Urk (b) verlangen. Nicht nur Vorlegg an das GBA wie in § 896. Gläub hat die Urk zu beschaffen, anders § 402; notf nach § 1162; GBO 67.

b) Außer **Hypothekenbrief** nach Wahl des Eigtümers u stets in der Form GBO 29 I 1: – **aa) Löschungsbewilligung;** sie genügt nicht zur Umschreib auf den Eigtümer, weil sie den Übergang auf diesen nicht nachweist, KGJ **32** A 259. Löschgsbewilligg mit Angabe, daß Hyp zurückgezahlt sei, reicht nicht aus (Köln Rpfleger **64**, 149; LG Aach Rpfleger **85**, 489); vgl cc. – **bb) Berichtigungsbewilligung** mit Angabe des Rechtsaktes, durch den sich der Übergang vollzieht, KG JW **34**, 1056. – **cc) Löschungsfähige Quittung** mit Angabe, daß u wann der Eigtümer gezahlt hat, KGJ **40**, 295, u, wenn er sein EigtümerGrdPfR auf Dritten umschreiben lassen will, ob er pers Schuldn war (KGJ **45**, 282; **51**, 287), weil davon abhängt, ob er EigtümerGrSch od -Hyp erwarb. Sie kann auch der einziehgsberechtigte PfdGläub erteilen (Hamm Rpfleger **85**, 187). Fehlt Angabe, wer gezahlt hat, kann Löschg nicht erfolgen, weil Hyp auf Dritten übergegangen sein kann (Celle DNotZ **55**, 317; Hamm aaO). Anspr nur Ggst einer HilfsPfändg zwecks Befriedigg des Gläub, etwa dch Eintr des Schu, Köln OLGZ **71**, 151. Die vom Gläub im Anschl an löschgsfäh Quittg dah oft erteilte Löschgsbewilligg ist rechtl bedeutgsl, desh kann GBA idR davon ausgehen, daß er später nicht mehr dch Abtretg über das R verfügen kann, KG NJW **73**, 56. Wg GrdSch vgl § 1192 Anm 2. – Bei MitEigt ist anzugeben, ob für Rechng aller od einz MitEigtümer gezahlt w ist. – Zur Rechtslage bei Löschg od Umschreibg einer Hyp, die GesGläub zusteht, vgl § 875 Anm 3 b. – **dd)** Bei BriefHyp Anerkenntnis gem § 1155 S 2. – **ee)** Ferner kann Eigtümer, falls erforderl, die ihm bek Urk vorlegen, die das Recht des Gläub, § 1155, GBO 35 I, oder seine VfgsBefugnis ausweisen; zB GBO 32, 33, 35 II, od die Zust des Nacherben, RG **69**, 260; od die Einziehgsberechtigg des PfdGläub, KG JW **35**, 1641. Auch die Vertretgsmacht eines Vertreters. – **ff)** Dagg kann er nicht Abtretg an Dritten verlangen, KGJ **39** A 232. Anders, wenn Gläub sich dazu verpflichtet; die Verpflichtg gewährt dem Eigtümer eine eintraggsfähige Einrede aus § 1157 (RGRK/Mattern Rdn 18).

c) Händigt Gläub nicht aus, kann Eigtümer ihn in AnnVerzug setzen (§ 298) od Zahlg zurückbehalten, §§ 273, 274, od nach Befriedigg auf Aushändigg (Abgabe der Erklärgen) klagen; Gerichtsstand ZPO 24, BGH **54**, 201.

1145 *Teilweise Befriedigung.* **¹Befriedigt der Eigentümer den Gläubiger nur teilweise, so kann er die Aushändigung des Hypothekenbriefs nicht verlangen. Der Gläubiger ist verpflichtet, die teilweise Befriedigung auf dem Briefe zu vermerken und den Brief zum Zwecke der Berichtigung des Grundbuchs oder der Löschung dem Grundbuchamt oder zum Zwecke der Herstellung eines Teilhypothekenbriefs für den Eigentümer der zuständigen Behörde oder einem zuständigen Notare vorzulegen.**

II Die Vorschrift des Absatzes 1 Satz 2 gilt für Zinsen und andere Nebenleistungen nur, wenn sie später als in dem Kalendervierteljahr, in welchem der Gläubiger befriedigt wird, oder dem folgenden Vierteljahre fällig werden. Auf Kosten, für die das Grundstück nach § 1118 haftet, findet die Vorschrift keine Anwendung.

1) Allgemeines. Bei teilweiser Befriedigg (§ 1142), wofür § 266 gilt, werden die Anspr des Eigtümers aus § 1144 beschränkt. Denn Gläub bedarf des Briefes für die RestFdg. Bei gewissen laufenden Nebenleist-

1241

§§ 1145–1147 3. Buch. 8. Abschnitt. *Bassenge*

gen u von Kosten, **II,** wird Eigtümer durch §§ 1158, 1159, 1178 geschützt; er kann insow nur Quittg (§ 368) verlangen. Entspr Anwendg in §§ 1150, 1167, 1168 III vorgeschrieben. § 1145 auch für BriefGrdSch.

2) Bei Zahlg von **Kapitalteilen** u gewissen künftigen Nebenleistgen kann der Eigtümer **beanspruchen:**
a) Die Aushändigg der Löschgs- u BerichtiggsUrk nach § 1144,
b) Vermerk auf dem HypBrief, um gutgl Erwerb auszuschließen, § 1140,
c) Vorlegg (nicht Aushändigg) des HypBriefes zur Löschg od Berichtigg an das GBA, GBO 41 I 1; zur Bildg eines Teilbriefes (vgl § 1152) an GBA, Notar usw; GBO 61 I. Trotz MitEigt am Stammbrief kann Eigtümer nicht Einräumg des Mitbesitzes fordern, weil sonst Gläub seine Legitimation verlöre, RG **69**, 42. Zur Einräumg des Mitbesitzes ist Gläub nicht verpflichtet.

3) Rechte des Eigtümers aus § 1145 nur persönl, nicht dingl im voraus abdingb, Schäfer BWNotZ **57**, 123.

1146 Verzugszinsen. Liegen dem Eigentümer gegenüber die Voraussetzungen vor, unter denen ein Schuldner in Verzug kommt, so gebühren dem Gläubiger Verzugszinsen aus dem Grundstücke.

1) Allgemeines. Das Grdst haftet (§ 1147) für Verzugszinsen: der Fdg nach § 1118; der Hyp nach § 1146. Bes Vorschr notw, weil der Eigtümer nur zur Duldg der ZwVollstr, nicht zur Zahlg verpflichtet ist.

2) § 1146 erfaßt **nur Verzugszinsen.** Nicht ProzZinsen, anders § 1118. Auch keine Haftg des Grdst wg Verzugs, vgl E. Schwerdtner, Verzug im SR **S** 179. Gläub braucht bei der Mahng Urk iS § 1144 nicht anzubieten, OLG **23**, 170. Mahng (u Eintritt der Fälligk, § 285) werden nicht genügen, wenn Eigtümer seine DuldgsPfl anerkennt. – Nach hM kann sich Eigtümer pers wg allen Verzugsschadens haftb machen.

3) Gilt auch für GrdSch; für Rentenschuld hins der Ablösgssumme (§ 1200 I); Staud-Scherübl Anm 3.

1147 Befriedigung durch Zwangsvollstreckung. Die Befriedigung des Gläubigers aus dem Grundstück und den Gegenständen, auf die sich die Hypothek erstreckt, erfolgt im Wege der Zwangsvollstreckung.

1) Befriedigung aus dem Grundstück. Die Hyp ist gerichtet auf Zahlg einer Geldsumme aus dem Grdst, § 1113 I. Der Eigtümer ist zur Zahlg nicht verpflichtet (BGH **7**, 123; dort auch zum Rückfdg bei irrtüml Annahme solcher Verpfl), sond muß nach § 1147 nur die ZwVollstr in das Grdst dulden. Zur Tragg der Kosten für die dingl Klage ist der unterliegende Eigtümer aber pers zu verurteilen (ZPO 91). Eigtümer gibt keine Veranlassg zur Klage iSv **ZPO 93,** wenn HypGläub ihn nicht vorher abgemahnt (Karlsr MDR **81,** 939) od zur Ausstellg vollstreckb Urk iSv ZPO 794 I Nr 5 aufgefordert (Karlsr OLGZ **87,** 250; Schlesw SchlHA **87,** 95) od nur zur Zahlg der gesicherten Fdg aufgefordert (Saarbr MDR **82,** 499) hat. Wg dingl Haftg für die Kosten vgl Anm 2 u § 1118. Das Recht des Gläub auf jede ZwVollstr kann weder schuldrechtl (str) noch dingl ausgeschl werden; Beschrkgen aber auch dingl, als Einrede nach § 1157, zul (KG JW **31,** 3282). Wirkg der Befriedigg: §§ 1181 f. – Anwendg auf ArrestHyp str (vgl Celle WPM **85,** 547; LG Wuppt WPM **84,** 1619).

2) Voraussetzung: Dinglicher Titel gg den Eigtümer für Kapital, § 1113, Zinsen, §§ 1115 I, 1118, 1146, u Nebenleistgen, § 1115. Die Kosten des § 1118 können im ZwVerst-(ZwVerw-)Verf ohne Kostenfestsetzgsbeschl angemeldet w, vgl ZVG 37 Nr. 4, 45 I, 146. Aber nicht solche Kosten, die dem Gläub auferlegt worden sind, OLG **3,** 319. Zur Anordg der ZwVerw dingl Titel gg Eigenbesitzer (§ 872), zB den noch nicht eingetragenen Käufer, ausreichd, ZVG 147 I; aber auch notw, wenn er widerspricht; Titel gg Eigtümer allein genügt nicht, vgl OLG **35,** 188. Auf Grd seines dingl Rechts kann der Gläub auch gg den Eigenbesitzer (dessen Besitz seine Befriedigg hindert) auf Duldg der ZwVerw des Grdst klagen. ZwVollstr in getrennte Erzeugnisse, die dem Eigenbesitzer gehören (§ 955), erfordert gleichfalls Titel gg letzteren, Rostock DR **43,** 414. Vgl auch Gregor DJ **42,** 664. ZwVerw bei Nießbr am Grdst: vgl Steiner-Riedel Anm 5b vor ZVG 146.

a) Urteil (auch im Urkundenprozeß): die **Zwangsvollstreckung** in das Grdst wg Kapital u Nebenleistgen **zu dulden.** Die mithaftenden Ggstände brauchen nicht bes aufgeführt zu w. Verbindg mit Schuldklage zul. Gerichtsstand ZPO 24, 25.

b) Weitere Titel: Vollstreckb Urk (Ausn: § 1190 Anm 3b): ZPO 794 I Nr 5; auch gg jeweil Eigtümer, ZPO 800, wobei auch für Erweiterg der Verpflichtg Eintr im GB nötig, KJG **52,** 190. Bestimmte Vergleiche, ZPO 794 I Nr. 1, 4a, 1044a I.

c) Titel wegen der persönlichen Forderung genügt nicht zur ZwVerst an der Rangstelle der Hyp od einer ZwangsHyp für dieselbe Fdg (Mü Rpfleger **84,** 325 mwN), weil gg die dingl Klage andere Einwendgen zuläss sind als gg die persönl Fdg. Keine Erstreckg der RKraft eines persönl Titels nach ZPO 325 III (BGH MDR **60,** 752).

3) Zwangsvollstreckung. – a) Dch **Zwangsversteigerung/verwaltung** (ZPO 864 I, II); nicht dch ZwHyp (ZPO 866), da Gläub dadch nicht befriedigt wird (Planck/Strecker Anm 1a; aA Hamm Rpfleger **85,** 233; 44. Aufl). – **b)** Vor Beschlagn auch dch **Pfändung** mithaftder Ggst. Ausn: Zubehör (ZPO 865 II); in dieses auch keine EinzelVollstr aGrd dingl Titels nach § 1147 (Pander JuS **81,** 565). Über Früchte vgl ZPO 810. VersichergsFdg kann der HypGläub gem §§ 1128 III, 1282 I, 1288 II einziehen. Die von der ZwVerst ausgeschlossenen Ggstände haften für den Ausfall weiter, auch wenn die Hyp durch Zuschlag erlischt (BGH NJW **79,** 2514). Ob dies noch das alte GrdPfdR od ein besitzloses MobPfdR ist, ist str; jedenf formlose

1242

Übertragg (RG **125**, 362). Bisheriges Zubehör kann dann gepfändet werden, wenn ZubehörEigensch mit Versteigerg des Grdst erlischt (Pander JuS **81**, 565).

1148 *Eigentumsfiktion.* **Bei der Verfolgung des Rechtes aus der Hypothek gilt zugunsten des Gläubigers derjenige, welcher im Grundbuch als Eigentümer eingetragen ist, als der Eigentümer. Das Recht des nicht eingetragenen Eigentümers, die ihm gegen die Hypothek zustehenden Einwendungen geltend zu machen, bleibt unberührt.**

1) **S 1** erleichtert dem HypGläub die RVerfolgg. Ebso § 1141 I 2. Vgl. ZVG 17, 146. Nur für die dingl Klage. **Der Eingetragene gilt als Eigentümer:** unwiderlegbare Unterstellg. Der Eingetragene kann nicht einwenden, daß er nicht Eigtümer sei, RG **94**, 57. Doch kann der HypGläub auch den wahren Eigtümer verklagen u dann dessen Eintragg nach GBO 14 herbeiführen.

2) S 2. Der nicht eingetragene **wahre Eigentümer** kann die in § 1137 Anm 1 a–c genannten Einwendgen vor Erhebg der HypKl gem ZPO 256 u danach gem ZPO 771 geltd machen. Dagg kann er entgg ZPO 750 nicht einwenden, daß der nach S 1 Verklagte nicht Eigtümer sei; hiermit kann er nur das Entstandensein der Hyp angreifen. Wird das GB nach Rechtshängigk berichtigt, ist die Vollstreckgsklausel entspr ZPO 727 auf den wahren Eigtümer umzuschreiben. Über Wirkg gg den RNachfolger vgl ZPO 325 III.

1149 *Unzulässige Befriedigungsabreden.* **Der Eigentümer kann, solange nicht die Forderung ihm gegenüber fällig geworden ist, dem Gläubiger nicht das Recht einräumen, zum Zwecke der Befriedigung die Übertragung des Eigentums an dem Grundstücke zu verlangen oder die Veräußerung des Grundstücks auf andere Weise als im Wege der Zwangsvollstreckung zu bewirken.**

1) § 1149 schützt den Eigtümer gg eine übermäßige Beschrkg seiner Handlgsfreiheit. Vgl § 1136. Vor Fälligk der Hyp kann er dem HypGläub weder dingl noch schuldrechtl (RG **92**, 104) das Recht einräumen, zwecks Befriedigg die EigtÜbertr zu verlangen od das Grdst freihändig od durch private Versteigerg veräußern zu dürfen. Vgl auch § 1229. Nach Fälligk sind die Vereinbargen schuldrechtl zul, aber regelm formbedürftig, § 313. – Zur entspr Anwendg auf ungesicherte Fdg: Stgt BWNotZ **76**, 86.

2) **Nichtig** sind die Vereinbargen nur, wenn die Übereign **a)** die Befriedigg bezweckt (ein davon unabhängiger ÜberlassgsVertr ist wirks, RG **92**, 105);
b) an die Bedingg der Nichtbefriedigg geknüpft ist, so ausdrückl § 1229, RG **130**, 228.

1150 *Ablösungsrecht Dritter.* **Verlangt der Gläubiger Befriedigung aus dem Grundstücke, so finden die Vorschriften der §§ 268, 1144, 1145 entsprechende Anwendung.**

1) Die **Ablösungsbefugnis des Dritten** (zB nachstehende Realberechtigte [auch ZwHypGläub, LG Verden Rpfleger **73**, 296]. Mieter, Pächter, auch Berechtigte aus Vormkg für ein Recht, Kiel HRR **34**, 1663, vgl § 268 Anm 1) bezweckt, ihm sein Recht am Grdst od den Besitz zu erhalten. Mangels Gefährdg keine Ablösg in der ZwVerw. § 1150 erleichtert die Voraussetzgen, Anm 2. Vgl. auch SchRegG 50.

2) **Voraussetzungen** hier zur Vermeidg unnötiger Kosten geringer als in § 268, vgl § 268 Anm 1. Genügd, daß GrdPfdGläub Befriedigg aus Grdst od mithaftden Ggständen **verlangt.** Ablösg also schon vor ZwVollStr (anders § 268 I) od Klage, aber erst nach Fälligk. Bloße Zahlgsaufforder nach Fälligk genügt, RG **91**, 302. Auch dies entbehrl, wenn Gläub selbst gekündigt hatte, od wenn die Hyp vorzeitig fällig geworden war u der Eigtümer sich der sofortigen ZwVollstr unterworfen hatte, RG SeuffA **76**, 22. Kein AblösgsR mehr nach Zuschlag, § 268 Anm 1. Ablösgsberechtigt sind nur solche dingl Berechtigte, deren Anspr außer im geringsten Gebotes zu stehen kommen, KG JW **34**, 2794, weil nur sie ihr dingl Recht verlieren können; ob sie mit Befriedigg aus dem Versteigergserlöse rechnen können, ist unerhebl, zust LG Verden Rpfleger **73**, 296, das in der Ablösg auch dann keinen RMißbr sieht, wenn Anspr dch Meistgebot gedeckt, zust Schiffhauer aaO, auch zu verfr Fragen; vgl auch Hoche NJW **59**, 1442 Anm (betr Rangaufspaltg inf Vorrangseinräumg).

3) **Befriedigung** dch Dritten: vgl § 286 Anm 2, 3; zur Abwendg der ZwVollstr vgl RG **146**, 324.

4) **Folge: Forderung und Hypothek gehen kraft Gesetzes über,** §§ 268 III 1, 401, 412, 1153 I. Auch bei Zahlg an ScheinGläub (§ 893; so Erm-Westermann Anm 4). Auch bei Zahlg dch gutgl BuchBerecht (Heck § 44 II; Westermann § 122 V 4). Bei einer GesHyp an allen Grdst, wenn der Dritte bzgl desjen Grdst ablösgsberechtigt ist, aus dem der Gläub Befriedigg verlangt. Ablösender kann Aushändig od Vorlegg der BerichtiggsUrk gem §§ 1144, 1145 beanspruchen. ZwVerst ist einzustellen, wenn der betreibende Gläub befriedigt wird, ZVG 75. Schuldh Verletzg des AblösgsR macht Gläub schadensersatzpfl.

5) **Kein Nachteil für Gläubiger,** § 268 III 2; vgl auch § 1176. Ein abgelöster Teilbetrag erhält den Rang hinter dem Rest des Gläub; das gilt auch für abgelöste Zinsen od Kosten (auch insow, trotz § 1178, Übergang auf Ablösenden), RG **131**, 325.

6) **Ablösung öffentlicher Lasten** (zB Grundsteuern) zul. Nach RG **146**, 323 (vgl aber RG **150**, 60) § 1150 entspr; hiergg (nur § 268, also nicht schon bei Androhg, sond erst bei Anordng der ZwVerst) wohl mit Recht KG JW **34**, 2794; Mönch DJ **37**, 777; Fischer NJW **55**, 1585. Jedenfalls nicht in der ZwVerw. SteuerFdg geht auf Ablösenden über, RG **146**, 319 (str; vgl Bengs JW **37**, 439), dann Rechtsweg zul.

1151 **Rangänderung bei Teilhypotheken.** Wird die Forderung geteilt, so ist zur Änderung des Rangverhältnisses der Teilhypotheken untereinander die Zustimmung des Eigentümers nicht erforderlich.

1) Teilung der Forderung. Teilbark wird in § 1151 vorausgesetzt u bedarf keiner EigtümerZust. – **a) Teilung** erfolgt ohne Änderg in der Pers des Gläub, wenn reale od ideelle (KGJ **39** A 269) FdgsTeile inhaltl (zB Fälligk, Zinssatz) geändert od belastet/gepfändet werden od wenn Teile der Hyp nach Inhalt od Rang (Zweibr Rpfleger **85**, 54) geändert werden; mit Änderg in der Pers des Gläub, wenn FdgsTeile (bei Teilg der Haupt- od NebenFdg od bei Trenng beider) aGrd RGesch od krG auf Dritten od Eigtümer übergehen. Bei ZwVollstrUnterwerfg bzgl TeilBetr Teilg im GB nur notw, wenn rangmäß best TeilBetr (BayObLG **85**, 141) u nicht nur zuletzt zu zahlder TeilBetr (Hamm DNotZ **88**, 233; LG Lüb MDR **86**, 1037) betroffen. – **b) Wirkung.** Die FdgsTeilg bewirkt die HypTeilg; es entstehen selbstd GrdPfdR (RG **131**, 91), die ihrer Art nach verschieden sein können (zB teils Hyp u teils GrdSch; teils Brief- u teils BuchR). Gleichrang soweit keine gesetzl Abweich (zB §§ 1164 I 2, 1176, 1182 S 2) od Teilg inf Rangbestimmg.

2) Rangänderung der TeilHyp nach § 880. Abw von § 880 II 2 ohne EigtümerZust; gilt für Rangänderg bei (auch ohne gleichzeit Abtretg; KG HRR **30** Nr 981) od nach (auch nach Abtretg; Dresden JFG **4**, 427) Teilg. Wird eine BriefHyp teilw gem § 1154 I 1 ohne TeilbriefBildg abgetreten, so vollzieht sich die Rangänderg nicht mit der Abtretg außerh des GB (Schmid Rpfleger **88**, 136; aA Hamm Rpfleger **88**, 58).

3) Auf die **Grund/Rentenschuld** ist § 1151 entspr anwendb (§ 1192; Hamm Rpfleger **88**, 58).

1152 **Teilhypothekenbrief.** Im Falle einer Teilung der Forderung kann, sofern nicht die Erteilung des Hypothekenbriefs ausgeschlossen ist, für jeden Teil ein Teilhypothekenbrief hergestellt werden; die Zustimmung des Eigentümers des Grundstücks ist nicht erforderlich. Der Teilhypothekenbrief tritt für den Teil, auf den er sich bezieht, an die Stelle des bisherigen Briefes.

1) Teilbrief bei BriefHyp nur auf Antr. Falls keine Bildg, behält (Stamm-)Brief Geltg auch für die Teile, KGJ **44**, 280. Für eine TeilEigtümerGrdSch ist auf Antr ein TeilGrdSchBrief, kein selbständ GrdSchBrief zu bilden, KGJ **40**, 340; wird Antr nicht gestellt, verkörpert der Brief TeilHyp u TeilGrdSch, KG DR **40**, 1575. Teilbrief für künftige Zinsen zul, KG HRR **31**, 2060; für Rückstände nein, § 1159 Anm 2. Bei Eintr einer BriefHyp für mehrere Gläub in BruchteilsGemsch ist auf Antr für jeden Anteil ein selbständiger Stammbrief zu erteilen, KG JFG **21**, 8; ebso, wenn BuchHyp in mehrere BriefHyp zerlegt od von ihr ein Teil als BriefHyp abgezweigt wird, KGJ **39**, 274. – Über Abtretg u Belastg ohne die (nicht erforderl, KGJ **21**, 330) Bildg eines Teilbriefs vgl § 1154 Anm 4a bb. – Wg Anspr des Eigtümers bzgl des Stammbriefs bei Entstehg einer TeilEigtümerHyp vgl § 1145 Anm 2c.

2) Herstellung eines Teilbriefes nur auf Antr nach GBO 61, BNotO 20 II durch GBA u jeden Notar (wg weiterer Stellen vgl Horber GBO 61 Anm 4a). Auch bisheriger Gläub braucht nicht zuzustimmen (str). Doch ist der Stammbrief vorzulegen, KG JFG **6**, 387; vgl auch §§ 1145 I 2, 1150, 1167, 1168 III. Im GB wird Bildg des Teilbriefes nicht vermerkt. Zur NachweisPfl des Teilgrdschuldbrief begehrden Gläub, wenn Dritter teilw gezahlt hat vgl Saarbr JBl Saar **66**, 203.

3) Zur Verfügung über die Teilhypothek bedarf es nur der Überg des Teilbriefes, Eintragen bei der TeilHyp werden nur auf dem Teilbrief vermerkt. Nur zur Eintr der ersten Abtretg der TeilHyp ist auch der Stammbrief vorzulegen, KGJ **30**, 236.

1153 **Übertragung von Hypothek und Forderung.** [I]Mit der Übertragung der Forderung geht die Hypothek auf den neuen Gläubiger über.

[II]Die Forderung kann nicht ohne die Hypothek, die Hypothek kann nicht ohne die Forderung übertragen werden.

1) Allgemeines. – a) Der Grds, daß die **Hypothek der gesicherten Forderung folgt**, gilt bei Übertr (§ 1153) u Belastg (§§ 1069 Anm 2, § 1274 Anm 1c bb) der Fdg, gleichgült aus welchem RGrd; er gilt auch für Zinsen u Nebenleistgn (Ausn: § 1159). Keine Anwendg auf GrdSch, HypVormkg, R auf VerstErlös. – **b)** Auch die **Forderung kann der Hypothek folgen:** Tritt ein als HypGläub eingetr NichtBerecht die dem Berecht zustehde Fdg (mit Hyp) an einen gutgl Erwerber ab, so erwirbt dieser nicht nur nach §§ 1138, 892 die Hyp, sond auch die Fdg, da sonst Spaltg u Verdoppelg des GläubR (sehr str; Karper JuS **89**, 33 mwN).

2) Einzelheiten. – a) Forderungsübertragung bewirkt ohne weiteres Übergang der Hyp (**I**, zwingdes R). Übertr der Fdg ohne Hyp ist nichtig (Ausn: §§ 1159, 1190 IV). Sonst Trenng von Hyp u Fdg nur nach §§ 1168, 1180, 1198. – **b) Hypothekenübertragung** ohne Fdg ist nichtig (**II**). Ausn: §§ 1164 I 1, 1173 II, 1174 I, 1182 S 1; Übergang der Hyp trotz Erlöschens der Fdg u Verbindg mit ErsFdg. – **c) Abtretungserklärung** über nur ein R ist mangels ggteiliger AnhaltsPkte als Abtr von Fdg u Hyp auszulegen (RG JR **27**, 469; JW **38**, 44).

1154 **Abtretung der Forderung.** [I]Zur Abtretung der Forderung ist Erteilung der Abtretungserklärung in schriftlicher Form und Übergabe des Hypothekenbriefs erforderlich; die Vorschriften des § 1117 finden Anwendung. Der bisherige Gläubiger hat auf Verlan-

Hypothek. Grundschuld. Rentenschuld. 1. Titel: Hypothek § 1154 1–4

gen des neuen Gläubigers die Abtretungserklärung auf seine Kosten öffentlich beglaubigen zu lassen.

II Die schriftliche Form der Abtretungserklärung kann dadurch ersetzt werden, daß die Abtretung in das Grundbuch eingetragen wird.

III Ist die Erteilung des Hypothekenbriefs ausgeschlossen, so finden auf die Abtretung der Forderung die Vorschriften der §§ 873, 878 entsprechende Anwendung.

1) **Allgemeines. – a) Geltungsbereich.** § 1154 gilt nur für die Abtr einer HypFdg (u nach § 1192 entspr für Grd/RentenSch) dch RGesch (Ausn: §§ 1159, 1187 S 3, 1190 IV, 1195) u nach §§ 1069, 1274, 1291 für Nießbr- u PfdRBestellg an HypFdg od Grd/RentenSch; nicht aber für das diesen ErfGesch zugrdeliegde VerpflGesch (RG **54**, 146), das zB Kauf, Schenkg od SichgVertr (RG **148**, 206) sein kann u bis zur Wirksamk der Abtr ErfAnspr gibt (RG **65**, 64). Anspr auf künft VerstErlös vor Zuschlag nur iVm HypFdg nach § 1154 abtretb; isolierte (formfreie) Abtr nur wirks, wenn nach Zuschlag vorgen (BGH **LM** Nr 3). – **b) Abtretungsbeschränkungen** (§ 399) sind vereinb u eintraggsfäh (Mü JFG **16**, 291). – **c)** Abtretg setzt **Rechtsträgerwechsel** iSv § 873 Anm 2 voraus (Mü JFG **18**, 117).

2) **Abtretung durch Briefhypothek gesicherter Forderung (I, II)** dch AbtrVertr mit schriftl AbtrErkl u BriefÜberg (GBEintr hier nur berichtigd aber rats, da neuer Gläub sonst nicht von ZwVerst u ZwVerw benachrichtigt wird u seine Rechte anmelden muß) od dch formlosen AbtrVertr mit GBEintr u BriefÜberg (GBEintr hier für RErwerb konstitutiv).

a) Dinglicher Abtretungsvertrag über die Fdg dch AbtrErkl des bish Gläub (Anm 2b) u formlose (auch stillschw; zB dch BriefAnn [BGH **85**, 388]) AnnErkl des neuen Gläub; beide sind dch Urt ersetzb (ZPO 894 I). Abtr an Eigtümer mit RFolge § 1177 zul (RG JW **29**, 178). Bdgte od befristete Abtr zul (RG JW **12**, 681); iü gilt § 398 Anm 2. RückAbtr nicht dch bloße Rückg der AbtrErkl (KG OLG **35**, 11).

b) Abtretungserklärung des bisherigen Gläubigers. – aa) Schriftliche Erteilung. Schriftform: § 126. – Notw **Inhalt:** Bish u neuer Gläub (BGH WM **89**, 995: bestimmb), AbtrWille, Bezeichng der Fdg (Identität mit der im EintrVermerk bezeichneten muß erkennb sein), nicht aber Datum (BGH **22**, 132; dieses beweist Ztpkt der Abtr nicht; KGJ **40**, 281; zur Auslegg dürfen nicht Umst herangezogen werden, die außerh der AbtrErklUrk liegen u nicht für jeden Leser ohne weiteres erkennb sind (BGH **LM** § 133 [B] Nr 13). Wird Abtr der „Hyp" erklärt (vgl dazu § 1153 Anm 2c), so ist sie eindeut zu bezeichnen. Bezeichng kann erfolgen dch Angabe des belasteten Grdst sowie des Betrages u des Gläub od dch Angabe der GBStelle des GrdPfdR (damit auch Grdst mittelb bezeichnet), Rangangabe nicht notw (LG Heilbr Rpfleger **75**, 395; LG Stgt/Tüb Rpfleger **76**, 246/247; aA BGH **LM** Nr 9 beiläuf); diese Bezeichng wird nicht dch Bezugn auf mitübergebenen Brief (BGH **LM** Nr. 9; krit Häsemeyer MDR **75**, 531) od dch Angabe der BestellgsUrk (Düss DNotZ **81**, 642) ersetzt. BlankoAbtr wird erst mit Ausfüllg dch dazu Ermächtigten ohne Rückwirkg wirks (BGH **22**, 132); vorher aber schon dch §§ 1134, 1135 geschütztes AnwR (RG JW **36**, 3234). – Erteilg dch Aushändigg od Entäußerg zG des neuen Gläub, so daß dieser darüber verfügen kann (BGH FamRZ **65**, 490). – **bb) Formlose Abtretungserklärung** genügt nur iVm mit vollzogener GBEintr der Abtr (II; RG **54**, 146). – **cc) Abtretungsberechtigt** ist der wahre Gläub zZ der Vollendg des RÜbergangs (vgl § 873 Anm 3b), also zB bei nachfolgder BriefÜberg (Ffm Rpfleger **68**, 355). Bei teilw EigtümerGrdSch muß Eigtümer zustimmen, wenn HypGläub in vollem Umfang austritt (LG Wuppt RhNK **84**, 167).

c) Briefübergabe. – aa) Entspr § 1117 I. Sie muß vom bish Gläub gewollt sein (RG **75**, 221; BGH WPM **69**, 208); bei and BesErwerb des neuen Gläub Heilg nach § 929 S 2 mögl. Kein ZbR des Besitzers bei ÜbergErs nach § 931 (Hbg MDR **69**, 139). – **bb)** Entspr § 1117 II. Die Überg gilt dch die Vereinbg erst als vollzogen, wenn GBA mit Willen des bish Gläub unmittelb Bes des Briefes erhält (RG Warn **12** Nr 291) od wenn bei GBA Voraussetzgen für Herstellg nicht vorhandenen Briefes vorliegen (bei Verlust also AusschlUrt u NeuerteilgsAntr; KGJ **45**, 294; BayObLG **57**, 97); keine Rückwirkg auf früh Ver einbgsZtpkt (RG **66**, 314; KG JW **25**, 1125; BayObLG aaO; aA RG Warn **12** Nr 291, **35** Nr 58; KG OLG **45**, 281; 46. Aufl.). – **cc)** Vermutg nach § **1117 III** gilt (KGJ **40**, 281).

d) Forderungsübergang u damit HypÜbergang (§ 1153 I) erst mit AbtrVertr u BriefÜberg. Rückwirkg einer für Wirksamk der Abtr erforderl Gen (§§ 184, 185) nur auf den Ztpkt, in dem beide Erfordern erfüllt sind (Münzel NJW **59**, 1657). FdgsAbtr ohne BriefÜberg bleibt auch bei nachträgl Erlöschen der Hyp unwirks (RG **76**, 231). Bei BriefÜberg ohne FdgsAbtr nur ZbR wg AbtrAnspr aus VerpflVertr (Düss HRR **41**, 851; BGH WPM **65**, 408). Abtr der Briefhyp kann schon vor ihrer Entstehg dch Eintr wirks w (RG JW **35**, 2430); zu Unrecht gelöschte u daher fortbestehde BriefHyp kann vor WiederEintr mit schriftl AbtrErkl abgetr werden. Über Erlöschen der Hyp nach ZVG 91 vor BriefÜberg vgl BGH **LM** ZVG 91 Nr. 1.

e) Beglaubigungsanspruch (I 2) nach vollzogener Abtr (RG **115**, 310), damit neuer Gläub nach § 1155 legitimiert (vgl auch §§ 1160, 1161; ZPO 794 I Nr 5, 795, 800, 727) u berichtigde Eintr bewirken kann (GBO **26**, 29); auch bei SichgAbtr (RG **115**, 307). Anspr geht bei WeiterAbtr über (RG **115**, 307; **135**, 357). Kein ZbR des bish Gläub (BGH NJW **72**, 44). ZwVollstr nach ZPO 894 (allgM).

3) **Abtretung durch Buchhypothek gesicherter Forderung (III)** dch im ganzen formlosen AbtrVertr über die Fdg (vgl Anm 1a) u Eintr (§§ 873, 878); zu Unrecht gelöschte BuchHyp daher erst nach WiederEintr abtretb (RG HRR **31**, 738). Bei mehrf Abtr ist Eintr des Zwischenerwerbers nicht notw (§ 925 Anm 5c).

4) **Sonderfragen.**

a) Teilabtretung einer Briefhypothekenforderung. – aa) Mit Teilbriefbildung (§ 1152): dessen Überg entspr Anm 2c notw; iFv § 1117 II muß Stammbrief zur TeilbriefBildg im unmittelb Bes des nach GBO 61 I Befugten sein (RG JW **28**, 2783). – **bb) Ohne Teilbriefbildung** (vgl Rutke WPM **87**, 93): Neuer Gläub muß Allein- od MitBes am weiter alle Teile verbrieden Stammbrief dch Überg entspr Anm 2c

1245

§§ 1154, 1155

erhalten (RG 69, 39), zB dch Überg an gemeins Verwahrer (Köln NJW 57, 104). MitBes nicht derart begründb, daß bish Gläub als alleiniger unmittelb FremdBes für sich u neuen Gläub als mittelb Eigenbesitzer zur gesHand verwahrt, denn GesHandsGemsch nicht belieb vereinb (BGH 85, 263), od daß bish Gläub als BesMittler für neuen Gläub mitverwahrt, denn ungleichstufiger MitBes unmögl (§ 866 Anm 1; BGH aaO). TeilAbtr bewirkt MitEigt der Gläub am Brief nach FdgsQuoten (§ 952); Anspr auf MitBesEinräumg. – **cc)** Über weitere TeilAbtr vgl v Prittwitz u Gaffron NJW 57, 85; dagg Hummel NJW 65, 2376; MDR 67, 967.

b) Abtretung einer Gesamthypothekenforderung, die nach Anm 2b bb oder 3 GBEintr erfordert, wird erst mit Eintr auf allen GBBlättern wirks (KGJ 39, 248). Auf einz Grdst beschränkte Abtr unmögl, Verteilg nach § 1132 II erforderl.

c) Anspr auf **Zinsen u Nebenleistungen** ohne HauptFdg u HauptFdg ohne diese Anspr abtretb (RG 86, 218); TeilAbtr, bei der TeilbriefBildg zul (KG HRR 31, 2060). Deshalb muß AbtrErkl bestimmt angeben, ob u ab wann diese Anspr mitabgetr. Angabe „lfde Zinsen" (KG HRR 41, 604) mehrdeut, ebso nach Ffm MDR 78, 228 „sämtl Zinsen" (zweifelh); ausreichend bestimmt bei schriftl Abtr: „Zinsen ab Eintr" (LG Köln RhNK 78, 40; aA LG Bn RhNK 77, 148; LG Ellw BWNotZ 88, 150) od „Zinsen von Anfang an" (BayObLG Rpfleger 84, 351) od „Zinsen seit Tag des Zinsbeginns" (Düss Rpfleger 86, 468). – Anspr auf künft fäll werdde Zinsen usw nach § 1154 abtretb (RG 72, 364). Erlischt nicht mit HauptFdg. ZinsHyp auf LebensZt idR NießbrBestellg (KGJ 40, 275). – Anspr auf Rückstände nach § 1159 abtretb, daher allein nicht eintraggsfäh (KG JFG 6, 323). Erlischt nicht mit HauptFdg, ZinsHyp erlischt aber mit HauptFdgHyp (KG JW 38, 2406).

1155 Öffentlicher Glaube beglaubigter Abtretungserklärungen.
Ergibt sich das Gläubigerrecht des Besitzers des Hypothekenbriefs aus einer zusammenhängenden, auf einen eingetragenen Gläubiger zurückführenden Reihe von öffentlich beglaubigten Abtretungserklärungen, so finden die Vorschriften der §§ 891 bis 899 in gleicher Weise Anwendung, wie wenn der Besitzer des Briefes als Gläubiger im Grundbuch eingetragen wäre. Einer öffentlich beglaubigten Abtretungserklärung steht gleich ein gerichtlicher Überweisungsbeschluß und das öffentlich beglaubigte Anerkenntnis einer kraft Gesetzes erfolgten Übertragung der Forderung.

1) Allgemeines. § 1154 ermöglicht Übertr einer BriefHypFdg ohne GBEintr des Erwerbers, so daß ein Nichteingetragener HypGläub sein kann. Da diesem die Legitimation einer GBEintr fehlt, regelt § 1155 die Voraussetzgen, unter denen der Nichteingetragene einem eingetr HypGläub gleichsteht.

2) Voraussetzungen der Legitimation eines Nichteingetragenen.

a) Eigenbesitz des Nichteingetragenen am Brief, da ohne BriefÜberg kein RErwerb (§ 1154 I); es genügt nach §§ 1154 I, 1117 I 2 erworbener mittelb Bes (RG 86, 262; KG HRR 30, 1459). BriefBes der Vormänner (ZwischenGläub) des zu Legitimierenden unerhebl. – Gem § 1117 III wird vermutet, daß ggwärt Besitzer (letzter Erwerber) des Briefes (AusschlUrt genügt nicht; BayObLG 87, 97) der Brief vom bish Gläub übergeben wurde (RG 93, 41); ist diese Vermutg widerlegt, kann er sich für seinen Erwerb nicht auf § 1155 berufen; gutgl Erwerb von ihm wieder mögl.

b) Vom nichteingetragenen Briefbesitzer auf einen eingetragenen Gläubiger zurückführende Urkundenkette; die Urk genügt (RG 86, 262). Unterbrechg dch unwirks privatschriftl AbtrErkl verhindert Legitimation. Bei Unterbrechg dch wirks privatschriftl AbtrErkl gilt § 1155 für vorhergehde formgerechte AbtrErkl, so daß sich Letzterwerber auf diese ebso berufen kann, wie privatschriftl erwerbder Vormann; dies gilt wohl auch für die nachfolgden formgerechten AbtrErkl (RGRK/Mattern Rdn 15; aA MüKo/Eickmann Rdn 8). Erbgang unterbricht nicht. Als Urk kommen in Betracht: – **aa)** Öffentl begl **Abtretungserklärung,** Beurk unschädl (§ 129 II). Gleichstehen: rechtskr Urt (ZPO 894); Zeugn nach GBO 36, 37; bei Verst nach ZPO 844 GVzProt über Zuschlag (KGJ 31, 315) od VeräußergsBeschl (KG HRR 35, 1592). Bei Abtr dch Bevollm ist VertrMacht nachzuweisen (RG 151, 80). Zeitpunkt der nachholb Beglaubigg unwesentl, wenn sie nur v Kenntn des Erwerbers liegt. Gefälschte Urk vermittelt (entspr gefälschter GBEintr) keinen gutgl Erwerb (Brschw OLGZ 83, 219; Baur § 38 V 2a; Erm/Räfle Rdn 3; aA RG 93, 41; MüKo/Eickmann Rdn 12). – **bb)** Gericht **Überweisungsbeschluß.** Überweisg an Zahlgs Statt (ZPO 835 II), nur zur Einziehg genügt nicht für Abtr (BGH 24, 332); Zahlg an PfdGläub, dem zur Einziehg überwiesen, befreit aber (W-Raiser § 142 Fußn 23). Für VollstrGläub selbst gelten §§ 892, 893 nicht, weil kein Erwerb dch RGesch; aber für seine nach § 1155 ausgewiesenen RNachf. – **cc)** Begl **Anerkenntnis** gesetzl FdgsÜbertr. Beurk unschädl (§ 129 II); zB §§ 268 III, 426 II, 774, 1143, 1163 I 2, 1164, 1173, 1174, 1182, 1416, ZPO 868; auch bei ges Übergang des Hyp ohne Fdg zB nach § 1163 I 1 (RG Warn 30, 163). Erkl des bish Gläub, daß Fgd aGrd best bezeichneter Tats kr G auf einen neuen Gläub übergegangen, erforderl; Nachw des ges Übergangs selbst zB dch löschgsfäh Quittg od LöschgsBewilligg genügt nicht (RG HRR 30, 398).

3) Die Legitimation erzeugt RSchein wie bei GBEintr des Legitimierten; vgl auch GBO 39 II.

a) § 891: Vermutg, daß dem nach § 1155 Legitimierten die Hyp zusteht. Gilt auch für GBA (BayObLG WPM 83, 1270); es muß ihn trotz eigener Kenntn von Nichtberechtigg des Veräußerers eintr, wenn er Eintr im Wege der GBBerichtigg beantragt u seine Bösgläubigk bei Erwerb nicht feststeht (KG NJW 73, 56).

b) § 892: Wer eine HypFdg (od ein R an ihr) dch RGesch von einem nichteingetr NichtBerecht, der nach § 1155 legitimiert ist (der Brief kann von diesem unterschlagen, nach RG 93, 41 od einem Berecht abh gek sein), erwirbt, wird (auch wenn er nur mit privatschriftl AbtrErkl erwirbt) in seinem Erwerb so wie bei einem eingetr NichtBerecht geschützt. Kenntn des Erwerbers vom Vorliegen der UrkKette nicht nöt. Kein Schutz gg Mangel der eigenen ErwerbsHdlg (RG Warn 15, 209). – **aa) Erwerb ausgeschlossen,** wenn sich der Mangel aus GB od Brief (§ 1140) ergibt, Widerspr im GB od Brief vermerkt od Erwerber den RMangel bei

Hypothek. Grundschuld. Rentenschuld. 1. Titel: Hypothek §§ 1155–1157

Vollendg des RErwerbs (vgl § 892 Anm 7) kannte. Der gutgl Erwerber braucht die Rechtmäßigk des BriefBes des Veräußerers nicht nachzuprüfen (RG **93**, 41). Bösgläubigk eines Zwischenerwerbers u Kenntn des Letzterwerbers davon unschädl, wenn ein zw ihnen stehder Erwerber gutgl erwarb u damit Berecht wurde (RG **135**, 362). Entspr gilt für Einreden u Einwdgen. – **bb)** Soweit öff Gl schon dch den **Grundbuchinhalt** begründet, kommt er auch einem gutgl Erwerber zugute, dessen Vormänner nicht dch § 1155 ausgewiesen sind. Er kann sich also hins der Bestandes der Hyp, nicht aber hins der Pers des Gläub auf § 892 berufen; er ist gg Erlöschen der Hyp geschützt, nicht aber zB gg anderw Abtr od Belastg od gg ges Übergang auf Erben od Dr aGrd Befriedigg der Fdg. – **cc)** Zum Erwerb vom NichtBerecht mittels Vereinbg nach § 1117 II vgl auch Derleder DNotZ **71**, 272 zu III 2 mwN.

c) § 893: Leistg an nach § 1155 Legitimierten (od seinen PfdGläub) sowie sonstige VfgsGesch iSv § 893 mit ihm sind so wirks, als wären sie mit einem Eingetragenen vorgen; daher § 1160. Zur Leistg an als Gläub Eingetragenen, der nicht im BriefBes: § 893 Anm 1; zum Schutz des leistden Eigtümers od bloß pers Schu: § 893 Anm 2.

d) §§ 894 ff: BerichtiggsAnspr u Widerspr des wirkl Berecht so, als wäre Briefbesitzer im GB eingetr (Ffm Rpfleger **75**, 301); also auch bei unricht ÜbertrUrk.

1156 *Rechtsverhältnis zwischen Eigentümer und neuem Gläubiger.* Die für die Übertragung der Forderung geltenden Vorschriften der §§ 406 bis 408 finden auf das Rechtsverhältnis zwischen dem Eigentümer und dem neuen Gläubiger in Ansehung der Hypothek keine Anwendung. Der neue Gläubiger muß jedoch eine dem bisherigen Gläubiger gegenüber erfolgte Kündigung des Eigentümers gegen sich gelten lassen, es sei denn, daß die Übertragung zur Zeit der Kündigung dem Eigentümer bekannt oder im Grundbuch eingetragen ist.

1) Ausschluß der §§ 406 bis 408. Gilt nur bei Übertr u Belastg einer VerkHyp, Grd/RentenSch; nicht für SichgHyp (§ 1185 II). – **a) Wirkung.** Währd nach §§ 406–408 der Schutz des pers Schu, der die FdgsAbtr nicht kennt, ggü RVorgängen, die zeitl **nach der Abtretung** liegen, vorgeht, geht nach § 1156 hins der Hyp der Schutz des Gläub vor. Dem Eigtümer sind ggü der **dinglichen Klage** die Einwdgen aus §§ 406–408 versagt; er ist auf §§ 812, 823 angewiesen. Er kann sich dch GBEinsicht od mittels § 1160 über die Pers des Berecht unterrichten, wodch er iFv §§ 407, 408 hinreichd geschützt. Aufrechnen kann er mit einer Fdg gg den bish Gläub ggü dem neuen Gläub nicht, selbst wenn dieser beim Erwerb der HypFdg die GgFdg kannte; and uU bei Verstoß gg § 826 (allgM) od entspr § 816 I 2 bei unentgeltl Erwerb (Rahn BWNotZ **56**, 91; MüKo/Eickmann Rdn 9; aA RGRK/Mattern Rdn 4). Gegenüber der **persönlichen Schuldklage** kann Eigtümer mit diesen Einwdgen dchdringen. Tilgt der Schu die Fdg gem §§ 406–408, so w die Hyp doch nicht zur GrdSch, denn dem Eigtümer ggü gilt die Fdg als fortbestehd. – **b) Ausnahmen:** Künd (S 2). Leistgen u Vfgen sind dem gutgl Eigtümer ggü (nur) wirks nach §§ 893, 1155. Für Zinsen, Nebenleistgen u Kosten gelten §§ 1158, 1159.

2) Anwendbar bleiben: §§ 404, 405, 409, 411, 412; also insb Berufg auf **vor der Abtretung** entstandene Einwdgen zul. Daher kann sich Eigtümer auf vor Abtr erfolgte Aufrechg (§ 404) mit Wirkg der §§ 389, 1163 I 2, 1177 berufen. Gutgl Erwerber w jed nach §§ 1137, 1138, 1185 II u 1157 geschützt. § 410 w dch §§ 1144, 1145, 1160 ergänzt. Für bei Abtr anhäng RStreit gilt ZPO 325; für später anhäng gilt § 407 II nicht.

1157 *Fortbestehen der Einreden gegen die Hypothek.* Eine Einrede, die dem Eigentümer auf Grund eines zwischen ihm und dem bisherigen Gläubiger bestehenden Rechtsverhältnisses gegen die Hypothek zusteht, kann auch dem neuen Gläubiger entgegengesetzt werden. Die Vorschriften der §§ 892, 894 bis 899, 1140 gelten auch für diese Einrede.

1) Allgemeines. – a) § 1157 bestimmt für das RVerh zw dem Eigtümer als solchen u dem Gläub. Ähnl wie § 404 für pers Fdg. Er betr nur **vor der Übertragung** entstandene Einreden, für später entstandene gilt § 1156. Über Einreden u Einwdgen und Art vgl § 1137 Anm 1a, c. § 1157 gilt nur für die **dingliche Klage.** Der Schu kann sich auf das RVerh Eigtümer-Gläub nicht berufen. § 1157 ist aber anwendb, wenn Eigtümer zugl pers Schu ist (RG **81**, 85). Einreden eines SonderRVorgängers kann der Eigtümer nur geltd machen, wenn sie ihm übertr wurden (KG JW **31**, 3284). – **b)** Anwendb auf Hyp aller Art, Grd/RentenSch einschl EigtümerGrdSch (RG **135**, 364). Entspr Anwendg auf Belastg der GrdPfdR in §§ 1070, 1275. Für Zinsen, Nebenleistgen u Kosten gelten §§ 1158, 1159. – **c)** Bei rechtszerstörden Einreden hat Eigtümer Anspr aus § 1169.

2) Einreden können auf jedem RGrd (Vertr, Bereicherg, unerl Hdlg) beruhen; zB Stundg der Hyp (für die der Fdg gilt § 1137, vgl auch § 1138 Anm 3), Ausschl der Abtr od treuhänderische Beschrkg (RG **135**, 364), Beschrkg der ZwVollstr (BGH NJW **86**, 1487). – Geltdmachg ggü Zessionar vertragl ausschließb (RG HRR **31**, 940); so zB keine Kondiktion der GrdSch od (bei Hyp) eines abstr SchuldAnerk gg diesen bei GrdPfdRBestellg, damit sich Gläub dch Abtr Geld beschafft (RG HRR **29**, 2000). – Über GrdSch vgl § 1191 Anm 3 b, 3 d; § 1192 Anm 1.

3) Wirkung bei Abtretung (S 2). Der Eigtümer kann die Eintr der Einreden in das GB verlangen u sie dch Widerspr sichern (KGJ **53**, 219); §§ 894–899. Ohne dies wirken sie ggü dem neuen Gläub, der Hyp dch RGesch erworben hat, nur, wenn er sie kannte (§ 892) od aus der ÜbertrUrk (§ 1155) od Brief (§ 1140) ersehb; nach BGH NJW **86**, 1487 (ablehnd Canaris in Anm, Rimmelspacher WPM **86**, 809; zustimmd Reinicke/Tiedtke WPM **86**, 813) stets ggü Erwerber iW §§ 1150, 268, weil kein Erwerb dch RGesch. Irrtum über RWirkg bekannter einredebegründder Tats kann für Gutgläubigk ausreichen (BGH **25**, 32; RG **91**, 223). Dies alles gilt auch, wenn der neue Gläub nicht dch Abtr nach § 1155 ausgewiesen ist (RG **135**, 365). § 891 ist nicht anwendb.

1158 Künftige Nebenleistungen.
Soweit die Forderung auf Zinsen oder andere Nebenleistungen gerichtet ist, die nicht später als in dem Kalendervierteljahr, in welchem der Eigentümer von der Übertragung Kenntnis erlangt, oder dem folgenden Vierteljahre fällig werden, finden auf das Rechtsverhältnis zwischen dem Eigentümer und dem neuen Gläubiger die Vorschriften der §§ 406 bis 408 Anwendung; der Gläubiger kann sich gegenüber den Einwendungen, welche dem Eigentümer nach den §§ 404, 406 bis 408, 1157 zustehen, nicht auf die Vorschriften des § 892 berufen.

1) Allgemeines. a) Die §§ 1158, 1159 enthalten **Sondervorschriften für die Abtretung** (§ 1154 Anm 2, 5) **von Zinsen** u anderen Nebenleistgen, § 1115 Anm 6. § 1158 betrifft die Übertr **künftig fällig werdender**, § 1159 bereits fälliger (rückständiger) NebenAnspr. § 1158 behandelt nur die Wirkg der Übertr: § 1159 auch deren Form. Über die Abtretg noch nicht fälliger Nebenleistgen vgl § 1154 Anm 4c (Zulässig Übertr der KapitalFdg ohne Zinsen, § 1154 Anm 4c.)

b) § 1158 schaltet für bestimmte Einreden den § 892 zum Vorteil des Eigtümers aus. Er kann die im laufenden Halbjahr fällig werdenden Zinsen im voraus zahlen, solange er die Übertr nicht kennt. Sache des neuen Gläub ist es, ihn rechtzeitig zu benachrichtigen.

c) § 1158 gilt für alle Arten von GrdPfdR. Er gilt ebso wie § 1156 nur für die dingl Klage. Für die Schuldklage gelten nur die 404ff. Gleichgültig ist es, ob die NebenAnspr mit od ohne HauptFdg übertr werden.

2) Wirkung. a) Die Wirksamk eines RGeschäfts über die Zinsen, das der Eigtümer mit dem bisherigen HypGläub trifft, hängt ab: **aa)** von dem Ztpkt, in dem der Eigtümer von der Übertr Kenntnis erlangt; die BewLast dafür trägt der Gläub; Kennenmüssen genügt nicht; **bb)** von dem Ztpkt, in dem die eingeklagten Zinsen fällig werden. Nur die Fälligk entscheidet, nicht der Zeitraum, für den sie bezogen werden.

b) Der Eigtümer wird geschützt wg der bei Kenntnisnahme bereits fälligen Zinsen u wg der Zinsen, die in dem Vierteljahr der Kenntnisnahme u in dem folgenden Vierteljahr fällig werden. Wg dieser Zinsen kann er dem neuen Gläub alle Einwendgen entggsetzen, die vor (§§ 404, 1157, auch § 405, OLG **29**, 384) od nach (§§ 406–408) der Übertr, jedoch vor Kenntnisnahme entstanden sind. Der neue Gläub kann sich nicht auf § 892 berufen.

c) Für die später fällig werdenden Zinsen gelten ebso wie für das Kapital die §§ 1138, 1140, 1156, 1157. Es kommt also auf den GBStand u die Kenntn des neuen Gläub an. Der Eigtümer kann nach § 1145 II verfahren.

1159 Rückständige Nebenleistungen.
¹Soweit die Forderung auf Rückstände von Zinsen oder anderen Nebenleistungen gerichtet ist, bestimmt sich die Übertragung sowie das Rechtsverhältnis zwischen dem Eigentümer und dem neuen Gläubiger nach den für die Übertragung von Forderungen geltenden allgemeinen Vorschriften. Das gleiche gilt für den Anspruch auf Erstattung von Kosten, für die das Grundstück nach § 1118 haftet.

²Die Vorschriften des § 892 finden auf die im Absatz 1 bezeichneten Ansprüche keine Anwendung.

1) Sondervorschrift für Rückstände von (vereinbarten u gesetzl) **Zinsen;** anderen **Nebenleistungen,** § 1115 Anm 6; Kosten der Künd u der die Befriedigg aus dem Grdst bezweckenden RVerfolgg, I S 2. Rückstände sind die im Ztpkt der Übertr bereits fällig gewesenen Leistgen, RG **91**, 301. Über nicht rückständige NebenAnspr vgl § 1158. Weitere Vorschr in §§ 902 I 2, 1145 II, 1160 III, 1178. Allen diesen Vorschr liegt der Gedanke zugrunde, daß das GB nur über das ZinsR im ganzen, nicht über die einzelnen Zinsbeträge Auskunft zu geben bestimmt ist, KGJ **42**, 254. Nach hM (KG JFG **18**, 36; LG Regbg MittBayNot **87**, 102; aA Böttcher Rpfleger **84**, 85 zu Fußn 40 mwN) erlischt die dingl Haftg für Zinsrückstände mit Untergang der HauptHyp, auch wenn bei deren Abtretg die ZinsTeilHyp bestehen geblieben war (deren Gläub braucht nach LG Regbg aaO die Löschg der HauptHyp nicht zu bewilligen).

2) Übertragung. – a) Form. Übertr dch formlosen Vertr (§§ 398ff, nicht §§ 1153, 1154). Bei Abtretg ohne die Hyp (§ 401) erlischt die Hyp hins der Zinsrückstände. Eintr in das GB (KGJ **42**, 252; vgl aber JFG **6**, 323) u Bildg von Teilbriefen unzul. Rangänderg zul u ohne Eintr u ohne Zust des Eigtümers gg Dritten wirks (RG **88**, 163). Verpfändg nach §§ 1274 I, 1279, 1280. Pfändg u Überweisg nach ZPO 829, 830 III 1, 835, 837 II. – **b) Wirkung.** Auch ggü der dingl Klage stehen dem Eigtümer die Einwendgen zu §§ 404ff zu. Die §§ 1156, 1157 gelten nicht, § 892 wird in **II** ausdr ausgeschl. Der Gläub kann sich nicht auf ihn berufen. § 891 ist anwendbar, str. In der ZwVerst gilt auch dem neuen Gläub ggü ZVG 10 I Nr 4; Anmeldg notw.

1160 Geltendmachung der Briefhypothek.
¹Der Geltendmachung der Hypothek kann, sofern nicht die Erteilung des Hypothekenbriefs ausgeschlossen ist, widersprochen werden, wenn der Gläubiger nicht den Brief vorlegt; ist der Gläubiger nicht im Grundbuch eingetragen, so sind auch die im § 1155 bezeichneten Urkunden vorzulegen.

²Eine dem Eigentümer gegenüber erfolgte Kündigung oder Mahnung ist unwirksam, wenn der Gläubiger die nach Absatz 1 erforderlichen Urkunden nicht vorlegt und der Eigentümer die Kündigung oder die Mahnung aus diesem Grunde unverzüglich zurückweist.

³Diese Vorschriften gelten nicht für die im § 1159 bezeichneten Ansprüche.

Hypothek. Grundschuld. Rentenschuld. 1. Titel: Hypothek   §§ 1160–1163

1) Ausweis des Gläubigers. a) Der Gläub einer BuchHyp wird durch die Eintr im GB ausgewiesen. Der Gläub einer **Briefhypothek** muß sich durch Vorlegg des Briefes (notfalls AusschlUrteil, § 1162 Anm 2) u der ÜbertrUrk des § 1155 seinem Gegner ggü ausweisen. Aber nur auf Verlangen. Der Eigtümer kann deshalb im voraus mit dingl Wirkg auf sein WiderspruchsR verzichten; Verzicht eintragb (Ffm DNotZ **77**, 112), sofern nicht ausdrückl auf die Person beschränkt (Köln Rpfleger **56**, 340); Bezugn auf EintrBewilligg genügt (Ffm DNotZ **77**, 112). Kann Gläub AbtrErkl früh Gläub nicht in der Form des § 1155 vorlegen, muß er, wenn er nicht nach § 1154 I 2 zum Ziele kommt, gg eingetr Gläub auf Berichtigg klagen.

b) Nach III keine Geltg für Zinsrückstände u dgl (§ 1159). – Wg der pers Fdg vgl § 1161.

2) I betr jede gerichtl Geltdmachg, auch § 894, RG HRR **30**, 1926. Der Eigtümer muß die Vorlegg (die nicht zur Klagebegründg gehört, außer im UrkProz, ZPO 595 III) durch Einrede verlangen. Dann Vorlegg bis zur letzten mdl Verhdlg. Auf Antr hat Ger Frist zur Vorlegg zu setzen. Erfolgt keine Vorlegg, Klageabweisg, nicht Verurteilg Zug um Zug, RG **55**, 224. Vorlegg hindert den Bekl nicht, das GläubR des Klägers zu bestreiten und seine Rechte aus § 1144 geltd zu machen, also Verurteilg Zug um Zug gg Aushändigg der betr Urkunden zu verlangen. Vorlegg am Ort der Geltdmachg (anders § 811).

3) II (der I einschränkt) gilt entspr für jede andere Art der außergerichtl Geltdmachg als Künd u Mahng, Brschw DRZ Rspr **29**, 153 (Geltdmachg von Verfallklausel), OLG **12**, 306 (Aufrechng). Der Eigtümer muß Künd usw unverzügl (vgl § 121) wg der Nichtvorlegg zurückweisen. Sonst auch ohne Vorlegg wirks.

1161 *Geltendmachung der Forderung.* **Ist der Eigentümer der persönliche Schuldner, so finden die Vorschriften des § 1160 auch auf die Geltendmachung der Forderung Anwendung.**

1) Der pers Schu kann Vorlegg des Briefes usw nur verlangen, wenn er (wahrer u eingetragener) Eigtümer ist. Sonst gelten §§ 371, 410 I 2, 810; vgl auch § 1167. – § 1161 gilt nicht bei (Sichergs-) GrdSchuld.

1162 *Aufgebot des Hypothekenbriefs.* **Ist der Hypothekenbrief abhanden gekommen oder vernichtet, so kann er im Wege des Aufgebotsverfahrens für kraftlos erklärt werden.**

1) Abhandenkommen u **Vernichten** wg Normzweck (Wiederherstell der Verkehrsfähigk) wie in § 799 zu verstehen (Rebe AcP **173**, 189). Kein Aufgebot, wenn sich Besitzer trotz Verurteilg zur Herausg der Vollstreckg entzieht, RG **155**, 74 ga Hbg HRR **36**, 401 (zweifelh u str). Verf nach ZPO 946–959, 1003–1018, 1024. Über Kraftloswerden nach Aufgebot des Gläub vgl §§ 1170 II 2, 1171 II 2. Vgl ferner ZVG 136. § 1162 gilt nicht für InhGrdSchBriefe, § 1195. Über KraftlosErkl von GrdPfdBriefen ohne Aufgebot, wenn Brief vom Berecht inf im Bundesgebiet nicht rechtswirks Maßnahmen (zB Enteigng) nicht vorgelegt w kann: G v 18. 4. 50 (BGBl 88) idF v 20. 12. 52 (BGBl 830), 25. 12. 55 (BGBl 867) u 29. 4. 60 (BGBl 297). Vgl Fabian NJW **52**, 925; BGH MDR **59**, 100; LG Bln JR **61**, 184.

2) Wirkung. Mit Verkündg des **Ausschlußurteils** (ZPO 957 I) wird der Brief mit Wirkg für u gg alle, auch gg gutgläubige Erwerber kraftlos, KGJ **45**, 297. Vorlegg des Urteils an Stelle des Briefes genügt aber nur nach ZPO 1018 I ggü dem Verpflichteten, also bei Geltdmachg ggü Eigtümer u Schu; nach GBO 41 II 2 zur Löschg und zur Umwandlg in BuchR. Sonst, zB in den Fällen der §§ 1144, 1145, 1154, 1167 ist nach GBO 67, 68 neuer Brief zu beantragen. Doch genügt statt Übergabe des neuen Briefes Vereinbarg nach § 1117 II, KGJ **45**, 299, wenn beim GBA die Voraussetzgen für die Erteilg des Briefes vorliegen, RG **84**, 315. Über Pfändg vgl KG HRR **31**, 1708. Wer vom AusschlUrteil Gebr macht, muß als Gläub eingetr oder nach § 1155 ausgewiesen sein od das GläubR seines Vorgängers nachweisen; § 1117 III gilt für das AusschlUrt nicht.

3) Aufhebung des Ausschlußurteils inf einer **Anfechtungsklage**. Der alte Brief wird wirks, der neue Brief wird kraftlos. Zwischen dem ersten u dem zweiten Urteil bewirkte Leistgen bleiben dem Gutgläubigen ggü wirks, ZPO 1018 II.

4) Ohne Ausschlußurteil wird ein Brief kraftlos, wenn er durch Kriegseinwirkg vernichtet wurde od abh kam u das GBA wegen Brief ausstellt (neuen Brief unter Angabe von Vernichtg oder Hamm DNotZ **52**, 583) oder AbhKommen feststellt u ohne Briefvorlage die Hyp löscht od nachträgl Ausschließg der Briefbildg einträgt, GBMaßnG v 20. 12. 63, BGBl 986, § 26. Keine Kriegseinwirkg, wenn Gläub selbst den Brief vernichtet h, LG Lüb SchlHA **57**, 185.

1163 *Eigentümerhypothek.* **¹Ist die Forderung, für welche die Hypothek bestellt ist, nicht zur Entstehung gelangt, so steht die Hypothek dem Eigentümer zu. Erlischt die Forderung, so erwirbt der Eigentümer die Hypothek.**

II Eine Hypothek, für welche die Erteilung des Hypothekenbriefs nicht ausgeschlossen ist, steht bis zur Übergabe des Briefes an den Gläubiger dem Eigentümer zu.

Schrifttum: Laufke, Anwartschaftsrechte beim HypErwerb, Diss Münster 1966. – Schneider, Sichg der ZwKreditgeber gg Konkursfälle bei der Verwendg von BuchGrdSch, VersWirtsch **71**, 348.

1) Allgemeines. a) I will das Aufrücken der nachstehenden Berechtigten verhindern, wenn die Fdg nicht entsteht od erlischt. Vgl dazu Übbl 3 E vor § 1113. Ausnahmen von I 2 vgl unten Anm 5b. Andere Fälle des gesetzl Überganges auf den Eigentümer in §§ 1168 I, 1170 II 1, 1171 II 1, 1182 S 1; ZPO 868, 932 II. Vgl auch § 1143 Anm 1.

b) II schützt den Eigtümer gg Vfg des Gläub vor Valutierg, denn ohne Brief kann Gläub über die Hyp nicht verfügen. Wg der BuchHyp vgl § 1139.

c) § 1163 ist zwingenden Rechts, RG **142**, 159. Entggstehende Vereinbargen wirken nur schuldrechtl, RG **104**, 73; anders nur, wenn das dingl Recht durch die Entstehg der Fdg aufschiebend od durch das Erlöschen der Fdg auflösd bedingt wird; vgl ferner Bedeutg der LöschgsVormkg nach § 1179 (dort Anm 1).

2) Geltungsgebiet. I gilt für Hyp jeder Art, **II** nur für BriefHyp. I und II anwendbar auf GesHyp, wenn alle belasteten Grdst dem gleichen Eigtümer gehören; sonst gilt § 1172. Wg der SichgHyp für Inh- u Orderpapiere vgl § 1187 Anm 3; wg der HöchstBetrHyp vgl § 1190 Anm 4. **Keine Anwendung des I** auf **a)** Hyp für rückständige Nebenleistgn u gewisse Kosten (§§ 1159, 1178 I). **b)** HypVormkgen. **c)** Grundschulden, § 1191 Anm 2. – Ausn: für lanschaftl u ritterschaftl Kreditanstalten, EG 167 (vgl Übbl 2 B d cc vor § 1113).

3) Allgemeine Voraussetzung. Die Hyp muß rechtswirks bestellt sein. Also rechtswirks Einigg u inhaltl zulässige Eintr, § 873. Oder die Hyp muß nachträgl durch gutgl Erwerb wirks geworden sein, § 892. Sonst erwirbt nach hM der Eigtümer die Hyp nicht; auch nicht, wenn er die Eintr der Hyp ordngsgemäß bewilligt hatte (RG **106**, 139); dies ist insb, wenn wirksame Nachbelastgn erfolgen, unbefriedigd. Der von vielen (zB Brem DNotZ **65**, 570) schon für das geltende Recht vertretenen GgMeinug wird bei einer Rechtserneuerg Rechng zu tragen sein. Keine EigtümerHyp, wenn Darlehen wg Wuchers nichtig (§ 138 Anm 4b; vgl BGH NJW **82**, 2767). Keine EigtümerHyp, wenn bei ZwangsHyp eine wesentl Voraussetzg der ZwVollstr fehlt (KGJ **53**, 195). Keine EigtümerHyp bei bedingter od befristeter HypBestellg (§ 1113 Anm 3a); und bei unbedingter Hyp für bedingte od befristete Fdg (§ 1113 Anm 4e). Keine EigtümerHyp, wenn der KonkVerwalter nach konkursrechtl Anfechtg Löschgsurteil erwirkt; anders, wenn er Abtretg an den GemSchu od Verzicht auf die Hyp betreibt, KGJ **39** A 228. Unwirksamk einer SichgHyp aGrd VerglO 87 führt zur EigtGrdSch, Müller KTS **55**, 92; vgl auch LG Mönchengladb RhNK **68**, 567.

4) I S 1. a) Voraussetzung: Die **Forderung ist nicht entstanden,** zB weil: Darlehen nicht gegeben (Zahlg der Darlehnssumme an Notar zur Ablösg und Hyp kann schon Zahlg an Schu sein [RG DR **40**, 860], und bei VfgsBeschrkg des Notars dch Darlehnsgeber [BGH NJW **86**, 2947]); ArrestAnspr besteht zZ der Eintr der ArrestHyp nicht (BGH WPM **78**, 1130); formloses SchenkgsVerspr (RG **88**, 369); Nichtigk od Anfechtg des fordersbegründden RGesch; ernsth gewollte HypBestellg für ScheinFdg (BGH **36**, 88; str); künftige od aufschiebd bedingte Fdg (§ 1113 Anm 4 e); Verstoß gg KO 181 (RG Warn **31**, 93). – **§ 1163 I 1 gilt nicht:** Wenn Fdg entstanden aber noch nicht fäll (§ 1113 Anm 4e). Bei HypBestellg für rechtsgrundloses (daher kondizieb) RG **154**, 389) abstr SchuldVerspr (RG **141**, 383). Zur Frage, ob in dem formularmäß verwendeten Bekenntn des DarlNehmers, der Kreditbank ein Darl zu schulden od von ihr Darl erhalten zu haben, ein abstr SchuldAnerk liegt, vgl § 781 Anm 2c u Winkler NJW **70**, 414.

b) Folge: Die **Hypothek steht dem Eigentümer zu.** Stets dem, der bei Entstehg des dingl Rechts (KGJ **49**, 219) der wahre Eigtümer des Grdst war, RG **80**, 320. Auf den Ztpkt der Feststellg der Nichtentstehg kommt es nicht an. Übertr auf spätere Eigtümer nur nach § 1154. Bei MitEigtum nach Bruchteilen gemschaftl EigtümerGesHyp, vgl § 1132 Anm 2a, § 1172 Anm 2. Die **Hypothek wandelt sich kraft Gesetzes in Eigentümergrundschuld um,** § 1177 I 1, auflösd bedingt durch die Entstehg der Fdg, Anm 4c; für sie bleiben gewisse Bestimmgen der Fdg maßg, § 1177 I 2. Das GB ist unrichtig; Berichtigng nach §§ 894ff, GBO 22; außer wenn als HypGläub Eingetragener aGrd des Kausalgeschäfts noch ein Recht auf Erwerb der Hyp hat, vgl Wolff-Raiser § 145 II; vgl auch unten d. Entspr § 1144 kein ZbR des Eingetragenen ggü Anspr auf LöschgsBew (vgl BGH NJW **78**, 883). Bei teilweiser Nichtentstehg teilt sich das dingl Recht in FremdHyp u EigtGrdSch; letztere geht im Range nach, § 1176. Die DamnoHyp, bei der vereinbargsgemäß höherer (eingetragener) Betrag als das hingegebene Darlehen zurückgezahlt werden soll, wird aber in voller Höhe FremdHyp, RG HRR **32**, 535. Keine EigentümerGrdSch für Strafzinsen, weil Hyp insow schuldrechtl bedingt ist, RG **136**, 77; KG JFG **9**, 272. Beweispflichtig für die Nichtentstehg der Fdg ggü der Vermutg der §§ 891, 1138 ist der Eigtümer, § 1138 Anm 2a.

c) Entsteht die Forderung nachträglich (und wird der Brief übergeben, **II**), wandelt sich die vorl EigtümerGrdSch kraft G in eine Hyp für den eingetragenen Gläub um, auch wenn inzwischen anderer Eigtümer. Die Hyp entsteht für den Zessionar, wenn Besteller u der als Hypothekar Eingetragene einig sind, daß Valutierg erst durch einen Zessionar der „Hyp" (die noch EigtümerGrdSch) erfolgen soll u dies geschieht; BGH **36**, 89; dies auch dann, wenn die eingetragene Fdg wg Scheins nicht entstanden u die Abtretg an einen anderen als den urspr Vorgesehenen erfolgt; der Angriff von Westermann JZ **62**, 302 (ihm zust Soergel-Baur Rdnr 7) gg diese Entsch dürfte nicht richtig sein, da die Einigg über die Fdg auch nachträgl erfolgen kann, auch die Eintr des Schuldgrunds (Werklohn), bei der Fdg richtig kennzeichnete (was nicht einmal unumgängl war, vgl § 1115 Anm 7). – Vgl auch unten d aa. – Entsteht die Fdg im Konkurs des Eigtümers: KO 15; vgl hierzu Wörbelauer DNotZ **65**, 580.

d) Solange die Entstehung der Forderung in der Schwebe ist, steht dem Eigtümer nur eine **vorläufige Grundschuld** zu, RG **153**, 169, auflösd bedingt durch die Entstehg der Fdg. Kann Fdg nicht mehr entstehen (zB DarlVertr erlischt), wird EigtümerGrdSch zur endgültigen; dann GrdbuchberichtiggsAnspr.

aa) Der eingetr Gläub hat ein **Anwartschaftsrecht,** das mit der Valutierg zum VollR erstarkt. Dieses AnwR kann er auch kraft guten Glaubens erwerben, Raiser, Dingl Anwartschaften S 35/6. AnwR ist übertragb (durch Abtretg der künftigen Fdg, §§ 1153/4); Erwerber erlangt das VollR mit Valutierg, auch wenn diese durch den Zedenten erfolgt (dann nach hM [aber bestr] ohne Durchgangserwerb). Tritt Eingetragener das VollR ab, gilt § 1138; kennt Erwerber die Nichtvalutierg, wird (§ 140) Abtretg des AnwR anzunehmen sein. War AnwR übertragen, stand dieses aber dem Zedenten nicht zu, so kann Zessionar es gutgl erwerben, Raiser aaO. Veräußerg des Grdst u anderweitige Belastg beeinträchtigen das AnwR nicht, Raiser S 33.

Hypothek. Grundschuld. Rentenschuld. 1. Titel: Hypothek § 1163 4, 5

bb) Verfügung des Eigentümers über die vorläufige Eigentümergrundschuld: sie kann das AnwR nicht beeinträchtigen (§ 161), vgl Lent DNotZ **37**, 386. Solche Vfg (auch Pfändg) bei vorläufiger BuchGrdSch überh nicht mögl, weil sie nicht eingetr steht. (Über Wirksamk, wenn Eintr trotzdem erfolgt, RG **120**, 112). Daher auch keine Vormkg zur Sicherg eines Anspr auf Abtretg, BayObLG **69**, 316. Anders bei vorl BriefEigtümerGrdSch. Eine solche kann zur **Zwischenfinanzierung** verwendet werden; zB eine Hypothekenbank läßt sich eine Hyp eintragen, gibt die Valuta aber erst nach Fertigstell eines auf dem Grdst zu errichtenden Baus; zur Aufbringg der Baugelder braucht der Eigtümer einen Zwischenkredit von einer Baubank. Diesen erhält er gg Abtretg der vorl EigtümerGrdSch (Briefübergabe uU ersetzt durch Abtretg des HerausgAnspr gg HypBank gem §§ 1154 I 1, 1117 I 2, 931), BGH **53**, 60; zur Sicherg des Zwischenkreditgebers zweckm Abtretg des Anspr auf Auszahlg des Darlehens gg die HypBank. Zahlt diese dann die Valuta an die Baubank, so verwandelt sich aus der vorl EigtümerGrdSch eine Hyp für die ingetr Hypothek. Entfällt die Valutierg dch HypBank endgült, erwirbt die BauBank die vorläuf GrdSch als normale SichergsGrdSch. Vgl Serick II § 28 I 3 mit Nachw Fußn 18; Walberer DNotZ **56**, 229 (dieser auch über andere RFormen der Zwischenfinanzierg); Dempewolf MDR **57**, 458 (insb über Sicherg des ZwischenKredGebers durch BenachrichtiggsVollm); Wörbelauer NJW **58**, 1515 (Einfluß einer Löschgsvormkg); Huber, SichgsGrdSch S 64. Zur Teilfinanzierg vgl § 1154 Anm 3e mit Nachw u Abel NJW **53**, 2044; zur Vormkg des Anspr auf Zession der dem Eigtümer bei Nichtvalutierg der eingetr FremdHyp endgült verbleibden EigtGrdSch, BayObLG **69**, 316; Rimmelspacher JuS **71**, 14. Zum Umfang der Vorrangseinräumg zG einer noch nicht voll valutierten BaugeldHyp bei Zession der EigtGrdSch an Zwischenfinanzierer vgl § 880 Anm 5a aE. – Zur Frage, ob sich LöschgsVormkg (§ 1179) auch auf diesen Teil des GrdPfdR erstreckt, vgl § 1179 Anm 2c bb.

5) I S 2. Erlöschen der Forderung: a) Vgl Übbl vor § 362. Befriedigg des Gläub hat nicht stets Erlöschen der Fdg zur Folge, § 1143 Anm 1a. Ob eine Zahlg die Tilgg herbeiführen soll, unterliegt der Parteibestimmg, RG **123**, 75. Jedoch können die gesetzl Folgen einer Zahlg zwecks Tilgg nicht mit dingl Wirkg ausgeschaltet od hinausgeschoben w, weil dies zur Abänderg des zwingenden § 1163 führen würde, RG **104**, 66. Deshalb wird als eintraggsunfähig angesehen zB die Abrede, daß die Tilggsbeiträge erst am Jahresschluß gutzuschreiben seien od zur Tilgg verwendet w, LG Essen Rpfleger **61**, 296; Hamm JMBl NRW **62**, 122; LG Kblz Rpfleger **63**, 198 (wg der ersparten Zinsen vgl aber Haegele in Anm). Dagg kann die Nichtentstehg von EigtümerGrdSch bei jeder Teilleistg dadurch erreicht w, daß vereinbargsgem jede Teilleistg nicht zur Tilgg der Schuld erfolgt, sondern eine Fdg (Guthaben) gg den HypGläub entstehen läßt, die als weitere Sicherh für die HypFdg dienen soll, KGJ **53**, 184. RG **143**, 75 läßt Vereinbg mit dingl Wirkg zu, daß Leistgen auf Zinsen u Kapital zunächst auf die Zinsen u erst beim nächsten Teilzahlgstermin auf das Kapital verrechnet w sollen; ebso LG Lüb SchlHA **63**, 119. Zulässig Abrede, daß die Zahlgen die Tilgg nur auflös bedingt herbeiführen, so daß sich die entstandene EigtümerGrdSch bei Eintritt der Bedingg in die urspr FremdHyp verwandelt, RG **142**, 161. Vgl auch Übbl 2 B d vor § 1113 (Tilggs- u Tilggsfonds-Hyp). – Über jederzeit möglichen Erlaß der Fdg BayObLG **54**, 39. – Ergreift die Einziehg des Verm der KPD das einer – treuhänderischen –, alsdann wg Vermlosigk im HReg gelöschten GmbH, so erlischt damit eine Fdg gg die GmbH nicht ohne weiteres, wird die sichernde Hyp also noch nicht EigtümerGrdSch der BRD, BGH **48**, 303.

b) Folge: „Die Fdg vergeht, das Pfandrecht besteht". Die Hyp geht kraft Gesetzes auf den über, der bei Erlöschen der Fdg wahrer Eigtümer ist. Also auf den Veräußerer, wenn vor od nach Auflassg der noch nicht eingetragene Erwerber den Gläub befriedigt, KG JFG **23**, 102 (auch zu KGJ **28**, 122); anders, wenn Zahlg erst im Augenblick der EigtUmschreibg zur Tilgg verwendet w soll. **Die Hypothek verwandelt sich in eine Grundschuld,** § 1177 I. Sie verbleibt diesem Eigtümer, auch wenn er später das Grdst veräußert, RG **129**, 30. Rückübertragg ist dem früh Gläub nach § 1154; Rückumwandlg in eine Hyp nach § 1198 (BGH **LM** § 989 Nr 10). Das gilt auch für TilggsHyp; um Schwierigk bei der Löschg zu vermeiden, zweckm, wenn der Verkäufer den Käufer ermächtigt, über die bis zur Umschreibg des GB entstehenden EigtümerGrdSch im eig Namen zu verfügen, Recke JW **38**, 2176. Vgl auch § 1177 Anm 3b. Hyp wird EigtümerGrdSch der Erbengemeinschaft, wenn Gläub aus NachlMitteln befriedigt wird; wg Befriedigg durch einzelnen Miterben vgl § 1143 Anm 2. Wegen Befriedigg durch Vorerben vgl § 1143 Anm 2 aE, § 2111 Anm 2a. Der Nacherbenvermerk in Abt II des GB bezieht sich auch auf die EigtümerGrdSch, wenn bei dieser Zugehörigk zum freien Vermögen nicht vermerkt, KG JFG **8**, 360. Für GesamtHyp, auch auf MitEigtAnteilen, gilt § 1172 I. Ist die Hyp bereits durch Zuschlag erloschen, geht der Anspr auf den Versteigerungserlös auf den letzten Eigtümer vor dem Zuschlag über, RG **127**, 353. Erlischt die Fdg einer bestehen gebliebenen Hyp, erwirbt sie der Ersteher, BayObLG **18**, 51. Vgl auch BGH **LM** § 91 ZVG Nr. 2. Bei teilweisem Erlöschen gilt § 1176. Wird nur das Kapital zurückgezahlt, bleibt ZinsHyp, Ottow JR **56**, 412. Erlischt die Fdg, die der Ersteher hat ZVG 128 III. Erlischt die Fdg erst nach Konk des Eigtümers, kann sie uU konkursfreier Neuerwerb sein. KO 1 I; Planck Anm 4e.

Ausnahmen: aa) Auch die Hypothek erlischt: §§ 1178 I; 1181 I; RHeimstG 17 II 2; SchiffsRG 57 I 1; AbgeltgsHyp, VO v 31. 7. 42 § 4. Vgl auch §§ 1173, 1174. **bb) Die Hypothek geht zur Sicherung eines Ersatzanspruches an den Befriedigenden über:** §§ 1164 I, 1173 II, 1174; VVG 104. **cc) Die Hypothek wandelt sich in eine Grundschuld des Gläubiger um;** gemäß 6. DVO z SchRegG 26 III. **dd) Der Befriedigende erwirbt die** (nicht erlöschende) **Forderung und Hypothek:** §§ 1143, 1150, 426 II; vgl auch § 774. – Vgl ferner Übbl 3 D vor § 1113.

c) Solange die Hyp FremdHyp ist, kann der Eigtümer über die **künftige Eigentümergrundschuld nicht** verfügen, RG **145**, 353; BGH **53**, 60. Sie ist kein verwertgsfähiges Recht. Das wäre übertriebene Kapitalisierg des Bodens. Deshalb auch keine Pfändg der künftigen EigtGrdSch; str; vgl Ffm NJW **62**, 640 m Nachw. Eine trotzdem erfolgte Eintr ist ihrem Inhalt nach unzul, GBO 53 I 2; RG **145**, 353. Anders bei der auflös bedingten EigtGrdSch, Fall **I S 1**; Anm 4d u § 1190 Anm 4a. – Verpflichtg zur Abtretg mögl, aber nicht durch Vormkg sicherb, RG aaO.

1251

§§ 1163–1165

6) Briefhypothek vor Briefübergabe, II. Vgl Anm 1b. Der Gläub erwirbt die Hyp erst, wenn Fdg entstanden, § 1163 I 1, u Brief übergeben, § 1117 I, od Überg durch Vereinbg nach § 1117 II ersetzt worden ist. Bis dahin ist das dingl Recht eine vorl EigtümerGrdSch, § 1117 I. Zweck: Anm 1b. Gläub hat hier (anders als Anm 4d aa) kein AnwR (Hamm Rpfleger 80, 483), sond nur schuldrechtl BestellgsAnspr.

1164 *Übergang der Hypothek auf den Schuldner.* ¹Befriedigt der persönliche Schuldner den Gläubiger, so geht die Hypothek insoweit auf ihn über, als er von dem Eigentümer oder einem Rechtsvorgänger des Eigentümers Ersatz verlangen kann. Ist dem Schuldner nur teilweise Ersatz zu leisten, so kann der Eigentümer die Hypothek, soweit sie auf ihn übergegangen ist, nicht zum Nachteile der Hypothek des Schuldners geltend machen.

II Der Befriedigung des Gläubigers steht es gleich, wenn sich Forderung und Schuld in einer Person vereinigen.

1) Befriedigung des Gläubigers durch persönlichen Schuldner. Vgl Übbl 3 D I c vor § 1113. Die §§ 1164–1167 schützen den ersatzberechtigten pers Schu, wenn nämlich ihm ggü der Eigtümer zur Befriedigg des Gläub verpflichtet ist, RG **131**, 157. § 1164 enthält aus Billigk eine Ausn von § 1163 I: **Hypothekenübergang** verbunden mit **gesetzlicher Forderungsauswechselung.** § 1164 gilt auch für die Gesamt-Hyp (auch an MitEigtAnteilen, RG **146**, 365), wenn der Schu von allen Eigtümern als GesSchuldnern bzw deren Rechtsvorgängern Ersatz verlangen kann; sonst gilt § 1174, vgl dort Anm 2. Die §§ 1165, 1166 schützen den Schu gg die Vereitelg od Beeinträchtigg seiner Anwartsch aus § 1164. § 1167 sichert ihm die Berichtigg des GB. – § 1164 gilt nicht für GrdSch.

2) Voraussetzungen. a) Der persönliche Schuldner darf nicht Eigentümer sein. Sonst gilt § 1163 I 2. Wg Befriedigg durch einen Miterben vgl § 1143 Anm 2.

b) Befriedigung des Gläubigers durch den persönlichen Schuldner. Fdg muß also erlöschen, RG **143**, 284. § 1164 gilt auch für Tilgg der ZinsFdg; § 1178 nicht anwendb, RG **143**, 286. Vereinigg von Fdg u Schuld steht gleich, II. Entspr gilt, wenn die Schuld kraft G erlischt, KG JFG **17**, 225, od wenn der Gläub dem pers Schu die Schuld erläßt. Bei Befriedigg des BuchBerecht wird der pers Schu nicht geschützt, § 893 Anm 2. – Befriedigt pers Schu, der GesSchu mit Eigtümer ist, so gelten §§ 426 II, 412, 401, also Übergang der Hyp (in Höhe des AusglAnspr), RG **65**, 417; entspr bei Bürgen, § 774, RG **65**, 138. Befriedigt ein GesSchuldner, gehört die Fdg gg den and GesSchuldner aber zu einem gem § 1190 gesicherten Fdgskreis, so erwirbt der Zahlde in Höhe seines ErsatzAnspr gg den and GesSchuldner die HöchstBetrHyp. Deckt bei Schlußabrechng die rangbessere RestHyp des Gläub dessen Fdg nicht, so steht insow die Hyp wieder diesem zu, aber im Rang nach der dem zahlden GesSchuldner verbliebenen TeilHyp; BGH BB **66**, 1413.

c) Ein Ersatzanspruch des Schuldners gegen den Eigentümer zum Ausgleich der Leistg, die der Eigtümer od dessen RVorgänger im Verhältn zum Schu zu leisten verpflichtet war, RG **131**, 157. Hauptfall: Der Erwerber des Grdst übernimmt die Hyp in Anrechng auf den Kaufpr (hierin liegt Übernahme der pers Schuld), der HypGläub genehmigt aber nicht (Folge: § 415 III), nunmehr befriedigt der früh Eigtümer (pers Schu) den Gläub, RG **129**, 29. (Befriedigt der jetzige Eigtümer den Gläub: § 1143 Anm 2.) Ferner bei ErsatzAnspr des Schu gem § 329; ZVG 53 I; od gem §§ 2166 I 1, 2167, 2168. RVorgänger ist jeder früh Eigtümer, RG **143**, 290; uU auch ein nicht eingetr gewesener Zwischenerwerber, RG **150**, 34. Ein dazwischen liegender urspr Erwerb, zB Zuschlag, steht dem Übergang nicht entgg, RG **89**, 80. Gehörte das Grdst einer GesHandsGemsch, muß sich der ErsAnspr gg alle GesHänder richten. Beweispflichtig für das Bestehen des ErsAnspr ist der pers Schu. **Fehlt ein Ersatzanspruch:** §§ 362, 1163 I 2, 1177 I.

3) Folge. a) Die Hypothek geht kraft Gesetzes auf den Schuldner über. Sie bleibt Hyp u sichert jetzt den ErsAnspr gg den Eigtümer od sein RVorgänger ist, RG **129**, 30. Umschreibg im GB erfordert Bewilligg des bish Gläub u des Eigtümers, §§ 19, 29 GBO; vgl auch § 1167. Persönl Schu ist nunmehr der Ersatzpflichtige; der Eigtümer hat Einrede, § 1137, gg ErsAnspr, auch soweit dieser gg RVorgänger gerichtet ist. Die Bedinggen der ErsFdg sind nunmehr maßgebd. Hat sich der ErsPflichtige der sofortigen ZwVollstr unterworfen, ist die Unterwerfgsklausel neu in das GB einzutragen. Der Eigtümer behält alle die Einwendgen, die ihm gg den bish Gläub zustanden, § 1157. Ist die Hyp bereits durch Zuschlag erloschen, geht der Anspr auf den Versteigerserlös auf den Schu über. § 892 greift mangels rgesch Erwerbs nicht ein.

b) Kann Schu nur **teilweise** Ersatz verlangen, geht seine TeilHyp der EigtümerGrdSch (§ 1163 I 2) im Range vor, I S 2; vgl § 1150 Anm 5. Eine RestTeilHyp des Gläub geht beiden vor, § 1176. Ähnl Rangänderngen in § 1182 S 2, ZVG 128 III 2.

4) Befriedigg des HypGläub durch Dritte: Übbl 3 D I c ff vor § 1113; grdsätzl gilt § 1163 I 2; aber Übergang der Hyp, wenn ErsAnspr.

1165 *Freiwerden des Schuldners.* Verzichtet der Gläubiger auf die Hypothek oder hebt er sie nach § 1183 auf oder räumt er einem anderen Rechte den Vorrang ein, so wird der persönliche Schuldner insoweit frei, als er ohne diese Verfügung nach § 1164 aus der Hypothek hätte Ersatz erlangen können.

1) Allgemeines. Vgl § 1164 Anm 1. Ähnl § 776. Entggstehende Vereinbg zul, da nur das pers Schuld-Verh betr; aber nicht eintraggsfähig. Auf GrdSch nicht anwendb (BGH NJW **89**, 1732).

2) Voraussetzungen. a) Verzicht, §§ 1168, 1175 I 1. Aufhebg, § 1183; auch Entlassg aus der Mithaft; FdgsAuswechselg, § 1180, u Umwandlg in GrdSch, § 1198. Rangrücktritt § 880. Bei schuldloser Nicht-

Hypothek. Grundschuld. Rentenschuld. 1. Titel: Hypothek §§ 1165–1168

kenntnis des Gläub von Fdg entfällt § 1165, RG HRR **29**, 199. Gefährdet der Gläub die Hyp durch andere Maßnahmen, läßt er zB die Entferng von Zubehör zu, kann Schu nur nach § 826 vorgehen; str; nach aM § 1165 entspr.

b) Der Schu muß nachweisen, daß er im Falle eines Überganges der Hyp (§ 1164) aus dem Grdst (§ 1147) hätte befriedigt w können. Anderes Vermögen des Eigtümers bleibt außer Betr.

3) Folge. Die pers Schuld erlischt kraft G, soweit Befriedigg aus der Hyp mögl gewesen wäre, str. Bei Rangrücktritt verbleibt die Hyp dem Gläub als GrdSch; da der Eigtümer zugestimmt hat, § 880 II 2, muß § 1163 I 2 als ausgeschaltet angesehen werden (Soergel/Baur Rdn 5; aA MüKo/Eickmann Rdn 18). Zahlt der Schu, ohne die benachteiligende Vfg des Gläub zu kennen, kann er das Geleistete zurückfordern, §§ 812 ff.

4) § 1165 entspr anwendb, wenn Gläub absichtl HypSicherg nicht ausnützt (BGH MDR **58**, 88). – Zur Frage einer noch weiter gehen analogen Anwendg (als allg „RegreßbehindergsVerbot") vgl BGH NJW **74**, 1082.

1166 *Benachrichtigung des Schuldners.* Ist der persönliche Schuldner berechtigt, von dem Eigentümer Ersatz zu verlangen, falls er den Gläubiger befriedigt, so kann er, wenn der Gläubiger die Zwangsversteigerung des Grundstücks betreibt, ohne ihn unverzüglich zu benachrichtigen, die Befriedigung des Gläubigers wegen eines Ausfalls bei der Zwangsversteigerung insoweit verweigern, als er infolge der Unterlassung der Benachrichtigung einen Schaden erleidet. Die Benachrichtigung darf unterbleiben, wenn sie untunlich ist.

1) Allgemeines. Vgl § 1164 Anm 1. Der ersatzberechtigte Schu soll die Möglichkeit erhalten, den Ausfall der Hyp in der ZwVerst zu verhindern. § 1166 gilt entspr bei zul Privatverkauf (§ 1149). § 1166 gilt nicht zG des Bürgen. Entggstehende Abreden zul, § 1165 Anm 1.

2) Voraussetzungen. a) ErsAnspr des Schu gg den Eigtümer. Auch gg einen früheren, wie in § 1164, RG JW **16**, 1411. Besteht kein ErsAnspr, kann sich die BenachrichtiggsPfl doch aus dem SchuldVerh (§ 157) ergeben, RG **65**, 140.

b) Der Gläub muß die ZwVerst betreiben od ihr beigetreten sein. Die nachstehenden Gläub brauchen ihre Schuldn nicht zu benachrichtigen, RG **14**, 2464.

c) Der Gläub hat den Schu nicht unverzügl (§ 121 I 1) nach (vorher genügt nicht, OLG **26**, 158) Anordng der ZwVerst benachrichtigt. Jeder GesSchu ist bes zu benachrichtigen, RG JW **16**, 1409 (betr ausgeschiedenen OHG-Gesellschafter). Untunl (S 2), wenn Schu unbekannt verzogen ist, OLG **31**, 352. Gläub ist beweispflichtig.

3) Folge. LeistgsverweigergsR (Einrede) des Schu (anders § 1165). Nur soweit, als er dch die Unterlassg des Gläub einen Schaden erlitten hat. Also nicht, wenn er auf andere Weise rechtzeitig Kenntnis erlangt hat, RG **54**, 372. Den Schaden hat der Schu zu beweisen. Über Vorteilsausgleich, falls der Gläub das Grdst unter dem Wert ersteigert, vgl RG **65**, 57; **80**, 154; vgl jetzt aber ZVG 114a.

1167 *Aushändigung der Berichtigungsurkunden.* Erwirbt der persönliche Schuldner, falls er den Gläubiger befriedigt, die Hypothek oder hat er im Falle der Befriedigung ein sonstiges rechtliches Interesse an der Berichtigung des Grundbuchs, so stehen ihm die in den §§ 1144, 1145 bestimmten Rechte zu.

1) Der **persönliche Schuldner kann** bei Befriedigg des Gläub stets **verlangen:** Quittg, § 368; Rückgabe des Schuldscheines od Anerkenng des Erlöschens der Fdg, § 371; Anerkennung des vertragl od gesetzl Überganges, §§ 410, 412. Daneben gibt ihm § 1167 die Rechte aus den §§ 1144, 1145. Voraussetzg: Erwerb der Hyp nach §§ 1164, 1174, 426 II 1 od rechtl Interesse an der Berichtigg, zB § 439 II 1. Der Gläub hat also den Brief auszuhändigen u entweder eine löschungsfähige Quittg auszustellen mit der Angabe, daß der Zahlende persönl Schu sei, od eine Löschungsbewilligg od das Anerkenntnis (§ 1155 Anm. 3c) abzugeben. Im ersten Falle hat der Schu die Urkunden zu beschaffen, die dem GBA seine ErstattgsAnspr nachweisen, zB den SchuldÜbernVertr; gilt auch für zahlden Bürgen.

1168 *Verzicht auf die Hypothek.* ⁱVerzichtet der Gläubiger auf die Hypothek, so erwirbt sie der Eigentümer.

ⁱⁱDer Verzicht ist dem Grundbuchamt oder dem Eigentümer gegenüber zu erklären und bedarf der Eintragung in das Grundbuch. Die Vorschriften des § 875 Abs. 2 und der §§ 876, 878 finden entsprechende Anwendung.

ⁱⁱⁱVerzichtet der Gläubiger für einen Teil der Forderung auf die Hypothek, so stehen dem Eigentümer die im § 1145 bestimmten Rechte zu.

1) Allgemeines. a) Bei der Hyp sind zu unterscheiden (vgl KG JFG **4**, 437): **aa)** Der **Verzicht** auf die Hyp. Er erfordert eine Erkl des Gläub (Anm 2) u die Eintr in das GB, Anm 3. Folge: Die Hyp geht auf den Eigtümer über, § 1168. Für die GesHyp gilt § 1175. **bb)** Die **Aufhebg** der Hyp. Folge: Sie erlischt, §§ 875, 1183. **cc)** Der **Erlaß der persönlichen Forderung**, § 397. Für ihn gilt § 1168 nicht. Folge: §§ 1163 I 2, 1164 II; vgl § 1164 Anm 2b. Vgl auch § 1163 Anm 5.

b) Dem Verzicht steht gleich die **Übernahme der Schuld** ohne Einwilligung des Eigtümers, § 418 I 2, 3. Anspr auf Verzicht in § 1169. § 1168 gilt nicht für HypVormkgen, RG **65**, 261, u EigtümerGrdSch, KG JFG **4**, 437, wohl aber für FremdGrdschulden (zu diesen vgl § 1191 Anm 3d).

c) Wg Aufgabe u Löschg eines Bruchteilsanteils KG JFG **5**, 362; Staudenmaier BWNotZ **65**, 320.

2) Die **Verzichtserklärung** ist eine einseitige empfangsbedürftige rechtsgeschäftliche WillErkl. Sie enthält eine Vfg über die Hyp. – Kein Verzicht bei EigtümerGrdSch.

a) Inhaltl muß sie auf die unbdgte Aufgabe (Celle WPM **85**, 1112) des Rechts des Gläub gerichtet sein (bei § 1183 auf Aufhebg des Rechts überh). Löschgfähige Quittg od Löschgbewilligg genügen zur Eintr des Verzichts nicht, Dresden JFG **5**, 369. Gebrauch des Wortes „Verzicht" nicht notw, da § 133 auch hier gilt, aber ratsam. Ersetzg durch rechtskr Urteil zul, ZPO 894.

b) Empfangsberechtigt sind das GBA u der Eigtümer, im Falle des § 1178 II nur letzterer. § 893 bei Erkl des nichtberechtigten Gläub anwendbar; dagg nicht bei Verzicht ggü dem BuchEigtümer, weil dieser nicht über das Eigt verfügt. Sachlich-rechtl formlos wirks; aber zur Eintr formbedürftig nach GBO 29 I 1.

c) Über Bindg, Zust Dritter u den Einfluß nachträgl VfgsBeschrkgen vgl die Anm zu §§ 875, 876, 878. Genehmigg des VormschG nötig nach § 1822 Nr. 13.

3) Eintragung des Verzichts in das GB notw. Auch wenn Hyp im GB zu unrecht gelöscht ist: dann muß Verzicht mit der WiederEintr vermerkt werden, RG **120**, 234. Vorher kein RÜbergang auf den Eigtümer (BGH Rpfleger **88**, 495). Vermerk auf Brief genügt nicht. Ausnahmen: § 418 I 2; § 1178 II und Anm. 4c. Nicht nötig Umschreibg auf den Eigtümer; das ist nur Berichtgg. – Eintr des Verzichts auch nötig, wenn auf Antr des Eigtümers zu löschen ist; Wendt u Pommerening Rpfleger **63**, 272; **65**, 178; aM Staudenmaier BWNotZ **64**, 152; Schlesw NJW **64**, 2022 (wofür freilich prakt Gründe sprechen).

4) Folge: a) Die **Hypothek geht kraft Gesetzes** (also ohne Möglichk aus § 892) auf den **über,** der bei Vorliegen aller Voraussetzgen, Anm 2, 3, wahrer **Eigentümer** ist (nach Erm-Westermann Anm 4 uU auf den BuchEigtümer). Ist dieser in Konkurs, gehört sie zum konkursfreien Vermögen, KO 1 I, wenn der Gläub nicht zG der Masse verzichtet hat. Jeder MitEigtümer erwirbt einen entspr Anteil, KG RJA **8**, 62. Die Hyp wandelt sich in eine GrdSch um, § 1177 I 1. Berichtigg nach §§ 894 ff; Brief gehört dem Eigtümer, § 952. Die Fdg bleibt dem Gläub als nunmehr ungesicherte, wenn er sie dem Schu nicht erläßt, § 397 (im Verzicht auf die Hyp liegt oft zugl ein Erlaß der Fdg, Warn **42**, 43), od § 1165 eingreift. Für die GesHyp gilt § 1175; ebso bei der Enthaftg von GrdstTeilen.

b) Bei **teilweisem** Verzicht, III, geht die RestHyp des Gläub der TeilGrdSch des Eigtümers im Range vor, § 1176. Über die Rechte des Eigtümers vgl die Anm zu § 1145.

c) Verzichtet der Gläub auf Hyp, nachdem sie durch Zuschlag erloschen ist, geht Anspr auf Versteigergserlös auf letzten Eigtümer vor dem Zuschlag über (BGH **LM** § 1179 Nr. 3; Celle WPM **85**, 1112; aM RG **69**, 251: Erlösanteil falle dem nachstehenden Berechtigten zu). Verzicht hier formfrei ggü VollstrSchu (str) od VollstrG abzugeben. Eintragg des Verzichts hier nicht erforderl, RG JW **31**, 2734.

1169 Dauernde Einreden.
Steht dem Eigentümer eine Einrede zu, durch welche die Geltendmachung der Hypothek dauernd ausgeschlossen wird, so kann er verlangen, daß der Gläubiger auf die Hypothek verzichtet.

1) Allgemeines. Eine **dauernde Einrede** läßt die Hyp zwar bei Bestand, der Gläub kann diese aber nicht geltd machen. Deshalb kann der **Eigentümer** von ihm den **Verzicht** auf die Hyp **verlangen.** Nach Eintragg des Verzichts erwirbt zu dieser Zeit eingetr Eigtümer die Hyp als GrdSch, §§ 1168, 1177. § 1169 gilt auch für GrdSchulden. Bei Nichtbestehen der Fdg gilt § 1163 I, bei Nichtbestehen der Hyp § 894. – Ähnl Vorschr §§ 886, 1254. – Abtretg des VerzichtsAnspr mögl (BGH NJW **85**, 800), auch stillschw an GrdstErwerber (BGH **LM** Nr 1); vgl auch § 1191 Anm 3e aa.

2) Einreden (vgl § 1137 Anm 1, § 1157 Anm 1). Nur dauernde wie zB §§ 821, 853 (Hamm MDR **77**, 668); EntpfändgsVerpfl (KGJ **33** A 260); Wandlg u Mindergg (RG **71**, 14); aus SichgVereinbg bei SichgGrdSch (§ 1191 Anm 3b bb, dd bb); nicht aus Verj (§§ 902, 223 I) u beschr Erbenhaftg (§ 1137 I 2). Die Einrede versagt ggü gutgl Erwerber u DrittBerecht, wenn kein Widerspr eingetr war (§ 1157 Anm 3). Die Einrede ist eintraggsfäh, nicht aber der VerzAnspr (KGJ **33** A 260).

3) Klage auf Abgabe der Verzichtserklärung u Herausg des Briefes. Eigtümer kann auch Aufhebg (§ 875) verlangen (RG **91**, 226), nicht aber Abtretg (and bei SichgsGrdSch; Rimmelspacher, KreditSichgR § 11 Fußn 24). Übergang zur BerichtiggsKlage (§ 894) zul (RG Warn **34** Nr 96). Im Konkurs kann nur KonkVerw Verzicht zG der Masse erwirken (BGH **LM** § 3a LASG Nr. 2). Sicherg durch Widerspr, §§ 1157, 899, evtl. auch durch Vormkg, § 883 (Anspr aus Vertr od § 812). Klage aus § 1169 entspringt dem Eigt; daher, wenn Grdst in MiterbenGemsch, alle MitErben klageberecht (auch wenn nur einer, was mögl, einredeberechtigt), RG JW **32**, 590. – Ist die Hyp durch Zuschlag erloschen, kann der VollstrSchu vom Gläub den Verzicht auf den Versteigerserlös verlangen.

1170 Ausschluß unbekannter Gläubiger.
¹Ist der Gläubiger unbekannt, so kann er im Wege des Aufgebotsverfahrens mit seinem Rechte ausgeschlossen werden, wenn seit der letzten sich auf die Hypothek beziehenden Eintragung in das Grundbuch zehn Jahre verstrichen sind und das Recht des Gläubigers nicht innerhalb dieser Frist von dem Eigentümer in einer nach § 208 zur Unterbrechung der Verjährung geeigneten Weise anerkannt worden ist. Besteht für die Forderung eine nach dem Kalender bestimmte Zahlungszeit, so beginnt die Frist nicht vor dem Ablaufe des Zahlungstags.

Hypothek. Grundschuld. Rentenschuld. 1. Titel: Hypothek   §§ 1170–1172

II Mit der Erlassung des Ausschlußurteils erwirbt der Eigentümer die Hypothek. Der dem Gläubiger erteilte Hypothekenbrief wird kraftlos.

1) **Allgemeines.** § 1170 erleichtert dem Eigtümer den Nachweis, daß das GB unrichtig ist. § 1171 erleichtert ihm die Möglichk, die Hyp zu erwerben. Beide §§ gelten für Hyp aller Art; vgl aber § 1188 II; ZPO 986 II. Entspr Bestimmungen in §§ 887, 1104, 1112. Vgl auch § 1162 u ZVG 138, 140.

2) **Voraussetzungen. a) Gläubiger** muß seiner Pers nach **unbekannt** sein od sein GläubR nicht nachweisen können, RG **67**, 99. Ist nur der Aufenthalt unbekannt, hat der Eigtümer die Klage auf Berichtigg (§ 894) durch öff Zustellg (ZPO 203 ff) zu erheben (str; vgl LG Augsbg MittBayNot **81**, 131); bei BriefHyp auch nach § 1162 zu verfahren. Daß die Fdg erloschen sei, braucht der Eigtümer nicht zu behaupten.

b) Frist. Es müssen 10 Jahre verstrichen sein: **aa)** nach der letzten Eintr bei der Hyp. Eintraggen, die ohne Mitwirkg des Gläub zustande gekommen sind, bleiben außer Betr, str. **bb)** und auch (KG Rpfleger **70**, 90) nach dem letzten, dem § 208 entspr Anerkenntnis; vgl. ZPO 986 I. **cc)** nach Eintritt der Fälligk (RG **101**, 316), sofern sie nach dem Kalender bestimmt ist; das ist nicht der Fall, wenn von Künd abhängig.

3) **Aufgebotsverfahren** nach ZPO 946–959, 982–986, 1024 I. Antragsberechtigt sind außer dem Eigtümer uU auch gleich- u nachstehende Berechtigte, ZPO 984. Auch Gläub, für den AntrR gepfändet u überwiesen, Ffm NJW **62**, 640.

4) **Wirkung. a) II S 1.** Gläub wird mit seinem dingl Recht (nicht mit etwaiger pers Fdg) ausgeschl. Der (wahre) **Eigtümer** erwirbt mit Verkündg des AusschlUrteils die **Hypothek als Grundschuld** (§ 1177 I). Ausschl erstreckt sich auf PfandGläub u Nießbraucher, KGJ **34**, 202. Eigtümer kann, wenn im Urteil Vorbeh für andere Berechtigte (ZPO 953), Berichtigg des GB erst erreichen, wenn er Verzicht seitens jener od Urteil hierauf nachweist, RG **67**, 96. – Für GesHyp vgl § 1175 I, II. – Ist Eigtümer zZ des Urteils im Konkurs, gehört GrdSch zum konkursfreien Vermögen, KO I 1; str.

b) II S 2. Der **Hypothekenbrief wird** ohne weiteres Aufgebot (§ 1162) **kraftlos**. Gutgl Erwerb nicht mehr mögl. Für weitere Vfg des Eigtümers über die Hyp vgl GBO 41 II, 67.

c) Wird das AusschlUrteil im Wege der Anfechtgsklage wieder aufgehoben, ZPO 957 II, erwirbt der Gläub wieder das Recht als Hyp; der für kraftlos erklärte Brief wird wieder wirks. Anders, wenn inzwischen ein Dritter das Recht gutgl erworben hat.

1171 *Ausschluß durch Hinterlegung.* I Der unbekannte Gläubiger kann im Wege des Aufgebotsverfahrens mit seinem Rechte auch dann ausgeschlossen werden, wenn der Eigentümer zur Befriedigung des Gläubigers oder zur Kündigung berechtigt ist und den Betrag der Forderung für den Gläubiger unter Verzicht auf das Recht zur Rücknahme hinterlegt. Die Hinterlegung von Zinsen ist nur erforderlich, wenn der Zinssatz im Grundbuch eingetragen ist; Zinsen für eine frühere Zeit als das vierte Kalenderjahr vor der Erlassung des Ausschlußurteils sind nicht zu hinterlegen.

II Mit der Erlassung des Ausschlußurteils gilt der Gläubiger als befriedigt, sofern nicht nach den Vorschriften über die Hinterlegung die Befriedigung schon vorher eingetreten ist. Der dem Gläubiger erteilte Hypothekenbrief wird kraftlos.

III Das Recht des Gläubigers an dem hinterlegten Betrag erlischt mit dem Ablaufe von dreißig Jahren nach der Erlassung des Ausschlußurteils, wenn nicht der Gläubiger sich vorher bei der Hinterlegungsstelle meldet; der Hinterleger ist zur Rücknahme berechtigt, auch wenn er auf das Recht zur Rücknahme verzichtet hat.

1) Vgl § 1141 Anm 1 und 2a. Ist nur der Aufenth des Gläub unbekannt, hat der Eigtümer nach §§ 132 II, 1141 II zu kündigen u nach Hinterlegg auf Berichtigg zu klagen.

2) **Voraussetzungen. a) Berechtigg** zur Befriedigg od zur Künd (§§ 1141, 1142). Maßgebd ist der Inhalt der Eintr. Vgl ZPO 987 III.

b) Hinterlegg des Kapitals u der nicht verjährten Zinsen, §§ 197, 198, u Nebenleistgn bis zum Urteil ZPO 987 IV. Vor Einleitg des Verf (nur) Hinterlegg nötig, ZPO 987 I. Auf die Rückn ist zu verzichten, § 376 II 1. Trotzdem kann der Eigtümer od sein RNachfolger den hinterlegten Betrag beanspruchen, wenn das Recht des Gläub nach ZPO 987 II erlischt; Frist HintO 19: 31 Jahre seit AusschlUrteil.

c) Aufgebotsverfahren nach ZPO 982–985, 987, 1024 I. Antr (nur) durch Eigtümer.

4) **Wirkung. a)** Der **Gläubiger gilt als befriedigt,** II. Entweder mit der Hinterlegg. § 378, od, wenn Voraussetzg der Hinterlegg nicht vorgelegen, spätestens mit dem AusschlUrteil, **II 1.** Wegen des HypBriefes vgl § 1170 Anm 4 b. Der Gläub kann sich nur innerh von 30 Jahren seit AusschlUrt aus dem hinterlegten Betrag befriedigen.

b) Auf wen die Hypothek übergeht, richtet sich nach §§ 1143, 1163 I 2, 1164. Maßgebend ist der Ztpkt der Befriedigg des Gläub. Ist der Eigtümer zugl pers Schu, erwirbt er das Recht als GrdSch, § 1163 I 2, andernf als Hyp, § 1143 I 1. Hat der Eigtümer-Schu den Betr hinterlegt, ohne daß Voraussetzg der Hinterlegg vorgelegen, u veräußert er das Grdst vor Erlaß des Ausschlußurteils, so kommt es darauf an, ob der pers Schu einen ErsatzAnspr gg den Erwerber hat; wenn ja, erwirbt er die Hyp, § 1164 1 1; wenn nein, erwirbt der Erwerber die GrdSch, §§ 1163 I 2, 1177 I. Für die GesHyp gelten §§ 1172, 1173.

1172 *Eigentümer-Gesamthypothek.* I Eine Gesamthypothek steht in den Fällen des § 1163 den Eigentümern der belasteten Grundstücke gemeinschaftlich zu.

§§ 1172, 1173
3. Buch. 8. Abschnitt. *Bassenge*

II Jeder Eigentümer kann, sofern nicht ein anderes vereinbart ist, verlangen, daß die Hypothek an seinem Grundstück auf den Teilbetrag, der dem Verhältnisse des Wertes seines Grundstücks zu dem Werte der sämtlichen Grundstücke entspricht, nach § 1132 Abs. 2 beschränkt und in dieser Beschränkung ihm zugeteilt wird. Der Wert wird unter Abzug der Belastungen berechnet, die der Gesamthypothek im Range vorgehen.

1) Allgemeines. § 1172 ergänzt § 1163 bei einer GesamtHyp an Grdst od sonstigen BelastgsGgst (§ 1132 Anm 1b) verschied Eigtümer; gehören sie demselben Eigtümer, so gelten § 1163 (statt I) u § 1132 II (statt II).

2) Gesamteigentümergrundschuld (I, § 1177 I).
a) Entstehung. – aa) § 1163 I 1: Die dch GesamtHyp gesicherte Fdg ist (noch) nicht entstanden. – **bb)** § 1163 I 2: Die dch GesamtHyp gesicherte Fdg ist erloschen. Bei Erlöschen dch Befriedigg des Gläub gilt I nicht bei Befriedigg aus dem Grdst (§§ 1181, 1182); bei and Befriedigg nur, wenn entw alle Eigtümer, die zugl pers Schuldn (sind sie es nicht, so gelten §§ 1143, 1153), gemschaftl befriedigen (vgl § 1173 Anm 2a) od wenn pers Schuldn, der nicht zugl Eigtümer, befriedigt, ohne ErsAnspr gg einen Eigtümer zu haben (vgl § 1174). – **cc)** § 1163 II: Bei GesamtBriefHyp vor BriefÜberg.

b) Rechtsinhaber sind alle Eigtümer in BruchtGemsch iSv §§ 741ff (BGH NJW-RR **86**, 233), deren Anteile sich nach II berechnen (Ffm DNotZ **61**, 411) u häufig vor Verteilg nicht feststehen. Über die GesamtGrdSch im ganzen können die Eigtümer nur gemschaftl verfügen (§ 747 S 2), zB dch Aufhebg/ Verzicht bzgl einz Grdst. Über seinen Anteil kann jeder Eigtümer verfügen (§ 747 S 1); er ist auch pfändb (AG Obernburg MDR **64**, 846). GrdstVeräußerg läßt RInhabersch unberührt, nur wird die GrdSch am veräußerten Grdst zur FremdGrdSch des Veräußerers (BGH aaO).

3) Zuteilung als Einzelgrundschuld. – a) Zuteilung. Nach § 747 S 2, § 1132 II können die MitBerecht die GesamtGrdSch beliebig verteilen. II gibt jedem das Recht, die Zuteilg einer EinzelGrdSch iH seines Anteils zu verlangen; Dchführg nach § 1132 Anm 5, wobei ZuteilgsErkl notf nach ZPO 894 herbeizuführen ist. Auf den and Grdst kann der Rest GesamtGrdSch der übrigen MitBerecht bleiben. – **b) Anteilberechnung.** Für GrdstWerte u Belastgen ist Ztpkt der GesamtGrdSchEntsteh maßg. Abzuziehen sind auch EigtümerGrdSch u (wenn gesicherter Anspr im maßg Ztpkt besteht) Vormkgen, nicht aber RangVorbeh. Vorgehde GesamtGrdPfdR sind mit vollem Betrag abzuziehen. Bei GesamtGrdSch an MitEAnt desselben Grdst entsprechen die Anteile den MitEAnt, wenn vorgehde Belastgen nicht vorhanden od auf allen MitEAnt gleichmäß lasten; spätere Änderg der BeteiligsVerh gegen GrdstEigt ändert nichts an der GesamtGrdSch (RG JW **38**, 3236). – **c) Abweichende Vereinbarung** zuläss. Vor Entstehg der GesamtGrdSch nicht eintraggsfäh; nach ihrer Entstehg sind Vereinbgen (insb nach § 751) für Wirkg ggü RNachf eintraggsbedürft.

4) Auf die Grund/Rentenschuld nicht anwendb, da Folge der FdgsAbhängigk.

1173
Befriedigung durch einen der Eigentümer. I Befriedigt der Eigentümer eines der mit einer Gesamthypothek belasteten Grundstücke den Gläubiger, so erwirbt er die Hypothek an seinem Grundstücke; die Hypothek an den übrigen Grundstücken erlischt. Der Befriedigung des Gläubigers durch den Eigentümer steht es gleich, wenn das Gläubigerrecht auf den Eigentümer übertragen wird oder wenn sich Forderung und Schuld in der Person des Eigentümers vereinigen.

II Kann der Eigentümer, der den Gläubiger befriedigt, von dem Eigentümer eines der anderen Grundstücke oder einem Rechtsvorgänger dieses Eigentümers Ersatz verlangen, so geht in Höhe des Ersatzanspruchs auch die Hypothek an dem Grundstücke dieses Eigentümers auf ihn über; sie bleibt mit der Hypothek an seinem eigenen Grundstücke Gesamthypothek.

Schrifttum: Becher, Die Beweggsvorgänge bei der GesamtHyp, Diss Köln 1976.

1) Allgemeines. – a) Geltungsbereich. § 1173 ergänzt §§ 1143, 1163 I 2 bei der GesamtHyp an Grdst od sonstigen BelastgsGgst (§ 1132 Anm 1b) verschied Eigtümer; gehören sie demselben Eigtümer, so gelten §§ 1143, 1163 I 2. Er behandelt nur das Schicksal der Hyp, läßt also zB § 1143 I unberührt. – **b) Ersatzanspruch** iSv II ergibt sich nicht aus der GesamtHyp als solcher (BGH NJW **89**, 2530; BayObLG DNotZ **74**, 78 krit Anm Weitnauer; Becher S 64ff), sond muß auf bes schuldr RVerh vertragl (zB nicht genehmigte SchuldÜbern dch Erwerber eines Trennstücks) od gesetzl (zB § 426 I [BGH NJW **83**, 2449; BayObLG DJZ **24**, 746]) Art zw den Eigtümern beruhen. Anspr auf Ers der Zinsen genügt (KGJ **47**, 210).

2) Voraussetzungen. – a) Ein Eigentümer befriedigt den Gläub; gleich steht, daß mehrere od alle nur im eigenen Namen TeilBetr zahlen (vgl dazu Becher S 85ff). § 1173 gilt nicht bei gemschaftl Befriedigg dch alle Eigtümer (vgl § 1172 Anm 2a bb); diese liegt auch vor, wenn einer namens aller zahlt od jeder einen TeilBetr namens aller zahlt (Planck/Strecker Anm 2a), was bei zeitl ZusHang der TeilZahlgen mangels ggteil Anhaltspkte anzunehmen (MüKo/Eickmann § 1172 Rdn 7). Löschgsfäh Quittg muß wg der unterschiedl dingl RFolgen erkennen lassen, in wessen Namen (für wessen Rechng) gezahlt ist. – **b) Befriedigung** jeder Art (Leistg, Aufrechng, befreiende Hinterlegg) mit Ausn der Befriedigg aus dem Grdst (§§ 1181, 1182). Auf BewegGrd/Zweck u Willen, als Eigtümer zu zahlen, kommt es nicht an (RG **157**, 297). Hinterlegg nach § 1171 genügt. § 1173 anwendb bei Erlaß, wenn ein Eigtümer pers Schuldn ist; haftet mit ihm ein NichtEigtümer, so gilt § 1173, wenn beiden erlassen wird (Grdst haftet aber weiter für Schuld des NichtEigtümers, wenn nur dem Eigtümer erlassen wird). – **c) Gleichgestellt der Befriedigung (I 2)** sind: **aa)** Übertr des GläubR auf einen Eigtümer, dh Erwerb der Fdg nebst Hyp dch RGesch (BGH **40**, 115) od krG (zB Erbfolge; RG HRR **33** Nr 1656), wenn Erwerber bei RErwerb schon (RG **77**, 149) u noch (RG **81**,

Hypothek. Grundschuld. Rentenschuld. 1. Titel: Hypothek §§ 1173–1174

82) Eigtümer eines mithaftden Grdst ist. **bb)** Vereinigg von Fdg u Schuld in der Pers eines Eigtümers, wodch die Fdg erlischt (BGH **40**, 115); dies setzt voraus, daß Eigtümer zugl pers Schuldn war (Kiel SeuffA **66** Nr 136). § 1173 daher nicht anwendb, wenn Gläub ein Grdst erwirbt, ohne zugl pers Schuldn zu werden (RG **77**, 149; KGJ **51**, 299). – **d) Zwangsversteigerung.** Zur Anwendg von § 1173, wenn Ersteher den Gläub, dessen GesamtHyp in geringstes Gebot aufgen, befriedigt, vgl MüKo/Eickmann Rdn 17ff; Staud/ Scherübl Rdn 17.

3) Rechtsfolgen. Bei teilw Befriedigg hat die RestBetrGesamtHyp des Gläub Vorrang vor allen übrigen GrdPfdR nach Anm 3 (§ 1176). – **a) Hypothek am eigenen Grundstück** erwirbt befriedigder Eigtümer (I 1 Halbs 1) in voller Höhe (BGH NJW **83**, 2449); gehören ihm mehrere mithaftde Grdst, so erwirbt er sie als GesamtR. Hat er keinen ErsAnspr gg einen and Eigtümer (vgl Anm 1b), so ist zu unterscheiden (vgl RG **157**, 297): war er pers Schuldn, so wird die Hyp wg Erlöschens der Fdg zur EigtümerGrdSch (§§ 1163 I 2, 1177 I); war er es nicht, so sichert sie als EigtümerHyp (§ 1177 II) die nach § 1143 I erworbene Fdg. Hat er einen ErsAnspr, so sichert sie diesen als EigtümerHyp (vgl Anm 3c). – **b) Hypothek am fremden Grundstück.** Sie erlischt krG (Löschg ist GBBerichtigg) u Nachrangige rücken auf, wenn befriedigder Eigtümer keinen ErsAnspr (vgl Anm 1b) gg dessen Eigtümer hat (I 1 Halbs 2); § 1143 II schließt aus, daß mit Erwerb der Fdg nach § 1143 I die sie sichernde Hyp am fremden Grdst nach § 1153 I erworben wird (Becher S 62; RGRK/Mattern § 1143 Rdn 27; aA MüKo/Eickmann Rdn 12; Müller Rdn 1969). Hat er einen ErsAnspr, so erwirbt er die Hyp als FremdHyp, die den ErsAnspr sichert (vgl Anm 3c). – **c) Gesamthypothek.** Hat befriedigder Eigtümer einen ErsAnspr (vgl Anm 1b), so bildet die EigtümerHyp nach Anm 3a mit der FremdHyp nach Anm 3b eine GesamtHyp (II aE). die wg der notw FdgsIdentität (§ 1132 Anm 1c) an beiden Grdst iW der FdgsAuswechslg nur den ErsAnspr sichert (RG **81**, 71; KGJ **47**, 210; Becher S 70; Planck/Strecker Anm 4b), währd die nach § 1143 I od § 426 II erworbene pers Fdg ungesichert ist (Becher S 70, 77ff; Planck/Strecker Anm 4a). – **d) Teilweiser Ersatzanspruch.** In Höhe des Teils der befriedigten Fdg, für den ein ErsAnspr besteht, entsteht eine GesamtHyp nach Anm 3c. In Höhe des and Teils erwirbt befriedigder Eigtümer ein ihr nachrang (MüKo/Eickmann Anm 11; Staud/Scherübl Anm 11) EigtümerGrdPfdR nach Maßg von Anm 3a (Becher S 81f), währd die Hyp am fremden Grdst erlischt (Hbg MDR **60**, 321).

4) Auf die **Grund/Rentenschuld** entspr anwendb (§ 1192) mit Ausn von Anm 2c bb.

1174 *Befriedigung durch den persönlichen Schuldner.* [I]Befriedigt der persönliche Schuldner den Gläubiger, dem eine Gesamthypothek zusteht, oder vereinigen sich bei einer Gesamthypothek Forderung und Schuld in einer Person, so geht, wenn der Schuldner nur von dem Eigentümer eines der Grundstücke oder von einem Rechtsvorgänger des Eigentümers Ersatz verlangen kann, die Hypothek an diesem Grundstück auf ihn über; die Hypothek an den übrigen Grundstücken erlischt.

[II]Ist dem Schuldner nur teilweise Ersatz zu leisten und geht deshalb die Hypothek nur zu einem Teilbetrag auf ihn über, so hat sich der Eigentümer diesen Betrag an dem nach § 1172 ihm gebührenden Teil des übrigbleibenden Betrags der Gesamthypothek anrechnen zu lassen.

1) Allgemeines. § 1174 ergänzt § 1164 bei einer GesamtHyp an Grdst od sonstigen BelastgsGgst (§ 1132 Anm 1b) verschied Eigtümer; gehören sie demselben Eigtümer, so gilt § 1164. §§ 1165–1167 entspr anwendb.

2) Voraussetzungen. Pers Schuldn, der nicht zugl Eigtümer, befriedigt den Gläub u hat gg einzelne Eigtümer od deren RVorgänger ErsAnspr iSv 1164 Anm 2c. Hat er gegen keinen Eigtümer einen ErsAnspr, so gilt § 1172 I; hat er vollen ErsAnspr gg alle Eigtümer, so gilt § 1164. – Befriedigg jeder Art (Leistg, Aufrechng, befreiende Hinterlegg, Erlaß); gleichsteht Vereinigg von Fdg u Schuld in der Pers des Schuldn od Gläub.

3) Rechtsfolgen. Bei teilw Befriedigg hat die RestBetrGesamtHyp des Gläub Vorrang vor allen übrigen GrdPfdR nach Anm 3 (§ 1176). – **a) Voller Ersatz.** Schuldn erwirbt die Hyp am Grdst des ersatzpfl Eigtümers; sie sichert die ErsFdg. Die Hyp an den and Grdst erlischt krG (Löschg ist GBBerichtigg). Kann Schuldn den vollen Betrag von jedem Eigtümer zT verlangen, so erwirbt er an jedem Grdst eine entspr EinzelHyp, währd sie iH des MehrBetr frei werden (Planck/Strecker Anm 3c; aA Becher [Schrifft zu § 1173] S 49ff: insow EigtümerGrdSch). – **b) Teilweiser Ersatz.** In Höhe des ErsAnspr gilt Anm 3a; iü gilt § 1172 I. Für die Verteilg des nach § 1172 entstehden GesamtEigtümerR (§ 1172 II) enthält II eine ErgänzgsVorschr (vgl das BerechngsBeisp bei MüKo/Eickmann Rdn 11).

4) Auf die **Grund/Rentenschuld** nicht anwendb, da Folge der FdgsAbhängigk.

1175 *Verzicht auf die Gesamthypothek.* [I]Verzichtet der Gläubiger auf die Gesamthypothek, so fällt sie den Eigentümern der belasteten Grundstücke gemeinschaftlich zu; die Vorschriften des § 1172 Abs. 2 finden Anwendung. Verzichtet der Gläubiger auf die Hypothek an einem der Grundstücke, so erlischt die Hypothek an diesem.

[II]Das gleiche gilt, wenn der Gläubiger nach § 1170 mit seinem Rechte ausgeschlossen wird.

1) Allgemeines. § 1175 ergänzt §§ 1168 (418 I 2, 3) 1170 bei einer GesamtHyp an Grdst od sonstigen BelastgsGgst (§ 1132 Anm 1b) verschied Eigtümer; gehören sie demselben Eigtümer, so gelten nur §§ 1168, 1170.

§§ 1175–1177

2) Verzicht an allen Grundstücken. Mit VerzErkl u Eintragg des Verzichts in allen GB entsteht eine GesamtEigtümerGrdSch (§§ 1172, 1177 I); bei TeilVerz mit Rang nach RestBetrGesamtHyp (§ 1176). Für das GemschVerh der Berecht gilt § 1172 Anm 2b.

3) Verzicht an einem Grundstück (od an einzelnen). – **a) Dingliche Wirkung.** Mit VerzErkl u Eintragg des Verzichts im GB dieses Grdst erlischt die Hyp krG; EigtümerZust (§ 1183, GBO 27 I) nicht notw (BGH **52**, 93). Bewilligg pfdfreier Abschreibg (LG Augsbg MittBayNot **79**, 20), LöschgsBew (Mü JFG **23**, 322) u EntpfändsErkl (KG JW **34**, 2243) enthalten idR VerzErkl; Erlaß der pers Fdg gü einem mitschuldden Eigtümer steht dem Verzicht nicht gleich (Staud/Scherübl Rdn 15). Statt VerzEintr genügt Löschg (RG HRR **32** Nr 513) od pfdfreie Abschreibg. TeilVerz mögl (LG Darmst RhNK **76**, 540). – **b) Verlust der Rückgriffssicherung.** Der ersatzberecht Eigtümer eines weiterhaftden Grdst verliert dch den Verzicht die Möglichk des Erwerbs einer RückgrHyp nach § 1173 II. Haftet der ersatzberecht Eigtümer dem Gläub auch persönl, so ist § 1165 anwendb (RG Warn **42** Nr 44), denn er kann dch gleichzeit dingl Haftg nicht schlechter stehen. Haftet er nur dingl, so ist § 1165 nicht anwendb, da sonst WahlR des Gläub aus § 1132 beeinträchtigt (RG JW **13**, 1149; BGH **52**, 93; Staud/Scherübl § 1173 Rdn 24; Westermann § 125 V 7; aA Planck/Strecker § 1173 Anm 4c; Baur § 43 II 4a; Wacke NJW **69**, 1850); aber SchadErsPfl des Gläub, wenn er aus GrdGesch der HypBestellg sich ergebe Verpfl verletzt, nicht zu verzichten u bei HypÜbertr diese Verpfl dem Erwerber aufzuerlegen (BGH aaO).

4) Auf die **Grund/Rentenschuld** entspr anwendb (§ 1192).

1176 *Eigentümerteilhypothek; Kollisionsklausel.* **Liegen die Voraussetzungen der §§ 1163, 1164, 1168, 1172 bis 1175 nur in Ansehung eines Teilbetrags der Hypothek vor, so kann die auf Grund dieser Vorschriften dem Eigentümer oder einem der Eigentümer oder dem persönlichen Schuldner zufallende Hypothek nicht zum Nachteile der dem Gläubiger verbleibenden Hypothek geltend gemacht werden.**

1) Allgemeines. Der kraft G eintretende **Rechtsübergang eines Teiles** soll den Gläub nicht schlechter stellen als eine teilweise Löschg. Ebenso §§ 268 III 2, 426 II 2, 774 I 2, 1143 I 2, 1150, 1182 S 2, 1225 S 2, 1249 S 2; ZVG 128 III 2.

2) Voraussetzungen. a) Übergang kraft G in den genannten Fällen. Betrifft der Übergang nur einen selbständ Teilbetrag, so regelt § 1176 nur das Rangverhältnis. Bei rechtsgeschäftl Übertr behalten die Teile gleichen Rang, § 879 Anm 2a, wenn er nicht nach § 880 geändert wird. **b)** Dem Gläub verbleibt ein Teil der Hyp od eines selbständ Teilbetrages.

3) Wirkung. Der Restbetrag des Gläubigers hat kraft G den **Vorrang** vor dem Teil des Eigtümers od Schuldners, RG **131**, 326. Bei teilweiser Befriedigg durch den pers Schu u durch den Eigtümer ist im Falle des § 1164 I 2 die Rangfolge: Gläub-Schu-Eigtümer. Das GB ist auf Antr zu berichtigen. Der Vorrang bleibt auch dann bestehen, wenn der Eigtümer (Schu) später weitere Teile der Hyp vom Gläub erwirbt; er kann nur durch Rangänderg, § 880, od gutgl Erwerb, § 892, beseitigt w. Der Rang zu anderen Rechten od selbständ Teilbeträgen wird nicht berührt, OLG **26**, 162; anders § 1182 S 2. Der Eigtümer (Schu) kann aber die Mietzinsen mit Wirkg gg den Gläub (§ 1124) pfänden lassen. Auch kann der Eigtümer im Konkurse des pers Schu die EigtümerGrdSch geltd machen, mag dadch auch die KonkDividende des Gläub geschmälert werden. RG **83**, 404.

1177 *Eigentümergrundschuld, Eigentümerhypothek.* [I]**Vereinigt sich die Hypothek mit dem Eigentum in einer Person, ohne daß dem Eigentümer auch die Forderung zusteht, so verwandelt sich die Hypothek in eine Grundschuld. In Ansehung der Verzinslichkeit, des Zinssatzes, der Zahlungszeit, der Kündigung und des Zahlungsorts bleiben die für die Forderung getroffenen Bestimmungen maßgebend.**

[II]**Steht dem Eigentümer auch die Forderung zu, so bestimmen sich seine Rechte aus der Hypothek, solange die Vereinigung besteht, nach den für eine Grundschuld des Eigentümers geltenden Vorschriften.**

Schrifttum: Mümmler, Die ZwVollstr in EigtümerGrdPfdR, JurBüro **69**, 789. – Müller, Die Verwertg nicht od nicht voll valutierter GrdPfdRechte auf EhegattenGrdsten im Konk eines Ehegatten, KTS **70**, 180.

1) Allgemeines. Die Hyp ist anders als die GrdSch von einer Fdg abhängig. Sie wandelt sich deshalb in eine GrdSch um, wenn der Eigtümer nur das dingl Recht, nicht die Fdg erwirbt, **I** (fordergsentkleidete EigtümerHyp). Erwirbt er beides, bleibt das Recht eine Hyp; die Rechte des Eigtümers bestimmen sich aber nach den Vorschr über die GrdSch, **II** (fordergsbekleidete EigtümerHyp).

2) Allgemeine Voraussetzung für I u II: die als dingl Recht – wirks entstandene (vgl § 1163 Anm 3) – Hyp vereinigt sich mit Eigt in einer Pers.

3) Eigentümergrundschuld (I). – a) Voraussetzgen. Der Eigtümer erwirbt nur das dingl Recht, nicht die Fdg. Durch Abtretg (wenn mit dieser die Fdg erlischt, RG JW **29**, 178), Erbfolge od gem §§ 1163, 1168 I, 418 I, 1170 II 1, 1171 II 1, 1173 I (in den beiden letzten Fällen nur, wenn der Eigtümer der pers Schu ist), 1172 I, 1175 I 1, II; ZPO 868, 932 II. Dagg gilt § 1177 nicht, wenn für einen MitEigtümer eine Hyp am ganzen Grdst bestellt wird (§ 1009 I) od wenn er sie nachträgl durch Erbfolge erwirbt; dann bleibt sie Hyp am ganzen Grdst. Zur Tilgg dch Mitvorerben vgl § 2111 Anm 2b zu BGH **40**, 115.

b) Folge: Die Hypothek wird kraft Gesetzes Grundschuld. Sie behält den bisherigen Rang, BayObLG JFG 9, 261; vgl aber § 1176 Anm 1. Sie verbleibt dem Eigtümer als (Fremd-) GrdSch bei einer Veräußerg des Grdst; ebso bei einer ZwVerst, wenn sie im geringsten Gebot steht (RG 94, 9; BGH NJW-RR 86, 233). Sonst fällt etwaiger Erlös dem Eigtümer zu (im Konkurs der Masse); deshalb müssen nachstehende Gläubiger die vorgehende GrdSch pfänden lassen! Auch ZVG 83 Nr 3 gilt für die EigtümerGrdSch. Das Recht bleibt GrdSch, auch wenn der Eigtümer es an einen Dritten od an den frühGläub abtritt, KGJ 41, 238. Es kann nur durch Umwandlg nach § 1198 wieder Hyp werden. Aber niemals Umwandlg in eine Hyp des Eigtümers, sond nur in die eines Dritten bei od nach Abtretg für dessen Fdg, KGJ 39 A 243. Zur Umwandlg stets Eintr notw, Brem DNotZ 55, 646. Ist die Hyp noch als solche für den früh Gläub eingetr, ist der Übergang auf den Eigtümer anzugeben, weil die Umwandlg einer Hyp in eine Hyp unverständl wäre, KGJ 45, 285. Verfahrensrechtl genügt Bewilligg des Eigtümers; nur wenn die Umwandlg erst nach der Abtretg wirks wird, auch Bewilligg des neuen Gläub notw, KG JFG 12, 323. Treten Gläub u Eigtümer eine TilggsHyp einschl der EigtümerGrdSch gewordenen Beträge ab, ist im GB ersichtl zu machen, welcher Teil Hyp u welcher Teil GrdSch ist, KG JFG 21, 308.

c) Befugnisse des Eigentümers. Er darf beliebig über die GrdSch verfügen. Durch Abtretg nach § 1154; Belastg nach §§ 1069 I, 1274 I, 1291; Aufhebg nach §§ 875, 876. Auch Inhaltsänderung zul, vgl §§ 1196 Anm 3. Wg der Vfg über vorläufige u künftige GrdSch vgl § 1163 Anm 4d und 5c. Der Eigtümer darf nicht die ZwVerst betreiben, vgl § 1197 Anm 1, 2. Für die Verzinslichk usw gelten die Bestimmgen der bish Fdg, so als ob sie noch bestünde, I S 2; nur hins dieser Bestimmgen bleiben auch die diesbezügl Einreden (§ 1173) bestehen. Die §§ 1193, 1194 gelten nicht. Der Eigtümer kann aber Zinsen nur währd einer ZwVerw beanspruchen, § 1197 II; vgl dort Anm 1, 2. Anders, wenn er die GrdSch mit Zinsen einem Dritten überträgt (KGJ 46, 235). Über Anwendbark von I 2 bei **TilggsHyp** vgl Übbl 2 B d aa. – Vorgängige Eintr des Eigtümers als Gläub der GrdSch bei Vfg u Pfändg nach GBO 39 I nicht notw, weil der Eigtümer als mögl eingetragener Inh des Rechts anzusehen ist (KG Rpfleger 75, 136).

4) Eigentümerhypothek (II). – a) Hypothek u Forderung, Voraussetzgen: Erwerb von **Hypothek u Forderung** durch Abtretg, Erbfolge, gem § 1143 I 1 oder § 889, uU gem § 1173.

b) Folge: Das dingl Recht bleibt Hyp. Es gelten alle Bestimmungen der gesicherten Fdg. Aber eingeschränkt für das dingl Recht durch § 1197. Vgl auch ZVG 128 III 2. Veräußert der Eigtümer das Grdst od tritt er die Hyp ab, so entfallen die Beschrkgen. Insb gelten §§ 1137, 1138. Für die Vfg über die EigtümerHyp gilt sonst dasselbe wie bei der EigtümerGrdSch; vgl Anm 3c.

1178 Hypothek für Nebenleistungen und Kosten.

¹Die Hypothek für Rückstände von Zinsen und anderen Nebenleistungen sowie für Kosten, die dem Gläubiger zu erstatten sind, erlischt, wenn sie sich mit dem Eigentum in einer Person vereinigt. Das Erlöschen tritt nicht ein, solange einem Dritten ein Recht an dem Anspruch auf eine solche Leistung zusteht.

²Zum Verzicht auf die Hypothek für die im Absatz 1 bezeichneten Leistungen genügt die Erklärung des Gläubigers gegenüber dem Eigentümer. Solange einem Dritten ein Recht an dem Anspruch auf eine solche Leistung zusteht, ist die Zustimmung des Dritten erforderlich. Die Zustimmung ist demjenigen gegenüber zu erklären, zu dessen Gunsten sie erfolgt; sie ist unwiderruflich.

1) Allgemeines. I enthält eine Ausn von §§ 889, 1177; **II** von 1168 II. Zwingende Vorschrift. Grund: Es sollen sich bei Zahlg von **Zinsrückständen** keine EigtümerGrdschulden vor die nachstehenden Rechte schieben, was nur den Realkredit gefährden würde, RG 143, 286; vgl ferner 1159 Anm 1. § 1178 gilt für eine HöchstBetrHyp, aber für GrdSch (BayObLG 78, 136).

2) Gegenstand. a) Rückständige, dh bei Vereinigg od Verzicht bereits fällige Zinsen u andere Nebenleistgen, § 1115 Anm 6. Vertragl u gesetzl Zinsen.

b) Nur die in § 1118 genannten Kosten, weil nur für diese Sonderbestimmungen der §§ 1145 II 2, 1159. 1160 gelten, KGJ 32 A 265.

3) Vereinigung mit dem Eigentum. a) Voraussetzgen vgl § 1177 Anm 3a, 4a. – § 1178 aber nicht anwendb, wenn der Anspr auf Rückstände od Kosten an einen Dritten abgetreten ist; dies gilt selbst dann, wenn der Gläub dem Eigtümer ggü zur Abtretg verpflichtet war, Warn 31, 66; od wenn der Zahlende als Nießbraucher dem Eigtümer ggü zur Zahlg an den Gläub verpflichtet war, RG 100, 157.

b) Folge: Die **Hypothek erlischt kraft Gesetzes.** FdgsAuswechselg, § 1180, nicht mehr mögl. Aber keine Löschg, weil das GB über Rückstände usw keine Ausk gibt. Ausn I S 2 (ähnl § 1256 I 2); bei Belastg der Hyp mit Nießbr od PfdR. Dann besteht die EigtümerGrdSch (-Hyp) solange, bis das Recht des Dritten erlischt. Befriedigt der vom Eigtümer verschiedene pers Schu den Gläub, so geht die Hyp auf ihn über, § 1164 durch § 1178 nicht ausgeschaltet, RG 143, 286; str. Der Verwalter im Konkurs des Eigtümers ist nicht Dritter. Die pers Fdg erlischt nicht ohne weiteres; insb ist § 1143 anwendbar; die Fdg ist dann ungesichert, RG 143, 282. – Vor der Vereinigg kann die Hyp für Zinsrückstände ihren Rang ändern; die Rangänderg ist aber nicht eintragbar u bedarf nicht der Zust des Eigtümers, RG 88, 163.

4) Verzicht auf Rückstände, II. a) Er wird nicht eingetr. Deshalb nur die formlose Erkl des Gläub ggü dem Eigtümer nötig. Die damit auf diesen übergehende Hyp (§ 1168 I) erlischt kraft G.

b) Der Nießbraucher od PfdGläub hat formlos zuzustimmen. S 2 enthält Ausnahmen von § 876 S 3 u § 183 S 1.

5) Künftige Nebenleistungen u Kosten anderer Art. Die Hyp wird bei Vereinigg mit dem Eigtümer EigtümerGrdSch oder EigtümerHyp, § 1177. Für die Zinsen gelten dann §§ 1177 I 2, 1197 II. Für aufschieb bedingte Nebenleistgen (Strafzinsen, VorfälligkEntschädigg) entsteht regelm keine EigtümerGrdSch, weil

§§ 1178, 1179

die Hyp bedingt ist, KG JFG **9**, 272. Ist die Hyp dafür ausnahmsw unbedingt, gilt § 1178 I entspr, RG **136**, 78. Für den Verzicht gilt § 1168; jedoch wird regelm die Aufhebg (§§ 875, 1183) gewollt sein. – Erwarb die Ehefr im früh Güterstande des § 1363 eine verzinsl Hyp am Grdst des Mannes, so blieb die Hyp für die künftigen Zinsen bestehen, wenn auch die ZinsPfl währd des NutzgsR ruhte, KGJ **52**, 182. Vgl auch § 1113 Anm 4a. Dagg erlosch die Hyp für Zinsrückstände, KG OLG **34**, 216.

1179 *Löschungsvormerkung.* **Verpflichtet sich der Eigentümer einem anderen gegenüber, die Hypothek löschen zu lassen, wenn sie sich mit dem Eigentum in einer Person vereinigt, so kann zur Sicherung des Anspruchs auf Löschung eine Vormerkung in das Grundbuch eingetragen werden, wenn demjenigen, zu dessen Gunsten die Eintragung vorgenommen werden soll,**
1. **ein anderes gleichrangiges oder nachrangiges Recht als eine Hypothek, Grundschuld oder Rentenschuld am Grundstück zusteht oder**
2. **ein Anspruch auf Einräumung eines solchen anderen Rechts oder auf Übertragung des Eigentums am Grundstück zusteht; der Anspruch kann auch ein künftiger oder bedingter sein.**

Schrifttum: Zagst, Das Recht der LöschgsVormkg u seine Reform, 1973. – Stöber, Rpfleger **77**, 399. – Jerschke, DNotZ **77**, 708. – Schön, BWNotZ **78**, 50.

1) Allgemeines. a) Mit einer LöschgsVormkg, die materiell § 883 erweitert (Schu des LöschgsAnspr braucht noch nicht Inh des betroffenen R zu sein) u formell GBO 39 suspendiert, können sich RealBerecht (die nicht nur GrdPfdRGläub) den schuldr Anspr auf Aufhebg eines dem Eigtümer zufallden gleich- od vorrangigen GrdPfdR (nicht aber Reallast; LG Flensbg SchlHA **63**, 142) u damit ihr **Aufrückinteresse** sichern. Nach Vereinigg aufzuhebdes (betroffenes) R kann auch eine Grd/RentenSch sein (§ 1192). – **b)** § 1179 ist dch Art 1 Nr 1 des G v 22. 6. 77 (BGBl 998) neugefaßt und gilt ab 1. 1. 1978. Er ist nur auf LöschgsVormkgen anwendb, deren Eintr ab 1. 1. 1978 beantragt wurde (Eingang beim GBA maßg); wg ÜbergangsR vgl §§ 1179a Anm 7.

2) Gesicherter Anspruch beruht idR auf Vertr; mögl auch auf Gesetz (zB WEG 41 II). Schuldrecht Zulässigk wird § 1179 nicht beschränkt, nur dingl Sicherbark.

a) Gläubiger kann sein: **aa) Nr. 1:** Materiellr Inh eines dem betroffenen GrdPfdR gleich- od nachrangigen beschr (auch subj-) dingl **Grundstücksrechts, das nicht Grundpfandrecht** (auch nicht ArrestHyp; aA Stöber zu IV 2h); unschädl, wenn er daneben auch GrdPfdGläub. Nicht aber jeweil Inh dieses R (BayObLG DNotZ **80**, 483) od ogwärt RInh unabhängig von RInhabersch (KG DNotZ **80**, 487). Bei übertragb R wird mit ges od rgesch Übertr des GrdstR auch der LöschgsAnspr übertr (RG **143**, 73) u die Vormkg folgt (§ 401); and bei Ausschl des Mitübergangs od wenn LöschgsAnspr dch Übertr des GrdstR auflösd bdgt. Das begünstigte GrdstR kann auch noch den Eigentümer zustehen (zB EigtümerReallast); da Gläub aber personenverschieden von Eigtümer als Schu sein muß, k künft Anspr des Zessionars gesichert, dem vertreten dch das GBA mit Antr u Bewilligg der LöschgsVormkg ein VertrAngebot gemacht w (Knopp DNotZ **69**, 278; Zagst S 61 ff). Bei RangRücktr des begünstigten R gehen Anspr u Vormkg nicht auf vortretes R über; Abtr an Vorrücken mögl. – **bb) Nr. 2:** Inh eines **schuldrechtlichen Anspruchs** auf Einräum eines in Nr 1 genannten GrdstR od auf EigtÜbertr (zur Bedeutg für BauträgerGlobalHyp u KaufpreisFinanziergsHyp vgl Schöner DNotZ **74**, 372); unschädl, wenn er daneben auch GrdPfdGläub. Für abtretb Anspr u Wirkg einer AnsprAbtr gilt Anm 2aaa entspr. Bei Erfüll des Anspr auf Einräumung eines GrdstR nach Nr 1 w RInh nicht von selbst Gläub nach Nr 1. AnsprSicherg dch Vormkg nach § 883 mögl (dann muß betroffenes R gleich- od vorrang sein; vgl LG Bn RhNK **78**, 140), aber nicht notw. Wg künft u bdgt Anspr vgl § 883 Anm 2e, f. Nach Stöber zu IV 2i genügt Anspr aus § 894. – **cc)** Bei **Teilung** des begünstigten GrdstR od Anspr kann jeder TeilGläub Löschg des ganzen betroffenen R verlangen (Hbg OLGZ **66**, 288; str), entspr bei Verpfändg (Dresd ZBlFG **10**, 635); bei seiner **Aufhebung** od isolierten **Übertragung** erlischt die Vormkg (aA Schön zu 4b; LG Bn RhNK **78**, 50), Erfüllg des Anspr nach Nr 2 macht sie aber nicht ggstlos.

b) Schuldner muß der Eigentümer zZ der (dingl wirks; aA LG Wuppt RhNK **86**, 198) VormkgBestellg sein; Abtr des ValutiergsAnspr unerhebl (HbgOLGZ **66**, 288). Er bleibt es, wenn später GrdstErwerber die Schuld nicht übernimmt. Unerhebl, wer Eigtümer zZ der Vereinigg (KG **44**, 301); VormkgFall daher auch bei Vereinigg nach GrdstÜbereigng, nicht aber wenn Veräußerer die Hyp nach § 1164 erwirbt.

c) Inhalt. Der Anspr muß sich richten auf Löschg (richtiger: **Aufhebung**) **eines Grundpfandrechts** iF seiner Vereinigg mit dem Eigt. Anspr auf einzelne Vereiniggsfälle (wie auch auf Teile des GrdPfdR od Nebenleistgen; KG **49**, 220) beschränkb; maßg insow der dch Auslegg zu ermittelnde Inhalt der vereinbarten u im GB (auch gem § 874) verlautbarten LöschgsVerpfl (BGH NJW **73**, 846/895; Brem NJW **57**, 1284), iZw w jede Art der Vereinigg gemeint sein. Sicherb auch Anspr auf RangRücktr, wenn keine ZwRe (Zagst S 37; str.) nicht aber and (schuldr zul) Anspr auf RÄnderg wie zB Abtr (RG **145**, 343) od Löschg iFv § 1164; zur Sicherg des VerzAnspr aus § 1169 vgl Zagst S 37 ff (Hyp), 132 ff (GrdSch).

aa) Hypothek als betroffenes Recht. Kein LöschgsAnspr bei nur vorläuf EigtümerGrdSch nach § 1163 I 1, II. Erforderl ist **endgültige** Vereinigg insb (vgl auch § 1177 Anm 3a, 4a) nach §§ 889, 1143, 1163 I 2, 1168, 1170 II od weil dch Vorläufig nach § 1163 I 1, II in Endgültigk gewandelt hat (Hbg OLGZ **66**, 288). – Erfaßt w eine Vereinigg **nach** Eintr der LöschgsVormkg; LöschgsAnspr hier aufschieb bdgt. – Erfaßt auch eine Vereinigg **vor** Eintr der LöschgsVormkg. Die (hier unbdgte) LöschgsVerpfl kann die noch als Hyp eingetr EigtümerGrdSch erfassen (Mü JFG **22**, 307). Sie kann (ist allerdings bdgte) auch die schon auf den Eigtümer umgeschriebene GrdSch erfassen, falls sie sich nach zweitl FremdRBildg erneut mit dem Eigt vereinigt (Soergel/Baur Rdn 4; MüKo/Eickmann Rdn 15; aA BayObLG HRR **35**, 128; LG Bchm MDR **57**, 610: FremdRBildg außerh GB bei Eintr notw. Ob sie (als unbdgte) schon die umgeschriebene u noch dem Eigtümer zustehde EigtümerGrdSch erfassen kann, ist str (abl zB Riedel DNotZ **56**, 352; Knöchlein BlGBW

Hypothek. Grundschuld. Rentenschuld. 1. Titel: Hypothek § 1179 2–5

58, 193; bejahd Zagst S 25; vgl auch LG Augsb NJW **62**, 592), da § 883 diesen Fall erfaßt; da aber § 883 neben § 1179 anwendb u Eintr nicht angeben muß, auf welche Vorschrift sie sich stützt (KG JFG **11**, 250), kann auch dieser Fall erfaßt werden (Erm/Räfle Rdn 2).

bb) Fremdgrundschuld als betroffenes Recht. Die Vereinigg kann insb beruhen auf: §§ 889, 1168/1192, GrdSchAblösg dch Eigtümer, RückÜbertr auf Eigtümer. Eigtümer zur Herbeiführg der Vereinigg nicht verpfl (BGH NJW **89**, 2536). Die LöschgsVormkg sichert aber nicht den RückgewährAnspr des Eigtümers, der bei Nichtentstehg od Tilgg der pers Schuld entsteht; desh läßt LöschgsVormkgsBerecht sich zweckm auch den RückgewährAnspr vom Eigtümer abtreten u dch vom GrdSchGläub zu bewilligde Vormkg nach § 883 sichern (KG OLGZ **76**, 44; LG Köln RhNK **87**, 106). Ohne diese Maßn könnte zB ein PfdgsGläub nach Erfüllg des RückgewährAnspr ein ErsPfdR gem § 1287 an der EigtümerGrdSch u im ZwVerstVerf am Erlösanteil (BGH Rpfleger **75**, 219) erwerben od der LöschgsVormkgsBerecht bei einer Abtr/Verpfändg dieses Anspr dch den Eigtümer bzw einer Nichtentgnahme der vom GrdSchGläub angebotenen Übertr (nicht schon bei Unterlassg der klageweisen Geltdmachg) dch den Eigtümer nur SchadErsAnspr gg diesen erwerben (Hoche NJW **59**, 413; Zagst S 135 ff; aA Wörbelauer NJW **58**, 1705).

cc) Eigentümergrundschuld als betroffenes R. Hins einer (noch) ursprüngl EigtümerGrdSch (§ 1196) ist ein LöschgsAnspr dch Vormkg dch § 883 sicherb; zurAnwendg von § 1179 u wg nach FremdRBildg entstandener EigtümerGrdSch vgl Anm 2 c aa.

3) Eintragung. – **a)** Erforderl nur **Eintragungsbewilligung** dazu Stöber zu IV 5) des Eigtümers, nicht aber Zust des Gläub des betroffenen R (KGJ **50**, 200) u Briefvorlage (GBO 41 I 3); Anspr iS Nr 2 ist gem FGG 15 II glaubh zu machen (GBO 29a). Bei Ausdehng des betroffenen R auf ein and Grdst (Nachverpfändg), bzgl dessen VormkgsBerecht Gläub iS Anm 2a sein muß, ist gesonderte Bewilligg des Eigtümers des and Grdst erforderl (LG Köln MittBayNot **76**, 176; LG Düss Rpfleger **77**, 167), Vormkg geht nicht von selbst mit über; Unterstellg unter das GrdPfdR „samt NebenR" genügt nicht, da LöschgsVormkg insow kein NebenR. IFv § 1131 aber Erstreckg auch der Vormkg (wie GrdPfdR selbst) kr G, so daß keine Bewilligg erforderl. – **b)** Der **Eintragungsvermerk** muß alle Bezugn auf die diese bezeichnde EintrBewilligg (vgl BayObLG **56**, 196) enthalten (Mü JFG **22**, 307; Brschw MDR **64**, 148). Eintr erfolgt in der Verändergspalte des betroffenen R (GBVfg 12 I c iVm 11 IV), nicht auf dem Brief (GBO 57 I 3, 62 I 2). Zur GläubBezeichng vgl Haegele/Schöner/Stöber Rdn 2608, BayObLG DNotZ **80**, 483 u LG Wuppt Rpfleger **79**, 421 (für subjdingl R). Bei Umwandlg der Hyp in FremdGrdSch wirkt Vormkg ohne die neue Eintr weiter (BayObLG **41**, 96). – **c)** Kein Eintr ohne **Voreintragung** des betroffenen R (Zagst S 51; aA Knieper MDR **71**, 11); Eintr einer Vormkg zur Sicherg der GrdPfdRBestellg genügt nicht (BayObLG **74**, 434).

4) Allgemeine Wirkung: §§ 883 II, 888. Schutz ab Eintr, auch wenn LöschgsAnspr noch aufschiebd bdgt (Zagst S 48; Hbg OLGZ **66**, 288). Trotz Vormkg geht betroffenes R bei Vereinigg auf Eigtümer über u dieser bleibt über das EigtümerR vfgsbefugt (KG NJW **64**, 1479); die Vormkg sperrt das GB nicht.

a) Die Vormkg **schützt** gg: – **aa)** Abtretung od Belastung der **Eigentümergrundschuld**, die dch Vereinigg entstanden: Eigtümer (als Schu des LöschgsAnspr) ist zur AufgabeErkl u neuer GrdPfdRGläub bzw DrittBerecht gem § 888 zur Zust verpflichtet. Das gilt zB nach Scheitern der endgült Finanzierg für ZwFinanzierer, der sich vorläuf EigtümerGrdSch aus § 1163 I 1 nach Eintr der Vormkg hat abtreten lassen (vgl BGH LM § 1163 Nr 9; Hbg OLGZ **66**, 288), and bei Abtr vor Eintr der Vormkg (hier wirkt Vormkg erst, wenn nunmehriges FremdR später zur entgült EigtümerGrdSch w); gg diesen RVerlust sichert sich ZwFinanzierer durch Zust des VormkgsBerecht zur ZwKreditsicherg. Zum Schutz gg Pfdg und Ipk Köln OLGZ **71**, 151. – **bb) Übereignung des Grundstücks;** dabei gleichgült, ob Vereinigg schon erfolgt war od erst danach erfolgt: alter Eigtümer (als Schu des LöschgsAnspr) ist zur AufgabeErkl u neuer Eigtümer gem § 888 zur Zust verpflichtet (KGJ **44**, 310; Köln OLGZ **71**, 151). – **cc) Forderungsauswechselung** (§ 1180), die in Wahrheit Verbindg einer verschleierten EigtümerGrdSch mit einer neuen GrdSch ist (RG **125**, 142). Echte FdgsAuswechslg insow vormkgswidr, als Entstehen der EigtümerGrdSch hinausgeschoben w (vgl Zagst S 72). § 1119 steht nicht entgg (Zagst aaO; aA Leikam BWNotZ **65**, 15). – **dd) Umwandlung** (§§ 1186, 1198, 1203). § 1198 S 2 steht nicht entgg (Zagst S 73). – **ee) Rangrücktritt.** Dazu Schmidt BWNotZ **68**, 281. Nach Zagst bedarf er analog §§ 880 III, 876 der Zust des LöschgsVormkgsBerecht, da der bessere Rang dem Haftgsverband der LöschgsVormkg entzogen werde.

b) Die Vormkg **schützt nicht** gg gutgl Erwerb vom trotz Vereinigg noch eingetr FremdGläub (MüKo/Eickmann Rdn 34; aA RG **93**, 114). Schutz aber, wenn bei Aufn neuen Kredits bei Dr diesem das R vom noch eingetr FremdGläub abgetreten w u dadch Umschreibg auf Eigentümer umgangen w; denn Eigtümer verfügt über die EigtümerGrdSch (vgl Wörbelauer NJW **58**, 1516).

c) Verweigert der eingetragene Fremdgläubiger die Löschungsbewilligung, obwohl Vereinigg eingetreten, so kann VormkgsBerecht (falls Eigtümer ihn nicht zur Ausübg des BerichtigsAnspr ermächtigt) von diesem entspr § 888 LöschgsBewilligg verlangen (Wörbelauer NJW **58**, 1513; aA Zagst S 87: eigner Anspr analog § 894; Göhler NJW **59**, 416: Erzwingg der AusübgsErmächtigg bzgl BerichtigssAnspr des Eigtümers).

5) Wirkungen. – **a)** Zwangsversteigerung (vgl Hoche NJW **55**, 1141; DNotZ **58**, 149; Zagst S 100 ff). Zuschlag bewirkt (wenn nicht betroffenes u begünstigtes Recht im geringsten Gebot) Zäsur: Das Aufrückinteresse des LöschgsVormkgsBerecht wird betragsmäß konkretisiert (vgl RG **63**, 152). – Ist nur das betroffene Recht **im geringsten Gebot**, so bleiben es u die LöschgsVormkg bestehen (Hamm Rpfleger **59**, 130). Geltdmachg der LöschgsVormkg bewirkt ZuzahlgsPfl gem ZVG 50 II Nr 1 (Geltdmachgsinteresse entfällt aber, wenn VormkgsBerecht schon voll befriedigt od gleichwohl ausfallen würde). ZVG 48 unanwendb (BGH **53**, 47). – Ist das betroffene Recht **außerhalb des geringsten Gebots** u daher erloschen (ZVG 91 I), so kann der VormkgsBerecht bei vor Zuschlag erfolgter Vereinigg verlangen, so gestellt zu werden, als ob die EigtümerGrdSch vor dem Zuschlag gelöscht worden wäre (BGH NJW **89**, 2536). ZwRechte

1261

§§ 1179, 1179a

werden nur fiktiv berücksichtigt; nichtbegünstigte RealGläub (zB ZwRe) rücken nicht auf, der insow auf die EigtümerGrdSch entfallde Erlösanteil steht daher dem früh Eigtümer zu (BGH **25**, 382; **39**, 242). Vormkgs-Fall auch bei Verzicht auf Erlös dch Gläub der vormkgsbelasteten FremdSichergsGrdSch; nicht aber, wenn er bei NichtValutierg ledigl nicht liquidiert (aA Wörbelauer NJW **58**, 1707). – **b) Zwangsverwaltung.** Wird LöschgsVormkg geltd gemacht, muß ZwVerwalter die auf die EigtümerGrdSch entfallden Zinsen (§ 1197 II) hinterlegen. – **c) Konkurs:** vgl Zagst S 128.

1179 a *Löschungsanspruch bei fremden Rechten.* [I]Der Gläubiger einer Hypothek kann von dem Eigentümer verlangen, daß dieser eine vorrangige oder gleichrangige Hypothek löschen läßt, wenn sie im Zeitpunkt der Eintragung der Hypothek des Gläubigers mit dem Eigentum in einer Person vereinigt ist oder eine solche Vereinigung später eintritt. Ist das Eigentum nach der Eintragung der nach Satz 1 begünstigten Hypothek durch Sondernachfolge auf einen anderen übergegangen, so ist jeder Eigentümer wegen der zur Zeit seines Eigentums bestehenden Vereinigungen zur Löschung verpflichtet. Der Löschungsanspruch ist in gleicher Weise gesichert, als wenn zu seiner Sicherung gleichzeitig mit der begünstigten Hypothek eine Vormerkung in das Grundbuch eingetragen worden wäre.

[II]Die Löschung einer Hypothek, die nach § 1163 Abs. 1 Satz 1 mit dem Eigentum in einer Person vereinigt ist, kann nach Absatz 1 erst verlangt werden, wenn sich ergibt, daß die zu sichernde Forderung nicht mehr entstehen wird; der Löschungsanspruch besteht von diesem Zeitpunkt ab jedoch auch wegen der vorher bestehenden Vereinigungen. Durch die Vereinigung einer Hypothek mit dem Eigentum nach § 1163 Abs. 2 wird ein Anspruch nach Absatz 1 nicht begründet.

[III]Liegen bei der begünstigten Hypothek die Voraussetzungen des § 1163 vor, ohne daß das Recht für den Eigentümer oder seinen Rechtsnachfolger im Grundbuch eingetragen ist, so besteht der Löschungsanspruch für den eingetragenen Gläubiger oder seinen Rechtsnachfolger.

[IV]Tritt eine Hypothek im Range zurück, so sind auf die Löschung der ihr infolge der Rangänderung vorgehenden oder gleichstehenden Hypothek die Absätze 1 bis 3 mit der Maßgabe entsprechend anzuwenden, daß an die Stelle des Zeitpunkts der Eintragung des zurückgetretenen Rechts der Zeitpunkt der Eintragung der Rangänderung tritt.

[V]Als Inhalt einer Hypothek, deren Gläubiger nach den vorstehenden Vorschriften ein Anspruch auf Löschung zusteht, kann der Ausschluß dieses Anspruchs vereinbart werden; der Ausschluß kann auf einen bestimmten Fall der Vereinigung beschränkt werden. Der Ausschluß ist unter Bezeichnung der Hypotheken, die dem Löschungsanspruch ganz oder teilweise nicht unterliegen, im Grundbuch anzugeben; ist der Ausschluß nicht für alle Fälle der Vereinigung vereinbart, so kann zur näheren Bezeichnung der erfaßten Fälle auf die Eintragungsbewilligung Bezug genommen werden. Wird der Ausschluß aufgehoben, so entstehen dadurch nicht Löschungsansprüche für Vereinigungen, die nur vor dieser Aufhebung bestanden haben.

Schrifttum: Stöber, Rpfleger **77**, 425. – Jerschke, DNotZ **77**, 708. – Gaberdiel, Sparkasse **77**, 281. – Schön, BWNotZ **78**, 50. – Westermann, Festschr für Hauss **78**, 395. – Kollhosser, JA **79**, 176. – Hadding/Welter, JR **80**, 89. – Hansen, Der gesetzl LöschgsAnspr ggü GrdPfdR, Diss Bayreuth 1981.

1) Allgemeines. a) § 1179a begründet einen zum **Inhalt** eines GrdPfdR gehörden (u daher nicht selbstd abtretb) Anspr auf Aufhebg eines dem Eigtümer zufallden gleich- od vorrangigen GrdPfdR (nicht eines and GrdstR), der krG wie dch eine Vormkg gesichert ist. Daneben für Gläub des begünstigten Rechts keine Vormkg nach § 1179. Betroffenes sowie begünstigtes Recht können neben Hyp auch Grd/RentenSch sein (§ 1192). – **b)** § 1179a ist dch Art 1 Nr 2 des G v 22. 6. 77 (BGBl 998) eingefügt u gilt ab 1. 1. 1978. Wg **Übergangsrecht** vgl Anm 7.

2) Löschungsanspruch. – a) Gläubiger ist nach **I** 1 der jeweilige materiellr Inh eines GrdPfdR (auch bei EigtümerGrdSch; Brschw DNotZ **87**, 515; Hansen S 46, 93); das braucht zB bei Abtr außerh des GB nicht der eingetr Gläub zu sein. Wg GesR vgl Jerschke zu VI 4. Liegt bei dem (schon od nicht) als FremdHyp eingetr Recht einer der drei Fälle des § 1163 vor u ist das somit gegebene EigtümerR weder für den Eigtümer noch (nach Abtr als FremdR) für seinen RNachf in dieses Recht eingetr, so steht der Anspr dem nur BuchBerecht od (zB bei Abtr außerh des GB vor Tilgg der gesicherten Fdg) seinem RNachf in die Hyp mit Wirkg ab deren Eintr zu **(III)**, sofern er später materiellr HypGläub wird (Stöber zu V 5b; Kollhosser zu III 4; str); zw Eintr u Erwerb steht der LöschgsAnspr einem etwaigen Erwerber der vorläuf EigtümerGrdSch als deren Inhalt zu. – Wg Teilg des begünstigten Rechts vgl § 1179 Anm 2a cc.

b) Schuldner ist der GrdstEigtümer zZ der Eintr des begünstigten Rechts, wenn währd seiner EigtZeit die Vereinigg eintritt u er Eigtümer bleibt (I 1). Er bleibt es alleine, wenn er das Eigt an einen SonderNachf überträgt u dabei die Vereinigg aufgelöst wird (I 2); zB er behält die EigtümerGrdSch als FremdGrdSch. Er bleibt es neben dem SonderNachf, wenn die Vereinigg bei diesem inf MitÜbertr der EigtümerGrdSch fortbesteht (I 2); Gläub kann wählen, gg wen er den Anspr dchsetzt. Nur der SonderNachf ist Schu, wenn die Vereinigg nach der EigtÜbertr eintritt (I 1). Eigtümer, zu deren EigtZeit ein begünstigtes Recht nicht eingetr wurde, sind nicht Schu. Wg GesR vgl Jerschke zu VI 4.

c) Inhalt. Löschg (richtiger: Aufhebg) eines dem GrdPfdR des Gläub (begünstigtes R) vor- od gleichrangigen GrdPfdR (betroffenes R), wenn u soweit es sich mit dem Eigt vereinigt hat. Die Vereinigg muß entweder vor Eintr des begünstigten Rechts erfolgt sein u bei seiner Eintr fortbestanden haben od nach seiner Eintr erfolgt sein; dem Erwerber des begünstigten Rechts steht der LöschgsAnspr auch hins Vereinigungslagen zu, die währd der RInhabersch eines seiner Vorgänger bestanden.

aa) Hypothek als betroffenes R. Die Vereinigg kann insb beruhen auf (vgl auch § 1177 Anm 3a, 4a):

Hypothek. Grundschuld. Rentenschuld. 1. Titel: Hypothek § 1179a 2–6

§§ 889, 1143, 1163 I, 1168, 1170 II. Bei § 1163 I 1 kann Löschg erst ab Scheitern des KreditGesch (BewLast: Gläub) verlangt w; dann aber auch hins vorheriger Vereinigg, so daß Gläub gg Vfg über vorläuf EigtümerGrdSch geschützt (II 1). Vereinigg nach § 1163 II begründet keinen LöschgsAnspr (II 2). Besteht gesicherte Fdg bei BriefÜberg, so entsteht FremdHyp. Besteht die Vereinigg schon vorher, so bleibt da R vorläuf EigtümerGrdSch nach § 1163 I 1 u für den LöschgsAnspr gilt II 1. Scheitert die BriefÜberg entgült, weil KreditGesch gescheitert, so ist ein LöschgsAnspr gegeben (aA Stöber zu V 8 c; Kollhosser zu III 3), weil endgült Vereinigg nach § 1163 I 1 vorliegt (II 1).

bb) Fremdgrundschuld als betroffenes Recht. Die Vereinigg kann insb beruhen auf: §§ 889, 1168/1192, GrdSchAblösg dch Eigtümer, RückÜbertr auf Eigtümer. Eigtümer zur Herbeiführg der Vereinigg nicht verpfl (BGH NJW 89, 2536). Kein LöschgsAnspr hins BriefGrdSch, die gem §§ 1163 II, 1192 bis zur BriefÜberg dem Eigtümer zusteht (II 2). Scheitert BriefÜberg endgült (zB weil bei SichgsGrdSch Kredit-Gesch gescheitert), so endet auch hier die Vorläufigk. Da Recht von ursprüngl EigtümerGrdSch bestellt u § 1196 III daher nicht gilt, ist LöschgsAnspr entspr II 1 auch bei anfängl Nichtvalutierg gerechtfertigt (BGH aaO). – Da dch I 3 nicht der RückgewährAnspr des Eigtümers bei Nichtentstehen od Tilgg der gesicherten Fdg gesichert w, läßt sich der Gläub zweckm diesen Anspr abtreten u dch Vormkg nach § 883 sichern (vgl § 1179 Anm 2 c bb).

cc) Eigentümergrundschuld als betroffenes Recht (§ 1196 III). Hins der ursprüngl EigtümerGrdSch (§ 1196), die noch nicht innerh od außerh des GB abgetreten ist, besteht kein Anspr nach I; LöschgsAnspr vertragl vereinb u dch Vormkg nach § 883 sicherb. Ges LöschgsAnspr erst bei Vereinigg nach zwzeitl Umwandlg in FremdGrdSch innerh od außerh des GB (Pfändg od Verpfändg reichen nicht; Stöber zu VIII 1 b; Kollhosser JA 79, 232 zu VI 1), auch wenn nicht valutiert (Celle Rpfleger 86, 398; vgl auch BGH NJW 87, 2078). Gefahr für GrdSchErwerber, da er zwzeitl FremdRBildg außerh des GB nicht erkennen kann; Eigtümer kann Verkehrsfähigk der EigtümerBriefGrdSch zu mehrf verdeckten Kreditsicherg dch Ausschluß des LöschgsAnspr nach V zu erhalten versuchen. GrdGedanke (Erhaltg der EigtümerGrdSch zur verdeckten Kreditsicherg) rechtfertigt entspr Anwendg auf vor Eintr des begünstigten Rechts in EigtümerGrdSch umgeschriebenes FremdR.

d) Sicherung. Der LöschgsAnspr führt nicht unmittelb zum Wegfall des betroffenen R; Aufhebg gem § 875 notw. Vor VerteilgsVerf bei ZwVerst fehlt für Dchsetzg oft RSchutzInteresse (Stöbler zu V 9). Gegen Vfg des Schu, die der Aufhebg entggstehen, ist der Gläub so gesichert, als wäre mit der Eintr des begünstigten R auch eine LöschgsVormkg eingetr (**I 3**); keine tats Eintr. Die SicherungsWirkg beginnt schon ab Eintr des begünst R, auch wenn Gläub es (u damit LöschgsAnspr) später (zB dch Valutierg) erwirbt (Stöber zu V 5 b). § 1179 Anm 4 gilt entspr; dabei ist zu beachten, daß (abw von § 1179 Anm 4 a bb) bei GrdstÜbereigng neuer Eigtümer Schu des LöschgsAnspr w kann (vgl Anm 2 b).

3) Rangänderung (IV). Das zurücktretde (bish betroffene u jetzt begünstigte) R erhält den Löschgs-Anspr ggüber dem vortretden (bish begünstigten u jetzt betroffenen) R. Soweit I–III auf den Ztpkt der Eintr des begünstigten R abstellen, ist iF einer Rangänderg auf ihre Eintr abzustellen; Löschg des vortretden R kann verlangt w, wenn Vereinigg bei Eintr der RangÄnderg bestand od später eintritt (Stöber zu V 7 a).

4) Ausschluß des Löschungsanspruchs (V). – **a) Anfänglicher** Ausschl ist Änderg des ges Inhalts des GrdPfdR; auch bei EigtümerGrdSch zul (Brschw DNotZ 87, 515; Düss NJW 88, 1798). Formlose Einigg zw Eigtümer u Gläub (Köln RhNK 79, 39) bzw einseit EigtümerErkl bei EigtümerGrdSch u Eintr (auf Bewilligg des Eigtümers) erforderl. – **aa)** Der LöschgsAnspr kann bzgl aller od einzelner betroffener Re ausgeschl w. Dieser Ausschl muß in EintrVermerk aufgen w (V 2 Halbs 1); dabei sind die dem Anspr nicht unterliegden Re (auch wenn es nur ein Re ist od gleichrangiges sein kann) einzeln mit der lfd Nr ihrer Eintr anzugeben. Kein Ausschl bzgl künft vor- od gleichrange Re. Bei Rangänderg erfaßt Ausschl nicht vortretdes R; aber Aufhebg des vortretden R macht Randänderg hinfäll (§ 880 Anm 5), so daß dem Ausschl unterliegdes R wieder vorgeht. – **bb)** Ausschl auf rangmäß zu bezeichnde Teile des betroffenen R beschränkt; Teile sind im EintrVermerk zu bezeichnen (arg V 2 Halbs 2). – **cc)** Ausschl auf best Vereinigungsfall (auch mehrere) beschränkb; Bezeichng der erfaßten Fälle (nicht des Ausschl selbst) gem § 874 zul (V 2 Halbs 2). – **dd)** Bei GesamtHyp Ausschl od Beschrkg hinsichtl eines mitbelasteten Grdst zul (BGH NJW 81, 1503).

b) Nachträglicher Ausschl ist InhaltsÄnderg iSv § 877; formlose Einigg zw Eigtümer u Gläub bzw einseit EigtümerErkl bei EigtümerGrdSch u Eintr (auf Bewilligg des Gläub) erforderl, nicht aber Zust and GrdstGläub (für RealBerecht am begünstigten GrdPfdR gilt § 876). Erfaßt wird auch vorher eingetretene Vereinigg.

c) Aufhebung (V 3) des Ausschl ist InhaltsÄnderg iSv § 877; formlose Einigg zw Eigtümer u Gläub (einseit EigtümerErkl bei EigtümerGrdSch) u Eintr (auf Bewilligg des Eigtümers) erforderl, nicht aber Zust and GrdstGläub u der RealBerecht am begünstigten GrdPfdR. LöschungsAnspr erfaßt nur Vereinigungen, die bei Aufhebg bestehen od danach eintreten; nicht solche, die nur vor der Aufhebg bestanden haben. TeilAufhebg entspr Anm 4 a mögl.

5) Einreden (zB Abrede der Nichtgeltdmachung) aus dem RVerh zw Gläub des begünstigten R u demjenigen, der zur Löschg od zur Zust zur Löschg verpflichtet ist, sind mögl. Ggü einem gutgl Erwerber des begünstigten R wirkt die Einrede nur bei GBEintr (§ 1157); ihm ggü macht die Zust seines RVorgängers zur Vfg über das betroffene R diese nicht wirks (Gaberdiel S 282; Kollhosser JA 79, 232 zu III; aA Wilke WPM 78, 2).

6) Zwangsversteigerung. Vgl § 1179 Anm 5 a. Erlischt nur das begünstigte R, so bleibt (sofern Berecht nicht aus Grdst befriedigt) ein bei Zuschlag inf Unterschreit bestehenbleibn betroffenen R bestehen (ZVG 91 IV) u ist, sofern der LöschgsAnspr nicht im Verteilgs-Verf geltd gemacht wurde, auf Antr des LöschgsBerecht dch Eintr einer Vormkg beim betroffenen R sicherb (vgl ZVG 130 a II), da VormkgsWirkg nach § 1179 a I 3 mit Löschg des begünstigten R entfällt (ZVG 130 a I). Ist dem AntrSteller die bei Löschg des bestehen gebliebenen R fäll werdde Zuzahlg des Erstehers

1263

§§ 1179a–1180

nicht zuzuteilen, muß er die Löschg der Vormkg bewilligen u die Löschgskosten tragen (ZVG 130a II 3). Vgl auch Mohrbutter KTS **78**, 17.

7) Übergangsrecht gem G v 22. 6. 77 (BGBl 998) Art 8 § 1:

I Ein Anspruch nach § 1179a oder § 1179b des Bürgerlichen Gesetzbuchs in der Fassung von Artikel 1 dieses Gesetzes besteht nicht für den als Gläubiger Eingetragenen oder den Gläubiger einer Hypothek, Grundschuld oder Rentenschuld, die vor Inkrafttreten dieses Gesetzes im Grundbuch eingetragen worden ist.

II Wird eine Hypothek, Grundschuld oder Rentenschuld auf Grund eines vor Inkrafttreten dieses Gesetzes gestellten Antrags oder Ersuchens nach Inkrafttreten dieses Gesetzes eingetragen oder ist ein solches nach Inkrafttreten dieses Gesetzes einzutragendes Recht bereits vor Inkrafttreten dieses Gesetz entstanden, so steht dem Gläubiger oder dem eingetragenen Gläubiger des Rechts ein Anspruch nach § 1179a oder § 1179b des Bürgerlichen Gesetzbuchs nicht zu. Dies ist von Amts wegen im Grundbuch einzutragen.

III Auf eine Löschungsvormerkung, die vor dem Inkrafttreten dieses Gesetzes in das Grundbuch eingetragen oder deren Eintragung vor diesem Zeitpunkt beantragt worden ist, ist § 1179 des Bürgerlichen Gesetzbuchs in der bisherigen Fassung anzuwenden. Wird die Eintragung einer Löschungsvormerkung zugunsten eines im Range gleich- oder nachstehenden Berechtigten oder des eingetragenen Gläubigers des betroffenen Rechts nach Inkrafttreten dieses Gesetzes beantragt, so gilt das gleiche, wenn dem Berechtigten wegen Absatz 1 oder 2 ein Löschungsanspruch nach den §§ 1179a und 1179b des Bürgerlichen Gesetzbuchs nicht zusteht.

a) Begünstigte Rechte, deren Eintr vor dem 1. 1. 1978 erfolgte od beantragt (ersucht) wurde (Eingang beim GBA maßg) od die zu diesem Ztpkt außerh des GB entstanden, haben keinen LöschgsAnspr zum Inhalt (I, II); auch bei RangRücktr nach dem 31. 12. 1977 erlangen sie ihn nicht (Oldbg Rpfleger **78**, 307; Celle Rpfleger **78**, 308; Ffm Rpfleger **79**, 19; Köln RhNK **79**, 38; BayObLG **79**, 126). Soweit hiernach ein LöschgsAnspr nicht ausgeschl, besteht er auch bzgl vor dem 1. 1. 1978 eingetr betroffener Rechte (BGH **99**, 363).

b) Zugunsten von Rechten, die nach I, II keinen LöschgsAnspr zum Inhalt haben, kann auch noch ab 1. 1. 1978 eine LöschgsVormerkg nach § 1179 aF eingetragen werden (III 2); zB bei Rangrücktr nach 31. 12. 1977 (Celle Rpfleger **78**, 308; LG Köln RhNK **88**, 18). Auch für LöschgsVormerkg, deren Eintr vor dem 1. 1. 1978 erfolgte oder beantragt war (Eingang beim GBA maßg), gilt § 1179 aF (III 1); vgl dazu 36. Aufl.

§ 1179 aF: Verpflichtet sich der Eigentümer einem anderen gegenüber, die Hypothek löschen zu lassen, wenn sie sich mit dem Eigentum in einer Person vereinigt, so kann zur Sicherung des Anspruchs auf Löschung eine Vormerkung in das Grundbuch eingetragen werden.

c) Zum ÜbergangsR bei Mitbelastg, Vereinigg u BestandtZuschreibg vgl Stöber Rpfleger **78**, 165. Bei Nachverpfändg nach 31. 12. 1977 keine LöschgsVormkg nach § 1179 aF eintragb (BGH NJW **81**, 1503).

1179b Löschungsanspruch bei eigenem Recht

I Wer als Gläubiger einer Hypothek im Grundbuch eingetragen oder nach Maßgabe des § 1155 als Gläubiger ausgewiesen ist, kann von dem Eigentümer die Löschung dieser Hypothek verlangen, wenn sie im Zeitpunkt ihrer Eintragung mit dem Eigentum in einer Person vereinigt ist oder eine solche Vereinigung später eintritt.

II § 1179a Abs. 1 Satz 2, 3, Abs. 2, 5 ist entsprechend anzuwenden.

1) Allgemeines. a) § 1179b begründet einen nicht selbstd abtretb AufhebgsAnspr für den als Gläub eines GrdPfdR Ausgewiesenen iF der Vereinigg des GrdPfdR mit dem Eigt, der krG wie dch eine Vormkg gesichert ist; Gläub braucht keine löschgsfäh Quittg zu erteilen, sond nur von ihm verlangte Löschg zu bewilligen (vgl BGH NJW **80**, 228). Begünstigtes GrdPfdR kann neben einer Hyp auch eine Grd/RentenSch sein (§ 1192). – **b)** § 1179b ist dch Art 1 Nr 2 des G v 22. 6. 77 (BGBl 998) eingefügt u gilt ab 1. 1. 1978. Wg ÜbergangsR vgl § 1179a Anm 7.

2) Löschungsanspruch. – a) Gläubiger ist, wer dch GBEintr od (bei Übertr außerh des GB) UrkKette gem § 1155 als Inh des FremdGrdR ausgewiesen ist. Maßg ist die formelle RInhabersch; es kommt daher nicht darauf an, ob eine Hyp für den BuchBerecht wg Nichtvaluierg nicht entstanden ist od ob er noch oder noch eines Teils des ursprüngl FremdR ist. Bei Teilg des begünstigten R beschränkt sich der Anspr auf den nicht übertragenen Teil; hins des übertragenen (gleichrangigen) Teils kann ein Anspr nach § 1179a entstehen. – **b) Schuldner** ist der GrdstEigtümer. Gem I, II iVm § 1179a I 2 gilt gleiche Regel wie bei § 1179a (vgl dort Anm 2b). – **c) Inhalt.** Löschg (richtiger: Aufhebg) des GrdPfdR, wenn u soweit es mit dem Eigt vereinigt hat. Gem I, II iVm § 1179a II gilt die gleiche Regel wie bei § 1179a (vgl dort Anm 2c). – **d) Sicherung** gg Vfg des Schu, die der Aufhebg entggstehen, dch Vormkgs Wirkg. Gem II iVm § 1179a I 3 gilt gleiche Regel wie bei § 1179a (vgl dort Anm 2d). Für ZwFinanzierer wichtig, Zust des Gläub zur Abtr der vorläuf EigtümerGrdSch einzuholen.

3) Ausschluß des Löschungsanspruchs als Inhalt des GrdPfdR vereinb. Gem II iVm § 1179a V gilt gleiche Regel wie bei § 1179a (vgl dort Anm 4 u LG Wuppt RhNK **88**, 19 [künft FremdGläub einer EigtümerGrdSch]). – Vgl auch § 1187 S 4.

4) Einreden sind mögl. § 1179a Anm 5 gilt entspr.

1180 Auswechslung der Forderung.

I An die Stelle der Forderung, für welche die Hypothek besteht, kann eine andere Forderung gesetzt werden. Zu der Änderung ist die Einigung des Gläubigers und des Eigentümers sowie die Eintragung in das Grundbuch erforderlich; die Vorschriften des § 873 Abs. 2 und der §§ 876, 878 finden entsprechende Anwendung.

II Steht die Forderung, die an die Stelle der bisherigen Forderung treten soll, nicht dem bisherigen Hypothekengläubiger zu, so ist dessen Zustimmung erforderlich; die Zustimmung ist dem Grundbuchamt oder demjenigen gegenüber zu erklären, zu dessen Gunsten sie erfolgt. Die Vorschriften des § 875 Abs. 2 und des § 876 finden entsprechende Anwendung.

1) § 1180 erspart bei FdgsAuswechselg aus Zweckmäßigk den Umweg über die §§ 1168 I, 1177, 1198. **I** ohne, **II** mit GläubWechsel. Sie ist Verfügg über die Hyp, aber auch über das Grdst; wg des Verhältn zu § 1179 s dort Anm 4a cc.

2) Voraussetzung. Ersetzg alter Fdg durch neue; vgl BayObLG **53**, 308. Es muß eine rechtsgültige Hyp bestehen, RG **139**, 129. Jedoch kann in Auswechselg neue Einigg liegen (Westermann § 123 IV 4). § 1180 gilt für Hyp aller Art; Ausn § 1178. Nicht für HypVormkg, KG OLG **20**, 419. Wegen GrdSchulden vgl § 1198 Anm 3. Über Fälle gesetzl FdgsAuswechselg vgl §§ 1143 Anm 3, 1164 Anm 3, 1173 Anm 2, 1174 Anm 2, 1182 Anm 3a.

3) Auswechselung ohne Gläubigerwechsel (I): – a) Einigg zw Eigtümer (bei der GesHyp: allen Eigtümern) u Gläub der Fdg. Vgl § 873 Anm 3 u wg der Bindg Anm 5; wg der Zust Dritter § 876; wg nachträgl VfgsBeschrkgen § 878. Bewilligg nach GBO 19, 29 I 1 durch Eigtümer u Gläub. Bei HöchstBetrHyp hat vor Feststellg der Fdg auch der Besteller zuzustimmen, § 1190 Anm 5. Weil Einigg eine Vfg über das Grdst enthält, Gen nötig, wo Belastg des Grdst genehmiggsbedürftig, vgl Übbl 12 vor § 873; vgl auch KG JFG **14**, 388; Mü JFG **21**, 278; Schlesw SchlHA **60**, 57. – Ferner Eintragg, daß an die Stelle der bish Fdg die neue Fdg gesetzt worden ist. Bezeichng der Fdg nach § 1115, RG **147**, 302. Behandlg des Briefes: GBO 58 I, 65 II. Eine für die neue Fdg bewilligte Unterwerfgsklausel ist neu einzutragen.

b) Wirkung. Die bisherige Fdg bleibt als ungesicherte Fdg bestehen, soweit sie nicht aus anderen Gründen, zB nach § 1165, erlischt. Keine Einreden mehr aus § 1137 aus altem Schuldverh. Die Hyp sichert nur noch die neue Fdg. Nur bei der HöchstBetrHyp kann der neue FdgsKreis den alten mitumfassen, KGJ **49**, 226. Die neue Fdg kann gg einen anderen Schu gerichtet u kann auch bedingt sein. Auch können mehrere Fdgen unterlegt werden, Kapitalbetrag darf aber nicht erhöht werden, RG JW **34**, 479. Einreden (§ 1137) nur aus dem neuen SchuldVerh. Für den Austausch gilt § 893.

4) Auswechselung mit Gläubigerwechsel (II): – a) Außer Einigg (zw Eigtümer u NeuGläub) u Eintr (der neuen Fdg u des neuen Gläub) nötig **Zustimmg** des bisherigen Gläub ggü GBA, Eigtümer od neuem Gläub. Vgl ferner § 875 Anm 5 u § 876. Gleich- u nachstehende Berechtigte brauchen nach GBO 19 nur zuzustimmen, soweit sie durch Erhöhg der Nebenleistgen u dgl beeinträchtigt werden; vgl § 1119 Anm 4. Zustimmg des pers Schuldners der bisherigen Fdg nicht notw; er wird uU frei, § 1165. Bewilligg des Eigtümers nach GBO 19, 29.

b) Wirkung: Hyp geht auf neuen Gläub über. Rechtl Erkl dafür str; jedenfalls rechtsgeschäftl Vfg des Eigtümers, die bei Zust des AltGläub den Übergang der Hyp bewirkt, KG JFG **6**, 331. Solange der Brief nicht übergeben od die Fdg nicht entstanden ist, gelten die §§ 1117, 1163 I 1, II, 1177 I. Für BuchHyp gilt § 1139. Gutglaubensschutz, § 892, hins Gültigk der Hyp. Abtretg nicht erforderl, KG JW **35**, 3570. Beteiligte können auch Weg des § 1180 I wählen, verbunden mit Abtretg vom Alt- an den NeuGläub. Dann erwirbt gutgl NeuGläub nach §§ 892, 1138 die Hyp auch dann, wenn sie nicht bestand (oder nicht dem AltGläub zustand), selbst wenn Austausch u Abtretg in einem EintrVermerk zusgefaßt, RG **147**, 298.

1181 *Erlöschen durch Befriedigung aus dem Grundstück.* **I** Wird der Gläubiger aus dem Grundstücke befriedigt, so erlischt die Hypothek.
II Erfolgt die Befriedigung des Gläubigers aus einem der mit einer Gesamthypothek belasteten Grundstücke, so werden auch die übrigen Grundstücke frei.
III Der Befriedigung aus dem Grundstücke steht die Befriedigung aus den Gegenständen gleich, auf die sich die Hypothek erstreckt.

1) Allgemeines. § 1181 gilt nur bei Befriedigg aus dem Grdst (bzw den mithaftden Ggst) iW der ZwVollstr nach § 1147; wird die pers Fdg iW der ZwVollstr befriedigt, so gilt nur § 1163 I 2 (RG **56**, 325). – Nicht unter § 1181 fällt die Befriedigg aus dem Erlös des zur Vermeidg der ZwVollstr od vom KonkVerw freihänd verkauften Grdst (RG Warn **32** Nr 48).

2) Befriedigung des Gläub iSv § 1181 (Anm 1) erfolgt: – **a)** Bei **Zwangsverwaltung** mit Zahlg dch den ZwVerw (KG JFG **11**, 254). – **b)** Bei **Zwangsversteigerung** dch Erlösauszahlg. Wie Befriedigg wirken: Befriedigsfiktion nach ZVG 114a; Übertragg der Fdg gg Ersteher nach ZVG 118 II. – **c)** Bei **Mobiliarvollstreckung** in mithaftde Ggst nach ZPO 819, 825. – **d)** Die **Einziehung der Gebäudeversicherungsforderung** steht der Befriedigg aus dem Grdst gleich (str; vgl § 1128 Anm 2d).

3) Rechtsfolgen. – a) Die **Einzelhypothek** erlischt im Umfang der Befriedigg (I). War sie nach ZVG 52 I 2, 91 I schon mit Zuschlag am Grdst erloschen, so setzt sie sich bis zur Befriedigg des Gläub am Erlös fort (vgl § 1191 Anm 2g bb). Kein Erlöschen nach I, wenn Bestehenbleiben vereinbart (ZVG 91); vgl Anm 3c. – **b)** Bei einer **Gesamthypothek** erlischt die Hyp an dem Grdst, in das vollstreckt ist, nach I (Anm 3a) u vorbeh § 1182 an den mithaftden Grdst, in die nicht vollstreckt wurde, nach II; fällt die GesamtHyp bei der Erlösverteilg aus, so erlischt die Hyp an letzteren mangels Befriedigg nicht, ist am ersteren aber nach ZVG 52 I 2, 91 I erloschen. – **c)** Die **persönliche Forderung** erlischt, wenn der Eigtümer auch pers Schuldn war (§ 362 I); anderenf erwirbt der Eigtümer sie ohne die (erloschene) Hyp

(§ 1143 I). Dies gilt auch bei einer BestehenbleibensVereinbg nach ZVG 91; liegt in ihr die Begründg einer pers Haftg des Erstehers ggü dem Gläub (was mangels ggteil Abrede anzunehmen), so sichert die bestehenbleibde Hyp diese abstr neue Schuld (vgl MüKo/Eickmann Rdn 10, 15, 17; str), anderenf wird sie GrdSch.

4) Auf die **Grund/Rentenschuld** entspr anwendb (§ 1192).

1182 ***Übergang bei Befriedigung aus der Gesamthypothek.*** **Soweit im Falle einer Gesamthypothek der Eigentümer des Grundstücks, aus dem der Gläubiger befriedigt wird, von dem Eigentümer eines der anderen Grundstücke oder einem Rechtsvorgänger dieses Eigentümers Ersatz verlangen kann, geht die Hypothek an dem Grundstücke dieses Eigentümers auf ihn über. Die Hypothek kann jedoch, wenn der Gläubiger nur teilweise befriedigt wird, nicht zum Nachteile der dem Gläubiger verbleibenden Hypothek und, wenn das Grundstück mit einem im Rang gleich- oder nachstehenden Rechte belastet ist, nicht zum Nachteile dieses Rechtes geltend gemacht werden.**

1) **Allgemeines.** § 1182 entspricht § 1173 II u ergänzt § 1181 II bei einer GesamtHyp an Grdst od sonstigen BelastgsGgst (§ 1132 Anm 1b) verschied Eigtümer; gehören sie demselben Eigtümer, so gilt § 1181. Maßg sind die EigtVerh im Ztpkt der Befriedigg.

2) **Voraussetzungen.** – a) **Befriedigung** des Gläub aus dem Grdst od den mithaftden Ggst (§ 1181 Anm 2) nur eines Eigtümers. – b) **Ersatzanspruch** iSv § 1173 Anm 1b dieses Eigtümers gg den eines mithaftden Grdst.

3) **Rechtsfolgen.** Für die Hyp am eigenen Grdst gilt § 1181 Anm 3b. – a) In Höhe des ErsAnspr erwirbt der Eigtümer des Grdst, aus dem befriedigt wurde, krG die Hyp am Grdst des ersatzpfl Eigtümers als FremdHyp; sie sichert krG entspr § 1173 Anm 3c nur den ErsAnspr (RG **81**, 71). – b) Hat der ersatzpfl Eigtümer mehrere mithafte Grdst od richtet sich der ErsAnspr gg mehrere Eigtümer als GesamtSchuldn, so ist die RückgrHyp eine GesamtHyp; bei selbstd ErsAnspr gg mehrere Eigtümer erwirbt der ErsBerecht mehrere EinzelRückgrHyp (Becher [Schrifft zu § 1173] S 97f). – **c)** Die RückgrHyp hat Rang nach den in S 2 genannten Rechten; iFv Halbs 2 müssen diese Rechte (nicht notw GrdPfdR) im Ztpkt der Befriedigg bestehen (KGJ **42**, 274).

4) Auf die **Grund/Rentenschuld** entspr anwendb (§ 1192).

1183 ***Aufhebung der Hypothek.*** **Zur Aufhebung der Hypothek durch Rechtsgeschäft ist die Zustimmung des Eigentümers erforderlich. Die Zustimmung ist dem Grundbuchamte oder dem Gläubiger gegenüber zu erklären; sie ist unwiderruflich.**

1) **§ 1183 ergänzt §§ 875, 876.** Die Hyp erlischt erst, wenn die Erfordern der §§ 875, 876, 1183 erfüllt sind; Reihenfolge gleichgült. Die EigtümerZust muß hinzutreten, weil er nicht wirks HypGläub ist (KG JFG **13**, 394), denn ihm soll die Möglichk erhalten bleiben, die Hyp als EigtümerGrdSch zu erwerben. Über Unterschied zw Aufhebg u Verzicht vgl § 1168 Anm 1, auch § 1175.

2) § 1183 betrifft nur die **rechtsgeschäftliche Aufhebung einer Hypothek,** nicht auch einer HypVormkg. Herabsetzg des Zinsfußes ist teilweise Aufhebg der Hyp (RG **72**, 363). Für rückständige Nebenleistgen u die Kosten des § 1118 gilt § 1178. Aufhebg einer GesHyp an nur einigen Grdst ist regelm als Verzicht nach § 1175 I 2 ohne Zust des Eigtümers wirks (KG JFG **11**, 245).

3) **Zustimmung** aller Eigtümer, an deren Grdst (od MitEigtAnteilen) die Hyp aufgeh werden soll. Maßgebd ist der Ztpkt der Aufhebg. Beim Wechsel des Eigtums also Zust des Erwerbers nötig, wenn zZ des EigtWechsels die Hyp noch nicht wirks aufgeh war. Bei gleichzeitiger EigtUmschreibg u Löschg genügt Zust des Veräußerers (KG JFG **20**, 8), wenn alle sonstigen Voraussetzungen vorliegen.

a) Die Zustimmg ist abstrakte einseit empfangsbedürft WillErkl; **selbständiges Rechtsgeschäft** ggü Aufhebg (RG HRR **33**, 1012). Zu unterscheiden von rein verfrechtl Zustimmg nach GBO 27; eine enthält idR die andere. Sie ist Vfg über AnwR auf Erwerb als EigtümerGrdSch (BayObLG **73**, 220), nicht über das Grdst (str). Daher iFv § 1424 Zustimmg des and Ehegatten nicht nöt; einstw Vfg, die dem Eigtümer Vfg über Grdst verbietet, steht seiner Zustimmg nicht entgg (KG JFG **4**, 418). Über Anwendg von § 1812 vgl BayObLG Rpfleger **85**, 24 Anm Damrau. Zustimmg des Nacherben jedenf bei letztrang Hyp nicht nöt (KG HRR **37**, 1016). Wg Unwiderruflichk ist KonkVerw an Zustimmg des GemSchu vor KonkEröffng gebunden (RG **52**, 416).

b) Materiellrechtl **formlos** wirks. Inhalt nicht vorgeschrieben; doch muß eindeut sein, auf welche Hyp sie sich bezieht (Köln Rpfleger **70**, 286); im LöschgsAntr od FreistellgsVerpfl in der AuflUrk kann schluss Zustimmg liegen (BayObLG **73**, 220); and uU bei TeilAufl wg Möglichk eines EigtümerGrdPfdR. – **Empfänger:** S 2; § 181 gilt, wenn Gläub die Zustimmg als Vertreter des Eigtümers ggü sich od dem GBA (vgl BGH JR **80**, 412 Anm Kuntze) erklärt; nicht aber, wenn Eigtümer die Zustimmg ggü sich als Vertreter des Gläub od dem GBA erklärt (kein rechtl Nachteil für Vertretenen; vgl aber § 875 Anm 3c).

4) Auf die **Grund/Rentenschuld** ist § 1183 entspr anwendb (§ 1192; BayObLG Rpfleger **85**, 24).

1184 ***Sicherungshypothek.*** ¹ **Eine Hypothek kann in der Weise bestellt werden, daß das Recht des Gläubigers aus der Hypothek sich nur nach der Forderung bestimmt und der Gläubiger sich zum Beweise der Forderung nicht auf die Eintragung berufen kann (Sicherungshypothek).**

ᴵᴵ **Die Hypothek muß im Grundbuch als Sicherungshypothek bezeichnet werden.**

Hypothek. Grundschuld. Rentenschuld. 1. Titel: Hypothek   §§ 1184–1186

1) Allgemeines. Die Verkehrsfähigk der gewöhnl (Verkehrs-)Hyp beruht hauptsächl darauf, daß die §§ 891, 892 auf die Fdg u die Einreden des § 1137 anzuwenden sind, vgl § 1138 Anm 1. Bei der **Sicherungshypothek** gelten die **§§ 891 ff** dagg **nur für das dingliche Recht.** SichgHyp daher nicht zum Umlauf geeignet u bestimmt; deshalb auch nicht Brief-, sond stets BuchHyp (§ 1185 I). VerkehrsHyp u SichgHyp sind keine verschiedenen Rechtsgebilde; die SichgHyp ist aber ein minderes Recht ggü der VerkehrsHyp, RG **123**, 170. Sondervorschriften für die SichgHyp für Inh- u Orderpapiere in §§ 1187–1189; für die HöchstbetragsHyp in § 1190. Gesetzl Hyp (vgl Anm 4b, c) sind stets SichgHyp, weil sie den Gläub nur sichern, ihm aber nicht umlaufsfähigen Bodenkredit beschaffen sollen, Wieacker, Bodenrecht S 228. Die Vorschriften über die EigtümerHyp gelten auch für die SichgHyp; vgl auch ZPO 868. Hins (nicht eintragb) SichgHyp auf Entschuldgsbetrieben vgl Übbl 12a vor § 873, § 1113 Anm 3 c. – Die SchiffsHyp ist stets SichgHyp, SchiffsRG 8; ebso die VerglGläubHyp, VerglO 93.

2) Die **Sicherungshypothek besteht nur, wenn und soweit die gesicherte Forderung besteht.** Maßgebd ist die in Wahrh zugrunde liegende Fdg, bei einer zu Unrecht eingetragenen FdgsAuswechslg also die ursprüngl, KG JW **37**, 112. Der **gutgläubige Erwerber** kann sich auf die Richtigk des GB **nur** hins der Voraussetzgn berufen, die nicht die Eintr der Fdg betreffen. Also zB auf die wirks Einigg über die HypBestellg für den eingetr RVorgänger u auf Nichtbestehen von nicht eingetr Einreden des § 1157; RG **74**, 215. Tritt dagg der Gläub die SichgHyp vor Valutierg od nach Rückzahlg an einen Gutgläubigen ab, so erwirbt dieser weder die Fdg noch die Hyp (anders: § 1138). Auch § 893 gilt nur für RGeschäfte, die das dingl Recht betreffen; Zahlg an den eingetragenen Gläub befreit den Eigtümer deshalb nur, wenn die Fdg besteht u wenn sie dem Eingetragenen zusteht; str; vgl aber Wolff-Raiser § 151 Anm 4. Zahlt der Eigtümer, der von einer Abtretg nichts weiß, an den früheren Gläub, so wird er befreit, § 407; vgl § 1185 Anm 2 e. Die §§ 894 ff gelten ebenf nur für das dingl Recht.

3) Die **Beweislast** für die Entstehg der pers Fdg trägt regelm der Gläub (BGH NJW **86**, 53), ggü dem Eigtümer (zB im Verf nach §§ 894, 1147) u jedem Dritten (zB im VerteilgsVerf); Hinweis auf EintrBew genügt nicht. Bei ZwHyp (ZPO 867) wird die Fdg gg den jeweil Eigtümer dch den VollstrTitel bewiesen (BGH NJW **88**, 828). Eigtümer kann jede Einwendg geltd machen, auch solche, die dem pers Schuldn bereits rkräft aberkannt ist (einschrkd Ffm NJW-RR **88**, 206); bei ZwHyp (ZPO 867) gilt jedoch ZPO 767 II (BGH NJW **88**, 828). BewLast für Unrichtigk eingetr SchuldGrd (RG Warn **19** Nr 115) u Erlöschen der Fdg (BGH NJW **86**, 53) hat Eigtümer.

4) Entstehung – a) Durch Einigg u Eintr, § 873 I. Der Wille zur Bestellg einer SichgHyp muß erkennbar sein. Im EintrVermerk ist **Bezeichnung als Sicherungshypothek** notw, **II.** Fehlt sie, ist, streng genommen, mangels Einigg keine VerkehrsHyp, mangels Eintr keine SichgHyp entstanden; so ält Aufl, Planck Anm 3 b; aber dieses unerfreuliche Ergebn wohl vermeidbar, wenn man (in Ausfüllg einer Gesetzeslücke) Entstehg einer VerkehrsHyp annimmt, die im InnenVerh (auch ggü bösgl RNachfolger) als SichgHyp behandelt wird (vgl Westermann § 126 II 2); so auch bei Dissens über Art der Hyp. Als minderes Recht entsteht SichgHyp, wenn solche eingetr, aber VerkehrsHyp gewollt war, RG **123**, 170. – Ausn von **II:** §§ 1187 S 2, 1190 III; VerglO 93 II 2. Für die Bezeichng der Fdg gelten die §§ 1113, 1115.

b) Kraft Gesetzes: vgl § 1113 Anm 3 c. Ein Anspr auf Bestellg besteht nach § 648; EG 91.

c) Im Wege der ZwVollstr gem ZPO 867, 932 (Kennzeichng im EintrVermerk: KGJ **49**, 230).

d) Auf behördl Ersuchen: Vgl ZVG 128, 130 I 2; FGG 54 I (auch § 1844 Anm 2); vgl auch EG 91.

5) Weitere Besonderheiten bestehen für alle SichgHyp nach § 1185, ferner für die SichgHyp für Inh- u Orderpapiere nach § 1187 S 3 u für die HöchstbetragsHyp nach § 1190 II–IV. Im übr gelten die für die VerkehrsBuchHyp gegebenen Bestimmgen, insb die §§ 1163 I, 1177.

1185 *Buchhypothek; unanwendbare Vorschriften.* **I** Bei der Sicherungshypothek ist die Erteilung des Hypothekenbriefs ausgeschlossen.
II Die Vorschriften der §§ 1138, 1139, 1141, 1156 finden keine Anwendung.

1) Die SichergsHyp ist **stets Buchhypothek.** Grund: § 1184 Anm 1. Ausschluß des Briefes braucht wg §§ 1184 II, 1190 I 2 (vgl auch § 1187 Anm 4 b) nicht eingetr zu werden; anders § 1116 II 3.

2) Nicht anwendbar sind: **a)** die für die BriefHyp geltden Vorschr, **I.** Ferner nach **II: b)** § 1138. Vgl dazu § 1184 Anm 2. **c)** § 1139, weil wg Ausschl eines gutgl Erwerbs der Fdg ein bes Schutz des Eigtümers überflüss ist. **d)** § 1141. Es kommt nur auf die Künd von dem od an den pers Schu an, RG **111**, 401. Ist dieser od sein Aufenth unbekannt, gilt § 132 II. ZVG 54 I gilt auch für SichgHyp, RG LZ **28**, 1060. **e)** § 1156. Der Eigtümer kann sich auch dem gutgl Erwerber ggü auf die §§ 406–408 berufen.

1186 *Zulässige Umwandlungen.* Eine Sicherungshypothek kann in eine gewöhnliche Hypothek, eine gewöhnliche Hypothek kann in eine Sicherungshypothek umgewandelt werden. Die Zustimmung der im Range gleich- oder nachstehenden Berechtigten ist nicht erforderlich.

1) Jede Hyp kann durch RGesch in eine Hyp anderer Art **umgewandelt** werden. Eine gewöhnl SichgHyp auch in eine HöchstbetragsHyp (KG JW **35**, 3570) u umgekehrt (vgl § 1190 Anm 5); eine ArrestHyp in eine ZwangsHyp (vgl Anm 2 a). Umwandlg der Hyp in eine GrdSch u umgekehrt: § 1198.

1267

§§ 1186–1188   3. Buch. 8. Abschnitt. *Bassenge*

2) Umwandlung ist Inhaltsänderung. a) Sie erfordert also Einigg und Eintr, § 877. Sie wird erst wirks, wenn beide Voraussetzgen vorliegen. Abtretg der künftigen BriefHyp vgl § 1154 Anm 3e. Bei Umwandlg einer SichgHyp in eine VerkehrsHyp ist eine BuchHyp als gewollt anzunehmen, wenn die Aufhebg des Briefausschlusses nicht erkennb ist, § 1116 III; nochmalige Eintr des Briefausschlusses nicht notw, wenn auch zweckm, OLG **29**, 372. Die Umwandlg kann mit einer FdgsAuswechselg verbunden werden, vgl RG **147**, 301. Der Brief ist bei nachträgl Erteilg dem Gläub auszuhändigen (GBO 60 I), bei nachträgl Ausschl unbrauchb zu machen, GBO 69. – **Arresthypothek** (ZPO 932) verwandelt sich mit Erlangg eines Titels in der Hauptsache nicht kr Gesetzes in ZwangsHyp (ZPO 866), da beide verschiedenart Belastgn. Nötig Umwandlg nach § 1186, wobei statt Einigg Bewilligg des Eigtümers genügt, die durch rechtskr Urteil (ZPO 894) ersetzt w; bei EigtümerWechsel Bewilligg des neuen Eigtümers nötig; es handelt sich um Neueintragg in Rangstelle der ArrestHyp; KG JR **25**, 947; JFG **7**, 405; KGJ **40**, 314.

b) Die gleich- u nachstehenden Berechtigten werden durch die Umwandlg nicht beeinträchtigt. Sie brauchen deshalb nicht zuzustimmen, S 2. Vgl §§ 877 Anm 4; 1119 Anm 1. Nur LöschgsVormkgsBerecht u Inh ges LöschgsAnspr brauchen sie nicht gg sich gelten zu lassen, § 1179 Anm 4, 1179a Anm 2d. Der pers Schu wird nicht betroffen; seine Zust ist entbehrl. Wegen GenBedürftigk gilt Gleiches wie § 1180 Anm 3a. Über die Umwandlg einer HöchstbetragsHyp vgl § 1190 Anm 5.

1187 *Sicherungshypothek für Inhaber- und Orderpapiere.* **Für die Forderung aus einer Schuldverschreibung auf den Inhaber, aus einem Wechsel oder aus einem anderen Papiere, das durch Indossament übertragen werden kann, kann nur die Sicherungshypothek bestellt werden. Die Hypothek gilt als Sicherungshypothek, auch wenn sie im Grundbuche nicht als solche bezeichnet ist. Die Vorschrift des § 1154 Abs. 3 findet keine Anwendung. Ein Anspruch auf Löschung der Hypothek nach den §§ 1179a, 1179b besteht nicht.**

1) Wertpapierhypothek. § 1187 verhindert das Auseinanderfallen von pers u dingl Anspr. Der Besitz am Wertpapier entsch auch über das GläubR an der Hyp. Das Papier hat eine ähnl Bedeutg wie der HypBrief. Übertragg u Belastg der Hyp also außerh des GB. Geltendmach der Hyp unter Vorlegg, Befriedigg des Gläub gg nachläutigg der Papiere. Belastg von Bahneinheiten EG 112. Über die gemeins Rechte der Besitzer von Schuldverschreibgen G v 4. 12. 99/14. 5. 14 (RGBl 691, 121) mit Änderg v 24. 9. 32 und v 20. 7. 33 (RGBl 447, 523). Die §§ 1187/9 ohne wesentl prakt Bedeutg; verdrängt dch SichgGrdSch. – Schrifttum: Böhringer BWNotZ **88**, 25.

2) Sicherbare Forderungen. Aus InhSchVerschreibg: §§ 793 ff (aber nicht § 808); Wechseln, WG 11 ff, 77; anderen Orderpapieren, HGB 363. Die Hyp muß die Fdg aus den Papieren unmittelbar sichern; Sicherg einer DarlFdg durch Papier u Hyp nebeneinander genügt nicht. Ferner muß das Papier wg 1113 I die Zahlg einer bestimmten Geldsumme verbriefen. Für SchVerschreibgen, die durch bloße Abtretg übertr w sollen, kann nur eine gewöhnl SichgHyp eingetr werden, auf die § 1154 III anwendbar bleibt.

3) Die Hyp ist stets Sicherungshypothek. Sie ist also streng abhängig von der Fdg, § 1184 Anm 3. Es kann auch keine HöchstbetragsHyp bestellt werden; GBO 50 dann nicht anwendbar, KG JFG **4**, 425. Die §§ 1163 I, 1177 bleiben anwendbar. Zu beachten ist aber, daß die Fdg aus einer InhSchVerschreibg nur nach § 801 od durch Vernichtg der Urk erlischt; KraftlosErkl genügt nicht, § 800; ebsowenig Erwerb durch den GrdstEigtümer. Auch bei Indossierg des Wechsels auf den Aussteller wird die Hyp nicht zur EigtümerGrdSch, vgl WG 11 III. Die §§ 1137, 1157 sind anwendbar. Jedoch Einschränkg der §§ 796, HGB 364 II, WG 17 zu beachten. Für den gutgl Erwerber gelten die §§ 932 ff, HGB 365 ff, WG 16 f; die §§ 891 ff gelten für das Bestehen des dingl Rechts u der Einwendgen aus § 1157. Kein ges LöschgsAnspr bei Vereinigg mit dem Eigt **(S 4)**; S 4 angefügt dch Art 1 Nr 3 G v 22. 6. 77 (BGBl 998) u gilt ab 1. 1. 1978. Schuldr LöschgsAnspr (vgl dazu KGJ **50**, 199) nur für Gläub iSv § 1179 sicherb.

4) Bestellung gem § 873 durch **a)** Einigg. Ausnahmen für InhSchVerschreibgen § 1188 I. **b)** Eintragg. Bezeichng als SichgHyp nicht nötig, weil aus der Art der Fdg ersichtl; Ausn von § 1184 II. Als Gläub sind bei InhSchVerschreibgen der Inh, bei Orderpapieren der erste Nehmer u die durch Indossament ausgewiesenen Besitzer der Papiere einzutragen. Sichert eine Hyp nur einen Teil einer Anleihe, sind die TeilSchVerschreibgen genau zu bezeichnen, KG JFG **3**, 426; vgl RG **113**, 228. Für sie erleichtert GBO 50 die Eintr; zul ist die ZusFassg in eine einheitl Hyp. Über Einzelheiten vgl Horber zu GBO 50. **c)** Auch zur ersten Eintr der Hyp sind die Wertpapiere dem GBA entspr GBO 43 vorzulegen; Vermerk auf den Urkunden; Ausn: GBO 43 II (vgl § 1189 Anm 2b). Dem GBA ist auch die staatl Gen (§ 795 Anm 1) zur Ausgabe der InhSchVerschreibg nachzuweisen, RG **59**, 386.

5) Satz 3. Die Forderung wird ohne Eintr in das GB **wie eine ungesicherte Forderung übertragen** durch Einigg u Übergabe der InhSchVerschreibg (§ 793 Anm 3) od des indossierten Orderpapiers, WG 11 ff, HGB 363 ff. Die Hyp geht kraft G auf den Erwerber über, § 1153 I. Zum Ausweis ggü dem GBA bedarf das Indossament (od die Umschreibgsbewilligg des eingetragenen Berechtigten) der Form GBO 29 I. Vgl auch § 1189. Bestellg des Nießbrauchs: §§ 1069 I, 1081. Verpfändg: §§ 1205, 1293 und 1292. Pfändg: ZPO 808, 821 u 831 (830 III 2, 837 II 2). Die Frage, ob der neue Gläub od der Drittberechtigte die Berichtigg des GB verlangen können, ist str, aber praktisch bedeutgslos.

1188 *Sondervorschrift für Schuldverschreibungen auf den Inhaber.* **I Zur Bestellung einer Hypothek für die Forderung aus einer Schuldverschreibung auf den Inhaber genügt die Erklärung des Eigentümers gegenüber dem Grundbuchamte, daß er die Hypothek bestelle, und die Eintragung in das Grundbuch; die Vorschrift des § 878 findet Anwendung.**

II Die Ausschließung des Gläubigers mit seinem Rechte nach § 1170 ist nur zulässig, wenn die im § 801 bezeichnete Vorlegungsfrist verstrichen ist. Ist innerhalb der Frist die Schuldverschreibung

vorgelegt oder der Anspruch aus der Urkunde gerichtlich geltend gemacht worden, so kann die Ausschließung erst erfolgen, wenn die Verjährung eingetreten ist.

1) Vgl § 1187 Anm 1. § 1188 gilt nur für Fdg aus SchVerschreibgen, nicht aus Orderpapieren.

2) Bestellung. Ausn von § 873; vgl § 1187 Anm 4. Einigg wg der Unbestimmth des Gläub regelm nicht mögl. Statt ihrer genügt die einseitige Erkl des Eigtümers. Vgl auch die Anm zu § 878. Die staatl Gen ist dem GBA nachzuweisen; aM Planck Anm 1 d: nur wenn die InhPapiere vorgelegt werden. Eintr in das GB stets notw. Vgl § 1187 Anm 4b.

3) II schützt den Inh des Papiers gg die vorzeitige Ausschließ seines Rechts. Vorleggsfrist: § 801 I 1, III, Verjährgsfrist § 801 I 2. Vgl auch ZPO 986 II.

1189 *Bestellung eines Grundbuchvertreters.* ^I Bei einer Hypothek der im § 1187 bezeichneten Art kann für den jeweiligen Gläubiger ein Vertreter mit der Befugnis bestellt werden, mit Wirkung für und gegen jeden späteren Gläubiger bestimmte Verfügungen über die Hypothek zu treffen und den Gläubiger bei der Geltendmachung der Hypothek zu vertreten. Zur Bestellung des Vertreters ist die Eintragung in das Grundbuch erforderlich.

^{II} Ist der Eigentümer berechtigt, von dem Gläubiger eine Verfügung zu verlangen, zu welcher der Vertreter befugt ist, so kann er die Vornahme der Verfügung von dem Vertreter verlangen.

1) Allgemeines. a) Bei SchVerschreibgen u dgl wäre wg der Vielzahl der Gläub Vfg über die InhHyp (§ 1187) sehr erschwert, wenn nicht praktisch unmögl. Deshalb kann **für die Gläubiger** ein **Vertreter** bestellt werden („GBVertreter"). Ähnl SchiffsRG 74; auch VerglO 93 III: Sachwalter für VerglGläub, hiezu Mohrbutter KTS **66**, 20; Rpfleger **56**, 274; Moos (Übbl vor § 1113), dort auch ausführl zur (str) RStellg des Vertreters nach § 1189; vgl weiter Haegele, JurBüro **69**, 398; Siebert, Treuhand 374 mit Nachw. Über GBrechtl Fragen BayObLG **65**, 538 (Eintr des TreuHändVermerks); LG Kblz DNotZ **71**, 97; Ffm OLGZ **72**, 179.

b) Vertreter od Treuhänder anderer Art sind: der sog VertrVertreter u der sog GläubVertreter, Schuldverschreibgs G (vgl § 1187 Anm 1), §§ 1, 14 ff; vgl Warn **34**, 56; die Befugnisse des GBVertreters werden durch die Bestellg solcher (nicht einzutragender, Dresden KGJ **43**, 309) Vertreter nicht berührt. Die TrHänder aus HypBkG v 5. 2. 63 (BGBl 81) §§ 29 ff ist Gehilfe der AufsBehörde, RG **117**, 372. Ähnl VAG § 70; vgl auch Coing, Treuhand kr priv RGesch, 1973, S 26 f. – Wg der TrHänder nach AusfG z LondSchuldenAbk v 24. 8. 53, BGBl 1003, § 75 II vgl Haegele JurBüro **69**, 401.

2) Rechtsstellung. – a) Der Vertreter ist nach außen nicht echter TrHänder, sond ein rechtsgeschäftl bestellter Bevollmächtigter des jeweil Gläub, RG **150**, 290. Seine RStellg ist aber vom Willen des einzelnen Gläub unabhäng. Im RStreit sind die Gläub Partei. Sie bleiben auch neben dem GBVertreter verfügsberechtigt, KGJ **45**, 279. Im Innenverhältnis ist er Beauftragter des Eigtümers u der Gläub, §§ 662, 675. Kündigg des Auftrages ggü allen Auftraggebern notw; die Gläub können ihre Rechte nach § 328 geltd machen, wenn der Vertreter nur vom Eigtümer bestellt ist, KGJ **45**, 274. Über die Pfl zur Ausübg seiner Befugnisse vgl II u Warn **34**, 56.

b) Der Umfang der Vertretungsmacht bestimmt sich nach der Bestellg u der Eintr. Der Vertreter kann aber nur ermächtigt werden, über das dingl Recht zu verfügen u es geltd zu machen; Vollmacht zur Vfg über die Fdg nur nach allg Grdsätzen. Wegen der Verteil der Fdgen auf TeilHyp vgl KG DR **42**, 1334. Die VfgsBefugnis kann beschränkt werden auf bestimmte Vfg, zB Löschg. Ob Beschrkg nach außen od nur im InnenVerh vorliegt, ist Ausleggsfrage, BayObLG OLG **41**, 183. Zur Eintr der von ihm vorgenommenen Vfg bedarf es nicht der Vorlegg der Wertpapiere, GBO 43 II. Zur Geltdmachg gehören Künd, Mahng u Klage.

c) Erlöschen der Vertretgsmacht nach §§ 168, 673, 675; od durch Abberufg aGrd Einigg u Eintr nach §§ 877, 873; od durch Abberufg durch das AmtsG nach Schuldverschreibgs G 16 IV. Ist eine Gesellsch GBVertreter, geht ihre RStellg bei Verschmelzg oder Umwandlg auf die übernehmende Gesellsch über, RG **150**, 290.

3) Bestellung. Zwei Voraussetzgen: **a)** Bei Orderpapieren Einigg gem § 873; bei InhSchVerschreibgen einseitige Erkl des Eigtümers gem § 1188 I. Bei nachträgl Bestellg in beiden Fällen Einigg des Eigtümers mit allen Gläub, weil Inhaltsänderg, § 877. Doch ist urspr Bestellg eine andere Regelg mögl, zB Bestellg des Nachfolgers durch bisherigen Vertreter od Dritten, KGJ **51**, 306. Vgl auch Schuldverschreibgs G 16 III. Hins der Pers keine bes Beschränkg, doch kann nicht der Schuldner selbst bestellt w, KGJ **30**, 284. Auch eine OHG kann bestellt werden.

b) Eintragg des Vertreters u seiner Befugnisse in Abt III Sp 7. Für letztere genügt die Bezugn auf die EintrBewilligg, BayObLG OLG **41**, 182; vgl auch SchiffsRG 74 I 2. Erst mit der Eintr beginnt die Vertretgsmacht, KGJ **43**, 309. Für den eingetr Vertreter spricht die Vermutg des § 891, KGJ **51**, 307.

4) II erleichtert dem jeweiligen Eigtümer die Verfolgg seiner Anspr.

1190 *Höchstbetragshypothek.* ^I Eine Hypothek kann in der Weise bestellt werden, daß nur der Höchstbetrag, bis zu dem das Grundstück haften soll, bestimmt, im übrigen die Feststellung der Forderung vorbehalten wird. Der Höchstbetrag muß in das Grundbuch eingetragen werden.

^{II} Ist die Forderung verzinslich, so werden die Zinsen in den Höchstbetrag eingerechnet.

III Die Hypothek gilt als Sicherungshypothek, auch wenn sie im Grundbuche nicht als solche bezeichnet ist.

IV Die Forderung kann nach den für die Übertragung von Forderungen geltenden allgemeinen Vorschriften übertragen werden. Wird sie nach diesen Vorschriften übertragen, so ist der Übergang der Hypothek ausgeschlossen.

1) a) Die **Höchstbetragshypothek** ist eine Unterart der SichergsHyp, §§ 1184ff. Sie begrenzt die Haftg des Grdst für die Fdg nur nach oben. Wesentl Merkmal ist, daß die **gesicherte Forderung der Höhe nach zunächst unbestimmt** ist u daß die Feststell des geschuldeten Betrages für spätere Zeit vorbehalten wird. Besonders geeignet zur Sicherg von Fdgen aus dauernder GeschVerbindg. § 1190 enthält nur einige Sondervorschriften über die Eintr, die Zinsen u die Übertr.

b) Zu unterscheiden von sog **verdeckter Höchstbetragshypothek:** Sichg- od VerkHyp mit (nicht eintragb) Abrede, im InnenVerh als HöchstBetrHyp zu gelten (RG **152**, 219; BayObLG **54**, 203; LG Düss RhNK **76**, 421); Zulässigk str. Zur Sicherg von Kontokorrentschulden ungeeignet, weil bei Rückzahlgen entstehe EigtümerGrdSch nur nach Abtr u nach § 1180 wieder FremdHyp werden kann (Westermann § 111 I 3).

c) Als HöchstBetrHyp ist einzutragen die **Arresthypothek,** ZPO 932 I (vgl auch Anm 5). Entsteh kraft G bei Pfändg aGrd Arrestes gem ZPO 848 II 2 (vgl auch § 925 Anm 6b). VerglGläubHyp wohl als HöchstBetrHyp anzusehen, so Moos (Übbl vor § 1113) S 30.

2) Der Höhe nach unbestimmte Forderung.

a) Für **bestimmte** Fdg kann nur eine VerkehrsHyp od eine gewöhnl SichgHyp eingetr werden. Daher Eintr einer HöchstBetrHyp abzulehnen, wenn die Eintragsbewilligg die Fdg nach Grd u Betrag als feststehd angibt, KG JFG **7**, 365. Daher idR auch keine HöchstBetrHyp für Bürgsch, KG JFG **11**, 258 (str; vgl Anm in JW **34**, 1794). Nur wenn die zZ der HypBestellg in Höhe des HöchstBetr bestehende bestimmte Fdg nicht unabänderl ist, zB Fdg aus GeschVerbindg, soll nach KG DR **42**, 1796 die zu sichernde Fdg als unbestimmte behandelt w können. Ist trotz (endgültiger) Bestimmtheit der Fdg die Hyp entspr der Bewilligg als HöchstBetrHyp eingetr, so ist sie in Wahrh eine gewöhnl SichgHyp (Planck, Anm 1a), was durch Klarstellgsvermerk vAw kundzumachen ist; nach KG aaO aber nur, wenn im Einzelfall Umdeutg mögl (was aber idR der Fall sein wird); sonst soll HöchstBetrHyp als inhaltl unzulässig vAw zu löschen sein, KGJ **51**, 290. Eine im GB nicht als HöchstBetrHyp bezeichnete Hyp hat dennoch diesen Charakter, wenn der eingetragene Betrag der HöchstBetrag der noch festzustellenden Fdg sein sollte, RG Gruch **52**, 1069. Es genügt ferner, daß die ZinsFdg unbestimmt ist, KG HRR **33**, 202. Zulässig einer HöchstBetrHyp für rückständige Zinsen einer anderen Hyp, soweit sie in der ZwVerst ausfallen, u für nicht unter § 1118 fallende Kosten, vgl KG DR **43**, 856.

b) Für Zinsen u andere Nebenleistgen haftet das Grdst **nur in den Grenzen des eingetragenen Höchstbetrages, II;** Begründg hierfür, Mot 3, 767, Haftg des Grdst ist sonst zu unbestimmt, übersteigt nicht, vgl Felgentraeger, Festschr für J v Gierke 155. Trotzdem bleiben die Zinsen NebenFdgen, RG **131**, 295. Das gilt auch für gesetzl Zinsen. Dagg können Kosten aus § 1118 neben dem Höchstbetrage verlangt w. Wegen der Umwandlg vgl Anm 5.

c) Der **Schuldgrund** darf bestimmt sein. Meist ist auch er in der Weise unbestimmt, daß alle Anspr aus einem FdgsKreis gesichert werden; es ist unschädl, daß zu dem Kreis eine bestimmte Fdg gehört, RG **126**, 276. Zulässig ist auch die Sicherg aller gggwärtigen u künftigen Fdgen des Gläub gg einen bestimmten Schu, RG **75**, 247. Über mehrere Schu vgl § 1113 Anm 4a. Tilgt ein GesamtSchu Hyp auf DrittGrdst teilw, erwirbt er diese insow, als er vom and GesamtSchu Ers verlangen kann; ergibt sich bei der Endabrechng, weitere Hyp des Gläub, steht dieser TeilHyp insow wieder zu u zwar im Rang vor RestHyp des Tilgden, BGH WPM **66**, 1259. – Doch können mehrere selbständige HöchstBetrHyp (anders GrdSchulden, RG **132**, 137) nicht denselben ungeteilten FdgsKreis sichern; Verstoß macht die Eintr inhaltl unzul. Anders, wenn die eine Hyp nur für den Ausfall der anderen haftet; od wenn der FdgsKreis in erkennb Weise auf die Hyp verteilt wird, KGJ **53**, 215, od wenn er (bei mehreren HöchstBetrHyp auf verschied Grdst) später derart auf die Grdst verteilt w soll, daß der Gläub bestimmen darf, für welche Fdg er das einzelne Grdst in Anspr nehmen will, RG **131**, 22; **134**, 225. Über Doppelsicherg vgl § 1113 Anm 4a. Der Gläub der Fdg muß stets der eingetr Berecht sein. Für Fdgen verschiedener Gläub kann eine HöchstBetrHyp im allg nicht bestellt werden (wohl auch nicht derart, daß dem einen Gläub nur der vom ersten nicht verbrauchte Betrag zukommen soll, str; vgl Staud/Scherübl Rdn 22); auch nicht mehrere HöchstBetrHyp mit der Maßgabe, daß die Gläub zu bestimmen haben, inwieweit die Hyp für jede ihrer Fdgen haften sollen; denn bei mehreren Gläub ist einheitl Bestimmg nicht gewährleistet; anders wenn für die mehreren Gläub ein Vertreter nach § 1189 bestellt ist; KG DR **42**, 1334; vgl aber auch Staud/Scherübl Rdn 22.

3) Bestellung nach § 873. **a)** Die **Einigung** muß den Höchstbetrag u den Vorbeh späterer Feststellg der Fdg erkennen lassen.

b) Der **Eintragungsvermerk** muß den Höchstbetrag in bestimmter Geldsumme (§ 1115 I 1) angeben, **I S 2.** Vgl aber Anm 2a. Es muß ferner ersichtl sein, daß die spätere Feststellg der Fdg vorbehalten ist; ausdrückl Eintr nicht nötig, KGJ **42**, 238. Bezeichng als SichgHyp deshalb nicht notw (**III**, Ausn von § 1184 II). Der Gläub ist stets einzutragen (§ 1115 Anm 3); der Schu nur, wenn er nicht der Besteller ist (§ 1115 Anm 5); der SchuldGrd nicht, wenn alle Fdg gesichert werden; deutl Angabe aber ratsam. **Zinsen** u andere Nebenleistgen dürfen **nicht** eingetr werden; Eintr wäre inhaltl unzul, GBO 53 I 2; KGJ **39** A 257. Die Unterwerfgsklausel (ZPO 800) wegen fehlender Bestimmth regelm nicht eintraggsfähig, BayObLG **54**, 196 = DNotZ **55**, 313; anders nur dann, wenn sie sich auf einen bestimmten Teil (nicht auf Höchstbetrag selbst, Oldbg DNotZ **57**, 669) der sonst unbestimmten Fdg bezieht, KG JR **26**, 623.

Hypothek. Grundschuld. Rentenschuld. 2. Titel: Grundschuld. Rentenschuld   § 1190   4–7

4) Die Feststellung der Forderung ist wesentl für die rechtl Beurteilg der Hyp, weil § 1163 I S 1 u 2 auf die HöchstBetrHyp anzuwenden sind. Als dingl Recht ist sie aber grdsätzl unbedingt. Von der Entstehg od Nichtentstehg der gesicherten Fdg hängt also regelm nicht der Bestand des dingl Rechts ab, sond nur seine rechtl Natur u die Berechtigg des Gläub. ZVG 50, 125 deshalb nicht anwendbar.

a) Vor der Feststellung ist die Hyp in dem jeweils nicht ausgefüllten Teil eine vorläufige, durch die Entstehg der Fdg **auflösend bedingte Eigentümergrundschuld,** §§ 1163 I 1, 1177 I. Bis zur Entstehg der Fdg steht die GrdSch dem bestellenden Eigtümer zu, RG **125,** 136. Dieser kann wg der auflösenden Bedingg vor Feststellg der Fdg vom Gläub weder Berichtigg noch Löschg verlangen. Vorher kann auch keine Löschgsvormkg (§ 1179) geltd gemacht werden, RG **125,** 136. Die vorl EigtümerGrdSch ist verpfändbar u pfändbar, RG **97,** 223, auch abtretbar, aber die zur vollen Wirksamk nötige Eintr scheitert an GBO 39 u weil Eintr vorläufiger Rechte ordngswidrig. Trotzdem erfolgte Eintr nicht inhaltl unzul (vgl GBO 53 I 2), sond wirks, RG **120,** 111 (str), wobei die mit dem Wesen der HöchstBetrHyp zushängende Unklarh über die Höhe der EigtümerGrdSch nicht schadet. Auffüllg der HöchstBetrHyp dadurch aber nicht gehindert (§ 161). Unter mehreren PfandGläub hat den Vorrang, wer zuerst eingetr wird (Staud/Scherübl Rdn 50; aA RG **97,** 223: wer zuerst PfdgsBeschl zugestellt hat). Anders bei der künftigen, aus FremdHyp möglicherw entstehenden EigtümerGrdSch, vgl § 1163 Anm 5 c. – Ist die HöchstBetrHyp durch Entstehg der Fdg FremdHyp geworden, so erwirbt bei Tilgg der Fdg der Eigentümer zZ der Tilgg eine EigtümerGrdSch, § 1163 I 2, RG JW **34,** 1780. Zahlg auf den Höchstbetrag tilgt die Fdg nicht endgültig, wenn zB bei lfd Kredit, weiter Fdgen entstehen können; dann Erwerb nur einer vorl, auflösd bedingten EigtümerGrdSch; bei Tilgg eines Teilbetrages dies auch nur dann, wenn die HöchstBetrHyp den nicht getilgten Teil der Fdg noch deckt. Bei Kontokorrent tilgt nur Zahlg auf den Saldo, Dresden JFG **2,** 445.

b) Endgültige Feststellung der Forderung durch Vertrag (§§ 781, 782) zw dem Gläub u dem Hyp-Besteller, nicht dem pers Schu (so RG HRR **30,** 616; zweifelh), auch nicht dem späteren Eigtümer, **oder durch Urteil.** Geltdmachg vor Feststellg zul. Die BewLast für die Entstehg der Fdg trägt hat stets der Gläub, RG HRR **36,** 687. Die Feststellg wirkt nur unter den Parteien. Das gg den pers Schu ergangene Urteil aber im RStreit gg den Eigtümer als BewMittel benutzbar, RG JW **30,** 3474. Für Fdg, die nach dem Verteilgstermin entstehen, haftet die Hyp nicht mehr, RG **125,** 136. **Mit der Feststellung wird der ausgefüllte Teil endgültig Hypothek des Gläubigers.** Sie bleibt aber HöchstBetrHyp; Umwandlg in gewöhnl SichgHyp nur nach §§ 877, 1186. Der nicht ausgefüllte Teil wird unbedingte GrdSch des Bestellers (bei RNachf also nicht des ggwärt Eigtümers). Besteller kann die Berichtigg des GB (§§ 894ff, GBO 22) verlangen. Für das GBA genügt die einseitige Erkl des Gläub, daß die Fdg festgestellt worden sei, KG HRR **33,** 199.

5) Umwandlung in Verkehrs- od gewöhnl SichgHyp zul (§ 1186). Die Fdg ist durch eine bestimmte Fdg auszuwechseln (§ 1180) oder vorher festzustellen, weil sie sonst nicht bestimmt ist, KG OLG **44,** 144. Umwandlg in Grd- u Rentenschuld (§ 1198) vor Wechsel des Eigtums ohne Feststellg der Fdg zul, RG JR **27,** 471; str. Nach Wechsel des Eigtums zu jeder Umwandlg Zust des bestellenden Eigtümers notw, wenn Erschöpfg des Höchstbetrages nicht nachgewiesen, KGJ **45,** 290. Zust des pers Schuldn nicht notwendig. Der Eigtümer ist auch nach Feststellg der Fdg zur Umwandlg nicht verpflichtet. Zinsen können neben dem bisherigen Höchstbetrag eingetr werden (vgl § 1119), aber nur seit Umwandlg, KGJ **44,** 299; dann bis zu 5% auch ohne Zust der gleich- od nachstehenden Berechtigten, RG **60,** 243; **145,** 48; aM BayObLG BayZ **34,** 192. – Wegen Umschreibg der ArrestHyp in gewöhnl ZwangsHyp vgl § 1186 Anm 2.

6) Übertragung (hierzu Ripfel Just **59,** 167). Keine Abtretg der Hyp ohne Fdg. Anders umgekehrt; für Übertr der **Forderung** zwei Möglichk:

a) § 1154 III: durch Einigg u Eintr. Die HöchstBetrHyp geht als solche kraft G auf den Erwerber über, § 1153 I. Vor Feststellg der Fdg kann der eingetr Gläub die ganze Fdg abtreten. Die Hyp sichert nach wie vor die alte Fdg, RG **125,** 140, deren Feststellg vorbehalten bleibt. Der eingetr Gläub gilt nach § 891 I für das GBA als der wahre Berecht, Dresden JFG **2,** 444. Ist die abgetretene Fdg geringer als der Höchstbetrag, verbleibt dem bish Gläub (zunächst) der Restbetrag der Hyp zur Sicherg einer neuen RestFdg; erreicht die abgetretene Fdg bei Feststellg den Höchstbetrag, steht die Hyp in voller Höhe dem neuen Gläub zu. Nach Feststellg der Fdg kann der Gläub nur den ihm als endgültige Hyp zustehenden Betrag (Anm 4b) abtreten.

b) IV. Durch formlosen Vertrag, §§ 398 ff, soweit nicht nach Fdgsrecht besondere Form notwendig. Dann geht aber nur die Fdg, nicht die Hyp über. Diese wird, wenn sämtl gesicherten Fdgen abgetreten sind, bis zur Höhe der Abtretg endgültige EigtümerGrdSch. Sonst sichert die Hyp dem Gläub die verbleibenden oder möglicherweise künftig für ihn entstehenden Fdgen, KGJ **32** A 270. Abtretg zul auch nach Feststellg des Betrages. Pfändg der Fdg ohne Hyp: ZPO 837 III. Für Hyp aus Inh- u Orderpapieren ist **IV** nicht anwendbar, § 1187 Anm 5.

7) Aufhebung der HöchstBetrHyp nach § 1183. Jedoch wird vor der Feststellg der Fdg auch der Besteller als mögl Berechtigter der vorl EigtümerGrdSch (Anm 4a) betroffen, GBO 19. Die Löschgsbewilligg des eingetr Gläub genügt deshalb nicht, Dresden JFG **2,** 444. Entspr gilt für den Verzicht, § 1168.

Zweiter Titel. Grundschuld. Rentenschuld

I. Grundschuld

Schrifttum: Küchler, Die SichgGrdSch, 1939. – Huber, Die SichgGrdSch, 1965. – Seckelmann, GrdSch als Sicherungsmittel, 1963. – Gaberdiel, KreditSicherg dch GrdSch, 4. Aufl 1984. – Riecke, Gesetzgeberische Absicht u Praxiswandel bei der SichgGrdSch, 1983. – Clemente, Die SichgsGrdSch in der Bankpraxis, 1985.

§ 1191

1191 Begriff. ¹ Ein Grundstück kann in der Weise belastet werden, daß an denjenigen, zu dessen Gunsten die Belastung erfolgt, eine bestimmte Geldsumme aus dem Grundstücke zu zahlen ist (Grundschuld).

² Die Belastung kann auch in der Weise erfolgen, daß Zinsen von der Geldsumme sowie andere Nebenleistungen aus dem Grundstücke zu entrichten sind.

Übersicht

1) **Allgemeines**
   a) Rechtsinhalt
   b) Übernahme der persönlichen Haftung
   c) Grundgeschäft
2) **Grundschuld als dingliches Recht**
   a) Arten
   b) Belastungsgegenstand
   c) Bestellung
   d) Gläubigermehrheit
   e) Verfügungen
   f) Einwendungen, Einreden
   g) Gläubigerbefriedigung
3) **Sicherungsgrundschuld**
   a) Allgemeines
   b) Sicherungsvertrag
   c) Forderungsunabhängigkeit
   d) Einreden aus dem Sicherungsvertrag
   e) Rückgewähranspruch
   f) Zwangsversteigerung
   g) Konkurs, Pfändung
   h) Gläubigerbefriedigung
   i) Verwertung
   k) AGBG-Fragen

1) Allgemeines.

a) Rechtsinhalt. Die GrdSch ist eine Belastg des Inhalts, daß eine Geldsumme (idR mit Nebenleistgen) aus dem Grdst zu zahlen ist. Diese Zahlg braucht (abw von Hyp) nicht der Befriedigg einer Fdg zu dienen; tut sie es aber (Anm 3), so ist die GrdSch gleichwohl von der Fdg unabhäng (Anm 3c). Die GrdSch verpflichtet den Eigtümer nicht zur Zahlg des Kapitals u der Nebenleistgen, sond er muß nur die ZwVollstr wg dieser Beträge in das Grdst dulden (§§ 1147, 1192).

b) Übernahme der persönlichen Haftung dch Eigtümer für den GrdSchBetrag bzw für Geldbetrag iH der GrdSch neben der GrdSch mögl; sie ermöglicht Vollstr in sonstiges Vermögen. SchuldVerspr iSv § 780, das den SichgsZweck der GrdSch teilt u mit dessen Erledigg bzw im Umfang der Befriedigg aus der GrdSch erlischt (BGH NJW **87**, 318; **88**, 707; NJW-RR **87**, 1350). Wg AGBG vgl Anm 3k c.

c) Grundgeschäft für die GrdSchBestellg (Einl 5a vor § 854) kann zB sein: Vermächtn od Schenkg (ermöglicht Geldbeschaffg dch Verwertg), SichgVertr (Anm 3b) od and TrHdVertr (zB zur Rangfreihaltg; Eickmann NJW **81**, 545). Anfängl od nachträgl Unwirksamk berühren den Bestand der GrdSch grdsätzl nicht; aber RückgewährAnspr aus § 812 I 1 auf RückÜbertr, Aufhebg od Verzicht (BGH NJW **85**, 800), der dch Widerspr sicherb Einrede gg die GrdSch gibt (§ 1157). Leistgsstörgen im GrdGesch berühren den Bestand der GrdSch ebenf nicht; RückgewährAnspr (zB §§ 323ff) od Einrede (zB § 320) gg die GrdSch.

2) Grundschuld als dingliches Recht.

a) Arten. Brief- od BuchGrdSch (§ 1116 Anm 5); Einzel- od GesamtGrdSch (§ 1132 Anm 6); Fremd- od EigtümerGrdSch (§ 1196); InhGrdSch (§ 1195). Bei der TilggsGrdSch (LG Bchm Rpfleger **70**, 335; vgl RHeimstG 17 II) besteht eine FälligkVereinbg nach § 1193 II.

b) Belastungsgegenstand. Grdst, reale GrdstTeile (vgl aber GBO 7), MitEigtAnt (§§ 1114, 1192) einschl WE/TeilE, grdstgl Rechte (zB ErbbR), BruchtAnt an grdstgl Rechten od WE/TeilE.

c) Bestellung. Als FremdGrdSch dch Einigg u Eintr (§ 873); BriefGrdSch steht bis zur BriefÜberg dem Eigtümer zu (§§ 1117, 1163 II, 1192). Bei unwirks Einigg entsteht auch keine EigtümerGrdSch (RG **70**, 353). Als Eigtümer- od InhGrdSch dch einseit EigtümerErkl u Eintr (§ 1195 Anm 2, § 1196 Anm 2). Für die Eintr gilt § 1115 (dort Anm 8). Für bdgte/befristete Bestellg gilt § 1113 Anm 3a.

d) Gläubigermehrheit. Eine GrdSch kann für mehrere Pers in BruchtGemsch, GesHdsGemsch od GesamtBerechtigg nach § 428 (BGH Rpfleger **75**, 84) bestellt werden. Sie kann dann teils Fremd- u teils EigtümerGrdSch sein (BGH aaO).

e) Verfügungen. – aa) Aufhebung: §§ 875, 1183, 1192 (GrdSch erlischt). – **bb) Belastung:** Nießbr (§ 1018), PfdR (§ 1291); Pfändg (ZPO 857 VI, 830, 837; vgl Stöber Rdn 1872). – **cc) Inhaltsänderung:** §§ 877, 1198 (Umwandlg in Hyp), 1103 (Umwandlg in RentenSch). – **dd) Übertragung:** BriefGrdSch nach §§ 1154 I, II, 1192, BuchGrdSch nach § 1154 III, 1192, wobei GrdSch ÜbertrGgst ist; über InhGrdSch vgl § 1195 Anm 3. Übertragbark ausschließb (Einl 4c bb vor § 854), Wirkg gg Dritte erfordert GBEintr. Einreden/Einwendgen aus dem RVerh zw dem alten u dem neuen GrdSchGläub kann der Eigtümer der GrdSch nicht entgghalten (BGH NJW **83**, 752). – **ee) Verzicht:** §§ 1168, 1169 (Fremd- wird zur EigtümerGrdSch).

f) Einwendungen/Einreden des Eigtümers gg den Anspr auch §§ 1147, 1192. – **aa) Einwendungen** bzgl des Bestandes der GrdSch (zB Nichtentstehen) od der Berechtigg desjenigen, der sie geltd macht (zB Verlust des GläubR inf RÜbergangs außerh des GB auf Dritten od Eigtümer). Sie können bei gutgl Dritterwerb entfallen (§ 892). – **bb) Einreden,** die aus Pers RVerh zw Eigtümer u Gläub ein zeitw (zB Stundg) od dauerndes (zB §§ 242, 821, 823; RückgewährAnspr aus GrdGesch) LeistgsVerweigersR geben. Gutgl einredefreier Dritterwerb mögl (§§ 1157 S 2, 1192).

g) Gläubigerbefriedigung. – aa) Grundschuldablösung. Zahlt der Eigtümer an den Gläub, so erwirbt er die GrdSch entspr § 1143 als EigtümerGrdSch (BGH NJW **86**, 2108), die nach Maßg von §§ 1178, 1192 erlischt (BGH BB **65**, 931). AblögsR bei Fälligk der GrdSch (§ 1193), Erwerb aber auch bei vorheriger Ablösg (BGH **LM** § 1192 Nr 6). Zahlt ein ablösgsberecht Dritter, so erwirbt dieser die GrdSch nach §§ 268 III 1, 1150, 1192 (BGH **104**, 26); zahlt ein nichtablösgsberecht Dritter, so erwirbt der Eigtümer sie als EigtümerGrdSch (Saarbr OLGZ **67**, 102; Coester NJW **84**, 2548; aA [Erlöschen] MüKo/Eickmann Rdn 129;

Müller Rdn 2043). – **bb) Erzwungene Befriedigung**. Gläub hat nur DuldgsAnspr aus §§ 1147, 1192 (Anm 1a). AGrd DuldgsTitels ZwVollstr in Grdst u/od mithaftde Ggst. Mit Befriedigg des Gläub iW der ZwVollstr erlischt die GrdSch (§§ 1181, 1192). Ist die GrdSch schon dch Zuschlag erloschen (ZVG 52 I 2, 91 I), so setzt sie sich am VerstErlös, der an die Stelle der GrdSch tritt, fort (BGH NJW **89**, 2536). Über das fortbestehde Recht kann Gläub nach den für die GrdSch gelten Vorschr dch Abtretg, Verzicht (Eigtümer erwirbt Anspr auf Erlösbeteiligg soweit kein Erlöschen nach § 1178; BGH Rpfleger **78**, 363) od Aufhebg verfügen; nur Notwendigk der GBEintr/BriefÜberg entfällt (Stöber ZIP **80**, 833; dort auch zum Hebeverzicht). RückgewährAnspr bzgl GrdSch wandelt sich mit Zuschlag in Anspr auf VerstErlös u nach dessen Auszahlg an Gläub in HerausgAbspr (BGH NJW **75**, 980). Über AufhebgsAnspr vgl § 1179 Anm 3a.

3) Sicherungsgrundschuld.

a) Allgemeines. – **aa) Begriff**. Die gesetzl nicht geregelte (nicht § 1184 entspr) SichgGrdSch ist eine FremdGrdSch, die aGrd des SichgVertr eine pers Fdg des GrdSchGläub (= SN) gg den Eigtümer od einen Dritten sichert. Es sind daher vier RBeziehgen zu unterscheiden: die gesicherte Fdg (unten cc); der SichgVertr (Anm 3b); die GrdSch (Anm 2); das RVerh zw Schuldn u SG (zB Auftr, GoA, § 415 III), wenn beide nicht ident (es regelt ua, wer im InnenVerh den Gläub zu befriedigen hat). – **bb) Grundbuch**. Im GB sind der SichgZweck („SichgGrdSch") bzw der SichgVertr od die Fdg nicht eintragb (BGH NJW **86**, 53; Köln OLGZ **69**, 419; Düss RhNK **77**, 35; aA MüKo/Eickmann Rdn 41). Eintragb sind aber aus dem SichgVertr erwachsde Einreden gg die GrdSch (Anm 3d), um einredefreien Dritterwerb zu verhindern. – **cc) Gesicherte Forderung** mit ihr zugrdeliegden RVerh (zB Darlehn). Gläub ist der GrdSchGläub (= SN), Schuldn kann der SG od ein Dritter sein. Sie kann VorR nach ZVG 10 haben (LG Köln Rpfleger **62**, 104) od dch Hyp gesichert sein (§ 1113 Anm 4a bb). Sie wird dch den SichgVertr bestimmt (wg AGBG vgl Anm 3k aa); auch ohne bes Regelg sichert die GrdSch idR gem PartWillen einen zufolge Nichtigk der Fdg entstandenen BereichsAnspr (vgl BGH NJW **68**, 1134; Westermann § 131 III 2; aA Schlesw WM **82**, 1115; Köln NJW-RR **86**, 1052), sofern nicht auch die GrdSchBestellg von der Nichtigk ergriffen (BGH NJW **82**, 2767 für Wucherdarlehn); nicht aber SchadErsAnspr wg NichtErf (Celle WM **87**, 1484). Das Bestehen der Fdg kann zur Bdgg für das Bestehen der GrdSch gemacht werden (RG JW **34**, 3124; Celle DNotZ **54**, 473; Staud/Scherübl Rdn 11; str).

b) Sicherungsvertrag (SichgAbrede, ZweckErkl); formfrei. – **aa) Parteien** sind der SG u der SN. SG ist der (nicht notw mit dem pers Schuldn ident) Eigtümer, wenn er dem FdgGläub (= SN) eine FremdGrdSch bestellt od eine EigtümerGrdSch überträgt; SG ist der pers Schuldn (od ein Dritter), wenn er dem FdgGläub (= SN) eine ihm zustehde FremdGrdSch überträgt (BGH NJW **89**, 1732). Er wirkt ggü EinzelRNachf in Grdst u Fdg/GrdSch nur bei VertrEintritt bzw soweit einz Anspr abgetr od Verpfl übernommen werden (BGH NJW **85**, 800); Erwerber von Fdg u GrdSch wird grdsätzl nach dch nicht VertrPart (BGH NJW **103**, 72). – **bb) Rechtsnatur**. Der SichgVertr verpflichtet den SG, dem SN zur Sichg einer Fdg eine GrdSch zu bestellen, zu übertragen od zu belassen; er (nicht die Fdg) ist schuldr GrdGesch der GrdSchBestellg/Übertr (BGH NJW **89**, 1732). Er hat TrHdNatur, da der SichgZweck die RMacht des Gläub schuldr begrenzt u den Gläub zur Wahrg der Interessen des SG verpflichtet (BGH aaO); ist aber kein gseit Vertr iSv § 320ff, da die SichgGewähr nicht GgLeistg für die Kreditgewähr ist (Jäckle JZ **82**, 50; str). Bei anfängl od nachträgl Unwirksamk hat SG Anspr aus § 812 I auf RückÜbertr, Aufhebg od Verzicht (BGH NJW **85**, 800; vgl Anm 1c); Unwirksamk der GrdSchBestellg, wenn zw beiden GeschEinh (§ 139 Anm 3b) besteht (MüKo/Eickmann Rdn 18; Süß in Anm zu RG JW **34**, 3124). – **cc) Inhalt**. Neben der Verpfl zur FdgSichg (oben bb) enthält er idR Abreden ua über: SichgBereich (Anm 3a cc), Form der Rückgewähr (Anm 3e), Verrechng von Zahlgen (Anm 3h ee), Geltdmachg der nicht voll valutierten GrdSch u rückständ Zinsen in der ZwVerst (Anm 3f), Verwertg (Anm 3i). Auch ohne ausdrückl Abrede begründet der SichgVertr einen dch den Fortfall des SichgZwecks aufschiebd bgdten RückgewährAnspr (BGH NJW-RR **89**, 173), der bei teilw Fortfall (Übersicht) für entspr ranglezten Teil der GrdSch besteht (BGH NJW **86**, 2108), u eine ÜbertrBeschrkg (Anm 3c cc).

c) Forderungsunabhängigkeit (Nichtakzessorietät). – **aa) Eigentümer- oder Fremdrecht**. Die GrdSch ist auch dann FremdGrdSch des SN, wenn die Fdg nicht besteht; § 1163 I gilt nicht (BGH NJW **81**, 1505). Davon zu unterscheiden, daß die Nichtigk der Fdg zur Nichtigk der GrdSch führen kann (Anm 3a cc). – **bb) Rechtsinhalt** der GrdSch kann nicht von dem der Fdg abhäng gemacht werden; zB nicht Nebenleistgen u Fälligk des Kapitals (Celle DNotZ **54**, 373; Erm/Räfle Rdn 7; krit Riedel DNotZ **54**, 458) od VerwertgsR (KG JW **32**, 1759) nach Maßg der Fdg. – **cc) Übertragung**. Die GrdSch kann (nach § 1154) ohne Fdg u die Fdg (nach §§ 398ff) ohne die GrdSch übertragen werden: §§ 401, 1153 gelten nicht. Aus dem SichVertr ist der SN mangels abw Vereinbg verpflichtet, vor FdgsFälligk beide nur gemeinsam zu übertragen; bei Verstoß SchadErsAnspr des SG aus pVV (BGH NJW-RR **87**, 139). Bei getrennter FdgsAbtretg hat der SN die nach § 404 gegn dem Erwerber wirkde Einrede, daß die Fdg nur Zug um Zug gg GrdSchRückgewähr erfüllt zu werden braucht (BGH NJW **82**, 2768); über Einrede ggü GrdSchErwerber vgl Anm 3d cc.

d) Einreden aus dem Sicherungsvertrag. – **aa) Bedeutung**. Bei Einreden gg die Fdg gilt § 1137 nicht, Einwendgen führen nicht zur EigtümerGrdSch nach § 1163 I; beide berühren unmittelb nur den Anspr aus der Fdg. Als Einreden aus dem SichgVertr können sie aber nach Maßg von § 1157 ggü dem Anspr aus der GrdSch geltd gemacht werden. Sie können dem DuldgsAnspr aus § 1147 zeitw entgegstehen (zB Nichtfälligk der Fdg; BGH WM **85**, 953) od einen RückgewährAnspr begründen (zB Nichtvaluitierg). Aus dem SichgVertr kann sich auch eine Einrede gg die Fdg ergeben (vgl Anm 3c cc). – **bb) Hauptfall: Nichtvaluitierung**. Die vorläuf Nichtvaluitierg gibt eine zeitw Einrede gg die GrdSch. Die endgültl Nichtvaluitierg ist BdggsEintritt für den RückgewährAnspr (Anm 3b cc). Nichtentstehen (BGH WM **74**, 47) u Erlöschen (BGH NJW **86**, 53) der Fdg muß der SG als Voraussetzg des RückgewährAnspr beweisen. Stand FdgsHöhe bei GrdSchBestellg noch nicht fest, dann muß der SN die Fdg ggü dem RückgewährAnspr beweisen (BGH WM **77**, 666), sofern der SG nicht gem § 780 die pers Haftg für den GrdSchBetrag übernommen hat (BGH WM **86**, 1355). – **cc) Forderungs-/Grundschulderwerb**. Einreden gg die Fdg wirken gem § 404 ohne

§ 1191 3d–g

GutglSchutz auch ggü dem FdgsErwerber. – Einreden gg die GrdSch können nach Maßg von § 1157 auch ggü dem GrdSchErwerber erhoben werden (allgM; aA Buchholz AcP **187**, 107); zB Nichtfälligk der Fdg (Weirich Rdn 689), vorläuf (StudK/Wolf Anm 7 c cc) u endgült (BGH **85**, 388) Nichtvalutierg, § 812. Im Ztpkt des GrdSchErwerbs muß der gesamte Einredetatbestd (zB Erlöschen der Fdg) verwirklicht sein (BGH **85**, 388) u die Einrede bzw ein Widerspr müssen im GB eingetr sein od der Erwerber muß bösgläub gewesen sein; verwirklicht sich der Einredetatbestd erst nach GrdSchErwerb, so greift § 1157 (and als § 404) nicht ein u der Erwerber hat nach § 1156 einredefrei erworben u kann so weiterübertragen (BGH NJW-RR **87**, 139). Bösgläubigk erfordert nicht nur Kenntn des SichgZwecks (so aber Lopau JuS **76**, 553; Wilhelm JZ **80**, 625), sond auch Kenntn der einredebegründden Tats (BGH **103**, 72; hM). Fragl, ob Einrede der endgült Nichtvalutierg gg Erwerber wirkt, der die Einrede der Nichtfälligk der Fdg wg ordngsmäß lfder Tilgg (ja: Rimmelspacher, KreditSichgR² Rdn 751) od ihrer Noch-Nicht-Valutierg (nein: Reinicke/Tiedtke, GesSchuld u SchuldSichg² S 211) gg sich gelten lassen muß; dafür spricht, daß nur Weiterentwicklg früherer Einrede. – Bei Erwerb von Fdg u GrdSch gilt für die Fdg § 404 u für die GrdSch § 1157 (BGH **103**, 72).

e) Rückgewähranspruch. Er geht nach Wahl des Eigtümers auf Übertragg auf ihn (§§ 1192, 1154; EigtümerGrdSch entsteht), Verzicht (§§ 1192, 1168; EigtümerGrdSch entsteht) od Aufhebg (§§ 1192, 1183, 875; GrdSch erlischt). Er steht GrdstMitEigtümern grds in § 741-Gemsch zu (BGH Rpfleger **82**, 59; NJW **86**, 2108). Er begünstigt nachrang RealGläub nicht (daher Umvaluterg zul: BGH NJW **85**, 800) u ist bei Abtretg an diesen nicht NebenR iSv § 401 zu dessen Recht (BGH **104**, 26).

aa) Abtretung (BGH NJW **77**, 247) erfolgt formfrei nach §§ 398ff; sie enthält Abtretg des Anspr aus § 1169 (BGH NJW **85**, 800). Mit ihr geht WahlR auf Zessionar über; er ist aber an vor Abtr vom Zedent getroffene Wahl gebunden. Eine Bindg des Zessionars dch den Zedenten dahin, vom WahlR nur in bestimmter Weise Gebr zu machen (zB RückÜbertr), hat keine Außenwirkg. Vorausabtretg (vgl § 398 Anm 4c) zul (BGH NJW **85**, 800). Abtretg an nachrang GrdPfdGläub vielf, um sein Aufrücken inf Löschg zu sichern; denn §§ 1179, 1179a sind bedeutgslos, weil Erlöschen der Fdg FremdGrdSch unberührt läßt. Wird die GrdSch in Erfüllg des abgetretenen Anspr an Zessionar übertragen, so darf er über sie nicht dch WeiterÜbertr/Verpfändg verfügen (ggü dieser Einrede aus dem SichgsVertr aber gutgl Dritterwerb gem § 1157 mögl). – Fällt GrdSch bei ZwVerst nicht in geringstes Gebot, erlangt Zessionar Anspr auf entspr VerstErlös (BGH NJW **77**, 247).

bb) Vormerkung (§ 833) zur Sichg des entstandenen od bdgt/künft Anspr. Bewilligg schon vor Erlöschen od endgült Nichtentstehen der Fdg zul, auch schon gleichzeit mit Eintr der FremdGrdSch. Im letzteren Fall genügt Bewilligg des Eigtümers, sonst die des GrdSchGläub erforderl (Düss NJW **57**, 1282). Gegen diesen daher auch einstw Vfg (§ 885) zu richten; diese ist zul, da schuldr RückgewährAnspr schon mit GrdSchBestellg aufschieb bdgt dch Tilgg der gesicherten Fdg entstanden. Eintr der Vormkg auch währd die GrdSch noch dem Eigtümer zusteht (MüKo/Eickmann Rdn 93). – **Widerspruch** (§§ 1157, 899) zur Sichg entstandenen Anspr zul (KGJ **53**, 221): GB ist unricht, da es einredefreie GrdSch verlautbart.

cc) Verpfändung erfolgt nach §§ 1273ff (dazu Scholz FS-Möhring 1965, 419).

dd) Pfändung erfolgt nach ZPO 857 I (dazu Stöber Rdn 1886ff). Eintragb, wenn Anspr dch Vormkg gesichert (Stöber Rdn 1900). Die schon vor Erlöschen der gesicherten Fdg zuläss Pfändg ist ggstlos, wenn der Anspr schon vorher abgetreten war (BGH **LM** § 313 Nr 14). Die Pfändg hindert den GrdSchGläub nicht an der vertragsgemäß Verwertg der GrdSch (RG **143**, 117). Nach Überweisg des Anspr zur Einziehg (an Zahlgsstatt entspr ZPO 849 unzul; str, vgl Stöber Rdn 1892 Fußn 21), kann der PfändgsGläub bei Fälligk Übertr der GrdSch auf den Eigtümer (Besteller) beanspr; mit der Übertr (nicht aber der Verzicht; BGH NJW **89**, 2536) erwirbt er entspr § 1287 od entspr ZPO 848 II ein PfdR an der GrdSch; bei (zuläss) Anordng der Übertr an einen Sequester hat er diesen Anspr auch schon ohne Überweisg, vgl Hoche NJW **55**, 163. – Fällt GrdSch bei ZwVerst nicht ins geringste Gebot, verwandelt sich PfdR in ein solches am Anspr auf den entspr Versteigergserlös (BGH NJW **87**, 1026). – Zur Pfändg des Anspr auf Auskehrg überschießden Verwertgserlöses BGH **LM** § 857 ZPO Nr 4 (bei Abtretg der GrdSch sicherngshalber).

ee) Erwerb des Grundstücks läßt den RückgewährAnspr nur bei (auch stillschw) MitÜbertr auf den Erwerber übergehen (BGH **LM** § 1169 Nr 1); zB bei Eintritt in KreditVerh (BGH NJW **86**, 2108) u stillschw idR, wenn Erwerber die gesicherte Schuld in Anrechng auf den Kaufpr übernahm (BGH NJW **83**, 2502). Beachte, daß hierbei nach hM die Erleichterg des § 416 nicht gilt (str; aA Brschw MDR **62**, 736; Derleder JuS **71**, 90 Fußn 11; § 416 Anm 3), vgl aber die Anwendbark bei der gesetzl SchuldÜbern auch bei GrdSch nach ZVG 53 II (vgl BGH Rpfleger **71**, 211); ErbbRVO 33 II 3. – **Erwerb der Grundschuld** läßt RückgewährAnspr nur bei SchuldÜbern übergehen (BGH NJW **89**, 2536); vgl aber Anm 3 d cc. Bei RückgewährAnspr aus § 822 gilt Anm 3e (BGH aaO).

f) Zwangsversteigerung. Besteht die gesicherte Fdg ganz od teilw nicht od nicht mehr, so kann Eigtümer in der ZwVerst Widerspr gg Zuteilg des Erlöses bzw Übererlöses an (bish) GrdSchGläub erheben u Zuteilg an sich selbst (aber wg § 1197 II nicht wg Zinsen) verlangen. GrdSchGläub ist Inh des RückgewährsAnspr ggü verpflichtet, das volle GrdSchKapital anzumelden (Mü NJW **80**, 1051) u den Erlös bzw Übererlös an diesen auszukehren (BGH NJW-RR **89**, 173); zur Anmeldg rückständ GrdSchZinsen ist er wg § 1197 II nicht verpflichtet (Mü aaO zust Anm Vollkommer; aA Eckelt WPM **80**, 454) aber berechtigt (BGH DNotZ **66**, 98; NJW **81**, 1505; Celle WM **85**, 1112; Stöber ZIP **88**, 976). Zur Frage, wem der auf die Zinsen entfallde Betr gebührt, vgl LG Ansb BB **87**, 2049 mit Anm v Blumenthal.

g) Konkurs, Pfändung, – aa) KO 43: Im GläubKonk kann Eigtümer die GrdSch nach Erf des SichgZwecks aussondern; RGrdLage sowohl der dingl Anspr aus § 1169 (vgl dort Anm 3) als auch der RückgewährAnspr in der Form des RückÜbertr- od AufhebgsAnspr (Staud/Scherübl Rdn 81; Serick III § 35 III 3 a). Im Konk des Eigtümers bedeutet GrdstFreigabe dch KonkVerw nicht auchFreigabe des RückgewährAnspr (BGH Rpfleger **78**, 363). – **bb) § 771 ZPO:** Wer die GrdSch pfändet, kann nicht mehr Rechte erwerben, als sein VollstrSchu, der GrdSchInhaber. Dem PfändgsPfdGläub ist dah stets nur im Rahmen der gesicherten Fdg der Zugr ins Grdst eröffnet, da ihn § 1157 S 2 nicht schützt. And als bei SichgÜbereign erfordert es dah die Interessenlage nicht, dem GrdSchBesteller ZPO 771 zu gewähren (so auch Serick III § 34 IV 1 b). Im Hinbl auf die nicht akzessor Natur der GrdSch muß dies auch gelten, wenn der GrdstEigtümer nach Pfändg der GrdSch, statt diese abzulösen, auf die Fdg zahlt (Huber S 152).

h) Gläubigerbefriedigung. Es ist zu unterscheiden, ob aus der GrdSch (GrdSchAblösg) od die gesicherte Fdg geleistet ist u wer leistet. Leistet ein Dritter für Rechng u mit Zust des dingl u/od pers Schuldn, so ist dies für die Wirkg eine Leistg des Schuldn (BGH **LM** § 1192 Nr 6; NJW **83**, 2502); zB kann lastenfrei verkaufder Eigtümer leisten, wenn Käufer in Anrechng auf Kaufpr vor EigtUmschreibg an Gläub zahlt. – Befriedigg iW der **Zwangsvollstreckung** aus der GrdSch ist Zahlg des Eigtümers auf die GrdSch: sie erlischt (§§ 1192 I, 1181); die gesicherte Fdg erlischt, wenn zugleich auf sie geleistet wird (zB wenn Eigtümer auch pers Schuldn; BGH NJW **87**, 503).

aa) Befriedigung durch Eigentümer, der zugleich persönlicher Schuldner. – Bei Zahlg auf die **Grundschuld** erwirbt er sie als EigtümerGrdSch (Anm 2g aa). AblösgsR bei Fälligk der GrdSch (nicht schon vor der Fdg), Erwerb aber nur bei vorheriger Ablösg (BGH **LM** § 1192 Nr 6). Mit der Ablösg erlischt auch die Fdg (BGH NJW **80**, 2198; **87**, 503, 838), weil zugleich auf sie geleistet bzw gem § 364 Anm 4 (Reinicke/Tiedtke WPM **87**, 485). – Bei Zahlg auf die **Forderung** erlischt diese (§ 362). Die GrdSch bleibt FremdGrdSch; es kann Rückgewähr aus dem SichgVertr verlangt werden (vgl Anm 3d bb).

bb) Befriedigung durch Eigentümer, der nicht persönlicher Schuldner. – Bei Zahlg auf die **Grundschuld** erwirbt sie als EigtümerGrdSch (wie oben aa). Die Fdg erlischt nicht (BGH NJW **81**, 1554; **87**, 838; aA Reinicke/Tiedtke WM **87**, 485), geht aber nicht entspr § 1143 I auf Eigtümer über (BGH **105**, 154; dazu Oehler JuS **89**, 604); Gläub kann sie aber nicht mehr gg Schuldn geltd machen, wenn dadch doppelte Befriedigg (BGH aaO). Eigtümer, der zugleich SG, hat aus SichgVertr Anspr auf FdgAbtr gg Gläub, wenn er RückgrAnspr gg Schuldn hat (KG NJW **61**, 414; Reinicke/Tiedtke aaO; aA Bayer/Wandt JuS **87**, 271 Fußn 8: auch ohne RückgrAnspr). Erwirbt Eigtümer, der nicht SG, die Fdg vom Gläub/SN, so kann Schuldn/SG der Fdg gem § 404 entggehalten, daß er an SN aus SichgVertr nur gg GrdSchRückgewähr hätte zahlen müssen (BGH NJW **87**, 838), sofern die GrdSch nicht durch dem RVerh zw Schuldn/SG u Eigtümer nicht letzterem zusteht. Erwirbt Eigtümer/SG, der keinen RückgrAnspr hat, die Fdg, so kann Schuldn einwenden, daß Eigtümer ihm ggü zur Befriedigg verpfl (vgl RG **143**, 287). – Bei Zahlg auf die **Forderung** erlischt diese (BGH NJW **82**, 2308); and bei FdgAblösg gg Abtretg (BGH aaO). Die GrdSch bleibt FremdGrdSch; es kann Rückgewähr aus dem SichgVertr verlangt werden (vgl Anm 3d bb).

cc) Befriedigung durch persönlichen Schuldner, der nicht Eigentümer. – Zahlg auf die **Grundschuld** nur mögl als Leistg des Eigtümers (vgl vor aa), so daß bb gilt, oder als Dritter, so daß dd gilt. – Bei Zahlg auf die **Forderung** erlischt diese (§ 362). Die GrdSch bleibt FremdGrdSch; es kann Rückgewähr aus dem SichgVertr verlangt werden (vgl Anm 3d bb). Hat Schuldn RückgrAnspr gg Gläub des RückgewährAnspr, so ist § 1164 nicht anwendb, aber es kann Abtretg des RückgewährAnspr od der rückgewährten GrdSch verlangt werden; auch § 1167 anwendb (MüKo/Eickmann § 1167 Rdn 8; aA Staud/Scherübl § 1167 Rdn 11).

dd) Befriedigung durch Dritte. – Zahlt ein bzgl der GrdSch **ablösungsberechtigter** Dritter auf diese, so erwirbt er sie gem §§ 1192 I, 1150, 268 III 1 (Anm 2g aa); die gesicherte Fdg erlischt nicht (vgl oben bb; aA MüKo/Eickmann Rdn 86). Bei AblösgsR bzgl der gesicherten Fdg (Gläub vollstreckt aus ihr in das Grdst) u Zahlg auf diese, erwirbt er die Fdg (§ 268 III 1) ohne GrdSch (§ 401 nicht anwendb); für die GrdSch gilt cc (Zahlg auf Fdg) entspr. – Zahlt ein **nicht ablösungsberechtigter** Dritter auf die GrdSch, so wird diese EigtümerGrdSch (Anm 2g aa); die gesicherte Fdg erlischt nicht (vgl oben bb; aA MüKo/Eickmann Rdn 86). Zahlt er auf die Fdg, so erlischt sie; die GrdSch bleibt FremdGrdSch u es kann Rückgewähr aus dem SichgVertr verlangt werden (Saarbr OLGZ **67**, 102).

ee) Worauf gezahlt ist, entscheidet sich primär nach dem bei Zahlg **erklärten Willen des Zahlenden.** Zahlt der Käufer des belasteten Grdst vor EigtErwerb den Kaufpr mit Willen des Verkäufers an dessen Gläub, so ist es eine Zahlg des Verkäufers u sein Wille ist maßg (BGH NJW **83**, 2502). – Wird bei Zahlg der **Wille nicht ausdrücklich erklärt,** so ist er aus den Umständen, insb der Interessenlage (Zahlder erstrebt iZw für ihn günstigstes Ergebn) zu ermitteln (BGH NJW-RR **87**, 1350). Ein solcher Umstand ist eine (bei Bankkredit übl) **Verrechnungsabrede** zw Zahldem (hier: aber einem Dritten; BGH **LM** § 1192 Nr 7; NJW **87**, 838) u Gläub; eine abw Bestimmg des Zahlden ist nur unwirks, wenn Gläub die Zahlg deswg sofort zurückweist; keine Bindg mehr an Abrede der Zahlg auf die Fdg, wenn Gläub die ZwVollstr aus der GrdSch androht od betreibt (BGH NJW-RR **87**, 1350; Karlsr NJW-RR **88**, 1337). Ein solcher Umstand kann auch der **Sicherungszweck** sein; daher iZw Zahlg auf die Fdg, wenn diese alle ggwärt od künft Anspr des Gläub (BGH NJW **83**, 2502) bzw Anspr aus lfd Rechng (BGH BB **65**, 931; **69**, 698) sichert; SichgZweck wirkt nicht gg Eigtümer, der nicht SG. – Iü ergibt die **Interessenlage** iZw: Pers Schuldn, der nicht zugleich Eigtümer/SG, zahlt nur auf die Fdg (MüKo/Eickmann Rdn 78). Pers Schuldn, der zugl Eigtümer/SG, leistet lfde Amortisationszahlen einschl geleistete Rate nur auf die Fdg (BGH **LM** § 812 Nr 107), Zahlg des vollen Betrages eines langfrist Anlagekredits auf die GrdSch (BGH BB **69**, 698), bei angedrohter/betriebener ZwVollstr aus der GrdSch auf diese (BGH WPM **87**, 1213), Zahlgen auf die GrdSch auch auf die Fdg (BGH NJW **87**, 838). Eigtümer, nicht zugleich pers Schuldn, zahlt auf die GrdSch (BGH **LM** § 242 Bb Nr 53; NJW **87**, 2502; **87**, 838 [auch wenn er zur Abwendg der ZwVollstr nur den die GrdSch nicht erreichenden FdgBetrag zahlt]); ist er dem pers Schuldn ggü zur Tilgg der Fdg verpfl, so zahlt er (als Dritter) auch auf diese. – Dch **nachträgliche Vereinbarung** (nicht einseit) kann eine Zahlg auf die Fdg zur Zahlg auf die GrdSch werden, wodch diese zur EigtümerGrdSch wird, gemacht werden (BGH **LM** § 1192 Nr 6); nicht aber umgekehrt (keine Rückumwandlg der Eigtümer – in FremdGrdSch).

i) Verwertung. Die VerwertgsBefugn des Gläub bestimmt sich nach dem SichgsVertr (Anm 3b bb). Hiernach darf er (im InnenVerh) idR die GrdSch erst nach Fälligk (auch) der pers Fdg dch Vollstr in das Grdst verwerten. Er hat die Wahl, ob die persönl Fdg od die GrdSch od beide gleichzeitig geltdmacht. Gläub muß bei Verwertg das Interesse des SG an möglichst günstiger Verwertg wahren; auch bei Verwertg

§§ 1191–1193   3. Buch. 8. Abschnitt. *Bassenge*

von Dritten gestellter Sicherh darf er nicht willkürl zum Nachteil des SG handeln (BGH NJW-RR **87**, 1291). Gläub kann ermächtigt werden, die GrdSch nach Fälligk der Fdg durch Abtretg zu verwerten, ohne an die Beschrkgen der §§ 1234ff, 1284 gebunden zu sein, RG **143**, 116 (vgl auch Serick § 35 Fußn 135) od die ganze GrdSch zu verkaufen od zu versteigern, um sich so wg der pers Fdg zu befriedigen; fehlt Vereinbg, so ist Gläub verpflichtet, nur so abzutreten, daß sich auch der Erwerber nur in Höhe der Fdg aus dem Grdst befriedigen kann, RG JW **36**, 2310. Vgl auch Huber 240ff. Verwertet der Gläub die GrdSch durch Abtretg, so erlischt die Fdg in Höhe der erhaltenen Valuta (BGH NJW **82**, 2768), jedoch auflösd bedingt dadurch, daß Abtretg durch Anfecht od Rücktr hinfällig wird. Zahlg an ErstGläub nach Übertr wirkt nicht gg Zweit-Gläub der GrdSch, auch wenn er SichgCharakter des Rechts kannte (vgl oben Anm 3d). Kein Rückgewähr-Anspr des SG, wenn SN GrdSch nach Verwertg zurückerwirbt (BGH NJW **79**, 717).

k) AGBG bei FormularVereinbg anläßl der GrdSchBestellg (vgl auch Rastätter DNotZ **87**, 459; Rainer WM **88**, 1657; Publick, RProbleme der SichgVereinbgen bei GrdSch; Ffm 1988). – **aa) Sicherungsbereich** (Anm 3a cc). Wurde die GrdSch zur Sichg einer bestimmten Fdg des SN gg einen Dritten bestellt, so verstößt die Sichg aller bestehden u künft Fdgen gg AGBG 3, 9 (BGH NJW **89**, 831); dies gilt nicht bei Sichg einer bestimmten Fdg gg den SG od wenn für Dritte Kredit in lfder Rechng gesichert wurde (BGH NJW **87**, 946). Dritter ist auch der Eheg des SG (BGH NJW **89**, 831) u der Gter einer PersGesellsch, die SG (BGH **102**, 152); nicht aber ein mit dem SG personell verflochtenes u mit KreditGesch vertrautes Unternehmen (BGH **100**, 82). Ermächtigg mehrerer SG ggseit zur Erweiterg des SichgBereichs od isolierter GrdSch-Übertr (BGH **103**, 72). – **bb) Rückgewähranspruch** (Anm 3e). Ausschl des RückÜbertrAnspr auch für den Fall, daß SG zZ der Rückgewähr wg ZwVerst nicht mehr Eigtümer, verstößt gg AGBG 9 (BGH NJW **89**, 1349). – **cc) Persönliche Haftung** (Anm 1b). Übernahme dch SG, der zugl pers Schuldn, verstößt nicht gg AGBG (BGH NJW **87**, 904; Hamm WM **87**, 1064). Dies gilt auch, bei Sichg einer bestimmten Fdg des SN gg einen Dritten (Düss WM **87**, 717; aA Stgt NJW **87**, 71); hier aber Verstoß gg AGBG 3, 9 bei Erstreckg des SichgBereichs auf alle bestehden od künft Fdgen (Oldbg NJW **85**, 152). Von Haftg für GrdSchBetrag ist Beitritt des SG zur pers Schuld zu unterscheiden (vgl dazu Karlsr NJW **86**, 136; Oldbg NJW-RR **88**, 1101).

1192 *Anwendbare Vorschriften.* **I** Auf die Grundschuld finden die Vorschriften über die Hypothek entsprechende Anwendung, soweit sich nicht daraus ein anderes ergibt, daß die Grundschuld nicht eine Forderung voraussetzt.

II Für Zinsen der Grundschuld gelten die Vorschriften über die Zinsen einer Hypothekenforderung.

1) Nicht anwendbar sind die Vorschriften, die auf der Abhängigkeit der Hypothek von der Forderung beruhen: §§ 1115 I Halbs 2, 1137–1139, 1153, 1161, 1163 I, 1164–1166, 1173 I 2 (hins der Vereinigg von Fdg u Schuld), 1174, 1177, 1184–1187, 1190. **Alle anderen Vorschriften sind entsprechend anwendbar,** auch wenn sie die Fdg betreffen; das für die Fdg Vorgeschriebene gilt dann für die GrdSch; zB §§ 1115 I Halbs 1, 1118, 1142, 1154, 1157. Die Bestimmg, daß nur die aus dem zugrunde liegenden SchuldVerh geschuldeten Beträge aus dem Grdst zu zahlen seien, ist nicht eintraggsfähig, KG JW **32**, 1759. Über weitere Einreden des Eigtümers vgl § 1137 Anm 1a, b, soweit sie das dingl Recht betreffen. Wg § 1169 vgl dort Anm 1 u § 1191 Anm 3b bb, e aa. IFv §§ 1173 II, 1182 bleibt das R GrdSch; str, vgl § 1173 Anm 4b. Wg § 1179–1179b vgl dort ie Anm 1a. Über Umwandlg in Hyp § 1198.

2) Gesetzlicher Übergang. Die FremdGrdSch geht kraft G auf den Eigtümer über nur in folgenden Fällen: §§ 1142 (§ 1191 Anm 3h aa), § 1171 II 1, 1173 (BGH NJW **76**, 2132), 1176, 1182 in dem Umfang, in dem Eigtümer (od Dr für ihn; BGH **LM** Nr 6, 7) den Gläub dch Zahlg auf die GrdSch befriedigt. §§ 1168, 1175 I 1, 1176, wenn der Gläub auf die GrdSch verzichtet; § 1175 I 2 gilt auch für SichgGrdSch u zwar auch, wenn der Verzicht gem § 418 I 2 fingiert ist, BGH DNotZ **66**, 667. § 1170 II 1, 1175 II; Ausschl des Gläub. § 889; Vereinigg von Eigt u GrdSch in einer Pers. § 1163 I gilt nicht. Übergang auf Dritte: § 1150. GBVerf: Zur Löschg reicht (neben Zust des Eigtümers, GBO 27) Löschgsbewilligg des eingetr Gläub nicht aus, wenn sich dieser als aus der GrdSch befriedigt erklärt; Angabe der Zahlenden nötig, damit GBA beurteilen kann, auf wen die GrdSch übergegangen; vgl auch § 875 Anm 3a. Anders, wenn Gläub wg der pers Fdg für befriedigt erklärt, KGJ **17**, 201; denn GrdSch ist beim Gläub geblieben (nur Einrede aus § 812). Bei ges Übergang keine VorEintr des Eigtümers als Gläub vor Vfg über GrdSch (KG Rpfleger **75**, 136). – Der ges Übergang ist nicht mit dingl Wirkg ausschließb (KG JW **33**, 64). Nur ges Übergang des dingl R, niemals der gesicherten pers Fdg. – Niemals ges Übergang auf den pers Schu (hM; vgl § 1191 Anm 3h).

3) Für die Zinsen gelten die §§ 1194, 1197 II. Ferner, wie **II** klarstellt, die §§ 1115 I Halbs 1, 1118, 1119 I, 1145 II, 1160, 1158, 1159, 1160 III, 1171 I 2, 1178. Verweisg auf § 1178 bedeutet, daß bei Tilgg der GrdSchZinsen insoweit GrdSch erlischt; nicht aber, daß GrdSchZinsen von Zinsen der gesicherten Fdg abhängig seien, BGH WPM **65**, 1197. Zinsbeginn kann vor Eintr liegen (BayObLG **78**, 136); ist nichts anderes eingetr, beginnt Verzinsg mit Eintr, RG **136**, 234. Ist Unverzinslichk schuldrechtl vereinb, wirkt dies zG SonderRNachf des GrdstEigtümers nur, wenn er seinen Anspr aus dieser Abrede an den RNachf abgetreten hat (etwa auf Unterlassg eines Zinsbegehrens od Verzicht auf die GrdSch insow), BGH BB **67**, 937; vgl auch **LM** § 1169 Nr 1 u § 1197 II.

1193 *Fälligkeit.* **I** Das Kapital der Grundschuld wird erst nach vorgängiger Kündigung fällig. Die Kündigung steht sowohl dem Eigentümer als dem Gläubiger zu. Die Kündigungsfrist beträgt sechs Monate.

II Abweichende Bestimmungen sind zulässig.

Hypothek. Grundschuld. Rentenschuld. 2. Titel: Grundschuld. Rentenschuld §§ 1193–1196

1) In erster Reihe richtet sich die Fälligk nach der **Vereinbarung (II),** zB tägl Fälligk (über Fälligk der Zinsen in diesem Fall vgl Bauch Rpfleger **85,** 466; LG Augsbg Rpfleger **86,** 211); Wirkg ggü RNachf nur bei Eintr. Änderg: § 1119 II. § 271 II gilt hier nicht, KG JW **35,** 1641. **Fehlt Vereinbarung,** gilt für das Kapital **I;** für die Zinsen § 608 entspr. § 1141 I 2, II anwendb. Für die EigtümerGrdSch (außer denen des § 1196) gelten die §§ 1193, 1194 nicht, § 1177 I 2. – **Kündigung** ist Vfg über die GrdSch, nicht über das Grdst (BGH **1,** 303), sie beendet nicht die Verzinsg (BGH NJW **87,** 946).

1194 *Zahlungsort.* Die Zahlung des Kapitals sowie der Zinsen und anderen Nebenleistungen hat, soweit nicht ein anderes bestimmt ist, an dem Orte zu erfolgen, an dem das Grundbuchamt seinen Sitz hat.

1) Vgl §§ 269, 270; über abweichende Vereinbargen vgl § 1193 Anm 1. Für die Leistgsstelle innerh des Ortes gelten allg Grdsätze; vgl § 269 Anm 3. Vgl aber auch § 1177 I 2.

1195 *Inhabergrundschuld.* Eine Grundschuld kann in der Weise bestellt werden, daß der Grundschuldbrief auf den Inhaber ausgestellt wird. Auf einen solchen Brief finden die Vorschriften über Schuldverschreibungen auf den Inhaber entsprechende Anwendung.

1) Die InhaberHyp, §§ 1187ff, ist stets Buch- (Sichergs-) Hyp. Die **Inhabergrundschuld** muß **Briefrecht** sein. Sie hat keine prakt Bedeutg erlangt. Gem § 1192 gilt § 1187 S 4 (vgl dort Anm 3 aE).

2) Bestellung entspr § 1188 I durch einseitige Erkl des Eigtümers u Eintr. Als Berechtigter ist der Inh des Briefes einzutragen. Vgl GBO 50 II, § 1189 anwendbar. Staatl Gen (§ 795 Anm 1) ist dem GBA nachzuweisen, RG **59,** 387. Briefbildg GBO 70 II. Briefvorlegg GBO 42 S 2, 53 II 2.

3) Anwendbar sind §§ 793ff. Vgl insb § 796 Anm 3; jedoch können Einwendgen durch den öff Glauben des GB ausgeschl sein. § 1154 also nicht anwendbar. Abtretg durch Einigg u Übergabe des Briefes. Belastg nach §§ 1081, 1293. Pfändg nach ZPO 808, 821, 823. Über Zinsscheine vgl Güthe-Triebel § 70 Anm 4 u Planck Anm 11. Umschreibg in gewöhnl GrdSch (§ 806) nach § 877.

1196 *Eigentümergrundschuld.* **I** Eine Grundschuld kann auch für den Eigentümer bestellt werden.

II Zu der Bestellung ist die Erklärung des Eigentümers gegenüber dem Grundbuchamte, daß die Grundschuld für ihn in das Grundbuch eingetragen werden soll, und die Eintragung erforderlich; die Vorschrift des § 878 findet Anwendung.

III Ein Anspruch auf Löschung der Grundschuld nach § 1179a oder § 1179b besteht nur wegen solcher Vereinigungen der Grundschuld mit dem Eigentum in einer Person, die eintreten, nachdem die Grundschuld einem anderen als dem Eigentümer zugestanden hat.

Schrifttum: Mauer, EigtGrdSch u Pfanderstreckg, ZfgesK **68,** 489. – Mümmler, Die Zwangsvollstr in EigtümerGrdPfdRechte, JurBüro **69,** 789. – Riggers JurBüro **69,** 195.

1) Allgemeines. – a) Rechtsnatur (I). Die EigtümerGrdSch ist ein echtes GrdPfdR u gewährt vorbehaltl § 1197 dieselben Rechte wie eine FremdGrdSch (BGH NJW **88,** 1026); es gelten daher auch §§ 1120ff (BGH NJW **79,** 2514; Pander JuS **81,** 565). Da sie ein ggü dem Eigt selbstd Recht ist, wird sie bei Veräußerg des Grdst zur FremdGrdSch des früh Eigtümers (BGH **64,** 316). Eigtümer sichert sich mit der Bestellg eine absolute Rangstelle (vgl § 881 Anm 1a) u kann die GrdSch dch Abtretg od Verpfändg verwerten. – **b) Entstehung** dch Bestellg (Anm 2) od auf Weise (Übbl 3 E vor § 1113). – **c) III** ist dch Art 1 Nr 4 des G v 22. 6. 77 (BGBl 998) angefügt und gilt ab 1. 1. 1978.

2) Bestellung (II) dch einseit Erkl u GBEintr; auch als BriefGrdSch entsteht sie schon mit GBEintr (§§ 1117, 1163 II gelten nicht). Sie bedarf als Vfg über das Grdst der Gen nach § 1821 I Nr 1 (KG JFG **9,** 266) u der Einwilligg nach § 1424 (KGJ **43,** 259), nicht aber der Zust nach § 1365 (Hamm DNotZ **60,** 320). Sachrechtl formfrei, verfrechtl gilt GBO 29. Erkl muß auf Bestellg einer GrdSch für den Eigtümer gerichtet sein; bei nichtiger HypBestellg entsteht keine EigtümerGrdSch (§ 1163 Anm 2). Wg Bestellg dch NichtEigtümer vgl § 892 Anm 3b. – **Gesamthandseigentümer** können eine EigtümerGrdSch nur für alle bestellen. Bei **Bruchteilseigentum** kann jeder MitEigtümer seinen Anteil belasten. Belasten MitEigtümer das Grdst im ganzen mit einer GrdSch, die ihnen im gleichen BeteiligVerhältn wie das Grdst zusteht, so entsteht eine GesEigtümerGrdSch (BayObLG **62,** 189; vgl § 1172 Anm 2d); bestellen sie die GesGrdSch für sich als GesGläub, so ist sie am eig Anteil Eigtümer- u am fremden FremdGrdSch (BGH Rpfleger **75,** 84; aA Ffm DNotZ **61,** 411: GesEigtümerGrdSch). Eheleute im GütGemsch können an ihrem Grdst eine EigtümerGrdSch für sich als GesGläub nur bestellen, wenn sie diese zum VorbehGut erklären (BayObLG **62,** 205). **Unterwerfungserklärung** (ZPO 794 I 5) wg EigtümerGrdSch zul (BGH NJW **75,** 1356). – Neben GrdSchBestellg Angebot an künft GesGläub zu SchuldVerspr iSv § 780 mögl (BGH NJW **76,** 621). UnterwergsErkl (ZPO 794 I 5) wg dieser künft pers Fdg zul (BGH aaO; Zawar NJW **76,** 1823 III 2; Lichtenberger MittBayNot **76,** 112; aA KG DNotZ **75,** 718; Wolfsteiner MittBayNot **76,** 35). – Wegen LöschgsVormkg vgl § 1179 Anm 2c.

3) Übertragung oder **Belastung** wie bei der FremdGrdSch (§ 1191 Anm 2c). Bei BriefGrdSch also außerh des GB; zur („verdeckten") Nachverpfändg dch Übertr einer EigtümerBriefGrdSch vgl Westermann NJW **70,** 1023; Beck NJW **70,** 1781; Lwowski DNotZ **79,** 328; Ffm OLGZ **89,** 3.

§§ 1196–1198   3. Buch. 8. Abschnitt. *Bassenge*

4) **Löschungsanspruch** aus §§ 1179a, 1179b erst nach zwzeitl FremdRBildg **(III)**; vgl § 1179a Anm 2c cc, § 1179b Anm 2c. IFv § 1179b wären Gläub u Schu vor FremdRBildg ohnehin personengleich.

1197 *Abweichungen von der Fremdgrundschuld.* ^I Ist der Eigentümer der Gläubiger, so kann er nicht die Zwangsvollstreckung zum Zwecke seiner Befriedigung betreiben.
^{II} Zinsen gebühren dem Eigentümer nur, wenn das Grundstück auf Antrag eines anderen zum Zwecke der Zwangsverwaltung in Beschlag genommen ist, und nur für die Dauer der Zwangsverwaltung.

1) **Beschränkungen des Eigentümers. – a) Keine Zwangsvollstreckung** in eigenes Grdst, um nicht Ausfall nachstehder Berecht herbeiführen zu können. Auch in mithaftes Zubeh, das ihm nicht gehört (solches kann bei Veräußerung nach § 930 haften, § 1121); and wenn es von der ZwVerst ausgeschl war u die GrdSch ausfällt (RG **125**, 369). VollstrAusschl ist nur pers Beschrkg der RStellg des Eigtümers als GrdSchInh (BGH NJW **75**, 1356); UnterwerfgsErkl aber eintragb, weil Beschrkg (zB bei Abtr) entfallen kann (BGH aaO). – **b) Kein Zinsanspruch**, weil NutzgsMöglichk aGrd Eigt; daher ZinsAnspr währd ZwVerw (weil EigtNutzg ausgeschl), nicht aber währd ZwVerst. Erlischt GrdSch mit Zuschlag, ist Erlösanteil unverzinsl (RG **60**, 362; Stöber Rpfleger **58**, 339); wird sie dadch zur FremdGrdSch, so w sie verzinsl (BGH **67**, 291). Auch nicht wenn Nießbr am Grdst besteht, denn Eigtümer hat sich hier der Nutzgen freiw (u meist entgeltl) begeben (MüKo/Eickmann Rdn 5; aA Soergel/Baur Rdn 3). Unverzinslich ist im Umfang des II Inhalt des Rechts selbst (BGH NJW **75**, 1356); Zinsen aber eintragb, weil Beschrkg (zB bei Abtr) entfallen kann (BGH aaO); Zinsbeginn kann vor Eintr liegen (BayObLG **78**, 136). ZinsAbtr jedoch erst ab Wegfall der Beschrkg eintragb (BayObLG DNotZ **79**, 221 abl Anm Lichtenberger; LG Bn Rpfleger **85**, 145; Bayer Rpfleger **88**, 139; aA Köln WPM **84**, 1475; BayObLG NJW-RR **87**, 1418; Celle RPfleger **89**, 323), sofern Zinsen als dingl Belastg nicht erst mit Eintr der Abtretg entstehen (BGH NJW **86**, 314).

2) Diese Beschrkgen gelten für die ursprüngl (§ 1196) u aus einer FremdGrdSch umgewandelte (vgl § 1192 Anm 2) EigtümerGrdSch wie in den Fällen des § 1177 I u II. Bei einer GesGrdSch nicht für die Grdst, auf denen sie FremdGrdSch ist. Nicht im Fall des § 1009 I: Hat ein MitEigtümer eine GrdSch am ganzen Grdst, so kann er die ZwVollstr in das ganze Grdst (od die Bruchteile der übrigen MitEigtümer, nicht aber in seinen Bruchteil) betreiben. GrdPfdR eines GesHänders am Grdst der GesHand ist FremdGrdPfdR. Die Beschrkgen gelten **nur**, solange Eigt u GläubR vereinigt sind, also nicht mehr nach Abtretg der EigtümerGrdSch od Veräußerung des Grdst ohne deren Abtretg. Ferner nicht, wenn der Gläub den Eigtümer beerbt u NachlVerwaltg od -konkurs eröffnet wird, vgl § 1976 Anm 1b. Auch nicht für GmbH, deren sämtl Anteile der Eigtümer besitzt, RG JW **29**, 248.

3) **Beschränkungen Dritter. – a)** Für **Konkursverwalter** gelten KO 126, ZVG 172 (beachte auch ZVG 174). Beantragt er hiern ZwVerst, fallen alle dingl Re ins geringste Gebot, nicht nur die der EigtümerGrdSch vorgehen. Daneben kann er aus der EigtümerGrdSch die ZwVollstr (mit ersparl Folgen für geringstes Gebot) betreiben (Lorenz KTS **62**, 28; hM; aA RG **60**, 359). Dagg kein ZinsAnspr des Konk-Verw, auch nicht wenn er das Grdst ohne GrdSch freigibt (Staud/Scherübl Rdn 10; aA MüKo/Eickmann Rdn 8). – **b)** Für den **Pfand-/Pfändungsgläubiger** gilt I nicht (BGH **103**, 30 [PfdGläub]; aA RG Recht 16 Nr 1910 [PfdGläub]). PfdGläub kann nach PfdReife Abtr der EigtümerGrdSch an Zahlgs Statt verlangen (§§ 1291, 1282 I 3) oder erwirbt Tit gem § 1277 u läßt sie pfänden u sich wie jeder and PfdgsGläub an ZahlgsStatt überweisen (KG JW **38**, 2495); beidemal w die EigtümerGrdSch zur FremdGrdSch, erlischt die gesicherte Fdg u kann PfdGläub nunmehr (aGrd dingl Tit; LG Münst JMBlNRW **56**, 4) die ZwVerst od ZwVerw betreiben u damit auf diesem Umweg doch in das Grdst vollstrecken. – **c)** Für den **Nießbraucher** gelten I u II (Hamm HRR **30**, 1216; Westermann § 135 II 2).

1198 *Zulässige Umwandlungen.* Eine Hypothek kann in eine Grundschuld, eine Grundschuld kann in eine Hypothek umgewandelt werden. Die Zustimmung der im Range gleich- oder nachstehenden Berechtigten ist nicht erforderlich.

1) **Rechtsgeschäftliche Umwandlung** wie in §§ 1186, 1203. Über Umwandlg kraft G vgl § 1177 Anm 1; § 1192 Anm 2.

2) **Voraussetzungen:** Umwandlg ist Inhaltsändrung. Erforderl Einigg u Eintr, § 877. Verfahrensrechtl Bewilligg des Eigtümers u des Gläub in der Form GBO 29 I 1; Vorlegg des Briefes nach GBO 41, 42. Weitere Behandlg der Briefe: GBO 65, 66, 69, 70. Wenn Briefausschluß nicht aufgeh wird, bleibt das Recht brieflos, § 1116 III. Gleich- u nachstehende Berechtigte brauchen nicht zuzustimmen, ebsowenig der pers Schu, vgl § 1186 Anm 2b. Genehmigg wie nach § 1180 Anm 3a. – Die vereinbarten alten Zins- u Rückzahlgsbedingen bleiben, falls nicht geändert, bestehen; ebso Unterwerfungsklausel (ZPO 800), LG Düss DNotZ **62**, 97.

3) Bei der **Umwandlung einer Grundschuld in eine Hypothek** ist eine Fdg unterzulegen. Es kann auch eine bedingte (KGJ **51**, 288) od künftige Fdg sein. Die bloße Übern der GrdSch durch den Käufer in Anrechng auf den Kaufpr genügt nicht, KG OLG **45**, 314. Umwandlg der FremdGrdSch in Hyp für Fdg eines Dritten entweder unter gleichzeitiger Abtretg od durch FdgsUnterlegg entspr § 1180 II (§ 1192) mit Zust des bish Gläub KG JFG **6**, 332; vgl auch § 1180 Anm 3, 4. Umwandlg der **Eigentümergrundschuld in Fremdhypothek** dagg nur bei gleichzeit Abtretg, weil Eigtümer nicht Hyp für sich selbst bestellen kann; vorher Eintr des Eigtümers als GrdSchGläub nicht notw (BGH NJW **68**, 1674). Wird eine EigtGrdSch unter Umwandlg in FremdHyp abgetreten u ist Umwandlg wg Unbestimmth der unterlegten Fdg nichtig, so hängt es vom PartWillen (§ 139) ab, ob das R dem Eigtümer verbleibt od als GrdSch auf Zessionar übergeht,

BGH aaO. War noch ein anderer als HypGläub eingetragen, ist ZwischenEintr (GBO 39) des Eigtümers als GrdSchGläub nötig, wenn die neue Hyp in ihrer Art der urspr eingetragenen entspricht, da sonst Umwandlgsvermerk unverständl, KG JW 33, 2010 mit Anm Beyer; im übr VorEintr entbehrl, vgl § 1177 Anm 3 c aE.

4) Bei der **Umwandlung einer Hypothek in eine Grundschuld** erlischt die Fdg nur, wenn GrdSch an Erfüllgs Statt angenommen wird, § 364. Fortan gelten die §§ 1193, 1194. Rechtl mögl ist Umwandlg einer EigtümerHyp (§ 1177 II) in eine EigtümerGrdSch; die einseitige Erkl des Eigtümers genügt neben der Eintr, vgl RG 142, 237; aM KG JFG 7, 362. Vgl ferner § 1165.

II. Rentenschuld

1199 *Begriff: Ablösungssumme.* ⁱ Eine Grundschuld kann in der Weise bestellt werden, daß in regelmäßig wiederkehrenden Terminen eine bestimmte Geldsumme aus dem Grundstücke zu zahlen ist (Rentenschuld).

ⁱⁱ Bei der Bestellung der Rentenschuld muß der Betrag bestimmt werden, durch dessen Zahlung die Rentenschuld abgelöst werden kann. Die Ablösungssumme muß im Grundbuch angegeben werden.

1) Die RentenSch ist eine **Grundschuld**; kann aber Fdg (zB Leibrente) sichern; auch eine ratenw zu entrichtde KaufprSchuld; dann befristete RentenSch bestellb, soweit nicht die einzelnen KaufprRaten auf die AblösgsSumme verrechnet werden (Brem OLGZ 65, 74). Über ihre Unterschiede zur Reallast vgl Übbl 1 a vor § 1105.

2) Abweichungen gegenüber der Grundschuld.

a) Die aus dem Grdst zu zahlde Geldsumme ist in **regelmäßig wiederkehrenden Terminen** zu zahlen. Gleiche Höhe nicht notw. Für die einzelnen Leistgen gelten die Vorschr über HypZinsen, § 1200 I, obwohl sie nicht etwa Verzinsg der Ablösgssumme sind. Sie dienen auch nicht zur Tilgg der Ablösgssumme. Sie können bedingt sein od befristet, zB beschränkt auf Lebenszeit, Brem OLGZ 65, 74.

b) Die **Ablösungssumme** vertritt die Stelle des GrdSchKapitals, vgl § 1200. Ihre Höhe kann beliebig festgesetzt werden, RG 86, 260, auch verschieden hoch je nach der Zeit der Zahlg, hM, str. Aber nachträgl Erhöhg unzul (KGJ 40, 343). Der Gläub kann die Zahlg nicht verlangen; Ausn: § 1201 II 2; § 1202 III; ZVG 91 I, II, 92 I, III, 158 I. Zur Wirkg der Zahlg vgl § 1200 Anm 2.

3) Bestellung der Rentenschuld gem §§ 873, 874; für den Eigtümer gem §§ 1196, 1200, 874; für den BriefInh gem §§ 1195, 1200, 874. Ablösungssumme ist im GB selbst einzutragen; Ausn von § 874. Verstoß macht die Eintr inhaltl unzul, GBO 53 I 2; Umdeutg in Reallast nicht mögl. Briefbildg: GBO 70. Übertr nach §§ 1154, 1155. Über Dissens bei fehlender Abrede über Ablösgssumme BGH WPM 65, 950.

4) Umgewandelt in Rentenschuld haben sich das Münchener Ewiggeld u das Nürnberger Eigengeld, BayObLG 52, 127; 53, 89 55, 60; str; wg der Umstellg vgl BayObLG 60, 361.

1200 *Anwendbare Vorschriften.* ⁱ Auf die einzelnen Leistungen finden die für Hypothekenzinsen, auf die Ablösungssumme finden die für ein Grundschuldkapital geltenden Vorschriften entsprechende Anwendung.

ⁱⁱ Die Zahlung der Ablösungssumme an den Gläubiger hat die gleiche Wirkung wie die Zahlung des Kapitals einer Grundschuld.

1) I. Es sind anzuwenden: a) Auf die einzelnen Leistungen die §§ 197, 289, 1115 I, 1119 I (KGJ 40, 343), 1145 II, 1158, 1159, 1160 III, 1178; außerdem §§ 1194, 1197 II. Ferner die ZinssenkgsVorschr, KG JW 36, 2469. Wg WertbeständigkKlausel vgl § 1113 Anm 5 b. **b) Auf die Ablösungssumme:** § 1194 u Vorschr über das HypKapital, soweit sie nicht in § 1192 I ausgenommen sind.

2) II. Zahlt der Eigtümer die Ablösgssumme an den Gläub, erwirbt er eine EigtümerRentenschuld, §§ 1143, 1192 I (BGH NJW 80, 2198). Ist er zugl pers Schuldn einer gesicherten schuldr RentenPfl, so kann der Zweck dieser Rente ergeben, daß noch nicht fäll pers Schuld nicht erlischt (BGH aaO).

1201 *Ablösungsrecht.* ⁱ Das Recht zur Ablösung steht dem Eigentümer zu.

ⁱⁱ Dem Gläubiger kann das Recht, die Ablösung zu verlangen, nicht eingeräumt werden. Im Falle des § 1133 Satz 2 ist der Gläubiger berechtigt, die Zahlung der Ablösungssumme aus dem Grundstücke zu verlangen.

1) Das AblösgsR des Eigtümers kann nur beschränkt (§ 1202 II), nicht ausgeschl werden. Über das Recht des Gläub vgl § 1199 Anm 2 b. **II 1** entggstehende Vereinbgen nichtig; ob dann die Einigg im ganzen nichtig, richtet sich nach § 139.

1202 *Kündigung.* ⁱ Der Eigentümer kann das Ablösungsrecht erst nach vorgängiger Kündigung ausüben. Die Kündigungsfrist beträgt sechs Monate, wenn nicht ein anderes bestimmt ist.

§§ 1202, 1203, Überbl v § 1204   3. Buch. 9. Abschnitt. *Bassenge*

II Eine Beschränkung des Kündigungsrechts ist nur soweit zulässig, daß der Eigentümer nach dreißig Jahren unter Einhaltung der sechsmonatigen Frist kündigen kann.

III Hat der Eigentümer gekündigt, so kann der Gläubiger nach dem Ablaufe der Kündigungsfrist die Zahlung der Ablösungssumme aus dem Grundstücke verlangen.

1) I 1 ist zwingd. Ebenso **II** insoweit, als Fälligk erst nach Ablauf der AusschlFrist und der KündFrist. Eine abweichende KündFrist, I 1, II, wirkt gg Dritte nur bei Eintr in das GB, § 892 I 2; Bezugn auf EintrBewilligg zul. Die Künd ist als Vfg über das Grdst nach dessen Beschlagn nicht mehr zul, wenn die Ablösgssumme höher als der Kapitalwert der Renten ist, RG **86**, 260; JW **30**, 631. Landesrechtl Beschrkgen der Künd: EG 117 II.

1203 *Zulässige Umwandlungen.* Eine Rentenschuld kann in eine gewöhnliche Grundschuld, eine gewöhnliche Grundschuld kann in eine Rentenschuld umgewandelt werden. Die Zustimmung der im Range gleich- oder nachstehenden Berechtigten ist nicht erforderlich.

1) Vgl die Anm zu § 1198. Durch die Umwandlg wird die Ablösgssumme zum Kapital (das nicht höher sein darf als jene), die Rente zu Zinsen. Zulässig ist auch die unmittelb Umwandlg der Rentenschuld in eine Hyp, §§ 1186, 1198. Die Umwandlg in eine GrdSch bei Vereinbg baldiger Fälligk kann uU Nachberechtigten Anspr aus § 826 geben, OLG **36**, 137.

Neunter Abschnitt. Pfandrecht an beweglichen Sachen und an Rechten

Überblick

1) Privatrechtliches Pfandrecht.

a) Inhalt. Das PfdR ist ein zur Sicherg einer Fdg best dingl wirkdes u dch § 823 I geschütztes Recht an fremden bewegl Sachen od Rechten, das den Gläub berecht, sich dch Verwertg des Pfd aus dem Erlös zu befriedigen (vgl aber § 1213). In der ZwVollstr gibt es ein Recht auf vorzugsw (ZPO 805) u im Konk auf abgesonderte (KO 48) Befriedigg. Es begründet eine Haftg, aber keine Schuld. Seine RNatur als absolutes od relatives Recht richtet sich nach der RNatur des Pfd (BayObLG **67**, 295).

b) Grundsätze. – aa) Akzessorietät. Das PfdR ist vom Bestehen der gesicherten Fdg dauernd abhängig: Es entsteht ohne sie, ist ohne sie nicht übertragb u erlischt mit ihr; die gesicherte Fdg ist nicht auswechselb (§ 1204 Anm 3a). – **bb) Spezialität.** Ein PfdR kann nur an EinzelGgst bestellt werden, nicht an Sach- od RGesamtheiten; vgl § 1204 Anm 2b. Ausn: LuftfzRG 68ff, PachtKrG 3. – **cc) Publizität.** Das PfdR muß äußerl erkennb sein dch Bes (zB § 1205), Anzeige (zB § 1280), Registrierg (zB LuftfzRG 5, PachKrG 2); vgl dazu Hromadka JuS **80**, 89. Ausn ist gesetzl PfdR. – **dd) Priorität.** Der Rang des PfdR bestimmt sich nach der Bestellzeit; Ausn: § 1209 Anm 1b.

c) Beteiligte. – aa) Verpfänder u pers Schu müssen nicht ident sein (Verpfändg für fremde Schuld); RVerh zw ihnen zB Auftr, GoA. Verpfänder u PfdGgstBerecht (Eigtümer/RInh) müssen nicht ident sein; RVerh zw ihnen zB Auftr od Schenkg, sonst §§ 816, 823, pos VertrVerletzg. Die **Passivseite** kann also drei Beteil haben; die **Aktivseite** nur einen, da Fdgs- u PfdGläub ident sein müssen. – Gläub u PfdGgstBerecht dürfen nicht ident sein: **kein Pfandrecht an eigenen Sachen od Rechten.** Erwirbt bei Einkaufskomm der Kommitent Eigt als der, dem es angeht, so kann Kommissionär PfdR erlangen (sa nach AGB-Banken 19 II; vgl Stauder-Comes WPM **69**, 611 Fußn 7). – **bb)** Zw Verpfänder u PfdGläub besteht ein **gesetzliches Schuldverhältnis** mit beiders Rechten u Pfl (RG **101**, 47) u den ges PfdRVorschr als Regelinhalt (vgl Einl 2g vor § 854); nicht aber zw PfdGläub u PfdGgstBerecht als solchem (RG Recht **10**, 1590). Daher hat letzterer keine Anspr aus §§ 1215, 1217–1219 (hM). Aus Rechten nach den dispositiv geregelten §§ 1215–1226 können gem § 242 Pflichten werden (vgl Anm 1c zu §§ 1218, 1219). – **cc)** RStellg des pers Schu zum PfdGläub wird dch PfdRBestellg nicht berührt. Er kann diesen nicht auf PfdVerwertg verweisen (Ausn: ZPO 777).

d) Schuldrechtl **Grundgeschäft,** dch das sich Verpfänder dem PfdGläub zur PfdRBestellg verpflichtet, vom dingl VerpfändgsVertr (§ 1205 Anm 2, 1274 Anm 1 a) zu scheiden. Letzterer kann in ersterem enthalten sein u umgekehrt. Nur Verpfl, nicht abstr Einigg, gibt Anspr auf weitere Bestellgserfordern wie Überg od Verpfändungsanzeige. Bei nichtiger Verpfl ist Verpfändg wirks, aber kondizierb.

2) Pfändungspfandrecht. (ZPO 803ff). RNatur sehr str (vgl Lipp JuS **88**, 119).

a) Dch nach VollstrR wirks Pfdg entsteht ohne Rücks auf die EigtVerh am Pfd **öffentlichrechtliche Verstrickung** (Veräußergsverbot iS §§ 135, 136), die nicht dch PartHdlg (zB § 1253; and ZPO 843) erlöschen kann. Daneben entsteht ein **privatrechtliches Pfandrecht** (ZPO 804), wenn die Fdg des VollstrGläub besteht od der VollstrTitel rechtskr ist u Pfd dem VollstrSchu gehört (str); für dieses gelten die §§ 1204ff, soweit die ZPO nicht entggsteht (RG **156**, 397; BGH NJW **89**, 2536).

b) Einzelheiten. aa) Anwendbar sind: §§ 1209 (dort Anm 1 a), 1210 (PfdgsPfdR sichert aber nur in den Grenzen von ZPO 322 I, 704; RG **114**, 386), 1212, 1216 mit 1226, 1222 mit 1230 (vgl aber ZPO 803 I 2, 818), 1227 (RG **161**, 120, aA Lüke JZ **55**, 485; VollstrGläub kann zB Herausg an GVz verlangen), 1242 (RG **87**, 325; Rechtmäßigk der Veräußerg richtet sich nach ZPO), 1244 (RG **156**, 397: Ersteher w auch bei Bösgläubigk Eigtümer; aA Pinger JR **73**, 94 für Erstehg dch Gläub), 1247 S 2 (bei Verst schuldnerfremder Sache bleibt bish Eigtümer solange ErlösEigtümer, bis GVz Erlös an VollstrGläub abliefert, danach hat er nur

1280

Pfandrecht an bew. Sachen u. Rechten. 1. Titel: Bewegl. Sachen **Überbl, Einf v § 1204**

noch Anspr aus §§ 812ff; vgl § 812 Anm 5 B a bb), 1250, 1252 (Mü OLG **21**, 105), 1253 (PfdZeichenentferng mit Zust des VollstrGläub steht Rückg gleich; RG **57**, 323), 1255 (Kbg OLG **6**, 275), 1256, 1275 (RG **87**, 415; KG JW **36**, 200), 1276 (Mü OLG **33**, 318), 1281 (vor Überweizg zur Einziehg, RG **108**, 318), 1282 (nach Überweizg zur Einziehg, RG **58**, 107), 1283, 1285 II (Kiel SchlHA **32**, 450). – **bb) Nicht anwendbar** sind: Vorschr über die Entstehg u Verwertg (wg §§ 1242, 1244, 1247 vgl aa). Vorschr, die PfdR an schuldnerfremder Sache (zB §§ 1211, 1225, 1249) od unmittelb Bes des Gläub (über BesLage vgl § 868 Anm 2c bb) voraussetzen. Weiter zB §§ 1215 (öffr AmtsPfl des GVz zur Verwahrg; vgl RG **102**, 77), 1218–1221, 1228.

3) Unregelmäßiges Pfandrecht (Kaution), wenn Gläub nach PartWillen das Recht hat, gleichart PfdGgst zurückzugewähren. Er wird verfüggsberecht Eigtümer (Düss NJW **78**, 2511). PfdRVorschr entspr anwendb (Bambg SeuffA **64**, 48), auch §§ 1213, 1214 (Köhler ZMR **71**, 3); dabei ist die abw dingl RLage zu beachten, zB Übereign nach Erlöschen der gesicherten Fdg bei § 1223 (vgl Bambg aaO) od schuldr Anspr auf den die gesicherte Fdg übersteigenden Betr bei § 1247 S 2 (Stettin Recht **12**, 595). – PfdR (befristet bzw mit wechselndem Ggst) aber, wenn Pfd unter best Voraussetzgen veräußert od ersetzt w darf (RG **58**, 290). – **a) Barkaution.** PartWille maßg, ob bei Geldverpfändg regelm (zB Überg in verschlossenem Umschlag) od unregelm (zB VerzinsgsPfl) PfdR. Einzahlg auf gemschaftl Kto der Part od auf Kto des einen mit Sperrvermerk für od genügt für Gestellg (Hamm BB **63**, 1117). Zur FreigabePfl hins des die gesicherte Fdg übersteigden Betr vgl Kblz BB **74**, 199. Zur Mietkaution vgl Einf 11 b hh vor § 535, § 550 b. – **b) Flaschenpfand** (vgl Kollhosser/Bork BB **87**, 909; Martinek JuS **87**, 514; **89**, 268) ist idR unregelm PfdR an Geld. Gesichert kann sein: Anspr auf LeergutRückg aus Darlehn (BGH NJW **56**, 298), darlehnsähnl GattgsSchuld (Karlsr NJW-RR **88**, 370), Leihe od Miete (BGH **LM** § 989 Nr 2), Rückkauf (Hbg OLG **45**, 150) od vertragl NebenPfl (OGH NJW **50**, 345); VertrStrafe bei NichtErf dieses Anspr (BGH **LM** § 339 Nr 10); dch Rückg auflösd bedingte GeldFdg (Celle Betr **69**, 309). Vgl VO v 20. 12. 88 (BGBl I 2455).

4) Landesrechtliche Vorbehalte: EG 89, 94, 97. – **IPR:** Es gilt die *lex rei sitae* (EG 38 Anh II Anm 2a); im Ausland entstandenes PfdR bleibt im Inland wirks (BGH **39**, 173). – **Übergangsrecht:** EG 184. – **DDR:** §§ 443–449 ZGB v 19. 6. 75, GBl I 465.

Erster Titel. Pfandrecht an beweglichen Sachen

Einführung

1) BGB §§ 1204–1258. Die wirtsch Bedeutg des vertragl PfdR ist gering, da dch SichgEigt weitgehd ersetzt; bedeuts noch bei LombardGesch der Banken u gewerbl PfdLeihe. – **a) Entstehung** dch RGesch (§§ 1205–1207), kr G (§ 1257) od dch Surrogation (§§ 1219 II, 1247 S 2, 1287). – **b) Erlöschen.** Eintritt auflösder Bdgg (§ 158 II), Fristablauf (§ 163; vgl RG **68**, 141), SchuldÜbn ohne Einwillig des Eigtümers (§ 418), lastenfreier Erwerb (§§ 936, 945, 949, 950 II, 955 ff, 973 I), rechtm PfdVerk (§ 1242 II), gutgl Erwerb bei unrechtm PfdVerk (§ 1244); FdgsAbtr mit Ausschl des PfdRÜbergangs (§ 1250 II), Erlöschen der Fdg (§ 1252), PfdRückg (§ 1253), PfdRAufhebg (§ 1255), Vereinigg von PfdR u Eigt (§ 1256), Untergang od dauernde Wertlosigk (RG **96**, 185) des Pfd. – **c) Verwertung.** Die Befriedigg des Gläub aus dem Pfd kann nach seiner Wahl (Ffm Rpfleger **74**, 430) erfolgen: **aa)** Ohne vollstrb Tit od gerichtl Ermächtigg dch priv PfdVerk nach §§ 1234–1240, 1245 (§ 1233 I). **bb)** Auf Grund eines Tit zur Duldg des PfdVerk wahlw dch priv PfdVerk nach §§ 1234–1240, 1245 od gerichtl PfdVerk nach ZPO (§ 1233 II). **cc)** AGrd ZahlgsTit gg den pers Schu dch ZwVollstr nach ZPO in das Pfd (RG LZ **16**, 1427). Pfändet Gläub Sache eines Dr, der zur Duldg der PfdVerwertg verpflichtet, so ist dessen Widerspr aus ZPO 771 unbeacht (RG **143**, 277).

2) PachtKrG (Schrifttum: Sichtermann, PachtKrG 1954 u RdL **56**, 99; **69**, 169, 200; Jacobi, ZKW **67**, 488, 548 u RdL **68**, 197; Sparberg, Der zivilr RSchutz der PachtKrInst bei Beeinträchtigg des InventarPfdR, 1974). – **a) Pfandgegenstand** sind alle dem Pächter eines landw Betriebs zur VertrNiederlegg gehörenden Inventarstücke (vgl § 586 Anm 1 b, RG **142**, 202) einschl AnwR (BGH **54**, 319) sowie später erworbene ab Einverleibg (bzw ab EigtErwerb bei vorheriger Einverleibg, BGH **LM** Nr 3), soweit nicht Einzelstücke ausgenommen (§ 3). – **b) Verpfändung** ohne BesÜbertr dch schriftl VerpfändgsVertr (notw Inhalt: § 2 I 3) zw Pächter u PachtKrInst u dessen Niederlegg beim AmtsG (§ 1, 2). Es braucht noch kein Inventar vorhanden zu sein (BGH **54**, 319). Mehrere PfdR für verschiedene Gläub nicht bestellb (RG **143**, 7). Gutgl PfdRErwerb vorbehaltl BGB 935 mögl (§ 4), aber nicht an nach VertrNiederlegg einverleibten Stücken (BGH **35**, 53). Bösgläubig bzgl VerpfEigt idR bei Verstoß gg § 2 II. – **c) Gesicherte Forderung** muß Darlehn sein (§ 1); Verwendg für Landw nicht erfordert (BGH **54**, 319). – **d) Rang:** Gleichrang mit ges VerpPfdR (§ 4 II 2); bei Gutgläubigk Vorrang vor Rechten Dr (§ 4 II 1; vgl aber § 4 III); Ausn bei GrdPfdR, die Inventar erfassen, u ZwVollstr (§ 7). – **e) Schutz** gg gutgl Erwerb Dr dch Niederlegg (§ 5 I), jedoch nur gem BGB 936 bei Veräußerg nach Aufgabe der Pachtstelle u Inventarentferng (BGH **51**, 337); gg PfdRBeeinträchtigg entspr BGB 1227 (§ 8); bei Verwertg des ges VerpPfdR gem § 11 II; gg ZwVollstr vgl Noack DGVZ **73**, 101. – **f) Erlischt** dch Vfg über Einzelstücke innerh ordngsm Wirtsch (§ 5 II; nicht mehr nach Pachtende, RG **141**, 203), entspr BGB 1252 (§ 14 I), dch rgesch Aufhebg (§ 14 II) u Untergang. – **g) Verwertung** entspr BGB 1228ff, ohne öff Verst nur mit Einwilligg des Verp (§ 11 I 2).

3) DüngemittelG (Schrifttum: Kommentare v Ebeling, Kreuzer u Sichtermann, alle 1955; Eller, 1988). Erstrangiges (§ 2 IV) publizitätsloses ges PfdR an Früchten der nächsten Ernte, soweit nicht gem ZPO 811 Nr 2–4, 865 unpfändb (§ 1 I 2; hier PfdR nach PachtKrG mögl, BGH **41**, 6; Oldbg RdL **63**, 25), zG der Lieferanten von Düngemitteln usw bzw der Kreditgeber (§ 1; über PfdR bei KtokorrentFdg BGH **29**, 280). Erlischt mit Entferng der Früchte vom Grdst, außer wenn sie ohne Wissen od gg Widerspr des Gläub erfolgt (§ 2 I 1). Kein WidersprR u damit Erlöschen bei Entferng innerh ordngsm Wirtsch (zB Veräußerg;

Einf v § 1204 3–7   3. Buch. 9. Abschnitt. *Bassenge*

Werner AgrarR **72**, 333, aA Schlesw SchlHA **56**, 111) od Sicherg dch verbleibde Früchte (§ 2 I 2); aber kein Erlöschen bei Unwissen des Gläub (Werner aaO gg hM), bei ausreichder Sicherg hilft BGB 242.

4) KabelPfdG v 31. 3. 25, RGBl 37. Verpfändg von Hochseekabeln dch Einigg, Einwilligg des Bundespostministers u Eintr in das Kabelbuch (§ 2 I).

5) SchiffsRG (Schrifttum: Vorbem vor § 929a).

a) Pfandrecht. – aa) Verpfändung im SchiffsReg eingetr Schiffe, Schiffsbauwerke, Schwimmdocks u MitEigtAnteile daran nur dch SchiffsHyp (§§ 1, 8, 76, 81a); für nichteingetr Schiffe usw gelten BGB 1204 ff, für Schiffspart BGB 1273 (HGB 503 III). – **bb) Schiffsgläubigerrechte** sind die ges PfdR an Schiffen. Sie sind für das SeeR in HGB 754 u für das BinnenschiffahrtsR in BinnSchG 102 abschließd aufgezählt. Sie haben im SeeR Vorrang vor and PfdR (HGB 761), im BinnenschiffahrtsR nur teilw (vgl BinnSchG 109; BGH MDR **76**, 646: Vorrang arbeitsr FreistellgsAnspr vor SchiffsHyp).

b) Schiffshypothek. – aa) Bestellung dch Einigg u Eintr im SchiffsReg (§ 8); ges Entstehg BGB 1287 S 2, ZPO 847a II 2, 931. Solange die gesicherte Fdg nicht besteht, entsteht keine dingl Belastg (abw BGB 1163 I 1). Die Eintr begründet für die Hyp die RVermutg des § 16, aber BGB 1138 gilt nicht. – **bb)** Sie hat die **Rechtsnatur** einer SichgHyp (vgl § 8 I 3) u ist damit stets BuchHyp. Sie ist als Gesamt- (§ 28) u HöchstBetrHyp (§ 75) sowie für Fdg aus InhSchVerschreibg u Orderapieren (§§ 72, 73) bestellb. Haftgs- Umfang §§ 29, 38 II. HaftgsGgst §§ 31, 32, 79, 80, 81a. – **cc) Rang** u RangÄnderg §§ 25–27; Inhalts- Änderg § 54; FdgAuswechselg § 55. – **dd)** Sie **erlischt** vorbehaltl § 59 mit der gesicherten Fdg (§ 57 I 1; abw BGB 1163 I 2). Bis zur Löschg hat jedoch der Eigtümer nach § 57 III die weder abtretb noch pfändb Befugn, eine nach Rang u Höhe gleiche neue Hyp zu bestellen. Dies gilt auch bei Erlöschen nach §§ 57 II (auch BGB 418 I 2), 64, 66 II, ZPO 870a III 1, 931 VI od inf Verz des Eigtümers auf die Hyp § 44 I, 64 II zugefallene Hyp; nicht aber bei Erlöschen aus and Grden (§§ 56, 57 III 1 Halbs 2 iVm I 2, 57 III 3 Halbs 2, 65, gutgl lastenfreier Erwerb, BGB 158, 163, HGB 764 II, SchiffsRegO 17 IV, 20), so daß in diesen Fällen and Rechte nachrücken. – **ee) Verwertung** nur dch ZwVerst (§ 47, ZPO 870a, ZVG 162 ff).

6) LuftfzRG; ausgerichtet am Genfer PfdRAbk v 19. 6. 48, BGBl 59 II 129, 68 II 7 (Schrifttum: Abraham, Das Recht der Luftfahrt, 1960, 470 ff; Bölling ZLW **59**, 215; Rehm NJW **59**, 709 u ZLW **59**, 364; Schmidt-Räntsch MDR **59**, 563; Wendt MDR **63**, 448; Bauer JurBüro **74**, 1.

a) In der LuftfzRolle eingetr **Luftfahrzeuge** u MitEigtAnteile daran sind nur mit einem **Registerpfandrecht** belastb (§§ 1, 6, 9 I); ges PfdR außer BGB 647 sind mögl (Wendt MDR **63**, 448). Für nicht- eingetr Luftfz gelten BGB 1204 ff, für ausl §§ 103 ff. – Gleiche Rechte wie RegPfdR gewähren nach ausl Recht mit Vorrang ausgestattete Rechte wg Anspr an Bergg u Erhaltg (§§ 75 ff). – **aa) Verpfändung** dch Einigg u Eintr in LuftfzPfdReg (§ 5) des AG Brschw; unzul wenn ZwVollstrPfdR eingetragen (§ 7). Solange die gesicherte Fdg nicht besteht, entsteht keine dingl Belastg (abw BGB 1163 I 1). RegEintr begründet RVermutg zG des Erwerbers des RegPfdR od eines Rechts daran (nicht aber zG des EigtErwerbs) hins dieser Rechte (BGB 1138 gilt aber nicht) u des Eigt (§ 15 ff) u steht Belastg mit and als RegPfdR (nicht aber SichgÜbereigng) entgg (§ 9 II). – **bb)** Es hat die **Rechtsnatur** einer SichgHyp (vgl § 4) u ist als Gesamt- (§ 28) u HöchstBetrRegPfdR (§ 3), nicht aber für Fdg aus InhSchVerschreibg u Orderapieren (§ 8) bestellb. HaftgsUmfang §§ 29, 38 II. HaftgsGgst §§ 31, 32. – **cc) Rang** u RangÄnderg §§ 25–27; InhaltsÄnderg § 54; FdgAuswechselg § 55. – **dd)** Es **erlischt** vorbehaltl § 59 mit der gesicherten Fdg (§ 57 S 1; abw BGB 1163 I 2). Eigtümer hat keine Befugn entspr SchiffsRG 57 III, so daß nachrangige Rechte bei jedem Erlöschensfall (zB §§ 56, 57 I, 63, 66 II, 99 I u II iVm ZPO 870a III 1) aufrücken u RangÄnderg nicht der Zust des Eigtümers bedarf. – **ee) Verwertung** nur dch ZwVerst (§§ 47, 99 I, ZPO 870a, ZVG 171a ff).

b) Das RegPfdR ist auf **Ersatzteile** erweiterb. Verpfändg u ges PfdR nicht ausgeschl, da § 9 nicht anwendb (§ 70 I). Erweiterg für Gläub zweckm, da ausgewechselte Teile mit Einbringg in ErsTeilLager nicht mehr Bestandt od Zubehör des Luftfz u damit von Haftg frei sind (§ 31 III, IV). – **aa) Verpfändbar** sind alle ggwärtig an einer best int ind od ausl Stelle (ErsTeilLager) lagernden u später eingebrachten ErsTeile, die dem Eigtümer des verpfändeten Luftfz gehören (§§ 68 I, 71 I); nicht nur einzelne ErsTeile (AG Brschw NdsRpfl **65**, 151). Sie w bei Entferng aus dem Lager vor Beschlagn frei (§ 71 II). – **bb) Verpfändung** dch Einigg (braucht sich nur auf den jeweiligen Lagerbestand u nicht auf die Einzelteile erstrecken) u Eintr in LuftfzPfdRReg (§ 68 II). Ohne RegPfdR an Luftfz (mit dessen Aufhebg es auch als aufgehoben gilt, § 70 II; Ausn § 74) nicht bestellb. Unterläßt Eigtümer Bek am Lager (vgl § 69), so ist PfdR wirks, aber keine Anerk im Ausland (Art X Genfer PfdRAbk) u SchadErsPfl ggü Gläub. – **cc)** Für den **Inhalt** gelten die Vorschr über das RegPfdR an Luftfz (§ 70 I).

7) Allgemeine Geschäftsbedingungen können PfdRBestellg vorsehen; neben ges PfdR (zB § 647) kann so vertragl PfdR bestellt w; idR aber nur für konnexe Fdg (Berg JuS **78**, 86). PfdR besteht nur, wenn in AGB erklärte Einigg in dem Ztpkt noch besteht, da das Pfd in den Bes des Gläub gelangt; doch w Fortbestehen vermutet (§ 929 Anm 2c). Gutgl PfdRErwerb aGrd AGB mögl (BGH **68**, 323; krit Gursky JZ **84**, 604 zu V 3b mwN), sofern diese nicht PfdR an schuldnerfremder Sache vorsehen, wodch Gläub bösgl (BGH NJW **63**, 2222). – **a) ADSp 50.** Rgesch PfdR (BGH **17**, 1). Strittig iS Abs c ist eine Fdg, wenn die gg sie erhobenen Einwdgn nicht ohne weiteres unbegründet sind (vgl BGH **12**, 143). Gesicherte Fdg braucht nicht dch Beförderg des Pfd entstanden zu sein, muß aber aus Vertr iRv ADSp 2a herrühren, so daß Erwerb dch Abtr nicht ausreicht (BGH **20**, 231). Kein PfdR an auftraggeberfremder Sache wg inkonnexer Fdg (BGH WPM **78**, 1330; Düss VersR **74**, 661). – **b) AGB-Banken 19 ff.** Werte, die der Bank mit bes Zweckbestimmg (BGH **LM** Nr 3: vorübergehde Verwahrg; BGH **LM** Nr 5: Diskontierg; BGH NJW **85**, 2649: nicht aber Inkasso) zugeleitet werden, unterliegen auch bei Ablehng des Auftr nicht dem PfdR (BGH WPM **73**, 167; Düss Betr **83**, 1538; vgl aber § 1292 Anm 2a); auch nicht offenes TreuHdKto (BGH **61**, 72) od Sicherh Dr für KundenFdg (Ffm WPM **73**, 1150). Kein PfdR an schuldner-

Pfandrecht an bew. Sachen u. Rechten. 1. Titel: Bewegl. Sachen §§ 1204, 1205

fremder Sache (Hbg MDR **70**, 422). Vgl auch § 1274 Anm 1 a bb, § 1293 Anm 1 a, § 1296 Anm 1. – **c) Sonstige AGB:** BGH **68**, 323; **87**, 274; NJW **81**, 226; Nürnb MDR **76**, 491; vgl AGBG 9 Anm 7 e.

8) Gewerbliche Pfandleihe. GewO 34, VO v 1.6.76 (BGBl 1335); vgl § 1228 Anm 1 b, 2 a; § 1237 Anm 1; EG 94 Anm 1.

1204 **Begriff.** ¹ Eine bewegliche Sache kann zur Sicherung einer Forderung in der Weise belastet werden, daß der Gläubiger berechtigt ist, Befriedigung aus der Sache zu suchen (Pfandrecht).

II Das Pfandrecht kann auch für eine künftige oder eine bedingte Forderung bestellt werden.

1) Pfandrecht. Notw Einräumg eines BefriediggsR aus dem Pfd (nicht nur aus seinen Früchten); andernf kann ZbR gewollt sein. Wirks aber Abrede, Pfd nur zu verwerten, wenn Früchte unzureichd od PfdVerk dch Dritte droht. Bedingtes od befristetes PfdR zul; PartVereinbg maßg, ob Ankündigg der PfdVerwertg od deren Beginn vor Fristablauf notw (RG **68**, 141). Vereinbg zul, daß Pfd nur für best FdgsHöhe haftet.

2) Bewegliche Sache. Sie kann vertretb (§ 91), verbrauchb (§ 92), unpfändb (ZPO 811) sein. Selbstd verpfändb sind Zubehör (§ 97), unwesentl u ScheinBestandt (§ 95), nicht aber wesentl Bestandt (§§ 93, 94; vgl aber ZPO 810 u DüngemittelG 1) u unausgeschiedene Teile einer Sachmenge (RG Warn **13**, 293; vgl aber Anm 2 c). Wg Erstreckg auf Bestandt, Zubehör, Früchte u Surrogate des Pfd vgl § 1212. AlleinEigtümer kann ideellen Bruchteil verpfänden (§ 1258 Anm 1 a). – **a) Verwertbarkeit** der Sache ihrer Art nach dch PfdVerk erforderl. Unverpfändb daher (im Ggsatz zu Order- u InhPap, §§ 1292, 1293) Urk, die nicht selbstd RTräger sind; zB GrdPfdRBrief (RG **66**, 24; BGH **60**, 174), Versicherungspolice (RG **51**, 83), Kfz-Brief, PfdSchein (Mü OLG **18**, 193), Sparbuch (RG **68**, 282), Hinterleggs- od Schuldschein; auch Ausweis-Pap (AG Heilbr NJW **74**, 2182). Umdeutb in: ZbR (RG **66**, 24), Einlösgsermächtigg mit PfdRErwerb gem § 1205 I 2, Verpfändg der verbrieften Rechts od § 1205 II. – Verpfändg von Ggst, der zum SonderVerm einer KapitalanlageGesellsch gehört, AnteilsInh ggü unwirks; § 9 II G idF v 14.1.70, BGBl 127. – **b) Sachgesamtheit.** An jedem EinzelGgst muß ein PfandR bestellt werden, keine Verpfändg dch Gesamtakt (BGH NJW **68**, 392); zusfassde Bezeichg aber unschädl (RG **53**, 220). Bei wechselndem Bestand können ausscheidde Ggst nach §§ 1253, 1254 entpfandet u hinzukommde nach Anm 2 c verpfändet w. – **c) Künftig entstehende Sache** nur dch vorh Einigg für den Fall der Entstehg verpfändb; PfdR entsteht erst mit ihrer Entstehg, wenn dann §§ 1205, 1206 erfüllt sind. Ebso verpfändb: selbstd werdde wesentl Bestandt u Früchte, auszuscheidde od unterscheidb werdde Teile einer Sachmenge, Surrogate, vom Verpfänder zu erwerbde Sache.

3) Forderung muß vermögensrechtl Art (zB auch VertrStrafe; §§ 780, 781) u GeldFdg sein od (zB auch UnterlAnspr) nach §§ 280, 283, 325, 326 in solche übergehen können (§ 1228 II 2); keine Sicherg dingl Rechte, wohl aber einer Gewähr (Einf 3 c vor § 765) für diese. Sie muß sich nicht gg Verpfänder richten (Übbl 1 c aa). – **a)** PfdR kann **ohne Forderung** nicht entstehen. Keine FdgsAuswechselg unter Aufrechterhaltg des PfdR (Karlsr OLG **15**, 393; vgl aber § 1210 Anm 1), Neubestellg erforderl (Rangverlust!). Bei nichtiger Fdg entsteht PfdR nur, wenn Umdeutg (§ 140) mögl. Für eine zufolge der Nichtigk entstandene and Fdg (zB § 812) entsteht PfdR, wenn nach Parteiwille auch sie gesichert sein sollte (BGH NJW **68**, 1134; weitergeh Baur § 55 B II 2 a); sonst nur ZbR. Bei unvollk Fdg entsteht PfdR, wenn diese schutzwürd ist, zB §§ 222 (223 I), 814 (RGRK/Kregel Rdn 8), KO 193 II, VerglO 82 II, vgl auch BörsG 54 (RG JW **21**, 464); sonst (zB §§ 656, 762, 817) nicht. Kein PfdR entsteht, wenn Fdg nicht erfüllt werden darf (BGH **23**, 293). – **b)** Fdg kann **künftig** od **bedingt** sein (II). Sie muß nach EntstehgsGrd (BGH **86**, 340), nicht aber nach Höhe od HöchstBetr (KGJ **44**, 269), bestimmb sein; zB alle ggwärt u künft Fdgen gg einen best Schu (RG **78**, 26), alle Fdgen des Gläub aus lfdem Kredit (KG Recht **27**, 1192; nach Brem BB **74**, 154 sichert PfdR aus AGB-Banken 19 II auch künft ZPO-91-Anspr); vgl auch § 765 Anm 2. PfdR entsteht schon mit Bestellg (BGH **86**, 340; aA Rüll, Das PfdR an Fahrn für künft od bdgte Fdg gem § 1204 II BGB, Diss Mü 1986: AnwR bei bdgt u Erwerbsaussicht bei künft Fdg) mit Rang gem § 1209; wg Erlöschen vgl § 1252 Anm 1. Vereinb, daß PfdR erst mit Fdg bzw ihrer Unbedingth entsteht (BGH **86**, 300). – **c) Beweislast** (nur) für Entstehen: wer PfdR geltd macht (BGH NJW **86**, 2426).

1205 **Bestellung.** ¹ Zur Bestellung des Pfandrechts ist erforderlich, daß der Eigentümer die Sache dem Gläubiger übergibt und beide darüber einig sind, daß dem Gläubiger das Pfandrecht zustehen soll. Ist der Gläubiger im Besitze der Sache, so genügt die Einigung über die Entstehung des Pfandrechts.

II Die Übergabe einer im mittelbaren Besitze des Eigentümers befindlichen Sache kann dadurch ersetzt werden, daß der Eigentümer den mittelbaren Besitz auf den Pfandgläubiger überträgt und die Verpfändung dem Besitzer anzeigt.

1) Verpfändung. – a) PfdRBestellg dch RGesch erfordert **Einigung** (Anm 2) u (sofern PfdGläub nicht schon Besitzer, Anm 4) **Besitzeinräumung** (Anm 3, 5; § 1206) als selbstd nebeneinander stehde Voraussetzgen. Beide müssen nicht gleichzeitig erfolgen; bei vorausgehder Einigg (insb in Fällen nach § 1204 Anm 2 c) gilt § 929 Anm 2 d entspr (KG JW **25**, 1523). – **b)** Bestellg dch **Besitzkonstitut** (vgl § 930) ausgeschl. Umdeutg in SichersÜbereigg (§ 930 Anm 4) mögl, wenn EigtÜbertr u RVerh gem § 868 ernsth gewollt. Auf ScheinGesch (zB Sicherggskauf, vgl RG **62**, 126) zur Verdeckg der Verpfändg sind PfdRVorschr anwendb (§ 117 II); sind diese nicht erfüllt, so weder Eigt- noch PfdRErwerb. Mangels BesEinräumg nichtige Verpfändg nicht in SichersÜbereigg umdeutb, wenn diese nicht gewollt (BGH WPM **56**, 258); aber uU in ZbR. – **c) Mehrfache Verpfändung** zul; vgl §§ 1208, 1209.

§§ 1205, 1206

2) Einigung zw Eigtümer u PfdGläub; Verpfändg dch Nichteigtümer wirks nach § 1207 (vgl auch dort Anm 1a) od § 185. Sie muß die Bestellg eines PfdR (§ 1204 Anm 1) für den PfdGläub (keine Bestellg zG Dritter; RG **124**, 221), das Pfd (§ 1204 Anm 2) u die gesicherte Fdg (§ 1204 Anm 3) umfassen (RG **136**, 422). Sie ist abstr dingl RGesch. Einigg ist formfrei, auch bei Verpfändg für fremde Schuld (Dresden OLG **5**, 323). Sie kann dch Bezug auf AGB erfolgen (RG **126**, 348); vgl AGB-Banken 19 II u ADSp 50 (Einf 7).

3) Übergabe (I 1) des Pfd (bzw von TradPap), Stellvertretg nicht mögl (and bei Einigg nach § 854 II). Bei Fehlen Umdeutg in ZbR mögl (OGH NJW **50**, 784).

a) Erfordernisse (vgl auch § 929 Anm 3). – **aa)** Eigtümer muß unmittelb Besitz völl aufgeben, darf aber BesDiener bleiben. – **bb)** PfdGläub muß unmittelb Besitz gem § 854 I od II (RG DJZ **12**, 1470) erwerben; erfordert HerrschaftsVerh, das für alle, die darauf achten, erkennb ist (RG **77**, 208). Ausreichd aber auch Überg an BesMittler (RG **118**, 253) od BesDiener (der zugl Angestellter des Eigtümers sein kann; RG **77**, 209) des PfdGläub; nicht ausreichd, wenn PfdGläub nur BesDiener wird (RG **92**, 267). – **cc)** Eigtümer muß BesErwerb dch PfdGläub wollen (RG Warn **12**, 433); zB wenn PfdGläub mit Zust des Eigtümers (die nicht schon in EiniggsErkl liegt, RG JW **08**, 681) Besitz ergreift od Besitzer auf Weisg des Eigtümers die Sache dem PfdGläub gibt. Daher erlischt PfdR, wenn PfdGläub Pfd länger als vereinbart besitzt (RG JW **14**, 681).

b) Einzelfälle (vgl auch § 854 Anm 3). – **aa) Übergabe bejaht:** Sachen in verschlossenem Raum (Einzäunung) dch SchlüsselÜberg, selbst wenn Eigtümer ihn zeitw für best Verrichtgen zurückerhält (RG **67**, 422) oder unbenutzten vgl § 854 Anm 3) Zweitschlüssel behält (RG **66**, 264); and wenn Eigtümer den Raum wg sof SchlüsselRückg (RG **66**, 258), nur nächtl Verschlusses (RG **77**, 209) od and Zugangs (Dresden SeuffA **66**, 140) wie bish benutzt. Gesonderte Lagerg bei Eigtümer mit Bewachg dch PfdGläub (RG Warn **14**, 433). Beendigg des RücknR des Hinterlegers nach § 367 II 1, 2 bei PfdRBestellg dch Hinterlegg (RG **135**, 274). – **bb) Übergabe verneint:** Auftr an Dritten (auch mit Zust des Eigtümers), die noch im Bestiz des Eigtümers verbleibde Sache für PfdGläub zu beaufsichtigen u zu verwalten (RG **74**, 146). Überg von Legitimationspapieren über Einlagerg, wenn Eigtümer bei Ausliefer mitwirken muß (RG Warn **13**, 293). Lagerg mit PfdTafel bei Eigtümer in unverschließß Einzäung (RG **74**, 146). Einbringg in Raum, dessen Schlüssel vom PfdGläub dem Eigtümer überlassen (RG **67**, 424; vgl auch aa).

4) Bloße Einigung genügt, wenn PfdGläub schon Besitzer (**I 2**) od Mitbesitzer iS § 1206 (RG SeuffA **85**, 115). Mittelb Besitz genügt, sofern Verpfänder nicht BesMittler ist (RG **118**, 250; Rittner JZ **65**, 274); zB Verpfändg der MitEigtAnteile im Girosammeldepot ruhder Wertpapiere (vgl RGRK/Kregel Rdn 19).

5) Übertragung des mittelbaren Besitzes u Anzeige (II), zB bei Verpfändg schon verpfändeter Sache. Eigtümer w damit mittelb Besitzer höherer Stufe, PfdGläub w sein neuer BesMittler u sein alter BesMittler w BesMittler des PfdGläub. Verpfändg von Sachen in Bankfach nicht nach II (da MietVertr), sond nach I od § 1206.

a) Übertragung des mittelb Besitzes dch Eigtümer gem § 870. HerausgAnspr kann bdgt od befristet sein (RG Warn **29**, 11). Anspr aus § 985 nicht abtretb, aber verpfändb (§ 985 Anm 1). Anweisg des Eigtümers an BesMittler, fortan für PfdGläub zu besitzen, u Vereinbg eines BesMittlgsVerh zw diesen ist Überg gem I 1 (BGH NJW **59**, 1536; aA RG Recht **26**, 1109). HerausgAnspr muß bezt u unterscheidb bezeichnete Sache betreffen, reale Teile einer Sachmenge sind nach Individualmerkmalen u nicht nach Zahl u Menge zu bezeichnen (RG **52**, 385); vgl aber § 1204 Anm 2c.

b) Anzeige des Eigtümers an BesMittler; bei MitBes an alle, bei gestuftem mittelb Besitz nur an den nächsten. Formfreie empfangsbedürft WillErkl u VfgsHdlg, die BesMittler zur Herausg an PfdGläub ermächtigt u verpflichtet (RG **85**, 436). Sie ist schlüss (RG Warn **29**, 11) od dch Stillschw (RG **89**, 291) erklärb u muß erkennen lassen, daß BesMittler fortan für best Dritten besitzen soll, wobei Angabe der Verpfändg nicht notw (Hbg HRR **33**, 1013). Wg Anzeige beabsichtigter Verpfändg vgl RG Warn **29**, 11; **30**, 69. Eigtümer kann PfdGläub (od Dritten) zur Anzeige bevollm (PfdVertr genügt dazu idR nicht, RG **85**, 437) od Anzeige genehmigen (idR nicht dch bloßes Stillschw, RG SeuffA **86**, 118). §§ 174 (W-Raiser § 163 I 1b), 409 II anwendb, nicht aber § 409 I 2. Bloße Kenntn des BesMittlers von Verpfändg genügt nicht (RG **89**, 289). Ohne Anzeige kein PfdR nach II, Umdeutg in Gestattg der Befriedigg aus der Sache mögl (KG SeuffA **73**, 226).

1206 Übergabeersatz durch Einräumung des Mitbesitzes.

Anstelle der Übergabe der Sache genügt die Einräumung des Mitbesitzes, wenn sich die Sache unter dem Mitverschlusse des Gläubigers befindet oder, falls sie im Besitz eines Dritten ist, die Herausgabe nur an den Eigentümer und den Gläubiger gemeinschaftlich erfolgen kann.

1) Überg nach § 1205 I 1 dch Einräumg von **qualifiziertem Mitbesitz** in zwei Formen ersetzb.

2) Mitverschluß von Eigtümer u PfdGläub iSv qualifizierten (nicht nur schlichtem) MitBes (BGH **LM** § 987 Nr 7). Eigtümer darf nicht ohne Mitwirkg des PfdGläub (bzw seines BesDieners od BesMittlers) die tats Sachherrsch ausüben können (tats u nicht rechtl Verhältn maßg; BGH **86**, 300), wohl aber PfdGläub ohne die des Eigtümers (RG SeuffA **62**, 57); zB zwei Schlösser, für Zweitschlüssel des Eigtümers zum GläubSchloß u Überlassg des GläubSchlüssels an Eigtümer gilt § 1205 Anm 3b (RG aaO). Gewahrs eines Dritten als BesDiener beider od Verbleib doppelt verschlossener Kassette bei Eigtümer (der ihr Alleinbesitzer wäre) genügen nicht. – An **Schrankfachinhalt** hat die Bank auch bei Mitverschluß keinen MitBes (§ 866 Anm 1a bb); daher an Inhalt kein PfdR der Bank dch AGB-Banken 19 II begründb (Dresden BankA **12**, 313) u PfdR aus § 559 entsteht nur für Fdg aus SchrankfachMietVertr; doch kann die Bank aus ZbR (AGB 19 V) vorbehaltl § 242 Zutritt verweigern.

3) Pfandhaltervertrag. Unmittelb Besitzer (Stettin OLG **5**, 323) muß aGrd schuldr Vertr mit Eigtümer u PfdGläub trhd verwahrte Sache nur an beide gemeins (od an einen mit Zust des and) herausgeben dürfen (RG **87**, 41); er braucht VertrZweck nicht zu kennen (RG JW **38**, 867). Vertr zw Eigtümer u PfdHalter zugl zG des PfdGläub ausreichd (zweifelh aber Stgt HRR **29**, 1214, wonach einseit Weisg des Eigtümers an seinen BesMittler, nur an ihn u PfdGläub gemeins herauszugeben, auch genügen soll, wenn BesMittler dies ablehnt), nicht aber Vertr nur zw Eigtümer u PfdGläub (Posen OLG **34**, 219) od PfdHalter u PfdGläub (RG **85**, 439). PfdR erlischt mit Anfechtg des Vertr rückw (RG JW **38**, 869). PfdHalter darf nicht nur BesDiener sein (RG **66**, 261).

1207 *Verpfändung durch Nichtberechtigte.* Gehört die Sache nicht dem Verpfänder, so finden auf die Verpfändung die für den Erwerb des Eigentums geltenden Vorschriften der §§ 932, 934, 935 entsprechende Anwendung.

1) Allgemeines. – a) § 1207 regelt den **gutgläubigen Erwerb eines Vertragspfandrechts** nach §§ 1205, 1206 (auch bei Verurteilg zur PfdBestellg, ZPO 897 I, 898) vom NichtEigtümer. Einigg, die sich auch auf Verpfänder nicht gehörde Sache erstreckt, sofern PfdGläub nur im Einzelfall gutgl, wg Sittenwidrigk nichtig (BGH **86**, 300). – **b) Sondervorschriften. aa)** Nach HGB 366 genügt guter Gl an Vfgs- u (str) Vertretgsbefugn, HGB 367 enthält ges Vermutg gg guten Gl. **bb)** Wg AGB vgl Einf 7. **cc)** Nach DepG 4 I 1 besteht eine Fremdvermutg bei Drittverwahrg von WertP (Ausn: DepG 4 II, III), die Hinterleger gg alle PfdR des Drittverwahrers wg aller Fdg aGrd AGB-Banken schützt; § 1207, HGB 366 dadch im Einzelfall nicht ausgeschl, aber Drittverwahrer muß seinen guten Gl beweisen. And hins PfdR des Drittverwahrers für Fdg iS DepG 4 I 2; hier gilt Anm 3 c (RG **133**, 187). DepG 4 gilt auch für Sammelbestandanteile (DepG 9). Wg Ermächtigg des Verwahrers zur Verpfändg vgl DepG 12 u RG **164**, 292. **dd)** PachtKrG 4, 5, 7 (Einf 2 b) LuftfzRG 15 ff (Einf 6 a aa).

2) Entsprechend anwendbar sind: – **a)** § 932 bei Erwerb nach § 1205 I u § 1206 Anm 2. Im Fall § 1205 I 2 gutgl Erwerb nur mögl, wenn Gläub schon den Besitz vom Verpfänder erlangte (§ 932 I 2); hierbei ist die tats erstmalige Einräumg, nicht die weitere Belassg dch einen anderen (zB RNachfolger) maßg (RG Warn **29**, 182). Überg von TradPap steht SachÜberg gleich. – **b)** § 934 bei Erwerb nach § 1205 II u § 1206 Anm 3. Nicht geschützt wird guter Gl an den mittelb Besitz, so daß bei Abtr nicht bestehden HerausgAnspr PfdR erst mit Erlangg unmittelb Besitzes entsteht. Bei Abtr gemeinschaftl HerausgAnspr iS § 1206 Anm 3 zwecks Weiterverpfändg kein gutgl Erwerb, weil kein mittelb Besitz iS § 934. – **c)** § 935 bei Verpfändg gestohlener usw Sachen; vgl aber EG 94 II. – **d)** § 933 nicht anwendb, da PfdR nicht dch BesKonstitut bestellb.

3) Gutgläubigkeit liegt vor, wenn Gläub weder weiß noch inf grober Fahrlk nicht weiß, daß der Verpfänder kein Eigtümer; bei Bösgläubigk Heilg nach § 185 II 1 mögl. § 932 Anm 2 gilt. – **a) Einzelfälle** (konkr Umstände maßg), über Verpfändg von Abzahlgssachen vgl Bull BB **63**, 119. Besondere SorgfaltsPfl hat PfdKreditAnstalt (BGH NJW **82**, 38; Hbg MDR **89**, 66; LG Bchm NJW **61**, 1971). Keine allg ErkundiggsPfl nach SichsÜbereigg (BGH **86**, 300); auch nicht, wenn PfdGläub (nur) allg Liquiditätsschwäche der Branche des Verpfänders kennt (BGH aaO). **aa)** Gutgl: Bank, die bei Verpfändg von InhPap dch Erben nicht prüft, ob dieser Alleinerbe (RG **67**, 27), die WertP eines finanzschwachen Kunden verwahrt (RG Recht **19**, 1110) od LombardGesch tätigt (Hbg JW **35**, 440, vgl aber RG **141**, 129); unbeanstandete Ann von WertP ohne Zinsscheinbogen (RG **58**, 162); WerkUntern, der sich Kfz-Brief des zu reparierden Kfz nicht zeigen läßt (BGH NJW **81**, 226). **bb)** Bösgl: Verpfändg zahlreicher neuer Schreibmaschinen dch Händler (Nbg WPM **62**, 95); unbeanstandete Ann zahlreicher neuer Kleidgsstücke dch Leihhaus (LG Hbg MDR **58**, 690); kfm Unkorrekth (BGH NJW **81**, 227); Annahme zahlreicher wertvoller Teppiche dch PfdKreditAnstalt (BGH NJW **82**, 38). – **b) Maßgeblicher Zeitpunkt**: Entstehg des PfdR, wenn Eigtümer selbst verpfändet hätte (Eintritt der letzten Entstehgsvorausssetzg); gilt auch iFv § 1204 II (BGH **86**, 300). – **c) Beweislast**: Wer PfdRErwerb bestreitet, muß NichtEigt des Verpfänders u Umstände für Bösgläubigk des Gläub beweisen (BGH NJW **82**, 38). Gläub muß seine Bösgläubigk substantiiert bestreiten, wenn Prüfg des übl EigtNachw des Verpfänders (zB Rechng über Erwerb) zur Bösgläubigk hätte führen müssen (BGH aaO).

1208 *Gutgläubiger Erwerb des Vorrangs.* Ist die Sache mit dem Rechte eines Dritten belastet, so geht das Pfandrecht dem Rechte vor, es sei denn, daß der Pfandgläubiger zur Zeit des Erwerbes des Pfandrechts in Ansehung des Rechtes nicht in gutem Glauben ist. Die Vorschriften des § 932 Abs. 1 Satz 2, des § 935 und des § 936 Abs. 3 finden entsprechende Anwendung.

1) Allgemeines. – a) § 1208 regelt den **gutgläubigen Erwerb des Vorrangs** eines gem §§ 1205–1207 bestellten VertrPfdR vor schon bestehden beschr dingl Rechten (Art u EntstehgsGrd gleichgült) Dritter am Pfd. – **b) Sondervorschriften:** HGB 366 II; PachtkrG 4, 5, 7 (Einf 2 b).

2) Gutgläubigkeit. – a) Liegt vor, wenn PfdGläub weder weiß noch inf grober Fahrlk nicht weiß, daß ältere Rechte bestehen; iü gilt § 1207 Anm 3 entspr. Sie kann auch in Ansehg des Umfangs eines Rechts bestehen (str). – **b) Bewirkt,** daß ältere Rechte in bish Rangfolge dem PfdR des Erwerbers nachrangig w. Bei teilw Gutgläubigk gilt dies nur für die von ihr gedeckten Rechte, währd die and vorrangig bleiben; entspr bei Gutgläubigk hins des Umfangs. Einschränkgen: (1) Kein Vorrang, wenn Pfd dem dingl Berecht (bei Eigtümer gilt § 1207 Anm 2c) abhgek usw (§ 935). (2) Bei Erwerb nach § 1205 I 2 gilt § 1207 Anm 2a entspr (§ 932 I 2). (3) Bei Erwerb nach § 1205 II behalten Rechte des unmittelb Besitzers Vorrang (§ 936 III).

1209 *Rang des Pfandrechts.* Für den Rang des Pfandrechts ist die Zeit der Bestellung auch dann maßgebend, wenn es für eine künftige oder eine bedingte Forderung bestellt ist.

§§ 1209–1212

1) Rangverhältnis. – a) Grundsatz. Das ältere Recht hat Vorrang vor dem jüngeren, bei gleichzeitiger Bestellg entsteht Gleichrang (Befriedigg entspr ZVG 10). Gilt bei PfdR aller Art (RG JW **06**, 224; BGH **52**, 99; vgl auch ZPO 804 III) untereinander u überh bei allen beschr dingl Rechten (BGH **LM** § 559 Nr 1; Hamm OLG **27**, 153) sowie bei nur nach § 185 II 1 wirks Bestellg. Nicht mit dingl (zB RangVorbeh, Vorrangeinräumg) sond nur mit schuldr Wirkg änderb (str; vgl Westermann § 131 2c, E. Wolf § 8 B IV); nachträgl Rangänderg nur dch Aufhebg des älteren Rechts (jüngere rücken nach) u Neubestellg im letzten Rang mögl, best Rangverhältn nur dch Bestellg in entspr Folge erreichb. – **b) Ausnahmen:** § 1208; HGB 366 II, 443, 761 f. – **c) Sondervorschriften:** PachtKrG 11, 12; DüngemittelG 2 IV, V.

2) Für Rang des PfdR **für bedingte od künftige** Fdg (§ 1204 II) ist Bestellgs- u nicht Entstehgszeit der Fdg maßg, so daß später bestelltes PfdR für schon bestehde Fdg nachrangig ist (RG Warn **12**, 345); zwinge Regelg. Wg § 161 u Unzulässigk von RangVorbeh ist § 1209 entspr anwendb auf Rangverhältn **bedingter od betager Pfandrechte** (RGRK/Kregel Rdn 4; aA MüKo/Damrau Rdn 5).

1210 *Umfang der Haftung des Pfandes.* **I** Das Pfand haftet für die Forderung in deren jeweiligem Bestand, insbesondere auch für Zinsen und Vertragsstrafen. Ist der persönliche Schuldner nicht der Eigentümer des Pfandes, so wird durch ein Rechtsgschäft, das der Schuldner nach der Verpfändung vornimmt, die Haftung nicht erweitert.

II Das Pfand haftet für die Ansprüche des Pfandgläubigers auf Ersatz von Verwendungen, für die dem Pfandgläubiger zu ersetzenden Kosten der Kündigung und der Rechtsverfolgung sowie für die Kosten des Pfandverkaufs.

1) Das Pfd haftet mangels abw Vereinbg (RG LZ **27**, 606) für **jeweiligen Forderungsbestand** (I 1); insb für vertragl u ges Zinsen bis zur PfdVerwertg (im Konk bis zur abgesonderten Befriedigg, Jaeger LZ **16**, 1414), VertrStrafe neben od anstelle der HauptFdg, SchadErs- anstelle ErfüllgsAnspr, Aufwertgs- (RG **111**, 62) od UmstellgsBetr; frü KtokorrentFdg vgl HGB 356. Zusätzl für **Kosten des Gläubigers** (II): für Verwendgen (§ 1216) unabhäng von Pers des ErsPflichtigen; zur RVerfolgg gehört auch die pers Klage (Hbg MDR **59**, 580), nicht aber Verteidigg gg Klage des Schu auf Herausg.

2) Erweiterung der Fdg dch RGesch, die aber keine Neuschuld begründen darf. – **a)** Ist der **persönliche Schuldner zugleich Eigentümer,** so haftet Pfd für Erweiterg auch mit Wirkg gg nachrangige Gläub (insow str), da sie von Anfang an gleichrangig mit urspr Fdg. Gilt auch, wenn Schu Pfd vor Erweiterg veräußert. – **b)** Ist der **persönliche Schuldner nicht zugleich Eigentümer,** so haftet Pfd mangels abw Vereinbg nicht für Erweiterg (I 2). Gilt auch, wenn Schu Pfd vor Erweiterg erwirbt. Hält Gläub den Schu gutgl für Eigentümer, so gilt Anm 2a (RGRK/Kregel Rdn 4).

1211 *Einreden des Verpfänders.* **I** Der Verpfänder kann dem Pfandgläubiger gegenüber die dem persönlichen Schuldner gegen die Forderung sowie die nach § 770 einem Bürgen zustehenden Einreden geltend machen. Stirbt der persönliche Schuldner, so kann sich der Verpfänder nicht darauf berufen, daß der Erbe für die Schuld nur beschränkt haftet.

II Ist der Verpfänder nicht der persönliche Schuldner, so verliert er eine Einrede nicht dadurch, daß dieser auf sie verzichtet.

1) Verpfänder kann aus eigenem Recht Einwdgen gg den Bestand von Fdg u PfdR sowie Einreden aus seinem pers Verh zum Gläub geltd machen. Nach § 1211 kann der Verpfänder, der nicht zugl pers Schu ist, auch (zB dch Klage auf Unterl der PfdVerwertg od auf Feststellg der fehlen VerwertgsBefugn) geltd machen: – **a) Einreden des persönlichen Schuldners gegen die Forderung** (zB rechtskr Abweisg der Klage gg den Schu), selbst wenn sie diesem rechtskr aberkannt sind (RG Warn **33**, 35) od dieser auf sie verzichtet hat (II). Ausn: §§ 223 I, 1211 I2, 1971; VerglO 82 II, KO 193 II. Bei dauernden Einreden gilt § 1254. – **b) Einreden des Bürgen** aus § 770 sowie in den Fällen § 770 Anm 4; Verpfänder kann aber nicht mit Fdg des Schu aufrechnen (RG LZ **31**, 777). II gilt hier nicht (vgl § 770 Anm 2, 3; § 1137 Anm 5; Arndt DNotZ **63**, 603).

2) § 1211 gilt ggü Anspr aus §§ 1204 I, 1231, nicht aber ggü § 1227 (MüKo/Damrau Rdn 8); auch anwendb auf Eigtümer, der weder Verpfänder noch pers Schu ist (RG JW **12**, 749).

1212 *Erstreckung auf getrennte Erzeugnisse.* Das Pfandrecht erstreckt sich auf die Erzeugnisse, die von dem Pfande getrennt werden.

1) Bestandteile des Pfd (iZw auch unwesentl) w vom PfdR erfaßt. PfdR besteht nach Trenng fort; nicht erforderl, daß Verpfänder Eigt od PfdGläub Besitz erlangt. Mit dingl Wirkg nicht vertragl änderb, mögl nur schuldr FreigabeVerpfl. PfdFreih tritt aber ein, wenn Dritter nach §§ 936, 945, 949, 954 (bei nachrangigem AneigngsR wird Eigt mit PfdR belastet erworben), 956 pfdfreies Eigt erlangt.

2) Zubehör des Pfd w vom PfdR nur bei bes Verpfändg erfaßt; diese ist bei MitÜberg zu vermuten.

3) Früchte des Pfd. **a)** Für Erzeugnisse u aus der Sachsubstanz gewonnene Ausbeute (Planck-Flad Anm 1) gilt Anm 1 (Ausn: § 1213 Anm 1). **b)** And Früchte (zB § 99 III) erfaßt das PfdR nur bei bes Vereinbg.

4) Surrogate w nur in den Fällen der §§ 1219 II, 1247, EG 52, OLSchVO 22 I 2 vom PfdR erfaßt. Iü kein PfdR an SchadErs- od VersichergsFdg (RG HRR **34**, 1677) wg Zerstörg des Pfd u kein Anspr entspr § 281 auf PfdRBestellg an ihnen (vgl Einl 5e vor § 854). ErsPfdR vereinb.

1213 Nutzungspfand.
^{I} Das Pfandrecht kann in der Weise bestellt werden, daß der Pfandgläubiger berechtigt ist, die Nutzungen des Pfandes zu ziehen.

^{II} Ist eine von Natur fruchttragende Sache dem Pfandgläubiger zum Alleinbesitz übergeben, so ist im Zweifel anzunehmen, daß der Pfandgläubiger zum Fruchtbezuge berechtigt sein soll.

1) Beim **Nutzungspfandrecht** erlangt der PfdGläub abweichd von § 1212 **Eigentum** an Sachfrüchten gem § 954 mit Trenng u an mittelb Früchten (§ 99 III) dch Übereign der Leistg. Anrechg nach § 1214 II, III. Bei NutzgsPfdR an ges Vermögen ist § 419 nicht anwendb (vgl § 419 Anm 2a).

2) Bestellung. – a) Berechtigg muß ausdr od stillschw **vereinbart (I)** sein. Erstreckt sich mangels abw Vereinbg auf alle Nutzgen iS § 100 bis zum Erlöschen des PfdR; Fruchtverteilg § 101. Gewöhnl PfdR in NutzgsPfdR umwandelb u umgekehrt. Bei Nutzgsaneign ohne Vereinbg SchadErsPfl nach § 823; in Klage auf Auskehrg des Nutzgsreinertrags kann Gen liegen (RG **105**, 408). – **b)** Vereinbg w bei Verpfändg fruchttragder Sache **vermutet (II).** Gilt auch bei § 1205 I 2 u § 1205 II, sobald PfdGläub unmittelb Besitz erlangt. Bei MitBes (§ 1206) bes Vereinbg erforderl. II gilt nicht bei Herausg nach § 1231.

1214 Pflichten des nutzungsberechtigten Pfandgläubigers.
^{I} Steht dem Pfandgläubiger das Recht zu, die Nutzungen zu ziehen, so ist er verpflichtet, für die Gewinnung der Nutzungen zu sorgen und Rechenschaft abzulegen.

^{II} Der Reinertrag der Nutzungen wird auf die geschuldete Leistung und, wenn Kosten und Zinsen zu entrichten sind, zunächst auf diese angerechnet.

^{III} Abweichende Bestimmungen sind zulässig.

1) § 1214 ist anwendb bei NutzgsPfdR nach § 1213. Entspr anwendb, wenn PfdGläub Nutzgen ohne Ermächtigg (zB bei ges PfdR) zieht (RG **105**, 409).

2) Gläubigerpflichten (I) – a) Nutzung mit hierzu notw Verwendgen im Rahmen u nach Regeln ordngsm GeschFührg; keine übermäß Maßn u Aufw. Bei unterl od übermäß Nutzg SchadErsPfl. – **b) Rechenschaft** jederzeit, mind alljährl, aber nicht unnütz u zur Unzeit; §§ 259, 261 gelten.

3) Anrechnung (II). Der Reinertrag (bei Eigenverbrauch: gemeiner Verkehrswert abzügl Gewinngs- u gewöhnl UnterhKosten; bei Verwertg: Verkaufspreis abzügl vorgenannter u Verwertgskosten) wird kr G angerechnet, so daß gesicherte Fdg von selbst getilgt w, soweit der Reinertrag sie deckt. Anrechngsfolge: Kosten iS § 1210 II, Zinsen, HauptFdg.

4) Abweichende Vereinbarung (III), zB keine Pfl nach I, wenn dch Fruchtbezug Zinsen abgegolten sein sollen. Zul auch, daß PfdGläub Nutzgen ohne Anrechng behält (vgl Köhler ZMR **71**, 3).

1215 Verwahrungspflicht.
Der Pfandgläubiger ist zur Verwahrung des Pfandes verpflichtet.

1) Verwahrungspflicht fließt aus ges SchuldVerh zw Verpfänder u PfdGläub (vgl Übbl 1 c bb). Sie besteht nur, wenn PfdGläub (od ein Dr für ihn) Gewahrs hat; bei §§ 1205 II, 1206 also erst, wenn er unmittelb AlleinBes erlangt. Sie endet mit PfdRückg, auch wenn PfdR vorher erloschen. Inhalt: §§ 688ff entspr anwendb, soweit nicht PfdRVorschr entggstehen od sich daraus etwas ergibt, daß der PfdGläub das Pfd auch zu eigenem Nutzen verwahrt u es nicht aGrd bes Vertrauens erhält, sond weil zur PfdRBestellg notw (KG OLG **29**, 380). Deshalb keine HaftgsBeschränkg nach § 690 (KG aaO); Gläub darf Pfd entgg § 691 S 1 in Drittverwahrg geben u haftet dann entspr § 691 S 2; VerwendgsErs nach § 1216 statt § 693 (Düss HRR **36**, 726); § 697 nicht anwendb. IdR keine ErhaltgPfl (vgl aber Anm 1c zu §§ 1218, 1219), daher keine VersichergsPfl (KG aaO); Tiere sind zu füttern.

2) Verletzung: SchadErsPfl des PfdGläub, Verjährg § 1226. Verpfänder kann Schaden des von ihm verschiedenen Eigtümers geltd machen (Vorbem 6 vor § 249); Eigtümer hat Anspr aus § 823, wobei PfdGläub iRv § 991 II haftet.

1216 Ersatz von Verwendungen.
Macht der Pfandgläubiger Verwendungen auf das Pfand, so bestimmt sich die Ersatzpflicht des Verpfänders nach den Vorschriften über die Geschäftsführung ohne Auftrag. Der Pfandgläubiger ist berechtigt, eine Einrichtung, mit der er das Pfand versehen hat, wegzunehmen.

1) Verwendungen (Vorbem 2 vor § 994) sind zB Lagerkosten (Düss HRR **36**, 726). § 1216 gilt nicht für Verwendgen zur Nutzgsgewinng od aGrdv Vereinbg mit Verpfänder. – **a) Ersatzanspruch** nach §§ 683ff. Unerhebl, ob PfdGläub auf eigenen od Nutzen des Verpfänders bedacht war. Kein ErsAnspr, wenn Verpfänder bei Zahlgsunfähigk des Schu u Überlastg des Pfd keinen Nutzen von dessen Erhaltg hat. Verpfänder kann sich nicht dch Preisgabe des Pfd befreien. Verzinsg § 256; WegnahmeR § 258; Verjährg § 1226. Für ErsAnspr haftet Pfd gem § 1210 II. – **b) Ersatzpflichtig** ist der Verpfänder; der von ihm verschiedene Eigtümer aus GoA od §§ 994ff, wenn deren Voraussetzgen ihm ggü erfüllt. Eigtümer u Verpfänder sind ggf GesSchu; AusglPfl nach RVerh zw ihnen.

§§ 1217–1220

1217 *Rechtsverletzung durch den Pfandgläubiger.* ^I Verletzt der Pfandgläubiger die Rechte des Verpfänders in erheblichem Maße und setzt er das verletzende Verhalten ungeachtet einer Abmahnung des Verpfänders fort, so kann der Verpfänder verlangen, daß das Pfand auf Kosten des Pfandgläubigers hinterlegt oder, wenn es sich nicht zur Hinterlegung eignet, an einen gerichtlich zu bestellenden Verwahrer abgeliefert wird.

^{II} Statt der Hinterlegung oder der Ablieferung der Sache an einen Verwahrer kann der Verpfänder die Rückgabe des Pfandes gegen Befriedigung des Gläubigers verlangen. Ist die Forderung unverzinslich und noch nicht fällig, so gebührt dem Pfandgläubiger nur die Summe, welche mit Hinzurechnung der gesetzlichen Zinsen für die Zeit von der Zahlung bis zur Fälligkeit dem Betrage der Forderung gleichkommt.

1) **Voraussetzungen.** – a) RVerletzg erfordert nicht SchadEintritt u liegt zB in Verletzg vertragl od ges Pfl, in unbefugter Nutzg od Gebr. – b) Abmahng, formlos ohne Androhg der ges RBehelfe mögl. – c) Fortsetzg der RVerletzg trotz Abmahng.

2) **Verpfänderrechte**; der von ihm verschiedene Eigtümer ist auf §§ 823, 1004 beschr, wobei PfdGläub im Rahmen des § 991 II haftet. – a) Anspr auf **Hinterlegung** entspr §§ 372ff (Vollstr nach ZPO 883). Rückn des Pfd nur mit Zust des Verpfänders. Im Falle HintO 7 gilt § 233. Bei nicht hinterlegb Pfd Ablieferg an gem FGG 165 bestellten Verwahrer, der ggf nach § 1214 verpflichtet. – b) Vorzeitige **Einlösung** des Pfd, auch wenn Zeit zG des Gläub bestimmt war. Ist Verpfänder nicht pers Schu, so gilt § 1225. Verpfänder darf bei unverzinsl Fdg entgg § 272 Zwischenzinsen abziehen; Berechng nach Hoffmannscher Methode: zu zahlende Summe x = gesicherte Fdg – [(x · ges Zinssatz · Unterschied an Tagen zw Fälligk u Zahlg): (100 · 365')]. – c) Übergang von a zu b u umgekehrt zul, solange eines noch nicht vollzogen.

1218 *Rechte des Verpfänders bei drohendem Verderb.* ^I Ist der Verderb des Pfandes oder eine wesentliche Minderung des Wertes zu besorgen, so kann der Verpfänder die Rückgabe des Pfandes gegen anderweitige Sicherheitsleistung verlangen; die Sicherheitsleistung durch Bürgen ist ausgeschlossen.

^{II} Der Pfandgläubiger hat dem Verpfänder von dem drohenden Verderb unverzüglich Anzeige zu machen, sofern nicht die Anzeige untunlich ist.

1) **Austauschrecht** des Verpfänders (I), nicht des von ihm verschiedenen Eigentümers (str). – a) **Verderb** ist Unbrauchbarwerden dch Substanzveränderg. **Wertminderung** ist Sinken des Preises inf äußerer Umstände (zB Kursverlust, technische Veraltg) od Substanzveränderg. – b) **Anspruch** auf Rückg Zug um Zug gg anderw Sicherh im Wert des Pfd zZ der Rückg; geringwertige Sicherh genügt, wenn sie Fdg des PfdGläub deckt. Für SicherhLeistg gelten §§ 232 I, 233–238, 240. – c) Bei Unvermögen zur SicherhLeistg kann gem § 242 verlangt w, daß PfdGläub das Pfd zum Markt- od Börsenpreis verkauft (kein Verk iS § 1228) u sich aus Erlös befriedigt (RG 74, 151) od damit and Sicherh anschafft (RG 101, 47); uU diese VerkPfl auch ohne Anregg des Verpfänders (RG LZ 27, 1339).

2) **Anzeigepflicht (II)**; nicht bei Wertminderg. Bei Verletzg SchadErsAnspr. Für Schaden des vom Verpfänder verschiedenen Eigtümers gilt § 1215 Anm 2 entspr.

1219 *Rechte des Pfandgläubigers bei drohendem Verderb.* ^I Wird durch den drohenden Verderb des Pfandes oder durch eine zu besorgende wesentliche Minderung des Wertes die Sicherheit des Pfandgläubigers gefährdet, so kann dieser das Pfand öffentlich versteigern lassen.

^{II} Der Erlös tritt an die Stelle des Pfandes. Auf Verlangen des Verpfänders ist der Erlös zu hinterlegen.

1) **Versteigerungsrecht** des PfdGläub (I). – a) § 1218 Anm 1a gilt. SicherhGefährdg entspr § 237 S 1; weitere Sicherh (zB Bürgsch) bleiben unberücksichtigt, nur bei PfdR an mehreren Sachen desselben Verpfänders (§ 1222) entscheidet der Gesamtwert. – b) Öffentl Verst: §§ 383 III, 1220; §§ 1232 (str), 1236 bis 1246 gelten. – c) Aus § 242 kann sich VerstPfl ergeben (Düss HRR 36, 726).

2) **Erlös (II)** tritt hins sämtl RVerh an Stelle des Pfd. PfdGläub hat keinen Anspr auf vorzeitige Befriedigg; bei PfdReife Befriedigg dch Aneigng. Hinterlegg auf eigene Kosten kann nur Verpfänder, nicht der von ihm verschiedene Eigtümer (str) verlangen.

1220 *Androhung der Versteigerung.* ^I Die Versteigerung des Pfandes ist erst zulässig, nachdem sie dem Verpfänder angedroht worden ist; die Androhung darf unterbleiben, wenn das Pfand dem Verderb ausgesetzt und mit dem Aufschube der Versteigerung Gefahr verbunden ist. Im Falle der Wertminderung ist außer der Androhung erforderlich, daß der Pfandgläubiger dem Verpfänder zur Leistung anderweitiger Sicherheit eine angemessene Frist bestimmt hat und diese verstrichen ist.

^{II} Der Pfandgläubiger hat den Verpfänder von der Versteigerung unverzüglich zu benachrichtigen; im Falle der Unterlassung ist er zum Schadensersatze verpflichtet.

^{III} Die Androhung, die Fristbestimmung und die Benachrichtigung dürfen unterbleiben, wenn sie untunlich sind.

Pfandrecht an bew. Sachen u. Rechten. 1. Titel: Bewegl. Sachen §§ 1220–1225

1) Androhung u Fristsetzung (I) sind einseit empfangsbedürft WillErkl. Bei ungerechtf (vgl I 1, III) Unterl bzw Verst trotz SicherhLeistg (m 2) sind Verst u anschl EigtÜbertr unwirks; aber gutgl Erwerb mögl (§ 1244). Außerdem SchadErsPfl des PfdGläub.

2) Benachrichtigung (II). Zeit u Ort bevorstehender Verst sind anzugeben (vgl HGB 373 V). Verpfänder soll mitbieten können. Bei Unterl SchadErsPfl, Verst aber wirks.

1221 *Freihändiger Verkauf.* **Hat das Pfand einen Börsen- oder Marktpreis, so kann der Pfandgläubiger den Verkauf aus freier Hand durch einen zu solchen Verkäufen öffentlich ermächtigten Handelsmäkler oder durch eine zur öffentlichen Versteigerung befugte Person zum laufenden Preise bewirken.**

1) Freihändiger Verkauf statt Verst nach § 1219 nach Wahl des PfdGläub zul; § 1220 gilt entspr. Börsen- od Marktpreis: § 385 Anm 1. Verk hat an einer Stelle stattzufinden, die nach VerkehrsVerh als Börse od Markt des Verwahrgsorts in Frage kommt. PfdGläub darf selbst erwerben, aber nicht unmittelb übernehmen (RG JW **30**, 134). Verk auch an Eigtümer, er erwirbt lastenfrei. Auch wenn laufder Preis nicht erzielt w, erwirbt Käufer Eigt; aber uU SchadErsPfl des PfdGläub.

2) Verkaufsermächtigte: Handelsmäkler (HGB 93) mit Ermächtigg nach LandesR (zB *nds* AGBGB 4; *rhpf* AGBGB 1), Kursmäkler (BörsenG 30, 34). **Versteigerungsbefugte:** GVz (§ 383 III), öff Versteigerer (GewO 34 b V, VerstV), Notare (BNotO 20 III).

1222 *Pfandrecht an mehreren Sachen.* **Besteht das Pfandrecht an mehreren Sachen, so haftet jede für die ganze Forderung.**

1) PfdR an mehreren Sachen entsteht, wenn für dieselbe Fdg anfängl od nacheinander von demselben od verschiedenen Verpfändern mehrere Sachen verpfändet w; ferner nach Trenng von Bestandt (§ 1212 Anm 1).

2) Haftung. – **a)** Jede Sache haftet für gesamte Fdg. Keine Verteilg entspr § 1132 II; aber Vereinbg zul, daß einzelne Sachen nur in best Höhe haften. – **b)** Verpfänder kann keine Sache zurückverlangen, solange PfdGläub nicht voll befriedigt (BGH BB **66**, 179). Ausn nach § 242 mögl, wenn PfdGläub dch restl Pfd ausr gesichert (BGH aaO u **LM** § 610 Nr 1). – **c)** WahlR des PfdGläub bei PfdVerk: § 1230.

1223 *Rückgabepflicht; Einlösungsrecht.* ^I **Der Pfandgläubiger ist verpflichtet, das Pfand nach dem Erlöschen des Pfandrechts dem Verpfänder zurückzugeben.**

^{II} **Der Verpfänder kann die Rückgabe des Pfandes gegen Befriedigung des Pfandgläubigers verlangen, sobald der Schuldner zur Leistung berechtigt ist.**

1) Rückgabepflicht des Pfandgläubigers nach Erlöschen des PfdR (I); BewLast für Erlöschen (vgl dazu Einf 1 b) hat, wer Herausg verlangt. – **a) Verpfänder** hat Anspr auf Übertr des Bes am Pfd nebst Erzeugn (nach BGH NJW **79**, 1203 zust Schubert JR **79**, 418 grdsl auch, wenn er Eigtümer ggü kein BesR; aA Waldner MDR **79**, 811, vgl auch Osterle JZ **79**, 634 u Einf 5 vor § 985). Holschuld (Karlsr OLG **43**, 18). ZbR des PfdGläub nach § 273, HGB 369 mögl (Bambg SeuffA **64**, 48). Bei schuldh Unmöglichk muß PfdGläub Wert des Pfd ersetzen (RG **117**, 57), bei Verpfändg fremder Sachen den BesWert (RG **116**, 266). – Bei PfdR auf Geld keine Aufrechng ggü Anspr aus I (Bambg SeuffA **64**, 48), da kein ZahlgsAnspr. – **b) Eigentümer**, der nicht zugl Verpfänder, hat Anspr aus § 985; **persönlicher Schuldner** hat keinen Anspr (RG **116**, 226). – **c)** I gilt auch für Herausg des Übererlöses, der nach § 1247 S 2 an Stelle des Pfd tritt (Hbg OLG **35**, 131).

2) Einlösungsrecht des Verpfänders (II); § 267 II unanwendb. Nur als Ganzes abtretb (RG SeuffA **83**, 84); auch an Eigtümer (RG LZ **26**, 698). Für Eigtümer, der nicht zugl Verpfänder, gilt § 1249. – **a)** Anspr auf Rückg Zug um Zug gg volle Befriedigg (RG **92**, 281); bei Klage auf Rückg genügt hilfsw Erbieten, die gerichtl festgestellte Schuld zu zahlen (RG **140**, 346). PfdGläub kann ohne Angebot der PfdRückg pers Fdg einklagen (RG Recht **13**, 3258); pers Schu, der zugl Verpfänder, kann Verurteilg Zug um Zug gg PfdRückg verlangen (BGH NJW **79**, 1203). – **b)** War Verpfänder zugl Eigtümer u pers Schu, so erlöschen mit Rückg gg Befriedigg Fdg (§ 362) u PfdR (§§ 1252, 1253); war er zugl Eigtümer aber nicht pers Schu, so geht Fdg mit PfdR auf ihn über (§ 1225), das PfdR erlischt jedoch gem § 1256; war er weder Eigtümer noch pers Schu, so geht Fdg mit PfdR auf ihn über (§ 1225).

1224 *Befriedigung durch Hinterlegung oder Aufrechnung.* **Die Befriedigung des Pfandgläubigers durch den Verpfänder kann auch durch Hinterlegung oder durch Aufrechnung erfolgen.**

1) Verpfänder, der nicht pers Schu, kann PfdGläub dch Aufrechng mit eigener Fdg (nicht mit der des Schu) gg PfdGläub od Hinterlegg befriedigen.

1225 *Forderungsübergang auf den Verpfänder.* **Ist der Verpfänder nicht der persönliche Schuldner, so geht, soweit er den Pfandgläubiger befriedigt, die Forderung auf ihn über. Die für einen Bürgen geltenden Vorschriften des § 774 finden entsprechende Anwendung.**

§§ 1225–1228

Schrifttum: Hartmaier, AusglFragen bei mehrf Sicherg einer Fdg, Diss Tübingen 1963. – Klinkhammer-Rancke JuS 73, 671. – Schlechtriem, Festschr v Caemmerer 1978, 1013.

1) Übergang der Forderung auf den Verpfänder (S 1), verzichtb (RG 71, 329). – **a) Verpfänder** muß PfdGläub befriedigt haben, ohne pers Schu zu sein (RG Recht **18**, 245). Daher kein FdgsÜbergang nach S 1, wenn nach HGB 128 haftder Gter, der für Fdg gg Gesellsch Pfd bestellte, PfdGläub befriedigt; aus and Grd, zB § 426 II, FdgsÜbergang mögl (RG **91**, 277). Mit Fdg geht PfdR (wg und SichersgR vgl § 401 Anm 1c) nach §§ 401, 412, 1250 auf Verpfänder über; war er zugl Eigtümer, so erlischt PfdR gem § 1256 u er hat HerausgAnspr aus § 985. War er NichtEigtümer, so hat er HerausgAnspr aus §§ 1227, 985; er erwirbt hier PfdR auch, wenn er bei Verpfändg bösgl war, idR aber AufhebgsAnspr des Eigtümers zB aus § 823. – **b) Befriedigt persönlicher Schuldner** (unerhebl ob zugl Verpfänder od Eigtümer) den PfdGläub, so erlöschen Fdg u PfdR (§§ 362, 1252) u für PfdRückg gilt § 1223 Anm 1. – **c) Befriedigt Eigentümer,** der weder pers Schu noch Verpfänder, den PfdGläub, so gilt § 1249 Anm 3a. – **d) Befriedigt anderer Dritter,** so Übergang von Fdg u PfdR nach §§ 426 II, 774, 1249 mögl.

2) Entsprechende Anwendung von § 774 (S 2). a) § 774 I 2: Bei bloßer Teilbefriedigg nur Teilübergang u Erwerb eines dem PfdGläub nachgehenden, der Befriedigg entspr PfdR. Bei Teilbefriedigg vor u nach KonkEröffng gilt § 774 Anm 2f entspr. – **§ 774 I 3:** pers Schu behält Einwendgen aus RVerh zum Verpfänder (vgl Übbl 1 c aa), vgl RG **85**, 72; wg Einwand, Verpfänder habe PfdGläub wg GgFdg des pers Schu nicht befriedigen dürfen, vgl RG **59**, 207.

b) Verhältnis mehrerer Sicherungsgeber (vorbehaltl abw Vereinbg). – **aa) Mehrere Verpfänder:** Befriedigt ein Verpfänder, so erwirbt er mangels abw Vereinbg entspr §§ 774 II, 426 dch PfdR gesicherten kopfteiligen AusglAnspr (BGH NJW **89**, 2530), denn der interessengerechte § 426 ist and als § 1173 erweiternd auszulegen. – Gibt Gläub ein Pfd frei, so haftet er einem and Verpfänder nicht (Ausn: Verstoß gg Abrede od § 826); § 776 nicht anwendb (RG HRR **42**, 64; krit Westermann § 129 IV 2; aA Finger BB **74**, 1416). – **bb) Pfandrecht u Hypothek:** Befriedigt ein SichgGeber, so gilt aa entspr (BGH NJW **89**, 2530). – **cc) Pfandrecht u Bürgschaft:** Befriedigt ein SichgGebr, so gilt aa entspr (BGH aaO; aA 48. Aufl: befriedigt Bürge den PfdGläub, so erwirbt er Fdg u PfdR ohne AusglPfl; befriedigt der Verpfänder, so erwirbt dieser Fdg ohne Sicherg dch Bürgsch, denn Bürge w gem § 776 in Höhe des Wertes des Pfd frei).

3) § 1225 entspr anwendb bei Befriedigg aus dem Pfd (RG Recht **18**, 244), nicht aber bei selbstd Regreß-Anspr (RG LZ **17**, 474).

1226 *Verjährung der Ersatzansprüche.* Die Ersatzansprüche des Verpfänders wegen Veränderungen oder Verschlechterungen des Pfandes sowie die Ansprüche des Pfandgläubigers auf Ersatz von Verwendungen oder auf Gestattung der Wegnahme einer Einrichtung verjähren in sechs Monaten. Die Vorschriften des § 558 Abs. 2, 3 finden entsprechende Anwendung.

1) Verjährung des Anspr des Verpfänders aus § 1215 (nicht and ErsAnspr) beginnt mit PfdRückg; fehlt solche, so Verj zugl mit Verj des RückgAnspr. Verj des Anspr des PfdGläub aus § 1216 beginnt mit Beendigg des RVerh iS Übbl 1c bb. – Für Anspr des vom Verpfänder verschiedenen Eigtümers bzw gg ihn gelten die allg VerjVorschr.

1227 *Schutz des Pfandrechts.* Wird das Recht des Pfandgläubigers beeinträchtigt, so finden auf die Ansprüche des Pfandgläubigers die für die Ansprüche aus dem Eigentume geltenden Vorschriften entsprechende Anwendung.

1) Eigentumsansprüche. Für Besitzer besteht PfdRVermutg (§ 1006), wenn (was nicht vermutet wird) PfdFdg besteht; dies gilt auch ggü dem Eigtümer (Hbg SeuffA **60**, 192; aA KG OLG **10**, 127). – **a)** Bei BesEntziehg u -Vorenthalt HerausgAnspr aus § 985 gg Eigtümer u Dritte (Kblz JurBüro **89**, 274) für Pfd u Erzeugn. SchadErsAnspr aus §§ 989ff, geht wg PfdR auf PfdReife nur auf Pfd, nicht dgl am SchadErsBetr. Anspr auf Herausg od Ers von Nutzgen (die nicht Erzeugn) nur im Falle § 1213. – VerwendgsErsAnspr aus §§ 994ff haben nicht Verpfänder, Eigtümer od pers Schu (W-Raiser § 164 II 6c), sond nur and Besitzer. – **b)** PfdGläub hat ferner Anspr aus §§ 1004, 1005. – **c)** Bei gmschaftl PfdR gilt § 1011.

2) Sonstige Rechte. – a) Anspr als Besitzer aus §§ 858ff, 1007 (RG **57**, 325). – **b)** Anspr aus §§ 812, 823 I (Stgt OLG **41**, 185); vgl § 823 Anm 6a, b. – **c)** Anspr aus PfdVertr. – **d)** SelbsthilfeR §§ 227ff. – **e)** Rechte aus ZPO 766, 771, 805, 809 bei Pfdg dch Gläub des Verpfänders; zum Schutz von PfdR an EigtAnw in ZwVollstr vgl Frank NJW **74**, 2211.

1228 *Befriedigung des Pfandgläubigers durch Pfandverkauf; Pfandreife.* **I** Die Befriedigung des Pfandgläubigers aus dem Pfande erfolgt durch Verkauf.

II Der Pfandgläubiger ist zum Verkaufe berechtigt, sobald die Forderung ganz oder zum Teil fällig ist. Besteht der geschuldete Gegenstand nicht in Geld, so ist der Verkauf erst zulässig, wenn die Forderung in eine Geldforderung übergegangen ist.

1) Pfandverwertung (I). – **a)** Sie erfolgt dch **Pfandverkauf** nach §§ 1233ff, Verfallklausel gem § 1229 unzul. Bei vertragl Ausschl des PfdVerk entsteht kein PfdR, uU aber ZbR. Bei Verpfändg von Geld unmittelb Befriedigg dch Aneigng (Hbg Recht **23**, 349). PfdVerk erfordert unmittelb AlleinBes des FPfdGläub. – **b)** Sie ist **Recht**, nicht Pfl des PfdGläub (RG Recht **14**, 3013); vgl aber § 1218 Anm 1 c, § 1219 Anm 1 c. VerwertgsPfl für gewerbl PfdLeiher nach § 9 II VO v 1. 6. 76 (BGBl 1335). – Unterl der Verwertg begründet WidersprR des pers Schu gg ZwVollstr gem ZPO 777 u Einrede des Bürgen gem § 772 II.

2) Eintritt der Pfandreife (II). – **a)** Bei **Geldforderung** mit Fälligk, auch nur eines Teils (zB der Zinsen) od wenn Schu nur Zug um Zug zu erfüllen hat. Weitere Voraussetzgen vereinb, jedoch and als bei § 1245 nur mit schuldr Wirkg, so daß vereinbgswidr PfdVerk rechtm iS von § 1242; Ausleggsfrage ob VerkBerechtigg fehlt, solange dem Gläub eines NutzgsPfdR allmähl Befriedigg aus den Nutzgen mögl. Unzul Vereinbarg, die Voraussetzgen der VerkBerechtigg ermäßigt; Vereinbg jederzeit Verwertbarkeit in Vereinbg jederzeitiger Fälligmachg dch Gläub umdeutb (KGJ **40**, 293). AnnVerzug des PfdGläub macht PfdVerk nicht unrechtm, aber SchadErsPfl des PfdGläub (RG LZ **30**, 118). § 9 I PfdLeiherVO v 1. 6. 76 (BGBl I 1335) reglt PfdReife nicht abw von II (BGH NJW-RR **87**, 317). – **b)** Bei **Nichtgeldforderung** mit Übergang in GeldFdg. In Fällen der §§ 280, 283, 286 muß PfdGläub abwarten, bis Fdg in SchadErsFdg umgewandelt; hat er dagg die Wahl, Geld zu verlangen od war vertragl bei Nichterfüllg Geld zu zahlen, so VerkBerechtigg schon bei Fälligk der Leistg (RGRK/Kregel Rdn 4). BefreigsAnspr des Bürgen wandelt sich in GeldFdg, sobald Bürge belangt w (RG **78**, 34).

1229 **Verbot der Verfallvereinbarung.** Eine vor dem Eintritte der Verkaufsberechtigung getroffene Vereinbarung, nach welcher dem Pfandgläubiger, falls er nicht oder nicht rechtzeitig befriedigt wird, das Eigentum an der Sache zufallen oder übertragen werden soll, ist nichtig.

1) Verfallklausel ist nichtig, wenn vor PfdREntstehg (Hbg SeuffA **65**, 244) od vor PfdReife (§ 1228 Anm 2) vereinbart; Vereinbg nach PfdReife gült, sofern nicht sittenw. Zwingd vAw zu beachten (Hbg aaO). Entscheidd ist Verknüpfg von Nichteinlösg u Verfall. – **a)** **Unzulässig:** Vereinbg einer Wiedereinlösgfrist (Kiel SchlHA **24**, 149); Vereinbg, Pfd bei Nichteinlösg zum Börsen- od Marktpreis zu behalten (Mot **3**, 821); Vereinbg einer ÜbereignsgVerpfl als VertrStrafe nach § 342, da § 343 nicht ausreichd schützt. – **b)** **Zulässig:** Vereinbg, daß es PfdGläub freisteht, Pfd auch bei rechtzeitigem Befriediggsangebot zu erwerben (RG **130**, 229); unabhäng von Nichtbefriedigg des Gläub übernomme ÜbereignsVerpfl (RG JW **35**, 2886); Vereinbg, Pfd freihänd für sich zu verkaufen (RG Gruch **48**, 414; vgl aber § 1245 II). – **c)** Bei Verpfändg von **Geld** ist Verfallklausel in Höhe der Schuldsumme zul; auch ohne sie AneigngsR des Gläub (§ 1228 Anm 1 a).

2) Nichtig ist nur die Verfallklausel; nach BGH NJW **68**, 1134 kann sich aus ihr aber ergeben, daß bei Nichtigk der gesicherten Fdg Anspr aus § 812 gesichert w soll. Ob ganzer PfdVertr nichtig, richtet sich nach § 139, idR wirks u dch Klausel auch nicht wucherisch (RG SeuffA **65**, 62).

1230 **Auswahl unter mehreren Pfändern.** Unter mehreren Pfändern kann der Pfandgläubiger, soweit nicht ein anderes bestimmt ist, diejenigen auswählen, welche verkauft werden sollen. Er kann nur so viele Pfänder zum Verkaufe bringen, als zu seiner Befriedigung erforderlich sind.

1) Auswahlrecht ergänzt § 1222. PfdGläub kann vorbehaltl RMißbr frei wählen (BGH BB **66**, 179). Abw Vereinbarg nur mit schuldr Wirkg mögl; von ihr abw Verk daher rechtm, uU aber SchadErsPfl (§ 1243 II).

2) Übermäßiger Verkauf unrechtm (§ 1243 I), vorbehaltl gutgl Erwerbs (§ 1244) unwirks u begründet SchadErsPfl (vgl RG Recht **24**, 1237). Abw Vereinbarg zul (RG JW **08**, 142). Anwendb auch bei Sachmenge.

1231 **Pfandherausgabe.** Ist der Pfandgläubiger nicht im Alleinbesitze des Pfandes, so kann er nach dem Eintritte der Verkaufsberechtigung die Herausgabe des Pfandes zum Zwecke des Verkaufs fordern. Auf Verlangen des Verpfänders hat an Stelle der Herausgabe die Ablieferung an einen gemeinschaftlichen Verwahrer zu erfolgen; der Verwahrer hat sich bei der Ablieferung zu verpflichten, das Pfand zum Verkaufe bereitzustellen.

1) Herausgabeanspruch des PfdGläub, der nur MitBes (§ 1206) hat, gg den mitbesitzden Verpfänder od den, dem dieser MitBes übertr hat; PfdReife: § 1228 Anm 2. Anspr geht iF § 1206 Halbs 1 auf Einräumg des AlleinBes; iF § 1206 Halbs 2 auf Übertr des mittelb AlleinBes u Ermächtigg des DrittBesitzers, das Pfd an PfdGläub allein herauszugeben (RG JW **38**, 867). Verpfänder hat Einreden aus § 1211. Bei Verpfändg nach § 1205 II hat Gläub den ihm abgetretenen HerausgAnspr. – Für Anspr gg Dr gelten die allg Vorschr (zB § 1227). Mitbes gleichrangiger Gläub: § 1232 Anm 2.

2) Ablieferungsanspruch des Verpfänders besteht in beiden Fällen des § 1206, jedoch unbeschadet der R des Drittbesitzers. Verwahrer w im Streitfall vom ProzG (FGG 165 gilt nicht) bestellt. Gläub muß Klage ändern, wenn Verpfänder sich ggü Anspr aus S 1 auf S 2 beruft; ggü ZwVollstr des Anspr aus S 1 Verlangen nach S 2 nicht mehr stellb.

§§ 1232–1235

1232 *Nachstehende Pfandgläubiger.* Der Pfandgläubiger ist nicht verpflichtet, einem ihm im Range nachstehenden Pfandgläubiger das Pfand zum Zwecke des Verkaufs herauszugeben. Ist er nicht im Besitze des Pfandes, so kann er, sofern er nicht selbst den Verkauf betreibt, dem Verkaufe durch einen nachstehenden Pfandgläubiger nicht widersprechen.

1) Verschiedenrangige Pfandrechte. – a) Besitzt **vorrangiger** Gläub das Pfd, so hat nachrangiger gg diesen niemals HerausgAnspr u kann PfdVerk nicht selbst betreiben (nur sich anschließen). Kann od will vorrangiger Gläub PfdVerk nicht betreiben, so hat nachrangiger AblösgsR aus § 1249. – **b)** Besitzt **nachrangiger** Gläub das Pfd, so kann vorrangiger das Pfd zZw des PfdVerk herausverlangen. Kann od will vorrangiger Gläub PfdVerk nicht betreiben, so muß er dem nachrangigen das Pfd zum Verk belassen (RG 87, 325), hat aber AblösgsR aus § 1249. – **c)** Bei rechtm PfdVerk **erlöschen** die and PfdR (§ 1242); Erlös tritt nach Maßg § 1247 an die Stelle des Pfands.

2) Gleichrangige Pfandrechte. – a) Bei gemschaftl Bes gelten §§ 741ff; jeder kann Herausg zZw des PfdVerk verlangen (§ 749). – **b)** Besitzt einer, so haben die and mind die Stellg nachrangiger Gläub, stets aber MitwirkgsR bei PfdVerk. – **c)** Erlös gebührt ihnen nach Maßg ihrer Fdgen (vgl RG 60, 73).

1233 *Ausführung des Verkaufs.* ¹ Der Verkauf des Pfandes ist nach den Vorschriften der §§ 1234 bis 1240 zu bewirken.

ⁱⁱ Hat der Pfandgläubiger für sein Recht zum Verkauf einen vollstreckbaren Titel gegen den Eigentümer erlangt, so kann er den Verkauf auch nach den für den Verkauf einer gepfändeten Sache geltenden Vorschriften bewirken lassen.

Schrifttum: Burkhardt, Der Pfandverkauf, JurBüro 68, 13.

1) Privater Pfandverkauf ohne Titel (I). §§ 1234ff regeln das VerkVerf; abw Vereinbg gem § 1245 zul, Abw auch gem § 1246 mögl. Verk erfolgt im eigenen Namen des PfdGläub für Rechng des Verpfänders, VerwertgsR ermächtigt Gläub auch zur Übereigng; Gläub w dch Versteigerer vertreten. Wg Sachmängel vgl § 461; für RMängel haftet Gläub, aber Schutz dch §§ 439, 1244, dch § 1242 II verliert RMängelhaftg an Bedeutg.

2) Pfandverkauf mit Titel (II). – a) Titel (Urteil, ProzVergl) muß sich gg Eigtümer (nicht gg von ihm verschiedenen Verpfänder od pers Schu; § 1248 aber anwendb) richten u auf Duldg der PfdVerwertg lauten (RG LZ 16, 1427) u gesicherte Fdg angeben (BGH NJW 77, 1240). Klage stützt sich auf PfdR, nicht auf Fdg; UrkProz u MahnVerf unzul (str); für Kosten nach ZPO 93 gilt § 1210 II (str). – **b)** Gläub kann nach §§ 1234–1240 od nach ZPO-Vorschr (nicht zu verwechseln mit Einf 1 c cc) betreiben. Auch im letzteren Fall Pfändg nicht erforderl, daher ZPO 803–813 unanwendb, wohl aber ZPO 814, 816 I u III–IV (WarteFr läuft ab Vollstrbark des Titels), 817 I–III, 820–823, 825 (str). Anwendb: § 1230 S 2 statt ZPO 818, § 1236 statt ZPO 816 II, § 1239 statt ZPO 817 IV, § 1242 statt ZPO 806, § 1244, § 1247 statt ZPO 819, § 1248 (wobei Gutgläubigk zZ des Verk maßg, str), § 1249.

1234 *Verkaufsandrohung; Wartefrist.* ¹ Der Pfandgläubiger hat dem Eigentümer den Verkauf vorher anzudrohen und dabei den Geldbetrag zu bezeichnen, wegen dessen der Verkauf stattfinden soll. Die Androhung kann erst nach dem Eintritte der Verkaufsberechtigung erfolgen; sie darf unterbleiben, wenn sie untunlich ist.

ⁱⁱ Der Verkauf darf nicht vor dem Ablauf eines Monats nach der Androhung erfolgen. Ist die Androhung untunlich, so wird der Monat von dem Eintritte der Verkaufsberechtigung an berechnet.

1) Verkaufsandrohung (I). – a) Nach PfdReife (§ 1228 Anm 2) erforderl, um Eigtümer Einlösg zu ermöglichen. Gilt für Verk nach § 1235 I u II, ist aber abdingb (§ 1245). Androhg nur an Eigtümer, dabei gilt EigtVermutg des § 1248 (Ztpkt für Gutgläubigk: Androhg). Ort- und Zeitangabe überflüss, vgl aber § 1237. – Untunlich richtet sich nach Einzelfall, zB Unkenntn von Eigtümer (vgl RG 145, 212); BewLast hat PfdGläub. – **b)** Bei Verstoß gg § 1234 PfdVerk rechtm, aber SchadErsPfl des Gläub (§ 1243 II), der BewLast hat, daß auch ohne Verstoß kein besseres Ergebn (RG JW 30, 134). – **c)** SonderVorschr HGB 440, 623.

2) Wartefrist (II) ein Monat; nach HGB 368, 371, OLSchVO 22 III eine Woche. Abdingb (§ 1245), Anm 1b gilt entspr (RG 109, 327). Wg RealisationsVerk von Kuxen RG 107, 334.

1235 *Öffentliche Versteigerung; freihändiger Verkauf.* ¹ Der Verkauf des Pfandes ist im Wege öffentlicher Versteigerung zu bewirken.

ⁱⁱ Hat das Pfand einen Börsen- oder Marktpreis, so findet die Vorschrift des § 1221 Anwendung.

1) Verkaufsformen, Verzicht erst nach PfdReife zul (§ 1245 II). – **a) Öffentliche Versteigerung (I)** nach § 383 III. KaufVertr kommt mit Zuschlag zustande (§ 156), Bieter hat keinen Anspr auf Zuschlag; Übereigng nach §§ 929ff; vgl auch § 1233 Anm 1. – **b) Freihändiger Verkauf (II)** statt öff Verst nach Wahl des PfdGläub iF II zul, vgl § 1221 mit Anm. Ebenso iF § 1240 II.

2) Verstoß gg § 1235 macht PfdVerk unrechtm (§ 1243 I), gutgl Erwerb unmögl (§ 1244; RG 100, 276); auch SchadErsPfl des Gläub (§ 1243 II). Verh zum LadenschlußG im Hinbl auf VerstV 10 IV vgl BGH NJW 74, 246.

1236 *Versteigerungsort.* Die Versteigerung hat an dem Orte zu erfolgen, an dem das Pfand aufbewahrt wird. Ist von einer Versteigerung an dem Aufbewahrungsort ein angemessener Erfolg nicht zu erwarten, so ist das Pfand an einem geeigneten anderen Orte zu versteigern.

1) Versteigerungsort; Ort gleich Ortschaft. Abw Vereinbg zul (§ 1245). Vereinbg über VerwahrgsOrt enthält Abrede über VerstOrt. Ob angem Erfolg zu erwarten und welcher Ort geeignet (S 2), entscheidet PfdGläub nach Treu u Gl, bei Streit das Ger (§ 1246). Bei Verstoß gg § 1236 Verk rechtm, uU SchadErsPfl (§ 1243 II). **Verkaufsort** bei Verk zu Markt- od Börsenpreis: § 1221 Anm 1.

1237 *Öffentliche Bekanntmachung.* Zeit und Ort der Versteigerung sind unter allgemeiner Bezeichnung des Pfandes öffentlich bekanntzumachen. Der Eigentümer und Dritte, denen Rechte an dem Pfande zustehen, sind besonders zu benachrichtigen; die Benachrichtigung darf unterbleiben, wenn sie untunlich ist.

1) Bekanntmachung erfolgt unter Berücksichtigg örtl Übg od bes Vorschr für Versteigerer, vgl für gewerbl PfdLeiher § 9 IV VO v 1. 2. 61, BGBl 58. Allg PfdBezeichng genügt, Benenng der Beteil nicht notw. Verzicht erst nach PfdReife zul (§ 1245 II). Bei Verstoß gg S 1 Verk unrechtm (§ 1243 I), aber gutgl Erwerb mögl.

2) Benachrichtigung an Eigtümer u dingl Berecht, auch an Inh eines AnwR. SonderVorschr: HGB 440 IV, 623 IV. Verzicht vor PfdReife zul (§ 1245 I). Bei Verstoß gg S 2 Verk rechtm, uU SchadErsPfl (§ 1243 II). Rückn der Benachrichtigg steht Unterl gleich. Wg Untunlichk vgl § 1234 Anm 1a.

1238 *Verkaufsbedingungen.* I Das Pfand darf nur mit der Bestimmung verkauft werden, daß der Käufer den Kaufpreis sofort bar zu entrichten hat und seiner Rechte verlustig sein soll, wenn dies nicht geschieht.

II Erfolgt der Verkauf ohne diese Bestimmung, so ist der Kaufpreis als von dem Pfandgläubiger empfangen anzusehen; die Rechte des Pfandgläubigers gegen den Ersteher bleiben unberührt. Unterbleibt die sofortige Entrichtung des Kaufpreises, so gilt das gleiche, wenn nicht vor dem Schlusse des Versteigerungstermins von dem Vorbehalte der Rechtsverwirkung Gebrauch gemacht wird.

1) Gesetzliche Verkaufsbedingungen (I), abdingb (§ 1245 I); auch für freihänd Verk. Sie sind in den KaufVertr aufzunehmen, da nicht kr G enthalten (and ZPO 817). Barzahlgsklausel: Zug um Zug gg Überg des Pfd. Verwirkgsklausel: Gläub hat gem § 360 RücktrR, wenn Barzahlg nicht erfolgt.

2) Rechtsfolgen des Verstoßes (II): Zahlgsfiktion, weder Ungültigk noch SchadErsPfl. Sind die Klauseln nicht im KaufVertr enthalten od übt Gläub bei Nichtzahlg RücktrR nicht rechtzeitig aus, so gilt Kaufpr mit Aushändigg des Pfd an Ersteher als vom PfdGläub empfangen. Dies gilt nur zw Gläub einerseits u Eigtümer, pers Schu u am Pfd dingl Berecht andererseits; gg Ersteher hat Gläub weiterhin KaufAnspr. Wg der gesicherten Fdg u eines Übererlöses vgl § 1247 Anm 1b aa. – Gläub hat ggü Ersteher bei Nichtzahlg auch nach Schluß des VerstTermins RücktrR; dieser Rücktr ggü Eigtümer usw aber belanglos u läßt erwähnte RFolgen unberührt, Gläub w Eigentümer des zurückgegebenen Pfd.

1239 *Mitbieten durch Gläubiger und Eigentümer.* I Der Pfandgläubiger und der Eigentümer können bei der Versteigerung mitbieten. Erhält der Pfandgläubiger den Zuschlag, so ist der Kaufpreis als von ihm empfangen anzusehen.

II Das Gebot des Eigentümers darf zurückgewiesen werden, wenn nicht der Betrag bar erlegt wird. Das gleiche gilt von dem Gebote des Schuldners, wenn das Pfand für eine fremde Schuld haftet.

1) Bieten dürfen: betreibder u nichtbetreibder PfdGläub, Eigtümer, Verpfänder, pers Schu, and Dr. § 1239 gilt auch bei freihänd Verk (BayObLG Recht 03, 2549; KJG 31, 318). – **a)** Ersteigert betreibder Gläub selbst, so ist Zuschlag einseit Kausal- u AneigngsGesch mit Gutglaubensschutz nach § 1244. Betreibder Gläub hat Stellg des Erstehers, ist aber nicht zur Barzahlg verpflichtet (and nichtbetreibder Gläub); vielm Regelg wie bei § 1238 II 1. Wg der gesicherten Fdg u eines Übererlöses vgl § 1247 Anm 1b aa. – **b)** Ersteigert Eigtümer, so erwirbt er lastenfrei. – **c)** Versteigerer u seine Gehilfen vom Mitbieten, auch als Vertr für Dr, ausgeschl; vgl §§ 456 ff.

2) Zurückweisung der Gebote (II) des Eigtümers u des pers Schu, wenn Bietsumme nicht sofort bar belegt w, dch Versteigerer od PfdGläub. Gebot des Verpfänders nur zurückweisb, wenn er zugl Eigtümer od gem § 1248 als solcher gilt. Zurückweisg bis Zuschlag zul, Unterl ohne RNachteile außer § 1238 II für Gläub.

1240 *Gold- und Silbersachen.* I Gold- und Silbersachen dürfen nicht unter dem Gold- oder Silberwerte zugeschlagen werden.

II Wird ein genügendes Gebot nicht abgegeben, so kann der Verkauf durch eine zur öffentlichen Versteigerung befugte Person aus freier Hand zu einem den Gold- oder Silberwert erreichenden Preise erfolgen.

§§ 1240–1244

1) Gold- u Silbersachen. Feingehalt nicht maßg, solange noch als Gold- od Silbersache ansprechb. Auf bloße Fassg nur anwendb, wenn diese nach VerkAnschauung Haupts (RG Recht **35**, 7996). Keine Ausdehng auf and Edelmetalle. Erlös (§ 1247 Anm 1a, b) muß Metallwert zZ der Verst erreichen; Schätzg auf PfdKosten zul, aber nicht erforderl (and ZPO 813). – VerstBefugte iF II: § 1221 Anm 2.

2) Verstoß macht Verk unrechtm (§ 1243 I); gutgl Erwerb nur bei Zuschlag unter Wert in Verst (§ 1244), nicht wenn II verletzt. – Kein Verzicht vor PfdReife (§ 1245 II).

1241 *Benachrichtigung des Eigentümers.* Der Pfandgläubiger hat den Eigentümer von dem Verkaufe des Pfandes und dem Ergebnis unverzüglich zu benachrichtigen, sofern nicht die Benachrichtigung untunlich ist.

1) Benachrichtigung bei jeder Art von Verk formlos nur an Eigtümer bzw den als Eigtümer geltden Verpfänder (§ 1248). Unverzügl: § 121 I. Unnöt, wenn untunl (§ 1234 Anm 1a), Eigtümer selbst Ersteher od VerkVersuch erfolglos. – SonderVorschr: HGB 440 IV, 623 IV.

2) Verstoß ohne Wirkg auf Verk, uU SchadErsPfl (§ 1243 II). – Verzicht vor PfdReife zul (§ 1245 II).

1242 *Wirkungen der rechtmäßigen Veräußerung.* ^I Durch die rechtmäßige Veräußerung des Pfandes erlangt der Erwerber die gleichen Rechte, wie wenn er die Sache von dem Eigentümer erworben hätte. Dies gilt auch dann, wenn dem Pfandgläubiger der Zuschlag erteilt wird.
^{II} Pfandrechte an der Sache erlöschen, auch wenn sie dem Erwerber bekannt waren. Das gleiche gilt von einem Nießbrauch, es sei denn, daß er allen Pfandrechten im Range vorgeht.

1) Rechtmäßige Veräußerung erfordert: – **a) Pfandrecht** des PfdGläub (RG **100**, 274), er braucht EigtVerh nicht zu kennen (Dresden OLG **6**, 126). – **b) Kaufvertrag** (bei Verst dch Zuschlagserteilg) u dingl **Erfüllungsgeschäft** nach §§ 929 ff zw PfdGläub u Ersteher; auch iF § 1233 II, ZPO 825 erlangt Erwerber erst mit Überg Eigt (RG **126**, 21). Ersteht betreibder Gläub: vgl § 1239 Anm 1a. – **c) Beachtung** der in § 1243 I genannten Vorschr, soweit nicht Abw nach §§ 1245, 1247 zul. Gutgl Erwerb (§ 1244) macht Verk nicht rechtm.

2) Rechtsfolgen: – **a)** Ersteher erwirbt Eigt, das des bish Eigtümers erlischt. Rechte Dr am Pfd erlöschen gem II; allen PfdR vorgeher Nießbr auch bei Gutgläubigk des Erwerbers (§ 936). § 936 III gilt entspr (W-Raiser § 172 IV 3). § 935 nicht anwendb. § 1242 gilt auch, wenn Eigtümer ersteigert. – Über Fortsetzg dingl R am Erlös vgl § 1247. – **b)** Wandelt Ersteher (nur bei freihänd Verk mögl, § 461 Anm 1), so lebt PfdFdg wieder auf, PfdGläub erwirbt wieder PfdR u bish Eigtümer wieder Eigt (Nüßgens, Rückerwerb vom NichtBerecht S 170 ff).

1243 *Rechtswidrige Veräußerung.* ^I Die Veräußerung des Pfandes ist nicht rechtmäßig, wenn gegen die Vorschriften des § 1228 Abs. 2, des § 1230 Satz 2, des § 1235, des § 1237 Satz 1 oder des § 1240 verstoßen wird.
^{II} Verletzt der Pfandgläubiger eine andere für den Verkauf geltende Vorschrift, so ist er zum Schadensersatze verpflichtet, wenn ihm ein Verschulden zur Last fällt.

1) Unrechtmäßige Veräußerung (I). – **a) Voraussetzung:** Verstoß gg die allg (§ 1242 Anm 1a, b) od die in I genannten bes RechtmäßigkVoraussetzgen, sofern nicht nach §§ 1245, 1246 Abw zul. BewLast: wer sich auf Unrechtmäßigk beruft. – **b) Rechtsfolgen:** Wirkgen des § 1242 treten nicht ein, dingl RLage am Pfd bleibt vorbehaltl § 1244 unverändert (RG **100**, 274) u gesicherte Fdg erlischt nicht (RG LZ **21**, 380); vgl § 1247 Anm 2a. SchadErsPfl des PfdGläub bei Versch (insb wenn Erwerber gutgl Eigt erworben) aus §§ 823 ff (RG **100**, 274), uU §§ 990 ff (W-Raiser § 166 Anm 13) od pVV (W-Raiser § 166 Anm 13), sofern bei nachtm Veräußerg höherer Erlös erzielt wäre (Ffm NJW-RR **86**, 44); bei Veräußerg von Gattgssache ist gleichartige zu leisten (RG JW **26**, 2847). BewLast: AnsprInh für Schaden; PfdGläub (idR ohne Berufg auf allg Erfahrgssatz; RG Warn **19**, 194) dafür, daß auch bei rechtm Veräußerg kein höherer Erlös (RG JW **30**, 134).

2) Ordnungswidrige Veräußerung (II). – **a) Voraussetzung:** Verstoß gg and als in I genannte Vorschr sowie gg nach §§ 1245, 1246 getroffene Regelgen. BewLast wie Anm 1a. – **b) Rechtsfolgen:** Nur SchadErsPfl nach II, Veräußerg ist rechtsm; vgl auch § 1238 II. BewLast wie Anm 1b.

1244 *Gutgläubiger Erwerb.* Wird eine Sache als Pfand veräußert, ohne daß dem Veräußerer ein Pfandrecht zusteht oder den Erfordernissen genügt wird, von denen die Rechtmäßigkeit der Veräußerung abhängt, so finden die Vorschriften der §§ 932 bis 934, 936 entsprechende Anwendung, wenn die Veräußerung nach § 1233 Abs. 2 erfolgt ist oder die Vorschriften des § 1235 oder des § 1240 Abs. 2 beobachtet worden sind.

Schrifttum: Dünkel, Öffentl Versteigerung u gutgl Erwerb, 1970.

1) Gutgläubiger Erwerb. Hatte Veräußerer kein PfdR od war Veräußerg unrechtm iS § 1243 I, so w Ersteher unter folgden Voraussetzgen geschützt; – **a) Veräußerung als Pfand** (bei solcher als Eigt gelten §§ 932 ff unmittelb, auch § 935) entweder nach ZPO aGrd dingl Titels (§ 1233 II), od dch öff Verst (§ 1235 I, auch iF § 1219) od freihänd iF der §§ 1235 II, 1240 II u auch 1221. BewLast: Ersteher. – Bei and Veräußergs-

Pfandrecht an bew. Sachen u. Rechten. 1. Titel: Bewegl. Sachen §§ 1244–1247

arten kein gutgl Erwerb mögl (RG **100**, 274), auch wenn Abw aGrd §§ 1245, 1246 erfolgte. – **b) Guter Glaube** des Erstehers, dh höchstens leicht fahrl Unkenntn vom Fehlen des PfdR od der Unrechtmäßigk iS § 1243 I (RG **100**, 274); guter Gl an Eigt belanglos. BewLast: wer EigtErwerb bestreitet, muß bösen Gl beweisen. – Bei Bösgläubigk hat Ersteher Anspr gem §§ 433, 440. – **c) §§ 932–934, 936** müssen iü erfüllt sein. Da § 935 nicht anwendb, auch gutgl Erwerb bei PfdVeräußerg gestohlener usw Sachen, sofern sich nicht aus Kenntn des Diebstahls usw böser Gl hinsichtl PfdErwerbs ergibt (vgl § 932 Anm 2a).

2) Rechtsfolgen. Erwerb lastenfreien Eigt entspr § 1242 Anm 2a. Dingl RLage am Erlös: § 1247 Anm 1a bb; PfdGläub kann etwaiges PfdR am Erlös verwerten, sobald PfdReife eintritt. Über SchadErsPfl des PfdGläub vgl § 1243 Anm 1b. – In nachträgl Gen der unrechtm Veräußerg dch die am Pfd dingl Berecht kann Vereinbg liegen, Änderg der RLage herbeizuführen, wie sie bei rechtm Veräußerg bestehen würde; dch nachträgl Anordng gem § 1246 ist dies nicht erreichb.

1245 *Abweichende Vereinbarungen.* ^I Der Eigentümer und der Pfandgläubiger können eine von den Vorschriften der §§ 1234 bis 1240 abweichende Art des Pfandverkaufs vereinbaren. Steht einem Dritten an dem Pfande ein Recht zu, das durch die Veräußerung erlischt, so ist die Zustimmung des Dritten erforderlich. Die Zustimmung ist demjenigen gegenüber zu erklären, zu dessen Gunsten sie erfolgt; sie ist unwiderruflich.

^{II} Auf die Beobachtung der Vorschriften des § 1235, des § 1237 Satz 1 und des § 1240 kann nicht vor dem Eintritte der Verkaufsberechtigung verzichtet werden.

1) Vereinbarungen nach I betr den Inhalt des PfdR mit dingl Wirkg u bleiben daher im Konk des Eigtümers wirks (RG Gruch **48**, 409). Sie sind zw Gläubiger u Eigtümer (nicht Verpfänder als solcher, vgl aber § 1248) od dessen KonkVerw (RG **84**, 70) zu treffen u formlos gült. – **a) Inhalt.** Vereinbg über and Abw als von §§ 1234–1240 od § 1230 S 2 (allgM) nur mit schuldr Wirkg zul, so daß bei Verstoß nur SchadErsPfl aber keine Unrechtmäßigk der Veräußerg (vgl auch § 1228 Anm 2a). Vereinbg nach I können Erleichtergen (eng auszulegen, RGJW **27**, 1467); zB freihänd Verk (RG **84**, 70), od Erschwergen (zB Mindesterlös) enthalten. Bei Erschwergen können RechtmäßigkVoraussetzgen gewollt sein, deren Nichtbeachtg PfdVerk unrechtm machen (aber gutgl Erwerb entspr § 1244 mögl), iZw aber nur Bedeutg von OrdngsVorschr haben, bei deren Verletzg § 1243 II gilt. – **b) Zustimmung Dritter (I, 2, 3),** deren R nach § 1242 II erlöschen. Vor od nach Vereinbg u nur ggü Begünstigtem: bei Erschwerg also ggü Eigtümer, sonst ggü PfdGläub.

2) Zeitliche Einschränkung. Verzicht entgg **II** unwirks, so daß bei Nichteinhaltg der genannten Vorschr Veräußerg unrechtm u PfdGläub schadensersatzpfl. – Wg Vereinbg nach erfolgter unrechtm Veräußerg vgl § 1242 Anm 2.

1246 *Abweichung aus Billigkeitsgründen.* ^I Entspricht eine von den Vorschriften der §§ 1235 bis 1240 abweichende Art des Pfandverkaufs nach billigem Ermessen den Interessen der Beteiligten, so kann jeder von ihnen verlangen, daß der Verkauf in dieser Art erfolgt.

^{II} Kommt eine Einigung nicht zustande, so entscheidet das Gericht.

1) Anspruch auf Abweichung (I) nur von §§ 1235–1240 (nicht von § 1234); im Konk uU Pfl des PfdGläub, Zust des KonkVerw zu günstiger Verwertg als dch PfdVerk nachzusuchen (RG Recht **35**, 160). Interesse aller braucht nicht gleich groß zu sein; genügd, wenn im Interesse des einen ohne Nachteil für and. – Beteil sind: Eigtümer, PfdGläub u sonstige Dr, deren dingl R nach § 1242 II erlöschen würden; nicht aber Verpfänder als solcher (vgl aber § 1248) u pers Schu. Bei Einigg gilt § 1245.

2) Entscheidung des Gerichts (II) im StreitVerf der FG nur über Art des PfdVerk; Antragszurückweisg bei Streit über VerkBerechtigg (KGJ **24**, 1). Zum billigen Ermessen vgl BayObLG Rpfleger **83**, 393. Zustdgk: FGG 166. – Nicht mehr nach PfdVerk (§ 1244 Anm 2).

1247 *Erlös aus dem Pfand.* Soweit der Erlös aus dem Pfande dem Pfandgläubiger zu seiner Befriedigung gebührt, gilt die Forderung als von dem Eigentümer berichtigt. Im übrigen tritt der Erlös an die Stelle des Pfandes.

1) Rechtmäßiger Pfandverkauf; zur Rechtmäßigk vgl § 1242 Anm 1.

a) Barerlös. – aa) Die **gesicherte Forderung** zuzügl NebenAnspr u Kosten (§ 1210) gilt in Höhe des nicht dch vorrang Rechte beanspruchten Erlöses als vom Eigtümer befriedigt. Sie erlischt, wenn Eigtümer zugleich persönl Schuldner; andernfall erwirb er sie (entspr § 1225; aA: § 1249). – **bb)** Übersteigt der **Erlös** die Fdg nicht u bestehen keine vorrangigen Rechte, so wird PfdGläub AlleinEigtümer. – Übersteigt er die erstrang gesicherte Fdg des PfdGläub od deckt er die vorrang Rechte sowie (ganz od teilw) die Fdg des PfdGläub, so werden PfdGläub u Eigtümer MitEigtümer des Gesamterlöses (Quote des PfdGläub: ihm gebührend Anteil). Der MitEigtAnt des Eigtümers ist mit dem gem § 1242 II erloschenen Rechten belastet. PfdGläub darf sich vorrang Rechte nicht übersteigenden FdgsBetrag aneignen; Eigtümer erwirbt dadch entspr MitEigtAnt belastetes AlleinEigt am Rest. – Deckt Erlös nicht mehr als vorrang Rechte, so erwirb Eigtümer mit diesen belastetes AlleinEigt; PfdR des PfdGläub erlischt ersatzlos.

b) Unbarer Erlös. – aa) Hat PfdGläub entgg **§ 1238** auf Kredit verkauft, so gilt der Kaufpr als vom PfdGläub empfangen (§ 1238 II). Für gesicherte Fdg gilt Anm 1 a aa. Soweit ein Erlös dem PfdGläub nicht gebühren würde, erlangt der Eigtümer einen ZahlgsAnspr gg den PfdGläub, der mit den gem § 1242 II

1295

§§ 1247–1250

erloschenen Rechten belastet ist. Nach Zahlg des Kaufpr an PfdGläub gilt Anm 1 a bb. – Entspr, wenn PfdGläub selbst ersteht (§ 1239 I 2). – **bb)** Hat PfdGläub gem §§ **1245, 1246** auf Kredit verkauft, so ist die KaufprFdg der Erlös. Für die gesicherte Fdg gilt Anm 1 a aa. Für die RLage an der KaufprFdg gilt Anm 1 a bb entspr: MitGläub statt MitEigtümer (MüKo/Damrau Rdn 7). PfdGläub darf alleine einziehen; danach gilt Anm 1 a bb.

2) Unrechtmäßiger Pfandverkauf. – **a)** Hat Ersteher kein Eigt erworben, so bleibt dingl RLage am Pfd unverändert; PfdGläub ist ErlösEigtümer, ohne daß Fdg erlischt. Rückabwicklg u SchadErs. – **b)** Hat Ersteher nach § 1244 Eigt erworben, so erlischt die Fdg nicht u Eigtümer wird AlleinEigtümer des Erlöses, an dem sich auch PfdR des PfdGläub fortsetzt (RGRK/Kregel § 1244 Rdn 7). Nach Eintritt fehlder PfdReife gilt Anm 1 (Jauernig Anm 4 a aa; aA Soergel/Augustin Rdn 3).

1248 *Eigentumsvermutung.* **Bei dem Verkaufe des Pfandes gilt zugunsten des Pfandgläubigers der Verpfänder als der Eigentümer, es sei denn, daß der Pfandgläubiger weiß, daß der Verpfänder nicht der Eigentümer ist.**

1) Eigentumsvermutung. Soweit PfdGläub beim PfdVerk (auch nach § 1233 II; str) dem Eigtümer ggü Handlgen vorzunehmen hat, gilt für ihn der Verpfänder als Eigtümer; insb iF der §§ 1234, 1237, 1239 II, 1241, 1245, 1246 u Aushändigg von Übererlös. Nicht anwendb bei Erwerb des PfdR (§§ 1207 1208) od des Pfd (§§ 1239 I, 1244) sowie zG and Beteil.

2) Kenntnis des PfdGläub von NichtEigt des Verpfänders schließt Vermutg aus; grobfahrl Unkenntn unschädl. BewLast: wer sich auf die Kenntn beruft. – Währd Unkenntn abgegebene Erkl muß nach Kenntn nicht ggü Eigtümer wiederholt w; iF § 1233 II Ztpkt des Verk u nicht der RHängigk maßg (str). – Bei Verk trotz Kenntn Unrechtmäßigk nur bei Verstoß gg § 1243 I, iü nur SchadErsPfl.

1249 *Ablösungsrecht.* **Wer durch die Veräußerung des Pfandes ein Recht an dem Pfande verlieren würde, kann den Pfandgläubiger befriedigen, sobald der Schuldner zur Leistung berechtigt ist. Die Vorschriften des § 268 Abs. 2, 3 finden entsprechende Anwendung.**

1) Ablösungsrecht; dingl Natur, bei Verletzg § 823 I (RG **83**, 390). Ausübg zul, sobald pers Schu zur Leistg berecht (§ 271; VerkAndrohg nicht erforderl) u solange Pfd Ersteher noch nicht übergeben; bei Zulässigk von Teilleistg (§ 266) auch Teilablösg mögl (vgl Anm 3 b). PfdGläub muß entgg § 267 IV Leistg auch wg Widerspr des pers Schu annehmen, sonst AnnVerzug (RG **83**, 390). Befriedigg auch dch Aufr (nur mit eigener Fdg des Ablösden) u Hinterlegg (§ 268 II).

2) Berechtigte. – **a) Eigentümer;** auch wenn zugl Bürge, da dch Zahlg des Bürgen Hauptschuld nicht erlischt (§ 774). Bei Mehrh von Pfd jeder Eigtümer alleine (RG **83**, 390). – Dch Leistg des Eigtümers, der zugl pers Schu, erlischt PfdR (§ 362) u damit Pfand (§ 1252); über Leistg des Eigtümers, der zugl Verpfänder vgl § 1223 Anm 2. – **b) Dinglich Berechtigte,** deren R nach § 1242 II erlöschen würden; auch wenn sie als pers Mithaftde für die Fdg zugl eigene Schuld bezahlen (RG **70**, 409). Auch Inh des pfdähnl kaufm ZbR (str). Über AblösgsR des Verpfänders vgl § 1223 Anm 2. – **c) Nicht:** wer fremde Schuld nach § 267 bezahlt (RG BayZ **30**, 279); Besitzer als solcher (RG HansGZ **33**, 172); GrdstEigtümer ggü PfdR an Hyp (RG JW **03**, Beil 55); aus 2034 berecht Miterbe ggü PfdR an and Miterbanteil (RG **167**, 299).

3) Rechtsfolgen. – **a)** Mit Befriedigg des PfdGläub gehen gesicherte Fdg u PfdR (bei Befriedigg dch Eigtümer vgl aber § 1256) auf den aus eigenen Mitteln Ablösden über (§§ 268 III, 412, 1250), u zwar ohne Rücks auf seine Willensrichtg (BGH NJW **56**, 1197); erst damit HerausgAnspr gg alten PfdGläub (§ 1251), denn § 1223 II gilt nur für Verpfänder. – Bei Mehrh von Pfd erwirbt voll ablösder Eigtümer eines Pfd ganze Fdg mit allen PfdR, daher alle Pfd an ihn herauszugeben (RG **83**, 390); bei Teilablösg gilt § 1225 Anm 2a hins aller Pfd. Über AusglAnspr unter mehreren Eigtümern vgl § 1225 Anm 2b aa. – **b)** Übergang darf nicht zum Nachteil des PfdGläub geltd gemacht w; bei Teilbefriedigg gilt daher § 1225 Anm 2a (Celle NJW **68**, 1139), so daß auch kein Anspr aus § 1251.

4) Anwendbar auf Ablösg einer gem § 20 II ZollG gesicherten Zollschuld, wobei für übergegangene öffr ZollFdg ordentl RWeg gegeben (BGH NJW **56**, 1197).

1250 *Übertragung der Forderung.* ᴵ **Mit der Übertragung der Forderung geht das Pfandrecht auf den neuen Gläubiger über. Das Pfandrecht kann nicht ohne die Forderung übertragen werden.**

ᴵᴵ **Wird bei der Übertragung der Forderung der Übergang des Pfandrechts ausgeschlossen, so erlischt das Pfandrecht.**

1) Übertragung der Forderung (I) dch RGesch (§ 398), kr G (§ 412) od dch gerichtl Beschl (ZPO 835) bewirkt auch ohne PfdÜberg den Übergang des PfdR **(S 1)**; neuer Gläub ist HerausgAnspr (§ 1251). Kein gutgl Erwerb, wenn kein PfdR bestand (Baur § 55 B V 3, Reinicke NJW **64**, 2376; aA Westermann § 132 I 1b). § 1250 gilt auch iF § 1204 II. Bei Abtr einer TeilFdg od einer von mehreren gesicherten Fdgen haben die Gläub gleichrangige PfdRe. – PfdR für sich alleine nie übertragb **(S 2).** PfdRAbtr idR nicht umdeutb in Abtr der Fdg mit PfdR (RG JW **38**, 44).

2) Ausschluß des Pfandrechtsübergangs (II) bewirkt Erlöschen des PfdR; and bei Abtr einer EinzelFdg aus laufdem KreditVerh (Baur § 55 B VI 1; Westermann § 132 I 1a). War PfdR mit Rechten Dr belastet, so deren Zust notw (§ 1255 II), sonst Ausschluß unwirks u PfdR übergegangen. – Kein Ausschluß, wenn sich bish Gläub nur Besitz vorbehält. Vorbeh der weiteren PfdVerwertg u Erlösverwendg für eigene Rechng zur Deckg der abgetretenen Fdg enthält keinen Ausschluß, sond Abtr des aus dem Pfd nicht gedeckten Teils der Fdg (RG **135**, 272).

1251 **Wirkung des Pfandrechtsübergangs.** I Der neue Pfandgläubiger kann von dem bisherigen Pfandgläubiger die Herausgabe des Pfandes verlangen.

II Mit der Erlangung des Besitzes tritt der neue Pfandgläubiger an Stelle des bisherigen Pfandgläubigers in die mit dem Pfandrechte verbundenen Verpflichtungen gegen den Verpfänder ein. Erfüllt er die Verpflichtungen nicht, so haftet für den von ihm zu ersetzenden Schaden der bisherige Pfandgläubiger wie ein Bürge, der auf die Einrede der Vorausklage verzichtet hat. Die Haftung des bisherigen Pfandgläubigers tritt nicht ein, wenn die Forderung kraft Gesetzes auf den neuen Pfandgläubiger übergeht oder ihm auf Grund einer gesetzlichen Verpflichtung abgetreten wird.

1) Herausgabeanspruch (I) in allen Fällen des PfdRÜbergangs geht auf Einräum gleicher BesArt, wie ihn bish PfdGläub hatte (iF § 1217 auf Abtr des HerausgAnspr gg Verwahrer usw); vgl auch §§ 1227, 985.

2) Rechtsfolgen der Herausgabe (II), nicht schon des RÜbergangs. – **a)** Für **neuen Pfandgläubiger:** Eintritt in Verpfl aus PfdVertr (Übbl 1 c bb) ggü Verpfänder (**S 1**); auch in ges Pfl ggü Eigtümer als solchem (str). Kein Eintritt in bereits entstandene SchadErsVerpfl. War Pfd schon gem § 1217 hinterlegt usw, so muß neuer PfdGläub es dabei belassen; war noch nicht hinterlegt usw, so kann Verpfänder das nur bei Fortsetzg der PflVerletzg dch den neuen PfdGläub verlangen. – **b)** Für **bisherigen Pfandgläubiger:** Bürgenhaftg, wenn neuer PfdGläub (od dessen Nachmänner, W-Raiser § 170 II 1) ihn nach II 1 treffde Verpfl verletzt (**S 2**); daher BesVorbeh (§ 1250 Anm 2) uU zweckm. Gilt nicht bei ges FdgÜbergang u ges AbtrVerpfl (**S 3**); bei Übertr nach ZPO 835 gilt ZPO 838.

1252 **Erlöschen durch Forderungswegfall.** Das Pfandrecht erlischt mit der Forderung, für die es besteht.

1) Erlöschen der gesicherten Forderung bewirkt Erlöschen des PfdR, sofern nicht SchadErsAnspr an ihre Stelle getreten (§ 1210 Anm 1) od auch künft Fdg gesichert w soll (§ 1204 II). PfdR erlischt iF § 1204 II, wenn feststeht, daß Fdg nicht mehr entstehen kann (BGH NJW **83**, 1120); zum Erlöschen der zukünft RückgrFdg des Bürgen bei Sicherg des Anspr aus ZPO 945 vgl BGH NJW **71**, 701. Über Fort der Fdg vgl § 223. Mit rückw Wiederaufleben der Fdg (zB bei Anfechtg) lebt auch PfdR wieder auf, sofern Pfd noch nicht zurückgegeben (§ 1253). PfdR erlischt nicht, wenn PfdGläub eine Fdg des Schu gg ihn bezahlt, statt gg gesicherte Fdg aufzurechnen (RG JW **21**, 749). – BewLast: wer Erlöschen geltd macht, muß FdgsErlöschen beweisen (BGH NJW **86**, 2426). – Über Anspr auf PfdHerausg gg PfdGläub vgl § 1223 Anm 1.

2) Bei Teilerlöschen idR kein Anspr auf Rückg entspr Teils mehrerer Pfd (Kbg OLG **5**, 157); and uU bei PfdR an Bargeld bzw Barkaution, wenn RestFdg dch verbleibden Betrag gedeckt (Stettin Recht **12**, 595).

1253 **Erlöschen durch Pfandrückgabe.** I Das Pfandrecht erlischt, wenn der Pfandgläubiger das Pfand dem Verpfänder oder dem Eigentümer zurückgibt. Der Vorbehalt der Fortdauer des Pfandrechts ist unwirksam.

II Ist das Pfand im Besitze des Verpfänders oder des Eigentümers, so wird vermutet, daß das Pfand ihm von dem Pfandgläubiger zurückgegeben worden sei. Diese Vermutung gilt auch dann, wenn sich das Pfand im Besitz eines Dritten befindet, der den Besitz nach der Entstehung des Pfandrechts von dem Verpfänder oder dem Eigentümer erlangt hat.

Schrifttum: Schmidt AcP **134**, 61; Weimar MDR **69**, 906.

1) Rückgabe des Pfandes (I) bewirkt Erlöschen des PfdR, auch wenn Fortbestand vorbehalten. Bei Austausch (RG **67**, 423) od WiederRückg an PfdGläub (Celle NJW **53**, 1470) Neubestellg notw. Bei erneuter BesErlangg inf Verpfändg für and Fdg keine Haftg für fortbestehde Fdg (BGH NJW **83**, 2140).

a) Rückgabe erfolgt iF § 1205 dadch, daß PfdGläub dem Verpfänder od Eigtümer seinen unmittelb od mittelb AlleinBes od einf MitBes einräumt, zB dch Rückg des PfdRaumschlüssels (RG JW **14**, 681; vgl aber RG **67**, 424); iF § 1206 dch Aufhebg des Mitverschlusses od in Abrede, daß Verpfänder allein Herausg von PfdHalter verlangen darf, u in Anweisg des PfdGläub an PfdHalter, an Verpfänder allein herauszugeben.

b) Rückg an **Eigentümer od Verpfänder** notw, nicht an pers Schu od Dr. Genügd aber Herausg an KonkVerw (RG Recht **12**, 1481) od BesMittler (RG **92**, 267) des Verpfänders od Eigtümers od an sonstigen Dr auf Anweisg od mit Zust des Verpfänders od Eigtümers (RG **108**, 164).

c) Wille zur Rückg an Verpfänder od Eigtümer als solchen notw; nicht ausreichd Herausg an sie als ges Vertreter eines ZweitPfdGläub od als BesDiener. Natürl Wille ausreichd, GeschFgk nicht erforderl (MüKo/Damrau Rdn 4; aA RGRK/Kregel Rdn 2). – **aa) Rückgabemotiv** unerhebl, Wille zur PfdRAufhebg nicht erforderl (RGSt **48**, 244). Erlöschen auch bei Rückg zur Leihe (KG OLG **2**, 80), Verwahrg, Reparatur; and bei ganz kurzfristiger Aushändigg. Erlöschen auch bei Rückg infolge Irrtums (zB Fdg sei getilgt) od argl Täuschg (als TatHdlg unanfechtb); uU Anspr auf Neubestellg od ErsLeistg; RG JW **12**, 459; **29**, 2514); nicht aber bei Herausg an Eigtümer, wenn PfdGläub dessen Eigt unbekannt. – **bb)** Gibt **Dritter** (zB bish Gläub nach FdgAbtr; TrHänder, RG Warn **14**, 58) heraus, so maßg, ob mit Willen des PfdGläub (RG **57**, 326; Recht **21**, 104). – **cc) Wegnahme** dch Verpfänder od Eigtümer mit Zust des PfdGläub ausreichd (RG **67**, 423); auch wenn GVz nach ZPO 883 wegnimmt u an Verpfänder od Eigtümer übergibt.

§§ 1253–1257   3. Buch. 9. Abschnitt. *Bassenge*

2) Vermutung (II) der Rückg, wenn Verpfänder od Eigtümer unmittelb od and als dch PfdGläub vermittelten mittelb Besitz hat. Sie gilt für jeden, ist aber widerlegb (ZPO 292); sie gilt nach WiederRückg an PfdGläub nicht mehr (RG JW **12**, 911; vgl W-Raiser § 171 Anm 12).

1254 *Anspruch auf Rückgabe bei Einrede.* Steht dem Pfandrecht eine Einrede entgegen, durch welche die Geltendmachung des Pfandrechts dauernd ausgeschlossen wird, so kann der Verpfänder die Rückgabe des Pfandes verlangen. Das gleiche Recht hat der Eigentümer.

1) Einreden gegen das Pfandrecht, sofern sie dauernd bestehen, sind: **a)** Einreden gg das PfdR als solches, zB §§ 821, 853, Verpfl zur Entpfändg, RMißbr. **b)** Einreden gg die Fdg, die der Verpfänder nach § 1211 geltd machen kann, auch wenn pers Schu auf sie verzichtet hat.

2) Rechtsfolge. a) Verpfänder u Eigtümer (dieser auch iF Anm 1b) haben HerausgAnspr als GesGläub (§ 428; aA Müller-Laube AcP **183**, 229). Hat Verpfänder BesR, so kann er Leistg an sich u der Eigtümer Leistg an Verpfänder verlangen; hat er kein BesR, so umgekehrt (§ 986). **b)** PfdR erlischt erst mit Herausg (§ 1253). Rechte and PfdGläub bleiben bestehen; sie haben keine Anspr aus § 1254.

1255 *Aufhebung des Pfandrechts.* ¹ Zur Aufhebung des Pfandrechts durch Rechtsgeschäft genügt die Erklärung des Pfandgläubigers gegenüber dem Verpfänder oder dem Eigentümer, daß er das Pfandrecht aufgebe.

ᴵᴵ Ist das Pfandrecht mit dem Rechte eines Dritten belastet, so ist die Zustimmung des Dritten erforderlich. Die Zustimmung ist demjenigen gegenüber zu erklären, zu dessen Gunsten sie erfolgt; sie ist unwiderruflich.

1) Pfandrechtsaufgabe (I). Einseit empfangsbedürft formlose (auch stillschw mögl) WillErkl ggü Eigtümer od Verpfänder (bei Mehrh ggü allen, Kbg OLG **6**, 275), auch gg den Willen des and; nicht ggü pers Schu. AnnErkl u Rückg nicht erforderl.

2) Zustimmung Dritter (II). Einseit empfangsbedürft formlose (auch stillschw mögl) WillErkl vor od nach AufgabeErkl; iü gilt § 1245 Anm 1b entspr. Ohne Zust Aufgabe unwirks; bei Umgeh dch Rückg (§ 1253) SchadErsAnspr (§ 823) des Dr gg PfdGläub.

1256 *Zusammentreffen von Pfandrecht und Eigentum.* ¹ Das Pfandrecht erlischt, wenn es mit dem Eigentum in derselben Person zusammentrifft. Das Erlöschen tritt nicht ein, solange die Forderung, für welche das Pfandrecht besteht, mit dem Rechte eines Dritten belastet ist.

ᴵᴵ Das Pfandrecht gilt als nicht erloschen, soweit der Eigentümer ein rechtliches Interesse an dem Fortbestehen des Pfandrechts hat.

1) Zusammentreffen von Pfandrecht und **Eigentum** ergibt sich, wenn PfdGläub AlleinEigt (nicht nur MitEigt, § 1009) am Pfd erwirbt, od wenn Eigtümer die gesicherte Fdg (zB dch Ablösg nach § 1249 od Abtr nach § 1250) erwirbt.

2) Rechtsfolge. IdR erlischt das PfdR (I 1). – **Ausnahmen: a)** PfdR erlischt nicht, solange die gesicherte Fdg mit PfdR od Nießbr belastet ist (I 2), auch wenn Eigtümer zugl pers Schu; es erlischt nur von selbst mit deren Fortfall, wenn es in diesem Ztpkt noch mit Eigt vereinigt ist. **b)** PfdR gilt als nicht erloschen, soweit Eigtümer rechtl Interesse am Fortbestand hat **(II)**; zB wenn nachrangige R vorrücken würden (vgl auch RG **154**, 382; Eigtümer kann dann Herausg an nachrangigen Berecht ablehnen), wenn Eigtümer Fdg mit vorrangigem PfdR übertr will, wenn NichtEigtümer dem gutgl Eigtümer u später einem Dr PfdR bestellt (W-Raiser § 2 V 3b). Gilt nicht für Dr (BGH **27**, 233: Untergang des VermieterPfdR, wenn MietzinsFdg an SichgEigtümer der dem VermieterPfdR unterliegden Sachen abgetreten w). **c)** §§ 1976, 1991 II, 2143, 2175, 2377.

1257 *Gesetzliches Pfandrecht.* Die Vorschriften über das durch Rechtsgeschäft bestellte Pfandrecht finden auf ein kraft Gesetzes entstandenes Pfandrecht entsprechende Anwendung.

1) Gesetzliches Pfandrecht. a) Beispiele: PfdR des aus Hinterlegg Berecht (§ 233; vgl RG **124**, 219; Henke AcP **161**, 3); des Verm (§ 559); des Verp (§ 592); des Pächters (§ 583); des WerkUntern (§ 647); des Gastw (§ 704); des Kommissionärs (HGB 397); des Spediteurs (HGB 410); des Lagerhalters (HGB 440); HGB 623, 674, 726, 752, 755; BinnSchG 89, 97, 103; FlößG 22, 28; DüngemittelG 1. **b) Nicht** aber PfdR nach ADSp 50 Abs a (BGH **17**, 1: rgesch PfdR) u PfdgsPfdR.

2) Entsprechende Anwendung der §§ 1204 ff, soweit nicht SonderVorschr enggstehen. **a) Entstehung.** Sie richtet sich nach SonderVorschr; §§ 1205–1208 sind nicht anwendb, da Wortlaut des § 1257 bereits entstandenes PfdR voraussetzt. **Gutgläubiger Erwerb** nur nach dem nicht entspr anwendb HGB 366 III; iü auch dann nicht entspr § 1207, wenn für Entstehg des ges PfdR Überg notw (zB § 647), denn BesÜberg erfolgt nicht zwecks Vfg über das Eigt, so daß ihr nicht gleiche Legitimationswirkg wie bei § 1207 zukommt (BGH WPM **87**, 539; Düss NJW **66**, 2362; Köln NJW **68**, 304; Soergel/Augustin Rdn 3; Wiegand JuS **74**, 546; aA Erm/Ronke Rdn 3; RGRK/Kregel Rdn 2; Baur § 55 C II 2a; Westermann § 133 I;

Kunig JR **76**, 12). Die Entstehgstatbestände enthalten auch keine Vfg, so daß ges PfdR nicht nach § 185 entstehen kann (BGH **34**, 125; Köln NJW **68**, 304; aA Bernöhr ZHR **135**, 144; Medicus Rdn 594). Bestellg rechtsgeschäftl PfdR nach § 185 od § 1207 mögl (BGH **87**, 274; vgl auch Einf 7). – Wg Anspr des WerkUntern auf VerwendgsErs vgl Vorbem 1 vor § 994.

b) Rang. § 1209 anwendb für ges PfdR untereinander u im Verh zu and PfdR (§ 1209 Anm 1a). Anwendbark des § 1208 entfällt, soweit gutgl Erwerb nicht mögl (Anm 2a). §§ 936, 932, 1208 gelten aber zG gutgl Erwerbers der Sache selbst od rechtsgeschäftl PfdR an ihr.

c) Pfandrechtsverhältnis. §§ 1210–1232 sind anwendb (Düss HRR **36**, 726: § 1216; Schlesw SchlHA **56**, 111: § 1218; Hbg SeuffA **65**, 244: § 1229) mit folgden Einschränkgen: § 1215 bei besitzlosem PfdR nur anwendb, wenn Gläub Pfd in Bes genommen hat (RG **102**, 77; JW **13**, 101), was Schu nicht verlangen kann. §§ 1211, 1224, 1225 nur anwendb, soweit ges PfdR an schuldnerfremden Sachen erwerbb.

d) Verwertung. §§ 1233 ff anwendb (Ffm Rpfleger **74**, 430), insb § 1247 (RG **119**, 269). § 1248 aber nur, soweit ges PfdR an schuldnerfremder Sache erwerbb.

e) Ablösung, Übertragung, Einreden. §§ 1249 (Celle NJW **68**, 1139), 1250, 1251, 1254 sind anwendb.

f) Erlöschen. – aa) § 1253 ist anwendb (BGH **87**, 274), sofern nicht SonderVorschr Ausn vorsehen (zB HGB 440 III); neues ges PfdR sichert nicht alte Fdg (BGH aaO). Er gilt nicht bei besitzlosen ges PfdR; hier kann Rückg in Bes genommenen Pfd Aufgabe nach § 1255 bedeuten, auch kann in Überg an PfdGläub statt Verwirklichg des ges PfdR seine Bestellg unter Bestellg rgesch PfdR liegen (Parteiwille maßg). – **bb)** §§ 1252, 1255, 1256 (Celle MDR **65**, 831) sind anwendb.

3) Ges PfdR an Anwartschaften: § 929 Anm 6 B c; bedeuts wg Anm 2a bei EigtVorbeh.

1258 *Pfandrecht am Anteil eines Miteigentümers.* **I** Besteht ein Pfandrecht an dem Anteil eines Miteigentümers, so übt der Pfandgläubiger die Rechte aus, die sich aus der Gemeinschaft der Miteigentümer in Ansehung der Verwaltung der Sache und der Art ihrer Benutzung ergeben.

II Die Aufhebung der Gemeinschaft kann vor dem Eintritte der Verkaufsberechtigung des Pfandgläubigers nur von dem Miteigentümer und dem Pfandgläubiger gemeinschaftlich verlangt werden. Nach dem Eintritte der Verkaufsberechtigung kann der Pfandgläubiger die Aufhebung der Gemeinschaft verlangen, ohne daß es der Zustimmung des Miteigentümers bedarf; er ist nicht an eine Vereinbarung gebunden, durch welche die Miteigentümer das Recht, die Aufhebung der Gemeinschaft zu verlangen, für immer oder auf Zeit ausgeschlossen oder eine Kündigungsfrist bestimmt haben.

III Wird die Gemeinschaft aufgehoben, so gebührt dem Pfandgläubiger das Pfandrecht an den Gegenständen, welche an die Stelle des Anteils treten.

IV Das Recht des Pfandgläubigers zum Verkaufe des Anteils bleibt unberührt.

1) PfdR am **Miteigentumsanteil** (§ 1008) w grdsätzl wie PfdR an einer Sache behandelt. – **a) Entstehung.** Rechtsgeschäftl dch Einigg u Einräumg des dem Verpfänder zustehden unmittelb MitBes od Übertr des mittelb MitBes unter Anzeige an Besitzer (§ 1205 II); AlleinEigtümer kann auch einen Bruchteil verpfänden (Erm/Ronke Rdn 4; aA Westermann § 126 I 2), wobei abw von § 1206 Einräumg einf MitBes genügt (W-Raiser § 173 II 1; str). Gesetzl dch Verbindg usw von Sachen desselben od verschiedener Eigtümer, wenn eine zuvor mit PfdR belastet (vgl § 949 Anm 3). Gesetzl PfdR zB vom Mieter mit MitEigtümer der eingebrachten Sache (RG **146**, 334). – **b) Entsprechende Anwendung.** § 1258 gilt gem § 1273 II auch für GesHandsanteil (RG **83**, 30; **84**, 395), soweit verpfändb (wg Miterbenanteil vgl § 1276 Anm 2b; wg GesellschAnteil vgl § 719 Anm 2b). – **c) Sondervorschriften.** PfdR am MitEigt der AnteilsInh am SonderVerm einer KapitalanlageGesellsch nur dch Verpfändg des Anteilsscheins unter Überg des (ev indossierten) Scheins; § 18 III G idF v 14. 1. 70, BGBl 127 (vgl Schuler NJW **57**, 1049). PfdGläub kann nicht Aufhebg der Gemsch verlangen (aaO § 11); RücknAnspr (aaO § 11 II) aber mitverpfändb.

2) Teilhaberrechte hins Verwaltg (§§ 744–746) u BenutzgsArt (§§ 745, 746) sind zwecks Ausübg des MitBes dem PfdGläub ausschl zugewiesen **(I)**, nicht aber Benutzg selbst, die nach § 743 MitEigtümer zusteht (and iF §§ 1213, 1214). Vereinbgen der MitEigtümer über die BesVerh wirken auch ggü PfdGläub (§ 746; RG **146**, 337).

3) Rechtsfolgen. – a) PfdGläub kann Anteil nach Regeln über **Pfandverkauf** verkaufen **(IV).** – **b)** PfdGläub kann dch Betreiben der **Gemeinschaftsaufhebung** (§§ 749 ff) sich Pfd an Sache selbst od deren Erlös verschaffen. Vor PfdReife kann Aufhebg nur von MitEigtümer u PfdGläub gemeins verlangt w; nach PfdReife von PfdGläub allein, auch ohne Zust des MitEigtümers u ohne Bindg an Vereinbargen, die dieser mit and MitEigtümern über Ausschl der Aufhebg od KündFrist getroffen **(II)**. Rechtskr Schuldtitel nicht erforderl (and § 751 S 2). ErsPfdR an bei Aufhebg an Stelle des Anteils tretden Ggst entsteht nicht krG, da PfdGläub nur Anspr auf Bestellg hat („gebührt", III); aA BGH **52**, 99 zur Vermeidg ungerechtf Rangverlustes des VertrPfdR dch unterschiedl Behandlg ggü PfdgsPfdR (vgl dazu Wellmann NJW **69**, 1903; Lehmann NJW **71**, 1545).

1259–1272 *Registerpfandrecht an Schiffen.* Aufgehoben und ersetzt durch das SchiffsRG.

Zweiter Titel. Pfandrecht an Rechten

Einführung

1) Aufbau des 2. Titels. §§ 1273–1278 enthalten allg Vorschr; §§ 1279–1290 enthalten SonderVorschr für PfdR an Fdgen, die § 1291 auf PfdR an Grd-/RentenSch ausdehnt; §§ 1292–1296 enthalten Vorschr für PfdR an WertPap. – Die **Bezeichnung der Beteiligten** weicht von der im ZwVollstrR ab: Der aus dem verpfändeten R eine Leistg zu erbringen hat, heißt Verpflichteter (§ 1275) od Schu (§§ 1280ff), im ZwVollstrR aber DrittSchu; der Verpfänder heißt Gläub, ihm entspricht im ZwVollstrR der (Vollstr)Schu; dem PfdGläub entspricht im ZwVollstrR der (Vollstr)Gläub.

2) Das **Vertragspfandrecht an Rechten** ist weitgehd dch SichgAbtr (§ 398 Anm 6) ersetzt, auf die §§ 1273ff nicht anwendb sind (insb Verwertg nach SichgVertr); bedeuts noch dch AGB-Banken 19. – **a) Entstehung** dch RGesch (§ 1274 I ggf iVm 1280; 1292, 1293) od kr G (zB §§ 233, 585 S 2; 1293 iVm 1257; HGB 399). – **b) Erlöschen** dch Eintritt auflösder Bdgg (§ 158 II); Fristablauf (§ 163); SchuldÜbn ohne Einwilligg des RInh (§ 418); lastenfreier Erwerb (zB § 1292 Anm 1c aE); rechtm Einziehg; Abtr der gesicherten Fdg mit Ausschl des PfdRÜbergangs (§§ 1273 II, 1250 II); Erlöschen der gesicherten Fdg (§§ 1273 II, 1252); Rückg einer Sache, deren Überg zur Verpfändg notw (§ 1278); PfdRAufhebg (§§ 1273 II, 1255); Vereinigg von PfdR u PfdGgst (§§ 1273 II, 1256); Untergang des PfdGgst (Ausn: § 1276 Anm 1a, § 1281 Anm 2b aa). – **c) Verwertung. aa)** Nach ZwVollstrR aGrd dingl Tit zur Duldg der PfdVerwertg gg RInh bei allen Ren (§ 1277). **bb)** Dch Einziehg ohne Tit gg den Gläub bei Fdgen (§ 1282), Grd-/RentenSch (§ 1291), Order- u InhPap (§ 1294). **cc)** Dch PfdVerk bei OrderPap (§§ 1293, 1228ff) u freihänd Verk bei InhPap (§§ 1295, 1221). **dd)** Dch ZwVollstr nach ZPO in den PfdGgst aGrd ZahlgsTit gg den pers Schu bei allen Ren.

1273

Grundsatz. I Gegenstand des Pfandrechts kann auch ein Recht sein.

II Auf das Pfandrecht an Rechten finden die Vorschriften über das Pfandrecht an beweglichen Sachen entsprechende Anwendung, soweit sich nicht aus den §§ 1274 bis 1296 ein anderes ergibt. Die Anwendung der Vorschriften des § 1208 und des § 1213 Abs. 2 ist ausgeschlossen.

1) Recht (I). PfdGgst kann jedes übertragb (§ 1274 II) VermR sein, soweit es nicht grdstgleiches Recht (Übbl 1c vor § 873) od MiteigtAnteil (§ 1258) ist od Verpfändg ges ausgeschl ist (zB Postspargutsaben, PostG 23 IV 2); zB Fdg (auch an einer Fdg gg den PfdGläub; BGH **LM** § 610 Nr 1), GrdSch, AnwR, Miterbenanteil (§ 2033 Anm 2b), ImmaterialgüterR (PatG 9; GebrMG 13; GeschmMG 3; vgl aber UrhG 29), AktienR, GmbH-Anteile, PersGesellschAnteil (Schüller RhNK 80, 97), R aus dem Meistgebot (Zeller ZVG 81 Rdn 8). – **a) Verwertbarkeit** des Rechts seiner Art nach dch ZwVollstr (§ 1277) od Einziehg (§ 1282) erforderl. – **b) Rechtsgesamtheit:** § 1204 Anm 2b gilt entspr. – **c) Künftig entstehende Rechte** nur dch vorh Einigg für den Fall der Entstehg möglich. PfdR entsteht erst mit ihrer Entstehg (Köln **NJW-RR** 88, 239), wenn dann alle weiteren Entstehgsvoraussetzgen (zB §§ 1274 I 2, 1280) erfüllt sind (**RG 68**, 55). Ges Grdlage für Entstehg des Rechts muß bei Verpfändg schon vorhanden sein (**RG 134**, 225; BVerwG **NJW** 57, 314). Das Recht muß bestimmt sein; für Verpfändg künft Fdg gilt § 398 Anm 4c, 4d entspr (**RG 82**, 227); für Verpfändg künft EigtümerGrdSch gilt § 1163 Anm 4d, 5c entspr.

2) §§ 1204 bis 1258 sind mit den sich aus II ergebden Einschränkgen auf rgesch u ges PfdR entspr anwendb (eingehd Planck/Flad Anm 2).

a) Anwendbar: §§ 1204 (**RG 136**, 424), 1209, 1210 (KG **OLG 29**, 377), 1211 (BGH **LM** § 610 Nr 1), 1213 I, 1214, 1219, 1220, 1221 (RGRK/Kregel § 1227 Rdn 4; aA Breslau **JW 28**, 2474), 1222, 1223 II (RG **DJZ 29**, 442; PfdRAufhebg statt Rückg), 1224, 1225 (RG Recht **18**, 244), 1228 II 1 u 2 (KG **OLG 29**, 377), 1229, 1249, 1250, 1252 (RG **100**, 277), 1254 (PfdRAufhebg statt Rückg), 1255, 1256 (RG **154**, 383), 1257, 1258 (vgl dort Anm 1b).

b) Unanwendbar: §§ 1207 (§ 1274 Anm 1a aa), 1208 (Ausn: wenn sich Erwerber auf § 892 berufen kann; zB bei falscher Löschg eines PfdR an GrdPfdR), 1212 (vgl aber §§ 1289, 1296), 1213 II (iZw kein NutzgsPfdR an zinstragdem R), 1246.

c) Beschränkt anwendbar: – aa) Wenn PfdR zugl Sache erfaßt (§ 952) od SachÜberg zur PfdRBestellg nöt (§ 1274 I 2): §§ 1205, 1206, 1215, 1216, 1217, 1218, 1223 I (RG **100**, 277), 1226, 1227 (RGRK/Kregel Rdn 8), 1251, 1253. – **bb)** Vorschr über den PfdVerk, wenn dieser dch Vereinbg nach § 1277 zugel (§ 1277 Anm 3) od nach ZPO 844 angeordnet (§ 1277 Anm 2b).

1274

Bestellung. I Die Bestellung des Pfandrechts an einem Rechte erfolgt nach den für die Übertragung des Rechtes geltenden Vorschriften. Ist zur Übertragung des Rechtes die Übergabe einer Sache erforderlich, so finden die Vorschriften der §§ 1205, 1206 Anwendung.

II Soweit ein Recht nicht übertragbar ist, kann ein Pfandrecht an dem Rechte nicht bestellt werden.

1) Die Verpfändung (I) erfolgt grdsl nach ÜbertrRegeln. Unwirks Verpfändg uU in VerpflVertr (Übbl 1d vor § 1204; Dresden Recht **10**, 3517) od ZbR (RG **124**, 28) umdeutb.

a) Einigung zwischen Rechtsinhaber u Pfandgläubiger. – aa) Gutgläubiger Erwerb vom Nichtberecht nur, wenn verpfändetes R selbst gutgl erwerbb, insb nach §§ 892 (KG **OLG 46**, 61), 1138, 1155, 2366 u nach WertPapR (W-Raiser § 175 Fußn 20). Sonst nur Erwerb nach § 185 mögl. – **bb) Inhalt.** Die Einigg muß die Bestellg eines PfdR (§ 1204 Anm 1) für den PfdGläub (keine Bestellg zGDr; RG **124**, 221), das Pfd (§ 1273 Anm 1) u die gesicherte Fdg (§ 1204 Anm 3) umfassen (RG **148**, 349). VerpfändgsErkl kann liegen in: AbtrErkl (RG JW **28**, 174), Vorrangeinräumg dch Zessionar an PfdgsGläub (RG JW **34**, 221), Vertr über Hinterlegg des HypBriefs bei Notar (RG HRR **32**, 1748). GrdSch nicht als Pfd bezeichnet, wenn AGB als Pfd die in Bes od VfgsGewalt des PfdGläub gelangden „WertGgst" nennt (BGH **60**, 174; dazu Kollhosser JR **73**, 315). – cc) **Form.** Die Einigg bedarf der für die RÜbertr erforderl Form (zB Schriftform gem § 792; Beurk gem GmbHG 15 III); nicht aber der VerpflVertr (Übbl 1 d vor § 1204), selbst wenn für AbtrVerpfl Formzwang besteht (RG JW **37**, 2118; Ertl DNotZ **76**, 68 zu XII). Verpfändg des AuflAnspr erfordert nicht Form des § 313 (BayObLG **76**, 190; Koch MittBayNot **76**, 161; Ertl DNotZ **77**, 81; str). Bei schriftl Erkl muß sich Verpfänder des Schriftstücks so entäußern, daß PfdGläub darüber verfügen kann (RG **148**, 349). Dem Formzwang unterliegt der notw Inhalt der Einigg (RG aaO) einschl etwaiger NutzgsVereinbg nach § 1213. Blankoverpfändg zul, PfdR entsteht ohne Rückwirkg mit vereinbgsgem Ausfüllg (RG JW **28**, 174).

b) **Weitere Erfordernisse,** sofern für RÜbertr erforderl. – aa) **Eintragung** im GB (§ 873), zB bei Verpfändg einer BuchGrdSch od BuchHypFdg (vgl aber § 1159); nicht aber bei Verpfändg eines AuflAnspr, Eintr (berichtigg) hier nur zul (nicht notw) bei eingetr AuflVormkg (BayObLG **67**, 297). – bb) **Sachübergabe** (I 2), zB des GrdSch-/HypBriefs bei Verpfändg einer BriefGrdSch/BriefHypFdg (vgl aber § 1159). Für die Überg gelten §§ 1205, 1206; unanwendb §§ 1207, 1208, da Sache nicht PfdGgst (Kbg OLG **29**, 379). Verpfändg eines Sparguthabens erfordert nicht Überg des Sparbuchs (RG **124**, 217), einer VersFdg nicht der Police (RG **79**, 306) u eines Anspr gg Leihhaus nicht des PfdScheins (KG OLG **26**, 207). – cc) **Zustimmung Dritter,** zB nach AktG 68 II bei Verpfändg vinkulierter Namensaktie (Hbg OLG **26**, 206). – dd) **Form;** zB PostG 23 IV 3 (BGH NJW **86**, 2107).

c) **Einzelfälle;** vgl auch §§ 1280 (Fdg), 1291 (GrdSch, RentenSch), 1292 (OrderPap), 1293 (InhPap).

aa) **Anwartschaftsrecht.** – Aus **bedingter Übereignung** bewegl Sachen dch Einigg u Überg nach §§ 1205ff (vgl § 929 Anm 6 Bc). – Aus **Auflassung:** Bei AnwR iSv § 925 Anm 6 b aa u bb dch Einigg entspr § 925 ohne Anzeige nach § 1280; GBEintr nur zul (nicht notw) bei eingetr AuflVormkg (Vollkommer Rpfleger **69**, 411; LG Mü II Rpfleger **69**, 425). Gen nach GrdstVG nicht erforderl (Mü RdL **60**, 178). Ebso VermR iSv § 925 Anm 6b cc (krit Vollkommer aaO Fußn 68). – Aus **Nacherbrecht:** § 2108 Anm 5; GBEintr zul (RG **83**, 438) aber nicht notw. – Zum **Erbvertrag** vgl aber Übbl 2 vor § 2274.

bb) **Hypotheken.** Verpfändg der HypFdg; mit ihr entsteht PfdR an allein nicht verpfändb Hyp u ggf am HypBrief (§ 952). PfdR an Fdg ergreift mit bish Rang die nachträgl eingetr Hyp auch ohne Eintr des PfdR (BayObLG DJZ **32**, 685). Bei Übertr der gesicherten Fdg folgt PfdR (§ 1250) u GB wird bzg PfdGläub unricht (Mü Rpfleger **89**, 18). Bei Erlöschen der Hyp dch Zuschlag ges Übergang des PfdR auf ErsSichgHyp nach ZVG 128 (RG **60**, 221). – **Buchhypothek:** Verpfändg der Fdg dch Einigg u Eintr (§§ 1154 III, 873). Bei GesamtHyp Eintr in allen GB (§ 1132 Anm 3c). – **Briefhypothek:** Verpfändg der Fdg dch Einigg mit schriftl VerpfändgsErkl u BriefÜberg (§ 1154 I). Für die BriefÜberg gelten §§ 1205, 1206 (I 2); Abrede nach §§ 1154 I 1, 1117 II ausreich bei Anzeige an GBA (W-Raiser § 175 Fußn 15). Schriftform der VerpfändgsErkl ersetzb dch Eintr (§ 1154 IBew), die ohne Bezugn auf EintrBew die gesicherte Fdg (KGJ **33**, 262), nicht aber ihren HöchstBetr (KG OLG **29**, 377), angeben muß. Teilverpfändg ohne Teilbriefbildg mögl (KG JW **36**, 1136).

cc) **Pfandrecht.** Verpfändg der gesicherten Fdg, mit ihr entsteht PfdR (AfterPfd) an allein nicht verpfändb PfdR. FdgsPfdGläub kann bei PfdReife seiner Fdg entspr § 1231 vom SachPfdGläub Herausg des Pfd verlangen; für VerstErlös entspr §§ 1247, 1287, 1288 II entspr (Westermann § 136 II 6). Vor PfdReife entspr § 1251 Anspr auf MitBesEinräumg.

dd) **GmbH-Anteile.** Verpfändg dch Einigg idF GmbHG 15 III; Anmeldg nach GmbHG 16 I erst bei PfdVerwertg (§ 1277) nöt (Müller GmbH-RdSch **69**, 6; aA hM). Teilverpfändg trotz GmbHG 17 VI unter Beachtg von GmbHG 17 I zul; kommt es nicht zur Verwertg, so bleibt Anteil ungeteilt (vgl Wiedemann [§ 1068 Anm 4] S 423). AbtrVoraussetzgen nach GmbHG 15 V gelten auch für Verpfändg; VeräußerngsGen umfaßt auch Gen zur Veräußerg iRv PfdVerwertg (vgl dazu Contzen RhNK **67**, 682); TeilverpfändgsGen umfaßt VeräußerngsGen für verpfändeten Teil (Müller aaO). – PfdGläub erlangt kein **Mitverwaltungsrecht** u (auch bei NutzgsPfdR; Müllern aaO 58) kein **Stimmrecht** (RG **157**, 52). Übertr des StimmR nach hM unzul (Müller aaO 8 mwN; aA RG aaO). StimmRVollm zul, hindert aber Verpfänder nicht, selbst zu stimmen u Vollm aus wicht Grd zu widerrufen (Müller aaO 10). – **Gewinnanspruch** gilt nicht als mitverpfändet (§ 1273 II 2); NutzgsPfd (bei dem Gewinnanteil dem PfdGläub ohne Rücks auf PfdReife zufließt) jedoch verneinb, dieses von Verpfändg der aus dem GeschAnteil entspringdn vermögsgem Anspr (für die §§ 1279ff gelten) zu unterscheiden. – Zur Verpfändg einer EinlageFdg vgl BGH **LM** GmbHG § 19 Nr 4; Betr **76**, 1325; LG Osnabr Betr **76**, 286; Pleyer GmbHRdSch **63**, 69; **68**, 164.

ee) **Namens-** (Rekta-) u **Legitimationspapiere** (Einf 1a, 3 vor § 793). Verpfändg des verbrieften R in der Form des AbtrVertr (zB § 792) mit der Folge des § 952; beim Rektawechsel muß PapÜberg hinzutreten (vgl BGH NJW **58**, 302). Wg Lagerscheins vgl ADSp 48 Bc.

2) Unübertragbare Rechte (II). Soweit die Ausübg eines solchen Recht überlassen werden kann (zB §§ 1059 S 2, 1092 I 2), ist das ÜberlassgsR verpfändb, ohne daß dadch ein PfdR am Recht selbst entsteht (KGJ **40**, 254). Unübertragbark kann sich ergeben aus: – a) **Gesetz.** ZB § 38; § 400 (auch bdgt pfändb Fdg); §§ 717, 719, HGB 105 II, 161 II (Verpfändg nur zul, wenn GesellschVertr die Übertr od Belastg erlaubt od die MitGter zustimmen; str, ob im GB eines GesellschGrdst eintragb [vgl Hamm NJW-RR **87**, 723; LG Hbg JurBüro **88**, 788; LG Stgt BWNotZ **85**, 162]); §§ 1059, 1092; §§ 514, 1098; subjdingl Rechte (§§ 1018, 1103 I, 1110) als untrennb vom Grdst; Hyp u PfdR als untrennb von der gesicherten Fdg (Anm 1 c bb u cc); §§ 847, 1300, 1378 III vor Abtretbark; §§ 1419, 1487, 2033 II; unselbstd EinzelR wie AuseinandSAnspr (and Anspr auf AuseinandSGuth), Firma od ZeitgsTit (RG **95**, 236), vgl auch § 399 Anm 4 u WZG 8; wg VersFdg betr unpfändb Sache vgl VVG 15 u RG **135**, 159. – b) **Inhalt** (§ 399 Halbs 1); zB Anspr des

§§ 1274–1276

Bausparers auf Auszahlg des Baudarlehns, vgl ferner § 399 Anm 2. – **c) Vertrag** (§ 399 Halbs 2). Vgl § 399 Anm 3 u Einl 4a dd vor § 854. Ist bei LebensVersicherg BezugsBerecht genannt, so Verpfändg nur mögl, wenn Nenng des Berecht widerrufb u ggü Versicherer widerrufen (RG **127**, 269).

3) Unverpfändbarkeit vereinbar, wenn Unübertragbark vereinb (Müller GmbHRdSch **69**, 4; RG HRR **34**, 557).

1275 *Pfandrecht an Recht auf Leistung.* Ist ein Recht, kraft dessen eine Leistung gefordert werden kann, Gegenstand des Pfandrechts, so finden auf das Rechtsverhältnis zwischen dem Pfandgläubiger und dem Verpflichteten die Vorschriften, welche im Falle der Übertragung des Rechtes für das Rechtsverhältnis zwischen dem Erwerber und dem Verpflichteten gelten, und im Falle einer nach § 1217 Abs. 1 getroffenen gerichtlichen Anordnung die Vorschrift des § 1070 Abs. 2 entsprechende Anwendung.

1) Rechtsstellung des Schuldners eines verpfändeten Leistungsanspruchs. – a) § 404: Schu kann PfdGläub alle Einwdgen entgghalten, die ihm ggü dem Gläub zustehen. – **b) § 405:** EinwdgsAusschl mögl (RG Warn **14**, 245). – **c) §§ 406, 407:** Kenntn des Schu von AnsprVerpfändg muß nicht dch die nach § 1280 notw Anzeige erlangt sein (RG **52**, 143); Unkenntn dagg trotz Anzeige mögl. Bei Verpfändg eines VergütgsAnspr gilt für Vereinbg zw DienstBerecht u DienstVerpfl, nach der letzterer seine Vergütg von abzuliefernden Einnahmen einbehalten darf, § 387 Anm 2 aE entspr. Abgabe eines SchuldAnerk in Kenntn, daß Gläub den Anspr verpfänden will, kann Verzicht auf Aufrechng zG des PfdGläub enthalten (RG **71**, 154). – **d) § 409:** Schu wird dem Gläub ggü befreit, wenn er nach Anzeige bei (ihm vom Gläub mitgeteilter) PfdReife an PfdGläub in Unkenntn, daß PfdR (zB inf Untergangs der gesicherten Fdg) erloschen, leistet (v Tuhr DJZ **07**, 605; vgl auch § 1288 Anm 2 c).

2) Bei Verpfändg von **Hypothekenforderungen** gelten §§ 404 ff nur für pers Fdg u rückständ Zinsen/Nebenleistungen (§ 1159); für dingl Anspr (Hyp) vgl §§ 1156, 1157, 892 (RG Warn **14**, 245). – Die **Grund-/Rentenschuld** fällt unter § 1275 (§ 1291). Bei Kenntn des PfdGläub vom Nichtbestehd der dch die Grd/RentenSch gesicherten Fdg (vgl dazu § 1191 Anm 3 b) kann Eigtümer entspr § 1169 Verzicht auf PfdR verlangen (RG LZ **16**, 947). Auch and Einwdgen aus dem RVerh zw Eigentümer u Grd/RentenSch-Gläub wirken gem §§ 1157, 1192, 892 ggü PfdGläub nur, wenn er sie kannte (RG Warn **34**, 157).

1276 *Aufhebung oder Änderung des verpfändeten Rechtes.* ^I Ein verpfändetes Recht kann durch Rechtsgeschäft nur mit Zustimmung des Pfandgläubigers aufgehoben werden. Die Zustimmung ist demjenigen gegenüber zu erklären, zu dessen Gunsten sie erfolgt; sie ist unwiderruflich. Die Vorschrift des § 876 Satz 3 bleibt unberührt.

^{II} Das gleiche gilt im Falle einer Änderung des Rechtes, sofern sie das Pfandrecht beeinträchtigt.

1) Allgemeines. – a) Keine **Aufhebung** od **Änderung** einer verpfändeten Fdg, wenn Schuld u Fdg sich in derselben Pers vereinigen (Konfusion), denn sie gilt zG des PfdR als fortbestehd (RG **77**, 254; KGJ **44**, 292). Zust des PfdGläub erfordert bewußte Erkl (Saarbr JBlSaar **62**, 139); Vfg ohne Zust nur relativ unwirks (BayObLG **67**, 295 mwN). – **b)** Bei **Übertragung** des Rechts bleibt PfdR vorbehaltl gutgl Erwerbs, der dch § 1276 nicht ausgeschl, bestehen.

2) Einzelfälle. – a) Mietzinsforderung. Aufhebg des MietVertr ohne Zust des PfdGläub ihm ggü wirks, PfdR ergreift nur bis zur Aufhebg entstandene MietzinsFdg (Posen OLG **31**, 358); rückw Aufhebg od unlautere Ersetzg dch neuen MietVertr ggü PfdGläub aber unwirks. Ebso Veräußerg der Mietsache an Mieter (Mü OLG **33**, 318), da nur Vfg über Mietsache u MietVerh erlischt (so daß keine Konfusion); wg Veräußerg an Dr vgl § 573 Anm 2. – **b) Erbanteil** (§ 2033 Anm 2 b). Veräußerg des Erbanteil ohne Zust des PfdGläub ihm ggü wirks, da sie (auch bei Gutgläubigk des Erwerbers) PfdR nicht berührt. Erbauseinand S sowie Übertrg sämtl Erbanteile auf einen MitE od Dr nur mit Zust des PfdGläub ihm ggü wirks, da mit Beendigg der ErbenGemsch das PfdSubstrat entfällt u PfdGläub nach § 1258 III nur Anspr auf Bestellg eines ErsPfdR gg Verpfänder hat (BayObLG **59**, 58/59). Da die NachLGgst, an denen selbst kein PfdR entsteht, dem Erbanteil erst Inhalt u Wert geben, ist auch eine Vfg aller MitE über NachLGgst nur mit Zust des PfdGläub ihm ggü wirks (BayObLG **59**, 57). Wg Gefahr gutgl Erwerbs PfdR als VfgsBeschrkg bei NachLGrdst eintragb; nach Eintr darf Erwerber eines NachLGrdst od Rechts daran ohne Nachw der Zust des PfdGläub (Nachw aber erforderl für Löschg eines Rechts od wenn dem GBA bekanntes PfdR nicht eingetr) eingetr w (BayObLG **59**, 57/58). ZwVerst eines NachLGrdst erfordert Zust des PfdGläub od DuldgsTit gg ihn (BayObLG **59**, 60), dies gilt aber nur bei ZwVerst auf Antr eines pers Schu od eines nach Eintr der Verpfändg eingetr dingl Berecht. – Gilt entspr bei Verpfändg eines PersonalGesellschAnteils (vgl § 1274 Anm 2 a). – **c) Verpfändung eines GmbH-Anteils.** Nicht unter § 1276 fallen GterBeschl (da PfdGläub kein StimmR hat; RG **139**, 227) u das PreisgabeR nach GmbHG 27 (hM). Bestr, ob Zust des PfdGläub erforderl zur Zust zur AnteilsEinziehg nach GmbHG 34 II, zur AuflösgsKl nach GmbHG 61 u zur Künd (vgl Fischer GmbH-RdSch **61**, 27; Müller GmbHRdSch **69**, 8; Wiedemann [§ 1068 Anm 4] S 430). – **d) Anwartschaftsrecht.** § 1276 auf Aufhebg (zB dch Einigg zw VorbehVerk u VorbehKäufer) anwendb (Kollhosser JA **84**, 196; JZ **85**, 370; Tiedtke NJW **85**, 1302; **88**, 28; Reinicke JuS **87**, 957; Marotzke AcP **186**, 490; aA BGH **92**, 280; im Ergebn zustimmd Wilhelm NJW **87**, 1785 u Ludwig NJW **89**, 1458).

1277 *Befriedigung durch Zwangsvollstreckung.* Der Pfandgläubiger kann seine Befriedigung aus dem Rechte nur auf Grund eines vollstreckbaren Titels nach den für die Zwangsvollstreckung geltenden Vorschriften suchen, sofern nicht ein anderes bestimmt ist. Die Vorschriften des § 1229 und des § 1245 Abs. 2 bleiben unberührt.

1) **Pfandverwertung** setzt PfdReife (§§ 1273 II, 1228 II) voraus. Befriedigg nach § 1277 auch mögl, wo §§ 1282, 1291, 1293 ff and Verwertgsarten vorsehen.

2) Gesetzliche Verwertungsart (I). – a) Dinglicher Titel auf Duldg der ZwVollstr in das R (RG **103**, 139) od auf Gestattg der Befriedigg aus dem R nach ZwVollstrVorschr gg den RInh (das ist bei MietzinsFdg bzgl mit Nießbr belasteten Grdst der Nießbraucher; RG **93**, 121); vollstrb Urk nach ZPO 794 I Nr 5, II genügt (KG JW **38**, 2494). Für die VerfKosten haftet das Pfd (§§ 1273 II, 1210 II). AGrd ZahlgsTit wg pers Fdg nur ZwVollstr in das R ohne Rücks auf PfdR (KG HRR **31**, 703). – **b) Zwangsvollstreckung** nach ZPO 828 ff, 857. Trotz schon bestehen PfdR ist Pfändg erforderl (RG **103**, 139; str); für Rang aber PfdBestellg maßg. Abw können nicht nach § 1246 angeordnet w. Ordnet das VollstrG nach ZPO 844 öff Verst an, so w die Vorschr über den PfdVerk (insb § 1244) anwendb (KG JFG **7**, 273).

3) Vereinbarte Verwertungsart (II). Abw von der ges Verwertgsart (auch Entbehrlichk des dingl Tit) können unter Beachtg von §§ 1229, 1245 II ohne für PfdRBestellg notw Form vereinbart w. Ist PfdVerk vereinbart, so gelten §§ 1243, 1244 (RG **100**, 276; KGJ **40**, 285); § 1244 aber nicht anwendb, wenn von §§ 1233 II, 1235, 1240 II abw Verk vereinbart (§ 1244 Anm 1 a).

1278 *Erlöschen durch Rückgabe der Sache.* Ist ein Recht, zu dessen Verpfändung die Übergabe einer Sache erforderlich ist, Gegenstand des Pfandrechts, so finden auf das Erlöschen des Pfandrechts durch die Rückgabe der Sache die Vorschriften des § 1253 entsprechende Anwendung.

1) Notwendigk der SachÜberg zur PfdRBestellg: § 1274 Anm 1 b bb. – RückgVoraussetzgn: § 1253 Anm 1; RückgVermutg; § 1253 Anm 2. – PfdR an nach § 1292 verpfändeten OrderPap erlischt auch bei Rückg ohne Rückindossament; DchStreichen des PfdIndossaments schafft dann wechselm/scheckm Legitimation für Gläub (RGRK/Kregel Rdn 1).

2) Sonstige Erlöschensgründe: Einf 2 b vor § 1273.

1279 *Pfandrecht an Forderungen.* Für das Pfandrecht an einer Forderung gelten die besonderen Vorschriften der §§ 1280 bis 1290.

1) §§ 1280–1290 gelten für PfdR an verpfändb Fdgen aller Art; nicht aber (weil keine Fdg) für PfdR an GesellschAnteilen (RG **57**, 414) einschl des Anspr auf Herausg der nach AuseinandS zuzuteilden Ggst (RG **67**, 331), Erbanteilen (BayObLG **59**, 56), AnwR, dingl Ren (RG **97**, 34) u nicht für SichgsAbtr (Hbg OLG **26**, 203). – Soweit §§ 1280–1290 nichts Abweichdes bestimmen, gelten §§ 1273–1278; für in Order- u InhPap verbriefte Fdgen enthalten §§ 1292 ff weitere SonderVorschr. – Ist die verpfändete Fdg höher als die gesicherte, so iZw die ganze Fdg verpfändet; bei teilb Fdg auch Teilverpfändg mögl (Zunft NJW **55**, 442). Zur Verpfändg von SteuererstattgsAnspr Oswald DRiZ **78**, 18; vgl auch BGH **70**, 75 (Abtr).

1280 *Anzeige an den Schuldner.* Die Verpfändung einer Forderung, zu deren Übertragung der Abtretungsvertrag genügt, ist nur wirksam, wenn der Gläubiger sie dem Schuldner anzeigt.

1) Verpfändungsanzeige. Neben VerpfändgsVertr (§ 1274 Anm 1 a) erforderl, wenn zur RÜbertr AbtrVertr ausreichd. § 1280 daher unanwendb, wenn RÜbertr weitere Erfordern wie insb GBEintr od SachÜberg (§ 1274 Anm 1 b); hier Schutz des Schu nach §§ 1275, 404. Anzeige nicht erforderl, wenn PfdGläub zugl Schu der verpfändeten Fdg (BGH **LM** § 610 Nr 1). – **a)** Die Anzeige ist **Wirksamkeitsvoraussetzung** für Entstehg des PfdR (RG **79**, 306) u löst Wirkg von §§ 1275, 409 aus. Sie ist daher nur mögl, solange VfgsBefugn über die Fdg gegeben, u für KO 7, 15, 30 Nr 1 ist der Ztpkt der Anzeige maßg (RG **79**, 306; JW **02**, 185). Kenntn von Verpfändg ohne Anzeige bedeutgslos (RG **89**, 289). Mangels Anzeige unwirks Verpfändg nicht in Abtr umdeutb (RG **79**, 306); mögl aber ZbR an übergebener Urk (RG **51**, 83) od schuldr BefriedigsR (KG JW **19**, 117). – **b)** Verpfänder ist dem PfdGläub aus VerpflVertr (Übbl 1 d vor § 1204) **zur Anzeige verpflichtet** (RG HRR **30**, 216).

2) Erfordernisse der Anzeige. – a) Formfreie empfangsbedürft WillErkl, die schlüss od dch Stillschw erklärb ist u erkennen lassen muß, daß Verpfänder Verpfändg gg sich gelten lassen will (RG **89**, 289); Bezeichng als Abtr unschädl, wenn erkennb Verpfändg gemeint (RG aaO). Anzeigeabsicht erforderl (RG LZ **33**, 521), *nicht aber Kenntn der dingl Wirkg* (RG JW **04**, 485). – **b) Verpfänder** od sein GesRNachf (RG JW **04**, 485) muß anzeigen, nicht der PfdGläub (RG **79**, 306). Er kann PfdGläub od Dr zur Anzeige bevollm (RG **89**, 289; PfdVertr genügt dazu idR nicht; RG **85**, 437) od Anzeige eines NichtBevollm genehmigen (idR nicht dch bloßes Stillschw; RG SeuffA **86**, 118). Anzeige hat an den derzeit Schu der Fdg od dessen Bevollm zu erfolgen, bei Mehrh an alle (sofern nicht einer EmpfangsVollm hat).

1281 *Leistung des Schuldners vor Pfandreife.* Der Schuldner kann nur an den Pfandgläubiger und den Gläubiger gemeinschaftlich leisten. Jeder von beiden kann verlangen, daß an sie gemeinschaftlich geleistet wird; jeder kann statt der Leistung verlangen, daß die

§§ 1281, 1282

geschuldete Sache für beide hinterlegt oder, wenn sie sich nicht zur Hinterlegung eignet, an einen gerichtlich zu bestellenden Verwahrer abgeliefert wird.

1) § 1281 gilt nur **vor Pfandreife** (§ 1228 II). Er ist abdingb (§ 1284); zB stillschw dch Gestattg der Unterverpachtg, so daß Unterpachtzins trotz ges PfdR des Verpächters nur an Pächter zu leisten (KG JW **32**, 1066).

2) Leistung des Schuldners (S 1) nur an Gläub u PfdGläub gemeins. – **a) Voraussetzungen.** Bei Übereign einer Sache (entspr bei Übertr eines R) muß die Einigg (Inhalt: EigtÜbertr an Gläub) zw dem Schu auf der einen sowie Gläub u PfdGläub auf der and Seite erklärt w (Blomeyer Rpfleger **70**, 228; die hM läßt aber bei bewegl Sachen Einigg zw Schu u Gläub genügen); Zust des PfdGläub zur Einigg zw Schu u Gläub genügt. Eine bewegl Sache muß Gläub u PfdGläub außerdem zu MitBes übergeben w; dabei genügt trotz PfdRErwerb des PfdGläub (§ 1287) einf MitBes, denn Verpfl zu Überg zu MitBes iSv § 1206 würde (soweit überh mögl) Fdg zum Nachteil des Schu verändern (aA MüKo/Damrau Rdn 2). Bei unbewegl Sache genügt Überg zu AlleinBes des Gläub, denn SichgsHyp (§ 1287) erfordert nicht Bes (hM; aA Planck/Flad § 1287 Anm 2a). Wirkg: §§ 1287, 1288. – **b) Verstoß. aa)** Leistet Schuldn in **Kenntnis der Verpfändung** an Gläub alleine, so wird dieser gleichwohl Eigtümer (MüKo/Damrau Rdn 5; aA BayObLG **67**, 295 für Speziesschuld). Die Leistg hat aber keine ErfWirkg u PfdGläub erwirbt kein PfdR/SichgsHyp nach § 1287 (hM; aA Kuchinke JZ **64**, 149); bei Aufl nach Verpfändg eines GrdstÜbereignsAnspr muß deshalb GBA, das dies (zB aus Eintr der Verpfändg bei AuflVormkg) kennt, EintrBew des PfdGläub verlangen (BayObLG DNotZ **83**, 758; NJW-RR **87**, 793; aA Stöber DNotZ **85**, 287), die zugl Gen der Leistg enthält u SichgsHyp entstehen läßt, währd bei EigtUmschreib ohne Gen AuflVormkg wg Fortbestehens des ErfAnspr nicht erlischt. Bei Gattgsschuld kann PfdGläub vom Schuldn nochmalige Leistg an sich u Gläub verlangen; bei Speziesschuld bzgl bewegl Sache kann er aus GrdGesch/SchadErs MitBesEinräumg verlangen u dch Gen der Leistg PfdR entstehen lassen; bei GrdstÜbereignng kann er SichgsHyp dch Gen entstehen lassen (war Verpfändg bei AuflVormkg eingetr, so müssen Dritterwerber gem § 888 zustimmen; vgl Stöber aaO). – **bb)** Leistet Schuldn in **Unkenntnis der Verpfändung** an Gläub alleine, so wird dieser Eigtümer u verpfändeter Anspr mit PfdR erlischt (BayObLG **85**, 332; aA Stöber DNotZ **85**, 287); PfdGläub erwirbt am LeistgsGgst PfdR/SichgsHyp entspr § 1287 (Erm/Ronke § 1287 Rdn 5; Soergel/Augustin § 1287 Rdn 13; Staud/Riedel/Wiegand § 1287 Rdn 7; aA MüKo/Damrau Rdn 7; Planck/Flad § 1287 Anm 1; Stöber aaO). Bei Aufl vor Verpfändg eines GrdstÜbereignsAnspr muß GBA, das dies (zB aus Eintr der Verpfändg bei AuflVormkg) kennt, EintrBew des PfdGläub verlangen (BayObLG **85**, 332; NJW-RR **87**, 793), wenn er inf NichtEintr der SichgsHyp beeinträchtigt; bei EigtUmschreibg ohne Gen nicht, weil dem verpfändeten Anspr auch eine AuflVormkg, deren Löschg daher nicht mehr der Zust des PfdGläub bedarf.

3) Leistung verlangen (S 2) können Gläub u PfdGläub unabhäng voneinander aus eigenem Recht (RG **83**, 119; BGH **5**, 253). Jeder zur Mitwirkg verpfl (§ 1285), nicht aber zur Einziehg für beide. – **a)** Es kann nur **Leistung an beide** verlangt werden; bei Identität von Schu u PfdGläub kann Gläub nicht Leistg an sich verlangen (BGH **LM** § 610 Nr 1). Hinterlegg: §§ 372 ff, Verwahrerbestellg: FGG 165 (über dessen RStellg Hoche NJW **55**, 162), vgl auch § 1217. – **b) Verfahrensrecht.** PfdGläub hat bei Klage geg Schu Sachbefugn. Bei Hauptintervention (ZPO 64) des PfdGläub sind Gläub u Schu notw Streitgenossen (RG **64**, 321). PfdGläub u Gläub können einzeln Konk des Schu beantragen u Fdg für gemschaftl Rechng anmelden (Kuhn/Uhlenbruck § 103 Rdn 6d); beide zus haben einheitl StimmR für VglAnnahme (Kuhn/Uhlenbruck § 183 Rdn 3e).

1282 Leistung des Schuldners nach Pfandreife.

I Sind die Voraussetzungen des § 1228 Abs. 2 eingetreten, so ist der Pfandgläubiger zur Einziehung der Forderung berechtigt und kann der Schuldner nur an ihn leisten. Die Einziehung einer Geldforderung steht dem Pfandgläubiger nur insoweit zu, als sie zu seiner Befriedigung erforderlich ist. Soweit er zur Einziehung berechtigt ist, kann er auch verlangen, daß ihm die Geldforderung an Zahlungsstatt abgetreten wird.

II Zu anderen Verfügungen über die Forderung ist der Pfandgläubiger nicht berechtigt; das Recht, die Befriedigung aus der Forderung nach § 1277 zu suchen, bleibt unberührt.

1) § 1282 gilt nur **nach Pfandreife** (§ 1228 II) u ermöglicht PfdVerwertg ohne VollstrTit gg FdgsInh. Er ist abdingb (§ 1284); auch ohne abdingde Vereinbg ist PfdGläub daneben zur PfdVerwertg nach § 1277 befugt (II Halbs 2).

2) Leistung des Schuldners (I 1) nur an PfdGläub. – **a) Voraussetzungen.** Die Einigg (Inhalt: EigtÜbertr auf Gläub) muß zw dem Schu u dem PfdGläub als ges Vertr des Gläub (bei Geld wg § 1288 II im eigenen Namen) erklärt w. Bewegl Sachen sind dem PfdGläub, Grdst dem Gläub zu AlleinBes zu übergeben (vgl § 1281 Anm 2a). Wirkg: §§ 1287, 1288. Schu darf mit Fdg gg PfdGläub (RG **58**, 108) u Gläub (§§ 1275, 406) aufrechnen. – **b) Verstoß.** Leistet Schu in Kenntn od Unkenntn der Verpfändg an Gläub, so gilt § 1281 Anm 2b aa bzw bb entspr.

3) Einziehungsrecht des Pfandgläubigers (I 1), kein FdgsÜbergang. Über dieses unselbstständ NebenR kann nicht für sich allein verfügt w (aA Dresd SeuffA **57**, 96 u hM). Hat Schu rechtm hinterlegt, so hat PfdGläub gg Gläub Anspr auf Einwilligg in Leistg an PfdGläub. – **a) Inhalt.** PfdGläub darf vom Schu Leistg an sich nach Anm 2a in voller Höhe der verpfändeten Fdg (Ausn: I 2) verlangen); darf kündigen (§ 1283 III), mahnen, in Verzug setzen, NebenR geltd machen (ist HypFdg od Grd/RentenSch verpfändet, kann PfdGläub ZwVerst des Grdst betreiben; RG Recht **09**, 1518), aufrechnen gg Fdg des Schu an ihn (RG **58**, 109), quittieren (auch löschgsfäh; KGJ **34**, 309; BayObLG Recht **12**, 1181). Er muß sich Einreden, die Schu gg Gläub zustehen, entggehalten lassen. Vgl auch Anm 3b, § 1275. – **b) Verfahrensrecht.** PfdGläub hat bei

Klage gg Schu SachBefugn; er muß PfdR sowie Bestand u Fälligk der gesicherten u der verpfändeten Fdg beweisen. Urt in diesem RStreit schafft nicht RKraft zw Schu u Gläub (RG **83**, 116). Er ist RNachf des Gläub iSv ZPO 727 (KGJ **42**, 4). Er darf Konk des Schu beantragen u die Fdg (auch GeldFdg in voller Höhe) anmelden (Kuhn/Uhlenbruck § 103 Rdn 6d); er hat allein StimmR, bei ZwVergl aber Mitwirkg des Gläub notw (Kuhn/Uhlenbruck § 183 Rdn 3e). – **c) Andere Verfügungen (II)** des PfdGläub sind unwirks; insb Abtr (RG **97**, 39), Erlaß, Vergl, Novation, Anm an Zahlgs Statt. Gläub nicht benachteiligde Vfg mögl, insb wenn dch Vfg über verpfändete GeldFdg die gesicherte Fdg wie dch Zahlg getilgt w (Karlsr OLG **15**, 394).

4) Rechtstellung des Gläubigers. – a) Er kann nur noch **Leistung an Pfandgläubiger** nach Anm 2a verlangen (RG **77**, 141) u insow auch kündigen (§ 1283 III), mahnen u in Verzug setzen. PfdGläub kann ihn auch zur Einziehg ermächtigen. Zieht Gläub nach dieser Maßg ein, kann Schu ihm ggü auch mit Fdg gg PfdGläub aufrechnen (RG LZ **21**, 380). – **b) Keine Mitwirkungspflicht** des Gläub ggü PfdGläub (§ 1285 I), aber Sorgf- u MitteilgsPfl des PfdGläub ggü Gläub (§ 1285 II).

5) Abtretung an Zahlgs Statt (I 3), das Verlangen des PfdGläub bewirkt sie noch nicht. PfdGläub gilt, soweit verpfändete GeldFdg besteht, als befriedigt, selbst wenn diese später nicht beitreibb (KG JW **38**, 2494 für Abtr einer EigtümerGrdSch). PfdGläub an HypFdg kann sich auf öff Glauben des GB auch berufen, wenn vor Abtr an ihn, aber nach Verpfändg u PfdReife Widerspr gg Richtigk des GB eingetr (RGRK/Kregel Rdn 8).

1283 Kündigungsrecht. [I] Hängt die Fälligkeit der verpfändeten Forderung von einer Kündigung ab, so bedarf der Gläubiger zur Kündigung der Zustimmung des Pfandgläubigers nur, wenn dieser berechtigt ist, die Nutzungen zu ziehen.

[II] Die Kündigung des Schuldners ist nur wirksam, wenn sie dem Pfandgläubiger und dem Gläubiger erklärt wird.

[III] Sind die Voraussetzungen des § 1228 Abs. 2 eingetreten, so ist auch der Pfandgläubiger zur Kündigung berechtigt; für die Kündigung des Schuldners genügt die Erklärung gegenüber dem Pfandgläubiger.

1) Kündigung der verpfändeten Forderung; abdingb (§ 1284). – **Gläubiger** darf ihm zustehdes KündR vor u nach PfdReife alleine ausüben. Zust des PfdGläub (§§ 182–184) nur, wenn er NutzgsR (§ 1213) hat; §§ 182 III, 111 gelten, wenn Zust ggü Gläub od Künd iner Vorbeh nachträgl Zust erklärt. – **Pfandgläubiger** darf dem Gläub zustehdes KündR nach PfdReife alleine ausüben; gilt nicht für KündR aus VVG 165, da Umwandlg höchstpers GläubR (RGRK/Kregel Rdn 5; aA MüKo/Damrau Rdn 4). Vgl auch § 1286. – **Schuldner** muß ihm zustehdes KündR vor PfdReife ggü PfdGläub u Gläub gemeins ausüben, nach PfdR genügt auch Künd ggü PfdGläub (nicht aber nur ggü Gläub).

1284 Abweichende Vereinbarungen. Die Vorschriften der §§ 1281 bis 1283 finden keine Anwendung, soweit der Pfandgläubiger und der Gläubiger ein anderes vereinbaren.

1) Abw Vereinbg zw PfdGläub u Gläub nur mit der Einschrkg aus § 1277 S 2 zul (RG **90**, 255); bei od nach PfdRBestellg ohne eine für diese notw Form. Bedarf keiner Anzeige nach § 1280; Schu dch § 1275 geschützt.

1285 Mitwirkung zur Einziehung. [I] Hat die Leistung an den Pfandgläubiger und den Gläubiger gemeinschaftlich zu erfolgen, so sind beide einander verpflichtet, zur Einziehung mitzuwirken, wenn die Forderung fällig ist.

[II] Soweit der Pfandgläubiger berechtigt ist, die Forderung ohne Mitwirkung des Gläubigers einzuziehen, hat er für die ordnungsmäßige Einziehung zu sorgen. Von der Einziehung hat er den Gläubiger unverzüglich zu benachrichtigen, sofern nicht die Benachrichtigung untunlich ist.

1) Einziehungsrecht von Pfandgläubiger u Gläubiger zur Leistung an beide gem § 1281 od Vereinbg (§ 1284) begründet zw ihnen ggseit einklagb MitwirkgsPfl (I), vgl dazu § 1078 Anm 1.

2) Einziehungsrecht des Pfandgläubigers zur Leistung an sich gem § 1282 od Vereinbg (§ 1284). – **a) Einziehungspflicht** des PfdGläub (II 1); da keine weitergehde InteressenwahrgsPfl, braucht er bei von Dr beantragter ZwVerst nicht zur Deckg der verpfändeten HypFdg mitzubieten (RG JW **10**, 20). Notf muß er die Fdg einklagen; aber nicht ohne Kostenvorschuß des Gläub (RG aaO), auf den aber kein Anspr (vgl auch § 1210 II); ZPO 841 gilt nicht. Bei schuldh Verletzg SchadErsPfl. Keine Pfl zur Beitreibg der gesicherten Fdg außerh des Pfd (RG **169**, 323). – **b) Benachrichtigungspflicht** des PfdGläub (nicht des Schu) hins EinziehgsErgebn, auch über erfolglose Einziehg; nicht schon von Klage. Bei schuldh Verletzg SchadErsPfl.

1286 Kündigungspflicht des Gläubigers. Hängt die Fälligkeit der verpfändeten Forderung von einer Kündigung ab, so kann der Pfandgläubiger, sofern nicht das Kündigungsrecht ihm zusteht, von dem Gläubiger die Kündigung verlangen, wenn die Einziehung der Forderung wegen Gefährdung ihrer Sicherheit nach den Regeln einer ordnungsmäßigen Vermögensverwaltung geboten ist. Unter der gleichen Voraussetzung kann der Gläubiger von dem Pfandgläubiger die Zustimmung zur Kündigung verlangen, sofern die Zustimmung erforderlich ist.

§§ 1286–1288

1) Hat Gläub nach § 1283 I od abw von § 1283 III (§ 1284) alleiniges KündR, so kann bei Gefährdg der Sicherh PfdGläub vom Gläub Künd (S 1) u Gläub vom PfdGläub nach § 1283 I erforderl Zust (S 2) verlangen. Gefährdg kann schon bei FdgsEntstehg od PfdRBestellg bestanden haben. Klage auf Künd od Zust mögl, ZwVollstr nach ZPO 894. Bei schuldh Verletzg der Künd- od ZustPfl SchadErsPfl.

1287 *Wirkung der Leistung (dingl. Surrogation).* Leistet der Schuldner in Gemäßheit der §§ 1281, 1282, so erwirbt mit der Leistung der Gläubiger den geleisteten Gegenstand und der Pfandgläubiger ein Pfandrecht an dem Gegenstande. Besteht die Leistung in der Übertragung des Eigentums an einem Grundstück, so erwirbt der Pfandgläubiger eine Sicherungshypothek; besteht sie in der Übertragung des Eigentums an einem eingetragenen Schiff oder Schiffsbauwerk, so erwirbt der Pfandgläubiger eine Schiffshypothek.

Schrifttum (zur Verpfändg von AuflAnspr u AnwR aus Aufl): Bergermann, RhNK **69**, 687. – Vollkommer, Rpfleger **69**, 409. – Reuter, MittBayNot **70**, 130.

1) Allgemeines. – **a)** Wirkungen der Leistung nach §§ 1281, 1282 (über Wirkg einer davon abw Leistg vgl § 1281 Anm 2b, § 1282 Anm 2b): **aa)** Verpfändete Fdg u damit PfdR an ihr erlöschen. **bb)** Gläub erwirbt den LeistgsGgst (Ausn: § 1288 Anm 2a, b). Für gutgl Erwerb ist bei § 1281 der gute Gl des Gläub maßg; bei § 1282 der gute Gl des PfdGläub, sofern Gläub nicht schon bei Verpfändg bösgl (Hoche NJW **55**, 162). **cc)** PfdGläub erwirbt ErsPfdR am LeistgsGgst (Ausn: § 1288 Anm 2). PfdR an einer HypFdg wandelt sich bei Erlöschen der Hyp inf ZwVerst in PfdR an Anspr des HypGläub auf VerstErlös u an nach ZVG 128 eingetr SichgHyp (RG **60**, 221). – **b)** Entsprechende Anwendung: Wandelt sich der PfdGgst in eine Fdg, so entsteht nach allgM krG en der Fdg (zweifelh, § 1288 I 2 spricht gg einen so allg Grds; krit auch Westermann § 137 I 3a). PfdR am GmbH-Anteil soll sich am Anspr auf Einziehgsentgelt (RG **142**, 378), LiquErlös od Abfindg fortsetzen. Zur Frage, ob ein ErsPfdR iF GmbHG 27 sich auf den Erlös od nur den Überschuß erstreckt, vgl Müller GmbHRdSch **69**, 34 Fußn 78, 81; iF GmbHG 27 III erlischt PfdR am GeschAnteil ersatzlos. – PfdR am Erbanteil setzt sich nach AuseinandS nicht an zugeteilten NachlGgst fort (RG **84**, 395).

2) Leistung bewegliche Sachen (Ausn: § 1288 Anm 2). Bei § 1281 kann PfdGläub vom Gläub verlangen, daß er ihm AlleinBes od qualifizierten MitBes iSv § 1206 überträgt (Westermann § 137 I 3a); bei Fortdauer einf MitBes erlischt ErsPfdR aber nicht nach § 1253 (MüKo/Damrau Rdn 4; aA W-Raiser § 176 I). Nach PfdReife kann PfdGläub ErsPfdR nach §§ 1228 ff verwerten. – Bestand kein wirks PfdR an dem Pfd, so kein ErsPfdR sond uU ZbR (RG **66**, 24).

3) Leistung eines Grundstücks oder Grundstücksrechts.

a) War der **Auflassungsanspruch** verpfändet (mögl bis zur EigtUmschreibg, § 925 Anm 6a), so entsteht mit Eintr des Gläub als neuer Eigtümer krG SichgHyp für PfdGläub, die mit Bewilligg des Gläub (notf Klage aus § 894) od nach GBO 22 (Hieber DNotZ **54**, 171) berichtigd einzutragen ist. Sie geht einer dem Schu anläßl des Erwerbs bewilligten RestKaufHyp od GrdDbk am RestGrdst im Rang nach (BayObLG **72**, 46); für Dritte (zB KaufprFinanzierer; LG Fulda Rpfleger **88**, 252 abl Anm Böttcher) od den Gläub bewilligten SichgHyp vor (BGH **49**, 197), da unbelasteter VerschaffgsAnspr verpfändet. – Nach PfdReife kann PfdGläub SichgHyp nach § 1147 verwerten.

b) War die RStellg aus der **Auflassung** (§ 925 Anm 6b) verpfändet, so ist eine Leistg nach §§ 1281, 1282 wg schon erklärter Aufl nicht mehr mögl, gleichwohl entsteht mit Eintr des Gläub als neuer Eigtümer krG entspr § 1287 SichgHyp für PfdGläub (Vollkommer Rpfleger **69**, 409 zu Fußn 36 mwN); für Eintr u Rang gilt Anm 3a. Dem PfdGläub kann doch Nachw der Verpfändg ggü GBA verhindern, daß EigtUmschreibg ohne seine Bewilligung erfolgt u damit Verlust der SichgHyp bei Weiterveräußerg mögl wird (vgl § 1281 Anm 2b bb). – Nach PfdReife kann PfdGläub SichgHyp nach § 1147 verwerten.

c) War der **Anspruch auf Bestellung eines Grundstücksrechts** od der **Berichtigungsanspruch** (§ 894) verpfändet, so entsteht mit Eintr des Rechts ErsPfdR an diesem ohne Eintr (Celle JR **56**, 145).

4) Leistung eines eingetragenen Schiffs/Schiffsbauwerks od Luftfahrzeugs. PfdGläub erwirbt SchiffsHyp (S 2) bzw RegPfdR (LuftfzRG 98 II). – Nach PfdReife kann PfdGläub nach Einf v § 1204 Anm 5b ee, 6a ee verwerten.

1288 *Anlegung eingezogenen Geldes.* **I** Wird eine Geldforderung in Gemäßheit des § 1281 eingezogen, so sind der Pfandgläubiger und der Gläubiger einander verpflichtet, dazu mitzuwirken, daß der eingezogene Betrag, soweit es ohne Beeinträchtigung des Interesses des Pfandgläubigers tunlich ist, nach den für die Anlegung von Mündelgeld geltenden Vorschriften verzinslich angelegt und gleichzeitig dem Pfandgläubiger das Pfandrecht bestellt wird. Die Art der Anlegung bestimmt der Gläubiger.

II Erfolgt die Einziehung in Gemäßheit des § 1282, so gilt die Forderung des Pfandgläubigers, soweit ihm der eingezogene Betrag zu seiner Befriedigung gebührt, als von dem Gläubiger berichtigt.

1) Bei Einziehung verpfändeter Geldforderung vor Pfandreife (I) gem § 1281 Anm 2a od 2b bb erwirbt der Gläub das Eigt u der PfdGläub ein ErsPfdR am Geld. Danach ggseit MitwirkgsPfl zur mündelsicheren (§§ 1807, 1808; EG 212) Anlegg des Geldes u Anspr des PfdGläub auf Bestellg eines PfdR zB am RückzahlgsAnspr gg die Bank.

2) Bei Einziehung verpfändeter Geldforderung nach Pfandreife (II) gem § 1282 Anm 2 ist zu unterscheiden: – **a)** Sofern der eingezogene Betrag dem **Pfandgläubiger ganz gebührt,** wird er Eigtümer des Geldes u die verpfändete Fdg erlischt samt nachrangiger PfdR (BayObLG Recht **12**, 1181). Erlöschen der gesicherten Fdg; abw davon Übergang auf Gläub nach §§ 1225, 1273 II, wenn dieser nicht ihr pers Schu war (RG Recht **18**, 246). Fällt der Vertr, auf dem die verpfändete Fdg beruhte (zB VersVertr), später inf Anfechtweg, so kann der Schu seine Leistg vom PfdGläub kondizieren (MüKo/Damrau Rdn 6; aA KG Recht **35**, 2065). – **b)** Sofern der eingezogene Betrag dem **Pfandgläubiger teilweise gebührt,** w er u der Gläub entspr § 1247 S 2 MitEigtümer des Gesamtbetrages u der Schu befreit (vgl W-Raiser § 176 II 2; aA Hbg Recht **22**, 1567 u hM: Schu muß überschießden Betrag nochmals an Gläub zahlen u kann ihn vom AlleinEigtümer gewordenen PfdGläub kondizieren, denn er kann Umfang der EinziehgsBefugn nicht kennen (und daher bei Kenntn). PfdGläub kann sich seinen Anteil kr BefriediggsR aneignen; dch Trenng erhält Gläub mit nachrangiger PfdR belastetes AlleinEigt am Überschuß. – **c)** Sofern der eingezogene Betrag dem **Pfandgläubiger gar nicht gebührt** (zB PfdR nicht entstanden od erloschen), wird Gläub Eigtümer des ganzen Betrages u Schu befreit (W-Raiser § 176 II 2); and bei Kenntn des Schu (vgl auch § 1275 Anm 1 d).

1289 *Erstreckung auf die Zinsen.* **Das Pfandrecht an einer Forderung erstreckt sich auf die Zinsen der Forderung. Die Vorschriften des § 1123 Abs. 2 und der §§ 1124, 1125 finden entsprechende Anwendung; an die Stelle der Beschlagnahme tritt die Anzeige des Pfandgläubigers an den Schuldner, daß er von dem Einziehungsrechte Gebrauch mache.**

1) Zinsen, die nach PfdRBestellg vertragl od gesetzl geschuldet werden u über die Gläub nicht schon vor PfdRBestellg verfügt hat (KG OLG **12**, 286), werden vom PfdR an verpfändeter Fdg krG erfaßt; rückständ Zinsen nur bei des Vereinbg (Düss WPM **84**, 1431). Die Erstreckg ist vertragl mit dingl (KG OLG **12**, 286) od bloß schuldr (KG Recht **14**, 2878) Wirkg ausschließb; dann nachträgl Zinsverpfändg mögl. Bei Ausschluß des PfdR an HypZinsen ergreift PfdR aber TilggsLeistg (RG Recht **14**, 3015). – § 1289 ist unanwendb bei NutzgsPfdR nach § 1213 (RG Warn **14**, 245), bei Verpfändg nur der ZinsAnspr (RG Warn **15**, 85) u bei Verpfändg einer HöchstBetrHyp mit eingerechneten Zinsen (RG Recht **14**, 2877); anwendb auf PfändgsPfdR (Düss aaO).

2) Wirksam wird die Haftg (auch bei ausdrückl Mitverpfändg; RG Warn **14**, 245) erst mit Anzeige des PfdGläub an Schu, daß er von EinziehgsR nach §§ 1281, 1282 Gebr macht. Sie **umfaßt** die nach PfdRBestellg verfallenen u noch nicht eingezogenen Zinsen zurück bis auf ein Jahr vor Anzeige (§ 1123 II) u die künftigen. Vfgen des Gläub nach PfdRBestellg über den ZinsAnspr (Einziehg, Abtr, Verpfändg) sind ggü den PfdGläub nur unwirks, soweit sie sich auf eine spätere Zeit als den zZ der Anzeige laufden bzw folgden KalMonat erstrecken (§§ 1124, 1125).

1290 *Einziehung bei mehrfacher Verpfändung.* **Bestehen mehrere Pfandrechte an einer Forderung, so ist zur Einziehung nur derjenige Pfandgläubiger berechtigt, dessen Pfandrecht den übrigen Pfandrechten vorgeht.**

1) Mehrheit vertraglicher Pfandrechte. – **a)** Bei **ungleichrangigen** PfdR gewährt nur das erstrangige die Rechte aus §§ 1281 bis 1283. Nachrangige PfdGläub können nur Leistg an erstrangigen iFv § 1282 bzw an diesen u Gläub iFv § 1281 verlangen; an sich selbst nur mit Zust des erstrangigen (RG SeuffA **69**, 68; BGH NJW **81**, 1671). Nachrangiger PfdGläub erlangt die Rechte erst, wenn die vorrangigen (zB inf Befriedigg dch nur teilw Einziehg) ausgeschieden sind (BayObLG SeuffA **57**, 25). – **b)** Bei **gleichrangigen** PfdR kann jeder PfdGläub nur Leist an alle verlangen (§ 432); gilt auch bei GeldFdg (str), sofern nicht nur verschiedene TeilFdg verpfändet.

2) Vertrags- und Pfändungspfandrecht. § 1290 gilt nicht, wenn verpfändete Fdg für Dr gepfändet u zur Einziehg überwiesen wird. VertrPfdR setzt sich am Erlös fort, uU BereichergsAnspr gg Dr nach dessen Befriedigg aus der Fdg. Erstrangiger PfdGläub hat (außer bei NutzgsPfdR od wenn PfdgsPfdGläub zugl nachrangiger VertrPfdGläub ist) entspr § 1232 kein WiderspruR nach ZPO 771 (RG **87**, 321), wohl aber VorzugsR entspr ZPO 805. – **Mehrheit von Pfändungspfandrechten** ist in ZPO 804, 853 geregelt (dazu Stöber Rdn 774 ff).

1291 *Pfandrecht an Grund- oder Rentenschuld.* **Die Vorschriften über das Pfandrecht an einer Forderung gelten auch für das Pfandrecht an einer Grundschuld und an einer Rentenschuld.**

1) Bei Anwendg der Vorschr über das FdgsPfdR steht eine **Grundschuld** einer auf Kapitalzahlg gerichteten Fdg (iFv § 1191 II einer solchen, bei der Zinsen u and Nebenleistgen bedungen sind) u die **Rentenschuld** einer auf Geldrente gerichteten Fdg (bei der iFv den §§ 1201, 1202 entspr Ablösg bedungen ist) gleich; der GrdstEigtümer w als Schu, die Renten w als Zinsen angesehen. – **a) Verpfändung** erfordert neben der Einigg über die Verpfändg der Grd/RentenSch (§ 1274 Anm 1 a) bei BuchR GBEintr, bei BriefR schriftl VerpfändgsErkl (die dch GBEintr ersetzb u) u BriefÜberg (§ 1274 Anm 1 c bb gilt entspr); für InhBriefGrd/RentenSch (§§ 1195, 1199) gilt § 1293. Brief alleine nicht verpfändb (BGH **60**, 174). § 1280 nur bei Verpfändg rückständ Zinsen u Renten anwendb (vgl § 1159). Verpfändg eines BriefR schon vor seiner Eintr mögl, PfdR w mit Eintr u BriefÜberg wirks (RG Warn **11**, 274). PfdR an dch Grd/RentenSch gesicherter Fdg ergreift Grd/RentenSch nicht (RG **135**, 272). Verpfändg zur Sicherg einer schon dch Hyp am gleichen Grdst gesicherten Fdg zul (KG OLG **45**, 230). – **b)** Über **Anwendbarkeit von** § 1197 bei Verpfändg einer EigtümerGrdSch vgl § 1197 Anm 3 b. Über Umschreibg der GrdSch auf Eigtümer nach Befriedigg des PfdGläub vgl KG JW **35**, 1641.

§§ 1292–1294   3. Buch. 9. Abschnitt. *Bassenge*

1292 *Verpfändung von Orderpapieren.* Zur Verpfändung eines Wechsels oder eines anderen Papiers, das durch Indossament übertragen werden kann, genügt die Einigung des Gläubigers und des Pfandgläubigers und die Übergabe des indossierten Papiers.

1) Für **Orderpapiere** [Wechsel (WG 11 I); Scheck (ScheckG 14 I); Namensaktie (AktG 68 I); Namensinvestmentanteilsschein (§ 18 I KAGG idF v 14. 1. 70, BGBl 127); die kaufm OrderPap des HGB 363] bestehen folgde Verpfändgsmöglichk:

a) **Verpfändung nach § 1274** dch Einigg über Verpfändg der verbrieften Fdg u Überg des nichtindossierten Papiers nach §§ 1205, 1206 (aA hins Überg E. Wolf § 14 A VIII f 2). PfdGläub erwirbt nur gewöhnl PfdGläubR nach §§ 1273 ff an der Fdg u damit nach § 952 am Papier, so daß er gg Einwendgen nicht wie bei Indossament geschützt (RG SeuffA **80**, 47).

b) **Verpfändung nach § 1292 mit offenem Pfandindossament** dch Einigg über Verpfändg des Papiers (W-Raiser § 177 II 1a; E. Wolf § 14 A VIII f 1 aa; Stranz, WG 14. Aufl, Art 19 Anm 3; nach aA der Fdg: RGRK/Kregel Rdn 7; Soergel/Augustin Rdn 4; MüKo/Damrau Rdn 4) u Überg des indossierten Papiers nach §§ 1205, 1206 (sofern nicht § 1205 I 2 gegeben; RG **126**, 352); Indossament w bei allen OrderPap (hM) dch Verpfändgsvermerk entspr WG 19 I als PfdIndossament (auch blanko) gekennzeichnet. – PfdGläub erwirbt weitergehde Befugn als nach § 1273 ff. Er kann alle Re aus dem Papier im eigenen Namen geltd machen (WG 19 I); es gilt die Vermutg von WG 16 I, ScheckG 19, HGB 365 I u Schutz gutgl Erwerbs nach WG 16 II, ScheckG 21, HGB 365 I; Einwdgen des Schu, die sich auf unmittelb Beziehgen zum Gläub begründen (zB dessen Befriedigg), können ihm nur entggehalten w, wenn er beim Erwerb bewußt zum Nachteil des Schu handelte (WG 19 II, ScheckG 22, HGB 364 II); Einwdgen gg den Bestand des PfdR sind zul. Da Gläub Eigtümer bleibt, ist PfdGläub nicht zu außerh des Verpfändgszwecks liegden RHdlgen befugt (§ 1282 Anm 3c); sein Indossament hat nur Wirkg eines VollmIndossaments (auch WG 19 I); er erwirbt gg Gläub keine wechselm/scheckm Anspr (RG **120**, 210); veräußern darf er nur iFv §§ 1284, 1295.

c) **Verpfändung nach § 1292 mit verdecktem Pfandindossament** dch Einiggu Überg wie Anm 1b, nur daß Indossament keinen Verpfändgsvermerk enthält (Vollindossament, auch blanko). Das ist Verpfändg u nicht SichgÜbertr (KG JW **25**, 1523), denn nicht Indossament sond der auf Verpfändg gerichtete BegebgsVertr ist maßg (RG SeuffA **80**, 47; RG **117**, 69). PfdGläub erlangt gleiche RStellg wie Anm 1 b. Trotz seiner Stellg als Eigtümer im AußenVerh bleibt er im InnenVerh PfdGläub u erwirbt gg Gläub keine wechselm/scheckm Anspr (RG **120**, 210; KG JW **25**, 1523). Außer iFv §§ 1284, 1295 keine VeräußergsBefugn (KG JW **25**, 1523); da sein Indossament abw von WG 19 I Vollindossament ist, kann Dr aber von ihm gutgl erwerben.

d) **Verpfändung nach § 1274 mit offenem Vollmachtindossament** dch Einigg u Überg wie Anm 1a, nur daß Indossament dch VollmVermerk entspr WG 18 I gekennzeichnet (Baumbach-Hefermehl, WG u ScheckG 14. Aufl, WG 19 Rdz 4; Stranz, WG 14. Aufl, Art 19 Anm 14; aA Soergel/Augustin Rdn 10; Westermann § 138 II 2b; MüKo/Damrau Rdn 12), denn BegebgsVertr ist maßg (Anm 1c).

2) **Einzelfragen.** – a) Soweit PfdR nach **AGB-Banken 19 II** wg DiskontiergsAuftr nicht entstanden (Einf 7b vor § 1204), kann nachträgl (auch stillschw) Verpfändg erfolgen, wozu bloßes Nichtzurückfordern des WertPap idR aber nicht ausreicht (RG **126**, 348); mögl auch Verpfändg nach Anm 1a (Karlsr OLG **44**, 247). – b) Verpfändg von **Traditionspapieren** (§ 870 Anm 1b) ist iZw Verpfändg der Ware selbst.

1293 *Pfandrecht an Inhaberpapieren.* Für das Pfandrecht an einem Inhaberpapiere gelten die Vorschriften über das Pfandrecht an beweglichen Sachen.

1) Für **Inhaberpapiere** [InhSchVerschreibg (§ 793); InhScheck (ScheckG 5); InhGrd/RentenSchBrief (§§ 1195, 1199); InhAktie (AktG 10 I); InhInvestmentanteilschein (KAGG 18 I), BSchuldbuchFdg (§ 1 G v 29. 3. 51, BGBl I 218; vgl LG Kstz WPM **88**, 818, 1124), InhVerpflSchein (§ 807)] gelten §§ 1204–1258. – a) **Verpfändung** dch Einigg über Verpfändg des Papiers (RG **58**, 10) u Überg des Papiers nach §§ 1205, 1206 (sofern nicht § 1205 I 2 gegeben) ohne Anzeige nach § 1280. In Verpfändg liegt Begebg eines noch nicht in Verkehr gebrachten InhPap (RG JW **13**, 200). Gutgl Erwerb nach § 1207, HGB 367 mögl; DepG zu beachten (§ 1207 Anm 1 a cc). Verpfl des PfdGläub zur Zinserhebg u Einforderg neuer Zinsbogen (§§ 1215, 1218, 1219). Schutz des PfdR aus § 1227 dch § 1006 I 2 erschwert. PfdR aus AGB-Banken 19 II gibt scheckm Sicherh nach ScheckG 22 (Stgt WPM **71**, 288). Bei Verpfändg von Aktien bleiben mangels abw Vereinbg Stimm- u BezugsR beim Verpfänder, AGB-Banken 19 II erfaßt letztere aber als selbstd PfdGgst; entspr gilt für Gratis- u junge Aktien, sobald sie in Bes der Bank gelangen. Bei Aktienumtausch PfdRFortsetzg an neuen Stücken (RG **116**, 203). – b) **Verwertung** dch Verk (§§ 1228 ff, oft § 1235 II mit § 1221), dch Einziehg (§ 1294) od nach § 1277.

1294 *Einziehung und Kündigung.* Ist ein Wechsel, ein anderes Papier, das durch Indossament übertragen werden kann, oder ein Inhaberpapier Gegenstand des Pfandrechts, so ist, auch wenn die Voraussetzungen des § 1228 Abs. 2 noch nicht eingetreten sind, der Pfandgläubiger zur Einziehung und, falls Kündigung erforderlich ist, zur Kündigung berechtigt und kann der Schuldner nur an ihn leisten.

1) Bei OrderPap (auch bei Verpfändg nach § 1274) u InhPap hat PfdGläub mangels abw Vereinbg (§ 1284) in Erweiterg von § 1281 schon vor PfdReife alleiniges Einziehgs- u KündR, sobald verbriefte Fdg fällig u für Gläub kündb; Schu kann nur an PfdGläub leisten. EinziehgsR vor u nach PfdReife abw von § 1282 I 2 auch über den zur Befriedigg erforderl Betrag hinaus; dann auch Recht auf Abtr an Zahlgs Statt, dies aber nur iRv § 1282 I 3. § 1285 II anwendb (KG OLG **26**, 207). Wirkg der Einziehg: §§ 1287, 1288.

PfandR an bew. Sachen und Rechten. 2. Titel: PfandR an Rechten §§ 1295, 1296

1295 *Freihändiger Verkauf von Orderpapieren.* Hat ein verpfändetes Papier, das durch Indossament übertragen werden kann, einen Börsen- oder Marktpreis, so ist der Gläubiger nach dem Eintritte der Voraussetzungen des § 1228 Abs. 2 berechtigt, das Papier nach § 1221 verkaufen zu lassen.

1) Bei börsen- u marktgängigen OrderPap (auch bei Verpfändg nach § 1274) hat PfdGläub nach PfdReife R auf freihänd Verk nach § 1221 (nicht auf PfdVerst nach § 1235), EinziehgsR nach §§ 1294, 1281 ff u BefriediggsR nach § 1277 bestehen daneben. Auf freihänd Verk §§ 1234 ff anwendb, denn § 1221 ist an Stelle von § 1235 II angezogen, um doppelte Verweisg zu vermeiden (allgM); anwendb auch § 1244 (RG **61**, 333). PfdGläub kann Papier selbst erwerben, es aber mangels abw Vereinbg (bei der § 1229 zu beachten) nicht ohne weiteres zum Börsenkurs behalten.

1296 *Erstreckung auf Zinsscheine.* Das Pfandrecht an einem Wertpapier erstreckt sich auf die zu dem Papiere gehörenden Zins-, Renten- oder Gewinnanteilscheine nur dann, wenn sie dem Pfandgläubiger übergeben sind. Der Verpfänder kann, sofern nicht ein anderes bestimmt ist, die Herausgabe der Scheine verlangen, soweit sie vor dem Eintritte der Voraussetzungen des § 1228 Abs. 2 fällig werden.

1) PfdR an **Wertpapieren** aller Art (Einf 1 vor § 793) erstreckt sich abw von § 1289 auf dazugehörige Zinsscheine usw nur bei MitÜberg. Trotz MitÜberg sind sie dem Verpfänder od Eigtümer (vgl § 1254 Anm 2a) herauszugeben (and bei NutzgsPfdR) u werden damit pfandfrei, wenn sie vor PfdReife fällig w; HerausgAnspr dch AGB-Banken 21 I 2 abbedungen. Hat PfdGläub gem § 1294 vor PfdReife eingezogen, so muß er vorbehaltl § 240 wieder herausgeben. – Entspr anwendb auf Herausg von Zinsscheinen usw bei Hinterlegg von WertPap nach §§ 232 I, 234 II, ZPO 108 ff (RG **72**, 264; Bambg SeuffA **70**, 68).

2) **Selbständiges Pfandrecht an Zinsscheinen** usw zu InhPap mögl; gelten als selbstd InhPap, daher vom HauptPap getrennt verpfändb (RG **77**, 335). Zinserneuergsscheine dagg nur Zubehörscheine (§ 803 Anm 2b); dennoch HauptPap ohne sie verpfändb, was aber die Ausn bildet (RG **58**, 162).

Viertes Buch. Familienrecht

Bearbeiter: Prof. Dr. Diederichsen

Schrifttum

a) Kommentare: Erman, 7. Aufl 1981; Jauernig, 3. Aufl 1984; Massfeller/Böhmer/Coester, Das gesamte FamR, 3. Aufl 1980 f; Münchener Komm, Bd IV, Bd 5, 2. Halbbd, 1987/89; Reichsgerichtsrätekomm, 12. Aufl seit 1975; Rolland, 1. EheRG 2. Aufl 1982; Soergel, Bd 7 u 8, 12. Aufl 1987/88; Baumgärtel, Handbuch der Beweislast im PrivR, Bd 2, 1985; Johannsen/Henrich, EheR, 1987.
b) Lehrbücher: Beitzke, 25. Aufl 1988; Dölle, 2 Bde 1964/65; Firsching, 4. Aufl 1979; Gernhuber, 3. Aufl 1980; Henrich, 3. Aufl 1980; Schlüter, BGB FamR, 4. Aufl 1989; D. Schwab, 4. Aufl 1986; Ramm, FamR, Bd I, R der Ehe, 1984.
c) Benda, 6. Dt FamGTag, 1986, S. 9; v Campenhausen VVDStRL **45**, 7 (Ehe u Fam iSv GG 6).
d) Tabellen: Lemke/Glockner, Fam-rechtl Tab, 2. Aufl, 1987.

Einleitung

1) Familie und Ehe sind die wichtigsten Grdlagen des GemeinschLebens. Auf ihnen bauen sich Gemeinde u Staat auf. Sie stehen deshalb unter dem bes Schutz des Staates. Das sprechen auch die Verfassgen des Bundes u der Länder aus, so ua GG 6 I, *Bay* 124, *Hess* 4, *NRW* 4, *RhPf* 23. **Das BGB enthält keine Begriffsbestimmung der Familie,** geht auch nicht von der Familie als Gemeinsch aus, sond behandelt Rechte u Pflichten der Familienmitglieder als EinzelPers. Es sieht daher in der Familie lediglich die Gesamth der dch Ehe u Verwandtsch verbundenen Personen, gebraucht den Begriff aber selbst schon nicht immer einheitl, zB enger in § 6 Z 2. Zum FamBegr BVerwG FamRZ **77**, 541. Im engsten Sinn versteht man darunter die Eheg u ihre Kinder, zB im Begr des FamNamens (§ 1355 I nF). Weiter als Familie ist der Begriff der „**Angehörigen**", zB § 530; vgl. auch StGB 11 I Z 1. Die HausGemsch kann auch nichtfamilienangehörige Personen umfassen, §§ 617–619, 1619, 2028; durch die HausGemsch wird ein familienrechtl Verhältn nicht begründet. **Familienrecht im Sinne des BGB** ist der Inbegriff der Vorschr, die die Rechtsverhältnisse der durch Ehe oder Verwandtsch verbundenen Personen regeln. Hierunter wird auch das VormundschR gefaßt, das, historisch gesehen, mit dem eigentl FamR der Gedanke der Herrsch über Personen, die Munt, verbindet. Das FamR enthält personen- wie vermögensrechtl Vorschr.

2) Die Besonderheit des Familienrechts ergibt sich daraus, daß die Familie die wichtigste Zelle des sozialen Organismus ist, die gesetzl Regelg also wie keine andere unmittelb das Leben des Einzelnen, mittelb aber auch den Staat berührt. Das staatl Interesse kommt mannigfach zum Ausdruck, so bes durch das in GG 6 verankerte GrundR, ferner zB in den Einkommensteuer-, Vermögen- und Erbschaftssteuergesetzen, vor allem aber im strafrechtl Schutz, zB StGB 170ff, 217, 218ff, 235ff, 247, 257ff (wg Beleidigg in seiner FamEhre Schönke/Schröder StGB 18. Aufl 6ff vor 185; BGH NJW **51**, 531; **54**, 847); im FamR dadch, daß im GgSatz zu den übrigen Teilen des PrivR die Vorschr **meist zwingendes Recht** enthalten; VertrFreih also nur, soweit ausdrückl anerkannt. – Das BGB hat das FamR nicht in sich abgeschlossen geregelt, sond faßt es als einen Teil des PrivR überhaupt, läßt also die allg Vorschr des ersten u zweiten Buches auch hier Anwendg finden, soweit nicht eine Sonderregelg wie zB bei der Eheaufhebg (EheG 28ff) Platz greift oder der bes Charakter des FamR ihre Anwendg ausschließt (vgl § 194 II, §§ 200, 204). – Eine Sonderstellg nimmt das **EheG** ein; vgl. Einl z EheG, auch Übbl Anm 1 vor § 1297. NebenGes ist das **PersonenstandsG** in der Fassg v. 8. 8. 57 (BGBl 1128) mit den Ändgen des 2.PStÄndG v. 18. 5. 57 (BGBl 518). Vgl dazu die 42. Aufl. – Auf **prozessualem** Gebiet ist den Besonderheiten des FamR im 6. Buch der ZPO (§§ 606ff) u in den §§ 35ff FGG Rechng getragen (vgl Th-P, Einf v § 606; Bassenge/Herbst, Vorb v § 35; Keidel/Kuntze/Winkler, Freiw Gerichtsbk, Teil A 12. Aufl; ferner Einf 4 v § 1564; Einf 4 v § 1569; Einf 5 v § 1587; Einf 2 v § 1591; Einf 6 v § 1601; Einf 4 v § 1626; Einf 6 v § 1741; Einf 5 v § 1773; Einf 3 v § 1909).

3) Im Ggsatz zu anderen Teilen des BGB sind im 4. Buch eine größere Reihe zT tiefgreifder **Änderungen und Ergänzungen** erfolgt (vgl die ZusStellg in der 42. Aufl), von denen das GleichberechtiggsG v 18. 7. 57 (BGBl 609), in Kraft ab 1. 7. 58, das NEhelG v 19. 8. 69 (BGBl 1243), das 1.EheRG v 14. 6. 76 (BGBl 1421), hins des NamensR ab 1. 7. 76, iü ab 1. 7. 77 in Kr, u das SorgeRG v 18. 7. 79 (BGBl 1061) die wichtigsten sind. Das **UÄndG** v 20. 2. 86 (BGBl 301) ist am 1. 4. 86 in Kraft getr (ÜbernG Bln v 13. 3. 86, GBl S 446), das **VAHRG** am 1. 4. 83 (vgl Einf 4 Anh III zu § 1587b) u das **VAwMG** am 1. 1. 87.

4) Landesgesetzliche Vorbehalte: vgl 46. Aufl.

5) Übergangsregelungen: EG 198–212. **Internationales Privatrecht:** EG 13–24.

6) Zu den **Reformbestrebungen** früherer Legislaturperioden: 46. Aufl. Diskutiert wird zZt die gesetzl Regelg des R der **Pflegekinder** (vgl Schwab/Zenz GA zum 54. DJT 1982; Simon NJW **82**, 1673; Knöpfel FamRZ **83**, 317; Salgo StAZ **83**, 89; Luther FamRZ **83**, 434; vgl iü Einf 3 v § 1741). Zur Ref des **Vormundschaftswesens:** Einl 9 v § 1773.

7) Das **Grundgesetz** hat in Art 6 Ehe u Fam unter den bes Schutz der staatl Ordng gestellt (Loschelder FamRZ **88**, 333). Zum Schutz der Ehe vgl Einf 1 d vor § 1353, zum elterl SorgeR u KindesGrdRechten Einf 5 v § 1626.

1. Abschnitt. Bürgerliche Ehe

Erster Titel. Verlöbnis

Schrifttum: Canaris, AcP **165**, 1; Montanari, Verlobg u Verlöbnisbruch, 1974; Strätz Jura **84**, 449.

Einführung

1) Das Verlöbn ist **begrifflich** einmal der **Vertrag,** dch den sich zwei Personen verschiedenen Geschlechts ggseit versprechen, künft die Ehe miteinand einzugehen (RG **61**, 267; str); zum and der **Brautstand** als das dadch begründete famrechtl GemschVerhältn. Zur Rechtsnatur ausführl 43. Aufl. Höchstpersönl RGesch; desh keine Vertretg. In der GeschFähigk beschränkte Pers brauchen f die personenrechtl Folgen des Verlöbn Einsichtsfähigk, bedürfen aber für die wirtschaftl Risiken des Verlöbn der Zust ihres gesetzl Vertreters (so jetzt zu Recht Strätz Jura **84**, 457). Geheimer Vorbehalt unbeachtl (RG **149**, 148). Die bes RücktrVorschr des VerlöbnR verdrängen nicht die Anfechtg (aA LG Saarbr NJW **70**, 327). Sittenwidr ist Verlöbn mit Verheiratetem (RG **170**, 72; Karlsr NJW **88**, 3023), auch wenn ScheidsVerf betrieben w (BayObLG NJW **83**, 831); ebso Verlöbn mit einem Verlobten, u zwar auch in Form des bedingten EheVerspr (RG **105**, 245); and wiederum, wenn Ehefr eines Verschollenen sich verlobt (SchlH OLG NJW **50**, 899). Die Nichtigk des Verlöbn schließt **analoge Anwendung der §§ 1298 ff** nicht aus (BGH FamRZ **69**, 474), wohl aber Ausschl f denj, in dessen Pers der NichtigkGrd vorliegt (Karlsr NJW **88**, 3023).

2) Das Verlöbn ist an keine **Form** gebunden, kann also auch in schlüss Weise erfolgen (Warn **17**, 273: Hingabe der Frau nach EntggNahme des EheVerspr). Insbes kommt es auch auf die Einhaltg der in den Kreisen der Beteiligten übl Formen (Ringwechsel, Anzeige) nicht an (RG JW **28**, 3047).

3) Wirkungen. Das Verlöbn begründet die Verpflichtg zur Eheschließg (RG JW **17**, 848), die allerd weder direkt noch indirekt erzwingb ist. Ein eheähnl Verhältn (Einf 8 v § 1353) ohne ernstl EheVerspr ist kein Verlöbn (BayObLG MDR **84**, 145). Keine güterrechtl Wirkgen, auch § 1357 nicht entspr anwendb, dort Anm 1; kauft der Bräutigam kraft Auftrags mit Mitteln der Braut die Wohnungseinrichtg, so wird im allg angenommen w können, daß er Eigentum für seine Braut erwerben will (§ 667 Anm 3c); keine UnterhPflicht, so daß auch § 844 II entfällt. Wirkgen aber bei Rücktr, §§ 1298–1300, u Unterbleiben der Eheschl überhaupt, § 1301. Für den Fall, daß die Ehe geschieden w, hat der gesch Ehegg iFv § 1575 I einen AusbildsfinanziergsAnspr, falls er eine Schul- od BerufsAusbildg in Erwartg der Ehe nicht aufgen od abgebrochen hat. Vgl ferner §§ 2077, 2279 (letztw Vfg), §§ 2275, 2276, 2290 (ErbVertr), 2347, 2351, 2352 (Erbverzicht). Mitarbeit im Geschäft reicht f Ann eines Gesellschaftsverhältn nicht aus (BGH FamRZ **58**, 15); ein solches ist aber möglich bei Gründg einer FamHeimstatt f Zukft (Düss DNotZ **74**, 169). Verlöbn gibt Zeugen- und GutachtenverweigersR, ZPO 383 Z 1 u 2, 385 I, 408 I, StPO 52 I Z 1, 55, 61 Z 2, 63, 76. Der Verlobte ist Angehöriger iS von StGB 11 I Z 1 a u passim. Die Brautkinder genießen kein bes Vorrecht, sind also nehel, vgl aber EG 208 II, §§ 1740 a ff; es kann ihnen u der Braut, deren Verlöbn durch Tod aufgelöst ist, uU im Wege der Namensänderg der FamName des Verstorbenen gewährt w.

4) Die Beendigung erfolgt durch Eheschl, Tod, Eintritt der auflösden Bedingg, nachträgl Unmöglichk, AufhebgsVertr und Rücktr.

5) Wg des **Übergangsrechts** EG 198 Anm 1, 2; **IPR** EG 13 Anm 6; **Reform** s Carsten StAZ **73**, 81.

1297

Unklagbarkeit. ¹Aus einem Verlöbnisse kann nicht auf Eingehung der Ehe geklagt werden.

²Das Versprechen einer Strafe für den Fall, daß die Eingehung der Ehe unterbleibt, ist nichtig.

1) Der Wille zur Eheschl soll frei sein. Damit würde sich eine Klagbark oder auch nur die mittelb Erzwingbark der Ehe durch eine VertrStrafe nicht vertragen. Vgl auch ZPO 888 II, 894 II. Wohl ist aber Klage auf Feststellg des Bestehens oder Nichtbestehens eines Verlöbn mögl, ZPO 256.

1298

Ersatzpflicht bei Rücktritt. ¹Tritt ein Verlobter von dem Verlöbnisse zurück, so hat er dem anderen Verlobten und dessen Eltern sowie dritten Personen, welche an Stelle der Eltern gehandelt haben, den Schaden zu ersetzen, der daraus entstanden ist, daß sie in Erwartung der Ehe Aufwendungen gemacht haben oder Verbindlichkeiten eingegangen sind. Dem anderen Verlobten hat er auch den Schaden zu ersetzen, den dieser dadurch erleidet, daß er in Erwartung der Ehe sonstige sein Vermögen oder seine Erwerbsstellung berührende Maßnahmen getroffen hat.

²Der Schaden ist nur insoweit zu ersetzen, als die Aufwendungen, die Eingehung der Verbindlichkeiten und die sonstigen Maßnahmen den Umständen nach angemessen waren.

³Die Ersatzpflicht tritt nicht ein, wenn ein wichtiger Grund für den Rücktritt vorliegt.

1) Der Rücktr ist eine einseit, empfangsbedürft **Willenserklärung,** die auch stillschweig (Abbruch des Verkehrs, Einstellg des Briefwechsels) abgegeben w kann. §§ 346 ff sind nicht ow anwendb. Ob das Verlöbn fortbesteht, ist nur aus dem Verhalten der Verl zueinand zu beurt, nicht aber aus Erkl Dritten ggü (RG **141**, 360). Keine Stellvertretg im Willen. Der in der GeschFgk beschränkte Verl bedarf zum Rücktr nicht der Gen seines gesetzl Vertreters, wohl aber zu einem rechtsgült Verzicht auf SchadErsAnspr, der bei Wiederaussöhng vorliegen w (RG **98**, 13). RücktrErkl nicht einseit widerrufl (Warn **14**, 164). Die Folge des (auch

§§ 1298–1300　　　　　　　　　　　　　　　　4. Buch. 1. Abschnitt. *Diederichsen*

grdlosen) Rücktr ist die Aufhebg des Verlöbn; auch der and Teil ist nicht mehr gebunden (Warn **14**, 164). Zur **nichtehelichen Lebensgemeinschaft** Einf 8 v § 1353.

2) Folge des grdlosen Rücktr ist die **Schadensersatzpflicht des zurücktretenden Verlobten** wg Nichterfüllg des Eheversprechens, also nicht aus einer unerl Hdlg (RG **163**, 286; Düss FamRZ **62**, 429). Jedoch nicht Erfüllgs-, sond begrenztes negatives Interesse zu ersetzen (KG JW **25**, 2110). Anspr ist übertragb u vererbl. Verzicht zul, soweit § 138 nicht entgg steht. Keine Anspr bei einverständl Aufhebg des Verlöbn.

3) Ersetzt wird a) dem and Verl, dessen Elt sowie Dr, die an deren Stelle gehandelt h, zB PflegeElt od Freunden, nur der dch die Aufwendgen od die Eingehg v Verbindlk entstandene Schaden (sa §§ 256 f). – **b)** Dem Verl weiterhin auch der dch sonstige sein Verm od seine Erwerbsstellg berührende Maßn entstandene Schad oder die Aufwendgen, soweit sie gemacht waren. Ermessensfrage. Aufgabe gutgehender SteuerberaterPrax zZw, die VermAngelegenh der Verl zu ordnen, nicht angem (BGH NJW **61**, 1716). GesundhSchäd nur nach Anm 5.

4) In Erwartung der Ehe müssen Aufwendgen usw gemacht sein, also falls sie vernünftigerw unterblieben wären, wenn der VerlöbnBruch vorausgesehen worden wäre (Warn **14**, 254). Ist aber der mangelnde Heiratswille bekannt, so fehlt diese Voraussetzg (Warn **35**, 69). Ebso, wenn Heiratsrisiko bewußt übernommen w bei Ausreise aus Polen zu unbekanntem Mann (Zweibr FamRZ **86**, 354). Als in Erwartg der Ehe gemacht w jedoch uU auch solche Aufwendgen angesehen w müssen, die schon gemacht wurden, als das später wirks gewordene Verlöbn noch unwirks war (vgl RG **170**, 72). Ers kann verlangt werden für Anschaffgen aller Art im Hinblick auf die Errichtg eines Haushalts (Vorteilsausgleichg, soweit sie andere Verwendg finden), uU auch Ankauf eines Geschäfts (RG aaO). Kosten für die Veranstaltg der Verlobgsfeier (OLG **14**, 243), für Dienste, wenn sie mit dem freien Beruf oder Gewerbe des Verlobten zushängen (BGH NJW **61**, 1716), Aufgabe des bisherigen Berufs oder der Stellg u damit auch der Verdienstausfall bis zur Wiedererlangg einer entspr Stellg nach Auflösg des Verlöbn (Warn **24**, 181), wenn es sich um eine angemessene Maßn handelt (Anm 3b). Jedoch ist § 254 II zu berücks, wenn der Betreffde sich nicht um eine Stellg bemüht (Warn **14**, 254). Braut darf Erwerbsstellg im allg erst aufgeben, wenn Heirat nahe bevorsteht (Warn **18**, 76; Mü HRR **38**, 1595). Vgl auch § 1575. **Zu verneinen** bei Aufwendgen, die nur anläßl des Verlöbn m Rücks auf den nahen persönl Verkehr erfolgten (Kiel SchlHA **24**, 66), also GelegenhGeschenke im allg, Bewirtgs- u UnterhKosten (Celle OLGZ **70**, 326; Ffm NJW **71**, 470); bei Leistgen in der FreiZt zZw des Hausbaus auf dem Grdst des Verlobten (AG Augsbg FamRZ **87**, 1141); ferner bei Ausschlagg eines günstigeren Heiratsangebots (RG JW **02**, Beil 259) od Aufwendgen des SchadErs für Sterilisation bzw psychotherapeut Behdlg (Düss FamRZ **81**, 355) od für die Schwangersch (OLG **10**, 274), vgl aber § 1615k u l, Sorge für Kind, solche für ein voraufgehdes Konkubinat (BGH JZ **60**, 320), finanzielle Beitr eines Verlobten zu den Kosten des vorehel ZusLebens hins Reisen, Miete, LebensUnterh usw (Düss FamRZ **81**, 770) od in Erwartg der Verlobg (OLG **18**, 249), da es insoweit an der Ursächlichk fehlt. Tätigk im Gesch von Angehörigen des and Verlobten ist idR zu vergüten (BAG FamRZ **60**, 361).

5) Weitergehende Ansprüche zB wg GesundhSchad, bei Täuschg ü die Ernstlichk des EheVerspr (RG Recht **20**, 2861) aus §§ 823 ff, insb §§ 825, 847 II. Anspr auch gg Dritte (vgl RG **58**, 255).

6) Kein Anspr aus § 1298 bei wichtigem Grunde des Zurücktretenden, III, dh bei Vorliegen erhebl Tatsachen, die bei einer sachl, die Umstände des einzelnen Falles berücksigden Würdigg geeignet gewesen wären, den zurücktretden Verlobten v der Eingehg des Verlöbn abzuhalten (RG JW **07**, 178). Der Grd kann auch in der eig Pers des Zurücktretden liegen (Mü DJ **38**, 198). Hat er ihn aber verschuldet, so bleibt er schadensersatzpfl (Königsbg HRR **37**, 555; § 1299 Anm 1). Sonst Verschulden unerhebl. Haben beide Verl RücktrGrde, kein ErsAnspr. **Wichtige Gründe:** Bruch der Verlöbnistreue; Lieblosigk, die ernstl Zweifel an einer späteren ehel Gesinng aufkommen lassen, Verzögerg der Eheschl ohne trift Grd; Krankh, soweit sie in absehb Zeit unbehebb ist (RG HRR **33**, 1189); Weigerg, sich bei KrankhVerdacht ärztl untersuchen zu lassen (KG JW **20**, 979); ernstere Zerwürfn zw SchwElt u Verlobten (RG Recht **15**, 1098); überh alle Grde, die zur Anfechtg wg Irrtums od argl Täuschg berechtigen würden (Einf 1 v § 1297). **Kein** wicht Grd ist dagg das allg LebRisiko, zB daß es mit einer Aussiedlerin aus Polen zur Eheschl kommt (Zweibr NJW-RR **86**, 1392).

7) Beweislast: Für wichtigen Grd der Zurücktretde (RG JW **25**, 2110), währd der Kl das Vorliegen eines rechtswirks VerlöbnVertr, den Rücktr des and Teils, Schaden u Angemessenh zu beweisen hat.

1299 *Rücktritt aus Verschulden des anderen Teiles.* Veranlaßt ein Verlobter den Rücktritt des anderen durch ein Verschulden, das einen wichtigen Grund für den Rücktritt bildet, so ist er nach Maßgabe des § 1298 Abs. 1, 2 zum Schadensersatze verpflichtet.

1) Der SchadErsAnspr hat denselben Inhalt wie in § 1298. Er steht hier dem Zurücktretden zu, dessen Rücktr durch das schuldh (§ 276) Handeln des and veranlaßt ist, muß aber auch gg den gegeben sein, der zwar aus wichtigem, jedoch von ihm verschuldetem Grunde vom Verlöbn zurücktritt. Beweispflichtig für das Vorliegen des wicht Grundes hier der Kläger.

1300 *Beiwohnung.* ¹Hat eine unbescholtene Verlobte ihrem Verlobten die Beiwohnung gestattet, so kann sie, wenn die Voraussetzungen des § 1298 oder des § 1299 vorliegen, auch wegen des Schadens, der nicht Vermögensschaden ist, eine billige Entschädigung in Geld verlangen.

II Der Anspruch ist nicht übertragbar und geht nicht auf die Erben über, es sei denn, daß er durch Vertrag anerkannt oder daß er rechtshängig geworden ist.

1. Abschnitt. Bürgerliche Ehe. 1. Titel: Verlöbnis　　　§§ 1300–1352

1) Vorkonstitutionelles Recht (BVerfG NJW **72**, 571); aufrechterhalten mit der Begrdg, die Vorschr schütze die weibl Geschlechtsehre (BGH **20**, 195; **62**, 282). Verfassgsmäß, wenn aus der Verlobg gemeinsch Kind stammt (AG St Ingbert FamRZ **87**, 941). Einzelheiten 44. Aufl. Weitergehde Anspr nicht ausgeschl, so (abgesehen von §§ 1298, 1299) aus §§ 1615k ff, unerl Hdlg. Wg **IPR** EG 13 Anm 8.

2) Voraussetzungen: a) Gültiges Eheversprechen, so daß InaussichtSt der Scheidg der bisher Ehe nicht ausr (LG Saarbr NJW **87**, 2241); nicht genügd auch Beiwohng vor Abschluß eines Verlöbn; bei Zugrdelegg der Vertragstheorie (vgl Einf 1 v § 1297) muß der ges Vertr dem EheVerspr also wenigstens nach Beiwohng zugestimmt h (RG **61**, 272). Bei Ungültigk des Verlöbn § 1298 Anm 5. – **b) Rücktritt** gem §§ 1298, 1299. Rücktr allein reicht auch bei langer seel Erkrankg nicht (AG St Ingbert FamRZ **87**, 941). – **c) Unbescholtenheit** bedeutet Unversehrth der Geschlechtsehre (vgl StGB 182 aF). Freiw früherer Geschlechtsverk mit and Männern, auch mit einem früh Verlobten (Brschw NJW **53**, 1222; aM Düss JMBl NRW **56**, 15), schließt Unbescholten regelm aus. Auch aus dem Begr „unbescholten" ist ein gewisses Bekanntwerden erfdl (RG **149**, 147). Einzelh zu dem unzeitgemäßen Begr 44. Aufl. **Beweislast** bei der Kl, wenn Tats vorliegen, die auf Bescholtenh hinweisen (sa Bambg FamRZ **67**, 334). – **d) Gestattung der Beiwohnung,** sonst §§ 825, 847 II. – **e)** Zum **Schaden** vgl 44. Aufl.

3) Bei der **Bemessung der Höhe der Entschädigung,** die nach billigem Ermessen festzusetzen ist, kommt es hauptsächl auf die verbliebenen Heiratsaussichten der Braut an (Warn **20**, 112). Einzelh zu früh Auffassg 44. Aufl. Spätestens unter diesem GesPkt dürfte die Vorschr heute obsolet geworden s.

1301 *Rückgabe der Geschenke.* **Unterbleibt die Eheschließung, so kann jeder Verlobte von dem anderen die Herausgabe desjenigen, was er ihr geschenkt oder zum Zeichen des Verlöbnisses gegeben hat, nach den Vorschriften über die Herausgabe einer ungerechtfertigten Bereicherung fordern. Im Zweifel ist anzunehmen, daß die Rückforderung ausgeschlossen sein soll, wenn das Verlöbnis durch den Tod eines der Verlobten aufgelöst wird.**

1) Ein eigenartiger Anwendgsfall der BereichergsGrdsätze. Da kein SchadErsAnspr, ist der Anspr grdsätzl u Natur als die aus §§ 1298, 1299. Er ist übertragb u vererbl. Steht nur dem Verlobten zu, Dritten ggf §§ 812 ff (aM Kiel SchlH **24**, 66).

2) Voraussetzungen: a) Gült EheVerspr (Einf 1 vor § 1297) zZ der Schenkg (BGH FamRZ **61**, 361). Bestand früh Ehe noch, so genügt es für die RückFdg gem § 1301, wenn Schenkg selbst nach rechtskr Scheidg erfolgte (wg § 141; vgl Fenn FamRZ **75**, 42) od Gläub die Nichtigk begründeten Tats (also Bestehen der fr Ehe) nicht kannte (BGH FamRZ **69**, 474). – **b)** Unterbleiben der Eheschließg aus irgendeinem Grde. Wird diese wider Treu u Gl verhindert, was nicht ijF v §§ 1298 I, 1299 zu bejahen u vom Empfänger zu beweisen ist (OLG **41**, 42), so § 815 anwendb (RG JW **25**, 2110; BGH **45**, 263; dazu Göppinger JuS **68**, 405; aM Dölle § 6 VII 2: Verweisg regele nur Ggst u Umfang der HerausgPfl, nicht deren Voraussetzgen). Anwendb auch §§ 818 ff, mAusn v §§ 819 II, 820. Zurückverlangt w können nur Geschenke, also nicht Brautbriefe od sonst Aufwand, der seinen Grd in dem Verlöbn hat. Umgek braucht es sich nicht um Geschenke im herkömml Sinne zu handeln, so daß Erlaß v SchadErs f Reparaturkosten anläßl eines vom Beschenkten verschuldeten Unfalls hierunter fallen k (Kln NJW **61**, 1726). Anstandsgeschenke sind nicht rückforderb (§ 814).

3) Nachgiebiges Recht. Auf den Anspr kann, auch stillschweigend, verzichtet w, was bei Tod eines der Verlobten iZw anzunehmen ist.

1302 *Verjährung.* **Die in den §§ 1298 bis 1301 bestimmten Ansprüche verjähren in zwei Jahren von der Auflösung des Verlöbnisses an.**

1) Die Verjährg **beginnt** bei einseit Rücktr mit Wirksamwerden der Erkl, § 130, § 1298 Anm 1, sonst mit der Auflösg. Desh kann Eheschl mit Dritten also uU ohne Kenntn des and hiervon Verjährg in Lauf setzen. Ist ein Anspr auch aus unerl Hdlg gegeben, so richtet sich deren Verjährg nach § 852 (Warn **11**, 259).

Zweiter Titel. Eingehung der Ehe

1303 – 1322 *Aufgehoben durch § 84 EheG 1938, bestätigt durch § 78 EheG 1946. Es gelten jetzt an deren Stelle §§ 1–15 EheG 1946, diese zT wieder aufgehoben dch 1. EheRG.*

Dritter Titel. Nichtigkeit und Anfechtbarkeit der Ehe

1323 – 1347 *Aufgehoben durch § 84 EheG 1938, bestätigt durch § 78 EheG 1946. Jetzt §§ 16–37 EheG 1946, diese z T wieder aufgehoben dch 1. EheRG.*

Vierter Titel. Wiederverheiratung im Falle der Todeserklärung

1348 – 1352 *Aufgehoben durch § 84 EheG 1938, bestätigt durch § 78 EheG 1946. Jetzt §§ 38–40 EheG 1946, diese zT wieder aufgehoben dch 1. EheRG.*

Fünfter Titel. Wirkungen der Ehe im allgemeinen

Schrifttum: Ambrock, Ehe u Ehescheidg (Komm) 1977; Bastian/Roth-Stielow/Schmeiduch, 1. EheRG 1978; Bergerfurth, Das EheR, 8. Aufl 1986; BJM (Hrsg), Das 1. EheRG, Rechtsanwenderbroschüre, 1976; Hanslik ua, Schnellübersicht Neues EheR, Leitsätze u Lit zum 1. EheRG, 1. Bd 1979, 2. Bd 1980, 3. Bd 1981; Kissel (Hrsg), Ehe u Ehescheidg, 2 Bde, 1977; Rolland, 1. EheRG 2. Aufl. 1982; A. Schulz, Ehewohng u Hausr in den ungestörten Ehe, Bln 1982; Langenfeld, Handb der EheVertr u ScheidgsVereinbgen, 1984, Der Ehevertrag, 4. Aufl 1988 sowie FamRZ **87**, 9 (Ehetypen); Ramm, FamR, Bd I, R der Ehe, 1985; Hattenhauer ZRP **85**, 200; Schulze zur Wiesche, Vereinbgen unter FamAngehörigen u ihre steuerl Folgen, 5. Aufl 1986; Gusy JA **86**, 183 (GrdRSchutz); Lipp, Die eherechtl Pflichten u ihre Verletzg, 1988 (Pawlowski FamRZ **89**, 583).

Einführung

1) Eherechtsdogmatik. Die Ehe wurzelt in versch Lebensbereichen u gehört als Ggst wissenschaftl Erörterg der Theologie, Soziologie u and Disziplinen an. Im vorliegden Zushg geht es um den privatrechtl Gehalt der Ehe.

a) Begriff. Das BGB enthält keine BegrBestimmg der Ehe. Man wird sie als die mit EheschlWillen eingegangene, staatl anerk LebensGemsch v Mann u Frau bezeichnen können (vgl Beitzke § 6). Daneben werden einz Elemente definitionsmäß hervorgehoben, so wenn die Ehe als die mit den weitestgehden RWirkgen ausgezeichnete GeschlechtsGemsch (Müller-Freienfels, Ehe u Recht S 2) definiert od ihre soziale Bedeutg hervorgehoben w: „Grdlage der Fam u damit LebGrdlage u Ordngsform der im Staat zusgeschl menschl Gemsch" (Dölle § 5 I 2). Als unzeitgem empfunden w heute die metaphys Überhöhg des sozialen u rechtl Phänomens „Ehe" dch den fr IV. Senat des BGH, die er vornehml in ihrer grdsl Unauflösbark gewährleistet sah (BGH **18**, 17; **40**, 249); and schon BGH **52**, 311. Das 1. EheRG bestimmt als GgGewicht gg die Scheidgserleichterg dch die ZerrüttgsVermutgen (§ 1566) in § 1353 I 1 nF ausdrückl, daß die **Ehe auf Lebenszeit** geschl w (BVerfG FamRZ **59**, 417; Vogel FamRZ **76**, 482). Die Ehe ist darüber hinaus stets **Einehe.** Begriffl kann zw 1 Mann u 1 Frau immer nur 1 Ehe bestehen (Hamm FamRZ **75**, 630). Aber im Ausl geschl polygame Ehen sind anzuerk, wenn das HeimatR der Eheg die Mehrehe gestattet (VerwG Gelsenk FamRZ **75**, 338 mAv Jayme; Cullmann FamRZ **76**, 313). Unangebracht ist die Identifizierg der Eheschließg mit dem dadch begründeten RVerhältn: Die Ehe kommt dch Vertr zustande, sie ist aber nicht selbst Vertr, sond dieser bringt die v Staat geschützte LebGemsch zw Mann u Frau hervor, aus der später die Familie erwächst. Vgl ferner § 1353 Anm 1. Das BGB erkennt nur die **bürgerliche Ehe** (das EheG hat diese Überschrift abhalten lassen) an. Es gilt also die **obligatorische Zivilehe.** Die kirchl Verpflichtgen bleiben unberührt (§ 1588), wirken aber nicht auf die bürgerl Ehe ein. Ebso ist die Entscheidg geistl Gerichte in Ehesachen ohne weltl Wirkg, wie früher GVG 15 III ausdrückl sagte.

b) Zum **sittlichen Wesen** u zur Säkularisierg **der Ehe** ausführl 47. Aufl.

c) Das Recht zur ehel LebGemsch (§ 1353 I) ist für beide Eheg ein **absolutes Recht.**

aa) Dieses löst analog §§ 1004 I, 823 I **Abwehr- und Unterlassungsansprüche,** aber auch unmittelb deliktsrechtl naturalrestitutive SchadErsFolgen aus (vgl RG **72**, 130), u zwar jedes Eheg gg den and Eheg od beider Eheg gg Dritte, zB wenn der Dr einen v ihnen wider jessen Willen festhält oder in einem Eheg den FamNamen vorenthält (Königsbg JW **29**, 2096). Vgl §§ 845, 826 Anm 8f. Mit dem sich aus § 1353 I ergebenden R auf ehel LebGemsch kann jeder Eheg (Karlsr Just **78**, 365; LG Saarbr FamRZ **67**, 288) mit der EhestörgsKl dem and Eheg od Dr ggü Angriffe auf den **räumlich-gegenständlichen Bereich** der Ehe abwehren, dh Entfernen des ehebr Dr aus der ehel Wohng u Unterlass derartiger Störgen (BGH **6**, 360; Mü FamRZ **73**, 93), auch währd des Getrenntlebens (Celle NJW **80**, 711; sa Smid NJW **83**, 2486 u JuS **84**, 101) u trotz eig ScheidgsAntr (Schlesw FamRZ **89**, 979). Der geschützte räuml Bereich erstreckt sich auf die ehel Wohng, die aber diese Eigensch dch Kündigg dch den Verm verliert (AG Mönchengladb FamRZ **88**, 1057 m abl Anm Ségas), einschließl des Grdst (Stgt FamRZ **80**, 49); bei gemeins BetrFührg auch auf die Geschäftsräume (Kln DAV **85**, 80), so daß bei gemeins aufgebautem Laden (Kln FamRZ **84**, 267) od auch bei bl MitArb die Ehefr Entlassg der Geliebten des Ehem verl k (BGH LM § 823 Af Nr 1 u 2), selbst wenn die früh mitarbeitde Ehefr sich jetzt aus dem Gesch fernhält (LG Hbg FamRZ **64**, 265). Der Schutz des äuß ggstdl LebBereichs dient dagg nicht dazu, den and Eheg unter Druck zu setzen u ihn unmittelb od mittelb zur Erfüll seiner ehel Pfl zu zwingen (BGH **34**, 84). Jeder staatl Zwang, etwa dch Auferlegg wirtschaftl Nachteile (BGH **46**, 397), ist mit dem sittl Wesen der Ehe unvereinb (BGH **37**, 41). Dem Eheg bleibt nur die allerd aus dems Grde gem ZPO 1 unvollstreckb HerstellgsKl (Einf 3a) od die Scheidg. Keine EhestörgsKl nach in der Ehewohng praktiziertem PartnTausch (Zweibr NJW **89**, 1614). Ggü dem Ehestörgs-Anspr gibt es keinen Räumgsschutz nach ZPO 721 I (Celle NJW **80**, 711).

bb) Schadensersatzansprüche richten sich entwed **gegen den anderen Ehegatten oder gegen Dritte.** Die Ehe bringt eindeutig Pflichten hervor, wie zB die UnterhPfl, bei der SchadErsAnsprüche aus Unmöglk, Verzug u pos FdgsVerl in Betr kommen (Einf 3 v § 1601; § 1569 Anm 1) sowie wg Verl der AuskPfl (§ 1580 Anm 1; § 1605 Anm 4). Zum Teil sind die ehel Pfl aber auch nur allg dch die ehel Leb-Gemsch umschrieben, so daß sie der näh Konkretisierg bedürfen (BGH LM § 242 D Nr 4; § 1353 Anm 2b). Zur SchadErsPfl bei ihrer Verletzg § 1353 Anm 2c. Mit der ges Wertg v ZPO 888 II wird im allg ein SchadErsAnspr gg den and Eheg wie gg den Dr wg **Ehebruch** verneint (§ 823 Anm 5 F b). Zu den Kosten des **Ehelichkeitsanfechtungsprozesses** § 1615b Anm 2. Vgl iü 47. Aufl.

cc) Zum **Schenkungswiderruf** vgl § 1372 Anm 1b aa.

d) Die Ehe steht unter bes **staatlichem Schutz (Art 6 I GG)** iS einer Institutsgarantie u der Freih der

Bürgerliche Ehe. 5. Titel: Wirkungen der Ehe im allgemeinen **Einf v § 1353** 1–6

PartnWahl (BVerfGE **36**, 161), auch nach Scheidg (BVerfGE **31**, 83). Den verfassgsrechtl Schutz genießt uU auch eine bigam Ehe nach Scheidg der 1. Ehe (LG Ffm NJW **76**, 1096). **Privilegien** aGrd GG 6 I: Steuerl Abzugsfähigk v UnterhLeistgen (BVerfG NJW **76**, 845); ZeugenEntschädigg gem ZuSEG 2 III (BVerfG FamRZ **78**, 871); Spielraum f Gefangenenpost (BVerfG NJW **76**, 1929); besond Besuchstage f erwtät Eheg (BVerfG NJW **76**, 1311).

2) Ehewirkungen

a) Die §§ 1353–1362 enthalten die **allgemeinen privatrechtlichen Folgen** der Eheschl in persönl u vermögrechtl Hins. Die Regelg gilt unabh vom Güterstd (Ausn: §§ 1435, 1458). Im Ggs zum EhegüterR (§ 1408) dchweg **zwingendes Recht** (RG **61**, 153). **Nicht erschöpfend:** Verj (§§ 194 II, 204 S 1); EhegErb- u PflichtteilsR (§§ 1371 I, 1931 ff, 2303 II); gemschaftl Test (§§ 2265–2271); ErbVertr (§§ 2275 II, 2276 II); Konk (KO 2, 31 Z 2, 32 Z 2, 40 II Z 2) u Anf (AnfG 3 Z 2 u 4, 11 II Z 2). Wg der vermrechtl Wirkgen §§ 1363 ff, 1408 ff, 1415, 1483. Der dem AbzKäufer gewährte Schutz erstreckt sich auch auf seinen Eheg (BGH JR **75**, 467 mAv Haase). Dem Versicherer werden RückgrAnspr abgeschnitten (VVG 67 II, SGB X § 116 VI), selbst bei nachträgl Heirat der Unfallbeteiligten (BGH NJW **77**, 108).

b) Keine Wirkung der Eheschließung auf **aa) Geschäfts- und Prozeßfähigkeit.** Heirat macht nicht mündig; aber Einschrkg der ges Vertretg (§§ 1633, 1649). Keine AufsichtsPfl f den and Eheg, aber uU SchadErsPfl bei Nichtunterbringg eines gemeingefährl Partn (RG **70**, 48). Vgl ferner § 1356 Anm 4b. – **bb)** Kein allg **Vertretungsrecht** unter Ehg. Also abgesehen v §§ 1357, 1429, 1454 (vgl auch §§ 1628, 1629 I 2) Vollm erforderl. – **cc) Rechtsgeschäfte** der Ehel **miteinander** ow zuläss: EheVertr (§ 1408), Darl, Schenkg (RG **108**, 122), Gesellsch- u DienstVertr (§ 1356 Anm 4 c u d). Vgl auch § 1372 Anm 1b. Aber keine VertrStrafe zur Dchsetzg der §§ 1353 ff (RG **158**, 300).

c) In and RGebieten: Im **öffentlichen Recht** zB StrafRPrivilegien (StGB 11 I Z 1, 139 III, 247, 258 VI); ZeugnVerweigersR (ZPO 383 I Z 2, StPO 52 I Z 2). Im **Bestattungsrecht** hat der Wille des überlebden Eheg Vorrang (LG Mü I FamRZ **82**, 849 Umbettg). Im VerwR genügt bei gemeins Inanspruchn Widerspr dch einen Eheg (BVerwG NJW **76**, 516).

3) Klagen aus der Ehe. Die Ehe ist ein RVerhältn (Einf 1c) u gewährt als solches verschiedene KlageRe für den Fall, daß die Ehe nicht funktioniert.

a) Die Kl auf **Feststellung des Bestehens oder Nichtbestehens einer Ehe** ist Ehesache (ZPO 606 I). Zust ist das FamG. Dritte haben keine unmittelb KlMöglk; das Bestehen einer Ehe kann aber inzident, zB iR eines ErbStr, vom ProzGer zu entsch sein (Hamm FamRZ **80**, 706).

b) Die Kl auf **Herstellung des ehelichen Lebens** dient der Dchsetzg der sich aus den §§ 1353 ff ergebden wechselseit Anspr der Eheg, soweit sie persönl (nicht vermögrechtl) Natur sind, u schließt im allg andere Kl aus (RG **108**, 230; **151**, 159). Nicht ausgeschl allerd UnterlassgsKl wegen § 823 gg Angriffe des and Eheg auf das PersönlkR (Oldbg OLGZ **68**, 139). – **aa)** Mit der **positiven Herstellungsklage** kann verlangt w: alles entspr § 1353 Anm 2, zB Mitbenutzg eines Zimmers (Hamm FamRZ **66**, 450); Unterrichtg über Vermög-Verhältn (§ 1353 Anm 2b dd), aber nicht Auskft über das Verm im einz zur Vorbereitg des ZugewAusgl, insof § 1379 (Hbg FamRZ **67**, 100); Entferng des EhebrPartn aus der Ehewohng (Einf 1 c aa); nach § 1355 Führg des FamNamens; Übertragg der Leitg des Hauswesens (§ 1356). Im KlAntr u UrtAusspr ist anzugeben, welche ehel Pfl der Bekl erfüllen soll (RG **97**, 287). ZwVollstr ausgeschl (ZPO 888 II); trotzdem RSchutzinteresse zu bejahen (RG **163**, 384; BGH NJW **57**, 300). – **bb)** Ggstück zur pos ist die auf Feststellg, daß der Kl gem § 1353 II zum Getrenntleb berecht ist, gerichtete **negative Herstellungsklage** (RG **150**, 70; weit Nachw 48. Aufl). Voraussetzg ist, daß die gerichtl Feststellg für die RStellg des Kl von Bedeutg ist (KG FamRZ **88**, 81). IdR fehlt das bes Feststellgsinteresse (Mü FamRZ **86**, 807). Ehesache (ZPO 606 I). Wichtigste Folge: Möglk einstw AnO gem ZPO 620 ff.

c) Vermögensrechtliche Ansprüche (wie zB UnterhAnspr aus §§ 1360, 1361) sind dagg keine EheSa, sond im gewöhnl ZivProz (allerd vor dem FamG; GVG 23 a Z 2, 23 b I Z 6) einzuklagen (Th-P Vorb III v § 606).

4) Gesetzesaufbau. Die §§ 1353–1362 enthalten die allg, unabhäng vom Güterstd geltden Ehewirkgen, insb hins des Ehenamens u des Unterh iR der ehel LebGemsch u bei Getrenntleben der Eheg. Die §§ 1363 bis 1390 behandeln das gesetzl, die §§ 1408–1518 das vertragsmäß GüterR. Im Anschl an die Vorschr ü das GüterRRegister (§§ 1558–1563) hat das 1. EheRG aus dem Jahre 1976 mit Wirkg vom 1. 7. 77 die Vorschr über die Scheidg der Ehe wieder in das BGB eingefügt (§§ 1564–1587 p). Sie behandeln die ScheidgsGrde (§§ 1564–1568), den Unterh der gesch Eheg (§§ 1569–1586b) sowie den VersorggsAusgleich (§§ 1587–1587 p). Zu den Scheidgsfolgesachen gehört ferner die Regelg der RVerhältn an der Ehewohng u am Hausrat (Kommentierg im Anh II zum EheG). Zu beachten ist, daß sich die Vorschr zum R der Eheschl, über die Nichtigk u Aufhebg der Ehe, auch soweit sie dch das 1. EheRG modifiziert w sind, nach wie vor im EheG befinden.

5) Internationales Privatrecht EG 14; **interlokales Privatrecht** EG 14 Anm 1 d.

6) Geschichte u Reform. Das GleichberG hat die §§ 1355 ff zT erhebl umgestaltet u damit eine Besserstellg der Ehefr erzielt. Insb wurde die Entscheidgsgewalt des Ehem (§ 1354 aF) gestrichen. Anknüpfd an die Frauenenquête v 14. 9. 66 (BT-Drucks V/909) und den Bericht der BReg ü Maßn zur Verbesserg der Situation der Frau (BT-Drucks VI/3689) verwirklicht das 1. EheRG (amtl Begrdg BT-Drucks 7/650; Bericht u Antr des RAusschusses BT-Drucks 7/4361; weitere Angaben NJW **76**, 1169) die volle, nunmehr auch formale Gleichberechtigung im Bereich der persönl Ehewirkgen iS eines partnerschaftl Verhältn der Eheg, insb dch Einführg des Namenswahlprinzips, Beseitigg des gesetzl Leitbildes der Hausfrauenehe, ferner dch Umstellg des EhescheidsR vom Schuld- auf das Zerrüttgsprinzip u Einführg des VersorggsAusgleichs sowie verfahrensrechtl dch Einführg des FamGerichts, die dch das 2. EheRG (BT-Drucks VI/3453) ihre verfah-

1315

Einf v § 1353 6–8 4. Buch. 1. Abschnitt. *Diederichsen*

renstechn Ergänzg finden soll. Reformbestrebgn zielen auf die Erneuerg des VerlöbnisR, die Einbeziehg des Rechts der Eheschließg in das BGB sowie sozialrechtl die Schaffg einer Hausfrauenaltersversicherg, für die der VersorggsAusgl ledigl eine teilw Vorwegnahme bedeutet.

7) Übergangsvorschriften des BGB EG 199; des GleichberG Art 8 Teil I Z 1 sowie des 1. EheRG Art 12 Z 1, wonach für die persönl Rechtsbeziehgn der Eheg zueinander die Vorschr des 1. EheRG gelten, auch wenn die Ehe vor seinem Inkrafttr geschl w ist. Abweichgn davon sind bei den einz Bestimmgen vermerkt.

8) Nichteheliche Lebensgemeinschaft

Schrifttum: Frank (Hg), Eheähnl Gemsch in GesGebg u Rspr, Basel/Ffm 1986 (Battes FamRZ **88**, 1237); de Witt/Huffmann, Nehel LebGemsch, 2. Aufl 1986; Ehmann, Die ne LebGemsch, 1988; Battes, JZ **88**, 908 u 957; Brocke, SGb **88**, 433; Coester-Waltjen, NJW **88**, 2085; Beschl des 57. DJT, NJW **88**, 2993/98; Diederichsen FamRZ **88**, 889; Knoche, MDR **88**, 743; ZMR **89**, 86 u StAZ **89**, 40; Lieb, GA z 57. DJT, 1988, u DNotZ **88**, 712; J. Müller, ZfJ **88**, 402; v Münch, ZusLeben ohne Trauschein, 3. Aufl 1988 u ZRP **88**, 327; Schwentzer, JZ **88**, 781; Soergel¹²/Herm Lange, Bd 7, S 1343 (Komm); Stab, ZRP **88**, 355; M. Weber, JR **88**, 309; Zuck, MDR **88**, 746; Zevkliler, Nehel LebGemsch n dt u türk R, 1989; Bosch, FamRZ **89**, 28; Ullmann, FamRZ **89**, 240; Müller-Freienfels, FS Rebmann 1989 S 643; Grziwotz MittBayNot **89**, 182. Wg ält Lit 48. Aufl.

a) Rechtsbeziehungen während des Zusammenlebens. Zu § 1362 LG Ffm NJW **86**, 729. Auch bei größter Eheähnlichk handelt es sich **begrifflich** um nehel LebGemschen, da das entscheidde Merkm die rechtl Unverbindlk der LebBeziehg ist. Das Ges berücksichtigt sie in BSHG 122; wobei es auf das Motiv nicht ankommt (BVerwG DÖV **85**, 282: Pflegebedürftigk; VerwG SchlH FamRZ **85**, 185: Drogentherapie des Partners). Die Rspr hat iR der **rechtlichen Anerkennung** den Vorwurf der Sittenwidrig beim Geliebtentestament fallen lassen (BGH **53**, 369, 375; zur sonst Sittenwidrigk der Gestaltg des ZusLebens Hamm FamRZ **88**, 618) u erkennt die Form nehel ZusLebens auch bei dingl WohngsRechten (BGH **84**, 36), bei der Aufn des Partn in die gemietete Wohng (BGH **92**, 213 = FamRZ **85**, 42 mit zu Recht krit Anm v Bosch; Hamm NJW **82**, 2876; FamRZ **83**, 273; sa LG Bln FamRZ **86**, 269), als Ersatzmieter nach § 569a (Nachw u Krit dazu Anm b dd), im ReiseVertrR (LG Ffm NJW **82**, 1884) u sogar beim Ortszuschlag (VG Mü NJW **86**, 742, was im Hinbl auf GG 6 I verfehlt sein dürfte) an. Zinslose Darlehen sind nur sittenwidr, wenn sie ausschließl die geschleftl Hingabe des Empfängers belohnen (BGH NJW **84**, 2150). Umgek ist aber der Ausschl des Vaters des nehel **Kindes** vom elterl SorgeR u seine Beschrkg auf ein gem § 1711 eingeschränktes UmgangsR nicht verfassgswidr (BVerfG NJW **81**, 1201); krit zum NehelR Kropholler AcP **185**, 256ff; Schwenzer FamRZ **85**, 1202 fordert de lege ferenda auf Antr gemeins SorgeR. Die Betreuung des nehel Kleinkindes befreit nicht vom Grdwehrdienst (BVerwG NJW **85**, 821). Zur EhelichErkl § 1723 Anm 2d. Die Tatsache einer nehel LebGemsch reicht ohne VaterschFeststellg für ein UmggsR analog § 1711 II nicht aus (LG Bonn FamRZ **85**, 105). Kein Kostenersatz bei SchwangerschAbbruch (AG Bühl FamRZ **85**, 107). Ferner verliert die Partn einer nehel LebGemsch gem § 1577, 1579 I Z 4 ggf UnterhAnspr gg einen früh Eheg (§ 1577 Anm 2a; § 1579 Anm 3f aa u g aa). Bei Anschaffg eines HaushGgst mit den Mitteln eines Partn entsteht grdsätzl kein **Miteigentum** (Hamm NJW **89**, 909; aA LG Aach FamRZ **83**, 61); and idR bei gemeins Finanzierg. Bei einem ScheidgsUnterhVergl mit WiederverheiratgsKlausel kann eine nehel LebGemsch nach § 162 I den UnterhAnspr zerstören (Düss NJW **81**, 463). Diese fakt UnterhLast gilt nicht als außergewöhnl Belastg iSv EStG 33a I (BFH NJW **81**, 600) u wird auch nicht iRv § 844 II anspruchsmindernd angerechnet (BGH **91**, 357). Substantielle **Analogien** zum EheR wie gemeins Name, Unterh, ehel GüterR, Ehelk der Kinder, gemschaftl Test (BVerfG 3. Ka NJW **89**, 1986), Begünstigg nach dem ErbStG (Petzold, DNotZ **84**, 471) sind unzul. Desh auch kein Anspr auf der ArbFreistellg bei NehelR des LebGefährtin (BAG NJW **87**, 2458). Umgek dürfen nehel LebGemsch nicht besser gestellt werden als Ehen, so daß § 2325 III 2. HS für verfassgswidr erkl w ist (LG MöGladb FamRZ **85**, 428); ebso, daß Eheleuten nur ein Anspr auf ArbeitslHilfe zusteht (BVerfG NJW **85**, 374). Die Erteilg eines Doppelnamens an das **gemeinsame Kind** (Lit: Limbach RdJB **88**, 170) ausgeschl (BayObLG FamRZ **84**, 1146), u ist auch nach NÄG unzul (BVerwG NJW **86**, 2962; OVG Bln StAZ **85**, 256; OVG RhPf FamRZ **85**, 1164; OVG Hbg NJW **88**, 2401; VG Brschw FamRZ **86**, 586; HessVGH FamRZ **87**, 627; aA VG Schlesw NJW **84**, 2175). Zum Status des Ki Klinkhardt StAZ **89**, 180. Vater kann mit Einverständn der Mutter KlSprecher für das Ki werden (VwG Bln NJW **89**, 2413). Keine Verlolg iSv StGB 11 Z 1a, wenn ein Partn noch verh ist (BayObLG FamRZ **83**, 277). Partner einer nehel Lebgemsch haften aber nur beschrkt analog § 1359 (Oldbg NJW **86**, 2259 = FamRZ **86**, 675 m zust Anm Bosch); die EigtVermutg des § 1362 muß zw ihnen gelten (aA Kln NJW **89**, 1737 mN) u sie werden als FamAngehörige iSv 1969 (Düss NJW **83**, 1566 = FamRZ **83**, 274 m abl Anm Bosch) anerk; dagg nicht iS v SGB X 116 VI (BGH **102**, 257 = NJW **88**, 1091 mA v Striewe = FamRZ **88**, 392 mAv Bosch) u VVG 67 II (Weber DAR **85**, 1; Knoche, Die Partn einer nehel LebGemsch als „FamAngehörige"? Mü 1987; BGH NJW **80**, 1468 bezieht sich trotz der weiten Fassg des LS auf ein Pflegekind) u auch nicht iS der AVB für ReisegepäckVers (LG Düss FamRZ **83**, 1117). ErsatzZustellg mögl (Mayer/Rang NJW **88**, 811; aA BGH NJW **87**, 1562). Vollstreckg eines RäumgsUrt ow auch gg den LebPartn (AG Neuss NJW **85**, 2427). Erteilg einer Ausn-Wohnberechtiggsbescheinigg nach Ermessen (BVerwG NJW **87**, 1564). Zur EinkAnrechng bei der ArblosenHilfe BSG NJW **88**, 2128; zum KiGeld für das Ki der LebGefährtin LSG Celle FamRZ **89**, 105. Auswirkg der ne LebGemsch auf **Unterhaltsansprüche** eines geschiedenen Partn § 1579 Anm 3 g cc.

b) Abwicklung

aa) Grdsätzl findet zwischen den Partn bei Trenng **kein Ausgleich** statt (BGH FamRZ **81**, 531). Ausführl u klare Darstellg des TheorienStr bei Schlüter/Belling aaO, die ihrers in AusnSituationen Abwicklg n § 812 I 2 wg ZwVerfehlg befürworten. Mangels bes Vereinbg ist davon auszugehen, daß Zuwendgn ersatzl von demj erbracht w sollen, der dazu in der Lage ist; das gilt auch für im Interesse des ZusLebens eingegangene Schulden, auch wenn sie der Einrichtg eines gewerbl Betriebes des and Partn dienen (BGH FamRZ **83**, 1213). Eine gemeins DarlSchuld muß beim Tod des einen Partn der and im InnenVerhältn allein tragen

Bürgerliche Ehe. 5. Titel: Wirkungen der Ehe im allgemeinen **Einf v § 1353** 8b, c

(BGH 77, 355). Ein darüber geschlossener Vergl ist wirks, auch bei schon bestehder Trennungsabsicht (KG FamRZ 83, 1117). Nach Auszahlg eines ZweckDarl u Trenng kann derj Partn Überlassg der gesamten Geldsumme verlangen, der den Zweck verwirkl kann (Karlsr FamRZ 83, 1119 GeburtsDarl). Anspr aus Gesellsch, GesSchuld, BürgschRückgriff (LG Bambg NJW 88, 1219), ungerechtf Bereicherg (Saarbr FamRZ 79, 796) od in Anwendg der Lehre vom Wegf der GeschGrdLage sind ausgeschl. Das gilt iF des Todes des dch die baul Leistg Bereicherten u Unwirksamk einer ausgleichden test Zuwendg (LG Aach FamRZ 88, 717) sowie auch dann, wenn das Leistungssubstrat etwa in Form baulicher Verbesserungen bei Trenng noch vorh ist; regelm besteht auch dann kein AusglAnspr, wenn Handwerksleistgen für das Haus des Partn erst nach Beendigg der Gemsch bezahlt w, wenn die Verpfl dafür aber im Interesse des ZusLebens schon vorher eingegangen w war (BGH NJW 83, 1055). Im Ggsatz dazu hat Stgt Just 85, 201 mit Billigg des BGH die Überlassg einer WohngsEigtHälfte n § 812 I 2 (2. Alt) rückgäng gemacht. Der nehel Partn kann jederZt aus der gemeins bewohnten Wohng gewiesen w (§ 985), ohne daß dem Ausgewiesenen BesitzAnspr zustehen, wenn er nicht MitEigtümer od Mitmieter der Wohng ist (AG Bruchs NJW 81, 1674), u ohne daß er ein ZurückbehR n § 273 wg Geldüberlassg hätte (Hamm NJW 86, 728). Kein UnterhAnspr analog § 1361 (Hamm FamRZ 83, 273).

bb) Etwas and gilt nur bei **besonderer Vereinbarung,** für die der Zuwendende beweispflichtig ist (BGH FamRZ 83, 1213), etwa nach Begründg eines echten Mietvertrages untereinand od Gewährg eines Darl, bei Begrdg von MitEigt od GesGläubigersch iFv Oder-Kten (Celle FamRZ 82, 63). Anspr auf Erfüllg eines SchenkgsVersprechens (Zahlg v mtl Geldrente u ErfüllgsÜbern v Verpfl des Partners Dr ggü) kann an § 518 scheitern (BGH FamRZ 84, 141); doch ist ein UnterhVersprechen ggü der Mutter des eig Kindes nicht in jedem Fall eine Schenkg (BGH NJW 86, 374). Der AuslaufZtpkt eines solchen Verspr ist dch Auslegg zu bestimmen u richtet sich nicht automat nach der Beendigg der nehel LebGemsch (BGH aaO). Schenkgswiderruf (§§ 530, 531) setzt echte Schenkg, nicht bloß eine unbenannte Zuwendg voraus (vgl Hamm NJW 78, 224). Bei Verlöbn Anspr aus §§ 1298 ff. Macht jmd zG des Partn größere Aufwendgen zu einem Ztpkt, zu dem dieser schon entschlossen war, das Verhältn aufzulösen, evtl § 826 (Celle NJW 83, 1065). Aber kein SchadErsAnspr wg Verletzg des PersR, wenn verh Mann seiner Partn die Scheidg in Aussicht stellt (Pawlowski NJW 83, 2809; aA Hamm NJW 83, 1436). AuseinandSetzg nach **Gesellschaftsrecht** (§ 705 Anm 8 c) bei ausdrückl GesVertr etwa zur Errichtg eines Bungalows (vgl BGH NJW 82, 170: Eheg). Bei Schaffg gemschaftl Werte findet auch unabh vom Zustandekommen eines GesellschVertr eine AuseinandSetzg nach den §§ 730 ff statt (BGH 84, 388; NJW 86, 51), sofern der WertGgst nicht nur für die Dauer der Partnersch gemeins benutzt w, sond beiden auch gemeins gehören soll (BGH NJW 80, 1520; 81, 1502): Gemeins Aufbau eines Untern von elektr Spezialgeräten (BGH 84, 388); Bebauung eines Grdst mit 2 DreiFamHäusern (BGH NJW 86, 51) od Einrichtg eines HotelBetr (Hamm NJW 80, 1530). Dagg nicht bei Renovierg eines gemieteten Bauernhauses (Mü FamRZ 88, 58) u auch keine Gesellsch bei Erwerb eines Grdst u ein AlleinEigt, wenn der and Teil bei der Bebauung lediglich tatsächl u finanziell hilft (BGH NJW 83, 2375). Ferner stellt auf den Namen der Frau lautdes Kto kein GesVerm dar (Düss NJW 79, 1509). Die Führg eines gemeins Haush u intime Beziehgen reichen jedenf nicht aus (Düss NJW 79, 1509; Saarbr NJW 79, 2050; Mü FamRZ 80, 239). Nicht überzeugt auch die Bejahg v ErsatzAnspr f währd der Verlobg erbrachte Bauleistgen nach Ehescheidg wg Wegf der GeschGrdlage eines „KooperationsVertr eig Art" (Hamm FamRZ 83, 494). Auflösg einer InnenGesellsch gibt allenf Anspr auf Geldabfindg (BGH NJW 83, 2375).

cc) Zu einem Ausgl kommt es schließl, wenn im Ztpkt der Auflösg der nehel LebGemsch der eine Teil noch aus einem **über den Trennungszeitpunkt hinausgehenden Kredit** verpfl ist, der zur Ablösg vorgemeinschaftlicher Schulden des Partners (Ffm NJW 85, 810; es sei denn die Ablösg geschieht schenkgsweise; Karlsr FamRZ 87, 1095 krit aufgenommen v Koch FamRZ 87, 240) od für einen VermGgst aufgenommen w, dessen wirtschaftl Nutzg nach der Trenng allein dem and Teil noch zugute kommt, was insb für Pkw-Käufe wichtig ist; zahlt der Schuldn nach Trenng den Kredit zurück, hat er auch ohne entspr Abrede ErstattgsAnspr gem §§ 670, 683 (BGH NJW 81, 1502). Dabei spielt es keine Rolle, ob der Wagen vor der Trenng gestohlen od zerstört w ist (Celle NJW 83, 1063). Wurde der Kredit teils zur Anschaffg eines Pkws für den Partn, teils im Interesse beider Teile verwendet, so sind die nach Auflösg der LebGemsch noch fäll Raten im InnenVerhältn nach dem jeweiligen VerwendgsZw aufzuteilen (Celle NJW 83, 1063). Dagg besteht kein AusglAnspr gg den Partn nach Auflösg der nehel LebGemsch, wenn der Kredit zur Finanzierg v Aufwendgen für die Gemsch aufgen wurde, auch wenn er bei der Trenng noch nicht zurückbezahlt war (Oldbg NJW 86, 1817). Nach Koch aaO ist jeder Kredit im Alleininteresse eines Partners ausschließl u in vollem Umfg u unabhäng vom TilggsUmfg bei Trenng v ihm allein zurückzuführen.

dd) Beim **Tod** eines Partn fällt der gesamte Nachl des Verstorbenen dessen gesetzl Erben an, auch wenn darin wesentl wirtschaftl Werte des überlebden Partn enth sind (vgl Saarbr NJW 79, 2050; Ffm FamRZ 81, 253). Testamente zG des and (BGH NJW 83, 674; BayObLG FamRZ 84, 1153). Keine analoge Anwendg v § 2077 II (BayObLG FamRZ 83, 1226), wohl aber v § 1969 (Nachw Anm a). Oder-Kten enth nicht zugl die stillschweigde Vereinbg, daß beim Tode eines Partn dem and das gesamte RestGuth zusteht (Celle FamRZ 82, 63). Die Übertragg der betriebl Hinterbliebenenversorgg auf die LebGefährtin kann sittenwidr sein (BAG FamRZ 84, 691). Dem Überlebden steht auch kein Recht zur Übern der Mietwohng (§ 569a II) zu (LG Karlsr MDR 82, 147; aA LG Hann NJW 86, 727); denn dem Verm muß wie bei § 552 (Hamm NJW 83, 1564) die AbschlFreih bleiben. Bei Tötg scheiden ErsAnspr gem §§ 844 II, 845 aus (Ffm FamRZ 84, 790). Ebso eine WwenRente gem RVO 1264 (Hess LSG FamRZ 83, 62).

c) Partnerschaftsverträge (Lit: Tzschaschel, Vereinbgen bei ne LebGemschen, 1988) empfehlen sich für die gemeins Wohng u bei größeren VermZuwendgen, zB bei Finanzierg eines Pkws od einer größeren Reise. Zul sind auch vertragl UnterhRegelgen (§§ 759 ff) u Dienstverträge zB zw Arzt u med-techn Ass (LAG RhPf FamRZ 83, 489). Eingeschrkte Verbindl im EinkStR (BFH NJW 88, 2135). Nicht verbindl sind idR Abreden ü den Gebr empfängnisverhütender Mittel; auch keine vertragl od delikt SchadErsAnspr daraus, selbst nicht bei Täuschg (BGH 97, 372, wo allerd doch viell § 826 schon erfüllt war; krit auch Roth-Stielow JR 87, 7). Sittenwidr das Verspr einer Abfindg bei Scheitern der ne Verbindg (Hamm NJW 88, 2474).

1317

§ 1353 Eheliche Lebensgemeinschaft.

1353 *Eheliche Lebensgemeinschaft.* ¹Die Ehe wird auf Lebenszeit geschlossen. Die Ehegatten sind einander zur ehelichen Lebensgemeinschaft verpflichtet.

ᴵᴵEin Ehegatte ist nicht verpflichtet, dem Verlangen des anderen Ehegatten nach Herstellung der Gemeinschaft Folge zu leisten, wenn sich das Verlangen als Mißbrauch seines Rechtes darstellt oder wenn die Ehe gescheitert ist.

Schrifttum: Tiedemann NJW 88, 730 (Aids).

1) Neufassg dch 1. EheRG Art 1 Z 1, die insb klarstellen soll, daß trotz der im ScheidgsR mit dem Übergang vom Verschuldens- zum Zerrüttgsprinzip verbundenen Erleichterg der Eheauflösg im Grdsatz weiterhin gilt, daß eine **Ehe auf Lebenszeit** geschl wird, **I 1**. Die lebenslange Ehedauer ist untrennbarer Bestandteil des Ehebegriffs iSv GG 6 I (BT-Drucks 7/4361 S 6). Daraus folgt, daß die Verlobten ihre Erkl, die Ehe miteinand schließen zu wollen, nicht unter einer Bedingg od Zeitbestimmg abgeben k (EheG 13 II). Zwingdes Recht; unzul daher eine Vereinbg, sich nach Eheschl sof wieder scheiden zu lassen (BGH **LM** EheG 48 II Nr 13). Das Recht auf ehel LebGemsch ist weder insges noch teilw verzichtbar, insb ist ein Verzicht auf ehel Treue unverbindl (Mot IV, 562; BGH **26**, 199; Kiel SchlHA **46**, 341). Besteht die Abs, nur eine **Scheinehe** ohne ehel LebGemsch einzugehen, etwa zZw der Erlangg einer AufenthErlaubn, lehnt der StBeamte das Aufgebot (AG Lüb StAZ **80**, 339) u auch die Eheschließg ab (AG Duisbg StAZ **81**, 113). Dazu u zur **Asylantenehe** § 1565 Anm 3a sowie EheG 13 Anm 4.

2) Die **Verpflichtung zur ehelichen Lebensgemeinschaft, I 2**, ist **a)** in einer **Generalklausel** formuliert, die für das EheR eine ähnl Bedeutg hat wie § 242 für das VertrR. Sie macht die Verpflichtg der Ehegn zur ehel LebGemsch aus einer rein sittl zu einer rechtl, die ggf iW der Klage auf Herstellg des ehel Lebens gg den and Eheg verfolgt w kann (Einf 3 vor § 1353). Seine Grenze findet dieses Herstellungsverlangen in einer mißbräuchl Ausnutzg od wenn die Ehe bereits gescheitert ist, **II**. Der and Eheg hat dann ein VerweigersR. Wiederholte u schwere Verletzgen der Verpfl zur ehel LebGemsch können zur Zerrütt der Ehe u zu ihrer Scheidg führen (§ 1565 I). Welche Pflichten sich im einzelnen aus der ehel LebGemsch ergeben, folgte bis zum 1. EheRG im wesentl aus der Rspr zu EheG 43 aF (vgl. die Anm dazu in diesem Komm bis zur 35. Aufl), sow näml dort als EhescheidsGrd eine „schwere Eheverfehlg" verlangt wurde. Als mittelb ErkenntnQuelle für die einz Ehepflichten kommt das neue ScheidgsR nur außerh der ZerrüttgsVermutgen (§ 1566) in Frage, wenn das Scheitern der Ehe direkt festgestellt w muß (§ 1565 I 2). Desh war eine Minderh in der RAusschuß der Aufassg, der Übergang vom Verschuldens- zum Zerrüttgsprinzip erzeuge die Notwendigk, den Begr der ehel LebGemsch zu konkretisieren (BT-Drucks 7/4361 S 7). Die Anpasug von II an den das neue ScheidgsR beherrschden ZerrüttgsGrdsatz war desh nur im Hinbl auf die HerstellgsKl erfdl. Liegen die Voraussetzgen der Weigerg der Herstellg der ehel LebGemsch vor, ist die Kl abzuweisen. I 2 enthält **zwingendes Recht**. Dagg verstoßde Vereinbgen sind nichtig, insb also solche über Beschränkg od Ausschluß des Geschlechtsverkehrs (Hbg HansGZ **15**, 142), über Getrenntleben (RG **61**, 50; Kln FamRZ **82**, 404) od VermZuwendgen, die ein solches GetrLeben ermöglichen od erleichtern sollen (RG JW **20**, 640). Trotz Aufhebg v EheG 19 unzul daher auch die bl **Namensehe** (vgl BVerwG StAZ **79**, 93). Ausnahmsw können Vereinbgen ü Art u Maß der Leistgen währd der Zeit des wg II berecht GetrLebens getroffen w (RG **109**, 141; JW **14**, 356; sa § 1361 Anm 1), falls die Vereinbg nicht etwa wg ihres sonst Inhalts nichtig ist, so zB bei Verzicht auf Unterh für die Belassg der Kinder bei der Frau (RG SeuffA **66**, 473). Die mit einer über das GetrLeben verbundene Vereinbg über den Güterstd kann gült sein, da § 139 insof keine Anwendg findet (RG **68**, 322).

b) Inhalt. Die ehel LebGemsch umfaßt die gesamten persönl wie die vermögensrechtl (Rolland Rdn 6 mNachw) Verhältn der Eheg zueinander. Das damit umschriebene Wesen der Ehe besteht in der Begründg, Erhalt u Entfaltg einer engen, grdsätzl alle Lebensbereiche jedes Eheg ergreifden LebGemsch der Ehepartner (BGH **26**, 198), also in der vollst, auf Lebensdauer eingegangenen Verbundenh der Eheg. Nach Auffassg des GesGebers kommt mit dem Begr der ehel LebGemsch die „Partnersch gleicher Rechts u gleicher Pflichten mit bes Anforderungen auf ggseit Rücksichtn u Selbstdisziplin, auf Mitsprache u MitEntsch am besten zum Ausdr" (BT-Drucks 7/4361 S 7). Erhebl Charakterunterschiede, die Enttäuschg eines Eheg ü die Wesensart des and, ü sein Zurückbleiben hinter den nie Erwarteten, berecht nicht zu einer Abkehr v ihm (BGH NJW **71**, 704; Bambg FamRZ **75**, 277). Die ScheidgsErleichterg dch Einf des Zerrüttgsprinzips (§ 1565 I 1) u der ZerrüttgsVermutgen (§ 1566) haben grdsätzl nichts an dem **Katalog ehelicher Pflichten** u deren Intensität innerh der bestehden Ehe geänd, mag es auch iR der Frage nach Aufhebg der ehel LebGemsch als Voraussetzg der Zerrütt wesentl auf die individuelle LebAusgestaltg dch die Eheg ankommen (§ 1565 Anm 2a). Abgesehen von den wicht Änderngen im Ber der Aufgabenteilg in der Ehe (§§ 1356 bis 1360 nF) treten ggü dem bish geltden R keine Änderungen ein (BT-Drucks 7/4361 S 7). Die Fortschreibg der Gleichberechtigg iS ggseit Rücksichtn auf die Belange des and Eheg macht beiden Ehel lediglich uU die prakt Dchführg der ehel LebGemsch schwieriger, zB bei der HaushFührg, der beiderseit Erwerbstätigk usw.

aa) Die Ehe ist **Geschlechtsgemeinschaft** u verpfl zum ehel Verkehr in Zuneigg, nicht in Gleichgültigk od indem Widerwillen zur Schau getragen w (BGH NJW **67**, 1079); ferner zur ehel Treue unabh davon, daß der Ehebruch als ScheidgsGrd abgeschafft w ist (vgl EheG 42 I aF); ebso bleiben and Rfolgen wie zB Disziplinarstrafe bei Ehebruch einen Vorgesetzten mit Ehefr des Untergebenen (BVerwG ZBR **76**, 61); grdsl auch Verpflichtg zur Erzeugg u zum Empfang von Kindern u deren Erziehg. Maßnahmen der **Familienplanung** (Einnahme der Pille uä) sollten nur aGrd entspr Vereinbgen der Ehel erfolgen, die jedoch keine rechtl Verbindlichk besitzen. SchwangerschAbbruch nur bei gesetzl zugel Indikation; Zust des Ehem nicht erfdl (§ 1626 Anm 2), auch nicht bei Sterilisation (BGH **67**, 48). Einschränkg v § 1353 bei Strafgefangenen (Hamm FamRZ **85**, 928).

bb) Eine der Hauptpflichten der Eheg ist die **häusliche Gemeinschaft** (RG **53**, 340). Weigerg kann gem

Bürgerliche Ehe. 5. Titel: Wirkungen der Ehe im allgemeinen § 1353 2 b

§ 1579 Z 6 zum Ausschl des Anspr auf nachehel Unterh führen (BGH NJW 87, 1761). Grdsl braucht sich kein Eheg mit einer teilw LebGemsch zu begnügen. Desh kann die Berechtigg zur Erwerbstätigk iSv § 1356 II eingeschränkt w, wenn die Berufstätigk nur mögl wäre unter Aufgabe der häusl Gemsch. Nur unter bes Umst kann eine ehel Gemsch ohne die häusl bestehen (RG 95, 330), so daß im allg die Verurteilg zu jener die zur Herstellg der häusl mitumfaßt (RG 137, 103). Umgek umfaßt die Kl auf Herstellg der häusl Gemsch, die auch nach dem Fortfall v § 1567 mögl bleibt (Kln NJW 66, 1864), nicht auch die Herstellg der ehel Gemsch, da die häusl Gemsch nur eine der ggs Verpflichtgen der Eheg aus § 1353 I 2 ist. Keine Kl auf Herstellg der häusl Gemsch unter Befreiung von den ehel Pfl (Warn 30, 36). Aus der Pfl zum ZusLeben ergibt sich die Verpfl, dem and bei sich ein Unterkommen zu besorgen (Celle NJW 56, 1842 betr Zuzugs-Gen aus poln besetztem Gebiet). Eheg muß in Wohnungswechsel einwilligen, wenn Aufg der bish Wohng iR vermögensrechtl Auseinandersetzg z billigen ist (BGH MDR 73, 124). Zul iR einer EheVereinbg der Ausschl der häusl Gemsch; vgl aber Brüggemann FamRZ 78, 92 sub 3 sowie § 1566 Anm 1. **Wohnung und Hausrat** haben die Eheg, sow sich das nicht schon aus dem Güterstd ergibt, einand zum Gebrauch zu überlassen (BGH 12, 380), auch ein neugebautes Haus, in das sich ein Eheg unter Beibehaltg der bisherigen Wohng zurückziehen will (Brem FamRZ 65, 77). Auf das Eigt kommt es nicht an (ggf BesitzR iSv § 986, das ggf bis zur Scheidg fortbesteht, BGH NJW 78, 1529, u zwar ggf auch an ArztPrax im Ehehaus, Düss FamRZ 88, 1053); ebsowen darauf, wer Mieter ist, freil mit der Folge, daß die Kündigg dann auch gg den Nichtmieter wirkt (Baur JZ 65, 108). Hausrat kann unter Eheg n § 930 übereignet w, wobei die Ehe als gesetzl BesitzmittlgsVerh iSv § 868 wirkt (BGH 73, 253). Trennt sich ein Eheg ausdrückl mit dem Willen, die EheGemsch nicht wiederherzustellen, so kann er sich beim Wiederbetreten der Wohng nicht auf ehel LebGemsch u sein EltR berufen (BGH NJW 72, 44). Ein Eheg hat keinen Anspr darauf, daß der äußere ggständl Bereich der Ehe (Einf 1 c vor § 1353) ihm unter allen Umst u zu allen Zeiten in vollem Umfang u in ders Art wie bisher erhalten bleibt, wenn der beeinträchtigte Eheg idR auch Verändergen widersprechen kann; es sind dann die beiderseit berecht Interessen abzuwägen (BGH 37, 38; FamRZ 72, 363 bezügl Wohnungswechsel). Ausgen von der Überlassg ist das nur f den persönl Gebrauch eines Eheg Bestimmte, zB Zweitwagen nach VerkUnfall des Erstfahrzeugs (Fenn NJW 75, 684). Über die **Wohnsitzwahl** (§§ 7 ff) entscheiden beide Eheg. Ist nur einer von beiden berufstät, entfällt die Wahlmöglichk, wenn der Beruf an einen best Ort gebunden ist (KrankenhausAnstellg, Praxisübernahme, Richterstelle usw). Der and Teil hat auch dch Beförderungen, Versetzgen uä wahrzunehm (vgl aber Anm cc) Wohnortwechsel mitzuvollziehen, da die Förderg des berufl Fortkommens bei Berufstätigk nur des and Eheg ggü Bindgen dch Freundeskreis, GrdBesitz uä Vorrang hat. Sind beide Ehel berufstät, geht die Aufrechterhaltg der häusl Gemsch evtl beamtenrechtl Residenzpflichten vor (*arg* GG 6 I).

cc) Das eheliche Zusammenleben berührende Entscheidungen sind im ggseit Einvernehmen zu treffen. Keiner der Eheg hat die alleinige (and noch § 1354 aF) od letzte Entsch. In Fragen, die gemeins zu entscheiden sind, zB Gesuch um Versetzg (Mü FamRZ 67, 394), hat jeder Eheg auf die Ansicht des and u dessen Belange sowie die der Fam Rücks zu nehmen. Er hat auch etwaige bes (zB wirtschaftl, berufl, hauswirtschaftl) Kenntn des and, soweit sie f die Beurt wicht sein können, zu beachten. Von jedem Eheg muß verlangt w, daß er sich um eine sachl Prüfg bemüht. Ausschlaggebd ist das Wohl der Eheg u der Kinder. Kein Eheg braucht einer mißbräuchl Meing des and zu folgen, kann dann vielm selbst unter Beachtg obiger GesPkte entscheiden u diese Entsch ggf dch HerstellgsKl dem and Eheg ggü dchsetzen. Nicht bei jeder Angelegenh muß der eine Eheg den and fragen. Vielm bewirkt die Ordng, die sich unter den Ehel herausgebildet hat, der also beide zugestimmt haben od die der gesetzl Verteilg der Rechte u Pflichten entspricht (Funktionsteilg), daß insow eigenständ EntschSpielräume f jeden Eheg entstehen. Das gilt insb iR der HaushFührg (§§ 1356 I 2, 1357) u Kindererziehg (§ 1627 Anm 1). Ein Eheg handelt ehewidr, wenn er grdlos (zB dch Entziehg der Schlüsselgewalt gem § 1357 II 1) das dem and zugewiesene TätigkGebiet ungebührl einengt.

dd) Aus I 2 folgt auch die Pfl zum **gegenseitigen Beistand** (RG HRR 33, 1624), insb zur Mithilfe im gemeins Haush (BGH JZ 60, 371); Nichtalleinlassen der hochschwangeren Frau (Warn 31, 110); Unterbringg des kranken Eheg in einer HeilAnst (RG 70, 50); Abhaltg vom Selbstmord (BGHSt 2, 150; BSG NJW 57, 1943) od strafb Hdlgen (BGHSt NJW 54, 1818; krit Geilen FamRZ 61, 157), aber umgek Abstandn von (Straf- od Steuer-)Anzeigen (BGH MDR 64, 911); die BeistdsPfl enthält ferner die Verpfl, dem abgeglittenen (zB sücht gewordenen) Eheg zu helfen, wieder zur Gemsch zurückzufinden (BGH FamRZ 67, 324), u verlangt übhpt eine Lieblosigkeiten wie tagelanges Schweigen (RG LZ 31, 768) od umgek dauernde Zänkereien (RG Recht 22, 71) vermeidende Zuwendg zu dem and Eheg. Die BeistdsPfl erstreckt sich fort auch darauf, die gemeins **Kinder** zu erziehen, grdsl auch die erstehel des Mannes dch seine 2. Frau (Karlsr FamRZ 61, 371), das Verhältn zu ihnen zu pflegen u ihnen zu helfen, wo es erfdl ist (Hbg FamRZ 67, 103), mind aber auf das Verhältn des Eheg zu dessen erstehel Kindern Rücks zu nehmen (RG JW 30, 986). Aus der ehel LebGemsch sind die Ehel zur gemeins Festlegg der Höhe des WirtschGeldes (§ 1360 a Anm 1 a; KG FamRZ 79, 427) u auch, u zwar auch nach der Scheidg für den EheZtraum (Hbg MDR 79, 581), zur **Mitwirkung bei der Steuererklärung** zZw der Gesamtveranlagg verpfl (BGH FamRZ 77, 40; Tiedtke, FamRZ 77, 686 u 78, 385 zur Zustdk der FamG; zu den steuerrechtl Voraussetzgen Osthövener NJW 77, 1448; Dolle NJW 77, 2266; LG Zweibr MDR 76, 144), unabh von der Verteilg der UnterhLast (LG Fulda NJW-RR 89, 838). Nach Trenng (AG Ravbg u Kblz FamRZ 80, 681 u 685) u Scheidg **begrenztes Realsplitting** (§ 1569 Anm 3 c bb). Zum **Schadensersatz** Anm c. Ggf besteht eine DuldgsPfl zur **Hinnahme einer Berufstätigkeit** des and Eheg, sei es einer freiw (§ 1356 II), einer erzwungenen, zB um UnterhPflichten ggü Kindern aus 1. Ehe nachzukommen (§ 1360 Anm 3; § 1603 Anm 2b; Krfld NJW 77, 1349; Kln FamRZ 79, 328). Zur **Mitarbeitspflicht** vgl § 1356 Anm 4; zur RechenschaftsPfl § 1357 Anm 3b. Der Eheg ist außerd verpfl, das Eigt des and, gleichgült welcher Güterstd gilt, vor Schaden zu schützen (RG 64, 278).

ee) Ferner stellt die Verpfl zur ehel LebGemsch best Anfordergen an die **eigene Persönlichkeitsgestaltung.** So hat der Eheg in erster Linie Hindernisse, die in ihm selbst begründet sind u die der Verwirklichg

§ 1353 2, 3   4. Buch. 1. Abschnitt. *Diederichsen*

der Gemsch entggstehen, zu beseitigen, also sich zB in eine HeilAnst zu begeben (RG **95**, 330), einer Operation zu unterziehen, falls diese nicht lebensgefährl ist u begründete Aussicht auf Erfolg besteht; ebso den Arzt von der SchweigePfl zu entbinden, um dem and Eheg zuverläss Kenntn von seiner (Geschlechts-)Krankh zu verschaffen (OLG **3**, 245); den übermäß Genuß v Alkohol (Ffm FamRZ **82**, 484) od Medikamenten einzustellen (BGH **43**, 331); Zurückhaltg im Einsatz für die eig GlaubensGemsch zu üben (KG FamRZ **54**, 145; sa BGH **33**, 145; **38**, 317; MDR **65**, 277). Darüber hinaus besteht die Pfl zu einem beiderseits verständnisvollen Eingehen u RücksNehmen auf die Eigenarten des and, sow sie für diesen lebenswicht sind u anerkannt w können (RG **124**, 55); RücksNahme auf das Verhältn des and Eheg zu dessen Kindern u Verwandten; Zurückstell der Beziehgn zur eig Verwandtsch, um die Leb-Gemsch, die das Wichtigere bleibt, nicht zu gefährden (RG HRR **33**, 307); Achtg der polit Anschauungen des and (Schlesw MDR **54**, 417); Abstandn, dem and die eig Lebensformen aufzuzwingen (BGH NJW **60**, 1447).

ff) Die Pflicht zur ggseit Rücksichtnahme kann auch bedeuten, **vermögensrechtliche Ansprüche nicht geltend zu machen,** die den Umst nach dem ehel ZusLeben widersprechen (RG JW **24**, 678; Mü HRR **38**, 1162; BGH **53**, 356), so daß auch der Ehem, der die Frau verläßt, nicht seine Möbel aus der von der Frau benutzten Wohng von sich aus herausnehmen (KG DR **41**, 2000) od das als Ehewohng diende Haus ow verkaufen (Mü FamRZ **69**, 151) od die ehel Wohng auch als Alleinmieter ow kündigen darf (sa § 1361a u 6. DVOEheG; Hanisch NJW **63**, 1033). Ebsowenig dürfen nach Stellen des Scheidgs-Antr Klagen auf Herausg der Ehewohng n § 985 erhoben (BGH **67**, 217) od dem vom Hof gewiesenen Ehem alle ArbGeräte weggen w (Celle FamRZ **71**, 28). Der Künd der Beteiligen an einem Unternehmen dch den daran beteiligten Eheg kann nicht ow unter Berufg auf das sittl Wesen der Ehe entgg-getreten w; umfaßt die Betätig im Unternehmen aber den räuml-ggst LebBereich der Ehefr, so kann sie dch die Künd nicht aus ihm verdrängt w (BGH JZ **61**, 577 mAv Müller-Freienfels). Aus der ehel LebGemsch u nach Scheidg ggf aus § 242 (LG Esn FamRZ **81**, 457) folgt uU die Unzulässigk der **Teilungsversteigerung** hins MitEigt (LG Karlsr FamRZ **66**, 357; § 1365 Anm 2a) Stillhalteverpflichtgen aus § 1353 ggü dem Eheg (vgl § 1359 Anm 1) brauchen SchmerzensgeldAnspr ggü mitschädigdem Dr nicht zu verkürzen (BGH NJW **83**, 624). Ungehinderte Geltendmachg v SchadErsAnspr auch **nach Trennung und Scheidung,** wenn der schadersatzpflichtige Eheg die früh unternommenen Anstrenggen zur gemeins SchadÜberwindg (etwa dch Kündigg des geerbten DarlAnspr) torpediert (BGH NJW **88**, 1208). Die Befugn, über das **Bankkonto** der and Eheg zu verfügen, verliert ihre Wirkg, wenn die Eheg getrennt leben (BGH NJW **88**, 1208; FamRZ **89**, 834).

gg) Eine **Auskunftspflicht** ü die eig VermVerhältn folgt für die nachehel Zeit aus den §§ 1379, 1386 III, 1580, 1587 e I und k I; währd des Bestehens der Ehe ergibt sie sich, insb hins der eig VermVerhältn, unmittelb aus § 1353 (vgl NJW **77**, 219; BGH FamRZ **76**, 516; Schlesw SchlHA **74**, 112).

c) Bei Verletzg der persönl Pfl aus der ehel LebGemsch kein **Schadensersatz** (BGH FamRZ **77**, 38; vgl Einf 1c v § 1353), wohl aber uU bei geschäftsmäß Hdlgen wie der Verletzg der Verpfl, der steuerl ZusVeranlagg zuzustimmen (BGH FamRZ **88**, 143). Dagg kein matrechtl KostErstattgsAnspr außerh ZPO 269 III 2 (BGH NJW **88**, 2032).

3) Verweigerung der Herstellung der Gemeinschaft, II. Dem Verlangen auf Herstellg der ehel Gemsch braucht ein Eheg nicht nachzukommen, wenn das Verl mißbräuchl od die Ehe bereits gescheitert ist. Die Tats der Zerrüttg ist an die Stelle des früh Rechts zum Getrenntleben getreten (§ 1353 II 2 aF). Die Umst, die das VerweigerungsR begründen, muß derj Eheg **beweisen,** der sich darauf beruft (RG **95**, 333); unter bes Umst auch Umkehr der BewLast (RG LZ **23**, 58; Recht **14**, 1470). Liegen AnhaltsPkte für ein VerweigersR vor, so Prüfg vAw (Warn **11**, 38) unter Berücks sämtlicher Umst (Warn **20**, 79). Zul ist die Kl auf Feststellg, daß ein Recht zum Getrenntleben besteht (vgl Einf 3a v § 1353; aA AG Groß-Gerau MDR **83**, 228). Im Scheidgsstreit ist es idR nicht geboten, iR einer einstw AnO (ZPO 620 Z 5) das GetrLeben zu gestatten, wenn nicht beide Eheg geschieden w wollen (Schlesw SchlHA **76**, 197; sa S 143 u 183). Leben beide Parteien bereits einverständl getr, fehlt es am RSchutzBedürfn (vgl KG FamRZ **72**, 261). Dieses ist vorh, wenn neuerl MietVertr zB nur mit einem Eheg abgeschl w soll (Bergerfurth, Ehescheidgs-Proz S 69). WohngsStr begründet wg § 1361a Anm 1 kein RSchutzBedürfn f Feststellg des R zum Getrenntl (Bambg FamRZ **79**, 804). Vgl dazu iü Karlsr FamRZ **89**, 79.

a) Mißbrauch liegt vor, wenn das Herstellgsverlangen mit der rechten ehel Gesinng nicht vereinb u dem and Teil m Rücks auf das sittl Wesen der Ehe nicht zumutb ist (RG JW **35**, 1403). Ob ein Mißbr vorliegt, ist eine von der Beurt des Einzelfalles abh RFrage (Warn **14**, 191). Verschulden des Herstellg Verlangden ist nicht unbedingt Voraussetzg des Mißbr (RG JW **04**, 409; Warn **17**, 146). Kein mißbräuchl Herstellgsverlangen, auch wenn feststeht, daß der Mann bestimmt nicht zurückkehren w (RG **163**, 384) od wenn er ein langjähriges Verhältn eingegangen ist, dem ein Kind entsprossen ist (RG DR **40**, 1142); dann aber idR Anm b. **Einzelfälle:** Verweigerg der GeschlechtsGemsch berecht bei **Untreue,** dh dch tatsächl Anhaltspkte begründetem Verdacht außerehel geschlechtl Beziehgen (RG HRR **31**, 941), zB bei vertrautem Verkehr des Mannes mit einer im Hause wohnden Frau (RG LZ **22**, 118). Späteres Wohlverhalten führt zur Verzeihg mit der Folge der Wiederherstellg der Rechte aus I 1 od reicht nicht aus, das Scheitern der Ehe zu verhindern. Auch der begründete Verdacht einer Geschlechtskrankh kann zur Verweigerg berecht, dagg nicht, weil die Frau dch das ZusLeben den Gefahren einer Entbindg ausgesetzt w; dann EmpfängnVerhütg, insb wenn trift Grde gg Nachkommensch sprechen. Verweigerg der häusl Gemsch kann bei **Wohnsitzverlegung** berecht sein, wenn es am neuen Ort an geeign Ehewohng (RG HRR **33**, 1085) u ArbMöglk fehlt (Kblz NJW **49**, 185; sa Mü FamRZ **67**, 394) od auf eine (auch eig) **Krankheit** gestützt w, nicht bl das ZusLeben verhindert, sond es zur unerträgl Last w läßt (RG JW **09**, 891), so eine verschuldete od unversch ansteckde Geschlechtskrankh des and Teils (GeschlG 6), mag dieser auch versprechen, sich des GeschlVerk zu enthalten. Nicht ijF Mißbr, wenn der klagde Eheg selbst dch eig Verfehlgen zur Zerrüttg beigetragen hat u heute krank ist, so daß er die Gemsch nur beschrkt verwirklichen k (BGH MDR **57**, 542). Mißbräuchl aber das Verlangen, die

Bürgerliche Ehe. 5. Titel: Wirkungen der Ehe im allgemeinen §§ 1353–1355

aGd der Untreue des and Teils aufgen rentenberecht Tätigk zZw der Rückkehr aufzugeben (BGH **LM** Nr 13). Ebso bei ledigl subj Befürchtg v Nachteilen (RG JW **04**, 409); weil der Ehem ins Ausland verzieht (RG Gruch **54**, 1031) od wenn ein Eheg den and sonst grdlos verläßt u ihn dann in nicht ernst zu nehmender Weise auffordert, ihm zu folgen (Mü FamRZ **66**, 199). Mißbr liegt auch vor bei **Mangel an Fürsorge**, zB mangelh UnterhZahlg, jedoch nicht, wenn die Leistg desh unterbleibt, weil der Mann der Ansicht ist, die Frau habe ihn grdlos verlassen (Warn **17**, 146), ebsowenig bei Notlage u unverschuldeter Arbeitslosigk (RG LZ **31**, 1073); ferner bei **grober Rücksichts- u Lieblosigkeit**, zB grdloser u fahrläss Beschuldigg des and Teils, er hätte sich eines Ehebruchs schuldig gemacht (Warn **20**, 79); bei Weigerg, das erstehel mj (and bei vollj, RG JW **20**, 437) u wartgsbedürft Kind der Frau in die ehel Wohng aufzunehmen (RG Recht **24**, 1124); bei Gefährdg des Kindes inf Verfehlgen des Mannes, wenn die Frau sich desh vom Kind trennen müßte (RG **155**, 292); bei hartnäck Verweigerg ausreichden WirtschGeldes od Nichteinräumg der gem § 1356 im Haush zukommden Stellg.

b) Ein Anspr auf Wiederherstellg der ehel Gemsch hat ferner wenig Sinn bei einer **gescheiterten Ehe;** das G schließt ihn desh in der 2. Altern v II aus. Für die Frage, ob die Ehe unheilb zerrüttet ist, vgl § 1565 Anm 2. Die endgült Abkehr eines Eheg (Unterhaltg eines ehebrecher Verhältn über 7 Mo) genügt auch iR v II für das Feststellen der Zerrüttg. Die 1jähr Trenng v § 1565 II braucht noch nicht abgelaufen zu sein (Hbg NJW **78**, 644). Iü gilt auch die Vermutg des § 1566 II (BT-Drucks 7/650, S 96), dh die HerstellgsKl ist abzuweisen, wenn die Ehel 3 J getrennt leben. Dagg ist hier die JahresFr des § 1566 I unerhebl, da es an dem dort vorausgesetzten Einverständn der Ehel fehlt. II gilt auch iFv § 1568 I (Rolland Rdn 39). Zur **negativen Feststellungsklage** Einf 3 a vor § 1353.

c) Bei Vorliegen eines **Eheaufhebungsgrundes** stellt das Herstellverlangen des zur Aufhebg nicht Berecht einen RMißbr dar, da der AufhebgsBerecht m Rücks auf die in der Herstellg liegde Bestätigg sein AufhebgsR verlieren würde (EheG 30 II, 31 II, 32 II, 33 II, 34 II; vgl BayObLG NJW **49**, 221; Nürnb FamRZ **66**, 105); hingg kein WeigersR, wenn das AufhebgsR erloschen ist (EheG 35), wobei zu berücks ist, daß ein Nichtlaufen der Fr bei Aufhebg der häusl Gemsch dem AufhebgsR unbekannt ist. Bei Vorliegen eines **Ehenichtigkeitsgrundes** ist die Weigerg iF der Nichtigk nach EheG 21 wg StGB 173 berecht (RG JW **27**, 1209), hingg nicht iF der Namensehe, da die Vereinbg, es nicht zur ehel LebGemsch kommen zu lassen, nichtig ist. Von dem zurückgebliebenen Eheg, der sich im Glauben an den Tod des and wieder verheiratet, wird nicht schon vor NichtigErkl der 2. Ehe (vgl Einf 2 vor EheG 38; EheG 23 Anm 2) Wiederherstellg verlangt w können, obwohl die 1. der nichtigen 2. Ehe vorgeht (Beitzke NJW **50**, 391; Schrodt JR **51**, 44; aA Tüb NJW **50**, 389).

1354 *Entscheidungsbefugnis.* *Aufgehoben durch GleichberG Art. 1 Z 5, vgl § 1353 Anm 2.*

1355 **Gemeinsamer Ehe- und Familienname.** ¹**Die Ehegatten führen einen gemeinsamen Familiennamen (Ehenamen).**

II Zum Ehenamen können die Ehegatten bei der Eheschließung durch Erklärung gegenüber dem Standesbeamten den Geburtsnamen des Mannes oder den Geburtsnamen der Frau bestimmen. Treffen sie keine Bestimmung, so ist Ehename der Geburtsname des Mannes. Geburtsname ist der Name, der in die Geburtsurkunde der Verlobten zur Zeit der Eheschließung einzutragen ist.

III Ein Ehegatte, dessen Geburtsname nicht Ehename wird, kann durch Erklärung gegenüber dem Standesbeamten dem Ehenamen seinen Geburtsnamen oder den zur Zeit der Eheschließung geführten Namen voranstellen; die Erklärung bedarf der öffentlichen Beglaubigung.

IV Der verwitwete oder geschiedene Ehegatte behält den Ehenamen. Er kann durch Erklärung gegenüber dem Standesbeamten seinen Geburtsnamen oder den Namen wieder annehmen, den er zur Zeit der Eheschließung geführt hat; die Erklärung bedarf der öffentlichen Beglaubigung.

Schrifttum: Graf v Bernstorff FamRZ **63**, 110, 340; **71**, 131; Brintzinger StAZ **70**, 89, 118; H. Krüger AcP **156**, 232; Müller-Freienfels JZ **57**, 696; Ramm FamRZ **62**, 281; **63**, 337; Sturm FamRZ **73**, 394 u StAZ **88**, 290; v Buch JZ **74**, 445; Henrich, Erwerb u Änderg des FamNamens 1983; Coester StAZ **84**, 290. – **Zum 1. EheRG:** Diederichsen NJW **76**, 1169; Reichard StAZ **76**, 177 u **78**, 299 (Altehen); Schütz StAZ **78**, 301; Ruthe FamRZ **76**, 409; Breidenbach StAZ **78**, 130 (Aufg des StBeamt bei der Bestimmg des Ehenamens); Brause Betr **78**, 478 (Firma eines EinzelKaufm); Martin StAZ **88**, 367 (NamErstreckg auf verh Ki); Paschen StAZ **88**, 368 (DoppelNamen). – **Zum EheNÄndG:** Wacke NJW **79**, 1439.

1) Neufassg dch 1. EheRG Art 1 Z 2. Zur Entwicklg der Namensreform Vorbem zur 35. Aufl sowie NJW **76**, 1169 sub I. Das Gebot, einen einheitl Ehe- u FamNamen zu führen, ist **verfassungsgemäß** (BVerfG FamRZ **64**, 75); auch daß der Geburtsname eines der Eheg gem I nicht Ehename wird, verletzt GG 1 I, 2 I nicht (BVerfG NJW **88**, 1577 = FamRZ **88**, 587/808 mAv Bosch ua), so daß es unzul ist, daß mit der Eheschl jeder Eheg seinen bisher FamNamen beibehält Zweibr FamRZ **89**, 505). **a) Namensbedeutungen.** In Zukft sind **drei Namen** zu unterscheiden: der **Geburtsname**, II 3, ihn bekommt man bei der Geburt von seinen Elt (§ 1616) od iF der nehel Geburt von seiner Mutter (§ 1617 I); er kann sich aber auch später noch ändern, etwa inf Einbenenng (§ 1618) od Adoption (§ 1757 I 1). Daneben gibt es den **Familiennamen**, das ist der Name, auf den es iR famrechtl Vorgänge entscheidd ankommt. Er entsteht als Ehename bei der Eheschl dch Erkl der zukünft Ehel ggü dem StBeamten, wobei die Verlobten nur die Wahl haben, den Geburtsnamen der Frau od denj des Mannes zum zukünft FamNamen beider zu machen, II 1. Treffen sie keine Bestimmg, wird automat der Name des Mannes zum FamNamen der Ehel, II 2. Schließl kommt als Drittes der **Begleitname** hinzu, wenn der Eheg, der iR der Namenswahl zG des Namens seines Partners

1321

verzichtet h, dem damit festgelegten neuen FamNamen seinen Geburts- od bish geführten FamNamen voranstellt, III. Wer dies tut, verfügt prakt über zwei versch Namen: im FamR gilt immer der FamName allein (vgl §§ 1617 I 2, 1618 I 2, 1737 S 2, 1757 I 2); im Verkehr mit Behörden ist dagg der Begleitname plus dem FamNamen als Name anzugeben. Aus diesem Grde ist iGgs zu MüKo/Wacke Rdn 8 der FamName nicht ident mit dem Zu- oder Nachnamen im herkömml Sinne. Auch der Notar muß ggf den dch Eheschl entstandenen Doppelnamen führen (Kln FamRZ 78, 680). Zur Behandlg islamischer Zwischennamen Hamm StAZ 78, 65. – Trotz Außerwirksamsetzen v EheG 19 (1. EheRG Art 3 Z 1) ist die bloße **Namensehe** unzul (§§ 1353 I, 134), also eine solche, die nur desh geschl wird, um dem einen Eheg die Führg des Geburtsnamens des and Eheg zu ermöglichen, ohne daß die ehel LebensGemsch begründet w soll (BVerwG StAZ 79, 93; Ruthe FamRZ 76, 410; wie hier auch Ambrock JR 78, 3). – **Namensketten** können dch weitere Eheschließgen entstehen; sie enthält keine Beschrkg auf Doppelnamen. Zu den Kombinationsmöglichkten Ruhte FamRZ 76, 412. Grdsl besteht kein Anspr, iW des öffrechtl **Namensänderungsverfahrens** (NÄG 3) den Begleitnamen des and Eheg zu erwerben (OVG RhPf StAZ 79, 300) od die gem II 1 getroff NamWahl zu revidieren (BVerwG NJW 86, 601). Bei Änderg des Ehenamens im NÄG-Verf sind die Eheg notw StrGenossen (BVerwG NJW 83, 1133). **Internationales Privatrecht:** EG 10.

b) **Übergangsrecht. aa)** Nachdem BVerfG NJW 78, 2289 die Übergangsregelg des 1. EheRG, wonach für die vor dem 1. 7. 76 geschl Ehen keine nachträgl Wahlmöglk für den Ehenamen bestehen, es vielm beim Mannesnamen bleiben sollte, m Rücks darauf für verfassgswidr erkl hatte, daß auch schon § 1355 aF gg GG 3 verstieß, gab das **EheNÄndG** auch solchen Eheg, die vor dem 1. 7. 76, also ggf auch vor dem 1. 4. 53, geheiratet haben, die **Befugnis zur nachträglichen Namenskorrektur**, dh die Möglk der Namenswahl des § 1355 II 1 wurde auf sämtl Altehen erweitert, allerd beschränkt auf 1 J, konnte also nur bis zum 30. 6. 80 ausgeübt werden. Einzelh 48. Aufl. – **bb)** Nach dem **1. EheRG** kann die Ehefr, wenn sie nach § 1355 S 2 aF dem Ehenamen ihren Mädchennamen hinzugefügt hatte, diesen zeitl unbeschrkt nach der neuen Regelg v § 1355 III nach vorn stellen (Art 12 Z 2). Sie kann es aber auch bei der Anfügg belassen. Nur Weglassen ist unzul. Die Voranstellg ist aber auch erlaubt, wenn sie bei der Eheschl auf die Anfügg verzichtet hatte. Schwächen der Übergangsregelung müssen dch Auslegg des Begr „wicht Grd" iSv NÄG 3 I korrigiert w. So erlaubt VG Freibg FamRZ 77, 321 einer verwitweten, vor dem 1. 7. 76 wiederverh Fr. im Hinbl auf ihre erstehel Kinder den FamNamen 1. Ehe ihrem jetz Ehenamen voranzustellen.

2) Der Ehename, I. a) Die Eheg führen einen gemeins FamNamen, der, sow damit keine and famrechtl Vorgänge verbunden u ausschließ die Eheg betroffen sind, vom G auch als Ehename bezeichnet w. Mit dem Erfordern eines **gemeinsamen Familiennamens** beider Ehel hat sich der GesGeber für das Prinzip der Einheitlichk des Ehe- u FamNamens entsch. Ausgeschl ist danach insb die Möglichk, daß jeder der beiden Ehel bei Eingehg der Ehe seinen bisl geführten Namen beibehält. Sie müssen vielm einen gemeins FamNamen haben, auf den sie sich unter Beschränkg der Auswahl einigen können od den ihnen das G in Form des Mannesnamens als Notlösg bereithält u ggf aufdrängt. Der GesGeber ist davon ausgegangen, daß dem dem FamNamen von einem Eheg vorangestellte Begleitnamen den Grds der Namenseinheitlichk nicht stört, was jedoch gerade im Hinbl auf die Kennzeichnungsfunktion jedes Namens (§ 12 Anm 1a) problemat bleibt. Wenn der Ehem B heißt u seine Ehefr A-B, letztere sich in ihrem Führerschein, bei Hoteleintraggen, im Grdbuch usw mit dem Namen A-B kennzeichnen muß, so bleibt von der Einheitlk des FamNamens angesichts so weitgespannter familiärer Betätigg nicht viel übr. Der Grds wird auf den Kopf gestellt, wenn das nehel Kind der verh Frau den Namen des Mannes, näml B, u nicht etwa A-B, bekommt (§ 1617 I 1 u 2). Zum NamensR bei **ausländischem Ehepartner** EGBGB 14 Anm 4c.

b) **Wahlmöglichkeiten, II,** auch bei erneuter Eheschl geschiedener Eheg (Ffm NJW 78, 2301), binnen 1 Jahr nach der Einbürgerg von Ausl (Oldbg StAZ 81, 28; Celle StAZ 81, 57) u bei Heirat eines Ausländers (BGH 72, 163), ja bei strict bistaatsangehörigen (Kempt StAZ 79, 43). **aa)** Die Ehel haben die **Alternative,** den Geburtsnamen des Mannes od denj der Frau zum gemeins FamNamen zu machen, **II 1.** Zwingendes Recht. Damit ist insb der Weg versperrt, die beiden bisl v ihnen geführten Namen zu einem zweigliedr Namen zu kombinieren, womit der Entstehg neuer Doppelnamen vorgebeugt w sollte (BT-Drucks 7/3119 S 4 u 5). Das hindert die Ehel jedoch nicht, einen v einem Eheg als Geburtsname geführten Doppelnamen zum gemeins Ehenamen zu machen (echter Doppelname). Namen wie „Meyer zum Hofe" od „Graf v Brockdorff-Rantzau" gelten dabei als einfache Namen (BT-Drucks 7/650 S 96). **bb)** Wählb ist, um mißbräuchl Namensüberstraggen vorzubeugen (BT-Drucks 7/650 S 97), immer nur der **Geburtsname** der Ehel. Das ist der Name, der in die GeburtsUrk des betr Verlobten zZ der Eheschl einzutr ist, **II 3.** Maßgebl ist der Ztpkt des Zustandekommens der Ehe. Der Geburtsname ergibt sich näml erst aus dem gesamten Geburtseintrag einschließ etwa später eingetragener Randvermerke bez Adoptionen, EhelichErkl usw (vgl PStG 21, 29–31, 62). Hat zB der nehel geborene A im Alter v 6 J dch Einbenenng den Namen seines Stiefvaters B bekommen (§ 1618 I 1), dann ist „B" sein „Geburtsname". Heiratet er Frl C, so kann gemeins FamName B od C sein, aber nicht mehr A. Entspr bringt eine Frau, wenn sie eine gesch Z, verwitwete Y u geb X ist, bei Verheiratg mit dem Manne M nur den Namen X in die Wahl mit ein. Geburtsname ist nicht der v der Frau in einem Verf nach dem NÄG an Stelle ihres bis dahin in fr Eheschl erworbenen Namens geführte Name (Hamm FamRZ 81, 360). Geburtsnamen können auch „natürl" **Doppelnamen** sein, zB der nach span Recht aus dem väterl u mütterl FamNamen zusgesetzte Geburtsname (BayObLG FamRZ 79, 288), so daß es iFv III zu einem drei- oder mehrgliedrigen Gesamtnamen kommen k. Zum Namen gehören auch **Adelsbezeichnungen,** welche die Frau in der jew nehel Form führt (RG 113, 107; BayObLG BayJMBl 55, 210; sa Ostwien LZ 30, 289). Wird der Name einer adl Frau zum gemeins FamNamen der Ehel, führt entspr der Mann das männl Adelsprädikat. Daran geknüpfter Ausschl aus Adelsverband zuläss (BVerfG u Celle FamRZ 89, 1047 u 50 m abl Anm Beyroth). **cc) Subsidiärgeltung des Mannesnamens, II 2.** Treffen die Ehel keine Bestimmg ü den Ehenamen, so wird der Geburtsname des Mannes gemeins

FamName. Dabei bleibt es auch, wenn nach zunächst unzul NamWahl die Berichtigg in den MannesNam erfolgte (LG Stgt StAZ **87**, 19). Dem GleichbereichtiggsGrds ist mit der Einräumg der vorrang Wahlmöglk Genüge getan. Auf das Motiv für die fehlde Bestimmg kommt es nicht an; II 2 gilt, wenn sich die Ehel nicht einigen konnten ebso, wie wenn sie sich (etwa wg der Einmischg and FamMitglieder) nicht einigen wollten. Die Ehel haben auch dann keine Best getroffen, wenn sie die Entsch ü den FamNamen versehentl unterlassen od einen rechtl unzul Namen (zB eine Namenskombination od einen Phantasienamen) gewählt h. Ist der Mannesname zu gemeins FamNamen geworden, ist äußerl nicht erkennb, ob dies aGrd einer Namenswahl od inf v II 2 geschehen ist. **dd) Keine Korrektur** der Namenswahl, auch nicht dch Anf (Celle FamRZ **82**, 267).

c) **Durchführung der Namenswahl, II 1. aa)** Die Bestimmg des Ehenamens erfolgt dch **Erklärung gegenüber dem Standesbeamten.** Keine GesamtErkl; Einzelerklärgen genügen (Rolland Rdn 9). Soweit WillensErkl, finden RechtsGeschRegeln nur beschränkt Anwendg; keine Irrtumsanfechtg (Stgt Just **87**, 28), da NÄG lex specialis (aA Rolland Rdn 10). Die Einzelh des Verfahrens ergeben sich aus EheG 13 a nF. Der StBeamte soll die Verlobten vor der Eheschl befragen, ob sie eine Erkl darüber abgeben wollen, welchen Ehenamen sie führen w. Die Verl haben dann Gelegenh, ihren zuünft gemeins Namen zu best. Reagieren sie auf die Befragg nicht od mit einer unzul Best, die sie auch auf Belehrg hin nicht korrigieren, wird mit der Eheschl automat der Geburtsname des Mannes zum Ehenamen. Die Unterlassg der Befragg hat auf die Wirksamk der Eheschl u damit das Zustandekommen des gemeins Namens keinen Einfl (Soll-Vorschr). **bb)** Die Erkl ü den Ehenamen ist **bei der Eheschließung** abzugeben, praktischerw also vor der Trauung (EheG 14). Zul aber auch die zeitl (etwa bei Bestellg des Aufgebots) vorgezogene Erkl (Kln StAZ **80**, 92), dagg nicht die Erkl nach Vollzug der Eheschl (Bln StAZ **77**, 290). Dann nur noch NamÄnderg nach dem NÄG. Zur Ausn bei Eheschl im Ausl EheG 13 a II. Wenn II 1 von der Erkl der „Eheg bei der Eheschl" spricht, so zur sprachl Vereinfachg; richt EheG 13 a I. Die nicht notw bei gleichzeit Anwesenh abgegebenen übereinstimmden Erkl der beiden Verl sind spätestens mit ihrer ordngsmäß Beurk bindd (BT-Drucks 7/650 S 217). Der Erwerb des zum Ehenamen gewählten Namens tritt für den and Eheg erst mit der Eheschl ein. Unterschr vor dem StBeamten also mit dem neuen FamNamen. **Widerruf** nur bis zur Eheschließg, nicht bis zur Eintragg (Rolland Rdn 9).

d) **Folgen.** Der dch Wahl od kr G zum gemeins Namen beider Ehel gewordene Ehename genießt für beide Eheg vollen **Namensschutz** (§ 12). Beide haben das R zur Führg des Ehenamens, dem eine ebsolche Pfl entspricht, so daß jeder v ihnen ggf mit der HerstellgsKl darauf hinwirken k (Einf 3 vor § 1353), ebso wie aGrd des allg PersönlkR ein Anspr darauf besteht, daß Dritte sie mit diesem Namen bezeichnen (Einf 1 vor § 1353), selbst nach dem Tode (Mü JW **23**, 132; AG Opladen FamRZ **68**, 205). Gg den unbefugten Gebrauch des Namens steht jedem der Eheg ein von dem Verhalten des and Teils unabh UnterlassgsAnspr zu, ggf auch ggü dem and Eheg (RG **108**, 230), insb besteht ein Anspr darauf, daß der Mann seine Geliebte nicht als seine Ehefr ausgibt (Warn **27**, 138). Unbeschadet II u III kann derj Eheg, der seinen bish Namen dch die Eheschl verloren h, außerh des RechtsVerk den alten Namen als Pseudonym führen od ihn dem neuen Namen zusetzen, ohne daß der Eheg dagg mit der HerstellgsKl vorgehen k. Jeder kann auch, ohne eine Erkl gem III abzugeben, dem FamNamen dch Zusätze wie „geborene(r)" od „verwitwete(r)" frühere Namen beifügen. Auch wenn sich jmd nur mit dem neuen FamNamen nennt, behält er die Rechte aus § 12 hins des eig Geburtsnamens (RG JW **12**, 338; **25**, 363), hat dann also auch ein BeschwR gg die Berichtigg dieses Namens im PersStReg (KG DR **39**, 448). Namenswechsel bei Wiederheirat nach Scheidg erstreckt sich auch auf die in der 1. Ehe geborenen Kinder (Ffm NJW **78**, 2301).

3) **Beifügung des übergangenen eigenen Namens („Begleitname"), III.** Zur Bedeutg des Begleitnamens Anm 1 u 2a. Dort auch zur Behandlg von Altehen. **a)** Der Eheg, der dch die Eheschl den bish geführten FamNamen eingebüßt, kann sich damit begnügen, dem neuen Namen den Zusatz „geb" uä hinzuzufügen (Anm 2 d aE), u zwar auch der Ehem (vgl AG Hbg StAZ **74**, 157 bez ehem DDR-Bürger). Für ein weitergehedes **Interesse an der Namensbeibehaltung,** wie es insb bei Wissenschaftlern, Kaufleuten u Freiberuflern mit eig Praxis vorh sein k, eröffnet III die Möglk, dch Erkl ggü dem StBeamten dem Ehenamen den eig Geburtsnamen od den zZ der Eheschl geführten Namen voranzustellen. Damit „soll erreicht w, daß ein Name, unter dem ein Eheg vor der Eheschl im Berufsleben bekannt gew ist, auch nach der Eheschl in der Reihenfolge der Nachnamen an hervorgehobener Stelle erscheint" (BT-Drucks 7/3119 S 4). Das BeifüggsR ist ein GestaltgsR u besteht unabh von der Zust oder sogar einem entggstehnden Willen des and Eheg, bedarf der Nachw eines rechtl Interesses erfdl. Recht zur Voranstellg auch bei Frauen, die vor dem 1. 7. 76 geheiratet haben, unabh davon, ob sie gem § 1355 S 2 aF ihren Mädchennamen angefügt haben (1. EheRG Art 12 Z 2; Ruthe FamRZ **76**, 412). Voranstellen läßt sich als BeglName immer nur der bish geführte eig Name, der nicht Ehename gew ist. Worauf die Übergehg zurückzuführen ist, spielt keine Rolle; die Aufn des BeglNamens ist dagg ausgeschl, wenn der Mannesname über II 2 zum Ehenamen gew ist. Bei jmd, der nach III verfahren ist, sind **drei Namensbestandteile** zu unterscheiden: Vorname, FamName u Begleitname. Letzterer ist persönlichgebunden, erlischt also mit dem Tode, u ist im amtl Verk zus mit dem FamNamen zu führen; sonst falsche Namensführg (vgl OWiG 111). Es entsteht ein famrechtl Sicht ein unechter Doppelname. Lautet der Ehename Y u führt der eine Eheg gem III den Namen X-Y, so ist er unter diesem vollen Namen beim Einwohnermeldeamt zu registrieren, sein TelephonAnschl ist unter X-Y zu finden u er ist als solcher im Grdbuch einzutragen, u zwar bei MitEigt beider Ehel gesondert. Dagg erscheint der Begleitname weder im Heiratseintrag noch in der darüber ausgestellten HeiratsUrk (Reichard StAZ **76**, 179). Wo es auf alphabet Reihenfolge ankommt (zB im Proz), ergeben sich neuart Manipulationsmöglk. Ausweis, Reisepaß, Reg u Karteien lassen den Träger eines BeglNamens seinen übr FamAngehörigen uU recht fernrücken. Der and Eheg kann den BeglNamen nur unter den Voraussetzgen des NÄG erwerben. Für die Kombination v Begl- u FamNamen besteht voller Namensschutz iSv § 12.

b) Hinzugef werden kann der **Geburtsname** od der **zur Zeit der Eheschließung sonst geführte Name.** Im Ggsatz zu einer reinen Wortlautinterpretation u zu II 1 handelt es sich hier nicht um eine

§ 1355 3–5   4. Buch. 1. Abschnitt. *Diederichsen*

Wahlmöglk. BeglName kann stets nur der Name werden, den der Eheg mit dem ihm fremden neuen FamNamen vor der Eheschl tatsächl geführt hat. Das folgt aus der ratio legis (Anm a), wonach die Vorschr dem Erhaltsinteresse, nicht der Erweiterg der Namensmöglichkeiten Rechng tragen soll. Es können also nicht dch eine frühere Eheschl verloren gegangene Geburtsnamen od nach Ehescheid abgelegte Namen aus früheren Ehen anläßl der Eingeh einer neuen Verbindg reaktiviert w. Die ggteil Auffassg lag deutl dem RegEntw zGrde, wonach als BeglNamen jmd den Geburtsnamen „od einen und Namen" anfügen durfte, „den er vor der Eheschl geführt h" (BT-Drucks 7/650 S 6 u 97); der RAusschuß wollte wohl an dieser Wahlmöglk nichts ändern (BT-Drucks 7/3119 S 4 u 11), setzt sich damit aber mit seiner eig Zielrichtg (vgl Anm a) in Widerspr u begünstigt den Eheschließden in einer gg GG 3 I verstoßden Weise ggü demj, der die Möglk, einen früh Namen wiederzuerlangen nur unter den erschwerten Voraus des NÄG besitzt. Als BeglName kommt nur ein Name in Betr, der nicht Ehename gew ist, so daß bei vollst Namensidentität (zB Müller) eine Verdoppelg ausscheidet; and bei unterschiedl Schreibweise (Meyer-Meier) od Klang- u Wortbilddifferenzen (Róbert-Robért, Schulz-Schulze).

c) Währd der BeglName nach § 1355 S 2 aF von der Frau dem neuen FamNamen hinzugefügt w konnte, was allg iS von Anhängen verstanden wurde (OVG Hbg JZ **56**, 172), sieht III nur die Möglk vor, den vorher geführten Namen dem neuen FamNamen **voranzustellen** (zur Diskussion darü BT-Drucks 7/3119 S 4 u 7/3268 S 3). Die Verbindg von Begl- u FamNamen erfolgt dch Bindestrich.

d) Der Begleitname wird **durch Erklärung gegenüber dem Standesbeamten** aufgenommen. Die Aufn bedarf der öff Beglaubigg, III aE, für die der das FamBuch führde StBeamte zust ist (PStG 15c). Falls ein solches nicht geführt w, ist der StBeamte zust, der die Eheschl beurk hat; ist die Ehe nicht in der BRep od in W-Bln geschl, der StBeamte des StA I in W-Bln (PStG 15c idF des 1. EheRG). Die Erkl ist an keine Fr gebunden, so daß sie auch längere Zt nach der Eheschließg u auch iF der Scheidg nachgeholt w kann (Anm 4), ebso bei vor dem 1. 7. 76 geschl Ehen, so daß verlorener Name u auch bisl gem eF nachgestellter Name jetzt vorangestellt w kann (Böhmer StAZ **76**, 238). Eine bei Eheschl „vM" gen Frau kann desh nach dem Tode ihres 2. Mannes dem bis dahin geführten Ehenamen „W" ihren Geburtsn „vG" voranstellen (AG Flensbg StAZ **78**, 221). Zur Namenswahl bei Eheschließg mit **Ausländern** vgl EGBGB 10 Anm 3 a aa.

e) **Beseitigung des Begleitnamens.** Eine Ablegg des BeglNamens kommt nicht dch Anfechtg (aA Celle FamRZ **82**, 267), sond nur unter den Voraus des NÄG in Betr (OVG Münst NJW **83**, 1868). Aber keine allg Rückgängigmach der Entsch zG des BeglNamens wg bl Unannehmlk (VG Brem NJW **88**, 1284 = StAZ **88**, 171 mAv Nasse). Verlust des BeglNamens auch dch Adoption (allerd mit der Möglk des § 1757 II; KG StAZ **88**, 170) u iF der **Wiederverheiratung.** Bei erneuter Eheschl gilt III wörtl, dh es entsteht ein neues WahlR, so daß der Geburtsname oder der bei Eheschl geführte früh Ehename als BeglName geführt w kann (and LG Bayreuth StAZ **87**, 280: nur der früh Ehename; AG Wupp StAZ **88**, 14: früh Ehename einschließl des bisher BeglNamens).

4) Der verwitwete oder geschiedene Ehegatte hat uU ein **vierfaches Wahlrecht:** Grdsätzl behält er den bisl geführten Ehenamen, **IV 1.** Er kann, wenn dies nicht sein Geburts- od bei Eheschl geführter Name ist, diesen jetzt nachträgl dem beizubehaltenden Ehenamen voranstellen (Anm 3d); ferner unter Aufgabe des bisher Ehenamens seinen Geburts- od den zZ der Eheschl geführten Namen als alleinige Bezeichnung seiner Pers wieder annehmen (aber ggf unter Umwandlg in „Freifr"; StAZ **83**, 320). Zul uU auch die WiederAnn des Geburtsnamens, wenn zunächst Beifügg des Begleitnamens gewählt w war (BayObLG NJW **85**, 1910). Ausgeschl ist es dagg, einen außerh des Ztpktes der Eheschl geführten Namen aufzugreifen, zB den vor einer Adoption geführten eigtl Geburtsnamen od den sZt abgelegten Namen aus einer Vorehe. Für den Fall der Scheidg ist ein R auf **Unterlassung der Namensführung** nicht mehr vorgesehen (vgl Ruthe FamRZ **76**, 413). In den schweren Mißbr Fällen (zB versuchter Gattenmord, Ausnutzg des Ehenamens zu betrüger od ehrmindernden Aktionen, Prostitution uä) wird man einen solchen Anspr trotz Abschaffg des EheG 56 nach allg Verwirkgs- u Namensschutzregeln zulassen müssen, wenn der Name des Betroffenen zum Ehenamen gew war. Ggü dem Ehem, der den Namen der Ehefr erschleicht, um unter dem Ehenamen ungestört Straftaten begehen zu können, besteht nach Eheschl eig ein Anspr auf Ablegg des Ehenamens (Brschw NJW **79**, 1463: §§ 12, 242). Das NamenswahlR gilt iF der Ehescheidg u beim **Tod** des and Eheg, obwohl die vom RAussch (BT-Drucks 7/3119 S 6) unterstellte „gleichwert Interessenlage" nicht recht erkennb ist; bei Auflösg der Ehe dch den Tod bleibt idR eine Bindg an den Partner bestehen, die iF der Scheidg regelmäß fehlt, so daß nicht einzusehen ist, warum es iF der Verwitwg nicht bei IV 1 hätte sein Bewenden haben sollen. Nach der geltden Regel muß das WahlR auch nach TodesErkl gegeben s. Die Erkl gem IV 2 bedarf der öff Beglaubigg u ist dem StBeamten ggü abzugeben (Anm 3d). Die Wahl ist endgült. Behält die Frau nach dem Tode ihres Mannes dessen Namen, macht sie sich einer mittelb UrkFälschg (StGB 271) schuld, wenn sie die 2. Ehe unter ihrem Mädchennamen eingeht (RGSt **60**, 231). Bei Wiederverheiratg kann der bei Eheschl erworbene bish Name nicht neuer FamName werden (II 1), ist aber als BeglName weiterführb (III). Die Ausübg des WahlR ist an keine Fr gebunden.

5) Nachträgliche Änderungen des Ehenamens können aGrd verwaltgsrechtl AO gem NÄG od aGrd famrechtlicher Ereign eintreten (Einzelheiten ins üb die verfmäß Beteiligg des von dem Antr auf NamÄnderg betroffenen and Eheg NJW **76**, 1172 sub V). Kein Wechsel des Ehenamens bei Änderg der Staatsbürgsch des and Eheg (BGH **63**, 107). Ändert sich der Ehename bei einem Eheg, so nimmt der and Eheg daran nicht mehr ow teil (and noch nach bish R Ffm FamRZ **67**, 481); so zB, wenn der Ehem ohne Mitwirkg seiner Frau ein NamensändergsVerf nach dem NÄG dchgeführt h. Das PersönlR hat hier ggü dem EinheitlichkPrinzip (Anm 2a) den Vorrang. Mittelb Namensänderngen können sich ergeben, wenn der Namensänderer verh Abkömmlinge hat. Eine Auswirkg auf den FamNamen der Ehel kann allerd überh nur eintreten, wenn der bei den EltT geänd FamName zum Ehenamen in der Ehe des Abkömml gew ist. Iü gilt der Grds, daß Namensänderngen in der Vorgeneration sich auf den Ehenamen von Abkömml nur dann erstrecken, wenn die jungen Ehel eine gemeins AnschließgsErkl abgeben (§§ 1617 IV 1, 1618 IV, 1720 S 2, 1737 S 3, 1740 f III, 1758 III, 1762 S 2).

Bürgerliche Ehe. 5. Titel: Wirkungen der Ehe im allgemeinen § 1356 1–4

1356 *Haushaltsführung und Erwerbstätigkeit.* ¹Die Ehegatten regeln die Haushaltsführung im gegenseitigen Einvernehmen. Ist die Haushaltsführung einem der Ehegatten überlassen, so leitet dieser den Haushalt in eigener Verantwortung.
II Beide Ehegatten sind berechtigt, erwerbstätig zu sein. Bei der Wahl und Ausübung einer Erwerbstätigkeit haben sie auf die Belange des anderen Ehegatten und der Familie die gebotene Rücksicht zu nehmen.

Schrifttum: Burckhardt, Ausgl f Mitarbeit eines Eheg im Beruf od Geschäft des and, Bielef 1971; Fenn, Die Mitarbeit in den Diensten FamAngehöriger, Hombg vdH 1970, außerd FamRZ **68**, 291 u Betr **74**, 1052 u 1112; Gernhuber FamRZ **58**, 243 u **59**, 465; Henrich FamRZ **75**, 533; Kropholler FamRZ **69**, 241; Leuze-Ott FamRZ **65**, 20; Lieb, Die EhegMitarbeit im Spanngsfeld zw RGeschäft, Berechergs-Ausgl u gesetzl Güterstd, Tüb 1970; Maiberg Betr **75**, 385; Müller-Freienfels, FS Maridakis II 1963 S 357 sowie FS Nipperdey 1965, Bd I, S 625; Ramm JZ **75**, 505; D. Schwab JZ **70**, 1; Diederichsen NJW **77**, 219; Giesen, Ehe, Familie u Erwerbsleben, Paderborn 1977; Kurr FamRZ **78**, 2; Johannsen, Vermögensrechtl AuseinandSetzg unter Eheg nach Auflösg der Ehe bei Gütertrenng, WM **78**, 502; Schacht, Die Bewertg der Hausarb im UnterhR, Gött 1980, sowie FamRZ **80**, 107.

1) Die Vorschr stellt HaushFührg u ErwTätig endgült dem ggseit Einvernehmen der Eheg anheim. Der GesGeb hat damit das **gesetzliche Leitbild der Hausfrauenehe aufgehoben** ohne ein neues Leitbild zu setzen (BT-Drucks 7/650 S 75 u 97 sowie 7/4361 S 7). Die Eheg müssen über die in der Ehe u Fam anfalldn Aufgaben **Einvernehmen erzielen.**

2) **Haushaltsführung, I.** Erfolgt eine vollst Übertr auf einen Eheg, so ist die HaushFührg dessen Beruf, den II deutl von der Erwerbstätig unterscheidet. Zum Arbeitszeitbedarf BGH NJW **79**, 1501. Auf die Feststellg des **wirtschaftlichen Werts** der HaushFührg kommt es vor allem bei Tötg od Verletzg des HaushFühreden an (vgl dazu zuletzt BGH NJW **86**, 715 sowie § 844 Anm 6 A). Zur Bewertg bei beiderseit BarEink BGH FamRZ **84**, 142.

a) **Vertragliche Aufgabenteilung.** Kommt es zu keinem Einvernehmen, müssen beide Eheg die HaushFührg leisten (vgl BGH FamRZ **74**, 367), anderers aber zumindest in der kinderlosen Ehe ihre Arbeitskr auch im Erwerbsleben verwerten (Dieckmann FamRZ **77**, 89). **Beschränkungen** der Autonomie der Eheg zur Übernahme der HaushFührg können sich vor allem aus dem UnterhR ergeben (§ 1603 Anm 2c). Zu den inhaltl Gestaltgsmöglichkten, zur Rechtsnatur des Einvernehmens u zum Widerruf vgl 44. Aufl.

b) **Haushaltsleitung, I 2. – aa)** Derj Eheg, dem die HaushFührg überlassen w ist, leitet den Haush **in eigener Verantwortung** u ist damit zur alleinigen HaushFührg berecht, so daß er nicht der Entscheidgsgewalt des and Eheg unterliegt, der ihm grdsl nicht hineinreden od dch Verweigerg des WirtschGeldes (§ 1360a Anm 2a) die HaushFührg unmögl machen darf. SchadErsAnspr wg Behinderg der HaushFührg vS Dritter stehen dem haush-führdn Eheg zu (BGH GrS **50**, 304); bei Tötg Anspr des and Eheg nur aus § 844 II, nicht aus § 845 (BGH **51**, 111). – **bb)** Die HaushFührg ist zugl eine **Pflicht** desj Eheg, dem sie überlassen w ist. Sie endet mit Aufhebg der ehel Gemsch, besteht aber ggf der übr Fam ggü fort (vgl § 1360 S 2).

c) **Umfang der Haushaltsführung. – aa)** Führg des Haush bedeutet Leitg u Ausführg (RG **152**, 225); sie umfaßt alle Anordngen für das Hauswesen, die das gemschaftl Leben mit sich bringt, sowie sämtl Besorgngen (Kinderbetreuung, Säubern v Wohng u Kleidg, Zubereitg der Mahlzeiten usw; vgl § 1357 Anm 2b), die üblicherw dch den haush-führdn Eheg erledigt w (RG **61**, 78). – **bb)** Die **Mithilfe** des and Eheg bestimmt sich nach § 1353 Anm 2b dd, die der Kinder nach §§ 1618a, 1619, ggf aber auch nach UnterhR. Entscheid der Zuschnitt des Hauses, insb die Zahl der Kinder sowie der Umfang der Erwerbstätig der Eheg (BGH JZ **60**, 371 mAv Müller-Freienfels; Stgt NJW **61**, 2113).

3) **Erwerbstätigkeit, II. – a)** Beide Eheg sind berecht, erwerbstät zu sein; doch steht dieses **Recht** unter der Schranke der **Familienverträglichkeit.** Dabei gehören zur Familie in diesem Sinne nicht nur die in die häusl Gemsch aufgenommenen Angehörigen, sond auch solche Pers, denen ggü eine sittl Verpfl zur Pflege u Betreuung besteht (BT-Drucks 7/4361 S 26). Eine **Verpflichtung** zur ErwTätig kann sich aus dem UnterhR ergeben (§ 1360 Anm 3c; § 1603 Anm 2c), insb wenn der haush-führende Eheg mj Kindern aus einer früh Ehe unterh-pflichtig ist (BGH NJW **87**, 1549). Analoge Anwendg v II auf ehrenamtl, polit, sportl u and Betätiggen (Rolland 11).

b) Ist die **Haushaltsführung einem der Ehegatten überlassen,** so steht die Zulässigk, daneben eine ErwTätig aufzunehmen, unter der Einschränkg des Vorrangs der Pflichten in Ehe u Fam. Die ErwTätig wird daher in erster Linie von der berufl Beansprchg des Eheg abhängen bzw davon, ob entspr HilfsPersonal zur Verfügg steht. Soweit HaushFührgsPflichten nicht betroffen s, ist damit betraute Eheg uneingeschrkt erwerbsberecht, zB im kinderl Haush. Die Kindeswohlgefährdg (§ 1666 Anm 3 u 4) stellt iü sicherl nur eine äußerste Grenze dar.

4) **Mitarbeit im Beruf oder Geschäft des andern Ehegatten** ist iGgs zu § 1356 II aF nicht mehr gesetzl vorgeschrieben (zur Regelungsbedürftig NJW **77**, 220). Eine entspr Verpfl folgt ggf unmittelb aus der iR der ehel LebGemsch anerkannten **Beistandspflicht** (§ 1353 Anm 2b dd; wie hier: Lüke, FS Bosch 1976 S 635; Rolland 18; Bergerfurth, EheR S 73; Ambrock S 38; einschr Gernhuber § 20 III). Zur Einhaltg der MitArb-Pfl steht ggf die HerstellgsKl zur Vfg (Einf 3a vor § 1353).

a) **Voraussetzungen.** Grdsätzl verwertet jeder Eheg seine ArbKraft nach eig Erm u die Beteiligg des and

§ 1356 4, 5   4. Buch. 1. Abschnitt. *Diederichsen*

Eheg an dem ArbErgebn erfolgt iR der UnterhPfl (§§ 1360ff, 1601ff) bzw iR des GütStandes, insbes also des ZugewAusgl (§§ 1371, 1372ff). In AusnFällen (and noch gem § 1356 II aF: Regelfall) besteht die **Verpflichtung,** seine Fähigkeiten u seine ArbKraft in den Dienst des and Eheg zu stellen.

aa) Eine MitArbPfl wird immer nur im **Beruf oder Geschäft** des and Eheg in Frage kommen, nicht für das Hobby od sonst Liebhabereien. MitArbPfl also in der Landwirtsch (BGH **LM** Nr 13); Handwerk; Ladengeschäft (Hamm MDR **64**, 505). Bei gehobeneren Berufen (Wissenschaftler, Künstler) evtl Abnahme der geschäftl Angelegenheiten. MitArbPfl kann auch bei bl Beteiligg des and Eheg an einem Gesch bestehen (RG **148**, 308; BAG NJW **74**, 380). Zur steuerrechtl Anerk iS v EStG 4 IV BFH NJW **89**, 319 u 2150.

bb) Nach § 1356 II aF bestand eine Verpfl zur MitArb, wenn diese nach den tatsächl LebVerhältn der Eheg übl war. Nach geltdem R wird man sie gem § 1353 I 2 auf gewisse **Zwangssituationen** beschränken: etwa Aufbau eines Anwaltsbüros od einer Arztpraxis (BGH FamRZ **59**, 454); Personalmangel od fehlde Mittel f Einstellg einer Hilfskr (BGH **46**, 385 mittelstand Musikwarenhersteller); Krankh od Notzeiten. Umgek entlastet eig Krankh od die Mögk, woanders mehr zu verdienen.

cc) Die MitArbPfl hängt davon ab, daß der verpfl Eheg die für die MitArb erforderl Fähigk u Fertigk mitbringt.

dd) Die MitArbPfl wird schließl dch I 2 begrenzt, kommt also bei kinderreicher Fam gar nicht od nur in beschrktem Umfg in Betr. Für den SchadErsAnspr n § 844 II kommt es auf die bes Ausgestaltg der ehel LebGemsch an (BGH NJW **80**, 2196).

b) Rechtsfolgen. Kein allg VertretgsR des mitarbeitden Eheg, auch nicht bei freiw MitArb; es gelten vielm die allg VertrRegeln (§§ 154ff, 1357, HGB 56; sa Einf 2b vor § 1353). Soweit MitArbPfl besteht, entspr Anspr des and Eheg. Dagg trifft diesen eine Pfl zur Beschäftigg des arbeitslosen Eheg, schon gar nicht im Interesse v dessen Gläub (BAG FamRZ **73**, 626 mAv Fenn; Gernhuber § 20 III 2). Auf die Erfüllg der MitArbPfl kann verzichtet w (BGH FamRZ **62**, 357). Haftg Dr ggü nach §§ 278, 831 (Weimar JR **79**, 271). Bei Nichterfüllg der MitArbPfl kein SchadErs (BGH **23**, 217), allenf HerstellgsKl (Anm 4 aA). Für SchadZufüggen in Ausübg der MitArb haften die Eheg einand gem § 1359 (RG **148**, 303). Zur SchadErsPfl Dr bei Tötg od Verletzg des mitarbeiten Eheg §§ 844, 845. ErsAnspr steht dem verl Eheg selbst zu (BGH **50**, 304; **59**, 172). Zum ArbEntgelt Anm c u d. Zum UnfallVersSchutz gem RVO 539 BSG FamRZ **77**, 709.

c) Entgeltlichkeit der Mitarbeit. Unabh davon, ob die MitArb des Eheg im Beruf od Gesch des Ehepartners aGrd einer entspr Verpfl (Anm a) od freiwill erfolgt, entsteht das Probl, wie die geleisteten Dienste zu vergüten sind. Aus der Üblichk der MitArb folgt nicht ohne deren Unentgeltlichk (Müller-Freienfels, Nipp-Festschr S 631; Gernhuber FamRZ **58**, 248; sa BVerfG FamRZ **62**, 100).

aa) Vorrang haben ijF entspr, ggf auch nachträgl (BGH FamRZ **89**, 732) **Vereinbarungen der Eheleute** über die Entgeltlichk, wodch ein Arbeitsverhältn od ein GesellschVertr (dazu Anm d) zw ihnen zustande kommt. Die aGrd der Gleichberechtig veränderte Stellg der Eheg zueinander steht solchen ArbVerträgen ebsowenig entgg (BVerfG NJW **57**, 417; FamRZ **62**, 107) wie der gesetzl Güterstd, bei dem sich ein evtl Zugew erst später (Tod, Scheidg) auswirkt; dieser ist insof nur Mindestberücksichtgg (Staud-Hübner 44). Das ArbVerhältn u die entspr Vergütg können stillschweig u bis zur Grenze v § 1410 forml vereinb w (vgl BGH FamRZ **62**, 357). Entscheidd, ob die **Auslegung** den Abschl eines ArbVertr zwingd nahelegt. Steuerrechtl (Lit: Wägenbauer JZ **58**, 396; Hartung NJW **59**, 1903) werden idR ArbVerhältn v Eheg nur anerkannt, wenn die vereinb Vergütg auch tats gezahlt wurde (BFH NJW **64**, 1646; sa BFH BB **68**, 1029), auch wenn der vereinb ArbLohn unübl niedr ist (BFH NJW **84**, 1487). Zur VersichergsPfl v EheBeschäftigten Schulte BB **75**, 472. Kriterien: Eine VergütgsPfl scheidet idR aus bei unbedeutn Hilfsarbeiten, fehlder Bindg an best ArbZeit u wenn kein Gewinn erzielt od der Gew wieder der Substanz zugeführt w (Staud-Hübner 48, 52). Ferner kein Anspr auf Entgelt bei bes Verhältn wie Krieg od längerer Krankh (RG **133**, 383), da dann gesteigerte MitArb erfdl. Iü entsch einers der Zushg mit der UnterhPfl des Mitarbeiten (Kropholler FamRZ **69**, 244), anderers der erkennb gemachte Wille des mitarbeiten Eheg. Unentgeltlichk ist anzunehmen, soweit die MitArb der UnterhPfl dient u der Betrag nur dazu ausreicht, daß die Fam ihr Auskommen hat, wie in einem LadenGesch od in einer kl Landwirtsch (BGH FamRZ **66**, 492). Bleibt der Verdienst zunächst im Gesch stehen, kommt es dementspr darauf an, ob der LohnAnspr dch den von diesem Eheg zu leistden UnterhBeitrag aufgebraucht ist od nicht (Kln JMBlNRW **71**, 272). Werden über den FamUnterh hinausgehde Werte geschaffen, so kommt es darauf an, ob bei dem mitarbeiten Eheg ein entspr Vergütgswille vorh ist od ob er sich mit seinem Unterh u dem etwaigen Anteil an dem gemeins erarbeiteten Zugew bescheiden will. BGH **46**, 390 stellt für das Fehlen eines solchen Erwerbswillens ebenf auf die Üblk der MitArb ab, dh prakt, daß die MitArb iR des Üblichen grdsl unentgeltl geleistet w. Der Ausgl wird in dem dch seine Leistg erhöhten LebStandard u dem evtl ZugewAnspr gesehen (Erm-Heckelmann 13; krit Hanau AcP **165**, 277). Die Entgeltlichk kann sich auch aus den bes Verhältn ergeben, so etwa wenn der mitarbeitde Eheg für ein erstehl Kind zu sorgen h (KG JW **21**, 635), ferner bei Schulden des Mitarbeiten (vgl ZPO 850h II; Bobrowski Rpfleger **59**, 12); entscheidd, ob aus der Sicht eines Dr eine ständ u üblicherw zu vergütde MitArb anzunehmen ist, so daß ehel Beziehgen allenf f die Höhe der Vergütg eine Rolle spielen (BAG NJW **78**, 343). **Steuerliche** Anerk des ArbVerhältn nur, soweit es auch von Dr vereinb w wäre (vgl BFH NJW **89**, 319).

bb) Eine Schenkg liegt bei Gewährg eines Entgelts in allen diesen Fällen nicht vor; wichtig wg § 531. Verdienst ist entspr den Kosten f die ersparte Hilfskraft zu bemessen (§ 612; RG SeuffA **93**, 302); in diesem Umfg auch evtl Anspr aus § 812 I 2 (zu dessen Voraussetzgen RG **158**, 383; BGH FamRZ **66**, 492; Soerg-Herm Lange 26; Fenn FamRZ **68**, 296). Anspr geht, falls nichts and vereinb, auf Zahlg, nicht auf Beteiligg am Verm des and (BGH FamRZ **63**, 34). Beweispflichtig für vereinb Entgelt derj, der das behauptet.

d) Ehegattengesellschaft: § 705 Anm 8b; § 1372 Anm 1b dd sowie ausführl 48. Aufl.

5) Rechtsbehelfe. Um die sich aus § 1356 ergebdn Pflichten dchzusetzen, steht dem and Eheg nur die HerstellgsKl zur Vfg, wobei Urt aber nicht vollstreckb (ZPO 888 II). Äußerstenf bleibt Scheidg. Ggü

Bürgerliche Ehe. 5. Titel: Wirkungen der Ehe im allgemeinen §§ 1356, 1357

Dritten kann der haushführde Eheg, soweit es sich um sein Recht auf HaushFührg handelt (Anm 2), gg Beeinträchtiggen mit der UnterlassgsKl vorgehen, da insof absolutes Recht (LG Hann NdsRpfl **49**, 18).

1357 *Geschäfte zur Deckung des Lebensbedarfs.* ¹Jeder Ehegatte ist berechtigt, Geschäfte zur angemessenen Deckung des Lebensbedarfs der Familie mit Wirkung auch für den anderen Ehegatten zu besorgen. Durch solche Geschäfte werden beide Ehegatten berechtigt und verpflichtet, es sei denn, daß sich aus den Umständen etwas anderes ergibt.

II Ein Ehegatte kann die Berechtigung des anderen Ehegatten, Geschäfte mit Wirkung für ihn zu besorgen, beschränken oder ausschließen; besteht für die Beschränkung oder Ausschließung kein ausreichender Grund, so hat das Vormundschaftsgericht sie auf Antrag aufzuheben. Dritten gegenüber wirkt die Beschränkung oder Ausschließung nur nach Maßgabe des § 1412.

III Absatz 1 gilt nicht, wenn die Ehegatten getrennt leben.

Schrifttum: Fahr, Neuregelg der SchlüssGew, Bielef 1962 (Fabricius FamRZ **63**, 112); Müller-Freienfels JZ **57**, 693; Schlosser FamRZ **61**, 287; Thiele FamRZ **58**, 115; Struck MDR **75**, 449. **Zum 1. EheRG:** Büdenbender FamRZ **76**, 662; Diederichsen NJW **77**, 221; Witte-Wegmann NJW **79**, 749 (Teilzahlgsgeschäfte); Baur, Festschr f Beitzke, Bln 1979, S 111 (proz Auswirkgn); Mikat, ebdt S 293, RProbl der SchlüsselGew, Opld 1981, sowie FamRZ **81**, 1128; Roth FamRZ **79**, 361 (Mitberechtigg der Eheg); Elsing JR **78**, 494 (mj Eheg, ZwVollstr); Käppler AcP **179**, 245; Wacke NJW **79**, 2585; FamRZ **80**, 13; G. Walter JZ **81**, 601.

1) Allgemeines. a) Zur **Entstehungsgeschichte** der dch Art 1 Z 6 GleichberG geschaffnen Fassg s Vorbem bis zur 34. Aufl. Die bisl vom Leitbild der HausfrEhe auf die Ehefr beschrkte „Schlüsselgewalt" für Geschäfte „innerh ihres häusl Wirkungskreises" hat dch das 1. EheRG Art 1 Z 4 die ggwärt Fassg erhalten, wobei subj die VerpflichtgsBefugn auf beide Eheg ausgedehnt u obj statt auf den häusl WirkgsKr auf den angem FamLebBedarf abgestellt w ist. **b) Zweck:** Ist die HaushFührg einem Eheg allein überlassen (§ 1356 I 2), u zwar idR demj, der kein eig Einkommen hat, so versetzt dieser Eheg erst die Rechtsmacht, Geschäfte mit Wirkg auch für den and Eheg zu besorgen, in die Lage, der ihm zugefallenen Aufg gerecht zu w (vgl aber auch § 1360a II 2) u damit zugl den von ihm geforderten Beitrag zum FamUnterh (§ 1360 S 2) zu leisten (BT-Drucks 7/650 S 98). Da aber die HaushFührg auch ggstdnl zw den Ehel aufgeteilt w kann (§ 1356 Anm 2a aa), wird die Ehe aus den damit iZshg stehnden Rechtsgeschäften zur Rechts- uHaftgsGemsch der Ehel (krit dazu Büdenbender FamRZ **76**, 663; sa Anm d). Der Ausdruck „SchlüssGew" bezieht sich heute nicht mehr auf die umfassde HaushLeitg, sond auf die sich aus dem angem FamLebBedarf ergebde VerpflBefugn jedes Eheg. **c) Konstruktion:** Die VerpflBefugn zu Lasten des and Eheg ist sig R jedes Eheg u im gesetzl Rahmen des FamBedarfs unabh von der Verteilg u dem Umfang der eig HaushFührgsBefugn. Tritt der mit dem Dritten abschließde Eheg als solcher, dh unter Offenbarg seines Status auf, wobei Erkennbark ausreicht (§ 164 I 2), so verpflichtet sich der dch Gesch tätigde Eheg selbst (EigenVerpflichtg) u daneben auch den and Eheg dch Stellvertretg (§§ 164 I 1, 1357 I 2). Tritt der Eheg dem Dr ggü jedoch wie jeder and, nicht verheiratete Konsument auf, so wird der and Eheg aus der obj Tatsache, daß es sich um ein Gesch zur Deckg des FamBedarfs handelt, aGrd des dann als gesetzl VerpflichtgsErmächtigg wirkden § 1357 I 2 berecht u verpflichtet. **d) Verfassungsrecht:** Zweifelh ist, ob die im GläubInteresse begründete (vgl BT-Drucks 7/650 S 99 oben; Struck MDR **75**, 449) Regelg mit GG 3 I u 6 I vereinb ist (VorlageBeschl AG St Wendel NJW **88**, 882; bejahd Büdenbender FamRZ **76**, 774). Stellt man auf die „Schenkg" eines ZweitSchuldn ab (Gernhuber, Neues FamR S 133), kommt sogar GG 2 I u die Gewährleistg der PrivAutonomie ins Spiel. Der Gläub gewinnt unabh v OffenkundigkPrinzip der StellVertr (§ 164 I 2) iRv RGeschäften zur Deckg des FamBedarfs einen zusätzl Schuldn aGrd der bl Tats, daß der VertrPartner verh ist. Ohne daß die Ehe dem Gl vorher erkennb zu sein braucht, w der Eheg des verh VertrPartners zur Zahlg verpfl u damit schlechter gestellt als jeder unverh Dr, für dessen LebBedarf ein und einkauft. Der Eheg muß selbst dann zahlen, wenn er f die HaushFührg zur Verfügg gestellt hatte. Die Benachteiligg von Ehel wird bes deutl ggü Fällen, in denen nach außen der Anschein einer Ehe erweckt w („Onkelehe"). Es ist sehr zu bedenken, ob mit der gesetzl Anerkenng der Doppelverdienerehe die SchlüssGew noch aufrechterhalten w kann. **e) Berechtigung und Haftung:** iR der Geschäftsbesorgg gem § 1357 I 1 wird der Eheg idR mitberecht (§ 432) u mitverpfl (§ 421), u zwar nicht nur hilfsw od beschränkt u nicht nur hins der vertragl, sond auch der vorvertragl Pflichten. Einzelheiten Anm 3a. Ggf muß sich ein Eheg auch das Wissen des and zurechnen lassen (BGH FamRZ **82**, 776). **f)** SchlüssGew hat auch der mj Eheg (EheG 1 II), gilt dagg nicht für Verlobte, in eheähnl Verhältn oder bei absolut nichtiger Ehe; bei nichtiger Ehe EheG 27. **g) Zwingendes Recht** in allen Güterstdn, auch nicht dch EheVertr abänderbr; aber Möglk zur Beschrkg od Ausschließg gem II. **h) Übergangsrecht:** Für Geschäfte vor dem 1. 7. 58 besteht die subsidiäre Haftg der Ehefr nicht (Arnold FamRZ **58**, 197; aA LG Bln FamRZ **57**, 320); für vor dem 1. 7. 77 geschl Geschäfte ist die Frau nur unter den Voraussetzgn v § 1357 I 2 aF verpfl. **i)** Da die Berufg auf die SchlüssGew zur Abwehr eigener Verpflichtgen aus nahestehender RGeschäfte nicht mehr in Betr kommt, wesh nach der aF der Ehefr die **Beweislast** für die Voraussetzgn der SchlüssGew trug, wenn sie aus einem von ihr abgeschl RGesch in Anspr gen w (Kass MDR **75**, 666), liegt die BewLast heute bei demj, der sich darauf beruft, also bei Geltdmachg von Berechtigten aus RGeschäften des and Eheg jew der Eheg, bei seiner Inanspruchn der GeschGegner. Für die Umst iSv I 2 aE ist der in Anspr gen Eheg beweispfl.

2) Voraussetzungen und Umfang, I 1 u III. a) Während sich nach § 1357 aF die Voraussetzg eines **gemeinschaftlichen Hauswesens** daraus ergab, daß die SchlüssGew nur für Geschäfte galt, die innerh des häusl WirksKr vorgen wurden, folgt das Erfordern heute aus III: bei Getrenntleben, dh bei Nichtbestehen der häusl Gemsch (§ 1353 Anm 2b bb), entfällt die wechselseit VerpflBefugn. Da Nichtbestehen des Hauswesens im GüterRReg nicht eintragb, muß Dr Bestehen auf eig Gefahr prüfen (Hamm FamRZ **75**, 346). **Begründung** des gemeinschaftl Hauswesens idR dch Schaffg eines Hausstandes (Ehewohng); zu bejahen

1327

§ 1357 2a, b

aber auch bei Leben im Hotel, bei den SchwEltern od wenn sonst eig Haush fehlt; dann aber ggf entspr Einschränkg des Umfangs. Kein Verlust der SchlüssGew dch **vorübergehende Trennung,** ob bei längerer, ist Tatfrage. Entsch der beiderseit Wille zur Aufrechterhaltg der häusl Gemsch, so daß längere AuslReise, Kriegsdienst, Gefangensch, SaisonArb, Strafhaft (Hamm FamRZ **75,** 346) u Unterbringg in HeilAnst (RG Gruch **54,** 1027) der Anwendbark v I nicht entggzustehen brauchen, ebsowenig ehewidr Beziehgen als solche (Hamm aaO). Die SchlüssGew ruht (KG RJA **13,** 120) jedoch, wenn die Eheg im jurist Sinne **getrennt leben,** dh wenn willentl nach außen, dem Partner od Dr ggü, die häusl Gemsch aufgegeben (vgl BGH **4,** 279) od das gemeins Hauswesen aufgelöst w. Zum Begr vgl § 1567 sowie Büdenbender FamRZ **76,** 669. Es kommt nicht darauf an, ob ein Recht dazu besteht (§ 1353 II). Grd u Schuldfrage gleichgült (OLG **6,** 155), ebso, ob ein Eheg den Haush selbstd fortgeführt (Brschw OLG **43,** 35). Währd des GetrLebens kein Gutglaubensschutz Dritter (LG Tüb FamRZ **84,** 50; Dörr NJW **89,** 813; Rolland Rdn 7). Um Wiederaufleben vorzubeugen, ist (and als bei rechtskr Scheidg, KG DJ **34,** 1784) Beschrkg gem II u deren Eintr ins GüterRReg mögl (BayObLG FamRZ **59,** 505; Hbg MDR **57,** 164; aM Hamm MDR **51,** 740), folgericht auch Aufhebg der Beschrkg wg Grdlosigk (Mü JFG **14,** 224; aM OLG **21,** 213). Bringt Ehefr währd GetrLebens Kind ins Krankenhaus, eig Verpfl der Frau; Verpfl des Ehem nicht aus I wg Ruhens der SchlüssGew gem III, wohl aber gem §§ 683, 679, 1601ff (Bielef FamRZ **67,** 335). Bei Wiederherstellg des ehel Hauswesens lebt SchlüssGew von selbst wieder auf (KG OLG **30,** 40). RVerpflichtgen werden dch eine spät Trenng nicht beseitigt (AG Beckum FamRZ **88,** 501).

b) Die VerpflBefugn erstreckt sich auf die **Geschäfte zur angemessenen Deckung des Lebensbedarfs der Familie.** Da § 1356 I 1 die Regelg der HaushFührg der Vereinbg der Eheg anheimstellt, die Aufteilg des „häusl WirkgsKr" unter den Eheg also wandelb ist u von Fall zu Fall versch sein kann, erschien dieser Begr dem GesGeber als der RSicherh abträgl; er wurde desh dch die oa Formulierg ersetzt (BT-Drucks 6/650 S 99). In der Sache ergeben sich daraus Abweichgen von bisher RLage nur in Randbereichen (vgl insb Anm bb). Keine Hftg für berufl bedingte Verpfl des Eheg (AG Augsbg FamRZ **87,** 819).

aa) Geschäfte. Die SchlüssGew betrifft nur RGeschäfte, nicht tatsächl Handlgen. Unerhebl, ob für das Gesch ein Bedürfn vorlag, zB bei gleichen Anschaffgen an mehreren Stellen od Doppelkäufen dch beide Eheg, falls nur das einz Gesch den angem LebBedarf der Fam nicht überschreitet (RG **61,** 78); aber uU Mißbr im Innenverhältn. Das Gesch ist dennoch nichtig, weil der Dr auf Veranlassg des den Vertr schließden Eheg eine falsche Rechng ausgestellt h (RG **101,** 399). Die SchlüssGew bezieht sich auf schuldrechtl wie dingl Geschäfte; sie ermächtigt zur Geltdmachg von HerausgAnspr uä. Ferner fallen darunter gewisse Vor- u FolgeGesch wie Anschreibenlassen (Esn NJW **68,** 1527), es sei denn der aufgelaufene GesBetr kann nur langfrist zurückgezahlt w (LG Saarbr NJW **71,** 626). Aus der Aufn eines HausfrKredits wird der Ehem nicht mitverpfl (Aach NJW **80,** 1472). Soll bei einem **Ratenkaufvertrag** der and Eheg gesamtschuldnerisch haften, so müssen auch ihm ggü die FormVorschr des AbzG eingehalten w (AG Michelstadt NJW **85,** 205; AG Elmshorn NJW-RR **87,** 457; Witte-Wegmann u Wacke NJW **79,** 749 u 2585; aA AG Lampertheim NJW-RR **87,** 1155). Gehört ein Gesch sachl zum angem FamBedarf, so kann es auch auf Reisen vorgen w.

bb) Der GesGeber hat die ggständl typisierde Betrachtgsweise v § 1357 aF wg der Möglichk zur Funktionsaufteilg (§ 1356 Anm 2a aa) preisgegeb u an ihrer Stelle eine pseudoempirische u pseudonormat Leerformel gesetzt (krit auch Lüke, Festschr f Bosch 1976, S 636f). Dem Begr der angem Deckg des **Lebensbedarfs der Familie** lassen sich vom Wortlaut her alle Geschäfte subsumieren, die sich innerh des verfügb FamEinkommens halten. Danach wären ggf auch Grdstückskäufe, Erwerb von LuxuseinrichtgsGgsten, Flugreisen uä von der SchlüssGew gedeckt, ja als ow zur „angem" Deckg eines gehobeneren LebBedarfs gehören können. Der GesGeber war aber der Auffassg, daß „Geschäfte größeren Umfangs, die ohne Schwierigkeiten zurückgestellt w könnten", nicht darunter fallen sollen (BT-Drucks 7/650 S 99). In der Formulierg des Gesetzes hat sich diese ratio legis nicht niedergeschlagen. Insb ist nicht ersichtl, inwief aus dem obj Begr „angem Deckg" eine Beschrkg der Bindgsmöglikeiten zL des and Eheg auf Geschäfte gefolgert w kann, die in dieser Ehe von jedem Eheg allein getätigt w dürfen (and Rolland Rdn 14). Trotzdem muß die Neufassg restriktiv dahingeh interpretiert w, daß dem LebBedarf der Fam nur solche Geschäfte angem s, über deren Abschluß vor ihrer Eingeh eine Verständigg zw den Eheg gewöhnl als nicht notw angesehen wird u über die idR auch keine vorher Abstimmg stattfindet. Dieser Auslegg ist schon desh der Vorzug zu geben, weil es sonst gerade bei solchen Dingen, die mit einem erhebl finanziellen Aufwand verbunden sind, zu überraschden Doppelverpflichtgen der Ehel kommen kann. Sie entspricht auch der „Grundhaltg" des 1. EheRG, „daß das ehel Leben nicht nach gesetzl vorbestimmten Verhaltensmustern abläuft, vielm von der Übereinstimmg der Eheg abh ist" (BT-Drucks 7/650 S 99). Völlig unerfindl ist, warum das G umgestellt w mußte, wenn die Ersetzg des bish Eingrenzgskriteriums „häusl WirkgsKr" dch den neuen Begr „insow nicht zu einer Veränderg der Rspr führen" sollte (so ausdrückl Kniebes DRiZ **76,** 326). Nach Holzhauer JZ **85,** 685 soll sich die Verpfl des and Eheg nach der Angemessenh des Vorgehens bestimmen, so daß beim Handeln „mit der Übereinstimmg des Eheg abh ist" (BT-Drucks 7/650 S 99), dh hat viel für sich, doch spricht jedoch, daß sich ein eheinternes procedere im GeschVerkehr nicht erkennen läßt, auf dessen Schutz es aber gerade ankommt. Zu beachten ist, daß die im folgd zit Rspr aus der Zeit vor dem 1. EheRG auf den Begr „häusl WirkgsKr" abstellen mußte. Danach gehören zum angem LebBedarf der Fam in erster Linie die **Haushaltsgeschäfte,** wobei sich der Umfang der Zulässigk nicht, da der RSicherh abträgl (BT-Drucks 7/650 S 99), nach der Art u Weise der Aufgabenteilg innerh der HaushFührg richtet, sond obj nach dem FamBedarf u äußeren Zuschnitt des Hauswesens (Büdenbender FamRZ **76,** 668). Es gehören daher dazu die Beschaffg v LebMitteln, Heizg, Beleuchtg, Hausrat (OLG **21,** 212), einschl der Ersetzg v unbrauchb Gewordenem, Anschaffg einz EinrichtgsGgste (OLG **40,** 65), nicht aber der gesamten Einrichtg, wohl aber die Beschaffg v Kleidgstücken f die Fam u den haushführden Eheg selbst (RG **61,** 78), f den and Eheg in beschr Umfang (OLG **21,** 212), auch f die im Hause lebde erwachsene Tochter (OLG **34,** 248), Ausgaben f die Kindererziehg, Spielzeug, Schulbücher u and Lernmaterial im übl Rahmen (LG Stgt MDR **67,** 45), ferner in AusnSituationen Annahme, Beurlaubg u Entlassg v Hauspersonal (RG JW **06,** 460), in ländl Kreisen auch f die Feldwirtsch (Marienwerder Recht **06**, 1378) od Warenbestellgen für einen kl WirtschaftsBetr auf dem HausGrdst (LG Hann FamRZ **84**, 268); nicht Anschaffg eines Haustiers, wohl aber Beauftragg eines Tierarztes (AG Kerpen FamRZ **89**, 619); Beauftragg eines Wohnraummaklers (LG Brschw FamRZ **86**, 61); uU Untervermietg v Zimmern der Ehewohng (KG JW **32**, 3009); **Reparatur** des von der Fam genutzten Pkw (LG Freibg FamRZ **88**, 1052). Unter § 1357 fällt neben der Beschaffg v Medikamenten, einschl Pille (Itzehoe FamRZ **69**, 90; LG Mü FamRZ **70**, 314) auch die **Zuziehung eines Arztes** f die Kinder, das Hauspersonal u auch seine Inspruchn dch die haushführden Ehefr selbst (hM BGH **47**, 81; aA Dölle I § 45 II 2a; Heesen MDR **48**, 238, jedoch übersehen, daß die höchstpersönl Natur des RGesch das InnenVerhältn zum Arzt bez Einwillig in Eingriffe, SchweigePfl uä betrifft u nichts über das AußenVerhältn aussagt, wer VertrPartn des Arztes ist. Dagg wiederum mRücks auf das R zur Liquidationsüberprüfg (Holzhauer JZ **85**, 685), auch wenn der behandelte Eheg über eig Eink verfügt (LG Kblz NJW **81**, 1324). Bei Anwendg v § 1357 nF ijF MitVerpfl des Partn (aA bez aF BGH **47**, 83); nach Büdenbender FamRZ **76**, 671f keine Mithaftg des jew and Eheg bei beiderseit Erwerbstätigk sowie des nur haushaltsführden Eheg. Die Auslegg des Verhaltens kann allerd auch ergeben, daß der Betreffde nicht allein verpfl will, zB wenn der Ehem v der Behandlg nichts erfahren soll. Schließt der Ehem den gynäkolog BehandlgsVertr im Namen seiner Fr ab, ist er selbst nur dann nicht selbst verpfl, wenn er den Ausschluß der MitVerpfl eindeut offengelegt h (BGH **94**, 1 = JZ **85**, 680 mAv Holzhauer). Verpfl des Ehem uU auch für zusätzl Arztkosten bei Wahl der 2. Kl dch die Ehefr (Freibg NJW **76**, 375). Wer, wie LG Stgt NJW **61**, 972; Döring FamRZ **58**, 358 annimmt, daß bei eig Behandlg die Frau sich stets nur selbst verpfl könne, da der Vertr mit dem Arzt insow nicht innerh des VerpflichtgsRahmens liege, f den haftet der Ehem nicht ü § 1357 I, sond höchstens aus §§ 670, 683; anderers darf Wertg des § 1357 nicht dch Rückgriff auf GoA umgangen w (AG Mü FamRZ **86**, 62 L). Der Arzt kann den FreistellgsAnspr der v ihm beauftragte Ehefr gg einen verweig Mann pfänden (KG NJW **80**, 1341). Hat der Ehem als Vater KrankenhausVertr zG eines gemeins Kindes abgeschl, haftet die Ehefr aus Vertr (and im Hinbl auf die aF v § 1357 KG FamRZ **75**, 423); ebso bei Einliefg des Ehem zu einer sofort notw Behdlg (KG NJW **85**, 682). Anwendg v § 1357 zweifelh, wenn Zahnarztkosten den Monatsverdienst des Mannes übersteigen (Flensb SchlHA **66**, 150; Karlsr FamRZ **67**, 41). Der Abschl eines BehdlgsVertr mit liquidationsberecht Ärzten gehört bei notw Operationen zu den Geschäften des tägl Lebens (BGH **94**, 1; Holzhauer JZ **85**, 680; Böhmer JR **86**, 23; aA Kln NJW **81**, 637); dagg nicht Vereinbgen über KrankHsZusatzleistgen wie Einbettzimmer (LG Bonn NJW **83**, 344; and LG Dortm NJW **85**, 922 bei Zweitbettzimmer zZw der Entbindg). Allg besteht keine MitVerpfl des and Eheg, wenn sich ein Eheg in privatärztl KrankenhBehdlg begibt (Kln FamRZ **81**, 254). Zuziehg eines RA zur rechtzeit Beantragg einer BerufsunfähigkRente für den unfallbedingt bewußtl Eheg fällt unter § 1357 (VG Ffm NJW-RR **88**, 393).

Nicht in den Rahmen der Schlüsselgewalt fallen ferner, weil idR gemeins zu besprechde Angelegenh der Ehel, BauVertr ü ein Wohnhaus (BGH FamRZ **89**, 35), Kauf v Schmuck od kostb Teppichen, eines Videogeräts (LG Aach NJW-RR **87**, 712), das Anmieten der Wohng od eines Ferienappartements (Flensb NJW **73**, 1085; Kiel JW **33**, 185; aM Celle HRR **32**, 237), langfrist Verpachtg (OGH NJW **50**, 307), Kündigg eines PachtVertr (BGH NJW **51**, 309), Abrechng mit dem Gläub u Abg v Schuldanerkenntn (OLG **18**, 254), ProzFührg (Hbg NJW **53**, 991), Wechselzeichng u DarlAufn auch zZw des Haush (RG Recht **07**, 840); and uU bei Ratenkäufen (vgl vorstehd Anm aa). Außerh v § 1357 erfolgen ferner Verkauf u Verpfändg v Möbeln, VersichergsVertr (Siegen VersR **51**, 168), Beitritt z Mieterverein (AG Marl FamRZ **88**, 283), Empfang der Geldschrankschlüssel des erkrankten Ehem von der HeilAnst (RG JW **10**, 574), Sammelbestellgen bei Versandhaus (AG Lüdensch MDR **75**, 843), rechnerisch zus-gefaßte Einzelbestellgen in einem Umfang, der eine vorher Verständigg der Eheg voraussetzt (AG Eschwege FamRZ **80**, 137), Abschl von ReiseVertr (Ffm FamRZ **83**, 913; krit Dörr NJW **89**, 814), Umzug zZw des Getrenntlebens (LG Aach FamRZ **82**, 996). Bei **Überschreitung des angemessenen Familienbedarfs** haftet der and Eheg nicht. Wollte der der Vertr schließde Eheg auch den and verpflichten, so §§ 177, 179 entspr (LG Bln NJW **69**, 141). Daß das Gesch innerh des angem FamBedarfs liegt, hat Dr zu beweisen.

cc) Die für den angem FamBedarf getätigten RGeschäfte sind stets auch mit Wirkg für den and Eheg vorgen, wenn sich nicht **aus den Umständen etwas anderes** ergibt, was der Dr auf eig Gefahr prüfen muß. Mögl ist es mögl, auch bei Geschäften zur Deckg des angem FamBedarfs nur allein zu verpflichten (zB ggü Arzt). Das muß dann aber bes zum Ausdruck kommen. Gg die Regelg des § 1357 I sprechde Umst liegen nicht schon vor, wenn die Bezahlg aus Mitteln des das Gesch abschließden Eheg erfolgt (OLG **26**, 212), so daß der and Eheg zB vertragl SchadErsAnsprüche auch bei Bargeschäften hat, wenn ein Warenfehler vorlag, anders aber, wenn Ggstände zum eig Gebrauch gekauft w.

c) IdR spielt es keine Rolle, ob der kontrahierde Eheg **im eigenen Namen oder als Stellvertreter** auftritt, um die Wirkg des § 1357 auszulösen. Mögl aber ist die Beschränkg der RWirkgen auf die eig Pers od auf diej des Eheg dch entspr Erkl (Büdenbender FamRZ **76**, 667), ggf dch konkludentes Handeln (§§ 133, 157). Bei Minderjährigk eines Eheg §§ 107, 165, 139 (vgl Büdenbender FamRZ **76**, 669).

3) Wirkungen. a) Im **Außenverhältnis** werden dch Geschäfte, die iR der SchlüssGew von einem Eheg abgeschl w, **beide Ehegatten berechtigt und verpflichtet, I 2,** gleichgült ob der Abschl dch den Ehem od dch die Ehefr erfolgt u unabh davon, wem die HaushFührg ganz od zum Teil obliegt, auf den sich das Gesch bezieht. Zu den Probl dieser **Haftungsgemeinschaft** iS der §§ 421ff vgl Büdenbender, FamRZ **76**, 667. War einer der Eheg bei Abschl des Gesch minderj, so wird er nicht verpfl, auch nicht zu ZahlgsUnfähigk des and Eheg (vgl Schlesw SchlHA **65**, 35); andernf würde der Mj dch die Heirat des Schutzes der §§ 107, 179 III verlustig gehen. Wohl aber wird der and Eheg verpfl (vgl § 165). Der vom 1. EheRG geschaffenen gemeins Berechtigg u Verpfl der Eheg entspricht es, wenn sie, sofern sich aus den Umst nichts and ergibt, an Ggsten des angem FamBedarfs über § 1357 auch **gemeinsames Eigentum** (§§ 1008ff) erwerben (Thiele FamRZ **58**, 118f) mit der Folge, daß ggf jedem Eheg ZPO 771 zusteht (Schlesw FamRZ **89**, 88). Für die Auseinandersetzg der Eheg nach Scheidg HausratsVO 8 II (Anh nach § 1587p), soweit im ges Güterstd nicht dch § 1370 od iR der GüterGemsch (§§ 1416ff) entkräftet w. Die währd der Ehe von

§§ 1357-1359　　　　　　　　　4. Buch. 1. Abschnitt. *Diederichsen*

einem Eheg angeschafften HaushGgstände stehen oRücks auf den Güterstd, also auch bei Gütertrenng, stets im beiderseit MitEigt (Mü NJW 72, 542). **aa)** Es entsteht auf famrechtl Grundlage eine **Forderungsgemeinschaft** mit der Maßg, daß jeder Eheg gem § 432 klageberecht, die Kl jedoch auf Leistg an beide Eheg zu richten ist (Übbl 4 v § 420; bestr; aA Medicus Rz 89: § 428). Sachmängelgewährleistgsrechte stehen beiden Eheg zu, SchadErsAnsprüche dem jew Geschädigten. **bb)** Aus Geschäften, die iR des angem FamBedarfs liegen, werden beide Eheg **verpflichtet**. Sie haften für KaufpreisFdgen uä als Gesamtschuldn (§ 421). Auch wenn der haushführde Eheg die Mittel für den angem FamBedarf im voraus zur Vfg gestellt bekommen, aber anderweit ausgegeben hat (§ 1360a II 2), wird der and Eheg verpfl. Haftg des Eheg auch für im Zushg mit dem GeschAbschl od der Abwicklg des Gesch begangene Pflichtverletzgen aus culpa in contrahendo od pos VertrVerletzg (§ 278), dagg nicht f unerl Hdlgen, die nur anläßlich des GeschAbschl erfolgen, zB Warendiebstähle; anders uU iFv § 1356 Anm 4b. Mögl auch BereicherngsAnspr gg den and Eheg (Schlosser FamRZ 61, 294). **Vollstreckungsrechtlich** gelten § 1362 u ZPO 739; für vor dem 1. 7. 77 eingegangene Geschäfte, bei denen die eig Verpfl der Ehefr aus Gesch, die sie iR ihrer obligator HaushFührg abgeschl hat, von der ZahlgsUnfähigk des Ehem abhing, vgl 35. Aufl § 1357 Anm 3b.

b) Im **Innenverhältnis** übt jeder Eheg die SchlüssGew aus eig Recht aus, soweit ihm die HaushFührg übertr ist (§ 1356 Anm 2b aa), also bei Übertr der ges HaushFührg auf den einen Eheg ist nur dieser berecht u verpfl, für den angem LebBedarf der Fam Geschäfte zu tätigen, unabh v der Wirksamk entspr Gesch dch den and Eheg im AußenVerhältn. Bei Aufteilg der versch HaushFührgsfunktionen auf beide Eheg beschrkt sich im Innenverhältn die Befugn, Gesch abzuschließen, auf den zugewiesenen Bereich, zB Besorgg v Kinderkleidg dch die Ehefr, LebMittel dch beide usw. Sow die SchlüssGew reicht, ist der Eheg Weisgen des and nicht unterworfen. Es darf ihm dieses Recht auch nicht verkümmert w; der and Eheg muß also das erforderl WirtschGeld iR seiner UnterhPfl (§§ 1360, 1360a) im voraus zur Vfg stellen. Da die SchlüssGew auch iFv § 1356 I 2 ggü dem häusl WirkgsKr aF eingeschränkt ist (Anm 2b bb), folgt aus der ehel LebGemsch (§ 1353 Anm 2b cc), daß der haushführde Eheg den and Teil vor wicht Geschäften, insb dann, wenn deren Dchführg einen größeren Betrag erfordert, der erst zu sparen ist, unterrichten muß u diese selbst sich ijF im gegebenen Rahmen halten müssen. Aus § 1353 kann sich auch RechenschPfl ü die Ausgaben im einz ergeben. Eine HerausgabePfl hins des Erlangten besteht nur iR des MitEigt (Anm a); soweit im Innenverhältn ein Eheg über seine UnterhPfl hinaus zur Anschaffg v HaushGütern beiträgt, besteht, sof nicht § 1360b gegeben ist, ggf Anspr auf Überlassg zu AlleinEigt. Bei Überschreitgn des angem FamBedarfs gelten §§ 677ff. Ggseit Haftg der Eheg gem § 1359.

4) Beschränkung und Ausschließung der Schlüsselgewalt. II. a) Durchführung erfolgt einseit dch den Eheg od seinen gesetzl Vertreter (OLG 26, 262), ohne daß jener der Ermächtigg dch das VormschG bedürfte, also ledigl aGrd eig Entschließg, u zwar ggü dem and Eheg od dem Dritten entspr § 168 S 3 (aA KG KGJ 32, 34: nur ggü dem and) u ist damit wirks, ohne daß es zunächst darauf ankommt, ob die Maßn begründet ist. Der Eheg kann den and also nicht mehr verpflichten; das Recht auf HaushFührg im übr wird dadch aber nicht beschrkt. Mögl auch, daß Beschränkg od Ausschließg bei Vorliegen ernstl Gründe dch Zeitgsinserat ausgesprochen wird (RG 60, 12). Auch zul, wenn wg GetrenntLeb die SchlüssGew ruht (Anm 2a). Sie ist nur berecht, wenn Eheg zur Führg der Geschäfte nicht fäh ist od ernstl Gründe gg seinen guten Willen sprechen. Darauf kann uU ein Mangel an ehel Gesinng hinweisen (RG LZ 32, 385). Ehebruchsverdacht genügt nicht (KGJ 53, 20). Die Beschrkg kann auf der Beschrkg der Geschäfte der Höhe nach, Ausschl gewisser Geschäfte uä erfolgen. Der and Eheg kann also auf diese Weise im Umfg der Ausschließg alleinige EntschBerechtigg im Interesse der Aufrechterhaltg der Ehe verlangen. Begrenzg u Ausschl **Dritten gegenüber** nur wirks, wenn im GüterRReg eingetr od dem Dr bekannt, II 2 iVm § 1412. Antragsberecht der ausschließde Eheg allein (§ 1561 II Z 4). RegGericht hat nicht zu prüfen, ob rechtm; sol sich der and Eheg nicht wehrt, besteht Beschrkg zu Recht (RG 60, 15). In der beiderseit Beantragg der Eintr ist nicht ow eine allerd unzul grdsätzl Ausschließg der SchlüssGew zu sehen (Schlesw NJW 54, 155). Der Eheg, der die Ausschließg beantragt h, kann Ausschließg u Beschrkg selbst wieder aufheben. **b) Abwehrmittel.** Gg Ausschließg od Beschrkg kann sich der and Eheg dadch wehren, daß er beim VormschG die Aufhebg der Maßn beantragt, weil kein ausreicher Grd vorliegt, was freil nicht mehr mögl ist, wenn die Ehe rechtskr geschieden ist (KG DJ 37, 1784). VormschG hat zu untersuchen, ob obj ein solcher Grd vorliegt, dh zZ der Entsch; ein früher vorhandener, dann aber weggefallener führt also zur Aufhebg (Hamm FamRZ 58, 465; BayObLG FamRZ 59, 505). Verschulden des in der SchlüssGew beschrkten Eheg nicht erfdl, ebsowenig ein Mißbr auf Seiten des beschränkten od ausschließden Eheg. **c) Verfahrensrecht.** Zustdigk FGG 45; es entsch der Richter (RPflG 14 Z 1). Auch mj Eheg ist selbst antrags- u beschwerdeberecht (FGG 59); RMittel FGG 19, 20, 59, 60 I Z 6; Kosten KostO 97 I Z 1. Das VormschG kann die Maßn ganz od teilw aufheben. Eintritt der Wirksamk der Vfg FGG 53; keine rückw Kraft (OLG 30, 39). Antr auf Löschg im GüterRReg kann entspr § 1561 II auch vom betroffenen Eheg allein gestellt w, nachdem Entsch des VormschG rechtskr. Eine HerstellgsKl gg die Maßn gem II dürfte am RSchutzBedürfn scheitern (vgl 35. Aufl Anm 5).

1358 **Kündigungsrecht des Mannes bei Diensten der Frau.** Aufgehoben dch Art I Z 7 GleichberG, § 1356 Anm 1. Wg Berechtigg der Frau zur Erwerbstätigk § 1356 Anm 3.

1359 **Umfang der Sorgfaltspflicht.** Die Ehegatten haben bei der Erfüllung der sich aus dem ehelichen Verhältnis ergebenden Verpflichtungen einander nur für diejenige Sorgfalt einzustehen, welche sie in eigenen Angelegenheiten anzuwenden pflegen.

Schrifttum. Dieckmann, Zur Haftg unter Eheg, FS Reinhardt, 1972, S 51; Diederichsen in 25 J Karlsruher Forum 1983 S 141.

1) Die Haftgserleichterg erstreckt sich auf die Erfüllg aller sich aus dem ehel Verhältn ergebden Verpflichtgen, also nicht nur derj aus §§ 1353ff: mithin auf Schäden aus Pflichtverletzgen iR der HaushFührg od

Bürgerliche Ehe. 5. Titel: Wirkungen der Ehe im allgemeinen   §§ 1359, 1360

MitArb im Gesch (RG **148**, 303); bei Ausübg der Schlüsselgewalt (§ 1357); iR der UnterhPfl (RG **138**, 5); bei den sich aus dem GüterR ergebden Verpfl (s aber § 1435); hingg keine Anwendg auf die Geschäfte der Eheg, die nur anläßl der Ehe erfolgen, od auf die AuseinandS nach Auflösg der Ehe (aA Düss FamRZ **86**, 1240 ggseit ProzFührg). Grdsl ist § 1359 auch anwendbar auf einen **Deliktsanspruch,** aber nicht, wenn Kfz-Fahrer unter Verstoß gg VerkVorschr den Eheg verletzt od schädigt (BGH **53**, 352; **61**, 101). Doch kann aus § 1353 RPflicht folgen, den SchadErsAnspr nicht geltd zu machen (BGH **61**, 105; Jayme FamRZ **70**, 389; and Ffm FamRZ **87**, 381: stillschweiger Verzicht auf Anspr außerhb des Vers-Schutzes). Entscheid das Verhalten des schuld Eheg bei der SchadBewältigg, etwa indem er Darl bei Verwandten besorgt (BGH FamRZ **88**, 476), so daß die ZurückhaltgsPfl Scheidg der Ehe entfällt (BGH **63**, 58). Der AusglAnspr eines Dr gg den am Unfall mitschuld Eheg (Fahrer) wird dch § 1359 nicht berührt (BGH **35**, 322; Ffm NJW **71**, 1993; aM Stoll FamRZ **62**, 64). § 1359 gilt auch für Beschädigg des im Eigt des and Eheg stehdn Wohnhauses, aber nur bis zur Scheidg (Stgt FamRZ **83**, 68). **Dispositives Recht:** Haftgverschärfg wie -erleichterg mögl. Aber stillschweigde vorherige HaftgsFreistellg ist idR unzul Fiktion (BGH **41**, 81; Gernhuber § 22 I 5). Zur analogen Anwendg auf ne LebGemschaften: Einf 8a vor § 1353.

2) **Umfang der Haftung.** Haftg jedenf für grobe Fahrlässigk, vgl § 277.

1360 **Verpflichtung zum Familienunterhalt.** Die Ehegatten sind einander verpflichtet, durch ihre Arbeit und mit ihrem Vermögen die Familie angemessen zu unterhalten. Ist einem Ehegatten die Haushaltsführung überlassen, so erfüllt er seine Verpflichtung, durch Arbeit zum Unterhalt der Familie beizutragen, in der Regel durch die Führung des Haushalts.

Schrifttum: Brühl FamRZ **57**, 277; Göppinger ua, UnterhR, 5. Aufl 1987; Kalthoener/Haase-Becher/Büttner, Die Rspr der LGe zur Höhe des Unterh, 1975; Möllers Rpfleger **54**, 427; Reinicke DRiZ **58**, 43; Schacht, Die Bewertg der HausArb im UnterhR, Gött 1980 u FamRZ **80**, 107. **Zum 1. EheRG:** Dieckmann FamRZ **77**, 71; Diederichsen NJW **77**, 221.

1) Art 1 Z 8 GleichberG teilte den bisherigen § 1360 in die §§ 1360–1360b auf. An Stelle der im wesentl einseit UnterhPfl des Mannes trat die beider Eheg, u zwar nicht nur als ggs, sond als Verpflichtg zur Aufbringg des FamUnterh. Es wird damit das Gesamtinteresse der Eheg u ihrer Kinder betont u die unnatürl Aufspaltg des BGB in Unterh ieS, der bei den Ehewirkgen, u ehel Aufwand, der bei den güterrechtl Bestimmgen geregelt war (Boehmer MDR **50**, 390), aufgegeben u beides im Begriff **Familienunterhalt** zusgefaßt. Die UnterhVorschr gelten demgem in ihrem ganzen Umfang **bei jedem Güterstand.** Neufassg dch das **1. EheRG** Art 1 Z 5, wodch Leitbild der HausfrEhe aufgegeben w: Jeder Eheg hat fortan grdsl ein Recht auf Erwerbstätigk (§ 1356 II 1), das nur dch die Rücksichtn auf die FamBelange eingeschrkt w (§ 1356 II 2). Wird einem von ihnen die HaushFührg überlassen, so erfüllt er damit auch seine UnterhPfl ggü der Fam. Voraussetzg f die UnterhPfl ist eine gült, noch bestehde Ehe, ohne daß die Eheg getrennt leben. Bei Getrenntleben entfällt der FamUnterh; die ggseit UnterhPflichten regelt § 1361, diej von geschiedenen Eheleuten sind dch das 1. EheRG aus den EheG 58ff aF wieder ins BGB versetzt w (§§ 1569ff), die auch bei Aufhebg der Ehe (EheG 37 I) sowie uU bei nichtiger Ehe gelten (EheG 26 Anm 1). Wg der Inspruchn von Verwandten, falls Eheg zur UnterhLeistg außerstande, vgl § 1608. Ob ein Dritter, der zum FamUnterh beizutragen hat, Ers vom unterhpflichtigen Eheg verlangen kann, richtet sich nach den allg Vorschr (Einf 5 vor § 1601). Dort auch wg ErstattgsPfl bei Unterstützg aus öff Mitteln. – Der FamUnterh ist **zwingender Natur;** auch eheverträgl kann ein Eheg nicht auf den Unterh für die Zukunft verzichten, auch nicht teilw (§§ 1360a III, 1614). Ein dennoch vereinb Verz steht dem Anspr auf ProzKostVorsch nicht entgg (Schlesw SchlHA **80**, 18 L). Mögl aber formlose **Vereinbarungen** über die Art u Weise des Unterh, insb auch darü, wieviel, wenn beide Eheg verdienen, jeder beisteuern soll (Anm 3b), sowie über den Lebenszuschnitt der Fam. Das kann uU auch Nachteile haben, zB für Anspr aus §§ 842ff (Fenn FamRZ **75**, 344 mNachw). Bedeuts ferner für AVG 43 bez Anspr auf Witwenrente (BSG NJW **75**, 712). Das GrdR auf **freie Berufswahl** (GG 12 I) geht der UnterhPfl nicht vor; unzul also, seinen Beruf aufzugeben, um sich weiter ausbilden zu lassen u dadch sein unterhberecht Angehör der SozHilfe zu überantworten (OVG Münst FamRZ **75**, 60). Vgl dazu auch Anm 3a sowie § 1603 Anm 2. Zum Aufkommen für **eheliche Lasten** (Steuern, HausGrdst usw) vgl Düss AnwBl **88**, 184. Zur **steuerlichen** Abziehbk als außergew Belastg gem EStG 33a I BFH NJW **89**, 2015.

2) **Rechtliche Natur und Geltendmachung. a) Berechtigung.** Aus § 1360 wird nicht die Fam als solche berecht, der auch die Rechtsfähigk dazu fehlen würde, sond jeder Eheg (BAG FamRZ **86**, 573) hat einen **Anspruch gegen den anderen Ehegatten** auf einen angemess Beitr zum FamUnterh und ist entspr verpfl. Jeder Eheg hat also das Recht, den and zum UnterhBeitr für die gemschaftl Kinder anzuhalten (Beitzke FamRZ **58**, 12; Bosch NJW **58**, 1954). Dagg haben die Kinder kein eig Recht aus § 1360 (aA Schade FamRZ **57**, 347); deren UnterhAnspr gg ihre Elt wird dch §§ 1360f nicht berührt u regelt sich allein nach §§ 1601ff, insb § 1606 III.

b) Entspr der Berechtigg hat jeder Eheg gg den and ein **Klagerecht** (sa § 1629 II). Er kann Zahlg an sich (nicht etwa in eine gemeins Kasse) verlangen, um das Geld dann zweckgem zu verwenden (sa § 1360a II 2). **Zuständig** f die UnterhKl ist das AG (GVG 23a Z 2). Aber uU auch HerstellgsKl (Einf 3 vor § 1353), wenn Ehem die Zahlg v WirtschGeld schlechthin verweigert (vgl § 1360a II sowie § 1357 Anm 3b) bzw es in unwürd Weise gewährt (RG **97**, 286) od die Frau in ihre MitArbPfl bei FamNotstand (unten Anm 3b) bestritet. Wg Besonderheiten für die vorläuf UnterhRegelg im Ehestreit vgl ZPO 620ff.

c) **Eigenschaften des Anspruchs. Verjährung** in 4 J (§ 197), aber währd des Bestehens der Ehe gehemmt (§ 204). UnterhAnspr nur **bedingt pfändbar** (ZPO 850 b I Z 2 u II) u auch nur insow abtretb u verpfändb (§§ 400, 1274 II), wobei die Abtretbark nach den im Ztpkt der Fälligk gegebenen Tatsachen zu beurt ist. Nur iR der Pfändbark Aufrechg gg die UnterhFdg (§ 394). Zur Pfändbark des TaschengeldAnspr

1331

§ 1360a Anm 1 c. Bei Konk des UnterhPflichtigen KO 3 II; vgl iü Einf 3 vor § 1601. Strafrechtl Schutz StGB 170b.

d) Nichtidentität von ehelichem und nachehelichem Unterhaltsanspruch: Zw dem Anspr auf HaushGeld gem §§ 1360, 1360a u dem UnterhAnspr des getr lebden Eheg aus § 1361 besteht keine Identität, weil das WirtschGeld dem „FamUnterh" dient (Hamm FamRZ 80, 249; Mü FamRZ 81, 450). Nach der Rspr des BGH umfaßt aber auch ein Urt über den UnterhAnspr des getrennt lebden Eheg (§ 1361) nicht den UnterhAnspr nach der Ehescheidg. Das soll für § 1361 aF u nF u sowohl für EheG 58ff als auch für die §§ 1569ff gelten (BGH 78, 130 = FamRZ 80, 1099 m abl Anm v Mutschler; BGH FamRZ 81, 242 u 441; grdsätzl anders 40. Aufl m sämtl Nachw!). Die Nichtidentitätslehre hat verschiedene materiellrechtl u verfahrensrechtl Konsequenzen: der unterhberecht Eheg wird für den nachehel Unterh auf eine neue Klage verwiesen, da der in dem früheren Titel zuerkannte Anspr mit der Rechtskr des ScheidgsUrt erlischt (BGH 78, 130). Der währd des GetrLebens herbeigeführte SchuldnVerzug wirkt nicht auf die Zt nach der Scheidg fort (Hamm FamRZ 89, 634). Um der Gefahr einer titellosen Zt vorzubeugen, muß der nachehel Unterh in Zukft immer innerh des Verhandlgsverbundes (ZPO 621 I Z 5, 623) mit eingeklagt w, hilfsw auch von demj Eheg, der überh nicht geschieden w will (Borgmann AnwBl 81, 15). Der UnterhTitel gem § 1361 kann nicht iWv ZPO 323 abgeänd w. Da daraus jedoch noch nicht weiterh vollstreckt w kann, ist doch zur Vermeidg v Doppelinanspruchnahmen ZwVollstrGgKl gem ZPO 767 vS des UnterhSchuldn geboten (Einstellg der ZwVollstr gem ZPO 767, 769, 775 I Z 1, 776), selbst wenn sicher ist, daß er denselben od mind einen Teil des bereits ausgeurteilten Betr weiter bezahlen muß (BGH FamRZ 81, 242 m krit Anm v Mutschler; Bambg FamRZ 81, 163). Dagg keine Erinnerg gem ZPO 768, 732 (aA Scheld FamRZ 81, 521). Eine einstw UnterhAnO gem § 1361 bleibt dagg wirks, da das ScheidgsUrt kaum als anderweit Regelg iSv ZPO 620 f angesehen w kann (Mutschler FamRZ 81, 245). Im Rahmen v UnterhVergl empfiehlt es sich, die Fortgeltg über den ScheidgsZtpkt ausdrückl zu bestimmen (vgl § 1585c). Für Vergl die vor der neuen Rspr des BGH geschlossen w sind, wird man iW der Auslegg idR zu dems Ergebn gelangen.

3) Die Beitragsverpflichtung im einzelnen. Sie besteht für beide Eheg u ist von jedem dch seine Arb u mit seinem Verm zu bestreiten, **S 1**. Das heißt aber nicht, daß sie in gleicher Weise zu leisten od jeder Eheg in gleicher Höhe beizutragen hätte. Sind beide Eheg erwerbstät u haben versch hohe Einkommen, so müssen sie entspr ihren Einkünften beitragen (BGH FamRZ 67, 380). Zur ggseit Ausbildgsfinanzierg § 1360a Anm 1c. Zur Verpfl, im Beruf od Gesch des and Eheg mitzuarbeiten, § 1356 Anm 4. Mangels einer allen Einzelfällen gerecht werdenden bes Vorschr hat der GesGeber es dem Ehel überlassen, jew „eine angem Regelg zu finden" (BT-Drucks 7/650 S 100). Die Art u Weise des zu leistdn Unterh ist desh unterschiedl je nachdem, wie die Ehel ihre Ehe ausgestalten. Sie richtet sich insb danach, **welches Leitbild** sie ihrer ehel LebGemsch zGrde gelegt haben. Zur Verbindlichk desselben § 1356 Anm 2a cc. Der GesGeber hat zwar in den §§ 1356, 1360 S 1 die HausfrEhe als gesetzl Leitmodell aufgeboten, berücksichtigt es aber iR der § 1356 I 2, 1360 S 2 auch noch für die Zukunft, währd entspr neue Bestimmgen für den Fall, daß beide Eheg voll od teilw erwerbstät sind (§ 1356 II 1), fehlen. Zu unterscheiden sind 3 Fälle: a) die Ehe, in der ein Teil an den Haush gebunden ist, b) die Ehe, in der beide vollerwerbstät sind, u c) diej, in der einer voll erwerbstät ist u der and Eheg hinzuverdient. Diese modellhaft Einteilg wird überlagert von der Unterscheidg danach, in welchem Umfg die Eheg unterhaltsrechtl verpfl sind, dch eig Erwerbstätigk zum FamUnterh beizutragen. Auch hier kann es sich um eine volle od um eine Teilzeitbeschäftigg handeln. Die **Wahl** einer HaushFührgsehe kann dch auß Umst eingeschränkt od ausgeschl werden. So darf zB der Vater, dem geschieden Kind aus 1. Ehe unterhaltspflichtig ist, nicht als Hausmann in seiner 2. Ehe auf jegl Zuverdienst verzichten; abgestellt wird dann auf das zB dch Zeitaustragen erzielb Einkommen (Krfld NJW 77, 1349; § 1603 Anm 2b). Entsprechd muß auch ihren Kindern aus 1. Ehe barunterhaltspflicht Mutter in ihrem Beruf als zahnärztl Helferin zurück u darf sich in ihrer neuen Ehe nicht auf die HaushFührg beschränken (Kln FamRZ 79, 328). Daß es damit Ehen verschiedener GestaltgsFreih gibt, ist in Grenzen hinzunehmen; denn auch der UnterhAnspr des Kindes aus 1. Ehe verdient den Schutz des GG Art 6.

a) Die Haushaltsführungsehe ist entweder Hausfrauen- od Hausmannsehe, **S 2**, u zeichnet sich dch eine strikte Trenng der Berufssphären beider Ehel aus. Der eine Teil, herkömmlicherw die Ehefr, konzentriert sich ganz auf die HaushFührg; der and Teil, gewöhnl das der Ehem, geht einer Erwerbstätigk nach, um die für den Ehe- u FamBedarf notw Geldmittel zu verdienen. Die HaushFührg dch einen Eheg stellt regelm „eine gleichwert u nicht ergänzsbgsbdürft BeitrLeistg zum FamUnterh" dar (BT-Drucks 7/650 S 99). Dieses Ehemodell erscheint nach dem Wortlaut des Ges (§ 1356 II 1) ijF fakultativ, erweist sich aber dann, wenn die Rücksichten auf die Belange des and Eheg u der Fam einer Erwerbstätigk entggstehen (§ 1356 II 2) prakt als obligator. „Dadch, daß die HausfrEhe nicht mehr als alleiniges gesetzl Leitbild fixiert w, soll diese Gestaltsform der ehel Gemsch nicht zurückgedrängt w. Die HausfrEhe erscheint für best Ehephasen – etwa dann, wenn Kleinkinder od heranwachsde Kinder vorh sind – in bes Weise ehegerecht" (Begrdg zum RegEntw, BT-Drucks 7/650 S 98).

aa) Der verdienende Ehegatte wird idR einer Erwerbstätigk außerh des Hauses dch Ausübg eines seiner Vorbildg entspr Berufes nachgehen müssen. Er muß also den erforderl GeldBetr aufbringen. Ausnahmsw kommt Arb im Hof der Ehefr in Betr (BGH FamRZ 63, 281; sa § 1356 Anm 4a). Zum Umfang seiner MitArb im Haush vgl § 1353 Anm 2b dd. Zur Sicherstellg des FamUnterh kann **Berufswechsel** od Übern v and Arbeiten verlangt w, sofern dies zumutb erscheint (Stgt FamRZ 72, 643; Brem NJW 55, 1606; Celle FamRZ 71, 106). Unterläßt er es, eine zumutb, wesentl besser bez Tätigk aufzunehmen, so ist f seine UnterhPfl von dem Betr auszugehen, den er ow verdienen könnte (Kln MDR 72, 869). Unzumutbark besteht, wenn die Aussicht fehlt, eine Lebensstellg zu erlangen, ferner f die Dauer der Berufsausbildg. Vgl iü Anm 1 u § 1603 Anm 2. Der verdienstlose Student kann aus dem Eink seiner verdiendn Ehefr einen Teil verlangen, ohne daß er auf einen mögl NebVerdienst verwiesen w könnte (Knorr FamRZ 66, 603). Eine Verpfl zur Arb besteht nicht, solange der FamUnterh dch die Einkfte aus dem **Vermögen** aufgebracht w kann. Nur in Notfällen darf dessen Stamm z Unterh verwendet w. Auch das ist ausgeschl, wenn das

Bürgerliche Ehe. 5. Titel: Wirkungen der Ehe im allgemeinen § 1360 3 a–c

Verm den Verhältnissen auch unverwertb, zB Rückl für das Alter, nur zu einem Schleuderpreis verwertb od wenn der Verkauf untunl ist, weil dem Eheg die ErwerbsGrdlage entzogen w (Landwirtsch, kaufm Gesch).

bb) Der and Eheg leistet entspr der ihm nach § 1356 I 2 obl **Haushaltsführung** einen gleichwert Beitr, S 2. Damit ist, wenn es sich um eine vollst u nicht nur teilw Überlassg der HaushFührg handelt, seine BeitrVerpfl abgegolten. Mehreren Berecht (Eheg u Kind) stehen eig Anspr zu (also keine Gesamtgläubigersch), die nach Höhe u Dauer (vgl auch § 844 II) ein selbstd Schicksal haben können (BGH NJW **72**, 1716; FamRZ **73**, 129). Wird die Ehefr dch unerl Hdlg an der Führg des Haush, also an ihrer UnterhLeistg gehindert, so steht ihr selbst, nicht ihrem Ehem der SchadErsAnspr zu (BGH **50**, 304; **51**, 111). Der den Haush führde Eheg kann auch dann wg nutzl aufgewendeter UrlaubsZt SchadErs beanspr, wenn nur der and Eheg erwerbstät ist (BGH FamRZ **80**, 873). Verhinderte HaushTätigkeit gehört schadensrechtl teils z Erwerbsschaden, teils z Gruppe der vermehrten Bedürfn (BGH NJW **73**, 41). Zur Verpfl, ggf neben od statt der HaushFührg erwerbstät zu werden, Anm c; zur MitArbPfl im Beruf od Gesch des and Eheg § 1356 Anm 4 a.

b) Bei (freiwill) Erwerbstätigk beider Eheg, insb auch der Ehefr, spricht man von einer **Doppelverdienerehe**. Eine gesetzl Regelg fehlt bewußt (BT-Drucks 7/650 S 75). Als Alternative zur HaushFührgsEhe ist dieses Ehemodell regelm im Einvernehmen der Eheg zu verwirklichen. Obligator wird es nur bei völl unzureichdem Verdienst des einen Eheg (geringer Umsatz in einem EinzelhandelsGesch, Konkurs, Krankh, Arbeitslosigk uä); vgl aber auch Anm c. Regelgsprobleme bleiben die Aufteilg der HausArb u die Heranziehg zur finanz Beteiligg am FamUnterh. **aa)** Die **Haushaltstätigkeit** ist auf beide Eheg gleichmäß zu verteilen, soweit beide in abh Arb stehen u die tarifl festgesetzte Stundenzahl einbringen, aber auch bei beiderseit selbst ErwTätigk, wie LebensmittelGesch des Ehem u Hebamme (Bambg VersR **77**, 724). Um die Kinder haben sie sich gemeins zu kümmern (BSG FamRZ **77**, 642). Ist die ArbZeit unterschiedl hoch, ändert sich auch die Beteiligg an der HausArb entspr. Besonderen Belastgen des einen Eheg zB in einem freien Beruf ist dch vermehrte Leistgen des berufl weniger in Anspr gen and Eheg Rechng zu tragen. Vorrangig u desh empfehlensw sind entspr Vereinbgn zw den Ehel. Die fakt Mehrbelastg der erwerbstät Hausfr wird von den Ger zB dch Anerk des HausArbTages anerk (BAG FamRZ **79**, 424). Vgl iü § 1356 Anm 2 c bb. **bb)** Der **finanzielle Beitrag zum Familienunterhalt** bestimmt sich nach dem Einkommen beider Eheg (§ 1360 a I); die Doppelverdienerehe läßt idR den angem FamBedarf ggü der HaushFührgsEhe steigen. Zweckm sind auch hier wieder Vereinbgn zw den Ehel ü die Höhe der finanz Beteiligg an den FamKosten; sie haben Vorrang ggü der dch Lückenausfüll gefundenen rechtl Regelg (vgl Hamm NJW **69**, 1673). Bei Zuvielleistg § 1360 b. Oft hilft Auslegg des Verhaltens der Eheg. Wird zB SparKto eingerichtet, auf das nur das Eink eines Eheg eingezahlt, währd das des im Haush verbraucht w, so entsteht BruchtGemsch (BGH FamRZ **66**, 442). Verdient eine Eheg genug, um den vollen FamUnterh zu bestreiten, ist der and ebf voll erwerbstät Eheg grdsl nicht berecht, den dch freiw Tätigk erworbenen Verdienst für sich zu behalten (BGH NJW **74**, 1238). Er hat vielm entspr seinem Eink auch finanziell zum FamUnterh beizutragen. Seine BeitragsPfl verringert sich aber entspr dem Umfang der außerd persönl geleisteten HausArb (BGH NJW **57**, 537). Entscheidd die tats Verhältn: Im Extremfall voller Doppelbelastg mit Haush u Erwerbstätigk würde der eig Verdienst voll verbleiben. In Wirklichk wird dies nur bei Teilzeitbeschäftigg in Frage kommen (Anm cc). Um zu einem gerechten InteressenAusgl zu kommen, müssen der Wert der tatsächl erbrachten HausArb gerechnet u Fiktionen gleich starker Belastg beider Ehel vermieden w (vgl Göhring FamRZ **74**, 635). Zu den Modalitäten der hier erforderl Umrechng vgl Brühl/Göppinger/Mutschler 1. T Rdn 511 ff. Ein weit hinter den Einkünften des Ehem zurückbleibder eig Verdienst der Ehefr bleibt insb iRv ZPO 850 c unberücksichtigt (BAG FamRZ **75**, 488 mAv Fenn). Im Ggsatz zu früh R geht es inf der beiderseit Berechtigg zur Erwerbstätigk (§ 1356 II 1) heute zu Lasten beider Doppelverdiener, wenn die HaushFührg dch bezahlte Hilfe ganz od teilw ersetzt w muß od sonst Verteuergen in der HaushFührg eintreten (zum bish R Hamm FamRZ **62**, 318). Für die Berechtigg auf **Witwerrente** gilt der Erfahrgssatz, daß das beiderseit NettoEink für den Unterh der tatsächl Leistgen maßgebd war (BSG FamRZ **85**, 282). **cc)** Von der Doppelverdienerehe ieS ist die **Zuverdienstehe** zu unterscheiden, bei welcher der haushführde Eheg, idR also die Ehefr, einer Teilzeitbeschäftigg nachgeht (HalbtagsArb, HeimArb). Für sie gelten die Ausführgn zur DoppVerdienerehe entspr, es sei denn die Tätigk behindert die HaushFührg nur unwesentl u dient lediglich dazu, dem betr Eheg ein „Taschengeld" zu sichern (zum echten TaschenGAnspr § 1360 a Anm 1 c). So muß Ehefr, die 600 DM netto iR der Altenbetreuung verdient, davon zum HaushGeld beitragen, wenn Ehem als BuBahnbeamter 2636 DM erzielt (Celle FamRZ **78**, 589).

c) Die **Verpflichtung zur Aufnahme einer Erwerbstätigkeit** aus Grden der UnterhPfl ist von der Pfl zur MitArb im Beruf od Gesch des and Eheg, die Ausfluß der ehel LebGemsch ist, zu unterscheiden (§ 1356 Anm 4). Dem Recht auf Erwerbstätigk gem § 1356 II 1 korrespondiert ggf gem § 1360 S 1 die Verpfl, eine Erwerbstätigk aufzunehmen, um dch seine Arb die Fam angem zu unterhalten. **aa) Haushaltsführungsehe.** Eine solche Verpflichtg kann auch dann entstehen, wenn einem Eheg die HaushFührg überlassen ist (§ 1356 I 2), denn dieser erfüllt seine UnterhPfl dadch nur „idR" (S 2). Grdsätzl muß bestehn unabh von der Abschaffg des Leitbildes der HausfrEhe gem GG 6 I (zG beider Geschlechter) u gewohnheitsrechtl (zG der Frau) ein erhöhter Vertrauensschutz desj Eheg, dem die HaushFührg überlassen w ist (vgl Anm a mit der amtl Begrdg sowie § 1356 Anm 2 a cc), so daß eine Verpfl, unter gänzl od teilw Aufg der HaushFührg erwerbstät zu werden, AusnFall bleiben muß. Eine derart Verpfl besteht jedoch, wenn α) die ArbKraft des and Eheg zur Deckg seines Beitr nicht ausreicht. Keinesf kann der verdiende Eheg bei genügsam eig ArbEinkommen od ausr sonst Einkften verlangen, daß der haushführde Eheg zur Verbesserg des LebStandards od zum Bestreiten einer best Anschaffg eine Erwerbstätigk aufnimmt, u zwar auch dann nicht, wenn der haushführde Eheg dch eig Tätigk erhebl mehr verdienen könnte, als das an seiner Stelle eingesetzte Hauspersonal kosten würde; ebsowenig, wenn Kinder nicht mehr im Hause sind od damit der and Eheg Unterh an ein volljj Kind aus seiner früh Ehe zahlen k (Düss FamRZ **86**, 1027). Keine Rolle spielt, ob die Erwerbstätigk in den Kreisen übl ist, denen die Ehel angehören (vgl BGH MDR **69**, 564). β) Die Verpflichtg des haushführden Eheg zu eig Erwerbstätigk hängt weiter davon ab, daß die sonst Einkfte der Eheg nicht

1333

§§ 1360, 1360a

genügen. Vorher sind also sämtl VermErträgnisse, auch die des KindesVerm unter Beachtg der Zweckbestimmg dieser Einkfte (§ 1649), eine Arbloseunterstützg, Pension, Rente, Mieteinnahmen, nicht dagg (wg Zweckgebundenh) eine Behindertenzulage od nur f einen Eheg persönl best Zuwendgen Dritter (Köhler NJW 57, 940) aufzuwenden. γ) Die Erwerbstätigk muß dem haushführden Eheg zuzumuten sein (Maßfeller DNotZ 57, 349), was sich nach dem konkr FamNotstand bestimmt. Das Beharrgsinteresse des haushführden Eheg muß umso mehr zurückgestellt w, je größer der Notstand ist. Aber grdsl keine ErwerbsPfl bei mehreren erziehgsbedürft Kindern od Krankh des haushführden Eheg, ebso wie auf dessen Alter u körperl LeistgsFähigk, Vorbildg, zeitl Abstand zur früh Tätigk u die Art der mögl Beschäftigg Rücks zu nehmen ist. Die Verpfl zur Erwerbstätigk entfällt in dem Umfang, in dem der and Teil seinen Beitr z FamUnterh wieder leisten k. **bb)** War der haushführde Eheg längere Zeit voll erwerbstät (Doppelverdiener) od hat er bereits teilw hinzuverdient, so ist ihm die Beibehaltg od WiederAufn einer Erwerbstätigk leichter zuzumuten.

1360 a *Umfang der Unterhaltspflicht; Prozeßkosten.* ^I Der angemessene Unterhalt der Familie umfaßt alles, was nach den Verhältnissen der Ehegatten erforderlich ist, um die Kosten des Haushalts zu bestreiten und die persönlichen Bedürfnisse der Ehegatten und den Lebensbedarf der gemeinsamen unterhaltsberechtigten Kinder zu befriedigen.

^{II} Der Unterhalt ist in der Weise zu leisten, die durch die eheliche Lebensgemeinschaft geboten ist. Die Ehegatten sind einander verpflichtet, die zum gemeinsamen Unterhalt der Familie erforderlichen Mittel für einen angemessenen Zeitraum im voraus zur Verfügung zu stellen.

^{III} Die für die Unterhaltspflicht der Verwandten geltenden Vorschriften der §§ 1613 bis 1615 sind entsprechend anzuwenden.

^{IV} Ist ein Ehegatte nicht in der Lage, die Kosten eines Rechtsstreits zu tragen, der eine persönliche Angelegenheit betrifft, so ist der andere Ehegatte verpflichtet, ihm diese Kosten vorzuschießen, soweit dies der Billigkeit entspricht. Das gleiche gilt für die Kosten der Verteidigung in einem Strafverfahren, das gegen einen Ehegatten gerichtet ist.

1) Umfang des Familienunterhalts, I. Vgl § 1360 Anm 1. **a)** Angem Unterh ist der **gesamte Lebensbedarf der Familie,** also alles, was notw ist zur Bestreitg der HaushKosten, der persönl Bedürfn beider Eheg u des LebBedarfs der gemeins Kinder od der ihnen gleichstehden Pers (§§ 1719, 1757), soweit sie unterhaltsberecht sind (§§ 1602, 1603). Zum FamUnterh gehören demgem das **Wirtschaftsgeld** u die sonst Gelder für die iR der Haushführg v dem dazu verpfl Eheg zu bestreitden Ausgaben (§ 1356 Anm 2; § 1357 Anm 3b). Das Wirtsch- od HaushGeld hat idR nur den Zweck, dem haushführden Eheg die Besorgg der Geschäfte des tägl Lebens zu ermöglichen, währd außergewöhnl Anschaffgn u Ausgaben grdsl nicht davon zu bestreiten sind; bei der Bemessg ist jedoch zu berücks, wenn nach der tatsächl Handhabg der Eheg der haushführde Teil auch solche Kosten trägt, die über den übl Rahmen hinausgehen (Celle FamRZ 78, 589). Das WirtschGeld dient dem FamUnterh u muß damit den Beköstiggsaufwand u die übl Geschäfte des tägl Lebens, nicht aber Sonderkosten iSv § 1613 II decken (KG FamRZ 79, 427). Das **Maß des Familienunterhalts** bestimmt sich nach dem, was nach den Verhältn beider Eheg f die Bedürfn der Fam erforderl ist, wobei ein obj Maßstab, zB der LebStil gleicher Berufskreise, anzulegen ist u das Eink beider Eheg die Grdlage bildet u die UnterhPfl nach oben begrenzt. Wieweit das Eink ganz aufzuwenden ist, hängt v seiner Höhe u davon ab, ob vorausseh einmalige hohe Ausgaben, zB Ausbildgskosten der Kinder, zu erwarten sind, die Rücklagen erfdl machen. Übersteigt das Eink den angem Unterh od vereinb die Ehel, was bei Wahrg eines Mindeststandes grdsl zul ist, sparsamer zu leben, so verbleibt beim gesetzl Güterstd der unverbrauchte Rest demj Eheg, der diese Einkfte erzielt h (§ 1364), kommt aber ggf beim Zugew zum Ausgl (§§ 1371, 1372).

b) Zum FamUnterh gehören als **Haushaltskosten** die Aufwendgen f Nahrg, Heizg, Beschaffg des erforderl Wohnraums, nicht aber des Eigt daran (Bewertg des Wohnbedarfs eines Witwers: BGH NJW 85, 49), also keine Verpfl zur Beschaffg eines Eigenheims (BGH NJW 66, 2401), wohl aber Anschaffg u Erhalt der Wohngseinrichtg u der erforderl Ggste fürs Haus, wofür ggf Beträge außerh des WirtschGeldes zur Vfg z stellen sind, Bekleidg einschl ArbKleidg u Eheg u Kindern, auch nicht den LebVerhältn der Ehel Schmuck u Luxusgarderobe (Bambg FamRZ 73, 200), auch einmalige Aufwendgen wie Krankh- (ggf Anspr auf Freistellg v den Anspr des behandelnden Arztes; Hamm FamRZ 87, 1142), Kur- u Ferienkosten (Düss FamRZ 67, 43), Entlohng u Beköstigg v HausAngest, ferner Ausgaben zur Entspanng u Fortbildg, überh zur Pflege (auch nicht gemeins) geist, polit u kultureller Interessen (evtl aber Anrechng auf TaschenG, vgl unten c), also auch der Beiträge f derart Organisationen, Kirchensteuer (FG Hbg FRES **11**, 308), Erziehgs- u Ausbildgskosten der Kinder (§ 1610 Anm 4), schließl die Kosten der Alterssicherg der Ehel (BGH FamRZ 60, 225). Nicht hierher gehören aber UnterhGelder f **bedürftige Verwandte** des and Eheg (Ausn in § 1459 Anm 3). Handelt es sich um ein **Stiefkind,** für das die Mutter der Eheschl selbst gesorgt h, so w im allg eine stillschweigde Vereinbg angen w müssen, daß der Ehem ihr währd des Bestehens des gemeins Haush (Nürnb FamRZ **65,** 217) den erforderl Unterh zur Vfg stellt bzw ihnen ggü eine UnterhVerpfl übern (VG Schlesw FRES **4,** 132; Düss FamRZ **58,** 106; aM Schrade FamRZ **57,** 344), so daß wg dieser tatsächl erfolgdn Zahlg die SozialBeh nicht z leisten braucht. Da jedoch eine gesetzl UnterhPfl nicht besteht (BGH JZ **69,** 704), kann der Stiefvater aus trift Grd die UnterhZahlg einstellen, so daß damit die Hilfsbedürftigk des Stiefkindes iS der SozialhilfeBestimmgn wieder gegeben ist (BVerwG MDR **60,** 526; sa OVG Lüneby FamRZ **57,** 30). Daß ein Stiefvater den v seiner Ehefr in die Ehe eingebrachten Stiefkindern über das KiGeld u die KiZuschläge hinaus Unterh leistet, kann iRv BSHG 16 S 1 jedenf dann nicht vermutet w, wenn die wirtschaftl Lage der Fam derartige UnterhLeistgen bei Berücks der LebVerhältn nicht zuläßt (VG Schlesw FRES **4,** 73).

c) Die UnterhPfl erstreckt sich auch auf die **Befriedigung persönlicher Bedürfnisse** der Eheg. Sämtl hierunter fallden LebErleichtergen (eig ArbZimmer, ärztl nicht gebotene Diät, vermehrter Kleiderbedarf

Bürgerliche Ehe. 5. Titel: Wirkungen der Ehe im allgemeinen § 1360a 1–3

usw) unterliegen der obj Beschrkg von Anm a. Umstr ist, ob Ehel innerh einer intakten Ehe einen ggs **Ausbildungsfinanzierungsanspruch** haben (so Brühl/Göppinger/Mutschler 1. T Rdn 478; Jung FamRZ **74**, 516f mwNachw). Vorzug verdient die ggteil hM jedenf für den Normalfall; anders ist dagg zu entscheiden, wenn es sich ledigl um den Abschl einer bei Eheschl bereits begonnenen Ausbildg (Studium) handelt (BGH NJW **85**, 803). Nach Scheidg Ausbildgsfinanzierg gem § 1575 I. Kein Eheg kann einen best EinkAnteil für sich verlangen, also zB nicht die ArblosenVers od eine Rente f sich behalten; er hat vielm die Bedürfn der ges Fam entspr zu berücks, selbst wenn der GesBetr f alle nicht ausreicht. Aber zG eines Eheg sind die ihn allein treffdn UnterhPflichten anzurechnen, jedenf soweit sie gleichrang sind, zB UnterhAnspr der gesch Ehefr. Ferner hat jeder Eheg Anspr auf einen angem Teil des GesamtEink als **Taschengeld,** dh auf einen GeldBetr, ü den er zur Befriedigg reiner Privatinteressen frei verfügen k (RG 97, 289), u zwar auch dann, wenn er arbeits- u leistgsfäh ist u somit eig Einkfte haben könnte (Mü FamRZ **81**, 449). Das TaschenG des haushführden Eheg, also iF der HausfrEhe (§ 1360 Anm 3a) der Ehefr, ist regelm ohne nähere Bezifferg im WirtschGeld enthalten (vgl Anm 2a), so wie der verdiende Eheg sein TaschenG einbehält. Andernf hat der nicht verdiende Eheg gg den and einen entspr Anspr. Die Höhe des TaschenG richtet sich nach Verm, Eink, Lebensstil u Zukunftsplang der Ehel, hängt also wesentl v Einzelfall ab. Ein Anspr besteht nicht, wenn Eink nur zur Deckg des notw FamUnterh ausreicht (Hamm FamRZ **78**, 357). **Höhe** iü: 5% (Zweibr FamRZ **80**, 445; Bambg FamRZ **88**, 948); 5–7% (Meier-Scherling FamRZ **59**, 392) des anrechenb Eink des UnterhSchu. Zur bedingten **Pfändbarkeit** gem ZPO 850b II bzw Pfändbark gem ZPO 851 ausführl Mü FamRZ **88**, 1161 mN; Smid JurBüro **88**, 1105 sowie 47. Aufl. Im DrSchuProz (vgl Stgt FamRZ **58**, 166) hat das Ger die Frage der Pfändbark nicht zu entsch, sond die Pfändg aGrd des nur anfechtb Pfdgs- u Überweisgsbeschl zu beachten (Hamm FamRZ **78**, 602). Keine Pfl des nicht berufstät Eheg, den TaschenGAnspr geltd zu machen, um eine Geldstrafe bezahlen zu können (LG Esn FamRZ **70**, 494). Im DrittSchuProz ist der Gläub für das Bestehen des TaGeldAnspr darleggs u beweispfl (Hamm FamRZ **89**, 617 = RPfleg **89**, 207 mAv Otto: im Pfdgs- u ÜberweisgsBeschl konkr Angaben über den pfändgsfreien u den an den Gl abzuführden Betr). – Der ebenf zum FamUnterh gehörde TaschenGAnspr der Kinder richtet sich nach deren Alter u dem Eink der Elt. Die Pfdg verstößt nicht gg GG 6 I (BVerfG FamRZ **86**, 773). Anspr auf TaschGRückstände auch nach Trenng (Hamm FamRZ **88**, 947).

2) Die Unterhaltsleistung. a) Deren **Art** ergibt sich aus der LebGemsch, **II 1.** Wenn II 2 idF des 1. EheRG die Eheg verpfl, die erforderl Mittel im voraus zur Vfg zu stellen, so sollte damit nur eine Anpassg an die Aufg des Leitbildes der HausfrEhe vorgen w (BT-Drucks 7/650 S 100); iR einer Reform, die die Ausgestaltg der ehel Gemsch ganz dem Einvernehmen der Ehel überläßt, ist sie eigtl überflüss u jedenf auf die Haushführgs- u Zuverdienstehe zu beschränken (§ 1360 Anm a u bc). Iü darf sich auch der verdiende Eheg nicht damit begnügen, die f den Unterh erforderl Geldmittel bereitzustellen, sond muß sich aktiv darum kümmern, daß die Fam versorgt w. Der UnterhPfl wird also grdsätzl dch **Naturalleistung** genüge getan u richtet sich auf Wohng, Verpflegg, Bekleidg, VersSchutz (Anm 1), sowie vS des haushführden Eheg (§§ 1356 I 2, 1360 S 2) auf die HaushFührg u die damit zushängn Besorggen, mag das Bewußtsein v dieser GrdVerpflichtg in Zeiten des materiellen Wohlstands auch etwas zurückgetreten sein. Es genügt, wenn die Ehel einander die Möglk geben, den Unterh im Hause zu empfangen; die Gewährg einer Geldrente zw Ehel ist grdsl ausgeschl (Warn **15**, 24). Anders bei Getrenntleben (§ 1361 IV 1). Bei teilw Trenng: § 1361 Anm 2a. Der verdiende Eheg hat das **Wirtschaftsgeld,** also mehr als die bloßen HaushKosten (vgl I) wg § 1356 I 2 ohne vorherige Bitte des haushführden Eheg für einen angem Ztraum, der sich nach den eig Verdienstauszahlgen richtet (Maßfeller DNotZ **57**, 350), im voraus zu entrichten, **II 2.** Andernf steht dem and Eheg die LeistgsKlage zu, bei grdsätzl Weigerg des verdienden Eheg auch die HerstellgsKl (Einf § 3 V 1353). Der haushführde Eheg muß das ihm treuhänderisch überlassene, nicht übereignete Geld f den FamUnterh verwenden. Abzügl seines Taschengeldes (Anm 1c) gebühren ihm Erspam nur in Absprache mit dem and Eheg. Trotz § 1356 I 2 besteht in gewissem Umfang RechenschPfl; umgek ist aber übertriebene Kontrolle der HaushFührg unzul (vgl Nürnb FamRZ **60**, 64). Bei Streit über die Angemessenh muß der haushführde Eheg über die Verwendg des WirtschGeldes abrechnen (Hbg FamRZ **84**, 583). Geltdmachg des Anspr auf WirtschGeld dch einstw Vfg mögl (Düss FamRZ **83**, 1121). Anspr auf WirtschGeld nicht abtretb u damit un(ver)pfändb (§ 1274 II, ZPO 851); iü gilt ZPO 850d (Esn MDR **64**, 416) u f das WirtschGld selbst ZPO 811 Z 2. Ab Trenng der Eheg kein Anspr mehr auf WirtschGeld (Hamm FamRZ **88**, 947); ein vorhandener Titel ist gem ZPO 767 zu beseitigen (Hamm FamRZ **80**, 249; vgl § 1360 Anm 2d). **Beweislast** für die Unvollständigk der Zahlg bei länger zurückliegenden Rückständen beim haush-führenden Eheg (Kln FamRZ **84**, 1089).

b) Zeitliche Abgrenzung, III. Wg Geltdmachg des UnterhAnspr f die Vergangenh u Vorausleistgen f die Zukft §§ 1613, 1614 III. Verzicht f die Zukft ist unzul, ebso Abfindg. Der UnterhAnspr erlischt mit dem Tode eines der Eheg; vgl iü § 1615.

3) Prozeßkostenvorschuß (PKV), **IV.** (Lit: Lynker JurBüro **79**, 5; Gekeler, Die fam-rechtl PKV-Pflichten, Diss Münst 1983). **a)** Die Verpfl, dem and Eheg PKV z leisten, ist trotz ihrer Vorläufigk, vgl Anm d, entspr der systemat Stellg der Vorschr u im Vergl zur VorschußPfl ggü Kindern (mit der auch der nicht sorgeberecht EltT belastet bleibt, § 1610 Anm 3) **Ausfluß der Unterhaltspflicht,** BGH FamRZ **64**, 558, u nicht aus der ehel FürsPfl abzuleiten, so aber Künkel FamRZ **64**, 550, Ffm FamRZ **59**, 62. IV gilt sowohl bei Streitigk der Eheg untereinander wie auch eines Eheg gg einen Dritten, ferner in StrafVerf u solchen vor and Gerichten, auch im Verf der freiw u VerwGerichtsbark, OVG Lünebg FamRZ **73**, 146. IV gibt **abschließende Regelung,** BGH **41**, 110, Düss NJW **60**, 2189, aA Pastor FamRZ **58**, 300; weitergehende Verpflgen ergeben sich weder aus § 1353 noch aus der ZPO, die insow kein materielles Recht enthält u folgl die PKVPfl nicht selbstd begrdn kann. Daher IV nicht anwendb auf RAGeb im ArmRVerf, KG FamRZ **68**, 651. Als Teil des Unterh genießt PKV das VorR von ZPO 850d, aM StJSch ZPO 850d Anm I B 1, LG Essen Rpfleger **60**, 250, LG Aachen FamRZ **63**, 48 (Scheidgsvorschuß). In UnterhSachen kann das ProzGer dch **einstweilige Anordnung** (m Rücks auf Anm 2b bei rechtzeit Antr auch nach Beendigg der

§ 1360 a   3a–c

Inst; KG FamRZ **87**, 956) die Verpflichtg zur Leistg eines PKV regeln (ZPO 127a, 620 Z 9, 621 f; zum Verhältn dieser Vorschr zueinand NJW **77**, 607). Vollstreck daraus auch nach Beendigg des Proz u ungeachtet der KostEntsch (BGH **94**, 316). Die Zulässigk einer einstw AnO schließt RSchutzinteresse für Kl auf PKV nicht aus (Hamm FamRZ **78**, 816). Vor Anhängigk einer Ehesache (ZPO 620a II) kann der Anspr auf PKV iW der einstw Vfg (ZPO 935, 940) geltd gemacht w (Düss NJW **78**, 895; aA Oldbg FamRZ **78**, 526). Kein Verlust des Anspr auf PKV, wenn berecht Eheg Vorschuß an RAnw aufbringt (Kiel SchlHA **76**, 57; aA Ffm FamRZ **67**, 484; Mü FamRZ **76**, 696). Ggf **Ratenzahlung** des PKV (Ffm FamRZ **85**, 826).

b) Voraussetzung der Vorschußpflicht ist zunächst **aa)** eine wirks geschl **Ehe.** Zw den geschiedenen Eheg besteht dagg kein Anspr auf PKV (BGH **89**, 33; sa Herpers FamRZ **84**, 465). PKV aber für RestitutionsKl gg ScheidgsUrt (Hamm FamRZ **71**, 651).

bb) Die PKVPfl hängt weiter davon ab, daß der berecht Eheg **außerstande** ist, die **Kosten des Rechtsstreits selbst zu tragen.** Das ist z bejahen, wenn sonst die zu einem angem LebUnterh erforderl Mittel nicht unerhebl in Anspr gen w (Hbg NJW **60**, 1768). Ist der und Eheg finanziell beengt, so muß der den PKV Fordernde zunächst (wie in ZPO 114) die eig Mittel bis an die Grenze des notw Unterh einsetzen, (Hbg aaO). Ob vor Geltdmach des PKV der VermStamm angegriffen w muß (so Reinicke DRiZ **58**, 44), ist eine Frage der Zumutbark, also unter BilligkGesichtspkten z prüfen. Unzumutbar ist die Belastg des GrdBesitzes (Karlsr MDR **58**, 932); idR auch Finanzierg des EhescheidgsStr mit einem prämienbegünst Spargutbaben (Celle MDR **67**, 402); maßgebd inwieweit dem VermStamm zur ProzFührg bereite Mittel angehören (Karlsr MDR **58**, 932), etwa verneint bei 20000 DM DarlVergabe u 7000 DM Pfandbriefe (Mü FamRZ **76**, 696). 15000 DM aus ZugewAusgl bleiben im Ggsatz zur PKH unberührt (Ffm FamRZ **86**, 485). Zur Aufn einer Erwerbstätigk vgl § 1360 Anm 3c. Bei teilw LeistgsMöglk besteht die PKVPfl nur f den Rest.

cc) Da die PKVPfl nur iR der Billigk besteht, muß der **in Anspruch genommene Ehegatte leistungsfähig** sein. Er braucht sich nicht auf den notw Unterh beschränken z lassen u auf Güter des gehobenen Bedarfs z verzichten (Kln MDR **63**, 680). PKV kommt nicht in Betr, wenn der UnterhSchu selbst (wenn auch unter AnO v Raten) ProzKostHilfe bekäme (Kln FamRZ **82**, 416). Ggü der Tilgg v DarlVerbindlken ist die PKVPfl als UnterhLeistg vorrang (Hamm FamRZ **86**, 1013; Karlsr FamRZ **87**, 1062). In Betr kommt auch die gerichtl AO z Zahlg des PKV in Raten iVm einem NachzahlgsBeschl gem ZPO 125 (Kln NJW **65**, 1721). Soweit Anspr auf PKV besteht, keine PKH (Brem FamRZ **84**, 919).

dd) Die PKVPfl besteht nur für **persönliche Angelegenheiten** (dazu Koch NJW **74**, 87). Je weiter dieser Begr gefaßt w, desto weniger kommt ProzKostHilfe in Betr u umgekehrt; zu achten ist dort darauf, daß nicht Ehepaare den finanzschwachen Teil vorschicken u auf Kosten der Allgemeinh prozessieren. Der RStr muß eine genügd enge Verbindg zur Pers od den persönl Bedürfnissen des Eheg haben; daß wirtschaftl od soz Stellg des Eheg maßgebd beeinflußt ist, reicht für sich allein bei Streit mit Dritten nicht aus (BGH **41**, 111); Schutz des räuml-ggstdl Bereichs der Ehe (Ffm FamRZ **82**, 606). Auch auf vermögwerte Leistgn gerichtete Anspr können persönl Angelegenh sein, sofern sie ihre Wurzel in der LebGemsch der Eheg haben (BGH **31**, 386). Persönl Angelegenh sind somit Ehe-, Entmündiggs-, Statussachen, ebso solche, die die Gesundh betreffen, also auch Erlangg einer Invalidenrente (BSozG NJW **60**, 502) od die sist sonst auf die dch die ges SozVers geschützten LebInteressen beziehen Anspr (LSG Celle NdsRPfl **84**, 130); SchadErs f fehlerh ärztl Behandlg (Ffm FamRZ **67**, 43), Ehre, Freih, Unterh- u ähnl Anspr (Brschw NJW **58**, 1728), u solche betr die Wiederherstellg der Gesundh u ArbKraft, einschl SchmerzG (LG Hagen NJW **59**, 48), desgl AuskVerlangen, um sich der Auseinandersetzg mit dem und Eheg vorzubereiten (BGH **31**, 384), PKV außerd auch, um sich gg ZugewAusglAnspr des früh Eheg zu wehren (Kblz FamRZ **86**, 466) bzw um ZugewAusgl ggü dem gesch Eheg geltd zu machen (Ffm u Hamm FamRZ **81**, 164 u 275), wobei allerd Anspr auf Bevorschussg v GA-Kosten erst nach einem entspr GerBeschl besteht (Ffm FamRZ **82**, 714); PKV ggf auch v dem neuen Ehem (Düss FamRZ **75**, 102), auch gZw der Erstattg der Steuern aus dem Realsplitting (Hamm FamRZ **89**, 277; § 1569 Anm 2f). PKV auch f VollstrAbwehrKl ggü früh Eheg wg Rückgewähr v Ehewohnungsbeschaffgskosten (Ffm FamRZ **83**, 588). **Keine** persönl Angelegenh dagg die Geltdmach des gesellschrechtl AuseinandSguthabens ggü Dritten (BGH **41**, 112); Anspr aus Mithaft zus mit früh Eheg Dr ggü (Düss FamRZ **84**, 388); ZahlgsKl der wiederverheir Ehefr gg ihren gesch früh Eheg auf Ausgleichg v Aufwendgen (Nürnb FamRZ **86**, 697); vorzeit ErbAusgl (Kln FamRZ **79**, 178); Pflichtt- (aA Kln FamRZ **61**, 122) u PflichttErgänzg (Kln NJW-RR **89**, 967; § 2317 Anm 4). Für **Strafsachen** vgl IV 2. PKV grdsl auch f **arbeitsrechtliche** Streitigk (LAG Bln MDR **82**, 436). Von **Verwaltungsstreitigkeiten** sind Führerscheinentziehg u Ausweisg persönl Angelegh, Baugenehmiggen idR nicht, wohl aber NachbKlagen gg Baugenehmigg, wenn das auch vom and Eheg bewohnte Grdst vor Immissionen geschützt w soll, OVG Lünebg FamRZ **73**, 145.

ee) Da das PKV-Verlangen der Billigk entsprechen muß, darf die beabsichtigte RVerfolgg **nicht mutwillig** od **offensichtlich aussichtslos** sein, KG JW **25**, 2147. Keine Prüfg der ProzAussichten wie bei der PKH gem ZPO 114 (Ffm FamRZ **59**, 63; Kln MDR **81**, 941; LG Bln FamRZ **66**, 513; aA Gernhuber § 21 IV 4, Pastor FamRZ **60**, 263), da bei einem beabsicht RStreit gg einen Dr der vorschußpfl Eheg gewissermaßen in dessen Rolle auftreten müßte, ohne über entspr Kenntn z verfügen. VorschußFdg unbill bei erwiesener unerl Hdlg des Eheg gg den and (KG JW **34**, 1863) od wenn PKH bereits wg Aussichtslosigk abgelehnt ist.

ff) Umfang: SchlüssigkPrüfg verlangt Untersuchg, inwieweit die vom RA zu berechnden Gebühren den eingeforderten PKV überh erreichen (Mü FamRZ **76**, 697 m ausführl Bsp). Vorschußpflichtig sind auch die Kosten der einstw AnO n ZPO 127a selbst (Ffm FamRZ **79**, 732).

c) Der **Gerichtskasse gegenüber** besteht seitens des and Eheg beim gesetzl Güterstde u Gütertrenng keine Haftg, da im Ggs zu § 1388 aF eine Vorschr fehlt, die GesSchuldnersch der Eheg ggü den Gläub der Frau vorsieht, wohl aber iF der GütGemsch bei RStreitigken des nicht verwaltgsberecht Eheg, §§ 1438 II, 1437 II, desgl bei gemeins Verwaltg, §§ 1460 II, 1459 II.

Bürgerliche Ehe. 5. Titel: Wirkungen der Ehe im allgemeinen §§ 1360a–1361

d) Der PKV ist nur eine **vorläufige Kostenpflicht.** Diese besteht also nicht mehr, wenn der RStreit vor Zahlg beendet ist (BGH NJW **85,** 2265); anders, wenn der Schuldn bereits vor dem Abschl des Verf wirks in Verzug gesetzt w war (Bambg FamRZ **86,** 484) od wenn sich der RStr nur in der Haupts erledigt h (RG JW **28,** 59). Da das G die PKVPfl der UnterhPfl zuordnet, ist f den RStr wg des PKV (idR einstw Vfg, f die der AntrSt die ProzKostHilfe zugebilligt w sollte) das FamG zust (GVG 23a Z 2, 23b I Z 6) u nicht das Ger der Haupts (so jedoch Brschw NJW **59,** 2310). In Ehesachen kann das FamG eine einstw AO erlassen (ZPO 620 Z 9). Zw Vollstr ist solange zul, wie der Gläub des VorschußAnspr nicht nach dem materiellen R zur Rückzahlg des PKV verpfl ist (Hamm FamRZ **77,** 466). IV enthält keine Regelg, wem die Kosten endgült zur Last fallen. Bei einem Streit der Eheg untereinander ist KostenEntsch nicht maßgebend (BGH **56,** 93); bei GütGemsch haften die Eheg mit ihrem VorbhGut, §§ 1443 I, 1465 I, desgl bei RStr des NichtVerw mit Dritten, falls nicht Urt ggü GesGut wirks, §§ 1443, 1465, jeweils II 1 u 2; sa §§ 1441, 1463 jew Z 3. Beim gesetzl Güterstd u Gütertrenng hat grdsätzl jeder Eheg die ihn aus einem RStr mit dem und Eheg od einem Dritten treffenden Kosten selbst z tragen. Ausgleich nicht im KostenfestsetzgsBeschl (KG JurBüro **81,** 446), sond im ProzWeg m Rücks darauf, daß Anspr auf Rückzahlg v materiellrechtl Voraussetzgen abhängt, näml wesentl Besserg der wirtsch Lage des Empf (BGH **56,** 93; AG Hildesh FamRZ **88,** 61), ggf auch erst nach der Scheidg (Saarbr NJW-RR **87,** 522), u Aufrechng gg ZugewFdg mögl ist (BGH **56,** 92; Kln FamRZ **80,** 567; KG FamRZ **81,** 464; aA Gernhuber[3], S 246f, der die endgült Beschwer des VorschußSchuldn nicht in der Kostenregelg nach ZPO 93a erkennt). Der Ausschl des RückFdgsR gilt auch bei GütGemsch (BGH FamRZ **86,** 42). Das Nebeneinand von PKV u KostFestsetzgsVerf darf nicht zur Bereicherg führen; desh wird im KostFestsetzsVerf der PKV verrechnet (Karlsr FamRZ **86,** 376; Stgt FamRZ **87,** 968; bestr); dh Anrechng auf etwaigen KostErstattgsAnspr des Vorschußempfängers (Stgt Just **78,** 107; zum Umfg der Anrechng KG FamRZ **87,** 1064; Absetzg von der KostFdg, soweit auf diese geleistet ist (Celle FamRZ **85,** 731). Zur Zurückzahlg des PKV nach Ehescheid sa Kuch DAVorm **81,** 7. Zum Verhältn der ZPO 91ff zu einem materiellrechtl SchadErsAnspr auf KostErstattg: BGH NJW **88,** 2032.

1360 b *Zuvielleistung.* Leistet ein Ehegatte zum Unterhalt der Familie einen höheren Beitrag als ihm obliegt, so ist im Zweifel anzunehmen, daß er nicht beabsichtigt, von dem anderen Ehegatten Ersatz zu verlangen.

1) Die **Auslegungsregel** gilt nicht nur für einmalige od lfde Leistgen, sond auch für Leistgen aus dem VermStamm (Warn **30,** 195), etwa zur Anschaffg eines Pkw (BGH NJW **83,** 1113), u bei vermehrter MitArb in Beruf od Gesch des an Eheg (bestr). Entspr Regelgen in §§ 685 II, 1620. Gilt auch bei getrennt lebden Eheg (§ 1361 IV 3), nicht dagg nach Scheidg (Celle NJW **74,** 504). **Zweck:** Bei freiw Mehrleistg entspricht Ersatzverzicht der LebErfahrg; ferner dient die Ausschaltg ggseit ErstattgsAnspr dem Ehefrieden. Fehlt RückFdgsWille, dann weder §§ 677 ff noch §§ 812 ff (BGH **50,** 270), auch keine Schenkg, die widerrufl wäre (§ 530, EheG 73 aF), wohl aber Anrechng als Zuwendg n § 1380 (BGH NJW **83,** 1113). Bei **Mehrleistung mit Erstattungsabsicht** folgt ErstAnspr nicht aus bes famrechtl AusglAnspr (so Roth-Stielow NJW **70,** 1032), sond – insb nach der Scheidg – aus § 812 I 2, wobei der § 818 III der § 819 I enggwirkt; ferner cessio legis gem § 1607 II 2 (vgl dort Anm 3).

2) Widerlegbar. Festzustellen also, ob eine ggteil Absicht zZ der BeitrLeistg vorlag (BGH **50,** 266). Ausdrückl Vorbeh unnöt, kann sich aus den Umst ergeben, zB die Höhe der Leistg (RG JW **09,** 660). Der zurückfordde Eheg hat höheren Beitr, als ihm obliegt, zu **beweisen,** desgl, daß zZ der Hingabe Ersatz beabs war.

1361 *Unterhalt bei Getrenntleben.* [I]Leben die Ehegatten getrennt, so kann ein Ehegatte von dem anderen den nach den Lebensverhältnissen und den Erwerbs- und Vermögensverhältnissen der Ehegatten angemessenen Unterhalt verlangen. Ist zwischen den getrennt lebenden Ehegatten ein Scheidungsverfahren rechtshängig, so gehören zum Unterhalt vom Eintritt der Rechtshängigkeit an auch die Kosten einer angemessenen Versicherung für den Fall des Alters sowie der Berufs- oder Erwerbsunfähigkeit.

[II]Der nichterwerbstätige Ehegatte kann nur dann darauf verwiesen werden, seinen Unterhalt durch eine Erwerbstätigkeit selbst zu verdienen, wenn dies von ihm nach seinen persönlichen Verhältnissen, insbesondere wegen einer früheren Erwerbstätigkeit unter Berücksichtigung der Dauer der Ehe, und nach den wirtschaftlichen Verhältnissen beider Ehegatten erwartet werden kann.

[III]Die Vorschrift des § 1579 Nr. 2 bis 7 über die Herabsetzung des Unterhaltsanspruchs aus Billigkeitsgründen ist entsprechend anzuwenden.

[IV]Der laufende Unterhalt ist durch Zahlung einer Geldrente zu gewähren. Die Rente ist monatlich im voraus zu zahlen. Der Verpflichtete schuldet den vollen Monatsbetrag auch dann, wenn der Berechtigte im Laufe des Monats stirbt. § 1360a Abs. 3, 4 und die §§ 1360b, 1605 sind entsprechend anzuwenden.

Schrifttum: Hampel FamRZ **79,** 249 (AltersvorsorgeUnterh); Lantzke NJW **79,** 1483; Limbach NJW **80,** 871 (UnterhVerlust wg gr Unbilligk); Scheld JZ **80,** 77; Diederichsen NJW **80,** 1672 (Berücksichtigg des Scheidungsverschuldens); Paulus FamRZ **81,** 640 (BAföG); Miesen MDR **81,** 542 (Kindesbetreuung); Heiß UnterhR, 1988; W Müller DAV **89,** 5 (SteuerR). Vgl ü vor § 1569 u 1601.

1) Allgemeines. a) Der Anspr, trotz Trenng der Ehel bei Bedürftigk von dem and Eheg Unterh zu bekommen, ist grdsl unabhäng von einem **Trennungsverschulden.** Das ist verfassungskonform (BVerfG NJW **81,** 1771; BGH NJW **79,** 1348). Das Verschulden kann aber anspruchsausschließd wirken (vgl Anm 4a ff). And als in § 1360 handelt es sich in § 1361 nicht um den FamUnterh, sond nur um den **gegenseitigen**

Unterhalt der Ehegatten, da die FamEinh dch die Trenng zerfallen ist. Den Unterh für die gemeins Kinder (§§ 1601ff, bes 1606 III) fordert der getrennt lebde Eheg gem § 1629 II bzw III. Die **ehelichen Lebensverhältnisse** haben in der Vorschr eine doppelte Funktion: näml einmal hins der Höhe des zu leistden Unterh (Anm 5b a), zum and für die Frage, ob der in der Ehe nicht erwerbstät Eheg nach der Trenng gehalten ist, eine ErwTätigk aufzunehmen (Anm 3). Die UnterhPfl findet ihre obere Grenze an der Angemessenh (§ 1360a I). Daraus folgt der **Grundsatz der Symmetrie:** Der getrennt lebde Eheg soll nicht besser gestellt w als der in Gemsch lebde. Aus diesem Grd darf eine wg der Betreuung von 2 mj Kindern an sich erwerbspfl Beamtin im Ergebn keinen höheren GeldBetr zur Vfg haben als der UnterhVerpfl (AG Hanau FamRZ **81**, 37).

b) **Inhalt** der Vorschr: I enth den Grds, daß bei GetrLeben sich nicht etwa jeder Eheg selbst zu unterhalten hat, aber auch nicht umgek Unterh als Entschädigg für das GetrLeben od als Strafe f die Trenng zahlen muß; sond es besteht ein ggseit, dh ggf von jedem Eheg gg den and geltd zu machder Anspr, wenn dessen Voraussetzgen vorliegen, auf angem Unterh nach den Lebens-, Erwerbs- u VermVerhältn der Eheg. II gibt eine SchutzVorschr zG des nicht erwerbstät Eheg, III eine solche zG des an sich unterhpflichtigen Eheg, während IV in erschöpfender Weise den UnterhModus angibt; die Vorschr ü den FamUnterh sind (and als die allg Regeln) nur insow anwendb, als sie in Bezug gen sind (IV 4).

c) Die bei jedem Güterstde geltde Vorschr ist **zwingend** insof, als f die Zukft nicht auf jeden Unterh verzichtet w kann, auch nicht gg Abfindg (vgl § 1614 Anm 2), wohl aber sind **Vereinbarungen** ü Art u Höhe des Unterh für die Zt des GetrLeb zul (BGH NJW **62**, 2102), soweit sie nicht sittenwidr sind, zB iV mit der Abrede, sofort ScheidgsAntr zu stellen (Hbg MDR **72**, 53). Zul Abmachgen ü die Wohng (Anm 2c) od sonstige Natural- statt Geldleistg, zB kostenl Überlassg eines Pkw (BGH FamRZ **65**, 125).

d) Für den **Unterhaltsumfang** kommt es, obwohl im Gesetz nicht ausdrückl gefordert, entspr den §§ 1577, 1602 auf die Bedürftigk des UnterhBerecht (dazu Anm 2b) sowie auf die Leistgsfähigk des Verpfl wie in §§ 1578, 1603 an (Anm 2c). Iü sind in erster Linie die ehel LebVerh maßg (dazu Anm 5b aa). Der Anspr richtet sich auf einen Teil des Eink des and Eheg, näml ½ bzw ⅗ (Anm 5b aa β). Der Grdsatz der virtuellen Halbierg bzw ⅗-Quotelg wird in doppelter Weise dchbrochen, näml nach oben dch eine mehr od minder stillschweig anerkannte SättiggsGrenze wie nach unten dch den Selbstbehalt. Einschränkgen ergeben sich ferner iR der entspr Anwendg von § 1579 (dazu Anm 4), wie sich umgekehrt der UnterhAnspr dch Sonderbedarf usw erhöhen kann (Anm 5b).

e) **Verfahren.** Unabh von der Anhängigk eines Scheidgs- od sonst EheVerf kann vor dem FamG TrenngsUnterh geltd gemacht werden (ZPO 621 I Z 5; GVG 23a Z 2). Ist ScheidgsAntr gestellt, einstw AnO (ZPO 620 S 1 Z 6, 620a II 1); RückFdg ggf gem § 812 (BGH FamRZ **84**, 767/9; aA Ditzen FamRZ **88**, 349).

f) UnterhAnspr grdsl **nicht abtretbar** (LG Mü NJW **76**, 1796). Aber Übergang auf die Träger der SozHilfe dch entspr Überleitungsanzeige (BSHG 90) bzw iRv BAföG 37 (Düss FamRZ **79**, 701; Seetzen, NJW **78**, 1350), dessen Leistgen Vorrang haben (Einf 5b vor § 1601), so daß die iRv § 1361 geschuldete UnterhLeistg als Eink des Auszubildden anzurechnen ist (Düss FamRZ **81**, 39).

g) **Geltungsdauer des Getrenntlebendenunterhalts:** Ein währd des ZusLebens od währd eines früh Getrenntl ergangenes Urt od geschloss UnterhVergl (Stgt FamRZ **82**, 1012) wirkt ggf nicht für die Zt des GetrLeb u nach der Rspr des BGH nicht für die Zt nach rechtskr Scheidg, so daß Einwände wie derj der kurzen Ehedauer nicht mehr iW der AbändgsKl geltd zu machen sind (§ 1360 Anm 2d); währd eine einstw AnO gem ZPO 620f auch in die Zt nach Scheidg fortwirkt. Im Falle v ZPO 629d bleibt § 1361 bis zum Ztpkt des Wirksamwerdens des ScheidgsUrt maßg (Parche NJW **79**, 139). Zu einer RSchutzlück kann es inf des neuen ZPO 629a III kommen, wenn das UnterhVerf aus dem VerbundUrt in höherer Instanz anhäng ist, weil GetrLebdenUnterh nach rechtskr Scheidg nicht mehr geschuldet w u bestr ist, ob das BerufgsGer eine einstw AnO über den insow dann schon geltden ScheidgsUnterh (§§ 1569ff) erlassen kann (bejahd: Diederichsen NJW **86**, 1465 Fn 78; Kemnade FamRZ **86**, 630; verneinend: Mörsch FamRZ **86**, 626) u der ScheidgsUnterh eben noch in der höheren Inst anhäng ist (Mörsch FamRZ **86**, 629). – **Tod:** Der Verpfl schuldet den vollen MoBetr auch dann, wenn der Berecht im Laufe des Mo stirbt, IV 3. Ist im voraus gezahlt (IV 2), kein § 812; Rückstände fallen in die Erbmasse. Stirbt der Verpfl, gilt Entsprechendes.

h) Die **Beweislast** richtet sich nach den BewMöglichkeiten, so daß UnterhBerecht die Voraussetzgen des Anspr einschl seiner Bedürftigk, der Verpfl seine LeistgsUnfähigk nachw muß; für AusnSituationen (zB Wegfall der Bedürftigk aGrd strafb Verhaltens) trägt derj die BewL, der die Behptg aufstellt (BGH FamRZ **83**, 671; Brühl FamRZ **84**, 753).

2) **Voraussetzungen für den Unterhaltsanspruch, I 1: a) Völliges Getrenntleben** bei bestehder Ehe. Nicht erfdl, daß die Eheg vorher zugelebt od überh die ehel LebGemsch aufgen haben (BGH NJW **82**, 1460). Die Tats, daß sie nicht, wie beabsichtigt, eine angem Wohng bezogen haben, berührt die vom beiderseit Eink bestimmten LebVerhältn nicht (BGH NJW **80**, 2349). Der Anspr besteht auch, wenn die Eheg währd ihres ZusLebens keine wirtsch Einh bildeten, sond aus getrennten Kassen wirtschafteten u ggseit auf nachehel Unterh verzichtet h (BGH FamRZ **89**, 838 m zu Recht abl Anm v Henrich). Zum Begr des GetrLebens: § 1567; GetrLeben innerh der ehel Wohng (§ 1567 I 2) reicht aus. Ist nur teilw Auflösg der LebGemsch (zB Weiterwohnen in ehel Wohng, MitArb im Gesch des UnterhPflichtigen, der den HptTeil des Unterh trägt) gilt § 1360a, wobei aber GesPkte des § 1361 zu berücks sind (BGH **35**, 302). Daher Anspr auf Geldrente, wenn keine häusl Gemsch mehr besteht (RG HRR **33**, 1762) od wenn Ehel ohne Trenng in Scheidg leben u der Eheg es ablehnt, sich von seiner Ehefr beköstigen zu lassen (Kö NJW **73**, 1130). § 1361 gilt auch bei erhobener Scheidgs-, Aufhebgs- u NichtigkKl, bei letzterer wg EheG 23.

b) **Bedürftigkeit des Unterhaltsberechtigten.** Der UnterhAnspr setzt aS des Berecht Bedürftigk voraus. Zu Begr u Voraussetzgen vgl §§ 1577, 1602. Die Bedürftigk fehlt, soweit der Berecht sich aus eigenen Mitteln selbst unterh kann. Entspr mindert sich sein nach den ehel LebVerhältn festzustelldder **Bedarf**

Bürgerliche Ehe. 5. Titel: Wirkungen der Ehe im allgemeinen **§ 1361** 2 b–d

(Anm 5 b aa). Die Bedürftigk bestimmt sich nach dem tatsächl bzw iW der Fiktion zuzurechnden eig Eink des UnterhBerecht. Einkfte aus eig Verm od ArbVerdienst sind idR anzurechnen. Aber Vorwegabzug v Unterh f nehel Ki des UnterhBerecht (Stgt FamRZ 87, 1030). Zu berücks sind die Erw „Verhältn", dh ggf also auch eine tatsächl vorhandene, aber nicht ausgenutzte VerdienstMöglk. Bedürftigk liegt nicht vor, sol der Eheg über hinreichde **eigene Einkünfte** verfügt, aus denen er seinen Unterh bestreiten kann. Dabei spielt es grdsätzl keine Rolle, woher diese Eink stammen (zu DarlZinsAnspr gg den UnterhSchuldn Düss FamRZ 88, 284). Auch sonstige VermVorteile können sich bedürftigkmindernd auswirken.

aa) Als eig Einkfte, die den Bedarf des UnterhBerecht mindern, kommen neben Einn aus seinem Verm vor allem Einkfte aus **zumutbarer Erwerbstätigkeit** in Betr. Für Einkfte aus unzumutb ErwTätigk gilt § 1577 II entspr (BGH NJW 83, 933; Nürnb MDR 80, 401). Die **Zumutbarkeit** richtet sich nach § 1361 II (vgl Anm 3). Soweit den Eheg hiernach eine ErwObliegenh trifft, er aber eine entspr **Erwerbstätigkeit nicht ausübt,** werden ihm die daraus erzielb Einkfte iW der **Fiktion** bedürftigkmindernd zugerechnet, obwohl sie wirklich nicht zufließen (§ 1577 Anm 2 a; § 1602 Anm 2 a bb mit § 1603 Anm 2b). Geringere Anfordergen an die ArbPlSuche sind wg Sprachschwierigk evtl bei türk Ehefr angebracht (Oldbg FamRZ 88, 170). Bedürftigkmindernd ist die ArbeitslUnterstützg zu berücks (and noch Schlesw SchlHA 56, 356). **Steuervorteile** (§ 1569 Anm 3) wirken grdsätzl auch aS des UnterhBerecht einkommenserhöhd u damit bedarfsmindernd (vgl auch § 1603 Anm 2b aa und bb; aA Kln FamRZ 83, 706 für den erhöhten Ortszuschl u SteuerVort für Kinder aus einer früh Ehe).

bb) Aus dem **Vermögensstamm** braucht der UnterhBerecht dagg seinen Unterh nicht zu bestreiten. Die äußerste Grenze dafür bildet ijF § 1577 III (vgl § 1577 Anm 2a). Im allg geht die Obliegenh bei GetrLeb jedoch weniger weit (BGH NJW **85,** 907).

cc) Zu den sonstigen bedarfsmindernden VermVorteilen gehört ferner **mietfreies Wohnen,** auch in einer den Elt gehörden Wohng (Ffm FamRZ 77, 799). Vgl unten Anm 2 c.

dd) Die Bedürftigk entfällt od verringert sich ferner, wenn der UnterhBerecht mit einem Dritten in einer **nichtehelichen Lebensgemeinschaft** (Einf 8 v § 1353) zuslebt (Einzelheiten: § 1577 Anm 2a). Von diesem BedürftigkMindergsPosten ist die anderweitige Zurechng eines Konkubinats zu unterscheiden (vgl Anm 4 b ff und gg).

ee) Schulden erhöhen wed allg die Bedürftigk u sind schon desh vom Eink des Berecht abzuziehen (so aber MüKo/Wacke 17), noch sind sie bedarfsneutral (so aber Heiß/Heiß 2.40). Vielm muß differenziert werden. Eigene UnterhPfl des Berecht betreffen den Bedarf eines Dr u erhöhen desh, insb wenn es um vorehel Ki geht, seine Bedürftigk nicht (aA Stgt FamRZ 87, 1031), wird sonst der UnterhSchu für fremde UnterhPfl aufkommen müßte (RGRK/Mutschler § 1610 Rdn 25). Davon ist der Fall zu unterscheiden, daß der Berecht von einer best ihm geschuldeten UnterhSumme eig UnterhPfl tilgen kann. Unabh vom Ztpkt der Entstehg v Schu und lfde Zahlgen darauf einkommndernd zu berücks, wenn ihre Tilgg auch im Interesse des UnterhSchu liegt, also bei gemeins Verpfl (AG Pinnebg FamRZ **89,** 391), Beitr zur Finanzierg der bish EheWohng (Ffm FamRZ 81, 955) od bei Verpfl, die als Folge der Trenng unumgängl waren (MüKo/Richter § 1577 Rdn 15).

c) Auf seiten des UnterhVerpfl muß **Leistungsfähigkeit** vorliegen (vgl § 1603 Anm 2). Entscheidd also die Einkfte aus Verm u Arb und ob er verdient od auch verdienen könnte (§ 1360 Anm 3a aa). Führt der UnterhSchu seine LeistgsUnfähigk in verantwortgsloser od zumind grob leichtfert Weise herbei, kann er sich auf die Minderg od den Wegfall seines Eink nicht berufen (BGH FamRZ 85, 158; **87,** 372). Eine zeitweil Absenkg der für die UnterhBemessg maßgebl ehel LebVerhältn inf der Eröffng einer ArztPrax dch den bish als KrHausArzt tätigen UnterhSchu muß sich der unterhaltberecht Eheg gefallen lassen, wenn der Berufswechsel schon vor der Trenng geplant war (BGH FamRZ 88, 256). Aber selbst dann darf die Gründgsphase eines KfzBetr nicht dch zögerndes Verh verlängert werden (Bambg FamRZ 89, 392). Iü muß trotz Respektierg der berufl EntfaltgsFreih (BGH FamRZ **89,** 93) für die Sicherstellg des MindBed von Eheg u mj Ki vorgesorgt werden. Andernf muß der UnterhSchu auf den Berufswechsel verzichten (Ffm FamRZ **89,** 279; and noch Saarbr FamRZ 81, 676). Iü sind mit der Trenng verbundene Nachteile vom UnterhBerecht hinzunehmen, etwa daß der 87j Ehem in ein Altersheim zieht (Bambg FRES **3,** 54). Umgek besteht f einen Landwirt währd der TrenngsZt keine Obliegenh zur Veräußerg seines unrentablen Hofes (Schlesw FamRZ **85,** 809). Anderers muß der UnterhSchuldn ggf auch auf den **Vermögensstamm** zurückgreifen, um den TrenngsUnterh aufzubringen (BGH FamRZ **86,** 556) u als Landwirt etwa zur Teilverwertg des (jederzt wieder auffüllbaren) Viehbestandes schreiten (BGH aaO). Dem UnterhSchuldn verbleibt v seinem Eink als **Selbstbehalt** ijF mind der notw Eigenbedarf, der ggü den Kindern unterschiedl hoch ist (§ 1603 Anm 2b, 3a u 4) und vom getrenntleben Eheg je nachdem, ob der Verpfl erwerbstät ist od nicht, 1100 bzw 1000 DM beträgt (Düss Tab NJW 88, 2352; vgl iü § 1610 Anm 1; Karlsr FamRZ **89,** 388: Selbstbeh des erwtät Eheg zw 990 u 1300 DM). Im Falle leistgsfähiger and Verwandter (Ki) gem § 1608 S 2 beträgt der angemessene Selbstbehalt 1200 DM (Ffm FamRZ **85,** 704). Zu berücks sind ferner **andere Verbindlichkeiten** (§ 1603 Anm 3 b; § 1581 Anm 2a), zB AusbildgsUnterh f die vollj Tochter (Kblz FamRZ **84,** 270 L). Vor der Trenng mRücks auf Überstunden eingegangene KreditVerpfl verpflichten zur Fortsetzg der ÜberStden (Düss FamRZ 74, 38). Vor Trenng mit Billigg des and Eheg eingegangene Verbindlkten muß dieser sich nach Maßg der hypothet fortgeschriebenen Ehekonzeption auch iRv § 1361 entgeltlhalten lassen (BGH NJW 82, 232) u ggf hinnehmen, daß jedenf die Schuldzinsen getilgt w (BGH NJW 82, 1641). Berücksichtigg v Raten aus Neuverpflichtgen dagg nur bis zur Grenze verständiger trenngsbedingter Anschaffgen (Düss FamRZ 74, 90). Keine Berücks v Kredit zur Anschaffg eines Pkw, wenn dieser nicht notw gebraucht w (Ffm FamRZ 77, 799). Hotelpachter, der mtl nur 528 DM erwirtschaftet, darf in seinem Betr keine GeschFührerin beschäftigen (Mü FamRZ **74,** 601). Erhög der **berufsbedingten Aufwendungen** (Fahrtkosten dch Umzug zur neuen LebGefährtin) sind nur bedingt absetzb (AG GrGerau FamRZ **86,** 1207).

d) Ehewohnung. Währd sich § 1361 b auf die vorläuf Benutzg der Ehewohng bezieht, richtet sich deren **unterhaltsrechtliche Bedeutung** nach § 1361. Für die Dauer des GetrLebens braucht die ggf auch zu teure

§ 1361 2, 3

(Zweibr FamRZ **82**, 269) Ehewohng grdsl nicht aufgegeben zu werden, sol damit gerechnet werden darf, daß die ehel LebGemsch wieder aufgenommen wird (KG NJW **78**, 274). Es ist danach zu unterscheiden, in wessen Eigt die Ehewohng steht u wer von den beiden Eheg sie nach der Trenng weiter benutzt. – **aa)** Grdsl darf die bisher Ehewohng voll weiter finanziert werden (Ffm FamRZ **78**, 433). Eine Obliegenh zur Veräußerg des dem **Unterhaltsschuldner allein gehörenden** Hauses entsteht bei Ausschl der ZugewGemeinsch erst, wenn der MindUnterh des Berecht gefährdet ist (Düss FamRZ **87**, 281). In der Überlassg der Wo an den UnterhGläub liegt regelm das stillschweigde Übereinkommen, daß insoweit NaturalUnterh geleistet werden soll; jedoch hat der UnterhSchu dann auch die Wo instandzuhalten (BGH NJW **62**, 2102). Unterhmäß ist der WoWert quotenmäß auf die FamAngehör umzulegen (Hamm FamRZ **84**, 790). – **bb) Miteigentum.** Auch das beiden Eheg gemeins gehörende HsGrdst braucht nicht veräuß zu werden, auch wenn das nach Abzug der GrdstLasten verbleibende RestEink den Selbstbehalt des UnterhVerpfl nicht erreicht (Düss FamRZ **82**, 268). Unabh davon, wer von den Eheg nach der Trenng die Wohng benutzt, erfolgt für den den WoWert ausnutzden Teil eine Zurechng nur in Höhe des Betr, der anderweit für eine angem kleinere Wo als Mietzins gezahlt w müßte (vgl Zweibr FamRZ **89**, 390). Kann der überschießende NutzWert (etwa dch eine zumutb Vermietg) wirtschaftl nicht realisiert werden, bleibt er (ähnl wie gegf die ArbKraft des unterhberecht Eheg) außer Betr (BGH NJW **86**, 1339; aA Zweibr FamRZ **89**, 390: anteilige Zurechng). **Bewohnt der Unterhaltsschuldner allein** das Haus weiter, so erhöht es mit seinem insow realisierten Nutzwert einschl der vermieteten Garage unter Abzug der Hausbelastgen (Kln FamRZ **81**, 1174) sein Eink (BGH NJW **86**, 1340). Er kann den Abzug nicht dadch vermeiden, daß er den UnterhGl auf das NutzgsEntg aGrd einer Neuregelg n § 745 II verweist (BGH NJW **86**, 1340); ebsowenig wie dieser über die Berücks beim Trenngs-Unterh hinaus ein Nutzsgentgelt verl kann (BGH NJW **86**, 1339). Nur wenn der GebrVorteil beim TrenngsUnterh nicht berücks wird, kann jeder Eheg eine Neuregelg nach § 745 II verl (BGH **87**, 265/71) bzw (etwa wenn sonst kein Unterh beanspr w) auch direkt auf Zahlg einer Nutzsvergütg geklagt werden (vgl BGH NJW **82**, 1753). Deren GebrVorteile u Belastgen sind dann in eine evtl UnterhRegelg einzustellen. Mögl auch § 745 II mit anschließder AbändgsKl. Eine NutzgsEntschädigg scheidet idR dann aus, wenn das Haus ohnehin veräuß werden soll u der eine Eheg damit nur vorübergehd in der EheWo verbleibt (LG Mü I FamRZ **85**, 1256). Trägt der allein verdienende UnterhSchu die Lasten des im MitEigt stehden Hauses allein, währd der **Unterhaltsberechtigte darin wohnt**, wirkt dies aS des letzteren bedarfsmindernd, währd die Lasten aS des Schu einkmindernd zu berücks sind, ohne daß ein zusätzl Entgelt verl werden kann (Ffm FamRZ **86**, 358). Wird das im MitEigt stehde Hs **verkauft** u der Erlös geteilt, darf der UnterhBerecht seinen Anteil wieder in WohngsEigt anlegen, ohne daß er auf eine anderweit höhere Rendite verwiesen werden dürfte (BGH FamRZ **86**, 439). Bedeutg des Hauses für den **nachehelichen Unterhalt:** § 1578 Anm 2a aa.

3) Zumutbarkeit der Erwerbstätigkeit, II. a) Der währd der funktionstücht Ehe nicht erwerbstät Eheg kann auf eine eigene ErwTätigk nur dann verwiesen w, wenn diese von ihm nach seinen persönl Verhältn u den wirtschaftl Verhältn beid Eheg erwartet w kann. Mit dieser Einschränkg wird zG des haushführden Eheg (§ 1356 Anm 2) der BedürftigkMaßstab verändert. **Zweck:** Der bish Status des nicht erwerbstät Eheg soll aGrd der Aufhebg der häusl Gemsch nicht nachteil verändert w, weil dadch das endgült Scheitern der Ehe noch gefördert w könnte (vgl 45. Aufl Anm 2b bb). Inzw hat sich aber herausgestellt, daß die Trenng der Ehel in der allermeisten Fällen auch zur Scheidg der Ehe führt. Auszugehen ist desh von der grdsätzl **Obliegenheit zur Wiedereingliederung in das Erwerbsleben**, wobei nur der **Zeitpunkt** problemat ist: Der bish nicht verdienende Eheg ist iJF zu eig ErwTätigk verpfl, wenn er es bei fortbestehder Gemsch ebenf gewesen wäre (§ 1360 Anm 3c). Iü wird sich auch sonst der bish haushführde Teil alsbald nach einer angemessenen ArbStelle umsehen müssen, wenn der Eheg nur ein geringes Eink hat u nur der UnterhBedürft nicht dch Kinder, Krankh usw an der ArbAufn verhindert ist. Im Hinbl auf § 1565 II u dessen Zweck ist die Aufn einer ErwTätigk vor Ablauf eines TrenngsJ vom nicht erwtät Eheg nicht ow zu verlangen. Aber spätestens bei unanfechtb, wenn auch noch nicht wirks Ehescheidg besteht eine erweiterte ErwObliegenh des unterhberecht Eheg (Düss FamRZ **80**, 997). Iü ist im DchschnFall der bisl nicht erwtät, aber erwfäh Frau **etwa 1 Jahr nach der Trennung** die intensive Suche nach einem ArbPlatz zuzumuten (BGH NJW **86**, 722/4; Hamm FamRZ **86**, 1108 u **88**, 1271; Oldbg FamRZ **86**, 1218; Kalthoener/Büttner NJW **89**, 804; and Düss FamRZ **80**, 245: wg § 1566 II nach 3 J). Keine vollschichtige Ausweitg der Erwtätigk in den ersten 10 Mo nach der Trenng (Hamm FamRZ **88**, 1270). Zum Umfang der Bemühgen: § 1574 Anm 4. Gegebenenf muß der UnterhBedürft auch bereits währd der TrenngsZt eine **Ausbildung aufnehmen** bei Gefahr des Verlusts seines UnterhAnspr (§ 1573 Anm 2c sowie wg mutwill UnterhBed gem § 1579 Nr 3: BGH NJW **86**, 985; zum Umfang der Finanzierung dieser Ausbildg: BGH NJW **85**, 1695), etwa wenn der UnterhBerecht mRücks auf eine neue Bindg des Eheg auf eine endgült Trenng einstellen muß (BGH NJW **88**, 1145).

b) Für die **Auslegung von § 1361 II** sind die §§ 1569ff heranzuziehen (BGH NJW **85**, 1696). Im Zweifel dürfen die Eheg desh nicht schlechter gestellt w, als sie stehen würden, wenn sie geschieden wären. Aber keine automat Parallelisierg, so daß iGs zu § 1570 uU auch die Versorgg eines nicht gemeins Kindes von der eig ErwTätigk entlastet.

aa) Eheangemessene Erwerbstätigkeit (§ 1574 I u II). Welche ErwTätigk erwartet w kann, richtet sich nach sämtl Umstden des Einzelfalles mit Ausn der TrenngsSchuld (vgl aber Anm 4b ff). Entscheid ist die **Gestaltung der Lebensgemeinschaft innerhalb der Ehe**, so daß ggf auch mit Vorrang vor BAföG (Düss FamRZ **83**, 585) ein nach dem gemeins gefaßten LebPlan begonnenes Studium auf Kosten des and Eheg fortgesetzt w darf (BGH NJW **81**, 1214).

bb) Als **persönliche Verhältnisse** sind neben der eig Ausbildg zu berücks: Alter, Krankh, Gebrechlichk usw. Zu den zu berücks persönl Verhältn gehört ferner die **Trennungsdauer** (Düss FamRZ **80**, 245), so daß trotz 36 J dauerndem GetrLeb inf ZwangsArb UnterhAnspr bestehen kann (Karlsr FamRZ **81**, 551). Hat jedoch zw den Eheg die ehel LebGemsch nur 6 Tage bestanden (Heirat währd eines Fronturlaubs) u haben beide Eheg währd der folgden 30j Trenng unabh voneinand für ihren Unterh gesorgt, so ist ein Unterh-

Bürgerliche Ehe. 5. Titel: Wirkungen der Ehe im allgemeinen § 1361 3, 4

Anspr n § 1361 ausgeschl (Hamm FamRZ 79, 581). Bei längerem Getrenntl u ungünst wirtschaftl Bedinggen kann auch von einem währd der Ehe nicht erwerbstät Eheg die Aufn einer ErwTätigk verlangt w (Düss FamRZ 80, 996). Zu berücks ist weiterhin die Tats einer **früheren Erwerbstätigkeit** gleichgült, ob diese vor od währd der Ehe ausgeübt w ist; sie braucht auch nicht bis in die jüngste Zeit fortgesetzt w zu sein. Eine Lehrerin, die mit Ausn des SchwangerschUrl tät war, ist dazu auch iRv § 1361 verpfl, unabh von der Tats, daß ihren beiden Töchtern ggü gem § 1606 III 2 hierzu keine Verpfl bestünde (BGH NJW 81, 2804). Nach über 6 J GetrLeben besteht eine Verpfl zur Aufn einer ErwTätigk, wenn währd des GetrLebens vorübergehd gearbeitet w (Ffm FamRZ 80, 144). Ob wg der früh ErwTätigk auch nach der Trenng eine ErwTätigk erwartet w kann, soll unter Berücks der **Dauer der Ehe** ermittelt w (BT-Drucks 7/650 S 101; BGH NJW 79, 1452 m ausführl Begrdg; Schlesw SchlHA 79, 37). Mit Rücks auf die Erleichterg der Scheidg dch das 1. EheRG kommt es im Ggs zu § 1361 aF nicht darauf an, wie lange die Ehe intakt war, sond darauf, wie lange die tats gedauert hat (vgl demggü noch LG Ffm FamRZ 76, 342). Entscheidd also, wie lange sZt die Berufstätigk gedauert hat; ob die Kenntn noch vorhanden sind; die Möglk besteht, eine dahingehde Stellg zu erhalten, u diese auch der soz Stellg der Eheg entspricht (Anm aa). Bei 18 J EheZt bis zur Trenng u 9jähr Unterbrechg der Berufstätigk als Buchhalterin besteht nach 1½jähr Trenng uU noch keine Pfl zur Aufn einer ErwTätigk (Düss FamRZ 80, 245); ebsowenig nach 20 J u Betreuung vollj Ki (Düss FamRZ 82, 924). Regelm wird der verdiende Eheg bis zur Aufn der Tätigk dch den bisl nicht erwtät Eheg zahlen müssen, darüber hinaus ggf einen Zuschuß, wenn der UnterhBerecht sich schlechter steht als in der Ehe (Nürnb NJW 62, 919). Hat die Ehefr bis wenige Jahre vor der Ehe über längere Zt stdenw als Raumpflegerin gearbeitet, so ist der Ehefr jetzt insb nach nur 4-monat ZusLeb eine solche TeilzeitArb zumutb (BGH NJW 79, 1452). **Kontinuität der Erwerbstätigkeit:** Voll anrechenb ist Eink auch bei Betreuung eines unter 15 J alten Kindes, wenn eine währd des Bestehens der ehel LebGemsch ausgeübte ErwTätigk nach der Trenng im wesentl fortgesetzt w (Düss FamRZ 80, 685). Hat der Eheg die ErwTätigk dagg lediglsch aufgen, weil der and Teil keinen Unterh zahlte, obwohl er gekonnt hätte, so bleibt Bedürftigk bestehen. Ebem kann also die Frau, die wg der Kinder eine eig Berufstätig nicht hätte auszuüben brauchen, nicht auf den aus ihrer Notlage erworbenen ArbVerdienst verweisen (LG Mü NJW 64, 409; LG Kln MDR 65, 215). Eine **bisherige Halbtagsbeschäftigung** sollte idR, dh soweit dies mögl ist u keine HindergsGrde (Kinder, Krankh) vorh sind, zur Ganztagstätigk ausgedehnt w (and Stgt FamRZ 78, 681: nur ausnahmsw). Eine Verpfl dazu besteht, wenn die Ehefr ihren Mann verläßt, mit dem sie bish gemeins eine Tätigk als Hausmeister ausübte (Ffm FamRZ 81, 1061 L). **Kindesbetreuung:** Eine währd der LebGemsch trotz zweier mj Ki ausgeübte Doppelverdienertätig braucht nach der Trenng nicht ow fortgesetzt zu w (Mü FamRZ 82, 270). Ebso kann eine auch schon währd der Ehe ausgeübte ErwTätigk bei Vorhandensein eines 1½jähr von der Großmutter betreuten Ki jederzt wieder aufgegeben w; Anrechenbark diese Eink daher nur gem § 1577 II (Düss FamRZ 85, 1039). Da iü der bish Status des nicht erwerbstät Eheg aGrd der Aufhebg der häusl Gemsch nicht nachteil veränd w soll (BT-Drucks 7/650 S 101), kann uU auch die Versorgg eines unter 15 J alten, aus einer früh stammden KleinKi wenn der eig ErwTätigk entlasten (Düss FamRZ 78, 118), zweier 11 u 15 J alten Ki aus einer früh Ehe (BGH NJW 79, 1452) od v 4 Ki (BGH NJW 79, 1348) od auch eines sZt von beid Eheg übernommenen, jetzt 15jähr PflegeKi (BGH NJW 81, 1782). Die Rspr neigte bisl dazu, die Ehefr bei Versorgg eines Ki bis zu dessen 15. Geburtstag von jegl ArbPfl freizustellen (Bambg FamRZ 79, 505; sa § 1570 Anm 2b bb). Nach neuerer Rspr ist aber auch schon iR des GetrLeb der Mutter eines 11j SchulKi die Übern einer TeilZtBeschäftigg, nicht unbedingt Halbtagsbeschäftigg, anzusinnen (BGH NJW 81, 448). Der Mutter eines 10j Ki im 5. SchulJ kann idR eine TeilZtBeschäftigg zugemutet w (Hamm FamRZ 81, 460). Bei Versorgg eines vollj SchulKi ist eine ganztäg ErwTätigk mögl (BGH FamRZ 81, 148). Die Betreuung von 2 Ki im Alter v 9 u 11 J läßt eine stundenw Tätigk als Übersetzerin zu (Mü FamRZ 81, 461). Auch bei 2 schulpflicht Ki kommt eine TeilZtBeschäftigg in Betr (BGH FamRZ 79, 572) u ist für eine Kellnerin etwa geboten bei beträchtl Eheschulden (BGH NJW 82, 232). Eine Ehefr muß eine bish Tätigk ggf **bis zum 65. Lebensjahr** fortsetzen, so daß ihr bei Inanspruchn des vorgezogenen Altersruhegeldes keine höhere UnterhAnspr gg ihren Ehem erwächst (KG FamRZ 81, 1173).

4) Herabsetzung des Unterhaltsanspruchs aus Billigkeitsgründen, III. Die Loslösg der Unterh-Anspr vom Verschulden (Anm 1a) muß zur selben Beschränkg des TrenngsUnterh führen, wie sie für den Unterh nach der Scheidg gilt; der GesGeber läßt die dort vorgesehene **Härteklausel** des § 1579 daher auch hier gelten. Wg Einzelh vgl die dort Anm. **Übergangsrecht:** Für Zeiträume vor dem 1. 4. 86 ist § 1579 aF anzuwenden, wenn kein bes Härtefall vorliegt (BGH NJW 88, 2376). Der an so begründete UnterhAnspr entfällt, wird umfangmäß eingeschränkt od zeitl begrenzt unter folgd **Voraussetzungen:**

a) Die Inanspruchn des Verpfl muß **grob unbillig** sein, was dann anzunehmen ist, wenn einer der gesetzl Grde des § 1579 I vorliegt. Allerd ist ijF eine **konkrete Billigkeitsabwägung** dchzuführen, insb auch im Verf der einstw AnO (ZPO 620 Z 6). Besond Berücksichtig verlangt auch hier der Gesichtspkt der **Wahrung der Kindesbelange** (§ 1579 Anm 2b), denen Vorrang aber nur zukommt, wenn es sich um gemschaftl Kinder handelt (zu nicht gemschaftl Ki Anm 3b: Kindesbetreuung). Voraussetzg ist ferner Einvernehmen der Eheg über die Kindesbetreuung bzw eine SorgeREntsch gem § 1672 bzw ZPO 620 S 1 Z 1 (Ffm NJW 82, 585). Auch hier aber ggf nur ein Anspr auf TeilUnterh (Hamm FamRZ 80, 247).

b) Im einzelnen gilt folgdes (wg Einzelh vgl § 1579 Anm 3):

aa) Ziffer 1 des § 1579 kommt nicht in Betr; da nach § 1361 der Unterh iR einer noch bestehden Ehe geleistet w, konnte rein begriffl nicht auf die **kurze „Ehedauer"** Bezug gen werden. Aus der Kürze der Ehe allein ergibt sich keine Rechtfertigg für den gänzl Ausschluß des UnterhAnspr (BGH NJW 79, 1348 u 1452; Schlesw SchlHA 79, 37; Düss FamRZ 79, 701 u 800; Ffm FamRZ 79, 700). Vgl iü 45. Aufl.

bb) Ziffer 2: Straftat ggü dem Verpfl nach Angehörigen; vgl § 1611 I, § 2333 Z 3. Verwirkg also bei Falschaussage im EhelichkAnfVerf über GeschlVerk (Brem FamRZ 81, 953).

cc) Ziffer 3: Mutwillige Herbeiführung der Bedürftigkeit iSv Anm 2b, zB dch Ausschlagg einer angebotenen VerdienstMöglk, Selbstverstümmelg, Wohnungswechsel aufs Land mit entspr Verringerg der

Anstellgschancen. Dagg liegt noch keine Mutwilligk in der Herbeiführg der Trenng nach 44 J dch Auszug aus der ehl Wohng (BGH NJW **86**, 1340), auch nicht bei ArbStellenverlust inf Wohnortwechsel aus verständl Grden (Bambg FamRZ **88**, 285). Mutwille setzt Bezug zur UnterhPfl des and Eheg voraus; daher nicht ausr Selbstmordversuch; Aufg einer unzumutb Anstellg; Kapitalisierg einer WwenRente u Einrichtg des neuen Hausstandes anläßl der Eheschließg (Hamm FamRZ **80**, 882).

dd) Ziffer 4: Hinwegsetzen über schwerwiegende Vermögensinteressen des Verpflichteten: § 1579 Anm 3d.

ee) Ziffer 5: Längere gröbliche Verletzung von Unterhaltspflichten in der Zeit vor der Trennung: § 1579 Anm 3e. UnterhVerstöße iR des GetrLeb reichen jedoch aus.

ff) Ziffer 6: Offensichtlich schwerwiegendes, eindeutig beim Unterhaltsberechtigten liegendes Fehlverhalten: § 1579 Anm 3f. Der AusschlußGrd liegt vor, wenn die Trenng ohne äuß Anlaß aus reiner Laune heraus geschieht, etwa mit der einzigen Begrdg, „frei sein zu wollen" (AG Lahnstein FamRZ **85**, 188) od wenn die Ehefr die Fam verläßt u damit den Ehem neben seinen BerufPfl die volle HaushFührg u Kindererziehg überläßt (BT-Drucks 7/650 S 101 f). Der wichtigste Anwendgsfall liegt nach wie vor darin, daß der UnterhBedürft gg den Willen des and Eheg noch währd Bestehen der Ehe ein **eheähnliches Verhältnis mit einem Dritten aufnimmt,** sofern nicht der UnterhSchuldn bereits vorher sich seiners von den ehel Bindgen losgesagt hat (BGH NJW **81**, 1214; **82**, 1216 u 1461; **83**, 451; **84**, 297 u 2692). Dabei ist die später im VerbundUrt getroffene ihm günst SorgeRRegelg ohne Einfl auf den Ausschl des TrenngsUnterh (BGH NJW **83**, 451). Dem Ausschl des Anspr steht § 1593 nicht entgg (Ffm FamRZ **81**, 1063), jedenf dann nicht, wenn (selbst noch in der RevInst) die Umschreibg gem PStG 15 I Z 2, 60 nachgewiesen w (BGH NJW **83**, 451).

gg) Ziffer 7: Ebenso schwerwiegende Gründe: § 1579 Anm 3g. Hierunter gehören insbes die Fälle des ZusLebens mit neuem Partn u gemschaftl Ki (Stgt FamRZ **87**, 479); aber auch diej, in denen erst nach bereits länger vollzogener Trenng eine eheähnl Beziehg zu einem Dritten aufgen w.

5) Art und Umfang des Unterhalts. a) Die **Unterhaltszahlung** erfolgt auch bei wöchentl Entlohng des UnterhSchuldn in Form einer mtl im voraus zu entrichtden **Geldrente, IV 1 u 2.** Soweit Ehel innerh der Wohng getrennt leben u der Ehem die WohngsMiete bezahlt, erfüllt er insow seine UnterhPfl (Schlesw SchlHA **78**, 98 sowie oben Anm 2c).

b) Umfang: Die UnterhRente richtet sich ihrer Höhe nach, soweit der Unterh nicht von dem Bedürft selbst aufgebracht w kann, grdsl auf den gesamten LebBedarf (§ 1360 Anm 1, § 1578 I). Dabei ist einers die Höhe der laufden UnterhRente zu bestimmen, anderers SondBed u ähnl zu berücks.

aa) Die **Höhe des laufenden Unterhalts** bestimmt sich einers nach dem, was nach den Lebens-, Erwerbs- u VermVerhältn der Eheg angemessen ist (ehebezogener Bedarf). Sie muß ferner in einer bestimmten Quote des Eink des unterhpfl Eheg ausgedrückt w. Hierauf muß sich schließl der UnterhBerecht anrechnen lassen, wofür ihm eig Mittel zur Vfg stehen.

α) Der **ehebezogene Unterhaltsbedarf** des getrennt lebden Eheg richtet sich in erster Linie nach den Verhältn, in denen die Eheg währd des ZusLeb gelebt haben. Es handelt sich um einen dch die Ehe konkretisierten UnterhBed. Unterh wird nur geschuldet, soweit dies **nach den Lebensverhältnissen und den Erwerbs- und Vermögensverhältnissen der Ehegatten angemessen** ist. Zu berücks sind grdsl sämtl Umst der Eheg mit Ausn der Grde, die zur Trenng geführt haben. Im Rahmen der LebVerhältn ist zunächst nach den **den Lebensstandard** beid Eheg **prägenden Umständen** zu fragen. Dazu kann eine nach der Trenng angefallene Erbsch nur ganz ausnahmsw gehören (Ffm FamRZ **86**, 165). Ebsowenig prägt das aus dem trenngsbedingten Verkauf des im MitEigt beid Eheg stehden FamHeims stammde Kapital die EheVerhältn (BGH FamRZ **86**, 440). Der LebStandard wird nach den obj Gegebenheiten, nicht nach der subj Einschätzg der Ehel geprägt, so daß auch 10 J nach der Trenng erstmals Unterh verlangt w kann, wenn die Ehefr sich vorher auf niedrigerem Niveau dchgebracht h; § 1573 IV findet iRv § 1361 keine Anwendg (BGH NJW **86**, 718). Eine unzumutb ErwTätigk des UnterhBerecht bleibt bei der Ermittlg des vollen Bed auß Betr (BGH FamRZ **84**, 149; Düss FamRZ **85**, 1039). Iü wird der LebStandard ggf nur sekundär dch das Eink geprägt, so daß von dem währd der Ehe zur Vfg stehden Betr zunächst die zur **Vermögensbildung** aufgewendeten Betr abzuziehen sind (Hamm NJW **81**, 828), ebso für eine ÜbergangsZt die Aufwendgen für den Bau des FamHauses (Saarbr FamRZ **82**, 919). Bedeuts ferner Alter, GesundhZustd, Zahl u Alter der v dem unterhberecht Eheg zu betreuenden Kinder, Vorbildg, bish LebStellg, so daß von einer Ehefr, deren Ehem eine leitde Stellg innehat od die in dem Gesch ihres Mannes Mitarbeiterin in leitder Position war, nicht das Tätigwerden in erhebl minderer Funktion verlangt w kann; ebso umgek f den bish im Gesch seiner Ehefr mitarbeitden Ehem. Der verstoßenen Ehefr sind v ihrem überdchschnittl verdienden Mann Geldmittel in solchem Umfang zur Vfg zu stellen, daß sie Leben wie früher fortführen kann hins Wohng, Hauspersonal, Besuch kultureller Veranstaltgen, gesellschaftl Verk, Reisen usw (BGH NJW **69**, 919). Die getr lebde Ehefr kann nicht auf den Verdienst als ungelernte Arbeiterin verwiesen w, wenn sie dch Teiln an einem Fortbildgskurs etwa die soz Stellg ihres Ehem erreichen kann u will (Celle NJW **62**, 496). Entscheidd ferner, ob u wie lange ein Beruf ausgeübt wurde; pers Opfer, Krankh, eindeut Entsch beider Ehel zG der HausfrEhe. Zur Bedeutg der Ehedauer Anm 4b aa. Bei Heirat erst im **Rentenalter** idR keine wesentl Änderg der bis dahin erworbenen LebStellg (Zweibr FamRZ **78**, 773).

β) **Quotelung:** Dem voll unterhbedürft Eheg stehen nach der DüssTab (Stand: 1. 1. 89, NJW **88**, 2352 = FamRZ **88**, 911; vgl § 1610 Anm 1) von dem NettoEink des UnterhPfl: 3/7 u bei eig ErwTätigk od sonst eig Eink des UnterhBerecht 3/7 des UnterschiedsBetr beid NettoEink zu, falls dasj des and Eheg höher ist. Der UnterhSatz von 3/7 entspr virtuell einer Halbierg des Eink u berücks ledigl die höheren Aufwendgen des ErwTät (BGH FamRZ **79**, 692; **81**, 442; NJW **81**, 753). Zu einer echten **Halbierung** der (ggf wiederum zuszurechnden) Einkfte kommt es grdsl im Rentenalter (DüssTab NJW **84**, 2330; vgl iü § 1578 Anm 2 aE sowie § 1361 Anm 1a). Der **trennungsbedingte Mehrbedarf,** insb infolge doppelter HaushFührg (Düss FamRZ **81**, 772: ca 120%) kann grdsl geltd gemacht w, etwa dch einen angemessenen Zuschlag zur 3/7-

Quotelg (Ffm FamRZ **82**, 376). Eine **Sättigungsgrenze** (§ 1578 Anm 2) wird von der Rspr expressis verbis verworfen (vgl Bambg FamRZ **81**, 670), prakt aber angewendet, so daß ein Internist mit monatl NettoEink v 11475 DM seiner die 3 Ki betreuenden Ehefr nicht mehr als 3140 DM schuldet (Düss FamRZ **83**, 279). Zum **Selbstbehalt** des UnterhSchuldn Anm 2 c.

γ) Wie beim nachehel Unterh kommt je nachdem, ob die eig ErwTätigk des UnterhBerecht die ehel LebVerhältn mit geprägt hat od nicht, die **Differenz- bzw Anrechnungsmethode** zur Anwendg (§ 1577 Anm 2 c). Bei beiderseit Eink od iR auch nur fiktiv zugerechneten Eink darf nach der Differenzmethode (⅖ od ⅗ des UnterschiedsBetr stehen dem UnterhGläub zu) nur vorgegangen w, wenn das beiderseits angenommene Eink die ehel LebVerhältn prägte. Die LebVerhältn getrenntlebder Eheg werden aber ggf auch dch eine nur erwartete, nicht wirkl aufgenommene ErwTätigk der Ehefrau mitbestimmt, so daß nur DifferenzUnterh verlangt w kann (Düss FamRZ **82**, 378). Haben die Eheg währd des ZusLebens jew vom eig Verdienst gelebt, scheidet der DifferenzUnterh aus (Zweibr FamRZ **82**, 269). Wurde die ErwTätigk erst nach der Trenng aufgen od war der UnterhGläub hierzu verpfl, so muß er sich den eig Verdienst ggf, ohne daß es darauf ankommt, ob die ErwTätigk gem II geboten ist (BGH NJW **82**, 2439), voll anrechnen lassen (BGH NJW **81**, 1782). **Einkünfte aus unzumutbarer Erwerbstätigkeit** werden nach § 1577 II angerechnet (BGH NJW **83**, 933; Düss FamRZ **85**, 1039).

bb) Die Rente umfaßt nur den laufden Unterh u schließt einmalige Zahlgen wg **Sonderbedarfs** (§ 1613 Anm 2 d; § 1578 Anm 3 a) nicht aus (BT-Drucks 7/650 S 102), wie zB für Zahnersatz (Stgt FamRZ **78**, 684), sofern nicht der lfde Unterh so hoch ist, daß davon entsprechde Rücklagen gebildet w können (Schlesw SchlHA **79**, 222) od der SondBed dch Verteilg mit lfden Unterh aufgefangen w kann, wie zB Arztkosten (Karlsr FamRZ **81**, 146 L). Zur Ermöglichg des GetrLeb entstandene **Umzugskosten** können nur iFv § 1565 II verlangt w (Kln FamRZ **86**, 163; sa Düss NJW **59**, 2311: Baukostenzuschuß).

cc) **Krankenversicherung** (§ 1578 Anm 3 c): Die Kosten dafür sind nicht mehr in der Quote der Düss Tab (§ 1610 Anm 1) enthalten u können desh grdsl zusätzl zum lfden Unterh geltd gemacht w (vgl BGH NJW **83**, 1552/4 u 2937, MüKo/Wacke 24). Höhe wie in § 1578 Anm 3 c, wobei bei Eheg v Beamten auch der Verlust der Beihilfe zu berücks ist. Bei entspr ErwObliegenh muß der UnterhBerecht auch für einen Teil der KrVors selbst aufkommen (Düss FamRZ **86**, 814). Kein Anspr des UnterhBerecht auf Befreiung v den ärztl BehdlgsKost entspr § 329 (aA Hamm FamRZ **87**, 1142). Bei nachträgl Erstattg (RVO 381 III 3) besteht Anspr aus § 812 (Düss FamRZ **81**, 549). Die Nichtaufklärg über den Wegfall v KrankenVersSchutz kann iü schadensersatzpfl machen (Kln FamRZ **85**, 926).

dd) **Vorsorgeunterhalt** (§ 1578 Anm 3 d). Von der Rechtshängigk eines ScheidgsVerf an gehört auch der VorsorgeUnterh, I 2, dh die Kosten einer angem Versicherg für den Fall des Alters sowie der Berufs- und Erwerbsunfähigk zum Unterh. Mit dieser Best soll eine Lücke in der "sozialen Biographie" eines Eheg geschl w, da der VA nur die Zeit bis zur Rhängigk des ScheidgsAntr erfaßt (§ 1587 II) u die in § 1578 III vorgesehene Verpfl, mit dem Unterh auch die Kosten einer angem Alters- sowie Berufs- u ErwUnfähigk-Vers zu tragen, erst ab Rechtskr der ScheidgsUrt gilt (BT-Drucks 7/4361 S 27). Rhängigk ist gleichbedeutd mit dem Ende der EheZt iSv § 1587 II (Brem FamRZ **79**, 121). AnO gem I 2 iVm iW einstw AnO, da wg der Möglk der Nachzahlg keine akuten Nachteile zu befürchten s (Saarbr FamRZ **78**, 501; Stgt Just **79**, 19; and Hampel FamRZ **79**, 249; Karlsr FamRZ **78**, 501). I 2 insb bei ausbildungsbedingter Bedürftigk (BGH FamRZ **86**, 1145). Zur Dogmatik u Höhe des VorsUnterh § 1578 Anm 3; bei Zahlg v KiUnterh dch beide Eheg Hbg FamRZ **89**, 394. Ältere UnterhVergl ü den VorsUnterh nicht entgg einer AbändersKl zur erstmaligen Geltdmachg des VorsUnterh nicht entgg (Einf 4f v § 1569 mN). I 2 gilt analog, wenn Eheg nicht getr leben u Scheidg aus § 1565 I 1 begehren. Keine einstw Einstell der ZwVollstr mRücks auf die verfassgsrechtl Zulässigk der Vorschr (BVerfG FamRZ **80**, 337). Der Anspr auf VorsUnterh entfällt währd der Dauer des Bezugs v **Arbeitslosengeld** od -hilfe (Ffm FamRZ **87**, 1245).

ee) Zum **Aufstockungsunterhalt** bei beiderseit Einkften Anm 5b aa γ sowie § 1573 Anm 3. **Ausbildungsunterhalt** währd des GetrLeb nur, wenn die Eheg sich auf die Scheidg einstellen, anderes aber AusbildgsUnterh auch gem § 1575 weitergezahlt w muß (BGH NJW **85**, 1695; aA Ffm FamRZ **81**, 1061 L). Zum AusbildgsUnterh iü: § 1578 Anm 3b.

6) **Gesetzliche Verweisungen, IV:** Wg der zeitl Abgrenzg (§§ 1613–1615) vgl § 1360a Anm 2b; zum ProzKostVorsch § 1360a Anm 3. PKV unbill, wenn Ehefr Mann u Kinder verläßt, um mit einem and zuzuleben, eig Eink hat u der Ehem Schulden iHv 113000 DM hat (Schlesw FamRZ **77**, 814). Für Zuvielleistgen gilt § 1360b, wobei allerd gerade das GetrLeben ein Umst sein k, der gg die Absicht spricht, von Ersatz abzusehen. AuskunftsPfl ggf auch schon zZw der Trenng (AG Solingen FamRZ **87**, 821; sa § 1353 Anm 2b gg) nach § 1605: konsequenter (wg Loslösg v TrenngsSchuld, sa Verweisg auf § 1575 in III) wäre § 1580 gewesen. Auch umgek besteht zL des UnterhBerecht AuskftsPfl (§ 1605 Anm 2a).

1361a Hausratsverteilung bei Getrenntleben.
[I]Leben die Ehegatten getrennt, so kann jeder von ihnen die ihm gehörenden Haushaltsgegenstände von dem anderen Ehegatten herausverlangen. Er ist jedoch verpflichtet, sie dem anderen Ehegatten zum Gebrauch zu überlassen, soweit dieser sie zur Führung eines abgesonderten Haushalts benötigt und die Überlassung nach den Umständen des Falles der Billigkeit entspricht.

[II]Haushaltsgegenstände, die den Ehegatten gemeinsam gehören, werden zwischen ihnen nach den Grundsätzen der Billigkeit verteilt.

[III]Können sich die Ehegatten nicht einigen, so entscheidet das zuständige Gericht. Dieses kann eine angemessene Vergütung für die Benutzung der Haushaltsgegenstände festsetzen.

[IV]Die Eigentumsverhältnisse bleiben unberührt, sofern die Ehegatten nichts anderes vereinbaren.

Schrifttum: Vogel FamRZ **81**, 839; Dörr NJW **89**, 810; Quambusch FamRZ **89**, 691 (Vorräte).

§§ 1361a, 1361b   4. Buch. 1. Abschnitt. *Diederichsen*

1) Voraussetzg Getrenntleben, gleichgültig, aus welchem Grunde, vgl jedoch § 1361 Anm 2. Bezieht sich ledigl auf den ehel Hausrat, HausratsVO 1 Anm 2b (Anh II z EheG). Ggsatz: die zum persönl Gebr eines Eheg bestimmten Ggstände, vgl ebda, die er ohne weiteres herausverlangen kann, kann sich auf einzelne Gegenstände beziehen (anders §§ 8, 9 HausratsVO, BayObLG FamRZ 72, 465). Über die **Ehewohng** kann dch einstw AnO entschieden w, sobald eine Ehesache (ZPO 606 I) anhäng ist (ZPO 620 Z 7). Wird die Ehewohng einem Eheg ganz zugewiesen, sof Beschw (ZPO 620c S 1). Erfolgt Hausratszuteilg gem ZPO 620, so auch § 1361a zu beachten (Celle NJW **59**, 2125). Zuweisg der Ehewohng vor Einleitg des ScheidgsVerf jetzt gem **§ 1361b**. Hat der Ehem keinen Anlaß zur Trenng gegeben, ist er nicht verpfl, die Ehewohng aufzugeben, auch wenn sich die mj Kinder der Eheg bei der Mutter befinden (AG Mü FamRZ **78**, 894). **Zweck** des § 1361a ist nicht, den früheren LebStandard des jetzt getr lebden Eheg aufrechtzuerhalten so daß ohne zusätzl Grde Herausgabe eines Pkw nicht verlangt w kann (Kln FamRZ **80**, 249). **Zuständig** für Kl auf Herausg des persönl Bed ist nicht das FamG, sond das ProzG (Düss FamRZ **78**, 358); ebso f NutzgsEntschädigg f dem Kl gehörenden Pkw (Ffm NJW-RR **88**, 133). Eine einstw Vfg auf Herausg von HaushGgsden ist unzul; in Eilfällen einstw AnO gem HausrVO (Düss FamRZ **78**, 358). **Vereinbarungen** ü Ehewohng u Hausr sind unabh v einem R zum Getrenntl zul (Knütel FamRZ **81**, 547gg Düss FamRZ **81**, 545). § 1361a schließt **possessorische Ansprüche** aus, weil das HausrVerf vor dem FamG Vorrang hat (BGH NJW **83**, 47; Zweibr FamRZ **87**, 1146; Ffm FamRZ **88**, 399; aA KG FamRZ **87**, 1147, Hambitzer FamRZ **89**, 236), gibt aber keinen Anspr auf Rückschaffg des ges entzogenen Hausr (Kblz FamRZ **85**, 931). Streitig ü eigenmächt entfernten Hausr unterfallen der HausrVO, u zwar auch hins des einstwil RSchutzes (BGH NJW **83**, 47). Kein **Auskunftsanspruch** hins des Hausratsbestands (Celle FamRZ **86**, 490/92); and im HausrVerf (§ 8 HausrVO Anm 1).

2) Herausgabepflicht, I, II, IV. Obwohl grdsl Eigt maßgebl, entscheidet das FamG (Düss Rpfleger **78**, 443). Der Eigtümer kann also vom and Eheg die ihm gehörenden Sachen, was er darzutun hat, herausverlangen. Reicht der Hausrat für den zurückbleibenden od den sich trennenden Eheg nicht aus, so ist jeder Eheg verpflichtet, dem anderen unbeschadet seines Eigt Stücke zu überlassen. Voraussetzg dafür ist aber, daß dieser sie zur Führg eines abgesonderten Haushalts benötigt, also nicht, wenn der Eheg in ein möbliertes Zimmer in der elterl Wohng zieht, nicht Möbel zum Zwecke der Zimmervermietg, Dresd SeuffA **75**, 184. Transportkosten zu Lasten desjenigen, der die Herausg verlangt, KG JW **20**, 713, uU (Schuldfrage) auch des andern, Hamm HRR **29**, 1732, vgl aber auch Ffm NJW **60**, 1768. Durch die Herausg wird der Eheg unmittelbarer Besitzer (wichtig wg ZPO 739); er hat auch die Pflegekosten, KG OLG **21**, 215. Entscheidend für das HerausgVerlangen ist weiter, daß die Überlassg bei besonderer Berücksichtigg jedes Einzelfalles, vgl auch HausratsVO 9 (abgedr Anh II EheG), der Billigkeit entspricht. Zu berücks also Entbehrlichk b dem Eheg, von dem Herausg verlangt w, ob der Fordernde bisher diese ihm nicht gehörden Ggste überwiegd od längere Zeit nicht benutzt hat (BayObLG NJW **72**, 949). Entscheidd ferner Verm u Einkünfte zur Beurteilg einer Neuanschaffg, wobei mögl, daß ein Eheg zwar ein Stück herauszugeben hat, das für den und einen bes FamWert besitzt, dieser aber einen gleichwert Ggst anschaffen muß. Vor allem aber zu berücks, bei welchem Eheg sich mj unverheiratete Kinder befinden, u trotz 1. EheRG die Schuldfrage. So wird die Ehefr, die die Ehewohng verläßt, weil der Mann dort die Ehebrecherin aufgen hat, nicht nur die eig Sachen verlangen können, sond auch, daß ihr der Mann eine den früh Verhältn entspr Wohng einrichtet, anderers wird der Mann, der die Frau in der Ehewohng zurückläßt u an der Trenng die Alleinschuld trägt, nur wirkl Entbehrliches verlangen können, Einf 1 vor § 1353, aM Ffm NJW **60**, 1768, das den BilligkGesichtspunkten zu wenig berücksichtigt. Die Teilg der HaushaltsGgstände, die den Eheg gemeinsam gehören, II, wofür die Vermutg der HausratsVO 8 II herangezogen w kann, Ffm NJW **60**, 1768, vgl aber auch bei gesetzl Güterstd § 1370, erfolgt ebenf nach Billigk unter Beachtg obiger Gesichtspunkte. Entspr HausrTeilgsBeschl des FamG verliert mit Rechtskr der Scheidg seine Wirksamk (LG Oldbg FamRZ **79**, 43). Einigen sich die Eheg über die Verteilg der Ggstände nach I u II, so werden durch diese Einigg die Eigentumsverhältnisse nicht berührt, IV. Weder im Fall der Scheidg noch des Todes eines Eheg steht also aGrd dieser Verteilg schon fest, wer Eigtümer ist; Beweis natürl nicht ausgeschl, jedoch keine Berufg auf § 1006. Mögl aber auch, daß die Eheg bei der Verteilg auch eine EigtZuteilg vornehmen wollten, was dann der Behauptende zu beweisen hat. Allerdings wird sich oft das HerausgVerlangen sich gerade auf die ihm gehörende erstrecken; ein ZurückbehaltgsR wg Verwendgen, § 1000, wird durch § 1361a nicht ausgeschl, außer wenn es geradezu der Billigk widerspricht, KG FamRZ **60**, 71. HerausgAnspr höchstpersönl u unpfändbar.

3) Verfahren, III. Mangels Einigg entscheidet das FamG als Ger der freiw Gerichtsbark (HausrVO 18a). Offizialmaxime FGG 12. Im Ggs zu HausrVO 1, 2, 8 keine seitl EigtZuteilg; das FamG teilt die Ggstde nur zur vorläuf Benutzg währd der Trenng zu, wobei es für die dem und Eheg gehörden Ggstde auch eine Benutzgsgebühr festsetzen kann. Bei insges ausgewogener Aufteilg kann Beschw nicht darauf gestützt w, einzelne Ggstde seien anders zu verteilen gewesen (Zweibr FamRZ **83**, 1122). Kein Vorrang v ZPO 620 S 1 Z 7; das RSchutzinteresse f die Dchführg eines selbstwil Verf gem § 1361a, HausrVO 18a bleibt auch nach Anhängigk der Scheidg erhalten (Kln FamRZ **86**, 703; Zweibr FamRZ **88**, 86). Anders als eine vor dem EheRStreit getroffene Regelg bleibt die im ScheidgsVerf getroff einstw AnO auch nach der Scheidg bis zu einer Abänderg und Regelg bestehen (ZPO 620 Z 7, 620f).

1361b *Zuweisung der Ehewohnung bei Getrenntleben.* [1]Leben die Ehegatten getrennt oder will einer von ihnen getrennt leben, so kann ein Ehegatte verlangen, daß ihm der andere die Ehewohnung oder einen Teil zur alleinigen Benutzung überläßt, soweit dies notwendig ist, um eine schwere Härte zu vermeiden. Steht einem Ehegatten allein oder gemeinsam mit einem Dritten das Eigentum, das Erbbaurecht oder der Nießbrauch an dem Grundstück zu, auf dem sich die Ehewohnung befindet, so ist dies besonders zu berücksichtigen; Entsprechendes gilt für das Wohnungseigentum, das Dauerwohnrecht und das dingliche Wohnrecht.

Bürgerliche Ehe. 5. Titel: Wirkungen der Ehe im allgemeinen § 1361 b 1–3

II Ist ein Ehegatte verpflichtet, dem anderen Ehegatten die Ehewohnung oder einen Teil zur alleinigen Benutzung zu überlassen, so kann er vom anderen Ehegatten eine Vergütung für die Benutzung verlangen, soweit dies der Billigkeit entspricht.

Schrifttum: Angaben bei § 1361a; Bergerfurth FamRZ **85**, 548; Diederichsen NJW **86**, 1283; Richter JR **85**, 138; Brudermüller FamRZ **87**, 109; Graba NJW **87**, 1721; Finger NJW **87**, 1001; Brudermüller FamRZ **89**, 7.

1) Zweck: Die dch das UÄndg eingefügte Bestimmg soll die Gesetzeslücke schließen, die das 1. EheRG dadch gelassen hatte, daß es einerseits nach § 1565 II für die Scheidg grdsl das 1j GetrLeb der Ehel fordert, anderers die Zuweig der Ehewohng dch einstw AnO in ZPO 620 S 1 Z 7, 620a II 1 für die meisten Fälle von dem Anhängigmachen eben dieses bei Trenng noch gar nicht schlüss ScheidgsAntr abhäng macht. Illusion dürfte die vom GesGeber gehegte Hoffng sein, mit der neuen Best ließen sich persönl Spanngen zw den Eheg abbauen (BT-Drucks 10/2888 S 16); die Trenng hat sich rechtstatsächl als Vorspann der Scheidg entwickelt. – **Inhalt:** Die neue Vorschr enth in zwei Abs die Ermächtigt zur Zuweisg der Ehewohng an einen der Eheg vor Einleitg eines ScheidgsVerf, I, gg eine entsprechde AusglZahlg nach Billigk, II. – **Rechtsfolgen:** Die Wohng kann ganz od mit einz Räumen dem einen Eheg und iF einer gleichzeit Entscheidg nach § 1672 den Kindern **zugewiesen** u der and Eheg entsprechd von der Benutzg dieser Räume ausgeschl w. Die bl WohngsZuweig reicht als RäumgsTitel nicht aus (LG Itzehoe FamRZ **87**, 176 zu ZPO 620 S 1 Z 7). Ggf besteht MitwirkgsPfl hins der erforderl Umräumg (vgl Ffm FamRZ **87**, 726). Vgl ie HausratsVO 2 Anm 1b und 6 (Anh II zu EheG). § 985 ist ausgeschl. Gleichzeit kann eine entspr **Vergütungspflicht** angeordn w. Vgl dazu Anm 3 mit Weiterverweis. Zur Bedeutg im **Unterhaltsrecht** s § 1361 Anm 2d. Zu **§ 180 III ZVG** § 1372 Anm 1b gg. Vgl iü § 1361a Anm 1, insb zum possessor **Besitzschutz**.

2) Voraussetzungen der Wohnungszuweisung, I: a) Wohnung: Es muß sich um eine gemeins Wohng der Ehel handeln; die EigtLage ist unerhebl (arg I 2). Zuweisgsfäh ist auch eine gemeins Mietwohng. Keine WohngsZuweisg, wenn beide Ehel ohnehin getr Wohngen haben.

b) Getrenntleben oder Trennungsabsicht. Zum GetrLeben: § 1567. Dch den Auszug eines Eheg verliert die Wo nicht ihren Charakter als EheWohng (Hamm FamRZ **89**, 739). Die WohngsZuweisg kommt auch in Betr, wenn der sie begehrde Eheg bereits ausgezogen ist od die Ehe sonst getr leben, auch innerh der ehel Wohng (§ 1567 I 2), sofern sich diese Regelg als untragb erwiesen hat. TrenngsAbsicht reicht aus, wobei auch der Eheg WohngsZuweisg an sich begehren kann, der seiners die Trenng gar nicht betreibt.

c) Notwendigkeit der Härtevermeidung. Die Ehewohng od einen Teil ders nicht zugewiesen zu bekommen, muß für den Eheg eine **schwere Härte** bedeuten. Dieses Kriterium sollte die Eintrittsschwelle für die Inspruchn des FamG bewußt hoch angesetzt w, obwohl der GesGeber damit seinem VersöhngsKonzept selbst widerspr (vgl Anm 1). HausratsVO 3 verlangt eine „unbillige" Härte; ein Unterschied dürfte kaum bestehen (NJW **86**, 1284 Fn 8). Deutl ist, daß für die WohngsZuweisg bloße Unbequemlichk nicht ausr, wie man umgek nach der auf Versöhng der Ehel gerichtet ratio legis eine unmittelb Gefahr für Leib u Leben wohl nicht mehr wird fordern dürfen (so dagg noch die Rspr nach der bish RLage: Kln FamRZ **80**, 275; **82**, 403; Ffm FamRZ **82**, 484; Zweibr FamRZ **84**, 391; aA Karlsr FamRZ **82**, 1220; **84**, 391); ebsowenig, daß das Frauenhaus die einzige Alternative wäre (so Richter JR **85**, 138). Ein unsubstantiierter Vortr („wiederholt bedroht, mißhand u vergewaltigt") reicht nicht aus (Düss FamRZ **86**, 1058). Bei schweren körperl Mißhandl der FamMitgl u schweren Störgen des FamLeb etwa dch Alkohol ist § 1361b allemal gegeben. Aber es dürften auch weniger gravierde Umst ausreichen, wie zB dauernde Störg der Nachtruhe, Mitbringen von Zechkumpanen u ähnl. Therapiebedürfn verhaltensgestörter Kinder können bei beiderseit Alkoholismus der Elt entsch (KG FamRZ **87**, 850; Kblz FamRZ **87**, 852). Über alleinige Benutzg und Aufteilg der Ehewohng entsch das **Verhältnismäßigkeitsprinzip,** wobei beiden Eheg Beiträge zur wohnatmosphär Beruhigg abverlangt w können (Ffm FamRZ **87**, 159). An einer schweren Härte fehlt es, wenn sich ein Eheg allein od gemein mit einz Dr zusteht, I 2. Dasselbe gilt für ErbbauR, Nießbr, DauerwohnR od dingl WohnR. Für die Herabsetzg der Härteschwelle reicht die dingl RPosition als solche, so daß bes Bedeutg bekommt, wenn ein Eheg schon vor der Eheschl Eigtümer der Wo war (Hamm FamRZ **89**, 739).

d) Antrag. Obwohl iGgs etwa zu § 1672 od auch HausratsVO 1 I nicht ausdrückl aufgeführt, setzt die Regelg dch das FamG einen Antr voraus. „kann ... verlangen" ist zwar als Anspr formuliert (§ 194 I), bedeutet aber nicht, daß es einer entsprechden Kl bedürfte. VerfAntr, kein SachAntr; wird ein solcher gestellt, ist der Ri nicht daran gebunden (Zweibr FamRZ **87**, 508). Das Ger kann nicht gg den Willen beid Eheg die Wohng einem von ihnen zuweisen.

3) Benutzungsvergütung, II (Lit: D Meyer JurBüro **88**, 1645): Soweit ein Eheg, u sei es auch ohne richterl Zuweisg nach seinem freiw Auszug (Brudermüller FamRZ **89**, 10) od aGrd einer Einigg der Eheg (Schlesw FamRZ **88**, 722 = JZ **88**, 1075 mAv Kotzur; bestr; vgl Dörr NJW **89**, 810 Fn 8) verpfl ist, dem and Eheg die EheWo ganz od teilw zur alleinigen Benutzg zu überlassen, kann in Übereinstimmg mit HausratsVO 3 I nach Billigk vom FamG eine Vergütg bestimmt w. Wg Einzelh vgl Anh II zu EheG HausratsVO 2 Anm 1b u 5 Anm 2. Bei **Miteigentum** beid Eheg ist die bish NutzgsVereinbg gem § 745 II zu änd (BGH NJW **82**, 1753; **83**, 1845). In der Festsetzg der Vergütg gem II liegt inzident eine Neuregelg iSv § 745 II (Brudermüller FamRZ **89**, 10). Empfehlenswert ist die Berücks der Vergütg iR des TrenngsUnterh (vgl § 1361 Anm 2d; Brudermüller FamRZ **89**, 12). Gehört die Ehewohng dem weichden Eheg allein od zus mit einem Dr (zB den SchwiegerElt), so wird die Festsetzg einer Vergütg stets der Billigk entspr (BT-Drucks 10/2888 S 16). Zur Überprüfg bl der Billigk besteht kein Feststellgsinteresse (Düss FamRZ **88**, 410).

1345

§§ 1361b, 1362

Höhe: Brudermüller FamRZ **89**, 11 mNachw. Mögl auch die AnO einer **Abstandszahlung** (vgl HausrVO 5 Anm 1; and Brudermüller FamRZ **89**, 12ff, der den Ausgl im Güter- u UnterhR sucht).

4) Verfahren: Zust ist das FamG (ZPO 621 I Z 7; HausratsVO 1 II, 18a); auch f BenutzgsStr nach Einigg der Ehel (Kln FamRZ **87**, 77). Es gelten insb HausratsVO 13ff. GeschWert: Halbjahresmiete (KG u Mü FamRZ **88**, 98 u 1187). Der Ri kann die Wohng einem der Eheg insges od zT zuweisen. Er ist an den gestellten Antr (Anm 2d) nicht gebunden. Ggü der WohngsZuweisg insges ist die Zuweisg eines Teils der Wohng ein minus. Der Ri kann aber auch den die Zuweisg der Ehewohng an sich selbst begehrden Eheg übergehen u die Wohng dem and Eheg zuweisen, sofern dieser damit einverstanden ist. Dagg kann der Ri wg des AntrErfordern nicht etwa iRv § 1672 zugl die WohngsVerhältn regeln. Der Zuweisgs- u UnterhGütgsBeschl ist, auch jeder isoliert, nach HausrVO 14, 18a, ZPO 621e nur befr anfechtb. HausEigtümer, MitEigtümer u Verm (aA Gottwald FamRZ **87**, 407) sowie sonst Dr iSv I 2 sind gem HausratsVO 7 an dem Verf zu beteiligen (Kblz NJW **87**, 1559; Lempp/Thalmann FamRZ **84**, 14; Diederichsen NJW **86**, 1284; Dörr NJW **89**, 811; aA Bergerfurth FamRZ **85**, 549). § 1361b erlaubt nur eine vorl WohngsZuweisg. Bei Anhängigk des ScheidsVerf hat ZPO 620 S 1 Z 7 Vorrang, schon wg der Beschränkg der RbehelfsMöglkten nach ZPO 620c (bestr). In diesem Verf sind der WohngsEigtümer u die Pers v HausrVO 7 nicht beteiligt (Hamm FamRZ **87**, 1237). Die Vorschr erübrigt nicht die endgült WohngsZuweisg gem ZPO 621 I Z 7, 621a I für den ScheidgsFall. Vorl AnOen zu § 1361b mögl. Zul ist auch die Änderg der Entsch aus § 1361b. Zu § **180 III ZVG** § 1372 Anm 1b gg. Räumt ein Eheg die Wo freiw, ist für die NutzgsEntschädigg das ProzG zust (Kblz FamRZ **89**, 85).

1362 *Eigentumsvermutungen.* I Zugunsten der Gläubiger des Mannes und der Gläubiger der Frau wird vermutet, daß die im Besitz eines Ehegatten oder beider Ehegatten befindlichen beweglichen Sachen dem Schuldner gehören. Diese Vermutung gilt nicht, wenn die Ehegatten getrennt leben und sich die Sachen im Besitze des Ehegatten befinden, der nicht Schuldner ist. Inhaberpapiere und Orderpapiere, die mit Blankoindossament versehen sind, stehen den beweglichen Sachen gleich.

II Für die ausschließlich zum persönlichen Gebrauch eines Ehegatten bestimmten Sachen wird im Verhältnis der Ehegatten zueinander und zu den Gläubigern vermutet, daß sie dem Ehegatten gehören, für dessen Gebrauch sie bestimmt sind.

Schrifttum: Baur FamRZ **58**, 252; H. Müller, Zwangsvollstreckung gg Eheg (1970); Noack JurBüro **78**, 1425 (PfdgsVollstr); Vlassopoulos, Der ehel Hausr im Fam- u ErbR, 1983; Eichenhofer JZ **88**, 326.

1) Zweck: Die Gläub eines Eheg sollen vor einer Verschleierg der EigtLage dch ein ZusWirken beider Eheg bewahrt w (BGH NJW **76**, 238). Zwingdes R, das bei jedem GütStd gilt. Nicht verfassgswidr (aA Brox FamRZ **81**, 1125). Analog anzuwenden auf nehel LebGemsch (bestr; Einf 8a vor § 1353). Bei GütGemsch greift § 1362 wg § 1416 erst, wenn feststeht, daß die Sache nicht zum GesGut gehört. § 1006 gilt ggü § 1362 nicht (RG SeuffA **62**, 367). Eine EigtÜbertragg kann unter Eheg gem § 930 erfolgen (BGH FamRZ **79**, 282). Im Konk entfällt KO 45 (BVerfG FamRZ **68**, 437; Brox FamRZ **68**, 406) u gilt allein § 1362. Kein AuskftsR des KonkVerw ggü Ehefr des GemSchu (BGH NJW **78**, 1002). Die Rechtsvermutgen des § 1362 sind **widerlegbar** (ZPO 292). Verzeichn des § 1377 entfaltet Vermutg nur zw den Ehel. Zur Einschrkg v § 1362 bei iRv § 1357 erworbenen Ggsten Büdenbender FamRZ **76**, 671. **IPR** EG 16 II.

2) Voraussetzungen:

a) Bewegliche Sachen, auch Geld, Inh- u mit Blankoindossament versehene Orderpapiere, I 3, nicht Forderungen od Grdstücke.

b) Die Sachen dürfen **nicht ausschließlich zum persönlichen Gebrauch eines Ehegatten** bestimmt s, II, der zugl selbständ Vermutg enthält (Anm 3).

c) Die Sachen müssen sich im **Besitz eines oder beider Ehegatten** befinden. Dann wird vermutet, daß der Schuldn zugl auch Eigtümer ist, so daß keine schuldnerfremde Sache in Anspr genommen w. Zur ZwVollstr Anm 4.

d) Negat Voraussetzg: Die Vermutg gilt nur, wenn die Eheg **nicht getrennt leben**, I 2. Hat der Ehem als Eigt Sachen n § 1361a an die Fr herausgegeben, gilt § 1006 zu deren Gunsten. Bei InAnspruchn der Eheg als GesamtSchu schadet Trenng dem Gläub wg § 1006 nichts.

e) Die Vermutg gilt nur für **Gläubiger** des Mannes wie der Frau, aber nicht im Verhältn der Eheg zueinand; insof § 1006 (RG **84**, 49). Dagg gilt die Vermutg bei SichergsÜbereignig (RG **80**, 62) u auch zG eines KonkVerw bei unentgeltl Vfgen des GemSchu ggü seinem Eheg (BGH MDR **55**, 92).

f) Die Vermutg wird **widerlegt** dch den Nachw v MitEigt (LG Aach NJW-RR **87**, 712) od daß die Sachen vom NichtSchuEheg erworben s, ohne daß dieser den Fortbestand seines Eigt beweisen müßte (BGH NJW **76**, 238). Nicht ausreichd, daß der NichtSchu gekauft hat, da das für den and geschehen sein k (Warn **20**, 43; sa § 1370). Zur Bestimmth v HausrÜbereigngen BGH FamRZ **88**, 255. Ist das Eigt des NichtSchu nachgewiesen, so macht sich der Gläub bei trotzdem erfolgdem Zugriff schaderspflichtig (RG JW **11**, 368).

3) Ausschließlich zum persönlichen Gebrauch eines Ehegatten bestimmte Sachen, II, sind Kleider, Schmucksachen, ArbGeräte (§ 1477 Anm 2). MitGebrauch dch den and Eheg schließt II aus. Iü kommt es auf den Besitz hier nicht an; auch der and Eheg od ein Dr kann Besitzer s. Vermutg des II gilt im Verhältn zu Gläub eines od beider Eheg wie im Verhältn der Eheg zueinand. Die Vermutg des II gilt auch nach Auflösg der Ehe bis zur Beendigg der AuseinandS (BGH **2**, 82) u nach dem Tod eines Eheg im Verhältn der Erben zu den NachlGläub (Mü OLG **42**, 142). Der Eheg, der sich auf II beruft, muß **beweisen,** daß die Sache zu seinem ausschließl pers Gebr best ist. Dafür, daß Frauenschmuck der Ehefr gehört, besteht ihrers keine Vermutg (BGH FamRZ **71**, 25). **Widerlegung** der Vermutg dch den Nachw, daß der Eheg, zu dessen persönl Gebr die Sachen bestimmt sind, Eigt an ihnen nicht erworben h. Auch der Kapitalanlage dienende Schmucksachen sind nicht ausschließl zum pers Gebr best (BGH NJW **59**, 142). Auch kein EigtErw der Fr, wenn nach der ernstl Vereinbg die Schmuckstücke Eigt des Mannes bleiben sollen (KG OLG **44**, 67). Überläßt der Ehem seiner Fr von ihm geerbten Schmuck vorbehaltl zum Gebr, muß er beweisen, daß damit keine Übereigng gemeint war (RG **99**, 152). Die Vermutg des § 1362 wird nicht dch Vorlage eines Güt-TrenngsVertr widerlegt (LG Verd FamRZ **81**, 778).

4) Verfahrensrecht. § 1362 hilft nur ggü der Gefahr, die ZwVollstr in schuldnerfremde Ggstde zu betreiben. Diese selbst orientiert sich am Gewahrsam (ZPO 808, 809, 883), so daß hierfür in ZPO 739 eine dem § 1362 entsprechde GewahrsVermutg geschaffen w ist. Es genügt also ein ZwVollstrTitel gg einen Eheg. Ist dieser nicht der Schu u gehört ihm die Sache, in welche die ZwVollstr betrieben w, allein od zu MitEigt (Schlesw FamRZ **89**, 88), so muß er iRv ZPO 771 die Vermutg des § 1362 I entkräften (and Baur FamRZ **58**, 253; Brennecke NJW **59**, 1260: Erinnerg gem ZPO 766). Spricht die Vermutg des II für einen Eheg, so ist die Pfändg des Ggst zG der Gläub des and Eheg unzul; ebso iF von I 2. In diesen Fällen ZPO 766. Gehört die Sache zum Gesamtgut, was bei allg GütGemsch vermutet w, so ist ein Titel gg den od die verwaltden Eheg erfdl (ZPO 740); bei Alleinverwaltg kann sich der nicht verwaltde Eheg analog ZPO 739 nicht auf seinen Besitz od Gewahrs berufen. Rechte Dritter werden dch ZPO 739 nicht berührt.

Sechster Titel. Eheliches Güterrecht

Schrifttum: Doehlert-Stuhrmann, Steuerfolgen bei Auflösg der Güter- u ZugewGemsch u der Ehe, 2. Aufl Herne/Bln 1979; Wacke Jura **79**, 617; Kemnade/Schwab, Aktuelle Leitlinien u Tab z Unterh, VA u ZugewAusgl, 1989; Moench DStR **89**, 299; Börger, Ehel GüterR, 1989. Wg weiterer Lit 30. u 42. Aufl.

Einführung

1) Zur Entwicklg des Güterrechts ausführl 42. Aufl. An die Stelle des gesetzl Güterstdes der ehemännl Verwaltg u Nutznießg trat am 1. 4. 53 inf GG 117 I Gütertrenng, bis dch das am 1. 7. 58 in Kraft getretene GleichberG die ZugewinnGemsch gesetzl Güterstd geworden ist.

2) Verfahrensrecht. Vgl Einf 3 v § 1353. Sämtl Anspr aus dem ehel GüterR sind **Familiensachen** (ZPO 621 I Z 8 u 9), für die das FamG ausschließl zust ist. Entsch isoliert od im VerbundVerf (ZPO 623 I, 629 I). **Zugewinnausgleich:** TeilUrt unzul (Kln FamRZ **89**, 296). Die Abweisg einer negat FeststellgsKl über nicht beziff ZugewAusglFdg stellt posit lediggl fest, daß ein AusglAnspr dem Grde nach besteht (BGH NJW **86**, 2508).

3) Internationales Privatrecht EG 15, 16, vgl auch Anh zu EG 15.

I. Gesetzliches Güterrecht

Grundzüge

Schrifttum: Haegele Rpfleger **64**, 242, FamRZ **66**, 594 (Entwicklg von Schrifttum u Rspr); v Olshausen FamRZ **77**, 361 (HöfeO); Schwab FamRZ **84**, 429 u 525 sowie Tiedtke JZ **84**, 1018 u 1078 (beide: Neue Rspr zum ZugewAusgl); Gernhuber FamRZ **84**, 1053 (Geld u Güter); Battes, FS Hübner 1984, S 379; Nonnenkamp, Eigenheim bei der VermAuseinandSetzg, 7. Dt. FamGTg 1988 S 67; Dörr NJW **89**, 1953; sa bei §§ 1365, 1371.

1) Unter dem **gesetzlichen Güterrecht** versteht das BGB die Ordng der güterrechtl Verhältn unter den Eheg, die mangels einer anderweit eheverträgl Vereinbg kraft Ges eintritt. Das war **bis 31. 3. 53** der Güterstd der ehemännl Verw u Nutzn. An seine Stelle trat v 1. 4. 53 **bis 30. 6. 58** der damalige außergesetzl Güterstd der Gütertrenng, bis mit dem Inkrafttr des GleichberechtG (Einl 3 zum 4. Buch) **ab 1. 7. 58** die **Zugewinngemeinschaft** zum ordtl gesetzl Güterstd wurde. Die **Gütertrennung** bleibt außerordentl gesetzl Güterstd, dh er tritt in best Fällen v Ges wg ein (§§ 1388, 1414, 1449, 1470); vgl § 1414 Anm 1. Für den ges Güterstd besteht eine Vermutg, auch f den Grdbuchrichter. Für die ggteilge Behauptg trägt derj die **Beweislast**, der sich darauf beruft. Zu den **Konkurrenzen zu anderen Ausgleichsformen** § 1372 Anm 1 b. Zum **Übergangsrecht** Grdz 5 v § 1363 sowie § 1363 Anm 1.

2) Übersicht: Im Güterstd der ZugewGemsch behält jeder Eheg sein Verm in seinem Eigt u in eig Verw u zieht auch selbst die Nutzgen.

a) Es besteht **kein gemeinschaftliches Vermögen** (§ 1363 II), auch bei der Auflösg der Gemsch zZw der Teilg nicht (vgl aber § 1372 Anm 1 b dd, ff u gg). Vielm erhält der Eheg mit dem kleineren Zugew eine von einem AuskftsAnspr flankierte (§ 1379) **Ausgleichsforderung** gg den and Eheg in Höhe des UnterschiedsBetr zw den jeweiligen Zugewinnen beider Eheg (§ 1378 I), die sich ihrers aus dem UnterschiedsBetr zw EndVerm (§ 1375) u AnfangsVerm (§ 1374) jedes Eheg errechnen (§ 1373). Dch Hinzurechng v erb- u schenkgsw hinzugekommenen Verm zum AnfgsVerm (§ 1374 II) wird erreicht, daß nur innerh der Ehe u ehehalber erworbenes Verm zum Ausgl gelangt. Umgek wird die AusglFdg begrenzt dch das bei Ende des Güterstds vorh Verm (§ 1378 II) u kann überdies auch noch mit einer BilligkEinrede beschränkt w (§ 1381). Die einz VermBestandteile bleiben nach dem Gesagten zugew-ausgl-rechtl bloße **Rechnungsgrößen**. Eine Ausn davon besteht lediggl im **Erbfall**, also wenn die Ehe dch Tod eines Eheg aufgelöst w. Hier wird der ZugewAusgl nicht im einz errechnet, sond dch pauschale Erhöhg des ErbR des überlebden Eheg um ¼, dh auch dch dingl Beteiligg am Nachl, verwirklicht (§§ 1371 I, 1931). Außerd kann der AusglGläub auch bei normaler Dchführg des ZugewAusgl unter Lebden uU Übertragg bestimmter VermGgste verlangen (§ 1383).

b) Wie bei der Gütertrenng **verwaltet** jeder Eheg sein Verm selbst (§§ 1363 II, 1364). Im Ggsatz zu ihr bestehen aber gewisse **Verfügungsbeschränkungen** für Vfgen über das Verm im ganzen u über Hausrat (§§ 1365–1369). Um willkürl VermVerminderngen u damit einer Schmälerg des AusglAnspr entggzuwirken, werden best benachteiligde Maßn entwed rein rechnerisch zurückgenommen (§ 1375 II) bzw kann der benachteiligte Eheg von dem Dr das Zugewendete zurückfordern (§ 1390). Nach 3-jähr Getrenntleben bzw in Fällen wirtschaftl Illoyalität kann **vorzeitiger Zugewinnausgleich** verlangt w (§§ 1385ff).

c) Die **Nutznießung** liegt beim jeweiligen Eigtümer der einzelnen VermGgste, wobei die Eheg jedoch gem § 1360 eine Verpfl zur Verwendg ihres Verm für die Fam trifft.

3) Haben die Eheg in kleinen od mittleren Vermögensverhältn angefangen u zus oder jeder für sich erworben od auch die Frau sich auf die HausFührg beschränkt, wird die ZugewGemsch einen **gerechten Ausgleich** herbeiführen, der bes dann notw erscheint, wenn ein Eheg im Gesch od Beruf des and Eheg mitgearbeitet hat (§ 1356 Anm 4). **a)** Im einz ergeben sich aber flgde Pkte der **Kritik** (Lit: Müller-Freienfels JZ **57**, 685; Thierfelder FamRZ **59**, 389): **aa)** Der Schematismus der **erbrechtlichen Lösung** (§ 1371) sieht davon ab, ob tatsächl ein Zugew erzielt od dieser sogar auf Seiten des Längerlebden entstanden ist. Damit werden die (ggf auch vorehel) Kinder des vorverstorbenen Eheg benachteiligt (Ferid FamRZ **57**, 70; Lange NJW **57**, 1381). Als unzureichd empfunden w auch die Nichtanrechng von Vorausempfängen sowie die bl AusbildgsVerpfl für Stiefkinder (§ 1371 Anm 2 u 3). Zur Kritik der erbrechtl Lösg im einzelnen sa Braga FamRZ **57**, 334; Ulmer NJW **58**, 170; Bärmann JZ **58**, 225; Schopp FamRZ **65**, 409. **bb)** Die von der ZugewGemsch unterstellte Trenng der Gütermassen beider Eheg wird währd der Ehe idR dch zahlreiche **Zuwendungen der Ehegatten untereinander** überspielt, so daß der gleichförmige ZugewAusgl auch iF der Ehescheidg zu Ungerechtigkeiten führt. Man muß sich jedoch im klaren darüber sein, daß es zu den Zielen des neuen gesetzl Güterstds gehörte, bei der VermAuseinandSetzg im Interesse der RKlarh den Streit darüber auszuschließen, ob u in welchem Maße ein Eheg an dem VermErwerb des and wirtschaftl beteiligt war (BGH **65**, 320). Ggü diesem and AusglMöglichkten, insb auch BereichergsAnsprüche (BGH NJW **76**, 2131) auszuschalten AusschließlichkPrinzip (BGH **82**, 227; § 1372 Anm 1) hat die Rspr aber gleichwohl andere, insb gesellschaftsrechtl Lösgen neben dem ZugewAusgl für unverzichtb angesehen (§ 1356 Anm 4 d). **cc)** Dogmat unbefriedgd sind die versch Nullsetzgen (§ 1373 Anm 1), die die wirtschaftl Beteiligg am Zugew des jew and Eheg zunächst oft ins Leere gehen lassen. Streitig können sich auch bei Abschätzg der VermWerte (§§ 1374ff) ergeben, die die Grdlage für die **Berechnung des Zugewinns** sind, da die Ansichten der Sachverst hierüber oft auseinandergehen können. Inhabern von größeren Betrieben wird die Unsicherh der Bewertg u damit die Ungewißh über die Höhe der AusglFdg, aber auch die Höhe des Erbteils u die Notwendigk der Bilanzierg nicht willkommen s. Bes Bedenken bestehen gg die Zugew-Gemsch bei Beteiligg eines Eheg an einer Personalgesellsch wg der diese belasten hohen Auszahlgsverpflichtgen, wenn der and Eheg Auskehrg des Zugew verlangen k (Tiedau MDR **57**, 645; sa Tiefenbacher BB **58**, 565). Gütertrenng mit testamentar Versorgg des and Eheg wird dann vorzuziehen s. Ähnl bei bäuerl Besitz, so daß der Verbd des nds Landvolks den gesetzl Güterstd abgelehnt h (RdL **57**, 645). **b) Abhilfe.** Jeder Verlobte muß prüfen, ob dch **Ehevertrag** (§§ 1408ff) der gesetzl Güterstd ausgeschl od abgeändert w soll. Eine nicht minder schwier Frage ist für jeden Eheg, ob u ggf welche **letztwilligen Verfügungen** er für seinen Todesfall treffen soll, ebso, ob er, wenn seine Ehe dch Tod aufgelöst wird, die **Erbschaft antreten oder ausschlagen** soll (vgl Maßfeller Betr **57**, 624). Die Überleggen zur richt Anpassg an den individuellen Fall werden meist nicht ohne sachverstd Beratg dchzuführen sein.

4) Übergangsrecht: Mit dem Inkrafttreten des **GleichberG** am 1. 7. 58 wurde die ZugewGemsch auch für Altehen der gesetzl Güterstd; die Eheg hatten lediql ein bis zum 30. 6. 58 (bzw gem FamRÄndG Art 9 II Z 6 bis zum 31. 12. 61) befristetes, durch einseit Erklärg auszuübdes Recht zur Ablehng der ZugewGemsch, worauf reine Gütertrenng eintrat (GleichberG Art 8 I Z 3 u 4). Die ÜbergangsVorschr sind abgedruckt u kommentiert bis zur 41. Aufl. **Internationales Privatrecht** EG 15 u 16.

1363 *Zugewinngemeinschaft.* [I]Die Ehegatten leben im Güterstand der Zugewinngemeinschaft, wenn sie nicht durch Ehevertrag etwas anderes vereinbaren.

[II]**Das Vermögen des Mannes und das Vermögen der Frau werden nicht gemeinschaftliches Vermögen der Ehegatten; dies gilt auch für Vermögen, das ein Ehegatte nach der Eheschließung erwirbt. Der Zugewinn, den die Ehegatten in der Ehe erzielen, wird jedoch ausgeglichen, wenn die Zugewinngemeinschaft endet.**

1) Individueller Geltungsbereich. Ehegatten, die ehevertragl nichts and, also insbes auch diej, die nichts vereinb haben, leben automat im gesetzl Güterstd. Mögl auch, daß der ges Güterstd im Übergang v einem and Güterstd vereinb w (§ 1408). Übergangsrechtl sind **folgende Ehen in den gesetzlichen Güterstand überführt** w: **a)** wenn die Ehe am 31. 3. 53 im damaligen ges Güterstd der Verw u Nutzng gelebt haben u nicht etwas and vereinb wurde noch auch nur ein Eheg bis zum 30. 6. 58 dem AG ggü erkl hat, daß Gütertrenng gelten solle (GleichberG Art 8 I Z 3); – **b)** wenn die Eheg in der Zt v 1. 4. 53 bis 30. 6. 58 geheir h, ohne etwas and ehevertragl vereinb zu h, u falls die Eheschl bis zum 21. 6. 57 erfolgt ist, auch nicht bis zum 30. 6. 58 v einem Eheg dem AG ggü erkl w ist, daß GüterTr gelten solle (GleichberG Art 8 I Z 4); – **c)** in gewissen Fällen der Eheschl ohne Einwilligg des ges Vertreters der Frau, des Konk od der fälschl TodesErkl des Ehem usw; vgl insoweit 47. Aufl (GleichberG Art 8 I Z 5 II).

2) Abgesehen von den Übergangsfällen (Anm 1) **beginnt** der ges Güterstd, falls kein EheVertr abgeschl wird, von Ges wg mit der Eheschließg, **I,** sonst mit Abschl eines dahingehenden EheVertr, u **endet** mit dem Tode eines der Eheg (§ 1371 Anm 1) bzw bei NichtigErkl, Aufhebg od Scheidg der Ehe (EheG 23, 37;

Bürgerliche Ehe. 6. Titel: Eheliches Güterrecht §§ 1363–1365

§ 1364), aber auch iF vorzeitigen ZugewAusgl (§ 1388) od Vereinbg eines anderweit bzw Ausschl des gesetzl Güterstds (§§ 1408 I, 1414). Vgl auch § 1372 Anm 1 a.

3) Zum Grundsatz der Vermögenstrennung, II, vgl zunächst Grdz 2 a vor § 1363. Eine dingl Beteiligg eines Eheg am Verm des and findet weder währd des Bestehens der Gemsch noch bei ihrer Beendigg, auß bei einer solchen dch den Tod (§ 1371), statt. Jeder Eheg bleibt Eigtümer u Inh seines Verm, auch des nach der Eheschl erworbenen. Doch schließt das nicht aus, daß die Eheg Geschäfte miteinand wie mit Dr abschließen (vgl § 1372 Anm 1 b). Zur **Verwaltung** §§ 1364 ff. Für die vor u währd der Ehe entstandenen Verbindlkten **haftet** jeder Eheg allein mit seinem eig Verm; er braucht also nicht für die Schu des and Eheg einzustehen. Erst **bei Beendigung der Zugewinngemeinschaft** (Anm 2) findet der **Zugewinnausgleich** statt, **II 2**. Dies geschieht nicht dch eine dingl Beteiligg, sond es besteht ledigl ein schuldrechtl ZahlgsAnspr gg den ausglpflicht Eheg (§ 1378).

4) Vertragliche Änderung der Zugewinngemeinschaft sind zulässig. **a)** Die ZugewGemsch kann dch EheVertr überh **ausgeschaltet** w (§§ 1408 I, 1414, 1415). – **b)** Darüber hinaus sind die einzelnen Regelgen, wie zB die Bewertg, maßgebden Zeitpkte usw, weitgehd **dispositiv** (§ 1408 Anm 4). – **c)** Schließl können die güterrechtl Best dch zusätzliche Vereinbgen zw den Eheg **überformt** w, dch Schaffg v MitEigt, Überlassg der VermVerw (§ 1413), GesellschVertr usw (§ 1372 Anm 1 b).

1364: *Selbständige Vermögensverwaltung.* Jeder Ehegatte verwaltet sein Vermögen selbständig; er ist jedoch in der Verwaltung seines Vermögens nach Maßgabe der folgenden Vorschriften beschränkt.

1) Zur ZugewGemsch allg § 1363 Anm 5. Jeder Eheg ist hinsichtl seines Verm selbständ, kann also dem and Eheg ggü auch wie mit Dritten in rechtsgeschäftl Beziehgen treten (Einf 2 b cc vor § 1353). Jeder Eheg handelt grdsätzl **im eigenen Namen.** Handeln mit Wirkg für den and nur iRv § 1357 od nach entspr Bevollmächtigg.

2) Verwaltungsrecht. Jeder Eheg verwaltet sein Vermögen selbständ u kann demgem Verfügen, auch solche über einen eintretden Zugew (§ 1363 Anm 5), allein treffen. Ein Eheg kann aber die Verw seines Verm od eines Teiles dem andern zur Verw überlassen, was formlos geschehen u jederzeit widerrufen w kann (§ 1413). Ansprüche dann aus §§ 662 ff; mangels konkr Absprachen sind die Einkfte in einem solchen Fall für die ganze Fam anzulegen (Karlsr FamRZ 83, 1250). In der uneingeschränkten Überlassg zur Verw über einen längeren Zeitraum liegt keine VermÜbertragg (Karlsr FamRZ 83, 1250). **Rechtsstreitigkeiten** führt jeder Eheg allein. Zum Schutz von Gläub eines Eheg wirken gg den and Eheg § 1362 I, ZPO 739. Bei Erwerb gemschaftl Vermögens steht auch beiden Eheg die Verw gemschaftl zu, sofern nichts anderes vereinb w. Bei gemeins betriebenem ErwerbsGesch evtl BGB-Gesellsch (§ 1356 Anm 4d).

3) Beschränkungen der Verwaltung enthalten die §§ 1365–1369 bezügl RGeschäften über das Verm im ganzen u HaushaltsGgständen. Mittelb Bindgen ergeben sich aus der ehel LebGemsch (vgl § 1353 Anm 2).

1365: *Einschränkung der Verfügungsmacht über Vermögen im ganzen.* ¹Ein Ehegatte kann sich nur mit Einwilligung des anderen Ehegatten verpflichten, über sein Vermögen im ganzen zu verfügen. Hat er sich ohne Zustimmung des anderen Ehegatten verpflichtet, so kann er die Verpflichtung nur erfüllen, wenn der andere Ehegatte einwilligt.
ᴵᴵEntspricht das Rechtsgeschäft den Grundsätzen einer ordnungsmäßigen Verwaltung, so kann das Vormundschaftsgericht auf Antrag des Ehegatten die Zustimmung des anderen Ehegatten ersetzen, wenn dieser sie ohne ausreichenden Grund verweigert oder durch Krankheit oder Abwesenheit an der Abgabe einer Erklärung verhindert und mit dem Aufschub Gefahr verbunden ist.

Schrifttum: Sandrock, FS Bosch 1976 S 841; Krauter/Panz, BWNotZ **78**, 75; Eickmann Rpfleger **81**, 213 (Grdbuchberichtigg); Tiedtke FamRZ **81**, 1 u JZ **84**, 1018; Künzel FamRZ **88**, 452; Böhringer BWNotZ **87**, 56. Zum älteren Schrifft vgl 41. Aufl.

1) Die Vorschr enthält eine Beschränkg des sonst gem § 1364 von jedem Eheg selbstd ausgeübten VerwaltgsR. Das absolute VeräußergsVerbot (BGH **40**, 218) soll nicht nur relativ den and Eheg vor einer Gefährdg seines AusglAnspr schützen, sond ist eine SchutzBestimmg im Interesse der FamGemsch u zur Erhaltg der wirtschaftl GrdLage der Familie. Da die Eheg aber ihre güterrechtl Beziehgen frei bestimmen können, kann ehevertragl (§ 1412 Anm 2b) auch auf diese VfgsBeschränkg verzichtet werden (Lange FamRZ **64**, 546); mögl auch ein Verzicht auf die Wirkungen des § 1365 hins bestimmter Gegst (Mülke AcP **161**, 160; Knur DNotZ **57**, 470). Beschränkg nicht eintraggsfäh (BGH **41**, 370). Im einzelnen Falle kann auf Widerruf der Einwilligg forml verzichtet w, da keine Änderg des Güterstd (Reinicke BB **57**, 565). Der Eheg ist nicht verpfl, die Zust des and Eheg herbeizuführen, allenf deren Ersetzg gem II. § 1365 unanwendb, wenn ein Verlobter ein VerpflichtgsGesch eingegangen ist (arg I 2: „ohne Zust des and Eheg"). Dagg bedarf er der Zust, wenn nach Eheschl erfüllt w soll. Bei Verstoß gg § 1365 KlMöglichk auf vorzeit ZugewAusgl (§ 1386 II). Bei GrdstVeräußerg muß Notar ggf über die VfgsBeschrkg des § 1365 aufklären (BGH **64**, 246). **Beweislast** für Voraussetzgen des § 1365 bei demj, der sich auf die Nichtigk beruft (BGH NJW **65**, 910). Zum **Übergangsrecht** 41. Aufl.

2) Einwilligungsbedürftig sind RGeschäfte, dch die sich ein Eheg zur Vfg über sein **Vermögen im ganzen** (vgl § 311) verpflichtet, **I 1**. Gemeint ist das AktivVerm, so daß die Vorschr auch auf RGeschäfte eines überschuldeten Eheg anwendb ist. Anders als bei § 311 ist § 1365 aber nicht berührt, wenn bl ein Bruchteil des Verm Ggst des RGesch ist (Hamm NJW **59**, 104; Düss JMBl NRW **59**, 53), wie sich aus dem GesZweck sowie dem Gebr des Wortes „Verm" in §§ 1376, 1377 ergibt (Schulz-Kersting JR **59**, 135; Tiedau

1349

§ 1365 2a 4. Buch. 1. Abschnitt. *Diederichsen*

MDR **59**, 81 gg Hoche NJW **58**, 2069). Nicht zustimmgsbedürft ist die das Verm ausschöpfde BürgschVerpfl (BGH FamRZ **83**, 455). Über die ZustBedürftigk als solche entscheidet **Zeitpunkt** des GeschAbschl (Hamm JMBl NRW **60**, 269). Für Vfgen **nach rechtskräftiger Scheidung** besteht das ZustErfordern nicht mehr (Hamm FamRZ **87**, 591), währd das vor diesem Ztpkt vorgen RGesch auch nach Scheidg zust-bedürft bleibt (BGH FamRZ **78**, 396; Saarbr FamRZ **87**, 1248). Vgl iü zur Kenntn Anm 2b aE. Bei Teilrechtskraft inf Abtrenng des ZugewAusgl gem ZPO 628 entsprechde Anwendg v § 1365 (Hamm FamRZ **84**, 53). Umstr ist die Behandlg von **Verträgen über Einzelgegenstände** (Nachw bei Benthin FamRZ **82**, 338; Schlechtriem JuS **83**, 587):

a) Nach der Gesamttheorie ist § 1365 entspr § 311 nur auf RGeschäfte anzuwenden, die das Verm en bloc zum Ggst haben (Rittner FamRZ **61**, 10; Tiedau MDR **61**, 721). Da diese Auslegg den H ebso wie § 1367 zweckl erscheinen lassen würde u den GesZweck (Anm 1) nicht erfüllt, hat sich die Einzeltheorie dchgesetzt, wonach zustbedürft auch RGeschäfte über Einzelstücke sind, wenn sie das ganze oder **nahezu das ganze Vermögen** ausmachen (BGH **35**, 135; **43**, 174; **77**, 293; NJW **84**, 609). Bei Erwerb verschiedener VermStücke kommt erst bei dem das letzte übergebene VermStück betr RGesch § 1365 zur Anwendg, Dölle § 52 I 1. Iü genügt es, wenn die Verpfl im wesentl das ganze Verm des Eheg betrifft, also nur Ggstände o verhältnismäß untergeordneter Bedeutg übr bleiben (RG **137**, 349). Feste Grenzen für den erforderl **Wertvergleich** sind zuläss (Dörr NJW **89**, 814 f). Bei einem kl Verm bleibt das Gesch zustimmgsbedürftig, wenn dem Eheg 10% verbleiben; macht das verbleibde Verm 15% des urspr GesamtVerm aus, greift § 1365 idR nicht mehr ein, bei einem Anteil v 30% keinesfalls (BGH **77**, 293/9). Ein Nießbr schöpft den GrdstWert gewöhnl aus (so zu Recht die RedAnm gg BGH FamRZ **66**, 22). Entscheid ist der obj GeschWert, nicht die Bedeutg des Ggst für die Fam od der von den Eheg dem Ggst beigelegte besond Wert (BGH **77**, 293/8; MüKo/Gernhuber 15). Das Verm im ganzen ist nicht betroffen, wenn zwar das eine VermStück v Wert veräuß w, aber Einkommen aus einem zum Verm gehörden gewerbl Betrieb vorh ist (BGH FamRZ **67**, 383 FrisörGesch). Dagg gehört **künftiges Arbeitseinkommen** aus einem sicheren ArbVerhältn wed zum Verm noch ist es in den WertVergl einzubeziehen (BGH **101**, 225 m Nachw der GgMeing; ausführl auch 46. Aufl). Nicht zu berücks ferner eine lfde **Rente** (BGH FamRZ **89**, 1051) od ein noch nicht fäll RentenAnspr (BGH Betr **75**, 1744). Im übrigen sind sämtl Ggste in den WertVergl nur insow einzubeziehen, als sie pfändb sind, weil der SchutzZw des § 1365 weiter geht als der VollstrSchutz (Ffm NJW **60**, 2190, Riedel Rpfleger **61**, 262, MDR **62**, 6, DRiZ **63**, 184), währd nach a A der pfändgsfreie Teil mitberücks w soll (KG NJW **76**, 717; Gernhuber § 35 II 4; Soerg-H Lange 17). Bei der Feststellg, ob über das ges Verm verfügt w, sind auf dem veräußerten Ggst ruhde dingl Belastgn abzuziehen (BGH **77**, 293); eine GrdSchuld unabh von der fortbestehenden Valutierg (Mü FamRZ **89**, 396). Ein WohnR hat keinen selbständ VeräußergsWert u bleibt bei der Feststellg des verbleibenden Verm außer Betr (Celle FamRZ **87**, 942). § 1365 gilt auch f Vfgen geg **Entgelt**, da das Ges nicht auf eine wirtschaftl Einbuße abstellt (BGH **35**, 145). Unberücks bleibt also das, was an die Stelle des VermGgst tritt, da es nur auf die Vfg ankommt, nicht auf das GgGesch (Eiselt JZ **60**, 563, Beitzke Betr **61**, 23, Mülke AcP **161**, 135, Gernhuber § 35 II 4; aA Wörbelauer NJW **60**, 795, der alle Umsatz- u AnlageGesch v § 1365 ausnehmen will, od Boesebeck Betr **58**, 1147, Fischer NJW **60**, 939, Rittner FamRZ **61**, 1, Tiedau MDR **61**, 724, Reinicke BB **60**, 1004, die im einz mit Abweichen voneinand wg der verbleibden Beteiligg das Einbringen des Verm in eine KapGesellsch grdsl für zustfrei halten). Wird als GgLeistg für GrdstÜbereign dieses Grdst belastet, so bedarf das keiner Gen (entspr § 1821 I Z 1 Anm 2a, iW m FamRZ **59**, 6). § 1365 gilt ferner nicht für Vfgen iW der ZwVollstr, zB hins des Antr eines EhegGläub auf TeilgsVerst (LG Brschw NJW **59**, 1675). Desh läßt sich aus dem ZwVollstrR aber auch kein Arg gg die Einzeltheorie gewinnen (aA Liebs AcP **175**, 28). ZustBedürftigk beschränkt sich nicht auf best typ RGeschäfte wie HofÜberg uä, geht umgek aber auch nicht weiter als die Vorschr begriffl voraussetzt. Daher gehören nicht hierher die Führg eines RStreits ü RGesch des § 1365, Vfgen v Todes wg (BGH FamRZ **69**, 323), Eingehg v ZahlgsVerbindlkten, die nicht unter § 1365 fallen, selbst wenn dadch das ganze Verm aufgezehrt w kann (Weimar MDR **62**, 696, Riedel DRiZ **63**, 186, aA Mülke AcP **161**, 144), aus dems Grde nicht die Abgabe eines Gebotes in der ZwVersteigerg (Freibg Rpfleger **73**, 302), ferner nicht Garantien (Ffm MDR **68**, 923), Bürgsch, SchuldÜbern, falls nicht UmgehgsAbsicht vorliegt (vgl RG **54**, 284, Karlsr FamRZ **61**, 317). **Einzelfälle** zustimmgsbedürft RGeschäfte, falls es im wesentl um das ganze Verm des Eheg geht: HofÜberg, Überlassg des Anwesens gg Altenteilsrente, Geschäftsverkauf, Einbringg v Grdst od and VermGgsten in eine Gesellsch, Bewilligg einer AuflassgsVormerkg, weil schon das VerpflGesch der Zust des and Eheg bedarf (aA BayObLG NJW **76**, 574; Tiedtke FamRZ **76**, 320). Ebso Kündigg zwecks Auflösg der Gesellsch u AuseinandS, Eiselt JZ **60**, 564, Beitzke Betr **61**, 25, ferner aGrd ausdehner Auslegg v „Verfügg" die Zustimmg zu gesellschvertragl Änd der AbfindsBedinggen, Fischer NJW **60**, 942, bei Preisgabe nahezu des ges Verm, Gernhuber § 35 II 11; Heckelmann, Abfindsklauseln in GesellschVertr, 1973, verlangt die Zustimmg des Eheg zu jeder anfängl od nachträgl AbfKlausel, wenn der AbfAnspr das GesamtVerm darstellt u über ihn insges verfügt w. Zustbedürft ist weiterh in ErbAuseinandSVergl, wenn GesHandsEigt in vollem Umfang auf einen Miterben übergehen u die übr Miterben in Geld abgefunden w sollen, BGH **35**, 135, dagg nicht bei realer Aufteilg eines Grdst unter den Miterben entspr dem GesamtHdsAnteil §§ 2042, 752 (Mü FamRZ **71**, 93, od Teilg dch Verk gem § 753 (Reinicke Betr **65**, 1351). **Zustimmung erforderlich** bei Löschg einer Hyp (LG Brem FamRZ **59**, 244); freiw Rückgängigmachen eines GrdstKaufs (Oldbg MDR **65**, 485); Belastg des Grdst mit Nießbr (Schlesw JurBüro **85**, 1695); wertausschöpfendem WohnR (BGH FamRZ **89**, 1051); GrdSchuld (aA AG Emden NJW-RR **86**, 15 unter Verkenng des VfgsBegr!), wenn restl GrdstWert ausgeschöpft w (BayObLG NJW **60**, 821); Verwertg, nicht dagg Begrdg einer EigtGrdSchu (Hamm DNotZ **60**, 320). Zustbedürft ferner (uU auch Verstoß gg § 1353, vgl dort Anm 2b ff) ist der **Antrag auf Teilungs-Versteigerung** gem ZVG 180 (hM; Nachw Brem FamRZ **84**, 272; AG Freibg FamRZ **88**, 950). Geltdmachg im Regelfall gem ZPO 771; sind die Voraussetzgen v § 1365 unstr, dann auch ZPO 766 (Ffm FamRZ **76**, 152). Voraussetzg aber, daß der AusglAnspr dch eine TeilgsVerst konkr gefährdet würde, was v den konkr Belastgen des Grdst abhängt (BayObLG FamRZ **85**, 1040). Bejaht man den VfgsCharakter des Antr auf TeilgsVerst, bedarf es der Zust des and Eheg auch wenn nur noch Scheidgsfolgesachen beim BGH anhäng sind (AG Idstein FamRZ **83**,

Bürgerliche Ehe. 6. Titel: Eheliches Güterrecht   § 1365 2–5

709). Keine Zust erforderl für Abänderg der Bezugsberechtigg einer LebVers (BGH FamRZ **67**, 383); ferner nicht für „Verfügen" über die ArbKraft, zB Künd eines ArbVerhältn (Finger JZ **75**, 468).

b) Währd die obj Theorie den Tatbestd, daß das RGesch rein äußerl prakt das ges Verm erfaßt, genügen läßt (LG Bln FamRZ **59**, 65, LG Brem FamRZ **59**, 244, Schulz-Kersting JR **59**, 138, Lorenz JZ **59**, 106, Weimar NJW **60**, 2002, Beitzke Betr **61**, 22, Gernhuber JZ **66**, 192 u wohl auch § 35 II 5 u 6), macht die herrschde **subjektive Theorie** die Gleichsetzg v EinzelGgsten mit dem Verm im ganzen davon abhäng, daß der Dritte positiv weiß od zumindest die Verhältn kennt, aus denen sich ergibt, daß dch das RGesch ü den einen Ggst im wesentl das ganze Verm erfaßt w (BGH **43**, 177; **77**, 295; FamRZ **69**, 322; NJW **84**, 609; Hamm NJW **60**, 1466; Ffm NJW **60**, 2002, Reinicke NJW **57**, 890, Finke MDR **57**, 515, Riedel DRiZ **63**, 185). In den Anfdgen härter läßt Mülke, AcP **161**, 149 parallel zu § 419 ua Kennen-müssens des Erwerbers genügen u wendet Braga FamRZ **67**, 652 die Grdsätze über den GutglErw vom Nichtberecht an. Aufteilg der VermÜbertr in versch Verträge spielt keine Rolle. Falls erst mehrere ErwVorgänge zus das Verm im ganzen erfassen, muß jeder Erwerber um den Erw des and wissen (Hamm NJW **60**, 1466). Maßgebder **Zeitpunkt** f die Kenntn ist nicht die Vollendg des RErwerbs; verpflichtet sich ein Eheg zur Übereign eines Grdst, das im wesentl sein ganzes Verm darstellt, ohne daß der VertrPartn dies weiß, so bedarf auch das ErfüllgsGesch trotz zwischenzeitl erlangter Kenntn nicht der Zust des and Eheg (BGH NJW **89**, 1609; and 48. Aufl mNachw).

3) Rechtsgeschäfte ohne Einwilligung.

a) Nichtzustimmungsbedürftigkeit. Bedurfte das RGeschäft der Einwillig des and Eheg nicht, zB weil zZ des GeschAbschl nicht das ganze Verm betroffen war od mangels Kenntn des GeschGegners, so bedarf auch das ErfüllgsGesch keiner Zust (BGH NJW **89**, 1609). Ist die erforderl Einwilligg zum VerpflGesch erteilt, so deckt sie auch das ErfüllgsGesch (Tiedtke FamRZ **88**, 1009).

b) Folgen fehlender Einwilligung. Geht der Eheg die Verpfl ohne die erforderl Einw ein, hängt die Wirksamk des Gesch von der Gen des and Eheg (§ 1366 I, IV; zur SchwebeZt s § 1366 II, III) bzw von ihrer Ersetzg ab (Anm 5). Ohne Zust u ohne Ersetzg darf der Eheg die Verpfl nur erfüllen, wenn der and Eheg hierin einwilligt, I 2. Das EinwErfordern bezieht sich aber von vornh nicht auf Verbindlkten, die vor der Eheschl eingegangen wurden (LG Karlsr NJW-RR **86**, 169). Erfüllt Eheg ohne die erfdl Einw, so ist die Vfg unwirks, u zwar auch, wenn sie in mehreren Teilakten nur über einz BestdTeile des Verm erfolgt. Es handelt sich nicht um ein relatives, sond um ein **absolutes Veräußerungsverbot** (BGH FamRZ **64**, 25), so daß der RScheinschutz gem § 135 II keine Anwendg findet (§§ 135, 136 Anm 1 c); insow muß sich gutgläub Dritter also selbst vergewissern, ob sein VertrPartn verheiratet ist u im ges Güterstd lebt (Reinicke BB **57**, 566; krit Liessem NJW **89**, 497). Das Grdbuch gibt hierüber keine Auskft. Vgl § 1368 Anm 2.

c) Rechtsfolgen: aa) Bei Unwirksamkeit der Verfügung ist nicht nur der Eheg, der verfügt hat, sond nach § 1368 auch der and Eheg berecht, die sich aus der Unwirksamk der Vfg ergebenden Rechte geltd zu machen (BGH FamRZ **64**, 25). Vgl § 1368 Anm 3. Im Grdbuch Eintragg eines AmtsWiderspr (BayObLG FamRZ **88**, 503). – **bb)** Bei **Nichterfüllung der** wg Nichtgenehmiggsbedürftigk od Einwillig wirks **Verpflichtung** ggf SchadErs (vgl BGH NJW **89**, 1609/10 unten), der aber ausscheidet bei erst nach Abschl des VerpflGesch erhaltener Kenntn von der GenBedürftigk, weil hier wirks erfüllt w kann (BGH NJW **89**, 1609). Bei Täuschg über die ZustBedürftigk od das Vorliegen der Einw ledigl Anspr auf das negat Interesse, dann auch kein ErfüllgsAnspr, wenn sich der abschließde Eheg verpfl hat, für die Gen einzustehen (Reinicke BB **57**, 567). – **cc) Einseitige Rechtsgeschäfte:** § 1367. – **dd) Vorzeitiger Zugewinnausgleich:** § 1386 II Z 1.

4) Die **Erteilung der Einwilligung** des and Eheg (§§ 182 ff) bedarf keiner Form, auch wenn der Vertrag formbedürftig ist; ebso KG NJW **62**, 1062; kann auch durch schlüss Hdlg gegeben werden, zB durch Mitunterzeichng: grundbuchl Nachweis aber in Form der GBO 29. Die Einwilligg kann (im Ggsatz zu § 1366 III) sowohl dem als and Eheg wie dessen GeschGegner ggü erkl w; umgek ist aber auch nur die diesem bekann ggü erkl Zust wirks (Schlesw NJW-RR **87**, 135). Hat ein Eheg dem anderen die Verw seines Verm überlassen, so liegt darin noch nicht die Einwilligg, wohl aber bei Erteilg einer GeneralVollm, die regelm wegen der Legitimation gegeben sein wird (vgl KG RJA **16**, 292). Bis zur Vornahme des Geschäfts kann der Eheg, der seine Einwillig gibt, diese Einwillig widerrufen, was sowohl dem Eheg wie dem Dritten erklärt w kann (§ 183); vgl bei VollmErteilg aber auch §§ 170 ff. Auf Zust kann ein Eheg gg den andern nicht klagen, sond nur II. Durch die Einwilligg (§ 183) wird das Gesch bei Vornahme von vornherein wirks, so daß Widerruf des VertrGegners, (§ 1366 III) dann nicht mehr mögl. Durch seine Einwilligg wird der andere Eheg nicht verpflichtet. **Tod und Scheidung:** Stirbt der Eheg, dessen Zustimmung erforderl ist, so ist Geschäft damit wirks; stirbt der abschließde Eheg, bedarf es weiter der Zustimmg, die auch weiter durch VormschG ersetzt w kann (Dittmann DNotZ **63**, 707). Endet der Güterstd dch Scheidg, so tritt keine Konvaleszenz ein (BGH JZ **78**, 401); die mit der Rechtskr des ScheidgsUrt eingetretene Beendigg des Güterstds (§§ 1372, 1564 S 2) heilt die Unwirksamk des Gesch nicht (BGH NJW **84**, 609). Auch keine Konvaleszenz bei erfolgr Kl auf vorzeit ZugewAusgl (Gernhuber § 35 IV 7).

5) Ersetzung der Zustimmung, II, also der Einwilligg zu künft u der Gen bei bereits abgeschl Gesch (§§ 183, 184).

a) RGesch muß den **Grundsätzen einer ordnungsmäßigen Vermögensverwaltung entsprechen.** Die Ordngsmäßigk ist am FamInteresse zu orientieren; Maßstab ist ein sorgs Wirtschafter mit rechter ehel Gesinng (vgl KG OLG **34**, 250). Nicht notw, daß das Gesch zur ordngsmäß Verwaltg erforderl ist (BayObLG FamRZ **63**, 521). Danach keine ZustErsetzg, wenn das Gesch für den Eheg zweckm od vorteilh ist, also seinen persönl Interessen entspricht, auch nicht, wenn nur ein Kind davon Vorteil hätte, zB der EltT ihm so eine Ausstattg zukommen lassen will, ohne daß auch die and und die andere ges gesichert sind. Anders, wenn Eheg die Landwirtsch od das Gesch nicht mehr betreiben kann, die rechte Leitg nicht fehlt; wenn der Sohn, dem der Hof übergeben wird, nicht nur die Elt, sond auch die Geschwister genügd versorgt od abfindet; od bei dauernd getrenntlebden Ehel Verkauf eines geringe Rendite abwerfden Mietshauses, um EigtWohng zu erwerben (BayObLG NJW **75**, 833).

§§ 1365, 1366

b) Die Zustimmg des and Eheg muß ohne ausreichenden Grd verweigert w. Entscheid dafür ist der Ztpkt der vormschgerichtl Entsch (BGH NJW 78, 1380; BayObLG NJW 68, 1335). **Verweigerung** der Zust ausdrückl, dch Widerruf (§ 183), bei Erteilg unter Bedingg (vgl KG OLG 4, 346) od so, daß sie nicht in der für das Gesch gehör Form nachgewiesen w kann; FeststellgsKl gg den and Eheg dann zu umständl. **Ohne ausreichenden Grund:** Zu Recht wird Zust verweigert, wenn das RGesch die Interessen des zustberecht Eheg nicht innerh der gegebenen Möglichk u wie übl berücksichtigt od wenn es ihm sogar schädl ist. Das kann auch vorliegen, wenn zu befürchten ist, daß der Ertrag voraussichtl nicht im Interesse der Fam verwendet od Unterh gefährdet wird. Mit Rücks auf den Schutzzweck (Anm 1) Verweigerg uU auch dann berecht, wenn AusglAnspr dch das RGesch nicht gefährdet würde (FamAusschußBer S 6); erst recht natürl, wenn künft AusglAnspr konkret (etwa inf persönl Unzuverlässigk des verfügden Eheg, bei Anlagen u Beteiliggen mit gesteigertem Risiko) gefährdet w (BayObLG NJW 75, 833). Persönl Gründe, auch idealer Art wie der, daß das GesamtVermGesch den FamFrieden zu beeinträchtigen droht (Hamm FamRZ 67, 573), können ausreichen (Reinicke BB 57, 566). Aber nicht unsachl Grde; dann Verweigerg ohne ausr Grd: Eheg will dch die Nichterteilg etwas für sich erzwingen, zB Wiederherstellg der ehel Gemsch od eine vermögrechtl Besserstellg, auf die kein Anspr besteht (Hamm JMBl NRW 62, 47). IjF ist eine **Interessenabwägung** erforderl, so daß Zuweisg der Ehewohng dch einstw AnO für sich kein R zur Verweigerg der Zust zu der Veräußerg dieser Wohng gibt (Stgt NJW 83, 634). Aber iR des ErsetzgsVerf keine Berücks v § 1381 (AG Hann FamRZ 85, 70). Geringere Anfdgen an die GenErsetzg bei dauerndem Getrenntleben der Ehel (BayObLG NJW 75, 833). Es reicht iR des ErsetzgsVerf aus, wenn sich aus den gesamten Umst bei Prüfg aller bereits vorliegden ErkenntnMittel konkrete AnhPkte dafür ergeben, daß ein AusglAnspr besteht, der dch die Wirksamk der VermVfg gefährdet würde (BGH NJW 78, 1380). – Dem Verweigersfall steht gleich, wenn der and Eheg dch Krankh od Abwesenh **an der Abgabe** der Erklärg **verhindert** ist. Dauernde Verhinderg nicht erfdl; genügd, daß Zust nicht rechtzeit eintreffen kann (vgl RG 103, 126). Hinzukommen muß dann aber, daß mit Aufschub Gefahr verbunden, was sachl zu beurteilen ist; Ansicht des Eheg nicht ausreichd, zB bevorstehende Scheidg, AusglFdg jedoch nur dch Verwertg zu befriedigen, für die gerade besonders günstige Gelegenh. Ersetzg der Zust auch, wenn gesetzl Vertreter des Eheg sie verweigert; bei Krankh od Abwesenh dann aber Pflegerbestellg.

6) Verfahren. Statt Kl auf Zust gg den and Eheg sieht das G ein bes Verf zur Ersetzg der Zust vor. Die Ersetzg hat dieselbe Wirkg wie die Zust des Eheg; s aber § 1366 III 3. Der ErsetzgsAntr kann (unter Ang der wesentl Einzelh des Gesch) vor od nach Abschl des Vertr gestellt w. Zustd ist ausschl das VormschG (FGG 45), nicht das FamG (BGH FamRZ 82, 785), u zwar auch bei HofÜbergVertr. Es entsch der Richter, RPflG 14 Z 6. Antrberecht ist allein der dch das abschl Eheg die Verpfl übernehmen, auf die Zust od deren Ersetzg hinzuwirken. Dann Kl des Dritten auf AntrStellg u ggf Vollstr gem ZPO 888. Das AntrR ist vererbl. Tod des AntrStellers unterbricht das Verf nicht. Der Erbe kann das ErsetzgsVerf gg den zustpfl Eheg fortführen (LG Mannh DNotZ 69, 372). Ist zustpfl Eheg selbst Erbe, kann er Antr zurücknehmen (BayObLG DNotZ 63, 732). Vor Entsch über den Antr ist Anhörg der Beteiligten zweckm, aber für die Wirksamk der Entsch unerhebl (BayObLG 5, 417). Kommt das Ger z dem Ergebn, daß kein Fall v § 1365 vorl, ein ErsetzgsVerf also nicht erforderl war, erteilt es ein entspr **Negativattest**. Da damit bez des zustbedürft Gesch der Anschein der RWirksamk entsteht, kann dagg der zustberecht Eheg Beschw einlegen mit dem Ziel, den ErsetzgsAntr zurückzuweisen (LG Bln FamRZ 73, 146). Iü kann das VormschG die Zust nur ersetzen od die Ersetzg abl, nicht aber teilw ersetzen (KG JW 34, 908) od an die Stelle des beantr ein and Gesch setzen. Die Ersetzg kann aber unter Bdggen od **Auflagen**, wodch der ausr Grd der Weigerg ausgeräumt w, erfolgen (BayObLG FamRZ 63, 521; aA Staud-Felgentraeger Rdn 88). Unzul ledigl vorzeit ZugewAusgl, da dies den zustberecht Eheg des gesetzl vorgesehenen Entscheidszwanges (§§ 1385, 1386) entheben würde (Gernhuber § 35 IV 3; BayObLG NJW 75, 833; aA Nienbg NdsRpfl 64, 252). Entsch w mit Rechtskr wirks, FGG 53, jedoch hat VormschG bei Gefahr im Verzuge die Möglk, die sof Wirkg der stattgebden Entsch anzuordnen; dann wird sie mit Bekanntg an den AntrSteller wirks, FGG 53 II. Gg Ablehng einf Beschw, FGG 20, bei Stattgeben sofortige, FGG 60 Z 6. ProzGer ist an die Entsch des VormschG gebunden (Kassel OLG 15, 404). Gebühren, KostO 97 I Z 1.

7) Dem **Grundbuchamt** ggü muß die Einwilligg od Gen in gehöriger Form nachgewiesen werden (GBO 29). Eigene Ermittlgen anzustellen ist der Grdbuchrichter nicht verpfl (BGH 30, 255/8). Anderers kommt es nicht nur auf das Wissen an, das sich aus den Eintraggsunterlagen ergibt (MüKo/Gernhuber 65). Den Nachw weiterer Verm od der Zust des and Eheg zu verlangen, ist das GBA nur berecht, wenn sich im Ztpkt der Eintragg aus den Eintraggsunterlagen od sonst bekannten Umst konkr Anhaltspkte dafür ergeben, daß die TatbestVorauss des VeräußergsVerbots gegeben sind (BGH 35, 135/9; 64, 246/50, BayObLG NJW 60, 821; Zweibr FamRZ 89, 869; Nachw der MindMeing, die für eine umfassendere PrüfgsPfl des GBA eintritt, Soergel/H Lange 46). Handelt es sich um einen einz Gegst, der das ganze Verm ausmacht, so müssen sowohl Anhaltspkte dafür wie auch für die subj Seite (Anm 2b) gegeben sein (BayObLG NJW 67, 1614). Bei Verfügen nacheinand kommt es auf die letzte an (Riedel RPfleger 61, 266). Hat GBA fälschlweise das genbedürft Gesch ohne Gen eingetragen, kann unter den Vorauss v GBO 53 I 1 ein AmtsWiderspr eingetr w, wie auch der betroff Eheg Eintragg eines Widerspr erwirken kann (Hamm Rpfleger 59, 349).

1366 Genehmigung von Verträgen.

¹Ein Vertrag, den ein Ehegatte ohne die erforderliche Einwilligung des anderen Ehegatten schließt, ist wirksam, wenn dieser ihn genehmigt.

ᴵᴵ Bis zur Genehmigung kann der Dritte den Vertrag widerrufen. Hat er gewußt, daß der Mann oder die Frau verheiratet ist, so kann er nur widerrufen, wenn der Mann oder die Frau wahrheitswidrig behauptet hat, der andere Ehegatte habe eingewilligt; er kann auch in diesem Falle nicht widerrufen, wenn ihm beim Abschluß des Vertrages bekannt war, daß der andere Ehegatte nicht eingewilligt hatte.

Bürgerliche Ehe. 6. Titel: Eheliches Güterrecht § 1366 1-4

III Fordert der Dritte den Ehegatten auf, die erforderliche Genehmigung des anderen Ehegatten zu beschaffen, so kann dieser sich nur dem Dritten gegenüber über die Genehmigung erklären; hat er sich bereits vor der Aufforderung seinem Ehegatten gegenüber erklärt, so wird die Erklärung unwirksam. Die Genehmigung kann nur innerhalb von zwei Wochen seit dem Empfang der Aufforderung erklärt werden; wird sie nicht erklärt, so gilt sie als verweigert. Ersetzt das Vormundschaftsgericht die Genehmigung, so ist sein Beschluß nur wirksam, wenn der Ehegatte ihn dem Dritten innerhalb der zweiwöchigen Frist mitteilt; andernfalls gilt die Genehmigung als verweigert.

IV Wird die Genehmigung verweigert, so ist der Vertrag unwirksam.

1) Währd ohne erforderl Einwilligg vorgen einseit RGeschäfte unwirks sind, § 1367, läßt § 1366 jeden, also den obligator wie den dingl, ohne Einwilligg geschl **Vertrag schwebend unwirksam** sein, dh es können daraus bis zur Erteilg der Gen od ihrer Ersetzg keine Rechte hergeleitet w. Allerd kann sich der vertragsschl Eheg nicht einseit lösen, wohl aber umgek die Ersetzg der Zustimmg betreiben, § 1365 II. Der and Eheg hat die Möglichk, einen vorteilh erscheinen Vertr dch Gen vollwirks werden z lassen, § 1365 Anm 4, od einem nachteiligen Vertr die Gen z verweigern; dann Möglk der ZustErsetzg, § 1365 Anm 5. Der Dr hat ein in § 1366 II 2 eingeschränktes WiderrufsR bzw die Möglk zur Beschleunigg der Entscheidg, Anm 3. § 1366 gilt auch bei Vfgen über HaushGgstde, § 1369 III.

2) a) Die **Genehmigung des zustimmgsberechtigten Ehegatten,** die ohne Aufforderg nach III sowohl dem Eheg wie dem Dr ggü erklärt w kann u unwiderrufl ist, § 184 Anm 1, läßt den Vertr ex tunc wirks w, **I.** Endet der gesetzl Güterstd währd der Schwebezeit, §§ 1371 Anm 1, 1372 Anm 2, so ist z unterscheiden: Der **Tod** des zustberecht Eheg läßt den Vertr ohne Gen wirks werden, da eine Bindg gem § 1365 I 1 nicht mehr besteht (BGH NJW 82, 1099). Stirbt der abschließde Eheg, so besteht schwebde Unwirksamk fort, der Vertr ist noch genehmiggsbedürft, u zwar auch, wenn der überlebde Eheg Alleinerbe des Verfügden ist (Karlsr FamRZ **78,** 505; Reinicke BB **57,** 567 f). Auch bei **Scheidung der Ehe** w der Vertr nicht automat ex nunc wirks (BGH NJW **78,** 1380; aA BayObLG NJW **72,** 1470), da der ZugewAusgl für den zustberecht Eheg sonst ungünst w kann (Reinicke NJW **72,** 1786, Herm Lange JuS **70,** 503 f), insb bei konkr Gefährd des ZugewAusglAnspr (Karlsr FamRZ **76,** 695); ausr aber auch, daß die Gefährdg eines etwaigen ZugewAusglAnspr sich nicht ausschließen läßt (BGH NJW **78,** 1380).

b) Die **Verweigerung der Genehmigung,** die ebfalls dem Eheg wie dem Dr ggü erkl w kann u Kenntn vom Inhalt des zu genehmigden Gesch voraussetzt, so daß allgemeine Äußergen nicht ausreichen (BGH NJW **82,** 1099), macht den Vertr endgült unwirks, **IV,** sofern die Gen nicht nach § 1365 II ersetzt w. Der Vertr bleibt unwirks auch nach Beendigg des Güterstd. Das gilt sowohl, wenn der Güterstd dch den Tod eines Eheg aufgelöst w, Reinicke NJW **73,** 305, als auch dann, wenn der Güterstd dch Scheidg beendet w, Reinicke NJW **72,** 1786, aA BayObLG NJW **72,** 2272. Mit der Verweigerg der Gen ist auch der abschließde Eheg nicht mehr gebunden. Er kann also, da auch eine vorgen Vfg unwirks ist, dem Dr etwa schon übergebene Ggstde zurückfordern, § 985. Kein Schutz des guten Glaubens. Aber endgült Unwirksamk eröffnet den Weg der Umdeutg, § 140, in ein and RGeschäft, zB Konversion eines GrdstÜberg- in einen ErbVertr, BGH NJW **64,** 347.

3) Während des Schwebezustandes hat der Dritte zwei Möglichkeiten:

a) Er kann **bis zur Genehmigung widerrufen, II.** Insofern ist er an keine Frist gebunden. Sein Recht erledigt sich erst mit Gen od deren Verweigerg. Ferner muß man Verzicht auf das Recht annehmen, wenn der Dritte gemäß III auffordert; ebso Reinicke BB **57,** 567. Es besteht nicht, wenn der andere Eheg von vornherein eingewilligt hatte, § 1365 Anm 4, mag auch dem Dritten unbekannt sein. Der Widerruf erfolgt nur ggü dem VertrGegner. **Voraussetzungen des Widerrufsrechts sind: aa)** Der Dritte darf nicht gewußt haben, daß sein VertrGegner verheiratet ist; ob aus Fahrl, unerhebl; oder **bb)** dem Dritten war das zwar bekannt, aber der abschließende Eheg behauptete der Wahrh zuwider (obj WahrhWidrigk genügt, bei subj §§ 823, 826 mögl, s auch § 1368 Anm 2), der andere Eheg habe eingewilligt. Kannte der Dritte beim VertrAbschluß die Unrichtigk dieser Behauptg, so entfällt sein WiderrufsR. Hat der abschließende Eheg wahrheitswidrig erklärt, es bedürfe keiner Gen, weil er in Gütertrenng lebe, so liegt keine der beiden Voraussetzgen vor; WiderrufsR entfällt, der Dritte hätte sich Klarheit durch das GüterrechtsReg verschaffen können. Folge des Widerrufs: das RGesch kann nicht mehr genehmigt werden; der Abschluß ist wirkgslos. Etwa schon Übergebenes besitzt der Dritte ohne RechtsGrd.

b) Der Dritte kann den abschließenden Ehegatten auffordern, die erforderliche Genehmigung des anderen Ehegatten zu beschaffen, III, um den Schwebezustand zu beenden. Dann wird eine dem abschließenden Eheg (nicht aber solche ggü dem Dritten) vorher vom anderen Eheg etwa erklärte Gen od Verweigerg der Zust unwirks: natürlich nicht aber die vor VertrSchluß gegebene Einwilligg, die für die Aufforderg keinen Raum läßt, auch wenn der Dritte von der Einwilligg nicht wußte, § 1365 Anm 4. Die Gen kann der andere Eheg nunmehr nur noch innerhalb von 2 Wochen nach Empfang der Aufforderung, § 130, deren vertragl Verlängerg aber mögl ist, Knur DNotZ **57,** 453, und nur dem Dritten ggüber erklären, andernf gilt sie als verweigert. Rechtsfolge Anm 2. Genehmigg entfällt aber, Aufforderg also ohne Wirkg, wenn Güterstd innerh dieser 2 Wochen endet. Wird Gen durch VormschG ersetzt, § 1365 Anm 6, so hat, wenn Aufforderg nach III ergangen ist, der Beschl nur Wirksamk, wenn er vom abschließenden Eheg dem Dritten innerh der Zweiwochenfrist mitgeteilt wird.

4) Genehmigung, Widerruf, Verweigerung, Aufforderung sind einseitige empfangsbedürftige Willenserklärgen. An eine Form, insb die des RGeschäfts, zu dem sie hinzutreten, sind sie nicht gebunden. Genehmigg u Verweigerg sind unwiderrufl, RG **139,** 118.

§§ 1367–1369

1367 Einseitige Rechtsgeschäfte. Ein einseitiges Rechtsgeschäft, das ohne die erforderliche Einwilligung vorgenommen wird, ist unwirksam.

1) Als einseit RGeschäfte, für die n §§ 1365, 1369 eine Einwilligg des and Eheg erforderl ist, kommen Dereliktion, Anfechtg, Kündigg u Rücktr in Betr, allenf auch, wenn ein Dr als Nichtberecht ein RGesch n § 1365 vorgen hat u der Eigtümer-Eheg das RGesch gen. Zum Nachw der Einwilligg §§ 111, 182; dem Eheg muß die Möglk zur Nachreichg gegeben w (RG **50**, 212). Dem GBA ggü muß die Einwilligg mit der Erkl zugehen (KG OLG **7**, 53). Ohne Einwilligg vorgenommene RGeschäfte sind unheilb unwirks, bleiben dies auch nach Beendigg des Güterstdes. Spätere Bestätigg ist als erneute Vornahme anzusehen.

1368 Geltendmachung der Unwirksamkeit. Verfügt ein Ehegatte ohne die erforderliche Zustimmung des anderen Ehegatten über sein Vermögen, so ist auch der andere Ehegatte berechtigt, die sich aus der Unwirksamkeit der Verfügung ergebenden Rechte gegen den Dritten gerichtlich geltend zu machen.

Schrifttum: Baur FamRZ **58**, 256; Brox FamRZ **61**, 281.

1) **Schutzvorschrift** für den Eheg, der nicht eingewilligt hat, da nur so sein Interesse am Vermögen od den HaushGgstden (§ 1369 III) sichergestellt ist. Er kann auch auf vorzeit Ausgl klagen (§ 1386 II Z 1). Verf gem § 1368 ist FamSache (BGH FamRZ **81**, 1045).

2) **Stellung des Dritten.** Der Dritte kann sich nicht auf die Vorschriften über den Erwerb vom Nichtberechtigten berufen. Er muß bei den Geschäften über Vermögen im ganzen oder Ggständen des ehel Haushalts damit rechnen, daß ihm ein Eheg ggübertritt, sich bei derlei Geschäften also vergewissern, ob das der Fall ist od nicht, § 1365 Anm 3. Kein Schutz des guten Glaubens, ebso Maßfeller Betr **57**, 499, Finke JR **57**, 162 (aM Franck NJW NJW **59**, 135, einschränkd Boehmer FamRZ **59**, 84), auch nicht, wenn der verfügende Eheg, der sich dann aber schadensersatzpfl machen würde, §§ 823 II, 826, das wider besseres Wissen versichert; auch §§ 309, 307 greifen ein, Boehmer FamRZ **59**, 6, § 1365 Anm 3. Da es sich um den gesetzl Güterstd handelt, von dem jeder ausgehen muß, liegt es hier anders als in § 1422 Anm 4 dargelegt.

3) **Stellung des nicht verfügenden Ehegatten.** Hat er nicht zugestimmt ist seine Zustimmg auch nicht dch das VormschG ersetzt w (§ 1365 II), so ist nicht nur das VerpflichtgGesch, sond ebso die daraufhin vorgenommene Vfg unwirks (§ 1365 Anm 3). Die Rechte aus dieser Unwirksamk kann auch der nicht zustimde Eheg **im eigenen Namen** geltd machen, u zwar **auch nach der Scheidung** (BGH NJW **84**, 609) u **in jeder Verfahrensart**, also auch dch Arrest, einstw Vfg, negative FeststellgsKl, ZwangsVollstr (ZPO 771), sowie ggü VerwBehörden. Der Dritte hat **kein Zurückbehaltungsrecht** (aA Dölle § 52 III 3), auch nicht weg des gezahlten Kaufpreises, den er nur von seinem VertrGegner, nicht auch dem and Eheg zurückfordern kann; auch nicht wg eines SchadErsAnspr (dagg Boehmer FamRZ **59**, 6). **Inhalt des Anspruchs:** Grundbuchberichtigg zugunsten des früh EigtümerEheg (BGH NJW **84**, 609). Ggstde kann der and Eheg vom Dritten herausverlangen, indem er im eig Namen auf Herausg an den Eheg od an sich selbst klagt (Zunft NJW **58**, 131); letzteres insb dann, wenn der verfüge Eheg die Sache nicht mehr zurücknehmen will (Rimmelspacher NJW **69**, 1998; aA Kln FamRZ **59**, 460: Herausg nur an beide Eheg od einen Sequester). Das **Urteil**, das ein Dritter ein Eheg erstreit, wirkt nicht für u gg den and (aA Reinicke BB **57**, 568); denn es handelt sich bei den Rechten der Eheg um selbständ RückfordergsAnspr mit Schutzcharakter, der in Frage gestellt würde, wenn ein Eheg dch schlechte ProzFührg dem and das RückfordergsR aus der Hand schlagen könnte (Brox FamRZ **61**, 284). Ein obsiegdes Urt hat aber materielle RechtsKrWirkg, so daß nicht and entschieden w kann; doch behält der and Eheg die Möglichk, selbst zu klagen, um die Vollstr in die Hand zu nehmen. Der Gläub kann sich dch negat FeststellgsKl gg eine nochmal Inanspruchn schützen (Baur FamRZ **58**, 257). Ein Verzicht des verfügden Eheg auf Kl od KlageAnspr bindet den and Eheg nicht (Bosch FamRZ **58**, 86).

4) **Stellung des verfügenden Ehegatten.** Der Eigtümer kann das nach Anm 3 von dem and Eheg Erlangte wieder in Besitz nehmen, behält auch weiter die Verwaltg wg §§ 1363 II, 1364 (Ausn: § 1361a I 2). Iü kann auch der unwirks verfüge Eheg die Rechte aus der Unwirksamk der Vfg geltd machen, ohne daß dem Dritten ein ZurückbehaltgsR zustünde.

1369 Verfügungen über Haushaltsgegenstände. I Ein Ehegatte kann über ihm gehörende Gegenstände des ehelichen Haushalts nur verfügen und sich zu einer solchen Verfügung auch nur verpflichten, wenn der andere Ehegatte einwilligt.

II Das Vormundschaftsgericht kann auf Antrag des Ehegatten die Zustimmung des anderen Ehegatten ersetzen, wenn dieser sie ohne ausreichenden Grund verweigert oder durch Krankheit oder Abwesenheit verhindert ist, eine Erklärung abzugeben.

III Die Vorschriften der §§ 1366 bis 1368 gelten entsprechend.

Schrifttum: Benthin FamRZ **82**, 343. Zur älteren Lit 41. Aufl; sa Lit zu § 1362.

1) Die dch GleichbergG Art 1 Z 9 neue, iü nachgieb (§ 1365 Anm 1) Vorschr enthält die zweite Einschränkg der selbständ VerwBefugn über das eig Verm, § 1364. **Zweck:** Bestandschutz für die stoffl Substanz des FamZusLebens; erst in zweiter Linie Sicherg des ZugewAusglAnspr. Liegt MitEigt vor, muß der and Eheg bei Vfgen ohnehin mitwirken. Dagg zul ZwVollstr in im MitEigt stehde HausrGgstände, da Hausgut sonst im prakt Ergebn zu einer SonderVermMasse würde (K. Schmidt NJW **74**, 323 gg Krefeld NJW **73**., 2304). Die ratio legis erzwingt entspr Anwendg des § 1369 auf die Veräußerg od Belastg von HaushGgständen, die **dem anderen Ehegatten gehören**, stark umstr; wie hier Köln MDR **68**, 586,

Bürgerliche Ehe. 6. Titel: Eheliches Güterrecht **§§ 1369, 1370**

Schlesw SchlHA **74**, 111, LG Bln FamRZ **82**, 803, Lorenz JZ **59**, 107, Gernhuber § 35 III 1; aA Rittner FamRZ **61**, 193, Soergel-Herm Lange 16). Wirks Verpfl vor Eheschließg macht Vfg zustfrei (Soergel-Herm Lange 4; aA Bosch FamRZ **59**, 241). Bei Trenng § 1361a; § 1369 gilt nicht weiter (Gernhuber § 35 III 4; aA BayObLG FamRZ **60**, 156; LG Bln FamRZ **82**, 803), da sowohl **Getrenntleben** wie HausrVerteilg selbst dem Zweck der Vorschr zuwiderlaufen. Nach der **Ehescheidung** gilt nicht § 185 II (so aber Saarbr OLGZ **67**, 6), sond das RGesch bleibt zustbedürft (BayObLG FamRZ **80**, 571). Nach der GgMeing sind die berecht Belange des and Eheg nicht gem § 1368, sond iW der AusglZahlg nach HausrVO 8 III 2 zu berücks (Hamm FamRZ **72**, 297). Bei Tod § 1932. Das Eigt wird dch § 1369 nicht berührt; desgl nicht das VerwR, soweit es nicht ohnehin (vgl § 1356 I 2) dem haushaltsführden Eheg zusteht.

2) Die Beschrkg des § 1369 bezieht sich auf bestimmte Objekte u auf best Handlgen. **a) Gegenstände des ehelichen Haushalts, I**, sind alle Sachen, die dem ehel Haush (Hauswirtsch u familäres ZusLeben) dienen, zB WohngsEinrichtg, HaushWäsche, Radio, Fernseher, Gartenmöbel, auch Nahrgsmittel, Brennmaterial (sa HausVO 1 Anm 2). § 1369 gilt für einz Ggstände wie auch für Sachgesamtheiten, zB Sichergsübereigg der Wohngseinrichtg (BayOblG FamRZ **60**. 156), aber nicht für eine solche anläßl des Kaufs des Ggst (Bielefeld MDR **63**, 760). EigtLage unerhebl (vgl Anm 1), so daß auch unter EigtVorbeh gekaufte Möbel unter die VfgBeschrkg fallen (Saarbr OLGZ **67**, 4), ebso der MiteigtAnteil an gemeins Sachen, nicht aber Rechte ausschl schlechthin wie schuldrechtl Anpr auf Lieferg v HaushGgständen (aA Erm-Heckelmann 5), das ArbBVerhältn der Hausgehilfin, so daß ein Eheg (auch iRv § 1357) auch allein kündigen k (Rittner, FamRZ **61**, 188). Ebso Kündigg der dch einen Eheg allein angemieteten Wohng ohne Zust dch den and (LG Stgt FamRZ **77**, 200); Ausschl der Kündigg dagg evtl nach § 1357 nF (vgl Anm dorts). Unter die Bestimmg fallen ferner nicht die **persönlichen Gebrauch** nur eines Eheg bestimmten Sachen, auch die für seinen Beruf erforderl. Bei Kfz, Haustieren usw ist also zu differenzieren (vgl Hbg MDR **61**, 690). Entscheid die **Zweckbestimmung** (Widmg) innerh der einzelnen Ehe. Desh bezieht sich § 1369 auch auf Luxus- u überfl Ggstände, aber zB nicht auf ererbte, zur Veräußerg best Möbel od als VermAnlage gedachte Ggstände (Soergel-Herm Lange 11). Ändg der Zweckbestimg dch beide Eheg mögl. Nicht dem ehel Haush dienen auch Ggstände, die m Rücks auf die Trenng bes angeschafft w sind, wohl aber umgek diej, die im Hinbl auf die Errichtg eines Haush besorgt wurden. ErsatzAnspr (etwa aus HausrVersicherg) gehören ebenf hierher (Boehmer FamRZ **59**, 4, Dölle § 53 II; aA Rittner FamRZ **61**, 190), auch (nach der ratio legis) das BesitzR an geliehenen od gemieteten Sachen (aA Lorenz JZ **59**, 108), aber selbstverstdl nur, soweit es wie bei der Veräußerg um die Herauslösg aus dem ehel Haush geht, nicht bei iR des Schuldverhältn liegden Maßn wie Kündigg, Rückg usw. – **b) Einwilligungsbedürftig, I**, sowohl das VerpflGesch wie die Vfg, nach dem Sinn v § 1369 auch dann, wenn Verpfl nicht, wie zB bei GebrÜberlVerträgen, auf eine Vfg gerichtet ist. Zu beachten, daß als lex specialis das HaushFührgsR (§ 1356 I 1) dem haushführden Eheg einen weiteren Spielraum schafft als dem and Eheg, den dieser auch nicht etwa mit der BesitzschutzKl (§§ 861, 866) wieder einengen kann (anders Soergel-Herm Lange 22, der § 1369 als Sonderregel vorgehen läßt). Es geht aber nicht darum, daß das HaushFührgsR die Befugn gäbe, die gem § 1369 erforderl Zust des and Eheg zu ersetzen, sond dieses macht die Zust überh überfl. Hins Erforderlichk der Zust kein Gutglaubensschutz (vgl Anm 4). Wg Anwendbark v § 1369 bei Trenng, Scheidg u Tod vgl Anm 1. Trotz des von § 1365 abw Wortlauts ist idR anzunehmen, daß die **Einwilligung** zum VerpflGesch auch die Erfüllg deckt, Knur DNotZ **57**, 452 Anm 5. Wg der Einwilligg des Eheg iü § 1365 Anm 4. Längeres Zuwarten mit der Geltdmachg der Unwirksamk wird im allg als Zustimmg aufgefaßt w müssen.

3) **Ersetzung der Zustimmung des andern Ehegatten, II.** Voraus Krankh bzw Abwesenh od Zust-Verweigerg ohne ausreichd Grd. Entscheidd die GesamtUmst des Einzelfalls; unerhebl, ob Gesch den Grdsätzen einer ordngsmäß Verwaltg entspricht. ZustErsetzg danach in Notfällen u bei Entbehrlichk des Ggst, es sei denn, die GgLeistg ist unangem niedr, es besteht die Besorgn, der Eheg werde den Erlös unsachgem verwenden od es ist sonst eine Schädigg des – auch bl ideellen (Hamm FamRZ **57**, 572, BayObLG FamRZ **68**, 317) – FamInteresses zu besorgen (vgl BayObLG FamRZ **60**, 157). Berecht ist die Verweigerg der Zust auch, wenn dch die Veräußerg der Anspr des and Eheg auf eine gerechte u zweckmäß Teilg nach Scheidg gefährdet würde (BayObLG FamRZ **80**, 1001). Vgl iü § 1365 Anm 5b; wg des Verf dort Anm 6.

4) **Fehlende Zustimmung** trotz ZustBedürftigk führt zur Anwendg der §§ 1366 bis 1368, **III.** Wg der Gen vgl § 1366, Unwirksamk einseit RGeschäfte ohne Einwilligg § 1367. Von Dritten kann der and Eheg die übergebenen Ggstände herausverlangen, § 1368 Anm 4. Der gute Glaube des Dritten wird nicht geschützt, § 1365 Anm 3, 1368 Anm 2. Desh SchadErs aus §§ 823 II, 826 nur in seltenen AusnFällen denkb, Haftg aus culpa in contrahendo gar nicht (Zunft NJW **58**, 130; aA Ziege NJW **57**, 1581), da sonst Normzweck mittelb gefährdet würde: Handelt es sich um HaushGgstände, so muß VertrPartner sich stets Gewißh darü verschaffen, ob der Gegner verh ist oder die behauptete Zust des and Eheg vorliegt; er muß behauptete Gütertrenng im GüterRReg nachprüfen (anders von einer streng subj Theorie aus, vgl Scheld Rpfleger **73**, 280). An eine Frist ist die Geltdmachg der Unwirksamk nicht geknüpft (vgl aber Anm 2b). Bei Nichteinhaltg des § 1369 kann unter den Voraussetzgen des § 1386 II Z 2 iVm § 1375 II vorzeit ZugewAusgl verlangt w.

1370 *Ersatz von Haushaltsgegenständen.*

Haushaltsgegenstände, die an Stelle von nicht mehr vorhandenen oder wertlos gewordenen Gegenständen angeschafft werden, werden Eigentum des Ehegatten, dem die nicht mehr vorhandenen oder wertlos gewordenen Gegenstände gehört haben.

1) **Ersatzbeschaffung** von HaushGgständen (dazu § 1369 Anm 2). Wertlosigk nicht wörtl, sond bereits dann, wenn Ggst den persönl Zwecken der Eheg nicht mehr genügt (LG Düss NJW **72**, 60), Modernisiergsabsicht reicht aus (Nürnb FamRZ **64**, 297). Gleichartigk od Gleichwertigk nicht erforderl (BayObLG

§§ 1370, 1371

FamRZ **70**, 31). HausrVO 8 II geht dem § 1370 nach (KG FamRZ **68**, 648). Nicht angeschafft sind ererbte Ggstde (Stgt NJW **82**, 585).

2) Wirkung: Eigt am ErsatzGgst hat der Eheg, dem der ersetzte bisher gehörte. Dch die Vorschr soll verhindert w, Ermittlgen darüber anzustellen, ob Ersatz gewollt war; vielm EigtErwerb ohne weiteres u unabhängg davon, mit wessen Mitteln die Ggstde erworben wurden.

3) Beweislast: Der die Ggstde für sich in Anspr nehmde Eheg braucht nur zu beweisen, daß er gleiche Ggstde gehabt hat, sie nicht mehr vorhanden od wertlos geworden sind. Damit kann auch Vermutg des § 1362 I 1 widerlegt w. Bei HausrVerteilg wird dann das AlleinEigt iSv HausrVO 8 II feststehen. GgBeweis erfordert den Nachw, daß die Ggstde nicht Ersatz sein sollten.

1371 *Zugewinnausgleich im Todesfall.* **I** Wird der Güterstand durch den Tod eines Ehegatten beendet, so wird der Ausgleich des Zugewinns dadurch verwirklicht, daß sich der gesetzliche Erbteil des überlebenden Ehegatten um ein Viertel der Erbschaft erhöht; hierbei ist unerheblich, ob die Ehegatten im einzelnen Fall einen Zugewinn erzielt haben.

II Wird der überlebende Ehegatte nicht Erbe und steht ihm auch kein Vermächtnis zu, so kann er Ausgleich des Zugewinns nach den Vorschriften der §§ 1373 bis 1383, 1390 verlangen; der Pflichtteil des überlebenden Ehegatten oder eines anderen Pflichtteilsberechtigten bestimmt sich in diesem Falle nach dem nicht erhöhten gesetzlichen Erbteil des Ehegatten.

III Schlägt der überlebende Ehegatte die Erbschaft aus, so kann er neben dem Ausgleich des Zugewinns den Pflichtteil auch dann verlangen, wenn dieser ihm nach den erbrechtlichen Bestimmungen nicht zustünde; dies gilt nicht, wenn er durch Vertrag mit seinem Ehegatten auf sein gesetzliches Erbrecht oder sein Pflichtteilsrecht verzichtet hat.

IV Sind erbberechtigte Abkömmlinge des verstorbenen Ehegatten, welche nicht aus der durch den Tod dieses Ehegatten aufgelösten Ehe stammen, oder erbersatzberechtigte Abkömmlinge vorhanden, so ist der überlebende Ehegatte verpflichtet, diesen Abkömmlingen, wenn und soweit sie dessen bedürfen, die Mittel zu einer angemessenen Ausbildung aus dem nach Absatz 1 zusätzlich gewährten Viertel zu gewähren.

Schrifttum: Zur ält Lit vgl 41. Aufl; Haas BB **80**, 464 (ErbschSteuer); v Olshausen FamRZ **81**, 633 (EhegErbR neben GroßElt u deren Abkömml); Meincke FamRZ **83**, 13 (ErbschSteuer).

1) Die Vorschr enthält eine **Verbindung von Ehegüterrecht und Erbrecht.** Da es dem Gesetzgeber aber nicht um eine Verstärkg des ErbR ging, entscheiden bei der Ausleg von Zweifelsfragen idR die güterrechtl GesPkte. **Inhalt:** § 1371 regelt die Beendigg des gesetzl Güterstd dch Tod eines Eheg, der bei TodesErkl widerlegb vermutet w (Maßfeller Betr **57**, 499). **I** enthält die erbrechtl Lösg, näml den Ausgl des Zugew dch Erhöhg des ErbT des überl Eheg um ¼, der ggf dch eine Ausbildungshilfe an erbberecht Abkömml des Verstorbenen, die nicht seiner Ehe mit dem Überlebden entstammen, beschwert wird, **IV**. Damit sind im Interesse des Familienfriedens die Schwierigkeiten, die sich bei der Ermittlg des Wertes des Anfangs- und Endvermögens ergeben könnten, ausgeschaltet; allerd ist eine Lösg gewählt worden, die die Abkömml benachteiligt u uU das FamVermögen in familienfremde Hände gelangen läßt. Der Überlebde wird, währd in den sonstigen Fällen der Beendigg des gesetzl Güterstd der Eheg nur eine AusglFdg erhält (§§ 1372, 1378), dingl am Nachl beteiligt u a dessen ordnungsgemäßer Verwaltg u Verwertg interessiert, währd bei Gewähr einer AusglFdg mit ihrer baldigen Geltmachg, uU ohne Rücks auf den Nachl zu rechnen wäre. Die erbrechtl Lösg kommt nur für Erbfälle in Betracht, die frühestens am 1. 7. 58 eingetreten sind. **II** behandelt die Fälle, in denen der Überlebde weder Erbe geworden, noch mit einem Vermächtn bedacht worden ist, **III** die bes Folgen der Ausschlagg. Diese Fälle erhalten hins des ZugewAusgl die güterrechtl Lösg, dh sie werden den Fällen gleichgestellt, in denen der gesetzl Güterstd nicht dch Tod beendet wird; der überl Eheg erhält den kleinen PflichtT u kann ggf ZugewAusgl verlangen (§§ 1373ff). Die Erhöhg des gesetzl ErbT um ¼ gilt nur, wenn die Eheg im ZtPkt des Todes eines von ihnen im Güterstd der ZugewGemsch gelebt haben (§§ 1363–1370), also nicht bei Gütertrenng, GüterGemsch od einem sonstigen Güterstd, auch nicht, wenn der gesetzl Güterstd zw ihnen früher einmal gegolten hat. Wg ehevertragl Abänderngsmöglichk § 1408 Anm 4. Wg des Nachw, daß der Erblasser im gesetzl Güterstd gelebt hat, bei der Erbscheinsbeschaffg § 2356 II; da sich der ErbT der Eheg nach dem Güterstd richtet, hat ihn der Nachlaßrichter vAw zu ermitteln (§ 2358). In den Ländern der *fr Brit Zone* ist iFv II u III hins Stundg usw HöfeO 12 X zu beachten.

2) Erbrechtliche Lösung, I. a) Voraussetzungen: Die Verstärkg der erbrechtl Stellg des überl Eheg kommt nur (*arg e contrario* aus II) zur Anwendg, wenn der überl Eheg Erbe od VermächtnNehmer ist (BGH **37**, 58). Da es um die Erhöhg des „gesetzl" ErbT geht, muß der überl Eheg auch „gesetzl" Erbe sein. Dch eine Erbeinsetzg nach §§ 2066, 2067 wird dies ebsowenig in Frage gestellt wie dch Berufg zum Vorerben (BGH FamRZ **65**, 604) od Nacherben. Ausreichd auch der Eintritt als Ersatzerbe od die Einsetzg auf ein noch so geringfüg Vermächtn. Eine Gleichstellg mit II kommt bei letzterem allenf bei einem Vermächtn von bloßem Erinnerngswert in Betr (Schwab JuS **65**, 435; vgl aber BGH **42**, 191f). Bei Einsetzg auf den großen PflichtT liegt Vermächtn vor (vgl § 2304); bei Einsetzg auf den kleinen PflichtT idR Enterbg, so daß II, III eingreifen. Anordngen des Erbl werden dch die gesetzl Regelg nicht berührt; dem Überlebden steht es jedoch frei, sich damit zufrieden zu geben od auszuschlagen mit der Folge von II u III. Es erfolgt also keine Ergänzg des dch Testament bestimmten ErbT oder Vermächtn iS von I.

b) Wirkungen: Der überl Eheg behält den Anspr auf das Voraus (§ 1932). Ihm steht aber kein ZugewAusglAnspr zu. Stattdessen erfolgt der Ausgl auf erbrechtl Weise dch Erhöhg der Erbportion bzw des Pflichtteils. Der **gesetzliche Erbteil** des Überlebden wird **um ein Viertel** erhöht. Die Erhöhg erfolgt in

Bürgerliche Ehe. 6. Titel: Eheliches Güterrecht § 1371 2–4

jedem Fall, auch wenn ein Zugew überh nicht erzielt worden ist od der Überlebde sonst selbst ausgleichspfl gewesen wäre, weil er den höheren Zugew erzielt hat. Diese Folge, die insb für die nicht aus der Ehe mit dem Überlebden stammden Kinder des Erbl unerfreul ist, kann nur dch letztw Vfg ausgeschaltet w; ein Recht des Miterben auf Herabsetzg (entspr § 1381) gibt es nicht. Demgem beträgt der gesetzl ErbT nach I iVm § 1931 neben Abkömmlingen ¼ + ¼ = ½, neben Elt u deren Abkömml u neben GroßElt ½ + ¼ = ¾. Treffen Abkömml von GroßElt mit diesen zus, erbt der Eheg das nach § 1926 III 1 frei gewordene Achtel und erhält ⅞ (§ 1931 I 2). Sind nur entferntere Verwandte als die GroßElt des Erbl vorh, so erhält der überl Eheg die ganze Erbsch (§ 1931 II). Dementsprechd erhöht sich in sämtl Fällen auch der Anspr des überl Eheg nach § 2303 I 2, II auf den **großen Pflichtteil** (BGH 37, 58) : ¼ des Nachl neben Abkömml, ⅜ in den and Fällen, iF von § 1931 I 2 noch höher. Der große PflichtT ist ferner maßgebl für die PflichtTRestAnspr (§§ 2305, 2307) sowie für die PflichtTErgänzgsAnspr gem §§ 2325 ff (§ 2325 Anm 3) u iR der §§ 2306 I 1, 2318, 2319. Kann der erhöhte PflichtT geltd gemacht w, entfällt die ZugewAusglFdg. Die PflichtT von Abkömml u Elt richten sich ebenf nach dem großen PflichtT des Eheg, u zwar auch dann, wenn der überl Eheg zum Alleinerben eingesetzt ist (BGH 37, 58).

c) Für die **Berechnung** des ErbT ist der ges Nachl zu berücksichtigen, also einschl eines etwa vorher erzielten Zugew. Anders als beim Zugew (§ 1380) findet auch dann, wenn dem überl Eheg von dem Verstorbenen Zuwendgen gemacht worden sind, eine Anrechng auf das zusätzl Viertel nicht statt. Hat ein Eheg vom and Eheg bereits zu Lebzeiten eine Zuwendg erhalten, die den ZugewAusgl ganz od zT vorwegnimmt, so kann der Anfall des erhöhten ErbT nur testamentar ausgeschl werden, zB dch Ausschluß von der Erbfolge od dch Beschränkg auf den PflichtT, II, auf den bei entspr Bestimmg auch Vorempfänge angerechnet werden müssen (§ 2315). Der PflichtT errechnet sich nach dem um die AusglFdg gekürzten Nachlaß (Reinicke Betr **60**, 1267). Zur Geltendmachg des erhöhten ErbT bei einem Hof iS der HöfeO vgl Lange NJW **57**, 1506.

d) **Rechtsnatur**: Das zusätzl Viertel ist kein bes ErbT u kann daher nicht (etwa wg IV) gesondert ausgeschlagen w (§ 1950). Es ist aber evtl beschwert dch die AusbildgsKosten von StiefAbkömml (Anm 3).

3) Der nach I zusätzl ErbT ist mit den **Ausbildungskosten der Stiefabkömmlinge** belastet, **IV** (Lit: Rittner DNotZ **57**, 483), die nach dem verstorbenen Eheg erbberechtigt od erbersatzberechtigt sind, also **Kinder** aus früheren (nach § 1591 I 1 Halbs 2: auch nichtigen) Ehen, legitimierte (§§ 1719, 1723, 1736, 1740 a) od als Kinder angen Personen (§§ 1741, 1754), nehel Kinder der verstorbenen Frau (§ 1705) u des verst Mannes (§ 1934 a) u jeweils wieder deren Abkömml. Die Abkömml müssen im konkreten Fall gesetzl **erbberechtigt** od nehel erbersatzberecht sein, dürfen also nicht testamentar eingesetzt sein (and 41. Aufl), die Erbsch nicht ausgeschlagen (Boehmer FamRZ **61**, 47) od einen Erbverzicht erklärt haben, weder für erbunwürd erklärt noch von der Erbfolge ausgeschl sein (§ 1924 II). Der überl **Ehegatte** haftet nur, wenn er seinerseits gesetzl Erbe geworden ist (Anm 2 a). Eine Verpfl aus IV entfällt demgem, wenn er TestamentsE od Vermächtnis Nehmer ist. Beschwert wird nur das nach I gewährte Viertel, so daß IV auch nicht für den erhöhten PflichtT gilt. Der überl Eheg kann durch Ausschlagg den Eintritt der Verpfl verhindern; doch ist eine Ausschlagg nur der ErbTerhöhg nicht mögl (Anm 2 d). Ferner ist Voraussetzg für den Anspr die **Ausbildungsbedürftigkeit** des Abkömml. Berechtigg u Umfang des AusbildgsAnspr richten sich damit nach § 1602 u § 1610 Anm 4 a. Insb umfaßt der Anspr neben den eigentl AusbildgsKosten auch die allg Lebenshaltgskosten. Kann der Abkömml seine Ausbildg zT selbst bestreiten, wozu er zunächst das ererbte Vermögen einsetzen muß, so ist der überl Eheg nur für den Rest verpfl. Ist noch ein leistgsfäh leibl EltTeil vorh, so haftet der überl Eheg in dem Umfang, in dem auch der verst Eheg für die AusbildgsKosten hätte aufkommen müssen. Für die **Zahlungsverpflichtung** des überl Eheg aus IV gilt § 1610 Anm 4 a gg. Die Verpfl **beschränkt** sich (rechnerisch, nicht etwa gegenständl) von vornherein auf das nach I zusätzl Viertel, so daß es der sonstigen erbrechtl HaftgsBeschränkg nicht bedarf. Maßgebl ist der Wert des Nachl zZ des Erbfalls (§§ 2311 ff analog). Bei der Inanspruchn dch mehrere Abkömml ist das zusätzl Viertel nach dem Verhältn der sich ohne I ergebden Erbregelg zu verteilen. Ggf sind die Mittel für jüngere Stiefabkömmlinge zurückzuhalten. IV ist für den Erblasser u den überl Eheg **dispositiv**. Der Erbl kann den Anspr dch Testament ausschließen u es im übrigen bei der gesetzl Erbfolge belassen; der überl Eheg kann die Entstehg des Anspr dch Ausschlagg verhindern.

4) **Güterrechtliche Lösung, II. a) Voraussetzungen:** Sie tritt ein, wenn der überl Eheg weder gesetzl noch TestErbe (BGH **37**, 58) wird noch mit einem Vermächtn bedacht ist (BGH **42**, 182). Der Ausschl von der Erbfolge kann dch Vfg von Todes wegen erfolgen (§ 1937f), liegt im Zweifel aber auch dann vor, wenn der überl Eheg auf den PflichtT gesetzt ist (§ 2304), was für den zuerst versterbden Eheg das geeignete Mittel ist, den and Eheg von den für die Kinder benachteiligten Erhöhg des gesetzl ErbT nach I auszuschließen. Unmittelb Anwendg von II ferner, wenn das EhegErbR wegen Anhängigk des ScheidsVerf usw ausgeschl war (§ 1933), nach Entzug des PflichtT (§ 2335), Feststellg der Erbunwürdigk (§§ 2339 ff, 2345 I) od Erbverzicht (§ 2346). Den Fall der Ausschlagg der Erbsch behandelt III (Anm 5). Stirbt ein Eheg, nachdem die Voraussetzgen f die Scheidg der Ehe vorliegen u ScheidsAntr gestellt w, ist für die Berechng des Zugew nach § 1371 II analog § 1384 der Ztpkt der Rhängigk des ScheidsAntr maßgebl (BGH **99**, 304 = JR **87**, 327 mA Gernhuber). Ferner ist II analog anzuwenden bei **gleichzeitigem Tod** beider Eheg (etwa inf Flugzeugunglücks), weil eine Erhöhg des ErbT hier ausscheidet (and BGH **72**, 85; Werner FamRZ **76**, 251: Der jew Nachlaß beschränkt sich auf das Verm im TodesZtpkt beider Erblasser, was im Ergebn innerh der ZugewGemsch zu sehr die Gütertrenng auf Kosten des ZugewAusgl betont u die MitArb des and Eheg am Zugew außer Acht läßt). Die Kommorientenvermutg VerschG 11 steht der Analogie zu II nicht entgg; zu einem echten ZugewAusgl muß es nach dem GrdPrinzip der §§ 1363 ff immer dann kommen, wenn nicht ausdrückl die erbrechtl Lösg vorgeschrieben ist. Vermächtn iS von II ist nur das zugewandte, nicht gesetzl Vermächtn etwa nach § 1969.

b) **Wirkungen:** Wird der überl Eheg nicht Erbe u steht ihm auch kein Vermächtn zu, so erhält er in jedem Fall nur den kleinen PflichtT; es bleibt ihm überlassen, daneben den ZugewAusgl geltd zu machen, wenn

1357

§§ 1371, 1372

sich dies lohnt. Dagg hat er **kein Wahlrecht** zw dem kleinen u großen PflichtT dergestalt, daß er (bei gutem VermErwerb innerh der Ehe) unter Beschränk auf den kleinen PflichtT den ZugewAusgl wählen und (bei geringem Zugew, aber hohem AnfangsVerm des verst Eheg) dch Verzicht auf den ZugewAusgl den großen PflichtT erlangen könnte (BGH **42**, 182; NJW **82**, 2497 „Einheitstheorie"); der Ausdr „in diesem Falle" in II bezieht sich nicht auf das tatsächl „Verlangen" des Zugew, sond auf den ganzen Vordersatz, der auf den Umstand der Enterbg abstellt (ausführl zu dieser Streitfrage 41. Aufl). In allen diesen Fällen wird der Zugew auf Verlangen des überl Eheg ebso, wie wenn der Güterstd nicht dch den Tod beendet wird, ausgeglichen; es gelten also die §§ 1373ff, soweit sie nicht wg ihrer Besonderh entfallen: Besondere Vorschr bestehen danach für die Verjährg (§§ 1378 IV 3, 1390 III 2), woraus ferner folgt, daß (and als nach I) hier entscheidd ist, daß der Zugew des verstorbenen Eheg den des überl übersteigt (§ 1378 II). Die AusglFdg des überl Eheg ist eine Nachlaßverbindlichk (ErblSchuld, § 1967 Anm 2) mit Vorrecht vor PflichtT, Vermächtnissen, Auflagen (KO 226). Sie ist also bei Berechg des PflichtT abzuziehen (§ 2311 Anm 2). Sie besteht grdsätzl auch nach altem Recht iF des ScheidgsAnspr des Verstorbenen aus Schuld des Überl, da ihre Entstehg nicht abhäng ist von Schuld, sond nur von den Voraussetzgen des § 1378 I. Mögl aber Verweigerg wg grober Unbilligk (§ 1381), die regelm bei Erbunwürdigk vorliegen würde. Mit der erbrechtl Lösg entfällt aus dch die soeben begründete Erhöhg des Pflichtteils. Es bleibt also beim sog **kleinen Pflichtteil**, dh der Hälfte des sich nach § 1931 ergebden ErbT (§ 2303), soweit das PflichtR überh besteht. Demgem ist dann auch der PflichtT der anderen PflichtTBerecht größer, da er dch eine Erhöhg des ErbT des überl Eheg nach I nicht mehr herabgedrückt wird. Der PflichtT des einz Kindes, der nach der erbrechtl Lösg ¼ der Erbsch ausmachen würde, beträgt also nach II ⅜. Auf die **Geltendmachung des Zugewinnausgleichs** gg die Erben finden die §§ 1373–1383, 1390 Anwendg, ferner auch §§ 1384, 1387 für den Fall, daß der Erblasser währd eines ScheidgsStreits od eines Streits um vorzeit Zugew verstorben ist (Soergel-Lange Rdn 23). Erbunwürdigk, Ausschluß des ErbR nach § 1933 usw stehen der Entstehg des AusglAnspr nicht entgegen, begründen aber uU die Unbilligk nach § 1381. Die ZugewAusglFdg geht anderen Nachlaßverbindlichk aus PflichtT, Vermächtn u Aufl im Range vor (arg § 1991 IV, KO 226 II).

5) Die **Ausschlagung der Erbschaft oder des Vermächtnisses, III,** stellt einen Unterfall von II dar, da der überl Eheg dadch nicht Erbe wird. Es gilt daher das in Anm 4 Gesagte auch hier. So darf der überl Eheg (nach der Ausschlagg) weder Erbe noch VermächtnNehmer sein; der ZugewAusgl findet aber auch dann statt, wenn der überl Eheg zwar die Erbsch ausgeschlagen, aber ein ihm zugewendetes Vermächtn behalten hat, od iF von § 1948 I. Ist der überl Eheg auch als Verwandter berufen, kann er als Eheg ausschlagen und Zugew verlangen (§§ 1951 I, 1934). III gibt ledigl einige SonderBest. Zur Ausschlagg im allgem §§ 1942ff; insb hat die Ausschlagg fristgerecht zu erfolgen.

a) Im Falle einer Ausschlagg steht dem Eheg ein PflichtT grdsätzl nicht zu (Ausn § 2306 I 2). Eine Ausschlagg unter Vorbeh des PflichtT ist unwirks. III Halbs 1 gibt dem ausschlagden Eheg abweichd von dieser Regel unter der Voraussetzg, daß er bis zum Tode des and Eheg in ZugewGemsch gelebt hat, stets den **kleinen Pflichtteilsanspruch**, weil er ein schutzw Interesse an der Ausschlagg haben kann u in seiner Entschließg, ob er die Erbsch ohne AusglFdg od die AusglFdg ohne Erb-, aber mit Pflichtteil wählen will, frei sein soll. Dem überl Eheg steht also frei, den gesetzl ErbT od die Erbeinsetzg anzunehmen, od dch Ausschlagg die güterrechtl Lösg zu wählen. Ein WahlR dahin, dch Verzicht auf den ZugewAusgl sich den großen PflichtT zu verschaffen, besteht auch dann nicht zu (Anm 4b). Für den Fall der Ausschlagg eines Vermächtn gibt schon § 2307 I 1 den Anspr auf den PflichtT. Die Entscheidg, ob der überl Eheg ausschlagen soll, setzt stets eine **Interessenabwägung** voraus (vgl Soergel-Lange Rdn 32). Wirtschaftl wird die Ausschlagg idR erst interessant, wenn der ZugewAnspr mehr als ⁶⁄₇ der Erbschaft beträgt, da der überl Eheg bis zu dieser Höhe des Zugew als gesetzl Erbe nicht schlechter steht (Maßfeller Betr **57**, 624; **58**, 563 mit Zahlenbeispielen). Fall I: Dem Eheg ist ein ErbT hinterlassen, der geringer als der PflichtT ist. Nimmt er an, so hat er den ErgänzgsAnspr in Höhe des Wertes des FehlBetr des nach I erhöhten PflichtT, jedoch keine AusglFdg (Anm 2b); schlägt er aus, so hat er Anspr auf den Zugew (§§ 1371 II, 1378) u den nicht erhöhten PflichtT (Anm 4b). Fall II: Übersteigt der ErbT nicht die Hälfte des Nachl u nimmt der überl Eheg die Erbsch an, so gelten Beschränkgen u Beschwergen dieses ErbT als nicht angeordnet (§ 2306 I 1). Fall III: Ist der hinterlassene ErbT größer als der erhöhte PflichtT nach I, aber dch Nacherben, Vermächtnisse u Auflagen beschränkt od beschwert, so kann sich der Erbe hiervon nur befreien, wenn er ausschlägt u seinen nicht erhöhten PflichtT verlangt (§ 2306 I 2). Daneben steht ihm dann aber die AusglFdg zu. Bei der Abwägg wird er evtl Streitigk über die Höhe des Zugew, die Anrechng von Vorempfängen (§§ 1380, 2315), die Stundgsmöglichk (§ 1382) u evtl Einreden nach § 1381 in Rechng stellen, umgekehrt aber auch die günstigere Stellg im Konkurs (Baur FamRZ **58**, 256), die Erhöhg der AusglFdg dch Hinzurechng von unentgeltl Zuwendgen (§ 1375 II) u die Aussicht auf Sachwerte (§ 1383). Fall IV: Ist der Eheg auf den PflichtT gesetzt u ist entg der Regel des § 2304 eine Erbeinsetzg od VermächtnZuwendg (Anm 4a), will er aber die güterrechtl Lösg wählen, so muß er ausschlagen, gleichgült, wie hoch die Zuwendg ist.

b) **Verzichtsvertrag.** Eine Ausn von der Regel des III Halbs 1, daß der Ausschlagde in jedem Fall den PflichtT erhält, besteht dann, wenn der überl Eheg dch Vertr mit dem and Eheg auf sein gesetzl ErbR einschl PflichtT od nur auf diesen verzichtet hat (§ 2346), um dem Erbl volle VfgsFreih auch hins seines PflichtT zu geben. Dann hat er, wenn er durch letztw Vfg des verstorbenen Eheg Erbe wird u er diese Erbsch ausschlägt, keinen PflichtTAnspr mehr, **III Halbs 2.**

1372 Zugewinnausgleich in anderen Fällen.
Wird der Güterstand auf andere Weise als durch den Tod eines Ehegatten beendet, so wird der Zugewinn nach den Vorschriften der §§ 1373 bis 1390 ausgeglichen.

Schrifttum: Johannsen WPM **78**, 654 (Darstellg der BGH-Rspr); Tiedtke DNotZ **83**, 161; Joost JZ **85**, 10; Enders MDR **85**, 545 (Steuerfolgen); Papantoniou FamRZ **88**, 683; Grünenwald, Güterrechtl u schuldrechtl Ausgl v Zuwendgen unter Eheg bei Beendigg des ges Güterstd dch die Ehescheidg, 1988.

Bürgerliche Ehe. 6. Titel: Eheliches Güterrecht § 1372 1a, b

1) Im Ggs zu § 1371, der den ZugewAusgl bei Beendigg des gesetzl Güterstd dch Tod regelt, **a)** ordnet § 1372 für die sonst Beendiggsarten die **güterrechtliche Lösung** an, für die in den §§ 1373–1390 genaue Regeln gegeben w. Zum GerechtigkGehalt Grdz 3 v § 1363; sa § 1373 Anm 1 u 2. Anwendg der §§ 1372ff auch bei **gleichzeitigem Tod** beider Ehel (§ 1371 Anm 4), dh der AusglAnspr fallen in die Erbmasse. Die güterrechtl Lösg geht davon aus, daß das Verm der Eheg getrennt, also selbstd geblieben ist u daß nach Beendigg des Güterstd ein Ausgl stattfindet.

b) Verhältnis zu anderen Ausgleichsregelungen. Für den ZugewAusgl gilt das **Ausschließlichkeitsprinzip,** dh es kommen daneben – abgesehen vom **Versorgungsausgleich** (§ 1587 III) und **Hausratsverfahren,** das ebenf Vorrang hat (BGH **89**, 137; Einl 3 zur HausrVO, abgedr Anh II z EheG) – grdsätzl keine and AusglRegelgen in Betr (BGH NJW **83**, 2933). Im einzelnen gilt folgendes:

aa) Schenkungswiderruf gem §§ 530, 531 (Lit: Kralemann, RückFdg v EhegSchenkgen, 1983; Seutemann, Widerr v Schenkgen unter Eheg, 1984 [dazu Brudermüller FamRZ **85**, 136] sowie FamRZ **83**, 990; Bosch FS Beitzke 1979, S 121; Friedrich JR **86**, 1; Karakatsanes FamRZ **85**, 1049 u 1178; Netzer FamRZ **88**, 676; Sandweg BWNotZ **85**, 34 mit Hinweisen f die Behdlg von EhegZuwendgen in der not Prax; Langenfeld, GrdstZuwendgen im Ziv- u StR, 2. Aufl 1988) ist grdsätzl auch im Verhältn der Eheg zueinand (BGH **87**, 145) u ggf bei vom Beschenkten geduldeten Kränkgen dch Dr (BGH **91**, 273 = FamRZ **84**, 760/1083 mAv Seutemann) zul. Dabei wird aber grober Undank dch einen **Ehebruch** nicht mehr indiziert (Seutemann FamRZ **85**, 352); vielm kommt es auf eine wertende Betrachtg des Gesamtverhaltens v Schenker u Beschenktem an (BGH **87**, 149; FamRZ **85**, 351; zur früh Beurt 44. Aufl Einf 1c vor § 1353 m Nachw), zB alkoholbedingte Unzumutbark des ZusLebens (LG Flensbg FamRZ **88**, 56). Zum Schenkgswiderruf ggü SchwSohn BGH FamRZ **81**, 34. BGH FamRZ **82**, 778 m abl Anm Bosch dürfte danach überholt sein. Empfehlensw ist die Vereinbg eines RückFdgsR für den Fall der Scheidg (Langenfeld NJW **86**, 2541). Iü scheitert ein Widerr idR daran, daß es sich um bl **unbenannte Zuwendungen** (Lit: Sandweg NJW **89**, 1965) handelt, bei denen die HaushFührg wenigstens eine Vereinbg ü die Unentgeltlk ausschließt (BGH FamRZ **82**, 778; Ffm FamRZ **83**, 395; Morhard NJW **87**, 1734). Keine unbenannte Zuwendg, sond Schenkg liegt vor bei entspr not Urk: „reine Schenkg" (Ffm FamRZ **86**, 576). Bei Zuwendg v Grdst- od WohngsMitEigt ist eine Rückgängigmach idR ausgeschl (BGH NJW **83**, 2933), insb auch ein Schenkgswiderruf der GrdstHälfte; Anspr auf Übertragg des MitEigtAnteils des und nur ausnahmsw abgedeckt (BGH **82**, 227). Vgl iü Anm gg sowie § 530 Anm 2, § 1374 Anm 3c u § 1380. Zum Schenkgswiderruf den SchwElt Karlsr FamRZ **89**, 978.

bb) Die Regeln über die **Geschäftsgrundlage** (§ 242 Anm 6 D c) finden sg wer in der in der Ehe untereinand gemachten Zuwendgen keine Anwendg (BGH **65**, 320; **82**, 227; FamRZ **82**, 778; Tiedtke DNotZ **83**, 161; aA Kühne JR **77**, 23 u FamRZ **78**, 221); sie werden idR dch die ZugewAusglRegelg verdrängt (BGH FamRZ **89**, 147/9). Auch iF der Gütertrenng (§ 1414 Anm 3) u im gesz Güterstd iU bei bes Härten wie einem unvorhergesehen früh Tod eines Eheg (BGH NJW **76**, 2131) od wenn die ZugewAusglRegelg zu keiner angem Lösg führt (BGH FamRZ **89**, 147). Bei ausnahmsw Anwendg der GeschGrdl muß sich der zuwendende Eheg auf seine AusglAnspr jedenf anrechnen lassen, was er wg der gemachten Zuwendg gem §§ 1372ff fordern k (Hamm FamRZ **88**, 620). Verj analog § 1378 IV (LG Kln FamRZ **89**, 510). Zum Verlust der VfgsBefugn hins des BankKto des and Eheg mit der Trenng BGH FamRZ **89**, 834.

cc) Die Vorschr der **ungerechtfertigten Bereicherung** (§§ 812ff) werden ebenf verdrängt (BGH **65**, 320; NJW **76**, 2131; FamRZ **89**, 147; aA Joost JZ **85**, 10: Konditktion der Haushälfte wg Zweckverfehlg). Auch kein BerAnspr, wenn der Ehem im Hause seiner SchwMutter eine Wohng ausgebaut h u damit ein Dr bereichert ist (BGH NJW **85**, 313). Im Ggsatz zu BGH NJW **76**, 328 u 2131 läßt Schlesw FamRZ **78**, 247 den Anspr aus § 812 I 2 (2. Alt) zu, wenn KZ-Entschädigg zum Ausbau eines der Ehefr gehörden Hauses verwendet u die Ehe später geschieden wurde.

dd) Eine **gesellschaftsvertragliche** AuseinandSetzg scheidet neben dem ZugewAusgl aus. Nur wenn eine Interessen- u Vermögensvergemeinschaft stattgefunden hat, die über § 1353 hinausgeht, was beim Erwerb eines FamHeims regelm nicht der Fall ist (BGH **84**, 361/6f), kommen gesellschrechtl GesPkte in Betr (BGH FamRZ **89**, 147), zB für den SchadErsAnspr aus § 326 aus einem geschäftl eingegangenen KaufanwärterVertr (BGH FamRZ **84**, 29; zuletzt BGH NJW **86**, 1870/71 mN; § 705 Anm 8b; § 1356 Anm 4d). Vgl Anm gg. Lit: Maiberg Betr **75**, 385; Ulmer, Gesellsch des bürg R, 2. Aufl, Rz 45ff v § 705.

ee) Der Vorrang des ZugewAusgl gilt nicht für den **Gesamtschuldnerausgleich** gem § 426 I 1 (Kotzur NJW **89**, 817). Dieser wird dch den ZugewAusgl nicht verdrängt (BGH **84**, 133; FamRZ **82**, 308; **86**, 264, 920 u 1031; **89**, 147), u zwar ohne zeitl Differenzierg nur für den Fall, daß Leistgen für die Zt nach Rhängigk des ScheidgsVerf auszugleichen sind (BGH **87**, 265; FamRZ **83**, 797; **88**, 920). Gg eine interne nur den einen Eheg allein treffde ZahlgsPfl spricht, wenn Teile des Darl dch beide Eheg getilgt w sind (BGH FamRZ **89**, 147/9). Bei Ehewohng bis zur Trenng „abweichde Best" iS v § 426 I 1; bei fortdauernder Nutzg eines gewerbl Betr ggf auch darüber hinaus (BGH FamRZ **86**, 881). Für während der Ehe eingegangene gesamtschuldner Verbindlkten kann für nach Beginn des ScheidgsVerf zu erbringe Leistgen ggf Freistellg verlangt w (Celle FamRZ **85**, 710). Ablösg eines LebHaltgsDarl nach endgült Trenng gibt AusglAnspr gg den and Eheg (AG Augsbg FamRZ **87**, 827). Vgl zu Gesamtschulden ü § 1375 Anm 2b.

ff) Bei v einem Eheg vor Eheschl begründeten, dann v beiden Eheg gemeins weitergeführten SparkKto keine AuseinandS nach GemSchR (Zweibr FamRZ **86**, 63). Auch keine Ausgleich von Vfgen über **Oder-Konto** (Düss FamRZ **82**, 607; aA Kln FamRZ **82**, 944), es sei denn, der ÜberziehgsKredit wurde zu außerfamiliären Zwecken benutzt (LG Hann FamRZ **84**, 479). Bei unberecht Vfg ü gemschaftl Kto (§ 428) ist der AusglAnspr nicht güterrechtl (Zweibr FamRZ **89**, 1138).

gg) Haben Eheg an einem **Grundstück je zur Hälfte Miteigentum** (Lit: Graba NJW **87**, 1725), so erfolgt neben der von § 1384 unabh Ertragsabwicklg (Kblz FamRZ **89**, 85) idR im Zuge der Scheidg Aufhebg der Gemsch (§§ 749ff), ggf dch Versteigerg des Grdst (§ 753; ZVG 180). Der VerkErlös fällt ggf in den jew Zugew der Eheg. Abänderg der NutzgsVereinbg ggf erst nach Ablauf des TrenngsJ (LG Detmold

1359

FamRZ **87**, 1037). Aufwendgen eines Eheg nach der Trenng können gem § 748 ausgleichen w; in der Weiterbenutzg dch einen Eheg allein kann eine konkludente Neuregelg iS v § 745 II liegen (Hamm FamRZ **89**, 740). Vgl iü § 1361 Anm 2 d bb. Gegen die Dchführg der TeilgsVersteigerg sind Einwendgen, zB gem **§ 180 III ZVG** zG der Ki bei Vorliegen besonderer Umst (LG Bln FamRZ **87**, 1066), etwa wenn deren schul Leistgen zurückgegangen sind (LG Limbg FamRZ **87**, 1065), auch bei vollj Ki (LG Bln FamRZ **87**, 1067), od aus einer Vereinbg der Eheg zG der Kinder (BGH FamRZ **84**, 563) u sonst bei schlechthin unzumutb Ergebn für den widersprechden Eheg (Mü FamRZ **89**, 980) iW von ZPO 771 geltd zu machen. Vgl dazu auch § 1365 Anm 2a. Die Neufassg v ZVG 180 III dch das UÄndG hat die ZwVersteigerg zG gemeinsamer (LG Hbg FamRZ **88**, 424) Kinder der Eheg erhebl erschwert (wg Einzelh Diederichsen NJW **86**, 1285; Drischler NJW **86**, 1853). Zur Rückgängigmachg, insbes Schenkgswiderruf Anm aa. Hat ein Eheg dem and dessen GrdstHälfte im wesentl unentgeltl zugewendet, ist die ZwVersteigerg uU unzul u das Grdst herauszugeben; der and Eheg erhält dann entspr ZugewAusgl od, falls dieser nicht ausreicht, eine bes Entschädigg (BGH **68**, 299). Neben EhegMitEigt kommt aber auch eine „Eigenheim-Gesellsch" der Eheg in Betr (vgl Anm dd), deren AuseinandSetzg dann gesellschaftsrechtl Regeln folgt (K. Schmidt AcP **182**, 481). Strenge Anfordergen werden an den Nachw eines RückFdgsAnspr aGrd einer angebl aus steuerl Grden erfolgten **treuhänderischen** Überlassg v (Mit)Eigt gestellt (Stgt NJW-RR **88**, 134); vgl iü § 1375 Anm 2a.

hh) Hat ein Eheg dem and die Aufn von Bankkredit dch **Übernahme einer persönlichen Haftung** od dch **Einräumung von dinglichen Sicherheiten** ermöglicht, so kann er nach Scheitern der Ehe Befreiung v solchen Verbdlkten nach AuftrR verl, wenn nicht vertragl etwas and best ist (BGH NJW **89**, 1920).

c) Zu den Möglkten der **vertraglichen Vermögensauseinandersetzung** vgl Göppinger, Vereinbgen anläßl der Ehescheidg, 6. Aufl 1987, Rdn 490 ff. Zur Auslegg einer den Zugew u nachehel Unterh regelnden Vereinbg BGH FamRZ **88**, 43.

2) Beendigung des gesetzlichen Güterstandes außer durch Tod. In Betracht kommt die Beendigg durch rechtskr Scheidg, Eheaufhebg, EheG 37 I, u Umst auch durch NichtigErkl der Ehe, EheG 26 I (falls das nicht der Fall ist, Einf 1b vor EheG 16), durch rechtskr Urteil auf vorzeitigen Ausgl der ZugewGemsch, §§ 1385–1388, u durch EheVertr, wenn nachträgl ein anderer Güterstd vereinbart, wenn der Ausgl des Zugewinns ausgeschl wird, § 1414; eine Änd des ZugewAusgl kann aber im GüterRReg nicht eingetr w, BGH **41**, 370. Für den Fall der Scheidg enthält § 1384, für den des vorzeitigen Ausgleichs § 1387, für sämtl hier genannten Beendiggsfälle außer dem durch EheVertr enthalten §§ 1389, 1390 IV Sondervorschriften. Wegen der verfrechtl Seite Baur FamRZ **62**, 509.

1373 Begriff des Zugewinns. Zugewinn ist der Betrag, um den das Endvermögen eines Ehegatten das Anfangsvermögen übersteigt.

1) Zugewinn ist nach der dch GleichberG Art 1 Z 9 eingef BegrBestimmg des § 1373 der Betrag, um den das EndVerm, § 1375, das AnfangsVerm (zuzügl des später v Todes wg, mRücks auf ein künft ErbR, dch Schenkg od als Ausstattg Erworbenen), § 1374, übersteigt, also der nach Begleich des Unterh u anderer Ausgaben im Verm eines Eheg verbliebene Überschuß, der währd der Ehe v ihm erworben w ist. Beachte: **a)** Der Zugew ist nur **Rechnungsgröße**. Weder bildet der gemeins od dch einen Eheg vor Beendigg des Güterstds erworbene Zugew eine bes VermMasse eines od auch beider Eheg, noch wird anläßl der Beendigg eine VermMasse gebildet, die dann aufgeteilt würde. Der gesetzl Güterstd kennt vielm nur 2 VermMassen, die des Mannes u der Frau. Jeder dieser VermMassen fließt auch der Zugew zu, den der betr Eheg machte, u bleibt, sofern er nicht wieder verloren geht od aufgebraucht wird u damit in der VfgsGewalt des gewinnden Eheg, § 1363 II, bis aGrd der vom and Eheg mit der Beendigg des Güterstds erworbene AusglFdg der ZugewAusgl an diesen ausgekehrt w, § 1378. – **b)** Das Anfangs-Verm wird mind mit 0 bewertet, so daß zB bei einer Verschuldg von 10000 DM bei Beginn des Güterstds u einem EndVerm v 20000 DM der Zugew nur 20000, nicht 30000 DM beträgt, § 1374 Anm 2. **c)** Auch der **Zugewinn** beträgt mind 0, dh er kann **nie eine negative Größe** sein; Verluste eines Eheg sind insow nicht auszugleichen (Mü FamRZ **76**, 26). Betrug zB das AnfVerm der Frau 50000 DM u hat sie am Schluß der Ehe 20000 DM Schulden, währd ihr Mann 80000 DM Zugew erzielt hat, so ist nicht etwa die Differenz auszugleichen, also 100000 DM, sond die Fr bekommt nur 40000 DM. Damit evtl verbundene Ungerechtigkeiten, daß ein Eheg auf Kosten des and, der zB zZw des Unterh Schulden macht, den eig Zugew erhöht, lassen sich nur dch vorherige vertragl Sichergen (Darl, Gesellsch) vermeiden.

2) Zum GerechtigkGehalt des ZugewAusgl s Grdz 4 vor § 1363. Keine Verpfl der Eheg, ihr Verm so zu verwalten, daß möglichst großer Zugew erzielt w; vgl aber die (unzureichden, Schopp Rpfleger **64**, 69) SchutzVorschr der §§ 1375 II, 1381, 1386, 1387, 1390. Umgek ist unerhebl, wie der Zugew erarbeitet wurde. Ggü der Feststell des AnfangsVerm bei Berechng des EndVerm sich ergebde höhere od niedrigere Bewertgen von WirtschGütern wirken sich ebenf vorteilh od nachteil für den ausgleichsberecht Eheg aus. Das EndVerm kann dem Betrag nach das AnfangsVerm übersteigen, weil währd des Güterstds VermGgstände erworben wurden, bereits bei Ehebeginn vorhandene wertvoller geworden sind od der der Bewertg zGrde gelegte Geldwert geringer geworden ist, BGH **61**, 387. Vgl zur Bewertg § 1376.

1374 Anfangsvermögen. ^{I}Anfangsvermögen ist das Vermögen, das einem Ehegatten nach Abzug der Verbindlichkeiten beim Eintritt des Güterstandes gehört; die Verbindlichkeiten können nur bis zur Höhe des Vermögens abgezogen werden.

^{II}Vermögen, das ein Ehegatte nach Eintritt des Güterstandes von Todes wegen oder mit Rücksicht auf ein künftiges Erbrecht, durch Schenkung oder als Ausstattung erwirbt, wird nach Abzug der Verbindlichkeiten dem Anfangsvermögen hinzugerechnet, soweit es nicht den Umständen nach zu den Einkünften zu rechnen ist.

Schrifttum: Brüning NJW **74**, 1802; Buchwald BB **58**, 493; Müller-Freienfels, FS Nial 428ff, 1966 (krit); Grünenwald, Güterrechtl u schuldr Ausgl v Zuwendgen unter Eheg, 1988; Seutemann FamRZ **89**, 1023.

1) Allgemeines. Da Zugew der Betrag ist, um den das Endvermögen das Anfangsvermögen übersteigt, § 1373, gibt § 1374 den Begriff des Anfangsvermögens, dh des ledigl rechnerischen Sondervermögens jedes Eheg, an dem der andere Eheg für die Berechng seines AusglAnspr nicht teilnimmt. Wegen der Berechng des Anfangsvermögens § 1376 I, III, IV, wg seiner Feststellg § 1377. Nachgiebiges Recht; Eheg können also ehevertragl, § 1408, den Zeitpkt für die Berechng des AnfangsVerm vor den der Eheschl legen, Hbg NJW **64**, 1077, sie können vor der Ehe od während des Güterstandes abweichende Bestimmg über die Zugehörigk zum Anfangsvermögen treffen, so, daß die Einkünfte aus einer bestimmten Erwerbsart od ein bestimmter Vermögensteil, zB Einkünfte aus einer Erbschaft, Nebenerwerb des Mannes, Erwerb der Frau dem Anfangsvermögen, also ohne Ausgleichsmöglichk zugeschlagen w sollen. Wird aGrd derartiger Vereinbgen der Eintritt eines ZugewAusgleichs überh unmögl, so handelt es sich in Wirklichk um eine solche der Gütertrenng, § 1414; anders wenn er zwar mögl bleibt, tatsächl aber bei den Resteinkünften nicht eintritt.

2) Anfangsvermögen, I, ist die Summe des Wertes aller Vermögensstücke, die einem Eheg bei Eintritt des Güterstandes (§ 1363 Anm 3) gehören. Dazu gehören alle Positionen mit wirtschaftl Wert, dh alle dem Eheg gehördnen Sachen u alle ihm zustehden obj bewertb Rechte (BGH NJW **80**, 229). Gemeinsames Vermögen, zB Hochzeitsgeschenke an beide Eheg, ist jedem von ihnen mit der auf ihn fallenden Quote zuzurechnen. Die in diesem Zeitpkt bestehenden Verbindlichk werden mit ihrem in diesem damaligen Zeitpkt bestehenden Wert abgerechnet, jedoch nur soweit, daß ein Minus nicht entsteht. Wenn die Schulden die Aktivmasse übersteigen, ist also das Verm nicht mit der dann noch verbleibenden Schuldsumme negativ anzusetzen; es **beträgt vielmehr wenigstens 0**. Das beeinflußt ausschlaggebd die Berechng des Zugewinns. Sind näml bei Eintritt des Güterstandes die Schulden um 20000 DM größer als das Aktivvermögen, so ist bei einem Endvermögen von 10000 DM ein Zugew nur in dieser Höhe vorhanden, kann also auch nur in dieser Höhe zur Berechng der AusglFdg herangezogen werden, obwohl dieser Eheg auch 20000 DM Schulden abgedeckt, also tatsächl 30000 DM hinzugewonnen hat; der Zugewinn kann also nie höher als das Endvermögen sein; Ausnahme § 1375 II, da andernf dieser Eheg mit einer AusglFdg belastet w könnte, für die ein GgWert in seinem Vermögen nicht vorhanden ist. Hat der andere Eheg, der ohne Vermögen, aber auch ohne Schulden angefangen hat, ebenf 30000 DM hinzuerworben, so sind 30000–10000 DM auszugleichen; der erste Eheg hat eine AusgleichsFdg von 10000 DM. Zum AnfangsVerm eines Eheg gehört auch das, was ihm der and Eheg vorehel schuldet (Hbg NJW **64**, 1076). Eine **Grundrente** nach dem BVersG ist beim AnfVerm iH der beim Eintr des Güterstdes bereits entstandenen EinzelAnspr zu berücks, Nachzahlgen ggf also in voller Höhe, nicht dagg das StammR als solches, dh die Anspr auf künft fäll Einzelleistgen (BGH NJW **81**, 1038; aA Schwagerl NJW **82**, 1798: höchstpersönl Gut). Ebso wird die Schwerstbeschädigten- u Pflegezulage einbezogen (BGH NJW **82**, 41). Anspr aus dem **Lastenausgleich** fallen ins AnfangsVerm, auch wenn die Zahlgen in der Ehe erfolgen (AG Celle FamRZ **86**, 467). Zur Berücks der **Geldentwertung** § 1376 Anm 4.

3) Vermögenserwerb nach Eintritt des Güterstandes, II. An dem in II genannten unentgeltl VermErwerb, zu dem der andere Eheg nichts hinzugetan hat, soll er nicht teilhaben, er ist also wie das Anfangsvermögen bei der Berechng des Zugewinns u damit der AusglFdg ein außer Betr bleibender Wert; erreicht wird das durch Zuschlag zum Wert des Anfangsvermögens, das aber auch hier mindestens mit 0 angenommen wird, so daß seine etwaige Verschuldg für die Zurechng außer Betr bleibt. Ist also zZ des Erwerbs nach II der erwerbende Eheg überschuldet, zB mit 5000 DM, so wird trotzdem die von ihm gemachte Erbsch mit ihrem vollen Betrag von 20000 DM als AnfangsVerm eingesetzt; die 5000 DM Schulden gehen zu Lasten eines etwa später eintretenden Zugewinns, Anm 2; Bambg FamRZ **88**, 506; auch FamR AusschußBer S 9 u die Zahlenbeispiele bei Reinicke BB **57**, 761 sowie 44. Aufl Anm zu a–d; aM Gernhuber § 36 II 4, Johannsen/Henrich/Jaeger Rz 29: Erwerb gleicht zunächst vorhandene Schulden aus. **Nicht hinzurechenbar**, also ausgleichspflichtig ist **Erwerb, der den Umständen nach zu den Einkünften zu rechnen** ist, wie Haushaltszuschüsse, Kosten für KrankenhAufenth od Erholgsreise, Weihnachtsgratifikationen, Nadelgeld. Bei der Beurteilg entscheiden wirtschaftl GesPkte, die Absicht des Zuwendenden, die Verhältn des Empfangenen u der unmittelb Anlaß der Zuwendg. Ein solcher Erwerb vergrößert nicht das AnfVerm, sond wird, soweit nicht für den FamUnterh verbraucht, Zugew. Das kann auch, obw mit Rücks auf ein künft ErbR geleistet, bei Zuwendgen der Elt iHv 25000 DM anläßl der Heirat, des Führerscheinerwerbs usw der Fall sein (Zweibr FamRZ **84**, 276). Im übrigen sind Geldzuwendgen naher Verwandter den Einkften nur zuzurechnen, wenn sie zur Deckg des lfden LebensBed, nicht aber zur VermBildg bestimmt s (BGH NJW **101**, 229). II ist **nicht analogiefähig** (BGH FamRZ **88**, 593 mNachw). Wird der Ggst der Erbsch od der Schenkg gg ein **Surrogat** eingetauscht (Veräußerg des geerbten Grdst u Erwerb eines and, evtl unter Hinzunahme anderwärt Mittel), so bleibt es bei II, weil es sich um bl Rechngsposten handelt. Zum **Kaufkraftschwund** § 1376 Anm 4.

a) Hinzuzurechnen ist der **Erwerb von Todes wegen.** Kann erfolgen aGrd gesetzl Erbfolge (§§ 1922ff), auch dch Konfusion (Düss FamRZ **88**, 287), Erbeinsetzg dch Test od ErbVertr (§§ 1937, 1941), aGrd eines Vermächtn (§ 1939) od als Pflicht (§§ 2303ff). Hierher gehören auch der AuseinandSAnspr u das aGrd eines Vergl in einem ErbschStreit Erlangte (BayObLG **4**, 604). Die **Erbanwartschaft** aus einem ErbVertr gehört nicht zum EndVerm, weil nicht übertragb (Kblz FamRZ **85**, 286), wohl aber das AnwartschR des **Nacherben** (BGH **87**, 367 = FamRZ **83**, 882, 884; krit dazu Gernhuber FamRZ **84**, 1059; Schubert JR **84**, 24), das aber ggf entgg § 2313 beim Anfangs- u EndVerm mit dem gleichen Wert zu veranschlagen ist (BGH aaO); dabei führen Leistgen, die der Nacherbe im Hinbl auf den Nacherbfall erbracht h u die Wertsteigergen bewirkt haben, dazu, daß der Wert des AnfVerm um diesen Betr gekürzt w (Hamm FamRZ **84**, 481).

b) Erwerb mit Rücksicht auf ein künftiges Erbrecht, zB GutsüberlassgsVertr. Gewährg von

§§ 1374, 1375

GgLeistgen wie Erbverzicht od Versorgg bis zum Lebensende (Kblz FamRZ **85**, 286) bzw AusglZahlgen an erbberecht Geschw (BGH FamRZ **86**, 883 zu §§ 1478 II Z 2) ohne Bedeutg. Aber auch in der Rechtsform des Kaufs kann Verm mRücks auf ein künft ErbR erworben w, wenn dem Käufer im Hinbl auf seine sonst Erbenstellg besondere Vorteile eingeräumt w sind (BGH **70**, 291 für Übertr v PrivKlinik v Vater auf Sohn). II liegt auch vor, wenn Elt vor Eheschl Grdst auf den Sohn übertragen u währd der Ehe dch Tod der vorbehaltene Nießbr erlischt (Kblz FamRZ **83**, 166).

c) Dch Schenkung. Vorauss wie § 516, also Einigk über Unentgeltlk, was bei Zuwendgen unter Ehel nicht ow anzunehmen ist (Karlsr FamRZ **74**, 306). Schenkgen an beide Eheg werden gemschaftl Verm; wg Zurechng Anm 2. Auf echte (ausdrückl) Schenkgen, die ein Eheg dem and gemacht h, ist II nicht anwendb (BGH **101**, 65; Netzer FamRZ **87**, 67; aA Mü FamRZ **87**, 67; Seutemann FamRZ **89**, 1023). Iü können Schenkgen zw Eheg wirtschaftl vorweggenommener ZugewAusgl s; unbenannte Zuwendgen (etwa der Grdstücksfhälfte des FamHauses) sind es idR u daher nicht nach II anVerm hinzuzurechnen (BGH **82**, 234). Vgl § 1372 Anm 1 b aa Anm 1. Wird Schenkg bei Scheidg widerrufen, so muß ihr Wert vom AnfangsVerm des bedachten Eheg wieder abgesetzt u dem AnfVerm des Schenkgebers, wenn dieses dadurch verringert w sollte, sonst dessen Zugew zugesetzt werden; es muß rechnerisch die VermLage beider Eheg ohne die Schenkg wiederhergestellt werden. Erfolgte die Zuwendg mit der Bestimmg einer Anrechng auf die AusglFdg (§ 1380 I), so wird diese einem Widerruf der Schenkg vorzuziehen sein, wenn dem and Eheg eine AusglFdg zukommt. Keine Hinzurechng zum AnfVerm, wenn die Schenkg zu dem Zweck erfolgte, sich wg der Inanspruchn dch Dr vermögenslos zu stellen (Karlsr FamRZ **81**, 556). Die Übertragg v GrdBesitz auf Kinder mit gleichzeit Begrdg v MietzinsahlgsPfl zL der übertragden Elt stellt nicht iW der Umgehg eine Schenkg dar, wenn diese RForm erforderl war, um steuerl Vorteile zu erlangen (BGH FamRZ **86**, 565). Schenkg od Ausstattg liegt nicht schon in unentgeltl Arbeit (BauMaßn) der Elt (BGH **101**, 229).

d) Ausstattung, § 1624.

4) Weitere Hinzurechnungen zum Anfangsvermögen finden nur dann statt, wenn die Eheg das ehevertragl bestimmt haben (Anm 1). Keine Anwendg od Analogie zu II bei Schmerzensgeld (BGH **80**, 384), Renten u Abfindgen nach dem BEG (Saarbr FamRZ **85**, 710; aA Schwab FamRZ **84**, 431; Gießler FamRZ **85**, 1258) od Lottogewinnen (BGH **68**, 43). Ein Dritter kann nicht der Zuwendg nicht bestimmen, daß etwas zum Anfangsvermögen gehört; es wäre aber auch unnötig, da derartige Zuwendgen ohnehin nach II zum Anfangsvermögen gehören. Haben die Eheg etwa ehevertragl bestimmt, daß ein solcher Erwerb dem Anfangsvermögen nicht zugerechnet w soll, also später bei der Berechng als Zugew anzusehen ist, kann der Dritte lediglich den Erwerb davon abhängig machen, daß die Eheg insof ihre ehevertragl Bestimmg ändern. Mit Rücks darauf, daß es auf den Wert des Anfangsvermögens zZ des Eintritts des Güterstandes zuzügl des Erwerbs zu II ankommt, bleiben auch etwaige Wertsteigergen od Vermindergen der damaligen VermStücke, ihre Veräußerg, Verlust, Wert des Ersatzerwerbs od ihr sonstiges Schicksal außer Betr; denn es handelt sich bei dem ermittelten Wert des Anfangsvermögens lediglich um eine Rechngsgröße; die ermittelte Zahl bleibt für die Berechng des Zugewinns, § 1373, ein für allemal maßg, § 1376 I. Vgl. § 1376 Anm 4.

1375 Endvermögen.

¹Endvermögen ist das Vermögen, das einem Ehegatten nach Abzug der Verbindlichkeiten bei der Beendigung des Güterstandes gehört. Die Verbindlichkeiten werden, wenn Dritte gemäß § 1390 in Anspruch genommen werden können, auch insoweit abgezogen, als sie die Höhe des Vermögens übersteigen.

²Dem Endvermögen eines Ehegatten wird der Betrag hinzugerechnet, um den dieses Vermögen dadurch vermindert ist, daß ein Ehegatte nach Eintritt des Güterstandes
1. unentgeltliche Zuwendungen gemacht hat, durch die er nicht einer sittlichen Pflicht oder einer auf den Anstand zu nehmenden Rücksicht entsprochen hat,
2. Vermögen verschwendet hat oder
3. Handlungen in der Absicht vorgenommen hat, den anderen Ehegatten zu benachteiligen.

³Der Betrag der Vermögensminderung wird dem Endvermögen nicht hinzugerechnet, wenn sie mindestens zehn Jahre vor Beendigung des Güterstandes eingetreten ist oder wenn der andere Ehegatte mit der unentgeltlichen Zuwendung oder der Verschwendung einverstanden gewesen ist.

1) § 1375 bestimmt den Umfang des Endvermögens, als den and Rechngsfaktor, der zur Errechng des Zugew erforderl ist (§ 1373). Nachgieb Recht; ehevertragl kann das EndVerm anders bestimmt w (sa § 1374 Anm 1). **Beweislast** wg § 1379 beim AusglKl, es sei denn, die erteilte Auskft ist unvollständ (Kblz FamRZ **88**, 1273).

2) Endvermögen, I 1, ist das Vermögen, das einem Eheg bei Beendigg des Güterstandes gehört; maßgebl die Berechtigg, so daß Hausbau auf dem der SchwMutter gehördnen Grdst für sich gen nicht den ZugewAusgl rechtfertigt, auch wenn FinA den Mann wirtschaftl als Eigter behandelt (Kln FamRZ **83**, 71). Berechng § 1376 II.

a) Gegenstand des Zugewinns ist mit Ausn v § 1374 II u dem, was in den VersorggsAusgl fällt (vgl § 1587 III), grdsätzl alles, was an Verm innerh der Ehezeit hinzuerworben ist. Ein zugewinnausgleichsfreier „eheneutraler" Erwerb widerspricht dem Grdgedanken des ZugewAusgl (Gernhuber FamRZ **85**, 1057; and Schwab FamRZ **84**, 435). Zugew ist danach: Lottogewinn (BGH **68**, 43); Schmerzensgeld, vorbehaltl § 1381 (BGH **80**, 384); die Wiederverheiratsabfindg der Wwe gem RVO 1302 (BGH **82**, 149); die Abfindg einer SchadErsRente (BGH **82**, 145) auch nach dem BEG (Saarbr FamRZ **85**, 710); eine Lebensversicherg unterliegt dem ZugewAusgl auch dann, wenn sie zu dem Zweck abgeschl wurde, von der gesetzl AngestVersPfl befreit zu w (BGH **67**, 262); für die Zeit nach Inkrafttr des 1. EheRG (1. 7. 77) ist zu beachten, daß

Bürgerliche Ehe. 6. Titel: Eheliches Güterrecht § 1375 2, 3

der ZugewAusgl nur noch für LebVersichergen auf Kapitalbasis erfolgt, währd solche auf Rentenbasis dem VersorggsAusgl (§§ 1587 III, 1587a II Z 5) unterliegen. Eine DirektVers iSv BetrAVG fällt nicht in den ZugewAusgl, wenn der Widerruf der Bezugsberechtigg nur arbeitsrechtl, nicht auch versichergsrechtl gesichert ist (BGH NJW **84**, 1611). Zum EndVerm gehört auch ein Sparguthaben; beruft sich der Inh auf eine bl treuhänderische Verwaltg, so trägt er dafür die BewLast (BGH FamRZ **81**, 240f). Dem ZugewAusgl unterliegt auch (insb wertvoller) Hausr; die Verteilg des Hausr nach der HausrVO stellt aber eine abschließde SondRegelg dar (Einl 3 c vor § 1 HausrVO, Anh II zum EheG mNachw). Haben Eheg auf fremdem Grdst gebaut, so besteht ein ZugewAnspr, wenn das Grdst einem der Eheg zum Stichtag bereits aufgelassen war, auch wenn anschließd der Kauf wieder rückgäng gemacht w ist (Kln FamRZ **83**, 813). Im Ggsatz zu BGH **68**, 163 kommt es auf die Vererblichk nicht schlechthin an, so daß ein lebenslanger Nießbr dem Zugew unterfällt (aA Stgt FamRZ **86**, 466). Dagg gehören künftige Anspr nicht zum EndVerm wie die Übergangsbeihilfe gem SVG 12 I (BGH NJW **83**, 2141) od die AusglZahlg von Berufssoldaten (SVG 38 I), soweit sie nach dem Stichtag des § 1384 in den Ruhestand getreten sind (BGH NJW **82**, 1982); ferner nicht der Wert künft gesetzl Renten- u PensionsAnspr (vgl Krfld NJW **74**, 368), da sie dem VersorggsAusgl unterliegen (§ 1587 Anm 2a), ebsowenig LebVersicherg auf Rentenbasis (§ 1587 a II Z 5) im Ggs zu solchen auf Kapitalauszahlg, auch wenn zZw der Altersversorgg (Nürnb NJW **76**, 899). Die Anwartsch eines Soldaten auf Zeit auf Übergangsgebührnisse gem SVG 11 ist bei der Berechng des ZugewAusgl ebenf nicht zu berücks (BGH NJW **80**, 229; aA 39. Aufl mNachw). Zur **Grundrente** § 1374 Anm 2. Der Inkassobestand einer als Gesellsch betriebenen VersAgentur, der nicht übertragb od vererbb ist, ist rein subjektbezogen u fällt damit aus dem ZugewAusgl heraus (Kblz FamRZ **79**, 131).

b) Bei der Feststellg des EndVerm sind die **Verbindlichkeiten** abzuziehen, jedoch (wie sich aus I 2 ergibt) idR nur soweit, als AktivVerm vorh ist; das EndVerm kann also grdsl äußerstenf 0 betragen, nicht passiv sein. Schulden bleiben mithin insoft außer Betr, als sie das Aktivvermögen überschreiten (§ 1373 Anm 1 c). Unerhebl ist, ob im Endvermögen noch dieselben Ggstände od Ersatzstücke des Anfangsvermögens vorhanden sind, überh welches Schicksal dieses gehabt hat (§ 1374 Anm 4), also auch ob es ganz verloren gegangen od sich vollst, den Ggständen u Werten nach, verändert hat. Bei Berechng des Zugewinns werden nur Werte, nicht Ggstände verglichen; auch das Endvermögen ist somit eine Rechnungsgröße. Schulden sind voll abzusetzen; nicht etwa nur TeilBerücks m Rücks darauf, daß sie sich bereits f den nachehel Unterh mindernd ausgewirkt h (BGH NJW-RR **86**, 1325). Gleichgült auch der Grd der Verbindlk, so daß Darl zur Anschffg v Hausr auch dann voll abgesetzt w kann, wenn der AusglBerecht die Ggstde mit HausrVerf gg Zahlg einer geringeren Summe übern h (BGH NJW-RR **86**, 1325). Vom EndVerm jedes Eheg sind entspr § 426 I **Gesamtschulden** zur Hälfte abzusetzen; hat ein Eheg im Innenverhältn die GesSchuld allein zu tilgen od ist der and Eheg zur anteiligen Schuldtilgg nicht in der Lage, so kann der allein auf Leistg in Anspr genommene Eheg wg § 421 S 2 den GesamtBetr absetzen (Ffm FamRZ **85**, 482). Bei Tilgg dch einen Eheg allein ist es eine Frage der Auslegg, ob ihm gg den and ein AusglAnspr zustehen soll (BGH FamRZ **88**, 373). Zu den Verbindlkten gehören nicht **negative Kapitalkonten** aus Beteiliggen an AbschreibgsGes (BGH FamRZ **86**, 37), wohl aber unabhäng von ihrer Fälligk vor dem Berechngsstichtag entstandene **Steuerschulden** (Mü FamRZ **84**, 1096), wobei zu berücks ist, daß trotz gemeins Veranlagg der unterhbedürft Eheg gg den ausgl-pflicht Eheg idR einen FreihalteAnspr hat, so daß die ges Steuerschuld den Zugew des letzteren verringert (Hbg FamRZ **83**, 170). Evtl gem § 1587b III aufzubringde Beträge bleiben unberücks (Celle FamRZ **81**, 1067; vgl dazu iü: § 1587b Anm 4a).

3) Dem Endvermögen hinzuzurechnende Beträge, II. Zweck: Es soll verhindert w, daß die Erzielg eines Zugw u damit ein Ausgl gg den and Eheg vereitelt w. **Abschließende Aufzählung,** so daß auch ein auf UnterhZahlgen zurückzuführder Minussaldo gem II voll vom EndVerm abzusetzen ist (Karlsr FamRZ **86**, 167). **Auskunftsanspruch:** § 1379 Anm 1. Hinzuzurechnen sind dagg:

a) **Unentgeltliche Zuwendungen, II Ziff 1.** Dahin gehören nicht nur Schenkgen, sond auch Stiftgen, ferner Ausstattgen, insow sie übermäßig sind, vgl Einf 1 vor § 516 u §§ 516 Anm 2, 4, 1624 Anm 4. Schenkg kann auch bei Vertr zG Dritter vorliegen, § 516 Anm 1; gemischte Schenkg, § 516 Anm 7, ist nur mit dem als Schenkg anzusehenden Betrag hinzuzurechnen. Abfindungsklauseln in GesellschVertr, wonach beim Ausscheiden eines (Eheg)Gesellschafters u Fortsetzg der Gesellsch unter den übr eine Abfindg (§ 738 Anm 2c) nur teilw oder überh nicht stattfinden soll, stellt nur dann eine unentgeltl Vfg zG der MitGesellschafter dar, wenn sie nicht für alle Gter gleichm gilt (Erm-Bartholomeyczik § 1375 Rdn 8, § 1376 Rdn 6– 10); dagg für vollen Schutz Heckelmann, Abfindungsklauseln in GesellschVertr (1973) mit Beginn der 10-J- Frist iSv III bei Ende des Gütersds (ebso Reuter JuS **71**, 289; differenziert Karsten Schmidt FamRZ **74**, 521). Schenkgen an den andern Eheg bleiben schon wg III außer Betr; zur Anrechng § 1380. Wird die Schenkg anläßl der Scheidg widerrufen, so kommt sie bei HinzurechnII in das Vermögen des Schenkers zurück, was sich auf seinen Zugew auswirkt, der sie bis dahin ohne Zurechnungsmöglich vermindere. Keine Hinzurechng findet statt, wenn mit der unentgeltl Zuwendg einer sittl Pflicht oder einer auf den Anstand zu nehmden Rücks entsprochen wurde; s dazu §§ 534 Anm 1, 1425 II. Einer solchen entspricht auch die aus Billigk gebotene Schenkg zur Wahrg des FamFriedens (vgl KG JW **36**, 393); auch die Grdst-Schenkg an die gemeins einzige Tochter (Mü FamRZ **85**, 814). Hierher gehört auch die Ausstattg, sofern sie nicht übermäß ist.

b) Hinzuzurechnen ist ferner, **was verschwendet wurde, Ziff 2;** vgl § 6 Anm 3. Keine Verschwndg, wenn betrogener Ehem aus Enttäuschg, Wut u Verärger 15 621 DM ausgibt (Schlesw FamRZ **86**, 1208).

c) Schließl bleiben **in Benachteiligungsabsicht vorgenommene Handlungen** vermögensmindersmäßig auß Betr, **Ziff 3;** vgl § 2287 Anm 2b. Erforderl mehr als Vorsatz (RG **57**, 162). Die BenachteiligsAbs muß als Erfolg gewollt sein, als leitender, nicht auch nicht ausschließl BewegGrd (KG FamRZ **88**, 171). Erkenntnis allein genügt nicht (RG **126**, 297). Dolus eventualis ausreichd. Bei entspr Selbstschädigg dch Selbstmord evtl keine Anwendg (Ffm FamRZ **84**, 1097). Eine BenachteiliggsAbs dürfte fehlen, wenn der Eheg die aus einer mißglückten Steuermanipulation ihm zugeflossenen VermVorteile gem § 812 I 2 2. Alt an seine Elt zurückgewährt (vgl BGH FamRZ **86**, 565/67).

§§ 1375, 1376

4) Gemeinsames zu 3a–c, II, III. Schadensersatzfordergen auf Grund unerlaubter Handlgen, für die RegEntw I eine gleiche Regelg traf, fallen nicht unter II, müssen also von beiden Eheg getragen werden. Da Verbindlichkeiten vom EndVerm abzuziehen sind, I 1, genügt es für II, daß eine Verbindlichk nach Z 1–3 bei Beendigg des Güterstandes eingegangen ist; die Hinzurechng bewirkt jedoch, daß praktisch ein Abzug nicht stattfindet. Bestand eine solche Verbindlichk bereits bei Eintritt des Güterstandes (Schenkgs-Verspr also in der Form des § 518, sonst II), wurde sie aber erst später erfüllt, so belastet sie nicht das End-, sond das Anfangsvermögen, § 1374 I, so daß II nicht zum Zuge kommt. Praktische Bedeutg von II aber gering, da um die Gläub nicht zu benachteiligen, Höhe der AusglFdg durch den Wert des Vermögens begrenzt wird, der nach Abzug der Verbindlichk bei Beendigg des Güterstandes vorhanden ist, § 1378 II. Ist also das Vermögen des Eheg überschuldet, so fällt die aGrd von II errechnete AusglFdg zT aus. Beispiel: Anfangsvermögen 0, Endvermögen 10000 DM, Schulden 15000 DM, iS v II Z 1 unentgeltl zugewendet 10000 DM. Auszugehen von 20000 DM Endvermögen – 15000 DM = 5000 DM; AusglFdg von 2500 DM fällt aus, da sie nach Abzug der vorhergehenden Verbindlichk von 15000 DM ohne Deckg. Verhalten nach II gibt uUmst Klage auf vorzeitigen ZugewAusgl, § 1386 II; mit Rechtskr des Urteils tritt Gütertrenng ein, § 1388. Keine Hinzurechng, wenn Vermögensminderg mindestens 10 Jahre vor Beendigg des Güterstd eingetreten ist. Da die Eingeh der Verbindlichk zur VermMinderg genügt, kommt es auf Ztpkt der Eingeh an; die Erfüll kann weniger als 10 Jahre zurückliegen. Auch keine Hinzurechng, wenn der andere Eheg mit der unentgeltl Zuwendg od Verschwendg einverstanden war, III. Beweispflichtig für diese Tatsachen der Eheg, der sich darauf beruft.

5) Passives Endvermögen, I 2. Von dem Grds, daß die Schulden nur bis zur Höhe des Endvermögens abgezogen werden, Anm 2, macht I 2 eine Ausnahme, wenn ein Dritter vom benachteiligten Eheg in Anspr genommen w kann, weil dem Eheg gemäß § 1378 II eine AusglFdg nicht zusteht, § 1390. Es wäre folgendermaßen zu rechnen: Unterstellt AnfangsVerm 0. Bei Beendigg des Güterstandes Aktivvermögen 15000 DM, Schulden 20000 DM = Endvermögen –5000 DM zuzügl 10000 DM unentgeltl Zuwendg = +5000 DM. Die Hälfte ist die ausgefallene AusglFdg bei einem AnfangsVerm dieses u einem Zugewinn des geschädigten Eheg von 0; durch Zahlg von 2500 DM könnte also der Dritte eine Herausg des Erlangten abwenden, § 1390 I 2; vgl Zahlenbeispiele bei Maßfeller Betr **57**, 502.

1376 *Wertermittlung des Anfangs- und Endvermögens.* ^IDer Berechnung des Anfangsvermögens wird der Wert zugrunde gelegt, den das beim Eintritt des Güterstandes vorhandene Vermögen in diesem Zeitpunkt, das dem Anfangsvermögen hinzuzurechnende Vermögen im Zeitpunkt des Erwerbes hatte.

^{II}Der Berechnung des Endvermögens wird der Wert zugrunde gelegt, den das bei Beendigung des Güterstandes vorhandene Vermögen in diesem Zeitpunkt, eine dem Endvermögen hinzuzurechnende Vermögensminderung in dem Zeitpunkt hatte, in dem sie eingetreten ist.

^{III}Die vorstehenden Vorschriften gelten entsprechend für die Bewertung von Verbindlichkeiten.

^{IV}Ein land- oder forstwirtschaftlicher Betrieb, der bei der Berechnung des Anfangsvermögens und des Endvermögens zu berücksichtigen ist, ist mit dem Ertragswert anzusetzen; die Vorschrift des § 2049 Abs. 2 ist anzuwenden.

Schrifttum: Buchwald BB **58**, 493; Krüger BB **58**, 1189; Rittner FamRZ **61**, 505, 514; Kohler NJW **63**, 225; Thierfelder FamRZ **63**, 328; Stuby FamRZ **67**, 181; Kröger BB **71**, 647; Fichtelmann NJW **72**, 2118; vMaydell, Geldschuld und Geldwert, 1974, S. 306ff; O. Werner DNotZ **78**, 66; Johannsen WPM **78**, 659; v Olshausen FamRZ **83**, 765; Oehlers, 5. FamG-Tg 1984, S 82.

1) Bewertungsgrundsätze: Währd § 1373 den Begr des Zugew u die §§ 1374, 1375 angeben, wie die für den ZugewAusgl maßgebl RechngsGrößen Anfangs- u EndVerm gebildet w, gibt § 1376 deren Bewertg an. Es handelt sich um **nachgiebiges** Recht; Abänd bei Eintr od währd des Güterstd dch nicht zu beurkundden EheVertr (§§ 1408, 1410). IR des ZugewAusglVerf können sich die Eheg nach prozrechtl Vorschr auf einen bestimmten Wert des Anfangs- od EndVerm bzw auch nur einz VermGgste einigen. Sofern es nicht dazu kommt, ist der **wirkliche Wert** der einz VermGgste im BewertgsZtpkt zu ermitteln, wobei das G abgesehen von IV keine best **Bewertungsmethode** vorschreibt, deren Wahl desh Sache des TatRi ist (BGH FamRZ **86**, 39). IdR entscheidet der **Verkehrswert,** also der bei einer Veräußerg voraussichtl erzielb VeräußergsPr, so daß sich der Kaufmann nicht auf den Buchwert, der Grdst-Eigtümer nicht auf den EinhWert berufen kann. Auch die Steuerwerte sind nicht maßgebd.

2) Bewertung einzelner Gegenstände. a) Grundstücke (Lit: Pohnert, Kreditwirtschaftl Wertermittlg, 2. Aufl 1983; Lau ZMR **78**, 5): Unerhebl sind die HerstellgsKosten (BGH **10**, 171; **17**, 236). Maßgebl der Substanzwert, ggf modifiziert dch den Ertragswert (BGH JZ **63**, 320; NJW **70**, 2018; WPM **77**, 302). Die Bewertg kann nach der WertermittlgsVO betr des VerkWertes v Grdsten idF v 15. 8. 72 (BGBl 1416/Sartorius I Nr. 310) erfolgen, wobei das Ergebn des bei Mietshäusern in Betr kommden ErtragswertVerf allerd krit zu würdigen ist (Ffm FamRZ **80**, 576). Auch darf als Mittelwert zw Sach- u Ertragswert zGrde gelegt w (BGH FamRZ **86**, 39 EigtWohng). Ein vorübergehder Preisrückgang braucht sdch nicht in rezessionsbedingten Abschlag berücks zu w, wenn der VermGgst überh nicht zum Verkauf anstand (BGH FamRZ **81**, 1066). Für die Wohnflächenberechng entscheidet die tatsächl Nutzg od NutzgsAbsicht (Celle FamRZ **89**, 40). Bewertg eines der Mietpreisbindg unterliegden MehrFamHauses: Düss FamRZ **89**, 280. ErbbauRBewertg: BayObLG **76**, 239. **Landwirtschaftliche** Grdste: Steffen RdL **76**, 116; vgl iü Anm 3c. Bei der Bewertg v **Heimstätten** ist der obj ErwerbsPr (RHeimstG 15) anzusetzen. Zu berücks also, daß der Heimstätter in der freien Vfg ü dieses Eigt beschr ist; anderers kommt es auf die im Augenbl der Bewertg realisierb Veräußerbark nicht an, sond dann allenf Stundg (BGH NJW **75**, 1021).

Bürgerliche Ehe. 6. Titel: Eheliches Güterrecht § 1376 2, 3

b) Unternehmen und Gesellschaftsbeteiligungen (Lit: Großfeld Untern- u AnteilsBewertg im GesellschR 2. Aufl 1988; Müller JuS **73**, 603, 745; **74**, 147, 288, 424, 558; **75**, 489, 553; Lenzen BB **74**, 1050; Piltz/ Wissmann NJW **85**, 2673; Rid NJW **86**, 1317): Zu ermitteln ist der Firmenwert einschl stiller Reserven. Der Wert der Beteiligg an einer PersGesellsch ist, da der GesellschAnteil grds unveräußerl ist (§ 719), das zum Stichtag festgestellte AuseinandSGut (§ 738). Zu den AbfindgsKlauseln Anm 3 b. Am einfachsten ist die Bewertg auch hier, wenn sich hypothet ein Verkaufserlös feststellen läßt (BGH NJW **82**, 2441); andernf erfolgt die Bewertg mit Hilfe der Ertragswertmethode, so daß die in Zukft mögl NettoEinn aus dem Untern, kapitalisiert auf den Stichtag der Bewertg, den UnternWert darstellen (ausführl Bsp: Düss FamRZ **84**, 699 Druckerei). Die Ertragsprognose ist aber nicht unproblemat (Rid aaO). Bedenkl ist das ErtragswertVerf als ausschließl Methode auch dann, wenn a Grd einer einheitl Bewertg von Grdst u Schuhgeschäft der Ertragswert um 200 000 DM unter dem Substanzwert liegt u trotzdem der Ertragswert zGrde gelegt w (Kblz FamRZ **83**, 166).

c) Land- und fortwirtschaftlicher Betrieb, IV (Lit: Kroeschell, Bewertg landwirtschaftl Betriebe beim ZugewAusgl, 1983; Köhne AgrarR **86**, 41; Damm, Bewertg landwirtsch Betriebe beim ZugewAusgl 1986 u AgrarR **87**, 209). Abweichd vom allg BewertgsGrds (Anm 1) wird nicht der Verkehrs-, sond der **Ertragswert** zGrde gelegt (Schlesw SchlHA **81**, 147). Zur Ermittlg desselben sind iW statischer Verweisg nur die bei Verkündg des GleichBerG geltden landesrechtl Regelgen heranzuziehen (BVerfG NJW **85**, 1329; zu den gesetzgeber Konsequenzen: Stöcker u Rinck AgrarR **86**, 65 u 69). Iü ist IV verfassgswidr, soweit das landwirtschaftl Verm im wesentl nur noch aus dem Grd u Boden beteht u dch Verpachtg genutzt w bzw soweit ein landwirtschaftl Betr sonst nicht mehr vorh ist (BVerfG BGBl **85**, 99 = FamRZ **85**, 260) od wenn nicht damit gerechnet werden kann, daß der Eigtümer od ein Abkömml den landwirtsch Betr weiterführen (BVerfG FamRZ **89**, 939). Voraussetzg für die Anwendg von IV ist iü, daß der Betr sowohl beim Anfangs-, vgl auch § 1374 II, wie beim EndVerm zu berücks ist. Er ist also – ggf nachträgl, § 1377 – für das AnfangsVerm mit dem Verkehrswert anzusetzen, wenn er während des Güterstds verkauft wurde. Wird zu einer bestehden Landwirtsch ein Grdst dazuge- od ein solches verkauft, so ist dieses Stück mit dem Verkehrswert anzusetzen (Maßfeller Betr **57**, 500), nicht der ganze Betrieb. Wg Ermittlg des Ertragswertes § 2049 Anm 2. Keine entspr Anwendg von IV iRv §§ 1477 II, 1478 (BGH FamRZ **86**, 776).

d) Andere Vermögenswerte sind nach ihrem VeräußergsWert zu bewerten. Für **Aktien** ist der Kurswert (mittlerer Tageskurs des nächstgelegenen Börsenplatzes) maßgebl (and LG Bln FamRZ **65**, 438: „Wahrer Wert"). Bei Aktienpaketen Aufschl zul. **Dauerrechte** wie Nießbr (BGH FamRZ **88**, 593; KG FamRZ **88**, 171), WohnR (Kblz FamRZ **88**, 64), Renten usw sind zu kapitalisieren. **Forderungen** sind zum NennBetr anzusetzen; bedingte, ungewisse od unsichere Rechte sind zu schätzen; § 2313 ist nicht entspr anzuwenden (BGH NJW **83**, 2244). Zum AnwartschR des Nacherben: § 1374 Anm 3.

3) Sonderprobleme der Bewertung. a) Bei Unternehmen, UnternBeteiligungen usw ist auch der **Goodwill** als der innere, nicht unmittelb auf Sachwerte rückführb Wert mit zu berücks (BGH **75**, 195). Bei **personenbezogenen Unternehmen,** insb **freiberuflichen** Praxen (Kotzur NJW **88**, 3239), kommt es darauf an, ob ihr Wert dch Übertr bzw Vererbg obj realisierb ist, was anzunehmen ist, wenn Praxisverkäufe übl sind bzw vorkommen zu einem über dem Sachwert der Einrichtg liegden Preis (BGH FamRZ **77**, 40 VermessgsIng). Auch bei kleineren HandwerksBetr darf ein Goodwill nur dann angesetzt w, wenn Betriebe der in Frage stehden Art als Ganzes veräußert u dabei Preise erzielt w, die über den reinen Substanzwert hinausgehen (BGH **70**, 224 Bäckerei). Bei ledigl höchstpersönl Nutzbark bleibt die EinkQuelle wie beim unselbstd Erwerbstät unberücks (BGH **68**, 163 HGB 89b), zB bei einem Architekturbüro (Mü FamRZ **84**, 1096). Bei einer **RA-Sozietät** entscheidet über den Goodwill der SozietätsVertr (Saarbr FamRZ **84**, 794; Ffm FamRZ **87**, 485), so bspw eine RentenVerpfl ggü früh Sozius (AG Weilbg NJW-RR **86**, 229). Zur Bewertg des Goodwills eines KG-Anteils: Schlesw FamRZ **86**, 1208; einer ArztPrax: Kblz FamRZ **88**, 950.

b) Abfindungsklauseln in GesellschVertr (Lit: Sudhoff NJW **81**, 801 u ZGR 1 (1972), 157; Staud-Thiele Rdn 28 ff), wonach iF des Ausscheidens eines Gesellschafters stille Reserven u der Goodwill bei der Festsetzg der Abfindg wertmäß unberücks bleiben sollen (§ 738 Anm 2d), wirken sich grdsätzl wertmindernd aus (BGH **75**, 195). Angesichts der verschiedenen LösgsVorschläge (Vollwert; Klauselwert; Mittelwert zw beiden; vorl Lösg entspr § 2313 II 1; Einsetzg des Vollwerts mit nachträgl Korrektur entspr § 2313 I 2) u der Notwendigk, den ZugewAusgl ggf im VerbundVerf zu erledigen, empfiehlt es sich am ehesten, vom Vollwert auszugehen u Risikoabschläge nur dann vorzunehmen, wenn ein Ausscheiden als Gesellschafter naheliegt (Benthin FamRZ **82**, 344 mN). Denn der maßgebl Wert wird dch die WeiternutzgsMögl dch den Inh bestimmt, so daß für den BewertgsStichtag nicht der Erbfall unterstellt w darf (BGH NJW **87**, 321). In einer AbfindgsKlausel kann auch eine dem EndVerm hinzuzurechnde Schenkg liegen (§ 1375 Anm 3a).

c) Maßgebende Zeitpunkte: aa) Beim **Anfangsvermögen** (§ 1374 I) ist für die Bewertg der Eintritt des Güterstd (§ 1363 Anm 3) maßgebd, für die übergeleiteten Güterstde (§ 1363 Anm 2) der 1. 7. 58, dh der Tag des Inkrafttr des GleichberG (Art 8 I Z 3–5; Grdzüge 5 v § 1363), für dem AnfangsVerm zuzurechndes Verm (§ 1374 II) der Ztpkt des Erwerbs. Auf den Liquidationswert am Stichtag ist auch dann abzustellen, wenn das kaufmänn Untern 3 J später ohne Erlös liquidiert wurde (BGH NJW **82**, 2497). – **bb)** Maßgebder Ztpkt für das **Endvermögen** ist die Beendigg des Güterstd (§ 1372 Anm 2); wird letzterer vorzeit beendet, so gelten die früher liegden Ztpkte der §§ 1384, 1387. Ist bei der Berechng des EndVerm eine Wertminderg hinzuzurechn (§ 1375 II), so ist der Ztpkt des Eintritts der Verminderg maßg.

d) Die für das Anfangs- u EndVerm maßgebden Ztpkte gelten auch für die **Bewertung von Verbindlichkeiten,** die iü nach ihrem NennBetr anzusetzen sind, bei Ungewißh Schätzg. Belasten sie das Anfangsod das diesem hinzuzurechnde Verm, ist weder der Ztpkt ihrer Entstehg noch ihrer Erfüllg entscheidd, sond ob sie zum maßgebden BewertgsStichtag vorhanden waren. Fällt eine solche Verbindlichk später (zB dch ErlaßS) weg, so ändert sich das am AnfangsVermWert nichts. Schwebt hingg währd des Stichtags ein RStreit über die Verbindlichk u stellt sich später heraus, daß sie nie bestanden hat, so ist sie zu streichen, selbst wenn sie bei Aufstellg des AnfangsVerm (§ 1377) aufgeführt war. Umgekehrt ermäß sich das AnfangsVerm, wenn sich später herausstellt, daß es mit einer erst später erkannten od geltd gemachten Verbindlichk

1365

§§ 1376, 1377

belastet war. Wg der Beweislast für die Höhe des AnfangsVerm: § 1377 Anm 4. Bei Beendigg des Güterstd vorhandene Verbindlk werden mit dem Wert in dem Ztpkt angesetzt, der für die Berechng des EndVerm maßg ist. Beim aktiven Handelsvertreter ist der AusglAnspr (HGB 89b) am Stichtag eine bl Chance u hat noch keinen VermWert (BGH **68**, 163).

4) Kaufkraftschwund (v Olshausen FamRZ **83**, 765). Vgl zunächst § 1373 Anm 2 aE. Es handelt sich bei Anfangs- u EndVerm ledigl um für den Stichtag festgestellte Rechngsgrößen (vgl § 1373 Anm 1). Wird also das zum AnfangsVerm eines Eheg gehörige Grdst währd des Güterstdes wertvoller, so ist das echter Wertzuwachs, also Zugew, der ggf zum Ausgl führt. Dagg ist, was vAw zu berücks ist (Düss FamRZ **81**, 48), die allein durch die Geldentwertg eingetretene nominale Wertsteigerg des AnfangsVerm nur **unechter Zugewinn**, der nicht auszugleichen ist (BGH **61**, 385, Anm Herm Lange JZ **74**, 295; Hamm FamRZ **73**, 654); denn die Werterhöhg ist hier nur scheinb, näml die Folge davon, daß bei der Differenzrechng Anfangs- u EndVerm mit einem äußerl gleichen, in Wahrh aber unterschiedl Maßst bewertet w. Die ehel LebGemsch rechtfertigt es nicht, die VermVerlust von verbuchde Geldentwertg einem Eheg zum Vorteil des insow dann ausgleichsberecht Eheg ausschlagen zu lassen (aA Godin MDR **66**, 722). Aus dem Prinzip des Nominalismus (§ 245 Anm 2) folgt ledigl die Erfüllbark v GeldBetr- od Geldsummenschulden zum Nennwert in der gesetzl WährgsEinh, dagg nicht, daß ein erst später entstehder AusglAnspr zu einer Beteiligg an einem nicht währd des Güterstdes hinzugewonnenen od veränderten Sachwert führt (BGH **61**, 392). Zur Berücks des KaufKrSchwundes wird das **gesamte Anfangsvermögen** umgerechnet (Gernhuber FamRZ **84**, 1060), also nicht Gebrauchsgüter ausgeschieden od unter Unterscheid v Ggstden, die sich gleicherw im Anf- wie im EndVerm befinden (Hamm FamRZ **84**, 275). Die **Berechnung** des KaufkrSchwundes der DM erfolgt unter Heranziehg des statist Jahrbuchs für die BuRep Dtschl dadch, daß man nach der Formel „(Wert des Anf-Verm bei Beginn des Güterstds × LebenshaltgsIndex zum Ztpkt der Beendigg des Güterstdes): LebenshIndex zZt des Beginns des Güterstds" den EinsatzBetr für das AnfangsVerm gewinnt, der dann von dem Wert des EndVerm abgezogen w u den realen Zugew ergibt (BGH **61**, 393; Gernhuber § 36 VI; krit Stuby FamRZ **67**, 187; Beitzke § 14 IV 3 c, wg der Beziehg der Indexzahlen auf verbrauchb Güter. Vgl iü § 1381 Anm 2 d). Bei Berücks des KaufkrSchwundes sind nicht EinzelGgstde herausgreifb, sond ist auf das gesamte AnfVerm abzustellen (BGH WPM **75**, 28). Ist Geld im AnfVerm enthalten, muß dieses ebenf umgerechnet w (Ffm FamRZ **83**, 395; aA Gernhuber FamRZ **84**, 1060). Beträgt das AnfVerm wg der Schulden 0 (§ 1374 Anm 2), ändert daran auch die Geldentwertg nichts; insb dürfen nicht die Schulden zum NominalBetr gerechnet u evtl AktivVerm umgerechnet w (Hbg FamRZ **83**, 168); der Wert des EndVerm ist in einem solchen Fall der auszugleichde Zugew (BGH NJW **84**, 434 RevEntsch). Ggstde, die im Laufe des Güterstd erworben w u gem § 1374 II dem AnfVerm hinzuzurechnen sind, werden mit dem für den ErwerbsZtpkt maßgebden Faktor umgerechnet (BGH **101**, 65; Gernhuber FamRZ **84**, 1061 mNachw; aA v Olshausen NJW **87**, 2814).

Preisindex für die Lebenshaltung
1980 = 100

(Quelle: Statist. Jahrb 1988 S 520; 1989 nach Druckfahnenauszug; sa NJW **88**, 813)

1958	1959	1960	1961	1962	1963	1964	1965	1966	1967	1968
46,8	47,3	48,0	49,1	50,5	52,1	53,3	55,1	57,0	57,8	58,6

1969	1970	1971	1972	1973	1974	1975	1976	1977	1978	1979
59,8	61,7	64,8	68,3	72,9	77,9	82,6	86,3	89,3	91,6	95,0

1980	1981	1982	1983	1984	1985	1986	1987	1988	1989	1990
100	106,3	112,0	115,6	118,4	120,9	120,7	120,8	122,0	–	–

1377 *Verzeichnis des Anfangsvermögens.* [I]Haben die Ehegatten den Bestand und den Wert des einem Ehegatten gehörenden Anfangsvermögens und der diesem Vermögen hinzuzurechnenden Gegenstände gemeinsam in einem Verzeichnis festgestellt, so wird im Verhältnis der Ehegatten zueinander vermutet, daß das Verzeichnis richtig ist.

[II]Jeder Ehegatte kann verlangen, daß der andere Ehegatte bei der Aufnahme des Verzeichnisses mitwirkt. Auf die Aufnahme des Verzeichnisses sind die für den Nießbrauch geltenden Vorschriften des § 1035 anzuwenden. Jeder Ehegatte kann den Wert der Vermögensgegenstände und der Verbindlichkeiten auf seine Kosten durch Sachverständige feststellen lassen.

[III]Soweit kein Verzeichnis aufgenommen ist, wird vermutet, daß das Endvermögen eines Ehegatten seinen Zugewinn darstellt.

Schrifttum: Tiedtke BB **80**, 1113 (Anwendbark v III im ErbschStR).

1) GleichberG Art 1 Z 9. Da seit Beginn des Güterstandes idR längere Zeit verstrichen sein wird, erleichtert § 1377 die Feststellg des Ausgangspunktes für die Berechng des Zugewinns, indem er Beweiserleichterungen an die Aufstellg eines Inventars knüpft; die Aufnahme eines derartigen Verzeichnisses also empfehlenswert, vgl auch Anm 4. Aber keine Verpflichtg zu seiner Aufstellg. Gesetz überläßt es vielm den Eheg, ob sie sich ggseitig über den Bestand ihres AnfangsVerm Ausk geben wollen. Eine solche Verpflichtg besteht auch nicht währd des Bestehens des Güterstandes, da das zu einer Quelle von Streitigk werden könnte, sond erst nach seiner Beendigg, § 1379 S 1. Wohl kann uU aber die Verweigerg der Unterrichtg über den Bestand des Vermögens Klage auf vorzeitigen ZugewAusgl zur Folge haben, § 1386 III.

Bürgerliche Ehe. 6. Titel: Eheliches Güterrecht §§ 1377, 1378

2) Inhalt des Verzeichnisses, I, soll den Bestand u den Wert des Anfangsvermögens, §§ 1374 I, 1376 I, also auch die Angabe der Verbindlichk enthalten; desgl die dem Vermögen hinzuzurechnenden Ggstände, § 1374 II, u deren Wert zZ des Erwerbs, § 1376 I.

3) Die Aufnahme des Verzeichnisses, II. Es ist, damit es Wirkg für die spätere Berechng des Zugewinns hat, Anm 4, gemeinsam aufzustellen. Jeder Eheg kann die Mitwirkg des anderen verlangen; notf im Prozeßwege, ZPO 888 I, jedoch muß die MitwirkgsPfl auch dann als erfüllt angesehen w, wenn der andere Eheg Vorbehalte macht, die mit Rücks auf die spätere Benutzg des Verzeichnisses zweckmäßigerw zu begründen sind, Buchwald BB **58**, 493. Zur Mitwirkg genügt nicht Übersendg eines solchen Verzeichnisses an den anderen Eheg od Vorlage; die Eheg od ihre Bevollmächtigten müssen vielm persönl zusammenkommen, auf Verlangen muß das Vermögen in seinen einzelnen Bestandteilen nachgewiesen und das Verzeichnis unter Angabe des Tages von beiden Teilen unterzeichnet werden, RG **126**, 106. Auch öff Beglaubigg der Unterzeichng kann verlangt werden, § 129 Anm 1. Jeder Eheg, also auch der andere, kann verlangen, daß das Verzeichnis durch die zust Behörde, den zust Beamten od Notar aufgenommen wird, § 1035. Jeder Eheg kann auf seine Kosten den Wert der VermGgstände und Verbindlichk unter Beachtg von § 1376 durch Sachverst feststellen lassen; er hat auch die Kosten vorzuschießen. Erwirbt ein Eheg Verm, das dem AnfangsVerm zuzurechnen ist, § 1374 II, Ergänzg des Verzeichnisses zweckmäßig, um III auch insof zu vermeiden.

4) Wirkung, I, III. Die Aufstellg eines solchen Verzeichnisses bewirkt, daß im Verhältnis der Eheg zueinander seine Richtigk bis zum Beweise des Ggteils durch den bestreitenden Eheg vermutet wird, I; die Eheg können aber auch vereinbaren, daß von der vorgenommenen Bewertg ausgegangen werden soll, eine andere ausgeschl wird, so daß dann der Beweis der Unrichtigk, soweit diese Erkl nicht etwa wg §§ 119ff anfechtbar ist, entfällt. Ist kein Verzeichnis aufgenommen, so wird, solange GgBeweis nicht geführt, vermutet, daß ein AnfangsVerm nicht vorhanden war, also gesamte EndVerm eines Eheg also sein Zugew ist, III. Es genügt dann bei der AuseinandS für die Begründ der AusglFdg die Darlegg des Endvermögens des anderen Eheg, die der fordernde Eheg gemäß § 1379 durchsetzen kann, und die des eigenen Zugewinnes. Es empfiehlt sich also, daß alle Eheg, die seit dem 1. 7. 58 im gesetzl Güterstd leben, für diesen Tag ein AnfangsVermVerz aufstellen od es schleunigst nachholen.

1378 *Ausgleichsforderung.* [I]Übersteigt der Zugewinn des einen Ehegatten den Zugewinn des anderen, so steht die Hälfte des Überschusses dem anderen Ehegatten als Ausgleichsforderung zu.

[II]Die Höhe der Ausgleichsforderung wird durch den Wert des Vermögens begrenzt, das nach Abzug der Verbindlichkeiten bei Beendigung des Güterstandes vorhanden ist.

[III]Die Ausgleichsforderung entsteht mit der Beendigung des Güterstandes und ist von diesem Zeitpunkt an vererblich und übertragbar. Eine Vereinbarung, die die Ehegatten während eines Verfahrens, das auf die Auflösung der Ehe gerichtet ist, für den Fall der Auflösung der Ehe über den Ausgleich des Zugewinns treffen, bedarf der notariellen Beurkundung; § 127a findet auch auf eine Vereinbarung Anwendung, die in einem Verfahren in Ehesachen vor dem Prozeßgericht protokolliert wird. Im übrigen kann sich kein Ehegatte vor der Beendigung des Güterstandes verpflichten, über die Ausgleichsforderung zu verfügen.

[IV]Die Ausgleichsforderung verjährt in drei Jahren; die Frist beginnt mit dem Zeitpunkt, in dem der Ehegatte erfährt, daß der Güterstand beendet ist. Die Forderung verjährt jedoch spätestens dreißig Jahre nach der Beendigung des Güterstandes. Endet der Güterstand durch den Tod eines Ehegatten, so sind im übrigen die Vorschriften anzuwenden, die für die Verjährung eines Pflichtteilsanspruchs gelten.

Schrifttum: Bärmann AcP **157**, 171; Harms FamRZ **66**, 585; Reinicke Betr **60**, 1267; Thiele FamRZ **58**, 395; Behrens MDR **78**, 194 (Auswirkg auf EinkSteuer; dazu auch BFH NJW **89**, 2079 = FamRZ **89**, 974).

1) Gg die **Verfassungsmäßigkeit** der §§ 1378ff bestehen keine Bedenken (BGH WPM **78**, 1390). Wird der Güterstd auf ad Weise als dch Tod beendet (§ 1372) od kommt es bei Beendigg dch Tod zur güterrechtl Lösg (§ 1371 Anm 4), so w der Zugew jedes Eheg berechnet (§§ 1373ff) u der Betr, um den der Zugew des einen Eheg den des and übersteigt, dch Beteiligg des and am Überschuß ausgeglichen. Eine dingl Beteiligg findet im Ggsatz zur erbrechtl Lösg (§ 1371 I) nicht statt; die Beteiligg besteht lediglich in einer **auf Geld gerichteten persönlichen Forderung, I.** Daran ändert auch § 1383 nichts, wonach auf Antr das FamG best Ggstde in Anrechng auf die AusglFdg übertragen k. Das Interesse an der Übertr v Sachen ist iü genügd dch die ggständl Teilg des **Hausrats** gewahrt (HausratsVO 8ff, abgedr Anh II zum EheG). Für die Entstehg der AusglFdg ist die Ursache f den Zugew ohne Belang, da der Ausgl in der LebGemsch seinen Grd hat; beruft MitArb u HaushFührg stehen gleich. Desh Ausgl auch bei unentgeltl MitArb od Arb des Mannes auf dem Hof seiner Mutter (BGH NJW **66**, 2111). Die AusglFdg **entsteht** erst mit der Beendigg des Güterstds (§ 1372 Anm 2). Von diesem Ztpkt an ist sie vererbl u übertragb, **III,** währd die Pfändbk entgg ZPO 851 eingeschränkt bleibt (ZPO 852 II). Vor diesem Ztpkt sind auch Vfgen nur eingeschränkt zul (Anm 4). Die AusglFdg wird erst am Tage nach dem Eintr der RKraft des ScheidgsVerbundUrt (Ffm FamRZ **82**, 806), bei vorzeit ZugewAusgl gem § 1388 (vgl Celle FamRZ **83**, 171) mit Rechtskr des ZugewAusglUrt **fällig** (§ 271 I), kann jedoch auf Antr dch das FamG gestundet w (§ 1382). **Verzinsung** daher nicht nach §§ 288, 291, sond erst nach Inverzugsetzg nach Rechtskr. Sie ist konkursrechtl nicht bevorzugt (KO 61 Z 6; für ZwangsVergl KO 183, VerglO 75). Umgek gebt sie aber auch nicht den gewöhnl NachlFdgen nach (Reinicke Betr **60**, 1269), hat also auch nicht den schlechteren Rang des PflichttAnspr (KO 226 II Z 4). Wg § 1372 haben iF des Todes des sonst AusglBerecht dessen Erben keine AusglFdg (aA Bärmann AcP **157**, 172ff). Bei **Wiederheirat** der Eheg untereinand od mit Dr bleibt der ZugewAusglAnspr bestehen; ggf ist die Verj gehemmt (Nürnb MDR **80**, 668). ErlediggsErkl steht Geltmachg des ZugewAusgl aus der 1. Ehe nicht entgg (Hamm FamRZ 81, 1065). Eine **Nachforderungsklage** ist nach rechtskr Entsch nur dann zul, wenn im ErstProz erkennb war, daß nur eine TeilFdg geltd gemacht wurde (aA Düss FamRZ 84, 795). Die ZugewAusglFdg kann auch iW eines **Zurückbehaltungsrechts** geltd gemacht w, auch wenn für die konnexen Fdgen unterschiedliche GerZustdgken bestehen (Keller JR 85, 322), es sei denn der AusglSchuldn befriedigt das SichergsBedürfn auf and Weise (BGH 92, 194 = FamRZ 85, 48/153 mAv Seutemann).

2) Höhe der Ausgleichsforderung. Die AusglFdg beträgt nach I iVm den Vorschr ü Anfangs- u EndVerm (§§ 1374–1376), wonach der Zugew zunächst f jeden Eheg getrennt festzustellen ist, die Hälfte des ZugewÜberschusses des and Eheg. Diese starre Lösg ist als Ausgl dafür gewählt w, daß Eheg mittelb auch an dem Verlust des and beteiligt sind (§ 1374 Anm 2 u 4, § 1376 Anm 3). Wg Ausgl v Härten hins der Höhe § 1381, wg Stundg § 1382. **Begrenzung der Ausgleichsforderung durch den Vermögenswert, II:** Um die Gläub des and Eheg zu schützen, kann die AusglFdg (trotz §§ 1384, 1387) nie höher sein als die zur Vfg stehde Aktivmasse des ausglpflichtigen Eheg. Die Gläub gehen der Fdg vor. Das wird (wg §§ 1374 I Halbs 2, 1375 I) prakt insb iF von § 1375 II, wenn dem EndVerm der Betr zugerechnet wird, um den das Verm verringert w ist (Beispiel § 1375 Anm 4). Für die ausgefallene AusglFdg kann sich der berecht Eheg iFv § 1390 beim Dr Ersatz verschaffen (§ 1375 Anm 5; Reinicke BB **57**, 760 m ZahlenBsp). Für die Feststellg des Verm iSv II gilt der BerechngsStichtag des § 1384 auch nicht analog (BGH NJW **88**, 2369), so daß auch nach Rhängigk des ScheidgsAntr u möglicherw auf Verschwendg beruhde Verbindlk die AusglFdg begrenzen. II wird auch nicht dadch berührt, daß der ausglberecht Eheg gem § 1389 eine SicherhLeistg erlangt hat (BHG NJW **88**, 2369).

3) Verjährung, IV, in Anlehng an § 2332 (dort Anm 2). Zur Beschleunigg der Abwicklg u wg Gefahr unvermeidb BerechngsSchwierigk nach längerer Zeit ist die VerjFrist auf **3 Jahre** bemessen. Sie beginnt mit dem Ztpkt, in dem der Eheg (bzw sein GebrechlkPfleg; Ffm FamRZ **87**, 1147) von der Beendigg des Güterstd erfährt. Bei Beendigg dch Scheidg u in gleichstehden Fällen (§ 1372 Anm 2) sowie bei Erwirkg eines Urt auf vorzeit Ausgl (§ 1388) entscheid also, wann der berecht Eheg von dem rechtskr Urt Kenntn erlangt. Mündl Mitteilg genügt. Ebso RechtsMVerzicht in Anwesenh der Parteien (Kln FamRZ **86**, 482 mN). Nicht notw Kenntn v der AusglBerechtigg; hierv wird sich der berecht Eheg vielm sofort geg § 1379 die erforderl Kenntn verschaffen müssen. Kenntn des nicht mit Dchführg des ZugewAusgl beauftr Anw des ScheidgsVerf unerhebl (BGH NJW **87**, 1766). Rechtsirrtum (zB über Eintr der Rechtskr des ScheidgsUrt bei PKH-Antr mit der Möglk der Wiedereinsetzg) kann Kenntn ausschl (BGH **100**, 203). Ohne Kenntn verj die Fdg in 30 J seit Beendigg des Güterstds. Für Unterbrechg u Hemmg gelten die allg Vorschr (§§ 202 ff); mithin Hemmg dch Stundg (§§ 1382, 202 I) od bei vorzeit Ausgl (§§ 1385 ff) solange die Ehe besteht (§ 204). Unterbrechg dch Anerkenng, die auch in der Erteilg der Auskunft (§ 1379) bzw der Bereitwilligk dazu (Hbg FamRZ **84**, 892) liegen k, nicht dagg dch Erhebg der Klage auf Zahlg des PflichtT (BGH NJW **83**, 388) od AuskKl (vgl RG **115**, 27); vielm StufenKl erforderl (ZPO 254). Zu den Erfordern der demnächst Zustellg iSv ZPO 270 III nF Celle FamRZ **78**, 414; ausreichd 2 Mo (Schlesw SchlHA **79**, 22). Gehen beide Eheg versehentl davon aus, daß sie MitEigtümer eines Grdst sind, steht der VerjEinrede der Einwand unzul RAusübg entgg (Kln FamRZ **82**, 1071). Wird Güterstd dch Tod beendet u ist der überl Eheg von der Erbfolge ausgeschl (§ 1371 II) od wählt er die güterrechtl Lösg gem § 1371 III (vgl § 1371 Anm 4 u 5), so gelten außerd die VerjVorschr des PflichttAnspr, **IV 3**. Zur Kenntn der Beendigg des Güterstd, dh vom Tod des and. Eheg, muß also ggf auch die von der letztw Vfg hinzukommen (§ 2332 I), dch die der Überl enterbt od zur Ausschlagg veranlaßt w. Berechtigte Zweifel an der Wirksamk der letztw Vfg werden verjährsrechtl spätestens mit der Ablehng des Antr des überl Eheg auf Erteilg eines Erbscheins behoben (BGH NJW **84**, 2935). Keine VerjHemmg dadch, daß AusglFdg erst nach der Ausschlagg geltd gemacht w kann (§ 2332 III). Steht dem Bekl nicht als AusglBerecht, sond nach als AusglPflichtigem ein Anspr gg den Kl auf AuskErteilg über das EndVerm zu, so kann Anspr der Verj seiner od AusglFdg nicht entggstehen (Mü NJW **69**, 881). Die VerjFr des IV gilt auch bei **vertraglicher** Regelg des AusglAnspr (Karlsr FamRZ **84**, 894).

4) Vertragliche Abänderung. Zwingd ist II (Anm 2), ferner wg § 225 keine Erschwerg der Verj der AusglFdg (Anm 3).

a) Vor Beginn u **vor Beendigung des Güterstandes** ist die gesetzl Regelg des § 1378 dch formgebundenen EheVertr abänderb (§§ 1408, 1410). Darin kann der ZugewAusgl ganz ausgeschl w, dann gilt Gütertrenng (1414), od Herauf- u Herabsetzg der Beteiliggsquote. Zuläss also statt der Hälfte ein geringerer Teil des Überschusses, Ausschl der Überschreitg eines best HöchstBetr, best Quote des Überschusses vorab u für den Rest hälft Teilg, Ausschl best VermMassen v der AusgPflicht uä. § 1408 ggü § 310 lex specialis. Bei Benachteilig v Gläub eines Eheg od v dessen erbberechtg Verwandten aber möglicherw Nichtigk n § 138 I. IdR keine GläubAnfechtg des Änderngs-, sond allenf des nachfolgden AuseinandSVertr (vgl BGH **57**, 126).

b) Auch Abänderngen **anläßlich des Ehescheidungsverfahrens** sind grdsätzl zul, bedürfen aber seit dem 1. EheRG ebenf der not Beurk bzw iFv § 127 a der Aufn der Erkl in das gerichtl VerglProt, **III 2**. Das FormErfordern entfällt, wenn der Güterstd bereits dch EheVertr aufgehoben war (Düss FamRZ **89**, 181). Iü wird ein Bedürfn, darüber hinaus forml Vereinbargen ü den ZugewAusgl zuzulassen (so noch BGH **54**, 38), nicht mehr anerkannt, **III 3**. Die Vorschr bezieht sich in einschränkder Auslegg nur auf das FormErfordern, so daß nicht Vereinbargen der Eheg vor Anhängigk des ScheidgsVerf (zB ein Erlaß) wirks sind (BGH **86**, 143 unter Aufhebg v KG FamRZ **82**, 275; Hbg FamRZ **85**, 290; aA MüKo/Gernhuber Rn 21). Unwirks ist eine schriftl Vereinbg ü die Beteiligg der ausglberecht Ehefr am Erlös aus dem Verk eines zum Verm des Mannes gehörden ForschgsInstituts (BGH FamRZ **83**, 160). Ein privatschriftl Verzicht auf den ZugewAusgl wird auch nicht nach § 242 wirks, wenn er mit einem RechtsmittelVerz verbunden war (BGH FamRZ **77**, 37). Iü droht bei Übervorteilg nach wie vor Nichtigk n §§ 138 II od 123 (BGH **54**, 43).

c) Nach Beendigung des Güterstandes kann über den AusglAnspr nach allg Vorschr verfügt w

Bürgerliche Ehe. 6. Titel: Eheliches Güterrecht §§ 1378, 1379

(§ 398). Die früh Ehel können (abgesehen von II) forml jede Art Vereinbarg über die AusglFdg treffen. Kein automat **Erlaß** (§ 397) bei Wiederheirat der Eheg (Nürnb MDR **80**, 668). In einem echten Erl liegt eine steuerpflicht u ggf eine n § 528 rückforderb Schenkg.

1379 *Auskunftspflicht bei Beendigung des Güterstandes.* [I]Nach der Beendigung des Güterstandes ist jeder Ehegatte verpflichtet, dem anderen Ehegatten über den Bestand seines Endvermögens Auskunft zu erteilen. Jeder Ehegatte kann verlangen, daß er bei der Aufnahme des ihm nach § 260 vorzulegenden Verzeichnisses zugezogen und daß der Wert der Vermögensgegenstände und der Verbindlichkeiten ermittelt wird. Er kann auch verlangen, daß das Verzeichnis auf seine Kosten durch die zuständige Behörde oder durch einen zuständigen Beamten oder Notar aufgenommen wird.

[II]Hat ein Ehegatte die Scheidung beantragt oder Klage auf Aufhebung oder Nichtigerklärung der Ehe erhoben, gilt Absatz 1 entsprechend.

Schrifttum: Kl Müller FamRZ **81**, 837 (Kostentragg).

1) a) Gegenstand der Auskunft ist das EndVerm. Kein AuskftsR hins des AnfVerm (Karlsr FamRZ **81**, 458; Nürnb FamRZ **86**, 272); auch nicht in AusnFällen aus § 242 (Karlsr FamRZ **86**, 1105; aA Schlesw FamRZ **83**, 1126) od analog § 1379 (Düss OLGZ **65**, 271), da dieses von jedem Eheg nachgewiesen werden muß, sofern keine Aufstellg gemacht worden ist (§ 1377). Keine AuskPfl ferner hins des Verbleibs bestimmter VermGgste, selbst bei konkr Verdachtsmomenten (aA AG Detmold FamRZ **88**, 1165; AG Landstuhl FamRZ **89**, 509). Um aber eine evtl AusglFdg berechnen zu können, bedarf jeder Eheg der Kenntn des EndVerm des anderen. Nur insofern ist mit dem gesetzl Güterstd eine OffenbargsPfl hins des eig Verm verbunden.

b) Verfahren. Zuständ für AuskftsKl das **FamG**. Erfdl ein konkr **Antrag**, der hins der Vorlage v Belegen u zur Wertermittlg einen vollstreckgsfäh Inh hat (Karlsr FamRZ **80**, 1119). Ist ScheidgsAntr gestellt, kommt Geltdmachg des AuskftsAnspr nur innerh des Entscheidgsverbundes (Einf 4b v § 1564) in Betr (AG Gelsenk FamRZ **78**, 776); wird nur der Auskfts-, nicht auch der ZahlgsAnspr im VerbundVerf anhäng (StufenKl), so ist auch nur hierüber zu entsch (Ffm FamRZ **87**, 299). Beschw gg Festsetzg eines Zwangsgeldes zur Erzwingg der Auskft gem ZPO 888 zum FamSen des OLG (Düss FamRZ **78**, 129). Der nach § 1379 auskftsberecht Eheg kann auch vor vollständ AuskftsErteilg auf ZugewAusgl klagen (BGH WPM **78**, 1390). Der **Beschwerdewert** richtet sich beim AuskBekl nach seinem Interesse, die Ausk nicht zu erteilen (BGH FamRZ **88**, 1152; **89**, 157).

c) Einschränkungen der Auskunftspflicht. Die AuskPfl besteht auch bei kurzer Ehe u wenn die ehel LebGemsch nicht in vollem Umfg hergestellt werden konnte (BGH NJW **72**, 433); auch bei schwersten Eheverfehlgen (Nürnb FamRZ **64**, 440). Insb hängt die AuskPfl nicht davon ab, ob ein LeistgsverweigersR gem § 1381 besteht (BGH **44**, 163). Doch kann das Verlangen nach Ausk rechtsmißbräuchl sein, wenn unzweifelh ist, daß inf der Einr eine AusglFdg nicht besteht (BGH NJW **72**, 433; **80**, 1462). Ferner entfällt Ausk, wenn klar erkennb, daß kein Zugew erzielt worden ist (Mü NJW **69**, 881; Kblz FamRZ **85**, 286). Es besteht kein **Zurückbehaltungsrecht** des ausglpflicht Eheg, bis der and Teil seiner Ausk erteilt (Hamm FamRZ **76**, 631; Stgt FamRZ **84**, 273; Ffm NJW **85**, 3083; Soergel/H Lange 13; aA § 273 Anm 1 b mNachw; MüKo/Gernhuber 32).

2) Auskunftspflicht besteht für beide Eheg wechselseit nach Beendigg des Güterstds u, um über Scheidg u Scheidgsfolgen einheitl u gleichzeit entscheiden z können (BR-Drucks 266/1/71 S 9), nach ScheidgsAntr bzw Kl auf EheAufhebg od -NichtigErkl, **II**. Die Rhängigk des ScheidgsAntr bleibt für die Auskft auch nach langjähr Getrenntleben maßg (Hamm FamRZ **87**, 701).

a) Umfang, I 1: Die Auskft umfaßt nur den Bestand des EndVerm am Stichtag (Anm 1a), nicht die Wertberechng (BGH FamRZ **89**, 157). Die Angaben iR dieser allg AuskftsPfl müssen so bestimmt sein, daß der and Eheg die VermWerte ungefähr selbst ermitteln kann (Celle NJW **75**, 1568). Die geschuldete Auskft muß ein geordnetes u nicht ein zufassdn Darstellg der Einn u Ausgaben sowie des Verm, aufgeschlüsselt in EinzelBetr od jedenf in die einz Einkfts-, Ausg- u Anlagearten zum Stichtag (Hamm FamRZ **81**, 482) od eine ordngsmäß Zusammenstellg des EndVerm (Aktiva u Passiva) sein, dh Umsätze u Gewinne, Lage, Größe, Art u Bebauung v Grdsten, Fabrikat, Typ, Bauj u KmStand v Kfzen (Schlesw SchlHA **79**, 17), bei Münz- u BriefmSammlg Angabe der Werte (Stgt FamRZ **82**, 282), so daß daraus die ZugewAusglFdg errechnet w kann (Hamm FamRZ **76**, 631); dagg keine Angabe über einz VermTransaktionen, bei Aufklärgsweigerg dann aber ggf eidesstattl Bekräftigg des vorgelegten Verzeich (BGH FamRZ **76**, 516). Kommt es für die Bewertg des EndVerm auf die Ertragslage eines dazugehören Untern od einer -Beteiligg an, umfaßt der AuskftsAnspr die Vorlage der zur Beurteilg der Ertragslage benötigten Bilanzen nebst Gewinn- u VerlRechngen (BGH **75**, 195), bei einer ZahnarztPrax entspr EStG 4 III eine Gewinnberechng (Kblz FamRZ **82**, 280); bei RA-Sozietät Vorlage des GesVertr (Hamm NJW **83**, 1914). Der AuskftsAnspr erstreckt sich auch dann auf den inneren Wert eines GesellschAnteils, wenn das AuseinandSetzgsguthaben lt GesellschVertr nur dem buchhaft Guth entsprechen soll (Düss FamRZ **81**, 48). Bei landwirtschaftl Untern genügt nicht Vorlage der Einheitswertbescheide, sond ist Auskft über die BetrFlächen, Nutzgsart u Bonität des Bodens, sämtl BetrMittel usw erfdl (Düss FamRZ **86**, 168). Der AuskftsAnspr erfordert (wg § 1375 II) bei Krediten Angabe des konkr Verwendgszwecks (Düss FamRZ **86**, 168) u umfaßt überh auch die dem EndVerm gem § 1375 II u III hinzuzurechnden Beträge, die sich aus VermTransaktionen des AuskftsSchuldn vor dem Berechngsstichtag ergeben (aA BGH **82**, 132 mNachw, der aber bei Spielbankbesuchen ein entspr AuskftsR aus § 242 einräumt; wie hier: Bambg u Karlsr FamRZ **80**, 573 u 1119). AuskftsAnspr jedenf dann, wenn der Berecht Tats vorträgt, die Hdlgen n § 1375 II nahelegen (Düss FamRZ **82**, 805). Widersprüchl Angaben im RStr rechtf Ann, daß das vorgelegte Verzeich nicht ordngsmäß (Düss

1369

§§ 1379-1381   4. Buch. 1. Abschnitt. *Diederichsen*

FamRZ **79**, 808). Keine AuskftsPfl hins VermGgstden, die nach der **HausrVO** verteilt w (BGH **89**, 137). Der AuskftsAnspr berechtigt nicht, die Vorlage v **Belegen** zu KontrollZw zu verl (Karlsr FamRZ **86**, 1105).

b) Davon zu unterscheiden ist das zusätzl R der **Wertermittlung** iSv I 2: Die Eheg haben sich ein BestandsVerzeichn vorzulegen (§ 260 I), das auch die Werte u Verbindlichk (§ 1376 II, III) enthält, die erforderlichenf unter Heranziehg v Sachverst zu ermitteln sind, deren Begutachtg der AuskftsSchuldn zu dulden u zu unterstützen hat (Mü FamRZ **82**, 279). Die mit der Erteil der Auskft od mit der Wertermittlg verbundenen Kosten fallen dem AuskftsPflicht zur Last (BGH **64**, 63). Die Kosten der Wertermittlg dch einen Sachverst **I 2 Halbs 2** hat dagg der AuskftsBerecht zu tragen (BGH **84**, 31; aA mit erwägensw Grden Mü FamRZ **82**, 279). Der and Eheg kann verlangen, bei Anfertigg des Verzeichn (auch nachträgl) zugezogen zu werden, ferner (außer bei geringer Bedeutg) Abgabe einer eidesstattl Vers, wenn Grd zu der Ann besteht, daß das Verzeichn nicht mit der erforderl Sorgf aufgestellt ist (§ 260 II, III). Dagg kein Anspr n § 260 II, wenn sich der AuskftsSchuldn aus RGrden weigert, einen dem and Eheg bekannten VermGgst in die Auskft einzubeziehen (Düss FamRZ **82**, 281). Vgl iü die Anm zu dem entspr § 2314. Wg der Aufn des Verzeichn dch Notar od zust Beamten § 1377 Anm 3. Erfüllt der and Eheg seine Verpfl nicht, so Stufenklage (ZPO 254) ggf innerh des EntschVerbundes (BGH FamRZ **79**, 690), die auch wg Unterbrechg der Verjährg zweckm (§ 1378 Anm 3); sa §§ 259–261 Anm 4a, 6.

1380 *Anrechnung von Vorausempfängen.* ¹Auf die Ausgleichsforderung eines Ehegatten wird angerechnet, was ihm von dem anderen Ehegatten durch Rechtsgeschäft unter Lebenden mit der Bestimmung zugewendet ist, daß es auf die Ausgleichsforderung angerechnet werden soll. Im Zweifel ist anzunehmen, daß Zuwendungen angerechnet werden sollen, wenn ihr Wert den Wert von Gelegenheitsgeschenken übersteigt, die nach den Lebensverhältnissen der Ehegatten üblich sind.

IIDer Wert der Zuwendung wird bei der Berechnung der Ausgleichsforderung dem Zugewinn des Ehegatten hinzugerechnet, der die Zuwendung gemacht hat. Der Wert bestimmt sich nach dem Zeitpunkt der Zuwendung.

Schrifttum: v Olshausen FamRZ **78**, 755; Grünenwald NJW **88**, 109; Netzer FamRZ **88**, 676.

1) **Zuwendungen zwischen Ehegatten**, die über den Wert von GelegenhGeschenken hinausgehen, erfolgen meist, um den anderen Eheg sicherzustellen; sie wären dann im allg dem AnfangsVerm des und Eheg zuzurechnen (§ 1374 II). IdR stellen sie jedoch dem Sinne nach die vorweggenommene Erfüllg einer etwa gegebenen AusglFdg dar. Würden sie bei deren Berechg nicht berücksichtigt, so erhielte der begünstigte Eheg neben der Zuwendg die ungekürzte AusglFdg. Eine Anrechng erfolgt, außer wenn die Ehe dch Tod beendigt ist u die erbrechtl Lösg eintritt (§ 1371 Anm 2) od es nicht bestimmt ist, auch nicht I 2 eingreift. Die Zuwendgen müssen zw Eheg erfolgt sein, also nicht zw Verlobten, auch nicht unter einem and Güterstd gemacht worden sein, insb also nicht vor Beginn des gesetzl. Zum **Schenkungswiderruf:** § 1372 Anm 1b aa. Zu unbenannten Zuwendgen § 1374 Anm 3c; BGH **82**, 227 beschränkt § 1380 auf den Fall, daß dem ZuwendgsEmpfänger auch eine AusglFdg zusteht (Hepting FamRZ **83**, 781). Behauptet der AusglSchuldn, er habe vor dem Stichtag des § 1384 zZw der **vorzeitigen Erfüllung** des ZugewAusglAnspr geleistet, so trifft ihn dafür die BewLast (Düss FamRZ **88**, 63).

2) **Die Anrechnung, I.** Anrechnungspflichtig sind entspr dem Zweck der Vorschr nur unentgeltl **Zuwendungen** unter Lebenden, wobei unerhebl, ob sie aus dem AnfangsVerm (§ 1374 Anm 2 u 3) oder dem Zugew stammen, u nur dann, wenn vor od bei der Zuwendg durch einseitige, empfangsbedürftige Erkl die Anrechng bestimmt wurde; spätere Bestimmg erfordert das Einverständn beider Eheg. Ist eine solche Bestimmg nicht getroffen, so erfolgt bis zum Beweis des ggteiligen Willens des zuwendenden Eheg die Anrechng gem I 2; so Motzke NJW **71**, 182. Ausgenommen von der Anrechng Gelegenheitsgeschenke, die den Wert von nach den Lebensverhältnissen der Eheg übl Geschenken nicht übersteigen, also Geburtstags-, Weihnachtsgeschenke u dgl; für Höhe obj Maßstab entspr Eheg in ähnl Verhältnissen. Nicht gleichbedeutd mit das übl Maß übersteigenden Geschenken überh, FamRAusschußBer S 12; denn darunter kann in begüterten Kreisen auch eine Lebensversicherg, eine kostbare Zimmereinrichtung fallen; sie ist jedoch kein GelegenhGeschenk, also anzurechnen. Auch nach § 1360b nicht rückforderbarer überschießder Unterh kann Zuwendg iSv § 1380 sein (BGH NJW **83**, 1113).

3) **Die Anrechnungsweise, II;** s auch Brüning NJW **71**, 922. Sie erfolgt entspr § 2315 II durch Zurechng des zugewendeten Betrages, auch wenn der ZuwendgsGgst nicht mehr im EndVerm des Empfängers vorh ist (handelt es sich um ein Grdst, der Wert zZ der Schenkg des Grdst) zum Zugew des Zuwendenden; von einem sich so ergebenden ausgleichspflichtigen Zugew wird die Hälfte der Zuwendg auf die Hälfte des begünstigten Eheg angerechnet. Beispiel: Zuwendgen von 10 000 DM an Ehefr, die ohne Zugewinn ist; hat der Mann Anfangsvermögen von 40 000 DM und Zugewinn von 20 000 DM, so sind diesem 10 000 DM zuzusetzen; Ausgleich also nur einem Manneszugewinn von 30 000 DM, so daß Ehefrau 15 000 DM – 10 000 DM Anrechng = 5 000 DM erhält. Der Wert der Zuwendg ist mit dem Wert zZ ihrer Hingabe anzusetzen, II 2, vgl auch § 1376 I, über den sich die Eheg anläßl der Hingabe auch geeinigt haben können, was dann zweckmäßigerw in einem Verzeichnis niederzulegen ist, § 1377 I.

1381 *Leistungsverweigerung wegen grober Unbilligkeit.* IDer Schuldner kann die Erfüllung der Ausgleichsforderung verweigern, soweit der Ausgleich des Zugewinns nach den Umständen des Falles grob unbillig wäre.

IIGrobe Unbilligkeit kann insbesondere dann vorliegen, wenn der Ehegatte, der den geringeren Zugewinn erzielt hat, längere Zeit hindurch die wirtschaftlichen Verpflichtungen, die sich aus dem ehelichen Verhältnis ergeben, schuldhaft nicht erfüllt hat.

Bürgerliche Ehe. 6. Titel: Eheliches Güterrecht § 1381 1, 2

Schrifttum: v Godin MDR **66**, 722; Kleinheyer FamRZ **57**, 283; Koeniger DRiZ **59**, 80; Thiele JZ **60**, 394; Mikosch MDR **78**, 886; Roth6Stielow NJW **81**, 1594; Heckelmann FS Mühl 1981 S 283.

1) VerfBeschw anhäng (NJW **87**, 823). § 1378 I bestimmt als AusglAnteil des and Eheg am überschießden Zugew des ausglpfl Eheg starr die Hälfte, da dies der SchicksalsGemsch am besten entspricht, eine Festsetzg dch den Richter bei Uneinigk über die Höhe eine Quelle v Streitigk wäre u den Richter vor eine schwer lösb Aufg stellen würde. Diese Lösg kann aber in manchen Fällen einem gerechten Ausgl grob widersprechen. Für sie gibt § 1381 ein VerweigerungsR, dh eine dauernde **Einrede** gg die AusglFdg, nicht aber gg die AuskPfl, § 1379 Anm 2. BGH FamRZ **65**, 554. Voraussetzg ist, daß die Dchsetzg der AusglFdg ein grob unbill Ergebn brächte, Anm 2. Schwier Zahlgslage reicht nicht aus; dafür kommt Stundg in Betr, § 1382. Die Rechtsfolge ist die Herabsetzg („soweit") oder gänzl Ausschl der AusglFdg. Abbedingg v § 1381 dch EheVertr unzul, Erm-Bartholomeyczik 6, aM Beitzke § 14 V, zul aber Verzicht auf die entstandene Einr, vgl § 1378 III. Bei Beendigg der ZugewGemsch dch Tod steht LeistgsVerweigR iFv § 1371 II u III dem Erben zu. Nach Einf des Zerrüttgsprinz in das ScheidgsR fehlt iR des ZugewAusgl eine ÜbergangsVorschr wie 1. EheRG Art 12 Z 3 III S 3, wonach iF nicht erfolgr HeimtrenngsKl der VersorggsAusgl gekürzt w kann (Einf 7c vor § 1587); da auch der VA auf dem ZugewAusglPrinz beruht, ist die Vorschr iF **langjähriger Trennung** der Ehel analog anzuwenden, so daß es der ausdehnden Anwendg v § 1381 nicht bedarf (so Hoffmann NJW **79**, 969). Bei Doppelehe nicht entscheidd, wenn eine ehel LebGemsch nicht verwirklicht w ist, sond ob der 2. Eheg bösgläub war (BGH NJW **80**, 1462).

2) **Voraussetzung für das Verweigerungsrecht** ist grobe Unbilligkeit des ZugewAusgl. Die Gewähr der dem and Eheg zustehden Hälfte muß in vollem Umfang od zT dem GerechtigkEmpfinden in unerträgl Weise widersprechen, was nur in AusnFällen zutrifft u genaue Prüfg sämtl Umst erforderl macht. Der BGH stellt die von ihm formulierten Sondertatbestde im konkreten Fall sachverhaltsmäß oft selbst wieder in Frage, vgl BGH **46**, 343, NJW **70**, 1600. § 1381 schafft keine allg Korrekturmöglk, die in § 1378 I getroffene starre Regelg in individuell zu findde Lösgen zurückzuverwandeln, so daß auch das dch bes Tüchtigk Erworbene auszugleichen ist. Eine Typisierg ist wünschenswert, aber nicht dchführb in Anknüpfg an dem ZugewAusgl fremde GesPkte wie ScheidgsTatbestde, Kleinheyer FamRZ **57**, 283, od gar § 242, Thiele JZ **60**, 394. Vor allem jedoch darf sie nicht daran hindern, stets sämtl Umst des einz Falles z berücks. **Eheverfehlungen** sind nicht mehr zu berücks, wenn die Ehe im Einverständn beider Eheg ohne Klärg der Schuldfrage aus beiderseit gleicher Schuld gesch w ist (BGH FamRZ **77**, 38). Das LeistgsverweigersR kann aber dch ein solches, zur Trenng der Eheg führdes Verhalten ausgelöst w, wenn der ausglpflicht Eheg den ges Zugew erst nach der Trenng erzielt h (BGH FamRZ **80**, 877). **a)** Ein Bsp f grobe Unbilligk gibt **II**; der Eheg, der den geringeren Zugew hat, soll bei eigener, länger andauernder **schuldhafter Nichterfüllung seiner wirtschaftlichen Verpflichtungen,** die sich aus der Ehe ergaben, nicht auch noch Anspr auf ZugewAusgl haben. Ist der Mann schuldh seiner Arbeit nicht nachgegangen, hat er nicht genügd f Unterh insb der Kinder (Düss FamRZ **87**, 821) gesorgt, hat er trotz ausr Verdienst nicht seinen Teil zum FamUnterh beigesteuert, einen übergroßen Teil f sich verbraucht, u hat umgek die Frau f die Fam gesorgt u Rücklagen aus ihrer Arb machen können, die sie vielleicht hat aufgen h, so hat der Mann keinen Anspr auf einen Teil v ihnen. Hat anderers die Frau ihre HaushPfl nicht erfüllt, § 1356 I 1, od sich ihrer MitArbPfl entzogen, § 1356 II, so gilt das gleiche, vgl § 1360 S 2. Hat sie den Haush schuldh nur unzureichd versehen, so wird jedenf der volle Ausgl unbill sein. Wg Klage auf vorzeit Ausgl in diesem Fall § 1386 I. - **b)** Jegl **schuldhafte Beeinflussung der Vermögenslage** zu Lasten des ausglpfl Eheg, insb also der Tatbestde des § 1375 II Z 2 u 3, soweit die Zurechng zum EndVerm zB wg Nichtberechenbark der Summen unterblieb, od od den Zugew beeinträchtigde Eheverfehlungen, Verzögerg der ScheidgsKl über den Ztpkt des eigtl ZugewEintr hinaus, LG Fbg FamRZ **63**, 647, aM Nürnb FamRZ **64**, 440. Auch schuldh VermVerluste können ein VerweigR begründen, insb bei leichtsinn GeschGebaren des AusglBerecht selbst. Dagg begründet § 1381 nicht schon der Konk als solcher; sa § 1386 Anm 1. Unbilligk jedoch mögl, wenn ein Eheg alles Erworbene ausgegeben, der and Eheg aber stets gespart h, Maßfeller-Reinicke Anm 7. – **c)** Sonstige **grobe Pflichtverletzungen gegenüber dem anderen Ehegatten,** soweit sie einen gewissen Bezug zum Verm aufweisen, zB Berücks der Kosten des Ehescheidgs- u AnfechtgsProz, Bosch FamRZ **66**, 565, ferner bei Erbunwürdigk gem § 2339, insb des verwerfl Tötg des Eheg (Karlsr FamRZ **87**, 823), od wenn ein Eheg dch pflichtwidr Verhalten den and Eheg zur Stellg des ScheidgsAntr bestimmt, um günst ZugewAusgl zu erzielen (BGH **46**, 352); ferner Inanspruchn des Eheg auf Unterh für das Ehebruchskind, dessen Ehelk später erfolgr angefochten w ist (Hamm FamRZ **76**, 633), od f 4 EhebrKinder v versch Männern (Celle FamRZ **79**, 431). Ehewidr Verh ausschließl auf nicht wirtsch Gebiet reicht nach dem GrdGedanken des ZugewAusgl nicht aus, insb wenn beide Eheg die wirtschaftl Lasten der Ehe getragen haben (Düss NJW **81**, 829); § 1381 ist nicht als Scheidgsstrafe gedacht (Gernhuber § 36 V 6). And die Rspr, die bes grobe u sich über längere Zeit erstreckde rein persönl PflVerstöße, zB jahrel schw Ehebr od Verschw vornehml GeschlechtsVerk mit Vater des Ehem (AG Schweinf NJW **73**, 1506) uU genügen lassen will (BGH **46**, 352). Auf jeden Fall wäre dann umgek z berücks, wenn der Ehebrecher den Zugew des and Eheg unmittelb (§ 1356 II) od mittelb miterarbeitet h. Neuerdings wird auch erwogen, den ZugewAusgl zu versagen, wenn ein Partner grdlos aus der Ehe ausgebrochen ist (Mikosch MDR **78**, 886). Kein Fall v § 1381, wenn währd 10j Ehedauer u 4 Kindern die Ehefr ¾J vor Ende des Gütstds Verhältn zu and Mann aufnimmt (Kln FamRZ **79**, 511 L), od auch der vom and Eheg hingenommene Ehebr (Düss NJW **81**, 829). – **d) Unechter Zugewinn,** dh der scheinb Zugew aGrd der Geldentwertg ist iGgs zur 33. Aufl sowie Reinicke BB **57**, 763; Soergel-Lange § 1376 Rn 9; Mü NJW **68**, 798, aeo Erwägg v § 1381, da der KaufkrSchwund ein wirtschaftl Sachverh von universaler Bedeutg ist (BGH **61**, 390; § 1376 Anm 4). Dagg fallen unter § 1381 andere **Bewertungsunbilligkeiten** wie ein ggü dem für die ZugewBerechng maßgebl Wert eines Grdst niedrigerer Verkaufserlös (Hbg FamRZ **88**, 1166). – **e)** Einen VerweigGrd kann dagg die **eigene Versorgungslage des Ausgleichspflichtigen** liefern, da der ZugewAusgl auch der Sicherstellg des Eheg dienen soll. Ausgl des Zugew kann danach

unterbleiben, wenn der Schuldn dch Zahlg ggü dem AusglGläub unterhaltsberecht od seine unterhaltsrechtl VersorggsLage auf die Dauer in Frage gestellt würde; eine solche Überschreitg der Opfergrenze ist ihm nicht zumutb, wenn umgek die VersorggsLage des AusglGläub bei Nichterfüllg der AusglFdg ungefährdet bleibt (BGH NJW **73**, 749). Negative Voraussetzg: Die Herabsetzg od Stundg od beides zus würden nicht genügen, die dch die Befriedigg des AusglAnspr eintretde Gefährdg der wirtsch Existenz des Schuldn zu vermeiden (BGH NJW **70**, 1600). Ein VerweigersR des AusglSchuldn besteht auch dann, wenn er aGrd des gemeins LebPlans der Eheg keine VersorggsAnwartschaften erworben hat u die ausglberecht Eheg mangels Leistgsfähigk keinen Unterh zahlen kann (Ffm FamRZ **83**, 921). – **f)** Grdsl können auch überobligationsmäß **Mehrleistungen** des AusglSchuldners **während der Ehe** grobe Unbilligk begründen, so zB wenn währd relativ kurzfr ZusLeben der Ehel der AusglBerecht wirtschaftl kaum etwas beiträgt, aus dem Verm des and Eheg fabrikneue PKWs finanziert bekommt u sich um gemeins krankes Kind unzureichd unbekümmert hat (LG Wiesbaden FamRZ **73**, 658); bei zuviel gezahltem Unterh u ungerechtf in Anspr genommenem Wohnraum trotz ZPO 323 III (Celle FamRZ **81**, 1066). Dagg gleichen sich Leistgn ggü den vorehel Kindern des and Eheg ggseit aus (Hamm FamRZ **73**, 656).

3) Verfahrensrechtliches. Bekl muß sich ggü der AusglKl auf VerweigR berufen (Einrede!) u Vorliegen v VerweigGrden, Anm 2, beweisen. Zul aber auch, § 1381 iW negat FeststellgsKl, ZPO 256, geltd z machen. Es entsch das FamG. Bei ZugewAusgl in Unkenntn des LeistgVR § 813 I 1, Soergel/H Lange 21.

1382 *Stundung der Ausgleichsforderung.* [I]**Das Familiengericht stundet auf Antrag eine Ausgleichsforderung, soweit sie vom Schuldner nicht bestritten wird, wenn die sofortige Zahlung auch unter Berücksichtigung der Interessen des Gläubigers zur Unzeit erfolgen würde. Die sofortige Zahlung würde auch dann zur Unzeit erfolgen, wenn sie die Wohnverhältnisse oder sonstigen Lebensverhältnisse gemeinschaftlicher Kinder nachhaltig verschlechtern würde.**

[II]**Eine gestundete Forderung hat der Schuldner zu verzinsen.**

[III]**Das Familiengericht kann auf Antrag anordnen, daß der Schuldner für eine gestundete Forderung Sicherheit zu leisten hat.**

[IV]**Über Höhe und Fälligkeit der Zinsen und über Art und Umfang der Sicherheitsleistung entscheidet das Familiengericht nach billigem Ermessen.**

[V]**Soweit über die Ausgleichsforderung ein Rechtsstreit anhängig wird, kann der Schuldner einen Antrag auf Stundung nur in diesem Verfahren stellen.**

[VI]**Das Familiengericht kann eine rechtskräftige Entscheidung auf Antrag aufheben oder ändern, wenn sich die Verhältnisse nach der Entscheidung wesentlich geändert haben.**

Schrifttum Gerold NJW **60**, 1744; Heckelmann FS Mühl 1981 S 283; Diederichsen NJW **86**, 1284.

1) Zweck: § 1381 gibt die Möglichk eines Härteausgleichs ggü der Fdg u ihrer Höhe, § 1382 ggü ihrer sofortigen Fälligk (§ 1378 Anm 1). Die StundgsMögl wurde dch die UÄndG erweitert, um den AusglSchuldn nicht zur Verschleuderg des in der Ehe erarbeiteten Vermögens zu zwingen; außerdem wurde die wirtschaftl Verwertg der FamWohng dem Interesse gemeinschaftl Kinder untergeordnet (BT-Drucks 10/ 2888 S 12f). Dems Zweck dient die Neufassg v ZVG 180 (§ 1372 Anm 1 b gg). Verweigerg gem § 1381 nur mögl, wenn die dch § 1382 gegebene Möglk erschöpft sind (BGH NJW **70**, 1600). Stundg nur mögl bei ZugewAusgl gem §§ 1372ff u dem insof gleichgestellten gem § 1371 II, ferner bei vorzeit ZugewAusgl n §§ 1385, 1386, nicht aber bei Erhöhg des gesetzl Erbteils nach § 1371 I, da dann ErbauseinandSetzg. Zum Begriff der **Stundung:** § 271 Anm 4 a.

2) Voraussetzungen der Stundung, I:

a) Erforderl ein entspr **Antrag** des AusglSchu, der für die ganze Fdg od für einen Teil gestellt, auch im Zushg mit einer Verweigerg des Ausgl gem § 1381 vorgebracht w kann, V.

b) Der Antr ist begründet, wenn die sofort Zahlg **zur Unzeit** erfolgen würde, **I 1**. Dch dieses (BVerfG NJW **81**, 108 entnommene) Merkm, das an die Stelle des „besonders hart treffen" der aF getreten ist, soll klargestellt w, daß auch andere als wirtschaftl Belange zu berücks sind (BT-Drucks 10/2888 S 16f). Die sof Zahlg erfolgt zur Unzeit, wenn sie den GeschBetrieb des AusglSchu gefährdet; wenn er VermStücke verschleudern müßte u der AusglSchu den ZahlgsAufschub braucht, um einen VermGgst zum VerkWert veräuß zu können. „Zur UnZt" aber auch, wenn Belange der geschied Eheg selbst od die **Wohn- oder sonstigen Lebensverhältnisse gemeinschaftlicher Kinder** nachhalt verschlechtert würden, **I 2**. Hierdch soll vor allem verhindert w, daß der Verpfl das FamHeim, in dem er mit den gemeinschaftl Ki wohnt, wg der AusglFdg sofort veräuß muß (Finger JR **85**, 2: wohngsbezogene Verdinglichg des ZugewAusgl), obw es ihm nicht mögl ist, den Ki nach der Veräußerg vergleichb WohnVerhältn zu bieten. Den Ki sollen in der ScheidgsPhase zusätzl Schwierigkten dch Umzug od SchulWechsel nach Möglk erspart bleiben (BT-Drucks 10/2888 S 17). Die Vorschr bezieht sich auch auf vollj, noch im Haush lebde Ki (krit Weychardt DAV **84**, 846). Zur Beeinträchtigg sonstiger LebVerhältn: NJW **86**, 1285.

c) Die Stundg muß die **Interessen des Gläubigers** berücks, dh: auch dem AusglGl zumutb s. Da er nach dem GrdGedanken der ZugewGemsch den Zugew mitverdient hat, ist ihm die Stdg nur ausnahmsw zuzumuten. Zumutbark also zu verneinen, wenn er auf den AusglBetr angewiesen ist. ScheidgsSchuld des einen od and kann berücks w (arg a maiore aus § 1381); ebso wirtschaftl Verhalten beider Eheg vor u nach Scheidg. Ggf Vermeidg der Stdg dch Übertragg v VermGgsten (§ 1383 Anm 2).

3) Zuständigkeit und Verfahren bei unstreitiger Ausgleichsforderung, I–IV. Zuständig FamG, GVG 23b I Z 10, ZPO 621 I Z 9. Örtl Zustdgk FGG 45; sa ZPO 621 II, III, FGG 64a. Es handelt sich um

Bürgerliche Ehe. 6. Titel: Eheliches Güterrecht   §§ 1382, 1383

eine besondere Art der richterl Vertragshilfe. Mündl Verhandlg; FamG hat auf gütl Einigg hinzuwirken, FGG 53a. Bei VerglAbschluß NiederSchr entspr ZPO 160 III Z 1, 159. In den Vergl kann außer der StundgsVereinbg und der Verzinsg der gestundeten Fdg, II, auch die Verpflichtg des Schu zur Zahlg der Ausgleichsforderg, desgl die Übertragg bestimmter Ggstände auf den Gläub in Anrechng auf seine Fdg, § 1383, aufgenommen werden, FGG 53a I. Aus dem Vergl ist die ZwVollstr, die nach den Vorschr der ZPO erfolgt, mögl, FGG 53a IV. In dem Vergl des FamG kann auch ein etwa anhängiger RStreit über die AusglFdg, V, beigelegt werden. Einigen sich die Parteien nicht, so entscheidet das FamG; nachdem es die gemäß I erhebl Tatsachen vAw festgestellt hat, FGG 12. Es kann auf Stundg bis zu einem bestimmten Termin od auf Ratenzahlg erkennen. Auf Antrag des Gläub kann es auch die Verpflichtg des Schu zur Zahlg der AusglFdg aussprechen, FGG 53a II. Anzuordnen ist die **Verzinsg**, II, über deren Höhe das FamG ohne Bindg an den gesetzl Zinssatz (BayObLG FamRZ **81**, 392) ebso wie über eine vom Gläub beantragte SicherhLeistg nach billigem Ermessen entscheidet, IV; es ist also bezgl der Verzinsg nicht an § 246, bzgl der SicherhLeistg nicht an §§ 232ff gebunden. Außerd erstreckt sich der Ermessensspielraum des FamG auch auf die **Fälligkeit** der Zinsen, weil auch schon regelmäß ZinsZahlgen den Verpfl zur Veräußerg des FamHeims zwingen können (BT-Drucks 10/2888 S 17). FamG kann erforderlicherf währd des Verf einstw AOen treffen, die nur mit der EndEntsch angefochten w können, FGG 53a III. Seine Entsch wird erst mit der Rechtskr (FGG 53a II 1), iR des EntschVerbundes darüber hinaus erst mit Rechtskr des Scheidgsausspruchs wirks (ZPO 629d). Im isolierten Verf (ZPO 621 I Z 9) u bei unstr AusglFdg entsch der RPfleger, innerh des ZugewProz dagg der FamRichter (ZPO 623, 629; RPflG 3 Z 2a, 14 Z 2). Beschw binnen Notfr v 1 Mo (ZPO 621 I, III) zum OLG. Daneben ist ein StundgsAntr bei unbestr AusglFdg auch innerh des Entsch Verbundes mögl; dann entsch der FamRichter bei stattgebder Scheidg einheitl dch VerbundUrt (ZPO 629 I). **Rechtsbehelfe:** Anfechtg zus mit der Scheidg dch Berufg (ZPO 511), dagg keine Rev (ZPO 629a I). Gg die Entsch n § 1382 als selbst FamSache befr Beschw (ZPO 621e I, III); weitere Beschw allenf als UnzulässigkBeschw (ZPO 621e II 2).

4) Zuständigkeit bei streitiger Ausgleichsforderung, V. Soweit die AusglFdg str ist, insb also soweit ein VerweigersR geltd gemacht u desh das Ger angerufen w (§ 1381 Anm 3), kann der Schu StdgsAntr nur beim FamG stellen, zweckmäßigerw als HilfsAntr, u spätestens in der letzten TatsInst. Das FamG entsch iR des EntschVerbunds (ZPO 623, 629) od bei selbständ Geltdmachg der AusglAnspr nach Scheidg im Urt (ZPO 621 Z 8, 629 I od 621a II). IjF entsch der Ri (RpflG 14 Z 2). Die nachträgl Anrufg des FamG wg Stdg der AusglsFdg, üb die ein rechtskr Urt vorliegt, ist unzul; der Antr muß abgewiesen w, da das G die Anrufg verschiedener Ger ausdrückl („nur") ausschließt (Ausn in Anm 5). **Rechtsbehelfe:** In der Verbindg mit Anfechtg der Entsch ü die AusglFdg od im EntschVerbund Berufg zum OLG; bei isolierter Anf nur der Entsch ü den StundgsAntr Beschw z OLG (ZPO 621a II 2, 621e, 629a II).

5) Nachträgliche Aufhebung od Änderung der Stundungsentscheidung, VI. Die eigene Entsch, denen auch die vor dem FamG abgeschlossenen Vergleich, soweit sie die Stundg betreffen, Anm 3, gleichstehen müssen, sowie die Entsch des ProzeßG – das ist nach dem 1. 7. 77 stets das FamG – über die Stundg (aber natürl nur diese) kann FamG aufheben od ändern, wenn sich die Verhältnisse nach der früheren Entsch wesentl geändert haben. Es genügt also nicht jede Änderg, wohl aber nachträgl eingetretene ArbUnfähigk des Gläub, drohender VermVerfall des Schu, allg Verteuerg der lebenshaltgkosten, bes günstige Anlagemöglichk auf Seiten des Gläub, Beerbg des Schuldners, wobei dann die seiner Pers liegenden Gründe wegfallen, sich seine Erben auch nicht auf eigene ungünstige Vermögensverhältnisse berufen können (Gerold NJW **60**, 1744). Die Änderungen können also sowohl in der Person der Parteien wie in den allg Verhältnissen liegen; sie können für die Hinausschiebg des endgültigen Zahltermins oder die Höhe der Ratenzahlg von Bedeutg sein. Haben die Verhältnisse bereits zur Zeit der StundgsEntsch vorgelegen, so Änderg unzuläss; die Stundg kann nicht auf diesem Wege ein zweites Mal zur Entsch gestellt werden, auch dann nicht, wenn sie fehlerh war. So auch, wenn sich im ersten Verf die Änderg der Verhältnisse deutl abzeichnete (vgl RG **126**, 242). Alles das gilt insb auch für den vor dem ProzeßG versäumten Stundungsantrag. Lag aber währd des Verf vor dem ProzeßG Anlaß für eine Stundg überh nicht vor u hat sich die Lage des Schu erst nach dem Ztpkt, in dem letztmalig der Stundungsantrag hätte gestellt w können, wesentl geändert, so muß er auch trotz **V** beim FamG erstmalig gestellt w können, weil Schu sonst ohne Grund schlechter gestellt wäre, als wenn Fdg unstreitig; das FamG erkennt dann erstmalig auf Stundg (Maßfeller Betr **57**, 527). Demgemäß wird man auch beim FamG ggü dem Urteil des ProzeßG unter den Voraussetzgen von VI VollstrSchutzantrag nach ZPO 765a, 813a, ZVG 30a zulassen müssen (Baur FamRZ **58**, 255; aA Gernhuber § 36 VII 7 Fn 30: ZPO 775 Z 2 entspr). RBehelf wie Anm 3.

6) Einstweilige Anordnungen. Solche kann FamG, falls dafür ein Bedürfn besteht, treffen, FGG 53a III 1; insb also bei voraussichtl Änderg der StundgsEntsch zG des Schu die ZwVollstr vorl einstellen. Die einstw AO des FamG kann nur mit der Entsch angefochten werden, FGG 53a III 2.

1383 **Übertragung von Vermögensgegenständen.** ¹Das Familiengericht kann auf Antrag des Gläubigers anordnen, daß der Schuldner bestimmte Gegenstände seines Vermögens dem Gläubiger unter Anrechnung auf die Ausgleichsforderung zu übertragen hat, wenn dies erforderlich ist, um eine grobe Unbilligkeit für den Gläubiger zu vermeiden, und wenn dies dem Schuldner zugemutet werden kann; in der Entscheidung ist der Betrag festzusetzen, der auf die Ausgleichsforderung angerechnet wird.

II Der Gläubiger muß die Gegenstände, deren Übertragung er begehrt, in dem Antrage bezeichnen.

III § 1382 Abs. 5 gilt entsprechend.

Schrifttum: Meyer-Stolte Rpfleger **76**, 6.

1) Die AusglFdg ist eine GeldFdg (§ 1378 Anm 1); § 1383 ändert daran nichts (arg I Halbs 2). Daß Schu seinerseits die AusglVerpfl dch Herg bestimmter Ggstde verringern u Gläub zur Annahme verpflichtet w könnte, sieht das G nicht vor (vgl aber § 1378 Anm 4). Das Verf auf Zuteilg v VermGgsten ist ein zusätzl Verf der freiw Gerichtsbark mit zusätzl Geschäftswert (Schlesw SchlHA 79, 58).

2) Voraussetzungen. Der Gläub kann über die Zuteilg nach HausratsVO 8f hinaus Interesse an der Zuteilg von Ggständen haben, zu denen gerade er eine ganz bes Beziehg hat, währd das beim Schu nicht der Fall ist. Der Gläub kann aber, um einer langwierigen Abwicklg zu entgehen, die zudem vielleicht bei der Vermögenslage des Schu erhebliche Unsicherheiten in sich birgt, auch ganz od teilw eine Abwicklg in Sachwerten vorziehen. In beiden Fällen kann für ihn bei anderer Handhabg eine grobe Unbilligk gegeben sein. Sein Begehren aber nur dann berechtigt, wenn die Zuteilg dem Schu zuzumuten ist. Das wird in beiden Fällen im allg zu verneinen sein, wenn es sich etwa um Ggstände handelt, die lange in der Familie des Schu waren. Immerhin kann im zweiten Fall die Ablehng eines derartigen Naturalausgleichs ohne ganz bes Grd die Abweisg des Stundgsantrags des Schu zur Folge haben, wenn dadurch nämlich die Härte der baldigen Zahlg für ihn ganz od zT entfällt; demgemäß kann der Gläub einen Stundgsantrag mit seinem Erbieten, Ggst an Erfüllgs Statt anzunehmen, uU auffangen. „Gr Unbilligk" verlangt strengen Maßst, so daß Übertr v Ferienhaus in Österr abgel w (Hamm FamRZ 78, 687).

3) Verfahrensrecht. Zust FamG (GVG 23b Z 10, ZPO 621 I Z 9); es entscheidet der Rpfleger u nur iFv III der Richter (RPflG 14 Z 2; dazu Habscheid NJW 70, 1776). Erforderl **Antrag** des Gläub. Ist Zugew-AusglFdg str, dann Aussetzg des Verf od Zurückweisg des Antr, dagg nicht Entsch unter Vorbehalt (Kln FamRZ 76, 28). Antr muß Ggste, die übertr w sollen, bestimmen, also genügd eindeut bezeichnen. § 1383 ist Recht des Gläub; dem Ger fehlt daher die rechtsgestaltende EntschMacht wie nach der HausratsVO. Desh kann es bei dem Versuch, eine gütl Einigg herbeizuführen, auf die Hinnahme anderer Ggstr hinwirken, ist aber ohne Antr nicht befugt, in der Entsch and Ggste zu übertr. In der Entsch ist der Betrag anzugeben, der mit der Übertr abgegolten ist. Iü gilt für das Verf FGG 53a (s § 1382 Anm 3). Ist auf Übertr eines Grdst rechtskr erkannt, so gilt damit die EiniggsErkl vS des Schu als abgegeben (ZPO 894, FGG 53a IV), so daß der GrdbuchRpfleger einzutr hat; daneben Nachw der notariell beurk EiniggsErkl des AusglGläub erfdl (Meyer-Stolte Rpfleger 76, 6). Wg Rechtsbehelfen § 1382 Anm 3 u 4.

1384 **Berechnungszeitpunkt bei Scheidung.** Wird die Ehe geschieden, so tritt für die Berechnung des Zugewinns an die Stelle der Beendigung des Güterstandes der Zeitpunkt der Rechtshängigkeit des Scheidungsantrags.

1) Abweichender Berechnungszeitpunkt für den Zugewinn zur Durchführung des Entscheidsverbundes (ZPO 623, 629). Noch früherer BerechngsZtpkt bei vorzeit Ausgl (§ 1387). Nach § 1376 II wird das EndVerm, das für die Beurteilg der Höhe des Zugew maßg ist (§ 1373) nach dem Stichtag der Beendigg des Güterstdes berechnet; das wäre die Rechtskr des ScheidgsUrt (§ 1372 Anm 2). Um zu verhindern, daß der ausgleichspflicht Eheg den Zugew zum Nachteil des and zu verringern sucht, u da auch kein Grd besteht, den and Eheg an weiterem Zugew zu beteiligen, wenn ein Verf eingeleitet ist, das mit der Scheidg der Ehe endet, ist in diesem Falle für die Berechng des EndVerm u damit des Zugew jedes der beiden Eheg der **Zeitpunkt des Scheidungsantrags maßgebend** (ZPO 253 I, 622 nF). Das gilt auch bei längerem, selbst 5jähr (Hamm NJW 80, 1637) Ruhen des ScheidgsVerf (Ffm FamRZ 82, 1013; Karlsr Just 76, 33) od wenn Antr zwar abgewiesen od zurückgen, die Ehe aber auf WiderAntr geschieden w (BGH 46, 215; Heckelmann FamRZ 68, 59; vgl aber Reinicke BB 67, 521; aA RGRK 9). Bei mehr Anhängigk entscheidet dasj Scheidgs-Verf, das schließl zur Scheidg führt (BGH NJW 79, 2099; Kblz FamRZ 81, 260); das gilt selbst bei zwischenzeitl Versöhng (BGH FamRZ 83, 350). Bewertgsstichtag für das EndVerm ist der Tag der Zustellg des ScheidgsAntr (Mü FamRZ 82, 279). Unerhebl der Ztpkt des Beginns des Getrenntlebens (vgl aber §§ 1385, 1387). Der Anspr auf einen best Zugew kann dch einstw Vfg gesichert w (Ullmann NJW 71, 1294). Die Beendigg des Güterstdes selbst tritt nicht mit Stellg des ScheidgsAntr, sond erst mit Rechtskr der Urt (ZPO 629 nF) ein, so daß auch dann erst die AusglFdg entsteht (§ 1378 III). Mehr als sein Verm nach Abzug der Verbindlk braucht der AusglPflichtige aber auch hier nicht herauszugeben (§ 1378 II), so daß die Vorverlegg des BerechngsZtpktes uU wirkgsl bleibt. Desh kann der ausglberecht Eheg SicherhLeistg verlangen (§ 1389), möglicherw auch ggü Dr (§ 1390 IV).

2) Gleichgestellte Fälle. Wie die Scheidg ist auch die Eheaufhebg, EheG 37 I, unter den Voraussetzgen von EheG 26 auch die Ehenichtigk zu behandeln. Entspr Anwendg v § 1384, wenn nach Einleitg des ScheidgsVerf ein Eheg stirbt (§ 1371 Anm 4a).

1385 **Vorzeitiger Ausgleich bei Getrenntleben.** Leben die Ehegatten seit mindestens drei Jahren getrennt, so kann jeder von ihnen auf vorzeitigen Ausgleich des Zugewinns klagen.

1) Zu §§ 1385, 1386. Vorzeit ZugewAusgl vertragl (§ 1414) od im Klagewege dch **Gestaltungsurteil**. StufenKl auf Auskft u Zahlg des AusglBetrags kann zwar mit der GestaltgsKl verbunden w, über sie darf aber erst entsch w, wenn zuvor rechtskr dch TeilUrt auf vorzeit ZugewAusgl erkannt u damit die Beendigg des gesetzl Güterstd herbeigef w ist (Celle FamRZ 83, 171). Wg der auch für den bekl Eheg mit der Auflösg der ZugewGemsch verbundenen Vorteile beträgt der **Streitwert** idR ¼ des zu erwartden Zugew-Ausgl (BGH NJW 73, 369; sa Schlesw SchlHA 79, 180). Die **Voraussetzungen** sind in den §§ 1385, 1386 erschöpfd aufgezählt. Vorzeit ZugewAusgl daher nicht bei Entmündigg, Pflegerbestellg (§§ 1910, 1911), Konk, Überschuldg, gewagten Geschäften od solchen, die den bish Zugew ganz od zT aufs Spiel setzen. Ein Recht zum GetrLeben wird nicht mehr vorausgesetzt (BT-Drucks 7/650 S 102).

2) Vorzeitiger Ausgleich bei Getrenntleben. Letzteres berecht nicht schlechthin zum vorzeit Ausgl, sond nur, wenn es mind 3 J angedauert hat (dazu Otten FamRZ **58**, 447). **Zweck:** Mit Aufhebg der ehel Gemsch fehlt die Grdlage für eine Beteiligg am Zugew; 3-J-Frist soll eine Trenng nur um des vorzeit ZugewAusgl willen verhindern (BT-Drucks 7/650 S 102). Besonders der Eheg, den den niedrigeren Zugew gemacht hat, wird ein Interesse am vorzeitigen Ausgl haben. Aber auch der Eheg, der ausgleichen müßte, wird, wenn er weiteren Zugew zu erwarten hat od von den Beschrkgen, §§ 1365 ff, frei sein will, die ZugewGemsch beenden, auch ein VerweigersR, § 1381, festgestellt wissen wollen.

1386 *Vorzeitiger Zugewinnausgleich in sonstigen Fällen.* [I]Ein Ehegatte kann auf vorzeitigen Ausgleich des Zugewinns klagen, wenn der andere Ehegatte längere Zeit hindurch die wirtschaftlichen Verpflichtungen, die sich aus dem ehelichen Verhältnis ergeben, schuldhaft nicht erfüllt hat und anzunehmen ist, daß er sie auch in Zukunft nicht erfüllen wird.
[II]Ein Ehegatte kann auf vorzeitigen Ausgleich des Zugewinns klagen, wenn der andere Ehegatte
1. ein Rechtsgeschäft der in § 1365 bezeichneten Art ohne die erforderliche Zustimmung vorgenommen hat oder
2. sein Vermögen durch eine der in § 1375 bezeichneten Handlungen vermindert hat
und eine erhebliche Gefährdung der künftigen Ausgleichsforderung zu besorgen ist.
[III]Ein Ehegatte kann auf vorzeitigen Ausgleich des Zugewinns klagen, wenn der andere Ehegatte sich ohne ausreichenden Grund beharrlich weigert, ihn über den Bestand seines Vermögens zu unterrichten.

1) Allgemeines. § 1386 will vor einem schädl Verhalten des and Eheg schützen. Er enthält drei Fälle der vorzeit Auflösg. Vgl iü § 1385 Anm 1. Kein vorzeit Ausgl bei sonst Gefahr der Verkürzg der AusglFdg, sond nur § 1389 (Ffm FamRZ **84**, 895).

2) Schuldhafte Nichterfüllung der wirtschaftlichen Verpflichtungen, I, die sich aus dem ehel Verhältn ergeben, dazu § 1381 Anm 2, berechtigt zur Klage auf vorzeitigen Ausgl, wenn das längere Zeit hindurch geschehen ist, worunter eine geraume, nicht zu knappe Zeitspanne zu verstehen ist, und ferner anzunehmen ist, daß Eheg sie auch in Zukunft nicht erfüllen wird. Das auch dann zu bejahen, wenn der Mann einmal Unterh zahlt, einmal wieder nicht od die Frau nur ab u zu ihren Hausfrauenpflichten nachkommt, ohne daß Anzeichen für eine wirkl Änderg des Verhaltens gegeben sind; das eine längere Zeit hindurch beibehaltene Verhalten wird also oft die Annahme nahelegen, daß es auch weiterhin geschieht. Entscheidd ist die Sachlage bei der letzten mdl Verhandlg der letzten Tatsacheninstanz. Geschützt wird I vor allem der ausgleichspfl Eheg, der mit der vorzeitigen AusglKlage, durch die der andere Eheg vom künftigen Zugew ausgeschl wird, vgl § 1387, auch die Feststell verbinden kann, daß er trotz seines gehabten Zugewinns zum Ausgl nicht verpflichtet ist, § 1381.

3) Ausgleichgefährdendes Verhalten, II. Verfügt ein Eheg ohne Einwilligg des anderen über sein Verm im ganzen, § 1365, macht er übermäßige unentgeltl Zuwendg an Dritte, verschwendet er sein Verm od benachteiligt er den andern Eheg, § 1375 II, u ist eine erhebl Gefährdg der künftigen Ausgleichsforderg zu besorgen, kann auf vorzeitgen Ausgl geklagt werden. Das ist vor allem dann der Fall, wenn zu befürchten ist, daß das vorhandene Verm die AusglFdg nicht deckt, § 1378 II; dabei wird auch das künft Verhalten u die allg Möglichk von Verlusten, die gerade bei der bes Erwerbsart des Eheg eintreten können, nicht außer Betr bleiben; der ausgleichsberecht Eheg braucht dann das vergrößerte Risiko für seine Fdg nicht hinzunehmen. KlageR auch bei Besorgnis weiterer Verletzgen. Klagevoraussetzg aber nicht, daß eine AusglFdg wirkl vorhanden ist („künftige"). Klage entfällt selbst bei erhebl Gefährdg der künftigen AusglFdg, wenn der andere Eheg mit der unentgeltl Zuwendg oder der Verschwendg einverstanden war od 10 Jahre seit dem das Vermögen vermindernden Verhalten vergangen sind, § 1375 II. Zeitpkt der Beurt der Gefährdg: letzte mdl Verh über die Kl auf vorzeit Zugew (Ffm FamRZ **84**, 895).

4) Verweigerung der Unterrichtung über das Vermögen, III. Eine Pfl zur Auskft ü das Verm besteht nur nach Beendigg des Güterstdes bzw im Scheidgsfall (§ 1379). In einer richt LebGemsch aber wird ein Eheg den and über den Bestand seines Verm **unterrichten** (§ 1353 Anm 2b gg), was nicht so weit geht wie die AuskftsPfl (§ 1379 Anm 2). Erforderl Angaben über die wesentl Bestandteile des Verm, deren Wert, auch Verbleib; aber kein Recht auf Einsicht in die Geschäftsbücher, auf Belegen der Angaben mit Unterlagen (Celle FamRZ **83**, 171), Nachw u Angaben im einzelnen. KlVoraussetzg außerd, daß Eheg sich **ohne ausreichenden Grund beharrlich weigert.** Weigerg berecht s, wenn zu befürchten, daß der and Eheg einen unlauteren od geschäftsschädigden Gebr davon macht. Für die Beharrlk ist der feste Wille erfdl, nicht aber Wiederholg. Es besteht dann der Verdacht, daß er sich seiner Verpfl entziehen will, den and Eheg an dem Zugew zu beteiligen.

1387 *Berechnungszeitpunkt bei vorzeitigem Ausgleich.* Wird auf vorzeitigen Ausgleich des Zugewinns erkannt, so tritt für die Berechnung des Zugewinns an die Stelle der Beendigung des Güterstandes der Zeitpunkt, in dem die Klage auf vorzeitigen Ausgleich erhoben ist.

1) Der abweichende Berechnungszeitpunkt für den Zugewinn gilt für die Fälle der §§ 1385, 1386. **Zweck:** Es soll verhindert w, daß nach Klageerhebg der Zugew zum Nachteil des and Eheg verringert w; desh Abweichg v § 1376 II. Berechng des EndVerm u damit des Zugew bereits auf den Ztpkt der KlErhebg (ZPO 253 I, V). Tatsächl endet aber auch hier der Güterstd erst mit Rechtskr des Urt (§ 1388), so daß auch erst dann die AusglFdg entsteht (§ 1378 III). Jedoch bleibt, falls Kl dchdringt, der Zugew beider Eheg nach dem Ztpkt der KlErhebg außer Betr. Wird auch auf Scheidg geklagt, so ist ggf gem ZPO 621 III an das FamG der ScheidgsSache zu verweisen, dieses hat aber den Ztpkt der früh KlErhebg zGrde zu legen, sofern diese Kl dchdringt (§ 1384 Anm 2); uU Rückn der Kl auf vorzeit ZugewAusgl empfehlensw, wenn Ausgl gem § 1384 günstiger. Wird dagg währd eines lfden ScheidgsVerf Kl auf vorzeit ZugewAusgl erhoben, so ist der BerechngsZtpkt gem § 1384 maßgebd (Hamm FamRZ **82**, 609). Ztpkt der Rechtskr des Urt f den Stichtag des Zugew unerhebl. Vgl ferner §§ 1384, 1385 jew Anm 1. Aufhebg der ZugewGemeinsch dch ProzVergl läßt Ztpkt der KlErhebg nur dann maßgebl s, falls GestaltgsKl auf vorzeit ZugewAusgl erhoben war (Zweibr OLG **74**, 214).

1388 *Eintritt der Gütertrennung.* **Mit der Rechtskraft des Urteils, durch das auf vorzeitigen Ausgleich des Zugewinns erkannt ist, tritt Gütertrennung ein.**

1) Die Rechtskraft des Urteils auf vorzeitigen Zugewinnausgleich hat zur Folge, daß der gesetzl Güterstd endet. Am Zugew vom Berechnungsstichtag an, § 1387, nehmen die Eheg nicht mehr teil, da das idR nur weiteren Streit ergeben würde; so also auch, wenn ein Eheg weiter im Beruf od Geschäft des anderen Eheg mitarbeitet, falls nicht ein gesellschähnl Verhältn anzunehmen ist, § 1356 Anm 3; dieses wird bei Fortsetzg der Mitarbeit dch die Klage nicht ohne weiteres berührt, die dann nur die Wirkg einer Sicherstellg des bisher Erworbenen hätte. Güterrechtl tritt mit Rechtskraft des Urteils Gütertrenng ein. Söhnen sich die Eheg zB nach Getrenntleben wieder aus, so Fortsetzg der ZugewGemsch nur ehevertragl mögl.

2) Wirkung gegen Dritte. Eine §§ 1449 II, 1470 II entspr Vorschr fehlt; vgl auch Meyer FamRZ **57**, 285. Erman-Bartholomeyczik Anm 1 u Maßfeller-Reinicke § 1412 Anm 6 rechtfertigen das damit, daß Rechte Dritter nicht beeinträchtigt werden, weil beim gesetzl Güterstd ein Eheg Dritten ggü nicht mehr Recht hat als bei Gütertrenng. Das mag zutreffen. Der Rechtsverkehr ist durch die Unterlass des Gesetzgebers aber insof erschwert, als der Dritte sich über die Behauptg des verfügenden Eheg, er lebe in Gütertrenng, die VfgsBeschrkgen der §§ 1365, 1369 gelten für ihn nicht, aus dem Register keine Klarh verschaffen kann. Auch eine solche Gütertrenng muß deshalb als eintraggsfähig angesehen werden, Vorbem 2b vor § 1558, ebso Dölle §§ 46 II 2c, 62 III 1, 65 III 4.

1389 *Sicherheitsleistung.* **Ist die Klage auf vorzeitigen Ausgleich des Zugewinns, auf Nichtigerklärung oder Aufhebung der Ehe erhoben oder der Antrag auf Scheidung der Ehe gestellt, so kann ein Ehegatte Sicherheitsleistung verlangen, wenn wegen des Verhaltens des anderen Ehegatten zu besorgen ist, daß seine Rechte auf den künftigen Ausgleich des Zugewinns erheblich gefährdet werden.**

1) Sicherheitsleistung kann sowohl bei Erhebg der Klage auf vorzeit Ausgl (§§ 1385, 1386) als auch bei einer Kl auf NichtigErkl od Aufhebg der Ehe, insb iF des ScheidgsAntr (ZPO 622) verlangt werden. **Zweck:** Schutz vor einer nach § 1378 II beachtl VermVerminderg (MüKo/Gernhuber 2; aA BGH NJW **88**, 2369; Soergel/H Lange 2) u Sicherstellg des ZugewAusgl (Hbg FamRZ **82**, 284). Berecht ist nicht nur der Kl od AntrSt, sond auch der and Eheg. Erfolgt grdsl dch Klage, Gefährdg kann aber auch einstw Vfg erfordern. **Voraussetzungen:** Erhebg der AusglKlage (ZPO 253 I, V) u Besorgn erhebl Gefährdg des zu erwartden Ausgl dch den and; Tatfrage. Wird insb bei § 1386 II zu bejahen s, aber auch bei § 1386 III, da dort G von Benachteiligsverdacht ausgeht (§ 1386 Anm 4). Höhe der Sicherh richtet sich nach zu sichernden VermFdg, hins deren Höhe der and Eheg iRv § 1379, also ggf auch schon nach Beantragg der Scheidg, zur AuskErteilg verpflichtet ist. Soweit ein Eheg eigenmächtig sich Ggstände angeeignet hat, entfällt in dieser Höhe sein Anspr auf SicherhLeistg. Art der SicherhLeistg §§ 232ff; § 1382 IV gilt hier nicht. Abzulehnen, wenn Klage offensichtl aussichtslos, einstw Vfg auf Widerspr aufzuheben, wenn sich Aussichtslosigk im HauptVerf herausstellt. Ist genügende Sicherh nicht erlangt (Hbg NJW **64**, 1078) od der Schuldn mit der Gestellg von Sicherh in Verzug, so kann der Anspr aus § 1389 dch AnO des dingl Arrests (ZPO 916ff) gesichert w (Kln FamRZ **83**, 709; aA Hbg FamRZ **82**, 284; KG FamRZ **86**, 1107). Voraussetzg des Verzugs, daß kein ZurückbehaltgsR (wg Herausg v Schmuck, RentVersPapieren, Geburts- u HeiratsUrk) besteht (Ffm FamRZ **83**, 1233). **Vollstreckung** gem ZPO 887; nach Übergang des WahlR auf den Gläub ggf SicherhLeistg dch Hinterlegg v Geld auf Kosten des Schu (Düss FamRZ **84**, 704). Verwertg der Sicherh erst nach Fälligk der AusglFdg u bei EinredeFreih. **Arrest** zur Sicherg des ZugewAusglAnspr ab Rhängigk des ScheidgsAntr (MüKo/Gernhuber 4; Ditzen NJW **87**, 1806; and Ullmann NJW **71**, 1294; Kohler FamRZ **89**, 797: einstw Vfg; hM: SichergsSchutz nur für die gem § 1378 III 1 bereits entstandene AusglFdg; vgl KG FamRZ **86**, 1107 mN; Hbg FamRZ **88**, 964). Bei Fortdauer des ZugewAusglStr keine Rückgabe der freiw Sicherh nach Rkraft der Scheidg (Kln FamRZ **88**, 1273).

1390 *Ansprüche des Ausgleichsberechtigten gegen Dritte.* **¹Soweit einem Ehegatten gemäß § 1378 Abs. 2 eine Ausgleichsforderung nicht zusteht, weil der andere Ehegatte in der Absicht, ihn zu benachteiligen, unentgeltliche Zuwendungen an einen Dritten gemacht hat, ist der Dritte verpflichtet, das Erlangte nach den Vorschriften über die Herausgabe einer ungerechtfertigten Bereicherung an den Ehegatten zum Zwecke der Befriedigung wegen der ausgefallenen Ausgleichsforderung herauszugeben. Der Dritte kann die Herausgabe durch Zahlung des fehlenden Betrages abwenden.**

II Das gleiche gilt für andere Rechtshandlungen, wenn die Absicht, den Ehegatten zu benachteiligen, dem Dritten bekannt war.

III Der Anspruch verjährt in drei Jahren nach der Beendigung des Güterstandes. Endet der Güterstand durch den Tod eines Ehegatten, so wird die Verjährung nicht dadurch gehemmt, daß der Anspruch erst geltend gemacht werden kann, wenn der Ehegatte die Erbschaft oder ein Vermächtnis ausgeschlagen hat.

Bürgerliche Ehe. 6. Titel: Eheliches Güterrecht   §§ 1390–1407, Grdz v § 1408

IV Ist die Klage auf vorzeitigen Ausgleich des Zugewinns oder auf Nichtigerklärung, Scheidung oder Aufhebung der Ehe erhoben, so kann ein Ehegatte von dem Dritten Sicherheitsleistung wegen der ihm nach den Absätzen 1 und 2 zustehenden Ansprüche verlangen.

1) Allgemeines. Der AusglAnspr wird der Höhe nach im Interesse der Gläub des AusglPflichtgen durch den Wert seines Vermögens begrenzt, das nach Abzug der Verbindlichk bei Beendigg des Güterstandes vorhanden ist, § 1378 Anm 2. Wird nach § 1375 II dem EndVerm des AusglPflichtigen die durch ihn veranlaßte VermMinderg hinzugerechnet, ist es mögl, daß die AusglFdg ganz od zT ausfällt, § 1375 Anm 4. § 1390 gibt dem ausgleichsberechtigten Eheg einen Anspr gg den dritten Empfänger. Der Eheg geht ihm vor, um zu verhindern, daß sein Anspr durch unentgeltl Hingabe von VermGgständen an den Dritten, I, oder in unlauterem ZusWirken mit ihm, II vereitelt wird. Gleichgültig, ob EndVerm aktiv od passiv ist, § 1375 I 2 u dort Anm 5. § 1390 kann ehevertragl ausgeschl werden.

2) Anspruch bei unentgeltlichen Zuwendungen, I. Wegen unentgeltl Zuwendg § 1375 Anm 3a. Das Vorliegen von § 1375 Z 1 genügt nicht; die Zuwendg muß in der Abs gemacht sein, den ausgleichsberechtigten Dritten zu benachteiligten. Kenntnis des Empfängers von BenachteiliggsAbs nicht erforderl. AnfG 3 hilft nicht, da Fdg insoweit sie durch das Verm des Pflichtigen nicht gedeckt ist, nicht zur Entsteh gelangt, Eheg also insow auch nicht Gläub wird. Zur Berechng, insb der Möglichk eines negativen Endvermögens u des Ausfalls des Berechtigten § 1375 Anm 4 u 5. Der Berecht hat, soweit nach § 1378 II seine AusglFdg nicht zur Entsteh gelangt ist, Anspr auf Herausg nach den Vorschr der ungerechtfertigten Bereicherung, §§ 812 insb 818 ff. Der Dritte kann statt der Herausg Zahlg des fehlenden Betrages, der der Zuwendg an ihn entspricht, wählen.

3) Anspruch bei anderen Rechtshandlungen, II, die in BenachteiliggsAbs vorgenommen wurden, vgl § 1375 Anm 3c; hier jedoch nur, wenn auch dem Dritten die Benachteiliggsabsicht bekannt war. Hierfür genügt ein Annehmen od Kennenmüssen nicht; erforderl, daß der Dritte von der BenachteiliggsAbs des Eheg gewußt hat, u zwar im Zeitpkt der Vornahme der RechtsHdlg, wobei bei Notwendigk mehrerer Hdlgen zur Vollendg der Zeitpkt entscheidet, in dem die RWirkg eintritt. BewLast für die Kenntnis hat der Eheg.

4) Verjährung des Anspruchs gegen den Dritten, III. In 3 Jahren seit Beendigg des Güterstandes § 1372 Anm 2; unerhebl, wann der Berecht Kenntnis davon erhält. Endet der Güterstd durch Tod u hat der überl Eheg die güterrechtl Lösg gewählt, § 1371 Anm 4, 5, keine Hemmg der Verj deshalb, weil der Anspr erst nach Ausschlag der Erbsch od des Vermächtnisses, also erst nach Ablauf der Sechswochenfrist, § 1944, geltd gemacht w kann; vgl auch § 1378 Anm 3 u 2332 Anm 3.

5) Sicherheitsleistung, IV. Hat ein Eheg Klage auf vorzeitigen Ausgl des Zugewinns oder auf Scheidg, Aufhebg, NichtigErkl seiner Ehe gg seinen Eheg erhoben, kann er gleichzeitig vom Dritten, der herausgabepflichtig nach I oder II ist, SicherhLeistg verlangen, ohne daß er Gefährdg seines Anspr darzutun braucht, den das G offensichtl unterstellt. Vgl im übrigen § 1389 Anm 1.

1391–1407 fallen weg, GleichberG Art 1 Z 9.

II. Vertragsmäßiges Güterrecht

Grundzüge

Aus dem neueren **Schrifttum:** Mikat, FS Felgentraeger 1969, S 323; D. Schwab, GestaltgsFreih u Formbindg im EheVermR u die EheRef, DNotZ-SondH **77**, 51; Kühne, Ehel GüterR u ZuwendgsGeschäfte unter Eheg, FS Beitzke, 1979, S 249; Krüger, Steuerfolgen ehelicher GüterRGestaltgen, Mü 1978; Hartmann-Hilter, Der EheVertr auf der Grdl des neuen ScheidgsR, Mü 1978; Kanzleiter, VertrGestaltg im ehel GüterR u im VA, Kln 1978; Langenfeld, Handb der EheVertr u ScheidgsVereinbgen 1984; ders, Der EheVertr 4. Aufl 1988; Tzschaschel, Eheverträge (Muster), 2. Aufl 1987; Mutze/Bülow, EhegGesellsch-Vertr, 5. Aufl 1987; Brambring ZAP **89**, 199.

1) Der das ehel GüterR beherrschende **Grundsatz der Vertragsfreiheit,** vgl Einf 1 vor § 1363, bietet die Möglichk, die durch das G bis ins einzelne durchgebildete GüterGemsch od auch die Gütertrenng durch EheVertr zu vereinbaren, aber auch in einzelnen Bestimmgen Abweichgen von diesen zu treffen, ebso wie einzelne Bestimmgen der ZugewGemsch geändert w können, zB §§ 1363 Anm 6, 1374 Anm 1, 1375 Anm 1, 1378 Anm 2, vgl auch § 1412 Anm 4. Auch die ZugewGemsch kann ehevertragl zB bei Übergang von der Gütertrenng oder GütGemsch vereinbart werden; vgl auch § 1388 Anm 1. Die ehevertragl Vereinbargen brauchen sich auch nicht an den GleichberGrds, GG 3 II, zu halten, Reinicke NJW **53**, 683, Dölle JZ **53**, 360, Knur DNotZ **57**, 466, Finke MDR **57**, 579. Vgl auch § 1421. ErrGemsch u FahrnisGemsch hat der Gesetzgeber des GleichberG im Ggsatz zum BGB nicht mehr geregelt; über die Möglichk ihrer Vereinbg § 1409 Anm 1. – Im Verhältn der Ehegatten zueinander hat derjenige das Vorhandensein einer ehevertragl Bindg zu beweisen, der sich darauf beruft. Der Dritte wird durch die Bestimmg über die Eintragg ins GüterrechtsReg geschützt, § 1412. Wg der Übergangsbestimmgen und IPR vgl § 1413 Anm 4, Grdzg 2 vor § 1414, Grdzg 3 vor § 1415 u bei § 1519.

1. Allgemeine Vorschriften

1408 *Ehevertrag; Grundsatz der Vertragsfreiheit.* ¹Die Ehegatten können ihre güterrechtlichen Verhältnisse durch Vertrag (Ehevertrag) regeln, insbesondere auch nach der Eingehung der Ehe den Güterstand aufheben oder ändern.

²In einem Ehevertrag können die Ehegatten durch eine ausdrückliche Vereinbarung auch den Versorgungsausgleich ausschließen. Der Ausschluß ist unwirksam, wenn innerhalb eines Jahres nach Vertragsschluß Antrag auf Scheidung der Ehe gestellt wird.

Schrifttum: Ältere Lit 48. Aufl. Langenfeld, Hdb der EheVertr u ScheidgsVereinbg, 1984; Zimmermann/Becker FamRZ **83**, 1; Graf, Dispositionsbefugnisse ü den VA iRv § 1408 II, 1985; Kanzleiter, FS Rebmann 1989 S 561. Vgl iü Einf v §§ 1587, 1587o.

1) Wirksamkeitsvoraussetzungen. Für den EheVertr gelten die allg Grdsätze. Demgemäß Bedingg, ZeitBest, Anfechtg mögl. VertrParteien sind die Ehel, auch nach Eingehg der Ehe, zB zul Vereinbg von Gütertrenng (RG **88**, 322); ferner die Verlobten, nicht aber Dritte, etwa iR einer Schenkg. Geschäftsunfähigk: § 1411. Stellvertretg zul, auch Abschl dch den von der Fr bevollm Ehem (RG **79**, 282). Form: § 1410. Wirkg ggü Dr: § 1412. Im Verhältn untereinand können die Eheg schuldrechtl auch Rückwirkg vereinb. **Gläubigeranfechtung** (KO 29ff; AnfG 3): Vereinbg von Gütertrenng unter Aufhebg der GütGemsch nicht, ggf aber der AuseinandSVertr (BGH **57**, 123), soweit er mit einer VermEntäußerg verknüpft ist (RG Gruch **52**, 1167; vgl § 1437 Anm 2b). Dagg nicht, wenn ein R auf Aufhebg der GütGemsch bestand (RG **57**, 87). Selbst bei großer VermVerschiedenh ist die Vereinbg der GütGemsch keine Schenkg (BayObLG Recht **09** Nr 90), wohl aber uU in Verbindg m anschließder GütTrenng (RG **87**, 301). Keine Anf bei Vereitlg od Mindg v VerwandtenUnterhAnspr (Soergel/Gaul 21 mwN); evtl aber §§ 823, 826. Bei Verbindg m **Erbvertrag** ggf § 139 (Stgt FamRZ **87**, 1034).

2) Dauer des Ehevertrages. Auch hier gelten die allg Grdsätze. Er kann also nicht einseitig aufgehoben werden, auch nicht bei Getrenntleben; demgemäß kann sich der zur Scheidg Berecht auch nicht der güterrechtl Anspr des anderen mit der ArglEinrede erwehren, RG JW **13**, 1037. Wird die Ehe nicht geschl, so entfällt der Vertr; wird sie für nichtig erkl, so entfällt an sich die Voraussetzg. Es gelten jetzt aber, wenn auch nur ein Eheg bei der Eheschl gutgl war, Scheidgsfolgen, wenn er nicht die NichtigkFolgen wählt, vgl EheG 26 Anm 3, 4. Bei Scheidg fällt der EheVertr für die Zukunft weg; ebso bei Aufhebg, EheG 37.

3) Gegenstand des Ehevertrages ist die Regelg der vermögensrechtl Verhältn der Eheg iS des 6. Titels u der im Anschl an die Ehescheidg vorgesehene VersorggsAusgl iS des 7. Titels (§§ 1587ff). **a)** Zur Regelg der **güterrechtlichen Verhältnisse** der Eheg od Verlobten gehören nicht solche, die sich aus den persönlichen Ehewirkgen, §§ 1353–1362, ergeben, wie Verträge über die UnterhPfl, Abmachgen über die Höhe der BeitragsPfl, § 1360, Anstellg der Frau gg Gehalt im Geschäft des Mannes, RG Recht **15**, 2516. Werden sie in einem EheVertr mitgeregelt, so gelten trotzdem insof nicht §§ 1408ff, sond die EhewirkgsVorschr. Sind solche mitgeregelte Vereinbgen nichtig, so entscheidet über die Gültigk des Ehevertrages § 139. Ebensowenig gehören hierher Verträge über die vermögensrechtl Verhältnisse der Ehegatten nach Aufhebg des Güterstandes, RG DJZ **08**, 647, soweit nicht etwa geänd in das bestehende GüterR eingreifen. Künft Gläub (anders § 1480) können nach Abänderg des Güterstdes sich nicht auf den früheren, ihnen günstigeren berufen u deshalb anfechten, BGH **57**, 126. Die Abgrenzg gegenüber sonstigen vermögensrechtl Verhältnissen der Eheg, die zw ihnen ebenf bestehen können, stößt oft auf Schwierigkeiten. Entscheidend ist, ob die Regelg das GüterR gerade als solches verändert, RG Gruch **63**, 616, wobei die Änderg allg sein od auch nur für einen einzelnen Ggstand gelten kann, RG JW **11**, 154, od ob die Ehegatten diese auch treffen können, ohne gerade als Ehegatten u damit güterrechtl gebunden zu sein, so zB eines gemeins GrdStErwerbs für einen Hausbau, wobei zB Gemsch, Gesellsch, aber auch Auftr u Vollm vorliegen kann, was auch die Umst ergeben können, BGH FamRZ **69**, 78, vgl auch Staud-Felgentraeger 9. Ein **Ehevertrag liegt vor** bei Aufhebg od Änderg des gesetzl Güterstandes, bei Vereinbg der GütGemsch od eines anderen Güterstandes, bei Wiederherstellg des gesetzl od vertragl Güterstandes nach seiner Ausschließg od Änderg; bei Verträgen, die die Zugehörigk zum Vorbehaltsgut ändern (RG **87**, 59). Der Geschäftswert v EheVertr, dch die die ZugewGemsch ausgeschl od aufgeh w soll, bestimmt sich in KostO 39 III (Hamm RPfleger **79**, 153). Als EheVertr ist auch anzusehen, was § 2276 II wichtig, die Vereinbg des sonst ohnehin geltenden gesetzlichen Güterstandes durch Verlobte, vgl RG **133**, 20, die Bestätigg einer früheren vertragl Regelg über den Güterstd, KG RJA **15**, 287, die Klarstellg des gesetzl Güterstandes bei Zweifeln, RGRK Anm 3 zu § 1432 aF, die Vereinbg, daß zwar der gesetzl Güterstd, aber mit dem zZ des VertrSchlusses geltenden Inhalt gelten, spätere gesetzl Änderg also ausgeschl bleiben sollen, Celle FamRZ **61**, 446. Aus dem oben hervorgehobenen Grunde **hingegen kein Ehevertrag**: einzelne Schenkgen, falls diese den Güterstd nicht etwa umgestalten, RG **108**, 124, Gewährg von Darlehn, RG **78**, 207, TrHdVerhältn, Warn **15**, 135, GesellschVertr hins einzelner VermStücke, RG HRR **40**, 1236, Geschäftseinlagen. Ein unentgeltl Zugew-AusglVerzicht kann **nichtig** sein, wenn er unklar („alles Verm ist AnfangsVerm") ist (Stgt FamRZ **83**, 498 = DNotZ **83**, 693 mAv Kanzleiter).

b) Ausschließung des Versorgungsausgleichs, II.

aa) Abgesehen v ParteiVereinbgen iZushg mit der Scheidg (§ 1587o) gibt § 1408 II den Ehel allg, dh vor der Eheschließg od während des Bestehens der Ehe, aber nicht mehr nach Anhängigk des ScheidgsVerf (dann nur noch genehmiggsbedürft Vereinbg; Kblz FamRZ **89**, 407), die Möglk, den VA iS der §§ 1587ff auszuschließen, **S 1**. Zum Gesetzeszweck Hillermeier FamRZ **76**, 580, unter Betong der bes BeratgsPfl der Notare (§ 1410; BeurkG 17), um die Eheg vor übereilten u unzweckmäß Entschlüssen zu bewahren (sa Reinartz NJW **77**, 82f). **Nachteile des Ausschlusses:** (1) Der Ausschl des VA bringt die Gefahr mit sich,

Bürgerliche Ehe. 6. Titel: Eheliches Güterrecht § 1408 3b

jegliche Alters- u Invaliditätsversorgg zu verlieren; er schneidet den bei einer späteren Scheidg evtl AusglBerecht iF, daß dieser keine eig Rechte aus der SozVers hat, von allen deren Leistgen (RehabilitationsMaßn, Renten an Versicherte u Hinterbliebene, KrankenVersSchutz bzw Beiträge zur KrVers) ab. Das gilt insb für die Geschiedenen-Witwen-Rente (RVO 1265), die mit dem 1. 7. 77 weggefallen ist (vgl Kniebes/Kniebes DNotZ **77**, 294). (2) Der Aussschl führt uU auch zum Verlust v ZugewAusglAnsprüchen (§ 1414 S 2). (3) Ggf kann der Aussschl des VA dch entspr UnterhPflichten abgefangen w (§§ 1569ff), die sich iF des Todes des UnterhPflichtigen gg dessen Erben fortsetzen (§ 1586 b I). Fehlt es jedoch an einer entspr Erbmasse, so ist wiederum zu beachten, daß für Scheidgn ab 1. 7. 77 die Gesch-Wwen-Renten weggefallen sind. Für Beamte vgl dagg BeamtVG 22.

bb) Inhaltlich zulässig ist nicht nur der vollständ **Ausschluß** (negative Regelg), sond auch die Modifizierg od ein TeilAussschl des VA (positive Regelg). Dies ist inzw hM (BGH NJW **86**, 2316; Kblz FamRZ **86**, 273 mN; zur GgMeing mN 45. Aufl). **Modifikationen** sind jedoch nur unter dem GesPkt des Vertrauensschutzes zul. Unzul sind insbes über den Rahmen der § 1587, 1587a II hinausgreifde Vereinbgn, wie die Einbeziehg außerh der EheZt erworbener Versorggsanrechte (Kblz FamRZ **86**, 273). **Zulässig** ist dagg die Reduzierg der BeteiliggsQuote (BGH NJW **86**, 2316 etwa 31%: 69%); ferner der VA-Ausschl mit Rücktr-Vorbehalt (Langenfeld NJW **78**, 1505) od unter einer Bedingung, zB der, daß einer der Eheg sich im Alter mit seinem eig Verm angem versorgen kann; daß eine zu erwartde Erbsch anfällt (Reinartz NJW **77**, 83); daß eine ausgeübte Erwerbstätigk (Doppelverdienerehe!) fortgesetzt w usw. Zeitbestimmgn wie Aussschl des VA auf die Dauer der ersten fünf Jahre sind sittenwidr, sowie sie den soz Schwächeren in eine Zwangssituation bringen können (Ksel Rpfleger **78**, 443). Zul dagg die Verkürzg der EheZt, insb Aussschl f die Zukft (AG Bln-Charl FamRZ **83**, 76). Unter Berücks u iR des angegebenen Prinzips zuläss auch der Aussschl des VA bezügl Randversorggen, wie zB der Verzicht auf Einbeziehg einer kaum ins Gewicht fallden betriebl Ruhegeldzusage. Zul die Beschrkg des VA auf die gesetzl RentVers u der Aussschl der beiderseits erworbenen betriebl Ruhegeldzusagen, wenn ZugewAusgl gewährl bleibt (Lörrach NJW **80**, 58). Grdsl dürften auch keine Bedenken bestehen gg ein Ausweichen auf den schuldrechtl VA (Kniebes/Kniebes DNotZ **77**, 286 f; vgl aber zu dessen Nachteilen § 1587 f Anm 1). Zul auch die Vereinbg eines RücktrR, das auch wiederum auf best RücktrGrde beschränkt w kann (Kniebes/Kniebes DNotZ **77**, 288). Unzul ein aufschieb Aussschl bei ungeklärter Erwerbslage; ferner der Verzicht auf den VA für den Scheidgsfall, aber Dchführg des VA für den Fall, daß der ausglpflicht Eheg nach der Scheidg stirbt (vgl NJW **77**, 223). Läßt man den teilw od einseit Aussschl des VA zu, so treten Schwierigk auf hins der Frage, ob § 1414 S 2 gilt u Gütertrenng eintritt, sowie hins der Dchführg des VA gem FGG 53d (vgl Kniebes/Kniebes DNotZ **77**, 285f). Der vollst Aussschl des VA ist idR verfehlt bei der HaushFührgs- u Zuverdienstehe (vgl § 1360 Anm 3a u b cc). Allerd ist die These v Ruland NJW **76**, 1715, der Aussschl des VA sei unsittl, sof nicht gleichzeit eine anderweite Sicherg des schwächeren Eheg vereinb w ist, allg auf Ablehng gestoßen (Scheld JurPrax **77**, 11; Kniebes/Kniebes DNotZ **77**, 284; Hoffmann NJW **77**, 235; MüKo/Kanzleiter Rdn 19). Einmal können gf §§ 1569ff helfen (Reinartz NJW **77**, 82); zum and müßte für Abwäggen gem § 138 die Dauer der Ehe bekannt sein. Es dürfte aber keinem Zweifel unterliegen, daß die Rspr ähnl, wie sie den Unzulänglichkeiten des ehel GüterR dch die Ann v EheInnengesellschaften abgeholfen hat, Versorgungsausbeutgn etwa über die Lehre vom Wegf der GeschGrdlage korrigiert; denn nach der eindeut Wertg der §§ 1587ff gehören die auch nur von einem Eheg in der Ehezeit erworbenen Versorggstitel wirtschaftl beiden Ehel. Problemat daher auch die Änderg der AusglQuote beim öffrechtl VersorggsAusgl (krit unter prakt GesPkten auch Langenfeld NJW **78**, 1506). Um Überraschgn des nachträgl Anfechtgn (zB gem § 119 I) vorzubeugen, empfiehlt es sich, die wes Motivationen der Eheg in den VertrText mit aufzunehmen, zB daß die Eheg eine Doppelverdienerehe ohne Kinder zu führen beabsichtigen od daß sie sich kirchl Eheauffassgen verpfl fühlen, eine HausfrEhe führen wollen u der VA nur wg entspr gesellschaftsrechtl Verpflichtgen des Ehem ausgeschl w soll (krit zu dieser Empfehlg Reinartz DNotZ **77**, 271). Zul ist der isolierte Aussschl des VA ohne gleichzeit Regelg der güterrechtl Verhältn. Weder Getrenntleb noch die **konkrete Scheidungsabsicht** stehen der Wirksamk des Aussschl entgg (BGH FamRZ **83**, 459; Ffm FamRZ **86**, 1005 mN; Düss FamRZ **87**, 953; Lörrach NJW **80**, 58; vgl auch BVerfG NJW **87**, 179); insb bedarf der Aussschl in einem solchen Falle keiner famgerichtl Gen (Mü FamRZ **81**, 465). Unzul die **Vorabgenehmigung** der Vereinbg außerh der Scheidg u Erlangg einer höheren BestandsKr (Ffm NJW **79**, 1368). **Sittenwidrig** ist ein wechselseit Verzicht auf Zugew, VA u nachehel Unterh, wenn er sich prakt als einseit Verz vS der Ehefr nach 20j Ehe darst (Kln FamRZ **81**, 1087); erst recht, wenn obendrein u im vorhinein auch noch auf das SorgeR für das gemeins Kind verzichtet w (Ffm FamRZ **83**, 176). Keine Sittenwidrigk des Totalausschlusses, wenn potentiell ausglberecht Eheg eine TeilVersorgg hat u sie dch Teilbeschäftigg zur Vollversorgg ausbauen kann (Bambg FamRZ **84**, 483).

cc) Wirkung: Schließen die Eheg den VA aus, so tritt automat Gütertrenng ein (§ 1414 S 2), auch wenn die Eheg diese Wirkg nicht bedacht od gewollt hatten (dann allerd Anfechtgsmögl n § 119 I). Der gesetzl Güterstd u damit der ZugewAusgl bleibt dagg erhalten, auch wenn dem EheVertr etwas ergibt. Braucht nicht ausdrückl zu geschehen, sond kann sich auch aGrd einer Ausslegg (§ 157 BGB) ergeben. Im Zweifel lassen alle Vereinbgn, die den VA nicht einschränkgslos ausschließen, sond nur iR einer Modifikation, den gesetzl Güterstd unangetastet. Empfehlensw die ausdrückl Best im EheVertr, welcher Güterstd in Zukft gelten soll, ebso wie Isolierggsklausel iSv § 139 bei Verbindg mit and Regelgn angebracht ist (Langenfeld NJW **78**, 1504). Zu den verfahrensrechtl Konsequenzen Philippi FamRZ **82**, 1057.

dd) Wiederherstellung des Versorgungsausgleichs: Der Aussschl des VA steht unter einer **Sperrfrist** von 1 Jahr; er ist unwirks, wenn innerh v 1 J nach VertragsSchl Antr auf Scheidg der Ehe gestellt w, **S 2**. Zwingdes Recht (Ruland Rdn 591); nicht verfassgswidr (Stgt NJW **83**, 458; aA Gelsenk FamRZ **78**, 598). Der Aussschl des VA steht unter der auflösden Bedingg (§ 158 II) der Stellg des ScheidgsAntr (Kniebes/Kniebes DNotZ **77**, 288). **Zweck:** Sinnvoll ist die JahresFr angesichts des langs Anwachsens v Versorggs-Anwartsch eigtl nur für Ehel nach längerer Ehedauer; in einer kriselnden Ehe soll ein Versöhnungsversuch, den der scheidgswill Eheg nur gg Vereinbg des VA-Aussschl zu unternehmen bereit ist, nicht einseit zu Lasten des and Eheg gehen; denkb auch, den Aussschl nach § 1408 sogl mit einer dch den Scheidgsfall bedingten

1379

§ 1408 3, 4   4. Buch. 1. Abschnitt. *Diederichsen*

Vereinbg gem § 1587o zu verbinden (Reinartz DNotZ **78**, 272). Die Fr soll verhindern, daß „die Mögtk, den VA in einem EheVertr auszuschließen, m Rücks auf eine bevorstehde Scheidg der Ehe mißbraucht wird" (BT-Drucks 7/4694 S 13; Rolland § 1587o Rdn 7; zu eng daher insow Ruland Rdn 591). Zweifelsfragen bei der Auslegg sind desh aus dem bes Schutzbedürfn des an sich ausglbrecht Eheg zu entsch. Erfolgte der Ausschl dch Verlobte, beginnt die JahresFr frühestens mit der Eheschl (D. Schwab DNotZ-SondH **77**, 66; aA MüKo/Kanzleiter Rdn 20). Evtl Genehmiggen wirken auf den Ztpkt des VertrSchl zurück (§ 184 I). Vormschgerichtl Gen gem § 1411 (*arg* § 1408 II: In einem „EheVertr"; vgl aber Bergerfurth FamRZ **77**, 441). Für die Zerstörg des VA-Ausschl kommt es auf die **Zustellung des** von einem bei dem FamG zugelassenen RA unterschriebenen (BGH FamRZ **87**, 365 mAv Bosch; Düss NJW **80**, 2317) **Scheidungsantrags** an den AntrGegn an (BGH NJW **85**, 315; vgl iü 44. Aufl). Ist bei Vereinbg des VA-Ausschl ScheidgsAntr bereits gestellt, gilt II 2 analog; die Vereinbg kann allenf nach § 1587o genehmigt w (BGH NJW **87**, 1768). Umgek wird ein währd eines ScheidgsVerf nach § 1408 II 1 vorgen VA-Ausschl dch Rückn des ScheidgsAntr nicht wirks (aA Kblz FamRZ **86**, 1220). Im übrigen Einreich des ScheidgsAntr mit demnächstiger Zustell gem ZPO 270 III ausreichd; BGH NJW **85**, 315/7 „unbeschadet"; Bambg FamRZ **84**, 483). Mitteilg des ProzKostHilfeGesuchs mit der Erkl, daß der ScheidgsAntr nur bei der Bewilligung v PKH gestellt w soll, nicht ausr (Bambg FamRZ **84**, 483). Wird der ScheidgsAntr später zurückg, bleibt der VA-Ausschl wirks (BGH NJW **86**, 2318 mN insb auch der Gg- Meing). And bei unbegründetem ScheidgsAntr (Stgt NJW **83**, 458). Der ausgleichsberecht Eheg, der – evtl nur um die Ehe zu retten u dem and Teil Versöhnungsversuche zu erleichtern – auf den VA verzichtet hat, kann nicht gezwungen w, die Ehe dch eig Antr aufzulösen, nur um den inzw als verfehlt erkannten Ausschl des VA rückgäng machen zu können. Nicht überzeugd daher MüKo/Kanzleiter Rdn 21, der auf die Ernstlichk des ScheidgsAntr abstellen will. Insow kommt dem II 2 der Charakter eines an eine bes Form gebundenen Rücktr zu; der VA-Ausschl wird aber auch unwirks, wenn der and Eheg ScheidgsAntr stellt. Ein erneuter VA-Ausschl bedarf wiederum not Beurk. Wird der Ausschl des VA gem II 2 rückgäng gemacht, entfällt auch die Wirkg v § 1414 S 2, dh es tritt automat der gesetzl Güterstd in Kraft (v Maydell FamRZ **77**, 181). Für zweitl Verfüggen gilt § 161 (Rolland Rdn 17; Kniebes/Kniebes DNotZ **77**, 288). Nach FrAblauf ggf noch § 138 od **Anfechtung** (§§ 119, 123), wenn zB der dch den VA-Ausschl begünstigte Ehem von Anfang an nicht die Absicht hatte, auf seine Geliebte zu verzichten; wenn im Anschl an den VA-Verzicht entsprechde Vermögensumschichtgen vorgenommen wurden, die den fortbestehden Anspr auf ZugewAusgl schmälern uä. Vgl MüKo/Kanzleiter Fn 56, der auf die Frage der Bevorstehens der Scheidg § 119 II anwenden will. II 2 gilt auch, wenn Vereinbg nach Rhängigk des ScheidgsVerf getroff w, auch wenn 1 J lang kein Antr gestellt w (Düss FamRZ **86**, 68).

ee) **Übergangsregelung.** Im Rahmen der dch § 1408 nF gelassenen DispositionsFreih sind auch Vereinbgen über den Ausschl des VA, die vor dem 1. 7. 77 formgerecht getroffen w sind, wirks; die Fr des II 2 beginnt allerd erst am 1. 7. 77 (Reinartz NJW **77**, 84; Bergerfurth FamRZ **77**, 441; D. Schwab DNotZ-SondH **77**, 66). Vgl iü Einf 7 vor § 1587.

4) **Vertragsfreiheit und ihre Schranken.** Vgl auch § 1409 Anm 1 sowie zum **Verzicht auf nachehelichen Unterhalt** § 1585c. An dem Grds der VertrFreih hat das GleichberG nichts geändert, so daß auch eine solche Regelg gewählt w kann, die dem GleichhGrds nicht entspricht, Grdz 1 vor § 1408. Die Eheg sind frei in zeitl, Anm 1, wie inhaltl Beziehg. Auch der Inhalt des gesetzl Güterstandes kann also vertragl geändert werden. Mögl zB Vereinbg einer anderen AusglQuote als der Hälfte (Maßfeller Betr **58**, 564), Befreiung von den Vfgsbeschrkgen der §§ 1365, 1369, dort Anm 1 u BGH NJW **64**, 1795, Lange FamRZ **64**, 546 auch dahingehd, daß zB nur bei dem MannesVerm (mit Rücks auf seine Tätigk) die Befreig eintreten soll, Knur DNotZ **57**, 470 Anm 42, Änderg der Bestimmgen über das Anfangs- od Endvermögen, anderer Zeitpkt für Bewertg des AnfangsVerm, Hbg NJW **64**, 1078, Annahme eines Anfangsvermögens, das noch gar nicht vorhanden ist, wodurch sich der begünstigte Eheg einen bestimmten Voraus sichert, andere Bewertungsmaßstäbe als die des § 1376, insb hins der Berücksichtigg von Wertschwankgen, Einigg über die heranzuziehenden Sachverst, Zahlsvereinbgen für den Ausgl, andere Arten des Ausgleichs, etwa eine Rente, Nießbr, Abschichtg mit einem bestimmten VermStück, Ausschließg der erb- od güterrechtl Lösg für den Erbfall, Ausschließg od Beschrkg des ZugewAusgleichs für den Fall der Scheidg, Lange FamRZ **64**, 546, Johannsen **LM** § 1412 Nr 1, vgl auch Kohler BB **59**, 929, des Zugewinns aus GeschVerm, Finke MDR **57**, 579, aus einer bestimmten Arbeit, einer Erfindg, der Herausnahme bestimmter Ggstände aus dem Ausgl, zB den Firmenwert; allerdings kann hins solcher Herausnahmen bei einem späteren Ausgl leicht der Einwurf erhoben werden, daß für das herausgenommene VermStück unverhältnismäßig mehr als für das sonstige Gut getan worden wäre, also § 1375 II Z 3, so daß Ausschl des gesetzl Güterstandes oft vorzuziehen. Die völlige Ausschließg des Zugewinns bewirkt Gütertrenng, § 1414, s dort. Für die VertrFreih bestehen jedoch folgende **Beschränkungen: a) allgemeiner Art,** §§ 134, 137, 138 I od weil die Vereinbg mit dem Wesen der Ehe unvereinb wäre, nichtig zB eine Abänderg der zum Schutze Dritter getroffenen Vorschr, zB § 1437 II, aber auch, daß die AusglFdg in unbegrenzter Höhe also höher als die aktive Endvermögen zur Entstehg kommen kann, § 1378 Anm 2, ebso Finke MDR **57**, 579; unzulässig demgemäß auch der ehevertragl Ausschluß der Rechte der Abkömmlinge, die nur von einem der Eheg abstammen, § 1371 IV, ebso Gernhuber § 37 IV 8, RGRK Anm 18, aM Dölle § 57 IV 2 Anm 5; in diese kann nur ihr Elternteil durch letztw Vfg, ErbVertr eingreifen. – b) **Besondere Beschränkungen** enthalten §§ 1409, 1518. – **c)** Die Frage, ob nur die **ehevertragliche Bestimmung, die im Widerspruch mit dem von den Ehegatten vereinbarten Güterrecht steht,** unwirks ist od ob sie den ganzen Vertr unwirks macht, wird in dieser Allgemeinh verneint w müssen, da § 1414 diese Folge selbst dann nicht eintreten läßt, wenn bei Bestehen des gesetzl Güterstandes der ZugewAusgl ausgeschl wird, dann vielm Gütertrenng eintritt; ebso Finke MDR **57**, 580. Es wird also bei Bestimmgen, die dem bestehenden od gewählten Güterrecht widersprechen, durch Auslegg zu ermitteln sein, welche Art GüterR tatsächl besteht, vgl § 1418 Anm 2, ob die Bestimmgen nicht derart widerspruchsvoll sind, daß das nicht mögl ist, § 1421 Anm 1, oder ob der VertrTyp feststeht, es sich aber um zu ihr zwingd gehörige Nebenbestimmgen handelt, wie zB über den Zeitpkt des Entstehens der AusglFdg u die

Bürgerliche Ehe. 6. Titel: Eheliches Güterrecht §§ 1408–1412

Unmöglichk, vorher sich zu einer Vfg über sie zu verpflichten, § 1378 III; vgl auch § 1428 Anm 1. Jedenfalls widerspricht die Überlassg der Verwaltg beider Vermögen an einen Eheg nicht dem gesetzl Güterstd, selbst wenn damit eine Vfgsbefugn verknüpft wird, da sein Zweck, der ZugewAusgl, dadurch nicht geändert wird; wohl aber eine Bindg der Eheg entspr §§ 1365, 1369 bei Gütertrenng, da einer solchen Bindg § 137 entggsteht, RGRK 15, Dölle § 43 C 2 III b (bei aa), aM 24. Aufl. Die vom Gesetz zur Wahl gestellten Güterstde können also mannigf abgeändert werden; aber frei ausgestaltete andersartige GüterVertrtypen nicht mögl, Dölle § 43 C III b (bei cc), Gernhuber § 32 III, Beitzke FamR § 13 IV 4, weitergeh Zöllner FamRZ **65**, 113.

1409 *Beschränkung der Vertragsfreiheit.* Der Güterstand kann nicht durch Verweisung auf nicht mehr geltendes oder ausländisches Recht bestimmt werden.

1) Im Rahmen der güterrechtl VertrFreih kann auf einen der VertrTypen des BGB (Gütertrenng, GütGemsch) im ganzen verwiesen w. Dagg ist die Verweisg auf ein nicht mehr bestehdes od ausländ GüterR unzul; der EheVertr ist nichtig (§ 134). Jedoch zul iR v § 1408 Anm 4 die Aufn früh od ausl Einzelregelgen (MüKo/Kanzleiter 1).

1410 *Form des Ehevertrags.* Der Ehevertrag muß bei gleichzeitiger Anwesenheit beider Teile zur Niederschrift eines Notars geschlossen werden.

1) In Erweiterg der **Formerfordernisse** von § 128 (RG **69**, 133) ist für den Abschl des EheVertr vorgeschrieben: **a) gleichzeitige Anwesenheit** beider Teile. Jedoch Vertretg, auch dch den and Eheg, mögl (§ 1408 Anm 1). Weder Vollm noch Gen bedürfen der Form des § 1410 (§§ 167 II, 182 II). Gesetzl Vertretg: § 1411.

b) Abschluß des EheVertr (§ 1408 Anm 3) **vor dem Notar** (BeurkG 56 III), auch des VorVertr (RG **48**, 186). Eintragg im GütRReg zur Wirksamk nicht erfdl (Einf 1 v § 1558). Ersatz der Form dch ProzVergl (§ 127a). EheVertrForm reicht für den urkdl damit verbundenen ErbVertr (§ 2276 II).

2) Wird die vorgeschr Form nicht eingehalten, Nichtigk des EheVertr (§ 125). Die Nichtigk des damit verbund ErbVertr richtet sich nach § 139 (§ 1408 Anm 1).

1411 *Eheverträge beschränkt Geschäftsfähiger und Geschäftsunfähiger.* [I]Wer in der Geschäftsfähigkeit beschränkt ist, kann einen Ehevertrag nur mit Zustimmung seines gesetzlichen Vertreters schließen. Ist der gesetzliche Vertreter ein Vormund, so ist außer der Zustimmung des gesetzlichen Vertreters die Genehmigung des Vormundschaftsgerichts erforderlich, wenn der Ausgleich des Zugewinns ausgeschlossen oder eingeschränkt oder wenn Gütergemeinschaft vereinbart oder aufgehoben wird. Der gesetzliche Vertreter kann für einen in der Geschäftsfähigkeit beschränkten Ehegatten keinen Ehevertrag schließen.

[II]Für einen geschäftsunfähigen Ehegatten schließt der gesetzliche Vertreter den Vertrag; Gütergemeinschaft kann er nicht vereinbaren oder aufheben. Ist der gesetzliche Vertreter ein Vormund, so kann er den Vertrag nur mit Genehmigung des Vormundschaftsgerichts schließen.

1) **Vertragsabschluß durch beschränkt Geschäftsfähige, I.** Beschränkt GeschFähige können einen EheVertr nur selbst abschließen; der gesetzl Vertreter, gleichgültig, ob die Eltern, § 1629, oder ein Vormd, sind zum Abschl eines Ehevertrages abweichend von den allg Vorschr niemals befugt, wobei ohne Bedeutg, welchen Inhalt er hat, I 3; hat Vertreter abgeschl, so § 177. Für die vor VolljkEintr erkl Verweigerg der Gen dch seinen ges Vertreter trägt der bei Abschl des EheVertr mj Eheg die Beweisl (BGH FamRZ **89**, 476). Ist der gesetzl Vertreter ein Vormund, so bedarf er seiner der Gen des VormschG, §§ 1828–1830, wenn der ZugewAusgl ausgeschl od eingeschränkt od GütGemsch vereinbart oder aufgehoben werden soll: bloße Änderg des GüterGemschEhevertrages, falls darin nicht tatsächl eine Aufhebg liegt, Planck § 1437 aF Anm 9 fallen nicht hierunter. Ebenso bei Pfleger, § 1915. Zuständigk FGG 43 II; es entscheidet der RPfleger, RPflG 3 Z 2a.

2) **Vertragsabschluß eines Geschäftsunfähigen, II.** Hier schließt der gesetzl Vertreter den EheVertr ab, II 1. Er kann Eheverträge jeder Art abschließen, also auch ZugewGemsch aufheben od den ZugewAusgl ausschließen; nicht befähigt ist er ledigl zum Abschl eines Ehevertrages, durch den GütGemsch vereinbart od aufgeh wird, wohl aber zu Abänderungen. Ist der gesetzl Vertreter ein Vormd, so Gen des VormschG erforderl, II 2; wg Zustdgk Anm 1.

1412 *Wirkung gegenüber Dritten.* [I]Haben die Ehegatten den gesetzlichen Güterstand ausgeschlossen oder geändert, so können sie hieraus einem Dritten gegenüber Einwendungen gegen ein Rechtsgeschäft, das zwischen einem von ihnen und dem Dritten vorgenommen worden ist, nur herleiten, wenn der Ehevertrag im Güterrechtsregister des zuständigen Amtsgerichts eingetragen oder dem Dritten bekannt war, als das Rechtsgeschäft vorgenommen wurde; Einwendungen gegen ein rechtskräftiges Urteil, das zwischen einem der Ehegatten und dem Dritten ergangen ist, sind nur zulässig, wenn der Ehevertrag eingetragen oder dem Dritten bekannt war, als der Rechtsstreit anhängig wurde.

[II]Das gleiche gilt, wenn die Ehegatten eine im Güterrechtsregister eingetragene Regelung der güterrechtlichen Verhältnisse durch Ehevertrag aufheben oder ändern.

1) Zur Wirksamk des EheVertr bedarf es einer Eintr im GüterRReg nicht (Königsbg OLG **15**, 406), ebso wie auch die Eintr für einen unwirks EheVertr keine heilde Wirkg hat (anders § 313 S 2). Der Dritte kann

§§ 1412, 1413

aber davon ausgehen, daß zw Eheleuten der gesetzl Güterstd gilt. Beurteilt sich das ehel GüterR nach einer ausländ ROrdng, so ist die ZugewGemsch nicht der gesetzl Güterstd u bedarf als vereinbarter der Eintr (BayObLG FamRZ **79**, 583). Abweichgen sind ihm ggü (anders zwischen den Ehegatten) nur wirks, wenn sie eingetragen sind od ihm bekannt waren **(I)**. Anderers braucht der Dr nicht damit zu rechnen, daß eine von der Eintr abweichde Regelg getroffen w ist, sol diese Vereinbg nicht eingetr ist, es sei denn, sie ist ihm sonst bek geworden **(III)**. Kein Schutz des guten Glaubens hingg bei § 1368. Ähnl Regelg in EheG 27.

2) Anwendungsgebiet. a) Ehevertragl Ausschließg des gesetzl Güterstdes, so daß Gütertrenng gilt (§ 1414). Eintr zul (BGH FamRZ **76**, 443). Auch bei Beendigg kr Ges ist Eintr sinnvoll (vgl § 1388 Anm 2). – **b)** Ehevertragl Änderg des gesetzl Güterstd, der als solcher bestehen bleibt (Grdz 1 vor § 1408); wird dabei Zugew ausgeschl, tritt Gütertrennung ein (§ 1414). – **c)** Ehevertragl Aufhebg der im GüterRReg eingetragenen vertragl Regelg, also zB bei Aufhebg der GütGemsch u gesetzl Eintritt subsidiären Güterstdes mangels anderer Vereinbg (§ 1424). Ebso (vgl §§ 1449 II, 1470 II) bei Beendigg der eingetragenen Regelg kraft G (§§ 1447–49, 1469, 1470). – **d)** Ehevertragl Änderg der im GüterRReg eingetragenen vertragl Regelg, auch bei Änderg der VerwaltgsBefugn, ebso die kr AnO eines Dr eintretde Änderg (§ 1418 II Z 2, 3, IV). – **e)** Entspr anwendb: Beschrkg od Ausschl der ehel Vertretgsmacht (§ 1357 II 2), Einspruch u Widerruf der Einwilligg zum selbstdgen Betr eines ErwerbsGesch (§§ 1431 III, 1456 III).

Nicht anwendbar, wenn eine vertragl od aus anderen Gründen eingetretene Regelg, die an sich der Eintragg bedurft hätte, aber nicht eingetragen wurde, aufgeh od geändert wird, Planck Anm 3 zu § 1435 aF. Der Dritte ist gg Veränderngen selbst dann nicht geschützt, wenn er von dem ursprüngl Zustand, zB der nicht eingetragenen GütGemsch, auf die er sich verlassen hat, die nun aber aufgeh ist, durch die Ehel Kenntnis erlangt hat, aber Haftg aus Erweckg eines Rechtsscheins od § 826 mögl.

3) Voraussetzungen für die Wirksamkeit der Veränderungen. Entweder **a)** muß die Eintragg (auf die Bekanntmachg od die Kenntnis des Dritten von der Eintragg kommt es nicht an) im GüterRRegister, §§ 1558ff, zZ der Vornahme des Rechtsgeschäftes, bei genehmiggsbedürftigen Geschäften also zZ des Abschlusses (nicht der Genehmigg), RG **142**, 59, RGRK Anm 23, oder des Eintritts der Rechtshängigkeit bestehen, Eintragg muß vollst sein, vgl dazu auch Schlegelberger FGG 161 Anm VII, anderrw § 1421 Anm 2. Einzutragen ist zB bei GütGemsch die VerwBefugnis, § 1421, so auch Dölle § 68 III, aM Haegele Justiz **57**, 431, bei VorbehGut nicht nur die Tats, daß solches vorhanden ist, sond auch die letztw Vfg, die Anordng des Zuwendenden, § 1418 II Z 2, ferner die genügend deutl Bezeichng der Ggstände, zB Erwerbsgeschäft, Landgut, bei den einzelnen dazu Gehörige; denn die Eintragg wirkt dann bereits, wenn bei der im Verkehr aufzuwendenden Sorgf ihre Tragweite im allg erkannt w kann. Es kann auch auf ein bei den Registerakten befindl Verzeichnis Bezug genommen werden, § 13 Bundesratsbestimmg v 3. 11. 98. Oder

b) der Dritte hat Kenntnis von den Veränderngen, auch wenn sie nicht eingetragen sind. Auch hier genügt Kenntn der tatsächl Verhältnisse im allg, ohne daß der Dritte im einzelnen alle rechtl Folgergen daraus zu ziehen braucht; Kennenmüssen genügt nicht.

4) Der **Schutz** bezieht sich nur auf rechtsgeschäftl Handeln, so daß § 1412 für die ZwVollstr nicht gilt, sond der Abschl des EheVertr auch anderweit nachgewiesen w kann. Schutz erstreckt sich nicht auf die Ehegatten untereinander, Anm 1, auch nicht Dritte untereinander, die im Vertrauen auf die Richtigk der Eintragg miteinander ein RGesch abschließen. Ebensowenig gilt er für Einwendgen gg RGeschäfte u Urteile, nicht aber einen Erwerb durch ZwVollstr, Hbg OLG **30**, 42; ebsowenig bei Anspr aus unerl Hdlg od gesetzl UnterhR. In diesen Fällen kommt es also stets auf die Sachlage an. – Der Dritte kann sich auf die Eintragg, so wie sie aus dem Register hervorgeht, berufen, um davon abweichende Einwendgen zu entkräften, muß sich freilich dann auch solche aus dem zu seinen Gunsten angenommenen GüterR entgegenhalten lassen. Auch äußert sich der Schutz nur darin, daß die Wirksamk des RGeschäfts od Urteils nach dem Registerstande beurteilt wird, ermöglicht aber nicht Befriedigg aus dem Vermögen des anderen Eheg, das dann seinem Zugriff unterlegen hätte, vgl Colmar OLG **11**, 282; im Fall des II versagt der Schutz ferner, wenn die Eintragg nicht der wirkl Sachlage entspricht, der zu Grunde liegende EheVertr eingetragen ist, da auch dann nur die wahre Sachlage gilt u die falsche Eintragg zu Lasten des Dritten geht. Anders also §§ 892ff, die ebso wie §§ 932, 936 ihre Wirkgen behalten, selbst wenn nach dem Registerstande der Erwerb nicht wirks wäre, zB steht die Eintragg der GütGemsch dem Erwerb von dem im GB als Alleineigtümer eingetr Eheg nicht entgg, RGRK Anm 22. Vgl auch § 1422 Anm 4. Der GutglSchutz schützt nicht vor dem Anspr auf Herausg des Erlangten gem § 816 I 2 (BGH **91**, 288).

5) Ende des Schutzes: mit der Änderg der Eintragg der Scheidg, Aufhebg, Nichtigk der Ehe, vgl auch EheG 27, mit der Wohnsitzverlegg des Mannes ohne Eintragg an seinem neuen Wohnsitz, § 1559.

1413 Widerruf der Überlassung der Vermögensverwaltung.

Überläßt ein Ehegatte sein Vermögen der Verwaltung des anderen Ehegatten, so kann das Recht, die Überlassung jederzeit zu widerrufen, nur durch Ehevertrag ausgeschlossen oder eingeschränkt werden; ein Widerruf aus wichtigem Grunde bleibt gleichwohl zulässig.

1) Vermögensverwaltung durch einen Ehegatten: a) Zulässigkeit und Anwendungsbereich. Jeder Eheg kann dem and sein Verm zur Verw überlassen. § 1413 betr deren Widerruf u stellt f dessen Ausschl ein FormErfordern auf. Die Vorschr gilt f beide Eheg u allg, also auch f die ZugewGemsch- u GütGemsch (§ 1422 Anm 1). – **b) Vertragsinhalt.** Die VermVerwÜberlassg (auch hins bl VermTeile) erfolgt dch schuldrechtl Vertr (Lange FamRZ **64**, 546); gleichzeit NießbrEinräumg zul (Soergel/Gaul Rz 2). – **c) Zustandekommen** des Vertr auch dch schlüss Handeln; doch ist stets RBindgsWille beid Eheg erfdl (RG JW **38**, 3112). Keine VermVerw iS § 1413 mit automat Haftg f ungeklärte Differenzen von Einnahmen u Ausgaben dadch, daß ein Eheg mit Billigg des and alle finanziellen Angelegenh der Ehel erledigt (BGH

Bürgerliche Ehe. 6. Titel: Eheliches Güterrecht § 1413, Grdz v § 1414

FamRZ **88**, 42). Auch Erteilg v BankVollm mit Erledigg der finanziellen Angelegenh dch einen Eheg, Vereinnahmg v Bargeldern iR der MitArb in einer ZahnarztPrax reichen nicht aus (BGH NJW **86**, 1870/71). Keine Vermutg f Überlassg, wenn Eheg in gutem Einvernehmen leben (RG Recht **17**, 64) od wenn ein Eheg das Verm einvernehml in Händen hat (BGH **31**, 204f), wohl aber bei längerer Duldg der VerwMaßn. Ist ein Eheg in der GeschFähigk beschr, Einwillig des ges Vertr erfdl; bei Eintr der Beschrkg währd der Überlassg, § 672 analog. **Beweislast:** Wer sich auf die Überlassg beruft (vgl BGH FamRZ **88**, 42). – **d) Form.** Die Überlassg bedarf nicht der ehevertragl Form (§ 1410), ebsowenig nachträgl Abändergen, wohl aber der Ausschl des Widerrufs (Anm e). – **e) Widerruf der Überlassung** ist jederzeit forml mögl (RG **91**, 363). **aa)** Soll er ausgeschl od eingeschr w, ist das jedoch nur dch (nicht im GüterRReg einzutradgen) **Ehevertrag** mögl, da es sich dann um eine schwerwiegde Entsch handelt, die das GüterR als solches ändert. Ein derart Ausschl würde zB den Güterst der ZugewGemsch dem früh der Verw u Nutzn annähern. **bb)** Auch für den Fall des ehevertragl Ausschl des Widerrufs bleibt dieser **aus wichtigem Grunde** mögl, zB bei dauerndem Verstoß des Verwalters gg seine Pfl bei der Verwendg der Eink, verweigerter RechenschLegg od Einleitg der Scheidg.

2) Rechtsstellung des Verwalters. a) Richtet sich nach dem der Überlassg zugrunde liegden RVerhältn, meist **Auftrag** gem §§ 662ff (RG **87**, 108), mögl aber auch entgeltl GeschBesorgg (§ 675). Also: Einers Bindgg an Weisgen (§ 665); Ausk- u RechenschPfl (§§ 666, 260), wobei auf letztere verzichtet w kann, auch konkludent (RG JW WarnR **15** Nr 277), es sei denn, es tauchen nachträgl Zweifel an der Zuverlässigk des Verw auf (RG JW **38**, 1892); HerausgabeAnspr (§ 667), wobei jedoch unbelegte Ausgaben dch den bl (also unabhängig von § 1413) wirtschaftden Eheg keinen eigständigen famrechtl Anspr auf Rückzahlg (BGH NJW **86**, 1870) od SchadErs (BGH FamRZ **88**, 42) begr; Verzinsg des f sich verwendeten Geldes (§ 668); anderers Vorschuß- u AufwendgsErsAnspr (§§ 669, 670); VergütgsAnspr nur bei bes Vereinbg. ZurückbehaltgsR nur eingeschr (RG **160**, 59). Im Gegensatz zu § 672 erledigt sich die VerwÜbertr mit dem Tode, iZw auch bei Konk des Überlassden (KO 23). – **b)** Dch Überlassg wird der Verw **Besitzer** u kann sich demgm auch ggü dem and Eheg, der ledigl mittelb Besitzer ist, verbotener Eigenmacht erwehren (Dresd JW **21**, 686; Celle FamRZ **71**, 28). Im Außenverhältn Dr ggü wird der überlassde Eheg nur iR der von ihm dem Verw gegebenen **Vollmacht** verpfl (§§ 164 I 1, 167); der Verw wird persönl nicht verpfl, allenf gem §§ 177ff. Iü können Ermächtiggen zur Verfügg im eig Namen erteilt w (§ 185). Im Innenverhältn gehört zur ordngsgm Verwaltg, daß der Verw aus den Einkünften des übertragenen Gutes die dieses belastden Schulden begleicht. Er muß außerd die erfdl ErsAnschaffgen machen. Die Verwendg der VermEinkünfte erfolgt, soweit sie nicht dem FamUnterh zufließen (§ 1360), nach Weisg. Ohne bes Auftr darf der Stamm des Verm (auch zu UnterhZahlgen) nicht angegriffen w. In der Duldg derartiger Vfgen kann aber eine Ermächtigg liegen (Warn **20**, 14). – **c) Haftung** des Verw dem and Eheg ggü etwa bei Eigenwertg von VermWerten des and (BGH FamRZ **88**, 42), iü aber gem § 1359 nur beschr (RG **87**, 108; aM Dölle § 43 C V 2a; Gernhuber[3] § 32 IV 2 wegen AuftrR: § 276). VertrHaftg des überlassden Eheg aus VerwGesch gem § 278, außerh ders gem § 831 (RG **91**, 363).

2. Gütertrennung

Grundzüge

1) Wesen der Gütertrennung. Den Inhalt der Gütertrenng regelt GleichberG ebsowenig wie das BGB. Ihr Wesen besteht darin, daß sich die Eheg in vermögensrechtl Beziehg wie Unverheiratete gegenüberstehen. Es gibt nur zwei Vermögensmassen, das Mannes- u das Frauenvermögen. Jeder verwaltet seinVermögen allein, soweit er nicht die Verw dem andern überläßt, § 1413. Jeder nutzt auch allein, soweit er nicht aus den Einkünften zum FamUnterh beizutragen hat, § 1360. Jeder Eheg hat grdsätzl Alleinbesitz an seinen Sachen, RG JW **14**, 147; **22**, 93, der andere auch nicht Mitbesitz. Aufgrund der ehel LebensGemsch hat aber ein Eheg regelm dem anderen (anders bei Getrenntleben od wenn dem anderen Eheg der Beherrschgswille fehlt, § 854 Anm 2) Wohngs- u Hausratsbenutzg zu gestatten (§ 1353 Anm 2b bb), so daß es idR ohne ausdrückl Vereinbg des stillschweigenden Abschl eines entspr Gebrauchsüberlassgsvertrages nach Art der Leihe nicht bedarf (Rolland § 1353 Rdn 13; and noch BGH **12**, 380). Für die Durchführg der ZwVollstr gilt allerdings im Rahmen der Vermutg des § 1362 nur der Schu als GewahrsInhaber od Besitzer, ZPO 739. Überläßt ein Eheg zum Verm des anderen gehörige Sachen einem Dritten, so sind sie iS von § 935 abhanden gekommen, vgl Hbg OLG **43**, 354. Eheg können RGeschäfte miteinander abschließen, Einf 2 c vor § 1353 u § 1408 Anm 3 aE. Jeder Eheg führt seinen RStreit allein u bedarf einer Vollm, wenn er einen solchen des anderen Eheg führt. Trotz dieser völligen Selbständigk legt das Wesen der Ehe den Eheg doch auch weitgehende Verpflichtgen zG der Familie u des anderen Teils auf, die sich aus §§ 1353–1362 ergeben. Insbes haben beide zum FamUnterh, jeder in seiner Weise, beizutragen, § 1360, wobei iZw angenommen wird, daß für die Hingabe eines Mehr der Wille, Ersatz zu verlangen, fehlt, § 1360b. Die Eheg sind ferner einander zur Mitarbeit in Beruf u Geschäft verpflichtet, hier allerdings nicht mit der Aussicht des ZugewAusgleichs, §§ 1371 I, 1378, so daß sie auf andere geeignete Sicherg, insbes gleiche Beteilig am gemeins Erworbenen nach gesellschaftsähnl Grdsätzen werden bedacht sein müssen (§ 1356 Anm 4). Auch die ehel LebensGemsch u die daraus folgende Rücks aufeinander legt einer RAusübg in vermögensrechtl Beziehg gg den anderen Eheg Schranken auf, Einf 1 vor § 1353. Eine Vfgbeschränkg bzgl des Hausrats besteht nicht; Beseiteschaffen der FamHabe nicht mehr strafb (fr StGB 170a). Wg ehevertragl Vfgbeschränkgen § 1408 Anm 4; gg Dritte aber nur so weitgehd wie bei ZugewinnGemsch wg § 137.

2) Zum Übergangsrecht, wenn die Eheg beim Inkrafttr des **GleichberG** im Güterstd der Gütertrenng lebten, vgl die 41. Aufl.

§ 1414, Grdz v § 1415

1414 *Eintritt der Gütertrennung.* Schließen die Ehegatten den gesetzlichen Güterstand aus oder heben sie ihn auf, so tritt Gütertrennung ein, falls sich nicht aus dem Ehevertrag etwas anderes ergibt. Das gleiche gilt, wenn der Ausgleich des Zugewinns oder der Versorgungsausgleich ausgeschlossen oder die Gütergemeinschaft aufgehoben wird.

1) Gütertrennung tritt ein a) bei Ausschließg des gesetzl Güterstandes im EheVertr vor Eheschl, ohne daß Gütertrenng ausdrückl vereinbart zu sein braucht; – **b)** bei Aufhebg des gesetzl Güterstandes, ohne daß im EheVertr ein and Güterstd vereinbart w; – **c)** bei ehevertragl Ausschließg des Zugewinns, wenn die Eheg im gesetzl Güterstd leben, da dann die der ZugewGemsch eigentüml vermögensrechtl Gemsch entfällt. Damit entfällt dann auch die erbrechtl Lösg im Falle der Beendigg der Ehe durch Tod, § 1371 I; also kein erhöhter Erb- od Pflichtteil. Gütertrennung tritt nur dann nicht ein, wenn der GüterVertr etwas anderes ergibt. Das ist aber nicht schon dann der Fall, wenn die Beschrkgen der §§ 1365, 1368 trotzdem gelten sollen, wohl aber, wenn der ZugewAusgl nur für den Fall der Scheidg ausgeschl w soll, da dann kein völliger Ausschl. Ebenso wenn nur die erbrechtl Lösg des ZugewAusgl, § 1371 I, ausgeschl wird, § 1408 Anm 4; – **d)** mit Ausschluß des VersorggsAusgl (§§ 1414 S 2, 1587 ff) idR, aber nicht zwingd (Lit: Kanzleiter FS Rebmann 1989 S 561). Ausdrückl od iW dch Auslegg festzustellder Konkludenz kann auch bei gänzl Ausschl des VersorggsAusgl der gesetzl (!) Güterstd der ZugewGemsch beibehalten w; einer bes Vereinbg bedarf es hierzu nicht (aA Reinartz NJW **77**, 83). Zur Zulässigk des VA-Ausschl unter Beibehaltg des gesetzl Güterstd vgl NJW **77**, 223; – **e)** Bei Aufhebg der GüterGemsch, ohne daß im aufhebenden EheVertr ein anderer Güterstd vereinbart ist; – **f)** mit Rechtskraft des Urt, durch das auf vorzeitigen Ausgl der ZugewGemsch erkannt ist, § 1388 Anm 2; – **g)** mit Rechtskraft des Aufhebgs-Urt bei bisheriger GüterGemsch, §§ 1449 I, 1470 I; – **h)** durch einseitige Erklärg, die jeder Eheg bis zum 30. 6. 58 (in dem FamRÄndG Art 9 Abschn II Z 6 genannten Falle bis zum 31. 12. 61, Grdz 5 d u f vor § 1363) dem AmtsG ggü abgeben kann, wenn die Eheg am 31. 3. 53 im damaligen gesetzl Güterstd der Verw u Nutzg gelebt haben, ebso wenn sie ohne EheVertr zw dem 1. 4. 53 u dem Verkündgstag des GleichberG (21. 6. 57) die Ehe geschlossen haben, GleichberG Art 8 I Z 3, 4; desgl in den Fällen der Z 5, abgedr u erläut Grdz 5 vor § 1363 u 2 vor § 1414; – **i)** bei ehevertragl Vereinbarg der Gütertrenng. Nur in den Fällen h und i wird vereinbart od erklärt, daß Gütertrenng gelten soll, in den Fällen a–g tritt sie von selbst als **subsidiärer Güterstand** ein. In den Fällen a–g braucht auch aus dem Register nicht ersichtl zu sein, daß Gütertrenng gilt, wohl aber der rechtl Vorgang, auf Grund dessen sie von Gesetzes wg eintritt, so daß für den Dritten Erkennbark besteht; vgl auch § 1412 Anm 2, 1449 II, 1470 II. Die Überleitg des früheren Güterstandes in Gütertrenng (oben g) braucht nicht, kann aber auf Antrag eines Eheg eingetragen werden, GleichberG Art 8 I Z 3 II, 4, 5 II.

2) Gütertrennung endet durch Tod, Scheidg, Aufhebg, NichtigErkl der Ehe, ferner durch EheVertr.

3) Gütertrenng schließt die Begrdg einer **Ehegatteninnengesellschaft** (sa § 1372 Anm 1 b dd) nicht aus (BGH WPM **73**, 1242). Insbes kann wg Wegf der **Geschäftsgrundlage** (§ 242 Anm 6 D c) ein **vertraglicher Ausgleichsanspruch** entstehen (vgl BGH FamRZ **88**, 596), wenn ein Eheg dch Geld u eig ArbLeistgen das dem and Eheg gehörende FamWohnheim mitersteilt hat (BGH **84**, 361; aA Tiedtke DNotZ **83**, 165 ff, der die Rückabwicklg nach GeschGrdlGrdsätzen auf Sachzuwendgen beschränken will) od wenn er dem and Eheg ein Grdst zugewendet h, zwar aGrd eines Kaufvertr, aber ohne tatsächl VermZuwachs auf seiner Seite (BGH FamRZ **88**, 481). Das gilt auch dann, wenn Mittel zum Erwerb eines Grdst als unbenannte Zuwendg z Vfg gestellt w sind (BGH FamRZ **88**, 482). Die dingl Übertragg od Rückgewähr des zugewendeten Ggst kann nur unter bes Vorauss verl w, idR kommt lediql ein **Ausgleich in Geld** in Betr (BGH NJW **89**, 1986). Mit Trenng (wohl kraft konkludenter auflösder Bedingg) Verlust der BankKto-FührgsBefugn (BGH FamRZ **89**, 834). Keine EhegInnenGes bei bl dingl Absicherg eines Kredits (BGH NJW-RR **88**, 260).

3. Gütergemeinschaft

Schrifttum: Tiedtke FamRZ **76**, 510; Buchner, GütGemsch u erwerbswirtschaftl Betätigg der Eheg, Festschr f Beitzke, Bln 1979, S 153; Tiedtke FamRZ **79**, 370 (GrdstErw v Eheg in GütGemsch); Leikamm BWNotZ **79**, 164; Enders MDR **81**, 285, 465 u 634 (Steuer); Stumpp Rpfleger **79**, 441 (Ehevertragl Vereinbgen f die AuseinandSetzg des GesGuts); Noack JurBüro **80**, 647 (Vollstreckg); Behmer FamRZ **88**, 339 (gg die Thesen Langenfelds DNotZ **85**, 171, die GütGemsch sei als Güterstd obsolet).

Grundzüge

1) Die Regelung des BGB und ihre Änderung durch das Gleichberechtigungsgesetz. Die Güt-Gemsch, vom BGB „allg GütGemsch" im Ggsatz zu der jetzt im G nicht mehr aufgenommenen ErrGemsch u FahrnisGemsch genannt, war vor 1900 in Norddeutschland (vor allem Ost- u Westpreußen, Posen, Pommern, Schlesw-Holstein, Westfalen), Hessen, Bay, Teilen des Rheinlandes und Thüringens weit verbreitet. Das BGB hat sie trotzdem, vor allem wg des geringen Schutzes der Frau, nicht zum gesetzl Güterstd erhoben. Zum Für u Wider vgl Mot IV 147 ff. An dieser Grundeinstellg zur GütGemsch hat sich auch heute nichts geändert, Begr zum RegEntw II S 33, Bericht des FamRAusschusses S 4, s Schrifttumsverzeichn vor Einl vor § 1297. – Bei der GütGemsch, die nur durch EheVertr, § 1415, vereinb w kann od kraft der landesgesetzl Überleitg, EG 200 Anm 1, eintreten konnte u deren Vereinbg regelm keine Schenkg ist, § 1408 Anm 1, da es idR an der Einigg über die unentgeltl Zuwendg fehlt, wird das eingebrachte u später erworbene Vermögen der Eheg gemschaftl Vermögen, **Gesamtgut**, §§ 1416, 1419, dessen Einkünfte vor denen des VorbehGutes zum FamUnterh, § 1360, zu verwenden sind, § 1420, u das nach der Regelg des BGB grdsätzl der Verw des Mannes unterlag, § 1443 aF, die allerdings zG der Frau in bes wichtigen Fällen eingeschränkt war, §§ 1444–1448 aF, auch einige Sonderrechte ähnl wie beim früh gesetzl Güterstd der Frau vorbehielt, §§ 1449–1454 aF. Der Mann war der Frau für seine Verw nur in AusnFällen verantwortl, § 1456 aF. Durch das **GleichberG** ist die Stellg der Frau grdsätzl geändert worden, indem es die Verw des Gesamtgutes durch einen der Eheg vorsieht, also durch den Mann od die Frau, §§ 1422 ff, od durch beide gemschaftl, §§ 1450 ff. Eheg sollen das im EheVertr bestimmen, enthält dieser keine Bestimmg, so haben beide Eheg die Verw, § 1421. **Neben dem Gesamtgut sind noch 4 weitere Vermögensmassen möglich:** Sondergut des Mannes u der Frau, VorbehGut des Mannes u der Frau, §§ 1417, 1418. Ebenso wie das Vermögen sind auch die **Schulden** grdsätzl gemeinsame, §§ 1437 ff, 1459 ff, sie sind Gesamtgutsverbindlichkeiten; neben diese Haftg tritt aber für die Schulden des nicht verwaltenden Eheg, die dem GesGut zur Last fallen, noch die persönl Haftg des verw Eheg, bei gemeinschaftl Verw die persönl Haftg beider Eheg, §§ 1437 II, 1459 II. Mit Rücks auf die Verschiedenh der Verbindlichkeiten u der Vermögensmassen bedarf es im Innenverhältn einer AusglPfl, §§ 1441–1446, 1463–1466. Die Beendigg tritt mit Auflösg der Ehe, Ehevertr od Urteil, §§ 1447–1449, 1469, 1470, ein. Danach kommt es zur Auseinandersetzg, dh es liegt zunächst ebenf eine Gemschaft zur gesamten Hand vor, § 1471, in der die Verw gemeins geführt wird, § 1472; nach Berichtig der Verbindlichkeiten aus der Masse wird der Überschuß geteilt, §§ 1475, 1476. Erfolgt die Auflösg der Ehe durch den Tod eines Ehegatten, so tritt nach der Änderg des GleichberG bei beerbter Ehe fortgesetzte GüterGemsch nicht mehr ohne weiteres, sond nur dann ein, wenn es die Eheg im EheVertr vereinbart haben, §§ 1483–1518, vgl Vorbem vor § 1483. Für die **Witwerrente** gem RVO 1266 werden ArbEntgelte unabh v der GütGemsch demj zugerechnet, der sie tatsächl zum FamUnterh beigesteuert h (BSG FamRZ 80, 676). Wohnt nach Trenng der Ehel der eine Eheg in dem zum GesGut gehörden **Haus**, hat der and Eheg keinen Anspr auf Nutzgsentschädigg (Düss FamRZ 84, 1098).

2) Der Inhalt der 3. Abteilung ist durch das GleicherG dahin geändert, daß Mann u Frau gleichgestellt worden sind, Anm 1. Dem trägt die Änderg der bisherigen Bestimmg Rechng, die im wesentl sonst unverändert geblieben ist, soweit sie Verweisgen auf Vorschr des früh gesetzl Güterstandes enthalten, jedoch ergänzt sind. Hinzugefügt sind solche über die gemeins Verw des Gesamtgutes. Die Abteilg enthält jetzt allg Vorschr, §§ 1415–1421, die über die Verw des Gesamtgutes durch den Mann u die Frau, §§ 1422–1449, die gemschaftl Verw des Gesamtgutes durch die Eheg, §§ 1450–1470, die AuseinandS des Gesamtgutes, §§ 1471–1482, die fortgesetzte GütGemsch, §§ 1483–1518.

3) Zum **Übergangsrecht**, wenn die Eheg beim Inkrafttr des **GleichberG** im Güterstd der allg Güter-Gemsch lebten, vgl die 41. Aufl.

a) Allgemeine Vorschriften

1415 *Vereinbarung durch Ehevertrag.* Vereinbaren die Ehegatten durch Ehevertrag Gütergemeinschaft, so gelten die nachstehenden Vorschriften.

1) Eintreten der Gütergemeinschaft nur dch EheVertr (§ 1408), wodch gleichzeit der gesetzl Güterstd ausgeschl w (§ 1363 I). Abschluß dch beschrkt GeschFähig mögl, dch GeschUnfäh dagg nicht einmal dch seinen gesetzl Vertr (§ 1411). Form § 1410; ebso wie bei Änderg Eintragg in GüterRReg erfdl, um Wirkg gg Dr zu haben (§ 1412).

2) Beendigung der Gütergemeinschaft außer dch EheVertr u Tod eines Eheg (§ 1482) auch dch AufhebgsUrt (§§ 1447–1449, 1469); im letzteren Fall tritt Gütertrenng ein (§§ 1449, 1470). Keine Beendigg aus and Grden (§ 1447 Anm 1), insb wg Wegfall der GeschGrdLage, wenn zB ein Eheg unter den gesetzl Voraussetzgen vom ErbVertr zurücktritt (BGH 29, 129), od dch Konk (KO 2). Falls im EheVertr vereinbart, schließt sich beim Tod eines Eheg fortges GütGemsch an (§ 1483).

1416 **Gesamtgut.** I Das Vermögen des Mannes und das Vermögen der Frau werden durch die Gütergemeinschaft gemeinschaftliches Vermögen beider Ehegatten (Gesamtgut). Zu dem Gesamtgut gehört auch das Vermögen, das der Mann oder die Frau während der Gütergemeinschaft erwirbt.

II Die einzelnen Gegenstände werden gemeinschaftlich; sie brauchen nicht durch Rechtsgeschäft übertragen zu werden.

III Wird ein Recht gemeinschaftlich, das im Grundbuch eingetragen ist oder in das Grundbuch eingetragen werden kann, so kann jeder Ehegatte von dem anderen verlangen, daß er zur Berichtigung des Grundbuchs mitwirke. Entsprechendes gilt, wenn ein Recht gemeinschaftlich wird, das im Schiffsregister oder im Schiffsbauregister eingetragen ist.

1) Dch die GütGemsch entsteht eine **Gemeinschaft zur gesamten Hand** (RG 129, 120), also nicht etwa eine neue RPersönlichk; vielm sind beide Eheg Eigtümer. Aus der GütGemsch folgt nicht eine allg VertreterEigenschaft des einen für den and Eheg (RG 89, 360). Zur Verwaltg § 1421. Neben der GütGemsch ist weitere Gesamthand, zB in Form einer oHG, nur dch Begrdg von VorbehGut (§ 1418) in der Form des § 1410 mögl (BGH **65**, 79 mAv Beitzke FamRZ **75**, 574; Schünemann FamRZ **76**, 137; aA Tiedtke FamRZ **75**, 675). Bei rechtswidr Eingr in das GesGut ist jeder Eheg verletzt, also auch zur Stellg des StrafAntr (StGB 77) berecht (RGSt **34**, 64). Sol GütGemsch besteht, keine Vfg über den Anteil, keine Quotenrechte, kein Anspr auf Teilg. Ebsowenig ist die Begrdg von Rechten an GesGutsSachen zG eines Eheg mögl (41. Aufl mN). Zur ZwVollstr § 1459 Anm 3.

2) Umfang des Gesamtgutes, I. Hierzu gehört das ges Mannes- u FrauenVerm, das eingebrachte wie das währd der Ehe erworbene, auch die Erbsch eines Eheg, die AusglFdg aus einer ZugewGemsch, der

§§ 1416–1418   4. Buch. 1. Abschnitt. *Diederichsen*

Anteil am GesGut einer beendigten fortges GütGemsch aus früh Ehe (RG **125**, 347), die EigtAnwartsch aus VorbehKauf (RG JW **25**, 353), die Nutzgen des Ges- u SondGuts, der ArbVerdienst u Einkfte aus einem ErwGesch. Wird den Eheg ein Grdst zu MitEigt aufgelassen, so sind sie als MitEigtümer in GütGemsch einzutragen, ohne daß es einer erneuten Auflassg an sie als MitEigtümer zur ges Hand bedarf (BGH **82**, 346). Im HandelsReg ist nur der das zum GesGut gehörde HandelsGesch verwaltde Eheg als Kaufm einzutr (BayObLG BB **78**, 423). Nicht zum GesGut gehören das SondGut (§ 1417) u das VorbehGut (§ 1418). Für die Zugehörigk zum GesGut besteht eine **Vermutung**, die Zugehörigk zu einer and VermMasse ist also vom Behauptden zu beweisen.

3) Der Eintritt der Gesamtgutseigenschaft, II (Hofmann FamRZ **72**, 117), vollzieht sich kr Ges., ohne daß es einer rechtsgeschäftl Übertragg bedarf, u zwar bei einem EheVertr vor Eheschl mit dieser, währd der Ehe mit Abschluß des EheVertr, bei Erw nach Abschl mit dem Erw. Der Erw kr G hat zur Folge, daß es auf den Willen des Erwerbden, für die Gemsch zu handeln, u auf sein Wissen um ihr Bestehen nicht ankommt (RG **90**, 288). Handelt ein Eheg in eig Namen, so erwirbt er zwar selbst Eigt, das aber unmittelb zu gemschaftl Eigt wird (RG **84**, 327). Eintragg ins Grdbuch also ohne Zust des and Eheg (BayObLG MDR **54**, 306). Beim Erw vom Nichtberecht (§§ 932, 892) allein Gutgläubigk des erwerbden Eheg erhebl; Bösgläubigk des and Eheg unschädl (RG Gruch **47**, 667). II unanwendb bei Umwandlg von VorbehGut in GesGut; bei Grdst also Auflassg erfdl.

4) Gütergemeinschaft im Grundbuch, III. Die Eintragg im Grdb (GBO 47) erfolgt aGrd einer entspr Auflassg an beide Eheg (BGH FamRZ **82**, 356). Eintragg von BruchteilsEigt unstatth (RG **155**, 344), es sei denn, die Eheg erwerben das Grdst zu MitEigt u die Bruchteile werden VorbehGut (BayObLG FamRZ **82**, 285). Bei Erwerb dch die GütGemsch kr Ges (Anm 3) wird das GrdB unricht: Eintr eines Widerspr (RG **108**, 281); BerichtiggsAnspr (§ 894; ZPO 894), auch des nicht verwaltden Eheg (KG JW **34**, 1580). Vgl iü, auch zum Schiffs- u SchiffsbauReg usw 48. Aufl sowie MüKo/Kanzleiter 24ff.

1417 **Sondergut.** I Vom Gesamtgut ist das Sondergut ausgeschlossen.
II Sondergut sind die Gegenstände, die nicht durch Rechtsgeschäft übertragen werden können.
III Jeder Ehegatte verwaltet sein Sondergut selbständig. Er verwaltet es für Rechnung des Gesamtgutes.

1) Wg der versch VermMassen Grdz 1 v § 1415. Dch EheVertr kann SondGut nicht begründet w, auch nicht dch Bestimmg des VermZuwenders. Verwandlg von SondGut in GesGut ist auch eheverträgl nicht mögl, wohl aber in VorbehGut. Eintragg der SondGutsEigensch ins Grdbuch unzul.

2) Der **Umfang des Sonderguts, II**, ist gesetzl erschöpfd festgelegt: es gehören nur die dch RGesch unübertragb Ggstände dazu, also zB nicht abtretb u unpfändb Fdgen (§§ 399, 400); unpfdb Gehalts- u UnterhAnspr iSv ZPO 850ff (Posen OLG **8**, 336); der Anteil an der OHG, auch wenn er von einem Eheg dch Einbringg eines zum Gesamtgut gehörden VermStückes erworben wird (BGH **LM** § 260 Nr. 1); ebso der Anteil an KG als persönl haftder Gesellschafter (BGH **57**, 128), so daß steuerrechtl die and Eheg an Einkften nicht beteiligt ist (BFH BB **61**, 778); der SchmerzGAnspr (RG **96**, 96) u derj aus § 1300, sol sie nicht dch Vertr anerk od rhäng geworden s (§§ 847 I 2, 1300 II); die SchadRente aus §§ 843, 844; Nießbr (§ 1059); pers Dienstbark (§ 1092); die Rechte aus §§ 1103 II, 1111 II; der Anteil an der bestehenden fortgesetzten GütGemsch (BayObLG **5**, 107 u 287; str); schließl das UrheberR. **Nicht hierzu gehören** Rechte, die nicht ihrem Wesen nach, sondern nur wg ParteiVereinbg od auch nur wg Zugehörigk zu einem Vermögensinbegriff unübertragb sind. Demgem fallen ins GesGut: die dem Vorerben angefallene Erbsch; der Anteil am ungeteilten Nachl gem § 1416 II (BayObLG OLG **41**, 55); ebso der Erbhof mit Wegfall des RErbhG, falls er nicht zum VorbehGut erklärt war (BayObLG NJW **53**, 224; sa Lutter AcP **161**, 163); die Nutzgen aus unübertragb Rechten; das AuseinandSGuthaben ob die Abfindg nach Auflösg einer PersGesellsch (RG **146**, 282); die sonst ErsatzAnspr aus § 843, wie Heilgs- od Instandsetzgskosten (RG **151**, 286); pers Dienstbark, soweit sie f beide Ehel gemeins bestellt w wie zB WohnR (BayObLG JW **32**, 3005), od Reallast f die Ehel als GesamtBerecht (BayObLG **67**, 480).

3) Rechtliche Behandlung. Jeder Eheg bleibt Eigtümer seines SondGutes, das er auch selbst verwaltet; demgem führt er allein das RStreitig. Die Verw erfolgt für Rechng des GesGutes. Die Nutzgen fallen diesem zu, soweit sie dch RGesch übertragen w können, **II;** sie sind ebso wie die des GesGutes in erster Linie zum FamUnterh zu verwenden. Soweit die Lasten aus den Einkften des SondGutes beglichen zu werden pflegen, trägt sie das GesGut (§§ 1440 S 2, 1442 S 1, 1462 S 2, 1464 S 1). Wg der Haftg des SondGutes §§ 1437 Anm 3, 4, 1459 Anm 3.

1418 **Vorbehaltsgut.** I Vom Gesamtgut ist das Vorbehaltsgut ausgeschlossen.
II Vorbehaltsgut sind die Gegenstände,
1. die durch Ehevertrag zum Vorbehaltsgut eines Ehegatten erklärt werden;
2. die ein Ehegatte von Todes wegen erwirbt oder die ihm von einem Dritten unentgeltlich zugewendet werden, wenn der Erblasser durch letztwillige Verfügung, der Dritte bei der Zuwendung bestimmt hat, daß der Erwerb Vorbehaltsgut sein soll;
3. die ein Ehegatte auf Grund eines zu seinem Vorbehaltsgut gehörenden Rechtes oder als Ersatz für die Zerstörung, Beschädigung oder Entziehung eines zum Vorbehaltsgut gehörenden Gegenstandes oder durch ein Rechtsgeschäft erwirbt, das sich auf das Vorbehaltsgut bezieht.
III Jeder Ehegatte verwaltet das Vorbehaltsgut selbständig. Er verwaltet es für eigene Rechnung.
IV Gehören Vermögensgegenstände zum Vorbehaltsgut, so ist dies Dritten gegenüber nur nach Maßgabe des § 1412 wirksam.

Bürgerliche Ehe. 6. Titel: Eheliches Güterrecht §§ 1418–1421

1) Jeder Eheg kann **Vorbehaltsgut** haben, das in seinem alleinigen Eigt bleibt, also nicht ins GesGut fällt. Er hat auch das alleinige **Verwaltungs- und Verfügungsrecht, III**, u ist auch bei gemeins Benutzg unmittelb Besitzer (RG JW **22**, 93). Besitzübertragg auf den and Eheg wie nur jeden Dr. Verwaltg erfolgt **für eigene Rechnung**; die Nutzgen fallen also dem Eheg zu u sind nur hilfsw, also nicht den Einkünften des GesGuts, zum FamUnterh zu verwenden (§ 1420). Zur ZwVollstr genügt ein Titel gg den Eigtümer (ZPO 739). VorbehGut wirkt ggü Dr nur nach § 1412, **IV**. Dch EheVertr kann VorbehGut überh ausgeschl w, eine dahingehde Best eines Dr also unwirks gemacht w (Stgt JW **32**, 1402). Wg der Umwandlg von SondGut in VorbehGut § 1417 Anm 1.

2) Begründung von Vorbehaltsgut nach der erschöpfden Aufzählg nur nach **II**; keine ausdehnde Auslegg (RG **87**, 100). Demgem fallen der ArbVerdienst, ebso persönl GebrGgstände nicht in das VorbehGut; § 1362 gilt dafür nicht. Einkünfte aus einem nach §§ 1431, 1456 betriebenen ErwGesch werden Ges-Gut, soweit der EheVertr nichts and bestimmt. VorbehGutsEigenschaft kann nur dch EheVertr geänd w (§ 1408). **Vorbehaltsgut entstehtrag, Z 1**. Mögl für einz Ggst, für Inbegriffe, unbestimmt nach, dem ErwGrd, zB Schenken unter den Eheg; **b)** dch **Bestimmung Dritter, Z 2**, ggf auch gg den Willen der Betroffenen, wobei genügt, wenn klar erkennb ist, daß etwa ein Zuschuß nicht GesGut werden soll. Der Ggst wird ohne weiteres VorbehGut, kann aber dch EheVertr zu GesGut gemacht w. Die Best kann von Todes wg erfolgen, zB dch Erbfolge, Vermächt, PflichtT erfolgen od dch Erwerb unter Lebden u bedarf dann als solche keiner bes Form; **c)** als **Ersatzstück, Z 3**, wodch dem Eigtümer des VorbehGuts die Möglichk gegeben w, sich dieses ungeschmälert zu erhalten u frei zu verwalten (RG **72**, 165). Der Ersatz beschränkt sich auf drei Formen: (1) aGrd eines zum VorbehGut gehörden R (Früchte, Mietzinsen, Erfüllg von Fdgen), aber nicht ursprüngl Erwerb wie GrdstErw dch AusschlußUrt (RG **76**, 360); (2) Ersatz für Zerstörg, Beschädigg, Entziehg (EnteigngsEntschädigg, VersSumme); (3) dch sich auf das VorbehGut objektiv (ggständl auf das VorbehGut) u subjektiv (Abschluß für das VorbehGut) beziehde RGesch, wobei wirtschaftl Zusammenhang genügt (RG **87**, 100), zB Kauf von Inventar aus Mitteln des VorbehGuts, Vergl über UnfallVers iRd ErwGesch (RG **72**, 165). Ausführl 41. Aufl.

1419 *Gemeinschaft zur gesamten Hand.* **I** Ein Ehegatte kann nicht über seinen Anteil am Gesamtgut und an den einzelnen Gegenständen verfügen, die zum Gesamtgut gehören; er ist nicht berechtigt, Teilung zu verlangen.

II Gegen eine Forderung, die zum Gesamtgut gehört, kann der Schuldner nur mit einer Forderung aufrechnen, deren Berichtigung er aus dem Gesamtgut verlangen kann.

1) Die GütGemsch ist keine BruchteilsGemsch, wie zB das MitEigt (§§ 1008 ff), sond als Gemsch zur gesamten Hand entspr der Gesellsch (vgl § 719) gestaltet. Auch die Vorschriften über Gesamtschuldner u GesGläub (§§ 420–430) sind unanwendb.

2) Eine **Verfügung über den Anteil am Gesamtgut** ist ebso wie die über den Anteil an den einzelnen Ggsdten nichtig, **I**. Unwirks ist auch die Vfg über den Anspr auf AuseinandS (KG JW **31**, 1371); dagg nicht die Vfg über den Anspr auf das AuseinandSGuth nach beendeter GütGemsch (§ 1471 II). Desh ist wirks auch die vor der AuseinandS eingegangene Verpfl, bestimmte ihm zufallde Ggstände Dr zu überlassen. Der Anteil ist unpfändb (ZPO 860 I) u gehört nicht zur KonkMasse (KO 1). Der Eheg kann aber, wenn nicht fortges GütGemsch eintr, über seinen Anteil von Todes wg verfügen (BayObLG **60**, 254). Verboten ist auch die **Teilung** währd bestehder GütGemsch; es bleibt nur die AufhebgsKl (§§ 1447 ff, 1469 f). Vfg über Grdst iRv § 2113 II zul, da sonst auch eigener GesGutsAnteil blockiert wäre (BGH NJW **76**, 893).

3) Aufrechnung, II, ist mit Fdgen gg u aus dem GesGut zul. Unzul ist die einseit AufRechng des Gl gg eine GesGutsFdg (§§ 1437–1440, 1459–1462), nicht aber die Aufrechng im Einverständn mit den Eheg (AufrechngsVertr), wodch auch nicht zum GesGut gehörde Fdgen gg GesGutsVerbindlichk aufgerechnet w können.

1420 *Verwendung zum Unterhalt.* Die Einkünfte, die in das Gesamtgut fallen, sind vor den Einkünften, die in das Vorbehaltsgut fallen, der Stamm des Gesamtgutes ist vor dem Stamm des Vorbehaltsgutes oder des Sondergutes für den Unterhalt der Familie zu verwenden.

1) Die **Reihenfolge** der Verwendg von Einkünften für den FamUnterh (§ 1360) ist unabhäng davon, wer das GesGut verwaltet. Zunächst sind zu verwenden die in das GesGut fallden Einkünfte (§ 1416 Anm 2), auch solche aus dem SondGut eines Eheg (§ 1417 Anm 3). Einkfte aus den and VermMassen u diese selbst nur hilfsw, also wenn die Einkfte des GesGuts nicht ausreichn; Reihenfolge: Einkfte aus VorbehGut jedes Eheg, Stamm des GesGuts, dann gleichstehd Stamm von Vorbeh- od SondGut entspr § 1606 III 1. Zum Unterh kann der aus der Ehewohng ausgezogene Eheg unmittel Zahlg eines anteil Nutzgsentgelts an sich selbst verl (Bambg FamRZ **87**, 703).

1421 *Verwaltung des Gesamtgutes.* Die Ehegatten sollen in dem Ehevertrag, durch den sie die Gütergemeinschaft vereinbaren, bestimmen, ob das Gesamtgut von dem Mann oder der Frau oder von ihnen gemeinschaftlich verwaltet wird. Enthält der Ehevertrag keine Bestimmung hierüber, so verwalten die Ehegatten das Gesamtgut gemeinschaftlich.

1) Mögl **Verwaltung** dch einen Eheg, also Mann od Frau (§§ 1422–1449), od gemschaftl Verwaltg (§§ 1450–1470), wenn im EheVertr über die VerwBefugn keine Bestimmg getroffen wurde. AuseinandS (§§ 1471 ff) u fortges GütGemsch (§§ 1483 ff) in beiden Fällen gleich. Unzul ist die Vereinbg eines selbst

1387

VerwR jedes Eheg (BayObLG NJW **68**, 896; umstr); ebso abwechselnde Verw, mögl aber stillschw Bevollmächtigg.

2) Ins Güterrechtsregister ist außer GütGemsch auch VerwBefugn einzutragen (§ 1412 Anm 3). Bei fehlder Eintr muß Dr von gemschaftl VerwBefugn der Eheg ausgehen. Im Grdbuch wird VerwBefugnis nicht eingetr (§ 1416 Anm 4). Zum ÜbergangsR 41. Aufl.

b) Verwaltung des Gesamtgutes durch den Mann oder die Frau

1422 *Inhalt des Verwaltungsrechts.* Der Ehegatte, der das Gesamtgut verwaltet, ist insbesondere berechtigt, die zum Gesamtgut gehörenden Sachen in Besitz zu nehmen und über das Gesamtgut zu verfügen; er führt Rechtsstreitigkeiten, die sich auf das Gesamtgut beziehen, im eigenen Namen. Der andere Ehegatte wird durch die Verwaltungshandlungen nicht persönlich verpflichtet.

1) Rechtsstellung des Verwalters. Ihm steht allein die Verw des GesGutes zu; er ist dadch auch verpflicht, alles Zweckdienl zur Erhaltg des GesGutes zu tun. Er hat zB ein vorhandenes StimmR im Interesse des GesGutes auszuüben, Fdgen rechtzeitig geldt zu machen, Schulden zu bezahlen, die zum GesGut gehörigen Ggstände in polizeimäßigem Zustand zu erhalten, für Versichergen, wo es angebracht ist, Sorge zu tragen, aber auch Hdlgen u RGeschäfte vorzunehmen, die das GesGut verbessern könnten, ggf auch auf die Zust des and Eheg hinzuwirken (§ 1426). Er führt Verw aus eig Rechte im eig Namen, mit Wirkg für das GesGut, nicht aber mit Wirkg für den and Eheg persönl, u zwar auch dann nicht, wenn er die gem §§ 1423 ff erfdl Zust gegeben hätte, **S 2**. Handeln im Namen des nicht verwalteten Eheg u damit dessen persönl Verpflichtg nur bei Vollm od Genehmig (§§ 164, 167, 174), andernf gelten §§ 177–180; doch ist der Verwalter ist nicht Vertr des nicht verwalteten Eheg (RG SeuffA **71**, 31). Mit Wirkg für das GesGut kann er VerpflGesch eingehen u über Ggstände des GesGuts verfügen, ohne Zust des and Eheg mit Ausn der Geschäfte der §§ 1423–1425; vgl auch §§ 1426–1428, 1434. Einseit RGeschäfte, die Aktiva des GesGuts betreffen, können wirks nur ihm ggü vorgenommen w (Kbg OLG **18**, 172), währd solche, die Passiva betreffen, soweit sie sich auf eine Verbindlk des nicht verwalteten Eheg beziehen, allerd auch ihm ggü vorzunehmen sind, andernf wirken sie nur ggü Verw u GesGut. Die Zahlgseinstellg des Verw wirkt hins des GesGutes auch als die des nicht verwalteten Eheg, nicht aber umgek (KO 2 I). Der Verw ist dem and Eheg ggü zur ordngsmäß Verw verpflichtet, allerd nicht mit Haftgseinschränkg des § 1359, hat auf Verlangen auch Ausk zu erteilen u uU Ers zu leisten (§ 1435; vgl auch § 1447 Z 1, 3, 4). Dch Eintritt der GütGemsch erlangt der verw Eheg **Besitz** nicht von Ges wg, wohl aber ein R auf Inbesitznahme der zum GesGut gehör Ggstände; das R richtet sich gg alle, auch gg den and Eheg, der auch Ausk- u OffenbargsPfl hat (§§ 260, 261). Nach Inbesitznahme dch den Verw, die im allg mit der Einbringg der Sachen erfolgen wird, hat nichtverwberecht Eheg nur mittelb Besitz (RG **105**, 20), außer bei den zu seinem persönl Gebr bestimmten Sachen. Der Verw kann sich der Eigenmacht des and Eheg ggü erwehren.

2) Der nicht verwaltungsberechtigte Ehegatte ist von der Verw des GesGuts ausgeschl, ein WidersprR gg Vfgen des Verw hat er nicht (Kbg OLG **2**, 70). Eine selbstd Stellg hat er nur in den Fällen §§ 1428–1433, außerd ist seine Zust bei bes bedeuts RGeschäften erfdl (§§ 1423–1425), die allerd ersetzt w kann (§ 1426). Der Verw kann dem and Eheg aber in einz Fällen die Verw übertr (RG **60**, 147); sofern das nicht ehevertragl geschehen ist, kann er die Ermächtigg jederzeit widerrufen. Soweit eine Ermächtigg nicht vorliegt, sind Vfgen des nicht verwalteten Eheg über Ggstände des GesGuts solche eines NichtBerecht (§ 185), Vfgen von Todes wg werden davon abe nicht betroffen. Nimmt der nicht verwberecht Eheg eine zum GesGut geschuldete Leistg an, die versehentl an diesen Eheg bewirkt w, so wird dadch die GesGutsFdg nicht getilgt. Da der Eheg aber für GesGut erwirbt, I 1, BereicherungsAnspr des Leistden gg GesGut (BGH NJW **57**, 1635; § 1434 Anm 1). Rechtsgeschäftl verpflichten, u zwar auch zu Vfgen über das GesGut, kann sich der and Eheg auch ohne Zust des Verw, demgem also auch verklagt w, da seine GeschFgk dch den Güterstd nicht berührt wird. Hierdch werden aber weder das GesGut noch der Verw verpflichtet, falls er nicht etwa zustimmt od das Geschäft ohne Zust für das GesGut wirks ist (§ 1438). Hingg fließt der Erwerb aus diesem Geschäft dem GesGut zu, von dem es nur nach der Vorschr über die ungerechtf Bereicherg herausverlangt w kann (§ 1434). Demgem also mögl GrdstErwerb dch den nicht verwberecht Eheg unter Übernahme der darauf lastden Hypotheken (KJG **30**, 207). GBA muß entspr § 1416 Anm 4 eintragen, auch wenn an ihn in Erfüllg eines von ihm ohne Zust des Verw geschl KaufVertr aufgelassen ist, u zwar als GesGut, nicht, auch wenn zum VorbehGut, auf den Namen eines Eheg (BayObLG MDR **54**, 306, vgl RG **155**, 344). Ein VerwAkt kann auch gg den nicht verwalten Eheg gerichtet werden (BayVGH FamRZ **88**, 1275).

3) Der Verw führt Rechtsstreitigkeiten im eig Namen (ausführl 41. Aufl). Zur ZwVollstr ist ein Urt gg ihn erfdl u genügd (ZPO 740 I). Bei Klage gg beide Eheg sind diese hins GesGutsVerbindlichk notw Streitgenossen (ZPO 62). Soweit ProzHandlgen eine Vfg enthalten (zB Vergl), bedarf der Verw iRd §§ 1423–1425 der Zust des and Eheg.

4) Handelt der Verw den §§ 1423–1425 zuwider, so gelten für den **Schutz Dritter** die allg Vorschr über den Rechtserwerb vom NichtBerecht. Grobe Fahrlk (§ 932 II) liegt regelm vor, wenn GütGemsch im GüterRReg eingetragen ist (§ 1412 Anm 4); bei § 892 ist maßgebd, ob der Verfügde als AlleinEigt ersch u der Dr weiß, daß jener in GütGemsch lebt (RG **177**, 189). Handelt der nicht verwberecht Eheg § 1422 zuwider, gilt Entsprechendes.

1423 *Geschäfte über das Gesamtgut im ganzen.* Der Ehegatte, der das Gesamtgut verwaltet, kann sich nur mit Einwilligung des anderen Ehegatten verpflichten, über das Gesamtgut im ganzen zu verfügen. Hat er sich ohne Zustimmung des anderen Ehegatten verpflichtet, so kann er die Verpflichtung nur erfüllen, wenn der andere Ehegatte einwilligt.

Bürgerliche Ehe. 6. Titel: Eheliches Güterrecht §§ 1423–1425

1) **Der Einwilligung des nicht verwaltungsberechtigten Ehegatten,** die auch stillschw gegeben w kann, vgl auch § 1365 Anm 4, bedarf die Verpflichtg zur Vfg über GesGut im ganzen, dazu § 1365 Anm 2, nicht aber die Prozeßführg über derartige Geschäfte, § 1422 Anm 3, Vfgen von Todes wg, sowie ein der Beschrkg der §§ 1423 ff nicht unterliegendes RGesch, selbst wenn durch dessen Erfüll das GesGut aufgezehrt würde, RG **54**, 283, falls nicht etwa § 1423 umgangen w sollte, Karlsr FamRZ **61**, 317. Wegen des Schutzes des gutgläubigen Dritten § 1422 Anm 4. Der ohne Einwilligg handelnde Verwalter wird, soweit nicht unerl Hdlg vorliegt, auch nicht persönl verpflichtet; wohl aber der nicht verwberechtigte Eheg im umgekehrten Falle, § 1422 Anm 2. Durch Erteilg der Einwilligg verpflichtet sich der andere Eheg nicht persönl, § 1422 Anm 1, wohl aber Verw, der zustimmt, §§ 1438 I, 1437 II. Ehevertragl Ausschluß zul, soweit es sich um entgeltl Geschäfte handelt, vgl § 1365 Anm 1; ebso Gernhuber § 32 III 6; Grenze § 138, wNachw Anm 23.

1424 Geschäfte über Grundstück, Schiff oder Schiffsbauwerk.
Der Ehegatte, der das Gesamtgut verwaltet, kann nur mit Einwilligung des anderen Ehegatten über ein zum Gesamtgut gehörendes Grundstück verfügen; er kann sich zu einer solchen Verfügung auch nur mit Einwilligung seines Ehegatten verpflichten. Dasselbe gilt, wenn ein eingetragenes Schiff oder Schiffsbauwerk zum Gesamtgut gehört.

1) Zweck: Sicherg der Fam gg Verlust des die ExistenzGrdl bildden Grdbesitzes. Nicht zwingd, sond abgesehen von unentgeltl Vfgen (aA LG Siegen NJW **56**, 671) nur dch EheVertr abänderb (RG **159**, 363), da sonst Umgehg der GeneralVollm. Betrifft nur Vfgen unter Lebden. ProzführgsR u Schutz von Dr: § 1422 Anm 3 u 4. Einwilligg des nicht verwberecht Eheg (§ 1423 Anm 1) kann auch forml (and ggü GBA; GBO 22) u ohne Kenntn von der Notwendigk der Einwillgg erteilt werden (RG **108**, 281).

2) Zustimmgbedürft sind, auch wenn der and Eheg dem VerpflGesch bereits zugest hatte (MüKo/Kanzleiter 2), dann allerd mit der Folge des § 1437, **Verfügungen über Grundstücke,** eingetr Schiff, SchiffsBauw, ErbbauR (ErbbRVO 11) sowie landesrechtl gleichstehde Rechte (EG 196). Vfgen (Überbl 3 d bb vor § 104) **sind:** Veräußerg; Belastg, auch von ErbbR (BGH NJW **68**, 496); VormkgsBewilligg (Staud/Thiele 9; aM BayObLG NJW **57**, 1521); Grdbuchberichtigg; Teilg eines im MitEigt von Eheg u Dr stehden Grdst; ErbAuseinandS od Vfg über ErbschAnteil, wenn ein Grdst dazu gehört (aA Soergel/Gaul 6); Bewilligg höherer HypZinsen; **nicht** dagg: Vfg über ein GrdstR, zB Löschg einer Hyp; Übern bestehder Hyp beim GrdstErw; Belastg des Grdst beim Erw zZw der Sicherstellg des Kaufpr mit Hyp (BGH NJW **69**, 177) od Nießbr (BGH NJW **57**, 1187); Umwandlg von GrdSch u Hyp; Vermietg u Verpachtg. Iü § 1821 Anm 2a. Jeder Eheg kann ohne Zust des and die Auflassg entggnehmen (BayObLG MDR **54**, 306). Wg Eintr § 1416 Anm 4.

3) Verpflichtung zur Vfg iS v Anm 2 erfordert ebenf Zust, da die Verpfl des Verw GesGutsverbdlk wäre (§ 1437) u damit doch den and Eheg belasten würde. Unwirks desh UmgehgsGesch wie Übern einer VertrStrafe od der Haftg für die Erteilg der Einw des and Eheg (Planck § 1445 Anm 21; aM RG JW **24**, 539). Zustbedürft auch Nebenabreden wie Zusicherg der GrdstGröße (RG JW **03**, Beil 125), so daß ein derart fehlerl Vertr beide Eheg nicht bindet. Dagg Haftg aus § 463, wenn Verw allein bei VorVerhdlgen falsche Zusicherg gegeben hat u dann beide Eheg abgeschl haben (RG **99**, 121). Einwilliggsfrei ist der WeiterVerk eines Grdst dch den Verw vor Auflassg u Eintr (RG **111**, 187), wenn also nur über den schuldrechtl Anspr verfügt wird, selbst wenn dieser dch Vormkg gesichert ist (BGH MDR **71**, 916).

1425 Schenkungen
[I] **Der Ehegatte, der das Gesamtgut verwaltet, kann nur mit Einwilligung des anderen Ehegatten Gegenstände aus dem Gesamtgut verschenken; hat er ohne Zustimmung des anderen Ehegatten versprochen, Gegenstände aus dem Gesamtgut zu verschenken, so kann er dieses Versprechen nur erfüllen, wenn der andere Ehegatte einwilligt. Das gleiche gilt von einem Schenkungsversprechen, das sich nicht auf das Gesamtgut bezieht.**
[II] **Ausgenommen sind Schenkungen, durch die einer sittlichen Pflicht oder einer auf den Anstand zu nehmenden Rücksicht entsprochen wird.**

1) GleichberG Art 1 Z 9; Inhalt = § 1446 aF. **Zweck** Schenkgen liegen idR außerh ordnungsgemäßer Verw u sollen desh nur mit Zust des and EheG erfolgen. Zwingde Vorschr, KGJ **52**, 109. GBA hat ohne Berücks v GBO 29 nach allg Erfahrgssätzen das zugrde liegde VerpflGesch darauf z prüfen, ob die beantr Eintr schenkgshalber erfolgt, KG OLG **33**, 341, od dch II gerechtf ist, BayObLG HRR **35**, 1314. Wg Einwilligg des and Eheg § 1423 Anm 1, aber keine Ersetzg, § 1426; Folgen der Zuwiderhdlg §§ 1427, 1428, 1434, 1435 S 3, 1447 Z 1, sa § 1423 Anm 1; auch der gutgl Beschenkte ist herausgabepflichtig, § 816 I 2. Wg § 1804 sind Schenkgen des Verw, außer gem II, nicht mögl, wenn and Eheg unter Vormsch steht, RG **91**, 40.

2) Ob iSv I 1 u II **Schenkung** vorliegt, § 516, ist den Umst zu entnehmen, kann also auch gegeben sein bei BürgschÜbern, RG **54**, 284, Sichergsabtretg einer Hyp, BayObLG HRR **35**, 1314, Löschg einer EigtümerGrdSch, KG OLG **33**, 341, vgl § 2113 Anm 2, Ausstattg, soweit sie nach § 1624 Schenkg ist od zB vom Vater dem Kind der Frau aus früh Ehe gegeben w, sofern nicht Anstandsschenkg, § 534, vorliegt, II. Auch die Vfg, dch die wirks abgegebenes SchenkgsVerspr erfüllt w, bedarf der Einwilligg des and Eheg. Gemschaftl Schenkg kann Verwalter allein widerrufen, § 530.

3) Das **Schenkungsversprechen, I 2,** bedarf der Einwilligg des and Eheg, u zwar gleichgült, ob etwas aus GesGut, Sonder- od VorbehGut versprochen w, da für sämtl Verbindlk das GesGut haftet, § 1437, das nicht belastet w soll. Anders nur, wenn inf der Übereign eine schuldrechtl Verpflchtg nicht entstehen kann, wenn also zB der Verwalter aus seinem VorbehGut etwas schenkw übereignet, wobei auch das gg I 2 verstoßde SchenkgsVerspr wirks w kann.

§§ 1426–1429

1426 *Ersetzung der Zustimmung des anderen Ehegatten.* Ist ein Rechtsgeschäft, das nach den §§ 1423, 1424 nur mit Einwilligung des anderen Ehegatten vorgenommen werden kann, zur ordnungsmäßigen Verwaltung des Gesamtgutes erforderlich, so kann das Vormundschaftsgericht auf Antrag die Zustimmung des anderen Ehegatten ersetzen, wenn dieser sie ohne ausreichenden Grund verweigert oder durch Krankheit oder Abwesenheit an der Abgabe einer Erklärung verhindert und mit dem Aufschub Gefahr verbunden ist.

1) Inhalt = § 1447 aF. Wg der Voraussetzgen u des Verf vgl § 1365 Anm 5 u 6. **Ersetzung** der Zust, wenn die Maßn ordngsmäßiger Verwaltg entspricht, die sich aus ZweckmäßigkErwäggen u den wirtschaftl Interessen der Fam ergibt (KG OLG **34**, 250). Ersetzg daher bei Übertragg von BauGrund zur Ablösg eines PflichtteilsAnspr u Gewinng einer Hilfskr in einem landwirtsch Betr (BayObLG FamRZ **83**, 1127); ferner zur Gewährg einer Ausstattg (BayObLG **23**, 160). Dagg **keine Ersetzung** bei Schenkg aus dem GesGut (§ 1425); bei wirtsch Nachteilig f den and Eheg (§ 1365 Anm 5b). Wg Verhinderg dch Abwesenh § 1911 Anm 2a bb. Kein eig AntrR des Dritten; Verwalter kann aber aGrd des RGesch dem Dr ggü zur Herbeiführg der Ersetzg verpfl sein. Vollstr eines solchen Urt gem ZPO 888. Für Unterlassg der Herbeiführ der Ersetzg haftet der Verw im InnenVerh aus § 1435. Gen ist auch dann einzuholen, wenn noch andere behördl Gen fehlen, da diese unabhäng voneinand sind (BayObLG NJW **55**, 1719). Ersetzg erfolgt dch Richter des VormschG, (RPflG 14 Z 6) u hat dieselbe Wirkg wie die dch den and Eheg gegebene Zust, verpflichtet ihn also nicht persönl (§ 1422 Anm 1).

1427 *Rechtsfolgen fehlender Einwilligung.* ¹Nimmt der Ehegatte, der das Gesamtgut verwaltet, ein Rechtsgeschäft ohne die erforderliche Einwilligung des anderen Ehegatten vor, so gelten die Vorschriften des § 1366 Abs. 1, 3, 4 und des § 1367 entsprechend.

²Einen Vertrag kann der Dritte bis zur Genehmigung widerrufen. Hat er gewußt, daß der Ehegatte in Gütergemeinschaft lebt, so kann er nur widerrufen, wenn dieser wahrheitswidrig behauptet hat, der andere Ehegatte habe eingewilligt; er kann auch in diesem Falle nicht widerrufen, wenn ihm beim Abschluß des Vertrages bekannt war, daß der andere Ehegatte nicht eingewilligt hatte.

1) GleichberG Art 1 Z 9; entspricht § 1448 aF. Vgl § 1366 Anm 1, 2, 3b, 4 u § 1367 Anm. Währd des SchwebeZustd kann Dritter zur Beschaffg der Gen auffordern, I iVm § 1366 III, od iRv II widerrufen. Die Ersetzg dch das VormschG iFv §§ 1423, 1424, vgl § 1426, muß nach Aufforderg innerh 2 Wo v Verwalter dem Dritten mitgeteilt w. Widerruf vS des Dritten nur ggü dem VertrGegner, II 1; inhaltl Entsprechg zu II 2 in § 1366 II, dort Anm 3a. Ist Gen verweigert, so w das RGesch auch nicht dch Beendigg der GütGemsch wirks. Läuft dagg die 2-Wo-Frist noch u erhält Verwalter den VfgsGgst bei der AuseinanderS, so wird die Vfg wirks, § 185 II 1. Bei Unwirksamk des RGesch kann Verwalter den Ggst selbst zurückfordern, ohne daß ihm ein ZurückbehaltsgsR entgegesetzt w könnte, § 1434 Anm 1 aE. Keine persönl Verpfl des Verwalters dch ein solches Gesch, § 1423 Anm 1.

1428 *Verfügungen ohne Zustimmung.* Verfügt der Ehegatte, der das Gesamtgut verwaltet, ohne die erforderliche Zustimmung des anderen Ehegatten über ein zum Gesamtgut gehörendes Recht, so kann dieser das Recht gegen Dritte gerichtlich geltend machen; der Ehegatte, der das Gesamtgut verwaltet, braucht hierzu nicht mitzuwirken.

1) GleichberG Art 1 Z 9; entspricht § 1449 aF. Ausn v § 1422, dort Anm 4a, zum Schutz des and Eheg gg iSv §§ 1423–25 unbefugte RGeschäfte des Verwalters. Zwingd Recht. Klage im eig Namen auf Herausg an sich selbst od den Verwalter, der die Sache anschließd ijF wieder in Besitz nimmt. Schutz Dritter § 1422 Anm 4. Bei gutgl Erwerb dch Dritten fällt evtl BereichergsAnspr, § 816 I 2, unter § 1428. Nach dem Zweck des **Revokationsrechts** kein ZurückbehR des Dritten wg der ins GesGut bewirkten GgLeistg, hM, aA Dölle §§ 70 VI 4 u 71 II 3. Verwalter kann auch seinerkl klagen, § 1427 Anm 1 aE. Urteile ggs ohne RechtskrWirkg, str, Soergel-Gaul 6 mNachw. Haftg des GesGuts f die Kosten der Revokation, § 1438 II, die aber nur aGrd eines Urt gg den Verwalter geltend gemacht w kann, ZPO 740 I.

1429 *Notverwaltungsrecht.* Ist der Ehegatte, der das Gesamtgut verwaltet, durch Krankheit oder durch Abwesenheit verhindert, ein Rechtsgeschäft vorzunehmen, das sich auf das Gesamtgut bezieht, so kann der andere Ehegatte das Rechtsgeschäft vornehmen, wenn mit dem Aufschub Gefahr verbunden ist; er kann hierbei im eigenen Namen oder im Namen des verwaltenden Ehegatten handeln. Das gleiche gilt für die Führung eines Rechtsstreits, der sich auf das Gesamtgut bezieht.

1) GleichberG Art 1 Z 9; Inhalt = § 1450 aF. **Notverwaltungsrecht** f einz RGesch, die sich auf das GesGut beziehen, einschließl §§ 1423–25. Dagg keine allg Vertretgsbefugn, RG **89**, 360; sa Einf 2b vor § 1353. Der nichtverwaltgsberecht Eheg ist nicht verpfl, aber kann handeln od klagen, u zwar entw gem § 164 I 1, so daß nicht er, sond der Verwalter u das GesGut verpfl w, § 1437, od im eig Namen, so daß er sich außerd auch persönl verpfl, währd das Erworbene ijF ins GesGut fällt. Kosten wie § 1428 Anm aE. Hat Eheg sich iR des NotVerwR auf RStreit eingelassen, so kann er nicht zurück, Stettin OLG **4**, 404; vgl aber § 1433 Anm 2. **Voraussetzung:** Verhinderg (nicht bloßes Nichtwollen, RG **103**, 126, dann § 1430) des Verwalters wg Krankh od Abwesenh; ferner obj Gefahr im Verzug zZ der Vorn des Gesch, zB drohde Verjährg; s § 1365 Anm 5.

Bürgerliche Ehe. 6. Titel: Eheliches Güterrecht §§ 1430, 1431

1430 *Ersetzung der Zustimmung des Verwalters.* Verweigert der Ehegatte, der das Gesamtgut verwaltet, ohne ausreichenden Grund die Zustimmung zu einem Rechtsgeschäft, das der andere Ehegatte zur ordnungsmäßigen Besorgung seiner persönlichen Angelegenheiten vornehmen muß, aber ohne diese Zustimmung nicht mit Wirkung für das Gesamtgut vornehmen kann, so kann das Vormundschaftsgericht die Zustimmung auf Antrag ersetzen.

1) GleichberG Art 1 Z 9; Inhalt = § 1451 aF. Die zwingde **Schutzvorschrift** zG des nichtverwaltgsberecht Eheg gibt ihm die Möglk, zur Sicherstellg notwend persönl Belange das GesGut in Anspr z nehmen, indem Zust des Verwalters ersetzt w. Kein KlageR des Dritten auf Zust; der and Eheg hat erforderl Zust selbst herbeizuführen. **Verfahren** vgl § 1365 Anm 6.

2) **Voraussetzungen: a)** Zu den **persönlichen Angelegenheiten,** vgl § 1360a Anm 3, gehört auch Kündigg eines Mietverhältn, um den Ehestörer z entfernen, BayObLG NJW 65, 348. **b)** Das RGesch darf nicht bloß zweckm od vorteilh, sond muß **notwendig** s, wie zB Ausstattg des erstehl Kindes. **c)** Der Eheg braucht zur Vorn des RGesch die **Zustimmung des Verwalters,** damit es dem GesGut ggü wirks werden kann, § 1438 I, zB Verwertg v GesGut zur Beschaffg v Mitteln f die persönl Angelegenh, ProzKostVorsch f ScheidgsStr, Aufn v Darl, wenn die flüss Mittel nicht ausreichen, § 1360a IV. Zust z RStreit nicht erforderl, da GütGemsch ProzFgk nicht berührt; Kostenhaftg des GesGuts § 1438 II. **d) Verweigerung ohne ausreichenden Grund,** also Nichtwollen des Verwalters; sonst § 1429; sa § 1365 Anm 5.

3) **Wirkung.** Ersetzg kann nur f das RGesch im ganzen erfolgen, KG JW **34,** 908, sonst Ablehng. Sie hat die Wirksamk des Gesch ggü dem GesGut zur Folge. Im Ggs zu § 1429 tritt der nicht verwberecht Eheg nur im eig Namen auf. Wirkg wie § 1429 Anm.

1431 *Selbständiges Erwerbsgeschäft.* ¹Hat der Ehegatte, der das Gesamtgut verwaltet, darin eingewilligt, daß der andere Ehegatte selbständig ein Erwerbsgeschäft betreibt, so ist seine Zustimmung zu solchen Rechtsgeschäften und Rechtsstreitigkeiten nicht erforderlich, die der Geschäftsbetrieb mit sich bringt. Einseitige Rechtsgeschäfte, die sich auf das Erwerbsgeschäft beziehen, sind dem Ehegatten gegenüber vorzunehmen, der das Erwerbsgeschäft betreibt.

ᴵᴵWeiß der Ehegatte, der das Gesamtgut verwaltet, daß der andere Ehegatte ein Erwerbsgeschäft betreibt, und hat er hiergegen keinen Einspruch eingelegt, so steht dies einer Einwilligung gleich.

ᴵᴵᴵDritten gegenüber ist ein Einspruch und der Widerruf der Einwilligung nur nach Maßgabe des § 1412 wirksam.

1) GleichberG Art 1 Z 9. Inhalt = § 1452 aF. Der nichtverwberecht Eheg bedarf zur Aufn eines ErwerbsGesch keiner Einwilligung des and, sa § 1356 I 2, unterliegt jedoch bzgl des GesGuts den VfgsBeschrkgen, § 1422 Anm 2, die bestehen bleiben, wenn Verwalter in den Betr des ErwGesch nicht eingewilligt od die Einwillig widerrufen hat, III. **Zweck** also: Einwilligg des Verwalters befreit and Eheg v den Beschrkgen des § 1422. Ohne Einwillig haftet GesGut grdsl nicht, es sei denn, Einspr gg den Betr od Widerruf waren bei Eintr der Rechtshängigk eines RStreits gg den Nichtverwalter im GüterRReg nicht eingetr; f Verwalter dann nur WiderspKl, ZPO 774. Wg Haftg des GesGuts nach § 1440 S 2 u des Verwalters persönl bis zur Beendigg der GütGemsch, § 1437 II (im InnenVerh gilt § 1441 Z 2), ist Einwilligg des Verwalters auch dann erhebl, wenn ErwGesch zum VorbehGut gehört.

2) **Selbständiges Erwerbsgeschäft** (Begr § 1822 Anm 4) liegt vor, wenn Eheg verantwortl Unternehmer im wirtschaftl Sinne ist, heute auch der Freiberufler (MüKo/Kanzleiter 3), wie der RA od Arzt (BGH **83,** 76), ebso Landwirt (BayObLG FamRZ **83,** 1128), ohne Rücks, ob der Eheg selbst arbeitet od sich eines Bevollm (Prokurist) bedient, es sei denn, dies ist der verwberecht Eheg u das ErwGesch gehört z GesGut. Selbständ dch einen Eheg betrieben wird ein ErwGesch auch dann, wenn es von beiden Eheg gemschaftl geführt w (BayObLG FamRZ **83,** 1128); ebso wenn Eheg mit AlleinGeschFührgsBefugn (HGB 115 I) ein z GesGut gehör ErwGesch als OHG betreiben; ferner Teilhabersch an OHG auch bei ausgeschl Vertretg (RG **127,** 114); ebso Beteiligg als persönl haftder Gesellschafter an einer KG; nicht dagg die bloße Kapitalanlage als Kommanditist, stiller od GmbH-Gesellschafter.

3) Die forml, auch stillschw mögl u iFv II (also bei Kenntn, nicht bloß fahrl Unkenntn) unterstellte u inhaltl nicht beschränkb **Einwilligung des Verwalters** bewirkt, daß es seiner Zust zu einz RGeschäften u RStreitigk nicht mehr bedarf, die der GeschBetr mit sich bringt, vgl HGB 343, 344, dh (sa § 112) alle gewöhnl, aber auch außergewöhnl Geschäfte iR des GeschBetr wie Übern des HandelsGesch vom ausgeschiedenen Gesellschafter, BayObLG OLG **43,** 356, od GrdstVeräußer, dagg nicht GeschAufg selbst od Auflösg der OHG, RG **127,** 115. In Abweichg v § 1422 Anm 1 sind einseit RGeschäfte, die sich auf das ErwGesch beziehen, ijF dem GeschInh ggü vorzunehmen, I 2. Der nichtverwberecht Eheg ist f alle RStreitigk iR des GeschBetr aktiv u passiv legitimiert; ZwVollstr ins GesGut, ZPO 741; sa § 1433 Anm. 2. Verw k Einwendg, es handle sich nicht um GeschSchuld, nur iW der WiderspKl erheben, ZPO 774. Das im GeschBetr Erworbene fällt ins GesGut. Haftg beider Eheg u des GesGuts, §§ 1438 I, 1437 II, u zwar auch über die Beendigg der GütGemsch hinaus, da die Verbindlk dem GesGut zur Last fallen, § 1442 S 2.

4) Jederzeit mögl sind forml **Einspruch** gg den Betr des ErwGesch u ebso **Widerruf** der Einwilligg. Mißbr jedoch Grd für Ehezerrüttg od f AufhebgsKl, § 1447 Anm 3 Z 1. Erklärg ggü dem nichtverw Eheg, aber zur Wirksamk ggü Dritten Eintr im GüterRReg notw, III, auf eins Antr des Verwalters, § 1561 Z 3. Folge: Haftg v GesGut u Verwalter ausgeschl, Anm 1.

1391

§§ 1432–1435   4. Buch. 1. Abschnitt. *Diederichsen*

1432 *Annahme einer Erbschaft; Ablehnung von Vertragsantrag oder Schenkung.* ¹Ist dem Ehegatten, der das Gesamtgut nicht verwaltet, eine Erbschaft oder ein Vermächtnis angefallen, so ist nur er berechtigt, die Erbschaft oder das Vermächtnis anzunehmen oder auszuschlagen; die Zustimmung des anderen Ehegatten ist nicht erforderlich. Das gleiche gilt von dem Verzicht auf den Pflichtteil oder auf den Ausgleich eines Zugewinns sowie von der Ablehnung eines Vertragsantrags oder einer Schenkung.

IIDer Ehegatte, der das Gesamtgut nicht verwaltet, kann ein Inventar über eine ihm angefallene Erbschaft ohne Zustimmung des anderen Ehegatten errichten.

1) GleichberG Art 1 Z 9; entspricht § 1453 aF. Die in I genannten RGesch sind **persönlicher Art** u bedürfen desh nicht der Zust des Verwalters. Für die mit dem Erwerb verbundenen Verbindlk haften gleichw GesGut, § 1448 I, u Verw, § 1437 II. Persönl, freil nicht vertragsfeindl Gesch sind Erbverzicht, § 2346, Ausschlagg, §§ 1945, 1953, 2176, 2180, sowie Annahme v Erbsch od Vermächtn, §§ 1946 ff, 2180, die, soweit nicht VorbehGut, §§ 1418 II Z 2, 1439, z GesGut werden, da sie f die NachlSchulden haften. Desh kann auch Verwalter HaftgsBeschrkg herbeiführen, §§ 1970, 1975, 1990 ff, 2014 ff, 2186, KO 218, VerglO 113, ZPO 780. Nicht zustbedürft ferner Anfechtg v Ann od Ausschlagg, §§ 1954 ff, 2308, Verzicht auf Pflichtt §§ 2303 ff, od ZugewAusgl aus einem früh gesetzl Güterstd, §§ 1378 III, 1371 II, III u schließl die Ablehng, eines VertrAntr u v Schenkgen. In beiden Fällen kann der NichtVerwalter aber auch ohne Zust des Verwalters annehmen, was nicht ggü GesGut wirks w, § 1422 Anm 2, obwohl das so Erworbene darein fällt, § 1461 I, währd es umgek nur aus Bereicherg haftet, § 1434. Außer v § 1418 II Z 2 ist Widerruf ggü Verwalter z erkl, § 531, da GesGut betroffen. Eine NacherbenAnwartsch eines Eheg begründet kein MitwirkgsR des and Eheg bei Verfgen des Vorerben u fällt nach Beendigg des Güterstd aus dem GesGut (LG Frankth FamRZ **83**, 1130).

2) **Inventar** können beide Eheg ohne ggs Zust errichten, II. Die InvFrist ist ggü dem Verwalter z bestimmen, § 2008 I. Das dch einen Eheg errichtete Inv wirkt auch f den and Eheg, ebso das v einem Eheg erwirkte GläubAufgebot u AusschlUrt, ZPO 999.

1433 *Fortsetzung eines Rechtsstreits.* Der Ehegatte, der das Gesamtgut nicht verwaltet, kann ohne Zustimmung des anderen Ehegatten einen Rechtsstreit fortsetzen, der beim Eintritt der Gütergemeinschaft anhängig war.

1) GleichberG Art 1 Z 9; Inhalt = § 1454 aF. In Ausn v § 1422 Anm 4 führt der nichtverwberecht Eheg in eig Namen den beim Eintr der GütGemsch **anhängigen Rechtsstreit** weiter. Aber Umstellg des Antr auf Leistg an Verw, ZPO 265 analog. Urt wirkt f u gg Verw, der als NebIntervenient beitreten kann, ZPO 66 (hM: 69) wg ZPO 265 II. Erteilg der VollstrKl f den Verw, ZPO 742. Haftg des GesGuts § 1438. Vergl, Verzicht, Aufrechng mit einer z GesGut gehör Fdg nur mit Zust des Verw, da der NichtVerw ü GesGut, zu dem der eingekl Anspr gehört, § 1416 I, nicht verfügen k.

2) § 1433, Anm 1, **entsprechend anwendbar** bei Führg eines RStr iFd Verhinderg des Verw, § 1429, u Wegfall der Verhinderg währd des RStr, ferner bei Fortführg eines RStr f das mit Zust des Verw betriebene selbständ ErwerbsGesch, § 1431, nach Widerruf der Zust.

1434 *Ungerechtfertigte Bereicherung des Gesamtgutes.* Wird durch ein Rechtsgeschäft, das ein Ehegatten ohne die erforderliche Zustimmung des anderen Ehegatten vornimmt, das Gesamtgut bereichert, so ist die Bereicherung nach den Vorschriften über die ungerechtfertigte Bereicherung aus dem Gesamtgut herauszugeben.

1) An Stelle v § 1455 aF dch GleichberG Art 1 Z 9. **Grundgedanke:** Alles, was ein Eheg währd der Ehe dch Leistg v Drittem erwirbt, wird GesGut (§ 1416), währd das vom and Eheg nicht gen RGesch als solches dem GesGut ggü unwirks ist; daher Herausg aus dem GesGut gem §§ 812 ff. Bei Bereicher in sonst Weise §§ 812 ff unmittelb. Als RGesch des Verw kommen allenf Gesch nach §§ 1423–25 in Betr, sofern Zust des and Eheg nicht ersetzt worden ist (§ 1426); denn daraus haften weder GesGut noch Verw persönl (§ 1423 Anm 1). Wohl aber eben Haftg v GesGut u Verw (§ 1437 II) aus ungerechtf Bereicherg. RGesch des and Eheg (außer iFv §§ 1429, 1431, 1432) ohne Zust od ZustErsetzg (§ 1430) verpflichten zwar den nicht verwberecht Eheg persönl, nicht aber das insof allenf ungerechtf bereicherte GesGut (§ 1422 Anm 2); VertragsHaftg mit VorbehGut schließt hier BereicherngsHaftg des GesGuts nicht aus (Colmar OLG **8**, 336). Hat nicht verwberecht Eheg dch Ann der Leistg ü eine GesGutsFdg verfügt, so fließt die Leistg ins GesGut, ohne daß dch die Ann die Fdg getilgt würde. Für die Bereicherg haftet der nicht verwberecht Eheg nicht persönl; sie kann nur gg den Verw geltd gemacht w (BGH NJW **57**, 1635; sa § 1422 Anm 2). Kein ZurückbehaltgsR des Dritten ggü dem die Unwirksamk des RGesch geltd machden Eheg (aA Stettin JW **30**, 1013), wohl aber Möglk der Aufrechng mit dem BereichergsAnspr.

1435 *Pflichten des Verwalters.* Der Ehegatte hat das Gesamtgut ordnungsmäßig zu verwalten. Er hat den anderen Ehegatten über die Verwaltung zu unterrichten und ihm auf Verlangen über den Stand der Verwaltung Auskunft zu erteilen. Mindert sich das Gesamtgut, so muß er zu dem Gesamtgut Ersatz leisten, wenn er den Verlust verschuldet oder durch ein Rechtsgeschäft herbeigeführt hat, das er ohne die erforderliche Zustimmung des anderen Ehegatten vorgenommen hat.

1) GleichberG Art 1 Z 9 hat **Pflichten u Haftg** des Verw iSv § 1456 aF verstärkt. Entgg der früh Regelg ist der Verw dem and Eheg f die Verwaltg des GesGuts verantwortl. Analoge Anwendg iFv § 1429 mRücks auf

Bürgerliche Ehe. 6. Titel: Eheliches Güterrecht §§ 1435–1437

die allg Fassg ("der Eheg"). Abdingb. Bei Mißbr der VerwBefugn § 1447 Z 1. IdR kein SchadErs bei Dchführg der Trenng (§ 1567), auch nicht in landwirtschaftl Betr (BGH FamRZ **86**, 42).

2) Pflichten des Verwalters. a) Ordnungsmäßige Verwaltung des GesGuts, dh treuhänderisch im Interesse der Ehe (Einf 1 vor § 1353), Erhaltg u Mehrg des GesGuts (vgl RG **124**, 325); aber Ehe keine ErwerbsGemsch, also: Sicherg der GesGutsGgste vor Gefahr (RG **76**, 136); Erfüllg v UnterhPfl ggü dem and Eheg (RG Warn **16**, Nr 21). Mißbr der VerwR liegt vor bei Umgehg v § 1424 dch Unterwerfg unter sof ZwVollstr iSv ZPO 740 (BGH **48**, 369). – **b)** Nach **S 2** Pfl zur **Unterrichtung,** iW der HerstellgsKl (Stgt FamRZ **79**, 809; Einf 3a vor § 1353), u zur **Auskunftserteilung,** iW der LeistgsKl erzwingb (§§ 260, 261; ZPO 888, 889); ZPO 888 II steht nicht entgg (Gernhuber § 38 VI 6 Fn 16). RSchutzBedürfn jedoch nur bei begrdtem Anlaß. Untersch zu § 1379, weil im gesetzl Güterstd jeder Eheg sein Verm selbst verwaltet. – **c) Ersatzpflicht, S 3,** ohne zusätzl Verschulden bei Zustimmgsbedürftigk (§§ 1423–25) u sonst bei Verschulden, wobei jedoch zu berücks, daß jede Verwaltg Risiken enthält, ferner § 1359, evtl Ausgl dch and günstigere Gesch od ErsAnspr gg Dritte. ErsLeistg erst nach Beendigg der GütGemsch (§ 1446).

1436 *Verwalter unter Vormundschaft.* Steht der Ehegatte, der das Gesamtgut verwaltet, unter Vormundschaft, so hat ihn der Vormund in den Rechten und Pflichten zu vertreten, die sich aus der Verwaltung des Gesamtgutes ergeben. Dies gilt auch dann, wenn der andere Ehegatte zum Vormund bestellt ist.

1) Neufassg v § 1457 aF dch GleichberG Art 1 Z 9. Dch (vorl) **Vormundschaft und Pflegschaft** (§§ 1896, 1906, 1909–11, 1915) wird der Güterstd nicht berührt; aber AufhebgsKl (§ 1447 Z 1, 4). Ausübg der Verwaltg dch Vormd, für den §§ 1793ff gelten (KG HRR **33**, 203); er verpfl das GesGut (§ 1437), Haftg ggü Mdl n § 1833, dem and Eheg ggü n § 1435. Ist der and Eheg Vormd, **S 2,** so handelt er im Namen des Verw. Gem §§ 1423–25 erfdl Zust erteilt er sich unabh v § 181 selbst (hM). Haftg aus § 1833, ohne § 1359.

1437 *Gesamtgutsverbindlichkeiten; persönliche Haftung.* ¹Aus dem Gesamtgut können die Gläubiger des Ehegatten, der das Gesamtgut verwaltet, und, soweit sich aus den §§ 1438 bis 1440 nichts anderes ergibt, auch die Gläubiger des anderen Ehegatten Befriedigung verlangen (Gesamtgutsverbindlichkeiten).

²Der Ehegatte, der das Gesamtgut verwaltet, haftet für die Verbindlichkeiten des anderen Ehegatten, die Gesamtgutsverbindlichkeiten sind, auch persönlich als Gesamtschuldner. Die Haftung erlischt mit der Beendigung der Gütergemeinschaft, wenn die Verbindlichkeiten im Verhältnis der Ehegatten zueinander dem anderen Ehegatten zur Last fallen.

1) Die §§ 1437–44, die dch GleichberG Art 1 Z 9 den §§ 1459–65 aF entnommen w sind, regeln die **Schuldenhaftung** innerh der GütGemsch, u zwar §§ 1437–40 das Außenverhältn der Eheg zu den Gläub mit Ausn in §§ 1438–40, die §§ 1441–44 das Innenverhältn zw den Eheg. Es gibt entspr dem **Gesamthandsprinzip** (§§ 1416 Anm 1, 1419) allein Verbindlkten der Eheg, nicht des GesGuts; dieses u die SonderVerm der Eheg sind nur HaftgsObjekt. Solche persönl Verpfl eines od der Eheg heißen **Gesamtgutsverbindlichkeiten** (§§ 1437, 1459), wenn dafür das GesGut haftet. Für gemeins eingegangene Verbindlk gelten die allg Vorschr, insb § 427. Die unter Ehel vereinb Beschrkg der Haftg ggü Dritten ist nichtig; zul dagg eine die Haftg auf das GesGut beschrkde od dessen Haftg ausschließde Vereinbg mit dem Gläub. § 1437 bestimmt als **Prinzip** die gesamtschuldner (§§ 421ff) Haftg des GesGuts, I, u (als Ggstück zu seiner umfassden VerwBefugn) des Verw, II, auch für die Schulden des nicht verwberecht Eheg. Zuständ ist das FamG auch f den Anspr des Gläub (BGH **76**, 305).

2) **Gesamtgutsverbindlichkeiten** sind begriffl diej Schulden der Eheg, wg derer ihre Gläub Befriedigg aus dem GesGut verlangen können (BGH FamRZ **86**, 41), also: **a)** sämtl Schulden des Verw, unabh vom EntstehgsGrd od -Ztpkt u davon, ob sie sich auf sein Vorbeh- od SondGut beziehen. Ggf § 1357; – **b)** grdsl auch sämtl Schulden des and Eheg, unabh vom (vertragl od gesetzl) RGrde, also auch die aus unerl Hdlg, Rückgewähr aGrd AnfG (RG Gruch **48**, 1017), u unabh vom LeistgsGgst, also auch Verpfl zur Herausg (RG JW **04**, 176), ferner alle vor Eintr der GütGemsch entstandenen, die danach entstandenen nur nach Maßg der §§ 1438–40, insb also nicht bei Fehlen der erfdl Zust (§ 1438 I). Bei Tod eines Eheg keine Begrdg von GesGutsVbdlk mehr (BayObLG FamRZ **89**, 1119). **Beweislast** für Nichtvorliegen einer GesGutsVerbindlk bei dem Behauptden; Besonderh § 1438 Anm 2.

3) **Persönliche Haftung des Verwalters** mit Vorbeh- u Sondergut für: **a)** alle in seiner Pers entstandenen Schulden (Anm 2a); – **b)** die Schulden des and Eheg (Anm 2b) als GesamtSchu neben ihm; Ausn §§ 1438–40, dann Haftg gem Anm 4. Bei Beendigg der GütGemsch FortHaftg f dem GesGut auch im Verhältn der Eheg zueinand zur Last fallde Schulden (vgl §§ 1441–44), f die übr Wegf der Haftg (II 2). Beweisl beim Verw; ggf ZPO 767. Grd der Beendigg gleichgült; zul also auch Vereinbg der Beendigg zZw, sich dieser Haftg im Hinbl auf eine best Verpfl des and Eheg z entziehen (Hbg OLG **30**, 49).

4) **Persönliche Haftung des Nichtverwalters** mit Vorbeh- u (soweit pfändb) SondGut für: **a)** die in seiner Pers entstandenen GesGutsVerbindlk, also soweit Verw als Bevollm aufgetreten ist (Mü OLG **14**, 228); – **b)** die in seiner Pers entstandenen Verbindlk, soweit nicht GesGutsVerbdlk (Anm 3b). Keine Haftg f die pers Schulden des Verw, auch nicht die in dessen Pers entstandenen GesGutsVerbdlk (RG **89**, 364); Ausn § 1480.

5) Zur **Zwangsvollstreckung** ins GesGut genügt grdsl Urt gg den Verw (ZPO 740 I), selbst wenn er ohne Zust des and Eheg nicht vfg durfte (RG **69**, 181), ferner auch iFv §§ 1428/29. Hat nicht verwberecht Eheg Gewahrs, Klage gg ihn nicht erfdl, da Gewahrs kein WiderspR gibt (bedeuts aber f ZPO 743). Vgl ü §§ 1431, 1433 Anm 3 u 1. Verurt des Verw zur Duldg der ZwVollstr ins GesGut wirkt wie LeistgsUrt (RG JW **09**, 321, Seuff A **65**, 16), Urt zur Zahlg aus GesGut gibt aber auch nur R zur Vollstr in dieses.

§§ 1437–1441   4. Buch. 1. Abschnitt. *Diederichsen*

6) Dch den **Konkurs** des Verw keine Auflösg der GütGemsch, aber Anspr auf AuseinandS (§ 1447 Z 3). GesGut gehört zur KonkMasse (KO 2 I); KO 16, 151 unanwendb. Übr Bleibdes wird wieder GesGut. Keine Beschrkg des KonkVerw §§ 1423/24. Konk des NichtVerw erstreckt sich nicht auf GesGut (KO 2 I 2), auch Anteil am GesGut gehört nicht zur Masse (KO 1 I, ZPO 860 I). Verw hat hins GesGut AussondR. AufhebgsKl nur iFv § 1448.

1438 *Haftung des Gesamtgutes.* [I]Das Gesamtgut haftet für eine Verbindlichkeit aus einem Rechtsgeschäft, das während der Gütergemeinschaft vorgenommen wird, nur dann, wenn der Ehegatte, der das Gesamtgut verwaltet, das Rechtsgeschäft vornimmt oder wenn er ihm zustimmt oder wenn das Rechtsgeschäft ohne seine Zustimmung für das Gesamtgut wirksam ist.
[II]Für die Kosten eines Rechtsstreits haftet das Gesamtgut auch dann, wenn das Urteil dem Gesamtgut gegenüber nicht wirksam ist.

1) Haftg des GesGuts f Verbindlk des Verw folgt aus § 1437 I; § 1438 enthält Einschrkg der Haftg des GesGuts f Verbindlk des nicht verwberecht Eheg. Mit der beschrkten Haftg aus RGesch des nicht verwberecht Eheg bringt § 1438 die **1. Ausnahme** vom Grds des § 1437 I, daß das GesGut auch f die Schulden des nicht verwberecht Eheg haftet. Haftg uneingeschrkt f vor Eintr der GütGemsch entstandene Verbdlk (§ 1437 Anm 2b), für solche danach hingg nur, wenn a) VerwZust erteilt od ersetzt (§ 1430) od b) RGesch auch ohne Zust wirks (§§ 1429/31/32/34, 1357). Dann gleichgült, ob RGesch Ges-, Vorbeh- od SondGut des nicht verwberecht Eheg betr (Ausn § 1439); es haften GesGut u Verw (§ 1437 II 1). Beweis für a od b, wer sich darauf beruft. Vereinbg ü HaftgsBeschrkg mit Gläub § 1437 Anm 1, dagg nicht zw Ehel; zul Erteilg der Zust unter dieser Bedingg.

2) **Prozeßkosten** des Verw sind GesGutsVerbindlk (Haftg § 1437 I); II erweitert Haftg für Kosten aus Ziv-, Straf-, Verw- u FGGVerf auch des nicht verwberecht Eheg, selbst wenn Urt nur gg ihn wirkt, dh Proz wg Vorbeh- od SondGut bzw Gesch, dem Verw nicht zugest hat. PKV § 1360a IV.

1439 *Keine Haftung bei Erwerb einer Erbschaft.* Das Gesamtgut haftet nicht für Verbindlichkeiten, die durch den Erwerb einer Erbschaft entstehen, wenn der Ehegatte, der Erbe ist, das Gesamtgut nicht verwaltet und die Erbschaft während der Gütergemeinschaft als Vorbehaltsgut oder als Sondergut erwirbt; das gleiche gilt beim Erwerb eines Vermächtnisses.

1) Als **2. Ausnahme** v § 1437 I keine Haftg des GesGuts f iRd GütGemsch anfallde ErbschErwerbskosten (§§ 1967ff, 2130, 2147, 2192, öff Abgaben, VorbehPfl, EheG 70), soweit Erw als Vorbeh- (§ 1418 II Z 2) od SondGut (§ 1417, zB GesellschAnt, RG **146**, 282). Zust des Verw nicht erfdl. Wg Haftg § 1437 Anm 4.

1440 *Haftung für Vorbehaltsgut oder Sondergut.* Das Gesamtgut haftet nicht für eine Verbindlichkeit, die während der Gütergemeinschaft infolge eines zum Vorbehaltsgut oder Sondergut gehörenden Rechtes oder des Besitzes einer dazu gehörenden Sache in der Person des Ehegatten entsteht, der das Gesamtgut nicht verwaltet. Das Gesamtgut haftet jedoch, wenn das Recht oder die Sache zu einem Erwerbsgeschäft gehört, das der Ehegatte mit Einwilligung des anderen Ehegatten selbständig betreibt, oder wenn die Verbindlichkeit zu den Lasten des Sondergutes gehört, die aus den Einkünften beglichen zu werden pflegen.

1) Als **3. Ausnahme** v § 1437 I keine Haftg des GesGuts (S 1) f Verbindlk des nicht verwberecht Eheg aus zum Vorbeh- od SondGut gehörigen Ggstden: Steuern, ungerechtf Bereicherg, Reallast, Haftg aus §§ 833, 836. Dagg GesGutsVerbindlk bei Erweiter der UnterhPfl dch Vorbeh- od SondGut (§ 1604 S 2); Innenverhältn § 1441 Z 2.

2) Ausn: Haftg des GesGuts (S 2) bei Zugehörigk zu einem v Verw gen, zum VorbehGut gehörden selbstdg ErwGesch (§ 1431 Anm 1) u Verbindlk iRv § 1417 III 2, also Erhaltgs- u NutzgsGewinnsKosten, öff u priv Lasten, Versicherg.

1441 *Schuldenhaftung im Innenverhältnis.* Im Verhältnis der Ehegatten zueinander fallen folgende Gesamtgutsverbindlichkeiten dem Ehegatten zur Last, in dessen Person sie entstehen:
1. die Verbindlichkeiten aus einer unerlaubten Handlung, die er nach Eintritt der Gütergemeinschaft begeht, oder aus einem Strafverfahren, das wegen einer solchen Handlung gegen ihn gerichtet wird;
2. die Verbindlichkeiten aus einem sich auf sein Vorbehaltsgut oder sein Sondergut beziehenden Rechtsverhältnis, auch wenn sie vor Eintritt der Gütergemeinschaft oder vor der Zeit entstanden sind, zu der das Gut Vorbehaltsgut oder Sondergut geworden ist;
3. die Kosten eines Rechtsstreits über eine der in den Nummern 1 und 2 bezeichneten Verbindlichkeiten.

1) Vgl zunächst § 1437 Anm 1. Der der GütGemsch zGrde liegde Gedanke, daß die Ehel auch vermögensrechtl auf Gedeih u Verderb verbunden s, läßt grdsl alle GesGutsVerbindlk dem GesGut zur Last fallen; **Grundsatz:** GesGutsVerbindlk = GesGutsLasten. Die §§ 1441–44 sind **Ausnahmen** davon. Wird eine solche Verbindlk aus dem GesGut getilgt, so ist zu diesem Ersatz zu leisten (§§ 1445/46; sa §§ 1475 II, 1476 II). § 1441 abdingb.

2) Zum GesGut Ersatz zu leisten ist gem **Z 1**: iFv §§ 823ff, StrafVerf, PrivatKl. Verbindlk sind: Schad-

Bürgerliche Ehe. 6. Titel: Eheliches Güterrecht §§ 1441–1445

Ers, Buße, Geldstrafe, StrafVerf- u VerteidigerKosten, währd Haftkosten dem UnterhVerpfl zur Last fallen (§ 1360). Gilt nur für nach Eintr der GütGemsch begangene unerl Hdlg, sonst endgült Belastg des GesGuts (§ 1437 Anm 2). **Z 2:** Verbindlk des nicht verwberecht Eheg, soweit sich RGesch auf sein Vorbeh- od SondGut bezieht u mit Zust des Verw (aGrd der §§ 1429/31/32, sa § 1440 S 2) ihm ggü wirks ist. Nicht hierher gehören §§ 1439, 1440 S 1, da dafür das GesGut überh nicht haftet. Verbindlk des Verw bez seines Vorbeh- od SondGuts fallen ihm selbst zur Last. Jeder Eheg trägt die dch Besitz v VorbehGut begrdten od erweiterten UnterhPfl (§ 1440 Anm 1). Im Ggs zu Z 1 auch vor Eintr der GütGemsch entstandene Verbindlk. **Z 3:** RStrKosten wg Angelegenh der Z 1 und 2 unterliegen dens Grdsätzen; sonst § 1443. Ausn zu Z 2 u 3 § 1442.

1442 *Verbindlichkeiten des Sondergutes und eines Erwerbsgeschäfts.* Die Vorschriften des § 1441 Nr. 2, 3 gelten nicht, wenn die Verbindlichkeiten zu den Lasten des Sondergutes gehören, die aus den Einkünften beglichen zu werden pflegen. Die Vorschriften gelten auch dann nicht, wenn die Verbindlichkeiten durch den Betrieb eines für Rechnung des Gesamtgutes geführten Erwerbsgeschäfts oder infolge eines zu einem solchen Erwerbsgeschäft gehörenden Rechtes oder des Besitzes einer dazu gehörenden Sache entstehen.

1) Ausn v § 1441 Z 2 u 3 bei zum SondGut (§ 1417) gehörden Verbindlk der Art von § 1440 Anm 2b od § 1431 Anm 2, soweit ErwGesch f Rechng des GesGuts geführt w, es also zum Ges- od SondGut (§ 1417 III 2) gehört, nicht aber zum VorbehGut.

1443 *Prozeßkosten.* ᴵIm Verhältnis der Ehegatten zueinander fallen die Kosten eines Rechtsstreits, den die Ehegatten miteinander führen, dem Ehegatten zur Last, der sie nach allgemeinen Vorschriften zu tragen hat.

ᴵᴵFührt der Ehegatte, der das Gesamtgut nicht verwaltet, einen Rechtsstreit mit einem Dritten, so fallen die Kosten des Rechtsstreits im Verhältnis der Ehegatten zueinander diesem Ehegatten zur Last. Die Kosten fallen jedoch dem Gesamtgut zur Last, wenn das Urteil dem Gesamtgut gegenüber wirksam ist oder wenn der Rechtsstreit eine persönliche Angelegenheit oder eine Gesamtgutsverbindlichkeit des Ehegatten betrifft und die Aufwendung der Kosten den Umständen nach geboten ist; § 1441 Nr. 3 und § 1442 bleiben unberührt.

1) Weitere Ausn v § 1441 Anm 1 hins Kosten v RStreitigk, soweit nicht §§ 1441 Z 3, 1442 eingreifen. Für Dritte handelt es sich um GesGutsVerbindlk (§ 1438 II). PKV § 1360a IV.

2) Kosten aus RStreitigk der Eheg untereinander, I, fallen nach ProzGesetzen od Vereinbg den Eheg selbst zur Last. Ist Verw dazu außerstd, trägt sie das GesGut.

3) Bei RStreitigk eines Eheg mit einem Dritten, II, bleibt es beim Grds § 1441 Anm 1, wenn den Verw die Kosten treffen (Ausn: § 1441 Z 3), dh sie fallen dem GesGut zur Last. Bei Kosten zL des nicht verwberecht Eheg Überwälzg auf GesGut iFv §§ 1428/29/31/33, ferner §§ 1437/38, 1440 S 2, sofern nicht § 1441 Z 3 od RStreit aussichtslos. Kostenlast beim nicht verwberecht Eheg also für RStreitigk aus RGesch, denen Verw nicht zugest hat.

1444 *Kosten der Ausstattung der Kinder.* ᴵVerspricht oder gewährt der Ehegatte, der das Gesamtgut verwaltet, einem gemeinschaftlichen Kind aus dem Gesamtgut eine Ausstattung, so fällt ihm im Verhältnis der Ehegatten zueinander die Ausstattung zur Last, soweit sie das Maß übersteigt, das dem Gesamtgut entspricht.

ᴵᴵVerspricht oder gewährt der Ehegatte, der das Gesamtgut verwaltet, einem nicht gemeinschaftlichen Kind eine Ausstattung aus dem Gesamtgut, so fällt sie im Verhältnis der Ehegatten zueinander dem Vater oder der Mutter zur Last; für den Ehegatten, der das Gesamtgut nicht verwaltet, gilt dies jedoch nur insoweit, als er zustimmt oder die Ausstattung nicht das Maß übersteigt, das dem Gesamtgut entspricht.

1) Die dispositive Vorschr regelt Verhältn der Eheg (auch iFv § 1429) bei Gewährg einer **Ausstattung** (§ 1624 Anm 1), zu der die Einwilligg des and Eheg nicht erfdl, solange Ausstattg das den Umst entspr Maß nicht übersteigt, dh keine Schenkg vorliegt (§§ 1624 I, 1425).

2) Ausstattg **a) an gemeinschaftliches Kind, I,** fällt dem GesGut zur Last (§ 1441 Anm 1), auch Übermaßausstattg, wenn and Eheg zugest hat; **b) an nicht gemeinschaftliches Kind** dch den Verw, **II,** belastet grdsl Vorbeh- u SondGut v Vater bzw Mutter, v Verw iF. Handelt es sich um Kind des Nicht-Verw, so fällt diesem zur Last ohne seine Zust nur die angem Ausstattg; das Mehr ist dann Schenkg des Verw aus dem GesGut, für die Verw Ersatz leisten muß (§ 1435 S 3); ÜbermaßZuwendg ist unwirks (§§ 1425/27/28).

1445 *Ausgleichung zwischen Vorbehalts-, Sonder- u. Gesamtgut.* ᴵVerwendet der Ehegatte, der das Gesamtgut verwaltet, Gesamtgut in sein Vorbehaltsgut oder in sein Sondergut, so hat er den Wert des Verwendeten zum Gesamtgut zu ersetzen.

ᴵᴵVerwendet er Vorbehaltsgut oder Sondergut in das Gesamtgut, so kann er Ersatz aus dem Gesamtgut verlangen.

1) Ersatzleistung. Entspricht § 1466 aF; Fassg u Anpassg GleichberG Art 1 Z 9. Änd dch forml EheVertr zul: **Zweck:** Währd bei Verwendg v GesGut in VorbehGut des nicht verwberecht Eheg u umgek eine

ErsLeistg nur über unger Bereicherg, Auftr u GoA in Betr kommt, gibt § 1445 **verschuldens- und entreicherungsunabhängigen** Anspr. Verwendet also der Verw GesGut in sein VorbehGut (entspr ZugehörigkVermutg § 1416 Anm 2), insb wenn ihm die Verbindlk zur Last fällt (§§ 1441f), so hat er den Wert des Verwendeten zum GesGut zu ersetzen, **I.** Bei Verschulden: § 1435 S 2. Ebso kann er im umgek Fall Ersatz aus dem GesGut verl, **II.** Aber bei Verwendg auf Unterh evtl §§ 685, 1360b (vgl BGH **50**, 266). Zu ersetzen der Wert zZ der Verwendg. Fälligk § 1446.

1446 *Fälligkeit des Ausgleichsanspruchs.* ¹Was der Ehegatte, der das Gesamtgut verwaltet, zum Gesamtgut schuldet, braucht er erst nach der Beendigung der Gütergemeinschaft zu leisten; was er aus dem Gesamtgut zu fordern hat, kann er erst nach der Beendigung der Gütergemeinschaft fordern.

²Was der Ehegatte, der das Gesamtgut nicht verwaltet, zum Gesamtgut oder was er zum Vorbehaltsgut oder Sondergut des anderen Ehegatten schuldet, braucht er erst nach der Beendigung der Gütergemeinschaft zu leisten; er hat die Schuld jedoch schon vorher zu berichtigen, soweit sein Vorbehaltsgut und sein Sondergut hierzu ausreichen.

1) Entspr inhaltl § 1467 aF; GleichberG Art 1 Z 9. Die Vorschr bezieht sich auf alle Fälle, in denen ein Eheg obligator, nicht dingl (Hbg OLG **21**, 232) etwas zum GesGut od dem and schuldet, also iFv § 1445 usw. Zinsen §§ 288, 291; Verjährg § 204.

2) Grundsatz: Erst die Beendigg der GütGemsch läßt **Schulden** v Verw u NichtVerw an das GesGut fäll w; anders soweit Vorbeh- u SondGut zur Berichtigg ausreichen, was Verw nicht erst bei der ZwVollstr, sond bereits im Proz beweisen muß (Hbg OLG **14**, 228). **Forderungen** an das GesGut vS des Verw fäll bei GütGemschEnde, vS des and Eheg nach allg Grdsätzen. Hinausschub der Fälligk hindert nicht FeststellgsKl, Arrest u einstw Vfg (Kbg OLG **2**, 70).

1447 *Aufhebungsklage des nicht verwaltenden Ehegatten.* Der Ehegatte, der das Gesamtgut nicht verwaltet, kann auf Aufhebung der Gütergemeinschaft klagen,
1. wenn seine Rechte für die Zukunft dadurch erheblich gefährdet werden können, daß der andere Ehegatte zur Verwaltung des Gesamtgutes unfähig ist oder sein Recht, das Gesamtgut zu verwalten, mißbraucht;
2. wenn der andere Ehegatte seine Verpflichtung, zum Familienunterhalt beizutragen, verletzt hat und für die Zukunft eine erhebliche Gefährdung des Unterhalts zu besorgen ist;
3. wenn das Gesamtgut durch Verbindlichkeiten, die in der Person des anderen Ehegatten entstanden sind, in solchem Maße überschuldet ist, daß ein späterer Erwerb des Ehegatten, der das Gesamtgut nicht verwaltet, erheblich gefährdet wird;
4. wenn der andere Ehegatte entmündigt ist und der die Entmündigung aussprechende Beschluß nicht mehr angefochten werden kann.

1) Dch GleichberG Art 1 Z 9 wurden §§ 1468–1470 zu den **§§ 1447–1449**. Abgesehen v den hier gen Fällen endigt GütGemsch auch dch EheVertr u EheAuflösg (vgl EheG 5 Anm 2b). Für die AuseinandSetzg im Entscheidverbund ist dann der Stand des GesGuts zZ der letzten mdl Verh maßg (Karlsr FamRZ **82**, 288). Fortges GütGemsch bei Tod eines Eheg nur iFv entspr EheVertr (§ 1483). Tatsächl od gestattetes Getrenntleben, Konk, Pflegerbestellg u TodesErkl haben als solche keine auflöse Wirkg. Kehrt f tot Erklärter zurück, gilt GütGemsch weiter (außer bei Wiederverheiratg). Angesichts der gesetzl rest umgrenzten AufhebgsGrde AufhebgsKl auch nicht wg Verletzg der VertrPflichten od Fortfall der GeschGrdlage (BGH **29**, 135). Wg der Wirkg der EheNichtigk EheG 26 Anm 3, 4. Aufhebg hat ScheidgsWirkgen (EheG 29). Nach Beendigg der GütGemsch Anspr auf GrdbuchBerichtigg (Colmar OLG **9**, 331; sa § 1416 Anm 4).

2) § 1447 ist **Schutzvorschrift** zG des nicht verwberecht Eheg. Vertragl Ausschl unzul (§ 138). Vermögensrechtl Anspr, keine Ehesache. Verw kann bis zur letzten mdl Verh KlageVorauss beseitigen; Folge des Anerbietens, aufhebende EheVertr abzuschließen, unter sof Anerk: ZPO 93. Wird Ehe währd des RStreits aufgelöst, ist Haupts erledigt. Ausübg der Verw kann eingeschränkt, uU ganz untersagt w; daggw konstitutiver Wirkg v § 1449 keine vorl Aufhebg der GütGemsch dch einstw Vfg.

3) Die einzelnen Fälle. Z 1: Verwaltgsunfähig bei dauernder Abwesenh ohne entspr VollmErteilg, da § 1429 keine ausr Abhilfe; ferner iFv § 1910 u wenn obj ordngsmäß Verwaltg fehlt (wg der dann wahrscheinl Auswirkg auf FamUnterh Z 2). Verschulden nicht erfdl. Mißbr bei Gesch der §§ 1423–25 ohne Zust des and Eheg, ferner bei BenachteiliggAbs od Verstößen gg § 1435. Hinzukommen muß eine erhebl Gefährdg der Rechte des und Eheg f die Zukft, dh die Besorgn, daß der gefährdte Zustd andauert od gefährde Hdlgen weiterhin in Aussicht stehen; entscheidd Sachlage zZ der letzten mdl Verh. Tatfrage; Berücksichtigg des ges Verhaltens des Verw. **Z 2:** Verletzg der Pfl, zum FamUnterh (dh für Eheg u gemschaftl Kinder) beizutragen (§ 1360), schon dann, wenn nicht mind in dem sich aus einer ordngsmäß Verwaltg ergebden Umfang zum Unterh beigetr w. Vgl ü zu Z 1. **Z 3:** Starke, nicht nur drohde (vgl Hbg OLG **12**, 313) Überschuldg des Verw (nicht v dessen VorbehGut), wobei gleichgült, ob die GesGutsverbindlichkeiten im Verhältn der Eheg zueinand dem Verw zur Last fallen od nicht. Verschulden nicht erfdl (Hbg OLG **8**, 337). Späterer, aber nicht notw schon in Aussicht stehder Erwerb des NichtVerw muß erhebl gefährdet s. **Z 4:** Abgesehen v vorl Vormsch (dann idR Z 1) muß es rechtskr Entmündigg. Maßgebl Ztpkt nicht WirksWerden des den EheVertr aussprechen Beschl (ZPO 661, 683), sond Ablauf der MoFrist f die AnfechtgsKl (ZPO 664, 684) bzw deren rechtskr Abweisg. Bei Aufhebg der Entmündigg kein Aufleben der GütGemsch, sond neuer EheVertr notw.

Bürgerliche Ehe. 6. Titel: Eheliches Güterrecht §§ 1448–1451

1448 *Aufhebungsklage des Verwalters.* **Der Ehegatte, der das Gesamtgut verwaltet, kann auf Aufhebung der Gütergemeinschaft klagen, wenn das Gesamtgut infolge von Verbindlichkeiten des anderen Ehegatten, die diesem im Verhältnis der Ehegatten zueinander zur Last fallen, in solchem Maße überschuldet ist, daß ein späterer Erwerb erheblich gefährdet wird.**

1) Zunächst § 1447 Anm 1. Als Ggstück zu § 1447 Z 3 **Aufhebungsklage des Verwalters** zZw der Befreiung v Verbindlk iSv § 1437 Anm 3b, dh aus unerl Hdlg des NichtVerw usw (§§ 1441–44); dagg nicht solche, für die dieser nur mit seinem Vorbeh- u SondGut haftet (§§ 1438–40). Verschulden nicht erfdl. Erhebl Gefährdg, wenn späterer Erwerb zur Deckg herangezogen w müßte. Wirkgen des AufhebgsUrt § 1449 I u Erlöschen der VerwHaftg (§ 1437 II 2).

1449 *Wirkung des Aufhebungsurteils.* ^I**Mit der Rechtskraft des Urteils ist die Gütergemeinschaft aufgehoben; für die Zukunft gilt Gütertrennung.**
^{II}**Dritten gegenüber ist die Aufhebung der Gütergemeinschaft nur nach Maßgabe des § 1412 wirksam.**

1) Zunächst § 1447 Anm 1. **Gestaltungsurteil** also keine vorl Vollstreckbark; auch nicht Verj unterworfen, da kein Anspr iSv § 194. **Wirkungen:** Mit Rechtskr (s aber § 1479) Eintr der Gütertrenng, nicht der ZugewGemsch (zu den Mot Soergel-Gaul 2); ferner Erlöschen der Haftg des Verw (§ 1437 II 2). Zur Wirkg gg Dritte Eintr im GütRReg erfdl (§ 1412); AntrR jedes Eheg ohne Mitwirkg des and (§ 1561 II Z 1). Eintr jedoch nur, wenn GütGemsch selbst eingetr war. GütTrenng auch dann, wenn ScheidgsUrt im Wiederaufn-Verf aufgeh w (Stgt SJZ **49**, 115).

c) Gemeinschaftliche Verwaltung des Gesamtgutes durch die Ehegatten

1450 *Gemeinschaftliche Verwaltung durch die Ehegatten.* ^I**Wird das Gesamtgut von den Ehegatten gemeinschaftlich verwaltet, so sind die Ehegatten insbesondere nur gemeinschaftlich berechtigt, über das Gesamtgut zu verfügen und Rechtsstreitigkeiten zu führen, die sich auf das Gesamtgut beziehen. Der Besitz an den zum Gesamtgut gehörenden Sachen gebührt den Ehegatten gemeinschaftlich.**
^{II}**Ist eine Willenserklärung den Ehegatten gegenüber abzugeben, so genügt die Abgabe gegenüber einem Ehegatten.**

1) Die §§ 1450–1470 eingefügt dch GleichberG Art 1 Z 9; das früh Recht kannte keine gemschaftl Verw des GesGuts dch beide Eheg, sond nur der AlleinVerw dch den Mann. Heute führt fehlde Vereinbg automat zur gemschaftl Verw (§ 1421 S 2). Zu gg das GesGut gerichteten **Verwaltungsakten** VGH Mü NJW-RR **88**, 454.

2) **Rechtsstellung der Ehegatten.** Vorschr entspr § 1422; sa den iR der AuseinandS der GütGemsch entspr § 1472 I u dort Anm 1. **a)** Die Eheg können für das GesGut jeder allein erwerben (§ 1416 I 2), iü aber nur **gemeinschaftlich handeln.** Braucht nicht gleichzeit zu geschehen. Der and Eheg kann auch (konkludent) genehmigen; stillschw Zust insb dann, wenn ein Eheg dem and prakt die Verw in best Angelegenh überläßt. Genehmigt der and nicht, so Unwirksamk gem § 1460 I; aber § 179 bzgl Vorbeh- u SondGut des Handelnden; iü Haftg des GesGuts iFv §§ 1454–56. Verweigert der Mitwirkg zu RGeschäften, die eine ordngsmäß Verw mit sich bringt, berecht zur AufhebgsKl (§ 1469 Z 2). Zu unwiderrufl Verteilg der VerwGeschäfte EheVertr erfdl (§ 1413), ebso bei unwiderrufl GeneralVollm. Drittwirkg nur gem § 1412. Anders hingg bei widerrufl Bevollmächtigg f einz Gesch od die jederzeit widerrufl Überlassg eines Teils der Verw (vgl RG **133**, 351f). Bei Alleinerwerb v Grdst dch einen Eheg zu dessen Gunsten Vormerkg zul (BayObLG NJW **57**, 1521), aber Anspr des and auf Berichtigg (§ 1416 III), **b)** Soweit Geschäfte das GesGut angehen, kann grdsätzl auch nur **beiden Ehegatten gemeinsam gegenüber gehandelt** w; Ausn: II (ähnl HGB 125 II 3). **c)** Aus der Verpfl zum gemschaftl Handln folgt die Pfl zur **Mitwirkung** (§ 1451) u die Notwendigk v deren Ersetzg dch das VormschG (§ 1452). Absehen ferner notw iFv §§ 1454, 1455 u 1458.

3) **Verwaltungsgegenstände: a)** Das GesGut betreffde **Rechtsgeschäfte** (Ausn § 1455) sind von beiden gemeins abzuschließen. Gilt (*arg* „insb) für Verträge u einseit WillErkl; insb müssen die Ehel auch Verfügen, zB GrdschAbtretg (BayObLG DNotZ **63**, 49), gemschaftl vornehmen; fehlt die erforderl Einwilligg, dann § 1453 I. Schuldverträge verpfl beide Eheg (GesGutsverbindlk, § 1459 II). Zur Wirksamk v WillErkl ggü beiden Eheg genügt Abgabe ggü einem von ihnen, **II,** zB VertrAnn, Anfechtg, Aufrechng, Künd. Entspr steht Kenntn eines Eheg (WillMängel, Bösgläubigk usw) der Kenntn beider gleich. Für Anfechtbark genügt also Irrt eines der Eheg. II gilt nicht für Zustellgen. **b)** Jeder Eheg hat Anspr auf Einräumg v **Mitbesitz** (§ 866) an den zum GesGut gehörden Ggst, jedoch nicht bzgl persönl GebrauchsSg (EigtVermutg § 1416) geht § 1362 vor (dort Anm 1). **c)** Das GesGut betreffende **Rechtsstreitigkeiten** haben beide gemschaftl zu führen (notw Streitgenossen, ZPO 62). ZwVollstr in GesGut nur bei Titel gg beide Eheg (ZPO 740 II); nicht ausr DuldgsTitel gg and Eheg (Deggendorf FamRZ **64**, 49).

4) **Schutz Dritter** § 1412. VerwBefugn ergibt sich aus dem GütRReg; fehlt eine solche Eintr, sind beide Eheg berecht (§§ 1421 Anm 2, 1412 Anm 3a).

1451 *Mitwirkungspflicht beider Ehegatten.* **Jeder Ehegatte ist dem anderen gegenüber verpflichtet, zu Maßregeln mitzuwirken, die zur ordnungsmäßigen Verwaltung des Gesamtgutes erforderlich sind.**

1) Zunächst § 1450 Anm 1. Statuierg der ggseit, nicht Dr ggü bestehd (vgl BGH NJW 58, 2061) **Mitwirkungspflicht** beider Eheg (sa § 1472 Anm 2) ist erfdl, da grdsätzl nur beide Eheg gemschaftl zur Verw berufen s. Über Umfg u Art der Mitwirkg § 1450 Anm 2 u 3. Erfdl ist Mitwirkg zu allen, entspr Verpfl aber nur zu den Maßn iR einer ordngsm Verw; dazu §§ 1426 Anm 1, 1435 Anm 2. Aus § 1451 ergibt sich Verpfl jedes Eheg dem and ggü zur ordngsm Verw, evtl zu Übertr v Befugnissen (§ 1450 Anm 2a). MitwirkgsPfl entfällt iFv §§ 1450 II, 1454–56. Keine Klage auf Mitwirkg; aber iF grdloser Weigerg Ersetzg dch VormschG (§ 1452) bzw uU AufhebgsKl (§ 1469 Z 2).

1452 *Ersetzung der Zustimmung.* ^IIst zur ordnungsmäßigen Verwaltung des Gesamtgutes die Vornahme eines Rechtsgeschäfts oder die Führung eines Rechtsstreits erforderlich, so kann das Vormundschaftsgericht auf Antrag eines Ehegatten die Zustimmung des anderen Ehegatten ersetzen, wenn dieser sie ohne ausreichenden Grund verweigert.

^{II}Die Vorschrift des Absatzes 1 gilt auch, wenn zur ordnungsmäßigen Besorgung der persönlichen Angelegenheiten eines Ehegatten ein Rechtsgeschäft erforderlich ist, das der Ehegatte mit Wirkung für das Gesamtgut nicht ohne Zustimmung des anderen Ehegatten vornehmen kann.

1) Zunächst § 1450 Anm 1. Da die Eheg grdsl gemeins handeln müssen (§ 1450 Anm 2), muß das VormschG eingreifen, falls ein Eheg seine Mitwirkg grdlos verweigert. Zwingdes Recht. **Ersetzung der Zustimmung** erfolgt dch den Richter (RPflG 14 Z 6) u hat die Wirksamk mit Gesch of RStreits dem GesGut u dem verweigernden Eheg ggü zur Folge (§§ 1459 II 1, 1460 I). Zustdgk u Verf § 1365 Anm 6. AntrR beider Eheg, nicht des Dr. Bei Nichtersetzg haftet diesem das Sond- u VorbehGut des handelnden Eheg.

2) Rechtsgeschäft oder Rechtsstreit, I, soweit zur ordngsm Verw des GesGuts erfdl (dazu §§ 1426 Anm 1, 1435 Anm 2). Grdlose Verweigerg genügt (dazu § 1365 Anm 5); Gefahr braucht mit dem Aufschub nicht verbunden zu sein. ZustErsetzg auch bei RStreit (§ 1450 Anm 3c), dessen ErfolgsAuss zu prüfen ist, u zwar dch Begrdg einer alleinigen ProzführgsBefug des handelnden Eheg, ggf auch Ersetzg der Zust zu verfrechtl Erkl wie Vergl, KlRücken u dgl. Ausr Grd für ZustVerweigerg auch ideelle Motive, zB bei Klage gg Sohn das Verhältn des Verweigernden zu diesem (Celle FamRZ 75, 621).

3) Persönliche Angelegenheiten, II (dazu § 1360a Anm 3b). UmkehrSchl zu § 1452 I: RStreitigk in pers Angelegh ohne Zust des and Eheg zul (BayObLG FamRZ 65, 49). Zur ordngsmäß Besorgg § 1430 Anm 2.

1453 *Verfügung ohne Einwilligung.* ^IVerfügt ein Ehegatte ohne die erforderliche Einwilligung des anderen Ehegatten über das Gesamtgut, so gelten die Vorschriften des § 1366 Abs. 1, 3, 4 und des § 1367 entsprechend.

^{II}Einen Vertrag kann der Dritte bis zur Genehmigung widerrufen. Hat er gewußt, daß der Ehegatte in Gütergemeinschaft lebt, so kann er nur widerrufen, wenn dieser wahrheitswidrig behauptet hat, der andere Ehegatte habe eingewilligt; er kann auch in diesem Falle nicht widerrufen, wenn ihm beim Abschluß des Vertrages bekannt war, daß der andere Ehegatte nicht eingewilligt hatte.

1) Zunächst § 1450 Anm 1. Zu I vgl § 1427 Anm 1 u Weiterverweisen. Bezieht sich nur auf Vfg, weil schuldrechtl Verpfl iGgs zu § 1427 I schon mangels Mitwirkg des and Eheg für GesGut unwirks sind (vgl § 1450 Anm 2 u 3a). Gutglaubensschutz (§§ 892f, 932ff) eingeschränkt wg MitBes (§§ 935, 1450 Anm 3b).

2) Zu II vgl § 1427 II u § 1366 II sowie dort Anm 3a.

1454 *Verwaltungsrecht bei Verhinderung eines Ehegatten.* Ist ein Ehegatte durch Krankheit oder Abwesenheit verhindert, bei einem Rechtsgeschäft mitzuwirken, das sich auf das Gesamtgut bezieht, so kann der andere Ehegatte das Rechtsgeschäft vornehmen, wenn mit dem Aufschub Gefahr verbunden ist; er kann hierbei im eigenen Namen oder im Namen beider Ehegatten handeln. Das gleiche gilt für die Führung eines Rechtsstreits, der sich auf das Gesamtgut bezieht.

1) Zunächst § 1450 Anm 1. Notverwaltungsrecht u (wg § 1451) -Pfl. Wg Entsprechg s § 1429 u Anm. R-Geschäfte (auch ProzFührg) des nicht verhinderten Eheg im eig Namen berechtigen u verpfl GesGut. RStreit gg ihn wg ZPO 740 II unzweckmäß. Weitergehde Befug bzgl tatsächl Handeln § 1455 Z 10.

1455 *Verwaltungshandlungen ohne Mitwirkung des anderen Ehegatten.* Jeder Ehegatte kann ohne Mitwirkung des anderen Ehegatten

1. eine ihm angefallene Erbschaft oder ein ihm angefallenes Vermächtnis annehmen oder ausschlagen;
2. auf seinen Pflichtteil oder auf den Ausgleich eines Zugewinns verzichten;
3. ein Inventar über eine ihm oder dem anderen Ehegatten angefallene Erbschaft errichten, es sei denn, daß die dem anderen Ehegatten angefallene Erbschaft zu dessen Vorbehaltsgut oder Sondergut gehört;
4. einen ihm gemachten Vertragsantrag oder eine ihm gemachte Schenkung ablehnen;
5. ein sich auf das Gesamtgut beziehendes Rechtsgeschäft gegenüber dem anderen Ehegatten vornehmen;
6. ein zum Gesamtgut gehörendes Recht gegen den anderen Ehegatten gerichtlich geltend machen;
7. einen Rechtsstreit fortsetzen, der beim Eintritt der Gütergemeinschaft anhängig war;

Bürgerliche Ehe. 6. Titel: Eheliches Güterrecht §§ 1455–1459

8. ein zum Gesamtgut gehörendes Recht gegen einen Dritten gerichtlich geltend machen, wenn der andere Ehegatte ohne die erforderliche Zustimmung über das Recht verfügt hat;
9. ein Widerspruchsrecht gegenüber einer Zwangsvollstreckung in das Gesamtgut gerichtlich geltend machen;
10. die zur Erhaltung des Gesamtgutes notwendigen Maßnahmen treffen, wenn mit dem Aufschub Gefahr verbunden ist.

1) Zunächst § 1450 Anm 1. Die Vorschr enthält iR der §§ 1454–56 die 2. Ausn vom Grdsatz der gemeins Verw des GesGuts dch beide Eheg (§ 1450). Hdlgen gem § 1455 wirken trotz der allein Vornahme dch einen Eheg für u gg das GesGut. Beweislast beim Handelnden.

2) **Zustimmungsfreiheit gemäß Ziffer 1 u 2:** Ann u Ausschlagg v Erbsch u Vermächtn sowie Verzicht auf Pflichtteil u ZugewAusgl in Übereinstimmg mit § 1432 I (vgl dort Anm 1). **Z 3:** Inventarerrichtg wg Haftg ijF einer dem and Eheg (nicht dem Vorbeh- od SondGut) angefallenen Erbsch; InvFr auch ggü dem NichterbenEheg (§ 2008 I). Vgl iü § 1432 Anm 2. **Z 4:** Ablehng v VertrAntr od Schenkg als pers Angelegenh (§ 1432 I 2 u Anm 1). **Z 5 u 6** aus der Natur ihrer Zielrichtg ggü dem and Eheg: Vorn eines sich auf das GesGut beziehden ein- od zweiseit RGesch jeder Art wie Künd, Mahng, Löschgsbewilligg zG des Vorbeh-Guts des and Eheg; ferner gerichtl Geltdmachg eines zum GesGut gehörden Rechts gg den and Eheg. KlageAntr: Leistg zum GesGut. **Z 7:** Fortsetzg eines schon bei Eintr der GütGemsch anhäng RStr (§ 1433 u Anm). Wg der Folgen zG des and Eheg evtl ZPO 69. **Z 8:** Alleiniges RevokationsR iGgs zu § 1428 (vgl Anm dort u § 1453) mit automat RechtskrErstreckg. Kosten des RStreits (§ 1460 II. **Z 9:** WidersprR ggü der ZwVollstr in das GesGut gem ZPO 732, 766, 767, 771 (bei Verstoß gg ZPO 740 II), 773, 884, 781–86; nach Abschl der ZwVollstr entspr BereichAnspr (BGH **83**, 76). Das entspr Recht des and Eheg bleibt unberührt. **Z 10:** Notw Maßn zur Erhaltg des GesGuts (§ 1472 u Anm 2). Erweiter ggü § 1454 auf tatsächl Maßn, die Verminderg u Schaden vom GesGut abwenden können. Fehlt Gefahr, so allenf § 1452 I bei RGeschäften u RStr.

1456 *Selbständiges Erwerbsgeschäft eines Ehegatten.* ᴵHat ein Ehegatte darin eingewilligt, daß der andere Ehegatte selbständig ein Erwerbsgeschäft betreibt, so ist seine Zustimmung zu solchen Rechtsgeschäften und Rechtsstreitigkeiten nicht erforderlich, die der Geschäftsbetrieb mit sich bringt. Einseitige Rechtsgeschäfte, die sich auf das Erwerbsgeschäft beziehen, sind dem Ehegatten gegenüber vorzunehmen, der das Erwerbsgeschäft betreibt.

ᴵᴵWeiß ein Ehegatte, daß der andere ein Erwerbsgeschäft betreibt, und hat er hiergegen keinen Einspruch eingelegt, so steht dies einer Einwilligung gleich.

ᴵᴵᴵDritten gegenüber ist ein Einspruch und der Widerruf der Einwilligung nur nach Maßgabe des § 1412 wirksam.

1) Zunächst § 1450 Anm 1. 3. Ausn v Grds des § 1450. Zwingd im Interesse des VerkSchutzes (vgl Zöllner FamRZ **65**, 118). Entspricht § 1431 (vgl Anm dort). Zum gemeins Betr eines ErwGesch dch beide Eheg Beck DNotZ **62**, 348. ArztPrax ist ErwGesch (BGH **83**, 76). Zur Abgrenzg v geschäftsbezogenen u privaten RGesch („mit sich bringt") f den Fall der KreditAufn BGH **83**, 76.

1457 *Ungerechtfertigte Bereicherung des Gesamtgutes.* Wird durch ein Rechtsgeschäft, das ein Ehegatte ohne die erforderliche Zustimmung des anderen Ehegatten vornimmt, das Gesamtgut bereichert, so ist die Bereicherung nach den Vorschriften über die ungerechtfertigte Bereicherung aus dem Gesamtgut herauszugeben.

1) Zunächst § 1450 Anm 1. BereicherungsHaftg des GesGuts (§ 1434 u Anm). Rechtsfolgenverweis. Ges-Gut haftet auch im Innenverhältn (arg e contrario § 1463).

1458 *Vormundschaft über einen Ehegatten.* Solange ein Ehegatte unter elterlicher Sorge oder unter Vormundschaft steht, verwaltet der andere Ehegatte das Gesamtgut allein; die Vorschriften der §§ 1422 bis 1449 sind anzuwenden.

1) Zunächst § 1450 Anm 1. **Minderjährigkeit und Vormundschaft** (§§ 1773, 1896), der vorl Vormsch (§ 1906) u Pflegsch (§§ 1909–11, 1915) gleichstehen, führen iGgs zu § 1436 zur **alleinigen Verwaltung** dch den and Eheg mit der Folge, daß statt §§ 1450ff die §§ 1422–49 gelten, insb ohne die Haftg § 1437 u nicht § 1459; damit verringerte pers Haftg des Mündels (vgl §§ 1459 Anm 2, 1437 Anm 4). Verlust der VerwBefugn vGw; desh keine ÄndergsEintr hins der VerwBefugn im GüterRReg. Bei Entmündigg außerd AufhebgsKl (§ 1469 Z 5). Haben beide Eheg gesetzl Vertr, dann gemschaftl Verw dch diese.

1459 *Gesamtgutsverbindlichkeiten; persönliche Haftung.* ᴵDie Gläubiger des Mannes und die Gläubiger der Frau können, soweit sich aus den §§ 1460 bis 1462 nichts anderes ergibt, aus dem Gesamtgut Befriedigung verlangen (Gesamtgutsverbindlichkeiten).

ᴵᴵFür die Gesamtgutsverbindlichkeiten haften die Ehegatten auch persönlich als Gesamtschuldner. Fallen die Verbindlichkeiten im Verhältnis der Ehegatten zueinander einem der Ehegatten zur Last, so erlischt die Verbindlichkeit des anderen Ehegatten mit der Beendigung der Gütergemeinschaft.

1) Zur Entstehg u Bedeutg der §§ 1450–70 vgl zunächst § 1450 Anm 1. Die §§ **1459**–1462 entsprechen den §§ 1437–40 bei der EinzelVerw (vgl jew deren Anm) u regeln die **Haftung gegenüber Dritten** nach den

§§ 1459–1462   4. Buch. 1. Abschnitt. *Diederichsen*

gleichen Grdsätzen wie bei der Verw des GesGuts dch einen Eheg. Nach dem Grds v § 1459 sind sämtl Schulden jedes einz Eheg GesGutsverbindlichkeiten (I) u f für diese wiederum haften beide Eheg als GesamtSchu (II). In dieser Verknüpfg liegen Gefahren, die nur dch drei Ausn abgeschwächt w sind: Uneingeschrkt dchgeführt würde dieses Prinzip näml dazu führen, daß Eheg dch konkurrierde VerwRechte sich wechselseit unbeschrkt verschulden könnten, was bewußt vermieden w sollte (BT-Drucks II/3409 S 25 f; BayObLG NJW **68**, 896). Vielm wird die Haftg des GesGuts dch die Ausnahmen der §§ 1460–62 mittels zusätzl Voraussetzgen eingeschrkt, insb dch das ZustimmgsErfordern bei einseit eingegangenen Schuldverpflichtgen (§ 1460). Trotzdem liegt die Gefahr dieser Art v GütGemsch noch in persönl Haftg für and Verbindlichkten, weil jeder Eheg dch die Person des and ohne eig Zutun mit schwerwiegden Schulden belastet w kann (Anm 2), die sich nur dch Beendigg des Güterstd wieder beseitigen lassen (II 2).

2) Gesamtgutsverbindlichkeiten (Begriff: § 1437 Anm 2) sind grdsätzl alle Schulden vom Ehem u Ehefr gleichgült: welcher Art (Geld, Sachen, sonst Leistgen); ob aus Vertr, Delikt usw; aus der Zeit vor Eintr der GütGemsch; auch UnterhVerpfl nach Abg, so daß die nin Stiefkindern gemachte Einschrkg in § 1360 a Anm 1 b entfällt; NachlSchulden, wenn die Erbsch nicht ins VorbehGut (§ 1418 II Z 2), sond ins GesGut fällt (§ 1416 I). Wird etwas zur GesGuts Verbindlk, **haften** beide u insb also auch der and Eheg automat **als Gesamtschuldner persönlich** mit jew Vorbeh- u SondGut (sa §§ 1437 Anm 4, 1438 Anm 1). Aber keine Erstreckg eines nur gg einen der gemschaftl verwaltden Eheg ergangenen Titels entspr ZPO 742 (Stgt FamRZ **87**, 304). Die prakt Bedeutg der Haftg beider liegt vor allem darin, daß das Bestehen einer GesGutsVerbindlk materiellrechtl auch im Proz gg nur einen Eheg festgestellt w kann (BGH FamRZ **75**, 405; aA Tiedtke FamRZ **75**, 538). Die pers Haftg erlischt erst mit Beendigg der GütGemsch (§ 1470), jedoch nur f die Verbindlk der §§ 1463–65. Abw Vereinbg mit Gläub mögl.

3) Zwangsvollstreckung setzt Titel gg beide Eheg voraus (ZPO 740 II); vgl iü § 1450 Anm 3 c. Ein persönl Schuldtitel gg den einen wirkt nicht nach ZPO 325 gg den and Eheg (Ffm FamZR **83**, 172). **Konkurs** über das Verm eines Eheg berührt GesGut nicht (KO 2 II); aber selbstd Konk ü GesGut (KO 236a–c). Vgl auch VerglO 114 a u b.

1460 *Haftung des Gesamtgutes.* ^IDas Gesamtgut haftet für eine Verbindlichkeit aus einem Rechtsgeschäft, das ein Ehegatte während der Gütergemeinschaft vornimmt, nur dann, wenn der andere Ehegatte dem Rechtsgeschäft zustimmt oder wenn das Rechtsgeschäft ohne seine Zustimmung für das Gesamtgut wirksam ist.

^{II}Für die Kosten eines Rechtsstreits haftet das Gesamtgut auch dann, wenn das Urteil dem Gesamtgut gegenüber nicht wirksam ist.

1) Zunächst § 1459 Anm 1. Ggü der starken Ausdehng der GesGutsverbindlkten (§ 1459 Anm 1 u 2), die m Rücks auf die gemschaftl Verw (§§ 1450 Anm 2, 1451 Anm 1) die Regel bilden, beschrkt § 1460 die **Haftung des Gesamtguts aus Rechtsgeschäften** eines Eheg auf die Fälle, in denen der and Eheg zugestimmt hat, **I**, bzw in denen diese Zust dch das VormschG ersetzt w (§ 1452). Bei unerl Hdlg auch iRv RGeschäften (wofür allerd Täuschg über den Güterstd nicht ausr) haftet GesGut u damit auch der unbeteiligte Eheg (§ 1459 Anm 2), ebso bei rechtsgeschäftl Verbindlk, die ohne Zustimmg des and wirks sind (§§ 1454–56) bzw vor dem Eintr der GütGemsch entstanden, ferner ijF aus unger Bereicherg des GesGuts (§ 1457).

2) Kosten eines Rechtsstreits, II, eines oder beider Eheg stets GesGutsverbindlk (sa § 1438 Anm 2). Zul Erstreckg eines KostFestsetzgsBeschl auf den and Eheg (Ellw FamRZ **76**, 152 L = BWNotZ **75**, 126). Ein gg die bekl Ehefr erlassener Kostenfestsetzgsbeschl kann bei gemeins Verwaltg des GesGuts auf den klagden Ehem umgeschrieben w (Nürnb JurBüro **78**, 762).

1461 *Keine Haftung bei Erwerb einer Erbschaft.* Das Gesamtgut haftet nicht für Verbindlichkeiten eines Ehegatten, die durch den Erwerb einer Erbschaft oder eines Vermächtnisses entstehen, wenn der Ehegatte die Erbschaft oder das Vermächtnis während der Gütergemeinschaft als Vorbehaltsgut oder als Sondergut erwirbt.

1) Zunächst § 1459 Anm 1. Erwirbt ein Eheg Erbsch od Vermächtn vor Beginn der GütGemsch, so GesGutsverbindlk (§ 1416 I 1) u damit persönl Haftg des and Eheg auch f die NachlaßSchu (§ 1459 Anm 2). Einschränkg der Haftg ledigl bei Erwerb währd der GütGemsch; s aber § 1457.

1462 *Haftung für Vorbehalts- oder Sondergut.* Das Gesamtgut haftet nicht für eine Verbindlichkeit eines Ehegatten, die während der Gütergemeinschaft infolge eines zum Vorbehaltsgut oder zum Sondergut gehörenden Rechtes oder des Besitzes einer dazu gehörenden Sache entsteht. Das Gesamtgut haftet jedoch, wenn das Recht oder die Sache zu einem Erwerbsgeschäft gehört, das ein Ehegatte mit Einwilligung des anderen Ehegatten selbständig betreibt, oder wenn die Verbindlichkeit zu den Lasten des Sondergutes gehört, die aus den Einkünften beglichen zu werden pflegen.

1) Zunächst § 1459 Anm 1. Haftg jedes Eheg für Verbindlk des and aus der Zeit vor Beginn der GütGemsch, mögen die Ggstände dann auch ehevertragl Vorbeh- od SondGut sein (§ 1459 Anm 2). Dagg keine Haftg des GesGuts für Verbindlk, die währd der GütGemsch zL des Vorbeh- oder SondGutes eines Eheg gehen; Unterausnahme in S 2, weil SondGut für Rechng des GesGuts verwaltet w (§ 1417 III 2).

Bürgerliche Ehe. 6. Titel: Eheliches Güterrecht §§ 1463–1469

1463 *Haftung im Innenverhältnis.* Im Verhältnis der Ehegatten zueinander fallen folgende Gesamtgutsverbindlichkeiten dem Ehegatten zur Last, in dessen Person sie entstehen:
1. die Verbindlichkeiten aus einer unerlaubten Handlung, die er nach Eintritt der Gütergemeinschaft begeht, oder aus einem Strafverfahren, das wegen einer solchen Handlung gegen ihn gerichtet wird;
2. die Verbindlichkeiten aus einem sich auf sein Vorbehaltsgut oder sein Sondergut beziehenden Rechtsverhältnis, auch wenn sie vor Eintritt der Gütergemeinschaft oder vor der Zeit entstanden sind, zu der das Gut Vorbehaltsgut oder Sondergut geworden ist;
3. die Kosten eines Rechtsstreits über eine der in den Nummern 1 und 2 bezeichneten Verbindlichkeiten.

1) Zunächst § 1450 Anm 1. Vgl iü die Anm zu § 1441, ferner §§ 1464–66.

1464 *Verbindlichkeiten des Sondergutes und eines Erwerbsgeschäfts.* Die Vorschriften des § 1463 Nr. 2, 3 gelten nicht, wenn die Verbindlichkeiten zu den Lasten des Sondergutes gehören, die aus den Einkünften beglichen zu werden pflegen. Die Vorschriften gelten auch dann nicht, wenn die Verbindlichkeiten durch den Betrieb eines für Rechnung des Gesamtgutes geführten Erwerbsgeschäfts oder infolge eines zu einem solchen Erwerbsgeschäft gehörenden Rechtes oder des Besitzes einer dazu gehörenden Sache entstehen.

1) Zunächst § 1450 Anm 1. Vgl iü Anm zu § 1442.

1465 *Prozeßkosten.* ⁱIm Verhältnis der Ehegatten zueinander fallen die Kosten eines Rechtsstreits, den die Ehegatten miteinander führen, dem Ehegatten zur Last, der sie nach allgemeinen Vorschriften zu tragen hat.
ⁱⁱFührt ein Ehegatte einen Rechtsstreit mit einem Dritten, so fallen die Kosten des Rechtsstreits im Verhältnis der Ehegatten zueinander dem Ehegatten zur Last, der den Rechtsstreit führt. Die Kosten fallen jedoch dem Gesamtgut zur Last, wenn das Urteil dem Gesamtgut gegenüber wirksam ist oder wenn der Rechtsstreit eine persönliche Angelegenheit oder eine Gesamtgutsverbindlichkeit des Ehegatten betrifft und die Aufwendung der Kosten den Umständen nach geboten ist; § 1463 Nr. 3 und § 1464 bleiben unberührt.

1) Zunächst § 1450 Anm 1. Vgl iü Anm zu § 1443. Der dort f den RStreit des NichtVerw mit einem Dr ausgesproch Grds, daß dieser Kosten tragen muß (§ 1443 II 1), gilt hier f jeden Eheg, II 1.

1466 *Ausstattung nicht gemeinschaftlicher Kinder.* Im Verhältnis der Ehegatten zueinander fallen die Kosten der Ausstattung eines nicht gemeinschaftlichen Kindes dem Vater oder der Mutter des Kindes zur Last.

1) Zunächst § 1450 Anm 1. Die Kosten der Ausstattg f ein nicht gemschaftl Kind trägt der EltT des Kindes, u zwar auch, wenn der and Eheg zugestimmt h u sie das dem GesGut entspr Maß nicht übersteigt. Vgl iü § 1444. Ausstattg gemschaftlicher Kinder § 1450.

1467 *Ausgleichung zwischen Vorbehalts-, Sonder- u. Gesamtgut.* ⁱVerwendet ein Ehegatte Gesamtgut in sein Vorbehaltsgut oder in sein Sondergut, so hat er den Wert des Verwendeten zum Gesamtgut zu ersetzen.
ⁱⁱVerwendet ein Ehegatte Vorbehaltsgut oder Sondergut in das Gesamtgut, so kann er Ersatz aus dem Gesamtgut verlangen.

1) Zunächst § 1450 Anm 1. Vgl iü Anm zu § 1445.

1468 *Fälligkeit des Ausgleichsanspruchs.* Was ein Ehegatte zum Gesamtgut oder was er zum Vorbehaltsgut oder Sondergut des anderen Ehegatten schuldet, braucht er erst nach Beendigung der Gütergemeinschaft zu leisten; soweit jedoch das Vorbehaltsgut und das Sondergut des Schuldners ausreichen, hat er die Schuld schon vorher zu berichtigen.

1) Zunächst § 1450 Anm 1. Vgl iü Anm zu § 1446. Für Fdgen ggü dem GesGut gelten die allg Grdsätze. Die Fällig v Schulden eines Eheg zum GesGut schiebt § 1468 hinaus. Herausg v Sachen sofort.

1469 *Aufhebungsklage.* Jeder Ehegatte kann auf Aufhebung der Gütergemeinschaft klagen,
1. wenn seine Rechte für die Zukunft dadurch erheblich gefährdet werden können, daß der andere Ehegatte ohne seine Mitwirkung Verwaltungshandlungen vornimmt, die nur gemeinschaftlich vorgenommen werden dürfen;
2. wenn der andere Ehegatte sich ohne ausreichenden Grund beharrlich weigert, zur ordnungsmäßigen Verwaltung des Gesamtgutes mitzuwirken;
3. wenn der andere Ehegatte seine Verpflichtung, zum Familienunterhalt beizutragen, verletzt hat und für die Zukunft eine erhebliche Gefährdung des Unterhalts zu besorgen ist;
4. wenn das Gesamtgut durch Verbindlichkeiten, die in der Person des anderen Ehegatten entstanden sind und diesem im Verhältnis der Ehegatten zueinander zur Last fallen, in solchem Maße überschuldet ist, daß sein späterer Erwerb erheblich gefährdet wird;

5. wenn der andere Ehegatte entmündigt ist und der die Entmündigung aussprechende Beschluß nicht mehr angefochten werden kann.

1) Zunächst § 1450 Anm 1. Entspricht § 1447. Erschöpfde u zwingde Aufzählg der **Aufhebungsgründe**. Der SondKonkurs über das GesGut (KO 236a–c) beendet die GütGemsch ebsowenig wie der Konk ü das Verm eines Eheg (KO 2 II) od der Wegfall der GeschGrdlage zB bei Rücktr von einem mit einem EheVertr verbundenen ErbVertr od auch eine pos VertrVerletzg (BGH **29**, 135). Keine Aufhebg des Güterstdes dch einstw Vfg (§ 1447 Anm 2; vgl iü dort Anm 1).

2) Ziffer 1 u 2: Verstoß gg die Pfl zum gemeinschaftl Handeln dch eigenmächt Handeln (Z 1) bzw beharrl Weigerg zur MitArb (Z 2). Im Ggs zur ZustErsetzg zu EinzelGesch (§ 1452) in Z 2 beharrl Sichversagen (§ 1451 Anm 1). In Z 1 (vgl § 1450 Anm 2) genügt die Möglk einer Gefährdg (vgl § 1447 Anm 2). **Ziffer 3 u 5:** § 1447 Anm 3. **Ziffer 4:** § 1448 Anm 1. Überschuldg des SondVerm des and Eheg nicht ausr.

1470 *Wirkung des Aufhebungsurteils.* ¹Mit der Rechtskraft des Urteils ist die Gütergemeinschaft aufgehoben; für die Zukunft gilt Gütertrennung.
²Dritten gegenüber ist die Aufhebung der Gütergemeinschaft nur nach Maßgabe des § 1412 wirksam.

1) Zunächst § 1450 Anm 1. Vgl iü § 1449 mit Anm. Rechtsgestaltdes AufhebgsUrt bewirkt Gütertrenng.

d) Auseinandersetzung des Gesamtgutes

Vorbemerkung

1) §§ 1471–1473 regeln den RZustand von der Beendigg der GütGemsch bis zur **Auseinandersetzung**, §§ 1474–1481 währd dieser. Die Vorschriften über die Gemsch (§§ 741 ff) sind mit den sich aus §§ 1471 ff ergebden Abweichgen anwendb. Beendigungsgründe §§ 1447 Anm 1, §§ 1469 f. Die §§ 1471 ff gelten stets (§ 1482), außer wenn fortges GütGemsch vereinb ist (§ 1483). Der Eintritt der AuseinandSGemsch wird ins Grdbuch im Wege der Berichtigg eingetr (KGJ **50**, 150). Verfahren: FGG 99. Zul die AuseinandS im EntschVerbund (ZPO 621 I Z 8, 623), wobei Stand des GesGuts zZ der letzten mdl Verh zGrde zu legen ist (Karlsr FamRZ **82**, 286). Das AG, (soweit das RPflG 16 Z 8 fordert) der Richter, vermittelt auf Antr die AuseinandS (FGG 86–98), soweit das LandesR diese Aufgabe nicht an Behörden (Notaren) zuweist, (FGG 193; BNotO 20 IV). Vorlage der Handelsbücher gem HGB 260. Nachweise des LandesR 41. Aufl.

1471 *Auseinandersetzung.* ¹Nach der Beendigung der Gütergemeinschaft setzen sich die Ehegatten über das Gesamtgut auseinander.
²Bis zur Auseinandersetzung gelten für das Gesamtgut die Vorschriften des § 1419.

1) Recht auf Auseinandersetzung, I. Jeder Eheg hat nach Beendigg der GütGemsch, (§§ 1447, 1469 f) ein Recht auf AuseinandS hins des GesGuts, primär dch vertragl Einigg (§ 1474), andernf durch Klage. Sofern nicht fortgesetzte GütGemsch besteht (§ 1483), findet die AuseinandS auch ggü den Erben statt (§§ 2039, 2040), so daß ggf ein doppeltes GesHandsVerh am Nachl u am GesGut besteht, für die jew deren bes Vorschr gelten. Vor der AuseinandS ist NachlGgst lediql der Anteil als solcher (RG **136**, 21). Reihenfolge der AuseinandS: erst das GesGut, dann der Nachl. Das R auf AuseinandS ist nicht einseit verzichtb (RG **79**, 345); wohl aber ist seine vertragl Beschrkg /RG **89**, 292) u die Korrektur des AuseinandSErgebn dch § 242 bei gescheiterter Ehe (BGH FamRZ **87**, 43) mögl; ggf auch entspr Anwendg v § 749 II u III.

2) Das GesHandsVerhältn dauert, wie sich aus der entspr Anwendg v § 1419 ergibt, unter Wahrg seiner Identität als **Liquidationsgemeinschaft** fort, **II.** Wg der Unterschiede vgl §§ 1472 f. § 1419 erstreckt sich auch auf den Erwerb v Früchten (RG Gruch **49**, 955). Der Erwerb der Eheg fließt nun nicht mehr zum GesGut (Ausn § 1473). Die in der Pers eines Eheg entstehdn Verbindlkten werden nicht mehr GesGutsverbindlkten. Außerd ist die ZwVollstr in den Anteil am GesGut (im ganzen, nicht an den einz Ggständen) nunmehr mögl (ZPO 860 II). Dieser gehört demgemäß auch zur KonkMasse (KO 1 I). Zur AuseinandS zw den AnteilsBerecht außerh des Konkurses KO 16 I, 51.

1472 *Gemeinschaftliche Verwaltung des Gesamtguts* ¹Bis zur Auseinandersetzung verwalten die Ehegatten das Gesamtgut gemeinschaftlich.
²Jeder Ehegatte darf das Gesamtgut in derselben Weise wie vor der Beendigung der Gütergemeinschaft verwalten, bis er von der Beendigung Kenntnis erlangt oder sie kennen muß. Ein Dritter kann sich hierauf nicht berufen, wenn er bei der Vornahme eines Rechtsgeschäfts weiß oder wissen muß, daß die Gütergemeinschaft beendet ist.
³Jeder Ehegatte ist dem anderen gegenüber verpflichtet, zu Maßregeln mitzuwirken, die zur ordnungsmäßigen Verwaltung des Gesamtgutes erforderlich sind; die zur Erhaltung notwendigen Maßregeln kann jeder Ehegatte allein treffen.
⁴Endet die Gütergemeinschaft durch den Tod eines Ehegatten, so hat der überlebende Ehegatte die Geschäfte, die zur ordnungsmäßigen Verwaltung erforderlich sind und nicht ohne Gefahr aufgeschoben werden können, so lange zu führen, bis der Erbe anderweit Fürsorge treffen kann. Diese Verpflichtung besteht nicht, wenn der verstorbene Ehegatte das Gesamtgut allein verwaltet hat.

Bürgerliche Ehe. 6. Titel: Eheliches Güterrecht §§ 1472–1474

1) Gemeinschaftliche Verwaltung, I. Die Verw des GesGuts steht den Eheg nunmehr bis zum AuseinandSTag, nicht nur bis zur ÜbernahmeErkl (Stgt NJW **50**, 70), gemeins zu. Ein wesentl Unterschied macht sich also nur bei bisheriger Verw dch einen Eheg bemerkb. § 1422 entfällt u damit auch die §§ 1423–1425. Beide Eheg sind gleichberecht (RG **136**, 19). Entspr § 748 tragen die Eheg die Kosten u Lasten der Verw im Verhältn zueinander zur Hälfte. Wg der Nutzgen § 1473. Auch der Eheg, der bisher nicht mitverwaltet hatte, kann verlangen, daß ihm der Mitbesitz eingeräumt u Ausk u Rechensch erteilt w, es sei denn es herrscht zw ihnen Feindseligk (Hamm FamRZ **79**, 810). Verfüggen über GesGut haben gemeins zu erfolgen, auch die Verpachtg (RG **136**, 22); Ausnahmen III 2. Halbs u IV; andrnf §§ 177ff, 182–185 (RG **139**, 122); § 2040 Anm 2). Demgemäß ist an beide Eheg zu leisten; jeder Eheg kann nur Leistg an beide fordern od aber Hinterlegg entspr § 2039 (BGH FamRZ **58**, 459). Einseit RGeschäfte sind beiden Eheg ggü vorzunehmen. Jeder verpflichtet, sofern er nicht Vollm des and Eheg hat, nur sich selbst, also weder das GesGut noch den and persönl; ZwVollstr wg eines solchen Gesch gem ZPO 860 II (RG Recht **26**, 1680), in das GesGut also nur, wenn die Eheg sich gemschftl verpflichten (§ 427). Rechtsstreitigken sind von den Eheg gemeins zu führen (RG **108**, 285); Ausn wie oben bei der Vfg. Klagen wg Zahlg aus dem GesGut sind wg ZPO 743 auf Leistg gg beide od auf Leistg gg den einen u Duldg der ZwVollstr gg den anderen zu richten. Ein LeistgsUrt gg beide kommt nur in Betr, wenn der bisher nicht verwberecht Eheg für die GesGutsverbindlk auch persönl haftet; ist das nicht der Fall, kann er nur auf Duldg in Anspr genommen w, da die AuseinandS nichts an seiner Haftg ändert u er dadch auch nicht Vertreter des GesGuts wird (RG **89**, 360). Wg Umschreibg des Titels auch gg den and Eheg ZPO 744.

2) Mitwirkungspflicht, III. Haftg aus § 1359. Keine Möglichk der Ersetzg dch VormschG, sond nur Kl auf Mitwirkg. Zur MitwirkgsPfl gehört auch Zurverfüggstellg des Unterh; ebso die Duldg der ZwVollstr (RG **118**, 131). Ohne Mitwirkg kann jeder Eheg die zur Erhaltg des GesGuts notwend Maßregeln treffen, also zB Antr auf Grdbuchberichtigg, evtl Kl aus GesGutsFdgen. Ein Dr kann sich auf die MitwirkgsPfl nicht berufen (BGH FamRZ **58**, 459).

3) Alleinverwaltung, II. Der gutgläub bisherige Verwalter soll geschützt w, auch der Dritte. Der Verwalter bleibt also im Falle seiner Gutgläubigk (§ 122 II, nicht § 1359) berecht, die Verw fortzuführen. Die nur ihm ggü abgegebene WillErkl ist wirks. Bösgläubigk bei Kenntn von Scheidg. Bei fehlder Gutgläubigk §§ 177ff, 677. Haftg § 1359.

4) Nach dem **Tod eines Ehegatten** führt der überlebde Eheg, der bisher allein od gemeins verwaltet hat, im Interesse der Erben die Verwaltg fort, **IV.** Entfällt, wenn die Erben selbst Fürsorge treffen können. Daher überh nur bei Gefahr im Verzuge (§§ 1365 Anm 5, 1429 Anm 1). Wg ordngsmäß Verw vgl §§ 1365 Anm 5, 1426 Anm 1. Im Ggsatz zu II besteht hier eine Verpfl zur Verw. Vgl auch § 672. Da Fortdauer der Pflichten als Eheg, Haftg n § 1359.

1473 *Surrogation.* ¹Was auf Grund eines zum Gesamtgut gehörenden Rechtes oder als Ersatz für die Zerstörung, Beschädigung oder Entziehung eines zum Gesamtgut gehörenden Gegenstandes oder durch ein Rechtsgeschäft erworben wird, das sich auf das Gesamtgut bezieht, wird Gesamtgut.

II Gehört eine Forderung, die durch Rechtsgeschäft erworben ist, zum Gesamtgut, so braucht der Schuldner dies erst dann gegen sich gelten zu lassen, wenn er erfährt, daß die Forderung zum Gesamtgut gehört; die Vorschriften der §§ 406 bis 408 sind entsprechend anzuwenden.

1) Die Vorschr gilt nur für die Zeit nach Beendigg der GütGemsch bis zur AuseinandS (Vorb v § 1471) u macht eine Ausn von der Regel, daß jeder Eheg für sich erwirbt. Das Erworbene fällt kraft G ohne bes Übertr ins GesGut bei **drei Erwerbsarten, I:** – a) auf Grd eines zum GesGut gehördn Rechtes, gleichgült, ob kraft G (Früchte, Zinsen, Zuwachs) od dch RGesch (Mietzins, auf Abzahlg gekaufte Ggstde; RG JW **25**, 353); auch der originäre Erwerb dch Ersitzg oder dch AusschlußUrt (vgl RG **76**, 360). – b) Ersatz für Zerstörg, Beschädigg, Entziehg, zB EnteignsEntschädigg, Anspr wg ungerechtf Bereicherg, VersSumme. – c) dch RGeschäft, das sich auf das GesGut bezieht. Wirtschaftl Zushg genügt; nicht erforderl, daß auch mit Mitteln des GesGuts erworben w (vgl RG **92**, 139), zB bei Verkauf v GesGut, Abtretg v Fdgen aus Mitteln des GesGuts, Kauf mit Mitteln des GesGuts.

2) Schutz Dritter, II. Ist Beendigg der GütGemsch ins GüterRReg eingetragen, so müßte der Dr die Zugehörigk der Fdg zum GesGut stets gg sich gelten lassen (§ 1412 I), braucht es nach **II** aber nur dann, wenn er von der Zugehörigk wirkl Kenntn erlangt hat; Kennenmüssen steht nicht gleich (RG **135**, 251). Gilt nur bei einer dch RGesch erworbenen Fdg.

1474 *Durchführung der Auseinandersetzung.* Die Ehegatten setzen sich, soweit sie nichts anderes vereinbaren, nach den §§ 1475 bis 1481 auseinander.

1) Die AuseinandS erfolgt nach §§ 1475–1481, FGG 99 od dch eine **Vereinbarung,** dch die aber nicht die Rechte Dritter beschränkt w dürfen (§ 1480). Keine Form nach § 1410, wohl aber ggf Einhaltg der für in der Vereinbg enthaltene einz Vollzugsgeschäfte vorgesehenen Form, so daß Zuteilg eines Grdstücks an einen Eheg der Auflassg bedarf (RG **57**, 432); bloße Berichtigg dagg, wenn ein Eheg das GesGut gg Abfindg der übr Erben übernimmt (RG **88**, 116). Bei AuseinandS im KlWege keine GestaltgsFreih des Richters (BGH FamRZ **88**, 813; Meyer JurBüro **88**, 973). Zust für Anspr aus dem AuseinandSVertr das FamG (BGH FamRZ **80**, 989). Zur Teilgsreife des GesGuts BGH FamRZ **88**, 813. And als bei Überführg ins Vorbehgut ist der Erwerb eines GesGutsGrdst iR der Teilg steuerfr (BFH Fres **11**, 1).

§§ 1475–1477

1475 *Berichtigung der Gesamtgutsverbindlichkeiten.* ¹Die Ehegatten haben zunächst die Gesamtgutsverbindlichkeiten zu berichtigen. Ist eine Verbindlichkeit noch nicht fällig oder ist sie streitig, so müssen die Ehegatten zurückbehalten, was zur Berichtigung dieser Verbindlichkeit erforderlich ist.

IIFällt eine Gesamtgutsverbindlichkeit im Verhältnis der Ehegatten zueinander einem der Ehegatten allein zur Last, so kann dieser nicht verlangen, daß die Verbindlichkeit aus dem Gesamtgut berichtigt wird.

IIIDas Gesamtgut ist in Geld umzusetzen, soweit dies erforderlich ist, um die Gesamtgutsverbindlichkeiten zu berichtigen.

1) Zunächst **Berichtigung der Gesamtgutsverbindlichkeiten** (§§ 1437, 1459), I 1, auch der Ersatz-Anspr aus §§ 1445 II, 1446 I, 1467 II, so daß Gläub auch ein Eheg sein kann (BayObLG NJW 71, 2314). Berichtigg gem §§ 362 ff, 372 ff, 387 ff, 397. Berichtigg auch dch SchuldÜbern dch einen u Entlassg des and Eheg aus der Hftg (BGH NJW 85, 3066). Der Eheg, dem die GesGutsverbindlk im InnenVerh allein zur Last fällt (§§ 1441–1444, 1463–1466), kann nicht Erfüllg verlangen, **II**, wohl aber (wg §§ 1480, 1476 II) der and Eheg. Soweit eine GesGutsverbindlk noch nicht fäll od (auch außergerichtl) streit ist, auch darüber, wem sie im InnenVerh zur Last fällt, wird das zur Berichtigg Erforderl zurückbehalten, I 2, in gemeins Verw (§ 1472); also keine Hinterlegg od SicherhLeistg. SchutzVorschr f die Ehel; kein Anspr Dritter. Wg der Haftg der Eheg untereinander § 1481.

2) **Verwertung des Gesamtgutes, III,** entspr §§ 753, 754, soweit es zur Berichtigg der GesGutsverbindlk erforderl ist. Auch bei ErsAnspr eines Eheg an das GesGut. Da er Geld verlangen kann, braucht er nichts in Natur zu übernehmen; III geht dem § 1477 II vor (RG 73, 41; 85, 1).

1476 *Teilung des Überschusses.* ¹Der Überschuß, der nach der Berichtigung der Gesamtgutsverbindlichkeiten verbleibt, gebührt den Ehegatten zu gleichen Teilen.

IIWas einer der Ehegatten zum Gesamtgut zu ersetzen hat, muß er sich auf seinen Teil anrechnen lassen. Soweit er den Ersatz nicht auf diese Weise leistet, bleibt er dem anderen Ehegatten verpflichtet.

1) Die **Teilungsmasse** bildet der Überschuß, **I,** der sich nach Berichtigg der GesGutsverbindlk u Zurückbehaltg des dafür etwa Erforderl sowie Übernahme bestimmter Ggstände dch einen Eheg (§§ 1476 I, 1477 II) ergibt. Hinzuzurechnen auch das, was ein Eheg zum GesGut schuldet (§§ 1435 S 3, 1441–1444, 1445 I, 1446, 1463–1466, 1467 I, 1468, 1477 II). Für Entnahmen bedeutgslos, ob sie mit od ohne Einwillig des and Eheg erfolgt sind (BGH **57,** 129). Von diesem Überschuß gebührt jedem Eheg die Hälfte (BGH FamRZ **76,** 338), gleichgült, wieviel er eingebracht od währd der GütGemsch erworben hat. Ausn § 1478.

2) **Anrechnung, II.** Hat ein Eheg Ersatz zum GesGut zu leisten (Anm 1), muß er sich bei der Teilg diese Summe auf seinen Anteil anrechnen lassen, hat aber auch ein R darauf, daß eine solche Verrechng erfolgt. Übersteigt die Schuld das Teilsguthaben, so haftet er dem and Eheg persönl, also auch mit seinem VorbehGut. Andere Vereinbg mögl (§ 1474).

1477 *Durchführung der Teilung.* ¹Der Überschuß wird nach den Vorschriften über die Gemeinschaft geteilt.

IIJeder Ehegatte kann gegen Ersatz des Wertes die Sachen übernehmen, die ausschließlich zu seinem persönlichen Gebrauch bestimmt sind, insbesondere Kleider, Schmucksachen und Arbeitsgeräte. Das gleiche gilt für die Gegenstände, die ein Ehegatte in die Gütergemeinschaft eingebracht oder während der Gütergemeinschaft durch Erbfolge, durch Vermächtnis oder mit Rücksicht auf ein künftiges Erbrecht, durch Schenkung oder als Ausstattung erworben hat.

Schrifttum: Kotzur BWNotZ **87,** 134.

1) Die **Teilung erfolgt** entspr §§ 752–754, 755 II u III, 756, 757 (§ 755 I ist dch § 1475 ersetzt) grdsätzl dch Teilg in Natur (§ 752), hilfsw dch Verkauf (§ 753). Wg Beteiligg an einer OHG RG **146,** 284.

2) Für jeden Eheg und seine RNachfolger (RG DJZ **24,** 141) u TestVollstr (RG **85,** 4) besteht, wenn nichts anderes vereinb ist (§ 1474), ein GestaltgsR (keine Verpfl) auf **Übernahme von Gegenständen, II.** Das ÜbernR wird nicht dadch ausgeschl, daß sich die GrdstVerhältn dch den ein FlurbereiniggsVerf geänd h (Bambg FamRZ **83,** 72). Das R auf Übern eines Grdstück berect zur DrittwidersprKl nach ZPO 771 (BGH FamRZ **87,** 43). Liegen die Voraussetzgen der Übern bei beiden Eheg vor, so heben sich die Rechte auf. ÜbernahmeR nur bei – a) nach ihrem Zweck u den Umst ausschließl zum persönl Gebrauch des übernehmen Eheg bestimmten bewegl Sachen; gelegentl MitGebr dch den and Eheg steht nicht entgg. Für die erforderl pers Beziehg reicht Übertragg der HaushFührg (§ 1356 I 1) nicht aus; – b) den nicht nur teilw in die GütGemsch eingebrachten Ggständen; – c) den währd der GütGemsch dch Erbfolge, Vermächtn, Schenkg u ähnl Zuwendgen erworbenen Ggstden, nicht aber deren Surrogate (Hbg OLG **7,** 405).

3) **Durchführung.** Die Übernahme erfolgt dch formlose (Mü FamRZ **88,** 1275) empfangsbedürft Erkl ggü dem and Eheg. Sie ist unwiderrufl u bis zur Beendigg der AuseinandS mögl. Sie ist ausgeschl, wenn gerade dieser Ggst einem Gläub des GesGuts herauszugeben od wenn seine Verwertg zur Schuldentilgg, die stets vorgeht, erforderl ist (§ 1475 Anm 2). Die Übern kann schon verlangt w, wenn feststeht, daß der Ggst nicht zur Schuldendeckg (§ 1475) benötigt w (RG **85,** 10; Bambg FamRZ **87,** 825). Kein ÜbernR, wenn unklar, welche eingebrachten Grdste den den Gläub geschuldeten Betrag repräsentieren (Ffm FamRZ **84,** 170). Besteht ein ÜbernR, so kann der Eheg dann auch nicht der auf Antr des and eingeleiteten ZwVerst

Bürgerliche Ehe. 6. Titel: Eheliches Güterrecht §§ 1477–1479

widersprechen (RG 73, 41). Zum Erwerb dch den Eheg ist noch die Übereign erforderl (§ 1474 Anm 1). Der **Übernahmewert** bestimmt sich in erster Linie nach dem Ztpkt, den die Part vereinbaren (zB Ztpkt der ÜbernErkl); anderenfl nach dem Ztpkt der Übern, also etwa der Eintragg des Übernehmers im Grdbuch, ggf nach der letzt mdl Verh (BGH FamRZ 86, 41 f). Dabei muß der inflationsbedingte Einbringgswert, der zur Ermittlg der realen Wertsteigerg des GesGuts benötigt w (BGH 84, 333), stets auf den gleichen Ztpkt bestimmt w (BGH FamRZ 86, 42). Das gilt auch für § 1478 I, also f die Bewertg der v der and Seite eingebrachten Ggste (aaO). Falls Einigg nicht mögl, Ermittlg dch Sachverst, notf Klage; keine Anwendg v FGG 164 (BayObLG JW 23, 759). Zur Bewertg v landwirtschaftl Betr Bölling FamRZ 80, 754. Die Rechte aus §§ 1477 II u 1478 I, näml einers dem GesGut den Wert des zu übernehmden Ggst zu ersetzen u anderers jeder Part aus dem GesGut den Wert der in die GütGemsch eingebrachten Ggste zu erstatten, können nebeneinand geltd gemacht w (BGH 84, 333/38; FamRZ 86, 41). Bei der Bewertg landwirtschaftl Grdst keine Analogie zu § 1376 IV (BGH FamRZ 86, 776). **Wertersatz** nicht unbedingt dch Einzahlg, sond soweit mögl dch Verrechng (BGH FamRZ 88, 926).

1478 *Auseinandersetzung nach Scheidung.* [I] Ist die Ehe geschieden, bevor die Auseinandersetzung beendet ist, so ist auf Verlangen eines Ehegatten jedem von ihnen der Wert dessen zurückzuerstatten, was er in die Gütergemeinschaft eingebracht hat; reicht hierzu der Wert des Gesamtgutes nicht aus, so ist der Fehlbetrag von den Ehegatten nach dem Verhältnis des Wertes des von ihnen Eingebrachten zu tragen.

[II] Als eingebracht sind anzusehen
1. die Gegenstände, die einem Ehegatten beim Eintritt der Gütergemeinschaft gehört haben;
2. die Gegenstände, die ein Ehegatte von Todes wegen oder mit Rücksicht auf ein künftiges Erbrecht, durch Schenkung oder als Ausstattung erworben hat, es sei denn, daß der Erwerb den Umständen nach zu den Einkünften zu rechnen war;
3. die Rechte, die mit dem Tod eines Ehegatten erlöschen oder deren Erwerb durch den Tod eines Ehegatten bedingt ist.

[III] Der Wert des Eingebrachten bestimmt sich nach der Zeit der Einbringung.

1) **Zweck** der Vorschr ist eine auf Billigk beruhde Ausn vom Grdsatz der Halbteilg (§ 1476 I), um demj, der weniger eingebracht hat u dch sein Verhalten nicht nur die Auflösg der Ehe, sond auch die Beteiligg an dem vom and Eheg in die Ehe eingebrachten Verm erreichen könnte, nicht noch Vorteile daraus ziehen zu lassen (BT-Drucks 7/650 S 102f). Das gleiche gilt bei Aufhebg der Ehe (EheG 37). Auch eine der Beendigg der GütGemsch nachfolgde Scheidg löst das WahlR der Eheg (Anm 2) aus; an der sachgem Ausüb des R zur Aufhebg der GütGemsch würde ein Eheg gehindert, wenn er befürchten müßte, mit einem früheren Erfolg der AufhebgsKl das bei Scheidg zustehde WahlR einzubüßen (BT-Drucks aaO S 103). Kein zwingdes R. Da wg § 1376 IV bei landwirtschaftl Betrieben ein ZugewAusgl prakt nicht stattfindet u da anderers § 1478 dem einheiratden Eheg iF der Ehescheidg mit dem Hof als eingebrachten Gut die Substanz seiner oft langjähr ArbLeistg wieder entzieht, bedarf es der Möglk, iR eines EheVertr Regelgen über die Auseinands des GesGuts nach der Scheidg zu treffen. Verneint man mit Bölling FamRZ 80, 754 die Anwendbark v § 1376 IV iRv §§ 1477, 1478, so bedarf es keiner güterrechtl Vereinbg, um den geschiedenen Eheg an dem VerkWertZuwachs zu beteiligen. Mit der sich aus § 1478 ergebden Maßg bleiben die übr Vorschr über die AuseinandS unberührt (RG 73, 41); also auch das ÜbernahmeR des § 1477 II (BGH NJW 52, 1330). Das GesHandsVerh (§ 1471 Anm 2) dauert auch hier bis zur AuseinandS fort. Vor Rückerstattg des Wertes des Eingebrachten müssen erst die GesGutsVerbindlichk gem § 1475 berichtigt w, außer wenn der Ggst zur Schuldendeckg nicht benötigt w (§ 1477 Anm 3).

2) Ist die Ehe geschieden, hat jeder Eheg das R zur Gestaltg der AuseinandS gem § 1476 I od § 1478, **I**. Dieses **Wahlrecht** kann bis zur Beendigg der AuseinandS ausgeübt werden u geht auch dch eine anders gerichtete Klage nicht verloren. Es ist vererbl. Macht einer der Ehel von dem WahlR Gebrauch, ist auch der and daran gebunden; sie müssen sich nicht über das einzuschlagde Verf einigen. Der Anspr geht nur auf **Wertersatz,** nicht auf Zurückgabe des Eingebrachten, schließt aber das ÜbernahmeR aus § 1477 II nicht aus (Anm 1); insof ist ledigl der Wert zZ der Übernahme der Teilgsmasse zu ersetzen (§ 1477 Anm 3), währd der Wert des Eingebrachten sich nach dem nominellen Wert (Bölling FamRZ 82, 234) zur Zeit der Einbringg bestimmt, **III.** Keine entspr Anwendg v § 1376 IV (BGH FamRZ 86, 776). Geldentwertg zu berücks (BGH 84, 333 mAv Bölling FamRZ 82, 993; § 1376 Anm 3), dh der WertErsAnspr wird um die unechte Wertsteigerg erhöht (Karlsr FamRZ 82, 286 mAv Bölling). Ein evtl Fehlbetrag fällt nicht mehr jedem zur Hälfte zur Last (so das GleichberG), sond im Verhältn zum Wert des Eingebrachten (BT-Drucks 7/650 S 103; Bsp: Soerg-Gaul Rn 9). Der WertersatzAnspr kann im VerbundVerf geltd gem w (BGH NJW 82, 2373).

3) Eingebracht sind, **II,** gem Ziff 1: Ggstände, die dem Eheg beim Eintr der GütGemsch gehört haben, auch wenn Erwerb unter einer Bedingg erfolgte u die Bedingg erst nach Beginn der GütGemsch eintrat. Zu Ziff 2 vgl § 1374 Anm 3. Ziff 3: Mit dem Tode des Eheg erlöschde Rechte, zB Leibrente, od dch den Tod eines Eheg bedingte Rechte, zB LebensVers, deren Fälligk der Versicherte erlebt.

1479 *Auseinandersetzung nach Aufhebungsurteil.* Wird die Gütergemeinschaft auf Grund der §§ 1447, 1448 oder des § 1469 durch Urteil aufgehoben, so kann der Ehegatte, der das Urteil erwirkt hat, verlangen, daß die Auseinandersetzung so erfolgen, wie wenn der Anspruch auf Auseinandersetzung in dem Zeitpunkt rechtshängig geworden wäre, in dem die Klage auf Aufhebung der Gütergemeinschaft erhoben ist.

1) Der Eheg, der das Urt erwirkt hat, hat zur Vermeidg der Prozeßverschleppg u VermManipulation (Heckelmann FamRZ 68, 65) das Recht zur **Wahl des Auseinandersetzungszeitpunkts:** – a) Beendigg der

§§ 1479–1482 4. Buch. 1. Abschnitt. *Diederichsen*

GütGemsch, also RKraft des AufhebgsUrt (§§ 1449 I, 1470 I); – b) den in § 1479 genannten Ztpkt der Rechtshängigk, so daß dann zB Grdstücke, die währd des AufhebgsRStreits erworben w, nicht ins GesGut fallen (Kbg HRR **38**, 1113). WahlR bis Beendigg der AuseinandS. § 1479 entspr § 1387. Besondere Wirkgen: Erwerb fällt bis auf § 1473 I nicht mehr ins GesGut. Wirkg aber nur zw den Eheg, nicht ggü Dritten. Ehevertragl Ausschluß ist nichtig, mögl aber Verzicht auf das schon entstandene WahlR.

1480 *Haftung nach der Teilung gegenüber Dritten.* Wird das Gesamtgut geteilt, bevor eine Gesamtgutsverbindlichkeit berichtigt ist, so haftet dem Gläubiger auch der Ehegatte persönlich als Gesamtschuldner, für den zur Zeit der Teilung eine solche Haftung nicht besteht. Seine Haftung beschränkt sich auf die ihm zugeteilten Gegenstände; die für die Haftung des Erben geltenden Vorschriften der §§ 1990, 1991 sind entsprechend anzuwenden.

1) Vor der Teilg sind zunächst die GesGutsverbindlckten zu berichtigen (§ 1475 Anm 1). Geschieht das nicht, so besteht – unabhäng v der Möglk der Anfechtg der Teilg wg GläubBenachteiligg (BGH **57**, 126) – im Verhältn zu Dritten eine dch EheVertr nicht auszuschließde erweiterte Haftg (§ 1480). Zur Wirkg im Innenverh § 1481. § 1480 kommt wg der Haftg jedes Eheg für alle GesGutsverbindlk (§ 1459 Anm 2) bei der GütGemsch mit gemeinsamer Verw nur insof in Betr, als die persönl Haftg mit Beendigg der GütGemsch erlischt (§ 1459 II 2). Zust FamG (BGH FamRZ **80**, 551).

2) **Voraussetzungen:** – a) Die Teilg des GesGuts ist erfolgt, wenn GesGut als solches nicht mehr besteht u insgesamt od in einz Bestandteilen einem Eheg als SonderEigt zugewiesen ist (RG **75**, 295). Ggste von unerhebl Wert bleiben dabei unberücks (RG **89**, 366). Beendigg der Teilg Tatfrage. Sie ist auch erfolgt, wenn einz Ggste vereinbargsgem unverteilt im MitEigt bleiben (RG JW **17**, 102), nicht aber schon mit der Zuweisg einzelner Ggstde (RG **89**, 407). – b) Von den GesGutsverbindlkten (§ 1437 Anm 2, 1459 Anm 2) muß ein Rest übriggeblieben sein, was iFv § 1475 I 2 nicht zutrifft. – c) Dem nicht persönl haftden Eheg muß etwas aus dem GesGut zugeteilt sein, was nicht der Fall ist bei unentgelt Verzicht od wenn er dafür aus einem and Vermögen, also nicht dem GesGut, etwas erhalten hat (RG **75**, 295). Beweist er, daß er aus dem GesGut nichts erhalten hat, ist die Kl aus § 1480 abzuweisen (RG **89**, 360). Der Haftg kann er sich aber nicht dch Aufgabe des einmal Zugeteilten entziehen (RG **89**, 367).

3) **Wirkungen.** Persönl Haftg als GesSchuldner (§§ 421–425), auch des bisher nicht verwberecht u damit nicht pers haftden Eheg, für die in der Pers des Verwalters entstandenen GesGutsverbindlk (§ 1437 Anm 2a) oder dies in der bisher gemeinschaftl verwalteten Eheg, auf deren Haftg mit Beendigg der GütGemsch erlosch war (§§ 1437 II 2, 1459 II 2). § 1480 setzt Titel gg den neu haftden Eheg voraus (ZPO 750 I); bl Duldg nicht ausreich. Der aus § 1480 Haftde kann entspr §§ 1990, 1991 die **Befriedigung verweigern,** soweit das ihm aus dem GesGut Zugeteilte nicht ausreicht, **S 2**; er haftet nur mit den ihm zugeteilten Ggsten (RG Gruch **48**, 1021). HftgsBeschrkg muß im Urt vorbehalten w (ZPO 780 I, 781, 785, 786).

1481 *Haftung der Ehegatten untereinander.* ¹Wird das Gesamtgut geteilt, bevor eine Gesamtgutsverbindlichkeit berichtigt ist, die im Verhältnis der Ehegatten zueinander dem Gesamtgut zur Last fällt, so hat der Ehegatte, der das Gesamtgut während der Gütergemeinschaft allein verwaltet hat, dem anderen Ehegatten dafür einzustehen, daß dieser weder über die Hälfte der Verbindlichkeit noch über das aus dem Gesamtgut Erlangte hinaus in Anspruch genommen wird.

ᴵᴵHaben die Ehegatten das Gesamtgut während der Gütergemeinschaft gemeinschaftlich verwaltet, so hat jeder Ehegatte dem anderen dafür einzustehen, daß dieser von dem Gläubiger nicht über die Hälfte der Verbindlichkeiten hinaus in Anspruch genommen wird.

ᴵᴵᴵFällt die Verbindlichkeit im Verhältnis der Ehegatten zueinander einem der Ehegatten zur Last, so hat dieser dem anderen dafür einzustehen, daß der andere Ehegatte von dem Gläubiger nicht in Anspruch genommen wird.

1) Die Vorschr regelt (statt § 426) die Folgen einer Inanspruchn nach § 1480 im InnenVerh. Die EinstandsPfl des § 1481 gibt dem Eheg nur ein R auf Befreiung od Rückgriff, nicht aber auf SicherhLeistg od dem Dr ggü die Einrede der Vorausklage.

2) Der **Alleinverwalter** hat dem and Eheg dafür einzustehen, daß dieser von dem Gläub nicht über das aus dem GesGut Erlangte hinaus u nicht höher als bis zur Hälfte der Verbindlk (§ 1476 I) in Anspr genommen w, I. Bei vorausgegangener **gemeinschaftlicher Verwaltung** erübrigt sich die Beschrkg auf den Wert des Erlangten, da jeder die Hälfte der Verbindlk zu tragen hat, II. Bei **Alleinverbindlichkeiten** eines Eheg gem §§ 1441–1444, 1463–1466 hat dieser ohne Rücks auf die Verwaltgsform dem and dafür einzustehen, daß dieser nicht in Anspr genommen w, III.

1482 *Eheauflösung durch Tod.* Wird die Ehe durch den Tod eines Ehegatten aufgelöst, so gehört der Anteil des verstorbenen Ehegatten am Gesamtgut zum Nachlaß. Der verstorbene Ehegatte wird nach den allgemeinen Vorschriften beerbt.

1) Mit dem Tode eines Eheg endet die GütGemsch. Der Anteil des verstorbenen Eheg am GesGut gehört, ebso wie sein Vorbeh- u Sondergut, **zum Nachlaß.** Es gelten die allg erbrechtl Bestimmgn (§§ 1922 ff). Die Erben des Verstorbenen haben sich mit dem überlebden Eheg nach §§ 1471–1481 auseinanderzusetzen, es sei denn, der überl Eheg wird Alleinerbe (BGH **26**, 381), währd bei Vorerbsch die GesHand erst nach AuseinandS erlischt (BayObLG FamRZ **88**, 542; K. Schmidt FamRZ **76**, 685 f). Für alle ab 1. 7. 58 vereinb GütGemsch tritt fortgesetzte GütGemsch nur noch ein, wenn das im EheVertr gesagt ist (§ 1483). Wg des früh Rechts 35. u 41. Aufl.

e) Fortgesetzte Gütergemeinschaft
Vorbemerkung

1) Zweck: Die fortges GütGemsch, die nur noch auf Grd EheVertr eintritt (§ 1483), deren Vorschriften aber zwingden Charakter haben (§ 1518), soll es dem überlebden Eheg, der bisher in GütGemsch gelebt hat, bis zu seinem Tode, seiner Wiederverheiratg (§§ 1493, 1494) od der dch seine Erkl herbeigeführten Ablehng od Aufhebg (§§ 1484, 1492) ersparen, den gemschaftl Abkömmlingen ihren Anteil am GesGut sofort herauszugeben. Es findet vielm eine Vereinigg des GesGuts in seiner Person statt, die bisher bestehde GütGemsch setzt er mit den gemschaftl Abkömmlingen fort, wobei er die rechtl Stellg des allein verwaltden Eheg, die anteilsberecht Abkömml die des and Eheg haben (§ 1487 I). Das GesGut ist FamVermögen, das den FamMitgliedern erhalten bleiben soll u an dem nicht zur Fam Gehörige keinen Anteil haben sollen. Erbrechtl Gesichtspkte scheiden mithin für das GesGut aus (§ 1483 I 3). Die fortges GütGemsch unterscheidet **4 Vermögensmassen:** Das GesGut (§ 1485), das Vorbeh- u Sondergut des überlebden Eheg (§ 1486), die Vermögen der anteilsberecht Abkömmlinge. – Ins **Güterrechtsregister** wird die fortges GütGemsch nicht eingetragen, da dieses nur über die währd der Ehe bestehden güterrechtl Verhältn Ausk gibt (Vorb 2a vor § 1558). Wg der Eintragg ins **Grundbuch** § 1485 Anm 3. – Zum **Landesrecht** vgl 41. Aufl; zur **HöfeO** Soerg-Gaul Rdn 4 vor § 1483.

1483 Eintritt der fortgesetzten Gütergemeinschaft.
^IDie Ehegatten können durch Ehevertrag vereinbaren, daß die Gütergemeinschaft nach dem Tode eines Ehegatten zwischen dem überlebenden Ehegatten und den gemeinschaftlichen Abkömmlingen fortgesetzt wird. Treffen die Ehegatten eine solche Vereinbarung, so wird die Gütergemeinschaft mit den gemeinschaftlichen Abkömmlingen fortgesetzt, die bei gesetzlicher Erbfolge als Erben berufen sind. Der Anteil des verstorbenen Ehegatten am Gesamtgut gehört nicht zum Nachlaß; im übrigen wird der Ehegatte nach den allgemeinen Vorschriften beerbt.

^{II}Sind neben den gemeinschaftlichen Abkömmlingen andere Abkömmlinge vorhanden, so bestimmen sich ihr Erbrecht und ihre Erbteile so, wie wenn fortgesetzte Gütergemeinschaft nicht eingetreten wäre.

1) Falls im EheVertr vereinb u nicht §§ 1506, 1511, 1517 vorliegen, wird zw den nach §§ 1923, 1924 erbberecht gemschaftl (mj, vollj, verheirateten od led) Abkömml u dem überlebden Eheg die GütGemsch fortgesetzt („beerbte Ehe"). Mögl die Auslegg, daß Abkömml zugl Schlußerben s sollen (BayObLG FamRZ **86,** 1151). ScheidgsBerechtig schließt im Ggsatz zur Berechtig, auf Aufhebg der Ehe zu klagen (§ 1509 S 2), die Fortsetzg der GütGemsch nicht aus. § 1483 unterscheidet, ob nur gemschaftl Abkömmlinge vorhanden sind (I) od auch einseit Abkömml des Verstorbenen (II).

2) Sind **nur gemeinschaftliche Abkömmlinge** vorhanden, **I,** erfolgt eine Beerbg des Verstorbenen nur hinsichtl seines Vorbeh- u SondGuts. Im übr findet eine AuseinandS nicht statt. Zur Zusammensetzg des GesGuts § 1485 Anm 1. Pflichtteilsergänz (§§ 2325ff) nur aus Vorbeh- u SondGut, da diese allein den Nachlaß bilden.

3) Sind neben den gemschaftl **auch einseitige Abkömmlinge** des Verstorbenen vorh, **II,** zB Kinder aus früheren Ehen, ändert sich für den überlebden Eheg u die gemschaftl Kinder nichts, die nicht gemschaftl Abkömml sind hingg von der fortges GütGemsch ausgeschlossen; sie erben so, als wenn fortges Güt-Gemsch nicht eingetreten wäre, dh sie erben zusätzl zum Vorbeh- u SondGut auch aus dem GesGut. Die AuseinandS hat zuerst mit ihnen zu erfolgen (§ 1471). Eine AuseinandS findet nicht statt, wenn der einseit Abkömml nur pflichtteilsberecht od VermächtnNehmer ist; der Wert des Anteils wird dann geschätzt. Der NachlRichter hat vAw zu prüfen, ob gemschaftl Abkömml vorhanden sind (BGH **63,** 35).

1484 Ablehnung der fortgesetzten Gütergemeinschaft.
^IDer überlebende Ehegatte kann die Fortsetzung der Gütergemeinschaft ablehnen.

^{II}Auf die Ablehnung finden die für die Ausschlagung einer Erbschaft geltenden Vorschriften der §§ 1943 bis 1947, 1950, 1952, 1954 bis 1957, 1959 entsprechende Anwendung. Steht der überlebende Ehegatte unter elterlicher Sorge oder unter Vormundschaft, so ist zur Ablehnung die Genehmigung des Vormundschaftsgerichts erforderlich.

^{III}Lehnt der Ehegatte die Fortsetzung der Gütergemeinschaft ab, so gilt das gleiche wie im Falle des § 1482.

1) Eine ausdrückl AnnahmeErkl ist nicht erforderl, ggf aber unwiderrufl (§ 1943). Nur der Eheg hat das einseit, auch nicht ausschließl (§ 1518) **Ablehnungsrecht, I.** Wg der Abkömml §§ 1491, 1495f, 1517. Auf die Ablehng finden die erbrechtl Vorschr Anwendg. AblehngsFrist v 6 Wo (§ 1944) beginnt nicht mit der Kenntn vom Tode, sond mit der Kenntn vom Eintritt der fortges GütGemsch, auch wenn die Unkenntn auf RUnkenntn beruht (BGH **31,** 209). Steht der überlebde Eheg unter elterl Sorge od Vormsch, so muß der gesetzl Vertreter die Ablehng erklären od ihr zustimmen, das VormschG genehmigen (§§ 1643, 1828ff), **II 2.** Wirkg der Ablehng § 1482 Anm 1, **III.** Für den Fall einer Ablehng kann der and Eheg über das GesGut von Todes wg verfügen.

1485 Gesamtgut.
^IDas Gesamtgut der fortgesetzten Gütergemeinschaft besteht aus dem ehelichen Gesamtgute, soweit es nicht nach § 1483 Abs. 2 einem nicht anteilsberechtigten Abkömmling zufällt, und aus dem Vermögen, das der überlebende Ehegatte aus dem Nachlas-

§§ 1485–1487

se des verstorbenen Ehegatten oder nach dem Eintritte der fortgesetzten Gütergemeinschaft erwirbt.

II Das Vermögen, das ein gemeinschaftlicher Abkömmling zur Zeit des Eintritts der fortgesetzten Gütergemeinschaft hat oder später erwirbt, gehört nicht zu dem Gesamtgute.

III Auf das Gesamtgut finden die für die eheliche Gütergemeinschaft geltenden Vorschriften des § 1438 Abs. 2, 3 entsprechende Anwendung.

1) a) Zum **Gesamtgut** gehören, **I: aa)** das bisherige GesGut (§§ 1416 I, 1435 S 3, 1445, 1446, 1467) abzügl desjenigen, was einem nicht gemschaftl Abkömml zufällt (§ 1483 II) u ein auf Pflichtteil gesetzter gemschaftl Abkömml zu fordern hat (§ 1511 II); **bb)** das Vermögen, das der überlebde Eheg aus dem Nachl des verstorbenen Eheg erhält, also auch Vermächtn u Pflichtt, ferner was er nach dem Eintritt des fortges GütGemsch erwirbt, insb also auch Nutzgen des SondGuts, nicht aber des VorbehGuts. – **b)** Nicht zum GesGut ghören das Vorbeh- u SondGut des überl Eheg (§ 1486) u das Verm des Abkömml, gleichgült, wann es erworben w, **II,** auch nicht Nutzgen daraus.

2) Wirkung. Der Übergang vollzieht sich ohne Übertraggsakt (§ 1416 II; die Verweisg auf § 1438 ist Redaktionsfehler!). Es besteht GesamthandsEigt (RG **129,** 120). Die Zugehörigk des Verm des überl Eheg wird vermutet (§ 1416 Anm 2).

3) Register: Eine Eintragg der fortges GütGemsch im GüterRReg findet nicht statt (1 vor § 1483), wohl aber im Grdbuch (§ 1416 III, GBO 35 II, 47). Zur Entbehrlichk der Zust des Abkömml zur Umschreibg KG JW **35,** 2515; § 1416 Anm 4. Ins HandelsReg kann nur der überl Eheg als Inh des zur fortges GütGemsch ghörden HandelsGesch eingetragen w (KG JFG **6,** 193).

1486 *Vorbehaltsgut; Sondergut.* I Vorbehaltsgut des überlebenden Ehegatten ist, was er bisher als Vorbehaltsgut gehabt hat oder was er nach § 1418 Abs. 2 Nr. 2, 3 als Vorbehaltsgut erwirbt.

II Sondergut des überlebenden Ehegatten ist, was er bisher als Sondergut gehabt hat oder was er als Sondergut erwirbt.

1) Der überl Eheg behält als **Vorbehaltsgut** nur, was bisher VorbehGut war, u Erwerb nach § 1418 II Z 2, 3, I; vertragl Zuweisgen zum VorbehGut sind weder dch EheVertr (§ 1518) noch dch Vertr mit den Abkömml zuläss. Bisheriges **Sondergut** bleibt solches, neues wird gem § 1417 gebildet; Nutzgen daraus fallen ins GesGut. Da das Verm der Abkömml dch die fortges GütGemsch nicht berührt w (§ 1485 II), haben sie kein Vorbeh- od SondGut.

1487 *Rechtsstellung des Ehegatten und der Abkömmlinge.* I Die Rechte und Verbindlichkeiten des überlebenden Ehegatten sowie der anteilsberechtigten Abkömmlinge in Ansehung des Gesamtgutes der fortgesetzten Gütergemeinschaft bestimmen sich nach den für die eheliche Gütergemeinschaft geltenden Vorschriften der §§ 1419, 1422 bis 1428, 1434, des § 1435 Satz 1, 3 und des § 1436, 1445; der überlebende Ehegatte hat die rechtliche Stellung des Ehegatten, der das Gesamtgut allein verwaltet, die anteilsberechtigten Abkömmlinge haben die rechtliche Stellung des anderen Ehegatten.

II Was der überlebende Ehegatte zu dem Gesamtgut schuldet oder aus dem Gesamtgut zu fordern hat, ist erst nach der Beendigung der fortgesetzten Gütergemeinschaft zu leisten.

1) Der überl Eheg, gleichgült, ob er bisher Verwalter, Mitverwalter od nicht verwberecht Eheg war, hat die rechtl Stellg des Verwalters bei der GütGemsch, die anteilsberecht Abkömml die des and Eheg, **I 2. Halbs.** Sie haben nicht nur eine Anwartsch, sond ein selbstd R am GesGut (RG **75,** 414). Andere Vorschr als in I genannt sind nicht anwendb mit Rücks auf die Stellg der Abkömml od weil andere (§§ 1488, 1489, 1500, 1487 II) an ihre Stelle getreten sind.

2) Entsprechend anwendbar, I, sind: **§ 1419:** Die fortges GütGemsch ist Gemsch zur gesamten Hand (RG **129,** 120); keiner der Beteiligten kann über seinen Anteil am GesGut od an den einz dazu gehör Ggständen verfügen. Anteile unpfändb (ZPO 860 I 2). Vgl aber § 1497 Anm 2. Der überl Eheg kann über seinen Anteil am GesGut letztw verfügen, soweit nicht Rechte der anteilsberecht Abkömml verkürzt w (KG JW **31,** 1369); denn das VfgsVerbot des § 1419 gilt nur für Geschäfte unter Lebden (BGH FamRZ **64,** 423). – **§ 1422:** Der überl Eheg hat Besitzschutz auch ggü den Abkömml, die nur mittelb Besitz haben. Er führt RStreitigk im eig Namen. – **§§ 1423–1426:** Die Abkömml haben bei Bestehen der fortges GütGemsch keine AuskunftsR, sond sind auf ZustimmgsR beschränkt. Sie muß von allen Abkömml erteilt w. Die Übern der Haftg dafür, daß sie erteilt wird, verstößt nicht gg § 138 (RG JW **24,** 539). Bei Mj vor Vormsch §§ 1643, 1821 I Z 1. Ist der überl Eheg selbst gesetzl Vertreter, so steht § 181 nicht entgg, daß er die Erkl für die Kinder abgibt (BayObLG DNotZ **52,** 163). – Das RevokationsR aus **§ 1428** hat nur der Abkömml, der nicht zugestimmt hat; er muß Leistg an das GesGut verlangen. – **§ 1435 S 1, 3:** Zur ordngsmäß Verw gehört im allg nicht die Übertr des GesGuts an einen Abkömml, um die anderen auszuzahlen (KG OLG **42,** 88); anders wenn der überl Eheg das GesGut nicht mehr halten kann (BayObLG **14,** 624). Erschwerg allein genügt nicht (BayObLG **22,** 5). Zur Haftg BGH **48,** 373.

3) Forderungen und Schulden des überlebenden Ehegatten, II, gleichgült, ob sie vor od nach *Eintritt der fortges GütGemsch* entstanden sind, sind erst nach deren Beendigg fällig. Die Verpfl zur Gewährg von **Unterhalt** an die Abkömml richtet sich nach den allg Vorschr. Der Unterh für diese ist keine Last des GesGuts (RG JW **07,** 23). Der überl Eheg kann Mittel aus dem GesGut dafür verwenden. –

Bürgerliche Ehe. 6. Titel: Eheliches Güterrecht §§ 1487–1490

Schulden u Fdgen des verstorbenen Eheg an bzw gg das GesGut sind sofort zu berichtigen. – Hinsichtl der Abkömml gelten die allg Vorschr.

1488 *Gesamtgutsverbindlichkeiten.* **Gesamtgutsverbindlichkeiten der fortgesetzten Gütergemeinschaft sind die Verbindlichkeiten des überlebenden Ehegatten sowie solche Verbindlichkeiten des verstorbenen Ehegatten, die Gesamtgutsverbindlichkeiten der ehelichen Gütergemeinschaft waren.**

1) Für die **Gesamtgutsverbindlichkeiten** haftet der überl Eheg persönl (§ 1489); die §§ 1499, 1500 regeln die Frage, ob im Innenverhältn eine Ausgl stattfindet od aber eine GesGutslast vorliegt. GesGuts-Verbindlk der fortges GütGemsch sind: **a)** sämtl Verbindlk des überl Eheg, gleichgült, wann sie entstanden sind u ob sie vor Eintr der fortges GütGemsch solche der GütGemsch waren, also auch die, die sein Vorbeh- u SondGut betreffen, ferner die UnterhPfl ggü seinem Kind (KG JW 37, 3159); – **b)** die Verbindlk des verstorbenen Eheg, die GesGutsVerbindkl der ehel GütGemsch waren, gleichgült, ob sie im InnenVerh der Eheg dem GesGut zur Last fielen (§§ 1441–1444, 1463–1466); vgl § 1437 Anm 2, § 1459 Anm 2. Keine GesGutsVerbindlk die des verstorbenen Eheg gem §§ 1460–1462. – **c)** Verbindlk der anteilberecht Abkömml sind niemals GesGutsVerbindlk.

2) Zur **Zwangsvollstreckung** ins GesGut ist ein gg den überl Eheg ergangenes Urteil erforderl u genügt (ZPO 745 I); die Abkömml können auch auf Duldg verklagt w (RG 148, 250). Für ein währd der allg GütGemsch ergangenes Urt gilt ZPO 744. Im **Konkurs** der überl Eheg gehört das GesGut zur Konk-Masse, eine AuseinandS findet nicht statt (KO 2 III). Besonderh KO 236, 214–234. Der Konk der Abkömml berührt das GesGut nicht.

1489 *Persönliche Haftung für die Gesamtgutsverbindlichkeiten.* ^I**Für die Gesamtgutsverbindlichkeiten der fortgesetzten Gütergemeinschaft haftet der überlebende Ehegatte persönlich.**
^{II}**Soweit die persönliche Haftung den überlebenden Ehegatten nur infolge des Eintritts der fortgesetzten Gütergemeinschaft trifft, finden die für die Haftung des Erben für die Nachlaßverbindlichkeiten geltenden Vorschriften entsprechende Anwendung; an die Stelle des Nachlasses tritt das Gesamtgut in dem Bestande, den es zur Zeit des Eintritts der fortgesetzten Gütergemeinschaft hat.**
^{III}**Eine persönliche Haftung der anteilsberechtigten Abkömmlinge für die Verbindlichkeiten des verstorbenen oder des überlebenden Ehegatten wird durch die fortgesetzte Gütergemeinschaft nicht begründet.**

1) Währd § 1488 den Umfang der GesGutsverbindlichkeiten der fortges GütGemsch angibt, regelt § 1489 die **persönliche Haftung des überlebenden Ehegatten, I.** Dieser haftet für die GesGutsverbindlkten der fortges GütGemsch persönl. Anders als in § 1437 II 2 endet diese Haftg nicht mit der Beendigg der fortges GütGemsch. Es besteht aber die Möglichk der **Haftungsbeschränkung, II**, u zwar zum Schutze a) des überl Eheg gg den Zugriff auf sein nicht zum GesGut gehör Vermögen, falls das GesGut nicht ausreicht, b) der GesGutsGläub, denen der überl Eheg bei Beginn der fortges GütGemsch nicht persönl haftete, gg den Zugriff der Gläub auf das GesGut, die diese Möglk erst wg § 1488 erlangt haben. Voraussetzg der HaftgsBeschrkg ist aber, daß der überl Eheg nicht etwa schon ohne den Eintritt der fortges GütGemsch persönl gehaftet hätte (vgl 41. Aufl.). HaftgsBeschrkg entspr §§ 1967ff; an die Stelle des Nachlasses tritt das GesGut im Bestande zZ des Eintritts der fortges GütGemsch, einschließl Surrogate (§ 1473), aber ohne Berücksichtigg des späteren Erwerbs (§ 1485 I). Mittel der Haftgsbeschränkg: GesGutsverwaltg (§§ 1975, 1981–1988), GesGutskonkurs (§ 1975, KO 236), UnzulänglickEinreden aus 1989, 1990, aufschiebe Einreden aus 2014, 2015. Aufgebot der GesGutsGläub ZPO 1001. Verlust der HaftgsBeschrkg §§ 2005, 2006. Vorbeh der beschränkten Haftg im Urt ZPO 305 II; ZwVollstr ZPO 786.

2) Eine **Haftung der Abkömmlinge** besteht nicht, **III,** soweit sie sich nicht aus anderen Gründen ergibt (zB als Erben, Bürgen, gemschaftl Verpflichtg).

1490 *Tod eines Abkömmlings.* **Stirbt ein anteilsberechtiger Abkömmling, so gehört sein Anteil an dem Gesamtgute nicht zu seinem Nachlasse. Hinterläßt er Abkömmlinge, die anteilsberechtigt sein würden, wenn er den verstorbenen Ehegatten nicht überlebt hätte, so treten die Abkömmlinge an seine Stelle. Hinterläßt er solche Abkömmlinge nicht, so wächst sein Anteil den übrigen anteilsberechtigten Abkömmlingen und, wenn solche nicht vorhanden sind, dem überlebenden Ehegatten an.**

1) Entspr dem GrdGedanken (Vorbem 1 v § 1483) ist der Anteil des verstorbenen Abkömmlings **unvererblich**, so daß dieser darüber weder von Todes wg verfügen kann, noch der Anteil zu seinem Nachlasse gehört. Die Erben, also auch der Eheg des Abkömml (KGJ 44, 108), erhalten davon nichts; den Gläub des Verstorbenen haftet der Anteil ebenf nicht (vgl § 1487 Anm 2 zu § 1419). Die fortges GütGemsch wird vielm mit den Abkömmlingen des Verstorbenen fortgesetzt, die im Falle der gesetzl Erbfolge als seine Erben berufen wären (§ 1924 III), soweit sie nicht nach §§ 1491, 1506, 1511, 1517 ausgeschl sind. Sind solche Personen nicht vorhanden, so wächst der Anteil den übr Abkömml, nicht dem überl Eheg, nach Maßg von deren gesetzl ErbR nach dem verstorbenen Eheg (§ 1503) mit dingl Wirkg u ohne AusschlaggsMöglk an. Der Anteil des letzten Abkömml wächst dem überl Eheg an. Das nehel Kind eines Sohnes ist nicht gesetzl Erbe u erhält desh nur einen Anspr auf Wertabfindg (Stgt JR 76,

§§ 1490–1494   4. Buch. 1. Abschnitt. *Diederichsen*

196). Stirbt der anteilsberecht Abkömml nach Beendigg der fortges GütGemsch, ist § 1490 trotz § 1497 I unanwendb; das dann bestehde Recht an der AuseinandsetzgsGemsch ist nach allg Grdsätzen vererbl (BayObLG MDR **67**, 673).

1491 *Verzicht eines Abkömmlings.* ¹Ein anteilsberechtigter Abkömmling kann auf seinen Anteil an dem Gesamtgute verzichten. Der Verzicht erfolgt durch Erklärung gegenüber dem für den Nachlaß des verstorbenen Ehegatten zuständigen Gerichte; die Erklärung ist in öffentlich beglaubigter Form abzugeben. Das Nachlaßgericht soll die Erklärung dem überlebenden Ehegatten und den übrigen anteilsberechtigten Abkömmlingen mitteilen.

^{II}Der Verzicht kann auch durch Vertrag mit dem überlebenden Ehegatten und den übrigen anteilsberechtigten Abkömmlingen erfolgen. Der Vertrag bedarf der notariellen Beurkundung.

^{III}Steht der Abkömmling unter elterlicher Sorge oder unter Vormundschaft, so ist zu dem Verzichte die Genehmigung des Vormundschaftsgerichts erforderlich.

^{IV}Der Verzicht hat die gleichen Wirkungen, wie wenn der Verzichtende zur Zeit des Verzichts ohne Hinterlassung von Abkömmlingen gestorben wäre.

1) Der § 1517 behandelt den **Verzicht** vor, § 1491 denj nach Eintritt der fortges GütGemsch. **Zweck:** Ausn vom VfgsVerbot der §§ 1487 I, 1497 II, 1419 I, um eine Abschichtg zu ermöglichen; der Verzicht kann näml von einer GgLeistg abhäng gemacht w (RG **75**, 263). Für das so aus dem GesGut überlassene Grdstück gelten §§ 434, 439 II (RG SeuffA **86**, 167). Der Verzicht kann nicht dch Vertr (etwa zG Dritter) ausgeschl w (§ 1518, str). Er ist eine Verfügg (BGH **1**, 304), die sich auf den gesamten Anteil beziehen muß, unter einer Bedingg erfolgen kann u der Anfechtg (BayObLG NJW **54**, 928) u GläubAnf (Stettin JW **34**, 921) unterliegt. Er ist bis zur Beendigg der AuseinandS zul (BayObLG MDR **52**, 41). Bei beschrkter GeschFähigk ist Gen des VormschG erfdl, **III** (§§ 1643 III, 1828 ff); Zustdgk FGG 36, 43. Bei verheirateten Abkömml ist deren GüterR zu beachten.

2) Form: Der Verzicht kann erfolgen a) einseit in öff beglaubigter Erkl (§ 129) ggü dem für den verstorbenen Eheg zust NachlG (FGG 72, 73), **I**, u zwar auch dch einen Bevollm. Mitteilg des NachlG, **I 3**, nur OrdngsVorschr. b) dch notariell beurk (§ 128) Vertrag mit dem überl Eheg u den anteilsberecht Abkömml, **II** (krit zum FormErfordern von Venrooy FamRZ **88**, 561).

3) Wirkung: Anwachsg mit dingl Wirkg wie § 1490 Anm 1, wesh § 419, ZPO 729 unanwendb sind (LG Mü MDR **52**, 44). Der Verzicht erstreckt sich auch auf die Abkömml des Abkömml. Verzichten alle Abkömml, so ist die fortges GütGemsch beendet.

1492 *Aufhebung durch den überlebenden Ehegatten.* ¹Der überlebende Ehegatte kann die fortgesetzte Gütergemeinschaft jederzeit aufheben. Die Aufhebung erfolgt durch Erklärung gegenüber dem für den Nachlaß des verstorbenen Ehegatten zuständigen Gerichte; die Erklärung ist in öffentlich beglaubigter Form abzugeben. Das Nachlaßgericht soll die Erklärung den anteilsberechtigten Abkömmlingen und, wenn er überlebende Ehegatte gesetzlicher Vertreter eines der Abkömmlinge ist, dem Vormundschaftsgerichte mitteilen.

^{II}Die Aufhebung kann auch durch Vertrag zwischen dem überlebenden Ehegatten und den anteilsberechtigten Abkömmlingen erfolgen. Der Vertrag bedarf der notariellen Beurkundung.

^{III}Steht der überlebende Ehegatte unter elterlicher Sorge oder unter Vormundschaft, so ist zu der Aufhebung die Genehmigung des Vormundschaftsgerichts erforderlich.

1) Neben der Ablehng (§ 1484) kann jederZt die **Aufhebung** der fortges GütGemsch ggü allen Abkömml erfolgen. Entspr Verpfl dazu nach § 1493 II. Sie hat (im Ggs zu § 1491 Anm 3) die Beendigg der fortges GütGemsch u damit die AuseinandS zur Folge. Form: § 1491 Anm 2. Wiederherstellg nicht mögl.

1493 *Wiederverheiratung des überlebenden Ehegatten.* ¹Die fortgesetzte Gütergemeinschaft endigt mit der Wiederverheiratung des überlebenden Ehegatten.

^{II}Der überlebende Ehegatte hat, wenn ein anteilsberechtigter Abkömmling minderjährig ist oder bevormundet wird, die Absicht der Wiederverheiratung dem Vormundschaftsgericht anzuzeigen, ein Verzeichnis des Gesamtguts einzureichen, die Gütergemeinschaft aufzuheben und die Auseinandersetzung herbeizuführen. Das Vormundschaftsgericht kann gestatten, daß die Aufhebung der Gütergemeinschaft bis zur Eheschließung unterbleibt und daß die Auseinandersetzung erst später erfolgt.

1) Bei **Wiederverheiratung** des überl Eheg endet die fortges GütGemsch von selbst, **I**, mit der Folge der AuseinandS (§ 1497). Auch keine Wiederherstellg, wenn Ehe nichtig ist.

2) Pflichten des überlebenden Ehegatten, II. Das VormschG (Zustdgk FGG 36, 43, RPflG 3 Z 2a) kann gestatten, daß die Aufhebg bis zur Eheschließg unterbleibt u die AuseinandS erst später erfolgt. Aufschiebds Ehehindern (EheG 9). Mitteilg an das VormschG auch dann, wenn der überl Eheg nicht die elterl Sorge hat od Vormd ist. Ist er es, bestehen neben § 1493 seine Pflichten aus §§ 1683, 1845. Das **Verzeichnis** muß vollständig die VermStücke u auch die Schuldverbindlkten enthalten, aber nicht Belege od einen RechenschBericht. Ist das Verzeichnis ungenügd, nicht § 1682 II 1, sond Verweigerg des Zeugn nach EheG 9. Wg der Aufhebg der GütGemsch § 1492, wg der Dchführg der AuseinandS §§ 1497 ff.

1494 *Tod des überlebenden Ehegatten.* ¹Die fortgesetzte Gütergemeinschaft endet mit dem Tode des überlebenden Ehegatten.

Bürgerliche Ehe. 6. Titel: Eheliches Güterrecht §§ 1494–1497

II Wird der überlebende Ehegatte für tot erklärt oder wird seine Todeszeit nach den Vorschriften des Verschollenheitsgesetzes festgestellt, so endet die fortgesetzte Gütergemeinschaft mit dem Zeitpunkt, der als Zeitpunkt des Todes gilt.

1) **Tod.** Beendigg kr G, keine AbändergsMöglk (§ 1518). AuseinandS §§ 1497ff. Der Anteil des Eheg am GesGut gehört zu seinem Nachl bzw zur NachlKonkMasse (BayObLG OLG 33, 341). Die **Todeserklärung** bzw Feststellg des TodesZtpkts (VerschG 39ff) beendet die fortgesetzte GütGemsch in dem im Beschl festgesetzten Ztpkt des Todes (VerschG 9, 23, 44), II, auch wenn der Eheg lebt. Wird der Beschl aufgeh, weil der Verschollene die TodesErkl überlebt, so werden damit deren Wirkgen rückw beseitigt. Entspr gilt bei nachträgl Feststellg eines and TodesZtpkts.

1495 *Aufhebungsklage eines Abkömmlings.* Ein anteilsberechtigter Abkömmling kann gegen den überlebenden Ehegatten auf Aufhebung der fortgesetzten Gütergemeinschaft klagen,
1. wenn seine Rechte für die Zukunft dadurch erheblich gefährdet werden können, daß der überlebende Ehegatte zur Verwaltung des Gesamtgutes unfähig ist oder sein Recht, das Gesamtgut zu verwalten, mißbraucht;
2. wenn der überlebende Ehegatte seine Verpflichtung, dem Abkömmling Unterhalt zu gewähren, verletzt hat und für die Zukunft eine erhebliche Gefährdung des Unterhalts zu besorgen ist;
3. wenn der überlebende Ehegatte entmündigt ist und der die Entmündigung aussprechende Beschluß nicht mehr angefochten werden kann;
4. wenn der überlebende Ehegatte die elterliche Sorge über den Abkömmling verwirkt hat oder, falls sie ihm zugestanden hätte, verwirkt haben würde.

1) Währd der überlebde Eheg Möglk der Aufhebg nach § 1492 hat, müssen Abkömml **Aufhebungsklage** erheben. Streitw ca die Hälfte vom GesGutsAnteil (NJW **73**, 50). Klageberecht jeder einz, anteilsberecht Abkömml (§ 1483 Anm 1), u zwar zu Z 3 jeder, zu Z 1, 2, 4 derj Abkömml, in dessen Pers die Voraussetzgen vorl. Bei Anerbieten eines AufhebgsVertr ZPO 93. AufhebgsGrde erschöpfd, also nicht genügd Volljährigk, Verheiratg des Abkömml, Konk des überlebenden Eheg.

2) **Aufhebungsgründe.** Verschulden nicht erforderl. Z 1–3 wie § 1447 Z 1, 2, 4; dessen Z 3 fehlt, weil der spätere Erwerb der Abkömml nicht in die fortges GütGemsch fällt. **Z 1:** Für Mißbr ausreichd, wenn das GesVerhalten des überlebden Eheg die nöt Beachtg der Rechte des Abkömml vermissen läßt, so wenn er sich sof ZwVollstr unterwirft, um die Notwendigk v dessen Einwilligg (§§ 1424, 1487) zu umgehen (BGH **48**, 369). **Z 4:** Verwirkg der elterl Sorge (obsolet; früher: § 1676), nicht ihr Ruhen (§§ 1673ff) od § 1666; bei § 1666 II aber evtl § 1495 Z 2. Geschützt ist auch der vollj Abkömml (arg „zugestanden hätte").

1496 *Wirkung des Aufhebungsurteils.* Die Aufhebung der fortgesetzten Gütergemeinschaft tritt in den Fällen des § 1495 mit der Rechtskraft des Urteils ein. Sie tritt für alle Abkömmlinge ein, auch wenn das Urteil auf die Klage eines der Abkömmlinge ergangen ist.

1) Urt mit rechtsgestalter Wirkg; keine vorl Vollstreckbark; vgl iü § 1449 Anm 1. Beitritt macht and Abkömml zu streitgenöss Nebenintervenienten (ZPO 61, 69). Ztpkt der KlageErhebg erhebl für die AuseinandS (§§ 1498, 1479).

1497 *Rechtsverhältnis bis zur Auseinandersetzung.* I Nach der Beendigung der fortgesetzten Gütergemeinschaft setzen sich der überlebende Ehegatte und die Abkömmlinge über das Gesamtgut auseinander.
II Bis zur Auseinandersetzung bestimmt sich ihr Rechtsverhältnis am Gesamtgut nach den §§ 1419, 1472, 1473.

1) In den Fällen der §§ 1492–1495 hat jeder Beteiligte einen klagb Anspr auf AuseinandS, **I.** Sterben od verzichten alle Abkömml, so wachsen ihre Anteile dem überlebden Eheg an, so daß es keiner AuseinandS bedarf (§§ 1490 Anm 1; 1491 Anm 3). Ebso iF der Beerbg des überl Eheg dch den einz Abkömml (KG FJG **1**, 358). Dch die AuseinandS werden Erb- u PflichttRe der Abkömml ggü dem überl Eheg nicht berührt. Gen des VormschG für AuseinandS dch Vormd od Pfleger nicht erfdl, es sei denn für damit zushängde GrdGeschäfte (KGJ 38 A 219). Verf Vorbem v § 1471. Die LiquidationsGemsch wird auf Antr ins GB eingetragen.

2) **Rechtsverhältnis der Teilhaber am Gesamtgut, II. Zu § 419:** Vgl § 1471 Anm 2. Das GesHandsVerh dauert als LiquidationsGemsch bis zur AuseinandS fort. Keine Abtretg des AuseinandSAnspr, da als Vfg über den Anteil unzul (KG JW **31**, 1371), wohl aber des Anspr auf das AuseinandSGuth, dessen Abtretg die unwirks Vfg über den Anteil umdeuten läßt (BGH FamRZ **66**, 443). Auch Verzicht auf Anteil bis zur AuseinandS mögl (§ 1491 Anm 2). Auch jetzt keine persönl Haftg der Abkömml (Hbg SeuffA **75**, 31); vgl aber §§ 1498, 1480. Wg Pfändbark u Konk vgl § 1471 Anm 2. ZwVollstr ZPO 745 II. Wg Liquidations- u MiterbenGemsch § 1471 Anm 2. – **Zu § 1472:** Die Verwaltg steht dem überl Eheg u den Abkömml gemeins zu (RG **139**, 121), jedoch Kl eines Abkömml auf Ersatz zum GesGut mögl (§ 1472 Anm 1). Inwiew ein verh Abkömml der Mitwirkg seines Eheg bedarf, entscheidet das für diese Ehe geltde GüterR (RG **125**, 347). Die Erben des überl Eheg sind zur Ausk verpfl (§§ 681, 666), wenn sich dieser die Verw allein angemaßt h (Warn **28**, 42). Zur Mitwirkg zu Maßn einer ordngsmäß Verw (§ 1472 III) kann auch die Duldg der ZwVollstr in das GesGut seitens der Abkömml gehören (RG **148**, 250).

1498 *Durchführung der Auseinandersetzung.* Auf die Auseinandersetzung sind die Vorschriften der §§ 1475, 1476, des § 1477 Abs. 1, der §§ 1479, 1480 und des § 1481 Abs. 1, 3 anzuwenden; an die Stelle des Ehegatten, der das Gesamtgut allein verwaltet hat, tritt der überlebende Ehegatte, an die Stelle des anderen Ehegatten treten die anteilsberechtigten Abkömmlinge. Die in § 1476 Abs. 2 Satz 2 bezeichnete Verpflichtung besteht nur für den überlebenden Ehegatten.

1) Es gilt Entspr wie bei der AuseinandS nach Beendigg der GütGemsch. Im Ggs zu den Eheg (§ 1518), können die Beteiligten für die AuseinandS abweichde Anordngen treffen. Dch die Teilg des GesGut verlieren die Abkömml nicht ihr ErbR gg den überl Eheg. § **1475 II** wird dch §§ 1499, 1500 ergänzt. § **1476 I:** Die eine Hälfte des Überschusses erhält der Eheg, die and die Abkömml, die n § 1503 unter sich teilen. Das ErbR des überl Eheg ggü dem verstorbenen wird also nicht berücks (BayObLG **13**, 619), ebsowenig, wenn einseitige Abkömml einen Teil des GesGuts bei Eintr fortges GütGemsch erhalten h (§ 1483 Anm. 3). § **1476 II 2** bezieht sich nur auf den überl Eheg (§ 1498 S 2), weil die Abkömml dch die fortges GütGemsch persönl nicht verpflichtet w (§ 1497 Anm 2). An Stelle des ÜbernahmeR n § **1477 II** treten §§ 1502, 1515. Im AusnFall des § **1480** können auch die Abkömml persönl verpfl w; vgl aber auch §§ 1481, 1500. Eine Einbuße hat der überl Eheg zu tragen.

1499 *Verbindlichkeiten zu Lasten des überlebenden Ehegatten.* Bei der Auseinandersetzung fallen dem überlebenden Ehegatten zur Last:
1. die ihm bei dem Eintritte der fortgesetzten Gütergemeinschaft obliegenden Gesamtgutsverbindlichkeiten, für die das eheliche Gesamtgut nicht haftete oder die im Verhältnisse der Ehegatten zueinander ihm zur Last fielen;
2. die nach dem Eintritte der fortgesetzten Gütergemeinschaft entstandenen Gesamtgutsverbindlichkeiten, die, wenn sie während der ehelichen Gütergemeinschaft in seiner Person entstanden wären, im Verhältnisse der Ehegatten zueinander ihm zur Last gefallen sein würden;
3. eine Ausstattung, die er einem anteilsberechtigten Abkömmling über das dem Gesamtgut entsprechende Maß hinaus oder die er einem nicht anteilsberechtigten Abkömmlinge versprochen oder gewährt hat.

1) Von dem unausgesprochenen **Grundsatz,** daß alle GesGutsVerbindlken der fortges GütGemsch auch im InnenVerh dem GesGut zur Last fallen, bringen §§ 1499, 1500 **Ausnahmen,** die der sich darauf Berufde zu beweisen hat. **Z 1** betrifft die vor Eintr der fortges GütGemsch entstandenen GesGutsVerbindlken. Da währd der ehel GütGemsch das GesGut für alle Verbindl des Verwalters, bei gemeinschaftl Verw beider Eheg haftet (§§ 1437 I, 1459 I), betrifft Halbs 1 bei früh Verw dch einen Eheg nur die Verbindlk des nicht verwberecht Eheg als Überlebden aus §§ 1438 – 1440, bei früh gemeinsamer Verw die Verbindlk aus §§ 1460-1462, soweit sie den Überlebden treffen. Wg Halbs 2 §§ 1441-1444, 1463-1466. – **Z 2:** Vgl §§ 1441, 1442, 1443 I, 1463, 1465 I. – **Z 3:** Vgl §§ 1444, 1466.

2) Wirkung. Der überl Eheg kann Berichtigg aus dem GesGut nicht verlangen (§§ 1498, 1475 II), ggf ErsLeistg zum GesGut (§§ 1487, 1445 I, 1467 I).

1500 *Verbindlichkeiten zu Lasten der Abkömmlinge.* ¹Die anteilsberechtigten Abkömmlinge müssen sich Verbindlichkeiten des verstorbenen Ehegatten, die diesem im Verhältnisse der Ehegatten zueinander zur Last fielen, bei der Auseinandersetzung auf ihren Anteil insoweit anrechnen lassen, als der überlebende Ehegatte nicht von dem Erben des verstorbenen Ehegatten Deckung hat erlangen können.

ᴵᴵIn gleicher Weise haben sich die anteilsberechtigten Abkömmlinge anrechnen zu lassen, was der verstorbene Ehegatte zu dem Gesamtgute zu ersetzen hatte.

1) Ausnahme zu Lasten der Abkömml von dem Grds § 1499 Anm 1. Beweislast wie dort. Die Erbenhaftg der Abkömml wird dch § 1500 nicht berührt. Wg der dem verstorbenen Eheg zur Last fallden Verbindlk vgl §§ 1441-1444, 1463-1466; wg seiner ErsPfl zum GesGut §§ 1445, 1446, 1467, 1468. Wg der **Anrechnung** vgl § 1476 Anm 2; jedoch keine persönl Haftg der Abkömml wg § 1489 III. Die AnrechngsPfl entf, wenn der überl Eheg von den Erben des verstorbenen Eheg Deckg erlangt hat od hätte erlangen können; ebso wenn der überl den verstorbenen Eheg beerbt hat.

1501 *Anrechnung von Abfindungen.* ¹Ist einem anteilsberechtigten Abkömmlinge für den Verzicht auf seinen Anteil eine Abfindung aus dem Gesamtgute gewährt worden, so wird sie bei der Auseinandersetzung in das Gesamtgut eingerechnet und auf die den Abkömmlingen gebührende Hälfte angerechnet.

ᴵᴵDer überlebende Ehegatte kann mit den übrigen anteilsberechtigten Abkömmlingen schon vor der Aufhebung der fortgesetzten Gütergemeinschaft eine abweichende Vereinbarung treffen. Die Vereinbarung bedarf der notariellen Beurkundung; sie ist auch denjenigen Abkömmlingen gegenüber wirksam, welche erst später in die fortgesetzte Gütergemeinschaft eintreten.

1) Die **Anrechnung, I,** bezieht sich nur auf den einst Verzicht od VerzichtsVertr nach § 1491, nicht § 1517, bei dem die Abfindg aus dem GesGut die GgLeistg ist. Da der Anteil des verzichtden Abkömml den übr anteilsberecht Abkömml anwächst (§ 1491 IV, 1490 S 3), erfolgt Ausgl dergestalt, daß die Abfindg von dem auf die Abkömml entfallden Anteil abgezogen, der Anteil des überl Eheg also nicht belastet w. Für den ungedeckten Teil keine persönl Haftg der Abkömml. Ausgleich unter den Abkömml § 1503.

2) Abweichende Vereinbarung, II: Form § 1491 Anm 2; bei Vereinbg erst nach Aufhebg der fortges GütGemsch, keine Form. Ist der überl Eheg gesetzl Vertr des Abkömml, Pflegerbestellg erfdl (§§ 1629 II, 1795, 1909); Gen des VormschG nur erfdl, wenn die Vereinbg die Verteilg der Abfindg im Verh der Abkömml zueinand betrifft (§ 1503 II), da das erbrechtl Charakter h.

1502 *Übernahmerecht des überlebenden Ehegatten.* ¹Der überlebende Ehegatte ist berechtigt, das Gesamtgut oder einzelne dazu gehörende Gegenstände gegen Ersatz des Wertes zu übernehmen. Das Recht geht nicht auf den Erben über.
 ²Wird die fortgesetzte Gütergemeinschaft auf Grund des § 1495 durch Urteil aufgehoben, so steht dem überlebenden Ehegatten das im Abs. 1 bestimmte Recht nicht zu. Die anteilsberechtigten Abkömmlinge können in diesem Falle diejenigen Gegenstände gegen Ersatz des Wertes übernehmen, welche der verstorbene Ehegatte nach § 1477 Abs. 2 zu übernehmen berechtigt sein würde. Das Recht kann von ihnen nur gemeinschaftlich ausgeübt werden.

1) Das Übernahmerecht des überlebenden Ehegatten, I, geht weiter als § 1477 II. Der überl Eheg kann es zur Teilg kommen lassen (§§ 1477 I, 1498) od das GesGut bzw einz GgStde übernehmen, u zwar zum gemeinen Wert im Ztpkt der Übern, den er gem § 1492 dch Aufhebg der fortges GütGemsch selbst best kann. Er hat aber kein ÜbernR ggü den einseit Abkömml des verstorbenen Eheg (RG 118, 388). Zur Dchführg der Übern § 1477 Anm 3. Kein ÜbernR am EhegHof (HöfeO § 812, IV). Das ÜbernR ist unvererbl; der Eheg kann aber letztw bestimmen, daß der zum Erben eingesetzte Abkömml in die Übern dch einen and willigt (BGH FamRZ **64**, 425).

2) Übernahmerecht der Abkömmlinge, II. Das ÜbernR des überl Eheg entfällt, wenn die fortges GütGemsch dch Urt aufgeh wird (§ 1495) od sich die an sich begründete Aufhebgskl nach Erhebg erledigt (§ 1498, 1479); dann haben die Abkömml ein vererbl u gemeinschaftl auszuübdes ÜbernR. Umfang § 1477 Anm 2. Vgl auch § 1515.

1503 *Teilung unter den Abkömmlingen.* ¹Mehrere anteilsberechtigte Abkömmlinge teilen die ihnen zufallende Hälfte des Gesamtguts nach dem Verhältnisse der Anteile, zu denen sie im Falle der gesetzlichen Erbfolge als Erben des verstorbenen Ehegatten berufen sein würden, wenn dieser erst zur Zeit der Beendigung der fortgesetzten Gütergemeinschaft gestorben wäre.
 ²Das Vorempfangene kommt nach den für die Ausgleichung unter Abkömmlingen geltenden Vorschriften zur Ausgleichung, soweit nicht eine solche bereits bei der Teilung des Nachlasses des verstorbenen Ehegatten erfolgt ist.
 ³Ist einem Abkömmlinge, der auf seinen Anteil verzichtet hat, eine Abfindung aus dem Gesamtgute gewährt worden, so fällt sie den Abkömmlingen zur Last, denen der Verzicht zustatten kommt.

1) Teilung unter den Abkömmlingen, I. Abänderb iRv §§ 1512–1516. An Stelle der vor Beendigg der fortges GütGemsch verstorbenen Abkömml treten die dch sie mit dem verstorbenen Eheg verwandten Abkömml (§§ 1924, 1927). Anteilsberecht Abkömml §§ 1482, 1483 jew Anm 1.

2) Ausgleichung des Vorempfangenen, II. Gemschaftl Abkömml haben zZt der Beendigg der Güt-Gemsch nur Vorempfänge aus der Vorbeh- u SondGut auszugleichen, die Ausgleichg hins des GesGuts erfolgt erst jetzt (§ 1483 Anm 2); waren auch einseit Abkömml vorh, so erfolgt nur diesen ggü der Ausgl sofort, die Ausgleichg untereinand unterblieb zunächst ebenf (§ 1483 Anm 3). Nunmehr ist das Vorempfangene, dh was der Abkömml aus dem GesGut vom verstorb od überl Eheg erhalten hat, auszugleichen entspr §§ 2050, 2051 I, 2053–2057. Abweichde AnO der Eheg sind unwirks (§ 1518). Keine AusglPfl ggü dem überl Eheg.

3) Verzicht eines Abkömmlings, III. Vgl §§ 1491, 1501; nicht § 1517. Vgl weiterh § 1501 Anm 1.

1504 *Haftungsausgleich unter Abkömmlingen.* Soweit die anteilsberechtigten Abkömmlinge nach § 1480 den Gesamtgutsgläubigern haften, sind sie im Verhältnisse zueinander nach der Größe ihres Anteils an dem Gesamtgute verpflichtet. Die Verpflichtung beschränkt sich auf die ihnen zugeteilten Gegenstände; die für die Haftung des Erben geltenden Vorschriften der §§ 1990, 1991 finden entsprechende Anwendung.

1) Wird bei Teilg eine GesGutsVerbindlk nicht berichtigt, haften die Abkömml persönl (§ 1498 Anm 2). Werden sie über den sich aus S 1 ergebdn Bruchteil v den Gläub in Anspr gen, können sie v den übr Abkömml Ersatz verl. Diese haften jedoch nicht als GesSchu u nur entspr der Größe ihres Anteils am GesGut. Wg der HaftgsBeschrkg § 1480 Anm 3 aE.

1505 *Ergänzung des Anteils des Abkömmlings.* Die Vorschriften über das Recht auf Ergänzung des Pflichtteils finden zugunsten eines anteilsberechtigten Abkömmlinges entsprechende Anwendung; an die Stelle des Erbfalls tritt die Beendigung der fortgesetzten Gütergemeinschaft, als gesetzlicher Erbteil gilt der dem Abkömmlinge zur Zeit der Beendigung gebührende Anteil an dem Gesamtgut, als Pflichtteil gilt die Hälfte des Wertes dieses Anteils.

1) § 1505 trifft Vorsorge gg eine Verkürzg des Anteils des Abkömml am GesGut dch Schenkgen über §§ 1512ff hinaus. Es wird so angesehen, als ob der verstorb Eheg erst zZt der Beendigg der fortges

GütGemsch gestorben wäre (vgl § 1503 I). Nur entspr Anwendg von §§ 2325–2332, weil kein wirkl Erbfall (Vorbem 1 vor § 1483); da Schenkgen ohne Zust zurückgefordert w können (§ 1425 Anm 1) sind hier nur solche des Verwalters mit Zust des and Eheg, sowie bei gemschaftl Verw solche beider Eheg zu berücks. Die Schenkg gilt im allg als von jedem Eheg zur Hälfte gemacht (vgl § 2331). Nachlaß iS jener Bestimmgen ist die Hälfte des GesGuts zZt der Beendigg der fortges GütGemsch (RG JW **11**, 996). Den Anspr kann jeder Abkömml für sich geltd machen. §§ 2325–2332 finden iü auf den ErgänzgsAnspr hins des Vorbeh- u SondGuts des verstorb Eheg unmittelb Anwendg (§ 1483 Anm 2), ebso wenn der überl Eheg stirbt.

1506 *Anteilsunwürdigkeit.* **Ist ein gemeinschaftlicher Abkömmling erbunwürdig, so ist er auch des Anteils an dem Gesamtgut unwürdig. Die Vorschriften über die Erbunwürdigkeit finden entsprechende Anwendung.**

1) Erbunwürdigk hat ow Anteilsunwürdigk zur Folge, **S 1**, die ggf auch allein festgestellt w kann. § 1506 bezieht sich auf die Anteilsunwürdigk v gemschaftl Abkömml gü dem verstorb Eheg, ist aber auch entspr anwendb bei Erbunwürdigk des überl Eheg (Dölle § 81 VI 2b). Die §§ 2339–2345 sind entspr anzuwenden, **S 2**. Erblasser iS dieser Vorschr ist der verstorbene Eheg. Verfügen von Todes wg (§ 2339) sind auch die gem §§ 1511–1515 sowie die zu diesen erforderl ZustimmgsErklärgen des and Eheg. Der GesGutsAnteil des Erbunwürd kommt den and (auch einseit) Abkömml zugute (§ 2344 II).

1507 *Zeugnis über Fortsetzung der Gütergemeinschaft.* **Das Nachlaßgericht hat dem überlebenden Ehegatten auf Antrag ein Zeugnis über die Fortsetzung der Gütergemeinschaft zu erteilen. Die Vorschriften über den Erbschein finden entsprechende Anwendung.**

1) Entsprechende Anwendung v §§ 2353 ff mit Ausn der §§ 2357, 2363 f, 2368.

2) Antrag. Zuständ NachlG FGG 72, 73, EG 147. Antragsberecht ist – **a)** bei besteher fortges GütGemsch mRücks auf das allein ihm zustehde VerwR nur der überl Eheg (Hbg OLG **14**, 234), ferner wg GBO 35 II der Gläub, der im Besitz eines vollstreckb Titels ist (ZPO 792, 896; sa GBO 14, 40); – **b)** nach beendigter fortges GütGemsch jeder Abkömml für sich (KG JW **35**, 1437), auch jeder Erbe des zweitverstorbenen Eheg (KG OLG **40**, 155); kein FortsetzgsZeugn, das nur über die fortges GütGemsch Ausk gibt. Vorzulegen ist der EheVertr sowie der urkundl Nachw (StandesRegAuszüge) über den Tod des Eheg u das Vorhandensein gemschaftl Abkömml, die iF der gesetzl Erbfolge als Erben berufen wären (§ 1483 I). Gem § 2356 ist ua eidesstattl zu versichern, daß eine Aufhebg der Vereinbg n § 1483 od die Fortsetzg ausschließde Vfgen (§§ 1509, 1511, 1516) nicht vorliegen (KG OLG **18**, 271) u daß kein RStreit über das Bestehen der fortges GütGemsch anhäng ist.

3) Das **Zeugnis** enthält Name, Stand u Wohnort beid Eheg, Todestag des Verstorbenen, Bescheinigg, daß nach dessen Tod zw dem überl Eheg u den gemschaftl Abkömml die GütGemsch fortges w ist, ferner, falls das Zeugn erst nach beendigter fortges GütGemsch beantr wurde, den Vermerk, daß diese inzw beendigt w ist. Zweckmäß, aber nicht erfdl, auch die Namen der gemschaftl Abkömml; zul auch Berichtigg des Zeugn, daß ein Abkömml weggefallen u sich alle Anteile in der Hand des überl Eheg vereinigt haben. Erfdl auch Angabe der nicht gemschaftl Abkömml u Bruchteile des früh GesGuts, das nunmehr GesGut der fortges GütGemsch ist (KG DNotZ **34**, 616). Schweigen darüber beweist, daß nur gemschaftl Abkömml vorh. Nicht in das Zeugn gehört die Größe der Anteile der Abkömml. Auch Negativzeugn sind zu erteilen. Zeugn u Erbschein sind voneinand unabh (KG OLG **6**, 319), können auch verbunden w (KG OLG **14**, 237). Ein Erbschein ist auch zu erteilen, wenn Vorbeh- u SondGut nicht vorh s. Einsichtnahme in das Zeugn FGG 78, 85. Zust für das Zeugn der fortges GütGemsch der RPfleg (RPflG 3 Z 2c). Gebühren KostO 109, 107. Zu den landesrechtl AusfVorschr 42. Aufl.

4) Wirkung. Dch Zeugn wird nur bewiesen, daß fortges GütGemsch eingetr ist (KG OLG **6**, 319); ob sie noch fortbesteht, darüber muß Dritter sich selbst Gewißh verschaffen. Haftg aus § 839 nur f Schäden aus der Verwendg eines unricht Zeugn, nicht dagg aus falscher Beurt der RLage (BGH **63**, 35).

1508 (entfällt, GleichberG Art 1 Z 13; ließ Ausschließg der fortgesetzten GütGemsch durch EheVertr zu, während jetzt stets Vereinbarg für ihr Eintreten erforderl, § 1483 u § 1482 Anm 1).

1509 *Ausschließung der fortgesetzten Gütergemeinschaft durch letztwillige Verfügung.* **Jeder Ehegatte kann für den Fall, daß die Ehe durch seinen Tod aufgelöst wird, die Fortsetzung der Gütergemeinschaft durch letztwillige Verfügung ausschließen, wenn er berechtigt ist, dem anderen Ehegatten den Pflichtteil zu entziehen oder auf Aufhebung der Gütergemeinschaft zu klagen. Das gleiche gilt, wenn der Ehegatte auf Aufhebung der Ehe zu klagen berechtigt ist und die Klage erhoben hat. Auf die Ausschließung finden die Vorschriften über die Entziehung des Pflichtteils entsprechende Anwendung.**

1) § 1509 bezieht sich auf die Beendigg der Ehe dch Tod (Wirkg § 1510), nicht dch Scheidg od Eheaufhebg, die ohnehin die GütGemsch beendigen. Ausschließg ggü den Abkömml § 1511.

2) Voraussetzungen: a) Formell erfolgt die Ausschließg dch letztw Vfg (§§ 1937, 2299). **b)** Materiell: **aa)** Berechtigg zur PflichttEntziehg dem and Eheg ggü (§§ 2335–2337), die zZt der Errichtg der letztw Vfg vorliegen u angegeben werden muß (§ 2336 II); **bb)** Berechtigg, auf Aufhebg der GütGemsch zu klagen (§§ 1447, 1448, 1469), wodch das PflichttR nicht berührt w. Wohl aber kann in dem Ausschl der fortges GütGemsch die PflichttEntziehg liegen. Keine Eintragg der Ausschließg ins GüterRReg (KG OLG **40**, 79).

Bürgerliche Ehe. 6. Titel: Eheliches Güterrecht §§ 1510–1513

1510 *Wirkung der Ausschließung.* Wird die Fortsetzung der Gütergemeinschaft ausgeschlossen, so gilt das gleiche wie im Falle des § 1482.

1) Wg der Wirkgen der Ausschließg n § 1509 vgl § 1482 Anm 1. Die Nichtigk der Ausschließg kann jeder geltd machen (KG OLG **6**, 163).

1511 *Ausschließung eines Abkömmlings.* ᴵJeder Ehegatte kann für den Fall, daß die Ehe durch seinen Tod aufgelöst wird, einen gemeinschaftlichen Abkömmling von der fortgesetzten Gütergemeinschaft durch letztwillige Verfügung ausschließen.

ᴵᴵDer ausgeschlossene Abkömmling kann, unbeschadet seines Erbrechts, aus dem Gesamtgute der fortgesetzten Gütergemeinschaft die Zahlung des Betrags verlangen, der ihm von dem Gesamtgute der ehelichen Gütergemeinschaft als Pflichtteil gebühren würde, wenn die fortgesetzte Gütergemeinschaft nicht eingetreten wäre. Die für den Pflichtteilsanspruch geltenden Vorschriften finden entsprechende Anwendung.

ᴵᴵᴵDer dem ausgeschlossenen Abkömmlinge gezahlte Betrag wird bei der Auseinandersetzung den anteilsberechtigten Abkömmlingen nach Maßgabe des § 1500 angerechnet. Im Verhältnisse der Abkömmlinge zueinander fällt er den Abkömmlingen zur Last, denen die Ausschließung zustatten kommt.

1) Währd §§ 1509, 1510 den Ausschl der fortges GütGemsch überh regeln, sind in §§ 1511 ff die Möglk der Bestimmg der Rechte der Abkömml ggü der fortges GütGemsch dch letztw Vfg eines Eheg geregelt. AnOen gem §§ 1511 ff können auch für den Fall getroffen w, daß der Abkömml einer and ihm vom Erblasser auferlegten Beschrkg (zB TeilgsAnO) widerspricht (RG LZ **15**, 1657).

2) Die **Ausschließung, I,** erfolgt dch letztw Vfg (§ 1509 Anm 2 a), auch stillschw, zB dch ggseitige Erbeinsetzg der Eheg, auch als Vorerben (KGJ **26** A 57). Die Ausschließg kann sich auch auf alle gemschaftl, auch noch nicht geborene od erzeugte Abkömml (§ 1482 Anm 1) erstrecken (KG OLG **40**, 78). Der Eheg muß zust (§ 1516). Stirbt dieser, so ist Ausschließg ohne Wirkg; ebso, wenn die Ehe aus and Grden ihr Ende findet.

3) **Wirkungen. a)** Der ausgeschloss Abkömml gilt als vor der Beendigg der fortges GütGemsch gestorben, **II**; an seine Stelle treten seine anteilsberecht Abkömml (§ 1503 Anm 1), soweit diese nicht auch ausgeschl sind (Anm 2). Er kann aber sof einen s PflichttAnspr ggü der fortges GütGemsch entspr GeldBetr (§ 2303 I 2) verlangen. Maßgebd für die Berechng dieses Anspr ist der Wert des GesGuts zZt der Beendigg der GütGemsch. Ggteilige AnOen vS des Eheg sind unwirks (§ 1518). Vgl iü §§ 2303 ff; unanwendb §§ 2304–2306. Pfändbark ZPO 852 I.

b) Der Anteil des ausgeschloss Abkömml kann nicht Dr zugewendet w (§ 1514), sond fällt n § 1490 an, iFv dessen S 3 gilt § 1482 (BayObLG **13**, 613).

c) Anrechnung des gezahlten Betrags ggü den Abkömml, **III,** erfolgt n § 1501 (§ 1500: Redaktionsversehen). Vgl iü §§ 1503 III, 1501 Anm 1.

1512 *Herabsetzung des Anteils.* Jeder Ehegatte kann für den Fall, daß mit seinem Tode die fortgesetzte Gütergemeinschaft eintritt, den einem anteilsberechtigten Abkömmlinge nach der Beendigung der fortgesetzten Gütergemeinschaft gebührenden Anteil an dem Gesamtgute durch letztwillige Verfügung bis auf die Hälfte herabsetzen.

1) Die **Kürzung des Anteils** erfolgt dch zustbedürft (§ 1516) Vfg, dch Belastg des Anteils mit einer Geldsumme od Herabsetzg des Anteils bis auf die Hälfte. Der Abkömml behält auch dann die Rechte aus §§ 1419, 1472, 1473, 1497 weiter, erhält also bei der AuseinandS nur einen den geringeren Lasten entspr kleineren Teil; der Eheg kann ihn nicht lediql auf eine GeldFdg iH der Hälfte seines Anteils verweisen (RG **105**, 243). Wirkg der Herabsetzg: Anwachsg gem § 1490. Zuwendg an Dr § 1514.

1513 *Entziehung des Anteils.* ᴵJeder Ehegatte kann für den Fall, daß mit seinem Tode die fortgesetzte Gütergemeinschaft eintritt, einem anteilsberechtigten Abkömmlinge den diesem nach der Beendigung der fortgesetzten Gütergemeinschaft gebührenden Anteil an dem Gesamtgute durch letztwillige Verfügung entziehen, wenn er berechtigt ist, dem Abkömmlinge den Pflichtteil zu entziehen. Die Vorschriften des § 2336 Abs. 2 bis 4 finden entsprechende Anwendung.

ᴵᴵDer Ehegatte kann, wenn er nach § 2338 berechtigt ist, das Pflichtteilsrecht des Abkömmlinges zu beschränken, den Anteil des Abkömmlinges am Gesamtgut einer entsprechenden Beschränkung unterwerfen.

1) **Entziehung, I.** Unter den allg Voraussetzgen v § 1512 Anm 1. Berechtigt zur PflichttEntziehg §§ 2333, 2337. Wirkg: Währd des Bestehens der fortges GütGemsch bleibt der Beteiligte in der sich aus § 1487 ergebden Stellg; nach ihrer Beendigg § 1490 S 2 u 3 bzw § 1514. Dafür haftet der Abkömml für die GesGutsVerbindlichk bei der AuseinandS nicht; auch keine Anrechng (§§ 1499, 1500).

2) **Beschränkung in wohlmeinender Absicht, II.** Entspr Beschrkg bedeutet Einsetzg der Erben des Abkömml als Nacherben u Ernenng eines TestVollstr. Auch in diesem Falle bleibt der Abkömml währd des Bestehens der fortges GütGemsch Beteiligter. Beschränkte ZwVollstr ZPO 863 III.

§§ 1514–1518

1514 *Zuwendung des entzogenen Betrags.* Jeder Ehegatte kann den Betrag, den er nach § 1512 oder nach § 1513 Abs. 1 einem Abkömmling entzieht, auch einem Dritten durch letztwillige Verfügung zuwenden.

1) Wg der letztw Vfg § 1509 Anm 2a. Zustimmg des and Eheg erfdl (§ 1516). Es kann nur ein zahlenmäß bestimmter od dem Wert des entzogenen Anteils entsprechder **Geldbetrag zugewendet** w, nicht aber der Anteil od ein Ggst des GesGuts. Der Dr wird nicht Beteiligter der fortges GütGemsch. Dr kann auch der überl Eheg od ein Abkömml sein. Geltmachg §§ 2147 ff entspr.

1515 *Übernahmerecht eines Abkömmlings.* ^{I}Jeder Ehegatte kann für den Fall, daß mit seinem Tode die fortgesetzte Gütergemeinschaft eintritt, durch letztwillige Verfügung anordnen, daß ein anteilsberechtigter Abkömmling das Recht haben soll, bei der Teilung das Gesamtgut oder einzelne dazu gehörende Gegenstände gegen Ersatz des Wertes zu übernehmen.

^{II}Gehört zu dem Gesamtgut ein Landgut, so kann angeordnet werden, daß das Landgut mit dem Ertragswert oder mit einem Preise, der den Ertragswert mindestens erreicht, angesetzt werden soll. Die für die Erbfolge geltenden Vorschriften des § 2049 finden Anwendung.

^{III}Das Recht, das Landgut zu dem in Absatz 2 bezeichneten Werte oder Preise zu übernehmen, kann auch dem überlebenden Ehegatten eingeräumt werden.

1) Das **Übernahmerecht der Abkömmlinge, I, II,** hat Vorrang vor § 1502. Voraussetzgen § 1512 Anm 1. Anteilsberechtigte Abkömml § 1483 Anm 1. Begr des Landguts u Ertragswert § 2049, EG 137. Bezügl EhegHof HöfeO 8 II. Dchführg der Übern § 1477 Anm 3. ÜbernR ist vererbl. Das **Übernahmerecht des überlebenden Ehegatten, III,** entf iFv §§ 1495, 1502 II.

1516 *Zustimmung des anderen Ehegatten.* ^{I}Zur Wirksamkeit der in den §§ 1511 bis 1515 bezeichneten Verfügungen eines Ehegatten ist die Zustimmung des anderen Ehegatten erforderlich.

^{II}Die Zustimmung kann nicht durch einen Vertreter erteilt werden. Ist der Ehegatte in der Geschäftsfähigkeit beschränkt, so ist die Zustimmung seines gesetzlichen Vertreters nicht erforderlich. Die Zustimmungserklärung bedarf der notariellen Beurkundung. Die Zustimmung ist unwiderruflich.

^{III}Die Ehegatten können die in den §§ 1511 bis 1515 bezeichneten Verfügungen auch in einem gemeinschaftlichen Testamente treffen.

1) Auf die Zust sind §§ 182–184 entspr anwendb. Sie ist auch dann erfdl, wenn die letztw Vfg für den and Eheg vorteilh ist. Sie muß zu LebZten des Verfügden gegeben w u ist unwiderrufl. Der zustimmde Eheg kann aber trotzdem später die Fortsetzg der GütGemsch ablehnen (§ 1484). Die ZustErkl muß notariell beurk sein (§§ 128, 125; gerichtl Beurk dch BeurkG 56 I gestrichen). Der Zust gleichzuachten ist es, wenn die Eheg die Vfgen gem §§ 1511–1515 in einem gemschaftl Test (§ 2265) treffen, **III**, desgl im ErbVertr (§§ 2275 II, 2276 II); die einseit letztw Vfg des Zustimmden genügt nicht (BayObLG **28**, 318). Die Zust kann nicht dch einen Vertreter abgegeben w, wohl ist aber Vertretg in der Erkl denkb. Ein GeschUnfäh kann nicht zustimmen. Der Widerruf der letztw Vfg bedarf nicht der Zust.

1517 *Verzicht eines Abkömmlings auf seinen Anteil.* ^{I}Zur Wirksamkeit eines Vertrags, durch den ein gemeinschaftlicher Abkömmling einem der Ehegatten gegenüber für den Fall, daß die Ehe durch dessen Tod aufgelöst wird, auf seinen Anteil am Gesamtgute der fortgesetzten Gütergemeinschaft verzichtet oder durch den ein solcher Verzicht aufgehoben wird, ist die Zustimmung des anderen Ehegatten erforderlich. Für die Zustimmung gelten die Vorschriften des § 1526 Abs. 2 Satz 3, 4.

^{II}Die für den Erbverzicht geltenden Vorschriften finden entsprechende Anwendung.

1) Unterschied zu § 1491 dort Anm 1. Gemeinschaftl Abkömml § 1482 Anm 2. Zustimmg § 1516 Anm 1; es gelten aber nicht § 1516 II 1 und 2. Die ZustErkl des and Eheg ist nicht erfdl, wenn der VerzichtsVertr dch beide abgeschl ist. Nur in diesem Falle behält der VerzichtsVertr beim Tode des and Eheg seine Wirkg, ErbverzichtsVorschr §§ 2346 ff. Der VerzichtsVertr erstreckt sich mangels ggteiliger Bestimmg auch auf die Abkömml des Verzichtden (§ 2349). Wird zG eines Dr verzichtet (§ 2350 I), so kann das nur der überl Eheg od ein anteilsberechtigter Abkömml sein.

1518 *Zwingendes Recht.* Anordnungen, die mit den Vorschriften der §§ 1483 bis 1517 in Widerspruch stehen, können von den Ehegatten weder durch letztwillige Verfügung noch durch Vertrag getroffen werden. Das Recht der Ehegatten, den Vertrag, durch den sie die Fortsetzung der Gütergemeinschaft vereinbart haben, durch Ehevertrag aufzuheben, bleibt unberührt.

1) Wirtschaftl ersetzt der Anteil der Abkömml am GesGut ihr ErbR; § 1518 schützt sie vor einer Verkürzg dieses R über die sich für die Eheg aus §§ 1511–1515 ergebdan Möglk hinaus (sa § 1509). Mittelb Bschrkgen allerd mögl (§ 1511 Anm 1 aE; KG JW **31**, 1369). Der überl Eheg kann ü seinen Anteil am GesGut der fortges GütGemsch letztw verfügen.

2) Gem § 134 **nichtig** sind alle **Anordnungen** der Eheg, die mit den §§ 1483–1517 in Widerspr stehen, mögen sie dch letztw Vfg, Erb- od EheVertr getroffen sein, u zwar auch dann, wenn dadch die Abkömml

besser gestellt w (RG JW **16**, 43); zul aber die Aufhebg des die fortges GütGemsch anordnenden EheVertr, **S 2**. Aufhebg ebenf dch EheVertr. Nichtig kann von den Abkömml u dem überl Eheg geltd gemacht w (KG OLG **6**, 162). Unzul die einseit Einsetzg des Eheg zum Alleinerben (Warn **08**, 163); die Befreiung des überl Eheg von den sich aus §§ 1423–1425 gem § 1487 ergebden Beschrkgen; die Beschrkg des VerwR des überl Eheg (§§ 1487, 1422) dch Überweisg der Verw an einen TestVollstr od die Verweisg des Abkömml auf einen schuldrechtl Anspr nach dem Tode des Letztverstorbenen (RG **105**, 242). Zul aber der Vertrag des überl Eheg mit einem Dr, zB die Beschrkg seines VerwR zG des TestVollstr (RG JW **16**, 43), die Vfg des überl Eheg v Todes wg über seinen Nachlaß, also auch seinen Anteil am GesGut (BGH NJW **64**, 2298; FamRZ **85**, 278).

4./5. Errungenschaftsgemeinschaft und Fahrnisgemeinschaft

1519–1557 entfallen (GleichberG Art 1 Z 15). Über die Möglichk, auch weiterhin Err-Gemsch u FahrnGemsch ehevertragl zu vereinbaren, § 1409 Anm 1. **Übergangsrecht** GleichberG Art 8 I Z 7 (erl 41. Aufl).

III. Güterrechtsregister

Einführung

1) Die Eintragung im Güterrechtsregister bewirkt, daß der Dritte die eingetr Tats gg sich gelten lassen muß, auch wenn er sie nicht kennt; denn da die Eintr ihm die Möglichk bietet, sich von der Tats Kenntn zu verschaffen (§ 1563), hat er die Folgen der Nichtkenntn zu tragen. Auf die Veröffentlichg der Eintr (§ 1562), kommt es nicht an. Ist die Tats nicht eingetragen, so muß der Dr sie nur dann gg sich gelten lassen, wenn er sie kennt (§ 1412). Jeder Eheg hat also ein Interesse an der Eintr. Desgl an der Berichtigg einer Eintr, deren Unrichtigk ihm bekannt ist; denn jene muß er dann nach Treu u Gl gg sich gelten lassen. Anders als zB im HandelsReg (FGG 132), keine Erzwingg der Eintr dch den RegRichter. Die Eintr hat nur beurkundden Charakter; dem GüterRReg kommt öff Glaube nicht zu (§ 1412 Anm 4). Gibt auch nur Ausk über die güterrechtl Verhältn des Bestehens der Ehe.

2) Der Kreis der eintragungsfähigen Tatsachen beschränkt sich entgg BGH **41**, 370 nicht auf solche, dch deren Nichtkenntn Dritte benachteiligt w können (so jetzt BGH **66**, 203 mit krit Anm v Gottschalg NJW **76**, 1741 auf VorleggsBeschl Celle NdsRPfl **75**, 236). Es kann nicht der Sinn des GleichberG sein, daß der häufigste EheVertr, die Vereinbg der Gütertrenng, nicht mehr registrierfäh ist. Der Zweck des GüterR-Reg ist neben dem VerkSchutz auch die VerkErleichterg (Celle aaO).

a) Eintragungsfähig sind danach: **aa)** EheVertr, deren Änderg u Aufhebg, u zwar auch, wenn sie dch Urt erfolgt (§§ 1412 II, 1449 II, 1470 II, EG 16 I), VorbehGutsEigensch (§ 1418 IV); – **bb)** Änderg u Ausschließg des gesetzl Güterstdes zZw v § 1412 (BGH NJW **76**, 1258), u zwar auch die dch Urt (§ 1388 Anm 2); – **cc)** Beschränkg u Ausschl der SchlüsselGew (§ 1357 II); – **dd)** Einspr des Betriebs eines ErwerbsGesch bei GütGemsch u Widerruf der Einwilligg (§§ 1431 III, 1456 III); – **ee)** als Konsequenz aus BGH NJW **76**, 1258 u iGgsatz zu BGH **41**, 377 jetzt wohl auch die Beseitigg der VfgsBeschrkg des § 1365 I od die Änderg des ZugewAusgl. – Vgl iü auch Anm z § 1412 u § 1408 Anm 3.

b) Nicht eintragungsfähig sind: in sich widerspruchsvolle EheVertr (Colmar RJA **6**, 55; vgl aber auch § 1408 Anm 4c); der Eintritt der fortges GütGemsch, da das GüterRReg nur über Tats währd des Bestehens der Ehe Auskft gibt (BayObLG Recht **16**, 1135); die Aufhebg einer vertragl Regelg, wenn letztere zZt nicht eingetr w ist (§ 1412 Anm 2 aE).

c) Der RegRichter hat nicht zu **prüfen**, ob die abgegebenen Erklärgen, wenn sie inhaltl zul sind, zutreffen (KGJ **45** A 194). Der Nachweis der Eheschl kann dch die HeiratsUrk, aber auch dch die Beurkundg des Notars in der notariellen Urk (§ 1410) erbracht w, daß ihm die VertrSchließden als Ehel bekannt s (KG OLG **30**, 134). Die Eintr nicht eintragsfähiger Tats ist vom RegRichter abzulehnen.

d) Eine Eintr wird **wirkungslos** dch eine entspr GgEintr od auch dch eine jener widersprechde Eintr. Eine Eintr büßt ihre spätere Wirksamk nicht etwa dadch ein, daß sie bereits vor der Eheschl erfolgt ist (aM KG RJA **1**, 12: unzul).

3) Ergänzende Vorschriften zu den §§ 1558–1563 in FGG 161, 162, 127–130, 142, 143; vgl iü GBO 33, 34. IPR EG 16, Kosten: KostO 81. Zu weiteren ErgänzgsG, insb landesrechtl Vorschr 42. Aufl.

4) Reform: Das weitgehd funktionslos gewordene GüterRReg sollte abgeschafft w (Reithmann DNotZ **84**, 459 mN).

1558 *Zuständiges Registergericht.* [I]Die Eintragungen in das Güterrechtsregister sind bei jedem Amtsgericht zu bewirken, in dessen Bezirk auch nur einer der Ehegatten seinen gewöhnlichen Aufenthalt hat.
[II]Durch Anordnung der Landesjustizverwaltung kann die Führung des Registers für mehrere Amtsgerichtsbezirke einem Amtsgericht übertragen werden.

1) Anknüpfg der Zustdgk an den MannesWohns in § 1558 I aF (mit Rücks auf BVerfG NJW **83**, 1968) dch IPRG Art 2 Z 2 beseitigt. **Zuständig** ist das **Amtsgericht,** in dessen Bezirk auch nur einer der Eheg seinen gewöhnl Aufenth hat. Gewöhnl AufenthOrt entsch insb bei mehreren Wohns. Fehlt ein inländ AufenthO, so ist eine Eintragg nicht mögl; dem Dr kann also nur seine Kenntn der güterrechtl Verhältn entggehalten w (§ 1412). Eintr bei einem unzust Ger ist unwirks. Auch bei einem Kaufm ist für die güterrechtl Verhältn

§§ 1558–1561   4. Buch. 1. Abschnitt. *Diederichsen*

allein das GütRReg maßg (RG **63**, 245). Über die eintraggsfäh Tatsachen Vorbem 2; zur Wirkg der Eintragg Vorbem 1. Bei Verlegg des AufenthO: § 1559.

2) Zuständig der Rechtspfleger (RPflG 3 Z 1e), jedoch VorlagePfl, wenn Anwendg von nicht im Geltgsbereich des RPflG geltdem Recht in Betr kommt, also nicht bei Staatenlosen, auf die Recht der BRep anzuwenden (vgl EG 29 u Anh).

1559 *Verlegung des gewöhnlichen Aufenthalts.* Verlegt ein Ehegatte nach der Eintragung seinen gewöhnlichen Aufenthalt in einen anderen Bezirk, so muß die Eintragung im Register dieses Bezirks wiederholt werden. Die frühere Eintragung gilt als von neuem erfolgt, wenn ein Ehegatte den gewöhnlichen Aufenthalt in den früheren Bezirk zurückverlegt.

1) Dch **Verlegung des gewöhnlichen Aufenthalts**, also Aufgabe u Neubegründg, verliert die bisher Eintragg ihre Wirkg, u zwar auch dann, wenn im Inland kein gew AufenthO mehr besteht od der gew AufenthO gerade nur in einen and GerBezirk verlegt w. Die bisher Eintr ist aber wg des mögl Wiederauflebens dch **Rückverlegung** nicht zu löschen, **S 2**. Ist sie gelöscht, so kann sie nicht wiederaufleben. Die Wiederholg der Eintr muß beim RegGer des neuen AufenthO erfolgen. Antr § 1561 II Z 2. Verlegt ein Eheg den AufenthO, währd der and am bisher Ort wohnen bleibt, bedarf es der Eintr im neuen Bez, obwohl gem § 1558 für die urspr Eintr viell der Aufenth des and Eheg maßg war.

1560 *Antrag auf Eintragung.* Eine Eintragung in das Register soll nur auf Antrag und nur insoweit erfolgen, als sie beantragt ist. Der Antrag ist in öffentlich beglaubigter Form zu stellen.

1) Die Eintr soll nur auf **Antrag** erfolgen. Die Eheg haben es also in der Hand, ob sie überh eintragen lassen (Vorbem v § 1558). Ihr Antr umgrenzt auch den Umfang der Eintr, so daß sie die Teile des EheVertr best können, die eingetr w sollen. Demgem genügt auch die teilw Vorlegg des EheVertr, aus der sich aber dessen Gültigk ergeben muß.

2) Form des Antrags, S 2, öffentl Beglaubigg (§ 129, BeurkG 39 ff), andernf Nichtigk des Antr. Der Antr kann mit dem EheVertr verbunden, also auch schon vor Eheschl gestellt w. Nur (Kln OLG **83**, 267) der beurk Notar gilt als zur Stellg des EintrAntr ermächigt (FGG 161, 129).

3) Eintragung. Der RegRichter (§ 1558 Anm 2) hat die Zustdgk, die formellen Voraussetzgen der Anmeldg u die inhaltl Zulässigk zu prüfen, nicht aber, ob der angegebene Inhalt zutreffd ist (Vorbem 2 v § 1558). Die Fassg der Eintr bestimmt der RegRichter (BayObLG **3**, 562); es genügt zB Eintr, daß Gütertrenng od GütGemsch gelten soll. Vor jeder Eintr, zB der Wiederholg, sind die Voraussetzgen selbständ zu prüfen. Form der Eintr FGG 161, 130. Die Eintr behält auch dann ihre Wirkg, wenn sie ohne ordngsmäß Antr (Anm 2) erfolgt ist, da § 1560 nur OrdngsVorschr; sie ist dann aber vAw zu löschen (FGG 161, 142, 143). Außerd ggf Haftg des Beamt (§ 839).

1561 *Antragserfordernisse.* ¹Zur Eintragung ist der Antrag beider Ehegatten erforderlich; jeder Ehegatte ist dem anderen gegenüber zur Mitwirkung verpflichtet.
ᴵᴵDer Antrag eines Ehegatten genügt
1. zur Eintragung eines Ehevertrages oder einer auf gerichtlicher Entscheidung beruhenden Änderung der güterrechtlichen Verhältnisse der Ehegatten, wenn mit dem Antrage der Ehevertrag oder die mit dem Zeugnis der Rechtskraft versehene Entscheidung vorgelegt wird;
2. zur Wiederholung einer Eintragung in das Register eines anderen Bezirks, wenn mit dem Antrag eine nach der Aufhebung des bisherigen Wohnsitzes erteilte, öffentlich beglaubigte Abschrift der früheren Eintragung vorgelegt wird;
3. zur Eintragung des Einspruchs gegen den selbständigen Betrieb eines Erwerbsgeschäfts durch den anderen Ehegatten und zur Eintragung des Widerrufs der Einwilligung, wenn die Ehegatten in Gütergemeinschaft leben und der Ehegatte, der den Antrag stellt, das Gesamtgut allein oder mit dem anderen Ehegatten gemeinschaftlich verwaltet;
4. zur Eintragung der Beschränkung oder Ausschließung der Berechtigung des anderen Ehegatten, Geschäfte mit Wirkung für den Antragsteller zu besorgen (§ 1357 Abs. 2).

1) Antragsberechtigung. AntrErfordern u Form § 1560. Aussetzg u Benachrichtigg FGG 127, 130 II, 161. Beschw bei Zurückweisg FGG 19, 20 II. Kosten der Eintragg KostO 29, 81, 86.

2) Antrag eines Ehegatten, II, genügt – **a)** zur Eintr eines EheVertr, wenn der EheVertr vorgelegt w (§ 1560 Anm 1), – **b)** zur Eintr einer auf einer gerichtl Entsch beruhdn Änderg der güterrechtl Verhältn (§§ 1388 Anm 2, 1449 II, 1470 II). Dann muß aber die Entsch mit RechtskrZeugn vorgelegt w. Wg Unzulässigk der Änderg der güterrechtl Verhältn iW der einstw Vfg (§§ 1385 Anm 1, 1447 Anm 2, 1469 Anm 1); – **c)** zur Wiederholg der Eintr bei einem and RegGericht § 1559. Dann muß jedoch eine öff begl Abschr der früh Eintr vorgelegt w, die nach Aufgabe des bish Wohns erteilt ist; – **d)** zur Eintr des Einspruchs gg selbständ Betrieb eines ErwerbsGesch, ebso zur Eintr des Widerrufs der Einwillig, falls die Eheg in GütGemsch leben (§§ 1431, 1456). AntrBerecht bei Verw dch einen Eheg dieser, bei gemschaftl Verw der Eheg, der das ErwerbsGesch nicht betreibt. Es genügt die Anmeldg als solche, da die Erkl formlos den and Eheg ggü abgegeben w (Form § 1560 S 2); – **e)** bei Entziehg der SchlüssGew (§ 1357 II); Antr in Form des § 1560 genügt. Hebt VormschG auf, so Antr des and Eheg; jedoch Nachw der Rechtskr erfdl (FGG 53, 60 I Z 6, 31). Einzeln § 1357 Anm 4.

3) Antrag beider Ehegatten, I, ist in allen übr Fällen erfdl, insb also bei Eintr der VorbehGutseigensch

Bürgerliche Ehe. 7. Titel: Scheidung der Ehe   §§ 1561–1563, Einf v § 1564

(§ 1418), soweit sie nicht aus EheVertr hervorgeht. Der and Eheg ist zur Mitwirkg verpfl u kann darauf verklagt w (ZPO 894).

1562 **Öffentliche Bekanntmachung.** ¹Das Amtsgericht hat die Eintragung durch das für seine Bekanntmachungen bestimmte Blatt zu veröffentlichen.
ᴵᴵWird eine Änderung des Güterstandes eingetragen, so hat sich die Bekanntmachung auf die Bezeichnung des Güterstandes und, wenn dieser abweichend von dem Gesetze geregelt ist, auf eine allgemeine Bezeichnung der Abweichung zu beschränken.

1) Bis auf die zu II genannten Fälle ist die ganze Eintr bekanntzugeben. Unterbleiben beeinträchtigt nicht die Wirksamk der Eintr, die demgem auch nicht vom Ztpkt der Veröff abhängt. Bekanntmachg hat auch dann zu erfolgen, wenn Änderg aGrd eines Urt od kr Ges (§ 1561 Anm 2b).

1563 **Registereinsicht.** Die Einsicht des Registers ist jedem gestattet. Von den Eintragungen kann eine Abschrift gefordert werden; die Abschrift ist auf Verlangen zu beglaubigen.

1) Die kostenl (KostO 90) Einsicht ins GüterRReg steht jedem frei, ohne daß ein berecht Interesse glaubh gemacht zu w braucht; anders bei Einsicht in die RegAkten (FGG 34). Zur RegEinsicht gehören auch Schriftstücke, auf die Eintr Bezug nimmt. Wg der vom RegGer auszustellden Zeugn FGG 162, GBO 33, 34.

Siebenter Titel. Scheidung der Ehe

Schrifttum: Vgl zunächst vor § 1353. Göppinger, Vereinbgen anläßl der Ehescheidg, 6. Aufl 1988; Lynker, Das neue ScheidgsR, 1977; Rahm/Künkel, Hdb des FamGVerf, 2. Aufl 1987 Loseblt; Schwab, Handb des ScheidgsR, 2. Aufl 1989; Johannsen/Henrich, EheR, 1987; Dörr NJW **89**, 488; Wolf FS Rebmann 1989 S 703. Wg weiterer Lit 41. u 48. Aufl.

Einführung

1) Die Scheidg ist einer der Tatbestde für die Auflösg einer Ehe; wg der Unterschiede zur Aufhebg vgl Einf 2 vor EheG 28. Aufhebg der ehel Gemsch od Trenng von Tisch u Bett kennt das BGB nicht mehr.

2) Zur **historischen Entwicklung** des materiellen ScheidgsR BT-Drucks 7/650 S 62 ff sowie 47. Aufl. Das **1. EheRG** hat das **Schuldprinzip** v EheG 42, 43 aF dch das **Zerrüttungsprinzip** ersetzt (BT-Drucks 7/650 S 75), so daß nunmehr das Scheitern der Ehe einziger ScheidgsGrund ist (§§ 1565, 1566). Auch die Regelg der Scheidgsfolgen wurde weitgehd von der Schuldfrage gelöst (vgl aber § 1569 Anm 1; § 1579 Z 2, 5 u 6; § 1587 c Z 1). Das **BVerfG** (NJW **80**, 689) hat das neue materielle ScheidgsR auch für Altehen für verfassgskonform erkl.

3) Die **Wirkungen der Scheidung** sind nur zT im 7. Titel dargestellt, näml der Unterh des gesch Eheg (§§ 1569ff) u der VersorggsAusgl (§§ 1587ff). Das NamensR der gesch Eheg ergibt sich aus § 1355 IV; Zustdgk des StBeamten zur Beglaubigg u Entggnahme der entspr Erkl PStG 15 c. Für die elterl Sorge über Kinder aus der gesch Ehe gilt § 1671, für das UmgangsR des dabei übergangenen EltTeils § 1634. Güterrechtl kommen beim gesetzl Güterstd die §§ 1372ff, 1384 zur Anwendg, bei GütGemsch hat AuseinandS zu erfolgen (in den Ländern der früh brZ hins des EhegHofes hfeO v 24. 4. 47 idF des 2. HöfeOÄndG v 29. 3. 76, BGBl 881, § 1 IV). Die allg Ehewirkgen (§§ 1353–1362) entfallen mit der Scheidg ebso wie Erb- u PflichttR ggü dem and Eheg (§§ 1931ff, 2077, 2268, 2279, 2303 II), zT schon mit Stellg des ScheidgsAntr (§ 1933). Mit Rechtskr des ScheidgsUrt entf auch die Verjährgshemmg für Anspr der Eheg ggeinand (§ 204 S 1). Die Scheidg ist im Fam-Buch einzutr (PStG 14 Z 2). Eine aGrd der Eheschließg erworbene Staatsangehörigk wird dch die Scheidg nicht beeinflußt. Die Bezugsberechtigte aus einer LebensVers bleibt idR bestehen (BGH NJW **76**, 290; vgl Hoffmann FamRZ **77**, 222). Wird das ScheidgsUrt dch WiederAufn des Verf od RestitutionsKl beseitigt (ZPO 578ff), so kommt zwar das ScheidgsUrt mit rückw Kraft in Fortfall, aber unter Anerkenng seines zeitweil Bestandes. Wg SchadErsAnsprüchen Einf 1 c v § 1353 u Einf 2 v § 1569. Zu den sozialversicherungsrechtl Auswirkgen der Ehescheidg (KrankenVers, RentenVers) vgl Hufer NJW **77**, 1272.

4) **Verfahrensrecht** (Lit: Bergerfurth, Der EhescheidgsProz u die and EheVerf, 7. Aufl 1989; Kersten, Prax der FamGerichtsbk, 2. Aufl 1986; Peschel-Gutzeit, Verf u Rmittel in FamSachen, 1988; Schwab/Maurer S 1–377; Thomas/Putzo ZPO 15. Aufl 1987; Vespermann, Scheidgs- u ScheidgsverbundVerf, Diktat- u ArbBuch f RAe, 4. Aufl 1989; Walter, Der Proz in FamSachen, 1985; Günther/Hein, FamSa in der AnwPraxis 1988). Wg der versch VerfGgste vgl Einf 4 v § 1569; Einf 5 v § 1587; Einf 6 v § 1601; Einf 4 v § 1626 sowie die verfrechtl Anm zu §§ 1634, 1671; HausrVO Anh II z Eheg. Es gelten die Best des 6. Buchs der ZPO, §§ 606ff. Zur **Diverce Mediation** (Scheidgsfolgenvermittlg) Proksch FamRZ **89**, 916.

a) **Familiensachen** (Lit: Hoppenz, FamSa, 3. Aufl 1989) sind die in GVG 23b I Z 1–10, ZPO 606 I 1, 621 I Z 1–9 aufgeführten Angelegenh, über die das **Familiengericht** entsch, also die Ehesachen (Scheidg, EheAufhebg, Eheherstellg usw), ferner die Regelg von elterl SorgeR, UmggR, KiHerausgabe, UnterhPfl zw geschiedenen Eheg u ggü den ehel Ki, ZugewAusgl u VA sowie die Regelg von Wohng u Hausr. Ob ein RStreit FamSa ist, richtet sich nach der Begrdg des geltd gem Anspr (BGH FamRZ **84**, 35). Im RMittelVerf nur noch eingeschrkte Prüfg, ob FamSa vorliegt (ZPO 529 III, 549 II, 621e IV).

b) **Verfahrensverlauf.** AnwZwang: ZPO 78 II. Das ScheidgsVerf wird dch Einreich einer **Antragsschrift** anhäng; statt Kl u Bekl heißt es AntrSt u AntrGegn (ZPO 622). Notwend Inh bei str bzw einverständl Scheidg: Th-P Anm 2 zu ZPO 622, 630. Der verfrühte, dh nicht auf HärteGrde iS v § 1565 II gestützte ScheidgsAntr vor Ablauf von 1 TrenngsJ ist abzuweisen (Ditzen FamRZ **88**, 1010 mN). FamSa betr elt Sorge, pers Umgg, Herausg des Ki an den and EltT, UnterhPfl, VA u Anspr aus dem ehel GütR, insb also ZugewAusgl (ZPO 621) sind vAw bzw auf Antr als **Folgesachen** im **Entscheidungsverbund** zus mit der ScheidgsSa zu verh u zu entsch (ZPO 623, 629). Für KiUnterh ProzStandsch (§ 1629 Anm 7). Zur **Stufenklage** bei Verbindg v Auskft (§§ 1379, 1580, 1587e, 1605) u LeistgsAnspr innerh des Verbunds: BGH NJW **79**, 1603; Bergerfurth Rdn 126; Schwab/Maurer S 130 u 138; Th-P ZPO 623 Anm 1e. Die Ehewirkgsangelegenh (Diederichsen NJW **77**, 604) können auch Ggst eines selbständ Verf vor dem FamG sein (ZPO 621, 621a; FGG 64a). **Abtrennung** von FolgeSa: ZPO 627, 628 (BGH FamRZ **86**, 898). Aber keine PartDisposition hinsichtl ijF amtswegige VerbundSa (Stgt FamRZ **89**, 994). Wird den ScheidgsAntr stattgegeben, so ergeht die Entsch auch über die FolgeSa einheitl dch **Urteil** (ZPO 629 I). Die **Kosten** werden ggeinand aufgeh (ZPO 93a). **Rechtsmittel** gg den ScheidgsAusspr auch ohne Beschwer zZw der Aufrechterhaltg der Ehe (BGH FamRZ **87**, 264). Gg das VerbundUrt Berufg zum OLG, Rev zum BGH. Folgeregelgen sind auch isoliert anfechtb mit dem jew außerh des ScheidgsVerf vorgesehenen RBehelf: Berufg gg die UnterhRegelg, Beschw gg die SorgeRRegelg usw. Vor **Rechtskraft** des ScheidgsAusspr werden die Entscheidgen in FolgeSa nicht wirks (ZPO 629d). Bei einem **Scheidungsfolgenvergleich** führt die Teilnichtigk idR zur Nichtigk auch der übr Regelg (Stgt FamRZ **84**, 806).

c) **Einstweiliger Rechtsschutz** (Lit: Gießler, Vorläuf RSchutz in Ehe-, Fam- u KindschSachen, 1987; Bergerfurth Rdn 84ff; Schwab/Maurer S 273ff). Das FamG kann in sämtl FGG-Angelegenh **vorläufige Anordnungen** erlassen (Einf 4a v § 1626; KKW § 64k Rdn 55, 59ff), also etwa iR des GetrLebens der Ehel nach § 1672 ü die elt Sorge (Karlsr FamRZ **88**, 1186). Zuweis der Ehewohng auch schon vor Einleitg eines ScheidgsVerf: § 1361 b. Sobald eine EheSa, also insb das ScheidgsVerf, anhäng od ein entspr Gesuch um PKH eingereicht ist, kann das FamG auch **einstweilige Anordnungen** gem ZPO 620–620 g treffen, die nur beschrkt nachprüfb sind (ZPO 620 c). Daneben sind die jew rechtsmittelfäh HauptsVerf, zB neben der UnterhAO die UnterhKl auf höheren Unterh bzw die negat FeststellgsKl, zul (BGH FamRZ **79**, 472; Th-P ZPO 620 Anm 1b). Einstw AO treten bei Wirksamwerden einer anderweit deckgsgleichen (Karlsr FamRZ **88**, 855) Regelg automat außer Kr (ZPO 620f).

d) **Verfahrensrechtliche Übergangsregelung** des UÄndG: NJW **86**, 1469 sowie 48. Aufl.

5) **Internationales Privatrecht** EG 17. Rhängigk des ScheidgsVerf im Ausl steht ScheidgsAntr des dt Eheg im Inland nicht ijF entgg (BGH NJW **83**, 1269). **Interlokales Privatrecht** EG 17 Anm 8. Zur Anerk ausländ Entsch in Ehesachen Beule StAZ **79**, 29; Breidenbach StAZ **79**, 131. Eine im Inland v Ausländern vollzogene **Privatscheidung** verstößt gg das Scheidgsmonopol der dt Gerichte u wird nicht anerk (JustMin Bad-Württ FamRZ **80**, 147; BayObLG NJW-RR **86**, 5; EG 17 Anm 7b cc). Zur Problematik des Antr auf **Anerkennung ausländischer Scheidungen** Düss FamRZ **88**, 198.

6) Wg **Übergangsvorschriften** vgl 1. EheRG Art 12 Z 3ff. Das am 1. 7. 77 in Kraft getretene ScheidgsR gilt auch für die vor diesem Ztpkt geschl Ehen (1. EheRG Art 12 Z 3 I), was **verfassungskonform** ist (BVerfG **47**, 85, 93 = FamRZ **78**, 173 sowie 670/1; NJW **80**, 689 = FamRZ **80**, 319; BGH NJW **78**, 2250 u **79**, 979). Der UnterhAnspr eines Eheg, dessen Ehe nach den bish geltden Vorschr gesch w ist, bestimmt sich auch künft nach bisherigem R. Vgl §§ 58ff EheG. Noch unter dem alten R getroffene UnterhVereinigen bleiben unberührt (1. EheRG Art 12 Z 3 II). Ebso kommt ein VA bei den vor dem 1. 7. 77 gesch Ehen nicht in Betr (1. EheRG Art 12 Z 3 III; nicht verfassgswidr: BVerfG NJW **78**, 629). Zum ÜbergangsR beim VA Einf 7 v § 1587.

7) **Scheidungswirkungen außerhalb der Ehescheidung** treten ein bei Ehenichtigk (EheG 26) u Eheaufhebg (EheG 37), allerd mit wesentl Einschrkgen, was die vermögensrechtl Folgen anlangt; ferner n TranssexuellenG 16 II, wenn bei einem Eheg aGrd gerichtl AnO bei seinem Geburtseintrag vor dem 1. 1. 81 die Geschlechtsumwandlg vermerkt w ist. **Wiederaufnahmeklagen** gg vor dem 1. 7. 77 rechtskr gewordene Entsch in Ehe- u and FamSachen sind an dasj Ger zu richten, das im 1. Rechtszug erkannt h; dieses prüft den WiederaufnGrd u verweist dann ggf gem 1. EheRG Art 12 Z 7a II an das zust FamG (Kln FamRZ **78**, 359; KG FamRZ **79**, 526).

I. Scheidungsgründe

1564 *Scheidung durch Urteil.* **Eine Ehe kann nur durch gerichtliches Urteil auf Antrag eines oder beider Ehegatten geschieden werden. Die Ehe ist mit der Rechtskraft des Urteils aufgelöst. Die Voraussetzungen, unter denen die Scheidung begehrt werden kann, ergeben sich aus den folgenden Vorschriften.**

1) **Scheidung nur durch Urteil, S 1.** Ausgeschl ist mithin in der BRep die Privatscheidg, auch aGrd ausländ Rechts (BGH **82**, 34; BayObLG NJW **85**, 2095; AG Ffm NJW **89**, 1434 Talàq). Scheidg setzt das **Bestehen einer Ehe** voraus. Auch eine aufhebb Ehe kann gesch w, ebso eine nichtige Ehe (Einf 1b v EheG 16), nicht aber eine Nichtehe (EheG 11 Anm 5; 23 Anm 4). Das ScheidgsVerf (vgl ZPO 606ff, 622ff) wird nur auf Initiative eines Eheg eingeleitet. Früher geschah das dch Erhebg der ScheidgsKl, heute auf **Antrag eines oder beider Ehegatten**, weil die ZerrüttgsScheid keine Rollenverteilg iS des herkömml ZivProz gestattet (BT-Drucks 7/650 S 91). Außerd soll über ScheidgsSache u Folgesachen (wie UnterhRegelg, elterl Sorge über mj Kinder usw) gleichzeit verhandelt u entsch w, was die Eigenart des neuart ScheidgsVerf weiter hervorhebt (Einzelh Einf 4 v § 1564). Trotzdem wird die Ehe auch weiterh dch **Urteil** gesch, nicht etwa, weil es an einer entspr „Klage" fehlt, dch Beschl.

Bürgerliche Ehe. 7. Titel: Scheidung der Ehe §§ 1564, 1565

2) Auflösung der Ehe mit Rechtskraft des Urteils, S 2. Das Urt ist **rechtsgestaltend.** Mit dem Rechtskräftigwerden (vgl dazu ZPO 705) ist die Ehe aufgelöst, u zwar mit Wirkg für die Zukunft. Das Urt bindet auch im ArbR (BAG FamRZ **82**, 693 mAv Philippi). Wg der Wirkgen im einz Einf 3 vor § 1564. Die Scheidg ist im FamBuch zu vermerken (PStG 14 Z 2). Schon vor Rechtskr kann das ScheidgsVerf das ges **Erbrecht** ausschließen (§ 1933); ohne Zust des Erbl jedoch kein Verlust des ErbR (Zweibr OLG **83**, 160).

3) Die Scheidungsvoraussetzungen ergeben sich erschöpfd aus den §§ 1565–1568, **S 3.** Trotz der amtl Überschr vor § 1564 gibt es **nur noch einen einzigen Scheidungsgrund,** näml den, daß die Ehe gescheitert ist (§ 1565 I 1). An die Stelle der Aufzählg einz Scheidungsgründe in EheG 42–48 aF ist damit eine **Generalklausel** getreten. Alld kann das **Scheitern der Ehe auf dreifache Weise bewiesen** werden: einmal dch den unmittelb Nachw, daß die LebGemsch der Eheg nicht mehr besteht u erwartgsgemäß auch nicht wiederhergestellt w kann (§ 1565 I 2); sodann mittelb dch die beiden Zerrüttgsvermutgen nach 1- bzw 3jähr GetrLeben der Ehel (§ 1566), das im ersten Fall für eine Scheidg auf beiderseit Wunsch der Eheg, im zweiten Fall auch für die Scheidg gg den Willen des and Eheg ausreicht. Die übr Vorschr sind entw begriffl Bestimmgen (§§ 1565 I 2, 1567) od schränken das an sich gegebene ScheidgsR dch zusätzl Erfordern ein. So kann eine Ehe, in der die Ehel noch nicht 1 J getrennt leben, nur gesch w, wenn die Fortsetzg der Ehe für den AntrSt aus in der Pers des and Eheg liegden Grden eine unzumutb Härte darstellen würde (§ 1565 II). Ferner wird die Scheidg weiter erschwert, wenn dies wg des Vorhandenseins mj Kinder notw ist od weil die Scheidg für den and Eheg eine unzumutb Härte bedeuten würde (§ 1568). Das materielle ScheidgsR berücksichtigt also **Härtefälle** in doppelter Weise: vor Ablauf einer 1jähr TrennungsFr zG des aus der Ehe herausstrebden Eheg (§ 1565 II) u umgek iS der Ehebindg zG desj Eheg, der die Scheidg ablehnt. Stellt man auf die versch **Fristen** ab, so ergibt sich das folgde Bild: Eine Ehe kann idR nur gesch w, wenn die Ehel 1 J getrennt gelebt h; eine Scheidg davor setzt voraus, daß die Fortsetzg für den der Scheidg begehrde Eheg unzumutb ist (§ 1565 II). Haben die Ehel 1 J getr gelebt, so sind sie im beiderseit Einverständn ow zu scheiden (§§ 1565 I 1, 1566 I). Fehlt es an einem solchen Einverständn, dh ist einer der Ehel gg die Scheidg, so kann der and Eheg diese gleichwohl dchsetzen, wenn die Ehel 3 J getr gelebt haben (§§ 1565 I 1, 1566 II). Ggf verlängert sich diese Frist weiter, wenn mj Kinder vorh sind od auf Seiten des sich gg die Scheidg wehrden Eheg ein Härtefall vorliegt (§ 1568). Ow zuläss ist der **Übergang von einem zum anderen Zerrüttungsbeweisgrund,** so daß ein ScheidgsVerf als einverständl (§ 1566 Anm 2) beginnen u als streit enden k, ebso wie die einverständl Scheidg nach 1jähr Getrenntl der Ehel an den Erfordern des ZPO 630 I vorbei gem § 1565 I erreicht w kann (Hbg FamRZ **76**, 702). Zur vertragl **Erschwerung der Scheidgsvoraussetzung** dch Scheidgs-Ausschl od Scheidgsverzicht: vgl Knütel FamRZ **85**, 1089; Richter JR **87**, 17; Wolf FS Rebmann 1989 S 703. Unzul ist ein (auch nur zeitl begrenzter) vertragl ScheidgsAusschl, wohing es auf die Geltdmachg best ScheidgsUmst (zB auf ein bereits abgelaufenes mehrjähr Getrenntleben) verzichtet w kann (BGH **97**, 304). Problemat ist die **Vereinbarung des Schuldprinzips** in Ehe- u Scheidgsverträgen (vgl Herb FamRZ **88**, 123 mNachw).

1565 *Zerrüttungsprinzip; Mindesttrennungsdauer.* [I]Eine Ehe kann geschieden werden, wenn sie gescheitert ist. Die Ehe ist gescheitert, wenn die Lebensgemeinschaft der Ehegatten nicht mehr besteht und nicht erwartet werden kann, daß die Ehegatten sie wiederherstellen.

[II]Leben die Ehegatten noch nicht ein Jahr getrennt, so kann die Ehe nur geschieden werden, wenn die Fortsetzung der Ehe für den Antragsteller aus Gründen, die in der Person des anderen Ehegatten liegen, eine unzumutbare Härte darstellen würde.

Schrifttum: Görgens FamRZ **78**, 647; Holzhauer JZ **79**, 113; Großmann AnwBl **79**, 9; Finger DRiZ **80**, 329; Hattenhauer FS E Wolf, 1985, S 143 (ZerrüttgsPrinz).

1) Die Vorschr führt – verfassgsrechtl zuläss (BVerfG NJW **80**, 689) – den reinen **Zerrüttungsgrundsatz** als einz ScheidgsGrd an Stelle der in den EheG 42 ff aF aufgezählten versch ScheidgsGrde (vgl Einf 2 v § 1564) ein. Grdlage für die Auflösg der Ehe für die Zukft ist nicht mehr ein dem einz Eheg zum Vorwurf gemachtes ehewidr Verhalten, sond der Umst, daß die Ehe – aus welchen Gründen auch immer – gescheitert ist. Aus dem desh grdsl auch derj Eheg die Scheidg beantr, auf dessen Verhalten die Zerrüttg ganz od teilw zurückzuführen ist (BT-Drucks 7/4361 S 28). Eine Ehe ist oRücks auf ein Verschulden eines od beider Eheg an der Zerstörg der ehel Gemsch immer dann zu scheiden, wenn sie gescheitert ist, **I 1.** Allerd wird die Ehe nicht vAw gesch, sond nur auf **Antrag** eines od beider Eheg (§ 1564 S 1); den Ehel steht es also auch frei, die Ehe trotz ihres Scheiterns (etwa aus religiösen Grden od um der gemeinsamen Kinder willen) weiterzuführen. Bei Vorliegen der Voraussetzgen ist zu scheiden; die „kann"-Formulierg trägt lediglich den §§ 1565 II, 1568 Rechng (D. Schwab FamRZ **76**, 492). Das G gibt eine begriffl Umschreibg des Ehescheiterns, **I 2**, u erschwert die Scheidungsvoraussetzgen für den aus der Ehe herausstrebden Eheg, wenn die Ehel weniger als 1 J getrennt gelebt haben, **II**. Scheitern iSv § 1565, dh gescheiden werden, kann auch die von Anfang an zerrüttete Ehe (ausführl D. Schwab FamRZ **76**, 498). Zw den verschiedenen Scheiternsformen besteht **kein Rangverhältnis;** insb kommt der gesetzl Vermutg in § 1566 II kein Vorrang zu (Kln NJW **78**, 1009; aA Lüke NJW **78**, 139); allerd ist aus Grden der ProzÖkonomie aus § 1566 zu scheiden, wenn Trenng u beiderseit Scheidgswille feststehen (Deubner NJW **78**, 2585). Ein **Verschulden** eines Eheg am Scheitern der Ehe behält Bedeutg iR der §§ 1565 II, 1568, 1579, 1587c, d und h sowie § 1381, ggf auch SchuldAusspr gem ausländ (Mü NJW **78**, 1117; aA Ffm FamRZ **77**, 813; Zweibr FamRZ **80**, 781), zB griech R (Hamm NJW **78**, 2452; Ffm FamRZ **81**, 783). Zum **Schenkungswiderruf** § 1372 Anm 1b aa.

2) Die Ehe ist nach der gesetzl Begriffsbestimmg **unter der doppelten Voraussetzung gescheitert,** daß die Eheg keine LebGemsch mehr haben u deren Wiederherstellg auch nicht mehr zu erwarten ist, **I 2.** Das Scheitern kann nur **auf Grund konkreter Umstände,** angen w; allg gehaltene Formulierungen reichen dafür nicht aus (Brem FamRZ **77**, 808). Das ScheidgsUrt hat vielm, wenn nicht die VermutgsTatbestde des

1421

§ 1566 eingreifen, im einz darzulegen, inwief die LebGemsch der Eheg nicht mehr besteht u warum keine Aussicht vorhanden ist, daß die Eheg sie wiederherstellen. Eine dramat Entwicklg der ehel Beziehg wird nicht vorausgesetzt (Zweibr FamRZ **89**, 981). Der ScheidgsGrdTatbestd behält Bedeutg für die Fälle, in denen nach 1jähr GetrLeb aber vor Ablauf der 3-J-Fr des § 1566 II der eine Eheg gg den Willen des and gesch w will, u ferner, wenn ein od auch beide Eheg gesch w möchten, bevor sie 1 J getr gelebt haben (§ 1565 II). Die Beurt, ob eine Ehe gescheitert ist, setzt eine Retrospektive (Eheanalyse) u eine Prognose dch das FamG voraus:

a) Für die **Aufhebung der Lebensgemeinschaft** kommt es auf das Maß der Gemeinsamkeiten an, das sich die Eheg erhalten haben. Das FamG muß desh die LebVerh der Eheg im Einzelfall prüfen (BT-Drucks 7/650 S 105). Es entsch nicht ausschließl die **häusliche Gemeinschaft,** die fehlen kann, ohne daß die LebGemsch aufgeh zu sein braucht, wie umgek trotz Bestehens der häusl Gemsch die Ehe gescheitert sein kann (Karlsr NJW **78**, 1534; Schwab FamRZ **79**, 15). Für die Aufhebg der LebGemsch kommt es in diesem Zushang weder auf deren Dauer noch auf die Motivation der Trenng an. Letztl muß die Ehe auch gesch w, in der sich ein Eheg der ehel LebGemsch aus Grden entzieht, die allein in seiner Pers liegen. Dem Erfordern der Aufhebg der LebGemsch muß auch bei dauernder Betreuung des einen Eheg dch den and inf geistiger Erkrankg Genüge getan w (BGH FamRZ **79**, 469).

b) Die Vorausschau, daß die Wiederherstellung der ehelichen Lebensgemeinschaft nicht zu erwarten ist, erfolgt in tatrichterl u daher nur bedingt revisibler Würdigg (BGH NJW **78**, 1810) der gesamten Umstde der konkr Ehe (Kblz FamRZ **78**, 31; Bsp: BGH FamRZ **79**, 1003).

aa) Der **Maßstab** ergibt sich **objektiv** aus den Mindestanforderungen an eine auf ggs Liebe, Achtg u Treue aufgebaute LebGemsch (vgl § 1353 Anm 2b), wobei es nicht darauf ankommt, ob die Ehe ihre soz Funktion, zB die Kindererziehg, noch erfüllen k (funktionaler ZerrüttgsBegr), sond nach dem personalen ZerrüttgsBegr darauf, ob die konkr Ehe nach den psycholog Gegebenh noch eine Chance hat (Schwab FamRZ **76**, 495f). Es sind etwa auch bei einer nur unter VersorggsGesPkten geschlossenen Ehe unter Rentnern (AG Landstuhl FamRZ **85**, 1042), **strenge** Maßst anzulegen, damit nicht der mit den Vermutgen des § 1566 verfolgte Zweck unterlaufen w (Ffm FamRZ **77**, 801). Die Zerrüttg muß so tief sein, daß die Wiederherstellg einer dem Wesen der Ehe entspr LebGemsch nicht mehr zu erwarten ist. Daß beide Eheg gesch w wollen, ist nur ein Indiz für das Scheitern der Ehe (BT-Drucks 7/650 S 107; Kblz FamRZ **80**, 253). Entscheidd ist, ob die **Ehekrise überwindbar** erscheint u denen oder dem einen Eheg jegl **Versöhnungsbereitschaft** fehlt. Die **einseitige Zerrüttung** reicht aus, etwa bei völligem Verlust des Gefühls der inneren Bindg an den and Eheg (Stgt FamRZ **78**, 690); nicht dagg die bl Erklärg des AntrSt, er werde nicht mehr zu seiner Fam zurückkehren (BGH NJW **78**, 1810).

bb) Einzelfälle der Zerrüttung: unüberwindl Abneigg iS der Unvereinbark der Charaktere der Eheg (BT-Drucks 7/4361 S 28); anderweit LebVerbindg, soweit sie ernsth u dauerh Natur ist u vermutet w kann, daß der AntrSt vorauss nicht mehr zum and Eheg zurückfinden wird (Schwab FamRZ **76**, 498; Ffm FamRZ **77**, 801); Beleidiggen; Ehebruch usw. Maßgebl in welchem Umfang die vor od in der Ehe erweckten Hoffngen dch das ggwärt Verhalten enttäuscht w sind (Schwab FamRZ **76**, 497f). Weitere ZerrüttgsGrde: Homosexualität (Hamm FamRZ **78**, 190); Krankh; dauernde Lieblosigk ggü dem and Eheg; Mißhandlgen; strafb Hdlgen; Trunksucht; Vernachlässigg des Hauswesens od der Kinder; Haß der AntrGegn gg den Sohn des AntrSt aus 1. Ehe (BGH NJW **78**, 1810). Die einjähr Trenng als solche begr die Zerrüttg nicht, da sonst die zusätzl Erfordern v § 1566 I, ZPO 630 umgangen w (Kblz FamRZ **80**, 253; aA Damrau NJW **77**, 1621 f); doch entsprche IndizWirkg. **Der Bejahung der Zerrüttung stehen nicht entgegen** einmalige Zärtlichkten; sachl Briefe; allg mitmenschl Achtg ggü dem alkoholkranken Eheg (Schlesw SchlHA **78**, 81); Besuch des todkranken Eheg im Krankenh (Schlesw FamRZ **77**, 802). **Nicht ausreichend für die Zerrüttung** ist die einverstdl ScheidgsAbs, u sei sie auch noch so ernsth erkl (Schwab FamRZ **76**, 497; Schröder FamRZ **77**, 768); ferner unfallbedingte **Demenz** (BGH NJW **89**, 1988).

cc) Beweislast für sämtl scheidgsbegünstigden Umstde beim AntrSt, für die ehebegünstigden Umstde beim AntrGegn.

3) Scheidung bei Trennung unter 1 Jahr, II.

a) Die Vorschr verschärft die Scheidgsvoraussetzgen bei Ehen, in denen die Eheg noch nicht 1 J getrennt leben, u läßt die Scheidg nur dann zu, wenn die Fortsetzg der Ehe aus in der Pers des and Eheg liegdn Grden eine unzumutb Härte darstellen würde. Zur Diskrepanz zu § 1353 II Bln-Charl FamRZ **78**, 186. Die Bestimmg greift nur ein, wenn die Scheidg auf das nachgewiesene Scheitern der Ehe (§ 1565 I) gestützt w, nicht dagg iFv 1566, da dort TatbestdsMerkm die 1jähr Trenng ist, an der es hier gerade fehlt. IdR ist vor Anwendg v II festzustellen, ob die Ehe iSv I gescheitert ist (Kblz FamRZ **78**, 31); krit dazu Oldbg FamRZ **78**, 188 u NdsRpfl **78**, 53; vgl dagg aber zB die ow einleuchtde gedankl Trenng Brschw NdsRpfl **78**, 30. II ist auch keine Sonderform v I, so daß die Prognose der Nichtwiederherstellg der Ehe (Anm 2b) nicht dch die Feststellg der Unzumutbark der Ehefortsetzg ersetzt w darf (aA Stgt NJW **79**, 167). **Fehlehe:** Anwendg v II, dh Scheidg unter Einhaltg der TrenngsFr, zur Abschreckg auch dann, wenn die Ehe von Beginn an gescheitert ist, weil keine ehel LebGemsch begründet wurde und man mit der Ehe den Asylanten- od **Scheinehe** überh nur den Zweck verfolgte, dem ausländ Ehepartner eine AufenthErlaubn zu verschaffen (BGH FamRZ **81**, 127/29; Karlsr FamRZ **86**, 680 mN) bzw einem DDR-Bürger die Ausreise in den Westen (KG FamRZ **85**, 73 u 1042). Zu den Schwierigk der Berechng des TrenngsJ in diesen Fällen KG FamRZ **87**, 486. Entspr auch keine PKH (Celle FamRZ **83**, 593; **84**, 279; Kln FamRZ **84**, 278; and nach mehr als 1 J GetrLeb Karlsr FamRZ **88**, 91), was verfassgsmäß ist (BVerfG FamRZ **84**, 1205 u 1206; aA Spangenberg FamRZ **85**, 1105). Die Trenngsfrist beginnt bei einer solchen Scheinehe erst mit der Kundgabe der Scheidgsabsicht (KG NJW **82**, 112). Die Bestimmg des II ist zG des an der Ehe festhaltden Eheg SchutzVorschr, zG des scheidgswill Eheg Härteklausel. Sie war weder vom RegEntw noch v RAussch vorgesehen, sond geht auf den BR zurück. **Zweck:** Grdsätzl gibt II keine absolute Scheidgssperre für nicht getrennt lebde Eheg, sond schafft nur eine Erschwern für den Fall der Nichttrenng (Schlesw NJW **78**, 52). Die uneingeschränkte Generalklau-

Bürgerliche Ehe. 7. Titel: Scheidung der Ehe § 1565 3a, b

sel des § 1565 I 1 ermöglicht die sofort einseit Aufkündigg der Ehe, da eine Zerrüttung auch einseit herbeigeführt w kann (Verstoßg). Der Scheidgswillige hätte es in der Hand, dch eig Verhalten den ZerrüttgsTatbestd selbst zu schaffen. Die Vorschr dient also dazu, die Scheidg iF des RMißbr zu verhindern, entspr dem allg RGrds, daß niemand aus eig RVerletzgen für sich günst RFolgen herleiten k (BT-Drucks 7/4694 S 7; Kblz FamRZ **78**, 33). Anderers bezweckt II nicht die formale Aufrechterhaltg einer inhaltlos gewordenen Ehe (Stgt FamRZ **78**, 690). Heute wird der Zweck der Vorschr eher darin gesehen, die Ernsthaftigkeit des Scheidgswillens sichtb werden zu lassen (D.Schwab FamRZ **76**, 504), dh **leichtfertige Scheidungen zu verhindern** (Rolland Rdn 34; Brüggemann FamRZ **78**, 93; D. Schwab FamRZ **79**, 17 f mit sorgfält Abwehr sonstiger Zweckbestimmgen). Allerd können übertrieben strenge Anforderungen die Eheg zu frühzeit zu einer vollständ Trenng nötigen u damit einen unerwünschten mittelb Zwang zur Ehezerstörg ausüben (Schlesw SchlHA **77**, 187). Folge der ratio legis: II ist nicht auf streit Scheidgen beschrkt, sond ist auch bei einverständl Scheidg zu prüfen (Kln FamRZ **77**, 717); insb hat II auch den Zweck, verdeckten Konventionalscheidungen entggzuwirken (Schlesw SchlHA **78**, 50). Das ScheidgsR aus II unterliegt nicht der Verwirkg, so daß einem Eheg, der ein grob ehefeindl Verhalten des and Eheg längere Zeit ertragen u in der ehel Gemsch ausgeharrt hat, nicht entgg-gehalten w kann, er hätte die Trenng schon früher vollziehen können (Mü NJW **78**, 49).

b) Voraussetzungen für die Scheidg innerh der Sperrfrist: **aa)** Die Eheg **leben noch nicht 1 Jahr getrennt**. Entscheid das GetrLeben, nicht die Dauer der Ehe. Im Ergebn kommt die Best, wenn der and Eheg nicht die unzumutb Härte nachweisen k, der vom RegEntw abgelehnten SperrFr nach der Eheschließg gleich (BT-Drucks 7/650 S 108). Für das GetrLeben gilt § 1567, insb auch dessen II (Hamm FamRZ **78**, 190). Scheidg aber auch ohne jegl Trenng zul (Oldbg NJW **78**, 1266; Karlsr FamRZ **78**, 592). Ablauf des TrenngsJ währd der Rev genügt nicht (BGH NJW **81**, 449). **bb)** Die Fortsetzg der Ehe muß für den AntrSt eine **unzumutbare Härte** darstellen. Zum Zweck der Vorschr BGH NJW **81**, 449. Die Härte muß sich auf die Fortsetzg der Ehe, gar nicht auf das Weiter-miteinander-verheiratet-sein, nicht bl auf die Fortsetzg des ehel ZusLebens beziehen (Düss FamRZ **77**, 804; Mü FamRZ **78**, 29; Ffm FamRZ **78**, 191 u ausführl NJW **78**, 892; Zweibr FamRZ **78**, 896; Gernhuber, Neues FamR S 113; aA D. Schwab FamRZ **76**, 504 u **79**, 19; Schlesw NJW **78**, 51 sowie SchlHA **77**, 200 u **78**, 98 m ausführl Begrdg; KG FamRZ **78**, 897; Oldbg NJW **78**, 1266 = FamRZ **78**, 188 u NdsRpfl **78**, 53). Zur prakt Irrelevanz der Streitfr Parche NJW **79**, 140; Bedeutg aber etwa iF der Unmöglichk der Ausübg des ehel Verk (vgl Hamm FamRZ **79**, 37). Die Grenze zw diesen beiden ggsätzl Positionen wird allerd verwischt, wenn die Scheidg innerh von 1 J GetrLeben zugelassen w, weil im konkr Fall schlechthin jede Aussicht auf die Wiederherstellg der ehel LebGemsch fehlt u es sinnl wäre, einen solchen Eheg zur Aufrechterhaltg eines inhaltslos gewordenen Ehebandes zu zwingen (so Stgt FamRZ **77**, 807; sa Anm aa aE). Anderers erlauben Zweck u Fassg der Vorschr nicht, allein darauf abzustellen, ob die Fortsetzg der Ehe „auf Dauer" unzumutbar ist (so Rolland Rdn 34). Es muß sich um Zerrüttgsgründe besonderer Art od von bes Schweregrad iSv I handeln. Zum Verhältn von I u II D. Schwab FamRZ **76**, 503 f; Diederichsen NJW **77**, 275; Brüggemann FamRZ **78**, 93 mNachw. Gewöhnl werden dieselben Umst iSv I u II maßgebl sein. Notw ist das aber nicht. Es braucht nicht einmal ein KausalZusgh zw ihnen zu bestehen (Ffm FamRZ **78**, 115). Aus den GMaterialien kann für die erst im VermittlgsAussch formulierte Bestimmg des II nicht gefolgert w, daß idR ein Härtefall gem II bei Vorliegen eines in der Anm 3 genannten Umst (Ehewidrigk iSv EheG 43 aF) gegeben ist (Düss FamRZ **77**, 804; Brem FamRZ **77**, 808; Saarbr FamRZ **78**, 114; Ffm NJW **78**, 169 u FamRZ **78**, 115; aA Damrau NJW **77**, 1622); andernf wäre die eindeut als Ausn gedachte u formulierte Vorschr des II in ihr Ggteil verkehrt u der Regelfall (Ffm FamRZ **78**, 191). Eine unzul u unprakt Verengg stellt es dar, wenn Holzhauer JZ **79**, 113 die Scheidg innerh eines Jahres zulassen will, wenn allein Grde in der Pers des and Eheg die Ehe zum Scheitern gebracht haben; auf die Schwere der Umst soll es dann nicht mehr ankommen. Derart eindeut Kausalitätsalternativen lassen sich jedoch allenf in Randfällen feststellen; dem Ursachengemisch der gewöhnl Ehezerrüttg wird der Vorschl Holzhauers nicht gerecht. An die Auslegg des Begr „unzumutb Härte" sind **strenge Anforderungen** zu stellen (Kln FamRZ **77**, 717; Stgt FamRZ **77**, 807; Mü NJW **78**, 49). Eine vorzeit Scheidg kommt nicht in Betr bei bl Schwierigkeiten, Unstimmigkten od Zerwürfnissen, wie sie in jeder Ehe einmal vorkommen können (Hamm FamRZ **79**, 511). Die Stellg als II u das Wort „nur" weisen eindeut darauf hin, daß eine Ausnahmesituation ggü der ijF gescheiterten Ehe u dem grdsätzl Erfordern der 1j Trenng gegeben sein muß (Ffm MDR **78**, 317). Desh ist es auch verfehlt, als Grdlage für die Beurteilg der Zumutbark der Fortsetzg der Ehe auf die Erfüllg der (inhaltl ja doch viel weitergehen u auch Nebenpflichten des Umgangs erfassden) Pfl aus § 1353 I 2 abzustellen (aA Stgt NJW **79**, 167). Voraussetzg für die Scheidg nach II ist der Nachw, daß es dem scheidgswilli Eheg aGrd der aufgetretenen Widrigkeiten nicht zuzumuten ist, mit der Scheidg bis zum Ablauf von 1 J Getrenntleben zu warten. Es braucht sich unter dem GesichtsPkt der Häufigk nicht um eine AusnSituation iR des soz Tatbestds Ehe zu handeln (Mü FamRZ **78**, 113); unzumutb ist die Härte auch nicht erst dann, wenn dem and Eheg Abscheu vor weiterer u die Fortsetzg der Ehe mit ihm eine Strafe wäre (Stgt NJW **78**, 275). Der Bejahg einer unzumutb Härte steht auch nicht entgg, daß die Ehefr die mit der Trunksucht des Ehem verbundenen Nachteile über Jahre hinweg ertragen hat (KG FamRZ **78**, 897) od daß dch die räuml Trenng der Ehel für Tätlichkeiten u Beschimpfungen keine Gelegenh mehr besteht (BGH NJW **81**, 449). Daß es einer reichen Partei leichter fällt, ihr Leben nicht im GetrLeben dch Beziehen einer and Wohng herbeizuführen, muß iR der Auslegg der Begr der unzumutb Härte berücksichtigt w (Kln NJW **78**, 645). Iü aber kann vom Zweck der Vorschr her weniger auf das subj UnzumutbarkEmpfinden des verletzten Eheg abgestellt w, weil darauf ohnehin schon der ScheidgsEntschl u die Zerrüttg basieren (Ffm NJW **78**, 892). Förderl ist die Formel zu fragen, ob ein vernünftiger Dr mit ruhiger Abwägg aller Umst auf das Verhalten des and Eheg mit einem ScheidgsAntr reagieren würde (Hamm FamRZ **79**, 511; Bambg FamRZ **80**, 577). Die Umst, die eine unzumutb Härte begründen sollen, sind von dem Eheg, der sich darauf beruft, zu **substantiieren**, so daß die schlichte Behauptg der Trunk- od Verschwendgsucht (Pinnebg FamRZ **82**, 407) ebsowenig ausreicht wie diej, der Ehem habe die AntrSt im angetrunkenen Zustd geschlagen (Schlesw SchlHA **78**, 36).

§§ 1565, 1566   4. Buch. 1. Abschnitt. *Diederichsen*

c) Umstände nach II können sein: Aufn homosex Beziehg (aA Celle NJW 82, 586); heftige Schläge u Aussperren aus der Wohng (Schlesw SchlHA 77, 171); ehebrecher Beziehgen u mehrmalige Mißhandlgen (Stgt NJW 77, 1542); Bewerfen der Ehefr mit zuvor zerstörtem Mobiliar (Stgt FamRZ 88, 1276); dauernde Verweigerg des GeschlechtsVerk; Verweigerg der medizin Behdlg einer Phimose u Onanie (Hamm FamRZ 79, 511); ein längeres intimes Verhältn mit einem Dr, oRücks darauf (aA Düss FamRZ 86, 998), ob u inwieweit dieses bereits in der Öfflk bekannt geworden ist (Düss FamRZ 78, 27; Hamm NJW 78, 168; Saarbr FamRZ 78, 415); zB wenn Ehefr mit dem Kind auszieht u ½ J mit einem Dr in wilder Ehe lebt (Mü FamRZ 78, 113); Brschw NdsRpfl 77, 247 läßt 3 Mo genügen; festgestellt werden muß aber stets die Absicht des and Eheg, die Ehe dadch zu zerstören, dh den Ehepartner endgült zu verlassen. Der in dem eheähnl Verhältn lebde und Eheg mit der Rückkehr in seine bisher Fam unabänderl abl (Karlsr NJW 78, 53). Unerhebl angebl Festhalten an der Ehe, wenn das außerprozessuale Verhalten (wechselnde Geschlechtspartner) jede Bindg an den AntrSt verleugnet (Stgt Just 78, 107). Umstde nach II sind ferner Gewalttätigkten wie Zufügen v Gehirnerschütterg (Brem FamRZ 77, 807); AlkoholMißbr, Anspucken u MißHdlgen selbst bei 5 Ki (Düss FamRZ 77, 804); Alkoholismus mit 2 erfolgl Entziehungskuren u Tätlichken gg Frau u Ki (Bambg FamRZ 80, 577); Vertrinken des für den FamUnterh notw Geldes (Schlesw NJW 78, 51); Wasserlassen als Folge übermäß Alkoholkonsums (Mü NJW 78, 49); wenn eine VermögensAuseinandSetzg schon stattgefunden hat, Eingehen einer festen anderweit Bindg (Lörrach FamRZ 78, 116); Verlassen des Ehem, der mit 4 kl Kindern aus 1. Ehe allein bleibt (Bln-Charl FamRZ 78, 186); wenn der AntrSt bei völl zerrütteter Ehe (Gefahr v Tätlichkten) längere Zeit getrennt leben müßte (Stgt Just 77, 379); GeschlechtsVerk mit 19j vorehelicher Tochter der Ehefr (Schlesw SchlHA 77, 187); Bedrohg nach Gewalttaten im Rausch (Schlesw SchlHA 77, 188); monatelanges Wohnen bei und dch Heiratsannoncen gefundenen Frauen (Schlesw SchlHA 78, 98); unbekannter Aufenth des and Eheg im Anschl an die Erkl, die Ehel sähen sich zum letzten Mal (Celle NdsRpfl 77, 208); GelegenhGeschlVerk auf Geschäftsreisen u längeres intimes Verhältn zu einer and Frau (Stgt NJW 79, 167); trotz ZusLebens mit Dr Schikanierg des die Scheidg begehrden Eheg dch Nichtzahlg v Unterh u Veranlassg der Stillegg v VersorggsAnschl (Hamm FamRZ 79, 586).

d) Die Umstände, auf welche die Unzumutbark gestützt wird, müssen gerade **in der Person des anderen Ehegatten** liegen, was beim Kinderwunsch einer 36j Ehefr, die bis 34 J auf Ki verzichtet hat, nicht der Fall ist (Zweibr FamRZ 82, 610). Vielm wird vorausgesetzt, daß der and Eheg, ohne daß es hierfür auf ein Verschulden ankäme, auf seiner Seite den EhezerrüttgsGrd gesetzt (vgl Anm 3) od doch wenigstens entscheidd zum Scheitern der Ehe beigetragen haben muß. Gravierende Verhaltensweisen des and Eheg können auch nach räuml Trenng fortwirken u die Aufrechterhaltg der Ehe unzumutb machen, wenn der AntrSt in seiner ehel Gesinng schwer getroffen ist (Düss FamRZ 78, 26). **Beantragen beide Eheleute** außer der JahresFr von § 1566 I **übereinstimmend die Scheidung** (§ 1564 I 1) od stimmt der and Eheg dem ScheidgsAntr zu (vgl ZPO 630 I Z 1 u II), so ist grdsätzl die unzumutb Härte auf beiden Seiten festzustellen u nicht etwa von II überh abzusehen u die Ehe ggf allein aGrd v I zu scheiden (Stgt NJW 78, 546; Henssler Just 77, 72; Diederichsen NJW 78, 275; aA die 36. Aufl; Schröder FamRZ 77, 767; Kblz FamRZ 78, 33; Karlsr FamRZ 78, 590, wo sich die beiderseit Unzumutbark aber bereits aus den Zerrüttgs-Umst ergab). Diese Auffassg zieht aus dem zusätzl Zweck von II, Scheidgen vor Ablauf eines TrenngsJ überh zu erschweren, die Folgerg, daß bei übereinstimmendem Scheidgsbegehren beider Eheg vor Ablauf v 1 J GetrLeben in der Pers jedes Eheg Grde nach II geltd gemacht w müssen (Stgt NJW 77, 1542; Düss FamRZ 78, 26, 27 u 79, 37; KG FamRZ 78, 34; Hamm FamRZ 78, 28; Kblz FamRZ 78, 31; Brüggemann FamRZ 77, 582). Liegen aber die Voraussetzgen v II für den ScheidgsAntr eines Eheg in bes gravierender Weise vor, dann kann die Ehe auf seinen Antr hin ohne Abweisg des Antr des and Eheg geschieden w, auch wenn bei diesem kein Härtefall gegeben ist (Stgt NJW 78, 52/430 mAv Heinz/Stillner; Stgt NJW 79, 167).

e) Umstände nach II sind nicht Verletzg der ehel Treue schlechthin (Ffm FamRZ 78, 115; aA Düss FamRZ 78, 27); uU ehebrecher Beziehgen, wenn AntrSt selbst in ehewidr Verhältn mit einem und Partner lebt (Hamm NJW 78, 168; Schlesw SchlHA 78, 50); Nichtzahlg v FamUnterh als solche (aA Stgt FamRZ 78, 778); mangelh UnterhLeistgen u abstrakter Vorwurf „übelster" Beschimpfg (Saarbr FamRZ 78, 114); Ablehng einer angebotenen Versöhng bei Überraschg des and Eheg mit eig ehewidr Beziehgen (Brschw NdsRpfl 78, 30); zum Kegelngehen nach Rückkehr des and Eheg aus dem Krankenh (Stgt NJW 77, 546); überh vergleichsw harmlose Umst wie Lieblosigkeiten, ständ Reibereien, wiederholte Aushäusigk, Nachlässigkten, Unverständn f die Belange des and Eheg od der Wunsch, eine neue Ehe einzugehen, auch wenn aus dieser Verbindg bereits ein Kind hervorgegangen ist. Provoziert od veranlaßt ein Eheg dch eig Fehlverhalten Umst, die mit ein ScheidsR aus II geben würden, zB wiederholtes Fremdgehen des Ehem veranlaßt die Ehefr zu eigener ehewidr Beziehgen, so liegt aS des Ehem kein Härtefall vor.

1566 *Zerrüttungsvermutungen.* ¹Es wird unwiderlegbar vermutet, daß die Ehe gescheitert ist, wenn die Ehegatten seit einem Jahr getrennt leben und beide Ehegatten die Scheidung beantragen oder der Antragsgegner der Scheidung zustimmt.

IIEs wird unwiderlegbar vermutet, daß die Ehe gescheitert ist, wenn die Ehegatten seit drei Jahren getrennt leben.

Schrifttum: Habscheid,Festschr f Bosch 1976 S 355; Schlosser FamRZ 78, 319 (einverständl Scheidg u StreitGgst); Brehm JZ 77, 596; Scheld JR 78, 49 (Standort v ZPO 630); Deubner NJW 78, 2585 (Vorrang der Zerrüttungsvermutg).

1) Fristenscheidung, eingef dch 1. EheRG Art 1 Z 20, je nachdem ob die Ehel die Scheidg gemeins betreiben od nur einer von beiden; im ersteren Fall wird vermutet, daß die Ehe bereits nach 1 Jahr zerrüttet, im zweiten, daß sie nach 3 J gescheitert ist. § 1566 gibt keinen selbstd ScheidgsGrd; gesch wird stets aus § 1565 I 1, also weil die Ehe zerrüttet ist. Geändert wird ledigl das **Beweisthema:** Statt des unmittelb Nachw, daß die Ehe gescheitert ist, muß das Getrenntleben von 1 bzw 3 Jahren sowie ggf die ScheidgsZu-

Bürgerliche Ehe. 7. Titel: Scheidung der Ehe **§ 1566** 1–3

stimmg dch den and Eheg nachgewiesen w (vgl NJW 77, 276). Die Vermutgen sind **unwiderleglich,** dh der Bew des GgTeils ist ausgeschl (ZPO 292 S 1). Desh hält Habscheid aaO S 370 den § 1566 in beiden Absätzen f unvereinb mit GG 6 I. Zu den ehefeindl Folgen einer bl widerlegb Vermutg vgl BT-Drucks 7/4361 S 12; Vogel FamRZ **76**, 483. Das Ger kann also iFv I nicht die Feststellg treffen, daß die Ehe trotz des 1-jähr GetrLebens der Ehel noch zu retten sei u desh die Scheid verweigern, ebsowen wie iFv II der an der Ehe festhaltde Eheg mit dem Nachw zugelassen w, die Ehe sei trotz der 3-jähr Trenng der Eheg noch nicht gescheitert. Er hat lediglich die Möglichk, die derzeit Scheid dch Anwendg von § 1568 zu vermeiden. Ferner kann das FamG vAw das ScheidgsVerf aussetzen, wenn Aussicht auf Fortsetzg der Ehe besteht (ZPO 614 II 1); allerd darf das Verf nicht gg den Widerspr beider Eheg ausgesetzt w, wenn die Eheg länger als 1 J getrennt leben (ZPO 614 II 2). Die Aussetzg darf einmal wiederholt w, insges aber die Dauer von 1 J u bei mehr als 3-jähr Trenng sogar nur von 6 Mo nicht überschreiten (ZPO 614 IV). **Zweck:** Die gesetzl Vermutg entlastet den Richter davon, vAw alle Tats u Umst zu erforschen, die für od gg die unheilb Zerrüttg der Ehe sprechen u Bew darüber zu erheben; die richterl Rechtl wird erleichtert u besser vorhersehb. Dem AntrSt wird die unangenehme Last abgen, die ehel Verhältn dem Ger bis in Einzelh offenzulegen (BT-Drucks 7/650 S 109). Die **Einhaltung der Trennungsfristen** ist vom Gericht genau zu untersuchen (BT-Drucks 7/650 S 112). Lassen sich die in Frage kommden Daten nicht feststellen, bleibt nur Scheidg nach § 1565 I 1. Zur Nichtberücksichtigg von Trennsunterbrechngen vgl § 1567 Anm 3. Liegen bei Rhängigk des ScheidsAntr die FristVoraussetzgen des § 1566 nicht vor, Abweisg des Antr auf Scheidg als unbegründet mögl; also kein Weitersparen von Fristen innerh des Verfahrens im Vertrauen auf die Länge des Proz. Liegen die Voraussetzgen des 1- bzw 3-jähr GetrLebens aber bis zum Schluß der letzten mündl TatsVerhdlg vor, dann Scheidg, auch wenn Teile der Frist erst im Laufe des Verf abgelaufen s. Eine Scheidg aGrd der Trenngsfristen kommt nicht in Betr, sond nur eine solche nach dem GrdTatbestd des § 1565 I 1, wenn iR der §§ 1353 ff von den Ehel eine **Ehe ohne häusliche Gemeinschaft** geplant war, zB Schauspieler, Strafgefangener, langfr Auslandsbeschäftigg u sonst Doppelwohngen (Brüggemann FamRZ **78**, 91; aA Schwab Handb Rz 122).

2) Einverständliche Scheidung nach 1 Jahr Getrenntleben, I. Ggü der Konventionalscheidg muß 1-jähr Trenng der Eheg hinzutreten, wodch überetilen Scheidgen insb jüngerer Ehel vorgebeugt w soll (BT-Drucks 7/650 S 112 u 7/4361 S 11). GetrLeben von 1 Jahr gem § 1567 ersetzt den Nachw des Scheiterns der Ehe iSv § 1565 I 1. GgBew ausgeschl (Anm 1). **Scheidungserschwerung** aber auch in diesem Fall dadch, daß das FamG dem ScheidgsAntr nur stattgeben darf, wenn es zugleich auch über bestimmte **Familienfolgesachen** (ZPO 621 I), also über die Regelg der elterl Sorge, des Umgangs mit dem Kinde, dessen Herausg, des Unterh ggü diesem u ggf dem and Eheg, der Ehewohng u des ehel Hausrats, der Anspr aus dem ehel GüterR usw, **mitentscheidet,** u zwar entweder, wie hins der Regelg der elt Sorge, vAw (ZPO 623 III) od soweit dies von einem Eheg rechtzeitig begehrt w, auf Antr (ZPO 623 I). **Voraussetzungen: a) Einjähriges Getrenntleben** vgl Einzelheiten § 1567. **b)** Unbeschadet der ZPO 622 muß bereits die **Scheidungsantragsschrift** (mit der Folge, daß dadch der Entscheidungsverbund zwingend wird) enthalten: den **übereinstimmenden Vorschlag der Ehegatten** zur Regelg der elt Sorge über ein gemschaftl Kind sowie zur Regelg des Umgangs mit dem nicht sorgeberecht EltT, ferner die Einigg der Eheg über die Regelg der ggseit UnterhPfl sowie derj ggü den Kindern u einen Regelgsvorschlag bezügl Ehewohng u Hausrat (ZPO 630 I Z 2 u 3). Nach Schlosser FamRZ **78**, 319 handelt es sich hierbei um materiellrechtl Scheidsbedinggen, nicht um ZulässigkVoraussetzgen eines bes Verf der einverständl Scheidg (ebso Brehm JZ **77**, 596). Das Ger soll dem ScheidgsAntr ferner erst stattgeben, wenn die Eheg ü die UnterhPflichten u der RVerhältn an Ehewohng u Hausrat einen vollstreckb Schuldtitel geschaffen haben (ZPO 630 III). Die einverständl Scheidg der Eheg setzt also mehr voraus als nur die Einsicht, nicht zueinand zu passen; die Ehel müssen vielm hins der gen Folgesachen untereinand ein Einverständn erzielen (Zweibr FamRZ **83**, 1132). Gelingt ihnen dies nicht, bleibt nur die Scheidg nach dem GrdTatbest des § 1565 I 1 (vgl BT-Drucks 7/650 S 113). Der Einiggzwang ist zwingdes Recht (BT-Drucks 7/4361 S 70). Einvernemen über einz Frage reicht nicht aus. Die erleichterte Scheidg gem §§ 1565 I 1, 1566 I setzt Übereinstimmg der Ehel in sämtl Folgesachen des ZPO 630 I 2 u 3 voraus. Andernf bleibt den Ehel der Nachw, daß ihre Ehe gescheitert ist, nicht erspart, worauf der Richter über Folgesachen iRv ZPO 623 III vAw entscheidet; od sie müssen, wenn ihnen der Nachw der vollst Zerrüttg ihrer Ehe nicht gelingt, zwei weitere Jahre getrennt leben (§ 1566 II). Bei Einverständn der Eheg ist Scheidg aber nach 1jähr Getrenntl auch unabhäng von ZPO 630 unmittelb aus § 1565 I zul, auch wenn zunächst eine einverständl Scheidg versucht wurde (Hbg FamRZ **79**, 702). Antr bzw Zust § 1566 I bewirken dch § 1565 I die unwiderlegl Vermutg der Zerrüttg, so daß bei späterer einseit Zurückn v Antr od Zust automat aus § 1565 I gesch w müßte (so aber Kniebes DRiZ **76**, 327, die aber das RechtsInst der Vermutg verkennt). **c)** Grdlage der Scheidg gem I ist der **Scheidungskonsens der Ehegatten,** so daß allenf nach § 1565 geschieden w kann, wenn die Eheg nicht im Einvernehmen, sond unabh vom gleichen Endziel mit verschiedenart Begründg die Scheidg betreiben (Brüggemann FamRZ **78**, 97); der korrespondierde **Scheidungsantrag** setzt anwaltl Vertretg voraus, nicht dagg die **Zustimmung** zur Scheidg. Zustimmg muß grdsl ausdrückl erfolgen; nur in AusnSituationen reicht schlüss Verhalten aus. Insb bedeutet Mitwirkg bei der ScheidgsfolgenVereinbg nicht ow Zust zur Scheidg (AG Mosbach FamRZ **77**, 810). Keine Zust enthält auch die Erkl, dem ScheidgsAntr nicht entggzutreten (Stgt NJW **79**, 662). Wird sie währd des Verf widerrufen (ZPO 630 II 1), so (mangels entspr Sachvortrags zu § 1565 I 1) keine Umdeutg des ScheidsAntr in einen solchen auf Scheid aGrd Zerrüttg; aber Umstellg mögl (NJW **77**, 655). Einlegg eines Rechtsm zZw des Widerrufs der Zustimmg zur Scheidg zul (BGH **89**, 325).

3) Einseitige Scheidung nach 3 Jahren Getrenntleben, II. Verfassgskonform, auch f Altehen (BVerfG NJW **80**, 689; BGH NJW **79**, 978 = JR **79**, 418 mAv Görgens). Will nur ein Ehegeg gesch w, so besteht nach 3jähr GetrLeben der Ehel die Vermutg, daß die Ehe gescheitert ist. Sie wird dann auf den einseit Antr nur eines Eheg auch **gegen den Willen des anderen Ehegatten** geschieden, unabh davon, ob der Nachw iSv § 1565 I 1 zu führen wäre, daß die Ehe gescheitert ist. Zu Härtefällen § 1568. Einer Einigg der Ehel über die

1425

§§ 1566, 1567   4. Buch. 1. Abschnitt. *Diederichsen*

Folgesachen wie in Anm 2 bedarf es hier nicht; das FamG entscheidet darüber ggf vAw. Im Ggsatz zu Kln NJW **78**, 167 ist eine verfassgskonforme Auslegg von II (unwiderlegl Vermutg!) nicht mögl; die Vorschr ist entweder mit GG 6 I vereinb od nicht (Deubner NJW **78**, 2586).

1567 *Getrenntleben.* ¹Die Ehegatten leben getrennt, wenn zwischen ihnen keine häusliche Gemeinschaft besteht und ein Ehegatte sie erkennbar nicht herstellen will, weil er die eheliche Lebensgemeinschaft ablehnt. Die häusliche Gemeinschaft besteht auch dann nicht mehr, wenn die Ehegatten innerhalb der ehelichen Wohnung getrennt leben.

II Ein Zusammenleben über kürzere Zeit, das der Versöhnung der Ehegatten dienen soll, unterbricht oder hemmt die in § 1566 bestimmten Fristen nicht.

1) Die dch das 1. EheRG Art 1 Z 20 eingef Vorschr enthält eine **gesetzliche Bestimmung des Begriffes „Getrenntleben"**. Im Ggs zum früh R kommt es für die Rfolgen nicht mehr darauf an, ob ein R zum GetrLeben besteht od nicht (vgl § 1353 II). Die Auslegg muß sich an der Funktion orientieren, die dem Getrenntl nach dem neuen ScheidgsR zukommt; die Rspr zu EheG 48 aF ist nur noch bedingt verwertb (Mü FamRZ **78**, 596). Begriffl entscheidd das Nichtzusammenleben der Eheg an einer gemschaftl Wohnstätte wobei gewisse Individualisierg der Intensität der häusl Gemsch (Landwirts-, Schauspielerehepaare usw) notw (D. Schwab FamRZ **76**, 499). Das GetrLeben ist ein rein fakt Zust, seine Herbeiführg erfolgt nicht dch RGesch, sond ist Realakt; die Aufhebg der häusl Gemsch setzt eine willensbedingte Hdlg voraus (BT-Drucks 7/650 S 113), so daß Trenngen der Eheg gg ihren Willen so lange keine GetrLeben bewirken, wie nicht mind einer von ihnen dch sein Verhalten nach außen zum Ausdr bringt, daß er die häusl Gemsch nicht wieder aufzunehmen wünscht; zB freiwill Unterlassen der Rückkehr nach Beseitigg der Zwangslage. Bloßes Hinnehmen der Trenng reicht also nicht aus. Die sich an das GetrLeben anknüpfden **Rechtsfolgen** beruhen ebenf ausschließl auf dem Gesetz (vgl §§ 1357 III, 1361, 1361a, 1385, 1566, 1629, 1672, 1678, 1679). Zur Abgrenzg ggü der Aufhebg der LebGemsch § 1565 Anm 2a. Eine der wichtigsten Rfolgen des GetrLebens ist die, daß die Einhaltg bestimmter Trenngsfristen (von 1 bzw 3 Jahren) scheidgswill Ehel den Nachw erspart, daß ihre Ehe gescheitert ist (§ 1566). Grdsl bleiben die ehel Pflichten während des GetrLebens erhalten; aber evtl ist das Verlangen vS desj Eheg, der die Heimtrenng herbeigeführt hat, mißbräuchl (vgl § 1353 II m Anm). Leben die Eheg bei Gütertrenng getr, ohne daß mit einer Wiederherstellg gerechnet w kann, so braucht das Verlangen eines Eheg, der Eigentümer des Grdst u der Wohng ist, der und möge diese herausgeben, nicht rechtsmißbräuchl zu s (Stgt NJW **70**, 101). Keine güterrechtl Wirkgen (RG JW **13**, 1058); vgl aber § 1385. Steuerrechtl Einzelveranlagg, EStG 26 I (BFH NJW **73**, 2079). EigtVermutgen nur noch eingeschränkt wirks (§ 1362 I 2). **Schadensersatz** uU bei Trenng zur Unzeit. Aber nicht bei MitArbeit in landwirtsch Betr, auch nicht iR v GütGemsch (BGH FamRZ **86**, 42). **Klarheit über das Getrenntleben** (wicht wg § 1566) verschafft sich ein Eheg dch die Aufforderg an den and Teil, die Gemsch wieder herzustellen (vgl Einf 3 v § 1353 sowie § 1353 Anm 2b bb). Rfolgen sind mit dieser Auffdg nicht mehr verbunden (zur früh RLage 35. Aufl EheG 50 Anm 4b).

2) Begriffl erfordert das GetrLeben obj das Nichtbestehen der häusl Gemsch u subj die Trenngsabsicht (BT-Drucks 7/650 S 114; sa NJW **77**, 277). Die Eheg **leben** iS des Gesetzes **getrennt** unter **zwei Voraussetzungen, I 1**:

a) **Nichtbestehen der häuslichen Gemeinschaft.** Es gilt der **Grundsatz der totalen Trennung**: Mit Rücks auf die Zerrüttgsvermutgen des § 1566 müssen die Gemeinsamkeiten grdsätzl in allen Lebensbereichen aufgegeben sein (Kln FamRZ **78**, 34; Ffm FamRZ **78**, 595). Für I 2 reicht es nicht aus, wenn die Eheg, sei es auch nur der Kinder wg, noch das SchlafZi teilen, gemeins essen u teilw auch gemeins die Freizeit verbringen (Celle NdsRpfl **77**, 247). Abzulehnen ist die Auffassg, daß es für die Trenng der Ehel genüge, wenn wesentliche Merkm der häusl Gemsch nicht mehr vorlägen (so Damrau, NJW **77**, 1623; Schwab Hdb Rz 130; wie hier Brüggemann FamRZ **78**, 92). Lediql wenn aus wirtschaftl Notwendigk gewisse Dienstleistgen, wie sie auch Untermietern ggü erbracht w, forterbracht werden, braucht das Ann einer Trenng nicht entggzustehen (Mü FamRZ **78**, 596); allerd wird man in solchen Fällen andere Hinweise für die Einstellg der ehel LebGemsch iü verlangen müssen iS echter Verzichtleistgen, um dem Auf Teil aus dem Wege zu gehen. Erforderl ist eine vollkommene tatsächl Trenng der Eheg. Das ist insb dann der Fall, wenn sie versch Wohngen bezogen haben, was man für das GetrLeben ijF voraussetzen muß, wenn die Ehel sich dies wirtschaftl leisten können. Aber auch, wenn die Ehel **noch in derselben Wohnung leben,** kann die häusl Gemsch aufgeg sein, sofern nu ein Zustand herbeigeführt ist, der eine vollst Trenng bedeutet, **I 2**, was nach obj Kriterien u eindeutigen, äußeren TrenngsKonturen zu beurt ist (Kln FamRZ **82**, 807). Die Ehel müssen innerh der bisher ehel Wohng bei gemeins Benutzg von Küche, Bad uä die Zimmer unter sich aufgeteilt haben. Getrennt Schlafen u Essen genügt nicht (BGH FamRZ **69**, 80). Hingg spricht Tätigk, die nur den Kindern zugute kommt, od eine solche in der Landwirtsch od dem Gesch des and Eheg noch nicht gg die Aufhebg (RG **167**, 301), ebsowenig vereinzelte Sorgetätigkten od Beistand in Notfällen wie Krankh (D. Schwab FamRZ **79**, 16). Auch bei dauernder Hilfsbedürftigkeit des einen Eheg inf geist Erkrankg muß der scheidgswill Eheg die Aufhebg der häusl Gemsch in dem nach den Umst weitestmögl Umfg herbeiführen (BGH NJW **79**, 1360). Läßt AntrSt sich ausschließl von seiner Mutter versorgen, steht dem AntrGegn f nicht uU nicht einmal entgg, wenn Ehel bisw gleichzeit am Tisch essen (BGH NJW **78**, 1810). Aufhebg aber zu verneinen, wenn die Frau weiterh für den Mann kocht u dieser gelegentl in der Wohnung übernachtet (RG **163**, 277). Ebsowenig lassen sich als bl Äußerlichkten qualifizieren, die einen Getrenntl innerh der Wohng nicht entggstehen, wenn SchlafZi gemeins benutzt w, die AntrSt die Wäsche besorgt u für die ganze Fam die Mahlzeiten zubereitet (aA Kln NJW **78**, 2556). Auch BGH NJW **79**, 105 (als RevInst zu Kln FamRZ **78**, 34) verneint Getrenntl, wenn Ehem im Wintergarten schläft, die Ehefr ihn jedoch weiter versorgt u die Mahlzeiten gemeins eingen w. Ein GetrLeben innerh der Wohng kann bejaht w, wenn die sachl Kontakte zw den Ehel nur geringfüg über dem liegen, was anges des gemeins Wohnens u im Hinbl auf das Kind erforderl ist (Karlsr FamRZ **80**, 52; Düss FamRZ **82**, 1014), wie zB sonntägl Mittagessen mit den

1426

Bürgerliche Ehe. 7. Titel: Scheidung der Ehe § 1567 2, 3

gemschaftl Ki als einz Gemeinsamk (Kln NJW **87**, 1561). Zu den Erfordern des GetrLebens in ders Wohng Einzelheiten bei D. Schwab FamRZ **76**, 502. Eine Entfremdg der Eheg ist begriffl nicht erfdl. Zu unbest Damrau NJW **77**, 1623, der für I 2 nur verlangt, daß als maßgebl empfundene Gemeinsamkeiten nicht mehr bestehen. Trenng innerh der Wohng ist leichter glaubh, wenn mRücks auf Mißhdlgen das Bemühen der Ehefr, jedem vermeidb Kontakt mit dem Ehem aus dem Wege zu gehen, die innere Wahrscheinlichk für sich hat (Hamm FamRZ **78**, 511). Zu der Gefahr, daß strenge Anfordergen an den Begr des GetrLebens zu einer sozial gestuften Scheidgsbarriere führen können, vgl treffd D. Schwab FamRZ **79**, 17 mit dem Arg, daß die Eheg mit der Scheidg genau den Zustand erstreben, den herzustellen ihnen iR des GetrLebens angebl unmögl ist. Iü ist die **Zuweisung der Ehewohnung** bereits vor Einleitg eines ScheidgsVerf zul, um die Trenng der Parteien zu ermöglichen (§ 1361 a Anm 1; Einf 4 c vor § 1564 m RsprNachw).

b) Trennungsabsicht. Die Aufg der häusl Gemsch muß sogleich od später dem nach außen in Erscheing tretden Willen mind eines der beiden Eheg entsprechen, der mit dem and nicht mehr zusleben will. GetrLeben setzt voraus, daß ein Eheg die häusl Gemsch erkennb nicht herstellen will, weil er die ehel LebGemsch ablehnt. Ausziehen aus der Ehewohng, um einen gewissen Abstand zu gewinnen, ausreichd (D. Schwab FamRZ **76**, 500). Ob die TrenngsAbs einseit od wechselseit vorh ist, ist unerhebl; nur muß sie gerade in der Pers desj Eheg gegeben sein, der die räuml Trenng aufrechterhält. Bei beiderseit Trenngswillen entscheidet iRv § 1566 der zuerst geäußerte Wille. Die Abs, die Trenng herbeizuführen, muß **erkennbar** hervorgetreten sein, was insb dann nicht fehlt, wenn die Trenng zunächst aus berufl Grden erfolgte u der Wille zur Aufg der häusl Gemsch erst später hinzukommt (BGH **4**, 279). Der Wille muß eindeut nach außen hervortreten, Einstellg des Briefwechsels genügt im allg nicht (BGH **LM** EheG 48 I Nr 7). Dem and Eheg muß der Entschluß nicht unbedingt mitgeteilt werden (BT-Drucks 7/650 S 114). Irrtümer in diesem Bereich unerhebl. Wer nach außen getr lebt, kann sich (etwa iRv §§ 1361 od 1672) nicht auf das Fehlen der TrenngsAbs berufen, ebsowenig wie umgek derj sich auf § 1566 stützen kann, der irrtüml geglaubt hat, er lebe vom and Eheg getr. Glaubte ein Eheg, der and sei tot, so fehlt es am Aufhebgswillen (Brschw FamRZ **54**, 51). Wg dieses Willenserfordern ist die häusl Gemsch nicht aufgeh, wenn die Abwesenh eines Eheg ausschließl auf berufl, geschäftl, gesundheitl od ähnl Grden beruht, wenn also die Trenng nach den bestehden LebVerhältnissen dem regelmäß Lauf der Dinge entspricht (RG DR **40**, 449). Monate- od jahrelange Abwesenh zB des Wissenschaftlers, Geschäftsmannes, Schauspielers (RG **164**, 332), Seemanns, Ing, Gefangenen zur Verbüßg einer FreihStrafe (BGH **38**, 266), auch wenn ein Eheg sich schon iZtpkt der Eheschließg in Strafhaft befand (KG FamRZ **78**, 342), od aGrd schwier WohngsVerhältn (RG DRZ **26** Nr 1025) od der polit Verhältn (Zurückbleiben in Oberschlesien, BGH **LM** EheG 48 I Nr 7) bedeutet regelmäß keine Aufhebg der häusl Gemsch, so daß bei Schwierigkeiten, sich nach der Rückkehr wieder aneinand zu gewöhnen, Fristen gem § 1566 nach erneuter förml Trenng zu laufen beginnen. Getrenntleben aber zu bejahen, wenn bei Strafhaft ScheidgsAntr gestellt w (Bambg FamRZ **81**, 52) od iR eines AuslandsAufenth ein Eheg dem and mitteilt od sonst nach außen kundtut, an der ehel LebGemsch nicht mehr festhalten zu wollen od wenn Ehem seine Frau, die ihm Homophilie vorwirft u das Haus zu sprengen versucht, aus dem Sudan nach Hause schickt (Hamm FamRZ **78**, 190). Die Ausleg der Vorschr hat sich überh nicht daran zu orientieren, daß die Trenng Grdlage für die Vermutg sein soll, daß eine Ehe dann gescheitert ist, wenn eine Trenng „in ehefeindl Abs" andauert (vgl BT-Drucks 7/650 S 114). Umgek kann das Vorhandensein des Willens zum GetrLeben so deutl sein, daß darüber Mängel in der tats Trenng nicht ins Gewicht fallen (vgl Anm a zu I 2). Ebso entscheidet der Wille, wenn häusl Gemsch nie bestanden hat (BGH **38**, 266).

3) Trennungsfristen sind genau festzustellen (§ 1566 Anm 1 aE). Haben die Eheg nach einer Zeit der häusl Trenng die Gemsch wieder aufgen u trennen sie sich dann erneut, so wird die erste TrenngsZt nicht zur 1- od 3-J-Fr des § 1566 zugerechnet, vielm beginnt die Fr von neuem zu laufen (Kumulierungsverbot). Dagg soll ein **Zusammenleben über kürzere Zeit** die Trenngsfristen nicht unterbrechen bzw deren Zusammenzählg nicht ausschließen, **II,** um den Ehel Versöhngsversuche zu erleichtern u sie nicht dadch davon abzuhalten, die ehel Gemsch wieder aufzunehmen, daß sie befürchten müssen, bei einem Scheitern dieses Versuches die „angesparten" Fristvorteile einzubüßen (BT-Drucks 7/650 S 114). Gilt für § 1565 II entspr (Celle FamRZ **79**, 234; Kln FamRZ **79**, 236; Kniebes DRiZ **76**, 326; Damrau NJW **77**, 1624). Die ehefreundl Zielsetzg der Vorschr hat die Ausleg zu bestimmen; aA D. Schwab FamRZ **76**, 501, der II einschränkd auslegen will. Hiernach 3 Mo nicht mehr kürzere Zt (Hamm NJW-RR **86**, 554). Versöhngsversuch von der **echten Versöhnung** zu unterscheiden, die ggf neue TrenngsFr erfordert (Hamm NJW-RR **86**, 554). Bl Versuch eindeut, wenn Rückkehr unter Bedingg (zB daß Trinkerei aufgegeben w) od Befristg (Urlaub uä). Nach Damrau NJW **77**, 1624 sollen auch echte Versöhngen die TrenngsFr nicht unterbrechen, wenn innerh kürzerer Frist dann wieder eine Trenng herbeigeführt w. Die Ablehng der im GesetzgsVerf diskutierten Änd von II in eine KannBestimmg (vgl BT-Drucks 7/4361 S 28) hat angesichts der unbest RBegriffe keinerlei Bedeutg. Die ZusRechn der Trenngsfristen od deren Versagg bleibt Sache des Einzelfalles. Die **Beweislast** dafür, daß ein ZusLeben iSv II nicht nur der Versöhng dienen sollte, sond zu einer echten Aussöhng geführt hat, trägt der Gegner des ScheidgsAntr (Celle FamRZ **79**, 234).

a) Zusammenleben über kürzere Zeit liegt auch vor bei verhältnismäßig längerem Zusammensein, sofern die Relation zu den jew maßgebl Trenngsfristen gewahrt bleibt. Bei den 3 Jahren von § 1566 II mag selbst ein mehrmonat ZusWohnen noch als kürzere Zeit gelten. Entscheid auch die ZerrüttgsGrde (vgl § 1565 Anm 3); unzul jedoch, auf ein ZusLeben über kürzere Zt daraus zu schließen, daß ex post die Vorläufigk des ZusLebens offenb wurde (Kln FamRZ **79**, 236). Wiedervereinigg mit geringfüg TrenngsAnlässen berecht eher zur Annahme einer echten Versöhng als wenn schwerwiegde Grde zur Trenng geführt haben. Wollen es die Ehel dann doch noch einmal „miteinand versuchen", so II, wenn sie scheitern. Ow unberücksichtigt bleiben gelegentl Besuche od ein von vornh zeitl begrenztes ZusSein (RG **160**, 285; HRR **41**, 114) od wenn beide Eheg in dem GewBetr, dessen Küche die Frau leitet, verköstigt w (RG HRR **42**, 102). Zu berücks ferner, wann innerh des FrLaufs die vorübergehe Wiedervereinigg stattgefunden hat; je nach dem Charakter der betr Eheg kann Unterbrechg die Trenng am Anfang od gg Ende der Fr bes

Bedeutg haben. Längeres ZusLeben als 4 (Kln FamRZ **82**, 1015) od 3 Mo nicht mehr „kürzere Zt" (Zweibr FamRZ **81**, 146).

b) ZusLeben soll **der Versöhnung dienen,** dh es muß subj die Abs vorliegen, die Ehe zu retten, indem die häusl Gemsch wiederhergestellt w. Dahinter stehe weitere Motive schließen die AussöhngsAbs nicht aus, wie WiederAufn des and Eheg aus Mitleid, Rückkehr aus einer persönl Notsituation uä.

1568 *Härteklauseln.* Die Ehe soll nicht geschieden werden, obwohl sie gescheitert ist, wenn und solange die Aufrechterhaltung der Ehe im Interesse der aus der Ehe hervorgegangenen minderjährigen Kinder aus besonderen Gründen ausnahmsweise notwendig ist oder wenn und solange die Scheidung für den Antragsgegner, der sie ablehnt, auf Grund außergewöhnlicher Umstände eine so schwere Härte darstellen würde, daß die Aufrechterhaltung der Ehe auch unter Berücksichtigung der Belange des Antragstellers ausnahmsweise geboten erscheint.

Schrifttum: Ambrock FamRZ **78**, 314; Görgens FamRZ **78**, 647; Ramm JZ **81**, 82; Wilkens FamRZ **81**, 109; Roth-Stielow NJW **80**, 2504. **Zum UÄndG:** Schwab FamRZ **84**, 1171; Ramm JZ **86**, 164; Diederichsen NJW **86**, 1285.

1) Die Bestimmg gibt aGrd von **zwei Härteklauseln** die Möglichk, die Scheid abzuwenden, obwohl die Ehe gescheitert ist. Als Grde für die Aufrechterhaltg der Ehe werden nur das Interesse **minderjähriger Kinder,** die aus der Ehe hervorgegangen s, u die **für den anderen Ehegatten persönlich untragbare Härte der Scheidung** anerkannt. Dagg hat der GesGeber die Einführg einer allg RMißbrKlausel abgelehnt, da sie eine Rückkehr zum Verschuldensprinzip bedeutet hätte (BT-Drucks 7/650 S 117). Vermieden wird nicht die Scheidg schlechthin, sond nur die **Scheidung zur Unzeit** (vgl BVerfG NJW **81**, 108; Schlesw NJW **78**, 53). Der Härteeinwand hat teils Einrede-, teils EinwendgscharakteR: Berücksichtigg der Kindesinteressen vAw (Bergerfurth FamRZ **77**, 357), dagg der „außergewöhnl Umst" nur, wenn vor demj Eheg, der die Scheidg ablehnt, vorgebracht sind (ZPO 616 III). Voraussetzg für die Anwendg der Härteklauseln ist eine gescheiterte Ehe. Sie gelten sowohl iFv § 1565 I 1 als auch iFv § 1566 II, dagg nicht iFv § 1566 I, wenn beide Eheg übereinstimmd die Scheidg wollen (BT-Drucks 7/650 S 116); allerd kann die Zust zur Scheidg bis zum Schluß der mündl Verhdlg, auf die das Urt ergeht, widerrufen w (ZPO 630 II 1) mit der Folge, daß dann auch der Weg frei ist für eine Berufg auf § 1568. Doch wird unter diesen Umst kaum je ein Härtefall vorliegen. Trotz Formulierg als Soll-Vorschr muß FamG bei Vorliegen der Voraussetzgen Ehescheidg ablehnen. Subsumtion unter die sprachl verdorbene Bestimmg nicht mögl. Eindeut ist lediglich, daß sie **nur in krassen Ausnahmefällen** Anwendg finden soll (NJW **77**, 278). Lüke (Festschr f Bosch 1976 S 642f) hält die 2. Alt der Härteklausel für unvereinb mit GG 2 I; aber auch wenn die EheschließgsFreih aus GG 6 I abgeleitet w (BVerfG **29**, 179; **31**, 58; **36**, 146), kann dies immer nur für die 1. Eheschl gelten, währd diese ggü weiteren Eheschließgswünschen ihres Bestandsschutz des GG 6 I genießt. Insow wird diese ggü dch GG 6 eingeschränkt (Ambrock FamRZ **78**, 314). Das 1. EheRG enthielt in § 1568 II eine **Befristung der Härteklauseln:** Nach 5jähr Getrenntleben sollte der scheidgswillige Eheg die Scheidg ijF erzwingen können (vgl 45. Aufl Anm 1 u 4b). Nachdem diese Regelg dch BVerfG NJW **81**, 108 für verfassgswidr erkl w war, hat das UÄndG II aF aufgehoben. **Übergangsrecht:** In den wg der VerfWidrigk v II aF nach der Rspr des BGH (NJW **84**, 2353; FamRZ **85**, 905) ausgesetzten Verf ist nunmehr zu prüfen, ob derzeit noch HärteGrde vorliegen. Nur wenn dies der Fall ist, muß die Scheidg weiterhin versagt w. In allen and Fällen ist zu scheiden.

2) Aufrechterhaltung der Ehe im Interesse minderjähriger Kinder. Die Vorschr ist AusnBestimmg, so daß die Ehescheidg nicht allg m Rücks auf das Vorhandensein mj Kinder versagt w darf. Empfehlensw uU Einschaltg des JugA (Kemper ZBlJugR **77**, 414).

a) Zu berücksichtigen sind nur die aus der zur Scheidg anstehenden Ehe hervorgegangenen mj **Kinder,** gleichgült ob sie bereits **in der Ehe geboren** w od dch Verheiratg des Vaters mit der Mutter ehel geworden s (§ 1719). Entspr ihrem Schutzzweck ist die Vorschr auch zGv Kindern anzuwenden, die von beiden Eheg adoptiert w sind (§ 1754 I), dagg nicht bei Stiefkindern, vor- u außerehel Kinder, auch wenn sie einbenannt (§ 1618) od EhelichErkl legitimiert w sind (§§ 1736, 1740 f). Das Gesetz stellt pauschal auf die **Minderjährigkeit** der Kinder ab; das Schutzbedürfn besteht vor allem bei Kleinkindern u währd der Pubertät. Auch ein 17-jähr Jugendl benötigt uU Schutz vor der Scheidg der Ehe seiner Elt (Selbstmordgefahr). Vgl iü Anm 4. Ist der Mj seiners verheiratet (EheG 1 II), scheidet § 1568 aus. Die Interessen mehrerer mj Kinder können die Scheidgsresistenz der Ehe erhöhen.

b) Die Aufrechterhaltg der Ehe muß **aus besonderen Gründen ausnahmsweise notwendig** sein (zur Krit an der GesFassg ausführl: 45. Aufl). Abzuwägen ist die abstrakte freie PersönlichkEntfaltg des aus der Fam hinausstrebden Eheg gg die konkret voraussehb Schäden u Nachteile, die das Kind dch die Trenng seiner Elt erleidet bzw nicht auch selbst zufügt. Zu berücks auch idR dr die Scheidg anstrebde EltT schon wg der Fristen des § 1566 getr lebt. IjF muß pos festgestellt w, daß die Aufrechterhaltg der elterl Ehe zum Wohl des Kindes tatsächl beizutragen vermag u darüber hinaus notw ist. Für die prakt Anwendg ist die Vorschr weitgehend verfehlt, weil sie nicht eindeut festlegt, inwiew der scheidgswill Eheg um egoist Ziele willen sich der für die Fam übernommenen Verantwortg entziehen darf. Das allg Interesse des Kindes daran, daß ihre Elt sich nicht scheiden lassen, reicht nicht aus. **Härtefälle** aber bei ernsthafter Gefahr der Selbsttötg eines mj Ki (Hbg FamRZ **86**, 469); wenn als Folge der Scheidg gesellschaftl, insb schulische Diskriminierg zu befürchten sind; wenn dch die Ehescheidg der Unterh der Kinder gefährdet würde; nicht dagg das Interesse an Vergrößerg von Erbansprüchen, Vermeidg einer neuen Eheschl eines EltT.

3) Schwere Härte für den Scheidungsgegner. Da die Scheidg, wenn auf seiten des einen Eheg ein absoluter Scheidgswille vorhanden ist, trotz Abschaffg v II (vgl Anm 1 u 4) nicht endgült abgewendet w kann, kann der **Zweck** dieser Härteklausel nur darin liegen, dem and Eheg Zeit zu geben, sich auf die neue

Situation einzustellen (BT-Drucks 7/4361 S 13). Die Vorschr gewährt also nur einen zeitl begrenzten Ehebestandsschutz. Beschrkt man die Anwendbark der Härteklausel auf die Scheid zur Unzeit, so ist die Konsequenz, daß Scheid begehrt w kann, sobald die Umstellg auf die neue Situation als abgeschl anzusehen ist (arg: „wenn u sol"). Die Ablehng der Scheidg muß das einz Mittel sein, um den Eheg vor einer für ihn dch die Scheidg entstehden nicht erträgl Lage zu bewahren (BT-Drucks 7/650 S 116). Zum Nachw der Härte bedarf es eines **substantiierten** Vortrags (Zweibr FamRZ **82**, 293).

a) Ob der Eheg, der nicht gesch sein will, dch eine Scheidg bes **hart betroffen** würde, beurteilt sich nach seinem Wesen, seiner geist od körperl Veranlagg, seiner Stellg u seinen Leistgen in der ehel Gemsch u den LebUmst, in die er dch die Scheidg eintreten würde; entscheid ist der ungewöhnl Einzelfall. Es können nur solche Härten berücksichtigt w, die sich als Folge der Scheidg ergäben; Umstde, die schon dch die Zerstörg des ehel Verhältn od dch das Getrenntl der Eheg eingetreten sind, bleiben außer Betr (Nürnb FamRZ **79**, 819). Die Lage, in der sich die Eheg befinden, muß auch für eine gescheiterte Ehe ungewöhnl sein; das wird dch das Merkm zum Ausdr gebracht, daß die Härte auf **außergewöhnlichen Umständen** beruhen muß (BT-Drucks 7/650 S 116). Beispiele aus der amtl Begründ: Schwere Krankh, Alleinlassen zu einer Zeit besonderer Schicksalsschläge, schicksalhafter Verlauf der Ehe, in AusnFällen die planmäß, einseit u bewußte Zerstörg der Ehe dch einen der Eheg. Härtefälle ferner bei langjähr gemeins Pflege eines behinderten Kindes (Hamm FamRZ **85**, 189); wenn Eheg aus dem Betrieb hinausgedrängt w soll, der ihm LebInhalt ist (D. Schwab FamRZ **76**, 506); wenn AntrGegnerin todkrank ist (Karlsr FamRZ **79**, 512); nach langer harmonisch verlaufener Ehe mit bes aufopfersvollen Leistgen des scheidsunwill Eheg (BGH NJW **79**, 1042 „Likörfabrik"). Entgg dem ausdrückl Ausschl im RegEntw u dch den RAussch (BT-Drucks 7/650 S 117 u 7/4361 S 13) können hierbei auch wirtschaftl Interessen berücks w; allerd ist zu beachten, daß der Ausgl materieller Härten idR im ScheidsfolgenR geschieht u ausr geschehen kann. **Keine Härtefälle** idR, wenn dem scheidsunwilligen Eheg die Bereitsch zur WiederAufn der ehel LebGemsch selber fehlt (BGH FamRZ **85**, 905); ferner bei Festhalten an der Ehe allein aus VersorggsGrden, zB um ggf WwnRente als nicht geschiedene Ehefr zu beziehen (Düss FamRZ **80**, 780); um im Genuß der besseren ärztl Versorgg dch BeamtBeihilfen des Ehem zu bleiben (BGH NJW **81**, 2516); um der Versorggsunsicherh zu entgehen, die beim VA betrieblicher Versorggsanrechte gem VAHRG 2 besteht (BGH FamRZ **85**, 912) od um der Versorggsausgl zu eig Gunsten zu verbessern; weil man dch die Scheidg seine gesellschaftl Stellg verliert (aA D. Schwab FamRZ **76**, 505 f); weil die Ehefr im nachfolgdn HausrVerf nach 50 J aus dem Haus ausziehen muß (BGH NJW **84**, 2353); weil eine geschiedene Frau es in einem kl Ort künft schwer haben würde (Hamm FamRZ **77**, 802); weil psych labiler Alkoholiker sich Halt von der Ehe verspricht (Schlesw NJW **78**, 53) od mRücks auf eine dauernde Hilfsbedürftig inf geist Erkrankg (BGH FamRZ **79**, 469); eine auch schon vor der 2jähr vorhandene HerzKrankh (Düss FamRZ **78**, 36); hohes Alter, angegriffener Gesundh-Zustd u Alleinsein nach der Scheidg (Nürnb FamRZ **79**, 819); weil die Gefahr besteht, daß die AntrGegnerin erneut versuchen w, aus dem Leben zu scheiden (BGH NJW **81**, 2808; FamRZ **84**, 560; aA KG FamRZ **83**, 1133). Nicht ausreichd, daß der scheidsunwill Eheg sein Lebensschicks ganz dem Eheg untergeordnet (Verzicht auf Kinder) hat; es können keine Härten berücksichtigt w, die bereits dch das Zerbrechen der Ehe selbst entstanden sind (BT-Drucks 7/ 650 S 116; Kblz FamRZ **77**, 791). Die Aufrechterhaltg der Ehe scheidet aus, wenn der AntrGegn selbst dch Alkoholabusus u Schimpfkanonaden die erforderl ehel Solidarität vermissen läßt (Kln NJW **82**, 2262). Ferner kein Fall der 1. Altern bei bl moral Versagen, etwa wenn ein Ehem sich aus der Ehe löst u es unterläßt, seiner Frau bei der Betreuung eines nervenkranken Kindes die notw Unterstützg zuteil w zu lassen (Celle FamRZ **78**, 508/898 m abl Anm Ambrock).

b) Zu berücks sind bei der Abwägg auch die **Belange des Antragstellers.** Es kommt darauf an, für wen die Härte, gesch od nicht gesch zu w, überwiegt (BT-Drucks 7/650 S 117). Zum Fall beiderseit lebensbedrohender Erkrankg Hamm NJW-RR **89**, 1159.

c) Die Aufrechterhaltg der Ehe muß **geboten erscheinen.** Das ist weniger als das „notw" iSv Anm 2b, so daß auch geringeren Krisen als Selbstmordverdacht, neurot Schäden u dgl Rechng getragen w kann. Es können aber immer nur eheinterne Umst den Ausschlag geben. Keine Aufrechterhaltg der Ehe also bei bloßer Eifersucht, wenn neue Eheschließg verhindert w soll. IjF ist Voraussetzg für die Anwendg von § 1568, daß der Eheg, der sich auf die Härteklausel beruft, aus innerer Bindg an der Ehe festhält (BT-Drucks 7/4694 S 9), währd es nicht darauf ankommt, ob der AntrSt bei Versagg der Scheidg zum and Eheg zurückkehrt (Ambrock FamRZ **78**, 318).

4) Zeitliche Schranken ergeben sich für die Berufg auf die Härteklauseln des § 1568 nach Aufhebg v dessen II (vgl Anm 1) nur noch aus dem Wortlt selbst. Der AusnCharakter der Scheidgsschranke rechtfertigt es nur, sie so lange anzuwenden, wie die bes Härte vorliegt. Entfällt der Umst, der den ScheidgsAntr zum Scheitern brachte, so kann der Eheg nunmehr erneut auf Scheidg antragen (BT-Drucks 7/650 S 116). Hat sich zB das mj Kind an die UmgangsRegelg iR der §§ 1672, 1634 gewöhnt, so mag die Ehe gesch w; ebso wenn der Scheidgsgegner seinersns neuen Anschl gefunden h.

II. Unterhalt des geschiedenen Ehegatten

Einführung

Schrifttum: Vgl vor § 1601. Göppinger ua, UnterhR, 5. Aufl 1987; Kalthoener/Büttner, Die Rspr zur Höhe des Unterh, 4. Aufl 1989, sowie NJW **89**, 801; Hampel FamRZ **89**, 113; Graba FamRZ **89**, 562. Weitere Lit 41. u 48. Aufl. **Tabellen:** vor § 1601.

1) Vermögensrechtliche Wirkungen der Scheidung im allgemeinen. Insof regeln §§ 1569 ff nur das UnterhR der gesch Eheg u die UnterhVerträge (§ 1585 c). Ergänzt werden die Bestimmgen dch § 1629 II.

Wg der vermögensrechtl Wirkgen im übr Einf 3 vor § 1564. Diese einschließl des UnterhR gelten **auch bei Eheaufhebung** (EheG 37 I, 39 II 2 nF) **und Ehenichtigkeit** (EheG 26 I nF). Zu der vor dem 1.7.77 schuldlos gesch **Beamtenehefrau** vgl 45. Aufl; zur Geschiedenenversorgg der nach dem 1. 7. 77 geschiedenen Eheg v Beamt vgl BeamtVG 22 II. Im übr gilt für nach dem gen Ztpkt gesch Ehen der VersorggsAusgl gem §§ 1587a II Z 1, 1587b II (vgl § 1587b Anm 3).

2) Nacheheliche Ansprüche. a) Rechtsnatur des Unterhaltsanspruchs: Es handelt sich nicht um eine Scheidgsstrafe, sond um eine Nachwirkg der Ehe (krit Holzhauer JZ **77**, 73: „UnterhEhe"), also um einen famrechtl begründeten, vom Güterstd unabhäng (Mü FamRZ **88**, 1276) obligator Anspr. Wg Besonderh des UnterhAnspr Einf 3 v § 1601.

b) Ersatzansprüche. aa) Neben dem ges UnterhAnspr kann ein **Schadensersatzanspruch des Unterhaltsberechtigten** aus § 823 bestehen (Einf 1c v § 1353), zB wenn der gesch Eheg mit einer GeschlKrankh angesteckt worden ist (RG **85**, 335). Ein Anspr aus § 826 ist gegeben, wenn sich der Mann dch Veräuß seines Verm od wesentl Teile zur Erfüllg seiner UnterhVerpfl unfäh gemacht hat; auch gg den ihm dabei behilfl Dr (RG **74**, 224). Der Mann muß sich so behandeln lassen, als hätte er die Veräuß nicht vorgen (RG SeuffA **77**, 6). Vgl AnfG 3 Z 1; StGB 170b, § 823 II. – **bb)** Zugunsten des **Unterhaltsschuldners** entsteht ohne Rücks auf ZPO 323 II, §§ 814, 818 (BGH **83**, 278) ein **unterhaltsrechtlicher Erstattungsanspruch,** wenn der UnterhGläub für einen UnterhZahlgsZtraum gleichzeit od nachträgl bewilligt eine Alters- (Kln NJW **80**, 2817) od EU-Rente bezogen hat (BGH NJW **89**, 1990). Der Weiterempfang von austituliertem Unterh trotz Wegfalls der Bedürftigk kann außerd zum **Schadensersatz** aus § 826 verpfl (BGH NJW **86**, 1751). Vgl iü Einf 3c v § 1601. – **cc)** Wg **Ersatzansprüchen Dritter** Einf 5 v § 1601.

c) Zur Unterhaltszahlung unter Vorbehalt Einf 3b v § 1601.

d) Obliegenheiten. Die Ehel treffen im Zushg mit u nach der Scheidg wechselseit UnterhObliegenh: **aa) des Unterhaltsverpflichteten,** sich leistgsfäh zu halten (§ 1581 Anm 2a); **bb) des Unterhaltsberechtigten,** die UnterhLast soweit wie zumutb zu verringern (§ 1569 Anm 3c; § 1577 Anm 2).

3) Verhältnis zu anderen Rechtsinstituten: a) UnterhAnspr u **Versorgungsausgleich:** Einf 1 v § 1587. **b)** zu **Sozialhilfe** (BSHG 90) u öff **Ausbildungsförderung** (BAföG 36, 37; AFG 38, 40): Dieckmann FamRZ **77**, 92 sowie Einf 5b vor § 1601.

4) Verfahrensrecht. Vgl zunächst einschließl Lit Einf 4 vor § 1564 sowie Einf 6 v § 1601.

a) Der UnterhAnspr des gesch Eheg ist **Scheidungsfolgesache,** so daß bei rechtzeit AntrStellg darü zugleich mit der Scheidgssache zu verhandeln u zu entsch ist (ZPO 621, 623, 629). Späteren Ändergen wird dch ZPO 323 Rechng getragen. **Keine Identität** zw Trenngs- u GeschiedenenUnterh. Desh erneute Inverzugsetzg erforderl (BGH **103**, 62 = FamRZ **88**, 370/700 m treffder Krit v Schmitz; zum Ztpkt Schlesw FamRZ **89**, 1092: auch schon vor Rkraft des ScheidgsUrt). Aber im Widerspr zur Grdkonzeption keine neue Überleitg hins des Anspr auf nachehel Unterh dch den SozHilfeTräger (BGH FamRZ **88**, 375; Hbg FamRZ **88**, 843; aA Hamm FamRZ **88**, 398). UnterhTitel aus der Zeit vor der Scheidg gelten nach der Rspr des BGH nicht fort (§ 1360 Anm 2d). Ausgeschl ist selbst ein Austausch des TrenngsUnterh gg den ScheidgsUnterh in einem ProzVergl dch nachträgl Vereinbg (BGH NJW **82**, 2072). **Kritik:** Die Nichtidentitätsthese war, weil RGrdlage auch des nachehel Unterh nur die Ehe ist, von Anfg an nicht überzeugd; sie hat sich auch nicht bewährt, wie bei den Dchbrechngen zB bei der SozHilfe deutl wird, wo das nicht Ergebn gg die Doktrin gewonnen w muß, so daß die These nicht einmal vom BGH konsequent dchgehalten w. Er sollte sie desh aufgeben!

b) Der UnterhAnspr kann aber auch **selbständig geltend gemacht** w, was beispielsw immer dann der Fall sein muß, wenn die UnterhBerechtigg sich erst nach der Scheidg einstellt, weil ein Kind pflegebedürft wird, eine ehebedingte Krankh zum Ausbruch kommt uä. Zustdgk des FamG auch bei gem BSHG 90, 91 übergeleiteten Unterh Anspr (Stgt NJW **78**, 57) od BAföG 37 übergeleiteter UnterhAnspr.

c) UnterhAnsprüche gehören o Rücks auf ihre Höhe vor das AG (GVG 23a Z 2), u zwar vor das FamG (GVG 23b I Z 6). Das gilt auch für vertragl UnterhAnsprüche, die an Stelle von gesetzlichen getreten sind (RG **149**, 29). Zum **Unterhaltsvergleich** vgl § 1585c.

d) Die UnterhPfl kann währd des ScheidgsStreits vom Ger dch **einstweilige Anordnung** (Lit: Gießler, Vorläuf RSchutz in Ehe-, Fam- u KindschSachen, 1987) geregelt w (ZPO 620 Z 6). Der Beschl kann auf Antr aufgeh od geänd w (ZPO 620b) u tritt iü erst bei Wirksamwerden einer anderweit Regelg od bei Rückn der Kl bzw des ScheidgsAntr außer Kraft (ZPO 620f). Bei über die mat-rechtl UnterhAnspr hinausgehder einstw AnO nicht ZPO 717 II, 945 analog, sond § 812 I 1 (BGH NJW **84**, 2095). Nach erfolgl Antr bzw Antr auf Abänderg (§§ 620b, 620c S 2) UnterhKl im ordtl Verf, ohne iü wg negat FeststellgsKl (KG FamRZ **78**, 685 u 718). Die einstw AnO gilt trotz angebl Nichtidentität v ehel u nachehel UnterhAnspr (Anm a) auch für die Zt nach Rkraft des ScheidgsUrt (BGH NJW **85**, 42) u kann nur iW einer negat FeststellgsKl beseitigt w (BGH NJW **83**, 1330 mAv Braeuer FamRZ **84**, 10). Außerh des ScheidgsVerf u nach Scheidg (Gießler FamRZ **86**, 958 mN) NotUnterh iW **einstweiliger Verfügung** gem ZPO 940 (Gießler Rdn 694ff).

e) Im Ggsatz zu § 1360a IV besteht nach rechtskr Scheidg **kein** Anspr auf **Prozeßkostenvorschuß** mehr (BGH **89**, 33 = FamRZ **84**, 465 mAv Herpers).

f) Die gerichtl Geltdmachg des ScheidgsUnterh erfolgt dch **Unterhaltsklage**; das Verf ist das der ZPO (vgl ZPO 621 I Z 5, 621a), auch innerh des EntschVerbundes u nins der RMittel. Bei den Anspr nach den §§ 1569ff handelt es sich um einen **einheitlichen Anspruch** mit der Folge, daß sich die Abweis einer zeitl unbefr UnterhKl regelmäß auf sämtl UnterhTatbestde bezieht (BGH FamRZ **84**, 353; Karlsr FamRZ **80**, 1125). Aber bei AnsprKombination (§ 1569 Anm 2a) von § 1570 u § 1576 muß wg der Subsidiarität des letzteren jeder TeilBetr beziffert w (BGH NJW **84**, 2355). Berücksichtigung von Ändgen der rats Verhältn bis zum letzten Termin dch **Abänderungsklage** (Einf 6e vor § 1601). Änderg der Quotierg iR der unterhrechtl Leitlinien kein AbänderungsGrd (Hamm FamRZ **83**, 1039). KrankVersKosten (AG Charl FamRZ **85**, 817) u VorsorgeUnterh

Bürgerliche Ehe. 7. Titel: Scheidung der Ehe **Einf v § 1569** 4–6

(BGH FamRZ **82**, 1187) können nachträgl dch ZusatzKl, ohne entspr Vorbehalt nach rechtskr Unterh-Urt nur dch AbändergsKl geltd gemacht w (BGH **94**, 145; Zweibr FamRZ **81**, 674; Hamm FamRZ **84**, 393; Ffm NJW-RR **86**, 558), u zwar insof ohne Bindg an das ErstUrt (BGH NJW **82**, 1875). Zur **Beweislast** beim Wechsel des UnterhAnspr iR des AbÄndVerf Zweibr FamRZ **86**, 811.

  g) Bei Anf der VA-Regelg kann iW der **Berufung** auch ein über den im VerbundUrt antragsgem zuerkannten Unterh hinausgehder Betr gefordert w (BGH **85**, 140).

  5) Internationales Privatrecht EG 18; **interlokales Privatrecht** EG 18 Anm 6.

  6) Übergangsregelung. Vgl auch Einf 6 v § 1564. (Lit: Engelhardt JZ **76**, 576; Brüggemann FamRZ **77**, 583). Gem Art 12 Z 3 I des 1. EheRG gilt das UnterhR der §§ 1569ff auch für Ehen, die vor dem 1. 7. 77 geschl w sind (Einf 6 v § 1564). Diese Regelg ist nicht verfassgswidr (BVerfG NJW **81**, 1771).

  1. EheRG Art 12 Nr 3 Abs 2. *Der Unterhaltsanspruch eines Ehegatten, dessen Ehe nach dem den bisher geltenden Vorschriften geschieden worden ist, bestimmt sich auch künftig nach bisherigem Recht. Unterhaltsvereinbarungen bleiben unberührt.*

  a) Maßgebl die Scheidg gem EheG 42ff aF, auch wenn die Rechtskr des ScheidsgsUrt erst nach dem 1. 7. 77 eintritt. Fortgeltg der EheG 58ff insges, also auch hins Verwirkg usw. Zur Kommentierg der Bestimmgen vgl 35. Aufl; sie sind ggf auch noch nach vielen Jahren anzuwenden (zur neueren Rspr vgl die Anm zu EheG 58ff in dieser Aufl). Entscheidd für die Anwendbark der EheG 58ff der Scheidgs-Zeitpkt, nicht die Scheidg nach dem EheG (BGH **85**, 16, 27 – DDR-Scheidg). Ob UnterhAnspr gem §§ 1570ff nF begründet wäre, spielt keine Rolle. Ebso behält UnterhAnspr, wem Unterh gem EheG 58ff zugesprochen ist, auch wenn er nach 1570ff keinen UnterhAnspr hätte. Da es nach bish Recht aber oft auf die Billigk ankommt, ist nicht auszuschließen daß die Rspr Einzelheiten der unterschiedl UnterhRegelgen angleicht. Es entscheidet das FamG. Wird eine Ehe nach dem 1. 7. 77, also nach den §§ 1564ff nF geschieden, gelten die §§ 1569ff auch für solche Ehen, die vor dem Inkrafttr des neuen EheRG geschl w sind. Zur Konkurrenz von UnterhAnsprüchen aus Altscheidgn mit solchen aus Neuehen § 1582 Anm 1 aE. Zu übergangsrechtl Problemen des § 1579 Brüggemann FamRZ **77**, 584.

  b) **Unterhaltsvereinbarungen,** die unter der Herrsch der §§ 58ff, 72 EheG aF geschl w sind, bleiben bestehen. Das gilt insb für den **Unterhaltsverzicht,** auch wenn nunmehr nach den §§ 1570ff Unterh verlangt w könnte. Auch idR keine Anfechtg wg Unkenntn der Rechte nach dem 1. EheRG. Entspr gelten UnterhVereinbargen fort, die einen UnterhAnspr einräumen, wo er nach §§ 1570ff fehlen würde. Vgl iü § 1585c Anm 1. Die Unterschiedlichk der AnsprVoraussetzgen gem § 1361 aF u EheG 58 führt iR der Abänderg zur **vollen Neubestimmung** des Anspr auch dann, wenn die frühere Regelg des Anspr erfolgt ist (Kblz FamRZ **78**, 254).

  c) **Abänderung von vor dem 1. 4. 86 errichteten Unterhaltstiteln auf Grund des UÄndG** (Lit: Diederichsen NJW **86**, 1470; Jaeger FamRZ **86**, 737). Das UÄndG ist am 1. 4. 86 in Kraft getreten u ist v diesem Ztpkt an in seinem materiell- wie verf-rechtl Vorschr anzuwenden. Zum ÜbergangsVerfR: Einf 4d vor § 1564. Materiellrechtl ermöglicht UÄndG Art 6 Z 1 eine gewisse **Rückwirkung** für bereits vor dem 1. 4. 86 errichtete UnterhTitel. Keine Anwendg der §§ 1573, 1578, 1579 nF in **am 1. 4. 86 anhängigen Unterhaltsverfahren** für Rückstände aus dem vor dem 1. 4. 86 liegden Zeitraum (Hamm FamRZ **86**, 908/9f). Auch Art 6 Z 2 UÄndG ermöglicht nicht, im RevVerf eine in 1. Inst erfolgte Verurt auch insow anzugreifen, als sie nicht Ggst des BerufsVerf war (BGH NJW **87**, 897).

UÄndG Art 6 Nr 1
  (1) Ist über den Unterhaltsanspruch vor dem Inkrafttreten dieses Gesetzes rechtskräftig entschieden, ein vollstreckbarer Schuldtitel errichtet oder eine Unterhaltsvereinbarung getroffen worden, so kann sich der Unterhaltspflichtige auf Umstände, die vor dem Inkrafttreten dieses Gesetzes entstanden sind, nur berufen, soweit die Aufrechterhaltung des Titels oder der Bindung an die Vereinbarung auch unter besonderer Berücksichtigung des Vertrauens des Berechtigten in die getroffene Regelung für den Verpflichteten unzumutbar ist.
  (2) § 323 Abs. 1, 3 und 4 der Zivilprozeßordnung ist entsprechend anzuwenden.
  (3) Wurde im Zusammenhang mit der Scheidung außer dem Unterhalt auch anderes durch Vereinbarung geregelt, so kann sich der Unterhaltspflichtige auf Umstände im Sinne des Satzes 1 nicht berufen, es sei denn, daß die Regelung im übrigen auch ohne die Regelung über den Unterhalt getroffen worden wäre.
  (4) Unterhaltsleistungen, die vor dem Inkrafttreten dieses Gesetzes fällig geworden sind oder den Unterhalt für Ehegatten betreffen, die nach dem bis zum 30. Juni 1977 geltenden Recht geschieden worden sind, bleiben unberührt.

  aa) **Betroffene Unterhaltsansprüche.** Das UÄndG bezieht sich nur auf die Korrektur von Unterh-Anspr nach dem 1. EheRG; desh bleiben UnterhAnspr aus Altscheidgn gem EheG 58ff v vornherein unberührt, **S 4 Alt 2.** Betroffen von der ÄndergsMöglk sind also nur UnterhTitel aus der Zeit vom 1. 7. 77 an, wobei die Form der UnterhTitels keine Rolle spielt. Urteile können genauso abgeänd w wie ProzVergl od SchuldUrk (vgl aber Anm dd). Zur Eindämmg v AbändergsKl u unter Berücksichtigg des erforderl Vertrauensschutzes für den UnterhBerecht hat der GesGeb die Abänderbark dieser Titel über ZPO 323 hinaus dch zusätzl Voraussetzgen eingeschrkt (UÄndG Art 6 Z 1 S 1 u 3).

  bb) **Abänderungszeitraum.** Eine Abänderg ist nur für die Zeit ab 1. 4. 86 mögl. Vor dem Inkrafttr fällig gewordene ZahlgsPflichten müssen erfüllt w, **S 4 Alt 1,** u erbrachte Leistgen braucht der UnterhBerecht nicht zurückzuzahlen, auch wenn der UnterhTitel für die Zt danach abgeänd w. Das gilt auch insow, als ProzVergleiche f die Zt vor Rhängigk der AbändergsKl abgeänd w dürfen (BGH **85**, 64). Für UnterhAnsprüche, die vor dem 1. 4. 86 fällig geworden s, gelten die §§ 1569ff (auch § 1579) in der aF (BGH NJW **87**, 893). Desh keine zeitl Begrenzg des AufstockgsUnterh nach § 1573 II für die Zt vor dem 1. 4. 86 (Hamm FamRZ **87**, 707). Im übrigen ist der 1. 4. 86 nur der frühestmögl AbändergsTermin. Wird die Abänd od auch VollstrAbwehrKl zu einem späteren Ztpkt erhoben, kann erst ab Rhängigk die UnterhPfl reduziert w, **S 2**. Die ÜbergssRegelg selbst gilt unbefristet, so daß die Berufg auf das UÄndG auch später, etwa anläßl einer demnächst aus und Gründen beantragten Abänderg, erfolgen k.

cc) Vertrauensschutz und Änderungsinteresse. Der UnterhSchu kann sich auf unterhreduzierde Umst iS der §§ 1573 V, 1578 I, 1579 nF nur insow berufen, als die Aufrechterhaltg des Titels od die Bindg an die Vereinbg auch unter bes Berücks des Vertrauens des Berecht in die getroff Regelg für den Verpfl unzumutb ist, **S 1**. Das Vertrauen des Berecht muß gg die Unzumutbark der Weiterzahlg von Unterh in dem bisher Umfg aS des UnterhSchu abgewogen werden. Das UnterhVertrauen wächst, je später der UnterhSchu Abänderg begehrt (AG Peine FamRZ **87**, 593). Als Umst für eine UnterhReduktion kommen die in § 1573 Anm 5 u § 1578 Anm 2b genannten Situationen in Betr; v § 1579 die Z 1–3 nur insow, als sich im Hinbl auf die Ersetzg des § 1579 II aF dch die Formel von der Wahrg der KiBelange eine Änderg ergibt. Dagg kommt mRücks auf die Ausformulierg der neuen Z 4–6 eine Abänderg ebso in Betr wie hins Z 7, obwohl die Vorschr wortident mit Z 4 aF ist, u zwar auch, soweit der gesetzl Formulierg die bisher höchstrichterl Rspr zGrde liegt. Hier werden vornehml solche Entsch wieder aufgegriffen w können, die vor der Ausprägg der Rspr des BGH zu § 1579 I Z 4 aF zustandegekommen sind. Vgl iü § 1579 Anm 1 f.

dd) Erschwerung der Abänderungsmöglichkeit bei Verbindung der Unterhaltsvereinbarung mit anderen Regelungen, S 3. Enthält die UnterhVereinbg zugl auch and Regelgen, insb über Zugew- u VA, Ehewohng, Hausr, aber auch SorgeR usw, so besteht ein erhöhter Vertrauensschutz. Der UnterhSchu kann UnbilligkGrde gem S 1 nur geltd machen, wenn er nachweist, daß die sonst Regelgen nur in einem äuß, nicht aber auch in einem inneren Zushg mit der getroff UnterhRegelg stehen (Einzelh NJW **86**, 1470). **Grund:** Zw den einzelnen Regelgsbereichen besteht idR ein Zushg, so daß bei Änderg der UnterhRegelg auch die GeschäftsGrdlage für die and Regelgen entfiele. Die Einschrkg v S 3 gilt auch für SukzessivVereinbgen, so daß Beurk in einer Urk nicht erfdl (BT-Drucks 10/4514 S 26). Maßgebl für den RegelgsZushg ist nicht die Kongruenz der Vereinbg mit der gesetzl Regelg, sond die Vorstellg der Part (BGH FamRZ **89**, 839).

1. Grundsatz

1569 *Anspruch auf Unterhalt.* Kann ein Ehegatte nach der Scheidung nicht selbst für seinen Unterhalt sorgen, so hat er gegen den anderen Ehegatten einen Anspruch auf Unterhalt nach den folgenden Vorschriften.

1) a) Die Vorschr spricht den **Grundsatz** aus, daß ein gesch Eheg einen Anspr auf Unterh hat, wenn er nicht für sich selbst sorgen kann. Keine selbstd AnsprGrdl; die UnterhBerechtigg ergibt sich vielm erst aus den §§ 1570 ff. Das 1. EheRG verwirklicht die **Abkehr vom Verschuldensprinzip** (Einf 2 v § 1564) auch in der Ausgestaltg des nachehel UnterhR (krit dazu Hienstorfer NJW **83**, 204). Allerd können die Eheg iR der für den Scheidgsfall zuläss UnterhVereinbgen (Anm 2f) evtl UnterhAnsprüche vom Fehlen einer Scheidgsschuld abhäng machen (Walter NJW **81**, 1409; FamRZ **82**, 7; Ludwig DNotZ **82**, 651). Nach dem Ges gilt dagg unabh vom Verschulden des einen od anderen: a) Jeder Eheg ist nach der Scheidg grdsl gehalten, für sich selbst zu sorgen **(Grundsatz der Eigenverantwortung).** b) Wenn aber eine BedürfnLage in Verbindg mit der Ehe steht, ist der and Eheg unterhaltspflichtig **(Grundsatz der Mitverantwortlichkeit).** Die Bedürftigk braucht **nicht ehebedingt** zu sein (BGH NJW **82**, 40 u 929). Die §§ 1569 ff gelten erst für die Zeit **nach der Scheidung,** dh unabh davon, daß über das Bestehen des UnterhAnspr bereits im Entscheidgsverbund verhandelt wird (Einf 4 f v § 1564), erst nach Eintr der Rechtskr des ScheidgsAusspr.

b) Der Anspruch endet mit dem Wegf eines seiner Erfordern (Anm 2) sowie mit dem **Tod** des Berecht. Tod des Verpfl: § 1586 b. Zum Verhältn zum VA: Einf 1 v § 1587. Der UnterhTitel enthält idR keine **zeitliche Beschränkung;** Korrektur ggf nach ZPO 323, 767. And, wenn UnterhPfl von vornh nur vorübergehd besteht. Zu Erstattg u SchadErs bei überzahltem Unterh: Einf 3 v § 1569.

c) Verjährung: 4 J (§§ 197, 218 II). Zur **Verwirkung** BGH **103**, 62.

2) Schema des nachehelichen Unterhaltsanspruchs

a) Als **Anspruchsgrundlage** ist je nachdem, ob den UnterhAnspr zur Entsteh bringende Tatbestd für sich genommen ausreicht, die UnterhPfl zu begründen, od ob er nur an and, originäre UnterhTatbestde anknüpft, zw **Stammunterhalt und Anschlußunterhalt** zu unterscheiden. UnterhAnsprüche wg Kindesbetreuung (§ 1570), wg Alters od Krankh im Ztpkt der Scheidg (§§ 1571 Z 1, 1572 Z 1) sowie wg Nichterlangg einer angem Erwerbsstellg (§ 1573 I) od zZw der Nachholg einer Ausbildg (§ 1575) begründen aus sich heraus den UnterhAnspr im Anschl an die Scheidg; in den übr Fällen (§§ 1571 Z 2 u 3, 1572 Z 2–4, 1573 III u IV) wächst der UnterhAnspr dem gesch Eheg erst im Anschl an eine anderweit begründete od (iFv § 1573 IV od § 1586 a I) sogar nicht vorhandene UnterhPfl zu. § 1576 kann bald Stamm-, bald AnschlUnterh sein. Der unterhaltsbedürft Eheg kann also die versch AnsprGrdlagen miteinander **kombinieren,** zB Betreuung eines gemeins Kindes läßt Halbtagsbeschäftigg zu, aber es ist keine Stellg zu finden, wobei die Teilbeträge ggf zu beziffern sind (BGH NJW **84**, 2355), od **nacheinander** abrufen, zB zunächst Kindesbetreuung, dann Krankh, dann Alter (vgl NJW **77**, 354). Problemat ist es, den AnschlUnterh im Umfg auf den weggefallenen TeilAnspr zu begrenzen (so aber Stgt FamRZ **83**, 501). Davon zu unterscheiden ist die **Konkurrenz** der UnterhTatbestände (§ 1573 Anm 3): zB eine kränkl Frau betreut die gemeins Kinder, Unterh gem §§ 1570, 1572; od die zunächst erwerbstät Frau, die außerd die Kinder betreut, wird arbeitslos (§§ 1570, 1573). Die Überlagerg der versch AnsprGrdlagen ist desh wicht, weil der Tatbestd der Kindesbetreuung in wesentl Pkten privilegiert ist (§ 1570 Anm 1). Zu den sich daraus ergebden Schwierigkeiten Derleder/Derleder FamRZ **77**, 591. Die anspruchsbegründen Tatsachen sind Kindesbetreuung (§ 1570), Alter (§ 1571), Krankh (§ 1572), Arbeitslosigk (§ 1573), Ausbildg (§ 1575) u Billigk (§ 1576). Die AnsprGrdlagen sind in den §§ 1570ff abschließd aufgezählt (Kniebes DRiZ **76**, 327). Wg and AnsprGrdlagen u Ansprüche vgl Anm f.

b) Entspr § 1602 setzt der nachehel UnterhAnspr auf seiten des gesch Eheg **Bedürftigkeit** voraus (§ 1577).

c) Auf seiten des UnterhPflichtigen muß entspr § 1603 **Leistungsfähigkeit** vorhanden sein (§ 1581).

d) Anspruchshindernde bzw -vernichtde **Einwendungen** können sich aus Verwirkg (BGH **84**, 280), aus der kurzen Ehedauer, Straftaten ggü dem UnterhSchuldn u ähnl ergeben (§ 1579), dagg nur in AusnFällen aus einer neuen Eheschließg aS des UnterhVerpflichteten (§§ 1582, 1583) u nur iF mangelnder Leistgsfähig aS des UnterhSchuldn aus der Tats, daß der unterhaltsberecht Eheg eigene unterhaltspflicht Verwandte hat (§ 1584). Dagg erlischt der UnterhAnspr mit der Wiederheirat od dem Tod des Berecht (§ 1586 I), wiederum iGgs zum Tod des Verpflichteten, der die UnterhVerpflichtg zur Nachlaßverbindlichk werden läßt (§§ 1586b, 1967).

e) Umfang und Art der Unterhaltsleistung ergeben sich aus den §§ 1578, 1585, wobei neben dem in Form einer Rente zu leistden laufden Unterh auch Sonderbedarf (vgl § 1585b I) bezahlt w muß.

f) An die Stelle des gesetzl UnterhAnspr kann eine von den Eheg für die Zeit nach der Scheidg getroff **Unterhaltsvereinbarung** (BGH FamRZ **88**, 43), idR also ein **Scheidungsvergleich,** treten. Auch ein **Unterhaltsverzicht** ist zuläss (Einzelheiten § 1585c). Ferner treten neben den primären UnterhAnspr **Sekundäransprüche auf Auskunft** (§ 1580), **Sicherheitsleistung** (§ 1585a) **u** ggf **Schadensersatz** wg Nichterfüllg der UnterhPfl (§§ 280, 286ff; vgl auch Einf 2 v § 1569), schließl **Obliegenheiten** (Einf 2d v § 1569).

3) Steuern (vgl zu Lit u Problematik zunächst § 1603 Anm 2b cc).

a) Für die **Bedarfsermittlung** gem § 1578 I 1 kommt es an sich auf die zur EheZt maßgebde, gewöhnl also die StKl III an (so zu Recht Düss FamRZ **89**, 746; Hamm FamRZ **89**, 1087; Hampel FamRZ **89**, 118), währd der BGH differenziert: Bei inf rascher Wiederverheiratg kurzfrist Wechsel in die StKl I erweist sich die steuerl Mehrbelastg als nur vorübergehd, so daß für den UnterhBedarf StKl III maßg bleibt (BGH NJW **88**, 2105); iü ist der Rückgang der Einkfte bei der UnterhBemessg u nicht erst bei der Leistgsfähig zu berücks, so daß sich der eheangem Bedarf nach der StKl für Ledige richten soll (so BGH NJW **88**, 2101; krit Luthin FamRZ **88**, 1112f).

b) Für die **Leistungsfähigkeit** (§ 1581 Anm 2) entscheidet die tatsächl Besteuerg, so daß gewöhnl also StKl I zGrde zu legen ist (BGH FamRZ **83**, 152; NJW **88**, 2101 u 2105; Hampel FamRZ **89**, 118). Steuerl Splittingvorteile aus einer **Wiederverheiratung** des UnterhSchu werden nach der Rpsr nicht der neuen Fam vorbehalten, sond sind auch bei der Bemessg des Unterh eines früh Eheg zu berücks (§ 1603 Anm 2b cc).

c) Steuerliche Obliegenheiten. aa) die UnterhPartn sind verpfl, einand zu helfen, steuerrechtl Vorteile zu erlangen (§ 1353 Anm 2b dd sowie § 1603 Anm 2 b cc), insb die StLast so gering wie mögl zu halten (Hamm FamRZ **87**, 489). Zur Wahl der StKl IV Kblz FamRZ **88**, 402; vgl aber auch BGH FamRZ **80**, 985. Es besteht kein Anspr auf Zust zur Abweich vom HalbteilgsGrdsatz beim kinderbedingtem AusbildgsFreiBetr u Körperbehindertenpauschale (BGH FamRZ **88**, 607).

bb) Begrenztes Realsplitting (BegrRealSpl) gem EStG 10 I Z 1: Der UnterhSchu ist auch im Interesse des UnterhGl gehalten, den StVorteil daraus in Anspr zu nehmen; für die UnterhBemessg ist die jew tats StBelastg abzuziehen u das sich danach ergebde NettoEink zGrde zu legen (BGH FamRZ **83**, 670/3). Der UnterhSchu trägt das Risiko, daß das BegrRealSpl ungünstiger ist als die Geltdmach des Unterh als außergewöhnl Belastg (Hamm FamRZ **88**, 1059). Insof kann die Hinzuziehg eines StSachverständ angebr sein (Buob FamRZ **81**, 233). Der UnterhGl braucht die BegrRealSpl seine **Zustimmung nur Zug um Zug** gg eine bindde Erkl des UnterhSchu, den Gl von den ihm entstehden steuerl Nachteilen freizustellen, erteilen (BGH NJW **83**, 1545; **85**, 195). Versagg der Zust verpfl zum SchadErs (Kln NJW-RR **87**, 456 FamSache). Der UnterhSchu darf seine Zust auch nicht von der Zusage einer Beteiligg an der StErsparn abhäng machen (BGH FamRZ **84**, 1211). Zust ist ggf auch nach Zahlg einer UnterhAbfindg zu erteilen (Hamm FamRZ **88**, 1176). Die Zust kann nach ZPO 894 erzwungen werden; bei Abhängigk von SicherhLeistg Rkraft mit Erteilg der vollstreckb Ausfertigg des rechtskr Urt (BFH NJW **89**, 1504). Zu den **steuerlichen Nachteilen,** von denen der UnterhSchu den UnterhGl freizustellen hat, gehören auch die Kosten der Hinzuziehg eines StBeraters (BGH FamRZ **88**, 820) sowie die vom FinAmt festgesetzten, auf den UnterhLeistgen beruhenden EinkStVorauszahlgen (Bambg FamRZ **87**, 1047; AG Mannh FamRZ **88**, 842). Ggf muß der UnterhGl aber gg den Vorauszahlgsbescheid RMittel einlegen (Kln FamRZ **88**, 951). Eine Verpfl zum Ausgl sonstiger Nachteile besteht nur bei entspr Substantiierg. **Sicherheitsleistung** nur bei Besorgn, daß der UnterhSchu seiner NachteilsAusglVerpfl nicht nachkommt (BGH NJW **83**, 1545; Vogt NJW **83**, 1525). Ist die Zust ohne die entspr NachteilÜbernErkl erteilt, so hat der UnterhSchu dem Gl gleichwohl die tatsächl (Hbg NJW-RR **86**, 805) erwachsenden Nachteile bar (Kln FamRZ **88**, 1059) auch nachträgl auszugl (BGH NJW **86**, 254). Eine **Vereinbarung** über die Erstattg ist ggf ausleggsfäh (Hamm FamRZ **89**, 638/1086 mAv Philippi). Der UnterhGl hat nicht automat **Anteil am Steuervorteil** des UnterhSchu; die StErsparn aS des Schu ist vielm erst bei einer UnterhNeubemessg zu berücks (BGH FamRZ **84**, 1211).

2. Unterhaltsberechtigung

1570 **Unterhalt wegen Betreuung eines Kindes.** Ein geschiedener Ehegatte kann von dem anderen Unterhalt verlangen, solange und soweit von ihm wegen der Pflege oder Erziehung eines gemeinschaftlichen Kindes eine Erwerbstätigkeit nicht erwartet werden kann.

Schrifttum: Derleder/Derleder FamRZ **77**, 587; Limbach NJW **82**, 1721.

§ 1570 1, 2

1) Dem Ehg gebührt Unterh, wenn er nicht erwerbstät sein u damit nicht für sich selbst sorgen kann, weil er ein gemschaftl Kind der gesch Ehel erzieht od pflegt. Es kommt ausschließl of die Betreuungsbedürftigk an; Vater u Mutter sind als sorgeberecht EltTeile insow völl gleich zu behandeln (vgl KG FamRZ 82, 386). Grdsätzl besteht ein Recht, die eig Kinder selbst zu betreuen; keine Verpfl, Pflege u Erziehg einem Erzieher od Hauspersonal zu überlassen, um selbst erwerbstät sein zu können. Die Scheidg kann Anlaß geben, den iR der Ehe verfolgten LebPlan (vgl § 1356 Anm 2a und § 1360 Anm 3) zu korrigieren u nach vorheriger Erwerbstätigk in Haush zu wechseln u umgek. – Zu den UnterhVorauss iü vgl § 1569 Anm 2. AnschlUnterh evtl gem §§ 1571 Z 2, 1572 Z 2, 1573, 1576 S 1. Zur **Erziehungsrente** Einf 4 v § 1587. Die Entsch ü das SorgeR enthält dch § 1570 eine wesentl vermögensrechtl Komponente (vgl NJW 77, 354). Zudem ist der Anspr in mehrf Hins ggü den übr UnterhTatbestden **privilegiert** (vgl §§ 1577 IV 2, 1579, 1582 I 2 und 3, 1586a I sowie § 1581 Anm 4 hins der Übern der HaushFührg dch den UnterhSchu in dessen neuer Ehe). Aus dem Ges ergibt sich kein Kausalitätserfordern (aA Dieckmann FamRZ 77, 94), so daß die Privilegien des § 1570 auch dann eingreifen, wenn der UnterhBerecht zunächst unabh von der Betreuung der Kinder gearbeitet hat u er später nach den §§ 1571ff unterhbedürft wird, weil er einen Unfall erleidet. Der UnterhAnspr aus § 1570 bleibt auch dann erhalten, wenn derj aus § 1572 wg Alkoholismus ausgeschl wäre u die Betreuung des Ki zeitw nicht ausgeübt w kann (Düss FamRZ 87, 1262). – Eine zeitl **Begrenzung des Unterhaltstitels** kommt nur in Betr bei hinreichd sicheren Anhaltspkten (Karlsr FamRZ 79, 821). **Betreuen beide Ehegatten** gemschaftl Kinder, so verbleibt dem erwtät Eheg, der v dem and Eheg auf Unterh in Anspr genommen w, nicht etwa der volle eig Unterh (so noch Hamm FamRZ 80, 255) od kann der UnterhSchu vorweg ¼ seines Eink abziehen (so KG FamRZ 82, 386). Vielm ist festzustellen, ob u in welchem Umfg dem UnterhSchu in dem umgek Fall, daß er seinerseits UnterhAnsprüche geltd machen würde, trotz der KiBetreuung eine ErwTätigk zumutb wäre (Anm 2b bb); das aus einer ErwTätigk, die über das danach gebotene Maß hinausgeht, erworbene (Mehr)Eink ist bei der UnterhBemessg nur nach Treu u Gl unter Berücks der Umstde des Einzelfalles anzurechnen (BGH FamRZ 81, 1159/ 60; 82, 146/48 u 779/80; NJW 83, 1548). – **Unterlassene Erwerbstätigkeit:** Soweit der sorgeberecht EltT nicht wegen der Betreuung des gemschaftl Kindes zu einer eig Erwerbstätigk verpfl ist u er diese nicht ausübt, mindert das daraus erzielb Eink seine Bedürftigk (§ 1602 Anm 2a bb m Weiterverweisen). Bei Verweigerg ist der Unterh entspr zu kürzen (*arg* „soweit"). – **Beweislast:** Die AnsprVoraussetzgen sind vom UnterhGl nachzuweisen. Doch trägt der UnterhSchu die BewLast dafür, daß die Betreuung des Kindes noch nicht 8-jähr Ki die Aufn einer ErwTätigk erlaubt (BGH NJW 83, 1427; sa Christl NJW 84, 270). Im übr aber besteht keine Vermutg, daß ein mj Kind die Erwerbstätigk ausschließt (BT-Drucks 7/650 S 122). – Ist der UnterhAnspr nur zum Teil aus § 1570, zum and Teil aber aus § 1576 gerechtfertigt, so ist der Teil zu **beziffern** (BGH NJW 84, 2355). – Zum **Unterhaltsverzicht** § 1585c Anm 2d.

2) Voraussetzungen: a) Gemeinschaftliches Kind. Vgl zunächst § 1568 Anm 2a. Dch nachfolgde Ehe legitimierte sowie adoptierte Kinder stehen gleich, nicht dagg vor- u außerehel Kinder nur eines Eheg sowie gemschaftl Pflegekinder (BGH NJW 84, 1538) od Stiefkinder (ausführl zu letzteren BT-Drucks 7/650 S 123 u 7/4361 S 29). Vorschr aber auch anzuwenden, wenn nachehel geborenes Kind von gesch Eheg stammt (Düss FamRZ 82, 611). § 1570 soll auch gelten, wenn die Ehefr den Ehem von der rechtzeit Anfechtg der Ehelk des Ki abgehalten hat (BGH NJW 85, 428: dann nur § 1579 I Z 4).

b) Notwendigkeit von Pflege oder Erziehung.

aa) Dieselben Begriffe der **Betreuung** wie in § 1606 III. Die Formulierg wurde gewählt, um Ausdr zu bringen, daß der UnterhAnspr nach Beendigg der Erziehg des Kindes bei Eintr der Volljährigk fortbestehen kann, wenn das Kind weiterhin der Pflege bedarf (Anm cc). Betreuung muß beim unterhberecht Eheg erfolgen u ihn ans Haus binden, da sonst Erwerbstätig mögl. Betreuung iR des UmgangsR reicht nicht aus.

bb) Notwendigkeit. Pflege u Erziehg müssen **objektiv erforderlich** sein, so daß wed rein tatsächl (etwa iR des UmgangsR) erbrachte Leistgen ausreichen noch der UnterhAnspr subj vom Willen des sorgeberecht EltT abhängt. Entscheid sind Alter u Zahl der Ki, Mögl von Teilzeitbeschäftigg, KiTagesstätten, Ganztagsschulen usw. Wird eine angem ErwTätigk aufgegeben, löst dies einen Anspr aus § 1570 nur aus, wenn die Betreuungsbedürftigk des Ki dafür ursächl war u nicht ArbUnlust, Streitigk im Betr uä (Dieckmann FamRZ 77, 94). Eine schon währd der Ehe neben der Betreuung der Ki ausgeübte ErwTätigk muß auch nach der Scheidg fortgesetzt w, wenn ihre Aufg nicht dch veränd Umstde gerecht ist (Karlsr FamRZ 80, 365). Das daraus resultierde ArbEntgelt ist voll anzurechnen. Eine nur teilw Anrechng kommt in Betr, wenn die Arbeit unzumutb ist; ggf ist der Betreuungsmehrbedarf zu berücks (Düss FamRZ 80, 685). Entscheid für den Grad der Freistellg sind **Alter und Zahl der zu betreuenden Kinder.** Die ältere Rspr, wonach die Mutter bis zum 14. od 15. Lebj des Kindes völlig freigestellt war (41. Aufl), ist überholt. Eine völl Freistellg v jeder eig ErwTätigk kommt grdsl nur bis zur Einschulg des od des jüngsten Kindes in Betr, u auch das nur, falls nicht das Kind mehrere Stden am Tag im KiGarten ist (and Kblz FamRZ 89, 627: ohne bes Umst wie günst BetreuungsMögl uä keine ErwObliegenh, sol Ki im Grdschulalter). Es besteht in Erfahrgssatz, daß die gesunde Entwicklg eines Ki **unter 8 Jahren** es idR erfordert, daß sich ihm ein EltT jederzt (Schulausfall, Krankh) widmen kann (BGH NJW 89, 1083; Überbl über die versch Leitlinien der OLG: Kalthoener/Büttner NJW 89, 804). Umstde, die gleichwohl die Aufn einer ErwTätigk erlauben, sind vom UnterhSchu vorzubringen (BGH NJW 83, 1427). Ob eine ErwObliegenh **bis zum 11. Lebensjahr** des Ki besteht, richtet sich nach den konkr Umst wie Alter, GesundhZustd, Berufsausbildg, ArbMarktChance, berufl Tätigk währd der Ehe usw (BGH NJW 81, 448; 82, 326; 84, 2358). Entscheid kann auch sein, daß iF berufsbedingter Abwesenh keine BetreuungsPers für das Ki zu finden wäre (BGH NJW 89, 1083). Bei **Problemkindern** ist ein überdurchschnittl Betreuungsbedarf zu berücks (BGH NJW 84, 2355), so bei einem 14jähr autist (Celle FamRZ 87, 1038) od taubstummen Ki (Ffm FamRZ 87, 175: bis zur Volljk).

Bürgerliche Ehe. 7. Titel: Scheidung der Ehe §§ 1570, 1571

1 Kind: Die Mutter eines 11–15jähr Kindes kann, wenn das Ki die Schule besucht, eine Teilzeitarbeit ausüben, ohne dadch ihre Betreuungs- u Erziehgspflichten zu vernachlässigen (BGH FamRZ **82**, 148 m Nachw; Nürnbg NJW **80**, 1473). Eine Halbtagstätigk ist zumutb bei Betreuung eines 8jähr (Stgt FamRZ **79**, 588), 10j (KG FamRZ **82**, 386) od eines 13j (BGH FamRZ **88**, 56; Kln FamRZ **82**, 706), mind aber eine Teilzeitbeschäftigg bei 10j im 5. SchulJ (Hamm FamRZ **81**, 460). Die freiw aufgenommene VollZtTätigk der Mutter einer 12-jähr ist nicht unzumutb, wenn dadch die Betreuung nicht beeinträchtigt w (Hamm FamRZ **86**, 360). Ist das betreute Ki 16 J, so ist im allg davon auszugehen, daß ein weiterer Aufschub der Aufn einer vollen ErwTätigk nur bei Vorliegen besonderer Grde gerecht ist (BGH FamRZ **84**, 149; **85**, 50; Düss FamRZ **85**, 815). Betreuung eines 17j Schülers erlaubt einer 48j eine Ganztagsbeschäftigg (BGH FamRZ **82**, 265/6). Die Versorgg eines im Haush befindl vollj Kindes hindert idR nicht an einer ganztäg Tätigk, selbst wenn das Ki noch die Schule besucht (Zweibr FamRZ **81**, 148). Für das Vorliegen der die Betreuung eines vollj Ki erforderl machden besonderen Umst ist der UnterhGläub darlegs- u beweispflichtig; § 1606 III 2 ist nicht maßgebd (BGH NJW **85**, 429). **2 Kinder:** Zumutbark eine Frage der ges persönl Verhältn (BGH FamRZ **88**, 147). Bei 6- u 8j Ki brauchen die Voraussetzgen des BetreuungsUnterh nicht näh begründet zu werden (BGH FamRZ **88**, 145/6). BGH NJW **84**, 2358 billigt die Erwerbsfreistell einer Mutter v 11 u 13j Kindern mit Rücks darauf, daß die Zt der ErwTätigk 13 J zurückliegt, sie gleich nach Eheschl aufgegeben wurde u mRücks auf die günst finanz EheVerhältn. Die Betreuung eines 9- u 11jähr läßt eine stundenw Tätigk als Übersetzerin zu (Mü FamRZ **81**, 461). Neben der Betreuung einer 8j Schülerin u eines 15j Lehrl kann eine ErwTätigk v 1 Std tägl erwartet w, wenn die Mutter auch währd des ehel ZusLeb im gleichen Umf erwerbstät war (Nürnb MDR **80**, 229). Anderers trifft eine Mutter von 11- u 12j Kindern, die am Anfg der Ehe kurzzeit als Raumpflegerin gearb hat u die im Verhältn zu ihren Kindern schon verhältnismäß alt ist (50 J), keine Erwerbsobliegenh v werktägl 3 Std (BGH FamRZ **82**, 147 unter Aufhebg v Nürnbg NJW **80**, 1473); ebso bei Betreuung v 11- u 14j Ki (Ffm FamRZ **82**, 818). Doch ist bei 11- u 18j Kindern der gesch Frau eines SozArbeiters eine stdweise Tätigk iR der Alten- od FamPflege zumutb, so daß ihr ein erzielb Eink v 200 DM netto zugerechnet w kann (BGH NJW **81**, 2462). Bei noch **mehr Kindern** entscheidet die Betreuungsbedürftigk des jüngsten Ki. Wird das jüngste Ki 8 J alt, ist idR eine HalbtagsTätigk zumutb (Bambg FamRZ **88**, 725). Die Betreuung fast erwachsener od vollj gesunder Ki begründet grdsl keine UnterhAnspr mehr (aA Roth-Stielow NJW **82**, 425). Bei mangelnder Leistgsfähigk des UnterhSchu (§ 1581) bestehen sowieso **gesteigerte Anforderungen** für die ErwObliegenh des UnterhGl, insb wenn dadch die Interessen des zu betreuenden Ki nicht beeinträcht w. So lassen sich Pflege u Erziehg einer 15½jähr auch neben einer Vollerwerbstätigk bewältigen (BGH NJW **83**, 1548; Mü FamRZ **83**, 21; Karlsr FamRZ **83**, 716). Ist die **Betreuung des Kindes durch den Lebensgefährten** des UnterhBerecht zumutb, so kann dieser auch bei einem 4–6j Ki auf eine halbtäg außhäusl Berufstätigk verwiesen w (Kblz FamRZ **87**, 1269).

cc) **Zeitpunkt.** Die Notwendigk braucht nicht im Ztpkt der Scheidg zu bestehen; sie kann später eintreten, wieder wegfallen u neu entstehen. Auch die schwangere, bei der Scheidg noch nicht unterhberecht Frau soll Unterh bekommen, wenn einige Zeit danach das Kind geboren u von ihr betreut wird. Dasselbe gilt, wenn ein Eheg das zuvor bei dem and Eheg, bei verwandten od in einem Heim untergebrachte Ki erst später zu sich nimmt u betreut (BT-Drucks 7/650 S 122). War Erziehg abgeschl u bedarf das Kind etwa inf eines Unfalls mit Dauerschäden erneut der Pflege, so lebt der UnterhAnspr wieder auf. Auch kann sich der wg des eines Kindes entfallde Anspr wg eines and Kindes unmittelb od nach einer Unterbrechg fortsetzen (BT-Drucks 7/650 S 123).

c) Besteht ein Erziehgs- od PflegeR iSv Anm 2b, wird der unterhberecht EltT aber **an der Betreuung tatsächlich gehindert,** kommt es darauf an, inwiew Aussicht besteht, die Betreuung wieder aufzunehmen. Einweisg des Kindes in HeilAnst, FürsorgeErziehg, Strafvollzug, Wechsel in ein Internat od eine Wohngsnahme nach Auszug können endgült sein u den UnterhAnspr erlöschen lassen. KrankenhAufenth, Besuche bei Verwandten, Ferienaufenthalte, Reisen sind idR vorübergehd u berühren auch bei längerer Dauer den Anspr gem § 1570 nicht. Wird der unterhberecht Eheg dch Umst an der Betreuung gehindert, die in seiner eig Pers liegen (Strafhaft, Krankh) kommt es ebenf darauf an, ob die Hindern vorübergehder Natur sind. Ggf Ablösg des UnterhAnspr dch denj nach § 1572 Z 2.

1571 *Unterhalt wegen Alters.* Ein geschiedener Ehegatte kann von dem anderen Unterhalt verlangen, soweit von ihm im Zeitpunkt
1. der Scheidung,
2. der Beendigung der Pflege oder Erziehung eines gemeinschaftlichen Kindes oder
3. des Wegfalls der Voraussetzungen für einen Unterhaltsanspruch nach den §§ 1572 und 1573

wegen seines Alters eine Erwerbstätigkeit nicht mehr erwartet werden kann.

1) Die Vorschr verfolgt den **Zweck,** den in der Ehe nicht erwerbstät Eheg nicht schlechter zu stellen als den erwerbstätigen, denn dieser erlangt mit Erreichg der Altersgrenze idR einen Anspr auf Altersversorgg. Eine Erwerbstätigk soll dann auch dem bisl nicht erwerbstät Eheg nicht mehr zugemutet w. Die UnterhBerechtigg kann auf Grd des Alters entst (wie iF der Scheidg nach längerer Ehedauer) originär od (wie zB beim UnterhAnspr im Anschluß an die Kindererziehg) derivativ (§ 1569 Anm 2a). Der **Unterhaltsanspruch wegen Alters hängt** unbeschadet der Voraussetzgen in § 1569 Anm 2 **von dreierlei ab:** vom Alter (Anm 2), vom Vorliegen des EinsatzZtpktes (Anm 3) u dav, daß wg Alters eine Erwerbstätigk nicht erwartet w kann (Anm 4). Dagg hängt der Anspr nicht davon ab, daß die Bedürftigk ehebedingt ist, so daß er auch bei Eheschließgen älterer Pers in Betr kommt (BGH NJW **82**, 929; **83**, 683). Keine Vermutg dahin, daß eine bei Scheidg 55-jähr Frau keine angem Erwerbstätigk mehr zu finden vermag. Denn es ist für die Frau unverhältnism nachzuweisen, daß sie keine angem ErwTätig findet als für den Mann der umgek Nachw (BT-Drucks 7/650 S 123). Der Nachw angemessener aber fehlgeschlagener Bemühgen (dch Zeitgsanzeigen, ArbAmt, Vorstellg usw) reicht aus. Versagt § 1571, dann UnterhAnspr ggf nach §§ 1572, 1573,

1435

§§ 1571, 1572   4. Buch. 1. Abschnitt. *Diederichsen*

1575, 1576. IÜ ist das LebAlter auch bei Feststellg dessen, was als angem Erwerbstätigk anzusehen ist, zu berücks (§ 1574 Anm 2c). Ausbildg, Fortbildg od Umschulg kann nicht mehr verlangt w, wenn sie dch das inzw erreichte Alter des gesch Eheg überholt würde (§ 1574 Anm 3b). Zum Verhältn v AltersUnterh u **Versorgungsausgleich:** NJW 77, 355; Einf 1 v § 1587; Bedeutg der **Rente:** § 1578 Anm 2a; **Rückerstattung u Schadensersatz:** § 1569 Anm 2b bb.

2) Alter. Im Ggs zu den Anspr aus der SozVersicherg wird kein best Alter vorausgesetzt, unterhalb dessen ein UnterhAnspr ausgeschl wäre. Vielm kommt es auf die altersmäß Erwerbsunfähigk an. Einer 54j Frau ist eine volle ErwTätigk jedenf dann zumutb, wenn sie gesundheitl dazu in der Lage ist u auch während der Ehe mitverdient h (Kln FamRZ 80, 1006). Die Best gibt auch dem gesch Eheg einen UnterhAnspr, der vor Erreichen der f eine Versorgg maßgebl Altersgrenze wg seines LebAlters, insb nach einer langen Berufsunterbrechg, nicht mehr in eine angem ErwTätigk (vgl § 1574 II) vermittelt w kann (BT-Drucks 7/650 S 123) od bei dem aus AltersGrden auch die Aufn einer ehe-angem BerufsAusbildg ausscheidet (BGH NJW 87, 2740 mN). In diesen Fällen besteht desh ein UnterhAnspr wg Alters schon vor Erreichen der Altersgrenze. Dann ggf Kosten für eine AltersVersicherg Teil des LebBedarfs (§ 1578 Anm 3), die in den sonst Fällen des AltersUnterh dagg idR ausscheidet (Hamm FamRZ 87, 829). Bei Fehlverwendg des AltersVorsorgeUnterh ggf entspr Kürzg des AltersUnterh (Hamm aaO). Auf die Dauer der Ehe kommt es für den AltersUnterh nicht an. Insb nicht erfdl, daß die Eheg gemeins alt gew sind (Düss FamRZ 78, 342: Eheschl mit 76 bzw 65 J). Ist das Alter nur vorübergehder HindergsGrd, dann Unterh gem § 1573 I (Kalthoener/Büttner NJW 89, 805). Entscheidd sind entw die obj Umst, wenn die Ausübg eines Berufes zB an ein best Alter geknüpft ist (Tänzerin, Mannequin), od die subj Umst, so daß zB die WiederAuf einer Tätigk als Krankenschwester wg der damit verbundenen seel Belastgen altersbedingt unzumutb u somit nicht mehr zu erwarten sein mag. Die altersbedingte Freistellg von der einen Berufstätigk befreit aber nicht von der Verpfl, und iSv § 1574 II angem Tätigkeiten aufzunehmen.

3) Einsatzzeitpunkte. Das Alter (od iFv § 1572 die Krankh) berecht noch nicht für sich allein; vielm muß die Unzumutbark der Aufn einer Erwerbstätigk gerade zu best Ztpkten bestehen, dh am Ende der Ehe od in deren Nachwirkgsbereich, so daß etwa der Anspr auf Unterh wg Kindererzieh gem § 1570 nach Abschl der Erziehgstätigk von einem solchen aus § 1571 Z 2 abgelöst w kann. RGrd für die UnterhLeistg ist dann nicht mehr die Erziehg der gemschaftl Kinder, sond das Alter des gesch Eheg iVm den nachehel erbrachten, aber in der Ehe wurzelnden ErziehgsPflichten. Denn bei der Kindererziehg u -pflege handelt es sich um eine Aufg, die beiden Eheg aus der Ehe erwachsen ist, aber nur von einem Eheg aGrd v § 1671 nach der Scheidg für beide fortgeführt wird (BT-Drucks 7/650 S 129). **a) Ziff 1: Scheidung.** Maßgebl der Ztpkt, in dem die Entsch über den ScheidgAntr rechtskr wird. Vorher UnterhVerpfl nach §§ 1360, 1361, die ggf dch einstw AnO geregelt w kann (ZPO 620 Z 6). Die Scheidg spielt in diesem Zushg lediglr eine Rolle zur Fixierg des Ztpkts; scheidgsbedingte Erwerbsunfähigk allenf gem § 1572 Z 1 zu berücks. **b) Ziff 2 Beendigung der Betreuung eines gemeinschaftlichen Kindes,** weil dieses sich selbstd macht, zB auszieht (ggf auch vor Erreich der Volljährigk), in eine HeilAnst eingewiesen w, stirbt, adoptiert w uä. Vgl § 1570 Anm 2. **c) Ziff 3: Wegfall der Anspruchsvoraussetzungen nach den §§ 1572, 1573.** Bekommt der Eheg Unterh, weil bei Scheidg od als die Kinder nicht mehr erziehgsbedürft waren krank war, dann würde dieser Anspr entfallen, wenn der Eheg wieder gesund wird. Entsprchd, wenn er Unterh nach § 1573 bezogen hat, weil er keine angem ErwTätigk zu finden vermochte. Z 3 berücksichtigt die Situation, daß der Eheg im Augenbl seiner Gesundg bzw dem Angebot einer ihm angem Beschäftigg altersmäß nicht mehr zu arbeiten braucht. Insofsigt deren der UnterhAnspr aus Z 3 denj nach §§ 1572, 1573 ab. Der Anspr ist immer nur AnschlußUnterh (Stgt FamRZ 82, 1015).

4) Nichterwartung der Erwerbstätigkeit. Die Aufn einer Erwerbstätigk kann wg Alters ausgeschl sein unter obj u subj Gesichtspunkten (vgl bereits Anm 2). Sie ist schlechthin nicht mehr zu erwarten bei Erreichg der berufsspezifischen Altersgrenzen. IÜ entscheiden der ArbMarkt, die örtl Gegebenheiten, wobei WohnsWechsel idR verlangt w kann, die zeitl Umst als obj Gegebenheiten, die persönl Disposition, Belastbark, Dauer der Berufsfremdh, aber auch psych Widerstandskraft als subj Kriterien. Ggf ist Teilzeitbeschäftigg zu erwarten. Tritt der AltersUnterh an die Stelle eines TeilUnterhAnspr (§ 1569 Anm 2) zB wg Kindesbetreuung mit teilw zumutb Erwerbstätigk, so wird die vorhandene Bedarfslücke nicht etwa dch § 1570 geschl (Dieckmann FamRZ 77, 95).

1572 *Unterhalt wegen Krankheit oder Gebrechen.* **Ein geschiedener Ehegatte kann von dem anderen Unterhalt verlangen, solange und soweit von ihm vom Zeitpunkt**
1. **der Scheidung,**
2. **der Beendigung der Pflege oder Erziehung eines gemeinschaftlichen Kindes,**
3. **der Beendigung der Ausbildung, Fortbildung oder Umschulung oder**
4. **des Wegfalls der Voraussetzungen für einen Unterhaltsanspruch nach § 1573**

an wegen Krankheit oder anderer Gebrechen oder Schwäche seiner körperlichen oder geistigen Kräfte eine Erwerbstätigkeit nicht erwartet werden kann.

1) Der **Zweck** der Vorschr ist es, die auf eine innerh der Ehe od des ihr noch zugerechneten nachehel Rahmens erworbene Krankh zurückzuführde Erwerbsunfähigk dch Gewährg eines UnterhAnspr gg den and Eheg auszugleichen. Eine Freistellg von der UnterhPfl kann unter dem GesPkt in Betr kommen, daß der Abschl einer berufl Weiterbildg (KiKrankenschw zur Lehrerin) dem kr Ehem für die Zukft einen desto höheren Unterh sichert (Saarbr FamRZ 81, 676). Die Anwendg der Best ist an **drei Voraussetzungen** geknüpft: an das Vorliegen einer Krankh od gleichgestellter Leiden (Anm 2), zum sog EinsatzZtpkt (Anm 3), u daran, daß aGrd der Behinderg eine ErwTätigk nicht erwartet w kann (Anm 4). Die Möglk eines Anspr auf **Erwerbsunfähigkeitsrente** rechtfertigt nicht eine Aussetzg gem ZPO 148 (Düss FamRZ 82, 821).

Bürgerliche Ehe. 7. Titel: Scheidung der Ehe   **§§ 1572, 1573**

2) Krankheit. Zum **Begriff** vgl § 616 Anm 3a sowie das SozVersR (Hbg FamRZ 82, 702). Unfallfolgen u Körper- bzw GesundhVerletzgen iSv § 823 gehören dazu. Doch ist der Begr im Hinbl auf die Erwerbsunfähigk enger als der KomplementärBegr Gesundh. Ebenf von der Zielsetzg der Vorschr her kommen nur solche körperl od seel Erkrankgen in Betr, die nicht nur vorübergehender Natur sind. Wer erwerbstät ist, kann wg kurzfrist KrankenhAufenthalte, Kuren uä einen Anspr aus § 1572 selbst dann nicht herleiten, wenn die Krankh ehebedingt ist. Das Kriterium der dauerh Beeinträchtigg setzt jedoch nicht voraus, daß nur unheilb Erkrankgen den UnterhAnspr entstehen lassen. Auch braucht die Eheg nicht schlechthin erwerbsunfäh zu sein. Schließl ist die **Ehebedingtheit** der Krankh **keine Voraussetzung** (BGH NJW 82, 40; FamRZ 88, 930/1), also nicht erforderl, daß die Krankh dch bes körperl od seel Belastgen währd der Ehe hervorgerufen w ist. Es genügt, wenn die Krankh (zB aGrd eines Unfalls) in die Ehezeit od in die ihr gleichstehde Zeit der Nachehe fällt, auch wenn keinerlei Zushg mit der ehel LebGemsch besteht; denn bis zum Ztpkt der Scheidg teilen die Eheg ihr gemeins Schicksal noch in einem solchen Umfang, daß der leistgsfäh für den kranken Eheg einstehen muß (BT-Drucks 7/650 S 124). Ausreichend, wenn die Krankh im EinsatzZtpkt schon bestand, aber noch nicht erkannt war. Das gilt jedoch nicht für die bl KrankhVeranlagg, ebsowenig für eheferne Verschleißerscheingen. Sie können nicht mehr als Nachwirkgen der Ehe u damit als ausgleichsbedürft angesehen w. **Alkoholsucht** kann Krankh sein; der Süchtige muß allerd Entziehgskur machen (Stgt FamRZ **81**, 963). Sonst § 1579 Z 3 (Düss FamRZ **87**, 1262). Werden die Kosten einer Suchtbehdlg von der KrVers übern, besteht ein Bedarf allenf für die Anschaffg von Kleidg u für Taschengeld (Hamm FamRZ **89**, 631). Eine **Unterhaltsneurose** (§ 1602 Anm 2e; § 1579 Anm 3c) stellt keine Krankh dar (Hbg FamRZ **82**, 702). Einer Krankh stehen entspr den VersorggsGrdsätzen der RVO, AVG, BeamtVG andere **Gebrechen oder Schwäche** der körperl od geist Kräfte gleich (BT-Drucks 7/650 S 124). Wer aus gesundh Grden nur noch einfache bis mittelschwere Arb verrichten k, diese aber ganztags, hat keinen Anspr n § 1572, sond nur einen – gem § 1573 V kürzgsfäh! – Anspr auf AufstockgsUnterh (Düss FamRZ **87**, 1254).

3) Einsatzzeitpunkte. Wg **Ziffer 1, 2 u 4** vgl § 1571 Anm 3 mit der Maßg, daß an Stelle des Alters „Krankh" zu lesen ist. Später eintretde Krankh u ErwUnfähigk fallen nicht in den Risikobereich des and Eheg (Brschw FamRZ **79**, 1020). Für Z 1 genügt es, wenn die im EinsatzZtpkt vorhandene Krankh sich in nahem zeitl Zushg mit der Scheidg verschlimmert, zB bei im ScheidgsZtpkt bereits vorh Gelenksabnutzg, Kreislaufstörg usw (BGH NJW **87**, 2229); wenn sich im ScheidgsJ ein Unterschenkelgeschwür bildet (Stgt FamRZ **83**, 501) od die Krankh nach der InkubationsZt ausbricht. Bei Z 2 reicht aus, wenn die Krankh nach Scheidg, aber währd der Kindererziehg erworben worden od der Grd für die Beendigg der KiBetreuung ist (Kblz FamRZ **89**, 286); für Z 4 ErwUnfähig inf Medikamentenabhängigk, wenn zumindest UnterhAnspr gem § 1573 I bestand (BGH FamRZ **88**, 927). **Ziffer 3: Beendigung der beruflichen Bildung** (zu den Formen vgl § 1610 Anm 4a insb dd–ff) ermöglicht normalerw Übern der unterhaltsrechtl Eigenverantwortg (vgl § 1569 Anm 1). Ist der Eheg zu diesem Ztpkt aber krank, so muß der and Eheg trotz der Scheidg wiederum beispringen; denn die sich aus der Ehe fortleitde Mitverantwortlichk (§ 1569 Anm 1) wirkt nach, wenn der Eheg, um sich selbstd unterhalten zu können, sich ausbilden, fortbilden od umschulen läßt (BT-Drucks 7/650 S 124).

4) Zur Nichterwartung der Erwerbstätigkeit vgl zunächst § 1571 Anm 4, obwohl die Grenzen hier noch schwieriger zu ziehen sind als dort. Nicht vorausgesetzt wird, daß die Krankh od das ihr gleichstehde Leiden den gesch Eheg schlechthin erwerbsunfäh macht. Der Anspr ist bereits dann gegeben, wenn der gesch Eheg eine angem Tätigk (§ 1574) nicht auszuüben in der Lage ist (BT-Drucks 7/650 S 124). Eine teilw Berufsunfähigk rechtfertigt dagg einen UnterhAnspr n § 1572 nicht, wenn statt des erlernten Berufs eine and angem Berufstätigk mögl ist (Hamm FamRZ **80**, 258). Der Anspr ist aber wiederum gegeben, wenn der gesch Eheg, obgleich er krank war, in Überschätzg seiner Kräfte eine Erwerbstätig übernimmt, die er nach einiger Zeit wieder aufgeben muß. Hins der subj Kriterien der persönl Zumutbark gelten athl Grdsätze, wie sie iR der SchadMindergsPfl bei Körper- u GesundhSchäden entwickelt sind (§ 254 Anm 3 b cc u dd). Bei gesundheitl Zumutbark einer ZeitArb kein Anspr auf ErgänzgsUnterh gem § 1573 II (Graba FamRZ **89**, 566). Der Unterh wird nur geschuldet, „sol u soweit" die ErwTätigk nicht erwartet w kann. Übt der gesch Eheg zu Beginn der Krankh bereits eine ErwTätigkeit aus, die ihm eine nachhaltige UnterhSicherg bietet, so entfällt § 1572 (vgl Anm 2). Aber auch, wenn die Krankh überwunden ist, besteht kein UnterhAnspr mehr. Ggf kann der gesch Eheg auf eine TeilErwTätigk verwiesen w.

1573 *Unterhalt bis zur Erlangung angemessener Erwerbstätigkeit.* ¹Soweit ein geschiedener Ehegatte keinen Unterhaltsanspruch nach den §§ 1570 bis 1572 hat, kann er gleichwohl Unterhalt verlangen, solange und soweit er nach der Scheidung keine angemessene Erwerbstätigkeit zu finden vermag.

ᴵᴵReichen die Einkünfte aus einer angemessenen Erwerbstätigkeit zum vollen Unterhalt (§ 1578) nicht aus, kann er, soweit er nicht bereits einen Unterhaltsanspruch nach den §§ 1570 bis 1572 hat, den Unterschiedsbetrag zwischen den Einkünften und dem vollen Unterhalt verlangen.

ᴵᴵᴵAbsätze 1 und 2 gelten entsprechend, wenn Unterhalt nach den §§ 1570 bis 1572, 1575 zu gewähren war, die Voraussetzungen dieser Vorschriften aber entfallen sind.

ᴵⱽDer geschiedene Ehegatte kann auch dann Unterhalt verlangen, wenn die Einkünfte aus einer angemessenen Erwerbstätigkeit wegfallen, weil es ihm trotz seiner Bemühungen nicht gelungen war, den Unterhalt durch die Erwerbstätigkeit nach der Scheidung nachhaltig zu sichern. War es ihm gelungen, den Unterhalt teilweise nachhaltig zu sichern, so kann er den Unterschiedsbetrag zwischen dem nachhaltig gesicherten und dem vollen Unterhalt verlangen.

ⱽDie Unterhaltsansprüche nach Absatz 1 bis 4 können zeitlich begrenzt werden, soweit insbesondere unter Berücksichtigung der Dauer der Ehe sowie der Gestaltung von Haushaltsführung und Erwerbstätigkeit ein zeitlich unbegrenzter Unterhaltsanspruch unbillig wäre; dies gilt in der

§ 1573 1, 2   4. Buch. 1. Abschnitt. *Diederichsen*

Regel nicht, wenn der Unterhaltsberechtigte nicht nur vorübergehend ein gemeinschaftliches Kind allein oder überwiegend betreut hat oder betreut. **Die Zeit der Kindesbetreuung steht der Ehedauer gleich.**

1) Unterhaltsanspruch wegen unzureichender Wiedereingliederung ins Arbeitsleben. Die Best gewährt dem gesch Eheg aus einer Bedürfnislage im Nachwirkungsbereich der Ehe UnterhAnspr in 7 Fällen, denen allen gemeins ist, daß der gesch Eheg zu einem best EinsatzZtpkt keine angem Erwerbstätig zu finden vermag (48. Aufl). – **Zweck:** Die Schwierigk, nach Scheid der Ehe eine geeignete Tätigk zu finden, hängt mit der Arbeitsmarktlage, der Konjunktur od der techn Entwicklg (Automation) zus; eine darauf zurückzuführde BedürfnLage steht idR aber auch iZushg mit der Ehe, weil sie darauf beruht, daß der Eheg währd der Ehe aGrd einverständl Arbeitsteilg (vgl unten Anm 5 b bb) nicht od nur teilw erwerbstät gewesen ist u sich desh nach der Scheidg zunächst um eine angem u unterhaltsrechtl befriedigd vergütete ErwTätigk bemühen muß (BT-Drucks 7/650 S 125). – **Negative Voraussetzung** aller Anspr aus § 1573 ist, daß ein UnterhAnspr nicht bereits nach den §§ 1570–1572 besteht. Diese Subsidiarität gilt auch hins zu erwartender Teilzeitbeschäftigg im Verhältn zum KrankhUnterh (Stgt FamRZ **79**, 1018). Wenn der gesch Eheg ein gemschaftl Kind zu versorgen hat od wg Alters od Krankh eine ErwTätigkeit nicht zu erwarten ist u er aus diesem Grd bereits Unterh von dem gesch Partner bekommt, so bedarf es einer weiteren AnsprGrdl nicht mehr. Die versch Anspr unterscheiden sich dadch, daß anders als bei den vorgelagerten UnterhGründen der gesch Eheg iFv § 1573 sich um eine angem ErwTätigk bemühen muß (Anm 2b). Allerd können sich Überschneidgen ergeben, wenn auch der alters- od krankheitsbedingt nicht zu voller ErwTätigk verpfl Eheg zu einer Teilzeitbeschäftigg verpfl ist; vermag er iR dieser Verpflichtg keine angem ErwTätigk zu finden, gilt insow § 1573. Ab Erreichg der Altersgrenze ist der UnterhAnspr auf § 1571 zu stützen (BGH FamRZ **88**, 817). Zur **Erwerbsobliegenheit:** § 1603 Anm 2b; § 1577 Anm 2a.

2) Unterhalt wegen Fehlens einer angemessenen Erwerbstätigkeit nach der Scheidung, I. Der UnterhAnspr besteht grdsl, sol u soweit der gesch Eheg nach der Scheidg keine angem ErwTätigk zu finden vermag. Aber **Begrenzungsmöglichkeit** nach V (vgl Anm 5).

a) Der Anspr setzt zunächst voraus, daß der Eheg im Ztpkt der Scheidg **nicht oder nicht voll erwerbstätig** ist. Dadch soll den währd der Ehe nicht erwerbstät gewesenen Eheg der Anspr auf einen den wirtschaftl Verhältn der Eheg im Ztpkt der Scheidg entsprechden Unterh so lange eingeräumt w, bis er dch eine angem ErwTätigk sich selbst unterhalten kann. Es kommt nicht darauf an, ob der Eheg gerade wg der Ehe nicht erwerbstät gewesen ist; ebsowenig, wie lange er vor der Scheidg nicht od in dem nicht mehr angem Beruf erwerbstät war (BGH NJW **80**, 393). Gg mutwill (zB währd des GetrLebens der Ehel im Hinbl auf die bevorstehde Scheidg) herbeigeführte Bedürftigk hilft § 1579 I Z 3.

b) Weitere Voraussetzg des Anspr ist, daß der gesch Eheg nach der Scheidg **keine angemessene Erwerbstätigkeit zu finden** vermag. Was als angem ErwTätig in Betr kommt, ergibt sich aus § 1574 Anm 2. Dem Eheg darf keine Tätigk angesonnen w, die seine frühere soz Lage ungünst verändern würde (BT-Drucks 7/650 S 125). Studium innerh der Ehe darf nach deren Scheidg fortgesetzt w, auch wenn vorher erfolgr Tätigk als Industriekaufm (Hamm FamRZ **78**, 899 zweifelh). Entscheid ist, ob der soz Zuschnitt der ehel LebGemsch darauf ausgerichtet war, dem Eheg das höhere Bildgsniveau eines Akademikers zu verschaffen (BGH FamRZ **80**, 126). Das ist nicht der Fall, wenn Antiquitätenhändler das Abitur erst nach der endgült Trenng der Eheg ablegt u Medizinstudium aufnimmt (Düss FamRZ **80**, 585). Die Ehefr v 50 J, die 20 J im erlernten Beruf als kaufm Angest nicht mehr tät war, kann idR Unterh n I verlangen, wenn ihr gesch Mann als Bautechniker ein NettoEink v 4197 DM hat (Zweibr FamRZ **81**, 148). Dch die Formulierg „zu finden vermag" soll zum Ausdr gebracht w, daß der Eheg sich **um eine Erwerbstätigkeit bemühen** muß. Die Tats allein, daß er nicht erwerbstät ist, soll den Anspr nicht auslösen; es muß vielm hinzukommen, daß seine Bemühgen, eine ErwTätigk aufzunehmen, erfolglos geblieben sind (BT-Drucks 7/650 S 125). Hierfür kommt dem Unterh begehrden Eheg nicht ZPO 287 II zugute (BGH NJW **86**, 3080). Der UnterhKl ist **beweispflichtig**; die UnterhKl ist abzuweisen, wenn bei nachgerechteren Bemühgen eine nicht ganz abzuweisende BeschäftiggsChance bestünde (Oldbg FamRZ **88**, 724). Zum Umfang der Bemühgen vgl § 1574 Anm 4. Eine unangem ErwTätigk, deren Einkfte sich der unterhaltsberecht Eheg ijF anrechnen lassen muß, braucht er zG einer angem Erwerbstätigk nur aufzugeben, wenn ihm diese nachgewiesen w. Anderers setzt der UnterhAnspr erst ein, wenn überh keine angem Tätigk mögl, so daß frühere UnivDozentin sich um anderweit Verwertg ihrer Sprachkenntn bemühen muß (BGH FamRZ **84**, 988). Bei Abweisg der Kl muß feststehen, daß bei genügden Bemühgen eine **reale Beschäftigungschance** bestanden hätte (BGH FamRZ **87**, 912). **Verhältnis von I zu II:** I gilt auch dann, wenn der unterhberecht Eheg wg der ArbMarktlage nur eine Teilbeschäftigg findet (BGH NJW **88**, 2369). Bei fiktivem ErwEink des Unterh-Bedürft gilt dagg II (BGH FamRZ **88**, 927).

c) Maßgebl **Zeitpunkt** für I ist die Scheidg. Der zeitl Zushg fehlt, wenn die Erwerbslosigk 2½ J nach der Scheidg eintr (BGH NJW **88**, 2034). Doch steht diesem Ztpkt gleich, wenn eine angem ErwTätigk bei Abschluß der Erziehg eines gemschaftl Kindes, nach Heilg einer der ErwTätigk enggstehden Krankh usw nicht zu finden ist, **III**. Die BedürfnLage daraus, daß der zunächst au und Gründen unterhaltsberecht Eheg nicht sogleich eine angem ErwTätigk findet, steht noch im Zushg u innerh des Nachwirkgsbereichs der Ehe (BT-Drucks 7/650 S 127). Hat allerd der Eheg vor III Unterh bezogen, um eine bessere Ausbildg zu erlangen, als er vorher hatte, so bleibt diese inzw erworbene Steigerg seiner berufl Möglichkeiten bei der jetzt fäll Suche nach angem ArbMöglichkeiten außer Betr (§ 1575 III). Hat der unterhaltsberecht Eheg zZw des § 1575 einen ehedem sicheren ArbPlatz aufgegeben u findet nun keine Stellg, so ist der UnterhAnspr ggf n § 1579 Z 7 zu kürzen, da das Risiko des Bildgsstrebens u der Fehlprognose nicht einseit vom UnterhPflichtigen getragen w soll (Dieckmann FamRZ **77**, 93). Für den Fall schließl, daß eine zunächst erlangte angem ErwTätigk nachträgl ganz od teilw entfällt, gilt nicht I, sond IV (vgl Anm 4). Indem das G den Ztpkt der Scheidg für maßgebl erkl, kommt es dem Wortlaut nach nicht darauf an, ob die Bedürftigk ehebedingt ist;

Bürgerliche Ehe. 7. Titel: Scheidung der Ehe § 1573 2, 3

wer wg Vorstrafen od alkoholbedingter Unzuverlässigk schon währd der Ehe keine Anstell fand, könnte danach vom und Eheg selbst dann Unterh verlangen, wenn dieser sich gerade wg dieser Umst scheiden läßt. Die **Bemühungen um Erlangung einer Erwerbsstellung** (Anm 2b) müssen **spätestens mit der Scheidung** einsetzen. Im VerbundUrt ist also eine Prognose über deren Erfolg erforderl; die Verletzg der Erwerbsobliegenh gem § 1361 II währd der TrenngsZt genügt nicht für die Ann, daß keine angem ErwTätigk zu finden sein wird (BGH FamRZ 86, 1085/86: aber ggf § 1579 Nr 3). Dem AnsprSteller obliegt lediglich die Suche nach einer ihm angem (§ 1574 Anm 2) ErwTätigk (BGH NJW 87, 898/99). Die BewAnforderngen dürfen nicht überspannt werden, sond müssen den Umst des Falles entspr; **Beweis** ist als geführt anzusehen, wenn nach tatrichterl Würdigg eine BeschäftggsChance prakt nicht bestanden hat (BGH aaO). Die UnterhKl darf nicht schon abgewiesen werden, wenn zureichende Bemühgen nicht bewiesen sind, sond erst dann, wenn feststeht od nicht auszuschließen ist, daß bei ausr Bemühgen eine reale BeschäftiggsChance bestanden hätte (BGH FamRZ 86, 885/86; NJW 87, 898/99). Zu vor der Scheidg angebrachten Bemühgen: § 1361 Anm 3a; zur dadch bedingten Mutwilligk der Bedürftigk: § 1579 Anm 3c. Wer kinderl im Betr des Eheg mitgearbeitet hat, muß sich unmittelb nach der Trenng um eine ErwTätigk bemühen (Bambg FamRZ 86, 682).

d) **Dauer.** Im Ggs zu Vorschlägen, die im GesGebgsVerf gemacht w sind, besteht der Anspr unbefristet, dh ohne feste zeitl Beschränkg, aber inhaltl begrenzt, näml nur, **solange und soweit** keine angem ErwTätigk zu finden ist. Die Verurt des UnterhSchu ist auf den ZtRaum zu beschränken (zB 6 Mo), den das Ger für erforderl hält, daß der UnterhBerecht eine angem Anstell findet (Karlsr FamRZ 83, 716). Hat der gesch Eheg eine ihm eröffnete, iSv § 1574 angem ErwTätigk ohne zureichde Grde wie Krankh, Alter usw ausgeschlagen, so entfällt von da an die UnterhVerpfl des and Eheg. Es tritt voll die Eigenverantwortg des gesch Eheg in Kraft (§ 1569 Anm 1). Bei Einkommen unterhalb des angem Unterh verbleibt TeilAnspr gg den and Eheg gem II (Anm 3).

3) **Aufstockungsanspruch, II.** Übt der unterhaltsberecht gesch Eheg bei Scheidg eine angem ErwTätigk aus od findet er sie später u reichen die Einkünfte daraus zum vollen Unterh iSv § 1578 nicht aus, so hat der and leistgsfäh Eheg den UnterschiedsBetr zw den Einkften u dem vollen Unterh dch Zahlg einer entspr Geldrente (§ 1585 I 1) auszugleichen. Der AufstockgsUnterhAnspr des erwerbstät Eheg ist nicht verfassgswidr (BVerfG NJW 81, 1771) u wird gerade auch bei angem ErwTätigk geschuldet (BGH NJW 82, 1869). § 1577 II steht dem DifferenzUnterh nicht entgg (Hamm FamRZ 81, 558). **Zweck:** Die Vorschr schafft somit einen Anreiz, auch solche Tätigkeiten zu übernehmen, die den angem Unterh nicht in vollem Umf erbringen, u entspricht insof dem Grds der Eigenverantwortg; indem der and Eheg verpfl bleibt, die Differenz zum angem Unterh zu zahlen, entspricht die Best dem Grds der Mitverantwortlichk (§ 1569 Anm 1). Der Kritik v Dieckmann FamRZ 77, 86 an der Lebensstandardgarantie hat das UÄndG dch Einfügg des § 1573 V u seine Möglk einer **zeitlichen Begrenzung** des AufstockgsUnterh Rechng getragen (Anm 5). **Konkurrenzen:** (1) Zum Verhältn v II zu I Anm 2b. (2) Im Verh v II zu I u IV haben die beiden anderen gen AnsprGrdlagen Vorrang, insb also bei ArbLosigk des UnterhBerecht (BGH NJW 88, 2034). (3) §§ 1570–1572 gelten ausschließl, wenn der UnterhGläub wg KiBetreuung, Alter, Krankh von vornh nur zu einer TeilZtBeschäftig verpfl ist; er kann dann den dch seinen eig Verdienst nicht gedeckten Teil des vollen Unterh aus den §§ 1570ff beanspr (Hamm FamRZ 87, 572 u § 1570; 88, 265/66 f zu § 1572; Graba FamRZ 89, 566). (4) Zu einer Kombination v Anspr aus den §§ 1570–72 mit einem solchen aus II kann es kommen, wenn der Eheg eheangem iS v § 1574 II voll od teilw erwerbstät ist u er hierfür ungünstiger bezahlt w, als das seiner Ausbildg od dem bisher LebStandard der Eheg entspricht; für diese MindVergütg hat der UnterhSchu n II aufzukommen. In einem solchen Fall erhält der gesch nunmeh und ehem Eheg einen einheitl UnterhBetrag nach II, sond die ihm (zB wg des Wegfalls der Pfl zur Stellensuche) günstigeren UnterhBeträge gem §§ 1570–1572 zuzügl des unter Berücks der eig Einkfte verbleibdn, aber der KürzgsMöglk n V ausgesetzten (BGH FamRZ 87, 691/93; 88, 265/67), UnterschiedsBetr zum angem GesamtUnterh (BT-Drucks 7/650 S 127). Der AufstockgsUnterh kommt auch bei Doppelverdienerehen in Betr (KG FamRZ 81, 156), wird aber nur geschuldet, wenn der UnterhBerecht dch seine eig ErwTätigk **nicht den vollen angemessenen Unterhalt** selbst verdient, so daß eine Aufstockg selbst bei großen EinkUnterschieden entfallen kann (Ffm FamRZ 80, 141), wie sie umgekehrt bei einem geringen EinkGefälle ausscheidet. **Kein Aufstockungsunterhalt** desh bei geringer EinkDifferenz (AG Bln-Charl FamRZ 81, 1182; AG Starnbg FamRZ 79, 590; aA Hamm FamRZ 82, 70); erst recht nicht, wenn die Eheg währd des ZusLeb jed von seinem eig Verdienst gelebt hat u der nicht verbrauchte Teil der Eink angespart wurde (Zweibr FamRZ 82, 269); wohl aber bei einer EinkDifferenz von 1000 DM (Celle FamRZ 80, 581). Für die Bestimmg der ehel LebVerhältn ist ein obj Maßst anzulegen (§ 1578 Anm 2 A; aA Luthin FamRZ 83, 929).

Die **Berechnung des Aufstockungsunterhalts** (Lit: Hampel FamRZ 81, 851; 84, 627; v Hornhardt NJW 82, 17; Büttner FamRZ 84, 534; Weychardt NJW 84, 2328; bei beidergiesent BarUnterhPfl der Elt: Hamm FamRZ 88, 1270/89, 507 mAv Däther; Jacob FamRZ 89, 924) erfolgt **nach dem Ehetyp** der Parteien (vgl § 1360 Anm 3), der dch die Gestaltg der Erwerbstätigk beider Eheg in der Ehe **geprägt** wird. Dabei kommt es nicht darauf an, ob die Eheg zu irgendeiner Zeit eine WirtschGemsch gebildet h (Düss FamRZ 83, 1139). Ferner ist der maßgebl **Zeitpunkt** die Scheidg (BGH NJW 81, 1782; 84, 292; § 1578 Anm 2 A ee). Kein Aufstockgs-Unterh auch, wenn die EinkDifferenz erst 2 J nach der Scheidg entsteht (Hbg FamRZ 86, 1001). Die Einkommen beider Eheg können auch fiktiv sein (Stgt FamRZ 83, 1233). In der Rspr macht sich deutl eine **Tendenz** zur Überwindg der (im flgden zGrde gelegten) **Differenz- und Anrechnungsmethode** bemerkb (vgl Luthin FamRZ 83, 1237; Stgt FamRZ 83, 1233; Ffm FamRZ 86, 1103: mittlerer Wert als UnterhBed; KG FamRZ 86, 1109: Unterh nach tatsächl Bed bei völliger Gleichberechtigg der beiden Eink; Düss FamRZ 87, 70). Vgl iü auch schon die Tendenz in BGH 89, 108; NJW 84, 294; vgl auch § 1578 Anm 2. Zu kompliziert wird der Methodenunterschied bei ehel nur angelegter Teilbeschäftigg (vgl Hamm FamRZ 87, 1249). **Zu unterscheiden** ist folgendermaßen, wobei zu beachten ist, daß bei langdauerndem ScheidgsVerf trotz zwischenzeitl Aufn einer Erwerbstätigk eine HaushführgsEhe vorliegen kann, weil die Tätigk in der Ehe nicht angelegt war (KG FamRZ 84, 900):

1439

§ 1573 3, 4

(1) Bei **Doppelverdienerehen** wird die Differenzmethode angewandt, dh der ergänzde Unterh beträgt entspr dem allg Aufteilgsschlüssel der Düss Tab (§ 1578 Anm 2 a dd), begrenzt dch den vollen Unterh (§ 1578 Anm 2 a cc), 3/7 **des Unterschiedsbetrags** der anrechngsfäh NettoEink beider Eheg, wenn das des Schuldn höher ist (BGH NJW **81**, 753; Hamm FamRZ **81**, 558; and Stgt FamRZ **81**, 667: die Hälfte; Karlsr FamRZ **82**, 486: 3/7 der Summe beider Eink abzgl des Eigenverdienstes des Berecht). Die Verteuerg der LebHaltgsKosten rechtfertigt keinen Zuschlag (Hamm FamRZ **82**, 297). KiUnterh darf nicht vorweg vom Eink abgezogen w (Hbg FamRZ **86**, 1001). Doppelverdienerehen liegen auch vor bei zw- zeitl Bezug einer ErwUnfähigkRente (Zweibr FamRZ **86**, 1214) od wenn die Ehefr jahrelang im Untern des Mannes mitgearbeitet hat, ohne daß ihr förml ein eig Lohn ausgezahlt w (Düss FamRZ **83**, 400); wenn sie eine währd der Ehe ausgeübte, wg Kindesbetreuung unzumutb Erwtätigk nach der Ehescheidg beibehält (Düss FamRZ **86**, 170; and Düss FamRZ **85**, 1039: § 1577 II); od wenn sie nach der Trenng, aber vor Scheidg (Anm 2 c), wieder erwerbstät wird (BGH NJW **82**, 2439). Die DiffMethode ist uU bei Spätaussiedlern (Hamm FamRZ **84**, 1102) unsachgerecht, ferner wenn der in Anspr genommene Eheg über die Versorgg zweier gemeins Ki hinaus voll erwtät ist, währd des als Rentn einer Berufstätig nicht nachgeht (Zweibr FamRZ **83**, 505). Das maßgebl Eink darf bei der Differenzberechn u der Leistgsfähig (§ 1581) grdsl nicht unterschiedl beurt w (BGH NJW **84**, 1237). Insbes ist bei beiden Eheg der Berufsbonus (zB 1/7 des eig NettoEink) in Ansatz zu bringen (BGH NJW **86**, 1342/44). Entspr verringert sich das bereinigte NettoEink dch Vorwegabzug angemessener KrankVersBeitr (Karlsr FamRZ **80**, 367). Außerd darf der UnterhSchu ggf den zur Finanzierg des ZugewAusgl aufgenomm Kredit absetzen (BGH NJW **86**, 1342/44). Zur Beschrkg des AufstockgsUnterh bei höheren Eink § 1578 Anm 2 a cc.

(2) Dagg wird der AufstockgsUnterh bei **Haushaltsführungsehen**, in denen die Erwerbstätigk des unterhaltsbedürft Eheg also – real od fiktiv (BGH FamRZ **85**, 908) – erst nach der EheScheidg einsetzt, so daß davon auszugehen ist, daß die ehel LebVerhältn nur dch das Eink des einen Eheg geprägt w sind (BGH FamRZ **82**, 255/ 57; **83**, 144/46; NJW **84**, 294: Aufn der ErwTätigk trotz Betreuung v 5 Kindern nur, weil Ehem keinen Unterh zahlt), nach der AnrechngsMethode berechnet, dh das Eink des von Anfang an erwerbstät Eheg wird nach dem allg TeilgsSchlüssel (§ 1578 Anm 2) aufgeteilt u von der auf den Berecht entfallden Quote dessen eig Eink abgezogen (BGH NJW **81**, 1782). Allerd ist diese Bemessg ggf nach den Umst des Einzelfalles, insb unter Berücks eines konkret dargelegten trenngsbedingten MehrBed aS des UnterhBerecht, nach ZPO 287 zu modifizieren (BGH NJW **82**, 1873/75; Hbg u Düss FamRZ **82**, 925 u 927; Kblz FamRZ **86**, 363: 1/5 des bereinigten NettoEink). Zu entspr Ergebn gelangt man, indem man in der Quote v 1/7 zG des UnterhSchu zum Ausdruck kommden **Berufsbonus** auch bei dem Ansatz des (ggf: fiktiv) anzurechnden eig Eink dem UnterhBerecht zugute kommen läßt (so BGH FamRZ **85**, 908/910). Dens Effekt hat es, wenn man dem Berecht v seinem (fikt) Eink vor Anwendg der Anrechngsmethode 1/7 anrechngsfrei beläßt (Düss FamRZ **85**, 1262). Zu den verschied Methoden der Ermittlg des MehrBed § 1578 Anm 2. Mit Rücks auf letzteren, auf die Gleichwertigk der HausfrauenTätigk u darauf, daß der Anreiz f die Aufn einer ErwTätigk nach der Scheidg prakt genommen wird, wenden manche Gerichte auch in diesen Fällen die Differenzmethode an (Kln FamRZ **82**, 706). Das verdient Zust: Die „ehel Verh" sind anges des Scheiterns der Ehe u der ScheidgsFolgen in ihrem Fortwirken in die Zt nach der Scheidg ijF bloße Fiktion. Die sie mitprägende HaushaltsTätigk der Frau bekommt dch den Zwang zur Aufn einer ErwTätigk gerade unter dem auch vom BGH betonten Ggseitigk-Prinzip ledigl eine and Richtg. Eine Einschrkg der Anrechng ist jedenf auch dann geboten, wenn der Eigenverdienst zuzügl der UnterhLeistg nicht einmal den Selbstbehalt des Berecht erreicht (Ffm FamRZ **82**, 376).

(3) Entspr kann es zu einer Kombination der beiden AnrechngsMethoden bei der **Zuverdienstehe** kommen, wenn dem UnterhGläub nach der Scheidg die Ausübg einer VollZtArb obliegt, so daß hins der bereits in der Ehe ausgeübten TeilZtBeschäftig die Differenzmethode Anwendg findet, das nachehel MehrEink dagg nicht bedarfserhöhd, sond nach der Subtraktionsmethode nur bedarfsdeckd zu berücks ist (Düss FamRZ **82**, 489). Nach BGH NJW **85**, 1026/29 unter ee) wird zunächst der volle UnterhBedarf ermittelt (fiktiv fortgesetztes TeilZtEinkommen + anteilige Differenz zum Eink des UnterhSchu) u davon das tatsächl Eink aus der GanztagsBeschäftig abgezogen; der UnterschiedsBetr macht den Anspr gem II aus.

4) Nachträglicher Verlust der angemessenen Erwerbstätigkeit, IV. Verliert der unterhaltsberecht Eheg eine zunächst gefundene angem ErwTätigk ganz od teilw wieder, so kann das in den Bereich seiner Eigenverantwortg od in den Bereich der Mitverantwortg des ehem Eheg fallen (vgl § 1569 Anm 1); je nachdem erneuert sich sein UnterhAnspr od hat er für sich selbst zu sorgen. Der GesGeber hat den Verlust der angem ErwTätigk nach Scheidg ebso wie das Nichterlangen einer derart stellg währd einer best Karenzzeit (vgl Anm 2 c) als zum Nachwirkgsbereich der Ehe gehörd angesehen u die Entsch darüber, ob der Verlust der Einkommensquelle von dem gesch Eheg selbst zu tragen od dch einen entspr UnterhAnspr gg den leistgsfäh Eheg auszugleichen ist, danach getroffen, ob es dem gesch Eheg gelungen war, seinen Unterh dch die ErwTätigkeit nach der Scheidg **nachhaltig zu sichern**. Vgl zu diesem Begr, der in den §§ 1575 I und 1577 IV wiederkehrt, Vogt FamRZ **77**, 105, sowie unten Anm 4 a cc. Entscheid ist die Eignung der jew ErwTätigk zu eben diesem Zweck; nach der wörtl Anwendg der Vorschr müßte der and Eheg stets Unterh zahlen, weil es bei Wegfall der ErwTätigk dem gesch Eheg eben offensichtl nicht gelungen ist, den Unterh zu sichern. Darauf kann es aber nicht ankommen (vgl Anm a cc). **Befristungsmöglichkeit** nach V (Anm 5).

a) Voraussetzungen, S 1:

aa) Der gesch Eheg muß **nach der Scheidung** einer **angemessenen Erwerbstätigkeit** nachgegangen sein. Unerhebl, ob sie bereits vor der Scheidg begonnen hatte od erst danach (BGH NJW **85**, 430). Die Beschäftiggsfiktion (§ 1577 Anm 2 a) steht gleich (Bambg FamRZ **84**, 897). Dagg steht der angem ErwTätigk die Bedarfsbefriedigg innerh einer nehel LebGemsch nicht gleich (BGH NJW **87**, 3129). Handelte es sich bei der weggefallenen Beschäftig nicht um eine angem ErwTätigk (vgl Anm 1), verblieb es ohnehin bei I; iF der Anrechng gem § 1577 II 2 dagg IV 1 analog.

bb) Unverschuldeter Wegfall der Einkünfte aus der Erwerbstätigkeit gleichgült, ob aGrd Entlassg,

Bürgerliche Ehe. 7. Titel: Scheidung der Ehe § 1573 4, 5

Konkurses des Unternehmens, eig Unfalls (ohne Ersatzberechtigg) od ähnl. Entscheidd ledigl, daß der Wegfall der Einkfte dem gesch Eheg nicht vorwerfb ist (arg „trotz seiner Bemühgen"), so daß Anspr auch dann zu bejahen ist, wenn der gesch Eheg die ArbStelle wieder verliert, weil er dch die jahrelange Unterbrechg seiner Berufstätigk währd der Ehe den Anfordergen der übernommenen Tätigk nicht gerecht w kann; weil er wg seines Alters an der weiteren Ausübg der übernommenen u zunächst zufriedenstelld bewältigten Tätigk gehindert ist; weil eine alte Krankh wieder hervortritt u ihm eine weitere ErwTätigk vorerst unmögl macht (Bspe aus BT-Drucks 7/650 S 127). Dagg findet IV 1 keine Anwendg, wenn der gesch Eheg die angem Tätigk von sich aus kündigt, ohne eine neue Stelle zu haben; wenn er schuldh KündiggsGrde setzt usw.

cc) Der Unterh darf dch die ErwTätigk **nicht nachhaltig gesichert** gewesen sein. War er das, so kommt bei Wegfall der bish Anstellg kein Anspr gg den früh Eheg mehr in Betr; vielm ist der gesch Eheg in diesem Fall selbst dafür verantwortl, seinen Unterh zu verdienen. *Beispiel:* Betreuung einer 12j; trotzdem Aufn einer VollZtBeschäftigg, die nach Geburt eines nehel Ki aufgegeben w; anschließd Arbeitslosigk (Hamm FamRZ 86, 360). Zum Begr der Nachhaltigk (sa §§1575 I, 1577 IV) Vogt FamRZ 77, 105. Nachhalt war die Sicherg nur, wenn der gesch Eheg eine Dauerbeschäftigg hatte, nicht nur eine vorübergehde Tätigk. Keine nachhalt Sicherg desh bei zeitl befrist ArbBeschaffgsMaßn (Ffm FamRZ 87, 1042), wohl aber uU bei SaisonArb, wenn Wiederbeschäftigg sicher. Entscheidd, ob nach obj Maßstab u allg LebErfahrg die übernommene ErwTätigk als nachhalt angesehen w konnte, wobei es auf die tatsächl Dauer der Tätigk nicht entscheid ankommt, sond darauf, ob zu erwarten war, die Tätigk werde auf Dauer ausgeübt w können. Eine nachhalt UnterhSicherg liegt nur vor, wenn die Tätigk eine Zeit lang ein stetiges Eink erbringt (BGH RzW 63, 274). Bei der Ausleg des Begr „nachhaltig" ist auf die Rspr zu BEG 75, der dens Ausdr verwendet, zurückzugreifen (BT-Drucks 7/650 S 127). Für die Beurt, ob eine ErwTätigk den Unterh nachhalt sichert, ist der frühest mögl **Zeitpunkt** die Scheidg (BGH NJW 85, 430/31). IÜ ist wed der Ztpkt des Beginns der ErwTätigk noch derj der letzten mdl Verhdlg für sich allein maßg. Vielm sind iW einer **objektiven vorausschauenden Betrachtung** vom Standpkt eines optimalen Betrachters aus auch schon damals bestehende, aber erst später zutage tretende Umst einzubeziehen (BGH NJW 88, 2034) u ist festzustellen, ob die ErwTätigk im Ztpkt ihrer Aufn nach obj Maßstäben u allg LebErfahrg mit einer gewissen Sicherh als dauerh angesehen w konnte od ob befürchtet w mußte, daß der Bedürft sie dch außerh seiner EntschließgsFreih liegde Umst in absehbarer Zt wieder verlieren würde (BGH NJW 86, 375). Danach ist die nachhalt Sicherg zu bejahen bei völlig unerwartetem Konk des ArbGeb (vgl BGH NJW 86, 375); bei erfolgr Bestehen einer vereinb ProbeZt, auch wenn dann später das ArbVerhältn doch aufgelöst w (BGH RzW 63, 273). Dagg liegt keine nachhalt Sicherg des Unterh vor bei latent bestehder Krankh des Bedürft, die diese dazu zwingt, die Stellg in absehb Zt wieder aufzugeben (vgl BGH NJW 86, 375); bei Überschätzg der eig Leistgsfähigk, etwa trotz Alters od Krankh (Celle FamRZ 83, 717); wenn die vorher unsichtb KrankhSymptome 2 Tage nach Dienstantritt zum Ausscheiden zwingen (BGH NJW 85, 1699); bei Fehlen notwendiger Branchenkenntn u des notw Startkapitals für den Betr einer Diskothek (BGH NJW 86, 375/76); bei Eintr in eine bes krisenanfällige Branche (BGH RzW 58, 267); trotz 5jähr ErwTätigk, wenn bei Aufn der ErwTätigk absehb war, daß bis zum Eintr des RentAlters kein ausreichdes Altersruhegeld erreicht w konnte (Kblz NJW-RR 86, 555).

dd) **Ausreichende Bemühungen** um eine nachhaltige Sicherg versprechde ErwTätigk (§ 1574 Anm 4). Die Sicherg muß trotz der Bemühgen nicht gelungen sein. Bezieht sich vor allem auf die Erlangg der ErwTätigk selbst, gilt aber auch dafür, die einmal erlangte ArbStelle nicht selbstverschuldet einzubüßen (Anm bb). Übernimmt der gesch Eheg eine ErwTätigk, von der feststeht, daß sie voraussichtl nicht auf Dauer ausgeübt w kann, darf er sich nicht darauf berufen, diese Tätigk sei nicht nachhalt gewesen, wenn er bei entspr Bemühungen eine and Tätigk gefunden hätte, die ihm eine nachhaltige Sicherg gewährt hätte (BT-Drucks 7/650 S 128). Den Schutz des IV verliert, wer sich mit den Jobs durchschlägt od seinen ArbPlatz inf Straftaten, Pflichtwidrigk uä verspielt (Dieckmann FamRZ 77, 90).

b) **Teilverlust der nachhaltigen Unterhaltssicherung** führt zu einem Anspr auf Zahlg des UnterschiedsBetr zw dem nachhalt gesicherten u dem vollen Unterh, **S 2.** Unterhaltspflichtiger Eheg kann von dem gesch Eheg den Wechsel in eine Stelle mit einer Vergütg, die dem angem GesamtUnterh entspricht, bei Zumutbark verlangen. **Beispiel:** Angem Unterh = 1200 DM; Eink aus nachhalt gesicherter Erwerbstätigk = 900 DM; RestAnspr gem II = 300 DM. Wird der gesch Eheg zB entlassen, behält er den Anspr auf 300 DM, bekommt aber vom unterhaltspflicht Eheg nicht mehr. Eine Überleitg des Anspr auf die Träger von Arbeitslosen- od Sozialhilfe (AFG 140; BSHG 90) scheidet mRücks auf die Zweckbestimmg des AuffüllAnspr aus, der den ehel LebStandard gewährleisten soll (so zu Recht Dieckmann FamRZ 77, 87).

5) Die zeitliche Begrenzung der Unterhaltsansprüche nach Abs 1–4, V. (Lit: Diederichsen NJW 86, 1286; Giesing FamRZ 86, 937). Eingefügt dch Art 1 Z 5 UÄndG. Über V können auf die Dauer ungerechtf Anspr auf Ausgl geringer EinkUnterschiede beschnitten u der UnterhPfl von den Folgen konjunktureller Arbeitslosigk entlastet w. Zum ProzRisiko u der Gestaltg des **Klageantrags** bei einer bereits vom UnterhKl befürchteten zeitl Begrenzg des EhegUnterh: Christel FamRZ 86, 627.

a) **Die limitierbaren Ansprüche.** Der zeitl Begrenzg unterliegen nur Anspr auf **Arbeitslosenunterhalt,** dh wg Nichterlangg einer angem ErwTätigk, u auf Zahlg von **Aufstockungsunterhalt** (§ 1573 I u II). Andere UnterhAnspr (§§ 1570–1572, 1576) können zwar nach den §§ 1578, 1579, aber nicht nach § 1573 V reduziert w, was zu der Befürchtg Anlaß gegeben hat, der unterhbedürft Eheg werde vermehrt in den KrankhUnterh ausweichen (Weychardt DAV 84, 842; Finger JR 85, 3). Ledigl dann, wenn **Anschlußunterhalt** (§ 1569 Anm 2a) gefordert wird u es sich dabei wiederum um Arblosen- od AufstockgsUnterh handelt, kommt auch dafür die zeitl Beschränkg in Betr (vgl oben Anm 2c).

b) **Unbilligkeit des zeitlich unbefristeten Unterhalts.** Die zeitl Begrenzg der UnterhAnspr hängt davon ab, daß ein zeitl unbegrenzter UnterhAnspr unbillig wäre. Die Befristg soll Ausn bleiben (BT-Drucks 10/4514 S 21). Die BilligkPrüfg hat sämtl Umst des Einzelfalles einzubeziehen mit Ausn eines FehlVerh des Berecht, dessen Rfolgen abschließd in § 1579 geregelt sind (BT-Drucks 10/4514 S 21; Richter

§§ 1573, 1574

JR **85**, 137; § 1579 Anm 1 d). In die BilligkPrüfg ist einzubeziehen, in welcher Zt der UnterhBerecht sich auf den Wegfall od die (beispielsw zusätzl nach § 1578 vorgenommene) Reduzierg des Unterh einstellen kann (Anm c). Für eine Verlängerg bzw die vollständ Erhaltg der UnterhAnspr auch in der Zkft können ggü einer sonst angebrachten UnterhEntziehg beispielsw sprechen das hohe Alter des UnterhBerecht od auch eine aufopfergsvolle Pflege, die er dem UnterhPfl od Angeh von ihm hat zuteil w lassen (BT-Drucks 10/2888 S 18). Eine zeitl Begrenzg kommt auch dann in Betr, wenn die Ehefr dch die Heirat einen UnterhAnspr aus einer früh Ehe verloren h (Düss FamRZ **87**, 1254). Für den AufstockgsUnterh kommt es darauf an, ob BilligkGrde für eine **dauerhafte Lebensstandardgarantie** sprechen (Düss FamRZ **88**, 839). Sie scheidet aus, wenn der UnterhBerecht dch die Ehe keine berufl Nachteile erlitten hat (Schlesw FamRZ **89**, 1092). Nach dem Gesetz sind vor allem **vier Gesichtspunkte** zu berücks, die sich bald pos, bald negat auswirken können u auch keineswegs je für sich genommen den Ausschl geben. Es sollten damit lediglich die wichtigsten Fälle einer **ehebedingten Bedürftigkeit** aufgegriffen w (BT-Drucks 10/4514 S 21):

aa) Ehedauer (Lit: Diederichsen FS Müller-Freienfels 1986 S 99): Sie wird man konsequenterw (wie in § 1579 Anm 3 a) von der Eheschließg bis zur Zustellg des ScheidgsAntr rechnen müssen. Keine Hinzurechng einer früheren EheZt mit dem UnterhBerecht (Karlsr FamRZ **89**, 511). Iü auch keine schemat zeitl Begrenzg der UnterhPfl nach der Ehedauer (BT-Drucks 10/2888 S 18). Auch nicht Ausschl der zeitl Begrenzg beispielsw nach 10 J (so aber Hahne FamRZ **85**, 115; Giesing FamRZ **86**, 938). Aber keine zeitl Begrenzg mehr nach 32 EheJ (BGH FamRZ **87**, 691/93). Nach 9j kinderloser Ehe Begrenzg des Unterh auf die Länge der Ehe (Hbg FamRZ **87**, 1250). Die **Kindesbetreuungszeiten** sollen nicht eingerechnet w, **V 2**, was bei andauernder KiBetreuung nur dch eine ZkftsPrognose mögl ist. Für die iR der Ehedauer zu berücks KiBetreuung spielt es anderers keine Rolle, ob dem Berecht für diese Zt ein Anspr auf BetreuungsUnterh zustand (BT-Drucks 10/4514 S 21).

bb) Gestaltung von Haushaltsführung und Erwerbstätigkeit innerh der Ehe. Vgl dazu § 1356 Anm 3 u 4; § 1360 Anm 3. Hierbei werden sich zw Arblosen- u AufstockgsUnterh Unterschiede ergeben. Die ehebedingte Arblosigk verdient eher Schutz als die Aufrechterhaltg eines erst dch die Ehe geschaffenen EinkGefälles (vgl BT-Drucks 10/2888 S 18). Wurde die ErwTätigk nach Eheschl fortgesetzt, verliert der AufstockgsUnterh nach der Scheidg bei kurzer Ehedauer relativ rasch seine Berechtigg, sofern das EinkGefälle nicht ehebedingt ist (Brschw FamRZ **79**, 1020). Ebso bei EheZt deutl unter 10 J (Hamm FamRZ **86**, 908). Bei währd der Ehe unterbrochener u erst nach der Scheidg wieder aufgen ErwTätigk würde die Kompensation etwaiger Nachteile einer zeitl Begrenzg eher entggstehen. And wiederum, wenn dem UnterhBerecht die ErwStelle aGrd eines zweeitl Konk od aus konjunkturellen Grden ohnehin verloren gegangen wäre (vgl BT-Drucks 10/2888 S 18) od bei ArbGeb-bedingter ArbZtEinschrkg (Hamm aaO).

cc) Kindesbetreuung schließt idR eine zeitl Limitierg des Unterh aus, **V 1 Halbs 2**. Doch steht die KiBetreuung nicht schlechthin jeder BilligkAbwägg entgg (so jedoch Giesing FamRZ **86**, 937); UnterhHerabsetzg od Begrenzg daher zul, wenn die KiBetr für den Berecht mit keinerlei wirtsch Nachteile verbunden war (Karlsr FamRZ **89**, 511). Der KiBetreuungsSchutz kommt demjen Eheg nicht zugute, der das Ki gg den Willen des and EltT od entgg einer gerichtl SorgeRRegelg betreut (BT-Drucks 10/4514 S 21).

c) Rechtsfolgen. Eine sofortige Versagg des Unterh kommt nicht in Betr, sond nur seine **zeitliche Begrenzung**. Sie führt somit zu einer SchonFr für den Berecht, die es ihm ermögl soll, sich wirtschaftl u psycholog auf die vom Ger festgesetzte ZtGrenze für den Unterh einzustellen (BT-Drucks 10/2888 S 18) bzw den Anschl an das vorgezogene Altersruhegeld zu finden (Celle FamRZ **87**, 69). Desh ist die zeitl Begrenzg des AufstocksUnterh angebracht, wenn der UnterhBerecht mit Wahrscheinlk dch die eig ErwTätigk den ehel LebStandard erreichen w (Düss FamRZ **87**, 162). Begrenzg des Unterh beispielsw auf 5 J (Hamm FamRZ **80**, 258) od 4 J (Schlesw FamRZ **89**, 1092) bzw 21 Mo nach Rechtskr der Scheidg (Ffm FamRZ **86**, 683); auf 2 J bei 5½ J Ehedauer u Fehlen ehebedingter Nachteile (Kblz FamRZ **87**, 160 SozHilfe); Begrenzg des Aufstockgs-Unterh unter dens Umst (Kinderlosigk, keine berufl Nachteile) auf 16 Mo bei einer EheZt von 3 J 4 Mo (Hamm FamRZ **87**, 707); auf 7 J bei 4 J Ehe (AG Mülheim FamRZ **86**, 1216); bei 13 J Ehe Herabsetzg auf die Hälfte nach 2 J u gänzl Wegfall nach insges 3 J (Düss FamRZ **87**, 945). Abschmelzg des UnterhAnspr zB in folgder Weise: 15 Mo unbeschrkt, dann Reduzierg auf die Hälfte, nach insges 4 J gänzl Wegfall (Hamm FamRZ **86**, 908).

1574 Angemessene Erwerbstätigkeit.

^IDer geschiedene Ehegatte braucht nur eine ihm angemessene Erwerbstätigkeit auszuüben.

^{II}Angemessen ist eine Erwerbstätigkeit, die der Ausbildung, den Fähigkeiten, dem Lebensalter und dem Gesundheitszustand des geschiedenen Ehegatten sowie den ehelichen Lebensverhältnissen entspricht; bei den ehelichen Lebensverhältnissen sind die Dauer der Ehe und die Dauer der Pflege oder Erziehung eines gemeinschaftlichen Kindes zu berücksichtigen.

^{III}Soweit es zur Aufnahme einer angemessenen Erwerbstätigkeit erforderlich ist, obliegt es dem geschiedenen Ehegatten, sich ausbilden, fortbilden oder umschulen zu lassen, wenn ein erfolgreicher Abschluß der Ausbildung zu erwarten ist.

Schrifttum: Schumacher DRiZ **76**, 343; Lucke FamRZ **79**, 373 (Soziolog Aspekte); E v Westphalen DRiZ **78**, 235; Lucke/Berghahn Demokratie u Recht **79**, 243; Limbach, 7. Dt FamGTg 1988 S 26 (Angemessenh).

1) Das Prinzip der Eigenverantwortlichk verpflichtet den gesch Eheg dazu, nach der Scheidg für den eig Unterh selbst zu sorgen; von diesem Grds werden in den §§ 1570ff Ausnahmen gemacht für den Fall notwend Kindererziehg, wg Alters, Krankh usw (§ 1569 Anm 1). Die Vorschr des § 1574 enthält für den Fall, daß der gesch Eheg dem Grunde nach verpflichtet ist, seinen Unterh selbst aufzubringen, eine **inhaltliche Beschränkung der Verpflichtung zur Aufnahme einer Erwerbstätigkeit** auf angem berufl Beschäftiggen. Die Bestimmg enthält somit keine selbst AnsprGrdl, sond ist bloße HilfsVorschr für die

Bürgerliche Ehe. 7. Titel: Scheidung der Ehe § 1574 1, 2

TatbestdsMerkmale „ErwTätigk nicht erwartet w kann" u „kann Unterh verlangen, soweit" usw in den §§ 1570 ff. Der gesch unterhaltsbedürft Eheg kann von dem leistgsfäh Eheg nicht auf jede, wohl aber nur auf eine bestimmte ErwTätigk verwiesen w. Die Beschränkg geschieht dch das Wort „angem", **I.** Wenn aGrd der FallUmstde die Aufn allein solcher berufl Tätigkten in Betr kommt, die nach II als nicht angem anzusehen sind, kann insow eine ErwTätigk nicht erwartet w (BGH NJW **83**, 1483), was de lege ferenda korrigiert w sollte. Der Begr „angem" wird in II dch fünf Merkmale konkretisiert u in III dch die Verpflichtg zur Ausbildg, Fortbildg oder Umschulg erweitert. Die hier aufgeführten Verpflichtgen sind ihrer RNatur nach **Obliegenheiten** (BGH NJW **84**, 1685; Einl 4 vor § 241); ihre Nichtbeachtg führt zum Verlust des UnterhAnspr gg den leistgsfäh früh Eheg. Insges kommen **drei** solcher **Verpflichtungen im eigenen Interesse** in Betr: sich um die Erlangg einer angem, den Unterh nachhalt sichernden ErwTätigk zu bemühen (§ 1573 Anm 4 a dd; unten Anm 4), die so erlangte ErwTätigk nicht dch eig verantwortbares Versagen zu gefährden (§ 1573 Anm 4 a bb) u sich ggf der Ausbildg seiner Fähigkeiten zu unterziehen, um für eine solche angem ErwTätigk geeignet zu sein (Anm 3).

2) Der gesch Eheg muß prinzipiell, soweit er nicht dch die §§ 1570–1572 entlastet wird, nach dem Grds der Eigenverantwortg (§ 1569 Anm 1) eine ErwTätigk auch dann aufnehmen, wenn er iR einer Haushführgs-Ehe (§ 1360 Anm 3a) währd der Ehe nicht erwerbstät war. Auf seinen Arbeitswillen kommt es nicht an. Jeder ist nach seinen Kräften verpflichtet. Der gesch Eheg braucht aber nur eine ihm angem ErwTätigk auszuüben. Die **Angemessenheit der Erwerbstätigkeit, II,** bestimmt sich nach fünf verschiedenen teils obj, teils subj Merkmalen. Trotz dieser KonkretisierungsHilfe bleibt die Entscheid immer Sache des Einzelfalles u der Berücksichtig seiner konkr Umst (BT-Drucks 7/650 S 128). Das FamG hat unter Berücks aller Umst eine umfassde Abwägg vorzunehmen (BGH NJW **84**, 1685). Als gesetzl **Leitgesichtspunkte** sind in Betr zu ziehen:

a) Die **berufliche Ausbildung,** die der gesch Eheg vor od in der Ehe genossen hat, auch wenn sie erst währd der Ehe oder nach ihrer Scheidg abgeschl worden ist, seien es handwerkl, kaufmänn, akadem od sonst Berufe. Es muß unter obj u subj GesichtPkten sinnvoll sein, an die frühere Ausbildg anzuknüpfen, also vom wirtschaftl Standpkt aus, etwa unter dem Aspekt zukünft Berufschancen, unter Berücks der körperl u psych Leistgsfähigk des gesch Eheg usw. Hat er die Ausbildg noch nicht abgeschl, ist ggf der Abschl nachzuholen, ua als Pfl iRv III od als Anspr darauf iRv § 1575. Eine Beschäftig ist zumutb, wenn sie zwar außerh des erworbenen Berufsbildes liegt, aber dessen Status angem ist (BT-Drucks 7/650 S 126).

b) Zu berücks sind ferner die bei Scheidg vorhandenen (Schumacher DRiZ **76**, 343) **Fähigkeiten** des gesch Eheg, also die Geschicklichk u das Können, das er aGrd seiner Ausbildg oder gerade auch unabh von ihr in der Ehe od im Beruf oder Gesch des and Eheg (vgl § 1356 Anm 4) oder eines Dritten, zB iR einer Teilzeitbeschäftig währd der Ehe, erworben hat. Dabei ist an Fähigkeiten gedacht, die mangels besonderer Ausbildg die berufl Qualifikation ausmachen (BT-Drucks 7/650 S 128). So kann eine kaufm Angest, die mit einem RAnw verh war, uU als Bürovorsteherin in einer AnwKanzlei tät werden, od ein Handwerker, der in einen Hotelbetrieb hineingeheiratet hat, nach der Scheidg als Hotelier in bleiben. Eig Kinder lassen trotz ganz andersgearteter berufl Herkunft den Zugang zu den sozialpfleger Berufen (Kindergärtnerin, Aushilfslehrerin, SozHelferin uä) zu. Eine Krankenschwester, die in der Ehe Abitur gemacht hat u studiert, braucht nach der Ehe dieses Studium nicht aufzugeben (KG FamRZ **78**, 692). Der GesGeber hat aber nicht nur an Fähigkeiten gedacht, die dch die Ausbildg erworbenen soz Status überragen; angemessen in diesem Sinne ist nicht nur die Tätigk, die der konkr Ausbildg u den konkr Fähigkeiten entspricht, sond auch jede and Tätigk, die zwar außerh des erworbenen Berufsbildes liegt, aber dessen Status angem ist (BT-Drucks 7/650 S 128). Es mag daher für jemanden, der eine abgeschl Ausbildg als Mechaniker besitzt, dchaus angem sein, nach jahrelanger MitArb in einem FriseurGesch als Friseur weiter tät zu sein.

c) Sofern die Jahre nicht schon der Aufn einer ErwTätigk schlechthin entggstehen (§ 1571), ist eine ErwTätigk nur angem, wenn sie dem **Lebensalter** des gesch Eheg entspricht. So kann zB eine Tätigk, die erhebl körperl od psych Kräfte erfordert, im Hinbl auf das LebAlter nicht mehr angem sein, währd nach den übr Merkmalen die Ausübg dieser ErwTätigk zu erwarten wäre. Bei manchen Berufen kann eine Wieder-Aufn ab des alten Berufes schon nach den dafür aufgestellten od praktizierten Alterserfordernissen ausscheiden (Pilot, Mannequin, Schauspielerin), bei and scheitert die Rückkehr an der inzw nicht mehr vorhandenen Leistgsfähigk (Berufssportler, Masseuse, Krankenschwester, Landwirt).

d) Zu berücks ist ferner der **Gesundheitszustand** des gesch Eheg (BGH FamRZ **86**, 1085). Er soll nicht auf ErwTätigkeiten verwiesen w können, die seinem GesundhZustand nicht angem sind. Eine ehem Sekretärin braucht bei einem schweren Bandscheibenschaden, der ihr eine sitzde Tätigk verbietet, nicht in ihren alten Beruf zurück, ebsowenig jmd in einen stehd ausgeübten Beruf, der beinamputiert ist (Zahnarzt, Friseuse uä). Am häufigsten werden hier zwischenzeitl eingetretene Unfallfolgen die Ausübg des erlernten Berufes unmögl machen. Gesundheitliche Hindern, die eine wesentl schlechtere Position ggü Mitbewerbern darstellen, reichen aus.

e) Die von dem gesch Eheg zu übernehmende ErwTätigk muß schließl auch **den ehelichen Lebensverhältnissen entsprechen.** Dieser GesPkt dient dazu, ehebedingten Statusändergen im UnterhaltsR Rechng zu tragen (Schumacher DRiZ **76**, 344). Die ehel LebVerh bestimmen sich nicht nach den Umst zZt der Trenng, sond unter Einbeziehg der Entwicklg bis zur Scheidg (BGH NJW **84**, 1685; vgl aber § 1578 Anm 2).

aa) Desh kommt es entscheid auf die **Dauer der Ehe** an. Mit zunehmender Ehedauer sollen die ehel LebVerhältn immer mehr berücks w (KG FamRZ **84**, 899; offengel in BGH NJW **83**, 1483), so daß sie nach einer Ehe von langer Dauer mehr als die and Merkmale die Angemessenh einer Erwerbstätigk bestimmen. Das führt dazu, daß ein Eheg, dessen ehel LebVerhältnisse seinen selbst erworbenen berufl Status erhebl übersteigen, nach längerer Ehe oft eine den ehel LebVerhältn angem ErwTätigk nicht mehr finden wird. Darin liegt eine Bevorzugg der Frauen, deren Ehemänner einen außerordentl berufl Aufstieg erreicht haben

1443

(zB BGH NJW 83, 1483: Chemigraph heiratet Verkäuferin u wird später Prof). Würden sie aber bei Scheidg darauf verwiesen, eine ErwTätigke anzunehmen, deren Angemessenh sich allein nach ihren Ausbildg u ihren Fähigkeiten bestimmt, so würde insow der Wert ihrer Leistgen für die Verbesserg der ehel LebVerhältn unberücks bleiben (BT-Drucks 7/650 S 129). Nach 20 Ehej braucht die gesch Frau eines gutsituierten Arztes, RAs, Kaufmanns, nicht mehr in ihren erlernten Beruf als Sekretärin, kaufmänn Angest, med-techn Assistentin uä zurückzukehren (KG FamRZ 84, 898: DiplIng/FremdSprachKorrespondentin); eine über 20 J im BäckereiUntern ihres Mannes für die ges Buchhaltg mehrerer Filialen verantwortl Fr braucht nicht wieder als Angest zu arbeiten (BGH FamRZ 88, 1145). Da es auf die ehel LebVerhältn ankommt, kann in diesem Zushg berücks werden, in welchem Umfang sie an dem Aufbau der Praxis, des Gesch usw persönl od dch Entlastg ihres Mannes in den Bereichen beteiligt war, so daß die Rückkehr in den früh Beruf evtl nach verhältnismäßig kurzer Ehedauer auszuschließen ist od umgek trotz erhebl langer Ehe ow zumutbar erscheint. Entspr gilt für den gesch Ehem. Haben Eheg ihre LebensGemsch von Beginn der Ehe an so gestaltet, daß die Ehefr wie bisher als Chefsekretärin arbeitete u der Ehem wie bisher seinem Psychologiestudium nachging, so ist die erwerbstät Ehefr auch nach der Scheidg dem Studenten zum weiteren Unterh verpfl (BGH NJW 80, 393 = JR 80, 200 mAv Mutschler). IjF soll verhindert w, daß dem gesch Eheg nach der Scheidg eine ErwTätigk angesonnen w, die im Hinbl auf seinen, auch von ihm erarbeiteten od dch Erbsch mitfinanzierten (Schlesw FamRZ 82, 703) **Lebenszuschnitt in der Ehe** nicht mehr angem wäre (BT-Drucks 7/650 S 129). Umgek gilt dies aber auch für Heiraten unter Stand, soweit der and Teil dch seine ErwTätigk das LebNiveau der Familie bestimmt hat. Wer sich als Akademiker von seinem Eheg, der als ungelernter Arbeiter tät ist, unterhalten läßt, hat bei Scheitern keinen Anspr darauf, nur in seinem erlernten Beruf als Lehrer, Jurist usw tät zu sein, sond muß ggf jede gebotene Arb annehmen. Angem ist eine Tätigkeit aber nicht allein desh, weil sie vor der Ehe od in den ersten 9 Ehejahren ausgeübt w ist (BGH FamRZ 86, 1085: Programmiererin; and noch Celle FamRZ 80, 581: Vermutg der Angemessenh; vgl iü 46. Aufl). Die Bereitsch einer 45j Frau, sich zur MTA ausbilden zu lassen, kann die Angemessenh festlegen (Schlsw FamRZ 82, 704). Für die Fr eines DiplIng (mtl 6000 DM netto) ist eine eigenständ Tätigk in einem Untern als Sachbearbeiterin, Buchhalterin, Vorzimmerdame usw selbst dann angem, wenn sie daraus nur ⅓ des Eink des Mannes erreicht (Hbg FamRZ 85, 1261). Angem f die Fr eines ObStudDirektors ist eine Tätigk in Presse, Rdfk, Touristik, Dolmetscherin (BGH NJW 86, 985). Hat eine Friseuse vor der jetzigen kurzen Ehe in unterdchschnittl finanz Verhältn gelebt, sind ihr bei Krampfadern leichtere Frauenarbeiten, insb auch Reinigs-, Pflege- u Küchendienste, zumutb (Hamm FamRZ 80, 258). Für eine 56j braucht PutzArb nicht angem zu sein, wenn sie diese in der Ehe nur übern h, um das gemeins Haus mitzufinanzieren (Zweibr FamRZ 83, 600). War die Ehe darauf abgestimmt, daß die Fr eines kl Handwerkers studierte, muß dieser ggf auch nach Scheidg das Studium weiter finanzieren (Hamm FamRZ 80, 1123).

bb) Die das Niveau der als angem in Betr kommden ErwTätigk bestimmde Ehedauer wird idR zG des gesch Eheg theoret verlängert, indem iR der ehel LebVerhältn auch die Dauer der **Pflege oder Erziehung gemeinschaftlicher Kinder** (vgl § 1570) Berücksichtigg findet, da es sich hierbei um eine ehebedingte Aufgabe beider Eheg handelt, die prakt nur von einem wahrgen w. Es erscheint dabei geboten, diese Zeit der nachehel Kinderbetreuung der Ehedauer gleichzustellen, so daß die ehel LebVerhältnisse um so stärker zu berücks sind, je länger die Kinderbetreuung gedauert hat, mag auch die Ehe selbst nur von kurzer Dauer gewesen sein (BT-Drucks 7/650 S 129). Zur Dauer der Kindesbetreuung § 1570 Anm 2c. Ein auswärts wohnder Student bedarf keiner Betreuung. An nachehel Statussteigergen des unterhpflichtigen Eheg darf sich der unterhberecht Eheg nicht mehr orientieren.

3) Der gesch Eheg ist iR seiner Bemühugn um die Erlangg einer angem Beschäftig (Anm 4) ggf auch gehalten, sich **ausbilden, fortbilden oder umschulen** zu lassen, soweit dies zur Aufn einer angem ErwTätigk erforderl ist u ein erfolgreicher Abschl der Ausbildg zu erwarten ist, **III.** Die Vorschr behandelt die Verpflichtg des gesch Eheg, eine Ausbildg zu machen; den entspr Anspr gewährt § 1575. – Verfassgsrechtl bestehen gg III keine Bedenken, wie dch die Obliegenh sich auf die Ausbildg zu einer den Eheverhältn „angem" Erwerbstätig beschrkt (Schlesw FamRZ 82, 704 gg 41. Aufl). – III gilt iR v § 1361 nur eingeschränkt (Karlsr FamRZ 84, 1018 Promotion). – Die **Kosten** der (Zusatz-)Ausbildg hat der and Eheg zu übernehmen (§ 1575). Keine Rückzahlg nach Abbruch der Ausbildg wg § 812 I 2 (mind § 818 III), unabh von den Grden. – **Rechtsfolgen** der Unterlassg: Erzwingb ist die Erfüllg der Obliegenh nicht; der Einwand führt aber zur Herabsetzg bzw zum gänzl Fortfall der UnterhPfl (§ 1577 Anm 2a). Der UnterhBerecht muß konkr Vorschläge machen, wie er f die angem ErwTätigk erforderl berufl Qualifikation erlangen will, andernf er auch nicht angem Tätigk übernehmen muß (Hbg FamRZ 85, 1261). – **Voraussetzungen:**

a) Als Ziel der **Ausbildung, Fortbildung oder Umschulung** kommen nur anerkannte Berufsbilder in Betr (vgl § 1610 Anm 4). Die Begr Fortbildg u Umschulg haben dieselbe Bedeutg wie im AFG (BT-Drucks 7/ 650 S 132). Obj Hindern wie numerus clausus uä dürfen nicht vorhanden, ein dafür erforderl Wohngswechsel muß zumutb sein. Der Beruf muß den Neiggen des gesch Eheg entsprechen, wobei dch eine vor der Ehe einmal eingeschlagene Berufsrichtg keine Vermutgen entstehen. Der gesch Eheg kann wählen zw Aufn einer neuen Ausbildg od der Fortsetzg der vorzeitig abgebrochenen. Auf keinen Fall kann der gesch Eheg von dem leistgsfäh Teil auf den für diesen wirtschaftl günstigsten Weg verwiesen o in dauerndem Wechsel von einer Ausbildg in die and getrieben werden, was ohnehin nicht empfehlensw ist, wenn der and Eheg gem § 1575 den den bish LebVerhältn der Ehel angem Unterh zu zahlen hat und nicht etwa nur den § 1610 II entsprechenden. Eine während der Ausbildg angebotene angem Beschäftig braucht der UnterhBerecht nicht anzunehmen, es sei denn es handelt sich um eine sichere Stellg (Dieckmann FamRZ 77, 90). Schließl kann der and Eheg die Aufn einer Berufsausbildg od Umschulg nur im angem zeitl Abstand von der Scheidg od den ihr gleichstehden EinsatzZtpkten verlangen. Bei absehb Fristen für Kindererziehg, Heilg einer Krankh usw bedarf es einer rechtzeitig ggseit Abstimmg, was nach Erlangg der BerufsbildgsFreih geschehen soll; sonst evtl Verwirkg des Einwandes aus III.

b) Die Aufn der Ausbildg muß **für eine angemessene Erwerbstätigkeit erforderlich** sein. Es darf mit

Bürgerliche Ehe. 7. Titel: Scheidung der Ehe § § 1574, 1575

der vorhandenen Berufsausbildung eine angem ErwTätigkeit nicht zu erlangen sein. Erforderlich zu verneinen, wenn 41-jährige währd des Getrenntl im letzten EheJ Studium der Vor- u Frühgeschichte aufnimmt (BGH NJW **84**, 1685). Der and Eheg trägt auch nicht das Risiko, daß nach Vollz der Ausbildg eine Anstellg in dem neuen od besser qualifizierten Beruf auch tatsächl gefunden wird (§ 1575 III). III gilt ferner nicht für die Fälle, in denen der unterhaltsberecht Eheg nach Beendigg seiner Weiterbildg ein Alter erreicht haben würde, in dem eine ErwTätigkeit von ihm nicht mehr erwartet w kann. Die Obliegenh, sich ausbilden zu lassen, besteht auch bei mittlerem LebAlter (Schlesw FamRZ **82**, 703) u hat ua Wartezeit, AusbildgsZt u späteres Beschäftiggsrisiko miteinand zu korrelieren (Schlesw FamRZ **82**, 703).

    c) Die **Erwartung eines erfolgreichen Abschlusses** hängt nicht allein von den geist u körperl Fähigkeiten, also von der Intelligenz u einer Anlage für die berufsspezif Geschicklichkeiten ab, sond auch von den äuß Umst wie der Tats, daß der gesch Eheg noch Kinder (auch vorehel) zu betreuen hat, sei es auch nur in den Ferien, daß sein GesundhZustand nicht ausreicht, daß er sich nicht mehr in der Gemütslage für ein richtiges Lernen befindet. Auf keinen Fall kann es jedoch, will man die Obliegenh nicht aufheben, darauf ankommen, ob der gesch Eheg die erforderl Bereitsch zur Ausbildg, Fortbildg od Umschulg besitzt.

    4) Bemühungen um Erlangung einer angemessenen Erwerbstätigkeit. In verschiedenen Bestimmgen wird der gesch Eheg verpflichtet, bei Gefahr des Verlustes von UnterhAnspr gg den früheren Eheg sich um die Erlangg einer angem Beschäftigg zu kümmern (vgl § 1573 Anm 2b u 4 a dd), was auch in denj Fällen gilt, in denen von dem gesch Eheg trotz Kindererziehg, Alters, Krankh usw („soweit") eine daneben herlaufde ErwTätigk verlangt wird (§§ 1570, 1571, 1572, 1576). Der Eheg kommt dieser Obliegenh (Anm 1) nach, wenn er unter Einsatz aller Mittel angem Anstrenggen unternimmt u ggf beweist (Hamm FamRZ **80**, 258), um die ihm zumutb ErwTätig zu finden u aufnehmen zu können. Vorstellungen beim ArbAmt, ZeitgsAnnoncen, Bewerbgen auf Anzeigen, Vorstellgsbesuche, probeweiser ArbBeginn, Wiederherstellg der Gesundh u was sonst üblicherw unternommen w, um eine Beschäftigg zu finden, ggf auch im Bereich der priv HauswirtschHilfe u Altenpflege (Hamm FamRZ **86**, 1108/9), muß auch von dem gesch Eheg erwartet w. Auf der and Seite ist er nicht gehalten, Dinge zu tun, die von vornh aussichtslos sind, wie eine Bewerbg auf einen Chefsekretärinnenposten bei bl Verpflichtg zu einer Halbtagsbeschäftigg, od die ihm für den Fall ihrer Verwirklichg aus and Gründen nicht zumutb sind, wie zB Bemühgen, auswärts eine Halbtags-Stellg zu bekommen, wenn ihm im Hinbl auf die hohen WohngsKosten, das Klima, die schul Leistgen des zu betreuenden Kindes od Ähnliches ein Wohngswechsel nicht angesonnen w kann. Angesichts des sonst drohden Verlustes des UnterhAnspr sind die Anfordergen nicht zu hoch anzusetzen; umgek dürfen sie aber im Hinbl auf die Eigenverantwort des gesch Eheg u der angestrebten Entlastg des leistgsfäh Eheg nicht nachlässig gehandhabt w. Es muß das ernsth Bemühen, der angem Unterh, auch wenn nur eine TeilVerpflichtg besteht, selbst zu besorgen, in jeder Hins deutl erkennb werden. Indizien für fehlde ArbBereitsch: Schreibfehler in Bewerbgen u Bewerbg um qualifikatmäß nicht in Betr kommde Stellen (Bambg FamRZ **88**, 1277/89, 397 mAv van Els). Ist wie iFv § 1573 eigtl eine ganztäg ErwTätigk zu finden, Obliegenh des gesch Eheg, so sind von ihm erhöhte Anstrenggen zu unternehmen, um eine im beruf Stellg zu finden. Es geht nicht um die optimale berufl Entfaltg nach der Scheidg, sondern um die Abwägg der Belange beider Eheg; ggf muß Neiggsstudium, das währd der Ehe vom Ehem finanziert w, nach der Scheidg u nicht rechtzeit Abschluß allein bezahlt w (Ffm FamRZ **79**, 591).

1575 *Ausbildung, Fortbildung oder Umschulung.* [I]Ein geschiedener Ehegatte, der in Erwartung der Ehe oder während der Ehe eine Schul- oder Berufsausbildung nicht aufgenommen oder abgebrochen hat, kann von dem anderen Ehegatten Unterhalt verlangen, wenn er diese oder eine entsprechende Ausbildung sobald wie möglich aufnimmt und um eine angemessene Erwerbstätigkeit, die den Unterhalt nachhaltig sichert, zu erlangen und der erfolgreiche Abschluß der Ausbildung zu erwarten ist. Der Anspruch besteht längstens für die Zeit, in der eine solche Ausbildung im allgemeinen abgeschlossen wird; dabei sind ehebedingte Verzögerungen der Ausbildung zu berücksichtigen.

    [II]Entsprechendes gilt, wenn sich der geschiedene Ehegatte fortbilden oder umschulen läßt, um Nachteile auszugleichen, die durch die Ehe eingetreten sind.

    [III]Verlangt der geschiedene Ehegatte nach Beendigung der Ausbildung, Fortbildung oder Umschulung Unterhalt nach § 1573, so bleibt bei der Bestimmung der ihm angemessenen Erwerbstätigkeit (§ 1574 Abs. 2) der erreichte höhere Ausbildungsstand außer Betracht.

    1) Ausbildungsunterhalt. Die dch 1. EheRG Art 1 Z 20 eingef Bestimmg ist bewußt den dch BAföG u AFG geschaffenen staatl Ausbildungsförderungsleistgen an die Seite gestellt u bietet **gegenüber der öffentlich-rechtlichen Förderung** (zum beiderseit Verhältn Dieckmann FamRZ **77**, 92 f) einen doppelten Vorteil: der zu gewährde Unterh ist an den ehel LebVerhältn zu bemessen u damit in vielen Fällen höher als die pauschalierten Leistgen nach den öffrechtl Vorschr; zum and gelten im UnterhR nicht die für die staatl Förderg vorgesehenen Altersgrenzen (BT-Drucks 7/650 S 131). Leistgen nach öfftl Recht, die der Staat iW des Rückgr von dem privatrechtl UnterhVerpflichteten zurückverlangen kann, sind keine den Unterh mindernden Einkfte iSv § 1577 I. Von der etwa im BAföG verankerten Subsidiarität der staatl Ausbildungsförderung ggü privatrechtl UnterhAnspr ist für gesch Eheg bewußt keine Ausn gemacht w (BT-Drucks 7/4361 S 30). Dagg können nicht subsidiäre staatl od Leistgen Dritter (zB für Fortbildg u Umschulg nach dem AFG od aGrd von Stipendien) auf den UnterhAnspr angerechnet w, so daß sich insow die Bedürftigk des Berecht verringert. — § 1575 behandelt den **Anspruch** auf AusbildgsUnterh; eine entspr Obliegh, also Ausbildgslast des gesch Eheg sieht § 1574 III vor. — Der UnterhAnspr zur Fortsetzg der Ausbildg wird demj Eheg gewährt, der im Zushg mit der Ehe eine Ausbildg nicht aufgen od abgebrochen hat, I; ferner wenn er sich fortbilden od umschulen lassen will, um die dch die Ehe eingetretenen Nachteile auszugleichen, II. Das dadch erreichte höhere Berufsniveau bleibt allerd außer Betr, wenn der Eheg keine dem neuen Ausbildgs-

1445

§ 1575 1, 2   4. Buch. 1. Abschnitt. *Diederichsen*

stand entsprechde Beschäftigg findet u desh den and Eheg weiterh auf Unterh in Anspr nimmt, III. Ist der gesch Eheg bereits aus und Gründen wie Krankh usw unterhaltsberecht, kann er von dem unterhaltspflicht Eheg die zusätzl entstehden Kosten für die Ausbild usw iRv § 1578 II verlangen. Ebenf nur die Ausbildgskosten, nicht dagg der Unterh wird geschuldet, wenn neben der Ausbildg einer Berufstätigk nachgegangen wird (vgl BVerwG FamRZ **76**, 242 iF des Besuchs eines Abendgymnasiums). – Ziel der Ausbildg ist die Erlangg einer **angemessenen Erwerbstätigkeit**, wobei I auch in Frage kommt, wenn der Eheg eine n § 1574 II angemessene ErwTätigk an sich finden könnte (BGH NJW **85**, 1695). Iü geht es iGgs zu § 1574 II um die Ausbildg, Fortbildg od Umschulg der entwickelb Anlagen (Schumacher DRiZ **76**, 346).

2) Fortsetzung der durch die Ehe unterbrochenen Ausbildung, I. Wer in Erwartg der Ehe od währd der Ehe eine Schul- od Berufsausbildg nicht aufnimmt od unterbricht, soll vom and Eheg Unterh verlangen können, wenn er diese od eine entspr Ausbildg wieder aufnimmt. Zum Unterh gehören nach § 1578 II auch die Kosten dieser Ausbildg. Der Anspr setzt – soweit dieser anzuerkennen ist – den innerehel AusbildgsfinanziersAnspr (§ 1360a Anm 1c) für die Zeit nach der Scheidg der Ehe fort; iü entsteht er als echte Nachfolgewirkg einer gescheiterten Ehe unter dem MitverantwortgsGesichtspkt (§ 1369 Anm 1) originär. Stehen iR einer Doppelverdienerehe beide Eheg auf gleicher Stufe (zB RPfleger), kann nach der Scheidg keiner auf Kosten des and das Studium aufnehmen, auch wenn dieses bei einem od beiden wg der Ehe unterblieben ist, nicht weil sich die Anspr ggseit aufheben (so Dieckmann FamRZ **77**, 91 f), sond weil die Scheidg zwangsläuf den LebStandard senkt (§ 1578 Anm 2).

a) Voraussetzungen, S 1:

aa) Schul- oder Berufsausbildung. Wg der Altersgrenze von EheG 1 II werden idR nur höhere Schulen od Fachschulen, insb Berufsfachschulen in Betr kommen, aber auch Abendschulen, Fernunterrichtslehrgänge u Praktika; bei der Berufsausbildg betriebl Lehren, FortbildgsMaßn zZw des berufl Aufstiegs, Hochschulstudium usw (vgl die ZusStellg BT-Drucks 7/650 S 130). Eine Ausbildg setzt einen Ausbilder voraus, so daß BuchhdlgsBetr selbst dann keinen Anspr gem I rechtfertigt, wenn er die Zulassg zu einer berufsqualifizierden Prüfg ermöglicht (BGH NJW **87**, 2233).

bb) Die Schul- od Berufsausbildg muß **in Erwartung der Ehe oder während der Ehe abgebrochen** sein. Das ist nicht der Fall, wenn die Fr vor der Eheschl ihre Ausbildg mit der mittl Reife abgeschl hatte u in einem Reisebüro tät war (Ffm FamRZ **79**, 591). Von einem Abbruch im Hinbl auf die Ehe kann nur dann die Rede sein, wenn die Leistgen in der Schule od der Berufsausbildg zu der berecht Erwartg Anlaß gaben, daß das Ausbildgsziel bei Fortsetzg der Ausbildg erreicht w wäre. Das Gesetz macht einen Unterschied danach, ob die Ausbildg vor od in der Ehe abgebrochen wurde. Bei einem Abbruch in der Zeit vor der Eheschließg muß nachgewiesen w, daß die Nichtvollendg der Ausbildg von der bevorstehenden Eheschließg veranlaßt war. Dies braucht nicht der einzige Anlaß gewesen zu sein. Voraussetzg ernsth Heiratsabsicht. Es genügt, wenn der Verlobte ArbStelle annimmt od einen Ort wechselt, wo die begonnene Ausbildg mangels Schule od AusbildgsAnst von dem und Teil nach der Eheschl ohnehin nicht fortgesetzt werden könnte. Kein Fall von I, wenn die Ausbildg abgebrochen wurde, bevor der Ehepartner überh bekannt war od während einer familienrechtl irrelevanten, rein fakt Wohn- u LebGemsch. Wird die Ausbildg dagg in die Ehe hineingezogen u dann währd der Ehe abgebrochen, so bedarf es nicht des Nachweises, daß die Ausbildg wegen der Ehe unterbrochen wurde, weil diese Verknüpfg nur schwer festzustellen wäre. Der GesGeber hat daher bewußt in Kauf genommen, daß auch solche Eheg nachträgl ihre Berufsausbildg vom leistgsfäh und Eheg bezahlt bekommen, bei denen andere Gründe, wie zB Unzufriedenh mit dem zunächst angestrebten Beruf od eine psych u stationär zu behandelnde Erkrankg (BGH NJW **80**, 393) ursächl für den Abbruch waren (BT-Drucks 7/650 S 131). Nach dem Willen des GesGebers Finanzierg der nachgeholten Ausbildg selbst dann, wenn der gesch Eheg währd der Ehe die Ausbildg gg den Willen des and Eheg abgesetzt hat; in AusnFällen kann allerd die Geltdmachg des Anspr aus I ein venire contra factum proprium darstellen u desh scheitern. Dem Abbruch steht die **Nichtaufnahme** einer Schul- od Berufsausbildg gleich. Kommt immer nur für feste Berufspläne in Betr, deren Verwirklichg bereits dch konkrete Maßn wie Anmeldg bei der Ausbildgsstätte, Beschaffg v Unterkft uä (Bamberg FamRZ **81**, 150) in die Wege geleitet w war. Strenge Anfordgen. Bloße u insb unrealistische Berufswünsche scheiden von vornh aus. BewLast für die Abs, noch best Schule zu besuchen od einen best Beruf zu ergreifen, liegt bei demj Eheg, der Anspr aus I herleitet. IdR muß Schulanmeldg uä vorgelegen haben; iü dürfen keine obj Hindernisse vorhanden gewesen sein wie eine den numerus clausus eines Studiums nicht überwindbe mangelh Abiturnote.

cc) Aufnahme der Ausbildung. Grdsl wird es sich um dieselbe handeln, die sZt nicht begonnen od abgebrochen wurde, auch wenn best Stufen wiederholt werden müssen. Es reicht aber auch eine **entsprechende** Ausbildg, wobei die beiden Ausbildgsgänge hins der soz Einordg des jew Berufsziels u des dch den Ausbildgsrahmen u den SchwierigkGrad bestimmten Niveaus einand gleichwert sein müssen (Düss FamRZ **80**, 586). Die Entsprechg bezieht sich also nicht auf das Fach: also statt Arzt nur med techn Ass od statt Dipl-Ing nur Ing, obwohl auch eine derart Minderausbildg uU unter I fällt, wenn sie die weiteres Voraussetzgen erfüllt, insb die dauerh ErwStellg gewährleistet (Anm ff); sond Entsprechg zielt auf Statusidentität, so daß an eine wg der Ehe abgebrochene Schneiderlehre nicht mit einer Ausbildg als Museumspädagogin (Studium v Engl, Dän u Kunstgeschichte) angeknüpft w kann (Schlesw SchlHA **84**, 163). Wer dagg zum Besuch der Universität entschlossen war od bereits ein Studium begonnen hatte, kann jetzt statt des urspr gewählten Faches sich einer and Disziplin zuwenden, selbst wenn in der urspr gewählten Fachrichtg bereits best Erfordernisse für die Zulassg zum Examen erreicht worden waren. Grenze etwas weiter als iR von § 1610 Anm 4a dd zu ziehen. Ein im wesentl abgeschl Studium kann nur fortgesetzt w; keine Wiederholg des Studiums in einem and Fach auf Kosten des und Eheg. Keine Entsprechg zw Kunststudium, für das mittlere Reife ausr, u einem Medizinstudium (Düss FamRZ **80**, 586). Mögl aber, von dem an den bisher Eheverhältn orientierten angem Unterh einen Teil zurückzulegen, um das nicht mehr von I erfaßte Ende der Ausbildg damit zu finanzieren, so daß der and Eheg sich uU nicht prinzipiell dem Beginn eines vollst neuen Studiums widersetzen k. § 1575 I erfaßt auch den Fall der bereits bei Getrenntleb aufgenommenen Ausbildg (BGH NJW **85**, 1695).

Bürgerliche Ehe. 7. Titel: Scheidung der Ehe § 1575 2–4

dd) Die (Wieder) Aufnahme der Ausbildg muß **sobald wie möglich** erfolgen. Kein best EinsatzZtpkt. Desh maßgebd die Scheidg od iFv §§ 1570 u 1572 regelmäß das Ende der Erziehg od der Krankh; soweit damit vereinb, muß mit der Ausbildg aber auch früher angefangen w, so daß insow nur die Ausbildgskosten gem § 1578 II zusätzl anfallen. Vom Ztpkt, zu dem Ausbildg mögl ist, keine best Frist, weil Gründe denkb sind, die den Berecht daran hindern, innerh der ersten Monate nach Scheidg usw die Ausbildg zu beginnen, ohne daß er dafür verantwortl ist, zB bei zeitl ungünst Beginn eines best Fachschullehrgangs (BT-Drucks 7/650 S 131). Warte- u Überleggsfristen sind berecht; zul daher die zwzeitl Pflege eines schwer erkrankten Angehör, der Versuch, zu Angehör zu ziehen, etwa um deren in einer Doppelverdienerehe groß werdde Kinder zu betreuen, selbst wenn dadch beispielsw der Semesterbeginn versäumt w. Ggf hat der UnterhBerecht ZwZeiten (zB Beginn des Studienjahres 3/4 J nach der Scheidg) dch eigene nicht unbedingt angemessene (Dieckmann FamRZ **77**, 91) ErwTätigk zu überbrücken.

ee) Die Ausbildg muß zu einem Beruf führen, der zu einer **nachhaltigen Unterhaltssicherung** führt (vgl dazu § 1573 Anm 4a cc). Darleggs- u beweispflichtig ist der UnterhKl, wobei bes strenge Anfdgen bei Aufn eines Studiums gelten (Ffm FamRZ **85**, 712).

ff) Der **erfolgreiche Abschluß der Ausbildung** muß zu erwarten sein, dh es müssen konkr Berufsaussichten nach AusbildgsAbschl bestehen (Kalthoener/Büttner NJW **89**, 805). Die vorhandenen Zeugn aus der vollzogenen AusbildgsZt müssen aus der damaligen Sicht die Voraussicht eines erfolgreichen Abschl rechtfertigen. Keine Fachgutachten über die jetzige Leistgsstärke. Wohl aber sind die Umst zu berücks, die in der ZwZeit eingetreten sind u die einem erfolgreichen Abschl der Ausbildg aus jetziger Sicht uU entggstehen: Alter, schwere VerkUnfälle od Krankheiten mit bleibenden Schäden; psych Labilität; anderweit zeitraubde Beschäftiggen, auf die zu verzichten keine Bereitsch besteht. Dagg nicht: zwzeitl Desinteresse an dem Ggst der früheren Berufsausbildg; Nichtentsprechg von ehel LebStellg u Ausbildg, so daß zB auch dann Fortsetzg eines abgebrochenen Studiums zu finanzieren ist, wenn der zahlgsfäh Eheg nicht Akademiker ist (BT-Drucks 7/650 S 131). Für den Fall, daß ein angem Berufsausbildg nicht mehr erreichb ist, weil ein erfolgreicher Abschl der Ausbildg nicht zu erwarten ist, kann, insb wenn sich der unterhaltsberecht Eheg diesen nicht mehr zutraut, Finanzierg der Ausbildg auch für einen minderen als angem Beruf verlangt w. Die Berufssicherh hat Vorrang vor der Angemessenh, sodh gibt der verpflichtete Eheg die Zahlg der Berufsausbildgskosten ua dafür notw Unterh nicht unter Berufg darauf verweigern darf, der angestrebte Beruf biete keinen angem Unterh; er bleibt in diesem Fall vielm gem § 1573 II zur Zahlg des UnterschiedsBetr verpfl od hat nach dem DurchlässigkPrinzip (§ 1610 Anm 4a dd) die Weiterbildg zu finanzieren; der Verlust des Selbstvertrauens in die eig Fähigkeiten kann als typ ehebedingte Folge einer Zerrüttg angesehen w und gehört damit in den Nachwirkgsbereich der Ehe, für den der leistgsfäh and Eheg ebenf einstehen muß. Der Anspr ist nicht unmittelb erfolgsabhäng, so daß bei nicht bestandener Prüfg Unterh nicht zurückgezahlt zu werden braucht; wohl aber ZPO 323 bei längerem erfolgl Studium (BGH NJW **86**, 985) u insb bei (wiederholtem) Nichtbestehen v ZwPrfgen (Hamm FamRZ **88**, 1280).

gg) Grdsl keine **Altersschranke,** so daß auch eine 46j Frau WiederAufn eines (and) Studiums verlangen k (Hamm FamRZ **83**, 181).

b) Dauer, S 2. Der Anspr besteht längstens für die Zeit, in der eine solche Ausbildg im allg abgeschl wird, also zB nicht Mindeststudiendauer, sond mittlere Studiendauer (Einzelheiten § 1610 Anm 4a dd). Es gilt ferner das GgseitigkPrinzip, wonach Unterhaltsberecht ggf nachweisen muß, daß er den von dem and Eheg gezahlten Unterh tats zur Ausbildg verwendet (vgl § 1610 Anm 4a cc). Die Dauer der Ehe ist zu berücks, weil fortgeschrittenes LebAlter u als deren Folge Ausbildgsverzögergen eine Überschreitg der allg Ausbildgsdauer in Einzelfällen rechtf ist (BT-Drucks 7/650 S 131).

3) Unterhalt für u Kosten von einer **Fortbildung oder Umschulung** braucht der leistgsfäh Eheg dem gesch Eheg nur zu zahlen zum Ausgleich ehebedingter Nachteile, **II.** Im Ggs zu § 1574 III, wo Ausbildg, Fortbildg u Umschulg iR der Obliegenheiten des gesch Eheg zugefaßt sind, werden sie hier wg unterschiedl Behandlg getrennt.

a) Dauer von Fortbildg u Umschulg sind nicht bes geregelt; sie richten sich nach den Anfdgen des ArbMarktes, nach öff Recht idR 2 Jahre; bei berufsbegleitendem Unterricht keine zeitl Begrenzg.

b) Weiter müssen Fortbildg u Umschulg den Zweck haben, **durch die Ehe erlittene Nachteile** auszugleichen, um den Anspr nicht allein von einer Willensentschließg des gesch Eheg abhängen zu lassen. Der Eheg, der wg der HaushFührg in langjähr Ehe nicht für seinen berufl Aufstieg sorgen konnte, den er bei ununterbrochener ErwTätigk erfahrgsgem erzielt hätte, soll sich jetzt auf eine nach § 1574 an sich angem ErwTätigk verweisen lassen müssen (BT-Drucks 7/650 S 132). Bei Eheschließg eines Westdeutschen mit einer SowjBürgerin ist zu vergl, was f eine Stellg die Frau in Rußl gehabt hätte u welche ihr in der BuRep offensteht (BGH FamRZ **84**, 989). Ferner kein Ersatz der Kosten für einen 2. Beruf, auch wenn dieser währd des Bestehens der Ehe geplant war, wenn gesch Eheg für seinen Beruf, den er bei einem angem Aufwand erlernen ua, voll ausgebildet ist (Bielef NJW **73**, 2211; aA Dieckmann FamRZ **77**, 92, der stattd auf die Zumutbark abstellt). Auch kein Anspr auf Finanzierg eines in der Ehe begonnenen Neiggsstudiums (Archäologie) für eine Fr, die ihre 3 Ki nach der Scheidg v ihrem Mann versorgen läßt (Ffm FamRZ **79**, 591).

4) Rückstufung bei Arbeitslosigkeit, III. Wer trotz Aus-, Fortbildg u Umschulg u unter Zubilligg einer gewissen Frist zZw der Stellensuche nach der erworbenen Qualifikation (Düss FamRZ **87**, 708) keine angem ErwTätigk findet u desh weiterhin Unterh von dem and Eheg bezieht, soll den auf Kosten des and Eheg erzielten höheren Ausbildgsstand diesen ggü nicht geltd machen dürfen, weil es nicht gerechtfertigt erscheint, den verpflichteten Eheg mit dem Risiko zu belasten, ob der UnterhBerecht die Berufsstellg erlangt, zu der er sich hat ausbilden lassen (BT-Drucks 7/650 S 132). Nach dieser beschränkten Zielsetzg der Vorschr gilt III nicht, wenn die Ausbildg von Dritten, von den Elt od vom Staat, ohne Rückgriff gg den and Eheg finanziert w ist.

1447

§ 1576 Unterhalt aus Billigkeitsgründen.

Ein geschiedener Ehegatte kann von dem anderen Unterhalt verlangen, soweit und solange von ihm aus sonstigen schwerwiegenden Gründen eine Erwerbstätigkeit nicht erwartet werden kann und die Versagung von Unterhalt unter Berücksichtigung der Belange beider Ehegatten grob unbillig wäre. Schwerwiegende Gründe dürfen nicht allein deswegen berücksichtigt werden, weil sie zum Scheitern der Ehe geführt haben.

1) Die **positive Billigkeitsklausel** soll sicherstellen, daß jede ehebedingte UnterhBedürftigk erfaßt wird u es dch das in den §§ 1570–1575 verwirklichte Enumerationsprinzip nicht zu Ungerechtigkeiten kommt, weil dann nicht ausgeschl wäre, daß eine Ehefr keinen Unterh bekommt, die in der Ehe weit über ihre Rechtspflichten hinaus dem Ehem od sonst FamAngehör ggü besondere Leistgen erbracht od Belastgen auf sich genommen hat u dann mit der Scheidg konfrontiert wird (BT-Drucks 7/4361 S 17). § 1576 ist ggü den UnterhAnspr aus §§ 1570ff **subsidiär;** das FamG muß also zB den UnterhAnspr aus § 1570 verneinen, ehe er ihn aus § 1576 bejaht (BGH NJW 84, 1538). Bei Ei Teilrechtsfertig aus § 1570, 1576 **Bezifferung** erfdl (BGH NJW 84, 2355). Um zu verhindern, daß das ScheidgsVerschulden in die UnterhTatbestände Einlaß findet, ist in **S 2** ausdrückl gesagt, daß die Gründe, die zum Scheitern der Ehe geführt haben, nicht allein deswegen berücks w dürfen; denn Fehlverhalten im menschl Bereich soll nicht zu wirtschaftl Sanktionen führen (BT-Drucks aaO). Die Vorschr zwingt nicht dazu, die Zerrüttungsursachen ausfindig zu machen, um damit die Sachverhalte ausschließen zu können, die nach S 2 nicht berücks w dürfen; vielm ist lediglich zu prüfen, ob ein von dem Eheg, der Unterh nach § 1576 begehrt, vorgetragener bes Umst desh nicht zu berücks ist, weil er ein Fehlverhalten im personal-mitmenschl Bereich darstellt (BT-Drucks 7/4361 S 31). S 2 soll sicherstellen, daß der Unterh ausschließl nach wirtschaftl Gesichtspkten gewährt wird (BT-Drucks 7/4361 S 32). Grdsätzl keine Ausdehng der UnterhTatbestde der §§ 1570ff auf dem Wege über § 1576 (vgl zum LückenProbl Schumacher MDR 76, 882f; Diederichsen NJW 77, 357). Desh kommt ein AusbildgsUnterh zur Finanzierg eines Studiums gem § 1576 nicht in Betr, da die §§ 1573ff insow keine Lücke enthalten, so daß Finanzierg eines Medizinstudiums auch dann nicht verlangt w kann, wenn dem Ehem das Studium wg eines gg Bezahlg vorgen, mißglückten FluchthilfeUntern erst verspätet aufnehmen konnte (Düss FamRZ 80, 585). Zum Ausschl des UnterhAnspr aus BilligkGrden (negative BilligkKlausel) vgl § 1579 sowie unten Anm 2b.

2) **Anspruchsvoraussetzungen: a)** Die Aufn einer ErwTätigk kann von dem gesch Eheg aus and Gründen als Alter, Krankh usw nicht erwartet werden, sofern diese **sonstigen Gründe schwerwiegend** sind. Es kommen alle möglichen, auch Verbindgen von Grden in Betr sonst in Ausn derj, die zum Scheitern der Ehe geführt haben; diese dürfen nicht für sich allein berücks w, S 2. Beispiele: MitArb im Beruf od Gesch des and Eheg (§ 1356 Anm 4); Tod od gefährl Krankh eines ggf auch nicht gemschaftl Kindes, zB bei Betreuung eines 32j mongoloiden Kindes nach 11j Ehe (Düss FamRZ 80, 56), es sei denn, die Mutter hat auf Wunsch des Ehem währd der Ehe das Ki in ein Heim gegeben (Kln FamRZ 80, 1006); Hilfestellgen ggü dem and Eheg nach der Scheidg; Abnahme der gemschaftl Kinder über längere Zeiten, wenn dem and Eheg die elterl Sorge zugesprochen war; Pflege od besondere, insb aufopfergsbereite Zuwendg zu Angehör des and Eheg vor oder nach der Scheidg; bes loyales Verhalten in Zeiten persönlicher Bedrängn (Teilen der Emigration; Nichtabwenden iF einer längeren Strafhaft); starke finanz Belastgen aus der Zeit der Ehe bzw dem Nachwirkgsbereich der Ehe zB dch Unterstützg von gemschaftl Kindern, so daß die eig Einkfte gebunden sind. § 1576 kann auch eingreifen weg Betreuung eines **Pflegekindes,** wenn dieses behindert ist, od iVm Art und Umst, wie steuerl Geltdmachg des beh Ki u Betreuung auch der erstehel Ki des UnterhSchu (Stgt FamRZ 83, 503); ferner wenn Eheg das PflegeKi gemeins aufgenommen h (BGH NJW 84, 1538) bzw der auf Unterh in Anspr genommene Eheg der Aufn zugestimmt u dadch ein entspr UnterhVertrauen beim and Eheg erzeugt h (BGH NJW 84, 2355); Unterh kann aber nicht verlangt w wg Betreuung eines eig Ki des UnterhGl unter dem GesPkt, daß dieses währd der Ehe **Stiefkind** des UnterhSchu war (aA Celle FamRZ 79, 239; aA auch, aber jedenf im Ergebn wie hier Bambg u Kln FamRZ 80, 587 u 886).

b) Die Versagg des UnterhAnspr muß unter Berücksichtigg der Belange beider Eheg **grob unbillig** sein. In diese in jedem Fall neben der Voraussetzg von Anm a anzustellden Abwägg sind als negative Faktoren auch die unter § 1579 I fallden AusschlußGesPkte zu berücks (BGH FamRZ 84, 361). Grdsätzl soll nach **S 2** die Zubilligg von Unterh auch nicht schon weg eines **ehelichen Fehlverhaltens** ausgeschl w können (BT-Drucks 7/4361 S 31f). Das schließt jedoch nicht aus, ein solches im Rahmen der Gesamtabwägg als einen gg die AnsprZuerkenng sprechden Umst zu berücks (BGH NJW 84, 1538). Erforderl ist eine Abwägg der beiderseit Belange, wobei sich die Waagschale eindeutg zG des unterhaltsberecht Eheg senken muß, was idR bei den unter a) angeführten Grden der Fall sein wird, wenn der and Eheg den Unterh ohne Schwierigkeiten aufbringen kann. Je entsaggsvoller das iRv § 1576 angeführte Verhalten des gesch Eheg ist, desto leichter sind dem and Eheg aber auch nachehel finanz Opfer zumutb. Insges muß es sich jedoch um gewisse AusnFälle handeln. Die Vorschr darf nicht zu einem allg BilligkUnterh abgeflacht w, wonach immer derj Eheg dem and Unterh schuldet, der ihn leichter aufbringen kann als der and. Gründe, die iR von § 1579 zum Ausschl des UnterhAnspr führen würden, stehen iR von § 1576 bereits der Begründg eines UnterhAnspr entgg. Die Vorschr bezieht sich nicht nur auf ehebedingte UnterhBedürftigk (aA Hillermeier FamRZ 76, 579; vgl NJW 77, 357 Fn 43; ausführl Dieckmann FamRZ 77, 97f). Kein UnterhAnspr wg Betreuung eines EhebrKindes nach erfolgr EhelichkAnf (Celle FamRZ 79, 238), es sei denn nach Auffassg des Ehem u wenn der SchwangerschAbbruch in dem von ihm genährten Vertrauen auf eine Versöhng unterblieb (Ffm NJW 81, 2069 = FamRZ 82, 299). Ebso setzt der BilligkUnterh wg der Betreuung vorehel Kinder die Schaffg eines vom UnterhSchu mit zu verantworten VertrauensTatbestds voraus (Düss FamRZ 81, 1070), so daß grdsl kein Unterh weg Betreuung vorehel Kinder geschuldet w (BGH FamRZ 83, 800 RevEntsch zu Düss).

c) Umfang und Dauer. Der UnterhAnspr kommt nur in Frage, **soweit und solange** die ErwTätigk

Bürgerliche Ehe. 7. Titel: Scheidung der Ehe §§ 1576, 1577

nicht erwartet w kann. Das hängt von der Schwere u Dauerhaftigk der geltd gemachten Umst ab. Je unbilliger der BilligkUnterh, desto mehr muß zG des UnterhSchu angen werden: also auf seiner Seite höherer Selbstbehalt, aS des UnterhGläub strengere Anfordergen an die Zumutbark einer Erwerbstätig usw (Düss FamRZ **80**, 56). Nur in den seltensten Fällen wird auf § 1576 ein UnterhAnspruch gestützt w können, der dann in einen solchen nach § 1571 mündet; wohl aber kommt das in Betr, wenn zw der Erreichg der Altersgrenze u dem Scheidgs- od sonst EinsatzZtpkt nur eine verhältnismäß kurze Zeitspanne liegt u die ErwTätigk den gesch Eheg beispielsw zu einem vorübergehden Wohngswechsel zwingen würde.

1577 *Einkünfte und Vermögen des Unterhaltsberechtigten.* [I]Der geschiedene Ehegatte kann den Unterhalt nach den §§ 1570 bis 1573, 1575 und 1576 nicht verlangen, solange und soweit er sich aus seinen Einkünften und seinem Vermögen selbst unterhalten kann.

[II]Einkünfte sind nicht anzurechnen, soweit der Verpflichtete nicht den vollen Unterhalt (§ 1578) leistet. Einkünfte, die den vollen Unterhalt übersteigen, sind insoweit anzurechnen, als dies unter Berücksichtigung der beiderseitigen wirtschaftlichen Verhältnisse der Billigkeit entspricht.

[III]Den Stamm des Vermögens braucht der Berechtigte nicht zu verwerten, soweit die Verwertung unwirtschaftlich oder unter Berücksichtigung der beiderseitigen wirtschaftlichen Verhältnisse unbillig wäre.

[IV]War zum Zeitpunkt der Ehescheidung zu erwarten, daß der Unterhalt des Berechtigten aus seinem Vermögen nachhaltig gesichert sein würde, fällt das Vermögen aber später weg, so besteht kein Anspruch auf Unterhalt. Dies gilt nicht, wenn im Zeitpunkt des Vermögenswegfalls von dem Ehegatten wegen der Pflege oder Erziehung eines gemeinschaftlichen Kindes eine Erwerbstätigkeit nicht erwartet werden kann.

Schrifttum: Dieckmann FamRZ **77**, 98; Schwab zu § 1577 II in 3. Dt. FamGTag, Bielef 1981 S 23; Krenzler FamRZ **83**, 653.

1) Bedürftigkeit des geschiedenen Ehegatten. Vgl zunächst § 1602. Die Vorschr betr der gesch Eheg, der unter den Voraussetzgen u im Umfg der §§ 1570ff unterhbedürft ist (Graba FamRZ **89**, 566), und regelt, in welchem Umfang der gesch Eheg sich Einkfte u vorhandenes Verm auf den UnterhAnspr anrechnen lassen muß (BT-Drucks 7/650 S 135). I enthält den Grds der Anrechng von Einkften u Verm, wobei III von letzterem wieder eine Ausn für den Fall macht, daß die VermVerwertg unwirtschaftl od unbill ist; II u IV regeln Einzelheiten der Anrechng, näml die Anrechnung bei nicht voller UnterhLeistg vS des Verpflichteten u Einkften, die den vollen Unterh übersteigen, sowie den späteren Wegfall eines im EinsatzZtpkt den Unterh scheinb sichernden Vermögens. Zur Klärg der beiderseit Einkommensverhältnisse AuskAnspr gem § 1580.

2) Grundsatz der Anrechnung, I. Grdsl sind Einkfte, die der unterhaltsberecht Eheg hat, ebso wie sein Vermögen den UnterhAnspr gg den Eheg anzurechnen; dh dessen Verpflichtg mindert sich um den Betr, der zum Unterh des Berecht aus dessen eig Einkften u Verm zur Verfügg steht. I bezieht sich nur auf **Einkünfte aus zumutbaren Anstrengungen** (Aufwendgen, ErwTätigk). Das ergibt sich aus der Entstehgsgeschichte (BT-Drucks 7/4361 S 32). Die Einkfte aus unzumutb Anstrenggen u damit die **Ausnahmen** von der Anrechenbark behandeln II (Anm 3) u III (Anm b bb). Selbst wenn also der UnterhSchuldn nicht den vollen Unterh (§ 1578) leistet, richtet sich der Berücks von Einkften des UnterhBerecht aus einer iR der §§ 1570ff zumutb ErwTätigk nach I, nicht n II.

a) **Einkünfte** (vgl auch § 1361 Anm 2b; § 1578 Anm 2; § 1602 Anm 2 u § 1603 Anm 2) sind alles, was dem gesch Eheg dch eig Arbeit, aus seinem Verm od aGrd von Freigebigkeiten Dritter, sei es auch aGrd eig Leistgen wie Stipendien, Preise uä zufließt, auch **Schmerzensgeld** u Erträge daraus (BGH FamRZ **88**, 1031; krit Voelskow FamRZ **89**, 481: nur in Fällen, die aS des UnterhBerecht zum UnterhVerlust gem § 1579 Z 2–7 führen). Entscheidd ist auch aS des Berecht das bereinigte NettoEink (§ 1603 Anm 2b) einschließl eines Berufsbonus (§ 1573 Anm 3). Als eig Eink zuzurechnen ist **Wohngeld** (BGH NJW **80**, 2081; § 1602 Anm 2b); ferner **BAföG** (Hamm FamRZ **87**, 600). **Kindergeld** u ZählKiVorteil bleiben, weil sich deren Ausgl im Verhältn zu den Ki vollzieht (§ 1602 Anm 2c dd), im Verh der Eheg zueinand grdsl unberücks (Karlsr FamRZ **88**, 1272). Bedürftigk wie Leistgsfähigk der Eheg werden also unabh von den Modalitäten der KiGAuszahlg bestimmt. Ausn: Mangelfälle u wenn zB inf der Zahlg von staatl PflegeG das KiG für den Bedarf des Ki nicht eingesetzt zu werden braucht (BGH NJW **84**, 2355). Eig Eink ist ferner beim **Pflegegeld** der Erziehungsanteil (BGH NJW **84**, 2355: JWG 6, 5; FamRZ **87**, 259/61: BSHG 69 III, IV; krit Wendt FamRZ **87**, 1106; Joh/Henr/Voelskow Rdn 3). Eingeschränkt auf §§ 1361 III, 1579, 1603 II usw ist das **Erziehungsgeld** (BErzGG 9) auch berücks (Zweibr FamRZ **87**, 820; aA AG Kstz FamRZ **87**, 1247: gar nicht). Keine iS v § 1577 I anrechenb Einkfte stellt die **Arbeitslosenhilfe** dar (BGH NJW **87**, 1551). Ebsowenig darlehensw od sonst im Belieben des Dr stehde Leistgen (RG **72**, 199); ferner keine Anrechng von nach BVersG, RVO, BeamtVG usw (Nachw bei Jung FamRZ **74**, 534) **wiederauflebenden Hinterbliebenenrenten**, so daß eine Wwe in ihrem Verhältn zu ihrem gesch 2. Ehem isV § 1577 als einkommensl anzusehen ist (BGH FamRZ **79**, 211 u 470; BSG NJW **72**, 735; Hamm FamRZ **87**, 598). Diese Subsidiarität wiederaufgelebter WwenRenten gilt auch iRv UnterhPflichten aus ScheidgsVergl (BGH NJW **79**, 815), wird aber dch § 242 eingeschränkt bei erhebl Schieflagen (Hamm FamRZ **85**, 604), etwa wenn das GesamtEink der Wwe das des UnterhSchuldn erhebl überbietet (Kblz FamRZ **87**, 1154). Zum steuerl **Realsplitting** vgl § 1353 Anm 2b dd u § 1569 Anm 3c bb. **Rente**: Der Antr auf ErwUnfähigkRente allein schließt die Bedürftigk nicht aus; der UnterhSchu kann entspr UnterhKredit anbieten u sich zur Sicherg den evtl RentNachzahlgsAnspr abtreten lassen (BGH NJW **83**, 1481). Die nach der Scheidg bezogene Altersrente, insb die aus dem **VA** (§ 1587b), vermindert die Bedürftigk (BGH **83**, 278, FamRZ **88**, 1156: ZPO 767; Einf 1 v § 1587); ebso eine aGrd des VA erhöhte EU-Rente (Hamm FamRZ **86**, 362). Die wiederauflebde WwenRente vermind

§ 1577 2a, b

den Bedarf dagg nicht, weil der Unterh gem RVO 1291 II auf die Rente anzurechn ist (Brem FamRZ **89**, 746). Einkfte aus dem **Zugewinn** sind ow anzurechnen (BGH NJW **85**, 909; **86**, 1342/43; FamRZ **86**, 441; damit ist die ggteilige Auffassg überholt, wonach Erträge im Zushg mit der VermögensauseinandSetzg der Eheg auf beiden Seiten unberücks bleiben; vgl. KG FamRZ **85**, 486 mNachw). Ein Abzug zum Ausgl eines inflationsbedingten Wertverlustes des VermStamms kommt nicht in Betr (BGH FamRZ **86**, 441; aA noch Saarbr u Stgt FamRZ **85**, 477 u 607). Bei Anlage in Haus- und WohngsEigt Anrechng fiktiver, erzielb KapitalEinkfte, wenn bereits in der Ehe genügd ImmobilienBesitz gebildet wurde (Düss FamRZ **85**, 392). Zur Bedeutg von **Schulden** des UnterhBerecht § 1361 Anm 2 b ee.

Auf die **fiktiven Einkünfte**, dh auf das, was bei unterhaltsrechtl richtigem Verhalten des UnterhGläub an finanz Mitteln selbst aufzubringen wäre, ist auch abzustellen, wenn der Berecht ihm zustehde Beträge v dritter Seite einzuziehen unterläßt (BGH NJW **80**, 395), zB dch Leerstehenlassen einer Wohng; das gilt aber nicht für das vorgezogeAltersruhegeld (Karlsr FamRZ **81**, 452), es sei denn bei entspr Absprache, insb aber Zurechng fiktiver Einkfte, etwa iF einer **Unterhaltsneurose** (§ 1572 Anm 2; § 1579 Anm 3c; § 1602 Anm 2d), wobei die erzielb Einkfte nach den Anlagen zum FremdrentenG geschätzt w können (Düss FamRZ **81**, 255). Einkünfte aus der **Unterlassung zumutbarer Erwerbstätigkeit** (§ 1603 Anm 2b): Übernommen zu w braucht nur eine angem ErwTätig (§ 1574 Anm 2; Raiser NJW **86**, 1919: Bemühgs-Ausmaß). Nach 25j Ehe entspricht es den ehel LebVerhältn, dch entspr UnterhZahlgen dem und Eheg zu gestatten, sich in Ruhe nach einer iS v § 1574 II angem ErwTätig umzusehen (Düss FamRZ **85**, 816: 3 J nach Trenng). Auf die Erzielg eigener Einkfte dch Erteilg von NachhilfeStden od Nebentätigk in früherem Beruf als kaufmänn Angest kann ein Student währd der AbschlPhase seines Studiums nicht verwiesen w (BGH NJW **80**, 395). Fiktive eig Einkfte des UnterhBerecht entlasten den UnterhSchuld so lange nicht, als sie zus mit den UnterBeitr des UnterhVerpfl aS des UnterhGl dessen Selbstbehalt (800 DM) nicht überschreiten (Kblz FamRZ **80**, 583; Ffm FamRZ **80**, 589 L). Der UnterhBedürft muß darlegen u beweisen, daß er erfolgl alle tatsächl vorhandenen Möglkten ernsth ausgeschöpft hat, um eine ihm zumutb Erwerbstätigk zu finden; die Meldg beim ArbAmt allein reicht nicht aus (BGH NJW **86**, 718/20; Düss FamRZ **81**, 255 u 1008; Mü FamRZ **81**, 154). Der Umfg der Erwerbsbemühgen richtet sich nach obj u subj Bedinggen, wobei der Richter besondere Aufmerksamk der ArbBereitsch schenken muß (BGH NJW **86**, 718/20). Anderers können obj Gegebenhten (wie der GesundhZustd des Berecht) den Schluß zulassen, daß eine reale Arb-Möglk nicht besteht (Düss FamRZ **87**, 1259). Die Beweislast f die konkr unternommenen Anstrenggen liegt beim UnterhGl (Zweibr FamRZ **82**, 1016). Die Einkommensfiktion ist aber nur zul, wenn das Ger zu dem Ergebn kommt, daß etwaige Bemühgen um eine ErwTätig auch Erfolg gehabt hätten. Die **Kausalität** einer solchen Unterlassg darf nicht gem ZPO 287 II verneint w (BGH NJW **86**, 3080; aA Karlsr FamRZ **85**, 1045). Eine Ehefr muß als bedürft angesehen w, wenn nicht der Tatrichter zu der Überzeugung gelangt, sie werde die für die angem ErwTätig erforderl Vorbildg erfolgr erwerben (§ 1374 III), sei f den fragl Beruf persönl (altersmäß, gesundheitl usw) geeignet u werde nach der Lage auf dem ArbMarkt eine Anstellg finden (BGH NJW **84**, 1813; **86**, 985). Zur Erwerbsobliegenh bei **Kindesbetreuung** § 1570 Anm 2 b bb.

Bei ZusLeben in einer **nichtehelichen Lebensgemeinschaft** (Einf 8 v § 1353) verringert sich – abgesehen v dem GesPkt grober Unbilligk (dazu § 1579 Anm 3f aa sowie 3g aa) – die Bedürftigk (1) dch tatsächl Zuwendgen vS des Dr nicht nur dch finanz Mittel (BGH NJW **89**, 1083), sond auch dch Übernahme der Wohngsmiete od der sonst Wohngskosten (BGH NJW **83**, 683), also zB 20–25% Erspam bei den Leb-HaltgsKost (Hbg FamRZ **87**, 1041), sowie (2) dch die Annahme eines **fiktiven Entgelts** für die dem Dr gewährte Wohng (Hamm FamRZ **84**, 498) bzw in dessen Haush erbrachten unterhaltswerten Leistgen (BGH NJW **80**, 124 u 1686), wobei es zwar auf den Umfg der Betreuungs- u Versorggsleistgen (BGH FamRZ **80**, 879; NJW **89**, 1083/5), aber weder auf eine entspr Abrede der neuen Partn noch (entspr ZPO 850h II) auf die Höhe evtl freiw Zuwendgen ankommt (BGH NJW **80**, 1686; **83**, 683), wohl aber darauf, daß der neue Partn wirtsch überh in der Lage ist, die ihm erbrachten Leistgen zu vergüten (BGH FamRZ **87**, 1011 mAv Luthin; Nürnb FamRZ **81**, 954; Hamm FamRZ **86**, 1102 mN), was keine reine Tatfrage ist, sond eine wertde Feststellg voraussetzt (BGH **89**, 108/12; NJW **87**, 122; **89**, 1083/4). Die **Höhe** des fikt Entgelts richtet sich nicht nach dem Anteil des Dr am Arbeits- od Mehraufwand des UnterhBerecht, sond es ist auf den obj Wert abzustellen, den die HaushFührg u die sonst Versorggsleistgen für den Partn haben, wobei die Grdsätze der Bemessg v SchadErsRenten bei Verletzg od Tötg v Hausfrauen herangezogen w können (BGH NJW **84**, 2358). Bei einem Zeitaufwand v tägl 2 Std u einem fikt NettoEntgelt v 6 DM pro Std, entsteht ein AnrechngsBetr v 360 DM (Mü FamRZ **79**, 34); bei tägl 2–3 Std à 10 DM: 750 DM (Hamm NJW **81**, 464; Schlesw SchlHA **81**, 81). Zu höheren Anrechnungsbeträgen gelangt man, wenn das FamG die für die Bemessg v SchadErsRenten bei Verletzg od Tötg v Hausfrauen entwickelten Richtlinien zugrundelegt (BGH FamRZ **84**, 663 unter Bezugn auf BGH **86**, 372; NJW **79**, 1501; VersR **82**, 951). Der UnterhSchuldn schuldet Unterh nur noch in Höhe der Differenz zw dem als gedeckt erachteten Mindestbedarf u dem vollen Unterh iSv § 1578 (BGH FamRZ **84**, 155). **Beweislast:** Bei Überprüfg der Bedürftigk ist der Unterh begehrde Eheg beweispflicht dafür, daß seine jetzige Situation schlechter ist als diej der EheZt (AG Lörrach FamRZ **81**, 463). Bei AnhaltsPkten für das Vorliegen einer neuen Partnersch trägt der unterhberecht Eheg die BewL dafür, daß keine nehel LebGemsch besteht (Hamm FamRZ **79**, 819). Das gilt auch bei getrennter Wohng, aber Erbringg sonstiger eheähnl Leistgen (Ffm FamRZ **79**, 438). Die hier entwickelten Grdsätze gelten auch iR des **Getrenntlebens** (§ 1361 Anm 2b).

b) Vermögensverwertung.

aa) Der gesch Eheg muß grdsl auch, bevor er den and Eheg in Anspr nehmen kann, **vorhandenes Vermögen verwerten**, um seinen Unterh aufzubringen. Es sind also nicht nur die Zinsen aus einem Kapital zu verwerten, sond das Kapital selbst, soweit die Einkfte daraus zum Unterh nicht ausreichen. Verm iS dieser Bestimmg ist nicht nur der Bestd erheblicher Werte, die den ges Unterh des Berecht nachhalt zu sichern geeignet wären (so iFv IV), sond alles, was iZushg u im Vergleich zu dem von dem and Eheg sonst aufzubringenden monatl GeldBetr wesentl ins Gewicht fallen würde. Solange der JahresUnterhBetr nicht erreicht wird, läßt sich von Verm nicht sprechen. Dann aber sind auch EinzelGgste Vermögen, zB Hausrat, wenn die Verwertg zur Erzielg von Unterh wirtschaftl gerechtf ist (RG SeuffA **73**, 137). **Zugewinn** (§ 1378) od auch die Erlöshälfte aus einer TeilgsVersteigerg n ZVG 180 (AG Charl DAVorm **82**, 562) sind – im Ggsatz zu den immer anzurechnden Einkften daraus (Anm 2a) – nach Billigk auf den UnterhAnspr anzurechnen, jedoch solange nicht, wie auch dem UnterhSchuldn sein Zugew unterh-rechtl unangetastet verbleibt (Ffm FamRZ **84**, 487); entscheidd sind die Umstde des Einzelfalls (BGH NJW **85**, 911). Auch steht es dem UnterhBerecht zu, gewisse Rücklagen für Not- u KrankhFälle zu behalten. Außer den ZinsEinkften daraus braucht sich die gesch Ehefr den Zugew nicht anrechnen zu lassen, wenn sie ihn zum Erwerb einer EigtWohng benötigt u auch der Ehem im eig Haus weiterwohnt (Ffm FamRZ **79**, 438). ZugewAnrechng erforderl, wenn UnterhBetr unterh des Selbstbehalts bleibt (Ffm FamRZ **84**, 281). Bei Verwertg eines **Hauses** müssen evtl RückgewährAnspr der Elt eines Eheg berücks w (BGH FamRZ **88**, 145). Verwertg eines **Miteigentumanteils am Haus** nicht dch KreditAufn, sond gem § 753, so daß eine Anrechng nicht stattfindet, solange der and Eheg im Hause wohnt (BGH NJW **84**, 2358). Grdsätzl darf der Erlös aus dem Verkauf des im MitEigt beider Eheg stehden Hauses zum Erwerb von WohngsEigt verwendet w, auch wenn die anderweit Anlage des Kapitals mehr Gewinn bringen würde od gebracht hätte (BGH FamRZ **86**, 439). Geltdmachg eines **Pflichtteilsanspruchs** (§ 2303 I) nach Zumutbark (Celle FamRZ **87**, 1038). Die Befugn zur Verwendg des KiVerm gem § 1649 II mindert den Bedarf nicht (Celle aaO).

bb) Die **Zumutbarkeit der Vermögensverwertung** wird parallel zu § 1581 S 2 dch **III** näher konkretisiert. Den Stamm des Verm braucht der Berecht dann nicht anzugreifen, wenn die **Verwertung unwirtschaftlich oder** unter Berücksichtigg der beiderseit wirtschaftl Verhältn **unbillig** wäre. Gilt auch für die Veräußerg einz VermBestandteile wie Aktien, Grdstücke u dergl zur Unzeit (arg „soweit"); UnterhBerecht braucht nicht seinen MitEigtAnteil an einem belasteten HausGrdst, das von dem and Eheg allein bewohnt w, kurzfrist zu verkaufen (Celle NdsRpfl **77**, 209). Unwirtschaftl ist die Verwertg dann nicht, wenn der Erlös für die voraussichtl LebDauer des Berecht zum Unterh ausreicht (RG **97**, 278). Die unwirtschaftl VermVerwertg wird dem Berecht auch dann nicht zugemutet, wenn sie billig wäre (aA Dieckmann FamRZ **77**, 101). Unbill ist es idR, wenn der unterhberecht Eheg sein Verm auflösen müßte, währd der and Eheg die UnterhPfl aus seinen laufden Einkften erfüllen kann. So darf der ausgleichsberecht Eheg das ihm zugeflossene Verm anlegen, wenn der and in dem (den Zugew ausmachenden) Haus weiterwohnt (KG FamRZ **85**, 485). Ein ererbtes MillVerm in Grdst braucht nicht zZw einer höheren Rendite umgeschichtet zu w (BGH FamRZ **86**, 560). Erforderl ist ein gerechter Ausgleich zw den beiderseit Interessen (BT-Drucks 7/4361 S 32). Bedeuts ist, (1) welches Verm der and Eheg besitzt u (2) daß dem UnterhGl eine VermReserve f plötzl auftretenden Sonderbedarf verbleiben muß, auch bei MitEigt an Wohng (BGH NJW **85**, 907). Der UnterhBerecht braucht seine MitEigtHälfte nicht dch KreditAufn zu belasten, sond kann Aufhebg der Gemsch (§ 753; ZVG 180) abwarten (BGH NJW **84**, 2358/59). Großes Verm aus wertvollen Sammlerstücken muß zZw des Unterh verwertet w, auch wenn der gesch Eheg außergewöhnl gut verdient (Kln FamRZ **82**, 1018).

c) Berechnungsmethode (vgl Luthin FamRZ **83**, 1236; Weychardt NJW **84**, 2328): Die Berücksichtigg zumutb Einkfte aS des UnterhBerecht erfolgt unterschiedl danach, ob es sich um eine Doppelverdienerehe gehandelt hat, diese Einkfte also bereits die ehel LebVerhältn mit geprägt haben, od nicht (Haushaltsführgs-Ehe). Im ersten Fall bemißt sich der Unterh nach einer Quote von 40% bzw 3/7 der Differenz beider Einkfte, sog **Differenzmethode** (BGH NJW **82**, 43; **84**, 1238). Nimmt der Berecht dagg erst nach der Trenng (BGH NJW **83**, 933) bzw nach der Scheidg eine ErwTätigk auf od erlangt er sonstige Einkfte, die sich auf den LebStandard währd der Ehe nicht mehr ausgewirkt haben, so sind diese Einkfte nicht bei der Bildg der Quote zu berücks, sond erst nach Bildg der Quote von dieser abzuziehen, sog **Anrechnungsmethode.** Das Ergebn ist aber ijF vom Tatrichter auf seine Angemessenh hin zu überprüfen (BGH NJW **81**, 1609; **82**, 1875; **83**, 1429; krit Hampel FamRZ **84**, 627). Vgl iü auch § 1361 Anm 4b u § 1578 Anm 2 (4). **Rechenbeispiel:** Einkfte des M 3000 DM, der F 900 DM. Differenzmethode: (3000−900) × 3/7 = 900 DM. Abzugsmethode: 3000 × 3/7 − 900 = rd 386 DM.

d) Umfang und Dauer dieser Beschränkg des UnterhAnspr hängen davon ab, wie lange u in welcher Höhe die Einkfte zufließen bzw das Verm reicht (*arg* „sol u soweit"). Bes gesetzl Beachtg hat der **Wegfall des Vermögens nach Scheidung** gefunden, **IV.** Der Grds besagt, daß der UnterhAnspr entfällt, wenn das Verm nach einer im Ztpkt der Scheidg nachträgl anzustelldn Prognose dem UnterhBerecht eine nachhalt UnterhSicherg bot, die sich in der Zukft gleichwohl als trügerisch erwiesen hat, **S 1.** Der Wegfall des Verm steht in keinem Zushg mit der Ehe, wird also von deren Nachwirkgen nicht erfaßt, so daß es ungerechtfert wäre, ein derart Risiko des gesch Eheg im UnterhR abzusichern (BT-Drucks 7/650 S 136). Zur Nachhaltigk § 1573 Anm 4a cc. Dieser EinsatzZtpkt der Scheidg verschiebt sich entspr der allg Regelg des § 1570, wenn im Ztpkt des VermWegfalls von dem Eheg wg der Pflege od Erziehg eines gemschaftl Kindes eine ErwTätigk nicht erwartet w kann, **S 2,** da die ErzZt als Nachwirkg der Ehe vollst der Ehedauer hinzugerechnet wird u dies auch für den VermWegfall gelten soll.

3) Einkünfte aus nicht gebotenen Anstrengungen, II. Die rechtspolitisch verfehlte (vgl Schwab aaO; Mutschler FamRZ **82**, 105) Vorschr setzt mangelnde LeistgsFähigk des UnterhSchuldn (§ 1581) voraus. Mit unzumutb Aufwand vom UnterhBerecht erzielte Einkfte sind zT anrechngsfrei (S 1), zT werden sie nach Billigk angerechnet (S 2). – Der **Zweck** von S 1 liegt nicht in der Bestrafg des seiner UnterhPfl nicht nachkommdn Schuldn (so noch die 43. Aufl), sond da der vom UnterhSchuldn geschuldete Unterh regelm hinter dem vollen Unterh des § 1578 zurückbleibt, gestattet die Vorschr dem Berecht, die Einkfte aus unzumutb Anstrenggen zunächst zur Aufrechterhaltg des ehel LebStandards zu verwenden (BGH NJW **83**, 933). – **Einkunftsart:** Die Regelg gilt vornehml für Einkfte aus einer ErwTätigk (einschl Arbeitslosengeld daraus; Stgt NJW **80**, 2715), die dem Berecht entweder nicht angemessen ist (§ 1574 I u II) od die von ihm nicht erwartet w kann (§§ 1570–1573, 1575, 1576; 1361 II); ferner für sonstige nicht gebotene Maßn, etwa Untervermietg (Schwab S 34; Mutschler FamRZ **82**, 105; Krenzler FamRZ **83**, 653; aA Dieckmann FamRZ **77**, 98). Auch der (an III gemessen) unzumutb Einsatz eig Verm ist analog II zu behandeln (MüKo/Richter

§ 1577   3a, b

13). – II gilt ferner nur für **Einkünfte aus unzumutbaren Anstrengungen** (BGH NJW 83, 935 mNachw; Griesche FamRZ 81, 848). Soweit eine ErwTätigk etwa trotz Alters od Krankh zumutb ist, entfällt bereits die UnterhVerpfl (§§ 1571, 1572: „sol u soweit"). Kriterium der Unzumutbark: Der UnterhBerecht ist unterhrechtl nicht gehindert, die Tätigk jederZt zu beenden (BGH NJW 83, 936). Unzumutb ist auch die WiederAufn einer berufl Tätigk, wenn sie früh als ehegem vorgesehen erfolgt (BGH FamRZ 88, 148f). Anderers kommt es auf das Motiv der wirtschaftl Anstrengg nicht an: Die Vergünstigg von II setzt nicht voraus, daß die Aufn einer ErwTätigk dch die Säumn od unvollständ Erfüllg vS des UnterhSchu veranlaßt wurde, gilt also auch für Einkfte aus einer nicht gebotenen Arbeit, die aus Neigg, zum Abbau drückder Lasten od zur Erhöhg des eig LebStandards aufgenommen w ist (BGH NJW 83, 933). – **Anwendungsbereich:** II gilt auch für den VorsorgeUnterh (BGH FamRZ 88, 145) sowie iR von § 1361 (BGH NJW 83, 933 LS 7) u ist analog anzuwenden auf den Fall, daß der voll erwerbstät Mann die Kinder zugesprochen bekommt u die Frau nach den §§ 1571 ff unterhberecht ist (Griesche FamRZ 81, 850 f).

a) Die Feststellung des nach Satz 1 anrechnungsfreien Betrages erfolgt in sechs Schritten:

(1) Tatbestandsmäß wird vorausgesetzt, daß eine UnterhVerpfl besteht, der UnterhSchuldn mit seinen Leistgen dem Berecht den ehel LebStandard nicht gewährleistet u der Berecht eig Einkfte hat, um deren Anrechng auf seinen UnterhAnspr es geht. Dagg brauchen die unzumutb Anstrenggen nicht dch das Verhalten des UnterhSchu veranlaßt w zu sein (BGH NJW 83, 933).

(2) Man stellt dann zunächst fest, in welcher Höhe es sich um Einkfte aus **unzumutbaren** Anstrenggen handelt (s oben), zB aus Untervermietg od aus einer n § 1570 überh nicht od nur zT nicht gebotenen Tätigk. Ist der voll erwerbstät UnterhBerecht nur eine Halbtagsbeschäftigg zumutb, so ist der AnrechngsBetr wg der niedr Besteuerg v Halbtagsbeschäftiggen mehr als die Hälfte seines tatsächl NettoEink (Düss FamRZ 84, 800).

(3) Als nächstes wird der **geschuldete Unterhalt** ermittelt, dh der Unterh, den der Berecht ohne Rücks auf die in zumutb Weise erzielten Einkfte zu beanspruchen hat. Die Berechng dieses QuotenUnterh erfolgt nach den allg Grdsätzen, also gem § 1578 Anm 2. Abzustellen ist auf den vom UnterhVerpfl geschuldeten u nicht auf den von ihm tatsächl geleisteten Unterh (Ffm FamRZ 84, 799 mNachw). Die unzumutb erzielten Einkfte bleiben auß Betr. Dagg werden Einkfte aus zumutb Tätigk berücks. Anzurechnen sind auch fiktive Betr wg Versorgg eines LebGefährten (BGH NJW 83, 935).

(4) Sodann wird der **volle Unterhalt** festgestellt. Das ist der angemessene, dh der gesamte sich nach der ehel LebVerhältn ergebde LebBedarf (§ 1578), einschl der Zusatzaufwendgen für KrankVers u AltersVorsorge. Der volle Unterh richtet sich ausschließ nach den ehel LebVerhältn u ist als **Bedarf** unabh von dem jetzigen Eink der Eheg (Schwab FamRZ 82, 821). Der trenngsbedingte Mehrbedarf muß konkret dargelegt w; dann aber § 287 ZPO (BGH NJW 83, 936). Bei der Best des vollen Unterh bleiben die Einkfte des UnterhBerecht aus unzumutb Anstrenggen auß Betr (Ffm FamRZ 82, 820).

(5) Anrechngsfrei bleiben nun die Einkfte in Höhe der **Differenz zwischen dem vollen und dem geschuldeten Quotenunterhalt** (BGH NJW 83, 933 L 3; Ffm u Düss FamRZ 84, 798 u 800). Beträgt zB der den ehel LebVerhältn angemessene LebBedarf mtl 1500 DM, schuldet der UnterhVerpfl aber (wg UnterhLasten ggü Ki) nur 900 DM, so werden 600 DM nicht angerechnet. Die Einkfte des UnterhBerecht lassen in dieser Höhe seinen UnterhAnspr unverändert.

(6) Nach BGH NJW 83, 936 L 6 können schließl auf dem Wege über die **Billigkeitswertung nach § 1581** Einkfte aus unzumutb ErwTätigkt trotz § 1577 II 1 angerechnet w. Will man jedoch den Unterschied zw II 1 u 2 nicht aufgeben, muß sich diese Korrektur auf Fälle grober Unbilligk beschränken (Krenzler FamRZ 83, 656), etwa wenn der Berecht seinen voll Unterh hat, währd dem Verpfl nur der kl Selbstbehalt bleibt. Richtiger dürfte es sein, in derart Mangelfällen die ErwObliegenh des UnterhBerecht im Rahmen der §§ 1570 ff noch weiter zu verstärken (§ 1570 Anm 2c; § 1581 Anm 4). Eine aus freien Stücken aufgenommene ErwTätigk gibt im allg Anlaß zur Frage, ob nicht die Grenzen des Zumutb zunächst zu eng gezogen w sind (BGH NJW 81, 2804; 83, 934; vgl aber auch Mutschler FamRZ 82, 105 Sp 2).

b) Anrechnung der den vollen Unterhalt übersteigenden Einkünfte, S 2. Die Einkfte, deren Erzielg dem UnterhBerecht nicht zuzumuten ist u derer er auch nicht zur Auffüllg seines voll UnterhBedarfs nach II 1 bedarf, sind insow anzurechnen, als dies unter Berücks der beiderseit wirtschaftl Verhältn der Billigk entspricht. S 2 übernimmt damit einen für den Rspr schon zu EheG 58, 59 entwickelten Grds (BGH FamRZ 79, 211; NJW 80, 2082 u 2251; 82, 2664). Die **Handhabung von S 2** erfolgt in drei Schritten:

(1) Bei der Ermittlg des anrechngsfäh Betr iSv S 2 werden **sämtliche unzumutbaren Einkünfte** berücks, soweit sie nicht nach S 1 anrechngsfrei sind. Es spielt auf dieser Stufe der Anwendg von S 2, dh bei der Erfassg der anrechngsfäh Einkfte, keine Rolle, was der UnterhSchuldn tatsächl leistet od wozu er verpfl ist. Wenn der UnterhSchuldn zur Zahlg des vollen Unterh verpfl ist, so daß von vornherein keine Einkfte nach S 1 anrechngsfrei bleiben, erfolgt die Anrechng insges nach S 2 (Zweibr FamRZ 83, 713). Ferner gilt S 2 auch, wenn der UnterhSchuldn ggf erst dch ZwVollstr zur Leistg gebracht w muß (Krenzler FamRZ 83, 655).

(2) Die Anrechng u damit die Herabsetzg des materiellen UnterhVerpfl des UnterhSchuldn erfolgt nach **Billigkeit.** Dieser entspricht es regelm, den nach der 1. Stufe ermittelten Betr zur Hälfte auf den UnterhAnspr anzurechnen (Leitlinien Hamm NJW 84, 2333 Nr 32; Hamm FamRZ 81, 362; KG FamRZ 81, 869; Ffm FamRZ 82, 820; aA Schwab S 36: Anrechnung nur bei bes Begründg; Griesche FamRZ 81, 850: meist Anrechnung). Doch verbietet sich jede Schematisierug od sonstige feste Quoten (Ffm FamRZ 84, 798). **Kriterien** für den Umfang der Anrechng können sein: vor allem die Eink- u VermVerhältn der Eheg (Stgt FamRZ 80, 1003); weitere UnterhPfl ggü Kindern od and Verwandten; Art u Ausmaß der Anstrenggen zur Erzielg der unzumutb Einkfte. Für die AnrechngsFreih kann sprechen: Veranlassg der Aufn der unzumutb ErwTätigk wg Säumn des UnterhSchuldn; Betreuungsmehrbedarf der vom UnterhBerecht versorgten Kinder (Düss FamRZ 80, 685), insbes bei Pflege eines behinderten Kindes. Anrechng von mehr als der

Hälfte kann in Betr kommen, wenn dch eine ErwTätigk die GrdLage des UnterhAnspr beeinträchtigt wird, also die Erziehg od Pflege gemschaftl Kinder, die HeilgsChancen für eine Krankh; wenn lediglich der LebStandard, zB dch Hauskauf, verbessert w soll (Ffm FamRZ 82, 818); wenn der LebStandard des Verpfl (etwa wg sonstiger UnterhVerpfl) ggü demj des Berecht deutl zurückbleibt.

(3) Der zur Anrechng kommde Teil des Eink aus unzumutb Tätigk ist nicht iW der Differenzmethode in die abschließde UnterhBemessg einzubeziehen, sond von dem UnterhBetr, den der unterhpfl Eheg ohne Berücks des Eink aus unzumutb Tätigk schulden würde, iW des **Direktabzugs** abzurechnen (BGH NJW 83, 933 L 5).

4) Beweislast für fehlde Einkfte u überh für seine Bedürftig trägt der UnterhBerecht (Düss FamRZ 80, 997; Holzhauer JZ 77, 74; Brühl FamRZ 81, 828); ferner dafür, daß die Wohngsgewährg an den neuen Partn dch ein dafür entrichtetes Entgelt seine Bedürftigk nicht mindert (BGH NJW 83, 683), sowie f die Angemessenh der Forderg sowie die Unwirtschaftlichk der VermVerwertg. Der UnterhVerpflichtete muß seine Leistungsunfähigk beweisen; ferner, daß er iSv II den vollen Unterh leistet. Der Beweiserleichterg für Abwäggen dient § 1580.

1578 **Maß des Unterhalts; Lebensbedarf.** ¹Das Maß des Unterhalts bestimmt sich nach den ehelichen Lebensverhältnissen. Die Bemessung des Unterhaltsanspruchs nach den ehelichen Lebensverhältnissen kann zeitlich begrenzt und danach auf den angemessenen Lebensbedarf abgestellt werden, soweit insbesondere unter Berücksichtigung der Dauer der Ehe sowie der Gestaltung von Haushaltsführung und Erwerbstätigkeit eine zeitlich unbegrenzte Bemessung nach Satz 1 unbillig wäre; dies gilt in der Regel nicht, wenn der Unterhaltsberechtigte nicht nur vorübergehend ein gemeinschaftliches Kind allein oder überwiegend betreut hat oder betreut. Die Zeit der Kindesbetreuung steht der Ehedauer gleich. Der Unterhalt umfaßt den gesamten Lebensbedarf.
II Zum Lebensbedarf gehören auch die Kosten einer angemessenen Versicherung für den Fall der Krankheit sowie die Kosten einer Schul- oder Berufsausbildung, einer Fortbildung oder einer Umschulung nach den §§ 1574, 1575.
III Hat der geschiedene Ehegatte einen Unterhaltsanspruch nach den §§ 1570 bis 1573 oder § 1576, so gehören zum Lebensbedarf auch die Kosten einer angemessenen Versicherung für den Fall des Alters sowie der Berufs- oder Erwerbsunfähigkeit.

Schrifttum: Bartsch JZ 78, 180 (Kosten angemessener Kranken- u AltersVers); Friederici NJW 77, 2250 (Sicherg der Altersrente des Berecht); Hampel FamRZ 79, 249 (AltersvorsorgeUnterh); v Hornhardt FamRZ 79, 655; Rassow FamRZ 80, 541 (angem Unterh); Kuch AnwBl 80, 90; Krenzler FamRZ 79, 877 (VorsUnterh-Bemessg); Gröning FamRZ 83, 331; Struck/Molkentin FamRZ 85, 342 (AltersvorsorgeUnterh); Köster JZ 87, 494 (VorsorgeUnterh); Limbach, 7. Dt FamGTag 1988 S 26; Luthin FamRZ 88, 1109; Hampel FamRZ 89, 113; Graba FamRZ 89, 568. Zum **UÄndG:** Anm 2b.

1) Die §§ 1570–1573, 1575 u 1576 geben an, wann dem gesch Eheg gg den leistgsfäh and Eheg ein UnterhAnspr zusteht. § 1577 regelt die Bedürftigk. Die inhaltl Gestaltg des UnterhAnspr (Rente) ergibt sich aus den §§ 1585ff. Demggü bestimmt § 1578 **Maß und Umfang des zu leistenden Unterhalts,** u zwar einmal im Hinbl auf den dabei anzuwendden Maßst (ehel LebVerhält), zum and hins der einzubeziehden Aufwendgen (für Vers usw). Der Grds ergibt sich aus I 4: Der Unterh umfaßt den gesamten LebBedarf; dessen Höhe wiederum richtet sich nach den ehel LebVerh, I 1, sowie nach einer Schonfrist ggf nach den für den UnterhBerecht allein angem LebStandard, I 2 u 3. Zum LebBedarf werden eine Reihe von Aufwendgen gerechn, die heutzutage selbstverständl erscheinen, so vor allem solche für eine angem Kranken- sowie Alters- u BU- u EU-Vers, II u III, aber auch die Kosten für best BildgsMaßn, II, soweit dafür eine Verpfl (§ 1574 III) od ein Anspr besteht (§ 1575).

2) Das **Maß des Unterhalts** bestimmt sich für die unmittelb NacheheZt ijF nach den ehel LebVerhältn (Anm A), kann aber nach einer ÜbergangsZt unter weiteren Voraussetzgen auf den angem LebBedarf herabgesetzt werden (Anm B).

A. Nach den ehelichen Lebensverhältnissen (eLV), I 1, bestimmt sich das UnterhMaß, um insb dann, wenn dch die gemeins Leistg der Eheg ein höherer SozStatus erreicht worden ist, den nicht erwtät Eheg daran teilnehmen zu lassen (BT-Drucks 7/650 S 136; BGH FamRZ 88, 256/8). **Zweck** von I 1 ist somit eine **Lebensstandardgarantie** (BVerfG FamRZ 81, 745/51; BGH NJW 83, 1733; Luthin FamRZ 88, 1110; Graba FamRZ 89, 568). Im Ggsatz zu § 1610 wird nicht der LebZuschnitt des Bedürft, sond Berufs-, Eink- u VermLage beider Parteien, so daß der Einwand entfällt, dch Eingeh einer nehel LebGemsch (Einf 8 v § 1353) mit einem finanz schlechter gestellten neuen Partn begebe sich der unterhbedürft Eheg auf dessen LebStandard (BGH NJW 89, 1083/6). Zur Feststellg der eLV ist ein obj Maßst anzulegen, also wed auf ein sehr kostspieliges noch auf ein übertrieben spars Leben abzustellen, sond auf den – ggf iW von ZPO 287 festzustellden (BGH NJW 83, 1733; FamRZ 88, 256) – LebStandard, der vom Standpkt eines vernünft Betrachters nach dem soz Status der Eheg im Regelfall gewählt wird (Graba FamRZ 89, 571; and Luthin FamRZ 88, 1110: Maßst die tats frühere LebGestaltg). Die eLV unterliegen **tatrichterlicher** Würdigg (BGH FamRZ 84, 150; sa Walter JZ 84, 238). **Beweislast** beim UnterhBerecht (BGH FamRZ 84, 150). Bei Nichtfeststellg der eLV ist im Abänderungs-Verf der angem Unterh ohne Bindg festzustellen (BGH FamRZ 87, 257). Zur **Feststellung der Höhe des Unterhaltsanspruchs** sind verschiedene gedankl Schritte auseinanderzuhalten:

a) Bedarfsermittlung nach den ehelichen Lebensverhältnissen. Die **Rechtsprechung** des BGH ist zT in kaum nachvollziehb Weise **inkonsequent** (Luthin FamRZ 88, 1112). Das gilt für die Bestimmg der für die eLV maßgebl **Steuerklasse** (§ 1569 Anm 3a), vor allem aber auch für die Berücks von sich außerh der Ehe vollziehden Entwicklgen (unten Anm ff).

aa) Bei der Feststellg der für die eLV maßgebden VermUmst kommt es jew darauf an, ob sie die eLV

§ 1578 2 A 4. Buch. 1. Abschnitt. *Diederichsen*

nachhaltig geprägt haben. Hierzu ist auf einen längeren, sich nach der Dauer der Ehe richtden Ztraum abzustellen. Vor allem entscheidet das bis zur Ehescheidg tatsächl (BGH FamRZ **85**, 908/10; **88**, 256) u **nachhaltig erreichte Einkommen** (BGH **89**, 108/10; FamRZ **85**, 161/2), in einer Haushführgsehe also das ArbEink des erwerbstät Eheg (BGH FamRZ **86**, 783). Haben beide Eheg ArbEink gehabt od Rente bezogen, so bestimmt die eLV das **Gesamteinkommen,** also die Summe der beiderseit Einkfte im Ztpkt der Scheidg (BGH NJW **82**, 2439; **83**, 683), auch wenn die Ehefr ihren Mann 10 J nach der Trenng nicht auf Unterh in Anspr gen hat (BGH NJW **86**, 718). Bei Selbständigen ist auf die dchschnittl EinkEntwicklg über einen längeren Ztraum (idR 3 J) abzustellen (Ffm FamRZ **80**, 263). Bedarfserhöhend bzw -mindernd können sich auswirken: die steuerfreie Aufwandsentschädigg eines Abgeordn (BGH NJW-RR **86**, 1002); der **Wohnwert** eines von einem der Eheg geerbten, von beiden bewohnten Hauses (BGH FamRZ **88**, 145); wobei die Prägg der eLV nicht dadch beseitigt wird, daß der eine Eheg zZw der Trenng aus dem Haus ausgezogen ist (BGH NJW **86**, 1342). Vgl iü zunächst § 1361 Anm 2d. Wird das Haus nach einem die Ehe prägden Wohnen verk, ist dem Eink der Zinsertrag aus dem VerkErlös hinzuzurechnen (Kblz FamRZ **89**, 59). Anderers können die Zins- u Tilgsleistgen eines Hauses ihre eheprägde Kraft verlieren, wenn sich mit der Scheidg die gemeins LebPlang als gescheitert erweist u das fremdfinanz Haus verk werden mußte (Stgt FamRZ **84**, 1105). Entspr bleiben Hauslasten unberücks, wenn der UnterhGl seinen MitEigtAnteil auf den Unterh-Schuldn übertragen hat (Schlesw FamRZ **89**, 629).

bb) Da es auf die nachhalt Prägg ankommt, scheiden Umst, die der konkr Ehe nicht ihr Gepräge gegeben haben, bei der Beurt aus. Zum Begr der eLV gehört eine gewisse Dauer. Desh bleiben von vornh nur **vorübergehende Umstände** auß Betr (BT-Drucks 7/650 S 136), wie zB zeitw Einschränkgn in der Lebführg zZw des Hausbaus (BGH NJW **85**, 1347; **88**, 2376); auch StRückerstattgn (BGH NJW **88**, 1201).

cc) Unzumutbare oder überobligationsmäßige Anstrengungen in der Ehe od der ihr zuzurechnden Zt danach prägen die eLV nicht, weil sie jeder Zt ohne unterhrechtl Nachteile eingestellt werden dürfen (BGH FamRZ **83**, 146/9; **88**, 256). Auß Betr bleiben desh Einkfte aus einer nicht gebotenen Untervermietg (Graba FamRZ **89**, 569) sowie aus einer in der Ehe (BGH FamRZ **84**, 365), in der TrenngsZt (BGH NJW **83**, 933) od nach der Scheidg ausgeübten, aber zB wg des Alters der Ki unzumutb (§ 1570 Anm 2b) Erwerbstätigk des haushführenden Eheg. Unzumutbark liegt auch vor, wenn die Erwtätigk trotz Betreuung von 4 Ki nur aufgen wurde, weil der Ehem keinen Unterh zahlte (BGH NJW **84**, 294). Einkmäßig auszuscheiden sind auch **Nebeneinkünfte** aus außerh der DienstZt (dch schriftsteller Tätigk, Vortr od Unterricht) erbrachten Leistgn, sofern der gesch Eheg damit nichts zu tun hat (Mü FamRZ **82**, 801; aA Schlesw FamRZ **82**, 705), gleichgült, ob die Tätigk schon währd der Ehe od erst danach aufgen worden ist (Kln FamRZ **82**, 269 mAv Büttner: Betreuung einer Stiftg). And aber, wenn die Nebentätigk die eLV mitgeprägt hat, wie bei einem Komponisten, der nur aus VersorggsGrden Prof geworden ist (BGH NJW **82**, 1986); bei NebEinkften eines Prof als BetrArzt u ArbMediziners (BGH FamRZ **88**, 156/8). **Überstunden** (zur Bedeutg für die Leistgsfähigk: § 1603 Anm 2 b aa) können den ehel Bedarf prägen (BGH FamRZ **82**, 779 Schachtmeister; **83**, 886 Cheffahrer; Hbg FamRZ **86**, 1212 AssArzt). Das gleiche gilt für Vergütgen aus BereitschDienst u and übl ZusatzArb (BGH FamRZ **88**, 145/8).

dd) Maßgeblicher Ort für die Best der eLV ist regelm daß AufenthLand (zB DDR) u dessen soz Verhältn (BGH **78**, 292; **85**, 25).

ee) Maßgebender Zeitpunkt für die prägde Kraft von Umst ist nach der Rspr grdsl nicht die Trenng der Eheg, sond die **Rechtskraft des Scheidungsurteils** (BGH **89**, 108; NJW **82**, 1869 u 1870; **87**, 1555/6; Graba FamRZ **89**, 569). Das soll auch bei langjähr GetrLeben gelten (BGH NJW **81**, 753; aA Düss FamRZ **81**, 887; **82**, 927; Hampel FamRZ **81**, 852; **84**, 622). Der ScheidgsZtpkt ist auch für den Differenz- (BGH NJW **81**, 753) u VorsorgeUnterh maßg (BGH NJW **81**, 2192). Kapital- u und VermErträge, insb aus einer vor od in der Ehe angefallenen **Erbschaft** (BGH FamRZ **88**, 1145) od aus einem Pflichtteil (BGH FamRZ **82**, 996), können prägd gewirkt haben. Dagg scheiden als prägde Umst alle Trenngs- u NachscheidgsUmst aus, wie eine währd des GetrLebens angefallene Erbsch (Ffm FamRZ **86**, 165) od der erst dch die Scheidg bedingte auf dem VA beruhende Teil der Rente (BGH NJW **87**, 1555; Kblz FamRZ **88**, 1171). Nur ganz ausnahmsw kann für die Best des UnterhMaßes nach der eLV so auch einmal der **Zeitpunkt der Trennung** der Ehel maßg sein, wenn näml die Trenng zu einer völligen Umstellg der LebVerhältn geführt hat, wobei die Beweisl dafür bei demj liegt, der sich darauf beruft (BGH FamRZ **83**, 352). Im Rahmen von I 1 bleibt danach auß Betr, wenn das Eink eines od beider Eheg währd des GetrLebens eine unerwartete, vom Normalverlauf erhebl abweichende Entwicklg genommen, etwa einen mit dem früh LebVerhältn nicht mehr vergleichb, ungewöhnl Aufschwung erfahren hat (BGH NJW **82**, 1870): zB Wechsel eines Schullehrers zum Prof an pädagog Hochschule (LG Ffm FamRZ **76**, 342); Aufbau eines gutgehden PelzGesch (BGH NJW **82**, 1870).

ff) Nach der Rspr können nur aus der Sicht des ScheidsZtpkts **vorhersehbare Umstände,** also zukünft Entwicklgen, die die eLV iS der Prägg günst od ungünst beeinfl, berücks werden, wenn sie **mit hoher Wahrscheinlichkeit zu erwarten** waren (BGH FamRZ **86**, 148 u 783/5) **und wenn die Ehegatten ihnen erkennbar schon im voraus u während des Bestehens der Ehe einen prägenden Einfluß auf ihre Lebensverhältnisse eingeräumt haben** (BGH NJW **88**, 2034; krit Luthin FamRZ **88**, 1112 mN; richtig mE Hampel FamRZ **89**, 121: Ausscheiden aller trenngsbedingter Umst).

(1) Für die erst **nach der Trennung oder Scheidung aufgenommene Erwerbstätigkeit des Unterhberechtigten** kommt es darauf an, ob sie das Ehebild prägte od nicht (BGH NJW **87**, 58). Wenn der Eheg ohne die Trenng nicht erwerbstät geworden wäre, wirken sich die Einkfte aus dieser Erwtätigk auf die eLV nicht aus (BGH FamRZ **84**, 149; **88**, 256; Graba FamRZ **89**, 569). Vom beiderseit Eink wird die Ehe dagg geprägt, wenn noch in der Ehe in dem erlernten Beruf aufgenommene Halbtagsbeschäftigg nach der Trenng zur VolltagsArb ausgebaut wird (BGH NJW **82**, 1869). Sogar eine überh erst nach der Trenng od Scheidg aufgen Erwtätigk kann die eLV bestimmen, wenn sie schon währd des ZusLebens der Ehel **geplant oder vorauszusehen** war (BGH **89**, 108/12). An der für die Prägg erforderl Wahrscheinlk dafür fehlt es, wenn die Erwtätigk dch den UnterhBerecht erst 2 J nach der Scheidg aufgen worden ist (BGH FamRZ **86**, 783/5 mAv Luthin). Zur weiteren Vorauss der **Zumutbarkeit:** Anm cc)

(2) Ferner wird dch Fortschreibg der eLV dem gesch Eheg ein unterhrechtl **Ausgleich für die scheidungsbedingte Nichtteilnahme an der normalen Berufsentwicklung bzw an den Karrierechancen** des and Eheg gewährt (Lit: Luthin FamRZ **87**, 462; Schwenzer FamRZ **88**, 1114), obwohl die eLV im Wortsinn gerade nicht von dem berufl Aufstieg geprägt waren, sond es sich um eine „Studentenehe", „Hauptmannsehe" usw gehandelt hat. Trotzdem soll der Berecht an der erst nach der Scheid erreichten berufl Anfangsstellg des UnterhSchu als AssArzt teiln (BGH NJW **86**, 720; Nürnb FamRZ **85**, 393); ebso an dem Wechsel vom angest Ober- zum frei praktizierden Arzt (BGH FamRZ **88**, 145 mAv Hoppenz), auch wenn der Wechsel (Gründg einer Prax) mit der Trenng zeitl zusfällt (BGH FamRZ **88**, 927/9). Zu den eLV gehört danach ferner die Entwicklg vom SparkAngest zum geschführden Direktor (BGH FamRZ **88**, 259/62) u vom BetrArzt zum ArbMediziner (BGH FamRZ **88**, 156/9). Erst recht natürl der sich an der Trenng ohne zusätzl LebLeistg erfolgde Aufstieg dch **Lohnerhöhung** (Karlsr FamRZ **88**, 507) od **Regelbeförderung** als Beamter (RG **75**, 124; Dieckmann FamRZ **77**, 84), wobei die heutige BeförderngsPrax zu berücks ist, so daß die Oberstleutnantspension zGrde zu legen ist, wenn der UnterhSchu bei Scheid noch Hptmann war (BGH FamRZ **82**, 684). **Außer Betracht** bleibt dag **eine im Scheidungszeitpunkt noch ungewisse berufliche Entwicklung,** wenn sie eine außergewöhnl, währd des Zuslebens nicht geplante u nicht vorhergesehene Entwicklg darstellt (BGH FamRZ **88**, 145): also eine nach der Scheidg erfolgte Beförderg aus der Endstufe des gehobenen in die Eingangsstufe des höheren Dienstes (Saarbr FamRZ **82**, 711); ebso die Anstellg als Systemprogrammierer, wenn der UnterhSchu im Ztpkt der Scheidg nach abgeschl Studium befr als wiss Mitarbeiter angest war (BGH NJW **85**, 1699); ferner der nur dch zusätzl Schulg erreichte Aufstieg vom Reviersteiger zum Ing (Hamm FamRZ **89**, 870).

(3) Der **Wegfall der Belastung mit Kindesunterhalt** muß unabh vom Alter der Ki im Ztpkt der Scheidg seiner Elt als ein die eLV von vornh prägder Umst gewertet w (Düss FamRZ **88**, 68; Hamm FamRZ **89**, 870; **aA** BGH FamRZ **88**, 817 u 701/4 m zu Recht abl Anm v Ewers; BGH NJW-RR **89**, 1154).

(4) Die eLV werden dch das **zukünftige Renteneinkommen** geprägt, u zwar nicht nur, wenn im Ztpkt der Scheidg das Ausscheiden aus dem ErwLeben unmittelb bevorstand (BGH FamRZ **86**, 441), sond überh, wenn die Grdlage des RentBezugs in der Ehe gelegt worden ist u mit diesen Bezügen (Unfallrente) schon zum Ztpkt der Scheidg zu rechn war, sowohl bei der Altersrente (BGH NJW **88**, 2101) als auch bei einer Invaliditätsrente (Hamm FamRZ **87**, 597), so daß darauf beruhde EinkVerbesserngen nicht etwa nur iR der Fortschreibg der allg Lebhaltgskosten zu berücks sind (BGH NJW **87**, 1555). Eheprägend kann eine EU-Rente auch dann sein, wenn die MindestwarteZt erst dch den VA erfüllt worden ist (BGH FamRZ **87**, 913). Inkonsistent zu dieser Rspr soll eine der UnterhBerecht mehr als 3 J nach der Scheidg gewährte Altersrente die eLV nicht prägen (BGH NJW **88**, 2101/3).

b) Festlegung der Anteile am eheangemessenen Bedarf. Nach Hinzurechng bzw Ausscheiden alles dessen, was die eLV der Eheg einers geprägt, anderers nicht mit bestimmt hat (vgl im einz Anm a), steht das GesamtEink fest, das für die eheangem Bedarf zur Vfg gestanden hat. Grdsl wird davon ausgegangen, daß mangels entgg-gesetzter Anhaltspkte währd des ZusLebens jeder Eheg am Eink hälftig beteiligt war (BGH NJW **82**, 41; **83**, 1731/4; FamRZ **88**, 265/7; **89**, 842; Hamm FamRZ **89**, 742, 870 u 1087; Luthin FamRZ **88**, 1113; Hampel FamRZ **89**, 114f). Dabei gibt es für diesen **Halbteilungsgrundsatz** im G keine Grundlage (Weychardt FamRZ **85**, 239; vgl iü dazu Richter, FS Rebmann 1989 S 675). Der verdienende Eheg ist nach den §§ 1360ff nicht zur Verdiensteilg, sond zu „angem Unterh" verpfl; auch die Konzeption des TaschengeldAnspr (§ 1360 Anm 1c) widerspricht ihm. Der HalbteilgsGrds wird aber den Verhältn gerecht, soweit die Eheg in gleicher Weise am ehel LebStandard teilgen haben, vornehml bei niedrigeren u mittleren Eink, Renten u Pensionen. Als Dogma ist der HalbteilgsGrds dagg abzulehnen. Er wird desh insb von der Rspr zur Recht **eingeschränkt:**

(1) Zunächst einmal wird dem **erwerbstätigen Unterhaltsschuldner** unter Berücksichtigg des dch die Ausübg seiner berufl Tätigk gewöhnl höheren Aufwands u als Anreiz zur Erwtätigk eine **höhere Bedarfsquote** als dem nicht erwtät and Eheg zugebilligt, wobei sich in der Prax die Düss Tab (NJW **88**, 2352) mit einer **Aufteilung** des in der Ehe erzielten bereinigten NettoEink u damit des die eLV bestimmenden Bedarfs **im Verhältnis von** ⅗ **zu** ⅖ dchgesetzt hat (BGH FamRZ **81**, 1165/6; **87**, 913/5; **88**, 256/9 u 265/7 mAv Ewers; Kalthoener/Büttner NJW **89**, 804). Bei ausr Eink wird bisw zG einer individuellen Bedarfsbestimmg von einer Quotierg überh abgesehen (Hamm FamRZ **83**, 924; Kblz FamRZ **85**, 479). Der LebBed kann dann konkr dch Feststellg der zur Aufrechterhaltg des ehel LebStandards erforderl Kosten ermittelt werden (BGH FamRZ **82**, 1187; **87**, 691; krit Luthin FamRZ **88**, 1110). Übt auch der UnterhBerecht eine berufl Tätigk aus, wird ihm ebenf der berufsbedingte Mehraufwand zugebilligt (BGH NJW **85**, 1026/8; FamRZ **85**, 908/10; **88**, 265/7). Wenn keiner der Eheg eine Erwtätigk ausübt, ist eine ungl Quotierg unzuläss (BGH NJW **82**, 2442; FamRZ **84**, 662/4).

(2) Ferner hat der BGH für UnterhAnspr ggü **Spitzenverdienern** zwar eine Sättiggsgrenze nicht anerk, prakt aber dasselbe Ergebn dch die Maxime erzielt, daß eine obere Grenze angen werden könne, „in seltenen AusnFällen bei bes hohen Einkften als Beschrkg des Unterh auf die Mittel, die eine einz Pers auch bei Berücks höherer Anspr für billigensw LebBed sinnv ausgeben kann" (BGH NJW **82**, 1645; **83**, 683), so daß der eheangem Bed dadch nach oben begrenzt w kann, daß für die Feststellg des nach dem LebStandard des in der Ehe zu verteilden Eink alle EinkTeile auß Betr bleiben, die zum laufden Unterh, sond zur **Vermögensbildung** verwendet wurden (Celle FamRZ **80**, 581; Bambg FamRZ **81**, 668; Düss NJW **82**, 831; Hamm FamRZ **82**, 170). Bei höherem Nettoverdienst kommt regelm in Betr, daß er jedenf teilw zur VermBildg best war. Da dies jedoch nach Auffassg des BGH kein Erfahrgssatz ist, darf nicht pauschal eine VermBildgsrate abgesetzt werden, sond ist allenf eine konkr Schätzg zul (BGH FamRZ **87**, 36/39). Dabei kann ein hoher ZugewAusgl die Annahme hoher VermBildgsquoten rechtfertgen (Hamm FamRZ **82**, 170), wie anderers zu beachten ist, daß Sparleistgen häuf nur zu größeren Lebhaltgskosten wie Urlaubsreisen u Kfz dienen (BGH NJW **83**, 1733).

(3) Da mit der Scheidg der gemeins LebPlan der Ehel gescheitert ist, **entfallen** solche **Bedürfnisse, die allein in der Lebensgemeinschaft der Ehegatten begründet** waren (Schwab FamRZ **82**, 456). Unter

1455

§ 1578 2 A, B

diesem Gespkt bleiben früh großart **Geschenke** ebso außer Ansatz wie eine aufwend Gestaltg des **Urlaubs** (Ffm NJW **82**, 833). Schließl wird auf die subj Selbsteinschätzg der Eheg zurückgegriffen, wie sie in der Zubillig eines konkr Unterh währd des GetrLebens dch den UnterhSchu zum Ausdr kommt (Düss NJW **82**, 831).

c) Trennungs- oder scheidungsbedingte Umstände aa) erhöhen oder vermindern den Bedarf jedes Eheg individuell (BGH FamRZ **86**, 437; Graba FamRZ **89**, 572). Die am ehel Eink orientierte Bedarfsquotierg braucht also nicht dem vollen UnterhBed des Berecht (vgl § 1577 II 1, 1578 I 1) zu entspr (Hampel FamRZ **89**, 113; Schwab/Borth S 756). **bb)** Zu beachten ist, daß der **eheliche Lebensstandard nach der Trennung der Eheleute in aller Regel nicht wieder erreicht** wird u vielf selbst dann nicht, wenn der vorh haushführde Eheg eine Erwtätigk aufnimmt (Hamm FamRZ **81**, 460). Erst recht gilt dies natürl, wenn sich nach der Trennung eine Doppelverdienerehe (§ 1360 Anm 3b) der eine Eheg auf die KiBetreuung konzentriert od wenn Zuschüsse von Elt od NebEinnahmen wegfallen (Dieckmann FamRZ **77**, 84f). **Bedeutung** hat die Feststellg des ges od vollen UnterhBed daher prakt nur für die Fälle einer meist unerwarteten Steigerg der nachehel Leistgsfähigk des UnterhSchu dch Erbsch, Berufswechsel uä. Das UnterhAufkommen verbessert sich aber auch, wenn der Umzug an den ArbOrt des UnterhBerecht die vorh notw Fahrtkosten überfl macht (BGH NJW **82**, 2063). Der volle Bed ist ferner iR eig Einkfte des UnterhBerecht von Bedeutg (§ 1577). **cc) Mehrbedarf entsteht** (Hampel FamRZ **81**, 851/3; **84**, 621/4 f) vor allem dch zusätzl Miete (BGH FamRZ **83**, 886; Düss FamRZ **85**, 1262/3); BetreuungsPers für gemeins Ki. Zur Änderg der SteuerKl § 1569 Anm 3a. **dd)** Bedarfssteigerung wird iü teilw dch bl Fortschreibg des Bed entspr der Erhöhg des Preisindex Rechng getragen (Düss FamRZ **85**, 1263; Hamm FamRZ **87**, 600; Luthin FamRZ **83**, 1236/7 u **87**, 462). IjF sind bei der BedBemessg nach der Scheidg beim UnterhSchu eingetretene EinkVerbessergen zu berücks (BGH FamRZ **87**, 459; Düss FamRZ **88**, 67). Iü werden bei der Beurt des Bedarfs diese Grdsätze angewendet wie bei der Verminderg der Leistgsfähigk (BGH FamRZ **88**, 147 m krit Anm v Hoppenz).

d) Bildung des bereinigten Nettoeinkommens: § 1603 Anm 2 b bb; § 1581 Anm 2 c. Zu berücks ist die Höhe der StBelastg (§ 1569 Anm 3 b), bei Nichtberechnbk Verweisg des UnterhSchu auf ZPO 323 (BGH NJW **82**, 1986). Ferner wird KiUnterh vorweg abgezogen (§ 1581 Anm 2e), wobei den eLV ggf auch ein vor der Scheidg geborenes nehel Ki zugerechnet wird (BGH NJW **87**, 1551). Da in den UnterhTab u Richtlinien der OLG (§ 1610 Anm 1) der VorsorgeUnterh des III nicht enthalten ist (BGH NJW **81**, 1556), ist er, soweit geschuldet (Anm 3), ebenf vor der Quotelg vom Eink abzuziehen.

e) Die **Höhe der Unterhaltsrente** (vgl § 1361 Anm 5 b aa) kann je nach den maßgebl eLV u dem tatsächl jetzigen Eink des UnterhPflicht über od unter dem TabMindestrichtsatz zum angem EigenBed eines UnterhBerecht liegen (BGH NJW **84**, 1537). Der Unterh der Berecht beträgt nach der vom BGH (FamRZ **88**, 256/9) gebilligten Düss Tab (NJW **88**, 2352/3; so jetzt fast dchgäng auch sämtl OLG; vgl Kalthoener/Büttner NJW **89**, 802; insb auch Hamm FamRZ **88**, 1280 u 1283; Düss FamRZ **89**, 57; Ausn: Stgt: ½ nach Abzug von 10% für berufsbedingte Aufwendgen; Nürnb; teilw Ffm: ⅔) ⅗ **des anrechenbaren Nettoeinkommens des erwerbstätigen Unterhaltsschuldners,** nach oben begrenzt dch den vollen Unterh (Anm b u c). Der QuotenUnterh bleibt regelm hinter diesem zurück (BGH NJW **84**, 1238), führt in einem solchen Fall aber nicht zu einer Bedarfsminderg aS des UnterhBerecht (Ewers FamRZ **88**, 268; vgl Anm c bb). Die Quotierg ist nicht zwingend (auch zB KG FamRZ **87**, 283: Vorwegabzug von ½, dann Halbierg). Dem erwtät UnterhSchu muß lediglich ein die Hälfte des verteilgsfäh Eink maßvoll übersteigender Betr verbleiben (BGH NJW **89**, 1992), so daß die Beibehaltg des strengen HalbteilgsGrds in diesen Fällen mit der Rspr des BGH nicht vereinb ist (zB Karlsr FamRZ **88**, 507). Der **Halbteilungsgrundsatz** (Lit: Richter FS Rebmann 1989 S 675) gilt jedoch, wenn der Erwtätigenbonus entfällt, insb also bei Pensionären u Rentnern (BGH NJW **82**, 2242; **83**, 683; Karlsr FamRZ **81**, 551). Aber auch sonst bedürfen in Fällen, in denen das Eink nicht auf Erwtätigk beruht, Ausn vom Grds der Halbteilg nach der Rspr einer bes Begründg (BGH FamRZ **82**, 894; **84**, 662/4), die nicht in gesellschaftl Verpfl, wohl aber in bes Belastgen inf Krankh liegen kann (BGH NJW **84**, 2358). **Hat der Unterhaltsberechtigte ebenfalls Einkommen,** so kommt es darauf an, ob es sich um eine Doppel- od Alleinverdienerehe gehandelt hat (§ 1573 Anm 3). Lebt der UnterhBerecht im **Ausland,** so sind die GeldBetr maßg, die am AufenthOrt zur Aufrechterhaltg des gebührden LebStandards erfdl sind (BGH FamRZ **87**, 682; Hbg FamRZ **86**, 813; Karlsr FamRZ **87**, 1149: **Polen;** vgl auch § 1610 Anm 1 aE).

f) Zum Versuch einer **Ehegattenunterhaltstabelle:** Ehlert FamRZ **80**, 1085; **82**, 131; **85**, 771.

B. Bemessungsherabsetzung auf den angemessenen Lebensbedarf, I 2 (Lit: Hahne FamRZ **85**, 124; Diederichsen NJW **86**, 1287; Giesing FamRZ **86**, 937). Die Bemessg des UnterhAnspr nach den ehel LebVerhältn kann zeitl begrenzt u danach auf den angem LebBed abgestellt w, soweit eine zeitl unbegrenzte Bemessg n den ehel LebVerhältn unbill wäre. Mit dieser dch das UÄndG eingefügten ReduziergsMöglk hat der GesGeber der Kritik an der uU leblängl LebStandardgarantie (Dieckmann FamRZ **77**, 83; Weychardt DAV **84**, 843; Willutzki ZfJ **85**, 8 f) Rechng getragen (BT-Drucks 10/2888 S 12 u 18). Daß die Ehe gesch ist, muß sich letztl auch dahin auswirken können, daß der and Eheg sich nicht mehr in vollem Umfang auf die mit ihr verbundenen wirtsch Vorteile stützen kann. Entspr ist die Funktion von I 2 die einer **Einwendung.** Von der UnterhReduktion n I 2 sind im Ggs zu § 1573 V (vgl dort Anm 5a) **sämtliche nachehelichen Unterhaltsansprüche** betroffen (BGH FamRZ **86**, 886/88: § 1572; Bosch FamRZ **84**, 1168).

a) Voraussetzungen der Bedarfsbegrenzung. Der GesGeber stellt wörtl auf dieselben Kriterien wie bei der Befristg des Arblosen- u AufstockgsUnterh ab (§ 1573 Anm 5b): u zwar auf die Ehedauer, der die KiBetreuung wiederum gleichstehen soll, auf die Gestaltg von HaushFührg u ErwTätigk sowie nochmals, verselbständigt u mit vorrangiger Bewertg, auf die KiBetreuung. Alle diese zuzgl ggf weiterer Kriterien haben jedoch nur iR einer allg BilligkPrüfg Bedeutg. Keine Berücks findet in diesem Zushang ein **Fehlverhalten** des UnterhBerecht; hierf gilt die Regelg des § 1579 als lex specialis (BT-Drucks 10/4514 S 22; Hahne FamRZ **85**, 116; § 1579 Anm 1 d). Nach langer **Ehedauer** (Lit: Diederichsen FS Müller-Freienfels 1986 S 99) soll die Scheidg, wenn der and Eheg entsprech leistgsfäh ist, nicht zu einer Senkg des LebStandards führen, auch wenn der UnterhBerecht diese LebStellg gerade erst dch die EheSchließg erlangt hat. Bei nicht langer

Bürgerliche Ehe. 7. Titel: Scheidung der Ehe § 1578 2, 3

Ehedauer ist entscheidd, inwieweit die Bedürftigk **ehebedingt** ist (BGH FamRZ **86**, 886/88). Auch das Alter od ein schlechter GesundhZust des Berecht, die aufopfergsvolle Pflege des UnterhSchuldn od eines seiner Angeh können f eine dauerh od längere LebStandardgarantie sprechen (BT-Drucks 10/2888 S 18 f). Die Zt der **Kindesbetreuung steht der Ehedauer gleich, I 3**. Vgl § 1573 Anm 5 b aa. Zur Gestaltg von **Haushaltsführung und Erwerbstätigkeit** vgl § 1573 Anm 5 b bb.

b) Bemessung der Schonfrist nicht komplementär zur Ehedauer (BT-Drucks 10/2888 S 18). Auch keine sof Abstandn vom Maßstab der ehel LebVerhältn dch Herabsetzg der SchonFr auf 0. Eine Rolle kann die Zt spielen, die der Berecht braucht, um sich auf die Senkg des Unterh einzustellen (BGH FamRZ **86**, 886/88; Hahne FamRZ **85**, 117); aber dies kann nicht ijF den Ausschlag geben, weil sonst der Berecht die UnterhReduzierg in der Hand hätte. Die **Beweislast** für die für eine längere SchonFr sprechen Umst liegen beim Berecht.

c) Mit dem **angemessenen Lebensbedarf** als ErsMaßstab bestimmt sich die UnterhHöhe nicht mehr nach der LebStellg des Berecht innerh der Ehe, sond allein nach seiner eig eheunabhäng LebStellg. Allerd auch dies wiederum nur insof, als sie unterhalb der LebStellg innerh der Ehe geblieben ist; Verbessergn der eig LebStellg über die ehel LebVerhältn hinaus führen nicht etwa zu einer Anhebg des vom and Eheg geschuldeten Unterh. Die Bemessg des Unterh nach den ehel LebVerhältn bleibt insof stets die oberste Grenze (Hahne FamRZ **85**, 116). Die Situation ist derj der Reduzierg des VolljUnterh auf den bloßen AusbildsUnterh vglbar (§ 1610 Anm 2 aE). Doch im Ggs zu diesem fehlen für den LebAbschnitt des UnterhBerecht nach Absehen von den ehel LebVerhältn verallgfäh obj AnknüpfgsPkte. In der Tat sollten denn auch nach dem Willen des GesGebers die Nachteile eines festen ErsMaßstabes vermieden u es sollte der Ger ermögl w, „die dem Einzelfall gerecht werdende BemessgsGrdLage auszuwählen" (BT-Drucks 10/4514 S 22). Mit den Worten „angem LebBed" sollte darauf hingew w, daß der Berecht auch nach der zeitl Begrenzg mehr als das Existenzminimum, also mehr als den notw Unterh, beanspr kann (aaO). In vielen Fällen wird dem Berecht nach der Übergangszt derj LebStandard zuzumuten sein, der seinen LebStandard vor der Ehe entspr. Gewährleistet der zugebilligte ElementarUnterh ohnehn schon nicht das ExistMinimum, kann eine Herabsetzg des Kr- u AltVorsorgeUnterh in Betr (BGH FamRZ **89**, 483/6 f). Jedenf dürfte es idR nicht angem sein, den vorehel LebStdd zu unterschreiten (BGH FamRZ **86**, 886/89). In and Fällen wird sich die LebStellg als AnknüpfgsPkt ohne die der Berecht ohne die Ehe hätte, wenn dem Ausgl ehebedingter Nachteile gewährleisten würde. Die **untere Grenze** bildet ijF der **Mindestbedarf** (Hahne FamRZ **85**, 117).

d) Verfahrensrecht: Über die BedBefristg ist grdsl zus mit dem UnterhAnspr zu entsch. Denn die Grde, die für eine zeitl Begrenzg sprechen (wie eine nicht lange Ehedauer, Kinderlosigk, nicht ehebdgte Bedürftigk usw) werden regelm bereits im ersten UnterhProz vorliegen u bekannt sein. Zum ProzKostenRisiko u entsprechder AntrGestaltg: Christl FamRZ **86**, 627). In einer BedBefristg entsch w, so kommt nur eine AbändKl in Betr, in deren Rahmen Umstde des § 1578 I 2 u 3 BGB nF aber nur berücks w können, wenn sie nach Schluß der mündl Verh od nach den dieser gleichgestellten Ztpkten entstanden sind (BT-Drucks 10/4514 S 22; Hahne FamRZ **85**, 117). Dasselbe gilt für die Fälle erfolgter UnterhBefristg, wenn sich die hierf vom Ger zugrde gelegten Umst (zB die KiBetreuung) wesentl geänd haben. Kann der Berecht nach der ÜbergFr seinen (herabgesetzten) angem Bed aus eig Einkften voll bestreiten, so ist der UnterhTitel von vornh zu befr bzw später iW der VollstrAbwehrKl (ZPO 767) zu beseitigen.

3) Der Unterh umfaßt den **gesamten Lebensbedarf, I 4:** Nur noch den des gesch Eheg, nicht denj gemschaftlicher Kinder, der sich nach § 1610 II selbstd entwickelt, auch wenn der gesch Eheg das Kind gem § 1570 betreut hat (§§ 1626 II, 1671 geltd zu machen; wg Geltdmachg von Entsch ü elterl Sorge § 1629 Anm 5. Zum Umfang des EhegLebBedarfs vgl § 1360 Anm 1 c; zur Befriedig persönl Bedürfnisse § 1361 mAnm sowie § 1610 Anm 3. Der Eheg muß sich Einkfte u Verm im Umf von § 1577 anrechnen lassen. Zum Unterh gehört der gesamte LebBedarf, also auch evtl Mehr- u Sonderbedarf (vgl § 1361 Anm 5 b). Dem **scheidungsbedingten Mehrbedarf** ist der dch konkr Nachweis (vgl beispielsw die ZusStellg Saarbr FamRZ **85**, 478 Sp 2), nicht dch pauschalierte Zuschläge od Heraufsetzg der Anteilsquote Rechng zu tragen (BGH FamRZ **83**, 886: ZPO 287; and Düss FamRZ **82**, 489; Kln FamRZ **82**, 706), weil die „ehel LebVerh" insow gar nicht fortgeschrieben w können (§ 1573 Anm 3). Denkb auch eine fiktive Erhöhg des Eink des UnterhSchu (Hbg FamRZ **82**, 925: 30%). MehrBed wird nur berücks, soweit er iR der beiderseit LebVerhältn angem ist: Notwend Kurkosten bei dauernden Leiden (RG JW **11**, 155), auch wenn Krankh dch grobe Fahrlässigk verursacht, zB inf Unfalls; and bei vorsätzl Verursachg (§ 1579 I Z 3); LebBedarf ferner Unterh zZw der Ausbildg (§ 1575) sowie die Kosten dafür (II).

a) Der UnterhAnspr umfaßt auch **Sonderbedarf** (Begr § 1613 Anm 2 d; vgl ü § 1361 Anm 5 b bb), wie Umzugskosten zZw der Aufn einer ErwTätigk (vgl BGH FamRZ **83**, 29); dagg keino **Prozeßkostenvorschuß** (BGH **89**, 33); auch nicht Rücklagen für das Alter (RG **152**, 359), vgl insof jedoch III u §§ 1587 ff.

b) Geschuldet werden ferner die Kosten einer Schul- od Berufs**Ausbildung**, einer Fortbildg od Umschulg, II (AG Mannh FamRZ **80**, 690: verfassgswidr), gleichgült, ob die Ausbildg von dem gesch Eheg (§ 1575) od vom UnterhVerpfl selbst (§ 1574 III) verlangt w od ob sie neben den HindergsGrden für eine eig ErwTätigk des berecht Eheg (§§ 1570 ff) herläuft.

c) Krankenversicherung und Aus-, Fort- oder Umschulungskosten, II.

aa) Krankenversicherungsunterhalt (KrU). Zum LebBedarf gehören auch die in der ⅗-Quote nicht enthaltenen (Düss FamRZ **82**, 610) u daher vor deren Anwendg (u zwar auch iR der Differenzmethode) abzuziehdn (BGH NJW **83**, 1552) ijF zweckgebundenen Kosten für eine angem **KrVers** (§ 1361 Anm 5 b cc). Unzul ist Kl auf Zahlg von unbest Betr zur Abdeckg des KrankhRisikos (Kln FamRZ **86**, 577). Auszahlg des KrU grdsl an den UnterhGl (BGH NJW **83**, 1552). **Höhe:** Für die Frau eines Beamt ist eine auch den Wegfall der Beihilfe ausgleichde priv KrVers angem (BGH NJW **83**, 1552), die uU mehr als die Hälfte des ElementarUnterh ausmacht (BGH FamRZ **89**, 483). Im Rahmen der gesetzl KrVers erlischt mit rechtskr Scheidg die FamVers; dem unterhberecht gesch Eheg bleibt aber ein R zur **freiwilligen Weiter-**

§ 1578 3c, d		4. Buch. 1. Abschnitt. *Diederichsen*

versicherung, wobei der Beitritt der KrKasse innerh einer **Ausschlußfrist** v 3 Mo nach Rkraft der Scheidg angezeigt werden muß (SGB V 9 I Z 2 u II, 10, 188; bis 31. 12. 88 gem RVO 176 b: 1 Mo). Auf diese Möglk muß der RA seinen Mandanten hinweisen (Hamm NJW 88, 2383). Die BeitrHöhe richtet sich gem SGB V 240, 241, 250 II nach einem je nach VersTr wechselnden Prozentsatz der Einn aus UnterhZahlg (zB Hamm FamRZ 82, 172: 12%).

bb) Geschuldet werden ferner die Kosten einer Schul- od Berufs**Ausbildung,** einer Fortbildg od Umschulg, II (AG Mannh FamRZ 80, 690: verfassgswidr), gleichgült, ob die Ausbildg von dem gesch Eheg (§ 1575) od vom UnterhVerpflichteten verlangt wird (§ 1574 III) od ob sie neben den HindergsGrden für eine eig ErwTätigk des berecht Eheg (§§ 1570 ff) herläuft.

d) Vorsorgeunterhalt (VU), III (Lit: Gröning FamRZ 82, 459; 83, 331; 84, 736; Jacob FamRZ 88, 997; Christl/Sprinz FamRZ 89, 347; Gutdeutsch FamRZ 89, 451).

aa) Begriff. Als VU sind zum LebBedarf des UnterhBerecht die Kosten einer angem Alters- u Berufsbzw ErwUnfähigkVers hinzuzurechnen. Der VU soll im Ergebn die dch den VA geschaffene VersorggsLage ergänzen; im Umfang knüpft er jedoch nicht an § 1587 II, sond als Unterh an die ehel LebVerhältn an (BGH NJW 81, 2192). Der VU ist ein zusätzl, in der ⅗-Quote nicht enthaltener Teil des ges LebBedarfs (BGH FamRZ 82, 781).

bb) Zweck: Wird der gesch Eheg nach der Scheidg wieder erwtät, kann er auf den ihm im VA (§§ 1587 ff) übertragenen VersorggsAnrechten aufbauen u seine Versorgg dch eig Beitr erhöhen. Übt er aber eine ErwTätigk nicht aus, würde eine Lücke in seiner „soz Biographie" entstehen. Um dies zu vermeiden, verpfl III den leistgsfäh Eheg, dem UnterhBerecht auch die Beitr zu zahlen, die dieser für eine angem Altersu Invaliditätsvorsorge braucht (BT-Drucks 7/650 S 136). Da der VA die EheZt nach Rhängigk des ScheidgsAntr nicht mehr berücks (§ 1587 II), besteht ein Anspr auf VU ab diesem Ztpkt auch bereits bei **Getrenntleben** (§ 1361 I 2; dort Anm 5 b dd).

cc) Der VU ist nach allg Meing **verfassungskonform** (BGH NJW 81, 1556; 83, 1547; aA Mannh FamRZ 80, 690; 82, 1088). Doch bestehen insow Bedenken, als bei ZugrdeLegg der gewöhnl BerechngsPrinzipien regelmäß nicht einmal der HalbteilgsGrds eingehalten werden kann (Verhältnismäßigk) u weil innerh der Ehe eine Verpfl zum Aufbau einer Altersversorgg für den Eheg nicht besteht, außerdem der VU in den meisten Fällen an der fehlden LeistgsFähigk scheitert (Gleichh).

dd) Form der Alters- u Invaliditätsvorsorge nicht notw die ges RentVers, sond priv VorsorgeMöglk etwa, wenn der geschuldete VU hinter der MindBeitrHöhe (RVO 1387 I, 1388; AVG 114 I, 115 I) zurückbleibt, so daß nur eine HöherVers mögl wäre (RVO 1234; AVG 1); oder wenn die Vorsorge bereits iW einer priv Kapital- od RentVers begonnen wurde (BGH FamRZ 81, 442/3).

ee) Rang. Trotz einheitl Beurt der LeistgsFähigk (BGH NJW 82, 2436) kommt dem ElementarUnterh ggü dem VU Vorrang zu (BGH FamRZ 81, 442), so daß er eine entspr zusätzl LeistgsFähigk des UnterhSchuldn voraussetzt (Anm ff). Da somit in Mangelfallen der ElementarUnterh vorgeht u die Zubilligg von VU idR den laufden Unterh verkürzt (Anm gg), kann VU in der Praxis meistens überh nicht geltend gemacht werden.

ff) Voraussetzungen. Die allg Erfordern der UnterhPfl müssen erfüllt sein. **Leistungsfähigkeit:** VU schuldet ggf auch, wer selbst bereits Rente bezieht (Kblz FamRZ 89, 59). Doch muß der MindBed des Verpfl gedeckt sein (Düss FamRZ 81, 671). Der Schu ist nicht mehr leistgsfäh, wenn er neben dem ElementarUnterh VU nur unter Beeintrchtg des BilligSelbstBeh (§ 1581 Anm 5) aufbringen könnte (und Rahm/Stollenwerk IV 543.2; Bambg FamRZ 82, 389: angem Selbstbeh). **Bedürftigkeit:** Bei einer LebZt-Beamtin reicht die Möglk einer Einbuße dch Beurlaubg wg KiBetreuung (Kln FamRZ 87, 1257). Ferner kein Ausschl von VU, wenn die Versorgg des UnterhSchu in Mietshäusern besteht, an denen der UnterhGl unterh-rechtl partizipiert (Mü FamRZ 83, 925). VU auch ifv FN 1571, 1572, da der verwendete Altersbegriff mit der Altersgrenze der gesetzl RentVers nicht ident zu sein braucht (BT-Drucks 7/650 S 137). Problemat ist es wohl, daß sich der UnterhBerecht eine Altersvorsorge aus unzumutb ErwTätigke auch nur iRv § 1577 II anrechnen lassen muß (so BGH FamRZ 88, 145 mAv Hoppenz). An der Vorsorgebedürftigk soll es ferner erst dann fehlen, wenn für den UnterhGl eine Altersversorgg zu erwarten ist, die diej des UnterhSchu erreicht (BGH FamRZ 81, 442/5; 88, 1145/7 f); dies widerspr dem Ausgangsprinzip eheunabhäng, allein unterhbezogener Höhe des VU (Anm gg).

gg) Höhe des Vorsorgeunterhalts. Der VU ist nicht an dem den ehel LebVerhältn (§ 1578 I 1) entspr LebBedarf des UnterhBerecht im Alter od bei Invalidität auszurichten, sond bemißt sich nach dem ElementarUnterh, der dem Berecht zusteht (BGH NJW 81, 2192). Es gibt **verschiedene Berechnungsmodelle.**

α) Am verbreitetsten ist die **Berechnung in zwei Stufen** (BGH NJW 81, 1566; FamRZ 82, 781). Zuerst wird der ElementarUnterh, wie er oRücks auf den VU zu zahlen wäre (Anm 2 A e), aS des UnterhGl wie NettoEink aus vers-pflicht ErwTätigkt behandelt u dch Hinzurechnen von Lohnsteuer u ArbNAnteil der SozAbgaben, aber ohne KrankenVers (BGH NJW 83, 2937; dazu Gutdeutsch FamRZ 89, 453), zu einem fikt BruttoEink hochgerechnet. Die Umrechng läßt sich entspr der Nettolohnvereinbgen der Regelg von SGB IV § 14 od einf mit Hilfe der vom OLG Brem entwickelten u von Gutdeutsch fortgeführten **Bremer Tabelle** vornehmen (NJW 84, 284; 85, 725/1889; 86, 703 = FamRZ 86, 134; FamRZ 87, 242; NJW 88, 690 = FamRZ 88, 141 Stand: 1. 1. 88; NJW 89, 508 = FamRZ 89 140 Stand: 1. 1. 89; ZusStellg u RechenBsp bei Rahm/Stollenwerk IV 543.2 u 4). Dieses Verf beherrscht die Praxis (Kalthoener/Büttner Rdn 313) u wird auch vom BGH gebilligt (BGH FamRZ 82, 255; 465 u 1187; 83, 888; 85, 471). Auf das fikt BruttoEink wendet man nunmehr den jeweil BeitrSatz der gesetzl RentVers (seit 1. 1. 87: 18,7%) an u stellt so den VU fest. Auf der 2. Stufe wird der VU vom NettoEink des UnterhSchu abgezogen u mit der ⅗-Quote der endgült ElementarUnterh des Berecht bestimmt. Erst auf dieser Stufe erfolgt auch der Direktabzug mietfreien Wohnens aS des UnterhBerecht, so daß letzteres die Höhe des VU nicht beeinflußt (Mü FamRZ 87, 169). Bei überdurchschnittl Eink des UnterhPfl entfällt die 2. Stufe; es verbleibt somit beim ursprüngl errechneten ElementarUnterh, wenn der Berecht nicht mehr als die Hälfte des zu verteilden Eink des

Bürgerliche Ehe. 7. Titel: Scheidung der Ehe §§ 1578, 1579

UnterhSchu erh (BGH FamRZ **82**, 1187; **88**, 1145/8; Joh/Henr/Voelskow § 1361 Rdn 51). Ist der GrdUnterh anderweit, also vor allem iRv **Differenzunterhalt** (Düss FamRZ **83**, 400; krit zur Berechng Luthin FamRZ **83**, 929), inf der Zurechng einer tatsächl nicht ausgeübten ErwTätigk (BGH NJW **82**, 1873) od dch ein eheähnl Verhältn gedeckt (§ 1577 Anm 2a; § 1579 Anm 3g cc), so ist der VU auf der GrdLage des tatsächl geschuldeten Teils des ElementarUnterh zu berechnen (BGH NJW **82**, 1987). Der UnterhBerecht muß dann einen Teil des VU selbst aufbringen (BGH NJW **82**, 1873). Umgek muß der UnterhSchu auf den AufstockgsUnterh zusätzl VU zahlen (Ffm FamRZ **84**, 487). Errechnet sich der DifferenzUnterh gem § 1573 II nach der AnrechngsMethode, weil die Ehefr während der Ehe nicht erwät war, so ist der GesamtUnterh dadch zu berechnen, daß die Differenz zw ElementarUnterh u Eigenverdienst des UnterhGl mit derj aus dem VU vom ElementarUnterh u vom EigVerdienst addiert wird (KG FamRZ **82**, 1021).

β) Abzuwarten bleibt, ob sich anstelle der BremTab die Berechng anhand einer **mathematischen Formel** (Jacob FamRZ **88**, 997) dchsetzt. Diese ist im Prinzip richtiger, weil sie ohne den störenden Ansatz zweier unterschiedl NettoEinkBetr auskommt u damit zu hohe VU-Betr vermeidet; anderers bedarf auch sie verschied Modifiziergen (Gutdeutsch FamRZ **89**, 451; Rahm/Stollenwerk IV S 281 Fußn 16).

γ) Bei den bish BerechngsVerf kommt es zu Verzerrgen vor allem dch die Einbeziehg der unterhaltsrechtsfremden SteuersteigergsSätze. Sie ließen sich vermeiden, wenn man zur Errechng des VU an die im Verhältn zu ihm vorrangigen Elementar- u KrankenvorsorgeUnterh als **konstante Prozentsätze** anknüpfte. Unter ZugrdeLegg des HalbteilsGrds etwa stünden dem UnterhBerecht dann (x : 50% = ⅓ : ½) = 37,5% des bereinigten NettoEink als ElementarUnterh zu. Ein entspr Prozentsatz ließe sich für die jeweils erfdl Krankenvorsorge einsetzen. Die restl Prozente stünden dann für die AltVorsorge zur Vfg. Eine unterhrechtl Begünstigg des UnterhSchu läge dann immer noch darin, daß iGgs zu ihm der Berecht seine Kranken- u AltVorsorge aus der ihm zustehden EinkHälfte tragen müßte.

hh) **Zweckbindung.** Beim VU handelt es sich um zweckgebundene UnterhBestandteile (BGH NJW **82**, 1983). Der UnterhSchu kann Nachw verlangen, daß VersBeitr abgeführt werden. Aber keine Verurt zur Leistg an den SozVersTr gg den Willen des UnterhBerecht (BGH NJW **83**, 1547). Wird der VU aGrd eines Titels an den UnterhGl gezahlt u von diesem zweckwidr verwendet, kann Zahlg unmittelb an den VersTr nur mit der AbändKl geltd gemacht werden (BGH NJW **87**, 2229). Verwendet der UnterhGl den VU zweckwidr, wird der UnterhSchu insow später frei (BGH FamRZ **82**, 1187/89; Karlsr FamRZ **78**, 501; and BGH FamRZ **87**, 684/ 1130 m zu Recht krit Anm v Weychardt: ledigl § 1579 Z 3). Art u Weise der Vorsorge (ges RentVers, priv LebVers) bestimmt der UnterhGl selbst (BGH FamRZ **83**, 152/3f; Düss NJW **82**, 831: vermögenswirks Anlage). Allerd gilt auch hierbei das Erfordern der Eheangemessenh. Für die spätere UnterhBedürftigk braucht die zweckwidr Verwendg des VU nicht kausal geworden zu sein, zB wenn die priv lebVers das Invaliditätsrisiko von vornherein nicht gedeckt hätte (BGH FamRZ **87**, 684/6); dann ggf § 1579 Z 3 (dort Anm 3c).

ii) **Verfahrensrecht.** Der UnterhGl kann Elementar- u VU in getrennten Verf geltd machen (BGH FamRZ **82**, 1187). Zur Geltdmachg reicht Nachw der Vorsorgebedürftigk aus, Substantiierg hins der VersorggsArt nicht erfdl (BGH NJW **82**, 1986). Hins des Verhältn von Elementar- und VU Bindg wed an den Antr (BGH FamRZ **89**, 485; Kblz FamRZ **89**, 59) noch an den Anerk (BGH NJW **85**, 2713/6). Der VU ist im Urt selbständ zu **tenorieren** (BGH FamRZ **81**, 442; NJW **82**, 1986). Wurde der VU in einem rechtskr abgeschlossenen UnterhProz od in einem Unterh-Vergl nicht berücks, dann mangels bes Vorbehalts im ErstProz nur AbändKl mögl (BGH **94**, 145; Zweibr FamRZ **81**, 675; Auswirkgen: Gröning FamRZ **84**, 736; Brüchert FamRZ **85**, 235). Vgl iü Anm gg.

1579 *Ausschluß des Unterhaltsanspruchs bei grober Unbilligkeit.* Ein Unterhaltsanspruch ist zu versagen, herabzusetzen oder zeitlich zu begrenzen, soweit die Inanspruchnahme des Verpflichteten auch unter Wahrung der Belange eines dem Berechtigten zur Pflege oder Erziehung anvertrauten gemeinschaftlichen Kindes grob unbillig wäre, weil
1. die Ehe von kurzer Dauer war; der Ehedauer steht die Zeit gleich, in welcher der Berechtigte wegen der Pflege oder Erziehung eines gemeinschaftlichen Kindes nach § 1570 Unterhalt verlangen konnte,
2. der Berechtigte sich eines Verbrechens oder eines schweren vorsätzlichen Vergehens gegen den Verpflichteten oder einen nahen Angehörigen des Verpflichteten schuldig gemacht hat,
3. der Berechtigte seine Bedürftigkeit mutwillig herbeigeführt hat,
4. der Berechtigte sich über schwerwiegende Vermögensinteressen des Verpflichteten mutwillig hinweggesetzt hat,
5. der Berechtigte vor der Trennung längere Zeit hindurch seine Pflicht, zum Familienunterhalt beizutragen, gröblich verletzt hat,
6. dem Berechtigten ein offensichtlich schwerwiegendes, eindeutig bei ihm liegendes Fehlverhalten gegen den Verpflichteten zur Last fällt oder
7. ein anderer Grund vorliegt, der ebenso schwer wiegt wie die in den Nummern 1 bis 6 aufgeführten Gründe.

Schrifttum: Scheld FamRZ **78**, 651; Derleder JZ **80**, 576; Rebe ZBlJugR **81**, 78; Häberle FamRZ **82**, 557; Lübbert, Ausschl des nachehel Unterh wg „gr Unbilligk", Bielef 1982; Scholz MDR **83**, 441; Oetker ZRP **84**, 93; Chr. Müller, UnterhAnspr des getrennt od gesch Eheg trotz ZusLebens mit einem neuen Partner, Ffm 1984 (Lüderitz NJW **85**, 1690). **Zum UÄndG:** Diederichsen NJW **86**, 1288; Häberle FamRZ **86**, 311; Henrich FamRZ **86**, 401; Ramm JZ **86**, 166; Dieckmann FamRZ **87**, 981.

1) **Negative Härteklausel im Unterhaltsrecht** im Ggs zur pos BilligKlausel des § 1576, die einen UnterhAnspr aus BilligRücks begründet (§ 1576 Anm 2b). Fassg: UÄndG 1986, bei dem leider nicht der gesgeberische Mut aufgebracht w ist, die **Konkubinatsfälle** u ihre unterhrechtl Konsequenzen zu verein-

1459

§ 1579 1, 2   4. Buch. 1. Abschnitt. *Diederichsen*

heitl (vgl jetzt: § 1577 Anm 2 a sowie § 1579 Anm 3 f aa sowie 3 g aa). Die für den nachehel Unterh konzipierte Vorschr gilt, mit Ausn von Z 1, auch für den GetrLebdenUnterh (§ 1361 III); dagg nicht für UnterhAnspr aus AltScheidgen nach EheG 58 I (BGH FamRZ **85**, 1016: kurze Ehedauer). In seinem Bereich ist EheG 26 II lex specialis (Hamm FamRZ **87**, 947).

a) Zweck: Die Härteklausel greift dort ein, wo die ZumutbarkGrenze eines schuldunabhäng UnterhAnspr überschritten ist, u gewährleist damit die Verfassgsmäßigk eines grdsl schuldunabhäng UnterhR (Häberle FamRZ **86**, 311); UnterhAnspr werden desh in schwerwiegden Fällen ausgeschl od begrenzt. Es handelt sich tatbestdsmäß im wesentl um drei Problemfelder: mangeldes UnterhVertrauen bei kurzer Ehe, grobe innerehel od auch nachehel Illoyalitäten u überwiegde eig UnterhVerantwortg des Bedürft bei mutwill Herbeiführg der Bedürftigk ebso wie bei anderweit LebPartnersch. Obwohl schon mit § 1579 aF nicht das Schuldprinzip wieder aufleben sollte (BT-Drucks 7/4361 S 32), hat das UÄndG 1986 die auf der Grdlage der früh I Z 4 (jetzt gleichlautd: Z 7) ergangene Rspr in den neuen Z 4–6 gesetzl positiviert (BT-Drucks 10/2888 S 12). Die „neuen" AusschlGrde der Z 4–6 sollen nur verdeutl, daß auch und Formen des FehlVerh als die ehel Untreue ansprmindernd wirken können (BT-Drucks 10/4514 S 20). Gleichzeit ist der vom BVerfG NJW **81**, 1771 gem GG 2 I für verfassgswidr erklärte II aF, wodch die UnterhAusschlGrde des früh I dch die bl Tats der Kindesbetreuung schlechthin neutralisiert wurden, in der Formel von der Wahrg der Kindesbelange aufgegangen.

b) Inhalt: Keine schemat Begrenzg der UnterhPfl auf notdürft Unterh od Beschneiden der UnterhAnspr hins grob verschuldeten MehrBed (EheG 65 aF) bzw schlechthin Verwirkg bei unsittl LebWandel (EheG 66 aF), sond Anpassg der UnterhVerpfl an die Umst des Einzelfalles. Der UnterhAnspr wird bei Vorliegen eines der GrdTatbestde der §§ 1571–1573, 1575 in sieben Fällen ausgeschl bzw umfangmäß od zeitl verkürzt, näml bei kurzer Ehedauer sowie aus den GesPkten der ObliegenhVerletzg (vgl § 1574 Anm 1) bzw bei Verwirkg: wg einer ehebezogenen Straftat, wg mutwill herbeigeführter Bedürftigk, wg mutwill Hinwegsetzg über schwerwiegde VermInteressen des Verpfl, wg gröbl Verletzg eig UnterhPflichten dch den Berecht, schließl wg eindeut einseit Fehlverhaltens des Berecht ggü dem Verpfl od aus einem ähnl schwerwiegden Grd. Die Z 1–5 betr Umst bis zur Scheidg; die übr Z können auch dch Umst nach Trenng u Scheidg verwirklicht w (vgl allerd auch Anm 3 e).

c) In der **Rechtsfolge** (Anm 4) können die AusschlTatbestde zum gänzl Ausschl, zu einer bl Minderg od zeitl Begrenzg des UnterhAnspr führen. Doch stehen die UnterhEinwände v vornh unter den zwei Einschränkgen, daß die negat wirkden Umst die UnterhGewährg insges grob unbill erscheinen lassen müssen u daß sie nicht dch die Kindesbelange kompensiert w. Der gesch Eheg kann sich iFv § 1579 auch nicht an seine Verwandten halten (§ 1611 III analog). **Detektivkosten** gehen ggf zL des Berecht (Stgt FamRZ **89**, 888).

d) Konkurrenzen: UnterhBegrenzgen können sich neben § 1579 auch aus der Verletzg von UnterhObliegenh ergeben (§ 1574 Anm 1, § 1577 Anm 2 a), wie aus der mangelnden Leistgsfähigk des UnterhSchuldn (§ 1581 Anm 2). Hierbei handelt es sich um nicht mit § 1579 konkurrierde Tatbestde. In der RFolge konkurrieren aber die §§ 1573 V, 1578 I 2 (vgl § 1573 Anm 5 u § 1578 Anm 2 b) mit denj aus § 1579. Obwohl auch dort BilligkEntscheidgen u obendrein auch unter denselben BilligkKriterien zu treffen sind u die RFolgen in sämtl VorschrZT sein sind, findet ein Fehlverhalten des UnterhBerecht ausschl iRv § 1579 Berücks. Zul, aber wenig vernünft ist die Kombination sämtl Vorschr; idR führt bereits die Anwendg von § 1579 zu den vom FamG für erfdl gehaltenen UmtnerhBeschränkgen.

e) Beweispflichtig für das Vorliegen der KlauselTatbestde ist der UnterhSchuldn einschl der negat Tats eines eig Nichtverschuldens in Z 6 (vgl in Anm 3 f ee). Dagg entfällt seine Beweislast in Z 3, wo sich der Berecht hins der Mutwillig entlasten muß. Für die Kindeswohlbelange ist der Berecht beweispfl. Im Verf auf Erl einer einstw Vfg muß der AntrSt den Anspr glaubh machen u damit die von dem AntrGegn vorgetragenen Voraussetzgen f eine UnterhReduktion ausräumen (Düss FamRZ **80**, 157: Sitzenlassen des Ehem mit 2 kl Ki). Zum **Prozeßkostenrisiko** vgl Christl FamRZ **86**, 627.

f) Zum **Übergangsrecht** vgl Einf 6 v § 1564 sowie Einf 6 c v § 1569. Wg Ausschl des Unterh bei selbstverschuldeter Bedürftigk u Verwirkg bei Altehen: 35. Aufl sowie EheG 65, 66. Grdsätzl spielt es keine Rolle, ob die unterhaltsschmälernden Tatbestde des § 1579 bereits vor dem 1. 7. 77 bzw vor dem 1. 4. 86 verwirkl w sind (Brüggemann FamRZ **77**, 584). § 1579 ist ab 1. 4. 86 idF des **UÄndG** anzuwenden. Doch ist dabei zu berücks, daß auch bereits nach der aF sämtl RFolgen (Versagg, Herabsetzg u zeitl Begrenzg) mögl waren (45. Aufl Anm 3 a). Soweit im Anschl an BGH NJW **83**, 1548 vor Inkrafttr des UÄndG der UnterhRStreit in „bes schweren Härtefällen" **ausgesetzt** w mußte, sind die Verf jetzt auf der Grdl der neuen Regelg abzuschl. Kommt das FamG nur zur Herabsetzg od zeitl Begrenzg des Unterh, können erhebl Rückstde aufgelaufen sein (Weychardt DAV **84**, 848). Abgesehen v den Fällen besond Härte ist auf vor dem 1. 4. 86 liegende Umst § 1579 aF anzuwenden (BGH NJW **88**, 2376).

2) Die Billigkeitsprüfung: Die Bestimmg macht den Ausschl des UnterhAnspr davon abhäng, daß auf der WirklichkEbene obj Sachverhalte wie kurze Ehedauer, vorsätzl Delikte usw gegeben sind u daß um dieser Tatbestde willen die Inanspruchn des UnterhVerpfl auf der WertgsEbene grob unbill wäre.

a) Grobe Unbilligkeit verlangt AusnSachverh; § 1579 darf nicht dazu führen, die gesetzl UnterhGrdRegelg in ihr GgTeil zu verkehren (BGH NJW **80**, 2247). Dagg setzt der Tatbestd nicht voraus, daß der Berecht in der Lage ist, seinen Unterh auch nur zu Teilen selbst zu verdienen, so daß Härteklausel auch eingreift, wenn der bedürft Eheg der SozHilfe anheimfällt. Grobe Unbilligk aber um so eher zu bejahen, je besser die Chancen des dem Grde nach UnterhBerecht sind, für sich selbst aufzukommen, mag das auch nur der notdürft Unterh sein. Das Gesetz zählt in § 1579 nur die unterhbeschränkden Umstde auf; ijF ist aber eine **Abwägung erforderlich**, die auch die zG des UnterhAnspr sprechden Momente berücks, so daß zB die kurze Ehedauer in gewissem Umfang kompensiert w kann dch den Verlust eines UnterhAnspr gem EheG 58 inf der Eheschl (aber nicht, wenn der UnterhTitel ohnehl nichts mehr wert war; BGH FamRZ **89**, 483/6) od sonst mit der Ehe verbundenen Nachteile (Hamm FamRZ **80**, 258). Als verschuldensneutralisierd

1460

sind das Großziehen mehrerer Ki u eine längere Ehedauer zu berücks (BGH NJW **81**, 754; **86**, 723 f). Mehrf Ehebrüche 3 J nach Eheschl, die erst im ScheidgsVerf bekannt geworden sind, können dch eine insges 17 J dauernde Ehe kompensiert w (Düss FamRZ **86**, 62). Ob u inwieweit die Inanspruchn gem § 1579 grob unbill wäre, ist in erster Linie Sache des **Tatrichters** (BGH NJW **84**, 2693).

b) Wahrung der Kindesbelange (Lit: Henrich FamRZ **86**, 401): Im Rahmen der Abwägg finden bes Berücks die Belange eines dem UnterhBerecht anvertrauten gemschaftl Kindes. Im Ggs zu § 1579 II aF, dch den die Tats der KiBetreuung auch stärkste UnterhAusschlGrde neutralisierte u jeweils den Anspr auf den vollen Unterh wiederherstellte, was dch das BVerfG NJW **81**, 1771 für Fälle besonderer Härte für verfassgs- widr erkl w war, stellt die KiBetreuung nach dem nF des § 1579 nur ein, allerd mit Vorrang zu behandelndes Moment in der BilligkGesamtabwägg dar. Das TatbstdsMerkmal der **besonderen Härte,** das nach der Rspr des BGH mRücks auf die Erklärg der teilw Verfassgswidrigk des § 1579 II aF dazu führte, daß das Verf bis zur gesetzl Regelg ausgesetzt w mußte (vgl ausführl dazu mNachw 45. Aufl Anm 3b), spielt nach der Neufassg des § 1579 keine Rolle mehr. Die Entscheidgen hierzu haben lediglich Bedeutg insof, als in vglbaren Fällen in irgendeiner Form eine UnterhReduktion am Platze ist. Dagg bedarf es nicht einer bes Härte iS der Rspr seit 1981, um trotz Berücksichtigg der KiInteressen eine UnterhReduzierg vornehmen zu können. Fälle, in denen trotz KiBetreuung dch den unterhbedürft EltT eine UnterhReduktion in Betr kommt, liegen also vor allem vor bei Abhaltg von einer berecht EhelichkAnfechtgsKl (BGH NJW **85**, 428); bei Ausbrechen aus einer völlig intakten Ehe (Zweibr FamRZ **85**, 186); wenn die von einem ReduktionsGrd des § 1579 belastete Mutter von der Betreuung des Ki weitgeh dch die GroßElt entlastet w (BGH NJW **83**, 1552). Jegl Beschneidg nachehel UnterhAnspr aus BilligkGrden setzt voraus, daß dies unter Wahrg der KiBelange geschehen kann. Eine SorgeRRegelg zu seinen Gunsten sichert dem gesch Eheg also ggf ganz od teilw seine sonst verlorenen nachehel UnterhAnspr. Mit der Ersetzg des noch im RegEntwurf vorgesehenen Ausdrucks „Berücksichtigg" dch „Wahrg" soll der **Vorrang der Kindesbelange** ggü den Interessen des UnterhPflicht gewährleistet w (BT-Drucks 10/4514 S 20). Daher keine Herabsetzg der UnterhFdg v 910 DM, wenn die ernst Gefahr besteht, daß die Kl zur Deckg ihres Existenzminimums den Unterh der 2 Ki mit einsetzt (Düss FamRZ **86**, 912). Es muß sich um ein **gemeinschaftliches Kind** handeln. Ein unstr von einem Dr gezeugtes Kind ist nicht gemschaftl (Hamm FamRZ **81**, 257; Celle FamRZ **81**, 268; aA Kln FamRZ **81**, 553 wg § 1593). Das Kind muß dem Unterh beanspruchnden EltT **anvertraut** sein, was eine Absprache bzw das Einverständnis der Elt od eine entsprechde SorgeRRegelg dch das FamG voraussetzt. Verhindert werden soll damit vor allem, daß sich ein Eheg dch Usurpation der Kinder UnterhAnspr gg den and Eheg sichert (BVerfG NJW **81**, 1771; BGH NJW **80**, 1686/88; Hamm FamRZ **81**, 59; Diederichsen NJW **80**, 1674). Im Einzelfall kann problemat sein, **in welcher Höhe und bis zu welchem Zeitpunkt** Unterh erfdl ist, um die KiBelange zu „wahren". IdR wird man den UnterhAnspr auf den (wie nach § 1578 I 2 nF gekürzten) eheneutralen, angem Unterh mindern, in Mangelfällen auch auf den notwend Unterh. § 1579 läßt es auch zu, trotz KiBetreuung wg der Schwere des HärteGrdes **den Unterhalt ganz zu versagen** (Limbach ZRP **85**, 130; Weychardt DAV **84**, 844, beide zum RegEntwurf), wie aus der Ablehng des im RAusschuß gemachten Vorschlag hervorgeht, selbst in Fällen einer außergewöhnl u für den UnterhSchuldn unerträgl Härte dürfe der Unterh nur auf den zur KiBetreuung erfdlen Betr herabgesetzt w (BT-Drucks 10/4514 S 20), hervorgeht. Zu einem völl UnterhAusschl kann es kommen, wenn der UnterhGläub aus einer ihm nach § 1570 obliegdn TeilZtBeschäftigg genug verdient, um davon leben zu können, auch wenn aGrd einer geringeren Schwere des HärteGrdes isoliert betrachtet nur eine Herabsetzg des Unterh in Frage käme. Das wird insb dann der Fall sein, wenn dem UnterhSchuldn seiners ebenf nicht viel mehr als der eig angem Unterh zur Vfg steht. IjF dürfte der AufstockgsUnterh am wenigsten dch die Tats der KiBetreuung geschützt sein. Die Beschränkg des Härteeinwands allein dch das Betreuungsin- teresse des Kindes macht deutl, **daß nach der Beendigung der Kindesbetreuung der Härtegrund uneingeschränkt durchgreift** (Hamm NJW **81**, 60; Diederichsen NJW **80**, 1673; Finger JR **85**, 5). Steht dem UnterhBerecht etwa wg einer schweren Kränkg des UnterhSchuldn an sich überh kein Unterh zu u erhält er ihn nur aGrd der KiBetreuung zugesprochen, so verliert er ihn mit Abschl der KiBetreuung, u zwar unabhäng davon, wesh diese endet. Ihm stehen weitere UnterhAnspr nicht einmal dort zu, wo im Normalfall das Ende der KiBetreuung als EinsatzZtpkt für ZusatzAnspr auf Alters- od KrankhUnterh zur Vfg stehen. Insof erfolgt die KiErziehg doch in gewissem Umfang auf eig Risiko u kann desh nur mittelb zur vorzeit Aufn einer ErwTätigk auch gg das KiInteresse beitragen (Weychardt DAV **84**, 844). Das folgt letztl aus einem Umkehrschluß zu § 1579 Z 1; denn nur dort neutralisiert die unterhaltserhalte KiBetreuung den UnterhAusschlGrd insges. Nicht ausgeschlossen ist auch der umgek Vorgang, daß ein UnterhAusschlGrd erst im Anschl an eine darauf gestützte rechtskr Abweisg der UnterhKl dch eine spätere KiBetreuung neutralisiert w. Das kann etwa der Fall sein, wenn ein vollj Kind nach einem Unfall betreuungsbedürftig wird (BGH NJW **85**, 909). Zu einer entsprechdn Wiederherstellg an sich verwirkter UnterhAnspr kann es bei einem mj Kind insb nach Abänderg der SorgeREntscheidg (§ 1696) kommen.

3) Die einzelnen Ausschlußtatbestände. a) Ziffer 1: Kurze Ehedauer (Lit: FS Müller-Freienfels 1986 S 99; vgl ferner dazu bereits § 1574 Anm 2e aa) wird berechnet von der Eheschließg bis zur Zustellg des EhescheidgsAntr (BGH NJW **81**, 754). Zeiten vorehel ZusLebens (AG Charl FamRZ **86**, 704) od die Dauer einer früh Ehe der Parteien werden nicht mit eingerechnet (Hamm FamRZ **89**, 1091). Auf die Rechtskr des ScheidgsUrt kann es idR nicht ankommen (so aber Hamm FamRZ **79**, 38), da diese innerh der normalen VerbundEntsch nicht feststeht. Beim Ztpkt der förml Zustellg des ScheidgsAntr bleibt es auch, wenn im PKH-Verf der ScheidgsAntr bereits früher zugeleitet w war (Kln FamRZ **85**, 1046). Unmaßgebl ist auch, ob die Eheg bei langer Ehedauer tatsächl nur kurz zugelebt haben (BGH NJW **80**, 2247); vgl aber Z 7. Die TrenngsFristen des § 1566 sind für Z 1 desh ohne Bedeutg (and AG Landstuhl FamRZ **88**, 621 für den Fall, daß wg Scheidgsunwilligk der Ehefr die 3-J-Fr des § 1566 II abgewartet w mußte); ebso erfolgl ScheidgsVerf (BGH NJW **82**, 2442), auch für das UÄndG (BGH FamRZ **86**, 886/87). Kurze Ehedauer liegt absolut vor, wenn die Ehe zB nur wenige Monate bestanden hat, zB 6 Wo (BGH FamRZ **81**, 944); 14 Mo (Zweibr FamRZ **80**, 1125); 16 Mo (Düss FamRZ **80**, 1009) bzw knapp 20 Mo (Hamm FamRZ **79**, 292), auch bei Eheschließg in vorgerücktem Alter (Hamm FamRZ **88**, 400). Eine 19monat (Düss FamRZ **81**, 56) od nicht

§ 1579 3a–c

mehr als 2jähr Ehedauer ist idR kurz, eine solche von 5 J (BGH NJW 83, 683), 6 J (Düss FamRZ 78, 342), von 7 J (Kblz FamRZ 80, 583) od von 4 J 7 Mo regelmäß nicht mehr kurz (BGH NJW 81, 754). Als krit ZtRaum gilt eine Ehedauer von **3 Jahren**, von wo ab die kurze Dauer idR verneint wird (Karlsr FamRZ 79, 705; KG FamRZ 81, 157). Unterh v 3 J kommt es darauf an, ob die Parteien ihre LebFührg in der Ehe bereits aufeinand eingestellt hatten (BGH NJW 82, 2064), was zu bejahen ist, wenn Ehefr m Rücks auf die Eheschl ArbStelle (Celle FamRZ 87, 69) u Wohng aufgibt u KG-Beteiligg für ein Darl an den Eheg kündigt (BGH FamRZ 86, 886). Regelm nicht mehr kurz ist eine Ehedauer von 43, 41 od 39 Mo (BGH NJW 81, 754; 82, 823 u 929); 4 J (Zweibr FamRZ 83, 1138). Iü ist die Frage, ob eine Ehe von kurzer Dauer war, nicht nach festen abstrakten Maßstäben, sond vor allem im Übergangsbereich (Ehedauer: 2 J 173 T) „in verstärktem Maße der tatrichterl Würdigg überl" (BGH NJW 82, 2064) u desh nach der LebSituation der Eheg im Einzelfall zu beurteilen (BGH NJW 81, 754). So kommt es darauf an, ob bereits eine wechselseit Abhängigk der LebPositionen der Eheg begründet w ist (Celle FamRZ 79, 708) u ist für die Frage der groben Unbilligk eine Relation herzustellen zw der EheZt u der Dauer einer evtl Berufsunterbrechg bzw and Umst: War die Ehefr zB 4 J von einer insges 5 J dauernden Ehe erwerbstät, so kann es grob unbill sein, wenn sie jetzt aGrd der relativ kurzen Unterbrechg der Berufstätigk Unterh verlangt. Bei ihrem 9-Mo-Zusleben im Suchtbehandlg war selbst eine EheZt von 4 J 5 Mo noch kurz (Ffm FamRZ 89, 630). Kurze Ehedauer ferner bei 3 J 1 Mo, wenn keine beruflVeränderg innerh der Ehe (Hamm FamRZ 88, 1284). Auch nach 3 J u 9 Mo war eine Ehe noch kurz, wenn die Ehefr schon viele Jahre vor der Eheschl psychisch krank war, keiner geregelten ErwTätigk nachging u die Ehepartner ihre LebDispositionen nicht in nachhalt Weise aufeinand eingestellt haben (Kln FamRZ 85, 1046). Kein nachehel UnterhAnspr einer mit 69 J heirateten Altersrentnerin nach knapp 2½ J Ehedauer (Celle FamRZ 79, 708). Ferner nicht nach einer Ehe von 2 J u 7 Mo, wenn keine ehebedingten Berufsnachteile, weil Arblosigk erst bei Trenng eingetreten ist (Kln NJW-RR 86, 72). Kurze Ehe auch bei knapp 3 J, wenn anläßl der Eheschl kapitalisierte WwenRente der Fr zum EigtErwerb eines jetzt von ihr bewohnten Hauses benutzt wurde (Hamm FamRZ 84, 903). Entscheid auch nicht die Zt des vorehel ZusLeb (aA KG NJW 79, 168); kein UnterhAnspr also, wenn nach 15jähr Konkubinat eine dann geschl Ehe bereits innerh 1 J wieder gesch w, wohl aber, wenn umgek bei längerer Ehe die Eheg nur kurze Zt ausgelebt haben. Entscheid auch das **Alter bei Eheschließung:** im vorgerückten Alt ist die kurze Ehedauer eher zu verneinen, weil die mögl Dauer der Ehe von vornh begrenzt ist (BGH NJW 82, 823). Anderers werden in einer Altersehe im allg keine weitgesteckten gemeins LebZiele mehr verwirkl, so daß sie die LebUmst nicht so veränd wie bei jüng Eheg (BGH NJW 82, 2064). Bei sehr jungen Ehel können selbst 3 J kurz sein (Bambg FamRZ 81, 160); ebso mit Rücks auf ein ZusLeb von bloß 10 Mo ggf auch 3½ J bei Rentn (Hbg FamRZ 81, 54). Bei der **Einbeziehung der Kinderbetreuungszeiten** in die Ehedauer, **2. Halbs,** ist entgg BGH FamRZ 87, 572 zunächst von der tatsächl EheZt auszugehen u anschließd die zur Wahrg der KiBelange gesetzl vorgesehene Abwägg vorzunehmen (BVerfG FamRZ 89, 941). Einzurechnen ggf auch Zten überobligationsmäß Anstrenggn des UnterhBerecht iRv §§ 1573 II, 1575 I (Schlesw FamRZ 84, 588), also Zten, in denen wg eig ErwTätigk ein Anspr aus § 1570 nicht bestand (Schlesw FamRZ 84, 1101).

b) Ziffer 2: Straftaten gg den Verpflichteten od einen von dessen nahen Angehör (sa §§ 1611 I, 2333 Z 3). Als Delikte kommen nur Verbrechen, dh rechtswidr Taten, die im Mindestmaß mit einer FreihStrafe von 1 J od mehr bedroht sind (StGB 12 I), wie Mord, Totschlag (auch der Versuch), od Vergehen, dh rechtswidr Taten, die im Mindestmaß mit einer geringeren FreihStrafe od mit GeldStr bedroht sind (StGB 12 II), wie eine (nicht provozierte: Düss FamRZ 83, 585) Körperverletzg, Diebstahl u Unterschlagg, unabh davon, daß AntrDelikte (StGB 247), weil sonst mittelb Zwang zur Strafverfolgg. Sämtl Beteiliggsformen. Wg StGB 170b Anm d. Anzeige des Ehem beim StaatssicherhDienst der DDR wg beabsicht Fluchthilfe schließt den UnterhAnspr aus (Kln NJW-RR 86, 686). Bes bedeuts der **Betrug** (StGB 263), zB (auch nur versuchter; Düss FamRZ 89, 61) ProzBetrug zum Nachteil des UnterhSchu dch Verschweigen eig Einkfte (Schlesw NJW-RR 87, 1481); zB als Barfrau (AG Altötting FamRZ 85, 1048); nicht ausr aber zB Verschweigen eig ehebrecher Beziehgen bei Abschl eines ScheidsVergl (vgl BGH FamRZ 73, 182), wohl aber Falschaussage über GeschlVerk im EhelAnfVerf (Brem FamRZ 81, 953). Bei den Vergehen muß es sich darüber hinaus um bes schwere vorsätzl Vergehen handeln, was nicht innerh der Straftaten eine Abschichtg nach RGütern erfordert, sond den Bezug zum UnterhVerpfl, dh es ist der Grdsatz der Verhältnismäßigk zu wahren (BGH NJW 84, 296 u 306; NJW-RR 88, 8). Danach berecht fahrl Tötg keinen Anspr ebsowenig zur UnterhVerweigerg wie eine gewöhnl UrkFälsch od Untreue. Bes schwere Fälle aber stets dann anzunehmen, wenn der verbrecher Wille seinen Vorteil gerade aus der familienrechtl Beziehg sucht, also die Straftat unter Ausnutzg des familiären Vertrauens geschieht usw. Währd das StrafR dieses idR als Grd für eine Einschränkg des staatl StrafAnspr behandelt, bewirkt seine Ausnutzg iR der nachehel Unterh-Berechtigg regelmäß eine Verwirkg des UnterhAnspr iSv Z 2. Wiederholte, schwere Beleidiggen u Verleumdgen (Strafanzeige wg Mord) reichen für Z 2 aus, wenn sie nachteilige Auswirkgen auf die persönl u berufl Entfaltg sowie Stellg des UnterhSchuldn in der Öfftlk haben (BGH NJW 82, 100). Rechtskr Verurteilg nicht erfdl, aber ggf für die zivilrechtl BewWürdigg verbindl. Keine Berufg mehr bei Z 2 nach rechtskr Freispruch. Vorausgesetzt wird **Verschulden** (BGH NJW 82, 100). Z 2 ist nicht anwendb, wenn das Delikt, zB die Tötg des gemschaftl Kindes, in schuldunfäh Zustand (StGB 20) begangen wurde u die Staatsanwaltsch desh das ErmittlgsVerf eingestellt h (Bambg FamRZ 79, 505). Die Straftat muß sich **gegen die Verpflichteten** selbst **oder einen nahen Angehörigen** richten. Es reicht aus, wenn sie auch nur eine der gen Personen verletzt, mag auch der Hauptgeschädigte ein Dr sein. Zum Begr des Angehör vgl Einl 1 v § 1297. Grobe Beleidiggen ggü der neuen Fam des Verpfl ausreichd (BGH NJW 75, 1558), ebso unerl Abtreibg eines gemschaftl Kindes. Nah sind Angeh nur, soweit sie dem UnterhVerpflichteten nahestehen, wobei es grdsl nicht auf den Grad der Verwandtsch, sond auf die soz Verbundenh ankommt. UnterhAusschl od -Herabsetzg grdsl **nur für die Zukunft;** bereits entstandene UnterhAnspr werden dch das Delikt nicht berührt (BGH NJW 84, 296). Der Tatmonat selbst wird aufgegliedert (Göppinger JR 84, 156).

c) Ziffer 3: Mutwillige Herbeiführung der Bedürftigkeit (vgl bereits § 1361 Anm 3a) setzt eine rein unterhaltsbezogene **Mutwilligkeit** voraus (Ffm FamRZ 79, 290 L) u liegt daher nicht vor bei Trenng nach

Bürgerliche Ehe. 7. Titel: Scheidung der Ehe   **§ 1579** 3c–f

44 EheJ (BGH NJW **86**, 1340) u im allg auch nicht, wenn die Scheidg selbst (u damit mittelb auch die Bedürftigk) mutw herbeigeführt w, wohl aber, wenn ein Eheg angesichts der bevorstehden Scheidg seine bis dahin ausgeübte ErwTätigk aufgibt, um nach der Scheidg einen UnterhAnspr zu erlangen (BT-Drucks 7/650 S 138), es sei denn, handelte sich um eine nicht angem ErwTätigk (§ 1573 Anm 2). Mutwillig verlangt keinen Vorsatz, ein leichtfertiges Verhalten des UnterhBerecht reicht aus (BGH NJW **81**, 2805), wobei sich der Eheg über die Mögl des Eintritts der Bedürftigk hinweggesetzt haben muß (BGH FamRZ **86**, 560; **88**, 1033). IdR wird es sich um bewußte Fahrlässigk handeln (BGH NJW **81**, 2805). Voraussetzg ist eine unterhbezogene Mutwilligk, zB Verbrauch des Verm v 67000 DM (BGH FamRZ **84**, 367); Ausgabe des währd des ScheidgsVerf ausgeglichenen Zugew f luxuriöse Zwecke (Karlsr FamRZ **83**, 506); zweckwidr Verwendg des VorsorgeUnterh (vgl § 1578 Anm 3d), es sei denn zZw des Unterh aus Not (BGH NJW **87**, 2229/31); Verlust des ArbPlatzes inf Arbeitsscheu, Selbstverwirklichgstendenzen (Kln FamRZ **85**, 930); Selbstmordversuch (BGH FamRZ **89**, 1054). Bei **Krankheit:** bereits die Infektion (Tiedemann NJW **88**, 733: Aids) bzw Unterlassg therapeutischer Maßn (Celle FamRZ **80**, 256 Diabetes). Bei **Alkoholismus** (vgl BVerwG NJW **80**, 1347) od chron DrogenMißbr (BGH FamRZ **84**, 1347) müssen (1) die Vorstellgen u Antriebe, die zur AlkAbhängigk selbst geführt h, unterh-bezogen sein (BGH NJW **81**, 1554/55) od (2) die Mutwilligk muß darin liegen, daß der UnterhBedürft es unterlassen h, gg seine Sucht BekämpfgsMaßn zu ergreifen (BGH NJW **81**, 2805; Stgt FamRZ **81**, 963; Düss FamRZ **87**, 1262). Keine Mutwilligk liegt vor, wenn die Willensschwäche verhind, die EntziehgBehdlg durchzustehen (BGH FamRZ **88**, 375). Ferner liegt keine Mutwilligk in dem Erwerb eines Eigenheims statt einer lukrativeren Anlage ererbten Verm (BGH FamRZ **86**, 560) od bei Unvorsichtigk im StraßenVerk od beim Sport (aA Schumacher MDR **76**, 884). Zum Probl der schuldh Herbeiführg einer Trunks vgl BVerwG NJW **80**, 1347. Nicht jede krankh Alkohol- u Drogensucht führt zu einer mutw Bedürftigk; aber Beschrkg des Unterh auf den MindestBed (Düss FamRZ **81**, 1177). Z 3 kann auch dadch erfüllt w, daß einer **Unterhaltsneurose** (§ 1602 Anm 2e; § 1572 Anm 2) nachgegeben w (Hbg FamRZ **82**, 702). Vor allem kann eine mutw Bedürftigk auch dadch verursacht w, daß der UnterhBedürft schon in der Vergangenh eine erfdl Ausbildg (§ 1574 III) hätte absolvieren können (BGH NJW **86**, 987; § 1361 Anm 3a). **Beweislast** auch für Mutwilligk beim UnterhSchu (BGH FamRZ **89**, 1054).

d) Ziffer 4: Hinwegsetzen über schwerwiegende Vermögensinteressen des Verpflichteten führt unter dem GesPkt der Verwirkg zur UnterhReduktion, weil der UnterhBerecht dch sein Verhalten die Einkfte beeinträcht, aus denen er Unterh begehrt. Dabei kommt es nicht darauf an, daß ein Schaden wirkl eingetreten ist; die bl VermGefährdg reicht aus (Häberle FamRZ **86**, 312). Zu den **Vermögensinteressen** gehören auch EinkInteressen (Weychardt DAV **84**, 845; Häberle FamRZ **86**, 311). Danach fällt unter Z 4 das Abhalten des Ehem von der Erhebg einer unstreit berecht EhelichkAnfKl (BGH NJW **85**, 428); ferner geschäftl Schädiggen beispielsw anläßl der Auflösg von GeschBeziehgen wie jedes sonstige Untergraben der berufl Stellg eines Selbständ (AG Darmst FamRZ **79**, 507); bei etwa saisonbetonter MitArb im Erw-Gesch des Verpfl die Trenng zur Unzeit (Häberle FamRZ **86**, 312); das Anschwärzen des UnterhSchuldn bei dessen Behörde (Zweibr FamRZ **80**, 1010) od ArbGeber (AG Darmst FamRZ **79**, 507; BVerfG FamRZ **81**, 747; Mü FamRZ **82**, 270). Für Z 4 besteht **keine Zeitgrenze,** so daß der den Unterh ausschließde Tatbestd auch nach Scheidg der Ehe verwirkl w kann (BT-Drucks 10/2888 S 20). Zum Verlust des Arbeitsplatzes geeignete (Zweibr FamRZ **89**, 63) od führende **Denunziationen** (Hamm FamRZ **87**, 946) ebso wie wissentl falsche od leichtfert **Strafanzeigen** fallen unter Z 4 (Mü FamRZ **82**, 271); dagg nicht eine Strafanzeige wg tatsächl Verletzg der UnterhPfl (Stgt FamRZ **79**, 40). Ebso stellt das Betreiben eines Verf wg Abgabe einer falschen eidesstattl Vers keinen AusschlGrd dar (Mü FamRZ **81**, 154). Nichtaufklärg über die **Aufnahme einer Erwerbstätigkeit** kann zum völl Verlust des UnterhAnspr führen (Düss FamRZ **88**, 841: fälschl Z 2, 7). Zur **Mutwilligkeit** Anm 3c; UnterhBezogenh wird hier nicht vorausgesetzt (Häberle FamRZ **86**, 312).

e) Ziffer 5: Längere gröbliche Verletzung von Unterhaltspflichten in der Zeit vor der Trennung. Vgl § 1587c Anm 4, § 1587h Anm 4. UnterhPflVerletzgen fallen unter Z 2, soweit sie strafb sind. Das Hinwegsetzen über eig UnterhVerpflichtgen dch Herbeiführg der Trenng, indem der UnterhGl zu einem neuen Partn zieht, fällt regelm unter Z 6. In Betr kommen Verstöße gg die MitArbPfl im Beruf od Geschäft des and Eheg (§ 1356 Anm 4). Vernachlässigg der HaushFührg od der Sorge f die Kinder währd der Ehe reicht nach der Fassg der Vorschr dch das UÄndG aus (zum früh R: 45. Aufl Anm 4 bb). Z 5 erfaßt Verstöße gg §§ 1360, 1360a („FamUnterh"), muß aber analog angewendet w bei Verstößen gg § 1361 ebso wie bei nachehel UnterhPflVerletzg ggü den gemschaftl, ggf auch bei dem UnterhSchuldn befindl Kindern, also sowohl bei Verletzg von auf Natural- wie auf BarUnterh gerichteten Verpflichtgen, od auch bei einem nachehel Rollenwechsel zwischen UnterhGl u -Schuldn. **Längere Zeit** bedeutet: nicht nur gelegentl u reicht seit nach den Umst des Einzelfalls (Häberle FamRZ **86**, 312: nicht unter 1 J; Weychardt DAV **84**, 845: etwa 3 J). **Gröblich** erfordert nicht mehr als Fahrlk (aA Häberle FamRZ **86**, 312: mind grobe Fahrlk).

f) Ziffer 6: Offensichtlich schwerwiegendes, eindeutig beim Unterhaltsberechtigten liegendes Fehlverhalten gegen den Unterhaltsschuldner. Richtiger die Formulierg des BGH: ein „schwerwiegdes u klar bei dem unterhbedürft Eheg liegdes Fehlverhalten" (BGH NJW **79**, 1348 u 1452; **80**, 1686; **82**, 1461; **84**, 2633; ferner FamRZ **81**, 439; **83**, 569; **84**, 356). Zur Kritik an der GesFormulierg, die iü nur ernste Rspr des BGH positivieren sollte, vgl Richter JR **85**, 135; Willutzki ZfJ **85**, 11; Ramm JZ **86**, 168; Diederichsen NJW **86**, 1289. Krit unter dem GesPkt der Benachteiligg von Hausfr auch: Wiegmann NJW **82**, 1369.

aa) Das Fehlverhalten liegt vor allem in **Ehewidrigkeiten,** also in Verstößen gg die Pfl aus den §§ 1353ff, weil darüber hinausgehde echte Delikte bereits von Z 2, vermrechtl Schädiggen des Unterh-Schuldn von Z 4 u Verstöße gg eig UnterhVerpflichtgen von Z 5 erfaßt w. Z 6 liegt vor, wenn sich der Eheg einem obj vernünft u zumutb Vorschl zur Begründg eines gemeins Wohns (§ 1353 Anm 2b bb) ohne sachl Grde verschließt (BGH NJW **87**, 1761). Dagg nicht bei abredewidr Nichtgebrauch v Antikonzeptiven u Verweigerg der Abtreibg (Stgt FamRZ **87**, 700), wohl aber liegt Z 6 vor bei **Kindesunterschiebung,** die wg § 1593 ggf erst iW der AbÄndgsKl geltd gem w kann (Ffm FamRZ **88**, 62). Hauptanwendgsfall von Z 6

1463

sind **Verstöße gegen die eheliche Treuepflicht,** mit od ohne Begrdg einer eheähnl Gemsch (BGH NJW **84**, 2358 u 2692; Kblz FamRZ **86**, 999; Celle NJW-RR **88**, 1097; Kalthoener/Büttner NJW **89**, 809). Ziff 6 kann bereits bei einmaligem Verstoß gg die ehel TreuePfl, insb bei **Ehebruch** (§ 1353 Anm 2 b aa) erfüllt sein (Düss FamRZ **86**, 62: 3 x; aA Hamm FamRZ **86**, 908; Häberle FamRZ **86**, 313, allerd wieder eingeschränkt bei wechselnden Partn). Erst recht reichen für Z 6 aus ein intimes Verhältn mit einem Dr (BGH NJW **86**, 723); auch ehebrecher Beziehgen unabhäng von der Anzahl der Partn (BGH FamRZ **83**, 670: 4 od 9) od auch Ausbrechen aus der intaken Ehe mit wechselnden EhebrPartn nach der Trenng (Hamm FamRZ **87**, 600: Herabsetzg trotz Betreuung v 7 j Ki); vor allem aber auch Ehebr mit mind 3 Männern u anschl erfolgr EhelkAnf (Celle FamRZ **87**, 603). Z 6 kann auch bei tiefer Zuneigg zu einem Dr auch ohne Sex zu bej sein (KG FamRZ **89**, 868). Die Voraussetzg dieser Z ist aber vor allem zu bejahen bei **Aufnahme einer nichtehelichen Lebensgemeinschaft mit einem Dritten aus der Ehe heraus** (vgl aus der Zt vor Inkrafttr des UÄndG: BGH NJW **81**, 1214; **82**, 2664; **83**, 1548; **84**, 297; **86**, 722; FamRZ **84**, 664; krit AG Melsungen NJW **84**, 2370), wobei die Ehewidrigk einer solchen Untreue währd der Ehe (vgl § 1353 Anm 2 b aa) auch die AusschlVoraussetzgen für die Zt nach der EheScheidg begründet (BGH NJW **83**, 1458 u 1552; **84**, 297 u 2692; Bambg FamRZ **87**, 1153: versehentl Z 7). Der Staat kann nicht seine Hand dazu reichen, daß ein Eheg unter Aufrechterhaltg der vermrechtl Vorteile aus der Ehesch die PartnWahl korrigiert. Das Fehlverhalten liegt darin, „daß ein Eheg sich gg den Willen des and von diesem trennt u mit einem and Partn eine eheähnl Gemsch eingeh od ein auf Dauer angelegtes intimes Verhältn begründet" (BGH NJW **86**, 722). Auf die geschlechtl Kontakte kommt es nicht entscheidd an (Hamm FamRZ **81**, 162). Das Entscheidde ist, daß der Unterh begehrde Eheg sich gg den Willen des and von der Ehe abkehrt u einem and Partn zuwendet, dem er die seinem Eheg geschuldete Hilfe u Betreuung zuteil w läßt (BGH FamRZ **82**, 467 f mNachw). Dagg findet die Verpfl zur ehel Tr mit der Scheidg ihr Ende (BGH NJW **83**, 1548; **89**, 1083). Aber selbstverständl entlastet von Z 6 nicht ein nochmaliger Partnerwechsel (Hamm FamRZ **89**, 1091). Unter Z 6 können schließl auch **Verstöße gegen die** WohlVerhaltensPfl iR der **Umgangsregelung** (§ 1634 Anm 2 c) fallen (Häberle FamRZ **86**, 313): etwa Auswanderg nur zZw der Vereitelg des Umggs; nicht dagg, wenn die Übersiedlg in die Karibik (auch bei Täuschg ü die AuswandergsAbsicht) genau von der ehel Situation zu bekommen (BGH NJW **87**, 893 zu Z 4 aF). Fehlverhalten gg **Angehörige** des UnterhSchuldn sind AusschlGrde, soweit auch der UnterhSchuldn selbst davon berührt w (Häberle FamRZ **86**, 314).

bb) Einseitigkeit des Fehlverhaltens. Nur das ausschließl bei dem UnterhBedürft liegde Fehlverhalten führt zur UnterhReduktion. Es bedarf also ijF einer **Verschuldensanalyse** (BGH NJW **81**, 2806; Düss FamRZ **80**, 1118). Es handelt sich um eine Ausnvorschr (KG FamRZ **78**, 685). Als grobe Verantwortglosigk ist es gewertet w, wenn eine 18 j Ehefr nach vierteljl Ehedauer aGrd von BagatellStreitigktn ohne ernsth Versuch, die Anfangsschwierigktn einer jg Ehe zu bewältigen, zu einem and Mann zieht (Hamm FamRZ **79**, 508); wenn sich die Ehefr weigert, mit Ehem u Kind ihr Jungmädchenzimmer zu verlassen u mit der Fam in eine auch ihr genehme Wohng zu ziehen, nur weil ihre Elt nicht einverstanden sind (Hamm FamRZ **80**, 247). **Abwendung von der Ehe:** Es kommt entscheidd darauf an, ob die Hinwendg zu dem Dr eine evidente Abkehr aus einer intakten Ehe od die reaktive Flucht aus einer bereits gescheiterten Ehe ist (Ffm FamRZ **81**, 455). Die Aufn eines auf längere Dauer angelegten intimen Verhältn ist dann nicht als Bruch der ehel Solidarität anzusehen, wenn der and Eheg sich vorher seines von seinen ehel Bindgen losgesagt (BGH NJW **81**, 1214) u etwa Beziehgen zu einem Dr aufgn hatte (Kblz FamRZ **86**, 999); wenn der auf Unterh in Anspr genommene Ehem als erster ScheidgsAbsichten geäuß u selbst den Auszug seiner Ehefr gewünscht hat (BGH NJW **81**, 1782); wenn sich die Eheg schon rd 4 Mo vor der Hinwendg zu dem Dr einverständl getrennt haben (BGH NJW **82**, 2806); wenn sich der Ehem um eine „and Partie" für seine pakistan Ehefr kümmert (KG FamRZ **82**, 1031). Z 6 liegt auch dann vor, wenn der unterhpfl Eheg die Beziehg zu einem and Partn in einem Ztpkt aufnimmt, in dem, ohne daß der UnterhSchuldn davon Kenntn hat, der unterhbedürft Eheg bereits lange Zt intime Beziehgen zu einem Dr unterhielt (BGH NJW **86**, 722). Ist eine Ehe bereits zerrüttet, so reicht das Verlassen des Eheg u die Zuwendg zu dem Dr für die Versagg des Unterh nicht aus (BGH NJW **89**, 1083; Karlsr FamRZ **81**, 551). Nimmt die Ehefr Beziehgen zu einem and Mann erst nach dem unheilb Scheitern der Ehe auf, liegt ebenf kein Fall von Z 6 vor (BGH FamRZ **81**, 752). Die Einseitigk der Verfehlg wird nur beseit, wenn zw dem ehel Fehlverhalten beid Partn ein **innerer Zusammenhang** besteht (Häberle FamRZ **86**, 314). Bei verwerfl Äußergen kommt es darauf an, ob sie auf einer verständl Verärgerg beruhen (BGH NJW **82**, 1460). Steht ein schwerwiegdes Fehlverhalten fest, sind nur **konkrete Gegenvorwürfe** ehel Verfehlgen von einigem Gewicht zu berücks, „die dem Unterh begehrden Eheg das Festhalten an der Ehe erschwert haben u sein eig Fehlverhalten in einem milderen Licht erscheinen lassen" (BGH NJW **82**, 1461; **86**, 723). Bloße ehel Streitigkten (zB über das Rasenmähen) reichen nicht aus (BGH NJW **86**, 723).

cc) Evidenzerfordernis: Für den Ausschl od die Einschränkg des UnterhAnspr ist eine gewisse Evidenz der Schuld erfdl. Eheverfehlgen, deren Ursachen u Vorwerfbark nicht exakt ermittelt w können, reichen nicht aus (Kln NJW **79**, 768).

dd) Für Z 6 besteht keine Zeitgrenze, so daß auch ein Fehlverhalten nach Scheidg den Unterh ausschl kann (BT-Drucks 10/2888 S 20). Aber die Hauptmasse der Eheverfehlen fallen mit der Scheidg od oft auch bereits ab Trenng der Ehel weg (Häberle FamRZ **86**, 314). Trotz der Nichtidentitätslehre des BGH (Einf 4 a vor § 1569) hat der Ausschl des TrenngsUnterh in aller Regel auch den Ausschl des GeschUnterh zur Folge, auch wenn AusschlGrd etwa der Verstoß gg spezifisch ehel Pfl war (Häberle FamRZ **86**, 314). Auf die **Dauer des Fehlverhaltens** kommt es nur für die BilligkPrüfg u die Anwendg der RFolgen an. Der **spätere Wegfall der Voraussetzungen** von Z 6 begründet idR keine AbändergsKl. Der einmal verwirkte UnterhAnspr lebt nicht wieder auf (Hamm NJW **81**, 59; Düss FamRZ **82**, 700), so daß die Aufhebg der nehel Partnersch nicht zur Entstehg des UnterhAnspr führt (Zweibr FamRZ **83**, 1039), auch nicht, wenn das Verhältn bereits nach 2 Mo wieder beendet w (Celle FamRZ **82**, 697). Das ist ggf and iFv Z 7.

ee) Beweislast: Der UnterhSchu, der die Herabsetzg des Unterh anstrebt, hat zu beweisen, daß es sich um ein einseit Fehlverhalten des UnterhBerecht handelt, u muß dementspr etwaige GgVorwürfe ausräumen, die dem Fehlverhalten des UnterhBerecht den Charakter eines einseit FehlVerh nehmen könnten (BGH FamRZ **82**, 463 u 466; **83**, 670/71); die GgVorwürfe müssen aber hinreichd substantiiert s (BGH FamRZ **83**, 670), wobei allerd keine hohen Anfordergen an die Substantiierung zu stellen s (BGH FamRZ **82**, 463). Nach Bambg FamRZ **85**, 598 indizieren Aufn od Fortsetzg einer außerehel Intimbeziehg den einseit Ausbruch aus der Ehe.

g) Ziffer 7: Ebenso schwer wiegende Gründe wie in Ziff 1–6.

aa) Die Ziff betrifft im wesentl Sachverh **ohne vorwerfbares persönliches Fehlverhalten** des Unterh-Gläub (Celle FamRZ **86**, 910; Hamm FamRZ **87**, 600; Häberle FamRZ **86**, 314; Kalthoener/Büttner NJW **89**, 809). Das FamG erhält einen **Ermessensspielraum**, um der allg GerechtigkErwartg zuwiderlaufde Ergebn zu vermeiden (Vogel FamRZ **76**, 484 zur wortgl Z 4 aF). Damit bezieht sich die AusschlVorschr auf inner- wie auf nachehel Vorgänge (vgl Dieckmann FamRZ **77**, 104f). Ausgeschl sind ledigl Umst, die erfolgl iR einer EheaufhebgsKl geltd gem worden sind (BGH NJW **83**, 1427). Die HärteKl muß immer dann Anwendg finden, wenn Umst vorliegen, die es für den UnterhBerecht als **unzumutbar** erscheinen lassen, **weiterhin auf Unterhalt in Anspruch genommen zu werden** (BT-Drucks 10/2888 S 20; Düss FamRZ **87**, 487). Jedenf in schweren Fällen kann Unterh überh versagt werden, auch wenn dies zur Folge hat, daß der unterhbedürft Eheg auf **Sozialhilfe** verwiesen w (Kblz FamRZ **89**, 632).

bb) Die UnterhUnbilligk kann sich **aus objektiven** in der Ehe **oder in der Person eines der Ehegatten liegenden Umständen** ergeben. So ist eine zeitl Begrenzg des UnterhAnspr in Ergänzg von Z 1 mögl, wenn die Ehel (inf Strafhaft) tats **nur wenige Monate zusammengelebt** haben (BGH FamRZ **88**, 930). Auch bei einer reinen **Berufstätigenehe** dürfte auf Dauer gesehen Z 7 vorliegen (vgl Dieckmann FamRZ **87**, 981 gg BGH FamRZ **87**, 572). Aus der Sicht des UnterhGl zuläss Gestaltgen des eig Lebens können in Parallele zu der Rspr zur Bloßstellg (BGH NJW **81**, 1782; **89**, 1083/5 f) die Fortzahlg von Unterh unzumutb machen: **Geschlechtsumwandlung** (aA Mü NJW **86**, 937); **Prostitution** (vgl Schlesw SchlHA **77**, 170); Zuhälter; Rauschgifthandel usw, so daß in letzteren Fällen der UnterhSchu nicht auf den Nachw fehlder Bedürftigk beschr ist. Als UnbilligkGrd wird auch die **Nichterschließung anderweiter Versorgungsmöglichkeiten** dch den UnterhBerecht gewertet, so die Nichtgeltdmachg anderweit UnterhAnspr (vgl AG Landstuhl FamRZ **88**, 731 mAv Roelen) u die **Unterhaltsneurose** (Düss NJW-RR **89**, 1157; § 1602 Anm 2e). Hierher gehört auch die Abstandn von der Eheschl mit dem neuen LebPartn (Anm cc 3). Umgek kann ein **besonders loyales Verhalten des Verpflichteten** währd nach der Ehe zur Aufhebg seiner UnterhPfl führen, zB wenn er von einer EheaufhebgsKl Abstand gen hatte u der bisher Eheg aGrd seiner Behinderg ohnehin zum größten Teil auf öff Hilfe angewiesen ist (Celle FamRZ **86**, 910; aA Düss FamRZ **87**, 595).

cc) Am häufigsten folgt die UnterhUnbilligk aus einer **neuen Partnerbeziehung des Unterhaltsberechtigten** (ZusStellg der versch Fälle: BGH NJW **89**, 1983/5; Graba FamRZ **89**, 574). Die Unterscheidg der versch Sachgestaltgen ist vor allem desh wichtig, weil der Leistgsfähigk des neuen Partn eine unterschiedl Bedeutg zukommt. Das bl Eingehen einer intimen Beziehg nach der Scheidg erfüllt den Tatbest von Z 7 nicht (Anm ee). Vorausgesetzt wird immer eine gewisse **Intensität der Verbindung** (Hamm FamRZ **88**, 729), wobei es nicht darauf ankommt, ob die Partn eine gemeins Wohng od einen gemeins Haush unterh (BGH NJW **84**, 2693; Kblz u Hamm FamRZ **88**, 295 u 730). Sie kann desh auch bei getrennten Wo in dems Mietshaus vorliegen, wenn sich die Partn als Verlobte bezeichn u aus der Verbdg bereits ein Ki hervorgegangen ist (BGH NJW **84**, 2692). Aber von einer eheähnl Verbdg kann dann nicht gesprochen werden, wenn ohne gemeins Haushführg eine Wohn-, jedoch keine WirtschGemsch unterh wird (BGH NJW **81**, 2805). Jedenf muß das Erscheingsbild der Verbdg in der Öfftlk dazu führen, daß die Fortdauer der Unterh-Belastg für den UnterhSchu dch die damit verbundene Beschrkg seiner Hdlgs- u LebGestaltgsFreih unzumutb wird (BGH NJW **83**, 1548/51; **84**, 2692). Zu den Kriterien der Unzumutbark: Luthin FamRZ **86**, 1166. **Einzelfälle: (1)** Hat sich der UnterhBerecht **schon während der Ehe einem neuen Partner zugewandt**, so daß ihm von Z 6 zur Last fällt, so kann trotz Wegfalls des EhebrVorwurfs für die Zt nach der Scheidg eine uneingeschränkte Inanspruch auch für den nachehel Unterh unzumutb sein (BGH NJW **83**, 1548/50 u 1552; **84**, 297), ohne daß es dabei auf die wirtsch Lage des neuen Partn entscheidd ankommt (BGH NJW **89**, 1083/5 unter bb; abschwächd Graba FamRZ **89**, 574: Unerheblk der Gewährleistg gerade des ehel LebStandards). – **(2)** Die neue Partnersch des UnterhBerecht erfüllt Z 7, wenn sie wg bes, etwa kränker od anstöß BegleitUmst geeign ist, den Verpfl in außgewöhnl Weise zu treffen, ihn in der Öfftlk **bloßzustellen oder** in seinem Ansehen **zu schädigen** (BGH NJW **81**, 1782; **89**, 1083/5 f unter cc). Auch hier kann es auf die VermSituation des Partn nicht ankommen. – **(3)** Grobe Unbilligk liegt ferner vor, wenn der UnterhGl **von der Eheschließung mit dem neuen Partner** nur desh **absieht**, um nicht den UnterhAnspr gg den gesch Eheg zu verlieren (BGH NJW **80**, 124; **82**, 1997; **83**, 1548/50; FamRZ **87**, 1011/4), es sei denn, es liegen dafür beachtl Grde vor, wofür auch wirtsch GesPkte wie Arbeitslosigk od Überschuldg des Partn in Betr kommt (BGH NJW **84**, 2692/3; **89**, 1083/6 unter dd). – **(4)** Auch bei legitimer Abstandn von der Eheschl mit dem neuen Partn muß sich der UnterhBerecht gleichw **auf die** mögl **außerehel Unterhaltsgemeinschaft verweisen lassen**, wenn kein verständl Grd dafür ersichtl ist, daß die Partn nicht zu einer „ehegleichen ökonom Solidarität" (AK/Derleder Rdn 7) gelangen, also innerh der UnterhGemsch gemeins wirtschaften u der den Hausch führde Partn wie in einer Ehe von dem and unterh wird. Dieser UnbilligkGrd setzt voraus, daß der neue Partn so weit leistgsfäh ist, daß der UnterhBerecht sein volles, also eheangem Auskommen findet (BGH FamRZ **87**, 1011/13 mAv Luthin; NJW **89**, 1083/6 unter ee; Kalthoener/Büttner NJW **89**, 809). Eine Verbdg mit einem wirtsch weniger potenten Partn als dem früh Eheg führt nicht zu einer Herabsetzg des Bedarfsmaßst iS von § 1578 I 1 (BGH aaO). Bei dieser Variante hat die Leistgsfähigk Vorrang ggü der Dauer der neuen Beziehg. – **(5)** Schließl kann umgek auch die Dauer der nehel Verbdg ggü der mangelnden Leistgsfähigk das Übergewicht bekommen. Lassen die Eink- u VermVerhältn des neuen LebPartn eine iS des § 1578 ausreichde UnterhGemsch nicht zu, dann liegt Z 7 trotzdem vor, wenn sich die nehel **Lebensgemeinschaft** in einem solchen Maße **verfestigt** hat, daß das

§ 1579 3, 4

nichtehel ZusLeben „gleichs an die Stelle einer Ehe getreten" ist (Häberle FamRZ 86, 315). Entscheidd ist, ob nach dem Erscheingsbild der Beziehg in der Öfflk (BGH NJW 84, 2692/3; Luthin FamRZ 86, 1166) die Beteiligten diese LebForm bewußt auch für ihre weitere Zukft gewählt h (BGH NJW 89, 1983/6 unter ff). Hierfür wird ein ZusLeben von einer gewissen Dauer vorausgesetzt (BGH FamRZ 83, 996); idR wird eine **Mindestdauer** von 2–3 J nicht unterschritten werden dürfen (BGH NJW 89, 1086; Häberle FamRZ 86, 315: 1–2 J; RGRK/Cuny Rdn 4: 4–6 J). Dementspr ist Z 7 nach 5jähr ZusLeben bejaht worden (Nürnb FamRZ 85, 396). UnterhAusschlu aber auch schon vorh mögl, wenn aus der Verbdg ein Ki hervorgegangen ist u dem ZusLeben ledigl die formale Eheschl fehlt (Hamm FamRZ 89, 631).

dd) Schließl dient Z 7 auch der sonst **Korrektur gesetzlich an sich begründeter Unterhaltsansprüche** unter dem GesPkt der Billigk, etwa wenn die ErwUnfähigk (§ 1572) darauf beruht, daß der neue LebGefährte der Frau diese niedergestochen hat (Düss FamRZ 87, 487), od um dem Vorbestraften od Alkoholiker Anspr wg Nichterlangg einer ErwStellg abzuschneiden (§ 1573 Anm 2c; § 1575 Anm 4). Z 7 wird zur Korrektur der Ergebn von § 1582, insb wenn das Privileg dieser Vorschr den früh Eheg besser stellt, als er ohne die erneute Eheschl des UnterhSchu gestanden hätte (Karlsr FamRZ 87, 387), od bei auf der Wiederheirat beruhden Steuervorteilen (BGH NJW 85, 2268).

ee) Keine den Unterhaltsausschluß rechtfertigende Gründe liegen dagg vor bei langjähr GetrLeben (BGH NJW 81, 753); wenn der UnterhSchu nach Scheidg von seiner 2. seine 1. Ehefr wieder heiratet (Zweibr FamRZ 83, 1138); bei Strafanzeige wg unerl Waffenbesitz unmittelb nach Ausweisg aus der Ehewohng (Celle FamRZ 87, 69); Mitteilg an Polizei über Kfz-Benutzg unter AlkEinfl u Aufforderg, sich psychiatr untersuchen zu lassen (Bambg FamRZ 87, 1264). Nicht unter Z 7 fällt ferner die Tats der Eingehg einer intimen Beziehg als solche, selbst in der Form einer nichtehel LebGemsch (Anm cc), weil die Verpfl zu ehel Treue mit der Scheidg ihr Ende gefunden h (BGH NJW 83, 1548/50; 89, 1083/5 unter aa). Auch daß ein Dr aus dem gezahlten Unterh mit unterh wird, stellt für sich genommen keinen Grd nach Z 7 dar; denn der Berecht kann grdsl über den ihm zustehden Unterh frei verfügen (BGH NJW 89, 1085).

bb) Keine den Unterhaltsausschluß rechtfertigenden **Gründe** liegen dagg bei langjähr GetrLeben vor (BGH NJW 81, 753); wenn der UnterhSchuldn nach Scheidg von seiner 2. seine 1. Ehefr wieder heiratet (Zweibr FamRZ 83, 1138); bei Strafanzeige wg unerl Waffenbesitzes unmittelb nach Ausweisg aus der gemeins Wohng (Celle FamRZ 87, 69); Mitteilg an Polizei über Kfz-Benutzg unter AlkoholEinfl u Auffdg, sich psychiatr untersuchen zu lassen (Bambg FamRZ 87, 1264).

4) Rechtsfolgen (vgl Anm 1 c). **a) Umfang der Unterhaltsbegrenzung:** Der nachehel Unterh wird dem unterhbedürft gesch Eheg versagt, herabgesetzt od zeitl begrenzt. Die Wahl des UnterhReduktionsmittels u das Ausmaß der UnterhReduzierg sind Sache **tatrichterlichen Ermessens**. Bei **Versagung** wird die UnterhKl abgewiesen. Gänzl UnterhAusschl auch bei schwerer Behinderg der UnterhGläub zul (BGH FamRZ 88, 930; sa Hamm FamRZ 86, 1219). Die **Herabsetzung** bedeutet eine umfangmäß Begrenzg, so daß je nach der Schwere etwa von Verfehlgen ein Abschlag von dem eigtl geschuldeten Unterh vorzunehmen ist (Hamm FamRZ 80, 247) od mit Rücks auf die Kindesbelange ein an sich indizierter vollständ UnterhAusschluß teilw rückgäng gemacht wird. Bei Betreuung eines noch nicht schulpflicht Ki idR keine Herabsetzg wg Z 1 (Bambg FamRZ 88, 727). Ehebrecherische Beziehgen zu 4 od 7 Männern führen bei vorgerücktem Alter (55 J), nach 30jähr ehel ZusLeben, Aufziehn v 4 Ki u relativ guten EinkVerhältn des Ehem zu einer Kürzg des (Trenngs-)Unterh um $\frac{1}{3}$ (BGH FamRZ 83, 670). Überraschdes 2monat ZusZiehen mit einem and Mann währd eines KurAufenth des Ehem reduziert den UnterhAnspr auf den **Mindestbedarf** (Hamm MDR 85, 674), auf den der UnterhAnspr aber auch aus nachehel Solidarität reduziert k (Ffm FamRZ 87, 161). Ebso Beschränkg auf den MindBed zur Wahrg der Kindesbelange, wenn ZusLeben mit Dr bereits länger dauert als die Ehe (Düss FamRZ 86, 684; 88, 509). Zur Reduzierg des Unterh aGrd kurzer Ehedauer bereits BGH NJW 82, 2064/65; FamRZ 80, 981; Stgt FamRZ 79, 1022, so daß ein weniger als 2 J langes ZusLeben dazu führen kann, daß nur die Hälfte des Unterh geschuldet w (Hamm FamRZ 80, 683). Die **zeitliche Begrenzung** bedeutet, daß eine unbefristete UnterhZubilligg ihrers unbill wäre, dh die UnterhZahlgsPfl entf nach Ablauf einer best, im UrtTenor konkret festzulegden Fr. Mögl auch die Begrenzg der UnterhVerpfl bis zur Scheidg, also für die Dauer des GetrLeb (Bambg FamRZ 86, 1104); auch bei Betreuung 10j Tochter (Oldbg FamRZ 86, 1218). Zur zeitl Limitierg nach altem Recht vgl bereits Hbg FamRZ 81, 54; KG FamRZ 81, 157; Schapp FamRZ 80, 218. **Verbindung der Reduktionsmaßnahmen:** Die verschied DrosselgsMöglkten können, soweit dies mögl ist, auch miteinand kombiniert w, zB Herabsetzg des Unterh um die Hälfte, nach Ablauf von 3 J gänzl Wegfall uä.

b) Zeitliche Geltung der familiengerichtlichen Entscheidung zur Unterhaltsreduktion. Im Grds schließt das Vorliegen eines der in Z 1–7 genannten Umst den UnterhAnspr in dem vom FamG angenommenen Umfang insges u für immer aus, es sei denn, die für den Ausschl maßgebden Annahmen w dch Nichtigk- od RestitutionsUrt (ZPO 579, 580) korrigiert. Änderngen in Einzelh führen dagg grdsl nicht zur Abänderg einer aGrd von § 1579 ergangenen Abweisg der UnterhKl, so daß ein Wechsel des EhebrPartn die Anwendg v § 1579 nicht etwa beendet (Hamm FamRZ 87, 600) u es beispielsw nicht ausreicht, wenn nach strafrechtl Verurteilg ein nachträgl StrafErl ausgesprochen w od nach mutwill Herbeiführg der Bedürftigk der ArbGeber zwzeitl in Konkurs gegangen ist usw. Treten umgek aber Umstde iS der Z 2–4, 6 u 7 nach Rechtskr eines Urt gem §§ 1570 ff ein, dann ZPO 323 bzw 767. Die VerwirkgsTatbestde des § 1579 führen idR zum **endgültigen Verlust** des UnterhAnspr in dem vom FamG angeordn Umfang (Lit: Luthin FamRZ 86, 1168 mN). Doch gilt dies nicht hinsichtl der im Ztpkt der Verwirkg schon geschuldeten Beträge (Hbg MDR 56, 295). Endgült Verlust insb, wenn nur die Kindesbelange zur Aufrechterhaltg der an sich gänzl ausgeschlossenen UnterhBerechtigg Anlaß gegeben haben. Nach Wegfall der KiBetreuung entsteht dann auch kein Anspr auf AnschlUnterh (§ 1569 Anm 2a) mit neuer BilligkPrüfg. **Dagegen** können verwirkte UnterhAnspr uU wieder aufleben (Kalthoener/Büttner NJW 89, 809). Insb der UnterhAusschl aGrd einer festen soz Verbindg (Anm 3 g cc) braucht **nicht endgültig** zu sein. Allerd wird dch die Auflösg des

Bürgerliche Ehe. 7. Titel: Scheidung der Ehe §§ 1579–1581

nehel Verhältn nicht ohne weiteres unterhrechtl die Lage vor Eintr der die Unzumutbk begründden Umst wieder hergest (BGH FamRZ 87, 689). Doch können UnterhAnspr, die aGrd des Bestehens einer nehel LebGemsch versagt w sind, etwa aGrd einer langen Ehedauer wieder aufleben, weil letztere nach Zerbrechen der das Auskommen bisher gewährleistden eheglichen ökonomischen Solidarität innerh der ZumutbarkPrüfg ein and Gewicht erh (BGH NJW 86, 722/24) ebso wie die KiWohlbelange (BGH FamRZ 87, 1238). Der UnterhAnspr ist in solchen Fällen unter Einbeziehg der Kindesbelange umfassd neu zu prüfen (BGH FamRZ 87, 1238). Die Beendigg des nehel LebGemsch stellt nicht die unterhrechtl Lage wie vor Eintr der Unzumutbark wieder her; erforderl ist vielm eine völlig neue Prüfg des UnterhAnspr n § 1579, insb auch unter Berücks der zw-zeitl Dispositionen des UnterhSchu (BGH NJW 87, 3129). Die wiederauflebde WwenVersorgg ist ggü dem n § 1579 gekürzten UnterhAnspr subsidiär (BGH FamRZ 86, 889; ausführl dazu Dieckmann FamRZ 87, 231).

1580 *Auskunftspflicht.* **Die geschiedenen Ehegatten sind einander verpflichtet, auf Verlangen über ihre Einkünfte und ihr Vermögen Auskunft zu erteilen. § 1605 ist entsprechend anzuwenden.**

1) Die Bestimmg ergänzt das neue ScheidgsUnterhR dch einen entspr **Auskunftsanspruch.** Denn nur bei Kenntn von den Einkften des and Eheg ist es mögl, die versch Voraussetzgen der UnterhBerechtigg hinreichd genau zu bestimmen. Desh kein AuskftsAnspr zZw die anteil Hftg gem § 1606 III zu errechnen (Hamm FamRZ 87, 744 u 745). Zur AuskftsPfl iR der bestehden Ehe § 1353 Anm 2 b dd aE, währd des GetrLebens § 1361 Anm 6 (Düss FamRZ 80, 260: § 1580 analog). Innerh des Verhandlgsverbundes gilt § 1580 von der Rhängigk des ScheidgsAntr an; der Anspr kann mit einer StufenKl geltd gemacht w (BGH NJW 82, 1645). Der AuskAnspr besteht wechselseit, also sowohl dem UnterhBerecht ggü wie dem UnterhVerpflichteten. Er ist nicht nur gegeben, wenn die Part ledigl über die Höhe des Unterh streiten, besteht aber nur, wenn die Auskft für den UnterhAnspr relevant ist (BGH NJW 85, 1699) u wenn die von den wirtschaftl Verhältn der Part unabhäng Voraussetzgen vorliegen (BGH FamRZ 82, 1189/92). Zum Umfang vgl Anm zu § 1605 sowie §§ 259–261 m Anm. § 1580 gilt sinngem auch f Altehen (BGH FamRZ 82, 1189/92; aA Düss FamRZ 79, 1021). **Verpflichtung zur unverlangten Information:** Bei Aufnahme einer ErwTätigk währd des Proz (Hbg FamRZ 87, 1044), Aufn eines längeren nehel ZusLebens (Kblz FamRZ 87, 1156) sowie bei Weiterempfang tituliertn Unterh trotz Wegf der Bedürftigk ist der UnterhGl ggf n § 826 schadersatzpflicht (BGH NJW 86, 1751; einschränkd NJW 86, 2047/49: nur bei Hinzutreten besond Umst). Ggf auch Wegf des UnterhAnspr (§ 1579 Anm 3 d).

2) Im Zushg der **entsprechenden Anwendung, S 2,** ist § 1605 II nicht anzuwenden, wenn die 1. Auskft zZw der Geltmachg von TrenngsUnterh erteilt wurde (AG Mühldorf FamRZ 88, 1173).

3. Leistungsfähigkeit und Rangfolge

1581 *Unterhalt nach Leistungsfähigkeit.* **Ist der Verpflichtete nach seinen Erwerbs- und Vermögensverhältnissen unter Berücksichtigung seiner sonstigen Verpflichtungen außerstande, ohne Gefährdung des eigenen angemessenen Unterhalts dem Berechtigten Unterhalt zu gewähren, so braucht er nur insoweit Unterhalt zu leisten, als es mit Rücksicht auf die Bedürfnisse und die Erwerbs- und Vermögensverhältnisse der geschiedenen Ehegatten der Billigkeit entspricht. Den Stamm des Vermögens braucht er nicht zu verwerten, soweit die Verwertung unwirtschaftlich oder unter Berücksichtigung der beiderseitigen wirtschaftlichen Verhältnisse unbillig wäre.**

Schrifttum: Künkel DAV **84**, 803; Büttner NJW **87**, 1855; Duderstadt FamRZ **87**, 548; Deisenhofer FamRZ **87**, 885; Graba FamRZ **89**, 232.

1) a) Zweck: Die Vorschr begrenzt entspr dem allg Schema von UnterhAnspr (§ 1569 Anm 2c) die UnterhPfl des gesch Eheg dch seine Leistgsfähigk. Iü soll der UnterhPfl nicht wg seiner UnterhVerpfl SozHilfe in Anspr nehmen müssen (Graba FamRZ **89**, 233; Kalthoener/Büttner FamRZ **89**, 574; krit dazu Dieckmann FamRZ **79**, 139). Bei absoluter LeistgsUnfähigk entfällt jegl UnterhPfl (Anm 5a). Im übr reduziert § 1581 den UnterhAnspr des and Eheg unter Aufrechterhaltg der AnsprIdentität (BT-Drucks 7/650 S 139) auf den **Billigkeitsunterhalt** (S 1) u schränkt die Verpfl zur Verwertg des VermStamms unter wirtsch u BilligkGesPkten ein (S 2). – **b)** Voraussetzg dieser AnsprUmwandlg ist, daß ein **Mangelfall** vorliegt, dh daß das Eink des UnterhVerpfl unter Wahrg seines eigen Eigenbedarfs zur Deckg des Unterh seines gesch Eheg u der gleichrang and UnterhBerecht, näml der mj unverh Ki, nicht ausreicht (Düss Tab NJW **88**, 2352/3; Graba FamRZ **89**, 233 u 575). Vgl iü Anm 3 a bb. Zum Mangelfall nach erneuter Eheschl des UnterhSchu § 1582. – **c)** Die **Bemessung des Unterhaltsanspruchs nach Billigkeit** erfolgt **stufenweise** (BGH NJW **79**, 1985 zu EheG **59**; **83**, 1733/4; **86**, 2758; Graba FamRZ **89**, 233 u 575; MüKo/Richter Rdn 3; Schwab/Borth S 807): Zunächst ist an Hand von § 1578 der volle UnterhBed des gesch Eheg zu ermitteln, außerd die UnterhAnspr der Ki, damit alle zu berücksichtigden Anspr zu dem insges für UnterhZahlgen verfügb Betr in Relation gesetzt werden können (unten Anm 3 u 4). Auf der 2. Stufe findet eine Anpassg an die eingeschrkte Leistgsfähigk des Verpfl dch Kürzg der Anspr nach BilligkGesPkten statt (Anm 5). – **d) Beweislast** für mangelnde Leistgsfähigk beim UnterhSchu (Graba FamRZ **89**, 575 mN; Rolland Rdn 11). Für die innerh der BilligkAbwägg maßgebden Umst ist jeder Eheg für ihm günst Tats beweispfl (Baumgärtel/Laumen, Hdb der BewLast, Bd 2 1985, § 1581 Rdn 4).

2) Leistungsfähigkeit. a) Hinsichtl der Leistgsfähigk des UnterhVerpfl, insb hins der Einnahmen aus Erwerbstätigk u VermErträgn u der Unterlassg zumutb ArbLeistgen, gilt für den NachehelUnterh Ent-

§ 1581 2-4   4. Buch. 1. Abschnitt. *Diederichsen*

sprechdes wie beim KindesUnterh (vgl desh § 1603 Anm 2 u 3). Für die Leistgsfähigk kommt es nicht darauf an, daß die finanz Mittel dieselben sind wie zZ der Ehe, so daß auch Eink nach einem Berufswechsel od aus inzw geerbtem Verm leistgsfäh machen. An den UnterhPflicht dürfen, was die Ausnutzg seiner ArbKraft anlangt, iR von § 1581 grdsl keine höh Anfordergen gestellt werden als an den UnterhBerecht iR von § 1577 (Kln FamRZ **84**, 1108). Im allg obliegt es dem UnterhPflicht, nach der Scheidg nicht weniger zu arbeiten als vorher, aber auch nicht mehr (Kblz FamRZ **86**, 363). Bei leichtfert Aufgabe des ArbPlatzes wird die Leistgsfähigk analog § 1579 Z 3 unterstellt (Stgt FamRZ **82**, 1076); bei Entlassg aus dem BeamtVerh wg Straftat § 1579 Z 2 analog (AG Gr-Gerau DAV **84**, 192). Ggü dem UnterhAnspr aus § 1570 gilt für die Übern der Haushführg in der neuen Ehe dasselbe wie ggü mj Ki (BGH FamRZ **87**, 252; § 1603 Anm 2 c bb). Die Aufn eines Studiums entlastet nur, wenn es im Einvernehmen mit dem und Eheg aufgen worden ist (Karlsr FamRZ **81**, 559). Zur Feststellg des für UnterhZwecke verfügb Eink vgl § 1603 Anm 2 b aa.

b) Betreuungsbonus. aa) Gemeinsame Kinder. Wird der gesch Eheg von dem und auf Unterh in Anspru gen u betreut er selbst gemeins Ki, so findet keine Monetarisierg des naturaliter geleisteten Betreuungsaufwands statt; absetzb ist vielm nur der konkret nachgewiesene Mehraufwand (BGH FamRZ **80**, 994; **82**, 779; **83**, 689; Hbg FamRZ **85**, 290). Anderers ist nach BGH NJW **86**, 2054/5 den Abzug von 300 DM vom NettoEink als BetrBonus gebilligt. Abzugsfäh sind die tatsächl **Kosten einer Fremdbetreuung** des gemeins Ki (Kln FamRZ **81**, 366); ebso die BetrKosten für 2 Ki, nicht aber abstrakt die Hälfte des Eink (BGH NJW **82**, 2664). **Erziehungsurlaub** zZw der Betreuung eines Säugl aus der 2. Ehe entlastet unterhrechtl, wenn gleichzeit 2 mj Ki aus der 1. Ehe betreut werden (Kblz FamRZ **89**, 286). Zur Leistgsfähigk bei **beiderseitiger Kindesbetreuung** § 1570 Anm 1. – **bb) Die Übernahme der Haushaltsführung und Betreuung von Kindern aus einer neuen Ehe** unter Aufgabe der bisher Erwtätig entlastet den Unterh-Pflicht dagg grdsl nicht (Joh/Henr/Voelskow Rdn 4), jedenf wenn dem gesch Eheg UnterhAnspr aus § 1570 zustehen (BGH FamRZ **87**, 252/3 f).

c) Ermittlung des Nettoeinkommens wie § 1603 Anm 2 b bb. Zu berücks sind die **sonstigen Verpflichtungen** des UnterhSchu (§ 1603 Anm 3 b). Das ist noch keine Frage der Billigk (Rolland Rdn 2). Absetzb also zB Schuldabtrag für Aufwendgen anläßl der Wiederverheiratg (Schlesw SchlHA **81**, 81); dagg nicht (wg §§ 1381, 1382) Kredite zur Finanzierg des ZugewAusgl (Hbg FamRZ **86**, 1212; aA Hamm FamRZ **85**, 483). Auch bei aus der EheZt stammden (Kredit)Verpfl ist eine umfangreiche Interessenanalyse erfdl (BGH NJW **84**, 1238). **Hausunkosten:** vgl § 1361 Anm 2d. Ggf muß das Hs veräuß werden, so daß die Aufwendgen dafür entfallen (Kln FamRZ **82**, 706; KG FamRZ **84**, 900; Düss FamRZ **87**, 833).

d) Steuern: § 1569 Anm 3b u § 1603 Anm 2 b cc.

e) Zusammentreffen mit anderweiten Unterhaltspflichten. Wg des Verh zur UnterhPfl ggü einem neuen Eheg des UnterhPflicht: § 1582. Dagg hat der UnterhAnspr des gesch Eheg gleichen Rang mit UnterhAnspr von mj Kindern, mögen sie nun aus der gesch od aus einer neuen Ehe des UnterhSchuldn stammen od nehel sein (BT-Drucks 7/4361 S 33). In der Prax erfolgt jedoch ein Vorwegabzug des KiUnterh (Bambg FamRZ **81**, 59; § 1609 Anm 2) mit dem Mindestbedarfsbetrag (Ffm FamRZ **85**, 1043), wenn es sich um ein gemeins Ki handelt u die UnterhBelastg bereits die ehel LebVerhältn mit geprägt hat (BGH NJW **87**, 1551/3), dann allerd bei entspr Leistgsfähigk die UnterhSchu auch bei vollj Ki (BGH NJW **85**, 2713); Ein Vorwegabzug des VolljUnterh hat ferner gem § 1609 II 2 zu unterbleiben, wenn die Einkfte des Verpfl nicht ausr, um den angem Unterh des Eheg zu gewährleisten (BGH NJW **86**, 985/7).

3) Voraussetzungen der Einschränkung der Unterhaltspflicht, S 1. Der UnterhVerpfl muß außerstande sein, gleichzeit für sich selbst u für den gesch Eheg hinreichd Unterh zu leisten. **a)** Was der „**Unterhalt" des Berechtigten** ist, richtet sich nach dem Bedarf der ehel LebVerhält (§ 1578 Anm 2 u 3) und nicht der Bedürftigk des Berechtigten. Als anspruchsbegrenzd erweist sich die Leistgsfähigk der Verpfl (§ 1581 Anm 2; § 1603 Anm 2 u 3) u gleichrangige weitere UnterhBerecht (§§ 1582, 1609 II). Da es iR von § 1581 um Mangelfälle geht (Anm 1b), kann man sich idR bei der Festsetzg des BerechtUnterh mit der Einsetzg der TabWerte für den KiUnterh begnügen (Düss Tab NJW **88**, 2352; Graba FamRZ **89**, 234; Heiß/Heiß I 4.8). **b)** Der „**eigene angemessene Unterhalt" des Verpflichteten** müßte an sich ebenf iS von § 1578 verstanden werden (so mit guten Grden Hampel FamRZ **89**, 115ff; sa Göppinger/Wenz Rdn 1171ff). Das brächte aber den Nachteil mit sich, daß wg der unvermeidl Einbeziehg des trenngsbedingten Mehrbedarfs prakt in den allermeisten Fällen kein berechenbarer, sond nur BilligkUnterh herauskäme; ein Mangelfall läge bei diesem Ausgangspkt näml immer schon dann vor, wenn das verfügb Eink nicht ausr, um den ehe- u famangem UnterhBed sämtlicher Beteiligter zu befriedigen. Von der hM wird nicht zuletzt desh der „eig angem Unterh" iS der Selbstbehaltsidee als „angem EigenBed" verstanden u damit mit dem gr SelbstBeh gleichgesetzt (Graba FamRZ **89**, 575; Kalthoener/Büttner FamRZ **89**, 574 mN). Bei der Unterh-Berechng im Mangelfall (Anm 5 b bb) wird dann aus PraktikabilitätsGrden sogar nur auf den notw EigenBed od kl SelbstBeh abgestellt.

4) Verwertung des Vermögensstamms, S 2. Aus der Bezugn auf die Leistgsfähigk in S 1 ergibt sich, daß der UnterhVerpfl, um seiner UnterhPfl zu genügen, ggf auch sein Verm einsetzen muß. Dies gilt uneingeschrkt für die VermErträgn; für sie gilt S 1. Dagg braucht er den VermStamm nur beschrkt anzugreifen. Evtl muß das als FamWohng erworbene **Haus** veräuß werden (Anm 2c). Ebso ein unrentabler Hof (Schlesw FamRZ **85**, 809). Wurde der LebUnterh währd der Ehe überwiegd aus dem Verm bestr, so muß der VermStamm auch für den nachehel Unterh verwertet werden (Ffm FamRZ **88**, 1285). – **a) Unwirtschaftlichkeit** liegt vor, wenn dch die Verwertg des Verm die Leistgsfähigk des Verpfl nicht od auf eine gewisse Dauer hergestellt würde od wenn der Verk von VermGgsten einstw nur erhebl unter Wert dchführb wäre. – **b)** Eine **unbillige Härte** liegt vor, wenn dch die VermVerwertg eine erhebl Unsicherh in der wirtsch Existenz des Verpfl selbst eintreten würde (BT-Drucks 7/650 S 141); dagg nicht darin, daß die Belastg mit der UnterhPfl den Verpfl bes hart trifft (dann uU § 1579). Im Ggsatz zu § 1579 muß sich die Härte iR von § 1581 gerade aus dem Verwertgszwang ergeben, etwa weil der UnterhSchu eine

Bürgerliche Ehe. 7. Titel: Scheidung der Ehe § 1581 4, 5

bes Beziehg zu dem VermGgst hat, die das Interesse an der Erhaltg des Ggst auch ggü dem Interesse des Berecht an der Dchsetzg des UnterhAnspr vorrang erscheinen läßt.

5) Rechtsfolgen. Vgl zunächst Anm 1 c.

a) Reicht das Einkommen des Unterhaltsverpflichteten nicht einmal oder gerade zur Deckung seines eigenen notwendigen Unterhaltsbedarfs aus, so besteht mangels Leistgsfähigk überh keine UnterhPfl, den Ki ggü nach § 1603 II (dort Anm 4a) nicht, dem gesch unterhbedürft Eheg ggü nach dem GrdGedanken von § 1581 nicht (Anm 1a), ohne daß es einer BilligkAbwägg bedürfte. An die Stelle des leistgsunfäh UnterhVerpfl treten die Verwandten des unterhbedürft Eheg (§ 1584 S 2). Sind keine vorh od ihrers nicht leistgsfäh, so muß es von ganz außergewöhnl Ausn abgesehen bei der Negierg von UnterhAnspr verbleiben (and Joh/Henr/Voelskow Rdn 7: BilligUnterh).

b) Reicht das Einkommen über die Deckg des notw EigenBed des UnterhPflicht hinaus, aber immer noch **nicht zur Deckung des Unterhaltsbedarfs des geschiedenen Ehegatten und der gleichrangig berechtigten Kinder,** so macht § 1581 S 1 eine **Billigkeitsentscheidung erforderlich.**

aa) Bedeutung der Selbstbehalte. Vgl zunächst § 1610 Anm 1 c. Da der unterhberecht Eheg gem § 1609 II 1 den mj unverheir Ki des UnterhPflicht gleichsteht u dieser letzteren ggü nach § 1603 II verschärft, näml bis zur Opfergrenze des kl Selbstbeh haftet (§ 1603 Anm 4a), kann dies nu bedeuten, daß der Selbstbeh des UnterhPflicht allen diesen UnterhBerecht ggü ggf bis auf den notw Selbstbeh abgesenkt werden kann. Umgek ist dieser kl Selbstbeh dem UnterhPflicht aGrd der Wertgen in §§ 1603 II, 1609 II 1 als Mindestversorgg zu belassen (Kalthoener/Büttner FamRZ **89**, 574f; Joh/Henr/Voelskow Rdn 9). Er kann ihn grdsl auch dann beanspr, wenn der SelbstbehBetr mehr ausmacht als die ½-Quote (BGH NJW **88**, 1722; Graba FamRZ **89**, 233). Nur in extremen Mangelfällen darf im Verh zu den mj Ki die Grenze unterschritten werden (Rolland Rdn 10a). Der mit dem RInstitut des SelbstBeh verbundene Abschirmgseffekt bezieht sich dmnach alledem nicht auf den angem Eigenbedarf (dagg bereits Dieckmann FamRZ **79**, 137; ferner Joh/Henr/Voelskow Rdn 7; and Ffm FamRZ **84**, 282). Umgek bedeutet die Herabsenkbark auf den notw EigenBed nicht, daß die Opfergrenze des UnterhPflicht über § 1609 II 1 sämtl gleichrang UnterhBerecht ggü auch gleich sein müßte. Vielm erlaubt § 1581 S 1 gerade eine unterschiedl UnterhHaftgsMaßstab ggü dem gesch Eheg (Dieckmann, Der Selbstbeh, Brühler Schr Bd 19, 1981, S 55; Künkel DAV **84**, 4; Duderstadt FamRZ **87**, 552; Graba FamRZ **89**, 233f u 575; offen gelassen in BGH NJW **88**, 1722). Mißverständl ist es ledigl, für die individuelle Festsetzg der für den UnterhSchu maßgebl Opfergrenze den Ausdr Selbstbeh zu verwenden.

bb) Unterhaltsberechnung im Mangelfall. Vgl zunächst Anm 1 c. Die Prax nimmt mRücks auf § 1609 II 1 eine **proportionale Herabsetzung** sämtlicher UnterhAnspr in der Weise vor, daß nach Abzug des notw Eigenbedarfs des UnterhSchu die verbleibende Verteilgsmasse auf die UnterhBerecht im Verhältn ihrer jeweil Bedarfssätze verteilt wird (RechenBspe Düss Tab NJW **88**, 2353 unter C; Heiß/Heiß I 4.7f; Schwab/Borth S 807). Dies ist zuläss, wenn die Bedürfn des betroff UnterhBerecht gleichwert und u die dem UnterhSchu verbleibden Mittel zur Deckg seines notw LebBedarfs ausr (BGH NJW **83**, 1733/5). Bei der Berechng geht man zT vom angem bzw von einem Mittelwert, der zw dem angem u dem notw Selbstbeh liegt, aus (Ffm FamRZ **84**, 282; Künkel, Prax des UnterhR in Hbg u SchlH, 1986, S 207); zT wird mit dem angem Bedarf gearbeitet, in echten Mangelfällen aber mit dem MindestBed (Büttner NJW **87**, 1859). Angesichts der Mangelsituation, die Voraussetzg für die Anwendg von § 1581 ist, erscheint es zweckmäß, unmittelb vom notw Selbstbeh auszugehen (Weychardt DAV **84**, 261; Graba FamRZ **89**, 233ff m RechenBspen), unter Abzug von Kindergeldanteil u zählKiVorteil. Nach Dchführg der VerhältnRechng wird in der weiteren, nunmehr die eigtl BilligkEntsch enthaltenden Abwägg der UnterhAnteil des unterberecht gesch Eheg angem herabgesetzt u dadch der EinkAnteil des UnterhPflicht über den notw Selbstbeh hinaus angehoben (Graba FamRZ **89**, 233ff; Göppinger/Wenz Rdn 1175; MüKo/Richter Rdn 20, 22).

cc) Die Billigkeitsabwägung unterliegt nur eingeschränkt revisionsrechtl Überprüfg. Sie muß aber den angewendten Maßst erkennen lassen u darf nicht die vom Ges vorgegebenen Wertgen auß Acht lassen od sogar in ihr Ggteil verkehren (BGH NJW **83**, 1733/5). Die BilligkAbwägg beschrkt sich auf die Berücks vermögrechtlicher Gespkte, so daß sonstige Umst wie die Dauer der Ehe uä hierbei auß Betr bleiben (Hamm FamRZ **79**, 137; Rolland Rdn 1). Auch ein Fehlverhalten eines Eheg ist unerhebl, was wg § 1579 den UnterhPflicht unangem begünst kann (Joh/Henr/Voelskow Rdn 10). Ferner geht es auf dieser Stufe nur noch um die Verteilg finanz Mittel, so daß (arg e contrario aus § 1603 Anm 4a) nicht etwa nach Billigk ein verstärkter ArbEinsatz verlangt w kann (Soergel/Häberle Rdn 4ff; aA Joh/Henr/Voelskow Rdn 8). Das schließt jedoch nicht die Berücks der gesundh Leistgsfähigk aus od daß bei zumutb Wohnsitzverlegg eine besser bezahlte ArbStelle zu erlangen ist. Dem Berecht ist uU die Veräußerg eines wertvollen FamErbstücks eher zuzumuten als seine Inanspruchn dem Verpfl, die auf dessen Eigenbedarf keine Rücks nimmt (BT-Drucks 7/650 S 140). Bei Gefährdg des notw EigenBed erlischt die UnterhPfl bzw jedenf so lange, bis sie dch Veränderg der Umst wieder erfüllt werden kann. Dann ZPO 323. Bei teilw Gefährdg teilw Befreiung.

dd) Sonderfälle. Sind keine gemeins Kinder vorh, verbleibt dem UnterhSchu als **billiger Selbstbehalt** (Schwab/Borth S 802) ein Betr, der in der Mitte zw notw u angem Eigenbedarf liegt (Celle FamRZ **88**, 1238/40: bis 1250 DM; MüKo/Richter Rdn 21; zum mißverständl Sprachgebrauch in diesem Zushg Anm 5b aa aE). Im Falle einen solchen bill SelbstBeh kann es mj nichteehl od zweitehel Ki ggü der Berücks des notw EigenBed im Verhältn zu ihnen zu einem echten SelbstBehSplitting kommen (Heiß/Heiß I 4.8f). Vollj Ki ggü geht der gesch Eheg vor (§ 1609 II 2). Bei beiderseit Betreuung gemeinsamer Ki (MüKo/Richter Rdn 21 mN) sowie bei UnterhAnspr aus §§ 1575, 1576 sollte dem UnterhPflicht der auch iR der BilligkAbwägg grdsl nicht zu unterschreitde **angemessene Eigenbedarf** verbleiben (Joh/Henr/Voelskow Rdn 9; Schwab/Borth S 803). Bei beiderseit Arblosigk eher nur der notw SelbstBeh (Düss FamRZ **89**, 982).

1469

§ 1582 1–4   4. Buch. 1. Abschnitt. *Diederichsen*

1582 *Zusammentreffen von Ansprüchen eines geschiedenen und eines neuen Ehegatten.* ¹Bei Ermittlung des Unterhalts des geschiedenen Ehegatten geht im Falle des § 1581 der geschiedene Ehegatte einem neuen Ehegatten vor, wenn dieser nicht bei entsprechender Anwendung der §§ 1569 bis 1574, 1576 und des § 1577 Abs. 1 unterhaltsberechtigt wäre. Hätte der neue Ehegatte nach diesen Vorschriften einen Unterhaltsanspruch, geht ihm der geschiedene Ehegatte gleichwohl vor, wenn er nach § 1570 oder nach § 1576 unterhaltsberechtigt ist oder die Ehe mit dem geschiedenen Ehegatten von langer Dauer war. Der Ehedauer steht die Zeit gleich, in der ein Ehegatte wegen der Pflege oder Erziehung eines gemeinschaftlichen Kindes nach § 1570 unterhaltsberechtigt war.
II § 1609 bleibt im übrigen unberührt.

Schrifttum: Schmitt, Der „Rang" des GeschUnterh, 1985 (FamRZ **86**, 961).

1) Die Vorschr regelt die **Unterhaltskonkurrenz nach Wiederverheiratung des unterhaltspflichtigen Ehegatten,** den Fall also, daß der gesch u der neue Eheg von dem unterh-verpflichteten Eheg Unterh verlangen, ohne daß dieser in der Lage ist, beide Anspr zu befriedigen. Die Konkurrenzsituation entsteht also nur, wenn der unterhpflicht Eheg den UnterhPfl aus der früh u der neuen Ehe nicht gleichzeitig nachkommen kann. Ist der verpfl Eheg voll leistgsfäh, so taucht das Probl der UnterhKonkurrenz nicht auf.

a) Zweck: Die Regelg soll ausschließen, daß der neue Eheg vor dem gesch Eheg des Verpfl bevorzugt wird (BT-Drucks 7/650 S 142f; 7/4361 S 33). Das Ges wählt hierzu aber nicht die Gleichstellg, sond den Weg einer **doppelten Privilegierung** des früh Eheg: der gesch Eheg hat Vorrang, wenn nicht der neue Eheg des UnterhVerpfl nach einer fiktiven (!) Scheidg seiners unterh-berecht wäre, I 1. Diese Best läßt § 1575 unerwähnt, weil die dort vorausgesetzte hypothet Betrachtg für die bestehende Ehe ausscheidet (Rolland Rn 7). Aber auch für den fikt Fall der Scheidg wird der in den Fällen der KiBetreuung, Krankh, des Alters usw. bestehende Gleichrang nochmals zG des früh Eheg durchbrochen, wenn dieser die wertvolle UnterhGrde (KiBetreuung, lange Ehedauer od die Billigkklausel) für sich ins Feld führen kann, I 2. Wg Einzelh vgl 47. Aufl Anm 2.

b) Die Vorschr ist **verfassungsrechtlich** unbedenkl, soweit der MindBedarf des neuen Ehepaars gesichert ist (BGH FamRZ **87**, 916; Ffm FamRZ **87**, 1155; überh unbedenkl: Stgt FamRZ **81**, 1181; Düss FamRZ **82**, 1076). Verfmäß Bedenken weckt die Vorschr, soweit der gesch Eheg Vorrang auch hins seines angem Unterh vor dem MindUnterh des neuen Eheg des UnterhSchu haben soll, insbes wenn BilligkUnterh vor KiBetreuungsUnterh rangiert (Johannsen/Henrich/Voelskow Rn 3). Im übrigen kennt GG 6 I nicht Ehen verschiedener Klassen; die Benachteiligg im UnterhR macht die 2. Ehe aber zu einer solchen 2. Kl. Wenn BT-Drucks 7/650 S 143 u 7/4694 S 12 sich demggü darauf berufen, der neue Eheg habe mit dem Bestehen derartiger UnterhPfl rechnen müssen u in der neuen Ehe sei ggf auf Kinder zu verzichten, so braucht die Kenntn keineswegs immer vorh zu sein. Im übrigen verstößt das fakt Verbot von Haushführgsehe u von Kindern f die 2. Ehe eklatant gg GG 6 I u widerspricht auch dem hohen Rang, den das Ges selbst der KiBetreuung einräumt. Die leichte Scheidbark v Ehen wertet die jew früh zG der bestehenden psychol ab. Der Vorrang erscheint insb für diejenigen Fälle verfassrechtl bedenkl, in denen der bevorrechtete Eheg die Ehe selbst (schuldh) zerstört h (vgl Dieckmann FamRZ **77**, 163; Hamm FamRZ **82**, 69). Nicht verfwidr ist der Vorrang des früh Eheg hins seines Anspr auf KiBetreuungsUnterh, auch wenn in der neuen Ehe Ki zu betreuen s (BVerfG NJW **84**, 1523). Noch nicht entsch ist die Frage, ob der Vorrang auch insow verfmäß ist, als dem gesch Eheg der notwend Unterh gewährt w kann (Johannsen/Henrich/Voelskow Rd 5).

c) Anwendungsbereich: Auf UnterhAnsprüche gem EheG 58 ff ist I 2 nicht analog anzuwenden; dh es besteht Gleichrangigk des UnterhAnspr der altgesch Ehefr mit dem der neuen Ehefr (Ffm FamRZ **79**, 41; Oldbg FamRZ **80**, 53; Düss FamRZ **80**, 1013; **86**, 471 u 1002; Kln FamRZ **83**, 508; aA Engelhardt JZ **76**, 579; 47. Aufl). § 1582 gilt auch für **mehrfache Scheidung.** Ist der gesch Eheg **teilweise erwerbstätig,** so gilt sein Vorrang nur noch für den beanspr ÜberschußBetr. Entspr gilt für den teilw erwerbstät neuen Eheg.

2) Gleichen Rang haben gesch u neuer Eheg, wenn letzterer im (hypothet) Scheidgsfall entspr §§ 1569 ff unterhberecht wäre u der gesch Eheg es seiners nicht nach den §§ 1570, 1576 ist u seine Ehe auch nicht lange gedauert h.

3) Unterhaltsvorrang mangels Scheidungsunterhaltsberechtigung auf seiten des neuen Eheg, I 1. Der früh Eheg bleibt ggü dem neuen Eheg vorrang unterhaltsberecht, wenn dem 2. Eheg des Unterhaltsverpflichteten die Voraussetzgen fehlen, unter denen er seiners iF der Scheidg Unterh begehren könnte. Da die 2. Ehe in Wirklichk besteht u damit ein Anspr aus § 1360, kommt nur eine entspr Anwendg der UnterhVorschriften des ScheidgsR in Betr. Liegen die Voraussetzgen für eine UnterhGewährg vor, sind die UnterhAnspr des 1. u 2. Eheg des UnterhSchuldn gleichrang, sofern nicht der 1. Eheg den Vorrang nach I 2 erlangt. Bei der Prüfg, ob die Erfordern des ScheidgsUnterh in der Pers des neuen Eheg erfüllt sind, müssen alle diej Voraussetzgen unbeachtet gelassen w, die mangels tatsächl Scheidg nicht erfüllt sein können, wie zB der Ztpkt der Scheidg n § 1572 Z 1 od die nachhalt UnterhSicherg dch ErwTätigk iSv § 1573 IV, ebso der Ausbildgszwang gem § 1574 III, zumal der virtuell entspr UnterhAnspr des neuen Eheg n § 1575 aus der UnterhHypothese ausgeklammert wird. Fragwürd ist, warum der beim gesch Eheg iRv I 2 privilegierte UnterhAnspr aus § 1576 in der Pers des 2. Eheg nur zur Gleichrangigk führen u, falls auch der 1. Eheg seinen Anspr daraus herleitn kann, sogar wieder nachrang w soll.

4) Vorrang wegen Kindesbetreuung, Ehedauer und für den Billigkeitsunterhalt, I 2.

a) Ggü dem an sich n § 1360 unterhaltsberecht neuen Eheg genießt der UnterhAnspr des gesch Eheg Vorrang, soweit er auf die **Betreuung gemeinschaftlicher Kinder** gestützt w, u zwar selbst dann, wenn der neue Eheg ebenf Kinder zu erziehen od zu pflegen hat. Nicht verfassgswidr (BVerfG NJW **84**, 1523). Währd die Kinder aus versch Ehen ihrers unterhaltsrechtl gleichgestellt sind (§ 1609 I), sind es ihre unterhaltsbedürft Elt nicht; hier hat der gesch Eheg den Vorrang ggü dem neuen Eheg. **Grund:** Ein gesch Eheg,

1470

Bürgerliche Ehe. 7. Titel: Scheidung der Ehe   §§ 1582–1584

der Kinder aus der gesch Ehe betreut, erfüllt damit eine Aufg, für die der UnterhPfl als anderer EltTeil ebenf aufzukommen hat. Das gibt seinem UnterhAnspr eine bes starke Grdlage, so daß die Billigk verlangt, ihm den Vorrang zu verleihen (BT-Drucks 7/650 S 143). Nach Schlesw NJW **83**, 2216 L verfassgswidr.

b) Vorrang hat auch der auf die pos **Billigkeitsklausel** gestützte UnterhAnspr (§ 1576), weil dieser überh nur in solchen Fällen in Betr kommt, in denen aS der gesch Ehe ein erhebl, bes schutzwürd Vertrauen vorliegt, das dem UnterhAnspr des neuen Eheg von vornh den Rang abläuft.

c) Auch dadch, daß die gesch **Ehe lange bestanden** hat, verstärkt sich die Grdl des UnterhAnspr so, daß es unbill wäre, dem unterhaltsbedürft gesch Eheg das Maß von Sicherg vorzuenthalten, das ihm ein Vorrang gewährt. Je länger eine Ehe dauert, um so stärker tritt die Frage der wirtschaftl Sicherg des Eheg, der den Haush führt, mit dem Bestand dieser Ehe verbunden; denn er hat wg dieser Aufg seine eig berufl Entwicklg u anderweit soziale Sicherg vernachläss müssen. Da die Ehe auf LebensZt angelegt ist, soll er nicht gezwungen s, den Einsatz seiner ArbKraft in der Ehe schon von der bloßen Möglk bestimmen zu lassen, daß die Ehe später scheitert (so die amtl Begrdg BT-Drucks 7/650 S 143). Anderers muß dies wg GG 6 I auch für die neue Ehe gelten, so daß auch deren prospektive Dauer für die Beurt, ob die Erstere lange gedauert h, berücks w muß. Solange nicht der KiBetreuungsUnterh in Frage steht, ist auch der Vorrang der langen Ehedauer in I 2 verfassgskonform (BGH NJW **85**, 1029). Maßgebl für die Berechng Rhängigk des Scheidgs-Antr (BGH FamRZ **83**, 886). Lange Ehedauer wird verneint bei 8 J (BGH NJW **83**, 1733), dagg bejaht zB bei 15 (BGH FamRZ **83**, 886) u 14 J (Hamm FamRZ **82**, 70; aA Kblz FamRZ **83**, 281). Wenn Kinder aus der Ehe hervorgegangen sind, wird in den meisten Fällen die weitere Pflege od Erziehg der Kinder von der gesch Frau übern, die vor der Scheidg Hausfr war u nach der Scheidg wg der Pflege od Erziehg der Kinder nicht erwerbstät werden kann. Es verstößt daher der Billigk, die Zt, in der die Frau wg der Pflege od Erziehg der Kinder desh nicht erwerbstät sein k, wie die Zt der Ehedauer zu behandeln, **I 3.** Eine ErwTätigk wird in dieser Zt aus Grden, die in der Ehe liegen, nicht aufgenommen. Um den Kindern aus gesch Ehen auch nach der Scheidg eine möglichst gute Entwicklg zu sichern, soll sich kein Eheg bei der Entsch, ob er die Pflege od Erziehg der Kinder übernimmt oder daneben nicht erwerbstät sein kann, von der Sorge bestimmen lassen, daß sein Unterh anschließd dch Ansprüche eines weiteren Eheg des Verpflichteten gefährdet w könnte (BT-Drucks 7/650 S 143 f).

5) Die **Berechnung des vorrangigen Unterhalts** erfolgt nicht nach der Proportionalformel aus BT-Drucks 7/4961 S 33 f (dazu ausführl 47. Aufl), sond nach BGH **104**, 158 unter einschränkender Ausleg des § 1609 (vgl dort Anm 2a) so, daß zunächst der Bedarf sämtlicher minderjähr Kinder, daneben der gem § 1578 I zu bemessende Bedarf (also nicht etwa nur: der MindBed) des nach § 1582 privilegierten geschied Eheg sichergestellt w und erst nach Abzug des Selbstbehalts des UnterhSchu ein etwaiger RestBetr für den neuen Eheg zur Verfügg steht. Schon vorher hatte BGH NJW **86**, 2054/56 es für unzul erkl, zunächst den MindUnterh des vorrang berecht wie des neuen Eheg sicherzustellen u dann lediglich das verbleibende Eink n §§ 1581, 1582 aufzuteilen.

1583 **Gütergemeinschaft mit neuem Ehegatten.** Lebt der Verpflichtete im Falle der Wiederheirat mit seinem neuen Ehegatten im Güterstand der Gütergemeinschaft, so ist § 1604 entsprechend anzuwenden.

1) Leistungsfähigkeit bei Gütergemeinschaft in der neuen Ehe. Die dch 1. EheRG Art 1 Z 20 eingef Bestimmg regelt den Fall, daß der unterhaltspflicht Eheg nach der Scheidg wieder geheiratet hat u mit dem neuen Eheg im Güterstd der GütGemsch (§§ 1415 ff) lebt. Regelgsproblem ist, ob das Gesamtgut (§ 1416) für die UnterhSchulden des früher schon einmal verh Eheg haftet. Die Vorschr bestimmt die entspr Anwendg von § 1604, wobei statt „Verwandten" gelesen werden muß: „Verwandte od früherer Eheg". Für die Bewertg der Leistgsfähigk bleibt die sich innerh der neuen Ehe ergebde UnterhPfl (§ 1360) außer Betr (vgl dazu § 1582). Wg Einzelheiten vgl Anm zu § 1604.

2) Zu unterscheiden sind **2 Fälle: a)** Nur der unterhaltspflicht gesch Eheg hat seinen 1. Eheg zu versorgen u evtl daneben noch Kinder od auch Verwandte. In diesem Fall bestimmt sich seine Leistgsfähigk dem gesch Eheg ggü so, wie wenn das GesGut dem unterhaltspflicht Eheg allein gehörte (§ 1604 S 1 analog). Das kann zu einer erhebl Verbesserg der UnterhSituation auf seiten des gesch Eheg führen. **b)** Auch der and Eheg der 2. Ehe hat für Verwandte od einen früh Eheg zu sorgen. Jetzt ist der Unterh aus dem GesGut so zu gewähren, wie wenn die Bedürft zu beiden Eheg in VerwandtschVerhältn ständen, auf den die UnterhPfl des verpflichteten Eheg beruht (§ 1604 S 2 analog). Das bedeutet, daß dem wieder verheirateten UnterhSchuldn für seine UnterhVerpflichtg zwar das GesGut als Verm zugerechnet w; seine Leistgsfähigk iS der UnterhR braucht dadch aber nicht größer zu werden, weil auch die UnterhPflichten des neuen Eheg mitberücks w müssen, wobei sehr schnell die Grenze der nach § 1581 zu bestimmden Leistgsfähigk des UnterhSchuldn erreicht w kann. Da die dem neuen Eheg ggü unterhaltsberecht Personen im Verwandtsch-Grad an die dem gesch Eheg Unterhaltspflichtigen angeglichen w (§ 1604 S 2), wird dessen UnterhAnspr nur von solchen Pers bedroht, die mit ihm gleichrang sind (vgl § 1582 Anm 2a), dh also von mj unverheirateten Kindern u einem früh Eheg des neuen Ehepartners des UnterhSchu (BT-Drucks 7/650 S 144).

1584 **Rangfolge mehrerer Unterhaltspflichtiger.** Der unterhaltspflichtige geschiedene Ehegatte haftet vor den Verwandten des Berechtigten. Soweit jedoch der Verpflichtete nicht leistungsfähig ist, haften die Verwandten vor dem geschiedenen Ehegatten. § 1607 Abs. 2 ist entsprechend anzuwenden.

1) Die dch 1. EheRG Art 1 Z 20 an Stelle v EheG 63 aF eingef Bestimmg betrifft das **Zusammentreffen von Unterhaltsansprüchen** des gesch Eheg gg den früh Ehepartner u gg eig Verwandte. **Grundsatz** ist, daß der unterhaltspflicht Eheg vorrang haftet, S 1. Nur wenn er nicht leistungsfäh ist, haften die Verwandten vor ihm, S 2. Iü gilt für die Fälle der verhinderten od erschwerten Dchsetzg die allg Ersatzhaftsregel mit

1471

§§ 1584, 1585
4. Buch. 1. Abschnitt. *Diederichsen*

ihrem gesetzl FdgsÜbergang, S 3. Ist der gesch Eheg, weil es an den Voraussetzgen der §§ 1570 ff fehlt, ggü dem and Eheg nicht unterhaltsberecht, dann haften die Verwandten nach den allg Vorschr (§§ 1601 ff, vor allem § 1606). Hinsichtl des ZusTreffens verschiedener Verpflichtgen vgl § 1581 Anm 2a.

2) Die vorrangige Haftung des geschiedenen Ehegatten gegenüber Unterhaltspflichten von Verwandten, S 1, erscheint um so mehr gerechtfert, als die UnterhTatbestde der §§ 1570 ff jedenf überwiegd eine ehebedingte Bedürftigkeit voraussetzen. Für diese Ehefolgen einzustehen, ist dem gesch Eheg eher zuzumuten als den unterhaltspflicht Verwandten des Berecht (BT-Drucks 7/650 S 144).

3) Dagg haften die Verwandten des unterhaltsberecht Eheg iF der **Eigenbedarfsgefährdung des verpflichteten Ehegatten** vorrang, S 2. Das Opfer, notfalls auch unter Einschränkg des eig angem Bedarfs Unterh zu leisten (§ 1581), kann von dem Verpflichteten billigerw nur dann verlangt w, wenn der Bedarf des Berecht anders nicht zu decken ist. Sind in einem solchen Fall aber unterhaltspflicht Verwandte des berecht Eheg vorhanden, so besteht kein Bedürfn für die Inanspruchn des verpflicht Eheg. Der **Austausch des Haftungsvorrangs** entspricht iü der Rangfolge iR der bestehden Ehe (BT-Drucks 7/650 S 144f) u bringt damit die Identität des innerehel u nachehel UnterhAnspr zum Ausdr (vgl § 1360 Anm 2d). **a)** Die Verwandten haften nur, soweit die UnterhLeistg dch den gesch Eheg dessen **eigenen angemessenen Unterhalt gefährden** würde. Wg Einzelheiten § 1581 Anm 2b. Kann der UnterhPflichtige wenigstens einen Teil des dem and Eheg zustehden Unterh ohne Gefährdg des eig Bedarfs erbringen, so bleibt es insow bei seiner vorrang Haftg. Nur wg des Restes kann u muß sich der Berecht dann an seine unterhaltspflicht Verwandten halten (BT-Drucks 7/650 S 145). **b) Die Verwandten haften vorrangig**; das bedeutet, daß sie gg den unterhaltsverpfl Eheg keinen ErsatzAnspr haben, u zwar auch nicht rückwirkd in dem Falle, daß sich nachträgl seine VermLage bessert. Dann nur Rückkehr zum Prinzip des S 1 für die Zukunft. AbänderungsKl gem ZPO 323. Beweispflichtig für die Leistgsunfähigk des unterhaltsverpfl Eheg im RStreit gg die in Anspr genommenen Verwandten der unterhaltsberecht Eheg (Düss FamRZ **82**, 611). Sind unterhaltspflicht Verwandte nicht vorh, so haftet wiederum der unterhaltspflicht gesch Eheg. Vgl auch § 1608 Anm 2b.

4) Ersatzhaftung der Verwandten bei erschwerter Durchsetzbarkeit des Unterhaltsanspruchs, S 3. a) Ist die RVerfolgg bezügl des UnterhAnspr des gesch Eheg im Inland ausgeschl od erhebl erschwert, so haften die Verwandten dem gesch Eheg subsidiär auf Unterh (§ 1607 II 1 entspr). Das kann der Fall sein, wenn ein inländ Urt im Ausl vollstreckt w müßte od dessen unterhaltspflicht Eheg dch den Dchsetzg des UnterhAnspr dch ständ Wechsel von Aufenth u Arbeitsplatz od dch Nichtausnutzg einer an sich bestehden Erwerbsmöglk entzieht. Wg Einzeln § 1607 Anm 3. **b) Gesetzlicher Forderungsübergang.** Da iF der Leistgsunwilligk der UnterhSchuldn unterhaltspflicht bleibt, geht der UnterhAnspr des gesch Eheg kraft Gesetzes auf den an seiner Stelle leistden Verwandten über (§ 1607 II 2 entspr), wobei der Übergg nicht zum Nachteil des Berecht geltd gemacht w darf (§ 1607 II 3 entspr).

4. Gestaltung des Unterhaltsanspruchs

1585 *Art der Unterhaltsgewährung.* ^IDer laufende Unterhalt ist durch Zahlung einer Geldrente zu gewähren. Die Rente ist monatlich im voraus zu entrichten. Der Verpflichtete schuldet den vollen Monatsbetrag auch dann, wenn der Unterhaltsanspruch im Laufe des Monats durch Wiederheirat oder Tod des Berechtigten erlischt.

^{II}Statt der Rente kann der Berechtigte eine Abfindung in Kapital verlangen, wenn ein wichtiger Grund vorliegt und der Verpflichtete dadurch nicht unbillig belastet wird.

1) Art der Unterhaltsgewährung. Die Bestimmg regelt, in welcher Weise der nach den §§ 1570ff dem Grde nach u nach den §§ 1581ff der Höhe nach bestimmte Unterh zu leisten ist, näml grdsätzl dch Geldrente, I 1, in AusnFällen auch dch Kapitalabfindg, II. Zulässig auch eine UnterhRegelg dch **Arbeitsvertrag,** wenn die ArbPfl ernsth gewollt ist (BGH NJW **84**, 2350).

2) Unterhaltsrente in Geld, I 1. Die UnterhLeistg erfolgt nur in Geld; § 1612 I 2 hier nicht anwendb. Eine andere Art der Leistg kann aber vereinb w (§ 1585c). Im Ggs zur aF ist jetzt vom „laufden" Unterh die Rede, um klarzustellen, daß der Berecht uU neben der Rente auch eine einmalige Leistg wg Sonderbedarfs (§ 1585b I) verlangen k (BT-Drucks 7/650 S 146). Anders als iFv § 1602 (vgl dort Anm 1) ist grdsl davon auszugehen, daß die **Rente lebenslänglich zu gewähren** ist, es sei denn, es ist bereits bei Beschaffg des Unterh Titels absehb, daß die Unterh-Berechtigg iS der §§ 1570 ff zu einem best Ztpkt mit Sicherh entfällt. Das ist etwa der Fall, wenn bei Unterh wg der Erziehg eines normal entwickelten 15jähr Kindes (§ 1570) schon jetzt feststeht, daß nach 3 Jahren die Betreuung beendet sein w u der gesch Eheg anschließd auch keinen Unterh gem §§ 1571ff verlangen w, weil er in seinen früh Beruf zurückgehen kann. Zeitl beschränkter UnterhTitel ebenf ausreichd iFv § 1575 bei festen Ausbildungszeiten, wenn § 1573 auszuschließen. Aufhebg bzw Abänderg des UnterhTitels bei Veränderg der UnterhPfl begründden Umst gem ZPO 323. Die Zahlg findet **monatlich im voraus** statt, I 2, also jew zum 1. eines jeden Mo. Der UnterhSchuldn hat den geschuldeten Betr auf das vom Berecht angegebene Konto zu überweisen. Der Verpflichtete schuldet den vollen MonatsBetr auch für den Mo, in dem der Berecht wieder heiratet od stirbt, I 3, obwohl der UnterhAnspr in diesen Fällen grdsl erlischt (§ 1586 I).

3) Abfindung in Kapital, II. Statt der Rente kann der Berecht eine auf Geldzahlg, nicht auf Leistg eines best VermGgstdes gerichtete (Glückst FamRZ **78**, 781) Kapitalabfindg verlangen, wenn ein wicht Grd dafür vorliegt u der Verpflichtete dadch nicht unbill belastet w. **Zweck:** Es gehört zum Ziel des neuen ScheidgsR, auch die wirtschaftl Verbindg gesch Ehel so bald wie mögl zu lösen, damit jeder von ihnen unbelastet einen neuen Lebensweg beschreiten k (BT-Drucks 7/650 S 146). Nur der Berecht kann die Abfindg verlangen,

1472

nicht der Verpflichtete gg den Willen des UnterhGläub, um ihn nicht den Risiken der wirtschafl Entwicklg auszusetzen. Regelg dch Vertr jederzeit, auch nachdem Rente bereits zu laufen begann (§ 843 Anm 6), mögl (§ 1585 c). Kapitalabfindg kann verlangt w, **a)** wenn ein **wichtiger Grund** vorliegt, zB um dem UnterhBerecht eine selbstd Stellg (ErwerbsGesch) zu ermöglichen, nicht mehr dagg zur Ermöglichg einer Ausbildg, soweit darauf ein selbstd UnterhAnspr besteht (§ 1575); wohl aber bei Auswanderg. Wird Abfindg unmittelb vor Wiederheirat gezahlt, dann ggf § 812 I 2. **b)** Der Verpflichtete darf dadch **nicht unbillig belastet** werden, dh er muß die geforderte Abfindg unschwer leisten können (BT-Drucks 7/650 S 146).

1585 a   Sicherheitsleistung.

¹Der Verpflichtete hat auf Verlangen Sicherheit zu leisten. Die Verpflichtung, Sicherheit zu leisten, entfällt, wenn kein Grund zu der Annahme besteht, daß die Unterhaltsleistung gefährdet ist oder wenn der Verpflichtete durch die Sicherheitsleistung unbillig belastet würde. Der Betrag, für den Sicherheit zu leisten ist, soll den einfachen Jahresbetrag der Unterhaltsrente nicht übersteigen, sofern nicht nach den besonderen Umständen des Falles eine höhere Sicherheitsleistung angemessen erscheint.

II Die Art der Sicherheitsleistung bestimmt sich nach den Umständen; die Beschränkung des § 232 gilt nicht.

1) Zweck der dch 1. EheRG Art 1 Z 20 an Stelle v EheG 62 I 2 eingef Vorschr ist es, dem UnterhBerecht einen Anspr auf SicherhLeistg ohne weitere Voraussetzgen zu gewähren, da derj, der sich seiner UnterhPfl zu entziehen sucht, die entspr Anstalten idR so treffen wird, daß sein Vorgehen dem Betroffenen so lange wie mögl verborgen bleibt u es dann für SicherhMaßn in aller Regel zu spät sein wird (BT-Drucks 7/650 S 146). Der grdsl voraussetzgslose Anspr auf SicherhLeistg, I 1, entfällt bei fehlder Gefährdg der UnterhLeistg od unbill Belastg des UnterhPflichtigen, I 2. Sinn der neuen Regelg war es, dafür dem Verpflichteten die BewLast aufzuerlegen. II legt die Art der SicherhLeistg fest, I 3 bestimmt die Höhe des zu sichernden Betr. Keine analoge Anwendg v § 1585a auf den UnterhAnspr des getr lebden Eheg (Düss FamRZ **80**, 1116).

2) Der **Anspruch auf Sicherheitsleistung** entsteht mit der UnterhVerpflichtg u ist dieser akzessor, **I 1**. Es bedarf nicht des Nachw eines bes SichergsGrdes, daß sich der Schuldn seiner UnterhPfl zu entziehen sucht, zB sein Verm auf einen Dritten verschiebt uä. Ist aber nicht schon bei Verurteilg zur Entrichtg der UnterhRente auf SicherhLeistg erkannt worden, so kann der Berecht nunmehr nur noch SicherhLeistg verlangen, wenn sich die VermögensVerhältn des Verpflichteten erhebl verschlechtert haben; dasselbe gilt für eine spätere Erhöhg der ursprüngl bestimmten Sicherh (ZPO 324 nF). Die Verpfl zur **Sicherheitsleistung entfällt,** wenn – wofür UnterhVerpflichteter BewLast trägt –, für die UnterhLeistg **keine Gefährdung** besteht, was regelm der Fall ist, wenn der UnterhPflichtige über eine feste ArbStelle u geregeltes Einkommen verfügt, od die SicherhLeistg den Verpflichteten **unbillig belasten** würde, **I 2.** Letzteres kann der Fall sein, wenn jmd, der eine selbstd Tätigk ausübt, seine wirtschaftl Existenz in Frage gestellt sieht, wenn dch Anfdg einer SicherhLeistg sein Kredit entspr stark eingeschränkt w (BT-Drucks 7/650 S 146).

3) Höhe der Sicherheitsleistung, I 3. Die Vorschr geht bei dem Betr, für den Sicherh zu leisten ist, von dem einfachen JahresBetr der UnterhRente als **Regelhöhe der Sicherheit** aus. Dieser obj Maßstab soll dem Ger die Festsetzg der Sicherh erleichtern u trägt dem SicherBedürfn des UnterhBerecht insof ausreichd Rechng, als die Sicherh für den Notfall eine ZugriffsMöglk eröffnet, die von den laufden, auch iW der ZwVollstr erfolgden Zahlgen unberührt bleibt (BT-Drucks 7/650 S 147). Für UnterhZahlgen von geringerer Dauer ist eine niedrigere Sicherh in Betr. Eine die Regelhöhe überschreitde Sicherh kommt unter **besonderen Umständen** in Betr, zB bei Gefährdg des UnterhAnspr dch verschwenderische Lebensführg.

4) Die Art der Sicherheitsleistung richtet sich nach den Umst, wobei die Beschrkgen auf best Formen, wie sie § 232 vorsieht, nicht gilt, **II.** Der Richter kann also auch eine und sich bietde Art der SicherhLeistg auferlegen od zulassen, wobei dem Ger ein möglichst weiter Spielraum gelassen w soll, um den Umst des Einzelfalls gerecht zu werden (BT-Drucks 7/650 S 147). Neben den Möglichkeiten von § 232 kommen in Betr: Verpfändg des Anspr aus einer LebensVers, Bürgsch zahlgskräft Verwandter des UnterhSchuldn. Dagg kann die Abtretg künft Lohn- od GehaltsAnspr nicht angeordnet w, da sie über die bl Sicherg der UnterhFdg hinausgehen würde, auch nicht ggü dem bösw Schuldn (BT-Drucks 7/650 S 147f).

1585 b   Unterhalt für die Vergangenheit.

¹Wegen eines **Sonderbedarfs** (§ 1613 Abs. 2) kann der Berechtigte Unterhalt für die Vergangenheit verlangen.

II Im übrigen kann der Berechtigte für die Vergangenheit Erfüllung oder Schadensersatz wegen Nichterfüllung erst von der Zeit an fordern, in der der Unterhaltspflichtige in Verzug gekommen oder der Unterhaltsanspruch rechtshängig geworden ist.

III Für eine mehr als ein Jahr vor der Rechtshängigkeit liegende Zeit kann Erfüllung oder Schadensersatz wegen Nichterfüllung nur verlangt werden, wenn anzunehmen ist, daß der Verpflichtete sich der Leistung absichtlich entzogen hat.

1) Im allg kann **Unterhalt für die Vergangenheit** nicht verlangt w. Die Vorschr macht von diesem Grds im Verhältn der gesch Eheg zueinand **3 Ausnahmen,** näml hins von Sonderbedarf, I, sowie hins des allg UnterhAnspr vom Ztpkt des Verzuges bzw der Rechtshängigk an, II, wobei die beiden letzteren Anspr einschließl entspr SchadErsAnspr wg Nichterfüllg auf 1 Jahr vor der Rechtshängigk begrenzt sind, soweit nicht auf seiten des UnterhSchuldn Absicht vorliegt, III. **Zweck:** Die Befriedigg von Bedürfnissen einer zurückliegden Zeit ist nicht mögl u desh besteht im Grds keine Notwendigk, darauf gerichtete Anspr fortbestehen zu lassen. Die strikte Einhaltg dieses Grds würde aber dazu führen, daß Bestand u Verwirklichg von UnterhAnsprüchen weitgehd der Willkür des Verpflichteten anheimgegeben würden (BT-Drucks 7/650 S 148). II u III sind auf **vertragliche** UnterhRegelgen analog anzuwenden (BGH **105**, 250).

§§ 1585 b, 1585 c

2) Sonderbedarf, I, (zB Kosten einer unerwarteten Operation) entsteht uU, ohne daß es nach den tats Gegebenheiten mögl ist, den Verpflichteten zuvor in Verzug zu setzen od ihn zu verklagen; desh Regel wie in § 1613 II; dortselbst auch zum Begr u der Einschrkg gem III. Beim EhegUnterh ist über die Außergewöhnlk u Nichtvoraussehbark des Bedarfs hinaus zu prüfen, inwiew der UnterhBerecht an dem SondBed selbst zu beteiligen ist, wofür das Verhältn v UnterhRente u Höhe des SondBed u dessen Zweck (zB Umzugskosten zZw der Aufn einer Erwtätigk des UnterhGl) entscheid ist (BGH NJW **83**, 225 zu EheG 58).

3) Sonstiger Unterhalt für die Vergangenheit od SchadErs wg Nichterfüllg kann nur nach Begründg von SchuVerzug od Rechtshängigk des UnterhAnspr geltd gemacht w, **II.** Es soll verhindert w, daß der Verpflichtete dch Nichtleistg währd der Zt, für die der Unterh bestimmt ist, willkürl auf den Bestand des UnterhAnspr einwirken k (BT-Drucks 7/650 S 149). Verzug §§ 284 f; Rhängigk dch KlErhebg ZPO 261; auch bei EntggTreten gg ZwVollstrGgKl des UnterhSchu (Karlsr FamRZ **88**, 400). SchadErs beispielsw wg Inansprchn eines Kredites (Zinsen), Spätfolgen einer verschleppten Krankh usw.

4) Absichtlicher Leistungsentzug, III. Auch bei Verzug des UnterhSchuldn muß der gesch Eheg weiter um seine Anspr besorgt bleiben; er hat sie, wenn er sie verwirklichen will, spätestens innerh 1 J rechtshäng zu machen, wofür PKH-Gesuch nicht ausreicht (Schlesw FamRZ **88**, 961). Diese zeitl Einschrkg fällt fort, wenn sich der Verpfl der Leistg absichtl entzogen hat, weil der so handelnde Eheg keinen Schutz verdient (BT-Drucks 7/650 S 149). Aktives Hintertreiben der UnterhVerpfl nicht erfdl; es genügt jedes zweckgerichtete Verh, Tun od Unterl, des Schu, das die zeitnahe Realisierg der Unterhschuld verh od zumind wesentl erschwert hat (BGH **105**, 250). III gilt für UnterhAnspr, darauf gestützte SchadErsAnspr u SonderBed. Vors genügt nicht; ausreich aber die Anführg von Tats, die auf Abs hindeuten (arg „anzunehmen ist"). Auf die nachträgl Ausgleichg der dch das Realsplitting entstandenen steuerl Nachteile (§ 1569 Anm 2 f) ist III nicht anwendb (BGH NJW **86**, 254). III gilt aber auch für den auf den SozHilfeTräger übergegangenen UnterhAnspr (BGH FamRZ **87**, 1014).

1585 c *Unterhaltsverträge.* Die Ehegatten können über die Unterhaltspflicht für die Zeit nach der Scheidung Vereinbarungen treffen.

Schrifttum: Göppinger, Vereinbgen anläßl der Ehescheidg, 5. Aufl 1985; Reinhardt, Zulässigk des UnterhVerzichts auf den nach Scheidg der Ehe gegebenen UnterhAnspr, 1966 (dazu Huhn FamRZ **67**, 267); Wächter FamRZ **76**, 253; Ruland MDR **76**, 453; Diederichsen NJW **77**, 362; Dieckmann FamRZ **77**, 164 u NJW **80**, 2777; Bartsch ZRP **79**, 96 (GenPfl); Langenfeld NJW **81**, 2377; Giesing NJW **82**, 271; Vortmann JA **86**, 401; Herb NJW **87**, 1525; Rau MittRhNotK **88**, 187.

1) Die bes Bedeutg der Best liegt in der Zulassg der UnterhVerträge, die vor der Scheidg für die Zeit nach ihr abgeschl w, womit zugl klargestellt w, daß die den nachehel Unterh regelnden Bestimmungen nachgieb Recht enthalten. **Zweck:** Die Vorschr trägt dem Bedürfn Rechng, eine rechtl gesicherte Versorgsmöglichk dch Vereinbg vor der Scheidg zu geben. Zur Vermeidg unnöt Streits im ScheidgsVerf u im Interesse des Ausschl späterer UnterhStreitigkeiten erscheint eine möglichst frühzeit u endgült vertragl Lösg der unterhaltsrechtl Beziehgen der Eheg für die Zeit nach der Scheidg sogar erwünscht (BT-Drucks 7/650 S 149). Das VerfR sieht vor, daß die Scheidgsfolgen grdsl gleichzeit mit dem Ausspr der Scheidg zu regeln sind (ZPO 623). Der Zielsetzg, den ScheidgsAusspr möglichst nicht ohne Regelg der Scheidgsfolgen zu tun, wird in bes Maße eine Vereinbg der Parteien ü die Scheidgsfolgen gerecht (BT-Drucks aaO). Nach wie vor wg § 1587 o beachtenswert die Mahng v Peters JZ **73**, 354, zur Vorsicht mit UnterhVerzichten bei der Ehescheidg, soweit die Frau damit auch Anspr auf Hinterbliebenenrente aus der SozialVers unwiderrufl aufgibt. Mit Rücks auf die Nichtidentität (§ 1360 Anm 2 d) ist der Austausch des UnterhAnspr aus § 1569 gg denj aus § 1361 dch Vereinbarg nicht mögl (BGH NJW **82**, 2072). – **Übergangsrecht:** UnterhVerträge, die vor dem Inkrafttr des EheG 1938 abgeschl sind, sind als gültig anzusehen, soweit sie nicht rechtskr für nichtig erkl waren (RG **159**, 157). Unter der Geltg von EheG 72 aF geschl UnterhVereinbgen bleiben unberührt (1. EheRG Art 12 Z 3). Vgl iü Einf 6 b vor § 1569. Zum **Steuerrecht** s Göppinger Rdn 318 ff.

2) Unterhaltsverträge

a) im allgemeinen. Wg der UnterhVerträge für die Zeit des Bestehens der Ehe vgl § 1360 Anm 1. **Für die Zeit nach der Scheidung** der Ehe abgeschl UnterhVerträge sind gült, soweit nicht etwa ihr Inhalt im Einzelfall gem §§ 134, 138 gg das Ges od die guten Sitten verstößt (BT-Drucks 7/650 S 149) od es sich um bloße Wiederholg eines vor der Scheidg abgeschl nichtigen UnterhVergl handelt; and wenn der nachträgl Abschl auf neuem Entschl beruht (OGHBrZ NJW **49**, 144). Anspr aus der vertragl Regelg bleibt jedenf iSv EStG 12 Z 2 gesetzl Anspr (BFH NJW **74**, 1351; sa RG **145**, 305; **166**, 381; BGH **31**, 218). Regeln Eheg vor od nach dem noch nicht rechtskr Urt vergleichw den Unterh, so kann sich der Verpflichtete gem ZPO 767 darauf berufen, daß der Vergl and ausgefallen wäre, wenn er von der fr schweren Eheverfehl des Begünstigten gewußt hätte (BGH JR **70**, 60 mAv Bökelmann). Ein UnterhVerzicht für den Scheidgsfall wirkt auch nach Zurückn des ScheidgsAntr fort, wenn die Ehe alsbald auf Antr des and Eheg geschieden w (Hbg FamRZ **81**, 968). Vgl iü Einf 4 v § 1601.

b) Unterhaltsvereinbarungen eines Dritten mit einem Ehegatten für den Fall von dessen Scheidg werden von § 1585 c nicht erfaßt; dann vielm, da fremde Einflüsse auf den Bestand der Ehe fernzuhalten, die früh Rspr heranzuziehen, die im allg vor Scheidg abgeschl Verträge desh für nichtig ansah, weil sie abgeschl seien, um den and Eheg zur Scheidg zu bewegen (vgl Warn **13**, 3; **19**, 93). Der Dr darf dann ledigl wirtschaftl Sicherstellg des Eheg für den Fall der Scheidg bezwecken, dh äußere Hindernisse bei der Verwirklichg des dch den Eheg bereits gefaßten Scheidgsentschlusses beseitigen, nicht den Eheg aber in der Entschließg zur Scheidg beeinflussen wollen; sonst ggf Nichtigk nach § 138 (BGH NJW **51**, 268). Wenn aber BGH MDR **58**, 22 die Sicherstellg dch Bürgsch der Ehestörerin als unsittl ansehen will, so kann dem aus den Gründen der Bejahg der EhestörgsKl (Einf 1 vor § 1353) nicht beigetreten w; die Ehestörerin erfüllt eine sittl Pfl, wenn sie ihrerseits die Ehefr, die die Stellg als solche aufgibt, entschädigt (ebso Boehmer MDR **58**, 4; Bosch FamRZ **57**, 301). Widerspruchsvollerw erkennt BGH eine solche Pfl einer Frau, die nicht Ehestörerin ist, also keine Schuld gg die Ehefr auf sich geladen hat, an (BGH FamRZ **56**, 311). Keine Bedenken bestehen, wenn die vermutl 2. Ehefr ihre UnterhVerpflichtg nach dem Ableben des scheidgswill UnterhVerpflichteten regelt (BGH NJW **62**, 1294). Zul auch Freistellgsversprechen eines Dritten hins UnterhVerpfl des scheidgswill Eheg ggü dessen Kind (KG FamRZ **74**, 449).

c) Kinder erwerben aus dem ScheidgsVgl der Elt bis zum 1. 7. 77 materiell einen Anspr, wenn es sich um einen Vertr zG eines Dr handelt (BSG NJW **71**, 726; LG Stgt DAVorm **76**, 220; Hanisch NJW **71**, 1018; Hiendl NJW **72**, 712). Doch müssen ausreichde AnhaltsPkte für einen Vertr zG der Kinder vorhanden sein (BGH FamRZ **80**, 342). Befindet sich das Kind in der Obhut eines EltT, kann dieser die UnterhAnspr aus §§ 1601 ff iW der Prozeßstandsch verfolgen u entspr Vergl abschließen (§ 1629 II 2 u III), ohne daß Kind beitreten kann od muß (§ 1629 Anm 5 b cc). Ab 1. 7. 77: § 1629 III nF.

d) Gegenstand des Vertrags ist idR nicht die Begründg eines eig vertragl Anspr, sond die Ausgestaltg des bestehenden gesetzl UnterhAnspr (BGH FamRZ **86**, 790; **87**, 1012). Die Eheg können Abändergen von §§ 1570 bis 1585 b vereinb, u zwar solche, dch die das gesetzl Maß bestimmt, oder auch von der gesetzl Grdl abgewichen w, zB UnterhZusagen für best Fristen od Jahre unabh von den Voraussetzgen der §§ 1570 ff. Zul ist die Koppelg des nachehel Unterh an das Verschuldensprinzip (Walter NJW **81**, 1409; FamRZ **82**, 7). Zu Wertsichergsklauseln § 245 Anm 5; Göppinger Rn 289 ff. Ein auf der unricht Beratg dch den Anw des begünst Eheg beruhdes nachteiliges UnterhVerspr ist nichtig (Düss FamRZ **89**, 635). **Unterhaltsverzicht** (Lit: Frey, Der Verz auf den nachehel Unterh, 1988; Bosch, FS Habscheid 1989, S 23). Es kann auch schon vor der Eheschließg (Hamm FamRZ **82**, 1215 m bedenkensw Anm v Bosch) auf die Zahlg v Unterh f die Zeit nach der Scheidg teilw od überh verzichtet werden, auch wenn bei Abschl der Vereinbg ein Ki unterwegs ist (Celle FamRZ **89**, 64; im prakt Ergebn auch Hamm FamRZ **89**, 398), u entspr auch auf Unterh aus § 1570 (Richter JR **86**, 18; aA Bosch FamRZ **85**, 788, 791). Verz ist grdsl nicht sittenwidr (Düss FamRZ **55**, 293), es sei denn, der Verz erfolgt mRücks auf die SozHilfe (Düss FamRZ **81**, 1080; schärfer VerwG Mü FamRZ **85**, 292: Sittenwidrigk bereits bei Erkennbark od Voraussehbark zukünft Hilfsbedürftigk) od diese wird erforderl, weil der UnterhSchuldn ehebedingte Schulden tilgen soll (Zweibr FamRZ **83**, 930). Aber auch ohne eine derart Schädiggsabsicht kann der UnterhVerz sittenwidr sein, wenn der vermögensl Eheg zwangsläuf der SozHilfe anheimfällt (BGH **86**, 82; FamRZ **87**, 152/54). Ist der Verzichtde bereits einmal von SozHilfe unterstützt u Überleitgs Anz gem BSHG 90, 91 gemacht w, so ist derart Verzicht dem SozHilfeTr ggü ohne Wirkg (BGH **20**, 127). Nichtig auch, wenn ErlaßVertr über rückständ Unterh zw RWahrgsAnz u Überleitg auf den SozHilfeTr geschl wird (BGH NJW **87**, 1546). Zur Sittenwidrigk v den Zugew u VA umfassden Globalverzichten § 1408 Anm 3 bbb. UnterhVerzicht bei gleichzeit Vereinbg der Gütertrenng braucht nicht sittenwidr zu sein, wenn Eheschl im wesentl zZw der Legitimierg des gemschaftl **Kindes** erfolgte (Ffm FamRZ **84**, 486; bestät BGH NJW **85**, 1833: Verz auf Unterh aus § 1570 zul). Wird nach UnterhVerz in die bish kinderl Ehe ein Ki geboren, kann Berufg auf den Verz gg § 242 verstoßen (BGH NJW **85**, 1835); hins der UnterhHöhe behält der UnterhVerz ggf Bedeutg (Ffm FamRZ **88**, 289). Ebso § 242, wenn auf KiBetreuungsUnterh nur mRücks und die erwartete, aber nicht realisierte günst Verwertg von GrdBesitz verzichtet worden war (BGH NJW **87**, 776). Treuwidr ist auch die Berufg auf einen 10 J zurückliegenden UnterhVerz, wenn die insges länger als 30 j Ehe danach fortgeführt w war (BGH NJW **87**, 2739) od wenn der zZw der Bedarfsbefriedigg überlassene Betrieb aus nicht anzulastden Grden wenige Mo später liquidiert w muß (Mü FamRZ **85**, 1264). Auch für das Wiederaufleben einer WwenRente kommt es darauf an, daß der UnterhVerz auf einem verständ Grd beruhte; der gesch Ehefr ist es grdsl zuzumuten, bestehde UnterhAnspr zu realisieren (BSG NJW **84**, 326). Keine Bindg des SozGer an eine insoweit falsche Entsch des FamG (LSG Bln NJW **85**, 2287). Der UnterhVerz macht iR der einverständl Scheidg den vollstreckb Schuldtitel iSv ZPO 630 III überfl (AG Ettl FamRZ **78**, 340). Der UnterhVerzicht hat nach Abschaffg der Geschiedenen-Witwen-Versorgg dch das 1. EheRG nurmehr eine beschränkte Fernwirkg für die eig Altersversorgg. Grdsätzl hat ein umfassder UnterhVerz auch den Verlust v Anspr aus RVO 1265 S 2 zur Folge (BSG FamRZ **75**, 578; **76**, 628); aber ein Verz ist uU dann unschädl, wenn er erkl wurde, weil der UnterhSchu ohnehin nicht leistgsfäh war (BSG FamRZ **85**, 1127), od wenn er sonst ins Leere ging (LSG Esn NJW **85**, 2288 Wiederauflebensrente). Zu beachten ist, daß ein UnterhVerz auch die Beiträge zur eigenen Altersversicherg umfaßt (vgl § 1578 III). Iü berührt er nicht die abgeleitete Geschiedenen-Hinterbliebenenversorgg der sich dem VersorggsAusgl nach § 1587 I 2 entziehden Entscheidggsysteme (RVO 592; BVG 42). Unterhaltsrechtl Bedeutg hat in diesem Zushg auch der UnterhBetr gem BeamtVG 22 II, der als Ausgl für einen inf Tod ausbleibden schuldrechtl VersorggsAusgl gewährt w. Verzicht ist auch keine Schenkg. Ebsowenig die Übern von UnterhaltsVerpflichtgen zur Erleichterg der Scheidg (RG DR **41**, 2611). Ein UnterhVerz außer für den **Notbedarf** ist regelm dahin auszulegen, daß der Fall der Not nicht erst dann vorliegt, wenn elementare Bedürfn nicht mehr befriedigt w können, sond schon dann gegeben ist, wenn der notw Unterh (§ 1610 Anm 1) sichergestellt w muß, dh der UnterhSchu muß trotz des Verzichts für den Selbstbehalt des and Eheg aufkommen (BGH NJW **81**, 51; Karlsr FamRZ **85**, 1050).

e) Die UnterhVerträge bedürfen an sich keiner besonderen **Form**. Wird aber unter Verzicht auf ZPO 323 eine Rente versprochen, so § 761 (RG **150**, 390). Wird eine UnterhVereinbg mit formbedürft Erklärungen u Vereinbgen (§§ 1378 III 2, 1587 o II 1 usw) verbunden, so bedarf auch sie gem § 139 der entspr Form (Langenfeld DNotZ **83**, 160). Zur Ablehng des Erfordernisses notarieller Beurk BT-Drucks 7/4361 S 34. Soll ein UnterhVerz nach dem Willen der Parteien notariell beurk w, ist die Vereinbg vor der Beurk gem § 125 S 2 nicht wirks (Karlsr FamRZ **83**, 174). Für **Prozeßvergleich** im EhescheidsVerf besteht Anwaltszwang. Das FamG hat zwar nicht die Protokollierg eines die Scheidg erleichterden Vergl abzulehnen, wenn nicht beide Parteien dch einen RAnw vertreten sind (aA Celle OLGZ **75**, 353); aber es kommt nur bei beiderseit anwaltl Vertretg ein VollstrTitel (ZPO 794 I Z 1) zustande (Karlsr Just **76**, 169; Zweibr FamRZ **85**, 1071), worauf sich der Verpfl aber ggf wg RMißbr nicht berufen k (Hamm FamRZ **79**, 848). Bei Formnichtigk anderer Abreden (zB ZugewRegelg gem §§ 125, 1378 III 2) ist regelm auch ein UnterhVerzicht unwirks (Hbg FamRZ **85**, 290).

f) Nach Vertragsschluß veränderte Umstände sind, soweit der Vertr od seine Auslegg das nicht ausschließen, zu berücks, wenn es sich um eine wesentl Veränderg handelt (RG **145**, 119). Vgl. Einf 4 v § 1601. Zul ist die Umstell der VerteilgsQuote v 2/5 auf 3/7 (BGH FamRZ **87**, 1012). Wurde vertragl auf Unterh nach Rechtskr des ScheidgUrt verzichtet, so lebt der UnterhAnspr auch bei Notlage nicht wieder auf (BayObLG FamRZ **67**, 224). Entspr schließt Verzicht auf AbändergsKl grdsl ZPO 323 aus (LG Hbg FamRZ **75**, 497); aber Abändg auch hier mögl, wenn der eig Unterh des UnterhSchu nicht mehr gesichert ist (Zweibr FamRZ **82**, 302; Kln FamRZ **89**, 637). Iü grdsätzl keine Anwendg der Grdsätze ü den Wegfall der GeschGrdlage auf einen UnterhVerzicht (Düss FamRZ **84**, 171).

g) Der Anspr auf **Sicherheitsleistung** (§ 1585a) ist zwar nur für die gesetzl UnterhPfl vorgesehen, kann aber auch bei der vertragl gegeben sein, wenn Anspr gefährdet ist (RG Recht 20, 2432). Nach ZPO 620 Z 6 kann nur ein nach den §§ 1360ff, 1570ff bestehender Anspr dchgesetzt w, nicht aber, wenn die UnterhFrage von dieser gesetzl Grdl losgelöst wurde (BGH **24**, 276). Vgl auch ZPO 620f.

5. Ende des Unterhaltsanspruchs

1586 **Wiederheirat oder Tod des Berechtigten.** [I]Der Unterhaltsanspruch erlischt mit der Wiederheirat oder dem Tod des Berechtigten.

[II]Ansprüche auf Erfüllung oder Schadensersatz wegen Nichterfüllung für die Vergangenheit bleiben bestehen. Das gleiche gilt für den Anspruch auf den zur Zeit der Wiederheirat oder des Todes fälligen Monatsbetrag.

1) An Stelle v EheG 67, 69 eingef dch 1. EheRG Art 1 Z 20. **Wiederverheiratung oder Tod des Unterhaltsberechtigten** bringen seinen UnterhAnspr zum Erlöschen, I. Soweit ein bereits begründeter UnterhAnspr noch nicht erfüllt ist, bleibt er bestehen, II. Keine entspr Anwendg v I auf die Begrdg einer eheähnl Gemsch (BGH NJW **80**, 124/5; FamRZ **81**, 753). Das Gesetz trifft iGgs zu EheG 69 II aF keine Regelung mehr über die **Bestattungskosten;** diese (auch die der Feuerbestattg, RG **139**, 394) trägt der Erbe (§ 1968). Sind sie von ihm nicht zu erlangen, gilt an sich § 1615 II ggü Verwandten. Soweit Unterh von früherem Eheg aufgebracht wurde, muß er trotz Abschaffg der diesbezügl Best des EheG für die Bestattgskosten aufkommen; die Auffassg der amtl Begründg BT-Drucks 7/650 S 150, die Kosten einer Sterbeversicherg könnten als Teil des Lebensbedarfs im dem UnterhSchuldn verlangt w, ist abzulehnen, weil sonst müßte – wenn eine solche Vers nicht abgeschl w soll – der Berecht schon zu LebZten die Kosten für seine Bestattg zZw der Rücklage von dem Verpflichteten verlangen können. Außerd widerspricht der RegEntw sich selbst, wenn er die Prämien der SterbeVers dem UnterhSchu auferlegen will, die Sicherstellg der BestattgsKosten aber als eig Vorsorge des Berecht erklärt. Die dadch entstandene Gesetzeslücke ist dch entspr Anwendg v § 1615 II zL des unterhaltspflicht Eheg zu schließen.

2) Mit der **Wiederverheiratung** setzt ein neuer UnterhAnspr gem §§ 1360 ff ein. Der bisherige entfällt, auch wenn in der neuen Ehe des bisl dem 1. Eheg ggü UnterhaltsBerecht jetzt dieser für den finanziellen LebBedarf der neuen Fam aufkommen muß, also die bish Rente (§ 1585 I 1) nicht ersetzt wird. Wiederheirat selbst ErlöschensGrd, **I.** UnterhAnspr lebt auch nicht mehr auf, wenn die neue Ehe dch Tod des 2. Eheg, Wiederverheiratg nach TodesErkl, Aufhebg od Scheidg aufgelöst w, wohl aber bei deren Nichtigk u iF der Auflösg unter den Voraussetzgen des § 1586a. § 1586 enthält nachgieb Recht; Weiterzahlg des Unterh trotz Wiederverheiratg kann also vereinb w (vgl Warn 20, 114; § 1585 c Anm 2f). Zur Wiederheirat des Verpflichteten u dem Einfluß auf seine UnterhVerpflichtg vgl §§ 1582, 1583. Der UnterhAnspr erlischt ferner bei **Todes** des UnterhGläub. Ein UnterhBedarf entsteht nicht mehr. Wg der Bestattgskosten Anm 1. Zum Tod des Verpflichteten § 1586b.

3) Fortbestehen des Unterhaltsanspruchs, II. In Übereinstimm mit der Regelg beim VerwandtenUnterh (§ 1616 I) bleiben Ansprüche auf UnterhRückstände u auf SchadErs wg Nichterfüllg der UnterhPfl auch nach dem Tod des UnterhGläub bestehen (vgl § 1585b) u können ggf von seinem Erben weiterverfolgt w. Das gleiche gilt für die bei Wiederheirat od Tod fäll Monatsrate (§ 1585 I 3).

1586a **Wiederaufleben des Unterhaltsanspruchs.** [I]Geht ein geschiedener Ehegatte eine neue Ehe ein und wird die Ehe wieder aufgelöst, so kann er von dem früheren Ehegatten Unterhalt nach § 1570 verlangen, wenn er ein Kind aus der früheren Ehe zu pflegen oder zu erziehen hat. Ist die Pflege oder Erziehung beendet, so kann er Unterhalt nach den §§ 1571 bis 1573, 1575 verlangen.

[II]Der Ehegatte der später aufgelösten Ehe haftet vor dem Ehegatten der früher aufgelösten Ehe.

Schrifttum: Dieckmann FamRZ **77**, 165.

1) Wiederaufleben des Unterhaltsanspruchs trotz Wiederheirat iF der Auflösg der neuen Ehe dch Tod des neuen Ehepartn (Saarbr FamRZ **87**, 1046), Scheidg usw. Als Ausn zu § 1586 I kommt nur für den Fall des § 1570 in Betr, wenn also der Berecht Kinder aus der Ehe zu erziehen od zu pflegen hat, deren and EltT er jetzt auf Unterh in Anspr nimmt, **I 1.** Die Voraussetzgen des Wiederauflebens können bereits im Ztpkt der Auflösg der neuen Ehe gegeben sein od auch erst später eintreten. Unterh gem § 1570, solange Betreuung dauert; anschließd UnterhAnspr uU aus §§ 1571–1573 od 1575, **I 2,** aber nur als AnschlUnterh (§ 1569 Anm 2), so daß kein Unterh aus § 1573 geschuldet w, wenn die Betreuung eines älteren Kindes die ErwTätigk nicht hindert (vgl wg Einzelh Dieckmann FamRZ **77**, 167). Desh sind Alter, Krankh usw nie für sich

Bürgerliche Ehe. 7. Titel: Scheidung der Ehe §§ 1585a, 1586b

genommen, also unabh von der Kindesbetreuung, ausreichd, um den dch die Wiederverheiratg erloschenen UnterhAnspr gg den früh Eheg erneut entstehen zu lassen. Aus einem zw den früh Eheg geschl alten UnterhVergl kann nicht erneut vollstr w (BGH NJW **88**, 557). Unzul eine neg FeststellgsKl des früh Ehem aGrd ledigl der neuen Heirat seiner gesch Fr (Karlsr FamRZ **89**, 184).

2) Zusammentreffen von Unterhaltsansprüchen aus mehreren Ehen, II. Während der RAusschuß eine entspr Kollisionsnorm ablehnte (BT-Drucks 7/4361 S 35), ist sie auf Betreiben des BR ins 1. EheRG aufgen worden (BT-Drucks 7/4694 S 12), um gesamtschuldnerische Haftg mehrerer Exgatten zu vermeiden (Hillermeier FamRZ **76**, 579). Subsidiarität der Haftg des Eheg aus der früher aufgelösten Ehe gilt nur für den Fall der Kinderbetreuung u des darauf gg den ehem Eheg gestützten UnterhAnspr; dagg spielt es keine Rolle, woraus der UnterhAnspr gg den späteren Eheg begründet ist. Die Zahl der Ehen spielt keine Rolle, auch nicht, wenn gg einen ZwischenEheg kein UnterhAnspr besteht. Zurücktreten der UnterhFdg gg den früh Eheg auch dann, wenn von diesem zB 2, vom nächsten Eheg nur 1 Kind zu betreuen ist. Die Kollision kann auch nur teilw bestehen, so wenn gg 2. Eheg ein UnterhAnspr nur zu ⅓ des LebBedarfs besteht, gg den 1. Eheg dagg ein voller UnterhAnspr. Zur Inanspruchn des 1. Eheg bedarf es keiner rechtskr Abweisg einer UnterhKl gg den vorrang haftden 2. Eheg (Hamm FamRZ **86**, 364).

1586b *Tod des Verpflichteten.* [I]Mit dem Tod des Verpflichteten geht die Unterhaltspflicht auf den Erben als Nachlaßverbindlichkeit über. Die Beschränkungen nach § 1581 fallen weg. Der Erbe haftet jedoch nicht über einen Betrag hinaus, der dem Pflichtteil entspricht, welcher dem Berechtigten zustände, wenn die Ehe nicht geschieden worden wäre.

[II]Für die Berechnung des Pflichtteils bleiben Besonderheiten auf Grund des Güterstandes, in dem die geschiedenen Ehegatten gelebt haben, außer Betracht.

Schrifttum: Dieckmann FamRZ **77**, 168.

1) An Stelle von EheG 70 aF eingef dch 1. EheRG Art 1 Z 20. Wird eine Ehe dch Tod aufgelöst, so erlisch damit die ggseit UnterhPfl der Eheg für die Zukft (§§ 1615 I, 1360a III). Ist die Ehe gesch, so geht die UnterhPfl iF des Todes des Verpflichteten nicht unter, sond als Nachlaßverbindlichk auf die Erben über. **Grund** für diese unterschiedl Regelg: Der Eheg hat grdsl erbrechtl Ansprüche an den Nachlaß, die zumindest wirtschaftl betrachtet für den UnterhAnspr ein Äquivalent darstellen; da der gesch Eheg von solchen gesetzl Anspr ausgeschl ist, muß als Ers die **passive Vererblichkeit seines Unterhaltsanspruchs** anerkannt w (BT-Drucks 7/650 S 151). Vertragl Abändergen zul (RG **162**, 301). Wg des VersorggsAusgl §§ 1587ff; wg der VersorggsAnspr der gesch BeamtenEhefr nach bish Recht vgl Einf 1 vor § 1569. Die BeitragsPfl gem EheG 60 III aF endet beim Tode des Verpflichteten, nicht dagg ein LeibrentenVerspr (Karlsr NJW **62**, 1774).

2) Übergang der Unterhaltpflicht auf die Erben, I 1. Da NachlVerbindlichk, HaftgsBeschrkg gem §§ 1967ff, ZPO 780 mögl (RG **162**, 300); bei fortgesetzter GütGemsch gem § 1489 (vgl auch §§ 1488, 1499, 1500). Die Verbindlichk der Erben ist keine familienrechtl mehr, sond eine erbrechtl; trotzdem iS spezieller Vorschr noch als „gesetzl UnterhAnspr" anzusehen (vgl Einf 3 vor § 1569). Desh zB Anpassg der Unterh-Rente an den LebHaltgsIndex (Celle FamRZ **87**, 1038).

3) Umfang von Erbenverpflichtung und -haftung. Gilt auch bei vertragl Regelg des Unterh, soweit nicht von gesetzl Unterh abgewichen w sollte (OGH NJW **49**, 145).

a) Wegfall der Beschränkung des Unterhaltsanspruchs wegen Leistungsunfähigkeit, I 2. Mit dem Tod des UnterhSchuldn kommt seiner Leistgsfähigk keine Bedeutg mehr zu (§ 1581). Mußte sich der Berecht bish im Hinbl auf den Eigenbedarf des Verpflichteten od den Bedarf weiterer UnterhBerechtigter mit einem BilligkUnterh begnügen, soll er nunmehr den vollen angem Unterh verlangen können (BT-Drucks 7/650 S 151f). Auch die Bedürfn mj od unverheirateter Kinder od eines neuen Eheg des Verpflichteten bleiben jetzt außer Betr, da deren UnterhAnspr mit dem Tode des UnterhSchu erloschen sind (§§ 1615 I, 1360a III). Deren Belangen wird dch die Beschrkg der ErbenHaftg in I 3 hinreichd Rechng getragen.

b) Voraussetzg der ErbenHaftg bleibt weiterhin die **Bedürftigkeit des Berechtigten**. Insb sind Ändergen, die sich aGrd des Todes des Verpflichteten ergeben, mitzuberücks, etwa der Erwerb öff-rechtl od privatrechtl VersorggsAnspr, LebensVers uä, soweit dadch der angem LebBedarf des UnterhBerecht sichergestellt wird (BT-Drucks 7/650 S 152).

c) Beschränkte Erbenhaftung, I 3. Währd sich der Berecht n EheG 70 aF eine Herabsetzg der Rente nach Billigk gefallen lassen mußte, begrenzt I 3 die Haftg des Erben auf den fiktiven Pflichtteil des UnterhBerecht. Der gesch Eheg soll nicht mehr erhalten, als er, wenn statt dch Scheidg dch den Tod des Verpflichteten aufgelöst worden wäre (BT-Drucks 7/650 S 152). Keine Hftg mit dem PflichttErgänzgsAnspr (AG Bottrop FamRZ **89**, 1009). **Berechnung** des fiktiven Pflichtt als Haftgsquote: Fingiert wird zunächst der Fortbestand der gesch Ehe bis zum Tode des Verpflichteten. Auszugehen ist somit vom GesamtNachl, nicht etwa von dem Verm, das der UnterhSchu zZt der Scheidg der Ehe besessen hat. FiktionsZtpkt führt ferner dazu, daß evtl Wiederheirat des Verpflichteten unberücks bleibt. Entsprechdes gilt, wenn 2 unterberecht gesch Eheg u ein überlebder Eheg zustreffen. Die Regelg führt dazu, daß die HaftgsQuote für den früheren Eheg immer größer ist als die HaftgsQuote od die Pflichtt für den späteren (BT-Drucks 7/650 S 153).

d) Nichtberücksichtigung güterrechtlicher Besonderheiten, II. Da der Güterstd auf die Höhe des einem Eheg gg den zustehdn PflichtAnspr währd der Ehe u nach Scheidg ohne Einfluß ist, es ist unangebracht, die HaftgsQuote des Erben je nachdem, in welchem Güterstd die gesch Ehel gelebt haben, unterschiedl zu bemessen; abgesehen davon ist im Güterstd der ZugewGemsch der Zugew nach Scheidg schon ausgeglichen (BT-Drucks 7/650 S 154).

III. Versorgungsausgleich

Einführung

Schrifttum: Bergner DtRentVers 77, 1; Glockner/Böhmer/Klein, VA bei Scheidg, 2. Aufl 1981; Maier, VA in der RentVers, Komm, hersg v der BfA u dem Verbd Dt RentVersTräger, 1977; Voskuhl/Pappai/Niemeyer, VA in der Praxis, 1976; Zimmermann, Der VA bei betriebl Altersversorgg, 1978; Ruland, Probl des VA in der betriebl Altersversorgg u priv RentVers, Mü 1982; Naegele, Der VA, 2. Aufl 1984; Borth, VA i anwaltl u fam-gerichtl Prax, 1983;Bergner/Erdmenger ua, Komm zur RVO, 4. u 5. Buch, Vorbem v § 1304, 23. ErgLiefg 1984 (vorzügl in den ausführl Bspen); Moritz Jura **85**, 5; Müller DAV **86**, 97; Bergner NJW **86**, 217 (Berücksichtigg v Ändergen im VA); Pelikan, RentVers mit VA in Scheidgsfalle, 7. Aufl 1988; Zacher (Hrsg), Der VA im internat Vergl u in der zwstaatl Prax, 1985; Wagenitz FamRZ **86**, 18 u JR **87**, 53; Friederici NJW **86**, 689; A Scholz, VA u Konkurs, 1986; Schmidbauer, Der VA bei Ehescheidg, 5. Aufl 1988; Glockner FamRZ **88**, 777 (Betriebl AltVersorgg); Roth FamRZ **89**, 693; Maier FS Rebmann 1989 S 591. Weitere Lit vor § 1564; wg früherer Lit vgl 41. u 46. Aufl.

Tabellen seit 1978: Voskuhl/Pappai/Niemeyer, VersorggsAusgl in der Praxis, BeiH jährl 1978 – 88; Ruland, Rechengrößen u Tab zur Dchführg des VA, BeiH 1978, 1980, 1981 u 1983 zu H 28 der NJW-Schriftenreihe; Bergner NJW **78**, 143, 2138 (für 1. u 2. HalbJ 1978); NJW **79**, 353; NJW **80**, 25; NJW **81**, 439; NJW **82**, 213; **83**, 608; **84**, 2334; **85**, 1326 u 2012; **86**, 239 u 2412; **87**, 364 u 2357; **88**, 687 u 3196 sowie **89**, 508; ders, Scheidg, Rente, VA in Tab, 2. Aufl, BfA Bln 1978; Kemnade/Schwab, Aktuelle Leitlinien u Tab zu Unterh, VA u ZugewAusgl, 1989; Lemke/Glockner, Tab z FamR, 3. Aufl 1988. – **Berechnungsbogen** zur selbst Ermittlg von RentAnsprüchen Betr **83**, Beil Nr 15.

1) Verhältnis von Unterhaltspflicht und Versorgungsausgleich (VA). Mit der Scheidg entfällt der größte Teil der mit der Eheschließung verbundenen RWirkgen (Einf 3 vor § 1564). Bestehen bleibt unter den Voraussetzgen der §§ 1569ff die UnterhaltsPfl. Daneben ergibt sich als selbständ, also bei intakter Ehe nicht zur Entstehg gelangde Wirkg der Eheauflösg der VA. Er soll die Unterschiede in der Alters- u Invaliditätsvorsorge der Eheg während der Ehe ausgleichend u soll den ausgleichsberecht Eheg im Alter od bei Erwerbsunfähigk eig Anspr gg den VorsorggsTräger (idR die gesetzl Rentenversicherg) verschaffen, was umgek zu einer dch VollstrGgKl geltd zu machen (BGH **83**, 278; FamRZ **88**, 1156; vgl aber auch BGH FamRZ **88**, 817) unterhaltsrechtl Entlastg führt, wenn der and Eheg nach Scheidg weiterhin unterhverpfl war. Zum unterhrechtl ErstattgsAnspr Einf 3 v § 1569. Doch kommt es für den VA nicht darauf an, ob die Dchführg od später (im Ztpkt der Auszahlg der gesplitteten Rente) eine UnterhPfl besteht (vgl aber § 1587c Anm 2). Umgek kann die UnterhPfl gem §§ 1569ff trotz Dchführg des VA auch nach ZahlgsBeginn der im VA dem bedürft Eheg ausgezahlten Rente fortdauern, so daß nicht etwa im Umfang der dch den VA eingetretenen Verkürzg der eig Versorgg des UnterhPflicht eine Befreiung von der UnterhPfl eintritt (BGH NJW **80**, 396). Denn die dch den VA erlangten Zahlgen bestimmen nicht die ehel LebVerhältn (§ 1578 I), sond mindern lediglich die Bedürftigk des UnterhBerecht (§ 1577 I), u auch das erst ab Rentenbewilligg, nicht schon ab AntrStellg (Kblz FamRZ **82**, 1078). Bis dahin evtl Anspr auf ein (zurückzuzahldes) Überbrückgsgeld (Kln NJW **80**, 2817); and Karlsr FamRZ **88**, 195: nur AbändergsKl). Hat der UnterhBerecht aGrd des VA einen RentAnspr erlangt, kann zwischenzeitl geleisteter Unterh ggf zurückgefordert werden (BGH **83**, 278; and Karlsr FamRZ **88**, 195: nur AbändergsKl). Beruht der Wegf der UnterhPfl nicht gänzl auf dem VA, dann nicht ZwVollstrGg-, sond nur AbändgsKl (vgl BGH FamRZ **88**, 817). Hat der UnterhPfl nach Beginn der RentZahlg an den unterhberecht Eheg noch weiterhin Unterh zu zahlen, ist zu berücks, daß der UnterhSchuldn aGrd seiner eig Pensionierg od Rentisierg seiners vermindert leistgsfäh ist. Auch gehört zum LebBedarf des UnterhBerecht jetzt nicht mehr der VorsorgeUnterh (§ 1578 III). Unterh-ähnl Charakter hat der schuldrechtl VA nach §§ 1587f–1587n (vgl Einf 3c sowie § 1587g Anm 1). Zur **Erstattung von Unterhalt** bei nachträgl RentBewilligg Einf 3 v § 1569.

2) Mit Einf des VA ist die **Geschiedenenwitwenrente** weggefallen, wonach sich die Wwe u die gesch Frau eines verstorbenen Rentners dessen Rente nach dem Verhältn der jeweil EheZten teilen mußten. Der Wegfall ist verfassgskonform selbst dann, wenn kein VA stattfindet (BVerfG NJW **86**, 2697). Zu Übergangsfällen: 46. Aufl. Die ZusatzversorggsEinrichtgen beschränken die GeschWwnRenten in zuläss Weise auf die vor dem 1. 7. 77 schuldl od aus überwiegd Verschulden des verstorbenen Eheg gesch Ehefr (BGH NJW **85**, 2701). Keine GeschWwenRente bei rechtskr bestätigtem UnterhVerzicht (BSG NJW **89**, 2011); uneinheitl dagg die Rspr beim sog deklarator UnterhVerzicht (BSG NJW **89**, 2009; 2012 u 2015).

3) Grundgedanken des VA. a) Begriffliches. Leitdes Prinzip des VA ist, daß derjen Eheg, der in der Ehe die werthöheren VersorggsAnrechte angesammelt hat, die Hälfte des Wertunterschiedes an den and Eheg auskehren muß. Zu diesem Zweck sind zunächst einmal die für den VA in Frage kommden VersorggsBerechtiggen zu erfassen (§ 1587 Anm 2) u zu bewerten (§ 1587a Anm 3). Besondere Schwierigk bereitet hierbei die Unterscheidg zw **dynamischen und nichtdynamischen** VersorggsLeistgen. Währd letztere währd des gesamten Rentenbezugs auf einen bestimmten Betr lauten (zB mtl 750 DM), werden dynamische Leistgen in bestimmten Abständen an die Entwicklg der Löhne, die volkswirtschaftl Produktivität od and Bezugsgrößen des Wachstums des Bruttosozialprodukts angepaßt. Um sie auf einen gleichen Wertmaßst zu beziehen, müssen nichtdynam Anrechte in dynam umgerechnet w. Dies erfolgt nach dem Prinzip, daß man errechnet, welches Altersruhegeld in der gesetzl RentVers herauskäme, wenn man die nichtdynamisierte Versorgg als Beitrag zur gesetzl RentVers einzahlen würde (§ 1587a Anm 3 B Z 3f u Anm 4 sowie die BarwertVO im Anh II zu § 1587a).

b) Prinzipien des VA sind der **Zugewinnausgleichsgedanke**, wonach beide Eheg an der währd der EheZt von beiden od auch nur von einem von ihnen geschaffenen Alters- u Invaliditätssicherg teilhaben sollen (BT-Drucks 7/650 S 155). Daneben steht der **Versorgungsgedanke:** Es war das erklärte Ziel der

Reform von 1977, vor allem der gesch Hausfr eine eigenständ soz Sicherg zu verschaffen (BT-Drucks 7/ 4361 S 18). Nach Auffassg von BGH **74**, 38/46/80; FamRZ **88**, 935 resultiert der VA dagg aus der ehel UnterhPfl u dient so der **Unterhaltssicherung** im Alter. Nichttragd für den VA ist das Versichergsfallprinzip (BGH NJW **80**, 396).

4) Für die **konstruktive Durchführung des VA** bedient sich das Gesetz mehrerer verschied Gestaltgs-Formen. Am nächsten hätte in allen Fällen die ggständl Teilg sämtl vorhandener VersorggsAnrechte gelegen, weil damit auch im VA selbst die Qualität der jeweil Versorgg erhalten bliebe. Doch verbot sich diese Methode schon unter dem GesichtsPkt eines unzul KontrahiergsZwangs bspw für private LebVersicherer (BT-Drucks 7/4361 S 39). Der VA erfolgt als **Wertausgleich** in öfrechtl Form (§ 1587b I u II; VAHRG 1 II u III sowie 3 b I Z 1 u 2) oder subsidiär als **schuldrechtlicher VA** iRd §§ 1587f–1587n. Ie ist zu unterscheiden: **a)** Beim **Rentensplitting** erfolgt der VA dch reale Aufteilg in der Weise, daß das FamG die die beiderseit VersorggsWerte in der gesetzl RentVers übersteigden RentAnwartsch zur Hälfte auf den versorgsrechtl schlechter stehden Eheg überträgt (§ 1587b I 1). – **b)** Beim **Quasi-Splitting** begründet das FamG zG des ausglberecht Eheg iHd AusglBetr RentAnwartsch in der gesetzl RentVers, währd die Pensionsanwartsch des ausgleichspflicht Beamten entsprechd gekürzt w (§ 1587b II). – **c)** Die für beschränkt verfassgswidr erklärte dritte Form des VA, nämlich der AnO der Entrichtg von Beitr zur Begründg von RentAnwartsch (§ 1587b III 1 aF), die vornehml für Standes- u Zusatzversorggen, LebVers usw in Betr kam, ist heute dch das VAHRG u das VAwMG dch mehrere and AusglFormen ersetzt w, näml dch die **Realteilung** von VersorggsAnrechten, wann immer die dafür maßgebde Regelg dies vorsieht (VAHRG 1 II); dch das **Quasi-Splitting**, wenn sich die auszugleichende Versorgg **gegen einen öffentlichrechtlichen Versorgungsträger** richtet (VAHRG 1 III); dch **erweitertes Splitting, Quasi-Splitting bzw erweiterte Realteilung**, also dch Heranziehg real teilgsfähiger VersorggsAnrechte zum Ausgl nicht teilb Anrechte (VAHRG 3 b I Nr 1) sowie dch die **Verpflichtung zur Entrichtung von Beiträgen in der gesetzlichen Rentenversicherung**, soweit wirtschaftl zumutb (VAHRG 3 b I Nr 2), womit prakt § 1587b III 1 aF im verfassgsrechtl zul Umfang wieder hergestellt w ist. – **d)** Für den **schuldrechtlichen VA** schließl ist kennzeichnd, daß der Eheg, dessen auszugleiche Versorgg diejen des and Eheg übersteigt, letzterem erst im RentFall eine **Ausgleichsrente** in Geld iHd Hälfte des UnterschiedsBetr zahlt (§ 1587f–1587n; VAHRG 2). – **e)** Schließl können die Eheg iZshg mit der Scheidg den VA auch dch **Vereinbarung** regeln (§ 1587o).

5) Verfahrensrecht. Das FamG (BVerfG NJW **83**, 2812) entsch **von Amts wegen** innerh des Verbund-Verf (ZPO 623, 629), allerd mit der Möglk der Abtrenng (ZPO 628). Ein **Antrag** ist in den flgden Fällen erfdl: §§ 1587b IV, 1587d I u II, 1587f, 1587l, VAHRG 2, 3a V 1 u IX 3, 9, 10, 10a; VAwMG Art 4 § 1 I 1. Das Verf gehört zur **freiwilligen Gerichtsbarkeit** (FGG 53b–53g; ZPO 621a I). Das FamG holt bei den Versorggsträgern über die Versorggsanrechte der Part **Auskunft** ein (FGG 53b II; zu Besonderh bei der betrieb AltVersorgg: Glockner FamRZ **88**, 777). Zur Haftg für deren Richtigk LG Aach NJW **83**, 830; Düss NJW **86**, 1763; priv ArbGeb: Hamm FamRZ **85**, 718; Karlsr NJW **86**, 854. AuskftErteilg ggü RA: § 1587o Anm 1; Auskft unter Eheg: § 1587e. Über die Form des VA (§ 1587b) entsch die letzte TatsVerhdlg (BGH NJW **83**, 1908; FamRZ **88**, 1253). Bei versehentl unvollstnd VARegelg keine Ergänzg der Entsch (BGH NJW-RR **88**, 71). Die Entsch über den **schuldrechtlichen VA** bleibt bis zur Dchführbark hinausgeschoben (BGH NJW **84**, 610). Feststellgen dazu im VerbundVerf nur, soweit jetzt schon mögl (BGH NJW **82**, 387; **84**, 610); stattdessen evtl Abfindg gem § 1587l (Stgt FamRZ **89**, 760). **Rechtsmittel:** Wird die VARegelg des FamG nicht zus mit dem ScheidgsAusspr od and Folgesachen mit der Berufg angegriffen, unterliegt sie der Beschwerde (ZPO 621e, 629a II) zum OLG (GVG 119 I Z 1 u 2). Voraussetz: **Beschwer** (BGH NJW **83**, 179); für weit Beschw genügt Ändg der Entsch dch das OLG (BGH FamRZ **84**, 1214). Kein BeschwR des SozVersTr wg § 1587c (Hamm FamRZ **88**, 1070). Zur eingeschrkten BeschwBefugn der Träger betr AltVersorggen Düss u Zweibr FamRZ **88**, 1179 u 1303; Hamm FamRZ **88**, 1067. Keine reformatio in peius (BGH **85**, 180); aber keine Bindg an SachAntr des Rmittelführers (BGH **92**, 5). Im RmittelVerf des Versorggsträgers Berufg der Ehel auf § 1587c zul (BGH NJW **85**, 2266). **Tod** nach Einlegg des Rmittels: § 1587e Anm 3 u 5. Im Verf der weit Beschw keine TatsErgänzg wie NachVers des ZtSoldaten (BGH NJW **83**, 1908). **Vollstreckung:** FGG 53g III. VARegelg erwächst in form wie materielle RKraft (BGH FamRZ **89**, 264). **Korrektur** rechtskräft VA-Entsch: VAHRG 10a sowie VAwMG Art 4 § 1 (Anh III u IV zu § 1587b). Keine WiederAufn bei Widerruf der Auskft (BGH **89**, 114). **Haftung** des FamRi: v Maydell FamRZ **77**, 183; Udsching NJW **78**, 289. VA bei **Ehenichtigkeit und Eheaufhebung:** EheG 26 I, 37 I; nicht im Verbund (Mü FamRZ **80**, 565). Zum VAwMG: Hoppenz FamRZ **87**, 425.

6) Internationales Privatrecht EGBGB 17 III. **Ausland:** Vgl VAHRG 3a V (Anh III zu § 1587b). Kein Splitting nach Ersattg der VersBeitr an einen Ausl (Stgt FamRZ **83**, 285) u auch nicht hins ausländ Versorggsanrechte (Bambg FamRZ **86**, 691). Bei Übersiedlg in die BuRep findet für künft Scheidgsfolgen ggf ein nachträgl VA statt (BGH **91**, 186), ebso wie bei einer Rückkehr ins Ausl deutsche Versorggsanrechte verloren gehen können (Kblz FamRZ **85**, 401 Polen). Auch wenn dies nach Ende der EheZt geschieht, bleibt nur der schuldrechtl VA (VAHRG 2); kehrt der Ausgl wider Erwarten in die BuRep zurück, VAHRG 10a I Z 3 (BGH NJW **89**, 1997). Ggf Ermittlg u Bewertg ausl Anrechte unerläßl, wenn davon der Best des AusglPflicht abhängt (Hamm FamRZ **89**, 759 Schweiz).

7) Übergangsrecht. Der VA gilt auch für Ehen, die vor dem Inkrafttr des 1. EheRG geschl w sind, aber nach dem 1. 7. 77 gesch w (BVerfG NJW **80**, 692). **1. EheRG Art 12 Ziff 3 Abs 3** stellt in S 1 Altehen, die noch nach EheG 42ff aF gesch w sind, vom VA überh frei, ebso in S 2, wenn vor Inkrafttr des 1. EheRG künftige UnterhAnspr dch Übertragg v VermGgsten endgült abgefunden w sind bzw die dem VA unterliegenden Versorggsanrechte Ggst eines Vertr waren. Schließl konnte der AusglAnspr auf Antr des AusglVerpfl in den Fällen herabgesetzt w, in denen die Ehe allein wg des Widerspr des and Eheg (EheG 48 II aF) nicht gesch w durfte, S 3. Zur Kommentierg dieser Best vgl 48. Aufl sowie Joh/Henr/Hahne Rdn 30ff v § 1587.

1. Grundsatz

1587 *Voraussetzungen.* ¹Zwischen den geschiedenen Ehegatten findet ein Versorgungsausgleich statt, soweit für sie oder einen von ihnen in der Ehezeit Anwartschaften oder Aussichten auf eine Versorgung wegen Alters oder Berufs- oder Erwerbsunfähigkeit der in § 1587a Abs. 2 genannten Art begründet oder aufrechterhalten worden sind. Außer Betracht bleiben Anwartschaften oder Aussichten, die weder mit Hilfe des Vermögens noch durch Arbeit der Ehegatten begründet oder aufrechterhalten worden sind.

²Als Ehezeit im Sinne der Vorschriften über den Versorgungsausgleich gilt die Zeit vom Beginn des Monats, in dem die Ehe geschlossen worden ist, bis zum Ende des Monats, der dem Eintritt der Rechtshängigkeit des Scheidungsantrags vorausgeht.

³Für Anwartschaften oder Aussichten, über die der Versorgungsausgleich stattfindet, gelten ausschließlich die nachstehenden Vorschriften; die güterrechtlichen Vorschriften finden keine Anwendung.

1) Die Vorschr bestätigt in I 1 das Prinzip des VA u scheidet entspr dem ZugewGedanken (Einf 3b vor § 1587) eheneutral erworbene VersorggsAnrechte aus, I 2. In II wird sodann der Begriff der EheZt dch eine techn Definition für die Zwecke des VA handhabbar gem. Endl enthält III den Grdsatz der **Ausschließlichkeit des VA**, der besagt, daß für die dem VA unterworfenen VersorggsAnrechte das EhegüterR nicht anwendb ist, wie umgek, was den **Anwendungsbereich** des VA anlangt, dieser unabh vom jew Güterstd, in dem die Ehel gelebt h, stattfindet (BT-Drucks 7/4361 S 19). Der VA wird auch dchgeführt für **nichtige Ehen** (EheG 26 I), setzt dann aber einen Antr voraus (Ruland Rdn 33), ebso iF der **Aufhebung der Ehe** (EheG 37 I, 39) und – lediglich durch § 1587c Z 1 eingeschränkt – auch iF einer **Doppelehe** iSv EheG 20, 26 III (BGH FamRZ **82**, 475; Stgt FamRZ **86**, 1006; vgl § 1587c Anm 2). Der VA ist iF einer Abtrennung auch nach **Wiederheirat** der geschiedenen Eheg dchzuführen (Kblz FamRZ **81**, 60), ohne daß automat §§ 1587b IV od c vorliegen (Kblz FamRZ **81**, 973 L).

2) **Gegenstand des Versorgungsausgleichs, I 1,** sind

a) alle **Versorgungen,** dh bereits ausgezahlte Pensionen, Renten (Celle FamRZ **78**, 597; Brem FamRZ **79**, 302), betriebl Ruhegelder usw (arg § 1587a II Z 1: Bei einer „Versorgg" usw) sowie sämtl **Anwartschaften oder Aussichten auf eine Versorgung wegen Alters oder Berufs- oder Erwerbsunfähigkeit,** auch ausländ (BGH NJW **82**, 1939). Zum **Versorgungszweck** im Ggsatz zu and Zw BGH FamRZ **88**, 936. Der bevorstehende Wegfall einer VersorggsAnwartsch steht ihrer Einbeziehg in den VA nicht entgg (Oldbg FamRZ **84**, 1023). Bei Wechsel vom Ausl in die BuRep u umgek können VersorggsAnwartsch entstehen bzw verloren gehen (Kblz FamRZ **85**, 401 Polen). Der Hinw auf § 1587a II ist wg dessen erst dch den RAusschuß eingefügten AuffangTatbestand in V überflüss (MüKo/Maier Rdn 8). Währd die RegEntw die AusglPfl grdsätzl auf die Anwartschaften beschränken u einen Ausgl denn versagen wollte, wenn im Ztpkt der Scheidg einer der Eheg eine Versorgg bereits erlangt hatte (vgl BT-Drucks 7/650 S 161f), gewährt das 1. EheRG einen VersorggsAusgl auch bei schon ins Auszahlgsstadium getretenen Versorggen (Düss FamRZ **78**, 123) u schränkt ihn in § 1587b III 1 aE lediglich insof ein, daß eine BeitrEntrichtg (auch vereinbargsweise) nicht mehr erfolgen kann, wenn in seiner Pers bereits der VersFall eingetreten ist (BT-Drucks 7/4361 S 42; sa RVO 1304a IV 2; AVG 83a IV 2; RKnG 96a IV 2). Ein Splitting u Quasi- Splitting erfolgt also auch dann, wenn beide verfahrensbeteiligten Ehel bereits im Pensions- od Rentenalter stehen (Bergner SGb **78**, 134; Böhmer AnwBl **78**, 123 mHinw auf die beiden Ausn in § 1587b III u IV). Ein Pensionär od Rentn braucht von seiner Altersversorgg lediglich denn keinen VersorggsAusgl zahlen, wenn nicht während der Ehe aufgebaut wurde, entw weil die EheZt vor Beginn des Versorggsaufbaus abgelaufen war od weil die Ehe erst nach Eintr der RentAuszahlg geschl w war (Düss FamRZ **78**, 342). Die Begr **Anwartschaft u Aussicht** sollten mRücks auf das BetrAVG danach unterschieden w, ob sie Leistgsvorstufen mit od ohne RAnspr sind (Bergner FamRZ **81**, 1049 mNachw). Eine Auss liegt etwa bei einer erst nach EheZtEnde bewilligten, aber in den Vorauss bereits vor dem Stichtag erfüllten Invaliditätsrente vor (BGH FamRZ **89**, 35). Welche Versorggstitel im einz ausgleichspflichtig sind, ergibt sich aus der Bezugn auf § 1587a II; dort sind die verschiedenen iR des VersorggsAusgl zu berücksichtigen Vermögenswerte aufgezählt. Die Bezugn ist jedoch nicht abschließd (Rolland Rdn 5; v Maydell FamRZ **77**, 175); daß auch und Versorggen zu berücks sind, ergibt sich aus § 1587a V. Ausgleichspflichtig sind nur Versorggen wg Alters, Berufs- od Erwerbsunfähigk. Für eine **Altersversorgung** ist kennzeichnd, daß die Leistg von einer best Altersgrenze bis zum (zeitl unbest) Tode des Begünstigten zugesagt wird. Die **Berufsunfähigkeit** ist die Minderg der unfallunabh berufl Erwerbsfähigk, wobei die Vorausstzg des SozVersR, daß die ErwFähigk um mehr als die Hälfte ggü derj eines gesunden Berufsgenossen gemindert s muß, hier nicht gilt (Ruland Rdn 50). **Erwerbsunfähigkeit** schließl liegt vor, wenn der Betroff inf Krankh, Gebrechen od Schwäche seiner körperl od geist Kräfte auf nicht abseh Zeit überh keine, also auch nicht mehr in einem und Beruf, ErwTätigk mehr ausüben kann (vgl RVO 1247 II). Auf die Ausgestaltg der Versorgg im einz kommt es nicht an; auch reicht es aus, wenn sie nur gg eines der gen Risiken absichert (Voskuhl/Pappai/Niemeyer S 14; Ruland Rdn 52). Krit zur Einbeziehg auch solcher Versorggstitel in den VersorggsAusgl, die iZtpkt des Ausgl noch keine gesicherten wirtschaftl Werte darstellen, D. Schwab FamRZ **77**, 771. Im einz gehören nach der Aufzählg des G unter den VersorggsAusgl:

aa) Bereits gewährte Versorggen od Versorggsanwartschaften aus einem öff-rechtl DienstVerhältn od aus einem ArbVerhältn mit Anspr auf Versorgg nach beamtenrechtl Vorschriften od Grdsätzen (§ 1587 a II Z 1). Ausgleichspflicht sind danach die **Pensionen von Beamten,** Richtern auf Lebenszeit, Berufs- u **Zeitsoldaten** (BGH **81**, 100; zur Bewertg bei letzteren § 1587a Anm 5; zur Dchführg des VA § 1587b Anm 5a aa) u

Bürgerliche Ehe. 7. Titel: Scheidung der Ehe § 1587 2a

sonst Personen, die in einem auf LebensZt begründeten öff-rechtl ArbVerhältn stehen u beamtenrechtl gleichgestellt sind, insb also die Dienstordngsangestellten der SozVersTräger; nicht Gerichtsreferendare (ggf V), wohl aber kommunale Wahlbeamte (and noch die urspr Fassg BT-Drucks 7/650 S 161), Emeritenbezüge entpflichteter Professoren (vgl dazu den MinRdErl NdsRPfl 79, 261), Versorggsbezüge der Bu- u LaMinister, der parlamentar Staatssekr, des WehrBeauftr, der Abgeordneten des BT, der Landtage (Kblz FamRZ 86, 172: auch bl Abfindgen nach weniger als 8jähr Zugehörigk) usw (Ruland Rdn 58), Versorggsbezüge der Geistlichen u sonst Bediensteten der als öff-rechtl Körpersch anerk ReligionsGemschaften, ferner Stellenzulagen für fliegendes Personal der BuWehr (BGH NJW 82, 2377); dagg nicht der iR der Änd v BeamtVG 55 dch das 2. HStruktG Art 2 § 2 I zur Wahrg des Besitzstandes des Beamt gezahlte AusglBetrag, soweit es sich um den Ausgl der Ruhegehaltsminderg für vorehel erworbene RentAnspr handelt (BGH 90, 52/64; aA Düss FamRZ 84, 595: Bewertg gem V).

bb) Renten od Rentenanwartschaften aus einer der drei **gesetzlichen Rentenversicherungen,** die den gesetzl Rentenanpassgen unterliegen (§ 1587a II Z 2), also alle Anrechte auf Berufs- od Erwerbsunfähigk-Rente sowie Altersruhegeld nach der ArbeiterrentenVers (RVO), der AngestRentenVers (AVG) u der Bundesknappsch (RKnG), u zwar auch dann, wenn ein n RVO 1303 begründeter Antr auf BeitrErstattg vor EheZtEnde gestellt w (BGH NJW 86, 1932). Unter diese Rubrik fallen also alle PflichtVers der der VersPfl unterliegden Arbeiter, Angest, Seeleute, Bergleute usw, auch KnappschAusglLeistgen n RKnG 98a (Ruland/Tiemann Rdn 58) u Leistgszuschläge für UntertageArb gem RKnG 59 (Hamm FamRZ 80, 898); schließl Renten aus der gesetzl RentVers, die nur desh gezahlt w, weil der Versicherte inf eines ArbUnfalls od einer Wehrdienstbeschädigg bzw gleichgestellter Umst die WarteZt fiktiv erfüllt hat (RVO 1252; AVG 29), weil die Vorsorge- die Entschädiggselemente überwiegen (Ruland/Tiemann Rdn 60). Hierher gehören schließl auch Leistgen nach dem **ErziehungsleistungsG** v 12. 7. 87, BGBl 1585 (Mü FamRZ 89, 186; aA Stgt FamRZ 89, 185; v Einem FamRZ 89, 1028); Bewertg: § 1587a Anm 5.

cc) Alle Leistgen, Anwartschaften u Aussichten auf **Leistungen der betrieblichen Altersversorgung** (§ 1587a II Z 3), unabh von den Formen, in denen sie auftreten können (BT-Drucks 7/4361 S 38; vgl auch BetrAVG 1), also innerbetriebl Ruhegelder, aber auch Ansprüche u Anrechte gg Unterstützgs- u Pensionskassen od sonst überbetriebl Einrichtgen, auch wenn die Erwartg n BetrAVG 1 IV keinen RAnspr auf die Leistg begründet (BGH FamRZ 86, 339); weiterhin insbes die **Zusatzversorgung des öffentlichen Dienstes** (Lit: Hautmann, Die Zusatzversorgg im öff Dienst u ihre RVerhältn, 1985). Mit dieser wird für die Angest u Arbeiter im öff Dienst zusätzl zu ihrer GrdVersorgg in der ges RentVers eine weitere Versorggs-Leistg geschaffen, so daß sich ihre Gesamtversorgg zu ihrem vorherigen Einkommen etwa so verhält wie beim Beamt dessen Ruhegehalt zum Gehalt (Lit: Strehuber FamRZ 79, 765; Kohl SchlHA 79, 25; Schaub/Schusinski/Ströer § 41; Einzelheiten § 1587a Anm 3 B Ziff 3 e). Die **Ausgleichsrente** gem VBL-Satzg 97 c II, 99 III fällt wed in den öffrechtl VA (KG FamRZ 86, 915; Hbg FamRZ 87, 75; aA AG Charl FamRZ 86, 916) noch in den schuldrechtl VA (Celle FamRZ 87, 52; aA Mü FamRZ 88, 72). Nicht in den VA einzubeziehen ist ferner die AusglRente gem VBL-Satzg 56 I (AG Lahnstein NJW-RR 87, 201). Dagg gehören ferner hierher die Versorggsleistgen, die dch gemeins Versorggseinrichtgen für einz Wirtsch- od Unternehmensgruppen aufgebracht w, bei denen die Teiln an der Versorggseinrichtg dch einen Beschäftiggswechsel innerh der angeschl Unternehmen nicht berührt w (BT-Drucks 7/650 S 158 u 7/4361 S 38). **Ausnahme:** freiw Versicherten in der RentenVers, zB des GeschFührers einer GmbH, die bereits unter bb) fallen. Dagg fallen Anrechte auf Zahlg eines KapitalBetr aus einer **Lebensversicherung** auch dann nicht unter den VA, wenn die Vers zur Befreiung von der gesetzl AngestVers abgeschl w od iR einer betriebl Altersversorgg besteht (BGH FamRZ 84, 156); auch das aus einer Kapital-LebensVers mit RentenwahlR nur, wenn das WahlR bis zur Rechtshängigk des ScheidgsAntr ausgeübt w ist (BGH 88, 386).

dd) Sonstige Renten oder ähnliche wiederkehrende Leistungen, die der Versorgg wg Alters od Berufs- bzw Erwerbsunfähigk zu dienen bestimmt sind, od Anwartschaften od Aussichten hierauf (§ 1587a II Z 4), soweit sie rein beitragsbezogen sind, wie Anrechte auf die Altershilfe für Land- u Forstwirte; Renten aus berufsständ Versorggseinrichtgen zB der Ärzte. Einzelheiten Anm 3 B Ziff 3 e. Ferner sind hiernach ausglpflichtig Beiträge der HöherVers (RVO 1261, 1272 III; AVG 38, 49 III), den hüttenknappschaftl ZusatzVers im Saarl (vgl BT-Drucks 7/4361 S 39). Dem VA unterliegt nicht die Landabgabenrente nach GAL 41 ff (BGH FamRZ 88, 272).

ee) Renten od Rentenanwartschaften **auf Grund eines Versicherungsvertrages,** der zur Versorgg des Versicherten wg Alters, Invalidität, auch wenn Zeitrente od kombiniert m HinterblVersorgg, eingegangen wurde (§ 1587a II Z 5), aber nur solche auf Rentenbasis, auch wenn es sich um eine befreiende LebensVers handelt (vgl BGH 67, 262), dagg nicht diej auf Kapitalbasis (auch wenn auf Rentenbasis umstellb), weil sich hier der VersorggsZw nicht eindeut feststellen läßt (BT-Drucks 7/650 S 158; Stgt FamRZ 83, 815 mNachw; v Maydell FamRZ 77, 175; Plagemann SGb 78, 55 zum ManipulationsArg v Ruland NJW 76, 1716). Wird nach EheZtEnde das KapitalwahlR ausgeübt, entfällt VA insoweit; keine Analogie zu § 1587h Z 2 (Hbg FamRZ 87, 721). Ferner gehören hierher Leistgn aus der priv UnfallVers, soweit sie keinen EntschädiggsCharakter haben (v Maydell FamRZ 77, 176; aA Maier DAngVers 76, 439), also die BerufsunfähigkRente aus einer LebVers (Karlsr FamRZ 82, 615). BerufsunfähigkZusatzVersicherungen mit einer über das EheZtEnde hinaus fortbestehenden PrämienzahlgsPfl sind nicht in den VA einzubeziehen (BGH NJW 86, 1344 mN).

ff) Sonstige Leistungen und Anwartschaften, die der Alters- u Invaliditätssicherg dienen (vgl § 1587a V), insb ausländ u internationale Versichergen u Versorggswerke (v Maydell FamRZ 77, 176), Leibrenten, die der Alterssicherg dienen u nicht unentgeltl sind (Ruland Rdn 63; aA Voskuhl/Pappai/Niemeyer S 14), u Altenteilsansprüche (Rolland Rdn 12; v Maydell FamRZ 77, 176; aA Maier DAngVers 76, 439; Ruland NJW 76, 1713, anders Rdn 67); ebso in Geld bewertbare Leibgedinge (aA Bambg FamRZ 80, 168, das diese aber ausgleichsmindernd üb § 1587c Z 1 berücks will), wenn es nicht unentgeltl zugewandt w ist (BGH FamRZ 82, 909). Doch können auch lebenslange Renten Entgelt sein ohne Versorggscharakter (vgl BGH FamRZ 88, 936).

1481

§ 1587 2, 3   4. Buch. 1. Abschnitt. *Diederichsen*

b) Nicht versorgungsausgleichspflichtig sind Anwartschaften od Aussichten, die weder mit Hilfe des Vermögens noch dch Arb der Eheg begründet od aufrechterhalten w sind, I 2. Dch **Arbeit** sind diej Versorggstitel begründet, die dem Eheg allein als Folge seiner Beschäftigg (als Beamter, ArbN usw) zustehen. Entscheidd ist, ob Leistgen Versorggs- od Entgeltcharakter haben (BGH FamRZ 88, 936). **Mit Hilfe des Vermögens** sind Altersversorggen geschaffen, die ausschließl od zusätzl zu and Mitteln entstehen, zB priv RentenVers, Nachentrichtg v Beiträgen zur gesetzl RentVers, HöherVers. Ausgleichspflichtig ist nur die Versorgg, die mHv Verm geschaffen w ist, das innerh der EheZt erworben wurde (Ruland Rdn 55; aA Voskuhl/Pappai/Niemeyer S 16). Nicht ausgleichspflichtig sind selbst BerufsunfähigkVersichergen, da ihre Aufrechterhaltg jew nur auf dem letzten Beitrag beruht, so daß kein echter Versorggswert anwächst (BGH FamRZ 88, 488; BR-Drucks 191/77 S 13f); and dagg iF der Invalidität (vgl Anh II zu § 1587a, BarwertVO § 1 Anm 2b). Weiterhin unterliegen nicht der AusglPfl Waisenrenten (BR-Drucks 191/77 Beschl S 6), die zB iR einer betriebl Altersversorgg versprochene Hinterbliebenenversorgg, da der VersorggsAusgl ja eine eigenständ Versorgg schaffen soll (Schusinski/Stifel NJW 77, 1265), alle Entschädiggsleistgen (BT-Drucks 7/650 S 155), zB aus der UnfallVers, nach dem BVG, BEG, BSeuchG, HäftlHilfeG, LAG, AltsparerG usw (vgl Ruland Rdn 59), SchadErsRenten od DienstunfallFürsLeistgen u unfallbedingte Versorggserhöhgen bei öff-rechtl Dienstverhältn (§ 1587a II Z 1 S 4); private InvaliditätsVers vor Eintr des VersFalles (Düss NJW-RR 86, 941); private Zuwendgen Dritter, zB Schenkg einer LebensVers, Rente aus einem Solidaritätsfonds; Ansprüche auf wiederaufgelebte Hinterbliebenenrenten (zB RVO 1291 I, II) od -pensionen (BBG 164 III); einmalige Abfindgen, soweit es sich nicht um die Kapitalisierg von Renten-Anspr iSv § 1587 I 1 handelt (Ruland NJW 76, 1716 Fn 46). Zur befreienden LebVers Anm a ee. Nicht iR des VersorggsAusgl ausgleichspflichtig sind im Ggs zu Versorggsrenten (§ 1587a II Z 5) auch Kapitalversichergen (VVG 165 II), weil bei ihnen eine Abgrenz nach dem Bestimmgszweck u damit auch eine Zuordng zum Bereich der Versorgg nicht mögl erschien (BT- Drucks 7/650 S 158); sie unterliegen dem ZugewAusgl (oben Anm a cc; § 1375 Anm 2). Nach Friederici NJW 79, 2550 sind sie jedenf dann in den VA einzubeziehen, wenn der Vorsorgecharakter festgestellt w kann. Dem VersorggsAusgl unterliegen weiterhin nicht Zinserträge aus Kapital od Vermietg, weil sie nicht auf Invalidität od Alter beruhen (Bergner DRentVers 77, 91). Bei GrdstVerkäufen auf Leibrente uä kommt es darauf an, ob zeitl unabsehb Altersversorgg oder Sonderform der Ratenzahlg beabsichtigt ist (vgl Anm 2a ff). Draußen vor bleiben ferner dementspr Kaufpreisraten aus einer Verm- od Unternehmensveräußerg, Deputate (iGgs zum Altenteil der Landwirte), Künstlerhilfen u ähnl Ehrensolde, Abfindgen (Ruland Rdn 59; Voskuhl/Pappai/Niemeyer S 14). Noch nicht unverfallb betriebl VersorggsAnwartschaften werden im schuldrechtl VA ausgeglichen (§ 1587f Z 4). Zur **Nachentrichtung** v RentVersBeitr für die EheZt Anm 3. Wird zur Nachentrichtg v Beitr ein Darlehen bei der Mutter der Ehefr aufgen, so sind die mit diesen Mitteln erworbenen Anwartschaften mit Hilfe des Verm der Eheg erworben (Celle FamRZ 79, 826). Dch **Schenkung von seiten Dritter** finanzierte Versorggsanrechte unterliegen der AusglPfl, es sei denn, der Dr zahlt schenkw unmittelb an den VersorggsTräger freiw Beitr (BGH FamRZ 83, 262) od es liegt wirtschaftl ein Vorgang vor, der einer Direktleistg an den VersTr gleichkommt, wie zB Schenkg der VersBeitrMarken (BGH NJW 84, 1542); keine Analogie zu § 1374 II (and die 43. Aufl) u auch nicht entscheidd die Zweckbestimmg der geschenkten Geldmittel (BGH NJW 84, 1542; aA Kln FamRZ 84, 64). Nicht unter I 2 fallen, dh voll im VA zu berücks sind freiw BeitrZahlgen des Ehem in die ges RentVers zG der Ehefr währd der in die EheZt fallden TrenngsZt (BGH FamRZ 87, 48).

3) Ehezeit, II. A. Bedeutung. a) Ehedauer u versorggsrechtl relevante ErwTätigk brauchen sich nicht zu decken. Vom AusglPrinzip her (Einf 3b vor § 1587) ist es ledigl gerechtfert, den Eheg an dem Zugew an Alterssicherg teilhaben zu lassen, der innerh der Ehe erworben wurde. Der Begründg von Versorggsanrechten währd der EheZt steht dabei deren Aufrechterhaltg gleich, sofern die Bedingen für die spätere Versorgg wenigstens teilw währd der EheZt erfüllt worden sind. Anderers bleiben Versorggen, auf die ein Anrecht od eine Aussicht erst nach der Scheidg begründet wurde, für den VA selbst auß Betr, wenn für die Versorgg BemessgsZten angerechnet werden, die in die EheZt fallen (BT-Drucks 7/650 S 155). **b)** Es kommt jew auf den Zt des ehel ZusLeb an, so daß das **Getrenntleben** den VA nicht ausschließt, sond ledigl iR von § 1587c, Art 12 Ziff 3 III S 3 u 4 des 1. EheRG berücks wird (BGH 75, 241). **c)** Bei **mehrfacher Ehe** mit demselben Partn werden Anrechte aus der vor dem 1. 7. 77 rechtskr gesch Ehe nicht in den VA einbezogen (BGH NJW 83, 37; vgl aber auch BGH NJW 83, 1317). **d)** Bei der Bewertg von VersorggsAnrechten gilt das **Prinzip der Gleichwertigkeit** aller Ehe- u VersorggsAufbauZten, so daß es keine Rolle spielt, ob ein Anrecht in der EheZt **begründet** oder nur **aufrechterhalten** worden ist. Dementspr ist ein Beamt auch ausglpflicht, der überh erst nach den zur Erlangg der Höchstpension erforderl ruhegehaltsfäh DienstJ geheiratet hat. Dagg findet ein VA nicht statt, wenn eine gesetzl Rente bereits vollständ vor der EheZt erworben worden ist u in die EheZt ledigl Steigergen aGrd der gesetzl RentAnpassgen fallen (Düss FamRZ 79, 595). Das Gleichwertigkprinzip gilt auch insof, als unabhäng davon, wie sich eine Versorgg aufbaut, hineinfallde EheZten VA-rechtl gleich viel bringen, so daß bei gleicher berufl Stellg des AusglPflicht mehrere ausglberecht Eheg für die gleiche Anzahl von EheJ gleich viel an Versorgg erh (ausführl 48. Aufl).

B. Berechnung der Ehezeit. a) Feststellung. Die EheZt kann nicht dch ZwischenEntsch festgestellt werden, sonst Beschw (Stgt NJW 78, 1489; Hamm FamRZ 80, 897). Die isolierte Festlegg im Verf ist dagg nicht beschwerdefäh (Hbg FamRZ 80, 1133). Aus rentenberechgstechn Grden wird im VA mit **vollen Monaten** gerechnet.

b) Beginn: Die Ehe beginnt versorggsausglrechtl nicht am Tage des tats Eheschlusses, sond jew auf den MoErsten zurückdatiert. Bei Verheiratg Asylsuchder beginnt die EheZt iSv II mit dem Mo der AntrStellg auf AsylBew (Bambg FamRZ 82, 505).

c) Ende: Die EheZt endet an sich erst mit der Rechtskr des ScheidsUrt (§ 1564 S 2). Für den VA gilt dagg ein bes Begr der EheZt; sie dauert nur bis zum Ende des Mo, der dem Eintr der Rhängigkeit des ScheidsAntr vorausgeht, um auf den Stichtag bezogene VersorggsAusk u zugl das VerbundVerf zu ermögl (Einf 4b vor § 1564). Der ScheidsAntr muß von einem bei dem FamG zugel RA eingereicht werden; iGgs

1482

Bürgerliche Ehe. 7. Titel: Scheidung der Ehe §1587 3 B, C

zu ZPO 187 (BGH NJW **84**, 926) keine Heilg (Stgt FamRZ **81**, 789). Der Ztpkt des Eheendes kann sich vorverlagern dch eine später auf Scheidg umgestellte EheaufhebgsKl (BGH FamRZ **89**, 153) bzw dch förml Zustellg von ScheidgsAntr u PKH-Gesuch, wenn nicht deutl wird, daß sich die Zustellg nur auf das PKH-Gesuch beziehen sollte (BGH FamRZ **87**, 362/4), während der formlose Zugang des ScheidgsAntr mit PKH-Gesuch nicht genügt (BGH FamRZ **82**, 1005; Düss FamRZ **81**, 564). Nach einem RestitutionsVerf (ZPO 590 I) entsch die Rhängigk des ursprüngl ScheidsAntr (Schlesw FamRZ **82**, 1081). II gilt auch iF der **Aussetzung** od des tats Stillstands **des Scheidungsverfahrens**, u zwar auch in Übergangsfällen (BGH NJW **80**, 1161; FamRZ **81**, 944/5; **83**, 38/9). Ausn ledigl nach § 242 (Joh/Henr/Hahne Rdn 30 mN). Haben die vorbehaltlos versöhnten Eheg die Klagerückn vergessen od aus KostenGrden unterl u anschließd mehrere J in ehel Gemsch zugelebt, dann ist für das Ende der EheZt der Ztpkt maßg, an dem von einer Part die Fortsetzg des Verf beantr wird (BGH NJW **86**, 1040). **Mehrere Scheidungsanträge:** Über das EheZtEnde entsch der primäre ScheidsAntr (BGH NJW **82**, 2379), auch wenn er in der mdl Verh nicht gestellt u die Ehe dann auf den Antr des Gegners gesch wird (BGH NJW **82**, 280), selbst wenn der KlVerzicht erst in der BerufsInst erfolgt (Karlsr FamRZ **80**, 1121). Vorauss allerd ein einheitl Verf (BGH FamRZ **79**, 905; **83**, 38/40), so daß für II der WiderKlAntr maßgebl ist, wenn der ScheidgsAntr nicht förml gestellt war (Celle FamRZ **81**, 790). **Beweislast** für Zustellgsdatum beim dch die längere Ehedauer begünstigten Eheg (BGH FamRZ **89**, 1058).

C. Berücksichtigung von nach Ehezeitende eingetretenen Änderungen (Lit: v Maydell FamRZ **81**, 514; Michaelis FamRZ **85**, 550; Bergner NJW **89**, 1975). **a) Bedeutung für die Wertermittlung (§ 1587a). aa) Gesetzes-, Satzungs- und ähnliche generelle Änderungen** nach EheZtEnde. Bei Änderungen der VersorggsVorschr ist auf die zum Ztpkt der Entsch (ggf der 3. Inst; BGH NJW **83**, 2443) geltden RLage, nicht auf die bei das EheZtEnde maßgebl abzustellen (BGH **90**, 52; Karlsr FamRZ **83**, 79; Michaelis FamRZ **85**, 550). Das gilt für Gesetze wie das 2. HStruktG mit der Neufassg von BeamtVG 55 (BGH **90**, 52) u dem Wegfall des örtl SondZuschl für Bln (BGH FamRZ **84**, 992); die Berücks von KiErziehgsZten (BGH NJW **86**, 1169) u das 20. RentAnpassG mit der Einfügg von RVO 1260 c I (BGH FamRZ **86**, 447) ebso wie für Änderungen der maßgebl VersorggsOrdng, etwa der VBL-S (BGH NJW **83**, 38) od einer betriebl VersorggsOrdng, bei der ledigl die Versorggshöhe dch BetrVereinbg geändert wird (BGH FamRZ **86**, 976) od eine Umgruppierung stattfindet (Kblz FamRZ **81**, 901 BuBahn; aA Mü FamRZ **81**, 281).

bb) Änderungen individueller Umstände in den Verhältnissen der Ehegatten wurden vom BGH bis Mitte 1988 grdsätzl nicht berücks; maßgebl blieb die Situation am EheZtEnde unabhäng davon, ob sich die Änderg auf den Wert od auf den Bestand des EheZtAnteils der VersorggsAnrechts auswirkte. Nach dieser Rspr wird die VersorggsAuss des ZtSoldaten mit dem Wert seines Anspr auf NachVers in der gesetzl RentVers auch dann bewertet, wenn er nach Ende der EheZt **Beamter** oder Berufssoldat **wird** (BGH **81**, 100); desgl die eines Widerrufsbeamt, der nach EheZtEnde Beamt auf Probe geworden ist (BGH NJW **82**, 1754). Wird der ausglpflicht Eheg nach EheZtEnde in das BeamtVerhältn übern, erfolgt die Berechng des VA allein nach den Verhältn bei EheZtEnde, selbst wenn ein Teil des privrechtl Verhältn gem BeamtVG 10 als ruhegehaltsfäh berücks wird (BGH NJW **84**, 1612; Kblz FamRZ **82**, 72). Bei einem Düsenjägerpiloten bleibt eine nach EheZtEnde abgegebene Erkl über sein **Ausscheiden** aus der BuWehr unbeachtet (BGH NJW **82**, 2379). Währd die im Ztpkt der Rhängigk des ScheidgsAntr bereits ausgesprochene Suspendierg Beachtg findet (Hamm FamRZ **88**, 625), bleiben das Ausscheiden eines LebZtBeamt aus dem Dienst u die NachVers außer Betr, wenn sie nach EheZtEnde erfolgen (Stgt FamRZ **84**, 801; Kln FamRZ **85**, 1050; Hamm FamRZ **86**, 1222). Die vor Erreichg der Altersgrenze eingetretene **Erwerbsunfähigkeit** bleibt unberücks, wenn sie nach EheZtEnde eingetreten ist (BGH **98**, 390). Eine ruhegehaltsfäh **Stellenzulage** für fliegdes BuWehrpersonal muß, um iR von § 1587a Berücks zu finden, bereits am EheZtEnde gewährt worden od ruhegehaltsfäh gewesen sein (BGH NJW **82**, 2377; FamRZ **86**, 975). Zu bei EheZtEnde bereits **laufenden Renten**, vgl § 1587a Anm 3 B c; zu nachehezeitl Änderrgen bei der **betrieblichen Altersversorgung:** § 1587a Anm 3 C cc; dort (Anm C d aa) auch zur Unverfallbark als einer gesetzl vorgesehenen Ausn vom Stichtagsprinzip (vgl BGH NJW **82**, 37). Gewisse **Einschränkungen des Stichtagsprinzips** hat die Rspr auch schon von sich aus vorgen u etwa bei der Bewertg einer unverfallb betriebl Altersversorgg das Ausscheiden aus dem Betr nach EheZtEnde berücks (Mü u Celle FamRZ **81**, 167 u 168; aA Celle FamRZ **80**, 1024) od, wenn ein Beamt zum EheZtEnde vom Dienst suspendiert war u seine Entlass bevorstand, nur die NachVersAnwartsch in der gesetzl RentVers berücks (Hamm FamRZ **84**, 1237; **86**, 1112) u bei Reaktivierg eines Beamt nach EheZtEnde auf deren Voraussenbark abgestellt (KG FamRZ **86**, 1005).

In mehreren neuen Entscheidungen hat der BGH nunmehr **individuelle Veränderungen** nach EheZtEnde auch bei der Bewertg von VersorggsAnrechten **berücksichtigt** (grdleg BGH NJW **89**, 29 = FamRZ **88**, 1148) u damit eine **Vorwegnahme der Billigkeitskontrolle nach § 10a III VAHRG** vorgen (vgl dort Anm 5): näml den einem Beamt bewill Urlaub ohne Dienstbezüge (BGH FamRZ **88**, 940) od Verlängerg der TeilZtBeschäftig (BGH FamRZ **89**, 1060); das Ausscheiden aus dem BeamtVerh insb bei Aberkenng des Ruhegehalts (BGH FamRZ **89**, 1058) eines Zollobersekretärs (BGH NJW **89**, 29); eines BuBahnbeamt (BGH NJW **89**, 529); eines als Chefarzt in eine Privatklinik wechseldn früh beamt Prof (BGH NJW **89**, 34) sowie eines wg Bigamie verurt Studiendirektors (BGH NJW **89**, 32) mit jeweils anschließder NachVers; ferner die Versetzg eines Beamt in den Ruhestand wg Dienstunfähig (BGH FamRZ **89**, 727) sowie den Eintr in den vorzeit Ruhestand (BGH FamRZ **89**, 492). Die Berücks im ErstVerf soll ohne Rücks auf das Wesentlichk-, Antr- u Alterserfordern von VAHRG 10 II, IV u V mögl sein (BGH NJW **89**, 29 u 529). Der BGH begr seine fortentwendg damit, daß große Unbilligk nicht einem späteren AbänderungsVerf gem VAHRG 10a III vorbehalten zu bleiben brauchen, wenn ihre Berücks schon im Erst-Verf mögl ist, was ledigl für solche Umst ausscheidet, deren Auswirkg auf die BilligkEntsch sich im Laufe der Zt noch wieder abschwächen kann (BGH NJW **89**, 29; 32/3 u 34; vgl iü auch MüKo/Maier Rdn 16). Prakt scheidet eine Vorwegberücks nachehezeitl Änderrgen des Wertunterschiedes schon im ErstVerf desh immer dann aus, wenn die Part noch verhältnismäß jung sind (BGH NJW **89**, 32/3 u 529). Vom AusgangsPkt aus konsequenter u weniger prozeßtreibd dürfte es sein, mit Bergner NJW **89**, 1975 ff die Berücks tats Veränderrgen nach EheZtEnde dem allg ProzR entspr überh nicht einzuschränken. Doch widerspr dies u

§§ 1587, 1587a

damit die ganze neuere Rspr dem von der Rspr bish auf die individuellen Umst bezogenen (BGH **90**, 52; FamRZ **85**, 688/9 mN) gesetzlichen **Stichtagprinzip** (dazu ausführl BGH NJW **89**, 29/30f = FamRZ **88**, 1148/9f), weil prakt nach EheZtEnde eingetretene Umst ggf noch am Tage der letzten mdl Verh neue Auskfte erfdl machen könnten, währd der Sinn von II doch gerade ist, dies zu verhindern. Auch erfolgt der Dchbrechg der in VAHRG 10a II, IV u V erschwerten Abänderungsvoraussetzgen dch Berücks der Umstde im ErstVerf contra legem (vgl Düss FamRZ **88**, 1062/3). Die abändergsfäh u damit schon im ErstVerf zu berücks Umstde dürften kaum einzugrenzen sein, so daß anders als bish Ändergen berücks werden müßten: in der BeamtVersorgg (woran ernsth niemand denken kann) der zum EheZtEnde bestehden BesoldgsGr od Dienstaltersstufe; in der RentVers der VersJ u des pers Vomhundertsatzes; in der betriebl Altersversorgg Ändergen der TarifGr, Lohnhöhe usw (vgl Joh/Henr/Hahne Rdn 18 u 36).

Zur Berücks veränderter Umstde im **Abänderungsverfahren nach § 10a VAHRG** vgl dort Anm 3 a bb.

cc) **Nachentrichtung von Beiträgen.** Bei der gem RVO 1418, AVG 140 bis zum Ablauf des jew KalenderJ mögl Nachentrichtg von RentVersBeitr werden im VA ow die Beitr berücks, die währd der EheZt für in die EheZt fallde Zten entrichtet worden sind. Werden Beitr im ScheidgsVerf od nachher für die EheZt nachentrichtet, fallen sie (auch iFv ZPO 628 I Ziff 2) nach dem auf den HandlgsZtpkt abstellden sog **In-Prinzip** nicht in die EheZt, selbst wenn die damit belegten VersorggsZten solche der EheZt sind (BGH **81**, 196; FamRZ **83**, 683) unter Verwerfg des Für-Prinzips, wonach darauf abzustellen ist, für welchen ZtRaum die Beitr entrichtet worden sind (vgl Schmeiduch FamRZ **83**, 119). Es sind also unabhäng vom Einverständn des and Eheg (BGH FamRZ **83**, 683/4) alle Anwartsch auszugl, die dch BeitrZahlg (unerhebl der Ztpkt der AntrStellg od Bewilligg; BGH **81**, 196/210) währd der EheZt erworben werden gleichgült, ob damit ehel od vorehel Zten in der RentVers aufgefüllt werden. Im letzteren Fall keine Abänderg nach VAHRG 10a (Joh/Henr/Hahne Rdn 19); auch keine Erstreckg auf dadch anrechenb gewordene vorehel AusfallZten (Karlsr FamRZ **87**, 284). Zu den sich aus der unterschiedl Stichtagsregelg von II u § 1384 ergebden Konsequenzen Hahne aaO Rdn 20. Das In-Prinzip gilt auch für die Nachentrichtg von PflBeitr (Hamm FamRZ **83**, 729; Kln FamRZ **84**, 63 m abl Anm v Schmeiduch), auch eines selbstän Erwerbstät (BGH NJW **85**, 2024). Da die VersTr ihre Auskft auf der GrdLage des Für-Prinzips erteilen, müssen die Eheg dem FamG mitteilen, wenn best WertEinh zusätzl berücks werden sollen od, obwohl sie in die EheZt fallen, nicht (Bergner SgB **78**, 136). Keine Anwendg des In-Prinzips bei Nachentrichtg von Beitr zG des ausglberecht dch den ausglpfl Eheg nach EheZtEnde (Zweibr FamRZ **84**, 911).

b) **Bedeutung für die Form des Versorgungsausgleichs (§ 1587b).** In welcher Form der VA sich vollzieht, richtet sich nach den tats Verhältn zZt der Entsch der letzten **Tatsacheninstanz** über den VA, so daß nachträgl Ändergen in der Dchführg des VA voll Rechng getragen werden kann (BGH **81**, 100/23; **90**, 52/7). Denn hierf hat das Stichtagsprinzip keine Bedeutg. Härten ist allenf über § 1587c Rechng zu tragen (Hamm FamRZ **86**, 1222). Das gilt für den ZtSoldaten (vgl § 1587b Anm 5 aa) gleichgült, ob er nach Ende der EheZt nachversichert od Beamt bzw Berufssoldat geworden ist; denn der VA wird nach der versorgungsrechtl Situation dchgeführt, in der er sich zZt der Entsch dch das FamG od OLG befindet (BGH NJW **82**, 379). Dies gilt auch für den VA nach VAHRG 1 III, wenn der Beamt nach EheZtEnde ausgesch u bei einem berufsständ VersorggsWerk nachvers worden ist (Kln FamRZ **85**, 1050). Das bl Vorliegen der NachVersVorauss reicht nicht aus (BGH FamRZ **82**, 154/5). In solchen Fällen auch keine Aussetzg des VerfR (BGH NJW **83**, 1908). Dchführg des VA zL des NachVersAnspr analog § 1587b II (Joh/Henr/Hahne Rdn 42 mN). Wer am EheZtEnde Widerrufsbeamt war, aber vor der tatrichterl Entsch Beamt auf Probe geworden ist, gleicht dch QuasiSplitting aus (BGH NJW **82**, 1754) zL des neuen Dienstherrn (BGH NJW **82**, 379). Fällt eine Anwartsch auf landwirtschaftl Altersgeld zwar in den ausglpflicht Bereich nach dem Bewertgsstichtag, aber vor dem für die letzte tatrichterl Entsch maßgebden Ztpkt weg, weil die landwirtschaftl Tätigk aufgegeben u die erfdl WeiterVersErkl nicht abgegeben worden ist, so fällt der VA ersatzl aus (BGH FamRZ **86**, 892; krit Joh/Henr/Hahne Rdn 39). Inkonsequent ist es nach allem, wenn ein nach EheZtEnde in das BeamtVerhältn übernommener AusglSchu mit Rücks auf § 1587b I vollziehen soll (so BGH NJW **84**, 1612). **Umstände**, die erst **nach dem für die letzte tatrichterliche Entscheidung maßgeblichen Zeitpunkt** eintreten, bleiben im ErstVerf unberücks u damit VAHRG 10a überlassen; so eine nach Abschl des Verf vor dem OLG erfolgte NachVers (BGH NJW **89**, 35).

4) **Ausschließlichkeitsgrundsatz, III.** Für Versorggstitel, die gem Anm 2a dem VersorggsAusgl unterliegen, gelten ausschließl die §§ 1587–1587p; es finden weder daneben noch an ihrer Stelle die güterrechtl Vorschr Anwendg, so daß zB Versorggswerte, die aGrd von § 1587c außer Betr bleiben, nicht iR des ZugewAusgl ausgeglichen w müssen. Entsprechd unterbleibt der ZugewAusgl auch insow, als die Eheg den VersorggsAusgl dch Vereinbg ausgeschl haben (Ruland/Tiemann Rdn 29). Schließl scheidet auch der Ausgl des Verlusts einer Anwartsch (dch Auszahlg nach Eheschl) aus (Düss FamRZ **82**, 84).

2. Wertausgleich von Anwartschaften oder Aussichten auf eine Versorgung

1587a *Ausgleichspflichtiger Ehegatte; auszugleichende Versorgungsansprüche.*
I Ausgleichspflichtig ist der Ehegatte mit den werthöheren Anwartschaften oder Aussichten auf eine auszugleichende Versorgung. Dem berechtigten Ehegatten steht als Ausgleich die Hälfte des Wertunterschiedes zu.

II Für die Ermittlung des Wertunterschiedes sind folgende Werte zugrunde zu legen:

1. Bei einer Versorgung oder Versorgungsanwartschaft aus einem öffentlich-rechtlichen Dienstverhältnis oder aus einem Arbeitsverhältnis mit Anspruch auf Versorgung nach beamtenrechtlichen Vorschriften oder Grundsätzen ist von dem Betrag auszugehen, der sich im Zeitpunkt des Eintritts der Rechtshängigkeit des Scheidungsantrags als Versorgung ergäbe. Dabei wird die bis zu diesem Zeitpunkt zurückgelegte ruhegehaltfähige Dienstzeit um die Zeit bis zur Alters-

grenze erweitert (Gesamtzeit). Maßgebender Wert ist der Teil der Versorgung, der dem Verhältnis der in die Ehezeit fallenden ruhegehaltfähigen Dienstzeit zu der Gesamtzeit entspricht. Unfallbedingte Erhöhungen bleiben außer Betracht. Insofern stehen Dienstbezüge entpflichteter Professoren Versorgungsbezügen gleich und gelten die beamtenrechtlichen Vorschriften über die ruhegehaltfähige Dienstzeit entsprechend.

2. Bei Renten oder Rentenanwartschaften aus den gesetzlichen Rentenversicherungen, die den gesetzlichen Rentenanpassungen unterliegen, ist der Betrag zugrunde zu legen, der sich bei Eintritt der Rechtshängigkeit des Scheidungsantrags aus den in die Ehezeit fallenden anrechnungsfähigen Versicherungsjahren als Altersruhegeld ergäbe; seine Ermittlung richtet sich im einzelnen nach den Vorschriften über die gesetzlichen Rentenversicherungen.

3. Bei Leistungen, Anwartschaften oder Aussichten auf Leistungen der betrieblichen Altersversorgung ist,
   a) wenn bei Eintritt der Rechtshängigkeit des Scheidungsantrags die Betriebszugehörigkeit andauert, der Teil der Versorgung zugrunde zu legen, der dem Verhältnis der in die Ehezeit fallenden Betriebszugehörigkeit zu der Zeit vom Beginn der Betriebszugehörigkeit bis zu der in der Versorgungsregelung vorgesehenen festen Altersgrenze entspricht, wobei der Betriebszugehörigkeit gleichgestellte Zeiten einzubeziehen sind; die Versorgung berechnet sich nach dem Betrag, der sich bei Erreichen der in der Versorgungsregelung vorgesehenen festen Altersgrenze ergäbe, wenn die Bemessungsgrundlagen im Zeitpunkt des Eintritts der Rechtshängigkeit des Scheidungsantrags zugrunde gelegt würden;
   b) wenn vor dem Eintritt der Rechtshängigkeit des Scheidungsantrags die Betriebszugehörigkeit beendet worden ist, der Teil der erworbenen Versorgung zugrunde zu legen, der dem Verhältnis der in die Ehezeit fallenden Betriebszugehörigkeit zu der gesamten Betriebszugehörigkeit entspricht, wobei der Betriebszugehörigkeit gleichgestellte Zeiten einzubeziehen sind.

   Dies gilt nicht für solche Leistungen oder Anwartschaften auf Leistungen aus einem Versicherungsverhältnis zu einer zusätzlichen Versorgungseinrichtung des öffentlichen Dienstes, auf die Nummer 4 Buchstabe c anzuwenden ist. Für Anwartschaften oder Aussichten auf Leistungen der betrieblichen Altersversorgung, die im Zeitpunkt des Erlasses der Entscheidung noch nicht unverfallbar sind, finden die Vorschriften über den schuldrechtlichen Versorgungsausgleich Anwendung.

4. Bei sonstigen Renten oder ähnlichen wiederkehrenden Leistungen, die der Versorgung wegen Alters oder Berufs- oder Erwerbsunfähigkeit zu dienen bestimmt sind, oder Anwartschaften oder Aussichten hierauf ist,
   a) wenn sich die Rente oder Leistung nach der Dauer einer Anrechnungszeit bemißt, der Betrag der Versorgungsleistung zugrunde zu legen, der sich aus der in die Ehezeit fallenden Anrechnungszeit ergäbe, wenn bei Eintritt der Rechtshängigkeit des Scheidungsantrags der Versorgungsfall eingetreten wäre;
   b) wenn sich die Rente oder Leistung nicht oder nicht nur nach der Dauer einer Anrechnungszeit und auch nicht nach Buchstabe d bemißt, der Teilbetrag der vollen bestimmungsmäßigen Rente oder Leistung zugrunde zu legen, der dem Verhältnis der in die Ehezeit fallenden, bei der Ermittlung dieser Rente oder Leistung zu berücksichtigenden Zeit zu deren voraussichtlicher Gesamtdauer bis zur Erreichung der für das Ruhegehalt maßgeblichen Altersgrenze entspricht;
   c) wenn sich die Rente oder Leistung nach einem Bruchteil entrichteter Beiträge bemißt, der Betrag zugrunde zu legen, der sich aus den für die Ehezeit entrichteten Beiträgen ergäbe, wenn bei Eintritt der Rechtshängigkeit des Scheidungsantrags der Versorgungsfall eingetreten wäre;
   d) wenn sich die Rente oder Leistung nach den für die gesetzlichen Rentenversicherungen geltenden Grundsätzen bemißt, der Teilbetrag der sich bei Eintritt der Rechtshängigkeit des Scheidungsantrags ergebenden Rente wegen Alters zugrunde zu legen, der dem Verhältnis der in die Ehezeit fallenden Versicherungsjahre zu den insgesamt zu berücksichtigenden Versicherungsjahren entspricht.

5. Bei Renten oder Rentenanwartschaften auf Grund eines Versicherungsvertrages, der zur Versorgung des Versicherten eingegangen wurde, ist,
   a) wenn es sich um eine Versicherung mit einer über den Eintritt der Rechtshängigkeit des Scheidungsantrags hinaus fortbestehenden Prämienzahlungspflicht handelt, von dem Rentenbetrag auszugehen, der sich nach vorheriger Umwandlung in eine prämienfreie Versicherung als Leistung des Versicherers ergäbe, wenn in diesem Zeitpunkt der Versicherungsfall eingetreten wäre. Sind die Versicherung Prämien auch für die Zeit vor der Ehe gezahlt worden, so ist der Rentenbetrag entsprechend geringer anzusetzen.
   b) wenn eine Prämienzahlungspflicht über den Eintritt der Rechtshängigkeit des Scheidungsantrags hinaus nicht besteht, von dem Rentenbetrag auszugehen, der sich als Leistung des Versicherers ergäbe, wenn in diesem Zeitpunkt der Versicherungsfall eingetreten wäre. Buchstabe a Satz 2 ist anzuwenden.

III Bei Versorgungen oder Anwartschaften oder Aussichten auf eine Versorgung nach Absatz 2 Nr. 4, deren Wert nicht in gleicher oder nahezu gleicher Weise steigt wie der Wert der in Absatz 2 Nr. 1 und 2 genannten Anwartschaften, sowie in den Fällen des Absatzes 2 Nr. 5 gilt folgendes:

1. Werden die Leistungen aus einem Deckungskapital oder einer vergleichbaren Deckungsrücklage gewährt, ist das Altersruhegeld zugrunde zu legen, das sich ergäbe, wenn der während

§ 1587a 1, 2

der Ehe gebildete Teil des Deckungskapitals oder der auf diese Zeit entfallende Teil der Deckungsrücklage als Beitrag in der gesetzlichen Rentenversicherung entrichtet würde;
2. werden die Leistungen nicht oder nicht ausschließlich aus einem Deckungskapital oder einer vergleichbaren Deckungsrücklage gewährt, ist das Altersruhegeld zugrunde zu legen, das sich ergäbe, wenn ein Barwert der Teilversorgung für den Zeitpunkt des Eintritts der Rechtshängigkeit des Scheidungsantrags ermittelt und als Beitrag in der gesetzlichen Rentenversicherung entrichtet würde. Das Nähere über die Ermittlung des Barwertes bestimmt die Bundesregierung durch Rechtsverordnung mit Zustimmung des Bundesrates.

IV Bei Leistungen oder Anwartschaften oder Aussichten auf Leistungen der betrieblichen Altersversorgung nach Absatz 2 Nr. 3 findet Absatz 3 Nr. 2 Anwendung.

V Bemißt sich die Versorgung nicht nach den in den vorstehenden Absätzen genannten Bewertungsmaßstäben, so bestimmt das Familiengericht die auszugleichende Versorgung in sinngemäßer Anwendung der vorstehenden Vorschriften nach billigem Ermessen.

VI Stehen einem Ehegatten mehrere Versorgungsanwartschaften im Sinne von Absatz 2 Nr. 1 zu, so ist für die Wertberechnung von den sich nach Anwendung von Ruhensvorschriften ergebenden gesamten Versorgungsbezügen und der gesamten in die Ehezeit fallenden ruhegehaltfähigen Dienstzeit auszugehen; sinngemäß ist zu verfahren, wenn die Versorgung wegen einer Rente oder einer ähnlichen wiederkehrenden Leistung einer Ruhens- oder Anrechnungsvorschrift unterliegen würde.

VII Für die Zwecke der Bewertung nach Absatz 2 bleibt außer Betracht, daß eine für die Versorgung maßgebliche Wartezeit, Mindestbeschäftigungszeit, Mindestversicherungszeit oder ähnliche zeitliche Voraussetzungen im Zeitpunkt des Eintritts der Rechtshängigkeit des Scheidungsantrags noch nicht erfüllt sind; Absatz 2 Nr. 3 Satz 3 bleibt unberührt. Dies gilt nicht für solche Zeiten, von denen die Anrechnung beitragsloser Zeiten oder die Rente nach Mindesteinkommen in den gesetzlichen Rentenversicherungen abhängig ist.

VIII Bei der Wertberechnung sind die in einer Versorgung, Rente oder Leistung enthaltenen Zuschläge, die nur auf Grund einer bestehenden Ehe gewährt werden, sowie Kinderzuschläge und ähnliche familienbezogene Bestandteile auszuscheiden.

Schrifttum: Schusinski/Stifel, Technik des VA mit Hilfe der BarwertVO, NJW 77, 1264.

1) **Inhalt:** Die Vorschr gibt in **I** die **Rechtsgrundlagen für den öffentlich-rechtlichen VA**, indem sie in I 1 die Pers des AusglPflicht u in I 2 den Umfang der AusglPfl auf die Hälfte des Wertunterschieds der von beid Eheg in der Ehe erworbenen VersorggsAnrechte festlegt, wofür die von jedem Eheg erworbenen VersorggsAnrechte getrennt zu saldieren sind. Auf welche Weise die ggstdl unterschiedl VersorggsAnrechte zu **bewerten** sind, bestimmt **II**, wobei dreierlei zu beachten ist: Für die Saldierg ist bei den verschied VersorggsAnrechten jew ein **fiktiver Wert** festzustellen, näml die VersorggsLeistg, die sich ergäbe, wenn zum EheZtEnde der VersorggsFall eingetreten wäre. Ferner behandelt das G in den Ziff 1–5 die prakt **häufigsten** u damit auch am häufigsten im VA relevanten **Arten von Versorgungsanrechten** (ges RentenVers, BeamtVersorgg, betriebl Altersversorgg, berufsständ u and Versorgen u priv RentenVers), wesh es der Auffangklausel in V bedarf, gleichzeit regelt II, wie der **Ehezeitanteil** jedes einz VersorggsAnrechts zu ermitteln ist, da nur dieser in den VA einbezogen werden darf (§ 1587 I 1), wobei es entgg dem Wortlaut („Ztpkt des Eintr der Rhängigk des ScheidgsAntr") gem § 1587 II auf das Ende des vorhergeh Mo ankommt (BGH **82**, 76/70; FamRZ **82**, 1005). Mit den verschied BewertgsMaßst in II wird sichergestellt, daß die einz VersorggsWerte vor der Saldierg **auf den gleichen Wertmaßstab gebracht** sind. Dabei bleibt eine unterschiedl **Besteuerung** auß Betr (BGH FamRZ **88**, 709/10; **89**, 725 u 846), grdsl auch iR von § 1587c (BGH FamRZ **89**, 727); zur Beseitigg von Verzerrgen ist der GesGeber verpfl (BVerfG NJW **80**, 692/6 u 2569/72). Dem Ziel, die verschied VersorggsAnrechte auf einen Nenner zu bringen, dient ferner **III**. Hier werden die qualitativen Unterschiede ausgegl, die sich dadch ergeben, daß best VersorggsAnrechte **dynamisch** sind (BeamtVersorgg, ges RentVers usw), and dagg (wie LebVers) nur unvollkommen od gar nicht (vgl zu dieser Unterscheidg § 1587a III Z 2 S 2, sowie die **BarwertVO**, Anh II zu § 1587a). Einer solchen Anpassg an Wertveränderg der DM bedarf es insb auch bei Leistgen der betriebl Altersversorgg, die häufig nicht dynamisch sind. **IV.** Entspr ist eine Auffangklausel für Versorggen notwend, die einen im G nicht ausdrückl behandelten BewertgsMaßst zugrde legen, damit auch diese Versorggs Anrechte dem VA u seinen BerechngsMethoden unterworfen werden können, **V.** Der Besondrh des BeamtR, daß Beamt, Ri u Soldaten aus mehreren aufeinand folgenden öffrechtl Dienst- od privatrechtl ArbVerhältn Doppelversorggen erwerben können, trägt **VI** in Ergänzg von II Z 1 dadch Rechng, daß er die Berücks der beamtenrechtl KürzgsVorschr auch iR des VA vorschreibt. Ferner wird II insges dch **VII** dahin ergänzt, daß es für die Bewertg von VersorggsAnrechten nicht darauf ankommen soll, ob die zeitl Vorauss für den Anspr auf die VersorggsLeistg bereits im Ztpkt der Dchführg des VA erfüllt sind. Eine Ausn davon macht II Z 3 S 3 für die noch verfallb betriebl AltVersorggsAnrechte; sie werden in den schuldrechtl VA verwiesen. Schließl sind bei der Wertberechng, weil nur vorübergeh gezahlt, fambezoge Zuschläge u Erhöhgen auszuscheiden, **VIII.** Maßgebl für die Bewertg ist die **Gesetzeslage zum Zeitpunkt der Entscheidung** (Einzelh auch zur Berücks von nach Ende der EheZt eingetretenen Veränderungen individueller Umst: § 1587 Anm 3 C a).

2) **Feststellung des Ausgleichsschuldners und Umfang der Ausgleichspflicht, I. a) Ausgleichspflichtig** ist derj Eheg mit den werthöheren Anrechten, **S 1.** Das G geht also davon aus, daß beid Eheg VersorggsAnrechte zustehen. Der VA findet aber auch dann statt, wenn nur einer von ihnen in der Ehe erwerbstät war u desh auch nur in seiner Pers VersorggsAnrechte bestehen. Ferner spricht das G nur

Bürgerliche Ehe. 7. Titel: Scheidung der Ehe § 1587a 2, 3

von „Anwartsch od Aussichten"; auszugl sind jedoch auch bereits **laufende Versorgungen,** soweit sie in der EheZt erworben sind (BGH **82**, 66; MüKo/Maier Rdn 11). Bei ihnen erübr sich eine fiktive Wertermittlg; maßg ist der tatsächl erreichte Wert (Joh/Henr/Hahne Rdn 5).

b) Feststellung der Ausgleichspflicht, I, II. aa) Zur Feststellg des Wertunterschieds der VersorggsTitel beid Eheg bedarf es der Bewertg jedes einz VersorggsAnrechts, II. Als Wert sind im Grds die aGrd des Anrechts od der Aussicht für den Bewertgsstichtag (§ 1587 Anm 3) **fiktiv errechneten Versorgungsleistungen** anzusetzen. Für die erfaßten Versorggsarten ist dabei jew ein den Eigenarten der betr Versorgg angepaßter UmrechngsMaßst vorgesehen (BT-Drucks 7/650 S 156). Das G gibt für die bei der Ermittlg des Wertunterschieds zGrde zu legden Werte genaue Bewertgsrichtlinien, die unabhäng davon anzuwenden sind, wie der VA im Ergebn gem § 1587b zu vollziehen ist. Selbst für den schuldrechtl VA (§§ 1587f–1587n) gelten im Prinzip dies Grdsätze (§ 1587g II 1). Die **Bewertungsmethode** ist entwed ein Berechngs-Verf (wie in II, III u IV) od, soweit solche Berechngen nach der Gestaltg der Versorggszusge nicht vorgen w können, geschieht die Bewertg nach billigem Erm (wie in V). Soweit nicht bereits Versorgg geleistet w, richtet sich die Bewertg nach den fiktiv errechneten VersorggsLeistgen, die im Ztpkt des Eintr der Rhängigkeit des ScheidgsAntr hätten erbracht w müssen. **bb)** Im VA zu berücks sind nicht die gesamten von jedem Eheg bish erworbenen VersorggsAnrechte, sond nur derj Teil, der innerh der EheZt begr od aufrechterhalten ist (§ 1587 I 1). Dieser **Ehezeitanteil** läßt sich in den seltensten Fällen direkt berechnen, indem die in der Ehe zur Versorgg geleisteten finanz Beitr addiert w; idR bedarf es der **zeitratierlichen Methode,** mit deren Hilfe – eben pro rata temporis – die innerh der gesamten Beschäftiggsz insges erreichb VersorggsAnrechte zu der EheZt ins Verhältn gesetzt w (vgl Glockner FamRZ **80**, 309). **cc)** Hat das FamG für beid Eheg getrennt deren eheztl erworbenen VersorggsAnrechte ggf dch Summierg festgestellt, so ist die Differenz der beiden Summen der **Wertunterschied** an VersorggsRechten. Davon steht dem Eheg mit den eheztl wertniedrigeren VersorggsAnrechten die **Hälfte** zu, **S 2.** Der VA wird vAw vollzogen (Einf 5 vor § 1587); wie dies geschieht, ergibt sich aus §§ 1587b, 1587f, VAHRG 1, 2. Ggf erfolgt der VA auch dch Vereinbg (§ 1587o).

3) Wertermittlung, II. A. Bewertung beamtenrechtlicher und diesen gleichgestellter Versorgungen, Ziff 1. a) Betroffener Personenkreis. aa) Die Bewertgsmethode von Z1 bezieht sich unabhäng von der Pers des Dienstherrn, sofern dieser nur gem BRRG 121 die DienstherrenEigensch besitzt (Bund, Länder, Körpersch des öff Rechts, Gemeindeverbände usw; Ausn: ausländ u internat Behörden) auf **Beamte, Richter, Soldaten,** ordentl, außerordentl u auch außerplanmäß **Professoren,** einschl entpflichteter Prof, deren Dienstbezüge den beamtrechtl Versorggsbezügen gleichstehen, **S 5,** so daß bei Scheidg eines aktiven Hochschullehrers der VA auf der Grdlage nicht des BeamtRuhegehalts, sond der Emeritenbezüge dchzuführen ist (BGH NJW **83**, 1784; aA Deumeland ZBR **83**, 339). Da aber innerh des Beamtentums nach dem **Versorgungsstatus** unterschieden wird (Beamt auf LebZt, auf Zt, auf Probe usw) u dieser einigen Beamt fehlt, muß dies auch im VA beachtet w. Überh keine VersorggsAnrechte haben Ehrenbeamt, keine nach Z 1 u desh VA-rechtl nur mit dem NachVersAnspr zu veranlagen (Anm e) sind **Widerrufsbeamte** (BGH FamRZ **82**, 362) u die diesen VA-rechtl gleichgestellten **Zeitsoldaten** (BGH FamRZ **81**, 856), Probeärzte, Probeingenieure, Lektoren, wiss Assistenten (Karlsr FamRZ **83**, 408). **Beamte auf Probe** haben eine unter Z 1 fallde VersorggsAussicht (BGH NJW **82**, 1754). **bb)** Wiederum nach Z 1 werden dagg bewertet Anrechte von Pers mit Anspr auf **Versorgung nach beamtenrechtlichen Vorschriften oder Grundsätzen,** also Arb u Angest der in RVO 1229 I Z 2, 1230 I, 1231 I; AVG 6 I Z 2, 7 I, 8 I genannten öffrechtl od privrechtl Einrichtn u priv ArbGeb, die in ihren AnstellgsBedinggen die Gleichbehandlg mit Beamt zusagen. Nicht erfdl ist, daß die VersorggsZusage zugl eine Befreiung von der VersPfl in der gesetzl RentVers enth (Mü FamRZ **84**, 908; Joh/Henr/Hahne Rdn 35 mN). Nicht ausr, daß der ArbN vom ArbGeb nur einen Zuschuß zu den Leistgen der gesetzl RentVers erh (Hbg FamRZ **80**, 165). Da es hier nur um die Bewertg der beamtähnl Versorgg geht, spielt ferner die Rechtsform des VersorggsTr keine Rolle, so daß Z 1 auch auf privrechtl organisierte ArbGeb Anwendg findet unabhäng davon, daß der VA nicht nach § 1587b II (Kln FamRZ **83**, 78) u auch nicht nach VAHRG 1 III erfolgt, auch wenn der VersorggsTr überwiegd aus öff Mitteln finanz wird (BGH FamRZ **85**, 794/5). Dch die VersorggsZusage werden die Angest nicht zu Beamt. Zu den Trägern solcher Versorggen gehören bei entspr beamtähnl Ausgestaltg der jew Versorgg Bund, Länder, Gemeinden, Gemeindeverbände, Tr der SozVers, BuAnstalt f Arb, Dt BuBank, LZentralbanken, öff RelGemsch, kommunale Spitzenverbände wie der Dt Städtetag od der Dt LKreistag, od die bayr ev-luth LKirche (Celle FamRZ **83**, 191), die Max Planck-Gesellsch hins ihrer wiss Mitarb (BGH FamRZ **86**, 248; Celle FamRZ **83**, 1146; Mü FamRZ **84**, 908), staatl anerkannte Fachhochschulen (Kln FamRZ **84**, 400), and priv Schulen u Lehranstalten (BGH FamRZ **85**, 794; Kln FamRZ **83**, 78), Sparkassen (Ruland/Tiemann Rdn 213), Heilstätten, Theater usw. Zur Zusatzversorgg des öff Dienstes **VBL** s Anm C e. Vgl zum Amtsverhältn der **Regierungsmitglieder** von Bund u Ländern, parlamentarischen Staatssekretären usw, die nach V behandelt w, Anm 5. Eine Versorgg nach beamtrechtl Grdsätzen liegt nicht vor, wenn der ArbN ledigl einen Zuschuß zu den Leistgen der gesetzl RentVers erh soll, wie beim **Hbg RuhegeldG** (Hbg FamRZ **80**, 165).

b) Gegenständlicher Anwendungsbereich. Ziff 1 bezieht sich auf Beamt- u beamtähnl Pensionsanwartsch u -aussichten (BGH **81**, 100/2). Auch bereits gewährte Versorggen fallen darunter (MüKo/Maier Rdn 40). Zum **Zusammentreffen mehrerer Versorgungsanrechte** vgl Anm 6. Zu den ruhegehaltsfäh Dienstbezügen gehören das **Grundgehalt,** der **Ortszuschlag** (wg VIII) für Ledige, jährl SondZuwendgen, ruhegehaltsfäh Amts- u Stellenzulagen sowie örtl SondZuschlag für das 2. Haush-StrukturG ab 1. 1. 82 entfallen (BGH FamRZ **84**, 992). Auf die Erfüll der WarteZt (gem BeamtVG 4 mind 5 J) kommt es gem VII nicht an. Außerh der EheZt erworbene Versorggen bleiben außer Betr (Brem FamRZ **80**, 267), auch wenn bei Begr der BeamtEigensch nach der Ehe bei der Versorgg in die EheZt fallde J als ruhegehaltsfäh anerkannt werden (BGH NJW **84**, 1612). Nicht einbezogen werden ferner Verletzten-UnterhBeitr (BeamtVG 38) u unfallbedingte Erhöhgen der Bezüge, schließl auch nicht die degressive

1487

§ 1587a 3 A, B   4. Buch. 1. Abschnitt. *Diederichsen*

AusglBetr nach dem 2. HaushStrukturG Art 2 § 2, der Beamt gewährt wird, die gleichzeit Pensions- u RentAnspr haben u vor dem 1. 1. 66 ins BeamtVerhältn übernommen w sind (BGH FamRZ 84, 565).

c) Berechnungsgrundlagen. Das entscheidde Problem bei der Bewertg der BeamtVersorgg ergibt sich daraus, daß die verschied DienstJ des Beamt für seine Versorgg unterschiedl zu Buche schlagen. Sein Ruhegehalt besteht gem BeamtVG 14 in einem Prozentsatz der ruhegehaltsfäh Dienstbezüge, der aber seiner Höhe nach wiederum von der Anzahl der zurückgelegten DienstJ abhängt. Dabei führen die AnfDienstJ zu einem prozentual stärkeren Ansteigen des Ruhegehalts als die späteren; nach Erreichen des Höchstsatzes tragen die letzten DienstJ überh nichts mehr zur Steigerg des Ruhegehalts bei. Würde man für den VA wörtl darauf abstellen, welche Anteile von der Altersversorgg des Beamt „in der EheZt ... begründet" worden sind, so würden die früh DienstJ über-, die späteren dagg unterbewertet. Um nicht den Eheg, der in den ersten Jahren mit dem Beamt verh war, zu gut und denj, der mit ihm die letzten DienstJ geteilt hat, zu schlecht zu stellen, muß die in der ges DienstZt erdiente Versorgg gleichmäß auf die einz J der DienstZ verteilt werden (vgl § 1587 I „aufrechterhalten"). Dies geschieht dch den fiktiven Rückgr der für den betroff Beamt maßgebl **Gesamtzeit,** dh der Zt von seinem Eintr in das BeamtVerhältn bis zum voraussichtl Ende wg Erreichen der Altersgrenze. Im Ergebn ist der Betr zu ermitteln, der sich im Ztpkt des Eintr der Rhängigk des ScheidgsAntr als Versorgg ergäbe. Die Berechng erfolgt nach der **jeweiligen** für den betroff Beamt geltden **Versorgungsregelung** (BeamtVG, SVG, AbgG usw), bei den beamtähnl Versorggen nach der jew Satzg od dem maßgebl EinzelVertr. Auszugehen ist bei dem Beamt, der am Ende der EheZt noch im aktiven Dienst steht, von seiner **tatsächlichen Besoldungsgruppe und Dienstaltersstufe,** dh von dem Betr, der sich als Versorgg ergäbe, wenn er zu diesem Ztpkt mit seinem ggwärtigen Dienstgrad aus Altersgrden in den Ruhestand träte. Ohne Einfl auf die Bewertg sind nach Ende der DienstZt eintretde Besoldgserhöhgen inf **Beförderung** od Ansteigens der Dienstaltersstufen. An ihnen soll der and Eheg nach dem GrdGedanken des § 1587 I VA-rechtl nicht teilhaben (BT-Drucks 7/650 S 156), auch wenn vorher bereits ein entspr Anspr bestand (BGH FamRZ 87, 918). Anderers ist BeamtVG 5 III, wonach die niedr BesoldgsGr zGrde zu legen ist, wenn eine Beförderg weniger als 2 J zurückliegt, nicht anzuwenden, weil die für die Pension geltde Sperrfrist als „ähnl zeitl Vorauss" iSv VII 1 unbeachtl ist (BGH NJW 82, 222). Das gilt auch für Soldaten (BGH NJW 82, 2377), nicht dagg für die Stellenzulage des fliegdn Personals der Bundeswehr, die in den VA nur einzubeziehen ist, wenn sie am Ende der EheZt bereits ruhegehaltsfäh war (BGH FamRZ 86, 975). Zur **ruhegehaltsfähigen Dienstzeit** (BeamtVG 14) sowie zu den AnrechngsZten vgl Joh/Henr/Hahne Rdn 52ff. Die bei Dienstunfähigk vor dem 55. LebJ relevanten ZurechngsZten bleiben bei Berechng des EheZtAnteils der Versorgg außer Betr (BGH FamRZ 82, 36/41; KG FamRZ 85, 612). Gem BeamtVG 12 I Z 1 zu berücks **Ausbildungszeiten** zählen zur ruhegehaltsfäh DienstZt, auch wenn der Beamt bish keinen entspr Antr gestellt hat (BGH NJW 81, 1506; FamRZ 83, 999) u ohne Rücks darauf, ob die Hinzurechng der Ausbildgs- u sonst Zeiten gem BeamtVG 11, 12 für den Eheg des Beamt günst ist (BGH NJW 84, 1548). Die **Beurlaubung** ohne Dienstbezüge muß ebso wie die **Teilzeitbeschäftigung** bei der Bewertg auch hins des über die EheZt hinaus bewilligten ZtRaums insoweit berücks w, als sie die ruhegehaltsfäh DienstZt verkürzt (BGH NJW 86, 1934 u 1935), wobei die für die nachehel Zt bewilligte Dienstverkürzg zu einer höheren Bewertg des ehezeitl erlangten Teils der Versorgg führen kann (MüKo/Maier Rdn 81). Hins der weiteren Entwicklg ist gem FGG 12 zu ermitteln, weil das Stichtagsprinzip des § 1587 II nicht die Berücksichtigg individueller Umstde bei der Bewertg ausschließt, wie zB die endgült Aufgabe der dienstl Tätigk aus gesundheitl Grden (BGH FamRZ 88, 940; sa Celle FamRZ 85, 716 mA Minz). Da für die Gesamtzt auf die individuelle Altersgrenze des Beamts abzustellen ist, sind die **vorgezogenen Altersgrenzen** für Polizeibeamt, Soldaten, Düsenflugzeugpiloten (Oldbg FamRZ 81, 678), auch derj der BuWehr (BGH NJW 82, 2377), zu beachten (BGH NJW 82, 2374), es sei denn, etwa aGrd von ÜbergangsVorschr gelten and Altersgrenzen (BGH NJW 82, 2379). Eine vorgezogene Altersgrenze führt wg der kürzeren Gesamtzt zu einem höheren auszugleichenden EheZtAnteil, was dadch gerechtfertigt ist, daß die Versorgg in kürzerer Zt erdient wird als bei der normalen Altersgrenze (Joh/Henr/Hahne Rdn 64). Für **Wahlbeamte** ist die Gesamtzt die Zt, für die sie in das Amt gewählt sind (Ffm FamRZ 84, 182/909 mA Minz u Kern). Zu den **Abgeordneten** vgl AbgG 25a sowie BGH FamRZ 88, 380; Ruland NJW 87, 351; MüKo/Maier Rdn 70 u unten Anm 5. Ferner kann die fiktive Berechng der Versorgg mit dem Rückgr auf die Gesamtzt unterbleiben, wenn der Beamt im Ztpkt des § 1587 II bereits pensioniert ist; in diesem Fall ist unter Berücksichtigg von VIII, also unter Herausrechng der fambezogenen Bestandteile, der Berechng des EheZtAnteils die **laufende Versorgung** zGrde zu legen (vgl BGH FamRZ 82, 33 u 36). Dies gilt auch, wenn der Beamt wg Dienstunfähigk vorzeit (BGH 82, 66; zur Berechngsweise Joh/Henr/Hahne Rdn 66) od als Wahlbeamt in den einstweil Ruhestand versetzt w ist (Ffm FamRZ 84, 182; aA Minz DRV 85, 599).

d) Die eigentl **Berechnung** erfolgt in zwei Schritten. Zunächst wird das **fiktive Ruhegehalt** errechnet, also der Betr ermittelt, der sich im Ztpkt des Eintr der Rhängigk des ScheidgsAntr als Versorgg ergäbe. Sodann wird dafür der **Ehezeitanteil,** also der dem VA unterliegde Teil der Versorgg, dadch berechnet, daß das fikt Ruhegehalt mit der ruhegehaltsfäh DienstZt in der Ehe multipliziert u dch die (bis zur Altersgrenze erweiterten) GesamtdienstZt dividiert wird (Bsp: MüKo/Maier Rdn 99).

e) Veränderungen nach Ehezeitende: § 1587 Anm 3 C a.

B. Bewertung von Versorgungsanrechten in der gesetzlichen Rentenversicherung, Ziff 2 (Lit: Pelikan, RentVers mit VA im Scheidgsfall, 7. Aufl 1988). Zu der in der anwaltl Prax häuf genügden **Schätzung** von RentAnwartsch Bergner DRV 77, 55 u hierzu erfdl **Tabellen** vgl Nachw Einf vor § 1587. Maßgebde Bedeutg für die RentBewertg hat die **Auskunft** des RentVersTr (dazu Einf 5 vor § 1587; § 1587o Anm 1). **a) Berechnung des Ehezeitanteils von Rentenanrechten.** Für die Bewertg von Anrechten aus der ges RentVers wird der Betr zGrde gelegt, der sich am BewertgsStichtag der Rhängigkeit des ScheidgsAntr (genauer: § 1587 Anm 3) aus den in die EheZt fallden anrechnsfäh VersJahren, also fiktiv, als Altersruhegeld ergäbe. Auch diese Berechng erfolgt **zweistufig:** Zunächst wird mit Hilfe der RentFormel das Altersruhegeld festgestellt, das der jew Eheg aus seiner bish ErwTätigk erworben hat; anschließd wird

Bürgerliche Ehe. 7. Titel: Scheidung der Ehe § 1587a 3 B

daraus der EheZtAnteil errechnet (vgl MüKo/Maier Rdn 190 ff; Ruland/Tiemann Rdn 234 ff). Die RentVers arbeitet dabei nicht mit DM, sond mit **Werteinheiten (WE),** worunter der VerhältnWert verstanden wird, der sich für jedes J aus der GgüStellg des Individualentgelts des einz Vers mit dem Bruttoentgelt aller Vers ergibt. Hat ein einz ArbN in einem J genauso viel verdient wie der Durchschn aller ArbN dieses J, dann werden seinem VersKonto genau 100 WE gutgeschrieben. Hat er um 20% mehr verdient, erscheinen auf seinem Konto 120 WE, bei geringerem Prozentsatz entspr weniger. Der Vorteil dieser Berechngsweise zeigt sich in der **Rentenformel,** die keine Verbindg mathemat Größen, sond die Kurzfassg des Inhalts von RVO 1253–1258, AVG 30–35 darstellt. Für die Berechng der Rente (R) sind 4 Faktoren maßgebd: (1) Die bereits erwähnte persönl BemessgsGrdlage, dh der Prozentsatz (P), der das Verhältn des BruttoArbVerdienstes des Vers zum DurchschnVerdienst aller Vers (Arb u Angest, ohne Lehrlinge), auf das ges Leb bezogen, ausdrückt. (2) Die allg BemessgsGrdlage (B), dh das dchschnittl BruttojahresarbEntgelt aller Vers der Arb- u AngestVers im Mittel des 3jähr Ztraums vor dem KalenderJ, das dem Eintr des VersFalls vorauf gegangen ist. Mit ihr wird die Rente im Ergebn an dem aktuellen Lohnniveau gehalten. (3) Die Zahl der VersJahre (Vj) u (4) der Steigergssatz (St) der Rente, der bei Berufsunfähig (**BU**) 1% u bei ErwUnfähigk (**EU**) u Alter 1,5% u 2% in der KnappschVers betr u der Rente aGrd der and Faktoren verdoppeln kann, wenn nicht ausfällt. Die Jahresrente ist das rechnerische Produkt dieser Faktoren. Danach beträgt die monatl R = [(P × B) × (Vj × St)]: 12. Die **anrechnungsfähigen Versicherungsjahre** sind dch ZusRechng verschied Zten zu ermitteln, näml von **Beitragszeiten,** zu denen dh nach dem 1. 1. 86 liegden **Kindererziehungszeiten** gehören (Pelikan S 117 ff), ferner als beitragslose Zten die vor dem 1. 1. 86 liegden KiErziehgsZten, die gem RVO 1251a, AVG 28a auf die WarteZt angerechnet w (Pelikan S 378 f) u auch dann zu berücks sind, wenn das EheZtEnde zeitl vor dem 1. 1. 86 liegt (BGH NJW **86,** 1169 mAv Dieth; aA Düss FamRZ **86,** 366). Bei einem Wechsel der BetreuungsPers ist die Ki ist die ErziehgsZt auf die BetreuungsPers aufzuteilen (Karlsr FamRZ **86,** 818). Zu den anrechnungsfäh VersJahren gehören auch die **Ersatzzeiten** gem RVO 1251, AVG 28 (Kriegsdienst, Gefangensch, Flucht, Internierg, NS-Verfolgg), währd für den GrdWehrdienst bei der BuWehr VersPfl besteht. **Ausfallzeiten** gem RVO 1259, AVG 36, in denen wg Schwangersch, Krankh, Arbeitslosigk od Ausbildg keine verspflicht Tätigkeit ausgeübt werden konnte, werden berücks wie schließl auch **Zurechnungszeiten,** die bei vorzeit BU od EU den Vers so stellen, als hätte er bis zur Vollendg des 55. LebJ Beitr entrichtet (RVO 1260, AVG 37). Die ZurechngsZten sind im VA auch dann zu berücks, wenn der Eheg bereits bei Eheschließg eine BU- oder EU-Rente bezog, wenn der ZurechngsZt bis zum 55. LebJ noch in die EheZt fällt (BGH NJW **86,** 337; aA Bergner NJW **86,** 1733). Wird der Eheg währd der Ehe erwerbsunfäh u liegt das EheZtEnde vor dem 55. LebJ, sind beim VA nur die auf die EheZt entfallden WE der ZurechngsZt zu berücks (Ffm FamRZ **82,** 619; Düss FamRZ **89,** 67). Gem RVO 1260c, AVG 37c bleiben Ers-, Ausf- u ZurechngsZten, soweit sie beamtrechtl als ruhegehaltsfäh anerkannt w, bei der RentBerechng ab 1. 1. 80 unberücks, was beim VA auch dann zu berücks ist, wenn das EheZtEnde zeitl vor dem Inkrafttr dieser Bestimmgen liegt (BGH FamRZ **86,** 447; Bergner NJW **86,** 222; aA Schmeiduch FamRZ **81,** 901; Michaelis FamRZ **85,** 550). Bei der **Bewertung anrechnungsfähiger Versicherungszeiten** (RVO 1255 ff, AVG 32ff) ist zu beachten, daß echte BeitrZten nach den tatsächl entrichteten Beitr bewertet w, jedoch nicht über die **Höchstgrenze** des doppelten der im Jahre des VersFalls gült allg BemessgsGrdlage hinaus, so daß eine höhere persönl BemessgsGrdlage als 200%, was 200 WE entspr, nicht mögl ist. Die ersten 5 BerufskalenderJ nach dem Eintr in die Vers werden pauschal höher bewertet, wobei die unterschiedl Tabellenwerte für Männer u Frauen beseit sind (BVerfG NJW **81,** 2177). KiErziehgsZten werden einheitl mit 75% des durchschnittl BruttoArbVerdienstes aller Vers bewertet. Freiwill Beitr, die nach dem EheZtEnde, aber noch für die EheZt entrichtet w sind, sind grdsl nicht einzubeziehen (BGH **81,** 196; NJW **85,** 2024; zum **Für- und In-Prinzip** § 1587 Anm 3 C a cc). Dauerte eine Hochschulausbildg länger als die als AusfZt anrechenb Höchstdauer von 5 J, so ist auch zur Ermittlg des EheZtAnteils die anrechenb AusfZt vom Beginn der Hochschulausbildg an zu rechnen (Karlsr FamRZ **86,** 473).
Die **Berechnung des Ehezeitanteils** erfolgt ebenf auf der Grdlage von WE (RVO 1304 II, AVG 83 II), da eine rein zeitanteil Berechng danach, wieviel von den VersJahren zugl EheJ waren, über den wirkl Wert der erworbenen RentAnwartsch täuschen würde, weil dieser sich aus den verschied Faktoren ergibt (Ffm NJW **79,** 1609; Joh/Henr/Hahne Rdn 165). Die Berechng des eheanteil Altersruhegelds erfolgt nach der Formel, daß das mtl Altersruhegeld mit der Summe der WE in der Ehe multipliziert u dch die Summe der WE insges dividiert wird. Auf die Erfüllg von **Wartezeiten** usw kommt es gem VII iR der Bewertg nicht an (vgl dazu Anm 7).

 b) **Anwendungsbereich. aa) Der Person nach** fallen unter Ziff 2 **Arbeiter** u **Angestellte,** davon die im Bergbau Beschäftigten unter die knappschaftl Vers; in die Handwerksrolle eingetr **Handwerker,** sol sie Beitr für weniger als 216 Mo entrichtet haben; Bezirksschornsteinfeger auch darü hinaus; **Künstler und Publizisten** nach dem KünstlSozVersG (vgl AVG 2 Z 4); dagg fallen Landwirte unter Ziff 4 (MüKo/Maier Rdn 288). **bb)** **Versicherungsträger** sind ua die Landesversicherungsanstalten (LVA), bei den Angest der BfA, im Bereich des Bergbaus die BuKnappsch, für Seeschiffe die Seekasse Hbg, außerd die BuBahnVersAnstalt. Bei einer **Wanderversicherung** hat ein ArbN zu mehreren Zweigen der gesetzl RentVers Beitr entrichtet; die GesLeistg daraus wird (mit Ausn der BuKnappsch) von dem VersTr errechnet, an den der letzte Beitr entrichtet w (MüKo/Maier Rdn 218 ff). Zu rentenrechtl Probl, die sich aus dem Bezug zum **Ausland** ergeben, vgl Joh/Henr/Hahne Rdn 115 ff; MüKo/Maier Rdn 168 ff. Renten, die bei ausländ SozVersTr erworben wurden, werden nach V bewertet. Nach dem FremdrentenG vom 25. 2. 60 sind ausländ BeitrZten den dt VersZten gleichgestellt; das G erfaßt auch die in der DDR zurückgelegten BeitrZten. Ggf sind über- u zwischenstaatl SozVersAbkommen u EGVOen zu berücks. Zum dt-pol SozVersAbkommen s Baumgarten DRV **86,** 475. Die zT geringeren „ausl Renten" sind s Renten, die ins Ausl gezahlt werden.

 c) **Grundlagen und Rentenbestandteile.** Das ausglpflicht Anrecht beruht auf **Pflicht- oder freiwilligen Beiträgen,** beitragsl Zten od auf einer **Nachversicherung** (Joh/Henr/Hahne Rdn 123 ff). Letztere betr vor allem Beamt, Ri, Soldaten, die zunächst aGrd ihrer Stellg versichergsfrei waren (RVO 1229, 1231, AVG

1489

§ 1587a 3 B, C

6, 8), aber nach ihrem Ausscheiden aus dem Staatsdienst bei Fehlen einer beamt(ähnl) Versorgg vom Dienstherrn in der ges RentVers nachversichert werden müssen (RVO 1232, AVG 9). **Dem Gegenstand nach** unterfallen der Bewertg nach Ziff 2 nur RentAnrechte, die den ges RentAnpassgen unterliegen (RVO 1272, AVG 49), also Renten u entspr Anwartsch wg **Alters, BU und EU** (Joh/Henr/Hahne Rdn 135 ff). **Nicht** nach Z 2 werden bewertet echte u gleichgestellte unechte **Höherversicherungsanteile** (RVO 1234, 1261, AVG 11, 38 u RVO 1255 b, AVG 32b II ua), die nach Z 4c bewertet w. Außer Betr bleiben ferner **Kinderzuschüsse** (RVO 1262, AVG 39) u KiGeldAusglBetr sowie HinterblRenten und Verletztenrenten aus der ges Unfallvers, die überh nicht in die VA fallen. Bei **Ruhen** einer ges Rente wg gleichzeit Zahlg einer ges Unfallrente ist trotzdem der ungekürzte fikt Betr der ges Rente zu ermitteln (Joh/Henr/Hahne Rdn 143). Bei **Beitragserstattung** (RVO 1303, AVG 82) insb ausländ in ihre Heimat zurückgekehrten ArbN vor dem EheZtEnde entfällt der VA insow (Hbg FamRZ **80**, 1028); bei versehentl Erstattg danach entfällt das Splitting gem § 1587b I, nicht aber der VA als solcher (Stgt FamRZ **83**, 285; Joh/Henr/Hahne Rdn 144). Dch Heiratserstattg, die bis 31. 12. 68 mögl war, verlorene RentAnrechte sind auch berechgsmäß erled (Düss FamRZ **82**, 84); mögl aber iZshg mit der Scheidg freiwill Nachentrichtg (Joh/Henr/Hahne Rdn 127 u 146). Bei EheZtEnde bereits **laufende Renten** wg Alters, BU od EU (zu den wesentl Fallgruppen MüKo/Maier Rdn 181 ff) stellt Ziff 2 dem Wortlaut nach ebenf auf das fikt Altersruhegeld ab; trotzdem ist bei unterschiedl Höhe grdsl die tatsächl gezahlte Rente maßgebl (BGH NJW **82**, 229). Sie muß aber bei EheZtEnde zumindest bewill gewesen sein (Ffm FamRZ **87**, 286; and die RevEntsch BGH FamRZ **89**, 35: Versorggs„aussicht"). Das gilt bei Bezug von (ggf auch vorzeit od flexiblem) Altersruhegeld, wenn das 65. LebJ vollendet ist (BGH NJW **82**, 229); u zwar sind auch für die Berechg des EheZtAnteils (ggf unter Bereinigung des RentZahlBetr um die über das EheZtEnde hinausreichde ZurechngsZt (zur Methode: BGH NJW **89**, 1994) die dem tats bezogenen Altersruhegeld entsprechden WE zGrde zu legen (BGH FamRZ **84**, 673; **85**, 688). Auf das vorgezogene od flexible Altersruhegeld ist auch vor Vollendg des 65. LebJ abzustellen (Joh/Henr/Hahne Rdn 171; aA MüKo/Maier Rdn 184), es sei denn, es war wg Aufn einer ErwTätigk vor EheZtEnde nicht zu zahlen (MüKo/Maier Rdn 183). Bei Bezug einer BU- od EU-Rente zum Ende der EheZt ist beim VA jew auf das werthöhere Anrecht abzustellen (BGH FamRZ **89**, 35/6): Ist sie niedr als das fikt Altersruhegeld, ist für die Bewertg das letztere maßgebl, weil die Rente bei Erreichen der Altersgrenze entspr umgewandelt w (BGH FamRZ **84**, 673). Ist die tatsächl bezogene Rente ausnahmsw höher als das fikt errechnete Altersruhegeld, ist sie wg der rentenrechtl Besitzstandssicherg für den VA maßgebl (BGH FamRZ **82**, 33/6; **84**, 673). Das gilt auch, wenn der Eheg noch keine 55 J alt ist u der EU-Rente eine ZurechngsZt zGrde liegt (BGH NJW **89**, 1995). Allerd ist iJF nicht der volle ZahlBetr, sond nur der EheZtAnteil in die AusglBilanz einzustellen, wenn das Anrecht nicht in vollem Umfg in der EheZt erworben worden ist (BGH FamRZ **85**, 688/9; **89**, 35/6). Zur Berechg des Anteils bei EU- u VBL-Rente Zweibr FamRZ **86**, 174.

C. Bewertung betrieblicher Altersversorgungen, Ziff 3 (Lit: Ruland, Probleme des VA in der betriebl Altersversorgg u priv RentVers, Mü 1982; Neef NJW **84**, 343; Glockner FamRZ **88**, 777).

a) Gegenstand. Vgl zunächst § 1587 Anm 2a cc. Hierher gehören sämtl Leistgen der Alters-, Invaliditäts- u HinterblVersorgg, die einem ArbN aus Anlaß seines ArbVerhältn gewährt werden. Keine Rolle spielt die Rechtsform, ob es sich also um die Zusage einer unmittelb Versorgg handelt, bei der eine eig LeistgsPfl des ArbGeb zielt (BetrAVG 7 I 1), od um eine mittelb Versorgg, bei der auf Kosten des ArbGeb zG des ArbN eine LebVers mit direkten VersLeistgen an den ArbN abgeschlossen wird (BetrAVG 1 II), od bei der die Zusage auf Pensions- od Unterstützgskassenleistgen gerichtet ist (BetrAVG 1 III bzw IV). Auch bei EheZtEnde bereits laufde betriebl Ruhegelder sind gem Ziff 3 auszugl (BGH NJW **82**, 229). Dagg unterfallen vom ArbGeb finanz befreiende LebVers dem VA nicht (BGH FamRZ **84**, 156), ebensowenig ein Anspr auf BeitrErstattg (Hamm FamRZ **81**, 572) od Abfindgen ohne laufde Versorgg (Joh/Henr/Hahne Rdn 181). Zum Zustandekommen betriebl Ruhegeldzusagen dch G, TarifVertr, BetrVereinbg od EinzelArbVertr vgl Ruland/Tiemann Rdn 121. Zu ArbN-finanzierten Versorggen Soergel/Zimmermann Rdn 102. Betriebl Altersversorggen gem Z 3 sind auch die (auf TarifVertr beruhden) Zusatzversorggen des öff Dienstes (dazu Anm e), ferner Anspr gg die priv-rechtl Pensionskassen bei Großbetr (BGH FamRZ **87**, 52/576 mAv Glockner ZDF). Als **Versorgungsaussichten** auszugl sind auch Anrechte, die ohne RechtsAnspr unter dem Vorbeh der Freiwillig u des jederzeit Widerrufs gewährt w (BGH FamRZ **86**, 336; Joh/Henr/Hahne Rdn 175). Unter Z 3 fallen insb auch die Anspr gg die **Zusatzversorgungskassen des öffentlichen Dienstes** (unten Anm e). Die AusglVorschr gilt schließl auch für **Anrechte des Ausgleichsberechtigten,** soweit die LeistgsVoraussetzgen (Anm b) erfüllt sind; verfallb Anrechte dagg unterliegen ebenf nur dem schuldrechtl VA (BGH **84**, 158/180ff; umstr; ausführl dazu Ruland Rdn 82ff). Bei der Zusatzversorgg des öff Dienstes führt dies aS des AusglBerecht dazu, daß auch bei ihm (unter der Voraus der Erfüllg der WarteZt) nur die stat Rente zGrde zu legen ist (BGH **84**, 158/95).

b) Leistungsvoraussetzungen der betriebl Altersversorgg sind neben dem Eintr des **Versorgungsfalls** (Erreichen der Altersgrenze, Eintr von Invalidität usw) iZshg mit dem VA die **Unverfallbarkeit** (Einzelh dazu unten Anm d) u die Einhaltg einer sich nach der jew VersorggsRegelg richtden **Wartezeit** (zw 5 u 20 J; vgl DAV **85**, 567). Solange die WarteZt nicht erfüllt ist, ist die Zusatzversorgg weder aS des AusglPflicht noch aS des AusglBerecht in den öff VA einzubeziehen. Erwirbt der AusglBerecht später doch noch VersorggsAnspr daraus, erfolgt ggf ein schuldrechtl RückAusgl (BGH FamRZ **86**, 250). Die WarteZt kann ab einem bestimmten LebAlter rechnen, aber auch mit der ArbAufn beginnen u prakt mit der Betriebszugehörigk parallel laufen (BGH NJW **84**, 234). Die BetrZugehörigk wird vGw weder dch Wehrdienst noch dch Muttersch unterbrochen. Wird schon eine WarteZt nicht erfüllt, die niedr als die UnverfallbarkFr ist, so scheidet die öffrechtl VA aus, da die WarteZt als erste Stufe der Unverfallbark bezeichnet werden kann (BGH FamRZ **82**, 899/903). Zum Fall der längeren Warte- als der UnverfallbarkFr s Joh/Henr/Hahne Rdn 193). Wird der vorgesehene WarteZt wg des fortgeschrittenen Alters des ausgeschied ArbN voraussichtl nicht mehr erfüllt, unterbl der VA trotz VII 1. Halbs (Schwab/Hahne S 971 f). Die Dauer der BetrZugehörigk wird dch **Teilzeitbeschäftigung** nicht verkürzt (MüKo/Maier Rdn 261). **Vordienstzeiten** (dh aus

Bürgerliche Ehe. 7. Titel: Scheidung der Ehe § 1587a 3 C

einem vorangegangenen ArbVerhältn) können die WarteZt abkürzen, die Unverfallbark beschleunigen od die LeistgsHöhe beeinflussen (BGH FamRZ 85, 263; 86, 338). Das ist eine Frage der VertrAuslegg (BGH NJW 84, 234). Will der ArbG die Anrechng beschr, muß er dies in einer nach 1972 getroffenen Ruhegeldregelg zum Ausdr bringen (BGH FamRZ 83, 1001). Ist die Anrechng der VordienstZten lediglich der formale Weg, um wg des erhebl ArbEinsatzes aus BilligkGrden die BetrRente bei vorzeit eintretder EU zu erhöhen, so ist die volle BetrRente in den (schuldrechtl) VA einzubeziehen (BGH FamRZ 86, 338/40 f).

c) Zur **Bewertung der betrieblichen Versorgungsanwartschaft** wird gem Ziff 3 S 1a und b unterschieden, ob die BetrZugehörigk andauernd od beendet ist. Abgesehen davon kommt es auch auf die übr LeistgsVoraussetzgen (Anm b) u die Unverfallbark an (Anm d). Schließl ist nach den versch VersorggsTypen zu unterscheiden (Anm bb).

aa) Die **Betriebszugehörigkeit** hat in Ziff 3 eine doppelte Funktion. Sie ist einmal pos bzw negat TatbestdsMerkmal f die Anwendg v Z 3 S 1 a und b, zum anderen aber auch Grdlage f die Berechng selbst, insb was die gleichgestellten Zten anlangt. Für das Andauern bzw die Beendigg ist die tats BetrZugehörigk maßg, also Dienstantritt u Ausscheiden aus dem Betr, nicht etwa der KündiggsZtpkt. Eine etwaige BetrÜbernahme ist unerhebl (BetrAVG 1 I 2); vgl aber § 613a Anm 3. Unerhebl ist im Hinbl auf BetrAVG 2 I auch die Dauer der Mitgliedsch bei versch Versorggswerken eines Untern (Zweibr FamRZ 88, 1288). Die BetrZugehörigk wird nach Mo berechnet. Für die Berechng iF eines Unterbrechg des ArbVerhältn vgl Düss FamRZ 81, 682. Eingerechnet werden in die BetrZugehörigk die sog **gleichgestellten Zeiten.** Das sind Unterbrechen der BetrZugehörigk in Erfüllg gesetzl Pfl (SoldVersG 8 III; ArbPlSchG 6 II; ZDG 78; KatastrophSchG 9; ZivSchutzG 10; MuSchG 10). Für die Gleichstellg muß gefordert w, daß die fikt Zten nicht nur für den Ztpkt, sond auch für die Höhe der VersorggsZusage Bedeutg haben (BGH FamRZ 85, 264). Die Einrechng erfolgt nur in dem von der jew VersorggsRegelg vorgesehenen Umfang (BGH 93, 222/36 f), zB nach VBL-S 42 II 2 a nur zur Hälfte. Die Einbeziehg kann auch dch Vereinbg erfolgen (vgl Anm d ee). Dementspr bleiben solche Zten außer Betr, welche die diesbezügl Regelg nur auf die WarteZt od Unverfallbark bezieht (BGH FamRZ 85, 263/4 u 363/6; 86, 338/41).

bb) **Typen der Zusatzversorgung** (Joh/Henr/Hahne Rdn 198 ff). α) Die **Gesamtversorgung** (Lit: Trey NJW 78, 307; Strehuber FamRZ 79, 764; v Maydell FamRZ 81, 516; Ruland/Tiemann Rdn 293 ff) gewährt zusätzl zur GrdVersorgg (ges Rente, befreiende LebVers usw) einen bestimmten Prozentsatz des letzten Gehalts, der in Stufen od gleichmäß für jedes DienstJ ansteigt. Der für die Prax wichtigste u nach Ziff 3 auszugleichde (BGH 81, 152/55 f) Fall ist die Zusatzversorgg des öff Dienstes (Anm e). Zur Ermittlg des EheZtAnteils unten Anm dd (2). β) Die Zusatzversorgg kann auch einen von der ges Rente unabhäng, gleichmäß od ungleichmäß steigenden Prozentsatz des letzten Gehalts vorsehen, ggf bis zu einer best Höchstgrenze (limitierte VersorggsZusage). γ) Schließl kann die Zusage sich nach ArbEntgelt, TarifGr u Dauer der BetrZugehörigk richtde feste DM-Betr vorsehen.

cc) **Zeitpunkt für die Berechnung** der vollen Versorgg u für die dafür maßgebden Umstde ist nach dem Stichtagprinzip (Soergel/Zimmermann Rdn 133) das **Ende der Ehezeit** iSv § 1587 II, so daß es trotz des entgegenstehden Wortlauts in Z 3 auf das Ende des dem „Eintr der Rhängigk des ScheidgsAntr" vorausgehenden Mo ankommt (BGH 93, 222; NJW 86, 1040). Bei **Änderungen** zw EheZtEnde u letzter TatsVerhandlg (vgl allg dazu § 1587 Anm 3 C a) ist zu unterscheiden: Nach EheZtEnde eintretde Veränderngen individueller Umstde bleiben, um zeitl Manipulationen dch Beeinflussg der VerfDauer auszuschl (BGH 81, 123 f; Zweibr FamRZ 84, 1238), außer Betr, so daß die versorgg auch dann nach Ziff 3 S 1 a zu beurteilen ist, wenn der Eheg zw EheZtEnde u VA-Entsch aus dem Betr ausgeschieden ist (BGH 93, 222/26; Mü FamRZ 84, 709 mN; Joh/Henr/Hahne Rdn 194; aA Ruland Rdn 59). Auf das EheZtEnde ist ferner abzustellen bei nach EheZtEnde eingetretenem Tode des AusglPflicht (Karlsr FamRZ 85, 193). Ebsowenig spielt iRv Z 3 die Herabsetzg der VersorggsLeistgen nach EheZtEnde in wirtschaftl Schwierigk der Fa eine Rolle; Berücksichtigg allenf nach § 1587c Z 1 (Mü-Augsbg FamRZ 81, 281). Beim Stichtagprinzip verbleibt es schließl auch hins nachträgl Änderngen der DynamisierngsFaktoren u des versorggsfäh Entgelts der letzten drei Jahre (KG FamRZ 84, 1112). Vgl iü Anm dd (1). Etwas and gilt jedoch kr ausdrückl ges Vorschr für die Unverfallbark; hierfür ist nach Z 3 S 3 auf den **Zeitpunkt der VA-Entscheidung** abzustellen (Anm d aa). Entspr sind Änderngen der jew VersorggsOrdng nach EheZtEnde iR der verfahrensrechtl Möglken zu berücks. Das betr ebso Änderngen der Gesetzeslage (BGH 90, 52/7 ff; FamRZ 86, 447/8) wie Änderngen etwa der BewertgsGrdsätze in einer nicht ges VersorggsOrdng (BGH NJW 83, 38; FamRZ 86, 976/77 f; Celle FamRZ 86, 474; KG FamRZ 86, 915); zB Berücks von Gehaltszulagen (Joh/Henr/Hahne Rdn 195).

dd) Die **Bewertung bei andauernder Betriebszugehörigkeit, Ziff 3a,** erfolgt in drei Schritten: (1) Die fortdauernde BetrZugehörigk führt dazu, daß die Höhe der Versorgg noch nicht feststeht. Zu der desh fikt **Ermittlung der vollen Versorgung** ist indfessen zu errechnen, was der Eheg bei fortdauernder BetrZugehörigk mit Eintr des Versorggsfalls (regelm: 65 J) an Zusatzrente erhielte. Soweit sich die **endgültigen Bemessungsgrundlagen** (Gehalt, Halbtags- od VollZtBeschäftigg usw) nicht feststellen lassen, sind die Umst zum **Ende der Ehezeit** maßg, Ziff 3a letzter Halbs (vgl Anm c cc). Diese BemessgsGrdlagen sind bis zur Erreichg der **festen Altersgrenze** fortzuschreiben, auch wenn eine Gehaltserhöhg mit Sicherh zu erwarten ist (Ruland Rdn 62). Eine flexible vertragl Regelg schließt die Ann einer festen AltGrenze nicht aus (Hamm FamRZ 89, 290). (2) **Ehezeitanteil.** Zur Ermittlg des auf die EheZt entfalldnn Teils der vollen Versorgg ist nach der pro-rata-temporis-Methode die volle Versorgg nach dem Verhältn der in die EheZt fallden BetrZugehörigk zu der insges mögl BetrZugehörigk zu kürzen. Das geschieht in Anlehng an BetrAVG 2 (BT-Drucks 7/4361 S 38) nach der Formel: Versorgg multipliziert mit der BetrZugehörigk in der Ehe geteilt durch die GesZt der BetrZugehörigk. Bei **Gesamtversorgungszusagen** ist nach der HochrechngsMethode zu verf, wonach Grdversorgg u GesVersorgg hochgerechnet werden u erst die Differenz pro rata temporis aufgeteilt w (Borth S 170; Glockner FamRZ 80, 308; vgl auch die Darstellg der verschied Methoden Zweibr FamRZ 84, 1238/9), sond nach der **VBL-Methode,** welche die bis zur Festaltersgrenze hochgerechnete volle GesVersorgg im Zt/Zt-Verhältn aufteilt u damit den EheZtAnteil der

1491

§ 1587a 3 C

GesVersorgg gewinnt. Von diesem wird sodann der EheZtAnteil der die Grdversorgg bildenden gesetzl Rente (RVO 1304 II, AVG 83 II) abgezogen. Die Differenz ist der EheZtAnteil der betriebl Altersversorgg. Diese Methode findet nicht nur auf die Versorgg der VBL Anwendg (BGH 93, 222 = FamRZ 85, 363/5; Celle FamRZ 82, 389; Karlsr FamRZ 82, 394), sond ebenf auf priv betriebl Zusatzversorggen, die auf demselben GesVersorggsSystem beruhen (Hamm FamRZ 85, 1054 RWE), auch wenn sie LimitiersKlauseln enthalten (Kblz u Celle FamRZ 89, 292 u 403; im Ggsatz dazu Glockner FamRZ 88, 780; 89, 802: BetrRentMethode); ferner auf Teilgesamtversorggen, bei denen auf einen der GesVersorgg entspr GesBetr lediglich ein Teil der Rente aus der gesetzl RentVers anzurechnen ist (Hamm FamRZ 81, 569). Bei großer Diskrepanz zw fikt Versorggs-Rente u tats gezahltem Betr ggf Herabsetzg des AusglBetr gem § 1587c Z 1 (BGH FamRZ 85, 797). (3) Währd die volldynam Zusatzversorgg unmittelb zu den WE der ges RentVers hinzugerechnet w kann, bedarf es **bei nicht volldynamischen Versorgungsanrechten** erst einer entspr **Umrechnung, IV**, um die Vergleichbark des betriebl VersorggsAnrechts mit den dynamisierten Anrechten herzustellen (MüKo/Maier Rdn 274). Die Vorschr sichert die Anwendg der **BarwertVO** (Anh II zu § 1587a) auf alle Leistgen der betriebl Altersversorgg, die nicht volldynam sind (BT-Drucks 7/4361 S 40) u ist eigtl als weiterer Satz von II Z 3 bzw III zu lesen (Soergel/Zimmermann Rdn 326), so daß auch der Betr wenn nicht individuell bestimmbar darf, sond an die Tab der BarwertVO gebunden ist (BGH FamRZ 85, 1119; **86**, 976).

ee) Die **Bewertung bei beendeter Betriebszugehörigkeit, Ziff 3 b**, erfolgt theoret ebenf in drei Schritten. Zu Grde zu legen ist der Teil der erworbenen Versorgg, der dem Verhältn der in die EheZt fallden BetrZugehörigk zu der ges BetrZugehörigk entspr, wobei wiederum der BetrZugehörigk gleichgestellte Zten einzubeziehen sind (Anm aa). Die Beendigg kann dch Erreichen der Altersgrenze, Eintr der Invalidität od Ausscheiden aus dem Betr vor Eintr des VersorggsFalles mit unverfallb VersorggsAnrechten verursacht w sein. In diesen Fällen ist die Höhe der erworbenen Anrechte bekannt, so daß sie ihrem effektiven Betr nach zGrde gelegt w können, ohne daß hypothet Berechngen für einen zukünft Ztpkt erfdl sind (BGH 84, 158/67; BT-Drucks 7/4361 S 38). Andernf ergibt sich der Wert gem BetrAVG 2 I–IV; die Höhe der in der Ehe erworbenen Anspr ergibt sich pro rata temporis aus dem Verhältn der in die EheZt fallden BetrZugehörigkDauer zu der GesZt der BetrZugehörigk, die mit dem Ausscheiden des ArbN unveränderl feststeht. Zu Einzelh vgl iü MüKo/Maier Rdn 278 ff. Bei **Direktversicherungen** kann der ArbGeb nach BetrAVG 2 II 2 seine VersorggsLeistg auf die geleisteten Prämien beschr (versvertragl Lösg); hier erfolgt die Bewertg nicht nach Z 3 b, sond nach Z 4 b (Joh/Henr/Hahne Rdn 192). Zur Bewertg der gg den BeamtVersVerein des Dt **Bank-** u Bankiersgewerbes bestehenden Anrechte einschl Überschußrente u SondZuschl: Mü FamRZ **89**, 186; Schlesw FamRZ **89**, 189.

ff) Wird **bei Eheende die Betriebsrente bereits gezahlt**, so ist der EheZtAnteil der Zusatzversorgg des öff Dienstes nicht nach der VBL-Methode (Anm dd) zu ermitteln (Kblz FamRZ **89**, 983). Von dem tats RentZahlBetr kann jedoch dann ausgegangen werden, wenn sich die Zusatzversorgg nach RentBeginn isoliert von der Rente aus der ges RentVers entwickelt (BGH NJW 82, 229: VersorggsAnst der BuPost). Der tats RentBetr ist ferner maßgebd, wenn der VersFall rückw auf einen Ztpkt vor dem Ende der EheZt festgestellt w (Karlsr FamRZ **82**, 79).

d) Unverfallbarkeit. aa) Bedeutung. Die Unverfallbark betr die Frage, ob u wann der ArbN bei vorzeit Beendigg des ArbVerhältn seine VersorggsAnwartsch behält. Die Antwort entscheidet unmittelbar auch über die Einbeziehg eines Anspr auf betriebl Altersversorgg in den VA. Nach **II Ziff 3 S 3** sind näml noch nicht unverfallb VersorggsAnrechte im schuldrechtl VA auszugleichen (§ 1587f Z 4). In den öffrechtl VA sollen keine VersorggsAnrechte einbezogen werden, die sich später möglicherw nicht verwirkl (BGH FamRZ 82, 899/904; BT-Drucks 7/4361 S 38). Die Vorschr betr nicht nur die Dchführg des VA, sond die Unverfallbark ist materielle Vorauss auch der Bewertg (Anm b). Verfallb Anrechte iSv Z 3 dürfen desh schon bei der Bewertg nicht mit in den öffrechtl VA einbezogen werden, gleichgült, ob es sich um eine des AusglPflicht od um solche des Berecht handelt (BGH **84**, 158/186 f; FamRZ **83**, 267 u 1001; Düss FamRZ **81**, 682). Besondere Bedeutg hat es, daß iR der Unverfallbk auch die **Dynamik** (dazu im Anh II zu § 1587a: BarwVO 1 Anm 2 b bb) zu berücks ist (Begründg: Celle FamRZ **89**, 402/4 f). Wenn II Z 3 S 3 die betriebl AltVersorgg in den schuldr VA verweist, so bedeutet dies für die nicht voll dynam Anrechte aus einer betr VersorggsZusage ggwärt, nicht, daß sie vom FamG überh nicht im öff VA zu berücks sind, sond lediglich, daß sie, soweit sie als stat bereits ggwärt Versorggswert besitzen, nach der BarwVO in dyn, also den Anwartsch der ges RentVers u der BeamtVersorgg vergleichb Versorggsanrechte umgerechnet werden müssen (BarwVO 3 Anm 2). Währd sich die Höhe der auszugleichden Versorgg ijF nach ihrem am EheZtEnde erreichten Wert richtet (BGH FamRZ **81**, 100/123 f; Zweibr FamRZ **84**, 1238), ist maßgebder **Zeitpunkt** für die Feststellg der Unverfallbark die letzte mündl Verh in der TatsInst (BGH **93**, 222/25; FamRZ **82**, 1195/6; MüKo/Maier Rdn 287). Unverfallbark mit der Folge der Anwendbark von Ziff 3a daher mit Eintr des VersFalls, etwa dch den Tod des noch im öff Dienst beschäft Eheg (BGH NJW-RR **84**, 1199). Tritt die Unverfallbark nach rechtskr Entsch über den VA ein, ggf Abänderg gem VAHRG 10a I Z 2 (Hahne FamRZ **87**, 221).

bb) Begrifflich liegt Unverfallbark vor, wenn die Anwartsch auf die betr Altersversorgg dem ArbN auch dann verbleiben, wenn er vor Eintr des VersFalls aus dem ArbVerhältn ausscheidet, so daß sie nach den maßgebl VersorggsBedinggen dch die künft betriebl Entwicklg des Versicherten nicht mehr beeinträcht werden können. Es kommt also nicht auf den Grad der Wahrscheinlichk des Eintr der Unverfallbark an (BGH **84**, 158/67; **93**, 222/24 f). Unverfallb iSv Z 3 S 3 können betriebl AltersversorggsAnrechte auch dann sein, wenn sie dem ArbGeb ein an ein Verschulden des ArbN geknüpftes KündiggsR vorbehalten (Hamm FamRZ **89**, 290) od ohne Zusicherg eines RAnspruchs gewährt und als jederZt widerrufl bezeichnet werden, weil solche Klauseln nach der Rspr des BAG (NJW **80**, 79) ohnehin nur an sachl Gründe gebundenes WiderrufsR gewähren (Hamm FamRZ **81**, 803). Auch Aussichten auf BetrRenten, die von UnterstützgsKassen zu zahlen sind, können nach BetrAVG 1 IV unverfallb w (Düss FamRZ **81**, 682). Zur Bedeutg der Dynamik Anm aa.

cc) Anwendungsbereich. Bestimmgen zur Unverfallbark: BetrAVG 1; anderweit vertragl Festlegg zG des ArbN zul (MüKo/Maier Rdn 287). Ist ein vertragl unanfechtb Anrecht im VA berücks, dem AusglPflicht anschließd aber doch wieder entzogen worden, RückAusgl gem VAHRG 10a I Z 2 analog.

Bürgerliche Ehe. 7. Titel: Scheidung der Ehe § 1587a 3 C

dd) Die unterschiedl Behandlg verfallb u unverfallb betriebl Anwartsch gilt auch für die **Zusatzversorgung des öffentlichen Dienstes** (BGH 81, 152/55 f; FamRZ 84, 668), u zwar auch nach Inkrafttr des VAHRG (BGH FamRZ 86, 247) u des VAwMG (BGH FamRZ 88, 822; Anh IV zu § 1587b). Ausnahmsw kann der VersorggsAnspr vor Eintr des VersFalls unverfallb w (Schlesw FamRZ 85, 945). Insbes für die öff dienstl Zusatzversorgg kommt es gem BetrAVG 1 u 2 auf die **Unverfallbarkeit dem Grunde und der Höhe nach** an (wg Einzelh s Joh/Henr/Hahne Rdn 185 ff; Ruland Rdn 86 ff). Um in den öff VA einbezogen zu w, muß die Anwartsch hins der Erfüll der zeitl Voraussetzgen (Grd) u des gesicherten VersorggsWerts (Höhe) von der künft Entwicklg unabhäng sein. Dem entspr innerh der VBL-S vor Eintr des VersFalls nur die Anwartsch auf die stat VersRente (VBL-S 44), allerd mit dem jew höchsten Wert als qualifizierter VersRente (VBL-S 44a) bzw als Besitzstandsrente nach VBL-S 92 (BGH 84, 158, 160 ff/167 = FamRZ 82, 899; BGH 93, 222; MüKo/Maier Rdn 286). Dagg bleibt die dynam VersorggsRente (VBL-S 37) bis zum Eintr des VersFalls verfallb, so daß ihr Ausgl im schuldrechtl VA erfolgen muß (BGH 84, 175; NJW 84, 234/6 u 2879/81). Darauf, daß ein Ausscheiden aus dem öff Dienst statist gesehen unwahrscheinl ist, kommt es nicht an (BGH FamRZ 88, 822/4). Daran hat sich, weil es sich um ein BewertgsProbl handelt, auch dch das VAHRG nichts geänd (BGH FamRZ 88, 822), auch wenn der Ausgl der VBL-Rente selbst jetzt dch VAHRG 1 III dch Quasi-Splitting erfolgt (VAHRG 1 Anm 3 a). Bei der Einbeziehg nur der werthöchsten stat VersRente verbleibt es trotz der Fiktion in VBL-S 37 IV schließl auch, wenn ein PflVersicherter aus dem ArbVerhältn ausscheidet, von der seine bisher Beschäftigg aGrd von G od Tarifvertr von einem best Ztpkt an nicht mehr ausüben darf (BGH FamRZ 84, 671 Flugkapitän). Auch der abzuschmelzende AusglBetr nach VBL-S 97 c unterliegt nicht dem öffrechtl VA (BGH FamRZ 88, 1251). **Ausnahmen** dagg: Unverfallbark bei einer Frau nach Vollendg des 60. LebJ (Schlesw FamRZ 85, 945); Vollendg des 62. LebJ in der Zusatzversorgg des Landes Bln (BGH FamRZ 86, 341); wenn der Berecht kurz vor der Altersgrenze steht (Karlsr FamRZ 82, 394 L) od iF seines Todes, weil dann (zG der Hinterbl) die Anwartsch unverfallb w (BGH FamRZ 86, 894).

ee) Dispositivität. Da das G nur MindErfordern enth (BetrAVG 1), können ArbGeb u ArbN die Unverfallbark früher eintreten lassen, was im VA zu beachten ist (Ruland/Tiemann Rdn 123). Anwartsch auf Leistgen der betriebl Altersversorgg können auch dann unverfallb sein, wenn sie ohne Zusicherg eines RAnspr gewährt u als jederZt widerrufl bezeichnet werden, weil BAG NJW 80, 79 die Widerrufsmöglk beschr hat (Hamm FamRZ 81, 803; ferner BGH FamRZ 86, 336 u oben Anm a). Im Proz ist die Verfallbark RFrage u kann von den Beteil nicht unstreit gestellt w (BGH FamRZ 87, 55).

e) Die **Zusatzversorgung des öffentlichen Dienstes** stellt eine **aa) Sonderform** der betriebl Altersversorgg dar (BGH 81, 152/55 f; FamRZ 82, 899/901), die zwar von öffrechtl organisierten Zusatzversorggs-Kassen gewährt u von Umlagen der beteil öffrechtl ArbGeb finanz werden (BetrAVG 18), deren SatzgsBestimmgen aber die RNatur priv AGB haben (BGH 81, 152/62 f; FamRZ 82, 899). Ausn: bay ev-luth LaKirche (Celle FamRZ 83, 191). Es besteht PflVers für den ArbN. Bei Wechsel innerh des öff Dienstes wird das VersVerhältn übergeführt; bei Ausscheiden Möglk zu freiw Weiterverss mit eig Beitr od Weiterführ als beitragsfreie Vers. **Hierher gehören** Übersicht BT-Drucks 10/6294 S 14) die VersorggsAnstalt des Bu u der Länder **VBL** (fast 6 Mio Versicherte; vgl iü BGH 84, 158; diej der Dt BuPost VAP (BGH 93, 222); der BuBahnVersAnstalt Abt B BVA/B (BGH NJW 83, 38); der Rundfunk- (BGH NJW 85, 2708 Bay; Brem FamRZ 85, 943) u Fernsehanstalten (BGH FamRZ 87, 52 ZDF); der VersorggsAnstalten der dt Bühnen- und Kulturorchester (BGH 85, 1235); der kommunalen (BGH 84, 158; FamRZ 84, 668; Hamm FamRZ 80, 271) u kirchl ZusatzversorggsKassen (Schlesw FamRZ 80, 1132), insb kommunaler Verkehr-Betr (BGH FamRZ 84, 1212 Bln). **Nicht** unter Z 3, sond unter Z 4 b gehören die Altershilfe f Landw nach dem GAL (dazu Anm 3 D h), ebsowenig der hüttenknappschaftl Zusatzversorgg im Saarl (Saarbr FamRZ 81, 974: Z 4 d).

bb) Maßgebliche Bewertungsregelung. Die Zusatzversorgg des öff Dienstes kennt verschied Rentenformen (Rolland Rdn 95 ff). Soweit sie gesamtversorggsbezogen sind, wird der EheZtAnteil automat nach Z 3 pro rata temporis ermittelt. Das gilt für die bei Eintr des VersFalls zur Berechng des iZshg mit gez PflVersRente (VBL-S 37) u damit als Gesamtversorgg gezahlte **Versorgungsrente** (VBL-S 40–43), die dynam ist und desh bei jeder Änderg der GrdVersorgg neu berechnet w muß (VBl-S 56). Bestimmt sich die Rente dagg nach einem **Bruchteil entrichteter Beiträge,** dann soll darauf, ohne daß die Versorgg dadch ihren Charakter, Versorgg iSv Z 3 zu sein, einbüßt, so daß es etwa bei der VerfallbarkRegeln verbleibt (Mü FamRZ 83, 1042; Joh/Henr/Hahne Rdn 205; Soergel/Zimmermann Rdn 156), währd für die Berechng des EheZtAnteils Z 4 c Anwendg finden, **II Ziff 3 S 2,** dh sich auch der EheZtAnteil nach den in die EheZt fallden Beitr richten. Hierunter fallen neben der MindVersorggsRente nach VBL-S 40 IV (BGH 84, 158/71) u der f Altfälle (1. 1. 67) gezahlten (vgl Bergner DSozV 80, 199) Besitzstandsrente nach VBL-S 92 (BGH 84, 171 f), die einf **Versicherungsrente** nach VBL-S 44 I (Voraussetzgen: Erfüll der WarteZt, aber bei Eintr des VersFalls besteht keine PflVers) u die qualifizierte VersRente aGrd des BetrAVG nach VBL-S 44a (Mü FamRZ 83, 1042 mit BerechngsBsp).

cc) Zur Bedeutg der **Verfallbarkeit** bei den Zusatzversorggen des öff Dienstes oben Anm d dd; Rolland Rdn 96 ff. Zur Berechng des EheZtAnteils bei der GesVersorgg Anm c dd.

f) Dynamisierung von Leistungen der betrieblichen Altersversorgung, IV. Die Vorschr sichert die Anwendg der BarwertVO auf alle Leistgen der betriebl Altersversorgg, die nicht volldynam sind (BT-Drucks 7/4361 S 40) u ist eigtl als weiterer Satz von II Ziff 3 bzw III zu lesen (Soergel/Zimmermann 326). Die Anwendg v III Ziff 2 bedeutet, daß bei der Bewertg ungleichmäßiger Wertsteigergen das Altersruhegeld zGrde zu legen ist, das sich ergäbe, wenn ein Barwert der Teilversorgg für den Ztpkt des Eintr der Rechtshängigk des ScheidgsAntr ermittelt u als Beitrag in der gesetzl RentVers entrichtet würde. Bei Versorggseinrichtgen für einzelne Wirtsch- od Unternehmensgruppen, bei denen die Teilnahme an der Versorggseinrichtg dch einen Beschäftiggswechsel innerh der angeschl Unternehmen nicht berührt w, ist die gesamte bei den der Versorggseinrichtg angeschl Untern zurückgelegten BeschäftiggsZt maßg (BT-

1493

Drucks 7/650 S 158). Reine Invalidenversorggen werden, wenn noch kein VersFall vorliegt, allenf im schuldrechtl VA ausgeglichen (Schwab FamRZ 78, 12 sowie Handb Rz 573; aA Trey FamRZ 78, 11).

D. Bewertung sonstiger Renten und ähnlicher wiederkehrender Leistungen, Ziff 4. Die Vorschr erfaßt in Form einer **Generalklausel** sonst Anrechte auf Versorgsleistgen wg Alt, BU u EU, die also nicht den für die in den vorangehenden Ziff erfaßten Versorggsanrechten gegebenen BewertgsMaßst unterliegen. Die Art der Benenng ist unmaßgebl. Für die Anwendg der Vorschr werden vornehml Anrechte auf unmittelb od mittelb betriebl Ruhegeldleistgen, auf Renten aus berufsständ Versorggseinrichtgen sowie Renten aus der Zusatzversorgg der VersorggsAnst des Bundes u der Länder in Betr kommen (BT-Drucks 7/650 S 157; Lit: Schaub/Schusinski/Ströer S 244; Ruland Rdn 125 ff), soweit sie rein beitragsbezogen sind u nicht bereits unter Z 3 fallen, aber auch die Altershilfe für Landwirte nach dem GAL, (vgl dazu Kirchner, Soziale Sicherh in der Landwirtsch 77, 497), Renten u Rententeile aus Steigergsbeträgen für Beiträge der Höherversicherg, u insb Renten aus ausländ SozVersicherngen, Versorggen aus internat Organisationen, Leibrenten usw (Ruland NJW 76, 1717; vgl. auch § 1587 Anm 2 a dd). Für die Bewertg dieser Versorggstitel wird auf die verschiedenen Bemessgsarten der Renten abgestellt. Steigt der Wert der Versorgg nicht in gleicher od nahezu gleicher Weise wie der Wert von Beamtenpensionen u Renten aus der gesetzl RentenVers, so ist die Berechnungsangleich gem III zu beachten (Anm 4). Bisw kann nur im Einzelfall entschieden w, ob Anwartschaften **dynamisch oder statisch** (vgl dazu Anh I BarwVO 1 Anm 2 b bb m RsprNachw) u damit nach § 1587a II Z 4 od III zu bewerten s. Als maßgebl Altersgrenze ist auf die ggf dch die Regelpraxis festzustellde **faktische Altersgrenze** abzustellen (BGH FamRZ 85, 1236/38 bayr Not: 70 J).

a) Bemißt sich die Rente od Leistg ausschließl **nach der Dauer einer Anrechnungszeit,** so ist der Betr der Versorggsleistg zGrde zu legen, der sich aus der in die Ehezeit fallden AnrechngsZt ergäbe, wenn bei Eintr der Rechtshängigk des ScheidsAntr der Versorggsfall eingetreten wäre. Die Bewertg entspricht dem in Z 2 angewandten Prinzip. Solche rein zeitabhäng Renten od Leistgen, bei denen die Versorgg auschließl von der Dauer der Zugehörigk zu der Versorggseinrichtg abhängt, kommen prakt nicht vor, zumal für die betriebl Altersversorgg II Z 3 u für die Fälle, in denen die zeitabhäng Leistg aus einem DeckgsKap gewährt w, III Z 1 Vorrang haben (Ruland Rdn 325).

b) Bemißt sich die Rente od Leistg **nicht oder nicht nur nach der Dauer einer Anrechnungszeit und auch nicht nach den für die gesetzlichen Rentenversicherungen** geltden Grdsätzen (Buchst d) od anders ausgedrückt: Steigt der RentAnwartsch währd der VersZeit ähnl wie bei den BeamtPensionen in ungleichen Stufen an, so wird der TeilBetr der vollen bestimmgsmäß Rente od Leistg zGrde gelegt, der dem Verhältn der in die Ehezeit fallden, bei der Ermittlg dieser Rente od Leistg zu berücksichtigden Zeit zu deren voraussichtl Gesamtdauer bis zur Erreichg der für das Ruhegehalt maßgebl Altersgrenze entspricht. Nach Z 4 b ist insb die Anwartsch auf **Altersgeld nach dem GAL** zu bewerten (BGH FamRZ 86, 42; BT-Drucks 7/4361 S 38), auch wenn sie noch nicht „unverfallb" ist (Celle FamRZ 81, 166), u ebso das vorzeit Altersgeld aus der landwirtschaftl Altershilfe (Celle FamRZ 84, 293). Ein VA findet nicht, u zwar auch nicht iW des Quasi-Splittings gem HRG 1 III statt, wenn nach Ende der EheZt weg Aufg der landwirtschaftl Tätigk die PflMitgliedsch endet u eine freiw BeitrEntrichtg nicht erfolgt (BGH FamRZ 86, 892) u weil dann auch iW eines entspr Verzichts (BGH FamRZ 87, 1016); VA dagg innerh der 2 J-Fr n GAL 27 I (AG Landau FamRZ 87, 722). Zur volldynam VersorggsAnwartsch von Abgeordn des Dt BT § 1587a Anm 3 B Z 1 b. Ferner bieten Bspe die berufsständ Versorggseinrichtgen der freien Berufe, also der Ärzte, beispielsw der Ärztekammer Hbg (Hbg FamRZ 80, 1028 u 86, 1006); Nordrhein Ärzteversorgg (BGH NJW 83, 1378); das erweiterte Honorarverteilg der KassÄrztl Vereinigg Hess (Ffm FamRZ 85, 1269); das Versorggswerk der Ärztekammer des Saarl (Saarbr FamRZ 88, 958); bayer Notare (BGH FamRZ 85, 1236); Apotheker; Seelotsen (BGH FamRZ 88, 51 voll dynam) usw. Entspr Anwendg v Buchst b auch auf den SockelBetr der Bay Apothek-Versorgg (BGH FamRZ 89, 35/6 f). Auf die Bewertg des EheZtAnteils hat es keinen Einfl, wenn sich der bei der ÄrzteVersorgg Nds versich Eheg nach EheZtEnde beitragsfrei stellen läßt (Celle FamRZ 88, 77). In der grdsl nach Z 3 zu behandelnden betriebl Altersversorgg werden teilw feste, nicht nach der Dauer der BetrZugehörigk variable Renten gezahlt, wobei die Teiln an der Versorggseinrichtg nach Ablauf einer best WarteFr od sof mit Begründg des BeschäftiggsVerhältn beginnen kann. Für solche Fälle ist – soweit nicht bereits Z 3 eingreift – eine Bewertg des AnwartschR ähnl der in Z 1 angebracht. Da die Versorggsleistg im Hinbl auf die Beschäftigg insgesamt gewährt w, kann das Anrecht od die Aussicht hierauf nur zu dem Teil als in der Ehe begründet angesehen w, der dem Verhältn der in die Ehe fallden Zeit der Beschäftigg zu deren voraussichtlicher Gesamtdauer, dh unter Hinzurechng auch einer noch ausstehen Zeit bis zur Erreichg der für das Ruhegehalt maßgebl Altersgrenze, entspricht. Daher ist das dem Ausgl unterliegde Anrecht mit einem verhältnismäß TeilBetr der vollen bestimmgsmäß Rente od Leistg zu bewerten (BT-Drucks 7/650 S 157 f). Die maßgebl Altersgrenze ist bei bayer Notaren das 70. LebJ (Nürnb FamRZ 84, 1113). Ob nach der Berechng noch eine Dynamisierg erfdl ist, III (Anm 4), richtet sich danach, ob die auszugleichde Leistg nach ihrer RGrdlage an wirtschaftl Veränderngen angepaßt w muß, wie zB das Altersruhegeld für Landwirte (GAL 4 I 2); dann ist eine Dynamisierg nicht mehr notw (Ruland Rdn 333).

c) Bemißt sich die Rente od Leistg nach einem **Bruchteil entrichteter Beiträge,** so wird der Betr zGrde gelegt, der sich aus den für die Ehezeit entrichteten Beiträgen ergäbe, wenn bei Eintr der Rechtshängigk des ScheidsAntr der VersorggsFall eingetreten wäre. Der Wert des AnwartschR entspricht also der Rente, die bei Eintr des Versorggsfalles im Zeitpkt der Scheidg aus den für Zeiten der Ehe entrichteten Beiträgen zu zahlen wäre (BT-Drucks 7/650 S 158). Ein solches Bemessgsprinzip gilt gem VBL-Satzg 44 I für die HöherVers; ferner f die qualifizierte VersRente der ZusatzVersorgg des öff Dienstes (Mü FamRZ 83, 1042); f die Apothekerkammer Westf-Lippe (Hamm FamRZ 86, 70); f die Nds Zahnärzteversorgg (Celle FamRZ 86, 913); f die Bayer (BGH NJW 83, 337) u die Hess Ärzteversorgg (BGH FamRZ 87, 361: AnwartschStadium stat, im LeistgsStadium dynam; BGH FamRZ 88, 488; Ffm 85, 1269). Zu den letzteren § 2 BarwVO Anm 3c. Sol ein VersFall nicht vorliegt, kommt bei reinen Invalidenversicherngen ein öff-rechtl Versorggs-Ausgl nicht in Betr, später allenf ein schuldrechtl (D. Schwab FamRZ 78, 12 u Handb Rz 586; aA Trey

FamRZ **78**, 11). Zur Versorgg der dt **Kulturorchester** Anm 3 B Z 3 e bb. Deren Bewertg erfolgt gem Z 4 c iVm Tab 1 der BarwVO (BGH FamRZ **85**, 1119 u 1235). Unverfallbark u damit Einbeziehg in den öffrechtl VA erst nach Zurücklegg v 120 BeitrMo (Ffm FamRZ **86**, 476 L).

d) Bemißt sich die Rente od Leistg nach den **für die gesetzlichen Rentenversicherungen geltenden Grundsätzen,** was vor allem für die hüttenknappschaftl Zusatzversichergen im Saarl gilt (BGH FamRZ **84**, 573), dann wird der TeilBetr der sich am Bewertgsstichtag (Einf 3a vor § 1587) ergebden Rente wg Alters zGrde gelegt, der dem Verhältn der in die Ehezeit fallden Versichergsjahre zu den insges zu berücksichtigden VersJahren entspricht. Dabei bleibt es für die Zwecke der Bewertg außer Betr, ob im Ztpkt der Scheidg die Wartezeit für die Rente bereits erfüllt ist (BGH FamRZ **84**, 574). Für die Ermittlg der gesamten bis zum Bewertgsstichtag erworbenen Rente sind sämtlich dem Rentensystem innewohnden Faktoren zGrde zu legen, also auch die vor der Ehe liegden VersJahre mit heranzuziehen. Für die Ermittlg des sich aus der Ehe ergebden RententeilBetr ist dagg auf das Verhältn der in der Ehe angesammelten Werteinheitensumme zu der Gesamtsumme der von Versicherten angesammelten Werteinheiten abzustellen (BT-Drucks 7/4361 S 39).

E. Anrechte auf Rentenansprüche aus Lebensversicherungsverträgen, Ziff 5. Bei Renten u Anwartsch aGrd eines priv VersVertr, also LebVers auf RentBasis, ist wieder zu unterscheiden je nachdem, ob die PrämienzahlgsPfl aus dem VersVerhältn über den Eintritt der Rechtshängigk des ScheidgsAntr hinaus fortbesteht od nicht. Ungleichmäß Wertsteigerungen werden dch III ausgeglichen (Anm. 4). Es geht in diesem Zushg nur um Anrechte auf Versorggsrenten; Kapitalversichergen (VVG 165 II) unterliegen dem ZugewAusgl (§§ 1372ff). Gleichgült ist, von wem der VersVertr geschl w ist. Es wird nicht vorausgesetzt, daß der Versorggsempfänger selbst VersNehmer ist, so daß Z 5 auch die Fälle erfaßt, in denen ein Dritter eine VersorggsVers abgeschl hat, aus der die Leistgn unwiderrufl an den and Eheg erfolgen sollen (BT-Drucks 7/650 S 158); ggf hat dieser auszugleichen, andernf der WiderrufsBerecht. Soweit dies allerd vS des ArbGebers als Form der betriebl Altersversorgg geschehen ist, erfolgt die Bewertg nach Ziff 3. Ferner unterliegt eine vS eines Dr den einen Eheg unentgeltl zugewendeten LebensVers überh keiner AusglPfl (§ 1587 I 2). Die Lösg, auch Anwartschaften aGrd eines privaten VersVertrages real zu teilen, wurde vom Gesetzgeber verworfen (zur Begrdg vgl BT-Drucks 7/4361 S 39). Zum **Anwendungsbereich** vgl zunächst § 1587 Anm 2 a ee. Nach Z 5 werden vor allem Berufs- u ErwUnfähigkRenten bewertet sowie entsprechde ZusatzVers, wenn dem keine DeckgsKapital anwächst, sol das Risiko noch nicht eingetr ist; AltersVers, deren Leistgn ausschließl aus einem DeckgsKap gewährt w, sind nach III Z 1 als der spezielleren Best zu bewerten (Ruland Rdn 315). **a) Fortbestehen der Prämienzahlungspflicht** führt dazu, daß von dem RentenBetr auszugehen ist, der sich nach vorheriger Umwandlg in eine prämienfreie Versicherg als Leistg des Versicherers ergäbe, wenn in diesem Ztpkt der VersFall eingetreten wäre (vgl VVG 174 II). Dieser Umrechng bedarf es desh, weil die Anwartschaften in der gesetzl RentenVers aGrd der höheren Leistgn teurer sind als die Anwartschaften auf eine Altersrente in einer privaten LebensVers (ZahlenBspe bei Böhmer StAZ **76**, 240). An Stelle des vertragl RentenBetr ist daher von dem Betr auszugehen, der sich für das Alter des Ehg, auf den die Vers genommen ist, als Rentenleistg des Versicherers ergäbe, wenn die bis zur Scheid auf die Vers entfallde Prämienreserve als einmalige Prämie angesehen würde. Die bl Gleichsetzg des AnwartschR aus einer solchen Vers mit dem RentenBetr, wie er sich bei Eintr des VersFalles im Ztpkt der Scheidg ergäbe, wäre nicht sachgerecht, weil der Anspr des Versicherten auf den damit in Ansatz gebrachten Gesamtwert der vereinbarten VersLeistg von der weiteren Prämienzahlg abhängt, also zT dch weitere, nachehel Leistgn erworben wird (BT-Drucks 7/650 S 158). Es handelt sich um eine hypothet Umwandlg, so daß es nicht darauf ankommt, ob der VersVertr die Umwandlg in eine prämienfreie Vers bei EheZtEnde tatsächl schon zuläßt (BGH NJW **86**, 1344). Auch kommt der Stornoabzg n VVG 174 IV nicht in Betr (BGH aaO). Sind die VersPrämien auch für die Zeit vor der Ehe gezahlt w, so ist der RentenBetr entspr geringer anzusetzen. **b)** Bei bereits **beendigter Prämienzahlungspflicht** wird von dem RentenBetr ausgegangen, der sich als Leistg des Versicherers ergäbe, wenn in diesem Ztpkt der VersFall eingetreten wäre. Eine PrämienzahlgsPfl besteht dann nicht mehr, wenn der VersFall eingetreten ist, sowie bei Versichergen mit einmaliger Prämie, wenn diese schon geleistet ist, od bei sonst Versichergen nach Umwandlg in eine prämienfrei Vers (VVG 174). In diesem Falle ist der Wert der Anwartsch auf die vertragl VersLeistg bereits voll erworben, so daß der Wert des AnwartschR für die Zwecke des Ausgl mit dem RentenBetr gleichgesetzt w kann, der sich bei Eintritt des VersFalles am Bewertgsstichtag als Leistg des Versicherers ergäbe (BT-Drucks 7/650 S 158). Auch hier ist von einem entspr geringeren Wert auszugehen, wenn auf die Vers Prämien bereits für eine Zeit vor der Ehe geleistet w sind.

4) Anpassung ungleichmäßiger Wertsteigerungen an volldynamische Versorgungssysteme, III. Währd manche Versorggsanrechte dynamisiert sind, dh zB den steigden Einkommen angepaßt werden, wie Anwartschaften auf Beamtenpension od auf eine Rente aus der gesetzl RentenVers (vgl Einf 3a vor § 1587), bleiben and Ansprüche gleichs statisch, indem sie nicht mitsteigen od -fallen. Das gilt vornehml für Ansprüche aus betriebl Altersversorgg od aus einer priv Versicherg. Für sie bedarf es daher einer qualitativen Angleichg. Zu den **volldynamischen Leistungen** in diesem Sinne vgl § 1 BarwVO Anm 2b bb (Anh II zu § 1587a). **Nicht dynamische Leistungen** sind u damit nach der BarwVO umzurechnen sind beispielsw die MindZusatzRente der BuBahnVersAnst (Schlesw SchlHA **82**, 27) sowie Anrechte nach der LeistgsOrdng des „Essener Verbandes" trotz wiederholter Anhebg der Leistgssätze (Hamm FamRZ **80**, 898 u **81**, 569). Für die Angleichg nichtdynam an dynam Versorggsanrechte unterscheidet das Gesetz danach, ob die Leistgn aus einem Deckgskapital od einer gleichwd Deckgsrücklage gewährt werden soll od nicht. Die Umrechng zZw der Dynamisierg erfolgt dabei in beiden Ziff so, daß vom dem Altersruhegeld auszugehen ist, das sich ergäbe, wenn man das tatsächl od fiktiv zu errechnde Deckgskapital für die auszugleichde Versorgg als Beitrag zur gesetzl RentenVers entrichten würde; damit liegen für alle Versorggsanrechte Werte vor, die einander qualitativ entsprechen u desh miteinander vergleichb sind (BT-Drucks 7/4361 S. 39f). Das Ziel, dem dynamisierten Versorggswert entsprechde Werte zu gewinnen, ist also in beiden Ziff dasselbe; nur um den (dann hypothetisch in die gesetzl RentVers einzuzahlenden) Ausgangswert festzustellen, bedarf es unterschiedlicher Methoden: Ist bereits ein Deckgskapital od eine Deckgsrücklage vorh, aus der die Versorgg gewährt w soll (Ziff 1), so kann man diesen Betr zur Ermittlg der entspr SozVersRente verwenden; fehlt es daran (Ziff 2), so ist zunächst der Barwert des betr Versorggstitels festzustellen.

a) Bei Leistungen, die **aus einem Deckungskapital oder einer vergleichbaren Deckungsrücklage** gewährt werden, ist das Altersruhegeld zGrde zu legen, das sich ergäbe, wenn der währd der Ehe gebildete Teil des Deckgskapitals od der auf diese Zeit entfalle Teil der Deckgsrücklage als Beitrag in der gesetzl RentenVers entrichtet w wäre, **Ziff 1.** Man stellt also fest, wie viele Werteinheiten der ArbRentVers od AngestVers mit diesem DeckgsKap od dieser Deckgsrücklage zu „kaufen" wären. Zum Begr der WertEinh Anm 3 B Ziff 2. Die für die Umrechng erforderl Faktoren näml zur Umrechng v DeckgsKapital in WE u der WE in eine RentAnwartsch, werden jährl bekanntgemacht (RVO 1304c III; AVG 83c III; vgl. Anh I zu § 1587 a, Nr 5 u 2 der Bek). Zur Berechng der Rente mit Hilfe der WE u der RentFormel vgl Ruland Rdn 184ff. Nach Z 1 wird die HöherVers in der Ärzte- (Celle FamRZ **84,** 293) u Zahnärzteversorgg *Nds* bewertet (BGH FamRZ **89,** 155) mit der Konsequenz (vgl Glockner FamRZ **89,** 126), daß auch bei den folgden Versorggswerken eine Bewertg nach III Z 1 erfolgen muß: Ärzteversorgg *Hess;* Zahnärzteversorgg *Nds* u *SchlH;* ApothVersorgg *Hess, Nordrhein, Westf-Lippe;* TierärzteVersorgg *Nordrhein, Hess, SchlH, Nds;* Architektenversorgg *Bad-Württ* u *SchlH;* RA-Versorgg *Bay.*

b) Werden die Leistgn **nicht oder nicht ausschließlich aus einem Deckungskapital** od einer Deckgsrücklage gewährt, so ist der Barwert der Versorgg für den Bewertgsstichtag (Einf 3a vor § 1587) zu berechnen; alsdann wird festgestellt, welche Rente sich ergäbe, wenn dieser Barwert bzw die Deckgsrücklage als Beitrag zur gesetzl RentenVers entrichtet würde **Ziffer 2.** Um die Berechng des Barwertes zu erleichtern, sind die Berechngsfaktoren dch RechtsVO der BReg bestimmt, um eine Wertermittlg auch ohne versicherungsmathemat Kenntnisse zu ermögl (BT-Drucks 7/4361 S 40). Die **BarwertVO** ist im Anh II zu § 1587a abgedr u kommentiert. Sie arbeitet mit BerechngsTab ähnl wie zu RVO 604 S 2, 616 I 2, 1295 S 4. Zur Bayer Ärzteversorgg BarwVO 1 Anm 2b bb.

5) Wertbestimmung nach billigem Ermessen, V. Bemißt sich die Versorgg nicht nach den rechnerischen Bewertgsmaßstäben der II bis IV, so bestimmt das FamG die auszugleiche Versorgg in sinngemäßer Anwendg der Berechnungsbewertg nach billigem Erm. Dieser **Auffangtatbestand** erscheint notw, weil es angesicht der Vielzahl unterschiedlicher Versorggstitel, insb auch im internat Ber, u der unüberschaubaren Zahl von Berechnungsmodalitäten unmögl erscheint, alle Berechnungsmodalitäten im G aufzuführen u für sie geeignete Bewertungsmaßstäbe zu entwickeln. V eröffnet den Gerichten die Möglichk, in Fällen, die im G nicht ausdrückl geregelt sind, die Bewertg in sinngemäß Anwendg der vorhandenen Vorschr nach billigem Erm vorzunehmen u damit eine dem Einzelfall gerecht werdde Lösg zu finden (BT-Drucks 7/4361 S 40). Entspr dieser Zielsetzg kommt die Bestimmg nur zur Anwendg, wenn sich für den zu bewertden Versorggstitel aus den vorstehden Absätzen kein BewertgsMaßst ergibt. So kann das FamG bei Ausgleich ausländischer Anwartschaften einen gemV nach bill Ermessen festgesetzen Rentenwert zugrdelegen, der den dt Rentenwerten vergleichb ist; Dchführg des Ausgl in solchen Fällen gem § 1587b III od IV (Bambg NJW **79,** 497). Keine Anwendg v V auf die Bayer Ärzteversorgg (Anm 4b); ferner wenn die Bewertg nach II bis IV auf tatsächl, rechnerische od rechtl Schwierigk stößt, etwa weil ein ArbGeber od ein SozVersTräger seiner AuskPfl nach FGG 53b II nur unvollkommen genügt od, weil kein SozVersAbkommen mit der DDR fehlt, die Feststellg des Umfangs der AusglPfl unmögl ist (AG Lüneburg NdsRpfl **78,** 14). Die Bewertg erfolgt gem V bei privaten, nicht aus einem DeckgsKap gezahlten RentVersichergn mit fortbestehder Prämienzahlgspfl; Leibrenten zZw der Altersversorgg u AltenteilsAnspr, die weder von der Dauer einer AnrechngsZt noch von BeitrZahlgen abh sind. Zur Bewertg v **Abgeordnetenversorgungen** Anm 3 B Ziff 1 b. Die Versorgg aus dem **KindererziehungsleistungsG** (§ 1587 Anm 2a bb) ist gem V in voller Höhe der EheZt zuzuordnen, wenn die Ki in der Ehe geboren sind (Mü FamRZ **89,** 186). Schließl ist bei **Zeitsoldaten** die Bewertg der auf der DienstZt beruhden Versorggsanrechte aGrd fiktiver NachVers gem § 1587a II Z 2 iVm V vorzunehmen (BGH **81,** 100; AG Celle FamRZ **79,** 51, mAv Schwab; Bambg FamRZ **79,** 827; Hbg u Brem FamRZ **81,** 275/77; aA Hamm FamRZ **80,** 701: Bewertg gem II Z 1); Bewertg gem II Z 2 auch dann, wenn der Eheg bis zur letzten mdl Verhdlg Berufssoldat od LebensZtBeamt geworden ist (BGH FamRZ **81,** 856/61/1049 m krit Anm v Bergner; Karlsr FamRZ **81,** 277 L). VerfBeteiligt ist die BuRep, vertreten dch die Wehrbereichsverwaltg, nicht das Wehrbereichsgebührnisamt (Karlsr FamRZ **81,** 277 L). Zur Dchführg des VA § 1587b Anm 5a aa.

6) Berücksichtigung von Ruhens- und Anrechnungsvorschriften bei Zusammentreffen mehrerer Versorgungsanrechte, VI (Lit: Klinkhardt in Bastian/Roth-Stielow/Schmeiduch S 335; Spangenberg MDR **83,** 718).

a) Anwendungsfälle.

aa) Es kommt insb bei Beamten, Ri u Soldaten vor, daß sie aus mehreren aufeinand folgden Verwendgen im öff Dienst od ArbVerh mehrere Versorggen erwerben (BeamtVG 53). Das gilt vor allem, wenn aus einer solchen nochmaligen od einer doppelten Verwendg im öff Dienst mehrere VersorggsBezüge (Pensionen) zutreffen (BeamtVG 54) od wenn neben VersorggsBezügen aus einem BeamtVerh Renten aus der gesetzl RentVers zu zahlen sind (BeamtVG 55). Auch dadch, daß Zten aus früh Dienst- od BeschäftiggsVerh die ruhegehaltsfäh DienstZt der später erworbenen BeamtVersorgg erhöhen (BeamtVG 10, 11; SVG 2, 20, 22, 24), entstehen Überversorgungen. Die Konkurrenz setzt voraus, daß die Erfordern der AusglPfl für jede der zutreffden VersorggsArten vorliegen, währd im Hinbl auf VAHRG 10a die Pensionsvoraussetzgen im einz noch nicht erfüllt zu sein brauchen (BGH FamRZ **88,** 273/74).

bb) Dagg findet **VI keine Anwendung,** wenn es von vornherein an einer Konkurrenzsituation fehlt, weil ausglpflichtige mit nicht ausglpflichtigen Einkften zutreffen (Voskuhl/Pappai/Niemeyer S 40). Das ist vor allem der Fall hins des VerwendgsEink aus einer Wiederbeschäftigg des Beamt (BeamtVG 53), da

Gehalt usw keine VersorggsAnrechte darstellen (Johannsen/Henrich/Hahne Rn 78). Die wg der Wiederverwendg erfolgde tatsächl Kürzg des Ruhegehalts wird im VA also nicht berücks (Rolland Rn 45 ff). Entspr wirkt sich das Ruhen des Altersruhegehalts auf den VA ebenf nicht aus, wenn dieses mit einer Rente aus der gesetzl UnfVers zustrifft (Ruland/Tiemann Rn 209 f; Kemnade Anm zu Hamm FamRZ **87**, 493). Nicht berücks werden schließl auch andere RuhensVorschr wie zB bei AuslAufenth (RVO 1317; AVG 55) od bei einem Verzicht auf Solzialleistgen (Ruland/Tiemann Rn 211).

b) Die **Rechtsfolgen** eines derartigen ZusTreffens sind unterschiedl. In den seltensten Fällen stehen die Auszahlgen unberührt nebeneinand od wird die eine Versorgg voll auf die and angerechnet, wie die Rente aus der RentVers iR der bayr ev Pfarrerbesoldg (Celle FamRZ **83**, 191). In den meisten Fällen werden entspr dem AlimentationsGrds (BGH FamRZ **83**, 358/59) neben der neuen Versorgg die früh VersorggsBezüge nur bis zu einem best, sich nach dem Ruhegehalt aus dem früh DienstVerhältn richtenden **Höchstbetrag** gewährt, währd der übr Teil der Versorgg **ruht**. Das ist etwa der Fall bei dem erneut im öff Dienst verwendeten RuhestandsBeamt (BeamtVG 54 II; SVG 55 II) bzw bei zw- od überstaatl Verwendg des Beamten (BeamtVG 56; SVG 55 b). Entspr ruht eine Rente aus der gesetzl RentVers teilw, wenn sie mit einer Unfallrente (RVO 1278 I, AVG 55 I) od mit Arbeitslosengeld (RVO 1278, 1283; AVG 56, 60) zustrifft.

c) Für die **Auswirkungen auf den VA** ist zunächst festzuhalten, daß entgg ihrem Wortlaut der beiden Halbs von VI nicht nur auf „VersorggsAnwartsch", sond auch auf bereits laufde Versorgg u neben Renten usw Anwendg finden (Johannsen/Henrich/Hahne Rn 77). Außerd taucht das KonkurrenzProbl nur auf, wenn mind ein Teil der beid Versorggen in der EheZt erworben wurde, weil der Berecht nur dann einen KürzgsAnteil mitzutragen hat, wenn er auch an der die Kürzg verursachenden Versorgg teilhat (BT-Drucks 7/650 S 158). Auch kommt es auf die Erfüllg der WarteZten in der gesetzl RentVers nicht an (BGH FamRZ **83**, 358).

aa) Beim **Zusammentreffen mehrerer beamtenrechtlicher Versorgungsanrechte** (zum Begr § 1587 Anm 2 a aa), **Halbs 1**, ergeben sich wg der Gleichartigk u einheitl BewertgsMöglk mit II Z 1 keine Schwierigk. Nicht hierunter fallen DienstVerhältn zu ausl Staaten od zw- od überstaatl Organisationen (BGH FamRZ **88**, 273/941 mA Schmitz; BerichtiggsBeschl FamRZ **89**, 263). Die Anwendg der Ruhens-Vorschr hat Vorrang vor der Ermittlg des EheZtAnteils. Es werden zunächst die vollen (also auch die außerh der Ehe erworbenen) miteinand konkurrierden Versorggen bzw VersorggsAnrechte (diese auf die Altersgrenze hochgerechnet) ermittelt. Sodann wird die Höchstgrenze errechnet (vgl BeamtVG 54 II; SVG 55 II). Das Ruhegehalt aus dem früh DienstVerh wird um den Betr gekürzt, um den die Summe aus alter u neuer Versorgg den HöchstBetr übersteigt, währd die neue Versorgg unangetastet bleibt. Schließl wird die sich so aus der neuen u den gekürzten früh Versorgg ergebde Gesamtversorgg im Verhältn der in die Ehe fallden DienstZten zur ges DienstZt aufgeteilt (hM; and Soergel/Minz Rn 335: gesonderte Aufteilg der Versorggen im jew Zt/ZtVerhältn).

bb) Beim **Zusammentreffen beamtenrechtlicher Versorgungsanrechte mit Anwartschaften in der gesetzlichen Rentenversicherung, Halbs 2**, ergeben sich daraus Schwierigk, daß die Quotierg nach dem Zt/ZtVerhältn für die solchermaßen heterogen zusgesetzte GesamtVersorgg nicht paßt, weil bei der gesetzl RentVers der Eheanteil nach dem Verhältn der WertEinh zu berechnen ist (BGH FamRZ **83**, 358/60). Aus diesem Grd kann nicht einfach eine „GesamtVersorgg" nach der EheZt quotiert w, sond muß bei Anwendg der RuhensVorschr der Eheanteil in der jew maßgebden Regelg gesondert bewertet w (BGH NJW **83**, 1313 = FamRZ **83**, 358/463 m krit Anm v Kemnade, Müller-Bütow u Hoppenz; zust dagg Hahne). Sind die RentenAnwartsch insges vor der EheZt erworben, so bleibt BeamtVG 55 beim VA außer Betr, dh der and Eheg braucht das Ruhen der Versorgg nicht mit zu tragen (BGH FamRZ **83**, 361). Sind die **Rentenanwartschaften** dagg vollständ od auch nur teilw **innerhalb der Ehezeit erworben**, so ist rechenmäß folgdermaßen zu verfahren (BGH NJW **83**, 1313 = FamRZ **83**, 358 m *Rechenbeispiel* 362 f; bestätigt dch BGH FamRZ **83**, 1005; NJW-RR **86**, 939; zust auch Hahne FamRZ **83**, 467). Ausführl Darstellg des BerechngsVerf in Düss FamRZ **84**, 595/9 f sowie mit der zutreffden Einschränkg, den eheszeitl Kürzgsanteil nicht doppelt zu berücks bei Schmitz FamRZ **89**, 123. Für die Monate Jan bis Nov u für Dez müssen getrennte RuhensBerechngen dchgeführt w, weil sich nach dem SZG, dem Ges über die Gewährg einer jährl SondZuwendg in der Fassg v 23. 5. 75 (BGBl I 1173, 1240), im Dez die VersorggsBezüge verdoppeln, ebso die Höchstgrenze gem BeamtVG 55 II (SZG 7, 9 S 2). Da die Höchstgrenzen innerh des Jahres unterschiedl sind, muß als eheszeitl der dchschnittl monatl KürzgsBetr festgestellt w. Bei der Ermittlg der VersorggsAnwartsch sind einheitl die RuhensVorschr der **BeamtVG 55** bzw SVG 55 a anzuwenden. **BeamtVG 10 II aF** (vgl 47. Aufl) ist zum 1. 1. 82 außer Kr getreten. Ein für das Entfallen von BeamtVG 10 II aF gezahlter AusglBetr ist, weil er bis 1992 abgeschmolzen wird (Art 2 § 2 S 3 HStruktG), nicht in den öffrechtl VA einzubeziehen (BGH **90**, 52). Auch wenn das EheZtEnde vor dem 1. 1. 82 liegt, gilt ausschließl BeamtVG 55, u zwar auch dann, wenn sich der Beamte bei EheZtEnde bereits im Ruhestand befand (BGH FamRZ **85**, 689).

cc) Halbs 2 gilt ferner für rentenähnliche wiederkehrende Leistungen. Hierzu gehören die der RuhensVorschr des **BeamtVG 56** ausgesetzten VersorggsAnrechte aus DienstVerhältn zu ausl Staaten sowie **zwischen- oder überstaatlichen Organisationen**, wie insb Anwartsch ggü der **EG**, deren Bewertg sich nach II Z 4 b od V richtet (BGH FamRZ **88**, 273/5 u 941 mAv Schmitz; BerBeschl FamRZ **89**, 263). Auch beim ZusTreffen einer BeamtVersorgg mit der **Zusatzversorgung des öffentlichen Dienstes** (BeamtVG 55 I, SVG 55 a I jew Z 4. Alt) gelten die gleichen Grds (vgl BGH FamRZ **88**, 48; Einzelh bei Johannsen/Henrich/Hahne Rn 83). Bei der Ruhensberechng ist eine zur Kürzg führde statische VersRente nur mit ihrem nach der BarwertVO dynamisierten Wert zu berücks (BGH FamRZ **87**, 798; **88**, 48 m *Rechenbeispiel*). Bei freiw WeiterVers od SelbstVers in der ZusatzVersorgg des öff Dienstes bedarf es einer entspr Modifizierg von BeamtVG 55 IV Z 1 (BGH FamRZ **88**, 49).

7) Berücksichtigung zeitlicher Voraussetzungen in den einzelnen Versorgungsregelungen, VII. Die Vorschr enthält einen **Negativkatalog** der bei der Bewertg nicht zu berücksichtigden Umstände: Für alle Arten von Versorggen gilt gleichmäß, daß für die Zwecke der Bewertg außer Betr bleibt, daß eine für die Versorgg maßgebl **Wartezeit, Mindestbeschäftigungszeit oder ähnliche zeitliche Voraussetzungen** am Bewertgsstichtag (Einf 3a vor § 1587) **noch nicht erfüllt** sind, **VII 1.** Vgl für die gesetzl RentVers RVO 1246 III, 1247 III, 1248 VII; AVG 23 III, 24 III, 25 VIII; f die Altershilfe der Landwirte GAL 3 III, für die Zusatzversorgg des öff Dienstes § 38 der VBL-Satzg; f die BeamtVersorgg BeamtVG 4 I 1 Z 1. Entsprechdes gilt für die MindestbeschäftiggsZt des SoldVersG 18 I (AG Kamen FamRZ **78**, 787). Die Stellenzulage f fliegdes Personal ist ohne Rücks darauf einzubeziehen, ob sie zum EheZtEnde ruhegeh-fäh war (Mü FamRZ **84**, 181). Zur Kann-Zeit gem BeamtVG 12 vgl Anm 3 B Z 1. Diese Zeiten werden also bei der Bewertg voll mitberücksichtigt; ihre versichergswirtschaftl Sperrwirkg bleibt außer Betr, weil das anderfls zu einer Nichtberücksichtgg effektiver Versorggswerte führen u damit die Vergleichsrechng insb bei jüngeren Ehel u in Fällen kurzer Ehedauer willkürl verzerrt würde (BT-Drucks 7/650 S 159). – Das Gesetz stellt in diesem Zushg jedoch zweierlei klar: Zum einen bleibt es für die **noch verfallbaren Anwartschaften und Aussichten auf eine betriebliche Altersversorgung** von II Z 3 S 3 bei dem dort vorgesehenen schuldrechtl VersorggsAusgl, **VII 1 zweiter Halbsatz**, obwohl sie in ihren Voraussetzgen den soeben behandelten Warte- u MindestBeschäftiggszeiten ähnl sind u es sonst nahegelegen hätte, sie genauso wie die Versorggs-anwartschaften aus der gesetzl RentenVers zu behandeln. Zum and bleiben solche Zeiten, von denen die Anrechng beitragsloser Zeiten od die Rente nach Mindesteinkommen in den gesetzl RentenVers abhäng ist, dh insb die **Ausfallzeiten**, in denen die Entrichtg von Pflichtbeiträgen wg berechtigter Untätigk (Schulausbildg, Krankh, Schwangersch, Arbeitslosigk) nicht erwartet w konnte (RVO 1259; AVG 36), nicht „außer Betr"; sie sind jedoch nur unter den bes sozialversichergsrechtl Voraussetzgen bei der Bewertg zZw des VersorggsAusgl mitzuberücks, **VII 2. Zweck:** Die uneingeschränkte Anrechng der in die Ehe fallenden Ersatz-, Ausfall- u Zurechngszeiten würde zu einer entspr Erhöhg der fiktiv zu berechnden Rente u damit zu einer Überbewertg des in Frage stehden AnwartschR führen, wenn die Ehe etwa nur in die Ersatzzeit fällt od iF früher Invalidität bei den Zurechngszeiten. Um das zu verhindern, müssen jedenf für die Berücksichtigg von Ausfallzeiten die bes versichergsrechtl Voraussetzgen erfüllt sein, bezogen auf die Rechtshängigk des ScheidgsAntr (BT-Drucks 7/650 S 157): Ausfallzeiten werden iR der Ermittlung der anrechngsfäh VersJahre (RVO 1258) mitgerechnet, wenn sie mind zur Hälfte mit Beiträgen für eine rentenversicherungspflicht Beschäftigg belegt sind (RVO 1259 III). Unter diesen Voraussetzgen der **Halbbelegung** sollen sie auch iR des VersorggsAusgl mitgerechnet w. Entsprechdes gilt für die Renten nach Mindesteinkommen (ArVNG Art 2 §§ 55a, 56; AnVNG Art 2 §§ 54b, 54c). An diesen starren zeitl Voraussetzgen ist festzuhalten, auch wenn absehb, daß eine noch nicht anrechenb AusfallZt später anrechenb sein w, auch wenn im Augenbl nur wenige Monate fehlen (Ruland Rdn 171; and Laudor NJW **77**, 142); umgek sind Ausfallzeiten auch dann anzurechnen, wenn abzusehen ist, daß die augenblickl noch vorhandene Halbbelegg in Zukft wegfallen w (Maier DAngVers **77**, 6). Wg II sind AusbildgsZten nur dann anwartschafterhöh zu berücks, wenn der für die Anerk als AusfallZt erforderl AusbildgsAbschl in die EheZt fällt (Hbg FamRZ **87**, 285).

8) Familienbezogene Bestandteile, VIII (Lit: Strehhuber FamRZ **79**, 767), der jew Versorggsregelg wie Erhöhgsbeträge aGrd bestehder Ehe, Kinderzuschläge uä müssen, soweit sie nicht gerade mRücks auf den gesch Eheg des AusglPflicht gewährt w sollen, bei der Wertberechng ausscheiden. Im einz ist iGgs zum Angest (Ruland/Tiemann Rdn 168) beim Beamten der Ortszuschlag für Alleinstehde (BBesG 40 I u III) zGrde zu legen, auch wenn der gesch Beamte den Ortszuschl der Stufe 2 behält (Ffm FamRZ **88**, 404), bei der Altershilfe f Landwirte das Altersgeld f Unverheiratete (GAL 4 I 1), ebso bei der Landabgaberente (GAL 44 I 1); Kinderzuschüsse zu den Renten der gesetzl RentVers bleiben außer Betr (RVO 1262; AVG 39). Zur Deckgsrücklage der Nds Zahnärzteversorgg Celle FamRZ **86**, 913.

Anhang I zu § 1587a

Bekanntmachung zu § 1304 c RVO

Bekanntmachung der Rechengrößen für 1988 zur Durchführung des Versorgungsausgleichs in der gesetzlichen Rentenversicherung

Von der Wiedergabe der Bekanntmachung im Palandt wird mit Rücksicht auf ihre leichte Zugänglichkeit in anderen Publikationsorganen Abstand genommen. Abdruck der neuesten Fassung bei Bergner NJW **89**, *508 und 1851 sowie o. Vf. FamRZ* **89**, *821.*

Anhang II zu § 1587a

Verordnung zur Ermittlung des Barwerts einer auszugleichenden Versorgung nach § 1587a Abs. 3 Nr. 2 und Abs. 4 des Bürgerlichen Gesetzbuchs (Barwert-Verordnung)

Vom 24. Juni 1977 (BGBl I S. 1014), geändert durch VO vom 22. Mai 1984 (BGBl I S. 692)

Schrifttum: Schusinski/Stifel NJW **77**, 1264; Löffler/Theurer FamRZ **81**, 8; Heubeck/Zimmermann BB **81**, 1225. **Zur BarwertÄndVO:** Ellger/Glockner FamRZ **84**, 733; Zimmermann NJW **84**, 2323.

Bürgerliche Ehe. 7. Titel: Scheidung der Ehe　　　　　　　　　　　　Anh II zu § 1587a

Einführung

1) Die BarwertVO wurde aGrd der Ermächtigg in § 1587a III Z 2 S 2 erlassen (24. 6. 77 BGBl I 1014). **Zweck:** Sie dient der Umrechng von stat Versorggstiteln in dynam Versorggsanrechte. Die auf die EheZt entfallnden u in den Ausgl einzubeziehden Versorggstitel müssen, um miteinand vergleichb zu sein, einheitl in Monatsrenten ausgedrückt w. Die MoRente kann aber nicht in allen Fällen unmittelb aus der Anwartsch errechnet w, weil sonst der dahinterstehde Versorggswert u damit ein wesentl GesPkt des AusglGedankens unberücks bliebe (Amtl Begrdg, BR-Drucks 191/77 S 11). Die BarwertVO ermöglichte zunächst an Hand von 4 Tabellen, den Barwert nichtdynam VersorggsTitel festzustellen, um mit seiner Hilfe dann die daraus hypothet zu gewinnde SozVersRente (vgl § 1587a III Z 2 S 1 u IV) zu errechnen, was wiederum nach der jew Bek des BMA (vorstehd Anh I zu § 1587a) geschieht. Nach der ursprüngl Fassg der BarwertVO wurden alle nicht volldynam Anrechte einheitl wie statische bewertet. Sie wurden ausnahmslos so behandelt, als bliebe der am Ende der EheZt maßgebde Wert währd der AnwartschPhase u währd der anschließden Leistgsphase unveränd. Damit wurde der Tatsache nicht Rechng getragen, daß es neben dem statischen u volldynamischen Anrechten auch **Zwischenformen von teildynamischen Anrechten** gibt. Da nach § 1 III aF die Barwertberechng auf der Grdlage der Tab eine individuelle vers-mathemat Berechng verbot, war die starre Regelg mit dem GleichhSatz unvereinb (BGH **85**, 194 = NJW **83**, 336). Die am 1. 6. 84 in Kraft getretene **Barwert-Änderungs-VO** schafft desh zusätzl Umrechngsregelgn für Versorggen, die nur in der Anwartsch- od nur in der Leistgsphase volldynam sind, deren Wert also nur in einer dieser beiden Phasen in gleicher Weise steigt wie der Wert einer insges volldynam Versorgg (BR-Drucks 145/84 S 15). Zur Frage, welche Anrechte ggständl in Betr kommen vgl § 1 Anm 2. Die BarwÄndVO sieht keine bes Bewertg für Versorggen vor, die zwar in beiden Phasen dynam sind, deren Wertsteigerg aber hinter der Wertentwicklg einer volldynam Versorgg zurückbleibt. Insow wird auf die beabsichtigte Gesamtneuregelg des VA verwiesen (BR-Drucks 145/84 S 15). Contra legem ist die Entwicklg individueller Dynamisiergssätze bei Teildynamik im LeistgsZtraum (and AG Friedbg FamRZ **84**, 1026: Hess Apothekerversorgg).

2) Aufbau der BarwÄndVO: In ihrer Systematik lehnt sich die Novelle weitgehd an den Aufbau der urspr BarwVO an. Für die Bewertg der Versorggen wird danach **unterschieden,** ob es sich um lebenslange od zeitl begrenzte Versorggen handelt, ferner um Anwartsch od bereits laufde Versorggen. Kombiniert mit dem Umfang der jew Dynamisierg behandelt daher § 2: Anwartschaften auf eine lebenslange Versorgg, deren Wert zumind bis zum Leistgsbeginn in gleicher Weise steigt wie der Wert einer volldynam Versorgg; § 3: Anwartsch auf eine lebenslange Versorgg, deren Wert nur bis zum Leistgsbeginn in gleicher Weise steigt wie der Wert einer volldynam Versorgg; § 4: Anwartsch auf eine zeitl begrenzte Versorgg; § 5: bereits laufende, lebenslange od zeitl begrenzte Versorggen, deren Wert zumind ab Leistgsbeginn nicht in gleicher Weise steigt wie der Wert einer volldynam Versorgg. Dem § 2 sind die Tab 1–3, dem § 3 die Tab 4–6, dem § 5 die Tab 7 zugeordnet.

3) Bewertungsprinzipien. Soweit für die als Versorgg zu zahlenden Renten ein Deckgskapital gebildet w, läßt sich das in der gesetzl RentVers hypothet ergebde mtl Altersruhegeld ermitteln, indem man feststellt, was sich als SozVersRente ergäbe, wenn das DeckgsKap als Beitr in die gesetzl RentVers eingezahlt würde (§ 1587a III Z 1). Wird dagg für die Versorgg kein DeckgsKap gebildet, so muß ein best Barwert ermittelt w den, dieses Anrecht besitzt, u dieser wird dann – wiederum hypothet – in die gesetzl RentVers eingezahlt (§ 1587a III Z 2 S 1). Der Ermittlg dieses Barwertes dient die BarwertVO mit ihren verschiedenen **Tabellen** (Einzelheiten § 1 BarwVO Anm 4). Vor Anwendg der Tab sind diej Teile der Versorgg auszuscheiden, die nicht in der EheZt erworben sind. Die in den Tab festgelegten Faktoren (Vervielfacher, Werte) beruhen auf versichergsmathemat Grdsätzen. Sie berücksichtigen, daß der Wert einer Versorgg der Gesamtwert der wahrscheinl noch ausstehden Versorggsleistg ist, vermindert um noch zu erbringde Beiträge. Da beides vom Lebensalter des Versicherten abhängig, sind die Kapitalisiergsfaktoren entsprechd so gestaffelt, wobei zusätzl der Zinseffekt zu berücks ist (BR-Drucks 191/77 S 15). Wer am MoErsten Geburtstag h, hat am Ende der EheZt, wenn diese gem § 1587 II bis zum Ende des Mo vor dem GebTg läuft, noch nicht das neue LebAlter iS der Tab 1 erreicht (Düss FamRZ **84**, 1111). Keine Aufrundg also (Hamm FamRZ **85**, 945). Die Berechng des Barwertes erfolgt dch die Vervielfachg der zu erwartden od bereits laufden Jahresrente mit dem Vervielfacher, der in der für die best Versorggsart vorgesehenen Tab angegeben ist (sa § 1 Anm 4). Dabei kann es in AusnFällen dazu kommen, daß der fiktive RentVersBetr trotz der Dynamisierg größer ist als die Ausgangsversorgg. Um dies zu verhindern, enthält § 6 eine Höchstbetragsregelg. Zu den BewertgsGrdsätzen im übr vgl BR-Drucks 145/84 S 16f.

Auf Grund des durch Artikel 1 Nr. 20 des Ersten Gesetzes zur Reform des Ehe- und Familienrechts vom 14. Juni 1976 (BGBl. I S. 1421) eingefügten § 1587a Abs. 3 Nr. 2 und Abs. 4 des Bürgerlichen Gesetzbuchs in der im Bundesgesetzblatt Teil III, Gliederungsnummer 400–2, veröffentlichten bereinigten Fassung verordnet die Bundesregierung mit Zustimmung des Bundesrates:

§ 1. Barwert zur Errechnung des Versorgungsausgleichs.

(1) Für die Ermittlung des Wertunterschiedes ist bei

a) den in § 1587a Abs. 2 Nr. 3 des Bürgerlichen Gesetzbuchs bezeichneten Leistungen oder Anwartschaften auf Leistungen der betrieblichen Altersversorgung,

b) den in § 1587a Abs. 2 Nr. 4 des Bürgerlichen Gesetzbuchs bezeichneten sonstigen Renten oder ähnlichen wiederkehrenden Leistungen, die der Versorgung wegen Alters oder Berufs- oder Erwerbsunfähigkeit zu dienen bestimmt sind, oder Anwartschaften hierauf

das Altersruhegeld zugrunde zu legen, das sich ergäbe, wenn ihr Barwert als Beitrag in der gesetzlichen Rentenversicherung entrichtet würde. Dies gilt nicht, wenn ihr Wert in gleicher oder nahezu gleicher Weise steigt wie der Wert der in § 1587a Abs. 2 Nr. 1 und 2 des Bürgerlichen Gesetzbuchs bezeichneten Versorgungen und Anwartschaften (volldynamische Versorgungen) und sie daher mit diesen unmittelbar vergleichbar sind; dies gilt ferner nicht in den Fällen des

Buchstaben b, wenn die Leistungen ausschließlich aus einem Deckungskapital oder einer vergleichbaren Deckungsrücklage gewährt werden. Einer Anwartschaft steht die Aussicht auf eine Versorgung gleich.

(2) *Absatz 1 ist entsprechend anzuwenden, wenn die Leistungen aus den in § 1587a Abs. 2 Nr. 5 des Bürgerlichen Gesetzbuchs bezeichneten Renten oder Rentenanwartschaften auf Grund eines Versicherungsvertrages nicht oder nicht ausschließlich aus einem Deckungskapital oder einer vergleichbaren Deckungsrücklage gewährt werden.*

(3) *Der Barwert ist nach Maßgabe der folgenden Vorschriften aus den Tabellen zu ermitteln, die dieser Verordnung anliegen.*

1) Vgl zunächst § 1587a Anm 4. Die Vorschr des § 1 bestimmt den sachl Anwendgsbereich der BarwertVO, dh sie legt fest, auf welche Versorggstitel die BarwertVO anzuwenden ist (I 1 u II). Das sind einmal die Leistgen der betriebl Altersversorgg (§ 1587a II Z 3), ferner die versch sonst Renten od ähnl wiederkehrden Leistgen des AuffangTatbestd § 1587a II Z 4 u schließl die priv VersVerträge (§ 1587a II Z5). Von dieser Aufzähl werden von der Bewertg dch die BarwertVO wiederum ausgen sämtl Versorggsanrechte, die bereits voll dynamisiert sind (I 2 erster Halbsatz) od diej von § 1587a II Z 4 (also der Leistgen, deren Höhe sich nach der Dauer einer Anrechngszeit od nach einem Bruchteil entrichteter Beiträge bemißt usw), die ausschließl aus einem Deckungskapital od einer vergleichb Deckungsrücklage gewährt w (I 2 zweiter Halbs). Die schwierige Gliederg des I erklärt sich ua daraus, daß der VO-Geber bei der Versorgung nur für den Fall der Invalidität unterscheiden wollte: die betriebl Versorggszusagen sollten ijF ausgeglichen werden, weil sie nach § 1587a III Z 3 S 3 ohnehin nur in den VersorggsAusgl einbezogen w, wenn sie unverfallb sind, so daß sie einen tatsächl Versorggswert darstellen, auch wenn der ArbN aus dem Betrieb ausscheidet (§ 2 Anm 5), währd bei der priv BerufsunfähigkVers (vgl dazu Anm 2b sowie § 1587 Anm 2b) vor Eintr des VersFalles kein DeckgsKap vorh ist (BR-Drucks 191/77 S 14f). Schließl verpfchtet III dazu, bei der Ermittlg des Barwertes die übr Vorschr der BarwertVO anzuwenden u die ihr beigefügten Tabellen zu benutzen. Bei der Benutzg der Tab ist auf das wirkl **Lebensalter** abzustellen; § 1587 II gilt insow nicht (Ffm FamRZ **82**, 1081).

2) Sachlicher Anwendungsbereich. Umrechngspflicht nach der BarwertVO sind gem I u II: **a)** dem Verwirklichungsgrad nach alle Versorggen, Anwartschaften u Aussichten darauf, **I 3** (vgl § 1587 Anm 2a), sowie **b)** dem Ggst nach:

aa) Alle Anrechte auf Versorgg wg Alter u Invalidität; § 1 I 1a erwähnt zwar iGsatz zu Buchst b nur die betriebl „Alters" Versorgg, meint aber sämtl VorsorgeMaßn, also alle Versorggsanrechte, für die kein Deckungskapital gebildet ist u deren Wert nicht od nicht in nahezu gleicher Weise steigt wie die Anwartschaften u Leistgen in der gesetzl RentVers. Das sind die Versorggstitel iSv § 1587a III Z 2 u II Z 4, also die privaten RisikoVers (§ 1587a III Z 2) sowie vor allem die berufsständ Versorggseinrichtgen wie zB die Versorggswerke der Ärzte, Notare usw, soweit sie nicht (ausnahmsw) Zusagen auf dynamisierte Renten bieten (§ 1587a II Z 4); ferner die nicht voll dynam Leistgen der betriebl Altersversorgg (§ 1587a II Z 3 u IV), gleichgült ob sie wg Alters und Berufs- od ErwUnfähigk od nur für den Alters- oder Invaliditätsfall versprochen sind. Nach dem Entw der BarwertVO sollten die nicht volldynam Leistgen der betriebl Altersversorgg gem § 1587a IV stets nach der BarwertVO kapitalisiert w, also gleichgült, ob im Einzelfall eine Betriebsrente od ein der Versorgg diender KapitalBetr gezahlt w soll. Nach dieser Auffassg hatte der GesGeber, wie sich aus der Verweisg des § 1587a IV auf III Z 2 S 2 ergibt (Schusinski/Stifel NJW **77**, 1264) eine einheitl Regelg für den in der Prax wicht Bereich der betriebl Altersversorgg treffen wollen (Amtl Begrdg, BR-Drucks 191/77 S 12). Demggü ist in der endgült Fassg der BarwertVO der urspr vorgesehene § 4 gestrichen worden. Begrdg: Der VersorggsAusgl ist seiner ganzen Anlage nach auf laufde Versorggen abgestellt, nicht auf einmal zu erbringe Kapitalleistgen. Davon dürfte trotz der allg Fassg des § 1587a II Z 3 („Leistgen der betriebl Altersversorgg") wg § 1587 I keine Ausn gemacht w. Außerdem könnte die Einbeziehg von KapLeistgen der betriebl Altersversorgg in den VersorggsAusgl größte Schwierigk mit sich bringen, wenn die KapLeistg bereits vor dem Ende der EheZt ausgezahlt w ist (BR-Drucks 191/77 Beschl S 6f mit weit Einzelh). Kein Deckgskapital entsteht bei der selbstd BerufsunfähigkVers (Anm bb). Sie ist vor dem VersFall nicht ausglpflichtig (BR-Drucks 191/77 S 13f); doch ist die bereits laufende Invaliditätsrente nach der BarwertVO umzurechnen (§ 1587a III Z 2). Der BarwVO unterliegen mangels Vergleichbark mit der gesetzl RentVers BetrRenten, die eine jährl Anpassg iH der Steigerg der Lebenshaltgskosten nur unter Berücks der Leistgsfähigk des Untern vorsehen (Celle FamRZ **81**, 369).

bb) Dagg unterliegen der UmrechngsPfl nach der **BarwertVO** diej Versorggstitel **nicht,** die überh nicht ausgleichspflichtig sind (§ 1587 Anm 2b) sowie solche Anrechte, deren Wert in gleicher od nahezu gleicher Weise steigt wie SozVersRenten od BeamtPensionen, **I 2 erster Halbsatz.** In diesen Fällen ist nach Sinn u Zweck der Regelg des VersorggsAusgl eine Umrechng der Anwartsch in Anwartschaften der gesetzl RentVers nicht sachgerecht, da die volldynam Anwartschaften der betriebl Altersversorgg wie die der gesetzl RentVers bereits vergleichb Größen darstellen. Die Umrechng mit einem best Kapitalisiergsfaktor würde dazu führen, daß die vorhandene Gleichwertigk beseitigt wird (BR-Drucks 191/77 S 13). Zu diesen dynamisierten Rentenanrechten, die nach der BarwertVO nicht unterliegen, gehören beispielsw: Die Renten aus der Zusatzversorgg des öff Dienstes nur zum Teil (vgl § 1587a Anm 3 B Z 3) vor allem also die an die BeamtVersorggsbezüge angebundene Versorggsrente iGgs zur nichtdyn Besitzstandsrente (AG Pinnebg FamRZ **79**, 716), die Altershilfe f Landwirte (vgl Einf 3a vor § 1587), ferner auch Versorggen iS des § 1587a II Z 4, die nach dem bautenrechtl Grdsätzen od der gesetzl RentVers entspr gewährt w, zB innerh der berufsständ Versorggswerke. Solche dynam Versorggen sind nicht nach der BarwertVO zu kapitalisieren, sond mit ihrem monatl RentBetrag unmittelb in die AusglRechng einzusetzen (BR-Drucks 191/77 S 12). „**Volldynamisch**" bedeutet, daß sowohl die Anwartschaften als auch die Leistgen regelmäß der allg Einkommensentwicklg angepaßt w (BR-Drucks 191/77 S 12). Für die Bejahg einer Dynamik im AnwartschStadium reicht es nicht aus, wenn die Beitr nach dem Eink der Mitgl richten (BGH **85**, 194/99; FamRZ **88**, 488), selbst wenn die Beitr an eine regelmäß allg BemessgsGrdlage gekoppelt s (BGH FamRZ **87**, 1241). Anrechte der priv Altersversorgg, die im Anwartschstadium aGrd ihrer Koppelg an die tarifl Lohnentwicklg an sich dynam sind, deren Dynamik aber bei einem vorzeit Ausscheiden aus dem Beschäftiggsverhältn endet, sind

Bürgerliche Ehe. 7. Titel: Scheidung der Ehe **Anh II zu § 1587a**

nur mit dem stat Wert in den öff VA einzubeziehen (BGH FamRZ **89**, 844). Umgek bedarf es einer Umrechng mit Hilfe der BarwVO nicht, wenn eine Versorgg wie die Bay ApothVersorgg im Anwartschteil stat u im LeistgsT volldynam ist, wenn zum EheZtEnde die früh Invaliditätsrente bereits bewill war (BGH FamRZ **89**, 35/7). Soweit Versorggsleistgen nach ihrer gesetzl od satzgsmäß Ausgestalt dynam sind, kommt es nicht darauf an, daß der Anpassgssatz der gleiche ist wie derj in der gesetzl RentVers od in der BeamtVersorgg. Auch ist eine jährl Anpassg nicht gesetzl vorgeschrieben. Zu den versch Formen der Anpassg: Glockner FamRZ **88**, 779. Ausreichd für Annahme einer vergleichb Dynamik, wenn die Abweichg in der Anpassg längerfrist weniger als 1,5–2% beträgt (BGH FamRZ **87**, 1241/3). Nicht ausreichd aber, wenn eine berufsständ Versorggseinrichtg hinter den Anpassgen der Altersruhegelder od BeamtPensionen ständ zurückbleibt (Ruland/Tiemann Rdn 182) od wenn es dem Ermessen des Versorggsträgers überl ist, ob, wann u mit welchem Anpassgssatz er angleichen will (Voskuhl/Pappai/Niemeyer S 36). **Voll dynamisch sind** die Nordrhein Ärzteversorgg (BGH NJW **83**, 1378); diej v Westf-Lippe (BGH FamRZ **83**, 998); das Versorggswerk der Ärztekammer Hbg (Hbg FamRZ **80**, 1028), die Versorggen der Zahnärztekammer Bln (KG FamRZ **82**, 714), der Ärzte, Zahn- u Tierärzte in BaWü (Karlsr FamRZ **82**, 716; **83**, 1239) u die nds Ärzteversorgg (Celle FamRZ **83**, 933). Eine Versorggszusage, die an die Höhe des zuletzt bezogenen DienstEink anknüpft u für die LeistgsZt Erhöhgen entspr den gesetzl RentAnpassgen vorsieht, ist volldynam (Kblz FamRZ **80**, 1022). Eine „fakt" Volldynamik in der Leistgsphase besteht bei den Anwartsch des BeamtVersVereins des dt Bank- u Bankiergewerbes (Mü FamRZ **88**, 407; aA AG Lahnstein NJW-RR **87**, 200; sa AG Mannh FamRZ **82**, 1083).

Nicht voll dynamisch ist die betriebl Altersversorgg des „Essener Verbandes" (Hamm FamRZ **80**, 898 u **81**, 569), ferner die **Bayer. Ärzteversorgung** (BGH **85**, 194 mNachw; NJW **83**, 339), die hess Zahnärzteversorgg (BGH FamRZ **88**, 488), die Versorgg der Bay ArchitektVersorgg; zu beiden § 2 BarwVO Anm 3c. Zur Aufwertg einer BetrRente mit einer Anpassg jew nach 3 J (BetrAVG 16) vgl Düss FamRZ **83**, 193. – Ferner werden von der BarwertVO ausgen, unterliegen also der UmrechngsPfl nicht, diejenigen nicht (voll) dynam Versorggen iSv 1587a II Z 4 („sonstige Renten"), die **ausschließlich aus einem Deckungskapital oder einer vergleichbaren Deckungsrücklage** gewährt w, was der gesetzl Regelg in § 1587a III entspricht (BR-Drucks 191/77 S 16), **I 2 zweiter Halbsatz**. Bei priv RentVersichergen für den Fall des Alters wird stets ein DeckgsKap aus den von den Versicherten eingezahlten Beiträgen gebildet, so daß hier ohne Ausn nach § 1587a III Z 1 verfahren w kann, also die Umrechng in ein Altersruhegeld der gesetzl RentVers an Hand des geschäftsplanmäß DeckgsKap erfolgt (BR-Drucks 191/77 S 13). **Kein Deckungskapital** in diesem Sinne entsteht bei der selbstd BerufsunfähigkVers, also wenn ein privater VersVertrag nur für den Fall der Invalidität abgeschl wird (Celle FamRZ **80**, 464). Die Aufrechterhaltg der Vers beruht hier auf dem jew letzten Beitr, so daß der Vers keinen echten Versorggswert darstellt, der im VersorggsAusgl berücksichtigt w könnte. Erst iF der Invalidität wird vom Versicherer ein DeckgsKap gebildet, das aber nicht als Grdlage für eine Umrechng nach § 1587a III Z 1 genommen w kann, da es im wesentl nicht aus den Beiträgen des Versicherten gebildet wird (BR-Drucks 191/77 S 14). Die Beschränkg des 2. Halbs auf den Buchst b bedeutet nicht, daß die aus einem DeckgsKap od einer vergleichb Deckgsrücklage gewährte betriebl Altersversorgg nach der BarwertVO umgerechnet w; der VO-Geber konnte sich vielm in Halbs 2 mit dem Buchst b begnügen, weil bereits über die Verweisg in § 1587a IV auf III Z 2 sichergestellt war, daß die aus einem DeckgsKap od einer vergleichb Deckgsrücklage gewährten Leistgen der betriebl Altersversorgg nicht nach der BarwertVO zu bewerten sind, denn das ist in § 1587a III Z 2 negatives TatbestMerkm („werden die Leistgen nicht od nicht ausschließl ...").

3) Für die **privaten Rentenversicherungsverträge** (§ 1587a II Z 5) gelten die Grdsätze des I entsprechd, soweit die Versorggsleistgen aGrd des VersVertr nicht od nicht ausschließl aus einem DeckgsKap od einer vergleichb Deckgsrücklage gewährt w, **II**. Da für Altersrenten stets Deckgsrücklagen aus den Beitr der Versicherten gebildet w, bleiben hierfür nur die reinen **Berufsunfähigkeitsversicherungen** übr. Aber auch sie sind nach der BarwertVO nur zu kapitalisieren, wenn bereits Leistgen daraus gewährt w, das versicherte Risiko also eingetreten ist (BR-Drucks 191/77 S 16 f; Anm 2b bb; aA AG Celle FamRZ **80**, 59). Zum maßgebl Zeitpkt § 1587 Anm 3.

4) Der Barwert ist jew nach der VO beigegebenen **Tabellen** zu errechnen. Vgl dazu Einf 3 vor § 1. Andere BerechngsGrdlagen sind unzul (MüKo/Maier § 1587a Rdn 354). Soweit eine lebenslange Versorgg wg Alters u Invalidität zugesagt w ist, die zumind bis zum Leistgsbeginn nicht volldynam ist, gilt Tab 1, bei entspr Bedingungen einer nur die lebenslange Versorgg wg Alters betr Anwartsch Tab 2 u für die entspr bl Invaliditätsversorgg Tab 3. Die Bewertg einer umgek nur bis zum Leistgsbeginn volldynam Anwartsch erfolgt für die lebenslange Alters- u Invaliditätsversorgg nach Tab 4, für die isolierte Altersversorgg nach Tab 5 u für die bl Invaliditätsversorgg n Tab 6. Tab 7 gibt den Multiplikator für eine bereits laufende lebenslange u zumindest ab Leistgsbeginn nicht volldynam Versorgg. Zum maßgebl Ztpkt § 1587 Anm 3. Nach der BarwVO iVm der Bek des BMA (Anh I zu § 1587a) sind mind **4 Rechenvorgänge** dchzuführen, näml 1. Umrechng der MoRente in eine Jahresrente; 2. Errechng des Kapitalwertes dieser Jahresrente mit Hilfe der Tab der BarwVO; 3. Umrechng des KapWertes in Werteinheiten der gesetzl RentVers mit Hilfe der Nr 5 der Bek des BMA; 4. Umrechng der WE in eine SozVersRente aGrd der Nr 2 der Bek des BMA (vgl das Bsp in Anm 3a zu § 2). Es lassen sich diese Berechnungen aber mit Hilfe von Tab auch auf eine einzige Rechng reduzieren (vgl Ruland/Tiemann Rdn 203 ff; Bergner NJW **84**, 2335, **85**, 1326 u 2012, **88**, 683, deren Ausführgen sich aber zT auf die Zeit vor Erlaß der BarwÄndVO beziehen u desh nicht auf teildynam Versorggen bezogen w dürfen).

§ 2. Barwert einer zumindest bis zum Leistungsbeginn nicht volldynamischen Anwartschaft auf eine lebenslange Versorgung. *(1) Der Barwert einer Anwartschaft auf eine lebenslange Versorgung, deren Wert zumindest bis zum Leistungsbeginn nicht in gleicher Weise steigt wie der Wert einer volldynamischen Versorgung, wird ermittelt, indem der Jahresbetrag der nach § 1587 Abs. 2 Nr. 3 oder 4 des Bürgerlichen Gesetzbuchs auszugleichenden Versorgung mit dem Kapitalisierungsfaktor vervielfacht wird, der sich aus den anliegenden Tabellen 1 bis 3 ergibt.*

1501

(2) Ist eine Versorgung wegen Alters und Berufs- oder Erwerbsunfähigkeit zugesagt oder besteht aus sonstigen Gründen hierauf eine Anwartschaft, so ist die Tabelle 1 anzuwenden. Für jedes Jahr, um das der Beginn der Altersrente vor der Vollendung des 65. Lebensjahres liegt, sind die Werte der Tabelle 1 um 8 vom Hundert, mindestens jedoch auf die sich nach Absatz 3 Satz 1 und 2 ergebenden Werte, zu erhöhen. Für jedes Jahr, um das der Beginn der Altersrente nach der Vollendung des 65. Lebensjahres liegt, sind die Werte der Tabelle 1 um 5 vom Hundert, höchstens aber um 25 vom Hundert, zu kürzen. Steigt der Wert der Versorgung ab Leistungsbeginn in gleicher Weise wie der Wert einer volldynamischen Versorgung, so sind die Werte der Tabelle 1 um 60 vom Hundert zu erhöhen.

(3) Ist nur eine Altersversorgung zugesagt oder besteht aus sonstigen Gründen hierauf eine Anwartschaft, so ist die Tabelle 2 anzuwenden. Für jedes Jahr, um das der Beginn der Altersrente vor der Vollendung des 65. Lebensjahres liegt, sind die Werte der Tabelle 2 um 14 vom Hundert zu erhöhen. Für jedes Jahr, um das der Beginn der Altersrente nach der Vollendung des 65. Lebensjahres liegt, sind die Werte der Tabelle 2 um 9 vom Hundert, höchstens aber um 75 vom Hundert, zu kürzen. Steigt der Wert der Versorgung ab Leistungsbeginn in gleicher Weise wie der Wert einer volldynamischen Versorgung, so sind die Werte der Tabelle 2 um 55 vom Hundert zu erhöhen.

(4) Ist nur eine Versorgung wegen Berufs- oder Erwerbsunfähigkeit zugesagt oder besteht aus sonstigen Gründen hierauf eine Anwartschaft, so ist die Tabelle 3 anzuwenden. Für jedes Jahr, um das das Höchstalter für den Beginn der Rente wegen Berufs- oder Erwerbsunfähigkeit vor der Vollendung des 65. Lebensjahres liegt, sind die Werte der Tabelle 3 um 6 vom Hundert zu kürzen. Für jedes Jahr, um das das Höchstalter nach der Vollendung des 65. Lebensjahres liegt, sind die Werte der Tabelle 3 um 3 vom Hundert zu erhöhen. Steigt der Wert der Versorgung ab Leistungsbeginn in gleicher Weise wie der Wert einer volldynamischen Versorgung, so sind die Werte der Tabelle 3 um 65 vom Hundert zu erhöhen. Der erhöhte Wert darf bei Tabelle 3 jedoch nicht die Vervielfacher übersteigen, die sich bei Anwendung der Tabelle 1 ergäbe. Bei einer steigenden Anwartschaft richtet sich der Jahresbetrag der auszugleichenden Rente nach der Versorgung, die sich bei Eintritt der Berufs- oder Erwerbsunfähigkeit im Höchstalter ergäbe.

(5) Ist der Wert einer Tabelle zu erhöhen oder zu kürzen, weil der Beginn der Altersrente oder das Höchstalter für den Beginn der Rente vor oder nach Vollendung des 65. Lebensjahres liegt, so ist diese Erhöhung oder Kürzung zunächst ohne Rücksicht darauf durchzuführen, ob der Wert der Versorgung ab Leistungsbeginn in gleicher Weise steigt wie der Wert einer volldynamischen Versorgung. Steigt der Wert einer Versorgung ab Leistungsbeginn in gleicher Weise wie der Wert einer volldynamischen Versorgung, so ist der nach Satz 1 erhöhte oder gekürzte Wert um den maßgebenden Vomhundertsatz zu erhöhen.

1) Die Vorschr regelt die Ermittlg des Barwerts einer Anwartsch auf eine **lebenslange Versorgung,** bei der die Leistgen also im Ggsatz zu § 4 nicht zeitl begrenzt sind, sond deren Lauf erst mit dem Tod des Begünst endet u deren Wert zumind bis zum Leistgnbeginn nicht in gleicher Weise steigt wie der Wert einer volldynam Versorgg. **Inhalt:** I spricht den BerechngsGrdsatz aus, daß der Barwert einer auszugleichnden Versorgg dch Vervielfachg des JahresRentBetr der zu erwartden Rente mit einem in den Tab angegebenen Faktor zu ermitteln ist, u regelt, welche 3 Tab für die sei betreff maßgebd sind. Sodann wird nach dem Inh der Versorgg, dh dem abgedeckten Versorggsrisiko unterschieden: II betrifft die umfasse Versorgg, näml die Kombination v Alters- u Invaliditätsversorgg, III die reine Alters- u IV die reine Invaliditätsversorgg. Die **Gliederung der jeweiligen Abs.** 2–4 ist einheitl: S 1 regelt jew, welche Tab im einzelnen anwendb ist; S 2 u 3, um welchen Prozentsatz die Werte der einz Tab zu erhöhen oder zu kürzen sind, wenn der Beginn der Altersrente od das Höchstalter für den Beginn der Rente vor od nach Vollendg des 65. LebJ liegt. In S 4 wird – u das ist ggü der bisher Fassg der BarwVO neu – geregelt, um welchen Prozentsatz die Werte der einz Tab zu erhöhen sind, wenn der Wert der Versorgg ab Leistgsbeginn in gleicher Weise steigt wie der Wert einer volldynam Versorgg. IV 5 regelt schließl, daß die erhöhten Werte bei einem nur teilw Leistgsangebot (nur Versorgg weg Berufs- od ErwUnfähigk) nicht höher sein dürfen als der Vervielfacher, der sich bei Anwendg der Tab über das umfasse Leistgsangebot (Versorgg zusätzl auch weg Alters) ergäbe. IV 6 entspricht IV 5 der bisher BarwVO. V enthält eine ergänzde Regelg für den Fall, daß eine Erhöhg od Kürzg mit einer weiteren Erhöhg zustrifft. Eine **Erhöhung der Tabellenwerte** gem II u III kann angebracht s, wenn eine stat Rente wenige Mo nach EheZtEnde aGrd vorgezogenen Altersruhegelds gezahlt w (Karlsr FamRZ **88**, 845).

2) Berechnungsgrundsatz für alle nicht volldynamischen, **lebenslangen Versorgungen, I,** ist, daß zur Ermittlg des Barwerts einer n § 1587a II Z 3 od 4 ausgleichspflicht Versorgg dern JahresBetrag mit einem best Kapitalisierngsfaktor vervielfältigt w, der sich für die jew Versorggen der in II–IV behandelten Art aus den in den Anlagen zur BarwVO mitgeteilten Tab 1–3 ergibt. Der RechtsGrd für die jew Leistg spielt keine Rolle, so daß es gleichsteht, ob die Versorgg dch Vereinbg zugesagt wurde od ein Anspr darauf rechtl anders, zB kraft Ges, begründet ist.

3) Auf die **Versorgungen wegen Alters- und Berufs- oder Erwerbsunfähigkeit** ist zunächst **a)** die **Tabelle 1** anzuwenden, **II 1** (Bsp: BGH FamRZ 85, 1119 u 1235 dt Kulturorchester mit stat AnwartschStadium u im Leistgstadium zu vernachlässigender Teildynamik).

b) Wird die **Versorgungsleistung früher oder später als** mit **65 Jahren** ausbezahlt, so muß im Anschl an die Multiplikation mit dem Vervielf aus Tab 1 der gewonnene Betr nochmals verändert w, näml **erhöht,** wenn der Beginn der Altersrente vor Vollendg des 65. LebJ liegt, u **gekürzt,** wenn die Rente erst nach Vollendg der gen Altersgrenze ausbezahlt w soll, **II 2 und 3.** Der **Zweck** dieser Regelg liegt wiederum darin, den sich nach der Frist bis zum Anfall der Versorgg richtden Kapitalwert der in Aussicht stehenden Rente an die herangezogenen od hinausgeschobenen Verfallzeiten anzupassen (Einf 2 v § 1). Dementspr sind für jedes Jahr, um das der Beginn der Altersrente **vor der Vollendung des 65. Lebensjahres** liegt, die Werte (= Vervielf) der Tab 1 um 8% mind jedoch auf die sich nach III 1 u 2 ergebenden Werte, zu erhöhen, **II 2.** Es ist also zuerst der Barwert nach der Tab 1 iVm der Faktorenerhöhg zu berechnen. **Zweck** der Mindesterhöhg: Die Barwerte für eine Versorgg wg Alters- und Berufs- od ErwUnfähigk dürfen nicht geringer sein als die Barwerte für eine Versorgg nur wg Alters. Nach Tab 1 käme ein Barwert in Betr, der dem 7,14-fachen JahresBetr der Rente entspricht, währd sich im selben Fall unter Anwendg von Tab 2 der 7,31-fache JahresBetr ergibt, näml 4,3 + 5 × 14% (BR-Drucks 191/77 Beschl S 3). Nach dem Grds der

Bürgerliche Ehe. 7. Titel: Scheidung der Ehe **Anh II zu § 1587a**

Mindesterhöhg ist der letztere Wert maßg. – Für jedes Jahr, um das der Beginn der Altersrente **nach der Vollendung des 65. Lebensjahres** liegt, sind die Werte der Tab 1 um 5% zu kürzen, höchstens jedoch um 25%, **II 3**. Es ist entspr wie oben dargestellt zu verfahren.

c) Bei Versorggen, die **ab Leistungsbeginn volldynamisch** sind, sind die Werte der Tab 1 um 60% zu erhöhen, **II 4. Verfassungskonform** (BGH FamRZ **88**, 488). Das gilt für die Bayer Architektenversorgg (Mü FamRZ **85**, 294) wie für die Hess Ärzte- (Ffm FamRZ **84**, 1024) u Zahnärzte- (BGH FamRZ **88**, 488) wie f die **Bayer. Ärzteversorgung** (Kblz FamRZ **85**, 293); ferner f die Zusatzversorgg der RWE (Hamm FamRZ **85**, 1054); wobei eine nur geplante SatzsÄnd keine niedrigere Bewertg rechtfertigt (Brem FamRZ **85**, 295). Bei Anpassg der lfden Versorggsleistgen an die Steigerg der LebHaltgsKosten liegt eine **Teildynamik** vor, zu deren Bewertg die Faktoren der Tab 1 um 30% erhöht w können (Celle FamRZ **85**, 297 u 1052).

4) Auf die **isolierte Altersversorgung** ist die **Tabelle 2** anzuwenden, **III 1**. Die Vervielfacher u damit die Ergebn der Kapitalisierg sind hier etwas niedriger als in Tab 1, weil eine Versorgg, die neben der Altersssicherg auch das Invaliditätsrisiko abdeckt, naturgem wertvoller ist. Für jedes Jahr, um das der Beginn der Altersrente vor der Vollendg des 65. LebJ liegt, sind die Werte der Tab 2 um 14% zu erhöhen, **III 2**. Für jedes Jahr, um das der Beginn der Altersrente nach der Vollendg des 65. LebJ liegt, sind die Werte der Tab 2 um 9% zu kürzen, höchstens jedoch um 75%, **III 3**. Um 55% sind die TabWerte zu erhöhen, wenn der Wert der Versorgg ab Leistgsbeginn in gleicher Weise **steigt wie** der Wert einer **volldynamischen Versorgung, III 4**.

5) Vgl zunächst § 1 Anm 1. Für die **isolierte Invaliditätsversorgung** (Berufs- od Erwerbsunfähigk) gilt die **Tabelle 3, IV 1. Zweck:** Bei den betriebl (zu den privatversichergsmäß vgl § 1587 Anm 2b mit Weiterverweisgen) Versorggszusagen ist für den Fall der Invalidität ist ggü der Altersruhegeldzusage zu berücks, daß die Wahrscheinlichk für den Eintr des Risikos erhebl niedriger anzusetzen ist, so daß die Zusage also einen geringeren Versorggswert besitzt als ein Anrecht auf eine gleich hohe Altersrente (BR-Drucks 191/77 S 14); ist der Risikofall aber bereits eingetreten, so gilt § 4. Die TabWerte sind um 6% zu kürzen für jedes Jahr, um das das Höchstalter für den Beginn der Rente vor der Vollendg des 65. LebJ liegt, **IV 2**, u entspr um 6% zu erhöhen für jedes Jahr, um das das Höchstalter nach der Vollendg des 65. LebJ liegt, **IV 3**. Ist die Versorgg ab Leistgsbeginn volldynam, so sind die Werte der Tab 3 um 65% zu erhöhen, **IV 4**. Der erhöhte Wert darf jedoch nicht den Vervielf übersteigen, der sich bei Anwendg v Tab 1 ergäbe, **IV 5**, so daß iJF eine Kontrollrechng nach Tab 1 dchzuführen ist (vgl die BspRechng Anm 3a u b). Die Vorschr gewährleistet, daß bei nur teilw (sich nur auf die Invalidität beziehdem) Leistgsangebot nicht höhere Werte herauskommen als bei einem umfassden LeistgsAngeb. Bei einer **steigenden Anwartschaft** richtet sich der JahresBetr der auszugleichden Rente nach der Versorgg, die sich bei Eintr der Berufs- od ErwUnfähigk im Höchstalter ergäbe, **IV 6**.

6) **Zusammentreffen mehrerer Erhöhungs- oder Kürzungsvorschriften, V**. Die TabWerte können erhöht od verkürzt w, weil der Beginn der Altersrente od das Höchstalter für den RentBeginn vor od nach Vollendg des 65. LebJ liegen; außerd kann eine weitere Erhöhg stattfinden, weil der Versorggswert ab Leistgsbeginn volldynam ist. Hier sind techn zwei Möglkten der Verknüpfg denkb: Bei der additiven Verknüpfg wird aus den jew maßgebl Prozentsätzen ein einheitl Vomhundertsatz gebildet, um den dann der Wert der Tab zu erhöhen od zu kürzen ist. Das Ges sieht dagg die **multiplikative Verknüpfung** vor, bei der der zweite Zuschlag aus dem dch den ersten Zuschl erhöhten (bzw bei Abschlägen: gekürzten) Wert berechnet wird; denn der zweite Zuschl muß die erfolgte Änderg des Ausgangswerts mitberücks.

§ 3. Barwert einer nur bis zum Leistungsbeginn volldynamischen Anwartschaft auf eine lebenslange Versorgung. *(1) Der Barwert einer Anwartschaft auf eine lebenslange Versorgung, deren Wert nur bis zum Leistungsbeginn in gleicher Weise steigt wie der Wert einer volldynamischen Versorgung, wird ermittelt, indem der Jahresbetrag der nach § 1587a Abs. 2 Nr. 3 oder 4 des Bürgerlichen Gesetzbuches auszugleichenden Versorgung mit dem Kapitalisierungsfaktor vervielfacht wird, der sich aus den anliegenden Tabellen 4 bis 6 ergibt.*

(2) Ist eine Versorgung wegen Alters und Berufs- oder Erwerbsunfähigkeit zugesagt oder besteht aus sonstigen Gründen hierauf eine Anwartschaft, so ist die Tabelle 4 anzuwenden. Für jedes Jahr, um das der Beginn der Altersrente vor der Vollendung des 65. Lebensjahres liegt, sind die Werte der Tabelle 4 um 4,5 vom Hundert, mindestens jedoch auf die sich nach Absatz 3 Satz 1 und 2 ergebenden Werte, zu erhöhen. Für jedes Jahr, um das der Beginn der Altersrente nach der Vollendung des 65. Lebensjahres liegt, sind die Werte der Tabelle 4 um 4 vom Hundert, höchstens aber um 20 vom Hundert, zu kürzen.

(3) Ist nur eine Altersversorgung zugesagt oder besteht aus sonstigen Gründen hierauf eine Anwartschaft, so ist die Tabelle 5 anzuwenden. Für jedes Jahr, um das der Beginn der Altersrente vor der Vollendung des 65. Lebensjahres liegt, sind die Werte der Tabelle 5 um 6 vom Hundert zu erhöhen. Für jedes Jahr, um das der Beginn der Altersrente nach der Vollendung des 65. Lebensjahres liegt, sind die Werte der Tabelle 5 um 6 vom Hundert, höchstens aber um 60 vom Hundert, zu kürzen.

(4) Ist nur eine Versorgung wegen Berufs- oder Erwerbsunfähigkeit zugesagt oder besteht aus sonstigen Gründen hierauf eine Anwartschaft, so ist die Tabelle 6 anzuwenden. Für jedes Jahr, um das das Höchstalter für den Beginn der Rente wegen Berufs- oder Erwerbsunfähigkeit vor der Vollendung des 65. Lebensjahres liegt, sind die Werte der Tabelle 6 um 8 vom Hundert zu kürzen. Für jedes Jahr, um das das Höchstalter nach der Vollendung des 65. Lebensjahres liegt, sind die Werte der Tabelle 6 um 6 vom Hundert zu erhöhen. Der erhöhte Wert darf bei Tabelle 6 jedoch nicht den Vervielfacher übersteigen, der sich bei Anwendung der Tabelle 4 ergäbe. Bei einer steigenden Anwartschaft richtet sich der Jahresbetrag der auszugleichenden Rente nach der Versorgung, die sich ohne Berücksichtigung der Dynamik bei Eintritt der Berufs- oder Erwerbsunfähigkeit im Höchstalter ergäbe.

1) Die Vorschr regelt die Ermittlg des Barwerts einer Anwartsch auf eine **lebenslange Versorgung**, deren Wert **nur bis zum Leistungsbeginn** in gleicher Weise steigt wie der Wert einer **volldynamischen** Versorgg. Steigt der Wert der Versorgg auch nach dem Leistgsbeginn in dieser Weise, so ist die Versorgg insges volldynam u damit nicht umzuwerten. Im Aufbau entspricht § 3 im übr weitgehd § 2.

2) Für eine nur bis Leistungsbeginn volldynamische Versorgung richten sich die Vervielfacher nach den Tab 1–6, **I,** die sich wiederum nach den verschiedenen VersorggsInhalten unterscheiden, näml Tab 4 für die Gesamtversorgg, **II 1.** Eine priv betriebl AltVersorgg, die im AnwartschStadium dch Koppelg an die tarifl Lohnentwicklg an sich dyn ist, wird nach BarwVO 1 Anm 2b bb mit ihrem stat Wert in den öff VA einbezogen, wenn die Dynamik bei einem vorzeit Ausscheiden aus dem BeschäftiggsVerh endet (BGH FamRZ **89**, 844; Zweibr FamRZ **88**, 1288 BASF; Kblz u Celle FamRZ **89**, 293 u 402; and noch Celle FamRZ **87**, 39 u **89**, 404; Kln FamRZ **87**, 1156; Brschw FamRZ **88**, 44 u 406; Ffm FamRZ **88**, 847; Hbg FamRZ **89**, 68: Tab 4); Tab 5 f die isolierte Altersversorgg, **III 1,** Tab 6 f die bl Invaliditätsversorgg, **IV 1.** Im übr gilt hins Erhöhg u Kürzg das § 2 Anm 3–5 Gesagte entspr. **IV 5** stellt klar, daß bei der Errechng der Versorgg, die sich bei Eintr der Berufs- od ErwUnfähigk im Höchstalter ergibt, die Dynamik nicht berücks w darf, da diese bereits bei den Kapitalisiergsfaktoren der Tab 6 berücks ist.

§ 4. Barwert einer Anwartschaft auf eine zeitlich begrenzte Versorgung. (1) *Zur Ermittlung des Barwertes einer Anwartschaft auf eine zeitlich begrenzte Versorgung ist zunächst nach § 2 oder § 3 zu verfahren. Der danach ermittelte Betrag ist gemäß Absatz 2 zu kürzen.*

(2) Für jedes Jahr, um das die in der Versorgungsregelung vorgesehene Laufzeit 10 Jahre unterschreitet, ist ein Abschlag von 10 vom Hundert vorzunehmen. Wird eine Versorgung allein wegen Berufs- oder Erwerbsunfähigkeit nur bis zu dem in der Versorgungsregelung vorgesehenen Höchstalter gewährt, ist ein Abschlag von 50 vom Hundert vorzunehmen, wenn sich nicht nach Satz 1 ein höherer Kürzungsbetrag ergibt. Der Barwert ist jedoch nicht höher als die Summe der vom Ende der Ehezeit an noch zu erwartenden Leistungen, wenn unterstellt wird, daß der Versorgungsfall zum Ende der Ehezeit eingetreten ist.

1) Ggst der Vorschr sind die **zeitlich begrenzt laufenden Versorgungen.** Die Feststellg des Barwertes erfolgt in zwei Schritten: zunächst ist gem §§ 2 od 3 festzustellen, welchen Wert die Versorggsleistg hätte, wenn sie lebenslang zu gewähren wäre, **I.** Sodann wird dieser Wert je nach der Dauer der Laufzeit gekürzt, **II.**

2) Die (hypothetische) **Feststellung des Barwertes der Lebenslangleistungen** erfolgt gem **I 1** einers, je nachdem, ob es sich um eine bis zum Leistgsbeginn nicht volldynam Anwartsch auf eine Lebenslangversorgg (dann § 2) od um eine nur bis zum Leistgsbeginn volldynam Anwartsch auf eine Lebenslangversorgg (dann § 3) handelt; anderers nach dem VersorggsInh: Bei Versorggen weg Alters und Invalidität gilt entwed § 2 II mit Tab 1 oder § 3 II mit Tab 4, bei isolierter Altersversorgg § 2 III mit Tab 2 bzw § 3 III mit Tab 5 u bei isolierter Invaliditätsversorgg § 2 IV mit Tab 3 bzw § 3 IV mit Tab 6. Der nach § 2 ermittelte Betr für eine Lebenslangversorgg ist zu kürzen, **I 2** (vgl Anm 3).

3) Kürzung. Die Feststellg des Barwertes nach § 2 hat nur hypothet Wert, da § 2 für die Lebenslangversorgg gilt. Bei zeitl begrenzt lfden Leistgen ist der LebenslangBetr nach **II** zu kürzen, **I 2.** Doch gilt dies nur für Renten mit einer kürzeren LaufZt als 10 J; bei längeren LaufZten scheidet eine Kürzg aus. Solche Renten sind wie Lebenslangversorggen zu behandeln, sofern sie auch kein Höchstalter vorsehen. Die Kürzg erfolgt nach feststehden Prozentsätzen, näml 10% (pro Jahr) bzw 50% (des GesamtBetr). Anwartschaften auf eine reine Invaliditätsversorgg werden je nach der Art ihrer zeitl Begrenzg entw nach II 1 od nach II 2 gekürzt. Die in Frage kommden Abschläge richten sich nach Anm a u b; außerd ist ein HöchstBetr festgesetzt (Anm c).

a) Die **zeitliche Begrenzung** der Versorggsleistg wird idR dadch berücks, daß **für jedes Jahr,** um das die in der Versorggsregelg vorgesehene Laufzeit 10 J unterschreitet, ein **Abschlag von 10%** vorzunehmen ist, **II 1.** Der **Grund** für die 10-J-Begrenzg liegt darin, daß die DchschnittsLaufZt einer lebenslangen Rente sich nach der Statistik auf ca 10 J erstreckt, so daß eine Rente mit längerer LaufZt prakt einer lebenslangen Rente gleichkommt; in diesen Fällen wäre also eine Kürzg nicht mehr gerechtf (BR-Drucks 191/77 S 18).

b) Wird eine Versorgg allein wg Berufs- od ErwUnfähigk nur bis zu dem in der Versorggsregel vorgesehenen **Höchstalter** gewährt (§ 2 AnmS), so ist ein Abschlag von 50% vorzunehmen, wenn sich nicht nach S 1 ein höherer KürzgsBetr ergibt, **II 2. Zweck:** Der Wert einer Anwartsch auf eine reine Invaliditätsversorgg, die längstens bis zu dem in der Versorggsregel festgelegten Höchstalter gewährt wird, ist erhebl geringer als der Wert einer lebenslang zu gewährden Versorgg dieser Art; die Kürzg um 50% entspricht dem geringeren Wert (BR-Drucks 191/77 S 18). Hat man die Invaliditätsversorgg gem § 2 Anm 5 errechnet u gem § 4 II 2 gekürzt, so ist eine Kontrollrechng nach § 4 II 1 (Anm a) dchzuführen. Ist der dabei ermittelte KürzgsBetr größer als der nach Anm b errechnete, so gilt der Abschlag der Kontrollrechng, **II 2 a. E.** Es gilt also jew der höhere KürzgsBetr od anders gesagt der niedrigere Barwert (BR-Drucks 191/77 Beschl S 4). Zusätzl enthält II 3 nochmals eine Begrenzg des Barwerts.

c) Höchstbetrag. Der Barwert ist in den Fällen von II 2 u 3 nie höher als die Summe der vom Ende der EheZt an noch zu erwartden Leistgen, wenn unterstellt wird, daß der Versorggsfall zum Ende der EheZt eingetreten ist, **II 3.** Das entspricht § 5 II 3. **Zweck:** Bei zeitl beschränkten Leistgen ist auch unter Anwendg der KürzgsVorschr des II nicht auszuschließen, daß der Barwert höher ist als die Summe der noch ausstehenden Leistgen. (BR-Drucks 191/77 Beschl S 5).

§ 5. Barwert einer bereits laufenden, zumindest ab Leistungsbeginn nicht volldynamischen Versorgung. (1) *Der Barwert einer bereits laufenden lebenslangen Versorgung, deren Wert zumindest ab Leistungsbeginn nicht in gleicher Weise steigt wie der Wert einer volldynamischen Versorgung, wird ermittelt, indem der Jahresbetrag der nach § 1587a Abs. 2 Nr. 3, 4 oder 5 des Bürgerlichen Gesetzbuchs auszugleichenden Leistung mit dem Kapitalisierungsfaktor vervielfacht wird, der sich aus der anliegenden Tabelle 7 ergibt.*

(2) Zur Ermittlung des Barwertes einer bereits laufenden Versorgung, deren Wert zumindest ab Leistungsbeginn nicht in gleicher Weise steigt wie der Wert einer volldynamischen Versorgung und die zeitlich begrenzt ist, ist zunächst nach Absatz 1 zu verfahren. Von dem danach ermittelten Betrag ist für jedes Jahr, um das die Restlaufzeit 10 Jahre unterschreitet, ein Abschlag von 10 vom Hundert vorzunehmen. Der Barwert ist jedoch nicht höher als die Summe der vom Ende der Ehezeit an noch zu erwartenden Leistungen.

Bürgerliche Ehe. 7. Titel: Scheidung der Ehe **Anh II zu § 1587a**

1) Währd die §§ 2–4 die Fälle behandeln, in denen das versicherte Risiko noch nicht eingetreten ist, regelt § 5 die Fälle, in denen **bereits Leistungen aus der Versorgungszusage gewährt** werden. Nach dem Grd der Versorggsleistg (Alter od Invalidität) braucht hier nicht unterschieden zu werden. Es kommt entscheidd auf die Höhe der lfden Leistgen an (BR-Drucks 191/77 S 19 zu § 5 des Entw). I behandelt die laufden lebenslangen Leistgen, deren Wert aber nicht in gleicher Weise steigt wie der Wert einer volldynam Versorgg; II regelt die schon laufden, zeitl begrenzten Versorggsleistgen. **Zeitpunkt:** Der Entw sah in I u II 1 jew vor, die „laufde" Versorgg auf die Zeit „vor Erlaß der Entsch ü den VersorggsAusgl" zu begrenzen. Nach der Fassg der VO ist dagg für die Frage, ob eine Versorgg bereits zu laufen begonnen hat, auf das Ende der EheZt abzustellen (§ 1587 II, aA MüKo/Maier § 1587a Rdn 379). § 1587a II Z 3 S 3, der auf den Ztpkt des EntschErlasses abstellt, betrifft nur die Unverfallbark. Ausnahmsw kann der Richter auf andere Ztpkte abstellen, zB iRv § 1585c (BR-Drucks 191/77 Beschl S 7f).

2) Der Barwert einer **bereits laufenden lebenslangen Versorgungsleistung** wird dadch ermittelt, daß der JahresBetr der nach § 1587a II Z 3, 4 od 5 auszugleichnden Leistg mit dem Kapitalisiergsfaktor der **Tabelle 7** vervielfacht wird. Anschließnd ist wie in § 2 Anm 3a zu verfahren.

3) Eine **bereits laufende, zeitlich begrenzte Versorgungsleistung** wird in einem doppelten BerechngsVerf kapitalisiert. Bsp n AG Charl FamRZ **86,** 916: VBL-Satzg 97c II (vgl dazu jedoch § 1587 Anm 2a cc). **a)** Zunächst ist nach I zu verfahren, dh es wird der Barwert festgestellt, als sie die Versorgg lebenslang, **II 1.** Vgl Anm 2. **b)** Hat man den Kapitalwert einer hypothet bereits laufden, zeitl begrenzten Lebenszeitversorgg errechnet, so ist von dem ermittelten Betr für jedes Jahr, um das die RestlaufZt 10 J unterschreitet, ein Abschlag von 10% vorzunehmen, **II 2.** Zur Begrdg der 10-J-Fr u wg eines Bsp vgl § 4 Anm 3a. **c) Höchstgrenze:** Der Barwert ist nicht höher als die Summe der vom Ende der EheZt an noch zu erwartden Leistgen, **II 3.** Zum Zweck der Vorschr § 4 Anm 3c.

§ 6. Höchstbetrag des Barwerts. Der nach den vorstehenden Vorschriften ermittelte Barwert ist soweit zu kürzen, als im Einzelfall die Entrichtung des Barwerts als Beitrag in der gesetzlichen Rentenversicherung aus dieser zu einer höheren Rente führen würde, als sie der Berechnung des Barwerts zugrunde gelegen hat.

1) Die vom RAusschuß eingef Vorschr setzt einen zu ermittelnden **Höchstbetrag des Barwertes** fest. Sie kommt nicht zur Anwendg, wenn bereits die immanenten HöchstBetrRegelgn (§§ 2 II 2 u 3, III 3, IV 4, 3 II 2 u 3, III 2 u 3, IV 2–4, 4 II 3 u 5 II 3) ein Überschreiten des dynamisierten Betr ggü der Ausgangsversorgg verhindern. **Zweck:** Die Umrechng nicht volldynamisierter Versorggen in eine Rente der gesetzl RentVers über den Barwert soll die Vergleichbark bewirken. Diese ist aber dann nicht mehr gegeben, wenn die Umrechng einen höheren Betr in der gesetzl RentVers ergibt, als der Nennwert der umzurechnden Rente ausmacht. Da dies nach den bish Bestimmgen der BarwertVO iVm der Bek des BMA (Anh I zu § 1587a) eintreten kann u die gesetzl Ermächtigg zum Erlaß der BarwertVO jedenf nicht die Befugnis zur Erhöhg des Wertes einer stat Rente bei der Umrechng erfaßt, bedurfte es einer entspr Restriktion (BR-Drucks 191/77 Beschl S 8f mit einem RechngsBsp, wonach eine bereits laufde Monatsrente von 100 DM nach der Dynamisierg einen MoBetr von 102,51 DM ergibt).

§ 7 der urspr BarwertVO, Art 2 der BarwÄndVO enthalten die **Berlin-Klausel,**

§ 8 BarwertVO sowie Art 3 BarwÄndVO deren **Inkrafttreten** (1. 7. 77 bzw 1. 6. 84).

Tabelle 1. Barwert einer zumindest bis zum Leistungsbeginn nicht volldynamischen Anwartschaft auf eine lebenslange Versorgung wegen Alters und Berufs- oder Erwerbsunfähigkeit (§ 2 Abs. 2)

Lebensalter zum Ende der Ehezeit	Vervielfacher	Lebensalter zum Ende der Ehezeit	Vervielfacher
bis 25	1,0	45	3,0
26	1,1	46	3,2
27	1,1	47	3,3
28	1,2	48	3,5
29	1,3	49	3,7
30	1,3	50	3,9
31	1,4	51	4,2
32	1,5	52	4,4
33	1,6	53	4,6
34	1,7	54	4,9
35	1,8	55	5,1
36	1,9		5,4
37	2,0	57	5,7
38	2,1	58	6,0
39	2,2	59	6,3
40	2,3	60	6,6
41	2,4	61	7,0
42	2,5	62	7,4
43	2,7	63	7,8
44	2,8	64	8,4
		ab 65	9,0

Anmerkungen:
1. Für jedes Jahr, um das der Beginn der Altersrente vor der Vollendung des 65. Lebensjahres liegt, sind die Werte dieser Tabelle um 8 vom Hundert, mindestens jedoch auf die sich nach Tabelle 2 und der Anmerkung 1 hierzu ergebenden

Anh II zu § 1587a 4. Buch. 1. Abschnitt. *Diederichsen*

Werte, zu erhöhen; für jedes Jahr, um das der Beginn der Altersrente nach der Vollendung des 65. Lebensjahres liegt, sind die Werte dieser Tabelle um 5 vom Hundert, höchstens aber um 25 vom Hundert, zu kürzen.
2. Steigt der Wert der Versorgung ab Leistungsbeginn in gleicher Weise wie der Wert einer volldynamischen Versorgung, so sind die Werte dieser Tabelle um 60 vom Hundert zu erhöhen.

Tabelle 2. Barwert einer zumindest bis zum Leistungsbeginn nicht volldynamischen Anwartschaft auf eine lebenslange Versorgung wegen Alters (§ 2 Abs. 3)

Lebensalter zum Ende der Ehezeit	Vervielfacher	Lebensalter zum Ende der Ehezeit	Vervielfacher
bis 25	0,7	45	2,3
26	0,8	46	2,4
27	0,8	47	2,6
28	0,9	48	2,7
29	0,9	49	2,9
30	1,0	50	3,1
31	1,0	51	3,3
32	1,1	52	3,5
33	1,1	53	3,7
34	1,2	54	4,0
35	1,3	55	4,3
36	1,3	56	4,6
37	1,4	57	4,9
38	1,5	58	5,2
39	1,6	59	5,6
40	1,7	60	6,1
41	1,8	61	6,5
42	1,9	62	7,0
43	2,0	63	7,6
44	2,1	64	8,3
		ab 65	9,0

Anmerkungen:
1. Für jedes Jahr, um das der Beginn der Altersrente vor der Vollendung des 65. Lebensjahres liegt, sind die Werte dieser Tabelle um 14 vom Hundert zu erhöhen; für jedes Jahr, um das der Beginn der Altersrente nach der Vollendung des 65. Lebensjahres liegt, sind die Werte dieser Tabelle um 9 vom Hundert, höchstens aber um 75 vom Hundert, zu kürzen.
2. Steigt der Wert der Versorgung ab Leistungsbeginn in gleicher Weise wie der Wert einer volldynamischen Versorgung, so sind die Werte dieser Tabelle um 55 vom Hundert zu erhöhen.

Tabelle 3. Barwert einer zumindest bis zum Leistungsbeginn nicht volldynamischen Anwartschaft auf eine lebenslange Versorgung wegen Berufs- oder Erwerbsunfähigkeit (§ 2 Abs. 4)

Lebensalter zum Ende der Ehezeit	Vervielfacher
bis 29	0,6
30 bis 39	1,0
40 bis 45	1,5
46 bis 51	2,0
52 bis 60	2,4
61 bis 62	1,9
63	1,4
64	0,8
ab 65	0,4

Anmerkungen:
1. Für jedes Jahr, um das das Höchstalter für den Beginn der Rente wegen Berufs- oder Erwerbsunfähigkeit vor der Vollendung des 65. Lebensjahres liegt, sind die Werte dieser Tabelle um 6 vom Hundert zu kürzen; für jedes Jahr, um das das Höchstalter nach der Vollendung des 65. Lebensjahres liegt, sind die Werte dieser Tabelle um 3 vom Hundert zu erhöhen.
2. Steigt der Wert der Versorgung ab Leistungsbeginn in gleicher Weise wie der Wert einer volldynamischen Versorgung, so sind die Werte dieser Tabelle um 65 vom Hundert zu erhöhen.
3. Der erhöhte Wert darf bei dieser Tabelle jedoch nicht den Vervielfacher übersteigen, der sich bei Anwendung der Tabelle 1 ergäbe.

Tabelle 4. Barwert einer nur bis zum Leistungsbeginn volldynamischen Anwartschaft auf eine lebenslange Versorgung wegen Alters und Berufs- oder Erwerbsunfähigkeit (§ 3 Abs. 2)

Lebensalter zum Ende der Ehezeit	Vervielfacher	Lebensalter zum Ende der Ehezeit	Vervielfacher
bis 25	6,7	45	7,2
26	6,7	46	7,3
27	6,8	47	7,3
28	6,8	48	7,4
29	6,8	49	7,4
30	6,8	50	7,5
31	6,8	51	7,5
32	6,8	52	7,6
33	6,9	53	7,7
34	6,9	54	7,7
35	6,9	55	7,8
36	6,9		7,9
37	7,0	57	8,0
38	7,0	58	8,1
39	7,0	59	8,1
40	7,0	60	8,2
41	7,1	61	8,4
42	7,1	62	8,5
43	7,1	63	8,6
44	7,2	64	8,8
		ab 65	9,0

Anmerkung: *Für jedes Jahr, um das der Beginn der Altersrente vor der Vollendung des 65. Lebensjahres liegt, sind die Werte dieser Tabelle um 4,5 vom Hundert, mindestens jedoch auf die sich nach Tabelle 5 und der Anmerkung 1 hierzu ergebenden Werte, zu erhöhen; für jedes Jahr, um das der Beginn der Altersrente nach der Vollendung des 65. Lebensjahres liegt, sind die Werte dieser Tabelle um 4 vom Hundert, höchstens aber um 20 vom Hundert, zu kürzen.*

Tabelle 5. Barwert einer nur bis zum Leistungsbeginn volldynamischen Anwartschaft auf eine lebenslange Versorgung wegen Alters (§ 3 Abs. 3)

Lebensalter zum Ende der Ehezeit	Vervielfacher	Lebensalter zum Ende der Ehezeit	Vervielfacher
bis 25	6,2	45	6,6
26	6,2	46	6,7
27	6,2	47	6,7
28	6,2	48	6,8
29	6,2	49	6,8
30	6,2	50	6,9
31	6,2	51	7,0
32	6,3	52	7,0
33	6,3	53	7,1
34	6,3	54	7,2
35	6,3	55	7,3
36	6,3		7,4
37	6,4	57	7,5
38	6,4	58	7,6
39	6,4	59	7,8
40	6,4	60	7,9
41	6,5	61	8,1
42	6,5	62	8,3
43	6,5	63	8,5
44	6,6	64	8,7
		ab 65	9,0

Anmerkung: *Für jedes Jahr, um das der Beginn der Altersrente vor der Vollendung des 65. Lebensjahres liegt, sind die Werte dieser Tabelle um 6 vom Hundert zu erhöhen; für jedes Jahr, um das der Beginn der Altersrente nach der Vollendung des 65. Lebensjahres liegt, sind die Werte dieser Tabelle um 6 vom Hundert, höchstens aber um 60 vom Hundert, zu kürzen.*

Anh II zu § 1587a

Tabelle 6. Barwert einer nur bis zum Leistungsbeginn volldynamischen Anwartschaft auf eine lebenslange Versorgung wegen Berufs- oder Erwerbsunfähigkeit (§ 3 Abs. 4)

Lebensalter zum Ende der Ehezeit	Vervielfacher
bis 29	3,3
30 bis 39	3,3
40 bis 45	3,4
46 bis 51	3,5
52 bis 60	3,2
61 bis 62	2,1
63	1,4
64	0,8
ab 65	0,4

Anmerkungen:
1. Für jedes Jahr, um das das Höchstalter für den Beginn der Rente wegen Berufs- oder Erwerbsunfähigkeit vor der Vollendung des 65. Lebensjahres liegt, sind die Werte dieser Tabelle um 8 vom Hundert zu kürzen; für jedes Jahr, um das das Höchstalter nach der Vollendung des 65. Lebensjahres liegt, sind die Werte dieser Tabelle um 6 vom Hundert zu erhöhen.
2. Der erhöhte Wert darf bei dieser Tabelle jedoch nicht den Vervielfacher übersteigen, der sich bei Anwendung der Tabelle 4 ergäbe.

Tabelle 7. Barwert einer bereits laufenden lebenslangen und zumindest ab Leistungsbeginn nicht volldynamischen Versorgung (§ 5)

Lebensalter zum Ende der Ehezeit	Vervielfacher	Lebensalter zum Ende der Ehezeit	Vervielfacher
bis 25	6,7	55	10,3
26	7,0		10,2
27	7,3	57	10,1
28	7,6	58	10,0
29	7,9	59	9,9
30	8,1	60	9,8
31	8,4	61	9,6
32	8,6	62	9,5
33	8,8	63	9,3
34	9,0	64	9,2
35	9,2	65	9,0
36	9,5	66	8,7
37	9,7	67	8,5
38	9,9	68	8,2
39	10,1	69	7,9
40	10,2	70	7,7
41	10,3	71	7,4
42	10,4	72	7,1
43	10,4	73	6,9
44	10,4	74	6,6
45	10,4	75	6,4
46	10,4	76	6,1
47	10,4	77	5,9
48	10,4	78	5,6
49	10,4	79	5,4
50	10,4	80	5,1
51	10,4	81	4,9
52	10,4	82	4,7
53	10,4	83	4,5
54	10,3	84	4,3
		ab 85	4,0

Bürgerliche Ehe. 7. Titel: Scheidung der Ehe § **1587 b** 1a–c

1587 b *Übertragung und Begründung von Rentenanwartschaften durch das Familiengericht.* ¹Hat ein Ehegatte in der Ehezeit Rentenanwartschaften in einer gesetzlichen Rentenversicherung im Sinne des § 1587a Abs. 2 Nr. 2 erworben und übersteigen diese die Anwartschaften im Sinne des § 1587a Abs. 2 Nr. 1, 2, die der andere Ehegatte in der Ehezeit erworben hat, so überträgt das Familiengericht auf diesen Rentenanwartschaften in Höhe der Hälfte des Wertunterschiedes. Das Nähere bestimmt sich nach den Vorschriften über die gesetzlichen Rentenversicherungen.

II Hat ein Ehegatte in der Ehezeit eine Anwartschaft im Sinne des § 1587a Abs. 2 Nr. 1 gegenüber einer der in § 6 Abs. 1 Nr. 2, § 8 Abs. 1 des Angestelltenversicherungsgesetzes genannten Körperschaften oder Verbände erworben und übersteigt diese Anwartschaft allein oder zusammen mit einer Rentenanwartschaft im Sinne des § 1587a Abs. 2 Nr. 2 die Anwartschaften im Sinne des § 1587a Abs. 2 Nr. 1, 2, die der andere Ehegatte in der Ehezeit erworben hat, so begründet das Familiengericht für diesen Rentenanwartschaften in einer gesetzlichen Rentenversicherung in Höhe der Hälfte des nach Anwendung von Absatz 1 noch verbleibenden Wertunterschiedes. Das Nähere bestimmt sich nach den Vorschriften über die gesetzlichen Rentenversicherungen.

III Soweit der Ausgleich nicht nach Absatz 1 oder 2 vorzunehmen ist, hat der ausgleichspflichtige Ehegatte für den Berechtigten als Beiträge zur Begründung von Anwartschaften auf eine bestimmte Rente in einer gesetzlichen Rentenversicherung den Betrag zu zahlen, der erforderlich ist, um den Wertunterschied auszugleichen*; dies gilt nur, solange der Berechtigte die Voraussetzungen für ein Altersruhegeld aus einer gesetzlichen Rentenversicherung noch nicht erfüllt. Das Nähere bestimmt sich nach den Vorschriften über die gesetzlichen Rentenversicherungen. Nach Absatz 1 zu übertragende oder nach Absatz 2 zu begründende Rentenanwartschaften sind in den Ausgleich einzubeziehen; im Wege der Verrechnung ist nur ein einmaliger Ausgleich vorzunehmen.

IV Würde sich die Übertragung oder Begründung von Rentenanwartschaften in den gesetzlichen Rentenversicherungen voraussichtlich nicht zugunsten des Berechtigten auswirken oder wäre der Versorgungsausgleich in dieser Form nach den Umständen des Falles unwirtschaftlich, soll das Familiengericht den Ausgleich auf Antrag einer Partei in anderer Weise regeln; § 1587o Abs. 1 Satz 2 gilt entsprechend.

V Der Monatsbetrag der nach Absatz 1 zu übertragenden oder nach Absatz 2, 3 zu begründenden Rentenanwartschaften in den gesetzlichen Rentenversicherungen darf zusammen mit dem Monatsbetrag der in den gesetzlichen Rentenversicherungen bereits begründeten Rentenanwartschaften des ausgleichsberechtigten Ehegatten den in § 1304a Abs. 1 Satz 4, 5 der Reichsversicherungsordnung, § 83a Abs. 1 Satz 4, 5 des Angestelltenversicherungsgesetzes bezeichneten Höchstbetrag nicht übersteigen.

*) III 1 Halbs 1 dch Entsch des BVerfG BGBl 83, 375 = NJW 83, 1417 f verfassgswidr erkl; an seiner Stelle jetzt das VAHRG (Anh III zu § 1587b).

1) Vollziehung des Versorgungsausgleichs durch das Familiengericht.

a) Zweck: Das versorggsmäß Schicksal des AusglBerecht soll von demjen des Verpfl gelöst u der Berecht ggf sofort bei Dchfhrg des VA gg Invalidität od bei Alter gesichert sein. Der Verpfl soll sich über seine eig VersorggsLage klar werden u seine Anrechte evtl wieder aufstocken (BT-Drucks 7/650 S 159). Die Einzelh der Übertragg u Neubegründg von RentAnwartsch in der gesetzl RentVers u der Wiederaufstockg bestimmen sich nach den jeweil VersorggsVorschr der ges RentVers bzw des BeamtVersorggsR.

b) Zum gedankl Zushang einer der Feststellg der maßgebl VersorggsWerte u der Person des AusglPfl: § 1587a Anm 2; anderers zu den verschied **Durchführungsformen des VA:** § 1587b betr iGgs zum schuldrechtl VA der §§ 1587f–n, VAHRG 2 u unter Vorgabe bestimmter HöchstBetr, V, den **öffentlichrechtlichen VA** dch Splitting, I, Quasi-Splitting, II, sowie ferner dch (an die Stelle des vom BVerfG NJW 83, 1417 für verfassgswidr erklärten III 1) RealTeilg, zusätzl Quasi-Splitting bzw BeitrEntrichtg u erweiterten Ausgl, VAHRG 1 II u III, 3b (Anh III zu § 1587b) od bei Unwirtschaftlichk dieser AusglFormen den VA in anderer Weise, IV. Vgl iü Anm 4. Zur Berücks **nach Ehezeitende eingetretener Umstände** für die Form des VA vgl § 1587 Anm 3 C b. Zur eink**steuer**rechtl Behandlg des VA: BFM FamRZ 82, 104. Zur Dchführg des VA bei **Auslandsbeziehung** Einf 6 v § 1587.

c) Auslegung und Anwendungshilfen (dazu ausführl 46. Aufl):

aa) Der öffentl VA dch Splitting, Quasi-Splitting usw findet (trotz des Gesetzeswortlauts: „Anwartsch") auch dann statt, wenn einer von den beid Eheg (BGH NJW 80, 396) od auch beide bereits **Rente oder Pension beziehen** (BGH FamRZ 85, 1119; § 1587 Anm 2a) bzw auch schon vor Eingeh der Ehe bezogen haben (BGH NJW 82, 989). Für das Zusplitten von Anwartsch zG des ausglberecht Rentners gilt das VersicherungsFallprinzip, wonach Wertverbesserungen nur bis zum Eintr des VersFalls berücks w können, insoweit nicht (BGH NJW 80, 396). Anders nur bei VAHRG 3b I Z 2 (vgl Eckert NJW 79, 753).

bb) Der dingl VA erfolgt überh u in der jeweil VersorggsArt stets **nur bis zur Hälfte des Wertunterschieds** der für beide Eheg gesondert errechneten VersorggsAnwartsch (Stgt FamRZ 79, 837; Hbg FamRZ 80, 271; § 1587a Anm 2). Ausn: VAHRG 3b I Z 1. Zur HöchstBetrRegelg Anm 6.

cc) Bei der Anwendg von § 1587b besteht zw den versch Abs (mit Ausn von III 3) eine **zwingende Rangfolge**, die auch dch das VAHRG unverändert geblieben ist (BGH NJW 83, 2443; Bergner DRV 83, 228; vgl Einf 3 v VAHRG 1): I hat Vorrang vor II, dieser wiederum vor den aStv III 1 getretenen AusglFormen des VAHRG. Die Worte „des nach Anwendg von I noch verbleibdn Wertunterschieds" sollen bewirken, daß immer dann, wenn bei dem ausglpflicht Eheg Anwartsch in der gesetzl RentVers vorhanden sind, zunächst geprüft wird, ob insof eine Übertragg nach I stattzufinden hat (BT-Drucks 7/4361 S 41). Umgek

1509

§ 1587b 1, 2   4. Buch. 1. Abschnitt. *Diederichsen*

dürfen nicht Anrechte, die der AusglForm des II unterfallen, dadch ausgegl werden, daß aSt des Quasi-Splitting mehr RentAnwartsch in der gesetzl RentVers nach I übertr werden (BGH FamRZ **86**, 250). Ausn: VAHRG 3b I Z 1. Was nicht iRv I u II ausgegl werden kann, fällt über den dch das VAHRG ersetzten § 1587b III der RealTeilg bzw dem Quasi-Splitting gem VAHRG 1 II bzw III (Bsp: Hbg FamRZ **85**, 80) u was jetzt immer noch nicht ausgegl ist, dem schuldrechtl VA nach VAHRG 2 anheim. Die jeweils nächste AusglForm darf immer nur dann gewählt w, wenn der VA in der vorhergehden AusglArt nicht dchführb ist, etwa weil der AusglBerecht selbst in dieser VersorggsArt (zB in der gesetzl RentVers) mehr Anrechte besitzt als der AusglPflicht. Vgl iü Einf 3 vor VAHRG 1 (Anh III zu § 1587b). Der Vorrang von I vor II ist **verfassungswidrig** (VerhältnismäßigkPrinz), wenn er dazu führt, daß einem Beamt unter Wegn wertvoller Versorggsanrechte gg seinen Dienstherrn Anrechte in der RentVers, die seine AusglPfl mit begründen, belassen werden, mit denen er mangels Erreichg der WarteFr versorggsmäß voraussichtl nichts anfangen kann (aA Düss FamRZ **89**, 190; and Karlsr FamRZ **88**, 1068: § 1587c Z 1, der aber nur für Individualhärten gilt).

dd) Der **VA** vollzieht sich **immer nur in einer Richtung** (Anm 4b), näml vS des AusglPflicht zum AusglBerecht, so daß dieser nicht verpfl werden kann, gg den Erwerb zB von Anspr aus einer betriebl Altersversorgg, in deren Bereich ihm weniger zusteht als dem AusglPflicht, wertvollere RentAnwartsch in der gesetzl RentVers, in der er mehr hat als der AusglSchuldn, hinzugeben (Bsp: Celle FamRZ **85**, 1052). Da somit immer nur ein einmaliger, nie ein wechselseit VA stattfindet, ist **vorweg festzustellen, wer** von den beid Eheg **ausgleichspflichtig** ist (Bergner DRV **77**, 97).

ee) Auf seiten des AusglBerecht sind die Anwartsch aus der gesetzl RentVers u der BeamtVersorgg stets als Einheit zuzufassen.

ff) Ein „übersteigen" iSv I u II liegt auch dann vor, wenn der AusglBerecht seiners überh keine Anrechte in der BeamtVersorgg od RentVers erworben hat (BGH NJW **80**, 396).

2) Übertragung bestehender Rentenanwartschaften aus der gesetzlichen Rentenversicherung durch Renten-Splitting, I 1. Das Splitting gilt sowohl für RentAnwartsch wie für bereits zur Auszahlg gelangte Renten (Anm 1c aa). **Ausland:** Einf 6 v § 1587.

a) Grundsatz. Hat ein Eheg in der EheZt RentAnwartsch in einer gesetzl RentVers iSv § 1587a II Z 2 (§ 1587 Anm 2a bb) erworben u übersteigen diese die Anwartsch iS der Z 1 u 2 des § 1587a II, also vor allem die zu erwartden BeamtPensionen u Anwartsch aus der gesetzl RentVers, die der and Eheg in der EheZt erworben hat, so erfolgt der VA dadch, daß das FamG auf den vorsorggsrechtl benachteiligten Eheg RentAnwartsch in Höhe der Hälfte des Wertunterschieds überträgt. Dch Splitting kann (auch iFv IV) nie mehr als die Hälfte der in der EheZt erworbenen RentAnwartsche verloren gehen (Anm 1c bb).

b) Voraussetzungen: Das Rentensplitting setzt grdsätzl voraus, daß die in der EheZt erworbenen VersorggsTitel des einen Eheg höher sind als die des and Eheg. Das ist auch dann der Fall, wenn der ausglberecht Eheg überh keine VersorggsAnrechte besitzt (BT-Drucks 7/650 S 160 u 7/4361 S 40 u 42). Weiterh muß aS des AusglPflichte eine Rente od RentAnwartsch aus einer dr gesetzl RentVers vorhanden sein; andere VersorggsAnrechte können nur iFv VAHRG 1 II real geteilt w. Das Splitting setzt ferner voraus, daß die dafür vorgesehenen VersorggsAnrechte aus der gesetzl RentVers insges höher sind als der Wert der dem and Eheg aus ges RentVers u BeamtVersorgg zustehden Versorgg. Andere VersorggsAnrechte werden wohl bei der AusglPfl, also bei der Wertberechng berücks, beim Rentensplitting selbst bleiben sie dagg außer Betr. Nur wenn die Anrechte des AusglPflichte aus der ges RentVers den Wert der Versorgg des AusglBerecht in der Beamt- u RentVersorgg zus, also innerh dieser engeren Gruppe von VersorggsAnrechten, übersteigen, findet das Rentensplitting statt. Bspe: BT-Drucks 7/650 S 159f sowie 7/4361 S 42. Bei **geringfügigem Ausgleichsbetrag** kann das FamG vom VA absehen (VAHRG 3c).

c) Zum Verfahrensrecht: Einf 5 v § 1587. Die Übertragung erfolgt auf das RentKto des AusglBerecht. Sind einer weibl Versicherten iR der Heiratserstattg die ArbNAnteile erstattet w, ist ihr RentKto bei demj VersTräger zu führen, der sZt die BeitrAnteile erstattet hat (Hamm FamRZ **81**, 467).

d) Rechtsfolgen (Lit: Ruland/Tiemann Rdn 365 ff). **aa) Übergang des Versorgungsanrechts.** Die Rente od RentAnwartsch geht im Umfang ihrer Übertr mit der Rechtskr der Entsch des FamG auf den and Eheg über (FGG 53g I, ZPO 629d). – **bb)** Die Entsch des FamG ist bindd. **Abänderungsmöglichkeit** aber gem VAHRG 10a, 13; VAwMG Art 4 § 1 (Anh III u IV zu § 1587b). Zur **Haftung** des FamRi Einf 5 v § 1587. – **cc) Die versicherungsrechtlichen Folgen** des Splittings ergeben sich aus RVO 1304a, AVG 83a u RKnG 96a. Dch den VA übertragene RentAnwartsch erfüllen auch die Voraussetzgen v AVG 23 II a für den Bezug einer ErwUnfähigkRente (SozG Stgt FamRZ **88**, 882). Entspr dem auszugleichden Betr werden auf dem VersKto des AusglPflicht als Lastschr Werteinheiten abgebucht u auf dem ggf neu zu errichtden Kto des AusglBerecht gutgeschrieben. Zust dafür ist der jew SozVersTräger (RVO 1304c I, II; AVG 83c I, II). Zu beachten ist, daß § 1587a VII nur für die Berechng des Wertunterschiedes gilt, nicht dagg für RentZuteilgsModalitäten aS des AusglBegünstigten. Hinsichtl der Erfüllg der WarteZten verlängern sich die VersZten (RVO 1304a V; AVG 83a V; RKnG 96a V). Entspr höher ist die absolute Belastg des AusglPflicht im VersFall (RVO 1304a IV; AVG 83a IV; RKnG 96a IV). Zum Schutz des AusglVerpfl, der im Ztpkt des RentSplittings bereits eine Rente erhält, tritt eine Minderg der Rente erst ein, wenn er selbst eine neue Rente od der AusglBerecht auch die Rente aus dem VA bezieht (RVO 1304a IV 2; AVG 83a IV 2; RKnG 96a IV 2). Eine lfde Rente des AusglBerecht erhöht sich nach Dchführg des VA mit Ablauf des Mo, in dem die Entsch des FamG wirks wird, u zwar auch dann, wenn der VersFall schon vor der EheZt eingetreten ist (BSG FamRZ **82**, 1008). Schutz des SozVersTrägers gem § 1587p. Keine RentBegrenzug gem RKnG 61, 103 III (LSG NRW FamRZ **83**, 407). – **dd)** Der AusglVerpfl kann die **Minderung** seiner RentAnwartsch ganz od teilw dch Entrichtg von Beitr **ausgleichen** (RVO 1304a VI; AVG 83a VI; RKnG 96a VI). Gem RVO 1304a VI 2. Halbs kann der AusglPflicht auch eine BereitErkl abgeben (vgl Anm 4d). Die Anpassg von Renten erfolgt dagg stets unter Berücks der aus dem VA stammden WE (SozG Hann

FamRZ **81**, 910). – **ee)** Im Gegensatz zum Absehen vom VA dch das FamG nach VAHRG 3c unterbleiben die Rechtsfolgen des Splittings, dh die Kürzg der Versorgg des AusglVerpfl nach VAHRG 4ff ganz od teilw, wenn der **Ausgleichsberechtigte stirbt und keine oder nur geringfügige Leistungen aus dem Versorgungsausgleich erhalten hat** od wenn er aGrd des VA u die dadch bedingte geringere LeistgsFähigk des AusglVerpfl **weniger Unterhalt** bezieht. Die Kürzg der Versorgg unterbleibt ebso, wie es zu entspr Nachzahlgen nur kommt, wenn entspr **Anträge** gestellt w (VAHRG 9).

3) Neubegründung von Rentenanwartschaften in der gesetzlichen Rentenversicherung (Quasi-Splitting), II. Der Tatbestd betr die ausglpflicht BeamtPension, also den Fall, daß ein Eheg als Beamter od in einem dem Beamten gleichgestellten DienstVerhältn VersorggsAnrechte erworben hat, die allein od zusammen mit Anrechten in einer gesetzl RentVers einen höheren Wert erreicht haben als die von dem and Eheg erworbenen Anrechte aus einem öff-rechtl DienstVerhältn u in einer gesetzl RentVers zus (BT-Drucks 7/4361 S 41).

a) Zweck: Eine RealTeilg beamtrechtl VersorggsAnspr kommt schon desh nicht in Betr, weil der gesch Eheg die ihm übertr PensionsAnwartsch, eben weil er nicht selbst Beamter ist, gar nicht ausbauen könnte. Aus diesem Grde mußte hier eine and Form des VA gefunden w (BT-Drucks 7/650 S 160). Das FamG begründet für den ausglberecht Eheg im Umfang des AusglBetr RentAnwartsch in der gesetzl RentVers, was eine entsprechde Kürzg der Pensionsanrechte des Beamten zur Folge hat.

b) Voraussetzungen: Der ausglpflicht Eheg muß **Beamter** sein. War der ausglpflicht Eheg bei EheZt-Ende Beamter auf Widerruf, erfolgt der VA gem II, wenn er iZtpkt der Entsch des FamG LebZtBeamter ist (Hamm FamRZ **80**, 701). Auch beim Beamt auf Probe erfolgt der VA nach II (BGH NJW **82**, 1754), ebso bei dem einem Beamt auf Probe gleichgestellten wiss Ass (Karlsr FamRZ **83**, 408) u schließl auch dann, wenn der Beamt nach EheZtEnde aus dem BeamtVerhältn ausscheidet (zur Nachversicherg: § 1587a Anm 3 B Z 1b), der Eintr in die gesetzl RentVers aber wg Gewähr eines UnterhBeitr auf Zt aufgeschoben ist (Bambg FamRZ **84**, 803; Hamm FamRZ **84**, 1237; Kblz FamRZ **86**, 1223 mN u 1224). Zu den **Zeitsoldaten** Anm 5a aa. Der VA erfolgt nach II ferner in den Fällen der **Versorgung** nach beamtrechtl Vorschr od Grds, sofern die Anwartsch **gegenüber** einer **Körperschaft oder** einem **Verband** besteht, die nach AVG 6 I Z 2, 8 I (RVO 1229 I Z 2, 1231 I) **dem Beamtenrecht gleichgestellt** sind (BT-Drucks 7/4361 S 41), also Bund, Länder, Gemeindeverbände, Gemeinden, Träger der SozVers, Bundesanstalt für Arb, Dt Bundesbank, aber auch die als öffrechtl Körpersch anerkannten Religionsgesellsch, also auch die ev-luth Landeskirchen (Celle FamRZ **83**, 191). Zusätzl Voraussetzg ist, daß es um eine beamtrechtl Versorgg innerh dieser VersorggsTräger geht (Hbg FamRZ **80**, 165). Keine Anwendg von II dagg auf PrivSchulen (BGH NJW **85**, 2711) od Prof der Max- Planck-Gesellsch (BGH NJW **85**, 794; FamRZ **86**, 248).

c) Durchführung: Die RentAnwartsch in der gesetzl RentVers wird dch die Entsch des FamG begründet; das Urt bzw der Beschl des FamG wirkt also konstitutiv. Die Begrdg v Anwartsch kann nicht bei der BuKnappsch erfolgen (Hamm FamRZ **82**, 1081 mAv Schmeiduch). Kein BeschwR des Trägers der VersorggsLast, wenn der ausglpflicht Beamte inzw den Diensthrrn gewechselt hat (Hamm FamRZ **82**, 829).

d) Folgen (Lit: Ruland/Tiemann Rdn 413ff). Vgl Anm 2d. Sind aGrd eines vom FamG gem II vorgen rechtskr VA RentAnwartsch in einer gesetzl RentVers begründet worden, so bedeutet dies, daß der Berecht, obwohl er keine Beitr zu der gesetzl RentVers entrichtet hat, als in dem Zweig der Arb- oder AngestVers versichert gilt, in dem sein Kto geführt bzw. errichtet wird (RVO 1304c I 1; AVG 83c I). Nach Eintr des VersFalls erhält der AusglBerecht RentLeistgen entspr der für ihn aus dem VA begründeten RentAnwartsch, u zwar auch dann, wenn er bereits eine Rente bezieht(Schmeiduch FamRZ **77**, 773). Die Aufwendgen, die dem VersTräger aGrd der begründeten RentAnwartsch entstehen, werden von dem zuständ Träger der VersorggsLast, also dem Diensthrrn des Beamt, erstattet (RVO 1304b II 2; AVG 83b II 2; vgl dazu die VA-ErstattgsVO v 11. 3. 80, BGBl I, 280, in der Fassg der VO v 2. 4. 82, BGBl I, 420). Entspr werden dem ausglpflicht Beamt mit der Einschränkg v VAHRG 5 die VersorggsBezüge gekürzt (BeamtVG 57 I 1), nicht dagg seine Dienstbezüge, u zwar auch dann, wenn dem ausglberecht Eheg vor der Pensionierg des Verpfl eine Rente gewährt wird. Der KürzgsBetr erhöht od vermindert sich um die Prozentsätze, um die sich die Versorgg nach dem Ende der EheZt erhöht od vermindert (BeamtVG 57 II). Zur Kürzg bei Leistgen an Hinterbl BeamtVG 57 III. Bezieht der Beamte schon Ruhegehalt, so erfolgt die Kürzg ferner erst, wenn aus der Vers dem ausglberecht Eheg bei Eintr der Rechtskr u Wirksamk der Entsch zum VA gem ZPO 629d (Ffm FamRZ **81**, 565) die Rente gewährt wird (BeamtVG 57 I 2). – In jedem Fall kann der Beamte die Kürzg seiner VersorggsBezüge dch entspr Kapitalbeträge an seinen Diensthrrn vermeiden (BeamtVG 58). Rückzahlg iF des Todes des AusglBerecht gem VAHRG 8 (Anh III zu § 1587b). Beim Ausscheiden des Beamten aus dem BeamtVerhältn wird er mit entspr geringeren Werten nachversichert (AVG 124 VIII). Bei Änd der BerechngsGrößen wird auf Antr der zu leistde Betr neu festgesetzt (FGG 53e III). IF des **Todes des Ausgleichsberechtigten** unterbleibt die Kürzg der BeamtVersorgg des AusglPflicht ganz od teilw u kann es zu entspr Rückzahlgen kommen gem VAHRG 4ff (vgl Anm 2d ee sowie Anh 3 zu § 1587b).

4) Der Versorgungsausgleich nach den §§ 1ff VAHRG als Ersatz der Zahlungsanordnung zur Begründung von Rentenanwartschaften nach III 1 erster Halbsatz a. F., der dch BVerfG NJW **83**, 1417 = FamRZ **83**, 342 für Verfassgswidr erkl worden war.

a) Abdruck u Kommentierg des VAHRG im **Anhang III zu § 1587b**. Vgl dort auch zur **Entstehungsgeschichte** Einf 1 v VAHRG 1. **Gegenstand des VA** sind hier berufsständ Versorggen, die betriebl Altersversorgg einschl der Zusatzversorgg des öff Dienstes, LebVers, aber auch priv-rechtl AnstellgsVertr eines Lehrers an einer nichtöff Schule unter Befreiung von der gesetzl RentVers (Kln FamRZ **83**, 78). – Die **Verpflichtung zur Entrichtung von Beiträgen** in der gesetzl RentVers kann vom FamG nach wie vor angeordnet werden iFv VAHRG 3b I Z 2. Auch vertragl Verpfl zur BeitrZahlg bleiben iR der §§ 1408 II, 1587o weiterh zul (Ruland FamRZ **83**, 567), bedürfen aber der not Beurk bzw der Gen des FamG (aA LG

Freibg FamRZ **84**, 180). – **Wirkung:** Gezahlte Beitr wirken sich leistgsrechtl wie freiwill Beitr aus, werden also erst auf einen späteren VersFall angerechnet (BSG MDR **84**, 787). Dagg keine Neufestsetzg gem FGG 53e III (Hbg FamRZ **88**, 1177). Keine steuerrechtl Berücks (BFH NJW **84**, 1783). – **Rückabwicklung:** VAHRG 7. **Übergangsrecht:** ebendort Anm 1. Was die **Technik des VA durch Anwendung des VAHRG** anlangt vgl Anm 1c cc. Zu III S 1 zweiter Halbsatz vgl VAHRG 1 Anm 1 aE.

b) Verhältnis zu anderen Ausgleichsformen. Der VA gem VAHRG 1 I (früher: § 1587b III) kommt an Stelle von I u II od auch in Ergänzg zu diesen in Betr. Sind überh nur VersorggsAnrechte iSv § 1587 II Z 1 u 2 (also aus der BeamtVersorgg u aus der gesetzl RentVers) im Spiel, erfolgt der VA dch Splitting od Quasi-Splitting je nach dem Überwiegen des einen od and VersorggsTyps. Bestehen daneben unverfallb Anrechte aus einer betriebl Altersversorgg od einer LebVers, die aber wertmäß ggü der Beamten- u Rentenversorgg von untergeordneter Bedeutg sind, dann erfolgt hins dieser Werte zusätzl ein VA gem VAHRG 1 II u III, 3b sowie 2. Kommen diese und VersorggsWerte aber an diej aus der Beamt- od gesetzl RentVers-Versorgg heran od übersteigen sie sie gar, dann findet allein der VA nach dem VAHRG statt. Nach I an sich zu übertragde od nach II an sich zu begründde RentAnwartsch sind in den VA nach dem VAHRG einzubeziehen; iW der Verrechng ist **nur ein einmaliger Ausgleich** vorzunehmen, **III 3**. Dadch soll gewährleistet werden, daß der Eheg in einer Gesamtbetrachtg des Wertes aller auszugleichenden VersorggsAnrechte ausglpflicht ist, nicht etwa vorab über I Anwartsch in einer gesetzl RentVers übertr bekommt u erst im Ggzug dch RealTeilg, neues Quasi-Splitting od modifizierten schuldrechtl VA (VAHRG 1 II u III; früher: § 1587b III) VersorggsAnrechte abgeben muß. Es soll vielm ijF nur in einer Richtg der Wertunterschied ausgegl w, der sich bei der GgÜberstellg aller VersorggsAnrechte ergeben hat (BT-Drucks 7/4361 S 41 f). III 3 verbietet darüber hinaus TeilEntscheidgen ü den VA (KG FamRZ **81**, 289 mN) u gilt auch im Verhältn zw schuldrechtl u öffrechtl VA (AG Flensbg SchlHA **81**, 39). Bei Berücks verfallb Anwartsch III 3 Vorrang vor § 1587a II Z 3 S 3 (§ 1587a Anm 3 B Ziff 3c aa). Nach der ursprüngl Fassg von III u derj des VAHRG war ein **Super-Splitting**, dh der Ausgl von unter III fallden Versorggen dch Mehrübertragg von RentAnwartsch als nach I od II an sich zul, nicht erlaubt (BGH **81**, 152). Nunmehr ist der erweiterte Zugriff auf RentAnwartsch aber auch auf and VersorggsAnrechte zur Vermeidg des schuldrechtl VA in gewissem Umfang gesetzl zugelassen (VAHRG 3 b I Z 1).

c) Lag zum Ztpkt des Inkrafttr des HRG am 1. 4. 83 eine rechtskr Entsch gem § 1587b III vor bzw ist eine seinerZt noch nicht rechtskr Entsch dch Nichteinlegg v Rechtsm rechtskr geworden, so kann daraus die ZwVollstr betrieben w, sol diese nicht aGr einer VollstrGgKl für unzul erkl w ist (vgl oben Anm a). Insbesondere aber kann ein solches Urt vS des AusglSchu auch freiw erfüllt w. In diesen Fällen ist die bisherige RLage: Die Zahlg zur Begrdg v RentenAnwartsch richtet sich zunächst nach dem Tenor der VA-Entsch genannten Betr; werden aber die BerechngsGrößen geänd, so wird der zu leistde Betr auf Antr **neu festgesetzt** (FGG 53e III). **Die Verpflichtung erlischt** mit dem Tode des Berecht (§ 1587e II), ferner, sobald gem § 1587g I 2 der schuldrechtl VersorggsAusgl verlangt w kann (§ 1587e III), gegebenfalls auch mit dem Tode des Verpflichteten (§ 1587i IV). Zahlt der AusglBerecht selbst die Beitr, was versrechtl zul ist (Bergner DtRentVers **77**, 9; Rolland 1587d Rdn 7), hat er gg den AusglPflicht nach Einführg des HRG wohl nicht mehr einen ErstattgsAnspr gem §§ 670, 683, 679 (and für die Zt vor Erlaß des HRG: Ruland Rdn 454). Die Ehel können über rechtskr festgestellte BeitrZahlgen abändernde **Vereinbarungen** § 1587o treffen (BayObLG NJW **81**, 1519). Gem III geleistete Zahlgen bilden keine außergewöhnl Belastgen od Werbgskosten (BFH NJW **84**, 1783).

d) Ebenf für Altfälle hat Bedeutg noch das Institut der **Bereiterklärung:** sie steht der BeitrEntrichtg gleich (RVO 1304b I 3), dh sie verschafft dem Berecht in einem sofort VersSchutz; umgek braucht der Verpflichtete nur im zZ der BereitErkl maßgebl DMBetr für den Ankauf der WertEinh aufzubringen, so daß er uU erhebl spart. Die BereitErkl ist dem FamG (Bergner DtRentVers **77**, 9) od dem SozVersTräger ggü abzugeben (sa SGB 16); sie begründet keine Verpfl, sond erhält Rechte, wenn unverzügl, dh idR binnen 3 Mo, die Beitr gezahlt w. Die BereitErkl kann auch hilfsw für den Fall der Verurt gem III abgegeben w; die Fr beginnt mit dem Urt. Ist eine BereitErkl gem AVG 83b I 3, RVO 1304b I 3 abgegeben w, so ist bei der Berechng des gem III zu leistenden Beitr nach Tab 3 der Bek v Rechengrößen (Anh I nach § 1587a) der Wert für den Tag bzw das Jahr der BereitErkl zGrde zu legen. Der höhere Betr, der sich bei Zugrdelegg des Wertes für den Tag der gerichtl Entsch errechnet, kann noch nicht tituliert w. Wird der Betr nicht unverzügl entrichtet, muß eine Neufestsetzg im Verf gem FGG 53e III beantragt w (Hamm FamRZ **81**, 803). Die Vorteile der BereitErkl hat auch derj AusglPflicht, dem gem I RentAnwartschaften weggesplittet w (Anm 2d aE).

5) Ausgleich in anderer Weise, IV. Der VA muß nicht immer dch Übertr od Neubegründg von RentAnwartschaften erfolgen. Neben dem schuldrechtl VA (§ 1587f Z 5; VAHRG 2) kann das FamG einen Ausgl auch in anderer Weise vornehmen, wenn sich die Übertr od Begründg von RentAnwartschaften in der gesetzl RentenVers voraussichtl nicht zG des Berecht auswirken würde od der VA in dieser Form nach den Umst des Falles unwirtschaftl wäre.

a) Voraussetzungen für den anderweit VA:

aa) Voraussichtlich nicht vorteilhafte Auswirkung für den Berecht. Es genügen Anzeichen, sichere Prognose nicht erfdl. Ausr, wenn vorauszusehen, daß der Berecht die kleine Wartezeit v 60 Monaten nie erreichen wird; ist in einem solchen Fall gleichwohl fiktive NachVers erfolgt, kann der ArbNAnteil der Beiträge zurückverlangt w (RVO 1303 X; AVG 82 X). Für die Ausslegg des „voraussichtl" kommt es nicht darauf an, ob die nachteilige Entwicklung von dem Berecht erst noch betrieben w muß, wie bei einem ggü einer Studienassessorin ausglberecht Rechtsreferendar, der später Richter werden will (Schwetzingen NJW **78**, 55). Vorteilslosig auch, wenn die Rente des Berecht ruht, weil sie mit einer Unfallrente zustrifft u der WertAusgl nur den ruhden Teil der Rente vergrößern würde (Ruland Rdn 464). Ein VersorggsAusgl findet zunächst nicht statt, wenn der ausgleichsberecht Eheg in der DDR wohnt u die Dchführg des Versorggs-Ausgl mangels SozialVersAbkommens mit der DDR nur zur Folge hätte, daß der ausgleichspflicht Eheg

Bürgerliche Ehe. 7. Titel: Scheidung der Ehe § 1587b 5, 6

einen Teil seiner (ErwUnfähigk)Rente verliert, ohne daß dieser dem AusglBerecht zugutekommt (AG Lünebg NJW **78**, 379 f). Umgek ist auch bei geringfüg AusglBetrag der VersorggsAusgl dchzuführen, etwa wenn sich dadch die kleine Wartezeit zur Erlangg einer Berufs- od ErwUnfähigkRente verringert, wobei zu berücksichtigen ist, daß die kl WarteZt auch dch Entrichtg freiwilliger Beiträge (RVO 1233 I) erfüllt w kann (AG Lünebg NJW **78**, 379). Mit Rücks auf HRG 5 (Anh III zu § 1587b) liegt bei **Wiederheirat** kein Fall v IV vor (BGH NJW **83**, 1317). Der voraussichtl unvorteilh Auswirkg steht alternativ die **Unwirtschaftlichkeit** des gewöhnl VersorggsAusgl gleich. Das kann einmal unter allg GesichtsPkten, also obj, der Fall sein, wenn zB absehb ist, daß die Renten der betr Versorgg bei vollstd Geldwertverfall prakt ohne Wert sein w. Obj unwirtschaftl sind auch Minirenten, die unverhältnismäß starken Verwaltgsaufwand erfordern. Es genügt aber auch Unwirtschaftlichk nach den Umst des Falls, dh nach den persönl Gegebenheiten des Berecht, wenn zB der AusglBerecht u der AusglVerpflichtete ausschließl Anrechte auf eine Beamtenversorgg besitzen u dem AusglBerecht mit Anwartschaften in einer gesetzl RentenVers nicht gedient wäre (BT-Drucks 7/ 4361 S 42). Aber keine Unwirtschaftlk, wenn beide Eheg beamtete Lehrer sind u der AusglBerecht dch den VA die kl WarteZt erfüllt (BGH NJW **84**, 1549). Auch eine geplante Auswanderg kann die Begründg einer Rente unzweckmäßig machen; ferner eine schon erfolgte Festlegg in der Strukturierg der Altersversorgg, so daß beispielsw demj, der schon eine LebensVers hat, mit deren Aufstockg mehr gedient ist, als wenn er nunmehr zusätzl in der gesetzl RentenVers eine verhältnismäß kleine RentenAnwartschaft eingeräumt erhält. Unzul das **Supersplitting** (sa § 1587 o 3a), dh die zusätzl Übertr gesetzlicher RentAnwartschaften zum Ausgl einer betriebl Altersversorgg (Stgt FamRZ **79**, 837: 24000 DM) od sonst Zusatzversorgg (BGH **81**, 191), selbst wenn beide Eheg dies wollen (aA AG Hbg NJW **78**, 2511), weil dieser Betr der VersGemsch verloren geht. Unzul ferner, die zwingende Reihenfolge zw Splitting u Quasi-Splitting (§ 1587b Anm 1) zG des Splittings zu dchbrechen (BGH FamRZ **86**, 250). Unzul schließl auch die Ablösg des schuldrechtl VA (§ 1587 f Z 1) dch zusätzl Splitting (aA AG Hbg FamRZ **79**, 52), weil die Folgenorm v § 1587b III 1 Halbs 2 nicht dessen IV, sond eben § 1587 f Z 1 ist. Die Dchführg des öffrechtl VA ist nicht unwirtschaftl, wenn der AusglBerecht dch den Ausgl insges mehr als 60 Mo WarteZt erlangt (Celle FamRZ **80**, 268). Eine den VA ausschließde Unwirtschaftlk wird auch nicht dadch begründet, daß die gesch Ehefr eines Beamt gem BeamtVG einen UnterhBeitr iH des WwenGeldes erhalten k (Stgt FamRZ **79**, 831). Keine Unwirtschaftlk dadch, daß Rentner dch den VA eine größere Verkürzg seiner Versorgg erleidet als die Befreiung von der UnterhPfl ausmacht (BGH NJW **80**, 396); vgl jetzt aber auch HRG 5, Anh III zu § 1587b). Der WertAusgl ist unwirtschaftl, wenn der AusglBerecht (44j Strafentlassener) die WarteZt v 60 Mo noch erfüllen k (Celle FamRZ **80**, 1032).

Zur Berechng des VA bei **Zeitsoldaten** § 1587a Anm 5. Steht spätestens zZ der Entsch des OLG (BGH NJW **83**, 1908) über den VA fest, daß die Nachversicherg in der gesetzl RentVers vorgenommen w, so ist der VA dch Splitting gem II dchzuführen (BGH NJW **82**, 379), wobei Ausfallzeiten auch ohne Halbbelegg berücks w können (Hamm FamRZ **80**, 606). Steht aber nicht fest, ob der ZtSoldat Beamter bleibt od nachversichert w, so erfolgt der VA nach Einf des VAHRG (Anh III zu § 1587b) nicht mehr analog II (so noch BGH **81**, 100), sond dch direktes Quasi-Splitting gem HRG 1 III (vgl iü ausführl dazu die 42. Aufl), u zwar auch, wenn Zeitsoldat inzw Probe-Beamt ist (BGH FamRZ **87**, 921). Ist ein Beamt vor Ende der EheZt aus dem öff Dienst ausgeschieden, erfolgt der VA im neuen VersorggsSystem, zB gem HRG 1 III innerh der Ärzteversorgg (Kln FamRZ **85**, 1050). Zu **Änderungen nach Ehezeitende** § 1587 Anm 3 C b. VAHRG 1 III gilt auch, wenn gem AVG 125 I die NachVers aufgeschoben ist (vgl dort Anm 3a).

bb) Antrag einer Partei, also nicht des Berecht, sond auch des Ausgleichspflichtigen. Die Zweckmäßigk eines solchen Antr wird sich idR erst im Laufe des AusglVerf herausstellen, nachdem die Grdlagen für den VersorggsAusgl offen liegen.

b) Rechtsfolge: Versorgungsausgleich in anderer Weise. Echte Ermächtigg, keine bl Verweisg auf § 1587 f Z 5. In aller Regel wird das FamG auf den schuldrechtl VersorggsAusgl (§ 1587 f Z 5) ausweichen. Das FamG muß entscheiden, auf welche and Weise der VA dchzuführen ist (BGH NJW **83**, 512), so daß es unzul ist, die Dchführg des VA ledigl abzulehnen (Celle FamRZ **80**, 1032). Unzul auch die angezeigt nicht vorgesehene Begründg od Übertrg von Anwartschaftsrechten in der gesetzl RentenVers (2. Halbs iVm § 1587 o I 2). Denkb die Übertr gegenwärtiger VermWerte wie Grdstücke, Wertpapiere od auch die Einräumg von GrdPfandrechten, sofern damit ein echter Versorggswert, dh eine Sicherg auf längere Sicht verbunden ist, kann trotz § 1378 vor allem iZushg mit dem ZugewAusgl sinnvoll sein. Zul in AusnFällen auch die Verpfl Dr zur Entrichtg von Beitr in die gesetzl RentVers, zB bei Zeitsoldaten (Anm 5 a aa). Zum Ausgl geringer VBL-Anwartsch kann eine geringfüg Erhöhg der Realteilg in der Ärzteversorgg in Betr kommen (Karlsr FamRZ **83**, 1239). Die Ausgleichg nach § 1587a V (vgl dort Anm 5) bewerteter **ausländischer Versorgungsanrechte** erfolgt unabh von den Voraussetzgn des IV gem § 1587b III od gem §§ 1587 f Z 5, 1587b IV (Bambg NJW **79**, 497). Das FamG kann aber Schwierigkten in der Feststellg ausländischer VersorggsAnwartsch wg FGG 12 nicht dadch ausweichen, daß es den schuldrechtl VA anordnet (aA Kln FamRZ **86**, 689 m zutr Anm Kemnade).

6) Ausgleichshöchstbetrag, V. Der MonatsBetr der gem I zu übertragden od gem II bzw HRG 1 III (Anh III zu § 1587b) zu begründden Rentenanwartschaften in den gesetzl RentenVers darf zusammen mit dem MoBetr der in den gesetzl RentenVers bereits begründeten Rentenanwartschaften des ausgleichsberecht Eheg den in RVO 1304a I 4 u 5 bzw AVG 83a I 4 u 5 bezeichneten HöchstBetr nicht übersteigen. Auch in diesem Falle findet auch nach Inkrafttr des VAwMG (Hamm FamRZ **88**, 957) nur der schuldr VA gem § 1587 f Z 2 statt. **Zweck:** Es soll verhindert werden, daß der ausgleichsberecht Eheg dch den VA mehr Rentenanwartschaften erhält, als er im günstigsten Fall hätte erreichen können, wenn er währd der ganzen Ehedauer versichert gewesen wäre (BT-Drucks 7/650 S 161). Der sich aus der Rentenformel u dem mtl Höchstsatz der persönl BemessgsGrdlage errechnde HöchstBetr, der sich aus RVO 1255 I, AVG 32 I ergibt, wonach die persönl RentBemessgsGrdlage höchstens bis zum doppelten der iJ des VersFalles gelten allg BemessgsGrdl zu berücks ist, so daß sie 200 % = 200 WertEinh pro Jahr nicht überschreiten kann (vgl

1513

§ 1587b, Anh I–III zu § 1587b (VAHRG)   4. Buch. 1. Abschnitt. *Diederichsen*

§ 1587a Anm 3 B Ziff 2), wird jährl bekanntgegeben (vgl RVO 1304c III; AVG 83c III). In den Auskften der SozVersTr (FGG 53 II) wird der jew HöchstBetr unter Berücks der Ehedauer nach RVO 1304a I 4 ausgewiesen. Auch dch ParteiVereinbg können höhere Anwartschaften nicht begründet w (*arg* § 1587 o I 2). Vgl dazu Maier Komm S 124 u 277. Der dem schuldrechtl VA anheimgegebene, öfftlrechtl nicht mehr ausglfäh Restwert muß im Tenor als rechtsmittelfäh FeststellgsAnspr ausgespr w (Brem FamRZ **79**, 829). Beruht die Auskft des VersorggsTr auf einer inzw überholten GesLage, ist ggf auf die Rev die BerufsgsEntsch aufzuheben u die Sache zurückzuverweisen (BGH FamRZ **88**, 51). V ist auch iR v VAHRG 3b Z 1 zu beachten (BGH FamRZ **89**, 720). Wohl aber Ausschl des Spitzenbetr entspr VAHRG 3c (Karlsr FamRZ **88**, 958 L).

Anhang I und II zu § 1587b

Vom Abdruck der Tab zum Verhältn von monatl Rente, Werteinheiten, Monaten für die Wartezeit u dem erforderl Kapitalaufwand (bisl: Anh I) sowie der Tab zum Verhältn v Barwert od Deckgskapital u monatl dynam Rente (bisl: Anh II) wird aus drucktechn Grden Abstand genommen. Die Tab sind abgedruckt in den entspr Tabellenwerken (vgl LitNachw Einf v § 1587).

Anhang III zu § 1587b
Gesetz zur Regelung von Härten im Versorgungsausgleich (VAHRG)

Vom 21. Februar 1983 (BGBl I S. 105) in der Fassung des **VAwMG** (vgl Anh IV zu § 1587b)

Schrifttum: Bergner DRV **83**, 215; Friederici NJW **83**, 785; Glockner DAVorm **83**, 329; Glockner-Klein BB **83**, 448; Hahne-Glockner FamRZ **83**, 221; Klauser MDR **83**, 529; Maier RV **83**, 81; Michaelis-Sander DAngVers **83**, 104; Ruland NJW **82**, 913; Gutdeutsch-Lardschneider FamRZ **83**, 845; Rolland, HRG, Komm 1983 (Friederici NJW **84**, 2339); Maier, VerbandsKomm der Dt RentVersTr, 1983. Vgl zum **VAwMG:** Wagenitz FamRZ **87**, 1; Schmeiduch FamRZ **87**, 25 (mit **Tabelle** der monatl Bezugsgröße u der Grenzwerte); Bergner SozVers **87**, 57 u 85; Glockner FamRZ **87**, 328; Ruland NJW **87**, 345; Stuhrmann BB **87**, 2347 (Realteilg u SteuerR); Heubeck/Uebelhack Betriebl AltVersorgg **88**, 53 (BetrRente).

Einführung

1) Entstehungsgeschichte (Lit: Vgl die Nachw 46. Aufl Einf 11 v § 1587 sowie Einf 1 v VAwMG 1): Das BVerfG hat **§ 1587b I und II** grdsätzl für verfassgskonform erkl, allerd mit der Einschränkg, daß die Regelg in einzelnen Härtesituationen korrekturbedürft sei, näml vor allem dann, wenn beim AusglPflicht eine Kürzg seiner RentAnrechte erfolgt ist, ohne daß sich der Erwerb des VersorggsSchutzes aS des Berecht, inf von dessen Vorversterben, angemessen auswirkt (BVerfG NJW **80**, 692). Nach **§ 1587b III 1 Halbs 1** idF des 1. EheRG sollte der VA für den größten Teil der nicht unter das Splitting u Quasi-Splitting von § 1587b I u II fallen VersorggsAnrechte (insb die berufsständ Versorggen von Ärzten, Apothekern usw, die Zusatzversorgg der öff Dienstes, betriebl Ruhegeldzusagen usw) dadch ausgeglichen werden, daß der AusglSchuldn verpfl wurde, iHd AusglBetr zG des AusglBerecht dch **Beitragszahlung** Anwartsch in der gesetzl RentVers zu begründen. Diese Regelg ist für verfassgswidr erkl worden (BVerfG NJW **83**, 1417). Das daraufhin geschaffene **VAHRG** wurde in seiner ursprüngl Fassg wg des modifizierten schuldrechtl VA, der beim AusglBerecht iFd Vorversterbens des ausglpflicht Eheg schutzlos ließ (VAHRG 2 aF) ebenso wie wg Fehlens einer gerechten Übergangsregelg wiederum für verfassgswidr erkl (BVerfG NJW **86**, 1321). Nunmehr hat das **VAwMG,** das zusätzl dadch veranlaßt war, daß für das VAHRG ursprüngl eine Befristg bis zum 31. 12. 86 bestand, einen insges den Anfordergen der verfassgsgerichtl Rspr angepaßten RZustand geschaffen (vgl Einf 1 v VAwMG 1 im Anh 4 zu § 1587b; ferner Ruland FamRZ **83**, 566).

2) Inhalt des VAHRG. a) Zusätzliche Formen des VA. Vgl zunächst Einf 4 v § 1587. **aa)** Die AO der BeitrEntrichtg in der gesetzl RentVers (§ 1587b III 1 aF) wird ersetzt **(VAHRG 1 I)** einmal dch die allerd nur bei entspr Regelg des in Frage stehden VersorggsWerks mögl **Realteilung (VAHRG 1 II)** sowie ferner bei sämtl gg einen öff-rechtl VersorggsTräger gerichteten VersorggsAnrechten dch **Quasi-Splitting (VAHRG 1 III). bb)** An sich fällt der Rest der auszugleichden VersorggsAnrechte dem schuldrechtl VA anheim (VAHRG 2). Doch sieht nunmehr **VAHRG 3b I Nr 1** bis zu bestimmten HöchstBetr eine **Erweiterung von Splitting, Quasi-Splitting und Realteilung** vor, also den Zugriff auf VersorggsAnrechte, die nach dem für § 1587b I u II, VAHRG 1 II u III geltden HalbteilgsGrds (Einf 4c v § 1587) VA-rechtl an sich erschöpft sind. Ferner ist nach **VAHRG 3b I Nr 2** bei wirtschaftl Zumutbark auch wiederum die **Verpflichtung des VA-Schuldners zur Entrichtung von Beiträgen zur gesetzliche Rentenversicherung** mögl. **cc)** Soweit der VA auch in diesen Formen nicht dchgeführt werden kann, findet der **schuldrechtliche VA** statt **(VAHRG 2),** der nunmehr über den Tod des Verpfl hinaus in Form einer **verlängerten Ausgleichsrente** mit Anspr gg den VersorggsTräger perpetuiert wird **(VAHRG 3a).**

b) Ergänzungen und Modifizierungen der allgemeinen Versorgungsausgleichsregelung aa) Für geringfüg AusglBetr kann bei einz Anrechten **vom VA abgesehen** werden **(VAHRG 3c). bb)** In **VAHRG 4–10** werden – auf weitere 8 J begrenzt – die wirtschaftl nachteil Folgen des dingl VA in best **Härtefällen** zurückgenommen: beim vorzeit Tod des Berecht wird die Kürzg reduziert (VAHRG 4); bei fortdauernder UnterhVerpfl die ungekürzte Versorgg gewährt; ggf werden BeitrZahlgen rückerstattet usw. **cc)** Die Vorschr **VAHRG 10a** regelt die **Abänderung rechtskräftiger VA-Entscheidungen. dd) VAHRG 10b–10d** betreffen die Verringerg des VerwaltgsAufwands. **ee)** In **VAHRG 11 I** wird das **Verfahrensrecht** für den Gesamtbereich des VA verallgemeinert, in **II** dem FamG eine über FGG 12 hinausgehde allg Ermächtigg zur **Auskunftseinholung** erteilt. **ff) VAHRG 13** enth eine in sich geschlosse-

Bürgerliche Ehe. 7. Titel: Scheidung der Ehe   **Anh III zu § 1587 b (VAHRG)**

ne Regelg der **zeitlichen Geltung des VAHRG,** die dch das VAwMG Art 4 § 1 ledigl insof ergänzt wird, als dort die Voraussetzgen für eine nachträgl Korrektur einer vom FamG getroffenen VA-Regelg bis zum 31. 12. 89 erleichtert wird.

3) Rangfolge der einzelnen Ausgleichsarten: Vgl zunächst § 1587b Anm 1b u c cc. Im Rahmen von VAHRG 1 ff kommt es sachl darauf an, ob die jeweil Versorgg RealTeilg vorsieht, gg einen öffrechtl VersorggsTräger gerichtet ist. Trotzdem ist auch hier, wenn mehrere AusglArten nach VAHRG 1 ff miteinand konkurrieren, weil sich der Anspr gg mehrere VersorggsTr richtet, weder verhältnism aufzuteilen (so Hahne-Glockner FamRZ **83,** 225), noch sind vergleichb Anrechte ggü zu stellen (aA Karlsr FamRZ **88,** 845: Verrechng v privat BetrRenten des VA-Gläub u -Schu), sond das Prinzip der Rangfolge ist streng einzuhalten mit der Folge, daß der VA innerh der jew AusglForm Vorrang vor der nächsten hat (Nürnb FamRZ **88,** 1060). Nur das entspricht dem Wortlaut der Vorschr u vermeidet den zu vermeidden schuldrechtl VA (Bergner DRV **83,** 233; Gutdeutsch/Lardschneider FamRZ **83,** 850; Rolland Rn 46). Vor Dchführg des beantr verläng schuldrechtl VA hat das Ger also zu prüf, ob die Vorauss für ein Supersplitting (§ 3 b I Z 1) gegeben sind (Karlsr FamRZ **88,** 1290).

4) Verfahren. Soweit die VersorggsWerke RealTeilg vorsehen (§ 1 II HRG) od ein Quasi-Splitting nach § 1 III HRG stattfindet, sind die VersorggsTräger analog FGG 53 b II 1 am VA-Verf zu beteiligen (Bergner DRV **83,** 221 u 226).

5) Die **zeitliche Geltung** des VAHRG folgt aus dessen § 13. Vgl die Anm dort. Das VAHRG gilt in der jew maßgebl Fassg (BGH FamRZ **88,** 936) in jeder Instanz, auch wenn die VorInst es noch nicht angewandt hat (BGH NJW **84,** 611), u auch, wenn der AusglPflicht vor dem 1. 4. 83 verstorben ist (Düss FamRZ **84,** 179). Zum **Übergangsrecht** vgl ebenf VAHRG 13 sowie VAwMG Art 4 § 1 (Anh IV zu § 1587 b).

I. Maßnahmen zur Beseitigung der Beitragszahlungspflicht im Versorgungsausgleich

VAHRG 1 *Ersetzung der Bareinzahlung durch Realteilung und Quasi-Splitting.*
(1) Sind im Versorgungsausgleich andere als die in § 1587 b Abs. 1 und 2 des Bürgerlichen Gesetzbuchs genannten Anrechte auszugleichen, so gelten an Stelle des § 1587 b Abs. 3 Satz 1 des Bürgerlichen Gesetzbuchs die nachfolgenden Bestimmungen.
(2) Wenn die für ein Anrecht des Verpflichteten maßgebende Regelung dies vorsieht, begründet das Familiengericht für den anderen Ehegatten ein Anrecht außerhalb der gesetzlichen Rentenversicherung (Realteilung). Das Nähere bestimmt sich nach den Regelungen über das auszugleichende und das zu begründende Anrecht.
(3) Findet ein Ausgleich nach Absatz 2 nicht statt und richtet sich das auszugleichende Anrecht gegen einen öffentlich-rechtlichen Versorgungsträger, so gelten die Vorschriften über den Ausgleich von Anrechten aus einem öffentlich-rechtlichen Dienstverhältnis (Quasi-Splitting) sinngemäß.

1) Die dritte AusgleichsArt neben Splitting u Quasi-Splitting (§ 1587 b I u II) sah in § 1587 b III die AO der Entrichtg von Beiträgen in die gesetzl RentVers vor (§ 1587 b Anm 4). Diese **Beitragszahlungspflicht** wird zunächst v HRG (vgl aber § 1587 b Anm 4 aA) für die Zt vom 1. 4. 83 bis zum 31. 12. 86 **außer Kraft** gesetzt, **I** (iVm § 13 I u III HRG). An ihre Stelle treten RealTeilg, **II,** Quasi-Splitting, **III,** u der modifizierte schuldrechtl VA, § 2 HRG. Dch das HRG w dagg **nicht berührt** die Berechngsweise der VersorggsAnrechte u die Dchführg des VA dch Splitting u Quasi-Splitting in der gesetzl RentVers u bei der BeamtVersorgg, ebso wie die Berücksichtigg einer evtl Unwirtschaftlichk des VA u der HöchstBetrRegelg. Es gelten also unveränd weiter die §§ 1587, 1587 a sowie § 1587 b I, II, IV u V. Es entfällt dch das HRG auch keineswegs der gesamte § 1587 b III; nur an die Stelle der AusglArt „BeitrZahlgsPflicht" treten and AusglArten. Insbesondere bleibt § 1587 b III insof von Bedeutg, als die Vorschr den AnwendgsBereich der §§ 1 u 2 HRG festlegt, also bestimmt, welche Anrechte für eine Realteilg, für das Quasi-Splitting u für den modifizierten schuldrechtl VA überh in Betr kommen. Das bedeutet ferner, daß das Prinzip des Einmal- Ausgleichs des § 1587 b III 3 unveränd weiter gilt (§ 1587 b Anm 4b): Es ist zunächst festzustellen, welcher Eheg ausglpfl ist; u unabhäng davon, ob der ausglberecht Eheg in einer VersorggsArt mehr Anrechte hat als der and, vollzieht sich der VA auch weiterh immer nur in eine Richtg. § 1587 b III 1 Halbs 2 ist zwar nicht aufgehoben, aber mangels der Möglichk, noch BeitrZahlgen anzuordnen, nicht mehr anwendb w. Bezieht der AusglBerecht bereits ein Altersruhegeld, so erhöht sich dieses also unabhäng von § 1587 b I 1 Halbs 2, wenn Anrechte nach § 1587 b III 1 auszugl sind, soweit dies jetzt in der Form von § 1 II od III HRG geschieht. § 1587 b III 1 Halbs 2 gilt jedoch für Vereinbgen ü den VA weiter, so daß es unzul ist, iRv § 1587 o die BeitrEntrichtg zu vereinb, wenn der AusglBerecht bereits ein bindd festgesetztes Altersruhegeld bezieht (Bergner DRV **83,** 219).

2) Realteilung, II. Das FamG begründet für den ausglberecht Eheg ein Anrecht außerh der gesetzl RentVers, wenn die maßgebde VersorggsRegelg dies vorsieht. Der AusglBerecht erhält somit Versorggs-Anrechte derselben Qualität, wie sie der AusglVerpfl hat; damit ist der Trend des 1. EheRG zur Dchführg des VA in der gesetzl RentVers dchbrochen. Mit Zustimmg des VersorggsTr konnten auch schon bislang in sich § 1587 b III unterfalle Anrechte dch Realteilg ausgeglichen w (BGH NJW **82,** 2496). Die Realteilg ist noch nicht vorgesehen, wenn die Versorggsregelg eine Abtretg der Versorgsleistg zuläßt (BGH FamRZ **85,** 799 Nordwestdt Kraftwerke).

a) Einzige **Voraussetzung** für die RealTeilg ist, daß die dingl Teilg der VersorggsAnrechte von dem jew VersorggsTräger für den Scheidgsfall eines Versorggsnehmers vorgesehen ist, **1.** Ob dies der Fall ist,

Anh III zu § 1587 b (VAHRG)

entscheidet das G bzw der jew VersorggsTräger (dch Satzg, VertrGestaltg usw) selbst. Allerd müssen gewisse MindAnfdgen eingehalten sein (BGH FamRZ **88**, 1254). Zur HöherVers in der gesetzl RentVers Anm 3 a. Die RealTeilg ist nicht auf öff-rechtl Versorggen beschrkt. Zur RealTeilg bei den priv LebVers Freis VersR **83**, 112. Die Bay Ärzteversorgg verlangt für die Realteilg, daß der AusglSchu Mitgl, der ausglberecht Eheg zumind Arzt ist (BGH FamRZ **88**, 1254); das Versorggswerk der LÄrzteKa Hess, daß beide Eheg Mitgl sind (Ffm FamRZ **89**, 70). Die VersorggsAnst für Ärzte, Zahnärzte u Tierärzte BaWü sieht die RealTeilg vor, unabh davon, ob beide Eheg dem Versorggswerk angehören; ebso hins der erweiterten Honorarverteilg die KassÄrztl Vereinigg Hess (BGH FamRZ **89**, 951); ferner das Ärzteversorggswerk in Hess (AG Gr-Gerau FamRZ **83**, 936). Real zu teilen ist ggf auch eine bereits lfde Rente (Nürnb FamRZ **89**, 1097). Fehlt eine Realteilgsmöglk, kann dessen Ergebn gleichw erreicht w mit Hilfe einer Vereinbg n § 1587 o (AG Bln-Charl FamRZ **83**, 80). Bei unterlassener Realteilg Beschw des VersorggsTr (Karlsr FamRZ **89**, 984).

b) Das Nähere bestimmt sich nach den vom FamG zu beachtenden (Ffm FamRZ **89**, 70) jew Regelgen ü das auszugleichde u das zu begründde Anrecht, **2.** So kann sich etwa aus der Satzg die Halbierg des Barwerts als Berechngsmethode ergeben (Bambg FamRZ **85**, 942 Bayer Ärzteversorgg). In der Satzg usw ist insbes eine HärteRegelg für den Fall des Vorversterbens des ausglberecht Eheg zu treffen (§ 4 Anm 2 a aa). Zum Verfahren der Realteilg in der priv RentVers ausführl Ellger FamRZ **86**, 513. Bsp für die Dchführg: Celle FamRZ **85**, 939, 942 (Provinzial LebensVers).

3) Quasi-Splitting, III. Findet eine RealTeilg gem Anm 2 nicht statt u richtet sich das auszugleichde Anrecht gg einen öff-rechtl VersorggsTräger, so gelten die Vorschr über den Ausgleich von Anrechten aus einem öff-rechtl DienstVerhältn sinngem. Das G verwendet für diesen Vorgang auch denselben Ausdr (vgl § 1587b Anm 3). Dem Quasi-Spl n III steht nicht entgg, daß der ausglpflicht Eheg verstorben ist u der VersorggsTr damit keine Möglk mehr h, zum Ausgl seiner Aufwendgen Versorggen zu kürzen (BGH NJW **86**, 185; FamRZ **86**, 894; NJW-RR **86**, 1198).

a) Gegenstand des Quasi-Splittings. Im Ggs zur RealTeilg gem II beschränkt sich das Quasi-Splitting auf auszugleichde Anrechte gg einen inländ (BT-Drucks 9/2296 S 12) **öffentlich-rechtlichen Versorgungsträger** (zur Begrdg vgl Bergner DRV **83**, 221). Dabei kommt es ausschließl auf die **Rechtsform des Versorgungsträgers** an, also als Körpersch, Anst od Stiftg des öff R (BGH **92**, 152), u nicht auf das RechtsVerhältn zw ihm u dem Versicherten an, so daß ggf auch auf einem priv RechtsVerhältn beruhde Anrechte, wenn sie sich nur gg einen öff-rechtl VersorggsTr richten, iW des Quasi-Splittings auszugl sind (BT-Drucks 9/2296 S 12). **Durch Quasi-Splitting sind demnach auszugleichen:** die **Abgeordnetenversorgung** (BGH FamRZ **88**, 380/81 f; Ruland NJW **87**, 351), also Anwartsch der Mitgl des Dt BT (so schon Mü FamRZ **86**, 1114) sowie des Nds Landtags (BGH FamRZ **88**, 380), wobei die HöchstBetrRegelg der RVO 1304a I 4, 5, AVG 83a I 4, 5 zu beachten s mit der Folge des schuldrechtl VA v Restbeträgen (BGH FamRZ **88**, 380/81 f); die Anwartsch aus der VersorggsOrdng des Bayer (BGH **92**, 152) Bremer (Brem FamRZ **85**, 943), des Hess Rdfunks (Brem FamRZ **84**, 602) wie des Südwestfunks (Kblz FamRZ **87**, 717); öffrechtl VersorggsTräger ist auch das **ZDF**, dessen privatrechtl Pensionskasse ist jedoch in sinngem Anwendg v § 1587b II auszugleichen (BGH NJW-RR **87**, 66); dem VAHRG 1 III folgen ferner Anrechte auf das Altersgeld gg die landwirtschaftl Alterskassen nach dem GAL (BGH NJW **84**, 489; **86**, 1040; Celle FamRZ **84**, 293; Ffm FamRZ **86**, 176; vgl dazu die v Hahne FamRZ **84**, 1200 besprochene Stellgn des Gesamtverbd der Landw Alterskassen, Kass 1983); berufsständische VersorggsEinrichtgen wie die bayer Notarversorgg (Nürnb FamRZ **84**, 1113); die Ärzteversorgg Westf-Lippe (BGH FamRZ **83**, 998) sowie der LÄrzteKammer Hess (Ffm FamRZ **85**, 1269); die ZusatzVersorgg von Schornsteinfegerhandwerk; die hüttenknappschaftl ZusatzVersorgg der Saar, auch wenn der AusglSchuldn die WarteZt noch nicht erfüllt h (BGH FamRZ **84**, 573); Ansprüche aus der gemeins AusglKasse im Seelotswesen (BGH FamRZ **88**, 51); solche aus der HöherVers in der gesetzl RentVers; die Versorgg der Abgeordneten u schließl, sol nicht dch SatzgsÄnderg die RealTeilg ermögl w, Anspr gg die Träger der ZusatzVersorgg des öff Dienstes wie zB der VersorggsAnst der Stadt Hann (BGH NJW **84**, 2879); sowie der Zusatzversorggskasse der Bayer Gemeinden (Zweibr FamRZ **84**, 1238); ferner Aussichten auf Ruhegelder nach dem Hbg RuhegeldG (Hbg FamRZ **85**, 80); auch Anwartsch der betriebl Altersversorgg ggü der Norddt LaBank (Celle FamRZ **85**, 939); ferner ggü einem als Anst des öff R organisierten Untern der PrivVers wie der Landschaftl Brandkasse Hann (Celle FamRZ **84**, 1240); der Barmer Ersatzkasse (AG Langenfeld FamRZ **84**, 1240) od der Berliner Verkehrsbetriebe, EigenBetr v Bln (BGH FamRZ **84**, 1212). Soweit LebVersUnternehmen als Anst des öffR organisiert sind (BayVers, OVA in BaWü, Provinzial in SchlH), erfolgt der Ausgl ebenf nach III (Bergner DRV **83**, 222). Zu den LebVers auf Kapitalbasis § 1587 Anm 2 a cc. Nach III auszugleichen ist ohne Umweg über § 1587b II, weil HRG 1 III den Fall ow trifft, VersorggsAnrechte v **Zeitsoldaten, Beamten auf Widerruf** u aus dem öff Dienst ausgeschiedenen Beamt, bei denen die **Nachversicherung aufgeschoben** ist (§ 1587b Anm 5a aa). Anrechte aus der **Höherversicherung** in der gesetzl RentVers sind nach Abzinsg mangels einer gesetzl AO der RealTeilg ebenf nach III auszugl; zur Kürzg u ihrer Abwendg in diesem Fall Bergner DRV **83**, 224 f. Noch **verfallbare Anrechte** der betriebl AltersVersorgg bleiben weiterh dem schuldrechtl VA überlassen (§ 1587a II Z 3 S 3) u unterliegen nicht etwa dem Quasi-Splitting nach III (BT-Drucks 9/2296 S 12). Das gilt insbes auch für die ZusatzVersorgg des öff Dienstes (BGH FamRZ **86**, 247), so daß nur die Anrechte aus der stat VersRente dch Quasi-Splitting auszugl ist, die dynam VersorggsRente dagg weiterh dem schuldrechtl VA unterliegt (Bergner DRV **83**, 223; vgl dazu § 1587a Anm 3 B Ziff 3b unter Verfallbark aE). Keine Anwendg von HRG 1 III auf die Max-Planck-Gesellsch (Kemnade FamRZ **83**, 1148; vgl HRG 2 Anm 2). Da es nur auf die Rechtsform des VersorggsTr ankommt, ist die **Anwendung von HRG 1 III ausgeschlossen** bei gemeindl Eigenbetrieben (and noch KG FamRZ **84**, 907); privat Fachhochschulen (and Kln FamRZ **84**, 400); bei der als VersVerein geführten Pensionskasse einer öffrechtl Anst (Mü NJW-RR **86**, 942) u auch, obw sie weitgehd aus öff Mitteln finanziert w, bei der Max-Planck-Gesellsch (BGH FamRZ **86**, 248); ebso bei der kathol Fachhochschule NRW (BGH aaO).

Bürgerliche Ehe. 7. Titel: Scheidung der Ehe **Anh III zu § 1587b (VAHRG)**

b) Sinngemäße Anwendung der Vorschriften über das Quasi-Splitting. Gemeint sind nicht nur die Vorschr des BGB (also § 1587b II), sond vor allem auch die beamtrechtl Regelgen (BeamtVG 57, 58) über die Kürzg der Versorgg u deren Abwendg (vgl dazu § 1587b Anm 3c sowie Bergner DRV **83**, 222f). Der jew VersorggsTr, also nicht mehr nur der Dienstherr des Beamt, sond alle nach III betroffenen öff-rechtl VersorggsTr (Anm a), haben dem RentenVersTräger im Verhältn der jew VersorggsAnwartsch (Ffm FamRZ **86**, 1006 L) die von diesem dem ausglberecht Eheg aGrd des Quasi-Splittings erbrachten Leistgen zu erstatten (RVO 1304b II 2 iVm der VAErstattgsVO). Keine entspr Anwendg findet BeamtVG 22, da die Vorschr nicht an das Quasi-Splitting, sond an den schuldrechtl VA anknüpft (BT-Drucks 9/2296 S 12).

VAHRG 2 *Schuldrechtlicher Versorgungsausgleich.* Soweit der Ausgleich nicht nach § 1 durchgeführt werden kann, findet der schuldrechtliche Versorgungsausgleich statt.

Schrifttum: Glockner FamRZ **88**, 782 (Betriebl Versorgg).

1) In VAHRG 2 ist dessen **bisheriger Satz 2 entfallen,** wonach in best Fällen die Abfindg der schuldrechtl AusglRente ausgeschl wurde. Nach Auffassg des GesGebers ist der AusglSchuldn gg eine mit dem AbfindgsVerlangen verbundene, nach Summe od Ztpkt unbill Belastg in ausr Weise dch die Neufassg des § 1587l geschützt (BT-Drucks 10/5447 S 10). Zur Geschichte der Vorschr: 46. Aufl. § 2 findet **Anwendung:** wenn der AusglPflicht in Polen lebt, auch wenn die Übersiedlg erst nach EheZtEnde erfolgt ist (BGH NJW **89**, 1197). Ferner fällt unter die Vorschr ein schrittw abzubauender AusglBetr der Zusatzversorgg des öff Dienstes (Hbg FamRZ **88**, 1063).

VAHRG 3 *Sinngemäße Anwendung der Versorgungsausgleichsvorschriften.* Soweit die Vorschriften des Bürgerlichen Gesetzbuchs über den Versorgungsausgleich auf einen Ausgleich nach diesem Gesetz nicht unmittelbar anzuwenden sind, gelten sie sinngemäß.

1) Die Vorschr hat lediglich klarstellde Funktion, um die dchgäng Anwendg der Vorschr des VA zu sichern. **Unmittelbar anwendbar** sind die §§ 1587, 1587a, 1587c, 1587g-k. **Sinngemäß anwendbar** sind die §§ 1587b III 3 u IV, 1587e I, 1587p (BT-Drucks 9/2296 S 14). Vgl iü § 1 HRG Anm 1.

Ia. Verlängerung des schuldrechtlichen Versorgungsausgleichs

1) Im Anschluß an den Abschn I des VAHRG werden als **neu eingefügte Abschnitte Ia und Ib** in Gestalt des VAHRG 3a und der VAHRG 3b und 3c Vorschr über die Verlängerg des schuldrechtl VA nach dem Tode des AusglPflicht sowie über die Regelg des VA in and Weise (näml dch Supersplitting u Abstandn von der Dchführg des VA bei MiniAusglBeträgen) zT neu eingeführt, zT dch Änderg der bish Bestimmungen (VAHRG 7) entspr modifiziert. Die folgden Ziffern entspr der Bezifferg v Art 2 VAwMG.

VAHRG 3a *Verlängerung des schuldrechtlichen Versorgungsausgleichs beim Tode des Verpflichteten.* I Nach dem Tod des Verpflichteten kann der Berechtigte in den Fällen des schuldrechtlichen Versorgungsausgleichs von dem Träger der auszugleichenden Versorgung, von dem er, wenn die Ehe bis zum Tode des Verpflichteten fortbestanden hätte, eine Hinterbliebenenversorgung erhielte, bis zur Höhe dieser Hinterbliebenenversorgung die Ausgleichsrente nach § 1587g des Bürgerlichen Gesetzbuchs verlangen. Für die Anwendung des § 1587g Abs. 1 Satz 2 des Bürgerlichen Gesetzbuchs ist nicht erforderlich, daß der Verpflichtete bereits eine Versorgung erlangt hatte. Sind mehrere Anrechte schuldrechtlich auszugleichen, so hat jeder Versorgungsträger die Ausgleichsrente nur in dem Verhältnis zu entrichten, in dem das bei ihm bestehende schuldrechtlich auszugleichende Anrecht zu den insgesamt schuldrechtlich auszugleichenden Anrechten des Verpflichteten steht. Eine bereits zu entrichtende Ausgleichsrente unterliegt den Anpassungen, die für die Hinterbliebenenversorgung maßgebend sind.

II Absatz 1 findet keine Anwendung, wenn die für das auszugleichende Anrecht maßgebende Regelung in dem Zeitpunkt, in dem der Anspruch nach Absatz 1 bei dem Versorgungsträger geltend gemacht wird,
1. für das Anrecht eine Realteilung vorsieht, oder
2. dem Berechtigten nach dem Tod des Verpflichteten einen Anspruch gewährt, der dem Anspruch nach Absatz 1 bei Würdigung aller Umstände allgemein gleichwertig ist.

III Absatz 1 findet keine Anwendung in den Fällen des § 1587f Nr. 5 in Verbindung mit § 1587b Abs. 4 des Bürgerlichen Gesetzbuchs. In den Fällen des § 1587f Nr. 5 in Verbindung mit § 1587o des Bürgerlichen Gesetzbuchs gilt Absatz 1 insoweit nicht, als die vereinbarte Ausgleichsrente die nach dem Gesetz geschuldete Ausgleichsrente übersteigt und der Versorgungsträger nicht zugestimmt hat.

IV Eine an die Witwe oder den Witwer des Verpflichteten zu zahlende Hinterbliebenenversorgung ist in Höhe der nach Absatz 1 ermittelten und gezahlten Ausgleichsrente zu kürzen. Die Kürzung erfolgt auch über den Tod des Berechtigten hinaus. Satz 2 gilt nicht, wenn der Versorgungsträger nach Absatz 1 nur Leistungen erbracht hat, die insgesamt zwei Jahresbeträge der auf das Ende des Leistungsbezugs berechneten Ausgleichsrente nicht übersteigen. Hat er solche Leistungen erbracht, so sind diese auf die an die Witwe oder den Witwer des Verpflichteten zu zahlende Hinterbliebenenversorgung anzurechnen.

ᵛ Ist eine ausländische, zwischenstaatliche oder überstaatliche Einrichtung Träger der schuldrechtlich auszugleichenden Versorgung, so hat die Witwe oder der Witwer des Verpflichteten auf Antrag die entsprechend den vorstehenden Absätzen ermittelte Ausgleichsrente zu entrichten, soweit die Einrichtung an die Witwe oder den Witwer des Verpflichteten Hinterbliebenenversorgung erbringt. Leistungen, die der Berechtigte von der Einrichtung als Hinterbliebener erhält, werden angerechnet.

ᵛᴵ In den Fällen der Absätze 1, 4 und 5 gelten § 1585 Abs. 1 Sätze 2 und 3, § 1585b Abs. 2 und 3, § 1587d Abs. 2, § 1587h und § 1587k Abs. 2 Satz 1 des Bürgerlichen Gesetzbuchs entsprechend.

ᵛᴵᴵ Der Versorgungsträger wird bis zum Ablauf des Monats, der dem Monat folgt, in dem er von der Rechtskraft der Entscheidung über die Ausgleichsrente nach Absatz 1 Kenntnis erlangt,
1. gegenüber dem Berechtigten befreit, soweit er an die Witwe oder den Witwer des Verpflichteten Leistungen erbringt, welche die um die Ausgleichsrente nach Absatz 1 gekürzte Hinterbliebenenversorgung übersteigen;
2. gegenüber der Witwe oder dem Witwer des Verpflichteten befreit, soweit er an den Berechtigten nach Maßgabe eines gegen den Verpflichteten gerichteten Vollstreckungstitels, der diesen wegen des bei dem Versorgungsträger begründeten Anrechts zur Zahlung einer Ausgleichsrente verpflichtete, oder auf Grund einer Abtretung nach § 1587i Abs. 1 des Bürgerlichen Gesetzbuchs Leistungen erbringt, welche die Ausgleichsrente nach Absatz 1 übersteigen. Nach Ablauf des Monats, der dem Monat folgt, in dem der Berechtigte den Versorgungsträger zur Zahlung der Ausgleichsrente aufgefordert und ihm eine beglaubigte Abschrift des Vollstreckungstitels übermittelt hat, findet Nummer 1 keine Anwendung; Nummer 1 findet ferner insoweit keine Anwendung, als der Versorgungsträger in dem dem Tod des Verpflichteten vorangehenden Monat an den Berechtigten auf Grund einer Abtretung nach § 1587i des Bürgerlichen Gesetzbuchs Leistungen erbracht hat;
3. gegenüber dem Berechtigten befreit, soweit er an die Witwe oder den Witwer des Verpflichteten nach Maßgabe einer gemäß Absatz 9 Satz 3 ergangenen einstweiligen Anordnung Leistungen erbringt, welche die um die Ausgleichsrente nach Absatz 1 gekürzte Hinterbliebenenversorgung übersteigen; gegenüber der Witwe oder dem Witwer des Verpflichteten wird er befreit, soweit er an den Berechtigten nach Maßgabe einer solchen einstweiligen Anordnung Leistungen erbringt, welche die Ausgleichsrente nach Absatz 1 übersteigen. Nach Ablauf des Monats, der dem Monat folgt, in welchem dem Versorgungsträger die einstweilige Anordnung zugestellt worden ist, finden die Nummern 1 und 2 keine Anwendung.

ᵛᴵᴵᴵ Der Berechtigte und die Witwe oder der Witwer des Verpflichteten sind verpflichtet, einander und dem nach Absatz 1 verpflichteten Versorgungsträger die Auskünfte zu erteilen, die zur Feststellung eines Anspruchs nach den vorstehenden Absätzen erforderlich sind. Die Träger einer im schuldrechtlichen Versorgungsausgleich zu berücksichtigenden Versorgung sind einander, dem Berechtigten und der Witwe oder dem Witwer des Verpflichteten verpflichtet, diese Auskünfte zu erteilen. Ist der Wert eines Anrechts von dem Wert eines anderen Anrechts abhängig, so hat der Träger des anderen Anrechts dem Träger des einen Anrechts die erforderliche Auskunft über den Wert des anderen Anrechts zu erteilen. § 1605 des Bürgerlichen Gesetzbuchs gilt entsprechend.

ᴵˣ Über Streitigkeiten entscheidet das Familiengericht. In den Fällen des Absatzes 1 hat das Gericht die Witwe oder den Witwer des Verpflichteten, in den Fällen des Absatzes 4 den Berechtigten zu beteiligen. Das Gericht kann auf Antrag des Berechtigten oder der Witwe oder des Witwers des Verpflichteten im Wege der einstweiligen Anordnung die Zahlung der Ausgleichsrente nach den Absätzen 1 und 5 und die an die Witwe oder den Witwer des Verpflichteten zu zahlende Hinterbliebenenversorgung regeln. Die Entscheidung nach Satz 3 ist unanfechtbar; im übrigen gelten die §§ 620a bis 620g der Zivilprozeßordnung entsprechend.

1) Was nach dem Tode des Verpfl mit dem AusglAnspr geschieht, war umstr. Nach hM erlosch der Anspr auf AusglRente mit dem Tode des Verpfl, so daß der Berecht in vielen Fällen unversorgt blieb (vgl Palandt 46. Aufl § 1587k Anm 3). Mit dem neu eingefügten VAHRG 3a soll diese VersorggsLücke geschlossen w, indem der **schuldrechtliche Versorgungsausgleich über den Tod des Verpflichteten hinaus verlängert** wird (BT-Drucks 10/5447 S 10f), u zwar nicht gg den vermögensrechtl vielf „unzuverlässigen" Erben des AusglSchuldn od wg der unerwünschten RStreitig auch nicht gg die Hinterbl des Verpfl, sond indem der Anspr auf Weiterzahlg der AusglRente sich grdsl gg den Träger der auszugleichden Versorgg richtet (BT-Drucks 10/5447 S 10f m ausführl Begr). Dessen schutzwürd Interessen werden dadch berücks, daß die Fortdauer des AusglAnspr an die Erfordern der HinterblVersorgg der jew schuldrechtl Versorgg, um die es geht, gebunden w (Anm 2). Ausschl des verläng schuldrechtl VA in 4 Fällen (unten Anm 3 u 4). Die Vorschr des VAHRG 3a gilt ab 1. 1. 87 als DauerR (§ 13 VAHRG Anm 2b und 3).

2) **Inhalt der verlängerten Ausgleichsrente.** Der VersorggsTräger kann nach dem Tode des AusglSchuldn nur insow auf Fortzahlg der AusglRente in Anspr gen w, als der Berecht von ihm auch ohne Scheidg der Ehe beim Tode des Eheg eine HinterblVersorgg erhalten hätte, **I 1.**

a) Das bedeutet folgdes: (1) Sieht die für die auszugleichde Versorgg maßgebde Regelg eine Witwen- od Witwerversorgg vor, so kommt dies **zwingend** auch dem ausglberecht Eheg zugut. Der verlängerte schuldrechtl VA kann nicht isoliert dch die VersorggsSatzg ausgeschl w (BT-Drucks 10/5447 S 11). (2) Anderers kann der Berecht von dem VersorggsTräger die AusglRente **nur unter den Voraussetzungen und bis zur Höhe der fiktiven Hinterbliebenenversorgung** verlangen. Erforderl ist desh ijF, daß die für die auszugleichde Versorgg maßgebl Regelg über eine HinterblVersorgg (Wagenitz FamRZ **87**, 5). Entspr wirken sich auch etwaige RuhensVorschr für den Fall der Wiederverheiratg zL des verlängerten schuldrechtl VA aus (BT-Drucks 10/5447 S 11). (3) Eine iF der Wiederverheiratg nur der Witwe od dem Witwer zugedachte Abfindg kann der nur aus dem verlängerten schuldrechtl VA Berecht mangels An-

Bürgerliche Ehe. 7. Titel: Scheidung der Ehe **Anh III zu § 1587 b (VAHRG)**

sprGrdLage nicht verlangen. (4) Leistgen, die auf die HinterblVersorgg nach deren Regelg anzurechnen sind, werden auch iF der Fiktion des verlängerten schuldrechtl VA angerechnet. Die dem Berecht geschuldete AusglRente darf also die um die anzurechnenden Leistgen verminderte fiktive HinterblVersorgg nicht übersteigen (BT-Drucks 10/5447 S 11). (5) Unangerechnet bleiben naturgem die Leistgen aus dem öffrechtl VA (BT-Drucks 10/5447 S 11).

b) Iü bestimmen sich **Voraussetzungen und Umfang des verlängerten schuldrechtlichen Versorgungsausgleichs nach § 1587 g, I 1.**

aa) Voraussetzungen: Der Berecht muß selbst eine Versorgg erlangt od die sonst Voraussetzgen des § 1587 g I 2 erfüllt haben. Abweichd davon gilt aber zG des AusglBerecht folgdes: Hatte der Verpfl im Ztpkt seines Todes die schuldrechtl auszugleichende Versorgg noch nicht erlangt, so soll der AusglBerecht iR des verlängerten schuldrechtl VA die AusglRente erhalten, obwohl nach § 1587 g I 2 der verst Eheg seiners zur Zahlg noch nicht verpfl gewesen wäre, **I 2.** Diese Regelg trägt dem Schutzbedürfn des Berecht Rechng, der mit dem Tode des Verpfl vielf die Möglk verliert, einen Anspr auf nachehel Unterh zu realisieren (BT-Drucks 10/5447 S 11). Der Dchführg des verläng schuldrechtl VA steht nicht entgg, daß die betr VersorggsZusage ihrers die HinterblVersorgg davon abhäng macht, daß die Ehe noch besteht (Karlsr FamRZ 88, 1290).

bb) Höhe: Maßgebd ist der AusglBetr, den der AusglSchuldn im Ztpkt seines Todes erbracht hat od hätte erbringen müssen. IF von I 2 ist die Höhe der AusglRente fiktiv zu ermitteln; sie bestimmt sich nach § 1587 g II 1 iVm § 1587 a (BT-Drucks 10/5447 S 11). Der ProzentS der HinterblVersorgg ist nicht gleichbedeutd mit der AusglRente (Wagenitz FamRZ **87**, 6; vl oben Anm a). Der jeweils ermittelte AusglBetr ist vom VersorggsTräger automatisch in der Weise **anzupassen,** in der die HinterblVersorgg an die fortlaufde Entwicklg anzugleichen ist, **I 4.** Dadch werden Korrekturen gem § 1587 g II 2 nicht ausgeschl; nach Korrektur gilt dann wieder S 4 (Wagenitz FamRZ **87**, 6).

cc) Anteilige Haftung mehrerer Versorgungsträger. Im Todesfalle wird die einheitl AusglRente des VA-Verpfl ggf auseinandergerissen (Wagenitz FamRZ **87**, 6). Sind mehrere Versorggen des Verpfl schuldrechtl auszugleichen, schuldet jeder VersorggsTräger nur den Teil der nach § 1587 g einheitl zu ermittelnden AusglRente, der dem Verhältn des EheZtAnteils des bei ihm begründeten Anrechts zu den EheZtAnteilen der schuldrechtl auszugleichd Anrechte entspr, **I 3.** Dabei sind auch solche schuldrechtl auszugleichden Anrechte des Verpfl zu berücks, die keine HinterblVersorgg vorsehen, weil dem VersorggsTräger, der eine HinterblVersorgg vorsieht, nicht zum Nachteil gerechnet w kann, daß eine HinterblVersorgg bei einem and VersorggsTräger fehlt (BT-Drucks 10/5447 S 11).

3) Ausschluß des verlängerten schuldrechtlichen Versorgungsausgleichs bei bestimmten Versorgungsarten, II. Die Vorschr schließt den verlängerten schuldrechtl VA **in 2 Fällen** aus, in denen dem VAGedanken auf and Weise genügt w.

a) Vorrang der Realteilung, Nr 1: Ein verlängerter schuldrechtl VA findet nicht statt, wenn der VA dch Realteil iS von VAHRG 1 II verwirkl w kann. Dch diese Regelg soll den privatrechtl organisierten VersorggsTrägern die Möglk gegeben w, dch Einf der Realteilg kalkulatorische Schwierigk bei der Durchf des verlängerten schuldrechtl VA zu vermeiden (BT-Drucks 10/5447 S 11). **Maßgeblicher Zeitpunkt** für den Ausschl ist die tatsächl (nicht bloß: die mögl) Geltdmachg des verlängerten schuldrechtl VA beim VersorggsTräger. Im Augenbl der Geltdmachg muß die and AusglForm mit postmortaler Wirkg (Wagenitz FamRZ **87**, 6 f) zG des Berecht gesichert sein. Privatrechtl organisierten VersorggsTrägern bleibt dadch eine gewisse AnpassgsFr. Dagg ist die vom RegEntw vorgesehene Best, Leistgen nach VAHRG 3 a I von diesen VersorggsTrägern erst ab 1. 1. 88 verlangt w können (BT-Drucks 10/5447 S 11 f), nicht Gesetz geworden. Ist zwzeitl nach Durchf des öffrechtl VA die maßgebl VersorggsRegelg dahin geänd w, daß sie nunmehr eine Realteilg vorsieht, so kann der Berecht iW der Abänderg der Entsch über den öffrechtl VA eine **nachträgliche Realteilung** erwirken (VAHRG 10 a I Nr 3).

b) Gleichwertiger Versorgungsanspruch, Nr 2: Zu einem verlängerten schuldrechtl VA soll es ferner dann nicht kommen, wenn die für das auszugleichde Anrecht maßgebde Regelg selbst einen Anspr gewährt, der dem verlängerten schuldrechtl VA „im wesentl gleichwertig" ist (BT-Drucks 10/5447 S 12). Damit sollen unnöt ansprKonkurrenzen (insb zu BeamtVG 22 II) vermieden w (Wagenitz FamRZ **87**, 7). Für die **Feststellung der Gleichwertigkeit** ist unter Anlegg eines großzüg VerglMaßst eine qualitative Gesamtwürdig beider Regelgen erfdl; ein Vergl der Vor- u Nachteile, die sich aus der einen u der and Regelg für den Berecht im konkr Einzelfall ergeben würden, ist dagg weder erfdl noch ausr (BT-Drucks 10/5447 S 12).

4) Ausschluß des verlängerten schuldrechtlichen Versorgungsausgleichs bei an sich gebotenem öffrechtl VA bzw entspr Parteivereinbg, **III.**

a) Zweck: Nach § 1587 f Nr 5 erfolgt der schuldrechl VA in zwei Fällen, näml dann, wenn er vom FamG wg voraussichtl nicht vorteilh Auswirkg auf den Berecht od wg Unwirtschaftlk angeordnet w ist (§ 1587 b IV), sowie dann, wenn die Part selbst iR einer gem § 1587 o getroffenen Vereinbg den schuldrechtl VA gewählt haben. Würde auch in diesen Fällen die Verlängerg schuldrechtl VA gelten, so wären damit Manipulationen zum Nachteil der SozialVers mögl. Das Ausweichen vom öffrechtl in den schuldrechl VA soll desh in diesen Fällen nicht auch die Wirkgen des verlängerten schuldrechtl VA haben (BT-Drucks 10/5447 S 12).

b) Bei **Verweisung eines an sich dem Splitting oder Quasi-Splitting unterliegenden Anrechts in den schuldrechtlichen Versorgungsausgleich** (§ 1587 f Nr 5 iVm § 1587 b IV) wird nach dem Tode des Verpfl an den Berecht keine AusglRente gezahlt. Damit wird sichergestellt, daß sozialversrechtl Best, nach denen die Übertrtg od Begr von Anwartsch, etwa aGrd fehlder Erfüllg der WarteZt, zu keinen VersorggsLeistgen an den Berecht führen, nicht über die Verlängerg des schuldrechtl VA umgangen w können u dem VersorggsTräger zudem die mit dem öffrechtl VA verbundene Möglk genommen w, zu LebZten des Verpfl dessen Versorgg zu kürzen (BT-Drucks 10/5447 S 12).

1519

Anh III zu § 1587b (VAHRG) 4. Buch. 1. Abschnitt. *Diederichsen*

c) Die **Vereinbarung des schuldrechtlichen Versorgungsausgleichs durch die Parteien** (§ 1587f Nr 5 iVm § 1587o) kann nicht zu einer Ausdehng der Anrechte aus der gesetzl SozialVers benutzt w (vgl § 1587o Anm 3a). Das muß auch für den verlängerten schuldrechtl VA gelten. Verhindert w soll, daß die Eheg den schuldrechtl VA vereinbaren u dadch dem VA-Schuldn seine Rente ungeschmälert belassen, währd der AusglBerecht anschließend in den Genuß des vollen verläng schuldrechtl VA gelangt (Wagenitz FamRZ **87**, 7). Desh hat in Zukunft der auf verlängerten schuldrechtl VA in Anspr gen VersorggsTräger bei Vorlage entspr Vereinbgen zu prüfen, ob u in welcher Höhe das bei ihm begründete Anrecht ohne PartVereinbg schuldrechtl auszugl gewesen wäre (BT-Drucks 10/5447 S 12).

5) Kürzung der Hinterbliebenenversorgung um die verlängerte Ausgleichsrente, IV.

a) Zweck: Die **Kürzungsregelung** dient der Vermeidg von Mehrbelastgen des VersorggsTrägers. Sie ist für die ges RentVers, nicht dagg f die priv Versorggsträger (Wagenitz FamRZ **87**, 6), **zwingendes Recht,** um in den Fällen der §§ 1587b V, 1587f Nr 2 etwaige AnwendgsSchwierigk im Bereich der gesetzl RentenVers od BeamtVersorgg zu vermeiden (BT-Drucks 10/5447 S 13). Etwaige gleichwohl bestehde Mehrbelastgen des VersorggsTrägers können dch Einf der RealTeilg vermieden w und sind desh hinzunehmen (BT-Drucks 10/5447 S 13).

b) Hinterläßt der AusglSchuldn außer dem geschiedenen Eheg eine Witwe bzw einen Witwer, so muß verhindert w, daß die Verlängerg des schuldrechtl VA zu einer Doppelbelastg des VersorggsTrägers führt. Der VersorggsTräger soll aus dem verlängerten schuldrechtl VA nicht über die von ihm zugesagte Hinterbl-Versorgg hinaus in Anspr gen w. Die verlängerte **Ausgleichsrente** wird desh **auf eine daneben geschuldete Witwen- bzw Witwerversorgung angerechnet, S 1.** Eine Benachteiligg des überlebden Eheg liegt darin desh nicht, weil bei Durchf des an sich gebotenen öffrechtl VA seine Witwen- bzw Witwerversorgg ebenf entspr verkürzt w wäre (BT-Drucks 10/5447 S 12). Eine Mehrbelastg des VersorggsTrägers bleibt, wenn der AusglSchuldn keine Witwe hinterläßt, dessen Versorgg verkürzt w müßte. Diese Mehrbetr sollen dadch wieder ausgegl w, daß es umgekehrt bei der **Kürzung der Hinterbliebenenversorgung auch dann sein Bewenden hat, wenn der Ausgleichsberechtigte stirbt, S 2.** Die Kürzg entfällt nach der GrdRegel von VAHRG 4 ledigl dann, wenn die RentLeistgen iR des verlängerten schuldrechtl VA **2 Jahresbeträge** der letzten, dh für den Todesmonat geschuldeten AusglRente, **nicht übersteigen, S 3.** Ledigl die iR des verlängerten VA **bereits erbrachten Leistungen** sind in einem solchen Fall auf die Witwen- od Witwerversorgg **anzurechnen, S 4.**

6) Ausländische Versorgungsträger, V. Da VersorggsTräger, die nicht der Jurisdiktion der Gerichte der BuRep unterliegen, vom inländ GesGeber nicht zu Leistgen verpfl w können, wird der verlängerte schuldrechtl VA in solchen Fällen, wenn also das auszugleichde Anrecht bei einer ausländ, zwischen- od überstaatl Einrichtg begründet ist, ausnahmsw gg die Hinterbl gerichtet. Soweit die **Witwe oder der Witwer** von der ausländ Einrichtg VersorggsLeistgen erh, hat sie od er die **Ausgleichsrente unmittelbar an den ausgleichsberechtigten geschiedenen Ehegatten** zu zahlen, **S 1.** Voraussetzg ist ein entspr **Antrag** des AusglBerecht. Ob die AusglRente überh u in welcher Höhe sie gezahlt w muß, ist nach VAHRG 3a I–IV zu ermitteln, also so, als ob es sich bei dem ausländ VersorggsTräger um eine inländ VersorggsEinrichtg handelte. Die AusglRente darf allerd den von der Witwe bzw dem Witwer tats erhaltenen Betr nicht übersteigen, auch wenn dieser etwa aGrd devisenrechtl Besonderh niedriger als die in der ausl, zwischen- od überstaatl VersorggsOrdng vorgesehenen HinterblVersorgg ist (BT-Drucks 10/5447 S 13). Leistgen, die der AusglBerecht von der ausl Einrichtg als Hinterbl seines geschied Eheg unmittelb erh, wie beispielsw eine Geschiedenenwitwenrente, werden angerechnet, **S 2.**

7) Verweisungen über Einzelheiten der Rentenzahlung, VI. Der verlängerte schuldrechtl VA will eine mit dem Tode des Verpfl eintretde VersorggsLücke schließen, den Berecht jedoch grdsl nicht besser stellen, als wenn der Verpfl noch lebte (BT-Drucks 10/5447 S 13). Desh gelten für den gg den VersorggsTräger gem VAHRG 3a I u IV od iF von VAHRG 3a V gg die Witwe bzw den Witwer des AusglSchuldn gerichteten Anspr auf **Ausgleichsrente** folgde Verweisgen: Die AusglRente ist **monatlich** im voraus zu entrichten u wird zum vollen mtl Betr auch im Todesmonat geschuldet (§ 1585 I 2 u 3). Wird die AusglRente nicht gezahlt, kann **Nachzahlung** für die Vergangenh nur bei Rhängigk od SchuldnVerzug bzw absichtl LeistgsEntzug verlangt w (§ 1585b II u III). Eine wesentl Änderg der Verhältn kann auf Antr zur **Abänderung** auch rechtskr Entsch des FamG führen (§ 1587d II). **Nichtentstehung des Anspruchs:** Bei fehlder Bedürftigk, Verhinderg der Entstehg eig VersorggsAnrechte aS des Berecht u bei Verletzg von UnterhPfl dch den Berecht gelangt der Anspr auf die AusglRente überh nicht zur Entstehg (§ 1587h). Mit dem **Tode des Ausgleichsberechtigten** erlischt er (§ 1587k II 1).

8) Vermeidung von Doppelleistungen, VII.

a) Zweck: Für die Vergangenh kann die Zahlg der AusglRente gem § 1585b II, VAHRG 3a VI ab Verzug bzw Rhängigk verlangt w (vgl Anm 7). Hinterläßt der Verpfl eine Witwe od einen Witwer, so ergibt sich bei Streit über die Höhe der AusglRente u über die Höhe der HinterblVersorgg für den VersorggsTräger die Gefahr, Doppelleistgen erbringen zu müssen. Dieses Risiko soll dem VersorggsTräger nach VII abgen w, ohne zugl Leistgen an den Berecht od an Witwe od Witwer des AusglSchuldn bis zu einer rechtskr Entsch des FamG zu blockieren (BT-Drucks 10/5447 S 13). Die Lösg ist in einer dreifach – näml nach der Kenntn des VersorggsTrägers, relativ nach der Person des Betroffenen (Hinterbl bzw AusglBerecht) u nach der Zt – gestuften Regelg gefunden w (Wagenitz FamRZ **87**, 7f). Das Gesetz billigt dem VersorggsTräger SchuldnSchutz zu, wenn unter Berücks der rechtskr gewordenen Titel seiner VersorggsLeistgen sei es an die Hinterbl (Witwe od Witwer), sei es aGrd des verlängerten schuldrechtl VA an den berecht geschiedenen Eheg im Ergebn Zahlgen zu Unrecht erfolgt sind.

b) Schuldnerschutz gegenüber dem Ausgleichsberechtigten, Nr 1. Solange keine einstw AO ergeht, kann der VersorggsTräger, gg den der gesch Eheg des Verpfl den verlängerten schuldrechtl VA geltd

1520

Bürgerliche Ehe. 7. Titel: Scheidung der Ehe **Anh III zu § 1587b (VAHRG)**

macht, die HinterblVersorgg an die Witwe bzw den Witwer des Verpfl mit befreiender Wirkg ggü dem gesch Eheg des Verpfl in vollem Umfang auszuzahlen. War jedoch der Verpfl aGrd eines vollstreckb Titels wg des bei dem VersorggsTräger bestehdn Anrechts nicht zur Zahlg einer AusglRente verpfl, so kann der VersorggsTräger diese AusglRente an den Berecht mit befreiender Wirkg ggüb Witwe bzw Witwer des Verpfl auszahlen. Leistet er in diesem Fall trotz Kenntn von dem gg den Verpfl erwirkten Titel die Hinterbl-Versorgg ungekürzt weiter, so kommt ihm für diese Leistgen kein SchuldnSchutz zugute (BT-Drucks 10/5447 S 13f). Nach Erl einstw AO: vgl Anm c und d.

c) Schuldnerschutz auf Grund Vollstreckungstitels gegen den Verpflichteten, Nr 2.
Der VersorggsTräger wird **gegenüber der Witwe oder dem Witwer des Ausgleichspflichtigen,** also iR der HinterblVersorgg, **befreit,** wenn er sich an einen VollstrTitel, insb eine einstw AO hält, welche die Zahlg der AusglRente u die Kürzg der HinterblVersorgg anordnet (BT-Drucks 10/5447 S 14), od wenn er die AusglRente aGrd einer Abtretg nach § 1587i zahlt (BT-Drucks 10/6369 S 19), **S 1.** Der SchuldnSchutz nach Nr 1 versagt jedoch unter Berücks der EDV-AnpassgsModalitäten mit Ablauf des der Übermittlg einer begl Abschr des VollstrTitels folgdn Mts bzw bedarf es des SchuldnSchutzes iF des § 1587i bis zum Tode des AusglPfl überh nicht, wenn die VersorggsAnspr in Höhe der AusglRente an den Berecht abgetreten waren, **S 2.**

d) Schuldnerschutz bei Vertrauen auf eine einstweilige Anordnung, Nr 3.
Soweit das FamG gem VAHRG 3a IX über die AusglRente u eine entspr Kürzg der HinterblBezüge eine einstw AO erlassen hat (Einzelh dazu unter Anm 10c), wird der VersorggsTräger frei, u zwar ggü dem AusglBerecht, soweit er aGrd der einstw AO Leistgen erbracht hat, welche die um die AusglRente nach VAHRG 3a I gekürzten HinterblVersorgg übersteigt, **S 1 erster Halbs,** u ggü der Witwe od dem Witwer des Verpfl, soweit der VersorggsTräger in Ausführg der einstw AO mehr an AusglRente gezahlt hat, als nach VAHRG 3a I in Wirklichk zu zahlen war, **S 1 zweiter Halbs.** Nach Ablauf des der Zustellg der einstw AO folgden Mts finden Nr 1 u 2 keine Anwendg mehr, **S 2.** Dh der VersorggsTräger kann sich auf die einstw AO verlassen; auf den sonstigen SchuldnSchutz kommt es damit nicht mehr an. Soweit der VersorggsTräger aGrd diesen Regelgen Leistgen an die Witwe bzw den Witwer des Verpfl mit befreiender Wirkg ggü dem Berecht erbracht hat, bleiben Anspr des Berecht gg die Witwe bzw den Witwer aus §§ 812ff unberührt wie umgek auch BereicherungsAnspr der Hinterbl gg den AusglBerecht bei überhöhten Leistgen an diesen (BT-Drucks 10/5447 S 14).

9) Wechselseitige Auskunftsansprüche, VIII. Die Effektivität des verlängerten schuldrechtl VA für den Berecht u die erfolgreiche RVerteidigg der Witwe bzw des Witwers des AusglPfl hängen nicht zuletzt von der Möglk ab, sich über die für den schuldrechtl VA relevanten Tats Klarh zu verschaffen. Entspr gilt für den od die beteiligten VersorggsTräger. Desh statuiert das Gesetz umfangreiche **zusätzliche Auskunftsrechte unter den Beteiligten** (BT-Drucks 10/5447 S 14). Zur wechselseit AuskVerpfl sind der AusglBerecht u die Witwe bzw der Witwer des AusglSchuldn sowie unter sich gem auch VAHRG 3a I verpfl VersorggsTräger, **S 1.** Mehrere VersorggsTräger sind untereinander wie iü auch nach S 1 auskberecht u -verpfl, **S 2.** Auch wenn der Wert eines Anrechts von dem Wert eines and Anrechts abhängt, besteht eine wechselseit AuskPfl unter den VersorggsTrägern, **S 3.** Damit wird das Recht des Trägers einer Gesamtversorgg klargestellt, von einem and VersorggsTräger Ausk über die Höhe der HinterblVersorgg zu erlangen, die der Berecht von diesem Träger erhielte, wenn die Ehe des Berecht mit dem Verpfl nicht gesch w wäre (BT-Drucks 10/5447 S 14). Iü gilt für die versch AuskAnspr § 1605 entspr, **S 4.** Ihrem Umfang nach erstreckt sich die AuskPfl auch auf die gem § 1587h maßgebdn persönl Verhältn (BT-Drucks 10/5447 S 14).

10) Verfahrensrecht, IX.
a) Für Streitigk über den verlängerten schuldrechtl VA einschl der AuskAnspr ist das FamG **zuständig, S 1.** Örtl Zustdgk: ZPO 621 II 2, FGG 45. Für den Erlaß eines LeistgsTitels über die HinterblVersorgg bleibt das SozGer, VerwGer, ArbGer usw zust, das ggf bis zur Entsch des FamG aussetzen muß (Wagenitz FamRZ **87,** 8 Fn 34).

b) Das FamG hat in den Fällen von VAHRG 3a I die Witwe od den Witwer des Verpfl, in den Fällen von 3a IV den Berecht an dem Verf zu **beteiligen, S 2.** Zur Beteiligg des VersorggsTrägers Wagenitz FamRZ **87,** 8 Fn 34a.

c) Der ausglberecht gesch Eheg kann ebso wie die Witwe bzw der Witwer des Verpfl beim FamG eine **einstweilige Anordnung** über die vorl Zahlg der AusglRente nach VAHRG 3a I u V sowie über die Kürzg der HinterblVersorgg erwirken, **S 3.** Für das einstw AO-Verfahren gelten nicht, wie im RegEntw vorgesehen, die Vorschr über die einstw AO in der HausrVO, sond ZPO 620a – 620g, **S 4** (BT-Drucks 10/6369 S 19). Voraussetzg ist ein **Antrag.** Die einstw AO ist vAw zuzustellen (ZPO 621c I 2, 329 III). Kosten-Entsch nach FGG 13a. Die Regelg dch einstw AO ist **unanfechtbar, S 4.**

Ib. Regelung des Versorgungsausgleichs in anderer Weise

VAHRG 3b *Anderweitige Formen des Versorgungsausgleichs.* **I** Verbleibt auch nach Anwendung des § 1587b des Bürgerlichen Gesetzbuchs und des § 1 Abs. 2 und 3 noch ein unverfallbares, dem schuldrechtlichen Versorgungsausgleich unterliegendes Anrecht, kann das Familiengericht

1. ein anderes vor oder in der Ehezeit erworbenes Anrecht des Verpflichteten, das seiner Art nach durch Übertragung oder Begründung von Anrechten ausgeglichen werden kann, zum Ausgleich heranziehen. Der Wert der zu übertragenden oder zu begründenden Anrechte darf,

Anh III zu § 1587b (VAHRG)

bezogen auf das Ende der Ehezeit, insgesamt zwei vom Hundert des auf einen Monat entfallenden Teils der am Ende der Ehezeit maßgebenden Bezugsgröße (§ 18 des Vierten Buches Sozialgesetzbuch) nicht übersteigen;
2. den Verpflichteten, soweit ihm dies nach seinen wirtschaftlichen Verhältnissen zumutbar ist, verpflichten, für den Berechtigten Beiträge zur Begründung von Anrechten auf eine bestimmte Rente in einer gesetzlichen Rentenversicherung zu zahlen; dies gilt nur, solange der Berechtigte die Voraussetzungen für ein Altersruhegeld aus einer gesetzlichen Rentenversicherung noch nicht erfüllt. Das Gericht kann dem Verpflichteten Ratenzahlungen gestatten; es hat dabei die Höhe der dem Verpflichteten obliegenden Ratenzahlungen festzusetzen; § 1587d Abs. 2, § 1587e Abs. 3 und § 1587f Nr. 3 des Bürgerlichen Gesetzbuchs gelten entsprechend.

II Absatz 1 findet auf die in § 3a Abs. 5 bezeichneten Versorgungen keine Anwendung.

1) Gesetzeszweck: Die Gesetzesfassg von VAHRG 3b weicht in mehrf Hins vom RegEntw ab (vgl zu letzterem BT-Drucks 10/5447 S 14ff). Dieser hatte vorgeschlagen, nicht nur schuldrechtl, sond auch öffrechtl auszugleichde Anrechte einem anderw Ausgl zuzuführen. In der Gesetzesfassg ist VAHRG 3b dagg **ausschließlich auf schuldrechtlich auszugleichende Anrechte anzuwenden.** Dies entspr dem eigtl Ziel der Vorschr, dem schuldrechtl VA unverfallb Anrechte nach Möglk zu vermeiden. Dem Berecht wird in weitgehdem Umfang zu einer eigenständ Versorgg verholfen. Zugl wird dem Interesse des VersorggsTrägers Rechng getragen, die Fälle einzuschränken, in denen später ein verlängerter schuldrechtl VA gewährt w muß (BT-Drucks 10/6369 S 19). Die Vorschr des VAHRG 3b gilt ab 1. 1. 87 als DauerR (vgl unten § 13 VAHRG Anm 2b u 3). Es handelt sich um eine **Ermessensentscheidung** („kann"), wobei für einen Ausschl des erweiterten VA der Hinweis auf die geringere Sicherh etwa v BetrRenten nicht ausreicht (Wagenitz FamRZ 87, 4). ErmessensAusschl auch iF v II (Anm 4). Bspe f den ErmessensGebr bei Bergner SozVers 87, H 3 sub 1.1.4. Keine Verwag auf den schuldr VA wg wesentl höheren Alters des AusglSchuldn (Ffm FamRZ 88, 953). Aber kein erweitertes Splitting, wenn sich der schuldr VA f den Berecht im Ergebn wirtsch günstiger auswirkt (Karlsr FamRZ 88, 954). Kein **Beschwerderecht** des Trägers der betriebl AltVersorgg gg die Dchführg des Super-Splittings (Kln FamRZ 88, 511) od gg die NichtAnO der BeitrZahlg zur Begrdg v Anrechten in der ges RentVers (Ffm FamRZ 88, 533) noch gg die Versagg des öff VA gem § 3b (BGH NJW 89, 1858), auch wenn der Ausschl v § 3b auf einer Vereinbg der Part gem § 1587o beruht (BGH NJW 89, 1859).

2) Dem anderweitigen Versorgungsausgleich offene Versorgungsanrechte. Der anderw VA nach VAHRG 3b kommt nur in Betr, soweit nach Dchführg des VA gem § 1587u VAHRG 1 II u III noch ein **restlicher Ausgleichsanspruch** des Berecht verbleibt, der **schuldrechtlich auszugleichen** wäre. IdR wird dies dann der Fall sein, wenn aS des Verpfl noch ein unverfallb, gem VAHRG 2 schuldrechtl auszugleichdes Anrecht vorliegt, welches nicht bereits ganz od zT dch den öffentl WertAusgl in den bish Formen aufgezehrt ist. Beispiele: eine unverfallb priv betriebl Altersversorgg; schuldrechtl auszugleichde Restanrechte, wenn aS des Berecht der HöchstBetr in der gesetzl RentVers gem § 1587b V überschritten ist u der verbleibde Betr nach § 1587f Nr 2 schuldrechtl auszugl wäre (BT-Drucks 10/6369 S 19) usw. Weitere Voraussetzgn für den anderw Ausgl nach § 3b ist, daß das an sich schuldrechtl auszugleichde Anrecht **unverfallbar** ist (vgl dazu § 1587a Anm 3 B Z 3 c; Bergner SozVers 87, H 3 sub 1.1.2).

3) Für den **anderweitigen Ausgleich** sieht VAHRG 3b **zwei Formen** vor: das erweiterte Splitting, Quasi-Splitting u die erweiterte RealTeilg gem Nr 1 (vgl zum Super-Splitting nach bish Recht: § 1587b Anm 4b u 5a aa; § 1587o Anm 3) sowie die AO der Entrichtg von Beitr zur gesetzl RentVers gem Nr 2 (vgl zur früh RLage: § 1587p Anm 4).

a) Erweiterter öffentlichrechtlicher Ausgleich durch erweitertes Splitting („Super-Splitting") **und Quasi-Splitting sowie erweiterte Realteilung, Nr 1.**

aa) Überschreitung des Halbteilungsgrundsatzes (BT-Drucks 10/6369 S 17 Sp 2 unten). Grdsl behält jeder Eheg von seinen in der Ehe erworbenen Anrechten jew die Hälfte. Der anderw Ausgl kann aber dadch erfolgen, daß das FamG zum Ausgl eines an sich dem schuldrechtl VA unterliegden Anrechts ein und Anrecht des Verpfl zum Ausgl heranzieht, **S 1.** α) Zu den auf diese Weise **ausgleichbaren Anrechten** gehören diej nach VAHRG 2 od der den HöchstBetr nach § 1587b V überschreite u gem § 1587f Nr 2 schuldrechtl auszugleichde Betr (Anm 2). Dagg nicht ausländ Anrechte (Hamm FamRZ 89, 759). β) Das zum erweiterten Ausgleich herangezogene Anrecht muß auch ohne den erweiterten VA schon auszugl sein. Ein Anrecht, das ausschließl außerh der EheZt erworben wurde u daher im VA überh nicht zu berücks ist, scheidet auch f den erweiterten Ausgl aus. Iü können aber neben rein innerh der Ehe angesammelten VersorggsAnwartsch auch wenigstens teilweise vor der Ehe erworbene Anrechte des Verpfl zum erweiterten Ausgl herangezogen w (BT-Drucks 10/5447 S 15). Dagg scheiden Anrechte, die nach der EheZt erworben w sind, f den erweiterten Ausgl aus (aA Bergner SozVers 87, 60). Die zusätzl herangezogenen Anrechte müssen ihrer RNatur nach dem Splitting, dem Quasi-Splitting oder der Realteilung zugänglich sein. Nur schuldrechtl auszugleichde Anrechte können nicht herangezogen w. In Betr kommen daher nicht nur Anwartsch in der gesetzl RentVers, sond auch Anwartsch auf BeamtVersorgg, ferner berufsständ Versorggen wie ÄrzteVersorgg, ZusatzVersorgg im öff Dienst, u auch eine real teilbare priv Vers oder betriebl AltersVersorgg (BT-Drucks 10/5447 S 15; Bergner SozVers 87, 60).

bb) Durchführung des erweiterten Splittings usw (vgl Ruland NJW 87, 348). Soweit sie in der EheZt erworben sind, werden Anrechte zunächst nach § 1587b I od II, VAHRG 1 II u III ausgeglichen. Hierbei ist ein schuldrechtl auszugleichder AusglAnspr übriggeblieben. Bei diesem entscheidet die dynamisierten (also ggf nach der BarwertVO umgerechneten) Werte (Wagenitz FamRZ 87, 3 mit BerechnungsBsp). Der eigtl erweiterte Ausgl findet dadch statt, daß zusätzl zu den im öffentl VA dem Berecht übertragene od f ihn begründete Anrechte sodann zL eines and, öffentl auszugleichden Anrechts des Verpfl f den Berecht darü hinaus weitere, dch den bereits dchgeführten VA f diesen an sich erledigte Anrechte übertr od begründet w, u zwar (iW des erweiterten Splittings od Quasi-Splittings) in der gesetzl RentVers (Bsp eines solchen Super-Splittings: Celle FamRZ **87**, 391) od (dch erweiterte RealTeilg) bei dem Träger einer and, real teilb Versorgg. Im Ergebn wird damit dem Verpfl die an sich schuldrechtl auszugleichde Versorgg (zB die priv Betriebsrente) ungeschmälert belassen; statt dessen wird sein Anrecht in der gesetzl RentVers, aus der BeamtVersorgg od beim Träger der real teilb Betriebsrente über den HalbteilgsGrds hinaus u ggf bis zur vollen Höhe (Wagenitz FamRZ **87**, 3) vermindert (BT-Drucks 10/6369 S 19). Auf das erweiterte Splitting finden § 1587b I, AVG 83a, auf das erweiterte Quasi-Splitting § 1587b II, AVG 83b, BeamtVG 57, 58 analog Anwendg (Wagenitz FamRZ **87**, 2). Bei der erweiterten Realteilg gem VAHRG 1 II ist zu beachten, ob die Satzg auch die zusätzl Inanspruchn deckt (Wagenitz FamRZ **87**, 3). Eine Anwendg von VAHRG 3b kommt iiF nur hins des an sich dem schuldrechtl Ausgl verbleibden RestBetr in Betr (BT-Drucks 10/6369 S 19). **Rangfolge:** Unter mehreren ausglfäh Anrechten bleibt dem Ger die Wahl (Ffm FamRZ **89**, 401). Zur Rgfolge unter den AusglObj Anm c.

cc) Einhaltung des Grenzbetrages, Nr 1 S 2. Der erweiterte Ausgl in Form des erweiterten Splittings, Quasi-Splittings usw darf dem AusglPfl nicht zuviel von seinen nach wie vor als wertvoller angesehenen splittingsfäh Anrechten wegnehmen (ausführl dazu Wagenitz FamRZ **87**, 3f). Desh macht das Gesetz hier bestimmte Einschränkgen. Abweichd vom RegEntw, der einen GrenzBetr von 1% der am Ende der EheZt maßgebden monatl Bezugsgröße vorsah (BT-Drucks 10/5447 S 15), u abweichd v den 4% des SPD-Entw (BT-Drucks 10/5484) ist der GrenzBetr, bis zu dem insges der erweiterte Ausgl vorgenommen w darf, auf **2% der am Ende der Ehezeit maßgebenden monatlichen Bezugsgröße** festgesetzt w (vgl **Tabelle:** Bergner NJW **89**, 511; Schmeiduch FamRZ **89**, 140). Damit soll einers das Interesse des Verpfl am Erhalt seiner öffrechtl VersorggsAnrechte hinreichd gewahrt bleiben, anderers f den Berecht an Stelle des schuldrechtl VA dieser erweiterte öffrechtl VA zu einer eigständ Versorgg führen (BT-Drucks 10/6369 S 19). Der GrenzBetr bemißt sich nach dem Gesamtergebn. Dewg mehrere dem schuldrechtl VA unterliegde Anrechte ist der GrenzBetr nur einmal auszuschöpfen (Ffm FamRZ **89**, 401). Die Höhe der schuldrechtl auszugleichden Anrechte ist unbeachtl. Aber wenn sie den GrenzBetr von 2% der Bezugsgröße um ein mehrf übersteigen, können sie unter Beachtg des GrenzBetr nach Nr 1 dem erweiterten Splitting, Quasi-Splitting od erweiterte RealTeilg ausgegl w (BT-Drucks 10/6369 S 19f). Zur Kombination beider erweiterten AusglFormen vgl Anm c. **Tabelle** der mtl Bezugsgröße u Grenzwerte bei Schmeiduch FamRZ **88**, 140; Bergner NJW **88**, 684. Außerd ist auch iR v Z 1 der **Höchstbetrag** von § 1587b V zu beachten (BGH FamRZ **89**, 720).

b) Verpflichtung zur Entrichtung von Beiträgen in der gesetzlichen Rentenversicherung, Nr 2.

aa) Die Vorschr entspr § 1587b III aF u beruht auf der Entsch des BVerfG NJW **86**, 1321, wonach innerh best ZumutbarkGrenzen die BeitrZahlgsVerpfl als Form des öffrechtl Ausgl dchaus verfassgskonform u geboten sein kann. Die zum Gesetz gewordene Fassg versucht, sich mit Hilfe unbest RBegriffe innerh dieses Rahmens der Verfassgsmäßigk zu halten (BT-Drucks 10/6369 S 20). Zum Verhältn zur Abfindg vgl § 1587l Anm 1.

bb) Der AusglPfl kann vom FamG unter den Voraussetzgen von Anm 2 verpfl w, f den Berecht Beitr zur Begründg von Anrechten auf eine best Rente in der gesetzl RentVers zu zahlen, **S 1 erster Halbs.** α) Im Ggs zum RegEntw ist **kein Höchstbetrag** vorgesehen, bis zu dem die Begründg von Anrechten dch BeitrZahlg angeordn w kann (BT-Drucks 10/6369 S 20). β) Es wird vielm als tatbestandl Vorauss ausschließl auf die **wirtschaftliche Zumutbarkeit der Beitragszahlungen** f den Verpfl abgestellt. Damit bleibt der Verpfl nicht nur vor unbill Belastgen verschont, sondern wem ueber die von BVerfG gezogenen Zulässigk-Grenzen hinaus nur solche VermOpfer abverlangt, die zu seiner wirtsch GesSituation in einem angem Verhältn stehen, also weder seinen angem Unterh gefährden noch den Stamm seines Verm angreifen. Die Grenze der wirtsch Zumutbark deckt sich dabei mit dem in § 1587l I eingef Maßst (BT-Drucks 10/6369 S 20). Vgl dazu § 1587d Anm 2a sowie § 1587l Anm 2b. Die wirtsch Zumutbark kann sich ua daraus ergeben, daß den Pflichtigen keinerlei UnterhPfl treffen (Düss FamRZ **88**, 404). Unzumutb ist die Entrichtg v Beitr zum Ausgl noch nicht endgült gesicherter BetrRentAnrechte (Brschw FamRZ **88**, 406) od wenn dch die Beitr der angem Unterh u der Stamm des Verm des UnterhPfl gefährdet würden (Hamm FamRZ **89**, 400). Ferner bleibt eine EigtWohng einschl eines evtl VerkErlöses außer Betr (Mü FamRZ **88**, 955). Im Rahmen der wirtsch Zumutbark ist die Mögk v Ratenzahlgen (Anm cc) mitzuberücks (Wagenitz FamRZ **87**, 4f). γ) Die AO kommt nur sol in Betr, wie der Berecht die Vorauss f ein Altersruhegeld aus einer gesetzl RentVers noch nicht erfüllt, **S 1 zweiter Halbs.** BeitrZahlg scheidet nicht schon aus, wenn der Berecht die Altersgrenze überschritten hat, sond erst der Erteilg eines bindenden Altersruhegeldbescheides (BGH FamRZ **88**, 936).

cc) Das FamG kann dem Verpfl **Ratenzahlungen** gestatten, wobei es auch deren Höhe festsetzen muß, **S 2 erster Halbs.** Die Mögk von RatenZahlgen erfolgt innerh der Prüfg der wirtsch Zumutbark u ist desh **von Amts wegen** zu berücks (BT-Drucks 10/6369 S 20). Bei zu niedr bemessenen Raten liegt uU Unzumutbark vor (Wagenitz FamRZ **87**, 5 Fn 17).

dd) Iü gelten hins der **Änderung** einer rechtskr Entscheid des FamG, des **Erlöschens** des Anspr auf BeitrEntrichtg sowie hins des Übergangs nicht getilgter BeitrZahlgsVerpfl in den schuldrechtl VA die Vorschr der §§ 1587d II, 1587e III iVm §§ 1587g I 2 u 1587f Nr 3 entspr, **S 2 zweiter Halbs.** Eine gleichzeit Inanspruchn des Verpfl aus dem BeitrZahlgsTitel u aus dem Berecht beantragten schuldrechtl VA ist damit ausgeschl (BT-Drucks 10/6369 S 20). Maßgebd für das Erlöschen des Anspr auf BeitrEntrichtg ist nicht allein der Eintr der Vorauss v § 1587g I 2; vielm müssen außerdem die allg Vorauss f den schuldr VA erfüllt sein (BGH FamRZ **88**, 936). Das FamG hat bei der Entsch über den schuldrechtl VA die Entsch über die BeitrZahlg aufzuheben (FGG 53f, VAHRG 11 I). Die zitierten **Verweisungen** waren lediglich wg ihrer Bezugn auf § 1587b III erfdl. Iü gelten f die BeitrZahlg nach VAHRG 3b I Nr 2 alle übr Regelgen der §§ 1587ff sowie die mit der BeitrZahlg zushängden Vorschr des SozVersR unmittelb (BT-Drucks 10/6369 S 20).

Anh III zu § 1587b (VAHRG)   4. Buch. 1. Abschnitt. *Diederichsen*

c) Für die Rangfolge bei der Auswahl mehrerer schuldrechtlich auszugleichender Anrechte ist vGw nichts vorgegeben (BT-Drucks 10/6369 S 19). Grdsl sind aber auf der GläubSeite zunächst diej Anrechte öfftlrechtl auszugleichen, die keine Hinterbliebenenversorgg einschließen. Eine Quotierg ist hier nicht empfehlensw (Wagenitz FamRZ **87**, 4). Hinsichtl der **Rangfolge mehrerer für den erweiterten VA in Betracht kommender Anrechte gem Nr 1,** also auf der Zugriffsseite, ist vorrang dasj heranzuziehen, dessen erweiterter Entzug den Verpfl am wenigsten belastet. Keinesw muß unter dem GesPkt der Gleichbehdlg der VersorggsTr quotiert werden (Ffm FamRZ **89**, 401; aA Wagenitz FamRZ **87**, 4). Allerd scheidet iF v § 1587b V ein Hinzuerwerb weiterer gesetzl RentAnrechte aus (Wagenitz FamRZ **87**, 2). Die AO v BeitrZahlgen nach Nr 2 ist ggü dem öffrechtl VA gem § 1587b I u II sowie VAHRG 1 II u III **subsidiär,** nach dem Wortl aber nicht ggü dem erweiterten dingl VA gem VAHRG 3b I Nr 1 (aA Wagenitz FamRZ **87**, 4 unter Berufg auf BT-Drucks 10/6369 S 20). Das Super-Splitting nach Nr 1 kann seinem Umfang nach immer nur unter Beachtg des GrenzBetr erfolgen (Anm 3a bb). Daneben ist gem Nr 2 iR der Zumutbark (Anm 3 b bb) die AO der BeitrZahlg in der gesetzl RentVers für weitere AusglBetr mögl, dh an sich dem schuldrechtl VA überantwortete RestBetr können ganz od zT zusätzl nach Nr 2 dch AO von BeitrZahlgen ausgegl w (BT-Drucks 10/6369 S 19f), so daß nur ein evtl dann immer noch vorhand Rest dem schuldrechtl VA überlassen bleibt.

4) Ausschluß des anderweitigen Versorgungsausgleichs für Anrechte bei ausländischen Versorgungseinrichtungen, II. Anrechte, die bei and als inländ VersorggsTrägern begründet sind (vgl VAHRG 3a V u dortselbst Anm 6), entziehen sich vielf einer verläßl Bewertg. Dies beruht zT auf ihrer von der Typik inländ Anrechte abweichen Ausgestaltg u Leistgsbreite. Zum Teil folgt dies aus den sich im Streit- od Insolvenzfall möglicherw ergebden DchsetzgsProblemen. Desh nimmt § 3b II solche Anrechte (nicht nur „Versorggen"; Bergner SozVers **87**, H 3 sub 1.1.3) von den AusglMechanismen des § 3b I aus u beläßt sie im schuldrechtl VA, der den bes Problemen dieser Anrechte in flexibler Weise Rechng trägt (BT-Drucks 10/6369 S 20; krit Bergner SozVers **87**, H 3 sub 1.1.3).

VAHRG 3c   ***Absehen vom Versorgungsausgleich bei geringfügigem Ausgleichsbetrag.*** Das Familiengericht kann den Ausgleich eines Anrechts ausschließen, dessen **Wert 0,25 vom Hundert** des auf einen Monat entfallenden Teils der am Ende der Ehezeit maßgebenden Bezugsgröße (§ 18 des Vierten Buches Sozialgesetzbuch) nicht übersteigt. Dies gilt nicht, wenn der Ausschluß den Berechtigten bei der Erfüllung von Wartezeiten benachteiligen kann.

1) Zweck der Ermessens-**Bagatellklausel** (Lit: Ruland NJW **87**, 347; Wagenitz FamRZ **87**, 8): Entlastg des VersorggsTrägers vom verwaltungsaufwend Vollzug des VA (BT-Drucks 10/5447 S 14 sowie 10/6369 S 20), nicht so sehr auch des FamG (so aber Mü FamRZ **87**, 1051), weil mit der Notwendigk der genauen Berechng im Hinbl auf die Bezugsgröße u die WarteZten dem FamG keine ArbErsparn zuteil wird, es sei denn, es handelt sich um von vornherein zu vernachlässigde ganz geringfügig Anrechte (Johannsen/Henrich/Hahne Rn 1). Das FamG wird dazu ermächt, bei geringeren Werten vom VA ganz abzusehen. Aber währd der RegEntw die Nichtberücks geringfüg VersorggsAnrechte von einer Prüfg der Zumutbark für den Berecht bzw von dessen Einverständn u einem HöchstBetr abhäng machte (BT-Drucks 10/5447 S 15), stellt die zum Gesetz gewordene Fassg nur noch auf einen best HöchstBetr ab u schließt die Nichtberücks ledigl für Benachteiligen des Berecht bei den WarteZten aus u verlangt schließ auch keinen Antr. Die Vorschr des § 3c gilt ab 1. 1. 87 als Dauerrecht (VAHRG 13 Anm 2 b u 3).

2) Voraussetzungen, S 1 und 2.

a) Anwendungsbereich. Die vom VA ausgeschl **Versorgungsanrechte** können ihrer Art nach sowohl **öffentlichrechtlich wie schuldrechtlich** auszugleichde Anrechte sein; § 3c findet also bei der Dchführg des öffrechtl wie des schuldrechtl VA-Verf Anwendg (Düss FamRZ **87**, 1160). Die BagatellKl gilt m Rücks auf GG 3 **beiderseits,** ist also nicht auf Anrechte des zum VA Verpfl beschränkt (and 47. Aufl), sond erlaubt ihrem EntlastgsZw entsprechd, in den VA an sich einzustellde Anrechte sowohl des AusglPflicht wie des AusglBerecht bereits vor der Saldierg unberücks zu lassen (Düss FamRZ **87**, 1160; Wagenitz FamRZ **87**, 8; Bergner DSozVers **87**, 65; aA Bambg u Hamm FamRZ **89**, 753 u 755; Ruland NJW **87**, 347). Ferner kann die Vorschr auch verw auf mehrere Rechte, also **mehrfach** angewendet w, auch wenn diese zus den HöchstBetr überschreiten, dh wenn der GrenzBetr dabei mehrfach ausgeschöpft w (Ruland NJW **87**, 347; Johannsen/Henrich/Hahne Rn 1 aE). Für jedes Anrecht ist daher der GrenzBetr gesondert festzustellen (Wagenitz FamRZ **87**, 8). Schließl gilt die BagatellKl auch für eine nach Dchführg eines gem VAHRG 3b dchgeführten erweiterten Splittings verbleibde RestAusglPfl (Brschw FamRZ **88**, 74).

b) Ausschließ sind VersorggsAnrechte nur insof, als sie insges einen best **Höchstbetrag nicht überschreiten.** § 3c erlaubt nicht etwa, zu einem HöchstBetr vorhandene VersorggsAnrechte einer best Art im Umfang bis zum HöchstBetr vom VA auszunehmen; rein umfangmäß Korrekturen dieser Art sind vielm nur gem §§ 1587c, 1587h zul. Umstr ist, was unter „Anrecht" zu verstehen ist (vgl ausführl 48. Aufl). Der BGH hat nunmehr entsch, daß an dem sich aus der maßgebden Bezugsgröße ergebden Grenzwert nicht der volle Wert des Anrechts zu messen ist, um dessen Ausgl es geht, sond nur der AusglBetr, der sich bei Einbeziehg des Anrechts in den VA ergibt (BGH FamRZ **89**, 37 mN).

c) Der **Grenzwert** für die Bagatellgrenze ist ggü dem RegEntw (vgl BT-Drucks 10/5447 S 15) um die Hälfte herabgesetzt w. § 3c knüpft an die Bezugsgröße nach § 18 SGB IV an. Entscheidd ist, ob das zu vernachlässigde Anrecht 0,25% der zum jew EheZtEnde geltden monatl Bezugsgröße übersteigt. Maßgebd ist stets der **dynamisierte** Wert des einz Anrechts (BT-Drucks 10/5447 S 15), so daß nichtdynam Anrechte nach den am EheZtEnde maßgebden BerechngsFaktoren der BarwertVO u der Rechen-

Bürgerliche Ehe. 7. Titel: Scheidung der Ehe **Anh III zu § 1587 b (VAHRG)**

größen umgerechnet w müssen (Glockner FamRZ **87**, 330). **Tabellen** der monatl Bezugsgrößen u Grenzwerte bei Bergner NJW **89**, 511; Schmeiduch FamRZ **89**, 140.

d) Die Fassg der Vorschr als Kann-Best (Anm 3) zwingt den FamRi zu einer **Abwägung**. Er muß die Belange der VerwaltgsEffizienz gg das Interesse des Berecht an der Erlangg ggf auch geringfüg Anrechte im Einzelfall abwägen (BT-Drucks 10/6369 S 20; Bspe: BGH FamRZ **89**, 37/9; Mü FamRZ **87**, 1051). Dabei sind etwaige AbändergsMöglk nach VAHRG 10a noch nicht mit zu berücks (BGH FamRZ **89**, 1058 gg Karlsr FamRZ **88**, 513; **89**, 71). Kein RegelAusschl des VA hins dynamisierter RentAnwartsch von 3 DM aus der VBL (Mü FamRZ **87**, 1051; and Ffm **87**, 1052: RegelAusschl, wenn der auszugleichde AnwartschWert unter dem GrenzBetr bleibt u Nachteile für die Erfüllg von WarteZten auszuschl sind).

e) Auch geringfüg Anrechte sind zu berücks, wenn der Ausschl des VA den Berecht bei **Erfüllung von Wartezeiten** benachteiligen würde, S 2. Darstellg der versch WarteZten: BGH FamRZ **89**, 39/40. **Tabelle** zur Berechng: Glockner FamRZ **87**, 330. Da die Vorschr leerliefe, wenn man sie iS der Beeinträchtigg „irgendwelcher" u damit stets auch der gr WarteZten verstünde, ist entscheidd, ob der AusglBerecht dch den VA eine (weitere) **konkrete** WarteZt erfüllen kann (BGH FamRZ **89**, 39/40 u 1057). Ausschl also auch mögl, wenn die 20 J WarteZt von RVO 1247 IIIb für die EU-Rente (Kblz FamRZ **88**, 181) bzw die 15 J gem RVO 1248 VII für das AltersruheG noch nicht erfüllt sind (Hbg FamRZ **87**, 1160). Eine Benachteiligg liegt nicht vor, wenn die kl WarteZten bereits erfüllt sind u dch die bei NichtAusschl des VA hinzukommenden WarteZtMo eine gr WarteZt doch nicht erfüllt werden kann (BGH FamRZ **89**, 37/38 f). Hierbei ist zu beachten, daß die aus dem VA erlangten WarteZtMo gem RVO 1304 a V, AVG 83 a V einer Höchstgrenze unterliegen (BGH FamRZ **89**, 39/40). WarteZtNachteile ergeben sich dch Nichtberücksiggg einer Zusatzversorgg nicht, wenn der AusglBerecht jeden Mo der EheZt mit eig BeitrZten belegt hat (Kblz FamRZ **88**, 181) od wenn bereits die Übertragg von Anwartsch gem § 1587 b I zur vollen WarteZtGutschr für die EheZt führt (Ffm FamRZ **87**, 1052). Von der Anwendg von § 3c abzusehen, wenn die MindestWarteZt v 60 KalenderMo u damit das Mindestmaß soz Absicherg noch nicht erreicht ist, liegt im tatrichterl Ermessen (BGH FamRZ **89**, 39/41; Hamm FamRZ **88**, 512); dagg selbst bei überwiegd Inanspruchn des vorgezogenen AltersruheG in der Prax ein genereller Ausschl v § 3c bei Nichterreichen der dafür erforderl WarteZt v 180 Mo nicht (BGH aaO).

3) Rechtsfolgen. Es handelt sich um eine Kann-Vorschr u damit um eine ErmessensEntsch (Anm d u e). Die Best ermächtigt das FamG, den VA hins bestimmter Versorggsanrechte auszuschließen. Beschw des VersorggsTrägers gg Nichtanwendg von § 3c zul (BGH FamRZ **89**, 41), nicht dagg gg die Anwendg von § 3c (Saarbr FamRZ **89**, 994). Eine **Korrektur der Nichtberücksichtigung** von Anrechten ist iR eines Verf nach VAHRG 10a bzw bei Geltmachg einer AusglRente nach § 1587g mögl (Ffm FamRZ **87**, 1052/53; Kblz FamRZ **88**, 181; aA Mü FamRZ **87**, 1051).

II. Auswirkungen des Versorgungsausgleichs in besonderen Fällen

Einführung

1) Die §§ 4–10 HRG nehmen die wirtschaftl nachteil Folgen des dingl VA in best Härtefällen zurück (vgl Einf 1 a vor § 1 HRG).

VAHRG 4 *Reduktion der Kürzung beim Tod des Berechtigten, Nichtübersteigen von zwei Jahresbeträgen und Erstattung im Falle der Nachversicherung.*

(1) Ist ein Versorgungsausgleich gemäß § 1587b Abs. 1 oder 2 des Bürgerlichen Gesetzbuchs durchgeführt worden und hat der Berechtigte vor seinem Tod keine Leistungen aus dem im Versorgungsausgleich erworbenen Anrecht erhalten, so wird die Versorgung des Verpflichteten oder seiner Hinterbliebenen nicht auf Grund des Versorgungsausgleichs gekürzt.

(2) Ist der Berechtigte gestorben und wurden oder werden aus dem im Versorgungsausgleich erworbenen Anrecht Leistungen gewährt, die insgesamt zwei Jahresbeträge einer auf das Ende des Leistungsbezuges berechneten Rente (§ 1254 Abs. 1 Halbsatz 1 der Reichsversicherungsordnung, § 31 Abs. 1 Halbsatz 1 des Angestelltenversicherungsgesetzes) aus dem erworbenen Anrecht nicht übersteigen, so gilt Absatz 1 entsprechend, jedoch sind die gewährten Leistungen auf die sich aus Absatz 1 ergebende Erhöhung anzurechnen.

(3) Wurde der Verpflichtete nach Durchführung des Versorgungsausgleichs nachversichert, so sind insoweit dem Rentenversicherungsträger die sich aus Absatz 1 und 2 ergebenden Erhöhungen vom Dienstherrn zu erstatten.

1) Die Vorschr korrigiert dch **Rückausgleich** die mit dem VA zL des AusglPfl verbundene Kürzg seiner eig VersorggsBezüge **in drei Fällen:** bei Vorversterben des AusglBerecht, wenn dieser überh keine Leistgen aus dem VA mehr erhalten hat, I, od nur geringfüg Leistgen, II, u schließl bei einem ehem Beamten, dessen dch NachVers geschaffene Versorgg in der gesetzl RentenVers mRücks auf den vorzeit Tod des AusglBerecht nach den GesichtsPkten von I u II unverdient gekürzt w ist, III.

2) Im Falle des **Vorversterbens des Ausgleichsberechtigten, I, a)** unterbleibt die Kürzg der dem AusglPfl zustehden Versorgg unter zwei **Voraussetzungen: aa)** Der VA ist dch **Renten-Splitting** (§ 1587 b I) **oder Quasi-Splitting** dchgeführt w, wobei es gleichgült ist, ob es sich um ein Quasi-Splitting gem § 1587 b II od § 1 III HRG handelt (§ 10 HRG). Dagg findet iF der RealTeilg nach § 1 II HRG der § 4 I HRG keine Anwendg; es soll Sache des VersorggsTrägers sein, gg verfassgswidr Härten selbst Vorsorge zu

Anh III zu § 1587b (VAHRG) 4. Buch. 1. Abschnitt. *Diederichsen*

treffen (BT-Drucks 9/2296 S 16). – **bb)** Der AusglBerecht hat vor seinem Tode **keine Leistungen** aus den im VA erworbenen Anrechten erhalten. Zum LeistgsBegr Anm 3 a. Auch an Hinterbliebene dürfen keine Zahlgen erfolgt sein (OVG Kblz NJW-RR **86**, 373: dann allein: II). Wird über einen RentenAntr erst nach dem Tode des Berecht entschieden u die Rente bis zum Todesmonat an den RNachfolger gezahlt (SGB 56, 58), liegt kein Fall von I, sond von II vor. Die Feststellg v I ist nicht in einem gesond Verf unmittelb nach dem Tode des Berecht zu treffen, sond erst, wenn für den AusglSchuldn od seine Hinterbliebenen Versorggsleistgen zu erbringen s (LSG Brem FamRZ **88**, 514).

b) Rechtsfolgen. Der RückAusgl erfolgt dadch, daß bei Renten RVO 1304a I 1, bei einer BeamtenVersorgg BeamtVG 57 I u bei Entscheidgen nach § 1 III HRG die sinngem Anwendg v BeamtVG 57 I 1 entfällt. Die Kürzg entf frühestens mit dem Ablauf des Mts, in dem der AusglBerecht gestorben ist, wirkt sich aber so aus, als habe ein VA nicht stattgefunden. Der RückAusgl erfolgt ggf rückw zum 1. 7. 77, gilt also für sämtl VA-Fälle (§ 13 II HRG). § 4 I gibt keinen Anspr auf Rückübertragg von Anwartsch gg den RentVersTr (BSG FamRZ **89**, 971).

3) Vorversterben nach geringfügigen Leistungen, II. Ein RückAusgl erfolgt auch dann, wenn der Berecht gestorben ist u aus dem VA Leistgen gewährt wurden od werden, die einen best GrenzBetr nicht übersteigen. Verfassgskonform (BVerfG NJW **89**, 1983; BSG FamRZ **88**, 1043).

a) Als **Leistungen** iS von II, aber auch v I (vgl Anm 2a bb), kommen nicht nur RentenLeistgen in Betracht, sond sämtl RegelLeistgen nach RVO 1235 (RehabilitationsLeistgen, WitwenAbfindgen, BeitrErstattgen, Beitr für die KrankenVers der Rentner), insbes aber auch Leistgen an Hinterbliebene (Bergner DRV **83**, 235), soweit sie ohne den VA nicht zu gewähren gewesen wären.

b) Ein RückAusgl kommt nur in Betr, wenn der **Grenzbetrag von zwei Jahresbeträgen** nicht überschritten w ist. Es kommt nicht auf die (geringere) Höhe der vom FamG auf das Ende der EheZt bezogenen (§ 1587 II) übertragenen und begründeten Gutschrift an; entscheidd ist vielm die Höhe der dynamisierten Gutschrift der gem RVO 1254 I Halbs 1, 1304a IV 1 **auf das Ende des Leistungsbezugs berechneten Rente** (BerechngsBspe bei Bergner DRV **83**, 234 f), die zur Berechng des Grenzwerts verdoppelt w muß; nicht etwa ist das 24fache eines nach RVO 1297 gerundeten MtsBetrags maßg (aA Michaelis-Sander DAngVers **83**, 108). Der GrenzBetr ist für jede AusglArt (Splitting, Quasi-Splitting, BeitrEntrichtg) gesond festzustellen.

c) Ist der GrenzBetr errechnet, muß festgestellt w, **in welcher Höhe** aus den im VA erworbenen Anrechten **Leistungen gewährt** wurden. Zum Begriff der Leistgen Anm a). Aus dem im VA erworbenen Anrecht sind die Beträge gezahlt, die aus der einzelnen Gutschrift stammen (RVO 1304a IV 1); eine Aufteilg der Leistgen auf das StammRecht u das im VA erworbene Anrecht ist auch dann vorzunehmen, wenn die WarteZt (RVO 1304a V) u damit die AnsprVoraussetzgen für eine Rente erst unter Berücks der Gutschr aus dem VA erfüllt w (Bergner DRV **83**, 235).

d) Anrechnung der gewährten Leistungen. Wird der GrenzBetr nicht überschritten, so ist die Versorgg des AusglPfl ungekürzt zu zahlen; doch wird die aus dem VA erbrachten Leistgen anzurechnen. Dies geschieht in der Weise, daß mtl die Differenz zw der ungekürzten u der gekürzten Rente des AusglPfl solange von der ungekürzten Rente abgezogen w, bis die an den AusglBerecht erbrachten Leistgen „zurückgezahlt" sind (BerechngsBsp bei Bergner DRV **83**, 236). Werden lfde Leistgen an Hinterbl (WitwRente, HalbwaisenRente gem RVO 1266 ff) gezahlt, die insges den GrenzBetr nicht überschreiten, w unter Anrechng der Leistgen aus dem VA die Rente an den AusglPfl unverkürzt, aber unter Anrechng der Hinterbl-Leistgen gezahlt; die unverkürzte Zahlg der Versorgg setzt nicht das Ende des LeistgsBezugs voraus (Bergner DRV **83**, 236 f; aA Michaelis-Sander DAngVers **83**, 108).

4) Nachversicherung, III. Ist ein Beamt geschieden worden u anschließd aus dem BeamtVerhältn ausgeschieden, so ist seine PensionsAnwartsch dch Quasi-Splitting verkürzt (§ 1587b II) u für ihn iW der NachVersicherg eine entsprechd niedrigere Vers in der gesetzl RentVers begründet w (RVO 1232, 1402 VIII 1). Auch hier kann es sein, daß sich das Vorversterben des ausglberecht Eheg dahin auswirkt, daß dieser aus dem VA keine od nur geringfüg Vorteile gezogen hat, so daß es einen Härtefall bedeutet, wenn es aS des AusglPfl beim vollen dch den VA bewirkten Verlust seiner RentBezüge verbleibt. I u II greifen hier bereits ihrem Wortlaut nach ein, so daß der nachversicherte ehem Beamte aus der RentVers die ungekürzte bzw nur um den AnrechngsBetr verkürzte Rente ausgezahlt bekommt. In III war desh ledigl ergänzd zu regeln, daß der Dienstherr dem RentVersTr über § 1587b II hinaus die sich aus I u II ergebden LeistgsErhöhgen zuerstatten hat (BT-Drucks 9/2296 S 14).

VAHRG 5 *Ungekürzte Versorgung bei Unterhaltsverpflichtung.*

(1) Solange der Berechtigte aus dem im Versorgungsausgleich erworbenen Anrecht keine Rente erhalten kann und er gegen den Verpflichteten einen Anspruch auf Unterhalt hat oder nur deshalb nicht hat, weil der Verpflichtete zur Unterhaltsleistung wegen der auf dem Versorgungsausgleich beruhenden Kürzung seiner Versorgung außerstande ist, wird die Versorgung des Verpflichteten nicht auf Grund des Versorgungsausgleichs gekürzt.

(2) § 4 Abs. 3 gilt entsprechend.

1) Ein Härtefall ergibt sich auch dann, wenn jmd trotz seiner dch den VA ungekürzten Rente **dem anderen Ehegatten unterhaltspflichtig** ist, dieser aber aus den ihm im VA zugeflossenen VersorggsAnrechten noch keine Versorgg erhält. Daß hier der VA zu einer Verringerg der unterhrechtl LeistgsFähigk des AusglPflicht führen soll, ist nicht einzusehen, sol der AusglBerecht aus den ihm übertragenen VersorggsAnrechten keinerlei Vorteile zieht. Diesem Härtefall trägt der (verfassgskonforme; BSG FamRZ **87**, 380) 1 dadch Rechng, daß dem UnterhPfl insow die unverkürzte Versorgg belassen w, ebso wie dem nach Scheidg aus dem DienstVerhältn ausgeschiedenen Beamt, II.

Bürgerliche Ehe. 7. Titel: Scheidung der Ehe **Anh III zu § 1587b (VAHRG)**

2) Voraussetzungen der unterhaltsbedingten Rücknahme der Kürzung, I.
a) Dem AusglBerecht muß gg den AusglVerpfl ein **Anspruch auf Unterhalt** nach den §§ 1569ff zustehen. Maßgebd ist allein die Tats der UnterhPfl; es kommt nicht darauf an, in welcher Höhe der Unterh-Anspr besteht (BT-Drucks 9/2296 S 14). Die versorggsausglbedingte Kürzg der Rente wird also auch dann zurückgenommen, wenn der UnterhBetr geringer ist als die dem UnterhPfl dch Aussetzen der Kürzg zugute kommde Erhöhg seiner Rente. Der AusglPfl erhält auch dann seine ungekürzte Rente, wenn er inf mangelnder LeistgsFähigk (zum Selbstbehalt § 1581 Anm 2b) zivilrechtl nur eingeschr unterhpfl ist. Dagg kein zeitl befr RückAusgl bei ohnehin fehlder Leistgsfähigk. Anspr aus einer UnterhVereinbg (§ 1585c) reicht aus, es sei denn, sie ist sittenwidr, näml nur zu dem Zweck geschlossen, dem AusglPfl zur Zahlg der ungekürzten Versorgg zu verhelfen. Dch einen UnterhVerzicht entfällt die Möglichk, § 5 HRG anzuwenden, es sei denn, der Verzicht ist nichtig (§ 138) od erfolgte gg Gewährg einer Abfindg (VGH Bad-Württ FamRZ **89**, 515). Ob für den UnterhAnspr ein VollstrTitel vorliegt od nicht, ist erst unerhebl. Die Möglichk einer AbänderungsKl (ZPO 323) ist zu berücks; ggf Aussetzg des Kürzgs- od NachzahlgsVerf, aber nur, wenn die Veränderungen zum Wegfall der UnterhPfl führen, da es auf die Höhe des UnterhAnspr iRv § 5 HRG nicht ankommt. ManipulationsMöglk auch dch Anerk- u VersäumUrt. **Analoge** Anwendg von § 5 iF von § 1586b, da es sich hierbei ebenf um einen UnterhAnspr handelt u der GesZweck (Anm 1) auch darauf zutrifft (aA VGH Mannh NJW **89**, 1876).
b) Kein Rentenbezug des Ausgleichsberechtigten. Der Verpfl erhält die ungekürzte Versorgg nur sol ausbezahlt, wie der Berecht aus der Gutschr keine Rente erhalten „kann"; das bedeutet, daß er die von ihm zu erbringden Voraussetzgen für einen RentBezug, aus denen sich der VA ergeben, ggf also auch das vorzeit Altersruhegeld in Anspr nehmen muß (aA Bergner DRV **83**, 239). Im Falle einer RentNachzahlg entscheidet nicht der Ztpkt der tats Zahlg, sond der RentBeginn. Nach dem eindeut Wortlt („Rente") steht der Bezug von Übergangsgeld bei RehabilitationsMaßn (RVO 1240ff) dem RentBezug nicht gleich (Bergner DRV **83**, 239; aA Michaelis-Sander DAngVers **83**, 109).
3) Der **Anspruch auf ungekürzte Versorgung** besteht nur sol, wie der AusglBerecht unterhberecht ist. Die ungekürzte Versorgg beginnt frühestens mit Ablauf des Mts, in dem die Voraussetzgen v § 5 HRG vorliegen (RVO 1290 I 1). Sie **endet** mit dem Ende des Mts, in dem die Voraussetzgen des § 5 HRG weggefallen sind. Hierf reicht die tats Einstellg der UnterhLeistg nicht aus, weil § 5 HRG nur den Anspr auf Unterh voraussetzt (Anm 2a). Der Bescheid über die Zahlg der ungekürzten Rente w ggf, näml wenn der Verpfl seine MitteilgsPfl nach § 9 III HRG verletzt hat, mit Rückwirkg aufgehoben (vgl §§ 48, 50 SGB X).
4) Die Aussetzg der Kürzg erfolgt auch iF der **Nachversicherung** eines aus dem BeamtVerhältn ausgeschiedenen Beamten, soweit er dem AusglBerecht ggü unterhpfl ist u dieser aus dem VA noch keine Rente erhält, **II.**

VAHRG 6 *Nachzahlungen in Unterhaltsfällen.* **Sind Nachzahlungen zu leisten, so erfolgen sie in den Fällen des § 5 an den Verpflichteten und an den Berechtigten je zur Hälfte.**

1) Dadch, daß § 5 HRG mit rückw Kr bereits ab 1. 7. 77 gilt (§ 13 II HRG), können vermehrt die Fälle eintreten, in denen sich herausstellt, daß dch Vorversterben des ausglberecht u zugl unterhberecht Eheg unter HärtegesichtsPkten dieser zu wenig Unterh bekommen u der Eheg aus einer geschmälerten eig Versorgg zuviel Unterh geleistet hat. Die Kürzg ist in solchen Fällen nachträgl dchzuführen, aber idW, daß **Nachzahlungen je zur Hälfte** an den Verpfl u an den Berecht zu leisten sind. Dch diese vereinfachde Regelg soll vermieden w, daß im einzelnen geprüft w muß, wer von beiden jew die finanz Nachteile dch die Kürzg erlitten hat (BT-Drucks 9/2296 S 15). § 6 gilt ferner, wenn die UnterhVerpfl erst nach Rentenbeginn entsteht od wenn eine ZtRente des AusglBerecht endet. Zu Nachzahlgen w es wg der Dauer des VerwaltgsVerf ferner dann kommen, wenn die Rente erstmals ohne Kürzg festgestellt w muß. Zu sozialversrechtl Belastgen des NachzahlgsAnspruchs (§§ 51ff SGB I) vgl Bergner DRV **83**, 240. Die Vorschr enthält dispositives R; die Part können also abweichde Quotelg vereinb.

VAHRG 7 *Rückzahlung von Beiträgen.* **Sind auf Grund der Versorgungsausgleichs für den Berechtigten Beiträge zu einer gesetzlichen Rentenversicherung geleistet worden, sind dem Leistenden vom Rentenversicherungsträger die Beiträge unter Anrechnung der gewährten Leistungen zurückzuzahlen, wenn feststeht, daß aus dem durch die Beitragszahlungen begründeten Anrecht keine höheren als die in § 4 Abs. 2 genannten Leistungen zu gewähren sind.**

1) Zweck: Zur AnO der Entrichtg v Beiträgen kann es aGrd der Entsch des BVerfG NJW **83**, 1417 aus § 1587b III 1 nicht mehr kommen (BVerfGG 31 II 1). Dadch wurde die Regelg von VAHRG 7 über die **Rückzahlung erbrachter Beitragszahlungen** in den Härtefällen von VAHRG 4 aber auch in der aF nicht ggstandslos. Denn die nicht mehr anfechtb VA-Entscheidgen bleiben unberührt (BVerfGG 79 II, 95 III 3). Aus ihnen kann zwar nicht mehr vollstreckt w (ZPO 767); aber bereits geleistete Zahlgen sind nicht ohne RGrd erfolgt, so daß sie nur nach VAHRG 7 zurückgefordert werden können. Nach der Neufassg des VAHRG dch das VAwMG können nunmehr auch iW der Abfindg nach VAHRG 2 iVm 15871 od aGrd einer AnO von BeitrZahlgen nach VAHRG 3b Z 2 für den Berecht Anrechte in der ges RentVers begründet werden. VAHRG 7 nF bezieht diese Fälle in die RückzahlgsPfl ein (BT-Drucks 10/6369 S 20). Der Anspr ist gg den jew Träger der SozVers zu richten u vor den SozGer geltd zu machen (VAHRG 9 Anm 1).
Übergangsrechtlich gilt folgdes (Ruland FamRZ **83**, 567): (1) Ist aGrd rechtskr gewordener Entsch des FamG zum VA dieser dch Einzahlg von Beitr vollzogen, so bleibt es dabei. Keine steuerrechtl Berücks (BFH NJW **84**, 1783) od Rückzahlg aus ungerechtfBereicherg (BVerfGG 79 II 4), es sei denn, es handelt sich um den Führer der VerfBeschw, der auch einen entspr Anspr auf Zust zur Rückzahlg gg den and Eheg hat

1527

Anh III zu § 1587b (VAHRG)

(Hamm FamRZ **85**, 402). Im übrigen Rückabwicklg allenf gem VAHRG 7 (Anh III zu § 1587b). (2) Liegt eine rechtskr Verurt des VA-Schuldn zur Entrichtg von Beitr vor, ist aber noch nicht gezahlt worden, bleibt die Entsch von dem Beschl des BVerfG unberührt (BVerfGG 79 II 2); der AusglSchu muß ZwVollstrGgKl erheben (ZPO 767). Ist er gestorben, besteht ebenf keine Mögk, auf das VAHRG zurückzugreifen (Hamm FamRZ **84**, 399 Ärzteversorgg). (3) Ist das VA-Verf noch nicht rechtskr abgeschl, kommt die AnO der Entrichtg von Beitr nicht mehr in Betr. Es gilt VAHRG 1 I. Wg **Einzelheiten** vgl § 1587b Anm c u d.

2) Voraussetzungen für die Rückzahlung:

a) Beitragszahlungen nach § 1587b III sind nicht nur die nach dieser Best erfolgten Leistgn, sond auch solche, die aGrd einer Parteivereinbg nach § 1587o erbracht w sind (Bergner DRV **83**, 241; Michaelis-Sander DAngVers **83**, 112).

b) Eine Rückzahlg kommt erst in Betr, wenn der AusglBerecht **tot** ist. Es besteht keine Mögk, etwa mRücks auf die NichtigkErkl v § 1587b III 1 HS 1 dch BVerfG NJW **83**, 1417 bereits bezahlte Beitr zurückzuverlangen.

c) Die Rückzahlg setzt ferner voraus, daß der **Grenzbetrag des § 4 II HRG nicht überschritten** ist (§ 4 HRG Anm 3b). Eine Rückzahlg kommt solange nicht in Betr, wie die Überschreitg noch mögl ist ("feststeht"). Ist die kleine WarteZt bei Eintritt der Erwerbsunfähigk nicht erreicht u die WarteZt für das Altersruhegeld mehr erfüllb, ist immer noch eine BeitrErstattg mögl (RVO 1303 II u IX). Ebso scheidet die Rückzahlg aus, wenn evtl ansprberecht Hinterbliebene des Berecht vorhanden sind (§ 4 Anm 3d). Dagg scheitert die Rückzahlg der Leistgen aus § 1587b III nicht daran, daß aus den entrichteten Beitr wg RVO 1233 II, 1304b I 4 keine Leistgen erbracht wurden, die Leistgen aGrd v § 1587b I od II aber den jew GrenzBetr des § 4 II HRG überschritten haben.

3) Rückzahlung. Blockieren die aus den entrichteten Beitr erbrachten Leistgen die Rückzahlg nicht, weil sie den GrenzBetr nicht überschreiten, sind diese aber jedenf auf die zurückzuzahlden Beitr anzurechnen. –
a) Zurückzuzahlen ist der **tatsächlich gezahlte Beitrag** abzgl der gewährten Leistgn, nicht dagg der Betr, der sich aGrd der Dynamisierg der RentAnwartsch im Ztpkt der Rückzahlg ergeben würde (BT-Drucks 9/2296 S 15). – **b)** Die Beitr werden **an den Leistenden** zurückgezahlt, also idR an den AusglVerpfl. Hat sie ausnahmsw der AusglBerecht gezahlt, muß auch an ihn zurückgezahlt w, allerd ohne daß seinem Erben od sonst einem Dr ein AntrR zusteht (Bergner DRV **83**, 243; aA Michaelis-Sander DAngVers **83**, 112). War bereits Antr gestellt, erfolgt ein Übergang nach § 9 III HRG.

VAHRG 8 Rückzahlung von Kapitalbeträgen zur Abwendung der Versorgungskürzung.
Ein zur Abwendung der Kürzung gezahlter Kapitalbetrag ist unter Anrechnung der gewährten Leistung zurückzuzahlen, wenn feststeht, daß aus dem im Versorgungsausgleich erworbenen Anrecht keine höheren als die in § 4 Abs. 2 genannten Leistungen zu gewähren sind.

1) Der AusglVerpfl kann die dch den VA eingetretene Minderg seiner BeamtVersorgg od Rente gem RVO 1304a VI, BeamtVG 58 dch Zahlg entspr Beträge abwenden (§ 1587b Anm 2d u 3c). Wird die Versorgg nach § 4 HRG ungekürzt gezahlt, weil sich der VA nachträgl ganz od zT als unnöt herausgestellt hat, können auch die **zur Abwendung der Kürzung gezahlten Beträge** zurückverlangt w. Zu den **Voraussetzungen** § 4 Anm 2a u 3. Der Verpfl kann nicht dch Stehenlassen des zur KürzgsAbwendg gezahlten Betr seine ungekürzte Rente aufstocken (Bergner DRV **83**, 243).

VAHRG 9 Rückausgleichsverfahren.
(1) Über Maßnahmen nach §§ 4 bis 8 entscheidet der Leistungsträger auf Antrag.

(2) Antragsberechtigt sind der Verpflichtete und, soweit sie belastet sind, seine Hinterbliebenen. In den Fällen des § 5 kann auch der Berechtigte den Antrag stellen.

(3) Ansprüche nach §§ 4 bis 8 gehen auf den Erben über, wenn der Erblasser den erforderlichen Antrag gestellt hatte.

(4) Der Antragsberechtigte und der Leistungsträger können von den betroffenen Stellen die für die Durchführung von Maßnahmen nach §§ 4 bis 8 erforderliche Auskunft verlangen.

(5) In den Fällen des § 5 hat der Verpflichtete dem Leistungsträger die Einstellung der Unterhaltsleistungen, die Wiederheirat des Berechtigten sowie dessen Tod mitzuteilen.

1) Die Vorschr regelt das Verf des RückAusgl, der NachZahlg u der ZurückZahlg v Beitrags- u KürzgsabwendgsZahlgen. Danach entscheidet über die Maßn nach den §§ 4–8 HRG nicht das FamG, sond der jew LeistgsTräger. Gg dessen Entscheid steht der Rechtsweg jew zu den Sozial-, Verwaltgs- u ArbGerichten offen. **Leistungsträger** ist der zust RentVersTräger in den Fällen der §§ 4–6 HRG, wenn ein RentSplitting n § 1587b I stattgefunden hat, sowie iFv BeitrZahlgen nach § 7 HRG u der KürzgsabwehrZahlgen nach RVO 1304a VI, § 8 HRG; LeistgsTr ist der Träger der BeamtVersorgg bzw der beamtenähnl Versorgg in den Fällen der §§ 4–6 HRG, wenn der VA dch Quasi-Splitting nach § 1587b II stattgefunden hat, u iFv § 8 HRG, wenn ein Beamter die KürzgsabwendgsZahlg nach BeamtVG 58 vorgenommen hat; schließl ist LeistgsTräger der öff-rechtl VersorggsTräger iSv § 10 HRG, der die VersorggsZahlg, in den Fällen der §§ 4–6 HRG iwS ausgl iw des Quasi-Splittings nach § 1 III HRG stattgefunden hat, od iFv § 8 HRG, wenn ein KapitalBetr analog BeamtVG 58 gezahlt wurde. Zust RentVersTr ist in den Fällen der §§ 4, 5 u 8 HRG der VersTräger, der die Rente zahlt. Iü gelten die allg Vorschr über die Zuständigk bei Stellen eines LeistgsAntr unter Berücks des Wohnsitzprinzips.

Bürgerliche Ehe. 7. Titel: Scheidung der Ehe **Anh III zu § 1587b (VAHRG)**

2) Antragserfordernis, I. a) Der RückAusgl erfolgt **nicht von Amts wegen,** obwohl der Renten-VersTräger gehalten ist, nach § 14 SGB I auf die Möglk der AntrStellg hinzuweisen. Hat der AusglPfl bish noch keine Rente bezogen, reicht der RentenAntr aus, ohne daß es eines zusätzl Antr nach I bedarf. – **b) Antragsberechtigt** sind der AusglPfl u, sow sie beispielsw wg Minderg ihrer HinterblRente belastet sind, auch seine Hinterbl, **II 1.** Hat die Kürzg des VA zu unterbleiben, um den AusglPfl für die Unterh-Anspr des geschiedenen Eheg leistgsfäh zu machen (§ 5 HRG), so kann auch der Berecht den Antr stellen, **II 2.** Dasselbe muß für evtl Anspr auf Nachzahlg gem § 6 HRG gelten. **c)** Für die Geltdmachg besteht keine Frist. **Verjährung** in 4 J (SGB-I 45).

3) Die Anspr aus den §§ 4–8 gehen auf den **Erben** über, wenn der Erbl den erfdl Antr gestellt hatte, **III**, wobei der Kreis der Hinterbl iSv II nicht ident zu sein braucht mit den Erben (§§ 1922 ff; RVO 1264 ff).

4) Zur Durchführg v Maßn nach §§ 4–8 HRG können der AntrBerecht (Anm 2b) u der LeistgsTräger (Anm 1) von den betroffenen Stellen die erfdl **Auskunft** verlangen, **IV.** Im Falle des Vorversterbens muß der AusglPfl wissen, welche Leistgen der Berecht aus der übertragenen od begründeten Anwartsch erhalten hat; der AusglPfl hat ein entspr AuskR ggü dem RentVersTr seines verstorbenen früh Eheg. Der LeistgsTr braucht ein AuskR etwa, um unvollständ Nachw des AntrSt zur Beschleunig des Verf selbst zu ergänzen. „Betroffene Stellen" sind jew der AntrSt, der Leistde od der geschied Eheg des AntrSt.

5) Unterbleibt die Kürzg der Versorgg mRücks auf eine ggü dem AusglBerecht bestehde UnterhPfl (§ 5 HRG), besteht für den AusglPfl eine **Mitteilungspflicht:** Er muß dem LeistgsTräger mitteilen, wenn er die UnterhLeistg eingestellt od wenn der Berecht wiedergeheiratet hat bzw gestorben ist, **V.** Mit dem Wegfall der UnterhPfl entf der Anspr auf die ungekürzte Versorgg. Kommt der AusglPfl dieser Mitteilgspfl nicht od nur verspätet nach, wird der Bescheid mit Rückwirkg aufgeh u hat der AusglPfl die überzahlten Betr zu erstatten (§ 50 SGB X).

VAHRG 10 **Härteausgleich beim Quasi-Splitting nach dem HRG.** In den Fällen des § 1 Abs. 3 gelten die §§ 4 bis 9 sinngemäß.

1) Die §§ 4–9 HRG gleichen Härten aus, die dch das Quasi-Splitting nach § 1587b II eintreten, wenn der AusglBerecht inf seines Vorversterbens keine od nur geringe Vorteile aus dem VA erlangt hat od der AusglPfl KapitalBetr aufgewendet hat, um die Kürzg seiner Versorgg zu vermeiden. Derartige Härten können aber auch iF des Quasi-Splittings nach § 1 III HRG eintreten, wenn also ein auszugleichendes Anrecht gg einen öff-rechtl VersorggsTräger dch Quasi-Splitting ausgeglichen wird ist u der AusglBerecht vor Inspruchn der Leistgen aus dem VA stirbt usw. Zur RealTeilg § 4 Anm 2a aa.

IIa. Abänderung von Entscheidungen über den Versorgungsausgleich

VAHRG 10a **Abänderung rechtskräftiger Versorgungsausgleichsentscheidungen.** **I** Das Familiengericht ändert auf Antrag seine Entscheidung entsprechend ab, wenn

1. ein im Zeitpunkt des Erlasses der Abänderungsentscheidung ermittelter Wertunterschied von dem in der abzuändernden Entscheidung zugrunde gelegten Wertunterschied abweicht, oder
2. ein in der abzuändernden Entscheidung als verfallbar behandeltes Anrecht durch Begründung von Anrechten ausgeglichen werden kann, weil es unverfallbar war oder nachträglich unverfallbar geworden ist, oder
3. ein von der abzuändernden Entscheidung dem schuldrechtlichen Versorgungsausgleich überlassenes Anrecht durch Begründung von Anrechten ausgeglichen werden kann, weil die für das Anrecht maßgebende Regelung eine solche Begründung bereits vorsah oder nunmehr vorsieht.

II Die Abänderung findet nur statt, wenn

1. sie zur Übertragung oder Begründung von Anrechten führt, deren Wert insgesamt vom Wert der durch die abzuändernde Entscheidung insgesamt übertragenen oder begründeten Anrechte wesentlich abweicht, oder
2. durch sie eine für die Versorgung des Berechtigten maßgebende Wartezeit erfüllt wird, und
3. sie sich voraussichtlich zugunsten eines Ehegatten oder seiner Hinterbliebenen auswirkt.

Eine Abweichung ist wesentlich, wenn sie 10 vom Hundert des Wertes der durch die abzuändernde Entscheidung insgesamt übertragenen oder begründeten Anrechte, mindestens jedoch 0,5 vom Hundert des auf einen Monat entfallenden Teils der am Ende der Ehezeit maßgebenden Bezugsgröße (§ 18 des Vierten Buches Sozialgesetzbuch) übersteigt.

III Eine Abänderung findet nicht statt, soweit sie unter Berücksichtigung der beiderseitigen wirtschaftlichen Verhältnisse, insbesondere des Versorgungserwerbs nach der Ehe, grob unbillig wäre.

IV Antragsberechtigt sind die Ehegatten, ihre Hinterbliebenen und die betroffenen Versorgungsträger.

V Der Antrag kann frühestens in dem Zeitpunkt gestellt werden, in dem einer der Ehegatten das 55. Lebensjahr vollendet hat oder der Verpflichtete oder seine Hinterbliebenen aus einer auf Grund des Versorgungsausgleichs gekürzten Versorgung oder der Berechtigte oder seine Hinterbliebenen auf Grund des Versorgungsausgleichs Versorgungsleistungen erhalten.

Anh III zu § 1587b (VAHRG)

VI Durch die Abänderungsentscheidung entfällt eine für die Versorgung des Berechtigten bereits erfüllte Wartezeit nicht.

VII Die Abänderung wirkt auf den Zeitpunkt des der Antragstellung folgenden Monatsersten zurück. Die Ehegatten und ihre Hinterbliebenen müssen Leistungen des Versorgungsträgers gegen sich gelten lassen, die dieser auf Grund der früheren Entscheidung bis zum Ablauf des Monats erbringt, der dem Monat folgt, in dem er von dem Eintritt der Rechtskraft der Abänderungsentscheidung Kenntnis erlangt hat. Werden durch die Abänderung einem Ehegatten zum Ausgleich eines Anrechts Anrechte übertragen oder für ihn begründet, so müssen sich der Ehegatte oder seine Hinterbliebenen Leistungen, die der Ehegatte wegen dieses Anrechts gemäß § 3a erhalten hat, anrechnen lassen.

VIII Hat der Verpflichtete auf Grund einer Entscheidung des Familiengerichts Zahlungen erbracht, gelten die Absätze 1 bis 7 entsprechend. Das Familiengericht bestimmt, daß der Berechtigte oder der Versorgungsträger den zuviel gezahlten Betrag zurückzuzahlen hat, der Versorgungsträger unter Anrechnung der dem Berechtigten oder seinen Hinterbliebenen zuviel gewährten Leistungen. § 1587d des Bürgerlichen Gesetzbuchs gilt zugunsten des Berechtigten entsprechend.

IX Die vorstehenden Vorschriften sind auf Vereinbarungen über den Versorgungsausgleich entsprechend anzuwenden, wenn die Ehegatten die Abänderung nicht ausgeschlossen haben.

X Das Verfahren endet mit dem Tod des antragstellenden Ehegatten, wenn nicht ein Antragsberechtigter binnen drei Monaten gegenüber dem Familiengericht erklärt, das Verfahren fortsetzen zu wollen. Nach dem Tod des Antraggegners wird das Verfahren gegen dessen Erben fortgesetzt.

XI Die Ehegatten oder ihre Hinterbliebenen sind verpflichtet, einander die Auskünfte zu erteilen, die zur Wahrnehmung ihrer Rechte nach den vorstehenden Vorschriften erforderlich sind. Sofern ein Ehegatte oder seine Hinterbliebenen die erforderlichen Auskünfte von dem anderen Ehegatten oder dessen Hinterbliebenen nicht erhalten können, haben sie einen entsprechenden Auskunftsanspruch gegen die betroffenen Versorgungsträger. Die Ehegatten und ihre Hinterbliebenen haben den betroffenen Versorgungsträgern die erforderlichen Auskünfte zu erteilen.

XII Hat der Verpflichtete Zahlungen zur Abwendung der Kürzung seines Versorgungsanrechts geleistet, sind die unter Berücksichtigung der Abänderung der Entscheidung zuviel geleisteten Beträge zurückzuzahlen.

Schrifttum: Wagenitz JR **87**, 53; Hahne FamRZ **87**, 217; Dörr NJW **88**, 97.

1) Der RAusschuß hat die Voraussetzgen, unter denen die RegEntw eine Abänderg rechtskr Entsch über den VA zulassen wollte (BT-Drucks 10/5447 S 16ff), für zu eng gehalten, ebso wie vom BRat empfohlene Erweiterg auf Fälle, in denen ein VersorggsTräger eine neue, von der früheren abweichde Ausk erteilt. Der RAusschuß hat desh die Vorauss, unter denen eine Entsch über den öffrechtl VA abgeänd w kann, sowie den Umfang dieser Abänderg vollk neu formuliert, wobei I AbändVorauss und -Umfang großzüg weit faßt, die dann dch II aber wieder dch eine ErheblichkSchwelle eingeegt u in III einem BilligkKorrektiv unterworfen w (BT-Drucks 10/6369 S 20f). Unzul ist es, zur Vermeidg eines späteren AbändergsVerf nach VAHRG 10a vor Unverfallbark die dynam VersorggsRente des öff Dienstes in den VA miteinzubeziehen (BGH FamRZ **88**, 822). Kein AbändergsVerf, wenn die Part im ErstVerf dem FamG ggü übereinstimmd den wirks Ausschl des VA behaupt haben (Hbg FamRZ **89**, 73). **Geltungsdauer:** Die Vorschr gilt gem VAHRG 13 I Nr 2 u II ab 1. 1. 87 bis 31. 12. 94 (vgl dort Anm 2b u 3). Zum Verhältn zur AbändgsMöglk n VAwMG Art 4 § 1 vgl dort Anm 1 der Einf.

2) Abänderungsverfahren. Die Vorschr v Nr 1 eröffnet eine Abänderg immer schon dann, wenn ein im Ztpkt des Erl der AbändEntsch ermittelter Wertunterschied von dem Wertunterschied abweicht, der in der früh Entsch zGrd gelegt w ist bzw wenn dch eine nachträgl SatzgsÄndg beim VersorggsTräger der bish nur mögl schuldrechtl VA dch Ändg der AusglForm vermieden w kann. Vorauss f die Abänderg ist ein entspr **Antrag,** der kein SachAntr ist, sond nur Verf einleitet (BGH FamRZ **89**, 264; vgl iü unten Anm 6 u 7). Worauf die Abweichg des füher zGrd gelegten von dem neu ermittelten Wertunterschied beruht, ist unerhebl. Erfdl ist eine einf VerglRechn. Das abändernde Ger muß den VA nach § 1587a völlig **neu berechnen.** Zustdkeit: Nicht das Ger der Ehesache, sond FGG 45 (BGH FamRZ **88**, 1160). Bei einem inzw wg Dienstunfähigk in den vorzeit Ruhestd versetzten Beamt ist die tats gewährte Versorgg zGrde zu legen; Härten für den AusglPflicht ist nach III Rechng zu tragen (Bambg u Celle FamRZ **89**, 756 u 985). Bei der Neuberechng muß das Ger **von Amts wegen** sämtl seit der ErstEntsch eingetretenen rechtl od tatsächl Umstde, ggf auch kumulativ (Einzeln in Anm 3) berücks, wenn sie rückw od den auf die EheZt bezogenen Wert der Versorggen veränd haben (BT-Drucks 10/6369 S 22). Das Ergebn des in dieser Weise neu errechneten Wertunterschieds hat das Ger sodann mit dem in der ErstEntsch zGrde gelegten Wertunterschied zu **vergleichen.** Vor der eigtl Abänderg ist die ErheblichkSchwelle des II zu berücks (Anm 4) u die BilligkPrüfg nach III vorzunehmen (Anm 5). Die **Abänderung** selbst erfolgt „entsprechd", dh nach Maßg des im Ztpkt der AbändergsEntsch neu ermittelten Wertunterschieds. Zul ist auch eine **Totalrevision der früheren Entscheidung** unabhäng von den Einschränkgen v ZPO 323 II auf nachträgl Verändergen (BGH FamRZ **89**, 264; and der RegEntw; BT-Drucks 10/5447 S 20). Tatsächl Veränderg ist also ebso wie Versäumn des Ger bei der Amtsermittlg auch dann iW der Abänd Rechng zu tragen, wenn diese Fehler bereits dch RMittel hätten ausgeräumt w können (Ruland NJW **87**, 349). Diese weitgehde Dchbrechg der RKraft wird beim VA im Interesse mat Gerechtigk als vertretb angesehen (BT-Drucks 10/6369 S 21). Bei der Korrektur ist auch eine geänd höchstrichterl Rspr zu berücks (Celle FamRZ **89**, 985 BeamtVG 55). Soweit Umstde keiner erneuten Überprüfg unterliegen (unten Anm 3a bb), wie zB HärteGrde iSv § 1587c, wird die früh Entsch unter Beibehaltg der früh HerabsetzgsQuote nur entspr dem veränd Wertunterschied abgeänd. Denn es besteht keine Veranlassg, die RKraft der früh Entsch auch insow zu dchbrechen u den alten Verfahrensstoff mit den dann bestehend erhebl Beweisschwierigk wieder aufzurollen (BT-Drucks 10/6369 S 21). Damit besteht auch keine Möglk, sZt versehentl überh nicht vorgebrachte BilligkGrde nachträgl im AbändergsVerf zu berücks. Soweit BilligkErwäggen anzustellen sind, geschieht dies nur noch in den von III gezogenen Grenzen (Anm 5). Beispiele zur **Tenorierung** bei Änd der früh Entsch zG des AusglBerecht wie des AusglSchuldn: BT-Drucks 10/5447 S 18. Die Rspr läßt die **Berücksichtigung von nach Ehezeitende eingetretenen Veränderungen neuerdings schon im Erstverfahren,** u zwar ohne die Einschrkgen von § 10a, zu (BGH NJW **89,** 29). Ausführl dazu § 1587 Anm 3 C a bb.

3) Grundvoraussetzungen der Abänderung, I Nr 1–3. Das Ges führt in I Nr 1–3 versch **Abänderungsgründe** auf, wobei Nr 1 u 2 Umstde betr, welche die früher getroffene VA-Entsch von vornherein od nachträgl im Ztpkt der Abänderg als mat unrichtig erscheinen läßt u Nr 2 nur ein bes hervorgehobener Unterfall von Nr 1 ist, währd sich Nr 3 ledigl darauf bezieht, daß in der ZwZt statt des sZt nur mögl schuldrechtl jetzt der dingl VA mögl ist. Wenn mehrere Grde, die nach den Nr 1–3 eine Abänderg rechtfertigen, **zusammentreffen,** so werden sie vom FamG vAw umfassd berücks (Anm 2) u führen somit zu einer Abänderg, in deren Rahmen der VA, wenn auch stets bezogen auf das Ende der EheZt, völlig neu berechnet w (BT-Drucks 10/6369 S 22).

a) Abweichen von dem früher ermittelten Wertunterschied, Nr 1.

aa) Abänderungsgründe sind danach auch solche Abweichgn, die sich aus der nachträgl Korrektur früherer Rechen- od RFehler ergeben. Über Nr 1 ist ferner eine Korrektur v Entsch mögl, die auf der Grdl unrichtiger Auskfte eines VersorggsTräger ergangen sind, u zwar auch dann, wenn die frühere Auskft des VersorggsTrägers auf falschen tats Annahmen beruhte od sonstige Fehler enthielt. Das Ger muß also Fehler od Unterl beseit, die sich in den früher erteilten Auskften der VersorggsTräger niedergeschlagen haben (Bergner SozVers **87,** 87). Dasselbe gilt auch für Rechen- od RAnwendgsFehler des Ger bei der Berechn u Saldierg der EheZtbezogenen Versorggen. Auch solche Rechenfehler od RAnwendgsFehler des Ger bilden einen AbändGrd (BT-Drucks 10/6369 S 21). Abänderg also bei irrtüml Ann, der AusglPfl sei in der ges RentVers statt in der ÄrzteVersorgg nachvers worden (BGH FamRZ **89,** 264) od wenn Splitting fehlerh versagt w ist, weil der AusglBerecht bereits eine Rente bezog (Kblz FamRZ **87,** 950). Einen Unterfall von Nr 1 stellt Nr 2 dar (BT-Drucks 10/6369 S 22).

bb) Bei der Abänderung nicht berücksichtigungsfähig ist alles, was keinen Bezug zum EheZtAnteil der Versorgg hat, wie zB eine Beförderg od Laufbahnändergen nach EheZtEnde. Keiner erneuten Überprüfg unterliegen ferner Umstde iSv § 1587c (BGH NJW **89,** 1999) od die Art 12 Nr 3 III 3 u 4 des 1. EheRG, also zB UnterhPflVerletzgen währd der Ehe od lange TrenngsZten, die zu einem Ausschl od einer Herabsetzg des VA geführt haben od hätten führen können (BT-Drucks 10/6369 S 21). **Dagegen ist berücksichtigungsfähig** die **Nachversicherung** (aA Düss FamRZ **88,** 1062 mN).

b) Änderung in der Verfallbarkeit eines Anrechts, Nr 2. Als früherer Abänderungsgrund stellt es einen weiteren AbändGrd dar, wenn ein Anrecht im Ztpkt der früh Entsch entweder tats noch verfallb war od fälschl als verfallb angesehen u desh dem schuldrechtl VA überlassen w. Tritt nunmehr nachträgl die Unverfallbark ein od ergibt sich, daß die Versorgg von vornherein als unverfallb hätte angesehen w müssen, soll nunmehr öffentl ausgegl w. Voraus ist allerd, daß ein solches Anrecht den Formen des öffentl WertAusgl unterliegt, also zB iW der RealTeilg od nach VAHRG 3b dch erweiterten Ausgl od BeitrZahlg ausgegl w kann (BT-Drucks 10/6369 S 21f). IRv Nr 2 kann sich das Bedürfn nach Abänd sowohl für den AusglBerecht wie auch für den AusglSchuldn ergeben, für letzteren, wenn aGrd der Behandlg einer Zusatz-Versorgg aS des AusglBerecht als verfallb in der abzuänd Entsch zu viel von seinen eig Anrechten übertr wurden. Hier soll der AusglSchuldn nicht auf das ledigl schuldrechtl RückAusgl angewiesen sein, sond er darf die frühere VA-Entsch korrigieren lassen (ausführl dazu BT-Drucks 10/5447 S 18 m TenoriergsBsp).

c) Abänderbarkeit wegen nachträglicher Änderung der Ausgleichsform, Nr 3. Eine früh Entsch soll schließl auch dann abgeänd w können, wenn sie ein Anrecht dem schuldrechtl VA überlassen hat, das iW der RealTeilg od des Quasi-Splittings hätte ausgegl w können, auch wenn diese Möglk erst nachträgl inf Einf der RealTeilg od aGrd eines Statuswechsels eines VersorggsTrägers geschaffen w sind. In beiden Fällen soll der VA entspr, dh in den nun mögl öffentl AusglFormen nachgeholt w (BT-Drucks 10/6369 S 22). Das entspr nicht nur dem SichergsBedürfn des Berecht, sond gibt auch den VersorggsTrägern die Möglk, für Altfälle, für die nunmehr der verlängerte schuldrechtl VA geschaffen w ist, die RealTeilg od das Quasi-Splitting zu beantragen. Ein Wechsel der Versorggsart liegt zB vor, wenn der Beamte nach dem VA ausgeschieden u nachversichert w ist; aber nicht in einer Beförderg (Ruland NJW **87,** 349). Die SatzgsAutonomie läßt es zu, die Realteilg usw ab jedem belieb Ztpkt vorzusehen, so daß zB Altfälle ganz ausgeschl w können. Der Antr kann sofort nach Eintritt der Vorauss gestellt w (BT-Drucks 10/5447 S 18). IjF ist freil die Altersgrenze v V zu beachten. Weitergehde AbändgsMöglk gem VAwMG Art 4 § 1.

4) Zusätzliche Voraussetzungen der Abänderung, II.

a) Die sich aus I ergebdn AbändMöglk sollen nicht unbeschränkt zul sein. II knüpft desh die Geltdmachg der in I aufgeführten AbändGrde an bes weitere Vorauss, mit denen die **Abänderungsvoraussetzungen objektiviert** w sollen: Danach ist die Abänd gem Nr 1 nur innerh best ErheblichkGrenzen zul (Anm b). Auch wenn deren Erfordern nicht eingehalten sind, kann die Abänd gem Nr 2 von dem Berecht gleichwohl durchgesetzt w, wenn dadch eine für ihn günst WarteZt erfüllt wird (Anm c). Und schließl setzt nach Nr 3 jede Abänd voraus, daß sie sich zG eines der beid gesch Eheg od eines Hinterbl auswirkt (Anm d).

b) Erheblichkeitsprüfung, II S 1 Nr 1. Die Abänd findet nur statt, wenn sie zur Übertr od Begr von Anrechten führt, deren Wert insges vom Wert der dch die abzuänd Entsch insges übertr od begr Anrechte **wesentlich abweicht.** Hierbei kommt es nicht auf BilligkGesichtsPkte an. Den Ger wird vielm ein **fester Maßstab** an die Hand gegeben. **Zweck:** Damit wird der Dchsetzg mat Gerechtigk hinreich Raum gegeben, unnöt Streitigk werden vermieden u die FamG von BagatellVerf entlastet (BT-Drucks 10/6369 S 22). Der Wert der Anrechte, die dch die früh Entsch insges übertr od begründet w sind, ist mit dem Wert der

Anh III zu § 1587b (VAHRG)

Anrechte zu vergl, die nach der Neuberechng dem Berecht insges zu übertr od f ihn zu begr wären (vgl Anm 2). Die Differenz beid Werte muß **objektiv wesentlich** sein. Das ist nach S 2 der Fall, wenn die Differenz 10% des Wertes der dch die früh Entsch übertr od begr Anrechte übersteigt. IjF muß sie jedoch mehr als 0,5% des auf 1 Mo bezogenen Teils der am Ende der EheZt maßgebden Bezugsgröße betragen. Bei einem 1987 gestellten ScheidgsAntr sind dies ca 15 DM. **Tabelle** mit mtl Bezugsgrößen u Grenzwerte: Bergner NJW **89**, 511; Schmeiduch FamRZ **89**, 140. Die spätere Gutschrift v 1 KinderErziehgsJ rechtfertigt keine Abänderg (Ruland NJW **87**, 350). Bei den 10% handelt es sich um einen MindestBetr für jegl Ändg (Düss FamRZ **88**, 959).

c) **Wartezeitvorteile, S 1 Nr 2.** Wird die ErheblichkGrenze der Nr 1 nicht überschritten, so daß eigtl eine Abänderg gem Nr 1 ausgeschl ist, so kann der berecht Eheg die Abänd gleichwohl mit Erfolg beantragen, wenn dadch eine für seine Versorgg maßgebde WarteZt erfüllt wird. Zu den WarteZten allg vgl § 1587b Anm 2 d; ZuStellg bei Dörr NJW **88**, 101. Hierfür reicht im Einzelfall schon ein kleinerer Betr aus (BT-Drucks 10/5447 S 18).

d) **Begünstigungserfordernis, S 1 Nr 3.** IjF ist eine Abänd nur zul, wenn sie sich voraussichtl **zugunsten eines Ehegatten oder seiner Hinterbliebenen** auswirkt. Nach den Gesetzesmaterialien zu den aus dem RegEntw stammden Vorschr (vgl BT-Drucks 10/5447 S 19) ist das BegünstiggsErfordern auf die jew in Frage stehde AusglForm zu beziehen. So ist eine Abänd der rechtskr ErstEntsch in den Formen des § 1587b I u II sowie der VAHRG 1 u 3b I u II Nr 1 in allen Fällen ausgeschl, in denen die ErstEntsch im nachhinein gesehen nicht zu einer soz Absicherg geführt hat u auch eine Abänd in Form einer zusätzl Aufstockg dem Berecht nicht zum Erwerb einer Versorgg verhelfen würde, etwa weil er trotz allem die vorgesehene WarteZt nicht erreicht. Dagg ist in solchen Fällen nicht auch die Anwendbark von § 1587b IV ausgeschl. Der Berecht kann beanspr, daß das FamG den ihm formal zustehden Restwert zB in Form einer Abfindg ausgleicht (BT-Drucks 10/5447 S 19).

5) **Billigkeitskontrolle, III.** Nach den objektivierten AbändVoraussetzgen v I u II eröffnet III die Möglk, die Abänd an BilligkErwäggen scheitern zu lassen. Der Vorschr kommt die Funktion eines bloßen Korrektivs zu. Eine Abänd findet nur dann nicht statt, wenn sich angesichts der beidseit wirtschaftl Verhältn **grob unbillig** wäre. Damit soll an den aus § 1587c vertrauten Maßst angeknüpft u die Anwendg der BilligkKlausel auf AusnFälle beschr w (BT-Drucks 10/6369 S 22). Mit der eigenständ BilligkKlausel wird ein Wiederaufleben eines früh ausgeschl AuseinandS der gesch Eheg um die Anwendg v § 1587c Nr 1 ausgeschl (vgl oben Anm 2). Die gr Unbilligk kann vor allem dch eine bewußt in Schädigsabsicht vorgen Versorggsverkürzg hervorgerufen werden, währd ein bl Verschu nicht ausr (BGH NJW **89**, 29 u 529). Iü besteht **keine Obliegenheit** des AusglPflicht, berufl Veränderg zu unterl, damit sich die eheztbezogene Versorgg nicht verringert (BGH NJW **89**, 34; Bergner SozVers **87**, 97). Ggst der Prüfg ist insb der **Versorgungserwerb nach der Ehe**, womit die BilligkAbwägg auf die nachehel Entwicklg der VersorggsSituation der Eheg konzentriert w (BT-Drucks 10/6369 S 22). Nicht grob unbillig sind idR selbstverschuldete Versorggsverluste zB dch Disziplinarvergehen (BT-Drucks 10/5447 S 17; Ruland NJW **87**, 350).

6) **Antragsberechtigte, IV.** Berechtigt, den nach I erfdl Antr auf Abänd der ErstEntsch zu stellen, sind vor allem die **Ehegatten**. Antrberecht sind ferner die **Hinterbliebenen** beid Eheg, nicht nur iGgs zum RegEntw diej des AusglVerpfl (BT-Drucks 10/6369 S 22 m ausführl Begr). Hinterbl sind die Angeh eines Eheg, auf deren Versorgg sich die Abänd der VA-Entscheidg vorteilh od nachteil auswirken kann. Da V eine Abänd erst bei VersorggsBezug od fortgeschrittenem LebAlter der Eheg zuläßt, soll das AntrR nicht desh ausgeschl w, weil der dch die Abänd unmittelb begünst Eheg vor dem in V normierten AntrZtpkt verstirbt. Die uU auch für die Versorgg der Angeh bedeuts Abänd kann desh auch von diesen selbst noch beantr w (BT-Drucks 10/6369 S 22). Den betroffenen **Versorgungsträgern** steht ein AntrR vornehml auch desh zu, um Manipulationen der Eheg zL des VersorggsTr zu verhindern (ausführl dazu BT-Drucks 10/5447 S 19).

7) **Antragszeitpunkt, V, und Antragsinhalt.**
a) Die Vorschr ermögl den Eheg, den VA rechtzeit vor Rentenbeginn an die aktuellen Verhältn anzupassen. Im Hinbl auf die mögl Dauer eines AbändVerf wird die AntrBefugn von **Ehegatten**, die noch keine VersorggsLeistgen beziehen, an die Vollendg des **55. Lebensjahres** geknüpft (BGH NJW **89**, 34). Dieser Ztpkt liegt deutl unter dem derzeitigen dchschnittl RentenzugangsAlt in der gesetzl RentVers. Der in V normierte späte AntrZtpkt gilt für alle Fallgestaltgen von I. **Zweck:** Das zeitl Hinausschieben dient der Verfahrenskonzentration u der Vermeidg von mehreren mögl sogar gg läufigen AbändEntscheidgen (BT-Drucks 10/5447 S 20). Ein im RegEntw vorgezogenes AntrR für die bes Fälle nachträgl Unverfallbark von VersorggsAnrechten hat der RAusschuß für nicht notwend u im Hinbl auf die Belastg der FamG als nicht wünschensw abgelehnt (BT-Drucks 10/6369 S 23).

b) **Inhalt des Abänderungsantrags.** Es bedarf keines bezifl Antr, da das AbändVerf wie das AusgangsVerf dem AmtsermittlgsGrds folgt. Da jed die Einleitg des AbändVerf vom Antr eines Betroffenen abhängt, ist dieser gehalten, die Vorauss, ähnl wie seine Beschwer bei Einlegg eines RMittels gg den VA, schlüss darzutun. Umgek tritt aber auch bei einem best Antr keine BindgsWirkg dergestalt ein, daß dem Ger Grenzen hins der Höhe u der AusglForm gesetzt sind. Das Ger hat vielm vAw auch bei der Abänd eine der RLage entspr Entscheidg zu treffen (BT-Drucks 10/5447 S 20; vgl auch BGH FamRZ **84**, 990).

8) **Wirkungslosigkeit der Abänderungsentscheidung für erworbene Wartezeiten, VI.** Die dch eine VA-Entsch einmal begründete WarteZt entfällt dch eine AbändEntsch nicht wieder. Die SchutzVorschr zG des Berecht gilt auch dann, wenn die vorausgehde Entsch ihrers bereits eine AbändEntsch war (BT-Drucks 10/5447 S 20). Beruht der WarteZtErwerb allerd auf Arglist, zB bei Verschweigen eig Anrechte dch den AusglBerecht, so gilt die auf dem VertrauensGrds beruhde Vorschr nicht (§ 242).

9) **Rückwirkung der Abänderungsentscheidung, VII.**
a) Als Ausn von dem Grds, daß VA-Entscheidgen erst nach Eintr der RKraft Wirkgen für die Zkft

Bürgerliche Ehe. 7. Titel: Scheidung der Ehe **Anh III zu § 1587 b (VAHRG)**

entfalten, tritt die GestaltgsWirkg der Abänd bereits im Ztpkt des **der Antragstellung folgenden Monatsersten** ein, **S 1.** Die Regelg verfolgt den **Zweck,** die Gefahr von Verfahrensverzögergen zu bannen u gibt dem jeweil Berecht einen mat Anspr auf den ihm von Rechts wg zustehden VersorggsTeil (BT-Drucks 10/5447 S 20). So kann der Verpfl, der bereits eine gekürzte Versorgg erh, währd der Berecht noch keine Versorgg bezieht, die zu Unrecht erfolgten KürzgsBetr rückw vom VersorggsTräger verlangen. Ähnl gilt im umgek Fall für den Schutz pensionierter Berecht, die bish zu wenig Versorgg bezogen haben. Hat schließl der pensionierte Berecht zuviel Versorgg bezogen, so kann auch der VersorggsTräger diese Betr mit der Einschränkg des § 818 III zurückfordern.

b) Schutz des Versorgungsträgers vor doppelten Leistungen.

aa) Befreiungswirkung von Leistungen auf Grund der früheren Entscheidung. Die Eheg u ihre Hinterbl müssen Leistgen des VersorggsTrägers gg sich gelten lassen, die dieser aGrd der früh Entsch bis zum Ablauf des Mo erbringt, der dem Mo folgt, in dem er von dem Eintr der AbändEntsch Kenntn erlangt hat, **S 2.** Die Vorschr betr den Fall, daß für bei Part die Wirkgen des VA in Form des LeistgsBezugs u der Kürzg bereits eingetreten sind od rückw für sich überschneidde ZtRäume eintreten werden, zB iF einer RentenNachzahlg. Auf Grd von S 2 darf der VersorggsTräger aGrd der früh Entsch mit befreiender Wirkg an den bish RInhaber leisten u beim and entspr Kürzgen vornehmen. Der an die Kenntn geknüpften (vgl dazu BSG FamRZ **85,** 595; § 1587p Anm 1) vollen MoFrist bedarf es zur techn Umstellg der AuszahlgsAOen (BT-Drucks 10/5447 S 20). Demj Eheg, der zG des and zuviel an Versorgg eingebüßt hat, steht ein BereichergsAnspr zu (BT-Drucks 10/5447 S 20f).

bb) Schuldnerschutz bei Leistungen aus dem verlängerten schuldrechtlichen Versorgungsausgleich, S 3. Die im RAusschuß neu eingefügte Bestimmg schützt einen bereits nach VAHRG 3a in Anspr genommenen VersorggsTräger vor DoppelLeistgen, wenn ein Anrecht nachträgl unverfallb od real teilb geworden ist u desh nach S 1 rückw dch Splitting, Quasi-Splitting od RealTeilg ausgeglichen werden kann. Der im RegEntw enthaltene zusätzl AbändAusschlußGrd (BT-Drucks 10/5447 S 19 zu 4) wurde damit zu einer AnrechngsVorschr umgeformt (BT-Drucks 10/6369 S 23).

10) Abänderung der rechtskräftigen Versorgungsausgleichsentscheidung nach Beitragszahlungen durch den Ausgleichsschuldner in die gesetzliche Rentenversicherung, VIII.

a) Abänderbarkeit der Anordnung der Entrichtung von Beiträgen, S 1. Die Vorschr von VII gelten auch in den Fällen, in denen der Verpfl aGrd einer AO des FamG gem § 1587b III 1 od in Form einer andweit Zahlg aGrd von § 1587b IV BeitrZahlgen in die gesetzl RentenVers erbracht hat, weil nach Auffassg des GesGebers für eine Differenzierg zu den üb AbändFällen von § 1587b I u II sowie VAHRG 1 kein sachl RechtfertiggsGrd besteht (BT-Drucks 10/5447 S 21). Es kann sich iFv § 1587b III nur um vor der Entscheidg des BVerfG ergangene BeitrZahlgsAOen handeln (vgl § 1587b Anm 4a). Für ZahlgsVereinbg der Part nach § 1587o gilt IX (vgl Anm 11).

b) Die Änderungsentscheidung.

aa) Stellt sich an Hand veränderter Umstde heraus, daß der **Berechtigte zu wenig erhalten** hat, wird ihm dch AbändEntscheidg der fehle Wert in der für ihn zweckmäß AusglArt verschafft, wobei nunmehr eine RealTeilg od ein Quasi-Splitting nach VAHRG 1, der Ausgl nach VAHRG 3b od über § 1587b IV weitere Zahlgen angeordn w können. Wurden umgek **dem Verpflichteten zuviel Zahlungen auferlegt,** sind je nach Fallgestaltg rückzahlgspflichtig der Berecht od der VersorggsTräger, **S 2,** wobei letzterer dem Berecht zuviel gewährte Leistgen auf den RückzahlgsBetr anrechnen darf (VAHRG 7). Erklärt sich der VersorggsTräger zur Rückzahlg nicht bereit, entscheidet das FamG. Dabei kann es auch dem Berecht die Rückzahlg auferlegen, wenn etwa Anrechte in einer PrivatVersicherg geschaffen wurden (BT-Drucks 10/5447 S 21). Der rückzahlgspflicht VersorggsTräger kann auch solche Leistgen anrechnen, die er an Hinterbl des Berecht erbracht hat (BT-Drucks 10/6369 S 23). Eine Verzinsg des RückzahlgsBetr ist nicht vorgesehen. Wird der Berecht dch die Rückzahlg in seiner LebFührg unangemessen beeinträcht, kann das FamG entspr § 1587d III **Ruhen der Rückzahlungsverpflichtung oder Ratenzahlungen** anordnen, **S 3.**

bb) Soweit es sich um teilw **noch nicht erfüllte Beitragszahlungen** gem § 1587b III 1 handelt, bestehen die AbändMöglk nach VAHRG 10a u nach Art 2 § 1 VAwMG nebeneinand (BT-Drucks 10/5447 S 21). Zul StufenKl zur Vorbereitg des AbändgsVerf (Hoppenz u Dörr FamRZ **87,** 428 f u 1093.

11) Abänderung von Versorgungsausgleichsvereinbarungen, IX. Haben die Eheg eine Vereinbg über den VA geschl, etwa eine AbfindgsZahlg aGrd einer im nachhinein gesehen zu hoch angesetzten Versorgg, soll auch insow eine Abänd mögl sein (BT-Drucks 10/5447 S 21), es sei denn, die Part haben die Abänd ausdrückl ausgeschl. Für die Abänd von vor dem 1. 1. 87 getroffenen Vereinbgen gilt IX nur nach Maßg von VAHRG 13 I Nr 3 (BT-Drucks 10/6369 S 23; vgl VAHRG 13 Anm 2b).

12) Tod des antragstellenden Ehegatten bzw des Antragsgegners, X. Auch nach dem Tode eines Eheg soll die VA-Entscheidg abgeänd w können, soweit sich dies zG des antragden Eheg auswirken kann. **Zweck:** Es bedurfte neben dem gem VAHRG 3 entspr anwendb § 1587e IV einer gesond Regelg, weil letztere Vorschr nur den AusglAnspr des Berecht gg den Verpfl erfaßt, während zG des Verpfl entw ein teilw Rückausgl od sogar eine Umkehr der AusglPfl eintritt (BT-Drucks 10/5447 S 21). Das Gesetz unterscheidet danach, wer von den geschied Eheg stirbt. **a) Beim Tod des Antragstellers** endet das Verf in Übereinstimmg mit § 1587e II, sofern nicht ein and AntrBerecht, also die Hinterbl od ein VersorggsTräger (VAHRG 10a IV), binnen einer AusschlFr von 3 Mo nach dem Tode des ASt ggü dem FamG erkl, das Verf mit dem Ziel einer Abänd der VA-Entsch fortsetzen zu wollen, **S 1. b) Beim Tod des Antragsgegners** wird das Verf gg dessen Erben, nicht gg die Hinterbl (BT-Drucks 10/6369 S 23), fortgesetzt, **S 2.**

13) Auskunftspflichten, XI. Zur Ermöglichg der Änderg der VersorggsAusglEntscheidg, näml um die Erfolgsaussichten eines AbändVerf abwägen zu können, räumt das Gesetz den AntrBerecht (oben Anm 6)

1533

Anh III zu § 1587b (VAHRG)

über §§ 1580, 1587e I, die nicht für Hinterbl gelten, AuskAnspr ein (BT-Drucks 10/5447 S 21). Zul Stufenkl zur Vorbereitg des AbändgsVerf (Hoppenz u Dörr FamRZ **87**, 428 f u 1093).

a) Wechselseit auskpflicht u auskberecht sind von der Person her **Ehegatten und ihre Hinterbliebenen** (BT-Drucks 10/6369 S 23), **S 1**, sowie subsidiär, näml dann, wenn die zur Wahrnehmg ihrer Rechte erfdl Auskfte von dem and Eheg od dessen Hinterbl nicht zu erlangen sind, der entsprechde **Versorgungsträger, S 2.** Umgek haben aber auch die Eheg u ihre Hinterbl den betroffenen VersorggsTrägern die erfdl Auskfte zu geben, **S 3.**

b) Umfang der Auskunftspflicht, S 1. Zu erteilen sind die Auskfte, die zur Wahrnehmg der Rechte in AbändVerf erfdl sind, also über die in die Abänd einzubeziehden VersorggsAnrechte (BT-Drucks 10/5447 S 22).

14) Rückzahlung von zu Unrecht an den Versorgungsträger zum Zwecke der Abwendung von Versorgungskürzungen erbrachter Leistungen, XII. Der AusglPfl hat gem RVO 1304a VI, AVG 83a VI, RKnappschG 96a VI das Recht, die dch das Rentensplitting nach § 1587b I u gem BeamtVG 58 die dch das Quasi-Splitting eingetretene Kürzg der Rente bzw VersorggsBezüge ganz od teilw dch Entrichtg zusätzl Beitr bzw KapitalBetr an den RentVersTräger bzw Dienstherrn zu vermeiden (vgl § 1587b Anm 2d u 3c). **Zweck:** Die Vorschr stellt sicher, daß sich eine zG des ausglpfl Eheg erfolgte Abänd auch auf Leistgen auswirkt, die dieser Eheg zur Abwendg dieser VAbedingten Kürzg seiner Versorgg erbracht hat (BT-Drucks 10/6369 S 23). Die unter Berücks der Abänd zuviel geleisteten Beträge sind von dem jew Versorggs-Träger zurückzubezahlen.

IIb. Maßnahmen zur Verringerung des Verwaltungsaufwands

VAHRG 10b *Sofortige Beitragszahlungspflicht des Versorgungsträgers bei Quasi-Splitting.* Wird durch Quasi-Splitting eine Rentenanwartschaft begründet, deren Monatsbetrag, bezogen auf das Ende der Ehezeit, eins vom Hundert des auf einen Monat entfallenden Teils der Bezugsgröße (§ 18 des Vierten Buches Sozialgesetzbuch) nicht übersteigt, hat der Träger der Versorgungslast abweichend von § 1304b Abs. 2 Satz 2 der Reichsversicherungsordnung und § 83 b Abs. 2 Satz 2 des Angestelltenversicherungsgesetzes hierfür die Beiträge zu zahlen, die zur Begründung der Anwartschaft im Zeitpunkt der Zahlung erforderlich sind.

1) Zweck: Die Vorschr betrifft nicht das VA-Verf vor dem FamG, sond regelt das **Verwaltungsverfahren beim Versorgungsträger.** In den Fällen, in denen sich beim Quasi-Splitting nach VAHRG 1 III der VerwaltgsAufwand eines späteren ErstattgsVerf kaum lohnt, wenn näml dch das Quasi-Splitting eine RentenAnwartsch begründet w, deren MoBetr 1% des MoBetr der Bezugsgröße nach § 18 des 4. Buches des SGB nicht übersteigt, soll **statt** dieses **Erstattungsverfahrens** ein **sofortiges Beitragsverfahren** stattfinden. Der Träger der iW des Quasi-Splittings auszugleichenden Versorgg wird verpfl, die Beitr zu zahlen, die zu entrichten wären, um für den gesch Eheg die bereits dch das Quasi-Splitting erworbenen Anrechte zu begründen. Die Vorschr tritt am **1. 1. 88 in Kraft** (vgl unten VAHRG 13 Anm 2c). Tabelle der mtl Bezugsgrößen u Grenzwerte: Bergner NJW **89**, 511; Schmeiduch FamRZ **89**, 140.

2) Die **Höhe der Beiträge,** die hiern an den and VersorggsTräger zu entrichten sind, errechnet sich nach RVO 1304b I iVm RVO 1304a I bzw AVG 83b I iVm 83a I (BT-Drucks 10/5447 S 21).

VAHRG 10c *Vereinfachtes Ausgleichsverfahren bei Widerrufsbeamten und Zeitsoldaten.* **I** Bei der Nachversicherung eines Beamten auf Widerruf oder eines Soldaten auf Zeit finden § 1402 Abs. 8 der Reichsversicherungsordnung und § 124 Abs. 8 des Angestelltenversicherungsgesetzes keine Anwendung. Die zu zahlenden Nachversicherungsbeiträge sind um einen nach § 10b geleisteten Betrag zu kürzen. Der Dienstherr hat dem Träger der gesetzlichen Rentenversicherung bei der Nachversicherung den Inhalt der Entscheidung des Familiengerichts, aus dem sich die Höhe der zugunsten des Berechtigten begründeten Rentenanwartschaft ergibt, mitzuteilen. Durch die Nachversicherung nach den ungekürzten Entgelten und die Mitteilung nach Satz 2 wird der Träger der Versorgungslast von der Erstattungspflicht nach § 1304b Abs. 2 Satz 2 der Reichsversicherungsordnung, § 83b Abs. 2 Satz 2 des Angestelltenversicherungsgesetzes und § 4 Abs. 3 befreit.

II Der Jahresbetrag der Rente des Verpflichteten vermindert sich um den Betrag, der sich ergäbe, wenn eine Rentenanwartschaft in der durch das Quasi-Splitting begründeten Höhe übertragen worden wäre. Satz 1 gilt nicht, soweit eine Kürzung der Versorgungsbezüge durch Zahlung eines Kapitalbetrages abgewandt worden ist; § 1304a Abs. 6 der Reichsversicherungsordnung und § 83a Abs. 6 des Angestelltenversicherungsgesetzes gelten entsprechend. Ein an den Dienstherrn gezahlter Kapitalbetrag ist von diesem mit der Zahlung der Nachversicherungsbeiträge an den Versicherungsträger abzuführen.

1) Auch die VersorggsAussicht eines **Beamten auf Widerruf** od eines **Soldaten auf Zeit** wird, wenn der Beamt od Soldat im Ztpkt der tatrichterl Entsch noch nicht aus dem Beamt- od SoldatenVerhältn ausgeschieden u nachversichert w ist, iW des Quasi-Splittings (§ 1587b II) ausgegl. Dabei ist deren VersorggsAussicht lediglich mit dem Wert des Anspr auf NachVers in der gesetzl RentenVers zu bewerten (BGH FamRZ **81**, 865; **82**, 362; § 1587a Anm 5 u § 1587b Anm 5a aa). Das Quasi-Splitting verpfl den Dienstherrn des WiderrufsBeamt od ZtSoldaten dazu, dem Träger der gesetzl RentenVers teilw noch Jahrzehnte nach dem Ausscheiden des WiderrufsBeamt od ZtSoldaten die an dessen gesch Eheg erbrachten Leistgen zu

Bürgerliche Ehe. 7. Titel: Scheidung der Ehe **Anh III zu § 1587b (VAHRG)**

erstatten. **Zweck:** Der damit verbundene VerwAufwand ist insb bei ZtSoldaten wg des Umfangs des betroffenen Personenkreises ebso erhebl wie unzweckmäß. Die Vorschr des VAHRG 10c verlagert die Abwicklg des Quasi-Splittings iFd NachVers von WiderrufsBeamt u ZtSoldaten vom Dienstherrn auf den RentenVersTräger. Die Vorschr tritt am **1. 1. 88** in Kraft (VAHRG 13 Anm 2c).

2) Durchführung des vereinfachten Ausgleichsverfahrens, I.

a) Die nach RVO 1232 vorzunehmde **Nachversicherung** eines Beamt auf Widerruf od eines ZtSoldaten erfolgt **nach den ungekürzten Entgelten,** also ohne Rücks auf die VA-Entsch des FamG. RVO 1402 VIII u AVG 124 VIII, wonach, wenn nicht die Kürzg dch Zahlg eines KapitalBetr abgewendet w ist, die dch NachVers begründeten RentenAnwartsch entspr dem EheZtAnteil zu kürzen sind (vgl dazu Voskuhl-Pappai-Niemeyer S 127) finden wir Anwendg, **S 1.** Dabei versteht es von selbst, daß der Träger der VersorggsLast, wenn er bereits **Beiträge nach VAHRG 10b** iRd VA-Verf u vor der NachVers des WiderrufsBeamt od ZtSoldaten zur Abwendg des ErstattgsVerf an den Träger der gesetzl RentenVers geleistet hat, einen entspr Betr vom NachVersBeitr **abziehen** kann, S 2.

b) Da die Belastg des nachvers ausglpfl Eheg mit den Aufwendgen für die Zahlgen aus den iWd Quasi-Splittings für den ausglberecht Eheg begründeten RentenAnwartsch nunmehr allein Sache des RentenVers-Trägers ist, hat der Dienstherr dem Träger der gesetzl RentenVers bei der NachVers den Inh der **Entscheidung des FamG,** aus dem sich die Höhe der zG des Berecht begründeten RentenAnwartsch ergibt, **mitzuteilen,** S 3. Dadch wird der RentenVersTräger in die Lage versetzt, beim Verpfl einen entspr Abschlag vorzun (BT-Drucks 10/5447 S 22).

3) Rechtsfolgen:

a) Der **Dienstherr** ist aus dem weiteren Verf entlassen. Soweit der RentenVersTräger aus den iWd Quasi-Splittings zG des ausglberecht Eheg begründete RentenAnwartsch an diesen Leistgen erbringt, kann er nicht mehr nach RVO 1304b II 2, AVG 83b II 2 Erstattg dieser Aufwendgen verlangen. Vielm ist der Dienstherr, eben weil er den früh WiderrufsBeamt od ZtSoldaten voll nachvers hat, **von der Erstattungspflicht befreit,** S 4. Das vereinfachte AusglVerf stellt den Dienstherrn finanziell im Ergebn nicht anders als in den Fällen, in denen ein nachzuvers Beamt nicht geschieden w ist. Es bietet für ihn vor allem auch den Vorteil, daß er die sonst für ein späteres ErstattgsVerf benötigten Daten des gesch AusglBerecht nicht mehr in seinen Unterlagen aufbewahren muß (BT-Drucks 10/5447 S 22).

b) Für den **Ausgleichspflichtigen, II,** vermindert sich die Rente um den Betr, der sich ergäbe, wenn eine RentenAnwartsch in der dch das Quasi-Splitting begründeten Höhe übertr w wäre, **S 1.** Doch gilt dies nicht, soweit die **Kürzung** der VersorggsBezüge dch Zahlg eines KapitalBetr nach den hier entspr geltden RVO 1304a VI, AVG 83a VI **abgewendet** wurde, S 2. Hat der AusglPfl den hierf erfdl KapitalBetr noch an den Dienstherrn gezahlt, so hat dieser den Betr zus mit der Zahlg der NachVersBeitr an den VersTräger abzuführen, S 3.

VAHRG 10d *Verbot von Beitragserstattungen bis zum Abschluß des Versorgungsausgleichsverfahrens.* Bis zum wirksamen Abschluß eines Verfahrens über den Versorgungsausgleich ist der Versorgungsträger verpflichtet, Zahlungen an den Versorgungsberechtigten zu unterlassen, die auf die Höhe eines in den Versorgungsausgleich einzubeziehenden Anrechts Einfluß haben können.

1) Mit Erstattg der hierf geleisteten Beitr od Aufwendgen erlöschen VersorggsAnspr u das Recht zur freiwill WeiterVers (RVO 1303 VII). Nach Erlöschen können solche VersorggsAnrechte dann nicht mehr in den VA einbezogen w. Das ist in Fällen hinzunehmen, in denen der Auszahlg bereits vor RHängigk des ScheidAntr erfolgt ist, weil dann zum EheZtEnde keine ausgleichb Anrechte iSd §§ 1587ff mehr bestehen. **Zweck:** Mit der neuen Vorschr § 10d soll verhindert w, daß dem VA die Grdl entzogen w, weil sich ein Eheg noch im Laufe des VA-Verf die geleisteten Beitr zurückzahlen läßt u damit einen VA unmögl macht. **Betroffene Anrechte:** Die Vorschr beschr sich nicht auf Erstattgen innerh der gesetzl RentenVers, sond gilt für alle Arten von VersorggsAnrechten, soweit bei ihnen Auszahlgen vorgen sind (BT-Drucks 10/6369 S 23). **Zeitpunkt:** Sobald der VersorggsTräger von einem VA-Verf Kenntn erh, darf er keine ErstattgsBescheide mehr erlassen u keine Auszahlgen vornehmen, sol die Entsch über den VA nicht gem ZPO 629d wirks geworden ist (BT-Drucks 10/6369 S 23). **Inkrafttreten:** 1. 1. 87 (VAHRG 13 Anm 2b).

III. Auskunftspflicht im Versorgungsausgleich

VAHRG 11 *Geltung der Versorgungsausgleichsverfahrensvorschriften; Auskunftseinholung durch das Gericht.* **I** Entscheidet nach diesem Gesetz das Familiengericht, so gelten die verfahrensrechtlichen Vorschriften über den Versorgungsausgleich entsprechend, soweit sie nicht unmittelbar anzuwenden sind.

II Das Gericht kann über Grund und Höhe der Versorgungsanwartschaften und Versorgungen von den hierfür zuständigen Behörden, Rentenversicherungsträgern, Arbeitgebern, Versicherungsunternehmen und sonstigen Stellen sowie von den Ehegatten und ihren Hinterbliebenen Auskünfte einholen. Die in Satz 1 bezeichneten Stellen, die Ehegatten und ihre Hinterbliebenen sind verpflichtet, den gerichtlichen Ersuchen Folge zu leisten.

1) Neu gefaßt dch VAwMG Art 2 Nr 6. Nach VAHRG 3 sind die matrechtl Vorschr über den VA auf die im VAHRG getroffenen AusglRegelgen, soweit sie nicht bereits unmittelb gelten, sinngem anzuwenden. **I** enth jetzt die bish fehlde entspr **pauschale Verweisungsvorschrift für die Geltung der verfahrens-**

Anh III zu § 1587b (VAHRG) 4. Buch. 1. Abschnitt. *Diederichsen*

rechtlichen Vorschriften im VA-Verf vor dem FamG (BT-Drucks 10/6369 S 23f). Es gelten auch die kostenrechtl Vorschr über den VA. Vgl Einf 5 v § 1587. Für die Fälle VAHRG 4–9, 10b und 10c bleibt der jew, nach Art der Versorgg gegebene RWeg zur Soz-, Verw- od ArbGerichtsbark mit den dortigen Verf-Vorschr bestehen (BT-Drucks 10/6369 S 24).

2) Auskunft durch das Gericht, II. Nach FGG 53b II kann das FamG nur bei den VersorggsTrägern Ausk einholen. Daneben hatten nur der RA nach AuskVO 1 (§ 1587o Anm 1) u die Eheg selbst ein wechselseit AuskR (§ 1587e I). Das FamG konnte die Eheg, obwohl das VAVerf vAw dchzuführen ist (ZPO 623 III), nicht dazu zwingen, die erfdl Ausk zu erteilen (Einf 5 v § 1587; § 1587e Anm 2). Diese Regelg ist nunmehr dch II (idF des VAwMG) dahin ergänzt, daß auch **für die Ehegatten und deren Hinterbliebenen** im Interesse der Beschleunigg des gerichtl Verf (BT-Drucks 10/5447 S 22) eine AuskPfl unmittelb dem Ger ggü besteht. Die AuskPfl besteht nicht nur iR der §§ 1587ff, sond auch iR des verlängerten schuldrechtl VA u der Abänd von Entsch über den öffrechtl VA (VAHRG 3a VIII, 10a XI). Die Ausk ist unabh davon, ob ein aussichtsreicher ScheidgsAntr vorliegt (Kln FamRZ **84**, 1111; aA Düss FamRZ **87**, 618). Sie wird gem FGG 33 dch ein vorher anzudrohendes (Stgt FamRZ **86**, 705) **Zwangsgeld** erzwungen, dessen Festsetzg nur aGrd eindeut AuskftsVerlangens zul ist (Brem FamRZ **84**, 713; Karlsr FamRZ **89**, 651) u nach FGG 19 (nicht ZPO 621e) anfechtb ist (Brem FamRZ **84**, 713).

IV. Übergangs- und Schlußbestimmungen

VAHRG 12 Dieses Gesetz gilt nach Maßgabe des § 13 Abs. 1 des Dritten Überleitungsgesetzes auch im Land Berlin.

VAHRG 13 *Zeitliche Geltung des Härteregelungsgesetzes.* ᴵ Es treten in Kraft
1. die §§ 4 bis 10 mit Wirkung vom 1. Juli 1977;
2. die §§ 3a, 3b, 3c, 10a und 10d am 1. Januar 1987; § 10a Abs. 9 gilt für vor dem 1. Januar 1987 geschlossene Vereinbarungen, jedoch mit der Maßgabe, daß sie nur abgeändert werden können, soweit die Bindung an die Vereinbarung auch unter besonderer Berücksichtigung des Vertrauens des Antragsgegners in die getroffene Vereinbarung für den Antragsteller unzumutbar ist; wurde im Zusammenhang mit der Vereinbarung über den Versorgungsausgleich auch anderes geregelt, findet eine Abänderung nicht statt, es sei denn, daß die Regelung im übrigen auch ohne den Versorgungsausgleich getroffen worden wäre;
3. die §§ 10b und 10c am 1. Januar 1988;
4. die übrigen Vorschriften dieses Gesetzes mit Wirkung vom 1. April 1983.

ᴵᴵ Die §§ 4 bis 10a dieses Gesetzes treten mit Ablauf des 31. Dezember 1994 außer Kraft.

1) Zweck: VAHRG 13 soll den zeitl GeltgsBereich der einzelnen – bish u neuen – Vorschr des VAHRG vollständ u aus sich heraus verständl darstellen (BT-Drucks 10/5447 S 22). Zum Verhältn zu den Überg-Vorschr v VAwMG Art 4 vgl ebdort Einf 1 (Anh IV zu § 1587b).

2) Inkrafttreten der verschiedenen Vorschriften des VAHRG:

a) I Nr 1: Die dch das VAwMG bis auf § 7 inhaltl unverän gebliebenen Vorschr der §§ 4–10 **VAHRG** sind **mit Rückwirkung zum 1. 7. 1977**, also sachl zus mit dem 1. EheRG, dch das der VA eingeführt w, in Kr getreten. Die RückgängMachg v Kürzgen aGrd des Todes des AusglBerecht, die Rückzahlg v Beitr usw kommt also für sämtl ab ergangenen A-Entsch in Betr. Aus dem Wegfall von VAHRG 13 III aF folgt zugl, daß diese Vorschr **auch nach dem 31. 12. 1986 fortgelten**, aber nur **bis zum 31. 12. 1994**, II (vgl unten Anm 3).

b) I Nr 2: Die Vorschr trägt der Entsch des BVerfG NJW **86**, 1321 (vgl dazu Palandt VAHRG 2 Anm 1; 13 Anm 1) Rechn (BT-Drucks 10/6369 S 24). Die dch das VAwMG geschaffenen Vorschr über die Verlängerg des schuldrechtl VA (VAHRG 3a) bzw über die Abändg des VA in and Weise (VAHRG 3b, 3c) sowie über die Abänd von VA-Entsch (VAHRG 10a) u das Verbot von BeitrErstattgen währd des laufend VA-Verf (VAHRG 10d) sind **am 1. 1. 1987 in Kraft getreten, 1. Teilsatz**. Die VAHRG 3a u 3b u vor allem die AbänderungsMöglk n 10a gelten auch für Sachverh, die bereits am 31. 12. 86 vorgelegen haben, soweit sie über diesen Ztpkt hinaus fortdauern. So kann der Berecht von dem Träger der schuldrechtl auszugleichenden Versorgg auch dann eine AusglRente nach VAHRG 3a beanspr, wenn der Verpfl bereits vor dem 1. 1. 87 verstorben ist. Die im RegEntw zG privrechtl organisierter VersorggsTräger enthaltene zeitl Einschränkg (AusglRente erst ab 1. 1. 88) ist nicht in das Gesetz aufgenommen w (BT-Drucks 10/5447 S 11 f u 22). VAHRG 3b gilt auch für bereits vor dem 1. 1. 87 anhäng u noch nicht abgeschlossene Verf (BT-Drucks 10/5447 S 22). VAHRG 10a IX, der sich auf die Abänderg v **Versorgungsausgleichsvereinbarungen** bezieht, gilt auch für Vereinbgen, die v den Eheg vor dem 1. 1. 87, also vor dem Inkraftr des VAwMG, getroffen wurden, jedoch unter einschränkend Voraussetzgen, näml in Anlehng an die ÜbergRegelg in Art 6 Nr 1 UÄndG (vgl dazu Einf 6c v § 1569) mit der Maßg, daß sie nur abgeänd w können, soweit die Bindg an die Vereinbg auch unter Berücks des Vertrauens des AntrGegn in die getroffene Vereinbg für den ASt unzumutb ist, **2. Teilsatz**. Die Abänd einer VA-Vereinbg ist **ausgeschlossen**, wenn im Zushang mit der Vereinbg auch anderes geregelt w, es sei denn, daß die Regelg iü auch ohne den VA getroffen w wäre, **3. Teilsatz**. Bei **künftigen Vereinbarungen** haben es die Eheg in der Hand, die gesetzl AbändMöglk dch eine bes Abrede auszuschließen (BT-Drucks 10/6369 S 24).

c) I Nr 3: Die Vorschr über die Maßn zur Verringerg des VerwaltgsAufwands dch **Ersetzung des Erstattungsverfahrens** dch AO der sof BeitrZahlg bei best Höchstbetr (VAHRG 10b) u iF der Nachversicherg von WiderrufsBeamt u ZtSoldaten (VAHRG 10c) treten **erst zum 1. 1. 1988** in Kr, um den Ver-

Bürgerl. Ehe. 7. Titel: Scheid. d. Ehe **Anh III, IV zu § 1587 b (VAHRG, VAwMG)**

sorggsTrägern hinreichd Zt für die zur Umsetzg dieser Vorschr notw techn Vorkehrgen zu gewähren. Dabei eröffnet VAHRG 10a eine **Abänderung auch solcher Entscheidungen** über den öffrechtl VA, die bereits **vor dem 1. 1. 1988 ergangen** sind. Die Abänd wirkt in diesem Fall allerd für Leistgen od Kürzgen aGrd des VA erst ab 1. 1. 88, auch wenn der Abänd im Hinbl auf die neue Vorschr bereits vor diesem Ztpkt beantr w sein sollte (BT-Drucks 10/5447 S 22).

d) I Nr 4: Sämtl and dch das VAwMG ungeänd gebliebenen Best des VAHRG sind **ab 1. 4. 1983 in Kraft** u bleiben es gem II bis zum 31. 12. 1994 (BT-Drucks 10/5447 S 22). Das gilt für die Ablösg der BeitrZahlgsPfl des § 1587 b III (VAHRG 1–3) u insb auch für die neu gefaßte Vorschr des VAHRG 2, die nicht zuletzt aGrd der Entsch des BVerfG NJW **86**, 1321 in der Neufassg rückw vom 1. 4. 83 an gilt, so daß im Ggs zur Fassg noch des RegEntw (BT-Drucks 10/5447 S 22 zu Nr 6 unter 2) die Vorschr nicht etwa für dem 1. 1. 87 vorausgehde ZtRäume in der alten Fassg mit ihrem modifizierten schuldrechtl VA anzuwenden ist.

3) Außerkrafttreten, II: Die Vorschr der VAHRG 4–10a über die KürzgsReduktion beim Tode des Berecht, Rückzahlg von Beitr usw sowie über die Abänd von VA-Entsch treten **mit Ablauf des 31. 12. 1994** wieder außer Kr. **Zweck:** Der GesGeber geht davon aus, daß die ZtSpanne von **weiteren 8 Jahren** ausr, eine verläßl präzise Einschätzg der Mehrkosten zu ermögl, mit denen die unveränd Fortgeltg der in den VAHRG 4–8 vorgesehenen Erleichtergen für Härtefälle namentl die öff Haushalte u die Träger der gesetzl RentenVers belasten. Außerdem gibt dieser ZtRaum Gelegenh, Erfahrgen mit der neu geschaffenen Möglk einer Abänderg von VA-Entsch zu sammeln u auszuwerten (BT-Drucks 10/5447 S 23). Die **übrigen Vorschriften** des VAHRG werden **Dauerrecht**. Damit sollen das Vertrauen in den Fortbestd der vom VAwMG geschaffenen AusglFormen gestärkt u namentl die VersorggsTräger ermutigt w, von der ihnen in VAHRG 1 II eröffneten Möglk einer RealTeilg in verstärktem Umfang Gebrauch zu machen (BT-Drucks 10/5447 S 23).

Anhang IV zu § 1587 b
Gesetz über weitere Maßnahmen auf dem Gebiet des Versorgungsausgleichs (VAwMG)

Vom 8. Dezember 1986 (BGBl I S 2317)

Schrifttum: Hoppenz FamRZ **87**, 425; Dörr FamRZ **87**, 1093 (Verf); Bergner SozVers **87**, 57, 85 u 197. Vgl iü Vor VAHRG (Anh III zu § 1587 b).

Einführung

1) Zum Ausgangspunkt der Reform vgl 46 Aufl, Einf 11 v § 1587 sowie jetzt Einf 1 v VAHRG 1 (Anh III zu § 1587 b). **Materialien:** Das Gesetz beruht auf der Grdl des v der Bundesregierung eingebrachten GesetzesEntw (BT-Drucks 10/5447) u des von der SPD-Fraktion eingebrachten GgEntw (BT-Drucks 10/5484) u dem Bericht des RAausschusses, dessen bereits auf einem Kompromiß beruhder BeschlEmpfehlg (BT-Drucks 10/6369) der endgült Gesetzesfassg in allem gefolgt ist. Dadch hat sich der Entw der SPD-Fraktion (BT-Drucks 9/1981) erledigt. Unmittelb **Anlaß** der Reform waren die Befristg des VAHRG bis zum 31. 12. 86 (VAHRG 13 III) sowie die Entsch des BVerfG v. 8. 4. 86 (NJW **86**, 1321), wodch der modifizierte schuldrechtl VA (VAHRG 2 aF) sowie das Fehlen einer gerechten ÜbergangsRegelg für verfassgswidr erkl w waren.

2) Inhalt: Das VAwMG enth im wesentl folgde in die Kommentierg des VAHRG (Anh III zu § 1587 b) eingearbeiteten Regelgen: (1) Die Geltg des **VAHRG** wird zT befristet, zT unbefristet **verlängert**, u zwar werden die an Stelle der früh BeitrZahlgsPfl nach § 1587 b III neu eingeführten öffrechtl AusglFormen in DauerR überführt, währd die GeltgsDauer der eigtl Härteregelgn (VAHRG 4–10) auf weitere 8 J begrenzt sind. (2) Der AnwendgsBereich des schuldrechtl VA wird dch **Schaffung weiterer neuer Ausgleichsformen** erhebl eingeschränkt. Die erweiterten AusglFormen sind: Abfindg, erweiterter öffrechtl VA dch Belassg des schuldrechtl auszugleichen Anrechts u Ausgl desselben dch Zugriff auf ein öffrechtl auszugleichdes Anrecht u schließl Verpfl des ausglpflicht Eheg zu BeitrZahlgen in die gesetzl Renten Vers zG des ausglberecht Eheg. (3) Soweit es gleichwohl beim schuldrechtl VA bleibt, wird er über den Tod des ausglpflicht Eheg hinaus **verlängert**, u zwar in Form einer AusglRente gg den VersorggsTräger bzw gg die Witwe od den Witwer des Verpfl. (4) **Entscheidungen des Familiengerichts** über den öffrechtl VA können bei Änderg der Verhältn künft **abgeändert** w. (5) Die neuen AusglFormen können binnen einer 2jähr ÜbergangsFr auch zur Änderg alter VA-Entscheidgen für die Zkft führen. Zum Verhältn der versch Übergangsregelgen zueinand vgl Einf 1 v VAwMG Art 4 § 1.

Artikel 1. Änderung des Bürgerlichen Gesetzbuchs

(betrifft nur die Änderg von § 1587 l)

Artikel 2. Änderung des Gesetzes zur Regelung von Härten im Versorgungsausgleich

(betrifft die beim VAHRG im Anh III zu § 1587 b mit abgedruckten Bestimmungen der §§ 2, 3 a–3 c, 7, 10 a–10 d, 11 und 13 VAHRG)

1537

Artikel 3. Änderung des Gesetzes zur Verbesserung der betrieblichen Altersversorgung

(nicht abgedruckt)

1) Der Art betr Ändergen des BetrAVG 18 u damit die **Zusatzversorgung des öffentlichen Dienstes.** Nr 1–3 berücks die im Lande Bremen dch das Bremische Zusatzversorgungsneuregelungsgesetz v 6. 9. 83 eingetretenen Änderen.

2) Die dch VAwMG Art 3 Nr 4 eingefügte Best des BetrAVG 18 IX soll **im Bereich öffentlichrechtlicher Arbeitsverhältnisse Doppelbelastungen des Arbeitgebers vermeiden,** die entstehen, wenn er die dch Quasi-Splitting begründeten RentenLeistgen für den berecht Eheg erstatten muß, anderers aber den aus dem ArbVerhältn ausgeschiedenen VApflicht Eheg in voller Höhe (ohne VA-bedingte Kürzg) in einer ZusatzVersorggsEinrichtg nachversichern muß (vgl BT-Drucks 10/6369 S 24f m Einzelh u Bsp).

Artikel 4. Übergangs- und Schlußbestimmungen

Einführung

1) Nach BVerfG NJW **86,** 1321 war die **Schaffung einer verfassungsgemäßen Übergangsregelung** geboten (Palandt 46. Aufl VAHRG 13 Anm 1). Desh hat der RAusschuß über die Neufassg des VAHRG hinaus in VAwMG Art 4 §§ 1 u 2 eine umfangreiche zusätzl ÜbergangsRegelg bereitgestellt. Diese betrifft solche Altfälle, in denen der VA aGrd des verfassgswidr § 1587b III 1 dchgeführt w ist bzw in denen die dch das VAwMG geschaffenen neuen AusglMöglkten des VAHRG nF noch nicht berücks w konnten u daher ohne zusätzl AbändergsMöglk eine verfassgsmäß unbefriedigende VA-Regelg bestehen bleiben würde (BT-Drucks 10/6369 S 25). Das **Verhältnis der verschiedenen Änderungs- und Überleitungsbestimmungen,** insbes das der doppelten ÜbergangsRegelg des VAHRG 13 einers, VAwMG Art 4 §§ 1 u 2 anderers, zueinand ist folgdes: (1) Ab 1. 1. 87 (allerd vorl befristet bis zum 31. 12. 94) kann das FamG nach VAHRG 10a **ganz allgemein** auf Antr seine früh **Entscheidung abändern.** Die Vorschr des VAHRG 10a entspr innerh des ÖA-Systems dem ZPO 323. Im Prinzip können damit jetzt, was bish nicht mögl war, Entsch des FamG über den öff VA abgeändert w. Voraussetzg für die Abänderg sind nachträgl aufkommde Abweichgen innerh des der ErstEntsch zGrd gelegten Wertunterschieds u sei es auch nur aGrd zweizl eingetretener Unverfallbark (VAHRG 10a I Nr 1 u 2) bzw die dch Gesetz od dch SatzgsÄnderg seit des Versorggs-Träger nachträgl geschaffene Möglk, vom schuldrechtl auf den dingl VA überzuwechseln (VAHRG 10a I Nr 3). Die AbändMöglk erfaßt nicht nur VA-Regelgen, die erst nach dem 1. 1. 87 getroffen w, sond auch solche, die vor dem 1. 1. 87 ergangen sind. Dem FamG wird allg die Befugn gegeben, seine ErstEntsch bis zum Ztpkt der Erl dieser ErstRegelg zurückzukorrigieren. (2) Letzteres ist semantisch nicht ganz einwandfrei zum Ausdr gekommen, weil nach der **Übergangsregelung des § 13 I Nr 2 VAHRG** der 10a erst am 1. 1. 87 in Kr getreten ist, so daß sich die beabsichtigte Rückwirkg auf die Zt vor dem 1. 1. 87 nur über den dem mat Recht angehörenden Ausdr „ändert ... ab" in VAHRG 10a I ergibt. Die Rückwirkg folgt iü auch aus VAHRG 13 I Nr 2 zweiter Halbs, in dem dort ausdrückl VA-Vereinbargen, die vor dem 1. 1. 87 geschl wurden, wenn auch unter gewissen Einschränkgen, für die Zt vor dem 1. 1. 87 für abänderb erkl w. Es bedarf also nicht etwa gespalteter Abändergen, die sich für die Zt ab 1. 1. 87 nach VAHRG 10a, 13 I Nr 2 u für die Zt zw VA-ErstRegelg u dem 31. 12. 86 nach VAwMG Art 4 §§ 1 u 2 richten. (3) Die **Übergangsregelung des Art 4 § 1 und 2 VAwMG** tritt – mit eigenen tatbestandl erleichterten Voraussetzgen – neben die AbÄndMöglk nach VAHRG 10a, 13 I Nr 2. Auch hier ist eine nachträgl AbÄnd der ErstEntsch des FamG zum VA mögl. Die AbÄndMöglk gilt ihrers erst ab 1. 1. 87 (VAwMG Art 4 § 6), betr aber ausschließl die AbÄnd von VA-Entsch, die vor dem Inkrafttr dieses Gesetzes ergangen sind. Für die AbÄnd von ErstRegelgen, die erst nach dem 1. 1. 87 getroffen w sind od werden, gilt ausschließl VAHRG 10a. RegelgsGgst des VAwMG Art 4 §§ 1 u 2 ist desh ausschließl die Anpassg der noch aGrd von § 1587b I 1 bzw VAHRG 2 aF getroffenen VA-Regelgen an die neue verfassgskonforme GLage. Binnen einer 2jähr ÜbergangsFr können solche Entsch dahin abgeänd w, daß der VA nunmehr in den dch das VAwMG neu eingeführten öff-rechtl AusglFormen dchgeführt w kann, sofern die Voraussetzgen dafür vorliegen (BT-Drucks 10/6369 S 2). Der **Zweck der doppelten Übergangsregelung** ist danach ausschließl darin zu sehen, daß innerh eines ZtRaums von 2J dch VAwMG Art 4 §§ 1 u 2 die AbÄndMöglk für Altfälle erleichtert w soll. Erst für die Zt danach gibt es dann nur noch die eingeschränkte allg AbÄndMöglk des VAHRG 10a. **Innerhalb der nächsten 2 Jahre stehen** für AltEntsch zum VA **beide Abänderungsmöglichkeiten nebeneinander,** wobei diejenige nach VAwMG Art 4 §§ 1 u 2 insof günst ist, als sie im Ggs zu VAHRG 10a II S 2 **keine Wesentlichkeitsgrenze** kennt u im Ggs zu VAHRG 10a V keine verfahrensrechtl Hindern bestehen wie das des PensionsAlt von 55 J. Nach dem Ablauf der 2J der Überschneidgs-Effekt weg. Eine AbÄndMöglk gibt es dann nur noch unter den Voraussetzgen des VAHRG 10a.

2) Übersicht: VAwMG Art 4 § 1 regelt unter Berücks von VAHRG 1 u 3b die nachträgl Abänderg bereits ergangener VA-Entsch mit dem Ziel der **Korrektur der Ausgleichsform.** VAwMG Art 4 § 2 führt die nachträgl Berücks der VAHRG 1 u 3a in Altfällen dch Gewährg **schuldrechtlicher Ansprüche gegen den Versorgungsträger** dch, u zwar mittels Verlängerg des schuldrechtl VA in die Zt vor Inkrafttr des VAwMG, also bei öff-rechtl VersorggsTr bis zurück auf den 1. 7. 77, bei nicht öff Trägern bis zum 8. 4. 86. Ferner wird dch VAwMG Art 4 § 3 für die **Nachversicherung von Zeitsoldaten** zur Abgeltg von Erstattgen nach RVO 1304b II 2, AVG 83b II 2 u VAHRG 4 III eine **Pauschalregelung** getroffen. Nach VAwMG Art 4 § 4 wird für Ehen, deren Ende der EheZt vor dem 1. 7. 77 liegt, für best Regelgen eine einheitl monatl

Bürgerliche Ehe. 7. Titel: Scheidung der Ehe **Anh IV zu § 1587b (VAwMG)**

Bezugsgröße geschaffen. VAwMG Art 4 §§ 5 u 6 schließl betr die Geltg im Lande Berlin u das grdsl **Inkrafttreten** des VAwMG **am 1. 1. 87.**

VAwMG Art 4 § 1 *Ausdehnung des Quasi-Splittings, der Realteilung und des erweiterten Versorgungsausgleichs auf frühere Versorgungsausgleichsentscheidungen.* [I] Hätte eine vor dem Inkrafttreten dieses Gesetzes ergangene Entscheidung zur Übertragung oder Begründung eines Anrechts geführt, wenn die §§ 1 und 3b des Gesetzes zur Regelung von Härten im Versorgungsausgleich bereits im Zeitpunkt des Erlasses der Entscheidung gegolten hätten, so ändert das Familiengericht auf Antrag die Entscheidung unter Anwendung dieser Vorschriften ab. Satz 1 findet keine Anwendung, soweit der Verpflichtete Zahlungen zur Begründung eines Anrechts für den Berechtigten geleistet hat.

[II] Liegen die Voraussetzungen des Absatzes 1 vor, so gilt für den Umfang der Abänderung § 10a Abs. 1 und 3 des Gesetzes zur Regelung von Härten im Versorgungsausgleich entsprechend.

[III] Antragsberechtigt sind die Ehegatten, ihre Hinterbliebenen und die Träger der durch die Abänderungsentscheidung auszugleichenden Versorgungen.

[IV] Der Antrag kann nur binnen zwei Jahren nach Inkrafttreten dieses Gesetzes gestellt werden.

[V] Die Absätze 1 bis 4 gelten für Vereinbarungen über den Versorgungsausgleich entsprechend mit der Maßgabe, daß sie nur abgeändert werden können, soweit die Bindung an die Vereinbarung auch unter besonderer Berücksichtigung des Vertrauens des Antragsgegners in die getroffene Vereinbarung für den Antragsteller unzumutbar ist. Wurde im Zusammenhang mit der Vereinbarung über den Versorgungsausgleich auch anderes geregelt, findet eine Abänderung nicht statt, es sei denn, daß die Regelung im übrigen auch ohne den Versorgungsausgleich getroffen worden wäre.

Schrifttum: Wagenitz JR **87,** 56; Hahne FamRZ **87,** 429.

1) Zweck: Der AusglBerecht soll in allen Fällen, in denen vor dem Inkrafttr des VAwMG pos od negat über den VA entschieden w ist, für die Zukft dch AbändergsEntscheidg so gestellt w, wie er stehen würde, wenn im Ztpkt der früh Entsch über den VA bereits unter Berücks der verfassgsmäß VAHRG 1 u 3b entschieden w wäre (ausführl dazu BT-Drucks 10/6369 S 25). Es geht also um die **nachträgliche Korrektur der Ausgleichsform,** allerd zeitl beschr (IV) u unter Voraussetzgen als nach VAHRG 10a. Die Vorschr findet keine Anwendg, wenn die Eheg dem FamG ggü fälschl den Ausschl des VA dch Vertr erkl hatten (Hbg FamRZ **89,** 73).

2) Nachträgliche Anwendung der §§ 1 und 3b VAHRG, I. Vor dem 1. 1. 87 ergangene Entsch über den VA können dch das FamG abgeänd w, wenn die Anwendg der VAHRG 1 u 3b **in weitergehendem Umfang** als bereits dch die abzuänd Entsch zur **Begründung oder Übertragung von Anrechten** geführt hätte, **S 1.**

a) Voraussetzungen

aa) Eine Abänderg kommt in Betr, soweit der Verpfl die ihm **auferlegten Beiträge nicht erbracht** hat (vgl Anm dd). Sie findet ferner statt, wenn nur im Hinbl auf § 1587b III 2. Halbs die **Anordnung der Beitragszahlung unterblieben** ist, weil der Berecht bereits die Vorauss für ein Altersruhegeld in der gesetzl RentenVers erfüllte (BT-Drucks 10/6369 S 25 u 26), u die Vorauss von VAHRG 1 II od III bzw 3b I Nr 1 sZt vorgelegen hätten. Dasselbe gilt, wenn das FamG in der abzuänd Entsch, etwa wg Ungewißh der RLage, von einer an sich mögl Anwendg des § 1587b III abgesehen u den VA nach § 1587b IV **in anderer Weise,** u zwar schuldrechtl, geregelt hat (BT-Drucks 10/6369 S 26). Auch VA-Entsch des FamG nach NichtigErkl des § 1587b III 1 2. Halbs unterliegen der Abänderg, wenn bei sie und als die in § 1587b I u II, VAHRG 1 II u III genannten Anrechte ausdrückl od konkludent in den schuldrechtl VA verwiesen w sind (Anm b aa). Die Vorschr findet keine Anwendg auf den Vorbeh des schuldrechtl VA für ein Anrecht des berecht Eheg (Ffm FamRZ **88,** 1065), wohl aber bei einem Wechsel der Pers des AusglPflicht (KG FamRZ **88,** 1066 mAv Kemnade).

bb) Keine Fiktion zusätzlicher Voraussetzungen. Mit der Anwendg der VAHRG 1 II u III sowie 3b auf Altfälle werden ledigl die AusglFormen des neuen Rechts in die Vergangenh projiziert. Es werden aber **nicht Voraussetzungen ersetzt, die zum Zeitpunkt der Erstentscheidung noch nicht vorlagen** u deren Fehlen auch dann zu einer Übertr od Begr zusätzl Anrechte geführt haben, wenn das neue Recht schon im Ztpkt der abzuänd Entsch gegolten hätte, etwa wenn die Verurteilg zu BeitrZahlgen desh ausschied, weil das auszugleichde Anrecht im Ztpkt der Entsch noch **verfallbar** war, ebso wenn nach Inkrafttr des VAHRG das Anrecht wg seiner Verfallbark nach § 1587f Nr 3 in den schuldrechtl VA verwiesen wurde. Bei zwischenzeitl Unverfallbark kann Abänderg ledigl nach VAHRG 10a I Nr 2 erwirkt w (BT-Drucks 10/6369 S 26; vgl unten Anm 2b bb).

cc) Die Abänderg erfolgt nur auf **Antrag.**

dd) Ist der Verpfl der ihm nach § 1587b III 1 vom FamG in dessen ErstEntsch **auferlegten Entrichtung von Beiträgen** in die gesetzl RentenVers **nachgekommen** u sind dch diese BeitrZahlgen Anrechte für den Berecht begründet w, so hat es dabei sein Bewenden, **S 2.**

b) Rechtsfolgen.

aa) Ob dch die abzuänd Entsch überh Anrechte übertr od begründet w sind, ist ohne Belang. Bejahendenf werden die dch die abzuänd Entsch bereits übertr oder begründeten Anrechte dch die AbändergsEntsch **aufgestockt.** Fehlt es dagg an einer Übertr od Begr in der abzuänd Entsch, weil im Zushang mit der Scheidg weder ein Splitting noch ein Quasi-Splitting od eine RealTeilg in Frage kam, so werden dch die AbändergsEntsch **erstmals Anrechte übertragen oder begründet** (BT-Drucks 10/6369 S 25). Eine vor

1539

Anh IV zu § 1587b (VAwMG)

der NichtigErkl des § 1587b III 1 1. Halbs, also vor dem 27. 1. 83 (vgl. BVerfG NJW **83**, 1417; § 1587b Anm 4a) ergangene Entsch, die dem Verpfl zum Ausgl eines Anrechts eine BeitrZahlg auferlegte, ist dahin abzuänd, daß das auszugleichde Anrecht **real geteilt oder quasigesplittet** w, sofern die Vorauss von VAHRG 1 II od III vorliegen. Liegen sie nicht vor, kann das Anrecht gem VAHRG 3b iW eines erweiterten Splittings, eines erweiterten Quasi-Splittings od dch AO der nunm in VAHRG 3b I Nr 2 neu gefaßten **Beitragszahlung** ausgegl w (BT-Drucks 10/6369 S 25f). Nach NichtigErkl des § 1587b III 1 2. Halbs ergangene Verweisgen von and Anrechten als den in § 1587b I oder II, VAHRG 1 II od III genannten in den schuldrechtl VA können dahin abgeänd w, daß der Ausgl dieser Anrechte nunm gem erw VAHRG 3b in den Formen des erweiterten Splittings, des erweiterten Quasi-Splittings od dch BeitrZahlg dchzuführen ist (BT-Drucks 10/6369 S 26). Die nach Inkrafttr des VAHRG wg ihrer Verfallbark nach § 1587f Nr 3 in den schuldrechtl VA verwiesenen, inzw unverfallb gewordenen Anrechte unterliegen nach VAHRG 10a I Nr 2 unter den Vorauss von VAHRG 10a II u V der Abänderbark (BT-Drucks 10/6369 S 26).

bb) Im Interesse der Prozeßökonomie ist nach **II** eine **Totalrevision der abzuändernden Entscheidung** mögl. Ist bei Vorliegen der Vorauss von I der Einstieg in die Abänderg der Form nach gegeben, so soll sich auch der Umfang der Abänderg an den aktuellen Verhältn orientieren. Die KorrekturMöglk erfaßt nicht nur dasj Anrecht, für das I den Weg in eine and AusglForm eröffnet, sond alle in den Ausgl einzubeziehen Anrechte des Verpfl und Berecht, u erlaubt eine umfaßde Berücks aller Umstde iSv VAHRG 10a I Nr 1–3. Dch den Verweis auf diese Vorschr (vgl VAHRG 10a Anm 3) ist klargestellt, daß bei der vorzunehmden **Neusaldierung** alle Abweichgen von dem der ErstEntsch zGrde gelegten Wertunterschied berücks w, gleichgültig, ob sie etwa auf früheren **Rechen- oder Methodenfehlern** einschl einer übersehenen Unverfallbark einer Versorgg od auf **nachträglich eingetretenen Wertveränderungen** beruhen. Aber keine Korrektur hins der Vorauss für die Durchf des öffrechtl VA im Ztpkt der ErstEntsch; die Vorauss von I müssen vorliegen (BT-Drucks 10/6369 S 26). Berücksichtigg einer nachträgl eingetretenen Unverfallbark daher nur gem VAHRG 10a (vgl oben Anm 2a bb). Die Abänderbark steht **nicht** unter der Einhaltg der hier **Wesentlichkeitsgrenze** des VAHRG 10a II ab (vgl dazu oben VAHRG 10a Anm 4), der bewußt nicht für entspr anwendb erkl w ist, so daß auch kleinere Verschiebgen des WertAusglGefüges Berücks finden (BT-Drucks 10/6369 S 26f). Aber die Totalrevision steht unter der Beschrkg **grober Unbilligkeit** des VAHRG 10a III, so daß eine Abänderg dem Umfang nach nicht stattfindet, soweit dies unter Berücks der beiderseit wirtschaftl Verhältn grob unbill wäre (VAHRG 10a Anm 5).

3) Antragsberechtigte sind die Eheg, ihre Hinterbl u die Träger der dch die AbändergsEntsch auszugleichden Versorggen, **III.** Das entspr VAHRG 1 III, 10a IV. Antrberecht sind nicht nur Träger von nach VAHRG 1, sond auch nach 3a (Mü FamRZ **89**, 186) bzw 3b auszugleichden Versorggen privrechtl organisierter Träger der betriebl AltVersorgg (BGH NJW **89**, 1860).

4) Antragsfrist: Der Antr iSv VAwMG Art 4 § 1 I (oben Anm 2a cc) kann nur **binnen 2 Jahren** nach Inkrafttr des VAwMG, also bis zum 31. 12. 88 gestellt w, um der Kompliziertht der Materie Rechng zu tragen u unbegründeten, weil überstürzt gestellten AbändergsAntr vorzubeugen (BT-Drucks 10/6369 S 27).

5) Versorgungsausgleichsvereinbarungen. Vereinbgen über den VA sind entspr abänderb, **V.** Es gilt dieselbe **Zulässigkeitsvoraussetzung** wie nach UÄndG Art 6 Nr 1 I u III (vgl dazu Einf 6c v § 1569).

VAwMG Art 4 § 2 Verlängerung des schuldrechtlichen Versorgungsausgleichs in die Zeit vor dem 1. 1. 87.

I Der Berechtigte oder seine Hinterbliebenen können für die Vergangenheit von einem öffentlich-rechtlichen Träger einer auszugleichenden Versorgung die Rentenleistungen verlangen, die sie von diesem oder einem anderen Träger auf Grund des Versorgungsausgleichs erhalten hätten, wenn die §§ 1 und 3a des Gesetzes zur Regelung von Härten im Versorgungsausgleich bereits am 1. Juli 1977 gegolten hätten. Nicht verlangt werden können Leistungen für Zeiträume, für die
1. der Träger der auszugleichenden Versorgung Rentenleistungen aus dem auszugleichenden Anrecht erbracht oder
2. der Verpflichtete dem Berechtigten Unterhalt geleistet hat; Unterhaltsleistungen bleiben unberücksichtigt, wenn ihre Berücksichtigung für den Berechtigten eine schwere Härte darstellen würde.

II Der Berechtigte oder seine Hinterbliebenen können von einem nicht öffentlich-rechtlichen Träger einer auszugleichenden Versorgung die Leistungen verlangen, die sie erhalten hätten, wenn § 3a des Gesetzes zur Regelung von Härten im Versorgungsausgleich bereits am 8. April 1986 gegolten hätte. Absatz 1 Satz 2 gilt entsprechend.

III Ansprüche nach Absatz 1 oder 2 sind ausgeschlossen, wenn sie nicht binnen zwei Jahren nach dem Inkrafttreten dieses Gesetzes geltend gemacht werden.

IV Über Streitigkeiten nach den Absätzen 1 und 2 entscheidet das Familiengericht.

Schrifttum: Hahne FamRZ **87**, 432.

1) Zweck der Vorschr ist es, in weiter Auslegg von BVerfG NJW **86**, 1321 bei Vorliegen einer evtl verfassgswidr VersorggsLücke in der AusglBerecht auch hins den verlängerten schuldrechtl VA rückw für die Zt vor dem 1. 1. 87 verfassgsgem zu behandeln (BT-Drucks 10/6369 S 27). Die Vorschr **differenziert** hins des Umfangs der LeistgsPfl **nach** der RNatur des **Trägers** der auszugleichden Versorgg **und** der ihnen nach dem **Vertrauensschutz** zumutb RückwirkgsReichweite in der Weise, daß nach I öffrechtl organisierte VersorggsTräger die Rückwirkg bis zur Einf des VA am 1. 7. 77 hinnehmen müssen, währd privrechtl VersorggsTräger nach II erst seit der Entsch des BVerfG v 8. 4. 86 auf eine Änderg des bis dahin geltden Rechts eingestellt sein mußten (BT-Drucks 10/6369 S 28 unter 2d). Die Korrektur erfolgt nicht dch Rückbeziehg der Rgestaltden Wirkg der nach VAwMG Art 4 § 1 ergehdn AbändergsEntsch auf den Ztpkt des

Bürgerliche Ehe. 7. Titel: Scheidung der Ehe   **Anh IV zu § 1587b (VAwMG)**

Wirksamwerdens der ErstEntsch, sond beschr sich auf die Normierg von **schuldrechtlichen Leistungspflichten** der VersorggsTräger für die Vergangenh (BT-Drucks 10/6369 S 27 m ausführl Begr unter 2a).

2) Voraussetzungen des verlängerten schuldrechtlichen Versorgungsausgleichs seit dem 1. 7. 77.

a) Leistgspfl ist **aa)** der **öffentlichrechtliche Träger** der auszugleichden Versorgg. Er schuldet dem Berecht real die hypothetischen Leistgen, die der Berecht erh hätte, wenn das bei ihm begründete Anrecht bereits bei der ErstEntsch über den öffrechtl VA gem VAHRG 1 quasigesplittet od real geteilt w wäre. Wäre das Anrecht auch bei Anwendg des neuen Rechts in den schuldrechtl VA verwiesen w u ist der Verpfl gestorben, so schuldet der VersorggsTräger die verlängerte schuldrechtl AusglRente gem VAHRG 3 a auch für die Vergangenh, **I S 1**. Erfaßt werden alle vor der NichtigErkl des § 1587b III 1 erster Halbs entschiedenen Altfälle, in denen dch eine AbändergsEntsch nach VAHRG 1 für den Berecht iW der RealTeilg od des Quasi-Splittings über die ErstEntsch hinausgehde Anrechte begründet w. Der Berecht kann von dem VersorggsTräger die Leistgen verlangen, die er in der Vergangenh erh hätte, wenn das auszugleichde Anrecht bereits bei der ErstEntsch real geteilt od quasigesplittet w wäre. Leistgen für ZtRäume vor dem Wirksamwerden der ErstEntsch bleiben mith außer Betr. Dagg werden alle Fälle erfaßt, in denen etwa wg der Unmöglk des Quasi-Splittings nach § 1587b V der an sich dchzuführde schuldrechtl VA auch daran scheitern würde, daß der Verpfl bereits vor dem Inkrafttr der Neuregelg gestorben ist. In diesem Fall kann der Berecht vom Tode des Verpfl ab auch für zurückliegde Zten von dem öffrechtl VersorggsTräger die verlängerte schuldrechtl AusglRente verlangen (BT-Drucks 10/6369 S 28 f). Ferner scheidet die Inanspruchn des VersorggsTrägers für die Vergangenh in den Fällen von VAHRG 3b dch erweitertes Super-Splitting, Super-Quasi-Splitting od BeitrZahlg aus; dem Träger der nach dieser Vorschr zum Ausgl herangezogenen Versorgg ist eine LeistgsPfl für die Vergangenh nicht zumutb, weil er die Mehrbelastg nicht dch rückw Kürzg der Versorgg des ausglpfl Ehegn auffangen könnte bzw würden Leistgen für die Zt vor BeitrZahlg dem VersSystem widerspr (BT-Drucks 10/6369 S 28 unter 2b). Dagg kommt der Berecht, wenn VAHRG 3b bei einem an sich ausgleichb Anrecht nach dem Gesagten nicht angewandt w kann, nach I 1 die Verlängerg des schuldrechtl VA auch für die Vergangenh zugute (BT-Drucks 10/6369 S 28 f). Die **Rückwirkung** wird **bis zum** Inkrafttr des 1. EheRG am **1. 7. 77** zurück ausgedehnt (vgl Anm 1).

bb) Für die LeistgsPfl des **privatrechtlichen Versorgungsträgers** gelten dieselben Vorauss wie für den öffrechtl VersorggsTräger, **II**; insb auch dieselben Ausschlüsse (Anm b). Ledigl die **Rückwirkung** wird hier mit Rücks auf den größeren Vertrauensschutz **auf den 8. 4. 86** beschränkt (vgl Anm 1).

b) Die Anspr nach I u II sind **binnen einer Ausschlußfrist von 2 Jahren** nach dem Inkrafttreten des VAwMG am 1. 1. 87, also bis zum 31. 12. 88, geltd zu machen, **III**.

c) Ausgeschlossen ist die Inanspruchn des VersorggsTrägers für **in der Vergangenheit liegende Zeiträume, I S 2 u II S 2**, für die **aa)** der Träger der auszugleichden Versorgg **Rentenleistungen** aus dem auszugleichden Anrecht **erbracht** hat, **Nr 1**, womit DoppelLeistgen des VersorggsTrägers vermieden w sollen (BT-Drucks 10/6369 S 28 u 29), od **bb)** der Verpfl dem Berecht **Unterhalt** geleistet hat, **Nr 2**, womit der verlängerte schuldrechtl VA auf die Schließung von VersorggsLücken beschr w (BT-Drucks 10/6369 S 28 unter c u 29). UnterhLeistgen bleiben unberücks, wenn ihre Berücks für den Berecht eine **schwere Härte** darstellen würde, **Nr 2 zweiter Halbs**.

3) Zuständig zur Entsch über Streitigk ist das FamG. Örtl Zustdgk: FGG 45.

VAwMG Art 4 § 3 Pauschalabrechnung für Erstattungsbeträge bei Nachversicherung von Zeitsoldaten.

Zur Abgeltung von Erstattungen nach § 1304b Abs. 2 Satz 2 der Reichsversicherungsordnung, § 83b Abs. 2 Satz 2 des Angestelltenversicherungsgesetzes und § 4 Abs. 3 des Gesetzes zur Regelung von Härten im Versorgungsausgleich in Fällen, in denen ausgleichspflichtige Soldaten auf Zeit nach der Begründung einer Rentenanwartschaft durch Quasi-Splitting vor dem 1. Januar 1988 nachversichert worden sind, zahlt der Bundesminister der Verteidigung den Trägern der Rentenversicherung der Arbeiter und der Angestellten bis zum 30. Juni 1988 einen Pauschalbetrag. Der Pauschalbetrag errechnet sich aus der Summe der Beiträge, die zum Zeitpunkt der Zahlung zur Begründung der Rentenanwartschaften in allen Fällen dieser Art erforderlich wären, gemindert um die Summe der bereits geleisteten Erstattungen. Die Verteilung des Pauschalbetrages auf die Träger der Rentenversicherung der Arbeiter und der Angestellten erfolgt nach dem Verhältnis der Beitragseinnahmen im Jahre 1987. Die Durchführung des Abgeltungsverfahrens obliegt dem Bundesversicherungsamt.

1) Die Regelg entspr VAHRG 10c. Zur Einschränkg des Personenkreises auf ZtSoldaten vgl BT-Drucks 10/6369 S 29. Die Regelg erfaßt nur Fälle, in denen die NachVers vor dem 1. 1. 88 tats erfolgt ist. NachVers-Fälle, die vor diesem Ztpkt eingetreten sind, aber bis dahin noch nicht tats zu einer NachVers geführt h, sind nach VAHRG 10c abzuwickeln (BT-Drucks 10/6369 S 29 m Hinw zur weiteren Berechng).

VAwMG Art 4 § 4 Monatliche Bezugsgröße für Ehen mit Eheende vor dem 1. 7. 77.

Liegt das Ende der Ehezeit vor dem 1. Juli 1977, so ist für die Anwendung des § 3b Abs. 1 Nr. 1, der §§ 3c, 10a Abs. 2 Satz 2 und des § 10b des Gesetzes zur Regelung von Härten im Versorgungsausgleich als monatliche Bezugsgröße der Wert von **1850 Deutsche Mark** zugrunde zu legen.

1) Eine **Bezugsgröße für die Zeit vor dem Inkrafttreten des 4. Buches SGB** besteht nicht. Das Ende der EheZt kann aber bei länger dauerndem ScheidsVerf vor diesem Ztpkt liegen. Zur Vermeidg einer Lücke sieht die neu eingeführte Vorschr vor, daß in solchen Fällen für die Anwendg der VAHRG 3b I Nr 1, 10a II 2 u 10b als monatl Bezugsgröße der Wert v 1850 DM zGrde zu legen ist (BT-Drucks 10/6369 S 29).

VAwMG Art 4 § 5 Geltung in Berlin.
(nicht abgedruckt)

VAwMG Art 4 § 6 Inkrafttreten
Dieses Gesetz tritt am 1. Januar 1987 in Kraft, Artikel 3 Nr. 1 bis 3 jedoch mit Wirkung vom 1. Januar 1984.

1587 c *Ausschluß des Versorgungsausgleichs.* Ein Versorgungsausgleich findet nicht statt,
1. soweit die Inanspruchnahme des Verpflichteten unter Berücksichtigung der beiderseitigen Verhältnisse, insbesondere des beiderseitigen Vermögenserwerbs während der Ehe oder im Zusammenhang mit der Scheidung, grob unbillig wäre; hierbei dürfen Umstände nicht allein deshalb berücksichtigt werden, weil sie zum Scheitern der Ehe geführt haben;
2. soweit der Berechtigte in Erwartung der Scheidung oder nach der Scheidung durch Handeln oder Unterlassen bewirkt hat, daß ihm zustehende Anwartschaften oder Aussichten auf eine Versorgung, die nach § 1587 Abs. 1 auszugleichen wären, nicht entstanden oder entfallen sind;
3. soweit der Berechtigte während der Ehe längere Zeit hindurch seine Pflicht, zum Familienunterhalt beizutragen, gröblich verletzt hat.

Schrifttum: Scheld RPfleger **81**, 256; Moritz JZ **82**, 411.

1) **Negative Härteklausel. a) Inhalt und Zweck.** Wie beim Anspr auf nachehel Unterh (§ 1579) tritt ein vAw zu beachtder (Mü FamRZ **85**, 79) gänzl od teilw **Verlust des Versorgungsausgleichsrechts** unter Billigk- u VerwirkgsGesichtspkten ein. Der VA findet nicht statt, wenn e unter Berücksichtig verschiedener Umst grob unbill wäre, Z 1, soweit der Berecht im Hinbl auf die Scheidg ausgleichspflichtige VersorggsAnrechte aufgegeben hat, Z 2, u soweit der AusglBerecht währd der Ehe FamUnterhPflichten gröbl verletzt hat, Z 3. **Keine Enumeration** der HärteGrde, weil Z 1 eine Generalklausel enth (Joh/Henr/Hahne Rdn 2). § 1587 c betr die individuelle Zumutbark des VA u darf desh **nicht zur Korrektur des VA** – sei es in Einzelh (Ausgl von Anwartsch, für die die WarteZt noch nicht erfüllt ist; BGH FamRZ **84**, 574; NJW-RR **89**, 965 SVG 55 c), sei es im GrdKonzept – benutzt w, ihn also zB auf Fälle der Bedürftigk zu beschr (so früh Schwab FamRZ **77**, 770) od den VA überh auszuschl, wenn in einer Doppelverdienerehe jeder Eheg für sich eine Altersversorgg aufgebaut hat (Hamm FamRZ **81**, 574) od beide Eheg währd der gesamten EheZt Beamte waren (BGH FamRZ **89**, 492) bzw rentenversichergspfl gearbeitet haben u somit keine ehebedingten VersorggsNachteile entstanden sind (Hbg NJW **82**, 242; Düss FamRZ **87**, 162), od schließl um Härten zu mildern, die ganze Berufsgruppen treffen (Oldbg FamRZ **81**, 678 Strahlflugzeugführer). Anderers dient § 1587 c auch dazu, evtl mit dem Splitting od Quasi-Splitting verbundene GrdRechtsverletzgen zu verhindern (BVerfG NJW **80**, 692), zB bei ungleich hohen VersorggsBezügen zweier Beamt nach Dchführg des VA (BVerfG NJW **84**, 2147; Wagenitz FamRZ **86**, 18). Beabsichtigt ist iR des § 1587 c eine **Gesamtabwägung** aller in Betr kommden Umst, auch wenn sie keinen wirtschaftl Bezug aufweisen (BGH FamRZ **83**, 32; Joh/Henr/Hahne Rdn 2). Unerhebl ist, in welchem Güterstd die Eheg gelebt haben (BT-Drucks 7/4361 S 43 f). Zu vor dem 1. 7. 77 liegden BilligkUmst vgl Einf 7 v § 1587, wobei die Grde der Übergangsregelg Vorrang haben (Stgt FamRZ **86**, 1006).

b) Die Härteklausel wirkt nicht beiderseits, sond erlaubt **nur Herabsetzung oder Ausschluß zugunsten des Verpflichteten** (BGH FamRZ **82**, 1193; **85**, 687). Anders also als bei § 1375 II kann der AusglBetr nicht erhöht w, wenn der AusglPflicht wg der Scheidg VersorggsAnrechte hat entfallen lassen (BGH FamRZ **87**, 48; aA Karlsr FamRZ **86**, 917; Rolland Rdn 16), weil dem Verpfl die wirtschaftl Entscheidgs-Freih u berufl Mobilität erh bleiben sollten (BT-Drucks 7/650 S 163).

c) **Verfahrensmäßiges.** Die Härteklausel kann regelm erst geprüft w, wenn ermittelt ist, welche VersorggsAnrechte die Part in der Ehe erworben h (Karlsr Just **84**, 286). Sie greift ggf nur hins eines Teils der AusglVerpfl ein (BT-Drucks 7/650 S 162). Auf Grd der „Soweit"-Fassg kann ein **gänzlicher oder nur teilweiser Ausschluß** des VA erfolgen. § 1587 c erlaubt auch Teilentscheidgn zB über das Splitting, wenn die Härteherabsetzg nur wg betriebl Ruhegelds in Betr kommt (BGH NJW **84**, 120). Zul ferner die **Herabsetzung einzelner VA-Anteile** wie der auf die stat VersRente ermittelte AusglBetr wg vorausssichtl ZuvielAusgl (BGH FamRZ **88**, 822/25). Zu den BerechgsModalitäten vgl Joh/Henr/Hahne Rdn 4 f. Aber die BilligkKlausel des § 1587 c Z 1 ermögl es nicht, best Anwartsch des ausglberecht Eheg unberücks zu lassen u damit eine Erhöhg des AusglBetr zu bewirken (BGH FamRZ **87**, 48). Auch eine zeitl beschr BU-Rente ist auszugl, wenn der AusglSchu sich auch hins seiner Altersrente dann noch besser steht als der AusglBerecht (Karlsr FamRZ **82**, 615). Keine Abänderg gem VAHRG 10 I Z 1 allein aGrd einer and Einschätzg der Härte des VA (BGH NJW **89**, 1999).

2) **Grobe Unbilligkeit, Z 1**, bildet die **Generalklausel.** Sie kommt nur in Betr, wenn aGrd bes Verhältn die starre Dchführg des öffrechtl WertAusgl dem Grdgedanken des VA in unerträgl Weise widersprechen würde (BGH **74**, 38/83; NJW **82**, 989; **86**, 1935; FamRZ **89**, 1062). Das kann nur an Hand bestimmter, vom AusglPflichtigen vorzutragder (BGH NJW **88**, 1839) Umst festgestellt w. Härtefälle sind nur in eng begrenzden Ausnahmefällen zuzulassen (BT-Drucks 7/4361 S 43). Bei der Abwägg ist ein strengerer Maßst anzulegen als bei § 242 (BGH FamRZ **81**, 756). Allg BilligkErwäggen reichen nicht aus. Feststellg gr Unbilligk ist daher weitgehd Sache des TatRi (BGH **74**, 84; NJW **81**, 1733), der die Härte auch nach ZtAbschnitten differenzieren kann (Hbg FamRZ **84**, 398).

Bürgerliche Ehe. 7. Titel: Scheidung der Ehe § 1587 c 2 a, b

a) Zu berücks sind in erster Linie **die beiderseitigen Verhältnisse.** Hierbei sind sämtl Umst des Einzelfalls, insb Veranlagg, GesundhZustand (BGH FamRZ **81**, 756), VersichergsMöglk u vorhandene VersorggsAnrechte zu berücks. Der Anwendg der Härteklausel steht nicht entgg, daß der AusglPflichtige eine höhere Altersversorg behält als der Berecht (Hbg FamRZ **88**, 628). Gr Unbilligk, wenn der ausglberecht Eheg aGrd seiner eig fortdauernden Erwerbstätigk bei Erreichen der Altersgrenze eine unverhältnism hohe Rente ggü dem inzw erwerbsunfäh and Eheg erhielte (BGH NJW **82**, 224) od wenn er sich iGgs zu dem erwerbsunfäh Eheg eine **Altersversorgung noch aufbauen kann** (BGH NJW **81**, 1733; FamRZ **82**, 475; **88**, 489). In diesem Zushg ist auch eine wiederaufgelebte WwenRente nach dem verstorbenen 1. Ehem zu berücks (BGH NJW **89**, 1998). Ausschluß od Herabsetzg des VA nach Z 1 ist auch dann mögl, wenn der ausglberecht Eheg erst kurz vorher die dt **Staatsangehörigkeit** erworben h (BGH NJW **82**, 1940; vgl aber auch Stgt FamRZ **84**, 291), insb wenn die Eheschließg gg Entgelt ausschließl dem Zweck hatte, dem türk Ehem den Aufenth in der BRD zu ermögl (Bln-Charl FamRZ **78**, 38). Gr Unbilligk ferner bei **Strafhaft** währd der Gesamtdauer der Ehe (AG Cham FamRZ **78**, 37), es sei denn, dem and Eheg war die StrafZt bei Eingehen der Ehe bekannt (Celle FamRZ **80**, 1032). Nicht jedes **Ungleichgewicht in der Aufgabenverteilung** in der Ehe rechtfertigt eine Reduzierg des VA; wesentl ist, welche Plang der ehel LebGemsch zugrde lag (KG FamRZ **82**, 78). Grdsl findet der ungekürzte VA auch in einer lebensplanmäß auf das **Studium** ausgerichteten Ehe statt (Kln FamRZ **81**, 574). Aber Reduktion des VA, wenn ein Eheg erwerbstät ist u der and sein Studium fortsetzt (KG FamRZ **80**, 800) od wenn sich ein Eheg einer im Ergebn seine VersorggsChancen erhöhen Fachschulausbildg unterzieht (Ffm FamRZ **82**, 1088). Erst recht natürl, wenn ein Eheg dem und dch versichergspflicht ErwTätigk u uU neben der HaushFührg u KiBetreuung (BGH FamRZ **89**, 1060) das Studium **ermöglicht** (BGH FamRZ **88**, 600; Kblz NJW **86**, 1762; Hamm FamRZ **88**, 516), wenn die Ehe gesch wird nach Abschl des Studiums (BGH NJW **84**, 302), aber auch, wenn es unabgeschl bleibt (BGH NJW-RR **87**, 578) od der AusglBerecht in einer neuen Ehe zwar nicht beabsicht, den akadem Beruf auszuüben (Hamm FamRZ **86**, 72). Abgesehen von der Illoyalität ist in diesen Fällen entscheidd, daß der AusglBerecht sich aGrd der Ausbildg selbst eine angem Altersversorgg aufbauen kann (Celle FamRZ **79**, 595). Grob unbill kann ein VA auch bei **phasenverschobener Ehe** sein, wenn die erwerbstät Fr desh ausglpflicht wird, weil der wesentl ält Ehem bereits Altersversorgg bezieht u dadch innerh der EheZt keine Altersversorgg mehr aufgebaut hat (Kln FamRZ **88**, 849). Grobe Unbilligk ferner zu bejahen, wenn bei einer **Doppelehe** der zweif VA zu einem nahezu vollständ Verlust der eig Versorgg des Verpfl führen würde (BGH NJW **83**, 176), es sei denn, wg ZusLeb mit der 2. Ehefr kommen dem AusglPflicht deren VersorggsAnrechte zugute (Zweibr FamRZ **83**, 1145).

b) Im Rahmen der beiderseit Verhältn ist insb der **beiderseitige Vermögenserwerb während der Ehe oder im Zusammenhang mit der Scheidung** zu berücks. Eine Kürzg des VA kommt unter dem GesPkt **wirtschaftlichen Ungleichgewichts** erst in Betr, wenn der Berecht bereits eine ausr Versorgg hat, währd der Verpfl auf die von ihm erworbene Anrechte dringend angewiesen ist (BGH FamRZ **89**, 491 mN). Keine gr Unbilligk liegt in der **Belastung mit Schulden** aus der Ehe (Karlsr FamRZ **88**, 70) od wenn der Berecht es **unterlassen** h, bei bestehder LebGemsch als selbst Erwerbstät eine eig **Altersvorsorge** zu treffen (Hamm FamRZ **81**, 574); ebsowenig darin, daß der ausglberecht Eheg Scheidg beantr u dadch gem § 1408 II 2 eine VA-AusschlVereinbg unwirks macht (BGH FamRZ **85**, 45). Eherechtl unbegr **Zuwendungen an den Ausgleichsberechtigten** begr die gr Unbilligk, etwa bei Nachentrichtg freiw Beitr zur RentVers (BGH FamRZ **87**, 364) od bei angem Beteiligg an dem einzigen nennenswerten VermGgstd, wenn dieser auch nicht dem ZugewAusgl unterliegt (Schlesw FamRZ **82**, 311), od auch dch Entlastg des AusglBerecht von der UnterhLast, so daß dieser seine zT hohen Einnahmen als Reitlehrer überwiegt für sich verwenden konnte, währd die ausglpflicht Ehefr als Grdschullehrerin für ihren eig Bedarf aufgekommen ist u außerd noch die beiden Ki betreut h (Kln FamRZ **86**, 580). Aber keine gr Unbilligk bei den dingl VA nicht abdeckden Abschl von LebVersichergen zG des AusglBerecht (Saarbr FamRZ **82**, 394). Erfdl ist ggf ein **Vermögensvergleich** u Berücks der für die beiderseit VersorggsLage maßgebden Grde. Zuwendgen iR eines Vergl der Parteien über den ZugewAusgl sind nur zu berücks, wenn das dem AusglPflicht verbleibde Verm bek ist (BGH FamRZ **89**, 491). So wird der VA reduziert, wenn der Grd für die fehlde Altersversorgg nicht die Ehe ist u der AusglBerecht nur unwesentl zum FamHaush beigetr hat (Stgt NJW **82**, 241). VA zL eines vorzeit in den Ruhestd getretenen Beamten führt nicht zu § 1587 c, sond ggf zu VAHRG 10 a (BGH FamRZ **89**, 492 u 728). Insb sind **eigene Renten** zu berücks. Auch Unfallrenten, obw sie dem VA nicht unterliegen (Celle FamRZ **89**, 1098; Belchaus FamRZ **73**, 342; Ruland NJW **76**, 1719). Entsprechedes gilt für den **Erwerb eigenen Vermögens** in der Ehe od auch nach der Scheidg (BGH FamRZ **88**, 940). Z 1 gilt desh insb, wenn der ausglberecht Eheg Verm hat (Hbg **78**, 278 iran Kfm) od Verm erworben h, das wg Vereinbg von Gütertrenng güterrechtl nicht auszugl ist (Hamm FamRZ **87**, 951; Hbg FamRZ **88**, 628); auch bei Zuwendg von dr Seite (Hamm FamRZ **87**, 627). Grobe Unbilligk liegt vor allem vor, wenn bei Gütertrenng der eine Eheg KapitalVerm gebildet u nur der and Eheg eine ausglpflicht Versorgg begr hat (Kblz FamRZ **83**, 508), selbst wenn die VermBildg dch eine **Erbschaft** geschieht (BGH FamRZ **88**, 47). Für Z 1 nicht ausreichd dagg die bl Aussicht auf eine Erbsch (Stgt FamRZ **79**, 831) od die Neue Eheschließg mit gut verdiendem Eheg (BGH FamRZ **83**, 35; KG FamRZ **82**, 1025). Waren beide Eheg währd der Ehe voll berufstät u haben sie das erworbene **Vermögen untereinander aufgeteilt,** kann der VA unterbleiben, wenn beide Eheg ihn ablehnen (Celle NJW **79**, 1659); ebso wenn iR der VermAuseinanderS dem AusglBerecht ein ggü der Rente des AusglPflicht höherwertiges ErbbauR zugewendet w (Stgt Just **78**, 408). Im Rahmen der Prüfg der beiderseit VermVerhältn ist auch das bei Durchf des VA herauskommde **Versorgungsergebnis** zu berücks. Die Bedürftigk des AusglBerecht ist nicht Vorauss des VA. Eine gr Unbilligk kann aber darin liegen, daß die Durchf des VA nicht zu einer ausgewogenen soz Sicherh beider Eheg beiträgt, sond im Gteil zu einem erhebl wirtschaftl Ungleichgewicht zL des AusglPflicht, wozu es allerd nicht ausr, daß der AusglBerecht wirtschaftl besser gestellt ist als der AusglPflicht (BGH FamRZ **82**, 910). Z 1 aber ggf bei vorzeit Ruhestd des Beamt, wenn der and Eheg noch die Möglk hat, eine unverhältnmäß hohe Rente zu erlangen (BGH **82**, 66; FamRZ **89**, 727). So kann über Z 1 die verkürzte Bewertg von AusfallZten

1543

§ 1587 c 2, 3   4. Buch. 1. Abschnitt. *Diederichsen*

dch das 20. RentAnpassG, die nach EheZtEnde eingetreten sind, berücks w (Stgt FamRZ **80**, 594). Ferner liegt eine gr Unbilligk vor, wenn die Durchf des VA inf der Umstellg der Rente dazu führen würde, daß der AusglBerecht eine höhere Rente bekäme als dem AusglVerpfl verbliebe (Brem FamRZ **80**, 1129). Mit Hilfe von Z 1 kann ferner geholfen w, wenn der Beamte nach Ende der EheZt aus dem BeamtVerhältn ausgeschieden ist (Hamm FamRZ **86**, 1222); währd keine gr Unbilligk darin liegt, daß ein Eheg vor, der and nach EheZtEnde vorzeit pensioniert wird (Düss FamRZ **87**, 491). Das landwirtschaftl Altersgeld ist auch dann auszugl, wenn der währd der Ehe bewirtschaftete Hof dem AusglBerecht gehört (BGH FamRZ **87**, 923). Kein Fall von Z 1 liegt darin, daß der **Ausgleichsberechtigte** im Alter über eine geringfügig **höhere Versorgung** verfügt als der AusglPflicht (BGH NJW **86**, 1935), auch wenn dies aGrd unterschiedl **Besteuerung** geschieht (§ 1587a Anm 1), es sei denn, es entstünde ein erhebl Ungleichgewicht (Celle NJW **86**, 1818). Der VA kann ebenf unterbleiben, wenn der ausglberecht Beamte daraus mangels entspr WarteZten **keinen wirtschaftlichen Vorteil** ziehen kann u ein Antr gem § 1587b IV unterblieben ist (Zweibr FamRZ **83**, 1041). Über Z 1 kann insb auch der Ausgl von **Bagatellbeträgen** vermieden w, zB kann die Begr einer Rentenanwartsch von 2,82 DM zG eines LebZtBeamten unterbleiben (Zweibr FamRZ **87**, 722), aber auch, wenn von einer Altersrente von 181,90 DM ein Betrag von 2,80 DM der Rente des AusglBerecht von 1039,80 DM zugesplittet werden soll (BGH NJW **82**, 989). Für die Anwendg von § 1587 c Z 1 reicht es nicht aus, wenn als Folge der mit dem VA verbundenen Verringerg der Altersbezüge der **notwendige Eigenbedarf** des AusglPflicht in Frage gestellt w, weil dieser auf seine Anrechte dringd angewiesen ist u vielleicht sogar zur Inanspruchn von SozHilfe gezwungen würde (BGH NJW **81**, 1733; **82**, 989; FamRZ **86**, 252). Etwas and gilt nur dann, wenn der VA ein erhebl wirtschaftl Ungleichgewicht zL des AusglSchuldn zur Folge hätte, was nicht schon dann der Fall ist, wenn auch der AusglBerecht ohne ausreichde eig Alterssicherg dasteht (BGH NJW **87**, 1018/19) od sich die Versorgg der Ehefr dch ein nicht in den VA falldes (Karlsr FamRZ **80**, 168) Leibgedinge beträchtl verbessert (BGH FamRZ **82**, 909/10); wohl aber, wenn der AusglBerecht sich auch in der Ehe selbst unterh konnte (Hamm FamRZ **82**, 310) bzw wenn er selbst eine ausreichde Versorgg hat (Stgt FamRZ **80**, 593), u erst recht natürl, wenn der ungekürzte VA zur **Unterhaltsabhängigkeit**, dh zu einem UnterhAnspr des AusglPflicht gg den AusglBerecht führen würde (BGH FamRZ **87**, 255; Joh/Henr/Hahne Rdn 10).

c) Schwere personale Verfehlungen können die gr Unbilligk begr, wie Beteiligg an Mordversuch am VA-Verpfl (Zweibr NJW-RR **87**, 389) od vorsätzl Tötg gemeins Ki (Hbg NJW **82**, 1823; Nürnbg FamRZ **82**, 308), ferner **Kindesunterschiebung** (BGH NJW **83**, 1117), allerd nur nach rechtskr EhelichkAnfechtg (BGH NJW **83**, 824) od bei geflissentl Hintertreibg der EhelichkAnfechtg dch den and Teil (BGH NJW **83**, 119). Dagg nicht automat Ausschl od Herabsetzg des VA, wenn die ausglberecht Fr ein im Ehebr empfangenes Ki vom AusglSchuldn mehrere J lang als eig Ki ansehen läßt (BGH FamRZ **87**, 363). Außerh der Z 1 bleiben **Auseinandersetzungen** zw den Ehel, zB über das Öffnen einer Schlafzimmerfenstertür (BGH FamRZ **85**, 1239), Herumhantieren mit Pistolen (Hamm FamRZ **81**, 473) od nach 20jähr Ehe Kreditaufnahme unter UnterschrFälschg (Nürnbg FamRZ **86**, 580).

d) Umst, die **zum Scheitern der Ehe geführt** haben, dürfen nicht allein schon desh berücks w, **2. Halbs.** Mit dieser Vorschr soll das VerschPrinzip des alten ScheidgsR auch für diesen Bereich der ScheidgsFolgen ausgeschaltet werden (BGH NJW **83**, 118). Desh grdsl keine Herabsetzg des VA bei bl **Ausbruch aus der Ehe**, um nach fast 26 J Erfüllg der HausfrauenPfl mit einem and Partn zuszuleben (BGH NJW **83**, 165). Auch die beabsicht Eheschließg mit dem neuen Partn u die Teilhabe an dessen Alterssicherg rechtfertigen keine Herabsetzg des VA (BGH NJW **83**, 166 = FamRZ **83**, 804 mAv Scheld; NJW **84**, 2358/61). Trotzdem kann **eheliches Fehlverhalten** auch ohne wirtschaftl Relevanz (BGH FamRZ **82**, 798) die Herabsetzg des VA begr. Das Fehlverhalten muß den Ehepartn aber so belastet haben, daß die Durchf des VA unerträgl erscheint (BGH NJW **83**, 117). Dabei ist ein Rückgr auf § 1381 zul, nicht dagg auf § 1579 (BGH NJW **83**, 118f). Kein Fall von Z 1 bei 2½jähr **Alkoholmißbrauch** (Hbg FamRZ **84**, 396).

e) Bei Altehen konnte bereits das **länger dauernde Getrenntleben** über die Sonderregel in Art 12 Z 3 III 3 u 4 1. EheRG hinaus die gr Unbilligk begr (BGH FamRZ **82**, 475; **83**, 36; **84**, 467; **85**, 280). Im Prinzip kann auch in Zkft das GetrLeb gr unbill sein, weil die Eheg sonst gezwungen wären, die Scheidg zZw der Erhaltg von VersorggsAnteilen alsbald dchzuführen, was dem Ziel der Eheerhaltg widerspr würde (Joh/Henr/Hahne Rdn 23), so daß demggü der Gesichtspkt zurücktreten muß, daß die Eheg ihre AusglPfl nicht manipulieren sollen (Ruland NJW **76**, 1719 Fn 81). Aber die Beschrkg der Ehe auf die WoEnden (Mü FamRZ **86**, 1116) od eine 27j Trenng rechtfertigen für sich allein weder den Ausschl noch die Herabsetzg des VA (Mü MDR **79**, 936), insb dann, wenn der ausglberecht Eheg währd der Trenng ehebedingte Lasten (KiBetreuung) zu tragen hatte (Karlsr FamRZ **81**, 572) od der ausglpflicht Eheg die Trenng verschuldet h. Entscheid ist also für die Reduzierg des VA, daß zusätzl zur Kürze der LebGemsch sonstige Umstde hinzutreten, etwa wenn die Ehel in 34½jähr Ehe nur am Anfang wenige Mo zusgelebt haben u dann inf des Krieges vollständ voneinand abgeschnitten waren (BGH FamRZ **85**, 280) od wenn der ausglberecht Eheg die Trenng dch ehel Fehlverhalten allein verschuldet hat (Mü FamRZ **85**, 79; aA Joh/Henr/Hahne Rdn 25) od beide Eheg sich nach der Trenng wirtschaftl verselbständ haben (Düss FamRZ **80**, 64).

f) Der VA findet grdsätzl auch bei **kurzer Ehedauer** statt (umstr; vgl Joh/Henr/Hahne Rdn 27 mN). Keine Analogie zu § 1579 Z 1 (BGH FamRZ **81**, 944; Hamm FamRZ **85**, 78). Wohl aber gr Unbilligk bei extrem kurzer Ehe, zB 6 Wo (BGH FamRZ **81**, 944) od 1 Mo u nur 6täg ZusLeb (KG NJW **79**, 168), wenn es also zu einer Leb- u VersorggsGemsch prakt gar nicht gekommen ist (KG FamRZ **82**, 1090) od wenn wg der kurzen Ehe der VA im Bagatellbereich bliebe (Schlesw FamRZ **80**, 1132). Dagg keine kurze Ehedauer bei einer EheZt von 46 Mo, auch wenn der AusglSchuldn davon über 35 Mo in der DDR inhaftiert war (KG FamRZ **81**, 680). Keine Reduktion des VA ferner bei kurzer Ehedauer, nur weil beide Eheg währd der Ehe voll erwerbstät waren.

3) Verwirkung des Versorgungsausgleichs durch Aufgabe eigener Versorgungsanwartschaften, Z 2. Der VA scheidet aus, soweit der Berecht in Erwartg der Scheidg od nach der Scheidg dch Handeln od

Bürgerliche Ehe. 7. Titel: Scheidung der Ehe §§ 1587c, 1587d

Unterlassen bewirkt hat, daß ihm zustehe VersorggsAnrechte, die nach § 1587 I auszugleichen wären, nicht entstanden od entfallen sind, so daß sich dadch die eig AusglBerecht vergrößert. Die Vorschr bezieht sich nur auf den Berecht, nicht auf den Verpfl (Anm 1 b). **Voraussetzungen: a)** Die **Einwirkung auf die eigene Versorgungslage** kann dch Tun od Unterlassen erfolgen. Aufgabe von VersorggsAnrechten dch Erl (§ 397) od Kündigg steht also dem Unterlassen dch Versäumg von Fristen, Hinnahme einer ungerechtf Kündigg, Beurlaubg als Beamt, Einstellg freiw RentenbeitrZahlg ohne Not uä gleich. Der Verzicht auf wirtschaftl wertl Anwartsch ist dagg belanglos, also auch ohne Nachteile für den AusglBerecht. **b)** Die Schmälerg der eig Versorgg muß **in bewußtem Zusammenhang mit der Scheidung** erfolgen (BT-Drucks 7/650 S 162; 7/4361 S 44; BGH FamRZ 82, 909; **84**, 467; **86**, 658), also treuwidr u mind mit bedingtem Vorsatz, daß dch das eig Verhalten die erhöhte AusglPfl des and Eheg entsteht (Ffm FamRZ **81**, 908; Karlsr FamRZ **83**, 818; Rolland Rdn 24). Keine Verwirkg daher bei NichtAufn einer ErwTätigk vor Inkrafttr des 1. EheRG (Zweibr FamRZ **83**, 600). Bei gerechtfert and Motiven wird die Erhöhg des AusglAnspr bl in Kauf genommen, etwa bei BeamtBeurlaubg (BGH NJW **86**, 1934) od StellgsAufg zZw des Wohngswechsels zum neuen Partn (Ruland NJW **76**, 1719). NichtAufn einer ErwTätigk nach Trenng begründet den VA-Ausschl nur, wenn der Berecht zu arbeiten verpfl war (Joh/Henr/Hahne Rdn 32). **c)** Die Einwirkg auf die VersorggsLage kann **vor oder nach** einer vorab dchgeführten **Scheidung** erfolgen, hätte im letzteren Fall aber noch den EheZtAnteil der Versorgg beeinflussen müssen, etwa wenn im VA-Verf auf die letzte mündl Verh abzustellen ist (Joh/Henr/Hahne Rdn 33).

4) Verletzung der Unterhaltspflicht, Z 3. Diese Beschrkg folgt aus dem GrdGedanken des VA, der sich gerade daraus rechtfert, daß die auszugleichen Versorggstitel dch beiderseit Aufgabenerfüllg in der Ehe von beid Eheg gemeins erzielt worden sind (BT-Drucks 7/650 S 163). **a)** In Betr kommt die **Verletzung der Bar- oder Naturalunterhaltspflicht** dem and Eheg ggü (§§ 1360, 1361), wie auch diej gem §§ 1601 ff ggü gemschaftl Ki (Celle FamRZ **87**, 837). Strafbark u Bestrafg gem StGB 170b nicht erfdl. Die UnterhPfl muß über längere Zt, also nicht nur vorübergehd od gelegentl, verletzt w sein. Das ist überh nicht der Fall, wenn der UnterhSchu unabh von den Grden nur beschr leistgsfäh war. **b) Verschulden** erfdl (arg „gröbl"); nicht unbedingt grobe Fahrlässigk (so aber Celle FamRZ **81**, 576). Ggf wird die UnterhPflVerletzg dch das Verhalten des AusglSchu kompensiert (Rolland Rdn 32). Keine VA-Kürzg, wenn UnterhVerletzg auf hirnorganischem WesensVeränd beruht (Stgt FamRZ **81**, 1193). Gröblich verlangt eine bes Rücksichtslosigk u daß UnterhBerecht in Not geraten ist (Karlsr FamRZ **88**, 70), so daß Wegzug zu neuem Partn nach Paris nicht ow ausreicht (BGH NJW **86**, 1934). Fehlt es am Verschulden, so Ausschl ggf n Z 1, wenn AusglVerpfl die Ehefr ist, die eine ErwTätigk nur aus Not aufgen hat (Stgt FamRZ **81**, 1193). Gröbl Verletzg verlangt Nichtleistg in größerem Umfang, so daß die Fam dadch in ernste Schwierigken geraten ist (Celle FamRZ **81**, 576) od nur desh nicht, weil der ausglpflicht Eheg dch seine Berufstätigk die Fam davor bewahrt hat (Hbg FamRZ **84**, 712), etwa weil der unterhpflicht Ehem einen unrentablen HandwerksBetr nicht aufgegeben hat (BGH FamRZ **87**, 49). Kein Ausschl des VA bei bl Streit über UnterhSpitzen. Z 3 greift auch nicht stets schon dann ein, wenn sich ein Eheg der vereinb Aufgabenteil innerh der Ehe (vgl § 1356 Anm 2 a) entzieht. Haben die Eheg aber über längere Zt mit einer best Aufgabenteilg gelebt, dann ggf AnscheinsBew hins der zw ihnen getroffenen Aufgabenverteilg u entspr auch der UnterhPflVerletzg (BT-Drucks 7/4361 S 44). Keine gröbl Verletzg der UnterhPfl, wenn bei einer Ehedauer v 25 J u 5 Ki die Ehefr in den letzten 7–8 J in ihrer Haushführg versagt (Bambg FamRZ **79**, 522) od in einer 28j Ehe die Ehefr 10 J lang jährl 6 Wo wg Alkoholismus in einer Anstalt zubringt (Celle FamRZ **81**, 576). **c)** Die UnterhPflVerletzg muß **während der Ehe**, dh in der EheZt gem § 1587 II erfolgt sein; Ztpkt der Trenng der Eheg unerhebl (Joh/Henr/Hahne Rdn 37). **d)** Die Kürzg nach Z 3 beschr sich nicht auf die zur Zt der UnterhPflVerletzg entfallden Anwartsch; vielm kann der VA ganz od teilw ausgeschl w (BGH FamRZ **87**, 49). **e) Beweislast** beim UnterhSchu (BGH FamRZ **89**, 1060).

1587 d **Ruhen der Verpflichtung zur Begründung von Rentenanwartschaften.** [I]Auf Antrag des Verpflichteten kann das Familiengericht anordnen, daß die Verpflichtung nach § 1587b Abs. 3 ruht, solange und soweit der Verpflichtete durch die Zahlung unbillig belastet, insbesondere außerstande gesetzt würde, sich selbst angemessen zu unterhalten und seinen gesetzlichen Unterhaltspflichten gegenüber dem geschiedenen Ehegatten und den mit diesem gleichrangig Berechtigten nachzukommen. Ist der Verpflichtete in der Lage, Raten zu zahlen, so hat das Gericht ferner die Höhe der dem Verpflichteten obliegenden Ratenzahlungen festzusetzen.

[II]Das Familiengericht kann eine rechtskräftige Entscheidung auf Antrag aufheben oder ändern, wenn sich die Verhältnisse nach der Scheidung wesentlich geändert haben.

1) Ein **Ruhen der Ausgleichspflicht** kommt nur bei der Verpflichtg zur Entrichtg von Beiträgen (§ 1587b III) in Betr; nachdem diese AusglForm dch BVerfG NJW **83**, 1417 für verfassgswidr erkl w u dch HRG 1 I (Anh III zu § 1587b) ersetzt w ist, **gilt § 1587 d nur noch für Altfälle**, in denen vor dem 1. 4. 83 eine Entsch gem § 1587b III getroffen w u diese auch rechtskr geworden ist (§ 1587b Anm 4a) u auch keine VollstrAbwehrKl erhoben w. Erfolgt der VersorggsAusgl dch Rentensplitting od fiktive NachVers (§ 1587b I u II), so wirkt die AusglPfl unbedingt mit Rechtskr der Urt bzw Beschl (ZPO 629 d). Für den schuldrechtl VersorggsAusgl gilt § 1587h. Der dch 1. EheRG Art 1 Z 20 eingef § 1587d bestimmt, daß auf Antr des Verpflichteten das FamG anordnen kann, daß die Verpflichtg aus § 1587b III, also die Zahlg zur Begründg von Rentenanwartschaften, ruht, solange u soweit der Verpflichtete dch die Zahlg unbill belastet würde. Darüber hinaus hat das FamG auch weitere Gestaltgsmöglichkeiten wie die AnO von Ratenzahlgen, wobei es dch rechtskr Entscheidgen nicht gehindert w, einer wesentl Änderg der Verhältn nach der Scheidg Rechng zu tragen. Die Verpflichtg zur Entrichtg von Beiträgen iSv § 1587b III kann insb dann, wenn der Ausgleichspflichtige sof zur Zahlg des GesamtBetr verurteilt wird (vgl § 1587b Anm 4a), zu einer **erheblichen Belastung des Verpflichteten** führen. Zur Begründg einer Monatsrente von 200 DM war bereits iJ

§§ 1587d, 1587e

1973 ein Beitragsaufwand von 32360 DM erforderl (BT-Drucks 7/650 S 160). Die Begrdg einer RentenAnwartsch v 100 DM kostete 1974 den Betr von 15818 DM. Mit jeder Rentenanpassg steigt auch der bei der Nachentrichtg aufzubringde KapitalBetr (Ruland NJW **76**, 1718). Niedriger wird er nur, wenn die Lebenshaltgskosten sinken würden. **Zweck** der Vorschr: Es geht nicht an, die soziale Sicherg des einen Eheg um den Preis der wirtschaftl Existenz des and Eheg zu erkaufen (BT-Drucks 7/650 S 163). Stundg der EinzahlgsVerpfl automat ab 3000 DM (Ffm FamRZ **82**, 1027).

2) Voraussetzungen der Anordnung. a) Der Verpflichtete muß dch die Zahlg **unbillig belastet** werden, was zunächst voraussetzt, daß der Verpflichtete zur Aufbringg der für die Beitragsentrichtg erforderl Mittel (u sei es auch nur mit Hilfe einer KreditAufn) grdsl in der Lage ist. Grobe Unbilligk liegt vor, wenn er gezwungen würde, seine wirtschaftl Betätigg grdlegd zu ändern, etwa eine selbstd Tätigk zG einer abhäng Beschäftigg aufzugeben (BT-Drucks 7/650 S 163); ferner nach dem gesetzl Bsp nicht erst bei Eingreifen des VollstrSchutzes (Düss FamRZ **82**, 81), sond dann, wenn er dch die Zahlgen außerstande gesetzt würde, sich selbst angem zu unterhalten (§ 1581 Anm 2b) u seinen gesetzl UnterhPflichten ggü dem gesch Eheg u den mit diesem gleichrang Berechtigten, also seinen Kindern u in AusnFällen auch seinem neuen Eheg ggü (§ 1582 Anm 2a), nachzukommen. Unbill Belastg, wenn der AusglPflichtige dch Verwertg seines Hauses seine freie Wohng verlöre u auf eine Mietwohng angewiesen wäre (Stgt FamRZ **79**, 588). Der laufde Unterh für die eig Pers, für den gesch Eheg, soweit er unterhberecht ist, u für die mit diesem gleichgestellten Pers hat also Vorrang ggü der Zahlgverpflichtg zZw des VersorggsAusgl. Leistgen gem § 1578 III teilen den Rang der jew UnterhPfl; Rentenanwartschaften der geschiedenen Ehel sind bei beschränkten Mitteln zum Unterh anteilig aufzustocken (Einf 8 vor § 1587). Iü kann sich der Verpflichtete ggü UnterhAnsprüchen des AusglBerecht (§§ 1570 ff) nicht im Hinbl auf die Verpflichtg zur Entrichtg von Beiträgen auf seine mangelnde Leistgsfähigk berufen, weil sonst der unterh- u ausgleichsberecht Eheg gezwungen wäre, die Begründg eigener Rentenanwartschaften mit dem gleichzeit Wegfall von UnterhAnsprüchen selbst zu bezahlen (BT-Drucks 7/650 S 163). Ggf im Ggs zu § 1381 S 2 hat der Verpfl auch auf den Stamm seines Verm zurückzugreifen (Voskuhl/Pappai/Niemeyer S 60; Ruland Rdn 445). Zur unbill Belastg vgl iü die Nachteile des als AuffangTatbestd drohden schuldrechtl VersorggsAusgl (§ 1587f Anm 1) sowie die Lit zu EheG 62 II aF. **b)** Die AnO, daß die Zahlgspflicht ruht, erfolgt nur auf **Antrag** des Verpflichteten, ebso Erlaubn zur Ratenzahlg, weil allein im Interesse des verpfl Eheg. Der Antr auf AnO der Ruhens der ZahlgsPfl oder der Bewillig v Ratenzahlgen kann auch nach der Entsch ü den VA gestellt (BGH **81**, 152) u dabei auf Grde gestützt w, die schon währd des VA-Verf hätten geltd gem w können (Düss FamRZ **82**, 81; aA Bambg FamRZ **79**, 938).

3) Anordnungen des Familiengerichts. Der FamRichter od, wenn kein VA-Verf mehr anhäng ist, der Rpfleger (RPflG 14 Z 2a Buchs b), kann das **Ruhen** der Zahlgsverpflichtg anordnen, u zwar „sol u soweit" der Verpflichtete dch die Zahlg unbill belastet würde, dh zeitl bis die unbill Belastg voraussichtl behoben ist; um ggf Überprüfen zu ermöglichen, sind zweckmäß AnO, die ein monateweises u nur in AusnFällen auf Jahre bemessenes Ruhen vorsehen. Leitder GesPkt muß sein, daß der gesch Eheg einen Anspr auf den VersorggsAusgl hat, dessen Dchsetzg ihm nur in AusnFällen erschwert od unmögl gemacht w darf. Umfangmäß kommt nicht nur die Aussetzg der ZahlgsPfl insgesamt in Betr, sond auch eine Kürzung von Teilbeträgen. Von den nach Abzug sämtl Verbindlkten (Unterh usw) einem Rentn verbleibden 1120 DM kann er mtl 120 DM aufbringen (Stgt FamRZ **79**, 590). Ggf Verpflichtg zur DarlehensAufn, Verk von Grdst uä; Maßstb ist ders wie in § 1581 S 2. Ist der Verpflichtete in der Lage, **Raten** zu zahlen, so hat das FamG die Höhe der zumutb Teilzahlgen festzulegen. **I 2.** Sie müssen angesichts einer jährl Verteuerg des Kaufpreises von WertEinh um 6–10% wirtschaftl ins Gewicht fallen (Ruland Rdn 446 m weit Einzelh). Tritt währd der Ratenzahlg der VersFall ein, so können nur die bis dahin gezahlten Raten bei der Berechng der Rente berücksichtigt w; dem Berecht bleibt hins des noch nicht erbrachten Teils nur der schuldrechtl VersorggsAusgl (§ 1587f Z 3). Die Entsch über den WertAusgl wird aufgeh (FGG 53f). Das FamG hat die **rechtskräftige Entscheidung** unabh von ZPO 318 u gleichgült, ob es sich um eine Entsch ü die ZahlgsPfl als Folgesache des ScheidgsVerf (ZPO 621 I Z 6, 623 I) handelt, auf Antr **aufheben oder ändern,** wenn sich die Verhältn nach der Scheidg wesentl geändert haben. **II.** Bezieht sich auf die Entsch ü das Ruhen u die Ratenzahlgen, nicht dagg auf die GrdEntsch nach § 1587b III. Entscheidd wird nicht die Verhältn „nach der Scheidg", sond im Anschl an die Entscheidg des FamG ü den RuhensAntr. Zur Wesentlichk einer Änderg vgl ZPO 323, Bspe für die Aufhebg der RuhensAnO: Lottogewinn, Erbsch, Erlaß gravierder Schulden; Bspe für die nachträgl AnO: Konk, Arbeitslosigk. **Rechtsbehelfe:** Gg die isolierte Entsch des Rpflegers gem RPflG 11 I, FGG 53g I, 60 I Z 6 befr Erinnerg (Ffm FamRZ **82**, 1027), u zwar nicht gem FGG 22 I zwei Wo, sond gem ZPO 516, 621e III 2 ein Mo (KG FamRZ **81**, 374; aA die Lit).

4) Begriff des Ruhens. Das FamG ordnet ledigl das Ruhen der Verpflichtg an. Im Ggs zum ZugewAusgl, bei dem neben der Stundg der AusglFdg (§ 1382) diese bei grober Unbilligk auf die Einrede des AusglSchuldn auch ganz entfallen kann (§ 1381), ruht die Verpfl hier nur. Die Verjährg ist gehemmt (§ 202 I). Der AusglPflichtige gerät nicht in Verzug, braucht auch keine Verzugszinsen zu zahlen. Aber die für die Rentenbegründg erforderl Beträge sind nach Besserg der wirtschaftl Verhältn des Verpflichteten in vollem Umfg nachzuzahlen, dh in dem von vornh vorgesehenen GesamtBetr od nunmehr gem I 2 auf Raten ermäßigt. Bei einer Änd des Beitragssatzes muß der Verpflichtete höhere Beträge aufbringen, um den vom Ger festgesetzten RentenBetr zu erreichen. Stirbt der AusglBerecht in der ZwZeit, so erlischt der AusglAnspr (§ 1587e II).

1587e **Auskunftspflicht; Erlöschen des Ausgleichsanspruchs.** **I**Für den Versorgungsausgleich nach § 1587b gilt § 1580 entsprechend.

IIMit dem Tode des Berechtigten erlischt der Ausgleichsanspruch.

IIIDer Anspruch auf Entrichtung von Beiträgen (§ 1587b Abs. 3) erlischt außerdem, sobald der schuldrechtliche Versorgungsausgleich nach § 1587g Abs. 1 Satz 2 verlangt werden kann.

Bürgerliche Ehe. 7. Titel: Scheidung der Ehe § 1587e 1–4

IV Der Ausgleichsanspruch erlischt nicht mit dem Tode des Verpflichteten. Er ist gegen die Erben geltend zu machen.

Schrifttum: Schäfer MDR **77**, 990; Vogel MDR **79**, 270 u JurBüro **80**, 485 (AuskftsVerf); Vogel JurBüro **80**, 485.

1) Die dch 1. EheRG Art 1 Z 20 eingef Bestimmg betrifft Randbereiche des VersorggsAusgl. So haben beide Eheg auch hins des VersorggsAusgl u den damit in Zushg stehden VermFragen einen wechselseit AuskAnspr, I. Zur Bedeutg der Auskfte für das **Verfahren vor dem Familiengericht** Einf 5 v § 1587 u Anm 2. Mit dem Tode des Berecht erlischt ein noch nicht vollzogener Anspr auf VersorggsAusgl, II. Der Anspr auf Entrichtg von Beiträgen zum Aufbau einer Altersversorgg (§ 1587b III) erlischt außerd, sobald der schuldrechtl VersorggsAusgl gem § 1587g I 2 verlangt w kann, III. Dagg erlsicht der AusglAnspr nicht mit dem Tode des Verpflichteten, sond ist nunmehr gg dessen Erben geltend zu machen, IV.

2) Der verfassgskonforme (BVerfG FamRZ **78**, 769) **Auskunftsanspruch, I,** den jeder Eheg unabh von dem Verhalten gg den and Eheg hat, wird gewährt, damit sich die Beteiligten über die beiderseits begründeten Anrechte u Aussichten auf eine auszugleichde Versorgg Klarh verschaffen können (BT-Drucks 7/650 S 163). Das RSchutzinteresse ist unabh davon, ob der Berecht weiß, daß der Verpfl währd der EheZt im öff Dienst bei einer best Behörde tät war (Ffm FamRZ **82**, 185). Der Anspr setzt Rhängigk des ScheidgsAntr voraus (Schlesw SchlHA **79**, 125; Kln FamRZ **86**, 918; aA Brem FamRZ **79**, 834); ggf auch bei funktionierder Ehe (Kln FamRZ **86**, 918; § 1353 Anm 2b dd), weil davon Entscheiden ü eigene Altersvorsorge u der Entschluß, sich scheiden zu lassen bzw dem Scheidsbegehren des and Eheg zuzustimmen, abhängen können (ebso v Maydell FamRZ **77**, 177). Der AuskftsAnspr besteht auch währd eines anhäng Verf (Schäfer MDR **77**, 990). Ein AuskftsAnspr besteht nicht, wenn der VA nicht dchzuführen ist (BGH FamRZ **81**, 533). Bes wicht ist der AuskftsAnspr hins betriebl Ruhegeldzusagen, die prakt bei einem großen Teil der ArbN insb von GroßUntern gegeben sind u im VersorggsAusgl nicht berücks w können, wenn der Berecht (der idR der AusglPflicht ist!) sie offenbart. Für die Dchsetzg der AuskftsAnspr sind die FGG-Vorschr, insb ZPO 621e, maßgebl (BGH FamRZ **81**, 533), so daß eine AuskftsKl unzul wäre (Zweibr FamRZ **85**, 1270), aber dch Auslegg als FGG-Antr behandelt w k (Düss FamRZ **80**, 811; Bambg FRES 3, 114). Der Anspr kann selbständ od auch (vergleichb mit der StufenKl) im VerbundVerf dchgesetzt w, so daß er als Teil der Folgesache dem AnwZwang unterliegt; die TeilEntsch ergeht ohne KostEntsch (Hbg FamRZ **81**, 179). Vollstr des Beschl gem ZPO 888 auf Antr (Hbg FamRZ **78**, 787), in Verbindg mit FGG 53g III (KG FamRZ **79**, 297; Düss FamRZ **80**, 813; Hamm FamRZ **80**, 899; Vogel MDR **79**, 273). Ausschließl Zuständig des FamG (ZPO 621 I Z 6). **Inhalt:** Pfl nicht nur zu Angabe der VersNr u Stellg des Antr auf Kontenklärg (Schlesw SchlHA **80**, 71), sond auch zur richt u vollständ Ausfüll der Formulare (Hamm NJW **78**, 2560; KG FamRZ **79**, 297). Üb die Pfl zur Vorlage von Belegen u zur Versicherg der Richtigk der Auskft an Eides statt §§ 1587e I, 1580, 1605 I 2 u 3, 260f. AuskPfl ggü dem Ger u dessen Recht zur Einsichtn in schriftl Unterlagen gem FGG 12 u 15. Die AnO des FamG an einen Eheg, dem Ger Auskft über für den VersorggsAusgl erhebl Umstde zu geben, insb die bei der BfA erhältl Vordrucke für Anträge auf Kontenklärg (Klärg des VersVerlaufs, Feststellg der Beitragszeiten, Ersatz-, u AusfallZten usw) vollstand ausgefüllet vorzulegen, ist nicht n FGG 33 erzwingb (umstr; 41. Aufl Einf 5 v § 1587 mNachw). Die **Vollstreckung** eines ZwGeldes obliegt gem ZPO 888 I dem Gläub (BGH FamRZ **83**, 578). Der gg den and Eheg gerichtete AuskftsAnspr ist nicht zu verwechseln mit dem **Auskunftsrecht des Familiengerichts gegenüber dem Versorgungsträger** (FGG 53b II); vgl dazu Einf 5 v § 1587. Ggü den Versorgsträger bestehen unterschiedl Auskftsrechte der Eheg: Auskftsberecht ist ijF nur der unmittelb Begünstigte ggü dem Dienstherrn des Beamten bzw ArbGeb des ArbN aus deren FürsPfl (Voskuhl/Pappai/Niemeyer S 25 u 31); ggü dem SozVersTräger nur gem RVO 1325 II, AVG 104 II iVm § 3 der VO v 22. 12. 75 (BGBl 3184) entgg SGB 15 I eingeschrkt (vgl Ruland Rdn 164). Zum AuskftsAnspr des Versicherten dch seinen RA § 1587o Anm 1. Kein AuskAnspr mehr nach rechtskr Entsch ü den VA (BGH NJW **82**, 1646). Nach rechtskr ungerechtf Ablehng des VA AuskftsAnspr analog § 1587e zur Dchsetzg v SchadErsAnspr (Karlsr FamRZ **82**, 1028).

3) Der **Tod des Berechtigten** läßt den AusglAnspr erlöschen, **II,** weil sich damit die Notwendigk, für diesen eine eigenständ Alters- u Invaliditätssicherg zu begründen, erledigt (BT-Drucks 7/650 S 163f). Gilt iF des Ausgl dch Entrichtg von Beiträgen zu einer gesetzl RentenVers (§ 1587b III), ebso wenn Anwartsch-Übertr od -begründg in Betr kommen (§ 1587b I u II) u noch nicht vollzogen sind (BT-Drucks 7/4361 S 45), was prakt jedoch nur iFv ZPO 628 in Betr kommt. Ausn § 1587k II 2. Tod des Berecht vor Rechtskr des ScheidgsUrt erledigt den Rechtsstr (ZPO 619) u hindert das Wirksamwerden der Entsch ü den VersorggsAusgl; der AusglVerpflichtete behält sämtl Versorggstitel ungeschmälert. Dagg macht der Tod des Berecht rechtskr vollzogene Maßn des VersorggsAusgl nicht rückgäng, so daß zB nach einem wirks Rentensplitting der übertr Rentenanteil nicht etwa wieder an den weiterlebden ausgleichspflichtigen Eheg zurückfällt, auch wenn dieser die ihm verbliebene VersorggsAnwartsch nicht wieder aufgestockt hat. Die übertr od neu begründete RentenAnwartsch geht vielm abgesehen von evtl Hinterbliebenenversorgg kraft Zweckerreichg unter. Auch **Wiederheirat** des Berecht beseitigt VersorggsAusgl (iGgs zu § 1586 I) nicht, auch nicht die erneute Eheschl mit dem AusglPflichtigen.

4) Erlöschen durch Wechsel zum schuldrechtlichen Versorgungsausgleich, III. Der Anspr auf Entrichtg von Beiträgen zum Aufbau einer Altersversorgg (§ 1587b III) erlischt ebenf, sobald aGrd des Eintritts des VersFalles (§ 1587g I 2) der schuldrechtl VersorggsAusgl verlangt w kann, dh es müssen die allg Voraussetzgn f den schuldrechtl VA erfüllt s (BGH **81**, 152: zu § 1587f; BGH FamRZ **86**, 339: zu HRG 2). Andernf könnte gleichzeit aus der Entsch über die Entrichtg von Beiträgen u aus der Entsch über den Anspr aus dem schuldrechtl VersorggsAusgl vollstreckt werden u dies zu untragb Belastgen des Verpflichteten führen. Außerd nützen die zwangsw eingetriebenen Beiträge dem Berecht jetzt nichts mehr, nachdem bei ihm die Voraussetzgen für den Bezug einer Rente bereits vorliegen u eine Vers ausscheidet (BT-

Drucks 7/4361 S 45). Der öff-rechtl VA dch BeitrZahlg scheidet aus, wenn iZtpkt der gerichtl Entsch der ausgl-berecht Eheg auf Dauer erwerbsunfäh ist u der AusglPflicht die auszugleichde Betriebsrente bereits bezieht (Kblz FamRZ **81**, 898). Soweit nunmehr der schuldrechtl VersorggsAusgl stattfindet (vgl § 1587 f Z 3), hebt das FamG seine auf § 1587 b III gegründete Entsch wieder auf (FGG 53 f). **III gilt nur noch für Altfälle** (vgl § 1587 d Anm 1 mit Weiterverweisen).

5) Der **Tod des Verpflichteten** wirkt grdsätzl nicht befreiend; der AusglAnspr ist nunmehr, u zwar auch iF, daß gg einen Dr ein evtl Anspr n § 844 II bestünde (Kblz FamRZ **82**, 175), gg die Erben geltd zu machen, **IV** (BGH FamRZ **85**, 1240; **89**, 36). ZPO 239 ff gelten entspr (BGH FamRZ **84**, 469). Für die Erben gelten die Regeln ü die Prozeßstandschafter, obwohl sie es im eigtl Sinne iFv § 1587 b I u II nicht sind; die Versorggsanrechte werden zG des AusglBerecht als fortbestehd angesehen (BGH NJW **82**, 1939). Denn IV betrifft nicht nur den Anspr auf Entrichtg v Beitr zu einer gesetzl RentVers (§ 1587 b III; über dessen dch VAHRG eingeschränkten Anwendgsbereich vgl § 1587 b Anm 4 a), sond auch § 1587 b I u II, ferner jetzt auch den VA gem VAHRG 1 III (BGH NJW **86**, 185; FamRZ **86**, 894). Zur Auswirkg des Todes auf die Verfallbark einer Zusatzversorgg § 1587 a Anm 3 B Ziff 3 c cc. Stirbt der AusglVerpflichtete vor rechtskr Scheidg, gelten ZPO 619, 629 d (vgl Anm 3); ebso erledigt sich das Verf zur Dchführg des VA in der Haupts, wenn der Verpflichtete zwar nach der formellen Rechtskr des ScheidgsAusspr, aber noch vor dessen Wirksamk stirbt (Mü FamRZ **79**, 48). Eines VersorggsAusgl bedarf es nicht, weil der AusglBerecht in vollem Umfang die Witwer- bzw Witwenversorgg des jew Versorggstitels des verstorbenen Ausgleichspflichtigen erhält. Evtl bereits getroffene Ruhensanordngen (§ 1587 d) bleiben einstw bestehen, sof nicht unbeschrkte ErbenHaftg eingetreten ist. Dagg keine analoge Anwendg, soweit Erben selbst unbill belastet od außerordentl anders behandelt werden, Unterh aufzubringen, da ratio legis des § 1587 d früher, auch nach Scheidg fortwirkde personenrechtl Bindg zw Berecht u Verpflichtetem ist, an der es ggü den Erben fehlt (BT-Drucks 7/4361 S 45). Diesen bleiben als SchutzMaßn DürftigkEinr, Antr auf NachlKonk od NachlVerw (§§ 1953 I, 1975, 1990). Stirbt der AusglVerpflichtete, nachdem die Entsch ü den Versorggs-Ausgl rechtskr geworden ist, kann sich IV nur auf die Entrichtg v Beitr in Altfällen (vgl § 1587 b 4 a) beziehen, da die beiden and Formen des WertAusgl bereits dch das GestaltgsUrt des FamG vollzogen sind. Nur wenn das FamG die Ehe vor der an sich zum Minimalverbund gehörden Entsch ü den VersorggsAusgl rechtskr gesch hat (ZPO 628, 623 III), besteht das aufzuteilde Versorggsanrecht des Verstorbenen fiktiv über seinen Tod hinaus (Ruland/Tiemann Rdn 484). Stirbt der AusglPflicht nach Abtrenng des VA-Verf nach rechtskr Scheidg, so tritt keine Erledigg des VA ein u wird das Verf bei anwaltl Vertretg auch nicht unterbrochen; im Hinbl auf HinterbliebenenAnspr sind ggf die Wwe od Ki des Verstorbenen zu ermitteln u zuzuziehen (Ffm FamRZ **81**, 474). Ist der AusglVerpfl nach Abtrenng od einer nach rechtskr Scheidg in der DDR gestorben, findet kein fikt VA wg eines unberührt gebliebenen RentStammR statt (Hbg FamRZ **83**, 512 mAv Oellrich). Bei Tod des AusglPflicht erledigt sich ein **Auskunftsbegehren;** das entspr gg die Erben gerichtete Verlangen betrifft einen and VerfGgst (BGH FamRZ **86**, 253).

3. Schuldrechtlicher Versorgungsausgleich

1587 f *Antrag auf schuldrechtlichen Versorgungsausgleich; Voraussetzungen.* In den Fällen, in denen

1. die Begründung von Rentenanwartschaften in einer gesetzlichen Rentenversicherung mit Rücksicht auf die Vorschrift des § 1587 b Abs. 3 Satz 1 zweiter Halbsatz nicht möglich ist,
2. die Übertragung oder Begründung von Rentenanwartschaften in einer gesetzlichen Rentenversicherung mit Rücksicht auf die Vorschrift des § 1587 b Abs. 5 ausgeschlossen ist,
3. der ausgleichspflichtige Ehegatte die ihm nach § 1587 b Abs. 3 Satz 1 erster Halbsatz auferlegten Zahlungen zur Begründung von Rentenanwartschaften in einer gesetzlichen Rentenversicherung nicht erbracht hat,
4. in den Ausgleich Leistungen der betrieblichen Altersversorgung auf Grund solcher Anwartschaften oder Aussichten einzubeziehen sind, die im Zeitpunkt des Erlasses der Entscheidung noch nicht unverfallbar waren,
5. das Familiengericht nach § 1587 b Abs. 4 eine Regelung in der Form des schuldrechtlichen Versorgungsausgleichs getroffen hat oder die Ehegatten nach § 1587 o den schuldrechtlichen Versorgungsausgleich vereinbart haben,

erfolgt insoweit der Ausgleich auf Antrag eines Ehegatten nach den Vorschriften der §§ 1587 g bis 1587 n (schuldrechtlicher Versorgungsausgleich).

Schrifttum: Vgl zunächst Einf v § 1587; Schmalhofer DÖD **77**, 145 (Geschiedenen-UnterhBeitr nach dem BeamtVG); Rotax MDR **84**, 621; Brandenburg, Der schuldrechtl VA, 1985.

1) Die dch 1. EheRG Art 1 Z 20 eingef **Grundvorschrift für den schuldrechtlichen Versorgungsausgleich** bestimmt enumerativ die **fünf Tatbestände,** in denen bloß ein obligationsmäß VersorggsAusgl stattfindet. Abschließde Aufzählg (BGH **81**, 190 ff). Analoge Anwendg unzul, so daß eine AusglRente auch nicht für die Zt bis zur Rechtskr des öffentl VA zugesprochen w darf (BGH NJW **87**, 1018). Allen Fällen des § 1587 f ist gemeins, daß bei ihnen der an sich vorrangige versicherungsrechtl VersorggsAusgl dch Rentensplitting, fiktive NachVers od Anordng von Beitragsleistg zu einer gesetzl RentenVers (§ 1587 b I–III), wenn auch aus unterschiedl Grden (zur Begrdg des SubsidiaritätsPrinz vgl Ruland Rdn 492), nicht stattfinden kann od soll. Die Vorschr hat damit, insof sie an andere Tatbestde anknüpft, im wesentl eine Klarstellgsfunktion. Dch das Wort „insow" wird festgelegt, daß der schuldrechtl VersorggsAusgl nur für den Teil der auszugleichden Versorgg stattfindet, für den die Voraussetzgen dieser Vorschr vorliegen; iü bleibt es

beim öff-rechtl VersorggsAusgl zw den Eheg (BT- Drucks 7/4361 S 46; KG FamRZ **81**, 60). Die Art u Weise, in welcher der schuldrechtl VersorggsAusgl erfolgt, bestimmen die §§ 1587g–1587n. Insb setzt er ijF, u zwar auch dann, wenn er bereits iZushg mit dem ScheidgsVerf vorgen w soll (Vogel FamRZ **76**, 487; Böhmer StAZ **76**, 241), den **Antrag eines Ehegatten** in der 1. Inst (KG u Hamm FamRZ **81**, 60 u 375) voraus, an den keine hohen Anfordergen gestellt zu w brauchen (Schlesw SchlHA **79**, 163), bei dem anderers aber nicht die Bitte ausreicht, „den VA dchzuführen" (Düss FamRZ **88**, 410). Der schuldrechtl VA-Antr ist im Ggs zu ZPO 308 bl VerfVoraussetzg u desh in der Höhe nicht dch einen bezifferten Antr begrenzt (Düss FamRZ **85**, 720). Der Antr kann nicht erstm im BeschwVerf gestellt w (Hamm FamRZ **81**, 375). Die Einleitg des Verf vAw erschien hier nicht mögl, weil dem Ger die Tatsachen, die den AusglAnspr auslösen (§ 1587g) nicht bekannt werden (BT-Drucks 7/4361 S 46). Ist im amtsgerichtl Verf nur über den öffrechtl VA entschieden w, kann nicht erstmals in der BeschwInst ein Antr auf schuldrechtl VA gestellt w (KG FamRZ **81**, 60). Über die Fälle, in denen auch der schuldrechtliche Versorgungsausgleich **unzulänglich** bleibt, vgl § 1587l Anm 1; die **Nachteile des schuldrechtlichen Versorgungsausgleichs** sind vor allem: (1) Der Ausgl findet nur auf Antr statt. (2) Währd der AusglBerecht beim WertAusgl im Prinzip u idR (näml abgesehen von § 1587b III) sogl mit der Scheidg Versorggswerte zugewendet erhält, erfolgt der schuldrechtl VersorggsAusgl erst, wenn beide Eheg eine Versorgg erlangt haben od doch wenigstens der AusglPflicht (§ 1587g I 2). Die Eheg bleiben also trotz der Scheidg aneinander gebunden. Daraus folgt ferner, daß der AusglBerecht die Versorgg nicht nach seinen eig Versorggsbedürfni erhält. (3) Die Zahlg der AusglRente erlischt iF des Todes des AusglPflicht, u zwar auch iFv HRG 2 (Kblz FamRZ **85**, 497 m RedAnm), bzw hängt von der Leistgsfähig seines Nachlasses ab (§ 1587k Anm 3) bzw davon, ob das Versorggswerk, dem der verstorbene ausgleichspflicht Eheg angehörte, entsprech Hinterbliebenenleistgen zG des gesch Eheg vorsieht. Das ist nach BeamtVG 22 II der Fall, im allg aber wohl (zB bei Versorggswerken von WirtschUnternehmen od freiberufl Vereiniggen) ausgeschl (Böhmer AnwBl **78**, 124). (4) Der schuldrechtl VersorggsAusgl schneidet den AusglBerecht von wicht Leistgen der gesetzl RentVers (Hinterbliebenenrenten, RehabilitationsMaßn, KrankenVersSchutz bzw. Beiträge zur KrankVers) ab. Unzul ist es, die Nachteile des schuldr VA dch zusätzl Splitting gem § 1587b IV zu kompensieren (§ 1587b Anm 6 zu aE). **Steuer:** Der AusglPflichtige kann die gem § 1587g gezahlte Rente als dauernde Last iSv EStG 10 I Z 1 a abziehen, währd sie der AusglBerecht gem EStG 22 Z 1 S 1 zu versteuern hat (NJW **81**, 2560). **Voraussetzungen** des schuldrechtlichen Versorgungsausgleichs: (1) Überhang an Versorggstiteln aS eines Eheg (§§ 1587 I, 1587a I 1). (2) Es muß ein Fall des § 1587f vorliegen. (3) Beim AusglPflichtigen muß der Versod Versorggsfall eingetreten sein (§ 1587g I 2). (4) Auch der AusglBerecht muß entw eine Versorgg erlangt haben od wg Krankh eine angem Beschäftigg nicht ausüben können od das 65. J vollendet haben (§ 1587g I 2). (5) Der AusglVerpfl muß noch leben (UmkSchl aus §§ 1587e IV, 1587k, 1587m). (6) Antrag (§ 1587f). (7) Es darf keiner der AusschlTatbestd des § 1587l vorliegen. Eine Ergänz haben die §§ 1587f ff nunmehr dch den **modifizierten schuldrechtlichen Versorgungsausgleich des Härteregelungsgesetzes** erfahren, der subsidär an die Stelle des bisher Ausgl n § 1587b III 1 tritt (Einzelheiten Anm III zu § 1587b, insbes HRG 2). Zum **Verfahrensrecht** Einf 5 v § 1587.

2) Die Tatbestände des schuldrechtlichen Versorgungsausgleichs. Der schuldrechtl VersorggsAusgl findet nur in den folgden 5 Fällen statt (Enumerationsprinzip). **Ziffer 1:** Die **Begründung von Rentenanwartschaften** in einer gesetzl RentenVers ist mRücks darauf, daß der Berecht bereits einen VersFall darstellt, **nicht mehr möglich** (§ 1587b III 1 zweiter Halbsatz). Wenn der Berecht schon die Voraussetzgen für ein Altersruhegeld erfüllt, ist eine „Versicherg" insow schon begriffl ausgeschl. Insof bleibt nur noch der schuldrechtl VersorggsAusgl übr. Maßgebl der Schluß der mdl Verhdlg. Vollendet der Berecht das 65. LebJ nach Eintr der Rechtskr, so § 1587e III, FGG 53f analog (Böhmer StAZ **76**, 241). Der Übergang in den schuldrechtl VA gem Z 1 erfolgt **nur noch bei Altfällen** (§ 1587b Anm 4a), also in Fällen, in denen zum 1. 4. 83 eine (ggf allerd auch erst danach rechtskr gewordene) Entsch gem § 1587b III 1 vorlag. Ist erst danach über VersorggsAnwartsch zu entsch, die nicht dem § 1587b I od II unterfallen, so ist nach HRG 1 II u III zu entsch und erst bei deren Nichtanwendbark der modifizierte schuldrechtl VA n HRG 2 anzuordnen (Anh III zu § 1587b). **Ziffer 2:** Die Übertr od Begründg von Rentenanwartschaften in einer gesetzl RentenVers ist mRücks darauf ausgeschl, daß sonst der in § 1587b V bezeichnete **zulässige Rentenhöchstbetrag überschritten** wäre, dh wenn auf dem Kto des Berecht für die Ehezeit das 2-fache der allg BemessgsGrdlage (= 200 Werteinheiten pro Jahr) erreicht ist (RVO 1255 I; AVG 32 I). Vgl iü § 1587b Anm 6. Gesonderte Feststellg im VerbundUrt zuläss (BGH NJW **82**, 387). **Ziffer 3:** Der ausgleichspflicht Eheg hat die ihm zur Begründg von RentenAnwartsch in einer gesetzl RentenVers **auferlegten Zahlungen** iSv § 1587b III 1 erster Halbsatz **nicht erbracht**, dh wenn Umstde eintreten, die die rentenbegründende od -steigernde Wirkg v weiteren Beitr zur gesetzl RentVers ausschließen (BGH **81**, 152). Auch hier bleibt, da es zur Begründg der RentenAnwartsch nicht mehr kommen kann, nur übr, den ausglberecht Eheg dch den schuldrechtl VersorggsAusgl quasi zu entschädigen. Vgl iü § 1587b Anm 4a. Findet der Ausgl nunmehr gem Z 3 schuldrechtl statt, hebt das FamG die auf § 1587b III ergründete Entsch auf (FGG 53f). Unerhebl ist, aus welchen Grden die Zahlg unterblieben ist. **Ziffer 4:** Versorgungstitel aGrd der **betrieblichen Altersversorgung,** die im Ztpkt der Entsch des FamG über die Scheidg u den VersorggsAusgl (ZPO 629 I, 621 I Z 6) **noch verfallbar** u damit in ihrer Realisierg bei Erreichen der Altersgrenze zum Bewertgsstichdatum (Einf 3a vor § 1587) unsicher sind, lassen sich. Will man das Risiko vermeiden, daß der ausgleichsberecht Eheg etwas vergütet bekommt, was im Ergebn gar keinen echten Versorggswert bot, nur iW des schuldrechtl Ausgl im Ztpkt der tatsächl erbrachten Versorgg verrechnen (§ 1587a II Z 3 S 3). Vgl iü § 1587a Anm 3 B Z 3. Der schuldrechtl VA n Z 4 setzt nicht voraus, daß der hier AusglBerecht es auch im öffrechtl VA gewesen ist (BGH **84**, 191), so daß auch derj, der wg Nichteinbeziehg einer Anwartsch in der Zusatzversorgg des öff Dienstes, die dem AusglBerecht zustand (§ 1587a Anm 3 B Z 3), zuviel ausgeglichen hat, obligator RückAusgl verlangen kann (BGH **84**, 158, 190f). In den schuldrechtl VA sind auch unter Widerrufsvorbehalt gewährte Unterstützgskassenleistgen einzubeziehen; bei Widerruf reichen §§ 1587b II u g III aus (Kblz FamRZ **83**, 608). Zum schuldrechtl VA bei **Verzicht** auf betriebl AltersversorggsAnwartsch

§§ 1587 f, 1587 g

§ 1587c Anm 3a. **Ziffer 5:** Das FamG hat in den Fällen, in denen sich die Übertr od Begründg von Rentenanwartschaften voraussichtl **nicht zugunsten des Berechtigten auswirken** würde od der VersorggsAusgl in dieser Form nach den Umst des Falles **unwirtschaftlich** wäre (§ 1587b IV) eine Regelg in der Form des schuldrechtl VersorggsAusgl getroffen (vgl § 1587b Anm 5) od die Eheg haben selbst den **schuldrechtlichen Versorgungsausgleich vereinbart** (§ 1587o m Anm).

1587 g *Anspruch auf Rentenzahlung.* ᴵDer Ehegatte, dessen auszugleichende Versorgung die des anderen übersteigt, hat dem anderen Ehegatten als Ausgleich eine Geldrente (Ausgleichsrente) in Höhe der Hälfte des jeweils übersteigenden Betrags zu entrichten. Die Rente kann erst dann verlangt werden, wenn beide Ehegatten eine Versorgung erlangt haben oder wenn der ausgleichspflichtige Ehegatte eine Versorgung erlangt hat und der andere Ehegatte wegen Krankheit oder anderer Gebrechen oder Schwäche seiner körperlichen oder geistigen Kräfte auf nicht absehbare Zeit eine ihm nach Ausbildung und Fähigkeiten zumutbare Erwerbstätigkeit nicht ausüben kann oder das fünfundsechzigste Lebensjahr vollendet hat.

ᴵᴵFür die Ermittlung der auszugleichenden Versorgung gilt § 1587a entsprechend. Hat sich seit Eintritt der Rechtshängigkeit des Scheidungsantrags der Wert einer Versorgung oder einer Anwartschaft oder Aussicht auf Versorgung geändert oder ist seit dem Eintritt der Rechtshängigkeit des Scheidungsantrags vorhandene Versorgung oder eine Anwartschaft oder Aussicht auf Versorgung weggefallen oder sind Voraussetzungen einer Versorgung eingetreten, die bei Eintritt der Rechtshängigkeit gefehlt haben, so ist dies zusätzlich zu berücksichtigen.

ᴵᴵᴵ§ 1587d Abs. 2 gilt entsprechend.

1) Der **schuldrechtliche Versorgungsausgleich erfolgt durch Zahlung einer Geldrente**, u zwar in Höhe der Hälfte des jew übersteigden Betr, I 1, an Stelle des eigtl geschuldeten versicherungsrechtl VersorggsAusgl (§ 1587a I 1), II 1. Der Anspr auf die AusglRente entsteht erst dann, wenn beide Eheg eine Versorg erlangt haben od nur der ausgleichspflicht Eheg, währd der Berecht wg Krankh uä auf nicht absehb Zeit eine ihm zumutb Erwerbstätigk nicht ausüben kann od er das 65. LebensJ vollendet hat, I 2. Nachträglichen Änderngen des Wertes von VersorggsAnwartschaften usw kann auch jetzt noch Rechng getr w, II 2, wobei das FamG an die rechtskr gewordenen Vorentscheidungen nicht gebunden ist, III. **Rechtsnatur:** Der schuldrechtl VersorggsAusgl begründet einen **unterhaltsähnlichen Anspruch** auf eine Geldrente (BT-Drucks 7/4361 S 47), was zB i § 1587k I zum Ausdr kommt; anderes setzt der Anspr aS des Berecht keine Bedürftigk voraus (vgl aber § 1587h Z 1). Der AusglAnspr n I hat **Vorrang** vor etwaigen UnterhAnspr des ausglberecht Eheg u auch Dr (Celle FamRZ **82**, 501). Da der Höhe der AusglRente sich nach dem Umfg der in der Ehe erworbenen Versorggstitel bemißt, reicht sie idR, vor allem auch nach einer nur kurzen Ehe, zum angem Unterh des AusglBerecht nicht aus, so daß der ausgleichspflicht Eheg unter den Voraussetzgen der §§ 1570ff daneben regulären Unterh leisten muß (Einf 1 vor § 1587). Die Eheg konnten auch schon vor dem Inkrafttr des 1. EheRG wirks die Zahlg einer AusglRente nach den Grdsätzen des VA vereinb (Celle FamRZ **79**, 45). **Kein zwingendes Recht:** FälligkZtpkt wie Voraussetzgen für die Dchführg des schuldrechtl VA sind der genehmiggsfreien vertragl Modifizierg zugängl (Karlsr FamRZ **89**, 762).

2) Ausgleichsrente, I. Der schuldrechtl VersorggsAusgl geschieht dadch, daß an die Stelle der an sich geschuldeten Teilhabe an den vorhandenen Versorggstiteln des ausgleichspflicht Eheg bei Erreichen der Altersgrenze bzw in den Fällen, in denen sonst eine vorzeit Rentisierg stattfindet, eine wertmäß in der entspr Geldschuld tritt. Der ausgleichspflicht Eheg hat dem AusglBerecht eine Geldrente zu zahlen. Da dies aber aus seiner eig Versorgg geschehen soll, dh die Geldmittel dafür verwendet w sollen, die ihm aGrd seiner eig Altersvorsorge zufließen, entsteht die ZahlgsPfl erst, wenn der ausglpflicht Eheg seinerseits gg den SozialVersTräger, seinen Dienstherrn, ArbGeber usw einen Anspr auf Versorgg erlangt hat.

a) Die **Höhe der Geldrente** richtet sich nach dem an sich geschuldeten, aus den Gründen von § 1587f Z 1–5 aber nicht möglichen „dingl" VersorggsAusgl, näml auf die Hälfte des Wertunterschieds der von beiden Eheg in der Ehezeit jeweils erworbenen Versorggstitel, **I 1**. Für die Ermittlg des auszugleichden Versorggswertes gilt § 1587a entspr, **II 1**, dh der Wertunterschied ist wie beim echten VersorggsAusgl zu ermitteln (vgl § 1587a Anm 3). Zur Berechng, wenn der stat AnwartschTeil der auszugleichden Betriebsrente bereits öffrechtl ausgegl w war: KG FamRZ **87**, 287. Vordienstzeiten wg erbrachter besonderer ArbLeistgen sind keine der BetrZugehörigk gleichgestellte Zten iSv § 1587a II Z 3 S1 (Kblz FamRZ **83**, 608). Bei der Ermittlg des auszugleichden Versorggswertes ist allerd **nach dem Bewertgsstichtag** (Einf 3a vor § 1587) **eingetretenen Änderngen** jetzt Rechng zu tragen: Hat sich der Wert einer Versorgg od einer Anwartsch od Versorggsaussicht geändert bzw sind Versorggen weggefallen od hinzugekommen, so ist dies jetzt grdsl zu berücks, **II 2**, beispielsw wenn eine am Bewertgsstichtag noch verfallb betriebl Altersversorgg inzw unverfallb geworden ist. Dasselbe Ziel verfolgt die Formulierg „des jew übersteigden Betr" in I 1; auch dadch kommt zum Ausdr, daß sich der ZahlgsAnspr seiner Höhe nach den jew Veränderngen der in den Ausgl einbezogenen Versorggstitel anpaßt (BT-Drucks 7/650 S 166). Berücksichtiggsfäh Veränderngen iS v II 2 sind nur solche, die dem Versorggsanrecht am Ende der EheZt aGrd der VersorggsOrdng bereits latent innewohnten, also insbes Anpassg an die Lohnentwicklg; dagg nicht Veränderngen aGrd neu hinzugetretener individueller Umst wie eines späteren beruf Aufstiegs des Versicherten od auch einer nach EheZtEnde eingetretenen vorzeit ErwUnfähigk (BGH **98**, 390/98: ggf § 1587c Z 1; aA Mü FamRZ **88**, 72). Im einz sind 3 Fälle zu unterscheiden (vgl zum flgden Ruland Rdn 505ff): (1) Sind die Voraussetzgen des schuldrechtl VersorggsAusgl **bereits im Zeitpunkt der letzten mündlichen Verhandlung** gegeben, so findet die Bewertg wie beim WertAusgl statt (II 1), u die Hälfte der Wertdifferenz wird als AusglRente geschuldet. Zur Bewertg brauchen dabei nicht volldynam BetrRenten nicht mit Hilfe der BarwVO umgerechnet zu werden (BGH FamRZ **85**, 264; Düss FamRZ **85**, 720; aA Rotax MDR **84**, 623). (2) Treten die Voraussetzgen des schuldrechtl VersorggsAusgl erst einige Zeit **nach der Scheidung** ein, ist von den bei

Bürgerliche Ehe. 7. Titel: Scheidung der Ehe §§ 1587g, 1587h

der Scheid festgestellten Werten auszugehen, sofern ein WertAusgl überh stattgefunden hat. Wertändergen ist nur iRv II 2 Rechng zu tragen. Sie liegt nicht in einer nachehel Befördergs des Beamten, auch wenn dadch nachträgl seine in der EheZt erlangte Versorgg aufgebessert w (Bergner DtRentVers 77, 77; Voskuhl/Pappai/Niemeyer S 73), wohl aber, wenn der Wert eines Versorggsanrechts den geänd wirtschaftl Verhältn angepaßt w ist. So ist eine in der EheZt erworbene PensionsAnwartsch um die zweitl prozentuale Erhöhg anzupassen (entspr BeamtVG 58 II); bei einer Anwartsch auf eine Rente der gesetzl RentVers sind die auf die EheZt fallden WertEinh in die zZ der Entsch ü die AusglRente maßgebl RentFormel einzusetzen (vgl RVO 1304; AVG 83) usw (vgl Einzelh u Beispe bei Ruland Rdn 510ff). Bei einer öffrechtl ZusatzVersorgg sind sämtl wertbildnen Faktoren zu berücks, also auch die Verkürzg der gesamtversorggsfäh Zeit inf vorzeitiger Berentg (Karlsr FamRZ 83, 605). Das führt insb bei Inanspruchn des vorgezogenen Altersruhegeldes dch beide typische Versorgstatbestde zu einer erhebl niedrigeren AusglRente (Kblz FamRZ 83, 607). Ist ein Teil v VersorggsAnwartsch iW des WertAusgl ausgeglichen w u ein and Teil im schuldrechtl Ausgl noch auszugleichen u stellt sich jetzt heraus, daß iR des WertAusgl aS des AusglVerpfl zuviel in Ansatz gebracht w ist, zB weil iGgs zur urspr Annahme Wartezeiten nicht erfüllt od Halbbelegg weggefallen ist, so ist dies iR des schuldrechtl VersorggsAusgl zu korrigieren (Rolland Rdn 8; Ruland Rdn 521; aA Voskuhl/Pappai/Niemeyer S 73). (3) Hat iR der Scheidg überh kein WertAusgl stattgefunden, so ist auch eine **Bewertung der Versorgungstitel** unterblieben u findet **erstmals mit der Entscheidung über die Höhe der Ausgleichsrente** statt. Die Bewertg erfolgt in einem doppelten Verf: zunächst werden die Werte zum Ende der EheZt (§ 1587II) ermittelt; anschließd werden diese Werte erforderlichenf, näml iF zwzeitlicher Ändergen, wie in der vorigen Nr beschrieben angepaßt w. – Bei der Anpassg der AusglRente an eine **wesentliche Änderung der Verhältnisse** ist das FamG dch frühere Entsch zur AusglRente (u nur zu dieser!) nicht gebunden, III. Solche Ändergen liegen vor, wenn die Höhe der AusglRente um mehr als 10% verändert würde dadch, daß ein weiteres VersorggsR schuldrechtl auszugl ist, daß eine Berufsunfähigk- in eine Altersrente umgewandelt wurde, daß ein Versorggsanrecht, das in derVersorggsrente berücks worden war, weggefallen od umgek erhöht w ist usw (vgl Ruland Rdn 526). Gg (positive od negat) Entsch n III keine weitere Beschw (BGH NJW 84, 2364).

b) Fälligkeit, I 2. Die Rente dient der Versorgg. Sie kann infolged erst dann verlangt w, wenn beide Eheg typische Versorggstatbestde erfüllen. Die Vorschr regelt den Ztpkt, von dem ab die AusglRente verlangt w kann (BGH 81, 190). Das ist nicht erst der Ztpkt der Rechtskr (so Düss FamRZ 85, 720), sond uU bereits der Verzug (Kln FamRZ 85, 403 L: Mahng) od die Rechtshängigk des Anspr auf die AusglRente (BGH FamRZ 85, 265), wenn zusätzl einer der folgden 3 VersorggsTbestde erfüllt ist, näml: 1. Fall: beide Eheg eine Versorgg erlangt haben; 2. Fall: der ausgleichspflichtige Eheg eine Versorgg erlangt hat u der ausgleichsberecht and Eheg wg Krankheit od anderer Gebrechen od körperl od geistiger Schwäche (Invalidität) auf nicht absebh Zeit eine ihm nach Ausbildg u Fähigk zumutb Erwerbstätigk nicht ausüben kann. 3. Fall: der ausgleichspflichtige Eheg hat eine Versorgg erlangt, der ausgleichsberecht and Eheg das 65. LebensJ vollendet. Dagg löst ein Versichergsfall allein in der Pers des AusglBerecht den Ansp auf die AusglRente nicht aus. Die **Versorgung**, die der ausglpflicht Eheg erlangt hat, muß überh vom VersorggsAusgl erfaßt s, dh unter § 1587 I fallen; desh ist die Voraussetzg nicht erfüllt, wenn die ausgezahlte Versorgg außerh der Ehe begründet w ist, wenn die Versorgg im Bezug einer Entschädiggsleistg (zB einer Unfallrente) besteht od und wenn die bezogene Versorggsleistg schon iW des WertAusgl (§ 1587 b I, II u III) berücks worden ist (Ruland Rdn 496). **Erlangt** haben bedeutet bindde Festsetzg u tats Gewährg, nicht Erfüllg der jew AnsprVorauss (BGH FamRZ 88, 936), so daß der AusglBerecht das Risiko einer Hinausschiebg der Altersgrenze (RVO 1248 IV; AVG 25 VI) sowie der Abtretg trägt (BGH aaO), aber umgek auch den Vorteil hat, daß der AusglPflicht auf einen vorzeit RentBezug angewiesen ist (Ruland Rdn 497). Im Falle des Ruhens der Versorgg wird diese nicht ausgeglichen, es sei denn sie wird von einer and (ggf ihrers auch nicht ausglpflicht) Leistg überlagert (BGH FamRZ 88, 936).

c) Wg Abtretg von Versorggsbezügen vgl § 1587i I; wg Anspr auf Ausk, monatsweiser Zahlg u Zahlg im Wiederverheiratgs- bzw Todesfalle sowie wg Verzug u Erfüllg für die Vergangenh vgl § 1587k Anm 2.

3) Verfahren. Nur **auf Antrag** (§ 1587 f Anm 1), auch wenn der schuldrechtl Ausgl bereits währd des ScheidgsVerf festgestellt w (Böhmer StAZ 76, 241). Doch scheitert dies regelm an der Nichterfüllg der Voraussetzgen; doch bei Bezug einer frz Militärrente dann evtl bereits Anspr auf Abfindg (Stgt FamRZ 89, 760). Bei noch verfallb Anwartsch auf Leistgen der betriebl Altersversorgg (§ 1587 f Z 4) kommt ebenf in einem FeststellgsUrt nicht in Betr, sol der Tatbest des Versorgsbezugs in der Pers beider Eheg verwirkl ist (Düss FamRZ 81, 565). Wg der Teiln an der Dynamisierg lassen sich endgült Beträge zZtpkt der Scheidg noch nicht nennen; iü kann der schuldrechtl VA auch noch ganz entfallen. Zur **Tenorierung** vgl die 41. Aufl sowie Ruland/Tiemann Rn 529f.

1587h

Ausschluß des Ausgleichsanspruchs. Ein Ausgleichsanspruch gemäß § 1587g besteht nicht,

1. soweit der Berechtigte den nach seinen Lebensverhältnissen angemessenen Unterhalt aus seinen Einkünften und seinem Vermögen bestreiten kann und die Gewährung des Versorgungsausgleichs für den Verpflichteten bei Berücksichtigung der beiderseitigen wirtschaftlichen Verhältnisse eine unbillige Härte bedeuten würde. § 1577 Abs. 3 gilt entsprechend;
2. soweit der Berechtigte in Erwartung der Scheidung oder nach der Scheidung durch Handeln oder Unterlassen bewirkt hat, daß ihm eine Versorgung, die nach § 1587 auszugleichen wäre, nicht gewährt wird;
3. soweit der Berechtigte während der Ehe längere Zeit hindurch seine Pflicht, zum Familienunterhalt beizutragen, gröblich verletzt hat.

§§ 1587h, 1587i

1) Die dem § 1587c entsprechde Vorschr ordnet den **Verlust des Ausgleichsanspruchs in 3 Fällen** an, näml soweit der Berecht seinen angem Unterh ow aus eig Mitteln bestreiten kann und der VersorggsAusgl für ihn and Teil ine unbill Härte bedeuten würde, Z 1; soweit der Berecht eig ausgleichspflichtige Versorggen aufgegeben od ihre Entstehg verhindert hat, Z 2; schließl in dem Fall, daß der Berecht währd der Ehe längere Zeit hindch seine Pfl, zum FamUnterh beizutragen, gröbl verletzt hat. Vgl. im einz die Anm zu § 1587c. Die KürzgsVorschr des § 1587h gilt auch beim modifizierten schuldrechtl VA nach HRG 2 (Anh III zu § 1587b).

2) Fehlende Bedürftigkeit, Ziffer 1. Der weniger weitgehde AusschlTatbestd überschneidet sich mit § 1587c Z 1, so daß das Probl entsteht, ob in Fällen, in denen der WertAusgl ausgeschl wäre, der schuldrechtl VersorggsAusgl stattfinden kann. Da letzterer subsidiär ist, muß § 1587c Z 1 analog gelten (Celle FamRZ **82**, 501). **a)** Grdsätzl hängt der VersorggsAusgl nicht davon ab, daß der AusglBerecht iS des UnterhaltsR bedürft ist (§ 1602 I). Eine Durchbrechg dieses Grds erschien aber aus BilligkGrden angebracht, wenn der Berecht seinen angem Unterh auch im Alter od trotz Krankh ow bestreiten kann u die Gewährg des Ausgl für den Verpflichteten in Anbetr der beiderseit wirtschaftl Verhältn eine unbill Härte bedeuten würde. Dann Wegfall der ZahlgsPfl, uU auch nur hins eines TeilBetr (BT-Drucks 7/650 S 166). Der angem Unterh des ausglberecht Eheg bestimmt sich nach § 1578 u dem Ztpkt der Entsch ü den schuldrechtl VA (Celle FamRZ **82**, 501). Bestreiten des eig Unterh aus eig Mitteln ggf auch, wenn nach Wiederheirat UnterhAnspr gg den neuen Eheg besteht (Ruland NJW **76**, 1720). **b)** Zusätzl zur Bedürfnislosigk muß die AusglVerpflichtg aS des Verpflichteten eine **unbillige Härte** bedeuten. Dieses zusätzl Merkm unterscheidet den ZahlgsAnspr aus dem schuldrechtl VersorggsAusgl von einem regulären UnterhAnspr (vgl § 1587g Anm 1). Die Härte muß wirtschaftl bedingt sein u soll nicht daraus hergeleitet w, daß der Berecht schuldh das Scheitern der Ehe verursacht hat. Zu berücks sind schließl die **beiderseitigen wirtschaftlichen Verhältnisse**, die jeden von den Eheg treffden Verbindlichkeiten, insb auch UnterhPflichten. Eine unbill Härte liegt entspr § 1587d I 1 vor, soweit der AusglSchuldn dch die Zahlg der AusglRente außerstande gesetzt würde, sich selbst u die mit dem AusglBerecht gleichrang Berecht angem zu unterhalten (Celle FamRZ **82**, 501). Maßg f die unbill Härte der Ztpkt der Geltdmachg der AusglRente (BGH NJW **84**, 610); treten später entspr Umst ein, Abänderg gem §§ 1587d II, 1587g III (arg „soweit"). Hins der Verwertg des VermStammes gilt § 1577 III entspr.

3) Verhinderung des Entstehens eigener Versorgungsansprüche durch den Berechtigten, Z 2. Es bedarf einer weitergehden Ausschlußklausel als in § 1587c Z 2, da sich die AusglPfl beim schuldrechtl VersorggsAusgl nach den schließl gewährten Versorggen bestimmt, also auch dch einen nach der Scheidg erfolgden Wegfall von Versorggsanwartsch berührt wird (BT-Drucks 7/650 S 166). Verhindert also ein Eheg nach Scheidg der Ehe die Verwirklichg eines Anrechts od einer Aussicht auf Versorgg, wird er sich, soweit es um die eig AusglBerechtigg geht, ijF so behandeln lassen müssen, als ob ihm eine Versorgg, wie sie aGrd der erworbenen Anrechte zu erwarten war, gewährt würde. Dieser generelle Ausschl des AusglAnspr rechtfertigt sich daraus, daß ein nicht der VersorggsBerechtigg ursächl Verhalten des Eheg nach Ehescheidg allein seinem Risikobereich zuzuordnen ist. Für Einwirken auf Versorgsberechtiggen währd bestehder Ehe soll es dagg auch hier darauf ankommen, ob sie in einem bewußten Zushg mit der bevorstehden Scheidg gestanden haben (BT-Drucks 7/650 S 167). Keine Analogie bei Ausübg des KapitalwahlR bei der LebVers (Hbg FamRZ **87**, 721).

4) Wg Vernachlässigung der Unterhaltspflichten, Z 3, vgl § 1587c Anm 4. Analoge Anwendg bei Verletzg der nachehel UnterhPfl (Ruland Rdn 539).

1587 i Abtretung von Versorgungsansprüchen.

[I] Der Berechtigte kann vom Verpflichteten in Höhe der laufenden Ausgleichsrente Abtretung der in den Ausgleich einbezogenen Versorgungsansprüche verlangen, die für den gleichen Zeitabschnitt fällig geworden sind oder fällig werden.

[II] Der Wirksamkeit der Abtretung an den Ehegatten gemäß Absatz 1 steht der Ausschluß der Übertragbarkeit und Pfändbarkeit der Ansprüche nicht entgegen.

[III] § 1587d Abs. 2 gilt entsprechend.

1) IdR erfolgt der schuldrechtl VA dch Zahlg einer Geldrente (§ 1587g I 1). Der Berecht kann aber auch vom Verpflichteten in Höhe der laufden AusglRente **Abtretung der in den Ausgleich einbezogenen Versorgungsansprüche** verlangen, die für den gleichen Zeitraum fäll geworden sind od fäll werden, I. Also keine Abtretg künftiger RentAnspr für VA-Rückstände (Hamm FamRZ **87**, 290). Im Ggs zu § 1585a I 2 bedarf es hier keiner Einschränkg der Abtretg, weil damit für den Verpflichteten keinerlei Nachteile verbunden sind; idR sind seine Verhältn dem ZahlgsSchuldn ohnehin bekannt, insb wenn sich die Anspr gg öff Rechtsträger richten. Nachteile für Beruf od Fortkommen sind kaum noch zu befürchten, weil seine berufl Laufbahn bei Versorggsgewährg regelmäß abgeschl ist (BT-Drucks 7/650 S 167). Dch die Abtretg wird der prakt Unterschied zum eigentl VA beseitigt; denn damit wird der AusglBerecht Inhaber des RentenAnspr gg die RentenVers usw. Da zw Abtretbark u Pfändbark Parallelität besteht, kann der AusglBerecht den RentenAnspr des Verpflichteten auch iW der ZwVollstr pfänden; RechtsschutzBedürfn dafür vorh, wenn er bereits im Besitz eines Vollstreckgstitels ist, währd er nach I erst auf Abtretg klagen müßte. Der Wirksamk der Abtretg an den Eheg steht der Ausschl der Übertragbark u Pfändbark als Ausn zu §§ 399, 400 nicht entgg, II. An Dritte darf der VersorggsAnspr nach wie vor nicht abgetreten w. Das FamG kann auch hier, da der Anspr auf eine AusglRente in seiner Bedeutg einem UnterhAnspr nahekommt (BT-Drucks 7/4361 S 47) entspr ZPO 323 eine rechtskr Entscheidg auf Antr aufheben od ändern, wenn sich die Verhältn nach der Scheid wesentl geändert haben, III (vgl § 1587d Anm 3). Stirbt der Berecht, so erlischt der AusglAnspr; die nach § 1587 i 1 abgetretenen Anspr gehen nicht unter, sond fallen an den Verpflichteten zurück (§ 1587k II 2). Die Höhe der Beitr zur KrankVers bestimmen sich nach dem GesamtBetr der Rente (LSG NW NJW-RR **89**, 966).

Bürgerliche Ehe. 7. Titel: Scheidung der Ehe §§ 1587 i–1587 l

2) Der Abtretungsanspruch, I, kann im Streitfall zugleich mit dem entspr ZahlgsAnspr gerichtl geltd gemacht werden (vgl ZPO 260). Dadch ist es mögl, das zw den gesch Eheg insow bestehde Rechtsverhältn in einem einz Verf abschließd zu bereinigen (BT-Drucks 7/650 S 167). Die AbtretgsPfl bezieht sich nur auf die in den Ausgl einbezogenen VersorggsAnspr. Also keine Abtretg von Versorggsansprüchen, die vor od nach der Ehezeit (§ 1587 II) erworben w sind. Darüber hinaus ist die AbtretgsPfl dahin beschr, daß die einz Raten der Versorggsbezüge nur jew wg u in Höhe der für den gleichen Zeitabschnitt wie die Bezüge der zu entrichtnd AusglRente abgetreten w müssen. Sind Rückstände aufgelaufen, weil der AusglAnspr erst nachträgl geltd gemacht wird od der AusglSchuldn nicht gezahlt hat, so kann desh nicht Abtretg des Anspr auf künft Versorggsbezüge verlangt w; es gelten vielm die allg Dchsetzsregein.

3) Ausschluß der allgemeinen Übertragungsbeschränkungen, II. Versorggsansprüche dürfen idR kr Gesetzes nicht übertr w (vgl § 400; ZPO 850 II u III b); daneben kann die Abtretg privatrechtlicher Versorgungsansprüche (also zB betrieblicher Ruhegeldzusagen) dch Vereinbg zw Gläub u Schuldn ausgeschl w (§ 399). Allen diesen Beschrkgen kann die Abtretg wg des Anspr auf AusglRente von der Natur dieses Anspr her nicht unterworfen sein. Soll der Anspr die soziale Unbilligk, die in dem einseit od verschied großen Anwachsen von Versorggsanrechten für eine gemschaftl Lebensleistg liegt, tatsächl ausgleichen, so muß der Anspr unbeschr dchsetzb sein u insb zu einer unbeschr Abtretg entsprecher Versorggsansprüche an den Berecht führen können (BT-Drucks 7/650 S 168). Da es sich hier um nichts anderes als ein „nachgeholtes Splitting" handelt, liegt auch kein Widerspr darin, daß § 1587 h Z 1 den angem Unterh des AusglVerpflichteten schützt, währd der AusglBerecht n § 1587 i II in den dch die Pfändgsfreigrenzen zG des Schuld gezogenen Schutzraum eindringt (BT-Drucks 7/4361 S 47).

1587 k *Anwendbare Vorschriften; Erlöschen des Ausgleichsanspruchs.* ¹Für den Ausgleichsanspruch nach § 1587 g Abs. 1 Satz 1 gelten die §§ 1580, 1585 Abs. 1 Satz 2, 3 und § 1585 b Abs. 2, 3 entsprechend.

ᴵᴵDer Anspruch erlischt mit dem Tod des Berechtigten; § 1586 Abs. 2 gilt entsprechend. Soweit hiernach der Anspruch erlischt, gehen die nach § 1587 i Abs. 1 abgetretenen Ansprüche auf den Verpflichteten über.

1) Die dch 1. EheRG Art 1 Z 20 eingef Bestimmg enthält für den AusglAnspr nach § 1587 g I 1 **Verweisungen auf andere Vorschriften, I,** u regelt den Fall des Todes des Berecht, II.

2) Der schuldrechtl VersorggsAusgl unterliegt den Vorschr des allg SchuldR; er entspricht weitgehd dem nachehel UnterhAnspr, in den er nach Erreichen der Altersgrenze uä ganz od zT übergeht (§ 1587 g Anm 1 sowie Einf 1 vor § 1587). Desh finden die Vorschr über den UnterhAnspr auf den schuldrechtl AusglAnspr weitgehd entspr Anwendg, **I.** So haben beide Eheg einen **Auskunftsanspruch** hinsichtlich ihrer Einkünfte u ihres Verm gg den and Eheg, soweit davon der AusglAnspr abhängt (§ 1580 m Anm). **Zahlung** der AusglRente **für die Vergangenheit** kann nur ab Rhängigk od Verzug (§§ 284, 285) verlangt w (KG u Hamm FamRZ **87,** 287 u 290). Die Rente ist **monatlich im voraus zu zahlen;** u der Verpflichtete schuldet den vollen MonatsBetr auch dann, wenn der Berecht im Laufe des Mo **wieder heiratet oder stirbt** (§ 1585 I 2 u 3). Ist der Verpflichtete seinen Verbindlichkeiten aus dem schuldrechtl VersorggsAusgl nicht nachgekommen, kann der Berecht Erfüllg bzw SchadErs wg Nichterfüllg auch noch **für die Vergangenheit** verlangen, soweit sich der AusglPflichtige in Verzug (§§ 284, 285) befand od der AusglAnspr rechtshängg (ZPO 263) geworden war (§ 1585 b III), allerd auch hier mit der Einschrkg, daß für mehr als 1 J vor der Rechtshängigk fäll gewordene AusglAnsprüche Erfüllg u SchadErs wg Nichterfüllg nur verlangt w kann, wenn anzunehmen ist, daß der Verpflichtete sich der Leistg absichtl entzogen hat (§ 1585 b III). Vgl dazu § 1585 b Anm 3 u 4.

3) Mit dem **Tod des Berechtigten** erlischt der AusglAnspr, **II 1,** da nunmehr eine Versorgg nicht mehr erforderl. Bezieht sich ledigl auf den RentenAnspr nach § 1587 g I 1; wg des allg VersorggsAusglAnspr vgl § 1587 e II. Der beim Tode angebrochne MonatsBetr wird voll geschuldet (§§ 1585 I 3, 1587 k I). Ansprüche auf Erfüllg od SchadErs wg Nichterfüllg für die Vergangenh bleiben bestehen. Soweit danach der Anspr erlischt, fallen die iRv § 1587 i I abgetretenen Anspr an den Verpflichteten zurück, **II 2.** Automat Rückfall ohne Entsch des FamG und Kondiktion gg die Erben; gleichw ausgezahlte Beträge können uns nach Bereg gem § 812 zurückverlangt w. Anders als der UnterhAnspr (§ 1585 I 3) bleibt der RentenAnspr iF der **Wiederheirat** des Berecht unberührt; der schuldrechtl VersorggsAusgl soll dem Berecht fehlde eigene Versorggsansprüche ersetzen, eig Versorggsberechtiggen würden dch eine Heirat aber ebenf nicht berührt (BT-Drucks 7/650 S 168). Der Anspr auf AusglRent endet mit dem **Tod des Verpflichteten** (BGH FamRZ **89,** 950). RestAnspr sind gg die Erben geltd zu machen (BGH aaO).

1587 l *Abfindung künftiger Ausgleichsansprüche.* ¹Ein Ehegatte kann wegen seiner künftigen Ausgleichsansprüche von dem anderen eine Abfindung verlangen, wenn diesem die Zahlung nach seinen wirtschaftlichen Verhältnissen zumutbar ist.

ᴵᴵFür die Höhe der Abfindung ist der nach § 1587 g Abs. 2 ermittelte Zeitwert der beiderseitigen Anwartschaften oder eine auszugleichende Versorgung zugrunde zu legen.

ᴵᴵᴵ Die Abfindung kann nur in Form der Zahlung von Beiträgen zu einer gesetzlichen Rentenversicherung oder zu einer privaten Lebens- oder Rentenversicherung verlangt werden. Wird die Abfindung in Form der Zahlung von Beiträgen zu einer privaten Lebens- oder Rentenversicherung gewählt, so muß der Versicherungsvertrag vom Berechtigten auf seine Person für den Fall des Todes und des Erlebens des fünfundsechzigsten oder eines niedrigeren Lebensjahres abge-

§ 1587l 1–4

schlossen sein und vorsehen, daß Gewinnanteile zur Erhöhung der Versicherungsleistungen verwendet werden. Auf Antrag ist dem Verpflichteten Ratenzahlung zu gestatten, soweit dies nach seinen wirtschaftlichen Verhältnissen der Billigkeit entspricht.

1) Entspr der Regelg beim nachehel UnterhAnspr (§ 1585 II) kann der AusglBerecht nach § 1587l von dem ausglverpfl Eheg die **Abfindung künftiger Ausgleichsansprüche** verlangen, wenn diesem die Zahlg nach seinen wirtschaftl Verhältn zumutb ist.

a) Der **Zweck** des AbfindgsAnspr entspr dem GrdAnliegen des 1. EheRG, die Ehel nach der Scheidg endgült auseinanderzubringen, was beim schuldrechtl VA wg des Fortbestehens von Ansprüchen nicht gelingt. Ferner steht sich der AusglBerecht iF der Zahlg einer Abfindg insof besser als bei der bloßen Geltdmachg der AusglRente nach § 1587g, als er dch die Abfindg auch für den Fall versorgt ist, daß bei ihm selbst die Voraussetzgen des VersorggsFalles eintreten, bevor der AusglSchuldn eine Versorgg erlangt (BT-Drucks 7/660 S 168f). Dagg spielt das AbfindgsR iGgs zu früher wg VAHRG 3a keine Rolle mehr für den Fall des Vorversterbens des AusglSchuldn. Im übrigen hat das VAwMG dch die an die Stelle des früh Ausschlusses des AbfindgsR bei „unbill Belastg" des AusglSchuldn getretene „wirtschaftl Zumutbark" als pos TatbestdsVoraussetzg das AbfindgsR weiter eingeschränkt (BT-Drucks 10/6369 S 18).

b) Inhalt: Das Gesetz räumt dem AusglBerecht unter der Voraussetzg wirtschaftl Zumutbark für den AusglSchuldn einen **Anspruch** ein, I. Außerd trifft es, um Übervorteilgen des Berecht auszuschließen, Bestimmgen über die Höhe der Abfindg, II, sowie über die Form der Abfindg, III. **Kein Abfindungsrecht des Verpflichteten**, weil die Abfindg idR nicht zum Aufbau einer Versorgg ausreiche, wie sie der Berecht aGrd des VA erhalten würde. Der Verpfl ist dadch nicht unbill belastet, weil es ihm unbenommen bleibt, dch Abschl einer priv RentVers Vorsorge dafür zu treffen, daß ihm bei Eintr des VersorggsFalles ausreiche Mittel zur Vfg stehen (BT-Drucks 7/650 S 169). Die Abfindg wird **an Erfüllungs Statt** gewährt (§ 364 I), so daß der Berecht das Risiko der mit der Abfindg begründbaren soz Sicherg trägt (§ 1587n).

c) Konkurrenz zur AO von Beiträgen gem VAHRG 3b I Z 2: Letztere zul vAw u wenn RentVersTräger sich weigern, abfindgsweise erhaltene Betr als Beitr entggzunehmen (RVO 1304b). Umgek ist Abfindg günstiger zZw der Begründg priv LebVers u bei Ausl ausländ VersorggsAnrechte usw iFv VAHRG 3b II (Wagenitz FamRZ **87**, 5).

2) Voraussetzungen der Abfindung, I. a) Ein künftiger Ausgleichsanspruch, dessen Abgeltg dch die AbfindgsZahlg verlangt werden kann, liegt bereits dann vor, wenn ein schuldrechtl auszugleichdes Anrecht unverfallb ist (zB eine frz Militärrente, Stgt FamRZ **89**, 760), jedoch erst nach Eintritt der Fälligk-Voraussetzgen des § 1587g I 2 geltd gemacht w kann. Keine Abfindg noch nicht unverfallb geworderer Anrechte auf betriebl Altersversorgg (BGH FamRZ **84**, 668). Für Vergl über Rückstde gelten die II u III nicht.

b) Vom FamG pos festzustelldde Voraussetzg des AbfindgsAnspr ist, daß dem ausglpflicht Eheg die Zahlg der Abfindg nach seinen wirtschaftlichen Verhältnissen zumutbar ist. Der AusglSchuldn ist idR bereits dch die übr ScheidgsFolgekosten belastet, so daß eine uU hohe AbfindgsZahlg seine wirtschaftl LeistgsFähigk erhebl beeinträchtigt. Entscheidd sind die gesamten wirtschaftl Verhältn des AusglPflicht, wobei auch die RatenZahlg gem III 3 als EntlastgsMöglk zu berücks ist (BT-Drucks 10/6369 S 18). ZumutbarkGrenzen wie in VAHRG 3b I Z 2 (vgl dort Anm 3b bb; ferner § 1587d Anm 2a). Wg VAHRG 3a ist überholt Karlsr **84**, 287, wonach bereits der Schutz des AusglBerecht gg das Risiko des Vorversterbens des AusglSchuldn dch BeamtVG 22 II ausreichen sollte, um dessen unbill Belastg zu begründen. Unzumutbark aber dann, wenn ein Ungleichgewicht bei Liquidation des Verm der Ehel dadch eintritt, daß der ausglpflicht Ehem dch die Abfindg gezwungen würde, seinen GrdBesitz fast vollständ zu verwerten (Ffm FamRZ **84**, 182).

3) Höhe der Abfindung, II. Die Bestimmg entspricht § 1587o des RegEntw (vgl BT-Drucks 7/650 S 169f). Grdlage der Bemessg ist der gem § 1587g II ermittelte **Zeitwert** der beiderseit Versorggstitel; dch die Bezugn wird insb sichergestellt, daß die nach Eintr der Rechtshängigk des ScheidsAntr eingetretenen Wertändergen berücksichtigt w. Zeitwert bedeutet also Wert im Ztpkt der AbfindgsEntsch (BT-Drucks 7/4361 S 47). Die Bewertg der versch Versorggstitel richtet sich nach deren jew Eigenheiten. Es gelten über § 1587g II 1 die Bestimmgen von § 1587a. Bei einer Versorgg aus einem öff-rechtl DienstVerhältn muß daher für die Abfindg die Summe der Beiträge maßg sein, die für eine Nachversichrg in der gesetzl RentenVers für die gesamte in die Ehe fallde ruhegehaltsfäh Dienstzeit aufzuwenden wäre. Die Höhe der Beiträge richtet sich nach der Höhe der jew gezahlten Bezüge. Bei als ruhegehaltsfäh anerk Dienstzeiten, in denen nur ein UnterhZuschuß uä gezahlt wurde (BBG 112–116a), ist von den zu diesem Ztpkt gezahlten Dienstbezügen auszugehen. Für die Berechng sind jew die vollen NachVersBeiträge, einschließl des ArbGeber-Anteils anzusetzen. Entspr ist bei Anwartschaften aus der gesetzl RentenVers zu verfahren. Für Ers- u Ausfallzeiten in der Ehe sind Beträge iH der vor diesen Zeiten zuletzt entrichteten Beiträge od, wenn zuvor Beiträge nicht entrichtet worden sind, in der Höhe anzusetzen, in der im Anschl an die Ersatz- u Ausfallzeit während der Ehe der erste Beitr entrichtet w ist. Bei den sonst Versorggen ist entspr zu verfahren. Fehlt eine Anknüpfgsmöglk wie bei den beitragslosen Versorggseinrichtungen, so ist darauf abzustellen, welche Beiträge bei Begründg od Aufrechterhalt eines gleichwert Anrechts in der privaten RentenVers für die in die Ehe fallde Anrechngs- od BeschäftiggsZt aufzuwenden gewesen wäre (vgl im einzelnen BT-Drucks 7/650 S 169f, deren sachl Inh die Fassg von II nur sprachl vereinfachen sollte, BT-Drucks 7/4361 S 47).

4) Form der Abfindung, III. Dem Zweck der Abfindg, dem Berecht eine eigenständ ZukunftsSicherg aufzubauen, entspricht die Zweckbindg für die Anlage der Abfindg. Desh Anspr auf Barabfindg ausgeschl. Abfindg nur in Form der Zahlg von Beiträgen zu einer gesetzl RentenVers od priv LebensVers; kein volles WahlR: BeitrEntrichtg zur SozVers nur, wenn die gesetzl RentVers eine solche Möglk vorsehen (Maier S 155f). Die für die priv LebVers notw Voraussetzgen, näml der Abschl eines entspr VersVertr, sind vom Berecht zu schaffen. Um sicherzustellen, daß die Anlage der Abfindg zu einer ähnl ZukunftsSicherg führt, wie sie die gesetzl RentenVers bieten, muß der VersVertr vom Berecht auf seine Pers für den Fall des Todes u des Erlebens des 65. od eines niedrigeren LebensJ abgeschl sein u vorsehen, daß Gewinnanteile zur Erhöhg der VersLeistgen verwendet w (BT-Drucks 7/650 S 169). Die Vorschr enthält kein Verbot der Barabfindg; die Parteien können Barabfindg vereinb, das FamG sie nach § 1587b IV anordnen (Ruland Rdn 549). Die AnO von **Ratenzahlgen, S 3,** soll ausschließen, daß das Abfindsverlangen schon daran scheitert, daß dem Verpflichteten die Leistg der Abfindg an einer Summe nicht mögl ist (BT-Drucks 7/650 S 169). Nur auf **Antrag,** weil FGG-Verf (BT-Drucks 7/4361 S 48).

1587 m *Tod des Berechtigten.* Mit dem Tod des Berechtigten erlischt der Anspruch auf Leistung der Abfindung, soweit er von dem Verpflichteten noch nicht erfüllt ist.

1) Eingef dch 1. EheRG Art 1 Z 20. Im Ggs zum RegEntw (BT-Drucks 7/650 S 170) keine allg zeitl Befristg des Anspr auf Abfindg, sond allg VerjährgsVorschr, da eine Ausschlfrist mit dem Ziel nicht vereinb, jedem Eheg eine eigenständ, von der Versorgg des and Eheg unabhäng Versorgg zu verschaffen (BT-Drucks 7/4361 S 48). Aber mit dem **Tod des Berechtigten** erlischt der Anspr auf Leistg der Abfindg, soweit er von dem Verpflichteten noch nicht erfüllt ist. Denn wenn der Berecht stirbt, entfällt jeder Grd für eine weitere Abfindgsleistg; daher kein Übergang des Anspr auf die Erben (BT-Drucks 7/650 S 170). Wie iFv § 1587k I wird man allerd auch hier wg SchadErsAnspr § 1585b II analog anwenden müssen. Hins des Todes des Verpflichteten vgl § 1587k Anm 3.

1587 n *Anrechnung auf Unterhaltsanspruch.* Ist der Berechtigte nach § 1587l abgefunden worden, so hat er sich auf einen Unterhaltsanspruch gegen den geschiedenen Ehegatten den Betrag anrechnen zu lassen, den er als Versorgungsausgleich nach § 1587g erhalten würde, wenn die Abfindung nicht geleistet worden wäre.

1) Eingef dch 1. EheRG Art 1 Z 20. Abgefundene AusglAnsprüche sind **auf den Unterhalt anzurechnen.** Da die Abfindg nicht notwendigerw eine Versorgg iH des VersorggsAusgl gewährleistet, bedarf es einer Regelg, die sicherstellt, daß eine Doppelinanspruchnahme des abfindgen Verpflichteten ausgeschl ist. Hat sich der Berecht wg der künft AusglAnsprüche abfinden lassen, so muß ihn allein das wirtschaftl Risiko treffen, ob bei Eintr des Versorggsfalles eine Versorgg iH der AusglRente besteht (BT-Drucks 7/650 S 170). Soweit neben dem urspr geschuldeten VersorggsAusgl noch UnterhAnsprüche bestanden hätten (Einf 1 vor § 1587), bleiben diese trotz der Abfindg bestehen.

4. Parteivereinbarungen

1587 o *Vereinbarungen über den Ausgleich; Form.* ¹Die Ehegatten können im Zusammenhang mit der Scheidung eine Vereinbarung über den Ausgleich von Anwartschaften oder Anrechten auf eine Versorgung wegen Alters oder Berufs- oder Erwerbsunfähigkeit (§ 1587) schließen. Durch die Vereinbarung können Anwartschaftsrechte in einer gesetzlichen Rentenversicherung nach § 1587b Abs. 1 oder 2 nicht begründet oder übertragen werden.

II Die Vereinbarung nach Absatz 1 muß notariell beurkundet werden. § 127a ist entsprechend anzuwenden. Die Vereinbarung bedarf der Genehmigung des Familiengerichts. Die Genehmigung soll nur verweigert werden, wenn unter Einbeziehung der Unterhaltsregelung und der Vermögensauseinandersetzung offensichtlich die vereinbarte Leistung nicht zur Sicherung des Berechtigten für den Fall der Erwerbsunfähigkeit und des Alters geeignet ist oder zu keinem nach Art und Höhe angemessenen Ausgleich unter den Ehegatten führt.

Schrifttum: Reinartz NJW 77, 81; Plagemann NJW 77, 844; Kniebes/Kniebes DNotZ 77, 290; Bergner NJW 77, 1748; Rhode NJW 77, 1763; Friederici AnwBl 78, 159; Udsching NJW 78, 289 (Haftgsrisiken); Plagemann SGb 78, 98; Reinartz DNotZ 78, 284; v Maydell FamRZ 78, 749; Langenfeld NJW 78, 1503; Schmeiduch FamRZ 79, 762; Göppinger Vereinbgen anläßl der Ehescheidg, 5. Aufl 1985; Becker, VA-Verträge 1983; Zimmermann/Becker FamRZ 83, 1; Finger VersR 83, 511 (LebVers als VA); Langenfeld DNotZ 83, 139.

1) **Zweck:** Die Bestimmg stellt in Parallele zum EhegüterR (§ 1363 Anm 6) die **Privatautonomie im Bereich des Versorgungsausgleichs** wieder her (vgl BT-Drucks 7/4361 S 22). Die Eheg können, wenn sie nicht schon mind 1 J vor Stellen des ScheidgsAntr (§ 1408 II 2) den VA autonom geregelt haben, im Zushg mit der Scheidg eine Vereinbg über den Ausgl von Anrechten auf eine Versorgg wg Alters od Berufs- bzw Erwerbsunfähigk schließen. Doch liegt eine solche Vereinbg nur vor, wenn innerh einer vertragl Scheidgsfolgenregelg der VA ausdrücklich einbezogen worden ist (BGH FamRZ **89,** 1062). Vereinbgen gem § 1587o können **zweckmäßig** sein, wenn der WertAusgl gem § 1587b I u II einschl VAHRG 1 II u III, 3b, 3c nur zu einer unzureichden Versorgg führen bzw die Versorgg des ausgleichspflicht Eheg inf des VA unzureichd würde od wenn umgek der ausgleichsberecht Eheg bereits ausreichd gesichert ist (Reinartz NJW **77,** 81) bzw wenn er mehr erhalten soll, als er über den WertAusgl erhalten würde. Haben die Eheg den VA nach § 1408 II ausgeschl od nach § 1587o eine entspr. vom FamG genehmigte Vereinbg getroffen, findet insow eine Entscheidg über den VA nach § 1587b, VAHRG 1 ff nicht statt (FGG 53d S 1). Damit die Eheg sinnvoll beraten w u sie eine solche Vereinbg schließen können, müssen die Beteil Kenntn über die Höhe der erworbenen VersorggsAnrechte haben. Desh sieht die 2. VO ü die Erteilg v Rentenauskünften an Versicherte

der gesetzl RentVers vom 5. 8. 77 (BGBl 1486) das Recht auf **Auskunftserteilung gegenüber Rechtsanwälten** vor. Währd die §§ 2 u 3 die Berlinklausel u das Inkrafttr am 11. 8. 77 betreffen, lautet

§ 1 AuskunftsVO

(1) *Versicherten ist auf Antrag, der durch einen Rechtsanwalt zu stellen ist, den sie schriftlich zur Vertretung ihrer Interessen in einer Ehescheidungsangelegenheit bevollmächtigt haben, Auskunft über die Höhe der entsprechend § 1304 der Reichsversicherungsordnung, § 83 des Angestelltenversicherungsgesetzes und § 96 des Reichsknappschaftsgesetzes für die bisherige Ehezeit zu berechnenden Anwartschaft auf Altersruhegeld zu erteilen; dem Antrag ist die Vollmacht des Rechtsanwalts beizufügen. Die Berechnung der Anwartschaft kann auf die dem Versicherungsträger vorliegenden Versicherungsunterlagen beschränkt werden.*

(2) *Absatz 1 gilt für Versicherte, deren Ehegatte durch einen in seiner Ehescheidungsangelegenheit bevollmächtigten Rechtsanwalt Auskunft über die Höhe der Rentenanwartschaft gemäß § 1587 e Abs 1 des Bürgerlichen Gesetzbuchs verlangt, mit der Maßgabe entsprechend, daß eine Vertretung durch einen Rechtsanwalt nicht erforderlich ist, wenn das Auskunftsverlangen des Ehegatten vom Versicherten durch beglaubigte Abschrift oder beglaubigte Vervielfältigung des Auskunftsersuchens und der Vollmacht des Rechtsanwalts des Ehegatten nachgewiesen wird; § 33 Abs. 4 Nr. 1 des Verwaltungsverfahrensgesetzes vom 25. Mai 1976 (BGBl. I S. 1253), geändert durch Artikel 7 Nr. 4 des Adoptionsgesetzes vom 2. Juli 1976 (BGBl. I S. 1749), gilt.*

(3) *Versicherten ist auf Antrag auch dann Auskunft zu erteilen, wenn der Antrag durch einen Notar gestellt wird, den sie ersucht haben, eine Vereinbarung über den Versorgungsausgleich entsprechend § 1587o des Bürgerlichen Gesetzbuchs zu beurkunden. Dem Antrag ist eine Vollmacht zur Einholung der Auskunft beizufügen.*

Zur amtl Begrdg BR-Drucks 298/77. Die RentAuskft nach der AuskftsVO ist idR nutzlos; sie muß zwangsläuf v einem unzutr Stichtag (§ 1587 II) ausgehen u idR auch ein ungeklärtes VersKto, dh eins mit erhebl Lücken im VersVerlauf, zugrdelegen, so daß es für die Beteiligten oft wesentl sinnvoller sein wird, die in Betr kommden Versorggswerte zu schätzen. Genaue Anleitg dazu mit entspr Bspen u Tab bei Bergner NJW 77, 1748. **Voraussetzungen** f die Auskftserteilg ggü dem VerfBevollm des scheidwilligen Eheg: **a)** Eine **Ehescheidungsangelegenheit** entsteht mit der Konsultation eines RA. Es braucht noch keine feste Scheidgsabsicht zu bestehen. Ebsowenig ist Kenntn des and Eheg erforderl. **b)** Die Auskft kann nur dch einen **Rechtsanwalt** od **Notar** eingeholt w. Letzterer ist jedoch nicht schlechth zur Auskftseinholg befugt, sond nur iR der Beurk einer Vereinbg gem § 1587o II 1 (AuskftsVO 1 III). Nicht erfdl, daß die Vereinbg inhaltl bereits vorliegt; denn ihr Inh soll sich ja erst nach der Auskft richten. **c)** Dem Auskftsersuchen ist eine **schriftliche Vollmacht** beizufügen (AuskftsVO 1 S 1 aE, III 2), die auf die Vertretg in der EhescheidgsAngelegenh gerichtet ist. Die Vollm braucht nicht den VorschrA des ZPO 609, 624 I zu sein, muß aber klarstellen, daß sie aus EhescheidgsGrden erteilt w ist. Mißbräuchl Umgehg des RVO 1325 I u der dazu erlassenen VO v 22. 12. 75 (BGBl 3184), wonach nur rentennahe Jahrgänge ggü den RentVersTrägern auskftsberecht sind, ist nicht auszuschließen. Da die Vereinbg nach § 1587o in den meisten Fällen inhaltl noch gar nicht fixiert sein k, wenn ein Notar die Auskft einholt, bedarf es in seiner Vollm nur des Hinw, daß er mit der Vorbereitg einer Vereinbg beauftragt ist. **d)** Das Auskunftsersuchen richtet sich auf die Information über die Rent(Anwartsch) **des Mandanten selbst**. Soll dagg od daneben zur Feststellg des iSv § 1587a I 1 ausgleichspflicht Eheg eine Auskft über die RentAnwartschaft **des anderen Ehegatten** eingeholt werden, so besteht materiellrechtl gg diesen ein entspr Anspr auf Auskft (§§ 1580, 1587e I). Damit nun der and Eheg nicht seiners doch gezwungen w, einen Anwalt zu nehmen (vgl dazu Diederichsen NJW 77, 605f), ermöglicht AuskftsVO 1 II ihm, dem Auskftsverlangen des scheidswill Eheg auch ohne Hinzuziehg eines Anw nachzukommen. Der VersTräger gibt ihm (nicht dem eigtl an der Auskft interessierten Eheg) Ausk, wenn er eine beglaubigte Vervielfältigg des AuskErsuchens u der Vollm des Anw vorlegt, wobei der Abschr Ablichtgn, Lichtdrucke usw gleichstehen (VwfG 33 IV Z 1) u der RA die Abschriften seiner Schriftsätze selbst beglaubigen darf (vgl VwVfG 34; Th-P ZPO 210 Anm).

2) Zeitpunkt der Vereinbarung. Die Eheg können in einem jederzeit vor od währd der Ehe zu schließenden notariell beurk (§ 1410) EheVertr dch eine ausdrückl Vereinbg auch den VA ausschließen (§ 1408 II 1). Vgl dazu § 1408 Anm 3b. Wenn sich aus dem EheVertr nichts and ergibt, hat der Ausschl des VA die Folge, daß zw den Ehel Gütertrenng eintritt (§ 1414 S 2). Allerd ist der gänzl Ausschl des VA unwirks, wenn innerh 1 Jahres nach VertrSchl die Scheidg der Ehe beantragt w ist (§ 1408 II 2). Iü können die Eheg auch **im Zusammenhang mit der Scheidung** über den gesetzl VA dann allerd gem § 1587o II genehmiggsbedürft Vereinbgen treffen, also sow vor wie nach Stellg des ScheidgsAntr (BGH NJW 87, 1768); auch noch nach Scheidg, wenn dem ScheidgsAntr vorab stattgegeben w ist (ZPO 628), dagg nicht mehr, wenn über den VA in Form einer Entsch gem § 1587b I, II, VAHRG 1, 3b rechtskr (FGG 53g I, ZPO 629d) entsch wurde (Plagemann NJW 77, 844). Die zwischenzeitl Aufgabe der Scheidgsabsicht steht dem Fortwirken einer getroffenen Vereinbg idR wohl (Ausleggsfrage!) nicht entgg (Langenfeld DNotZ 83, 142). Nach Rechtskr können Vereinbgen gem § 1587o noch getroffen w, wenn der ausgleichspflicht Eheg gem § 1587b III zur BeitrZahlg in die gesetzl RentenVers verurteilt worden ist (BayObLG NJW 81, 1519; Ruland NJW 76, 1715; Reinartz NJW 77, 82), ebso wenn der schuldrechtl VA stattfindet. Dagg wird dch VAHRG 10a kein neuer Dispositionsspielraum eröffn; Abänderg der urspr VA-Regelg also nur dch das FamG. Unzul die Erteilg der Gen vor Einreichg des ScheidgsAntr (Kniebes/Kniebes DNotZ 77, 293). Zul die hilfsw Verbindg v Vereinbgen n § 1408 II u § 1587o; dagg keine Umdeutg (Langenfeld DNotZ 83, 141).

3) Zulässiger Inhalt einer Versorgungsausgleichsvereinbarung, II 4, soweit sie nicht nach § 1408 (vgl dort Anm 3b), sond im Zushang mit der Scheidg getroffen wird. Die vom FamG iR der Gen (Anm 4b) vorzunehmde **doppelte Inhaltskontrolle** der Vereinbg erstreckt sich auf Eigng u Angemessenh (Udsching NJW 78, 290) der von den Eheg getroffenen Ersatzlösg, dh einers ist die Form des VA-Surrogats (Anm a) zu überprüfen u anderers die Einhaltg einer gewissen Äquivalenz sicherzustellen (Anm b). Oberstes Prinzip ist dabei die **Versorgungsgewährleistung.** Doch soll die Gen nur bei **offensichtlicher** Nichteigng u Unangemessenh verweigert w. Damit soll der VereinbgsSpielraum der Eheg erweitert u das FamG von der

Bürgerliche Ehe. 7. Titel: Scheidung der Ehe § 1587o 3a, b

Verpfl entbunden w, einen bis ins einzelne gehden Vergl zw der vereinb u der gesetzl vorgesehenen Leistg vorzunehmen (BT-Drucks 7/4361 S 49). Doch darf das FamG auch in einem DurchschnFall nicht einfach nur eine Rentenschätzg vornehmen (Ffm NJW **79**, 1609); denn die Beurteilg, ob es sich um einen DurchschnFall handelt, kann oft nicht ohne Hilfe des VersorggsTrägers erfolgen (Udsching NJW **78**, 291).

a) Ersatzformen für den gesetzlichen VA: Entspr dem Prinzip der VersorggsGewährLeistg kommen als Surrogate für die gesetzl AusglFormen der §§ 1587b, VAHRG 1ff grdsätzl nur zur Alters- u Invaliditätsvorsorge **geeignete** Institute in Betr. Zuläss ist die Vereinbg des schuldrechtl VA (§ 1587f Z 5). Bl vertragl Abwandlgen des ges schuldrechtl VA (zB hins Fälligk) bedürfen keiner Gen (Karlsr FamRZ **89**, 762). Wg der mit dem schuldr VA verbundenen Gefahren (vgl § 1587f Anm 1; Langenfeld DNotZ **83**, 154) hat Karlsr FamRZ **82**, 503 der Vereinbg des schuldrechtl VA ohne zusätzl Ausgl für das Risiko des Vorversterbens des AusglSchu die Gen versagt; diese Entsch ist nach Einführg von VAHRG 3a überholt. Ferner ist trotz Aufhebg von § 1587b III 1 HS 1 zul die Vereinbg von Beitr zur Begründg von Anwartschaften in der gesetzl RentVers (vgl RVO 1304b I 1; Langenfeld DNotZ **83**, 140), es sei denn, der AusglBerecht bezieht bereits ein bindend festgesetztes Altersruhegeld (Bergner DRV **83**, 213). Auch muß das FamG vor Erteilg der Gen die LeistgsFähigk des AusglSchu überprüfen (Udsching NJW **78**, 292). Zum Vollzug einer solchen Vereinbg Anm 4c. Im Rahmen von § 1587o kommt ferner der Abschl einer priv LebVers in Betr; mangels VersorggsEignig kann eine darauf gerichtete Vereinbg aber nicht gen w, wenn der Fall der ErwerbsUnfähigk nicht bedacht worden ist (Karlsr FamRZ **82**, 395). Zul ferner die Übertr von GrdBesitz od Unternehmensbeteiligen sowie auch die sof Zahlgen auslöse schuldrechtl Abtretg eines Teils einer bereits bezogenen Rente (Düss FamRZ **82**, 718), unzul dagg sind Vereinbgen mit dem Inhalt der **Begründung oder Übertragung von Anwartschaften in der gesetzlichen Rentenversicherung, I 2.** Die Part können Anwartsch aus der ges RentVers nicht konstitutiv begr oder übertr, u zwar weder unmittelb dch eig Vfg noch mittelb dch eine entspr Verpfl der RentVersTräger (Kblz FamRZ **83**, 406) od des FamG. § 1587o soll den Eheg nicht die ihnen auch sonst fehlde Befugn zur Vfg über ihre öff-rechtl VersorggsAnwartsch geben (BT-Drucks 7/650 S 171). Im Ggsatz zur Befugn des FamG gem VAHRG 3b Z 1 ist daher unzul die Vereinbg eines Super-Splittings, dch das dem AusglBerecht mehr RentAnwartsch in der ges RentVers übertr w sollen, als ihm nach dem VA zustehen (BGH FamRZ **81**, 1051); ebso nicht sind Super-Quasisplittings, sie wird auch nicht dch Gen des FamG wirks (Celle FamRZ **81**, 563; Brem FamRZ **81**, 973; Ffm FamRZ **83**, 405). Unzul die Vereinbg, die KinderErziehgsZt aS u zG der Ehefr nicht zu berücks (Düss FamRZ **87**, 839). Der auf die beiderseit betriebl AltVersorgg beschränkte Ausschl des VA ist gem I 2 unzul, wenn der ausglberecht Ehem nicht werthöheren Anrechte erworben h u die Vereinbg dazu führen würde, daß zu hohe Anrechte in der ges RentVers begrdet od übertr würden (BGH FamRZ **88**, 153). I 2 macht jedoch nicht eine Vereinbg unwirks, dch die unter Außerachtlassg von AnwartschRechten der ges RentVers aS des AusglBerecht zwar höhere AnwartschRechte zum Ausgl gebracht w, aber dch freiw Mehrzahlgen in einer berufsständ VersorggsEinrichtg (AG Bln-Charl FamRZ **83**, 80). Nicht gen-fähig ist dagg die Verpfl zur schuldrechtl Rückgängigmach des VA iF der Wiederheirat (Stgt FamRZ **86**, 1007). Unbedenkl sind dagg Vereinbgen über die Ausklammerg bestimmter VersorggsAnrechte aus dem VA wie einer 3½-monatigen ausglmindernden Tätigk bei 15jähr Ehe (AG Mossbach FamRZ **77**, 810) od die Herabsetzg der AusglQuote zB auf 45% (AG Düss NJW **78**, 647).

b) Äquivalenz (vgl Stellungn des Verbandes DtRentVersTräger FamRZ **79**, 761). Nach der ges Wertg (*arg* § 1408 II 2 u „vereinb Leistg") ist ein **entschädigungsloser Verzicht** auf den VA, dh der gänzl Ausschl jegl VA ohne GgLeistg unerwünscht (wertvolle FallGrBildg bei Langenfeld DNotZ **83**, 146). Doch können auch nackte ggseit VerzErkl beid Eheg gen w, wenn die AngemessenhPrüfg zu dem Ergebn führt, daß der AusglBerecht auf den ihm zustehden Zuwachs an VersorggsAnrechten nicht angewiesen ist (vgl AG Münst NJW **78**, 1592; vgl auch Bergner u Rohde NJW **77**, 1753 u 1763; and die 46. Aufl). Gen-fähig sind desh Vereinbgen, dch die der VA nach beidseit ErwTätigk währd der gesamten Ehedauer mit nicht zu hohen unterschiedl Nettoverdiensten ausgeschl w (AG Stgt NJW **78**, 893), od wenn der AnwartschVerlust dch Neuheirat mit wohlhabdem Mann ausgeglichen w, wobei das FamG der beabsicht Zuwendg v GrdstEigt uä gem FGG 12 vAw nachgehen muß (BGH NJW **82**, 1463). Zul auch ein Verzicht, wenn u soweit der VA ohnehin (etwa gem § 1587c) ausgeschl wäre (vgl AG Kamen FamRZ **78**, 122), wobei pesönl BilligkWertgen der Eheg, auch wenn sie für § 1587c nicht ausreichen würden, den Verz rechtfertigen können (BGH NJW **82**, 1464). Nach § 138 I nichtig wäre ein ein § 1587a ff widersprechder Verz, der den and Eheg im Alter der SozHilfe auslieferte (Ruland NJW **76**, 1715). **Maßstab** für die Äquivalenz, dh für die Beurteilg der mat Rechtfertigg der Abweichg vom ges vorgesehenen VA, ist, ob der dem and Eheg als Ersatz gewährte Vorteil unter Einbeziehg der UnterhRegelg u der übr VermAuseinandS zu einem **angemessenen Ausgleich** unter den Eheg führt. Da nach verhältnism kurzer Ehedauer keine für die Altersvorsorg ausreichde Absicherg erwartet w kann (BT-Drucks 7/4361 S 49), genügt bei kurzen Ehen uU die Zahlg eines GeldBetr (Plagemann SGb **78**, 98). Im übrigen steht auch das AngemessenhErfordern unter dem GesichtsPkt der VersorggsGewährleistg. Desh keine Gen, wenn von der dch den AusglSchu insges gezahlten Geldsumme prakt nichts für den Ausgl der für den VA maßgebl Wertdifferenz iHv 271 DM übr bleibt (BGH NJW **87**, 1768/69). Bei Vereinbg des schuldrechtl VA spielt das Risiko, daß der AusglSchu vorverstirbt, nach Einf v VAHRG 3a keine Rolle mehr (dadch überholt: Karlsr FamRZ **82**, 503). Zur Angemessenh gehört bei unsicherer Vermögenslage des AusglSchu ggf auch die Vereinbg v **Sicherheitsleistung**. Im übrigen können angem iSv II 4 auch **Vorteile nicht unmittelbar wirtschaftlicher Art** sein, so daß ein Verzicht auf den VA gen-fähig ist, wenn Ehem die Sorge für den gemeins Sohn übernimmt u der Frau dadch die weitere ErwTätigk ermögl bei iü ungefähr gleich hohen NettoEink (Düss FamRZ **81**, 285). Zul ist ferner die Vereinbg, bestimmte (zB ausländ) BeitrZeiten in der ges RentVers gg eine entspr Erhöhg der UnterhZahlgen unberücks zu lassen, um RStreit gem FGG 53c zu vermeiden. Zul ferner eine nicht anpassgsfäh Anwartsch iHv mtl 0,88 DM iR des VA zu vernachlässigen (AG Düss FamRZ **79**, 148). Dagg kann der Ausschl des VA nicht mit Rücks auf die Wiederverheiratg der Eheg miteinand gen w, weil die Eheschl kein Äquivalent für den Verlust von RentAnwartsch von mtl 1245 DM darstellt (BGH NJW **83**, 1317/19).

§§ 1587 o, 1587 p

4) Durchführung der VA-Vereinbarung. a) Form: Die Vereinbg bedarf der notariellen Beurk, **II 1**, welcher der gerichtl Vergl auch hier gleichgestellt ist (§ 127 a), **II 2**. Dadch wird eine angem **Beratung** der Part vor Abschl der Vereinbg sichergestellt (BT-Drucks 7/650 S 171). Der Notar hat die Beteil ggf an einen Rentenberater weiterzuverweisen (BT-Drucks 7/4361 S 49). Soweit der FamRichter die Protokollierg übernimmt, trifft ihn die BelehrgsPfl v BeurkG 17, 1 II (Udsching NJW **78**, 294). Bei Beurk gem § 127 a **Anwaltszwang** (Zweibr FamRZ **87**, 84). Die Einigg der Part muß wie der ProzVergl protokolliert, vorgelesen u gen w (Düss FamRZ **87**, 1160).

b) Genehmigung, II 3. Die Vereinbg bedarf, um den AusglBerecht vor Übervorteilgen zu schützen (BT-Drucks 7/4361 S 49; BGH NJW **82**, 1463; **87**, 1769 u 1771), der Gen des FamG, ist nicht verfassgswidr ist (BVerfG NJW **82**, 2365). Die Gen erfolgt **von Amts wegen,** also ggf auch nach Abrücken des einen Eheg von der zuvor getroff Vereinbg (BGH NJW **87**, 1770). Wird die Gen **versagt,** so finden die §§ 1587–1587n Anwend. IdR entbindet der AusglVorschl der Eheg das FamG nicht von der Einholg der Auskfte (Udsching NJW **78**, 291 f). Die Eheg haben auch die Mögl, eine Vereinbgen an die Stelle der mißbilligten zu setzen; ebso können Anreggen des FamG zur Änderg der Vereinbg noch iR des GenVerf berücks w. Wird die gen Vereinbg später, dh im Anschl an die Scheidg von den Parteien geänd, so bedarf auch dies der Gen des FamG, Genehmigg liegt auch dann nicht, wenn Vergl vor dem FamG geschl w, in dessen Mitwirkg, vielm bedarf es der gesonderten Gen des Vergl dch das FamG, die aber zus mit dem ScheidgsUrt (ZPO 629 I) erteilt w kann (AG Mosbach FamRZ **77**, 810; and noch die 37. Aufl). Ausnahmsw vor einem and Ger iR eines anderweit Verf in einen ProzVergl einbezogene Vereinbg über den VersorggsAusgl bedarf ebenf der Gen dch das FamG. Die Verweigerg der Gen ist nicht selbstd anfechtb (FGG 53d S 2), u zwar auch nicht iVm der Beschw gg die Ablehng der VorwegEntsch über den ScheidgsAntr iRv ZPO 628 I Z 3 (Saarbr FamRZ **78**, 344). **Zeitpunkt:** Die Gen ist vorrang insof, als iF ihrer Erteilg eine Entsch ü den VA nicht od nur im Umfg der Vereinbg erfolgt (FGG 53d S 1). Die Versagg erfolgt dch isoliert Beschl od iR des VerbundUrt (BGH NJW **82**, 1463). Dagg keine VorabGen v Vereinbgen zum VersorggsAusgl außerh eines anhäng ScheidgsVerf (Ffm NJW **79**, 1368); vielm bleibt hier nur der Weg des § 1408 (Friederici FamRZ **78**, 665). Ist das VA-Verf in der **2. Instanz** anhäng, ist für die Gen das OLG zust (BGH NJW **82**, 1464), das ggf auch nach höchstrichterl Klärg wichtiger AusleggsProbl genehmigen k (Düss FamRZ **84**, 1115). In der RevInst entsch wiederum das FamG (BGH aaO).

c) Vollzug der nach I 1 getroffnen **Vereinbarung** je nach deren Inh gem § 1587b, VAHRG 1ff, wobei § 1587o I 2 nicht entgg steht, weil das Splitting bzw Quasi-Splitting dch das FamG geschieht (vgl AG Düss dafür vorgesehenen Form, Mehrzahl von Unterh usw od iR der übr VermAuseinandS. Die gen Vereinbg stellt iFv ZPO 794 I Z 1 od 5 einen ZwVollstrTitel dar od ist AnsprGrdLage für eine entspr LeistgsKl. Ist der AusglSchu aGrd einer Vereinbg verpfl, dch Zahlg zG des ausglberecht Eheg Anwartsch in der ges RentVers zu begründen, so wird der dafür erfdl Betr vom RPfleger errechnet u gesond festgesetzt (FGG 53e). Damit ist dann ein vollstrfäh Titel vorhanden (BT-Drucks 7/4361 S 72; Rolland Rn 40). Zu Einzelh des Vollzugs vgl Anm 5.

5) Rechtsfolgen. An Parteivereinbgen über den VA, die formgült geschl u vom FamG genehmigt w sind, ist aGrd v FGG 53d das FamG u, sobald die Ehe rechtskr gesch ist, auch der VersorggsTräger gebunden. Keine Dchführg des VA also, wenn die Eheg für ungeklärte FehlZten in des RentVers den schuldrechtl VA vereinb h (Ffm FamRZ **87**, 494). Keine Bindg dagg, wenn die Vereinbg einen absolut unzul Inh h, zB bei einem vom FamG nicht beachteten Verstoß gg I 2, od ist aGrd von §§ 134, 138, 142 I nichtig. Letztere Einschränkg ist erforderl, weil der FamRi idR Manipulationen zu Lasten der SolidarGemsch der in den gesetzl RentenVers Versicherten u der öff-rechtl Dienstherren nicht einseitig erkennen u dch Versagg seiner Gen ausschließen kann (vgl BT-Drucks 7/4361 S 48). Eine nichtige Vereinbg wird also dch die famgerichtl Gen nicht wirks (Celle FamRZ **81**, 563). Bei Fehlen einer Klausel, daß sich der Ausgleichsverpflichtete der sof ZwVollstr unterwirft (ZPO 794 I) muß aus der Vereinbg geklagt w, falls sich der Verpflichtete weigert, den Ausgl auf die versprochene Art vorzunehmen. Begründet die Vereinbg die Verpfl zur Zahlg v Beitr zur gesetzl RentVers (§ 1587b III), so ist der hierfür erforderl Betr dch das FamG festzusetzen (FGG 53e II). Dabei ist der Träger der gesetzl RentVers, an den die Zahlg zu leisten ist, zu bezeichnen (FGG 53e II 2 iVm I). Ändern sich die Berechnungsgrößen, so wird der auf Antr neu festgesetzt (FGG 53e III analog). Werden bei Abschl der Vereinbg strittige RFragen später dch höchstrichterl Entscheidgn geklärt, weder Anfechtg noch Berufg auf Wegf der **Geschäftsgrundlage** (BGH NJW **87**, 1770); and aber für vor Inkrafttr des HRG übernommene ZahlgsVerpfl (Schlesw FamRZ **86**, 70: ZPO 767). Die Gen kann v jedem Eheg, nicht dagg vom VersorggsTräger (Kln FamRZ **88**, 182), incidenter mit der **Beschwerde** gg die Feststellg des FamG, aGrd der Vereinbg finde ein VA nicht statt, angegriffen w (Düss FamRZ **81**, 804; Stgt FamRZ **82**, 1079), aber nicht mehr nach Rechtskr des ScheidgsUrt (Ffm FamRZ **83**, 610), ihre Verweigerg dagg nur dch Beschw gg das den VA enthaltende VerbundUrt (BGH NJW **82**, 1463), nicht dagg selbständ (FGG 53d S 2). Erhöhg od Vermindg der Versorggsbezüge richtet sich auch dann n **BeamtVG** 57 II, wenn dch die getroff Vereinbg der VA der Höhe nach begrenzt w sollte (BVerwG NJW **87**, 1566).

5. Schutz des Versorgungsschuldners

1587 p **Leistung an den bisherigen Renteninhaber.** Sind durch die rechtskräftige Entscheidung des Familiengerichts Rentenanwartschaften in einer gesetzlichen Rentenversicherung auf den berechtigten Ehegatten übertragen worden, so muß dieser eine Leistung an den verpflichteten Ehegatten gegen sich gelten lassen, die der Schuldner der Versorgung bis zum Ablauf des Monats an den verpflichteten Ehegatten bewirkt, der dem Monat folgt, in dem ihm die Entscheidung zugestellt worden ist.

1) Zweck: In Anlehng an den unmittelb nur ggü priv LebVers anwendb § 407 **Schutz des Versicherungsträgers vor der Gefahr doppelter Leistung.** Um möglichen, sachl nicht gerechtfertigten Benachteiligen der Träger der gesetzl RentenVers zuvorzukommen, soll der RentenVersTräger mit befreiender Wirkg an den bisher Gläub der Rentenleistg zahlen dürfen, bis er dch Zustellg der Entsch von dem Übergang des Rechts od der Anwartsch Kenntn erlangt hat, wobei der SchuldnSchutz mRücks auf die Verwendg elektronischer Datenverarbeitgsanlagen einen Mindestspielraum von 1 Mo eine HöchstZt von fast 2 Mo nach Zustellg der Entsch eingeräumt erhalten hat (BT-Drucks 7/4361 S 50). Ein solcher Schutz ist nur noch beschrkt erfdl, nachdem die VersTr Beteiligte des VersorggsAusglVerf geworden sind. Iü kommt es nicht unbedingt auf die Rechtskr, sond iHinbl auf ZPO 629 d auf die Wirksamk der Entsch über den VersorggsAusgl an (Bergner SGb **78**, 141). Da eine Verpfl der FamG, dem RentVersTr vom Eintr der RKraft Mitteilg zu machen, nicht besteht (Pillhofer FamRZ **83**, 390), kann es nicht auf den Ztpkt einer solchen Mitteilg ankommen (so aber BSG FamRZ **83**, 389). Der Kenntn vom Eintr der RKr steht aber das Kennenmüsen gleich (BSG FamRZ **83**, 699). Sind bereits beide Eheg Rentn, muß der ausglbrecht Eheg eine ungekürzte RentZahlg an den ausglpflicht Eheg bis zum Ablauf des auf die Mitteilg (richtig: KenntnVermutg) folgden Mo gg sich gelten lassen (BSG FamRZ **83**, 389); auch seit unzul Rechtsfr soll die SchutzFr nur mit dem Eingang der RKrMitteilg des FamG beim VersTr beginnen (BSG FamRZ **85**, 595). Spätestens 2 Mo nach Kennenmüssen des VersorggsTr ist also der Schutz des AusglSchu zu Ende (Baltzer/Joedt SGb **82**, 417).

Anhang zu § 1587p

Verordnung über die Behandlung der Ehewohnung und des Hausrats

(6. Durchführungsverordnung zum Ehegesetz)

Vom 21. 10. 1944 (RGBl I 256/BGBl III 404-3

Abdruck und Kommentierung der HausrVO in Anh II zum EheG

Achter Titel. Kirchliche Verpflichtungen

1588 Die kirchlichen Verpflichtungen in Ansehung der Ehe werden durch die Vorschriften dieses Abschnitts nicht berührt.

1) Das BGB behandelt nur die bürgerl Ehe, vgl Überschrift des 1. Abschnitts vor § 1297. Die kirchl Verpflichtgen der Kirchenangehörigen bestimmen sich nach den innerkirchl Gesetzen u Ordngen.

Zweiter Abschnitt. Verwandtschaft

Schrifttum: Bausch FamRZ **80**, 413 (Begriff des „Abkömmlings"); Tomforde/Diefenbach/Webler, Das R des unehel Kindes u seiner Mutter im In- u Ausl, 5. Aufl 1979; Mittenzwei, RStellg des Vaters zum ungeborenen Ki, AcP **187**, 247; Deichfuß NJW **88**, 113.

Überblick

1) Inhalt und Systematik des 2. Abschnitts: Der **1. Titel** enthält die allg Vorschr zur **Verwandtschaft.** In Ausführg des VerfassgsAuftr (GG 6 V) ist der den nehel Kindern gewidmete früh 6. Titel im **2. Titel** aufgegangen, welcher nunmehr sowohl die ehel (§§ 1591–1600) als auch die nehel **Abstammung** (§§ 1600 a–o) enthält; ebso wie der **3. Titel** über die **Unterhaltspflicht** neben den allg Vorschr der §§ 1601–1615 die Besonderheiten für das nehel Kind u seine Mutter (§§ 1615 a–o) enthält; der **4. Titel** regelt gleichfalls das **allgemeine Rechtsverhältnis zwischen Eltern und Kind** gleichviel, ob ehel od nehel (§§ 1616–1625); der **5. und 6. Titel** enthalten die **elterliche Sorge** für ehel (§§ 1626–1698 b) u nehel Kinder (§§ 1705–1711) u der **7. Titel** deren **Legitimation** (§§ 1719–1740 g); der **8. Titel** schließt die **Annahme als Kind** (§§ 1741–1772).

2) Gesetzlicher Begriff der Verwandtschaft. Verwandtsch iS des BGB geht über die dch Blutsbande vermittelte hinaus u umfaßt: **a)** die auf Abstammg beruhende **Blutsverwandtschaft** (Genetische Verwandtsch), einschließl der nehel (§ 1589; EheG 4 Anm 2); **b)** die **Schwägerschaft** als Verwandtsch inf Eheschließg (§ 1590); **c)** die auf Dekret beruhende **Annahme als Kind** (§§ 1741 ff). Das BGB kennt dagg nicht die auf Taufe u Patensch beruhende geistl Verwandtsch u macht auch keinen Unterschied zw Verwandtsch aus dem Mannes- od Frauenstamm. Weitergeh ist der Begr der **Angehörigen;** hierzu gehören auch der Eheg u Verlobte (vgl §§ 530, 1969), nicht dagg der Partner einer nehel LebGemsch (Einf 8 v § 1353). Zum R des **Stiefkindes** vgl Boehmer, Die RStellg des StiefKi, 1941; Becker RdJB **75**, 250; Conradi FamRZ **80**, 103.

3) Sprachgebrauch des BGB: Wg **Verwandtschaft** Anm 2. **Leibliche Verwandte** (§ 1764 III) sind die in § 1589 Genannten. **Abkömmlinge** (§§ 1483ff, 1924ff) sind sämtl Verwandte absteigender Linie. **Kinder** sind die Abkömml 1. Grades, ehel wie nehel. Iü werden die Begr **Eltern,** GroßElt usw im allg übl Sinne gebraucht. **Geschwister** sind ohne Unterschied die vollbürtigen u halbbürt (1 gemeins EltT).

4) Verwendung der Begriffe außerhalb des BGB: Gem EG 33 in GVG, ZPO, StPO, KO, AnfG; ferner in den nach dem BGB in Kr getretenen Ges, zB FGG, JWG, WehrPflG (BVerwG NJW **63**, 314), auch in den LandesGes, desgl in der HöfeO. Vgl auch StGB 11 I Z 1. Bei früh Ges evtl Auslegg (RGSt **60**, 246), ebso bei rechtsgeschäftl Erklärgen (KG OLG **4**, 135; Warn **15**, 121).

5) Rechtliche Bedeutung der Verwandtschaft für UnterhPfl (§§ 1601 ff), RechtsVerh zw Eltern u Kindern (§§ 1616 ff), ErbR (§§ 1924 ff) u PflichttR (§§ 2303 ff), Berufg zum Vormd (§§ 1776, 1899, 1900), Auswahl als Vormd (§ 1779 II 3), Anhörg von Verwandten bei gewissen Gelegenheiten (§§ 1695 I, 1847, 1862 I 2, 1897, 1915), anderes Ausschließg der Vertretgsmacht des gesetzl Vertreters bei RGeschäften des Kindes od Mündels mit seinen Verwandten (§§ 1629 II 1, 1795), Ausschließg von der Mitwirkg als Richter, Notar, UrkBeamter (zB BeurkG 3 I Z 3, 6 Z 3 und 4, 7 Z 3, ZPO 41 Z 3, StPO 22 Z 3), desgl in vielen and Gesetzen. Die nächste Verwandtsch begründet ein Eheverbot (EheG 4, 21).

6) Klage auf Feststellung des Verwandtschaftsverhältnisses iRv ZPO 256 mögl; fällt nicht unter ZPO 640 ff, es sei denn es geht um die Abstammung (Einf 2b v § 1591; § 1593 Anm 3). Kl auf Feststellg des Nichtbestehens eines Elt-Kind-Verhältn darf nicht wg fehlden RSchutzInteresses abgewiesen w (BGH NJW **73**, 51).

7) Übergangsrechtlich bestimmt sich die Verwandtsch seit dem 1. 1. 00 nach BGB (BayObLG **1**, 583) sowie seit dem 1. 7. 70 nach Art 12 § 1 NEhelG (vgl 41. Aufl). Soweit es für RVerhältnisse, die sich nach dem vor dem NEhelG geltden R bestimmen, darauf ankommt, unter welchen Vorauss ein Mann als Vater anzusehen ist, beurteilt sich die Vatersch ebenf nach den §§ 1600a ff (Art 12 § 2 NEhelG). Vgl 41. Aufl Vorb 2 v § 1600a. Für die Feststellg der Vatersch nach neuem R hat ein vor dem 1. 7. 70 ergangenes (abweisdes) GiltvaterschUrt keine Wirkg (Oldbg DAVorm **76**, 494). Eine vor Inkrafttr des NEhelG erfolgte VaterschAnerk od vollstreckb UnterhVerpfl begründet dagg ebso wie eine rechtskr Verurteilg zur Unterh-Zahlg (vgl §§ 1708, 1718 aF) die VaterschFeststellg auch iS des neuen R; allerd kann die Vatersch dch Kl od FeststellgsAntr angefochten w (Art 12 § 3 NEhelG). Vgl dazu 41. Aufl Anh zu § 1600 o.

8) Internationales Privatrecht EGBGB 19–21. **Interlokales Privatrecht** EG 19 Anm 5.

Erster Titel. Allgemeine Vorschriften

1589 *Verwandtschaft.* Personen, deren eine von der anderen abstammt, sind in gerader Linie verwandt. Personen, die nicht in gerader Linie verwandt sind, aber von derselben dritten Person abstammen, sind in der Seitenlinie verwandt. Der Grad der Verwandtschaft bestimmt sich nach der Zahl der sie vermittelnden Geburten.

1) Wg des Begr der Verwandtsch vgl Übbl2, des Geltgsgebiets Übbl 4 v § 1589. Die Vorschr behandelt nur die Verwandtsch ieS, die in der Abstammg (Einf 1 v § 1591), also dem Blutbande ihren Grd hat. Der frühere II, wonach das nehel Kind u sein Vater nicht als verwandt galten, ist dch Art 1 Z 3 NEhelG gestrichen w.

2) Verwandtschaft in gerader und in Seitenlinie; Gradesnähe, I. In gerader Linie sind Personen miteinander verwandt, deren eine von der anderen abstammt, in der Seitenlinie diejenigen, die nicht in gerader Linie verwandt sind, aber von derselben Pers abstammen, zB Geschwister. Das gilt für die ehel wie nehel Personen, da auch die nehel Geburt Verwandtsch vermittelt. Ehelich sind auch durch nachfolgende Ehe legitimierte Kinder § 1719, u Kinder aus nichtigen Ehen, § 1591. Die Nähe der Verwandtsch wird durch die Zahl der sie vermittelnden Geburten bestimmt, die also bei Verwandtsch in der Seitenlinie über den gemschaftl Stammvater bzw die gemschaftl Stammutter hinweg gezählt w muß. Demgemäß sind die Eltern mit den Kindern im 1., die Enkel mit den Großeltern im 2. Grad in gerader Linie, Geschwister, gleichgült, ob ehel od nehel geboren, im 2. Grad in der Seitenlinie, Geschwisterkinder im 4. Grad in der Seitenlinie verwandt. Die Verwandtsch entsteht stets erst durch die Geburt, die Leibesfrucht hat keine Verwandtsch.

3) Die Verwandtschaft des nichtehelichen Kindes insbesondere. S dazu auch Einf vor § 1705. Nach Wegfall des bisherigen II gilt der bisherige I (jetzt § 1589) auch für das nehel Kind, ergibt also die rechtl Verwandtsch zw dem nehel Kind u seinem Vater sowie deren Verwandten, vgl Art 12 § 1 NEhelG (abgedr Übbl 7 b). Mehrere nehel Kinder derselben Mutter u desselben Erzeugers sind vollbürt (fr nur halbbürt) Geschwister. W das nehel Kind auf Antr des Vaters für ehel erkl ist § 1723, so erstrecken sich nunmehr diese Wirkgen auch auf die Verwandten des Vaters, da § 1737 weggefallen ist.

1590 *Schwägerschaft.* ¹Die Verwandten eines Ehegatten sind mit dem anderen Ehegatten verschwägert. Die Linie und der Grad der Schwägerschaft bestimmen sich nach der Linie und dem Grade der sie vermittelnden Verwandtschaft.

ᴵᴵDie Schwägerschaft dauert fort, auch wenn die Ehe, durch die sie begründet wurde, aufgelöst ist.

1) Allgemeines. Geltgsgebiet Übbl 4 vor § 1589, rechtl Bedeutg ebda Anm 5.

2) Schwägerschaft, Gradnähe, I. Ein Eheg ist mit den Verwandten des anderen verschwägert, dh also mit seinen Schwiegereltern (aufsteigende Linie), den Kindern des anderen Eheg (Stiefkinder, absteigende Linie) u den in der Seitenlinie mit seinem Eheg Verwandten, § 1589 Anm 2. Dch die Aufhebg von § 1589 II besteht also auch eine Schwägersch des nehel Kindes u seiner Verwandten mit der Ehefr seines Vaters sowie der Ehefr des nehel Kindes zu dessen Vater u seinen Verwandten. Hingg **keine Schwägerschaft** zw den

Verwandtschaft. 2. Titel: Abstammung § 1590, Einf v § 1591

Eheg selbst, den Verwandten eines Eheg mit den Verwandten des anderen, den Verschwägerten eines Eheg mit dem anderen Eheg, dem Eheg des Annehmden mit dem Angenommenen, wohl aber iGgsatz zu § 1763 aF zw dem Eheg des Kindes mit dem Annehmden, § 1754. Voraussetzg der Schwägerschaft ist eine gültige Ehe; deshalb auch keine Schwägersch aGrd eines Verlöbnisses, einer Nichtehe, EheG 11 Anm 5, einer für nichtig erkl Ehe; solange die Nichtigk auf NichtigkKlage nicht ausgesprochen ist, wird Ehe u damit Schwägersch als bestehd angesehen, RGSt 41, 113. Der Eheg ist mit den Verwandten des anderen Eheg **in dem Grade verschwägert,** wie dieser mit ihnen verwandt ist.

3) **Dauer der Schwägerschaft, II:** Die Auflösg der Ehe, vgl auch EheG 4, beendet die Schwägersch nicht, die durch die Ehe begründet wurde. Hingg kann eine Schwägersch nach Auflösg der Ehe nicht mehr entstehen; mithin ist der erste Ehem nicht mit den Kindern seiner früh Frau aus 2. Ehe verschwägert.

Zweiter Titel. Abstammung

Einführung

Schrifttum: Johannsen/Hummel, VaterschFeststellg bei nehel Abstammg, Hdlbg 1977; Scholl NJW 79, 1913 (Essen-Möller-Verf); zur biostatist VaterschWahrscheinlk u E-M- Verf; Hummel, Spielmann/Seidl u Scholl NJW 80, 1320, 1322 u 1323; Spielmann/Kühnl, Blutgruppenkunde, Stgt 1982; Motsch, Vom rechtsgenügenden Beweis Bln-Mü 1983; Müller FamRZ 86, 635 (ZeugnPfl bei heterologer Fertilisation); Harder JuS 86, 505 (Fortpflanzgsmedizin); Schumacher FamRZ 87, 313 (ebenf); Mittenzwei AcP 187, 247; Fleisch, Die verfassgsrechtl Stellg des leibl Vaters, 1988; Hummel DAV 89, 33. Wg früh Lit 41. u 46. Aufl.

1) **Inhalt.** Der 2. Titel behandelt die Abstammg, worunter das G nicht die Herkunft aus der Vorfahrenreihe, sond enger diej von best Elt, also das Kind-Elt-Verhältn, versteht. Danach wird zw ehel (§§ 1591 ff) u nehel Abstammg (§§ 1600a ff) unterschieden. Währd das BGB urspr (im 6. Titel, §§ 1705 ff aF) die rechtl Stellg der unehel Kinder zusaßte, systematisiert das NEhelG (Überbl 1 v § 1589) in der Weise, daß Abstammg, Unterh, Name u ErbR des nehel jew im Anschl an die entspr Verhältn des ehel Kindes geregelt w. So geschieht es auch bei der Abstammg (vgl §§ 1591 ff, 1600 a ff). Dch die Abstammg wird der **Personenstand** vermittelt, dh die Zugehörigk zu einer best Fam. Die dafür maßgebden Umst (Geburt, Heirat, Tod, Adoption, Legitimation, Scheidg) u die damit zushängden Umst (Staatsangehörigk) werden urkdsmäß dch das PStG geregelt. Ein **Recht auf Kenntnis der eigenen Abstammung** ist gesetzl nicht ausdrückl geregelt, spielt aber in versch Bereichen eine Rolle (vgl § 1591 Anm 5; § 1758) u ist grdsl aus GG 1 u 2 anzuerkennen (Kleineke, Das R auf Kenntn der eig Abstammg, Diss Gött 1976; Mansees NJW 88, 2984; Hassenstein FamRZ 88, 120; aA Gottwald FS Hubmann 1985, S 111; Deichfuß NJW 88, 113). Entspr hat das nehel Ki gg seine Mutter einen **Auskunftsanspruch** auf Benenng des leibl Vaters (vgl § 1707 Ka NJW 88, 3010; Starck JZ 89, 177; vgl § 1707 Anm 2. Beim scheinehel Ki (§ 1593 Anm 1) AuskAnspr nach EhelkAnf (AG Philippsbg DAV 88, 426). Frank FamRZ 88, 113 weist mit einem gew Recht darauf hin, daß dem VerantwortgsAusschl des Samenspenders bei der heterol Insemination das Bedürfn nach Anonymität entspr. BVerfG NJW 89, 891 (= BGBl 89, 253) hat die Regelg der §§ 1593, 1598 iVm § 1596l insow als nicht mit dem GG für unvereinb erkl, als auch dem vollj Ki die gerichtl Klärg seiner Abstammg ausnlos (also selbst bei Einverständn der Elt od nach Aufwachsen in einer PflegeFam) verwehrt ist (Lit: Enders NJW 89, 881; Ramm NJW 89, 1594; Starck JZ 89, 338). Zum **Internationalen Privatrecht** EG 19, 20.

2) **Verfahrensrechtliches. a)** Der **Beweis für die Abstammung** wie auch über die Eheschl der Elt wird bei ordngsgemäßer Führg des Geburts- u des FamBuches (PStG 60) sowie dch die begl Abschr aus diesem, ferner dch standesamtl Urk (PStG 66) erbracht; jedoch ist der Nachw der Unrichtigk der beurkundeten Tatsache zul. Die Geburt eines Kindes ist dem Standesbeamten, in dessen Bez es geboren ist, binnen 1 Wo anzuzeigen (PStG 16). Um alle Geburten zu erfassen, ist die AnzeigePfl eingeh geregelt (PStG 17-19 a). Es erfolgt sodann Eintr im Geburtenbuch, u zwar wird eingetragen Vor- u FamName der Elt, deren Beruf, Wohnort sowie religiöses Bekenntn, Ort, Tag u Stde der Geburt, Geschlecht u Vorname des Kindes sowie der Vor- u FamName des Anzeigden nebst dessen Beruf u Wohnort (PStG 21). Bei Zwillings- u Mehrgeburten ist jede Geburt bes einzutragen, wobei die Eintragen auch die Zeitfolge der Geburten erkennen lassen müssen (PStG 23). An Randvermerken wird vom StBeamten die Anerkenng der Vatersch (PStG 29) eingetr sowie wenn die Abstammg od der Name des Kindes geändert w (PStG 30, 31 a), ferner die Legitimation des Kindes dch nachfolge Heirat (PStG 31).

b) Die **prozessuale Feststellung** des Bestehens od Nichtbestehens eines Elt-Kind-Verhältn zw den Parteien, die Anfechtg der Ehelichk, Wirksamk einer Anerkenng der Vatersch u deren Anfechtg sind **Kindschaftssachen** u unterliegen verfahrensrechtl bes Bestimmgen (ZPO 640-641 k). Zust ist das AG (GVG 23 a); die Berufg geht an das OLG (GVG 119 Z 1). Die Zustdgk des VormschG regeln FGG 43, 36. Im EhelkAnfechtgsProz klagt der Ehem der Kindesmutter gg das Kind (§ 1594), die Elt des Ehem (§ 1595 a) od das Kind selbst (§ 1596). Zur Schlüssigk der Kl Mü FamRZ 82, 1239. Streithilfe dch einen Dr, der als Vater des Kindes benannt w, ist zul (Celle FamRZ 76, 158; Hamm FamRZ 80, 392 L); der Dr kann auch gg ein der AnfKl stattgbdes Urt Rechtsm einlegen (BGH 76, 299). Im VaterschProz gem §§ 1600 a, 1600 n, 1600 o klagt idR das nehel Kind auf Feststellg der Vatersch gg einen best Mann; dieser kann aber auch seiner negat AbstammgsKl erheben, wogg die posit FeststellgsWiderkl des Kindes zul ist (Hbg DAVorm 75, 231). Im Verf gem § 1600 n w das Kind dch einen Amtspfleger vertreten; die elterl Sorge der Mutter ruht (§ 1630), so daß sie im Proz nicht als gesetzl Vertreterin, sond als Zeugin zu vernehmen ist (KG DAVorm 77, 174). An der Feststellg der Vatersch besteht ein RSchutzInteresse auch dann, wenn das nehel Ki inzw adoptiert ist (Celle DAVorm 80, 940). Entspr dem AmtsermittlgsPrinzip sind BlutGrGA auch bei übereinstimmder Aussage der Beteiligten einzuholen (Schlesw DAV 82, 350). Die BewVorschriften sind den wiss Anfdgen angepaßt. So gibt § 372a ZPO die Möglichk der Vorn einer Blut- bzw erbkundl **Untersuchung auch gegen den Willen** des Untersuchten (auch bei Zeugen Jehovas; Düss FamRZ **76**, 51; ggf auch sämtl Männer einer WohnGemsch nebst der KiMutter; KG FamRZ **87**, 294; zu USA Herlan DAV **89**, 585). Zul auch eine 2. Blutprobe (Hbg DAV **87**, 359 mAv Künkel). GG 2 II steht wg S 3 nicht entgg (BVerfG JZ **56**, 406). Bei Vorlage eines neuen, spätestens bis zum Schluß der mdl Verh vor dem Tatrichter vorzulegenden (BGH NJW **82**, 2128) GA **Restitutionsklage** (ZPO 641i), wenn daraufhin, evtl iVm den früh Bew (Mü DAVorm **81**, 140), möglicherw allein und Entsch ergangen wäre (BGH DAVorm **80**, 741), u zwar auch gg einen Mann, dessen Erzeugersch rechtskr verneint w war (Stgt DAVorm **79**, 173). Zu den Anfordergen an ein **neues Gutachten:** BGH DAV **89**, 697; hierfür kommen nicht nur BlutGr- od erbbiolog GA in Betr, auch ein auf die bisher ProzAkten gestütztes TragZtGA (BGH FamRZ **89**, 374) od auch ein Zeuggsunfähigk GA reichen aus (BGH NJW **84**, 2630).

3) **Abstammungs- oder Vaterschaftsbeweis.** Währd die Pers der Mutter in aller Regel feststeht (zu einem Fall der KiUnterschiebg BayObLG DAVorm **79**, 50), spielt die Feststellg der Vatersch in der Praxis eine große Rolle. Bei einem in eine bestehde Ehe hineingeborenen Kind, das allein aGrd dieser Tats als ehel angesehen w (§ 1591 I 1), wird die Nichtabstammg dch sog EhelichkAnfechtgsKl geltd gemacht (§ 1593); ihr Erfolg hängt v dem Nachw ab, daß es den Umst nach offenb unmögl ist, daß die Frau das Kind v dem Manne empfangen h (§ 1591 I 2). Beim nehel (also außerh einer gült Ehe geborenen) Kind geht es umgek um die Suche nach dem Vater. Sofern die Vatersch nicht anerkannt w (§§ 1600a–1600m), ist sie gerichtl festzustellen (§§ 1600a, 1600n), u zwar ggü dem Manne, der das Kind gezeugt hat (§ 1600o I). In beiden Verf, also bei der EhelkAnfechtg wie bei der gerichtl Feststellg der Vatersch, tauchen unabh v der Verschiedenh der ProzZiele dieselben BewAufgaben auf: beim **positiven Vaterschaftsbeweis** wird ein best Mann als Erzeuger des Kindes nachgewiesen, währd beim **negativen Vaterschaftsbeweis** ein best Mann als Vater beweismäß ausgeschl w (vgl Brschw DAVorm **78**, 125). Vor dem eigtl VaterschBew zu klären, ob die Mutter mit dem EvtlVater geschlechtl verkehrt h (vgl § 1591 Anm 3, § 1600o Anm 2a); iJF muß dem Bestreiten des Mannes, der Mutter in der EmpfängnZt beigewohnt zu h, nachgegangen w (BGH **40**, 375). Daran knüpft der eigtl VaterschBew an, näml der Nachw, daß das Kind aus dieser Beiwohng stammt; er ist idR nur mit Hilfe entsprechender Sachverst zu führen. Hierfür sind best **Beweismethoden** entwickelt w (vgl unten Anm a bis e), die untereinand unterschiedl BewWert haben (unten Anm f). **Gutachterverzeichnisse** finden sich in regelm Abständen im **DAV**: **89**, 393 BlutGrSachverst.

a) Tragezeitgutachten ziehen Schlüsse aus der Verbindg v SchwangerschDauer (mittlere TrageZt eines vollreifen Kindes 268 Tg) u den Reifemerkmalen des Kindes. Ungeeign für den pos VaterschNachw; wohl aber läßt sich bei ungewöhnl kurzen od lange TrageZten die Vatersch (eines zB währd best Monate abwesenden Mannes) ausschließen bzw die Vatersch eines Mannes für wahrscheinlicher als die eines and erklären. Wg Einzelheiten vgl § 1592 Anm 1. Wg **Gutachter-Verzeichnissen** DAVorm **80**, 719.

b) Blutgruppenuntersuchungen (Lit: Hummel ZfJ **89**, 80) beruhen auf der Vererblichk v Bluteigenschaften, die serolog genau identifizierb u klassifizierb, beim Neugeborenen bereits voll entwickelt u von Alter, Geschlecht u Umwelt unabh sind, ferner kaum Mutationen unterliegen. Stammen best Bluteigenschaften des Kindes nicht von der Mutter, muß es sie vom Vater haben. Das BlutGrGA ermöglicht den negat VaterschBew, wenn näml auch die als Vater bezeichnete Pers nicht ü die betr BlutMerkm verfügt; dagg ist seine Aussagekraft für den posit VaterschBew wissenschaftl noch umstr (Bspe f beides bei Hoppe DAV **84**, 583). Vor Ablauf von 3 Mo soll nach Blutübertragen uä keine forensische BlutGrUntersuchung dchgeführt w (BGesAmt DAVorm **76**, 194). „Stumme Gene", dh bei den BewPers nur verdeckt vorhandene Anlagen, lassen sich dch Einbeziehg v Elt, GroßElt, Geschw usw in die Abstammgsuntersuchgen aufdecken (AG Duisbg DAV **88**, 537; Pulverer DAVorm **77**, 424). Entspr ist eine VaterschFeststellg auch noch nach dem Tode des Erzeugers mögl (Greiner DAVorm **78**, 537; Dahr/ Weber DAVorm **78**, 630; Hummel DAVorm **79**, 415). Zu BlutGrGA mit 2 Kindern Vogel ua DAV **84**, 667.

c) Beim **erbkundlichen Gutachten** ergibt sich Vorhandensein od Nichtbestehen der Blutsverwandtsch daraus, daß charakterist deskriptive Merkm u MerkmKomplexe (wie Formg v Kopf, Gesicht u Wirbelsäule, Pigmentierg der Augen u Haare, Feinstruktur der Iris, Morphologie der Nasen- u Mundregion, aber auch Enzymvarianten des Blutserums od die Schmeckfähigk f best chem Substanzen) sich von einer Pers auf eine v ihr abstammde vererben. Das erbbiolog GA kann entw im Zushg mit and BewMitteln od auch für sich allein (BGH **7**, 116) den Nachw dafür liefern, daß eine best Pers als Erzeuger ausgeschl ist od umgek als Erzeuger in Betr kommt, wobei posit VaterschNachw in Einmannschaften selbst bei Prostituierten f mögl gehalten w (KG FamRZ **70**, 419). Der **Beweiswert** dieses Verf (Keiter NJW **65**, 1995) hängt naturgem von der Stärke der Mutter-Kind-Ähnlk ab (Kblz DAVorm **75**, 227). Ausgeschl bei Mongoloiden (DAVorm **76**, 400). Im früh Kindesalter führt die erbbiolog Untersuchg zu keinen sicheren Ergebn, so daß RStreit insofern auszusetzen ist (ZPO 640f); dagg Beschw (ZPO 252), wenn noch and Möglichk bestehen, um Entscheidgserheblk zu klären (Stgt ZBlJugR **67**, 27).

d) Die in Anm a bis c beschriebenen GAen lassen sich jew ergänzen dch **statistische Beweisverfahren**, die Aussagen darüber machen, mit welcher Wahrscheinlichk eine Pers als Vater bejaht od ausgeschl w kann (zur Mathematik der VaterschWahrscheinlk: Hummel DAV **83**, 829). **aa)** Währd die Anwendg statist Methoden beim geburtshilfl GA (Hummel/Stegmann/Hellwig S 83) die Ausn bleibt, ist die statist Auswertg beim serolog GA die Regel. Zur Aufteilg in Basis- u weiterführde GAen (serolog **Zweistufen-Begutachtung**) bei der serolog Abstammgs-Expertise vgl Hummel Just **74**, 107; Rittner NJW **74**, 590; *Bsp:* Spielmann DAV **86**, 523). Zu **Inzest-Kindern** Hummel DAV **87**, 59 u 348. **bb)** Auch erbbiolog GAen können dch Heranziehg biometr (mathematstatist) Methoden ergänzt w, was zumindest zur Kontrolle zweckmäß s kann (Kln NJW **68**, 202; Hamm ZBlJugR **68**, 117; Hummel/Baitsch S 53; Wichmann NJW **63**, 383; Baitsch/ Schwarzfischer DAVorm **65**, 66 u 236; Keiter NJW **67**, 1500).

e) DNA-Analyse für die biolog VerwandtschBegutachtg: Henke/Hoffmann DAV **89**, 503; Hummel DAV **89**, 33; Schlesw DAV **84**, 398/402.

Verwandtschaft. 2. Titel: Abstammung **Einf v § 1591, § 1591**

f) Beweiskonkurrenzen. (Lit: Zum **Beweiswert** des Blut- u ÄhnlichkGA Roth-Stielow NJW 77, 2114; des anthropolog-erbbiolog GA Oepen/Ritter NJW 77, 2107). Grdsätzl ist zunächst eine **Blutgruppenuntersuchung** anzuordnen. Deren Ergebn hat Vorrang uU vor den TragzeitGA (Ffm DAVorm 76, 29) u idR vor den erbkundl Befunden (BGH NJW 51, 558; Schlesw NJW 68, 1188; sa Roth-Stielow S 139). Zum WahrscheinlichkBegr Hummel DAVorm 77, 639 u NJW 78, 576. Zur Verwendg von Wahrscheinlk(= W)-Werten u zu ihrer Verbalisierg (zB W-Wert 99,73% bedeutet: „Vatersch prakt erwiesen") vgl Hummel DAVorm 77, 499. Zum Vorrang zweier serostatist GA mit einem W-Wert v 99,9% ggü widersprechden, aber auf geringer MerkmAuffälligk beruhden erbbiolog GAen Stgt NJW 74, 1482; Kln DAVorm 75, 344. Allg zum Vorrang biostatist GAen, wenn sie aGrd absolut anerkannter AusschlTypen ergehen, Kln NJW 66, 405. Anderers können ggü einem unentschiedenen W-Wert zwei **Ähnlichkeitsgutachten** den Ausschlag geben (BGH NJW 76, 368). ÄhnlkGA kann auch ggü andersart Zeugenaussagen dchaus BewKraft haben (BGH FamRZ 61, 306), auch in Einmannfällen. Aber ÄhnlkGA nur einzuholen, wenn alle and Möglk erschöpft s (BGH FamRZ 56, 150) u weitere Klärg des Sachverh davon zu erwarten ist. IdR ist es bl HinweisGA (Kln DAVorm 76, 348). Das ist trotz eidl Bestreitens der Kindesmutter auch dann der Fall, wenn ihre Glaubwürdigk angegriffen w, da dch ein eindeut ÄhnlkGA diese erschüttert werde (BGH NJW 64, 1179). Keine unzul Vorwgn der BewWürdigg, wenn bei hoher VaterschWahrscheinlk u Fehlen konkreter AnhaltsPkte für MehrVerk das Ger von der Untersuch weiterer BlutMerkm absieht (BGH FamRZ 75, 682 u 683). Kommen unterschiedl EmpfängnDaten in Betr, muß das Ger prüfen, welche Angabe die größere Wahrscheinlk für sich hat; ungünstige u günst Ergebn der versch GAen müssen ggeinand abgewogen w (BGH FamRZ 77, 538). Die Vatersch kann uU auch ausschließl auf einen **Zeugenbeweis** gestützt w, zB wenn der Putativvater vor 8 J an Krebs gestorben ist, Photos von ihm nicht vorh sind usw (Bonn DAV 80, 300). Vgl iü § 1600 o Anm 2 b aa. Zur Kombination der Resultate mehrerer medizin GA im AbstammgsProz iS eines **Additionsbeweises** s BGH FamRZ 75, 683; Hamm DAV 82, 346; Hummel DAVorm 76, 121 u 77, 239; Wuermeling DAVorm 77, 126; zur Kombination der WahrscheinlkAussagen serologischer u anthropolog Befunde Brem NJW 84, 672. Eine VaterschWahrscheinlk v 99,73% im HLA-System macht weitere BewAufn überfl, auch wenn in and Systemen geringere WahrschlkGrade vorlagen (Kblz DAVorm 80, 100). Zur Superfecundatio (Doppelschwangersch inf Befruchtg v 2 Eiern dch 2 Väter) Rittner DAVorm 78, 96.

I. Eheliche Abstammung

Vorbemerkung

1) Der Untertitel stellt die **Voraussetzungen der ehelichen Abstammung** auf (§ 1591) u gleichzeitig die Vermutg, daß der Mann innerh der EmpfängnZt (§ 1592) der Frau beigewohnt hat (§ 1591 II 1). Das währd der Ehe geborene Kind wird also als ehel angesehen, falls nicht nach der Begründg angefochten wird, daß es den Umst nach offenb unmögl ist, daß die Frau das Kind von dem Manne empfangen hat. Die Anfechtg der Ehelichk kann der Mann (§ 1594), nach seinem Tode unter den Voraussetzgen des § 1595a seine Elt, unter denen des § 1596 I das Kind mit der Anfechtgskl (§ 1599) geltd machen. An deren Stelle tritt nach dem Tode des Kindes u dem des Mannes (hier aber nur für das Kind) der Antr beim VormschG (§ 1599 II).

1591 *Ehelichkeitsvoraussetzungen; Vaterschaftsvermutung.* ¹Ein Kind, das nach der Eheschließung geboren wird, ist ehelich, wenn die Frau es vor oder während der Ehe empfangen und der Mann innerhalb der Empfängniszeit der Frau beigewohnt hat; dies gilt auch, wenn die Ehe für nichtig erklärt wird. Das Kind ist nicht ehelich, wenn es den Umständen nach offenbar unmöglich ist, daß die Frau das Kind von dem Manne empfangen hat.

II Es wird vermutet, daß der Mann innerhalb der Empfängniszeit der Frau beigewohnt habe. Soweit die Empfängniszeit in die Zeit vor der Ehe fällt, gilt die Vermutung nur, wenn der Mann gestorben ist, ohne die Ehelichkeit des Kindes angefochten zu haben.

1) I 1 Halbs 2 dch Art 1 Z 1 FamRÄndG eingef, wofür EheG 25 I seine Wirkg verliert (FamRGÄnd Art 9 I 1 u III). Ein Kind, das währd der Ehe od innerh v 302 Tg nach ihrer Auflösg geboren ist, ist bis zur rechtskr Feststellg seiner NEhelichk ein eheliches (§ 1593). § 1591 gibt die Voraussetzgen im einzeln u regelt die BewFragen. Bei Totgeburten gelten §§ 1591 ff nicht, so daß Ehem RegreßAnspr ohne vorher EhelkAnfechtg hat (Gernhuber § 45 I 4 Anm 3). Die Regeln über die Ehelichk sind zwingd; NEhelichk kann also nur nach Anfechtg der Ehelk u rechtskr Feststellg, nicht dch Anerkenng aller Beteiligten geltd gemacht w (RG DJ 38, 1317). StrafSchutz gg sex Mißbr ugem StGB 174 I Z 3 setzt tatsächl Abstammg voraus (BGH NJW 81, 1326). Zum **Auskunftsanspruch** des nehel Ki gg seine Mutter Einf 1 v § 1591.

2) Voraussetzungen der ehelichen Abstammung: a) Geburt währd der Ehe od innerh von 302 Tagen nach ihrer Auflösg, **b)** Empfängnis vor od währd der Ehe, **c)** Beiwohng des Mannes innerh der Empfängniszeit, § 1592, die also währd u vor der Ehe liegen kann. **d)** Ursächl Zushang zw c, b und a. Die nichtige Ehe steht hier der fehlerfreien gleich; ohne Bedeutg also auch, ob Eltern gut- od bösgläubig.

3) Beiwohnung des Mannes innerh der Empfängniszeit wird vermutet, **II.** Fällt die Empfängniszeit, § 1592, in die Zeit vor der Ehe, so greift die Vermutg nicht durch, wenn der Mann anficht, II 2; ggü der Anfechtg muß also die Beiwohng vor der Ehe vom Kinde bewiesen werden; kann es diesen Beweis nicht führen, greift Anfechtg durch, Beitzke FamR § 24 I 3. Die Vermutg der Beiwohng gilt aber dann, wenn der Mann vor der Geburt des Kindes gestorben ist, RG LZ 15, 977. Ist der Mann für tot erkl, so wird die Vermutg der Beiwohng, II 1, durch die Vermutg, daß der Mann in dem im Beschl über die TodesErkl

1563

§§ 1591, 1592   4. Buch. 2. Abschnitt. *Diederichsen*

bezeichneten Zeitpkt verstorben ist, beseitigt, RG **60**, 199, Staud-Lauterbach Anm 10ff, lebt aber wieder auf, wenn er zurückkehrt. Vermutg kann durch einfachen Gegenbeweis, den der Anfechtende zu führen hat, dann also auch das Kind, § 1596, entkräftet werden, Staud-Lauterbach Anm 22, zust Brüggemann FamRZ **64**, 342; Nachweis, daß der Mann nicht beigewohnt haben kann, also nicht erforderl, RG JW **21**, 26. Keine Entkräftg, wenn Eheg getrennt leben, ScheidgsVerf schwebt od ausgesetzt od das Getrenntleben gestattet ist (ZPO 606 I, 620 Z 5); aber Umkehr der BewLast bei Getrenntleben denkbar (Warn **31**, 127).

4) Offenbare Unmöglichkeit, daß die Frau das Kind von dem Manne empfangen hat, I 2. Den Umst nach offenbar unmögl ist es dann, wenn die Folgerg der Nichtehelichk derartig zwingd ist, daß die Annahme des Ggteils mit dem gesunden Menschenverstande unvereinbar ist, BGH **7**, 116 (zu der Ausdrucksweise der Anthropologen Harrasser NJW **50**, 564). Also zwar strenge Anforderung an den Beweis zu stellen, doch dürfen diese nicht überspannt werden, so daß „große Wahrscheinlichk" (der Mediziner, der sich bewußt ist, daß Fehlerquellen immer gegeben sein können, vermeidet den Ausdruck der absoluten Sicherh, vgl auch BGH **7**, 120) genügt, RG **167**, 271, OGH **3**, 359; vgl auch Staud-Lauterbach Anm 24 ff. Nicht ausreichd sind Nachweis des Gebrauchs empfängnisverhütender Mittel, coitus interruptus, jahrelange Kinderlosigk bei dauerndem Geschlechtsverkehr, Warn **31**, 144, Getrenntleben, regelähnl Blutgen, Ähnlichk des Kindes mit einem dritten Mann, mit dem Frau währd der Empfängniszeit Geschlechtsverkehr hatte, vgl aber auch unten. Hingg kann offenbare Unmöglichk nachgewiesen werden durch Abwesenh, vgl § 1593 Anm 1, oder Zeugssunfähigk des Mannes (jedoch mehrere Untersuchgn erforderl, Blutgruppenuntersuchg sicherer, BGH FamRZ **56**, 149), Schwangersch der Frau vor dem Geschlechtsverkehr mit dem Manne, Warn **13**, 373, durch den Reifegrad (vollständige Ausreifg erfordert 240 Tage) des Kindes, RG JW **10**, 477, Neust MDR **58**, 241 (Gewicht im Verhältn zur Tragezeit), auch Döring NJW **66**, 374 (Tragezeitgutachten – zahlreiche SchrifttAngaben, desgl Entsch bei Beitzke im Lehrb S 573), Zugehörigk zu einer anderen Rasse, Blutgruppenuntersuch u erbbiolog Gutachten. Es sind alle BewMöglichkeiten des Für u Wider zu erschöpfen (Inquisitionsmaxime, ZPO 640, 622 I), RG DR **41**, 643, 2197, vgl auch Teplitzky NJW **65**, 334, Schröder FamRZ **65**, 178, sowie Anm 4b, auch BGH NJW **64**, 1184 (Ergänzg früheren Gutachtens aGrd neuerer Forschgsergebnisse). Vom Nachw offenbarer Unmöglk hängt auch die Zulässigk einer RestitutionsKl gg eine rechtskr EhelkAnfAbweisg ab (Kln FamRZ **81**, 195).

5) Die Ehelichk eines aus **künstlicher Befruchtung** hervorgegangenen Kindes unterliegt an sich den normalen Regeln (Lit: Kollhosser JA **85**, 553; Püttner JA **87**, 289). Jedoch wird wg des AusnCharakters der Zeugg die Ungewißh zu Lasten des Kindes gehen müssen (Giesen FamRZ **65**, 248 u **81**, 413; Kötz RabelsZ **69**, 748; Zimmermann FamRZ **81**, 929; M Benecke, Heterol künstl Insem, Ffm usw 1986; Hirsch/Eberbach, Auf dem Weg zum künstl Leben, Stgt usw 1987; Lanz-Zumstein, Embryonenschutz usw, Mü 1986; früh Lit 46. Aufl). Wg Beschrkg der EhelichkAnf als unzul RAusübg § 242 Anm 4 Dh sowie § 1593 Anm 4b. Zur Befruchtgs- u **Gentechnologie** Coester-Waltjen FamRZ **84**, 230; Giesen JR **84**, 221; Hohloch StAZ **86**, 153 (PersStdsR). Die künstl heterologe Insemination unterliegt aus der R auf Kenntn der eig Abstammg (Einf 1 v § 1591) schweren Bedenken. Zur Unzulässigk der AdoptVermittlg dch heterologe Insemination der **Leihmutter** Hamm FamRZ **83**, 1120; vgl ü Hamm NJW **86**, 781; Kollhosser JZ **86**, 441; Medicus Jura **86**, 302. Abstammg ist genet Abstammg; dies begegnen Ammen- u Leihmuttersch ebenf gr Bedenken (Fehlen einer EhelkAnfKl ggü der Austragenden; StatusProz iRv ZPO 256?). Aber keine automat SorgeREntziehg (KG NJW **85**, 2201). Zum SchadErs wg fehlgeschlagener **Sterilisation** Vorb 2e vor § 249, § 328 Anm 3a bb. Zur **Geschlechtsumwandlung** vgl § 1 Anm 4b. Zum Vornamen bei GeschlUmwandlg § 1616 Anm 3.

1592   *Empfängniszeit.*

¹Als Empfängniszeit gilt die Zeit von dem einhunderteinundachtzigsten bis zu dem dreihundertundzweiten Tage vor dem Tage der Geburt des Kindes, mit Einschluß sowohl des einhunderteinundachtzigsten als des dreihundertundzweiten Tages.

²Steht fest, daß das Kind innerhalb eines Zeitraums empfangen worden ist, der weiter als dreihundertundzwei Tage vor dem Tage der Geburt zurückliegt, so gilt zugunsten der Ehelichkeit des Kindes dieser Zeitraum als Empfängniszeit.

1) Empfängniszeit. Berechng §§ 187 I, 188, Tag der Geburt nicht mitgerechnet; bei ungewöhnl langer Dauer der Geburt der Tag, an dem für gewöhnl der Geburtsvorgang beendet gewesen wäre, Mü JW **29**, 2291, bei Zwillingen Geburt des 1. Kindes. II: Keine Vermutg für die Ehelichk; vielm muß das bewiesen werden; schärfste Beweisanforderngn, da eine über 302 Tage hinausgehde Tragezeit äußerst selten; offenb Unmöglichk bei einer Tragezeit von 332 Tagen, Flensbg (LG) SchlHOLG **56**, 350. Nachw der längeren Tragzeit kann auch im Verf zur Berichtgg des Geburtenbuches geführt w, Hamm OLGZ **65**, 106. Kürzere SchwangerschDauer wird zT anerk (Döhring NJW **66**, 376; Gernhuber § 45 VII 3; Beitzke in Beitzke/Hosemann ua S 10; vgl aber auch Hosemann ebda S 40), insb bei obj Merkmalen extremer Frühgeburt (Kblz DA Vorm **76**, 194); zu einer TrageZt von weniger als 181 Tg (25 Wo) vgl Dehnert DAVorm **76**, 612. VaterschNachw bei einer TrageZt zw 27 u 28 Wo AG Schweinf DAVorm **76**, 630.

2) Tabelle zur Berechnung der Empfängniszeit. Nur das Schema der Tabelle für jeden Monatsersten eines Normaljahres wird nachstehd angegeben. Die übrigen Tage sind durch entspr Fortzählen jeder Spalte leicht zu ermitteln. In Schaltjahren ist, wenn die Geburt in die Zeit v 1. März bis einschl 28. August fällt, dem Anfangs- und Endtage in der Tab je 1 Tag, wenn sie dagg in die Zeit v 29. Aug bis einschl 27. Dez fällt, nur dem Anfangstag 1 Tag zuzuzählen; fällt die Geburt auf den 29. Febr, so ist Empfängniszeit 3. Mai bis einschl 1. Sept.

Verwandtschaft. 2. Titel: Abstammung §§ 1592, 1593

Geburtstag	Empfängniszeit vom	bis	Geburtstag	Empfängniszeit vom	bis	Geburtstag	Empfängniszeit vom	bis
1. Jan	5. März	4. Juli	1. Mai	3. Juli	1. Nov	1. Sept	3. Nov	4. März
1. Febr	5. April	4. Aug	1. Juni	3. Aug	2. Dez	1. Okt	3. Dez	3. April
1. März	3. Mai	1. Sept	1. Juli	2. Sept	1. Jan	1. Nov	3. Jan	4. Mai
1. April	3. Juni	2. Okt	1. Aug	3. Okt	1. Febr	1. Dez	2. Febr	3. Juni

1593 *Geltendmachung der Nichtehelichkeit.* **Die Nichtehelichkeit eines Kindes, das während der Ehe oder innerhalb von dreihundertundzwei Tagen nach Auflösung oder Nichtigerklärung der Ehe geboren ist, kann nur geltend gemacht werden, wenn die Ehelichkeit angefochten und die Nichtehelichkeit rechtskräftig festgestellt ist.**

1) Zur Verfassgsmäßigk Einf 1 v § 1591. **Zweck:** Vor rechtskr Feststellg ist niemandem die Berufg auf die NEhelk erlaubt, auch nicht incidenter (etwa dem Ehem, der AnfKl erhoben hat). Einzelheiten unter c. Die Vorschr schränkt also den Wirkgsbereich der Nichtehelichk ein, aber wiederum auch nur iR ihrer TatbestdsVoraussetzgen. Zuläss daher die Berufg auf die NEhelk außerh der zeitl Begrenzg (unten Anm b) u soweit gar keine „Geltdmachg" iSv § 1593 vorliegt (unten Anm c). Geltdmachg liegt insow auch nicht vor bei der Anfechtg selbst. Zu den SchlüssigkAnfordergen an die **Ehelichkeitsanfechtungsklage** vgl Mü FamRZ **87**, 969; Karlsr DAV **89**, 416. Zur **Vertretung des Kindes im Anfechtungsprozeß** § 1629 Anm 4. **Anwaltshaftung** bei mangelndem Hinweis auf Streitverkündg (BGH NJW-RR **87**, 898). Zur **Reform:** Beitzke FS Müller-Freienfels 1986, S 31. Zur Problematik der **„scheinehelichen" Kinder:** Deinert DAV **88**, 989 (Stellgn dazu DAV **89**, 203ff u 353 m weit Nachw). Sa Einf 1 v § 1591. Zur **Vaterschaftsanerkennung** vor NehelkFeststellg § 1600b Anm 2.

a) **Anfechtungsberechtigt** sind der Ehem (§ 1594) o Rücks darauf, ob er die elt Sorge hat; nach seinem Tode seine Elt bzw bei eig Nichtehelichk seine Mutter (§§ 1595a, 1599 I); das Kind unter den Voraussetzgen der §§ 1596, 1598, wobei m Rücks auf § 1934c zugl auch die VaterschFeststellgsKl gem § 1600n erhoben w kann (KG DAVorm **77**, 606); **jedoch nicht die Frau**, welche als Ehefr noch als Mutter (KG FamRZ **85**, 1156; krit dazu wg GG 3 II Gernhuber § 45 II 2; Finger NJW **84**, 846), der nehel Erzeuger (BGH **80**, 218) u iRGes zu § 1595a aF der StaatsAnw. Zul ist die Nebenintervention des als nehel Erzeuger behaupteten Mannes (ZPO 66, 67, 640h); doch ist dieser nicht befugt, als Streithelfer unabh von dem bekl Kind Berufg einzulegen (Hamm FamRZ **78**, 928; aM BGH **76**, 299). Entspr wird er auch nicht beigeladen (BGH **83**, 391). Stirbt der Mann während des Proz, so Aufn des Verf dch seine Elt (ZPO 640g); vgl iü § 1599 II 2. Bei Tod des Kindes § 1599 II 1.

b) Geltdmachg der NEhelk hat zur Voraussetzg die Anfechtg der Ehelk (§ 1599 I u II) u ihre rechtskr Feststellg (Anm 2), sowie **Geburt des Kindes in bestimmtem Zeitraum,** näml währd der Ehe od innerh v 302 Tagen nach deren Auflösg. Die NEhelk eines nicht binnen dieser ZtSpanne geborenen Kindes kann unbeschr geltd gemacht w. Demgem sind auch die Voraussetzgen des § 1592 im Verf zur Berichtigg des Geburtenbuches (PStG 47) festzustellen (Hamm OLGZ **65**, 106). Unbeschr Geltdmachg auch bei dem Kind, das nach dem in der TodesErkl festgestellten Ztpkt empfangen ist (BVerfG NJW **59**, 1028; Neust NJW **52**, 940). Erfolgt TodesErkl erst nachträgl, so hat das mangels Feststellg der NEhelk zunächst als ehel geltde Kind nach VerschG 9 I 1 nehel werden, was dann v jedermann geltd gemacht w kann (BSozG FamRZ **60**, 438 u 440). Auch iü ist der Bew des TodesZtPkts unerläßl (Düss StAZ **74**, 209).

c) Vor rechtskr EhelichkAnfechtg ist die **Berufung auf die Nichtehelichkeit** unzuläss. Das gilt selbst dann, wenn unter den ProzBeteil feststeht, daß das Kind nehel ist (RG **157**, 356), wie bei der Übertragg eines Erbteils dch Vertrag (BayObLG FamRZ **81**, 196). Unzul ist auch die Kl auf Feststellg, daß das Ki nicht von dem Ehem seiner Mutter, sond v dem Kl abstammt (BGH **80**, 218). Solange keine Freistellg v der UnterhPfl, u zwar auch nicht iW der Aussetzg des UnterhVerf (Hamm FamRZ **87**, 1188) od einstw Einstellg der ZwVollstr (Stgt DAVorm **80**, 115), u auch kein Ers für vom Scheinvater dem Kinde gewährten Unterh (vgl § 1615b Anm 2, § 200 Anm 2 sowie Verweisg Einf 1 vor § 1353 aE). Im ScheidsProz ist die Berufg einer NEhelk sei im Ehebruch erzeugt, zul (hL; aA BGH **45**, 356); ebso entfällt der Anspr auf TrenngsUnterh gem § 1361, wenn das Kind unstr nicht von dem Ehem stammt (Ffm FamRZ **81**, 1063 mAv Bosch). Keine Berücks der außerehel Abstammg bei Verteilg der elt Sorge iFv § 1671 (Schwoerer JZ **62**, 443; Boehmer JZ **62**, 731; Gernhuber § 45 I 5; aA BayObLG NJW **62**, 740). Die Erhebg der EhelkAnfKl schließt UmgangsBerecht nicht aus (BGH NJW **88**, 1666). Auch iR der Überleitg von UnterhAnsprüchen auf den SozHilfeTräger begründet die nicht rechtskr festgestellte Nichtabstammg keinen Härtefall (LG Kln DAVorm **74**, 651). Da das Kind bis zur Feststellg des Ggteils als ehel gilt, kann es den die EhelichkAnfechtung betreibenden Vater auf Unterh in Anspr nehmen vor dem FamG (Stgt DAVorm **78**, 217) u auch bei eig AnfKlage ProzKostVorschuß vom Scheinvater verlangen (KG NJW **71**, 197; § 1610 Anm 3c. Zu dessen späterer Erstattg BGH NJW **64**, 2151; **68**, 446). Trotz Beseitigg des AnfR des StaatsAnw (Anm 1a) als Vertreter allgem Interessen ist auch ein Dr iRv SchadErs-Anspr gem §§ 823, 826 an § 1593 gebunden (Staud-Lauterbach 16; sa BGH MDR **60**, 210). Hängt von Ehelichk anderer RStreit ab, so Aussetzg (ZPO 153). Dagg steht § 1593 der SchadErsKl gg RA wg Versäumg der AnfFr (§ 1594) nicht entgg (BGH **72**, 299; aA Kln NJW **67**, 1090 m abl Anm Dunz; sa Tiedtke FamRZ **70**, 232). Die Pflichtwidrigk des RA führt dazu, daß Ehem sich nicht mehr auf die NEhelk des Kindes berufen kann. Da die Feststellg der Wahrh dch den RA verhindert w ist, muß nunmehr diesen das Aufklärgsrisiko

§§ 1593, 1594

treffen, da sonst seine pos VertrVerletzg ohne Sanktion bliebe (vgl ähnl Gedanken in BGH **61**, 118). Er würde sich mit seinem eig Verh in Widerspr setzen, dürfte er sich auf die fehlde Dchführg des AnfProz berufen. Ferner liegt in der Übergeh des Kindes in der HofNachf kein Geltmachg der NEhelk, wenn die Tats der außerehel Abstamm zur Entfremdg v Vater u Tochter geführt hat (Northeim FamRZ **76**, 93 mAv Ahrens). Zur **Zulässigkeit des Vaterschaftsanerkenntnisses vor Rechtskraft des Ehelichkeitsanfechtungsurteils** § 1600b Anm 2. Schließl liegt in der Berücks der Nehelk iR der PKH-Bewilligg f ein ScheidgsVerf n § 1565 II kein Verstoß gg § 1593 (Bambg FamRZ **85**, 1069).

2) Rechtskräftig festgestellt wird die NEhelk, falls die Anf der Ehelichk dch Kl erfolgt (§ 1599 I), dch das rechtskr gewordene stattgebde Urt im StatusProz (Anm 1 a) bzw dch Beschl des VormschG (§ 1599 II; FGG 56c, 60 I Z 6). Bei vorheriger Zuräckn der AnfKl od des Antr beim VormschG gilt § 1599 III; bei Tod einer ProzPart währd des Verf keine Rechtskr inter omnes (ZPO 628, 640g u h). Der Dritte, der nach einem Erfolg der AnfKl als Vater in Anspr gen w kann, ist nicht befugt, unabh von bekl Kind Berufg einzulegen (BGH NJW **79**, 1256). **Wirkung:** Bei Abweisg der AnfKl pos Feststellg der Ehelichk inter omnes; Geldtmachg der Nichtabstammg auch aGrd anderer AnfRechte (Anm 1 a) ausgeschl, es sei denn die Abweisg erfolgte wg Versäumg der AnfFr (vgl § 1596 II iGgs zu § 1594 II od IV). Umgek gilt das Kind nach rechtskr lebzeitig dchgeführter Anf mit Rückwirkg auf den Tag der Geburt als **nichtehelich.** Randvermerk im Geburtenbuch (PStG 30); dieser ist für die WiederAufn des EhescheidgsProz Urk iSv ZPO 580 Z 7b (KG NJW **76**, 245; aA BGH **34**, 77). Der Beginn der Fr für die RestitutionsKl wird dch § 1593 aufgehalten (Nürnb NJW **75**, 2024). Ab jetzt kann sich (wg der allg Bindg) jedermann auf die NEhelk berufen. Das Kind verliert UnterhAnspr gg den Scheinvater (BayObLG NJW **61**, 1414) u kann stattdessen Unterh vom Ehebrecher verlangen; im Verf auf Feststellg der nehel Vatersch gg einen Dr scheidet der ehel Scheinvater als Erzeuger des Kindes aus (Mü NJW **77**, 341). Dieses steht unter der elterl Sorge der Mutter, der grdsätzl ein Pfleger (JugAmt) zur Seite steht (§§ 1705, 1706, 1709). Die vom Scheinvater abgeleitete dt Staatsangehörig (RuStAG 4 I Nr 1) fällt ex tunc fort (VG Düss NJW **86**, 676). Wg UnterhErsAnspr des Scheinvaters s Verweisg in Anm 1 c. Für dessen RGeschäfte gelten §§ 177 ff. – **Wiederherstellung der Ehelichkeit** dch RestitutionsKl analog ZPO 641 i (BGH **61**, 186).

3) Klage auf Feststellung der nichtehelichen Vaterschaft (§ 1600n) ist iGgs zum VaterschAnerk (Anm 1 c) immer erst nach rechtskr Feststellg der NEhelk mögl. Daneben auch keine Kl gg den Vater aus ZPO 256 auf posit Feststellg der Vatersch, um der EhelkAnf zuvorzukommen. Da KlAbweisg zur Feststellg der NEhelk führen würde, wäre damit die Befriedfunktion der §§ 1591, 1593 unterlaufen. Zul dagg posit FeststellgsKl für die außerh der ZtGrenze geborenen Kinder (Anm 1b), da hier die Vermutg der §§ 1591 I, 1592 nicht gilt. Der als außerehel Erzeuger in Betr kommde Mann kann im EhelkAnfProz dem bekl Kind als nicht streitgenöss (BGH **92**, 275) **Nebenintervenient** beitreten u selbständ RMittel einlegen (BGH **76**, 299; FamRZ **82**, 47); auch Berufgseinlegg u ProzBeitr miteinand verbinden (Hamm DAV **84**, 700). EhelkAnf u AnerkAnf betreffen nicht dens StreitGgst (Hbg DAV **84**, 610).

4) Einwendungen gegen die Ehelichkeitsanfechtung sind a) **Versäumung der Anfechtungsfrist:** § 1594. b) **Rechtsmißbrauch.** Ein solcher liegt noch nicht automat vor, wenn Ehem **mit heterologer Insemination einverstanden** war (BGH **87**, 169 mAv Coester-Waltjen NJW **83**, 2059; AG Wesel FamRZ **86**, 493; aA Düss FamRZ **88**, 762; AG Lüdenscheid NJW **86**, 784; Giesen JZ **83**, 552 sowie 42. Aufl mN), wohl aber, wenn der künstl Befruchtg bes ernsth Vorbereitgsgespräche mit dem Arzt vorausgingen (AG Diebg NJW **87**, 713). Hatte die EhelkAnfKl Erfolg, so kann in der Zust zur Fremdinsemination immer noch die vertragl Übern der UnterhPfl ggü dem so gezeugten Ki liegen (LG Duisbg NJW **87**, 1485). And natürl, wenn das Ki aus einem Ehebr stammt (Coester-Waltjen FamRZ **87**, 198). Vgl zum RMißbr ferner § 242 Anm 4 D h sowie zur künstl Befruchtg allg § 1591 Anm 5.

1594 Anfechtungsfrist für den Ehemann.

^I**Die Ehelichkeit eines Kindes kann von dem Mann binnen zwei Jahren angefochten werden.**

^{II}**Die Frist beginnt mit dem Zeitpunkt, in dem der Mann Kenntnis von den Umständen erlangt, die für die Nichtehelichkeit des Kindes sprechen. Sie beginnt frühestens mit der Geburt des Kindes.**

^{III}**Auf den Lauf der Frist sind die für die Verjährung geltenden Vorschriften der §§ 203, 206 entsprechend anzuwenden.**

Schrifttum: Grünkorn, Die Frist zur Anfechtg der Ehelichkeit, Diss Gött 1978 (FamRZ **79**, 549); Raiser FamRZ **86**, 942 (RückzahlgsAnspr des Scheinvaters).

1) Natur der Frist I, III. Die zeitl Beschrkg der EhelAnf ist mit dem GG vereinb (BVerfG NJW **75**, 203). Durch Nichteinhaltg der Frist, die jetzt 2 Jahre beträgt (früher ein Jahr), erlischt AnfechtsgsR, also Ausschlußfrist; jedoch die Verjährgsbestimmgen des §§ 203, 206 entspr anwendbar. Stillstand der RPflege u Verhinderg durch höhere Gewalt wird also nicht miteingerechnet; so auch OGH **3**, 168. Fristhemmg s gemäß § 4 G v 28. 12. 50, BGBl 821, § 202 Anh, vgl auch Brschw MDR **50**, 350, Halle NJ **50**, 408. AnfechtgsFr gehemmt, bis für das bekl Kind ein ProzPfleger bestellt ist (Kln DAVorm **76**, 348). Hat Ehem währd Fristhemmg Kind als das seine gelten lassen, sind auch innere Beziehgen zw beiden eingetanden, kann Anfechtg RechtsMißbr s (BGH **LM** § 1598 Nr 2; s aber auch Anm 3). Höhere Gewalt (dazu auch § 203 Anm 1) bei plötzl Krankh (Hbg HansRGZ **36**, B 29), unzutr bzw mißverständl behördl od gerichtl Auskünften (Hamm FamRZ **77**, 551), uU auch, wenn aus dem Kriege zurückkehrder Ehem sich darauf verlassen hat, daß das nach dem Gesetz ehel Kind dch Führg einer Vormsch wie ein nehel Kind behandelt w (RG JW **27**, 1195); wenn Mann nicht feststellen k, ob Kind überh noch lebt (Celle NdsRpfl **61**, 31); nicht Strafhaft (Schlesw SchlHA **49**, 367). Zur Fristhemmg, wenn Ki in der UdSSR, BGH FamRZ **82**, 917. Fristhemmg auch dch Verzögerg der Pflegerbestellg od der Entscheidg ü das Armenrechtsgesuch vS des Ger (Warn **36**, 40) od bei unricht PerStBeurkundg (RG **160**, 92). Versch des Prozeßbevollm ist dem AnfechtgsKl zuzurechnen (BGH **31**, 347 gg RG **158**, 360);

Verwandtschaft. 2. Titel: Abstammung §§ 1594, 1595

Beweis der Nichteinhaltg der Frist hat das Kind zu führen, so daß, falls Nichteinhaltg nicht erwiesen, Klage nicht abgewiesen w kann (BGH **LM** Nr 1). Anfechtg dch Klageerhebg beim AG, GVG 23a Z 1; RechtsmittelG das OLG, GVG 119 Z 1. Durch Klageerhebg vor dem unzust Gericht wird Frist gewahrt, wenn verwiesen wird (vgl BGH **35**, 374). Nach EhelkAnf besteht ggf ein AuskAnspr über die Pers des leibl Vaters (Einf 1 v § 1591).

2) **Frist, II, III.** Beginn frühestens mit der Geburt, keinesf aber eher, als bis der Mann von ihr erfährt (BGH **10**, 111). Erforderl zunächst, daß er weiß, daß die Geburt in die Ehe od in die 302 Tg nach Auflösg od NichtigErkl fällt (RG JW **38**, 2017), was zB bei einem Seefahrer verneint w kann, auch wenn er von der Schwangersch Kenntn hatte (Stgt DAV **85**, 1015). Sodann muß er von den Umst **Kenntnis erlangen,** die obj den Verdacht der NichtEhelk begrden, dh die den Schluß auf die ne Abstammg für jeden Verständ nahelegen (RG **162**, 18; vgl auch § 1600h Anm 2). Hinsichtl dieser Umst muß Gewißh, nicht bloß ein Verdacht bestehen (BGH NJW **73**, 1875). Auch entspr Verdachtsäußergen aGrd v Vermutgen od Gerüchten dch den Mann selbst setzen die Fr nicht in Gang (Zweibr FamRZ **84**, 80). Danach reicht zur Ingangsetzg der Fr aus die Kenntn von Ehebr der Frau währd der EmpfängnZt (RG **163**, 72) bei gleichzeit ehel Verk (vgl Stgt DAV **74**, 103), Vollreife bei nur 7 Mo TragZt (BGH **9**, 336; Neust MDR **61**, 769; währd es nicht ausreicht, wenn der Kl von der Tats, daß der Bekl bei der Geburt die Merkm voller Reife aufwies, keine sichere Kenntn hatte; Mü FamRZ **84**, 1128); Geburt des Kindes 11 Mo nach dem letzten ehel Verk (Kln MDR **58**, 165) sowie signifikante abweichde Erbmerkmale, Augenfarbe uä (Hamm NJW **60**, 2244). Bei der Beurt der für die Nehelk sprechen Umstde ist nicht von medizin-naturw Spezialkenntn, sond von dem bei einem verständ Laien idR vorauszusetzden ErkenntnStand auszugehen (BGH NJW **80**, 1335); nicht auf die persönl Überzeugg kommt es an, sond auf den obj verständ Beurteiler (Ffm DAV **79**, 657). Kenntn eines Ehebr setzt AnfFr dann nicht in Gang, wenn die Möglichk einer nehel Empfängn ganz fern liegt, dh wenn der ehebrecher Verk unter BegleitUmst stattfindet, nach denen eine Empfängn in hohem Maße unwahrscheinl ist, wie uU GeschlVerk währd der Monatsblutg der Frau (BGH NJW **78**, 1629) od ehebr Verk in der Ann des Ehem, die Pille sei noch nicht abgesetzt (Düss NJW **89**, 777). Fristhemmg, wenn im EhescheidsgsUrt die Feststellg enthalten ist, aus der Ehe seien keine Kinder hervorgegangen (Ffm FamRZ **84**, 414). Eine bereits in Gang gesetzte Fr entfällt wieder, wenn die Überzeugg von den maßgebl Umst (etwa unter dem Eindr beeideter Aussagen) verständigerw aufgegeben w durfte (BGH **61**, 195). Erschwerte Voraussetzgen dafür, wenn die Ehefr GeschlVerk mit einem and Mann währd der EmpfängnZt eingestanden hat (BGH ZBlJugR **76**, 414). Dann reicht die bl Versicherg der Fr, der Mann sei der leibl Vater, nicht aus, um Fr zu hemmen (Zweibr FamRZ **84**, 81); wohl aber bei Verharmlosg des Ehebr u ständ Betong der Ähnlk des Ki mit dem Vater (Ffm DAV **85**, 1022). Falsche Schlußfolgerngen hindern FrAblauf nicht, zB wenn er trotz obj begründeter Zweifel das Kind für ehel hält, ebsowenig Rechtsunkenntn etwa, daß Kind auch ohne Anfechtg als nehel gelte (BGH **24**, 134). Ferner keine FrHemmg dadch, daß die Mutter erkl, es sei dch sie bereits AnfKl erhoben (Ffm DAV **85**, 1024). Auch läßt die Fr (auch iSv § 203) unabh vom Stand neutralen Forschg (BGH NJW **75**, 1465 mAv Braun NJW **75**, 2196). **Beweislast:** Es gilt der eingeschrkte UntersuchsGrds (ZPO 616 I, 640 I, 640d); Nichterweislichk der Kenntn geht zL des Kindes. Nennt der Vater einen best Ztpkt der KenntnErlangg, so ist es Sache des bekl Kindes nachzuweisen, daß der Vater schon früher vom Umst Kenntn erlangt hat, die gg die Vatersch sprechen (Kblz DAVorm **76**, 632). Die BewLast dafür, welchen KenntnStand der Ehem die Mutter iZtpkt der Geburt des Kindes hatte, trifft das Kind (BGH NJW **78**, 1629). Beruft sich der AnfBerecht auf den Wegfall seiner urspr vorhandenen Kenntn maßgeblicher Umst (BGH **61**, 195), so ist er beweispflicht (mißverständl BGH FamRZ **78**, 495). Zur FrWahrg genügt Einreich der EhelkAnfKl bei Ger innerh v § 1594, wenn Zustellgsmangel gem ZPO 295 geheilt w (BGH NJW **72**, 1373).

3) **Fristversäumung** hindert Feststellsklagen jeder Art, Frantz DR **43**, 65. **Anerkennung beseitigt Anfechtungsrecht nicht,** auch Verzicht auf Anf unerhebl (BGH **2**, 130; NJW **79**, 418; Beitzke JR **62**, 85; Schwoerer NJW **61**, 2291; unrichtig Köln NJW **61**, 2312; denn durch FamRÄndG § 6 v 12. 4. 38, Einf 2 vor§ 1591, wurden die §§ 1596 II 2, 1598, 1599 aF aufgeh). Ein dahingehender Wille gewinnt nur durch Verstreichenlassen der Frist od nach dem Tode des Mannes, § 1595a II 2, seine Bedeutg.

4) Zum **Übergangsrecht** 41. Aufl Vorbem. Art 12 § 3 betr die Überleitg alter Unterh- u VaterschFeststellgsTitel ins neue R ist auf ausländ Urt auch nicht entspr anwendb (BGH FamRZ **86**, 965). Die Begrenzg der Anfechtg auf 10 J seit der Geburt ist dch Art 1 Z 6 NEhelG gestrichen. War die 10-J-Fr am 1. 7. 70 bereits abgelaufen, so ist dennoch die Anf zul (Art 12 § 4 S 1 NEhelG). Zw dem Ablauf der 10-J-Fr nach früh R u dem 1. 7. 70 war die 2-J-Fr v I gehemmt (Art 12 § 4 S 2 NehelG).

1595 Höchstpersönliche Anfechtung.

^IDie Anfechtung der Ehelichkeit kann nicht durch einen Vertreter erfolgen. Ist der Mann in der Geschäftsfähigkeit beschränkt, so bedarf er nicht der Zustimmung seines gesetzlichen Vertreters.

^{II}Für einen geschäftsunfähigen Mann kann sein gesetzlicher Vertreter mit Genehmigung des Vormundschaftsgerichts die Ehelichkeit anfechten. Hat der gesetzliche Vertreter die Ehelichkeit nicht rechtzeitig angefochten, so kann nach dem Wegfalle der Geschäftsunfähigkeit der Mann selbst die Ehelichkeit in gleicher Weise anfechten, wie wenn er ohne gesetzlichen Vertreter gewesen wäre.

1) **Höchstpersönliches Recht.** Keine Vertretg im Willen. ProzVollm ZPO 640 I, 613.

2) **Mängel der Geschäftsfähigkeit.** Der beschränkt GeschFähige wird wie ein unbeschränkt GeschFähiger behandelt. Für den GeschUnfähigen erfolgt die Anf durch den Vertreter für die Personensorge, also nicht den AbwesenhPfleger, § 1911. Vormschgerichtl Gen muß vor Ablauf der Frist dem gesetzl Vertreter erteilt sein, § 1828: Fristeinhaltg nicht erforderl, wenn Ehem nach Klageerhebg geschäftsunfähig wird, RGRK Anm 4. Wird der Ehem beschränkt od voll geschäftsfähig, so schadet ihm die Unterlassg der Anf

§§ 1595–1596						4. Buch. 2. Abschnitt. *Diederichsen*

durch den gesetzl Vertreter nicht, II 2, es läuft also die 2-JahresFr neu, § 1594 Anm 2. Das gilt aber nicht für den Nachfolger des säumigen Vertreters. Gen nach II 1 dch RPfleger, RPflG arg e contrario 14 Z 3a.

1595 a *Anfechtungsrecht der Eltern des Mannes.* ¹Hat der Mann bis zum Tode keine Kenntnis von der Geburt des Kindes erlangt, so können die Eltern des Mannes die Ehelichkeit anfechten. Nach dem Tode eines Elternteils steht das Anfechtungsrecht dem überlebenden Elternteil zu. War der Mann nichtehelich, so steht das Anfechtungsrecht nur seiner Mutter zu. Die Eltern können die Ehelichkeit nur binnen Jahresfrist anfechten. Die Frist beginnt mit dem Zeitpunkt, in dem ein Elternteil Kenntnis vom Tode des Mannes und der Geburt des Kindes erlangt. Auf den Lauf der Frist sind die für die Verjährung geltenden Vorschriften der §§ 203, 206 entsprechend anzuwenden.

II Ist der Mann innerhalb von zwei Jahren seit der Geburt des Kindes gestorben, ohne die Ehelichkeit des Kindes angefochten zu haben, so ist die Vorschrift des Absatzes 1 anzuwenden. Das Anfechtungsrecht der Eltern ist ausgeschlossen, wenn der Mann die Ehelichkeit des Kindes nicht anfechten wollte.

III Die Vorschriften des § 1595 Abs. 1, Abs. 2 Satz 1 gelten entsprechend.

1) Allgemeines. Nach dem Tode des Mannes steht seinen Eltern noch ein zeitl kurz befristetes AnfR zu. Wäre der anfechtungsberecht Mann selbst ein nehel Kind, so wären seine Eltern, nach Aufhebg des § 1589 II seine Mutter u sein nehel Vater, der aber idR seinem Kind ferngestanden haben wird, auf-berecht. Der Zusatz I 3 stellt insofern also den alten Zustand wieder her, als er dem väterl Elternteil des nehel anfechtgsberecht Mannes kein subsidiäres AnfechtgsR gibt.

2) Anfechtungsberechtigt, I, II, sind nach dem Tode des Mannes seine Eltern. Beide müssen die Klage erheben („die Eltern"); notwendige Streitgenossen, ZPO 62. ProzVollm also von beiden, ZPO 640 I, 613. Ist ein Elternteil gestorben, hat der überlebende das AnfR; war der anfechtgsberecht Mann nehel, so Anm 1. Anfechtg kann nicht durch einen Vertreter erfolgen. Der in der GeschFähigk beschränkte Elternteil gilt als voll geschäftsfähig, § 1595 I, auch prozeßfähig, ebso Brühl FamRZ 62, 11; ist der Elternteil geschäftsunfähig, so bedarf sein gesetzl Vertreter der Gen nach dem VormschG, § 1595 II 1; läßt dieser die Frist verstreichen, so kann der Elternteil die Anf nach Gesundg nicht mehr nachholen, da § 1595 II 2 hier nicht anwendbar. § 206 trifft nicht zu.

3) Ein Anfechtungsrecht der Eltern ist nur gegeben, wenn a) der Mann bis zu seinem Tode keine Kenntnis von der Geburt des Kindes erlangt hatte, I 1. Kennenmüssen unerhebl. Klagevoraussetzg, von den Eltern zu beweisen. b) Oder der Mann innerh von zwei Jahren seit Geburt des Kindes gestorben ist, ohne angefochten zu haben, II 1, für ihn also die AnfFrist noch lief, § 1594 II 2. Entscheidd nur der Zeitpkt der Geburt, nicht ob Mann Kenntnis von Umst erlangt hat, die für die NEhelichk sprechen, § 1594 II 1, also ob die Frist für den Mann überh schon zu laufen begonnen hat. Gesetz unterstellt vielm, daß im Falle II 1 keine Vermutg für den Willen des Mannes, das Kind als sein eigenes gelten lassen zu wollen, spricht; kann aber durch den Nachweis widerlegt werden, daß der Mann die Ehelichk des Kindes nicht anfechten wollte, II 2, also Nachweis der Kenntnis des Mannes von der NEhelichk, nicht nur der Umst, die bei objektiver Beurteilg für diese sprechen, § 1594 Anm 2, u seines Entschlusses, von einer Anf abzusehen. Beweispflichtig das Kind.

4) Frist, I. Ein Jahr. Beginn mit dem Zeitpkt der Kenntnis sowohl vom Todeszeitpkt des Mannes als auch der Geburt des Kindes; entscheidd also der, an dem auch das zweite Ereignis (Tod od Geburt) zur Kenntnis gekommen ist u zwar, da bereits die Kenntnis eines Elternteils genügt, der Kenntnis desselben Elternteils („und", vgl Staud-Lauterbach Anm 13). Die Frist läuft auch dann, wenn den Eltern die Umst, die für die NEhelichk des Kindes sprechen, nicht bekanntgeworden sind. Wird der Mann für tot erkl od der Zeitpkt seines Todes festgestellt, VerschG 23, 44, so Fristhemmg entsprchd § 203 II bis zur Rechtskr des Beschlusses. Auch sonst Fristhemmg unter den Voraussetzgen von §§ 203, 206, I 6.

5) Die Anfechtung erfolgt durch Klageerhebg beim AG, § 1594 Anm 1, gg das Kind, § 1599 I, nach dem Tode des Kindes durch Antrag beider Eltern od des überl Elternteils od iF des I 3 der Mutter des Mannes bei dem VormschG, § 1599 II 1.

6) Tod des Mannes während des Anfechtungsrechtsstreites. Der RStreit ist in der Haupts erledigt, wenn kein Elternteil mehr lebt (ZPO 640 g I, 619). Lebt auch nur ein Elternteil, so wird der RStreit unterbrochen, ZPO 640 g, 239. Die Eltern (notw Streitgenossen, Anm 2), der überl Elternteil, die Mutter des nehel anfechtgsberecht Mannes können das Verf aufnehmen, ZPO 250, jedoch nur innerh eines Jahres seit Unterbrechg, aM Gernhuber § 45 IV 3 Anm 2: seit Kenntnis wenigstens eines ElT von der Geburt u dem Tod des Mannes, widrigenf die Haupts auch dann als erledigt anzusehen ist, ZPO 640 g III. Stirbt das Kind, so ist Haupts stets erledigt, gleichgült, ob es Kl od Bekl war. Die Elt haben für den bekl Mann kein AufnahmeR. Vgl auch § 1599 Anm 2 a.

1596 *Anfechtungsrecht des Kindes.* ¹Das Kind kann seine Ehelichkeit anfechten, wenn
1. der Mann gestorben oder für tot erklärt ist, ohne das Anfechtungsrecht nach § 1594 verloren zu haben,
2. die Ehe geschieden, aufgehoben oder für nichtig erklärt ist oder wenn die Ehegatten seit drei Jahren getrennt leben und nicht zu erwarten ist, daß sie die eheliche Lebensgemeinschaft wiederherstellen,
3. die Mutter den Mann geheiratet hat, der das Kind gezeugt hat,

1568

Verwandtschaft. 2. Titel: Abstammung §§ 1596, 1597

4. die Anfechtung wegen ehrlosen oder unsittlichen Lebenswandels oder wegen einer schweren Verfehlung des Mannes gegen das Kind sittlich gerechtfertigt ist oder
5. die Anfechtung wegen einer schweren Erbkrankheit des Mannes sittlich gerechtfertigt ist.

II In den Fällen des Absatzes 1 Nr. 1 bis 3 kann das Kind seine Ehelichkeit nur binnen zwei Jahren anfechten. Die Frist beginnt mit dem Zeitpunkt, in dem das Kind von den Umständen, die für seine Nichtehelichkeit sprechen, und von dem Sachverhalt Kenntnis erlangt, der nach Absatz 1 Nr. 1, 2 oder 3 Voraussetzung für die Anfechtung ist. Die für die Verjährung geltenden Vorschriften der §§ 203, 206 sind entsprechend anzuwenden.

Schrifttum: Dölle, Festschr für Maridakis (1963) S 179.

1) PflegBestellg zZw der EhelkAnf, wenn zw Ki u PersSorgBerecht ein erhebl InteressenGgsatz besteht (BayObLG FamRZ **89**, 314). Das AnfR des Ki ist auf die aufgezählten Fälle beschrkt, was nicht verfassgskonform ist (Einf 1 vor § 1591). Die Anf erfolgt dch KlErhebg (§ 1599I; ZPO 640 II Z 2) nach dem Tode des Mannes dch Antr beim VormschG (§ 1599 II). Stirbt das Kind währd des RStreits, in dem es Kl ist, so stets Erledigg der Haupts (§ 1595a Anm 6). Erledigg der HauptS tritt auch ein, wenn in einem späteren Verf mit umgekehrter PartRolle der beantragte FeststellgsAusspr erfolgt (Kln FamRZ **81**, 486). Hat der Mann bereits eine AnfKlage dchgeführt, so wirkt das abweise Urt auch für das Kind (ZPO 640h S 1), so daß es auch von seiner KlBerechtigung nach I Z 2–5 nicht mehr Gebr machen kann (Baur FamRZ **62**, 511 Fußn 41). BGH **43**, 94 läßt eine nach fr Recht rechtskr abgewiesene AnfKlage der StA einer Wiederholg des Kind trotz ZPO 643 (jetzt 640h) nicht entggstehen.

2) **Die Fälle der Anfechtungsberechtigung, I.** AnfR des Kindes nur gegeben, **a)** wenn Mann gestorben od für tot erkl ist, da dann eine Störg des FamFriedens nicht mehr zu befürchten, Z 1; **b)** wenn die Ehe geschieden, aufgeh, für nichtig erkl worden ist; auch wenn sie durch Wiederheirat nach TodesErkl aufgelöst wurde, EheG 38 II, Beitzke JR **62**, 87. Ferner wenn die Ehegatten seit drei Jahren getrennt sind u eine Wiederherstellg der ehel LebensGemsch nicht zu erwarten ist, Z 2; insof ähnl §§ 1565, 1566, s dort Anm 2b u Anm 3; allerdings tiefgreifende Zerrüttg hier nicht Tatbestdsmerkmal, wird aber idR Grd der langen Trenng sein. **c)** Wenn die Mutter den Erzeuger geheiratet hat; denn nur nach durchgeführter Anfechtg wird das Kind durch nachf Ehe legitimiert, Z 3. **d)** Bei ehrlosem od unsittl Lebenswandel des Mannes od wenn er sich eine schwere Verfehlg gg das Kind hat zuschulden kommen lassen, Z 4, zB einer UnterhPflVerletzg (BGH NJW **82**, 177), vorausgesetzt, daß die Anfechtg sittl noch gerechtfertigt ist, was bei langem Zurückliegen, allerd nicht bei Nachwirkgen für das Kind, der Fall sein kann. Hat sich aber das Verhalten des Mannes gebessert, liegt die schwere Verfehlg gg das Kind lange zurück u wirkt nicht mehr nach, so wird AnfR zu verneinen sein. Nichtzahlg v Unterh reicht ferner nicht aus, wenn Motiv dafür die sichere Kenntn von der Nichtzeugg war (Oldbg FamRZ **89**, 426). **e)** Das ProzG hat nachzuprüfen, ob Anfechtg sittl gerechtf ist, das VormschG, § 1597 I, ob Anfechtg im Interesse des Kindes liegt. Wenn der Mann an einer schweren Erbkrankh leidet u sich daraus eine sittl Rechtfertigg der Klage für das Kind ergibt, zB wenn im Interesse seiner Heiratsaussichten gezeigt w soll, daß ein verwandtschaftl Zushang nicht gegeben ist. Erbkrankheiten ua angeborener Schwachsinn, Schizophrenie, manisch-depressiver Irrsinn, erbl Fallsucht, Veitstanz, schwere erbl Mißbildg, nicht Lungentuberkulose, BayObLG FamRZ **68**, 257. Stets Sachverst-Gutachten erforderl. Bei d und e sind auch die berecht Interessen des Mannes (langjährige Erziehg, Unterh, Verbundenh mit dem Kind) zu berücksichtigen.

3) **Anfechtungsfrist, II.** Nur die Anfechtg nach den Tatbestden I Z 1–3 (oben Anm 2a–c) ist fristgebunden, also binnen 2 J geltd z machen (Anm 1). **Fristbeginn:** Kenntnis des Kindes von den Umst, die für seine NEhelichk sprechen (§ 1594 Anm 2) u von einem Sachverhalt iSv I Z 1–3. Die Fristen können also für die versch Tatbestde unterschiedl laufen. Regelm kommt es auf die **Kenntnis des gesetzlichen Vertreters** des Kindes an (§ 166 I); läßt dieser Frist verstreichen (§ 1598), so ist das Kind bis zur Volljährigk ehel (Kblz FamRZ **64**, 89; Neust FamRZ **65**, 80). Entscheidd die Kenntn desj gesetzl Vertr, der auch befugt ist, das Kind in dem EhelichkAnfRStreit rechtswirks zu vertreten (Kln DAVorm **76**, 638; Mü DAVorm **79**, 859); zur Vertretg des Ki im EhelkAnfProz muß ein Pfleger best w (BGH NJW **72**, 1708). Desh FrBeginn unabh v der Kenntn der Mutter erst mit Bestellg des ErgänzgsPfleg (Hamm DAV **87**, 535; Nürnb NJW-RR **87**, 389; aA Hamm DAV **88**, 65). **Hemmung** des in Gang gesetzten Fristlaufs ifv §§ 203, 206, insb also wenn es an der gesetzl Vertretg des Kindes fehlt, so nach Ehescheidg vor Übertr der elterl Sorge auf die Mutter (KG FamRZ **74**, 380; Kblz DAV **83**, 735), da die währd der Ehe nur unvollst Vertretgsm (§ 1629 II 1, 1795 I Z 3) mit der Scheidg nicht automat wg Fortfalls der vorher angen Befangenh zur Vollvertretg erstarkt (§ 1629 Anm 5; aA Beitzke § 26 III 2a). Hemmung aGrd Rechtsirrtums, insbesond, wenn das Ki im ScheidgsUrt als legitimiert behandelt w (Schlesw DAV **84**, 703). Einreich des PKH-Gesuchs am letzten Tag der Fr dch Pfleger bewirkt ebenf die Hemmg der AnfFr (KG FamRZ **78**, 927). **Beweislast** für Nichteinhaltg der Frist: bekl Vater (KG FamRZ **74**, 380). Eine zeitl Begrenzg der Anfechtg nach Z 4 u 5 ist in keinem Falle vorgesehen; hier kann aber ZtAblauf die Zulässigk der Anf insofern beeinfl, als ihre sittl Rfertigg schwinden kann (Verwirkg).

1597 *Anfechtung durch den gesetzlichen Vertreter des Kindes.* I Ist das Kind minderjährig, so kann der gesetzliche Vertreter des Kindes die Ehelichkeit mit Genehmigung des Vormundschaftsgerichts anfechten.

II *(Aufgehoben durch VolljkG Art 1 Z 5.)*

III Will ein Vormund oder Pfleger die Ehelichkeit anfechten, so soll das Vormundschaftsgericht die Genehmigung nur erteilen, wenn die Mutter des Kindes einwilligt. Die Einwilligung kann nicht durch einen Vertreter erklärt werden. Ist die Mutter in der Geschäftsfähigkeit beschränkt, so bedarf sie nicht der Zustimmung ihres gesetzlichen Vertreters. Die Einwilligung der Mutter ist nicht erforderlich, wenn sie geschäftsunfähig oder ihr Aufenthalt dauernd unbekannt ist, wenn sie die elterliche Sorge verwirkt hat oder das Unterbleiben der Anfechtung dem Kinde zu unverhältnismäßigem Nachteile gereichen würde.

IV Ist das Kind volljährig, so gilt § 1595 entsprechend.

1) Die Vorschr enthält die sachl-rechtl Voraussetzgen für die Anf dch das mj Kind, soweit sie seine Pers betreffen; wg der prozessualen Voraussetzgen ZPO 640b, der auch für das Kind als Bekl gilt. Persönl Anhörg eines 7-jähr erfdl (Hamm FamRZ **84**, 81).

2) **Anfechtung durch das minderjährige Kind, I, II.**

a) Sie erfolgt durch den gesetzl Vertreter nach Gen durch das VormschG (Richter, RPflG 14 Z 3a), das dabei das Mündelinteresse zu berücksichtigen hat, ohne daß dieses der Prozeßrichter nochmals zu prüfen hätte; kann sich allerdings mit der Prüfg der sittl Rechtfertigg der Anfechtg, § 1596 I Z 4 u 5, berühren. Die Gen ist nicht schon zu versagen, wenn der Scheinvater in die Adoption dch den angebl Erzeuger eingewilligt hat (LG Oldbg FamRZ **82**, 833). Das AbstammgsInteresse rangiert idR vor dem VermInteresse des Ki (vgl LG Bln DAV **84**, 498). VormschG muß JA hören, JWG 48a I Z 1. Genehmigg Klagevoraussetzg; ist aber auf Beschw auch noch währd der AnfKlage nachprüfbar, Ffm NJW **64**, 1864. Gesetzl Vertreter des Kindes, das ja zunächst als ehelich gilt, nach dem Tode des Mannes regelm die Mutter, § 1681; sie kann es auch sein nach Scheidg, Aufhebg der Ehe u bei Getrenntleben, wenn ihr die elterl Sorge übertragen ist, §§ 1671, 1672, Düss OLGZ **65**, 275, vgl auch BGH **LM** ZPO 640 Nr. 18. Hat sie der Scheinvater allein, so ist gem §§ 1629 II 3, 1796 II zur Entscheidg darüber, ob die Ehelickh des Kindes angefochten w soll, ein Pfleger nur zu bestellen, wenn im Einzelfall zw dem Kind u dem personensorgeberecht Vater ein erhebl InteressenGgs besteht (BGH NJW **75**, 345; aA Lauterbach bis zur 34. Aufl). Der Dchführg der Anf in Vertretg des Ki stehen in einem solchen Fall §§ 1629 II 1, 1795 I Z 3 entgg. Am **Kindeswohl** orientiert kann die Zugehörigk zur Gemsch der VaterFam Vorrang vor der Klärg der wirkl Abstammg haben (LG Bln DAV **82**, 598); jedenf hat die Feststellg der blutmäß Abstammg keinen Vorrang (Hamm FamRZ **84**, 81). Anders, wenn die EhelkAnf keine Nachteile befürchten läßt (LG Frankenthal FamRZ **83**, 733). Umgek Gen der EhelkAnf, wenn Kind mit 43j Mutter u 26j arbeitsl SozPädagogen familienähnl zuslebt (Bln DAVorm **76**, 640).

b) Die Herabsetzg der VolljkGrenze macht das Erfordern der Einwiligg des 18jährigen überfl; es gilt § 1598.

c) Mitspracherecht der Mutter, III. Ist die Mutter gesetzl Vertreter, so wird sie ihr Interesse selbst wahrnehmen. Gereicht dem Kinde das Unterbleiben der Anf zu unverhältnismäßigem Nachteil, so kann das VormschG ihr die Vertretg unter den Voraussetzungen des § 1666 insof entziehen, dort Anm 5, od nach §§ 1629 II 2, 1796 vorgehen u einen Pfleger bestellen u die Gen erteilen, ohne daß es der Einwillig der Mutter bedarf. In den anderen zu a genannten Fällen der Bestellg eines Pflegers oder Vormundes soll der Wille der Mutter geachtet, die Gen also nur erteilt werden, wenn die Mutter ihre Einwilligg erklärt, was, da höchstpersönl Recht, nicht durch einen Vertreter im Willen geschehen kann. Ebensowenig schadet es, wenn die Mutter in der GeschFgk beschränkt ist, so daß sie dann nicht der Zust ihres gesetzl Vertreters bedarf. Ihre Einwillig ist nur nicht erforderl, wenn sie geschäftsunfäh, ihr Aufenth dauernd unbekannt ist, wenn sie die elterl Sorge verwirkt hat (§ 1666 Anm 4a aa), od das Unterbleiben der Anf dem Kinde zu unverhältnismäßigem Nachteil gereicht, III 4. Auch bei III hat VormschG in jedem Falle MdlInteresse zu berücksichtigen; das JA ist zu hören, JWG 48a I Z 2. Entsch dch RPfleger, RPflG arg e contrario 14 Z 3a.

3) **Anfechtung durch das volljährige Kind, IV,** vgl auch § 1598, erfolgt durch dieses selbst. Ist es in der GeschFgk beschränkt, so bedarf es nicht der Zust seines gesetzl Vertreters, § 1595 I 2, also auch nicht der Mutter, wenn diese es ist. Ist es geschäftsunfähig, so bedarf die Anfechtg durch den gesetzl Vertreter der Gen des VormschG; bei Fristversäumg § 1595 II 2.

1598 Anfechtung durch das Kind nach Volljährigkeit.
Hat der gesetzliche Vertreter eines minderjährigen Kindes in den Fällen des § 1596 Abs. 1 Nr. 1 bis 3 die Ehelichkeit nicht rechtzeitig angefochten, so kann das Kind, sobald es volljährig geworden ist, seine Ehelichkeit selbst anfechten; die Anfechtung ist nicht mehr zulässig, wenn seit dem Eintritt der Volljährigkeit zwei Jahre verstrichen sind.

1) **Fristversäumung durch den gesetzlichen Vertreter.** In den Fällen § 1596 I Z 1–3 läuft eine 2-Jahresfrist, die, da idR das Kind noch mj sein wird, durch den gesetzl Vertreter, § 1597 Anm 2a, gewahrt w muß. Hat er die Frist verstreichen lassen, so läuft ab Volljährigk des Kindes eine neue, kenntnisunabhängige (Kln FamRZ **84**, 77 m krit Anm Becker-Eberhard; LG Limbg FamRZ **88**, 207) 2-Jahresfrist, innerh deren das Kind selbst anfechten kann. Das AnfR des Vollj n § 1596 I Z 2 ist n dem VorlBeschl AG Hbg DAV **87**, 545 verfassgswidr. Der Vollj kann auch eine Anf gemäß § 1596 I Z 4, 5 nachholen, da hierfür eine Fristbegrenzg nicht gegeben ist, § 1596 Anm 3. Zur Verfassgsmäßigk v § 1598 Einf 1 v § 1591.

1599 Anfechtung durch Klage oder Antrag.
I Der Mann und die Eltern des Mannes fechten die Ehelichkeit des Kindes durch Klage gegen das Kind, das Kind ficht die Ehelichkeit durch Klage gegen den Mann an.

II Ist das Kind gestorben, so wird die Ehelichkeit durch Antrag beim Vormundschaftsgericht angefochten. Dasselbe gilt, wenn das Kind nach dem Tode des Mannes seine Ehelichkeit anficht.

III Wird die Klage oder der Antrag zurückgenommen, so ist die Anfechtung der Ehelichkeit als nicht erfolgt anzusehen.

Verwandtschaft. 2. Titel: Abstammung §§ 1599, 1600

1) Anfechtung seitens des Mannes. a) Das Kind lebt, I. Anfechtg, dh Ausübg eines GestaltgsR durch einen verfrechtl Akt (aM Gaul FamRZ **63**, 631, der die rechtsgeschäftl Seite leugnet, desgl Ffm FamRZ **64**, 520: bloße ProzHdlg; wie hier Gernhuber § 45 VI 1 Fußn 1, RGRK 9. Aufl § 1596 Anm 2) erfolgt durch Klage gg das Kind, ZPO 640 II Z 2, auch im Wege der Widerklage im Rahmen von ZPO 640c. Zust AG, GVG 23a Z 1, Rechtsmittelinstanz OLG, GVG 119 Z 1, örtl Zustdgk ZPO 640a, falls kein allg Gerichtsstand. AnfFrist 2 Jahre, § 1594. Bei beschränkter GeschFgk od GeschUnfähigk des Mannes § 1595, ZPO 640b. Stirbt der Mann währd des RStreits, so wird der RStreit unterbrochen, beide Eltern od der überl Elternteil, war der Mann nehel, die Mutter, können ihn innerh eines Jahres aufnehmen, ZPO 640g u § 1595a Anm 6. Sind beide Eltern gestorben od stirbt das Kind, so ist AbstammgsRStreit in der Haupts erledigt, ZPO 640g, 628. **b) Das Kind ist gestorben, II.** Anfechtg erfolgt durch Antr beim VormschG. Er geht auf Feststellg, daß das Kind nicht das des Kl ist, u bringt ein Verf vor dem VormschG in Gang. Keine bes Form, Frist wie zu a. War bereits Klage erhoben u ist diese durch den Tod des Kindes in der Haupts erledigt, oben a, so muß die Frist durch die Klage als gewahrt angesehen werden, Maßfeller StAZ **61**, 246, falls Antr demnächst beim VormschG gestellt wird. Zustdgk FGG 43, 36. Es entscheidet der Richter, RPflG 14 Z 3a. VormschG wird im übrigen vAw tätig, FGG 12, doch kann Mann der Verwendg von ehelkeitsfeindl Tats, war er nicht vorgebracht hat, widersprechen, ZPO 640d entspr. Ungeklärtes geht zu Lasten des AntrSt. Die Vfg des VormschG, in der es über die Ehelichk entscheidet, wird erst mit Rechtskr wirks, FGG 56c. Gegen die Vfg sofortige Beschw, FGG 60 I Z 6, u zwar bei Stattgeben durch jeden, dessen Recht durch die Vfg beeinträchtigt ist, FGG 20 I; bei Ablehng nur Mann beschwerdeberechtigt, FGG 20 II. Kosten für Verf beim VormschG KostO 94 I Z 7.

2) Anfechtung seitens der Eltern. a) Das Kind lebt, I. Stirbt ihr Sohn währd eines AnfRStreits, so können die Eltern innerh eines Jahres den mit dem Tode des Mannes unterbrochenen RStreit aufnehmen, ZPO 640g, s § 1595a Anm 6. Haben sie selbst (od der überl Elternteil) ein AnfR, § 1595a, so ist von ihnen Klage gg das Kind zu erheben. Klagefrist ein Jahr, § 1595a Anm 4. Bei beschränkter GeschFgk od GeschUnfgk §§ 1595a III, 1595 I, II 1. Stirbt währd des RStreits der noch überl Elternteil od stirbt das Kind, so Erledigg der Haupts, ZPO 640 I, 628. Die Haupts erledigt sich auch, wenn der Mann Bekl im AnfRStreit war u stirbt, da ZPO 640g dann nicht eingreift. In diesem Fall kann das Kind beim VormschG seine Ehlichk anfechten, die Eltern des Mannes durch Klageerhebg, falls nicht, wie dann meist, der Mann nicht anfechten wollte, § 1595a II. Erheben die Eltern Klage, kann das Kind, wenn es auch anfechten will, seiners nur Widerklage erheben, ZPO 640c, damit 2 Verf, die sich möglicherw widersprechen, vermieden werden, ebso Gernhuber § 45 VI 6 Fußn 9; das etwa beim VormschG vom Kind schon anhängig gemachte Verf hat sich dann erledigt, RGRK Anm 10. **b) Das Kind ist gestorben, II.** Haben die Eltern ein selbstd AnfechtungsR, § 1595a, u trifft die sich aus § 1595a II 2 ergebde Einschränkg nicht zu, können sie Antr beim VormschG stellen, II 1. Wg FrWahrg bei schon vorher laufdem RStreit oben Anm 1 b.

3) Anfechtung seitens des Kindes. a) Der Mann lebt, I. Kl gg den Mann, auch dch WiderKl, ZPO 640c, soweit sie wg FrAblaufs iF der Zurückn der Kl v Bedeutg sein kann, Köln NJW **72**, 1721 mwN, aA Schleswig NJW **63**, 766. Frist, soweit eine solche in Betr kommt, 2 J. KlErhebg, falls Kind mj, nur mit Gen des VormschG, § 1597, ZPO 640b, wenn vollj, §§ 1597 IV, 1598. Tod des Kindes bewirkt Erledigg der Haupts, § 1595a Anm 6; es könnte nur noch der Mann u nach dessen Tod seine Elt anfechten, falls AnfFristen noch nicht abgelaufen, die dch die Kl des Kindes nicht gewahrt w. **b) Der Mann ist gestorben, II.** Das Kind ficht den Antr beim VormschG an; auch hier FrWahrg dch die etwa schon vorher gg ihn erhobene Kl, die sich dch den Tod in der Haupts erledigt h. Die Elt können den RStr, in dem er Bekl war, nicht aufnehmen. Wg Verf, Entsch, Kosten Anm 1 b. Nach erfolgr EhelkAnf Wiedererlangg der Ehelk nur dch RestitutionsKl (Hamm FamRZ **86**, 1026; vgl Einf 2b v § 1591).

4) Zurücknahme der Klage oder des Antrags, III, hat zur Folge, daß die Anf ist nicht erfolgt angesehen wird. Rückwirkende Beseitigg, vgl auch § 212 I. Kann also, falls Frist noch läuft, wiederholt werden, da in Rücknahme weder Verzicht noch Anerkenntnis zu sehen ist, zumal der ein solches vorsehende § 1598 aF bereits durch Art 2, § 6 FamRÄndG v 12. 4. 38 aufgeh ist u von einer Wiedereinführg ausdrückl abgesehen wurde, Begr RegEntw zu Art 1 Nr 5 FamRÄndG.

1600 Ehelichkeit bei Wiederverheiratung der Mutter.
I Wird von einer Frau, die eine zweite Ehe geschlossen hat, ein Kind geboren, das nach den §§ 1591, 1592 ein eheliches Kind sowohl des ersten als des zweiten Mannes wäre, so gilt es als eheliches Kind des zweiten Mannes.

II Wird die Ehelichkeit des Kindes angefochten und wird rechtskräftig festgestellt, daß das Kind kein eheliches Kind des zweiten Mannes ist, so gilt es als eheliches Kind des ersten Mannes.

III Soll geltend gemacht werden, daß auch der erste Mann nicht der Vater des Kindes ist, so beginnt die Anfechtungsfrist frühestens mit der Rechtskraft der in Absatz 2 bezeichneten Entscheidung.

1) Zweite Ehe der Frau. Wird von einer Frau, die eine zweite Ehe eingegangen ist, wobei unerhebl bleibt, aus welchem Grunde die erste Ehe aufgelöst ist, nach dem weiten Wortlaut sogar, ob sie überh aufgelöst ist, innerhalb von 302 Tagen, § 1592, ein Kind geboren, so wäre es nach § 1591 ein eheliches Kind sowohl des 1. wie des 2. Mannes. I entscheidet diesen Konflikt dahin, daß es dann – entspr der allg Lebenserfahrg – als das des 2. Mannes gilt. Dieser kann die Ehelichk aber unter den allg Voraussetzgn, §§ 1593, 1594, 1599, anfechten. Wird rechtskr festgestellt, daß das Kind nicht das des 2. Ehemannes ist, so wird vermutet, daß es das des 1. Mannes ist, II, der nach Rechtskr jenes Urt auch seiners die Ehelichk anfechten kann. In diesem Falle beginnt die Frist, abgesehen von der in § 1594 II erforderten Kenntn, an Stelle der dort genannten Geburt des Kindes frühestens mit der Rechtskr der Entsch, die die Nichtehelichk des Kindes ggü dem 2. Mann feststellt.

1571

II. Nichteheliche Abstammung

Vorbemerkung

Schrifttum: Zur ält Lit 46. Aufl. Odersky, NichtehelichenG (Komm) 3. Aufl 1973; Schnitzerling, Recht d nehel Kindes (Komm) 1970; Johannsen/Hummel, VaterschFeststellg bei nehel Abstammg, Hdlbg 1977; Leineweber, Die rechtl Beziehg des ne Kindes zu seinem Erzeuger, Königst 1978.

1) Der II. Untertitel regelt die nehel Abstammung unter möglichster Annäherg an die ehel, also die Feststellg der Vaterschaft, die, and als bisher, Wirkg für u gg alle hat, § 1600a. Hierzu genügt die Anerkennng als solche, ohne daß sie einer gerichtl Bestätigg bedarf, §§ 1600a–e, aber, ähnl wie die Ehelichk, angefochten w kann, §§ 1600g–m. Erfolgt eine Anerkennng nicht, so bleibt nur Klage, §§ 1600n, um die nehel Vatersch mit Wirkg für u gg alle feststellen zu lassen. Verfahrensrechtl ZPO 640ff, insb 641ff. Sachl zust AG (GVG 23a Z 1); **Berufung an OLG** (GVG 119 Z 1), u zwar auch dann, wenn AG in einem Urt zugleich über Feststellg der Abstammg u UnterhLeistg entschieden h (BGH NJW **73**, 849). Das OLG ist auch dann zust, wenn im Verf gem ZPO 643 isoliert gg die Verurt zur Leistg des RegelUnterh Berufg eingelegt w (BGH FamRZ **74**, 249; Düss NJW **81**, 2476). Zum Streitwert bei einer solchen Klagenverbindg vgl KG NJW **73**, 1050. In Kraft ab 1. 7. 70. Sa § 1600n Anm 1. **Internationales Privatrecht** EG 20.

1600a *Feststellung der Vaterschaft.* Bei nichtehelichen Kindern wird die Vaterschaft durch Anerkennung oder gerichtliche Entscheidung mit Wirkung für und gegen alle festgestellt. Die Rechtswirkungen der Vaterschaft können, soweit sich nicht aus dem Gesetz ein anderes ergibt, erst vom Zeitpunkt dieser Feststellung an geltend gemacht werden.

Schrifttum: Bökelmann StAZ **70**, 246; Breidenbach StAZ **78**, 221; Meyer StAZ **85**, 259; u oben Vorbem.

1) Nur dch Anerkennng od gerichtl Entsch, die auch nach einer Annahme an Kindes Statt erfolgen können (Engler ZBlJR **72**, 194), kann die Vatersch des nehel Kindes mit Wirkg für u gg alle festgestellt w. Die Feststellg der Vatersch ist Voraussetzg für alle Anspr ggü dem nehel Vater, insb den Anspr auf Unterh (BGH NJW **73**, 1367), ErbersatzAnspr, §§ 1934a ff, auch gewisser Anspr der nehel Mutter gg den nehel Vater, §§ 1615c ff. Währd das nehel Kind in die Ehe hineingeboren w, § 1593, hat die Notwendigk der VaterschFeststellg beim nehel Kind eine Sperrwirkg: Bis zu diesem Ztpkt kann niemand geltd machen, daß jemand Vater eines best nehel Kindes ist. Es besteht allerd kein Zwang zu jener Feststellg, wenn auch die Nichtausnutzg dieser Möglichk eine große Verantwortg zur Folge hat. In AusnFällen ist denkb, daß der Vertr des Kindes sich mit einer ihm sicher genug erscheinenden UnterhVereinbg zufrieden gibt, wenn zB auf seiten des Vaters ein trift Grd besteht, die AbstammgsVerh nicht bekannt w zu lassen (BGH **64**, 136 mwNachw), wenn auch idR zunächst die Vatersch ggf nach dt Recht (BGH **60**, 247) festzustellen ist. Zu Fällen mit **Auslandsberührung** EG 20 sowie das im Anh dorts abgedr Haager ÜberEink. Abweisg der FeststellgsKl in den Niederlanden schließt VaterschFeststellg in der BuRep nicht aus (BGH NJW **85**, 552). Zum **Übergangsrecht:** NEhelG Art 12 § 3 (41. Aufl, Anh zu § 1600o).

2) Voraussetzgen eines rechtsgült Anerkennung in den §§ 1600b–e. Anerkannt w kann nur ein nehel Kind. Zul allerd die Anerk für den Fall wirks EhelichkAnf (§ 1593 Anm 1c). Als Folge der Feststellgswirkg ggü jedermann (S 1 aE) ist eine Anerkennung unzul, wenn die Vatersch bereits dch einen and anerkannt wurde (§ 1600b III). Mögl bleibt die Anerkennng, wenn das Kind auf Anerkennng der Vatersch bereits gg einen Dritten klagt, § 1600n, wodch sich dann diese Kl erledigt. Anerkennng ist nur zu Lebzeiten des Kindes mögl; nach seinem Tode Feststellg der Vatersch nur dch das VormschG, § 1600n II; vgl aber auch § 1600b II. Die wirks Anerkennng genügt. Sie hat konstitutive Bedeutg für die Feststellg der Vatersch; das Anerk im StatusProz erfordert Verlesg u Gen der protok Erkl (Hamm FamRZ **88**, 101). Sie bedarf weder einer gerichtl Nachprüfg, noch einer solchen Bestätigg; unzul ist ein AnerkUrt (Hamm FamRZ **88**, 101). Keine Erzwingg der Anerkennng. Ist das Kind der Ans, daß sein nehel Vater seine Mutter geheiratet hat, so kann es, wenn dieser nicht anerkannt hat, nur auf Feststellg klagen, § 1600n I, um die Wirkgen der Legitimation, § 1719, herbeizuführen. Ist die Anerkennng unricht, so können sie der Mann, der anerkannt hat, die Mutter u das Kind (nach dem Tode des Mannes dessen Eltern) anfechten, § 1600g, u damit die wirkl Rechtslage wiederherstellen. Die Anerkennng hat aber für ein derart Verf die Vermutg zur Folge, daß das Kind von dem Mann, der anerkannt hat, erzeugt ist. Diese Vermutg kann grdsätzl nur dch den vollen GgBew entkräftet w, § 1600m. Eine Unwirksamk der Anerkennng der Mann nur unter den Voraussetzgen des § 1600f I geltd machen. Nach Anerkennng kann dem Vater u Umst ein VerkR zugebilligt w, § 1711. Unterh ist, soweit das noch nicht geschieht, zu zahlen u zwar auch der, der vor der Anerkennng fäll geworden ist, § 1615d, dh also auch für die Vergangenh; desgl Entbindgskosten, § 1615k, u Unterh für die Mutter, § 1615l.

3) Gerichtliche Feststellung. Wird die Vatersch nicht anerkannt, soll aber deren RWirkg mit Wirkg für u gg alle festgestellt w, so kann das nur auf Kl dch rechtskr Urt geschehen (§ 1600n I), nach dem Tode des Mannes od des Kindes dch Beschl des VormschG (§ 1600n II). Die Kl eines Mannes, daß das Kind von ihm gezeugt ist, ist nur dann zul, wenn das Kind weder ehel (§ 1593), noch von einem and Mann anerkannt ist, S 1, vgl auch § 1600b III. Entspr gilt für die Kl des Kindes. Es handelt sich um eine KindschSache, in der auch auf Antr des Kl das Ger gleichzeit mit dem Bestehen der Vatersch den Bekl verurteilen kann, dem Kinde den RegelUnterh z leisten (ZPO 643). Berufg für beide Antr dann z OLG, vgl Anm 1 vor § 1600a. Das Bedürfn nach Klärg des AbstammgsVerh reicht als FeststellgsInteresse immer aus (Brschw DAV **79**, 663). Zust das AG, GVG 23a Z 1. Verf mit Inquisitionsmaxime, ZPO 640ff. Die Vatersch ist stets einheitl u

Verwandtschaft. 2. Titel: Abstammung §§ 1600a, 1600b

vorbehaltslos festzustellen; unzul also die Feststellg mit der Beschrkg auf bestimmte, sich aus ihr ergebde RWirkgen (Teilvatersch), BGH **60**, 247, NJW **73**, 2251. Das **Urteil wirkt für und gegen alle,** S 1, also ein Bestehen der Vatersch rechtskr feststelldes Urt auch gg einen Dritten, der die nehel Vatersch für sich in Anspr nimmt, selbst wenn er am RStreit nicht teilgen hat, ZPO 641k. Gebunden ist iRv StGB 170b auch der **Strafrichter** (Stgt NJW **73**, 2305, Hamm NJW **73**, 2306, sa Eggert MDR **74**, 445), u zwar auch wg NEhelG Art 12 § 3 I an ein vor dessen Inkrafttr ergangenes UnterhZahlgsUrt (Ffm FamRZ **74**, 162). Zum Verhältn von VaterschFeststellg u **Adoption** vgl BT-Drucks 7/5087 S 15 = DAVorm **77**, 311. **Wiederaufnahme** gem ZPO 641i setzt voraus, daß ein neues AbstammgsGA bereits vorliegt (Bln DAVorm **78**, 653).

4) **Wirkung.** Sowohl die Anerkenng wie die gerichtl Feststellg bewirken in gleicher Weise für u gg alle, daß der Anerkennde od der gerichtl Festgestellte, der Bekl, aber auch Kl sein kann, der Vater des Kindes ist. Der Standesbeamter vermerkt die Vatersch am Rande des Geburtseintrages des Kindes, PStG 29 I, bei ausl Erzeuger mit Angabe seiner Staatsangehörigk (Hamm NJW **75**, 499 L). Anspr auf KiGeld rückwirkd (BSG FamRZ **83**, 270). Bevor eine wirks Anerkenng vorliegt od die Vatersch rechtskr festgestellt ist, kann sich niemand auf die Vatersch des Mannes berufen, S 2; insb kann gg ihn eine UnterhKl des Kindes od eine RückgriffsKl des Scheinvaters (Kln FamRZ **78**, 834) nicht erhoben w, so daß also versch Ergebnisse im Abstammgs- u UnterhVerf nicht mehr mögl sind; damit ist auch eine Feststellg der Zahlvatersch in Fortfall gek. Auch kein PflichtteilsAnspr (BGH **85**, 274). Eine Ausnahme von dem Grds des S 2 enthält § 1615o hinsichtl des KindesUnterh für die ersten 3 Monate, desgl für die Entbindgskosten u den Unterh der Mutter; vgl auch ZPO 641d u e. Ausnahmen auch §§ 1740e II, 1934c (dazu Knur FamRZ **70**, 270), ferner EheG 4, StGB 173 (Blutschande), aM Odersky VI 4. Mögl gleichzeit Feststellg der Vatersch u Verurteilg zum RegelUnterh, ZPO 643. § 1600a verhindert aber nicht das Entstehen zB des UnterhAnspr, § 1615d, wenn er auch erst nach Feststellg der Vatersch geltd gemacht w kann. Eine Vorwirkg entsteht auch insofern, als vor Feststellg der Vatersch eines Verstorbenen das nehel Kind als unbek Erbe iSv § 1960 anzusehen ist (Stgt NJW **75**, 880).

1600 b *Anerkennungserklärung.* ^IEine Anerkennung unter einer Bedingung oder einer Zeitbestimmung ist unwirksam.
^{II}Die Anerkennung ist schon vor der Geburt des Kindes zulässig.
^{III}Ist die Vaterschaft anerkannt oder rechtskräftig festgestellt, so ist eine weitere Anerkennung unwirksam.

1) **Rechtsnatur und Bedeutung der Anerkennung.** Das VaterschAnerkenntn ist ein einheitl, dh es gibt keine Teilvatersch (BGH **64**, 133). Es ist Wissens- u WillensErkl zugleich, daß der Anerkennde aGrd seiner Beiwohng in der EmpfängnsZt das Kind als von ihm erzeugt ansieht. Daher die verstärkte Vermutg des § 1600m S 1, die nur dch GgBew entkräftet w kann. Die Erkl, die einseit, nicht empfangsbedürft u unwiderrufl ist, wie aus der Sache folgt (also nur unwirks, § 1600f, od anfechtb, §§ 1600g ff, sein k), enthält aber auch rgeschäftl Elemente, so daß Gesichtspkte der WillErkl, §§ 1600h II, 1600m S 2 nicht ganz außer Betr bleiben können. Vgl auch die entspr Behandlg in NEhelG Art 12 § 3.

Die Bedeutg der Anerkenng besteht in ihrer Wirkg auf die Stellg des Kindes für u gg alle, § 1600a. Anders als § 1718 aF schließt sie jedoch nicht die Einr des MehrVerk aus, sond begründet nur die Vermutg des § 1600m S 1, die aber dch vollen GgBew entkräftet w kann. Entspr dieser Bedeutg kann der Anerkennde die Erkl nur selbst erklären; sie ist höchstpersönl, § 1600d I. Bevollmächtigt ist ausgeschl, § 1600d III. Formbedürft § 1600e. Bedeutg hat die Anerkenng ferner für die UnterhVerpfl, § 1600a Anm 4, bzgl der Abwehr der Anerkenng dch Dritte, III. Ist das Anerkenntn unwirks, was nur iFv § 1600f in Betr kommt, so kann es immerhin ein Geständn der Beiwohng enthalten. Unzul ist im StatusProz ein AnerkUrt (Hamm DAV **87**, 805; FamRZ **88**, 854).

2) **Bedingungs- und zeitbestimmungsfeindlich, I.** Vgl Einf 6 vor § 158. Zul ist das Anerk der nehel Vatersch unter der Rechtsbedinggg wirksamer EhelkAnfechtg (BGH **99**, 236; zu Verf, Voraus u Konsequenzen ausführl Göppinger FamRZ **87**, 764; sa 46. Aufl). Hinsichtl der Frist f ZustErkl bleibt es bei § 1600e III 2. § 1593 steht der vorweg erkl Anerk nicht entgg, da ein solches Anerk keine „Geltdmachg" der Nehelk ist u das Anerk dem Ki (wg § 1600c u ErbR) ausschließl nützt, insb iF des Todes des ne Vaters vor Rechtskr des AnfUrt. Nach § 209 II DA 1958f StaBeamt werden derart Anerk vorläuf zu den Akten gen (and DA 1968 § 209, sa § 372 VIII). Die Vatersch kann in diesem Fall am Rande des Geburtseintrags erst nach rechtskr Feststellg der Vatersch vermerkt w (BGH aaO). Sonst **Zusätze** sind hins der Wirksamk des Anerk nach § 139 zu beurt (BGH **64**, 129); derj, die Wirkgen des Anerk sollten sich auf das dt Recht beschr, ist zul, soweit damit weitergehde Wirkgen eines ausländ Rechts abgeschnitten w sollen (BGH StAZ **75**, 309).

3) **Eine Anerkennung vor der Geburt des Kindes, II,** ist entgg dem bisherigen RZustand im Interesse der bald Klärg der PersStandes mögl. Bei Fehl- od Totgeburt erledigt sich diese Anerkenng, nicht aber die Kosten für die Entbindg u die UnterhKosten für die Mutter vor u nach der Geburt, §§ 1615k u l, ggf auch nicht die Beerdiggskosten, §§ 1615m, n. Keine entspr Anwendg v II auf die EhelichkErkl (KG NJW **84**, 876).

4) **Keine weitere Anerkennung, III.** Eine solche verbiete sich schon mRücks auf die Wirkg der Feststellg der Vatersch für u gg alle (§ 1600a S 1), die nicht dch einen Privatakt aufgeh w kann. Sie wäre erst dann mögl, wenn die bish Anerkenng unwirks (§ 1600f) od mit Erfolg angefochten wäre (§§ 1600g ff), was aber dch einen Dr nicht mögl ist (§ 1600g I; sa ZPO 641k), od das die Vatersch rechtskr feststelde Urt im WiederAufnVerf aufgeh w (sa ZPO 641i). Zur Behandlg gleichwohl im Geburtenbuch vermerkter Doppelanerkenngen vgl BayObLG StAZ **75**, 14.

1573

§§ 1600c–1600e   4. Buch. 2. Abschnitt. *Diederichsen*

1600 c *Zustimmung des Kindes.* ¹Zur Anerkennung ist die Zustimmung des Kindes erforderlich.
²Die Zustimmung ist dem Anerkennenden oder dem Standesbeamten gegenüber zu erklären.

1) Zweck: Das Kind braucht sich den Anerkennden nicht als Vater aufzwingen zu lassen; es kann sich gg die Anerkenng dch einen (auch ausländ, BGH FamRZ **75**, 273; Düss FamRZ **73**, 213) Nichterzeuger wehren. Ohne Zustimmg ist die Anerkenng unwirks, § 1600f. Umgek trägt das ZustErfordern dem Interesse des Kindes daran Rechng, daß Vatersch alsbald feststeht, währd andernf ein längeres Verf notw wäre. Für ein noch nicht 14j nehel Ki kann die Zust nur dch einen Vormd od Pfleg (§ 1706 Z 1) erkl w (KG FamRZ **86**, 724/25; Zweibr FamRZ **87**, 1077).

2) Die Zustimmung ist einseit empfangsbedürft WillErkl u erfolgt dch das Kind, I, ggf für dieses dch den gesetzl Vertr (§ 1600d II). Eine Zust der Mutter ist nicht vorgesehen, so daß sie auch nicht widersprechen, sond nur anfechten kann (§ 1600g). Krit dazu Lange NJW **70**, 297. Keine ZustErkl des im Bevollm (§ 1600d III). **Zustimmungsgegner:** Erkl (ähnl §§ 1726 II, 1748 I) dem StBeamt (wg ZugangsNachw zweckmäß; Stenz DAV **84**, 458) wie dem Anerkennden ggü. Zulässig auch vor der Anerkenng, auch vor Geburt des Ki (vgl § 1600b II), wobei dann Pfleger zust muß (§ 1912 I 2). Wg Beurk § 1600e. ZustErfordern entfällt nach dem Tode des Ki (§ 1600n II).

1600 d *Geschäftsunfähigkeit; beschränkte Geschäftsfähigkeit.* ¹Wer in der Geschäftsfähigkeit beschränkt ist, kann nur selbst anerkennen; er bedarf hierzu der Zustimmung seines gesetzlichen Vertreters. Für einen Geschäftsunfähigen kann sein gesetzlicher Vertreter mit Genehmigung des Vormundschaftsgerichts anerkennen.
²Für ein Kind, das geschäftsunfähig oder noch nicht vierzehn Jahre alt ist, kann nur sein gesetzlicher Vertreter der Anerkennung zustimmen. Im übrigen kann ein Kind, das in der Geschäftsfähigkeit beschränkt ist, nur selbst zustimmen; es bedarf hierzu der Zustimmung seines gesetzlichen Vertreters.
³Anerkennung und Zustimmung können nicht durch einen Bevollmächtigten erklärt werden.

1) Eingef dch Art 1 Z 9 NehelG; Herabsetzg des Alters in II 1 von 18 J dch AdoptG Art 1 Z 2 h. Krit zu letzterem Bosch FamRZ **76**, 406, weil nunmehr bei Versagg der Zust dch den Jugdl das JA gg den anerkennden Mann auf VaterschFeststellg klagen muß. Einschränkg der GeschFähigk des **Anerkennenden**, I. Da es sich bei der Anerkenng um eine WissensErkl mit rechtsgeschäftl Elementen handelt, § 1600b Anm 1, trifft § 1600d I in S 1 eine § 107 entspr Regelg; beim beschr GeschFäh, insb dem Mj, muß also sein ges Vertr, in der Regel also beide Eltern, jedenf aber der pers- wie vermrechtl (Unterh) Vertr, der Anerkenng zust, S 1. Andernf ist die Anerkenng unwirks (§ 1600f). Zust nicht anfechtb (KG NJW-RR **87**, 388). Die Anerkenng des voll GeschFähigen muß dch den Anerkennden selbst erfolgen, also höchstpersönl, wie sich aus der Sache ergibt. Anerkenng dch einen Vertr in der Erkl, einen Bevollm, III, ist wirkgslos; trifft auch beim gesetzl Vertreter zu.
Form für die Zust des gesetzl Vertr § 1600e I 2. Eine seiner wichtigsten Aufg ist die Nachprüfg, ob schwerwiegde Grde gg die Vatersch sprechen, § 1600o II. Ist der Vater geschäftsunfäh, so läßt das G tr der höchstpersönl Natur die Anerk dch den gesetzl Vertr zu, aber nur mit Gen des VormschG, zust RPfleger, RPflG 3 Z 2a, der seiners vor Erteilg der Gen w prüfen müssen, ob eine Vatersch vorliegt. Genehmigg des VormschG vor Anerkenng erforderl, § 1831; sonst diese unwirks, Lange NJW **70**, 299, Göppinger DRiZ **70**, 143. Frist für die Zust des gesetzl Vertreters des Anerkennden § 1600e III.

2) Ist das iSv § 1600c I zustimmgsberecht **Kind** geschunfäh od mj, so muß der gesetzl Vertreter zust **II**, idR also das JA (§§ 1706 Z 1, 1709). Bei 14–17jähr Jugendlichen bedarf es der Zust des gesetzl Vertr zu deren Zust. Ist zustbereeht die mit dem Anerkennenden verheiratete Mutter, so gelten §§ 1629, 1795, so daß Pfleger zu bestellen ist (Gymnich StAZ **74**, 165). Nachträgl Zust gült (§ 184). Das in der GeschFgk beschr Kind über 18 J muß höchstpersönl zust (Bevollmächtigg ausgeschl, III; s Anm 1), wozu es aber seiners der Zust des gesetzl Vertr bedarf. Gen des VormschG in keinem Fall v II erfdl. Frist für Zust § 1600e III.

1600 e *Form der Erklärungen.* ¹Die Anerkennungserklärung und die Zustimmungserklärung des Kindes müssen öffentlich beurkundet werden. Die Zustimmung des gesetzlichen Vertreters zu einer solchen Erklärung ist in öffentlich beglaubigter Form abzugeben.
²Beglaubigte Abschriften der Anerkennungserklärung sind außer dem Standesbeamten auch dem Kind und der Mutter des Kindes zu übersenden.
³Die Zustimmung des Kindes und seines gesetzlichen Vertreters sowie die Zustimmung des gesetzlichen Vertreters des Anerkennenden können bis zum Ablauf von sechs Monaten seit der Beurkundung der Anerkennungserklärung erteilt werden. Die Frist beginnt nicht vor der Geburt des Kindes.

1) Anerkennungs- u Zustimmungserklärung. Mit Rücks auf die Bedeutg der Anerkenng der Vatersch fordert das G für die Anerkenngs- (§ 1600b Anm 1) u die ZustimmgsErkl des Ki (§ 1600c) **öffentliche Beurkundung, I 1,** iSv ZPO 415. **a) Zuständigkeit.** Die Urk muß errichtet werden dch einen Notar (BNotO 20); das AG (BeurkG 62 2 I; RPflG 3 Z 1 f), wohl auch beim Ki (Firsching RPfleg **70**, 15); den StBeamt (PStG 29a I; BeurkG 58); die vom LJA ermächtigte Beamt u Angest der JA (JWG 49 I Z 1; BeurkG 59; das ProzGer, bei dem VaterschKl anhäng ist (ZPO 641 c). Im Ausl die dtsch Berufskonsuln u die vom AA ermächtigten AuslStBeamten, § 16 G v 14. 5. 36, 1. AuslPStG v 4. 5. 1870. Bei Beurk dch eine ausl Beh kommt es darauf an, ob diese nach OrtsR (EG 11) zust od diese Behörden als den zust dtsch Behörden gleichwert anzusehen sind (Dölle FamR § 107 I 3; Beitzke StAZ **61**, 335). Zu den Erfordern Zweibr u BayObLG DAVorm **79**, 456 u 459. **b)** Die ZustErkl des ges Vertr (§ 1600 d I u II) sind in **öffentlich beglaubigter Form** abzugeben (§ 129), also dch Notar (BeurkG 40), BKonsuln (KonsG 2, 10), StBeamten mögl, PStG 29 a I 2. Auch die Zust des ges Vertr zur Anerkenng seitens des Mannes, der nach § 114 beschr geschäh ist (§ 1600 d I 1), ebso die zur Zust des Kindes, das älter als 14 Jahre ist (§ 1600 d I 2), bedarf der öff Beglaubigg. Innerh eines VaterschProz: ZPO 641 c. Wenn die Beurk auch dch die damit verbundene Belehrg dem Anerkennden die Bedeutg der Sache vor Augen führen soll, so ergibt sich dadch für die Richtigk der Anerkenng nichts. GgBew (§ 1600 m), bleibt mögl. Mit der Anerkenng kann die UnterhVerpfl (entspr ZPO 643) anerkannt w (ZPO 794 I Z 5, 642 c Z 2), die aber nur dann wirks ist, falls das auch bei der Anerk der Fall ist. Wg Anfordergen an **ausländische** öff Urk BayObLG StAZ **79**, 263.

2) Kenntnis von der Anerkennungserklärung, II, die ja keine empfangsbedürft WillErkl ist, § 1600 b Anm 1, erhalten der StBeamte, vgl auch PStG 29 II, sowie Mutter u Kind dch die beurk Stelle, die begl Abschr der AnerkenngsErkl **übersendet**. Die ÜbersendgsPfl erstreckt sich auch auf nicht ausdrückl VaterschAnerk (LG Bn DAV **87**, 131). Mutter u Kind erhalten damit nicht nur sichere Kenntn, sond mit dem Ztpkt des Bekanntw der Erkl beginnt für die Mutter die AnfechtgsFr, § 1600 h IV. Anerkenng in geheimer Urk iGgs zu früher (Maßfeller StAZ **61**, 125) nicht mehr mögl (Hamm FamRZ **85**, 1078 mN). Die Mutter behält das Recht, ggf auch iW der Beschw die Geheimhaltg des Namens des Erzeugers ihres Kindes dchzusetzen (BayObLG ZBlJugR **78**, 526).

3) Frist für Erteilung der Zustimmungen, III. Es ist im GgSatz zum bisherigen Recht nicht erforderl, daß die Zust des ges Vertr des Anerkennden bereits im Ztpkt der Anerkenng vorliegt, wenn das auch oft der Fall sein wird u dem Beurkundden die Pfl erwächst, den Anerkennden hierauf hinzuweisen. Zuläss also, daß zB ein in der GeschFgk beschr Kind, § 1600 d II 2, vor der Zust seines ges Vertr seiners zustimmt. Möglichk der Zust aber befristet: 6 Monate seit Beurk der AnerkenngsErkl, von der Mutter u Kind Nachricht dch die beurkundde Stelle erhalten haben, II. Ist Anerkenng schon vor der Geburt erfolgt, § 1600 b II, so FrBeginn erst mit der Geburt, III 2.

1600 f *Unwirksamkeit der Anerkennung.* [I]Die Anerkennung ist nur dann unwirksam, wenn sie den Erfordernissen der vorstehenden Vorschriften nicht genügt oder wenn sie angefochten und rechtskräftig festgestellt ist, daß der Mann nicht der Vater des Kindes ist.

[II] Sind seit der Eintragung in ein deutsches Personenstandsbuch fünf Jahre verstrichen, so kann nicht mehr geltend gemacht werden, daß die Erfordernisse der vorstehenden Vorschriften nicht vorgelegen haben.

1) Eingef dch Art 1 Z 9 NEhelG. Die Anerkenng wirkt für u gg alle (§ 1600 a). Ihre Beseitigg (vgl §§ 1600 g ff) u damit die Wiederherstellg des fr Zustands setzt die Klage des Vaters, Kindes od der Mutter, ggf deren Antr beim VormschG, u ein entspr rechtskr Urt voraus. Anders ist es iFv § 1600 f: Ist die Anerk unwirks, gilt sie als nicht erfolgt, ohne daß es eines bes Verf bedarf. Zul allerd FeststellgsKl (ZPO 640 II Z 1); wenn Wirksamk Vorfrage ist, dann Aussetzg (ZPO 154). Konvaleszenz des unwirks Anerk ausgeschl, Anerkenng muß wiederholt w; § 1600 b III steht nicht entgg. UnwirksamkGrde in § 1600 f abschließd (arg „nur"). Desh führt das bewußt wahrheitswidr VaterschAnerk i Ggs zum früh R nicht zur Unwirksamk (Krefeld DAVorm **74**, 261; sa Köln NJW **74**, 953), sond nur zur Anfechtg, die hier dch Klage erfolgen muß (§ 1600 l) u mit der die obj Unrichtigk der Anerkenng geltd gemacht w (Odersky III c). Insofern kann auch der bei Anerkenng Bösgläub anfechten, hat aber die Vermutg des § 1600 m S 1 gg sich. Sa § 1600 g Anm 1. Iü setzt die AnfechtsgKl eine Anerkenng iS der §§ 1600 a ff voraus; sie ist unzul bei bl Aufgabe der Verteidigg im VaterschProz mit anschließder Verurteilg (Stgt DAVorm **75**, 548).

2) Unwirksamkeitsgründe, I. a) Die Anerk muß nach Art u Weise, hins der Zust des Kindes, des ges Vertr sowie der Gen des VormschG, ferner hins der Rechtzeitigk der Erkl u ihrer Form den Vorschr der §§ 1600 b–e entsprechen. Ist das in allem der Fall, so liegt eine rwirks Anerk vor, mag sie auch inhaltl unricht od gar bewußt falsch sein. Hier bliebe nur Anfechtg übrig, die aber beim Mann grdsätzl nicht Willensmängel, sond nur die obj Unrichtigk der Anerk u damit die Entkräftg der Vermutg des § 1600 m S 1 zum Ggst haben k. Auch keine Anf (§§ 119 ff) der erforderl ZustErkl.

b) Unwirks ist die Anerk auch dann, wenn sie dch Kl od Antr beim VormschG angefochten u rechtskr festgestellt ist, daß der Mann nicht der KiVater ist. AnfechtgsBerecht auch hier § 1600 g; also nicht der wirkl Vater seines fälschl anerkannten Kindes. Keine weiteren Erschwern für den Mann als § 1600 m.

3) Ausschlußfrist, II. Die in Anm 2 a den UnwirksamkGrde können **5 Jahre** nach Eintr in ein dtsch PersStandsbuch nicht mehr geltd gemacht w. Das gilt auch für das selbst erklärte VaterschAnerk eines geschäftsunfäh Mannes, wodch allerd die AnfMöglk gem § 1600 h nicht berührt w (BGH NJW **85**, 804).

1600 g *Anfechtungsberechtigte.* [I]Berechtigt, die Anerkennung anzufechten, sind der Mann, der die Vaterschaft anerkannt hat, die Mutter und das Kind.

[II] Ist der Mann innerhalb eines Jahres seit dem Wirksamwerden der Anerkennung gestorben, ohne die Anerkennung angefochten zu haben, so können die Eltern des Mannes anfechten. § 1595 a Abs. 1 Satz 2, 3, Abs. 2 Satz 2 gilt entsprechend.

1) Eingef dch Art 1 Z 9 NEhelG. Ist die Anerkenng der Vatersch fehlerfrei u damit wirks (vgl § 1600 f Anm 1), steht demj, der sie nicht gelten lassen will, nur die Anf zur Vfg. Die Anf wird iW der **Statusklage** (§ 1600 l I, ZPO 640 II Z 2) dchgeführt. Nur dch ein rechtskr Urt, worin festgestellt w, daß der Mann nicht der Vater des Kindes ist, kann die Wirkg des Anerk für u gg alle (§ 1600 a) wieder beseitigt u die Anerkenng

§§ 1600 g, 1600 h   4. Buch. 2. Abschnitt. *Diederichsen*

unwirks w (§ 1600f I). Vorschr des § 1600g bestimmt den Kreis der **Anfechtungsberechtigten** (Anm 2). Eines bes, über die obj Unrichtigk des Anerk hinausgehden **Anfechtungsgrundes** bedarf es nicht. Die wirks Anerkenng hat die Vermutg zur Folge, daß das Kind von dem anerkennden Manne gezeugt ist (§ 1600m S 1). Diese Vermutg muß also entkräftet w. Das kann, außer iF des § 1600m S 2, nicht dch Anf wg eines Willensmangels (§§ 116ff) bei Abg der AnerkErkl, sond nur dch den Nachw geschehen, daß das Kind nicht das des Anerkennden, die Anerkenng also unricht ist.

2) Der Kreis der AnfBerecht ist beschr. **Anfechtungsberechtigte,** sind **a)** der Mann, der anerkannt hat. An weitere Voraussetzgen zB Kenntn von neuen Tats ist seine Anf nicht geknüpft. Sie wird sogar dadch nicht ausgeschl, daß er wissentl unricht anerkannt hat. Die Erben des Mannes sind, abgesehen von den Eltern, unten d, nicht anfberecht. **b)** Die Mutter hat ein AnfR, da der Mann dch die Anerkenng ein VerkR erlangen kann, § 1711, auch eine EhelichErkl mögl wird, § 1723. **c)** Das Kind, obwohl seine Zust zur Anerkennung erforderl war, § 1600c. Bes AnfGrde, vgl § 1596, sind nicht vorgesehen. Weiteren Pers außer den Eltern, unten d, steht ein AnfR nicht zu, auch nicht dem Mann, der seinerseits behauptet, der Vater des Kindes zu sein; vgl auch ZPO 641k. Der AnfKl des Ki steht die Rechtskr eines die AnfKl des Mannes abweisden Urt nicht entgg (Düss NJW **80,** 2760). **d)** Die **Eltern** haben zu Lebzeiten des Mannes kein AnfR, obwohl sie als dessen Erben UnterhSchu w können. Sie erhalten aber ein selbständiges AnfechtgsR, wenn der Mann innerh eines Jahres seit dem Wirksamwerden der Anerkenng, dh dem Ztpkt, in dem allen Erfordern der Anerkennung, §§ 1600b ff, vor allem dem § 1600e III, genügt ist, starb, ohne bis dahin seine Anerkennung angefochten zu haben, **II.** Dieses AnfR bleibt nach dem Tode eines ElternT beim Überlebden; wenn der Mann, der anerkannt hat, selbst nicht ehel ist, hat es nur seine Mutter, II 2. Die Eltern haben aber kein AnfR, wenn der Mann die Ehelichk des Kindes nicht anf wollte, II 2 iVm § 1595a II 2; vgl auch dort Anm 3b. Sind beide Eltern gestorben, so geht diese AnfR nicht auf die Erben der Eltern über, auch wenn diese UnterhSchu w könnten, sond erlischt. Stirbt der Mann im Laufe eines AnfStreites, so können die Eltern od der übr gebliebene klageberecht ElternT den dch den Tod unterbrochenen RStreit binnen eines Jahres aufnehmen, § 640g.

1600 h *Anfechtungsfristen für Mann, Eltern und Mutter.* **I**Der Mann, der die Vaterschaft anerkannt hat, seine Eltern und die Mutter des Kindes können die Anerkennung binnen Jahresfrist anfechten.

IIFür den Mann beginnt die Frist mit dem Zeitpunkt, in dem ihm die Umstände, die gegen die Vaterschaft sprechen, bekannt geworden sind. Leidet die Anerkennungserklärung unter einem Willensmangel nach § 119 Abs. 1, § 123, so endet die Frist nicht, solange nach den §§ 121, 124, 144 ein Anfechtungsrecht bestehen würde.

IIIFür die Eltern des Mannes beginnt die Frist mit dem Zeitpunkt, in dem einem Elternteil der Tod des Mannes und die Anerkennung bekannt geworden sind.

IVFür die Mutter des Kindes beginnt die Frist mit dem Zeitpunkt, in dem ihr die Anerkennung bekannt geworden ist.

VDie Fristen beginnen nicht vor der Geburt des Kindes und nicht, bevor die Anerkennung wirksam geworden ist.

VIAuf den Lauf der Fristen sind die für die Verjährung geltenden Vorschriften der §§ 203, 206 entsprechend anzuwenden.

1) Die Anfechtgsfristen des § 1600h sind **Ausschlußfristen;** sie betragen **1 Jahr, I.** ZPO 641 i ermöglicht es nicht, von der Einhaltg der AnfFr abzusehen (BGH **81,** 353). Die VerjVorschr der §§ 203, 206 sind entspr anwendb, **VI.** Ist die Fr aus Versch des ProzBevollm versäumt w, so geht das zu Lasten des AnfBerecht (BGH **31,** 342). Auch das Versch des nur mit der Beratg des AnfBerecht betrauten RA ist keine höhere Gewalt (BGH **81,** 353). Fristen beginnen nicht vor der Geburt des Kindes, auch nicht vor der Wirksamk der Anerkenng, **V;** vgl dazu § 1600f Anm 2. Liegt diese vor der Geburt, Beginn also mit der Geburt, § 1600b II. Gewahrt w die Fr dch rechtzeig, ZPO 270 III, Einreich der Kl od Antr beim VormschG, § 1600l; auch wenn das AG od VormschG nicht zust, ist die Fr gewahrt, falls das Ger an das zust verweist u nicht abweist, vgl § 1594 Anm 1a E. Unkenntn v der gesetzl Regelg führt nicht zu einer Änderg des Fristenlaufs (AG Hbg DAV **83,** 314). Die ZwVollstr aus einem obj unricht Anerk ist nicht sittenwidr (AG Coburg DAV **85,** 154).

2) Fristbeginn für den Mann II. S 1 entspricht § 1594 II 1, dessen Grdsätze entspr gelten (BGH FamRZ **88,** 278); s dort Anm 2 wg des Ztpkts, in dem Kenntn von Umst, die gg die Vatersch sprechen, erlangt ist. Als solche kommen vor allem MehrVerk in der EmpfängnZt in Betr; Kenntn v anderweit Intimkontakten ausr (Mü FamRZ **87,** 307). Trotz Kenntn des MehrVerk der KiMutter beginnt die AnfFr nicht, wenn besondere Umst eine Herkft des Ki daraus als gänzl fern liegd erscheinen lassen, etwa wenn die KiMu mitteilt, nach Auskft eines Arztes sei der and Mann zeuggsunfäh (BGH FamRZ **89,** 169). Ähnlich zw ohnehin Verwandten begründet keine Kenntn (Stgt DAV **85,** 1017). Leidet die AnerkenngsErkl unter einem Willensmangel nach § 119 I, ist sie dch argl Täuschg od Drohg, § 123, zustande gekommen, soll die Fr gemäß I u II 1 nicht eher ablaufen, als sie nach den Vorschr, §§ 121, 124, 144 abgelaufen wäre. Wenn also ein Willensmangel auch nicht die Unwirksamk der AnerkenngsErkl zur Folge hat, § 1600f Anm 2, so w doch durch diese FrErstreckg dem Rechng getragen. Im Ggsatz zu § 166 I kommt es auf die Kenntn des Anfechtenden selbst an (Düss DAVorm **82,** 596).

3) Fristbeginn für die Eltern, III. Entspr § 1595a I. Ausschlaggebd Kenntn von Tod des Mannes u der Anerkenng, die wirks sein muß. Erforderl die Kenntn mind eines ElternT von beiden Ereign, § 1595a Anm 4.

4) Fristbeginn für die Mutter, IV. Der Ztpkt, in der ihr die Anerkenng bekannt geworden ist; spätestens also § 1600e II.

Verwandtschaft. 2. Titel: Abstammung §§ 1600i, 1600k

1600 i *Anfechtungsfrist für das Kind.* ¹Das Kind kann binnen zwei Jahren anfechten, nachdem ihm die Anerkennung und die Umstände bekannt geworden sind, die gegen die Vaterschaft sprechen.

IIHat die Mutter des Kindes den Mann geheiratet, der das Kind anerkannt hat, und ist die Anerkennung im Zusammenhang mit der Eheschließung oder nach der Eheschließung erfolgt, so kann das Kind, falls die Ehe geschieden, aufgehoben oder für nichtig erklärt ist, noch binnen zwei Jahren, nachdem ihm die Scheidung, Aufhebung oder Nichtigerklärung bekannt geworden ist, anfechten. Dies gilt entsprechend, wenn die Ehegatten seit drei Jahren getrennt leben und nicht zu erwarten ist, daß sie die eheliche Lebensgemeinschaft wiederherstellen.

IIIHat die Mutter einen anderen Mann geheiratet und hat dieser das Kind gezeugt, so kann das Kind noch binnen zwei Jahren, nachdem ihm dies bekannt geworden ist, anfechten.

IV§ 1600h Abs. 5, 6 gilt entsprechend.

VDie Anfechtung ist auch nach Ablauf der Frist zulässig, wenn sie wegen einer schweren Verfehlung des Mannes gegen das Kind, wegen ehrlosen oder unsittlichen Lebenswandels oder einer schweren Erbkrankheit des Mannes sittlich gerechtfertigt ist.

1) Währd bei bestehder Ehe das AnfR des Ki im Interesse der Ehe eingeschränkt ist (§ 1596), fällt hier diese Rücksichtn weg. Das Ki ist ebso wie die Mutter u der Vater, der anerk hat, zur AnfR der Anerk berecht (§ 1600g) u diesen ggü hinsichtl der Frist für die Geltdmachg, daß der Mann nicht sein Vater ist, begünstigt. Der AnfKl des Ki steht die Rechtskr des die VaterschAnerkAnfKl des Mannes abweisden Urt nicht entgg (Düss FamRZ **80**, 831).

2) Die **Regelfrist** beträgt 2 Jahre, um dem Kind eine ausr Überleggszeit zu gewähren, so insb auch, ob der wirkl Vater w ermittelt w können, dessen Zahlgskraft u -willigk für das weitere Schicksal des Kindes im allg ausschlaggebd sind. Wg des Bekanntwerdens der Umst § 1606h Anm 2. Für diese Fr u sämtl und dieses § gelten §§ 203, 206, jedoch tritt an Stelle von § 206 bei mj Kindern, die vollj w, § 1600k IV 2.

3) Fristen in besonderen Fällen. a) Die Mutter heirat den Mann, der im Zushang mit der Eheschl od nach dieser ihr Kind anerkannt hat, obwohl es nicht sein Kind ist. W diese beabsichtigte FamGemsch dch Scheidg, Eheaufhebg od NichtigErkl zerstört, hat das Kind, auch wenn die RegelFr schon abgelaufen sein sollte, eine neue AnfFr von 2 Jahren, die mit der Kenntniserlangg des Kindes von der Scheidg, Aufhebg od NichtigErkl beginnt. Ebso, wenn die Eheg seit 3 Jahren getrennt leben u eine Wiederherstellg der ehel LebensGemsch nicht zu erwarten ist, vgl § 1596 Anm 2b, EheG 43 Anm 6, 50 Anm 4b. **b)** Wenn die Mutter den Erzeuger des Kindes geheiratet, aber ein and Mann die Vatersch für das Kind bereits anerkannt hat, III. Auch hier läuft für das Kind, unabhäng von I, eine bes AnfFr von 2 Jahren. Das Kind erhält dadch die Möglichk, nach erfolgreich dchgeführter Anf der bisherigen Anerkenng, die das verhinderte, § 1600b III, legitimiert zu w, § 1719. Die Fr beginnt, wenn dem Kind die Heirat der Mutter u daß deren Mann sein Erzeuger ist, bekannt wird. Das können versch Ztpkte sein. **c)** Von jeder FrBeschrkg ist die Anf frei, wenn der Mann sich einer schweren Verfehlg gg das Kind schuld gemacht hat od einen ehrlosen od unsittl Lebenswandel führt, vgl § 1596 Anm 2d, od an einer schweren Erbkrankh leidet, § 1596 Anm 2e, u in diesen Fällen die Anfechtg auch sittl gerechtf ist, **V**.

1600 k *Beschränkte Geschäftsfähigkeit; Geschäftsunfähigkeit.* ¹Wer in der Geschäftsfähigkeit beschränkt ist, kann die Anerkennung nur selbst anfechten; er bedarf hierzu nicht der Zustimmung seines gesetzlichen Vertreters. Für ein in der Geschäftsfähigkeit beschränktes minderjähriges Kind kann nur der gesetzliche Vertreter mit Genehmigung des Vormundschaftsgerichts anfechten.

IIFür einen Geschäftsunfähigen kann sein gesetzlicher Vertreter mit Genehmigung des Vormundschaftsgerichts die Anerkennung anfechten.

IIIWill der Vormund oder Pfleger eines minderjährigen Kindes die Anerkennung anfechten, nachdem die Mutter des Kindes den Mann geheiratet hat, der das Kind anerkannt hat, so gilt § 1597 Abs. 3 entsprechend.

IVHat der gesetzliche Vertreter eines Geschäftsunfähigen die Anerkennung nicht rechtzeitig angefochten, so kann nach dem Wegfall der Geschäftsunfähigkeit der Anfechtungsberechtigte selbst die Anerkennung in gleicher Weise anfechten, wie wenn er ohne gesetzlichen Vertreter gewesen wäre; dies gilt nicht für das Anfechtungsrecht der Eltern des Mannes, der das Kind anerkannt hat. Hat der gesetzliche Vertreter eines minderjährigen Kindes die Anerkennung nicht rechtzeitig angefochten, so kann das Kind selbst innerhalb von zwei Jahren seit dem Eintritt der Volljährigkeit die Anerkennung anfechten.

1) Die Anf ist eine **höchstpersönliche Handlung** (vgl § 1595). Der beschr GeschFäh ficht demgem selbst an u bedarf nicht der Zust seines gesetzl Vertr, I 1; so auch nicht zum RStreit, außer wenn es sich um mj Kind handelt (ZPO 640b). IjF für den RStreit bes Vollm (ZPO 640 I, 613). Anhörg des JA iFv I 2, II, III dch VormschG (JWG 48a Z 2).

2) Anfechtung seitens des minderjährigen Kindes, I 2. Vgl § 1597 Anm 2. Erfolgt für ihn dch seinen persrechtl ges Vertr, also geregelt da JA, §§ 1706 Z 1, 1709, mit Gen des VormschG (entspr für die Klage, ZPO 640b S 2). Es entscheidet der Richter, RPflG 14 Z 3b. VormschG prüft, ob Anf im Interesse des Mj, auch ob überh aussichtsvoll, ohne letzteres im einzelnen nachzuprüfen. Hat die Mutter den Mann, der die Vatersch anerkannt hat, geheiratet, so darf das VormschG die Anf dch den Vormd od Pfleger nur gen, wenn die Mutter einwilligt, III iVm § 1597 III, der auch im übr entspr gilt, s dort Anm 2c. Versäumt der ges Vertr

1577

§§ 1600k–1600m   4. Buch. 2. Abschnitt. *Diederichsen*

die AnfFr, § 1600i Anm 2, 3, so läuft für das Kind von seiner Volljährigk ab eine neue 2-JahresFr, IV 2, vgl auch Anm zu § 1598.

3) Anfechtung bei Geschäftsunfähigkeit, II, IV 1 (vgl auch den entspr § 1595 II), erfolgt dch den ges Vertr mit Gen des VormschG; für den RStreit ZPO 640b entspr. Versäumt der ges Vertr die Fr, so kann nach Wegf der GeschUnfgk der AnfBerecht, sei es, daß er voll oder beschr geschfäh geworden ist, I 1, nunmehr selbst anfechten, IV 1. Es beginnt für ihn eine neue AnfFr von dem Ztpkt an, in dem er voll od beschr geschfäh geworden ist u die Kennt von den Umst erlangt hat, die gg seine Vatersch sprechen; § 1600h II. Dieses Wiederaufleben der AnfBerechtigg gilt aber für die Eltern des Mannes, der anerkannt hat, nicht (ebenso bei Anf der Ehelichk, § 1595a Anm 2). IFv II entsch RPfleger, RPflG 3 Z 2a.

1600 l *Geltendmachung der Anfechtung.* ^{I}Der Mann, der die Vaterschaft anerkannt hat, ficht die Anerkennung durch Klage gegen das Kind, das Kind und die Mutter des Kindes fechten die Anerkennung durch Klage gegen den Mann an.

^{II}Ist der Mann oder das Kind gestorben, so wird die Anerkennung durch Antrag beim Vormundschaftsgericht angefochten; jedoch fechten die Eltern des Mannes bei Lebzeiten des Kindes die Anerkennung durch Klage gegen das Kind an.

^{III}Wird die Klage oder der Antrag zurückgenommen, so ist die Anfechtung als nicht erfolgt anzusehen.

1) Allgemeines. Der dch die Anerkennng für u gg alle wirkde RSchein, daß der Anerkennende der Vater des Kindes ist § 1600m S 1, kann nur auf Kl, nach Tod des Mannes (Ausn, wenn seine Eltern noch leben) od des Kindes auf Antr beim VormschG, aufgeh w. Kl od Antr haben nicht die damal Erkl des Anerkennden als solche u die Umst der Abg der Erkl zum Ggst, sond die Feststellg, daß das Kind nicht das des Anerkennden ist, die dann wiederum Wirkg für u gg alle hat, ZPO 641k. Gelingt der Entkräftg der Vermutg des § 1600m S 1 nicht, so wird die Kl abgewiesen; der Mann, der das Kind als das seinige anerkannt hat, gilt weiter mit Wirkg für u gg alle, § 1600a, als der Vater des Kindes, §§ 1600f Anm 2, 1600g Anm 1. Das ist allen AnfKlagen, gleichgült, wer Kläger od Bekl ist, gemeins.
Die Vorschr ist der über die Anf der Ehelichk, § 1599, nachgebildet, stimmt fast wörtl mit ihr überein. Verfahrensrechtl gelten ZPO 640ff. Mögl die Verbindg der Kl auf Feststellg der Unwirksamk mit der AnfKl, ZPO 640c iVm 640 II Z 1. Inquisitionsmaxime, die aber dch Widerspr des Anfechtden gg Verwendg nicht vorgebrachter Tats eingeschränkt w kann, soweit diese der Mann od das Kind unterstützen, ZPO 640d. Ist der Mann od das Kind gestorben, ist also das Verf nur einseit mögl, so Antrag beim VormschG, **II.** Nur die Anf der Eltern des verstorbenen Mannes wird mit Kl durchgeführt. Die Vfg des VormschG wird entspr dem Urt auf AnfKl erst mit Rechtskr wirks, FGG 56c I. ProzKosten ZPO 93c.

2) Anfechtung seitens des Mannes. Zur Schlüssigk müssen konkrete Umstde vorgetragen w, die gg die Vatersch sprechen (Hamm FamRZ **82**, 956). Für das BerufsgsVerf ist Beschwer Voraussetzg (Mü FamRZ **87**, 171). **a) Das Kind lebt,** vgl § 1599 Anm 1a. Kl richtet sich gg das Kind, der Mutter ist aber die Kl mitzuteilen, ZPO 640e, u sie zur mdl Verh zu laden. Sie kann dann dem Kind od dem Mann zur Unterstützg beitreten, ist also streitgenöss Streitgehilfin, ZPO 69, 62; braucht sich aber auch nicht zu beteiligen. **b) Ist das Kind gestorben oder stirbt es während des Rechtsstreits** vgl § 1599 Anm 1b.

3) Anfechtung seitens der Eltern des Mannes, II. Wg ihres selbstd AnfR § 1600g Anm 2d. Bei Lebzeiten des Kindes fechten sie dch Kl gg das Kind an. Ist das Kind gestorben, Antr beim VormschG; es entscheidet der Richter, RPflG 14 Z 3b. Das Kind kann WiderKl erheben, ZPO 640c; RechtsSchBedürfn zu bejahen, da Kläger Kl zurücknehmen kann, III. Vgl im übr § 1599 Anm 2, wg Fortsetzg der Kl des verstorbenen Mannes, § 1600g Anm 2d.

4) Anfechtung seitens des Kindes erfolgt entspr dem § 1599 Anm 3 Gesagten.

5) Anfechtung seitens der Mutter dch Kl gg den Mann, nicht das Kind. Dieses ist jedoch unter Mitteilg der Kl zur mdl Verh zu laden, ZPO 640e S 2. Fr ein Jahr, FrBeginn Bekanntw der Anerkennng, § 1600h I, IV. Die Eltern der Mutter haben keine Möglichk, deren AnfStreit nach ihrem Tode fortzusetzen; stirbt die Mutter, so ist der RStreit erledigt, ZPO 640 I, 628.

1600 m *Vaterschaftsvermutung im Anfechtungsverfahren.* In dem Verfahren über die Anfechtung der Anerkennung wird vermutet, daß das Kind von dem Manne gezeugt ist, der die Vaterschaft anerkannt hat. Die Vermutung gilt nicht, wenn der Mann die Anerkennung anficht und seine Anerkennungserklärung unter einem Willensmangel nach § 119 Abs. 1, § 123 leidet; in diesem Falle ist § 1600o Abs. 2 Satz 1 und 2 entsprechend anzuwenden. Die Empfängniszeit bestimmt sich nach § 1592.

1) Die Vermutung, S 1. And als die Anerkennng nach § 1718 aF, der die Berufg auf MehrVerk der Mutter innerh der EmpfängnZt ausschloß, läßt die Anerkennng diese Behauptg u den dahingehden Bew zu. Immerhin schafft die Anerkennng auch hier die Vermutung, daß das Kind vom Anerkennenden gezeugt ist, die nur dch den Bew des vollen GgTeils entkräftet w kann; Schwegwiede Zweifel an der Vatersch, § 1600o II 2, genügen nicht. GgBew zB, wenn der Anfechtde der Frau überh nicht od jedenf nicht in der EmpfängnZt, für die § 1592 maßg ist, beigewohnt hat. MehrVerk, auch wenn der and Mann nicht ausgeschl w kann, die Behauptg empfängnverhüter Mittel, sei es seitens des Mannes,

1578

Verwandtschaft. 2. Titel: Abstammung §§ 1600m, 1600n

sei es seitens der Frau, reichen nicht aus, wohl aber erfolgreicher Bew dch Blutgruppe, erbkundl Gutachten § 1591 Anm 4, für den die Untersuchg nach ZPO 372a die Möglichkeit gibt. Kommt das Ger zu einem non-liquet, so ist kein voller GgBew erbracht; die AnfKlage ist abzuweisen, da die Vermutg nicht voll entkräftet ist; so auch Gernhuber § 57 IV 6, aM Odersky § 1600n IV 3 C m IV 5 (Anerkenng unwirks). Ausschl Zust, ZPO 641a.

2) Die Vermutung gilt nicht, wenn die AnerkenngsErkl dch Irrt, § 119 I, Drohg od Täuschg, § 123, zustande gekommen ist, was der Anfechtde zu bew hat. Der Mann hat in dem AnfStreit dann die Stellg, als wenn er die AnerkenngsErkl nicht abgegeben hätte; vielm gilt § 1600o II S 1 u 2. Es kommt also darauf an, ob der Mann in der EmpfängnZt beigewohnt hat, bejahendenf ob schwerwiegde Zweifel an seiner Vatersch verbleiben. Die Wirkg eines non liquet ist dann anders, § 1600o Anm 2.

1600n *Gerichtliche Feststellung der Vaterschaft.* ¹Ist die Vaterschaft nicht anerkannt, so ist sie auf Klage des Kindes oder des Mannes, der das Kind gezeugt hat, gerichtlich festzustellen.
IINach dem Tode des Mannes ist die Vaterschaft auf Antrag des Kindes, nach dem Tode des Kindes auf Antrag der Mutter vom Vormundschaftsgericht festzustellen.

Schrifttum: Reinheimer FamRZ **70,** 122; Damrau FamRZ **70,** 285; Brüggemann FamRZ **79,** 381.

1) Statt der nach früh Recht (neben der Möglk, im AbstammgsVerf zunächst die biolog Vatersch festzustellen) zur Begrdg der UnterhVerpfl ausreichden Feststellg der Zahlvatersch (§ 1717 aF) gibt es gem § 1600n nur noch eine Kl mit dem Ziel, den wirkl Vater zu ermitteln, wenn die Vatersch nicht schon vorher anerk wurde. In dem evtl voraufgegangenen EhelkAnfVerf braucht der als außerehel Erzeuger in Betr kommde Mann nicht beigeladen zu w (BGH **83,** 391). Das für u gg alle wirkde Urt nach § 1600n ist bei Feststellg der Vatersch zugl Grdlage für die UnterhVerpfl des Mannes, zu der auf Antr gem ZPO 643 im selben Verf verurt w kann (Lit: Demharter FamRZ **85,** 977), allerd nur zu RegelUnterh, währd Abweichgn dem Verf gem ZPO 643a vorbehalten sind (Zweibr FamRZ **80,** 1066), währd umgek der gesetzl Fordergsübergg n § 1615b iRv ZPO 643 zu beachten ist (BGH NJW **81,** 393). Dieser Antr auf Zahlg v RegelUnterh bleibt auch dann zul, wenn sich Haupts dch Anerk der Vatersch erledigt, Hamm FamRZ **72,** 268. FeststellgsVerf ist KindschSache, ZPO 640, zust das AG, GVG 23a Z 1, ZPO 641a. VerfR ZPO 640ff, 641ff (Inquisitionsmaxime). Bei unbekanntem Aufenth des EvtlVaters öff Zustellg gem ZPO 203 (Stgt DAVorm **74,** 614). Sobald Kl einger, ist einstw AnO auf Unterh od entspr SicherhLeistg mögl (ZPO 641d; vgl Brühl FamRZ **70,** 226). Kl schon neben derj sub § 1596 zul (KG DAVorm **77,** 606). Über Berufg zum OLG Anm 1 vor § 1600a. WiederAufn analog ZPO 579 I Z 4, wenn Bekl inf öff Zust von dem VaterschProz nichts erfahren hat (Hamm FamRZ **81,** 205).

2) Klageberechtigte, Klagevoraussetzung. Das Kind, für das idR der Pfleger handelt, §§ 1706 Z 1, 1709, gg den Mann, der Mann gg das Kind. Die Mutter hat keine KlBerechtigg, ist aber unter Mitteilg der Klage zum Termin zu laden u hat die Möglichk, als streitgenöss Nebenintervenient beizutreten, ZPO 640e. Voraussetzg jeder Kl ist, daß die Vatersch nicht schon wirks, § 1600f, anerkannt ist, sei es vom Mann od einem Dr, der tatsächl nicht der Vater ist, § 1600a Anm 2, auch § 1600b III, auch kein rechtskr Feststellgs-Urt vorliegt; Folge: Wirkg für u gg alle, § 1600a. Klagt das Kind gg den vermeintl Vater, beabsichtigt es aber für den Fall des Unterliegens einen Dr als Vater in Anspr zu nehmen, kann es, solange keine rechtskr Entsch vorliegt, den Dr dch Streitverkünd in dem schwebden RStreit mit den andern hineinziehen, ZPO 641b. Die hierzu Berecht klagen auf Feststellg der Vatersch. Ein Feststellgsinteresse des Kindes w immer gegeben sein, des Mannes, wenn er ein Interesse, ZPO 256, dartun kann, also insb, wenn das Kind zur Anerkenng seine Zust versagt, § 1600c, auf die zu klagen nicht mögl ist. KlErhebg jederzeit, keine Befristg. Mögl auch negat FeststellgsKl, die das G ausdrückl zuläßt, ZPO 640, 641h; trotzdem verneinen Gravenhorst FamRZ **70,** 127, Damrau FamRZ **70,** 287 Fußn 37, Rechtsschutzbedürfn, ebso wie die positive VaterschKlage, § 1600o Anm 2, bei einem non liquet abzuweisen ist, so auch Odersky IV 3 C. Eine Wirkg für u gg alle kommt dann nicht in Betr. Kein RSchutzbedürfn für VaterschFeststellungsKl vS des Kindes, wenn VaterschAnerk vorliegt u lediglich Nichterteilg der Zust keine Wirksamk erlangt hat (AG Dillingen DAVorm **77,** 509), es sei denn mit der Versagg des RSchutzbedürfn würde dem Kind der Vater aufgezwungen (Brüggemann FamRZ **79,** 384).

3) Nach dem Tode des Mannes nicht befristeter u unabh vom ErbErsAnspr des § 1934c mit RSchutzinteresse versehener (Düss FamRZ **76,** 226 mAv Bosch) Antr des Kindes auf Feststellg beim VormschG, **II,** bei dem der Richter entsch (RPflG 14 Z 3d), dagg sof Beschw (FGG 60 Z 6) an LG (Celle FamRZ **71,** 379). BeschwBerechtigt ist die Pers gem FGG 55b I, nicht die Geschw des verstorbenen Mannes (Hamm FamRZ **82,** 1239). Wicht für die Geltdmachg v Waisenrente (LG Hbg DAVorm **80,** 298) sowie erbrechtl Anspr vS des Kindes, nicht etwa Kl gg die Erben des Verstorbenen. Wird FeststellgsKl versehentl beim AG anhäng gemacht, Verweisg an VormschG (BGH NJW **74,** 494). Über die Zulässigk eines Antr n II kann gesondert entsch w; gg diese Entsch Beschw gem FGG 19ff (LG Hbg DAV **80,** 298). Vor AnO einer BlutUntersuchg (ZPO 372a) beweismäß Feststellg des GeschlVerk (Stgt Just **74,** 378). Zu den BlutGrBefunden v Blutsverwandten vgl Hummel DAVorm **77,** 5. **Nach dem Tode des Kindes** hat nur die Mutter das AntrR; bleibt entscheidde Vorfrage von ErsAnspr der Mutter gg den Mann auf Ers des Unterh, den sie bisher dem Kinde gewährte. Es entsch der Richter, RPflG 14 Z 3c. Stirbt eine Partei **während des Rechtsstreites,** ist Feststellgs- u RegelUnterhBegehren in der Haupts erl u Verf nach II einzuleiten (Stgt FamRZ **73,** 466). Nach dem Tod v **Mann, Mutter und Kind** ist eine gerichtl VaterschFeststellg unzul (BayObLG FamRZ **82,** 1129).

§ 1600 o Gesetzliche Vaterschaftsvermutung.

1600 o **Gesetzliche Vaterschaftsvermutung.** ¹Als Vater ist der Mann festzustellen, der das Kind gezeugt hat.

II Es wird vermutet, daß das Kind von dem Manne gezeugt ist, welcher der Mutter während der Empfängniszeit beigewohnt hat. Die Vermutung gilt nicht, wenn nach Würdigung aller Umstände schwerwiegende Zweifel an der Vaterschaft verbleiben. Die Empfängniszeit bestimmt sich nach § 1592.

Schrifttum: Roth-Stielow, Der Abstammgsprozeß, 2. Aufl 1978; Hausmann FamRZ 77, 302 (Internat RHilfe u Beweisvereitelg im Ausl). Vgl wg ält Lit 41. Aufl u iü Einf v § 1591.

1) Eingefügt dch Art 1 Z 9 NEhelG. Vgl zunächst Einf v § 1591. Der Grds v **I** gibt das Ziel des Verf an, dch das Urt den wirkl Vater festzustellen (**biologische Vaterschaft**). Das allein rechtf die Verbessergen der außerehel Vater-Kind-Beziehg (zB §§ 1711, 1738, 1934a) u ist auch bei der Auslegg v II 2 zu beachten. Allerd mehren sich die AnhPkte dafür, daß das ne Kind dch die neue VaterschVermutg ggü der früh Regelg eher benachteiligt w, was freil von Anfang an im Regelgshorizont des NEhelG lag (Odersky FamRZ **74**, 561). Dieses setzt – vielleicht voreil – auf die Fortschritte der Wissensch, so daß der Wille des GesGebers, die MehrVerkEinr (§ 1717 aF) zu beseitigen (BT-Drucks V/2370 S 37 f), nicht das entscheidde Ausleggsprinzip f § 1600o II 2 sein kann (aA Büdenbender FamRZ **75**, 189). Abgeschafft ist ferner die Feststellg einer auf die Beiwohng innerh der EmpfängnZt gestützten Gilt- od Zahlvatersch (§ 1717 aF). Unzul auch die Feststellg einer auf die UnterhVerpfl des Mannes beschr Vatersch (BGH **60**, 247; NJW **73**, 2251; vgl § 1600a Anm 3).

2) Beweisfragen. Das Ki muß seine Abstammg beweisen, wobei ihm die Vermutgsregelg v II 1 hilft, währd die Zweifelsregelg des II 2 eine Beweiserleichterg zG des in Anspr genommenen Mannes darstellt (Brschw DAVorm **81**, 51). Der Fortschritt im Bereich der medizin Forschg mit ihren modernen Untersuchgsmethoden (Einf 3 vor § 1591) ermöglicht nicht selten den **positiven Vaterschaftsnachweis;** dann ist der Mann unmittelb nach I als Vater festzustellen. Demnach ist unter normalen Umst die **Vaterschaft bewiesen** bei einer VaterschPlausibilität v 99,99% (KG u Zweibr DAV **84**, 503 u 1033); 99,89% (Hbg DAV **85**, 325); 99,85% (BGH FamRZ **74**, 88; Hbg DAV **85**, 147). Weitere BewMittel sind nicht erfdl, es sei denn, es handelt sich um einen seltenen, bes gelagerten Fall, wie einmaliger Verk (Hbg DAV **85**, 325). Auch bei 99,73% (KG DAV **80**, 660) od 99,6% kommt ein GgBew kaum noch in Betr (Bln Schönebg FamRZ **74**, 202). Maßgebl sind einers die angewandten BlutmerkmSysteme (Hbg DAV **77**, 166: 99,87% bei Heranziehg des HL-A-Systems). Andrers können höchste Wahrschnlkten auch rass Unterschiede, etwa in **Kaukasierfällen**, neutralisieren (Mü NJW **84**, 1826 u DAV **85**, 70). Schließl kann eindeut Erbanlage, wie erbl Asthma, entscheiden (Oldbg DAV **76**, 494). Bei einem W-Wert von 99,8% brauchen GAen über angebl Zeuggsunfähigk nur bei Vorliegen konkreter Anhaltspkte dafür eingeholt zu werden (Bambg DAVorm **77**, 507). Die Möglichk, die Vatersch positiv dch naturwissenschaftl GAen nachzuweisen, erlaubt es nicht mehr, eine VaterschKl nur desh abzuweisen, weil sich die Beiwohng dch Zeugen nicht nachweisen läßt (Kblz DAVorm **78**, 278). Im übr, dh wenn die Vatersch nicht voll bewiesen ist, gibt **II** eine **Vaterschaftsvermutung** unter der doppelten Voraussetzg, daß der angebl Vater der Mutter innerh der gesetzl EmpfängnZt beigewohnt hat (Anm a) u daß keine schwerwiegenden Zweif an seiner Vatersch verbleiben (Anm b). Das Ger muß beide Wege zur gerichtl Feststellg der Vatersch, I u II, deutl auseinanderhalten (BGH NJW **78**, 1684). Die VaterschVermutg des II greift nur ein, wenn flgde **Voraussetzungen** erfüllt sind:

a) Der in Anspr gen Mann muß der Mutter währd der EmpfängnZt (§ 1592) **beigewohnt** haben, **S 1**, was v Kl zu beweisen ist. Vermutg der Vatersch auch bei Unterschreitg der gesetzl EmpfängnZt mögl bei extremer Frühgeburt (Kblz DAVorm **76**, 194). Für die Beiwohng genügt bedingt ggs Berührg der GeschlTeile so, daß nach den Erfahrgen der Wissensch eine Empfängn mögl ist (Stgt DAVorm **77**, 233). Nicht erfdl der Nachw eines Samenergusses (Hbg DAVorm **74**, 601). Für den Bew der Beiwohng kommen auch die medizin GAen in Betr (AG Westerbg DAV **86**, 372: 99,99%); doch reichen dafür ein Essen-Möller-Wert v 98% (Ffm DAVorm **75**, 235) u als Ergebn der erbbiolog Begutachtg „Vatersch wahrscheinl" nicht aus (BGH FamRZ **74**, 85), ebsowenig ein E-M-Wert v 99,2% iVm erbbiolog GA („Vatersch in höchstem Maße wahrscheinl"), wenn die Mutter hins des GeschlVerk bereits einen Meineid geschworen hat (Saarbr DAVorm **76**, 491; zweifelh!); wohl aber eine ungewöhnl BlutZusSetzg (vgl Stgt DAVorm **74**, 234). Zu beachten ist, daß GAen, die dem Richter für die volle VaterschÜberzeugg iSv I nicht ausreichen, auch nicht als Indizien für den GeschlVerk innerh der EmpfängnZt herangezogen w dürfen (BGH NJW **76**, 369 m wg ZPO 286 abl Anm v Odersky). Der systemat Aufbau des § 1600o erlaubt es nicht, die nicht mögl Feststellg des Verk innerh der gesetzl EmpfängnZt aGrd der nicht ausreichenden AbstammgsGAen zu treffen, um daran dann die Vermutg des II 2 zu knüpfen (Brem DAVorm **77**, 602). Eine unglaubwürd Darstellg der Mutter kann trotz eines E-M-Wertes v 99% zur Verneing der Beiwohng währd der gesetzl EmpfZt führen (Hbg DAVorm **74**, 112). Ist Beiwohng bestr, dann müssen medizin GAen jedenf dann eingeholt w, wenn die Ehe der KiMutter gesch w, weil sie den angebl KiVater des öfteren gg den Willen des Ehem in der ehel Wohng empfangen hat (Saarbr DAVorm **77**, 131).

b) Die Vermutg darf nicht entkräftet w, was einmal dch den GgBew geschehen kann (negat VaterschBew), daß die Erzeugg „den Umst nach offenb unmögl ist" (§ 1591 I 2 u Anm 4), zum and dadch, daß **schwerwiegende Zweifel an der Vaterschaft** verbleiben, **S 2.** Dch diesen Kunstgriff kann die Vermutg ausgeschaltet w ohne Einhaltg der Anfdgen, die an den strikten GgBew zu stellen wären. Die Frage schwerwiegder Zweif richtet sich nach der Zielvorstellg des Ges: Bei Gleichgewichtigk der für die Vatersch v 2 Männern sprechenden Umst, sind die Zweif schwerwiegd, daggn sind sie es nicht, wenn mehr für als gg die Vatersch des Bekl spricht (BGH DAVorm **81**, 274). Verbleiben bei der Gesamtwürdigg „nur noch geringe Zweifel an der Abstammg" (RAusschußBer zu Drucks V/4179), dann gilt die Vermutg des II 1 u hat die Feststellg nach I zu erfolgen, so zB wenn nach Essen-Möller Vatersch zu 97% wahrscheinl u erbbiolog GA mit größter Wahrscheinlk bejaht (BGH FamRZ **74**, 87). Ebso bleibt es natürl bei I, wenn die Vatersch bei im Ergebn ausgeräumten Zweifeln bewiesen ist (Brschw DAVorm **80**, 553). Bleiben daggn schwerw Zweif, ist

Verwandtschaft. 2. Titel: Abstammung § 1600 o 2 b

die Vermutg gem II 2 erschüttert u die Kl abzuweisen. IjF kann aGrd neuen VaterschGAs RestitutionsKl gg das rechtskr VaterschUrt erhoben w (ZPO 641 i).

aa) Vor Feststellg der Vatersch hat das Ger (*arg* „Würdigg aller Umst" u „Zweif verbleiben") sämtl nach Lage des Falles vernünftigerw f die Ermittlg des Abstammungsverhältn dienl, dh alle zur Vfg stehden, eine weitere Aufklärg versprechden **Beweise zu erheben** (BGH 61, 168; NJW 73, 2250), u zwar auch bei höchster VaterschWahrscheinlk zB einem angebl Alibi od TragZtProbl nachzugehen (BGH NJW 87, 2296; aA versch OLG, zB KG DAV 88, 620 bei 99,73%). Die Grenze der ErmittlgPfl liegt erst bei der Uneinsichtigk der Parteien (Hbg DAV 83, 955). Das Ger muß aber der Behauptg des angebl KiVaters nachgehen, er sei impotent (BGH FamRZ 77, 538), od selbst bei einer VaterschPlausibilität von 99,9996% bei Beteiligg von Persern angebotene MehrVerkZeugen vernehmen (BGH FamRZ 88, 1037). Die Rkraft der EhelkAnfechtg steht einer BewAufn über die Erzeugersch des früh Scheinvaters nicht entgg (Ffm NJW 88, 832). Ferner hat es (auch ohne konkr AnhPkte für MehrVerk) serolog GA mit statist Auswertg einschließl HLA-GA vAw (BGH NJW 78, 1684) o auch anthropolog GA einzuholen (KG FamRZ 73, 270; Hbg FamRZ 75, 107; Brühl FamRZ 74, 67). Vgl dazu Einf 3 b u c vor § 1591. Zweckmäß ist die Aufstellg eines Ermittlgsplanes (Vernehmg der KiMutter, BlutGruppGA, Biostatistik, erbbiolog GA usw), wobei die weiteren Ermittlgen vom Ergebn der vorher abhäng sein können (KG DAVorm 79, 586). Von biostatist Einbeziehg v 2 konkr MehrVerkZeugen kann jedoch bei einem E-M-Wert v 99,8% abgesehen w (Hamm DAV 86, 887); and BGH DAV 88, 805 trotz höchster VaterschPlausibilität bei einem Perser. Von anthropolog GA kann abgesehen w bei einem E-M-Wert v 99,6%, wenn Vatersch zunächst anerk war (Kblz FamRZ 75, 50), v 99,7% bei geschiedenen Vater (Hamm DAVorm 75, 471), ferner (auch bei Fremdstämmigk) bei einem E-M-Wert v 99,85 bis 99,99% (KG DAV 88, 280) bzw 99,85% (BGH FamRZ 74, 88) od 99,89% (Hbg ZBlJugR 78, 487), dagg wohl kaum bei einem WahrscheinlkWert v 95,5% allein desh, weil die erbbiolog Begutachtg mit schwerw Eingr in PersRechte verbunden ist (BGH FamRZ 74, 598; aA Bambg DAVorm 74, 184), u auch nicht bei VaterschPlausibilität v 99,91% bei feststehdem MehrVerk, ohne weitere Aufklärg des LebWandels der Mutter (aA Hbg ZBlJugR 76, 359). Zum **Beweiswert** der versch GAen sowie zu den Grenzen der BewErhebg Einf 3 e vor § 1591. Bei **Beweisvereitelung** dch den in Anspr gen Mann idR nach allg Grdsätzen keine schwerw Zweifel mehr (BGH NJW 86, 2371 mN). Das gilt auch dann, wenn das HeimatR des bekl Mannes diesem in R zur Verweigerg der Blutuntersuchg gibt (KG DAV 85, 1001). Die Feststellg der Vatersch kann in einem solchen Fall allein auf der Aussagen v Zeugen u sonst ProzBeteiligten gestützt w (Stgt DAVorm 78, 636).

bb) Vor Bejahg v schwerw Zweif iSv II 2 sind **alle Umstände zu würdigen.** Ziel der in II 2 gewählten Formulierung war nicht die Umkehr der nach wie vor das klagde Kind betreffden obj **Beweislast** für seine Abstammg vom Bekl; Zweck war vielm, den Richter bei der BewWürdigg freier zu stellen (BT-Drucks V/2370 S 37 f), dh sich ggf mit einem geringeren GewißhGrad zu begnügen (BGH 61, 169). Zur BewlastDogmatik iü vgl Büdenbender FamRZ 75, 189. Die Erleichterg f das Kind liegt darin, daß es nicht des Nachw der an Sicherh grenzden Wahrschlk der Vatersch bedarf, sond auch ein darunter liegder WahrschlkGrad hierfür ausreichen soll (BGH NJW 74, 2046). Der hier zu Grde zu legde WahrschlkBegriff ist nicht derj der biostatist Methoden (BGH NJW 76, 367). Ein E-M-Wert v nur 2% begründet für sich allein schwerw Zweif, schließt aber die VaterschFeststellg nach and Methoden nicht aus; anders Mü DAVorm 75, 51, das in solchen Fällen Vatersch bejaht u Zahlg der UnterhRente auf SperrKto des JA anordnet. Bei einem WahrscheinlkUrt „Vatersch unentschieden" (zB 79%) od auch „Vatersch wahrscheinl" ist daher erbbiol GA einzuholen; Nichteinholg ist ein die Zurückverweisg begründder VerfMangel (Hbg FamRZ 75, 107). Es ist Sache des Kindes, den evtl MehrVerkVerdacht auszuräumen. Bei unentschiedener VaterschWahrscheinlk gilt die Vermutg v II 1 nur, wenn keinerlei Grde vorliegen, die Anlaß zu schwerw Zweif geben; die Vermutg hängt demnach davon ab, daß das Kind schwerw Zweif an der Vatersch des Bekl gar nicht erst aufkommen läßt od wieder beseitigt. Die Vermutg gilt nicht bei Ungewißh, ob schwerw Zweif vorh sein könnten, falls weiter aufgeklärt würde (vgl BGH NJW 74, 2046 u FamRZ 76, 85 gg Ankermann NJW 74, 584 u 75, 592, der den Ann gen Mann für alle Umst hetpflichtig ansieht, die beim Ger schwerw Zweifel begrden könnten). Anderers kommt es für deren Bejahg umgek nicht darauf an, daß sie der Ann einer offenb Unmöglk nahekommen (BGH NJW 74, 2250). Bes zu beachten aber, daß die Indifferenzzone zw 90 u 10% Wahrscheinlk weder einen pos noch einen negat Hinw auf die Vatersch gibt u desh für die pos Feststellg der Vatersch wertlos ist (Ritter FamRZ 73, 125; Spielmann/Seidl NJW 73, 2231; BGH NJW 73, 2249), was idR daran liegt, daß Mutter u Kind in ihren Eigensch einand weitgeh ähnl sind. In solchen Fällen sind dann die übr Umst ausschlaggebd, zB Glaubwürdigk der KiMutter u ÄhnlichkGA (BGH NJW 76, 368). Ergibt sich aber zB für die Wahrscheinlk des MehrVerk ein non liquet, so gilt II 2 (BGH NJW 76, 367).

cc) Für die Frage, wann II 2 eingreift, sind bl Umschreibgen wie beachtensw, erhebl, gewicht, schwer zu beseitigde Zweif uä unergieb, prozentuale WahrschlkBerechngen noch kaum sinnv dchführb (Stgt Just 72, 388) insb je heterogener die BewertgsGrdlagen (naturwiss GAen, Zeugenaussagen usw) sind (Mutschler JR 76, 115). Auch bei extrem hoher VaterschWahrscheinlk können aGrd bes AnhaltsPkte schwerw Zweif bestehen bleiben u umgek (BGH 61, 172 f). So ist trotz einer VaterschWahrscheinlk v 99,8% bei einem 72jähr einer behaupteten ZeuggsUnfähigk vAw genauso nachzugehen wie dem behaupteten MehrVerk (BGH NJW 74, 1428). Entscheid ist, **welche Tatsachen** geeignet sind, beim Richter schwerw Zweif an der Vatersch zu begründen (zum flgden Odersky S 168): GeschlVerk mit einem and Mann nur, wenn dieser Zweifel an der Vatersch begründet (BGH FamRZ 89, 1067); ungewöhnl zu frühe Zeitspanne zw Beiwohng u Geburt des voll ausgereiften Kindes; Abstammg v Bekl nach erbbiol GA „sehr unwahrscheinl"; geringe Wahrscheinlk der Vatersch nach versch GA; nachweisl Beiwohng nur an sterilen Tagen der Frau; Mutter bezeichnete früher einen and Mann als Vater (Lüderitz FamRZ 66, 615); GebrMachen v ZeugnVerwR dch die Mutter (Karlsr DAVorm 74, 449); ferner wenn Kind im System GPT den Phänotypus GPT 2, seine Mutter GPT 2-1 u der angebl Vater GPT 1 hat (Stgt ZBlJugR 77, 177); Ausschl in den UnterGr des Gc-Systems iVm dem ReinerbigkAusschl im Gm-System (Hbg DAV 82, 680); dagg kaum je der Einwand, empfängnverhütde Schutzmittel gebraucht zu h (BGH FamRZ 74, 644); nur einmaliger GeschlVerk innerh der EmpfängnZt

## § 1600 o, Einf v § 1601	4. Buch. 2. Abschnitt. *Diederichsen*

(Hbg DAVorm **79**, 296) u nicht für sich gen ein WahrscheinlkWert nach E-M v 55%, dann vielm erbbiol GA (Düss DAVorm **74**, 109). Der UntersuchgsGrds (ZPO 640 I, 622 I) zielt auf Klärg der biolog Abstammg. Desh nicht einf derj als Vater festzustellen, für den relativ die größte Wahrscheinlk spricht (BGH **61**, 174), auch nicht ow unter Brüdern (Schlesw DAV **84**, 398; and KG DAVorm **74**, 611) od sonst nahen Verwandten (vgl auch Anm ee). Regelm verbleiben schwerwiegende Zweif bei VaterschFeststellg gg **eineiige Zwillinge** (BGH FamRZ **89**, 1067).

dd) Kein unzul AusforschgsBew, wenn **Verdacht auf Mehrverkehr** der Kindesmutter geäußert w ohne Benenng eines MehrVerkZeugen (Düss FamRZ **71**, 452). GA-Einholg entfällt jedoch, wenn Bestreiten des InAnsprGen offensichtl grdlos ist (Celle NJW **71**, 1086; Roth-Stielow Just **72**, 211) od wenn gewicht Anzeichen f die Vatersch des Bekl, aber keine f den MehrVerk (Stgt FamRZ **72**, 584; MDR **73**, 52; Karlsr Just **72**, 357). **Indizien** für MehrVerk: Sof Hingabe dch die Mutter; gleichzeit Intimverhältn zu and (als Erzeuger ausgeschl) Mann (KG FamRZ **74**, 467).

ee) Aber auch der **bewiesene Mehrverkehr** begründet nicht ow schwerw Zweif, sie müssen vielm dch weitere Untersuchgen erhärtet w (KG FamRZ **71**, 97). Zunächst ist zu klären, ob ein angen MehrVerk vom Ztpkt her mit den ReifeMerkm des Kindes übereinstimmt (Mutschler JR **76**, 115). Entscheiden kann in solchen Fällen die relativ höhere VaterschWahrscheinlk bei einem Mann (BGH StAZ **74**, 325). Bei markanten posit Abstammgshinweisen wird der BewWert eines EinMann-GA auch dch bewiesenen MehrVerk nicht erschüttert (Stgt Just **73**, 20). Absehen v erbbiolog GA nur, wenn davon keine Änd des bish BewErgebn zu erwarten ist (Düss DAVorm **74**, 554). Desh uU keine Dchführg eines entspr BewBeschl bei einem W-Wert v 99,7% (Karlsr DAVorm **74**, 557; zur Kontroverse um die dort zGrde gelegte AusschlWahrscheinlk Hummel DAVorm **74**, 597; Ritter DAVorm **75**, 12).

ff) Ist MehrVerk zwar nicht bewiesen, aber auch nicht auszuschließen (sog **möglicher Mehrverkehr**) und erbringen die GA keinen deutl Hinw auf die Vatersch, so sind schwerw Zweifel nach dem GesZweck nicht ausgeräumt (Düss FamRZ **71**, 377 u ähnl 379; Kblz DAVorm **75**, 225). Dagg VaterschFeststellg bei VaterschWahrscheinlk v 98% (Hbg DAVorm **75**, 229), ja sogar v 94% zul, wenn Akt richterlicher BewWürdigg (BGH DAVorm **76**, 85). Für Ann des MehrVerk genügt WahrscheinlkUrt (Leipold FamRZ **73**, 73), wobei LebWandel der Mutter zu berücks ist. Ob für schwerw Zw an der Vatersch eines Türken ein E-M-Wert v 21% iVm der bl Möglk eines MehrVerk der Mutter ausr (so BGH NJW **73**, 2250), ist selbst zweifelh (vgl die Kritik v Maier NJW **74**, 605; KG NJW **74**, 609). Umgek vermag ein hohes WahrscheinlkUrt (98,5%) für sich gen nicht die Glaubwürdigk der Aussage der Mutter z erhöhen, keinen MehrVerk gehabt zu h, u damit ow ein erbbiolog GA z ersetzen (BGH NJW **74**, 606 m krit Anm Maier NJW **74**, 1427). Bei einem bes hohen VaterschPlausibilitätsgrad braucht auch ein namentl benannter MehrVerkZeuge nicht in die Untersuchg einbezogen zu w (Hoppe DAV **86**, 11; aA Hbg DAV **86**, 81: 99,98%). Die bloße Möglk eines MehrVerk in der EmpfängnZt begründet jedoch nie schwere Zweif.

gg) Der Nachw, daß die Mutter Prostituierte od sonst eine leicht zugängl, zu wechselndem GeschlVerk neigde Pers ist (**Dirneneinwand**), führt stets zu II 2; dann ist iGgs z BGH FamRZ **77**, 706, der es genügen lassen will, wenn dch die BewAufn die Bedenken gg die Vatersch soweit ausgeräumt werden, daß nur noch geringe Zweif verbleiben, posit VaterschBew erforderl (KG MDR **70**, 765; Nürnb FamRZ **71**, 533), der nach dem Gesagten nicht mit einem E-M-Wert v 70% geführt w kann (Karlsr FamRZ **74**, 263), wohl aber mit einem E-M-Wert v 99,97% (Stgt DAV **75**, 621) u selbst bei Prostituierter aGrd seltener ÄhnlichkMerkm (Karlsr DAVorm **74**, 446) od aGrd eines E-M-Wertes v 99,6% (Brschw DAVorm **76**, 43) bzw 99,65% unter Berücks des sex Verhaltens der Mutter (Stgt NJW **76**, 1158). IjF kann sich der GeschlVerk mit einer Vielzahl anderer Männer bei der biostatist Berechng auf das Rechenergebn auswirken (BGH NJW **82**, 2124). Celle FamRZ **71**, 375 hält in derart Fällen Zweif nicht für ausgeräumt, wenn der ausschließl dch BlutgrGA nicht auszuschließen ist u das erbbiol GA z Ergebn „Vatersch sehr wahrschl" kommt (aA BayObLG FamRZ **73**, 463, das II 2 außerd auch dann ablehnt, wenn Empfängn in der prämenstruellen Phase unterstellt w muß). Über die Verwendbark serostatischer Ergebn in Dirnenfällen entscheidet der Tatrichter (BGH NJW **77**, 2120). Zum BewWert biostatistischer GAen in Dirnenfällen Hummel DAVorm **78**, 347.

hh) Zu zusätzl Schwierigkten mit **ausländischen** Bevölkergsgruppen vgl Kln NJW **73**, 562. Die biostatist Auswertg v BlutgrGAen bei Beteiligg v Türken bejaht BGH NJW **80**, 636; KG FamRZ **75**, 285, DAVorm **76**, 32 u **80**, 204; ebso Brem DAVorm **76**, 483 (iGgs zu Hbg NJW **73**, 2255; Oldbg DAVorm **73**, 486), v Koreanern Hummel DAVorm **75**, 469, v Mittelfranzosen Kblz DAVorm **76**, 622, v Spaniern Karlsr DAVorm **76**, 627, Puertoricanern (Hummel DAVorm **80**, 195). Keine schwerw Zweif, wenn Bekl (zB dch Verlegg seines Aufenth ins Ausl) serostatist u erbbiol GA vereitelt (Stgt Just **74**, 375 sowie DAVorm **75**, 372; Mü DAVorm **78**, 354; and Karlsr FamRZ **77**, 341 bei einem E-M-Wert v 85% in einem VorProz). ZPO 444 auch, wenn angebl Vater in der Türkei die BlutUntersuchg (ZPO 372a) verweigert (Hbg DAVorm **76**, 625).

ii) Auch für **Inzestfälle** gibt es Tab (AG Aach DAV **86**, 450). Zum VaterschNachw bei **Mongolismus** vgl Pfeiffer DAVorm **77**, 163 u AG Lüb DAVorm **77**, 210.

jj) Mit der **Revision** ist Entsch des Tatrichters nur angreifb wg Verstoßes gg VerfVorschr, Denkgesetze od Erfahrgssätze sowie wg Zugrdelegg eines zu hohen od zu geringen IrrtRisikos (BGH **61**, 169); krit iS einer erweiterten Revisibilität Büdenbender FamRZ **75**, 194. **kk)** Bei neuem GA RestitutionsKl gem ZPO 641i (BGH FamRZ **80**, 880; Einf 2b vor § 1591).

Dritter Titel. Unterhaltspflicht

Einführung

Schrifttum: Göppinger ua, UnterhR, 5. Aufl 1987; Kalthoener/Büttner, Rspr zur Höhe des Unterh, 4. Aufl 1989; Köhler, HBuch des UnterhR, 7. Aufl 1987; Thierschmann, UnterhAnsprüche Volljähriger gg

Verwandtschaft. 3. Titel: Unterhaltspflicht **Einf v § 1601** 1–3

ihre Elt 1986; Diedrich, UnterhBerechng n Quoten u Tab, Bln/Mü 1986; Heiß ua, UnterhR, Ein Hdb f d Prax, 2. Aufl 1988; Wendl/Staudigl, Das UnterhR i d famgerichtl Prax, Mü 1986; Holzhauer, UnterhRegreß, FS E Wolf 1985, S 223; Altfelder, Steuerl Gestaltg des Eheg- u KiUnterh, 1987; Friederici, Aktuelles UnterhR 1988. Zu früh Lit 48. Aufl. – Zum **Familienlastenausgleich:** Dornbusch FamRZ **83**, 109; Derleder/Derleder DAV **84**, 99; Schmitz-Pfeiffer DAV **84**, 631. **Tabellen:** Lemke/Glockner, Famrechtl Tab, 4. Aufl 1989; Kemnade/Schwab, Aktuelle Leitlinien u Tab zu Unterh, VA u ZugewAusgl, 1989; vgl iü § 1610 Anm 1.

1) Rechtliche Natur. Der gesetzl UnterhAnspr ist begründet im FamR, näml dem verwandtschaftl Verhältn (Übbl 2 v § 1589): Soweit er aber auf eine Leistg gerichtet ist, ist er schuldrechtl Natur (sa § 1615d). Die gesetzl UnterhPfl erschöpft sich nicht in einem einmal Geschehen, sond stellt einen dauernden, sich fortsetzden Zustand dar; UnterhAnspr entstehen in jedem Ztpkt, in dem ihre Voraussetzgen vorliegen, neu (BGH **82**, 250 f; **85**, 25). Daher die Unwirksamk des Verzichts für die Zukft u von Vorausleistgen (§ 1614). Mögl aber AbfindgsVertr des nehel Kindes (§ 1615e). UnterhPfl **zwingend** (vgl § 1360 Anm 1; Ausn: Anm 4). Insbesondere keine Entbindg davon mRücks auf GG 12 I; Berufsfortbildg rangiert hinter der UnterhPfl (OVG Münst FamRZ **75**, 60). Das UnterhR enthält zahlreiche **unbestimmte Rechtsbegriffe** („außerstande", sich selbst zu unterhalten, „angem Unterh" usw); zur besseren Handhabg u im Interesse der RSicherh haben die Gerichte **Bedarfstabellen** u Leitlinien entwickelt. Vgl dazu § 1610 Anm 1. Neben der UnterhPfl können die Elt insb ihren aufsichtsbedürft Kindern ggü **schadensersatzpflichtig** werden (vgl § 1664). Zur Sicherg der UnterhAnspr dch das **Strafrecht:** StGB 170b. **Reform:** Schwenzer FamRZ **89**, 685; zur unterhrechtl Berechng von Aufwendgen für Körper- u GesundhSchäden BR-Drucks 386/89: Einfügg einer ges Vermutg (§ 1610a), daß schadensbedingte Mehraufwendgen hierfür empfangene SozLeistgen aufzehren.

2) Inhalt und Anwendungsgebiet. §§ 1601 ff betreffen im allg nur die verwandtschaftl Unterhaltspflicht, also die der Kinder, ehel u nehel, Enkel, Urenkel gg ihre Eltern, Großeltern, Urgroßeltern sowie umgekehrt, vgl §§ 1589 Anm 2, 1601 Anm 2, des durch EhelichkErkl legitimierten Kindes u seiner Abkömmlinge ggü dem Vater u umgekehrt, §§ 1739, 1740 f, des angenommenen Kindes u Annehmden ohne ie sich aus § 1763, 1766 aF ergebenden Einschränkgen u unabh u selbst dann, wenn das AdoptVerhältn fakt bereits längere Zeit nicht mehr bestanden hat (AG Böblingen DAVorm **76**, 649). Auch das scheinehel Ki behält bis zur rechtskr Feststellg der Nehelk seinen UnterhAnspr; auch keine Aussetzg des UnterhVerf (Hamm FamRZ **87**, 1188). Ergänzt, zugl aber auch über den 3. Titel hinaus erstreckt werden die Vorschr durch die Verpflichtg der Eheg, die Familie angemessen zu unterhalten, §§ 1360 bis 1360b, u die Verwendg der Einkünfte bei GütGemsch, § 1420, sowie die aus dem Kindesvermögen zum Kinder-, ggf FamUnterh, § 1649, die UnterhVorschr bei Getrenntleben, § 1361, geschiedener Eheg, §§ 1569 ff bzw bei Altscheidgen EheG 58–70, 72, nach NichtigErkl der Ehe, EheG 26, nach Aufhebg der Ehe, EheG 37, 39 II 2. Im ErbR ergeben sich UnterhPflichten aus §§ 1963, 1969, 2141; in den Ländern der früh BritZ VersorggsAnspr aus der **HöfeO** (vgl dazu EGBGB 64 Anm 3) §§ 12, 14 II. Nach HöfeO 12 VI idF v 29. 3. 76 (BGBl I 881) hat der Hoferbe dem mj Miterben die Kosten des angem LebBedarfs u einer angem BerufsAusbildg zu zahlen u ihm zur Erlangg einer selbstd LebStellg od bei Eingeh einer Ehe eine angem Ausstattg zu gewähren. Bei UnterhVerpfl eines Dr nur AusfallHaftg des Hoferben (HöfeO 12 VIII). ErgänzgsVorschr aus dem SchuldR enthalten §§ 519, 528, 529, 679, 683, 685 II, 829 u vor allem §§ 843 IV, 844 II. Die §§ 1601 ff finden keine Anwendg auf Altenteilsverträge (Duisbg- Ruhrort DAV **83**, 530). Die §§ 1601 ff gelten hins der UnterhVorauss auch für **nichteheliche Kinder,** allerd mit den sich aus den §§ 1615a–1615o ergebenden Modifizierg en.

Der dritte Titel ist in **2 Untertitel** eingeteilt. Mit Rücks auf die Gleichstellg der nehel mit den ehel Kindern enthält der I. Untertitel die für alle Kinder geltden allg Vorschriften, §§ 1601–1615, der II. Untertitel, §§ 1615a–o, die bes Vorschr für das nehel Kind u seine Mutter, die die bisherigen Best über die UnterhPfl des nehel Vaters, §§ 1708 aF ff, ersetzen. Problemat ist, ob sich aus dieser Zweispurigk f das nehel Kind unterschiedl hohe UnterhAnspr ergeben je nachdem, ob es den RegUnterh plus Zuschl geltd macht od sich auf den allg UnterhAnspr beruft (so LG Bln DAVorm **75**, 354).

3) Besonderheiten des Unterhaltsanspruchs. Vgl. Einf 2b vor § 1569.

a) **Verjährung.** Keine Verj hins des die UnterhVerpfl begründenden VerwandtschVerhältn (§ 194 II). Rückstände sind nur unter den Vorauss von § 1613 geltd zu machen u unterliegen iü einer VerjFr von 4 J (§ 197); zur Hemmg § 204 Anm 2b. Zur **Verwirkung** von UnterhAnspr: § 242 Anm 5; Düss FamRZ **89**, 776.

b) **Verstöße gegen die Unterhaltspflicht** können als SchuldnVerzug (§ 1613 Anm 2a) od pos FdgsVerletzg (§ 276 Anm 7) gewertet werden u Anspr auf **Schadensersatz** auslösen (v Krog FamRZ **84**, 539; DAV **85**, 625), zB bei fehlerl Begründg einer KrankVers (Schlesw FamRZ **83**, 394). UnterhAnspr sind vom Eintr des Verzugs an, insb also bei Rhängigk, zu **verzinsen** (BGH FamRZ **87**, 352; Hamm FamRZ **88**, 952). **Andere Rechtsfolgen** ergeben sich im ehel GüterR (§§ 1381 II, 1386 I, 1447 Z 2, 1469 Z 3, 1495 Z 2), beim nachehel Unterh (§ 1579 Z 5), im VA (§ 1587c Z 5), für die elterl Sorge (§ 1666 III) u Adoption (§ 1748 I 1) sowie im ErbR (§§ 2333 Z 4, 2334). **Strafrechtlicher Schutz:** StGB 170b.

c) **Pfändbarkeit.** Ges UnterhRenten sind bedingt unpfändb (ZPO 850b I Z 2 u II), auch die Rückstände (BGH **31**, 218). Demgem keine Abtretg (§ 400) u keine Aufrechng gg sie (§ 394). Dagg unterliegt das Verm des UnterhSchu hins der Pfändgsgrenzen einem erweit Pfdgszugriff des UnterhGläub (ZPO 850d).

d) Im **Konkurs** des UnterhSchu sind fäll UnterhAnspr KonkFdgen. Künftige UnterhAnspr können dagg nicht als KonkFdg geltd gemacht werden (Jaeger/Henckel, KO, 9. Aufl, § 3 Rdn 110); eine Ausn gilt lediglich, soweit der GemeinSchu als Erbe des UnterhSchu haftet (KG 3 II; Jaeger/Henckel Rdn 117).

e) Bei **Tötung** des UnterhPflicht hat der Berecht gem § 844 II einen SchadErsAnspr gg den Dritten (§ 844 Anm 6 A b); bei Tötg eines nehel Vaters iH des RegelUnterh bzw bei Mitverschulden des Getöteten iH einer Quote des RegUnterh (LG Ulm FamRZ **76**, 225).

f) Die wirtsch **Belastung mit einer Unterhaltspflicht** ist iR des sog **Familienlastenausgleichs** mangels anderweit Erleichtergen im EinkStR zu berücks (BVerfG FamRZ 77, 120) u kann sich etwa bei Fehlern von Anw od Ger iR eines EhelkAnfVerf (§ 1593 Anm 1) als ersatzfäh **Vermögensschaden** darstellen (Vorb 2 vor § 249).

g) Unterhaltszahlungen unter Vorbehalt haben folgde Wirkgen (BGH FamRZ 88, 259/63f): Ausschl der AnerkWirkg iS von § 208 (Anm a); Offenhaltg der RückFdgsMöglk aus unger Bereicherg (§ 814); nur ausnahmsw Verlust der Tilggswirkg (§ 362 I). Übl zur Abwendg der ZwVollstr aus vorläuf vollstreckb Urt (BGH FamRZ 84, 470/7).

h) Bei **Zahlung nicht geschuldeten Unterhalts** ist zu unterscheiden: **aa)** Bei **Überzahlungen:** §§ 1360b, 1361 IV 2, 1614 II. **bb)** Bei **Weiterempfang austitulierten Unterhalts** trotz Wegfalls der Bedürftigk ggf SchadErs (BGH NJW 86, 1751); ebso bei Verletzg der Verpfl zur unaufgeforderten Information bzw der AuskftsPfl (§ 1605 Anm 1 u 4). Vgl iü Einf 6j vor § 1601. **cc)** Ein **familienrechtlicher Ausgleichsanspruch** kann zG desj EltT entstehen, der für den Unterh eines gemeins Ki in der Absicht aufkommt, dafür von dem and EltT Ersatz zu verl (§ 1606 Anm 3 A d bb).

4) Vertragliche Unterhaltsregelungen können vertragl Pflichten für NichtFamMitgl begründen (zB für das Ehebr gezeugte Ki; Hamm NJW 88, 830), wie im FamR für gesetzl begründete UnterhVerhältn bestehen (BGH NJW 86, 374); es gilt dann aber nicht ijF ergänzend die gesetzl Regelg, zB § 1609 im Verhältn zur Pflegemutter (BGH FamRZ 86, 669). Hat die vertragl UnterhRegelg ov Verwandten od Eheg konkretisierend nur die gesetzl UnterhPfl zum Ggst, so wird der Charakter der Verpflichtg nicht durch die vertragl Feststellg geändert (RG 164, 65). Es gelten auch dann die Vorschr für den gesetzl UnterhAnspr, also auch das Anm 3 Ausgeführte. Auch Schriftlichk gem § 761 dann nicht erforderl. **Stillschweigende** UnterhVereinbgen mögl, insbes bei länger dauernde, regelmäß monatl Zahlgen des UnterhPflichtigen. Eine Dauer v 19 Mo genügt hierfür jedoch ohne weitere Umst nicht (Karlsr FamRZ 81, 384). Die Bezugn auf die Düss Tab kann die damaligen Quoten festschreiben od die jeweilgen, geänd Quoten (Schlesw SchlHA 79, 227). Selbst dann (ebso im Falle eines LeibrentenVertr) kann aber der Schu sich auf so wesentl Veränderungen berufen, die die **Geschäftsgrundlage** berühren (§ 242 Anm 6 A). Aber bei VerglSchl vorhersehbare VermVerschlechtergen rechtfertigen keine Abänderg (Kblz DAV 82, 493). Auch ist der in dem abzuändernden gerichtl Vergl zum Ausdr kommde Wille der Part weiterh verbindl (BGH FamRZ 79, 694/5; 83, 260), so daß anderweit SorgeRVerteilg Abänderg des UnterhVergl rechtfertigt (Kln FamRZ 79, 328) ebso wie eine nachfolgde EhelkAnfechtg (BGH FamRZ 83, 569/70). Dch Vereinbgen können niemals die gesetzl UnterhAnspr Dritter eingeschränkt od die gesetzl Rangfolge der UnterhAnspr solcher Personen geändert werden. Diese Anspr sind also bei Verf gemäß ZPO 323 u im Rahmen von § 242, soweit sie mind gleichrangig sind, mitzuberücksichtigen. Die Einwirkg von Gesetzesänderungen ist durch VertrAuslegg zu ermitteln (RG 165, 31). Sind Vereinbgen über Veränderungen nicht getroffen, wird also zu ermitteln sein, ob die Regelg endgültig sein sollte, was bei Abfindg regelm zutrifft; diese kann dann auch nicht mit dem Hinweis auf eine veränderte GeschGrdlage angegriffen werden; anders aber bei fortlaufder Zahlg, wenn vertragl nur Höhe u Zahlgsweise des gesetzl Unterh geregelt wurden, bes bei tiefer eingreifenden Ändergen des Gesetzgebers. So Berücksichtigg von nachträgl gesetzl Regelg des Kindergeldes iW ergänzder VertrAuslegg (BGH 70, 151). Eigene ExistenzGrdlage des Verpflichteten muß stets gewahrt bleiben (RG Dr 41, 780). Regelmäßig wollen die Beteiligten auch die Fortdauer der vertragl Leistgen nur für die Dauer der Bedürftigk des Berechtigten. Wg der vertragl Verpflichtg zur Übernahme des Unterh von Stiefkindern § 1360a Anm 1, des AbfindgsVertr bei nehel Kindern § 1615e. **Unterhaltsvergleich im Scheidungsverfahren** (vgl dazu die Stellgn des Dt Inst f VormschWesen DAVorm 80, 88) bindet wg § 1629 III regelm auch die Kinder. Haben aber die Elt vor dem 1. 7. 77 eine UnterhRegelg zG des Ki in ihrem ScheidgsProz vereinb, so sollte damit regelm die UnterhPfl ggü dem Kinde im Verhältn der Elt zueinand geregelt w (BGH FamRZ 79, 789); das Kind kann daraus nicht vollstr, wenn es dem Vergl nicht beigetreten ist (KG NJW 73, 2032; Stgt Rpfleger 79, 145). Bei MehrFdg daher Erst-, nicht AbändergsKl (Kln FamRZ 83, 87). Ein unwirks ProzVergl hat uU als materiellrechtl Vergl Bestand (BGH NJW 85, 1962). Ein UnterhVergl im Verf der **einstweiligen Anordnung** tritt im Zweifel wie die entspr einstw AnO auß Kr, also bei Beendigg des EheVerf ohne Eheauflösg (Ffm FamRZ 83, 202), sonst nicht schon mit Scheidg, sond erst mit einer anderweit Regelg (ZPO 620f). **Unterhaltsverzicht** (§ 1585c Anm 2c; § 1614) ist nach Überleitg (Einf 5b v § 1601) unzul (Düss DAV 82, 282).

5) Ersatzansprüche Dritter. a) Bei geleistetem Unterh ist z unterscheiden: Soweit gesetzl FdgsÜbergang stattfindet, §§ 1607 II 2, 1615b I 1, besteht daneben kein Anspr aus GoA od unger Bereicherg, da Interessewahrg bzw Bereicherg nur vorl, wenn UnterhSchu befreit w; die der gesetzl Rückforderg zumindest widersprechen. Die Verneing solcher Anspr macht ihre systemat zweifelh Anpassg an famrechtl Erfordern, wie zB die Unterwerfg des Anspr aus GoA od Bereicherg unter § 1613, vgl LG Bielefeld NJW 72, 1864, Hegmann FamRZ 73, 435, v vornherein überflüss. In AusnFällen denkb neben der cessio legis Anspr aus § 826, zB wenn sich jemand seiner UnterhPfl entzieht in der Absicht, den nach § 1607 I ersatzw Haftden zu belasten. – Anspr aus Auftr, GoA u Kondiktion können jedoch entstehen, wenn Dr in der Absicht leistet, die UnterhSchuld z tilgen, § 267, also f den UnterhSchu die diesem obl Leistg z bewirken; hier steht v vornherein das Interesse des UnterhSchu im VorderGrd: GroßElt übern zB Unterh f Enkel, um dem eig Kind den Aufbau einer wirtsch Existenz z ermöglichen. IjF kann ein Anspr aus GoA od unger Bereicherg nur in den Grenzen der §§ 1612 II 1, 1613 entstehen; Aufwendgsersatzansprüche wg erbrachter UnterhLeistgen unterliegen also der Sperrwirkg des § 1613 (Düss NJW 81, 1379). Das gilt insb auch für den fam-rechtl AusglAnspr zw Elt (§ 1606 Anm 3 A d bb). Bei der Aufn jüngerer Geschwister kommen ErsatzAnspr in Betr, wenn die Elt nicht mehr auf der Rückkehr bestehen u mit dem dann automat in Geld geschuldeten Unterh in Verzug geraten sind (Ffm FamRZ 76, 705). Berufstät Elt haften dem Großvater, bei dem das Enkelkind untergebracht ist, gem § 1606 III 1 anteilig, Hamm FamRZ 73, 40. Aber kein ErsAnspr eines Eheg f den Kindern gewährten Unterh, wenn er diese dem and Eheg widerrechtl vorenthält (RG Recht 23, 1018; sa § 814). Keine AusgleichsPfl unter

Geschw, wenn ein Kind allein die gemeins Mutter unterhalten hat u die Voraussetzgen v § 1607 II fehlen (zweifelh arg-e-contrario des AG Hbg FamRZ **74**, 657). Ein ErsatzAnspr aus GoA besteht nicht, soweit Vormd dem Kind Beträge zuwendet, die über die rechtskr festgestellte UnterhPfl der Elt hinausgeht (Hamm FamRZ **80**, 480). Für die Entscheidg über solche ErsatzAnspr Dritter ist nicht das FamG, sond das ProzGer zuständ: so bei Kl der GroßElt auf Ersatz v Aufwendgen f die Betreuung eines Kindes gg den unterhaltspflicht Vater (Mü FamRZ **78**, 348). Ein Krankenhaus kann sich wg der Kosten einer stationären Behdlg nicht unmittelb an den unterhaltspflicht, aber nicht sorgeberecht EltT halten (LG Krfld FamRZ **83**, 1269). Zum ErsAnspr des Scheinvaters vgl § 1615b Anm 2. Zur **Freistellung von Unterhaltsansprüchen** § 1606 Anm 3 A d cc. Vollstr gem ZPO 887 (Hbg FamRZ **83**, 212).

b) Überleitung von Unterhaltsansprüchen. (Lit: Seetzen NJW **78**, 1350; de Grahl DAV **82**, 631; Schulze-Werner/Bischoff NJW **86**, 696). Werden SozLeistgen statt an den Berecht, an dessen UnterhGläub ausgezahlt, so erlischt gem SGB 48 I deren Anspr (Fuchs FamRZ **82**, 757). Hat aber der UnterhBerecht selbst aus öff Mitteln Unterstützg erh, so kann der Träger der JugHilfe (BVerwG NJW **89**, 539) oder den **Sozialhilfe** Ersatz von dem dem Hilfeempfänger UnterhPflichtigen verlangen, indem er durch schriftl Anz an den UnterhPflichtigen den Übergang des Anspr auf sich bewirkt, wovon er aber gem BSHG 90, 91 aus HärteGrden für den Pflichtigen absehen kann. (Lit: Seetzen, NJW **78**, 1350; de Grahl DAVorm **82**, 631). Der Inhalt der gem BSHG od auch AFG I 140 (BGH FamRZ **83**, 51) übergeleiteten od gem BAföG 37 übergegangenen Anspr richtet sich nach den Vorschr des bürgerl Rechts, also insb nach §§ 1601 ff (Düss FamRZ **79**, 543). Aber kein Übergg des AuskftsAnspr (BGH NJW **86**, 1688). Zum öffrechtl AuskftsAnspr: Treptow DAV **86**, 379. Die ZivilGer haben sich auf die Prüfg des übergeleiteten Anspr u darauf zu beschränken, ob die Überleitg nicht nichtig ist; ob dem UnterhBerecht die SozHilfe zu Recht gewährt w, kann nur im VerwRWeg überprüft w (Düss FamRZ **81**, 895; vgl auch Kln FamRZ **80**, 352 mAv Giese zur SozHilfePraxis). Der Träger der SozHilfe kann nach Überleitg des UnterhAnspr auf sich auch AbändergsKl (Einf 6 v § 1601) erheben (Schlesw SchlHA **80**, 45). Die bl RWahrsanzeige läßt die privatrechtl UnterhAnspr des SozHilfeEmpf unberührt (Düss MDR **75**, 843). Das für die Mahng geltde BestimmthErfordern gilt für die RWahrgsAnz nicht; keine betragsmäß Beschränkg der RWahrgsAnz bei Beschrkg der Überleitg (BGH NJW **85**, 2589). Zum Erfordern der unverzügl schriftl Mitteilg BGH DAV **88**, 415; FamRZ **89**, 1054. Verspätg der RWahrgs-Anz unerhebl, wenn UnterhSchu bereits dch den UnterhGläub in Verzug gesetzt w war (Schlesw SchlHA **79**, 127). RWahrgsanzeige u Überleitgsanzeige können miteinand verbunden w (BGH FamRZ **83**, 895). Bei Überleitg titulierter UnterhAnspr bedarf es zur rückwirkden Inanspruchn keiner RWahrgsAnz (LG Düss FamRZ **84**, 923). Iü Inspruchn frühestens vom Ztpkt des Erlasses des SozHilfeBescheides an (BGH FamRZ **85**, 793). Ein Verzicht auf Unterh der Berecht ggü dem Verpflichteten hat im Verhältn zum Träger der SozHilfe keine Wirkg, wenn dieser die UnterhPflichtigen vom Übergang des UnterhAnspr benachrichtigt hatte (BGH **20**, 127) u fortlfd SozHilfe leistete (Hamm DAV **80**, 217). **Subsidiarität:** Dch Leistgen der SozHilfe wird der UnterhVerpflichtete nicht befreit (BSHG 2 II; LG Stgt DAVorm **75**, 428; sa Weinbrenner FamRZ **63**, 269), die **Bedürftigkeit** des UnterhGl (§ 1602) bleibt bestehen (LG Offbg NJW **84**, 1189) unabhäng davon, ob der SozHilfeTräger später gem BSHG 90 übergeleitet (BGH FamRZ **84**, 364). Das gilt auch nach Einfügg v BSHG 91 I 1 im Verhältn zw GroßElt u Enkel (LG Offbg NJW **84**, 1189). Der UnterhBerecht, der SozHilfe bezieht, kann für die Zukft also seine gesetzl UnterhAnspr geltd machen u nicht darauf verwiesen w, daß er weiter SozHilfe in Anspr nehmen könne (Stgt MDR **77**, 1020). Sol die SozHilfe für die Zukft aber noch nicht gewährt ist, stehen Sachlegitimation u ProzFührgsBefugn trotz Überleitg dem UnterhBerecht zu (BGH NJW **82**, 232 mNachw), so daß auch der UnterhSchu insow noch mit befreiender Wirkg an den zu Unterstützden zahlen k (Hbg ZBlJugR **78**, 529), währd Rückstände vom SozAmt eingeklagt w (Hamm FamRZ **80**, 456 mAv Fischer), freil wiederum nur in dem Umf tatsächl erbrachter SozHilfeleistgen (Düss FamRZ **80**, 156). Rückwirkde Erhöhg der Überleitg nicht nur aGrd entspr RWahrgsAnz, sond auch aGrd ÜberleitgsAnz (Düss FamRZ **87**, 1190). Aus diesem Grde ist eine Klauselumschreibg (ZPO 727) auch nur für die Vergangenh, nicht für die Zukft mögl (Stgt FamRZ **81**, 696). Rückständ Anspr können trotz Überleitg vom UnterhBerecht geltd gemacht w, wenn er vom SozHilfeträger entspr ermächtigt w ist (Hamm FamRZ **79**, 1058; KG FamRZ **88**, 300; Hamm FamRZ **89**, 506; aA KG FamRZ **82**, 427). Nach aA kann das SozAmt auch für Leistgen für die Zukft (einschließl AbändergsKl; Zweibr FamRZ **86**, 190) eine Verurt des Unterh-Schuldn unter der Bedingg der ununterbrochenen Leistg v SozHilfe erreichen (so Seetzen NJW **78**, 1350; Düss FamRZ **77**, 1010; Hamm DAVorm **80**, 217). Im Ggsatz dazu nimmt Karlsr FamRZ **79**, 709 dem SozHilfe-Empfänger die Verfüggsbefugn, indem es den Fdgsübergang aGrd der ÜberleitgsVfg als auflösd bedingt konstruiert (wie hier auch Düss FamRZ **80**, 378: aufschiebd bedingt). Soweit der öff LeistgsTr zahlt, entfällt nicht etwa die Bedürftigk des UnterhBerecht (§ 1602), sond geht der UnterhAnspr über (Subsidiarität öff Leistgen). Zur ausnahmsw Dchbrechg dieses SubsPrinz § 1602 Anm 2 c. Die VollstrKlausel wird dem SozHilfeTr jew nur nachträgl in Höhe seiner von ihm nachgewiesenen tatsächl Aufwendgen erteilt (Düss FamRZ **80**, 378). Aus der Subsidiarität der SozHilfe folgt auch die Unzulässigk einer Rechtsnachfolgeklausel (Brem FamRZ **80**, 725). Die Gefahr doppelter Inspruchn aGrd v BSHG 91 II besteht nicht (Hamm FamRZ **78**, 420). Die Überleitg nach Rechtshängigk ist gem ZPO 265, 325 ohne Einfl auf den ProzRechtsstr (Schlesw SchlHA **79**, 126). Zu ZPO 727 vgl Hamm FamRZ **81**, 915. Bei unverschuldeter Nichterhebg der Abändergskl verstößt ZwVollstr gg nachträgl leistgsunfäh Schuldn uU gg die guten Sitten (BGH NJW **83**, 2317). Ist die SozHilfe od eine and Versicherg mit ihren Zahlgen für den fälschlicherw für tot erklärten Kriegsteilnehmer eingetreten, können sie die UnterhZahlgen an die Gezahlte nicht vom Vorliegen von §§ 823, 826 zurückfordern, nicht aus unger Bereicherg od GoA (BGH NJW **63**, 579, v Caemmerer NJW **63**, 1402). Zum Kindergeld vgl § 1602 Anm 2 c. Entspr BSHG 90, 91 ist die Regelg der §§ 36, 37 **BAföG** (Lit: Deumeland, BAföG Komm 1986): Der Staat übernimmt iR der staatl Ausbildgsfördg deren Kosten u leitet evtl vorhandene privatrechtl UnterhAnspr der Kinder gg ihre Elt auf sich über. AnsprGrdlage für die Inspruchn der Elt bleiben dann die §§ 1601 ff, insb § 1610 II (vgl dort Anm 4 u wg Unterh für die Vergangenh § 1613 Anm 2a u § 1610 Anm 4a cc bei Abbruch der Ausbildg). Der Träger der AusbildgsFörderg ist an eine Best der Elt gem § 1612 II gebunden (BGH NJW **81**, 574). Auch wenn materiellrechtl kein

Einf v § 1601 5, 6   4. Buch. 2. Abschnitt. *Diederichsen*

UnterhAnspr besteht, ist die Überleitg abgesehen v Fällen der Negativ-Evidenz nicht rechtswidr (BVerwG FamRZ **79**, 83). Ein Kind, das Ausbildgsförderg erhalten h, hat in einem RechtsStr, in dem gg einen EltT Rückgriff gen wird, kein AussageverweigersR (Düss FamRZ **80**, 616). Abgetretene vertragl UnterhFreistellgsAnspr fallen nicht unter BAföG 37 I 1 (BGH FamRZ **89**, 499). Zur **Rückübertragung übergeleiteter Ansprüche:** Schenker DAV **86**, 465.

c) Nach dem am 1. 1. 80 in Kraft getretenen **Unterhaltsvorschußgesetz** (Lit: Köhler NJW **79**, 1812; Scholz, UVG, Komm, Kln 1980, DAVorm **80**, 81 u ZBlJugR **80**, 647; Neudecker DAVorm **79**, 809; Urbach ZBlJugR **79**, 421; Schmitz-Pfeiffer DAVorm **80**, 865 zum Einfl auf die UnterhPfl v GroßElt; weitere Nachw 38. Aufl Einf 9 v § 1601) haben Kinder bis 6 J, die bei einem alleinstehden EltT leben, wenn ein UnterhTitel nicht erfüllt w bzw ein solcher 3 Mo nach KlErhebg noch nicht zustande gekommen ist, einen Anspr auf Zahlg eines UnterhVorsch bzw einer UnterhAusfalleistg (§ 1) iH des RegelUnterh (§ 2). Das UVG enthält abgesehen von der ÜberleitgsBest zum SozHilfeR gehördes öffl R. Es handelt sich um AuftrVerwaltg, wobei Bu u Länder die erforderl Geldleistgen je zur Hälfte tragen (§ 8). Der Anspr des Ki verliert auch dch den Übergg auf den LKreis nicht seine zivilrechtl Natur (VG Karlsr DAV **86**, 88). Die Richtlinien der Länder ü die Gewährg v UnterhVorschLeistgen (zB JBlRhPf **78**, 212) sind dch das UVG überfl gew. **Zweck:** Alleinstehde EltTeile sollen die für den Unterh bei ihnen lebder Kinder erforderl baren Mittel zur Vfg gestellt erhalten, weil nach den Voraussetzgen v BSHG 2, 76 ff die sonst SozHilfe erst eingreift, wenn der alleinstehde EltT seiners nicht in der Lage ist, anstelle des and EltT für den KiUnterh aufzukommen (BT-Drucks 8/2774 S 11). Der EltT soll von ErwTätigk freigestellt w u sich nicht mehr um die Hereinholg des KiUnterh kümmern müssen (Köhler NJW **79**, 1812). Aber kein Anspr, wenn EltT nicht bereit ist, sich naheliegende Informationen ü den Aufenth des and EltT zu beschaffen (VG Karlsr DAV **87**, 547 u 554). Es muß Bedürftigk iSv § 1602 vorliegen. Der EltT, bei dem das Ki lebt, muß led, verwitwet od gesch sein bzw v seinem Eheg dauernd getrennt leben, was grdsl iSv § 1567 zu verstehen ist, aber auf Fälle krankh- bzw behindertsbedingter AnstUnterbringg ausgedehnt w (§ 1 II). Eheähnl Partnersch (Einf 8 v § 1353) schließt dem BSHG 122 den Anspr nicht aus, wohl aber Heirat (VG Kassel FamRZ **83**, 213; OVG Münst NJW **88**, 508), obw sich f das Stiefkind unterhaltsrechtl nichts ändert (BT-Drucks 8/2774 S 12; iHnbl auf GG 3 I verfassgsrechtl bedenkl). Auflösg der Stiefehe läßt den Anspr wieder entstehen. ZusLeben mit dem and EltT (VG Schlesw DAV **88**, 725) beseitigt ihn (§ 1 III). Ebso, wenn die Mutter ihrer MitwirkgsPfl bei der VaterschFeststellg (§ 1 Z 2 UVG), den das GG widerspr (OVG Münst DAV **84**, 410), nicht nachkommt, es sei denn, die Mitwirkg ist iS v SGB-AT 65 unzumutb (VG Düss DAV **88**, 310). Zum Zweck der MitwirkgsPfl OVG Münst DAV **88**, 842. Das Erfordern, daß ein UnterhTitel (auch ZPO 620 S 1 Z 4; Hamm DAV **88**, 86) vorh sein muß, entfällt, wenn der Aufenth des unterhpflicht EltT nicht bekannt ist od mangels Leistgsfähigk (VG Karlsr DAV **87**, 550) die Rechtsverfolgg bzw ZwVollstr aussichtslos erscheint bzw bei ne Kindern wenn die Vatersch bestr wird (§ 1 V). Ein Anspr auf UnterhLeistg entfällt, wenn der antragsberecht EltT die zur Dchführg des Ges erforderl Auskfte verweigert od bei der Feststellg des Vatersch od des Aufenth des and EltT nicht mitwirkt (VG Aach DAVorm **80**, 974; BayVGH ZfJ **87**, 485). Zum RegelUnterh Anh zu §§ 1615 f, 1615 g. KiGeld (§ 1602 Anm 2 c) ist nur zur Hälfte anzurechnen, wodch alleinstehde EltTeile mit mehreren Ki begünstigt w sollen (BT-Drucks 8/2774 S 13). Dauer: Die UnterhLeistg wird rückwirkd längstens für 3 Mo (§ 4) u insges, dh ggf auch mit Unterbrechgen, für 36 Mo gezahlt (§ 3). Bei Nichtvorliegen od Wegfall der Voraussetzgen (zB wg Heirat; OVG Münst FamRZ **87**, 1191) hat der EltT, bei dem das berecht Ki lebt, bzw sein gesetzl Vertr die geleisteten Betr zu ersetzen (§ 5). Der EltT ist der leistden Behörde bei Gefahr des AnsprVerlustes auskunftspflichtig (§ 1 III), insb also die nehel Mutter bez der Pers des Vaters; ebso der and EltT u dessen ArbGeb (§ 6 I, II). Die Regelg, daß nach UVG Leistgen nicht gewährt w, wenn die nehel Mutter sich weigert, bei der Feststellg der Vatersch mitzuwirken, ist im SozHilfeR analog anzuwenden, so daß die Mutter verpfl ist, den Namen des Vaters ihres Kindes anzugeben, um dem SozHilfeTr die Überleitg u Geltdmachg von gewährten SozHilfeLeistgen zu ermögl; bei Nichtbenenng also kein Anspr nach dem UVG (OVG Münst NJW **84**, 2542; aA VG Bln DAV **80**, 128). Der EltT, bei dem das Ki lebt, u dessen gesetzl Vertr haben der zuständ Stelle jede Änderg in den leistgserhebl Verhältn unverzügl mitzuteilen (§ 6 IV). Soweit dem Ki Leistgen erbracht w sind, geht ein evtl UnterhAnspr des Ki (§§ 1601 ff) gg den and EltT auf das Land über (§ 7 I), währd die Aktivlegitimation f Kl auf künft Unerh beim Ki bleibt (Bambg FamRZ **87**, 859). Zur RückzahlgsPfl nach EhelkAnf Tatzel DAV **88**, 123. Die Geltdmachg des UnterhAnspr für die Vergangenh setzt gem § 7 II eine unverzügl schriftl Mitteilg von der Bewilligg der UnterhLeistg (Rechtswahrgsanzeige) voraus (vgl Anm b; § 1613 Anm 2 a). Die Titelumschreibg (ZPO 727) setzt voraus, daß das Ki TitelGläub ist (Hbg FamRZ **82**, 425). Zum Nachw der RNachfolge muß die Zahlg dch das JugA ausgeführt w sein; nicht ausr die bl Bewilligg (Karlsr FamRZ **81**, 387) od priv-schriftl Bestätigg des Empfängers (Kblz u Karlsr FamRZ **87**, 83 u 852), eine einstw AnO gem ZPO 620 S 1 Z 4 (Düss FamRZ **85**, 628) od eine Quittg des ges Vertr des berecht Kindes (KG FamRZ **85**, 627). Umgek ist eine Überleitgsanzeige nicht erfdl (Zweibr FamRZ **87**, 736). Dagg wirks FamRZ auch bei Verstoß gg das Titelerfordern des § 1 I Z 4 (BGH NJW **86**, 3082). Das Land bleibt Gläub des Anspr gg den UnterhSchuldn, auch wenn es die UnterhLeistgen an das SozAmt gezahlt h (Hamm NJW **83**, 125). Die Zahlg der UnterhLeistg erfolgt nur auf schriftl Antr des EltT, bei dem das Ki lebt, od seines gesetzl Vertr (§ 9) im eig Namen (VG Karlsr DAV **87**, 547 ProzStdsch). **Ausführungsbestimmungen** *Hess* u *Bay* DAVorm **80**, 257; *NW* DAVorm **80**, 466. Vgl ferner VerwVorschr *Bay* DAVorm **80**, 532. **Reform:** FamRZ **89**, 820.

6) Verfahrensrecht (Lit: Christian DAV **88**, 103, 217 u 343; Rahm/Stollenwerk IV Rdn 670 ff). Vgl zunächst Einf 4 v § 1564 u vor § 1569.

a) Zuständig ist das AG (GVG 23 a Z 2), u zwar als FamG für **Familiensachen** für die gesetzl od dch Vertr geregelte (Hamm FamRZ **78**, 197) UnterhPfl ggü dem ehel Ki (GVG 23 b I Z 5). Dieses auch nach Überleitg gem BAföG 37 (Mü FamRZ **78**, 48) bzw BSHG 90, JWG 82 (Stgt NJW **78**, 57). Dagg gehören vor die ZivProzAbt des AG UnterhAnspr des Ki gg seine GroßElt (BGH NJW **78**, 1633). Vgl Th-P ZPO 621 Anm 2 d.

b) Rechtsschutzbedürfnis (Lit: Künkel NJW **85**, 2665; Kemper DAV **87**, 467) für UnterhKl unabhängig von der Möglk einer entspr einstw AO (BGH NJW **79**, 1508; KG FamRZ **87**, 840). Auch bei pünktl UnterhZahlg besteht Anspr auf Titulierg (Göhlich FamRZ **88**, 560); ggf aber nur nach JWG 49, 50 (KG FamRZ **79**, 171). Kl auf den Altersstufen der Düss Tab (§ 1610 Anm 1) bereits jetzt Rechng tragden gestaffelten Unterh nach ZPO 258 (bestr).

c) Bezifferter Klageantrag erfdl (Ffm FamRZ **82**, 1223). Der Antr bezieht sich auf den gesamten Unterh, sofern er nicht als TeilKl bezeichnet od eine NachFdg vorbehalten wird (BGH **94**, 145). Bei mehreren UnterhGl genaue Angabe, welche Betr auf die einz Berecht entfallen (BGH FamRZ **81**, 541). Bei Unklarh über LeistgsFähigk zunächst **Auskunftsklage**: § 1605. Wird sie iW der **Stufenklage** (ZPO 254) mit der ZahlgsKl verbunden, tritt sofort Rhängigkeit auch des ZahlgsAnspr ein (Hbg FamRZ **83**, 602).

d) Gesetzliche Vertretung bei GetrLeb der Elt: § 1629 II, im ScheidsVerf als **Prozeßstandschaft**: § 1629 III (dort Anm 7), bei gesch Ehe: § 1671.

e) Abänderungsklage (ZPO 323) trägt wesentl Änd der Verhältn (Th-P ZPO 323 Anm 4) Rechng, u zwar bei UnterhUrt wie bei vollstreckb Urk (BGH NJW **85**, 64) u eingeschränkt (Anm 4) bei UnterhVergl iSv ZPO 794 I Z 1 (Lit: Hahne FamRZ **83**, 1189; Graba NJW **88**, 2343). Wesentl Änd sind das Vorrücken in eine höh Altersstufe der DüssTab sowie die Erhöhg der TabSätze (allgM; Hbg FamRZ **89**, 885). NachforderngsKl (Anm c) ohne Bindg an die ErstEntsch (BGH FamRZ **86**, 661; NJW-RR **86**, 1260). Für die Anpassg von UnterhRenten Mj vereinfachtes Verf: § 1612a; zum Konflikt zw Pauschal- u Individualerhöhg Derleder/ Lenze FamRZ **89**, 558). Abgrenz zur **Vollstreckungsabwehrklage**: Th-P ZPO 323 Anm 1. Zw Mj- und VolljUnterh besteht Identität (§ 1601 Anm 2); desh ggf AbändKl.

f) Einweilige Anordnung bzw Verfügung: § 1615o; ZPO 620ff; 940 (Lit: Gießler, Vorl RSchutz in Ehe-, Fam- u KindschSachen, 1987). ProzStandsch: Anm d; Th-P ZPO 620 Anm 2a dd. Keine UnterhVfg bei laufder SozHilfe (umstr; vgl Karlsr, Kblz u Hbg FamRZ **88**, 635 u 1181 mN); iü auch nur befr nach der Dauer zur Erlangg eines Urt im ordtl Proz jew nach ArbBelastg des Ger (Hamm FamRZ **87**, 1188: 3–6 Mo). Sicherg zukünft Anspr dch **Arrest** (Düss FamRZ **81**, 44 u 67). Eine einstw UnterhAO schließt unabhäng von ZPO 620b (bestr) weder Kl auf mehr Unterh dch den UnterhBerecht noch die (uneingeschrkt u jederZt zul; BGH FamRZ **89**, 850) **negative Feststellungsklage** des UnterhVerpfl aus (BGH NJW **84**, 1537), wohl aber die AbändKl (BGH FamRZ **83**, 892).

g) Berufung je nachdem, ob es sich um eine FamSa (Anm a) handelt od nicht, zum OLG od LG (GVG 119 I Z 1). Das OLG ist ebenf BerufgsInst für die mit dem KindschProz verbundene Kl auf RegelUnterh (ZPO 640, 643 I), u zwar auch nach VaterschFeststellg dch TeilUrt (BGH NJW **80**, 292; § 1615f Anm 4).

h) Beweislast (Lit: Baumgärtel/Laumen, Hdb d Beweisl, Bd 2 1985, S 415; Rahm/Künkel/Stollenwerk IV Rdn 705). GrdRegel: Jede Part hat die ihr günst NormVorauss zu behaupten u zu beweisen (Klauser MDR **82**, 529); auch im Verf der einstw Vfg od AO (Baumgärtel/Laumen Rdn 10 vor § 1601 mN). **Unterhaltsberechtigter:** Verwandtsch; Bedürftigk, insb ErwUnfähigk u Nichtverfügbark anrechenb eig Einkfte od Verm (Baumgärtel/Laumen § 1602 Rdn 2 mit Einschränkgen; Düss FamRZ **81**, 56); NichtleistgsFähigk der übr Verwandten iFv § 1603 II 2, 1608 S 2 (BGH NJW **81**, 923; Hbg FamRZ **82**, 627; Kln FamRZ **83**, 714). **Unterhaltsverpflichteter:** LeistgsUnfähigk trotz § 1605 (hM; BGH FamRZ **80**, 770; Hbg FamRZ **82**, 627; Baumgärtel/Laumen § 1603 Rdn 1), einschl dafür, daß er best Einkfte nicht hat u auch nicht in zumutb Weise erzielen kann (BGH FamRZ **80**, 126; Düss FamRZ **81**, 480); eink-mindernde steuerl Aufwendgen (BGH FamRZ **80**, 770; bei Selbständ (§ 1603 Anm 2 b a) Entwicklg des Betriebs über mehrere J (Stgt FamRZ **83**, 1267); Leistgsfähigk des betreuenden EltT zur Heranziehg zum BarUnterh (BGH NJW **81**, 923); Gefährdg der eig Unterh bei vorrangig u das Vorhandensein gleichrangig hafter UnterhPfl (Kln FamRZ **83**, 714). Bei leugnender **Feststellungsklage** (Anm f) regelmäß BewlVerteilg (Hbg FamRZ **89**, 1112). Bei einstw AO genügt der Vortr, ihre legs kein UnterhAnspr zGrde (BGH FamRZ **82**, 702); anschließd normale BewLastverteilg (BGH NJW **77**, 1638; Düss u Hbg FamRZ **81**, 480 u 982; Stgt NJW **81**, 2581). **Abänderungskläger** (Anm e): Für die für die Festsetzg des Unterh maßg sowie für die wesentl Verhältn ändernden Umstde (BGH FamRZ **87**, 259; Düss FamRZ **81**, 587; Zweibr FamRZ **84**, 728); also auch für die im früh Verf vom Gegner zu beweisden Tats (Zweibr FamRZ **81**, 1102), zB die LeistgSätze des UnterhSchu, wenn der abzuändernde Titel dazu Feststellgen enth (Hbg FamRZ **89**, 885). Iü bleibt es, wenn wesentl Änderg feststeht, bei der allg BewLastVerteilg (Stgt FamRZ **83**, 1233; Baumgärtel/Laumen Rdn 9 vor § 1601), so daß der UnterhSchu die BewLast für sein derzeit Eink trägt (Düss FamRZ **81**, 587). **Beweisvereitelung,** falsche od unvollständ Angaben führen zur BewLastUmkehr bzw mind zur Berücks iRv ZPO 286 (BGH NJW **81**, 923/5). Vgl iü die Kommentierg der §§ 1601ff.

i) Vorläufige Vollstreckbarkeit: ZPO 708 Z 8.

j) Rückforderung überzahlten Unterhalts nach erfolgreicher Abänderngs- bzw negat FeststellgsKl iF einstw AO (Anm f) gem § 812 (BGH NJW **84**, 2095; Mü FamRZ **83**, 1043). Aber verschärfte Haftg nach § 818 IV nicht schon ab Rhängigk der Feststellgs- (BGH **93**, 183) od AbändergsKl (BGH NJW **86**, 2057), sond erst ab Rhängigk der BereichergsKl selbst (dagg zu Recht Kohler FamRZ **88**, 1005), die allerd mit der FeststellgsKl verbunden werden kann (BGH FamRZ **89**, 850). Trotz AuskR besteht darü hinaus auch bei Zahlg auf rechtskr UnterhTitel ggf **Schadensersatzanspruch** aus § 826 (Düss FamRZ **85**, 599; § 1580 Anm 1 u § 1605 Anm 1 mN).

7) Übergangsrecht: 48. Aufl.

8) Internationales Privatrecht EG 18; wg Haager UnterhÜbereink Anh EG 18. **Interlokales Privatrecht** EG 18 Anm 6. Die Bedürftigk eines in der DDR wohnden Ki richtet sich dort nach der Verhältn: die beiden Währgen stehen insow im Verh 1 : 1 (Ffm FamRZ **78**, 934). UnterhRichtlinie der **DDR:** DAV **86**, 335. Zum **Unterhaltsbedarf im Ausland** § 1610 Anm 1 aE.

9) Reform: Der RegEntw eines G zur unterhrechtl Berechng von Aufwendgen für Körper- und Gesundh-Schäden (BR-Drucks 386/89) sieht die Einf einer Vermutg (§ 1610a BGB-E) dafür vor, daß die schadensbedingten Mehraufwendgen die hierfür empfangenen Sozialleistgen aufzehren.

§§ 1601, 1602

I. Allgemeine Vorschriften

1601 *Verwandte in gerader Linie.* Verwandte in gerader Linie sind verpflichtet, einander Unterhalt zu gewähren.

1) Die UnterhPfl zw Eltern u Kindern beruht nicht auf der elterl Sorge, sond auf dem verwandtschaftl Verhältn (Einf 1), so daß es f die UnterhPfl gleichgült ist, ob die Elt das SorgeR haben od nicht. Auch eine Namensänderg ist ohne Belang (Kblz DAVorm **82**, 591). Sie wird erfüllt nur dch tatsächl Gewährg des Unterh, nicht dch eine dahingehende Vereinbg des UnterhSchuldn mit einem Dr (RG JW **12**, 1062); doch kann dieser gem §§ 362 I, 267 leisten (Warn **23/24**, 19).

2) Der **Kreis der Verpflichteten** erstreckt sich auf alle in gerader ab- u aufsteigder Linie miteinander Verwandten oRücks auf den Grad der Verwandtsch (s aber §§ 1606 ff). Aber Einschränkg schon bei GroßElt dch die SozHilfe (Ullenbruch/Giese FamRZ **82**, 664). Nicht unterhpflicht sind Verwandte in der Seitenlinie, also Geschwister, Verschwägerte (§ 1590), Stiefvater ggü Stiefkindern (BGH NJW **69**, 2007; vgl aber § 1360a Anm 1b; § 1603 Anm 2b). Soweit Geschw u Verschwägerte freiw Unterh geleistet haben, steht einer RückFdg § 814 entgg. Die **Dauer der Unterhaltspflicht** ist grdsl, wenn ihre tatbestdl Vorauss gegeben sind, unbegrenzt, beschränkt sich ggü dem vollj Kinde jedoch auf den AusbildgsUnterh (§ 1610 Anm 4a; vgl auch § 1602 Anm 2e; prinzipiell and BGH **93**, 123; BSG FamRZ **85**, 1251). Zw dem Mj- u dem VolljUnterh besteht **Identität** (BGH FamRZ **83**, 582), so daß vorh VollstrTitel grdsl fortwirken u folgerichtig das volljähr gewordene Ki auch AbändergsKl erheben k (BGH NJW **84**, 1613). Doch kann die elterl UnterhPfl auch später wieder aufleben, etwa bei schweren Unfallschäden des Kindes. Aber kein Unterh iFv § 1611, bei UnterhNeurosen (§ 1602 Anm 2e). Vgl. dort auch zum Unterh weg Betreuung eines nichtehel Kindes.

1602 *Unterhaltsberechtigte.* ¹Unterhaltsberechtigt ist nur, wer außerstande ist, sich selbst zu unterhalten.

ᴵᴵ **Ein minderjähriges unverheiratetes Kind kann von seinen Eltern, auch wenn es Vermögen hat, die Gewährung des Unterhalts insoweit verlangen, als die Einkünfte seines Vermögens und der Ertrag seiner Arbeit zum Unterhalte nicht ausreichen.**

Schrifttum: Kunz, Einfl v Schenkgen auf Bedürftigk, FamRZ **77**, 692; Novotny u Kemper DAVorm **81**, 529 u 535 (Zählkindvorteil); Fuchs FamRZ **82**, 756 (SozLeistgen); Basten DAV **82**, 513 (Leistgen des ArbAmts); Hoppenz NJW **84**, 2327; W. Müller DAV **85**, 353 (PflVerletzg des UnterhBerecht).

1) Vorbemerkung zu §§ 1602, 1603. Die Vorschr geben die Voraussetzgen für das Eintreten der UnterhPfl unter Verwandten gerader Linie (§ 1601). Zum Aufbau des UnterhSystems überh u zum nachehel Unterh § 1569 Anm 2. Bei mehreren UnterhPflichtigen § 1606; bei mehreren UnterhBerecht § 1609. Bei wesentl Änderg der Voraussetzgen der UnterhPfl hilft beiden Teilen ZPO 323, nehel Kindern auch ZPO 642b. Zum **Verfahrensrecht** sowie zur **Beweislast** Einf 6 v § 1601. Unterhaltsberecht ist nur, wer außerstande ist, sich selbst zu unterh, u nur demj ggü, der seiner leistgsfäh ist; ein Verstoß gg diesen Grdsatz begründet eine RückzahlgsPfl aus § 812 I 1 (AG Eschweiler DAVorm **80**, 413), wobei bes auf §§ 818 III, 819 I, 166 I zu achten ist; vgl auch §§ 814, 1360b.

2) Bedürftigkeit, I. Nur wer außerstande ist, sich selbst zu unterhalten, ist unterhberecht. Zur **Höhe des Bedarfs** § 1610 Anm 1 u 2. Zur Bedürftigk iS der Arbeitslosenhilfe BSG FamRZ **89**, 381/734/1077 mAv Gitter. **a)** Bedürftigk setzt voraus

aa) Vermögenslosigkeit, so daß etwa vorhandenes Verm zu verwerten ist (Warn **21**, 101), aber keine ganz unwirtschaftl Verwertg (vgl BGH FamRZ **57**, 120), wohl aber Einziehg ausstehder Fdgen (Warn **08**, 221) u überh vermögensrechtlicher Anspr (v Mohrenfels FamRZ **81**, 521), auch wenn sie aus einem zG des Berecht geschl Vertr des UnterhPflichtigen mit einem Dritten herrühren (Warn **16**, 284; sa § 1601 Anm 1). Auch etwaiger Kredit ist dch den Verpfl in Anspr zu nehmen (RG JW **07**, 674). Geringe Kapitalreserve für Krankh uä schließt Bedürftigk nicht aus. **Mietfreies Wohnen** erhöht nicht nach dem obj Mietwert, sond in unterhangemessenem Umfang das Eink, wobei Kosten bis zur Höhe des fiktiven Eink anzurechnen sind (Graba FamRZ **85**, 657; § 1603 Anm 2b).

bb) Erwerbsunfähigkeit. Der Berecht hat seine ArbKraft zu verwerten (vgl §§ 1360 Anm 3a, 1601 Anm 2, 1603 Anm 2). Das gilt ggf auch für ein mj Ki, insb nach Beendigg der Ausbildg (Karlsr FamRZ **88**, 758). Grdlose Aufg der Arb macht nicht bedürft (aA Hoppenz NJW **84**, 2327). Standesvorurteile sind unbeachtl. Zur **Arbeitslosigkeit** unten Anm 2e; bei gelegentl Wechsel zw ErwTätigk u Arblosigk ist f die EinkBerechng das JahresEink zGrde zu legen (Hamm FamRZ **86**, 1102). Unter dem GesPkt der Zumutbark nicht ow Verpfl zum Abbruch begonnener Ausbildg (sa § 1610 Anm 4). Erwerbsunfähig bei Krankh, einer Mutter bei Aufsichts- u Wartgsbedürftigk mehrerer Kinder, einer Tochter, die die kranke Mutter im väterl Haush vertritt (vgl RG **99**, 114). Bei UnterhNeurosen (Anm 2e) od Arbeitsunwillig gilt hins des Abstellens auf **fiktive Einkünfte,** ihrer Berechng u der Beweislast dasselbe wie bei der Leistgsfähig (vgl § 1603 Anm 2b; § 1577 Anm 2a). Besonderes Augenmerk muß das Ger auf die subj Arbeitsbereitsch des AnsprStellers richten (BGH NJW **86**, 718/20).

b) Leistungen Dritter. Freiw Leistg befreit nicht von der UnterhVerpfl, ebsowenig, wenn Kind bei einem wohlhabden Stiefvater wohnt (KG DR **41**, 1161) od die aus öff Mitteln gewährte Unterstütz (Einf 5b vor § 1601), denn niemand braucht sich auf Almosen verweisen zu lassen (RG **72**, 199); anders, falls der Dr gewillt u dauernd imstande ist, den Unterh zu leisten (RG **105**, 166; aA Gernhuber § 41 II 2). Darlehen der Elt nimmt dem Ki nicht die Bedürftigk (and im öff R; VG Schlesw FRES **1**, 289). Zu den **Umgangskosten** § 1634

Verwandtschaft. 3. Titel: Unterhaltspflicht § 1602 2b, c

Anm 5. Zum Verhältn v Bedürftigk u **Sozialhilfe** Einf 5 b vor § 1601. Eine Contergan-Rente ist bis zum Betr einer entspr Grundrente (§ 1603 Anm 2b aa) nicht anrechenb (Hamm FamRZ 86, 1101). **Wohngeld** ist anrechenb Eink, dem aber ggf ein erhöhter Wohnbedarf ggüsteht (BGH FamRZ 82, 587/90; NJW 83, 684 mN; Schlesw SchlHA 85, 101; and m weit Nachw 45. Aufl; Fuchs FamRZ 82, 761; wie hier auch Karlsr FamRZ 82, 486 beim Wohngeld aS des UnterhBerecht). Anrechenb auch die vom ArbAmt gewährte **Berufsausbildungsbeihilfe** (Schlesw SchlHA 88, 53; Oldbg FamRZ 89, 531) sowie ein **Stipendium** (Bambg FamRZ 86, 1028 Studienstiftg). Eine UnterhBedürftigk besteht schließl nicht währd der Ableistg des **Wehrdienstes** (Düss FamRZ 89, 91 mN; aA Hamm FamRZ 89, 531; AG Schorndorf FamRZ 89, 424 mAv Freygang) wie des Zivildienstes (Hbg FamRZ 87, 409) sowie bei **Heimunterbringung** eines Mj iR der Freiw ErzHilfe (Hbg DAV 85, 75). Die Möglk einer **Kreditaufnahme**, u zwar auch eines reinen Personalkredits, kann uU die Bedürftigk ausschließen od vermindern (Hbg FamRZ 80, 912).
Der Anrechng unterliegt nicht das zum Ausgl für erhöhten Bedarf an geistig u körperl Behinderte gez **Landespflegegeld** (LG Mainz DAVorm 78, 448), wohl aber muß sich ein ehel Kind eine **Waisenrente** anrechnen lassen, die es nach seinem Stiefvater erhält (BGH NJW 81, 168; Hamm DAVorm 78, 453 u FamRZ 80, 479). Bei Nichtbetreuung dch den barunterhpflicht EltT Anrechng zur Hälfte (Düss FamRZ 86, 587). Ebso ist anzurechnen ein **Kinderzuschuß** zur ErwUnfähigkRente der Mutter (RVO 1262, AVG 39) iH des fikt staatl KiGeldes (BGH NJW 81, 172; Mü FamRZ 78, 931; Hamm FamRZ 80, 890); iGgs zu dem dem erwerbsunfäh Stiefvater ausgezahlten KiZuschuß (BGH NJW 81, 167; krit Fuchs FamRZ 82, 762). Zum **Kindergeld-Ausgleichsbetrag** DAV 82, 438. Keine Anrechng der kindbezogenen Bestandteile der Dienstbezüge, wie **Ortszuschlag** (BBesG 40 III; im ArbR: BAG DAV 84, 900; Mohrmann DAV 84, 861), einschließl des UnterschiedsBetr gem BeamtVG 50 I (BGH FamRZ 84, 376; sa § 1615g mwNachw). Als Eink anrechenb ist das die Mehraufwendgen übersteigde Blindengeld (Nürnb FamRZ 81, 964). Im Ggs zu dem für öff Leistgen geltden Subsidiaritätsprinzip (Einf 5b v § 1601) sind **BAföG**-Leistgen auf den UnterhAnspr anzurechnen, mindern also die Bedürftigk des Ki seinen Elt ggü, wenn diese mit ihren Einkften unterh der ihnen gesetzl zugebilligten Freibeträge bleiben (Schlesw SchlHA 78, 210) od die staatl Leistgen o Rücks auf das Eink der Elt iR der staatl Ausbildgsförderg, also nicht subsidiär erbracht w (Hbg FamRZ 80, 818). Ebso sind darlehensw gewährte BAföG-Leistgen anrechenb Eink (BGH NJW 85, 2331; KG FamRZ 85, 962; aA Karlsr NJW 84, 2954; Just 84, 22; Kln FamRZ 85, 1166: soweit Darl u titulierter Unterh zus nicht den MindestBed decken). Der Vollj ist gehalten, zur Entlastg der Elt BAföG-Darl in Anspr zu nehmen (BGH NJW-RR 86, 1262); nicht dagg der mj UnterhBerecht (Hamm FamRZ 87, 91). Nach einer Änderg der SorgeRRegelg findet für den erhöhten OrtsZuschl kein u f das KiGeld nur unter den Voraussetzgen v § 1613 I ein **Ausgleich** statt (Karlsr FamRZ 82, 1115). **Steuervorteile** aus einer neuen Ehe des UnterhSchuldn (Splittingvorteil) kommen auch den Ki aus früherer Ehe zugute (BGH NJW 86, 2758).

c) Kindergeld (KiG) **und Zählkindvorteil**

aa) Zweck: Das staatl KiG (Voraussetzgen nach dem BKGG: Göppinger Rz 164ff) wird nicht für die Existenz der Ki gezahlt (Stgt FamRZ 84, 86), sond soll den nach §§ 1601ff UnterhPfl bzw tatsächl Unterh Leistden entlasten. Anspr auf die SozLeistg hat desh der UnterhSchuldn, nicht das Ki (Petri MDR 85, 16). Das KiG soll weder den UnterhAnspr des Ki erhöhen (BGH 70, 151), noch ist es als den UnterhBed mindernd als Eink des Ki anzusehen (BSG NJW 74, 2152). Zu KiG u EinkSteuer Hoffmann/Schneider NJW 75, 1956). Zur Berücksichtigg des KiG in einem ScheidgsfolgenVergl u Wegfall der steuerl Freibeträge BGH FamRZ 77, 461.

bb) Die Bezugsberechtigung (Lit: Schmitz-Pfeiffer DAV 84, 117) von Vater u Mutter bestimmen diese selbst (BKGG 3 III 1). Die Best wird dch Widerruf auch nur eines EltT unwirks (KG FamRZ 84, 612). Ohne Best wird das KiG demj gewährt, der das Ki überwiegd betreut, jedoch der Mutter, wenn ihr die PersSorge allein zusteht (BKGG 3 III 2). Die Möglk, dch den ZählKiVort ein höheres KiG zu erhalten, rechtfertigt als solche noch keine Abweichg (Hbg FamRZ 84, 88). Maßgebd auch nicht die BAföG-BedSätze (BSG FamRZ 89, 972). Entscheidd für die überwiegde Unterhaltg ist, wer die Ki überwiegd betreut (BayObLG FamRZ 84, 1141), wobei der persönl BetreuungsLeistgen mit ihrem Geldwert berücks w (BSG FamRZ 83, 1113). Die Best kann für mehrere Ki verschieden ausfallen (BayObLG FamRZ 85, 1157). Auch der nehel Vater kann zum Berecht best w (Karlsr DAV 77, 138; § 1615g Anm 1). In den übr Fällen best auf Antr das VormschG den Bezugsberecht (BKGG 3 IV 1). Dagg Beschw u weitere Beschw (BayObLG FamRZ 85, 1157).

cc) Höhe (BKGG 10): Das KiG beträgt ab 1. 1. 79 für das 1., 2., 3. u weitere Ki 50/80/200 DM, ab 1. 1. 80 50/100/200 DM (NJW 79, 203), ab 1. 2. 81 50/120/240 DM (DAV 80, 713) u ab 1. 1. 82 50/100/220/240 DM. Dabei ergibt sich ein **Zählkindvorteil** (Lit: Brüggemann ZfJ 86, 229; Schmitz/Pfeiffer DAV 87, 161) daraus, daß zG des UnterhPfl dessen Ki (zB aus 1. Ehe) bei der Berechng des KiG für weitere Ki (aus 2. Ehe) auch dann mitgezählt w, wenn für diese eine and Pers (zB der früh Eheg) KiGbezugsberecht ist. ZählKiVorteil zu den KiGVoraussetzgen für Angeh des öff Dienstes: DAV 86, 589. Die einkabhängig gestaffelte Minderg des KiG ist verfassgskonform (BSG DAV 86, 732), die Kürzg dch das HaushBegleitG 1983 nach SG Trier FamRZ 84, 1218 dagg nicht.

dd) Ausgleich zwischen den Eltern. α) Bei einem Kinde: Da das KiG sämtl UnterhVerpfl entlasten soll, aber nur an einen ausgezahlt w (vgl Anm bb), hat zw den UnterhPfl ein Ausgl stattzufinden. Wg § 1606 III 2 steht die KiG im InnenVerh beiden EltT **je zur Hälfte** zu (BGH 70, 151). Praktisch erfolgt der Ausgl dadch, daß sich das bei dem sorgerecht u KiGbezugsrecht EltT lebde Ki auf seinen UnterhAnspr ggü dem barunterhpfl EltT die Hälfte des KiG anrechnen lassen muß. Wird das KiG an den BarUnterhPfl ausgezahlt, so ist der BarUnterh um die dem EltT zuzurechnde Hälfte zu erhöhen (BGH NJW 82, 1983; and KG FamRZ 82, 1021: Erhög des eig UnterhAnspr des betreuenden EltT). Keine Anrechng des KiZuschlags aus BKGG 11a für Berecht mit geringem Eink (Hamm FamRZ 87, 91). Im Ggs zur starren AnrechnRegel des § 1615g bei nehel Ki kommt zw (gesch) Elt eine **andere als hälftige Anrechnung** in Betr, wenn die Elt entgg § 1606 III 2 ihrer UnterhPfl mit unterschiedl Anteilen genügen (BGH FamRZ 81, 26 u 347/49; krit dazu aber Handbuch Deisenhofer **12.11**). – β) Bei mehreren gemeinsamen Kindern ist das für alle Ki gezahlte KiG **nach**

Kopfteilen gleichmäß auf die Ki **aufzuteilen.** Bei 2 Ki werden also je 75 DM u nicht etwa 25 beim einen und 50 beim and Ki in Abzug gebracht. Doch gilt diese Regel immer nur für gemeins ehel Ki (BGH NJW **84**, 2694). **Zählkindvorteile für nicht gemeinsame Kinder** bleiben somit unberücks (BGH NJW **81**, 2462), u zwar gleichgült, ob der barunterhaltspfl EltT in einer neuen Ehe weitere Ki hat, für die er KiG bezieht, od ob der betreuende EltT wg vorehel u damit älterer (BGH FamRZ **84**, 1000) od Ki aus einer neuen Verbindg ein höheres KiG bezieht (BGH FamRZ **81**, 650). Vielm ist für den internen elterl Ausgl iW der Fiktion das KiG zuGrd zu legen, das ohne die nicht gemschaftl Ki gezahlt w würde (BGH FamRZ **84**, 1000). Beziehen die gesch Elt für weitere nicht gmschaftl Ki ein erhöhtes KiG, so sind die ZählKiVorteile also nur für die gemschaftl (idR erstehel) Ki zu berücks (BGH FamRZ **81**, 650; Ffm FamRZ **82**, 515). Das für sämtl Ki in den versch Familien tats gezahlte KiG ist also nicht zus-zurechnen u nach Kopfteilen allen Ki gleichmäß zuzurechnen (BGH NJW **81**, 170 = DAV **80**, 908 mAv Weychardt). Der ZählKiVorteil, der dem nachrang berecht barunterhaltspfl EltT aGrd nicht gmschaftl Ki dch die Erhöhg des KiG erwächst, wird also nicht in den Ausgl einbezogen (Düss FamRZ **81**, 79). – γ) Dem **volljährigen Kind,** das nicht mehr im Haush der Elt lebt u eig Eink hat, steht ein entspr AuszahlgsAnspr gg seine Elt zu (Schlesw SchlHA **79**, 190). Im Verhältn zum barunterhaltspfl EltT wird das dem and EltT ausgezahlte KiG auf seinen Bedarf voll angerechnet (Deisenhofer/Göhlich FamRZ **86**, 424). Solange der EltT, bei dem das Ki lebt, seinerseits Bar- od NaturalUnterh leistet, besteht aber nur ein Anspr auf die Hälfte des KiG (Hbg FamRZ **84**, 87).

ee) Verhältnis zur Leistungsfähigkeit (§ 1603): Bei der Eingruppierg eines UnterhSchu in die Eink-Gruppen der DüssTab (§ 1610 Anm 1) bleibt das vom UnterhSchu bezogene KiG unberücks (Ffm FamRZ **82**, 734). Nach der Rechtspr des BGH begründen KiG u ZählKiVorteil auch nicht ow in Höhe des auf das jeweil Ki entfallden Betr die LeistgsFähigk des EltT dem Ki ggü, derentwg das KiG gewährt w, womit ggf der kl Selbstbehalt (§ 1603 Anm 4 a) unterschritten w könnte (Ffm FamRZ **84**, 87). Das ZählKi hat also keinen von der LeistgsFähigk des UnterhPfl unabhäng Anspr auf **Auskehrung** des ZählKiVorteils als MindestUnterh (BGH NJW **86**, 186 = FamRZ **85**, 1243). Der ZählKiVorteil erhöht aber das Eink u damit die LeistgsFähigk des BezugsBerecht, so daß bei Sicherg von dessen EigBed, nicht auch (wg § 1609 I) des Bed von dessen zweitehel Ki, ein AuskehrsAnspr bestehen kann (BGH NJW **87**, 647 = ZfJ **87**, 414 mA Brüggemann). Demgü ist der Rechtspr der OLGe in Mangelfällen, sol der MindBed des Ki nicht gesichert ist, sowohl das KiG (Hbg FamRZ **84**, 87; Hamm FamRZ **81**, 956) als auch vor allem der ZählKiVorteil (Kblz FamRZ **86**, 294; ebso auch Weychardt DAV **86**, 66); Handbuch Heiß/Heiß 3.44) ohne weitere Voraussetzgen unmittelb für den KiUnterh zu verwenden. Beziehen entgg BKGG 3 III der nichtsorgeberecht EltT für seine 2 Ki das KiG, können letztere unmittelb Auskehrg des gesamten KiG beanspr, wenn der UnterhSchu sonst keinen Unterh leistet (Stgt FamRZ **84**, 86 mAv Wenz).

ff) Die **Pfändung** von KiG (Lit: Deinert DAV **89**, 127) ist nur noch zG unterhberecht Ki, die bei Festsetzg des KiG Berücks gefunden haben, zul (SGB I 54 IV, V idF des 1. G zur Änd des SGB v 20. 7. 88, BGBl 1046; amtl Begrdg: BT-Drucks 11/1004 u 2460). Damit ist der früh Str, wann die Pfdg v KiG iS v SGB I 54 III billig ist (zuletzt LG Hdlbg NJW **88**, 2675: Wohnraumbeschaffg), erledigt (Kalthoener/Büttner NJW **89**, 807).

d) Eigene Einnahmen des Kindes sind grdsätzl auch unterem UnterhAnspr anzurechnen, indem sie seine Bedürftigk verringern, u zwar beim mj Ki voll auf den BarUnterhAnspr gg den nicht anrechenbereit EltT (Stgt FamRZ **81**, 993), beim im Hause des einen EltT lebden Vollj anteilmäß ggü beiden EltT (Düss FamRZ **85**, 1165: 2/5 u 3/5). So ist die einem Lehrling gezahlte **Ausbildungsvergütung** nach Abzug der konkr, nicht pauschalierb berufsbedingten Aufwendgen (Düss Tab NJW **84**, 2330: ausbildungsbedingter Mehrbedarf 145 DM) voll bedarfsmindernd anzurechnen (BGH NJW **81**, 2462; Stgt FamRZ **81**, 992; Kblz DAV **84**, 429) u, wenn der Lehrl von dem and EltT NatUnterh erhält, zur Hälfte. Aber auch dann kann es noch zu einer Überversorgg des UnterhBerecht kommen, die sich dadch abbauen läßt, daß nach Feststellg eines Gesamtbedarfs AusbildgsVergütg u das volle KiGeld abgezogen w, um die Deckgslücke anschließd auf beide Elt anteilig zu verteilen (Deisenhofer/Göhlich FamRZ **85**, 1105). Im Verhältn zu den Elt ist iFv § 1606 III 2 die Ausbildgsvergütg zu ½ (Hamm FamRZ **81**, 996), iFv § 1612 II 1 zu ⅗ auf den BarUnterhAnspr anzurechnen (Düss FamRZ **82**, 88). Anderers ist idR zugleich auch ein großzügigeres Taschengeld anzusetzen, so daß eine Sechzehnjähr von 100 DM, die sie dch Zeitgsaustragen verdient, die Hälfte unangerechnet behalten darf (Hbg DAVorm **78**, 187); Lehrl: 100 DM (Ffm FamRZ **78**, 822; Brem FamRZ **79**, 539 L; Mü DAVorm **79**, 588). Zu Einnahmen aus **Ferienjobs** währd des Studiums § 1610 Anm 4 a ii. Iü sind im UnterhBedarf v 800 DM (§ 1610 Anm 2) die ausbildungsbedingten Aufwendgen enthalten (Kblz FamRZ **86**, 384).

e) Verschulden der Bedürftigk hindert UnterhBerechtigg nicht; s aber § 1611. Ein vollj Kind, das in seinem erlernten Beruf keine Anstellg findet, muß jede Arbeit, auch berufsfremde u einfachste Tätigkten (Ffm FamRZ **87**, 188) unter Niveau (Ffm FamRZ **87**, 408), ergreifen, ehe es seine Elt in Anspr nimmt (Zweibr FamRZ **84**, 291 u 1250). Auch eine **Unterhaltsneurose** begründet keine Bedürftigk (Düss FamRZ **81**, 255; vgl § 1579 Anm 3 g bb), so daß auch ein gut verdiener Fabrikant seinem 33j Sohn, der keine Ausbildg beendet h, nicht unterhpflicht ist (Düss FamRZ **82**, 518). Wurde das Ki iR psychotherapeutischer Behandlg in seiner AnsprHaltg verstärkt, ist ihm uU eine gewisse Schonfrist einzuräumen (Ffm FamRZ **87**, 408). Ebso ggf für die **Arbeitsplatzsuche** (Hamm FamRZ **87**, 411: 3 Mo). Auch an die Bedürftigk wegen **Betreuung eines Kindes** sind strenge Anfordergen zu stellen. Die Rspr der OLGe steht derart begründeten UnterhAnspr aber eher positiv ggü (vgl Ffm FamRZ **82**, 732; Brem, Hbg u Celle FamRZ **84**, 84, 607 u 1254). Auch der BGH erkennt die Bedürftigk an u schränkt UnterhAnspr der Tochter nur über § 1611 bei Muttersch aus Arbeitsscheu u schrankenloser Selbstverwirklichg ein (BGH **93**, 123; zust Göppinger JR **85**, 241; krit dazu Derleder JZ **85**, 438). Unter dem Verallgemeinerugsaspekt erscheint mir diese Rspr verfassgsrechtl, methodisch (UmkehrSchl zu § 1570) u fam-rechtspolit äußerst bedenkl (vgl iü 44. Aufl; krit auch Ditzen FamRZ **89**, 240). Die Generationenablösg ist nicht mehr gewährleistet. Es droht im UnterhR eine ähnl Entwicklg wie im SozHilfeR. § 1615 l, III 2 ist unergieb, weil dort die UnterhPfl nicht begründet, sond nur (in SondFällen?) für mögl erkl w. In BGH FamRZ **85**, 1245 wird bei 1 ehel u 2 nehel Ki (16, 7 u 2 J) unter Bezugn auf den ObliegenhMaßstab v § 1603 II jedenf die Aufn einer TeilZtErwTätigk gefordert. Karlsr FamRZ **88**, 200 verweist die Mutter v 2 nehel Ki auf die Ausnutzg der nicht dch die KiErziehg ausgefüllte Zt zur ErwTätigk. Auch iF des Ausschl von UnterhAnspr gg den geschied Eheg gem § 1579 nicht etwa Inanspruchn v Verwandten (Beckmann FamRZ **83**, 863). Vor Inanspruchn ihrer Elt muß eine verheiratete Lehrerin ganztags arbeiten u die KiBetreuung dem Ehem unter Aufgabe von dessen HalbtagsTätigk überlassen (AG Lahnstein FamRZ **86**, 199). Nach BSG FamRZ **85**, 1251 ist ein UnterhAnspr bei **anhaltender Arbeitslosigkeit** nicht ausgeschl. Das ist im Hinbl darauf, daß die Elt auf die Berufswahl des Vollj keinen Einfl haben (§ 1610 Anm 4a bb), überaus bedenkl; im Falle des BSG: Studium der RWiss, Packer, Diplompolitologe m Wunsch zu promovieren. Nach längerer Arbeitslosigk ist dem vollj Ki jedewede Arb zumutb (Kln FamRZ **86**, 499). Ebso jeder Ortswechsel (Kln FamRZ **83**, 942). Es gelten dies Maßst wie nach § 1603 Anm 4a für Elt ggü mj Ki (Schlegel FamRZ **86**, 856). Vgl iü oben Anm 2a bb.

3) Erhöhte Unterhaltspflicht der Eltern II, ist ggü mj, unverheirateten Kindern gegeben. Ein Kind ist auch nach Auflösg der Ehe nicht unverheiratet; anders nach NichtigErkl der Ehe. Daß den Eltern die elterl Sorge zusteht od das Kind hauszugehörig ist, ist nicht Voraussetzg (§ 1601 Anm 1). Das Kind braucht zwar nicht den Stamm seines Vermögens anzugreifen (Ausn im Falle der Leistgsunfähigk der Eltern, § 1603 II 2, vgl auch oben Anm 1), muß aber die Einkünfte seines Vermögens, wozu auch die Abfindg gem § 844 II gehört (RG **151**, 101), u sonstige Einkünfte (Schrade FamRZ **57**, 346), wobei freilich zu berücksichtigen ist, daß das Kindesvermögen zu erhalten ist (§ 1649 I), es sich hier also nur um die Einkünfte aus dem Kindesvermögen abzügl der VerwKosten handeln kann (§ 1649 Anm 2a). Eig ArbVerdienst des Ki entlastet die Verpflichteten. Vgl zur Ausbildgsvergütg § 1610 Anm 2.

4) Im allg keine **Rückforderung geleisteten gesetzlichen Unterhalts seitens des Verpflichteten** bei Besserg der Verhältnisse des Unterstützten; denn der Grd zur Zahlg ist durch die spätere Besserg nicht weggefallen. Anders wenn es sich nur um ein Helfen aus einer von vornherein als vorübergehd anzusehden Notlage handelt od die VermLage unrichtig eingeschätzt wurde, zB Unkenntnis einer Rentenberechtigg. Dann liegt Darl bzw § 812 vor. Bei Täuschg durch den Berechtigten hilft auch im Falle der urteilsmäßigen Festsetzg § 826. Wegen ErsAnspr Dritter vgl Einf 5 vor § 1601.

1603 *Voraussetzungen der Unterhaltsverpflichtung.* ¹Unterhaltspflichtig ist nicht, wer bei Berücksichtigung seiner sonstigen Verpflichtungen außerstande ist, ohne Gefährdung seines angemessenen Unterhalts den Unterhalt zu gewähren.

ᴵᴵBefinden sich Eltern in dieser Lage, so sind sie ihren minderjährigen unverheirateten Kindern gegenüber verpflichtet, alle verfügbaren Mittel zu ihrem und der Kinder Unterhalte gleichmäßig zu verwenden. Diese Verpflichtung tritt nicht ein, wenn ein anderer unterhaltspflichtiger Verwandter vorhanden ist; sie tritt auch nicht ein gegenüber einem Kinde, dessen Unterhalt aus dem Stamme seines Vermögens bestritten werden kann.

Schrifttum: Ruppin ZfJ **78**, 513; Weychardt DAVorm **79**, 321; Dieckmann DAVorm **79**, 553; Spangenberg DAVorm **80**, 769; Mohrmann DAVorm **80**, 810; Raaba DAVorm **81**, 1; Fuchs FamRZ **82**, 756; zu Mangelfällen: Christian, Weychardt u Künkel DAV **84**, 523, 637 u 803; Büttner NJW **87**, 1855.

1) Vgl zunächst § 1602 Anm 1, wg BewLast Einf 6 v § 1601. Für die UnterhPfl der Eheg untereinander gilt nicht § 1603, sond §§ 1360, 1361. Läßt sich der Unterh nicht bereits anhand der Kenntn ü das Eink des UnterhVerpflichteten bemessen, besteht ein entspr **Auskunftsanspruch** (§ 1605).

2) Leistungsfähigkeit des Verpflichteten, I. Entspr dem bei § 1602 Anm 2 Gesagten kommt es bei der Beurteilg der Leistungsfähigk an auf:

a) das **Vermögen** des Verpflichteten, dessen Stamm uU angegriffen w muß (RG JW **07**, 674), soweit dadch nicht etwa der angem (ggf lebenslange; BGH NJW **89**, 524) Unterh gefährdet wird. **Entnahmen** stellen wirtschaftl VermVerwertg dar; sie müssen wie BruttoEink behandelt werden (Stein FamRZ **89**, 343). Soweit die Verwertg zu wirtschaftl zumutb Bedingen mögl ist, muß der UnterhSchu seinen MitEigtAnteil an einem Ferienhaus veräußern, auch wenn dadch seine Leistgsfähigk nur vorübergehd erhöht w (BGH FamRZ **86**, 48). Der Verpflichtete muß uU Kredit in Anspr nehmen (BGH NJW **82**, 1641), auch seine Fdgen geltd machen, zB RückFdgsAnspr aus einer Schenkg (RG LZ **15**, 1096). Eine Obliegenh, einen PflichtteilsAnspr geltd zu machen, besteht iF einer testamentar Verfallklausel nicht (BGH NJW **82**, 2771). Bei befreiter VorErbsch kommt es auf den Nachl an (Rostock OLG **33**, 344). Kein Recht, auf Kosten des UnterhBerecht Vermögensbildg zu betreiben; desh kann UnterhSchuld dem Berecht Verbindlichkeiten für eine EigtWohng nicht entgghalten (LG Hbg DAVorm **76**, 205); ebsowenig Absetzg für Abnutzg (AfA) bei HausGrdst (KG FamRZ **81**, 38); wohl aber sind Tilggen auf HypDarlehen einkommensmindernd zu berücks, wenn der Hausbesitz zur Schaffg zusätzlicher EinkQuellen erworben wurde (Kln FamRZ **81**, 489). Künft Verm nur bei naheliegdem sicheren Erwerb zu berücks (vgl RG JW **04**, 295). Nicht zu berücks solches Verm, über das der Pflichtige nicht verfügen kann. Veräußert der Pflichtige Vermögen, um sich der UnterhPfl zu entziehen, so ist die Veräußerg als nicht geschehen anzusehen (§ 826). Unterhaltsrechtl unzul ist es auch, sein Einkommen zZw der Vermögensbildg festzulegen u sich ggü dem UnterhBerecht auf LeistgsUnfähigk zu berufen (AG Hbg DAVorm **76**, 162). Anfechtg mögl bei einem AuseinandSVertr unter Eheg mit unberecht hoher Zuweisg an den einen (RG **57**, 81; Zweibr OLGZ **65**, 305). **Nachzahlungen** zB von Renten erhöhen die Leistgsfähigk für den künftigen Zeitraum (BGH NJW **85**, 486).

b) Bei den für die Leistgfähigk maßgebden **Einkünften des Verpflichteten** ist zw seinen Einnahmen u dem, was für UnterhZwecke nicht zur Verfügg steht, zu unterscheiden.

aa) Grdsätzl sind sämtl **Einnahmen** des UnterhSchu unterhrechtl relevant, unabhäng von ihrer (öff-rechtl) Zweckbestimmg (BGH NJW **81**, 1313), aber grdsl nur die eig, also was der UnterhSchuld aus eig Kraft zum Unterh beitragen kann, so daß es nicht auf die Verhältn des Eheg des UnterhSchu od anderer ihm unterh-

§ 1603 2b 4. Buch. 2. Abschnitt. *Diederichsen*

pflichtiger Verwandter ankommt (KG DAV **79**, 666). Unstatt ist die VermBildg auf Kosten des UnterhBerecht. Übersteigen aber bei einem GeschMann die Entnahmen die GeschGewinne, liegt insow keine Leistgsfähigk, vor (Kln FamRZ **83**, 87). Zu den Einkften gehören auch die Zinsen des vom TestVollstr verwalteten Nachl (RG LZ **18**, 1268), verschleiertes ArbEink iSv ZPO 850h I (Schlesw SchlHA **57**, 30). Bei schwankden Bezügen eines UnterhSchuldn ist der Beurt seiner Leistgsfähigk ein längerer Zeitraum zGrde zu legen u ein **Durchschnittseinkommen** zu bilden (BGH NJW **84**, 1614). Kann das Eink eines unterhpflicht Landwirts nicht an Hand v Unterlagen ermittelt w, so ist auf das aGrd v VerglBerechngen festgestellte erzielb Eink abzustellen (AG Dillingen DAVorm **82**, 575). Bei der Ermittlg der Leistgsfähigk sind steuerfreie Aufwandsentschädigg (BGH FamRZ **86**, 780) u Sitzgsgelder (Bambg FamRZ **86**, 1144) v **Abgeordneten** u Gemeinderatsmitgl (aA Hamm FamRZ **80**, 997) sowie die **Grundrente** (BVersG 31) nach Abzug des konkr, ggf gem ZPO 287 zu schätzenden MehrBed mit heranzuziehen (BGH NJW **81**, 1313; FamRZ **82**, 898; krit Schwagerl NJW **82**, 1798), ebso Renten n dem BEG (BGH NJW **83**, 1783), die Schwerstbeschädigten- u Pflegezulage (BGH NJW **82**, 41), die Verletztenrente aus der gesetzl RentVers, AusglRente u EhegZuschlag gem BVersG 32, 33a (BGH NJW **82**, 1593; Bambg FamRZ **81**, 266). Doch sind Mehraufwendgen inf der Schwerstbeschädigg dch Einschaltg fremder Hilfskr ow absetzb, wenn die ErwFähigk nur der Trenng den Hilfs bedurft h (Düss FamRZ **82**, 380). Zur Berechng des Nettoeink eines **Beamten** Hbg FamRZ **85**, 1142. Zum Eink des aktiven u auch Ruhestandsbeamten gehören alle familienneutralen u fambezogenen Bestandteile der Bezüge wie **Ortszuschlag** (BGH FamRZ **83**, 49), auch für StiefKi (BGH NJW **89**, 1033); Sitzgsgelder abzügl ParteiAbführgen u Aufwand (BGH FamRZ **83**, 670); Auslandszulagen (BGH FamRZ **80**, 342); beim GerVollziehr Dienstbezüge, Vergütg u Entschädigg (Kln FamRZ **87**, 1257); beim **Arbeitnehmer** auf Grd eines Sozialplans gezahlte Abfindgen (BGH NJW **82**, 822); Zusatzleistgen des ArbGeb zu den vermögenswirks Leistgen (Saarbr NJW-RR **86**, 1200); Schicht- u Feiertagszuschläge eines Zeitgsdruckers dagg nur zu ⅔ (Mü NJW **82**, 835); auch Unfallrenten; doch ist ein entspr Sonderbedarf abzuziehen (Ffm FamRZ **79**, 139). Die **Berlin-Zulage** ist dem NettoEink voll hinzuzurechn (Ffm FamRZ **79**, 173). Bei **Freiberuflern und selbständigen Unternehmern** (Lit: Strohal DAV **89**, 569) ist das Eink ggf zu schätzen, wobei die Privatentnahmen Anhaltspkte für das unterhrechtl relevante Eink geben (Düss FamRZ **83**, 397), enspr bei einem Taxifahrer die Tankbelege (Schlesw DAVorm **80**, 220). Zu problemat BetrAusgPositionen: Nickl DAV **86**, 103. IdR ist das Dchschnitts-Eink in den **letzten 3 Jahren** zGrde zu legen (BGH NJW **82**, 1642 u 1645; NJW **83**, 1554). Auf einen längeren ZtRaum ist bei schubartiger Realisierg von Gewinnen (Bauträger) abzustellen (BGH NJW **85**, 910). Entscheidd sind aber jeweils die letzten Jahre (BGH NJW **83**, 1554; **85**, 911). Einfkte aus **Mehrarbeit und Nebenverdiensten** sollten nur restriktiv zu UnterhZwecken herangezogen w (Müller DAV **87**, 81): **Überstundenvergütungen** werden vom Augenbl des tats Zuflusses an (KG FamRZ **88**, 720) teils zur Hälfte berücks (Hamm NJW **78**, 547 u DAVorm **78**, 199), teils iGgs zur Auslösg, die entspr den häusl Ersparn anzurechen ist, voll (Schlesw SchlHA **79**, 48), teils dann voll angerechnet, wenn sie in dem vom Unter-Schuldn ausgeübten Beruf übl sind und regelm anfallen (BGH NJW **80**, 2251; zB Schachtmeister (BGH NJW **82**, 2664) od Cheffahrer (BGH NJW **83**, 2321; and Kln FamRZ **84**, 1108: trotz Berufstypizität Anrechenbark nur zu 25%). Schöpft der UnterhSchu in einem solchen Fall seine ErwFähigk in überobligationsmäß Weise aus, kann der dabei erzielte Verdienst nicht voll zu UnterhZw herangezogen w (Schlesw SchlHA **80**, 44; Düss FamRZ **81**, 772). Werden and Schuldpflichten einkommensmindernd berücks, besteht uU eine Pfl, zusätzl Anstrenggen dch Überstden od SchichtArb zu unternehmen (Karlsr Just **81**, 130). Die Aufgabe von Überstden rechtfertigt nicht ow die Annahme entspr fikt Eink (Müller DAV **87**, 86; Kalthoener/Büttner NJW **89**, 806). Entsprechdes wie zur ÜberstdenVergütg gilt auch für **andere Zusatzverdienste** aus literar Tätigk, wiss Gutachten uä; auch die zu vergütde Betreuung eines Kindes des neuen Eheg aus dessen früh Ehe (Stgt FamRZ **83**, 185). Leistgsfähigkbegründd wirken iF von II auch **Schmerzensgeld** (BGH NJW **89**, 524; Voelskow FamRZ **89**, 481: jedoch maßv Erhöhg des Selbstbehalts); ferner gew Anteile des **Pflegegelds** (BGH FamRZ **84**, 769; Karlsr FamRZ **87**, 1074). Übergangsgebührnisse u **Übergangsbeihilfe** des Soldaten sind zur Deckg des KiUnterh einzusetzen (BGH FamRZ **87**, 930). **Abfindungen** vergrößern die Leistgsfähigk, sind aber zunächst auf eine angem Zeit (idR einige J) zu verteilen (Hbg DAV **89**, 87); erst dann ist zu beurt, ob u ggf ab wann sich die EinkVerh dem UnterhSchu zu einer UnterhAnspassg geänd h (BGH NJW **87**, 1554). **Gratifikationen** anläßl eines Dienstjubiläums werden auf 1 J umgelegt (Hbg FamRZ **85**, 1260). Der **Wohnwert** des eig Hauses od mietfreien Wohnens erhöht das Eink, soweit in Höhe des obj Vermietgswertes abzügl der Lasten der UnterhSchu als Eigentümer billiger lebt als in einer vergleichb Mietwohng (Bambg FamRZ **87**, 1181), wobei die steuerl Behdlg unterhrechtl unbeachtl ist (BGH FamRZ **86**, 48; Mü FamRZ **84**, 173; Graba FamRZ **85**, 657; § 1602 Anm 2a aa). Allein der **Vermögensbildung** dienende Aufwendgen nach Übern des urspr beiden EltT gehörenden Hauses dürfen sich nicht nachteilig auf den UnterhAnspr des Ki auswirken (Bambg FamRZ **85**, 1141; AG Nürnb FamRZ **85**, 1072), so daß mit Zug des von den Zinsen TilggsLeistgen nicht einkmindernd berücks w können (Ffm NJW-RR **88**, 522). Auch der Nutzgswert eines v der Firma überlassenen **PKW** stellt einen geldwerten Vorteil dar (Kln FamRZ **81**, 489). **Vermögenswirksame Leistungen** mindern dagg, weil sie der VermBildg dienen (KG DAVorm **79**, 427), das Eink nicht; da der UnterhSchuldn diese Betr aber zZ nicht ow verfügen kann, bleibt auch etwa **Sparzulage** unberücks bleiben (BGH NJW **80**, 2251; Hamm DAVorm **78**, 199). Auch die Nichtgeltmachg v Unterh-Anspr, zB der unterhberecht Mutter gem § 1570 (Bambg FamRZ **83**, 210), od **Unterhaltszahlungen** vS Dritter, zB VorsorgeUnterh (Hamm FamRZ **88**, 1270); ebso die Leibrente des UnterhSchu aus der Veräußerg v GrdVerm (Kln FamRZ **83**, 643), können die Leistgsfähigk des Empfängers begründen (Stgt FamRZ **83**, 185; KG DAV **83**, 393). Der den Eigenbedarf des UnterhSchu übersteigende Teil kann zur Deckg seiner UnterhVerpfl herangezogen w (Bambg FamRZ **83**, 75). Das gilt vor allem iR der erweiterten UnterhPfl n II (BGH NJW **80**, 934). So ist ein arbeitsl Vater, der von seiner getrennt lebden jetzigen Ehefr mtl 2000 DM Unterh erhält, seiner Tochter ggü leistgsfäh (Mü FamRZ **80**, 284/618 mAv Köhler). Unterh muß ggf auch aus einem **Taschengeldanspruch** (§ 1360a Anm 1c) gg den neuen Eheg bezahlt w (BGH NJW **86**, 1869; aA Stgt FamRZ **80**, 393). Zum **Kindergeld, Zählkindvorteil** u entspr Leistgen vgl § 1602 Anm 2c. Der BGH verneint Anspr auf **Auskehrung von kinderbezogenen Zulagen** selbst bei vollj Ki (vgl BGH FamRZ **84**, 769/772 hins der Weiterreichg des KiGelds bei angem Versorgg des Ki; BGH **103**, 267 hins der KiZulage zur

Verwandtschaft. 3. Titel: Unterhaltspflicht § **1603** 2b

VerlRente n RVO 583). Der **Kinderzuschuß** gem RVO 1262 begründet ijF die Leistgsfähigk u ist an das vollj Kind voll auszukehren (Hbg FamRZ **85**, 960). Bei der UnterhBemessg vorrangiger und UnterhBerecht bleibt er infolged als Eink auß Ansatz (Ffm FamRZ **86**, 270). Verspielter **Spielbankgewinn** begründet fiktiv die Leistgsfähigk (Oldbg FamRZ **88**, 89).

bb) Von den dem UnterhSchuldn zufließenden Mitteln stehen von vornh bestimmte Einnahmen **für Unterhaltszwecke nicht zur Verfügung.** Auszugehen ist bei der Bestimmg der Leistgsfähigk vom **bereinigten Nettoeinkommen,** dh bestimmte Beträge sind vorweg abzuziehen; bei Freiberuflern u höher Verdienenden Beiträge zu einer eig angem KrankenVers u Altersvorsorge, mind iH der SozVersBeitr eines unselbständ ArbN (Bambg FamRZ **87**, 1181), währd bei Nichtselbständ davon ausgegangen w, daß die dem UnterhSchu zur Vfg stehden Einkfte bereits um die SozBeiträge vermindert s; ggf ist der Beitr f die gesetzl od eine angem private KrankenVers auch bei Nichtselbständ abzuziehen (vgl BGH NJW **80**, 935). **Berufsbedingte Aufwendungen** sind konkr nachzuweisen; aber ggf bei Abändg eines bereits pauschalierenden ProzVergl (BGH NJW **86**, 2054/5). Zur Bereinigg des NettoEink können ferner abgezogen w: gewisse Werbgskosten, aber unabh v der steuerl Anerk bei einem Beamt nicht ArbZimmer, Tel usw (Bambg FamRZ **87**, 1295). GewerkschBeitr, soweit kein Mangelfall vorliegt (Kln FamRZ **85**, 166); ferner insbes Fahrtkosten zur ArbStelle (Hamm DAVorm **78**, 199), vor allem bei Gehbhinderg (Hamm DAVorm **78**, 280), aber nicht bei einer Entferng v 3 km (Karlsr FamRZ **81**, 783). Der UnterhSchu muß sich kostengünstiger VerkMittel bedienen, wenn der eig Pkw der Grd ist, keinen ausr Unterh zu zahlen (BGH FamRZ **89**, 483). Bereinigg des NettoEink ferner bei krankh- od berufsbedingte Anschaffg u Unterhaltg eines Pkw bei einem Beinamputierten (BGH FamRZ **82**, 579) od abzügl privater Nutzg bei einem BetrIng (BGH NJW **82**, 1869); zu den Umgangskosten § 1634 Anm 5. **Ratenzahlungen** wg Gewähr v **Prozeßkostenhilfe** mindern die Leistgsfähgk (Karlsr FamRZ **88**, 202). Nicht abzugsfäh dagg idR Kosten für eine Aufwartefrau (Hamm DAVorm **78**, 280), der Ortszuschlag, Beiträge für den LebensVers sowie für SchadenVers wie Unfall, priv HaftPfl usw (Schlesw SchlHA **78**, 81). Kleidg u Urlaub sind aus dem für den eig Unterh vorgesehenen EinkAnteil zu bestreiten (BGH NJW **82**, 822). Abzuziehen sind ferner vorrangige **anderweitige Unterhaltsverpflichtungen,** zB solche mj Kindern ggü, wenn es um Unterh ggü einem vollj Ki geht. Zur Abzugsfähigk **sonstiger Schulden** des UnterhVerpfl Anm 3 b.

cc) Steuern (Lit: Puls DAV **75**, 72 u 141; Berninghaus FamRZ **86**, 1143; zur steuerrechtl Ermittlg des unterrechtl maßgebl Gewinns aus selbständ Arb: Bauer DAV **87**, 475; dauernde Last: F Meyer NJW **87**, 1869; zur steuerl Abschreibg Durchlaub FamRZ **87**, 1233; insb AfA: Doerges u Nickl FamRZ **85**, 761 u 1219; Müller DAV **87**, 857; **88**, 491 u 961; **89**, 5; Altfelder, Steuerl Gestaltg des Eheg- u KiUnterh, 1987). Zu den für Zwecke der UnterhFestsetzg wichtl Unterlagen aus dem BesteuergsVerf ausführl: Berning DAV **86**, 197; ferner Christian DAV **86**, 561 u 681. Zu Wertgsdivergenzen zw Steuer u UnterhR Nickl NJW **86**, 2544. Zu berücks sind die linearen **Abschreibungen** nach Afa-Tab (Bambg FamRZ **87**, 1181; vgl auch Hamm FamRZ **86**, 1108). Zur Einholg steuerrechtl Sachverst**Gutachten** im UnterhProz Nickl NJW **89**, 2091. Beruft sich der UnterhSchu für seine LeistgsUnfähigk auf sein steuerpflicht Eink aus Gewerbe, so muß er seine Einnahmen u Aufwendgen im einz nach nur steuerl beachtl u unterhrechtl bedeutsamen Aufwendgen abgrenzen (BGH NJW **80**, 2083; **85**, 910). Zur Leistgsfähgk des beherrschenden Gesellschafters einer GmbH Nickl FamRZ **88**, 132. Ist das Eink nicht dchgäng noch dem höchsten St-Satz zu versteuern, ist der MehrjahresDchschnitt nur aus den nach Abzug der auf das einzelne Jahr entfallenden Steuern zu bilden (BGH NJW **85**, 910). Iü kann vom mtl NettoEink des abgelaufenen KalenderJ ausgegangen w, wenn sich das Eink nicht wesentl veränd hat (Mü FamRZ **84**, 173). Der UnterhSchu muß sich das NettoEink anrechnen lassen, das sich unter Zugrdelegg der für ihn günstigsten **Steuerklasse** ergäbe (Hamm FamRZ **80**, 155; Schlesw FamRZ **83**, 828; Bambg FamRZ **87**, 1031; aA Kln FamRZ **89**, 65: Wahl der StKl IV/IV steht dem wiederverh UnterSchu frei). Der steuerl Splittingvorteil aus einer **Wiederverheiratung** wird nicht der neuen Fam vorbehalten, sond kommt ggf iW der AbÄndgKl (BGH NJW **88**, 2101) auch unterhberecht Kindern aus einer früh Ehe (BGH FamRZ **88**, 798) sowie dem früh Eheg zugute (BGH FamRZ **80**, 984; **85**, 911; **88**, 145/8 u 817/929 m zu Recht krit Anm v Weychardt), es sei denn, es liegt ein Mangelfall vor; dann insow § 1579 Z 7 (BGH FamRZ **88**, 145 mA Hoppenz). Es ist also regelmäß die tatsächl Steuerschuld zugrde zu legen (BGH FamRZ **83**, 152; **88**, 486 u 818), was insb dann gelten soll, wenn der Zeitraum der Einstufg in StKl I relativ kurz war (BGH NJW **88**, 2105). Wählt der UnterhSchu SteuerKl V u überläßt damit seinem neuen Eheg mit der StKl III den Splittingvorteil allein, so ist unterhrechtl die tatsächl einbehaltene Steuer dch einen entspr Abschlag zu korrigieren (BGH NJW **80**, 2251; Düss FamRZ **86**, 66; aA Düss FamRZ **84**, 1103; Schlesw FamRZ **85**, 713: StVorteil steht im Mangelfall der neuen Fam zu). Die Wahl einer ungünstig StKlasse muß wirtschaftl begründet sein; sonst ist sie unbeachtl (Kblz FamRZ **86**, 1029). Die Höherbesteuerg alleinstehender Väter u Mütter (EStG 32a) ist mit GG 3 I, 6 I unvereinb (BVerfG NJW **83**, 271); die aus diesem Urt im Ergebn erhöhte Leistgsfähigk wirkt sich allerd erst nach einer entspr GesÄndg aus. Nach FG Brem NJW **86**, 745 ist EStG 33a II Z 1 mit seinen niedr FreiBetr verfassgswidr. Zum begrenzten **Realsplitting** § 1569 Anm 2. SteuerErsparn aus dem **Bauherrenmodell** verbleiben dem UnterhSchu (BGH FamRZ **87**, 36 zu § 1361). **Steuerrückzahlungen** begründen grdsätzl f die Zukft eine entspr höhere Leistgsfähigk (KG DAV **78**, 751); ebso kinderbedingte Steuervorteile, auch aus EStG 7b (Ffm FamRZ **80**, 183). Unberücks bleiben aber LohnStErstattg aus der Zahlg v VersBeitr, die bei der Bemessg des Unterh nicht berücks w sind (Düss FamRZ **84**, 1092). Steuerl Vorteile aus Vermietgsverlusten verbleiben dem UnterhSchu, wenn auch die Tilggsleistgen nicht einkmindernd berücks w sind (Ffm FamRZ **88**, 1054).

dd) Selbstbehalt (§ 1610 Anm 1 c bb): Von seinen mtl NettoEinkünften darf der UnterhVerpfl zur Deckg seines notwend Eigenbedarfs als unterhrechtl nicht verfügbares Eink den großen od kl Selbstbehalt beanspruchen, der bei der Berechng des Unterh leistgsfähigkmindernd abgesetzt wird (BGH FamRZ **86**, 153/4; **88**, 1039/41). Der SelbstBeh berücks einen gewissen Vorrang des Verdienenden, um seine ArbFreude zu erhalten (Düss NJW **77**, 392; Ffm FamRZ **78**, 433; aA KG NJW **77**, 1689). Er darf vom Tatrichter nach den Tab u Richtlinien bemessen w (BGH NJW **84**, 1614) u wird in seiner Höhe einmal danach gestaffelt, ob der UnterhSchu erwerbstät ist od nicht, wobei Arbeitslosigk wie die Teiln an Umschulg dch das ArbAmt der

1593

§ 1603 2b, c   4. Buch. 2. Abschnitt. *Diederichsen*

ErwTätigk gleichstehen (Hamm FamRZ 84, 727); zum and erfolgt die Staffelg gesetzl zwingd mit unterschiedl Beträgen nach I u II (BGH NJW 89, 523) nach der famrechtl Stellg des UnterhBerecht nach der Düss Tab (§ 1610 Anm 1 d bb): 1000 bzw 1100 DM; ggü vollj Ki angem EigBedarf: 1400 DM; ggü dem geschied Eheg: § 1581 Anm 2 b u iF des Getrenntlebens der Eheg: § 1361 Anm 2 c. Der Wertg v § 1609 II widerspr es, in Mangelfällen dem UnterhSchu außer seinem Selbstbehalt auch noch den MindestBed aller haush-angehör weiteren UnterhBerecht zu belassen (so aber Schlesw FamRZ 87, 95). Erlangt der unterhpflicht EltT seinerseits in Wiederverheiratg einen UnterhAnspr gg seinen Eheg, so ist ihm im Verhältn zu seinen unterhbedürft Kindern v seinem ArbEink weniger als der sonst übl SelbstBeh zu belassen (BGH NJW 82, 1590; Hamm FamRZ 80, 916; aA Düss FamRZ 82, 951).

c) Bei **Unterlassung zumutbarer Arbeitsleistungen** ist dem UnterhSchu die Berufg auf seine Leistgs-Unfähigk nach Treu u Glauben versagt u auf die **fiktiven Einkünfte** abzustellen (BGH 75, 272; NJW 80, 935; 82, 175; FamRZ 84, 374; sa § 1360 Anm 1 u 3 a sowie § 1361 Anm 2 c), dh ihn trifft die Obliegenh, im Interesse des UnterhGläub seine ArbKr so gut wie mögl einzusetzen; tut er dies nicht, so muß er sich die Einkfte anrechnen lassen, die er bei gutem Willen dch zumutb ErwTätigk erzielen könnte (BGH NJW 81, 1609). Auf ein Verschulden gerade dem UnterhGl ggü kommt es nicht an (BGH FamRZ 81, 540). Unzumutb ist der Verzicht auf den JahresUrl (Kln FamRZ 84, 1108). Zu Überstunden Anm 2 b. Die verfrechtl (al (BVerfG NJW 85, 1211) EinkFiktion setzt aber voraus, daß dem UnterhSchu ein **verantwortungsloses, zumindest leichtfertiges Verhalten** zur Last zu legen ist (BGH NJW 85, 732; FamRZ 87, 372/74 u 930/33; Hbg DAV 88, 720).

aa) Bei **Arbeitslosigkeit** aGrd verantwortgsl od zumind leichtfert Verhaltens greift die EinkFiktion ow, zB bei alkoholbedingter VerkStraftat eines Berufskraftfahrers (Bambg FamRZ 87, 699). **Wird dem Unterhaltsschuldner gekündigt,** so hat er die Rechte aus KSchG u BetrVG voll auszuschöpfen (Ffm FamRZ 83, 392). Bei schwieriger AuftrLage muß ein ArbN eine 10%ige Lohnkürzg hinnehmen, um einer Entlassg zu entgehen (Celle FamRZ 83, 704). Aber keine EinkfteFiktion, wenn der UnterhSchu dch **eigene Kündigung** derj des ArbGeb nur zuvorkommt (Schlesw FamRZ 84, 1093); wenn der Wegfall des ArbPlatzes dch Kündigg sonst ein anerkennensw Motiv vorlag (Celle FamRZ 83, 717); wenn sie aus GesundhGrden erfolgte (Hbg DAV 88, 718) od um die eig Chancen im SorgeRVerf zu verbessern (Ffm FamRZ 87, 1144). Auf ArbUnfähigk kann sich der UnterhSchu nicht berufen, wenn er in verantwortgsl, zumind leichtfert Weise eine vers-pflichtl Arb verloren od ausgeschlagen hat, die ihm währd seiner Krankh Lohnfortzahlg od KrGeld verschafft hätte (BGH NJW 88, 2239). Die Voraussetzg des verantwortgsl, zumind leichtfertigen Verhaltens für die Fiktion fortdauernder Leistgsfähigk gilt auch für die eingeschränkte Leistgsfähig inf **Arbeitsplatz- oder Berufswechsels** (BGH FamRZ 87, 372). Bei einem nicht zwingd gebotenen Wechsel in eine weniger gut bezahlte ArbStellg wird der höhere Verdienst beim früh ArbGeb zGrde gelegt (LG Esn DAV 84, 1043; AG Hbg DAV 84, 908), wie bei bl Fahrlehrertätigk eines Kfz-Ing (Zweibr FamRZ 83, 1039); Mithilfe im Gesch des Eheg statt entlohnter anderweit Tätigk (LG Kblz u Paderb DAV 76, 87 u 223); ebso bei Herabsetzg der Stundenzahl bei einem Lehrer (Kblz FamRZ 84, 374). Bei freiw Einschränkg der Leistgsfähigk muß für die ÜbergangsZt dch Bildg v Rücklagen od KreditAufn dem UnterhPfl Rechng getragen w (BGH NJW 82, 1050; FamRZ 87, 372). Das gilt insb bei **Selbständigmachen** in der vagen Hoffng, nach einer ÜbergangsZt einen höheren Verdienst zu erzielen als vorher (Hbg FamRZ 82, 412). Die Erstausbildg hat uU Vorrang ggü dem KiUnterh (KG FamRZ 81, 301). Aber auch GG 12 I gibt kein Recht, zwecks **weiterer Ausbildung** den Beruf aufzugeben u seine Angehör der SozHilfe zu überantworten (OVG Münst FamRZ 75, 60; KG DAV 79, 49; AG Bruchsal DAV 84, 804). Entspr wird nach berufsqualifizierdem Abschl die **Aufnahme eines Studiums** unterhrechtl nicht anerkannt: Ing Maschinenbaustudium (Ffm FamRZ 79, 621); VerwaltgsAngest Jura (Karlsr FamRZ 81, 559); Elektriker IngStudium (Bambg FamRZ 89, 93). Das gilt auch ggü nehel Ki (Kstz DAV 77, 386). Iü darf der unterhpfl Student die RegelstudienZt nicht überschreiten (LG Bln DAV 85, 157), es sei denn, die AusbildgsBedürftigk dauert aGrd eines Unfalls fort (BGH NJW-RR 87, 706). Dagg muß ein Ki wie der betreuende EltT UnterhMindergen hinn bei sinnvollen **Umschulungsmaßnahmen** (LG Kln DAV 75, 35), wie Ausbildg eines arbeitsl Lehrers zum Computerfachm (Karlsr FamRZ 82, 83). Bei Verschaffg anerkennenswerter AufstiegsMöglk (Düss FamRZ 78, 256); bei Aufgabe des ersten Berufs im Einverständn des Eheg (BGH NJW 83, 814). **Berufsaufgabe:** Ggf muß ein selbständ Untern eine besser bezahlte abhäng Arb annnehmen (Kblz FamRZ 84, 1225) u hierzu beispielsw den unrentablen Betr eines Frachtmotorschiffs aufgeben (Kblz FamRZ 85, 812). Entsprechedes gilt f einen zumutb **Ortswechsel,** zB von Italien nach Dtschl (KG FamRZ 84, 592). **Kausalität:** Die EinkFiktion ist nur berecht, wenn das Ger zu dem Ergebn kommt, daß entspr Bemühgen um eine ErwTätigk auch Erfolg gehabt hätten, was ggf nach ZPO 287 II zu beurt ist (Karlsr FamRZ 85, 1045). Unterhrechtl nicht zurechenb ist bei einem ArbVerhältn im Ausl ein nicht erkannter **Währungsverfall** (BGH 104, 158 Südafrika). Auch bei unverschuldeter Arbeitslosigk muß der UnterhSchu **alles Zumutbare unternehmen,** um seine Leistgsfähigk wieder herzustellen. Die Meldg beim ArbAmt reicht nicht aus (Düss FamRZ 80, 1008). Bemühgen um eine neue ArbStelle sind uU entbehrl, wenn das ArbAmt eine Umschulg bewill hat (Düss FamRZ 84, 392). **Dauer der Fiktion:** Die Zurechng erfolgt nur solange, wie der UnterhSchu sich nicht hinreichd um eine neuen ArbPlatz bemüht (Schlesw FamRZ 85, 69). Iü beändern nach angem Zeit (Karlsr FamRZ 83, 931) od bei Eintritt nachhaltiger Arbeitslosigk (KG NJW 85, 869). Nach 6 J nicht mehr Fiktion der Beibehaltg des ArbPlatzes mit sämtl Lohnerhöhgen (Kblz FamRZ 86, 93).

bb) Weder berecht die Schließg einer **neuen Ehe** zur Aufgabe der BerufsTätigk (Ffm FamRZ 79, 622), noch stellt die **Übernahme der Haushaltsführung in der neuen Ehe** von der BarUnterhPfl frei. In kinderl Ehe ist mind eine TeilZtBeschäftigg zumutb (Brem FamRZ 79, 623). Auch für den UnterhAnspr des (auch nehel; LG Düss DAV 84, 316) Ki ggü dem wiederverh EltT, der innerh der neuen Ehe die HaushFührg übernimmt, ist auf die fikt Einkfte abzustellen, u zwar gleichgült, ob es sich dabei um die BarUnterhPfl des Vaters (Krfld NJW 77, 1349) od der Mutter handelt (Hamm FamRZ 80, 73; Düss FamRZ 85, 711; Schlesw FamRZ 89, 997) u ob ein zu betreuendes Ki aus der neuen Ehe stammt od adoptiert ist (BGH NJW 82, 175). Unerhebl ist ferner, ob das geringere ArbEink auf einer mit dem jetz Eheg getroffenen Vereinbg über die HaushFührg und ErwTätigk beruht (BGH FamRZ 81, 341) u der Ehefr eine bessere Ausbildg ermögl soll (LG Gött DAV 77, 771). Auf die Leistgsfähigk und Verwandter, insb auch des sorgeberecht EltT, kommt es nicht

Verwandtschaft. 3. Titel: Unterhaltspflicht § 1603 2, 3

an (BGH NJW 82, 1590). Zur LeistgsUnfähigk kann aber die **Betreuung eines Kleinkindes** führen, etwa wenn beide EltT in guten wirtschaftl Verhältn leben u der Vater den Barbedarf ow allein bestreiten k (Stgt FamRZ 80, 393). Auch mj Geschw ggü kann die KiBetreuung Vorrang haben, jedenf solange das neue Ki noch nicht einmal 1 J ist (Stgt FamRZ 84, 611; Hamm DAV 85, 74). Erst recht hat die KiBetreuung ggü dem AusbildgsAnspr vollj Halbgeschwister Vorrang. Hier setzt die UnterhPfl erst jenseits des Selbstbehalts ein (BGH NJW 87, 1549). Der neue Eheg muß dem unterhpfl EltT aber gem § 1356 II 2 zumind eine **zumutbare Nebentätigkeit ermöglichen,** damit er den UnterhPfl seinen Ki ggü genügen kann, zB als Kellner (BGH 75, 272), Taxifahrer, Nachtportier (Stgt FamRZ 83, 185), Buchhalterin (BGH NJW 82, 175) od (selbst bei Betreuung von 2 KleinKi) als Aushilfe (Mü FamRZ 87, 93). Die ErwObliegenh besteht auch ggü vollj Ki, wenn die Mutter die Betreuung teilw übertragen kann (Kln NJW-RR 86, 627). Bei den zumutb Nebenbeschäftigungen kommt es weder auf die frühere gehobene Stellg als Beamter an, noch kann sich der UnterhSchu auf GG 6 od darauf berufen, der neue Ehem dulde als muslim Ausländ die Arb der Ehefr nicht (Ffm NJW 82, 1233).

cc) Entsprechendes gilt f die Aufn einer **nichtehelichen Lebensgemeinschaft** (Einf 8 v § 1353) dch einen EltT, der sich seiner BarUnterhPfl nicht unter Berufg darauf entziehen k, eine berufl Tätigk gefährde die neue Beziehg (Kln FamRZ 81, 488).

dd) **Höhe der fingierten Einnahmen:** Bankbote 500 DM (Hbg DAV 80, 225); Chemotechniker 2000 DM (Lünebg DAV 78, 207); Kunstmaler leistgsfäh für MindUnterh (Schlesw SchlHA 79, 21); RA 1800 DM (Hbg DAV 78, 462) bzw 2000 DM (Mü FamRZ 81, 154). Bei BeschäftiggsVerhältn aus steuerl Grden im gastronom Betr des nehel LebPartners kann das BetriebsErgebn zGrde gelegt w (Hamm DAV 84, 606). Von den fikt zu ermittelden Einkften verbleibt dem UnterhSchu grdsl der notw **Selbstbehalt** (Hamm FamRZ 80, 73). Dagg ist der Selbstbehalt nicht abzuziehen, wenn der Unterh des baruntherhpfl EltT dch dessen neuen Eheg sichergestellt ist (BGH NJW 82,, 1590/92; Mü FamRZ 87, 93; aA Ffm/Kass NJW 87, 1560). Ist dies nicht der Fall, muß bei Berechng der UnterhVerpfl aGrd des fikt Eink ggf berücks w, daß von dem gedachten Eink evtl die neue Fam des UnterhSchu mit leben muß (BGH NJW 85, 318).

d) Hingg werden **nicht gefordert unwirtschaftliche Maßnahmen** wie verlustreicher Verkauf des nicht genügde Einkfte abwerfden Gesch (RG Recht 11, 3330); bei einem Studenten KreditAufn unmittelb vor dem Examen (LG Hbg DAVorm 75, 305) bzw Abbruch des Studiums (Warn 21, 128), es sei denn nach 30 Sem (AG Hann DAVorm 75, 45). Zur UnterhPfl von Studenten vgl allg Barth ZBlJugR 76, 343. Die Zurechng des erzielb Eink unterbleibt uU auch, wenn gelernte Friseuse mit ihrem neuen Ehem einen zunächst noch mit unzureichdem Ertrag arbeitden FrisSalon aufbaut (Schlesw SchlHA 79, 110). Unberücks bleiben ferner jederzeit entziehb freiw Zuwendgen Dr (RG LZ 21, 304) sowie Erwerb aus unsittl Geschäften, soweit damit deren Fortsetzg vorausgesetzt w, es sei denn der UnterhSchu tut dies von sich aus. Berücksichtigg von Sonderzulagen nur, soweit sie nicht dch den VerwendgsZw aufgebraucht w.

e) **Verschuldete Leistungsunfähigkeit** kann befreiend wirken (Hoppenz NJW 84, 2327; aA Krog FamRZ 84, 539, dessen Hinweis auf § 275 aber nicht ist; Hamm FamRZ 84, 1033), insb bei Unfall od **Strafhaft** (BGH FamRZ 82, 794; Mü u Hbg DAV 84, 77 u 1061; Karlsr DAV 87, 673), es sei denn, die Tat hat einen Bezug zum UnterhAnspr (BGH NJW 82, 2491) u die Strafe wurde zB wg versuchten Totschl der Mutter des unterhberecht Ki (LG Hbg DAV 77, 770) od gerade wg StGB 170b verhängt (Düss FamRZ 80, 718; LG Bln DAV 75, 43). Straftat gg ArbGeb reicht für die Fiktion fortdauernder Leistgsfähigk aus (Bambg FamRZ 88, 974). Die Herabsetzg der UnterhPfl wg Strafh ist auf deren voraussichtl Dauer zu beschr (BGH NJW 82, 1812; krit Roth-Stielow NJW 82, 2853). Verlust des Führerscheins inf Trunkenh macht nicht leistgsunfäh (Zweibr DAV 85, 596). Bei Strafhaft (Bambg FamRZ 88, 525) od Verlust des ArbPlatzes inf krankh **Alkoholabhängigkeit** keine fiktive EinkZurechng wie Anm c (Ffm DAV 87, 677). Doch muß der Alkoholiker Maßn zur Beseitigung seiner Abhängigk treffen (Düss FamRZ 85, 310). Bei Pensionierg inf AlkAbhängigk, die auf berufl ÜberForderg zurückgeht, ist nicht fiktiv (Anm 2 c) auf die früh BeamtBezüge zurückzugreifen (Ffm FamRZ 85, 1043). **Ruhestand** (Lit: W Müller DAV 87, 583): EinkEinbußen dch ggf auch vorzeit Pensionierg od Rentisierg muß der UnterhBerecht grdsl ohne Überprüfg ihrer gesundheitl Rechtfertigg hinnehmen (BGH FamRZ 84, 663). Zur Leistgsunfähigk inf Aufgabe des ArbPlatzes Anm c.

3) Bei **Gefährdung des eigenen angemessenen Unterhalts, I,** findet die UnterhVerpflichtg ihr Ende; bei teilw Gefährdg tritt teilw Befreiung ein. Die and verpflichteten Verwandten treten ein (§ 1607 I). Der später wieder leistgsfäh gewordene Verpflichtete braucht nicht nachzuzahlen. Bei Ändergen in der Leistungsfähigk ZPO 323. Zum angem Unterh vgl § 1610 I (für die gesch Eheg hingg § 1578 Anm 2). Eine schon bestehde Beeinträchtigg wird nicht gefordert (RG JW 01, 321), jedoch sind fernliegde Erwartgen dieser Art nicht zu berücksichtigen (RG JW 04, 295).

a) **Selbstbehalt** (Anm 2 b dd) ggü vollj Kindern: 1400 DM (so Düss Tab § 1610 Anm 1 d bb), als angem EltUnterh, der dch UnterhAnspr vollj Ki nicht gefährdet werden darf (BGH NJW 89, 523). Zw erwerbstät u nicht erwtät Schuldn wird nicht unterschieden (Karlsr FamRZ 86, 592).

b) Bei der Beurt der Leistgsfähigk sind die in unterhrechtl relevanter Weise zu belegenden (Oldbg DAV 84, 473) **sonstigen Schulden des Verpflichteten** zu berücks (vgl § 1361 Anm 2 bee; § 1581 Anm 2 c u e). UnterhSchulden haben ggü and Verbindlkten keinen Vorrang; es bedarf eines Ausgl der Belange v UnterhGläub, UnterhSchu u DrittGläub (BGH FamRZ 82, 157; 84, 657; 86, 254/57). Der vollstreckgsrechtl Vorrang ist innerh der erforderl **Interessenabwägung** hins Zweck der Verbindlk, EntstehgsZeit, Dringlichk usw nur ein Abwäggselement (BGH NJW 84, 2351). Bei Beeinträchtigg des MindBedarfs des UnterhBerecht kommt es auf den Zweck u den EntstehgsZtpkt der eingegangenen Verpfl an, deren Dringlk usw (BGH FamRZ 86, 254/57). Hinsichtl der Vermeidbark kommt es auf die Kenntn v der UnterhVerpfl an. Bereitstellgszinsen f die beabsicht Bebauung eines Grdst sind nach AuseinandBrechen der Fam nicht mehr zu berücks, da ohne Notwendigk (BGH FamRZ 83, 670). Die nach od im Hinbl auf die Inanspruchn dch den UnterhGläub unverständigerw eingegangenen Verpfl werden nicht berücks (BayObLG NJW 61, 38); ihnen ggü hat die UnterhPfl ijF Vorrang. Anschaffgen im Privatbereich muß der UnterhSchu in maßvollem Rahmen halten, so

1595

§§ 1603, 1604

daß nicht berücks wird bei Kfz-Mechaniker ein Kredit iHv 14000 DM (Hamm DAVorm 78, 358) od Aufwendgen f eine polit Partei (KG FamRZ 78, 937). Beim AusbildgsUnterh (§ 1610 Anm 4a) ist entscheidd, ob der UnterhSchu bei Eingeh der Verbindlk mit der UnterhPfl rechn mußte (Bambg FamRZ 88, 1087). Iü erfolgt die Berücks v Schulden nur iR eines vernünft **Tilgungsplans.** Entscheidd ist eine Interessenabwägg nach Zweck, Ztpkt, Dringlichk usw (BGH NJW 82, 380; and Hoppenz NJW 84, 2327). Das einzusetzde Eink ist nicht an den PfändgsGrenzen (ZPO 850c) zu orientieren (so noch Schlesw DAVorm 78, 203; Hamm FamRZ 81, 968), sond die Höhe der einkommensmindernden Tilggsraten ist obj festzusetzen, wobei bei einer auseinandergebrochenen Fam zu fragen ist, wieviel iF der Fortdauer der FamGemsch bei verantwortgsvoller Abwägg der UnterhBelange u der FremdGläubInteressen verständigerw für die Schuldentilgg aufgewendet w wäre (BGH NJW 82, 232). Nach Möglk sollen wenigstens die lfd anfalldn Schuldzinsen beglichen w (BGH NJW 82, 1641). Die Leistgsfähigk erhebl beeinträchtigende Bauschulden des UnterhSchu sind nicht berücksichtiggsfäh (Nürnb FamRZ 86, 501). Der UnterhGläub muß sich weitere **Unterhaltsverpflichtungen** des UnterhSchuldn entgghalten lassen, wobei der UnterhAnspr der neuen Ehefr des Vaters dem vollj Kind ggü mit mind 900 DM anzusetzen ist (Hbg FamRZ 84, 190).

4) Erweiterte Unterhaltspflicht der Eltern gegenüber minderjährigen unverheirateten Kindern, II. Unverheiratet vgl § 1602 Anm 3. Das körperl od geist behinderte vollj Kind steht nicht gleich (BGH NJW 84, 1813).

a) aa) Die Erweiterg der Verpflichtg tritt dadurch ein, daß sie nicht vor der Gefährdg des angem Unterh Halt macht, sond (nach Abzug der Schulden) **alle verfügbaren Mittel** heranzuziehen sind, mithin Einschränkg der Elt auf das zur Existenz unbedingt Erforderl (RG JW 03, Beil 29). Aber das Hausgeld des Strafgefangenen bleibt diesem (BGH NJW 82, 2491). Bei der gleichmäß Verteilg ist auf die Erhaltg der ArbKraft des Ernährers Rücks zu nehmen (vgl RG 57, 76; Celle NdsRpfl 76, 261). Der UnterhSchu hat eine erhöhte ArbeitsPfl zu gesteigerter **Ausnutzung seiner Arbeitskraft** (Anm 2c); er muß sich besonders intensiv um Arb bemühen (Hbg FamRZ 84, 924) u ist ggf auch verpfl, in zumutb Grenzen einen Orts- u Berufswechsel vorzunehmen (BGH NJW 80, 2414), muß also notf auch Beschäftiggen annehmen, die seinem bish Werdegang nicht entspr (AG Hann DAVorm 74, 391). Den Wechsel vom Elektr zum verdienstl Studenten darf er allerd erst nach Sicherstellg des Unterh vollziehen (Bambg FamRZ 89, 93). Die Ausschöpfg der Grenzen der Leistgsfähigk wird nicht verlangt, wenn dadch die Betreuung des zweitehel Kindes gefährdet würde (Celle DAV 84, 482). Auch bei nichtehel Kindern führt die meist nur zumutbare Halbtagsbeschäftigg häuf nicht über den Selbstbehalt hinaus (Karlsr FamRZ 84, 1251). Der **Vermögensstamm** braucht selbst zur Befriedigg des MindBed v Ki nur in dem Maße herangezogen zu werden, daß der notw EigBed des UnterhSchu unter Berücks seiner voraussichtl LebDauer u künft ErwChancen bis an das LebEnde gesichert bleibt (BGH NJW 89, 524 querschngelähmter Schu). Zur Sicherstellg des UnterhBedarfs ist ggf unbelastetes Grdst zu verwerten (AG Ravbg DAVorm 76, 229); der Verwertg steht nicht entgg, daß dadch künft Preissteigergen nicht mehr ausgenutzt w können (BGH 75, 272). Anderweit liegde **Schulden** können nur bis zu den Sätzen der DüssTab (§ 1610 Anm 1d aa) berücks w (and Kln FamRZ 82, 1105: notw KiBed); nur ausnw müssen sich die Ki mit geringeren UnterhBetr bescheiden (BGH NJW-RR 89, 900).

bb) Selbstbehalt (Anm 2 b dd) ggü mj unverheir Ki je nach Erwtätigk des UnterhSchu nach der Düss Tab: 1000 bzw 1100 DM (§ 1610 Anm 1 d bb). Dagg 1300 DM bei der barunterhpflicht Mutter, wenn für den sorgeberecht Vater u die gleichrangig UnterhBerecht der angem Unterh gewährleistet ist (Hbg FamRZ 86, 294). Umgek dagg Herabsetzg des Selbstbeh auf 800 DM (Karlsr FamRZ 83, 716), um 20% mangels Wohnbedarfs (Ffm FamRZ 85, 957), auf 745 DM weg ZusLeben mit nehel Partn (Hamm FamRZ 85, 958) od bei absoluten Mangelfällen (Bambg FamRZ 82, 519). Der kl Selbstbehalt darf dann unterschritten w, wenn zB ein Koch in der Gaststätte wohnt (Zweibr FamRZ 85, 289: 650 DM) od wenn es ledigl um die Auskehrg des KiZuschusses der ges RentVers geht (Ffm FamRZ 84, 87; zweifelnd, aber offenlassend BGH NJW 84, 1614 für den Fall, daß KiZuschuß einbehalten war). Ist nicht einmal der MindBed des Ki sichergestellt, haftet der barunterhpflicht EltT mind mit dem ihm gewährten KiGeld (KG FamRZ 89, 778; § 1602 Anm 2 c ff). Zum Selbstbehalt der v ihrem 2. Ehem versorgten KiMutter Anm 2c.

b) Keine erweiterte Unterhaltsverpflichtung, – aa) wenn der Unterh des Kindes aus dem Stamm seines eig Vermögens bestritten w kann (Ausn v § 1602 II); hinterlegtes Verm (§ 1667 II 4) ist vom VormschG freizugeben (BayObLG 1, 315); – **bb)** wenn and leistgsfäh Verwandte vorhanden sind; Beweislast § 1602 Anm 1. Ein and unterhaltspflicht Verwandter kann auch der and EltT sein, so daß eine UnterhPfl des 50j nicht erwerbstät Mutter ausscheidet, wenn der Vater neben der Betreuung des Kindes (§ 1606 III 2) auch dessen Barbedarf ohne Gefährdg seines angem Unterh tragen kann (BGH NJW 80, 935; Stgt DAV 87, 818). IjF ist die Zumutbark eines solchen Nebenerwerbs abzuwägen, so daß die wiederverheiratete Mutter eines ehel Kindes dazu auch dann verpfl sein kann, wenn aus der neuen Ehe ein Kind hervorgegangen ist (Hamm FamRZ 80, 819). Umgek ist die Großmutter des Ki als leistgsfäh Verwandte angesehen w, so daß die Verpfl der Mutter zur Aufn einer ErwTätigk mRücks auf ein weiteres KleinKi verneint w konnte (Oldbg FamRZ 80, 1148).

1604 *Einfluß des Güterstandes.* **Besteht zwischen Ehegatten Gütergemeinschaft, so bestimmt sich die Unterhaltspflicht des Mannes oder der Frau Verwandten gegenüber so, wie wenn das Gesamtgut dem unterhaltspflichtigen Ehegatten gehörte. Sind bedürftige Verwandte beider Ehegatten vorhanden, so ist der Unterhalt aus dem Gesamtgut so zu gewähren, wie wenn die Bedürftigen zu beiden Ehegatten in dem Verwandtschaftsverhältnis stünden, auf dem die Unterhaltspflicht des verpflichteten Ehegatten beruht.**

1) Allgemeines. § 1604 regelt die Besonderheiten, die sich für die Bemessg der Leistgsfähigk des Verpflichteten mit Rücks auf die GütGemsch ergeben. Bei dem gesetzl Güterstd der ZugewGemsch keine Besonderh. – Entspr anwendbar bei Wiederverheiratg des Verpflichteten, EheG 68.

2) Gütergemeinschaft; §§ 1437 ff, 1459 ff. Der Verpflichtete wird unter Außerachtlassg der Rechte des anderen Eheg insof als AlleinEigtümer des GesGutes angesehen. Hat ein Eheg Sonder- od VorbehGut, so sind

Verwandtschaft. 3. Titel: Unterhaltspflicht §§ 1604, 1605

diese Vermögensmassen nur bei der Beurteilg seiner eigenen Leistgsfähigk zu berücksichtigen. Auch wenn die UnterhPfl bei der GütGemsch durch den Besitz von Sonder- od VorbehGut begründet worden ist, ist sie eine GesGutsverbindlichk, §§ 1437 I, 1459 I, wg des Innenverhältnisses vgl §§ 1441 Z 2, 1463 Z 2. Für die Verpflichtgen des nicht verwberechtigten Eheg haftet auch der andere persönl, bei gemschaftl Verw haften beide persönl, §§ 1437 II 1, 1459 II 1; Erlöschen dieser Haftg vgl §§ 1437 II 2, 1459 II 2. Sind ggü beiden Eheleuten UnterhBerechtigte vorhanden, S 2, so werden sie als mit beiden Eheg verwandt angesehen u danach die Rangordnung der Berechtigten aufgestellt, § 1609.

1605 *Auskunftspflicht.* ¹Verwandte in gerader Linie sind einander verpflichtet, auf Verlangen über ihre Einkünfte und ihr Vermögen Auskunft zu erteilen, soweit dies zur Feststellung eines Unterhaltsanspruchs oder einer Unterhaltsverpflichtung erforderlich ist. Über die Höhe der Einkünfte sind auf Verlangen Belege, insbesondere Bescheinigungen des Arbeitgebers, vorzulegen. Die §§ 260, 261 sind entsprechend anzuwenden.

II Vor Ablauf von zwei Jahren kann Auskunft erneut nur verlangt werden, wenn glaubhaft gemacht wird, daß der zur Auskunft Verpflichtete später wesentlich höhere Einkünfte oder weiteres Vermögen erworben hat.

1) Die dch 1. EheRG Art 1 Z 21 eingef Vorschr normiert den schon vorher von der gerichtl Praxis gewährten vermögensrechtl (BGH FamRZ 82, 787) **Auskunftsanspruch** von Verwandten in gerader Linie. Hinsichtl der AuskPfl unter Eheg § 1353 Anm 2b gg; nach Scheidg § 1580, bez Versorgg § 1587e I. Der sozrechtl AuskftsAnspr gem BSHG 90, 91, 116 I hat Vorrang (Düss FamRZ **85**, 734; Baur FamRZ **86**, 1175). **Zweck:** Der UnterhBerecht u der -Verpflichtete sollen sich rechtzeit Gewißh über die ggseit Einkommens- u VermVerhältn verschaffen können, soweit dies zur Feststellg eines UnterhAnspr od einer UnterhVerpfl erforderl ist. Dadurch werden die Beteiligten in die Lage versetzt, einen RechtsStr zu vermeiden od in einem Proz ihre Fdgen richt zu bemessen u zu begründen u Einwendgen vorzubringen (BT-Drucks 7/650 S 172). ZwVollstr setzt konkrete Fassg des AuskftsUrt u damit **bestimmten Klageantrag** voraus (Karlsr FamRZ **83**, 631). Unzul also AuskftsVerlangen „bis zum Ztpkt der letzten mdl Verh" (AG Besigheim FamRZ **84**, 816). Es besteht keine allg OffenbargsPfl hins des Verm (Stgt FamRZ **78**, 717). Soweit der UnterhAnspr auf das Sozialamt übergeleitet ist, ist der UnterhBerecht für die AuskftsKl nicht mehr legitimiert (Schlesw SchlHA **78**, 160). Der AuskftsAnspr aus §§ 1361 IV 4, 1605 ist einer Regelg dch **einstweilige Anordnung** n ZPO 620 S 1 Z 4 u 6 nicht zugängl (Stgt FamRZ **80**, 1138; Düss FamRZ **83**, 514; Hamm FamRZ **83**, 515). Umgek wird das RSchutzinteresse für die AuskftsKl nicht eine einstw AnO zum UnterhZahlg nicht ausgeschl (Düss FamRZ **81**, 42). Bei wechselseitigen AuskftsAnspr **kein Zurückbehaltungsrecht** (Bambg FamRZ **85**, 610; Kln FamRZ **87**, 714). Wg **überzahlten Unterhalts** kann Auskft nur verlangt w, wenn die Voraussetzgen des SchadErsAnspr gegeben sind (BGH NJW **83**, 2318). **Keine Auskunftspflicht** besteht, soweit eine BarUnterhPfl überh (Hbg FamRZ **82**, 628) od wenn bestimmter VermTeile entfällt (Ffm FamRZ **86**, 165: Erbsch währd des Getrenntlebens), dh wenn feststeht, daß die begehrte Auskft den UnterhAnspr unter keinem GesPkt beeinfl kann (BGH NJW **82**, 2771), etwa weil der AnsprSteller Leistgen nach dem AFG erhält (Düss NJW-RR **86**, 1453) od weil mit der Zahlg v 800 DM die Sättiggsgrenze erreicht ist (BGH NJW **83**, 1429). Nach rechtskr Ablehng von UnterhAnspr AuskR erst nach Beseitigg des Urt (Kln NJW-RR **87**, 834). Umgek besteht AuskftsPfl bei entspr Einfl auf die UnterhHöhe auch bei zugestandenem JahresEink v 250000 DM (BGH NJW **82**, 1645). Eine AuskftsKl ist mutwill, wenn zu Zweif an der LeistgsUnfähigk der Bekl kein Anlaß besteht (Schlesw FamRZ **86**, 1031). Die AuskftsPfl besteht nach dem (wg ZPO 323) auch, wenn ein UnterhTitel bereits vorliegt (Stgt Just **78**, 74), u ist **altersunabhängig**, so daß auch ein 79-jähr Rentner über NebEinkfte als Anstreicher Auskft erteilen muß (Ffm FamRZ **85**, 481). − In gewissen Grenzen ist auch eine Verpfl zur **unaufgeforderten Information** anzuerkennen (BGH FamRZ **88**, 270; NJW **88**, 1965; Brüne FamRZ **83**, 657; Hoppenz FamRZ **89**, 337), zB über den Abbruch einer Ausbildg (Kblz NJW-RR **87**, 391) od über die Aufn einer ErwTätigk (Hbg FamRZ **87**, 1044). Bei Nichterfüllg der AuskPfl **Stufenklage** (Hamm FamRZ **86**, 1111; ggf mit der vollen Kostenlast des AuskftsSchuldn; Ffm FamRZ **87**, 85; vgl zur StufenKl iü Einf 6c vor § 1601), BereicherungsAnspr (AG Rüsselsheim FamRZ **85**, 605; Tintelnot FamRZ **88**, 242) bzw sogar **Schadensersatz** aus § 826 (BGH FamRZ **88**, 270: WiederAufn der Leistungsfähige beendete ErwTätigk dch den UnterhSchu; Düss FamRZ **85**, 599; Kblz NJW-RR **87**, 1033: Verletzg der MitteilgsPfl (!) hins des ZusLebens mit neuem Partn). In der weiteren EntggNahme einer rechtskr zuerkannten UnterhRente nach Aufn einer ErwTätigk liegt jedoch ohne Hinzutreten besonderer Umst keine sittenwidr Schädigg (BGH NJW **86**, 2047: rechtspolit mE bedenkl!). AG Hersbruck FamRZ **85**, 633 differenziert zw gänzl Wegfall der UnterhPfl beispielsw wg Übern des UnterhGl ins SoldatenVerhältn auf Zt (dann SchadErs) u allen and Verändergen (insow § 1605 u ZPO 323 III). Ggf Schätzg der SchadHöhe n ZPO 287 (Düss DAV **85**, 505). Zur InformationsPfl hins der Leistgsberechtig beim **Kindergeld** BayObLG FamRZ **85**, 631. Bei **Überleitung** des UnterhAnspr auf SozHilfeTräger (Einf 5 b v § 1601) kein Übergg des AuskftsAnspr (BGH NJW **86**, 1688. Zum öffentl AuskftsAnspr: Treptow DAV **86**, 379). AuskftsAnspr ist **keine Feriensache** (BGH NJW **87**, 2237). Zum **Streitwert:** BGH FamRZ **88**, 156, 494 u 495; NJW-RR **88**, 836. Der **Beschwerdewert** des AuskBekl bemißt sich nach seinem Abwehrinteresse, dh nach dem für die Ausk notw Zeit- u ArbAufwand, ausnw nach seinem GeheimhInteresse (BGH FamRZ **89**, 730 u 731).

2) Voraussetzungen, I 1. a) Verwandte in gerader Linie § 1589 Anm 2. Analoge Anwendg im Verhältn der Elt zueinand, soweit es um die BarUnterhPfl des and EltT geht (BGH NJW **88**, 1906); aber keine AuskWiderKl dem Ki ggü über Eink des and EltT (Ffm FamRZ **87**, 839). Der AuskAnspr besteht wechselseit, also unabh davon, von wem Unterh begehrt, ob Kinder von Elt od umgek, u unabh davon, ob als UnterhGläub od -Schuldn (LG Düss FamRZ **76**, 218 mAv Mutschler). Eine AuskftsPfl nachrangig hafter Verwandter (Großvater) besteht nur, wenn feststeht, daß alle vorrangig haftden Verwandten (§ 1606) leistgsunfäh sind (LG Osnabr FamRZ **84**, 1032). Die AuskftsPfl besteht ferner nicht ggü Verwandten in der Seitenlinie, also etwa ggü Geschwistern, auch wenn von deren Leistgsfähigk zB die Höhe der eig UnterhPfl

1597

§ 1605 2–5

ggü den Elt abhängt. Im Wege des AuskftsAnspr kann verlangt w, daß der UnterhSchu seine Einkfte dem Amt f AusbildgsFörderg mitteilt (Karlsr FamRZ **79**, 170). **b)** AuskftsPfl bezieht sich auf **Einkünfte und Vermögen**, nicht auf and Umst, insb keine AuskPfl bezügl des Einkommens von Ehepartnern od Kindern des Verwandten. Auch braucht über den Verbleib v früh VermGgsten nicht Rechensch gegeben zu w (Düss FamRZ **81**, 893; Hbg FamRZ **85**, 394), weil sich die AuskftsPfl auf einen Ztpkt u nicht auf einen Zeitraum bezieht (Karlsr FamRZ **86**, 271). Die Ausk soll sich nicht ijF auf die gesamte Einkfte u das ges Verm erstrecken, sond muß nur insow erteilt w, wie sie zur Feststell eines UnterhAnspr od einer UnterhVerpfl **erforderlich** ist (BT-Drucks 7/650 S 172; Schlesw SchlHA **79**, 222; vgl dazu oben Anm 1).

3) Umfang: Vorlage einer systemat Aufstellg der erforderl Angaben, die dem Berecht ohne übermäß ArbAufwand die Berechng des UnterhAnspr ermöglicht (BGH NJW **83**, 2243). Der Anspr bezieht sich dem Wortlt nach nur auf Einkfte u Verm, ist aber sinngem auch auf die hierfür maßgebden Umst zu ergänzen, zB kann substantiierte Auskft über die Fortdauer der für die ArbUnfähigk seinerzeit maßgebden Beschwerden verlangt w (Schlesw FamRZ **82**, 1018: § 1572). AuskftsAnspr auch hins der Einkfte iSv § 1603 Anm 2 b, also zB BEG-Rent (BGH NJW **83**, 1783); AufwandsEntschädig u Sitzgelder eines Abgeordn (Bambg FamRZ **86**, 1144). Der Anspr wird nicht dch Übergabe der Lohn- u EinkStErkl erfüllt (Düss FamRZ **81**, 42). Über die Vorlage der **Lohnsteuerkarte** hinaus muß bei Zweif eine detaillierte ArbGebVerdienstbescheinigg vorgelegt w (Ffm FamRZ **87**, 1056). Der AuskftsPflicht hat idR über seine EinkVerhältn für die Zeit etwa der letzten 12 Mo vor KlErhebg Auskft zu erteilen. Angaben über 1 Mo reichen desh nicht aus, um den Berecht auf das Verf der eidesstattl Vers zu verweisen (BGH NJW **83**, 2243). Ein **selbständig tätiger** UnterhSchuldn, Freiberufler od selbständ Unternehmer od GmbH-GeschFührer m GewBeteiligg (BGH NJW **82**, 1642) muß dch Aufschlüsselg v Einn u Ausgaben (Karlsr FamRZ **78**, 779) seine Eink- u VermVerhältn idR über einen längeren, nicht unbedingt sich mit dem ZtRaum, für den Unterh begehrt w, deckden (BGH NJW **83**, 1554) Zeitraum – idR 3 Jahre (BGH NJW **82**, 1645), dies auch iW der Erweiterg des zunächst zeitl beschrkten AuskftsBegehrens (Karlsr FamRZ **87**, 297) – innerh v 6 Mo nach Ablauf des GeschJ (Bambg FamRZ **89**, 423) offenlegen (Schlesw SchlHA **79**, 124), also eine Bilanz- bzw Gewinn- u Verlustrechng vorlegen sowie ggf Einzeltitel erläutern, um Prüfg der unterhaltsrechtl Relevanz zu ermögl (Hamm FamRZ **80**, 455). Einnahmen-Überschuß-Rechng für ein einzelnes Jahr nicht ausreichd (Stgt FamRZ **83**, 1267). Es ist Aufgabe des Ger, über die unterhrechtl Relevanz bzw allein steuerrechtl beachtl Aufwendgen zu befinden (Hamm FamRZ **83**, 1232). Der AuskftsAnspr ist unabh von dem Stand der jew Bilanzarbeiten (AG Lingen DAVorm **78**, 652). Anderers hat der AuskftsBerecht nicht die Stellg eines KG-Gesellschafters u darf der AuskftsAnspr nicht zu einem KontrollR entarten (Schlesw FamRZ **81**, 53). Bei unselbständ tät ArbN muß die selbstverständl vorzulegde Bescheinigg des ArbGeb v diesem unterzeichnet s (Stgt FamRZ **78**, 717). Der Arbeitslose erfüllt mRücks auf seine Verpfl, die eig Arbeitskr iR des Zumutb auszunutzen (§ 1603 Anm 2b), seine AuskftsPflicht nicht schon dadch, daß er den Antr auf Zahlg v ArbeitslGeld od -Hilfe vorlegt (Stgt Just **78**, 74). Vielm muß Auskft auch darüber gegeben w, welche Bemühgen entfaltet wurden, um eine ErwTätigk zu finden (Brschw FamRZ **87**, 284). Steht vor vornh nur ein beschrkter UnterhAnspr in Frage, weil der UnterhBerecht über eig Eink verfügt, so erstreckt sich die AuskPfl nur auf die diese UnterhSpitze betreffde Leistgsfähigk. Die Auskft erstreckt sich also nicht ijF auf das ges Verm, sond nur „soweit", wie sie zur Feststellg des UnterhAnspr erfdl ist (BGH NJW **82**, 2771 mNachw; Düss FamRZ **81**, 893). Sie schrumpft auf Null, soweit unterhaltsrelevantes Verm nicht vorhanden ist (Kblz FamRZ **81**, 163). KeineAuskft über PflichtteilsAnspr, wenn aGrd einer testamentar Verfallklausel die Geltdmachg des PflTeils unzumutb ist (BGH NJW **82**, 2771). Soweit für die Berechng des UnterhAnspr v Bedeutg, muß auch über persönl Verhältn wie Wiederverheiratg, Kinder aus der neuen Ehe usw Auskft erteilt w (Bambg FamRZ **86**, 492). Jedoch keine AuskftsPfl hins der Frage, warum der UnterhSchu seiner neuen Ehefr den Betr (Fischzucht) überläßt u wieviel Gewinn letztere daraus erzielt (Bambg FamRZ **86**, 685).

4) Zusatzverpflichtungen. Über die Höhe der Einkfte, nicht über VermGgstde (Hbg FamRZ **85**, 394), sind auf Verlangen **Belege,** insb Bescheinigen des ArbGebers, **vorzulegen, I 2**. Vorlage des Originals; Gl kann Kopie anfertigen (KG FamRZ **82**, 614). Zur Dchsetzg besondere Titulierg erfdl (Düss FamRZ **78**, 717) u dazu genaue Bezeichng der Belege im KlAntr (Hbg FamRZ **81**, 1056). Von einem selbständ Gewerbetreibden ebso wie v dem GeschFührer einer GmbH mit Gewinnbeteiligg (BGH NJW **82**, 1642) kann neben einer Kopie der EinkStErkl (BGH NJW **82**, 1642) die Vorlage des EStBescheids verlangt w (BGH FamRZ **82**, 151; LG Wuppt DAV **84**, 395), es sei denn, die Einkfte sind bereits in and Weise ausreichd belegt (BGH NJW **82**, 1642), es besteht MißbrGefahr (BGH NJW **82**, 1642). Bei gemeins Veranlagg mit der neuen Ehefr dürfen die ausschließl diese betreffden BetrAngaben abgedeckt od unkenntl gemacht w (BGH NJW **83**, 1554). Keine Vorlage v KtoAuszügen v Banken uä. Die entspr Anwendg der §§ 260, 261, **I 3,** bedeutet, daß der Ausk-Pflichtige dem Berecht ein **Verzeichnis** seiner Einkfte u Ausgaben **vorzulegen,** wobei es für die Vorlage der Gewinn- u VerlRechng nicht darauf ankommt, daß die Bilanzierg idR erst sehr viel später erfolgt (Düss DAVorm **82**, 689), u sofern Grd zu der Annahme besteht, daß das Verzeichn nicht mit der erforderl Sorgf aufgestellt w ist, eine entspr **eidesstattliche Versicherung** abzugeben hat. **Verstoß gegen die Auskunftspflicht:** Bei Verzug (Kblz DAV **87**, 704) od schuldh Nichterfüllg der AuskPfl Verpfl zum **Schadensersatz** (BGH NJW **84**, 868; FamRZ **85**, 155, 158; aA Ffm **85**, 732) bzw kann das Ger von dem vom UnterhKl behaupteten NettoEink (bei Zahnarzt: 10000 DM) ausgehen (Wuppt DAVorm **78**, 457). **Vollstreckung** gem ZPO 888; aber kein ZwGeld zur Erzwingg nach Erteilg der Auskft (Schlesw SchlHA **79**, 228).

5) Beschränkung der Auskunftspflicht, II. Grdsl soll die Ausk erneut nur nach Ablauf v 2 J seit der letzten Ausk verlangt w können, da ein erneutes AuskVerlangen nur der Abänderg der UnterhRente dienen soll, sich innerh dieser Fr aber idR die Lebenshaltgskosten u die Löhne u Gehälter im Rahmen der nach ZPO 323 vorausgesetzten Umfg ändern (BT-Drucks 7/650 S 172). Bei rechtskr Verurt zu UnterhZahlgen beginnt die Fr mit der letzten mdl Verhdlg im VorProz zu laufen (Hbg FamRZ **84**, 1142; and Kblz FamRZ **79**, 1021: UrtVerkündg; Schlesw SchlHA **83**, 136: letzte AuskftErteilg). Bei Vergl Ztpkt v dessen Abschl maßgebd (Stgt FamRZ **78**, 717; krit AG Mühldorf FamRZ **88**, 1173 bei außergerichtl Vgl). Liegt aGrd AuskftsErteilg

Verwandtschaft. 3. Titel: Unterhaltspflicht §§ 1605, 1606

über das Eink ein rechtskr UnterhUrt vor, kann über das Verm Auskft nur verlangt w, wenn glaubh gemacht wird, daß solches inzw erworben wurde (Hbg FamRZ **84**, 1142).

1606 *Reihenfolge der Unterhaltsverpflichteten.* ¹Die Abkömmlinge sind vor den Verwandten der aufsteigenden Linie unterhaltspflichtig.

^{II}Unter den Abkömmlingen und unter den Verwandten der aufsteigenden Linie haften die näheren vor den entfernteren.

^{III}Mehrere gleich nahe Verwandte haften anteilig nach ihren Erwerbs- und Vermögensverhältnissen. Die Mutter erfüllt ihre Verpflichtung, zum Unterhalt eines minderjährigen unverheirateten Kindes beizutragen, in der Regel durch die Pflege und Erziehung des Kindes.

Schrifttum: Derleder/Derleder, Persönl Betreuung u BarUnterhPfl, NJW **78**, 1129; Kemper DAVorm **79**, 89; Hoppenz FamRZ **85**, 437 (verdeckter fam-rechtl Ausgl).

1) Unterhaltskonkurrenzen

a) Anderweitig Verpflichtete. Vor den in § 1606 genannten Verwandten ist der **Ehegatte** des UnterhBedürft unterhpflichtig (§ 1608); auch der geschiedene, soweit überh eine UnterhPfl besteht (§§ 1569ff; EheG 63 I, 58ff aF). Im Falle der **Kindesannahme** ist nur noch der Annehmende verpfl (§§ 1754, 1755 Anm 1b).

b) Voraussetzung für die Inanspruchn v Verwandten ist, daß der **jeweils vorher Haftende nicht leistungsfähig** ist od die RVerfolgg gg ihn unmögl ist. Dann tritt bei eig Leistgsfähigk der nach ihm haftde Verwandte ein (§ 1607).

c) Verfahren. Mehrere UnterhVerpfl können als **Streitgenossen** verklagt w (ZPO 59ff), was sich zur Vermeidg unterschiedlicher Berechngen der Anspr empfehlen k. **Prozeßführungsbefugnis:** Ein geschiedener Eheg hat im Ggs zu § 1360 gg den and Eheg keinen Anspr auf Leistg v Unterh für gemeinschaftl Kinder (Hamm NJW **75**, 1711; aA Hbg FamRZ **75**, 503). Vgl iü Anm 3 B.

d) Unterhaltsausgleich. Soweit ein Verwandter an Stelle eines and Verwandten Unterh leistet, ohne dazu verpfl zu sein, findet kraft Ges ein FordgsÜbergang statt (§ 1607 II 2). Wg der AusfallHaftg u dem famrechtl AusglAnspr unter Elt Anm 3 d.

e) Beweislast. Für das Vorhandensein näherer od gleich naher Verwandter Beweisl beim Bekl; dagg muß der Kl beweisen, daß die vor od neben dem Bekl verpflichteten Verwandten als UnterhSchuldn ausscheiden (RG **57**, 69, 76; LG Mü FamRZ **82**, 1116; Klauser MDR **82**, 534). Im Falle v § 1606 III 1 hat das Kind die maßgebden Erwerbs- u VermVerhältn, insb die LeistgsUnfähigk des am Proz nicht beteiligten und EltT zu beweisen (Baumgärtel, Hdb der BewL Bd 2 S 433). Hierzu ggf AuskftsKl (§ 1605) gg die Elt, aber nicht AuskWiderKl des in Anspr gen EltT ü Eink des and EltT (Ffm FamRZ **87**, 839). Im Falle v § 1606 III 2 braucht der and EltT nur die Betreuung nachgewiesen zu w. Beweisl für die günst EinkVerhältn aS des betreuenden EltT (Anm 4 c bb) beim UnterhBekl (BGH NJW **81**, 923, 924). Verklagt ein vollj Student einen EltT allein auf vollen Unterh, hat er die mangelnde Leistgsfähigk des and EltT zu beweisen (Hbg FamRZ **82**, 627). Sache des verkl EltT ist es, seine eig LeistgsUnfähigk nachzuweisen (Hbg FamRZ **82**, 627).

2) Rangfolge innerhalb der Verwandten. Zum Begr der Verwandtsch Überbl 2 v § 1589. Mehrere Verwandte der gleichen Stufe haften nicht als GesamtSchuldn, sond **anteilig, III 1.** Das gilt für Kinder den Elt ggü (Anm a) ebso wie für GroßElt untereinand (Anm b). Für die anteilige Haftg kommen nur die leistgsfäh Verwandten in Betr; fällt einer v ihnen ganz od teilw aus, erhöht sich bei entspr Leistgsfähigk (§ 1603 I) die Haftg des od der and Verwandten. Der Art nach brauchen die UnterhLeistgen **nicht gleich** zu sein (arg III 2). Die tatsächl Betreuung entlastet aber uU die GroßElt nicht, auch zum BarUnterh beizutragen (Limbg DAV **78**, 359).

a) Abkömmlinge, also Kinder, Enkel usw, ehel wie nehel, haften dem UnterhBedürft vor dessen Elt u GroßElt, **I.** Haftg nach Gradesnähe, so daß unter den Abkömml wiederum die näheren vor den entfernteren haften, **II,** also Kinder vor den Enkeln usw.

b) In zweiter Linie haften die **Verwandten aufsteigender Linie,** wiederum die näheren vor den entfernteren, **I, II,** die Elt also vor den GroßElt, wobei bei Leistgsunfähigk des Vaters vor dessen Elt die Mutter haftet, deren Privileg aus III 2 insoweit entfällt (AG Hbg DAV **75**, 249).

3) Haftung der Eltern.

A. Grundsätze der Gleichrangigkeit, Gleichwertigkeit, Anteilmäßigkeit und Ausfallhaftung. Die Grdsätze gelten unabhäng davon, ob das Kind mj od vollj ist, ob die Elt miteinand verheiratet sind, getrennt leben od geschieden sind, ob sie beide erwerbstät sind od nur einer v ihnen.

a) Die Elt haften als gleich nahe Verwandte der aufsteigden Linie **gleichrangig, III 1,** aber wg der subj unterschiedl Voraussetzgen der UnterhPfl (§ 1603) nicht als GesamtSchuldn, sond nur anteilig (Anm c). Das gilt auch für die BerufsausbildgsKost (Bremerhaven FamRZ **77**, 72). Allerd haftet der Vater des nehel Ki für den RegelUnterh vorrang vor der Mutter (§ 1615f).

b) BarUnterh u Kindesbetreuung sind grdsl **gleichwertig** (BGH NJW **78**, 753; BSG FamRZ **68**, 458; BayObLG FamRZ **84**, 1141). Das G geht in **III 2** von der dch das 1. EheRG überholten Vorstellg aus, daß die **Mutter** die KiBetreuung übernimmt u dadch ihre UnterhPfl erfüllt (§ 1356 Anm 1 u 2). III 2 gilt analog (Kln FamRZ **79**, 328) **auch für den Vater, der das Kind betreut** (BGH NJW **85**, 1460; vgl §§ 1356 I 2, 1360 S 2; § 1360 Anm 3a u § 1570 Anm 2b), was allerd nicht ausschließt, daß er im Ergebn auch für den Barbedarf aufkommen muß (BGH NJW **80**, 934). Keine Befreiung nach III 2 bei völl Übertragg von KiPflege u Erziehg auf einen Dr (KG FamRZ **89**, 778). Bezieht die Mutter für ein weiteres Ki ein erhöhtes

1599

§ 1606 3, 4 4. Buch. 2. Abschnitt. *Diederichsen*

KiGeld, so muß sie mind den Zählkindvorteil abführen (Bambg FamRZ **80**, 923; Hbg FamRZ **83**, 418); Einzelh § 1602 Anm 2 c.

c) Der Umfang der Haftg richtet sich individuell u damit **anteilig** nach den Erwerbs- u VermVerhältn jedes EltT (§ 1603), so daß die Barleistgen der Elt nur in AusnFällen gleich hoch sein w.

d) Ausfallhaftung, familienrechtlicher Ausgleichsanspruch und Freistellung vom Unterhalt.

aa) Grundsatz. Soweit Unterh von dem verpfl (leistgsfäh!) EltT nicht zu erlangen ist, kann das Ki den and EltT entspr v dessen Leistgsfähig in Anspr nehmen, ohne daß es darauf ankommt, daß der and EltT leistgsunfäh ist. § 1603 II hat insow Vorrang vor §§ 1606 III 1, 1603 I. Das gilt auch hins des AusbildgsUnterh, wenn dem and EltT fikt Eink zuzurechn wäre (Kblz FamRZ **89**, 307; § 1603 Anm 2 c). Auch iF des Todes des einen besteht eine Ausfallhaftg des and EltT (LG Stgt FamRZ **68**, 215). So muß sich der and Vater an den Internatskosten beteiligen, wenn sie inf notwendiger FortbildgsMaßn zG der Mutter entstehen (Düss DAV **81**, 153). Ist ein baruntpflicht EltT überh nicht leistgsfäh, so hat der and EltT idR den nach seinen EinkVerhältn doppelten Satz der Düss Tab (§ 1610 Anm 1) zu zahlen (Brem NJW **78**, 2249). Iü gilt dann § 1607. In der Prax besteht für die AusfallHaftg des and EltT nach § 1606 III A c die Wirkg eines gesamtschuldner Haftg, allerd ohne § 426. Desh erkennt die Rspr in solchen Fällen einen famrechtl AusglAnspr an (Anm bb). Bei Betreuung v je 1 Ki dch jeden EltT kann der allein leistgsfäh EltT ggü der UnterhKl des and Ki jedenf einen erhöhten EigenBed geltd machen (Schlesw FamRZ **88**, 418).

bb) Ein EltT, der für den ebenf unterhpflicht und EltT einspringt, tut dies in aller Regel nicht, um den and EltT zu entlasten (Stgt FamRZ **61**, 179; Hamm FamRZ **64**, 581). Ihm steht desh, wenn er das Kind allein unterhält in der Absicht, dafür von dem and EltT Ersatz zu verl, gg den insoweit primär verpflichteten and EltT ein **familienrechtlicher Ausgleichsanspruch** zu (BGH **31**, 329; **50**, 266; FamRZ **81**, 761; **84**, 775; Ffm FamRZ **87**, 1185; Einf 3 vor § 1601); ebso bei falsch Berücks des KiGeldes (BGH DAV **88**, 609). Der famrechtl AusglAnspr unterliegt aber (ebso wie Anspr aus §§ 683, 812) den Schranken des § 1613 (BGH NJW **84**, 2158; **88**, 2375; Düss FamRZ **86**, 180; allerd genügt zur Inverzugsetz auch für den AusglAnspr die gerichtl Geltdmachg des KiUnterh als ges Vertreter (BGH FamRZ **89**, 850). Der Anspr besteht nicht, soweit der EltT damit nur eine ihm dch (wenn auch falsche, aber) rechtskräft Entsch auferlegte Verpfl ggü dem Ki erfüllt (BGH NJW **81**, 2348). Kein AusglAnspr des NaturalUnterh leistden EltT gg den and EltT, wenn der BarUnterh nach dem BSHG sichergestellt wurde (Kln FamRZ **85**, 1168). Auch kein Anspr der Mutter auf Auszahlg v an den Vater erbrachten Leistgen der MutterschHilfe gem RVO nach erfolgr EhelkAnfechtg (AG Ludwigshafen FamRZ **83**, 163). Die AusglAnspr verjährt gem § 197 in 4 J (BGH **31**, 329). Zur Zulässigk der Aufrechng Stgt DAV **85**, 414.

cc) Die Elt können von der Regelg des III abweichende Vereinbgen treffen, insb untereinand einen **Freistellungsanspruch** begründen, dh sich verpfl, den and EltT v UnterhAnspr des Ki iS einer Erfüllgs-Übern (§§ 329, 415 III) freizuhalten, ohne daß dies als Schenkg anzusehen ist (Hamm FamRZ **80**, 724). Solche Abreden verstoßen nicht gg die guten Sitten, auch wenn sie äußerl mit dem SorgeRegelgsVorschl der Elt verbunden w (BGH NJW **86**, 1167), vor allem auch dann nicht, wenn der UnterhSchu die Fr für eine berecht EhelkAnfechtg versäumt hat (AG Karlsr FamRZ **89**, 312). FreistellgsVereinbgen sind aber dann n § 138 I nichtig, wenn sich die Mutter iR v § 1671 den angebl „Mutterbonus" abkaufen läßt (BGH NJW **86**, 1167) bzw überh die Zust des and EltT zur SorgeRÜbertragg erreicht w soll (Hbg FamRZ **84**, 1223) od wenn zw dem Vorschl der Elt betr das SorgeR eine anstöß Verbindg besteht, zB wenn dch die Freistell ein ständ Anreiz geschaffen w soll, das UmggsR nicht auszuüben (BGH NJW **84**, 1951 = JR **84**, 499 mA Göppinger) od überh darauf zu verzichten (Karlsr FamRZ **83**, 417). Keine Nichtigk der FreistellgsVereinbg gem §§ 134, 1614, auch wenn deren Erfüllg dch den Versprechen wirtschaftl gefährdet erscheint (KG FamRZ **85**, 1073). Vgl iü § 1614 Anm 1. Solche Freistellgen sind im Verhältn zw dem Ki u dem begünstigten EltT iIF ohne Wirkg, so daß letzterer ow aus §§ 1601 ff zu verurt ist. Das Kind ist den ScheidgsVergl nicht gehindert, überh (BGH NJW **86**, 1168) od erhöhten UnterhBed gg beide EltT dch Kl geltd zu machen (LG Bln FamRZ **73**, 98; Fbg FamRZ **74**, 463). Der InAnsprGenommene hat dann aber aus der FreistellgsVereinbg gg den and EltT einen Anspr auf Erstattg u iü auf Freistellg. Hat der betreuende EltT dem and ggü die UnterhLast allein übern, entfällt dessen UnterhPfl dem Ki ggü nur, wenn der betreuende EltT dem Ki seinerskraft Ges baruntpflicht ist od soweit er die Leistgen n § 267 für den and EltT erbracht h (Düss FamRZ **82**, 1108; and Lüb MDR **77**, 493: Haftg erst bei Leistgsunfähigk des Versprechens). FreistellgsVereinbgen sind nach GeschäftsGrdlageGrdsätzen an veränd Verhältn anzupassen (Brschw FamRZ **82**, 91 mN), wobei allerd nicht jeder erhöhte UnterhBed des Ki einen Wegfall der GeschGrdlage bedeutet (Stgt Just **74**, 14). Kein ges FreistellgsAnspr bei Täuschg anläßl gemeins Adoption (Karlsr FamRZ **88**, 1270).

B. Klageberechtigung. Das vollj Kind klagt im eig Namen. Steht das Ki unter elt Sorge u leben die Elt getrennt od sind gesch, klagt derj EltT, der die gesetzl Vertretg f das Ki hat (§ 1629 Anm 5 b u 7). Dementspr die nehel Mutter (§ 1705), u falls das Ki einen Pfleger hat, dieser (§ 1706 Z 2). Leben die Elt nicht getrennt, so kann das mj Ki gg einen EltT nur dch einen Pfleger vorgehen (§ 1629 II 1 iVm § 1795 I Z 1, 3). Es kann auch ein EltT für das im Haush befindl ehel FamUnterh einklagen, der dann an den Kl zZw der Versorgg des Ki zu zahlen ist (§ 1360 Anm 2). Klagt das Ki gg beide Elt, so Wahl zw AG des allg Gerichtsstandes v Vater od Mutter (ZPO 35 a); diese dann StrGenossen (ZPO 59).

4) Die verschiedenen Fallsituationen der Elternhaftung. Die jew fam-rechtl Regelg ist auch maßgebl für and Bereiche (BVerwG NJW **85**, 2543: Ortszuschlag einer Beamtin). Zu unterscheiden ist zw intakten u nicht mehr intakten Ehen (BGH NJW **85**, 1460: Tötgsschaden).

a) Innerh der funktionierten **Ehe** hängt die Gestaltg der elterl UnterhPfl von dem jew Ehetyp ab (vgl Anm zu §§ 1356, 1360). In der **Haushaltsführungsehe** erfüllt der die Kinder betreuende EltT dch die Haushführg auch seine UnterhVerpfl ggü den Ki (§ 1360 S 2, III 2 direkt od analog; vgl Anm 3 A b). In der **Doppelverdiener- und Zuverdienstehe** bestehen Anspr des Ki auf Betreuung u BarUnterh ggf gg beide Elt. Dann gilt Anm f entspr.

1600

Verwandtschaft. 3. Titel: Unterhaltspflicht § 1606 4b-f

b) Kindesbetreuung durch einen Elternteil. Die für Mutter wie Vater gleichermaßen geltde Vorschr des III 2 (vgl Anm 3 A b) wälzt die BarUnterhLast auf den and EltT ab, der die erfdl Geldmittel regelm dch ErwTätigk aufbringen muß, soweit nicht Einkfte aus dem KiVerm od dessen Arbeit ausreichen (§§ 1649, 1602 II). Die KiBetreuung erfolgt eigenhänd od ggf dch Einspringen v Verwandten (LG Kblz DAV 76, 407) od dch Einsatz v Hilfspersonal. Soweit der betreuende EltT die Versorgg des Ki auf diese Weise erfüllt, hat er für die dadch entstehden Mehrkosten selbst aufzukommen. Der Vater muß sich aber an den InternatsKost beteiligen, wenn sie inf notwend FortbildgsMaßn zG der Mutter entstehen (Düss DAV 81, 153). Übergg zu Anm c fließend.

c) Erwerbstätigkeit neben der Kindesbetreuung. IjF anrechenb, u zwar zur Hälfte (BGH 70, 151; § 1602 Anm 2c), ist das dem SorgeBerecht ausgezahlte KiGeld. Iü kommt es auf die Betreuungszurechng u das Verhältn der Einkfte beider Elt an (wertvolle ZusStellg der verschiedenen Meingen KG DAV 79, 110):

aa) Zurechnung der Fremdbetreuung. Der NaturalUnterh wird idR auch dann als dem BarUnterh des and EltT gleichwert angesehen, wenn der SorgeBerecht erwerbstät ist u sich desw bei der Pflege des Ki der Hilfe Dritter (Verwandter, Nachbarn, Hilfspersonal) bedient. Eine **Beteiligung am Barunterhalt** kommt dann nicht in Betr (BGH NJW 81, 1559). Wird die mütterl Sorge u Pflege ausreichd gewährt, bleibt das ArbEink von der geschied Mutter, soweit es das des Vaters nicht nachhaltig übersteigt (Anm bb), grdsl außer Betr (Wiesb FamRZ 74, 199). Keine Anrechng desh bei 11-jähr, dessen SchulZt sich mit der ArbZt der Mutter deckt, wenn Vater 1572 DM u Mutter 600–700 DM verdient (Schlesw SchlHA 78, 51). Entscheidd ist nicht, wann, sond daß die Mutter ihren BetreuungsPfl nachkommt (Kln FamRZ 79, 1053). Von manchen Ger wird die Minderg der Pflegeleistg dch die ErwTätigk monetarisiert u dem Barbedarf des Ki hinzugerechnet (LG Hanau DAV 76, 279) bzw als zusätzl Eink des betreuenden EltT gewertet (Nürnb FamRZ 79, 737 L; weit Nachw 44. Aufl). Das ist anges der BarbeteiliggsPfl n Anm bb ein nicht zu verfolgender Nebenweg (dagg auch das Ehepaar Derleder NJW 78, 1133: die Aufn einer ErwTätigk soll allenf sorgerechtl Konsequenz h). Für die **Kosten** der Fremdbetreuung muß der sorgeberecht EltT grdsl allein aufkommen, zB für KiTagesstätte od Tagesmutter (Bambg FamRZ 81, 992; LG Augsbg FamRZ 70, 90; AG Schwalbach DAV 77, 43). Das gilt auch bei Beaufsichtigg eines verhaltensgestörten Ki dch eine Rentnerin (Hamm DAV 78, 746).

bb) Beteiligung am Barunterhalt bei ungleichgewichtigen Einkommen beider EltTeile. Der barunterhpflicht EltT hat, wenn er leistgsfäh ist, gem § 1610 III den Mindestbedarf des Ki auch dann allein aufzubringen, wenn die erwerbstät Mutter ein höheres Eink hat als er (KG FamRZ 79, 171; Schlesw SchlHA 80, 113); denn man kann davon ausgehen, daß mit dem Eink des Sorgeberecht auch der LebBed des Ki steigt u dieser insow von dem betreuenden EltT mitgedeckt w. Eine zur tatsächl Versorgg hinzutretde BarUnterhPfl des SorgeBerecht kommt aber insow in Betr, als sein Eink das des and EltT übersteigt (BGH NJW 80, 2306). Liegt ein solches erhebl Ungleichgew zum Nachteil des nicht sorgberecht EltT vor, so ist eine wertende Betrachtungsweise geboten (Oldbg FamRZ 89, 423). Das ist bei einer SondSchulLehrerin u einer EinkDifferenz v wenigen 100 DM noch nicht der Fall (Hamm FamRZ 81, 487). Sind die Erw- u VermVerhältn aS der betreuenden Mutter aber wesentl günstiger als beim Vater (lfde Einnahmen dreifach so hoch), so muß sich die Mutter am BarUnterh des Ki beteiligen (BGH NJW 84, 303). Dasselbe gilt, wenn das Eink des SorgeBerecht nahezu doppelt so hoch wie das Eink des and EltT ist (Schlesw DAV 85, 320). Der betreuende EltT kann sich auch nicht auf III 2 zurückziehen, sobald sein Eink deutl über dem LebBedarf liegt, währd den baruntherpflicht EltT seine UnterhPfl ggü dem Ki unter den angem LebUnterh drückt (Hamm DAV 78, 190; Ffm FamRZ 79, 173). Das gilt auch bei beachtl Verm einer nehel Mutter, die wg des Alters der Ki tatsächl kaum noch in Anspr gen w (Mü FamRZ 74, 205). Zur **Beweislast** Anm 1e. Für den **Anrechnungsumfang** gilt unten Anm f entspr.

d) Verpflichtung zur Übernahme einer Erwerbstätigkeit neben der Kindesbetreuung. Insow eine solche Pfl besteht, hat sich der betreuende EltT am BarUnterh des Ki zu beteiligen. Ist das (jüngste) **Kind 15 Jahre alt** geworden, so ist dem sorgeberecht EltT mindestens eine **Halbtagstätigkeit** zumutb (Düss FamRZ 78, 855; 80, 19; and Düss NJW 80, 1001 u diesem zustimm mind für den Fall, daß der and EltT leistgsfäh ist u ein ebso hohes Eink h, BGH NJW 80, 2306). Bei schlechten EinkVerhältn des unterhpflicht behinderten u arbeitsl Vaters ist die Mu eines 17j Lehrl zur Übern einer **Ganztagsarbeit** verpfl (Ffm FamRZ 73, 139). Ebso bei 17- u 12j Töchtern, die sich bei sonst nicht mehr angem Unterh des Vaters zu ⅓ ihres Bedarfs an die Mu halten müssen (KG FamRZ 77, 818). Iü müssen evtl schärfe Anforderungen in § 1570 Anm 2b bb auch hier gelten. Verfehlt ist es, III 2 auf vollj Schüler zu übertragen (so aber Kln FamRZ 83, 746; 84, 1139). IjF trifft den bisher sorgeberecht EltT im Umfg seiner Leistgsfähigk eine Verpfl zur Beteiligg am BarUnterh nach Beendigg des Schulbesuchs u wenn das Ki eine auswärt Universität besucht (Kln FamRZ 84, 1139). Zum **Umfang der Anrechnung** vgl Anm f.

e) Unterbringung des Kindes außer Hause in einer Anst, in einem Internat, bei den GroßElt (KG FamRZ 84, 1131) od bei PflegeElt. Hier scheidet die Regelsorgg gem III 2 v Natur aus, sofern die anderweit Versorgg des Ki nicht demj EltT, dem die Betreuung des Ki obliegt, als Eigenleistg zuzurechnen ist (vgl dazu Anm 4b). Der betreuende EltT, auch die nehel Mutter, hat in einem solchen Fall der UnterhPfl ebenf gem III 1 nachzukommen (BVerfG NJW 69, 1617). Das gilt auch, wenn der Vater (Tierarzt) ggü der Mutter (JustAngest) überdchschnittl Einkfte erzielt (Kblz FamRZ 81, 300). Befinden sich die gemeins Kinder in einem Internat u sind beide Elt erwerbstät, so haben beide die Kost eink-anteilsmäß zu tragen (Düss DAV 85, 706; AG Duisbg DAV 76, 353). Werden die Kost der AnstUnterbringg teilw dch die BeamtBeihilfe gedeckt, so ist diese als UnterhBeitr des beihilfeberecht EltT zu werten (Bambg FamRZ 79, 624). Auch **Beaufsichtigungskosten** fallen bei beiderseit ErwTätigk beiden Elt anteilig zur Last (AG GrGerau FamRZ 85, 1071).

f) Voll anrechenbare Erwerbstätigkeit beider Eltern in der Doppelverdiener- od geschiedenen Ehe, bei vollj u diesen gleichstehenden Kindern (vgl Anm c bb u d). Es wird das GesamtEink beider Elt festgestellt. Davon werden trenngsbedingte Mehraufwendgen für die Führg mehrerer Haush – oft pauschaliert (zB zus

1601

§§ 1606–1608   4. Buch. 2. Abschnitt. *Diederichsen*

20%) – abgezogen. Der sich nach der Düss Tab (§ 1610 Anm 1) ergebende UnterhBed des Ki wird bei hinreichden VermVerhältn der Elt anteilig nach den jeweiligen Eink beider Elt aufgeschlüsselt (KG FamRZ **84**, 1131). Mjen Geschw von der Mutter erbrachte Betreuungsleistgen rechtfertigen auf ihrer Seite keine fikt Kürzg ihrer Einkfte (BGH FamRZ **88**, 1041). Im Bereich kleinerer u mittlerer Eink sind die Haftquoten erst nach dem Abzug der für den eig Unterh erforderl Beträge, dh dem angem eig Bedarf (bei vollj Ki: mtl 1200 DM), nach dem Verhältn der verbleibenden Mittel zu bestimmen (BGH FamRZ **86**, 151/52 u 153; Düss FamRZ **84**, 1134 mit gutem RechenBsp; Stgt FamRZ **84**, 1251; Kln FamRZ **85**, 90), weil sonst anges eines tabellarisch feststehden UnterhBed der weniger verdienende im Verhältn zum and EltT verstärkt herangezogen würde. Die Grenze bildet die sich nach der Düss Tab ergebende UnterhBelastg bei alleiniger BarUnterhVerpfl (Ffm FamRZ **87**, 190). Entspr den Haftgsanteilen wirken auch Ausbildgsvergütg, die das Ki erhält, u staatl KiGeld anteilig entlastend (Düss FamRZ **84**, 1136/38). Der barunterhpflicht Mutter bleibt der gr Selbstbehalt (§ 1610 Anm 1), wenn f den sorgeberecht Vater u dessen gleichrangig UnterhBerechtigte der angem Unterh gewährl ist (Hbg FamRZ **86**, 294).

g) Bei einem **behinderten Kind** liefert III 2 keinen geeign VerteilgsMaßst. Bei Verteilg des erhöhten BarBed sind die erhöhten Betreuungsleistgen, aber auch eine mtl Beihilfe des Dienstherrn der Mutter zu berücks (BGH NJW **83**, 2082).

1607 *Ersatzhaftung.* [I] Soweit ein Verwandter auf Grund des § 1603 nicht unterhaltspflichtig ist, hat der nach ihm haftende Verwandte den Unterhalt zu gewähren.

[II] **Das gleiche gilt, wenn die Rechtsverfolgung gegen einen Verwandten im Inland ausgeschlossen oder erheblich erschwert ist. Der Anspruch gegen einen solchen Verwandten geht, soweit ein anderer Verwandter den Unterhalt gewährt, auf diesen über. Der Übergang kann nicht zum Nachteile des Unterhaltsberechtigten geltend gemacht werden.**

1) Zur Reihenfolge innerh der Verwandtsch: § 1606 Anm 2. § 1607 betrifft den Fall der **Ersatzhaftung für einen** an sich verpflichteten, aber wg LeistgsUnfähigk ausfallden and **Verwandten**. Entspr Anwendg bei Ausfall eines v mehreren MitVerpflichteten (RG **52**, 193). Eltern trifft neben der ErsatzHftg n § 1607 noch die AusfallHftg (§ 1606 Anm 3 A d). Vorschr ü den RegelUnterh (§ 1615f) auf die ErsatzHftg der GroßElt nicht anwendb (Schweinf DAV **74**, 617). Hins des angem Unterh entsch die LebStellg der KiElt (LG Ravsbg FamRZ **86**, 93 L).

2) **Ersatzhaftung bei Leistungsunfähigkeit, I.** GroßElt haften erst, wenn die BarUnterhPfl der Elt deren Mindestselbstbehalt (§ 1603 Anm 2 b dd u 3 a) beeinträchtigen würde (LG Kleve FamRZ **88**, 1085). Da der Leistgsunfähige nicht unterhaltet (§ 1603 I), hat der ErsatzSchuldn auch keinen ErstattgsAnspr gg ihn, wenn er wieder zu Vermögen kommt. Der ErsSchuldn kann nur für die Zukft, also nur für vergebl bei seinem Vormann beigetriebene Beträge in Anspr genommen w.

3) **Ersatzleistung bei erschwerter Durchsetzbarkeit des Anspruchs, II**, in zwei Fällen:

a) Die **Rechtsverfolgung,** auch ZwVollstr, gg den eigtl UnterhSchu ist im Inland **ausgeschlossen**, zB mangels inländ Zustdgk.

b) Die RVerfolgg ist **erheblich erschwert**, zB bei Nichtausnutzg der ArbKraft (§ 1603 Anm 2c) od häuf Wechsel des Wohnsitzes (AG Alsf DAV **74**, 519). Anders ist bei bestht hier die UnterhVerpfl, so daß der **Unterhaltsanspruch** v Ges wg (§ 412) **auf den ersatzweise in Anspruch Genommenen übergeht, II 2**. Gilt auch, wenn die Ehefr KiUnterh an Stelle des eigtl verpfl Ehem leistet in der Absicht, entgg § 1360b vom Ehem Ersatz zu verl (BGH **50**, 270). Erst recht bei Leistg nach Scheidg (Celle NJW **74**, 504). Zu ErsAnspr Dritter Einf 5 v § 1601. Kurze Übers gem § 197 (RG **72**, 341; BGH **31**, 329; Karlsr OLGZ **65**, 137). Der Übergang kann nicht zum Nachteil des UnterhBerecht geltd gemacht w, **II 3**. Nach NichtigErkl der Ehe kein ErsatzAnspr gg die eigentl unterhpflicht Ki (BGH **43**, 1).

1608 *Vorrang der Haftung des Ehegatten.* **Der Ehegatte des Bedürftigen haftet vor dessen Verwandten. Soweit jedoch der Ehegatte bei Berücksichtigung seiner sonstigen Verpflichtungen außerstande ist, ohne Gefährdung seines angemessenen Unterhalts den Unterhalt zu gewähren, haften die Verwandten vor dem Ehegatten. Die Vorschriften des § 1607 Abs. 2 finden entsprechende Anwendung.**

1) Die Vorschr gibt die Stellg des Eheg innerh der UnterhPflichtigen bei besthder Ehe an. Wg der UnterhPfl nach Scheidg, NichtigErkl u Aufhebg im Verhältn zu derj der and Verwandten vgl § 1584, EheG 26, 37, 39 II 2. Das ZusTreffen des Anspr des Eheg mit denen anderer Bedürftiger regelt § 1609 II.

2) **Reihenfolge**. Falls der Eheg unterhaltspfl ist, gilt folgendes: **a) In erster Linie** ist ein Eheg dem and Eheg zum Unterh verpfl (§§ 1360, 1361). Das gilt jedoch idR nicht für die Berufsausbildg (§ 1360a Anm 1 c), so daß hierfür die Elt vorrang aufkommen müssen (Hbg FamRZ **89**, 95). **b) In zweiter Linie:** Eine vorl Grenze findet die UnterhPflicht des Eheg in seiner Leistgsfähigk (§ 1603 Anm 2 u 3; aM RG JW **04**, 176). Dann haften bei Bedürftigk des Berechtigten der Verwandten, **S 2**, u zwar iF des S 2 ohne einen ErsAnspr gg den Eheg, an dessen Stelle sie treten, zu haben (§ 1607 Anm 2), aber nur iR der Verpflichtg des Eheg (BGH **41**, 113). Bei Getrenntl behält der UnterhSchu dann statt des kl (900 DM) den gr Selbstbehalt v 1300 DM (Zweibr FamRZ **87**, 590). Die Verwandten können verlangen, daß der Eheg, für den sie eintreten, einen Tilggsplan seiner Schulden aufstellt, der möglichst seine UnterhPflicht berücksichtigt, auch wenn er für den and Eheg schon eine hohe Versicherg eingegangen ist (Warn **17**, 249). Zu den sonst Verpflichtgten zählt nicht die UnterhPfl ggü dem nehel Kind (§§ 1603 Anm 3, 1609 Anm 2). Der Leistgsunfähigk steht der Fall des § 1607 II gleich, **S 3**; hier aber ErsAnspr (vgl auch § 1607 Anm 3). **Beweispflichtig** für die Leistgsunfähigk des and Eheg ist der den Unterh in Anspr nehmde Eheg (vgl RG **67**, 60; Einf 6h vor § 1601).

Verwandtschaft. 3. Titel: Unterhaltspflicht §§ 1609, 1610

1609 *Reihenfolge bei mehreren Bedürftigen.* ¹Sind mehrere Bedürftige vorhanden und ist der Unterhaltspflichtige außerstande, allen Unterhalt zu gewähren, so gehen die minderjährigen unverheirateten Kinder den anderen Kindern, die Kinder den übrigen Abkömmlingen, die Abkömmlinge den Verwandten der aufsteigenden Linie, unter den Verwandten der aufsteigenden Linie die näheren den entfernteren vor.

II Der Ehegatte steht den minderjährigen unverheirateten Kindern gleich; er geht anderen Kindern und den übrigen Verwandten vor. Ist die Ehe geschieden oder aufgehoben, so geht der unterhaltsberechtigte Ehegatte den volljährigen oder verheirateten Kindern sowie den übrigen Verwandten des Unterhaltspflichtigen vor.

1) Auf das **Vorhandensein mehrerer Bedürftiger** kann der Verpflichtete sich nur berufen, wenn der Vor- od Mitberechtigte seine UnterhAnspr auch tatsächl geltd macht. Leistet ein Dritter, wenn auch freiw, so wird der Unterstützte nicht berücksichtigt, RG JW **04**, 340. § 1609 kommt auch zur Anwendg, wenn ein Vor- u Mitberechtigter erst später seinen Anspr geltd macht (BGH NJW **80**, 935), mit der sich aus § 1613 ergebenden Einschränkg kann er dann das von dem anderen Berechtigten auf seine Kosten Erlangte nach §§ 812ff herausverlangen (Mü OLG **30**, 58; Dölle § 86 VI; RGRK Anm 3), währd dem Verpflichteten gg ein rechtskr Urteil, das ihn bei der neuen Sachlage zu hoch belastet, ZPO 323 hilft (BGH NJW **80**, 935). Im Verhältn zum vorrangg Berecht ist der Titel nicht zu beachten (Düss FamRZ **82**, 526).

2) **Rangordnung.** Bei ZusTreffen mehrerer Gleichberechtigter erfolgt Teilg des zur Vfg Stehenden unter Berücks des gewohnh-rechtl entwickelten **Selbstbehalts** (§ 1603 Anm 2b dd u § 1610 Anm 1) nach Köpfen, jedoch unter Berücksichtigg des Bedarfs des Berechtigten u seiner etwaigen sonstigen Mittel, mithin nicht ohne weiteres zu gleichen Teilen. Es gilt folgende – auch für den Richter verbindl (aA AG Altena FamRZ **85**, 196 m krit Anm Bosch) – Rangordng, wobei zw leibl u adoptierten (BGH FamRZ **84**, 378) sowie ehel u nehel kein Unterschied besteht: **a)** Zunächst die mj unverheirateten Kinder, denen der Eheg (Mann od Frau) gleichsteht, nicht aber das geistig od körperl behinderte vollj Kind (BGH NJW **84**, 1813; **87**, 1549). Unter den Begr „Eheg" gehören (arg § 1582 II) alle Ehepartner des Unterhaltspflichtige, die ehem (geschiedenen) u der ggwärt (BVerfG FamRZ **84**, 346; BGH FamRZ **88**, 706); sonst läßt sich der Vorrang des gesch Eheg vor dem neuen Eheg nicht verwirklichen (vgl § 1582 Anm 5). BGH **104**, 158 schränkt II 1 nunmehr dahin ein, daß in Mangelfällen der Gleichrang der Ki mit dem Eheg nur für den n § 1582 privileg gesch Eheg gilt. Das führt dazu, daß dem neuen Eheg ein UnterhAnspr nur insow zusteht, als zuerst der UnterhBed sämtlicher Ki u des gesch Eheg sowie der Selbstbehalt des UnterhSchu befriedigt ist (BGH FamRZ **88**, 708). Vgl iü § 1582 Anm 5. Die mj unverh Kinder stehen untereinand in gleichem Rang, gleichgült, aus welcher Ehe sie stammen (aA Herm Lange JuS **76**, 686); der nach § 1582 I bevorzugte gesch Eheg bestimmt den Rang aller mj Kinder (Dieckmann FamRZ **77**, 163 Fn 171). Entsprechdes gilt für die übr in § 1608 Anm 2 gen Fälle. Den vollj od verheirateten, § 1602 Anm 3, Kindern u den übrigen Verwandten geht er vor, **II 2.** Dieser Vorrang ist stillschweigd abbedungen, wenn Ehel vor der Trenng gemeins beschlossen, ihrem vollj Kind ein Studium zu finanzieren (Ffm FamRZ **84**, 176). – **b)** Nach den mj Kindern u dem Eheg kommen die anderen Kinder, sowohl vollj wie verheiratete, vgl § 1606 Anm 2. Bei hinreichder Leistgsfähigk kann auch der an vollj Ki geleistete Unterh vorweg abgezogen w; nur bei mangelnder Leistgsfähigk steht II 2 dem Vorwegabzug entgg (BGH NJW **85**, 2713; **86**, 985/87). – **c)** Danach folgen die übrigen Abkömml, also Enkel u Urenkel. – **d)** Schließl folgen die Anspr der Verwandten aufsteigender Linie nach Gradesnähe, die sich gem § 1589 S 3 errechnet. BerechngsBsp Ffm FamRZ **78**, 721.

1610 *Angemessener Unterhalt.* ¹Das Maß des zu gewährenden Unterhalts bestimmt sich nach der Lebensstellung des Bedürftigen (angemessener Unterhalt).

II Der Unterhalt umfaßt den gesamten Lebensbedarf einschließlich der Kosten einer angemessenen Vorbildung zu einem Beruf, bei einer der Erziehung bedürftigen Person auch die Kosten der Erziehung.

III Verlangt ein eheliches Kind, das in den Haushalt eines geschiedenen Elternteils aufgenommen ist, von dem anderen Elternteil Unterhalt, so gilt als Bedarf des Kindes bis zur Vollendung des achtzehnten Lebensjahres mindestens der für ein nichteheliches Kind der entsprechenden Altersstufe festgesetzte Regelbedarf. Satz 1 ist entsprechend anzuwenden, wenn die Eltern nur vorübergehend getrennt leben oder ihre Ehe für nichtig erklärt worden ist.

Schrifttum: Puls DAVorm **75**, 568 u ZBlJugR **80**, 598; Weychardt DAVorm **79**, 145; Kemper ZBlJugR **75**, 194; Moritz JZ **80**, 16 (UnterhAnspr Auszubildender); Christian ZBlJugR **83**, 465; Paulus, Der Anspr auf Finanzierg einer Ausbildg, 1984. Vgl iü 41. Aufl.

1) Der UnterhAnspr wird ggständl u inhaltl dch den **Unterhaltsbedarf** best. Wenn die übr Vorauss für einen UnterhAnspr (Verwandtsch, Bedürftigk, Leistungsfähigk) erfüllt sind, ist über den **Unterhaltsumfang** zu entsch. Dieser richtet sich einers nach dem UnterhMaß (Anm 2), anderers danach, was ggständl u nach den persönl Verhältn (Heimunterbringg, Behinderg ua) zum LebBed des UnterhBerecht gehört (Anm 3). Zur Höhe des UnterhBed im **Ausland:** Düss, Hamm u Brschwg FamRZ **87**, 1183, 1302 u 1307; **88**, 427 u **89**, 785 (sämtl zu **Polen**).

a) Die Bedürftigk des UnterhBerecht umfaßt als UnterhBed den **Betreuungs- und Barbedarf** (vgl §§ 1606 III 2, 1610, 1612 I). Lebt das unterhaltberecht Ki bei keinem ElT, so ist von den Elt neben dem BarUnterh auch der NaturalUnterh in Geld auszugl; bei Betreuung dch Dr, zB dch die Großmutter als Vormd, verdoppelt sich also der MindBed nach der DüssTab (Celle NdsRpfl **85**, 16). Der UnterhBarBed betr die Frage, welche einz Kostenfaktoren iRv UnterhAnspr geltd gemacht werden dürfen. Grdsätzl hat der UnterhBedürft einen Anspr darauf, daß sein gesamter LebBed von dem UnterhPfl gedeckt wird (Anm 3).

1603

§ 1610 1b–e

b) Bedarfstabellen und Unterhaltsrichtlinien (Lit: Christl NJW **84**, 267; Lindenau/Petersen SchlHA **85**, 81; Diedrich, UnterhBerechng nach Quoten u Tab, Bln/Mü 1986; Künkel DAV **88**, 641; Ullmann DAV **88**, 857). In der Praxis haben sich BedTab u UnterhRichtlinien dchgesetzt (BGH FamRZ **86**, 151), in denen nicht nur der Bed von Ki pauschaliert wird, sond in denen gleichzeit auch Richtlinien für die Gewinng des bereinigten, also zur Verteilg auf die verschied UnterhBedürfn in Frage kommden NettoEink gegeben werden, der EigBed des UnterhPfl sowie die Aufteilg des für UnterhZwecke zur Vfg stehden Eink iü, insb also auch unter getrlebd od gesch Eheg festgesetzt wird. Solche Tab u Richtlinien dienen vor allem der **Pauschalierung**. Da für das OLG in 2. Inst das OLG zust ist (Einf 6g vor § 1601), haben sich bei den meisten OLG die FamSenate auf best unterhrechtl Maximen geeinigt, die regelm veröffentl werden. Sie stützen sich zumeist mit größeren od geringeren Abweichgen auf die DüssTab.

c) Düsseldorfer Tabelle, Stand: 1. 1. 89 (NJW **88**, 2352 = FamRZ **88**, 911 = DAV **88**, 729). Sie gliedert sich in drei Abschn betr den KiUnterh, den EhegUnterh u Mangelfälle (A–C) u wird ergänzt dch entspr Düss **Leitlinien** (NJW **88**, 120 = FamRZ **87**, 1113).

aa) Der KiUnterhTab liegt folgde **Konzeption** zGrde: Es handelt sich um eine BedarfsTab, dh sie weist nur den **Barbedarf** des Ki aus, dem, will man den GesBedarf haben, jeweils in gleicher Höhe der BetreungsUnterh des sorgerecht EltT hinzuzurechnen wäre (Anm a). Die in der Tab zunächst genannten Bedarfssätze für **nichteheliche Kinder** verschied Altersstufen sind diej des amtl festgesetzten RegBed (§ 1615f Anm 3); der Bed orientiert sich an dem unteren ArbNEink u wird bei höherem Verdienst des nehel Vaters dch prozentuale Zuschl zum RegUnterh ergänzt (§ 1615f Anm 1 mit der insow ergänzten DüssTab). Für die **ehelichen Kinder** übernimmt die DüssTab entspr § 1610 III 1 die unterschiedl BedBemessg entspr den 3 Altersstufen der RegBedVO (bis 6, 7–12, 13–18 J) u steigert den darauf entfallden UnterhBed sach 8 NettoEinkGr des barunterhpflicht EltT (bis zu 2100 bis 7000 DM). Die Tab ist bezogen auf 1 (getr lebdd od gesch) Eheg u 2 Ki; verändert sich die Zahl der UnterhBerecht, erfolgen Ab- u Zuschl iH eines ZwBetr bzw Einstufg in eine niedrigere od höhere EinkGr. Wer zB nur 1 Ki unterhpflicht ist, steigt um 2 EinkStufen (Düss DAV **84**, 486). Von den TabSätzen **gedeckter Bedarf**: Die höh BedSätze der DüssTab decken grdsl zusätzl Bedürfn im Bereich von Ausbildg, FreiZt, Erholg u Kultur ab, jedoch ggf **nicht Krankenversicherung** (Anm 3b), **Sonderbedarf** (vgl dazu § 1613 Anm 2d) **und Sonderfälle** (Anm 3b).

bb) Die Tab arbeitet ferner mit verschied techn Ausdr: Unter **Eigenbedarf** versteht man den Betr, der zur Deckg des Bed des UnterhSchu erfdl ist. Man unterscheidet den **angemessenen** EigBed als das, was man zum Leb iSv § 1603 I braucht, vom **notwendigen** EigBed od MindBed als dem zur Existenz unbedingt notw, also dem, was dem UnterhSchu auch bei Anspanng aller seiner Kräfte iSv § 1603 II an finanziellen Mitteln verbleiben soll, um sein Leb zu fristen. In der DüssTab wird der notw EigBed auch als **Selbstbehalt** bezeichnet; darunter versteht man den Betr, der dem UnterhSchu jeweils unangetastet verbleibt, u differenziert demzufolge zw großem u kleinem od auch angem u notw Selbstbehalt (vgl etwa Rahm/Künkel/Stollenwerk IV. 512). Vgl zum Selbstbehalt iü § 1603 Anm 2 b dd; § 1585 c Anm 2d: Notbedarf. Zur **Höhe** der Selbstbehalte: unten Anm d. Vom Selbstbehalt zu unterscheiden ist der **Bedarfskontrollbetrag** der DüssTab, der eine gleichmäß EinkVerteilg zw dem UnterhPfl u den versch UnterhBerecht gewährleisten soll, so daß dem Schu bei höherem Eink dem einz UnterhBerecht ggü jeweils mehr verbleibt als sein jew Selbstbehalt; wird er unter Berücks des EhegUnterh unterschritten, ist für die Best des KiUnterh der TabBetr der nächst niedrigeren Gr anzusetzen, deren BedKontrollbetr dann seiners nicht unterschritten werden darf. Als **Mangelfälle** bezeichnet man die Situation, daß das Eink des UnterhSchu zur Deckg seines Bed u desj der gleichrangigen UnterhBerecht nicht ausreicht. Hier ist unter Einbeziehg des KiGeldes die nach Abzug des notw EigBed des UnterhSchu verbleibde VerteilgsMasse im Verhältn ihrer jew BedSätze auf die UnterhBerecht gleichmäß zu verteilen (DüssTab NJW **88**, 2353 m RechenBsp). Bei Beteiligg eines unterberecht Eheg muß im Verhältn zu diesem zusätzl eine BilligkAbwägg erfolgen (§ 1581 Anm 5b).

d) Übersicht über die Unterhaltssätze der Düsseldorfer Tabelle

aa) Bedarfssätze: Der MindBedarf Mj betr bis zum 6. LebJ: 251 DM, vom 7. bis 12. LebJ: 304 DM, vom 13. bis 18. LebJ: 360 DM u steigert sich entspr den EinkStufen des barunterhpflicht EltT bis 545, 660 bzw 785 DM. Der UnterhBed **volljähriger** Ki, die noch **im Haushalt eines oder beider Elternteile** wohnen, wird idR dch einen Zuschl iH der Differenz der 2. u 3. Altersstufe der jew Gr festgestellt (DüssTab NJW **88**, 2352; grdsl and Hbg DAV **89**, 417: voller Unterh, aber Abzug von 100 DM für befriedigten WohnBed). Auf den BedSatz ist eine **Ausbildungsvergütung**, verkürzt um einen ausbildgsbedingten MehrBed von mtl 150 DM, anzurechnen (DüssTab NJW **88**, 2352; and Kblz FamRZ **86**, 348: ungekürzte Anrechng). Ein Ki mit eig Haush bzw ein nicht bei den Elt wohnder **Student** hat einen Bedarf von 850 DM (DüssTab NJW **88**, 2352). In dem BedSatz ist der im Laufe des Studiums schwankde Ausbildgsaufwand als DurchschnBed voll erfaßt (Düss FamRZ **86**, 1242; **87**, 1181). AusbildgsUnterh des nicht studierden Ki: 800 DM (Karlsr FamRZ **89**, 534).

bb) Selbstbehalt: Der EigBed des UnterhSchu betr als **angemessener Eigenbedarf** od gr Selbstbeh ggü vollj Ki mind 1400 DM (§ 1603 Anm 3a), der **notwendige Eigenbedarf**, MindBed od kl Selbstbehalt, ggü mj Ki u dem getr lebden od gesch Eheg je nach ErwTätigk des UnterhSchu: 1000 bzw 1100 DM (§ 1361 Anm 2c; § 1581 Anm 5 b aa; § 1603 Anm 4 a bb).

e) Bedarfstabellen und Unterhaltsrichtlinien anderer Gerichte:

aa) Gesamtüberblicke: Unterhrechtl Leitlinien der OLG, nach BuLändern geordnet, Stand: 1. 1. 89, NJW **89**, 504; Hdlbger Übersicht, DAV **89**, 193.

bb) Alphabetische Übersicht (wg älterer Tab vgl jew die Vorauf!): **Bamberg** wie Düss u Hamm NJW **89**, 504; **Braunschweig** wie Düss NJW **89**, 505; **Bremen** (Stand: 1. 1. 89) NJW **89**, 81 = FamRZ **89**, 137 = DAV **89**, 943; **Celle** (Stand: 1. 1. 89) NJW **89**, 85 = FamRZ **88**, 1238 = DAV **89**, 1; **Düsseldorfer Tabelle** NJW **88**, 2352; **Leitlinien** NJW **88**, 120 (vgl oben Anm c); **Frankfurt** (Stand: 1. 1. 89) NJW **89**, 89 =

Verwandtschaft. 3. Titel: Unterhaltspflicht § 1610 1–3

FamRZ **88**, 1135; **Hamburg** (Stand: 1. 1. 89) NJW **89**, 86 = FamRZ **88**, 1240 = DAV **88**, 952; **Hamm** (Stand: Januar 89) NJW **88**, 2354 = FamRZ **88**, 1017; **KG** (Stand: 1. 1. 89) NJW **89**, 505 = FamRZ **89**, 248 = DAV **89**, 129; **Karlsruhe** wie Düss u Hamm NJW **89**, 504; Selbstbehaltssätze: FamRZ **89**, 251; **Köln** (Stand: 1. 1. 89) NJW **89**, 87 = FamRZ **88**, 1241 = DAV **88**, 945; **Koblenz** wie Düss NJW **89**, 505; **München** (Stand: 1. 7. 88) NJW **88**, 2356 = FamRZ **88**, 1021; **Nürnberg**: Mager, Nürnberger Tabelle, Stand: 1988, BBZ-Verlags-GmbH Nürnb, NJW **89**, 504: Notw EigBed des UnterhSchu je nach ErwTätigk: 1000 bis 1100 DM; **Oldenburg** wesentl wie Düss u Hamm NJW **89**, 505; **Saarbrücken** wie Düss NJW **89**, 505; **Schleswig** (Stand: 1. 1. 89) NJW **89**, 82 = FamRZ **89**, 22 = DAV **89**, 195; **Stuttgart** (Stand: 1. 1. 89) NJW **89**, 508 = FamRZ **89**, 139; **Zweibrücken** wie Düss NJW **89**, 505.

2) **Unterhaltsmaß.** Währd sich das UnterhMaß unter verh wie gesch Eheg nach den ehel LebVerhältn richtet (§§ 1360a, 1361, 1578, EheG 58), besst sich der angem LebBed im Verhältn zw Elt u Ki nach der **Lebensstellung des Bedürftigen, I.** In der Praxis überwiegt die Pauschalierg des UnterhBed an Hand des Eink; vgl zum **Tabellenunterhaltsbedarf** Anm 1.

a) Beim **minderjährigen Kind** ist die LebStellg seiner Elt maßg, also deren berufl u soz Stellg, ggf aber auch (etwa bei eig Verm) die EinkVerhältn des Ki selbst. Zum nehel Ki: § 1615c. Die vermögensmäß Stellg der Elt ist insb auch bei Inanspruchn der GroßElt maßgebl (LG Mü FamRZ **82**, 1116). Bei mittleren Eink best sich das LebNiveau des Ki im Regelfall nach dem Eink beid Elt. Allerd sind bei der BedFestsetzg auch erzieherische GesichtsPkte zu berücks, die selbst bei sehr großem Wohlstand eines od beid EltT UnterhBegrenzgen nach oben zulassen (BGH NJW **69**, 919; Bambg FamRZ **81**, 668; BGH NJW **83**, 1429: mit KiGeld 842 DM). Halten sich nach Scheidg der elterl Ehe die Einkfte beid Elt im mittleren Bereich u ist das Eink des NaturalUnterh leistdn EltT nicht höher als das des and, so ist aus dem beiderseit Eink nicht ein Mittelwert zu bilden, sond, auch wenn der sorgeberecht EltT eig ArbEink hat, grdsl auf die EinkVerhältn des zum BarUnterh verpfl EltT abzustellen (BGH NJW **81**, 1559 mN; LG Kblz DAV **85**, 320).

b) Die Unterhaltg **volljähriger Kinder** kommt aa) **außerhalb der Ausbildung** (zu dieser Anm 4a) nur ausnahmsw in Betr, etwa nach einem zur ErwUnfähigk führdn Unfall. Nicht dagg generell bei Erwerbslosigk od Betreuung eig Ki (Anm 4 a dd u § 1602 Anm 2e). Kommt ausnahmsw doch ein UnterhAnspr in Frage, hat das vollj Ki eine eig LebStellg, auch eine 31j u bei ihrer Mutter lebde Tochter (Karlsr FamRZ **86**, 496). Konnte das unterhbedürft vollj Ki sich in seiner bish LebStellg wirtschaftl nicht behaupten, entspr der Bedarf ggf nur dem angem od sogar nur notw EigBed (vgl § 1602 Anm 2 a bb). Jedenf keine Partizipation an der LebStellg der Elt.

bb) **Während der Ausbildung** beschr sich die UnterhGewährg für Ki vermögder Elt nicht der Funktion des AusbildgsUnterh entspr auf den eben dazu erfdl Betr (so 46. Aufl mN). Vielm ist die LebStellg von Azubis od Studenten nach wie vor von derj ihrer Elt abgeleitet; der LebBed geht daher bei vermögden Elt über den RegBedSatz hinaus (Stgt FamRZ **88**, 1086) u berecht zur Befriedigg auch gehobenen LebBed, nicht jedoch zur Teilhabe am Luxus u zur Ermöglichg einer der LebFührg der Elt entspr LebGestaltg (BGH NJW **69**, 920; FamRZ **86**, 151; **87**, 58: mtl 1700 DM; Ffm FamRZ **87**, 1179). Lebt der Azubi im Haush des and EltT, so kann insb in den ersten J nach Eintr der Volljährigk in tatrichterl Würdigg eine entspr Anwendg des § 1606 III 2 u damit die Anwendg der für die Mj geltdn Grdse in Betr kommen (BGH NJW **81**, 2462). Scheidet diese Analogie aus, kann für die Best des UnterhBed die Summe der Eink beid EltT zGrde gelegt werden (BGH FamRZ **83**, 473; **86**, 151; **88**, 1039).

c) Für die LebStellg unterhbedürft **Eltern** gilt vor Erreichg der Altersgrenze Entsprechdes wie Anm b aa; eine Verarmg im Alter spielt dagg für die Frage der angem LebStellg keine Rolle.

3) Der UnterhAnspr erstreckt sich auf den **gesamten Lebensbedarf, II,** einschl der Kosten für die Erziehg u Berufsausbildg (Anm 4). Zu erwartde Ausgabensteigergen sind einzubeziehen; iü wird Schwankgen im LebBed dch AbändKl Rechng getragen (Einf 6e vor § 1601).

a) Maßg ist stets nur der **eigene** LebBed des UnterhBerecht, so daß auf dem Umweg über den UnterhAnspr nicht eine Erweiterg der in den §§ 1601ff festgesetzten personellen Grenzen erreicht werden kann (Anm b aE). Auch keine Korrelation des Bedarfs mit der LeistgsFähigk des UnterhSchu; er hat abgesehen vom Selbstbehalt (Anm 1 c bb) u in den Grenzen der §§ 1581, 1609 den Bedarf des Berecht selbst dann zu befriedigen, wenn dieser höher ist als sein eig (BGH FamRZ **86**, 48).

b) **Umfang.** Zur Best des BarUnterhBed bedienen sich die Ger idR der BedTab (Anm 1). Der UnterhBed u seine Abweichgen von den TabWerten ist aber zT bes festzustellen. Zum BarBed (Anm 1b) gehören dann in allererster Linie die zum Leb unentbehrl Aufwendgen für die reine LebErhaltg, also für Nahrsmittel u Wohng. Zur Berechng des UnterkftsBed bei KleinKi vgl OVG Hamb FamRZ **85**, 1171. Der Bed eines in einem **Heim** (Celle DAV **82**, 571) od in einer PflegeFam untergebrachten Ki stellt laufden, nicht SondBed dar (aA Hamm DAV **88**, 913), richtet sich aber nach der UnterhTab (Hamm DAV **82**, 271; Ffm DAV **83**, 515). Vielmehr kommt es, auch wenn das Ki zZw des Besuchs einer PrivSchule außerh des EltHauses lebt, auf den tats Bed an (Kln DAV **85**, 988; Hbg NJW-RR **86**, 432). Ebso bei Unterbringg in einer Tagespflegestätte wg ErwTätigk der Mutter (Celle DAV **86**, 435). Auch bei Unterbringg in einer Heil- u Pflegeanstalt entspr der UnterhBed den dort anfalldn Kosten (BGH FamRZ **86**, 48 mN; Hamm FamRZ **87**, 742). Ferner gehören zum LebBed in angem Umfang auch Aufwendgen zur Pflege geist Interessen (Musik-Unterr, Bücher, Theater uä) u sonstiger Belange (Sport, VereinsBeitr usw), zu deren Deckg bzw je nach dessen Höhe daneben ein **Taschengeld** geschuldet wird, dessen Höhe zu best ausschl Sache der elterl Sorge ist (§ 1626). Gewöhnl ist das Ki bei einem EltT in dessen **Krankenversicherung** mitvers. Ist dies der barunterhpflicht EltT, so muß er entspr Krankenscheine besorgen (Brem FamRZ **84**, 415); doch kann das Ki ab 1. 1. 89, sofern es das 15. LebJ vollendet hat, selbst Leistgen beantr (vgl DAV **89**, 201). Ist das Ki bei keinem EltT mitvers, besteht ein Anspr auf BeitrFinanzierg zusätzl zum TabUnterh (KG FamRZ **88**, 760; Karlsr FamRZ **89**, 533; Rabbaa/Ruck DAV **87**, 13). Die Absicht der Kündigg der KrVers muß dem UnterhGl mitgeteilt werden; sonst SchadErs (Kblz FamRZ **89**, 1111). Der Begr LebBed ist keineswegs allumfassd iS der ges wirtschaftl Existenz (Mü NJW **50**, 602). **Nicht zum Lebensbedarf gehören** desh Schulden, auch nicht eig Unterh- (RG LZ **18**, 217) bzw SchadErsVerpfl des UnterhBerecht; der dch das ZusZiehen mit einem LebPart entstehde MehrBed (Kln FamRZ **82**, 834) od Altersrücklagen (RG **152**, 359). Zum **Sonderbedarf**: § 1613 Anm 2d.

c) Zum **Prozeßkostenvorschuß** (PKV) vgl zunächst § 1360a IV, der die gesetzl Wertg für die Einbeziehg in die UnterhPfl enthält (vgl dort Anm 3; Roth-Stielow NJW **65**, 2046). Der Anspr auf PKV ist als Sonderbedarf (nach aA § 1360a IV analog; Karlsr FamRZ **89**, 534) danach weder personell auf mj Kinder (wie hier: Celle NdsRpfl **85**, 283; Hbg DAV **88**, 432; grdsl aA Stgt FamRZ **88**, 758; aA Düss FamRZ **86**, 698: Keine Übern der ScheidgsKost f den Sohn mit eig LebStellg) noch sachl auf Angelegenh der PersSorge (so Arnold FamRZ **56**, 5) beschränkt. Er besteht zG der Kinder ggü ihren Elt (Kln FamRZ **84**, 723 u **86**, 1031 mN), aber auch umgek (Celle NJW **56**, 1158; aA Pohlmann NJW **56**, 1404) u hat Vorrang ggü der ProzKostHilfe (Kln FamRZ **79**, 964; Ffm FamRZ **85**, 959; Bln DAVorm **75**, 378), auch f die EhelichkAnfechtg (AG Gladbeck u Hamm DAV **82**, 380/81) u auch im Verhältn des nehel Kindes zu seiner Mutter für die VaterschFeststellgKl (Karlsr Just **76**, 429). Neben den allg wie Leistgsfähigk (Ffm NJW **81**, 2129) bes **Voraussetzungen** aber: aa) daß es sich um eine persönl lebwicht Angelegenh handelt. Dazu gehören idR PassivProz des UnterhBerecht (Nürnb FamRZ **65**, 517) also HaftPflProz wie zB die Inanspruchn des Kindes aus einer von ihm vorsätzl begangenen unerl Hdlg (Kln FamRZ **79**, 850), ebso ErbschProz (Celle FamRZ **78**, 822 für PflichttProz eines Studenten), vor allem aber UnterhStr (Darmst NJW **74**, 1712), auch wenn es um die Tituliery bisl freiw gezahlten Unterh geht (Freibg FamRZ **78**, 437), Ehescheidg (KG NJW **82**, 112; Hamm FamRZ **82**, 1073), EhelkAnf (Mot IV 697, BGH **57**, 234; aA Kblz FamRZ **76**, 359), RFolgen eines Bruchs des LehrVertr (BAG FamRZ **67**, 149), auch RStreit ü schwere Unfallfolgen, deren Beseitigg od Entschädigg nicht bereits v dritter Seite erfolgt u desh f das weitere Leben ausschlaggeb ist (Bamb MDR **53**, 556; BSG NJW **70**, 352), Kriegsdienstverw (BVerwG FamRZ **74**, 370). Keine PKVPfl dagg, wenn Studentin schuldh den Unfalltod v zwei jungen Männern verursacht hat u auf SchadErs in Anspr gen wird (Schlesw JurBüro **77**, 1610). – bb) Ferner darf die RVerfolgg nicht mutwill od offensichtl aussichtsl sein (Ksl MDR **50**, 623). – cc) Der RStreit darf nicht eig Interessen des Verpfl verletzen od sonst für ihn **unzumutbar** sein. Damit ist die Billigk, auf welche die Rspr abstellt (BGH NJW **64**, 2152; BVerwG FamRZ **74**, 370), konkretisiert. Das ist zB der Fall, wenn ein Kind v einem EltT auf PKV zur Dchführg der Ehescheidg von dem and EltT in Anspr gen wird (Köln FamRZ **59**, 20; Celle NJW **63**, 1363).

4) Der dem UnterhPflichtigen zur Last fallde UnterhBedarf umfaßt auch die **Erziehungs- und Ausbildungskosten.** Der hierauf gerichtete Anspr besteht seiner Natur u der Zielsetzg des VolljkG nach trotz des entggstehden Wortlauts nur im Verh der Kinder zu den Elt, dagg nicht umgek. Ein mit seinem Beruf unzufriedener Vater kann ebsowenig wie die geschiedene Mutter von ihren Kindern Umschulg bzw Nachholg einer Berufsausbildg verlangen. Das gleiche gilt, wenn sich ein Berufswechsel etwa inf eines Unfalls od des wirtschaftl Zusbruchs des v den Elt betriebenen Gesch als notw erweist. § 1610 II gilt für ehel wie ne Kinder (Hann FamRZ **76**, 380; LG Karlsr FamRZ **82**, 536). Wichtig ferner 3 Gesichtspkte: die Leistgsfähigk der Elt, ggf deren finanz Verpflichtzng (Eigenheim); keine automat Gleichstellg nichtstudierder mit Abitur-Kindern; evtl Verlust beachtlicher AufstiegsChancen im mittleren Dienst ggü wachsden Anstellgsschwierigkeiten bei Akademikern (Stgt FamRZ **76**, 383). Das Einverständn mit einem Studium bedeutet grdsl Zustimmg des UnterhSchu zur Finanzierg einer derart Ausbildg bis zum Regelabschl (Celle FamRZ **80**, 914).

a) **Angemessene Vorbildung zu einem Beruf.** Das VolljkG v 1974 hat diesen Anspr (auf Betreiben des BR; Drucks 284/74), um eine unterhrechtl Schlechterstellg der Jugdl dch die Herabsetzg der Volljk zuvermeiden, von der Voraussetzg der Erziehgsbedürftigk gelöst, so daß die Elt heute die Berufsausbildgskosten auch f ihre vollj u damit ne Rechts wg als nicht mehr erziehgsbedürft anerkannten Kinder tragen müssen. Gleichwohl bleibt das pädagog Moment auch für den hier fragl LebAbschnitt dch die vom G verwendete Ausdrucksweise im prakt Ergebn voll erhalten. Der UnterhVerpfl braucht lediglich die Kosten einer „angemessenen" Berufsvorbildg aufzubringen. Darin stecken subj wie obj Modifikationen des AusbildgsAnspr. Da es sich um eine KostenÜbernAnspr handelt, bestimmt sich die LeistgsPfl der Elt an den obj für eine best Ausbildg erforderl Kosten, so daß der uU vor Erreichg der Volljk aGrd des elterl Eink höhere UnterhAnspr mit Eintr der Volljk auf die erforderl Betr herabsinkt. Anspr auf Berufsausbildg haben Söhne wie Töchter in gleicher Weise; ein AussteuergsAnspr der Töchter (§ 1620 aF) besteht nicht mehr. Soweit der Staat iR des **BAföG** die AusbildgsKosten übernimmt, bestehen im Umfang des § 1610 u unter den Einschränkg v § 1613 u BAföG 36, 37 ErstattgsAnsprüche (vgl Einf 5 v § 1601). II betrifft den Ausbildungsbedarf, so daß ein Kind, das eine seinen Anlagen entsprechde Ausbildg (als Arzthelferin) erhalten hat, von seinen Elt nicht desw die Kosten für eine and Ausbildg (Lehrerin) beanspr k, weil die Elt für die 1. Ausbildg keine finanz Beitr geleistet haben (BGH FamRZ **81**, 437).

aa) Gefordert werden können nur die Ausbildgskosten für einen **Beruf**, dh ein innerh der Gesellsch als best Merkmalen verfestigtes TätigkFeld, das zugleich zur Sicherg des eig LebUnterh u desj einer Fam geeignet ist. Damit scheiden Anspr insoweit aus, als Berufsziele angestrebt w, die keinen gefestigten Ausbildungsgang aufweisen wie Schriftsteller, Funktionär, Medizinsoziologe (OVG Hbg FamRZ **80**, 947; problemat OVG Hbg FamRZ **78**, 447: Schulpsychologe) bzw als sozial minderwert gelten (Dirne, Eintänzer). Auch die Fortführg der **Schulbildung** über die gesetzl SchulPfl hinaus setzt Leistgsfähig der Elt u entspr Begabg u Leistgswillen aS des Ki voraus (Hbg FamRZ **86**, 382). Für PrivSchule ist uU besonderes finanz Opfer zumutb, wenn es um Erreichg des HptschulAbschl geht (Hbg FamRZ **86**, 1033 mN). Voraussetzg ist jü, daß der Berecht ein konkr Berufsziel anstrebt. Die Elt sind verpfl, auch eine angem Frist für die Zeit der **Suche nach einem Ausbildungsplatz** zu finanzieren (KG FamRZ **85**, 419). Doch muß die Zeit auch wirkl auf die Suche eines Ausbildsplatzes verwandt w (Saarbr NJW-RR **86**, 295). „Ein" Beruf ist jedenf insof als Zahlwort zu verstehen, daß kein Anspr besteht auf Finanzierg eines Doppelstudiums (vgl VGH Bad-Württ FamRZ **80**, 628).

bb) Die **Berufswahl** (Lit: Münder ZBlJugR **75**, 286; Güllemann MDR **75**, 793) muß angem sein. Welcher Beruf dies im Einzelfall ist, bestimmt sich einers nach der Leistgsfähigk der Elt, anders nach Neiggen u Begabg des Kindes (Hamm FamRZ **84**, 504; Bambg FamRZ **88**, 1087). Die Elt sind nicht verpfl, außerh der öff AusbildgsFörderg größere finanz Opfer f die Ausbildg des Kindes auf sich zu nehmen. Das gilt insb dann, wenn sich mehrere Kinder in der Ausbildg befinden. Ändergen des Studienplans sind n § 1618a mit den Elt zu beraten (Ffm FamRZ **84**, 193). Bei Wahl eines Berufes, den die Elt aGrd ihrer finanz Möglkten nicht zu finanzieren brauchten, haben sie bei Übernahme der Ausbildgskosten dch den Staat od Dr jedenf den Teil zu erstatten, den sie iR einer ihren EinkVerhältn angemessenen Berufsausbildg aufzubringen gehabt hätten. Das folgt aus dem das ges UnterhR beherrschden Grds, daß mangelnde Leistgsfähigk nur soweit befreit, wie sie reicht. Solange das Kind **minderjährig** ist, bestimmt der SorgeBerecht den Beruf. Maßg ist das Kindeswohl. Vgl § 1631a. Die Auswahl wird sich also auf solche Berufe beschränken, in denen das Kind entspr den zur Vfg stehden (finanziellen, örtl usw) Möglichkeiten u entspr seinen Anlagen etw Tüchtiges, sein Leben Sicherstelldes u allg Wertvolles leisten kann (vgl Dronsch JZ **82**, 347). Die Elt dürfen mit ihrem Kind weder zu ehrgeiz noch umgek einer deutl Begabg ggü unangem nachläss sein. Zum SorgeMißbr in dieser Beziehg § 1666 Anm 4a. Bes Bedeutg wird hier regelmäß dem Wunsch des Kindes zur Entfaltg vorhandener Anlagen zukommen, schon um einen evtl Anspr auf ZweitAusbildg (Anm ff) nach Erreichg der Volljk v vornh zuvorzukommen. Dagg bleiben bei **volljährigen** Kindern die Wünsche der Elt prinzipiell außer Betr, so daß sie die Ausbildgsfinanzierg nicht unter dem Gesichtspkt versagen können, der Sohn solle statt zu studieren das väterl Gesch übern od erst einmal etw Prakt erlernen uä. Nicht entscheidd auch der Stand der Elt, so daß der Berecht in Selbstverantwortg einen gehobeneren wie auch einen niedrigeren Berufsstand anstreben kann. Der Berecht hat seine Berufsziele mit den Elt zu besprechen, aber die eigtl Entscheidgg trifft er grdsl allein (Düss FamRZ **78**, 613; Stgt FamRZ **88**, 758 Komponist). Angem ist von ihm erwählter Beruf allerd nur dann, wenn seinen intellektuellen u konstitutionellen Anlagen entspricht. Die Berufswahl muß in einer **Prognose** nach Begabg, Fähigkten, Neiggen, Leistgswille, Ausbildgsmöglkten u vorh Mitteln als vernünft erscheinen, wenn Fremdmittel dafür in Anspr genommen w sollen. Auch leistgsfäh Elt sind nicht verpfl, ein „ins Blaue hinein" aufges Studium zu finanzieren (Stgt NJW **79**, 1166); wohl aber können außergewöhnl gute VermVerhältn zur Finanzierg eines Studiums auch bei Minderbegabg verpfl (Düss FamRZ **81**, 702). **Eignung** auch Erfordern iR des BAföG (OVG Bln FamRZ **76**, 559; OVG Brem NJW-RR **86**, 430: nicht jeder Abiturient muß studieren). Wer aGrd schlechter schul Leistgen die Schule verlassen mußte, kann nicht (etwa mit Hilfe v NachhilfeUnterr) auf einer UnivAusbildg lossteuern (vgl Dieckmann FamRZ **79**, 334). Aber kein Monopol des staatl Schulsystems (Ffm FamRZ **85**, 1167). Iü besteht uU trotz mäß Abitur Anspr auf Finanzierg eines Sportstudiums (LG Karlsr FamRZ **82**, 536). Keine Eigng, wenn Vorphysikum u Physikum der Tierärztl Vorprüfg jew erst in der WiederholgsPrfg 1 Sem nach der 1. Prüfg bestanden w (OVG Bln FamRZ **80**, 86). Die Elt sind nicht verpfl, begabgsmäß abwegige Berufswünsche ihrer Kinder zu finanzieren u sich so zu Gehilfen offensichtlicher Fehlentwicklgen u zwangsläuf Enttäuschgen zu machen. Über die Angemessenh eines Berufswunsches wird es naturgem am leichtesten zu unterschiedl Auffassgen zw Elt u Kindern kommen. Zur Entsch darüber ist bei über 18jähr nicht mehr das VormschG zust (vgl § 1631a), sond das ProzGer iR des UnterhStreits, in dem incidenter ü die Frage entschieden w muß, ob der f eine best Ausbildg begehrte Unterh angem ist od nicht. Das Ger wird diese Frage selten ohne Sachverst entsch können u Berufsberater sowie Berufsvertreter ü die spezif Begabgs-Erfordern des gewählten Faches hören müssen. Halten die Elt das Kind wg körperl Schwäche f einen best Beruf für ungeeign, muß ein medizin Sachverst die Belastbark des Berecht klären. Kein Grd zur Versagg der Ausbildg sind ungünst Anstellgsaussichten, da die Elt das ArbPlatzrisiko nach Abschl der Ausbildg nicht zu tragen brauchen (Anm dd). Auch die ZwZeit bis zur Erlanggg zB eines Studienplatzes od die Finanzierg eines Karenzstudiums fällt nicht unter II, so daß die Notw einer zeitl Überbrückg bis zum Beginn der eigtl Ausbildg kein Grd ist, die Ausbildg in diesem Beruf zu unterbinden.

cc) Da die Kosten für die Berufs-„vorbildg" aufzubringen sind, kann die Zahlg davon abh gemacht w, daß die Ausbildg den jeweils hierfür aufgestellten Plänen einigermaßen entspr absolviert wird. Es herrscht das **Gegenseitigkeitsprinzip:** Dem Anspr auf eine uU kostspielige, den Anlagen entspr Ausbildg korrespondiert die Obliegenh (BGH NJW **87**, 1557/58) des UnterhBerecht zu einem entspr Leistgswillen (Zweibr FamRZ **85**, 92) u dazu, mit gebotener Sparsamk u PflTreue dem selbstgesteckten Ziel nachzustreben (BGH NJW **84**, 1961; Schlesw FamRZ **86**, 201: vollj Gymnasiast). Ausgeschl ist es danach auch, daß der Berecht Zahlg der für eine best Berufsausbild erforderl Summe verlangt, die so finanzierte Zeit jedoch zu and Zwecken (Reisen, Jobs, Bummeln, andersart Ausbild usw) ausnutzt. Auch bei Nichtvorliegen einer abgeschlossenen Berufsausbildg sind weitere AusbildgsKosten jedenf dann nicht zu gewähren, wenn es an der Begabg od an dem notw Interesse des Ki für die neue Ausbildg mangelt. Dies ist insb für rückstand Unterh u iRv BAföG 37 übergeleiteten UnterhAnspr (vgl Einf 5b vor § 1601) wichtig, so daß entstandene Ausbildgskosten nach Abbruch der Ausbildg nicht wieder hereingeholt w können (AG Bingen FRES **3**, 410). Der AusbildgsBerecht hat seine Ausbildg im allg an den für seinen Ausbildgsgang aufgestellten Plänen auszurichten (BGH FamRZ **84**, 777), dh die lehrplanmäß Studienveranstaltgen zu besuchen u sich ernsth mit der Studienmaterie zu beschäftigen (Kln FamRZ **86**, 382), was iR v ZPO 286 der fr BewWürdigg dch die TatsInst unterliegt (BGH NJW **87**, 1557). Den unterhpflichtigen Elt steht infolged des Rechts zu einer gewissen **Kontrolle** der Berufsvorbereitg zu, so daß Vorlage v Zeugn verlangt w kann (Celle FamRZ **80**, 914), ebso wie iRv § 1612 II 1 auch dem vollj Kind ggü eine gewisse Überwachg der Lebensführg zul ist (Brem NJW **76**, 2265). Freil darf nicht kleinl Erfüll des AusbildgsSolls verlangt w, vielm ist dem Unterh-Berecht ein gewisser Spielraum in der Gestaltg seiner berufl Bildg auch hier einzuräumen. So kann ein einmaliger Wechsel des Studienorts der Ausbildg dchaus förderl sein, so daß damit verbundene Verzögergen u Mehrkosten hinzunehmen sind. Entspr gilt für ein AuslStudium (Konstanz FamRZ **62**, 198). Umgek muß sich der Berecht bei Verschlechterg der wirtschaftl Verhältn seiner Elt (RG LZ **21**, 306) od eig Verstößen gg das GgseitigkPrinz auf einen weniger kostspieligen Beruf od Ausbildgsort verweisen lassen (KG OLG **16**, 1).

dd) Ausbildungsdauer. Die UnterhPfl läuft grdsl bis zur **Erreichung des Regelabschlusses** (Gesellen-Prüfg, Diplom). Nach Ablauf der RegelstudienZt wird allenf noch in eingeschränktem Umfg Unterh geschuldet (Hamm FamRZ 81, 493), nach erhebl Überschreitg (4 Sem) gar nicht mehr (Hamm NJW 82, 2325). Nach 2 Sem anderweit Studiums aufgenommenes Jurastudium muß innerh der Fördergshöchstdauer v 9 Sem abgeschl w (LG MöGladb NJW 81, 178). Angerechnete Semester aus dem Studium einer früheren Fachrichtg sind unterhaltsrechtl zum Abzug zu bringen (vgl OVG Münst FamRZ 76, 297). Auch fallen die über die ordtl (nicht: Mindest-)Studienzeit hinausgehden Kosten grdsl nicht den Elt zur Last (Warn 15, 146). Ausn: Kampagnesystem etwa bei der 1. jur StaatsPrfg (OVG Bln FamRZ 80, 945) od Unterbrechg der Ausbildg dch Krankh od iRv § 1619 (sa Anm ee) od bei Erschwerg der Studienbedinggen dch Scheidg der Elt (Hamm FamRZ 86, 198). Hat der Auszubildende in der Vergangenh keinen Leistgswillen gezeigt u war insof nicht bedürftig, bestehen auch bei Erhöhg der Anstrenggen nur ausnahmsw u wenn ein erfolgreicher Abschl der Ausbildg zu erwarten ist UnterhAnspr (Ffm FamRZ 86, 498). Die Elt tragen hins des erlernten Berufes auch nicht das **Anstellungsrisiko** (BSG FamRZ 85, 1251; vgl ferner § 1601 Anm 2; 1602 Anm 2e). Scheitert die Einstellg in den öff Schuldienst, keine Verpfl zur Finanzierg der Zusatzausbildg zum Schulpsychologen (vgl OVG Münst FamRZ 80, 515). Zu dem im Anschl an das Examen Notw gehört eine gewisse BewerbgsFrist, doch nicht schlechthin das Warten auf Anstellg (Warn 13, 237). Die Zust der Elt zu einer best Berufsausbildg verpfl diese, die Kosten bis zum RegelAbschl auch dann zu tragen, wenn sie dem Berufswunsch urspr nicht hätten zuzust brauchen (vgl Augsbg FamRZ 63, 448). Nichtbestehen der Prüfg ist grdsl Risiko des UnterhBerecht, berecht iü auch nicht nach BAföG zur Förderg üb die Fördergshöchstdauer hinaus (OVG Münst FamRZ 76, 296), so daß ein Studienwechsel nach endgült Nichtbestehen der Abschlußprüfg begriffl ausscheidet (BVerwG FamRZ 80, 505); also kein Philosophiestudium nach Scheitern in der AbschlPrüfg der gehobenen FinanzVerw (LG Zweibr FamRZ 75, 296). Ausn bei nicht zu vertretd Versagen (AG Karlsr DAVorm 74, 523) u bei WiederholgsPrüfg in 2 Fällen iR der VordiplomPrüfg (Düss FamRZ 81, 298). Die Promotion gehört idR nicht zum RegAbschl u braucht infolgge nur bei nachgewiesener hervorragder Begabg u fin Leistgsfähigk der Elt bezahlt zu w (and nach BAföG: BVerwG FamRZ 78, 73; and auch Karlsr Just 80, 23: vorausgesetzt, zeitl Zushg zum Studium u WettbewVorteile ggü Nichtpromovierten, anderers TeilzeitArb vS des UnterhGläub).

ee) Entspr gilt für die **Weiterbildung** od gestufte Ausbildg (Brem FamRZ 89, 892), die unter dem Prinzip der Einheitlichk des Ausbildgsgangs steht, wofür ein sachl u zeitl Zushang erfdl ist, nicht aber ein von vornherein bestehder einheitl Berufsplan. Für die privrechtl UnterhPfl der Elt kommt es nicht auf die BAföG-FördergsRichtlinien an (u auch nicht auf eine automat Gleichstellg nichtstudierter Ki mit Geschw mit Abitur, sond im wesentl auf die echte Begabg des Ki u auf die wirtschaftl LeistgsFähigke der Elt unter Berücks ihrer finanz Verpfl (BGH 69, 190). **Voraussetzungen:** (1) GrdErfordern bleibt natürl die zur Erreichg des erstrebten Ausbildgsziels benöt **Begabung** des Ki. Sie fehlt idR, wenn Ausbildgsteilziele nicht od nur unter Wiederholgen erreicht werden, wie mittlere Reife (Hamm FamRZ 78, 446), Teilprüfgen (Stgt NJW 79, 1166), Abitur (Oldenbg FamRZ 85, 1282). (2) Von einer Weiterbildg kann nur gesprochen werden, wenn ein **sachlicher Zusammenhang** zw den verschied Ausbildgsstufen besteht. Fachhochschulausbildg bzw prakt Ausbildg u Studium müssen ders Berufssparte angehören od jedenf so zushängen, daß das eine für das and eine fachl Ergänzg, Weiterführg od Vertiefg bedeutet od daß die Fachschul- od prakt Ausbildg eine sinnvolle Vorbereitg auf das Studium darstellt (BGH NJW 89, 2253 = FamRZ 89, 853/5). Fach- u berufsbezogene Ausbildgsgänge zur Erlangg der Hochschulreife stehen dabei einer nur schulischen Ausbildg gleich. Das heißt keine Verweisg auf eine ErwTätigk, wenn der berufsbezogene Ausbildgsgang noch nicht abgeschl ist (Ffm FamRZ 87, 1069), es sei denn bei mittelmäß Begabg (Karlsr FamRZ 87, 1070). Weiterbildg setzt Bestehen des vorangehden AbschlExamens voraus (vgl BVerwG FamRZ 78, 72). Der fachl Zushg (ausführl Darstellg der früh Rspr: 48. Aufl) wurde **bejaht** für: Bauzeichnerin – Architekturstudium (BGH FamRZ 89, 853); IndustrieKfm (Hbg FamRZ 83, 639) od BankKfm – BWL (Brem FamRZ 89, 892) od WirtschPädagogik (Celle FamRZ 81, 584); **verneint**: Finanzinspektorin – Psychologiestudium (BGH FamRZ 81, 344); Philologe – Psychologiestudium mit dem Berufsziel Schulpsychologie (OVG Münster NJW 88, 2058). In letzteren Fällen liegt eine ZweitAusbildg vor mit eigenständ UnterhVorauss (Anm gg). (3) Der Anspr auf WeiterbildgsUnterh besteht nur, solange noch ein **zeitlicher Zusammenhang** mit der GrdAusbildg vorh ist. Dieser verlangt, daß der Azubi nach der fachl oder schul GrdAusbildg bzw der Lehre das Studium mit der gebotenen Zielstrebigk aufnimmt. Übt er im Anschl an die Lehre den erlernten Beruf aus, obwohl er mit dem Studium beginnen könnte, u wird der Entschl zum Studium auch sonst nicht erkennb, so wird der Zushg u damit die Einheitlichk des Ausbildgsgangs aufgeh (BGH NJW 89, 2253). Am zeitl Zushg fehlt es, wenn nach einer mit 19 abgeschl Kfz-Lehre mit 24 J ein PH-Studium aufgen wird (BGH FamRZ 81, 346); wenn KiGärtnerin als Sekretärin tät war u 3 J im Ausl gelebt hat (Mü FamRZ 76, 59) od wenn nach AusbildgsAbschl eig GewerbeBetr aufgemacht wurde (AG Niebüll FamRZ 74, 487). (4) **Nicht mehr erforderlich** ist es nach der neuen Rspr des BGH, daß der **Entschluß zur Weiterbildung,** insb zur Aufn des Studiums im Anschl an die berufsqualifizierde Ausbildg, **schon von vornherein** bestand od schon **während der ersten Ausbildung** eine **besondere,** die Weiterbildg erfordernde **Begabung des Kindes deutlich** wurde. Der Einheitlichk des Ausbildgsgangs steht nicht entgg, wenn der Eigenart dieses Bildgswegs entspr der Entschl zur Aufn des Hochschulstudiums erst nach Beendigg der Lehre od des Fachschulstudiums gefaßt wird (BGH FamRZ 89, 853/4 unter Aufgabe von BGH 69, 190 u FamRZ 80, 1115; ebso Brem FamRZ 89, 892). (5) Die Elt brauchen für die Weiterbildg nur in den Grenzen ihrer wirtschaftl LeistgsFähigk aufzukommen, wobei die Prüfg der **wirtschaftlichen Zumutbarkeit** in den Abitur-Lehre-Studium-Fällen bes Gewicht erh, weil die Elt dch diesen Ausbildgsweg in ihren wirtschaftl Belangen stärker betroffen sein können als beim herkömml Ausbildgsweg (BGH NJW 89, 2253).

ff) Aus der Natur der geist Entwicklg zu einem best Beruf hin sind zur Ausbildg (abweichd von Anm dd) in gewissem Umfang auch Umwege zu rechnen, auf denen das endgült Berufsziel erreicht, was freilich nicht auf eine allg Orientiergsphase hinauslaufen darf (aA Hbg FamRZ 83, 523: 10½ Mo). Aus diesem Grde kann sich der KostenPfl der Elt bei einem **Wechsel des Ausbildungsziels** in gewissen Grenzen ggü der berufs-

Verwandtschaft. 3. Titel: Unterhaltspflicht § 1610 4a, b

spezif Normalbelastg erweitern. Voraussetzg ist jedoch eine vS des Berecht verständ begründete u mit einer klaren Berufsalternative verbundene Entsch. Bricht er eine begonnene Ausbildg ab, ohne zum Beginn einer best und entschlossen zu s, od arbeitet er auch in der neuen Ausbildg ohne Energie, so können die Elt ihre UnterhZahlgen einstellen. Eine Tochter darf die begonnene kaufmänn Lehre auch gg den Willen des UnterhPflicht noch nach 1 J abbrechen, die Schulausbildg fortsetzen u anschließ SozialWiss studieren (Düss FamRZ **79**, 543). Ein Studienwechsel an der Univ wird idR nur nach dem 1. od 2. Sem in Betr kommen u in der 2. Hälfte des Studiums überh ausgeschl sein. Der UnterhBerecht hat dann nur die Wahl zw der Fortsetzg der begonnenen Ausbildg, deren Abbruch u der Selbstfinanzierg einer and. Ein nach fortgeschrittener Ausbildg geltd gemachter ernsth Neiggswandel ist dann kein wicht Grd f einen Fachrichtswechsel, wenn es dem Auszubildden mögl u zumutb war, die gg die zuerst gewählte Fachrichtg sprechden Grde vorher zu erkennen (BVerwG FamRZ **80**, 292). Ein UnterhAnspr besteht auch dann nicht mehr, wenn der Auszubildde nach 2 ½ J das 3. Studium beginnt (Hamm NJW **81**, 767) od auch dch einen 2. Fachrichtswechsel zu der zuerst aufgenommenen Ausbildg zurückkehrt (vgl VerwG Düss FamRZ **80**, 516). Der UnterhAnspr besteht aber weiter, wenn das Erststudium aus gesundheitl Grden abgebrochen werden mußte (Zweibr FamRZ **80**, 1058). Beim einem **Wechsel des Ausbildungsortes** muß ein Student vorh darüber unterrichten, ob die neue Hochschule Leistgsnachweise der vorherigen anerk (vgl VerwG Schlesw FamRZ **80**, 294). Zum **Auslandsstudium** BVerwG FamRZ **80**, 290. **Parkstudium:** Eine Pfl der Elt zur Finanzierg einer Zweitausbildg besteht in einem Fall, in dem die erste Ausbildg nicht zu einem Abschl gelangt ist, nicht mehr, wenn das Kind bewußt auf den Abschl der Ausbildg verzichtet hat, um sich die Mögk eines weiteren Studiums zu erhalten (Zweibr FamRZ **78**, 929). Währd des nicht berufszielbezogenen Parkstudiums besteht keine UnterhPfl der Elt (Mü DAVorm **79**, 596). Ist währd des Parkstudiums Unterh gezahlt w, muß sich der Student bereits währd des WarteZt mit den angestrebten Fächern befassen (Celle FamRZ **83**, 641) od währd des ordtl Studiums mit weniger begnügen (Kln FamRZ **81**, 809).

gg) Haben die Elt ihrem Ki eine dessen Begabg u Fähigken, Leistgswillen u Neiggen entspr Berufsausbildg zukommen lassen, so sind sie oRücks auf die Kosten, die sie dafür haben aufwenden müssen, ihrer UnterhPfl nachgekommen u desh insb iGgs etwa zu einer Weiterbildg (Anm ee) nicht verpfl, noch Kosten für eine **Zweitausbildung** zu tragen (BGH **69**, 190; FamRZ **89**, 853/4). Das Ki ist dann nicht mehr außerstande, sich selbst zu unterhalten (§ 1602 I). Das gilt bei mangelnder Berufseigng u -neigg ebso wie bei fehlder angem Verdienstmöglk in dem erlernten Beruf u auch dann, wenn sich bei dem Berecht eine zunächst nicht erwartete BildgsFähigk herausstellt (**Spätentwickler**) od weil die Leistgsanfordergen für best Berufe erhebl gesenkt wurden od die Erstausbildg nicht dem eigtl Berufswunsch des Ki entsprach, so daß eine Apothekenhelferin nicht Ausbildg zur Kosmetikerin verlangen kann (Ffm FamRZ **82**, 1097); ein Elektriker nicht AusbildgsUnterh für eine weiterführde Schule (Kblz FamRZ **89**, 308); nach Banklehre nicht für Sport- u Kunststudium (Ffm FamRZ **84**, 926). Weitere Bspe 48. Aufl. Dagg besteht ein **Recht** auf eine Zweitausbildg, wenn sich der Berufswechsel als erfdl erweist (RG **114**, 54), weil der UnterhBerecht aus körperl od geist Grden (zB dch Unfall) den Anforderden des erlernten Berufs nicht mehr gewachsen ist (BGH **69**, 190/4); aber auch, wenn die Elt das Ki in einen unbefriedigenden, seiner Begabg nicht hinreichd Rechng tragden Beruf gedrängt haben (BGH aaO).

hh) Die Ausbildgskosten werden beim Vollj idR dch Zahlg einer mtl **Rente** an den UnterhBerecht getragen, deren Höhe sich nach dem Eink der Elt einers, anderers nach den Richtlinien der staatl Ausbildgs-Förderg bestimmt (vgl Anm 1 u 2). Wohnt der Berecht am Ausbildgsort bei seinen Elt (was diese ggf über § 1612 II verlangen können), reduziert der Naturalleistg den Anspr uU auf ein Taschengeld. Zur Beeinflussg des Kindes dch die Art der UnterhGewährg s § 1612 II; ggü vollj Kindern tritt der ErziehgsZw jedoch zurück (Hdlbg DAVorm **75**, 176). Wohnt der in der Ausbildg befindl Jugdl bei dem u EltT, so wirkt sich dies mit einem Abschlag v 150 DM bedarfsmindernd aus (KG FamRZ **82**, 516). Ist der StudAbschl mit hinreichder Sicherh zu ermitteln, Befristg des Anspr (Ffm FamRZ **89**, 83).

ii) Zureichder **eigener Verdienst** od sonst Einkommen des Berecht ist nach Billigk auf die Verpfl der Elt anzurechnen. Vgl § 1602 Anm 2d. Gelegentl NebEinnahmen, insb aus FerienArb, sollten, solange sich keine Kollisionen iSv Anm cc ergeben, dem Berecht voll verbleiben. Anderers hat er kein R, dch Kombination der versch EinkQuellen den eig LebStandard aGrd v II über denj der Elt zu verbessern. Größere Einnahmen aus Ferienjobs (auf 2 J verteilt: 376 DM mtl) sind ijF anzurechnen (Düss FamRZ **86**, 590). Von einem Oberschüler (KG FamRZ **82**, 516) od Studenten kann, außer bei dürft Verhältn der Elt, nicht verlangt w, daß er einen Teil der Studienkosten selbst verdient (Hbg FamRZ **81**, 1098). Anderersts ist neben einem musikpädagog Studium die Erteilg v MusikStden zumutb (Hamm FamRZ **88**, 425). Auch keine Bedürftigk iSv § 1602, wenn Ausbildg (zB Abendgymnasium) die ArbKraft des Auszubildden nicht voll in Anspr nimmt u gleichzeit Berufstätigk mögl ist (VerwG Kass FamRZ **75**, 655). Entsprechd wie die 4jähr Verpfl als Zeitsoldat den Anspr auf AusbildgsUnterh nicht ausschließt, muß der UnterhBerecht sich aber die gg die BuWehr erworbenen Anspr anrechnen lassen (Hann FamRZ **80**, 288). Auch der **Ehegatte** haftet vor den Elt (§ 1608 S 1; § 1360a Anm 1c).

b) Der Unterh umfaßt bei einer der Erziehg bedürft Pers auch die **Erziehungskosten.** Erzbedürftig ist der UnterhBerecht bis zur Erreichg der Volljk (§ 2). Zu den Erziehgszielen u -mitteln § 1631 Anm 2–5. Die dabei entstehden Kosten sind iR ihrer UnterhPfl v den Elt zu tragen (vgl Anm 3b). Die Düss Tab gilt insow nicht (Anm 1 mNachw). Zu beachten jedoch deren BestimmgsR, so daß Inanspruchn hins Kosten f eine Bildgsreise einer Oberprima nach Israel (Wiesb FamRZ **64**, 637) zweifelh. Bedienen sich die Elt zur Erziehg fremder Hilfe, gleichgült ob freiw (Internat) od aGrd staatl Eingriffs (§ 1666 Anm 8), fallen grdsl ihnen die Kosten dafür zur Last. Die Kosten für den Besuch eines Kinderhortes dch ein schulpflicht Kind obliegen dem sorgeberecht EltT u dürfen dem baruntenhaltspflicht EltT idR nicht zusätzl angelastet w (Ffm FamRZ **80**, 183). Anderers muß der baruntenhaltspflichtige EltT die von dem od, allein sorgeberecht EltT getroffene Entsch, das Ki eine Privatschule besuchen zu lassen, uU mitfinanzieren (BGH NJW **83**, 393). Zu den ErzKosten gehören auch Mehraufwendgen zum Ausgl angeborener od erworbener gesundheitl od geist Mängel u Fehlentwicklgen (TaubstummenAnst, Rehabilitation nach Unfall, krankheitsbedingter Nachhilfe-

§§ 1610, 1611

Unterr usw). Nicht zum erstattgsfäh ErzBed gehören die **Betreuungskosten** für die Beaufsichtigg des Ki währd der Berufstätigk des Sorgeberecht (Hamm FamRZ **89**, 534).

5) **Regelbedarf für Kinder aus geschiedenen Ehen oder bei Getrenntleben der Eltern, III.** Die Bestimmg bezweckt eine Verbesserg der RStellg des ehel Kindes u eine Verringerg der Zahl der AbänderungsKl (BT-Drucks 7/4361 S 51). Die Gleichstellg von ehel u nehel Kindern erfolgt nur, soweit eine vergleichb Situation vorliegt, wenn näml die Elt getrennte Haushalte führen, das Kind bei dem einen EltTeil, gleichgült ob Vater od Mutter, lebt u es gg den and EltTeil einen UnterhAnspr geltd macht. Nur iR dieser Fallgestaltg soll dem Kind die Darleggs- u BewLast für die Höhe seines Unterh genommen w; es soll mind den für ein nehel Kind der entspr Altersstufe festgesetzten **Regelbedarf** (§ 1615 f) verlangen können (Ffm DAVorm **78**, 590). Dem gesetzgeberischen Anliegen entspricht heute die **Düsseldorfer Tabelle** (vgl § 1610 Anm 1 c u d). III macht eine den Altersstufen des § 1 RegelUnterhVO (Anh zu §§ 1615 f, 1615 g) entsprechde altersmäß Abstufg erforderl (BT-Drucks 7/4791 S 12). Die UnterhVerpflichtg beider Elt wird dadch nicht verändert. Das Kind kann einen höheren UnterhBed als den RegelBed geltd machen, wobei dann allerd die EinkHöhe des UnterhVerpflichteten berücksichtigt w muß (Bambg JurBüro **78**, 133); umgek bleibt dem in Anspr gen EltTeil unbenommen, zB die mangelnde Bedürftigk des Kindes aGrd eigener VermögensEinkfte geltd zu machen. Trotz „gilt" keine Fiktion, sond bl **Vermutung** hins des Bed, aber auch der Leistgsfähigk des EltT. Zu deren Widerlegg muß der EltT seine Bemühgn um Sicherg seiner Leistgsfähigk nachweisen (Karlsr FamRZ **87**, 504). Die Vorschr gilt nur, wenn die Elt gesch sind (§ 1564), **S 1**, od wenn sie getr leben (§ 1567), **S 2**, od die Ehe für nichtig erkl w ist (EheG 23). Ferner muß das Kind in den Haush des einen gesch Eheg aufgen w sein. Gilt auch, wenn es ein Internat besucht od in der Lehre ist, ebso wenn es mit dem einen EltT bei dessen Eltern lebt, dagg nicht, wenn es bei den GroßElt od sonst Verwandten untergebracht ist. Auf den konkr darzulegden Bedarf ist in einem solchen Fall aber die WohnKostErsparn anzurechnen (Kln DAV **84**, 698). Verurt des UnterhSchu zu **künftigem Unterhalt** gem den folgden LebAltersstufen der Düss Tab zZw der späteren Anpassg des Urt (§ 1612 a) zul (aA Bremen FamRZ **78**, 825).

1611 *Beschränkung oder Wegfall der Unterhaltsverpflichtung.* ¹Ist der Unterhaltsberechtigte durch sein sittliches Verschulden bedürftig geworden, hat er seine eigene Unterhaltspflicht gegenüber dem Unterhaltspflichtigen gröblich vernachlässigt oder sich vorsätzlich einer schweren Verfehlung gegen den Unterhaltspflichtigen oder einen nahen Angehörigen des Unterhaltspflichtigen schuldig gemacht, so braucht der Verpflichtete nur einen Beitrag zum Unterhalt in der Höhe zu leisten, der der Billigkeit entspricht. Die Verpflichtung fällt ganz weg, wenn die Inanspruchnahme des Verpflichteten grob unbillig wäre.

II Die Vorschriften des Absatzes 1 sind auf die Unterhaltspflicht von Eltern gegenüber ihren minderjährigen unverheirateten Kindern nicht anzuwenden.

III Der Bedürftige kann wegen einer nach diesen Vorschriften eintretenden Beschränkung seines Anspruchs nicht andere Unterhaltspflichtige in Anspruch nehmen.

1) Vgl zunächst § 1610 Anm 1. Entspr Regelg in EheG 65, 66. Nur in AusnFällen völl Wegfall des Unterh, sonst UnterhHerabsetzg (Beitr). Beides kommt aber bei mj unverheirateten Kindern nicht zur Anwendg, II; jedoch haben die Eltern iF des § 1612 II gewisse Möglichk, auf den Lebensstil u damit die UnterhKosten einzuwirken. Auch dieser Unterh umfaßt den gesamten Lebensbedarf (§ 1610 Anm 3), einschl der Ausbildgs- (RG JW **07**, 711) u FürsErziehgsKosten (KG OLG **16**, 245). Beweispflichtig für § 1611 ist der UnterhSchu (RG JW **11**, 405). Dem Bedürft bei Inanspruchn anderer UnterhPflichtiger die Beschrkg nicht ausgleichen, III. Analoge Anwendg v III geboten bei InansprNahme v Kindern od Elt dch einen Eheg, dessen UnterhAnspr gg den and Eheg an §§ 1361 III, 1579 I Z 4 scheitert (Beckmann FamRZ **83**, 863). Zur Inspruchn der Elt weg Betreuung eines nehel Kindes § 1602 Anm 2 e.

2) **Die Fälle der Beschränkung und Entziehung, I.** Auf das Recht, den Pflichtt zu entziehen, wie bisher, stellt die Neufassg nicht mehr ab. Sie nennt folgde Fälle: **a)** Der UnterhBerecht ist dch sein **sittliches,** nur einfaches **Verschulden** bedürft geworden, zB Trunksucht, Spiel. Die Folgen des sittl Versch müssen noch fortdauern. Währd der Minderjährigk begangene Hdlgen sind wg II dem UnterhAnspr des Vollj nicht entggzusetzen (BGH NJW **88**, 2371). Bei Unterbrechg des KausalZushang entfällt § 1611 (RG JW **10**, 477), so wenn zw dem Lebenswandel u der Bedürftigk kein Zushang besteht. Der Tatbestd von § 2333 Z 5 allein genügt also nicht zur Beschrkg des Unterh. **b)** Gröbl Vernachlässigg der eigenen UnterhPfl des nunmehr Bedürft ggü dem jetzt Verpfl, zB der Vater hat sich seiner UnterhPfl ggü dem nehel Kind mit Erfolg böswill entzogen (Beisp des RegEntw). **c)** Der Bedürft hat sich vorsätzl einer schweren Verfehlg gg den Unterh-Pflichtigen od einen seiner nahen Angeh, § 530 I, schuld gemacht. Monatelanges Verschwinden ohne Information der Elt, so daß diese sich um die Tochter grämen, stellt eine schwere Verfehlg dar, deren subjektive Voraussetzgen allerd dch Erziehgsdefizite gemindert s können (AG Mainz FRES **4**, 240). Die Verfehlg braucht sich gg den Verpfl selbst nicht zu richten. Nicht ausreichd bloße Taktlosigkeiten (AG Eschweiler FamRZ **84**, 1252).

3) Geschuldet wird nur ein **Beitrag zum Unterhalt**, der der **Billigkeit** entspricht. Zu berücks also die Schwere der Verfehlg, insb des sittl Versch, aber auch der Erziehgsfehler des Verpfl, seine Belastg u die Länge der Dauer im Verhältn zu seiner Leistgsfähigk. Einen gewissen Anhalt können auch die amtl Unterstützgssätze geben. Nur wenn im Einzelfall dieser Beitr, der auch zeitl beschr w kann, aus bes Grden grob unbill wäre, kann er ganz wegfallen. Die Beschrkg od der gänzl Wegfall geschieht aus familienrechtl Grden, nicht die mögl Belastg der öff Hand hier zurücktreten muß (Begr RegEntw). Für geschiedene Eheg EheG 65, 55 aF, § 1579. Verfehlgen eines Mj (Giftbeibringg) können diesem nicht entggehalten w, wenn er nach Eintr der Volljährigk noch unterhbedürftig ist (Düss NJW **79**, 1893). Bei 2000 DM Rente kann Mutter 180 DM an alkoholsücht Sohn zahlen (Hbg FamRZ **84**, 610).

4) Für **Ehegatten** gelten §§ 1361 III, 1579; bei Altscheidgen EheG 65, 66.

1612 *Art der Unterhaltsgewährung.* ¹Der Unterhalt ist durch Entrichtung einer Geldrente zu gewähren. ²Der Verpflichtete kann verlangen, daß ihm die Gewährung des Unterhalts in anderer Art gestattet wird, wenn besondere Gründe es rechtfertigen.

IIHaben Eltern einem unverheirateten Kinde Unterhalt zu gewähren, so können sie bestimmen, in welcher Art und für welche Zeit im voraus der Unterhalt gewährt werden soll. Aus besonderen Gründen kann das Vormundschaftsgericht auf Antrag des Kindes die Bestimmung der Eltern ändern. Ist das Kind minderjährig, so kann ein Elternteil, dem die Sorge für die Person des Kindes nicht zusteht, eine Bestimmung nur für die Zeit treffen, in der das Kind in seinen Haushalt aufgenommen ist.

IIIEine Geldrente ist monatlich im voraus zu zahlen. Der Verpflichtete schuldet den vollen Monatsbeitrag auch dann, wenn der Berechtigte im Laufe des Monats stirbt.

Schrifttum: Bosch, Festschr f Schiedermair 1976, S. 51; Wiesner FamRZ **77**, 28; Eb Schwerdtner NJW **77**, 1268; Zenz ZPR **77**, 195; Kumme ZBlJugR **77**, 417; Moritz RdJB **77**, 264 sowie jura **85**, 204; Wawrzyniak ZBlJugR **79**, 383 (zum WahlR der Elt gem § 1612 II); Fehnemann ZBlJugR **80**, 605 u RdJ **81**, 487; Roettig, UnterhBestR der Elt 1984; Lipp u Finger ZfJ **84**, 309 u 454 (beide zu § 1612 II); Schwenzer DRiZ **85**, 168 (UnterhBestR geschiedener Elt); Pachtenfels MDR **86**, 449.

1) Grundsätzlich, I 1: Entrichtg einer **Geldrente**, nicht als Darl (Graba FamRZ **85**, 118), auf ein vom UnterhGläub benanntes Kto (Hamm NJW **88**, 2115). Im Urt ist ihre Dauer zeitl zu begrenzen, § 1602 Anm 1. Andere Art der Unterhaltsgewährg (zB volle od teilweise **Naturalleistung** wg § 1614 aber nicht Abfindg), wenn besondere Gründe, sei es nun in seiner od des Berechtigten Pers vorliegen, zB dieser unwirtschaftl ist, wenn das vollj Ki sich noch in der Ausbildg befindet (Hamm FamRZ **87**, 1028) od für den Verpflichteten eine Gewährg in Geld unverhältnism schwieriger ist als in Natur, **I 2.** Jedoch genügen ZweckmäßigkGründe od die Tats, daß die Naturalverpflichtg für den Verpflichteten billiger ist, für sich allein nicht. Der Verpflichtete hat das Verlangen derart zu stellen, daß er dem Berechtigten im einzelnen mitteilt, wie er sich die Durchführg denkt, ihm auch das etwa erforderl Reisegeld für die Durchführg des Planes zur Vfg stellt, RGRK Anm 1. Bei Weigerg kann das Prozeß angerufen werden (KG JW **34**, 2999). Im UnterhRechtsStr ist das ProzGer an die Bestimmg der Elt **gebunden,** bis sie dch das VormschG geänd w ist (BGH NJW **81**, 574). Klage auf GeldUnterh daher dann, wenn das VormschG das Angeb der Elt auf Unterh in natura geänd hat (Zweibr FamRZ **79**, 64). Eine wirks Bestimmg nach II 1 gilt nch ggü dem Träger der Ausbildgsförderg nach Übergang des Anspr gem BAföG 37 (BGH NJW **81**, 574). Liegt ein Urt auf Geld- od Naturalleistg vor, so hilft bei Änderg der Verhältnisse ZPO 323. Bisw besteht auch ein Recht des UnterhPflichten, Unterh anders als in Geld zu erbringen. Wenn die Eheg innerh der Wohng getrennt leben u der Ehem die Wohngsmiete bezahlt, dann erfüllt er damit zT seine UnterhPfl (Schlesw SchlHA **78**, 98). Eine Bestimmg der Elt, dem Ki NaturalUnterh zu gewähren, macht auch die Barbeträge (Taschengeld, Sachaufwendgen) zu einem Teil desselben u verbietet eine selbstd Geltdmachg (BGH NJW **81**, 574).

2) Unterhaltsgewährung von Eltern an unverheiratete Kinder, II 1.

a) Zweck: Dch die Best der Naturalverpflegg im Hause werden die Elt wirtschaftl entlastet u soll ihnen ein weitergehender Einfluß verschafft w, als das bei UnterhGewährg in Geld mögl wäre (KG JW **35**, 1438). Der Vorschr kommt nach der Herabsetzg des VolljährigkAlters erhöhte Bedeutg zu (AG Mettmann FamRZ **75**, 709). Es wird damit eine gewisse Überwachg der LebFührg und eine steuernde Einflußn auch auf das vollj Kind vS der Elt anerk (Brem NJW **76**, 2265; and noch die VorInst LG Brem FamRZ **76**, 458 m krit Anm Bosch). Die EinflMögl von II 1 soll gerade nach Herabsetzg des VolljkAlters unbedachte Entscheidgen des Kindes verhindern u erschweren (LG Hbg NJW **77**, 201) u sicherstellen, daß die Elt Einfl auf die LebFührg des Ki nehmen können (Ffm FamRZ **76**, 705).

b) Gilt für mj wie vollj **Kinder,** auch ggü vollj unverh Tochter mit nehel Ki (LG Lüb FamRZ **87**, 1296), ggü nehel Ki im Verhältn zum Vater aber wg §§ 1615a, 1615f I 1 erst ab Volljährigk. Dann sind an die Abänderbark auch geringere Anfdgen zu stellen (Hamm NJW **85**, 1348), so daß Best v NaturalUnterh dch den Vater etwa voraussetzt, daß das Ki bei ihm aufgewachsen ist (AG Sinsheim NJW **85**, 1347).

c) Bestimmungsberechtigt sind bei einem mj ehel Kind dessen Elt; sie müssen sich ggf einigen (§ 1627 S 2; BGH NJW **84**, 305). Mißlingt dies, entscheidet mit Hilfe des VormschG (BGH NJW **83**, 2200). Kein BestR ggü geschiedener Tochter (Kln FamRZ **83**, 643) od ggü vollj Behinderten Ki gg die AufenthBest des GebrechlkPflegers (BGH NJW **85**, 2590). Bei getrenntlebden od **geschiedenen Eltern** besteht ggü dem vollj Kind ein **einseitiges Bestimmungsrecht jedes Elternteils,** soweit Belange des and EltT nicht berührt w od die Grde für die UnterhBest so schwer wiegen, daß der and EltT sie hinnehmen muß (BGH **104**, 224; vgl auch BGH NJW **84**, 305). Das einseit BestR muß insb dann gelten, wenn der in Anspr genommene EltT bereit u imstande ist, den ges Unterh in seiner Wohng zu leisten (BGH **104**, 224; Hamm FamRZ **81**, 997) od wenn der and EltT nicht leistgsfäh u damit auch nicht unterhpflicht ist (Hbg FamRZ **82**, 628; Ffm NJW **87**, 2381). Schutzwürd Belange des and EltT sind etwa dann berührt, wenn dieser FamRZ **85**, 168). Der bish auf BarUnterh in Anspr genommene EltT kann nicht ow dem and EltT die Rolle des NaturalUnterh Leistenden wegnehmen (AG Solingen FamRZ **86**, 497). Bei gleich berecht, aber einander widersprechden NaturalUnterhBest beider Elt entsch dch das Ki (LG Bln FamRZ **88**, 977). Beim Mj kann der nicht sorgeberecht EltT ohne Zust des Sorgeberecht, der das AufenthBestR hat, nicht bestimmen, daß das Ki den Unterh in seinem Haus entggnehmen soll (Hamm FamRZ **82**, 837). Der **nicht sorgeberechtigte Elternteil** hat ein BestR nur, **solange das Kind in seinen Haushalt aufgenommen** ist, II 3. Handelt es sich um ein nehel Kind, das in den väterl Haush aufgen ist, so braucht der RegelUnterh in Geld nicht gezahlt zu w (§ 1615f I

§ 1612 2, 3

1); an seine Stelle tritt die Unterhaltg beim UnterhSchuldn. Keine nach II 3 wirks UnterhBest, wenn der nicht sorgeberecht Vater das mj Kind entführt u in seinem Haush verborgen hält (KG FamRZ **85**, 730).

d) Inhalt der Bestimmung: Sie beschränkt sich auf Art u Zeit der UnterhGewährg, nimmt dem Kind also nicht etwaige Anspr gg den and EltT (Stgt FamRZ **84**, 308). Die Best muß den gesamten Lebensbedarf (Wohng, Verpflegg, Taschengeld) umfassen (BGH NJW **83**, 2198; **84**, 305), darf aber in sich unterschiedl Leistgen enthalten: Gewährg v Wohng od Verpflegg + Geldrente (BayObLG NJW **79**, 1712). Zul auch die Best, daß das Ki den Unterh in Natur von Dritten, zB dem Gutsübernehmer, in Empfang nehmen soll (KGJ **53**, 25) od von der Mutter aus vom Vater zur Vfg gestellten Mitteln (Warn **13**, 188). Bei Geldzahlgen auch Best eines längeren Ztraums als von 1 Mo mögl. Die Best ist ungült, wenn die AnO für das Kind unausführb ist (RG **57**, 77), weil es zB in einer psychiatr Klinik ist od sich in der DDR befindet od solange die Mutter dem Vater das Kind vorenthält (BayObLG **58**, 13).

e) Form der Bestimmung: Sie kann auch dch schlüss Verhalten (zB Angebot, „zu Hause zu wohnen u unterhalten zu w") erfolgen (BGH NJW **83**, 2198), was aber die grdsätzl **Anerkennung der eigenen Unterhaltspflicht** voraussetzt (Hamm FamRZ **84**, 503; aA Berkenbrock FamRZ **86**, 1055). Leisten die Elt ihrem mj Kind NaturalUnterh, so bedarf es nach Eintritt der Volljährigk keiner erneuten ausdrückl Best, insb keines konkr Sachleistgsangebots (KG FamRZ **82**, 423).

f) Bestimmungszeitpunkt steht dem UnterhSchuldn frei. Eine Best erst im einstw VfgsVerf muß ebso berücks w (Düss FamRZ **81**, 703) wie im VollstrVerf iRv ZPO 767 (Hbg Recht **13**, 1891) od in der BerufgsInst iR eines AbändergsVerf (Hbg FamRZ **82**, 1112).

g) Wirkung der Bestimmung: Hat der unterhpflicht EltT eine zuläss Best getroffen, so ist er befreit, wenn das Ki den Unterh nicht in der bestimmten Form entggnimmt, zB wegläuft (Hbg SeuffA **68**, 238). Dagg entfällt die BarUnterhBedürftigk eines 7jähr Ki nicht, wenn der v den Elt bestimmte NaturalUnterh nicht gewährt w kann, weil sich das Ki gg den Willen seiner Elt bei seiner Großmutter aufhält (BGH FamRZ **88**, 386). Die elterl Best, das vollj, nicht verheir Ki habe Unterh in Natur entggzunehmen, bewirkt, daß der Anspr des Ki auf BarUnterh ab Zugang der Erkl unbegründet ist (Hbg FamRZ **84**, 87). Sol nicht das VormschG entspr II 2 entsch hat, ist das ProzGer im UnterhRStreit an die Best gebunden (BGH NJW **84**, 305), bei Best von NaturalUnterh eine auf Zahlg gerichtete **Klage** also unbegründet (and AG Kln FamRZ **79**, 949: unzul). Der Berecht kann seinen UnterhAnspr dann nur dch Annahme der angebotenen Sachleistg verwirkl; tut er das nicht, haben die Elt ihrer UnterhPfl gleichwohl genügt (OVG Kblz FamRZ **74**, 226). Ein mj unverh Kind verliert seinen UnterhAnspr, wenn es gg den Willen der Elt außerh des EltHauses Wohng nimmt (LG Hagen NJW **75**, 263). Das ergibt sich aus dem Zweck v II 1 u der AbhilfeMögl v II 2; die GgMeing führt dazu, daß das mj Ki den Elt im Widerspr zu deren AufenthBestR die Form des zugewendeten Unterh entgg § 1612 aufzwingen könnte. Liegt dagg ein Verstoß gg II 3 vor od ordnet der UnterhSchu etwas Unausführbares an, so gilt die UnterhGewährg trotz dieses Angebots als verweigert u der Berecht kann sofort auf Unterh klagen (RG JW **11**, 53 u Anm 3). Die Best der Elt, dem Ki NaturalUnterh zu leisten, schließt Anspr Dritter n §§ 670, 679, 683, 812 aus (Hamm NJW **83**, 2203); Verwandte, bei denen sich das Ki versorgen läßt, haben keinen ErstattgsAnspr gg die Elt (Ffm FamRZ **76**, 705). Leistet ein geschiedener EltT nach II 1 NaturalUnterh, so wird dadch nicht zugleich der UnterhAnspr der Ki gg den and EltT getilgt (Stgt FamRZ **84**, 308). Zur AuskftsPfl gem AFG 144 III: Brem FamRZ **86**, 931. Die dem Ki ggü getroffene Best gilt auch im BAföG (Kln FamRZ **88**, 1089).

h) Änderung der Bestimmung unter Berücks der Grundberechtigg (Anm b) u von Treu u Gl jederzeit mögl (Zweibr FamRZ **88**, 204). Der UnterhSchuldn kann sich aber selbst gebunden haben; so ist eine entspr (auf Geldzahlg gerichtete!) Vereinbg zw getrennt lebend od gesch Elt bindd (BGH NJW **83**, 2200; Hbg FamRZ **84**, 505). Sie wird dagg **hinfällig**, wenn die gemeins NaturalUnterhBest dch einseit Loslösg des damit belasteten EltT nicht mehr erreichb ist (BGH NJW **85**, 1339). Bei offenb Rmißbr der Änderg Anrufg des VormschG entbehrl (Kln FamRZ **85**, 829).

3) Änderungsbefugnis des Vormundschaftsgerichts, II 2, nur dann, wenn eine an sich zuläss Bestimmg dch die Elt vorliegt (KG JW **34**, 2999); sonst sofort Klage vor dem ProzG. Ablehng des Antr als unzul wg Unwirksamk der Best, aber nicht bei nur mögl Unwirksk wg Nichtberücks der Belange des and EltT (KG FamRZ **89**, 780).

a) Besondere Gründe müssen vorliegen, ehe das VormshG die Best der Elt abändert. Dabei ist bes § 1618 a zu beachten u eine Gesamtwürdigg, insb auch der wirtsch Interessen der Elt (BayObLG FamRZ **89**, 660), vorzunehmen (BayObLG FamRZ **87**, 1298 Streit um TelBenutzg). Verschulden nicht erfdl (BayObLG FamRZ **86**, 930). An die Voraussetzgen sind strenge Anfordergen zu stellen (LG Bonn FamRZ **85**, 516), geringere dagg bei getrenntlebden od geschied Elt im Verhältn zu volljähr Ki (LG Freibg FamRZ **84**, 1255) od im Verhältn v Vater zu nehel Ki (Hamm FamRZ **85**, 642).

aa) Nicht ausreichend der Wunsch des Ki nach selbständ LebFührg (Mannh NJW **76**, 245 L) od die Begrdg eines eig Hausstandes, wenn dafür nicht ihrers trift Grde vorliegen (Ffm FamRZ **82**, 1231). Nicht ausr für eine Änderg der getroff UnterhBest der von den Beteiligten zu bewältigde Generationenkonflikt, also der Wunsch des Ki nach Loslsg vom EltHaus (BayObLG FamRZ **85**, 513), wobei auch kein bes Grd die nicht übermäß beanspruchde Heranziehg des Ki zu häusl Arbeit ist (LG Düss FamRZ **85**, 517); persönl Spanngen od Entfremdg (Karlsr NJW **77**, 681) bzw gelegentl Wortentgleisgen (Ffm FamRZ **82**, 1231). Auch kann das Ki nicht Unterh in Form einer Geldrente verlangen, wenn es die Zerrüttg des familiären Verhältn selbst verursacht hat (vgl LG Brem FamRZ **77**, 654), insb ggü den Bemühgen der Elt um Verbesserg der schul Leistgen u Drosselg v Alkoholkonsum (Hamm FamRZ **86**, 386: „den Aufstand proben"); wenn die Trenng v der Fam dch das Ki allein u eigenmächtig herbeigeführt w ist (Ffm FamRZ **80**, 820); wie überh FamZerwürfnisse, die v den Elt weder verschuldet sind noch ihrer Sphäre zugeordnet w können, nicht ausreichen (Ffm FamRZ **79**, 955). Ebsowenig gelegentl Erziehgsfehler (Kln NJW **77**, 202). Die Unzumutbark kann nicht damit begründet w, daß das Ki den ihm angebotenen NaturalUnterh ablehnt (Zweibr FamRZ **88**,

Verwandtschaft. 3. Titel: Unterhaltspflicht §§ 1612, 1612a

205). Zweifelh die Änd der elterl UnterhBest bei Erreichen befriedigender schul Leistgen außerh des EltHauses nach Schulrelegation wg dreif Nichterreichens des Klassenziels (Mannh DAV **76**, 102); wie umgek die Versagg der Änd, wenn 22j Studentin zu einem 40j Mann gezogen ist (BayObLG NJW **79**, 1712). Auch das vollj Ki muß sich eine gewisse Kontrolle seiner AusbildgsBemühungen gefallen lassen (AG Schwetzingen Rpfleger **82**, 224). Versagg der Abändg der elt Best auch nach Selbstmordversuch u **krankhafter** Appetitlosigk einer vollj Schülerin bei versöhnl Haltg der Elt u beengten wirtsch Verhältn (BayObLG FamRZ **89**, 660).

bb) Ausreichend für eine Änderg der elt Best sind ggf unter Abwägg der GesamtUmst: Ohrfeigen u Herabwürdigg der vollj (Zweibr FamRZ **86**, 1034) od fast vollj Tochter dch den Vater (BayObLG NJW **77**, 680); überh unangem körperl Züchtigg (LG Trier FamRZ **84**, 815); fehlde Toleranz ggü der sich vom streng kathol EltHaus unter dem Einfl eines Schulfreundes emanzipierenden Tochter (Ffm NJW **77**, 1297); Nichtakzeptieren des Freundes einer erwachsenen Tochter (LG Kiel FamRZ **84**, 193); Hausverbot für den Freund der 20j Tochter währd des Abwesenh des verww Vaters (Hbg FamRZ **89**, 309); bes unerquickl FamVerhältn (KG OLG **42**, 90); unangem ÜberwachgsMaßn der Elt; tiefgreifde Entfremdg zw Vater u Adoptivtochter (Hbg FamRZ **83**, 1053) od zw Elt u vollj Sohn nach 5j Trenng (BayObLG FamRZ **79**, 950); Aufzwingen des EltWillens ggü 25j Sohn (KG NJW **69**, 2241); menschenunwürd Beeinträchtigg der LebFührg u Entwicklg der KiPersönlk iGgs zu bl pers Spanngen u vereinzelten Erziehgsfehlern (LG Brschw DAV **81**, 126); obj unangem Erziehgsmittel zu zweifelh ErzZielen (LG Hildesh DAV **84**, 189); Notwendigk eines auswärt Studiums wg Fehlens der gewählten Fachrichtg am häusl Studienort (Hbg FamRZ **87**, 1183). Kein NaturalUnterh unter dem GesPkt einer erhebl Verschuldg im Vertrauen darauf, daß die Tochter bei den GroßElt bleibt (Zweibr FamRZ **81**, 494). Abänd auch ggü nehel Vater, wenn dieser sich um die Tochter nie gekümmert h (AG Sinsheim NJW **85**, 1347).

b) Verfahren. Zustdgk FGG 43, 36; zustgd ist das VormschG, nicht (trotz Fassg v GVG 23b I Z 5, ZPO 621 I Z 4: Streitig, die die UnterhPfl „betreffen") das FamG (vgl aber Bosch FamRZ **77**, 55); der gedankl Zushg zu § 1666 ist ebso stark wie zum UnterhR. De lege ferenda ist einheitl Zustdgk des FamG wünschensw. Rpfleger entscheidet (RPflG 3 Z 2a), sofern es nicht um mj Ki geht u die Elt unterschiedl Auffassg sind (RPflG 14 Z 5). Antr- u BeschwR FGG 59. Pflegerbestellg nicht erfdl (Hbg OLG **2**, 93). Zum Umfg der gerichtl ErmittlgsPfl iRv FGG 12 Ffm FamRZ **78**, 259. Gebühren KostO 94 I Z 1. Das VormschG entsch grdsätzl ohne Rückwirkg (Hamm DAV **86**, 438) nur über Art u Zeitabschnitte der UnterhGewährg, nicht aber über die Höhe der UnterhLeistg (KGJ **53**, 25) u die kalendermäß Termine (KG HRR **28**, 1710). Insof ist das ProzGer zust (KG JW **36**, 679), vor dem auch Berufg auf LeistgsUnfähigk (BayObLG Recht **09**, 3091). Zul auch eine vorläuf AnO des VormschG (LG Karlsr Rpfleger **84**, 100) mit entspr BindgsWirkg f das ProzGer (Hamm FamRZ **86**, 386, 387 f; aA Brem Rpfleger **85**, 439: formell rechtskr Entsch). VormschG kann auch nach währd des UnterhProz entsch; ZPO 263 gilt nicht (Mannh DAV **76**, 102). Aber **keine Rückwirkung** der Entsch des VormschG (Hamm, Hbg u KG FamRZ **86**, 386, 833 u 1033; Düss FamRZ **87**, 194: auf Antr ab Übermittlg der AntrSchrift). ProzG ist gebunden, sow Entsch des VormschG sich in den zuläss Grenzen hält (RG JW **03**, Beil 29); umgek ist sie nicht vollstreckb, sond kann nur im Klageweg verwirklicht w. Zul auch die **Aussetzung** des UnterhProz bis zur Entsch des VormschG (Hbg FamRZ **83**, 643).

4) Zahlungsweise, III. Soweit die Eltern nichts anderes bestimmen konnten (Anm 2), ist die Geldrente für 1 Monat vorauszuzahlen, entspr der Einkommenslage kann aber auch Zahlg für kürzere Abschnitte gestattet werden. Der Ausdr „mtl im voraus" gibt nur die UnterhPeriode an (Bambg FamRZ **80**, 916); zweckmäßig ist aber die Festsetzg der Fälligk jew zum MoAnfang, nicht notw nach dem Geburtsdatum des Kindes (LG Bln DAV **76**, 299). Zahlg „zum 1." bedeutet, daß der Gläub jew am 1. des Mo über das Geld verfügen k (AG Überlingen FamRZ **85**, 1143). Keine ProzKostHilfe dafür, den Vater, der den Unterh regelm in der Mitte des Mo zahlt, zur Zahlg am MoAnfang zu zwingen (Schlesw SchlHA **78**, 19). Entscheidd für die Haftg für den mtl Zahlgsabschnitt, daß der Gläub den Monatsanfang erlebt (vgl § 760 III); also keine Berufg auf Wegfall der Bedürftigk (sa § 1614 II). Ebso kein BereichergsAnspr, wenn im Laufe des Mo Volljährigk eintritt. Befreiend wirkt nur die Überweisg auf das abredemäß bestimmte Kto (Ffm FamRZ **83**, 1268). Zur Leistg unter Vorbehalt BGH FamRZ **84**, 470. Zahlgen werden zunächst auf den lfd Unterh, dann auf Rückstde verrechnet (AG Ulm FamRZ **84**, 415).

1612 a Anpassung von Unterhaltsrenten.

^I Ist die Höhe der für einen Minderjährigen als Unterhalt zu entrichtenden Geldrente in einer gerichtlichen Entscheidung, einer Vereinbarung oder einer Verpflichtungsurkunde festgelegt, so kann der Berechtigte oder der Verpflichtete verlangen, daß der zu entrichtende Unterhalt gemäß den Vorschriften des Absatzes 2 der allgemeinen Entwicklung der wirtschaftlichen Verhältnisse angepaßt wird. Die Anpassung kann nicht verlangt werden, wenn und soweit bei der Festlegung der Höhe des Unterhalts eine Änderung der Geldrente ausgeschlossen worden oder ihre Anpassung an Veränderungen der wirtschaftlichen Verhältnisse auf andere Weise geregelt ist.

^{II} Ist infolge erheblicher Änderungen der allgemeinen wirtschaftlichen Verhältnisse eine Anpassung der Unterhaltsrente erforderlich, so bestimmt die Bundesregierung nach Maßgabe der allgemeinen Entwicklung, insbesondere der Entwicklung der Verdienste und des Lebensbedarfs, durch Rechtsverordnung (Anpassungsverordnung) den Vomhundertsatz, um den die Unterhaltsrenten zu erhöhen oder herabzusetzen sind. Die Verordnung bedarf der Zustimmung des Bundesrates. Die Anpassung kann nicht für einen früheren Zeitpunkt als den Beginn des vierten auf das Inkrafttreten der Anpassungsverordnung folgenden Kalendermonats verlangt werden. Sie wird mit der Erklärung wirksam; dies gilt nicht, wenn sich die Verpflichtung zur Unterhaltszahlung aus einem Schuldtitel ergibt, aus dem die Zwangsvollstreckung stattfindet.

^{III} Der Unterhaltsbetrag, der sich bei der Anpassung ergibt, ist auf volle Deutsche Mark abzurunden, und zwar bei Beiträgen unter fünfzig Pfennig nach unten, sonst nach oben.

§ 1612a 1, 2

IV Von der in einer Anpassungsverordnung vorgesehenen Anpassung sind diejenigen Unterhaltsrenten ausgeschlossen, die in den letzten zwölf Monaten vor dem Wirksamwerden der Anpassung festgesetzt, bestätigt oder geändert worden sind.

V Das Recht des Berechtigten und des Verpflichteten, auf Grund allgemeiner Vorschriften eine Änderung des Unterhalts zu verlangen, bleibt unberührt.

Schrifttum: Ält lit 46. Aufl. Brüggemann, G zur Vereinf Abänderg v UnterhRenten, HdlBg 1976.

1) Dynamisierung von Unterhaltsrenten Minderjähriger. Eingef dch Art 1 UntÄndG. In der vollständ Fam vollzieht sich der Ausgleich zw EinkÄnderg u UnterhAnspr gleitd; sind UnterhKlagen erforderl, kommt nur eine „hinkende" Anpassg in Betr. § 1612a soll eine Erleichterg dadch schaffen, daß er eine schemat Anpassg in einem vereinfachten Verf zuläßt. Die AbändergsKl gem ZPO 323 gewährte unterhaltsberecht ehel Kindern nur einen unzulängl Schutz ggü UnterhTiteln, die von der wirtschaftl Entwicklg überholt wurden, näml inf steigder Einkfte der Unterhaltspflichtigen u stärkerem Anwachsen des Lebensbedarfs aS des unterhaltsberecht Kindes. Ferner ist eine Angleichg an die vereinf Regelg bei nehel Kindern beabsichtigt (BT-Drucks 7/4791 S 7). Aber keine Übern des RegelUnterh (§ 1615f), weil bei ehel Kindern noch häufiger mit Abweichgn vom RegelUnterh gerechnet w müßte (BT-Drucks 7/4791 S 8); daher Gleichstellg nur hins eines UnterhMindestbedarfs (§ 1610 III). Die Dynamisierg erfolgt an Hand der AnpassgsVO, die von der BReg aGrd der in II 1 enthaltenen Ermächtigg mit Zust des BR, II 2, in Abständen erlassen wird, iW **prozentualer Angleichung** der UnterhRenten an erhebl Änderen der allg wirtschaftl Verhältn. Erleichtert wird die Anpassg, wenn iRv § 1610 III künft eine den Altersstufen des § 1 RegelUnterhVO (abgedr Anh zu §§ 1615 ff, 1615g) entsprechde altersmäß Abstufg des RegelBed erfolgt. Im Prinzip entspr diese Ausgestaltg damit doch der Änderg des RegelUnterh im NEhelR, wenn auch mit der notw Abweichg von festen (absoluten) Regelsätzen (Lepsius DAVorm **76**, 179). Unabh von der Möglk, dch AnpassgsErkl od iW des vereinf Verf die UnterhRente der wirtschaftl Entwicklg anzupassen, bleibt für UnterhGläub wie -Schu das Recht bestehen, aGrd der allg Voraussetzgen von Bedürftigk u Leistgsfähigk (§§ 1602, 1603) eine Änd des UnterhTitels iW der AbändKl gem ZPO 323 zu verlangen, **V.** Zur Einschränkg dieser Bestimmg vgl aber Anm 4. RSchutzinteresse f AbändergsKl, die ausschließl auf Veränderg der allg wirtschaftl Verhältn gestützt w, aber auch, wenn es sich um einen älteren Titel handelt (Schlesw SchlHA **78**, 57). UntÄndG gilt auch in Bln (GVBl Bln v 10. 8. 76, S 1705).

2) Die Anpassung erfolgt nur unter bes Voraussetzgen u in best Art u Weise.

a) Voraussetzungen, I 1:

aa) Der Dynamisierg unterliegen nur **Unterhaltsansprüche,** nicht and Verbindlichkeiten, auch nicht langfristige, ratenweise zu begleichde od bei sonst Ähnlk mit einem UnterhAnspr.

bb) Die vereinf Anpassg von UnterhRenten erfolgt nur zG unterhaltsberecht **Minderjähriger,** also für Kinder u Jugdliche unter 18 J, weil es dem münd Bürger überlassen bleiben kann, dch gütl Einigg od im KlWege eine Ändg seiner UnterhRente durchzusetzen, währd dem insow schutzbedürft Mj diese Handlgsfähigk fehlt (BT-Drucks 7/4791 S 7). Es kommt nicht darauf an, ob der Mj als Empfänger der Zahlg in dem Titel ausgewiesen ist; entscheidd allein, daß die UnterhRente für ihn bestimmt ist (BT-Drucks 7/5311 S 4; Wuppt DAVorm **78**, 604).

cc) Unterhaltstitel. Die Anpassg gilt für UnterhRegelgen jeder Art (Bambg FamRZ **87**, 855), also f UnterhRenten, die in einer gerichtl Entsch, einer Vereinbg od einer VerpflUrk festgelegt sind, also für alle UnterhUrteile, Vergleiche, insb auch solche iRv EheG 72 aF od §§ 1585c, 1629 III 2, ZPO 794 I Z 1 geschlossene, VerpflUrk iSv ZPO 794 I Z 5, die gem KonsG 10 sowie die von Beamten u Angest der JugÄmter gem JWG 50 aufgen Urk. Dch die Einbeziehg von UnterhVereinbgen, die nicht ggst eines VollstrTitels sind, in die Regelg sollen außergerichtl Einiggen erleichtert w. Es braucht sich dabei nicht um schriftl, nicht einmal um ausdrückl getroffene Vereinbgen zu handeln (Arnold JR **77**, 139). Die vereinf UnterhAnpassg kommt nicht in Betr, wenn bish lediglich ein Schuldtitel dahingeh besteht, daß der Bekl verurt ist, über den von ihm freiw gezahlten UnterhBetr hinaus 50 DM zu zahlen (Düss FamRZ **78**, 824). Erstfestsetzg, nicht Anpassg liegt auch vor, wenn nach altem EheR geschiedener Eheg UnterhlVergl zG der Kinder geschl hat (Düss aaO).

dd) Von der erleichterten Anpassung ausgenommen sind die Fälle, in denen eine Änd der festgelegten UnterhRente vertragl ausgeschl od die Anpassg an die Veränderg der wirtschaftl Verhältn auf and Weise geregelt ist, **I 2**. Letzteres ist zB bei den auf RegelUnterh lautden Titeln der Fall; die Anpassg aGrd der Neufestsetzg des RegelBed erfolgt hier im Verf gem ZPO 642b. Auch erscheint es nicht gerechtfert, Titel u Vereinbgen, die eine Anpassg an sich ändernde wirtschaftl Verhältn ausschließen od nach den bes Umst des Einzelfalles regeln, der gröberen schemat Anpassg zu unterwerfen. Ferner keine zusätzl Anpassg, soweit eine UnterhRente in Anlehng an die Düss, Kölner Tabellen usw neu festgesetzt w (Bambg JurBüro **78**, 133). Stillschweigder **Ausschluß der künftigen Anpassung** etwa, wenn iR eines ProzVergl od einer sonst Vereinbg die UnterhRente für das Kind in einer die gesetzl Anspr offensichtl erhebl übersteigdn Höhe festgelegt w ist (Arnold JR **77**, 140). Im Einzelfall kann allerd trotz einer solchen Ausschlußklausel eine Änd aGrd Wegfalls der GeschGrdlage uä mögl bleiben (vgl BT-Drucks 7/4791 S 12), sof die AusschlKlausel nicht bereits in §§ 134, 1614 I über nichtig ist; ihre Berücksichtig in der endgült Fassg des UntÄndG ist eine gesetzgeber Fehlleistg (vgl Köhler NJW **76**, 1532). Weitere Einschrkgen aGrd des IPR.

ee) In der Diskussion darüber, ob es sich bei **IV** um eine Warte- od **Ausschlußfrist** handelt (ausführl mNachw 46. Aufl), hat sich BGH **101**, 235 (krit dazu Niklas DAV **88**, 97) jetzt der letzteren Auffassg angeschl: IV schließt also solche UnterhRenten von der in einer AnpassungsVO vorgesehenen Anpassg vollständ aus, die in den letzten 12 Mo vor dem Ztpkt festgesetzt, bestätigt od geänd w sind, von dem ab gem II 3 die Anpassg nach der in Betr kommenden VO frühestens verlangt w kann (ebso BamBg FamRZ **87**, 855 mN). In derart Fällen ist eine Abänderg im VereinfVerf auch iS von ZPO 323 V nicht statth (BGH DAV **87**, 790).

b) Rechtsfolgen. Liegen die Anpassgsvoraussetzgen vor, so kann der Berecht bzw der Verpflichtete verlangen, daß der zu entrichtde Unterh gem II u der AnpassgsVO der allg Entwicklg der wirtschafl Verhältn angepaßt wird.

aa) Der Anspr steht **sowohl dem Unterhaltsgläubiger wie dem Unterhaltsschuldner** zu; die Herabsetzg von UnterhRenten kann in Zeiten wirtschaftl Rezession u Arbeitslosigkeit ggü den in der Ggwart dringlicheren Heraufsetzgen dchaus größere Bedeutg erlangen.

bb) Der zu entrichtde Unterh wird nach Maßg des II, also jew in Höhe des dch die AnpassgsVO bestimmten Anpassgssatzes, der allg WirtschEntwicklg angeglichen. Es ergibt sich aGrd der AnpassgsVO jew eine **prozentuale Erhöhung oder Verminderung der Unterhaltsrente,** wobei der bei der Anpassg errechnete UnterhBetr auf volle DM abzurunden ist, III. Bei anrechenb Leistgen ist so zu verfahren, daß der ungekürzte UnterhBetr um den festgelegten Prozentsatz erhöht wird u dann erst die anrechenb Leistgen abgezogen w (LG Kstz DAVorm **81,** 607 m zutr Begrdg).

cc) Die Anpassg kann „verlangt" w; sie vollzieht sich also nicht unmittelb kr RVorschr, sond die AnpassgsVO begründet iZushg mit dem G ledigl einen verhaltenen Anspr auf den angepaßten Unterh der iW der Vereinbg zw den Beteiligten od mit Hilfe des Ger dchzusetzen ist (BT-Drucks 7/4791 S 21). Dagg kein Anspr auf Anpassg (entspr Wandlg beim Kauf); das G ist widersprüchl; II 4 deutet auf **Gestaltungsrecht;** unklar auch Arnold JR **77,** 139 („einseit RGesch"). Die Frage ist zieml bedeutgslos, weil idR Anm ee) gelten wird.

dd) Die Anpassg wird mit dem Zugang (§ 130) der **Anpassungserklärung** des AnpassgsBerecht wirks, II, 4, dh von diesem Ztpkt an schuldet der UnterhVerpflichtete den sich nach der AnpassgsVO ergebnen höheren (od im umgek Fall den niedrigeren) UnterhBetr. Kommt der UnterhSchuldner der geänderten UnterhPflicht nicht nach, ggf Verzugsfolgen (§§ 284ff). Der Anpassg dch bl Erkl unterliegen dagg nicht titulierte UnterhRenten; für sie gilt:

ee) Liegt ein **Vollstreckungstitel** vor, so erfolgt dessen Abänderg nach dem vereinfachten Verf der ZPO 641 l bis t. Im AbÄndergsVerf ist die Begrenzg des UnterhTitels auf die Zeit der Minderjährigk unzul (LG Bln DAVorm **80,** 963). Keine Herabsetzg des UnterhTitels iW der AnpassgskorrekturKl gem ZPO 641 q (Brem FamRZ **82,** 1035). Beruht die Unterh Verpflichtg auf einer nicht in vollstreckb Form getroffenen Vereinbg, so erleichtert die materiellrechtl Regelg des § 1612a immerhin noch eine außergerichtl Einigg; beim Scheitern einer gült Regelg muß der angepaßte Unterh eingeklagt w.

3) Anpassungsverordnung, II. Die Vorsch enthält die Ermächtigg der BReg, dch RechtsVO mit Zust des BR den Anpassgssatz zu bestimmen, **S 1.** Dieser Satz ist nach Maßg der allg Entwicklg, wobei insb die Einkommen u der Lebensbed als Indikatoren fungieren, festzulegen. Die AnpassgsVO darf die ermittelten Werte weder erhebl über- oder unterschreiten. Aus prakt Gründen soll die AnpassgsVO stets einen vollen Vomhundertsatz ausweisen u in Betr kommende Dezimalbrüche auf- od abrunden. Die Zust des BR, **S 2,** ist unter dem GesPkt vorgesehen, auf regionale Besonderheiten in der wirtschaftl Entwicklg hinzuweisen (BT-Drucks 7/4791 S 13). Die Anpassg kann nicht für einen früheren Ztpkt als den Beginn des 4. auf das Inkrafttr der jew AnpassgsVO flgden Kalendermonats verlangt w, **S 3.** Damit ist eine Fr von mind 3 Mo zw dem Inkrafttr der VO u dem Wirksamwerden der ÄndSätze gewährleistet, um den Betroffenen die Möglk zu einer gütl Einigg u den JugÄmtern ausreichd Gelegenh zur Überprüfg der Fälle zu geben (BT-Drucks 7/4791 S 13). Unterläßt der AntrSteller jeden Versuch einer gütl Einigg, drohen kostenrechtl Nachteile (ZPO 641 o 12). Eine AnpassgsVO ist erstmals innerh von 6 Mo nach dem 1. 1. 77 zu erlassen u umfaßt die Ändergen der allg wirtschaftl Verhältn, die seit dem 1. 7. 75 eingetreten sind. Aus diesem Grd müssen Kinder, die schon längere Zeit auf einen zu niedrigen UnterhSatz „sitzen geblieben" sind (vgl de With DAVorm **75,** 451), um nicht dauerh zu kurz zu kommen, **zunächst den vorhandenen Unterhaltstitel im Wege der Abänderungsklage korrigieren** (Köhler NJW **76,** 1533). Die Anpassg altrechtlicher, dh vor dem 1. 7. 75 begründeter UnterhTitel iW des vereinf Verf zur Abänderg v UnterhTitel ist zul; das unterhaltsberecht Kind muß in der Lage sein, sich mit der dch die Dynamisiergsnovelle begründeten verfahrensrechtl Vorteil zu begnügen unabh davon, welche Aussichten eine AbÄndergsKl böte (vgl RedNotiz DAVorm **77,** 420). Später soll jew spätestens nach 2 J geprüft w, ob die Voraussetzgen für eine erneute Anpassg vorliegen. Wurde eine früh Anpassgsmöglichk versäumt, ist eine Anpassg nach mehreren AnpassgsVOen zul, so daß es dann einer AbÄndergsKl nicht bedarf (LG Bln DAV **87,** 120). Die Ermächtigg ist in mehrfacher Hins begrenzt. Eine Anpassg muß jew inf erheblicher Ändergen der allg wirtschaftl Verhältn erfdl sein; das soll verhindern, daß AnpassgsVOen zu häufig erlassen w, weil damit eine übermäß Belastg der Gerichte u JugÄmter verbunden wäre. Zum Ztpkt der 1. AnpassgsVO vgl de With DAVorm **77,** 162. Die AnpV **79** hat m Wirkg v 29. 9. 79 die Renten um 11% erhöht. Zur **Anpassung zum 1. 1. 1989:** DAV **88,** 353. **Die Anpassungsverordnung** (vgl dazu ZfJ 87, 274) **lautet in der neuesten Fassung:**

Anpassungsverordnung 1988 (AnpV 1988)

(Art. 1 der Dritten VO über die Anpassung und Erhöhung von Unterhaltsrenten für Minderjährige vom 21. Juli 1988, BGBl I 1082)

Unterhaltsrenten für Minderjährige können nach Maßgabe des § 1612a des Bürgerlichen Gesetzbuchs für Zeiträume nach dem 31. Dezember 1988 um 10 vom Hundert erhöht werden.

4) Verfahrensrecht. Bei UnterhFdgen, über die bereits ein zur ZwVollstr geeigneter Titel vorliegt, genügt eine materiellrechtl Regelg zur Anpassg der UnterhRenten nicht. Das UntÄndG gibt desh in den ZPO 641l–641 t ein **vereinfachtes Verfahren** zur Abändg von UnterhTiteln. Soweit UnterhTitel in diesem Verf abgeändert w können, fehlt es in Zukft am RSchutzbedürfn für eine AbändKl, es sei denn die Anpassg im vereinf Verf würde zu einem UnterhBetr führen, der wesentl (Hamm FamRZ **87,** 91: 50%) von

§§ 1612a, 1613

dem Betr abweicht, der der Entwicklg der bes Verhältn der Parteien Rechng trägt (ZPO 323 V). In einem solchen Falle erfolgt die Abänderg dch Kl im Anschl an die Anpassg (BGH FamRZ **82**, 915). Um den höchstmögl Grad an Rationalisierg zu erzielen, ist die AbÄndKl in Zukft nur zul, wenn das vereinf Verf nicht ausreicht (BT-Drucks 7/4791 S 10 u 14). Bezieht man § 1612a auf die allg wirtschaftl Verhältn u ZPO 323 auf die bes persönl Verhältn, besteht nur ausnahmsw Vorgreiflichk (so Timm NJW **78**, 745); allerd empfiehlt es sich iF, daß AbänderungsKl erhoben w muß, sogl auch die allg prozentuale Anpassg vorzunehmen. Das Verf gilt für UnterhUrt u sonstige vollstreckgsfäh UnterhTitel (ZPO 641 I u II). Ist der Unterh für ein ehel Kind etwa doppelt so hoch festgesetzt w, wie er nach der Düss Tab begrdet gew wäre, ist darin idR ein stillschweiger **Ausschluß der Anpassung** der UnterhRente im Vereinf Verf zu sehen (Hamm NJW **80**, 1112). Zustdgk des AG des allg Gerichtsstds(ZPO 641I III); es entsch der RPfleger (RPflG 20 Z 10). Anträge u Erklärgen können vor dem UrkBeamten der GeschStelle abgegeben w; das G sieht ausdrückl die Verwendg bundeseinheitlicher **Formulare** vor (ZPO 641 r u 641 t). Die **Vordruckverordnung** v 24. 6. 77 (BGBl 978 = DAVorm **77**, 419) sieht Vordrucke für die nichtmaschinelle u solche f die maschinelle Bearbeitg vor. Bei maschineller Bearbeitg bedarf es keiner Unterschr unter der gerichtl Entsch. Einzelheiten regelt ein vom BJustizMin zu erlassder Verfahrensablaufplan (ZPO 641s). Der Antr muß bei Gefahr nicht anfechtb Zurückweisg einen best Inhalt haben u mit einer Ausfertigg des abzuändernden Titels versehen sein (ZPO 641m). Der AntrGegner ist in seinen Einwendgen beschrkt (ZPO 641o). Liegen die Voraussetzgen dafür vor, wird der Titel nach Ablauf von 2 Wo nach Mitteilg des Antr an den Gegner ohne mdl Verhdlg dch Beschl abgeänd; gg den Beschl Erinnerg (RPflG 11), hilft Richter nicht ab, sof Beschw, mit der nur geltd gemacht w kann Unstatthaftigk des vereinf Verf, falsche Berechng des AbändBetr, falscher Ztpkt für die Wirksamk der Abänd u unricht Festsetzg der Kosten (ZPO 641p). Eine spätere AbändergsKl kann nicht auf Grde gestützt w, die gg den AbändergsBeschl gem ZPO 641 p III dch sof Beschw od nach ZPO 641q hätte geltd gemacht w können (Celle FamRZ **81**, 585). Keine weitere Beschw. Bei Nichtberücksichtigg der individuellen Verhältn der Parteien od abweichenden Vereinbgen kann der AntrGegner binnen 1 Mo nach Zustellg des AbändBeschl iW der Kl Abänd des letzten im vereinf Verf ergangenen Beschl verlangen (ZPO 641q). Ein abweichendes Urt hat rückwirkde Kraft. Die Kl des AntrGegners auf Abänderg des im vereinf Verf ergangenen AnpassgsBeschl ist FamSache iSv GVG 23b I 2 Z 5, ZPO 621 I Z 4 (Ffm FamRZ **78**, 348).

1613 *Unterhalt für die Vergangenheit.* ¹Für die Vergangenheit kann der Berechtigte Erfüllung oder Schadensersatz wegen Nichterfüllung nur von der Zeit an fordern, zu welcher der **Verpflichtete in Verzug gekommen** oder der Unterhaltsanspruch rechtshängig geworden ist.

ᴵᴵWegen eines unregelmäßigen außergewöhnlich hohen Bedarfs (Sonderbedarf) kann der Berechtigte Erfüllung für die Vergangenheit ohne die Einschränkung des Absatzes 1 verlangen. Der Anspruch kann jedoch nach Ablauf eines Jahres seit seiner Entstehung nur geltend gemacht werden, wenn vorher der Verpflichtete in Verzug gekommen oder der Anspruch rechtshängig geworden ist.

Schrifttum: Schwab DAV **89**, 739.

1) I bezieht sich auf die UnterhPfl gem §§ 1601ff, diej der Eheg währd bestehder Ehe (§§ 1360f), ErsAnspr aus § 1607 II 2, hingg nicht auf SchenkgsRückFdg gem § 528 I 1 (Düss FamRZ **84**, 887), ErsAnspr aus § 843 (RG **148**, 71) u §§ 823, 826 (RG **164**, 69) sowie auch nicht auf vertragl geregelte UnterhPfl, weil der Schuldn hier weiß, worauf er sich einrichten muß (Anm 2c). Für UnterhAnspr geschiedener Ehel enthalten § 1585b I u EheG 64 entspr Vorschr. II enthält eine Ausdehng des RGedanken, gilt auch für SondBedarf altgeschiedener Eheg gilt (BGH NJW **83**, 224). Zur ErsFdg des SozHilfeTrägers Einf 5b v § 1601 u § 1607 Anm 3. § 1613 gilt nicht f SchadErsAnspr (Schlesw FamRZ **83**, 394; Einf 3 v § 1601).

2) Grdsätzl kann **für die Vergangenheit kein Unterhalt** gefordert w, auch nicht, wenn desh Schulden gemacht wurden. Anders uU bei nehel Kind (§ 1615d). Keine rückwirkde Teilhabe an Rentennachzahlgen unter dem GesPkt des **Nachholbedarfs** (BGH NJW **85**, 487; s aber § 1603 Anm 2a). **Ausnahmen nach I:**

a) wenn der Verpfl gem §§ 284f in **Verzug** gekommen ist (Lit: Brüggemann FS Bosch 1976 S 89), was aber wg der Rückwirkgssperre v ZPO 323 III zur Geltdmachg v Rückständen nicht ausr. Zur Wirkg des Verzugs auf den famrechtl AusglAnspr § 1606 Anm 3d bb. Kennt der Schu Grd u Höhe des gg ihn erhobenen Anspr, so automat Verzug bei Einstellg der bish geleisteten Zahlgen (BGH NJW **87**, 1549/51). Dann ist lediglich hins einer evtl MehrFdg eine **Mahnung** erfdl (Oldbg FamRZ **82**, 731). Hierzu ist wed FrSetzg noch Hinweis auf best Rfolgen erfdl (Bambg FamRZ **88**, 1083). Mahng reicht aber bei titulierter UnterhForderg weg ZPO 323 III allein nicht aus! Auch kein automat Verzug dch Einleitg eines StrafVerf gem StGB 170b (BGH NJW **87**, 1549/51) od aGrd der FälligkVorschr des § 1612 III (Karlsr FamRZ **81**, 384). Sol die anspruchsbegründden Voraussetzgen einen UnterhAnspr fortbestehen, braucht eine Mahng **nicht** period **wiederholt** zu w (BGH FamRZ **83**, 352/54; **88**, 370), es sei denn, ZPO 323 liegt vor od der UnterhSchu ist erneut säumig geworden (BGH **103**, 62). Zur Inverzugsetzg reicht es aus, wenn der Gl dem Schu ggü zum Ausdr bringt, daß er weiterh einen best MindestBetr benötigt u fordert (Celle FamRZ **80**, 914); ebso die abschriftl Übersendg der Klage od eines ProzKostHilfegesuchs (BGH FamRZ **83**, 892/94). Als Mahng reicht nicht aus die Aufforderg zur Erteilg v Auskft (AG Weilbg NJW-RR **87**, 919; aA Schlesw SchlHA **82**, 36). Sie muß vielm inhaltl so bestimmt sein, daß sie betragsmäß Konkretisierg des Geforderten ermöglicht (Karlsr FamRZ **80**, 917). Die Mahng muß die geschuldete Leistg der Höhe nach genau bezeichnen (BGH NJW **82**, 1983; and anderrs: BGH NJW **81**, 1729) od doch jedenf so konkr sein, daß dem Schu klar ist, welchen genauen UnterhBetr der Gläub von ihm fordert (BGH NJW **84**, 868; zu Recht krit Gießler FamRZ **84**, 954). Eine Zuvielforderg ist unschädl, wenn sie sich in einem nicht außergewöhnl Rahmen hält (BGH FamRZ **88**, 478). Aber bei unverhältnmäß MehrFdg kein Verzug (Ffm FamRZ **87**, 1144). Steht dem Gl mehr zu, als er fordert, tritt Verzug nur in Höhe des geringeren Betr ein (Hbg FamRZ

Verwandtschaft. 3. Titel: Unterhaltspflicht § 1613 2a–d

82, 611). Keine Berufg auf fehldes Verschulden (§ 285) unter dem GesPkt, dem UnterhSchu habe nach Mahng die Kenntn von für die UnterhHöhe maßgebl Umst gefehlt (Stgt FamRZ 84, 1234). Mahng dch den erst später iW v § 1696 des SorgeR erlangenden Vater gem §§ 177 I, 180 S 2, 174 wirks (Ffm FamRZ 86, 592). Einseit **Zurücknahme** der Mahng wirkgslos (BGH FamRZ 88, 478). Sie verliert ihre Wirkg aber insow, als sich der UnterhGl später stillschweigd mit niedrigeren UnterhBetr zufrieden gibt (Hamm FamRZ 89, 310). Rechtswahrgsanzeige des SozHilfeträgers (BSHG 91 II) od iRv BAföG 37 IV wirkt nicht zG des UnterhBerecht als Mahng (Düss FamRZ 78, 436). Für die Vergangenh Inanspruchn wg Gewährg v SozHilfe auch nur bei unverzügl RWahrgsanzeige (Brschw DAVorm 79, 344). Kein ErstattgsAnspr für rückwirkd zuerkannte SozHilfeLeistgen (Düss FamRZ 84, 705). Eine endgült Zahlgsverweiger steht – allerd nur für die Zukft (BGH NJW 85, 486) – der Mahng gleich (BGH FamRZ 83, 370 f; Hamm FamRZ 80, 916). Bei mj UnterhBerecht Mahng dch den **gesetzlichen Vertreter**, unter best Umst auch dch den nicht sorgeberecht EltT (KG FamRZ 89, 537). Eine **Selbstmahnung** reicht aus, auch das Versprechen einer best UnterhSumme f mehrere Berecht (Zweibr FamRZ 87, 1301); sie liegt auch darin, daß jemand seine Fam verläßt u jegl UnterhLeistg einstellt (Schlesw FamRZ 85, 734). Eine Mahng ist ferner überflüss, wenn die UnterhSchuld vertragl ihrer Höhe nach an den LebHaltgsIndex geknüpft w (Kln FamRZ 83, 178). Die ÜberleitgsAnzeige setzt den Schu nicht hins SondBed (Wohngsrenovierg) in Verzug (Kln DAVorm 81, 225).Nach Inverzugsetzen kann der Berecht gem 286, 288, 291 Erfüllung, Verzugsschaden, auch SchadErs wg Nichterfüllg u **Zinsen** (Hbg, Mü u Hamm FamRZ 84, 87, 310 u 478; Ffm FamRZ 85, 704) verlangen (Brüggemann FamRZ 83, 525; aA Celle FamRZ 83, 525). IdR dagg keine Verzinsg von UnterhRückständen (DAVorm 75, 453). Keine derart Anspr ferner, wenn sich der Berecht außerstande gesetzt hat, die ordngsgemäß angebotene Leistg in Empfang zu nehmen (§ 1612 Anm 2; sa § 1360a II); auch nicht, wenn ein Dr für den Verpfl leistet, wenn das aus Freigebigk gg den Verpfl geschieht (Mot IV 706 f); und bei Freigebigk gg den Berecht (§ 1602 Anm 2b). Mit Rücks auf § 1612 III 1 reicht Mahng im Laufe des Mo aus, um den vollen UnterhBetr auch für diesen Mo einklagb zu machen (Celle FamRZ 79, 1058; Hamm FamRZ 80, 916; aA KG FamRZ 84, 1131; offenb auch BGH FamRZ 85, 155/58; sa § 284 Anm 5b). Die RWahrgsanzeige gem **BAföG** 37 IV 2. Altern aF eröffnete die Inanspruchn der Elt des Auszubildden auf Erfüllg des übergeleiteten UnterhAnspr (Einf 3 v § 1601) nicht für die Vergangenh (BGH FamRZ 81, 866), sond erst ab dem Ztpkt des Zugangs der RWahrgsanzeige iSv BAföG 37 IV (Hamm FamRZ 79, 352 u 449) bzw des Erlasses des Bescheides über die Vorausleistg (BGH 74, 121 mAv Blanke FamRZ 79, 543; BGH FamRZ 80, 674; aA Schlesw SchlHA 78, 211). Mit Rücks auf die in dieser Rspr liegde starke Beschrkg der staatl RückgrMöglkten ist dch das 6. G zur Änderg des BAföG 37 IV so gefaßt w, daß für die Inspruchn der Elt für die Vergangenh ausreicht, wenn sie bei dem Antr auf Ausbildgsförderg mitgewirkt haben od von ihm Kenntn erhalten haben u darüber belehrt w sind, unter welchen Voraussetzgen sie für die staatl Förderglstgen aufzukommen haben. Ihre Mitwirkg u Kenntnisn soll dch eine entspr Ergänzg der übl Formblätter sichergestellt w, so daß die oa Rspr nur noch für Altfälle Bedeutg haben w (vgl BT-Drucks 8/ 2868 S 10). Der Verzug endet rückwirkd dch Zurückn der Mahng (Kln FamRZ 85, 931). Gleiches gilt für die Rückn einer UnterhKl u die Zurückweisg eines Antr auf UnterhAO (vgl BGH NJW 83, 2318: § 212 II analog).

b) der UnterhAnspr **rechtshängig** gew ist (ZPO 261 I, II, 696 III, 700 II); mahngsersetzende (§ 284 I 2) Rhängigk nicht schon dch forml Übersendg des PKH-Gesuchs dch das Ger (LG Brschw FamRZ 85, 1075).

c) bei **vertraglich festgelegtem Unterhalt** (RG 164, 69; Stgt Just 78, 168; Düss DAVorm 80, 102; Brem FamRZ 81, 972). Hat der UnterhSchu sich vertragl verpfl, den jew geltden RegelBedSatz zu zahlen, dann muß er auch ohne Mahng den dch VO erhöhten Betr zahlen (Oldbg FamRZ 79, 627; Düss FamRZ 79, 1057). Hierfür reicht eine ScheidsVereinbg zw den Elt aus (Mü FamRZ 79, 1057).

d) Sonderbedarf, II (Lit: Puls DAVorm 75, 574; zum GetrLeben § 1361 Anm 5b bb) unter zwei Voraussetzgen:

aa) wenn dieser „unregelmäßig", dh nicht mit Wahrscheinlk vorauszusehen war und desh bei der Bemessg der laufden UnterhRente nicht berücks w konnte, so daß selbst außergewöhnl hohe Einzelausgaben bei Voraussehbark kein Sondbed zu sein brauchen. Bei größeren voraussehb Ausg ist also der lfde Unterh so zu bemessen, daß genügd SpielR für eine vernünft Plang bleibt (BGH NJW 82, 328). Auch bei den Kosten für NachhilfeUnterr kommt es auf die Vorhersehbark u Kalkulierbark an (Düss FamRZ 81, 75). Desh stellen Kosten f Kindergartenbesuch keinen SondBed dar (AG Wunsiedel DAV 86, 184); ferner ist Brillen-Aufpreis kein SondBed (AG Ulm FamRZ 84, 415); ebsowenig Kosten f Zahnbehdlg (Zweibr FamRZ 84, 169) od nach erfolgl Behdlg Einzeltherapie einer psychogenen Erkrankg (AG Saarbr FamRZ 87, 96); Klavieranschaffg (AG Karlsr FamRZ 88, 206); Konfirmation (KG FamRZ 87, 306); Kosten f Schullandheim (Stgt DAV 84, 485) od Austauschschüler (Karlsr FamRZ 88, 1091). Nicht vorhersehb KrankhKosten dürfen nicht durch nachträgl Verteilg auf einen längeren Zeitraum zu lfdem UnterhBed fingiert w (BGH aaO). Kein SondBed sind **Altenpflegekosten** (aA AG Hagen FamRZ 88, 755).

bb) Der Bedarf muß im Verhältn zum lfd Unterh „außergewöhnl hoch" sein, so daß unter beengten wirtschaftl Verhältn eine unvorhergesehene Ausgabe eher SondBed ist als bei gehobenem LebZuschnitt. Im Zweif soll es im Interesse der Beruhigg der Verhältn bei der lfd UnterhRente sein Bewenden haben (BGH NJW 82, 328). SondBed kann sein: Erstausstattg eines Säuglings (Hamm NJW 80, 1287; Kblz FamRZ 89, 311 L; aA AG Aschaffenbg MDR 83, 54; LG Aurich DAV 88, 544); Klassenfahrt ins Ausl (AG Charl DAV 87, 371, insb wenn die UnterhRente unverhältnmäß niedr ist (AG Charl FamRZ 87, 1075); ProzKostVorschuß (Stgt FamRZ 88, 207; vgl §§ 1610 Anm 3; 1360a Anm 3d); Umzugskosten (BGH NJW 83, 224 m weit Bspen; Düss FamRZ 82, 1068); kieferorthopäd Behdlg (Bad Kreuzn DAVorm 74, 516; aA AG Stgt-Bad Cannstatt DAV 84, 487), wenn die einz BehdlgsMaßn nicht v vornh festgelegt w kann (Düss FamRZ 81, 76); medizin od heilpädagog Behdlg (Hamm DAVorm 78, 746); medizin verordneter KurAufenth (Kln FamRZ 86, 593). Dagg nicht: Zimmereinrichtg f das dem Kinderbett entwachsene Ki (Kblz FamRZ 82, 424); Konfirmation (Stgt FamRZ 82, 1114; Hamm FamRZ 89, 311; aA Ffm FamRZ 88, 100); Einrichtg einer eig Wohng der studierenden Tochter (AG Kln FamRZ 83, 829).

cc) Unerhebl ist, ob der SondBed dch ein Verschulden des sorgeberecht and EltTeils entstanden ist (Gernhuber § 59 IV 3; aA LG Stgt FamRZ **65**, 518); der eintretde EltTeil hat RückgrAnspr gg den SorgeBerecht. NachhilfeStden sind SondBed nur, wenn der Mj nicht seine EigenVerantwortlk verletzt hat (Ffm FamRZ **83**, 941).

dd) Geltendmachung in einer Summe (Kln FamRZ **86**, 593) u nur bis 1 Jahr seit Entstehg, darüber hinaus nur, wenn vor Ablauf des Jahres der Schu in Verz gesetzt od der Anspr rechtshäng geworden ist, **II 2**. Analoge Anwendg auf dch ScheidgsVereinbg übernommene UmzugsKost (Ffm FamRZ **87**, 1143).

3) Besonderheiten. Grdsl gilt Einf 3 vor § 1601. Auf den Anspr für die Vergangenh kann aber verzichtet werden (BGH NJW **87**, 1546); zur Vererbg § 1615 I; zur Verj u zum Konk Einf 3 v § 1601; bei SondBedarf § 194 I.

1614 Verzicht auf den Unterhaltsanspruch; Vorausleistung. ¹Für die Zukunft kann auf den Unterhalt nicht verzichtet werden.

II Durch eine Vorausleistung wird der Verpflichtete bei erneuter Bedürftigkeit des Berechtigten nur für den im § 760 Abs. 2 bestimmten Zeitabschnitt oder, wenn er selbst den Zeitabschnitt zu bestimmen hatte, für einen den Umständen nach angemessenen Zeitabschnitt befreit.

1) Mit Rücks auf die sittl Grdl der UnterhPfl (Einf 1 vor § 1601) u das öff Interesse (RG **86**, 268) **zwingende Vorschrift**. Ausn für Abfindgs Vertr des nehel Kindes (§ 1615e); doch besteht iR v Unterh-Vereinbgen ein gewisser Spielraum (Hamm FamRZ **81**, 869). § 1614 gilt auch für den UnterhAnspr der Eheg (§§ 1360, 1361); hins geschiedener Eheg u ihnen Gleichgestellter vgl § 1585c Anm 2. Zul jedoch **Freistellungsvereinbarungen** zw den Elt (vgl dazu § 1606 Anm 3 A d cc), von denen aber der Unterh-Anspr des Ki nicht berührt w. **Unterhaltsverzicht für die Vergangenheit** ausdrückl od stillschweigd zul. Vergl ü VergangenhUnterh kann wirks s auch bei Nichtigk desj ü die Zukft (Kblz MDR **87**, 497). Ein Verzicht auf KiUnterh innerh eines zw Eheg geschl VermVergl setzt eindeut Vertretg voraus (BGH FamRZ **87**, 934). Weder Verzicht noch Verwirkg liegen darin, daß UnterhAnspr eines nehel Ki 15 J (BGH FamRZ **81**, 763) u derj eines ehel Ki 2½ J (nach einem unzul Verz auf zukünft Unterh) nicht geltd gemacht w (Mü FamRZ **82**, 90).

2) Kein Verzicht für die Zukunft, I: gleichgült, ob vollst od teilw (RG JW **02**, 72), entgeltl od unentgeltl (RG JW **05**, 682), ob die Parteien den (obj vorliegden) Verzicht bezweckt haben (RG JW **19**, 825), der Verzichtde zZ der Abgabe der Erkl nicht bedürft war od der Vertr (bzw Vergl) vormschgerichtl genehmigt war (RG **50**, 96); unzul mithin auch Abfindgs- u SchiedsVertr (ZPO 1025). § 1614 gilt auch, wenn ehel Kinder in einem gerichtl Vergl unterh der Bedarfsätze der Düss Tab (§ 1610 Anm 1) geblieben sind, zB bei einer Unterschreitg der Sätze der Düss Tab um ⅓ (Kln FamRZ **83**, 750). In solchen Fällen kann entspr AbändersKl erhoben w (Schlesw SchlHA **79**, 190). Wg vertragl Übern der UnterhPfl dch Dr § 1602 Anm 2b. § 1614 widerstreitde Vertr sind wg § 134 ow nichtig. Hins des gesetzl UnterhAnspr ist vertragl Regelg nur innerh des gesetzl gelassenen Spielraums der Angemessenen zul (Warn **19**, 69); unterschreiten sie einen nichtig Betrag des gesetzl Maß, gilt § 1614 (Kiel DAVorm **76**, 93). Unzul desh eine Vereinbg, daß der kindbezogene Anteil zum Ortszuschl voll angerechnet w soll, wenn dies einen Verzicht auf ⅓ des UnterhAnspr für die Zukft bedeutet (Oldbg FamRZ **79**, 333). Zum UnterhAnspr v Eheg § 1361 I, bei Scheidg §§ 1569ff. Verzicht auch mögl für die Vergangenh (§ 1613 Anm 3). § 1614 gilt nicht für das gesetzl Maß überschreitde Festsetzgen.

3) Vorausleistungen, II. Der über den in § 760 II genannten Zeitabschnitt (im allg 3 Monate, vgl aber auch § 1612 Anm 4) hinaus Leistende handelt auf eig Gefahr, muß also nochmals leisten, wenn nach Ablauf des Zeitabschnitts Bedürftigk vorliegt. Wegen des BestimmgsR der Eltern vgl § 1612 Anm 2.

1615 Erlöschen des Unterhaltsanspruchs. ¹Der Unterhaltsanspruch erlischt mit dem Tode des Berechtigten oder des Verpflichteten, soweit er nicht auf Erfüllung oder Schadensersatz wegen Nichterfüllung für die Vergangenheit oder auf voraus im voraus zu bewirkende Leistungen gerichtet ist, die zur Zeit des Todes des Berechtigten oder des Verpflichteten fällig sind.

II Im Falle des Todes des Berechtigten hat der Verpflichtete die Kosten der Beerdigung zu tragen, soweit ihre Bezahlung nicht von den Erben zu erlangen ist.

1) Höchstpersönlicher Anspruch. Mit dem Tode des Berechtigten od Verpflichteten muß deshalb der Anspr wegfallen, weil die Voraussetzgen in deren Pers vorliegen müssen. Entspr anwendbar auf Eheg (§ 1360a III), hingg nicht bei Geschiedenen (§ 1586b; EheG 69, 70), u den ihnen Gleichgestellten (EheG 26, 37, 39 II 2). Gilt auch für das nehel Kind (§ 1615a); ist nehel Vater vor Inkrafttr des NEhelG gestorben u hat er sein nehel Kind zum Alleinerben eingesetzt, so ist für die Berechng des Pflichtt der Wwe der Unterh-Anspr des Kindes gem § 1712 aF, NEhelG Art 12 § 10 als NachlVerbindlk anzusetzen (BGH NJW **75**, 1123). § 1615 ist im Falle des Todes des Schenkers entspr anwendbar (§ 528 I 3).

2) Der Unterhaltsanspruch erlischt, I, außer wenn es sich um Anspr für die Vergangenh vgl § 1613 Anm 2, od bereits fällige Leistgen handelt, § 1612 Anm 4.

3) Beerdigungskosten für den Berechtigten, II. Sind diese (auch die einer Feuerbestattg) von den sich verpflichteten Erben, § 1968, nicht zu erlangen, was nicht erst durch fruchtlose ZwVollstr nachgewiesen zu werden braucht, so hat sie der UnterhVerpflichtete im Rahmen der §§ 1610, 1611 zu tragen. Danach bemißt sich auch, ob er die Leiche an einen Ort zur Grabstätte anderer FamMitglieder schaffen lassen od ein Grabdenkmal setzen lassen muß, RG **139**, 393. Der UnterhVerpflichtete erlangt in dem Fall des II einen ErsAnspr gg den Erben. Zu den Bestattgskosten iF der nachehel UnterhaltsPfl vgl § 1586 Anm 1.

II. Besondere Vorschriften für das nichteheliche Kind und seine Mutter

Schrifttum: S Einf vor § 1601. Ferner (zum VerfR): Kemper FamRZ **73**, 520; Odersky FamRZ **73**, 528; Lüderitz, FS f Bosch 1976 S 613 (§ 641d ZPO).

1615 a *Anwendung der allgemeinen Vorschriften.* Für die Unterhaltspflicht gegenüber nichtehelichen Kindern gelten die allgemeinen Vorschriften, soweit sich nicht aus den folgenden Bestimmungen ein anderes ergibt.

1) Vgl zunächst Einf v § 1601, zur **Übergangsregelung** dort Anm 7. Währd das BGB in seiner bisher Fassg den UnterhAnspr nehel Kinder rein schuldrechtl auffaßte (§§ 1708ff aF), führt das NEhelG die UnterhPfl ggü nehel Kindern auf ihre natürl Grdlage, die familienrechtl zurück, wie schon in der neuen Systematik (Untertitel der allg UnterhVorschr) zum Ausdr gebracht wird, daß näml für die UnterhPfl ggü nehel Kindern die allg UnterhVorschr unter Verwandten unmittelb Anwendg kommen. Ehel u nehel Kinder stehen sich also unterhrechtl gleich. So auch bei Pfändg gg den Pflichtigen, ZPO 850d IIa, b, bei ProzKostenvorschuß (KG FamRZ **71**, 44; vgl § 1610 Anm 3c). Die für die nehel Kinder bestehenden SonderVorschr passen lediglich ihre UnterhAnspr ihrer bes Lage an. Zur Verbindg mit der AbstammgsFeststellgsKl vgl § 1600a Anm 3. **Ist der Vater nicht festgestellt worden,** hat die Mutter dch Erwerbstätig u persönl Betreuung f das Kind zu sorgen; zur Berücks der Mitversorgg dch GroßElt BGH FamRZ **76**, 143. Die Mutter hat kein R, sich auf ihre Intimsphäre zu berufen, wenn dadch UnterhAnspr des Ki abgeschnitten w (BVerwG NJW **83**, 2954).

2) Unterhaltsrechtliche Folgen für die nichtehelichen Kinder. Unterhberecht ist das nehel Kind, wenn es sich nicht selbst erhalten kann, § 1602 I; eine Altersgrenze besteht nicht, jedoch hat der Vater bis zum vollendeten 18. LebensJ des Kindes grdsätzl den RegelUnterh zu zahlen, außer wenn das Kind in den väterl Haush aufgen ist, § 1615f I. Bis zu jenem Ztpkt bleibt die Leistgsfähigk des Vaters, die sonst seine Verpfl beeinflußt, § 1603, außer bei Zutreffen des § 1615h grdsätzl außer Betr. Im Rahmen des § 1606 III ist auch die Mutter unterhaltspflichtig, desgl die Voreltern von Vater u Mutter, §§ 1601, 1606 II, falls sie zur Leistg imstande sind, § 1603. Alle diese Pers sind auch den Abkömml des Kindes unterhaltsverpflichtet u umgekehrt; denn entspr § 1601 ist die UnterhVerpfl ganz allg ggs. Ggü Fdg auf AusbildgsUnterh (§ 1610 Anm 4) hat UnterhSchuldn bis zur Erteilg hinreichder Informationen ü den Fortgg der Ausbildg LeistgsVerweigerungsR (LG Freibg FamRZ **83**, 1165).

1615 b *Übergang des Unterhaltsanspruchs.* ¹Der Unterhaltsanspruch des Kindes gegen den Vater geht, soweit an Stelle des Vaters ein anderer unterhaltspflichtiger Verwandter oder der Ehemann der Mutter dem Kinde Unterhalt gewährt, auf diesen über. Der Übergang kann nicht zum Nachteile des Kindes geltend gemacht werden.

ᴵᴵ Absatz 1 gilt entsprechend, wenn ein Dritter als Vater dem Kinde Unterhalt gewährt.

Schrifttum: Engel, Rückgriff des Scheinvaters wg UnterhLeistgen, 1974; Stolterfoht FamRZ **71**, 341; Raiser FamRZ **86**, 942; Christian DAV **87**, 303; Nehlsen-v. Stryk FamRZ **88**, 225.

1) Währd § 1709 II aF den UnterhAnspr nur bei Befriedigg dch die Mutter od unterhpfl mütterl Verwandte auf diese übergehen ließ, zieht § 1615b unter Berücks der zu dieser Frage entwickelten Rspr den Kreis viel weiter. Da der UnterhAnspr des Kindes übergeht, bleiben ihm auch seine rechtl Besonderh. Verfrechtl ZPO 644. Zustdg ProzAbt das AG, nicht FamG (Mü FamRZ **78**, 349; Brem FamRZ **84**, 511). Der gesetzl FdgsÜbergang ist im Verf n ZPO 643 zu beachten u nicht dem AnpassgsVerf n ZPO 643a vorzubehalten (BGH NJW **81**, 393; Karlsr DAV **82**, 214 mN). Nach erflgr EhelkAnfechtg besteht ein **Auskunftsanspruch** gg die KiMutter über die Person des leibl Vaters (AG Philippsbg DAV **88**, 426).

2) Forderungsübergang kraft Gesetzes, § 412, bei Unterh seitens der Mutter od ihrer od des Vaters Verwandten in aufsteiger Linie (Großeltern), ebso seitens des Ehem der Mutter (Stiefvater), **I,** od seitens des als Vater geltden Ehem der Mutter, **II.** Desgl auf den Mann, der die Vatersch anerkannt, aber mit Erfolg angefochten hat, der als Vater dch Urt festgestellt ist, wenn Urt im WiederAufnVerf aufgeh wurde, der auf einstw Vfg od AnO hin, § 1615o, ZPO 641d, od auch sonst als Vater geleistet hat, zB ohne ausdrückl Anerkenng, wenn er der wirkl Vater zu sein. Übergang jedoch nur im Rahmen, in dem er selbst leisten mußte (§§ 1615f, g), aber auch geleistet h. FdgsÜbergang von entspr. Erstattgsabsicht abhäng (vgl § 1607 Anm 3b; Brüggemann DAV **85**, 774). Anspr darf grdsl nicht dadch beeinträchtigt w, daß der Schu sein Eink auf eine Vermögensbildg (Hausbau) verwendet (Kblz FamRZ **77**, 68). Übergang von Geburt od UnterhLeistg an. §§ 1593, 1600a stehen der Entstehg des Anspr nicht entgg, weil auch wenn der Schu aber seiner Geltdmachg (BGH **24**, 12); sol also das Kind als ehel Kind aGrd von § 1591ff angesehen w od die Vatersch gem § 1600a mit Wirkg für u gg alle noch nicht feststeht, besteht kein RückgriffsAnspr des Scheinvaters gg den angebl Erzeuger (Kln FamRZ **78**, 834); nach EhelkAnf dch das Ki nach Scheidg aber auch dann, wenn der nehel Vater v seiner Vatersch keine Kenntn hatte (LG Boch FamRZ **86**, 298). II schließt delikt Anspr des Scheinvaters gg die ihn dch Täuschg zur Eheschließg veranlasste Ehefr nicht aus (BGH **80**, 235). **Familienrechtlicher Ausgleichsanspruch:** Zur UnterhLeistg, deren Erstattg der Scheinvater v Erzeuger verlangen kann, gehören nicht nur der ProzKostVorsch f die AnfKl (BGH NJW **64**, 2151; **68**, 446), sond sämtl iZshg mit dem EhelichkAnfProz entstandenen Kosten (BGH **57**, 229; sa § 1610 Anm 2). **Verjährung:** 4 J (§ 197); dagg 30 J für SondBed u den EhelkAnfKostErsatz (BGH **103**, 160). Die Verj beginnt wg §§ 1593, 1600a nicht vor Rechtskr des AnfUrt (BGH **48**, 361), u zwar auch, wenn das nehel Ki als Erbe seiner Mutter Anspr gg den Vater geltd macht (BGH FamRZ **81**, 763). Erhält Scheinvater v der Pers des Erzeugers erst später Kenntn, beginnt Verj erst von diesem Ztpkt an (Kblz FamRZ **60**, 365). Zahlt nehel Vater auf Anraten des JugA an dieses, wird er dem Scheinvater ggü gem §§ 407, 412 frei (LG Bochum FamRZ **80**, 938). Der Bereichergs-Anspr des Scheinvaters gg das Ki scheitert idR an § 818 III (BGH NJW **81**, 2183), währd er an den Träger der SozHilfe nach Überleitg geleistete Zahlgen zurückverlangen k (BGH **78**, 201). Die Reihenfolge der UnterhVerpflichteten ergibt außer für den RegelUnterh § 1606. Bringt den Unterh der Träger der SozHilfe auf, kann dieser den Überg des Anspr auf sich dch schriftl Anz an den Verpflichteten bewirken (BSHG 90 f). II trifft auf ihn nicht zu, da er nicht als Vater leistet. Der auf den Stiefvater übergegangene Anspr ist frei **abtretbar,** kann also insb auf das Ki zurückübertragen w (BGH NJW **82**, 515).

3) Nicht zum Nachteil des Kindes, I 2. So zB, wenn Vater dch Befriedigg der übergegangenen Anspr für die Zukunft das Kind nicht mehr unterhalten könnte, KG RJA **16**, 15. Besteht die Möglk, daß der UnterhSchu in der Lage ist, sow den lfd als auch den auf den Dr übergegangenen UnterhAnspr zu befriedigen, wird erst im VollstrVerf entsch, ob Übergg zum Nachteil des Kindes (Kblz FamRZ **77**, 68).

1615 c *Bemessung des Unterhalts.* Bei der Bemessung des Unterhalts ist, solange das Kind noch keine selbständige Lebensstellung erlangt hat, die Lebensstellung beider Eltern zu berücksichtigen.

Schrifttum: Euler FamRZ **72**, 623; Frank-Zeller FamRZ **71**, 354; Mutschler FamRZ **72**, 345 u 624; Rassow FamRZ **71**, 562 u 628.

1) Nach § 1708 aF war für die Bemessg des Unterh die LebStellg der Mutter maßg. Nach § 1615 f w heute als MindUnterh der RegelUnterh geschuldet; darüber hinaus bemißt sich nach dem dch Art 1 Z 16 NEhelG eingef § 1615 c der konkr zu zahlde Unterh nach der LebStellg **beider Eltern.** Bei geringer Differenzierg hins Eink u soz Schicht Gleichstellg der Elt, LG Stgt FamRZ **74**, 472. Primär ist abzustellen auf die EinkVerhältn der Elt, LG Wuppt DA Vorm **74**, 512. Zur Schematisierg dch Zuschläge zum RegUnterh § 1615 f Anm 1. Bei unterschiedl Niveau entscheidet also nicht der jew günst LebStandard (so LG Hbg DAVorm **73**, 25, 30) bzw derj des barunterhaltspflicht Vaters (so LG Düss FamRZ **71**, 537; Bruchsal DAVorm **75**, 425; LG Mosbach DAVorm **82**, 71; Stgt DAV **82**, 194; LG Hbg FamRZ **84**, 1265; LG Kblz FamRZ **85**, 531; LG Dortm DAV **85**, 714), sond nach der **Mittelwerttheorie** das Mittel der LebStellg beider Elt (hM; Kblz FamRZ **80**, 936; AG Leutkirch FamRZ **71**, 536; LG Heilbr Just **74**, 86; LG Wiesb DAV **85**, 807; LG Stgt DAV **86**, 730; Ruthe FamRZ **73**, 485 Fn 5 mwNachw; aA Kemper ZBlJugR **75**, 197; Puls DAVorm **75**, 565; Derleder/Derleder NJW **78**, 1134; Duisbg DAVorm **80**, 294). Aber zu berücks, wieviel Kinder jeder EltT zu unterhalten hat (Lüneb NJW **73**, 2112). § 1615 c berecht schon im Hinbl darauf, daß ein EltT anderweit verheiratet sein kann, nicht dazu, von dem Betr auszugehen, den das Kind als BarUnterh verlangen könnte, wenn seine Elt verh wären u zusleben würden (aA Wuppt DAVorm **78**, 288). Bei Verhältn prakt Arzt/Krankenschwester Zuschl v 110% (LG Bambg DAVorm **76**, 78); leitder Krankenh-Anästhesist/Fachärztin f Neurologie 200% (Hann DAVorm **78**, 454). Zur **Sättigungsgrenze** des Kindesbedarfs § 1610 Anm 2. Nicht ausgeschl ist, daß sich dabei eine uU unzuträgl Heraushebg des nehel Kindes ggü noch vorh Halbgeschw u eine gew Verbesserg des Lebens der ges Fam, in der das Kind lebt, ergibt, ebso UnterhÄndergen zB dch Heirat der Mutter. Der Vater hat ggf die Mittel f eine gehobene Ausbildg, ausr KrankVers u dgl zur Vfg zu stellen. Ggü Anspr auf Finanzierg weiterführenden Studiums ist Hinw auf die niedrigere Lebstellg der Mutter unzul (LG Kln DAVorm **75**, 37). Für Mehrkosten dadch, daß sie das Kind nicht bei sich aufn will, hat Mutter aufzukommen (Duisbg MDR **67**, 765). Der Unterh w geschuldet, bis das Kind einkommensmäß eine **selbständige Lebensstellung** erlangt h, dh dch Beruf, Eink, Verm od (bes bei Töchtern) Heirat unabhängig gew ist. Begrenzg iü wie bei ehel Kindern; vgl § 1602 Anm 2 b.

1615 d *Unterhalt für die Vergangenheit.* Das Kind kann von seinem Vater Unterhaltsbeträge, die fällig geworden sind, bevor die Vaterschaft anerkannt oder rechtskräftig festgestellt war, auch für die Vergangenheit verlangen.

1) Zweck: Die über § 1613 I hinausgehende Vorschr ist erforderl, weil der Inanspruchn des richt Vaters § 1593 entggsteht od der zunächst unbekannte Vater festgestellt w muß (§ 1600 n). Vgl auch § 1615 b Anm 2. Der Nachzahlg der früher fällig gewordenen Unterhaltsbeträge steht gem § 204 **nicht** die **Verjährung** währd der Minderjährigk entgg (BGH **76**, 293 mAv Kemper DAVorm **80**, 527; Weinh DAVorm **78**, 797), noch kommt eine **Verwirkung** in Betr (Mü FamRZ **86**, 504). Nachzahlg gilt nur für die vor Anerkennung od rechtskr Feststellg fäll gewordenen Beträge. Deren Stundg u Erlaß § 1615 i, ZPO 642 e, f. Fälligk automat vom Tage der Geburt an, auch wenn die blutmäß Abstammg erst Jahre nach der Geburt im StatusProz festgestellt w (SozG Hbg DAVorm **77**, 142), jew zum 1. jeden Monats, so daß es iGgs zu § 1613 wed des Verzugs noch derRechtshängigk bedarf, damit das ne Kind UnterhAnspr gg seinen nachträgl festgestellten Vater geltd machen kann (Hbg DAVorm **76**, 404). Ist der Vater inzw verstorben, Geltdmachg gg den Nachl (Weinh DAVorm **78**, 797). § 1615 d auch auf Sonderbedarf, § 1613 II, sofern er vorher entstanden ist, zu beziehen. Auch § 1615 b auf die vorher entstandenen Anspr anwendb. Für nach Anerkenng od rechtskräft Feststellg entstehde Anspr gilt § 1613 I (LG Mü FamRZ **74**, 473).

1615 e *Vereinbarungen für die Zukunft; Abfindungsverträge.* ¹Das Kind kann mit dem Vater sowie mit den Verwandten des Vaters eine Vereinbarung über den Unterhalt für die Zukunft oder über eine an Stelle des Unterhalts zu gewährende Abfindung treffen; das gleiche gilt für Unterhaltsansprüche des Vaters und seiner Verwandten gegen das Kind. Ein unentgeltlicher Verzicht auf den Unterhalt für die Zukunft ist nichtig.

II Die Vereinbarung bedarf, wenn der Berechtigte nicht voll geschäftsfähig ist, der Genehmigung des Vormundschaftsgerichts.

Verwandtschaft. 3. Titel: Unterhaltspflicht §§ 1615e, 1615f

III Ein Abfindungsvertrag, der zwischen dem Kinde und dem Vater geschlossen wird, erstreckt sich im Zweifel auch auf die Unterhaltsansprüche des Kindes gegen die Verwandten des Vaters.

IV Diese Vorschriften gelten für die Unterhaltsansprüche der Abkömmlinge des Kindes entsprechend.

1) Allgemeines. § 1615e dehnt die Möglk v Vereinbgen f die Zukunft u Abfindgsverträgen über die dch §§ 134, 1614 gegebenen Grenzen aus. Zum ÜbergangsR 48. Aufl.

2) Anwendungsbereich. Die Vorschr bezieht sich: a) auf **Vereinbarungen über den laufenden zukünftigen Unterhalt,** also ü Art, Höhe, Beschränkg auf best ZtRaum, zB währd der Ausbildg od evtl vorübergehder Berufstätigk (MöGladb DAVorm **76**, 90). Wg ZPO 323 empfehlensw, die für die Höhe der Verpfl bestimmenden Umst (EinkHöhe usw) genau festzulegen. Sinnv auch Errichtg einer vollstreckb Urk (ZPO 794 Z 1 od 5). Bloße Bestätigg der UnterhPfl ist deklarator Anerk, keine Vereinbg, die dem § 1615e unterfällt (KG NJW **71**, 434, LG Bln FamRZ **72**, 316; § 1822 Anm 6b); and dagg Vereinbgen, die in Abweichg vom Normalfall des RegUnterh die bes eingeschränkte Leistgsfähigk des Vaters berücks (LG Bln DAVorm **74**, 460) od Verpfl „bis auf weiteres" wegfallen lassen, auch wenn gem § 1615h Herabsetzg des UnterhBetr auf Null beanspr w konnte (KG FamRZ **73**, 275). – b) **Abfindungsverträge,** zB bei Auswanderg des Vaters, bezwecken idR die Abgeltg sämtl UnterhAnspr, so daß diese endgült u auch kein Raum mehr für GeschGrdl od ZPO 323 bleibt. Denkb aber auch, daß nur ein Betr hingegeben w, der sich aus der Kapitalisierg der bis zu einem best Ztpkt zu zahlden UnterhRente ergibt, BGH **2**, 379. Ein AbfindgsVertr kann vor der Geburt des Kindes geschl w, vgl § 1912 Anm 2, der sich bei Totgeburt od Geburt v Zwillingen erledigt, nicht aber, wenn bei Abschl Unsicherh der Vatersch bekannt war u die Voraussetzg der Vatersch sich nachträgl als falsch erweist, Odersky IV 3. Wg der f die materielle Zulässigk maßgebden Erwäggen vgl Anm 3b. Gen der AbfingsVereinbg dch RPfleger, RPflG 3 Z 2a. Zur **Berechnung** DAV **83**, 475.

3) Einschränkungen. a) Nichtig ist ein **unentgeltlicher Verzicht** f die Zukunft, **I 2**, auch wenn er vormschgerichtl gen wäre. Insb kann die nehel Mutter nicht den Erzeuger v UnterhPfl ggü dem Kind freistellen (Hamm FamRZ **77**, 556). Der Begr „unentgeltl" setzt voraus, daß dem Verzicht obj ganz od teilw eine GgLeistg fehlt u subj sich die VertrPart dessen bewußt s, BGH **5**, 305. Trifft zu, wenn aus Entggkommen die Betr absichtl zu niedr festgesetzt w od bei Teilverzicht (gemischte Schenkg, § 516 Anm 7); evtl § 139. Unentgeltlichk liegt auch dann vor, wenn die GgLeistg ein Verzicht auf persönl Verk darstellen soll (Landau DAVorm **77**, 325). Auf schon fäll gewordene UnterhBetr findet § 1615e keine Anwendg (arg „Unterh f d Zukft"). Aber weder Mutter noch Pfleger, § 1706 Z 2, können in Vertretg des Kindes Schenkungen machen, §§ 1641, 1804, 1915 I. Entgeltlichk ist gewährleistet, soweit ein **Vergleich,** § 779, die Ungewißh über Vatersch, UnterhPfl od deren Höhe beseitigt, vgl Odersky VI. Allerd bedürfen Mutter u Pfleger hier der Gen des VormschG; vgl b. **Erleichterte Beurkundung** dch ermächt Beamten des JA, JWG 49 I Z 2. Vollstr dch die Urk, wenn sich der Schu der sof ZwVollstr unterworfen h; vollstrb Ausf erteilt JA, JWG 50. Zur Zustellg der VerpflUrk: Münzberg u Brüggemann DAV **87**, 173/177. Wg Stundg u Erlaß rückständ UnterhBeträge § 1615i. – b) Ist der **Berechtigte nicht voll geschäftsfähig,** so bedarf jede Vereinbg über den Unterh f die Zukunft, auch der gerichtl Vergl, RG **56**, 333, od ein AbfindgsVergl über den SchadErsAnspr aus § 844 II, aA AG Gemünden FamRZ **72**, 659, der Gen des VormschG. II. Für das VormschG, das sich der Unterstützg des JA bedient, JWG 48, ist das Wohl des Kindes maßgebend. Es sind die GesamtUmst z ermitteln, also Alter u GesundhZustd der Beteiligten, die derzeit Erwerbs- u VermVerhältn des Vaters, die jetzige u künft LebStellg der Mutter, der voraussichtl Erziehgsaufwand, die evtl ProzKostRisiko (KG FamRZ **73**, 275). Die Angemessenh der GgLeistg für die zukünft UnterhAnspr beurteilt sich insb nach der voraussichtl Entwicklg der Bedürfn, bei einem Kind, das kurz vor der Adoption steht, also unter dem GesPkt, daß die UnterhPfl damit erlischt (§ 1755 nF), wobei eine evtl Aufhebg der Adoption außer Betr bleiben k (LG Kln DAVorm **77**, 134). Evtl Vorteile (sof Kapitalerwerb) sind gg Nachteile (Geldentwertg) abzuwägen. Bei der Abfindg muß KapAuszahlg gesichert sein. Grdsätzl ist der f den Berecht weniger gefahrvolle Weg zu wählen, RG **85**, 418, so daß im allg bei NichtSofZahlg UnterwerfgsKlausel, ZPO 794 I Z 5, notw ist, Göppinger DRiZ **70**, 148. Keiner Gen dürften Stillhalteabkommen, die zur Erhaltg eines UnterhTitels bei vorübergehder Arbeitslosigk des Vaters geschl w, bedürfen (aA Pardey FamRZ **87**, 873).

4) Personenkreis. Die UnterhPfl v Verwandten in gerader Linie, § 1601, läßt auch entspr Vereinbgen zw diesen Pers zu, I, wobei ein AbfindgsVertr zw dem Kind u seinem Vater, § 1600a, iZw auch die Anspr des Kindes ggü den väterl Verwandten erledigt, III, u ebso die Anspr seiner Abkömmlinge gg den Vater u dessen Verwandte, IV, nicht aber, wg der Unzulk des Vertr zu Lasten Dritter, die UnterhAnspr der Verwandten gg das Kind u dessen Abkömmlinge, falls diese sich nicht am Vertr beteiligt haben, Firsching Rpfleger **70**, 47.

1615f *Regelunterhalt; Festsetzung des Regelbedarfs.* I Bis zur Vollendung des achtzehnten Lebensjahres hat der Vater dem Kinde mindestens den Regelunterhalt zu zahlen; dies gilt nicht, solange das Kind in den väterlichen Haushalt aufgenommen ist. Regelunterhalt ist der zum Unterhalt eines Kindes, das sich in der Pflege seiner Mutter befindet, bei einfacher Lebenshaltung im Regelfall erforderliche Betrag (Regelbedarf), vermindert um die nach § 1615g anzurechnenden Beträge. § 1612 Abs. 1 Satz 2 ist auf den Regelunterhalt nicht anzuwenden.

II Der Regelbedarf wird von der Bundesregierung mit Zustimmung des Bundesrates durch Rechtsverordnung festgesetzt. Er kann nach dem Alter des Kindes und nach den örtlichen Unterschieden in den Lebenshaltungskosten abgestuft werden.

§§ 1615 f, 1615 g

1) a) Pauschalunterhalt. Grdsätzl stehen ehel u nehel Kinder sich jetzt hinsichtl des UnterhAnspr gleich. Im Grds entscheiden also §§ 1602, 1603. Ledigl zur Erzielg einer gewissen Gleichmäßigk u um dem Kind Erschwergen, näml zeitraubende UnterhProzesse, vgl §§ 1602, 1603, 1606 III, z ersparen, schuldet der Vater dem nehel Kind bis zu dessen vollendeten 18. LebJ **mindestens den Regelunterhalt.** Nach Vollendg des 18. LebJ gelten die allg Grdsätze, insb die §§ 1602, 1610, so daß die begonnene Ausbildg auf Kosten des nehel Vaters abgeschl w darf (Hdlbg DAVorm **75**, 190).

b) Der RegUnterh nach § 1615 f (vgl dazu die im Anh zu § 1615 g abgedr VO) ist nur der MindestUnterh, den ein ne Vater zu leisten hat, wenn beide EltTeile der untersten EinkKlasse zuzurechnen sind. Der tats zu leistde Unterh kann darunter liegen od darüber: Berücks der Belange des Vaters dch Herabsetzg, Stundg od Erlaß in §§ 1615 h, i; umgek erhöht sich die Verpfl dann, wenn das nach der LebStellg beider Elt angem ist, das Kind noch keine selbstd LebStellg erl hat, § 1615 c, u die Erhöhg geleistet w kann, § 1603. Das Kind kann entw einen ggf am entspr Unterh f ehel Ki zu orientierenden (LG Mainz DAV **86**, 437) **prozentualen Zuschlag zum Regelunterhalt** verl (ZPO 642 d). Die Prax wird beherrscht von UnterhTab; vgl etwa zur Hdlbger BedarfsTab (DAV **79**, 721) die 48. Aufl. Durchgesetzt hat sich auch im NehelUnterh die **Düsseldorfer Tabelle** (§ 1610 Anm 1; Soergel/Häberle § 1615 c Rdn 5). Da deren letzte Fassg nur eine Verschiebg der jew EinkGruppen u der dazugehörigen UnterhBetr vorgen hat, ist vom **Landkreistag Baden-Württemberg** auf der Grdlage einer prozent Umrechn eine **Modifizierung** der DüssTab vorgen worden zur Neufestsetzg der RegBedSätze für nehel Ki (RdSchreiben v 21. 7. 81, Stand: 1. 1. 89, DAV **88**, 849 u 942). Der UnterhSchu kann sich dch willkürl Verringerg seines Eink nicht seiner angem UnterhPfl entziehen (§ 1603 Anm 2 u 4, § 1615 h Anm 2). Das gilt auch f den Wegf v Zuschlägen wg Aufg des ArbPl zZw der ZweitAusbildg (LG Brschw DAV **85**, 918). Od das Kind erhebt Klage auf best UnterhBetr, insb bei **Sonderbedarf** wie schwere Erkrankg (Gött NJW **55**, 224), Heimunterbringg wg Krankh (LG Hbg FamRZ **61**, 35), Geisteskrankh (LG Brschw NJW **65**, 351), ProzKostVorsch f Kl auf Gewährg v SozHilfe f den Besuch eines KiGartens (VGH Bad-W DAVorm **79**, 311). Umstellg eines bezifferten UnterhTitels auf den RegelUnterh u umgek in den Grenzen von ZPO 323 zul (Gieß FamRZ **73**, 548). I 2 geht davon aus, daß sich das Kind in der **Pflege der Mutter** befindet. Bedient sich diese dazu dritter Pers, muß sie die dadch entstehden Kosten selbst tragen, so wenn eine Nervenärztin mit eig Praxis ihren 9j Sohn v einer Haushälterin betreuen läßt (Hann DAVorm **78**, 454).

2) Regelunterhalt, I. Diesen soll der Vater des Kindes vorrang vor der Mutter u ohne Berücksichtigg des Eink mindestens leisten, grdsätzl auch ohne sich auf seine Leistgsunfähigk od Nichtbedürftigk des Kindes, Odersky II, J. Müller ZBlJR **71**, 139 gg Bursch ZBlJR **71**, 88, berufen zu können. Ausgl § 1615 h, vgl aber auch BVerfG NJW **69**, 1617. Ermäßiggen im Rahmen des § 1615 g. Diese Art LeistgsVerpfl endet mit Vollendg des 18. LebensJ des Kindes, also dem Ztpkt, in dem angenommen w kann, daß es sich selbst erhalten kann. Soweit Unterh über das 18. LebensJ hinaus erforderl ist, ist Eigenverdienst des Kindes, zB eine Praktikantenvergütg (LG Oldbg DAVorm **75**, 36), heranzuziehen u grdsätzl die Leistgsfähigk des Vaters zu berücksichtigen, §§ 1602, 1603. Ende der UnterhPfl § 1615. Die Höhe des RegelUnterh best sich nach dem Betr, der zum Unterh eines Kindes, das sich in der Pflege der Mutter befindet, bei einfacher Lebenshaltg erforderl ist (Regelbedarf), vermindert um die Beträge, die § 1615 g ergeben. Erhöhte Kosten, die dch Unterbringg an anderer Stelle, zB in einem Heim, notw w, sind darin nicht berücks, Anm 1. RegUnterh ist in Geld zu zahlen (§ 1612 I 1). Zul Abrundg der Betr analog RegUnterhVO 5 (Bln DAVorm **75**, 552). Eine Gewährg in and Art ist nur mögl u dann ist Kl auf Zahlg des RegUnterh abzuweisen, wenn das Kind **in den väterlichen Haushalt aufgenommen** ist, I 1 aE, § 1612 II 3, was in sämtl Fällen familienähnl ZusLebens der Fall ist (Karlsr FamRZ **84**, 417; KG FamRZ **86**, 1039). UnterhKl dann nicht schlüss (Wuppt DAVorm **76**, 355).

3) Festsetzung des Regelbedarfs, II, der für die Höhe des RegelUnterh maßg ist, erfolgt dch RechtsVO der BReg (abgedr Anh zu §§ 1615 f, 1615 g), mit Zustimmg des BRats, die sich ihrers vom statist BAmt alle 2 J ein GA zur Höhe des Regelbedarfs erstatten läßt (NEhelG Art 12 § 24), u nach LebAlter u bei größeren örtl Unterschieden auch in den Lebenshaltkosten abstufen kann.

4) Verfahrensrecht. UnterhAnspr können nur gg jemanden geltd gemacht werden, der die Vatersch anerk hat od dessen Vatersch gerichtl festgestellt ist (§ 1600 a). Zum TituliergsAnspr bei regelm Zahlg: Einf 6 b vor § 1601. Zust: AG (GVG 23 a Z 2); örtl: Kemper DAV **80**, 1. Antr: Das Ki kann statt an einen best UnterhBetr auf Leistg des RegUnterh klagen (vgl ZPO 642 ff). Verbindg von VaterschFeststellg u Verurt zur Zahlg von RegUnterh: ZPO 643. Diese KlVerbindg ist auch nach Rückabtretg eines gem § 1615 b auf den Stiefvater übergegangenen Anspr zul (BGH NJW **82**, 515). Berufg zum OLG (Vorbem 1 vor § 1600 a), auch wenn im Verf gem ZPO 643 isoliert die Frage der Verurt zur Leistg des RegUnterh Berufg eingelegt wird (BGH NJW **74**, 751; **80**, 292; Düss NJW **81**, 2476); nach ProzTrenng zum LG (LG Oldbg NJW-RR **86**, 78). Nach langjähr nehel ZusLeb der Elt ErfüllgsEinwand ggü der mit der VaterschFeststellg verbundenen Kl auf RegUnterh (Düss NJW **81**, 2476); sonst ZPO 767 (Stgt Just **79**, 228). Bei Neufestsetzg des Regelbedarfs dch VO (II) vereinfachtes Verf: § 1612 a Anm 4. Zustdgk: BGH DAV **78**, 270; NJW **80**, 1281/4; BayObLG NJW **64**, 1573. Die Neufestsetzg erfolgt ab Eingang, nicht erst ab AntrZustell (hM); ggf entsch der Ztpkt des Inkrafttr der VO (AG Charl DAV **80**, 484). Kein vereinf Verf, sond AbändKl, wenn Zuschläge zum RegUnterh geltd gemacht werden (LG Trier FamRZ **73**, 107). Vgl iü 48. Aufl.

1615 g Anrechnung von Kindergeld u. ä. auf den Regelbedarf.

[1]Das auf das Kind entfallende Kindergeld, Kinderzuschläge und ähnliche regelmäßig wiederkehrende Geldleistungen, die einem anderen als dem Vater zustehen, sind auf den Regelbedarf zur Hälfte anzurechnen. Kindergeld ist jedoch nur dann anzurechnen, wenn auch der Vater die Anspruchsvoraussetzungen erfüllt, ihm aber Kindergeld nicht gewährt wird, weil ein anderer vorrangig berechtigt ist. Leistungen, die wegen Krankheit oder Arbeitslosigkeit gewährt werden, sind nicht anzurechnen.

Verwandtsch. 3. Titel: Unterhaltspfl.   **§ 1615g, Anh zu §§ 1615f, 1615g**

II Eine Leistung, die zwar dem Vater zusteht, aber einem anderen ausgezahlt wird, ist in voller Höhe anzurechnen.

III Waisenrenten, die dem Kinde zustehen, sind nicht anzurechnen.

IV Das Nähere wird von der Bundesregierung mit Zustimmung des Bundesrates durch Rechtsverordnung bestimmt.

Schrifttum: Jung, Anrechng v KinderG u and Vergünstiggen des „FamLastenAusgl" auf den RegBed eines ne Kindes n § 1615g, Diss Gießen 1971; Lüdtke-Handjery NJW **75**, 1635; Mümmler JurBüro **77**, 304; Mertes Rpfleger **82**, 129 (Zählkindvorteil u RegelUnterh); Wagner Rpfleger **85**, 223 (KiGeld iF weiterer Ki der Mutter).

1) Zweck: Vater haftet f den RegelUnterh vorrang, um das Kind sicherzustellen. Um jedoch Herabsetzgsklagen, § 1615h, zu vermeiden, ist der Vater, soweit die Sicherstell des Kindes bereits dch Sozialleistgen geschieht, zu entlasten. Das geschieht dch deren Anrechng auf den RegelUnterh. Dh die Leistgen sind bei der Tituliering abzuziehen, nicht erst in der ZwVollstr, wobei der Bruchteil der anzurechnen SozLeistgen bei Errichtg des RegelUnterhTitels, dagg die betragsmäß Höhe im FestsetzgsVerf nach ZPO 642a, 642b zu bestimmen ist (Regbg FamRZ **77**, 343); anders aber, wenn Kindergeld f die UnterhFdg des Kindes gepfändet w ist (LG Bochum Rpfleger **73**, 248). Vgl iü § 4 RegUnterhVO (Anh zu §§ 1615f, 1615g). **Beweislast** für die Tats, daß dem Kind KiGeld zufließt (Darmst ZBlJugR **79**, 39) u für die gem § 1615g anrechnen Beträge liegt beim Vater (Brüggemann DAVorm **73**, 211; Schweinf DAVorm **76**, 85; Wuppt DAVorm **77**, 191; LG Ffm DAVorm **79**, 438; aA Kiel DAVorm **73**, 210). Die Bestimmg, wer das KiGeld **ausgezahlt erhält**, trifft das VormschG (BKGG 3 III, IV; vgl LG Karlsr DAVorm **76**, 598 sowie § 1602 Anm 2c). Soll der nehel Vater BezugsBerecht sein, muß das dem Wohl aller (auch seiner ehel) Kinder entsprechen (Düss DAVorm **77**, 333).

2) Umfang der Anrechnung. Auf den Regelbedarf, § 1615f II, zur Hälfte anzurechnen ist auf das Kind entfalldes Kindergeld, wobei BKGG 12 IV 1 (gleichmäßiger Verteilg bei mehreren Kindern) zu beachten, allerd nur, wenn der Vater auch die AnsprVoraussetzgen erfüllt, also mind 1 Kind hat u ihm das Geld nur desh nicht gewährt w, weil ein and gem BKGG 3 II u III, vorrangig ist, anzurechnen ferner Kinderzuschläge aGrd des BesoldgsR, TarifR u ähnl regelmäß wiederkehrde Geldleistgen. Entscheidd, ob sie der Deckg eines Bedarfs dienen, der im Regelbedarf enthalten ist, so daß eigtl auch der zur Deckg des Wohnbedarfs gewährte Ortszuschlag der Beamten od öff Angestellten, wenn er sich infolge des nehel Kindes erhöht, hierher gehört, ebso der Sozialzuschlag der im öff Dienst Tätigen, die beide jedoch gem der abschließde RegelUnterh VO 2 I von der Anrechng ausscheiden (Kiel DAVorm **77**, 190). Voraussetzg für die Anrechng, daß ein und als der Vater sie für das Kind erhält, also meistens die Mutter, bei der sich das Kind aufhält, aber auch ein Dritter, zB die Pflegeeltern. Nicht erforderl, daß der Dritte am Kind unterhaltspflichtig ist. Wg der eindeut Wertg v BKGG 3 II, BBesG 40 VI wird der iR der Besoldg v Beamten, Richtern u Soldaten gezahlte kindbezogene Anteil des Ortszuschlages nicht wie das Kindergeld angerechnet (Oldbg FamRZ **79**, 333; Düss FamRZ **78**, 611; LG Stgt DAV **83**, 400; aA AG Hbg DAVorm **78**, 591). Erhält der Vater die obigen Leistgen, so kann Anrechng nicht erfolgen, da diese ihm zur Leistg des RegelUnterh zur Vfg stehen; demgem müssen sie ihm aber voll angerechnet w, wenn sie ihm zwar zustehen, aber einem und voll ausgezahlt w, II, zB dem JA od Zahlg an eine and Pers od Stelle als an den Vater auf AnO des ArbAmtes, BKGG 12 III; denn das entspr dann einer Leistg aus dem Verm des Vaters, II. Erhält die Mutter für 3 Kinder erhöhtes KiGeld, ist die Hälfte des auf das nehel Kind entfallden Betr anzurechnen (Mü II DAVorm **77**, 188). Über die Auswirkg der Anrechng auf den RegelUnterh Baumb-Lauterb § 642d Anm 3 ZPO. Zum Einfluß von BKGG 12 IV bei Anrechng des Kindergeldes Odersky Rpfleger **74**, 41.

3) Nicht anrechnungsfähig sind Leistgen, die die Mutter od das Kind wg Krankh od Arbeitslosigk erhält, I 3, ebsowenig die einem Kind zustehde Waisenrente, III. Nicht in Betr kommen ferner Leistgen der Sozialhilfe, BSHG 2, ebsowenig Steuervorteile.

4) Ermächtigung der Bundesregierung, IV. Sie bestimmt mit Zust des BRats dch RechtsVO die **anrechenbaren Leistungen** im einzelnen abschließend (Soerg/Häberle Rn 5), auch bei bes Tatbstden, so wenn bereits eine Aufteilg der Leistg vorgen ist.

Anhang zu §§ 1615f, 1615g

Verordnung zur Berechnung des Regelunterhalts
(Regelunterhalt-Verordnung – RegUnterhV)

v. 27. 6. 1970, BGBl I 1010, geänd dch VO v 13. 6. 1972, BGBl I 894 (RegelbedarfVO 1972), geänd dch VO v. 15. 3. 1974, BGBl I 748 (RegelbedarfVO 1974), v. 30. 7. 1976, BGBl I 2042 (RegelbedarfsVO 1976), dch die 4. ÄndersVO v. 28. 9. 79, BGBl I 1601 (RegelbedarfsVO 1979), dch Art. 2 der VO v. 10. 8. 1981 (BGBl I 835), dch Art. 2 der VO v. 26. 7. 1984 (BGBl I 1035), dch Art. 2 der VO v. 21. 7. 1988 (BGBl I 1082).

Schrifttum: Ält Lit 46. Aufl. Künkel DAV **84**, 943 (RegUnterhNeufestsetzg n ZPO 642b u Vereinfachtes Verf n ZPO 641 l).

Anh zu §§ 1615f, 1615g

Einführung

1) VO gibt aGrd der Ermächtiggen in §§ 1615f II, 1615g IV **Ausführungsvorschriften** zu den genannten §§, § 1615f Anm 3, § 1615g Anm 4.

2) Die Festsetzung des Regelunterhalts erfolgt dch den RPfleger im BeschlVerf, wenn auf Leistg des RegelUnterh erkannt ist, ein entspr gerichtl Vergl od eine notarielle Urk vorliegt, in der der Vater sich zur Zahlg des RegelUnterh verpflichtet u der Festsetzg eines solchen unterworfen hat, ZPO 642c. IF der gewöhnl UnterhKlage genügt bereits ein vorl vollstrb Urt, ZPO 642a, iF der gleichzeit Feststellg der Vatersch muß das Urt rechtskr sein, ZPO 643 II. In diesem NachVerf w nur über die Höhe des RegelUnterh nach den Vorschr der VO entschieden, nicht aber über dessen Erhöhg ("mindestens", § 1615f) od Herabsetzg, § 1615h. Das ist Sache des ProzGer, § 1615f Anm 4, § 1615h Anm 4, ZPO 642d, 643a I. Wohl kann aber im BeschlVerf eine Neufestsetzg des RegelUnterh stattfinden, wenn sich der RegelBedarf ändert, ZPO 642b I.

3) VO ist am 1. 7. 70 in Kraft getreten (§ 7); gilt auch in Bln (§ 6). RegBedVO 1972 galt ab 1. 10. 72, RegBedVO 1974 gilt ab 22. 3. 74 (§ 3 RegBedVO 74), auch in Bln (§ 2 RegBedVO 74), unverändert §§ 2–4 der VO 1970. Sachl Änderg dch RegBedVO 74 lediql in § 1 in zwei Pkten: Währd das im FamVerband lebde ehel Kind lfd an EinkSteigergen der unterhpflichtigen Elt teilnimmt, ist das ne Kind ggü seinem Vater auf eine nachträgl Anpassg der UnterhRente beschränkt. Die dadch begrdte Benachteiligg wird dch die Neufestsetzg der RegBedSätze ausgeglichen. Ferner erhält die Neufassg des § 1 der RegBedVO auch die früher geltden RegBedSätze, um der Praxis einen leichteren Überblick zu verschaffen u bei der Berechng von UnterhRückständen das Aufsuchen mehrerer VOen zu ersparen. Zur Neufestsetzg des RegelBed f ne Kinder DAVorm **78**, 717; **81**, 555; **84**, 735; ZfJ **87**, 274.

1 Festsetzung des Regelbedarfs. *Der Regelbedarf eines Kindes (§ 1615f Abs. 1 Satz 2 des Bürgerlichen Gesetzbuchs) beträgt*

1. *bis zur Vollendung des sechsten Lebensjahres*
   - *a) für die Zeit vom 1. Juli 1970 bis zum 30. September 1972 monatlich 108 Deutsche Mark;*
   - *b) für die Zeit vom 1. Oktober 1972 bis zum 31. Mai 1974 monatlich 126 Deutsche Mark;*
   - *c) für die Zeit vom 1. Juni 1974 bis zum 31. Oktober 1976 monatlich 144 Deutsche Mark;*
   - *d) für die Zeit vom 1. November 1976 bis zum 31. Dezember 1979 monatlich 165 Deutsche Mark;*
   - *e) für die Zeit vom 1. Januar 1980 bis zum 31. Dezember 1981 monatlich 188 Deutsche Mark;*
   - *f) für die Zeit vom 1. Januar 1982 bis zum 31. Dezember 1984 monatlich 207 Deutsche Mark;*
   - *g) für die Zeit vom 1. Januar 1985 bis zum 31. Dezember 1988 monatlich 228 Deutsche Mark;*
   - *h) ab 1. Januar 1989 monatlich 251 Deutsche Mark;*

2. *vom siebten bis zur Vollendung des zwölften Lebensjahres*
   - *a) für die Zeit vom 1. Juli 1970 bis zum 30. September 1972 monatlich 132 Deutsche Mark;*
   - *b) für die Zeit vom 1. Oktober 1972 bis zum 31. Mai 1974 monatlich 153 Deutsche Mark;*
   - *c) für die Zeit vom 1. Juni 1974 bis zum 31. Oktober 1976 monatlich 174 Deutsche Mark;*
   - *d) für die Zeit vom 1. November 1976 bis zum 31. Dezember 1979 monatlich 200 Deutsche Mark;*
   - *e) für die Zeit vom 1. Januar 1980 bis zum 31. Dezember 1981 monatlich 228 Deutsche Mark;*
   - *f) für die Zeit vom 1. Januar 1982 bis zum 31. Dezember 1984 monatlich 251 Deutsche Mark;*
   - *g) für die Zeit vom 1. Januar 1985 bis zum 31. Dezember 1988 monatlich 276 Deutsche Mark;*
   - *h) ab 1. Januar 1989 monatlich 304 Deutsche Mark;*

3. *vom dreizehnten bis zur Vollendung des achtzehnten Lebensjahres*
   - *a) für die Zeit vom 1. Juli 1970 bis zum 30. September 1972 monatlich 156 Deutsche Mark;*
   - *b) für die Zeit vom 1. Oktober 1972 bis zum 31. Mai 1974 monatlich 180 Deutsche Mark;*
   - *c) für die Zeit vom 1. Juni 1974 bis zum 31. Oktober 1976 monatlich 204 Deutsche Mark;*
   - *d) für die Zeit vom 1. November 1976 bis zum 31. Dezember 1979 monatlich 237 Deutsche Mark;*
   - *e) für die Zeit vom 1. Januar 1980 bis zum 31. Dezember 1981 monatlich 270 Deutsche Mark;*
   - *f) für die Zeit vom 1. Januar 1982 bis zum 31. Dezember 1984 monatlich 297 Deutsche Mark;*
   - *g) für die Zeit vom 1. Januar 1985 bis zum 31. Dezember 1988 monatlich 327 Deutsche Mark;*
   - *h) ab 1. Januar 1989 monatlich 360 Deutsche Mark.*

1) Vgl zunächst Einf Anm 3. VO 1 setzt den **Regelbedarf** für ein Kind fest, das sich in der Pflege der Mutter befindet, bei einf Lebenshaltg. RegBedarf nicht dasselbe wie RegUnterh, da die nach § 1615g anzurechnden Beträge, die VO 2 nennt, darauf anzurechnen sind, § 1615f I 2. VO 2 stimmt also den Regelbedarf auf den einzelnen Fall ab. Neufestsetzg findet nur statt bei Änd des Regelbedarfs, also Neufestsetzg von VO 1 dch BReg, § 1615f II, ebso bei Änd eines sonstigen für die Berechng des Betr maßgebden Umst, zB Änd der anzurechnden Bezüge, VO 2. Voraussetzg außerdem, daß diese Umst erst nach der Festsetzg gemäß ZPO 642a eingetreten sind, Baumb-Lauterbach ZPO 642b Anm 2.

2) Die Ermittlung des Regelbedarfs folgt keiner bestimmten Methode, da diese nicht zu einem zuverläss Ergebn führen würde, berücks aber die bekannten (Warenkorb verschiedener Gegden, die Gerichtspraxis, ferner die Angaben des Dt Vereins für öff u priv Fürs, die Regelsätze der Sozialhilfe, die Aufwendgen für ehel Kinder, Statistik von WirtschBerechngen priv Haush). So ausgeh von einem DurchschnEink des ne Vaters von mtl 900–1035 DM (vgl DAVorm **74**, 3), ist der dchschnittl RegBed ab 22. 3. 74 neu festgesetzt w. Von einer Berücks örtl Unterschiede (§ 1615f II 2) wurde abgesehen. Wg Zuschl zum RegUnterh u Herabsetzg vgl § 1615f Anm 1 u 2.

Verwandtschaft. 3. Titel: Unterhaltspflicht **Anh zu §§ 1615 f, 1615 g**

2 Anrechnung von Leistungen. ¹ Auf den Regelbedarf sind nach Maßgabe des § 1615g Abs. 1 Satz 1 und 2 des Bürgerlichen Gesetzbuchs die folgenden Leistungen anzurechnen:

1. das Kindergeld;

2. der Auslandskinderzuschlag nach § 56 des Bundesbesoldungsgesetzes in Höhe des nach Nummer 1 anzurechnenden Betrages;

3. Kinderzulagen und ähnliche Leistungen, die auf Grund von Tarifverträgen, Personalordnungen, Satzungen, Betriebsvereinbarungen, Einzelarbeitsverträgen oder entsprechenden Regelungen gewährt werden, wenn sie als Leistungen für Kinder ausgewiesen sind und ihr Betrag gleichbleibend ist;

4. der Kinderzuschuß zum Altersruhegeld in den gesetzlichen Rentenversicherungen (§§ 1248, 1262 der Reichsversicherungsordnung; §§ 25, 39 des Angestelltenversicherungsgesetzes; §§ 48, 60 des Reichsknappschaftsgesetzes) und nach bundes- oder landesrechtlichen Vorschriften, die diese Vorschriften für anwendbar erklären;

5. der Kinderzuschlag zur Unterhaltshilfe und zur Beihilfe zum Lebensunterhalt aus dem Härtefonds zuzüglich des Erhöhungsbetrages zum Sozialzuschlag nach § 269 Abs. 2, § 269b Abs. 2 Nr. 2, §§ 301 bis 301b des Lastenausgleichsgesetzes oder nach Vorschriften anderer Gesetze, die diese Vorschriften für anwendbar erklären; als Erhöhungsbetrag zum Sozialzuschlag ist höchstens der nach Anwendung des § 269b Abs. 3 des Lastenausgleichsgesetzes verbleibende, nach der Zahl der Kinder aufgeteilte Betrag anzusetzen.

ᴵᴵ Die in Absatz 1 Nr. 2 und 3 bezeichneten Leistungen sind nicht anzurechnen, wenn sie wegen Dienst-, Berufs- oder Erwerbsunfähigkeit oder wegen einer Gesundheitsstörung gewährt werden. Die in Absatz 1 Nr. 4 bezeichneten Leistungen sind nicht anzurechnen, solange das Altersruhegeld wegen Arbeitslosigkeit vorzeitig gewährt wird (§ 1248 Abs. 2 der Reichsversicherungsordnung; § 25 Abs. 2 des Angestelltenversicherungsgesetzes; § 48 Abs. 2 des Reichsknappschaftsgesetzes).

ᴵᴵᴵ Die Vorschriften der Absätze 1 und 2 gelten entsprechend, wenn auf Grund einer außerhalb des Geltungsbereichs dieser Verordnung erlassenen Vorschrift für das Kind eine Leistung gewährt wird, die einer der in Absatz 1 bezeichneten Leistungen vergleichbar ist.

ᴵⱽ Wird in den Fällen des Absatzes 1 Nr. 2 und 3 nach inländischen Vorschriften oder Regelungen für das Kind eine höhere Leistung gewährt, weil der Berechtigte sich außerhalb des Geltungsbereichs dieser Verordnung aufhält, so ist die Leistung nur in Höhe des Betrages zu berücksichtigen, der dem Berechtigten im Inland zustehen würde.

1) Anrechnung. Der Regelbedarf, dessen Höhe § 1 bestimmt, vermindert sich um die Sozialleistgen, soweit sie den Unterh des Kindes decken. § 2 I nennt diese Leistgen abschließend, § 2 II die Fälle, in denen eine Anrechng nicht stattfindet. Allg ist davon auszugehen, daß nur regelm wiederkehrde Geldleistgen, § 1615g I 1, anzurechnen sind, also nicht einmalige oi unregelm gewährte od vorübergehde Leistgen, dh auch nicht solche, die für weniger als 6 Monate gewährt sind, amtl Begr S 29. Wg der Höhe der Anrechng § 1615g Anm 2. Inkrafttr der VO 79: 30. 9. 79.

2) Angerechnet wird, I:
Z 1. Kindergeld, § 1 BKGG, § 1615g Anm 2. Die in der alten Fassung, vgl. 38. Aufl., erwähnten Ersatzleistungen des Arbeitgebers sind durch die Aufhebung des § 7 VI BKGG weggefallen, da Ersatzleistungen der öffentlich-rechtl Arbeitgeber für ihre Arbeitnehmer wegen deren nunmehriger Kindergeldberechtigung nicht mehr erforderlich sind.

Z 2. Auslandskinderzuschlag nach § 56 des Bundesbesoldungsgesetzes in Höhe des nach Nummer 1 anzurechnenden Betrages, den Beamte, Richter und Soldaten als Ausgleich für die besonderen Belastungen in der Lebensführung im Ausland erhalten. Da die Empf dieses Auslandskinderzuschlags gemäß § 8 Abs. 1 Nr. 3 BKGG vom Bezug des Kindergeldes ausgeschlossen s, werden sie durch die Anrechenbarkeit des Auslandskinderzuschlags den kindergeldberechtigten Inlandsbeamten gleichgestellt (BR-Drucks 401/79 S. 5). Zur Anrechenbarkeit des Kinderzuschlags nach altem Recht vgl. 38. Aufl. Durch die Beschränkung von Nummer 2 auf den Auslandskinderzuschlag war es nicht mehr erforderlich, die Nichtanrechenbarkeit des Kinderanteils im Ortszuschlag und des Sozialzuschlags, der an Stelle der kinderbezogenen Teile des Ortszuschlags gewährt w (vgl § 8 des Tarifvertrages über die Löhne der Arbeiter des Bundes vom 1. 2. 1969 und BR-Drucks 271/70 S. 34) wie in der alten Fassung ausdrücklich zu erwähnen; diese war nur „zur Vermeidung von Zweifeln" erfolgt (BR-Drucks 271/70 S. 32). Insoweit hat sich also an der Rechtslage nichts geändert (BR-Drucks 401/79 S. 5). Zum Sinn der Nichtanrechenbarkeit des Kinderanteils im Ortszuschlag: für das Regelunterhaltsverfahren zu schwierige Berechnung und seiner Berücksichtigung im UnterhaltsR vgl BR-Drucks 271/70 S 33f und § 1615g Anm 2.

Z 3. Kinderzulagen u ähnl Leistgen aGrd von Tarifverträgen, Satzgen, Einzelarbeitsverträgen u entspr Regelgen. Voraussetzg, daß die Zulagen als Leistg für Kinder ausgewiesen u der Betr gleichbleibd, also weder einmalig od nur vorübergehd, noch ein Betr ist, der im voraus nicht feststellb od bestimmb ist. Daß er aGrd neuer Vereinb sich ändert, steht einer Anrechng nicht entgg.

Z 4. Kinderzuschuß zum Alters- od Knappschafts-Ruhegeld in den gesetzl Rentenversichergen, ebso wenn diese Vorschr bundes- oder landesrechtl für anwendbar erklärt w. Ausgeschl von der Anrechng ist der Kinderzuschuß, wenn er nach besonder Vorschr zur Rente wg Erwerbs- od Berufsunfähig gewährt w, § 1615g I 3. Ebso bei vorzeit Gewährg von Altersruhegeld wg Arbeitslosigk, weil der Versicherte, der das 60. LebensJ vollendet u die Wartezeit erfüllt hat, seit mind einem Jahr ununterbrochen arbeitslos ist, RVO 1248 II, AVG 25 II, RKG 48 II; in diesem Fall dann Gewährg wg Arbeitslosigk, § 1615g I 3, VO 2 II, so daß Anrechng bis zum 65. LebensJ (Erreichg des Rentenalters) unterbleibt.

Z 5. Kinderzuschlag zur Unterhaltshilfe u Beihilfe zum Lebensunterhalt aus dem Härtefonds, LAG 269 II, 301, 301a unter Einbeziehung des Sozialzuschlags, LAG 269b Abs 2 Nr 2, und des Ausgleichs für besondere Härtefälle, LAG 301b, ebso aGrd anderer G, die diese Vorschr für anwendb erklären, zB § 10 des 14. LAG ÄndG, § 12 FlüchtlingshilfeG, § 44 I, V ReparationsschädenG.

Anh zu §§ 1615 f, 1615 g

3) Nicht angerechnet werden, II, vgl auch oben Anm 1, Leistgen nach I Z 2 u 3, die der Mutter, dem Stiefvater od Großvater **a)** wegen Krankh, § 1615g, I 3, dh solche, die wg GesundhStörgen gewährt w, mag es sich dabei um ein Leiden inf eines Unfalls, ein akutes od ein chron Leiden handeln, demgemäß also alle Leistgen der gesetzl Kranken- und UnfallVers, auch wenn die Verletztenrente als Dauerrente festgestellt od zu einer solchen geworden ist, RVO 1585, 622 II. Nicht anzurechnen auch Kinderzuschläge an Schwerbeschädigte, § 33b BVersG, da auch das als KrankhZustand anzusehen, ebso wenn diese Vorschr für entspr anwendbar erklärt, zB § 80 SoldVersG v 20. 2. 67, BGBl 201. Alle in den gesetzl RentenVers gewährten Kinderzuschüsse zur Rente wg Berufs- od Erwerbsunfähig sind desh ebso von der Anrechng ausgeschl wie das wg des Kindes erhöhte Übergangsgeld währd der Durchf von Maßnahmen zur Erhaltg, Besserg od Wiederherstellg der Erwerbsfähigk, RVO 1241, AVG 18, RKG 40. Die Nichtanrechenbark schließt aber die Berücksichtigg bei einem Antrage bei Herabsetzg des Unterh unter der RegelUnterh nicht aus, weil der Bedarf des Kindes dch den Kindeszuschuß teilw gedeckt ist; amtl Drucks 271/70 S 28. **b)** Leistgen wegen Arbeitslosigkeit, dh alle FamZuschläge, die für das Kind nach dem ArbeitsfördergsG gewährt w (AFG 111 I Z 1), auch die Zuschläge zum Kurzarbeiterged (AFG 68 IV). Ebso bei Gewährg von UnterhGeld währd berufl Fortbildg od Umschulg (AFG 44 II Z 1, 47 I 2). **c)** Leistgen der Sozialhilfe, vgl BSHG 2. **d)** Steuervorteile u and mit Rücks auf das Kind gewährte Vergünstiggen, da keine Leistgen, Drucks 271/70 S 29.

4) Entsprechende Anwendung, III, bei einer Leistg, die mit einer der in I bezeichneten Leistg vergleichb ist, also von Voraussetzgen abhängt, die denen der nach I anrechenb Leistgen entsprechen (vgl auch die ähnl Regelg in BKGG 8 I Z 3) u aGrd einer Vorschr gewährt w, die in der BRep nicht gilt. Also dann, wenn Kind in BRep, der für die Leistg BezugsBerecht im Ausland od der DDR lebt od bei einer supranationalen Organisation im Inland beschäftigt ist, zB als Angehöriger des Nato-Zivilpersonals, Art 30 NatoZivilpersonalO, ebso wenn der BezugsBerecht u das Kind im Ausland leben. Voraussetzg, daß UnterhStatut dtsches Recht, EG 21 Anm 3a. Entspr anwendb, dann aber ebso II.

5) Höhere Leistung für das Kind bei Aufenthalt der Berechtigten außerhalb des Geltungsgebietes der Verordnung, IV. Erhält dieser, um den dadch entstehenden Mehraufwand auszugleichen, gleichgült, ob das Kind ebenf außer des Geltgsgebietes sich aufhält od nicht, nach dtscher Vorschr einen höheren Kinderzuschlag od eine höhere Kinderzulage, I Z 2, 3, so w diese Leistg nur in dem Umfang auf den RegelUnterh angerechnet wie nach inländ Regelg; nur dann bleibt die höhere Kinderzulage dem Kinde, währd bei voller Anrechng der Vater einen ungerechtf Vorteil hätte.

3 Anrechnung bei Auszahlung an einen anderen. *Eine Leistung, die dem Vater für das Kind zusteht, jedoch einem anderen ausgezahlt wird (§ 1615g Abs. 2 des Bürgerlichen Gesetzbuchs), ist auch dann auf den Regelbedarf anzurechnen, wenn sie nicht zu den Leistungen gehört, die nach § 2 anzurechnen sind.*

1) AusfVorschr zu § 1615g II. Handelt es sich um Leistgen, die zwar dem Vater zustehen, also zu dessen Verm gehören, aber einem and ausgezahlt w, § 1615g Anm 2, so Anrechng auf den Regelbedarf in vollem Umfang, Hamm (LG) NdsRpfl 72, 39, auch dann, wenn sie nicht zu den nach § 2 anrechenb Leistgen gehören, da sie einer Zahlg aus dem Verm des Vaters gleichstehen; so also auch die wg Krankh od Arbeitslosigk des Vaters für das Kind; desgl wenn Kind dch die Sozialhilfe wg Bedürftigk des Vaters unterhalten, diese aber auf AnO dem Träger der SozHilfe ausgezahlt w, da es sich hier um dessen Entlastg auf Kosten des Vaters handelt.

4 Keine Anrechnung von dem anderen zustehende Leistung. *Steht eine Leistung für das Kind dem Vater und einem anderen anteilig zu oder steht neben der einem anderen zustehenden Leistung auch dem Vater für das Kind eine Leistung zu, so ist die dem anderen zustehende Leistung nicht auf den Regelbedarf anzurechnen. Dies gilt auch dann, wenn die dem Vater zustehende Leistung nicht zu den Leistungen gehört, die nach § 2 anzurechnen sind.*

Schrifttum: Kemper ZblJugR **76**, 158; Binschus ZfF **76**, 125; Mertes Rpfleger **82**, 129; Klinkhardt DAV **88**, 115.

1) Zweck: Dem Kind soll mind der RegelUnterh sicher sein. Desh **keine Anrechnung** u damit Verkürzg des kindl UnterhAnspr in 2 Fällen, wenn die Leistg f das Kind anteilig dem Vater u einem and (nach früh R zB, wenn beide Elt Beamte waren) od wenn neben dem and (idR: der KiMutter) auch dem Vater für das Ki eine Leistg zusteht. Der Begr „eine Leistg" soll nach der überwiegden Prax auch dann erfüllt sein, wenn aS des Vaters das nehel Ki als **Zählkind** (§ 1602 Anm 2c) mitgezählt w u sich dadch das KiGeld für seine nachgeborenen Ki entspr erhöht (ZusStellg der Rspr DAV **78**, 717 f; **88**, 813 ff m RsprNachw; äuß umstr; Göppinger ua, UnterhR, 4. Aufl Rdn 731). Nach LG Würzbg NJW **78**, 1167 ergibt sich dieser Grdsatz bereits aus § 1615g I 2. Das gilt jedoch nur dann, wenn die nehel Kinder des Vaters älter als seine ehel Kinder sind u ein and (Mutter, PflegeElt) vorrang kindergeldberecht ist (vgl DAVorm **75**, 221). Für die Anrechng kommt es nur darauf an, ob dem Vater für das Kind eine Leistg zusteht, nicht darauf, ob er von dessen Anspr Gebrauch macht (Würzbg DAVorm **77**, 390 u NJW **78**, 1167; Königst DAVorm **78**, 743). Nichtanrechng auch dann, wenn die dem Vater zustehde Leistg nicht zu den nach § 2 anrechenb, § 2 VO Anm 3, gehört wie der Kinderzuschuß zur Rente wg Erwerbs- u Berufsunfähig od die Kinderzulage zur Verletztenrente aus der UnfallVers, BR-Drucks 271/70 S 41. Der Vater ist bereits dch seine Hälfte entlastet. Vgl iü Lüdtke-Handjery NJW **75**, 1635. Für § 4 kommt es nicht darauf an, ob die für das Kind beim nehel Vater u dem Dr gezahlten Beträge gleich hoch sind (Jung gg LG Landsh FamRZ **75**, 506). Leistg iSv § 4 auch der erhöhte Ortszuschlag (AG Heilbr DAVorm **76**, 298; Mannh DAVorm **76**, 411; LG Hbg DAVorm **77**, 283; Ellw DAVorm **77**, 516; Rottweil DAVorm **78**, 758; LG Freibg DAVorm **80**, 973; LG Diebg DAV **86**, 278; aA Ellw DAVorm **77**, 388; Bonn DAVorm **78**, 363/430 m abl Anm v Kemper), ebso der Sozialzuschlag (LG Kblz DAVorm **77**, 440). ZählKiVorteile aS der Mutter bleiben auß Betr (LG Detmold DAV **81**, 463; LG Tüb u Heilbr DAV **82**, 74 u 372; Mertes Rpfleger **82**, 129; aA Wagner Rpfleger **85**, 223). Wg **ehel Kinder** vgl § 1602 Anm 2c.

Verwandtschaft. 3. Titel: Unterhaltspflicht **Anh zu §§ 1615 f, 1615 g, § 1615 h**

5 **Abrundung.** *Der Betrag, der sich bei der Anrechnung von Leistungen ergibt, ist auf volle Deutsche Mark abzurunden, und zwar bei Beträgen unter fünfzig Pfennig nach unten, sonst nach oben.*

1) Abrundg auch bei Zuschlägen zum RegUnterh (LG Hann DAVorm **75**, 45).

6 *Diese Verordnung gilt nach § 14 des Dritten Überleitungsgesetzes vom 4. Januar 1952 (Bundesgesetzblatt I S 1) in Verbindung mit Artikel 12 § 26 des Gesetzes über die rechtliche Stellung der nichtehelichen Kinder auch im Land Berlin.*

7 *Diese Verordnung tritt am 1. Juli 1970 in Kraft.*

1) Bezieht sich auf VO 1970, VO 1974 gilt ab 22. 3. 74, VO 1979 ab 30. 9. 1979. Vgl Einf 3 vor RegUnterhVO.

1615 h **Herabsetzung des Regelunterhalts.** [I] Übersteigt der Regelunterhalt wesentlich den Betrag, den der Vater dem Kinde ohne Berücksichtigung der Vorschriften über den Regelunterhalt leisten müßte, so kann er verlangen, daß der zu leistende Unterhalt auf diesen Betrag herabgesetzt wird. Vorübergehende Umstände können nicht zu einer Herabsetzung führen. § 1612 Abs. 1 Satz 2 bleibt auch in diesem Falle unanwendbar.
[II] Die Herabsetzung des Unterhalts unter den Regelunterhalt läßt die Verpflichtung des Vaters, dem Kinde wegen Sonderbedarfs Unterhalt zu leisten, unberührt.

1) Der ne Vater hat grdsätzl oRücks auf seine Leistgsfähigk mind den RegelUnterh zu leisten (§ 1615 f). Diese starre Regelg wird dch die **Ausnahmevorschrift** des § 1615 h aufgelockert, jedoch nur für den Fall, daß der Vater wesentl zu hoch belastet w. Dieses Erfordern u das Außerachtlassen d vorübergehender Umst (I 2) sollen ein häuf Hin- u Herschwanken des Unterh mit jedesmaligem neuen Verf verhindern, weil sie dem Sinn des RegUnterh (§ 1615 f Anm 1) widersprächen. An dem RegUnterh als solchem (§ 1615 f Anm 2) ändert § 1615 h nichts (I 3). Wenn dieser aber nach 18 Jahren entfällt, gelten unmittelb die HerabsetzgsMöglkten der §§ 1602, 1603, 1615 c auch dann, wenn vorher Zuschlag gezahlt wurde. Die Herabsetzg kommt auch neben der Anrechng v Kindergeld in Betr (Kiel DAVorm **78**, 466). Unabh v § 1615 h führt auch die dem Ki gezahlte **Ausbildungsvergütung** zur Herabsetzg des RegUnterh (LG Itzehoe FamRZ **84**, 1039 mAv Wax).

2) **Voraussetzung** ist, daß der Vater dch den RegUnterh **wesentlich mehr leistet,** als er sonst (dh gem §§ 1601 ff) leisten müßte. Sache des Einzelfalles. Zu berücks sind: sonstige UnterhVerpfl (vgl BVerfG NJW **69**, 1342 u 1617), auch ggü ehel u nehel Kindern (diese dürfen nicht besser gestellt w als die ehel), erwerbsmindernde körperl od geist Gebrechen des Vaters, längere Strafhaft (LG Stgt DAV **89**, 528 mN), zB 3 J (Ba-Ba DAVorm **76**, 115). Bei Prüfg seiner Leistgsfähigk darf der nehel Vater auch einen Teil der Einkfte, die auf außergewöhnl Anstrenggen (literar Tätigk eines Beamten, Übern bes unbeliebter Arbeiten uä) beruhen, vorweg in Abzug bringen, um nicht jeden Anreiz f außergewöhnl Einsatz verloren gehen zu lassen (Odersky FamRZ **74**, 565). Eig Einkommen des Kindes kann zur Herabsetzg führen (Bursch ZBlJR **71**, 88; sa § 1615 a, 1602 II); ebso wenn die Mutter wesentl besseres Eink als der Vater hat, so daß die Regel des § 1606 III 2 ihre UnterhPfl nicht zureichd umschreibt. Vgl iü § 1603 Anm 4. Dagg rechtfertigen bl **vorübergehende Umstände** die Herabsetzg nicht, I 2. Zu solchen den RegelUnterh unberührt lassdn Belastgen gehören solche dch Hausbau, auch kinderreicher Fam (Northeim DAVorm **76**, 112); ebso ist uU niedr tatsächl Verdienst belanglos, da vom UnterhSchu verlangt w muß, daß er seine Fähigk in wirtschaftl sinnvoller Weise einsetzt, um seiner UnterhPfl in angem Höhe nachzukommen (Bln DAVorm **74**, 393; § 1603 Anm 2 b). Herabsetzg des RegUnterh bei Strafhaft v 18 Mo (LG Hof DAVorm **80**, 664), dagg nicht bei Arbeitslosigk, sie sei nicht ½ J überschreitet (AG u LG Esn DAVorm **80**, 482), es sei denn sie ist erkennb auf längere Zt angelegt (LG Boch DAV **85**, 156). Desh hindert Übertr eines gut gehdn ElektroGesch auf Ehefr nicht die Festsetzg angem Zuschl (Arnsbg DAVorm **74**, 465). Hat der UnterhSchuldn einen Beruf erlernt (Postlehre), muß er seine FortbildgsMöglkn der UnterhPfl abstimmen (Oberh DAVorm **79**, 431). Die Aufn eines Studiums rechtfertigt auch nicht unter dem GesPkt v GG 12 die Herabsetzg des RegelUnterh (LG Hildesh u Oldbg DAV **88**, 545 u 547), geschweige denn die Herabsetzg der UnterhPfl insges auf null (Stade DAVorm **79**, 429), wohl aber Fortsetzg u Abschl des Studiums (LG Kleve FamRZ **87**, 631; krit dazu Brüggemann FamRZ **88**, 127). Auch ein Zweitstudium ist kein Grd zur Herabsetzg des RegelUnterh (Münst DAVorm **76**, 647). Vgl iü § 1603 Anm 2.

3) Der **Sonderbedarf** (§ 1613 II) w dch eine Herabsetzg nicht betroffen, **II**. Doch langdauernder u sehr hoher SondBedarf (zB langer KrankenAufenth) kann auf die Festsetzg des Abschlags vom RegUnterh zurückwirken (vgl §§ 1615 a, 1603).

4) **Verfahrensrecht.** Vgl § 1615 f Anm 4. Folgde Fälle sind zu unterscheiden: **a)** Über Höhe u Ändergen der UnterhPfl können Amtspfleger (§ 1706 Z 2) u Vater sich in vollstreckb Urk **einigen.** Die Verpfl zur Zahlg eines dem RegUnterh entspr Betrags iR eines Vergleichs bedeutet hins neuer RegBedVO keine Neufestsetzgssperre iSv § 1615 h (Gö DAVorm **74**, 469). **b)** Erfolgt die Verurtg zum **Regelunterhalt zugleich mit der Vaterschaftsfeststellung** (ZPO 643), so Möglk zur Herabsetzg erst dch bes Kl (ZPO 643 a I). **c)** Beim **gewöhnlichen Unterhaltsprozeß** (ZPO 642, 642 a) kann, um AbänderungsKl zuvorzukommen, von vornh RegUnterh abzgl eines Abschlags verlangt w (ZPO 642 d). Umgek sind vS des Bekl HerabsetzgsGrde, die bereits zZ der UnterhKl bestehen, dort geltd zu machen (ZPO 767 II). Ist der Unterh erst einmal dch Urt u Beschl festgestellt, so kann er nur noch unter den Vorauss v ZPO 323 im KlWege herabgesetzt w. **d)** Nach **Änderung der RegelunterhaltsVO** (§ 1615 f II) jew Neufestsetzung dch Beschl (ZPO 642 b), wobei in diesem Verf (selbst begründete) HerabsetzgsAntr nicht berücks werden können (Stade DAVorm **74**, 674). Die

§§ 1615h–1615k

AbändergsKl (ZPO 323) ist mit dem Ziel einer Neufestsetzg des Vomhundertsatzes gg den der UnterhPfl zGrde liegden Titel, nicht gg die Beschl des Rpflegers n ZPO 642 a, b u c zu richten (Wax FamRZ **84**, 1040).

1615 i *Stundung und Erlaß rückständiger Unterhaltsbeträge.* ¹Rückständige Unterhaltsbeträge, die fällig geworden sind, bevor der Vater die Vaterschaft anerkannt hat oder durch gerichtliche Entscheidung zur Leistung von Unterhalt verpflichtet worden ist, können auf Antrag des Vaters gestundet werden, soweit dies der Billigkeit entspricht.

IIRückständige Unterhaltsbeträge, die länger als ein Jahr vor Anerkennung der Vaterschaft oder Erhebung der Klage auf Feststellung der Vaterschaft fällig geworden sind, können auf Antrag des Vaters erlassen werden, soweit dies zur Vermeidung unbilliger Härten erforderlich ist. Der Erlaß ist ausgeschlossen, soweit unbillige Härten durch Herabsetzung des Unterhalts unter den Regelunterhalt für die Vergangenheit oder durch Stundung vermieden werden können.

IIIHat ein Dritter an Stelle des Vaters Unterhalt gewährt und verlangt der Dritte vom Vater Ersatz, so gelten die vorstehenden Vorschriften entsprechend. Die Bedürfnisse und die wirtschaftlichen Verhältnisse des Dritten sind mit zu berücksichtigen.

1) Rückständige Unterhaltsbeträge, dh die vor der Anerkenng od der rechtskr Verurteilg zur Unterh-Zahlg fäll geworden sind; der UnterhAnspr entsteht mit der Geburt. Rückstände entstehen demgem auch, bevor die unricht Anerkenng auf Anf, § 1600l, oder die rechtskr gerichtl Feststellg der Vatersch, § 1600n, iW der WiederAufn, ZPO 641i, beseitigt od die Ehelichk eines Kindes mit Erfolg angefochten ist, § 1599. Eine **Verwirkung** kommt nur außerh des Regelgsbereichs v § 1615i in Betr (BGH FamRZ **81**, 763). **Übergangsregelung:** § 1615i ist nicht anwendb auf vor dem 1. 7. 70 fällig gewordenen UnterhAnspr (Art 12 § 1 NEhelG); verfassgskonform (BVerfG NJW **79**, 539).

2) Stundung, I. BilligkEntsch. In Betr kommen insb Ratenzahlgen. Zu berücksichtigen, daß sofortige Zahlg den Vater bedeutd schwerer trifft, als eine laufde, zudem steuerermäßiggen u Kindergeld für solche Rückstände im allg nicht erlangt w können. Umst des Einzelfalles maßg, also der sonst Verpfl des Vaters, seine wirtschaftl Lage, ferner aus welchen Grden die Rückstände aufgelaufen sind, insb ob der Vater sich der Feststellg seiner Vatersch entzogen, sie bes erschwert hat od ob er, da ein Dritter zunächst als Vater festgestellt u in Anspr gen wurde, mit seiner Vatersch nicht zu rechnen brauchte (AG Hbg DAV **83**, 66). Keine Stundg von Rückständen, die nach Anerkenng od gerichtl Entsch, Urt u auch einstw Vfg fäll geworden sind.

3) Erlaß, II. Ggü Stundg erhebl erschwerte Voraussetzgen. Stets vorher zu prüfen, ob nicht Stundg od Herabsetzg des RegelUnterh für die Vergangenh genügen. Es muß auch dann noch eine unbillige Härte vorliegen. Wesentl, von wann ab der Vater mit seiner Inanspruchn rechnen mußte (LG Heilbr DAVorm **81**, 301). Desh Erl überh nur mögl, wenn die UnterhBetr länger als ein Jahr vor Anerkenng oder Erhebg der VaterschKl fäll geworden sind. Summierg v Rückständen zG v Polenaussiedler reicht nicht aus (Augsbg DAVorm **75**, 493). Kein Erlaß, wenn UnterhVerpflichteter zum Bademeister u Masseur ausgebildet wird u erwartet w kann, daß er nach Abschl der Ausbildg neben dem lfd Unterh Rückstände abzahlen kann (Kassel DAVorm **78**, 361). Erlaß bejaht bei dauernder Arbeitslosigk u UnterhPfl ggü 5 Pers (LG Gött FamRZ **85**, 199).

4) Unterhaltszahlung durch Dritten, III. Die Vorschriften über Stundg u Erlaß gelten auch für die Rückstände, die dadch entstanden sind, daß ein Dritter an Stelle des Vaters den Unterh geleistet hat, zB der Ehem der Mutter, der zunächst das Kind für das seinige hielt, bis auf Anf festgestellt wurde, daß ein and der Vater ist, Anm 1, od auch aus GeschFührg ohne Auftr u daß dieser Dr, auf den der UnterhAnspr übergegangen ist, § 1615b, nunmehr Ers au diesem Gesichtspkt od ungerecht Bereicherg verlangt; ebso Odersky § 1615k Anm II 4, aM Brüggemann FamRZ **71**, 143 IIa, der § 843 IV heranzieht. In diesem Falle sind nicht nur die wirtsch u sonstigen Verhältnisse des Vaters, Anm 3, sond auch die des Dr zu berücks.

5) Verfahrensrechtliches. Ebso wie die Herabsetzg des Unterh w Stundg u Erlaß iW der Kl geltd gemacht; zust AG GVG 23a Z 2. Der auf Unterh vom Kind verklagte Vater muß das bereits im UnterhProz tun, um nicht mit seinem Vorbringen, er sei zur Zahlg der Rückstände nicht fäh, ausgeschl zu w, ZPO 767 II. Ein bes StundgsVerf gibt es nicht, so daß also auch bei gerichtl Vergleich od Urk nach ZPO 794 I Z 5 Stundg in den Urk, ZPO 642c, berücksichtigt w muß. Das Ger kann die Stundg des rückständ Unterh von einer SicherhLeistg abhäng machen, ZPO 642e. Änd sich nach der Entsch, die der Herabsetzg stattgegeben hat, die Verhältn wesentl nach der einen od anderen od mit seiner der Vater mit seiner UnterhLeistg in Verzug, so kann ohne mdl Verh auf Antr des Berecht die frühere StundgsEntsch geändert w, wogg sof Beschw zuläss, ZPO 642f. Zust RPfleger RPflG 20 Z 11. Ist Stundg abgelehnt, so ist nichts mehr zu ändern. Läuft ein Verf nach ZPO 323, vgl ZPO 642f I 2, od 643a, so kann dort der Stundgs- od ErlaßAntr geltd gemacht w, im Verf nach ZPO 323 nur, wenn die Änderg nach Schluß der letzten Verhdl eingetreten ist, ZPO 323 II.

1615 k *Entbindungskosten.* ¹Der Vater ist verpflichtet, der Mutter die Kosten der Entbindung und, falls infolge der Schwangerschaft oder der Entbindung weitere Aufwendungen notwendig werden, auch die dadurch entstehenden Kosten zu erstatten. Dies gilt nicht für Kosten, die durch Leistungen des Arbeitgebers oder durch Versicherungsleistungen gedeckt werden.

IIDer Anspruch verjährt in vier Jahren. Die Verjährung beginnt, soweit sie nicht gehemmt oder unterbrochen ist, mit dem Schluß des auf die Entbindung folgenden Jahres.

1) Anspruch auf Erstattung der Entbindungskosten gg den n § 1600a feststehenden Vater. Gleichgült, ob das Ki scheinehel (§§ 1591ff) ist (Brüggemann FamRZ **71**, 142) od tot geboren w od ob es sich um eine Fehlgeburt handelt (§ 1615n). Zurechnungsfähigk des Schwängerers unerhebl (Dölle § 104 I 3). Seiner Rechts-

Verwandtschaft. 3. Titel: Unterhaltspflicht §§ 1615k, 1615l

natur nach handelt es sich um einen **Ersatzanspruch eigener Art,** bei dem es auf Leistgsfähigk (AG Limbg FamRZ **87**, 1192) u Bedürftigk nicht ankommt (hM; AG Gött FamRZ **88**, 1204; and 47. Aufl); übertragb; vererbl; bedingt pfändb (ZPO 850b I Z 2); bei Vorleistg dch das SozAmt überleitb (OVG Lünebg NJW **86**, 1705). Bei Leistg dch Verwandte § 1607 II analog (aA Gernhuber[3] § 60 I 1).

2) **Entbindungskosten:** Kosten für Hebamme, Arzt, Klinik, einschließl von inf einer Komplikation bes hoher Kosten, Pflegerin, Medikamente. Entstehen dch Schwangersch od Entbindg weitere notwend Aufwendgen, so hat auch diese der Mann zu tragen. Hierzu gehören ärztl Vor- u Nachuntersuchgen, mit der Schwangersch zus-hängende Krankh, SchwangerschGarderobe (AG Krfld FamRZ **85**, 1181) usw. Dagg gehören die Kosten für die Krankenhausunterbringg des Ki vor der Geburt zu dessen Unterh (LG Aach FamRZ **86**, 1040). Zur Babyausstattg § 1613 Anm 2d bb. Ersetzt werden nur die wirkl **entstandenen Kosten.** Der Anspr ermäßigt sich daher um die Leistgen, die die Mutter v and Stellen erhält: also Zahlgen aGrd der Sozial- od einer PrivVers; ebso um die Beihilfe f Frauen in BeamtStellg od im öff Dienst, aGrd v TarifVertr od auch freiw erfolgde Leistgen (Brüggemann FamRZ **71**, 144), soweit nicht eine Überleitg stattfindet (Einf 5 b v § 1601).

3) **Verfahren.** Bei Einverständn der Mutter Beratg u Unterstützg dch JA (JWG 52 III). Hat ein Dr, der nicht Vater des Ki ist (§ 1615i Anm 4), die Kosten des § 1615k gezahlt, so hat er einen Anspr gg den Vater (§ 1615l III 4, ZPO 644 II). Verpfl zur Zahlg der EntbindgsKost kann beauftr Beamt des JA beurk; bei sofort Unterwerfg Vollstr daraus. Vollstreckb Ausfertigg erteilt der JA-Beamt (JWG 49, 50).

4) **Verjährung, II.** 4 Jahre. Sol Vatersch nicht anerk od rechtskr festgestellt ist, wg § 202 I Hemmg (RG **136**, 193). Unterbrechg §§ 208 ff. Beginn mit Schluß des J, das auf die Entbindg folgt.

1615 l *Unterhalt der Mutter aus Anlaß der Geburt.* [I]Der Vater hat der Mutter für die Dauer von sechs Wochen vor und acht Wochen nach der Geburt des Kindes Unterhalt zu gewähren.

[II]Soweit die Mutter einer Erwerbstätigkeit nicht nachgeht, weil sie infolge der Schwangerschaft oder einer durch die Schwangerschaft oder die Entbindung verursachten Krankheit dazu außerstande ist, ist der Vater verpflichtet, ihr über die in Absatz 1 bezeichnete Zeit hinaus Unterhalt zu gewähren. Das gleiche gilt, wenn die Mutter nicht nur beschränkt erwerbstätig ist, weil das Kind anderenfalls nicht versorgt werden könnte. Die Unterhaltspflicht beginnt frühestens vier Monate vor der Entbindung; sie endet spätestens ein Jahr nach der Entbindung.

[III]Die Vorschriften über die Unterhaltspflicht zwischen Verwandten sind entsprechend anzuwenden. Die Verpflichtung des Vaters geht der Verpflichtung der Verwandten der Mutter vor. Die Ehefrau und minderjährige unverheiratete Kinder des Vaters gehen bei Anwendung des § 1609 der Mutter vor; die Mutter geht den übrigen Verwandten des Vaters vor. § 1613 Abs. 2, § 1615d und § 1615i Abs. 1, 3 gelten entsprechend. Der Anspruch erlischt nicht mit dem Tode des Vaters.

[IV]Der Anspruch verjährt in vier Jahren. Die Verjährung beginnt, soweit sie nicht gehemmt oder unterbrochen ist, mit dem Schluß des auf die Entbindung folgenden Jahres.

1) **Allgemeines, III, IV.** UnterhAnspr der Mutter; also nicht vererbl, soweit es sich nicht um rückständ od fäll handelt, § 1615 I, nur bedingt pfändb, ZPO 850b Z 2. Anderers erlischt er nicht mit dem Tode des Vaters, III 5, auch wenn der Vater vor der Geburt gestorben ist, § 1615n. Der Anspr (and § 1715 aF) nur unter denselben Voraussetzgen wie ein UnterhAnspr unter Verwandten, III 1, ist also nicht schuld-, sond famrechtl Anspr, von der Bedürftigk der Berecht, wobei auf VersLeistgen Rücks zu nehmen, was § 1615k allerd ausdrückl sagt, ebso bei Fortzahlg des ArbEntgelts MutterSchGeld von der Krankenkasse, Brüggemann FamRZ **71**, 146, u der Leistgfähigk des Verpflichteten abhäng, §§ 1602, 1603. Die Verpfl des Vaters geht der Verpfl der Verwandten der Mutter vor, III 2. Sind mehrere Bedürft vorhanden u ist der Vater nicht imstande, auch der Mutter den Unterh nach § 1615l zu gewähren, § 1609 I, so müssen im Hinbl auf Art 6 I GG die Anspr der Ehefr u der mj unverheirateten Kinder vorgehen. Der Anspr der Mutter rangiert vor Anspr and unterhaltsberecht Verwandter des Vaters, III 3. Der UnterhAnspr kann auch für die Vergangenh geltd gemacht w, § 1615d entspr, § 1613 II (Sonderbedarf), jedoch mit der Einschränkg, daß das nach Ablauf eines Jahres seit seiner Entstehg nur dann mögl ist, wenn vorher der Verpflichtete in Verz gek oder der Anspr rechtskräftig geworden ist, III 4, was nicht vor Feststellg der Vatersch erfolgen k (AG Krfld FamRZ **85**, 1181 m zu Recht krit Anm Köhler). Rückständ Unterh, der vor der Anerkenng der Vatersch od Rechtskr der Entsch auf Zahlg von Unterh fäll geworden ist, kann auf Antr des Vaters gestundet w; eine solche Stundg ist auch mögl, wenn ein Dr an Stelle des Vaters Unterh gewährt hat u Ers verlangt, III 4 iVm § 1615i I u III, s dort Anm 2 u 4. Die UnterhPfl des nehel Vaters ggü der Mutter geht der UnterhPfl des geschiedenen Ehem der Mutter im Range vor (Kblz FamRZ **81**, 92). Zur Erfüllg des Anspr aus § 1615l braucht der Vater nicht sein Studium aufzugeben (Ffm FamRZ **82**, 732).

2) **Der Unterhaltsanspruch, I, II,** besteht nur aus Anlaß der Schwangersch od Entbindg u ist eine Entschädigg der Mutter dch den Vater, daß sie infolgedessen ihrer Erwerbstätigk nicht nachgehen kann. Der Anspr besteht nicht, wenn die Mu bereits wg Betreuung ehel Ki an der Ausübg einer Erwerbstätigk gehindert ist (Hamm FamRZ **89**, 619); dagg kann dem Anspr nicht entgg-gesetzt werden, die Betreuung der Ki sei dch einen famfremden Dr mögl (AG Karlsr-Durlach FamRZ **89**, 315). IdR hat der Vater der Mutter für die Zeit von 6 Wochen vor bis 8 Wochen nach der Geburt Unterh zu gewähren, für diese Zeit ohne Rücks darauf, ob die Mutter selbst einem Erwerb nachgeht, es kann oder will. Mögl aber eine Verlängerg der Unterhaltszahlg bis zu 4 Monaten vor der Entbindg u bis spätestens 1 Jahr nach ihr, II 3. Wieweit die Verlängerg ganz oder zum Teil erforderl ist, entscheidet der Einzelfall. Voraussetzg für jede Verlängerg ist die Ursächlichk der Schwangersch od Entbindg dafür, daß die Mutter außerstande ist, einem Erwerb nachzugehen, endet aber 1 Jahr nach der Entbindg, II 3; wg Unterscheidg von den Entbindungskosten § 1615k Anm 2. Bei einer

1629

§§ 1615 l–1615 o

sonstigen Krankh währd der Schwangersch od im Gefolge kann der EntschGedanke ebsowenig zur Anwendg kommen wie dann, wenn ein Erwerbsschaden nicht entsteht, also die Mutter, zB dch eine Witwenpension od sonstige Rente gesichert ist. Aber Anspr auch, wenn die Mutter nicht od nur beschr erwerbsfäh ist, weil das Kind sonst nicht versorgt w könnte. Das steht aber nicht im Belieben der Mutter; es muß im Interesse des Kindes erforderl sein, weil eine and Versorgg aGrd der Krankh des Ki, zB wg erhöhter Sterblichk im 1. LebJ (AG Lahnst FamRZ **86**, 100 Apnoe), od in einer Tagesheimstätte, nicht vorhanden ist od nicht ausreicht. Die BewLast für das Vorliegen einer der Voraussetzgen von II hat die Mutter. Die Höhe des Unterhalts richtet sich nach dem Ausfall (nach der Lebensstellg, so Odersky II 3, die aber doch idR für den Ausfall bestimmd ist), so daß bei teilw Aufn der Erwerbstätigk eine Ergänzg entspr dem fr Eink zu zahlen ist; desgl die Kosten für das Aufsuchen einer neuen Stellg, wenn die fr wg der Schwangersch od Entbindg aufgegeben w mußte. War die Mutter selbständ tät, so kann auch Aufwand f eine Hilfskraft zu leisten sein – gem § 1615 l, nicht § 1615 k (LG Hbg NJW **83**, 345 = FamRZ **83**, 301 mAv Büdenbender: BetrLeiter; and LG Waldshut NJW **73**, 1417: ArztpraxVertretg) – mit den für UnterhAnspr geltden Einschränkgen, insb auch der zeitl Grenze v § 1615 l II 3 (Büdenbender FamRZ **74**, 410). Wg Beurk einer VerpflErkl dch JA u Vollstr daraus § 1615 k Anm 2.

3) Verjährung, IV. Mit § 1615 k gleichlautd; s dort. Wie nach § 1615 k kann Anspr erst geltd gemacht w, wenn Vatersch feststeht, § 1600 a; ebso Göppinger JR **69**, 405, Firsching Rpfleger **70**, 47. Vorher einstw Vfg, § 1615 o II.

1615 m *Beerdigungskosten für die Mutter.* Stirbt die Mutter infolge der Schwangerschaft oder der Entbindung, so hat der Vater die Kosten der Beerdigung zu tragen, soweit ihre Bezahlung nicht von dem Erben der Mutter zu erlangen ist.

1) Die Beerdiggskosten, § 1968 Anm 1, treffen an sich den Erben. Nur, wenn ihre Bezahlg von dem Erben nicht zu erlangen ist, hat der Vater subsidiär diese Kosten zu tragen. Höhe der Kosten unter Berücksichtigg der Lebensstellg der Mutter. Der Tod muß als Folge der Schwangersch od Entbindg eingetreten sein. Keine Kostentragg des Vaters, wenn Tod inf Abtreibg der Mutter, außer wenn Vater daran beteiligt.

1615 n *Tod des Vaters; Tot- und Fehlgeburt.* Die Ansprüche nach den §§ 1615 k bis 1615 m bestehen auch dann, wenn der Vater vor der Geburt des Kindes gestorben oder wenn das Kind tot geboren ist. Bei einer Fehlgeburt gelten die Vorschriften der §§ 1615 k bis 1615 m sinngemäß.

1) Der **Tod des Vaters,** auch der vor der Geburt des Kindes, ändert nichts an der Verpfl, die Entbindskosten u damit zushängde weitere Aufwendgen, § 1615 k, Unterh für die Mutter, § 1615 l, Beerdiggskosten für sie, wenn sie infolge der Schwangersch od Entbindg gestorben ist, § 1615 m, zu tragen; sie treffen seine Erben. Entspr bestimmt für den Unterh der Mutter § 1615 l III 5, dort Anm 1.

2) **Tot- und Fehlgeburt.** Auch in diesen Fällen trägt der Vater, ggf seine Erben, die Entbindgskosten nebst etwaigen weiteren Aufwendgen, § 1615 k, Unterh für die Mutter, § 1615 l, u die Beerdiggskosten § 1615 m. Allerd w eine Feststellg, wer Vater ist, mangels einer Anerkenng vor der Geburt, § 1600 b II, schwierig sein. Es muß dann die Vermutg des § 1600 o helfen. Erstattg der Kosten f Fehlgeburt nur dann als Folge eines gg den Willen des nehel Vaters dchgeführten SchwangerschAbbruchs war (AG Brake FamRZ **76**, 288). Kein KostErsatz f SchwangerschAbbruch (AG Bühl FamRZ **85**, 107).

1615 o *Einstweilige Verfügung gegen den Mann.* ¹Auf Antrag des Kindes kann durch einstweilige Verfügung angeordnet werden, daß der Mann, der die Vaterschaft anerkannt hat oder der nach § 1600 o als Vater vermutet wird, den für die ersten drei Monate dem Kinde zu gewährenden Unterhalt zu zahlen hat. Der Antrag kann bereits vor der Geburt des Kindes durch die Mutter oder einen für die Leibesfrucht bestellten Pfleger gestellt werden; in diesem Falle kann angeordnet werden, daß der erforderliche Betrag angemessene Zeit vor der Geburt zu hinterlegen ist.

II Auf Antrag der Mutter kann durch einstweilige Verfügung angeordnet werden, daß der Mann, der die Vaterschaft anerkannt hat oder der nach § 1600 o als Vater vermutet wird, die nach den §§ 1615 k, 1615 l voraussichtlich zu leistenden Beträge an die Mutter zu zahlen hat; auch kann die Hinterlegung eines angemessenen Betrages angeordnet werden.

III Eine Gefährdung des Anspruchs braucht nicht glaubhaft gemacht zu werden.

Schrifttum: Büdenbender FamRZ **81**, 320.

1) Entspr § 1716 aF eingef dch Art 1 Z 16 NEhelG. Währd die einstw AO nach ZPO 641 d den laufden Unterh sicherstellt u zwar solange, bis das Kind gg den Mann einen and (nicht nur vorläuf vollstreckb) Titel erstritten hat, die AO aufgeh w (ZPO 641 e I) od außer Kr tritt (ZPO 641 f), ermöglicht die einstw Vfg nach § 1615 o abgesehen von der Sicherg der Mutter im GeburtsZtraum die **Sicherstellung des Kindesunterhalts für die ersten 3 Monate.** Unterh braucht noch nicht fäll zu sein, da die einstw Vfg bereits vor der Geburt beantr u erlassen w kann, auch für Rückstände. Dagg keine Vfg nach § 1615 o nach Ablauf der 3 Mo od für UnterhRückstde (LG Düss FamRZ **72**, 48). **Zuständig** f Erlaß der Vfg das AG (GVG 23 a Z 3) als ausschließl zust Ger der Haupts (ZPO 802, 937). ZPO 926, 936 gelten auch hier (Holzhauer FamRZ **82**, 109). **Berufung** n GVG 72 zum LG (Ffm FamRZ **84**, 512 mAv Büdenbender), nicht zum OLG, auch nicht bei zwzeitl VaterschFeststellgsKl (Göppinger/Wax, UnterhR 4. Aufl Rn 3210; zur GgMeing 41. Aufl). Hinterlegg iFv I u II bei dem für die Mutter zust AG (HinterlO 1 II).

Verwandtschaft. 4. Titel: Eltern und Kinder § 1615 o, Einf v § 1616, § 1616

2) Einstweilige Verfügung zu Gunsten des Kindes, I. Um bald UnterhZahlg sicherzustellen, w and als sonst (vgl § 1615 f Anm 4) für derart Zahlgen darauf verzichtet, daß die Vatersch des in Anspr Genommenen rechtskr feststeht. **a)** Es genügt für die einstw Vfg auf Zahlg des Unterh f die ersten 3 Mo neben der **Glaubhaftmachung** der Schwangersch u des Ztpkts der Geburt der Nachw, daß der Mann anerkannt hat od nach § 1600 o II als Vater vermutet w, weil er der Mutter währd der EmpfängnZt beigewohnt h. Entgegng: Glaubhaftmachg schwerwiegder Zweifel (§ 1600 o II 2). **b)** Glaubhaftmachg der Gefährdg des UnterhAnspr f die ersten 3 Mo nicht erforderl (LG Düss FamRZ 72, 48). **c)** Einstw Vfg für UnterhAnspr nur in dem dch § 1615 o materiell beschr **Umfang** zul, also gewöhnl RegelUnterh f die ersten 3 Mo (§ 1615 f), der die SäuglingsErstausstattg umfaßt (LG Düss FamRZ 75, 279 m abl Anm Büdenbender), od voraussichtl (zB bei festgestellten Embryonalschäden) entstehder Sonderbedarf (§§ 1615 a, 1601, 1610 II). **d) Geltendmachung** des vor die Geburt vorgezogenen UnterhAnspr des Kindes erfolgt dch die Mutter od (unabh von § 1912) dch den Pfleger (I 2), zu dessen Gunsten mit der Geburt des Kindes ggf ein Wechsel der VertretgsBefugn eintritt (ZPO 241 I, §§ 1706 Z 2, 1709); vgl Büdenbender FamRZ 75, 283.

3) Einstweilige Verfügung zu Gunsten der Mutter, II, für die Anspr aus §§ 1615 k, 1615 l, ohne daß es auch hier der Glaubhaftmachg der Gefährdg bedarf. AntrSteller u Zahlgsempfänger ist die Mutter, bei deren Minderjährigk ihr gesetzl Vertreter (Elt, Vormd). Keine rückwirkde Geltdmachg dch einstw Vfg (AG Charl FamRZ 83, 305).

Vierter Titel. Rechtsverhältnis zwischen den Eltern und dem Kinde im allgemeinen

Einführung

Schrifttum: Früh Lit 46. Aufl; Knöpfel FamRZ 83, 317; Kropholler AcP 185, 244; Staudinger/ Coester, 12. Aufl 1985 (§§ 1616–25).

1) Der 4. Titel behandelt das RVerh zw Eltern u Kindern im allg, ehel wie nehel, Übbl 1 vor § 1589, also ohne Rücks auf deren Alter, währd die Titel 4 u 5 die elterl Sorge zum Inhalt haben, welche die Minderjährigk des Kindes, §§ 2, 3 voraussetzt u vormundschaftl ausgestaltet ist. Wg der Systematik Übbl 1 vor § 1589.

2) Ergänzende Bestimmungen. Die Vorschr des I. Untertitels haben ihren Grd in dem Verwandtsch-Verh von Elt u Ki. Denselben RGrd haben ua der den Wohnsitz des ehel Ki betr § 11; Verj v Anspr zw Elt u Ki (§ 204); das UmgangsR (§ 1634 Anm 1 a); die EinwilliggsErkl zur EhelErkl (§§ 1727, 1740 b) u zur KiAnnahme (§§ 1746, 1747); der UnterhAnspr (§§ 1601 ff); Einwirkg der Elt auf die Bestellg des Vormds, Berufg der Elt zur Vormsch über Vollj (§ 1899); Erb- u PflichttR (§§ 1924 ff, 2303); ErbersatzAnspr (§ 1934 a). Das Ki hat ein ZeugnVerweigerngsR (ZPO 383 I Z 3; StPO 52 I Z 3). Schließl beeinfl das Elt-Ki-Verhältn die Strafbark gewisser Hdlgen (zB StGB 174 I Z 3, 221 II, 235, 247, 258 VI).

3) Internationales Privatrecht EG 19, 20. **Innerdeutsches Kollisionsrecht** EG 19 Anm 5.

1616 *Familienname des ehelichen Kindes.* Das eheliche Kind erhält den Ehenamen seiner Eltern.

Schrifttum: Diederichsen NJW 76, 1169; Reichard StAZ 76, 177; Ruthe FamRZ 76, 413; Frauenstein StAZ 80, 261 (NÄG); Frauenstein/Kümmel/Reichard, Die öff-rechtl NÄ, Ffm 1981; Henrich, Erwerb u Änderg des FamNamens, 1983; Coester StAZ 84, 298; Zuester StAZ 86, 278 (NamÄndg).

1) NEhelG Art 1 Z 18 fügte „ehel" hinzu; 1. EheRG Art 1 Z 23 beseitigt die hins ihrer Vereinbark mit dem GleichberGrds zweifelh Maßgeblichk des FamNamens des Vaters (vgl Vorb 35. Aufl). Das G hält an der **Namensgleichheit von Eltern und Kind** fest u sieht vor, daß das Kind den FamNamen (§ 1355 I) trägt. Das kann der Name des Vaters od (iGgs zur aF) derj der Mutter sein (§ 1355 II). Der Begleitname, den EltT gem § 1355 III dem gemeins Ehenamen vorangestellt hat, teilt sich in keinem Fall dem Kinde mit. Wg des NamensR im allg § 12. § 1616 enthält **zwingendes Recht.** Das ehel Kind hat das Recht u die Pfl, den Ehenamen seiner Elt zu tragen. Gilt auch für Kinder aus nichtigen Ehen (§ 1591 I 1 Halbs 2). Zu dem Fall, daß die Elt keinen gemeins FamNamen führen, Otto StAZ 83, 279; Grasmann StAZ 88, 185; BayObLG StAZ 84, 244; StAZ 88, 199 Spanien. **Doppelname** unzul, auch wenn die it Mutter einen solchen führt (Stgt NJW 88, 3099). Wg des Namens des nehel Kindes § 1617, des legitimierten §§ 1719, 1737, 1740 f II, des angen § 1757. Vor- und FamNamen des Findelkindes bestimmt die zust VerwBehörde (PStG 25). Wg der Staatsangehörigk des ehel Kindes im Verhältn zu derj seiner Elt vgl RuStAG 4 I, 16 II, 19, 23, 27 ff. **Internationales Privatrecht:** EG 10 V.

2) Familienname.

a) Erwerb. Das ehel Kind erhält den Ehe-, besser: den FamNamen seiner Elt, also den a Grd von § 1355 II zum Ehenamen gewordenen Namen des Vaters od der Mutter. Das gilt auch für Kinder, bei denen ein EltT Ausländer ist, wenn die Elt einen gemeins FamNamen nach dt Recht führen (BGH FamRZ 79, 467), u zwar auch, wenn der Ausl gem § 1355 III seinen Namen vorangestellt h (Hbg FamRZ 87, 97). Fehlt ein gemeins Ehename, gilt § 1355 II analog (BayObLG NJW 85, 564). Unzul ist die Bildg eines Doppelnamens für das Ki (Stgt StAZ 85, 72; Zweibr StAZ 85, 339; Hbg NJW-RR 87, 1288; aA LG Tüb StAZ 83, 206). Die Adelsbezeichng ist Teil des Namens, weibl Kinder führen sie in der weibl Form (RG 143, 107); vgl iü § 1355 Anm 2 b. Wg des Hofnamens vgl VerwVorschr v. 18. 12. 51, GMBl 267. Maßg der FamName der Elt zZ der Geburt des Kindes. Führen die Elt keinen gemeins FamNamen, gilt § 1355 II 2 analog (Celle StAZ 77, 312).

b) Nachträgliche Änderungen. Dch die Aufhebg od Scheidg der elterl Ehe wird das NamensR des Kindes selbst dann nicht berührt, wenn als Folge der Scheidg der eine EltT seinen Geburts- od vor der

§ 1616 2, 3   4. Buch. 2. Abschnitt. *Diederichsen*

Eheschließg geführten FamNamen wieder annimmt (§ 1355 IV 2), mag es sich dabei auch um denj EltT handeln, bei dem das Kind lebt. Wiederherstellg der Namensgleichh mit diesem EltT nur iW des NamÄnd-Verf nach dem NÄG. Im Ggs zur ausführl Regelg der Teiln des nehel Kindes an der NamensÄnd seiner Mutter (§ 1617) trifft das 1. EheRG hins der NamensÄnd aS der Elt des ehel Kindes keine Regelg. Zur Lückenausfüllg: 1. Grds: Erst nach der Änd des Ehenamens seiner Elt kann sich der FamName des ehel Kindes ändern. Namensänderg aGrd einer Legitimation (§§ 1719, 1737, 1740 f II) verändern ledigl den Geburtsnamen des betr EltT; war dieser zum Ehenamen der Elt geworden, so ändert er sich nur, wenn auch der and Eheg einverstanden ist (§§ 1617 IV, 1720, 1737 S 3, 1740 f III). Wird ein EltT als Kind angen, erstreckt sich die NamensÄnd wiederum nur über den and Eheg auf das Kind (§ 1757). Wird der FamName der Elt dch VerwAkt geändert (Antr beider EheG erfdl!), so nimmt das Kind grdsl an der NamensÄnd teil; die Wirkg kann auch in der Entsch ausgeschl werden (NÄG 4). 2. Grds: Ändern die Elt gemeins ihren Ehenamen, nimmt das ehel Kind daran teil, aber analog EheG 13 a III ab vollendetem 14. LebJ nur aGrd einer entspr Anschließgs-Erkl (NJW 76, 1173; ebso Ruthe FamRZ 76, 413). Eine NamensÄnd des Kindes ist iJf im Geburten- u auch im FamBuch einzutr (PStG 21, 30 I). Ändern Mutter od Vater ihren FamNamen (nach Scheidg od Verwitwg) dch Wiederverheiratg, nehmen ihre erstehel Kinder an dieser Änd nicht teil; der neue Ehepartner kann den Kindern auch nicht seinen Namen erteilen, § 1618 I nicht entspr anwendb (KG NJW 71, 846). Die VerwGer nehmen in diesen **Stiefkinderfällen** vielf einen wicht Grd iSv § 3 I NÄG an (OVG Kblz FamRZ 83, 205; weit Nachw 41. Aufl; Quester StAZ 87, 278), was angesichts der detaillierten NamRegelg im FamR des BGB in diesem Ausmaß unzul sein dürfte (so jetzt grdsl auch BVerwG NJW 83, 1866 ff; FamRZ 83, 809; 86, 903, 904 u 905; weitere Entsch StAZ 83, 250 ff; 84, 132 ff; dazu Noltze StAZ 84, 243) u zumal ein späterer Sinneswandel keinen wicht Grd für eine RückÄndg darst (VGH Mannh NJW 87, 1780; RevEntsch: BVerwG NJW 87, 2454). Kein Ausweg auch die Bildg v Doppelnamen (aA VGH BaWü FamRZ 86, 585; VGH Mannh NJW 86, 2963). Mit der Berücks des "KiWohls" maßt sich das VerwG zivilrechtl Kompetenzen an (and offenb Enste ZfJ 83, 396). Keine NamÄnderg, wenn die Mutter dem Vater die Ausübg seines UmggsR dch negat Beeinfl des Ki unmögl macht (BVerwG DAV 83, 742) od leibl Vater sich ggü dem Ki nichts zuschulden kommen läßt u den Kontakt zu dem Ki hält (Hess VGH FamRZ 83, 737; aA OVG Hbg FamRZ 83, 740). Jedenf genügt die allg Erwägg, es diene dem Kinde, dens Namen zu tragen wie die zur ei Sorge berecht Mutter, hierzu nicht (OVG Hbg FamRZ 82, 187). Ein wicht Grd für die NamÄndg kann zum Abbau eines von dem nicht sorgeberecht EltT selbst aufgebauten Konflikts angen w (VGH BaWü FamRZ 85, 1160). Heiraten sich die gesch Elt wieder u wählen iRv § 1355 II einen and Namen als in der 1. Ehe, so erstreckt sich die NamÄnderg auch auf die gemeins Ki (Ffm NJW 78, 2301). Nimmt die Mutter nach der Scheidg gem § 1355 IV 2 wieder ihren Mädchennamen an, ist dieser grdsl nicht auf die Kinder zu übertr (OVG NW StAZ 80, 47). Kein Doppelname des innerh einer **nichtehelichen lebensgemeinschaft** geborenen Kindes (Einf 8 a vor § 1353). Unzul auch die NamAngleichg bei **Pflegeeltern** (aA OVG Lüneburg StAZ 87, 77), auch wenn Behinderg der Ki einer Adoption im Wege steht (aA BVerwG FamRZ 87, 807 = StAZ 87, 251 mA Salgo). Keine NamÄndg auch trotz langjähr gutgläub Führg des falschen Nam (VG Brem StAZ 87, 107).

c) **Verlust des Familiennamens.** Der FamName kann aufgegeben werden bei der Eheschl (§ 1355 II); doch kann dann der als FamName verloren gehde Name als Begleitname beibehalten w (§ 1355 III). Nach Scheidg kann der FamName wieder angen w (§ 1355 IV 2). Verlust des FamNamens ferner dch Adoption (§ 1757 I 1); aber Möglk, dem neuen Namen den früh FamNamen hinzuzufügen (§ 1757 II 1); dch NamensÄnd aGrd eines VerwAktes nach dem NÄG (Einl 3 g vor § 1297 u Ficker, Recht des bürgerl Namens S 138 ff), wobei die Lockerg der NamWahlBefugn iRv § 1355 kein Anlaß ist, früh Adelsbezeichngen der Mutter iW der NamÄnderg dem Sohn zugutekommen zu lassen (BVerwG StAZ 79, 93).

3) Vorname (Lit: Sturm ÖsterrStA 87, 18; Seibicke StAZ 88, 157; Diederichsen StAZ 89, H 11/12; vgl iü 48. Aufl).

a) Das **Bestimmungsrecht** steht als Ausfl der elt Sorge beiden Elt gemeins zu (§§ 1626 II, 1627), beim ne Ki der Mutter (§ 1705). Bei Nichteinigg der Elt § 1628 I. **Anzeigepflicht:** PStG 16, 17. Das materielle VornR wird vom GewohnhR u § 1666 beherrscht.

b) Aus deren Ordngsfunktion heraus ist die **Anzahl** der Vorn, wenn nicht ein bes Interesse nachgewiesen wird, auf 4 zu beschr (and Kln StAZ 88, 82: 7). Unzul sind mehr als 2-gliedr VornKombinationen mit Bindestr. **Geschlechtsoffenkundigkeit:** Knaben ist ein männl, Mädchen ein weibl Vorn zu geben. Bei ausländ od geschlneutralen Vorn zusätzl (BVerfG StAZ 83, 70 "Heike"; Karlsr NJW-RR 89, 1030 "Eike"; als ausschließl männl Vorn erlaubt: "Kai"; Celle StAZ 88, 106). Als kathol ZusatzVorn auch bei Jg erlaubt: "Maria" (BayObLG FamRZ 86, 197). Die Prax der geschl-eindeut ZusatzVorn ist sprachwiss unhaltb, da es in der BuRep nicht mehr verbindl Rufnamen gibt. Iü sind Vorn Bestandteile der allg Landessprache. Die VornGebg darf iü nicht die allg Sitte u Ordng verletzen (BGH 29, 256). **Unzulässig** sind willkürl, anstöß, unverständl, ganz ungebräuchl od zur Kennzeichng ihres Trägers ungeeign Bezeichngen; Bspe dafür: "Moon Unit" (AG Bln-Schöneberg StAZ 88, 139); "Windsbraut" (LG Ravbg StAZ 85, 166); Klicklaute afrikan Buschmänner (LG Münst StAZ 84, 129 mA Flatau); berühmte od gäng Nachn od Heiligennamen (Düss StAZ 85, 250 "Hemmingway"; Ffm StAZ 85, 106 "Schröder"; LG MöGladb StAZ 85, 166 "Jesus"); gleiche Vorn für Geschw (AG Augsbg StAZ 84, 130). Als ungeeign werden auch Tierbezeichnungen angesehen (BayObLG StAZ 86, 248 "Moewe"). **Ausnahmen** sind nur zul zur Pflege landsmannschaftl od fam Brauchtums, wie in Ostfriesld derj, Ki der FamNamen v Vorfahren als Vorn zu erteilen (BGH 29, 256 "ten Doornkaat"). Weithin akzeptiert werden **ausländische** Vorn, wobei die ausländ GeschlZuordng beibehalten werden muß (BGH 73, 239). Bei klangl GeschlNeutralität od Mißverständlk Zusatz eines geschl-eindeut Vorn erfdl (BGH aaO "Aranya"). Mangels verbindl Rufn ist auch diese Prax zweifelh; zB "Maitreyi Padma" (Karlsr StAZ 87, 224) od "Decembres Noelle" als Mädchen-Vorn (Hamm NJW-RR 89, 1032). Die Elt **kein freies Vornamenserfindungsrecht** (äuß umstr; aA zB Zweibr NJW 84, 1360 "Pumuckl" u NJW-RR 88, 712 "Tamy Sarelle"; BayObLG u Stgt StAZ 87, 168 u 88, 82 "Kaur"). Die GgMeing verbietet ledigl ungeeign (zB Interjektionen), anstöß, lächerl u das Kindeswohl beeinträchtigde Bezeichngen (Staud/Coester

Verwandtschaft. 4. Titel: Eltern und Kinder §§ 1616, 1617

Rdn 113 ff; Maßfeller/Hepting, PStG, 25. Lfg 1988, § 21 Rdn 98). Unzul sind ferner **Namenszusätze:** Neckn, Übern, Titel, „jun" u röm Ziff, es sei denn, dies entspr altem Herkommen wie beispielsw in der Fam Prinz Reuß, in der seit Kaiser Heinr VI. sämtl Söhne unter Zusatz röm Kardinalzahlen Heinrich heißen.

c) **Änderung des Vornamens** gem NÄG 3 I, aGrd v Adoption (§ 1757 II 1) u bei Geschlechtsumwandlg (TranssexuellenG v. 10. 9. 80, BGBl 1654; Lit: Sab Augstein StAZ **81**, 10) iVm dauernder Fortpflanzgsunfähigk (Hamm FamRZ **83**, 491). Unzul VornÄndg aGrd des NÄG nach eigenmächt VornGebg dch die PflegeElt (aA BVerwG FamRZ **87**, 807); aGrd einer ReinkarnationsErfahrg (VG Münst StAZ **87**, 80); wg seel Belastg der GroßElt (aA VGH Ksl NJW-RR **88**, 711). Anspr- u Antrbrecht ist der Mj; keine Kl der Elt im eig Namen (BVerwG NJW **88**, 2400).

1617 *Familienname des nichtehelichen Kindes.* ¹Das nichteheliche Kind erhält den Familiennamen, den die Mutter zur Zeit der Geburt des Kindes führt. Als Familienname gilt nicht der gemäß § 1355 Abs. 3 dem Ehenamen vorangestellte Name.

II Eine Änderung des Familiennamens der Mutter erstreckt sich auf den Geburtsnamen des Kindes, welches das fünfte Lebensjahr vollendet hat, nur dann, wenn es sich der Namensänderung anschließt. Ein in der Geschäftsfähigkeit beschränktes Kind, welches das vierzehnte Lebensjahr vollendet hat, kann die Erklärung nur selbst abgeben; es bedarf hierzu der Zustimmung seines gesetzlichen Vertreters. Die Erklärung ist gegenüber dem Standesbeamten abzugeben; sie muß öffentlich beglaubigt werden.

III Eine Änderung des Familiennamens der Mutter infolge Eheschließung erstreckt sich nicht auf das Kind.

IV Ist der frühere Geburtsname zum Ehenamen des Kindes geworden, so erstreckt sich die Namensänderung auf den Ehenamen nur dann, wenn die Ehegatten die Erklärung nach Absatz 2 Satz 1 und 3 gemeinsam abgeben. Für den Namen von Abkömmlingen des Kindes gelten Absatz 2 und Absatz 4 Satz 1 entsprechend.

Schrifttum: Zum NehelG vgl 35. Aufl; zum 1. EheRG s LitAngaben zu § 1616. Pentz StAZ **77**, 294.

1) Der beherrschde Gedanke ist der **Namenseinklang von Mutter u heranwachsendem Kind,** zumal in der Schule die Verschiedenh des Kindes- vom Mutternamen dem Kind schädl sein kann. Im VorderGrde soll die Aufg des Geburtsnamens stehen, das Individuum zu kennzeichnen, nicht dessen Abstammg (vgl dazu Hansen FamRZ **68**, 428). Erst iRv Namensänderungen bei der Mutter wird stufenweise dem Kindeswillen Rechng getragen. **Internationales Privatrecht:** EG 10 VI.

2) **Grundsatz, I.** Das nehel Kind erhält den FamNamen, den die Mutter zZ der Geburt des Kindes führt, **S 1.** FamName ist entweder der Geburtsname der Frau od ein Name, den sie dch Legitimation, Adoption od Eheschl erworben hat, im letzteren Fall sogar auch dann, wenn die Ehelichk des Ehebruchskindes erfolgreich angefochten u die Ehe gesch wird, die Mutter aber den bish, vom Manne stammden Ehenamen beibehält. Das nehel Kind erhält dagg nicht den Begleitnamen, den seine Mutter dem Ehenamen dem Ehem gewählten Namen des Ehem vorangestellt hat, **S 2** (§ 1355 Anm 3). Heiratet die A den B u wird B zum Ehenamen, währd die Ehefr sich A–B nennt, so bekommt ihr nehel geborenes od dch EhelkAnfechtg nehel gewordenes Kind den Namen B; den Namen A bekommt es nur, wenn die Frau nach Ehescheidg diesen wieder angen hat u schon bei Geburt des Kindes führt (and BVerwG NJW **86**, 740 iW v NÄG 3 I). In keinem Fall erhält es den Namen A–B, es sei denn iW des NamÄndVerf nach dem NÄG. Der Begleitname teilt sich dem nehel Kind analog S 2 auch dann nicht mit, wenn die Mutter nach § 1355 aF ihren Mädchennamen dem Mannesnamen hinzugefügt hat (Hbg StAZ **83**, 104; Reichard StAZ **76**, 182). IjF unerhebl, ob NEhelk erst aGrd Anfechtg angen (§ 1593), weil Kind im Ehebruch erzeugt ist (Simitis StAZ **70**, 257). Zum Namen eines Kindes innerh einer **nichtehelichen Lebensgemeinschaft** Einf 8 a vor § 1353. Den **Vornamen** (vgl § 1616 Anm 3) bestimmt die Mutter als Ausfluß des SorgeR (§§ 1626 II, 1705 S 2); vgl § 1616 Anm 3. Kein R zur Einflußn dch den nehel Vater (OVG Münst NJW **86**, 2964). Zur **Änderung** des Vorn § 1616 Anm 3.

3) **Änderung des Mutternamens. a)** Die **Tatbestände** nachträglicher NamÄnderg der Mutter sind vor allem, wenn die Mutter selbst nehel war, die Einbenenng u die Legitimation dch nachfolgde Ehe der GroßElt des Kindes od auf Antr des Vaters od der nehel Mutter selbst (§§ 1618 I, 1720, 1737, 1740 f II 1), ferner die Adoption der Mutter (§ 1757 I 1) od der Fall des EheG 13a III, wenn die Elt der nehel Mutter im Ausl gelebt haben. Hauptfall wird derj sein, daß die Mutter nach Ehescheidg ihren Mädchennamen od einen vor der Ehe geführten Namen zB aus einer früh Ehe wieder annimmt (§ 1355 IV 2). Dieser früh Nam kann sich auf das nehel Kind der Frau erstrecken, nicht dagg auf Kinder aus der gesch od einer früheren Ehe (§ 1616 Anm 2 b). Eine Änd des FamNamens der Mutter inf Eheschließg erstreckt sich nicht auf das nehel Kind, **III.** Dh wenn die nehel Mutter heiratet u der Name des Ehem zum Ehe- u FamNamen wird, so behält das ne Kind den urspr Namen der Mutter; es kann aber vom Stiefvater einbenannt w (§ 1618). Haben Mutter u deren Ehem gem EheNÄndG (§ 1355 Anm 1 baa) den Geburtsnamen der Frau zum Ehenamen bestimmt, so kann sich das Ki anschließen (AG Hbg StAZ **80**, 284). **b)** Die **Erstreckung der Änderung des Mutternamens auf das Kind** (Lit: Marcks StAZ **85**, 317) geschieht nach bestimmten Altersstufen (Schulbeginn, EntschReife) u sonst Umst (eig Ehe des Kindes) gestuft. Da die NamensÄnd an keine Fr gebunden ist (vgl beispielsw § 1355 Anm 4 aE), bedarf es der Feststellg, daß sich die Erfordern aS des Kindes nach dessen jew Alter richten. Auch bei ihm ist die Anschließg nicht fristgebunden; ist darüber aber, wenn auch dch Vertreter, entschieden w, so ist die Entsch endgült. Zweckmäß daher eine Herbeiführg der KindesEntsch, sobald sich der Name der Mutter geändert hat. Iü kommt die Änd des Kindesnamens als Folge einer NamensÄnd bei der Mutter nur in Betr, wenn das Kind den bish Namen der Mutter noch führt (Reichard StAZ **76**, 182). **aa)** Bis zur Vollendg des 5. LebJ nimmt das ne Kind an einer Änderg des Mutternamens ohne weiteres teil, obw das G dies im Ggs zur aF nicht mehr ausdrückl bestimmt. **bb)** Danach hat das Kind ein WahlR, ob es den bish Namen weiterführen

§§ 1617, 1618

od die NamÄnd der Mutter mitmachen will. Eine nach Vollendg des 5. LebJ eintretde NamÄnd aS der Mutter wirkt sich auf das Kind nur aus, wenn es sich der NamÄnd anschließt, **II 1**. Die Anschließg erfolgt dch öff beglaubigte Erkl (§ 129; JWG 49 I Z 4) ggü dem StBeamten, **II 3**. Zu dessen Zustdgk PStG 31 a I. Im Alter von 5 bis 14 J wird das Kind hierin dch seinen gesetzl Vertreter, also dch einen Pfleger (§§ 1706 Z 1, 1705 S 2, 1630 I) od seine Mutter (§§ 1705, 1707), vertreten. Ab Vollendg des 14. LebJ kann das Kind die Erkl, wenn auch unter Zust des gesetzl Vertr, nur selbst abgeben, **II 2**. II ist auf vor dem 1. 7. 70 geborene Kinder nicht anwendb (Ffm StAZ **77**, 282); die Vorschr gilt nicht für einbenannte Kinder (Pentz StAZ **77**, 294). **cc)** Mit Eintr der Volljährigk (§ 2) hängt die Namenserstreckg ausschließl vom Willen des Kindes ab, während § 1617 II 2 aF die NamErstreckg auf das Kind nach Vollendg des 18. LebJ überh ausschloß. **dd)** Ist das nehel Kind bereits seiners verheiratet, gelten Anm bb u cc, sof der Ehename der Name des and Eheg ist; das ne Kind hat dann nur die Möglk, seinen Geburtsnamen u damit evtl seinen Begleitnamen (§ 1355 III) zu ändern. War dagg der Name des nehel Kindes von Ehenamen von dessen Ehe geworden, dann setzt die Erstreckg der NamensÄnd in der Pers der Mutter voraus, daß auch deren Schwiegerkind gemeins mit dem nehel geborenen Ehegatten die AnschließgsErkl abgibt, **IV 1**. **c)** Auf ehel od nehel Abkömml der den Namen ändernden Großmutter erstreckt sich deren NamensÄnd nur wiederum unter den in Anm b erläuterten Zustimmungserfordernissen, **IV 2**; ggf sind also Zustimmgen mehrerer Generationen erfdl, damit sich die NamensÄnd bis ins 3. Glied fortpflanzt. Auf die Regelg II bis IV wird in zahlreichen and Vorschr verwiesen (vgl §§ 1618 IV, 1720 S 3, 1737 S 3, 1740 f III, 1757 I 4).

4) Übergangsrechtlich gilt

NEhelG Art 12 § 6 ¹*Für den Familiennamen eines Kindes, das vor dem Inkrafttreten dieses Gesetzes geboren ist, gilt § 1617 des Bürgerlichen Gesetzbuchs nicht.*

II *Führt die Mutter seit der Geburt des Kindes einen Ehenamen, so hat jedoch das Vormundschaftsgericht dem Kinde auf seinen Antrag den Ehenamen der Mutter zu erteilen, wenn dies dem Wohle des Kindes nicht widerspricht. Ein minderjähriges Kind, welches das vierzehnte Lebensjahr vollendet hat, kann den Antrag nur selbst stellen; es bedarf hierzu der Zustimmung seines gesetzlichen Vertreters. Die Verfügung, durch die das Vormundschaftsgericht dem Kinde den Ehenamen der Mutter erteilt, wird erst mit der Rechtskraft wirksam.*

III *Ist dem Kind auf Grund des Absatzes 2 der Ehename der Mutter erteilt worden, so gilt § 1617 Abs. 2 des Bürgerlichen Gesetzbuchs entsprechend.*

a) Grundsatz I. Bisher, § 1706 I aF, erhielt das nehel Kind den Familiennamen der Mutter, ist diese verheiratet, ihren Mädchennamen, § 1706 II 1 aF. Um dem Kind, das vor dem 1. 7. 70 geboren ist, einen Namenswechsel zu ersparen, der bei Anwendung des § 1617 iVm Art 12 § 1 eintreten würde, w solche Kinder der Regelg des § 1617 I nicht unterworfen. Auch bei einem vor dem 1. 1. 70 ne geborenen Ki, dessen Nehelk aber erst nach Inkraftttr des NEhelG festgestellt wird, verbleibt es bei dem FamNamen, den die Mutter zZ der Geburt des Ki führte (BayObLG FamRZ **89**, 662).

b) Um die Namensgleichheit zwischen Kind und Mutter trotzdem zu erreichen, die § 1617 zum Ziel hat, besteht die Möglichk der Einbenennung, § 1618; eine weitere schafft **II**, indem es dem Kind ein Antragsrecht gibt, ihm den Ehenamen der Mutter zu erteilen; Voraussetzg hierfür, daß **aa)** die Mutter denselben Ehenamen wie zZ der Geburt des Kindes noch fortführt, wobei zweitl Andersnamigk (EheG 55 II) keine Rolle spielt (Hof DAVorm **73**, 692; Odersky FamRZ **74**, 565), **bb)** daß das dem Wohl des Kindes nicht widerspricht, II 1, was zB zu verneinen, wenn die Mutter sich um das Kind nicht kümmert, das Kind unter seinem bisherigen Namen herangewachsen ist; aber zu bejahen sein kann, wenn das Kind infolge eigener Verheiratg jetzt einen and Namen führt, LG Mü FamRZ **71**, 199. Da die Namenserteilg dem Kindeswohl nicht widerspr darf, w von der Vermutg auszugehen sein, daß der Antr dem Kindeswohl entspr, falls das Ggteil nicht festgestellt w kann. **cc) Verfahren.** Auf Zust des gleichnam geschied Ehem der Mutter kommt es nicht an (Karlsr MDR **73**, 228); er ist aber zu hören u hat eig BeschwR (LG Kln DAVorm **80**, 49). Durchbenenng zul, wenn ne Mutter ihres gem NEhelG Art 12 § 6 neuen Namen ihrer Mutter erhält, AG Hbg StAZ **73**, 167. Erteilg dch VormschG; zust Rpfl, RPflG 3 Z 2a. Zustdgk FGG 43, 36. Wg II 2 oben Anm 3. Erteilg wirks erst mit Rechtskr der Vfg, II 3. Keine Nachprüfg der sachl Richtigk im Verf nach PStG 45 II (Hamm FamRZ **73**, 157).

c) Weitere Angleichung III. Währd II den Fall trifft, daß die Mutter inzw verheiratet ist u das G dem Kind den Weg zur Namensgleichheit mit der verheirateten Mutter dch Erteilg seitens des VormschG auf Antr des Kindes eröffnet, gibt III dem Kind dch Bezugn auf § 1617 II die Möglichk auch dann, wenn die Mutter infolge Auflösg od Nichtigk der Ehe ihren Ehenamen verliert, die Namensgleichh mit der Mutter wieder herzustellen, § 1617 Anm 3. Heiratet die Mutter, ist eine erneute Namensänderg dch Einbenenng zul (Bochum, StAZ **78**, 245).

d) Im Ggs zum NEhelG enthält das 1. EheRG keine ausdrückl ÜbergangsVorschr in diesem Ber; aus Art 12 Z 11 geht jedoch hervor, daß in der obigen Bestimmg, sow darin auf § 1617 Bezug gen w, dessen nF anzuwenden ist.

1618 Einbenennung des nichtehelichen Kindes.

¹*Die Mutter und deren Ehemann können dem Kinde, das einen Namen nach § 1617 führt und eine Ehe noch nicht eingegangen ist, ihren Ehenamen, der Vater des Kindes seinen Familiennamen durch Erklärung gegenüber dem Standesbeamten erteilen. Als Familienname gilt nicht der gemäß § 1355 Abs. 3 dem Ehenamen vorangestellte Name. Die Erteilung des Namens bedarf der Einwilligung des Kindes und, wenn der Vater dem Kinde seinen Familiennamen erteilt, auch der Einwilligung der Mutter.*

II*Ein in der Geschäftsfähigkeit beschränktes Kind, welches das vierzehnte Lebensjahr vollendet hat, kann seine Einwilligung nur selbst erteilen. Es bedarf hierzu der Zustimmung seines gesetzlichen Vertreters.*

Verwandtschaft. 4. Titel: Eltern und Kinder § 1618 1, 2

III Die Erklärungen nach Absatz 1 und 2 müssen öffentlich beglaubigt werden.
IV Ändert sich der Familienname des Vaters, so gilt § 1617 Abs. 2 bis 4 entsprechend.

Schrifttum: Diederichsen NJW 76, 1175; A. Koumaros, Die Einbenenng des ne Kindes, Diss Freibg 1976; Ruthe FamRZ 76, 414; Simon StAZ 74, 197; Kumme ZBlJugR 79, 343.

1) Namenserteilung an nichteheliches Kind. Einbenennung ist ausschließl die Erteilg des Namens in der Weise, daß der Name des Einbenennden an die Stelle des vom Kind bish geführten Namens tritt. Unzul die Bildg v Doppelnamen (Stgt FamRZ 71, 534). Namenserteilg hat weder Rechte noch Pflichten des Stiefvaters zur Folge. Der Ehem der Mutter u auch der nehel Vater des Kindes können diesem ihren Namen erteilen, **I. Zweck:** Namensgleich aller zu einer fakt Familie gehör Personen, um ne Geburt nach außen nicht in Erscheing treten zu lassen; vS des ne Vaters Möglk zur Tarng eines Konkubinats (vgl Odersky I) sowie zur (ggü der eigtl Legitimation auf den Namen beschränkten) Anerk eines nehel Kindes dch seinen Vater (zu den versch sozialen Situationen der Einbenenng vgl NJW 76, 1175). Fakt Namensgleichh läßt sich auch dadch erzielen, daß bei der Eheschließg der nehel Mutter deren FamName, den auch ihr ne Kind trägt, zum Ehenamen gewählt wird (§ 1355 II 1). Einbenenng ist einseit RGesch; Eintr im Geburtenbuch (Anm 2b) wirkt deklarator (BayObLG FamRZ 64, 458). Zu unterscheiden von der EhelichErkl (§§ 1723 ff), der wg der Fassg der AbstammgsUrk der Vorzug vor der bl Einbenng gegeben w wollte (Evans- v Krbek FamRZ 75, 324). NamErteilg dch den Vater auch für vor dem 1. 7. 70 geborene Kinder zul (KG StAZ 79, 267). Unabhäng v den Voraussetzgen des § 1618 kann das nehel Kind den Namen seines Vaters iR der Namensänderg nach dem **NÄG** erhalten (Lit: Enste, Die NamÄnderg n § 3 I NÄG, Diss Münst 1983), wenn ein wicht Grd dafür vorliegt, wie etwa das Aufwachsen u polit Laufbahn unter dem Namen des Vaters bejaht w ist (Hess VGH DAVorm 80, 575); ebso, wenn das mj Kind aus geschiedener Ehe im Haush seiner wieder verheirateten Mutter lebt (VG Hann FRES 1, 348).

2) Erfordernisse:

a) Das nehel Kind muß den **Namen der Mutter** führen, dh den FamNamen, den die Mutter bei der Geburt des Kindes hatte (§ 1617 Anm 2). Ist das Kind bereits einbenannt, schließt das eine **weitere Einbenennung** nicht aus (Engler FamRZ 71, 79; Simitis StAZ 70, 259; Kumme ZfJ 80, 341 u 83, 80; aA BayObLG FamRZ 88, 319 = StAZ 88, 168 mA Drewello; Kln StAZ 75, 191; Stgt FamRZ 82, 955; Lüb DAV 76, 694 mit einer in diesem Zushg ungerechtf Betong des gesetzgeberischen Willens; Pentz StAZ 77, 294); ebensowenig die vorher Adoption des Kindes dch seine ne Mutter vor deren Eheschl (Ffm FamRZ 68, 48). Die Einbenenng ist daher auch dann zul, wenn das Ki im Ztpkt seiner Geburt den FamNamen seiner Mutter geführt hat u zwischenzeitl den Ehenamen seiner Mu iW der öffrechtl NamÄnderg erhalten hat u somit im Ztpkt der Einbenenng keinen Namen n § 1617 führt (AG Tüb StAZ 79, 322). Hat die Mutter nach Scheidg ihren Mädchennamen wieder angen, ist das Kind diesem NamWechsel aber nicht gefolgt (§ 1617 Anm 3), so besteht nach dem einduet GesZweck v § 1618 gleichwohl analog die Möglk, es nach dem n. 2. Ehem der Mutter einbenennen zu lassen (aA KG DAV 79, 613). Analogie zu § 1617 II, falls die die Einbenenng veranlasste Ehe der Mutter nach kurzer Zeit wieder aufgelöst w (Engler FamRZ 71, 80; Gernhuber § 58 II 5; aA Odersky V). Dagg entfällt von der ratio legis her die Einbenng nach dem Tod des Kindes u wenn es **selbst eine Ehe eingegangen** ist, auch wenn diese inzw wieder aufgelöst ist. Im Falle der Einbenng dch den Vater ist entspr der Legitimationsfunktion dieser Einbenenngsart die Einbenenng auch dann noch mögl, wenn das Kind bereits verh ist od war (Mosb DAV 78, 657); in diesem Fall gilt dann § 1617 IV analog. Anders Ruthe FamRZ 76, 414, die das Erfordern der Nichtverehelichg des Kindes auf die beiderseit auf die einseit Einbenenng dch den Vater allein bezieht (ebso auch Karlsr DAV 79, 196; KG StAZ 79, 267).

b) Namenserteilg **durch die Mutter und deren Ehemann** (beiderseit Einbenenng) **oder durch den Vater** des Kindes (einseit Einbenenng). Keiner schließt den and aus (Engler FamRZ 71, 81). Zustimmg der Ehefr des einbenennden Vaters od seiner Verwandten nicht erforderl; deren evtl Widerspruch unbeachtl. Berecht Bedenken dagg bei Engler FamRZ 71, 80; Anhörg gem GG 103 I geboten (Odersky III 6), es sei denn, die Ehe wird gesch (LG Oldbg FamRZ 82, 1127; krit v Mohrenfels FamRZ 83, 546). Da es bei der beiderseit Einbenenng auf die gesonderte Zust der Mutter iSv I 3 nicht ankommt, stellt sich das Probl einer ErgänzgsPflegsch nicht (AG Hbg DAVorm 77, 133).

c) Name. Bei der Stiefvatereinbenenng wird dem Kinde der Ehename seiner Mutter u seines Stiefvaters erteilt; keine Einbenenng erfdl, soweit dies der Name der Frau ist. Bei der einseit Einbenenng erhält das Kind den Namen seines Vaters, auch wenn dieser verh ist u sein Ehename von seiner Frau stammt. Keine Einbenenng, wenn das Ki bereits den Namen des nehel Vaters führt, sei es aGrd zufäll Namensgleichh, sei es aGrd ausl Rechts (Ffm StAZ 79, 126). In keinem Fall kann iW der Einbenenng der Begleitname (§ 1355 III) auf das Kind übertr w, I 2. Heißt das Kind wie seine Mutter A u nennt sich diese nach der Eheschl mit dem B mit dem Doppelnamen A-B, so erhält ihr Kind dch die Einbenenng den Namen B. Bei der einseit Einbenenng heißen nehel Mutter u Kind A, der nehel Vater von Geburt C u, seit er mit Frau D verheiratet ist, C-D; dch Einbenenng bekommt das Kind jetzt den Namen D; seine Mutter heißt weiterhin A od, wenn sie sich zwzeitl verheiratet hat, evtl B.

d) Einwilligung des Kindes u in dem Falle, daß seine Mutter mit dem einbenennden Mann nicht verheiratet ist, auch die **Einwilligung der Mutter, I 3.** Die Einwilligung der Mutter in RAnalogie zu §§ 1727, 1748 ersetzb (Charl DAVorm 78, 552; aA KG FamRZ 78, 733 u 40. Aufl), beispielsw wenn der Aufenth der Mutter seit Jahren unbekannt ist. Im Ggs zu § 183 braucht die Erkl des Kindes der EinbenenngsErkl der Elt nicht vorherzugehen (aA Reichard StAZ 76, 182; Stgt StAZ 79, 202). Ist das Kind noch nicht 14 J alt, erfolgt die Einwillig dch seinen gesetzl Vertr (§ 1617 Anm 3). Die nehel Mutter kann bei voller Sorge zugl mit ihrer EinbenenngsErkl auch die Einwilligg des mj geschäftsunfäh Kindes erkl, ohne daß es einer ErgänzgsPflegsch bedarf (BayObLG FamRZ 77, 409; Mannh MDR 77, 1018). Nach Erreichg dieser Altersgrenze erklärt mj Kind seine Einwilligg in Pers, **II 1,** wozu die Zustimmg seines gesetzl Vertr

1635

§§ 1618–1619   4. Buch. 2. Abschnitt. *Diederichsen*

hinzukommen muß, **II, 2.** Ist das Kind über 14, aber geschunfäh, kann es die Einwilligg nicht selbst, sond nur dch seinen gesetzl Vertr abgeben (Engler FamRZ **71**, 79). Zur Einbenenng eines Vollj ist Zust der Mutter nicht mehr erfdl, da Legitimation u Adoption eines Vollj mit ihren stärkeren Wirkgen ebenf ohne elterl Einwillig mögl (§ 1768 I; LG Hbg StAZ **72**, 206; Beitzke StAZ **69**, 289; aA Staud/Göppinger § 1706 aF Rdn 28). Bei der Einbenng dch den nicht od anderweit verheirateten Vater des Kindes muß die **Mutter des Kindes** zustimmen, I **3**. Das entspr ihrer natürl Beziehg zum Kind, gleichgült, ob sie die elt Sorge hat od nicht. Ist sie gestorben, entfällt ihre Einwilligg; desgl wenn sie inf GeschUnfähigk oder unbekannten Aufenth dauernd außerstande dazu ist (ähnl Interessenwertg in § 1748).

e) Zeitpunkt: Die Einbenenng vor der Geburt des Ki ist zul (Celle StAZ **87**, 280).

3) Ändert sich der Name des einbenennenden Vaters, gilt § 1617 II bis IV, **IV.** Wann das der Fall ist, dazu § 1617 Anm 3a; zu den Voraussetzgen, unter denen sich die NamÄnd auf das Kind erstreckt, § 1617 Anm 3b. Nimmt die **Mutter** nach Scheidg der Ehe ihren Mädchennamen wieder an, erstreckt sich der NamWechsel nicht auf das Ki; Rückwechsel analog § 1617 II ausgeschl (LG Kempt StAZ **86**, 105; AG Hbg StAZ **75**, 341). Das gleiche gilt iF einer Adoption der Mu (AG Mü StAZ **87**, 19).

4) Verfahren. a) Erklärgen v Ehem od ne Vater, Mutter u Kind, nicht dagg des bl zustimmenden gesetzl Vertr, müssen **öffentlich beglaubigt** w, **III** (§ 129, JWG 49 I Z 4); erfolgt dch den ermächtigten Beamten des JA (JWG 49 I Z 4) od dch den StBeamten (PStG 31a). Gebührenfrei (KostO 55a). **b) Zuständig** zur EntggN sämtl Erkl wie auch zu deren Beglaubigg der StBeamte, der die Geburt des Kindes beurk hat. Falls Geburt nicht im Geltgsbereich des PStG beurk, ist zust der StBeamte des StAmts I in Bln-West (PStG 31a). StBeamte trägt erg Randvermerk im Geburtenbuch ein (wg Wortl Evans-v Krbek FamRZ **75**, 322). **c)** Die dem StBeamten ggü abzugebde Erkl w **wirksam** im Ztpkt des Eingangs. Namenserteilg dch den ne Vater schon vor der Geburt des Kindes zul (Karlsr FamRZ **74**, 603 m krit Anm Otto StAZ **74**, 269). Erkl bleibt wirks, auch wenn der Erklärde vor deren Eingang stirbt (Ffm ZBlJugR **62**, 270). Geht die EinbenenngsErkl vor dem „Einwilliggen" ein, so wäre die auf §§ 111 S 2, 182 III gestützte Zurückweisg ein in diesem Bereich unangebrachter Formalismus; vielm ist vom GesZweck u von der Interessenlage her davon auszugehen, daß der Einbenennde seiner Erkl Wirksamk bis zum Eingg der and Zustimmgen verleihen will (vgl BayObLG FamRZ **64**, 457; Gernhuber § 58 II 5: teleolog Reduktion des § 111).

1618 a   *Gegenseitige Pflicht zu Beistand und Rücksichtnahme.* **Eltern und Kinder sind einander Beistand und Rücksicht schuldig.**

Schrifttum: Hegnauer ZBlJugR **80**, 685; Knöpfel FamRZ **85**, 554; Gernhuber FS Müller-Freienfels 1986 S 159.

1) Leitbild für die Eltern-Kind-Beziehung. Eingef dch SorgRG Art 1 Z 1 in Anlehng an Art 272 SchwZGB. Die Vorschr weist auf die Bedeutg der Verantwortg füreinander als Grdlage des ges FamR hin. Eine stärkere Beachtg dieser Norm, insb der BeistandsPfl, kann nach der amtl Begrdg zu einer größeren FamAutonomie beitragen u den Gefährdgen der Fam als Institution entggwirken, womit dieser Norm für die Fam eine ähnl Bedeutg zuwachsen könnte wie § 1353 für die ehel LebGemsch (BT-Drucks 8/2788 S 43). – **Geltungsbereich:** Die Stellg der Vorschr innerh des BGB zeigt, daß ihre Bedeutg sich nicht auf das Verhältn von Elt u ehel Kindern u auch nicht auf dasj von Elt u minderj Kindern beschränkt; sonst hätte die Best in die §§ 1626 ff eingefügt w müssen. Vorausgesetzt wird nur, daß Elt u Kinder noch in ders HausGemsch wohnen (*arg* § 1619). § 1618 a gilt auch im UnterhR (Kln FamRZ **82**, 834), zB bei Verändgen im Studium (Ffm FamRZ **84**, 193). – **Rechtsnatur** (ausführl 47. Aufl); echte RPfl, auch wenn keine unmittelb ges Rfolgen (vgl BT-Drucks 8/2788 S 43). Auch unmittelb unter Geschw (and Knöpfel FamRZ **85**, 559: nur üb die Elt).

2) Inhalt: Die Pfl zur **Beistandsleistung** bezieht sich auf alle gewöhnl u außergewöhnl Umstde der einz Fam u verpflichtet, wenn die vom GesGeber angestrebte Parallele zu § 1353 ernstgenommen w soll, zur wechselseit Unterstützg u Hilfeleistg der FamMitglieder in allen LebLagen. Bspe: Nachhilfeunterricht dch ältere Geschw; Aufn als Flüchtlinge; Garantenstellg aus StGB 13 (Knöpfel FamRZ **85**, 562); Pfl der nehel Mutter zur Benenng des Vaters (§ 1707 Anm 2 mN); Pflege des persönl, ggf auch telephon (KG FamRZ **88**, 1044) Kontakts (Knöpfel FamRZ **85**, 564). Aus der BeistandsPfl erwächst aber keine, auch nicht eine mittelb UnterhPfl v Geschw. Keine Pfl der Elt, im Hausstand od Gewerbe der Kinder dauerh Dienste zu erbringen, wenn nicht bes Umst (Notlagen) vorliegen (Bambg NJW **85**, 2724; krit Coester FamRZ **85**, 956). Währd sich die Beistandsleistg auf positives Tun bezieht, bedeutet **Rücksichtnahme** das Zurückstellen eigener Wünsche hinter die Belange der Fam od einzelner FamMitglieder. Obwohl vom Ges nicht ausdrückl aufgen, enthält das Gebot auch die Verpfl zur ggseit Achtg; denn nur aus dieser erwächst die Pfl zur Rücks; Bspe: Verzicht auf selbständ Urlaubsreise, damit die Fam zus verreisen kann; Einschränkg des Radiokonsums bei Krankh usw. – **Umfang:** Die Verpflichtgen aus § 1618 a sind nicht einheitl zu bestimmen, sond richten sich nach dem Alter, GesundhZustand u den übr Verhältn der Beteiligten. Der Anspr ist von den verschiedensten Umstden, auch wirtschafl, abhäng u muß im Einzelfall konkretisiert w. So wachsen Kinder mit zunehmendem Alter mehr u mehr in die Verpfl hinein, ihrerseits Beistand zu gewähren (BT-Drucks 8/2788 S 43). UnterhPflichten haben regelm Vorrang; ebso § 1353 ggü dem Eheg des Kindes, so daß dieses nicht verpfl ist, gg den Willen des Partners die pflegebedürft Elt auf Dauer bei sich aufzunehmen (Gernhuber aaO S 183f). Aus § 1618 a kann sich auch die Verpfl ergeben, SchadErsFdgen gg ein FamMitgl (zeitw) nicht geltd zu machen.

1619   *Dienstleistungspflicht in Haus und Geschäft.* **Das Kind ist, solange es dem elterlichen Hausstand angehört und von den Eltern erzogen oder unterhalten wird, verpflichtet, in einer seinen Kräften und seiner Lebensstellung entsprechenden Weise den Eltern in ihrem Hauswesen und Geschäfte Dienste zu leisten.**

Verwandtschaft. 4. Titel: Eltern und Kinder § 1619 1–4

Schrifttum: Fenn, Die Mitarbeit in den Diensten Familienangehöriger, 1970, sowie Betr **74**, 1062 u 1112; Günther, Rechtsverhältnis zwischen Bauer u mitarbeitendem Sohn 1966 (Bd 3 d Schriftenreihe des Inst f Landwirtschaftsrecht, Göttingen); Klunzinger FamRZ **72**, 70; Leuze-Ott FamRZ **65**, 15.

1) Die Vorschr (= § 1617 aF) umgrenzt die DienstleistgsPfl des Hauskindes. Freistellg, aber nicht endgült Verzicht mögl. IdR gleichen sich Hilfe u Unterh aus (Karlsr FamRZ **88**, 1050). Bei Mehrleistg grdsätzl kein Anspr aus § 812 (LG Freibg FamRZ **84**, 76). Vereinbg einer Vergütg zul (Anm 4). Der Anspr auf Dienstleistg weder übertragb noch vererbl u unterliegt auch nicht der Verj (§ 194 II). Ein Abkömml hat einen AusglAnspr iFv § 2057a. Für Länder der früh BrZ vgl HöfeO 12 VII.

2) Voraussetzungen. a) Das Kind muß dem Hausstand angehören, dh es muß im elterl Hausstand seinen Lebensmittelpkt haben, RGRK Anm 1, braucht aber nicht unbedingt dort gerade zu wohnen. Gleichgültig, ob das Kind mj, vollj od verheiratet ist (RAGJW **30**, 440 BGH LM Nr 1a). Das gilt auch nach heutiger Rechtslage bei 24jähr Sohn, der im MühlenBetr seiner Mutter mitarbeitet (BGH **69**, 380). In landwirtschaftl Lebensverhältnissen, wo der Sohn auch früher auf dem Hof gearbeitet hat, wird die Vermutg eher für rein familien- als für schuldrechtl Beziehgen hins der Mitarbeit sprechen, BGH NJW **58**, 706, oft auch wenn er verheiratet ist, außer wenn eine eigene WirtschFührg die Beziehungen anders erscheinen läßt, Anm 4. Die Eltern haben aus Gründen der Dienstleistg nach § 1619 keinen Anspr auf Verbleiben des Kindes im Elternhause, BayObLG RJA **12**, 88 (erging zum entspr § 1617 aF). Keine Hausangehörigk bei FürsErziehg des Kindes, BayObLG **13**, 21. Zwischen Onkel u Neffen wird, auch wenn die sonstigen Voraussetzgen des § 1619 vorliegen, kein diesem entspr familienrechtl Verhältn hergestellt, RAG DJ **37**, 1814, auch nicht zw Stiefvater u Stiefkind, da § 1619 Blutsverwandtsch voraussetzt, Nürnb FamRZ **60**, 119, wohl aber, wenn die Eltern des Kindes unverheiratet zusleben, od das Kind im Hausstand eines der Eltern lebt.

b) Erziehung oder Unterhaltung durch die Eltern: Erziehg nur bei Mj, für die den Elt od einem EltT das PersSorgeR zusteht (§§ 1626 I, 1631 I, 1706). Bei Vollj kommt es nur auf die UnterhGewährg an (BGH VersR **60**, 132; Saarbr FamRZ **89**, 180), ohne Rücks auf den Wert der beiderseit Leistgen (Anm 1); sie stehen zueinand nicht im Verhältn der §§ 320ff (BGH FamRZ **73**, 299).

3) Wirkung. a) Der **Umfang** der DienstleistgsPfl des Kindes bestimmt sich einers nach den körperl u geist Fähigk des Kindes, also Alter, Gesundh, Erziehgsbedürftigk u LebStellg, zB ob es sich in der Ausbildg befindet, anderers nach dem Bedarf der Elt. In einf Verhältn ab 14 J ca 7 WoSdt (BGH FamRZ **73**, 536). **Erhöhte Pfl zur Mithilfe,** wenn beide Elt berufstät sind, BGH NJW **72**, 1718. Es kann sich um Dienste gewöhnl od höherer Art, zB als BetrLeiter handeln, sofern sie nur iR des Hauswesens od Gesch der Elt anfallen, RG **162**, 119; iZshg mit der ErziehgsPfl der Elt ist es gleichgültig, ob die Dienste erforderl sind, BayObLG **3**, 47. Gg Mißbr schützt sich der Vollj dch Verlassen des Hauses, zG Mj Einschreiten des VormschG, § 1666. – **b)** Bei **unberechtigter Weigerung** des Kindes ist DienstleistgsPfl iW der ZwVollstr nicht dchsetzb, ZPO 888 II. Gg mj Kind können angem Zuchtmittel angewandt od Unterstützg des VormschG beantr w, § 1631 II. – **c)** Was dch die Kindesleistg erworben w, gehört dem erziehgsberecht EltT; gewöhnl entscheiden die Eigt- u Nutzgsverhältn im Betr; sa § 845. Zur Vergütg des Kindes u dessen Erwartg, später den elterl Betr zu übern, Anm 4. Haftg auch des vollj Kindes § 1664 analog, Gernhuber § 47 I 5. **d)** Wird das Hauskind verletzt, steht den Elt, sow ein eig Anspr des Kindes (§ 842) nicht erhoben w u es seine Arbeitskr dch Aufn einer zumutb Erwerbstätigk nicht zu verwerten vermag, ein **Ersatzanspruch** wg entgangener Dienste zu (BGH NJW **78**, 159).

4) Vertragliche Verhältnisse zwischen Eltern und Kind. a) Die Dienstleistg nach § 1619 hat eine rein famrechtl Grdl; sie w auch nicht dch die UnterhLeistg der Elt zu einer entgeltl, RG **99**, 115, u erreicht dch Fortfall ihrer Voraussetzgen ohne Kündigung ihr Ende. Zuwendgen der Elt aGrdv § 1619 sind keine Schenkg, Gernhuber § 47 I 6, aber ggf f Unterh zu verwenden, §§ 1602 II, 1649 I 2. Daneben – das famrechtl Verhältnis überlagernd bzw ersetzend, BGH FamRZ **73**, 299 – kann zw Kind u Elt ein Schuldverhältn, meist ein (heute auch steuerl anerk, BFH NJW **55**, 1615, **62**, 2321) **Dienstvertrag,** bestehen, wofür jeweils derj die Beweislast h, der Rechte daraus herleitet. Verpfl zum Abschl ggf nach § 826; iü Anm 3. Währd RAG JW **34**, 1062 noch v einer Vermutg „stärkster Art" zG ausschließlicher FamRBeziehg ausging, sa RG **162**, 116, geht heute die (allerd wg ihrer Rückwirkg auf § 845 noch vielf zurückgestellte) Tendenz eher umgek in Richtg auf eine Vermutg zG des Bestehens eines Dienst- od ArbVerhältn, weil die MitArb erwachsener Hauskinder auf rein famrechtl Grdl selten gew ist, BGH NJW **72**, 431, FamRZ **73**, 298. Aber noch sind entscheidd die Umst des Einzelfalles; unten b. ausdrückl VertrSchluß w, abgesehen v Handelsgesellsch, selten sein, Annahme stillschweigen VertrSchlusses, BGH NJW **65**, 1224, läuft nicht stets auf eine Fiktion hinaus; vielm ist der Vertr eine jurist Kategorie mit einem best GerechtigkGehalt, an bestehde Sozialverhältnisse angem z bewerten. Verhalten sich die Beteil obj wie VertrParteien, dann geschieht ihnen nicht Unrecht, wenn sie auch vom Recht als solche behandelt w. Fiktion ist vielm umgek meistens die Vorstellg, in rechtsunkund, insb ländl Kreisen sei ein evtl VertrWille der Beteiligten „feststellb", so etwa noch BGH NJW **72**, 430. Oft w es sich um atyp VertrVerhältn handeln, bei denen die GgLeistg in der (Aussicht auf) BetrÜbern besteht, aA Soergel-Herm Lange 13. ZPO 850h II fingiert Vergütgsabrede zG der Gläub des Dienstleistden, um Lohnschiebgn entggzuwirken. Zust ArbG als ProzG. Seltener wird Annahme eines GesellschVerh zw Elt u Kind gerecht sein (BGH FamRZ **66**, 25; **72**, 558). **Steuerliche** Anerkenng, wenn ein ArbVerh auch zw Dr vereinb worden wäre (BFH NJW **89**, 319). – **b) Vertragliches Verhältnis bejaht** bei größerem Betr, der auf bezahlte Kräfte zugeschnitten, bei früh anderweitig bezahlter Tätigk des Kindes, RAG JW **34**, 1935, wenn es normal bez ArbKraft ersetzt, vgl LAG Baden SJZ **50**, 594, Tätigk als Prokurist, Fenn S 445 ff, wenn die eine Vergütg auch tragen k, RAG JW **34**, 2650. VertrAnnahme unabweisb, Fenn S 445 ff, wenn Anmeldg zur SozVers erfolgt ist, aA Karlsr VersR **57**, 271, od Zuwendgen als BetrAusg verbucht u Lohnsteuer abgeführt w (BSG FamRZ **56**, 357), dagg nicht Meldg des Sohnes als Mitarbeiter bei der Berufsgenossensch gem RVO 661 (BGH **69**, 380). Starke Indizien sind abgeschl Berufsausbildg bzw Volljährigk des Kindes, ÜbergVersspr bei mittelständ Unternehmen u landwirtschaftl Betrieben, Günther

1637

§§ 1619–1625, Einf v § 1626   4. Buch. 2. Abschnitt. *Diederichsen*

S 63 ff, Einsetzen der vollen ArbKraft dch Bauernsohn, aA RAG JW **33**, 2081, WeiterArb des Sohnes auf dem Hof nach Heirat, aA RAG JW **33**, 2408, BGH NJW **58**, 706, wenn trotz erhebl Belastg vom „Recht auf Weggang", oben a, kein Gebr gemacht w, Verzicht auf and Erwerbsmögl uä. **Abzulehnen** ist VertrVerhältn idR, wenn Vater mit Rücks auf seine EinkVerhältn eine bezahlte Kraft nicht halten könnte, BGH FamRZ **73**, 299, u jedenf dann, wenn mj Kinder im übl Rahmen f die Elt tät sind, zB 14j Schüler in der FamWohng 8 WoStd (FinG Bln FamRZ **76**, 286). – c) **Verjährung** der Anspr des Kindes auf eine zugesagte Vergütg gem § 196 I Z 8 in 2 J (BGH NJW **65**, 1224). – d) Zuständ für Anspr aus familienhaften BeschäftiggsVerhältn auch iRv ZPO 850h II das **Arbeitsgericht** (BGH **68**, 127).

1620 *Schenkungsvermutung bei Aufwendungen des Kindes.* Macht ein dem elterlichen Hausstand angehörendes volljähriges Kind zur Bestreitung der Kosten des Haushalts aus seinem Vermögen eine Aufwendung oder überläßt es den Eltern zu diesem Zwecke etwas aus seinem Vermögen, so ist im Zweifel anzunehmen, daß die Absicht fehlt, Ersatz zu verlangen.

1) Ausleggsregel bei freiwilliger Beitragsleistg, RG HRR **33**, 1423. Voraussetzgen: **a)** Volljährig; **b)** Hausangehörigk wie § 1619 Anm 2a; **c)** Aufwendgen des Kindes, gleichgültig, ob aus seinen Einkünften od Verm, zur Bestreitg des Haushalts. Also nicht zB zur Deckg von Schulden der Eltern, die mit diesem nichts zu tun haben. Keine Ausdehng auf andere Leistgen. Wirkg: iZw wird angenommen, daß ErsLeistg nicht verlangt w soll; ähnl §§ 685 II, 1360b. Da die Ausleggsregel aber auf dem gesetzgeberischen Gedanken des Ausgleichs für die Vorteile des Kindes aus der Teilnahme am Haushalt beruht, kann sich zB aus der Unverhältnismäßigkeit der Leistgen auch der Vorbeh einer ErsFdg ergeben.

1619 aF, 1620 aF–1623 Entfallen durch GleichberG Art 1 Z 21 (vgl 41. Aufl)

1624 *Ausstattung aus dem Elternvermögen.* ¹Was einem Kinde mit Rücksicht auf seine Verheiratung oder auf die Erlangung einer selbständigen Lebensstellung zur Begründung oder zur Erhaltung der Wirtschaft oder der Lebensstellung von dem Vater oder der Mutter zugewendet wird (Ausstattung), gilt, auch wenn eine Verpflichtung nicht besteht, nur insoweit als Schenkung, als die Ausstattung das den Umständen, insbesondere den Vermögensverhältnissen des Vaters oder der Mutter, entsprechende Maß übersteigt.

II Die Verpflichtung des Ausstattenden zur Gewährleistung wegen eines Mangels im Rechte oder wegen eines Fehlers der Sache bestimmt sich, auch soweit die Ausstattung nicht als Schenkung gilt, nach den für die Gewährleistungspflicht des Schenkers geltenden Vorschriften.

1) **Ausstattung** (wg Gewährg vor AusbildgsUnterh iS v § 1610 II ungebräuchl geworden) sind alle VermWerte, die einem Ki von seinen Elt anläßl der Heirat (= Mitgift od Aussteuer) od sonst zur Begründg od Erhaltg der Selbständigk zugewendet werden. Zuwendgen Dritter (RG **62**, 275) sind ebsowenig Ausstattg wie Zuwendgen an den Verlobten; hier idR aber Ausslegg, daß das eig Ki berecht sein soll (KG FamRZ **63**, 449). **Zeitpunkt:** AusstattgsVerspr vor ad nach der Eheschl mögl (RG JW **06**, 426). Es besteht **kein Anspruch** auf Gewähr einer Ausst (Ausn in den Ländern der früh BrZ: HöfeO 12 VI). Vgl iü, insb zu den mögl Ggst der Ausst, 48. Aufl.

2) **Rechtliche Behandlung:** RGrund der Ausst ist **keine Schenkung**, sond causa sui generis (Gernhuber[3] § 48 I 6: Sittl Idee). Desh bedarf das AusstVerspr als solches keiner Form. Umdeutg eines wg § 313 ungült Verspr in NießbrBestellg (RG **110**, 391). Keine Anwendg der §§ 519, 528f, 530ff, 814; KO 32 Z 1, 63 Z 4. Aber **Mängelgewährleistung** nach SchenkgsR (§§ 523, 524), II. Wirkgen im **Eherecht:** § 1374 II; bei Ausstattgsgewährg Bejahg einer sittl Pfl iS v § 1375 II Z 1. Vgl iü Soergel/Strätz Rdn 9. **Erbrecht:** Anrechng auf den Pflichtt (§§ 2315, 2316). **Steuerliche** Anerkenng nicht einmal dann, wenn die Elt ihrer Tochter keine Berufsausbildg gewährt haben (BFH BB **87**, 2081).

1625 *Ausstattung aus dem Kindesvermögen.* Gewährt der Vater einem Kinde, dessen Vermögen seiner elterlichen oder vormundschaftlichen Verwaltung unterliegt, eine Ausstattung, so ist im Zweifel anzunehmen, daß er sie aus diesem Vermögen gewährt. Diese Vorschrift findet auf die Mutter entsprechende Anwendung.

1) **Auslegungsregel.** Bei Herausg des Kindesvermögens durch die Eltern kann iZw die gewährte Ausstattg auf dieses angerechnet werden. Voraussetzg aber, daß Vater u Mutter od einer von ihnen, als Inh der elterl Sorge od ein Vormd od Pfleger Vermögen des Kindes verwalten, §§ 1626 II, 1638, 1793, 1897, 1915; Überlassg des Vermögens durch das vollj Kind genügt nicht. Auf das nehel Kind nur anwendbar, wenn ausnahmsw das Verm des Kindes der Verw des Vaters unterliegt.

Fünfter Titel. Elterliche Sorge für eheliche Kinder

Einführung

Schrifttum: Zur ält Lit insbes auch zum **SorgeRG:** 46. Aufl. Belchaus, Elterl SorgeR, Komm, 1979; Jans-Happe, G zur Neuregelg des R der elt Sorge, Komm, 1980; Klußmann, Das Ki im RechtsStr der Erwachsenen, Mü 1981; Ossenbühl, Das elt ErzR iS des GG, Bln-Mü 1981; Schwab/Zenz, RStellg der

Pflegekinder, GA 54. DJT, Mü 1982; Fehnemann, Die Innehbg u Wahrnehmg v GrdRechten im Kindesalter, Bln 1983, sowie ZBlJR **86**, 178 (Elterl VermSorge); Coester, KiWohl als RBegriff, 1983; Kreft, Münder ua, Das R der Elterl Sorge, 1983; Berk, Der psycholog SachVerstdige in FamRSachen, 1985; Erichsen, EltR – KiWohl – Staatsgewalt, Bln 1985; Schlüter, Elt SorgeR im Wandel, 1985 (Becker FamRZ **86**, 763); Schütz FamRZ **86**, 947 (KiWohl); Simitis FS Müller-Freienfels 1986, S 579 (KindschR); Fahrenhorst FamRZ **88**, 238 (EMRK); Münder ZfJ **88**, 10; Limbach Zeitschr f RSoziologie **88**, 155 (KiWohl); Moritz, Die (zivil) rechtl Stellg der Mj u Heranwachsenden innerh u außerh der Fam, 1989; Dörr NJW **89**, 690; Koechel/Heider ZfJ **89**, 76. **Reform:** Baer ZRP **89**, 344

1) Der das FamR in alter Zeit beherrschende Begriff war der munt (= schützende Hand), das Mundium, die Vormundschaft. Später erfolgte die Scheidg in: „Gewalt der Eltern" und „Versehg der Vormünder". Der von Mot IV 724 iSv „Walten" als Kindesschutz verstandene Ausdr „elterl Gewalt" (sa BGH **66**, 337) ist im Laufe der Zeit immer mehr iS eines Rechts auf elterl Zwang ggü den Kindern mißverstanden u desh vom SorgeRG dch den Ausdr „elt Sorge" ersetzt w (BT-Drucks 8/2788 S 36; sa FamRZ **78**, 473). Das BGB erwähnt die elterl Sorge ua in §§ 1484ff, 1999ff, 2290, 2347 und behandelt sie in §§ 1626 bis 1698b, währd §§ 1617, 1618a, 1747, EheG 3 Elternrechte besonderer Art betreffen. Zur REntwicklg dch das GleichberG u das SorgeR einschl Lit vgl 41. Aufl Vorb 4. **Internationales Privatrecht:** EG 19, 20. **Reform:** Internat KiEntführg (BR-Drucks 379/89); Intern ÜberEink über die Rechte des Ki (Schwab FamRZ **89**, 1041).

2) Bedeutung. Die Erziehg der Kinder ist ein natürliches Recht u die oberste Pflicht der Eltern. Ihr Wille gibt letztl den Ausschlag, auch wenn sie gem § 1626 II dem Kind ggü zum Gespräch u dch die Verpfl, Einvernehmen zu erzielen, zur Rücksichtn auf dessen Meingen gehalten sind (zum Vorrang der EltEntsch BT-Drucks 8/2788 S 45). Jedoch kann ihnen die elterl Sorge dch Richterspruch entzogen w. So kennzeichnen u grenzen die meisten neuen Verfassgen das Recht u die Pfl der Eltern ab u stellen sie unter Verfassgsschutz: GG 6, *BaWü* 12, *Bay* 126, *Hess* 55, *RhPf* 25. **Nach dem BGB** ist die elterl Sorge ein dem Interesse des minderj Kindes dienendes gesetzl SchutzVerh (Schutzgewalt); es ist ein absolutes Recht iS des § 823 I (§ 1626 Anm 1); sa § 1632. Umfaßt Rechte u Pflichten, § 1626 II, ist unverzichtbar, Ausn §§ 1690, 1671 II, 1672, unübertragbar (es sei denn bzgl der Ausübg), unvererbl (Mü JFG **14**, 38), aber der Ausübg nach nicht unentziehbar. Das Kind untersteht dieser Sorge, nicht wie ein Ggst od eine Sache, sond als inf seiner Jugend hilfsbedürftiger Mensch. Die mit dem SorgeR verbundene Gewalt der Elt über das Kind ist ihnen nicht um ihrer selbst willen, sond im Interesse des Kindes auferlegt; es sind pflichtgebundene Rechte, entspr ihrer Entstehg aus dem Mundium. Ggsatz: patria potestas, eine grdsätzl unbeschränkte Herrschaftsmacht. Die **elterliche Sorge des BGB** hat vormschaftl Charakter. Der elterl SorgeRinhaber ist aber freier gestellt als der Vormd u Pfleger. Das **Vormundschaftsgericht** beaufsichtigt nicht fortlaufd, sond greift erst ein, wenn es Anlaß dazu erhält, dann aber vAw und mit der Befugn, gem FGG 33 Zwangsgeld festzusetzen (§§ 1629–1632, 1634, 1639, 1642–1645, 1666–1675, 1678–1697, vgl aber auch Anm 5; im Falle des § 1628 Anm 2 auf Antr. Soweit der Anspr des Kindes auf sachgemäße Betreuung u Erziehg (§ 1631) von den Elt nicht erfüllt wird, tritt öff Jugendhilfe ein (JWG 1 III). Deren Organe sind die **Jugendämter,** die im VormschWesen, ferner bei der ErzBeistandsch, FreiwErzHilfe u FürsErz mitzuwirken haben (JWG 4 Z 2, 3 JWG 37ff, 55ff). Hier greift die Sorge des Staates ein. Der 5. Titel bezieht sich nur auf **eheliche Kinder,** das sind die in der Ehe u bis zum 302. Tag nach deren Auflösg geb einschl der Kinder aus nichtigen, aufgeh u geschied Ehen unmittelbar; wg der legitimierten Kinder vgl §§ 1719, 1736, 1740f, für die einige Besonderh gelten. Für das nehel Kind gelten die Vorschr des 5. Titels im Verhältn zu seiner Mutter entspr (§ 1705 S 2), soweit sich aus dem 6. Titel nichts and ergibt.

3) Grundgesetz. (Lit: Roell, Die Geltg der GrdRe für Mj, 1984) **a)** Pflege u Erziehg der Kinder sind das natürl Recht der Elt u stehen unter bes VerfSchutz, GG Art 6 II, *BaWü* 12, *Bay* 126, *Hess* 55, *RhPf* 25; z EltBegr des GG Rüfner FamRZ **63**, 153. Dieses R gibt den Elt die individuelle ErzBefugn mit Vorrang ggü dem Staat. Gg den Willen der Elt ist dessen Eingreifen nur zul, wenn es gesetzl erlaubt ist; sa JWG 1 II 2. Das EltR gibt den Eltern also ein **Abwehrrecht gegenüber staatlichen Eingriffen in ihr Erziehungsrecht,** soweit diese nicht dch GG 6 II 2 (BVerfG **4**, 52; **7**, 320; Becker FamRZ **61**, 104) sowie den deutschen ordre public gedeckt sind (LG Bln FamRZ **83**, 943/1274 mAv John: türk Minderjähr-Ehe). Die individuelle Sexualerziehg gehört zum elterl ErziehgsR (BVerfG NJW **78**, 807; sa Oppermann JZ **78**, 289). Zum SexKundeUnterricht VGH BaWü Just **76**, 86. Elt, die sich der Verantwortg f die Erziehg u Pflege des Kindes entziehen, können sich ggü solchen Eingriffen z Wohle des Kindes (Wächteramt des Staates) nicht auf ihr EltR berufen (BVerfG FamRZ **68**, 578; Engler FamRZ **69**, 63). Verlust der elterl Sorge der Substanz (zB §§ 1676 aF, 1727, 1748) od der Ausübg nach ist die Folge (Beitzke FamRZ **58**, 9, Göppinger FamRZ **59**, 402). – **b)** Das KindesGrdR auf **freie Entfaltung der Persönlichkeit,** GG Art 2 I, begrenzt das elterl ErzR mit wachsder Einsichtsfähigk u Reife des Kindes, so daß das Kind in dem Maße, wie die Fremderziehg dch Selbsterziehg abgelöst w darf, Anspr auf sachl begründete Entscheiden der Elt h (§ 1626 II) bzw, überschreite des 14. LebJ die gewalts Wegnahme gem § 2 I unzul ist (§ 1632 Anm 2b gg) usw. Allerd stehen sich Elt- u KindesGrdRechte nicht iS von Recht u GgRecht, Anspr u Einwendg ggü (FamRZ **78**, 462). Verfehlt daher der Versuch Schwerdtners AcP **173**, 242–45, die aus Grden der RSicherh auf klare Altersbegrenzen angewiesene GeschFähigk dch Annahme einer **Grundrechtsmündigkeit** im Bereich des PersönlichkSchutzes aus den Angeln z heben (Lit: Stöcker ZRP **74**, 211; Hohm NJW **86**, 3107; v Mutius Jura **87**, 272; Martens u Schütz NJW **87**, 2561 u 2563; Roell RdJB **88**, 381). Zu Recht hat schon Strätz FamRZ **75**, 549 auf die Gefahr der Aushöhlg der elt Sorge hingewiesen, deren Einschränkg das Kind vermehrt der Beeinflussg dch Dr ausliefert. Veröfflichg v NacktAufn einer 16j bedarf neben der Zustimmg des gesetzl Vertr dann nicht mehr der Einwilligg der Mj, wenn sich diese nur gg die geringe Höhe des Verwertgsentgelts wehrt (BGH NJW **74**, 1947). KindesGrdRe können auch dem **Vollzug** (ausländ) vormschgerichtl Entscheidgn entggstehen (BayObLG NJW **74**, 2183).

4) Verfahrensrecht (Ergänzngen in den Anm zu den einz Regelgen, zB § 1632 Anm 2b; § 1634 Anm 4; § 1666 Anm 7; § 1671 Anm 6; § 1672 Anm 1b u 4).

Einf v § 1626, § 1626 4. Buch. 2. Abschnitt. *Diederichsen*

a) Streitigk im Bereich der elterl Sorge sind **FGG-Angelegenheiten. Zuständig** ist beim AG (FGG 35; GVG 23b I) das VormschG bzw für die die PersSorge betr FGG-FamSachen das FamG (ZPO 621 I Z 1–3), u zwar jeweils auch für die Abänderg der früh getroffenen eig Entsch gem § 1696. Örtl Zustdgk: FGG 36, 43; ZPO 621 III, IV. Bei Anhängigk einer Ehesache kann das Ger **einstweilige** (ZPO 606 I, 620 S 1 Z 1–3 u 8) **und** iR isolierter FGG-Sachen **vorläufige Anordnungen** erl (KKW FGG 19 Rdn 30ff), etwa das FamG zur vorl Regelg der elterl Sorge (§§ 1671, 1672), des UmgangsR (§ 1634) u zur KiHerausg (§ 1632) od das VormschG bei ErziehgsUnverm der Elt od zur VermSorge (§§ 1666ff). Die AOen werden mit der endgült Entsch im HauptsacheVerf ow ggstandsl (BayObLG FamRZ **81**, 86; DAV **85**, 335). Die Möglk einer einstw AO nach ZPO 620 S 1 Z 1 schließt ein isoliertes SorgeRVerf nach § 1672 nicht aus (BGH FamRZ **82**, 788). Entspr gilt für die übr HauptsacheVerf (Einf 4c vor § 1564).

b) Anhörung von Eltern und Kindern, Jugendamt und Pflegepersonen (Lit: Lempp/v Braunbehrens ua, Anhörg des Ki, 1987; Schleicher, Rechtl Gehör u pers-mündl Anhörg, 1988) zwingd (FGG 50a–50c, 64a, JWG 48a). Bei Verstoß Aufhebg u Zurückverweis (BGH FamRZ **84**, 1084/6; Hamm FamRZ **87**, 1288). Anhörg ist mehr als Verwirklichg des Rechts auf rechtl Gehör (GG 103 I); das Ger soll sich einen pers Eindruck verschaffen. Nur ausnahmsw dch ersuchten Ri (Ffm FamRZ **88**, 98). **Wiederholung** der Anhörg im BeschwVerf iF von § 1666 stets geboten (Zweibr FamRZ **86**, 1037), sonst, insb im VerbundVerf, wenn sich die maßg Verhältn seit der Anhörg wesentl veränd haben (BGH NJW **87**, 1024).

aa) Die Anhörg des **Kindes** entspr GG; die Form der Anhörg bestimmt das Ger (BVerfG NJW **81**, 217). Grdsl ist auch das kleine Ki anzuhören (BayObLG ZfJ **85**, 36: 3 J; Hbg FamRZ **83**, 527: 5 J). Ab Vollendg des 14. LebJ ist das Ki stets pers anzuhören (FGG 50b II 1). Von der Anhörg darf nur aus schwerwiegden Grden abgesehen werden (FGG 50a III 1), insb bei Gefährdg seiner Gesundh (KG FamRZ **81**, 204). Ist die Anhörg wg Gefahr im Verzug unterblieben, ist sie nachzuholen (FGG 50b III 1 u 2), es sei denn bei schweren, ein Gespräch ausschließden Verhaltensstörgen (BayObLG FamRZ **84**, 929). Bei der KiAnhörg kein Recht der Elt u Anwälte auf Anwesenh; es reicht aus, wenn das Ger den Beteil das Ergebn der Anhörg inhaltl mitteilt (KG FamRZ **80**, 1156).

bb) Zu den anhörgsbedürft **Eltern** gehört auch der nehel Vater od der bspw gem §§ 1671, 1672 nicht sorgeberecht EltT, es sei denn, von der Anhörg ist eine Aufklärg nicht zu erwarten (FGG 50a II).

c) Psychologische Begutachtung (Lit: Puls ZfJ **84**, 8; Berk, Der psycholog Sachverst in FamRSachen, 1985; Böhm DAV **85**, 731; Sternbeck/Däther FamRZ **86**, 21; Klenner, Vertrauensgrenzen des psycholog GA, FamRZ **89**, 804) stellt regelm keine KiWohlBeeinträchtigg dar (BayObLG FamRZ **87**, 87). Der GAer vermag dem Ger nicht die Entsch abzunehmen. Die mat-rechtl Entsch darf nicht dem Sachverst überlassen werden (Stgt FamRZ **78**, 827 Abänderg der SorgeRRegelg). Ihm sind desh präzise Fragen zur Ermöglichg dieser Entsch zu stellen (Stgt FamRZ **75**, 105). Elt u Dr brauchen sich iGgs zu ZPO 372a iR FGG 12 nicht der Exploration u des Tests zu unterziehen (Hamm FamRZ **81**, 706; **82**, 94), auch nicht iRv § 1666 einer psychiatr Untersuchg (Stgt FamRZ **75**, 167); das Ki grdsl nur mit Zust der Elt (Stgt NJW **80**, 1229). Zur Durchf einer jugendpsychiatr Untersuchg aber ggf Pflegerbestellg (Stgt FamRZ **76**, 538). Die Vornahme tiefenpsycholog Explorationen iR der KiWohlprüfg steht unter der Einschrkg des VerhältnismäßigkPrinzips (Stgt ZfJ **75**, 131). Der vom Ger beauftr GAer darf zur Vorbereitg des GA nur eingeschrkt Hilfskräfte beschäft; die maßgebl Feststellgen muß er selbst treffen (Ffm FamRZ **81**, 485). Falsche Angaben des Sachverst über die Zahl der geführten Gespräche kann seine Ablehng rechtfert (Ffm FamRZ **80**, 931). Zur ZugänglichkTests Ffm aaO. Ein ki-psycholog GA darf tatrichterl nicht übergangen werden (BayObLG DAV **81**, 216). Zur Würdigg projektiver PersönlichkTests Mü NJW **79**, 603/1253 mAv Wegener; Ffm DAV **79**, 130; Karlsr ZfJ **80**, 139; Fehnemann FamRZ **79**, 661. Bei Abweichg von dem GA muß das Ger genügde eig Sachkunde erkennen lassen (BayObLG FamRZ **80**, 482 L).

d) Beschwerde. Gg die Entsch des VormschG idR einf (Ausn: FGG 60 I Z 6), gg die des FamG befristete Beschw (FGG 19, 20; ZPO 621e), iR des VerbundVerf ggf auch Berufg (ZPO 629a II 2). BeschwBerechtigg der Elt: FGG 20; der Angeh des Ki: FGG 57 I Z 8 u 9, sowie des Ki selbst: FGG 59. Vgl auch § 1666 Anm 7c. Beschw auch gg vorl AOen (KG FamRZ **79**, 859 mAv Weber; Anm a).

e) Gebühren: KostO 94, 95.

f) Änderung der Entscheidung: § 1696; FGG 18.

1626 *Elterliche Sorge; Berücksichtigung der wachsenden Selbständigkeit des Kindes.*
^IDer Vater und die Mutter haben das Recht und die Pflicht, für das minderjährige Kind zu sorgen (elterliche Sorge). Die elterliche Sorge umfaßt die Sorge für die Person des Kindes (Personensorge) und das Vermögen des Kindes (Vermögenssorge).

^{II}Bei der Pflege und Erziehung berücksichtigen die Eltern die wachsende Fähigkeit und das wachsende Bedürfnis des Kindes zu selbständigem verantwortungsbewußtem Handeln. Sie besprechen mit dem Kind, soweit es nach dessen Entwicklungsstand angezeigt ist, Fragen der elterlichen Sorge und streben Einvernehmen an.

1) Wie die frühere „elterl Gewalt", so findet auch das **elterliche Sorgerecht** (zum Ausdruckswechsel BT-Drucks 7/2060; zum sprachl Probl 47. Aufl) seine Rechtfertigg nicht in einem MachtAnspr der Elt, sond im Bedürfn des Kindes nach Schutz u Hilfe, um sie zu einer eigenverantwortl Persönlichk innerh der soz Gemeinsch zu entwickeln (vgl BVerfG FamRZ **68**, 578, 584; BT-Drucks 7/2060 S 14). In der Bezugn auf die Minderjährigk liegt die Bestimmg über die regelm Dauer der elterl Sorge (Anm 2); mit Vater u Mutter sind die Inhaber der Sorgeberechtigg bezeichnet (Anm 3). Dem **Inhalt** nach umfaßt die elt Sorge wie bisl die elt Gewalt die PersSorge u die VermSorge, I 2 (Anm 4). Den Elt obliegt aus dem SorgeR heraus ebenf die **Vertretung** des Kindes; m Rücks auf § 1629, der dies ausspricht, ist darauf in § 1626 im Ggsatz zu seiner aF nicht mehr hingewiesen (BT-Drucks 7/2060 S 15). Währd der GesGeber im Hinbl auf GG 6 II von der

Verwandtschaft. 5. Titel: Eltern und eheliche Kinder § 1626 1–4

Formulierg eines Erziehgszieles Abstand genommen hat (BT-Drucks 7/2060 S 15), ist in II neu die gesetzl Vorgabe eines best **Erziehungsstils,** indem näml die Elt zu dreierlei verpfl w: das eigenverantwortl Handeln des Kindes zu berücks, II 1; Fragen der elt Sorge mit ihm zu besprechen u Einvernehmen anzustreben, II 2 (Anm 5). Auch nach Scheidg vor langer Zeit besteht die gemeinsame elterl Sorge, wenn nicht nach §§ 1671, 1672 entschieden w ist (Karlsr NJW **79,** 500). Im System der subj Rechte stellt die elt Sorge ein den Schutz des § 823 I genießendes absolutes R dar (RG **141,** 320; § 1632 Anm 2), so daß Eingriffe zum **Schadensersatz** verpfl (LG Aach FamRZ **86,** 713 Toscana-Reise). Dagg ist § 1626 kein SchutzG iS v § 823 II. **Haftung der Eltern** ggü dem Kinde (§ 1664); Dritten ggü idR nur n § 832 (RG **53,** 314); die Dr ggü dem Kinde gem § 844.

2) Dauer der elterlichen Sorge, I 1. Die elt Sorge **beginnt** mit der Geburt des Kindes. Verfehlt desh einstw Vfg auf Unterlassg des SchwangerschAbbruchs aus § 1628 (Coester-Waltjen NJW **85,** 2175; Jagert FamRZ **85,** 1173; aA AG Kln FamRZ **85,** 519; Roth-Stielow NJW **85,** 2746; Bienwald FamRZ **85,** 1096; Mittenzwei AcP **187,** 274). Aber Vorwirkg § 1912. Sie **endet** für beide Elt mit der Volljährigk des Kindes, § 2; ebso mit dem Tode des Kindes, § 1698 b. Eheschl des Kindes (EheG 3) beendet die elt Sorge dagg nicht, sond schränkt nur die PersSorge ein, § 1633, so auch, freilich in geringerem Maße, bei Verlobten (Saarbr FamRZ **70,** 319). Auf seiten eines ElternT endet die elt Sorge mit seinem Tode, § 1681 I; seiner TodesErkl od der Feststellg seiner Todeszeit, §§ 1677, 1681 II; bei Entziehg wg Erziehgsunvermögen, §§ 1666, 1666 a (in dem die Verwirkg der elt Gew gem § 1676 aF aufgegangen ist); bei KindesAnn seitens eines Dr, § 1755; dch Bestimmg des FamG nach Scheidg der Elt od bei Getrenntleben, §§ 1671, 1672; lediglich hins der VermVerwaltg dch Konk, § 1670 I. Die zweite Eheschl ist auf das SorgeR des geschiedenen EltT ohne Einfluß (vgl aber § 1683). Bei Verhinderg eines EltT od bei Entziehg des SorgeR übt grdsätzl der and EltT das SorgeR allein aus, §§ 1678, 1680. Die elt Sorge ruht bei GeschUnfähigk, beschränkter GeschFähigk u Feststellg längerer Verhinderg, §§ 1673–1675. Mögl auch eine Beschrkg od Entziehg der Ausübg einzelner Bestandteile der elterl Sorge (Pers-, VermSorge, Vertretg od Teile davon, zB AufenthBestimmgsR), §§ 1634 II 2, 1666, 1667, 1670, 1690. Dch Entziehg sämtl Bestandteile endet tatsächl auch die Ausübg der elterl Sorge (KGJ **47,** 39). Entziehg kann auch auf die elt Sorge des and EltT Rückwirkg haben, etwa iRv § 1680 die VermSorge einem Vormund od Pfleger übertragen w (so § 1679 I 2 aF). Sind Eltern nicht vorhanden (Vollwaisen, Findelkinder), ist ein Vormd zu bestellen, § 1773.

3) Gemeinsame elterliche Sorge beider Eltern, I 1. Zur Ausübg des elterl SorgeR sind Vater u Mutter gleichermaßen berecht u verpfl (sa § 1627). Es hat also jeder ElternT Pers- und VermSorge in allen ihren Bestandteilen. Die Vertretg ist gemeins (§ 1629 I). Können sich die Elt in wicht Angelegenh nicht einigen, kann das VormschG angerufen w (§ 1628). Mögl ist die Trenng der einz Bestandteile u damit die Einschränkg der Ausübg der elterl Sorge in den Fällen der §§ 1666ff, 1634 II; ferner sofern das VormschG bei nicht erzielter Einigg der Elt angerufen wird u dieses einem von ihnen die Sorge in dieser Angelegenh überträgt (§ 1628 I 1). Soweit ein EltT an der Ausübg der elt Sorge tatsächl verhindert ist od sie ruht (§§ 1673–1675), übt sie der andere Teil allein aus (§ 1678); ebso wenn ein EltT gestorben ist (§ 1681); dasselbe kann (muß aber nicht) der Fall sein, wenn einem EltT die elt Sorge entzogen w ist (§§ 1666, 1666a); sowie bei dem von Gesetzes wg eintretenden Verlust der VermVerw in Konk (§ 1670 I) oder deren Entziehg dch das VormschG (§ 1680); ebso bei Scheidg od dauerndem Getrenntl der Elt (§§ 1671, 1672). Eine Beschrkg der Ausübg der elt Sorge tritt inf der Bestellg eines Beistandes ein (§§ 1685, 1690). Dasselbe ist hins einzelner Angelegenheiten der Fall, in denen die Vertretg dch die Elt ausgeschl ist (§ 1629 II); es muß Pflegerbestellg erfolgen (§ 1630, 1909). Kein ElternT kann auf die Ausübg der elterl Sorge **verzichten;** denn er hat darauf nicht nur ein Recht, sond ist dazu auch verpflichtet (RG JW **25,** 2115; KG FamRZ **55,** 295; Einf 2 v § 1626); Ausn: §§ 1690, 1671 III 1, 1672. Mögl ist es aber, dem and EltT od einem Dr (Verwandten, Schulen, Internat, PflegeElt) die Ausübg auf jederzeitigen Widerruf (Mü HRR **36,** 263) tatsächl od rechtl dch unvollk Verbindlichk (RG JW **35,** 2896) zu überlassen. Abreden, die Widerruf ausschließen, sind nichtig. Derartige Absprachen sind insb nöt, weil § 1671 IV 1 nF der Belassg des gemeins SorgeR beider Elt iF der Scheidg verbietet (§ 1671 Anm 2b).

4) Inhalt der elterlichen Sorge, I 2. Sie umfaßt sowohl die Personensorge (§§ 1631–1634) wie die Vermögenssorge (§§ 1638–1649, 1683, 1698–1698b). Das SorgeR besteht in beiden Fällen aus der tatsächl Sorge u dem VertretgsR (§ 1629 I 1).

a) Die tatsächliche Sorge für die Person. Hierzu gehören:

aa) dem **Inhalt** nach die Pflege, Erziehg u Beaufsichtigg des Kindes (§ 1631 Anm 3); die AufenthBestimmg (§ 1631); die Anwendg von Zuchtmitteln (§ 1631 II); der HerausgAnspr (§ 1632 I); die Sorge für das Impfen, den Schulbesuch (vgl die SchulGesetze der Länder); die GeburtsAnz (PStG 17); die Erteilg des Vornamens (§ 1616 Anm 3); der Antr auf Namensänderg; die Bestimmg über die religiöse Erziehg (RKEG 1, 3, abgedr Anh zu § 1631); die Berufswahl (§ 1631a; § 1610 Anm 4a); der Umgang mit den Kindern (§§ 1634, 1711); die Regelg des sonst Umggs der Kinder (§ 1632 II), demgemäß auch deren Schutz vor sex Mißbr (BGH FamRZ **84,** 883) od auch nur Belästgg, so der Tochter dch Liebhaber (Kblz NJW **58,** 951; Kln FamRZ **63,** 447; Schlesw FamRZ **65,** 224), ohne daß KlWeg beschritten zu werden braucht, da jetzt VormschG entsch (§ 1632 III); Verbot des Umggs mit einem best Mann (Tüb FamRZ **67,** 108); Veranlassg ärztl Betreuung (vgl § 1666 Anm 4 a aa), woraus dem Kind ggf aus einem Vertr der Elt zG od mit Schutzwirkg für das Kind (§ 328 Anm 3a bb) vertragl Anspr bei verschuldeten Behandlgsfehlern erwachsen, aber auch der sorgeberecht EltT bei notwend Aufnahme von unfallverletztem Kind in Krankenhaus, die er schuldh unterlassen hat, aus GeschFührg ohne Auftr verpflichtet sein kann (Kln NJW **65,** 350); ferner Zahlg des ProzKostVorschusses in lebenswicht Sachen (§ 1610 Anm 3c). **Schwangerschaftsabbruch** bei 16jähriger bedarf, sofern sie diese die Tragweite ihrer Entsch erfaßt, nicht der elterl Zust (and AG Celle NJW **87,** 2307: im Regelfall doch; vgl Geiger FamRZ **87,** 1177; Vennemann FamRZ **87,** 1068; Mittenzwei MedR **88,** 43; ferner AG Neunkirchen FamRZ **88,** 876: Ersetzg der Zust des Vormds); umgek ist aber auch die Verweigerg der

§ 1626 4, 5   4. Buch. 2. Abschnitt. *Diederichsen*

Zust zum ärztl BehandlgsVertr nicht ow ein SorgeRMißbr (LG Mü I NJW **80**, 646). Die moral GrdHaltg der Elt u ihre Bemühgen um das künft Wohl v Mutter u Kind bedürfen einer sorgfält Abwägg gg die für einen SchwangerschAbbr sprechden Grde (Bln FamRZ **80**, 285). Über die Ersetzg der Zustimmg eines EltT zum Erwerb der Staatsangehörigk dch ein ehel Kind entscheidet das VormschG, nicht das FamG (Oldbg NdsRpfl **78**, 32). Auch die mj Mutter hat neben dem gesetzl Vertr das R u die Pfl, die tats PersSorge f ihr Kind auszuüben (LG Hbg FamRZ **81**, 309).

bb) Die Vertretung in Personensorgesachen (vgl auch § 1629) umfaßt jedes Handeln mir RWirkg für das Kind, zB Antr auf Entmündigg (ZPO 646 ff); TodesErkl (VerschG 16 II); Stellg des StrafAntr gem StGB 77 III, 77 d II (hierzu Kohlhaas NJW **60**, 1; Boeckmann NJW **60**, 1938; BGH FamRZ **60**, 197; BayObLG FamRZ **61**, 176); die Ermächtigg, ein ErwerbsGesch zu betreiben od im Dienstverhältn einzugehen (§§ 112, 113); Übernahme von Schiffsdiensten; Abschl eines LehrVertr (AusJWG 69 IV); die Einwilligg zur Operation (KG JFG **13**, 35), von der nur ganz ausnahmsw abgesehen w kann (BGH **29**, 33; krit Boehmer MDR **59**, 705; abl Bosch FamRZ **59**, 203); aber Einwilligg zur Blutentnahme nicht erforderl (ZPO 372a); Einwilligg zur Eheschl (EheG 3 I, 30); Mitwirkg bei Einbenenng, EhelichErkl, Annahme als Kind (§§ 1706 Z 1, 1729, 1746 I 2, 1747ff, 1757 II, 1760 V, 1762 I 2, 1765 II 2, 1768 II 1 u 2); die Option für die dt Staatsangehörigk gem RuStAG 3 I 1 (BayObLG FamRZ **76**, 161), wobei über die Ersetzg der Zust eines EltT das VormschG, nicht das FamG entsch (Oldbg NdsRpfl **78**, 32), sowie der Antr auf Entlassg aus dem Staatsverbande gem RuStAG 19 (KG FamRZ **80**, 625); ferner die Vertretg in RStreitigkeiten, soweit sie PersSorgeSachen betreffen, so im AbstammgsRStreit (KG JR **62**, 264), bei der UnterhKlage (BGH NJW **53**, 1546; Karlsr DJ **41**, 507; Bosch SJZ **50**, 630; Lauterbach DR **40**, 1056, aM KG NJW **51**, 318; RG DR **45**, 52; s jetzt auch § 1629 III); ebso in Verwaltgs-, StrafVerf u ZivProz, insb hins StrafAntr u ZeugnVerwR, wenn dem Kind die Verstandesreife f dessen Bedeutg noch abgeht (vgl § 1629 Anm 4, 5 a, 6). Auf Grd des EltR eingelegte RMittel können v den Elt nur einvernehml zurückgen w, so daß bei einseit BerufsgsZurückn Berufg anhäng bleibt u sachl zu bescheiden ist (so die zutr RedAnm zur ggt Auff OVG Münst FamRZ **75**, 44). – Die Unterscheidg der Vertretg von der tatsächl PersSorge hat Bedeutg für §§ 1633, 1673 II 2, 1680, 1685, 1686, EheG 3 II, ZPO 620 ff.

b) Bei der **Vermögenssorge** (§ 1638 aF: VermVerw) ist der HdlgsSpielraum der Elt v dem ggstdl Bereich ihrer Einflußn zu unterscheiden. **aa) Tätigkeitsformen:** Hdlgsmäß umfaßt die VermSorge alle tatsächl u rechtl Maßn, die darauf gerichtet s, das KindesVerm zu erhalten, zu verwerten u zu vermehren (KGJ **47**, 39), gleichgült ob die Elt im eig od im Namen des Kindes, in eig od des Kindes Interesse handeln. Die Elt sind zur VermSorge bis zur Grenze der Zumutbark verpfl (BGH **58**, 19), die allerd nicht so weit geht, daß sie ein vom Kind erebtes ErwerbsGesch unentgeltl fortführen müssen. Die Elt haben das Recht, die zum KindesVerm gehörden Sachen in Besitz zu nehmen (arg § 1698 I). Ferner berechtigt die VermSorge zur **Vertretung** des Kindes in VermAngelegenh (vgl RG **144**, 251), insb auch in RStreitige. Zur Problematik des vom Mj ererbten HandelsGesch: § 1645 Anm 1. **Einschränkungen** der Verpfl- u VfgsFreih: Erwerb bewegl Sachen mit Mitteln des Kindes führt z dingl Surrogation (§ 1646); Schenkgen (§ 1641) u best wicht Gesch (§ 1643), VermÜberlassg an das Kind (§ 1644) u Beginn neuer ErwerbsGesch (§ 1645) unterliegen Beschrkgen bzw bedürfen der vormschgerichtl Gen. Anlegg o Geld hat gem § 1642 zu erfolgen. Einkünfte aus KindesVerm sind in best Weise zu verwenden (§ 1649). Schlechthin ausgeschl ist ein Tätigwerden der Elt in Angelegenh, in denen ein Pfleger bestellt ist (§ 1630). Bei VermZuwendgen dch Dritte kann die elterl Verw gänzl ausgeschl (§ 1638) od dch entspr AnO beschrkt w (§ 1639). Zuwiderhdlgen führen ggf zu Erstattgs- u SchadErsAnspr des Kindes (§§ 812ff, 1664). Zum Verhältn v KindesVerm u Berufswahl RG JW **31**, 1348; Feuchtwanger JW **32**, 1351. Zur Überlassg v KiVerm zur freien Vfg § 110. – **bb) Zum Kindesvermögen gehören** das Verm als solches (GrdBesitz, Wertpapiere usw) sowie Einkünfte daraus u (trotz § 113 I) was das Kind aus Arb (KG JFG **14**, 426) od selbstand GeschBetr erwirbt, nicht dagg, was dem Kind zur fr Vfg iSv § 110 überlassen w ist. Zum KiVerm gehören ferner grdsl Renten (vgl Hamm FamRZ **74**, 31; § 1642 Anm 2). **Verwaltungsfrei** sind dagg Mittel iSv § 110 u uU Zuwendgen v dritter Seite (§ 1638); ferner die v dem Kind iRv § 112 erworbenen u wieder im Betr verwendeten Mittel; ebso Guthaben aus LohnKto, sofern Elt der Eröffng u Vfg darüber (dch Überweisg, Scheck) zugest haben (vgl § 113 Anm 4; Capeller BB **61**, 453; BGH **LM** § 990 Nr. 12).

5) Erziehungsstil, II. a) Das geltde Recht trägt dem Heranwachsen des Kindes zur Selbständigk nur in Einzelfällen Rechng (vgl §§ 112, 113, 1411, 1617 II, 1729, 1746, 2229; RKEG 5, abgedr Anh z § 1631; EheG 3; FGG 59). Auch II enthält keine Generalklausel für ein allg MitentscheidgsR des Kindes (zu den Bedenken dagg BT-Drucks 7/2060 S 15 f), sond schreibt iS einer **partnerschaftlichen Erziehung** (vgl Karlsr-Freibg NJW **89**, 2398) den Elt vor, bei der Pflege u Erziehg des Kindes dessen wachsde Fähigk u sein wachsdes Bedürfn zu selbständ verantwortgsbewußtem Handeln zu berücks, Fragen der elterl Sorge, soweit es nach dem Entwicklgsstand des Ki angezeigt ist, mit ihm zu besprechen u Einvernehmen anzustreben. Mit dem „gesetzl Leitbild" (so BT-Drucks 7/2060 S 16) dieser Pflichtentrias ist ein rein auf Gehorsam ausgerichteter u auf Unterwerfg unter den Willen der Elt abzielder autoritärer Erziehgsstil, wie er Jahrzehnte hindch gang u gäbe war u trotz seiner unbezweifelb Effektivität f Not- u Aufbauzeiten gesetzl verboten u kann zu Maßn nach § 1666 führen. Die Vorschr ist damit Ausdr des ggwärt Zeitgeistes u insow trotz ihrer pädagog wertvollen Motivation verfassgsrechtl nicht ganz bedenkenfrei. Die Schwierigk liegt darin, daß nur ein Teil der Elt die argumentat AuseinandSetzg gelernt hat u daß die Elt desh den Ki ggü schlecht etwas zeigen können, was sie auch im Verk mit and Erwachsenen nicht beherrschen. Die Frage ist daher die, wie sich ein solcher Intellektuellenparagraph mit GG 1, 2, 3 u 6 II verträgt, insb dann, wenn man die Zielrichtg des II schlechthin in der Dchsetzg des Generationsdialogs sieht, also auch in der Vermeidg ihres Ggstücks, näml dem argumentationslosen Nachgeben ggü den Konsumwünschen des Ki. Immerh verlangte aber auch schon bisher die Rspr iRv § 1666 aF von den Elt bei best ErziehgsMaßn die Angabe triftiger Grde ggü dem Kinde (38. Aufl § 1631 Anm 3a). Zu wirkl Konflikten zw Elt u Kindern kommt es idR nur, wenn die Elt ihren Willen über Jahre hinweg ohne Berücksichtigg des KiWillens dchgesetzt haben. Haben sie dagg

Verwandtschaft. 5. Titel: Eltern und eheliche Kinder §§ 1626–1628

frühzeit das Kind an der Rationalität der eig Willensbildg teiln lassen, wird das Kind so viel Vertrauen angesammelt haben, daß es auch als Jugendl Einsicht zeigt. Desh ist das Kind auch schon im KleinKiAlter in den EntscheidgsProz einzubeziehen; der wachsnden **Fähigkeit zu selbständigem, verantwortungsbewußtem Handeln** ist auch schon dann Rechng zu tragen, wenn ein entspr Bedürfn noch nicht vorh ist. Nicht nur in späteren Jahren werden in einer auf rationale Begrdg u die Überzeuggkraft der Argumente abstelldn Erziehg nicht selten auch die besseren Grde beim Jugendl liegen, so daß sich dann seine Ansicht dchsetzt. Es findet keine Beschrkg auf Angelegenh des persönl Lebensführg statt; entscheid ist nur, ob das Kind zu einer Beurt der eig Angelegenh in der Lage ist (BT-Drucks 7/2060 S 16). **Berücksichtigung** bedeutet nicht, daß die Elt dem KiWillen zu folgen haben, sond daß sie das Kind an der Suche nach geeigneten Pflege- u ErziehgsMaßn beteiligen; es soll nicht über den Kopf des Ki hinweg entschieden w. Die von den Elt beabsichtigten Maßn dürfen dem Kind nicht aufgezwungen, sond müssen mit ihm erörtert w mit dem Ziel, Verständ u Einsicht zu wecken; darüber hinaus sollen GgArgumente berücks u eine Einigg zw Elt u Kind angestrebt w (BT-Drucks 7/2060 S 17). Das anzustrebde **Einvernehmen** bedeutet tatsächl Übereinstimmg od Zurückstellen der jew eig Meing; mit einem Vertrag hat es nichts zu tun. Kommt eine Einigg nicht zustande – etwa weil das Kind seg Mitwirkg verweigert, so entscheiden die Elt allein (BT-Drucks 7/2060 S 17); ihr Wille behält letztl den Vorrang (BT-Drucks 8/2788 S 45). Das bedeutet vor allem auch, daß die Elt ihre Erziehgsverantwortg iS einer falsch verstandenen antiautoritären Erziehg nicht einf auf das Kind abwälzen od überall nachgeben dürfen. Zur Berücks des KiWillens bei der Berufswahl § 1631a Anm 1; iR der Entsch zur elterl Sorge bei Scheidg od Getrenntl der Elt § 1671 Anm 3c; iZushg mit dem UmggsR § 1634 Anm 3b. – **b) Rechtsfolgen.** Das gesetzl Leitbild, iR der Erziehg das Kind als Partner u nicht als bl ErziehgsObj zu behandeln, wirkt sich bei der Anwendg von Vorschr des KindschR aus. So spielt es bei allen Verf eine Rolle, bei denen das FamG od VormschG die Entsch nach dem Wohle des Kindes zu treffen hat (BT-Drucks 7/2060 S 16), zB bei der SorgeRVerteilg bei Scheidg od Getrenntl der Elt (§§ 1671, 1672); bei der UmggsRegelg (§ 1634); bei der Unterbringg (§ 1631b); beim Umggsverbot für einen EltT (§ 1634 II 2) sowie bei allen Maßn nach § 1666. Dems Gedanken sind die Vorschr über die Anhörg des Kindes in Sorgesachen verpfl (Einf 6b bb vor § 1626).

1627 *Ausübung der elterlichen Sorge.* **Die Eltern haben die elterliche Sorge in eigener Verantwortung und in gegenseitigem Einvernehmen zum Wohle des Kindes auszuüben. Bei Meinungsverschiedenheiten müssen sie versuchen, sich zu einigen.**

1) a) Die Elt stehen bei Ausübg der elterl Sorge **gleichrangig nebeneinander.** Sie üben sie grdsätzl **gemeinschaftlich** aus. Im allg wird aber zw den Eltern eine natürliche oder vereinbarte Aufgabenteilg eintreten. Im Rahmen dieser Teilg kann der EltT allein handeln. Der and EltT wird sich daran halten müssen, von auch jederzeit begründeter Widerruf mögl ist. Der Alleinhandelnde muß bei seinem Handeln die bekannten od mutmaßl Wünsche des and berücksichtigen, darf also die ihm eingeräumte od sich aus den Verhältnissen ergebende (eilige Sachen, zB Unterbringg im Krankenhaus, woraus sich dann auch Haftg des anderen Eheg für die Kosten ergeben kann, LG Bln NJW **61**, 973) Möglichk des Alleinhandelns nicht dazu benutzen, Ansichten durchzusetzen, von denen er wußte od annehmen mußte oder konnte, daß sie mit den Absichten des anderen nicht in Einklang stehen; denn jede Ausübg der elterl Sorge soll im gegenseitigen Einvernehmen erfolgen. Bei wichtigen Angelegenheiten wie Schulbesuch, Ausbildgsgang, Unterbringg am dritten Ort, religiöse Erziehg (RKEG 1, abgedr § 1631 Anh), ebso bei der Art der Erziehg im allg u dgl, ist die Ansicht der Elt aufeinand abzustimmen. Ist die Ansicht des and vor einer solchen Entsch nicht bekannt, so muß sie vorher eingeholt werden; jedes eigenmächtige Handeln widerspricht dem Grds des § 1627. Haben sich die Elt geeinigt, so kann der eine Teil auch für den and die Erkl abgeben (BayObLG FamRZ **61**, 176); einer Einigg bedarf es aber natürl dann nicht, wenn die Elt nicht als Vertreter handeln, sond für sich selbst (BayObLG FamRZ **61**, 178 StrafAntr wg Kindesentführg). Ergibt sich eine **Meinungsverschiedenheit,** so müssen die Eltern versuchen, sich zu einigen. Die EinigsPfl hat Vorrang vor Maßn n § 1666, so daß nicht ein EltT allein das Kind in eine and Schule ummelden kann (LG Bln FamRZ **82**, 839). Der Versuch zur Einigg muß dahin gehen, der Ansicht des and Rechng zu tragen, wobei **Richtschnur für die Entschließung das Wohl des Kindes** sein muß; an ihm ist zu prüfen, welcher Ansicht iR der gegebenen Möglichkeiten der Vorzug zu geben oder wie die Ansichten abzuändern sind. Zum Einiggsversuch sind beide Elt schon desh verpfl, weil sie in eigener Verantwortg handeln; staatl Hilfe steht nur in außergewöhnl Fällen zur Vfg, Anm 2.

2) Falls Einigung nicht möglich, ist das **Vormundschaftsgericht anzurufen** (s § 1628).

1628 *Übertragung des Entscheidungsrechts auf einen Elternteil.* **ᴵKönnen sich die Eltern in einer einzelnen Angelegenheit oder in einer bestimmten Art von Angelegenheiten der elterlichen Sorge, deren Regelung für das Kind von erheblicher Bedeutung ist, nicht einigen, so kann das Vormundschaftsgericht auf Antrag eines Elternteils die Entscheidung einem Elternteil übertragen, sofern dies dem Wohle des Kindes entspricht. Die Übertragung kann mit Beschränkungen oder mit Auflagen verbunden werden.**

ᴵᴵVor der Entscheidung soll das Vormundschaftsgericht darauf hinwirken, daß sich die Eltern auf eine dem Wohl des Kindes entsprechende Regelung einigen.

Schrifttum: Beitzke JR **59**, 401; Bosch FamRZ **59**, 413; Arnold FamRZ **59**, 425; Schwoerer NJW **59**, 2089; Genzmer MDR **60**, 881; Lange NJW **61**, 1889.

1) Eingef dch SorgRG Art 1 Z 3, nachdem die aF der Vorschr, wonach bei Meinungsverschiedenh dem Vater der Stichentscheid zufiel, für verfassgswidr erklärt w war (BVerfG NJW **59**, 1483; vgl dazu 38. Aufl Vorb § 1628); die Neufassg orientiert sich weitgehd an der Rspr zur Ausfüll der dch die Entsch des BVerfG

§ 1628 1–3

entstandenen GesLücke (BT-Drucks 7/2060 S 19). Danach konnte u kann nunmehr gem I bei Meingsverschiedenh zw den Elt in Angelegenh von wesentl Bedeutg für das Kindeswohl das VormschG angerufen werden zur Entsch darüber, welcher EltT die Streitfrage regeln soll (AG Hbg FamRZ **61**, 123; AG Kln FamRZ **67**, 293 u RdJ **69**, 92; Ffm FamRZ **61**, 125; AG Hamm FamRZ **66**, 209 u RdJ **67**, 22; LG Stgt NJW **61**, 273; AG Münst StAZ **61**, 168). Die Regelg des I erscheint auch neben § 1666 sinnv, der Konflikte u Schwierigken ausräumt, die im Verhältn zw Elt u Kindern auftreten, währd I den Konflikt im Verhältn der Elt zueinand betrifft (BT-Drucks 7/2060 S 20). Mit I wird dem **Grundsatz der Familienautonomie** in dreif Hinsicht Rechng getragen: (1) Die Elt können die ihnen gem § 1626 obliegde Verantwortg für das Kind nicht auf das VormschG abschieben, sond dessen Anrufg ist nur bei Konflikten zul, die für das Kindeswohl erhebl Bedeutg besitzen; denn die Erziehg obliegt zuvörderst den Elt, das VormschG nimmt lediglich das Wächteramt der staatl Gemsch wahr (GG 6 II), dessen verfassgsrechtl Sinn es ist, objektive Verletzgen des KiWohls zu verhüten. (2) Zum and ist dem VormschG nicht die Befugn zu einer eigenen SachEntsch eingeräumt (BT-Drucks 7/2060 S 20). (3) Schließl hat das VormschG zu jeder Zeit auf eine dem KiWohl entspr Einigg der Elt hinzuwirken, II. Eine SondRegelg besteht bei Verweigerg der Einwilligg zur Eheschl dch einen od beide EltTeile (EheG 3 III); s dort. Keine Anwendg v § 1628 zur Erzwingg der Unterlassg eines SchwangerschAbbr (§ 1626 Anm 2).

2) Voraussetzungen: a) Die Elt können sich in einer einz Angelegenh od in einer best Art von Angelegenh **nicht einigen,** womit ein ernsthafter Konflikt zw den Elt gemeint ist, bei der die Möglken zu ggseit Nachgeben zunächst erschöpft sind u es sinnv erscheint, das VormschG einzuschalten. Das VormschG dient nicht dazu, einem der EltT in einer bl Meingsverschiedenh „Recht zu geben". – **b)** Die Nichteinigg muß sich auf Angelegenh der elterl Sorge, also der Pers- od VermSorge (§ 1626 Anm 4), beziehen, u zwar um **einzelne Angelegenheiten** wie die Anmeldg des Kindes in einer best Schule, Dchführg einer Impfg, Erziehg im Internat, od um eine **bestimmte Art von Angelegenheiten** wie Teiln an Sportveranstaltgen, homöopath od allopath Behdlg. Die Grenze ist fließd. – **c)** Die Regelg der streit Angelegenh muß für das Kind **von erheblicher Bedeutung** sein. Diese Einschränkg soll verhindern, daß die Elt auch wg belangloser Meinungsverschiedenh das VormschG anrufen u ihre Verantwortg auf dieses abzuwälzen suchen (BT-Drucks 7/2060 S 20). Wichtig sind die Bestimmg des Religionsbekenntn (RKEG 2 I, abgedr § 1631 Anh); die Art der Ausbildg (§ 1631 a); die AufenthBestimmg (LG Stgt NJW **61**, 273; BayObLG FamRZ **58**, 144; sa Schwoerer NJW **59**, 2091; Bosch FamRZ **59**, 410/15); Anlegg des KindesVerm, wenn es größeren Umfg hat u kein Fall v § 1638 vorliegt. Bei unerhebl Bedeutg verfährt das VormschG gem Anm 3d. Eine unwicht Angelegenh erlangt nicht dadch erhebl Bedeutg, daß sich die Elt nicht einigen können. Bei Beurt der Wichtigk ist aber stets auch die Wirkg der Uneinigk auf das Kind zu berücks. – **d)** Da es sich um einen EltKonflikt, also um eine AuseinandSetzg zw Erwachsenen handelt, soll das VormschG nur auf **Antrag eines Elternteiles** tätig werden. Sol das Wohl des Kindes nicht gefährdet ist (dann evtl § 1666), ist den Elt die Entsch darüber zu überlassen, wie sie ihre Meinungsverschiedenh bei Ausübg der elterl Sorge bereinigen wollen. Von einem AntragsR des Kindes bei Meinungsverschiedenh der Elt untereinand ist desh abgesehen w (BT-Drucks 7/2060 S 20).

3) Rechtsfolgen und Verfahren. a) Das VormschG, das mit dem Konfl der Elt befaßt w, soll vor der Entsch darauf **hinwirken,** daß sich die Elt auf eine dem Wohl des Kindes entspr Regelg **einigen,** II. Nach § 1627 S 2 sind bereits die Elt von sich aus gehalten, sich bei Meingsverschiedenh einig zu werden. Diesem **Prinzip des Familienfriedens** folgt auch II. Denn wenn es den Elt nicht gelingt, ihre Meinungsverschiedenh innerh der Fam zu bereinigen, so kann die Vermittlg dch einen unbeteiligten, sachkund Dritten, der das Interesse des Kindes uU unbefangener zu beurt vermag als die streitden Elt, sinnv u erfolgr sein. Dem FamFrieden ist es idR dienlicher, wenn Meinungsverschiedenh zw den Elt ohne förml Entsch geregelt w, so daß kein EltT als Sieger od Verlierer erscheint (BT-Drucks 7/2060 S 20). Abgesehen davon kann der Vermittlg dch das VormschG dann bes Bedeutg zukommen, wenn die Vorschläge der Elt dem KiWohl nicht od nur teilw entsprechen u die Elt sich auf eine vom VormschG vorgeschlagene bessere Lösg einigen (BT-Drucks 7/2060 S 20). Die Verpfl des VormschG, einen gütl Ausgl zw den Elt zum Wohle des Ki herbeizuführen, erschöpft sich nicht in einem einmaligen Sühneversuch; sie besteht vielm bis zum Abschl des Verf nach § 1628 I fort (BT-Drucks 7/2060 S 20).

b) Kommt es zu keiner gütl Einigg der Elt, so entsch das VormschG dch Beschl, mit dem es die **Entscheidung einem Elternteil** überträgt, I 1, u damit dessen Stdpkt gutheißt od doch wenigstens mehr billigt als denj des and EltT (Lange NJW **61**, 1891; Müller-Freienfels JZ **57**, 695). Die Entsch muß begründet w. Dem Grds der FamAutonomie entspr (Anm 1) wird dem VormschG keine Befugn zu einer eig Sach-Entsch eingeräumt, sond lediglich die Möglichk gegeben, die EntschBefugn für eine einz Angelegenh od f eine best Art v Angelegenh einem EltT zu übertr (BT-Drucks 7/2060 S 20). Die eig Vorstellgen über eine sinnv Regelg kann der VormschRichter dann nur über eine entspr RegelgsEinigg der Elt (Anm a) bzw unter den Voraussetzgen des § 1666 in einem gesonderten Verf verwirklichen. Es ist auch ausgeschl, über den Umweg von Beschränkgen od Auflagen iSv I 2 den EltVorschlag so stark abzuändern, daß prakt doch eine Entsch des VormschG an seine Stelle tritt (BT-Drucks 7/2060 S 20). Ist dem einen EltT entspr seinem Antr die alleinige EntschBefugn übertr w, so übt er insow die elterl SorgeR allein aus; es bedarf keiner Mitwirkg des übergangenen EltT bei den dafür erforderl Maßn. Es besteht auch eine entspr alleinige Vertretgsmacht des betr EltT (§ 1629 I 2).

c) Um sicherzustellen, daß der EltT auch iS der von ihm vorgeschlagenen Lösg entscheidet, kann das VormschG die Übertr der Entscheidgsbefugnis auf den einen EltT mit **Beschränkungen und Auflagen** verbinden. Diese dürfen keine eig Entsch des VormschG in dem EltKonflikt darstellen, sond müssen abhäng Gestaltgsmittel bleiben, die ihre Grdlage in dem EltVorschl finden, dessen Verwirklichg sie dienen (BT-Drucks 7/2060 S 20). Unerhebl, wer die Beschrkg od Aufl vorgeschlagen hat, so daß letztere auch der Meing des unterliegden EltT entnommen w dürfen. Beschränkgen auf die eine od andere Regelg sind angebracht, wenn ein EltT mehrere Vorschläge gemacht hat, von denen jedoch nur einer od ein Teil

Verwandtschaft. 5. Titel: Eltern und eheliche Kinder §§ 1628, 1629

geeignet ist. Auf diese Weise kann auch von dem and EltT erhobenen Bedenken, soweit sie stichhaltig erscheinen, Rechng getragen w (BT-Drucks 7/2060 S 20). Auflagen sind angebracht in Fällen, in denen der EltVorschlag der Ergänzg bzw Kontrolle bedarf. Es kommen Auflagen in Betr des Inh, daß dem VormschG von der Einleitg bestimmter Maßn (Schulanmeldg, Aufgabe einer ScheidgsVerf unter dem Gesichtspkt der Uneinsichtigk eines Eheg) eine Rolle spielen. Gefährden die Vorschl beiderElt das KWohl, so hat das VormschG beide zu verwerfen (Gernhuber § 50 II 5 Fn 16) u ggf nach §§ 1666, 1666a zu verfahren. Keine Entsch des VormschG auch bei Meingsverschiedenh der Elt, in denen das G eine eigene unersetzb Entsch jedes EltT fordert, wie bei RKEG 4 II 1 (abgedr § 1631 Anh; s dort Anm 2c; Fulda FamRZ **60**, 281).

d) Negativentscheidung. Erweist sich eine Angelegenheit als verhältnismäß unwichtig, so hat das VormschG eine Entsch darüber abzulehnen (Kln FamRZ **67**, 293); sonst wäre schließl die Ausübg der elt Sorge beim VormschG. Unerhebl ist dabei, ob die Elt tats zu keiner Einigg kommen. Sie bleiben im Schoße der Fam unentschieden, können aber immerhin in einem späteren ScheidgsVerf unter dem Gesichtspkt der Uneinsichtigk eines Eheg eine Rolle spielen. Gefährden die Vorschl beiderElt das KWohl, so hat das VormschG beide zu verwerfen (Gernhuber § 50 II 5 Fn 16) u ggf nach §§ 1666, 1666a zu verfahren. Keine Entsch des VormschG auch bei Meingsverschiedenh der Elt, in denen das G eine eigene unersetzb Entsch jedes EltT fordert, wie bei RKEG 4 II 1 (abgedr § 1631 Anh; s dort Anm 2c; Fulda FamRZ **60**, 281).

e) Bedeutet eine Meingsverschiedenh der Elt eine obj **Gefährdung des Kindeswohls**, so kann das VormschG außerh von § 1628 entsprechde Maßn gem § 1666 treffen. Erst wenn Uneinigk bestehen bleibt, also auch wenn zu ersehen ist, daß ein EltT der evtl Einigg zuwiderhandeln wird, hat das VormschG dem EltT, dessen Meing es beitritt, die Sorge einschl der Vertretg des Kindes für diese streit Angelegenh allein zu übertragen, um den Streit zu beheben, mehr nicht (Hamm OLGZ **66**, 249), was bei zu erwartender dauernder Meingsverschiedenh, zB über Art u Weise des Schulbesuchs, auch für längere Zeit geschehen kann. Vgl Arnold FamRZ **59**, 428.

f) Verfahrensrecht. Hinsichtl Zust, einstw AO, Anhörg usw Einf 4 v § 1626. Erfdl ist der Antr eines od beider EltT. Es entsch der Ri (RPflG 14 Z 5). Kosten: KostO 94 I Z 5, III. Einf, nicht etwa analog FGG 53, 60 I Z 6 sofort Beschw (hM; KKW FGG 53 Rdn 5).

1629 *Vertretung des Kindes.* [I]**Die elterliche Sorge umfaßt die Vertretung des Kindes. Die Eltern vertreten das Kind gemeinschaftlich; ist eine Willenserklärung gegenüber dem Kind abzugeben, so genügt die Abgabe gegenüber einem Elternteil. Ein Elternteil vertritt das Kind allein, soweit er die elterliche Sorge allein ausübt oder ihm die Entscheidung nach § 1628 Abs. 1 übertragen ist.**

[II]**Der Vater und die Mutter können das Kind insoweit nicht vertreten, als nach § 1795 ein Vormund von der Vertretung des Kindes ausgeschlossen ist. Leben die Eltern getrennt oder ist eine Ehesache zwischen ihnen anhängig, so kann, wenn eine Regelung der Sorge für die Person des Kindes noch nicht getroffen ist, der Elternteil, in dessen Obhut sich das Kind befindet, Unterhaltsansprüche des Kindes gegen den anderen Elternteil geltend machen. Das Vormundschaftsgericht kann dem Vater und der Mutter nach § 1796 die Vertretung entziehen.**

[III]**Solange die Eltern getrennt leben oder eine Ehesache zwischen ihnen anhängig ist, kann ein Elternteil Unterhaltsansprüche des Kindes gegen den anderen Elternteil nur im eigenen Namen geltend machen. Eine von einem Elternteil erwirkte gerichtliche Entscheidung und ein zwischen den Eltern geschlossener gerichtlicher Vergleich wirken auch für und gegen das Kind.**

Schrifttum: Vgl bei § 1628. Fastrich, Vertretg des mj Kommanditisten in der Fam-KG, 1976.

1) Zur Geschichte der Best 45. Aufl; das **UÄndG** erweitert die EinziehgsBefugn v KiUnterh dch einen EltT mit entspr ProzStandsch über die Scheidg auf sämtl Ehesachen u das bl Getrenntleben der Eheg. Die **Vertretung ist ein Teil des Sorgerechts** (§ 1626 Anm 1). Die elt Sorge bezieht sich zunächst auf die Innenverhältn der Elt zu ihrem Kind (§ 1626); dessen Rechtsbeziehgen zu Dritten (Außenverhältn) werden im rechtsgeschäftl Bereich dch Hdlgen der Elt bestimmt, wenn diese iS der §§ 164 ff im Namen des Kindes handeln; die erforderl Vertretgsmacht der Elt beruht auf § 1629 I. Die Vertretg **steht beiden Eltern gemeinsam zu,** wie dies auch f die Zeit noch Außerkrafttr der Gleichberechtigg widersprechden Rechts angen wurde (Beitzke JR **59**, 404; BGH **30**, 309; Hamm NJW **59**, 2215). Der gemschaftl Ausübg der elterl Sorge entspricht die gemeins Vertretgsbefugn beider Elt (BT-Drucks 7/2060 S 21). Die Vertretg erstreckt sich so weit, als das SorgeR der Elt reicht, also nicht, soweit beiden Elt die Sorge entzogen ist, aber auch nicht, soweit sie sonst das Kind nicht vertreten können, II 1. Wenn ein EltT sorgeberecht ist (§§ 1671, 1672, 1678, 1681), hat er auch die Alleinvertretg; ebso wenn ein EltT allein die Sorge für die Pers od das Verm des Kindes hat (§ 1671 IV 1) od ihm die Sorge für eine bestimmte Angelegenh übertr ist (§ 1628 Anm 3c), überh wenn der and EltT an der Vertretg verhindert ist, so im EhelichkAnfProz die Mutter nach Scheidg, soweit VormschG bzw FamG nicht anl Regelg trifft od Pfleger bestellt ist (BGH MDR **58**, 316). Mögl der **Ermächtigung zur Alleinvertretung** dch den and EltT (vgl auch Anm 3), sei es für das einz Gesch, sei es für einen Kreis von Geschäften. Insb bei Geschäften minderer Bedeutg, aber auch sonst, kann diese stillschw erfolgen, so vor allem dann, wenn die Elt die Vertretg nach Lebenskreisen aufgeteilt haben (vgl §§ 164 ff). Anzeichen für **stillschweigende** Ermächtigg zur Einzelvertretg bei allg Funktionsaufteilg zw den Elt; für **ärztliche Behandlung** zB, wenn Ki dch Vater ins Krankenh gebracht w, die Mutter das duldet od dch widerspruchslose Besuche gutheißt (LG Bln JR **61**, 263). Dagg Zust beider Elt erfdl bei nicht eilbedürft, schwieriger Operation des Ki (BGH **105**, 45). Nimmt nur ein EltT das RGesch vor, ohne dch den and ausdrückl od stillschw zu seiner Vertretg bevollmächtigt zu sein, so §§ 177 ff. Regelmäß wird das für den EltT in schwerwiegden Sachen bei Widerstreben des and der Anlaß zur Anrufg des VormschG sein (§ 1628). Die Vertretgsmacht ist **grundsätzlich unbeschränkt,** soweit sie nicht dch HdlgsBefugn des Kindes bei höchstpersönl Geschäften eingeschrkt ist (§§ 1411 I 3, 1728 I, 1729 I, 1740 c, 1746 I, 1757 II, 2064, 2229, 2274, 2275 II, 2282 II, 2284, 2290 I, 2296 II, 2347 II 1, 2351) od die SorgeRInh an die Gen des VormschG gebunden sind (§§ 112, 1484 II 2, 1491 III, 1492 III, 1517 II, 1639 II, 1643–1645, 1667, 1683, 2290 III, 2291 I 2, 2347 I, II 2; RuStAG 19). Einschrkg auch hins der Verpfl des Kindes über den Wert eines ererbten Handels-Gesch hinaus (BVerfG NJW **86**, 1859; § 1822 Anm 4a); bis zur gesetzl NeuRegelg Aussetzg des Verf (BGH NJW-

1645

§ 1629 1–4

RR **87**, 450). Verzicht auf StrafAntr dch einen EltT allein ist schwebd unwirks (LG Heilbr Just **80**, 480). Keine Vertretg bei der Erwirkg rechtswidriger SozLeistgen für die Ki (OVG Bln NJW **85**, 822 fälschl: § 1626). **Reform:** Neuerdings wird die gesamte ges Vertretg als überholt u verfassgswidr bezeichn (Ramm NJW **89**, 1708); da sie jedenf in Teilbereichen dch staatl Fürsorge ersetzt w müßte, widerspricht der Vorschl, die ges Vertr abzuschaffen, seiners GG 6 (vgl K Schmidt NJW **89**, 1712).

2) Gesamtvertretung, I. Der Vater u die Mutter zusammen sind in dem in Anm 1 genannten Umfang **gesetzliche Vertreter des Kindes, I 1,** also berecht, mit Wirkg für u gg das Kind zu handeln (§ 164), Rechtsstreitigken zu führen u Erklärgen abzugeben (§§ 107 ff). Gemeinschaftl Vertretg auch für ProzHdlgen (BGH NJW **87**, 1947 Geständn). Ob die Vertretgsberechtigten im eig Namen od in dem des Kindes handeln, sich od dieses verpflichten wollen, steht bei ihnen; doch ersteres ist anzunehmen bei Arztbeauftragg, wenn das auch eigenen BehandlgsAnspr des Kindes nicht ausschließt (RG **152**, 175; vgl auch § 1357 Anm 2b bb); letzteres bei gerichtl Geltdmachg geboten (RG **146**, 232); denn die Elt können abgesehen von III im eig Namen weder Rechte des Kindes geltd machen, noch über sie verfügen. Eltern können Vollm erteilen u sich im gesetzl Rahmen, §§ 112, 113, ihrer Vertretereigenschaft begeben (RG **135**, 372). Das Kind haftet nach §§ 278, 254 für vertragl Versch des Vertreters, (RG **149**, 8), nicht aber für dessen unerl Hdlgen; § 831 nicht anwendb. Zur **Haftung der Eltern** § 1626 Anm 1. Nach Trenng (§ 1672) u Scheidg der Elt (§ 1671) grdsl **Alleinvertretung** dch einen EltT (zum gemeins SorgeR: § 1671 Anm 2b). Zu weiteren Ausn: Anm 3. Wg des notw EntschVerbundes (Einf 4b v § 1654) kann es nur noch ausnahmsw zu einer Scheidg der elt Ehe ohne SorgeRRegelg kommen; dann bleibt es bei der Gesamtvertretg dch beide Elt.

3) Einzelvertretung. Von dem Grdsatz, daß die Vertretgsmacht beiden Eltern zusteht, bestehen Ausn, soweit die Vertretgsmacht mit dem SorgeR im Einzelfall dem anderen EltT allein übertragen w, ihm entzogen ist od nicht ausgeübt w darf, **I 3,** also insb iFv 1628 I, 1629 II, 1630, 1638, 1666, 1666a, 1670, 1671, 1672, 1675. Ein EltT kann den and aber auch bevollmächtigen, sowie der VertretgsR hat; auch Duldgs- und AnscheinsVollm (§ 173 Anm 4) denkb; jedoch will LAG Düss FamRZ **67**, 47 bloßes Schweigen der Mutter nicht als solche gelten lassen. Tatsächl wird es darauf ankommen, ob ein Eheg bestimmte Verrichtgen stets allein vornimmt u der and das weiß (Funktionsteilg). Der Grds der Gesamtvertretg wird ferner dchbrochen bei der **Abgabe einer Willenserklärung gegenüber dem Kinde,** u zwar in der Weise, daß es genügt, wenn die Erkl einem EltT ggü abgegeben w, **I 2 zweiter Halbsatz.** Dies entspricht einem Bedürfn des RVerk u ZPO 171 III (BT-Drucks 7/2060 S 21). Ein AlleinvertretgsR eines EltT besteht schließl auch insow, als ein EltT die elterl Sorge allein ausübt (§ 1626 Anm 3) od ihm die **Entscheidungsbefugnis** nach § 1628 I **übertragen** ist; I 3 schafft in diesen Fällen die notw Ergänzg im Außenbereich (BT-Drucks 7/2060 S 21).

4) Ausschluß der Vertretungsmacht kraft Gesetzes, II 1, (aber nicht der Verw als solcher; vgl aber auch § 1796) findet statt in gewissen Fällen, um eine mögl Gefährdg der Kindesinteressen zu verhüten (vgl § 1795). Bei tatsächl Gefährdg greift II 3 ein. Der gesetzl Vertreter kann grdsätzl ebsowenig wie ein anderer Vertreter mit sich selbst im eig Namen ein RGesch abschließen (§§ 1795 II, 181), mag die Erkl (wie die Anfechtg aus § 2079) auch einer Behörde, zB NachlGer (RG **143**, 352) od dem Grdbuchamt (KG JFG **1**, 377; **2**, 288) ggü abzugeben sein. Es kann auch der SorgeBerecht die Abtretg einer KindesHyp nicht sich selbst ggü genehmigen (RG BayZ **22**, 44), nicht deren Rangrücktritt bezügl seines Grdst bewilligen (KG Recht **30** Nr. 55; § 1795 I Z 2; vgl aber auch RG **157**, 32), nicht selbst ErbauseinandSetzg vornehmen (BGH **21**, 229), wobei gleichgült, ob Auseinandsetzg aus mehreren RGesch besteht, die nicht alle unter II fallen, wenn alle zus eine Einh bilden sollen (BGH FamRZ **68**, 246). Für den Ausschl beider Elt von der Vertretgsmacht reicht es, wenn nur ein EltT VertrtPartner des Kindes ist (BayObLG FamRZ **76**, 168 L). EltT kann auch nicht als gesetzl Vertreter RGeschäfte mit dem and EltT od Verwandten tätigen (KG JFG **12**, 120, § 1795 I Z 1), so daß bei Gründg einer FamGesellsch jedes Kind einen Pfleger erhalten muß (BayObLG FamRZ **59**, 126), auch für Grdg einer stillen Gesellsch (BFH Betr **74**, 365), Errichtg einer KG oder GmbH unter Schenkg eines KG-Anteils bzw GmbH Stammkapitals (aA Gernhuber § 51 III 8), Umwandlg einer KG in GmbH (Stgt Just **79**, 19). Der § 181 greift jedoch **nicht** ein bei AuseinandSetzgsVergl der Kinder aus der 2. Ehe des Vaters, vertreten dch ihre Mutter, mit dem Kind 1. Ehe, da diese nur verschwägert (Hamm FamRZ **65**, 86), nicht wenn der Elternteil die Sparkassenguthaben der Kinder zur Tilgg eigener Schulden verwendet (dann aber uU Einschreiten nach § 1666, RG **75**, 359), bei HypBewilligg auch Kindes Grdst mit Vorrang vor Hyp eines Elternteils, da die Nachteile des Rangrücktritts unmittelb den Vertreter selbst treffen (KG JFG **12**, 289), bei ZustErkl seitens des als Vorerben eingesetzten gesetzl Vertreters ggü dem durch die Vfg Begünstigten, also einem Dritten (Hamm NJW **65**, 1490; str), bei Schenkg eines unbelasteten Grdst an das Kind (BGH **15**, 168; KG JFG **13**, 300 unter teilw Aufgabe von KGJ **45**, 238, § 107), auch nicht bei belastetem Geschenk, etwa Grdst mit Hyp, bewegl Sachen mit Nießbr (Mü JFG **18**, 115), bei Schenkg unter Auflage ist Pfleger zu bestellen (Mü JFG **23**, 234). Fam-rechtl SondVorschr wie § 1643 II bei der ErbschAusschlagg haben Vorrang (Coing NJW **85**, 6). Wenn das RGesch dem Kind ausschl rechtl Vorteile verschafft, ist weder § 181 (BGH **59**, 236; sa § 181 Anm 2c b), wobei es für Anfechtbark gem AnfG 3 I Z 1 auf die AbschlModalitäten des RGesch ankommt; BGH **94**, 232) noch § 1795 I Z 1 (BGH FamRZ **75**, 480 mAv Schmidt) anwendb. Solange die Reduktion der Vertretgsbeschrkg auf eindeut Fälle bloßer Kindesbegünstigg erstreckt w, entfällt der für die Normanwendg entscheidbe Schutzzweck. Dies gilt nicht, wenn die GrdPfdRe den Wert des geschenkten Grdst übersteigen (aA BayObLG Rpfleger **79**, 197). Das gilt auch für die schenkw Einräumg der RückzahlgsFdg eines nicht gegebenen Darlehens (Hamm FamRZ **78**, 439). Erst recht keine Anwendg der §§ 1795 Z 1, 1629, wenn gar kein RGesch vorliegt wie bei der Zustimmg der Mutter zur Einbenenng gem § 1618 (AG Hbg DAVorm **75**, 63) od Entsch darüber, ob Kinder vom überl Eheg Auszahlg des Pflichtt verlangen sollen. In diesen Fällen aber uU 1666 (BayObLG **63**, 132). Dagg automat VertretgsAusschl entspr § 1795 I Z 3 hins StrafAntr u ZeugnVerwR bei Verdacht auf Straftat des EltT gg das Kind (Stgt NJW **71**, 2238). Hins des and EltT vgl Anm 5. Iü sind **Rechtshandlungen** eines Gewalthabers **außerhalb** seiner **Vertretungsmacht** nur schwebd unwirks mit der Möglk heilder Gen

Verwandtschaft. 5. Titel: Eltern und eheliche Kinder § 1629 4–6

(§§ 177, 185) dch den Pfleger (KG JFG **12**, 121) od das inzw vollj gewordene Kind (RG Warn **37**, 22). Von Ges wg gilt das LJA währd der Ausführg der **Fürsorgeerziehung** als gesetzl Vertreter betr das Arb- u BerufsausbildgsVerhältn des Kindes, so daß die Elt die Vertretg so lange nicht ausüben (JWG 69 Anm 4). Im **Ehelichkeitsanfechtungsprozeß** sind Ehem u folgl auch die Mutter von der Vertretg des K ausgeschl (BGH FamRZ **72**, 498). Desh Pflegerbestellg erfdl (differenzierend GA DAV **84**, 277). Bei Scheidg ohne SorgeRRegelg läuft AnfFrist sol nicht (Brschw FamRZ **68**, 40). Einzelheiten § 1795 Anm 3c. Das zur Klärg der Vertretgsmacht eingelegte Rechtsm ist aber zul (Zweibr FamRZ **80**, 911). Im **Namensänderungsverfahren** vertritt iFv § 1671 die sorgeberecht Mutter das Ki auch dann, wenn es den FamNamen des Stiefvaters erhalten soll (OVG Bln FamRZ **81**, 87 mAv Neuhaus FamRZ **81**, 310). Keine Vertretg für Blutspende (Kern FamRZ **81**, 738). Im **Verfassungsbeschwerdeverfahren** bei Verhinderg der sorgeberecht Elt Bestellg eines Ergänzpflegers (BVerfG NJW **86**, 3129).

5) Wirkung des gesetzlichen Ausschlusses auf den anderen Elternteil, II 1.
a) Grundsatz: Ist ein EltTeil von der Vertretgsmacht gem II 1 ausgeschl, so ist es auch der and (BayObLG FamRZ **60**, 33), gleichgült, ob § 1795 auf ihn zutr od nicht (arg „der Vater u die Mutter"). § 1678 nicht anwendb, da rechtl u nicht tats Verhinderg. Soll ein derart RGesch vorgen werden, so haben die Elt dem VormschG unverzügl Anzeige z machen (§ 1909 II), das einen Pfleger bestellt (§§ 1693, 1909 I). So kann im EhelichkAnfProz nach der Scheidg die Mutter das Kind nur vertreten, wenn ihr die elt Sorge übertr ist (BGH NJW **72**, 1708). Pflegerbestellg gem II 3 bleibt mögl (vgl KG FamRZ **74**, 380; Celle FamRZ **76**, 97). Der automat Ausschl des VertretgsR gilt in Verf wg Straftaten des and EltT ggü dem Kinde auch hins **Strafantrag** (umstr; vgl BGH NJW **72**, 1708; StGB 77 III 1 regelt lediql das grdsätzl AntrR) u **Zeugnisverweigerung** (StPO 52 II 2), so daß insow Pflegerbestellg erfdl (analog §§ 1629 II 3, 1796, 1909 I 1). Vgl iü Anm 6.

b) Ausnahmen: Trotz § 1795 I Z 1 u 3 kann ein getrennt od in Scheidg lebder Eheg bzw bei Anhängigk einer sonst Ehesache (ZPO 606) den **Unterhaltsanspruch des Kindes gegen den anderen Elternteil allein geltend machen,** wenn ihm selbst das SorgeR zusteht (Anm 1). Nach Eintr der Volljährigk macht das Kind im Erhöhungsbegehren iW der AbändergsKl geltd (BGH NJW **84**, 1613). Folgde Situationen sind zu unterscheiden:

aa) Das FamG kann über die gesetzl UnterhPfl ggü einem ehel Kind iR der Ehesache (ZPO 606), insb also des ScheidgsVerf, auf Antr eine einstw AnO treffen (ZPO 620 Z 4). Über den UnterhAnspr des ehel Kindes wird ferner als Folgesache zusammen mit dem ScheidgsUrt entschieden (ZPO 623 I 1, 621 I Z 4, 629 I). Die vorher erlassene anderslautde einstw AnO tritt dann außer Kraft (ZPO 620f). Im Rahmen der Trenng, der Anhängigk der Ehe- insb der ScheidgsSache gilt die ProzStandsch des III 1.

bb) Die Eheg leben getrennt (§ 1567); das FamG hat gem § 1672 die elt Sorge einem EltT zugewiesen. Dieser kann den UnterhAnspr nach dem UÄndG nunmehr nur noch im eig Namen gg den and EltT geltd machen, III 1. Von einem gleichw im Namen des Ki geschloss außergerichtl Vergl ist dem Ki eine vollstreckb Ausfertig zu erteilen (vgl Hbg FamRZ **81**, 490). Ebso bei echtem Vertr zG Dr.

cc) Die Elt leben getr (§ 1567) od es ist eine **Ehesache** (ZPO 606) zw ihnen **anhängig,** insb ScheidgsAntr gestellt (§ 1564 S 1), ohne daß bisl eine Regelg nach § 1672 od ZPO 620 S 1 Z 1 getroffen wurde; auch jetzt kann ein Eheg den UnterhAnspr des Kindes im eig Namen geltd machen, **II 2,** wofür ihm auf seinen Antr das JugA als Beistand zu bestellen ist (LG Bln DAVorm **79**, 298). Unterschieden zu aa): Die einstw AnO ist nur für das ScheidgsVerf vorgesehen, gilt also nicht iF des GetrLebens der Ehel; ferner geht es hier uU um eine (vorbehaltl ZPO 323) endgült Regelg. Der EltT klagt gem III 1 nur im eig Namen (Anm 7). II 2 findet entspr Anwendg, wenn die Ehe der KiEltern geschieden, eine Regelg des SorgeR jedoch noch nicht erfolgt ist (KG DAVorm **80**, 210; Stgt FamRZ **78**, 941). Klagebefugt ist nur derj EltT, in dessen **Obhut** sich das Kind befindet. Zu diesem Begr JWG 51 II. Es kommt auf die tats Verhältn an. Das Kind kann sich in der Obhut eines EltT auch dann befinden, wenn beide Eheg noch in einer Wohng leben. Es kommt dann darauf an, wer von beiden sich vor dem and annimmt, zB in der Weise, daß er sich tatsächl um den Unterh kümmert (Düss FamRZ **88**, 1092; BT-Drucks 7/650 S 175). Ausreichd auch, wenn EltT das Kind auf eig Kosten woanders, insb bei Verwandten untergebracht hat. Inanspruchn öff Hilfe schließt Obhut nicht aus (Bambg FamRZ **85**, 632). Ist eine Regelg ü die PersSorge getroffen w (Fall bb), geht diese vor; die trotzdem ausgeübte Obhut ist idR rechtswidr. Höhe: Mind RegelUnterh (§ 1610 III 1 u 2).

dd) Für die Zeit nach der Scheidg gilt Regelg der §§ 1671, ZPO 621 I Z 4, 623, 629. Erweist sich bei **gemeinsamem Sorgerecht** nach Scheidg (§ 1671 Anm 2b) die Geltdmachg v Unterh dch einen gg den and EltT als notw, so ist derj EltT, in dessen Obhut sich die Ki befinden, analog II 2 (beschränkt auf UnterhFdgen!) allein vertretgsberecht (im Ergebn ebso Stgt FamRZ **86**, 595: § 1629 I 3 direkt).

ee) Ist die Sorge demj Eheg übertr (§ 1672), der das Kind nicht genügd unterhalt, so muß der and Eheg sich zunächst die PersSorge (§ 1626 Anm 4b) übertr lassen, also eine Änd der bish SorgeRVerteilg herbeiführen (§ 1672 u § 1671 Anm 7e). Hat aber das Kind UnterhAnspr auch gg diesen and EltT im Hinbl auf dessen eig Verm, dann § 1796 II (Köln OLG **66**, 580). Pfleger auch erforderl, wenn Kind gg beide Elt klagt (§ 1606 Anm 3). Davon zu unterscheiden: Über § 1360 kann zB die Mutter zusammen mit dem FamUnterh auch den des Kindes geltd machen; iRv § 1361 (vgl dort Anm 1) nur den eig. Zur analogen Anwendg v II 2: Anm cc.

6) Entziehung der Vertretungsmacht durch Vormundschaftsgericht, II 3, gem § 1796 (vgl die Anm dort) in Einzelangelegenh od für bestimmten GeschKreis, dagg nicht im ganzen, weil dies nur nach §§ 1666 I, II, 1670, 1760 II mögl. Ggü dem automat VertretgsAusschl gem II 1 (vgl Anm 4 u 5) ist Voraussetzg für die Pflegerbestellg gem II 3 ein **erheblicher Interessengegensatz** zw dem Elt bzw einem EltT u dem Kind. Es muß eine derart Verschiedenh der beiderseit Belange gegeben s, daß die Förderg des einen Interesses nur auf Kosten des and geschehen kann. Der InterGgsatz muß auch im EhelkAnfVerf konkr festgestellt w, die bl Möglk reicht nicht aus (Stgt FamRZ **83**, 831). **Beispiele:** GgüStehen als Gläub u Schu,

1647

§ 1629 6, 7

außer bei Selbstausbildg (§ 1631 Anm 2); Erhaltg v UnterhAnspr ggü dem geschiedenen Ehem (Hamm DAV **85**, 1026); Entziehg des VertretgsR bei beiden Elt iF des geschlechtl Mißbr der Tochter dch den Vater, wenn die Mutter uU die AnwBevollm widerrufen würde (Ffm FamRZ **80**, 927); uU KindesStrafAntr gg den and EltT u ZeugnVerwR in einem solchen Verf (Anm 4 u 5a, ferner § 1626 Anm 4b), ijF wenn Elt im eig Ehestreit der Aussagebereitsch des Kindes, dem zur Beurteil der Bedeutg des ZeugnVerwR die erforderl Verstandesschärfe fehlt, zustimmen sollen (BayObLG NJW **67**, 207); gemeins betriebene Teilgsversteigerg (ZVG 180); **dagegen nicht**, wenn Vater der zu Erben eingesetzten Kinder TestVollstr ist (Mannh MDR **77**, 579); uU zeuggunfäh Vater, dem iRv § 1671 das elterl SorgeR zugeteilt wurde, Erhebg der EhelkAnfKl des Kindes aus § 1596 nicht betreibt (LG Hof DAVorm **78**, 296); iRv **Prozessen** nicht schon bei bl prozessualer Unvereinbark von iü materiell nicht widerstreitden Interessen (Dresd JW **31**, 1380), wohl aber wenn sich Elt u Kind in der gleichen ProzRolle befinden u sie unterschiedl Interessen an einer best SachverhFeststellg bzw Kostenverteilg haben (desh falsch KGJ **42**, 20 iF der Grafen Kwilecki) od wenn der Klagvortrag mit der Vertretg des Kindes unvereinb (vgl KGJ **42**, 15). Entziehg bei einem EltG zieht nicht unbedingt eine solche bei dem and nach sich, wenn auch oft empfehlensw. IjF geht Wahrg des FamFriedens materiellen Interessen vor (KG JFG **13**, 183), auch bei Geltdmachg des Pflichtteils (KG JW **36**, 2748; BayObLG FamRZ **63**, 578; Hamm FamRZ **69**, 660). Zur Vertretg des Kindes dch die Mutter iR der EhelkAnf dch den Vater Anm 5. **Zuständigkeit** FGG 35, 36, 43; Beschw FGG 19, 59; entsch RPfleger, RPflG 3 Z 2a. Kein BeschwR der Elt od der nicht gesetzl berufenen Verwandten aus FGG 20 gg Auswahl od Ablehng der Entlassg des Pflegers (KG JFG **16**, 314; **19**, 94), aus FGG 57 Nr 9 nur, wenn auch die PersSorge betroffen (s auch FGG 57 II!); gg PflegschAnordng als solche dagg BeschwR gegeben (BayObLG **67**, Nr 31). Anhörg Einf 4b vor § 1626. Gebühren KostO 94 I Z 4.

7) Prozeßstandschaft bei Getrenntleben oder Anhängigkeit einer Ehesache, III 1. Die Vorschr regelt die Art u Weise, wie der UnterhAnspr bei Getrenntleb der Elt u bei Anhängigk v Ehesachen (ZPO 606) geltd zu machen ist. **Zweck:** Die Prozeßstandsch, die der zur Geltdmachg des UnterhAnspr des Kindes befugte EltT für das Ki ausübt, soll Konfliktsituationen ausschließen, die sich f das Unterh fordernde Ki aus der Trenng seiner Elt bzw der Anhängig v deren Ehesache ergeben können (BT-Drucks 7/650 S 176; 10/ 4514 S 23). Begehren beide Elt das SorgeR, kommt es auf die tatsächl KiObhut an (II 2) bzw auf die ggf auch nur vorläuf SorgeRRegelg. Gilt nur für gemeinschl Ki (aA AG Gr-Gerau FamRZ **88**, 1070). ProzStdsch **zwingend;** kein WahlR des EltT hins der Vertretg iS v § 164 I 1 (arg „nur"). Für die **Prozeßkostenhilfe** kommt es nur auf die Bedürftigk des Ki an (Karlsr FamRZ **87**, 1062; KG FamRZ **89**, 82; aA Kln FamRZ **84**, 304; Karlsr u Kblz FamRZ **88**, 636 u 637). III 1 gilt seinem Wortlaut nach nur für den AktivProz, muß sinngem aber auch für gg das Ki gerichtete negat FeststellgsKl gelten, weil es sonst bei versch Parteistellgen des SorgeBerecht zu widersprüchl Entsch (Widerkl!) kommen k (Zweibr FamRZ **86**, 227; aA Kln FamRZ **88**, 313). Voraussetzg f die ProzStdsch ist nach dem UÄndG ggf nur die Trenng der Elt u die Obhut iS II 2. Der währd der Trenng eingeklagte KiUnterh erzwingt also aGrd der geänd Fassg der Vorschr keinen Parteiwechsel mehr, wenn ScheidgsAntr gestellt w, weil der EltT, in dessen Obhut sich das Ki nach der Trenng der Eheg befindet, den KiUnterh schon aGrd der bl Trenng im eig Namen beitreiben kann u muß. Die Beitreibg dch einstw AO setzt zusätzl die Anhängigk einer EheS od einen diesbezügl PKH-Antr voraus (ZPO 620a II 1). III 1 gilt auch, soweit die UnterhAnspr des Ki währd des ScheidgsVerf, aber außerh des Verbundes geltd gemacht w (BGH NJW **83**, 2084). Die ProzStandsch entfällt, wenn rechtskr festgestellt ist, daß das Ki nicht v dem „and EltT" abstammt (Düss FamRZ **87**, 1162). Dagg dauert sie nach Abtrenng des UnterhVerf u rechtskr Scheidg (Düss FamRZ **87**, 1183) od Berufg nur gg die UnterhEntsch fort (arg ZPO 629a II 2 u 3 nF; vgl Hbg FamRZ **84**, 706; Bergerfurth FamRZ **82**, 563f). Zul die AnschlBerufg in ProzStandsch bei Berufg nur gg EhegUnterh (Hamm FamRZ **88**, 187; Philippi FamRZ **87**, 607 gg Mü FamRZ **87**, 169; aA auch Ffm FamRZ **88**, 520). Die ProzStdsch gilt nicht für einstw AnO über den Unterh vollj Ki (ZPO 620 S 1 Z 4 nF), auch wenn sie bei dem EltT leben (AG Altona FamRZ **78**, 56). Tritt die Volljk währd des UnterhVerf ein, muß der EltT die Haupts für erled erkl; andernf weitere Kl im eig Namen unzul (Mü FamRZ **83**, 925). Das vollj gewordene Ki kann aber auch selbst in das aus dem Verbund zu lösende Verf eintreten (BGH MDR **85**, 562). Nach rechtskr Abschl des ScheidgsVerf gilt bei ausnahmsw Fehlen einer SorgeRRegelg III 1 analog (and Hbg DAV **89**, 95: ZPO 265 II entspr). Liegt dagg, wie regelm, eine SorgeREntsch vor, gilt wieder ges Vertretg (§§ 1629 I 1, 1671). Eine gleichwohl im eig Namen angestrengte Kl des EltT ist unzul (Düss FamRZ **87**, 1183). Urteile gem III können entspr ZPO 727 zZw der ZwVollstr auf das Ki umgeschrieben w; doch ist die ZwVollstr auch im eig Namen zul (Hbg FamRZ **84**, 927; Nürnbg DAV **87**, 803; Nürnbg FamRZ **87**, 1172; aA Ffm FamRZ **83**, 1268: in einem solchen Fall Erinnerg gem ZPO 766), aber nur bis zur Volljk des Ki (AG Viersen FamRZ **88**, 1306), das nach VolljkEintr auch aktiv als Berufsführer in Betracht kommt (Zweibr FamRZ **89**, 194). Auch v einem UnterhVergl zw den Elt zugl im Namen des Ki ist nur diesem eine vollstreckb Ausfertigg zu erteilen (Hbg FamRZ **81**, 490; **85**, 624). Abänderungs- u materiellrechtl begründete ZwVollstrGgKl sind unabh von der Umschreibg des Titels ijF gg das Ki zu richten (Hamm FamRZ **80**, 1060; **81**, 589 u 1200; Ffm FamRZ **80**, 1059), es sei denn, die Trenng der Elt dauert so lange, daß vor Rkraft der Scheidg die Abändg eines währd der Trenng erlangten UnterhTitels erfdl wird. Nach Änderg der SorgeRegelg: ZPO 767 (Kln FamRZ **85**, 626). Der sorgeberecht EltT kann auch AbänderungsKl nicht mehr im eig Namen erheben (Karlsr FamRZ **80**, 1149), auch nicht bei zw den Elt gem III geschl Vereinbgen ü den KiUnterh (Karlsr FamRZ **80**, 1059), es sei denn, es handelt sich gar nicht um eine Titulierg der KiAnspr, sond um einen Anspr des Sorgeberecht zG des Ki (vgl KG FamRZ **84**, 505). Im Zweifel regelt der Vergl nur den UnterhAnspr des Ki (AG Charl FamRZ **84**, 506). Die in ProzStandsch erwirkten einstw AnOen u UnterhUrt wirken für u gg das Kind. Das gilt ebenf für einen zw den Elt geschl **gerichtlichen Vergleich, III 2.** Im Ggs zur fr Regelg (vgl KG NJW **73**, 2032; gerhardt JZ **69**, 691) kann u braucht das Ki dem RStreit seiner Elt nicht mehr beizutreten, um aus dem zw den Elt geschl ProzVergl vollstrecken zu können (vgl § 1585c Anm 2c). Keine Vollstr aus dem in ProzStdsch geschl Vergl dch die Mutter nach Volljk des Ki (aA LG Düss Rpfleger **85**, 497). III 2 gilt nur für Scheidgs- u EheSVerf neuen Rechts (Hbg FamRZ **82**, 524).

Verwandtschaft. 5. Titel: Eltern und eheliche Kinder §§ 1630, 1631

1630 *Einschränkung der elterlichen Sorge bei Pflegerbestellung; Familienpflege.*
I Die elterliche Sorge erstreckt sich nicht auf Angelegenheiten des Kindes, für die ein Pfleger bestellt ist.

II Steht die Personensorge oder die Vermögenssorge einem Pfleger zu, so entscheidet das Vormundschaftsgericht, falls sich die Eltern und der Pfleger in einer Angelegenheit nicht einigen können, die sowohl die Person als auch das Vermögen des Kindes betrifft.

III Geben die Eltern das Kind für längere Zeit in Familienpflege, so kann auf ihren Antrag das Vormundschaftsgericht Angelegenheiten der elterlichen Sorge auf die Pflegeperson übertragen. Soweit das Vormundschaftsgericht eine Übertragung vornimmt, hat die Pflegeperson die Rechte und Pflichten eines Pflegers.

Schrifttum: Münder ZBlJugR 81, 231 (Soz Elternsch); Gleißl/Suttner FamRZ 82, 122; Baer FamRZ 82, 228.

1) Die Vorschr regelt allg das Verhältn der Rechtsmacht v Elt u Pfleger, wenn die gem § 1626 I begründeten EltZuständigken für Pers- u VermSorge dch Einsetzg eines Pflegers durchbrochen werden, dahin, daß EltRechte u -pflichten insow verdrängt w, I. Bei nebeneinand bestehenden Zuständigken v Elt u Pfleger entscheidet in Überschneidsfällen das VormschG, II. Im Falle der FamPflege kann der PflegePers dch das VormschG die Stellg eines Pflegers eingeräumt w, III.

2) Stellung des Pflegers, I. Pflegerbestellg (§ 1909 I, III) mögl bei §§ 1629 II, 1638, 1666 bis 1670, 1671 V, 1672, 1693; die sog SorgeRpfleger beschränkt im Umfang seines Wirkskreises die Fürs- u VertretgsR u damit insow auch das BeschwR (KG JW 36, 2935) der Elt, die dem VormschG Anzeige machen müssen, wenn eine Pflegsch erfdl wird (§ 1909 II). Für den Pfleger gilt VormschR (§§ 1915, 1916), also GenPfl nach §§ 1821 ff, nicht nach § 1643. Handeln die Elt trotzdem in Vertretg des Kindes, gelten §§ 177 ff (RG 93, 337). Wg Beendigg der Pflegsch §§ 1918, 1919. War Pfleger nur wg § 181 bestellt so ist nur insow die Vertretgsmacht, nicht aber die VermSorge als solche ausgeschl (RG 144, 246).

3) Überschneidungsfälle, II. In allen Fällen, in denen die PersSorge eines den Elt u die VermVerwaltg anderers einem Pfleger zusteht, ebso umgek, hat bei einzelner Meingsverschiedenh das VormschG zu entsch, wenn der Streit die beiden Fürsorgegebiete (§ 1626 Anm 4) betrifft (Mü JFG 15, 136), zB das Maß der zum Unterh zu verwendenden Mittel; dann ggf Anwendg der Grdsätze v § 1649 I 1 (BayObLG FamRZ 75, 219); Verbringg des Ki in eine KurAnst usw (sa § 1798). II enthält allg Grds u gilt auch, wenn Pfleger nur eine bestimmte Vermögensmasse verwaltet, die für persönliche Angelegenh herangezogen w soll (§ 1638), sowie bei Str zw nach § 1673 II sorgeberechtigten, in der GeschFgk beschränktem EltT u vermögensverwaltendem Pfleger od Vormd (vgl KGJ 33 A 9), anders bei einer Meingsverschiedenh, die nur die PersSorge betrifft (§ 1673 II). Keine (auch nicht entspr) Anwendg bei Str zw dem gar nicht sorgeberecht Stiefvater u Vormd, Vater u Ehem (§ 1633), zw nehel Mutter u Vormd, wenn der Str nicht das Verm, sond nur die Pers betrifft, zB die Abführg von UnterhGeldern (Mü aaO); vgl aber auch § 1673 II 3 Halbs 2; anders bei der Frage der Verwendg der bereits angelegten Beträge (BayObLG SeuffA 64, 180) od bei Str über die Höhe der Aufwendgen für das Ki (KGJ 33 A 9); vgl auch §§ 1686, 1687, 1707.

4) Meinungsverschiedenheit zw den Elt u dem Pfleg zB darüber, welche Beträge im einz für Verpflegg, Kleidg usw erforderl sind. Ist Pfleg mit der Entnahme der erfdl Mittel aus dem KiVerm f den Unterh (§ 1603 II 2) nicht einverstanden, betrifft also der Str die UnterhPfl als solche od die Haftg des KiVerm für den Unterh, so ist ProzG zust (KG Recht 16 Nr 1150). Bei andauerndem Str Entlassg des Pfleg od Mitübertragg des SorgeGebiets auf ihn (sa KG JFG 14, 426). Ist ein ElT der Meing des Pfleg, so gilt das § 1628 Anm 2 Gesagte. Will VormschG dem Pfleg Recht geben, macht die Übertragg der Entsch auf den ihm zustimmenden EltT eine Entsch n § 1630 überflüss. Vgl dazu auch Donau MDR 58, 8.

5) Familienpflege, III. Zweck: Die Vorschr soll sicherstellen, daß das Kind, welches sich auf Wunsch seiner Elt in FamPflege befindet (JWG 27), von der PflegePers ordngsmäß betreut w kann (BT-Drucks 8/2788 S 47). Gilt auch bei AdoptionsPflege (§ 1744). Auf Antr der Elt soll das VormschG Angelegenheiten der elt Sorge auf die PflegePers übertr wobei, wodch die PflegePers insow die Rechte u Pflichten eines Pflegers erhält. Auf diese Weise wird die tägl Betreuung des Kindes ermöglicht, so zB, wenn kurzfristig über den Besuch des Kindes bei einem Arzt zu entsch ist (BT-Drucks 8/2788 S 47). Zuläss auch die Übertr der elt Sorge insges (Baer FamRZ 82, 229). Zur Stellg des Pflegers § 1915. Einem Antr der Elt auf Rückübertragg der SorgeRAngelegenh muß das VormschG entsprechen (Gleißl/Suttner FamRZ 82, 123).

6) Verfahrensrecht: Einf 4 v § 1626. Das VormschG ersetzt iF von II mit seiner Entsch die Zust desj, dem es unrecht gibt; iF v III erfolgt Delegation der elt Sorge. Zustdgk des VormschG für II: FGG 43 II; für III: FGG 36, 43 I. Im Falle v II entsch der Ri (RPflG 14 Z 5), iF v III der Rpfleger (RPflG 3 Z 2a). Anhörg des JA nur iR von FGG 12. Gg die Entsch nach II einf Beschw; keine Analogie zu FGG 53 I, 60 I Z 6, weil sich die Meingsverschiedenh idR nicht auf rgeschäftl Vorgänge bezieht (MüKo/Hinz 10; aM KKW FGG 53 Rdn 6; Soergel/Strätz 10).

1631 *Inhalt des Personensorgerechts; Einschränkung von Erziehungsmaßnahmen.*
I Die Personensorge umfaßt insbesondere das Recht und die Pflicht, das Kind zu pflegen, zu erziehen, zu beaufsichtigen und seinen Aufenthalt zu bestimmen.

II Entwürdigende Erziehungsmaßnahmen sind unzulässig.

III Das Vormundschaftsgericht hat die Eltern auf Antrag bei der Ausübung der Personensorge in geeigneten Fällen zu unterstützen.

§ 1631 1–5

1) Die alle persönl Angelegenheiten des Kindes umfassde **Personensorge** (sa § 1626 Anm 2a) als rechtl Befugn, nicht nur als tatsächl ausgeübte Macht, ist in § 1631 inhaltl umschrieben (vgl unten Anm 2–4), wenn auch unvollständ: vgl § 1616 Anm 3; § 1634 Anm 1c; ferner gehört dazu die Geltdmachg des Unterh-Anspr (BGH NJW 53, 1546; 55 217). Die PersSorge ist dch StGB 235 (Kindesentziehg) geschützt (RG JW 35, 3108). Umgek kann sich auch der AufsPflichtge strafb (StGB 170d) od haftb (§ 832) machen. Die PersSorge richtet sich auf das Kind; dessen RBeziehgn nach außen werden von den Elt mittels der gesetzl Vertretg (§ 1629) geregelt. Ausgeschl ist die willkürl Aufg des SorgeR, da unverzichtb (§ 1626 Anm 3). Gg Mißbräuche u sonstiges Erziehgsversagen der Elt ist das Kind dch § 1666 geschützt (vgl dort Anm 4). Wg FürsErziehg, dch die das Recht zur Erziehg, Beaufsichtigg u AufenthBestimmg entfällt (JWG 69 III, JFG 2, 74). Über Maßregeln der Elt u solcher des VormschG zur Unterstützg der elterl Erziehg Anm 5 u 6; wg Meingsverschieden der Elt §§ 1627, 1628. Daß die Aufzählg in I nur beispielh gemeint ist, eine vollständ u abschließde Konkretisier des Inhalts der PersSorge nicht mögl ist, folgt wohl schon aus dem Zusatz „insbes" (BT-Drucks 7/2060 S 21). Zum Inh des SorgeR gehört auch noch die Entsch über die **Organspende** eines klinisch noch nicht toten Kindes (aA Bln-Schöneberg FamRZ **79**, 633) sowie diej über die **Sterilisation** einer geisteskranken Tochter, ohne daß dafür bisl eine vormschgerichtl Gen vorgesehen ist (Hamm NJW **83**, 2095 mit einem entspr Aufruf an den GesGeb in einem VormschFall; sa AG Alzey FamRZ **84**, 208).

2) Erziehung ist die Sorge für die sittl, geist u seel Entwicklg des Kindes iGgsatz zur Pflege, die mehr die körperl Seite der Betreuung betrifft. Erziehg ist der Inbegr aller pädagog Maßn, dch die das Kind zur Mündigk (Erwachsensein) gelangen soll. Den Elt steht nach GG 6 II 1 der Erziehgsprimat zu; ebso haben sie Vorrang in der Bestimmg der Erziehgsziele (so ausdrückl BT-Drucks 8/2788 S 48). Zur Erziehg gehört die Bestimmg von Konfession (dazu das nachstehd abgedr RKEG v 15. 7. 21), Sport, Unterhaltg, Schul- (auch Privatschulausbildg; BGH NJW **83**, 392 sowie § 1631a) u Berufswahl des Kindes (§ 1626 Anm 4a), ein-schließl des LehrVertrAbschl (vgl BerBG 4). Bei Selbstausbildg bedarf SorgeBerecht der Lehrbefugn (Jena JW **27**, 1223). Erforderl bes Vertrag, doch nicht Pflegerlaubnis. Das ErziehgsR der Elt genießt Vorrang ggü dem Staat (GG 6 II), wird jedoch eingeschrkt dch die GrdRMündigk des Kindes selbst (Einf 5b vor § 1626). Bisw findet die elt Sorge auch ihre Schranke am öff Recht (zB Schul- u Impfzwang, Wehrpfl, Strafhaft), aber auch dch das JWG (Anm 1 sowie Einf 2 u 5a vor § 1626). Die Auffassg, die ggwärt Grdschule sei unzulängl, berecht nicht, die Kinder von deren Besuch fernzuhalten (BVerwG DVBl **75**, 428). Einweisg in TaubstummenAnst (BayObLG BayZ **33**, 340 u allg § 1631b). Dagg kein ErzR des Lehrherrn, zB bezügl religiöser Beeinflussg (OVG Kblz FamRZ **57**, 98). I nF erwähnt im Unterschied zur aF auch die **Pflege** des Kindes, da sie neben der Erziehg für die Entwicklg des Kindes bes wicht ist u auch in GG 6 II neben der Erziehg aufgeführt ist (BT-Drucks 7/2060 S 21). Sie betrifft die körperl Betreuung.

3) Die Beaufsichtigung dient dem Schutz des Kindes u iRv § 832 dem Schutz Dritter. Notwendigk ist nach Alter u Verständigk des Kindes unterschiedl. **a)** Das aus dem ErziehgsAuftr fließde **Aufsichtsrecht** gibt den Elt die Befugn, den Umgang des Kindes mit Dritten zu bestimmen u ggf dch **Umgangsverbote** zu unterbinden (vgl dazu im einz § 1632 Anm 4). **b)** Die **Aufsichtspflicht** gebietet den Schutz Dritter, etwa vor herumkrabbelnden Kindern (Düss FamRZ **80**, 181), sowie die Bewahrg des Kindes vor Schaden u Schädigg dch gefährl Spielsachen, Schußwaffen, Gift, Feuer, zB dch sichere Aufbewahrg v Zündhölzern (BayObLG NJW **75**, 2020), alkoholbedingte Fahruntüchtigk (BGH LM § 832 Nr 1). Elt müssen sich darum kümmern, wie das Kind seine Freizeit gestaltet (BGH FamRZ **58**, 274). Von bes Bedeutg heute die allg Vorbereitg des Kindes auf den StraßenVerk, die jedoch konkr Beaufs nicht ersetzt (Kln VersR **69**, 44). Zur Aufklärg über Feuer BGH NJW **84**, 2574. Aufs über 17jährigen (BGH NJW **80**, 1044); ü vollj, geisteskrankes Kind (RG **92**, 127). Vgl iü § 832 Anm 6; §§ 840 II, 1664; zur Haftg des Kindes § 1629 Anm 2.

4) Recht u Pflicht zur **Aufenthaltsbestimmung** betrifft die Bestimmg v Wohnort u Wohng (zu unterscheiden vom Wohnsitz, § 11), Auswahl von Anstalten, Internaten, Kurorten, Verhinderg der Auswanderg. Zur Unterbringg in geschl Anstalt wg Geisteskrankh § 1631b. Jeder EltT kann auch hier nach III behördl, auch polizeil (KG Recht **13**, 209) Hilfe beanspr, zB zur Ermittlg des Aufenth des Kindes (vgl auch JWG 71 IV), zur Zurückbringg des entlaufenen Kindes u zu dessen AufenthWechsel. Bei mangelnder AufenthBe-stimmg hat Kind Anspr auf Aufn ins EltHaus; bei Vernachlässigg Einschreiten des VormschG gem § 1666 Anm 4a b. Vorläuf Entziehg tut Gefahr der Ausreise mit dem Kinde nach Pakistan (Zweibr FamRZ **84**, 931). Zum strafrechtl Schutz des AufenthBestR: Friehe ZfJ **85**, 330. Zum Konflikt zw SorgeR u öff **Melderecht:** VGH *BaWü* FamRZ **86**, 88 m zutr abl Anm Bosch.

5) Unzulässigkeit entwürdigender Erziehungsmaßnahmen, II. Zus mit § 1626 II gibt die im Hinbl auf GG 1 u 2 allerd verfassgsrechtl unbedenkl Vorschr den Elt einen gesetzl Erziehgsstil vor. Das Leitbild soll dazu beitragen, den Sinn für die Unterscheidg zw Erziehg u solchen Handlgen, die für die Erziehg ungeeignet sind, zu schärfen, da in der Öfftlk mitunter Körperstrafen selbst schwerster Art noch zu sehr als selbstverständl angesehen be(BT-Drucks 8/2788 S 48). Als **entwürdigende Erziehungsmaßnahmen** kommen nicht nur unangemessene Körperstrafen, sond auch andere Maßn der Elt od mit deren Duldg Dritter in Betr, die das Kind dem Gespött u der Verachtg anderer Pers preisgeben u so seine Selbstachtg u sein Ehrgefühl in unverhältnismäßig Weise verletzen, zB wenn ein Kind von seinen Elt gezwungen würde, sich in der Öfftlk od vor seinen Kameraden mit einem Schild um den Hals zu zeigen, das auf seine Verfehlg hinweist (BT-Drucks 8/2788 S 48). Die Entwürdigg kann in der Art der Strafe begründet liegen (Nacktaus-ziehenlassen, Fesseln) od in dem Ausmaß u der Dauer (Einsperren im Dunkeln, langdauerndes Nichtspre-chen mit dem Kind). Die **körperliche Züchtigung** ist nicht schon als solche entwürdigend; der Klaps auf die Hand u selbst eine wohl erwogene, nicht dem bl Affekt des EltT entspringde („verdiente") Tracht Prügel bleiben nach der Ges gewordenen Fassg der Bestimmg zuläss Erziehgsmaßn (vgl Diederichsen FamRZ **78**, 471f mit Nachw; Reichert-Hammer JZ **88**, 617). Die Züchtigg muß sich jedoch ijF iR des dch den Erziehgs-zweck gebotenen Maßes halten, also Rücks nehmen auf Alter, Gesundh u seel Verfassg des Kindes. In

Verwandtschaft. 5. Titel: Eltern und eheliche Kinder § 1631, Anh zu § 1631

schweren Fällen Abstimmg mit dem and EltT erforderl (§ 1627). Die einmalige körperl Züchtigg einer 16j braucht kein SorgeRMißbr zu sein (BayObLG FRES **10**, 287). Kein allg **Züchtigungsrecht Dritter**, u zwar auch nicht zur Abwehr v Angriffen u zur sof Sühne grober Ungehörigk aus GoA od StPO 127 (Saarbr NJW **63**, 2379; and für seltene AusnFälle Soergel-Herm-Lange 13). Übertragg auf Pflege- u StiefElt (RG JW **17**, 656) od HilfsPers wie Kindergärtnerin mögl, aber nicht automat auf Lehrherrn (ausdr Verbot körperl Züchtigg in GewO 127a, HdwO 24 II) od Lehrer, dem aber als äußerstes Mittel, wenn es zur Aufrechterhaltg der Disziplin notw u auch angem ist, ein eig ZüchtiggsR gewohnh-rechtl (offengel BGH NJW **76**, 1949) zusteht (BGHSt **11**, 241; Schlesw NJW **56**, 1002; Hann NJW **56**, 1690), allerd nicht in bay Berufsschule (BGHSt **12**, 62). Im Ggsatz zur amtl Begrdg (BT-Drucks 8/2788 S 48) stellt II eine Verbotsnorm mit der Möglichk von **Sanktionen** nach StGB 223ff (RGSt **41**, 98) u §§ 1666 (Anm 4a aa), 1666a dar.

6) Die Elt können zur Erziehg selbständ die **geeigneten Maßnahmen** ergreifen u sich hierbei vom VormschG unterstützen lassen. **a) Elterliche Erziehungsmittel** (§ 1631 II 1 aF sprach von Zuchtmitteln) sind Ermahnen, Verweise, Ausgehverbote, Knapphalten, Taschengeldentzug. Am wesentlichsten sollte iSv § 1626 II der Versuch sein, dem Kinde die elterl Beanstandg plausibel zu machen u dem Kind Hilfestellgen bei den von ihm erwarteten Verhaltensweisen zu geben. Die Erziehgsmittel können v jedem EltT gg das Kind in eig Vollstreckg angewendet w (Weimar MDR **64**, 21), auch Einschließg, unmittelb Gewalt (zB Wegnahme von Streichhölzern). Zur körperl Züchtigg Anm 5. Anordnungen iR der Erziehg werden v den Elt also nicht dch Klage (zB auf Rückkehr od Verlassen des EltHauses) u Vollstr dchgesetzt. Elt können aber, um dem tatsächl, nicht rechtl Widerstand des Kindes zu begegnen, staatl Hilfe (JugA, Polizei, VormschG) in Anspr nehmen (sa KGJ **49**, 26). – **b)** Das **Vormundschaftsgericht**, das jeder EltT anrufen kann u das hier ausschließl zust ist (Kln MDR **60**, 51), hat die Elt zu **unterstützen, III**. Lit: Schnitzerling FamRZ **57**, 291. Auch Ausl (KG JFG **19**, 50). UnterstützgsMaßn erledigen sich mit der Heirat der Tochter (BayObLG FamRZ **62**, 77). **Erfordernisse: aa)** Jederzeit widerrufl Antr der Elt od auch nur eines EltT (BT-Drucks 8/2788 S 49), an den VormschG jedoch nur insow gebunden ist, als es wohl weniger, aber auch nicht mehr tun darf, als verlangt w. – **bb)** Maßn muß zuläss s, zB Vorladg des Kindes, erzwingb dch ZwGeld (FGG 33) od Vorführg, Vermahng, notfalls Verbringg in Erz- u BessergsAnst (KGJ **22** A **39**), falls SorgeBerecht das beantragt (JWG 63, 69 III). Nicht zu verwechseln mit Unterbringg zur FürsErziehg (JWG 64) u mit den Zuchtmitteln des JGG. Unzul sind StrafMaßn wie JugArrest, JugA kann nur der Ausführg der AOen betraut w (JWG 48 c). – **cc)** Eingreifen des VormschG nicht schon gerechtf, wenn Mißbr des elterl SorgeR iSv § 1666 nicht vorliegt (so Neust FamRZ **64**, 575), sond positiv erforderl, daß Maßn erwiesenermaßen veranlaßt (Karlsr OLGZ **66**, 583) u dem Wohle des Kindes dienl ist (KG NJW **65**, 870). Dch die Einschrkg der Unterstützg „in geeigneten Fällen" soll hervorgehoben w, daß das VormschG ein Tätigwerden ablehnen kann, wenn es dieses für unzweckmäß od im Interesse des Kindes nicht für geboten hält (BT-Drucks 7/2060 S 21). KostSchu ist AntrSteller, nicht das Kind (Lüb JR **74**, 330).

Anhang zu § 1631 BGB

Gesetz über die religiöse Kindererziehung

Vom 15. Juli 1921 (RGBl 939, 1263)

RKEG 1 Über die religiöse Erziehung eines Kindes bestimmt die freie Einigung der Eltern, soweit ihnen das Recht und die Pflicht zusteht, für die Person des Kindes zu sorgen. Die Einigung ist jederzeit widerruflich und wird durch den Tod eines Ehegatten gelöst.

Schrifttum: Engelmann, Komm, 1922; Kahl, Konfession der Kinder aus gemischter Ehe, 1895; Kipp, Festgabe f Kahl 1923 S 3ff; Klein LZ **23**, 217f; Perels LZ **21**, 637ff, 665ff; v d Pfordten, Komm 1922; Potrykus ZBlJugR **59**, 100; Glässing FamRZ **62**, 350; Listl FamRZ **74**, 74 (AdoptionsR).

1) Die relig Kindererziehg ist grdsl der **freien Einigung der Eltern** überlassen, weil nur dadch die Gewissensfreih gewährleistet ist u dem Grds der Gleichberechtigg der Elt Genüge getan wird (so auch GG 7 II). RKEG gilt als BundesR fort (offengel BVerwG NJW **63**, 1171) u entsch nur bei Streit der Elt od zw ihnen u dem Kind, nicht aber in der Str eines ErziehgsBerecht über die Zugehörigk des Kindes zu einer Kirche (RKEG 7 Anm 1), wofür RKEG 5 nur eine Vorfrage regelt (Brschw FamRZ **65**, 228).

2) Das **Recht der religiösen Erziehung** ist ein Ausfluß des PersSorgeR (§ 1626 Anm 4a), das nach § 1666 (RKEG 3 I) entzogen w kann. Dieses R ist aber auch dann, wenn die öff Jugendhilfe die FamErziehg unterstützt od ergänzt, stets zu beachten (JWG 3 I 3), u zwar auch bei einer etwa iW der FreiwErzHilfe od FürsErz notw Unterbringg seitens des LJA in einer Fam od in einem Heim (JWG 71). Die rel Erziehg beginnt regelm mit der Taufe u endet mit der Volljährigk, beim Mj schon früher mit der Heirat (§ 1633; vgl RKEG 5). Die freie, also ohne Rücks auf Vereinbgen, unzul Einflüsse Dritter, kirchl Schranken od eine sonstige Zwangslage (LG Traunst FamRZ **60**, 37) getroffene Einigg der ehel Elt (gemeins AdoptivElt § 1754 I, nicht: Pflege-, Stief-, nehel Elt) erzeugt eine familienrechtl unvollkommene Verbindlichk, die (in den Schranken von RKEG 2 II) jederzeit frei widerrufl ist (RKEG 4). Einigg kann schon vor Geburt, aber auch erst nach dieser vorliegen, auch derart, daß ein EltTeil die Taufe in einer best Konfession veranlaßt, der and das duldet; Voraussetzg dann aber, daß der and EltT die Maßn des Veranlassenden kennt. Einigg rechtl Willensakt u desh mit einem GeschUnfäh nicht mögl; ebso, wenn die PersSorge eines EltT ruht od ihm entzogen ist (§§ 1673f, 1666 I). Ist ein EltT in der GeschFgk beschrkt od liegt ein sonst Fall des § 1673 II vor, so daß die elt Sorge ruht, so Einigg mögl, da dem EltT dann das SorgeR bleibt. Wg der Entsch von Meingsverschiedenh RKEG 2 Anm 1.

3) Der **Tod eines Gatten** hebt die Einigg auf u gewährt dem Überlebden das freie BestimmgsR, das er auch dch letztwill AO betätigen kann (BGH **5**, 61). TodesErkl ist Tod gleichzustellen. **Scheidung** löst von der Bindg der Einigg, damit auch von den Beschrkgen von RKEG 2 II („währd bestehder Ehe") u gibt dem

Anh zu § 1631

n § 1671 I SorgeBerecht das freie AbändergsR; jedoch auch Pflegerbestellg (§ 1671 V) od Entziehg mögl (§ 1666). Hat der gesch Eheg das SorgeR u damit die rel Erziehg des Ki, so darf der and EltT dieses R nicht dch abweichde rel Beeinflussg des Ki antasten (BayObLG NJW **61**, 1581).

RKEG 2 ^IBesteht eine solche Einigung nicht oder nicht mehr, so gelten auch für die religiöse Erziehung die Vorschriften des Bürgerlichen Gesetzbuchs über das Recht und die Pflicht, für die Person des Kindes zu sorgen.

^{II}Es kann jedoch während bestehender Ehe von keinem Elternteil ohne die Zustimmung des anderen bestimmt werden, daß das Kind in einem anderen als dem zur Zeit der Eheschließung gemeinsamen Bekenntnis oder in einem anderen Bekenntnis als bisher erzogen, oder daß ein Kind vom Religionsunterricht abgemeldet werden soll.

^{III}Wird die Zustimmung nicht erteilt, so kann die Vermittlung oder Entscheidung des Vormundschaftsgerichts beantragt werden. Für die Entscheidung sind, auch soweit ein Mißbrauch im Sinne des § 1666 des Bürgerlichen Gesetzbuchs nicht vorliegt, die Zwecke der Erziehung maßgebend. Vor der Entscheidung sind die Ehegatten sowie erforderlichenfalls Verwandte, Verschwägerte und die Lehrer des Kindes zu hören, wenn es ohne erhebliche Verzögerung oder unverhältnismäßige Kosten geschehen kann. Der *§ 1847 Abs. 2* des Bürgerlichen Gesetzbuchs findet entsprechende Anwendung. Das Kind ist zu hören, wenn es das zehnte Jahr vollendet hat.

1) Fehlt eine Einigung, I, dh war sie nie vorh u haben die Elt bei der Eheschl kein gemeins Bekenntn gehabt (sonst II), so gelten die Vorschr über die PersSorge. Die Elt haben also eine Einigg zu versuchen (§ 1627 S 2). Bleibt die Meingsverschiedenh bestehen, so § 1628 od Anm 3. Gilt auch für die **Taufe** (aA Glaessing FamRZ **62**, 350). Anrufg des VormschG auch, wenn eine Einigg zwar bestand, zZ der Taufe aber nicht mehr besteht, wenn also bei nicht gemeins Bekenntn zZ der Eheschließg zwar nichts Gegenteiliges erzielt, diese aber dch einen EltT widerrufen wurde (RKEG 1 S 2); ebso, wenn das Kind hinter dem Rücken eines EltT entgg II in einem and Bekenntn erzogen w, da sonst der gesetzwidr Handelnde seine Meing unter Gesetzesumgehg dchsetzen könnte (Stgt FamRZ **55**, 143).

2) Grenzen des Bestimmungs- und Abänderungsrechts. II gibt an, was der nach I entscheidgsberecht Eheg nicht kann. Die Zustimmg des and Eheg ist also erforderl bei Abweichg vom gemschaftl Bekenntn der Eheg zZ der Eheschl, bei BekenntnWechsel u bei Abmeldg vom Religionsunterricht. Zustimmg auch des Eheg erfdl, der in der GeschFähigk beschränkt ist (RKEG 1 Anm 2). Anrufg des VormschG (Anm 3), wenn Zust versagt wird od nicht zu erlangen ist, wenn also **a)** eine Einigg rechtl nicht in Betracht kommt, weil der and EltT nicht sorgeberecht ist (RKEG 1 Anm 2), ein EltT also die PersSorge allein ausübt u es sich um eine Erstbestimmg handelt, der berecht EltT aber eine andere Rel als die gemeins der Elt zZ der Eheschl bestimmen will; – **b)** das Kind in einem and Bekenntn als bisher, dh dem letzten (KG OLG **42**, 123), erzogen w soll, also eine Einigg gem RKEG 1 zustande gekommen war, diese aber, aus welchem Grde auch immer, geänd w soll, der and EltT hierzu aber seine Zust nicht geben will od wg GeschUnfgk od Entziehg nicht geben kann u desh die bish Einigg fortwirkt (RKEG 1 Anm 2); – **c)** das Kind vom RelUnterricht abgemeldet w soll, eine rechtl wirks Einigg aber aus den unter b genannten Grden nicht erzielt w kann. „Bisheriges Bekenntnis" setzt voraus, daß darüber bereits eine äußerl in Erscheing getretene Best getroffen war, zB dch Taufe. Unter Religionsunterricht ist der Unterr in der Schule zu verstehen (Perels LZ **21**, 644). Abmeldg von BekenntnSchule u gleichzeit Anmeldg bei EinhSchule, fällt nicht darunter.

3) Das Vormundschaftsgericht, III, entscheidet dch den Richter (RPflG 14 Z 19) auf Antr (RKEG 7 S 2) jedes EltT, wenn die Zust nicht zu erlangen od verweigert w. Es hat regelm unter Anhörg der III 3 Genannten, zweckm auch v Pfarrer u JugA, zu prüfen, ob das Verhalten einer Seite Mißbr darstellt, ohne daß in solcher aber Voraussetzg für die Entsch wäre, u dann weiter, ob das Verhalten den Erziehgszwecken zuwiderläuft. Maßstab ist nicht etwa die Entsch einer rel Gewissensfrage, sond das Wohl des Kindes, das nicht in Gewissensnot u seel Erschütterg gebracht w darf. Im Zweifel bisherige Erziehgsform beizubehalten. Maßgebd aber auch obj Merkmale, wie Herkommen der Fam, möglichst gleiches Bekenntn der Geschwister. Kirchenrechtl Strafen sind unbeachtl (Mü JW **27**, 2231). Bei Meingsswiderstreit der Eheg einer Mischehe entscheidet zB das vorherrschde Bekenntn der Gegend, Erziehg der Geschwister im gleichen Bekenntn (vgl LG Traunst FamRZ **60**, 37). Ein von keinem EltT gewünschtes Bekenntn kann VormschG nicht festsetzen, da es ggü den Elt keines freier gestellt ist, als bei Vormd u Pfleger (RKEG 3 II). Vorgehen auch nach § 1628 mögl. **Auslagen, III 4,** nicht nach dem aufgehobenen § 1847 II, sond n §§ 1847 S 2, 1779 III 2. Gg die Entscheidg einf **Beschwerde** (FGG 19, 20) der Elt, aus FGG 57 I Z 9 auch seitens der Pfarrämter (Mü JFG **12**, 150) u JugA.

RKEG 3 ^ISteht dem Vater oder der Mutter das Recht und die Pflicht, für die Person des Kindes zu sorgen, neben einem dem Kinde bestellten Vormund oder Pfleger zu, so geht bei einer Meinungsverschiedenheit über die Bestimmung des religiösen Bekenntnisses, in dem das Kind erzogen werden soll, die Meinung des Vaters oder der Mutter vor, es sei denn, daß dem Vater oder der Mutter das Recht der religiösen Erziehung auf Grund des § 1666 des Bürgerlichen Gesetzbuchs entzogen ist.

^{II}Steht die Sorge für die Person eines Kindes einem Vormund oder Pfleger allein zu, so hat dieser auch über die religiöse Erziehung des Kindes zu bestimmen. Er bedarf dazu der Genehmigung des Vormundschaftsgerichts. Vor der Genehmigung sind die Eltern sowie erforderlichenfalls Verwandte, Verschwägerte und die Lehrer des Kindes zu hören, wenn es ohne erhebliche Verzögerung oder unverhältnismäßige Kosten geschehen kann. Der *§ 1847 Abs. 2* des Bürgerlichen Gesetzbuchs findet entsprechende Anwendung. Auch ist das Kind zu hören, wenn es das zehnte Lebensjahr vollendet hat. Weder der Vormund noch der Pfleger können eine schon erfolgte Bestimmung über die religiöse Erziehung ändern.

Verwandtschaft. 5. Titel: Eltern und eheliche Kinder **Anh zu § 1631, § 1631a**

1) Bei **Meinungsverschiedenheiten zwischen Elternteil und Vormund bzw Pfleger** (§§ 1673 II, 1693, 1707) geht die Meing des EltT vor, es sei denn, daß § 1666 vorliegt (RKEG 7) od bei Religionswechsel aus unsachl BewegGrden wie Verärgerg od Schikane (Mü JFG **14**, 52). Im Falle der Entziehg des rel ErziehgsR gilt II.

2) Bei **alleinigem Sorgerecht des Vormunds** iF Entziehg, Tod beider Elt od der nehel Mutter, Ruhen, ohne daß der and EltT SorgeR hat (§§ 1666, 1773 II), ist dieser, unbeschadet der §§ 1801, 1915, allein berecht, zu bestimmen, in welchem Bekenntn (Weltanschauung) das Kind zu erziehen ist. Er bedarf hierzu, wenn auch nicht zu jed Einzelanordng, der Gen des VormschG. Richter entsch (RPflG 14 Z 10). Wg Auslagen f Anhörg RKEG 2 Anm 3. BestimmgsR entfällt, wenn eine Best bereits getroffen war, **II 6.** Eine früh Best ist unabänderl (KG JFG **3**, 120) u kann höchstens nach § 1666 od wenn die früh Best ungesetzl war nachträgl beseitigt w. Taufe ist Bestimmg (BayObLG JFG **12**, 149), desgl Beschneidg (BayObLG **61**, 238).

RKEG 4 Verträge über die religiöse Erziehung eines Kindes sind ohne bürgerliche Wirkung.

1) Vertr über die rel Erziehg der Ki sind **unwirksam,** haben aber möglicherw andere bürgerlichtl Folgen (vgl §§ 1353 I 2, 1565 I 2, 1666).

RKEG 5 Nach der Vollendung des vierzehnten Lebensjahrs steht dem Kinde die Entscheidung darüber zu, zu welchem religiösen Bekenntnis es sich halten will. Hat das Kind das zwölfte Lebensjahr vollendet, so kann es nicht gegen seinen Willen in einem anderen Bekenntnis als bisher erzogen werden.

1) Das **Selbstbestimmungsrecht des Kindes** entwickelt sich **in drei Stufen** (RKEG 2 III 5; 3 II 5; 5 S 1 u 2). Bisher Bekenntn ist das, in dem das Kind tatsächl erzogen w ist, auch wenn das nicht auf gesetzm Weise zustande gekommen ist. Es muß aber ein von einem EltT bestimmtes od von ihnen zugelassenes, nicht aber ein ganz anderes sein; denn RKEG 5 wird dch GG 7 II dahin eingeschränkt, daß die ErzBerecht weiter ein BestimmgsR über die Rel des Kindes haben (vgl auch BVerwG NJW **63**, 1171). Wurde Kind 12 J lang nicht konfessionell, aber nach RKEG 6 erzogen, so braucht es sich plötzl BekenntnErziehg nicht gefallen zu lassen, **S 2.** Ab 14 J entscheidet ein Schüler o Rücks auf den Willen der Elt über seine Teiln am RelUnterricht (OVG RhPf FamRZ **81**, 82). Die Elt können R des Ki auf Teiln an fremdem RelUnterricht auch über 14j Ki einkl (BVerwG FamRZ **83**, 1223 = JZ **85**, 36 mAv Link).

RKEG 6 Die vorstehenden Bestimmungen finden auf die Erziehung der Kinder in einer nicht bekenntnismäßigen Weltanschauung entsprechende Anwendung.

1) Die Gleichstellg mit nicht bekenntnismäß **Weltanschauungen** ist Folge des Grds der Glaubens- und GewissensFreih. Rel Erziehg setzt näml begriffl nicht Erziehg in einem „Bekenntn" voraus, kann also auch trotz Unterlassen der Taufe, Fernhalten vom RelUnterricht einer best Konfession vorliegen.

RKEG 7 Für Streitigkeiten aus diesem Gesetz ist das Vormundschaftsgericht zuständig. Ein Einschreiten von Amts wegen findet dabei nicht statt, es sei denn, daß die Voraussetzungen des § 1666 des Bürgerlichen Gesetzbuchs vorliegen.

1) Vor das **Vormundschaftsgericht** gehören auch Streitigken über die Zugehörig des Ki zu einer Kirche (VG Brschw FamRZ **63**, 446). Es entscheidet der Richter (RPflG 14 Z 19). Kein Einschreiten vAw, aber Vorgänge aus RKEG können im Verf n § 1666 herangezogen w (RKEG 3 Anm 1). ErmittlgsPfl (FGG 12) gilt auch hier (Mü JFG **14**, 52). Wg Beschw RKEG 2 Anm 3.

RKEG 8–11 enthalten Aufhebg von LandesR, ÜbergangsR u Inkrafttreten.

1631a *Ausbildung und Beruf.* [I]In Angelegenheiten der Ausbildung und des Berufes nehmen die Eltern insbesondere auf Eignung und Neigung des Kindes Rücksicht. Bestehen Zweifel, so soll der Rat eines Lehrers oder einer anderen geeigneten Person eingeholt werden.
[II]Nehmen die Eltern offensichtlich keine Rücksicht auf Eignung und Neigung des Kindes und wird dadurch die Besorgnis begründet, daß die Entwicklung des Kindes nachhaltig und schwer beeinträchtigt wird, so entscheidet das Vormundschaftsgericht. Das Gericht kann erforderliche Erklärungen der Eltern oder eines Elternteils ersetzen.

Schrifttum: Natzel Betr **80**, 1023; Friedrichs ZBlJugR **80**, 313.

1) Obwohl bei der **Berufswahl** die Rücksichtn auf Eigng u Neigg des Kindes den meisten Elt eine Selbstverständlichk ist, sah der GesGeber im Hinbl auf die Wichtigk der Entscheidgn für das ganze Leben Anlaß zu einer ausdrückl Regelg, I 1. Mit ihr soll verhindert w, daß die Elt in einem falschen Prestigedenken od als Ersatz für eigene unerfüllte Berufswünsche od aus and Grden das Kind in eine Ausbildg od in einen Beruf zwingen, in denen es schließl scheitern muß (BT-Drucks 8/2788 S 37). Dabei soll in Zweifelsfällen der Rat eines Lehrers od eines geeigneten Dr eingeholt w, I 2. Versäumen die Elt die gebotene Rücksichtn u sind desh nachhalt u schwere Beeinträchtigungen für das Kind zu besorgen, so entscheidet das VormschG, II 1, das insow erforderl Erklärgen der Elt od eines EltT auch ersetzen kann, II 2. Die Angemessenh der im Zushg mit der Berufsausbildg getroffenen Entscheidgn wird ferner unterhaltsrechtl abgesichert (§ 1610 Anm 4a). Trotz der Formulierg begründet die Vorschr eine entspr **Rechtspflicht der Eltern.** Iü gehört gerade die

Ausbildgs- u Berufswahl zu dem Bereich der Erziehg, in dem ein Bedürfn nach eigenverantwortl Handeln aS des Kindes vorliegt u wo es bes schädl wäre, wenn dem Kind ohne Versuch eines einvernehml Vorgehens die fertige Entsch aufgezwungen würde (§ 1626 II u Anm 5 dorts; vgl BT-Drucks 8/2788 S 49). Die Vorschr bezieht sich ganz allg auf **Angelegenheiten** der Ausbildg u des Berufes, so daß sie auch bei Berufswechseln uä gilt. Umgek folgt aus dem natürl EltR der Anspr auf Anhörg der ErziehgsBerecht, wenn ggü dem mj Schüler schwerwiegde Ordngsmaßn verhängt w (BayVerfGH NJW **80**, 1838).

2) Berücksichtigung der Kindesinteressen bei der Ausbildung und Berufswahl, I. Die Vorschr gibt in S 2 das Verf an, um das nach S 1 inhaltl richtige Ergebn in Ausbildgs- u Berufsfragen zu finden.

a) S 1. Die Verpflichtg zur Rücksichtn bezieht sich im Ggsatz zu den allg Verhaltenspflichten in §§ 1618a, 1626 II auf die Teilbereiche von **Ausbildung und Beruf.** Zum Begr des Berufes § 1610 Vor 4a aa. Der Begr der Ausbildg ist insof weiter, als er einerseits Fähigkeiten außerh der eigtl Berufsausbildg erfaßt (Musikunterricht, Sport, zusätzl Sprachen uä), andererseits auch solche, die sich (später) als berufsspezif herausstellen können (Führerschein, Maschinenschreiben, Segeln). Wesentliche GesPkte für die Wahl von Ausbildg u Beruf müssen die **Eignung und Neigung** des Kindes sein. Zur Eigng § 1610 Anm 4a bb; sie entspricht idR der Begabg. Von den Neiggen des Kindes sind nur solche verständiger u schutzwürdiger Art beachtl, die mit der Eigng nicht in Widerspr stehen dürfen (BayObLG FamRZ **82**, 634). Die Neigg ist auch nicht immer mit den geäußerten Wünschen od vorübergehenden Einfällen u Launen ident, sond muß in manchen Einzelfällen wie die Begabg erst ergründet w (BT-Drucks 8/2788 S 49). Treffen Eigng u Neigg zusammen, so haben die Elt iR auch ihrer wirtschaftl Leistgsfähigk, soweit nicht auch hier die öff Ausbildgshilfe (BAföG) eingreift, eine Sonderausbildg zu ermögl, wie die Erteilg von Musikunterricht, Sport usw. Eigng u Neigg stellen nicht die einzigen für Ausbildg u Beruf maßgebl Faktoren dar; zu beachten sind neben den wirtschaftl Gegebenh ebenf der GesundhZustand des Kindes, ggf auch anderer FamMitglieder, die zeitl Belastg, die Entferng zur Ausbildgsstätte, die mit dem gewünschten Beruf od der Ausbildg verbundenen Unfallgefahren usw.

b) Die Elt sind dem Kinde ggü zur **Rücksichtnahme** verpfl, I 1. Diese drückt sich in erster Linie in der Bereitsch der Elt zum Gespräch u zur AuseinandSetzg mit dem Kind aus (§ 1626 II); vgl oben Anm 1. Rücksichtn bedeutet nicht nur darüber hinaus nicht nur ein einf Gewährenlassen od die Erteilg von Erlaubnissen, sond ggf auch aktive Unterstützg, insb dch finanz Hilfe. Die Elt brauchen aber nicht jedes teure Hobby des Kindes zu fördern u können auch die Erteilg einer Erlaubn, zu der sie gem I 1 verpfl sind, iR übergeordneter Erziehgsziele (§ 1631 Anm 2) von einem best anderweit Verhalten des Kindes abhäng machen, zB Reitunterricht nach Erzielg besserer Schulnoten. Je ausgeprägter die Sonderbegabg aS des Kindes ist, zu desto größeren Opfern müssen die Elt ggf bereit sein, wobei sie aber etwa aus berecht gesundheitl Rücksichten dem Kinde die Teiln am Hochleistgssport verwehren können.

c) Beratung der Eltern, I 2. In Zweifelsfällen soll der Rat eines Lehrers od einer and geeigneten Pers eingeholt w. **Zweifel bestehen,** wenn Elt untereinand od auch gemeins ggü dem Kind od einzeln od gemeins ggü einem Dritten, zB dem Musiklehrer, die Eigg od Neigg des Kindes bzw beides unterschiedl einschätzen, aber auch dann, wenn in der gemeinsamen Einschätzg Unsicherheiten bestehen, zB über die mit dem angestrebten Beruf verbundenen Gefahren, Belastgen, Verdienstmöglichken usw. Zur Erleichterg der innerfamiliären Entscheidgsbildg soll der **Rat eines Lehrers oder einer anderen geeigneten Person** eingeholt w, die Eigng u Neigg des Kindes aGrd längerer Beobachtg gut beurt können. Als andere Pers kommt insb der Berufsberater in Betr, vor allem aber auch Dr, die den von dem Kind angestrebten Beruf ausüben od ausgeübt haben, bzw Pers, die in einem Beruf tät sind, für den das Kind einem der Beteiligten geeignet erscheint. Soweit es um die gesundheitl Leistgsfähigk geht, ist ein Arzt zu Rate zu ziehen.

3) Entscheidung des Vormundschaftsgerichts, II. Die Vorschr enthält einen bes Eingriffstatbestd außerh des § 1666.

a) Die **Voraussetzungen, II 1,** sind so formuliert, daß das Ermessen der Elt für die PersSorge nicht eingeengt wird, sond nur Fälle klarer Ermessensüberschreitgen erfaßt w (BT-Drucks 8/2788 S 50), dh wenn die Elt nicht bloß in Zweifelsfällen (Anm 2c), sond in Fällen **offensichtlicher Fehleinschätzung** auf Eigng u Neiggen des Kindes keine Rücks nehmen (BT-Drucks 8/2788 S 50). Zusätzl muß dadch eine **nachhaltige und schwere Beeinträchtigung** für die Entwicklg des Kindes zu besorgen sein. Dieses Erfordern machte den bes Eingriffstatbestd erfdl, weil § 1666 eine ggwärt, zumindest nahe bevorstehde Gefahr voraussetzt, währd sich diese im Ztpkt der Ausbildgs- od Berufswahl nicht feststellen läßt; vielm kommt es hier auf eine Prognose in die fernere Zukft an (BayObLG FamRZ **82**, 634). Zur Korrektur bereits eingeleiteter, aber verfehlter AusbildgsMaßn Anm b).

b) Das **Vormundschaftsgericht entscheidet** dch den Richter (RpflG 14 Z 6a) ohne Antr vAw, wobei die Anregg hierfür auch vom Jugendl selbst ausgehen kann, dch Beschl, mit dem es beispielsw anordnet, daß das Kind auf der Schule verbleibt, eine Ausbildg im Leistgssport einzustellen ist usw. Die Entsch des VormschG kann auch eine bereits vor längerer Zeit getroffene u sich jetzt als verfehlt herausstellde Maßn der Elt korrigieren. Geben die Elt od ein EltT die erforderl Erklärgen nicht freiw ab, so können sie vom VormschG **ersetzt** w, II 2.

c) Gg die Entsch des VormschG, dch welche die AnO einer Maßn abgelehnt od aufgehoben w, **Beschwerderecht** auch von Angehörigen des Kindes (FGG 57 I Z 8).

1631 b *Unterbringung des Kindes.* **Eine Unterbringung des Kindes, die mit Freiheitsentziehung verbunden ist, ist nur mit Genehmigung des Vormundschaftsgerichts zulässig. Ohne die Genehmigung ist die Unterbringung nur zulässig, wenn mit dem Aufschub Gefahr verbunden ist; die Genehmigung ist unverzüglich nachzuholen. Das Gericht hat die Genehmigung zurückzunehmen, wenn das Wohl des Kindes die Unterbringung nicht mehr erfordert.**

Verwandtschaft. 5. Titel: Eltern und eheliche Kinder   §§ 1631b, 1632

Schrifttum: Niemann ZBlJugR **79**, 156 (ErziehgsHeim) u **80**, 74 (Freiw ErzHilfe); Friedrichs JugWohl **80**, 223; RdSchreib des LJugA Stgt DAVorm **80**, 528; Ollmann ZBlJugR **81**, 73 (Freiw ErzHilfe); Albrecht **6**; Schäfer DAVorm **81**, 15 (Gen dch VormschG); Sack/Denger MDR **82**, 972 (FreihBeraubg bei fehldr Gen); Richter Just **83**, 276 (Unterbringg *BaWü*); Helle ZfJ **86**, 40; Moritz ZfJ **86**, 440.

1) Eingef dch SorgRG Art 1 Z 7 in wörtl Anlehnung an § 1800 II, um die dazu ergangene Rspr heranziehen zu können (BT-Drucks 8/2788 S 51); vgl § 1800 Anm 3. Mit Rücks auf die verfassungsrechtl Bedenken (vgl die Auffassg der Minderh des RA in BT-Drucks 8/2788 S 51) ist die Vorschr eng auszulegen. Im Grde steht dem VormschG ggü Elt, die ihr Kind ungerecht abschieben, als Alternative doch wiederum nur die Heimunterbringg zur Verfügg. **Zweck:** Die mit FreihEntziehg verbundene Unterbringg ist für das Kind eine bes einschneidde Maßn, die auch von den Elt nicht ohne gerichtl Kontrolle soll getroffen w können, so daß es in Gestalt der Gen des VormschG zusätzlicher rechtsstaatl Garantien bedarf (BT-Drucks 7/2060 S 21 u 8/2788 S 50). Vermieden w soll, daß Elt ein Kind in eine geschl Einrichtung unterbringen können, auch wenn bei sinnv Wahrnehmg des ErziehgsR eine ProblLösg auf weniger schwerwiegde Weise erreicht w kann (BT-Drucks 8/2788 S 38). Im Zushg mit § 1666a wird die öff Hand aber viel gezwungen sein, den Elt behinderter Kinder größere, auch pflegerische Unterstützg zuteil w zu lassen, als dies bish der Fall ist. Nach der amtl Begrdg stellt sich die Frage einer gerichtl Kontrolle bei der Unterbringg von Kindern in Heimen, zB Säuglingsheimen, Kinderheimen, Internaten usw mind gleich dringl, zumal für gesunde Kinder im Unterbringgsfall nicht geringere rechtsstaatl Garantien vorgesehen sein können als bei der Unterbringg eines kranken Kindes; doch ist die Regelg insow der Neuordng des JugHilfeR vorbehalten (BT-Drucks 7/2060 S 21 f). § 1631b gilt auch f **Ausländer** (AG Glückstadt FamRZ **80**, 824).

2) Der vormschgerichtl Genehmigg bedarf eine **mit Freiheitsentziehung verbundene Unterbringung des Kindes.** Eine FreihEntziehg liegt vor, wenn die Heiminsassen auf einem best beschränkten Raum festgehalten w, ihr Aufenth ständ überwacht u die Aufnahme von Kontakten mit Personen außerh des Raumes dch Sichergsmaßn verhindert w. Dies ist idR nur bei einer Unterbringg in einem geschl Heim od einer geschl Anst od in einer geschl Abteilg eines Heims od einer Anst der Fall (Düss NJW **63**, 397), uU aber auch bei halboffener Unterbringg (AG Kamen FamRZ **83**, 299 m krit Anm Damrau FamRZ **83**, 1060). Ebso wird idR mit der Einweisg zu einer stationären Kur od zu längerer Beobachtg in einer TrinkerheilAnst, Anst für Drogensüchtige od Heil- u PflegeAnst eine FreihEntziehg verbunden sein. Mit der AnO der FürsErziehg ist dem Erfordern des GG 104 II genügt (AG Walsrode DAVorm **80**, 428). Zu verneinen ist eine FreihEntziehg, wenn die Unterbringg nur mit **Freiheitsbeschränkungen** verbunden ist, die bei dem Alter des Kindes übl sind. So wird idR die Unterbringg in einem Erziehgsinternat nicht von § 1631b erfaßt (BT-Drucks 8/2788 S 51), ebsowenig Unterbringen mit bl FreihBeschrkgen, wie sie sich dch begrenzte Ausgangszeiten, HausarbeitsStden bis hin zum Stubenarrest ergeben (BT-Drucks 8/2788 S. 38). Der Unterschied zw gen-bedürft FreihEntziehg u nicht gen-bedürft -Beschrkg läßt sich nicht aus dem Alter des Ki ableiten (Moritz ZfJ **86**, 440).

3) Die **Genehmigung des Vormundschaftsgerichts** ist idR von der **Anhörung** des Kindes abhäng (FGG 64i, 64g). Die richterl AnO verlangt nicht, daß bereits im einz bestimmt ist, ob, zu welchem Ztpkt u in welcher Anst eine FreihEntziehg erfolgt; es genügt eine entspr Ermächtigg zB dch AnO der FürsErziehg (AG Walsrode DAVorm **80**, 428). Eine **Unterbringung ohne Genehmigung** ist nur zul, wenn mit dem Aufschub Gefahr verbunden ist, **S 2**; vgl § 1800 Anm 3 d, insb also bei Selbstmordgefahr od der Gefahr v suchtmotivierten Straftaten. Die Gen ist in solchen Fällen unverzügl (§ 121 Anm 3) **nachzuholen.** Ggf hat der behandelnde Arzt um die Gen nachzusuchen; keinesf darf er mRücks auf das Fehlen der vormschgerichtl Gen bei medizin GgIndikation das Kind aus der Anst entlassen. Erfordert das Wohl des Kindes die Unterbringg nicht mehr, so hat das VormschG die Gen **zurückzunehmen, S 3.** Daraus folgt, daß das VormschG auch nach Erteilg der Gen seine Entsch in regelm Abständen zu überprüfen hat (FGG 64d, 64i; § 1800 Anm 3).

4) Zum **Verfahren** vgl § 1800 Anm 3. Örtl zust das VormschG des Wohnorts der Elt, nicht das für den Sitz der KrankenAnst maßgebde (Kln FamRZ **80**, 481; and nach 10j Unterbringg mit Willen der Elt; Mü FamRZ **88**, 969), so daß im Verf ü die Gen einer erstmaligen Unterbringg ggf längere Reisen zur Anhörg des Betroffenen in Kauf gen w müssen u keinen wicht Grd f die Abgabe bilden (Stgt FamRZ **80**, 825; Brem FamRZ **80**, 928). Die Abgabe des UnterbringgsVerf vom Wohnsitz- zum UnterbringgsortGer (FGG 46) bedarf der Zust des ges Vertr des Mj. Die Vorschr der FGG 64a bis 64h sind auf Verf der Unterbringg eines Kindes sinngem anzuwenden (FGG 64i). Gg die Ablehng od Aufhebg der Unterbringg BeschwR auch von Verwandten u Verschwägerten des Kindes (FGG 57 I Z 8). Es entsch der Richter (RpflG 14 Z 10).

1632 *Anspruch auf Herausgabe des Kindes; Bestimmung des Umgangs; Wegnahme von der Pflegeperson.* ¹Die Personensorge umfaßt das Recht, die Herausgabe des Kindes von jedem zu verlangen, der es den Eltern oder einem Elternteil widerrechtlich vorenthält.

II Die Personensorge umfaßt ferner das Recht, den Umgang des Kindes auch mit Wirkung für und gegen Dritte zu bestimmen.

III Über Streitigkeiten, die eine Angelegenheit nach Absatz 1 oder 2 betreffen, entscheidet das Vormundschaftsgericht auf Antrag eines Elternteils; verlangt ein Elternteil die Herausgabe des Kindes von dem anderen Elternteil, so entscheidet hierüber das Familiengericht.

IV Lebt das Kind seit längerer Zeit in Familienpflege und wollen die Eltern das Kind von der Pflegeperson wegnehmen, so kann das Vormundschaftsgericht von Amts wegen oder auf Antrag der Pflegeperson anordnen, daß das Kind bei der Pflegeperson verbleibt, wenn und solange für eine solche Anordnung die Voraussetzungen des § 1666 Abs. 1 Satz 1 insbesondere im Hinblick auf Anlaß oder Dauer der Familienpflege gegeben sind.

§ 1632 1, 2   4. Buch. 2. Abschnitt. *Diederichsen*

Schrifttum: Kropp DRiZ **79**, 84 u 118; Schüler ZBlJugR **81**, 173 (Vollstr); Münder ZBlJugR **81**, 231 (Soz Elternsch); Baer FamRZ **82**, 221; Gleißl/Suttner FamRZ **82**, 122; Christian DAV **83**, 417 u 689; Friedrichs JugWohl **84**, 3; Franz JurBüro **86**, 855.

1) Bei widerrechtl Vorenthaltg haben die Elt ggü Dritten u auch ggeinand einen Anspr auf Herausg des Ki, I. Als Teil des AufsichtsR (§ 1631 Anm 3a) ist iR der Zuordng des Ki an dieser Stelle auch das Recht geregelt, den Umgg des Ki auch mit Wirkg ggü Dr zu bestimmen, II, schon um für Streitigken über HerausgAnspr u Umggsverbote einheitl das VormschG zuständ sein zu lassen, soweit nicht im Verhältn der Eheg die Zustdgk des FamG begründet ist, III. Schließl genießen ggü dem HerausgVerlangen der leibl Elt Pflegepersonen, bei denen sich das Kind in FamPflege befindet, unter gewissen Voraussetzgen einen Bestandsschutz, IV. Analoge Anwendg v § 1632 auf die Herausg der Leiche eines noch nicht 16j Ki (LG Paderb FamRZ **81**, 700).

2) Anspruch auf Kindesherausgabe, I. Die PersSorge (§ 1626 Anm 4a) umfaßt das Recht, die Herausg des Kindes von jedem zu verlangen, der es den Elt od einem EltT widerrechtl vorenthält. Das auf der elterl Sorge beruhde AufenthBestR (§ 1631 Anm 4) begründet einen entspr HerausgAnspr ggü widerrechtl Vorenthaltgen, der bish nach Analogie der EigtKl (§ 985) ausgestaltet war (v Blume JW **24**, 539), wenn es dagg auch nicht ein R zum Besitz an dem Kind (Kipp § 79 IV; and beiläuf RG **122**, 27) u keinen Besitzschutz analog § 861 bei eigenmächt Wegn dch einen EltT währd des ScheidgsRStr gab (dafür jetzt einstw AnO gem ZPO 620 Z 3). Die Konstruktion des HerausgAnspr ist mRücks auf die Zustdgk des VormschG (III) jetzt viel anders zu sehen. Der Einbruch in das elterl SorgeR dch Dritte wird als Muntbruch bestraft (StGB 235) u macht gem § 823 I schadensersatzpfl (RG **141**, 320). Anspr erlischt bei Verheiratg des Kindes (§ 1633; StGB 238).

a) Voraussetzungen. aa) AnsprInh können nur die **Eltern oder ein Elternteil,** also Vater u Mutter, sein, soweit ihnen das **Sorgerecht zusteht** (§ 1626 Anm 3), währd dem die Herausg verlangden EltT die Vertretg nicht zuzustehen braucht (§§ 1671, 1672, 1673 II 2). Wird die Herausg von dem and EltT verlangt, so ist entscheidd, ob der AntrSt das AufenthBestR hat. Das Verlangen ist also unberect, wenn dieses Recht dem die Herausg Verlangenden entzogen ist (§ 1666) od sonst nicht zusteht (§§ 1671, 1672), anderers berect, wenn es dem Verlangenden im Verhältn zum and EltT allein zusteht. Auch der Dr ist nur der sorgeberect EltT aktivlegitimiert, so daß idR, dh bei beiderseit SorgeR (§ 1626 Anm 3) die Herausg von beiden an beide Elt verlangt w muß, trotz der Formulierg in III „auf Antr eines EltT"; mögl aber auch das Verlangen eines EltT auf Herausg an sich u den and EltT od, wenn der and zur Mitwirkg nicht bereit ist, auf Herausg an sich allein (Celle FamRZ **70**, 201). Bei Widerspr des and EltT AntrAbweisg (BayObLG FamRZ **84**, 1144).

bb) Herausgabepflichtig ist der andere Elternteil oder ein Dritter. Nach bish R war die Herausg gg den Eheg vor dem VormschG dchzusetzen, währd die Elt Dr ggü auf den Klageweg verwiesen wurden (vgl 38. Aufl § 1632 Anm 3). Jetzt ist das Verf ijF ein solches der freiw Gerichtsbarkt; ob ein EltT von dem and bzw beide od einer v ihnen von einem Dr die Herausg verlangen, ist insow ohne Bedeutg.

cc) Verpflichtet zur Herausg ist jeder, der das Kind dem berecht EltT **widerrechtlich vorenthält,** dh der es ohne rechtfertigden Grd in seiner unmittelb od (bei Verheimlichg am dritten Ort) mittelb Gewalt hat u die Wiedererlangg dch den Berecht verhindert (RG Warn **33** Nr. 43). Eine widerrechtl Vorenthaltg kann auch in der Unterbindg der Rückk des Ki dch dessen nachhalt Beeinfl liegen (Zweibr FamRZ **83**, 297). Hält das Kind gg den Willen der Elt bei einem and sich völl passiv verhaltenden Dr auf, so ist das keine widerrechtl Vorenthaltg (LG Kln FamRZ **72**, 376). **Widerrechtlichkeit** scheidet aus, wenn Vorenthaltg auf öff R beruht, also aGrd v SchulPfl, FreiwErzHilfe, FürsErziehg (JWG 71), Strafhaft, einstw Vfg (RG Warn **16** Nr 53). Im Verhältn verheirateter Elt zueinand entscheidet über die RückgPfl allein das **Kindeswohl** (Düss FamRZ **74**, 99); es besteht kein Grds, daß ein vom and EltT weggenommenes Kind ohne Rücks auf sein Wohl wieder zurückgebracht w müßte (KG NJW **70**, 149). Bei eigenmächt Wegn dch einen EltT währd des ScheidgsStr empfiehlt es sich, die AnO der Kindesherausg vAw mit einer einstw AnO über die vorläuf Verteilg der elterl Sorge (ZPO 620 Z 1 u 3) zu verbinden. Sind im SorgeRVerf alle GesPkte für die Herausg geprüft, wird jed die Prüfg darauf beschränken können, ob der Ztpkt richtig gewählt od das Verlangen mißbräuchl ist, keinesf kann dem herausgabepflicht EltT zugemutet w, mit erzieherischen Mitteln, die ihm ja gerade nicht zustehen, wenn er nicht sorgeberecht ist, auf das Kind einzuwirken, sein Widerstreben gg die Zuteilg aufzugeben (Hamm FamRZ **67**, 296). Sind damals GesPkte für Herausg nicht erörtert, so hat FamG bzw VormschG diese bes zu prüfen (BayObLG **63**, 191). Da in Entsch auf Herausg in diesen Fällen gleichzeit Ablehng eines Mißbrauchs (§ 1666) liegt, auch BeschwR nach FGG 57 I Z 8 zB der GroßElt gegeben (BayObLG NJW **65**, 1716). Ist SorgeR einem EltT zugeteilt (§ 1671), kann FamG Herausg dch vorl AnO ablehnen, wenn Grd für vorübergehde Vorenthaltg des Kindes besteht od die Verhältn im Interesse des KiWohls weiter Nachprfg verlangen u die endgült Entsch erst abgewartet w kann (Stgt OLGZ **66**, 471; aM KG FamRZ **71**, 585; im allg AnO erst nach Abschl der Ermittlgen). Zul **Einwendung,** das HerausgVerlangen enthalte SorgeRMißbr (§ 1666 Anm 4aaa), weil zB inf starker Entfremdg Störg der psych Entwicklg beim Kind zu befürchten (vgl aber § 1666a). Insof setzt jede AnO ggü dem nicht sorgeberecht EltT, wie bei jeder sorgeberecht Elt HerausgVerlangen, eine erneute, wenn auch eingeschrkte am KiWohl orientierte sachl Prüfg voraus (Düss FamRZ **81**, 601). Auch kann die Veränderg der Umst (Beziehg z Vater erhebl vertieft; Mutter lebt mit verh Dritten zus) dem HerausgVerlangen der Mutter entggstehen, weil die Erziehg auch die Vermittlg eines am SittenG orientierten Wert- u Ordngsbildes fordert (Bambg FamRZ **80**, 620). Unzul dagg Ablehng der Herausg iVm Umggsregelg gem § 1634 (Stgt FamRZ **75**, 106). Die Grdsätze des IV müssen auch im Verhältn der Elt zueinand gelten (unten Anm 3bdd). Ein **Zurückbehaltungsrecht** (§ 273) findet niemals statt. Ein das HerausgVerlangen als rechtsmißbräuchl erscheinen lassendes GgRecht entsteht jedoch aGrd vormschaftsgerichtl AnO gem IV iF der **Familienpflege** (dazu Anm 3).

Verwandtschaft. 5. Titel: Eltern und eheliche Kinder § 1632 2, 3

dd) Die HerausgPfl bezieht sich allein auf das minderj **Kind,** nicht dagg auf die Herausg der zum persönl Gebrauch notw Sachen (dazu FGG 50d sowie unten Anm bff).

b) Das **Verfahren** des KindesherausgVerlangens unterliegt iGgsatz zum bish Recht einheitl dem FGG, gleichgült ob sich das Verlangen gg den and EltT od gg einen Dritten richtet (amtl Begrdg BT-Drucks 7/2060 S 23 u 8/2788 S 51 f).

aa) In ganz anderer Hins macht III eine Unterscheidg ledigl noch insof, als über ein HerausgVerlangen unter Elt das **Familiengericht** entscheidet, u zwar unabh davon, ob das Begehren iR eines ScheidgsStr od außerh desselben erhoben w, währd sonst das **Vormundschaftsgericht** zuständ ist, III. Dem Wortlt nach erstreckt sich die Zustdgk des FamG auf alle HerausgAnspr zw „EltTeilen" (sa ZPO 621 I Z 3); das widerspricht jedoch der grdsl Beschrkg der Zustdgk des FamG auf ehel Kinder, so daß iW der teleolog Reduktion keine Zustdgk des FamG für Anspr zw Elt auf Herausg nehel Kinder besteht (Schlesw SchlHA 78, 217; Kln FamRZ 78, 707; Hamm FamRZ 79, 314; Ffm FamRZ 80, 288 zum alten R; Einf 4a vor § 1564). Über HerausgVerlangen des Vormd entsch FamG, obw 1. EheRG bei Ersetzg des VormschG für Bayern in II aF die Verweisg in § 1800 I übersehen hat (vgl BT-Drucks 7/650 S 176); die Zustdgk des FamG ergibt sich aber aus dem SachZushg jedenf dann, wenn die VormdBestellg eine Scheidgsfolgemaßn gem § 1671 V ist (KG FamRZ 78, 351; MüKo/Hinz Rdn 25). Dagg ist VormschG zuständ, wenn JugA als Pfleger die Herausg des Kindes von Elt verlangt, denen PersSorge gem §§ 1666, 1666a entzogen w ist (Oldbg u KG FamRZ 78, 706; ebso Hbg FamRZ 78, 792). IjF entsch der Richter (RpflG 14 Z 7).

bb) Das VormschG bzw FamG ordnet die Herausg des Kindes nur auf **Antrag** mind eines EltT an. Da die Elt aber das SorgeR gemeins ausüben (§ 1626 Anm 3; § 1627 Anm 1), müssen sie idR auch die Herausg einer dritten Pers ggü gemschaftl betreiben (oben Anm a aa).

cc) Entsch nach **Anhörung** des JugA (JWG 48a Z 3) zusätzl desj am Wohns des SorgeBerecht (BayObLG FamRZ 87, 619), der Elt, des Kindes, des neuen Eheg des SorgeBerecht (BayObLG FamRZ 87, 619) u bei FamPflege idR auch der PflegePers (FGG 50a, 50b, 50c); vgl Einf 4b vor § 1626.

dd) Rechtsbehelfe: iR des HerausgStr mit einem Dr einf Beschw gem FGG 19; iR des EntschVerbundes Berufg u Rev; bei isolierter Anf nur der HerausgAnO u bei Anf einer HerausgEntsch als selbstd FamSache Beschw (ZPO 621e I, 629a II) binnen 1 Mo ab Zustellg (ZPO 621e III 2) zum OLG (GVG 119 I 2). Beschw unzul, wenn Kind gem HerausgAnO herausgegeben w ist (Oldbg FamRZ 78, 437); dagg nicht, wenn der HerausgBeschl vollstreckt wurde (Düss FamRZ 80, 728). Wg Anfechtg einstw AnO ee.

ee) Die Herausg kann auch unter Ausschl einer entspr einstw Vfg (Schlesw SchlHA 79, 48; Düss FamRZ 81, 85) iW **einstweiliger Anordnung** angeordnet w, u zwar bei Anhängigk einer Ehesache im Verhältn der Eheg zueinand gem ZPO 620 Z 3, 620a, 606 I; außerh insb des ScheidgsStr im Verhältn zu Dritten als vorläuf AnO nach FGG (vgl Einf 4 c vor § 1564; Bassenge FGG 3. Aufl § 24 Anm 4). Die einstw AnO der Herausg setzt voraus, daß eine Regelg nicht ohne Beeinträchtigg des KiWohls bis zur endgült Entsch zurückgestellt w kann (Schlesw SchlHA 79, 48) u im Verhältn zum and EltT, daß dem AntrSt mind das AufenthBestR zusteht (Bambg FamRZ 79, 853). Gg die einstw AnO ggü dem and Eheg sof Beschw (ZPO 620c); gg die einstw AnO des FGG od gg deren Ablehng unbeschrkte einf Beschw gem FGG 19 (Hamm FamRZ 78, 441; Einf 4 Buchst l u § 1564; and Düss FamRZ 77, 825, das die Beschw nur entspr ZPO 620c eingeschrkt zuläßt u damit gg die Ablehng einer einstw AnO ausschließt). Weitere Beschw als Verwerfgs-Beschw bzw nach Zulassg zum BGH (ZPO 621e II, 629a II, GVG 133 Z 2). Die erweiterte BeschwBerechtigg für jeden Interessierten entfällt (FGG 57 I Z 9, 64a III, ZPO 621e), läßt jedoch die BeschwBerechtigg des JugA unberührt.

ff) Dem Vorschl des RegEntw, mit der Herausg des Kindes zugl auch die **Herausgabe der zum persönlichen Gebrauch des Kindes notwendigen Sachen,** zB Kleidg, Spielzeug usw zuzulassen (BT-Drucks 7/2060 S 22) ist in FGG 50d Rechng getragen, wonach das Ger die Herausg der zum persönl Gebrauch des Kindes best Sachen **durch einstweilige Anordnung** regeln kann. Richter entsch (RPflG 14 Z 7). Eine endgült Klärg der EigtProbl bleibt dem ordtl Proz vorbehalten (vgl BT-Drucks 7/2060 S 22).

gg) Vollstreckung auch bei HerausgKl ggü Dritten nicht mehr nach ZPO 883, 888, sond Vollziehg einheitl n FGG 33; also Erzwingg der Herausg dch ZwGeld od Gewalt, die gem FGG 33 II eine bes Vfg des Ger voraussetzt (Kropp DRiZ 79, 118 u NJW 79, 2253; Kln FamRZ 82, 508 mNachw; aA wg ZPO 794 I Z 3a Brem FamRZ 82, 92). Verhängg einer OrdngsStrafe setzt Verschulden voraus; ausreichd, wenn dem SorgeBerecht die tatsächl Möglk verschafft w, die 7–10jähr abholbereiten Kinder mitzunehmen (Mannh Just 76, 431). Zustdgk FGG 43, 36; es entsch der Richter (RPflG 14 Z 7). Der **vom Kind gegen die Herausgabe gerichtete Widerstand** kann nicht iW der ZwVollstr (ZPO 883, 888) gebrochen w (BGH FamRZ 75, 276); sond nur dch direkte Einwirkg der Elt auf das Kind u deren Unterstützg dch das VormschG (KG FamRZ 66, 155) bzw FamG, die analog JWG 48c das JugA bzw den GVz heranziehen k (Hamm DAVorm 75, 168). Ab 14 J Wegn gg den erkl Willen des Kindes auch im Hinbl auf GG 2 I bedenkl (BGH FamRZ 75, 276). Ebso bei 15j, in Dtschl aufgewachsener Türkin (BayObLG FamRZ 85, 737; vgl aber die bedenkensw Kritik v Knöpfel FamRZ 85, 1211 u Schütz FamRZ 86, 528; 87, 438, die den Zwang wg Jugdl bejahen; dagg wiederum Lempp FamRZ 86, 1061). Leistet 11jähr Kind auch nach angem Einwirkg noch weiter Widerstand gg die Herausg an seine Mutter, darf der GVz den Widerstand nicht mit Gewalt brechen (AG Springe NJW 78, 834). Soweit der Dr Rechtsmißbr einwendet od daß SorgeBerecht dem Interesse des Kindes zuwiderhandele od seine SorgeR mißbrauche, kann er allenf das VormschG zu einer Entsch nach § 1666 bzw § 1696 iFv §§ 1671, 1672 veranlassen. Einen erleichterten Schutz genießen gem IV PflegePers, bei denen sich das Kind in FamPflege befindet (Anm 3).

3) Schutz vor Wegnahme aus der Familienpflege, IV (Lit: Finger ZBlJR 86, 46 zum Verhältn v I u IV: Münder NJW 86, 811; Lempp ZfJ 86, 543; Schenker ZfJ 87, 195; Gudat/Rummel RdJB 88, 140; zur **Pflegekindschaft** vgl Einf 3 v § 1741). Mit GG 6 II u III vereinb (BVerfG NJW 85, 423; dazu Salgo, PflegKindsch u Staatsintervention, 1987, sowie NJW 85, 413), aber ebso Überführg in AdoptPflege, selbst

§ 1632 3a, b   4. Buch. 2. Abschnitt. *Diederichsen*

wenn psych Beeinträchtiggen des Ki nicht ausgeschl werden können (BVerfG NJW **89**, 519; Fortführg v BVerfG NJW **88**, 125). Das HerausgR wird grdsl nicht dadch beeinträchtigt, daß sich das Kind bei PflegeElt befindet, die es gut versorgen (BayObLG FamRZ **76**, 232; **78**, 135; Karlsr ZBlJugR **59**, 112); doch behalf sich die Rspr auch schon bish ggü einem auf die leibl Elternsch u den Schutz des GG 6 II 1 pochenden HerausgVerlangen dch den Rückgriff auf § 1666 (vgl 38. Aufl § 1666 Anm 4a; Celle FamRZ **70**, 201; KG FamRZ **65**, 449; Stgt FamRZ **72**, 264; ferner BGH **LM** § 1707 aF Nr 1). Prakt besteht kein Schutz gg Entführg in die Türkei (LG Ksel NJW-RR **86**, 375).

a) Zweck: Der dch SorgRG Art 1 Z 8 neu geschaffene IV betrifft den **Schutz der Pflegekinder.** Das Kind, das sich in einer Dauerpflege befindet, kann dadch gefährdet w, daß seine leibl Elt es zur Unzeit aus dieser Stelle herausnehmen. Das PersSorgeR muß zurücktreten, wenn das Kind seinen leibl Elt entfremdet ist, in der PflegeFam seine Bezugswelt gefunden hat u dch die Herausn zur Unzeit sein persönl, insb sein seel Wohl gefährdet würde. Da auch andere Umstde vom Schutz des Pflegeverhältn Anlaß geben können, soll der Verbleib des Kindes in der PflegeFam angeordnet w können, wenn u sol die Voraussetzgen des § 1666 I 1 vorliegen (BT-Drucks 8/2788 S 40). Im Konflikt zw vorrang ErziehgsR der leibl Elt u GG-Schutz langfristiger PflegeElt entsch das KiWohl (BayObLG NJW **88**, 2381). Es entsch der Richter (RpflG 14 Z 7). Zum Konflikt zw JA u sorgeberecht Mutter, die ihrers das Ki bei der Pflegemutter belassen will, vgl LG Bln DAV **85**, 822.

b) Voraussetzungen:

aa) Das Kind befindet sich in **Familienpflege.** Damit sind in erster Linie die Pflegeverhältn gem JWG 27 ff gemeint. Wirks PflegeVertr u PflegeErlaubn nicht erfdl (Ffm FamRZ **83**, 1163 u 1164); IV desh ggf auch bei Widerruf der PflegeErlaubn (BayObLG NJW **84**, 2168). Dem Zweck des IV entspr wird man den Schutz aber auch auf Kinder ausdehnen müssen, die sich bei Verwandten, insb GroßElt, StiefElt bzw StiefEltTeilen od in AdoptPflege (§ 1744) befinden, sofern die übr Vorauss der Best erfüllt sind. Dagg ist die Unterbringg in einem Kinderheim keine FamPflege (LG Ffm FamRZ **84**, 729).

bb) Die FamPflege muß **seit längerer Zeit** bestehen. Hierbei ist der ZeitBegr nach dem Zweck der Vorschr (oben Anm a) nicht absolut zu verstehen, so daß der HerausgAnspr der Elt scheitert, wenn das Kind 3 J bei den PflegeElt befindet, u iJF Erfolg hätte, wenn die Pflege weniger als 1 J dauert. Vielm kommt es kindespsycholog (Baer FamRZ **82**, 223) darauf an, ob die PflegeZt dazu geführt hat, daß das Kind in der PflegeFam seine Bezugswelt gefunden hat (Brschw ZfJ **83**, 311). Ausführl Auswertg kinderpsychologischer Stellgnahmen bei Klußmann DAV **85**, 169. BezugsPers brauchen nicht unbedingt die PflegeElt selbst, sond können auch PflegeGeschw, Nachbarn od Schulfreunde sein (vgl § 1671 Anm 3 c). Umgek kann das Merkm der längeren Zeit auch nach einer Pflegedauer von mehreren Jahren verneint w, wenn sich das Kind in der PflegeFam überh nicht eingelebt hat od die Kontinuität die es ggf auch rechtswidr Entführg dch die türk Elt unterbrochen w (Ffm NJW-RR **87**, 258). Bei einem 6 Mo alten Kind idR keine Herausnahme zur Unzeit (BayObL DAV **85**, 911); bei 9 Mo altem Ki können die Bindgen an die PflegeElt kompensiert w dch die Bindg an die GroßElt u Geschw, zu denen es kommen soll (BayObLG Rpfleger **85**, 112). IV ist auch noch anwendb, wenn das Ki aus seiner bisher Pflegestelle herausgenommen w ist (Ffm FamRZ **83**, 1164).

cc) Geschützt ist das Kind vor allem vor der Wegn dch die leibl **Eltern**, die **sorgeberechtigt** sein müssen (Hbg FamRZ **83**, 1271 mAv Puls; oben Anm 2a aa), dh ggf auch das beim Vater befindl nehel Ki ggü dem HerausgAnspr der Mutter (AG Tüb FamRZ **88**, 428). Da es sich aber um eine SchutzBest zG des in FamPflege befindl Kindes handelt u zu diesem Zweck auch den PflegeElt ein eig AntrR eingeräumt ist, muß die Vorschr immer dann angewandt w, wenn das Kind aGrd eines privatrechtl Titels aus dem PflegeVerhältn herausgelöst w soll, gleichgült, ob dies dch die Elt, einen Vormd (Hamm NJW **85**, 3029) od Aufenth-Pfleger geschieht (BayObLG DAV **85**, 911).

dd) Ein Verbleib des Kindes bei der PflegePers kommt nur unter den **Voraussetzungen von § 1666 I 1** in Betr, insbes im Hinbl auf Anlaß od Dauer der FamPflege. Der verständl Wunsch der leibl Mutter rechtfertigt die Herausn des Ki aus einer funktioniernden PflegeBeziehg nicht, weil ihm auch dch Besuche Rechng getragen w kann (LG Hof DAVorm **81**, 213). Mangelnde ErziehgsEign der leibl Elt ist nicht Voraussetzg (Ffm FamRZ **83**, 1163); uU aber reicht Überforderg (3 nehel Ki) aus (BayObLG DAV **85**, 335). Vgl § 1666 Anm 4a. Umgek kann desh aber auch ein HerausgVerlangen gerechtf sein, wenn die Mutter den Kontakt zu dem Ki nicht hat abreißen lassen (Ffm FamRZ **83**, 297). IV stellt ggü § 1666 verf-rechtl eine SondRegelg dar, so daß bei einer AnO nach IV eine Entziehg des SorgeR nicht notw ist (BayObLG DAV **83**, 78; Ffm FamRZ **81**, 813). Auf die Bereitsch der Elt zur Gefahrabwendg kann es sinngem nicht ankommen. Vgl iü auch oben Anm bb. Währd nach bish Recht im Konflikt zw leibl Elt u PflegeElt die Anwendg des § 1666 seltene Ausn bleiben mußte (Nachw 41. Aufl), kann in solchen Fällen heute auch IV den Belangen des PflKindes eher Rechng getragen w, auch wenn grdsätzl das natürl Vorrecht der leibl Elt nur dann zurücktreten muß, wenn die AufenthÄnderg bei dem Kind zu nicht unerhebl körperl u seel Schäden mit Sicherh führt (Oldbg FamRZ **81**, 811) od führen k (Ffm FamRZ **80**, 826; NJW **81**, 2522). Daher bedarf es nach längerer (11 J) FamPflege eines triftigen Grdes, das Ki aus der PflegeFam herauszunehmen (AG Ffm FamRZ **82**, 1120) u wird Wegn ow versagt, wenn labile, leicht überforderte Mutter sensibles Kind PflElt wegn will, bei denen es seit seiner Geburt gut versorgt w (Wuppt DAVorm **76**, 415); wenn die nehel Mutter wg eig psych Probl nicht in der Lage ist, ihr Verhalten am Wohl des 9j Ki auszurichten (BayObLG NJW **88**, 2381) od wenn Ki nach völligem Scheitern des ZusLebens mit den Elt bei den PflegeElt Zuflucht gesucht h (BayObLG DAV **83**, 78). Keine Herausn des Ki aus der PflegeFam (ebsowenig wie Abänderg der SorgeREntsch zG des Vaters gem §§ 1671 V, 1696), wenn die neue Ehefr des Vaters 2 lernbehinderte Ki mitgebracht u ein 1jähr Ki aus der neuen Verbindg zu betreuen h u das PflegeKi in der PflegeFam gerade begonnen hat, seine Entwicklgstörgen abzubauen (Schlesw DAVorm **80**, 574). Hat der SorgeBerecht sein Ki anderen zur Pflege anvertraut u hat sich ein solches PflVerhältn nach jahrel Bestehen zu einer einem Elt-Ki-Verhältn entsprechenden Beziehg ausgebaut, so ist die Herauslösg des Ki aus der PflFam nur noch ausnahmsw vertretb (Karlsr NJW **79**, 930). Entscheid ist, ob das K die PflegeElt als elterl BezugsPers erlebt, v

Verwandtschaft. 5. Titel: Eltern und eheliche Kinder § 1632 3, 4

denen es sich verstanden u geliebt fühlt u ob es in der PflegeFam gut integriert ist (AG Ffm DAV **82**, 365/ 368). Um einen gleitden Übergang von den PflegeElt auf die leibl Elt zu ermögl, ist letzteren uU neben dem AufenthBestR insow auch das ErziehgsR zeitw zu entziehen (BayObLG FamRZ **78**, 135). Die Adopt-Freigabe dch eine nehel Mutter aus Liebe zum Kind steht einem späteren HerausgVerlangen nicht im Wege, wenn die leibl Elt alsbald geheiratet h (AG Kamen DAVorm **80**, 45 mAv Dickmeis). Bei starken Störgen des Kindes kann der leibl Mutter auch das UmggsR entzogen w (AG Karlsr DAVorm **78**, 386). Bei größeren Kindern (14 u 17 J) kann iF der §§ 1671, 1681 beim Tode des Vaters die Option zG der **Stiefmutter** den Ausschlag geben (Ravbg StAZ **75**, 317). Das HerausgVerlangen iFv § 1681 ist ungerechtf, wenn die Gefahr besteht, daß inf des unvorbereiteten Übersiedlgsbegehrens das bei dem StiefEltT od den PflegeElt aufgewachsene Kind seel entwurzelt (Karlsr Just **75**, 29; Ravbg DAVorm **75**, 57; Gernhuber FamRZ **73**, 238 f; Thieme FamRZ **74**, 111; illustratives GgBsp: Hamm DAVorm **75**, 156); insb wenn Mutter zu ihrer 8jähr Tochter keinerlei Beziehg u schon 6 und mj Kinder bei Fremden hat aufwachsen lassen (BayObLG FamRZ **74**, 139). Das HerausgVerlangen, mit dem ledigl ein **Wechsel der Pflegeeltern** bezweckt w, setzt voraus, daß KiWohlBeeinträchtigg ausgeschl w kann (BVerfG NJW **88**, 125). Die Grdsätze die IV müssen zum Schutze des Kindes letztl **auch im Verhältnis der Eltern zueinander** gelten, insb wenn der StiefEltT, mit dem einer der EltT, bei dem sich das Kind aufhält, zuslebt, diesem zur BezugsPers geworden ist (oben Anm 2 a cc; vgl BGH **40**, 11; BayObLG NJW **65**, 1716).

c) **Rechtsfolge** ist die AnO des VormschG, daß das Kind bei der PflegePers verbleibt. In Verbindg mit sonst Störgen des PflegeVerh kommt Entziehg des SorgeR in Betr (Bambg DAV **87**, 664). – **aa)** Das VormschG entsch **von Amts wegen oder auf Antrag der Pflegeperson**. Neben den vAw zur Abwendg von Gefahr berufenen Stellen, insb dem JugA, kann die PflPers damit selbständ tät werden, wenn dem Kind dch den Wechsel aus der Pflegestelle Gefahr droht. Hiermit u mit der Verpflichtung des Ger, auch die PflegePers im Verf anzuhören (FGG 50 c; Einf 6 b dd vor § 1626), sollen der Schutz des Kindes u die Achtg vor der PflPers, die sich des Kindes angen hat, erhebl verstärkt w (BT-Drucks 8/2788 S 40). PflegeElt sind beschwerdeberecht (Ffm FamRZ **83**, 1164). – **bb) Zeitpunkt.** Das VormschG darf iSv IV tät werden u entspr ist auch ein Antr der PflPers zul, wenn die Elt das Kind von der PflPers wegn „wollen". Die Kundgabe einer entspr Absicht reicht aus; es braucht das HerausgVerf noch nicht anhäng gemacht w zu sein. Denn die PflPers muß ebso wie das Kind wissen, worauf sie sich einzustellen haben. – cc) **Inhalt der Entscheidung.** Das VormschG „kann" anordnen, daß das Kind bei der PflegePers verbleibt. Es handelt sich also um eine ErmessensEntsch. Allerd muß die AnO erfolgen, wenn die Vorauss v § 1666 gegeben sind. Entscheidde GesPkte sind dabei das Kindeswohl; Anlaß u Dauer der FamPflege, also das die Trenng des Kindes von den Elt auslöse u deren Verhalten nach der Trenng; aber auch in gewissem Umfg entspr der Achtg vor dem von der PflegePers geleisteten Einsatz (oben Anm aa) deren Belange. Mit Rücks auf das grdgesetzl geschützte EltR wird die AnO des endgült Verbleibs des Ki bei der PflegePers aber die Ausn bilden u nur bei schwierger ErziehgsUnfähig der Elt od eines EltT überh in Betr kommen. IdR dient die AnO dazu, ein HerausgVerlangen zur Unzeit abzuwehren (BT-Drucks 8/2788 S 52). Zu erwägen (Hbg FamRZ **89**, 420: zwingd) eine **Besuchsregelung** zw SorgeBerecht u PflegePers (BayObLG MDR **84**, 668). – Die AnO darf nur ergehen, „solange" die Vorauss von § 1666 I 1 vorliegen. Desh ist der Verbleib des Kindes bei der PflPers nur sol gerechtf, daß ihm Gelegenh gegeben w, sich an den Gedanken zu gewöhnen, zu seinen leibl Elt zurückzukehren. AnO gem IV hat ggf ggü Maßn n § 1666 nach dem VerhältnmäßigkGrdsatz Vorrang (BayObLG FamRZ **84**, 932). Das Ger kann auch ggü der VerbleibensAnO mindere, dh für die Betroffenen die Härte abmildernde Regelgen treffen, näml Besuchsrechte anordnen (BayObLG NJW **84**, 2168), u zwar sowohl für die mit ihrem HerausgVerlangen scheiternden Elt (§ 1634 analog), als auch umgek zG der PflegePers, wenn dadch der für das Kind wesentl persönl Kontakt zu der ggwärt BezugsPers aufrechterhalten w kann u soll. Hat das VormschG eine VerbleibensAnO getroffen u fallen die Voraussetzgen des § 1666 I 1 zu einem späteren Ztpkt aS der Elt weg, so hat das VormschG (*arg* „sol") seine AnO aufzuheben (§ 1696) u damit den Weg für ein nunmehr erfolgr HerausgBegehren der Elt freizugeben. – **dd) Form:** Auch dch vorläuf AnO (LG Frankth FamRZ **84**, 509).

d) **Beschwerde** können die PflegeElt gg die WegnAO, auch gg einstw Regelgen zum UmggsR der sorgeberecht Elt einlegen (Ffm FamRZ **80**, 826), aber nicht gg den Entzug der elt Sorge (Ffm OLG **83**, 301).

4) Bestimmung des Umgangs des Kindes mit Dritten, II. Die Vorschr erwähnt im Unterschied zum bish geltenden Recht das R der Elt, den Umgg des Kindes mit Wirkg für u gg Dr iR der PersSorge zu bestimmen. Dch die Aufn dieses R in II soll erreicht w, daß die gerichtl AuseinandSetzg zw den Elt u einem Dr u dessen Umgg mit dem Kind vor dem VormschG ausgetragen w (BT-Drucks 8/2788 S 51). Das UmggsBestimmungsR resultiert aus dem Erziehgs- u BeaufsichtiggsR der Elt (§ 1631 Anm 2 u 3). Danach hat der SorgeBerecht das Recht u die Pfl, den Umgg des Kindes mit and Personen zu überwachen, schädl Einflüsse Dritter ne Möglichk zu verhindern u das Kind vor Belästiggen zu schützen. Zu diesem Zweck kann er mit Weisgen u Verboten gg das Kind od auch gg den Dr vorgehen. Schranken dieses Teils der PersSorge ergeben sich insb aus §§ 1626 II u 1666. Zum UmggsR der **Großeltern** § 1634 Anm 1 c.

a) Inhalt und Schranken. Die Befug zur Bestimmg des Umggs des Kindes mit Dr geschieht regelm dch entsprchde AnOrdngen der Elt. Der Verkehr mit dem Dr wird dch **Umgangsverbote** unterbunden. Lit: Münder RdJB **75**, 146. Voraussetzg, daß beide Elt den Umgg mißbilligen (Schlesw FamRZ **65**, 224). Die Grenze ist nicht die Fähigk des Jugendl, eine eig sachgerechte Entscheidg zu treffen (vgl Reuter FamRZ **69**, 625), auch nicht zweifelh Übertraggen soziolog Erhebgen in die jur Dogmatik (so Klocke JuS **74**, 75) od die Drohg einer ernstl Schädigg nach Art des Kindes (Soerg-Herm Lange 23), sond nach der eindeut WertEntsch des GesGebers die MißbrSchranke des § 1666, die sich allerd mit dem Älterwerden zG des Kindesautonomie verschiebt u schon vorher nach § 1626 II erfordert, daß der dem KiWillen entggstehde Wille der Elt sich insb in den Jahren vor Erreichg der Volljährigk auf triftige u sachl Grde stützt, wobei wirtschaftl Opfer der Elt erhöhte PflAnfordergen auch des Kindes begründen können (Hamm FamRZ **74**, 136). Umggsverbot bedarf dem Dr ggü keiner trift Grde (Ffm NJW **79**, 2052). Als Grde für ein Umggsverbot kommen nach der Rspr

§§ 1632–1634

in Betr: Lesbische Beziehg (LG Bln FamRZ **85**, 519); Verschiebg der Lebensphasen, zB 7 J ält Frau mit 2 Kindern will 18jähr heiraten (Nürnb FamRZ **59**, 71 vor Herabsetzg des VolljährigkAlters) od Verk einer 15jähr mit einem 19jähr (LG Stgt MDR **64**, 56) bzw überh mit wesentl ält verheirateten Mann (LG Hbg FamRZ **58**, 141); Versuch, eine Jugendl der elt Einfluß vollk zu entziehen (Hann NJW **49**, 625); GeschlVerk mit 15jähr Tochter u Fortsetzg auch nach deren Verlobg mit and Mann (Tüb FamRZ **67**, 108); Verurt zu 2 J FreihStrafe wg Raubes (KG MDR **60**, 497); Rauschgiftmilieu (Hamm FamRZ **74**, 136). Dagg nicht: negat grapholog Gutachten ü 28jähr Dr rer pol (Kblz NJW **58**, 951); Schutz einer mj Tochter vor jegl Verk mit einem best Manne (aA Kln FamRZ **63**, 447; LG Mü NJW **62**, 809); Abschneiden jegl soz Kontaktes aus schul Grden (Wiesb FamRZ **74**, 663). IjF ist es im Interesse eines wirks Konfliktabbaus notw, vor der Entscheidg die Sachargumente v Elt u Kind sowie ggf auch des Dr zu hören u ggf ggeinand abzuwägen (zur Anhörg FGG 50 a ff sowie Einf 6 b vor § 1626). Eine wirks Verlobg des Kindes schließt absolutes Umgangsverbot aus (Saarbr NJW **70**, 327). Mit Rücks auf die Herabsetzg des VolljkAlters besteht nach Brem FamRZ **77**, 555 kein Anlaß mehr für eine Einschränkg des EltR, sex Beziehgn ihrer noch nicht 18j Tochter zu einem gesch 23jähr ohne geregelte Beschäftigg zu unterbinden. Unter II fällt unter die Bestimmg von Ausgehzeiten, des Besuchs v Lokalen uä; diese richtet sich vielm unmittelb nach §§ 1626, 1631.

b) Durchsetzung, III. Währd nach bish R die Dchsetzg v Umggsverboten Dritten ggü iW einstw Vfg u UnterlassgsKl erfolgte (38. Aufl § 1631 Anm 3 a), entsch nach dem SorgeRG über Streitigken um das UmggsBestimmgsR der Elt auch mit Wirkg für u gg Dritte das **Vormundschaftsgericht**. Dem Kinde ggü können die Elt in den Grenzen v §§ 1631 II, 1666 auch unmittelb Erziehungsmaßn ergreifen; sie können aber auch das VormSchG bitten, ihrer eig Entsch ggü dem Kinde einen rechtsoffiziellen Charakter zu verleihen. Unter die ZustdgksRegelg v III fallen trotz der weiten GesFassg nicht SchadErsKl der Elt gg den Dr aus § 823 I wg Verletzg des absoluten Rechts der elterl Sorge (§ 1626 Anm 1). VermSchäden sind etwa inf Beseitigg v Unfallschäden od einer von dem Dr schuldh verursachten Drogensucht denkb. Das VormschG entscheidet nur auf **Antrag** eines EltT. Wenn sich beide Elt über ein Umggsverbot einig sind (oben Anm a) genügt wie iF, daß dem and EltT das SorgeR nicht zusteht, der Antr eines der Elt. Es entsch der Richter auch iRv II (RpflG 14 Z 16). **Vollstreckung** FGG 33.

1633 *Einschränkung der Personensorge durch Heirat.* **Die Personensorge für einen Minderjährigen, der verheiratet ist oder war, beschränkt sich auf die Vertretung in den persönlichen Angelegenheiten.**

1) Schutzvorschrift zG 16 u 17jähr Söhne u Töchter, die vor Eintr der Volljk eine Ehe eingehen. Denn im Ggs z früh R, wo der Sohn vor Eheschließg f vollj erkl werden mußte u zum Gemeinen R, wonach Heirat die Frau münd machte (ebso evtl nach dessen HeimatR bei Eheschl mit Ausl, RG **91**, 407), kann das VormschG heute beiden Geschlechtern Befreiung vom VolljkErfordern erteilen (EheG 1 II nF). Die elt Sorge wird dadch nicht beseit, sond nur eingeschrkt. Hins der tatsächl PersSorge steht der Mj einem Vollj gleich. **Wiederauflösung der Ehe** (auch NichtigErkl) noch vor Eintr der Volljk ändert an dem dch die Eheschl eingetretenen Zustd nichts; die elt Sorge lebt nicht wieder zu vollem Umfang auf u erstreckt sich auch nicht auf die Enkel (für sie gelten §§ 1673 II, 1671, 1681).

2) Die SorgeRInhaber, idR also die Elt, behalten die **Vermögenssorge**, vgl § 1626 Anm 4b (Ausn: EheVertr mit VerwR des and Eheg gem §§ 1411, 1421), haben aber den Überschuß der Einkünfte aus dem KindesVerm (§ 1649 II 2) u bei Volljk das Verm (§ 1698) herauszugeben. Geltdmachg v UnterhAnspr gg Eheg des Kindes dch die Elt, aber (wg ZPO 607 I) nicht bei Antr auf einstw AO z Regelg des Unterh (ZPO 620 Z 6). Bei Meingsverschiedenh zw SorgeRInhaber u Kind sowie bei Mischtatbestden (teils Pers-, teils VermSorge) Entsch des VormschG analog § 1630.

3) Dagg wird die **tatsächliche Fürsorge** (§ 1626 Anm 4a) dch die Eheschl **eingeschränkt**. Es entfällt (mit Ausn der Vertretg) die PersSorge u damit auch das ErziehgsR (Darmst NJW **65**, 1235). Kein Übergang dieser Rechte zur Erziehg, Beaufsichtigg, AufenthBest usw auf den Eheg des Kindes, sond im Verh der Ehel zueinand gelten §§ 1353 ff. Entspr hat Eheg kein R, dem Kind den Verk mit seinen Elt zu untersagen. Ausgeschl AO der ErzBeistandsch od freiw ErzHilfe (JWG 64 Anm 2). In einem Verf zZw der Übertr der PersSorge auf Pfleger gem § 1671 V führt Eheschl der Tochter zur Erledigg des Haupts (Hamm FamRZ **73**, 148). Die Elt behalten eine Art UmggsR (Staud-Donau 10; aA Erm-Ronke 2) u die Vertretg in PersSorgesachen (§ 1626 Anm 4b), zB Vertretg bei StrafAntr (StGB 77). Benötigt Eheg Zust des Kindes, muß er sich an SorgeRInhaber wenden.

1634 *Recht zum persönlichen Umgang mit dem Kind; Auskunft.* **¹Ein Elternteil, dem die Personensorge nicht zusteht, behält die Befugnis zum persönlichen Umgang mit dem Kinde. Der Elternteil, dem die Personensorge nicht zusteht, und der Personensorgeberechtigte haben alles zu unterlassen, was das Verhältnis des Kindes zum anderen beeinträchtigt oder die Erziehung erschwert.**

II Das Familiengericht kann über den Umfang der Befugnis entscheiden und ihre Ausübung, auch gegenüber Dritten, näher regeln; soweit es keine Bestimmung trifft, übt während der Dauer des Umgangs der nicht personensorgeberechtigte Elternteil das Recht nach § 1632 Abs. 2 aus. Das Familiengericht kann die Befugnis einschränken oder ausschließen, wenn dies zum Wohle des Kindes erforderlich ist.

III Ein Elternteil, dem die Personensorge nicht zusteht, kann bei berechtigtem Interesse vom Personensorgeberechtigten Auskunft über die persönlichen Verhältnisse des Kindes verlangen, soweit ihre Erteilung mit dem Wohle des Kindes vereinbar ist. Über Streitigkeiten, die das Recht auf Auskunft betreffen, entscheidet das Vormundschaftsgericht.

Verwandtschaft. 5. Titel: Eltern und eheliche Kinder § 1634 1a–c

IV Steht beiden Eltern die Personensorge zu und leben sie nicht nur vorübergehend getrennt, so gelten die vorstehenden Vorschriften entsprechend.

Schrifttum: Giesen NJW 72,227; Neuhaus FamRZ 72 279; Simon FamRZ 72, 485; Vollertsen ZBlJugR 77, 230; Dürr, VerkRegelg gem § 1634 BGB, 2. Aufl 1978; Walter Becker, Kinderarzt 78, 385; Steffen ZBlJugR 79, 129; Arntzen, Elterl Sorge u pers Umgg mit Ki aus gerichtspsycholog Sicht, Mü 1980; Lempp ZBlJugR 81, 283; Luthin FamRZ 84, 114; Neddenriep-Hanke, UmggsR u KiWohl, 1987; Arntzen NJW 88, 1508; Peschel-Gutzeit, Das R zum Umgg mit dem eig Ki (SondAusg aus dem Staud), 1989. Vgl iü LitAngaben bei § 1671 u vor § 1626.

1) Dem nicht sorgeberecht EltT bleibt das **Recht zum persönlichen Umgang** (früher: Besuchs- od VerkehrsR). Die Vorschr ist nicht verfassgwdr (aA AG Kamen FamRZ 80, 623); GG 6 II schützt beide EltT u gewährt beim Zerbrechen der Fam zB dch Scheidg dem nicht die SorgeRReglg begünstigten EltT nicht zusätzl auch noch den verfassgsrechtl Vorrang vor dem and EltT. Zur Verfassgskonformität der aF BVerfG NJW 71, 1447; BayVerfGH NJW 73, 1644. Der GesGeb hat am Grdsatz der Befugn des nicht personensorgeberecht EltT zum Umgg mit dem Kind im Interesse beider festgehalten (BT-Drucks 8/2788 S 53). Zur Ersetzg des Ausdr „Verk" dch den Begr „Umgg" BT-Drucks 7/2060 S 23f. Dem Kindeswillen, insbes des über 14jähr Kindes, hat der GesGeb im Ggsatz zum RegEntw (BT-Drucks 7/2060 S 24) zu Recht keine ausschlaggebde Bedeutg eingeräumt (BT-Drucks 8/2788 S 41; vgl aber unten Anm 3b). Zum Verhältn v UmggsR u AufenthErlaubn OVG Münst FamRZ 86, 391; VerfBeschw NJW 88, 883. Steht den getrenntlebden od geschied Eheg die elt Sorge gemeins zu, dann **§ 1634** analog zG des EltT, bei dem sich das Ki nicht befindet (BGH FamRZ 80, 131; Kln FamRZ 78, 727). Zur **Reform** des UmggsR bei nehel Ki: § 1711 Anm 1.

a) Müßig Streit um Deutg des UmggsR als restl **Teil der Personensorge** (arg „behält"; RG 153, 238; KG FamRZ 89, 656; Gernhuber § 53 III 1), als natürl EltR (Beitzke FamRZ 58, 10; Dölle § 98 I 1) od als bl Ausdr der persönl Verbundenh zw EltT u Kind (Simon FamRZ 72, 485). Desh steht wed die EhelkAnfKl (BGH NJW 88, 1666 für 3jähr Ki unter Aufhebg v Nürnbg NJW 88, 831, das auf widersprüchl Verh abgestellt hatte; Düss NJW 88, 831: 4 J) noch, daß das Ki dch Fremdbefruchtg gezeugt w (Ffm FamRZ 88, 754), der Geltdmachg des UmggR entgg. IjF stehen sich Umggs- u PersSorgeR iRv § 1634 als selbstd, sich ggseit beschränkde Rechte ggü (BGH FamRZ 69, 422). Soweit das der UmggsZweck erfordert, wird das PersSorgeR eingeschränkt (KG JFG 12, 79). Umgek muß das UmggsR, dem eine VerkPfl nicht entspricht, bisw als das schwächere Recht dem stärkeren SorgeR weichen, wenn näml dch Ausüb des UmggsR diej des SorgeR unmögl gemacht würde, zB bei einer **Auswanderung** (RG 141, 321; Neust FamRZ 63, 300). Widerstrebt UmggsBerecht der Auswanderg, so ist vor Paßerteilg Entsch des FamG notw (BayObLG JR 75, 141); ggf auch Abänd der SorgeRRegelg (§ 1696 Anm 2b bb), etwa bei Auswanderg nach Übersee (BGH NJW 87, 893; Dörr NJW 89, 692), währd die mit einer Übersiedlg ins Ausl verbundene Erschwerg od Unmöglk des Umggs als solche keine Abänd der SorgeEntsch rechtfertigen (Kln FamRZ 72, 572 Spanien; Karlsr FamRZ 78, 201; LG Mannh Just 75, 232 USA). Zu vorläuf AO in diesem Zushg: § 1696 Anm 3a. Auch bei Ausweisg des UmggsBerecht ist dessen UmggsR zu berücks (OVG Münst FamRZ 69, 35).

b) Zweck: Das UmggsR ist subj Recht iSv § 823 I, das seinem **Inhalt** nach nicht darauf gerichtet ist, das Kind zu erziehen; denn dieses R hat der sorgeberecht EltT (§ 1631); auch nicht, den and EltT zu überwachen (KG DR 40, 980). Das UmggsR soll vielm dem Berecht die Möglk geben, sich v der Entwicklg u dem Wohlergehen des Kindes lfd zu überzeugen u die zw ihnen bestehenden natürl Bande zu pflegen (BGH NJW 69, 422), einer Entfremdg vorzubeugen u dem Liebesbedürfn beider Teile Rechng zu tragen (Kblz DAVorm 80, 580). Desh UmggsR auch ggü Säugling, ebso wie es auf die Umst nicht ankommt, die zum Verlust des PersSorgeR geführt haben u denen ggf über II 2 dch geeignete Maßn des FamG Rechng zu tragen ist. So hat UmggsR der geschied od getr lebde Eheg, der nicht sorgeberecht ist (§§ 1671, 1672); der Ehebrecher (Stgt FamRZ 59, 296); die Prostituierte (Brschw MDR 62, 132); ferner wenn die Ehe für nichtig erkl od aufgeh ist (EheG 37 I); selbst bei Entziehg der elt Sorge (§§ 1666, 1666a) od Ruhen ders (§§ 1673, 1674). Anders nur iF des KindesAnn (vgl § 1755). UmggsR steht beiden Elt zu, wenn PersSorgeR einem Pfleger übertr ist (BayObLG NJW 64, 1324). Entspr anwendb ist § 1634 auch, wenn die Elt bei besteher Ehe u gemeins PersSorge tatsächl getrennt leben, aber Antr aus § 1672 nicht stellen, **IV.** Die Elt leben **nicht nur vorübergehend getrennt,** wenn sie den Entschl dazu dch tatsächl AuseinandZiehen in die Tat umgesetzt haben; nicht erforderl ist für eine vormschgerichtl Regelg, daß die Elt bereits längere Zeit voneinand getrennt waren. Zum Begr des Getrenntl § 1567 Anm 2. IV gilt auch iF des Getrenntl innerh der ehel Wohng (§ 1567 I 2).

c) UmggsR ist höchstpersönl, unverzichtb EltR (RG JW 25, 2115) u kann auch der Ausübg nach niemandem, insb auch nicht den **Großeltern,** überlassen w (KG RJA 15, 96), denen ihrers ebso wie Geschw u sonst nahen Verwandten kein UmggsR zusteht (BayObLG 63, 293; BT-Drucks 7/2060 S 24 u 8/2788 S 54f; aA Birk FamRZ 67, 306). Die Beziehgen zu ihnen liegen im allg aber im Interesse des Kindes, insb, wenn der die Verwandtsch vermittelnde EltT verstorben ist (BayObLG ZBlJugR 81, 272), u müssen desh aufrechterhalten u gepflegt w (BayObLG NJW 65, 1716), so daß § 1666 vorliegt, wenn Elt das ihnen zustehde EntschR über diesen Umgg mißbrauchen (Düss FamRZ 67, 340), was regelm der Fall ist, wenn ein EltT ohne verständ Grd den Verk seines Kindes mit den GroßElt unterbindet (Brschw FamRZ 73, 268), der Vater nach Tod der Mutter u EhelichkErkl des Ki den Verk des Ki mit den GroßElt mütterlichers verhindert (BayObLG FamRZ 80, 284) od bei 12j Enkel nach dem Tod des Vaters (BayObLG FamRZ 75, 279). Unterbindet der SorgeBerecht mißbräuchl, dh ohne verständ Grde (BayObLG DAVorm 79, 768), jegl persönl Umgg zw Enkeln u GroßElt, so kann ihm insow die elterl Sorge entzogen u eine entsprechd Besuchsregelg getroffen w (Mannh DAVorm 77, 323). Die erforderl Maßregeln können auch in höherer Inst getroffen u dabei die vorinstanzl dch mildere od schärfere ersetzt w (BayObLG DAV 79, 768). Aber kein Mißbr, wenn erhebl Spanngen bestehen, zB dadch, daß die GroßElt dem sorgeberecht Vater den Selbstmord der Mutter anlasten (BayObLG ZfJ 84, 361) od den Vorrang des elt ErzR nicht respektieren (BayObLG DAV

§ 1634 1, 2   4. Buch. 2. Abschnitt. *Diederichsen*

82, 359; FamRZ **84**, 614), die Großmutter eigenmächt in die Erziehg eingreift (KG FamRZ **70**, 209) od die Spanng zw Mutter u Großm sich nachteilig auf das Ki auswirken (BayObLG DAV **83**, 377).

d) Zum UmggsR des **nichtehelichen Vaters** § 1711. § 1634 findet auf die **nichteheliche Mutter** ggf direkte (BayObLG FamRZ **82**, 958), iü analoge Anwendg, wenn sich das Kind in FamPflege befindet, insb iF eines an § 1632 IV gescheiterten HerausgVerlangens (§ 1632 Anm 3ccc).

2) Die **Umgangsregelung** richtet sich nach dem Willen der Elt (vgl bei einverständl Scheidg ZPO 630 I Z 2) od wird dch das FamG getroffen, u zwar auf Anregg eines EltT od vAw (vgl ZPO 623 III 2). Ist der UmggsBerecht mit dem Vorschl des PersSorgeBerecht nicht einverstanden od können sich die Elt ü die Ausübg des Umggs sonst nicht einigen (dazu Giesen NJW **72**, 225), so regelt das FamG den Umgg ausschließl unter dem GesPkt des Kindeswohls (arg II 2). Bei FürsErz bestimmt die ErzBeh den Umgg (KG ZBlJugR **28**, 329). Bei Gefährdg des ErzZwecks kann von einer Mitteilg des Unterbringgsorts der FürsErz abgesehen w (JWG 71 Anm 3).

a) Die UmggsRegelg kann unter den Elt **vereinbart** w, insb kann dies anläßl der Einigg der scheidgswill Elt ü die Zuteilg der SorgeR an einen EltT geschehen (§ 1671 III). Vereinbg schon mRücks auf diese Koppelg für beide Teile bindd (aA BayObLG FamRZ **65**, 618), so daß eine Abänderg nur in Betr kommt, wenn das KiWohl in erhebl Weise beeinträchtigt ist (Kln FamRZ **82**, 1237). Erzwingbark Anm 4c. Haben sich die Elt geeinigt, so können sie gemeins eine and Regelg treffen. Einseit Widerruf aus Grden des Kindeswohls dagg unzul; abweichde Regelg kann, auch wenn Eheg zeitw etwas anderes praktiziert haben, nur dch Entsch des FamG erreicht w (Karlsr FamRZ **59**, 70). Ist die reibgslose Abwicklg der Vereinbg nicht gewährl, muß das FamG entsch (Ffm FamRZ **88**, 1315). Ein **Verzicht** auf das UmggsR gg Freistellg v UnterhPfl ist sittenwidr (BGH NJW **84**, 1951), es sei denn die Nichtausübg des UmggsR dient dem KiWohl (Ffm FamRZ **86**, 596).

b) Eingreifen des Familiengerichts, II 1, soweit eine Einigg der Elt nicht vorliegt; auch wenn der Konflikt darin besteht, daß der sorgeberecht EltT nur ein weitergehdes BesuchsR einräumen will als gewünscht (Düss FamRZ **86**, 202); aber auch bei Mißbr, ohne Antr (BayObLG NJW **66**, 1322), u stets nur im Interesse des Kindes. II entspr anwendb, wenn SorgeR zwar beiden Elt zusteht, tatsächl aber nur von einem ausgeübt w, IV (oben Anm 1b). Unerhebl für die dch das FamG zu treffde UmggsRegelg ist früh SchuldAusspr od grdsl ob UmggsBerecht seiner UnterhPfl nachkommt (Celle ZBlJugR **55**, 274); ebsowen Bindg an bes Wünsche der SorgeBerecht (BVerfG NJW **71**, 1447; BGH **51**, 219). Zur Berücksichtigg eines entggenstehden Kindeswillens Anm 3b. Das FamG trifft zur Regelg des UmggsR u zu dessen zwangsw Dchsetzg iW von FGG 33 **auch gegenüber Dritten,** also Groß- u PflegeElt, aber auch iü unbeteiligten Dr, zust, vor allem aber ggü solchen Pers, in deren ständ Obhut sich das Kind befindet (amtl Begrdg BT-Drucks 7/2060 S 25). Der KlWeg ist ausgeschl.

c) Verpflichtung der Eltern zu wechselseitigem loyalen Verhalten iR des Umggs, I 2. Vgl zunächst Anm 3b aA. Der pers-sorgeberecht EltT hat ebso wie der umggsberecht EltT alles zu unterlassen, was das Verhältn des Kindes zum jew anderen EltT beeinträchtigt od die Erziehg erschwert. **Zweck** dieser „Wohlverhaltens Vorschr" (BT-Drucks 8/2788 S 41): Nach der Ehescheidg besteht die Gefahr, daß die Streitgken zw den geschied Ehel mittels u auf Kosten der gemeins Kinder fortgeführt w. Desh begründet das Ges jetzt die Verpfl beider Elt zur UmggsLoyalität (BT-Drucks 8/2788 S 54). Die Grde, die zum Scheitern der Ehe geführt haben, berechtigen in aller Regel nicht, das Kind gg den and EltT einzunehmen, von dem es gleichermaß abstammt. Ein **Verstoß** gg die Umggsloyalität muß allerd ein beachtl Maß erreicht haben, ehe das FamG eingreift. Wenn der pers-sorgeberecht EltT diese Verhaltensnorm ständ mißachtet u damit gg das Wohl des Kindes verstößt, wird das Ger seine nach §§ 1671, 1672 getroffene Entsch überprüfen. Es steht dann vor der Frage, ob es von § 1696 Gebr machen u das SorgeR auf den and EltT übertr muß. Zur Dchsetzg des BesuchsR kann auch AufenthBestPflegsch angeordn w (BGH NJW-RR **87**, 1264). Die Weigerg des 9j Ki, mit dem and EltT mitzugehen, schützt den SorgeBerecht auch nicht vor einem ZwGeld (Zweibr FamRZ **87**, 90). Wenn umgek der umggsberecht EltT bei der Ausübg seines UmggsR dauernd gg diese Verhaltensregel verstößt, indem er alles tut, um das Kind dem and EltT zu entfremden, entsteht für das Ger die Frage, ob es gem II 2 einschreiten muß (BT-Drucks 8/2788 S 41 u 54). Einzelh dazu Anm 3b.

d) Bei Schwierigken in der Dchführg des Umggs kann sich das UmggsR inhaltl auf briefl Kontakt, die Zusendg v Photos uä reduzieren (Anm 3a). Als solche Restbefugn vom UmggsR od parallel dazu, also neben regelmäß stattfindenden Besuchen, kann der umggsberecht EltT bei berecht Interesse vom PersSorgeBerecht **Auskunft über die persönlichen Verhältnisse des Kindes** verlangen, III 1. Ein **berechtigtes Interesse** ist vor allem dann gegeben, wenn dem EltT ein UmggsR nicht zusteht, wenn das Kind sowohl einen persönl als auch einen briefl Kontakt zu ihm ablehnt od wenn der EltT wg des jugendl Alters des Kindes u zu großer räuml Entferng weder persönl noch dch einen SchriftVerk mit dem Kind sich von dessen Wohlergehen u seiner Entwicklg überzeugen kann (BT-Drucks 8/2788 S 55). Das AuskftsR ist zum Ausgl für einen eingeschrkten od ausgeschloss persönl Umgg gedacht (BT-Drucks 8/2788 S 55). Das schließt jedoch nicht aus, in AusnFällen dem UmggsBerecht auch neben dem persönl Verk AuskftsAnspr zu gewähren; denn als III gilt die Vorschr nicht nur iF v II, sond auch iFv I; u außerd kann der UmggsBerecht auch sonst ein berecht Interesse an best Auskften haben, die ihm das Kind zB wg seines Alters, einer Behinderg oä nicht geben kann, etwa über Allergien, Einhaltg medizinischer Maßn usw. Das UmggsR gibt dem nicht sorgeberecht EltT idR aber keinen Anspr auf Entbindg der behandelnden Ärzte von der SchweigePfl (so noch zur aF Schlesw SchlHA **78**, 115). **Umgangssurrogate** an Stelle des ausgeschl Verk können sein: Übermittlg v SchulZeugn (BayObLG FamRZ **83**, 1169); halbjährl Bericht ü die Entwicklg des Ki unter Beifügg eines Photos (LG Karlsr FamRZ **83**, 1169). Gg den Willen des Sorgeberecht sind **telephonische** Kontakte des nicht sorgeberecht EltT zu dem Ki unzul (AG Degdf FRES **1**, 292). Die Erteilg v Auskften kann nicht verlangt w, soweit dies dem **Wohl des Kindes** widerspricht, was dann zutrifft, wenn der EltT, dem der persönl Umgg versagt ist, Auskfte über den Aufenth des Kindes od über die v ihm besuchte Schule od Lehrstelle verlangt, um den dem KiWohl abträgl persönl Kontakt doch herzustellen. Dagg ist der

AuskftsAnspr im Interesse des sorgeberecht EltT nicht ausgeschlossen in den Fällen, in denen nach Wiederverheiratg der Mutter das Kind in die StiefFam eingegliedert ist, u auch nicht wg der mit seiner Erfüllg verbundenen Belastgen (BT-Drucks 8/2788 S 55). Entsteht zw den Elt **Streit** ü die Berechtigg od den Umfang der Auskftserteilg, so entsch das **Vormundschaftsgericht, III 2**.

e) Trifft das FamG über den **Umgang des Kindes mit Dritten** keine Best (dazu Anm 3a aE), so bestimmt währd der Dauer des Umggs der UmggsBerecht, mit wem sonst das Kind umgehen darf (§ 1632 II), **II 1 zweiter Halbsatz**. Diese Ergänz erschien dem GesGeb zweckmäß, weil idR nur der EltT, bei dem sich das Kind gerade aufhält, die dritten Pers, mit denen ein Umgg des Kindes in Frage kommt, kennt u beurt kann, ob der Umgg mit dem KiWohl zu vereinb ist (BT-Drucks 8/2788 S 55). Die Vorschr ist eng auszulegen; der sorgeberecht EltT soll zwar einen ausschließl in seinem eig Interesse unerwünschten Kontakt des Kindes mit den Verwandten od einem LebPartner des geschied Eheg nicht verhindern dürfen (Anm 3a aE); aber er muß auch aus der Entferng dem Kind schädliche Einflüsse abwehren können, ohne gezwungen zu sein, sogleich das FamG anzurufen. Desh kann der SorgeBerecht dem Kind, das zu einem FerienAufenth zum and EltT aufbricht, verbindl den Umgg mit einem drogensücht Nachbarskind des UmggsBerecht untersagen uä.

3) Inhalt der Umgangsregelung durch das Familiengericht, II.

a) Die UmggsRegel betrifft den **Kontakt des Kindes mit dem Umgangsberechtigten,** also auch den BriefVerk (KG DR **42**, 526), der ggf untersagt w kann (KG FamRZ **68**, 262), idR aber umgek auch nicht nur ersatzw an Stelle der persönl Begegng zugelassen w sollte (Staud-Schwoerer 15f; aA Dölle § 98 I 3). UmggsR des Inhaftierten kann sich auf Zusendg v Fotos reduzieren (LG Bln FamRZ **73**, 147), um sich ü die Entwicklg des Kindes zu informieren. § 1634 deckt nicht AnO bezgl dem Kinde zu machder Geschenke (KGJ **34** A 23), die in mäß Umfg zul sind, od Benachrichtigg ü das Befinden des Kindes. Störgen des Umggs dch den sorgeberecht EltT können Maßn gg diesen gem I 2 iVm §§ 1666, 1696 (Anm 2c) auslösen. Das FamG regelt, falls erforderl, den Umgg erschöpfd nach Zeit, Ort und Art (vgl BayObLG FamRZ **65**, 156). Es hat darauf zu achten, daß in das R des SorgeBerecht nicht mehr als unbedingt erfdl eingegriffen w (KG HRR **35**, 351). Gem § 1634 kann der sorgeberecht Mutter auch verboten w, mit dem Kind nach Australien auszuwand, wenn sie keine trift Grde dafür hat (Oldbg FamRZ **80**, 78; and Düss FamRZ **79**, 965). Oberster Grdsatz für die Entsch ist das **Kindeswohl;** Richtschnur für die Regelg im einz sind somit (vgl § 1671 Anm 3) das FördergsPrinz u das der Einheitlk u Gleichmäßigk der Erziehg (Kontinuität). Das FamG hat darauf zu achten, daß nicht angebl SchutzMaßn zum Wohl des Kindes in Wirklichk nur der Schong des sorgeberecht EltT dienen, so daß zB Ausschl der Ggwart der GroßElt, die früher das Kind 2 J betreut haben, idR nicht gerechtf ist (Stgt NJW **78**, 380).

aa) Zur **Häufigkeit** hat der GesGeb keine Richtlin geben wollen (BT-Drucks 8/2788 S 55). Bei Getrenntleben im allg etwas mehr Umgg als nach Scheidg (BayObLG FamRZ **66**, 455). Grdsl **periodischer Umgang** von jew kurzer Dauer ggü längeren zushängden Aufenthalten die bessere Lösg, trotz der damit verbundenen Unbequemlichen, damit Besuch möglichst bald zur festen Gewohnh w kann (BayObLG **57**, 134) u eine Entfremdg von UmggsBerecht u Kind vermieden w. Typ ein- od zweimal im Mo einige Stden (BayObLG NJW **64**, 1324); mtl 1 WoEnde (Karlsr OLGZ **67**, 468); bei großer Entferng eden 2. Mo 1 WoEndBesuch bei nichtsorgeberecht EltT (Mannh Just **76**, 475). Ergänz des period Verk dch Ferienbesuch nur bei NichtBeeintr der ErzKontinuität (Bln FamRZ **73**, 99; KG FamRZ **78**, 728); bei weiter Entferng, insb wenn UmggsBerecht im Ausl lebt, als Ersatz jährl einmaliger Ferienbesuch von ca 2 Wo (BayObLG **51**, 530); ü ZusZiehg v mtl Umgg zu ¼ jährl Wo-End-Besuchen mit Übernachtg erst ab Schulreife (Heilbr Just **74**, 425). Ein zusätzl, längerdauernder persönl Besuch, FerienAufenth od Urlaubsreise, neben regelmäß Kurzbesuchen ist idR u jedenf bei Kind im Grdschulalter abzulehnen (KG FamRZ **79**, 70). An Festtagen gehört das Kind zum SorgeBerecht (Mü JW **39**, 290); nach Mannh MDR **61**, 1016 soll Kind an 2. Festtagen zum UmggsBerecht (aA Heilbr Just **73**, 433, damit Elt nicht ggseit ausstechen). Bei zwingden Hindergsgrden in der Pers des Kindes Verschiebg des Besuchs auf den nächstmögl entspr WoTag, weil sonst Gefahr der Umgehg des period BesuchsR (Heilbr Just **74**, 126). Dagg keine allg Ersatzregelg f KrankhFälle (LG Karlsr DAVorm **75**, 243). Ggü dem v der Rspr bevorzugte period Umgg sollte man überlegen, ob man nicht unter entspr Voraussetzgn eine **Umgangsregelung in Zeitblöcken** mehr als bisher treffen sollte, so bei tiefgreifder Verfeindg der Elt; bei zu starker Belastg des FamLebens beim sorgeberecht EltT, wenn dadch der Umgg für das Kind von vornh zur Qual wird; bei großer Entferng. In solchen Fällen könnte ein 4-wöchig Ferienbesuch des Kindes beim and EltT zu einer wesentl Entkrampfg der seel Beziehgen führen u das Kind zu dem umggsberecht EltT im Ggsatz zu den sonst immer als AusnSituation empfundenen period Besuchen eine normale Gefühlsbeziehg entwickeln. Zur **Auswirkung auf den Unterhalt** Anm. 5.

bb) Ort: Grdsl Wohng des UmggsBerecht (BayObLG FamRZ **65**, 156; Düss FamRZ **88**, 1196). Falls Besuch des Kindes dort untunl, kann Umgg an dritten Ort (JugAmt, Pfarrer) angeordnet w, jedenf möglichst nicht im Hause des SorgeBerecht (OLGZ **43**, 370), es sei denn, die Elt vermögen sich ohne Feindseligk zu begegnen.

cc) Zum **Holen und Bringen** des Kindes vgl Lempp ZBlJugR **79**, 517 mit dem erwägenswerten Vorschlag, der sorgeberecht EltT möge öfter als bisl übl das Ki zum umggsberecht EltT bringen, um dem Ki dch real Hdlgen zu beweisen, daß er den Umgg im Interesse des Ki bejaht. Aber eine rechtl Verpfl zur aktiven Mitwirkg u Zuführg des Ki besteht nicht (Zweibr FamRZ **82**, 531); anders bei bindender Vereinbg (Ffm FamRZ **88**, 866) sowie ggf bei bl einstw UmggsRegelg (Saarbr FamRZ **83**, 1054). Iü ist bei der **Art und Weise** der Ausgestaltg der UmggsRegelg (sa Anm 2b) in erster Linie darauf zu achten, daß das Kind dch den Umgg keine Schädiggen erleidet, zB sich nicht bei dem kranken UmggsBerecht ansteckt (KGJ **53**, 30), od sonst gefährdet w, zB dch ungünst Einflüsse auf labiles Kind bei Besuchen des in Strafhaft befindl Vaters (KG FamRZ **68**, 260). Mögl desh auch Verbot religiöser od konfessioneller Einflußn (BayObLG NJW **61**, 1581), od best Themen (Scheidg!) zu berühren, außerh der BesuchsZt mit dem Kind zu sprechen

§ 1634 3a, b

(Hamm FamRZ 66, 254). UmggsBerecht hat außer in Notfällen auch kein R, das Kind ärztl untersuchen zu lassen, ebsowenig bei einer vom SorgeBerecht veranlaßten ärztl Untersuchg anwesd zu sein (Stgt FamRZ 66, 256). Umgek hat im Interesse eines natürl, unbefangenen ZusSeins mit dem UmggsBerecht der Sorge-Berecht kein R, bei dem Besuch des UmggsBerecht dabei zu sein; wohl aber AnO der Anwesenh einer Pflegerin bei Kind im Säuglingsalter (BayObLG JFG 5, 76) od einer **Aufsichtsperson** (ÜberwachgsPfleger, JFG 15, 253), wenn sonst das Wohl des Kindes gefährdet wäre (Hamm NJW 67, 446); zB bei ansteckder Krankh od wenn nach der Persönlk des UmggsBerecht u seiner inneren Einstellg dem Kinde ggü ihm nicht das Vertrauen entggebracht w kann, daß er ohne Beaufsichtigg den UmggsZweck wahren würde (KG HRR 27, 1897). Zu Besonderhten bei Verfeindg der Elt Anm b. Der sorgeberecht EltT kann die **Anwesenheit Dritter,** zB der GroßElt des Kindes, währd der Dauer des persönl Umggs nicht verbieten; insb verlangt KiWohl in aller Regel nicht, daß vor Ankunft des Kindes der neue LebGefährte des UmggsBerecht entfernt w (BGH 51, 224; Hamm FamRZ 82, 93), mag dieser auch für das Scheitern der EltEhe verantwortl gewesen sein (Weber FamRZ 73, 285), weil eine ungezwungene Begegng mit dem UmggsBerecht sich am besten in dessen natürl Umgebg verwirkl läßt. Maßgebd die Verständigk des Kindes u ob es den Dr als störd empfindet (KG FamRZ 78, 729). Ein Verbot der Anwesenh des neuen Partn kommt bei 6 u 8j Ki vor Ablauf des TrenngsJ in Betr, wenn der sorgeberecht EltT an der Ehe festhält (Kln FamRZ 82, 1236). Verbot auch der Anwesenh der sich mit Okkultismus beschäftigden neuen LebGefährtin (Schlesw NJW 85, 1786). Sind Geschwister nicht bei demselben EltT untergebracht, so ist darauf Rücks zu nehmen, daß sich die Geschw sehen können (JFG 2, 80; Dölle § 98 I 3). Keine AO der Anwesenh Dr (SchwElt bei Säugling), ohne deren dch Anhörg eingeholte Zust (Zweibr DAV 86, 356).

b) Das FamG kann verfassgsrechtl zul (BVerfG NJW 83, 2491) den **Umgang zeitweise oder dauernd ausschließen, II 2**. Entscheidd ist allein das **Kindeswohl.** LitNachw u Darstellg der ggsätzl Auff (Konflikt-bewältiggs- u UmggsVerzichtstheorie) bei Kühn DAV 84, 582f. Zu berücks, daß von Psychologen das UmggsR überh in Frage gestellt (Lempp NJW 63, 1661) u iü ein uU häufigerer Ausschl des UmggsR, als es ggwärt Praxis entspricht, empfohlen w (Giesen NJW 72, 225). Aber der sorgeberecht EltT hat idR die Möglk, das Kind in seel Konflikte zu stürzen; das darf nicht dazu führen, daß er allein entsch, ob der and EltT das Ki sehen darf od nicht (Ffm FamRZ 84, 614). Desh muß beiden Elt nachdrückl (evtl dch Empfehlg therapeutischer Maßn) klar gemacht w, daß der Konflikt, der zum Scheitern ihrer Ehe geführt h, auf keinen Fall in das Kind projiziert w darf. Dem Kinde ggü verdient der ehem Eheg nach wie vor Respekt; das Kind merkt bei der gebotenen Zurückhaltg selbst am schnellsten, wer von seinen beiden Elt es seel am meisten fördert. Der GesGeb hat diese psycholog Gegebenhten in eine RechtsPfl zu wechselseit Loyalität umgemünzt, I 2 (vgl oben Anm 2 c). Desh keine Ausschließg des UmggsR allein der **Verfeindung der Eltern** wg, da sie keine StrafMaßn gg einen EltT sein soll (BayObLG 57, 134), od weil der Umgg dem sorgeberecht EltT nervöse Beschwerden verursacht (Bambg FamRZ 84, 507); wohl aber, wenn sie das einz Mittel ist, die Abwanderg des Kindes vom SorgeBerecht zum umggsberecht EltT in Nachahmg eines ält Geschw zu vermeiden (Stgt NJW 78, 1593) od Verhetzgen des Kindes gg den SorgeBerecht zu verhindern (Schlesw SchlHA 57, 101). Ausschl des UmggsR, wenn der Berecht das R zu AuseinandSetzgen mit dem and EltT vor den darunter leidden Kindern benutzt (Stgt NJW 79, 1168 L). Bei umgek Verhalten des SorgeBerecht ggü dem UmggsBerecht Maßn nach § 1666, im äußersten Fall Korrektur der SorgeREntsch (§§ 1671, 1696). Der SorgeBerecht kann dch Zwang v einer Beeinflussg des Kindes gg den UmggsBerecht abgehalten w (Mü JFG 14, 464). IdR führen Spanngen zw den Elt allenf zu einer Beschrkg des UmggsR, zB auf 1 Besuch im Mo, trotz enger persönl Bindgen des Kindes zum UmggsBerecht (Heilbr Just 74, 126); nicht selten wird sich aber auch die Umstellg der UmggsRegelg iS einer Konzentration nach Zeitblöcken (Anm 3 a aa) empfehlen. Bedenkl, bei Klein- u GrdSchulkindern das UmggsR generell auszuschließen, wenn die Elt ihre Scheidg innerl noch nicht bewältigt haben (so Ravbg DAVorm 76, 417). Solange Kind dadch nicht gefährdet w, auch keine Ausschließg, wenn geschied EltT außerehel Beziehgen unterhält (Schlesw MDR 57, 420), die umggsberecht Mutter der Prostitution nachgeht (Brschw MDR 62, 132) od bei AIDS-Infektion (Hamm NJW 89, 2336) od längerer FreihStrafe des UmggsBerecht (Hamm FamRZ 80, 481 L). Der völl Ausschl des UmggsR ist nur in bes schweren Fällen gerechtf, wenn keine and Mittel zum Schutz des Kindes vorh sind (Hamm FamRZ 66, 317; sa Karlsr FamRZ 58, 332), was das FamG verpflichtet, alle gegebenen Möglichken zu prüfen (Brschw MDR 62, 132), zB ZusSein in Anwesenh Dritter (Celle ZBlJugR 62, 56 u Anm a cc). Das UmggsR besteht auch ggü dem **Säugling** (Zweibr DAV 86, 355, gleichzeit zu den prakt Schwierigk) wie ggü dem **Kleinkind** (Stgt NJW 81, 404), auch wenn es fremdelt (Bambg FamRZ 84, 507). Ggü der Absicht des sorgeberecht EltT, das Ki störgsfrei **in eine neue Familie einzugliedern,** ist dem UmggsR der Vorrang eingeräumt (Stgt NJW 81, 404). Eine dch Nichtausüb eingetretene **Entfremdung** rechtfertigt für sich noch nicht den zeitw od dauernden Ausschl des pers Umgangs (KG FamRZ 80, 399), wohl aber das Bedürfn nach psych Stabilisierg ggü nehel Mutter (BayObLG FamRZ 82, 958). Zur Problematik eines an **Neurodermitis** leidden Ki KG FamRZ 89, 656.

Ein Umgg **entgegenstehender Kindeswille** ist grdsl in dem Sinne beachtl, daß das Ger den Grden dafür dch eig Anhörg des Kindes nachzugehen hat (Einf 6 b vor § 1626). Es besteht für einen klar geäußerten KiWillen kein absoluter Vorrang (KG FamRZ 85, 640f; aA Knöpfel FamRZ 83, 322; Luthin FamRZ 84, 117; aA auch KG FamRZ 86, 503 bei einem 10jähr, wenn AnhaltsPkte für eine entspr Beeinflussg dch den sorgeberecht Vater nicht vorliegen). Zu der in diesem Zushg erforderl **Abwägung** zw den PersR des Kindes u dem Interesse des um die Regelg nachsuchden EltT ausführl BGH FamRZ 80, 131. So kann der Widerwille gg eine starre Besuchsregelg respektiert w (Düss FamRZ 79, 857) od bei grdlosem Widerstand eines 15j Mädchens der Verk auf 3 Besuche des Vaters im J beschrkt w (Hamm FRES 3, 27). Dem RegEntw, der mind dem 14j Kind eine absolute EntschBefugn über den Umgg mit dem and EltT einräumen wollte (BT-Drucks 7/2060 S 24), ist die endgült Fassg des Ges zu Recht nicht gefolgt (BT-Drucks 8/2788 S 41 u 53). Ob das Kind selbst den and EltT besuchen will od nicht, darauf kommt es desh nicht ow an (BayObLG FamRZ 65, 158); denn auch die Pflege der FamBande gehört (für das Kind oft noch nicht nachvollziehb) zum Wohl des Kindes (Strätz FamRZ 75, 546; Diederichsen FamRZ 78, 464). Der SorgeBerecht hat die Pfl, den Widerstand des Kindes zu überwinden u kraft seiner Autorität auf die Besuche hinzuwirken (Mü JFG **14**, 468), also dch erzieher Einwirkg das Kind zum Besuch zu veranl (Ffm FamRZ **66**, 258; Tüb DAVorm **74**, 193). Aber den Grden für eine solche Abneigg muß das FamG unter Prüfg der Einsichtsfähigk des Kindes für die Bedeutg eines solchen Umggs nachgehen (Ffm FamRZ **68**, 661), insb dch persönl Eindruck u Anhörg des JugA (Düss FamRZ **69**, 664), ob sie in der Pers des SorgeBerecht liegen, welchen Grad die Ablehng u welche Folgen der Umgg für das Kind hat (BayObLG ZBlJugR **68**, 145); so auch bei Abänderg der VorEntsch dch BeschwG (KG FamRZ **70**, 93). Desh Unterbindg des Umgangs, wenn die Weigerg des Ki auf Angst vor dem Vater beruht, der neurot geprägt ist u Mutter u Ki bereits geschlagen h (Karlsr ZBlJugR **80**, 292). Vgl iü zur Anhörg Einf 4b vor § 1626. Bei ernsth Gefahr von GesundhSchäden muß Umgg unterbunden w (Mannh NJW **72**, 950). Bei einem annähernd erwachsenen Kind w die UmggsRegel dagg umgek auf die Wünsche des Kindes Rücks nehmen (Hamm FamRZ **65**, 83), insb erscheint Bejahg des UmggsR dann untunl, wenn das Kind nach seinem Entwicklgsstand zu einer selbständ Beurt fäh ist (KG FamRZ **79**, 448: 13 u 14 J) u sich aus guten Grden sträubt, den and EltT zu besuchen (LG Mü FamRZ **71**, 311), zB 13j Mädchen, von umggsberecht Vater wg sex KindesMißbr vorbestraft ist (Ravbg DAVorm **75**, 243) od wenn im Ausl stationierter Vater (Koreaner) mit Hilfe des UmggsR seine inzw 12 u 9 jähr Ki überh erst kennen lernen will (Bambg FamRZ **89**, 890). IjF muß der Versuch untern w, dem Kind (gleich welchen Alters) die getroffene Entsch plausibel zu machen. Die Ausübg des zugebilligten UmggsR geschieht unabh von einem evtl entggstehden Kindeswillen (AG Ravbg DAVorm **75**, 242). Erzwingg des Umggs gem FGG 33 (Anm 4c). Zum Ausschl des BesuchsR **trotz Umgangsbereitschaft** des Ki AG Ibg FamRZ **88**, 537.

c) Die **Anordnungen,** die jederzeit abänderl sind, auch dch ein anderes, inzw zust gewordenes FamG (vgl KG JW **29**, 1752), müssen vollst, vollziehb u vollstreckb sein (Anm 4), insb müssen sie genaue u erschöpfe Anweisgn über Zeit, Ort, Häufigk, Abholg, ggf Überwachg des Kindes (Anm 3a) enthalten (KG DFG **37**, 66). Die **Ausschließung** des pers Umgangs erfolgt für dauernd od für eine kalendermäß genau best Zeit. Die Entsch muß klarstellen, ob ein zeitl begrenzter od ein dauernder Ausschl beabsichtigt ist (KG FamRZ **85**, 639). Ist die Ausschl erfdl, genügt die bl Zurückweisg des RegelgsAntr nicht (KG FamRZ **80**, 399). Die Ausschließg der UmggsBefugn enthält kein korrespondierendes Verbot den Ki ggü (Schlesw SchlHA **84**, 173). Mit der Ausführg der AOen kann auch das JA betraut w (JWG 48). Die Regelg dch das FamG wirkt auch ggü **Dritten, II 1,** so daß bei Verstößen dagg, etwa wenn ausgeschloss Personen an dem Umgg teiln, gegen den UmggsBerecht, sond auch ggü den Dr selbst unmittelb mit ZwMaßn gem FGG 33 vorgegangen w kann (BT-Drucks 8/2788 S 55).

4) Verfahrensrecht: Einf 4 vor § 1626. **a)** Verf über UmgangsR ist FGG-Sache (ZPO 621 a I Z 2). Einl auf Antr od **von Amts wegen** (Hamm FamRZ **82**, 94). Das FamG darf sich der Umgangsregelg nicht entziehen (KG FamRZ **85**, 639; aA Hbg FamRZ **88**, 1316). Zur AO u Durchsetzg ggü **Dritten** Anm 2b u 3c. Ausschließl **zuständig** ist das FamG (ZPO 621 I Z 2), auch im Verhältn zu den PflegeElt (LG Ffm FamRZ **86**, 1036) od wenn das SorgeR gem § 1666 entzogen ist (BGH NJW **81**, 2067; **84**, 2824). Auch für Maßn gem FGG 33 (BGH NJW **78**, 1112); nicht dagg iRv § 1711 (Th/P ZPO 621 Anm 2b). Es entsch der Ri (RPflG 14 Z 16). Zur **Anhörung** Einf 4b vor § 1626. **b) Wirksamkeit** der UmggsRegelg mit Bekanntmachg (FGG 16). **Ausführung** von AO gem II 1 dch das JA (JWG 48c). Die **Durchsetzung** einer UmggsRegelg kann von dem Part nicht aus Grden abgelehnt werden, die gg den Fortbestand der Regelg sprechen könnten (Ffm FamRZ **79**, 75). Auch kein automat Wegfall der UmggsBerechtigg, sond vielm sogar noch Zwangsgeld mögl, wenn das Ki die Besuche nicht mehr will (Celle FamRZ **87**, 623). Es bleibt in solchen Fällen nur Beschw od § 1696. Keine Erzwingg dch das BeschwG (BayObLG FamRZ **68**, 663) od im ProzWege. Zur Durchsetzg des Umggs ggf auch **Pflegerbestellung** (Bambg FamRZ **85**, 1175) mit entspr Einschrkg des AufenthBestR des Sorgeberecht (AG Rosenheim DAV **87**, 144). Zur ZwVollstr Anm c.

c) **Vollstreckung** der UmggsRegelg erfolgt in einem selbstd Verf, nicht gem ZPO 888, 890, sond gem § 33 FGG dch Androhg von ZwGeld (Diederichsen NJW **86**, 1466). Das gilt auch für die einstw AO nach ZPO 620ff (Soergel/Strätz 37; aA Zweibr FamRZ **80**, 620 wg Dr (BT-Drucks 8/2788 S 55). Zustdgk: FGG 36, 43 I (BGH FamRZ **86**, 789). Als VollstrGrdLage kommt ein zw den Elt iRv ZPO 794 I Z 1 geschl vollstreckb **Vergleich** erst in Betr, wenn das Ger die Einigg billigt u sie erkennb zum Inhalt der eig Entsch gemacht hat (Zweibr FamRZ **82**, 429; Düss FamRZ **83**, 90), was auch im AndrohgsBeschl erfolgen kann (Stgt FamRZ **79**, 342; Hamm FamRZ **80**, 932). Jeder Festsetzg muß eine bes **Androhung von Zwangsgeld** vorausgehen (FGG 33 III 1). Das kann in einem bes Beschl geschehen od dch Verbindg der Androhg mit der AO selbst. Denn es wird dafür kein Verschulden (Karlsr FamRZ **88**, 1196) u überh nicht vorausgesetzt, daß bereits eine ZuwiderHdlg stattgefunden hat od zu besorgen ist (Stgt FamRZ **79**, 342). Unzul ist die Androhg für den Fall künft ZuwiderHdlgen (Ffm FamRZ **80**, 933). Die Androhg muß vielm wg des für die Festsetzg erfdl Versch (Düss FamRZ **78**, 619) im Tenor eindeut Ge- od Verbote enth, also **konkrete Verpflichtungen** zum Tun od Unterl (Zweibr FamRZ **84**, 508), ferner über Art, Ort u Zeit des Umggs (BayObLG FamRZ **71**, 184), währd das ausdrückl Gebot, das Ki zur Abholg bereitzuhalten u es an den EltT herauszugeben, fehlen kann (KG FamRZ **77**, 405). Das angedrohte ZwGeld muß betragsmäß wenigstens umrissen sein, zB „bis zu 1000 DM" (BGH FamRZ **73**, 622). Die Festsetzg des ZwGelds setzt eine schuldh ZuwiderHdlg voraus (BayObLG **74**, 351). Als Beugemittel scheidet die ZwGeldFestsetzg aus, wenn der EltT von der AO von sich aus nichtmehr od sol das UmggsR ausgeschl ist (Ffm FamRZ **83**, 217). Gg Entsch iR der ZwVollstr **einfache Beschwerde** (BGH NJW **79**, 820 Androhg; Bambg FamRZ **79**, 859 Festsetzg; umstr); aber keine weitere Beschw (BGH NJW **79**, 820). Mögl ist im BeschwVerf wg ZwGeldFestsetzg die Aufhebg u Zurückverweis zur Überprüfg der UmggsRegelg selbst (Karlsr FamRZ **81**, 203).

d) Im übr findet gg die Besuchsregelg des FamG die **befristete Beschwerde** statt, iR des VerbundVerf wie bei isolierten Anf (ZPO 621e I u III 2, 629a II). Zur Beschw gg ZwVollstrMaßn Anm c. Da für die

§§ 1634–1638

endgült Regelg das KiWohl entsch ist, kein Verbot der reformatio in peius des BeschwFührers (KG FamRZ **68**, 664; MüKo/Hinz 46). **Weitere Beschwerde** wg UmggsRegelg, wenn das OLG sie zugel hat sowie bei Verwerfg der Beschw als unzul (ZPO 621e II, 546 I).

e) Vorläufige und einstweilige Anordnungen: Einf 4a vor § 1626. Jederzeitige AbändMöglk (FGG 18; § 1696; ZPO 620b); dagg bei letzteren gem ZPO 620c keine BeschwMöglk (Hbg FamRZ **87**, 497). Das RegelsBegehren kann aber direkt nach § 1634 u unabhäng von dem ScheidsVerf dchgesetzt werden (BGH NJW **80**, 454; Einf 4c vor § 1564). Diese Entsch ist dann nach FGG 19 beschw-fäh (BGH NJW **79**, 39; Soergel/Strätz 35). Unzul eine vorl UmggsAO, wenn nur Verf gem § 1696 anhäng ist (Zweibr FamRZ **89**, 1108).

5) Bei den **wirtschaftlichen Folgen** des Umggs ist zweierlei zu unterscheiden: **a)** Die **Kosten des Umgangs** (Fahrtkosten, Verpflegg) fallen regelm dem UmggsBerecht zur Last (LG Bln FamRZ **72**, 217) u führen auch nicht zu einer Minderg der Leistgsfähigk der Verpfl (Ffm FamRZ **87**, 1033). Ggü dem UnterhAnspr des geschiedenen Eheg sind die UmggsKost absetzb (Ffm FamRZ **84**, 178). – **b)** Dagg berechtigt die Ausübg des UmggsR nicht zu einer **Kürzung des Kindesunterhalts**, weil die dch die Besuche beim UmggsBerecht gemachten Erspam bereits in der Düss Tab berücks s (Karlsr FamRZ **82**, 1111). Also keine Kürzg bei FerienAufenth iR des BesuchsR (BGH NJW **84**, 2826). Keine Ändg des UnterhTitels (KG FamRZ **79**, 327). Bleibt das Ki allerd längere Zt außerh des BesuchsR beim nichtsorgerecht EltT (zB rd 1/3 des J), dann allerd entspr Kürzg des KiUnterh (Hbg DAV **83**, 666). Dem sorgerecht EltT bleibt auch dann zur Tragg der fixen Kost mind 1/3 des KiUnterh (vgl Karlsr FamRZ **79**, 327).

1635–1637 (aufgehoben durch § 84 EheG 1938, bestätigt durch § 78 EheG 1946)

1638 Beschränkung der Vermögenssorge.

I Die Vermögenssorge erstreckt sich nicht auf das Vermögen, welches das Kind von Todes wegen erwirbt oder welches ihm unter Lebenden unentgeltlich zugewendet wird, wenn der Erblasser durch letztwillige Verfügung, der Zuwendende bei der Zuwendung bestimmt hat, daß die Eltern das Vermögen nicht verwalten sollen.

II Was das Kind auf Grund eines zu einem solchen Vermögen gehörenden Rechtes oder als Ersatz für die Zerstörung, Beschädigung oder Entziehung eines zu dem Vermögen gehörenden Gegenstandes oder durch ein Rechtsgeschäft erwirbt, das sich auf das Vermögen bezieht, können die Eltern gleichfalls nicht verwalten.

III Ist durch letztwillige Verfügung oder bei der Zuwendung bestimmt, daß ein Elternteil das Vermögen nicht verwalten soll, so verwaltet es der andere Elternteil. Insoweit vertritt dieser das Kind.

1) Vermögenssorge (§ 1626 Anm 4b) umfaßt Verwaltg (§ 1638 I) u Vertretg (§ 1629 I 1), die grdsätzl beiden Elt gemeins obliegt; Entziehg od Ausschluß der Vertretg allein ist mögl u berührt VermSorge, dh die Verwaltg, als solche nicht (RG **144**, 251); vgl iü § 1629 Anm 3 u 4. Die VermSorge ermächtigt zu Inbesitznahme, Erhaltg, Vfg, Eingeh von Verpflichtgen, Erwerb (§ 1642 I), Prozeßführg. VermSorge kein SachenR, daher nicht eintragb (KGJ **49**, 211). VermSorgeHdlgen dienen der Erhaltg u Mehrg des Verm. **Eltern** können **frei verfügen**, soweit sie nicht gesetzl, zB § 1643, beschr sind (RG **108**, 365; Siber JhJ **67**, 122). Grdsätzl unterliegt das gesamte KindesVerm, jedoch nicht das **verwaltungsfreie, I**, der elterl Verw. Unverzichtb, da auch Pflicht (§ 1620 Anm 3), u nur der Ausübg nach übertragb. Elt od einer von ihnen ist Besitzmittler des Kindes, aber nicht hins des verwaltungsfreien Vermögens (Dresden LZ **22**, 420). Zur Erlangg von **Steuervorteilen** muß KapitalVerm so übert w, daß die Elt zB die auf den Namen der Kinder eingerichteten Sparkonten wie deren Verm verwalten (BFH NJW **77**, 695 u 864). Zum **Übergangsrecht** 41. Aufl Anm 4.

2) Ausschließung der Verwaltung, I (Lit: Merkel MDR **64**, 113). **a) Voraussetzungen:** Die Ausschließg muß in letztw Vfg od bei Zuwendg forml erfolgen (vgl § 1418 Anm 2b); desh auch nicht ausdrücklich erfdl, sond zB dch Bitte um Pflegerbestellg dch den Zuwendenden, aber nicht in der bl Ausschließg von der Nutznießg des von dem Ki von Todes wg erworbenen Verm (LG Dortm NJW **59**, 2264). Bedingte Ausschließg mögl (KG FamRZ **62**, 432). Ausschließg auch hins PflichtteilsAnspr (Hamm MDR **69**, 1011). Prakt Ausschließg der elterl Verwaltg (aber nur in den Grenzen der §§ 2205, 2211) auch dch Einsetzg eines **Testamentsvollstreckers**. Ist gleichzeitig elterl VerwaltgsR entzogen, Antr auf Entlassg des TV (§ 2227) nur dch Pfleger (Ffm DNotZ **65**, 482 mAv Baur), der das bish Verf aber gen kann (BGH NJW **89**, 984). **b) Folgen:** Ausschließg der Ausübg der Verw ist nicht als Eingr in die Substanz des EltR, sond als Beschrkg des übertragenen Verm dch den Dr zu werten (Beitzke FamRZ **58**, 9). Soweit nicht III eingreift, **Pflegerbestellung** für das von Anfang an verw-freie Verm (RG Recht **09** Nr 1237) erfdl (§ 1909 I 2); aber nicht zul zur dauerden Überwachg der elterl Verw. Bei Ausschl des überlebden EltT von der Verw des ererbten KiVerm stets ErgänzgsPflegsch (BayObLG DAV **89**, 703). Zuwendender hat PflegerbestimmgsR (§ 1917), nicht die Elt, die auch kein BeschwR gg die Auswahl haben (umstr). Dagg können die Elt die Erbsch annehmen od ausschlagen, da dies keine VerwAkte sind (Karlsr FamRZ **65**, 573; Gernhuber § 51 I 3 mN; aM RGRK/Scheffler 7). Die Ausschließg der Verw betr auch **Surrogate** uä, **II** (vgl § 1418 Anm 2c), insb auch die Einkfte, die nur bestimmgsgem verwendet werden dürfen, so daß regelm auch Verwendg nach § 1649 II entfällt.

3) Ist **ein Elternteil ausgeschlossen**, verwaltet der and EltT allein, **III 1**. Er vertritt insof auch das Ki, **III 2**. Ausschließg auch dch einen EltT dem and EltT ggü (RG **80**, 217 Ausstattg).

4) Ersatzstücke, II. Vgl dazu § 1418 Anm 3c.

Verwandtschaft. 5. Titel: Eltern und eheliche Kinder §§ 1639, 1640

1639 *Beschränkung der Verwaltung durch Bestimmung Dritter.* ¹Was das Kind von Todes wegen erwirbt oder was ihm unter Lebenden unentgeltlich zugewendet wird, haben die Eltern nach den Anordnungen zu verwalten, die durch letztwillige Verfügung oder bei der Zuwendung getroffen worden sind. Kommen die Eltern den Anordnungen nicht nach, so hat das Vormundschaftsgericht die erforderlichen Maßregeln zu treffen.

ᴵᴵ Die Eltern dürfen von den Anordnungen insoweit abweichen, als es nach § 1803 Abs. 2, 3 einem Vormunde gestattet ist.

1) Beschränkung, keine Entziehg, daher keine Pflegerbestellg (BayObLG Rpfleger 82, 180: Ausschl v der „Nutznießg"). Vgl iü Anm zu § 1803. Zustdgk des VormschG FGG 43, 36. Es entsch der RPfleger (RPflG 3 I 2a).

1640 *Pflicht zur Anfertigung eines Vermögensverzeichnisses.* ¹Die Eltern haben das ihrer Verwaltung unterliegende Vermögen, welches das Kind von Todes wegen erwirbt, zu verzeichnen, das Verzeichnis mit der Versicherung der Richtigkeit und Vollständigkeit zu versehen und dem Vormundschaftsgericht einzureichen. Gleiches gilt für Vermögen, welches das Kind sonst anläßlich eines Sterbefalles erwirbt, sowie für Abfindungen, die anstelle von Unterhalt gewährt werden, und unentgeltliche Zuwendungen. Bei Haushaltsgegenständen genügt die Angabe des Gesamtwertes.

ᴵᴵ Absatz 1 gilt nicht,
1. wenn der Wert eines Vermögenserwerbes 10000 Deutsche Mark nicht übersteigt oder
2. soweit der Erblasser durch letztwillige Verfügung oder der Zuwendende bei der Zuwendung eine abweichende Anordnung getroffen hat.

ᴵᴵᴵ Reichen die Eltern entgegen Absatz 1, 2 ein Verzeichnis nicht ein oder ist das eingereichte Verzeichnis ungenügend, so kann das Vormundschaftsgericht anordnen, daß das Verzeichnis durch eine zuständige Behörde oder einen zuständigen Beamten oder Notar aufgenommen wird.

ᴵⱽ Verspricht eine Anordnung nach Absatz 3 keinen Erfolg, so kann das Vormundschaftsgericht dem Elternteil, der die ihm gemäß Absatz 1, 2 obliegenden Verpflichtungen nicht erfüllt hat, die Vermögenssorge entziehen.

1) Die amtl Begrdg sieht die Verpfl der Elt zur Verzeichng des KindesVerm iFv §§ 1667, 1682, 1683 aF als zu eng u anderers die Verpfl unabh von dem VermUmfg als zu weit an (BT-Drucks 7/2060 S 26). Infolgd wurde eine **allgemeine Inventarisierungspflichtung** für sämtl VermErwVorgänge v Todes wg od aGrd unentgeltl Zuwendgen angeordnet, I, diese aber auf Verm ab einem Wert v 10000 DM begrenzt bzw der Ausschlußmöglichk vS des Zuwendden unterworfen, II. Bei Unbotmäßigk der Elt kann das VormschG die Aufn des VermVerzeichn iW amtl Hilfe erstellen lassen, III, andernf dem unbotmäß EltT die VermSorge entziehen, IV. Ein EltT soll sich insb nach dem Tode des andern EltT klarmachen, welche Rechte ihm ggü dem vorhandenen Verm zustehen u zG der Kinder das aufzeichnen, was ihnen zukommt (RG 80, 65). **Bedeutung** des Inventar: BewMittel für Zugehörigk zum KindesVerm u elterl Verm; bei Wiederverheiratg des EltT für AuseinandSetzgsZeugn gem EheG 9, § 1683. Die Pfl zur Aufstellg des VermVerzeichn ist abgesehen v II **zwingend.**

2) Entstehung der Verpflichtung, I. Die Verpfl der Elt bzw des einz EltT zur Anfertigg eines VermVerzeichn besteht nur unter best Voraussetzgen, einer bes Aufforderg dch das VormschG bedarf es indessen nicht. **a)** Die InventarisiergsPfl gilt für Verm, welches das Kind **von Todes wegen** erwirbt, also als gesetzl, testamentar bzw Vertragserbe od aGrd eines Vermächtn od Pflichtteils (vgl §§ 1922, 1924ff, 1937, 1939, 2274ff, 2303ff). Gleiches gilt nach I 2 für Verm, welches das Kind sonst **anläßlich eines Sterbefalles** erwirbt, also zB in Erfüllg einer vom Dritten in gemachten Auflage (§ 1940), ferner Renten- od SchadErs-Anspr sowie Leistgn aus einer LebensVers (BT-Drucks 7/2060 S 26). Dass gilt schließl für Erwerb aus **unentgeltlichen Zuwendungen,** bes Schenkgen (§§ 516ff) od **Abfindungen,** die an Stelle v Unterh (vgl §§ 1615e, 1585c usw) gewährt w (BT-Drucks 7/2060 S 26). – **b)** Den Elt muß ferner die VermSorge zustehen (KG JFG 11, 50), so daß die InventarisiergsPfl nicht besteht iFv IV sowie der §§ 1667, 1670, 1683 IV (KG JFG 11, 50); sonst § 1698. – **c)** Negative Vorauss für die VerzeichnVerpfl ist, daß der Wert eines VermErw **10000 DM nicht übersteigt** od daß der Erbl od Zuwendde den Elt des begünstigten Kindes die **Inventarisierungspflicht erlassen** hat, II. Entscheid ist der jew VermErwerb, nicht das GesamtVerm des Kindes, so daß auch bei zwei Einzelzuwendgen verschiedener Pers von je 10000 DM keine InventarisiergsPfl besteht od wenn Erbl dem Kind mit Befreiungsklausel zG der Elt weniger od mehr als 10000 DM vTw zuwendet u das Kind v anderer Seite einen Betrag erhält, der seiners unter 10000 DM bleibt.

3) Inhalt der Inventarisierungspflicht, I. Die Elt haben das ihrer Verwaltg unterliegde AktivVerm (RG 149, 172), das von dem Kind gem Anm 2a erworben w ist, aber auch nur dieses, den einzelnen Ggsten nach (Grdste, Aktien usw) zu **verzeichnen,** wobei **Haushaltsgegenstände** mit dem Gesamtwert angegeben w dürfen, I 2. Sie haben dieses Verzeichn mit der **Versicherung** der Richtigk u Vollständigk zu versehen u dem VormschG **einzureichen.** Bei ErbenGemsch zw EltT u Kind od wenn EltT Vor-, das Kind Nacherbe ist, muß der ganze Nachl angegeben w; bei PflichttAnspr dch das Kind gegen die Erbe, bei Forderqen der Schu, SchuldGrd u Höhe (RG 80, 65; zur Berechng des Pflichtt kein Pfleger notw (Hamm FamRZ 69, 661), wohl aber uU für dessen Geltdmach (§ 1629 Anm 6). Bei Fortsetzg der GütGemsch (BayObLG JFG 1, 57) od Vermögenslosigk zB inf Überschuldg des Nachl genügt deren Anzeige. TestVollstr des gem § 1640 verpflichteten EltT befreit ihn nicht (KG JFG 11, 52). Die Kosten trägt der EltT. Private Form genügt; vgl aber III. Auch zu Prot des VormschG mögl.

1667

§§ 1640–1642 4. Buch. 2. Abschnitt. *Diederichsen*

4) Die InvPfl der Elt entsteht aGrd des VermAnfalls. Das VormschG erfährt jedenf iF eines Erwerbs v Todes wg dch Mitteilg des NachlaßGer davon (FGG 50 II); vom Tod eines EltT erhält es Mitteilg dch das StA (FGG 48). Bei **Verstoß gegen die Verzeichnispflicht,** der auch in einem nach Anm 3 ungenügden Inventar liegen kann, ist ZwGeld nach FGG 33 zuläss, aber keine Offenbgversicher, iü **öffentliches Inventar, III,** soweit VerzeichnPfl nicht ohneh gem II ausgeschl. Regelm dch Notar (BNotO 20 I) aufzunehmen; vgl iü § 1035 Anm 1, § 129 Anm 1, KostO 94 I Z 3. Ann ungenügden Verzeichn nur bei ernstl Bedenken gg die Richtigk des Verzeichn. Bei Gefährdg des KindesVerm ist n FGG 12 zu ermitteln od Pfleger zu bestellen bzw nach §§ 1667, 1909 einzuschreiten (RG 80, 65). Verspricht eine AnO nach III keinen Erfolg, etwa weil die VermVerhältn vollst dcheinand sind u der EltT auch nicht die Absicht zeigt, sie zu ordnen, so kann das VormschG dem betr EltT die **Vermögenssorge entziehen, IV.** Dch das Erfordern mangelnder Erfolgsaussicht soll sichergestellt w, daß das Ger auch prüft, ob Aussicht besteht, ein ausreichdes VermVerzeichnis mit den Mitteln des III herbeizuführen, ehe es als letztes Mittel in das R der elterl VermSorge eingreift (BT-Drucks 8/2788 S 56). Verschulden der Elt weder für III noch für IV erfdl. Gg die Ablehng od Aufhebg der Entziehg der VermSorge eig **Beschwerderecht** der Angehörigen des Kindes (FGG 57 I Z 8).

1641 **Schenkungsverbot.** Die Eltern können nicht in Vertretung des Kindes Schenkungen machen. Ausgenommen sind Schenkungen, durch die einer sittlichen Pflicht oder einer auf den Anstand zu nehmenden Rücksicht entsprochen wird.

1) **Schenkungen** (§§ 516, 1804) aus KiVerm, uU auch Rangrücktritt (KG DNotZ **27**, 530; Celle OLG **8**, 75), können Elt nicht vornehmen, auch nicht solche des Ki genehmigen (Stgt FamRZ **69**, 39); ausgenommen Anstandsschenkgen (§§ 534 Anm 2, 3; 1804 Anm 2). Verstoß bewirkt Unwirksamk (§ 134); also auch keine Gen durch vollj Gewordenen, sond nur Neuvornahme (vgl auch KG JFG **13**, 187: vormschgerichtl Gen bei aus BilligkGrden gebotener Schenkg im Interesse des FamFriedens). RGesch bleibt gültig, wenn keine eigentl Schenkg. Nachweis, daß keine Schenkg, bedarf nicht der Form des GBO 29 (KG JW **37**, 2597). Schenkg im Namen der Elt od eines von ihnen widerrechtl (§§ 523, 816 I 2, 1664, aber § 932). Schenkg an Ki §§ 1638, 1639.

1642 **Anlegung von Geld.** Die Eltern haben das ihrer Verwaltung unterliegende Geld des Kindes nach den Grundsätzen einer wirtschaftlichen Vermögensverwaltung anzulegen, soweit es nicht zur Bestreitung von Ausgaben bereitzuhalten ist.

Schrifttum: Christian ZBlJugR **81**, 287.

1) Die aF verpflichtete die Elt, Bargeld des Kindes mündelsicher (§§ 1807, 1808) u zinstrag anzulegen, I aF, das VormschG konnte aber eine and Anleggsform gestatten, II aF. Diese Regelg erschien wg des begrenzten Katalogs mündelsicherer Anlagen als zu starr, die Einschaltg des VormschG als zu umständl u nicht folgerichtig dchgehalten. Aus diesem Grd räumt die Neufassg den Elt eine freiere Stellg bei der **Anlegung von Geld des Kindes** ein, wobei einer Schädigg von dessen VermInteressen dch §§ 1664 u 1667 hinreichd vorgebeugt sein soll (BT-Drucks 7/2060 S 27).

2) Die Grdsätze einer **wirtschaftlichen Vermögensverwaltung** sind betriebswirtschaftl, ohne daß dies der GesGeb bemerkt hätte, nicht leicht festzustellen (vgl Zimmerer Hrsg, Handb der VermAnlage, 4. Aufl Ffm 1969; Budde ua, WirtschPrüferHandb, Düss 1977). Bei Zimmerer aaO werden allein 13 verschiedene Formen unterschieden (SparKto, Bauspar-Vertr, festverzinsl Wertpapiere, insb Pfandbriefe u Kommunalobligationen, Investment, Immobilien-Investm-Anteile, Aktien, SchuldscheinDarl, Gold, LebensVers, Renten, Unternehmensbeteiligg, Kunstwerke, Briefmarken), wozu noch die versch örtl Besonderh treten: VermAnlagen in West-Bln, in der Schweiz, in Steueroasen od in überseeischen Wachstumswerten. Die fragl Grdse werden aber ijF eingehalten, wenn die Elt den Erfordern von § 1642 aF genügen (vgl dazu 38. Aufl). Danach galt folgds: Die Vorschr verpfl die Elt, Bargeld, dh Metall- u Papiergeld, oRücks auf Herkft, so auch UnterhÜberschüsse aus Impfschadenrente (Hamm FamRZ **74**, 31), mündelsicher (§§ 1807, 1808 sowie VO v 7. 5. 40, RGBl 756) u zinstrag anzulegen. Dagg keine Pfl, unsichere Werte in mündelsichere umzuwandeln, zB Wertpapiere, GeldFdgen (KG JFG **8**, 54; aA Erm-Ronke 1); ggfjedoch Prüfg iRv § 1643 u Einschreiten des VormschG gem § 1667. Dann ausnahmsw auch Sperrvermerk hins Sparbuch (KG DFG **37**, 12; Ffm FamRZ **63**, 453), währd sonst Unzulässigk aus der Unanwendbark der §§ 1809, 1810, 1814 folgte. Sammeldepot zul (VO v 29. 9. 39, RGBl 1985); aber keine Lombardierg v Wertpapieren (RG Warn **41**, 2). Bei Gesamthand war wg der sonst eintretden DrittBindg nicht in der Quote des Kindes entspr Teil, nicht zB das ganze ErbschG anzulegen (Gernhuber 2. Aufl § 54 IV 2 Fn 2; and hM im Anschl an KG OLG **4**, 359). Bei Verstoß Haftg gem § 1664, ferner Kontrolle dch VormschG gem § 1667. AnlagePfl entfällt, soweit Geld zur **Bestreitung von laufenden und außergewöhnlichen Ausgaben,** insb Krankenhaus, Kur uä, bereitzuhalten ist. Wg Unterh vgl § 1649. Mit **Erlaubnis des Vormundschaftsgerichts** war entspr § 1811 auch eine and Anlegg, in Form v GeldFdgen, zB Darl, Aktienankauf, RentVers (KG JFG **17**, 209), unter Aufrechterhaltg der Grdse in §§ 1807, 1808 statth; so wenn ohne wesentl Beeinträchtigg der Sicherh der Anlegg ein höherer Ertrag, Zinsen, Dividenden) zu erzielen (KG JFG **11**, 70), die Verhältn des Einzelfalles od die allg wirtschaftl Verhältn eine anderweit Anlage geboten erscheinen ließen (Saarbr OLGZ **70**, 212). Vgl auch § 1811 Anm 1. Versagg der Gen für die Anlegg des Geldes bei einer am ausländ GrdstMarkt tät KG (Darmst NJW **79**, 274). Der ErlaubnVorbeh bezog sich nicht auf Anlegg in Sachwerten, zB Grdsten, Erwerbsgeschäften (KG JFG **14**, 501); insow war keine Erlaubn erfdl, uU aber was § 1643 I; evtl ErsPfl. Einschreiten des VormschG (§ 1667) dann, wenn dch Art der Anlegg Kindesinteressen gefährdet s (Ffm NJW **53**, 67). Bei Schenkg v Geld, das erst später ausgezahlt w soll, uU nicht Geldschenkg iVm DarlGewähr, sond nicht genehmiggspflicht Fordergsschenkg (Mannh Just **76**, 259). Zustdgk des VormschG für die **auch heute noch** außerh v § 1643 I zuläss u bei riskanten Gesch zur Vermeidg der Haftg empfehlensw ErlaubnErteilg (FGG 43, 36); es entsch RPfleger (RPflG 14 iVm 3 Z 2a). Gebühren KostO 94 I 3.

Verwandtschaft. 5. Titel: Eltern und eheliche Kinder § **1643** 1–4

1643 *Genehmigungspflichtige Rechtsgeschäfte.* ¹Zu Rechtsgeschäften für das Kind bedürfen die Eltern der Genehmigung des Vormundschaftsgerichts in den Fällen, in denen nach § 1821 und nach § 1822 Nr. 1, 3, 5, 8 bis 11 ein Vormund der Genehmigung bedarf.

II Das gleiche gilt für die Ausschlagung einer Erbschaft oder eines Vermächtnisses sowie für den Verzicht auf einen Pflichtteil. Tritt der Anfall an das Kind erst infolge der Ausschlagung eines Elternteils ein, der das Kind allein oder gemeinsam mit dem anderen Elternteil vertritt, so ist die Genehmigung nur erforderlich, wenn dieser neben dem Kinde berufen war.

III Die Vorschriften der §§ 1825, 1828 bis 1831 sind entsprechend anzuwenden.

1) Die VermVerw der Elt (§ 1626 Anm 4b) ist hins gewisser außergewöhnl Geschäfte im KiInteresse drch gerichtl GenPfl beschr, ohne Rücks darauf, ob die Elt sie vornehmen od mit ihrer Einwilligg das Kind. Sie sind aber freier gestellt als der Vormd. So scheiden von den im § 1822 angeführten Fällen aus: die Nr 2, 4, 6–7, 12, 13, dh erbschaftl Erklärgen (dafür § 1643 II), Pacht-, Lehr- u Dienstverträge, Vergleiche (soweit nicht ihrem Ggstd nach genehmiggspfl, RG **133**, 259), Mindergg von Sicherheiten; vgl aber § 1642. Über Fdgen des Ki können die Elt frei verfügen, insb sie einziehen (§ 1643 mit § 1812). Jedoch findet, der § 1821 II in § 1822 Nr 10 seine selbstverständl Beschrkg (RG **76**, 93); sa §§ 1644, 1645. Ein neben den Elt bestellter Pfleger untersteht ausschließl VormschR, § 1915. Wg eines Beistandes §§ 1685, 1687. Zur Prozeßführg Gen nicht erforderl (§ 1821 Vorbem 1b); auch nicht, wenn gg Mj vollstreckt w (BayObLG MDR **53**, 561). – Wg der Erforderlichk der vormgerichtl Gen bei Geschäften der PersSorge § 1629 Anm 1 aE.

2) **Genehmigungspflichtig. a) Verfügungen über Grundstücke und Grundstücksrechte** od Verpflichtg dazu, jedoch mit Ausn von Hyp-, Grd-, Eigtümergrundschulden, also auch nicht deren Löschg (SchlHOLG SchlHA **63**, 273), § 1821 Nr 1–4, II; also Veräußerg und Belastg vorhandenen Grdbesitzes u der ihm gleichgestellten Anspr, also auch Rückgängigmachg des GrdstKaufvertrages (RG Warn **26**, Nr 70). Bei GrdstErwerb gilt nunmehr auch gem SorgRG Art 1 Z 14 § 1821 Nr 5 zL der Elt (and noch RG **108**, 364; amtl Begrdg BT-Drucks 7/2060 S 27). Da Eltern GrdstKaufVertr nicht mehr schuldrechtl frei ausgestalten können, bedürfen sie auch der Gen zur – gleichzeitig mit GrdstErwerb erfolgenden – Belastg des gekauften Grdstücks mit RestkaufgeldHyp (and noch Stade MDR **76**, 224), Nießbr od HypÜbern auf Kaufpr (and noch RG **110**, 176, BGH **24**, 372); ebso bei gleichzeit Verpflichtg zu wiederkehrden Leistgen, wenn sie länger als 1 Jahr nach Eintritt der Volljährigk des Kindes fortdauern sollen (Kln MDR **65**, 296; sa § 1822 Anm 6). – **b)** Verpfl zur Vfg über Verm od angefallene Erbsch od künft gesetzl Erb-, Pflichtteil in ganzen sowie zur Vfg ü den Anteil an einer Erbsch, § 1822 Z 1. – **c)** Nach II 1 Erbsch- od VermächtnAusschlagg, §§ 1945, 1953, 2180, sa § 1371 III, PflichttVerzicht, AnnAnfechtg, § 1957 I, NacherbschAusschlagg, § 2142. Bei spekulat Entscheiden ist RisikoVergl notw, vgl zur Ausschlagg ererbter DDR-Grdstücke Waldshut Just **74**, 127. SonderVorschr II 2 (Engler FamRZ **72**, 7): Genfrei bei Erbanfall an Kind, wenn Anfall inf Ausschlagg dch einen EltT, Wuppertal MDR **55**, 37, Ffm NJW **62**, 52, ebso bei Ausschlagg einer dem Kinde durch Ausschaltg des Gewalthabers angefallenen Nacherbsch vor deren Eintritt, KGJ **53**, 33, hingg genehmiggsbedürftig, wenn der ausschlagende Elternteil auch vertretgsberechtigt ist u er neben dem Kind berufen war, Hamm NJW **59**, 2215. Also GenPfl, falls vertretgsberechtigter Vater u Kind nebeneinander Erben der Mutter sind u Vater ausschlägt. Genehmigg erforderl, wenn Kind durch Ausschlagg schlechter zG des Ausschlagden gestellt w, Ffm NJW **55**, 446, so auch Staud-Engler 22, Gernhuber § 52 V 3, od die Ausschl für das Kind die Voraussetzg für das gesetzl Erbf des Kindes unter Ausschl des Kindes schafft, Ffm OLGZ **70**, 81. – **d) Erwerbsgeschäft**, § 1822 Nr 3, zB Beitritt zur GmbH, zu einer Genossensch (Hamm FamRZ **66**, 456), zur unentgeltl Aufn v Kindern in eine FamPersGesellsch vgl Brox, Festschr f Bosch 1976 S 75; vgl aber auch § 1822 Anm 10, Umwandlg (UmwandlgG 9, 12, 14); Grdst kein Erwerbs-Gesch, also gen frei vgl § 1645. Keine Gen bei stiller Beteilg unter Risikoausschluß, BGH **LM** Nr 2. Unzulässige Rechtsausüb denkbar, wenn sich inzwischen vollj gewordene Miterben, die sZt von ihrer Mutter vertreten waren, nach vielen Jahren, in denen sie das RGesch als wirks behandelt haben, auf frühere GenBedürftigk berufen, BGH **LM** § 1829 Nr 3. – **e) Miet- oder Pachtvertrag über Volljährigkeit hinaus**, § 1822 Nr 5; Arbeitsleistgen – s Nr 1 – sowie wiederkehrende Leistgen, auch Gehalt JW **29**, 1263. § 139 auch in zeitl Hins anzuwenden, RG **114**, 39. – **f) Gewagte Geschäfte**: Kreditaufnahme, Nr 8, Schuldverschreibg, Nr 9, Prokura, Nr 11, insb **Übernahme einer fremden Verbindlichkeit**, Nr 10, als Bürgsch, Schuldübernahme, Wechselverbindlichk, Sichergsübereign, RG HRR **36** Nr 336, Warn **41**, 2, Gründg einer GmbH (Stgt Just **79**, 19), Eintritt in verpflichtende Verträge, also nicht, wenn, wie bei HypÜbernahme, das Kind nach dem Vertr die Leistg als eigene bewirken soll, RG **133**, 13. – Wegen der Einzelheiten vgl Erläut zu §§ 1821ff.

3) **Genehmigungsfrei.** Rangrücktritt (s aber § 1641 Anm 1), HypVfg (auch **Unterwerfung**, hM), Eintrag einer ZwangsHyp, ZPO 866, für Dritten auf KinderGrdst, Vergl u Erbteil (sofern nicht genehmiggspfl RGesch, zB über Grdstücke, enthaltend), Verpflichtg zum AufwendgsErs oder Mäklerlohn für DarlBeschaffg (BGH **LM** Nr 1), Dienst- u ArbVerträge; § 113 findet in § 1822 Nr 7 seine Ergänzg (RArbGJW **29**, 1263).

4) **Genehmigung, III**, wie §§ 1825, 1828–1831. Maßgebd ist das Kindesinteresse. Keine SchadErsPfl wg Hintertreibg der vormschgerichtl Gen, wenn ges Vertreter dem VormschG Umst offenbart, die zur Versagg der Gen führen (BGH **54**, 71). Gen des schriftl Vertrages deckt mdl Nebenabreden nicht (RG **132**, 78). Gen kann nach § 1825 auch im voraus erteilt u Einzelheiten der Vereinigg können den Beteiligten überlassen w (RG Warn **19 Nr 59**). **Aufgabe**, die mündelsichere Anlage des Verkaufserlöses nachzuweisen, nur iF von § 1667 (Ffm NJW **53**, 67; FamRZ **63**, 453). Zustdgk FGG 43, 36. Richter entsch iFv § 1822 Z 1–3, 12, § 1823 (RPflG 14 Z 9). Änderg der vormschgerichtl Vfg: FGG 55 I, 62. Sachprüfg nur bei offenbarer Nichtigk des ganzen Geschäfts zu versagen (KG JFG **14**, 250). Gebühren: KostO 95 I Z 1. Gen des Vollj ersetzt diej des VormschG (§ 1829 III)

1644 **Überlassung von Vermögen an das Kind.** Die Eltern können Gegenstände, die sie nur mit Genehmigung des Vormundschaftsgerichts veräußern dürfen, dem Kinde nicht ohne diese Genehmigung zur Erfüllung eines von dem Kinde geschlossenen Vertrages oder zu freier Verfügung überlassen.

1) **Verhindert Umgehung** des § 1643 u stellt Tragweite des § 110 (s dort) klar (BayObLG **17**, 128). Verstoß bewirkt Nichtigk. Entspricht § 1824.

1645 **Neues Erwerbsgeschäft.** Die Eltern sollen nicht ohne Genehmigung des Vormundschaftsgerichts ein neues Erwerbsgeschäft im Namen des Kindes beginnen.

1) **Erwerbsgeschäft** erfordert auf selbständigen Erwerb gerichtete Berufstätig (RG **133**, 11); sa §§ 1431, 1823. Genehmigungspflichtig nur Neugründg (auch bei schon erfolgtem Betriebsbeginn), nicht aber Fortsetzg, Erweiterg, Auflösg (anders § 1823) vorhandenen Geschäfts oder später zugefallenen Geschäfts. Empfehlenswert ist die analoge Anwendg v § 1645 bei Fortführg eines vom Mj ererbten HandelsGesch dch die Elt (K Schmidt NJW **85**, 139; aA Damrau NJW **85**, 2236). Da SollVorschr Gründg ohne Gen wirks, Kind Kaufmann (RGSt **45**, 5 betraf anderen Tatbestand). Registerrichter darf aber Nachweis der Gen verlangen (aM KG OLG **1**, 288), da auch er Regelwidrigk verhindern muß, vgl Baumb-Duden HGB 8 Anm 4; auch Prüfg, wer Inhaber, KG RJA **13**, 231. – Einschreiten des VormschG nach §§ 1667 ff (Entziehg, Pflegerbestellg, zumal bei Schiebgen, Senf JW **31**, 2223). Genehmigg kein Ersatz für die etwa nach §§ 1643, 1822 Nr 3 nötige. Zuständigk für Gen FGG 43, 36; es entsch der Richter (RPflG 14 Z 9). Gebühren KostO 95 I Z 2.

1646 **Erwerb mit Mitteln des Kindes; Surrogation.** ¹Erwerben die Eltern mit Mitteln des Kindes bewegliche Sachen, so geht mit dem Erwerb das Eigentum auf das Kind über, es sei denn, daß die Eltern nicht für Rechnung des Kindes erwerben wollen. Dies gilt insbesondere auch von Inhaberpapieren und von Orderpapieren, die mit Blankoindossament versehen sind.

ⁱⁱDie Vorschriften des Absatzes 1 sind entsprechend anzuwenden, wenn die Eltern mit Mitteln des Kindes ein Recht an Sachen der bezeichneten Art oder ein anderes Recht erwerben, zu dessen Übertragung der Abtretungsvertrag genügt.

1) **Inhalt enger als Wortlaut,** (Siber, JhJ **67**, 166, 168), indem bei Erwerb namens (und damit so gut wie immer für Rechng) des Ki dieses Eigt schon nach § 164 erlangt (RG **126**, 115). Bei Handeln im eig Namen u für eig od für Rechng eines Dr werden SorgeRInhaber selbst berechtigt. Eigenerwerb ist ihnen aber, entgg § 164 II, verwehrt, wenn sie zwar im eig Namen, aber mit Mitteln u für Rechng des Ki erwerben; GgBew zul (KG OLG **22**, 158). Nicht für KiRechng, wenn Elt, dh beide, das Erworbene für sich behalten wollen; dann aber Ki Anspr auf Ersatz der aufgewandten Mittel, im Konk des EltT freil nur KonkFdg (KO 61 Z 5), sonst AussondgsR (KO 43). Bei Fdgserwerb sind §§ 412, 406–410) anwendbar (RG HansGZ **34**, B 156). Bei Grdstücken Verpflichtg zur Übertragg auf das Ki, wenn Erwerb für Rechng des Ki gewollt (RG **126**, 117).

1647 entfällt, GleichberG Art 1 Z 22; vgl jetzt § 1670.

1648 **Ersatz von Aufwendungen.** Machen die Eltern bei der Ausübung der Personensorge oder der Vermögenssorge Aufwendungen, die sie den Umständen nach für erforderlich halten dürfen, so können sie von dem Kinde Ersatz verlangen, sofern nicht die Aufwendungen ihnen selbst zur Last fallen.

1) **Jede vermeintlich pflichtmäßige** VerwHdlg (§ 1664, Siber JhJ **67**, 117) jedes EltT in Ausübg (auch nur teilw) zustehenden SorgeR gibt ErsAnspr wg der Auslagen (nicht für Dienste, Zeitverlust), sofern sie nicht als UnterhLeistgen, §§ 1601 ff, den Elt zur Last fallen; wird idR der Fall sein, außer wenn es sich um Auslagen für das KindesVerm handelt, die sonst aus dessen Einkünften beglichen werden, § 1649 I 1. Währd der Verw ErsLeistg an sich selbst nach §§ 1629 II, 1, 181 zul, nach Beendigg Klage erforderl. VormschG nicht zust, BayObLG Recht **16** Nr. 1916. – Da Elt kraft SorgeR, also nicht ohne Auftr handeln, kann ihnen § 685 II nicht entgegengehalten werden, Kipp § 80 VII 6; unrichtig Bundschuh Recht **17**, S. 380. Nur wenn ein EltT kein SorgeR hat, Ersatz nach §§ 677–687, 812. Vgl. auch §§ 1698, 273, 274, 204 S. 2, 205.

1649 **Verwendung der Einkünfte des Kindesvermögens.** ¹Die Einkünfte des Kindesvermögens, die zur ordnungsmäßigen Verwaltung des Vermögens nicht benötigt werden, sind für den Unterhalt des Kindes zu verwenden. Soweit die Vermögenseinkünfte nicht ausreichen, können die Einkünfte verwendet werden, die das Kind durch seine Arbeit oder durch den ihm nach § 112 gestatteten selbständigen Betrieb eines Erwerbsgeschäfts erwirbt.

ⁱⁱDie Eltern können die Einkünfte des Vermögens, die zur ordnungsmäßigen Verwaltung des Vermögens und für den Unterhalt des Kindes nicht benötigt werden, für ihren eigenen Unterhalt und für den Unterhalt der minderjährigen unverheirateten Geschwister des Kindes verwenden, soweit dies unter Berücksichtigung der Vermögens- und Erwerbsverhältnisse der Beteiligten der Billigkeit entspricht. Diese Befugnis erlischt mit der Eheschließung des Kindes.

Schrifttum: Zöllner FamRZ **59**, 393; Derleder/Wosnitza MDR **89**, 408.

1) Zur VermSorge der Elt u entspr VfgsEinschrkgen vgl zunächst § 1626 Anm 4c. Die Nutznießg des Vaters aGrd seiner elterl Sorge, §§ 1649 ff aF, hat GleichberG Art 1 Z 22 als unzeitgem wegfallen lassen. Die Einkünfte aus dem KindesVerm verbleiben also dem Kinde, I; sie unterliegen ledigl der Verwaltg dch die Elt, § 1626 II. Deren Gläub haben iGgs zu früh keinen Zugriff mehr darauf. Um innerh des Fam einen verschiedenen LebZuschnitt zu vermeiden, also daß für das begüterte Kind wesentl mehr aufgewendet w als für seine Elt od Geschw, ermöglicht II eine Verwendg auch für diese. § 1649 bringt die Ertragsquellen (Verm, Arbeit, ErwerbsGesch) u auf der Seite des Verwendungszwecke (ordngsmäß Verw, Unterh des Kindes, der Elt u Geschw) in eine best Ordng. Das Ges folgt dabei dem **Prinzip,** daß das KiVerm grdsl zu erhalten ist u nicht für den Unterh od die Erhöh des LebStandards aufgebraucht w soll, so daß sich die Regelg hier auf die Verwendg der der Verwaltg jedenf eines EltT unterliegenden **Einkünfte** des Kindes beschränkt; vgl ü §§ 1602 II, 1603 II 2. Das VermErhaltsPrinzip gilt auch ifv § 1630 (BayObLG FamRZ **75,** 219).

2) Reihenfolge der Verwendung: a) Aus den Einkünften aus dem KindesVerm, § 1626 Anm 4c bb, sind zunächst die **Ausgaben für eine ordnungsmäßige Verwaltung des Kindesvermögens** zu decken, **I 1,** also alle Kosten, die bei sorgs Wirtsch im Interesse des KindesVerm anfallen, dh Reparaturen, Versicherungen, Steuern, Abgaben u dgl. Gehört z KindesVerm ein ErwerbsGesch od die Beteiligg an einem solchen, § 1431 Anm 2, u hat es mit Verlust gearb, so werden die später erzielten Überschüsse zunächst zur Auffüllg des KapitalKtos bis zur alten Höhe zu verwenden s, Maßfeller DNotZ **57,** 367, aA Zöllner FamRZ **59,** 396. – **b)** Ein verbleibder **Überschuß** aus den KindesVermEinkften ist **für den Unterhalt des Kindes** z verwenden, **I 1,** also zur Abdeckg desj Teils des FamUnterh, § 1360, der auf das Kind entfällt. Die Aufwendgen für das Kind haben sich dort, wo die eig Leistg eines Zuschusses idR allg Zuschnitts, § 1360a I u Anm 1, von den Elt bestimmen, zu halten, wenn es auch natürl ist, daß dieser dadch uU etwas angehoben w. Zur Bemessg bei wohlhabd 13j mietfrei lebden Mädchen (400 DM mtl) vgl. BayObLG FamRZ **75,** 219. Jedenf kann sich das Kind nicht darauf berufen, daß ihm ein and LebZuschn angem sei, § 1610 I; anders evtl, wenn das Kind nicht mehr in der Fam lebt. Soweit Überschuß z Unterh verwendet w, entfällt UnterhAnsp des Kindes gem § 1602. – **c)** Sind Einkünfte aus dem KindesVerm nicht vorh od reichen sie nicht aus, dann können die Elt die **Einkünfte des Kindes aus seiner Arbeit** od einem ihm gestatteten ErwerbsGesch, §§ 112, 113, **für dessen Unterhalt** verwenden, **I 2.** Die Elt dürfen also nicht aus dem Arb des Kindes Erwerbenen seine UnterhKosten bestreiten, die Einkünfte aus dem KindesVerm aber für ihren eig u den Unterh der and Kinder verwenden. Bei Einkünften aus dem KindesVerm, die die Kosten ordnungsmäß Verw übersteigen, verbleibt der ArbVerdienst dem Kind insofern, als der Überschuß aus jenen Einkünften zur Deckg seines Unterh ausreicht; sa § 1602. Analog I 2 sind Renten zu behandeln, also grdsl ebenf f den Unterh des Kindes zu verwenden, vgl Hamm FamRZ **74,** 31. – **d)** Ausnahmsw dürfen **Einkunftsüberschüsse aus dem Kindesvermögen,** u nur aus diesem, statt daß sie gem § 1642 angelegt w, **für den Unterhalt von Eltern u Geschwistern** Verwendg finden, **II 1.** Die Vorschr gilt also v vornh nicht für ArbEinkünfte od Renten, Hamm FamRZ **74,** 31. **aa) Voraussetzungen:** Verwendg z Unterh nur zG der Elt selbst sowie den unverh mj Geschw, voll- od halbbürt, aber nicht v StiefGeschw. Unzul also Zuschuß an die verh Schwester des Kindes, ebso Aufwendgen für die Ausbildg des vollj Bruders. Verwendg zZw des AngehörigenUnterh nur, wenn das der **Billigkeit** entspr, was nach den Verm- u Erwerbsverhältn aller Beteiligten zu beurt ist. Bedürftigt der Elt iSv § 1602 I nicht erforderl, da Kind dann ohnehin unterhpflichtig ist. Sind die Elt aber in guten VermVerhältn, erscheint idR Ansammlg der Überschüsse gem § 1642 angem. Ein Verbrauch f den FamUnterh auch dann unangem, wenn bes Aufwendgen f Gesundh od (auswärt) Ausbildg des Kindes erforderl. – **bb)** II gibt den Elt ledigl die **Befugnis** („können") zu der bezeichneten Verwendg der VermÜberschüsse. Ob sie davon Gebr machen, steht in ihrem freien Erm. Desh keine BedMinderg aS der Elt (Celle FamRZ **87,** 1038). Insb haben die and Geschw keinen Anspr darauf. Befugn endet mit der Volljährigk od mit der Eheschl des Kindes, **II 2.**

3) Bei Beendigg od Ruhen der elterl Sorge, § 1626 Anm 2, brauchen die Elt anläßl der Herausg des KindesVerm über dessen Nutzg nur insow **Rechenschaft** abzulegen, als Grd zur Ann besteht, daß sie gg § 1649 verstoßen haben, § 1698 II. Volle RechenschPfl aber miss der Verwendg des ArbEink des Kindes, LG Krefeld FamRZ **65,** 281. RückFdg der an die Geschw gezahlten Beträge in den Grenzen des § 1649 II ausgeschl, bei Überschreitg BereicherungsAnspr, Donau MDR **57,** 711, wofür jedoch §§ 814 u 818 III zusätzl Schranken s können, vgl Paulick FamRZ **58,** 6; sa Bosch FamRZ **57,** 195, **58,** 292. **Haftung** der Elt uU gem §§ 819, 1664.

1650–1663 entfallen; GleichberG Art 1 Z 22; betrafen bisher die Nutzn des Vaters am KindesVerm, vgl § 1649 Anm 1.

1664 **Haftung der Eltern.** ¹Die Eltern haben bei der Ausübung der elterlichen Sorge dem Kinde gegenüber nur für die Sorgfalt einzustehen, die sie in eigenen Angelegenheiten anzuwenden pflegen.
ᴵᴵSind für einen Schaden beide Eltern verantwortlich, so haften sie als Gesamtschuldner.

1) Vgl zunächst (insbes zur Lit) § 1359. § 1664 hat 2 Funktionen: im Verhältn des Kindes zu seinen Elt gibt die Vorschr eine AnsprGrdl f evtl SchadErsAnspr; daneben bedeutet sie für and (z B delikt) HaftPflNormen eine HaftgsErleichterg zG der Elt, die gem § 277 evtl nur für Vorsatz u grobe Fahrl haften. **Grund:** FamGemsch ist HaftgsGemsch. SorgeRInhaber beweispfl für Grad der Sorgf in eig Angelegenh. HaftgsBeschrkg gilt f das ges Gebiet der elterl Sorge, dh Pers- u VermSorge einschließl Vertretg. Voraus: elt Sorge; jedoch analoge Anwend bei tatsächl Ausübg dch den nicht sorgeberecht EltT, etwa iR des UmggsR (BGH **103,** 345). Jeder EltT haftet nur für eig Verschulden, nicht auch für das des and Teils. Sind beide Elt verantwortl, so GesSchu; Ausgleich gem § 426. Währd Bestehens der Sorge Geltdmachg des Anspr dch Pfleger nicht dch den and EltT (§ 1629 II). Vgl ü §§ 204, 1833. ErsatzAnspr des Kindes schließt Vorgehen

§§ 1664–1666   4. Buch. 2. Abschnitt. *Diederichsen*

gem § 1666 nicht aus. **§ 1664 gilt nicht** (also Haftg auch bei nur einfacher Fahrlk): a) für Schäden aus Verletzg der **Aufsichtspflicht** ggü dem Kinde (Stgt VersR **80**, 952; aA Soergel/Lange 4); *arg*: Schutzzweck der obj zu bestimmden AufsPfl, bei der eigenübl Sorgf überdies ausscheidet (sa RG **53**, 312; **75**, 253; Karlsr VersR **77**, 232). Soweit SorgeRInhaber Ausübg Dritten überläßt, haftet er für diese n § 278; nur soweit er Hdlgen dch and (RA, Arzt) zu veranlassen h, Haftg gem § 1664 für eigensorgfält Auswahl u Überwachg (vgl § 1793 Anm 4). Bei ZusTreffen v BeaufsichtiggsMangel u Drittverschulden Haftg des Dr zus mit dem EltT gem §§ 823, 840, 426 (BGH **73**, 190). Bei NichtHaftg der Elt wg § 1664 bleibt Hftg des Dr unberührt (BGH FamRZ **88**, 810). Ein AufsichtsVerschu beider Elt ist nicht zu summieren (Karlsr Just **79**, 59). b) iR der nicht iZshg mit der elt Sorge stehden delikt Haftg der Elt ggü ihrem Kinde, insb also bei von ihnen verschuldeten **Verkehrsunfällen** entspr § 1359 Anm 1 (Böhmer MDR **65**, 648; Karlsr Just **76**, 511; aA Freibg VersR **66**, 476). c) Für die Haftg aus einem zw Elt u Kind geschl **Vertrag**; es gelten die jew VertrGrdsätze.

1665 entfällt, GleichberG Art 1 Z 22.

1666 **Gefährdung des Kindeswohls.** ᴵWird das körperliche, geistige oder seelische Wohl des Kindes durch mißbräuchliche Ausübung der elterlichen Sorge, durch Vernachlässigung des Kindes, durch unverschuldetes Versagen der Eltern oder durch das Verhalten eines Dritten gefährdet, so hat das Vormundschaftsgericht, wenn die Eltern nicht gewillt oder nicht in der Lage sind, die Gefahr abzuwenden, die zur Abwendung der Gefahr erforderlichen Maßnahmen zu treffen. Das Gericht kann auch Maßnahmen mit Wirkung gegen einen Dritten treffen.

ᴵᴵ Das Gericht kann Erklärungen der Eltern oder eines Elternteils ersetzen.

ᴵᴵᴵ Das Gericht kann einem Elternteil auch die Vermögenssorge entziehen, wenn er das Recht des Kindes auf Gewährung des Unterhalts verletzt hat und für die Zukunft eine Gefährdung des Unterhalts zu besorgen ist.

Schrifttum: Gernhuber FamRZ **73**, 229; Hirsch, Entzug u Beschränkg des elterl Sorgerechts, 1965; Lempp ZblJugR **74**, 124; Mnookin FamRZ **75**, 1; Quambusch RdJB **73**, 364; N. Höhne, Gerichtl Kontrolle elterl FehlEntsch, Diss Ffm 1974; W. Becker, Festschr f Bosch 1976 S 37; Münder RdJB **77**, 358; **88**, 196; Diederichsen FamRZ **78**, 466; Vormbaum RdJB **77**, 373 (Abschaffg des ZüchtiggsR); Quambusch RdJB **78**, 202; Giesen, KiMißhandlg?, Paderb 1979; Zenz, KiMißhdlg u KiRechte, Ffm 1979 (Hinz FamRZ **82**, 855); Happe FamRZ **81**, 635 (RangVerhältn zw FürsErziehg u SorgeREntziehg); Münder RdJB **81**, 82 (KiWohl); Schwerdtner DAVorm **82**, 617 (ebso); Fehnemann ZfJ **84**, 157; Beres ZfJ **84**, 263.

1) Die in der Reformdiskussion außerordtl umstr Best sollte nach dem RegEntw staatl Eingriffe in das elterl ErziehgsR schon bei einer Gefährdg KiWohls u gleichzeitig Unwilligk od Unfähigk der Elt zur Gefahrabwendg zulassen (BT-Drucks 7/2060 S 28). Demggü hält sich die endgült Fassg, um eine Anknüpfg an die bish Rspr zu ermögl (BT-Drucks 8/2788 S 39 u 59), enger an der aF des § 1666 u beschränkt sich darauf, den staatl Eingr auch bei unverschuldetem Erziehgversagen der Elt zuzulassen, den besond EingrTatbestd des ehrl od unsittl Verhaltens der Elt zu beseitigen u denj der KiWohlGefährdg dch das Verhalten eines Dr neu zu schaffen; außerd werden dch Einfügg v § 1666a staatl Eingriffe, die zu einer Trenng des Kindes von seinen Elt bzw zur Entziehg der PersSorge führen, zusätzl Erfordern unterworfen. Entscheidt ist, daß das als ungeschriebenes TatbestdsMerkm der aF nach hM für Maßregeln des VormschG notwend **Verschulden** der Elt an der KiWohlGefährdg nach der Neufassg der Best **nicht mehr erforderlich** ist (BT-Drucks 8/ 2788 S 58). Das Ges sieht dies zwar ausdrückl nur für den Fall des Versagens der Elt vor; aber damit hat das Erfordern einer persönl Vorwerfbark die Funktion als Eingriffsschwelle allg eingebüßt, auch wenn noch etwa im MißbrTatbestd ein Verschulden begriffsnotw vorh sein muß. Staatl Eingriffe sind grdsl **subsidiär**; vor Maßn n § 1666 ist es desh Aufg der Elt, sich **bei Meinungsverschiedenheiten** zu einigen (§ 1627 Anm 1). Zur Behdlg v **Übergangsfällen** BayObLG FamRZ **80**, 1062. **Internationales Privatrecht:** EG 19 II, III, 20. Zur SorgeREinschrkgen bei **Türken** LG Bln FamRZ **83**, 943/1274 mAv John; sa Einf 3 a vor § 1626 sowie § 1666 Anm 4a cc. Das VormschG ist nicht befugt, mit Hilfe v § 1666 die vom FamG u § 1671 getroffene SorgeRRegelg zu änd (LG Bln FamRZ **85**, 965).

2) Die §§ 1666 ff u JWG 55 ff besagen, wann das **staatliche Wächteramt** (GG 6 II 2; vgl dazu Einf 3 a vor § 1626) eingreift, die §§ 1666, 1666a, JWG 62 ff, wann das Kind den Erziehgsberecht entzogen w kann (GG 6 III). § 1666 aF war verfassgskonform (BayObLG FamRZ **78**, 135) u erübrigte RFolgen aus eig GrdRMündigk des Mj; vgl dazu Diederichsen FamRZ **78**, 462 sowie Einf 5 b vor § 1626. Die Neufassg wirft das Probl der **Verfassungswidrigkeit** nur hins der staatl EingrMögkl wg unverschuldeten Versagens der Elt sowie wg KiWohlGefährdg dch Dr auf. Beide Tatbestde lassen sich jedoch verfassgskonform auslegen (Anm 4a cc u dd). – § 1666 betrifft die **subjektive Ungeeignetheit des Sorgerechtsinhabers**, die Sorge für das gefährdete Kind weiterhin auszuüben (KG OLG **12**, 329); bei obj Behinderg: §§ 1673–1675, 1678, 1693. Anwendb auf Vater u Mutter, auch die nehel (§§ 1705, 1707). Gilt in erster Linie bei besteher Ehe. Bei Getrenntleben der Elt, **Ehescheidung** u -aufhebg gelten §§ **1671, 1672** als SonderVorschr: Entziehg der elt Sorge gem § 1666 macht Entscheidg n § 1671 nicht entbehrl (Stgt FamRZ **75**, 591). Bei der Regelg des SorgeR nach der Scheidg bleibt § 1666 außer Betr (KG FamRZ **59**, 256; BayObLG **61**, 264); später sind idR die Ändergsmöglichk aus § 1696 mit ihren leichteren Voraussetzgen gegeben (Schwoerer FamRZ **58**, 91); sa § 1671 Anm 1. Eine vor Eheauflösg gem § 1666 getroffene Maßregel bleibt in Kraft (KG JFG **5**, 59), bis das FamG n § 1671 entscheidet. Auch später sind Einzelanordngen aus § 1666 mögl, wenn eine Änderg der SorgeRZuteilg zu weit ginge (KG JFG **22**, 219; Staud-Göppinger 19, 20). Diese selbst ist aber immer nur iRv §§ 1696, 1671 V zul (Stgt FamRZ **75**, 592). Ggü Anrufg des VormschG wg Meingsverschiedenh iS von § 1628 ist § 1666 die stärkere Vorschr, weil dort Antr erforderl, hier dagg das VormschG vAw einschreitet. Bei einverständl Handeln der Elt gg Kindeswohl also kein Einschreiten des VormschG bis zur Grenze des

1672

§ 1666. – **Voraussetzungen für Maßnahmen des Vormundschaftsgerichts:** Die Vorschr enthält vier Tatbestde, denen sämtl das Merkm der KiWohlGefährdg gemeins ist, ebso wie die mangelnde Gefahrabwendgsbereitsch bzw -fähigk vS der Elt; ui kann die Gefährdg des KiWohl dch mißbräuchl SorgeRAusübg, Kindesvernachlässig, unverschuldetes EltVersagen od dch das Verhalten eines Dr ausgelöst sein. Bloße ZweckmäßigkGrde genügen für einen Eingr des VormsG nicht (BayObLG FamRZ 82, 638). Zum Konfl zw leibl Elt u PflegeElt § 1632 Anm 3. Krit zur Formel vom Kindeswohl aus psycholog u sozialwiss Sicht: Mnookin FamRZ 75, 1. Die EingrTatbestde des § 1666 werden dch verschiedene andere Vorschr ergänzt, so dch § 1632 IV (FamPflege) od dch §§ 1626 II, 1631 II hins des vorgeschriebenen Erziehgsstils. – Wg ErzBeistandsch, FreiwErzHilfe, FürsErz vgl JWG 55ff; sa § 1631 Anm 1. – Solange das KiWohl nicht gefährdet, bleibt TrenngsAnO für ein bei der inhaftierten Mutter lebdes Kind Angelegenh der Vollzugsbehörde (LG Freibg FamRZ 85, 95). – Zur Ersetzg der Einwillig der Elt bei Organspende AG Bln-Schönebg FamRZ 79, 633.

3) Eine **Gefährdung des Kindeswohls** liegt unter Berücks des Milieus, in das das Kind hineingeboren ist (Hamm ZBlJugR 83, 274), vor bei begründeter, gegenwärtiger Besorgn der Gefährdg des körperl, geistigen od seel Kindeswohls (Lempp NJW 63, 1659 u ZBlJR 79, 49; Schwoerer NJW 64, 5); auch kurz zurückliegende od nahe bevorstehde Gefährdg genügd, so daß zB eine Gefährdg inf unsittl Treibens schon bei 3½jährigem Kind mögl ist (BayObLG ZBlJugR 54, 28). Bezgl Gefährdg ist oft das Alter des Kindes bedeuts (KG FamRZ 65, 160) u der Grad seiner geist Entwicklg. VormschG muß bei ungeklärtem Sachverhalt prüfen, ob zunächst einstw AnO (Anm 7) zu erlassen ist. Mißbr des elt SorgeR, Kindesvernachlässigg u Versagen der Elt konkretisieren das **Kindeswohl**, auf das es auch bei Maßn nach § 1666 entscheidnd ankommt. Äußerst krit zu diesem Begr Mnookin FamRZ 75, 1; vgl iü § 1671 Anm 3. Positive Kriterien des KiWohls nennt Becker ZBlJugR 78, 302. Iü aber ist der Begr zu unbestimmt, so daß zu Recht davon abgesehen w ist, Eingriffe in das elterl ErziehgsR allein darauf zu stützen. Es muß immer noch der SorgeRMißbr, die KiVernachlässigg, ein unverschuldetes Versagen der Elt od das Verhalten eines Dr hinzukommen, was alles man viell am besten an der Erziehgsgarantie u ihrer Einschrkg in GG 6 II orientiert u unter dem Begr des elterl Erziehgsunvermögens zusfaßt (Anm 4a) u was seiner zusätzl dch den Mangel einer Gefahrabwendgsbereitsch od -fähigk aS der Elt ergänzt w muß (Anm 4b), ehe das VormschG eingreifen darf. Zum **Schwangerschaftsabbruch** § 1626 Anm 4a aa.

4) Neben der Kindeswohlgefährdg (Anm 3) verlangt ein Eingreifen des VormschG in das elt ErziehgsR noch zweierlei:

a) ein in vierf Form auftretdes **Erziehungsunvermögen der Eltern,** das in seiner prakt wichtigsten Gestalt erscheint als

aa) **Sorgerechtsmißbrauch,** dh das Ausnutzen der elterl Sorge zum Schaden des Kindes. Der Entzug des SorgeR erfolgt hier idR nach dem Rechtsprinzip der **Verwirkung,** die nach Aufhebg des § 1676 dch das SorgeRG jetzt iRv § 1666 zu berücks ist. Im einz stellen SorgeRMißbräuche dar: ersitckende ErziehgsHaltg (sog over-protection) der alleinerziehden Mutter (AG Moers ZfJ 86, 113); Überforderg dch 3 nehel Ki u wiederholte Selbstmordversuche als Folge (BayObLG DAV 85, 335); Selbstmordversuch mit Tötgsversuch am Kinde, der aber bei vollständ Konsolidierg des Verhältn nicht mehr zum SorgeREntzug führen muß (BT-Drucks 8/2788 S 64); körperl **Mißhandlung** des Kindes (Lit: Barth ZBlJR 86, 236), wobei evtl Rechtfertigg nach türk R nicht anerk w (Düss NJW 85, 1291); übermäß **Züchtigung** (§ 1631 Anm 5), zB Mißhandlg eines ½jähr, um ihn zum Essen zu bringen (Ffm FamRZ 80, 284); jahrelange körperl Mißhdlgen (BayObLG FamRZ 84, 928); Schläge gg 1j Tochter (Stgt FamRZ 74, 538, dazu Münder RdJB 75, 21), auch deren Duldg dch den EltT (BayObLG DAV 85, 914) od Dritten; Abhalten v Impfen, pos Weigerg, das Kind operieren od eine Bluttransfusion vornehmen zu lassen (BayObLG FamRZ 76, 43; ggf Anm cc); od Ablehng psychiatr Untersuchg bei Fehlentwicklg eines Jugendl zum Sonderling (KG FamRZ 72, 646), aber nicht, wenn nur die Eigng eines best Arztes in Frage steht (Stgt FamRZ 66, 256); nicht vertretb Einwillig in medizin u wiss Experimente an dem Mj (Eberbach FamRZ 82, 454); Ausbeutg der ArbKraft, Anhalten z Betteln od sonst strafb Hdlgen, zur Unzucht, wobei die StrafFreih nach dem 4. StrRG (Erzieherprivileg) für das Zugänglichmachen pornograph Darstellgen od das Verkuppeln noch nicht Sechzehnjähr (dazu Becker/Ruthe FamRZ 74, 508) Maßn nach § 1666 nicht ausschließt; sex Mißbr des Kindes im Vollrausch (Oldbg FamRZ 79, 851); staatsfeindl Beeinflussg; Abhalten v Besuch der **Schule** (die Pfl dazu endet erst mit Volljk; Zweibr MDR 85, 256), zB dch beharrl Weigerg, die Ki in die Schule zu schicken (BayObLG NJW 84, 928), dch Schulabmeldg (Karlsr FamRZ 74, 661), aber auch sehr häuf Schulversäumn (Stgt DAVorm 80, 141); unnöt schroffer Wechsel in der (religiösen) Erziehg, wodch beim Kind Verwirrg, Gewissensnot, schwere seel Erschütterg hervorgerufen w (BayObLG NJW 63, 590), zB Bruch einer Vereinbg nach RKEG 2 (s Anh zu § 1631; Saarbr DRZ 50, 518); hyster Tobsuchtsanfälle (Lüb FamRZ 55, 270); Ausweig aus dem EltHaus in blinder Wut (KG OLGZ 67, 219) od ohne anderweit Unterbringg (Kln NJW 48, 342); Trenng vom Vater der Mutter, die Namensänderg beantragt, obwohl jenem nichts vorzuwerfen ist (Ffm NJW 55, 1725; Celle FamRZ 61, 33); Trenng v Mutter od Verhinderg des Briefwechsels (KG JFG 12, 93) od des Umgangs (RG 153, 243), mit Geschw (Hamm FamRZ 85, 1078 L), uU auch mit den GroßElt (KG OLGZ 70, 297; BayObLG FamRZ 81, 999); näheres dazu § 1634 Anm 1c; wg mißbräuchl **Umgangsverbote** vgl § 1632 Anm 4; wg unzul Wegnahme des Kindes von **Pflegeeltern** § 1632 Anm 3, bes 3c; mißbilligenswe Einwirkg auf die Willensbildg einer 16j schwangeren Tochter, indem der Vater erklärt, sie mind bis zur Geburt des Kindes aus dem Hause zu werfen (AG Dorsten DAVorm 78, 131); Hineinzwingen in unglückl Ehe (KG StAZ 42, 12) od ungeeign Beruf, aber **kein Sorgerechtsmißbrauch** bei Verweigerg des SchwangerschAbbruchs (AG Celle FamRZ 87, 738/1068/1177 m krit u zust Anm v Vennemann u Geiger; AG Helmstedt ZfJ 87, 85), auch ohne Notlagenindikation (LG Kln FamRZ 87, 207: 17j); od schon desh, weil das Kind aus einer Leihmuttersch stammt (KG NJW 85, 2201); bei Belassg des Ki bei der Pflegemutter, der das JA die PflegeErlaubn verweigert (LG Bln FamRZ 85, 1075); bei Umschulg wg Übersiedlg des Ki zur Großmutter, nachdem sorgeberecht Vater in seiner neuen Ehe Schwierigk dchzustehen h (KG NJW-RR 86,

§ 1666 4, 5   4. Buch. 2. Abschnitt. *Diederichsen*

1328); wenn Vater Tochter entgg ihrem Wunsch v der Schule abgehen u in einen v ihr frei gewählten Berufeintreten läßt (Schlesw SchlHA **57**, 280) od Elt nur das Studium best Fächer (zB Soziologie) wg Verwahrlosgsgefahr verbieten (Kln FamRZ **73**, 265, von unzutr verkürztem Sachverh geht die Krit v Kramer, JZ **74**, 90 aus); weiterhin wohl kaum die Versagg der Mitwirkg an einem verwaltungsgerichtl Verf gg das einem mittelm bis schlechten Schüler erteilte Zeugn, prinzipiell and wohl Hamm FamRZ **74**, 29; ferner nicht ow das Verlangen des gem § 1671 übergangenen EltT, auf den die elterl Sorge gem § 1681 übergegangen ist, das Kind solle zu ihm übersiedeln (Kln FamRZ **72**, 647), bzw die Weigerung der Einwilligg zur Eingeh der Ehe, da hier EheG 3 III gilt. Trunks, Zuhälterei, größere FreihStrafen uä, die n § 1666 aF als ehrl od unsittl Verhalten der Elt zu Eingriffen dch das VormschG ermächtigen, werden idR als SorgeRMißbr od sonst als Versagen iSv Anm cc zu werten sein.

bb) **Vernachlässigung** bzgl Wohnverhältn (BayObLG ZBlJugR **83**, 503), Ernährg (BayObLG FamRZ **88**, 748) od Pflege, insb wenn weitgehde Verwahrlosg droht (Hamm DAV **86**, 804) od Kind dann der öff Fürs od der von Verwandten anheimfällt (Düss FamRZ **64**, 456); Gefahr der Bindgsschwäche bei dem Kind inf verschiedener AufenthWechsel der drogensücht u straffäll nehel Mutter (Bln ZBlJugR **80**, 188); Nichtvorsprechen in der Klinik dch drogensücht Mutter, wenn früh Kind bereits nach 4 Mo verstorben ist (Hanau DAVorm **77**, 513); pass Unterlassen jegl ärztl Behdlg od gebotener Unterbringg in einer Anst; Kleidg, Wohng, zB Duldg des Herumtreibens, mangelnd Beaufsichtigg auch des regelm Schulbesuchs, Duldg ungünst Einflüsse Dritter, auch des and EltT, insb dessen Verstöße gg § 1666, überh Verkümmerg ordtl Lebensführg (KG JFG **14**, 425 Abgrenzg zu II aF, jetzt III); schleppde UnterhZahlg (Düss FamRZ **64**, 456); unvollständ Geburtsanzeige (§ 1616 Anm 3). Ggü dem Vorwurf der Vernachlässig sind allerd auch die Belange des EltT zu berücks, beispielsw lange AbwesenhZten bei einem Binnenschiffer (BayObLG FamRZ **85**, 522).

cc) **Unverschuldetes Versagen der Eltern** (im engeren Sinne, da sich auch die übr Fälle des elterl ErzUnvermögens mit dem Ausdr „Versagen" zutreffd kennzeichnen lassen). Verfassgskonform (BVerfG NJW **82**, 1379; dazu Hinz NJW **83**, 377). **Zweck:** Das zusätzl EingrKriterium soll dem Umst Rechng tragen, daß es auch Fälle gibt, in denen Kindesgefährdgen nicht auf ein Verschulden der Elt zurückzuführen sind (BT-Drucks 8/2788 S 39). Auf das Verschulden soll es in diesen Fällen nicht ankommen; das Fehlen des Verschuldens muß umgek aber auch nicht besonders festgestellt w, um den Eingr des VormschG zu rechtf; der Tatbestd hat Auffangfunktion (Ffm NJW **81**, 2524), erübrigt aber zugl auch die VerschuldensPrüfg (BayObLG FRES **10**, 277). Der Maßst, an dem gemessen das Verhalten der Elt als ein Versagen v ihnen gewertet w muß, kann schon wg der Unbestimmth dieses Begr (Anm 3) nicht das Kindeswohl sein u auch nicht irgendwelche gesellschaftspolit, religiösen od sonst weltanschaul Ideale od Mindeststandards, sond muß iW **verfassungskonformer Auslegung** aus dem grdsätzl Erziehungsprimat der Elt u der Beschrkg staatlicher Ingerenz auf das Wächteramt (GG 6 II 1 u 2) gewonnen w. Desh kommen in diesem Zushg nur solche Fälle in Betr, in denen ein elterl Fehlverhalten ggü dem KiWohl eine gewisse Evidenz aufweist. IdR wird es sich um Fälle handeln, in denen bei Vorliegen der persönl Vorwerfbark ein Mißbrauch des elterl SorgeR gegeben sein würde; das folgt aus der Funktion der Vorschr als AuffangTatbestd. **Beispiele:** Freispr v Vorwurf der KiMißhdlg ledigl aus subj Grden (Ffm NJW **81**, 2524). Duldg der mißbräuchl Ausübg des SorgeR dch den and EltT (LG Bambg DAV **84**, 196). Hebephrenie u Alkoholabhängig der Mutter, die die Einkfte des Kindes nicht bestimmgsgemäß zu dessen Unterh verwendet (BayObLG ZBlJugR **83**, 302). Langjähr Heroinsucht der Mutter (Ffm FamRZ **83**, 530). Gleichgültig, Labilität u AntrArmut aS der nehel Mutter (BayObLG FamRZ **86**, 102). Entziehg des AufenthBestR bei alkoholbedingtenStreitgkten der Elt (BayObLG FRES **10**, 277). Taubstumme Mutter will ihr Kind allein aufziehen; Angehörige einer Sekte verweigern ihrem Kind eine medizin lebensnotw Bluttransfusion; schuldl Verwahrlosg des Kindes (BT-Drucks 8/2788 S 39 u 58f; zum Begr der Verwahrlosg LG Kblz DAVorm **78**, 663). Problemat ist das ZusTreffen westeuropäischer mit and **religiösen** Vorstellgen: etwa die Entziehg des AufenthBestR türkischer Elt, die ihre seit dem 11. LebJ in Dtschl aufwachsende Tochter in der Türkei verheiraten wollen (KG NJW **85**, 68). Vgl auch Anm 1 aE.

dd) **Kindeswohlgefährdung durch das Verhalten eines Dritten. Zweck:** Der stärkere Bezug auf ein Verh der Elt bestimmter nachteiliger Art (Anm aa–cc sowie unten b) machte es erforderl, einen das KiWohl gefährdgen Einfl von dr Seite ausdrückl als eine weitere, das Wächteramt des Staates herausfordernde GefährdgsUrsache festzustellen u zum EingrTatbestd zu machen, schon um dem VormschG Gelegenh zu unmittelb Vorgehen gg den Dr gem I 2 zu geben (BT-Drucks 8/2788 S 39 u 59). IdR wird das VormschG dch entspr **Umgangsverbote** den Einfl des Dr auf das Kind unterbinden, wofür es allerd gem § 1632 III des Antr eines EltT bedarf (§ 1632 Anm 4b). **Beispiele:** Zuhälter, Rauschgiftsüchtige, Terroristen, ansteckende Krankh. Entscheid für diese TatbestdAltern ist aber besonders:

b) **Mangelnde Bereitschaft oder Fähigkeit der Eltern zur Gefahrabwendung** von dem Kind, zB geeign SchutzMaßn gg eine Aids-Infektion (Tiedemann NJW **88**, 735). Die Elt dürfen nicht gewillt od in der Lage sein, die Gefahr abzuwenden. Diese Voraussetzg muß als zusätzl Merkm zur mißbräuchl Ausübg des SorgeR, zur Vernachlässig, zum Versagen od dem Verh des Dr hinzutreten, um den Eingr des VormschG zu rechtfertigen u von diesem auch festgestellt w. Dabei stehen der vom besten Willen getragenen Hilflosigk der Elt deren Unwillen, ihrer fehlden Einsicht od bloß Gleichgültigk völlig gleich. Es spielt keine Rolle, ob sie in der Lage, aber nicht willig, od willig, aber nicht in der Lage sind. Das Merkm dient ausschließl dazu, die Elt ihres Erziehungsvorrangs zur Selbsthilfe zu bewegen. Auf die Motive für die Fortdauer der Gefährdg kommt es desh nicht an. Die Elt sollen ledigl nicht übergangen w (BT-Drucks 8/2788 S 59). Ein Schutz gg extreme Maßn bietet für gutwillige Elt § 1666a. Die KiGefährdg bleibt bestehen, wenn der SorgeRInh das JugA od einen Dr zur Ausübg des elt SorgeR ermächtigt, es sei denn, das JA od der Dr ist damit einverstanden (KG DAVorm **79**, 762).

5) Maßregeln, denen GG 6 II nicht entgstehst (BVerfG NJW **54**, 1761) u in deren Auswahl abgesehen v § 1666a bei **I** grdsätzl keine Beschrkg (KG JFG **14**, 425) besteht, sind gleichw nur anzuordnen, soweit unbedingt erforderl; Ermahng, Entziehg des AufenthBestR, vgl auch § 1671 Anm 1, Ge- u Verbote, zB die Geliebte ständig in der auch von Mutter u mj Tochter benutzten Wohng wohnen zu lassen (Hamm JMBl NRW **62**, 243); Beschrkg od **Entziehung der Ausübung der Personensorge** u AnO, daß sie **dem anderen Elternteil allein** (§ 1680) bzw bei nehel Mutter JugA (LG Bln DAVorm **75**, 385) zusteht; denn eine solche AnO muß gleichzeitig mit der entziehden Maßn ergehen, da sonst Unklarh entsteht (BayObLG **62**, 277). Einzelbefugnisse wie AufenthBestR u Vertretg in schulischen Angelegenh können dabei auch auf den iR v § 1671 übergangenen EltT übertragen w (BayObLG FamRZ **85**, 635). Übertragg auf nach § 1909 zu bestimmden **Pfleger** (BayObLG ZBlJugR **80**, 288), falls sie auch dem and Elt nicht zu belassen ist (§ 1680), weil der ungünst Einfl des das Kind gefährdden EltT anders nicht fernzuhalten ist (KG FamRZ **65**, 159). Ist PersSorge entzogen, haben Elt auch kein BeschwR in PersSorgeSachen des Kindes aus FGG 57 I Z 9 (BGH **LM** Nr. 5); und aber, wenn es sich um Angelegenh von bes Tragweite (Wechsel der Religion, Staatsangehörigk usw) handelt (BayObLG NJW **88**, 2388 Name). Entziehg kann ganz od in einzelnen Bestandteilen wie AufenthBestimmgsR (wg der sich aus dieser EinzelMaßn ergebden Schwierigken Certain ZBlJugR **68**, 104), UmggsR (Mü JFG **15**, 288), Berufswahl usw, ferner allein od iVm Entziehg der **Vertretung der Person** (§ 1629 I) für den Abschluß v Lehr- u Arbeitsverträgen, Schulan- u -abmeldg (RG **129**, 23), Einwilligg in Operation erfolgen. Dabei können vom VormschG **Erklärungen der Eltern ersetzt** w, **II**, wenn eine Erkl eines od beider EltT notw ist, um eine Gefahr von dem Kind abzuwenden, zB die Einwilligg in eine Operation, u die Elt diese Erkl nicht abgeben wollen od können (BT-Drucks 8/2788 S 59). Immer zu beachten, daß § 1666a für die Trenng des Kindes von der Fam u für die Entziehg der PersSorge insges zusätzl Erfordern aufstellt u daß die Maßn nach dem **Grundsatz der Verhältnismäßigkeit** erforderl sein muß; also keine Entziehg des SorgeR insges (dazu § 1666a Anm 3), wenn die der AufenthBestimmg od eine Maßn nach § 1632 IV (BVerfG FamRZ **87**, 145) genügt (wie umgek Prüfg der Entziehg des AufenthBestR geboten ist, wenn Entziehg der ges Persorge nicht geboten; BayObLG DAV **86**, 269); keine Entziehg der AufenthBest als solcher, wenn die Beschränkg der Bestimmg hins eines best Ortes (BayObLG **65**, 1); keine Entziehg der Vertretg, wenn die Entziehg des SorgeR od einzelner SorgeRTeile (KG StAZ **42**, 13) genügt (KG JFG **21**, 11; vgl auch BGH **8**, 137 u Vorb 1 vor JWG 55 SchlußAnh). Im einz bedeutet der **Grundsatz des geringsten Eingriffs**: Zeitl Beschränkg der PersSorgeEntziehg vorrang zul ggü AbändersgsVerf gem § 1696 (aA Stgt FamRZ **74**, 538); bei Unterbringg in Sonderschule ist Ersetzg der Zust ausreich (BayObLG MDR **62**, 132). Elterl Sorge im ganzen dch Fortnahme sämtl Einzelbestandteile (Personen- u VermSorge, Vertretg in beiden Angelegh) praktisch entziehb; dann **Vormund** nöt (§ 1773), wenn das auch bei and EltT geschieht. Die vorläuf **Fürsorgeerziehung** darf nur angeordnet w, wenn hinreichd wahrschl ist, daß eine SorgeREntziehg nicht in Betr kommt (Zweibr FamRZ **81**, 817). Zur **Unterbringung** § 1666a Anm 2. Die UnterbringgsStelle muß dch VormschG bestimmt besonders w (KG JFG **12**, 94), nicht aber, wenn FürsErz angeordnet w, da LJA dann AufenthBestimmgsR hat (JWG 71 Anm 2, 69 Anm 3b). Ist aGrd I 1 Pfleger bestellt u hält dieser Unterbringg für zweckm, so ist Auswahl seine Sache. Nicht zul Entziehg des SorgeR (I 1) u gleichzeitig AnO der Unterbringg (KG JFG **12**, 94). Unzul auch Pflegerbestellg, damit Freiw ErzHilfe ungestört dchgeführt w kann (Hamm ZBlJugR **58**, 177; Gött NJW **55**, 1596), da damit AnO der FürsErz, möglicherw auch die Zust des Sorgeberecht umgangen w (JWG 62 Anm 2 aE). Die Inanspruchn öff Mittel steht AnOen nach § 1666 nicht entgg (BGH **8**, 137); grdsätzl gehören Kosten zum Lebensbedarf des Kindes, so daß Unterhaltspflichtige sie zu tragen hat. Nach Unterbringg des Kindes bei einer PflegeFam Ausschluß des BesuchsR u Verweigerg der Kindesadresse zul (AG Hbg DAVorm **77**, 457), aGrd einer entspr Ermächtigg dch das VormschG (BayObLG StAZ **77**, 162). Zul sind auch vormschaftsgerichtl **Maßnahmen mit Wirkung gegen einen Dritten, I 2**, dessen das KiWohl gefährddes Verhalten überh Anlaß für das Eingreifen des VormschG sein kann (Anm 4a dd). In den Fällen, in denen die Elt die von einem Dr ausgehden Gefahren für das Kind nicht abwehren wollen od können, kann das VormschG nunmehr unmittelb gg den Dr einschreiten u ist nicht mehr darauf angewiesen, bei Taten- od Entschlußlosigk der Elt diese zu zwingen, zur Abwehr der Störg gg den Dr den Zivilrechtsweg zu beschreiten (BT-Drucks 8/2788 S 39). Das VormschG kann desh auch ohne Antr der Elt (vgl § 1632 III) einem Zuhälter den weiteren Kontakt zu einer Mj verbieten (BT-Drucks 8/2788 S 59). Das Kind braucht sich nicht in der Obhut des Dr zu befinden. Der Dr wird, wenn gg ihn unmittelb Maßn angeordnet w sollen, **Verfahrensbeteiligter** u muß vom Ger gehört w (BT-Drucks 8/2788 S 59).

6) **Verletzung des Unterhaltsrechts, III** (§§ 1601, 1610, 1615f), setzt auch schuldh Kindesgefährdg voraus, jedoch nicht ggwärtiges KindesVerm (BayObLG FamRZ **64**, 638; **89**, 652). **Zweck:** Beseitigg der Gefährdg u Sicherstellg der bestimmgsgemäßen Verwendg des KindesVerm (§ 1649), auch des zu erwartenden, künftigen für dessen Unterh. III kommt nicht in Betr, wenn für den Unterh dch Ausbildgsvergütg u Unterbringg bei den GrElt gesorgt ist (BayObLG FamRZ **89**, 652), wohl aber, wenn der nach § 1602 nicht unterhaltspflichtige Vater dem Kinde nicht von dessen **Arbeitsverdienst** hinreichende Beträge zur Unterh-Bestreitg beläßt, da hier Einschreiten aus I od § 1667 (mangels VermGefährdg) nicht mögl (KG JFG **14**, 427). Als Maßregel wird hier meist die Entziehg der Ausübg der VermVerw ggü dem einen EltT genügen, wenn sich der andere Elternteil ausreich durchsetzen kann; oft wird bei diesem aber, auch wenn das nicht der Fall ist, Beistandsbestellg genügen (§ 1685), wenn er sie beantragt. Eine AO, der unterhaltspflichtige Vater möge sich eine besser bezahlte Stellg suchen, ist wg GG 2, 12, eine solche, der Vater möge zur Erleichterg der WirtschFührg zur Familie zurückkehren, wg GG 11 unzul (Hbg FamRZ **57**, 426); vgl aber § 1603 Anm 2b.

7) **Verfahren. a) Eingreifen des VormschG von Amts wegen.** Maßn des VormschG haben grdsl Vorrang vor einer FürsErz (Anh zu §§ 1666, 1666a Anm 4), auch wenn im Ergebn der SorgeRPfleger die Heimunterbringg veranlaßt (BGH **73**, 131). **Zuständigkeit:** FGG 36, 43. Es entsch der Ri (RPflG 14 Z 8). VormschG ist zust zur Verhinderg der Entführg des Ki dch den nichtsorgeberecht EltT (Kln FamRZ **85**, 1059); wg der KiHerausg dann aber § 1632 III 2. Halbs. **Anhörung** von Elt, Ki u JA zwingend (Einf 4 b vor § 1626). Sollen gem I 2 Maßn gg einen Dr ergehen (Anm 5), so ist auch er VerfBeteil u anzuhören. Genügen

forml Ermittlgen nicht, AO der **Beweisaufnahme** (FGG 15); bei Unterl nachprüfb Ermessensfehler (KG NJW **61**, 2066; Düss FamRZ **68**, 260). Zur Duldg psycholog u psychiatr Untersuchgen Einf 4c vor § 1626.

b) Vorläufige Anordnungen (Einf 4a vor § 1626) bei strafgefangenen Elt (KG FamRZ **81**, 590 mAv Luthin); bei Wohnchaos u VerwirrgsZustden (Bln DAV **80**, 143) bzw Drogensucht der Mutter (AG Hanau DAV **77**, 513); Gefahr der Wegn der Ki ins Ausl (BayObLG FamRZ **82**, 1118). Auch hier **Anhörung** von Elt und JA; mußte sie unterbleiben, Nachholg jedenf nach Erl der AO (Hbg NJW **66**, 1156). Als **Maßnahmen** kommen innerh der vorl AO in Betr: Bei VerwahrlosgsGefahr Entzieg des AufenthBestR (BayObLG FamRZ **80**, 1064); zusätzl Verbot, den Elt den Aufenth der Ki mitzuteilen (BayObLG FamRZ **77**, 752); aber auch die Entzieg der gesamten PersSorge (BayObLG FamRZ **89**, 421).

c) Beschwerde (Einf 4d vor § 1626) der GroßElt (BayObLG FamRZ **81**, 814); des Ki (Hamm u Stgt FamRZ **74**, 29 u 540). Das BeschwG kann anstelle der vom AG beschlossenen FürsErz eine Maßn nach § 1666 anordnen (BGH **73**, 131).

d) Überprüfung und Abänderung der gerichtl Maßn: § 1696.

1666 a **Trennung des Kindes von der elterlichen Familie; Entziehung der Personensorge insgesamt.** ¹Maßnahmen, mit denen eine Trennung des Kindes von der elterlichen Familie verbunden ist, sind nur zulässig, wenn der Gefahr nicht auf andere Weise, auch nicht durch öffentliche Hilfen, begegnet werden kann.

II Die gesamte Personensorge darf nur entzogen werden, wenn andere Maßnahmen erfolglos geblieben sind oder wenn anzunehmen ist, daß sie zur Abwendung der Gefahr nicht ausreichen.

1) Die Best gehört gedankl zu § 1666 Anm 5 u 7. Mit ihr soll der **Grundsatz der Verhältnismäßigkeit** in zwei Richtgen verdeutlicht w, näml für die Trenng des Kindes von der elterl Familie u für die Entzieh der ges PerSorge (BT-Durcks 8/2788 S 59). Maßn gem §§ 1666, 1666a haben Vorrang vor der FürsorgeErzieh iSv JWG 64 S 2 (KG FamRZ **81**, 592; Brschw DAVorm **80**, 952), selbst wenn Heimunterbringg dch den SorgeRPfleger erfolgt (BGH NJW **79**, 813; krit dazu Happe FamRZ **81**, 635). Die vorläuf FE darf nicht angeordnet w, wenn als endgült Maßn lediglich ein Eingreifen n §§ 1666, 1666a gerechtf ist; Gefahr im Verzuge iSv JWG 67 I ist dch einstw AnO zu begegnen (Hamm FamRZ **81**, 593).

2) Die **Trennung des Kindes von der elterlichen Familie, I,** ist, weil sie bes einschneidd wirkt, nur dann zul, wenn mildere Mittel nicht ausreichen, die Gefahr für das Kind abzuwenden. Damit kommen die im VerwR entwickelten Grdse der Verhältnismäßigk, der Geeignerh u der Wahl des geringsten Mittels zur Geltg. Verfassgskonform (BVerfG FamRZ **82**, 567). Was das gebotene Mittel ist, kann nicht vom Staat, sond nur vom Kindeswohl u vom EltT her bestimmt w (BT-Drucks 8/2788 S 59f). Die Vorschr verpfl den Staat ggf dazu, in kinderreichen Fam mit HaushHilfen einzuspringen, ehe die Kinder, mit denen die Eltern aGrd Überlastg nicht mehr fertig w, in Heime gebracht w. Jedenf enthält die Best die gesetzl Grdlage für eine aktive FamPolitik in dem Sinne, daß der familiäre Zuhalt nicht finanz Schwierigkeiten zum Opfer gebracht w darf (Kemper FamRZ **83**, 647). Ggf muß der Staat für verfügb HaushKräfte sorgen. Bei Debilität der Elt sind diese ggf mit dem neugeborenen Ki gemeins unterzubringen (LG Bln FamRZ **88**, 1308). FE ist keine öff Hilfe (KG FamRZ **81**, 592). Zu den Unterbringgsmodalitäten vgl § 1666 Anm 5.

3) Der **Entzug der gesamten Personensorge, II,** kommt nur dann in Betr, wenn mildere Mittel nicht ausreichen (vgl § 1666 Anm 5). Das Ger hat zwar ein Auswahlermessen hins der anzuwendenden Mittel, es muß aber zunächst versuchen, etwa dch Ermahngen, Verwarngen, Gebote u Verbote od unter den Vorauss v I dch anderweit Unterbringg, die Gefahr abzuwenden. Nur wenn anzunehmen ist, daß diese Mittel nicht ausreichen, kann das schärfste Mittel des Entzugs der PersSorge angewendet w (BT-Drucks 8/2788 S 60). FE ist keine and Maßn (KG FamRZ **81**, 592). Auch zZw der **Adoption** ist die Entziehg der ges PersSorge erst zul, wenn eine Rückkehr in die elterl Fam ohne nachhaltige KiWohlGefährdg nicht mehr zu erwarten ist (KG FamRZ **85**, 526/966 mAv Frank).

4) Die Maßn sind vom Ger in angemessenen Zeitabständen zu **überprüfen** (§ 1696 III; vgl § 1666 Anm 7) u **aufzuheben**, wenn eine Gefahr für das KiWohl nicht mehr besteht (§ 1696 II).

Anhang zu §§ 1666, 1666a

Maßnahmen nach dem Jugendwohlfahrtsrecht

Schrifttum: Miehe FS Leferenz 1983 S 647; Wiesner FamRZ **83**, 1086; Wiesner FamRZ **85**, 225; Münder NJW **88**, 389.

1) Das JWG regelt mehrere Formen der **öffentlichen Erziehung,** die zu den Pflichtaufgaben der JugÄmter gehört (JWG 4 Z 3). Grdsätzl haben freiwillige Hilfen Vorrang ggü gerichtl angeordneten Maßnahmen. Desh ist der gerichtl angeordneten Erziehgsbeistandsch die auf Antr des PersSorgeBerecht (JWG 56, 57) u der vom Gericht angeordneten Fürsorgeerzieh die Freiwillige ErzHilfe vorgestellt (JWG 62, 63, 64ff). Maßnahmen nach JWG 55 ff sind in ihren **Auswirkungen auf das Sorgerecht** der Eltern nicht denen nach §§ 1666, 1666a gleichzusetzen. Die Erziehgsbeistandsch (JWG 55) soll die SorgeBerecht bei der Erziehg unterstützen, wird aber nur gegen eine gewisse Bereitsch von ihnen voraus, die im Antr zum Ausdruck kommt. Ähnlich ist es bei der Freiwilligen Erziehgshilfe (JWG 62). Beides sind desh keine Maßnahmen nach §§ 1666, 1666a, zumal sie vom JA gewährt werden. Entsprechendes gilt wg des Beistandscharakters auch für die angeordnete ErziehgsBeistandsch (JWG 57). In keinem Fall, auch nicht in dem der Fürsorgeerzieh, wird den Elt das SorgeR entzogen; es bleibt unberührt, kann jedoch im Falle der FürsErz zT nicht ausgeübt w,

Verwandtschaft. 5. Titel: Eltern und eheliche Kinder **Anh zu §§ 1666, 1666 a 1–4**

sond wird zur Dchsetzg des Erziehgszwecks ausgeschaltet (RG **98**, 247). Bei Aufhebg der FürsErz lebt die Ausübg des SorgeR wieder auf, falls das Kind noch minderjähr ist. Ein FürsErzVerf macht ein Verf nach §§ 1666, 1666a ggstandslos. Aber vormschgerichtl Maßn haben grdsätzl auch dann Vorrang vor einer FürsErz (vgl JWG 64 S 2: „ausreichde andere ErzMaßn"), wenn sie zu einer Heimunterbringg dch einen SorgeRPfleger führen würden; desh sind vom BeschwGer ggf Maßn gem §§ 1666, 1666a anstelle der vom AG beschlossenen FürsErz anzuordnen (BayObLG ZBlJugR **80**, 40). – Auch das **Jugendgericht** kann im StrafVerf Erziehgsmaßregeln (Weisgen, Erziehgsbeistandsch, FürsErz) u Zuchtmittel (Verwarng, Erteilg von Auflagen, Jugendarrest) anordnen (JGG 9 ff, 13 ff). Zur **Pflegekindschaft** Einf 3 v § 1741.

2) Für einen Minderjährigen, dessen leibl, geist od seel Entwicklg gefährdet od geschädigt ist, kann auf Antr der PersSorgeBerecht dch das JA (JWG 56) od vAw dch dieses auf Anordng des VormschG (JWG 57) ein **Erziehungsbeistand** bestellt w (JWG 55), der die PersSorgeBerecht bei der Erziehg unterstützt u dem Mj mit Rat u Hilfe zur Seite steht (JWG 58).

3) Einem Minderjährigen, der das 17. LebJ noch nicht vollendet hat u dessen leibliche, geistige od seel Entwicklg gefährdet od geschädigt ist, ist **Freiwillige Erziehungshilfe** zu gewähren, wenn sie zur Abwendg der Gefahr od zur Beseitigg des Schadens geboten ist u sämtl PersSorgeBerecht bereit sind, die Durchführg der Freiw ErzHilfe zu fördern (JWG 62), wofür eine wirkl Bereitsch zur Mitarbeit, nicht nur die bl Duldg od Zustimmg verlangt w. Das LJA gewährt Freiw ErzHilfe auf schriftl Antr der PersSorgeBerecht; der Antr ist bei dem JA zu stellen, das dazu Stellg zu nehmen hat (JWG 63). Der Antr ist abzulehnen, wenn mit einer wirkl Förderg dch die PersSorgeBerecht nicht zu rechnen ist. Iü aber besteht auf die Gewährg Freiw ErzHilfe ein **Rechtsanspruch**, wenn die sachl Voraussetzgn gegeben sind u ein Antr gestellt ist. **Ende** mit Erreichg der Volljährigk, Zweckerreichg, anderweit Hilfe od auf Antr (JWG 75). Bereits eingeleitete Maßn zur **Schul- oder Berufsausbildung** können aber auf Antr des Vollj fortgesetzt w (JWG 75a). Iü gilt zum **Umfang** ergänzend SGB Art I § 33 (OVG Brem DAV **84**, 207: keine Übern der Kost f FamTherapie). **Wirtschaftliche Jugendhilfe** (JWG 6 II) kann auch bei Unterbringg außerh des EltHauses bei Verwandten gewähr w (BVerwG NJW-RR **87**, 1221). Zur Abgrenzg der freiw ErzHilfe v und Arten öff JugHilfe BVerwG DÖV **87**, 693.

4) Für einen noch nicht 17jähr Minderjährigen, der zu verwahrlosen droht od verwahrlost ist, ordnet das VormschG **Fürsorgeerziehung** an (JWG 64 S 1). FürsErz ist eine ErziehgsMaßn, keine Strafe. Sie kann auch gg Ausländer angeordnet w. Sind die Voraussetzgn gegeben, **muß** das VormschG FürsErz anordnen; keine Ermessenssache. Zum Rangverhältn zw Maßn nach §§ 1666, 1666a u FE AG Kerpen DAV **84**, 833. Nach Franz FamRZ **82**, 349 ist das Institut der FE (JWG 64 ff) dch die Neufassg der §§ 1666, 1666a obsolet geworden.

a) **Sachliche Voraussetzungen** gem JWG 64: **aa) Betroffene** sind Mj, die das 17. Lebj noch nicht vollendet haben, damit eine Mindestausführgszeit von 1 Jahr sichergestellt ist. Entscheidder Zeitpkt: Hingabe des AnO-Beschl (ggf auch des BeschwGer) zur Post (BGH **12**, 248). Eheschließg steht nicht entgg (BGH **49**, 308; str). Die endgült FürsErz kann auch noch nach Vollendg des 17. LebJ angeordnet w, wenn die vorläuf FürsErz angeordnet u vollziehb war (JWG 67 IV, 69 II). Keine Altersgrenze nach unten, so daß FürsErz auch bei verwahrlosden Klein- und Kleinstkindern mögl ist. – **bb) Verwahrlosung** ist ein erhebl Sinken des körperl, geist od sittl Zustandes unter den Durchschnitt Gleichaltriger bei gleichen soz Verhältn von gewisser Dauer. Obj Maßstab, gemessen an den Erziehgszielen v JWG 1 I (BayObLG ZBlJugR **72**, 313; KG FamRZ **64**, 164). FürsErz ist nicht zum Schutze Dritter vor dem Mj eingerichtet. Auch ist ein schwer erziehbares Kind noch kein verwahrlostes. Bei der heilenden FürsErz ist die Verwahrlosg bereits eingetreten. Diese **droht**, wenn die Fortsetzg des bish Lebens des Mj voraussichtl zur Verwahrlosg führen wird (BayObLG ZBlJugR **72**, 313). Die vorbeugende FürsErz setzt nicht voraus, daß die Verwahrlosg schon erkennb ist. – **cc) Medizinische Erziehbarkeit:** Keine FürsErz, wenn geist od seel Regelwidrigkeiten des Mj vorliegen, die von vornherein fachärztl nachgewiesen sind, u auch eine and Art der Hilfe gesichert ist, insb der Mj sich im Elternhaus aufhält (Karlsr ZBlJugR **68**, 322), da sonst die AnO n JWG 75 II sofort wieder aufgeh w müßte (Hamm FamRZ **64**, 101; Stgt OLGZ **66**, 591). Bei Zweifeln an der medizin Erziehbark darf aber vorläuf FürsErz angeordnet w (Celle ZBlJugR **80**, 143). Auf die pädagog Erziehbark kommt es für die AnO der FürsErz nicht mehr an (Neust ZBlJugR **64**, 55). Abstandnahme von der FürsErz daher allenf dann, wenn aGrd längerer Heimunterbringg mit Sicherh feststeht, daß eine weitere HeimErziehg keinen Erfolg verspricht (Brem FamRZ **71**, 324). – **dd) Subsidiarität** (JWG 64 S 2): Die FürsErz muß **erforderlich** sein. Sie ist es nicht, wenn eine and ausr ErzMaßn, die auch dchzuführen ist, gewährt w kann, insbes also Maßnahmen nach § 1666 Anm 5, die grdsl Vorrang vor einer FürsErz haben (BayObLG ZfJ **80**, 40). Dch die Mögk, dch Entziehg der SorgeRAusübg u AO einer SorgeRPflegsch die Unterbringg des Mj in einem geschloss Heim zu erwirken, wird die AO der FürsErz nicht ausgeschl (BayObLG FamRZ **87**, 1080). Andere Maßn sind auch die Einwirkg dch Schule, Kirche, JugBewegg uä; sie reichen regelmäß auch bei Kleinkindern aus (BGH **21**, 181). Vorrang vor der FürsErz haben auch Maßn nach JWG 55, 57 u Freiw ErzHilfe. –

b) **Verfahren. – aa)** Über die AnO der FürsErz entscheidet das VormschG, dessen **Zuständigkeit** sich gem FGG 43, 36 iVm § 11 nach dem Wohnsitz des Kindes bestimmt. Für eilige Maßregeln ist auch das Ger zuständ, in dessen Bezirk das Bedürfn der Fürs auftritt (JWG 77 I). Außerd soll in sämtl Angelegenheiten eines Mj dasselbe VormschG tät w, so daß ohne Rücks auf WohnsÄnderg des Mj ein VormschG, bei dem die Zuständigk für ErzBeistandsch begründet war, auch für die FürsErz zust ist (JWG 77 II). Jedoch begründet die AnO der vorläuf FürsErz nicht die Zustdgk für die endgült (Karlsr NJW **55**, 1885). Maßgebder Zeitpkt n FGG 43 I: Eingehen des Antr od Kenntn des VormschG von den Tatsachen, die ein amtswegiges Verf in Gang bringen (Karlsr NJW **55**, 1885). Das kann auch ein ausr begründeter Antr auf AnO der vorl FürsErz beim ordngsmäß zust Gericht sein (BayObLG NJW **62**, 302). Die Zustdgk bleibt auch bei WohnsÄnderg des Mj, aber Abgabemöglichk gem JWG 65 V. Zustdgk wichtig für die Bestimmg des LJA, dem die

1677

Ausführg der FürsErz obliegt (JWG 70), u für die Kostentragg (JWG 85 III). – **bb)** Das Verf (FGG 12) kommt in Gang dch einen **Antrag oder von Amts wegen.** Antragsberecht sind die JA des gewöhnl AufenthOrts des Mj, das LJA, jeder PersSorgeBerecht für sich allein u Pers, denen nach LandesR die AntrBefugn zuerkannt ist (JWG 65 I). Bei Zurückn des Antr ggf Fortsetzg des Verf vAw (BayObLG NJW **62**, 302). – **cc)** Für den Mj muß währd des gesamten Verf **gesetzliche Vertretung** bestehen. Das JA, das Amtsvormd ist u das die Einl des Verf beantragt hat, ist an der gesetzl Vertretg nicht gehindert (BayObLG NJW **62**, 964; § 1795 Anm 1). – **dd) Anhörungspflicht** (Einf 4 b vor § 1626) besteht ggü den AntrBerecht (Anm bb), gleichgült, ob sie einen Antr gestellt haben, u ggü dem Mj (JWG 65 II), insb bei AO (BayObLG FamRZ **87**, 1080) u Aufhebg der FürsErz (BayObLG NJW-RR **87**, 1225). Nichtanhörg ist VerfVerstoß, der zur Aufhebg führen kann. Soll aGrd neuen Sachverhalts entschieden w, ist Wiederholg der Anhörg erforderl (KG NJW **67**, 985). Eine unterlassene Anhörg ist in der BeschwInst ggf nachzuholen (Hamm ZBlJugR **65**, 139; BayObLG ZBlJugR **70**, 115). – **ee)** Um dem VormschG die Beurteil der Persönlichk des Mj zu ermöglichen, insbes um festzustellen, ob medizin nachweisb Unerziehbark vorliegt (Anm a cc), kann es die Untersuchg des Mj dch einen **Sachverständigen** u zu diesem Zweck auch die **Unterbringung** des Mj (zunächst 6 Wo, höchstens 3 Mo) anordnen (JWG 66). Die Mitwirkg des Mj gem FGG 33 erzwingb. – **ff)** Die Entscheidg des Richters (RPflG 12 Z 23) ergeht dch einen stets zu begründden **Beschluß** des VormschG (JWG 65 III 1), der gem JWG 65 III 2, FGG 16 II 1 **zuzustellen** ist, u zwar auch an den Mj, wenn dieser das 14. LebJ vollendet hat, in der Begründg aber nur insoweit, als sich keine erzieherischen Nachteile ergeben. AnO der FürsErz auch dch den JugRichter (JGG 9 Z 3, 12; 53). – **gg)** Jeder AntrBerecht kann gg den ablehnden Beschl einf Beschw, gg den anordnden Beschl mit aufschiebder Wirkg u unabhäng davon, ob er sich bism am Verf beteiligt hat, **sofortige Beschwerde** einlegen (JWG 65 IV). Beschwerberechtigt ist auch der EltTeil, dem das PersSorgeR n § 1666 entzogen ist, wenn die Entsch darüber noch nicht rechtskr od nur dch vorl AnO getroffen w ist (Kln FamRZ **72**, 218). Die 2-Wo-Frist (FGG 22) läuft für jeden BeschwBerecht ab Ztpkt der Zustellg an ihn, so daß für die RKraft des Beschl die Fristen gg alle abgelaufen sein müssen. Gg die Entsch des LG sofortige weitere Beschw (FGG 29 II). – **hh) Die Durchführung der Fürsorgeerziehung** erfolgt dch das LJA (JWG 69), das ohne erneute Anhörg entscheidet, ob gem JWG 69 III, 71 II Einweisg in ein Heim od FamErz erfolgen soll (BayVGH ZBlJugR **66**, 169). Die FürsErz ist mit RKraft, die vorl FürsErz mit Erlaß des Beschl ausführb (JWG 69 II). Für Schäden inf Pflichtverletzg anläßl der Ausführg haftet der Kostenträger (JWG 85); für den aus der Anstalt entwichenen Sohn, der sich mit Wissen des Vaters bei diesem aufhält, der Vater (RG **98**, 247). Das elterl SorgeR geht nicht auf die Behörde über, sond kann nicht ausgeübt w. Dem LJA steht das AufenthBestimmgsR zu (JWG 71 I 1). Für alle RGeschäfte im Zushg mit einem Arbeits- od Berufsausbildgsverhältn gilt das LJA als gesetzl Vertreter des Mj (JWG 69 IV 1). Unberührt bleiben die Teile der elterl Sorge, die dch die FürsErz nicht berührt w, zB Einwilligg zur Operation (KG JFG **13**, 33); Stellg eines StrafAntr (StGB 77 III 1); Einwilligg zur Eheschließg (EheG 3 Anm 3 b). Bei der Unterbringg ist § 1631b mit der entspr AnO des VormschG Genüge getan; der Beschl braucht nicht im einz zu bestimmen, ob u zu welchem Ztpkt der FreihEntziehg erfolgt (AG Walsrode DAVorm **80**, 428). Dem PersSorgeBerecht ist grdsätzl unverzügl mitzuteilen, wo der Mj untergebracht ist, es sei denn, die Mitteilg würde den ErzZweck ernstl gefährden (JWG 71 IV 1 u 3). – **ii) Aussetzung des Anordnungsverfahrens** aus besonderen Gründen bis zu 1 J dch Beschl des VormschG (JWG 68); eine vorl FürsErz ist dch Aussetzg aufgeh (JWG 68 I 3). Sachl Voraussetzg der Aussetzg ist, dem Mj eine Bewährgszeit zu lassen, dh ihm die FürsErz zu ersparen, wenn Anzeichen dafür vorliegen, daß auch ohne FürsErz eine Besserg eintreten wird. Da FürsErz nur bei einer gewissen Dauer Sinn hat, kann die Aussetzg nicht über das vollendete 17. LebJ hinaus erfolgen (JWG 68 I 4). Mit dem AussetzgsBeschl ist ErzBeistandsch (Anm 2) anzuordnen (JWG 68 III). Nach Ablauf der AussetzgsFr ist das AnO-Verf fortzusetzen, also zu entscheiden, ob FürsErz nunmehr angeordnet od abgelehnt od eine and ErzMaßn angeordnet w soll. Gg Aussetzg sofort Beschw ohne aufschiebde Wirkg (FGG 24 I), gg ablehnden Beschl einf Beschw (FGG 20, 57 I Z 9). – **jj)** Die **Kosten** der Dchführg der FürsErz sind vorrangig von den Eltern u dem Mj selbst aufzubringen (JWG 80 ff). Das gerichtl Verf ist kostenfrei (SGB-VerwVerf 64 II 2); dazu zählen auch die Untersuchg dch Sachverst u die Unterbringgskosten (JWG 66), jedoch nur, wenn vorl od endgült FürsErz angeordnet wird (JWG 85 IV). Entschädigg angehörter Pers gem JWG 76 S 2.

    c) Ende der Fürsorgeerziehung von selbst, dh ohne AufhebgsBeschl, bei Erreichen der Volljährigk (JWG 75 I), üü bei Erreichen des Zwecks, anderweitiger Sicherstellg, medizinischer Unerziehbark gem JWG 75 II; aber keine Aufhebg wg Zwecklosigk (BayObLG ZBlJugR **70**, 113; Saarbr NJW **68**, 455). Eine begonnene Schul- od Berufsausbildg kann über den Ztpkt der Volljährigk hinaus fortgesetzt w (JWG 75 a). Voraussetzg ist, daß der Vollj dies beantragt u sich als bereit erweist, am Erfolg der Maßn mitzuwirken. Der Antr kann auch schon innerh eines Zeitraums von 6 Mo vor Eintr der Volljährigk gestellt w.

    5) Bei Gefahr im Verzuge kann das VormschG dch den Richter (RPflG 12 Z 23) aGrd eines summarischen Verf die **vorläufige Fürsorgeerziehung** anordnen (JWG 67). AnO nicht dch den JugRichter (JGG 71 I 2). Sachl **Voraussetzungen** sind a) Gefahr im Verzug (ein in der RMittelinstanz nachprüfb RBegriff), die gegeben ist, wenn der Mj sich im Anfangsstadium der Verwahrlosg befindet (KG FamRZ **65**, 52) od weiter verwahrlosen würde, wenn er nicht sofort aus der bisherigen Umgebg entfernt wird (BayObLG ZBlJugR **68**, 26). Für das Abgleiten müssen bestimmte Anhaltspunkte gegeben sein, nicht nur Vermutgen. Verborgenhalten allein genügt nicht (Düss ZBlJugR **68**, 90). b) Die AnO der endgült FürsErz muß wahrscheinl sein (BayObLG ZBlJugR **63**, 142; KG FamRZ **65**, 52; sa BGH MDR **53**, 732: „nicht aussichtslos"). Jedenf müssen die Ermittlgen für das endgült FürsErzVerf sofort eingeleitet w u darf damit nicht bis zum Abschl des vorl Verf gewartet w (Stgt ZBlJugR **67**, 202). c) Der Mj darf nicht über 17 J alt sein (*arg* IV). – **Anhörung** des Mj u der ErzBerechtigten dch VormschG FGG 50 a und b (BGH NJW **53**, 1587 überholt; BayObLG ZBlJugR **71**, 217). Ermessensfrage der Nichtanhörg nachprüfb (Stgt NJW **63**, 1161). Gg den *anordnenden* Beschl **sofortige Beschwerde** ohne aufschiebende Wirkg (JWG 67 II 1 u 2). Das AG kann ihr aber entgg FGG 18 II selbst abhelfen (JWG 67 II 3). Das VormschG muß währd des BeschwerVerf das die endgült FürsErz betreffde Verf weiterbetreiben (*arg* JWG 67 V). Das BeschwGer kann die Vollziehg ausset-

Verwandtsch. 5. Titel: Eltern u. ehel. Kinder **Anh zu §§ 1666, 1666a, § 1667**

zen (FGG 24 III). Gg ablehnden Beschl einf Beschw. – **Aufhebung der Anordnung** in 4 Fällen: (1) wenn AnO der endgült FürsErz abgelehnt wird (JWG 65 IV, 67 V), wofür RKraft nicht erforderl ist; (2) wenn innerh von 6 Monaten seit Erlaß der AnO-Beschl der vorl FürsErz, also als dieser zur Zustellg zur Post gegeben wurde (BayObLG NJW **63**, 208; BGH **12**, 252; KG FamRZ **64**, 162), die endgült FürsErz nicht angeordnet ist (JWG 67 V); RKraft nicht erforderl. Aufhebg auch dann, wenn der die endgült FürsErz anordnde Beschl aufgeh u rechtskräft zurückverwiesen ist (BayObLG FamRZ **65**, 347). Grdsätzl ist es unzul, im AufhebgsBeschl vorl FürsErz neu anzuordnen (Düss ZBlJugR **64**, 20; KG FamRZ **64**, 162; aM Stgt FamRZ **67**, 236 bei weiterer Verwahrlosg); (3) wenn das Verf auf endgült FürsErz ausgesetzt wird (JWG 68 I 3); (4) wenn sich herausstellt, daß eine endgült FürsErz nicht mehr angeordnet w kann (Ffm NJW **57**, 1404 Entweichen in die SowjZ) od sonst die Voraussetzgen für die endgült FürsErz nicht od nicht mehr gegeben sind. In den Fällen 1, 2 u 4 bedarf es eines Beschl; iü erfolgt die Aufhebg wg Gesetzes wg („ist aufgehoben") bzw endet bei Eintritt der Volljährigk u bei rechtskr gewordener AnO der endgült FürsErz von selbst. Der AufhebgsBeschl ist sofort wirks (FGG 24 I). Dagg einf Beschw (FGG 19). BeschwBerechtigg gem FGG 20, 57 I Z 9, mithin auch der Elt gg Ablehng der Aufhebg (BayObLG FamRZ **63**, 53).

1667 *Gefährdung des Kindesvermögens.* ¹Wird das Vermögen des Kindes dadurch gefährdet, daß der Vater oder die Mutter die mit der Vermögenssorge verbundenen Pflichten verletzt oder zu verletzen droht oder in Vermögensverfall gerät, so hat das Vormundschaftsgericht die zur Abwendung der Gefahr erforderlichen Maßnahmen zu treffen.

II Das Vormundschaftsgericht kann anordnen, daß die Eltern ein Verzeichnis des Vermögens des Kindes einreichen und über die Verwaltung Rechnung legen. Die Eltern haben das Verzeichnis mit der Versicherung der Richtigkeit und Vollständigkeit zu versehen. Ist das eingereichte Verzeichnis ungenügend, so kann das Vormundschaftsgericht anordnen, daß das Verzeichnis durch eine zuständige Behörde oder durch einen zuständigen Beamten oder Notar aufgenommen wird.

III Das Vormundschaftsgericht kann anordnen, daß das Geld des Kindes in bestimmter Weise anzulegen und daß zur Abhebung seine Genehmigung erforderlich ist. Gehören Wertpapiere, Kostbarkeiten oder Buchforderungen gegen den Bund oder ein Land zum Vermögen des Kindes, so kann das Vormundschaftsgericht dem Elternteil, der das Kind vertritt, die gleichen Verpflichtungen auferlegen, die nach §§ 1814 bis 1816, 1818 einem Vormund obliegen; die §§ 1819, 1820 sind entsprechend anzuwenden.

IV Das Vormundschaftsgericht kann dem Elternteil, der das Vermögen des Kindes gefährdet, Sicherheitsleistung für das seiner Verwaltung unterliegende Vermögen auferlegen. Die Art und den Umfang der Sicherheitsleistung bestimmt das Vormundschaftsgericht nach seinem Ermessen. Bei der Bestellung und Aufhebung der Sicherheit wird die Mitwirkung des Kindes durch die Anordnung des Vormundschaftsgerichts ersetzt. Die Sicherheitsleistung darf nur durch Maßnahmen nach Absatz 5 erzwungen werden.

V Das Vormundschaftsgericht kann dem Elternteil, der das Vermögen des Kindes gefährdet, die Vermögenssorge ganz oder teilweise entziehen, wenn dies erforderlich ist, um eine Gefährdung des Kindesvermögens durch diesen Elternteil abzuwenden.

VI Die Kosten der angeordneten Maßnahmen trägt der Elternteil, der sie veranlaßt hat.

1) Die bish (§§ 1667 ff aF) Staffelg von **Sicherungsmaßnahmen gegen eine Gefährdung des Kindesvermögens** nach der Schwere des Eingr wird aufgegeben u stattdessen auf die Erforderlichk der Maßn abgestellt, I. Unabh v den Voraussetzgen des § 1640 kann das VormschG den Elt die Einreich eines VermVerzeichn u Rechngslegg auferlegen, II, sowie anordnen, daß die Elt mit Wertpapieren u Kostbarkeiten wie ein Vormd verfahren sowie daß Geld des Kindes in best Weise angelegt u nur mit Gen des VormschG abgehoben w, III. Dem das KindesVerm gefährdenden EltT kann SicherhLeistg abverlangt w, IV. Das VormschG kann schließl als äußerste Maßn dem das Verm des Kindes gefährdden EltT die VormSorge ganz od teilw entziehen, V, wobei für sämtl Maßn die Kosten der sie verursachde EltT trägt, VI.

2) Voraussetzungen für ein Eingreifen des Vormundschaftsgerichts, I: a) Auf seiten der Elt alternativ ein **aa)** aGrd der §§ 1640 ff pflichtwidriges Verhalten, zB Nichtgeltdmachg v VermächtnAnspr (BayObLG FamRZ **82**, 640), nachläss Prozeßführg. Eine drohde, dh noch nicht erfolgte, aber nach den Umst des Falles nicht ganz fern liegde PflVerletzg reicht aus (BT-Drucks 8/2788 S 60). Od **bb)** ein ggf auch unverschuldeter Verfall des elterl Vermögens (KG JW **32**, 1387), wie stand fortschreitde VermVerminderg, fruchtlose Vollstreckgen, Wechselproteste. Konk s § 1670. – **b)** Gefährdg des KindesVerm, dh dessen drohde Verminderg, insb auch dch die nicht von der Hand zu weisde Befürchtg eines ordngswidr Verbrauchs der Kindesgelder. Die VermVerminderg braucht noch nicht eingetreten zu sein, der Eintr des Schadens muß aber naheliegen (Ffm NJW **53**, 67; FamRZ **63**, 453). – **c)** Ursächl Zushg zw der VermEntwicklg aS der Elt u der Gefährdg des KiVerm („dadch"). Bestehen für Übergriffe od auch unverschuldete FehlHdlgen der Elt keinerlei Anhaltspkte, ist auch der Eingr des VormschG nicht gerechtf.

3) Rechtsfolge: Liegen die Vorauss von Anm 1 vor, so hat das VormschG dch den RPfleg (BayObLG FamRZ **83**, 528) die **zur Abwendung der Gefahr erforderlichen Maßnahmen** zu treffen, **I.** Hierfür kommen nicht mehr stufenweise AnOen (Vorlage eines VermVerzeichn, SicherhLeistg, Entziehg der VermSorge) in Betr, sond der Wertmaßstab für das Vorgehen des Ger ist allein die Erforderlichk der Maßn, so daß in schweren Fällen die sofort Ablösg der elterl VermSorge gestattet ist. Die in Betr kommden Maßn ergeben sich aus II–V, die selbständ nebeneinander treten (BT-Drucks 7/2060 S 30). Entziehg der VermSorge u ErgänzgsPflegsch etwa zur Geltdmachg v VermächtnAnspr (BayObLG FamRZ **82**, 640). Anhörg der Elt obligator (FGG 50a), des Kindes, sof angezeigt (FGG 50b II 2), Einf 4b vor § 1626. Es kommen sämtl

§§ 1667–1670

Maßregeln in Betr, soweit geboten u vom Ges zugelassen (Neust MDR 55, 479), zB Verbot der Einziehg des Kindeslohns (KG JFG **14**, 427); mündelsichere Anlegg v Geld u Wertpapieren (BayObLG FamRZ **79**, 71); Aufl, allein geeign ProzBevollm für den KindesRStr zu bestellen (KG JFG **22**, 179). Der Inh der VermSorge kann in der Art der Verwaltgsbetätig beschrkt w, zB dch einen **Sperrvermerk** auf dem BankKto des Ki dahin, daß Abhebgen ggf auch v Zinsen (BayObLG DAV **89**, 512) nur mit Gen des VormschG erfolgen dürfen (MüKo/Hinz 9); der VermSorgeInh kann ferner gerichtl Aufsicht unterstellt w, wobei ihm aber die VermVerwaltg als solche belassen bleibt. Mündelsperrvermerk nicht ausr, wenn nachteilige Vfgen über sonstige Einkfte od Grdste zu befürchten sind. Sperranweisg an die ktoführde Spark bewirkt keine Sperre des Sparbuchs des Mj (BayObLG FamRZ **77**, 144). **Verzeichnis des Kindesvermögens, II** (vgl § 1640), aber nicht für GesGut bei fortges GütGemsch (BayObLG JFG **1**, 58). Rechngslegg dch beide Elt gemeins aus Grden des Kindesschutzes; also nicht nur Pflegerbestellg, da es sich hier nur um mangell VermVerw handelt, nicht um eine Verhinderg an dieser (KGJ **35** A 11). Wg der Aufnahme des Verzeichn durch zust Behörde, Beamten od Notar § 1377 Anm 3, § 1640 Anm 4. Das VormschG kann ferner die Art u Weise der **Anlegung von Geld** u Wertpapieren bestimmen (vgl § 1642 Anm 2) u ferner anordnen, daß zur Abhebg des Geldes die Gen des VormschG erfdl ist, **III 1.** Hierbei ist vor allem an Spargelder des Kindes gedacht. Bezgl SichergsMaßn für **Wertpapiere,** Kostbarkeiten oder BuchFdgen gg den Bu u die Länder verweist das Ges auf die entspr Best des VormschR, **III 2.** Das VormschG kann ferner **Sicherheitsleistungen** anordnen, **IV,** was nicht mehr davon abhäng ist, daß die anderen Maßn des VormschG vergebl waren. Dem EltT soll damit die Möglk gegeben w, die Entziehg der VermSorge abzuwenden (KG JFG **15**, 19). Art der SicherhLeistg nicht an §§ 232ff gebunden, **IV 2.** Erzwingg der SicherhLeistg anders als bei § 1844 nicht n FGG 54; das Kind hat keinen gesetzl Hypothekentitel am Grdst seiner Elt. HypBest kann den Elt zwar nach I aufgegeben w; die Bewilligg darf aber gem **IV 4** nur mittelb dch Androhg der Entziehg der VermSorge erzwungen w. Vertretg des Kindes bei der SicherhBestellg, **IV 3:** Pflegerbestellg (§§ 1629 II, 1909) soll im Interesse der Eilbedürftigk vermieden w. VormschG stellt Antr beim GBA in Vertretg des Kindes auf Eintr der von dem EltT bewilligten Hyp (GBO 13), da FGG 54 nicht anwendb. Gilt auch bei Änderg (s § 1844 II), nicht aber, wenn SicherhLeistg vertragl od freiw (also nicht auf Veranlassg des VormschG nach § 1667) erfolgt war od elterl SorgeR beendet ist (§§ 1733, 1822 Z 13). Kosten (KostO 94 I Z 3) trägt auch hier der EltT, dessen Verhalten die Maßn notw gemacht hat (VI). Als äußerste Maßregel kommt schließl die **Entziehung der Vermögenssorge** in Betr, **V.** Nach dem Grds der Verhältnismäßigk setzt die Entziehg allerd voraus, daß es geboten ist, dh daß zur Beseitigg des konkr Gefährd kein anderes Mittel mehr vorh ist, wie zB ein notar VermVerzeichn gem II 3 (LG Münst DAVorm **81**, 604), nicht mehr dagg, daß EltT den vom Ger wirks getroffenen und Maßregeln trotz Androhg eines ZwGeldes (FGG 33) nicht nachkommt (anders noch für die aF BayObLG FamRZ **79**, 71). Ggf reicht eine teilw Entziehg der VermSorge aus, zB hins einzelner VermGgste (BT-Drucks 8/2788 S 60). Keine Entziehg bei Verwendg des KiVerm zu dessen Unterh (BayObLG FamRZ **89**, 65). **Folgen** der Entziehg der VermSorge: Herausg des Verm § 1698; Pflegerbestellg § 1909. Bei nachträgl Änderg der Verhältn Aufhebg der Entziehg nach freiem Ermessen (§ 1696). Neben § 1667 auch Arrest nach ZPO 916ff denkb (RG JW **07**, 203). Wg Verf § 1666 Anm 7. Zustdgk FGG **43**, 36; RPfleger entsch (RPflG 3 Z 2a). Anhörg der Elt, Kindes u Dr gem FGG 50aff (Einf 4b vor § 1626). Kostentragg **VI.** Gebühren KostO 94 I Z 3. Die Maßn n § 1667 sind in angem Zeitabständen (§ 1666 Anm 7) zu **überprüfen** (§ 1696 III) u aufzuheben, wenn eine Gefahr für das KiWohl nicht mehr besteht (§ 1696 II). BeschwR der Angehörigen des Kindes bei Ablehng od Aufhebg einer Maßn (FGG 57 I Z 8).

1668 Anzeige von Konkurs- und Vergleichseröffnungsantrag an das Vormundschaftsgericht. (Aufgehoben durch Art. 1 Z 9 des UÄndG)

1669 Entziehung der Vermögensverwaltung. (Aufgehoben durch Art 1 Z 18 des SorgRG; der Inhalt der Vorschrift ist nach § 1667 nF übertragen.)

1670 Konkurs.
^IDie Vermögenssorge eines Elternteils endet mit der Eröffnung des Konkursverfahrens über sein Vermögen; beantragt der Elternteil selbst die Eröffnung des Konkursverfahrens über sein Vermögen, so endet seine Vermögenssorge bereits mit der Stellung des Konkursantrages.

^{II}Wird das Konkursverfahren beendet oder wird der Eröffnungsantrag des Elternteils abgewiesen, so hat das Vormundschaftsgericht dem Elternteil die Vermögenssorge wieder zu übertragen, soweit dies den Vermögensinteressen des Kindes nicht widerspricht.

Schrifttum: Knöchlein Rpfleger **58**, 5.

1) Die Vorschr behandelt den Einfl v KonkEröffng u -beendigg auf die elterl VermSorge. Der **Konkurs eines Elternteils, I** (KO 108, 71–73), beendet die Ausübg seiner VermSorge, dh VermVerw u VermVertretg auch, wenn Kindesgut überh nicht vorhanden (KGJ **38** A 15), u zwar von Ges wg. Dadch soll erreicht w, daß sich der Zeitpkt der Beendigg der VermSorge aus dem gerichtl Beschl über die Eröffng des KonkVerf, der die Stunde der Eröffng ausweist (KO 108), ergibt (BT-Drucks 8/2788 S 61). Da bei den Erfahrgen der Praxis das Verm des Kindes häufig bis zur Rechtskr des KonkEröffngsBeschl bereits aufgebraucht ist, entfällt die VermSorge eines EltT bereits mit der Wirksamk des EröffngsBeschl od, wenn der EltT selbst die KonkEröffng beantr hat, mit der Stellg des KonkAntr. In diesem Falle ist das Verm des Kindes regelm schon im Ztpkt der AntrStellg gefährdet. Bei einem KonkAntr vS eines Gläub des EltT ist dagg im Hinbl darauf, daß der Antr möglicherw nicht gerechtf ist, der Verlust der VermSorge kraft Ges vor KonkEröffng nicht angem (BT-Drucks 7/2060 S 31). § 1670 trifft auch zu, wenn EltT Teilhaber einer OHG ist (KGJ **43**, 36). Herausg des KiVerm § 1698. VormschG hat zu prüfen, ob eine AnO, daß die VermSorge allein dem and EltT zusteht, mit dem Wohle des Ki vereinb ist; bejaht es das, so trifft es diese AnO, andernf bestellt es einen Pfleger, wodch auch der and EltT die VermSorge verliert (§ 1680). Die elterl Sorge des Betroff u ggf auch des and EltT bleibt iü unberührt. Der Betroff hat keine VermSorge, wenn Ki im Laufe des KonkVerf Verm erwirbt, er erwirbt sie dagg, wenn es nach Beendigg (KO 163, 190, 204) geboren wird. Zu Maßn bei bl VermVerfall vgl § 1667, der ggf auch bei AnO des VerglVerf über das Verm eines EltT od bei Abgabe der eidesstattl Versicherg gem ZPO 807, 899 ff eingreift (BT-Drucks 7/2060 S 31).

2) Wiederübertragung, II. Nach Beendigg des Konk muß VormsG dem EltT die VermSorge wieder übertr, sof dies dem Kindeswohl nicht widerspricht. Dabei muß dem Vorrang des EltR Rechng getragen. Besteht nach KonkBeendigg die schlechte VermLage des EltT noch fort, dann RückÜbertr u, wenn diese Maßn den VermInteressen des Kindes nicht widerspricht (BT-Drucks 7/2060 S 31). Entsch des VormschG im BeschwWege nachprüfb (aM BayObLG **2**, 407).

3) Zuständigkeit FGG 43, 36. Ob Pflegsch anzuordnen, Entsch des RPflegers (RPflG 3 Z 2a). Zur Anhörg v Elt, Kind u Dr FGG 50a ff (Einf 6b vor § 1626).

1671 **Elterliche Sorge nach Scheidung der Eltern.** [I]Wird die Ehe der Eltern geschieden, so bestimmt das Familiengericht, welchem Elternteil die elterliche Sorge für ein gemeinschaftliches Kind zustehen soll.
[II]Das Gericht trifft die Regelung, die dem Wohle des Kindes am besten entspricht; hierbei sind die Bindungen des Kindes, insbesondere an seine Eltern und Geschwister, zu berücksichtigen.
[III]Von einem übereinstimmenden Vorschlag der Eltern soll das Gericht nur abweichen, wenn dies zum Wohle des Kindes erforderlich ist. Macht ein Kind, welches das vierzehnte Lebensjahr vollendet hat, einen abweichenden Vorschlag, so entscheidet das Gericht nach Absatz 2.
[IV]*Die elterliche Sorge ist einem Elternteil allein zu übertragen.** Erfordern es die Vermögensinteressen des Kindes, so kann die Vermögenssorge ganz oder teilweise dem anderen Elternteil übertragen werden.
[V]Das Gericht kann die Personensorge und die Vermögenssorge einem Vormund oder Pfleger übertragen, wenn dies erforderlich ist, um eine Gefahr für das Wohl des Kindes abzuwenden. Es soll dem Kind für die Geltendmachung von Unterhaltsansprüchen einen Pfleger bestellen, wenn dies zum Wohle des Kindes erforderlich ist.
[VI]Die vorstehenden Vorschriften gelten entsprechend, wenn die Ehe der Eltern für nichtig erklärt worden ist.

* IV 1 nichtig gem Urt des BVerfG v 3. 11. 82, BGBl I S 1596 = NJW **83**, 101. Vgl iü Anm 2b.

Schrifttum: Arntzen, Elterl Sorge u persönl Umgg mit Kindern aus gerichtspsycholog Sicht, Mü 1980; Ell, Trenng – Scheidg – u die Kinder? Stgt 1979; ders ZBlJugR **80**, 319 (Psycholog); Münder RdJB **81**, 82; Klußmann, Das Ki im RechtsStr der Erwachsenen, Mü 1981; Coester, Das Kindeswohl als Rechtsbegriff 1983 u NJW **81**, 961; Knöpfel NJW **83**, 905 (Gemeins SorgeR); Luthin FamRZ **84**, 114; Kropholler JZ **84**, 164; Thalmann ZBlJugR **83**, 249 (JugA-Bericht); Rassek, Begriff u Bestimmg des KiWohls, Ffm usw 1983 (Coester FamRZ **84**, 132); Lempp u Hinz ZfJ **84**, 305 u 529; Finger Jura **84**, 133 u DRiZ **85**, 91; Luthin FamRZ **85**, 565 (2 gemeins SorgeR); Ell ZfJ **86**, 289; Kaltenborn FamRZ **87**, 990 [psycholog]; Magnus RdJB **88**, 158; Luthin ZAP **89**, Fach 11, 93; Lidle-Haas, Das Ki im SorgeRVerf bei der Scheidg, 1989. Zu früh Lit 42. Aufl.

1) a) Geschichte: Vgl 47. Aufl. **b) Struktur des § 1671:** I gibt den AnknüpfgsPkt für das Tätigwerden des FamG u den RegelgsGst an. Anlaß für das Eingreifen des FamG ist die Scheidg der Ehe der Elt, welcher nach VI die NichtigErkl ihrer Ehe gleichsteht. RegelgsGst ist die Zuweisg der elterl SorgeR für die aus der Ehe stammden Kinder. Als nächstes ist zu unterscheiden zw dem zuläss Inhalt der SorgeR-Entsch u den Kriterien, mit deren Hilfe die Entsch vom FamG gewonnen wird. Letztere müssen dem Ger helfen, ijF die Regelg zu finden, die dem Wohl des Kindes am besten entspricht, II, da das KiWohl ist für das FamG der leitende Maßstab. Iü gibt das Ges dem Richter für seine Entsch gewisse zusätzl Anhaltspkte: so sind Bindgen des Kindes, insb an seine Elt u Geschwister, besonders zu berücks, II 2. Halbs; von einem übereinstimmden Vorschl der Elt soll das Ger nur abweichen, wenn dies zum Wohl des Kindes erforderl ist, III 1; macht dieses nach Vollendg des 14. LebensJ seiners einen abweichenden Vorschl, so entscheidet das Ger nach der in II festgelegten allg Bestimmg, III 2. Der Vorschl der Elt hat keinen Vorrang iS einer rechtl Bindgswirkg (die dch den abweichden KiVorschl aufgehoben w könnte), da der Richter ijF verpfl ist, auch den EltVorschl an dem allg KiWohl zu überprüfen, u – falls erforderl – davon abzuweichen (vgl unten Anm 4). Das KiWohl entscheidet auch iüb über die Anwendg der verschiedenen Regelgsmöglichkten, bei denen nunmehr dem Inhalt nach folgde Gestaltgen in Betr kommen; Die elterl Sorge ist ungeteilt auf einen EltT allein zu übertr, IV 1, darf also nicht beiden Elt belassen w. Dagg darf die VermSorge von der PersSorge abgesplittert u auch noch in sich geteilt w; wenn näml die VermInteressen des Kindes es erfordern, kann die VermSorge, aber auch nur sie, ganz od teilw dem and sorgeberecht EltT übertragen w, IV 2, währd die PersSorge in sich stets ungeteilt bleibt iR der Entsch nach § 1671. Das Ger kann auch die PersSorge u die VermSorge zus od getrennt einem Vormd od Pfleger übertragen, V 1, ebso wie ein Unterhaltspfleger bestellt w kann, V 2. – **c) Regelungsbereich.** § 1671 bezieht sich nur auf **gemeinschaftliche Kinder**, I; das sind auch die dch Eheschl legitimierten (§ 1719), ebso gemeschaftl angenommene (§ 1754 I). § 1671 gilt nur, wenn beide Elt noch leben, da er nur die Verteilg der elterl Sorge der Eheg zum Ggst hat. Bei Tod eines EltT gilt § 1681 I. Die Best gilt jedoch nicht nur bei Scheidg der Ehe der Elt, sond auch iF ihrer NichtigErkl (VI) u auch bei ihrer Aufhebg (EheG 37 I). Wg der SorgeRVerteilg bei Ehen, die nach TodesErkl dch Wiederverheiratg aufgelöst w sind, vgl § 1681 II 3. § 1671 gilt auch, wenn die elt Sorge des einen EltT ruht,

§ 1671 1, 2

da sie sonst bei Wegfallen des Grdes hierfür wieder ausgeübt w könnte (Bonn NJW **64**, 1136). Zum Ruhen der elt Sorge nach deren Übertr gem § 1671 vgl § 1678 II. Wg des Übergangs bei Verwirkg des SorgeR dch den Berecht s § 1666. Wg der Kinder aus nichtigen Ehen vgl Anm 5. Bei Getrenntleben der Elt gilt § 1672. Ist Kind im Ztpkt der Entsch adoptiert, so ist eine gleichw erfolgte Übertr der elt Sorge auf einen leibl EltT sachl unwirks (BayObLG FamRZ **68**, 257). Wg des Verhältn v § 1671 zu § 1666 dort Anm 2; dieser wird dch § 1671 weitgehd ausgeschaltet, vgl iü § 1696.

2) Regelungsmöglichkeiten im Rahmen der Sorgerechtsentscheidung, I, IV, V. Das FamG hat die personelle Entsch darüber, wem von den beiden Elt das SorgeR zustehen soll, am Wohl des Kindes (Anm 3) auszurichten, I. Das KiWohl gibt uU aber auch Anlaß zu differenzierteren inhaltl Gestaltgen, deren Möglichkten das Ges in IV u V im einzelnen, aber abschließd fixiert. Die Orientierg der SorgeRegelg am KiWohl ist verfassgskonform (BVerfG FamRZ **80**, 764). Zur Unterscheidg der elterl Sorge in PersSorge u VermSorge § 1626 Anm 4.

a) Die Regelgestaltg ist die **Übertragung der elterlichen Sorge in ihrem gesamten Umfang auf einen Elternteil, I, IV 1.** Grdsätzl erhält der betreffde EltT, dem das SorgeR zuerkannt w, Pers- und VermSorge einschließl der Vertretg des Kindes (§§ 1626 I, 1629 I 3). Von dieser Regel darf nur iS der Anm c-d und nur dann abgewichen w, wenn es das Kindeswohl erfordert (IV, V). Allg Zweckmäßig Erwägen reichen hierfür nicht aus. Auch dem mj EltT kann die elterl Sorge übertr w; da er aber das Kind bis zu seiner eig Volljährigk nicht vertreten u die VermSorge ebenf nicht ausüben kann (vgl § 1673 II), ist bis zu diesem Ztpkt ein Vormd zu bestellen, neben dem ihm die PersSorge zusteht (BayObLG **67**, 283; LG Stgt FamRZ **65**, 335 mAv Schwoerer).

b) Die elterl Sorge ist grdsätzl einem EltT allein zu übertr, **IV 1**; zG des and EltT ist allenf, wie sich aus IV 2 ergibt, die VermSorge abspaltb u in sich teilb. Aus dieser Regel folgt – wg der sonst angebl auftretden Schwierigkten einer klaren Abgrenzg (BT-Drucks 7/2060 S 32) – der **Grundsatz der Unteilbarkeit der Personensorge**, wonach vor allem u im Ggsatz zu V (vgl Anm 2d) die Abspaltg des AufenthaltsbestimmgsR zG des and, nicht sorgeberecht EltT unzul ist (Hamm FamRZ **79**, 177; Zweibr FamRZ **83**, 1055). Unzul ist es ferner, dem Vater eine ZustimmgsBefugn zur Wohnsitzwahl od ein Recht zur Überprüfg der Schulzeugn vorzubehalten (Mü FamRZ **78**, 620); ferner das PersSorgeR auf die den Zeugen Jehovas angehörde Mutter zu übertr mit Ausn des R zur rel Kindererziehg u zur Bestimmg einer Bluttransfusion (BayObLG FamRZ **76**, 43). Doch kann das R zur rel Erziehg Anlaß geben, dem and Teil überh das SorgeR zu übertr (BayObLG NJW **63**, 590). Eine Teilg des PersSorgeR läßt sich faktisch auch dch eine gleichzeit od spätere AnO nach § 1666 erreichen (BayObLG FamRZ **63**, 192); die allerd vom VormschG erlassen w muß, zB in Form einer gesonderten Übertr des AufenthBestR (Hamm FamRZ **58**, 145; KG ZBlJugR **71**, 183). Unzul sind TeilEntsch, in denen ledigl die Nichtzuteilg der elterl Sorge ausgesprochen, die Zuteilg auf den and Teil, einen Vormd od Pflege aber offengelassen w (BayObLG FamRZ **68**, 268). Weitere Bspe iR des zuläss Inhalts von EltVorschlägen Anm 4. – Aus dem Grdsatz der Unteilbark der PersSorge folgt nach der GesFassg des SorgeR schließl, daß es unzul sein sollte, den beiden Elt nach der Scheidg **das gemeinsame Sorgerecht zu belassen** (Erhebg FamG Hbg: Magnus/Dietrich FamRZ **86**, 416; rechtsvergleichd: Kropholler JR **84**, 89; ferner Ditzen FamRZ **87**, 239; Schütz ZfJ **87**, 189; Jopt FamRZ **87**, 875; Luthin, Gemeins SorgR nach der Scheidg, 1987; Finger DRiZ **88**, 12; Dörr NJW **89**, 691; Limbach, Gemeins Sorge geschiedener Elt, Hdlbg 1988). Das BVerfG hat diese Best des IV 1 für verfassgswidr erklärt (BVerfG NJW **83**, 101; zur vorangegangenen Diskussion vgl mit sämtl Nachw 42. Aufl). Ein gemeins SorgeR der Elt nach Scheidg ihrer Ehe muß auch danach Ausnahme bleiben (AG Arnsbg FamRZ **85**, 424) u kommt nur in Betr, wenn beide Elt gewillt sind, die gemeins Verantwortg für ihr Kind auch nach der Scheidg weiter zu tragen, sie darüber hinaus voll erziehgsfäh sind u auch iü keine Grde vorliegen, die im Interesse des KiWohls die Übertr des SorgeR auf einen EltT angezeigt erscheinen lassen. Die Entsch des BVerfG ist nicht so zu verstehen, daß die Elt dem FamG nur vorzuschlagen brauchten, es bei den bisher gemeins SorgeR zu belassen; vielm hat der FamRi in jedem einz Fall zu begründen, daß das KiWohl diese Regelg erfordert. Nach Bambg FamRZ **88**, 752 hat das FamG darauf hinzuwirken, daß die Voraussetzgen für das Funktionieren gemeins elt Sorge geschaffen w. Es besteht keine Bindg des Richters an den Vorschlag der Elt (Knöpfel NJW **83**, 908; aA AG Bln-Charl u KG FamRZ **83**, 420 u 648 m abl Anm Luthin). **Reform:** Ein Eingreifen des GesGeb ist zZ unnöt (Schmidt-Räntsch FamRZ **83**, 17; zu ausländ Erfahrgen: Kaltenborn FamRZ **83**, 964), wenn das FamG die **4 Voraussetzungen** (vgl auch AG Arnsbg FamRZ **86**, 1145 m umfgreicher ZusStellg v Kriterien) für die Belassg der gemeins SorgeR bei beiden EltT beachtet: (1) Volle Erziehgsfähigk beider Elt; (2) der Wille beider Elt, die Verantwortg weith gemeins zu tragen (Hbg FamRZ **85**, 1284; Bambg FamRZ **87**, 509); daran fehlt es, wenn ein EltT dem Antr des and entgegtritt (Bambg FamRZ **88**, 752 mA Luthin). Vorauss also ein übereinstimmender Vorschlag der Elt (Hamm FamRZ **88**, 753). (3) Es fehlt an Grden, die eine Übertragg des SorgeR auf einen EltT angezeigt erscheinen lassen. Desh kein gemeins SorgeR, wenn die Elt sich den Ki ggü ggseit ausspielen (Karlsr FamRZ **87**, 89). Ferner kommt es auf die Bereitsch des Ki zu regelmäß Kontaktpflege mit beiden Elt an (Lempp ZBlJugR **84**, 308). (4) Der Ri gewinnt die Überzeugg, daß die Elt in der Lage sein w, ihre EltVerantwortg auch nach der Scheidg gemeins auszuüben (Ffm FamRZ **83**, 759), was vornehml dch eine schon geübte Prax nachgewiesen w kann. Liegen diese Voraussetzgen vor, steht selbst eine weite Entferng dem gemeins SorgeR nicht entgg, wenn der eine EltT sich auf Ferienbesuche beschränkt u die aktuellen Regelgen dem and EltT überläßt (Celle NJW **85**, 923). Dagg rechtfertigt eine liebevolle Beziehg des Ki zu jedem EltT allein kein gemeins SorgeR, wenn dieses von einem EltT abgelehnt wird u zw den Elt dauerh MeingsVerschiehen bestehen (KG FamRZ **89**, 654).

c) Das Ges läßt eine **Aufteilung der Personensorge und der Vermögenssorge auf beide Eltern** zu, **IV 2**. Die bl Zweckmäßigk einer solchen Aufspaltg reicht dafür nicht aus. Die Verteilg muß sich vielm als notw erweisen, weil sie allein mRücks auf die verschiedenart Eigng der Elt das Kindeswohl wahrt (KG FamRZ **62**, 434), so, wenn die Mutter die Voraussetzgen für eine Verw des vorhandenen KindesVerm nicht erfüllt od der Vater mRücks auf seine Beschäftigg (Reisetätigk) sich der Kindeserziehg nicht widmen kann u sie Dr überlassen müßte (sa Anm 4). Mögl die Abspaltg der Pers- od der VermSorge als solcher (einschließl der zugehörigen Vertretg) od einzelner Bestandteile der VermSorge („ganz od teilw"). Im Einzelfall kann es zur Wahrg der VermInteressen des Kindes erfdl sein, nur Teile der VermSorge auf einen EltT zu übertr (BT-Drucks 8/2788 S 63), beispielsw die Verw eines am Wohnsitz des Vaters gelegenen Grdst, wenn die sorgeberecht Mutter mit dem Kind wegzieht. Findet eine Aufteilg von Pers- u VermSorge statt, so ist die Geltdmachg des **Unterhaltsanspruchs** der PersSorge zuzurechnen. Der UnterhAnspr des Kindes kann dch einen EltT gg den and geltd gemacht w, u zwar währd des Getrenntl gem § 1629 II 2, währd des ScheidgsVerf iW der Prozeßstandsch (§ 1629 III), nach Übertr der elterl Sorge gem § 1629 I 3.

d) Übertragung an Vormund oder Pfleger, V, wenn erforderl, um Gefahr für das Wohl od für das Verm des Kindes abzuwenden. Also scharfe Anfordergen wie in §§ 1666, 1666a. Verschulden der Elt nicht erfdl. Es entspricht GG 6 III, daß ein Kind nur dann von der Fam getrennt w, wenn die ErzBerecht versagen. Versorgg in einer PflegeFam wg reg berufstätig des Vaters reicht für V nicht aus (Düss FamRZ **88**, 1195). Auswahl u Bestellg des Vormds dch VormschG (BGH NJW **81**, 2460); Bestimmg der Pers des Pflegers obliegt aber dann dem FamG, wenn die Übertr der PersSorge auf eine best Pers, insb einen Verwandten, geboten ist (Stgt FamRZ **78**, 830; Kblz FamRZ **81**, 1004). Kann beiden Elt weder Pers- noch VermSorge übertr w, dann Vormd (§ 1773), sonst Pfleger (§ 1909), wodch jedoch das UmggsR der Elt (§ 1634) nicht berührt w. Alternativen zu V sind die Belassg der elt Sorge bei einem EltT, verbunden mit einer (dann allerd dch das VormschG anzuordnenden) Erziehgsbeistandsch gem JWG 55, 57 JWG (Zweibr DAV **86**, 891; krit Ollmann DAV **87**, 93) od die Übertragg an das **Aufenthaltsbestimmungsrechts** auf einen Pfleg, die allerd auch iR einer vorläuf AO nur unter den Vorauss des V zul ist (Hamm FamRZ **88**, 199). Soll nur die PersSorge einem Dr übertr w, dann AnO einer Pflegsch, nicht Vormsch (Stgt FamRZ **78**, 830). Die AnO einer solchen **Aufsichtspflegschaft** dch das FamG kommt in Betr, wenn sich die Verhältn bei der alkoholgefährdeten Mutter zu stabilisieren beginnen (Oldbg DAVorm **80**, 37). Verlangt es das Wohl des Kindes, so kann ihm gem **V 2** für die Geltdmachg von UnterhAnsprüchen iGgsatz zu § 1685 auch vAw ein **Unterhaltspfleger** bestellt w, um dem sorgeberecht EltT insb bei geringer Leistgsfähigk des and EltT einen Interessenkonfl zu ersparen (BT-Drucks 7/2060 S 34). Da es sich bei V um eine Regelg iR der Scheidg handelt, ist Vorausstzg, daß beide Elt leben. Lebt nur ein EltT, so hat er kraft Ges die allein elt Sorge (§ 1681 I), die ihm nur über § 1666 gen w kann (BayObLG FamRZ **57**, 177). Da den Elt nur das unbedingt Erforderl gen w darf, ist auch die Übertr einz Bestandteile (vgl § 1666 Anm 5) iRv V im Ggsatz zu IV 1 (Anm b) mögl (BayObLG NJW **64**, 1419), wenn dadch Gefahr für das Kind ausgeschl w, so das AufenthBestimmgsR, wobei für die AnO der Pflegsch (nicht die Auswahl) das FamG selbst dann zust ist, wenn nach geschied Ehe Maßn nach § 1666 zu treffen sind (Hamm FamRZ **78**, 941). Übertr der PersSorge insges auf Pfleger bei sittl bedenkl Lebensführg der Mutter (Hamm FamRZ **73**, 148); wohl kaum mehr dagg bei bl ZusLeben eines EltT mit einem Verheirateten (and noch KG FamRZ **68**, 98); überh ist bei sittl Bedenken zu prüfen, ob eine Trenng des Kindes von beiden Elt nicht eine stärkere Gefährdg des KiWohls bedeutet (KG NJW **68**, 1680). Kommt die Sorge des EltT, dem sie allein übertr wurde, auf nicht absehb Zeit zum Ruhen, so hat das FamG diese zwar auf Antr dem and zu übertr (§ 1678 II); würde aber hierdch das KiWohl gefährdet, so kann gem V von der Übertr abgesehen u die elterl Sorge einem Vormd übertr w. **Wegfall der Voraussetzungen** des V führt automat, also unabh vom Interesse des Kindes an einer Änd der Regelg, zur Aufhebg der Vormsch- bzw PflegschAnO. Begründg dafür umstr: Unmittelb Folge von V (KG FamRZ **68**, 262); § 1919 direkt od analog (Staud-Schwoerer 129) od Vorauss Wegfall als trift Grd iSv § 1696 (Stgt FamRZ **75**, 221). Nach Hamm FamRZ **67**, 412 anschließd Bindg an früh Vorschlag der Elt. Vgl iü, insb zur Wiederheirat der Elt, Anm 6d. Das FamG hat die Maßn gem V, weil v Natur aus v längerer Dauer, ow in angem ZeitAbstden zu überprüfen u bei Wegfall der Kindeswohlgefährdg aufzuheben (§ 1696 II, III). Ist ein Vormd od Pfleger bestellt u **stirbt** einer der gesch Eheg, so bleibt es bei der Entsch des FamG (§ 1681 I 3); der Grds v § 1681 I 1 kann angesichts der Entsch des FamG, das die Eigng beider Elt verneint hat, nicht gelten (aA noch Brem FamRZ **79**, 448, das neue Maßn dem § 1666 dch VormschG verlangt). Für die Pflegsch ergibt sich Fortgeltg der AnO aus § 1919 (Hamm NJW **54**, 1814; aA Hildesh NJW **66**, 1220; Pflegsch wird mit dem Tode eines EltT wirkgslos). Spätere EhelichkAnfechtg berührt VormdBestellg nicht, so daß nicht etwa Maßn gem § 1666 gg die nach § 1705 entstandene elt Sorge der Mutter erforderl wird (Nürnbg DAVorm **74**, 622). Vgl iü zur Notwendigk von V 1 ggü § 1666 BT-Drucks 8/2788 S 63. Ist gem V das JugA zum Vormd bestellt worden, Entlassg nur gem § 1887 mögl (BayObLG MDR **77**, 140).

3) Entscheidung des Familiengerichts ohne Vorschlag der Eltern, II. Billigt das FamGer den Vorschl nicht od haben die Elt einen Vorschl nicht vorgel od können sie sich nicht einigen, trifft das FamG die Regelg, die dem **Kindeswohl** am besten entspricht, obw das Ki keinen Anspr auf die obj bestmögl, sond nur auf eine pflichtgemäße, seinen LebVerhältn entsprechde Erziehg hat (AG MöGladb FamRZ **81**, 84). Das FamG hat dabei vAw die ges Verhältn zu berücks u die Für u Wider abzuwägen. Das Wohl des Kindes bedeutet dasselbe wie in JWG 1 I das R des Kindes „auf Erziehg zur leiblichen, seelischen u gesellschaftl Tüchtigk". Entscheidd allein die Belange des Kindes, nicht „moralische Anrechte" eines EltT auf das Kind (aA Erm-Ronke 24); ebsowen wie Alter u Geschlecht des Kindes ein Vorrecht dh einen EltT begründen od EltT benachteiligen (BayObLG FamRZ **75**, 226). Schlagwortartig zusgfaßt ist iR der KiWohlPrüfg die Persönlichk u die erzieherische Eigng der Elt, ihre Bereitsch, Verantwortg f die Kinder zu tragen, u die Möglichken der Unterbringg u Betreuung zu berücks, wozu als wesentl Faktoren die emotionalen Bindgen der Ki zu den Elt u and Pers treten (Brschw DAVorm **80**, 417). Bei der SorgeRVerteilg haben **Mutter und Vater gleiche Rechte**. Das Ki braucht eine stabile BezugsPers als GeborgenhRahmen (Ffm DAVorm **80**, 944). Egoismus u Gefühlskälte sind häuf nicht nur ScheidgsGrde, sond nehmen dem betr EltT idR auch die Erziehgseigng. Iü hat derj EltT Vorrang, der das Ki selbst betreuen will, wenn es beim and im wesentl den GroßElt überlassen bleibt (Düss FamRZ **83**, 293). Die unter a–c folgdn Grd- u Erfahrgssätze geben wertvolle **Orientierungshilfen**, wobei nur deren nicht im RangVerhältn anzuerkennen ist. Wer schlechthin erziehgsungeeignet ist, kann das SorgeR nicht erhalten; iü kann ein stärkeres Defizit in der ErzEigng dch entspr stärkere Bindgen des Ki aufgewogen w (KG FamRZ **83**, 1159). Bei SorgeRRegelg f mehrere Geschw sind die Entwicklgsinteressen aus der Lage eines jeden Ki heraus gesond zu betrachten (Karlsr FamRZ **84**, 311).

§ 1671 3a–c

a) Nach dem Förderungsprinzip erhält derj EltT die elterl Sorge, von dem das Kind f den Aufbau seiner Persönlichk die meiste Unterstütz erwarten k, insb bei Kleinkindern ist zu bevorzugen, wer das Kind pers betreuen kann, nicht dagg wer nach der Scheidg rasch wieder geheiratet hat (Stgt FamRZ **76**, 282). Dabei können äußere Umstde (soziale Stellg, BerufsausbildgsChancen, Güte der Unterbringg, Verpfleggsmöglichk), aber noch mehr seel u geist Gegebenh entscheiden. Auch kommt es weniger auf Vor- u Ausbildg als auf die innere Bereitsch an, das Kind zu sich zu nehmen u die Verantwortg für Erziehg u Versorgg zu tragen (Hamm FamRZ **80**, 484). Dem FördgsPrinzip kann uU auch das UmggsR geopfert w, etwa wenn das Ki dem irak Vater zugesprochen w (Düss FamRZ **86**, 296). Grdsl haben die gewachsenen Bindgen auch bei 3jähr Kind Vorrang ggü einer besseren äuß Versorgg (AG Bonn FRES **1**, 107). Im Falle der Trenng können unterschiedl, sich eigtl ergänzde Erziehgsziele v Mutter (emotional) u Vater (leistgsbezogen) uU als gleichwert behandelt w (Ffm FamRZ **78**, 261). IdR wird bei einem Kleinkind die das Kind tats betreuende Mutter aGrd dauerh gefühlsm Bindgen einen Vorsprung vor dem Vater haben (KG FamRZ **78**, 826; Müller-Freienfels JZ **59**, 399). Desh auch Übertr auf mj Mutter (BayObLG NJW **68**, 452). Aber es gibt keinen allg Erfahrgssatz, daß ein 3½jähr Kind eher zur Mutter gehört (Celle FamRZ **84**, 1035). Auch hier sind die ggwärt Verhältn u die zukftge Entwicklg bei beiden Elt zu berücks (KG FamRZ **78**, 826). Ist BezugsPers die Großmutter, von der berufstät Vater das Kind betreuen läßt, erh er elterl Sorge, auch wenn Mutter das Kind versorgen kann (LG Waldshut Just **73**, 139). Zur SorgeRÜbertragg auf lesbische Mutter f den 5jähr Sohn AG Mettmann FamRZ **85**, 529. Auch die Aids-Infektion (Stgt NJW **88**, 2620) od die Zugehörigk zu einer Sekte brauchen der SorgeRÜbertragg nicht entggzustehen (Hbg FamRZ **85**, 1284 Bhagwan). Trotz Aufgabe des Verschuldensprinzips kann nach wie vor krasses ehel Fehlverhalten die Erziehgsfähigk eines EltT in Frage stellen (Bambg FamRZ **85**, 528). Die ErzEignng kann, muß aber anderers auch nicht zwingend von einer haßerfüllten Einstellg ggü dem and EltT in Frage gestellt w (BGH NJW **85**, 1702).

b) Da Erziehg Aufbauen v Verhaltenskonstanten bedeutet, ist f die Entw des Kindes idR die Lösg am vorteilhaftesten, welche die **Einheitlichkeit und Gleichmäßigkeit der Erziehung** am wenigsten stört (Kln OLG **73**, 181; FamRZ **76**, 32). Auch die amtl Begrdg betont die Bedeutg dieses **Kontinuitätsgrundsatzes** (BT-Drucks 8/2788 S 61). Psycholog instruktiv Lempp NJW **63**, 1659. Das FamG hat desh die zukünft Entw z berücks u darf seine Entsch nicht nur auf vorübergehdes Verh stützen (BayObLG FamRZ **62**, 165). Das KontinuitätsPrinz entsch bei beidrseit ErziehgsEignng der Elt (Hamm FamRZ **86**, 715); ihm entspricht es ferner, Geschw in ländl Verhältn beim Vater zu belassen, selbst wenn dieser demnächst die Bewirtschaftg eines and Hofes übern will (Düss FamRZ **79**, 631). Auch keine Aufspaltg der elterl Sorge (Anm 2b); abgesehen v IV kann über fehldes wirtschaftl Verständn bei größerem KindesVerm Beistdsbestellg hinweghelfen, § 1685. Die Notwendigk, jeden unnöt Wechsel zu vermeiden, verbietet es, die elterl Sorge auf einen EltT nur bis zu einem best Ztpkt z übertr, von dem an sie dann dem and EltT zufallen soll (BayObLG FamRZ **65**, 51; Ffm NJW **62**, 920; aA KG FamRZ **67**, 294); wohl aber kann derj EltT, dem die elterl Sorge zuteil w, bei AuslandsAufenth, Wohngsschwierigk, Krankh od SäuglAlter des Kindes dem and EltT die tatsächl Sorge f das Kind begrenzte Zeit überlassen (Dölle § 97 IV 2). Das Kontinuitätsinteresse verlangt ferner, daß bei gleich guten Verhältn das Kind bei dem EltT bleibt, bei dem es bisher war (BayObLG NJW **53**, 626; Ffm FamRZ **78**, 261; s unten c). Versch religiöse Bekenntn der Elt sind ebenf nur unter dem GesPkt der Stetigk der Erziehg zu berücks. Anderers darf das KontInteresse **nicht überbewertet** w. Bei regelmäß Besuchskontakten ist eine Unterbrechg der Kontinuität dch einen AufenthWechsel weniger od sogar völlig unschädl (Arntzen, Elt Sorge u persönl Umgg, Mü 1980 S 18f). Entspr erhält Mutter das SorgeR, wenn der Vater die Erziehg des Kindes ohne eig mitbestimmden Einfl der Großmutter überließ (Hamm FamRZ **80**, 487). Die Kontinuität wird häuf dch die innere Stabilität des EltT bestimmt (Ffm FamRZ **82**, 531; Dörr NJW **89**, 691). Bes geringen Schutz verdient die **ertrotzte Kontinuität** (vgl Bambg FamRZ **87**, 185).

c) Einzelfälle. Berücks der tatsächl Abstammg trotz § 1593 (BayObLG JZ **62**, 442 m abl Anm Schwoerer).

aa) Besonderere Berücksichtigg verlangen die gefühlsmäß **Bindungen des Kindes** (Lit: Lempp FamRZ **84**, 741; Fthenakis FamRZ **85**, 662; Koechel FamRZ **86**, 637), vor allem an seine Elt u Geschw, **II 2. Halbs.** Entscheid für die Zuordng ist vor allem die Intensität der Beziehgen des Ki zu dem einen od and EltT (Stgt NJW **80**, 1229). Die Bindgen an einen EltT entscheiden uU auch dann, wenn dieser seinen Haß auf den and EltT weitergegeben h (BGH NJW **85**, 1702). Die Gefühlsbindg iVm der inneren Stabilität eines EltT kann wichtiger sein als der Nachteil, halbtags auf eine PflegePers angewiesen zu sein (Ffm FamRZ **82**, 531). Die Vater-Ki-Bindg entscheidet, wenn die 9j Tochter die slowen Vatersprache beherrscht u sie sich der seel Zuverlässigk der Mutter (3 Ehen) nicht sicher ist (Kln FamRZ **82**, 1232). Bei Berücks des KiWohls hat das FamG zu prüfen, zu welchem EltT die stärkeren Bindgen bestehen u in welchem Maß eine Trenng der Geschw von diesen als belastd empfunden würde, wobei im allg das gemeins Aufwachsen u die gemeins Erziehg v Geschw dem Wohle des einzelnen dient, so daß sich eine gesetzl Regelg erübrigte, nach der die elt Sorge für mehrere Kinder regelm einem EltT zu übertr ist (BT-Drucks 8/2788 S 61). Die Zuneigg einer 9jähr zu ihrem 13j Bruder kann ausschlaggebd sein (Düss FamRZ **79**, 631). Evtl Vorrang der GeschwBindgs ggü Bindg an einen EltT (Hamm FamRZ **79**, 853). Bei etwa gleich starken Bindgen an Vater u Mutter können auch außerfamiliäre Bindgen etwa an die Schule, an den Freundeskreis od an die GroßElt den Ausschlag geben (BT-Drucks 8/2788 S 62). Bei weitgehender Betreuung dch die Großmutter väterlichers kann die elt Sorge dem Vater auch dann übertragen w, wenn die emotionalen Beziehgen des Kindes zu ihm selbst nicht so stark wie zur Mutter sind (Hamm FamRZ **80**, 485). Teilg der Sorge angebracht bei Abneigg eines EltT gg ein Kind od iF der besonderen Unverträglichk der Geschw (BT-Drucks 7/2060 S 31), nicht dagg, um bei mehreren gleich günst Lösgen eine möglichst ausgewogene Entsch zu treffen (so aber Karlsr FamRZ **80**, 726 zur aF).

bb) Kindeswille: Welches Gewicht ein vom Kind geäuß Wunsch hat, hängt von dessen Alter u Motiven ab (vgl Schwoerer NJW **64**, 6; Lempp/Fehmel FamRZ **86**, 530/31). Auch der Wille eines 5½jähr scheidet

Verwandtschaft. 5. Titel: Eltern und eheliche Kinder § 1671 3, 4

nicht schon mRücks auf sein Alter als EntschElement aus (aA KG FamRZ **78**, 829). Der KiWille bleibt aber uU unberücks, wenn er von der unrealist Vorstellg einer Übertragbark v „Sonntagsbedinggen" auf den Alltag getragen ist (Bambg FamRZ **88**, 750) od wenn eine massive Beeinflussg dch den einen EltT u dessen Elt vorliegt (Ffm FamRZ **78**, 261). Sein Wille k aber den Ausschl geben, wenn die Verhältn bei beiden Elt gleich gut sind (Düss FamRZ **88**, 1193); umgek auch bei Identifizierungsnotwehr aS des Ki bei stark verfeindeten Elt (AG Stgt FamRZ **81**, 597). Bei einem normal entwickelten 15jähr ist die erforderl Einsichtsfähigk idR vorh (BayObLG FamRZ **77**, 650). Wechsel v 3 Kindern in die Stadt nach Scheidg einer Landwirtsehe (Ravbg DAVorm **76**, 419). Wg Sektenzugehörigk eines EltT BayObLG NJW **76**, 2017. Bricht eine Ehefr aus einer 15j glückl Ehe aus, so kann auch m Rücks auf den Charakter ihres neuen Partners das SorgeR über alle 4 Ki dem Vater zugeteilt w (AG Tettnang DAVorm **77**, 670). Eine scheinb formelle Bedeutg kommt dem vom RegelgsVorschlag der Elt abweichenden Vorschl des Kindes von dessen **vollendetem 14. Lebensjahr** an zu, indem das Ges vorschreibt, daß das Ger dann nach II zu entsch hat, **III 2**. Die Vorschr geht von der Aufhebg einer in Wahrh nicht bestehdn Bindg des Ger an den EltVorschl aus (oben Anm 1 b; BT-Drucks 8/2788 S 62 f), so daß ein den elterl Vorstellgen widersprechder Vorschl des Kindes den Vorschl der Elt nicht gänzl irrelevant werden läßt, sondern Anlaß sein muß, die dem Kindeswohl entsprechde Sorgeregelg ganz bes sorgfält zu begründen. Keinesf hindert III 2 das FamG daran, im Ergebn zu derj Regelg zu kommen, die von den Elt vorgeschlagen w war.

cc) Im Ggs zu III 2 aF ist die Zuweisg der elterl Sorge unabhäng davon, wen von den beiden Eheg die **Schuld an der Scheidung** trifft (BT-Drucks 7/2060 S 32). Ein krasses Fehlverhalten ggü dem and Eheg kann aber zugleich in elterl Versagen zum Ausdr bringen (BVerfG NJW **81**, 1771; AG Bonn FRES **1**, 107; sa Kemper ZBlJugR **77**, 413). Zur Bedeutg der ält Rspr 42. Aufl Anm 1 d.

4) **Vorschlag der Eltern, III 1** (Lit: Kropholler NJW **84**, 271; Müller/Lempp ZfJ **89**, 269), früher „Einigg", ohne daß damit etwas anderes gesagt werden sollte. Der Vorschlag der Elt ist entgg der aF (sa Anm 5) nicht mehr an eine Fr gebunden, da die Entsch über die elterl Sorge Scheidgsfolgesache ist u als solche zus mit dem ScheidgsAusspr erfolgen soll (ZPO 621 I Z 1, 623 I 1, 629 I). Die Elt haben mit dem Antr auf Scheidg anzugeben, ob sie dem Gericht einen Vorschlg zur Regelg der elterl Sorge unterbreiten wollen (ZPO 622 II Z 2). Die Eltern haben die Möglichk, sich über die Zuteilung der elterl Sorge zu einigen. Vorschlag muß iF einverständlicher Scheidg in der AntrSchr enthalten s (ZPO 630 I Z 2), iü in der mündl Verh gemacht w, um Entscheidgsverbund zu gewährleisten (ZPO 621, 623, 629). 2-Mo-Frist v III aF aus diesem Grd abgeschafft (sa BT-Drucks 7/2060 S 33). Frühzeitiger Vorschl der Elt auch sinnv u maßgebd iR einstw AnO (ZPO 620, insb S 2). Mögl auch Mitteilg eines EltT an das Ger u Zust des and, der dazu gehört wird, od gerichtl Vergl im Scheidgsstreit, auf den sich nur ein EltT beruft (BGH NJW **83**, 54), was auch noch im BeschwVerf geschehen kann (BayObLG NJW **64**, 1134). Bei einem solchen Vorschlag im gerichtl Vergl allein Willensbildg der Eltern maßgebd, RA ist nur Vertreter in der Erkl (KG ZBlJugR **66**, 267). Vorschläge nach der Scheidg kommen nur noch iF v ZPO 628 I Z 3 in Betr; das FamG muß dann jedoch eine noch nicht gem ZPO 620 Z 1 getroffene einstw AnO nachholen (ZPO 628 II). Die Wirksamk einer Vereinbg der Elt bezügl der elt Sorge wird nicht davon berührt, wenn sie die Scheidg erleichtert od erst ermöglicht hat, wohl aber, wenn sie aus eigensüchtigem Interesse der Elt gg das Wohl des Kindes getroffen w. Für Kl aus ScheidgsVergl bez III besteht kein RSchutzBedürfn (Kiel FamRZ **76**, 536). **Inhalt des Vorschlags** kann nur eine Regelg sein, wie sie auch das FamG beschließen darf, also daß die elterl Sorge auf einen Eheg übergehen soll (od auch, daß die PersSorge dem einen, die VermSorge dem and zustehen soll, nicht aber bei dieser Verteilg ein EltT die gesamte gesetzl Vertretg haben sollte (Hamm ZfJ **72**, 202). Nach der Entsch BVerfG NJW **83**, 101 zul auch der Vorschl der gemeins elt Sorge nach der Scheidg (vgl Anm 2 b). Unbeachtl der Vorschl, daß einem EltT allein die elterl Sorge eingeräumt, dem and aber deren Ausübg ohne zeitl Begrenzg im wesentl überlassen w soll (Kln FamRZ **77**, 62); ebso, daß der Wille des Kindes maßg sein soll (BayObLG NJW **69**, 429), nicht daß sie bis zu einem best Ztpkt, zB 1 J (BayObLG FamRZ **76**, 534), einem EltT zustehen u dann, falls Elt sich nicht einigen, FamG entscheiden (BayObLG FamRZ **65**, 51), od daß sie einem Dritten zustehen soll. Letztere AnO nur iRv V. Zeitl nachfolgde Verteilg der elt Sorge daher auch nur in geeign AusnFällen zul (Ffm NJW **62**, 920; Hamm FamRZ **64**, 577; aA Karlsr MDR **77**, 756). Unwirks Vereinbg des Sorgewechsels bei Wiederverheiratg des and EltT; Berufg darauf aber als AbändergsAntr iSv § 1696 anzusehen (BayObLG FamRZ **76**, 38). Unzul auch, daß FamGer bei jeder MeingsVerschiedenh mit dem and Eheg entscheiden soll, da der EltT, dem übertr ist, allein zu entsch hat (Neust FamRZ **64**, 91). Unwirks u ohne Rückwirkg des § 139 auf die übr Abmachgen der Elt ist eine Abrufklausel, wonach ein EltT die elt Sorge mit der Maßg zugeteilt bekommen soll, daß der and sie jederZt für sich in Anspr nehmen könne, wenn er wolle (Stgt Just **74**, 128). Mögl aber Vereinbg, daß das Kind sich bei dem EltT, der nicht die elt Sorge hat, noch eine Zeitlang aufhalten soll, zB das Kleinkind bei der Mutter; ferner Vereinbg ü das UmggsR (§ 1634) u den Ausbildgsgang des Kindes. Die Einigg der Elt findet in dem Vorschl ihren Ausdr, wobei Erkl genügt, daß gg Vorschl des and keine Einwendgen gemacht w (LG Landau FamRZ **67**, 405). Vorbehaltl der Gen des FamG (BGH **33**, 58), sind die Elt an die von ihnen einmal getroffene Vereinbg **gebunden** (BayObLG **67**; Nachw Dörr NJW **89**, 691). Allerdings kann sie übereinstimmd widerrufen w (BayObLG FamRZ **67**, 403), wobei Aufhebg freil noch nicht in voneinander abweichenden ÄndWünschen liegt (BayObLG **67**, 59); ferner ist eins Anfechtg zul (Köln FamRZ **72**, 574), sowie Wegf der GeschGrdl (§ 242 Anm 6 D c), etwa wenn das Ki seit längerer Zt bei dem im EltVorschlag übergangenen EltT lebt (Hamm FamRZ **89**, 654); jedoch reicht es nicht aus, daß die UmggsRegelg nicht wie beabsicht dchgeführt w (BayObLG FamRZ **66**, 249), wohl aber, bei Täuschg über die Einräumg eines großzüg UmggsR (Stgt NJW **81**, 1743). Da die EiniggsMitwirk höchstpersönl ist, kommt es auch bei Einschaltg eines Vertreters f die Frage, ob ein Willensmangel vorliegt, nur auf die Elt an (KG FamRZ **66**, 153). Eine neuere Tendenz im Schrifttum leugnet den VertrCharakter des EltVorschl u stellt auf die (desh jederZt einseit widerrufb) aktuelle Einigk ab (Zweibr FamRZ **86**, 1038; Luthin FamRZ **85**, 638 mN). Rückt ein EltT von der zunächst übereinstimmd vorgeschlagenen Regelg wieder ab, so ist dies Anlaß zur bes sorgfält Prüfg des KiWohls (Kblz DAVorm **78**, 313). Beantragt der eine EltT entgg der urspr Einigg der Elt, ihm die elt Sorge zu übertr, so ist die dagg gerichtete Klage des and

1685

§§ 1671, 1672

EltT unzul (Schlesw SchlHA 77, 115). Vorschl dch beschr GeschFäh, nicht aber dch GeschUnfäh mögl. Die persönl Beziehgen zw Elt u Kindern dürfen nicht wirtschaftl Tauschobjekt in der Art sein, daß sich Vater das SorgeR gg UnterhFreistellg abkaufen läßt (AG Spandau, DAVorm 77, 511). Eine Übertr der elterl Sorge dch den FamRichter liegt noch nicht deshalb vor, weil die Elt den Vorschlag bei ihm niedergeschrieben u er diese Niederschr unterschrieben hat (BayObLG FamRZ 66, 247). Der **Maßstab, den das Familiengericht anzulegen hat, ist das Kindeswohl;** also keine formelle Bindg an den Vorschl der Elt (oben Anm 2b) sond allenf eine gewisse Arbeitserleichterg für den Richter. Er kann näml zunächst davon ausgehen, daß Elt, die sich geeinigt haben, selbst am besten das Kindeswohl gewahrt haben w u das Gericht nicht mehr, als unbedingt erforderl, in FamDinge eingreifen soll. Infolgedessen darf das FamGer von dem Vorschlag der Elt nur abweichen, wenn das für das Kindeswohl erforderl ist (Anm 1); dh trifft, das Wohl des Kindes nachhaltb beeinflussen würden, ohne daß gerade eine Gefährdg od eine obj Schädigg seines geistigen od leibl Wohles od seines Vermögens vorzuliegen braucht (KG FamRZ 58, 423 unter Herausarbeitg des Stärkegrades „zum Wohl des Kindes erforderl" durch Vergl der §§ 1696, 1671 III 2 u früh § 74 I, II EheG), also nicht schon, wenn seine anscheinde Zweckmäßigk widerlegt ist (BayObLG NJW 63, 589). Das gilt auch für die von den Eltern vorgeschlagene Verteilg der elterl Sorge nach Pers- u VermSorge. Das Scheidgsverschulden bleibt unberücks (Anm 1d); aus ihm kann sich aber ergeben, daß eine and als die vorgeschlagene Regelg für das Kindeswohl erforderl ist; jedoch sind Eheverfehlgen nicht als solche, sond immer nur im Hinbl auf die Eigng des EltT für die Erziehg des Kindes zu werten. Kein ausr Grd für die Abweichg vom EltVorschl, daß EltT, auf den elt Sorge übertr w soll, minderjähr ist (Bienwald NJW 75, 959).

5) Übertragung der elterlichen Sorge bei Ehenichtigkeit und Eheaufhebung, VI. Voraussetzg rechtskräft NichtigErkl (EheG 23) od Aufhebg der Ehe (EheG 37 I); denn im Ggsatz zum ScheidgsVerf findet kein Verhdlgs- u Entscheidgsverbund zw der Auflösg der Ehe u der SorgeREntsch statt (vgl Einf 4 f vor § 1564). Iü gilt das Anm 1–4 Gesagte. Da die Folgen der Ehenichtigk u der Eheaufhebg anders als im Verbund (vgl ZPO 621, 623) nicht zugleich mit dem AuflösgsAntr verhandelt u entschieden zu werden brauchen, hätte für den Vorschlag der Elt über die Verteilg des SorgeR eine Frist bestimmt w müssen. Diese der bisherigen Regelg des III aF entsprechde, für die SorgeEntsch außerh des Verbundes (also auch f § 1672) dchaus sinnvolle 2-MoFr war nach dem 1. EheRG in der Tat noch gesetzl festgelegt u ist im Zuge der Ref des SorgeR weggefallen (Begrdg BT-Drucks 7/2060 S 33).

6) Verfahrensrecht (Einf 4 v §§ 1564 u 1626). **a)** Über die Verteilg der elterl Sorge entsch das **FamG** zwingd im Zushg mit der Ehescheidg (ZPO 621 I Z 1, 623 I 1 u III 1). Bei bl Trenng od in der Zt bis zur Rechtskr der Scheidg: § 1672. Als **Scheidungsfolgesache** ist die SorgeRRegelg in mehrf Hins privilegiert (ZPO 620 S 2, 630 I Z 2, 627). **Verfahren:** FGG 35ff, ZPO 621ff; RiSache (RPflG 14 Z 15).

b) Einstweilige Anordnungen gem ZPO 620 Z 1 (Einf 4c v § 1564 u 4a v § 1569) beherrschen die Zt des ScheidgsVerf, da § 1671 erst für die Zt nach der Ehescheidg gilt. Sie beeinflussen aber aGrd des KontinuitätsGrds (Anm 3b) die endgült SorgeRRegelg (Hbg FamRZ 86, 481). **Inhalt:** AufenthBest (Hamm FamRZ 79, 157); auch Bestellg eines Vormds od Pflegers (Schlesw SchlHA 78, 212), dessen Auswahl allerd dem VormschG obliegt (Karlsr FamRZ 88, 1186; Anm 2d). Kein BeschwR des JA iRv ZPO 620c S 1 (KG NJW 79, 2251).

c) Anhörung: Einf 4b v § 1626. Soll der inzw wiederverh Vater das SorgeR erh, muß auch die zukünft Stiefmutter angehört werden (Oldbg NdsRpfl 77, 24). Das JA darf ohne bes richterl AO iR des rechtl Gehörs Hausbesuche machen u die pers Umstde des Mj, sein Verhältn zu BezugsPers, die räuml Gegebenh usw erkunden (Kln FamRZ 81, 599).

d) Psychologische Gutachten: Einf 4c v § 1626.

e) Inhalt der Sorgerechtsentscheidung: Anm 2; unzul Unterbringg bei dritten Pers od negat TeilEntsch, zB daß dem einen EltT die elterl Sorge nicht zugeteilt werde (BayObLG FamRZ 68, 267). Die SorgeRRegelg bedarf stets der **Begründung** (and Nürnbg FamRZ 86, 1247 bei Übereinstimmg der gerichtl Regelg mit den Vorschlägen der Beteil). Die bl Bezugn auf den Bericht des JA führt zur Aufhebg u Zurückverweisg (Düss FamRZ 78, 56).

f) Befristete Beschwerde: ZPO 621e, 629a II; FGG 20, 57 Z 9. Anfechtgsberecht sind die Elt, auch die mj Mutter (BayObLG MDR 69, 396); das JA ohne AnwZwang (BGH NJW 80, 2260); gem FGG 59 das über 14 J alte Ki (BayObLG FamRZ 75, 169); uU die GroßElt (Hamm FamRZ 67, 413). Beschw der Elt gg die Auswahl des Vormds nach FGG 57 I Z 9 (Hamm FamRZ 77, 478). Bei mehreren Ki TeilBeschw (BayObLG FamRZ 75, 169). Auch Beschrkg des RMittels auf die Pers- od VermSorge (BayObLG NJW 75, 1422). **Weitere Beschwerde:** ZPO 621e II, FGG 27; Einschrkg der BeschwBerechtigg (FGG 57 II, 64k III, ZPO 621e).

g) Vollstreckung: Dchsetzg der Herausg des Ki ggü dem nichtsorgeberecht EltT wie ggü Dr dch bes Beschl gem § 1632 I, III, FGG 33 II (§ 1632 Anm 2b).

h) Änderung der Sorgerechtsregelung: § 1696.

1672 Elterliche Sorge bei Getrenntleben der Eltern.
Leben die Eltern nicht nur vorübergehend getrennt, so gilt § 1671 Abs. 1 bis 5 entsprechend. Das Gericht entscheidet auf Antrag eines Elternteils; es entscheidet von Amts wegen, wenn andernfalls das Wohl des Kindes gefährdet wäre und die Eltern nicht gewillt oder nicht in der Lage sind, die Gefahr abzuwenden.

1) Zuteilung der elterlichen Sorge
a) Zweck. Leben die Elt nicht nur vorübergehd getrennt, bringt die gemeins Ausübg der elt Sorge

Verwandtschaft. 5. Titel: Eltern und eheliche Kinder §§ 1672, 1673

(§ 1626 I) meist Unzuträglkten u Meingsverschiedenhten unter den Eheg mit sich (vgl § 1627 Anm 1). Diese Schwierigk beseitigt § 1672 verfassgskonform (BVerfG NJW 82, 983) mit der Möglk, die elt Sorge einem EltT zuzuteilen. Schon vorher kann der EltT, bei dem sich das Ki befindet, das JA um Beratg u Unterstützg angehen (JWG 51). Entspr Anwendg v § 1672 findet, wenn die elt Sorge eines EltT ruht (§§ 1673, 1674) od ein EltT an der Ausübg tatsächl verhindert ist (§ 1678 I).

b) Konkurrenzen des einstweiligen Rechtsschutzes: Kommt es zum Eheaufhebgs-, Nichtigk- od **Scheidungsverfahren,** sind neb § 1672 einstw AO des FamG zul (ZPO 620 S 1 Z 1). Zum Verhältn beider zueinand sa Einf 4c vor § 1564.

aa) Einstweilige Anordnungen nach § 620 S 1 Z 1 ZPO setzen die Anhängigk einer Ehe-, insb der ScheidgsSache voraus (Einf 4 c v § 1564). Der Unterschied zw der Entsch gem § 1671 iVm ZPO 620 S 1 Z 1 u der Entsch nach § 1672 liegt in ZPO 620b, 620f einers u § 1696 anderers sowie darin, daß die Entsch nach § 1672 außerh des EntschVerbunds getroff w kann, also nicht von der Stellg u Aufrechterhaltg des Scheidgs-Antr abhäng ist. Kein Vorrang des einstw-AO-Verf ggü dem Verf nach § 1672 (Stgt FamRZ 80, 400); vielm gilt umgek, daß wenn eine SorgRRegelg nach § 1672 vorliegt, eine Abänd dch einstw AO ausscheidet (KG FamRZ 85, 722; Hamm u Hbg FamRZ 88, 411 u 635). Die Möglk einer einstw AO nach ZPO 620 S 1 Z 1 beseitigt auch nicht das RSchutzinteresse für ein Verf nach § 1672 (Brem FamRZ 82, 1033; Hbg FamRZ 88, 523). Die Regelg des AufenthBestR dch einstw AO ist gem ZPO 620c anfechtb (Kln FamRZ 79, 320). Begrdg der sof Beschw innerh der EinleggsFr (ZPO 620d).

bb) Zul sind iR v § 1672 auch **vorläufige Anordnungen** nach FGG (Einf 4 a v § 1626), u zwar auch bei Anhängigk eines ScheidgsVerf, weil in diesem gem ZPO 623 über die elt Sorge nur für den Fall der Scheidg entsch wird (Ffm FamRZ 83, 91 mA Luthin; aA Brem FamRZ 82, 1033). Voraus aber Getrenntleben (Anm 2a) oder die Einleitg entspr TrenngsMaßn (KG DAV 80, 415) sowie ein unabweisb Bedürfn, etwa weil die Elt sich das Ki ggseit wegnehmen (Zweibr FamRZ 83, 1162). Für eine vorl AO hins nur eines Teils der PersSorge (zB AufenthBestR) bedarf es nicht des Rückgr auf § 1666 (KG FamRZ 77, 475).

c) Geltungsdauer. Die Übertragg der elt Sorge auf einen EltT wird nicht mit der rechtskr Ehescheidg, sond erst mit dem Erlaß einer vorläuf od endgült Entsch gem § 1671 unwirks (Hamm FamRZ 86, 715). Dagg ist ein schwebendes Verf nach § 1672 mit Eintr der Rechtskr **in der Hauptsache erledigt** (BGH FamRZ 88, 54). Ziehen die Elt wieder zus, verliert die SorgRRegelg nicht ihre Wirkg, da sie nicht auf die Dauer des GetrenntL beschr ist (BayObLG NJW 71, 197).

2) Voraussetzungen der Sorgerechtsregelung

a) Nicht nur vorübergehndes **Getrenntleben** der Elt; auch bei Entsch vAw u bei bl vorl AO (Schlesw SchlHA 78, 20). Ausr Getrenntl innerh der Wohng u Beschränkg auf gemschaftl sonntägl Mittagstisch (Kln FamRZ 86, 388). Vgl iü § 1567.

b) Das FamG wird auf **Antrag** hin tätig, **S 2 erster Halbs**, der VerfVorauss, nicht SachAntr ist, so daß FamG die elt Sorge dem Vater auch dann übertr k, wenn die Mutter Übertr auf sich beantr (Kln NJW 73, 193; Celle FamRZ 78, 622). Antr nur wg 1 v mehreren Ki mögl (BayObLG MDR 60, 673). Auch kann Antr auf PersSorge beschr w (KG NJW 73, 1046). Antr eines EltT stellt Indiz für RSchutzBedürfn dar (Kln FamRZ 80, 929). Dieses fehlt aber, wenn tats Schwierigk in der PersSorgeAusübg nicht ersichtl sind (Hamm FamRZ 86, 503). Umgek sind Unstimmigkten zw den Elt nicht erfdl (Hamm FamRZ 86, 1039). **Aussetzung** des Verf kann gg den Willen des AntrSt zul (Ffm FamRZ 86, 1140). Der Antr kann auch zurückgen werden, so daß ein weiteres famgerichtl Verf entfällt, wenn nicht Eingreifen vAw od Maßn nach § 1666 angebracht sind; im letzteren Fall Abgabe an VormschG. Die SorgREntsch kann vom FamG auch **von Amts wegen** ergehen, **S 2 Halbs 2,** wenn andernf das KiWohl gefährdet wäre. Entsch vAw setzt gleichf Getrenntl voraus.

c) Entscheidd für die SorgRRegelg ist das **Kindeswohl** (§ 1671 Anm 3). Einer bes sorgfält Prüfg der Erziehgseign bedarf es bei Verlassen der 2- u 4j Ki dch die Mutter (Kln FamRZ 80, 1153).

d) Nur bei Regelg vAw ist zusätzl Vorausseztg, daß andernf das Kindeswohl gefährdet wäre und die **Eltern nicht gewillt oder in der Lage sind, die Gefahr abzuwenden** (vgl dazu § 1666 Anm 4b). Desh unzul die Zurückweisg des Antr mit der Begrdg, eine Änd des derzeit Zustands entspräche nicht dem Wohl des Ki (BayObLG NJW 69, 430). Die **Kindeswohlgefährdung** kann darin bestehen, daß sich die Elt in wicht Fragen der elt Sorge nicht mehr einigen können, aber auch keinen Antr auf Übertragg der elt Sorge insges od für die Regelg einzelner Angelegenh (§ 1628) stellen (BT-Drucks 8/2788 S 64).

3) Inhalt der Sorgerechtsregelung entsprechend § 1671. Zur Bedeutg eines Regelgsvorschlags der Elt § 1671 Anm 4. RSchutzInteresse an gerichtl Regelg dann zVw der Bindg des and EltT od wg § 1666, 1680. Zur **Aufspaltung der inhaltlichen Regelung** u Übertragg der elt Sorge auf Vormd od Pfleg § 1671 Anm 2. Zul ist auch die Übertr nur des AufenthBestR auf einen EltT (Stgt FamRZ 82, 1235; aA Stgt NJW 58, 1972; Hamm MDR 76, 492 u FamRZ 79, 177). Dem nicht sorgeberecht EltT kann ein **Informationsrecht** betr die Entwicklg des Ki zugestanden w (AG Gemünden FamRZ 77, 408).

4) Verfahren. Es entsch der Richter (RPflG 14 Z 15). Vor Entsch, auch bei Einigg, **Anhörung** v Elt, Ki, evtl PflegePers u ijF des JA (Einf 4b v § 1626). Auch in dem nur auf Antr betriebenen Verf kann die mit der **Beschwerde** angefochtene Entsch ggf zu Ungunsten des BeschwFührers abgeänd w (Ffm FamRZ 79, 177).

1673 *Ruhen der elterlichen Sorge bei rechtlichem Hindernis.* [I]Die elterliche Sorge eines Elternteils ruht, wenn er geschäftsunfähig ist.

[II]Das gleiche gilt, wenn er in der Geschäftsfähigkeit beschränkt ist oder wenn er nach § 1910 Abs. 1 einen Pfleger für seine Person und sein Vermögen erhalten hat. Die Personensorge für das Kind steht ihm neben dem gesetzlichen Vertreter des Kindes zu; zur Vertretung des Kindes ist er nicht berechtigt. Bei einer Meinungsverschiedenheit geht die Meinung des gesetzlichen Vertreters

§§ 1673–1675

vor, es sei denn, daß die elterliche Sorge wegen Minderjährigkeit ruht. Ist der gesetzliche Vertreter ein Vormund oder Pfleger, so geht die Meinung des minderjährigen Elternteils vor; andernfalls gelten § 1627 Satz 2 und § 1628.

Schrifttum: Ollmann ZfJ **81**, 45 (Stellg v mj EltT u Vormd n § 1673 II); Kirch RPfleger **88**, 234.

1) Ruhen der elterlichen Sorge aus Rechtsgründen verhindert deren Ausübg (§ 1675); sie verbleibt währd der Ehe dann allein dem and EltTeil (§ 1678 I). Keine VermHerausg (§ 1698); ist dem and EltTeil die VermVerwaltg gem § 1666 entzogen, dann Pfleger. Ruhdes Recht kann nicht (zB iSv § 1666) mißbr u entzogen w (KG JFG **13**, 265). Das subj Recht bleibt als solches trotz Ruhens bestehen. Wird **Ehe durch Tod** oder **Todeserklärung aufgelöst** u tritt Ruhen der elterl Sorge bei überl Elternteil ein, so Vormd. Wg Ruhens der elterl Sorge bei dem, dem sie nach Scheid od Getrenntleben allein zusteht, § 1678 II; vgl auch § 1671 Anm 2d.

2) Geschäftsunfähigkeit (§ 104 Z 2, 3), **I**, wenn erforderl, hier auch Ausschließg des UmggsR. Der geschäftsunfäh Mutter w man gg die Entsch, daß ihre elterl Sorge ruht, ein selbstd BeschwRecht einräumen müssen (Düss FamRZ **69**, 663; Hamm OLGZ **71**, 76; vgl § 1910 Anm 5). Bei vorübergehder Störg der Geistestätig (§ 105 II) Anwendung von §§ 1693, 1678.

3) Die beschränkte Geschäftsfähigkeit eines Elternteils (§§ 106, 114) **oder die Pflegerbestellung** (§ 1910 I), **II**, führt dazu, daß EltT kein VertretgsR, sond neben dem gesetzl Vertreter, also idR dem and EltT (§§ 1678 I, 1626 I) od dem Vormd (falls zB der and EltT weggefallen), nur ein **Nebensorgerecht** hat. BeschwR aus FGG 57 I Z 9 nur iR dieses NebSorgeR (KG JFG **16**, 254). Bei Meinungsverschiedenh geht Auffassg des gesetzl Vertreters vor; ist der gesetzl Vertr dagg der and, vollj EltT (vgl EheG 1 II), so besteht in Fragen der tatsächl PersSorge Gleichrang zw den EltTeilen. Sie müssen daher versuchen, sich zu einigen (§ 1627) od müssen das VormschGr anrufen (§ 1628). Ggü Vormd od Pfleger hat dagg, sofern beschrkte Geschfähig Folge der Minderjährig ist, die Meing des mj EltT Vorrang (so zG des mj EltT ausdrückl § 1673 II 3 aE).

4) Kraft Gesetzes tritt das Ruhen u (bei Wegfall der Voraussetzg) das Wiederaufleben ein; anders § 1674.

1674 **Ruhen bei tatsächlichem Hindernis.** ¹Die elterliche Sorge eines Elternteils ruht, wenn das Vormundschaftsgericht feststellt, daß er auf längere Zeit die elterliche Sorge tatsächlich nicht ausüben kann.

II Die elterliche Sorge lebt wieder auf, wenn das Vormundschaftsgericht feststellt, daß der Grund des Ruhens nicht mehr besteht.

1) Voraussetzg längere tatsächliche Verhinderung an Ausübg der elt Sorge od ihrer Bestandteile, zB der PersSorge (KG JFG **11**, 54), jedoch mit der Aussicht, daß die elt Sorge wieder ausgeübt w kann (Ffm FamRZ **66**, 109). **Fälle:** Strafhaft (KG JW **36**, 1016; BayObLG NJW **75**, 1082). Untersuchshaft nur ausnahmsw (Kln FamRZ **78**, 623), zB bei Giftmordverdacht (BayObLG FamRZ **65**, 283); Auswanderg (BayObLG JW **34**, 1369), währd es bei AuslAufenth auf die VerbindgsMöglk ankommt (Ffm FamRZ **54**, 21); Kriegsgefangensch; Vermißtwerden od sonst unbekannter Aufenth; bei körperl od geist Erkrankg (Störg, Hysterie, soweit nicht § 1666) auch dann, wenn noch nicht so hochgrad, daß gesetzl Ruhen gem § 1673 die Folge (KG Recht **17** Nr 837), so auch bei Wiederauftreten (Schüben) zu rechnen; bei psych Hörigk der Mutter ggü dem geistesgestörten Vater (BayObLG FamRZ **81**, 595). Nicht dagg ow bei Taubstummh der Mutter (Ffm FamRZ **66**, 109). Vor endgült Feststell vorl AO zul (KG FamRZ **62**, 200; § 1693 Anm 1). Bei Trunks ohne Entmündigg u mangelnder Eigng § 1666. Bei **kürzerer** tatsächl Verhinderg, zB längerem KrankenhAufenth, der Ausübg der elt Sorge nicht zuläßt, Ausl-Reise uä, ist zwar die Wirkg f den and EltT dieselbe (§ 1678 I); aber keine Feststellung dch VormschG, auch nicht § 1675. Bei **Adoptionspflege:** § 1751; hins des ne Vaters nach zw-zeitl Legitimation währd des InkognitoAdoptVerf: BayObLG FamRZ **88**, 867 u 868; Ollmann FamRZ **89**, 350.

2) Verfahren erfolgt zweistuf: **a) Ermittlung** vAw (FGG 12); gewährt jedoch keine Befugn, einen EltT zu psychiatr Untersuchg zu verpfl (Stgt FamRZ **75**, 167). **b) Feststellung** auch schon bei berecht Zweifeln an der GeschFähigk vorzunehmen (BayObLG Rpfleger **88**, 22). Wird mit gestaltgsähnl Wirkg (BayObLG FamRZ **88**, 867) wirks mit Bekanntmachg an EltT (FGG 51), ggf VormdBestellg (BayObLG FamRZ **62**, 74); ebso wenn die elterl Sorge der nehel Mutter ruht u JA Vormd w (KG FamRZ **72**, 44). **Folge:** § 1675; VermHerausg nur, wenn anderer EltT die elt Sorge nicht hat (§ 1698). Kein Raum für AbwesenhPflegsch (KG JFG **17**, 71). Zustdgk FGG 43, 36; es entsch der RPfleger, RPflG 3 I Z 2a (im Richterkatalog RPflG 14 nicht genannt). Gebühren KostO 95 I Z 2, 96. Bei Aufhebg der Vormsch BeschwR des JugA gem FGG 57 I Z 9, 63 nicht aber im eig Namen od im Namen des Mdl (BayObLG FamRZ **81**, 595). Nach LG Memmingen kein BeschwR des JA bei Zurückweisg seines Antr auf Feststellg des Ruhens (FamRZ **81**, 1003).

3) Beendigung, II, erst durch feststellenden Bescheid des VormschG, der zu seiner Wirksamk Bek an betroffenen Teil bedarf (FGG 51 II, 16 I), aber auch dem anderen, bisher allein Berechtigten bekannt zu machen ist. Für ihn gilt bis dahin § 1698a II. II entspr anwendbar, wenn sich herausstellt, daß I nicht vorlag.

1675 **Wirkung des Ruhens.** Solange die elterliche Sorge ruht, ist ein Elternteil nicht berechtigt, sie auszuüben.

1) Bei bestehender Ehe übt der andere Elternteil allein das SorgeR aus (§ 1678 I); die elterl Sorge geht nicht verloren, vgl aber § 1672 Anm 1 aE, sie endet nicht, ist aber in ihrer Ausübg gehemmt. Mit **Eheauflösung durch Tod** des Elternteils, dessen elterl Sorge ruht, erhält der andere Elternteil nunmehr die volle u

Verwandtschaft. 5. Titel: Eltern und eheliche Kinder §§ 1675–1680

alleinige elterl Sorge (§ 1681). Ist der EltT, dessen SorgeR ruht, der Überlebende, so VormdBestellg, § 1673 Anm 1. Wg Wirkg des Ruhens des SorgeR bei dem gem §§ 1671, 1672 sorgeberecht EltT § 1678 II. Wg Weiterführg der Geschäfte § 1698a II.

1676 *Verwirkung der elterlichen Gewalt.* (Aufgehoben durch Art 1 Z 23 SorgRG; vgl § 1680 Anm 1 sowie § 1696 Anm 1.)

1677 *Todeserklärung eines Elternteils.* Die elterliche Sorge eines Elternteils endet, wenn er für tot erklärt oder seine Todeszeit nach den Vorschriften des Verschollenheitsgesetzes festgestellt wird, mit dem Zeitpunkt, der als Zeitpunkt des Todes gilt.

1) Todeserklärung und Feststellung des Todeszeitpunktes (VerschG 1 ff, 23, 39, 44) beendigt elterl Sorge als solche (weitere Fälle § 1626 Anm 2) nicht nur, wie bei Ruhen ihre Ausüb. Folge: der and EltT hat sie von Ges wg vom Todeszeitpkt an allein (§ 1681 II 1). AnzeigePfl FGG 50. Hat die elterl Sorge des and EltT dch Tod od auf andere Weise ihr Ende gefunden od kann sie nicht ausgeübt werden, VormdBestellg (§ 1773).

1678 *Alleinige Ausübung bei tatsächlicher Verhinderung oder Ruhen.* ¹Ist ein Elternteil tatsächlich verhindert, die elterliche Sorge auszuüben, oder ruht seine elterliche Sorge, so übt der andere Teil die elterliche Sorge allein aus; dies gilt nicht, wenn die elterliche Sorge dem Elternteil nach den §§ 1671, 1672 übertragen war.

II Ruht die elterliche Sorge des Elternteils, dem sie nach den §§ 1671, 1672 übertragen war, und besteht keine Aussicht, daß der Grund des Ruhens wegfallen werde, so hat das Familiengericht die elterliche Sorge dem anderen Elternteil zu übertragen, es sei denn, daß dies dem Wohle des Kindes widerspricht.

Schrifttum: Schwoerer FamRZ **58**, 91.

1) § 1678 bringt wie auch §§ 1680, 1681 den Grds zum Ausdr, daß inf der Ausübg der elterl Sorge dch beide Elt (§ 1626 I), dann, wenn ein EltT sie nicht ausüben kann, sie nunmehr der andere allein ausübt. Diese Folge tritt teils von G wg, §§ 1678 I Halbs 1, 1679 II, teils nach Prüfg durch das Fam- od VormschG ein, §§ 1678 II, 1679 I, 1680, 1681 II 3.

2) Ruhen der elterlichen Sorge oder Verhinderung bei bestehender Ehe, I, also sowohl Verhinderg aus RGründen (§ 1673) wie auch bei tatsächl Verhinderg, hier ohne Unterschied, ob die Feststellg des Ruhens durch das VormschG getroffen ist (§ 1674) u damit der Elternteil sie auch rechtl nicht ausüben kann (§ 1675) od ob es sich um eine kürzere Verhinderg handelt, die dieselbe Folge in tatsächl Beziehg hat (§ 1674 Anm 1). Folge: Der and EltT übt von Ges wg die elterl Sorge allein aus. Ausnahmen: Dem nunmehr zur alleinigen Ausübg berecht EltT war die elterl Sorge schon vorher entzogen w (§§ 1666, 1666a, 1672), was auch bei einer Entziehg des PersSorgeR dch einstw AO gem ZPO 620 Z 1 gilt (KG FamRZ **73**, 152) od sie ruhte gem §§ 1673, 1674. Selbstverstdl Voraussetzg für den Übergg ist, daß der and EltT die elterl Sorge ausüben kann u darf. Fehlt es daran, hat, ggf auf Veranlassg des JugA (JWG 48 S 2), das VormschG einzugreifen (§ 1693) u einen Vormd z bestellen (§ 1773). War dem Elternteil nur die Pers- od VermSorge entzogen, dann Pflegerbestellg (§ 1909).

3) Ruhen der elterlichen Sorge auf seiten des geschiedenen oder getrenntlebenden Elternteils, II. Hier bedarf es einer Übertr dch das FamG. Nicht mehr nur auf Antr des and EltT, sond auch vAw, um alle Möglkten im Interesse des Kindes auszuschöpfen, insb in den Fällen, in denen der zur Übern des SorgeR bereite EltT aus Unkenntn keinen Antr stellt. Hier soll die Initiative von VormschG ausgehen können (BT-Drucks 8/2788 S 65). Wg der Folgen Anm 1. Scheidet auch der and EltT als Inh des SorgeR aus, VormdBestellg (§ 1773). In diesen Fällen wird Feststellg des VormschG nach § 1674 erst mit der Übertr der elterl Sorge auf den and EltT (FGG 16) od mit der VormdBestellg wirks (§ 1789; FGG 51 I). Dch die Neufassg des letzten Halbs soll zum Ausdr gebracht w, daß in aller Regel die elt Sorge dem and EltT zu übertr ist (BT-Drucks 8/2788 S 65). Das FamG muß von der Übertr absehen, wenn dem and EltT sein elt SorgeR sonst entzogen w ist; ebso wenn das zwar nicht geschehen ist, der Tatbestd jedoch gegeben wäre, wenn dieser Elternteil die elterl Sorge gehabt hätte, da eine Übertragg der Ausübg der elterl Sorge, die sofort wieder entzogen w müßte, nicht stattfinden kann (Maßfeller DNotZ **57**, 371); dann also VormdBestellg (§ 1773). Die Übertragg kann im übrigen nur dann erfolgen, wenn keine Aussicht besteht, daß der Grd des Ruhens wegfällt, zB Elternteil in Heilanstalt ohne Aussicht auf Besserg, Auswanderg. Ist damit zu rechnen, daß der Grd des Ruhens bald wegfällt – dahin gehören auch die Fälle der vorübergehenden tatsächl Verhinderg, Anm 1 u § 1674 Anm 1 –, so keine Übertragg, sond Pflegerbestellg gem § 1909 (BayObLG FamRZ **62**, 33). Zustdgk FGG 43, 36 (BGH FamRZ **88**, 1259). Es entsch der Richter (RPflG 14 Z 15). Gebühren f II KostO 94 I Z 4, III.

1679 *Alleinige Ausübung bei Verwirkung.* (Aufgehoben durch Art 1 Z 25 SorgRG; vgl § 1680 Anm 1.)

1680 *Entziehung des Sorgerechts.* ¹Wird die gesamte elterliche Sorge, die Personensorge oder die Vermögenssorge einem Elternteil entzogen, so übt der andere Elternteil die Sorge allein aus. Das Vormundschaftsgericht trifft eine abweichende Entscheidung, wenn dies das Wohl des Kindes erfordert. Endet die Vermögenssorge eines Elternteils nach § 1670, so hat das Vormundschaftsgericht anzuordnen, daß dem anderen Elternteil die Vermögenssorge allein zusteht, es sei denn, daß dies den Vermögensinteressen des Kindes widerspricht. Vor der Entscheidung des Vormundschaftsgerichts kann der andere Elternteil die Vermögenssorge nicht ausüben.

§§ 1680, 1681

ᴵᴵ Wird die gesamte elterliche Sorge, die Personensorge oder die Vermögenssorge dem Elternteil entzogen, dem sie nach den §§ 1671, 1672 übertragen war, oder endet seine Vermögenssorge nach § 1670, so hat das Vormundschaftsgericht sie dem anderen Elternteil zu übertragen, es sei denn, daß dies dem Wohle des Kindes widerspricht. Andernfalls bestellt es einen Vormund oder Pfleger.

Schrifttum: Schwoerer FamRZ 58, 88; Knöchlein Rpfleger 58, 5.

1) Die Vorschr regelt allg die **Folgen einer Entziehung der elterlichen Sorge** insges od der Pers- bzw VermSorge **auf seiten eines Elternteils**. Und zwar wird im I folgdermaß unterschieden: Grdsatz ist, daß bei Verlust der Pers- od VermSorge diese von Ges wg dch den and EltT allein ausgeübt w. Von diesem Grds gibt es zwei Ausn: Aus Grden des KiWohls kann das VormschG eine abweichde Entsch treffen, I 1 u 2, u der Verlust der VermSorge inf Konkurses hält auch die VermSorge des and EltT in der Schwebe; in diesem Fall muß das VormschG die VermSorge ihm erst zuweisen, was es allerd idR, dh wenn nicht die VermInteressen des Ki entggstehen, tun soll. Bis dahin darf auch der EltT die VermSorge nicht ausüben, I 3 u 4. Der II betrifft den Sonderfall der Ki aus geschiedenen od getrennten Ehen. Hier steht die elterl Sorge bereits gem §§ 1671, 1672 einem ElteT zu; wird sie nun diesem ElteT ganz od wird ihm Pers- bzw VermSorge entzogen, so bedarf es ihrer Übertr auf den and ElteT (also kein automat Übergang), wovon das VormschG aber bei widersprechdem KiWohl Abstand nehmen muß. In diesem Fall bestellt es dem Ki einen Vormd od Pfleger, II 1 u 2.

2) Entziehung der gesamten elterlichen Sorge, der Personen- oder Vermögenssorge tritt aS eines ElteT ein hins der VermSorge aus §§ 1640 IV, 1666 III, 1667 V, 1683 IV, hins der PersSorge aus §§ 1666 I, 1, 1666a II. Nicht unter I fallen die SonderBestimmgen der §§ 1670, 1671, 1672, 1696. Ferner keine Anwendg v I, wenn nur Teile der PersSorge, zB das AufenthBestR, entzogen werden od das VormschG Maßn nach § 1667 II–IV anordnet.

a) Der Entzug des jew SorgeR bewirkt, ohne daß es (abgesehen v Anm b) eines Beschl des VormschG bedürfte, daß **der andere Elternteil die jeweilige Sorgeberechtigung allein ausübt, I 1**. Aus Grden des Kindeswohls kann das VormschG eine **abweichende Entscheidung** treffen, I 2, wobei ihm sämtl Maßn der PersSorgeRegelg (§ 1666 Anm 5) wie der VermSorgeRegelg (§ 1667 Anm 2) zur Verfügg stehen. **Zweck:** Der ElteT, dem die elterl Sorge od deren Einzelbefugn entzogen w sind, kann einen für das Kindeswohl schädl Einfluß auf den and ElteT ausüben; dem soll das VormschG entggwirken (BT-Drucks 8/2788 S 65). Der and ElteT kann, sol eine derart Entsch vom VormschG nicht getroffen ist, ohne Einschränkg die elt Sorge allein ausüben (Maßfeller DNotZ 57, 372). Darüber, ob das VormschG in Abweichg von dem gesetzl SorgeRÜbergang überh u ggf welche AnO es trifft, entscheidet ausschließl das **Wohl des Kindes**. Bei ZusLeben der Elt hat das VormschG iJF zu prüfen, ob die alleinige Ausübg der elt Sorge od die alleinige Ausübg von Pers- od VermSorge mit dem KiWohl vereinb ist. Das VormschG kann dem and ElteT die elterl Sorge ganz od teilw entziehen u gem § 1773 einen Vormd od gem § 1909 einen Pfleger für das Kind bestellen unabh davon, ob die Voraussetzgen der §§ 1666f, 1667 V, 1640 IV, 1683 IV auch in seiner Pers gegeben sind (BT-Drucks 8/2788 S 65), zB wenn der ungünst Einfl des and ElteT anders nicht hinreichd ausgeschaltet w kann (KG NJW 65, 871), was mit dem GG vereinb ist (KG OLGZ 65, 109). Dem SorgeBerecht kann auch das AufenthBestR entzogen w (Hamm FamRZ 67, 416). Zu einem Fall der zw-zeitl Heirat der nehel Elt vgl BayObLG FamRZ 85, 1179.

b) Eine Ausn vom gesetzl Anfall der VermSorge beim and ElteT stellt der **Konkurs** eines ElteT dar, mit dessen Eröffng bzw Beantragg die VermSorge dieses ElteT von Ges wg endet (§ 1670); aber auch der and ElteT kann die ihm an sich verbleibde VermSorge nicht ausüben, bis eine entspr **Anordnung des Vormundschaftsgerichts** sie ihm zuweist, I 3 u 4. Auch der nicht in Vermögensverfall befindl ElteT wird also zunächst von der Ausübg der VermSorge ausgeschl, weil bei Eltern, die zusleben, regelmäß die Gefahr besteht, daß der and ElteT zu stark unter dem Einfl des betroff ElteT stehen u das Verm des Kindes gefährden könnte (BT-Drucks 8/2788 S 65). Allerd soll das VormschG im Regelfall anordnen, daß die VermSorge dem and ElteT allein zusteht, sofern dieser Entsch nicht die Vermögensinteressen des Kindes widersprechen. Wird ein Pfleger bestellt (§ 1909), so endet dessen Amtsbefugn bei Aufhebg des Konk erst mit Aufhebg dch VormschG (§ 1919), wenn es dem ElteT, der in Konk gegangen ist, die VermVerw wieder überträgt (§ 1670 II); damit wird auch für den and ElteT der volle Rechtszustand wieder hergestellt. Ebso in den Fällen der Entziehg bei deren Aufhebg (§ 1696).

c) Verfahren: Es entsch der Richter (RpflG 14 Z 15). Vor AnO einer Maßn **Anhörung** des JugA (JWG 48a I Z 7), der Elt, des Kindes u ggf Dr (FGG 50aff); Einzelh Einf 4b vor § 1626.

3) Wird die iW der §§ 1671, 1672 erworbene elterl Sorge, die Pers- od VermSorge dem **infolge Ehescheidung oder Getrenntleben sorgeberechtigten Elternteil entzogen** od verliert dieser die VermSorge dch Konk (§ 1670), so findet auch hier kein automat Übergg der Sorgeberechtigg auf den and ElteT statt, sond muß das VormschG entsch. **Grund:** Die Rechtsfolgeautomatik gem I 1 würd sich in den Fällen, in denen die Elt nicht mehr zusleben, viell sogar alle Verbindgen seit langem abgebrochen haben, zum Nachteil des Kindes auswirken, da völlig offen ist, ob der and Teil überh am SorgeR interessiert ist (BT-Drucks 8/2788 S 66). Das VormschG hat die Sorgeberechtigg allerd im Regelfall auch hier auf den and ElteT zu übertr, soweit nicht das **Wohl des Kindes** widerspricht, II 1. Soweit das KiWohl der Übertr der Sorgeberechtigg auf den iRv §§ 1671, 1672 übergangenen ElteT entggsteht, bestellt das VormschG einen **Vormund oder Pfleger, II 2**. Entsch dch den Richter (RpflG 14 Z 15).

1681 *Tod eines Elternteils.* ¹Ist ein Elternteil gestorben, so steht die elterliche Sorge dem anderen Teil allein zu. War der verstorbene Elternteil nach den §§ 1671, 1672 sorgeberechtigt, so hat das Vormundschaftsgericht die elterliche Sorge dem überlebenden Elternteil zu übertragen, es sei denn, daß dies dem Wohle des Kindes widerspricht. Eine Vormundschaft oder Pflegschaft nach § 1671 Abs. 5 oder nach § 1672 Satz 1 in Verbindung mit § 1671 Abs. 5 bleibt bestehen, bis sie vom Gericht aufgehoben wird.

Verwandtschaft. 5. Titel: Eltern und eheliche Kinder §§ 1681–1683

II Das gleiche gilt, wenn die elterliche Sorge eines Elternteils endet, weil er für tot erklärt oder seine Todeszeit nach den Vorschriften des Verschollenheitsgesetzes festgestellt worden ist. Lebt dieser Elternteil noch, so erlangt er die elterliche Sorge dadurch wieder, daß er dem Vormundschaftsgericht gegenüber erklärt, er wolle sie wieder ausüben. Ist seine Ehe durch Wiederverheiratung seines Ehegatten aufgelöst, so gilt § 1671 Abs. 1 bis 5 entsprechend.

1) Tod eines Elternteils, I 1. Die elterl Sorge steht kr Gesetzes dem lebden EltT allein zu; sie geht aber nicht kr Gesetzes auf den and EltT über, wenn sie dieser aGrd der Scheidg od bei GetrLeben verloren hat (§§ 1671, 1672) od wenn ein Pfleger (§ 1671 V) best war, sond es bedarf dazu einer vormschgerichtl Übertr (sa § 1671 Anm 2d). Kein Übergang, sond VormdBestellg bei voller Entziehg n § 1666, währd des überl EltT dem ihm belassenen Teil allein behält, iü aber Pfleger bestellt w. Ruht die elt Sorge des Überlebden, VormdBestellg. Stirbt der aGrd Scheidg od GetrLeben sorgeberecht EltT, so Übertr des SorgeR auf den überlebden, bisher nicht sorgeberecht EltT, wenn dies nicht dem **Kindeswohl** widerspricht, **I 2.** Verfrechtl unbedenkl (BayObLG FamRZ 88, 973). Das VormschG soll also idR das SorgeR dem überlebden EltT übertragen. Ein für das Kind notw werdder Umgebgswechsel schließt den Vorrang des überlebden leibl EltT nicht aus (Ffm FamRZ 81, 1105). Aber entspr § 1671 Anm 3c ist zu berücks, wenn das Kind, das in einem solchen Verf anzuhören ist (FGG 50b), sich weigert, zum and EltT überzusiedeln (Karlsr Just 75, 29). In solchen Fällen w uU der überlebde StiefEltT, bei dem das Kind lebt, zum Vormd bestellt (Ravbg DAVorm 75, 37). Kein Fall von § 1666, wenn Kind bei den GroßElt aufwächst u Vater, der mehrf vorbestraft ist, aber sich 7 J straffrei geführt hat, ein TaxiUntern betreibt u das Kind zu sich nehmen will (AG Bruchs DAVorm 77, 382). Es entsch der Richter (RPflG 14 Z 15).

2) Todeserklärung und Todeszeitfeststellung, II (VerschG 1ff, 23, 39, 44). Beides beendigt die elterl Sorge, u zwar in dem Zeitpkt, der als Zpkt des Todes gilt (§ 1677). Wg der Folgen Anm 1. **Lebt der für tot Erklärte noch**, so kann dieser durch einfache Erkl ggü dem VormschG die elterl Sorge wieder erlangen. Wirkg ex nunc; § 1698a gilt entspr. War die Ehe des Verschollenen dadurch aufgelöst, daß der zurückgebliebene Elternteil wieder geheiratet hatte (EheG 38 II), so bedarf es nunmehr einer Übertragg der elterl Sorge durch das FamG; es hat die dem Kindeswohl beste Lösg zu wählen (§ 1671 II analog).

1682 *Vermögensverzeichnis.* (Aufgehoben durch Art 1 Ziff 28 SorgRG; vgl jetzt § 1640).

1683 *Vermögensverzeichnis bei Wiederheirat.* ¹Sind die Eltern des Kindes nicht oder nicht mehr miteinander verheiratet und will der Elternteil, dem die Vermögenssorge zusteht, die Ehe mit einem Dritten schließen, so hat er dies dem Vormundschaftsgericht anzuzeigen, auf seine Kosten ein Verzeichnis des Kindesvermögens einzureichen und, soweit eine Vermögensgemeinschaft zwischen ihm und dem Kinde besteht, die Auseinandersetzung herbeizuführen.

II Das Vormundschaftsgericht kann gestatten, daß die Auseinandersetzung erst nach der Eheschließung vorgenommen wird.

III Das Vormundschaftsgericht kann ferner gestatten, daß die Auseinandersetzung ganz oder teilweise unterbleibt, wenn dies den Vermögensinteressen des Kindes nicht widerspricht.

IV Erfüllt der Elternteil die ihm nach den vorstehenden Vorschriften obliegenden Verpflichtungen nicht, so kann ihm das Vormundschaftsgericht die Vermögenssorge entziehen.

1) Zweck der Vorschr ist, zu verhindern, daß die VermVerhältn des Kindes dch Eheschl des SorgeRInhabers unübersichtl w u eine VermVerminderg stattfindet (BT-Drucks 8/2788 S 66). Gilt – abgesehen v der (Wieder)Verheiratg der Elt des Kindes, da kein „Dritter" vorh (Schnitzerling StAZ 70, 131) – für **jede neue Ehe** eines EltT, also auch nach Auflösg einer zweiten od weiteren (selbst kinderl) Ehe, da dem Kind zweitl Verm zugefallen s kann (KG StAZ 25, 207). Gilt mithin auch f den heiratden Vater, dessen Kind für ehel erkl ist, für den Annehmenden u die nehel Mutter (§ 1705 S 2). Vorausetzg, daß der EltT mit dem Kind in VermGemsch lebt; sonst od wenn Verm nicht vorh, genügt Anz. Die elterl Sorge wird dch die Eheschl nicht berührt.

2) Für die **Auseinandersetzung** ist erforderl: **a)** ErgänzgsPfleger, §§ 1629 II, 1795, 1909, wogg Beschw des betr EltT gem FGG 20 I, BayObLGZ 67, 230; ebso Beschw gg Ablehng des Antr auf Entlassg wg falscher Maßn des Pflegers, aA KG JW 36, 2935. AuseinandSPflegsch endet mit Ausführg, § 1918 III, ohne AufhebgsBeschl, KG JW 34, 3001. Nicht Aufg des Pflegers, AuseinandSFdg beizutreiben, KG RJA 17, 35. – **b)** Vormschgerichtl Gen, §§ 1821, 1822 Z 2. Bei Versagg der Gen ofdg der Erteilg unter Bedingg hat nur Pfleger, nicht EltT Beschw, BayObLG FamRZ 74, 34. – **c)** VermGemsch u damit AuseinandSpfl zb bei gemeinschaftl Beerbg des and EltT; dagg nicht zw Vor- u Nacherb, KGJ 43, 40; bei MitEigt nach Bruchteilen an einem Ggst, BayObLG NJW 65, 2299; bei bl PflichttAnspr gg EltT, KGJ 43, 32; bei KG, wenn Vater Komplementär, mj Sohn Kommanditist, LG Nürnbg-F FamRZ 61, 376. AuseinandSetzg ist **nicht zwingend**, da sie nicht immer im Interesse des Kindes liegt, sond, vor allem bei GrdBesitz u GesellschBeteiligen, zu finanz Nachteilen für das Kind u bei nur geringem Verm zu erhebl Schwierigken u unverhältnismäß Kosten führen sowie die neue Ehe belasten kann, ohne das KindesVerm wirkl zu sichern (BT-Drucks 8/2788 S 66); unter Berücks dieser Umst daher Befreiung dch das VormschG, **III**. Aussch dch Erbl nicht mögl (BayObLG NJW 67, 2407; str). Wohl aber kann von der Dchführg der AuseinanderS hins einz NachlGgste abgesehen w, wenn Nachteile für mj Kinder nicht zu befürchten (BayObLG NJW 74, 1908).

3) Verfahren: Zustdgk FGG 43, 36; Rpfleger entsch (RPflG 3 I 2a); GebührenKostO 94 I Z 2. Bei **Aufschub** der AuseinandS, **II**, vermögensrechtl u persönl Kindesinteressen zu berücks (KG OLG 40, 78). Widerruf mögl. **Zwangsmittel:** IV u FGG 33. Weigerg des AuseinanderSZeugen bewirkt aufschiebdes Eheverbot (EheG 9). Vgl iü § 1667.

§§ 1684–1689 4. Buch. 2. Abschnitt. *Diederichsen*

1684 *Entziehung der Vermögensverwaltung.* (Aufgehoben durch Art 1 Ziff 30 SorgRG, vgl jetzt §§ 1640 IV, 1683 IV.)

1685 *Bestellung eines Beistandes.* ¹Das Vormundschaftsgericht hat dem Elternteil, dem die elterliche Sorge, die Personensorge oder die Vermögenssorge allein zusteht, auf seinen Antrag einen Beistand zu bestellen.

ᴵᴵDer Beistand kann für alle Angelegenheiten, für gewisse Arten von Angelegenheiten oder für einzelne Angelegenheiten bestellt werden.

1) Anders als früher kann das VormschG einen Beistd nur noch auf Antr, Anm 2, nicht mehr vAw bestellen (Prinzip der Freiwilligk statt Zwangsbeistandsch). Außerd Bestellg nicht mehr nur für die Mutter, sond auch f den Vater. Regelg in §§ 1685–1692. **Zweck:** Beistandsch sinnv, wenn der allein erziehde EltT sich seiner Aufg nicht mehr gewachsen fühlt u von sich aus den Wunsch nach einer Hilfe bei der Erziehg des Kindes hat. Diese Hilfe in Form einer Beratg dch einen Verwandten od eine and der Fam nahestehde Pers kann uU wirksvoller sein, wenn diese Pers formell vom Ger zum Beistd bestellt ist; dies kann deren Autorität ggü dem Kind stärken (BT-Drucks 8/2788 S 67). Beistd wird dem EltT auf dessen Wunsch bestellt, nicht dem Kinde. Keine Überprüfg der Zweckmäßigk (LG Oldbg DAVorm 76, 675). Beistd hat den EltT als VertrauensPers zu unterstützen (§ 1686), zB dch Abn der VermVerw od Geltdmachg v UnterhAnspr (§ 1690), u so beizustehen, daß Kindesinteressen am besten gewahrt w. VertretgsR des EltT bleibt bestehen, ist auch (nach Aufgebg der §§ 1687, 1688) nicht mehr dch den Beistd eingeschrkt. Anders iFv §§ 1630, 1690 II 1. Beistd Bestellg kann nicht dch Testament ausgeschl w. Beziehgen zw Beistd u Kind bes stehen hins der Haftg, § 1691 I, u stärker iFv § 1690. Einen ähnl Aufgabenkreis hat der ErziehgsBeistd gem JWG 55, der dem Kind bestellt w u dem Mj mit Rat u Tat zur Seite steht (JWG 58), wodch er dem EltT mittelb hilft. Keine Bestellg zum Beistd, soweit JugA iRv JWG 51 zur Hilfeleistg verpfl (AG Karlsr FamRZ 75, 591). Zur Beendigg der Beistdsch § 1690 Anm 2.

2) Voraussetzungen: a) Dem EltT muß die elterl Sorge od auch nur das Pers- oder VermSorgeR **allein zustehen**, dh iFv §§ 1676, 1679, 1681, 1705 (für Angelegenh außerh des § 1706). Wg gleicher Interessenlage Bestellg aber auch dann zul, wenn elterl Sorge v einem EltT nur allein ausgeübt wird, Donau MDR 58, 8, infolge Ruhens, §§ 1673, 1674, 1678, Entziehg, §§ 1666, 1680, oder einer Regelg gem §§ 1671, 1672. Ebso, wenn elterl Sorge des and Teils nur zT ausgeübt w kann, §§ 1666, 1669, 1670, 1680, 1684. Beiordng also insb zur Geltdmachg v UnterhAnspr gg den and EltT (§ 1629 Anm 5b; LG Oldbg DAVorm 74, 669). – **b)** Der EltT, dem Beistd bestellt w soll, muß **in der Lage** sein, die elterl Sorge auszüben, arg § 1691 II. Desh Bestellg v Vormd, nicht v Beistd, wenn elterl Sorge, zB infolge längerer Strafhaft, ruht, §§ 1674, 1676, Hamm FamRZ **66**, 260. – **c) Antrag** des EltT, u zwar ganz allg auf BeistdBestellg od für gewisse Arten v Angelegenh od nur für einz, zB GrdstVerw, Geltdmachg v UnterhAnspr gg Kindesvater. Auch wenn beiden Elt noch gemeins das el SorgeR zusteht, kann einer den anderen zur Geltmachg v UnterhAnspr des Kindes gg den and EltT im Beistd best w (Bln DAVorm **79**, 298). Antr auf best Zeit od auch unter Bedingg zul, zB Bestellg einer best Pers (KGJ **34**, 37). Zurückziehg des Antr zul, aber ohne Rückwirkg, § 1690 Anm 2. Keine (ggf dch § 1664 sanktionierte) Pflicht zur AntrStellg, zB weil der geschiedenen Mutter die VermVerw zufällt, § 1689 II, u sie sich ihr nicht gewachsen fühlt, die Eheg VermVerwaltg auch rechtsgeschäftl einem anl, zB einem RA, übertr k, Gernhuber § 52 II 1. VormschG od JA wird dem EltT ggf aber den Antr auf Bestellg eines Beistds anheimstellen; es kann Beistandsch nicht als Maßregel verhängen (vgl dagg PflegerBestellg gem §§ 1671 V, 1666 ff).

3) Verfahren. Zuständigk FGG 36, 43; es entsch RPfleger, RPflG 3 I Z 2, da in RPflG 14 I Z 4 absichtl nicht genannt. Antr beschränkt Befugn des VormschG; es muß Beistd bestellen, auch wenn ihm dies überfl erscheint (LG Hbg DAV **84**, 418: *arg* „hat"). Beistd kann auch JA sein, JWG 52. BeschwR gg Ablehng hat nur AntrSteller, FGG 20 II; Beistd hat sof Beschw, wenn seine Übernahme Verweigerg zurückgewiesen od er gg seinen Willen entlassen w, FGG 60 Z 2, 3. GebührenKostO 93 I od II, 96. Grdbuchamt kann idR Nachw, daß Beistd nicht bestellt ist, nicht verlangen da Beistandsch Ausn (Soergel-Lange 7; aM KG OLG **12**, 340).

1686 *Aufgaben des Beistandes.* Der Beistand hat innerhalb seines Wirkungskreises den Vater oder die Mutter bei der Ausübung der elterlichen Sorge zu unterstützen.

1) Beistd ist GerHelfer u Mittler zw Ger u demj, dem er als Beistd bestellt ist. **Umfang des Wirkungskreises** ergibt sich aus der Bestellg. Ist Beistd für VermVerw bestellt u greift ein Gesch auf diese über (§ 1626 Anm 4b), hat er mitzuwirken. Vertretgsmacht behält EltT. Kann nicht selbst gg Kind einschreiten. § 1630 gilt hier nicht, and § 1690. Kein Ausk- u EinsichtsR; der Beistd soll den EltT unterstützen, nicht beaufsichtigen. Desh hat SorgRG die gesetzl AnzeigePfl gestrichen (BT-Drucks 8/2788 S 67).

1687 *Genehmigung von Rechtsgeschäften durch den Beistand.* (Aufgeh dch Art 1 Z 23 NEhelG.)

1688 *Anlegung von Geld.* (Aufgeh dch Art 1 Z 23 NEhelG.)

1689 *Aufnahme eines Vermögensverzeichnisses.* Ist ein Vermögensverzeichnis einzureichen, so ist bei der Aufnahme des Verzeichnisses der Beistand zuzuziehen; das Verzeichnis ist auch von dem Beistande mit der Versicherung der Richtigkeit und Vollständigkeit zu versehen. Ist das Verzeichnis ungenügend, so kann, sofern nicht die Voraussetzungen des § 1667 vorliegen, das Vormundschaftsgericht anordnen, daß das Verzeichnis durch eine zuständige Behörde oder einen zuständigen Beamten oder Notar aufgenommen wird.

Verwandtschaft. 5. Titel: Eltern und eheliche Kinder §§ 1689–1693

1) Fälle §§ 1667 II, 1682, 1683. Zu S 2 vgl § 1667 Anm 2. Letztwilliger Ausschluß durch Elternteil; AO amtl Aufnahme bei Vorliegen von § 1667 II 3. Mitwirkg des Beistandes nur im Rahmen seines Wirkgskreises, § 1685 II, wenn er also nur für eine GrdstVerw bestellt ist, nur für diese, nicht aber im übrigen.

1690 *Geltendmachung von Unterhaltsansprüchen; Vermögenssorge.* [I]Das Vormundschaftsgericht kann auf Antrag des Vaters oder der Mutter dem Beistande die Geltendmachung von Unterhaltsansprüchen und die Vermögenssorge übertragen; die Vermögenssorge kann auch teilweise übertragen werden.

[II]Der Beistand hat, soweit das Vormundschaftsgericht eine Übertragung vornimmt, die Rechte und Pflichten eines Pflegers. Er soll in diesen Angelegenheiten mit dem Elternteil, dem er bestellt ist, Fühlung nehmen.

1) Sachl Ausn vom Prinzip der Unverzichtbark u Unübertragbark der elterl Sorge. Im Ggs zum Beistd mit der Stellg nach Art eines GgVormd, dessen Aufg es ist, die VermVerw des ElT zu unterstützen, § 1685, erhält der Beistd gem § 1690 die Stellg eines Pflegers mit eig Verwaltg, II 1. Bestellg nur auf **Antrag** des ElT. Beschränkg des Antr iSv § 1852 II od auf Bestellg einer best Pers zul, § 1685 Anm 2, auch für einen best VermTeil od Geltdmachg v UnterhAnspr (ausdrückl Bestimmg erforderl, da dies Teil der PersSorge, § 1671 Anm 2c), was insb in Betr kommt, wenn die Mutter Anspr der Kinder ggü dem Vater nicht dchsetzen kann, sa § 1685 Anm 2. VormschG braucht im Ggs zu § 1685 dem Antr nicht zu entsprechen („kann"), wenn es Übertr nicht f erforderl hält, darf aber dem Antr nicht hinausgehen. Zuständigk FGG 36 IV, 43; Gebühren KostO 93. Es entsch RPfleger, RPflG 3 Z 2a, dagg bei MeingsVerschiedenh zw Beistd u ElT über Verm u Pers des Kindes betr Angelegenh gem § 1630 II der Richter (RPflG 14 Z 5). Kein BeschwR des Vaters gg die gg ihn selbst gerichtete UnterhBeistdsch (LG Bln DAVorm **75**, 313).

2) VermBeistd ist **gesetzlicher Vertreter** des Kindes (§§ 1630, 1793, 1915), der ElT insow also von der VermVerw u Vertretg in VermAngelegenh, ggf von der Geltdmachg v UnterhAnspr, ausgeschl (§ 1630 I; RG **99**, 50). Ist das JugA Beistand, ist dessen Beamt od Angestellter einers Vertr des Ki, anderers gem JWG 37 S 2, 46 Vertr des JA (Düss FamRZ **85**, 641). **Folgen:** § 1698 (VermHerausg), §§ 1802, 1840f, 1843, 1814, 1836 (Vergütg, RG **149**, 172), 1837ff (Aufsicht), 1793ff (Gen wie bei Vormd), 1915. Beistand soll in allen diesen Fällen mit dem ElT, dem er bestellt ist, Fühlg nehmen, II 2. Nichtbeachtg hat jedoch keinen Einfluß auf die Gültigk seiner Hdlg. UnterhVergl zG des Kindes (Einf 4 v § 1601) kann nicht auf JugA als nachträgl UnterhBeistand entspr ZPO 727 umgeschrieben w (KG NJW **73**, 2032). Verwaltg **endet** mit Zweckerreichg, mit elterl Sorge des ElT od deren Ruhen (§ 1691 II). Aufhebg nur mit Zust (§ 1692), iiF auf Antr des betr ElT, da elterl Sorge ohnehin nur auf eig Wunsch hin eingeschrkt worden war (LG Bln FamRZ **73**, 603; aA Gernhuber § 52 II 3; aA Dölle § 99 VI 1).

1691 *Rechtsstellung des Beistandes.* [I]Für die Bestellung und Beaufsichtigung des Beistandes, für seine Haftung und seine Ansprüche, für die ihm zu bewilligende Vergütung und für die Beendigung seines Amtes gelten die gleichen Vorschriften wie bei dem Gegenvormund.

[II]Das Amt des Beistandes endet auch dann, wenn die elterliche Sorge des Elternteils, dem der Beistand bestellt ist, ruht.

1) Gilt nur für Beistand mit Stellg eines GgVormundes, § 1690 Anm 1, für den dort auch genannten Pfleger-Beistand gelten PflegerGrdsätze, KG OLG **16**, 28, die aber meist zum gleichen Ergebn führen, vgl aber auch Anm 2.

2) Wie beim Gegenvormund. Bestellg wie beim Vormd, § 1792 IV; wg der Benenng eines bestimmten Beistandes § 1685 Anm 2. Aufwendgen, § 1835, **Vergütung** (Ansprüche gg Mdl, Celle NJW **61**, 77) nur aus besonderen Gründen bei erhebl Tätigk, KG DFG **37**, 145; s § 1836 I 2; anders VermBeistand nach § 1690, KGJ **34** A 39. Haftg § 1833; Beistand kann sich auf VormschG verlassen, RG Warn **39**, 8. – **Beendigung** der Beistandsch durch Beendigg der elterl Sorge, §§ 1676, 1677, Tod, aber auch des Teiles, bei dessen Ausübg der Beistand unterstützen sollte, §§ 1666, 1669, 1670 I, 1684, bei Übertrag auf den anderen Elternteil, §§ 1671f, ferner bei Ruhen, II; Vormd od Pflegerbestellg nötig, §§ 1773, 1909. Beendigg auch durch Kindestod, vgl § 1698b, sowie durch Entlassg des Beistands, §§ 1886 bis 1889, 1895. – Aufhebg § 1692.

1692 *Aufhebung der Beistandschaft.* Das Vormundschaftsgericht soll die Bestellung des Beistandes und die Übertragung der Vermögenssorge auf den Beistand nur mit Zustimmung des Elternteils, dem der Beistand bestellt ist, aufheben.

1) Aufhebung der Bestellung auf entspr Antr des ElT, § 1690 Anm 2, iü nur mit Zust des ElT. Erfolgt Aufhebg gg dessen Willen, so ist sie wirks („soll nicht"), sofern sie nicht auf Beschw hin aufgeh w; uU Haftg des VormschRichters, wobei Schaden aber dch neuen Antr des ElT, § 1685, abgewendet w kann, § 254 II. Aufhebg gg den Willen des ElT, wenn er elterl Sorge nicht mehr allein ausübt (Donau MDR **58**, 8). Tod od Entlassg des Beistds, §§ 1885ff, 1691 I, beendet Beistdsch nicht.

2) Zustdgk FGG 43, 36; es entsch RPfleger, RPflG 3 I Z 2a. Beschw FGG 20 I; soweit die Beistdsch die PersSorge betraf, auch das Kind, FGG 59. Gebühren KostO 93, 96.

1693 *Eingreifen des Vormundschaftsgerichts.* Sind die Eltern verhindert, die elterliche Sorge auszuüben, so hat das Vormundschaftsgericht die im Interesse des Kindes erforderlichen Maßregeln zu treffen.

1) Vorübergehende objektive Verhinderung, tatsächl (Gefangensch, Krankh, vgl auch § 1674 Anm 1) od rechtl (§ 1629 II) Natur (KG OLG **12**, 329), vollst od in einzelnen Beziehgen (KG DFG **43**, 39). Voraussetzg, daß auch der and EltT das SorgeR nicht hat, da dieser es sonst allein ausübt (§ 1678 Anm 1). – Längere od dauernde Verhinderg § 1674, subjektive Ungeeigneth, § 1673. Verhinderg muß festgestellt sein, da sonst Eingreifen unzul (Stgt RJA **11**, 8). In bes Fällen zB offensichtl geistige Erkrankg, deren gutachtl Feststellg aber erhebl Zeit erfordert, ist mit Rücks auf das Wohl des Kindes baldiges Eingreifen zul (KG FamRZ **62**, 200). Muß ein Vormd bestellt werden, weil die elterl Sorge den Eltern nicht zusteht od sie sie nicht ausüben dürfen, so § 1846.

2) Erforderliche Maßregeln (durch Gericht, bei dem das FürsBedürfnis hervortritt, FGG 44, nur vorläufige, KG JFG **14**, 204): Pflegerbestellg, Kindesunterbringg; die endgültige Maßregel soll möglichst nicht erreicht werden, KG FamRZ **62**, 200; es ist nur das unbedingt Erforderl zu tun. Beschwerde FGG 20 I, 57 I Z 9, 59. Bei Ablehng od Aufhebg der Maßn BeschwR der Angehörigen des Kindes (FGG 57 I Z 8). Anhörg des JA zweckm. Es entsch RPfleger, RPflG 3 Z 2a. Gebühren KostO 95 I Z 3, 96.

1694 **Anzeigepflicht des Jugendamts.** (Aufgehoben durch Art 1 Ziff 35 SorgRG, weil gleichlautend mit § 48 S 2 JWG.)

1695 **Anhörung von Eltern und Kind.** (Aufgehoben durch Art 1 Ziff 36 SorgRG; vgl jetzt §§ 50a, 50b FGG; sa Einf 4b vor § 1626.)

1696 **Änderungen von Anordnungen des Vormundschafts- und des Familiengerichts.**
¹Das Vormundschaftsgericht und das Familiengericht können während der Dauer der elterlichen Sorge ihre Anordnungen jederzeit ändern, wenn sie dies im Interesse des Kindes für angezeigt halten.

IIMaßnahmen nach den §§ 1666 bis 1667 und nach § 1671 Abs. 5 sind aufzuheben, wenn eine Gefahr für das Wohl des Kindes nicht mehr besteht.

IIILänger dauernde Maßnahmen nach den §§ 1666 bis 1667 und nach § 1671 Abs. 5 hat das Gericht in angemessenen Zeitabständen zu überprüfen.

1) Änderungen sorgerechtlicher Anordnungen. SorgREntsch erwachsen nicht in mat Rechtskr (BGH NJW-RR **86**, 1130; Bötticher JZ **56**, 582); § 1696 gewährt unabhäng von FGG 18 I auch jedem Entsch höhere Inst ein **materielles Abänderungsrecht**. Verfassgsrechtl unbedenkl (BayObLG FamRZ **62**, 166). Die bish Maßn können aufgehoben, dch mildere ersetzt, aber auch verschärft werden (BayObLG DAV **82**, 611). Die Abänderg setzt voraus, daß entw sich die tatsächl Verhältn geänd haben od daß Umstde zutage getreten sind, die zu einer and Beurt des der früh Regelg zGrde gelegten Sachverh nötigen (BayObLG DAV **82**, 604). Vgl Anm 2 b aa. Bei den Maßn der §§ 1666–1667 u des § 1671 V handelt es sich um so schwerwiegde Eingr, daß sie aufzuheben sind, wenn eine Gefahr für das KiWohl nicht mehr besteht, II, u daß sie in angem ZtAbständen zu überprüfen sind, III (BT-Drucks 8/2788 S 68).

2) Voraussetzungen der Änderung. Bei Wegfall der Vorauss für die seinerzeit AO Aufhebg der gerichtl Maßn nicht schon automat (Karlsr Just **82**, 90), sond erst dch entspr Beschl des FamG od VormschG. Eine Änderg setzt trift Grde voraus (Anm b bb), die die mit einer Änderg verbundenen Nachteile deutl überwiegen (BayObLG FamRZ **76**, 38; Hamm FamRZ **68**, 530; Stgt FamRZ **78**, 827; zu AbwäggsEinzelh Soergel/Strätz 5).

a) Änderung von Beschränkungen der elterlichen Erziehungs- und Vermögenssorgebefugnisse (§§ 1666ff). Erfdl ist aS der Elt die Gewähr für eine Besserg. Zum Verhältn zu Änderen der SorgeRRegelg Anm b.

b) Änderung der Sorgerechtsregelung (§§ 1671, 1672). Nicht ausgeschl sind Maßn nach § 1666 gg den sorgeberecht EltT; unzul ist dagg schon wg der unterschiedl Zustdgk eine Korrektur der SorgeREntsch auf diesem Wege. Eine Abänderg hat desh als lex-specialis-Regelg grdsl Vorrang ggü § 1666 (Karlsr DAV **79**, 136). **aa) Verhältnis zur früheren Entscheidung.** Keine Wiederaufrollg des SorgeRStreits ohne Änderg der tats Verhältn; die maßg Umstde müssen sich geänd haben od nachträgl bekannt geworden sein (BayObLG NJW **64**, 2306; KG FamRZ **67**, 411). Es genügt auch eine Änderg der RLage, zB Anwendg des dt statt des islam Rechts (Zweibr FamRZ **75**, 172). Der AbänderngsEntsch hat sich iRv § 1671 u dessen Vorauss zu halten (BayObLG FamRZ **76**, 38; Neust FamRZ **63**, 300; Karlsr NJW **77**, 1731), etwa die Übertr des AufenthBestR iR der §§ 1671 V, 1696 auf einen Pfleger (BGH NJW-RR **86**, 1264). Keine Bindg an früh od spät Vorschlag der Elt (BayObLG FamRZ **76**, 41).

bb) Maßg ist ausschließ das **Kindeswohl** (Hamm DAV **84**, 918), so daß die Änderg weder mit dem Interesse eines beteil EltT noch ausschließl mit einem entspr Wunsch des Ki begr werden kann (Stgt FamRZ **78**, 827). In jedem Fall ist zu prüfen, inwieweit psych Beeinträchtigungen als Folge der Herausg des Ki aus dem bish LebKreis zu befürchten sind (Hbg FamRZ **82**, 532). Die Abänderg der SorgeRRegelg ist nur bei **triftigen, das Kindeswohl nachhaltig berührenden Gründen** gerechtfert (BGH NJW-RR **86**, 1130 mN; KG FamRZ **59**, 253). Diese können in einer Veränderg der für die urspr Regel maßg Umstde liegen, so zB im Mangel an BetreuungsMöglk inf Aufn eines Studiums (Stgt ZfJ **63**, 258); wenn die Abänderg dem Wunsch beider Elt u des Ki entspr u die gewünschte Änderg bereits praktiziert worden ist (Hamm FamRZ **81**, 600); wenn die elterl Sorge über das KleinKi wg Berufstätigk der Mutter auf den Vater übertr wurde u erstere wiedervh ist u die ErwTätigk aufgegeben hat (Stgt FamRZ **76**, 34); AbänderngsGrd kann schließl die Entsch des BVerfG zum gemeins SorgeR trotz Scheidg sein (KG FamRZ **83**, 1055). Zur **Hintertreibung des Umgangs** mit dem nichtsorgeberecht EltT § 1634 Anm 2c. Die Abänderg kann aber auch dch neue Umstde geboten sein, wie eine ansteckde Krankh (Hamm ZfJ **55**, 138: offene Tbc); Unterlassg der

Verwandtschaft. 5. Titel: Eltern und eheliche Kinder §§ 1696–1698

Schulg eines sprachgestörten Ki (Hamm FamRZ **79**, 855). Zur **Auswanderung** § 1634 Anm 1a. Bei **Wiederverheiratung** der Elt werden die Regelg nach § 1671 I–IV, ebso wie ein entspr Verf nach § 1696 (KG FamRZ **82**, 736) ggstandsl, währd eine gem § 1671 V angeordnete Vormsch dch bes Beschl aufzuheben ist (Hamm FamRZ **78**, 262). Wiederheirat des Sorgeberechten mit einem Dr kann ebenf AbändergsGrd sein (BayObLG FamRZ **64**, 640 schwere Vorstrafen).

Keine triftigen Gründe für eine Abänderg liegen in einer zw den Elt vereinb Abrufklausel (Stgt Just **74**, 128; Karlsr NJW **77**, 1731); ferner wenn sich die Ki in einen Wechsel von der Mutter zum Vater regelrecht „verrannt" haben (Hamm FamRZ **88**, 1313); wenn der Vater verhindern will, daß die inzw stabilisierte Mutter das Ki aus der Pflegestätte zu sich nimmt (AG Bruchsal ZfJ **79**, 121) od daß das Ki in einer alternat (15köpfig, promiskuitiv) WohnGemsch aufwächst (Stgt NJW **85**, 67; wohl zu Recht krit Wegener JZ **85**, 850; Soergel/Strätz Rdn 12: „schwer nachvollziehb").

3) Das **Abänderungsverfahren** ist a) ein **selbständiges Verfahren**, nicht die bl Fortsetzg des früh Verf, so daß VormschG u FamG auch dann entsch, wenn die ErstEntsch in höh Inst ergangen ist (BayObLG DAV **79**, 768). – aa) Desh ist **kein Antrag** erfdl u ist bb) die **Zuständigkeit** neu zu best (BGH **21**, 315; BayObLG FamRZ **64**, 640). Zur Möglk der Erweiterg des BerufgsAngriffs auf das VerbundUrt BGH FamRZ **86**, 895. Zustdgk wie im AusgangsVerf, so daß für die Änderg einer Maßn nach § 1666 das VormschG zust ist (Zweibr DAV **81**, 308), für die Änderg der SorgeRRegelg das FamG. Ist dagg der nicht sorgeberecht EltT tot, erfolgt Änderg der SorgeRRegelg dch das VormschG (Hamm FamRZ **86**, 479). – cc) **Anhörung:** Einf 4b v § 1626; auch des JA (Düss FamRZ **79**, 859). – dd) **Sachverständige:** Einf 4c v § 1626. – ee) **Beschwerde:** Einf 4d v § 1626. – ff) Auch iRv § 1696 sind **vorläufige Anordnungen** (Einf 4a v § 1626) mögl, wenn die endgült Entsch zu spät kommen würde (BayObLG FamRZ **62**, 34), zB Übertr des AufenthBestR auf den Vater, wenn die sorgeberecht Mutter die 8 u 12j Ki ins Ausl umschulen will (Mü FamRZ **81**, 389); and dagg, wenn die Umschulg bereits vollzogen ist (Karlsr FamRZ **84**, 91 Griechenland). – gg) **Folgen der Änderungsentscheidung.** Evtl gesonderter HerausgBeschl gem § 1632 III (vgl § 1671 Anm 6g); Abänderg von UnterhTitel (ZPO 323, 767); Wegfall der GeschGrdLage für UnterhVergl (Kln FamRZ **79**, 328).

b) Abänderg der SorgeRRegelg nach **§ 1672** nur, wenn bei fortdauerndem GetrntLeb die Ehe der Elt noch nicht rechtskr (KG NJW **68**, 1835) aufgelöst worden ist; sonst folgt die vorl aus § 1672 die endgült SorgeR-Regelg nach § 1671, bei Ehescheid im VerbundVerf (Einf 4b v § 1564).

c) **Abänderung der Umgangsregelung:** § 1634 Anm 3b.

4) **Überprüfung länger dauernder Maßnahmen, III** (Lit: Thalmann DRiZ **80**, 180), a) näml solcher nach den §§ 1666–1667 u der AO von Vormsch od Pflegsch iR der SorgeRRegelg, soweit sie b) von längerer Dauer sind. c) Die **Überprüfung** erfolgt zu dem Zw, die Angemessenh der urspr getroffenen Maßn erneut zu beurt. Vgl Anm 1.

5) **Aufhebung von Maßnahmen, II.** Besteht eine Gefahr für das Wohl des Ki nicht mehr, so ist die Maßn aufzuheben.

1697 Haftung des Vormundschaftsrichters. *(Aufgehoben dch 1. EheRG Art 1 Z 34).*

1) Vgl Anm bis zur 35. Aufl. Haftg des Staates an Stelle des Beamten § 839 Anm 1 u 2a. Gilt in gleicher Weise für RPfleger. Aufhebg des § 1697 bedeutet insb Anwendg von § 839 II (Richterprivileg). Wg Haftg für Vormd § 1848. PflVerstoß zB Gen übermäß GrdstBelastgen dch Mutter (BGH VersR **74**, 358). Vgl ü Anm zu §§ 839, 1848.

1698 Vermögensherausgabe; Rechnungslegung.
^IEndet oder ruht die elterliche Sorge der Eltern oder hört aus einem anderen Grunde ihre Vermögenssorge auf, so haben sie dem Kinde das Vermögen herauszugeben und auf Verlangen über die Verwaltung Rechenschaft abzulegen.

^{II} Über die Nutzungen des Kindesvermögens brauchen die Eltern nur insoweit Rechenschaft abzulegen, als Grund zu der Annahme besteht, daß sie die Nutzungen entgegen den Vorschriften des § 1649 verwendet haben.

1) **Vermögensherausgabe, I.** Durch beide Eltern als GesSchuldner, wenn nicht ein Teil beweist, daß der andere allein besessen hat (vgl Oldbg MDR **62**, 481), bei Volljährigk. Im übrigen bei jeder Beendigg od Ruhen der elterl Sorge od Aufhören der VermSorge. Haben beide Eltern die elterl Sorge u verliert sie einer od auch nur die VermSorge, so wird Herausg an den andern Elternteil im allg nicht erfordel sein, da dieser die Sachen ohnehin besitzt, den VermBestand kennt. War aber zB ein Elternteil gestorben od hatte aus einem sonstigen Grunde nur der andere Elternteil die elterl Sorge od VermSorge, die nunmehr endet, zB § 1670 (Konk dieses Elternteils), § 1671 (Entziehg nach Scheidg), so hat Herausg an den neuen Sorgeberecht stattzufinden, gleichgültig, ob es der nicht betroffene Elternteil, ein Pfleger od Vormd ist. VermVerzeichnis §§ 260, 259, falls Beistand vorhanden, unter dessen Zuziehg, § 1689, RechenschLegg § 1890 Anm 3. Notfalls von ihm im Prozeßwege gg EltT geltd zu machen. Keine Verwirkg des VermHerausgAnspr bei PflVerletzgen der Elt, zB Verstoß gg § 1640 (MÜ NJW **74**, 703 zu § 1682 aF). AufsR des VormschG nur ggü Vormd, Pfleger, Beistd (§§ 1837, 1915, 1691). Kind ist uU zur Freigabe der Sicherh (§ 1668) verpfl.

2) **Rechenschaft über Nutzungen des Kindesvermögens, II,** ist im allg nicht abzulegen; denn es sollen unerfreul Streitigk zw Eltern u Kind od seinem gesetzl Vertreter vermieden werden. Nur dann, wenn Grd zur Annahme besteht, daß eine Verwendg entgg § 1649 stattgefunden hat, kann Rechensch verlangt werden. Der Grd für diese Annahme muß näher dargelegt, im RStreit, da KlageGrd, notf bewiesen werden.

Er ist bereits dann gegeben, wenn von der Verwendgsreihenfolge des § 1649 I abgewichen ist, die VermEinkünfte des Kindes zum Unterh, nicht aber zur ordnungsmäßigen Erhaltg des Kindesvermögens verwendet worden sind, ferner Überschuß der Kindeseinkünfte in unbilliger Weise zum Unterh der Eltern u Geschwister verwendet worden ist, § 1649 II.

1698 a *Fortführung der Geschäfte nach Beendigung der elterlichen Sorge.* ¹Die Eltern dürfen die mit der Personensorge und mit der Vermögenssorge für das Kind verbundenen Geschäfte fortführen, bis sie von der Beendigung der elterlichen Sorge Kenntnis erlangen oder sie kennen müssen. Ein Dritter kann sich auf diese Befugnis nicht berufen, wenn er bei der Vornahme eines Rechtsgeschäfts die Beendigung kennt oder kennen muß.

 ᴵᴵDiese Vorschriften sind entsprechend anzuwenden, wenn die elterliche Sorge ruht.

1) Zweck: Schutz der Eltern od des sonstigen gesetzl Vertreters bis zum Zeitpkt der Kenntn od des Kennenmüssens, § 276 I, nicht des Dritten. Diesen schützt guter Glaube nur, wenn gesetzl Vertreter gutgl (RG **74**, 266). Vornahme von Geschäften in Kenntnis von Beendigg, §§ 177 ff, 677 ff. Verpflichtg zur Fortführg ergibt § 1698 b.

1698 b *Geschäftsbesorgung bei Tod des Kindes.* Endet die elterliche Sorge durch den Tod des Kindes, so haben die Eltern die Geschäfte, die nicht ohne Gefahr aufgeschoben werden können, zu besorgen, bis der Erbe anderweit Fürsorge treffen kann.

1) Einstweilige Fürsorge für KindesVerm, vgl §§ 1942 ff, 1960. Haftg § 1664, Ersatz § 1648. Kein Recht auf weitere Verwendg der Einkünfte des KindesVerm zum eigenen Unterh od dem der Geschwister des Verstorbenen. – Gilt auch bei TodesErkl des Kindes.

Fünfter Titel. Rechtliche Stellung der Kinder aus nichtigen Ehen

1699–1704 sind aufgehoben durch § 84 EheG 1938, bestätigt durch § 78 EheG 1946, abgedruckt SchlußAnh. Vgl jetzt §§ 1591, 1671 VI, 1719, EheG 37.

Sechster Titel. Elterliche Sorge für nichteheliche Kinder

Einführung

Schrifttum: Zeller, Das Recht des nehel Kindes, Stgt 1976; Ell ZfJ **85**, 97; Oberloskamp ZfJ **85**, 221 u 274; Staudinger/Göppinger 12. Aufl 1985, §§ 1705–1740g; Herlan, Das ne Ki u sein R, Regbg 1985; Finger ZfJ **87**, 317 u 448. Zur ält Lit 41. Aufl. Vgl auch vor §1600a. **Reform:** Schwenzer FamRZ **85**, 1202; Oberloskamp ZfJ **89**, 118; Kemper DAV **89**, 169; Binschus DAV **89**, 171; Barth DAV **89**, 747.

1) Übersicht. Das am 1. 7. 70 in Kraft getretene **NEhelG** beseitigt § 1589 II, wonach das unehel Kind u sein Vater als nicht miteinander verwandt galten. Gleichzeit wurden die Vorschr über die nehel Abstammg, also die Feststellg der Vatersch, geschaffen (§§ 1600a–o) u das UnterhR der neuen Regelg angepaßt (§§ 1615a–o). Die allg Best über das RVerhältn zw Elt u Kind (§§ 1616–1625) regeln das NamensR des ne Kindes, die §§ 1626–1698b gelten für das ne Kind im Verhältn zu seiner Mutter, soweit sich nicht aus den §§ 1705–1711 etwas and ergibt (§ 1705 S 2). Ihnen schließen sich die Vorschr über die Legitimation nehel Kinder an (§§ 1719–1740g). Schließl hat das ne Kind ein Erb- bzw ErsatzerbR (§§ 1934a–e). Zu den verfahrensrechtl Besonderh ZPO 640–640h, 641–641k, 643 zum VaterschProz sowie ZPO 642–646 l, 643, 643a zum Unterh. Vgl ü die 41. Aufl. **Internationales Privatrecht:** EG 20. Zur Amtspflegsch bei Ki mit **ausländischer** Staatsangehörig RsprNachw FamRZ **89**, 894 ff.

1705 *Elterliche Sorge der Mutter.* Das nichteheliche Kind steht, solange es minderjährig ist, unter der elterlichen Sorge der Mutter. Die Vorschriften über die elterliche Sorge für eheliche Kinder gelten im Verhältnis zwischen dem nichtehelichen Kinde und seiner Mutter entsprechend, soweit sich nicht aus den Vorschriften dieses Titels ein anderes ergibt.

1) Die Gemsch von Mutter u nehel Ki genießt den Schutz von GG 6 I (AG Brakel FamRZ **88**, 849). Ausschl des nehel Vaters von der elterl Sorge verstößt nicht gg GG (BVerfG NJW **81**, 1201) od MRK (KG FamRZ **82**, 95). **Nichtehelich** ist a) ein Kind, das nicht in einer Ehe oder innerh von 302 Tagen nach ihrer Auflösg geboren ist (§ 1592); b) ein Kind aus einer Nichtehe (EheG 11 Anm 5); c) ein bisher als ehel geltdes Kind, dessen NEhelk dch Anf festgestellt w (§ 1593) od iF der Legitimation dch nachfolgde Ehe (§ 1719), wenn der Ehem der Mutter als Nichtvater festgestellt w (§ 1600m, ZPO 641, 641i); ebso wenn iF der EhelErkl gem § 1723 der Antrag nicht vom richtigen Vater gestellt wurde; schließl wenn iF von § 1740a der Verstorbene nicht ein ElternT des Kindes war.

2) Die Stellung des Kindes zur Mutter u zu deren Verwandten ist wie die eines ehel. Es trägt den Namen, den die Mutter zZ der Geburt des Kindes hat (§ 1617). Die Mutter hat die elterl Sorge, solange Kind mj ist, im Regelfall jedoch dch einen Pfleger eingeschränkt (§§ 1613 I, 1706, 1707), in allg das JA (§ 1709). Die Mutter erlangt die elterl Sorge nicht, wenn gem § 1671 V ein Vormd bestellt u dch EhelkAnf-Kl das Kind nehel geworden ist (LG Nürnb-Fürth DAV **76**, 592). Wg Geltdmachg von KindesAnspr § 1706.

Verwandtschaft. 6. Titel: Nichteheliche Kinder §§ 1705, 1706

Bis auf diese Einschränkgen gelten für die Mutter §§ 1626 ff entspr. Ihre Stellg gleicht der einer alleinstehden ehel Mutter. Sie hat mit diesen Ausn die ges Vertr des Kindes (§ 1629), kann also Lehr- u ArbeitsVertr abschließen, in eine Operation od in Eheschl einwilligen (EheG 3 I). Sie kann das Kind von jedem herausverlangen (§ 1632) u ist zur Erziehg, Pflege u Beaufsichtigg des Kindes verpfl u bestimmt seinen Aufenth (§ 1631). Bzgl Ruhen, Entziehg, Beschrkg der elterl Sorge gelten die allg Best (§§ 1666, 1673), bei Heirat der Mutter § 1683. Wenn Mutter den Vater nicht nennt § 1707 Anm 2. Zum Religionswechsel des Kindes RKEG (Anh zu § 1631). Ruht die elterl Sorge, weil zB die Mutter noch nicht vollj ist (§§ 1673 II 1, 1706 Anm 1), Ausüb nicht etwa dch den Vater, sond Bestellg eines Vormd (§ 1773). PersSorge der Mutter neben dem Vormd, aber keine Vertretgsmacht, wohl aber Vorrang bei MeingsVersch (§ 1673 II 2, 3). Wird der Mutter die Pers- od die VermSorge entzogen, so Pflegerbestellg (§ 1909). Die Mutter ist nach dem Vater barunterhpflichtig (§ 1606 III 2). Ihr ggü steht das mj unverh nehel Kind im Pfändgsfall in der 1. RangKl.

3) Der **Vater** hat kein elterl SorgeR. Er erhält die elterl Sorge lediglich, wenn er die Mutter heiratet (§ 1719), wenn das Kind auf seinen od auf Antr des Kindes für ehel erklärt w (§§ 1723, 1740a ff) od wenn er sein Kind adoptiert (§ 1754 II). Nur in Sonderfällen kann die Vormsch dem Vater übertr w, da die Gefahr besteht, daß er dch die Aufnahme des Kindes in sein Haus sich in Wirklichk nur seiner UnterhPfl entziehen will. Immerhin ist er vor die Pers- od VermSorge betreffden Entsch des VormschG, wenn dies dem Wohl des Kindes dienen kann, zu hören (FGG 50a II). Der Vater ist an erster Stelle zum Unterh des Kindes verpfl, den er ihm bis zum vollendeten 18. Lebensj mind in Höhe des RegelUnterh (§§ 1615f, g) zu leisten hat. Die UnterhPfl besteht nach Vollendg des 18. LebJ des Kindes weiter (§§ 1601 ff, 1610 II). Zum Sonderbedarf § 1613 II; zu vor Feststellg der Vatersch entstandenen UnterhAnspr § 1615d; zur Übernahme der Entbindgskosten u des Unterh ggü der Mutter §§ 1615k ff.

4) **Übergangsrecht.** Mit dem Inkraftr des NEhelG am 1. 7. 70 erwarb die Mutter die elt Gewalt, eingeschrkt dadch, daß ein bisher Vormd automat zum Pfleger wurde (NEhelG Art 12 § 7). Einzelh 41. Aufl.

1706 *Aufgaben eines Pflegers für das Kind.* Das Kind erhält, sofern es nicht eines Vormunds bedarf, für die Wahrnehmung der folgenden Angelegenheiten einen Pfleger:
1. für die Feststellung der Vaterschaft und alle sonstigen Angelegenheiten, die die Feststellung oder Änderung des Eltern-Kindes-Verhältnisses oder des Familiennamens des Kindes betreffen,
2. für die Geltendmachung von Unterhaltsansprüchen einschließlich der Ansprüche auf eine an Stelle des Unterhalts zu gewährende Abfindung sowie die Verfügung über diese Ansprüche; ist das Kind bei einem Dritten entgeltlich in Pflege, so ist der Pfleger berechtigt, aus dem vom Unterhaltspflichtigen Geleisteten den Dritten zu befriedigen,
3. die Regelung von Erb- und Pflichtteilsrechten, die dem Kind im Falle des Todes des Vaters und seiner Verwandten zustehen.

1) Die Mutter hat die grdsätzl uneingeschränkte elterl Sorge über das Kind. Da sie aber erfahrgsgem oft einer Reihe bes schwieriger Fragen nicht gewachsen ist, erhält das Kind v Ges wg vor (§ 1708) od vom Ztpkt der Geburt an einen **Pfleger** mit begrenztem AufgKreis. § 1706 ist verfassgskonform (Brem FamRZ **77**, 149). In Prozessen des Pflegers ist Mutter Zeugin (Karlsr FamRZ **73**, 104), Pfleger ist idR das JA (§ 1709 S 1). Zur örtl Zust BayObLG NJW-RR **88**, 456. Im AbstammgsVerf ist dem vom JA als Pfleger vertretenen Kind, dem ProzKostHilfe bewilligt w ist, grdsl kein RA beizuordnen (Ffm FamRZ **80**, 490; aA Mü FamRZ **79**, 179). Die Pflegsch tritt nicht ein od entfällt auf AO des VormschG (§ 1707 I Z 1); ebso, wenn das Kind einen Vormd erhält (§ 1773), also wenn die elterl Sorge der Mutter ruht (§ 1773), insb die Mutter mj (§ 1705 Anm 2) od ihr das SorgeR entzogen ist (§ 1666). Dem Vormd stehen auch die Befugn n § 1706 zu, es sei denn, es wird ErgänzgsPflegsch n § 1909 angeordn (Hamm DAV **85**, 502). Endet die Vormsch, weil Mutter vollj w, so § 1710. Wird das Kind vollj, **endet** die Pflegsch (§ 1918). Dagg beendet eine KiLegitimation die AmtsPflegsch nicht; diese besteht bis zu ihrer Aufhebg fort (BayObLG FamRZ **88**, 649). Zust VormschG FGG 36 IV. Wohnortwechsel des nehel Kindes, seiner Mutter u Wechsel des AmtsPflegers führen nicht unbedingt zur Abg der Amtspflegsch (Hamm OLGZ **71**, 81).

2) Der **Aufgabenkreis des Pflegers** ist fest umschrieben (*arg* „flgd Angelegh"). Also nicht mögl, dem Pfleger die gesamte VermSorge zu übertr. Genommen werden kann der Mutter die VermSorge nur nach §§ 1666 III, 1670. Die Mutter kann in den Aufgabenkreis des Pflegers nicht eingreifen (§ 1630 I). Dem Pfleger obliegt:

a) **Ziff 1:** die **Vaterschaftsfeststellung** (§§ 1600a–1600n; wg JWG 40 IV 1 auch bei gewöhnl Aufenth im Ausl: KG FamRZ **86**, 724), einschl der Besorgg aller Angelegenh, die dieFeststellg u Änderg des Elt-Kind-Verhältn betreffen, so falls das Kind für ehel erklärt w soll (§§ 1723, 1740a ff), Beischreibg der Legitimation im Geburtenbuch (BayObLG FamRZ **88**, 767); auch bei Legitimation dch Eheschl mit ausländ Vater (Zweibr FamRZ **87**, 1077). Hierhin gehört auch die Beseitigg der Ungewißh, ob das Kind von der Mutter abstammt (Kindesunterschiebg, die Mitwirkg bei einer Ann als Kind u deren Aufhebg). Soweit bei einer Angelegenh aber eine Zust der Mutter erforderl ist, handelt es sich um ein nicht vom Pfleger wahrzunehmendes R der Mutter. Dem Pfleger obliegt ferner die Vertretg des Kindes in NamensAngelegenh (§ 1617 II), bei der Einbenenng (§ 1618) u Adoption (§ 1746), ebso bei einem Verf nach dem NÄG.

b) **Ziff 2:** die Geltendmachg von zukünft od aufgelaufenen (§ 1615d) **Unterhaltsansprüchen** im Verh-Wege, dch Proz (ZPO 642 ff) od dch Vollstr. Auch gg die Mutter (BayObLG FamRZ **80**, 828; off gelassen BVerfG FamRZ **88**, 475) u ihre Verwandten (aM Göppinger FamRZ **70**, 60; Knur FamRZ **70**, 273). Hins des Ztpkts, des Umfgs u der Form der Dchsetzg des UnterhAnspr ist der Pfleger nicht an Weisgen der Mutter gebunden, sond entscheidet er in eig Verantwortg (LG Kln DAVorm **77**, 199). Hat er ein Urt auf

1697

§§ 1706, 1707   4. Buch. 2. Abschnitt. *Diederichsen*

RegelUnterh erwirkt, so obliegt ihm auch die Betreibg seiner Festsetzg u seiner Neufestsetzg (ZPO 642a u b); ebso, wenn auf RegelUnterh gleichzeitig mit der Feststell der nehel Vatersch erkannt ist (ZPO 643 II). In diesem Fall kann er dch Kl die Abänder des RegelUnterh betreiben (ZPO 643a), ebso einer Herabsetzg der UnterhHöhe dch den UnterhVerpflichteten entggtreten od sich mit ihm einigen, wobei eine UnterwerfgsErkl des Schu gem ZPO 794 Z 5, JWG 49, 50 zweckmäß ist. Auch die Beitreibg ist Sache des Pflegers. Er vertritt das Kind bei der AbändersKl (ZPO 323), desgl in Verf, die Stundg od Erlaß rückständ UnterhBeträge zum Ggst haben (§ 1615i). Ebso auch bei Vereinbgen über eine Abfindg (§ 1615e) u ihrer Gen dch das VormschG. Die dabei erlangten Beträge darf er nicht anlegen, sond hat sie an die Mutter, die kr ihrer elterl Sorge die VermSorge hat, abzuliefern. Dasselbe gilt auch für UnterhBeträge, die gezahlt od beigetrieben w, hier ledigl mit der Ausn, daß er, wenn das Kind bei einem Dritten entgeltl in Pflege ist, die hierfür notw Beträge unmittelb an den Dr abführen kann. Dr in diesem Sinne ist nicht der Träger der JugHilfe (OVG Bln FamRZ **75**, 350). Nicht unter Ziff 2 fällt die Verteidigg gg UnterhAnspr Dritter, die Mitwirkg bei der Rückabtretg von nach § 1615b übergegangenen Anspr (BGH NJW **82**, 515), die Geltdmachg von RentenAnspr (BSG FamRZ **71**, 530). Die Mutter kann sich gem § 1685 einen Beistand bestellen lassen (KG NJW **71**, 944).

c) **Ziff 3**: Regelg von **Erb- und Pflichtteilsrechten** des Kindes im Falle des Todes des Vaters (§§ 1934a ff, 2338a). Auch hier umfaßt die Regelg nicht die Anl des Verm, wohl aber die ges Abwicklg, die AuseinandS, Geltendmachg gg Dr, Verhandlgen mit dem TestVollstr, auch die Ausschlag, Inbesitznahme des Nachl u Abwicklg v NachlVerbindlichkeiten, aber nicht VermVerwaltg (LG Bln FamRZ **76**, 461).

3) **Schlußrechnung** gem §§ 1706, 1915, 1890, 1892 ggü dem VormschG (Stgt FamRZ **79**, 76).

1707 *Antragsrecht der Mutter.* Auf Antrag der Mutter hat das Vormundschaftsgericht
1. anzuordnen, daß die Pflegschaft nicht eintritt,
2. die Pflegschaft aufzuheben oder
3. den Wirkungskreis des Pflegers zu beschränken.

Dem Antrag ist zu entsprechen, wenn die beantragte Anordnung dem Wohle des Kindes nicht widerspricht. Das Vormundschaftsgericht kann seine Entscheidung ändern, wenn dies zum Wohle des Kindes erforderlich ist.

1) Gem §§ 1706, 1709 tritt Pflegsch im Ztpkt der Geburt vGw ein; daran ändert sich nur auf Antr der Mutter etwas, sofern nicht bei ihr schon die Voraussetzgen einer Vormsch vorliegen (§ 1706 Anm 1) od sich die Pflegsch dch Volljährigk des Kindes erledigt. Nach Aufhebg der AmtsPflegsch ist die Mutter gesetzl Vertreterin ihres Kindes u kann nur als Partei vernommen w (Karlsr FamRZ **73**, 104). NichtEintr der Pflegsch, **Z 1**, nur, wenn über dahingehden Antr der Mutter schon vor Geburt des Kindes entsch worden ist. Mit Aufhebg der Pflegsch, **Z 2**, erhält die Mutter die volle elterl Sorge u kann in bish dch den Pfleger erledigten Angelegenh. Beschrkg des Wirkgskreises des Pflegers, **Z 3**, zB f Regelg evtl Erb- und Pflichtt-Rechte, wenn Vatersch feststeht, der Unterh gezahlt w u dch vollstreckb Urk gesichert ist. Bei **Wegzug** der Mutter **ins Ausland** ist die Aufhebg der Amtspflegsch nicht vorgesehen (LG Stgt DAV **89**, 521; aA LG Bln DAV **89**, 330).

2) Sachliche **Voraussetzung** für den vom G begünstigten Wegfall der Pflegsch ist nur, daß er dem Kindeswohl **nicht widerspricht, S 2** (Lit: Finger FamRZ **83**, 429). Desh ijF persönl Anhörg der Mutter (Düss FamRZ **85**, 199). Nicht erforderl, daß Aufhebg dem Kindeswohl nützl od förderl ist (Duisbg DAV **79**, 622). Es reicht, wenn die KiMutter willens u in der Lage ist, die UnterhAnspr des Ki dchzusetzen (LG Oldbg DAV **87**, 701). Es müssen best Tatsachen gg NichtEintr, Aufhebg od Beschrkg sprechen (Hamm FamRZ **78**, 204). Ist das nicht der Fall, muß dem Antr der Mutter stattgegeben werden. Der Aufhebg steht entgg, wenn es selbst dem JA nur unter großen Schwierigkten gelingt, UnterhAnspr zu realisieren (AG Hdlbg DAV **78**, 69); wenn die eigenständ Geltdmachg v Unterh zu dem KiWohl abträgl Spanngen führt (Saarbr FamRZ **85**, 87) od wenn Mutter den **Namen des Vaters verschweigt** (BGH NJW **82**, 381; LG Brschw DAV **86**, 440; LG Kln DAV **86**, 910; LG Bln FamRZ **88**, 1202; Knöpfel FamRZ **85**, 563 u AG Pass FamRZ **87**, 1309/88, 210/764 mA Hilger: Verpfl zur Benenng aus § 1618a; aA Schimpf StAZ **83**, 192) od auch nicht angeben kann (Hamm NJW **84**, 617). Anders uU, wenn auf and Weise die VaterschFeststellg sichergestellt ist (Schlesw FamRZ **84**, 200). Für die Aufhebg reicht es auch nicht, wenn die Mutter zwar einen Mann als Vater des Kindes benennt, sich iü aber auf den Schutz ihrer Intimsphäre beruft (Bln DAV **80**, 424). Grdsl kommt Aufhebg der AmtsPflegsch nur in Betr, wenn die Feststellg der Vatersch gewährl ist; und evtl jedoch, wenn einbenanntes 14jähr Kind den Stiefvater als wirkl Vater ansieht u die Realisierg der Anspr gg den Erzeuger zweifelh ist (Wuppt DAV **74**, 197). Aufrechterhaltg der Zeugenstellg der Mutter in einem nicht abgeschl Abstammgs- u UnterhProz gg den angebl Erzeuger spricht allein nicht gg die Aufhebg der AmtsPflegsch (Hamm FamRZ **78**, 204). Verschweigt die Mutter den Namen des Vaters, ist der Unterh für das Kind jedoch gesichert, so Beschrkg der AmtsPflegsch auf die in § 1706 Z 1 u 3 gen Aufg (Bad Kreuzn DAV **78**, 65). Ablehng der PflegschAufhebg nur bei konkr KiWohlBedenken, wenn die Mutter der Einbenenng des Ki dch dessen Vater zustimmen will (Ffm FamRZ **84**, 1147).

3) **Verfahren.** Zust VormschG (FGG 36 IV). Kein Eingreifen vAw, also auch kein AntrR des JA (Schlesw DAV **74**, 668), sond nur auf Antr der Mutter. Anhörg von JA (JWG 48a I Z 8), der Elt u des Kindes (FGG 50a, b); die Mutter ist eingehend (Hamm NJW **84**, 617) persönl anzuhören, auch, wenn sie den Antr bereits vor der Geburt des Kindes gestellt hat u keine neuen Ergebn zu erwarten s (KG FamRZ **81**, 709). Es entsch der RPfleger (RPflG 3 Z 2a). Beschw gg abl Beschl nur Mutter (FGG 20; KG NJW **72**, 113; LG Bln DAV **78**, 69), gg stattgebden JA (FGG 57 Z 3) u Kind (FGG 59). Das BeschwR des ne Vaters bejahen nach VaterschAnerk BayObLG FamRZ **75**, 178; Keidel/Kahl FGG[12] § 20 Rn 66.

Verwandtschaft. 6. Titel: Nichteheliche Kinder §§ 1707–1711

4) Das VormschG hat vAw **Änderung der Entscheidung** vorzunehmen, **S 3,** wenn dies zum Wohl des Kindes erforderl ist, wenn sich also die Verhältnisse seit der fr Entsch geänd haben, weil zB Möglichk der Unterbringg an dritter Stelle weggefallen ist u die Mutter aus BerufsGrden die Pflege nicht selbst übernehmen kann od weil Ehem der Mutter das Kind ablehnt. Änd auch, wenn sich die früh Maßn als unzweckm erwiesen h. S 3 ist lex specialis ggü § 1666 (dessen Tatbestd nicht vorzuliegen braucht) u § 1696. Verf wie Anm 3.

1708 *Pflegerbestellung vor der Geburt.* Schon vor der Geburt des Kindes kann das Vormundschaftsgericht zur Wahrnehmung der in § 1706 genannten Angelegenheiten einen Pfleger bestellen. Die Bestellung wird mit der Geburt des Kindes wirksam.

1) Zweck: Der zeitraubde Umweg des § 1709 soll vermieden w, wenn ein geeigneter **Einzelpfleger** zur Verfügg steht. Die Bestellg empfiehlt sich, wenn der Vater zur Anerkenng schon in diesem Ztpkt bereit ist (§ 1600b) u der gesetzl Vertr des Kindes zustimmen kann (§ 1600c). Wirkgskreis nur die in § 1706 gen Angelegenh, also insb Antr auf einstw Verfügg gem § 1615 o, nicht andere Angelegenh, etwa die Rechte der Mutter (§§ 1615k ff).

2) Bestellung dch RPfleger des VormschG (RPflG 3 Z 2a). Zustdkg FGG 36a. Das JA kann nicht bestellt w (*arg* § 1709). Die Bestellg ist abzulehnen, wenn das Kind einen Vormd haben muß, zB wenn die Mutter zZ der Geburt minderj sein würde (§ 1706 Anm 1); dann aber § 1774 S 2. Wirksamk erst mit der Geburt des Kindes, **S 2.** Bestellg erledigt sich bei Totgeburt. BeschwR gg Ablehng jeder, der ein rechtl Interesse an der Änd der Verfügg hat (FGG 57 I Z 3), gg AO derj, dessen R dch die Verfügg beeinträchtigt w (FGG 20).

1709 *Jugendamt als Pfleger.* Mit der Geburt des Kindes wird das Jugendamt Pfleger. Dies gilt nicht, wenn bereits vor der Geburt des Kindes ein Pfleger bestellt oder angeordnet ist, daß eine Pflegschaft nicht eintritt, oder wenn das Kind eines Vormunds bedarf. § 1791c Abs. 1 Satz 2, Abs. 3 gilt entsprechend.

1) Eintreten der Amtspflegschaft. Schon vor der Geburt kann das JA im Einverständn mit der Mutter die Feststellg der Vatersch dch Ermittlung u sonstige Maßn vorbereiten (JWG 52 II), sofern nicht ein Pfleger bestellt (§ 1708) od NichtEintr der Pflegsch angeordnet ist (§ 1707). Mit der Geburt des Kindes wird das JA Vormd (§ 1791c I 1) od Pfleger (JWG 40 I 1), **S 1,** aber nur im Umfang des § 1706; weiter wird die elterl Sorge der Mutter (§ 1705 S 1) nicht eingeschränkt. Ergibt sich die nehel Geburt des Kindes erst später, zB nach EhelkAnfechtg (§ 1593), so wird das JA entspr § 1791c I 2 Pfleger mit Eintr der RKraft dieses Urt, **S 3.** Das VormschG (zust JWG 42; RPflG 3 Z 2a) hat dem JA unverzügl eine allerd nur deklarator Bescheinig über den Eintr der Pflegsch zu erteilen (S 3 iVm § 1791c III), die den ggf auch beschränkten Wirkgskreis des JA (§§ 1706, 1707 I Z 3) ausweist, inner dessen der mit der Ausführg betreute Beamte od Angestellte gesetzl Vertreter des Mj ist (JWG 37 S 2). Haftg dem Pflegling wie Dr ggü nach § 839 (Ffm FamRZ **87,** 519). Zur Haftg des JugA ggü dem Vater u Scheinvater (Ehem der Mutter) Düss FamRZ **87,** 749. **Ende** der Pflegsch bei Entlassg u Bestellg eines Einzelpflegers (§§ 1915, 1887, JWG 39a, b), Aufhebg der Pflegsch (§ 1707 I 2), Volljährigk des Kindes od mit Erledigg der beschr Aufgabenstellg (§§ 1707 I Z 3, 1918). Endet Pflegsch u wird Vormsch erforderl, so JA Vormd (§ 1791c II).

2) Ausnahmen, S 2. Die Pflegsch des JA tritt nicht ein, wenn bereits vor der Geburt ein Pfleger bestellt wurde (§ 1708), wenn ein Vormd notw ist, insb weil die Mutter mj ist (§ 1706 Anm 1), od das VormschG vor der Geburt angeordnet hat, daß eine Pflegsch nicht eintritt (§ 1707 Anm 2).

1710 *Beendigung einer Vormundschaft.* Steht ein nichteheliches Kind unter Vormundschaft und endet die Vormundschaft kraft Gesetzes, so wird der bisherige Vormund Pfleger nach § 1706, sofern die Voraussetzungen für die Pflegschaft vorliegen.

1) Zweck der Vorschr ist die Weiternutzg der Kenntnisse des mit den Verhältnissen vertrauten Vormds im Interesse des Kindes. Bezieht sich auf den (bereits vor od nach der Geburt bestellten) EinzelVormd wie auf das JA. Das VormschG bleibt dasselbe (KG ZBlJR **71,** 65). Entspr Regelg im umgek Fall, wenn Pflegsch des JA kr Gesetzes endet u Vormsch erforderl w (§ 1791c II). Voraussetzg dafür, daß der bish Vormd Pfleger w, ist, daß eine Pflegsch eintreten kann, dh daß sie nicht dch das VormschG ausgeschl ist (§ 1707 I Z 1) u daß die Vormsch kr Gesetzes endet, die Mutter also vollj w od die elt Sorge wieder erlangt (§ 1706 Anm 1).

1711 *Persönlicher Umgang des Vaters mit dem Kinde; Auskunft.* [I] Derjenige, dem die Personensorge für das Kind zusteht, bestimmt den Umgang des Kindes mit dem Vater. § 1634 Abs. 1 Satz 2 gilt entsprechend.

[II] Wenn ein persönlicher Umgang mit dem Vater dem Wohle des Kindes dient, kann das Vormundschaftsgericht entscheiden, daß dem Vater die Befugnis zum persönlichen Umgang zusteht. § 1634 Abs. 2 gilt entsprechend. Das Vormundschaftsgericht kann seine Entscheidung jederzeit ändern.

[III] Die Befugnis, Auskunft über die persönlichen Verhältnisse des Kindes zu verlangen, bestimmt § 1634 Abs. 3.

[IV] In geeigneten Fällen soll das Jugendamt zwischen dem Vater und dem Sorgeberechtigten vermitteln.

§§ 1711–1718

1) Im Ggsatz zu § 1634 I hat der Vater des nehel Kindes kein allg UmgangsR, was nach BVerfG NJW **81**, 1201 nicht verfassgswidr ist (ausführl dazu Kropholler AcP **185**, 280). Anderers kann ihm der Umgang mit dem Kinde nicht gänzl untersagt w, wenn dieser dem Wohl des Kindes dient, das somit letztl alleiniger Maßst ist, II 1. Nur wenn dieses überh nicht berührt w, entsch uU Interesse des Vaters, so bei Überlassg eines Photos des Kindes an den in Strafh befindl ausl Vater (LG Landau FamRZ **73**, 604). § 1711 entfällt bei KindesAnn (§ 1705 I). **Reform:** Der GEntw (BR-Drucks 465/89) sieht die Einräumg einer UmggsBefugn vor, wenn dies dem Wohl des Ki nicht widerspr (FamRZ **88**, 584 = DAV **88**, 553 m Begrdg; Baer DAV **88**, 861; Lempp FamRZ **89**, 16; Lakies ZfJ **89**, 162; Knöpfel mwNachw).

2) Bestimmung über das Umgangsrecht hat allein der PersSorgeBerecht, **I 1,** also die Mutter od der Vormd; nicht dagg der Pfleger, zu dessen Wirkgskreis (§ 1706) dies nicht gehört. Der SorgeBerecht regelt das Ob, sowie Ort, Art u Häufigk des ZusKommens (vgl § 1634 Anm 3). Ergeben sich zw Vater u Mutter Schwierigkeiten, weil zB die Mutter mit dem Vater nicht zuskommen will, od auch ggü einer gütl Einigg, so soll das **Jugendamt vermitteln;** es kann auch außerh jedes vormschgerichtl Verf von sich aus tätig w, außer wenn es einen Umgg des Vaters mit dem Kind nicht für dem Kinde zuträgl hält, **IV.** Billigt das VormschG einen Umgg, kann es das JA mit der Ausf seiner AnO betrauen (JWG 48 c). Im Verhältn beider Elt zum Kind gilt die Verpfl zu wechselseit loyalem Verhalten des § 1634 I 2, **I 2.** Vgl dazu § 1634 Anm 2 c u 3 b am Anfg. Die **Wohlverhaltenspflicht** gilt auch bei NichtDchführg des Umggs. Verstöße der Mutter können zur Entziehg des Umggs dch das VormschG führen. Steht dem Vater kein UmggsR zu, hat er, gleichgült ob es ihm von der Mutter od vom VormschG versagt w ist, ein **Auskunftsrecht, III,** wenn dies dem Wohl des Ki nicht widerspr (LG Kblz DAV **88**, 308). Vgl § 1634 Anm 2 d (amtl Begrdg BT-Drucks 8/2788 S 68).

3) Eingreifen des Vormundschaftsgerichts, II. Entsch zunächst über die Gewährg des UmggsR, das dem Vater nach der GesFassg nicht unmittelb zusteht. Anwendg v § 1634 II, **II 2,** bedeutet, daß das VormschG auch ü Umfg u Ausübg entsch, u zwar auch mit Wirkg ggü Dr, insb wenn sich das Kind in dessen Obhut befindet. Das VormschG kann auf Antr des Vaters od auch des SorgeBerecht, der seinen Entschluß beurteilt haben möchte, aber auch vAw tätig werden, so wenn nach Abwägg aller Umst, bei deren Feststellg das JA stets zu hören ist (JWG 48 a I Z 4), der vom SorgeBerecht bewilligte Umgg dem Wohle des Kindes nicht dient; ebso wenn jener keine Bestimmg od eine Best entgg I 2 trifft. Einziger u obj Maßst bei der Entsch über das BesuchsR des Vaters ist das **Wohl des Kindes,** dh der Umgg muß für das Ki seel notw sein (LG Kiel DAV **88**, 628; and LG Kln DAV **87**, 926: vorteilh), so daß Spanngen der Elt grdsl ohne Belang sind (LG Paderb FamRZ **84**, 1040). Ausgedehntes BesuchsR, wenn Vater das 5j Ki 2 J überwiegd betreut h (LG Mü NJW **88**, 2385) od wenn der Beschl ein zunächst vereinb u praktiziertes BesuchsR ersetzen soll (LG Nürnb-Fürth FamRZ **87**, 1079). Gründe des Vaters stets zu prüfen, sein bisheriges Verhalten, seine Lebensführg, ebso die Grde, aus denen der Umgg verweigert w, das Verhältn von Vater u Mutter, wobei freil der „Selbstbestimmgswille" der Mutter (LG Ffm FamRZ **85**, 645), dh deren einseit Wunsch, den Vater aus ihrem Leben endgült zu streichen, unberücks bleibt (Heilbr Just **74**, 461). Recht auf Umgang nur, wenn dieser für das Kind seel notw ist, was ausgeschl s kann, wenn Großvater als männl BezugsPers vorh (LG Karlsr DAVorm **74**, 561) od wenn die GroßElt das Kind in die Reihe ihrer eig 10, zT sogar jüngeren Kinder integriert haben (AG Bonn DAVorm **78**, 129). Kein UmggsR bei Verhaltensstörgen des Kindes (AG Hbg ZBlJugR **76**, 171) od Haft des Vaters (AG Einbeck DAV **78**, 303). Für Umgg können sprechen eine gewisse Neugier eines 8jähr auf seinen Vater (LG Ffm FamRZ **85**, 645) od ein gewisses Entbehren des Vaters vS des Kindes, bereits bestehde Beziehgen zw beiden, zB 8jähr eheähnl Zusleben mit der Mutter der v ihm stammden Kinder (LG Kln MDR **73**, 586); 2jähr MitBetreuung dch den Vater (AG Mü FamRZ **88**, 767) bzw 4 J ZusLeben u anschl Besuche des Vaters (AG Leutkirch NJW **83**, 1066) od geringer Verk der Mutter mit dem Kind, das in einem Heim untergebracht ist. Anderers spricht obj gg ein wirkl Interesse des Vaters, wenn er seiner UnterhPfl, die er ganz od zT erfüllen könnte, nicht nachgekommen ist od nachkommt. Ist das Kind im Begr, sich in eine Familie einzugewöhnen, wenn zB die Mutter einen Dr geheiratet hat u sich zw ihm u dem Kind ein Vater- Kind-Verhältn anbahnt od es in Pflege gegeben ist, dort wie in der Familie gehalten w od das gar die Vorstufe für eine KindesAnn ist, so spricht dies gg ein UmggsR. Jede Störg der Verbesserg der Verhältn des Kindes ist jedenf zu vermeiden. VormschG weist den Antr des Vaters auch dann ab, wenn zweifelh, ob dem Wohl des Kindes gedient wäre od ebsoviel dafür wie dagg spricht. Mögl, daß Richter einige Male ein ZusKommen des Kindes mit dem Vater bei dem JA probew iW der einstw AnO gestattet. Es entsch der Richter (RPflG 14 Z 16). Ausführg der AnO des VormschG ggf dch JA (JWG 48 c). Der Richter kann seine Entsch jederzeit im Interesse des Kindes **ändern, II 3;** entsprechd § 1696; vgl dort. Zustdgk FGG 43 I, 36; auch dann JA zu hören. Beschw des Vaters iS v I 2 FGG 20, der Mutter u des JA FGG 57 Z 9, des Kindes FGG 59; keine weitere Beschw, FGG 63 a, auch nicht bei Verletzg des rechtl Gehörs (BGH NJW-RR **86**, 1263).

1712 *Anhörung des Vaters.* (Aufgehoben durch Art 1 Ziff 41 SorgRG im Hinblick auf § 50a II FGG; vgl Einf 4 b vor § 1626.)

1713–1718 weggefallen NEhelG Art 1 Z 25.

Siebenter Titel. Legitimation nichtehelicher Kinder

Einführung

Schrifttum: Dieckmann StAZ 83, 297.

1) Das BGB kennt **2 Arten der Legitimation** nehel Kinder: die dch nachfolgende Ehe (§§ 1719 ff) u dch EhelichErkl (§§ 1723 ff), die in ihren Voraussetzen u Wirkgen verschieden sind. Währd die Legitimation dch nachfolgde Ehe kraft G u selbst gg den Willen der Beteiligten eintritt u das Kind zum ehel macht (§ 1719), ist bei der EhelichErkl ein Antr des Vaters u die Einwilligg des Kindes nebst der Ehefr des Vaters (§§ 1723, 1725, 1726) od bei Tod des Verlobten ein Antr des Kindes u die Einwilligg des überlebden ElternT (§§ 1740a, b), erforderl; die EhelichErkl erfolgt dch das VormschG, wenn sie dem Wohle des Kindes entspricht u ihr keine schwerwiegnd Gründe entgegenstehen (§§ 1723, 1740a). Das Kind, das auf seinen Antr für ehel erklärt w ist, steht einem dch Eheschl legitimierten gleich (§ 1740f), währd das auf Antr des Vaters für ehel erklärte Kind die rechtl Stellg eines ehel Kindes erlangt (§ 1736).

2) Zum **Übergangsrecht** u zu den Adelsvorbehalten 41. Aufl. Zum **IPR** EG 21.

I. Legitimation durch nachfolgende Ehe

1719 *Verheiratung des Vaters mit der Mutter.* **Ein nichteheliches Kind wird ehelich, wenn sich der Vater mit der Mutter verheiratet; dies gilt auch, wenn die Ehe für nichtig erklärt wird. Wird das Kind vor der Eheschließung als Minderjähriger oder nach § 1772 von einer anderen Person als seinem Vater oder seiner Mutter als Kind angenommen, so treten die in Satz 1 bestimmten Wirkungen erst ein, wenn das Annahmeverhältnis aufgehoben wird und das Verwandtschaftsverhältnis und die sich aus ihm ergebenden Rechte und Pflichten des Kindes zu seinen leiblichen Eltern wieder aufleben.**

1) Die **Legitimation durch nachfolgende Ehe** vollzieht sich and als bei der dch EhelichErkl (vgl Einf 1), näml ohne weiteres kraft G u selbst gg den Willen der Elt u des Kindes; auch ohne Rücks, ob dieses mj oder vollj ist. Einschrkg nur iF vorheriger Annahme an Kindes Statt, S 2, sowie iF einer unricht VaterschFeststellg (dazu Anm 2a). VerfBeschw wg Ablehng v § 1719 bei Ehe mit alger Vater: vgl NJW 87, 823.

2) Voraussetzungen. a) Es muß sich um ein **nichteheliches Kind** handeln (§ 1705 Anm 1). Ist das Ki zwar vor der Eheschl gezeugt, aber nach ihr geboren, so ist es ehel (§ 1591); eine Legitimation kommt dann begriffl nicht in Betr. Hinggen hört das Ki nicht auf, ein nichtehel Ki iS der vorliegdn Best zu sein, so daß eine Legitimation dch nachfolgde Ehe mögl ist, wenn es von einem leibl EltT od einem Dr adoptiert w ist; in diesem Fall muß allerd das AnnVerhältn zunächst wieder aufgeh w (§§ 1759ff, 1764), **S 2** (Lit: Engler StAZ 76, 159). Kommt es nicht zur Aufhebg der Adoption, bleibt das AnnVerhältn mit seinen Wirkgen bestehen; die Eheschl der leibl Elt des Kindes hat auf dessen rechtl Situation keinen Einfl. Einer Legitimation steht entgg, wenn ein Dr (unrichtigerw) das Ki als das seine anerk hat od die Vatersch eines u dch Urt rechtskr festgestellt ist (§ 1600a), jedenf solange, bis die Anerkenng sich als unwirks herausgestellt hat (§ 1600f, ZPO 640 II Z 1), mit Erfolg die Vatersch angefochten, die gerichtl Feststellg im WiederAufnVerf (ZPO 641 i) beseitigt ist, ferner wenn die Vatersch eines Dr dch EhelichErkl festgestellt ist, da diese dann feststeht, bis die Vatersch mit Erfolg angefochten w (§§ 1735 S 2, 1593), weiterhin wenn das Ki zwar im Ehebruch mit dem späteren Ehem der Frau erzeugt ist, der frühere aber ebso wie das Ki die Anfechtg der Ehelichk unterlassen hat, da es dann ebso ehel Ki der Frau u des früh Mannes mit Wirkg für u gg alle ist (§ 1593).

b) Heirat der wirkl Elt des Ki; das Ki darf nicht etwa untergeschoben sein. Wer Vater ist, sagt § 1600a. Er muß also anerk haben od als Vater festgestellt s, was selbst noch nach dessen Tode mögl (§ 1600n II). Erfolgt Anerk od Feststellg erst nach Eheschl, so Rückwirkg auf Ztpkt der Eheschl. Das gilt auch bei Anerk nach rechtskr Scheidg (Kln DAV **84**, 614). Ebsowenig ändert die Nichtigk der Ehe der Elt etwas an der Stellg des Kindes. Handelt es sich um eine **Nichtehe** (EheG 11 Anm 5, 13 Anm 3b), so bleibt das Kind allerd nehel. Über die RWirkgen des Ausspruchs einer nachträgl Eheschl EheG 13 Anh II § 1 Z 3.

3) Wirkungen. Die Kinder werden, jedoch erst von der Eheschließg ab (Stgt Recht **14**, 493), kraft G ehel Kinder (§§ 1616–1698b), u zwar auch für ihre Abkömml (§ 1722). Sie erhalten den Ehenamen der Elt (§ 1616); haben das Recht auf Unterh (§§ 1601 ff); das Erb- u PflichttRecht wie alle ehel Kinder, deren Verjährgsvergünstig (§ 204); sie teilen den Wohnsitz der Elt (§ 11); erwerben die Staatsangehörigk des und EltT (RuStG § 3 Z 2 m § 5); beide Elt haben die elterl Sorge, wobei freilich Beschränkgn des SorgeR der Mutter Anlaß geben können, nunm auch dem Vater das SorgeR zu entziehen (BayObLG DAV **84**, 1048). Für das Kind, das bisher unter Vormsch stand, bleibt die Vormsch bis zur Entlassg des Vormds bestehen (§ 1883). Ebso muß die Pflegsch (§ 1706) aufgeh w (§ 1919). Wird später dch Anf der Anerkenng od im WiederAufnVerf festgestellt, daß der Ehem der Mutter nicht der Vater des Kindes ist, so fällt die Legitimationswirkg rückwirkd fort (Hamm DAV **84**, 402).

4) Personenstandsregister. Eine Feststellg dch das VormschG ist nicht mehr erforderl, da der Mann, der die Vatersch anerkannt hat od als Vater rechtskr festgestellt ist, Vater mit Wirkg für u gg alle ist (§ 1600a). Als solcher ist er im Geburtenbuch nach Anerkenng oder rechtskr Feststellg einzutr (PStG 29), wo auch die Legitimation einzutr ist, sobald die Vatersch feststeht (PStG 31); handelt es sich um eine Legitimation nach ausl Recht, so bedarf es zur Eintr nicht der Voraussetzgen einer Anerkenng oder rechtskr Feststellg, wenn nach jenem Recht die RWirkgen ohne diese eintreten (PStG 31 I 2), jedoch muß der

StBeamte in diesem Falle die Entsch des AG herbeiführen, ob einzutr ist (PStG 31 II 1). Die GeburtsUrk bezeichnet das Kind als ehel (PStG 65). Im Geburtenbuch w ein Sperrvermerk eingetr, der zur Folge hat, daß nur Behörden, den nächsten Blutsverwandten u dem Kind selbst eine PersStUrk erteilt od Einsicht in die PersStBücher erteilt w (PStG 61 II).

5) Übergangsrechtlich gilt, daß eine rechtskr Feststellg der Ehelk vor dem 1. 7. 70 bestehen bleibt. Einzelh 41. Aufl.

1720 *Erklärung über Namensänderung.* Der nach § 1355 von den Eltern zu führende Ehename erstreckt sich auf den Geburtsnamen eines Abkömmlings, welcher das vierzehnte Lebensjahr vollendet hat, nur dann, wenn er sich der Namensänderung durch Erklärung anschließt. Ist der frühere Geburtsname zum Ehenamen eines Abkömmlings geworden, so erstreckt sich die Namensänderung auf den Ehenamen nur dann, wenn die Ehegatten die Erklärung nach Satz 1 gemeinsam abgeben. § 1617 Abs. 2 Satz 2 und 3 gilt entsprechend.

1) Das nach § 1719 legitimierte nehel Kind würde an sich gem § 1616 den Ehenamen der Elt als (neuen) FamNamen erhalten; § 1720 schränkt diesen Grds entspr dem Selbstbestimmgsprinzip des § 1617 II in der Weise ein, daß mit Vollendg des 14. LebJ der Abkömml sich der dch die Eheschl herbeigeführten NamensÄnd anschließen kann, es aber nicht muß. Die ErstreckgsErkl des legitimierten Kindes ist nicht in die AbstammgsUrk aufzunehmen (Celle StAZ **80**, 46). Wird der Name der Mutter iRv § 1355 II 1 zum gemeins Namen der Eheg, so ändert sich für das Kind überh nichts. Ist der Abkömml bereits selbst verheiratet, bedarf es für eine NamensÄnd der AnschließgsErkl auch seines Ehepartners, S 2. Für den Fall, daß aus dieser Ehe schon Abkömml vorhanden sind, gilt § 1616 Anm 2b; die Enkel müssen ab 14 J ihrers zustimmen (so auch Ruthe FamRZ **76**, 415). Zur Auswirkg einer Adoption Brschw StAZ **78**, 212.

1721 *Anfechtung der Ehelichkeit.* Weggefallen, Art 1 Z 26 NEhelG.

1722 *Wirkung auf Abkömmlinge des Kindes.* Die Eheschließung zwischen den Eltern hat für die Abkömmlinge des nichtehelichen Kindes die Wirkungen der Legitimation auch dann, wenn das Kind vor der Eheschließung gestorben ist.

1) Das G spricht hier nur die notw Folge der in § 1719 verordneten Wirkg aus, dort Anm 3. Eine ggteilige Vereinbg wäre unwirks. Die Eheschl macht das nehel Kind rückw zu einem ehel.

II. Ehelicherklärung auf Antrag des Vaters

1723 *Voraussetzungen der Ehelicherklärung.* Ein nichteheliches Kind ist auf Antrag seines Vaters vom Vormundschaftsgericht für ehelich zu erklären, wenn die Ehelicherklärung dem Wohle des Kindes entspricht und ihr keine schwerwiegenden Gründe entgegenstehen.

1) Dch die **Ehelicherklärung** oder **Legitimation** (krit zu dem ganzen RInstitut: Rassow FamRZ **86**, 322) erlangt das nehel Kind, das im Verhältn zur Mutter bereits die Stellg eines ehel Kindes hat (§ 1705 Anm 2), nun auch seinem leibl Vater ggü diesen RStatus. Im Ggs zur Einbenenng (§ 1618 Anm 1a) begründet die Legitimation alle Rechte u Pfl, die der NEhelStatus im Verhältn zw Vater u Kind bish versagte, insb erhält der Vater dadch die elterl Sorge. EhelErkl erfolgt auf Antr des Vaters (§§ 1723ff) od auf Antr des Kindes (§§ 1740a ff), nicht jedoch auf Antr der Mutter. Liegen die Voraussetzgen (Anm 2) vor, muß das VormschG das Kind für ehel erkl. Das ist wed wie fr Gnadenakt, noch ErmFrage, sond Fürsorgeakt, zu dem das VormschG dann verpfl ist. Im Ggsatz zu § 1600b II ist die EhelErkl **vor der Geburt** des Kindes unzul (LG Bln/KG FamRZ **84**, 92/98).

2) **Erfordernisse. a)** Es muß sich um ein **nichteheliches Kind** handeln (§§ 1705 Anm 1, 1719 Anm 2a). Der EhelichErkl stehen also entgg: die Stellg des Kindes als ehel (§ 1593), die Legitimation dch nachf Ehe der Mutter mit einem Dr, der das Kind als das seinige anerkannt hat od als Vater dch rechtskr Urt festgestellt ist, sol bis die Unrichtig seiner Vatersch dch Urt festgestellt w, schließt die EhelichErkl auf Antr eines Dr (§ 1735), nicht dagg die Ann als Kind (§ 1719 Anm 2a).

b) Die EhelichErkl kann nur dch den **richtigen Vater** eingeleitet w, dessen Vatersch gem § 1600a feststeht.

c) Dieser muß den **Antrag** stellen (§ 1730), der bis zur EhelichErkl wieder zurückgenommen w kann.

d) Für die Entsch des VormschG maßgebl ist das **Wohl des Kindes.** Ihm w die EhelErkl im allg entspr. Zu prüfen die Grde des Antr u ihr Zutreffen, insb ob der Vater sich um das Kind kümmern w. Nicht ausreichd, daß nehel zulebde Elt (Einf 8 v § 1353) davon ihre Plang, welcher EltT berufstät bleiben soll, abh machen (KG NJW **88**, 146). Das Interesse des Kindes w der Verbesserg der Unterbringg, Ernährg, Erziehg liegen; jedoch darf die geldl Seite nicht allein ausschlaggeb sein. Soll das Kind bei Dr untergebracht w, so sind auch deren Verhältn zu prüfen. Bei Heimunterbringg w im allg einer EhelErkl nichts iW stehen. Die Verabredg, das Kind bei der Mutter zu lassen, braucht keinesf gg das Kindeswohl zu sprechen, insb wenn Veränderg der Umgebg nicht nützl wäre. Soll das Kind beim Vater untergebracht w, ist bes die Einpassgsmöglichk zu prüfen. Die Möglk, daß der Vater die Mutter heiraten, das Kind also auch dch nachfolgde Eheschl legitimiert w könnte (§ 1719), steht dem Kindeswohl nicht entgg; auch mittelb soll auf

Verwandtschaft. 7. Titel: Legitimation nichtehel. Kinder §§ 1723–1727

den Heiratswillen der Elt kein Druck ausgeübt w. Zu erwägen aber, daß die Mutter dch die EhelErkl die elterl Sorge verliert (§ 1738 I).

e) Trotz Bejahg des KiWohls können der EhelErkl **schwerwiegende Gründe entgegenstehen**. Es genügt ein Grd (Mehrzahl ungenau), aber nicht jeder, sond nur, wenn er ggü den für das Wohl des Kindes sprechenden Grden ein ganz bes Gewicht hat. Abzuwägen alle Umst des Einzelfalls. Abl der EhelErkl zB, wenn dch die beabsichtigte Aufn des Kindes in die Familie des Vaters Unfrieden in diese hineingetragen würde (Vorrang von GG 6 I ggü V), wenn das Kind aus einer Verbindg stammt, der ein Eheverbot entggsteht u das bekannt ist. Bei fehlerh Entsch § 1735.

3) **Verfahren.** Örtl zustdg ist das VormschG, in dessen Bezirk der Vater zZ der Einreichg des Antr seinen Wohns, bei dessen Fehlen Aufenth hat; hat er beides nicht im BuGebiet u ist er Deutscher, so ist AG Bln-Schöneberg zust (FGG 43 a I, II). Das JA ist zu hören (JWG 48 a I Z 9). Anhörg des Kindes Einf 4 b v § 1626. Es entsch der Richter (RPflG 14 Z 3 e). Das VormschG prüft die Ordngsmäßigk des Antr (§§ 1729, 1730), die Voraussetzgen (§ 1723), desgl ob die erforderl Einwilliggen vorliegen (§§ 1726 ff). Die Vfg, die die Ehelk ausspricht, w mit der Bekanntm an den Vater, nach seinem Tode an das Kind wirks; sie ist unanfechtb (FGG 56 a I). Gg die ablehnde Vfg einf Beschw des Vaters (FGG 20 II), nach seinem Tode des Ki (FGG 56 a II), u zwar ab 14 J auch dch dieses selbst (FGG 59).

4) **Standesamtliche Eintragung.** Lediglich Randvermerk zum Geburtseintrag, da sich PersSt des Kindes verändert hat (zum Wortlt v Geburts- u AbstammgsUrk vgl Evans-v Krbek FamRZ **75**, 322) u dabei Hinw auf Geburtseintrag des Vaters (PStG AVO 39), in dessen FamBuch aber kein Eintrag erfolgt (vgl PStG 15).

1724 *Bedingungsfeindliches Geschäft.* Die Ehelicherklärung kann nicht unter einer Bedingung oder einer Zeitbestimmung erfolgen.

1) Dementsprechd ist auch der Antr od die darin enthaltene Anerkenng, vgl § 1730, unwirks, wenn sie unter einer Bedingg od einer Zeitbestimmg erfolgt. Vgl aber auch § 1735 S 1.

1725 weggefallen, Art 1 Z 30 NEhelG.

1726 *Einwilligung der sonstigen Beteiligten.* I Zur Ehelicherklärung ist die Einwilligung des Kindes und, wenn das Kind minderjährig ist, die Einwilligung der Mutter erforderlich. Ist der Vater verheiratet, so bedarf er auch der Einwilligung seiner Frau.

II Die Einwilligung ist dem Vater oder dem Vormundschaftsgericht gegenüber zu erklären; sie ist unwiderruflich.

III Die Einwilligung der Mutter ist nicht erforderlich, wenn die Mutter zur Abgabe einer Erklärung dauernd außerstande oder ihr Aufenthalt dauernd unbekannt ist. Das gleiche gilt von der Einwilligung der Frau des Vaters.

1) Die **Einwilligung** ist einseit empfangsbedürft RGesch, entw dem Vater od dem VormschG ggü, bei welchem der Antr einzureichen ist (vgl § 1723 Anm 4). Entspr § 1724 darf sie nicht unter einer Bedingg od ZeitBestimmg gegeben w; Form § 1730. Auch nach Einreichg des Antr, aber nur vor der EhelErkl. Wg Abg dch Vertreter §§ 1728, 1729. Unwiderrufk, II, mit WirksWerden der Einwilligg (§ 130 I); soweit Zust des VormschG erforderl (§ 1728 II), also erst mit Gen des VormschG (KG JFG **6**, 108). Bei mangelnder Einwilligg § 1735.

2) Einwilligg **des Kindes** stets erfdl. Nicht ersetzb (Bln DAVorm **78**, 543). Einwilligg **der Mutter** nur, wenn Kind noch mj; Ersetzg dch VormschG § 1727. Einwilligg kann unterbleiben, wenn die Mutter zur Abgabe der Erkl dauernd außerstande, zB bei GeschUnfgk, od ihr Aufenth dauernd unbekannt ist, III. GeschUnfgk u Unbekanntsein des Aufenthalts sind dauernde Hindernisse, wenn das Abwarten ihres Aufhörens die EhelichErkl ungebührl verzögert. Die in der GeschFgk beschr Mutter erteilt die Einwilligg selbst, § 1728 III. Stirbt die Mutter, so geht EinwilliggsR nicht auf ihren nächsten Verwandten über, BaWü VGH JZ **51**, 305. Wird fälschlicherw III angenommen, so § 1735.

3) Die **Einwilligung der Ehefrau des Vaters** nicht erforderl, wenn III vorliegt, vgl Anm 2, aber auch nicht nach Scheidg od Aufhebg der Ehe. Bei beschr GeschFgk keine Zust des ges Vertr erforderl (§ 1728 III). Wg Ersetzg dch VormschG § 1727 II.

1727 *Ersetzung von Einwilligungen durch das Vormundschaftsgericht.* I Das Vormundschaftsgericht hat auf Antrag des Kindes die Einwilligung der Mutter zu ersetzen, wenn die Ehelicherklärung aus schwerwiegenden Gründen zum Wohle des Kindes erforderlich ist.

II Das Vormundschaftsgericht kann auf Antrag des Kindes die Einwilligung der Ehefrau des Vaters ersetzen, wenn die häusliche Gemeinschaft der Ehegatten aufgehoben ist. Die Einwilligung darf nicht ersetzt werden, wenn berechtigte Interessen der Ehefrau und der Familie der Ehelicherklärung entgegenstehen.

Schrifttum: Beitzke FamRZ **74**, 553.

1) I regelt Ersetzg der Einwilligg der Kindesmutter, II die der Ehefr des Vaters, die für die EhelErkl erforderl sind (§ 1726 I). Dch die Ersetzg der Einwilligg der Mutter wird ihr wider ihren Willen die elt Sorge entzogen (§ 1738). Keine Bedenken hiergg aus GG 6 II u III, da schwerwiegde Grde für das Wohl des Kindes gefordert w (Anm 2) u RückÜbertr vorgesehen ist (§ 1738 II).

1703

2) Erfordern der Ersetzung der Einwilligung der Mutter in deren Interesse u weil Zuordng des ne Kindes zum Vater noch die Ausn. Ersetzg muß **aus schwerwiegenden Gründen** zum Wohl des Kindes erfdl sein. Zum Verhältn zu and Ersetzgsregeln treffd LG Mü I FamRZ **75**, 593. Ersetzg danach, wenn Kind bei der Mutter ernstl körperl od sittl gefährdet ist, zB bei großer Gleichgültigk u ungeordn Wohnverhältn der Mutter (LG Hbg DAVorm **74**, 121); ferner wenn die elt Sorge voraussichtl lange Zeit ruht (§ 1674) od ihr nicht mehr zusteht (§ 1666), wenn die Mutter das Kind nicht mehr haben u in ein Heim geben will; wenn das Ki beim Vater aufgewachsen u eine in absehb Zeit nicht lösbare Bindg entstanden ist (Hamm FamRZ **87**, 745); wenn das Ki seit 3 J in der Fam des Vaters lebt u die Mutter nur ihr „BesitzR" sieht (AG Hbg ZfJ **84**, 370). Ersetzg dagg nicht dann, wenn die EhelErkl für das Kind nur vermögensmäß (Neust FamRZ **64**, 459) od sonst vorteilh ist, aber auch die LebVerhältn der Mutter geordnet sind u Erziehg u Ausbildg des Kindes gewährleistet ist (KG DR **39**, 2078).

3) Ersetzung der Zustimmung der Ehefrau des Vaters, II, unter den Voraussetzgen, daß **a)** häusl Gemsch der Eheg tatsächl aufgeh ist (§ 1353 Anm 4, EheG 50 Anm 4) **b)** berecht Interessen der Ehefr u der Fam nicht entggstehen. Abwägg erforderl, die auch die allg Voraussetzgen des § 1723 einbeziehen k (Beitzke FamRZ **74**, 558). IdR keine ZustErsetzg, wenn damit prakt die ZweitFam entgg GG 6 I legitimiert würde (Ffm FamRZ **73**, 664; Hamm FamRZ **74**, 606; Ausweg dann: § 1618), wohl aber uU, wenn inf Tod der ne Mutter das Kind nur noch den Vater als BezugsPers hat (vgl Mannh FamRZ **73**, 666; aA Hamm FamRZ **75**, 110), die Ehefr selbst kein Interesse am Fortbestehen der Ehe gezeigt hatte u ihre Einwillig **aus unsachlichen Gründen** versagt (Hamm FamRZ **74**, 606). Im Prinzip muß aber die Ersetzg schon wg der erbrechtl u UnterhFolgen nach der eindeut Wertg des GesGeb Ausn bleiben (BayObLG NJW **74**, 1145). § 1727 II 2 dient allerd nicht dazu, die entfernte Möglk einer Wiederherstellg der ehel Gemsch zu wahren; ist dies der einz Grd für die ZustVerweigerg, dann Ersetzg (aA Hamm FamRZ **75**, 110), da EhelErkl als solche der Ehewiederherstellg nicht iW steht u der ggs Verständiggsbereitsch eher nützl sein k. Bl psych Interesse der Ehefr reicht nicht aus, wenn Kind des inzw verstorbenen Vaters Namens-, Erb- u UnterhR hat (Stgt FamRZ **80**, 491).

4) Verfahren. II 1 ist keine ErmessensVorschr; steht II 2 nicht entgg, so ist die Einwilligg zu ersetzen (Stgt FamRZ **80**, 491). Zustdgk FGG 36, 43a; es entsch der Richter, RPflG 14 Z 3e. Antragsberechtigt in beiden Fällen das Kind; ist es mj, Zust des gesetzl Vertreters, da FGG 59 nicht anwendb, RGRK Anm 3; ist es geschäftsunfäh od noch nicht 14 Jahre alt, so ist dieser für das Kind antragsberechtigt; vgl auch Brschw FamRZ **64**, 323. Vorherige Anhörg der Mutter, §§ 1695 I, 1705, des JA, JWG 48a I Z 9. Entsch wird mit Rechtskr wirks, FGG 53 I 2, und kann, wenn EhelichErkl erfolgt ist, nicht mehr geändert w, FGG 55 II, 62. Gegen Ersetzg der Einwilligg hat die Mutter die sof Beschw, FGG 20 I, 53 I 2, 60 I Z 6, gg abweise Entsch das Kind die einfache (*arg* FGG 60 I Z 6, 53). Kostenfrei.

1728 Höchstpersönliches Rechtsgeschäft.
I Der Antrag auf Ehelicherklärung kann nicht durch einen Vertreter gestellt, die Einwilligung der Mutter des Kindes und der Ehefrau des Vaters nicht durch einen Vertreter erteilt werden.

II Ist der Vater in der Geschäftsfähigkeit beschränkt, so bedarf er zu dem Antrag, außer der Zustimmung seines gesetzlichen Vertreters, der Genehmigung des Vormundschaftsgerichts.

III Ist die Mutter des Kindes oder die Ehefrau des Vaters in der Geschäftsfähigkeit beschränkt, so ist zur Erteilung ihrer Einwilligung die Zustimmung des gesetzlichen Vertreters nicht erforderlich.

1) § 1728 behandelt nur die Vertretg des AntrStellers u der einwilligden Frauen, § 1729 die des Kindes bei seiner Einwilligg. Mit Rücks auf die höchstpersönl Natur der Antrags- u der EinwilliggsErkl ist eine Vertretg im Willen, gesetzl od gewillkürte, ausgeschl.

2) Antrag des Vaters, I, II. a) Er kann ihn nur selbst stellen. Ist er geschäftsunfäh, ist Stellg eines Antr nach § 1723 also nicht mögl. Ist er in der GeschFgk beschr, bedarf sein Antr, den er selbst stellen muß, der Zust seines ges Vertr u der Gen des VormschG, II; sie kann auch nach der Beurk, § 1730, erfolgen, KG JFG **6**, 108, aber nicht nach Einreichg des Antr, § 1723, ans VormschG, § 1831, da dann der Antr unwirks gestellt ist, KG OLG **43**, 375 Anm 1, aM Gernhuber § 61 II 8 Fn 22, vgl auch BremOLGZ **66**, 455, das entgg SchlHOLG SchlHA **58**, 176 dazu neigt, dem Vater ein BeschwR gg die Versagg der vormschgerichtl Gen zur Zust des ges Vertr zu geben. Widerruf der Zust des ges Vertr bis zum Eingang beim VormschG, § 130 Anm 2a, aM Gernhuber § 61 II 9. Die Einwillig des Vormds kann nicht ersetzt w, KG JFG **7**, 80, notf Abberufg, § 1886. Das VormschG prüft hier die Wirkg der EhelErkl auf die Familie des Vaters u seine sonstigen Verhältn währd die Prüfg nach § 1723 sich auf die Verhältn des Kindes erstreckt, dort Anm 3. Auch hier aber eine Verweisg des Vaters auf eine Heirat mit der Mutter unzuläss, ebda. **b)** Zuständigk FGG 43, 36. Es entsch der Richter, RPflG 14 Z 3e, unter Heranziehg aller Umst. Beschw FGG 19, 20. Mängel w im Rahmen von § 1735 geheilt.

3) Einwilligung der Kindesmutter und der Ehefrau des Vaters, I, III. Bei GeschUnfgk nicht erforderl, § 1726 III, bei beschr GeschFgk stets selbst; Zust des ges Vertr nicht erforderl 1, III.

4) Verfahren zu Anm 2. VormschG, Zust FGG 43, 36, hat alle Umst heranzuziehen. Anhörg des JA, JWG 48 a I Z 9. Es entsch der Richter, RPflG 14 Z 3e. **Mängelheilung** § 1735.

1729 Einwilligung des Kindes.
Für ein Kind, das geschäftsunfähig oder noch nicht vierzehn Jahre alt ist, kann nur sein gesetzlicher Vertreter die Einwilligung erteilen. Im übrigen kann das Kind die Einwilligung nur selbst erteilen; es bedarf hierzu, falls es in der Geschäftsfähigkeit beschränkt ist, der Zustimmung seines gesetzlichen Vertreters.

Verwandtschaft. 7. Titel: Legitimation nichtehel. Kinder §§ 1729–1735

1) **Einwilligung des geschäftsunfähigen oder noch nicht 14 Jahre alten Kindes** nur dch den ges Vertr, der also der Gen des VormschG nicht mehr bedarf, da dieses ohnehin anläßl der EhelErkl ein umfassdes PrüfgsR ausübt, § 1723 Anm 3. **Anhörung** des Kindes gem FGG 55c, 50b (vgl § 1723 Anm 4; Einf 6b vor § 1626). Das beschr geschfäh Kind über 14 Jahre erteilt die Gen selbst mit Zustimmg seines ges Vertr, **I 2**. Die Einwillig des Ki u des Pflegers in die EhelErkl auf Antr des Vaters kann nicht dch das VormschG ersetzt w (BayObLG DAV **85**, 586).

1730 **Notarielle Beurkundung.** Der Antrag sowie die Einwilligungserklärung der im § 1726 bezeichneten Personen bedarf der notariellen Beurkundung.

1) Bezieht sich nur auf Antr u EinwilliggsErkl nach § 1726, nicht auf die Zust der gesetzl Vertreter nach §§ 1728, 1729. Soweit er aber die Einwillig für das Kind erteilt, § 1729 I, handelt es sich um die des § 1726 u bedarf sie mithin der Form. Wegen der Beurkundg vgl § 128; gerichtl Beurk dch BeurkG 56 I gestrichen. Auch bei Verletzg der Form Heilg gem § 1735.

1731 **Anfechtbarkeit des Antrags oder der Einwilligung.** Weggefallen, Art. 1 Z 33 NEhelG.

1732 **Unzulässigkeit der Ehelichkeitserklärung.** (Aufgeh durch § 22 FamRÄndG v. 12. 4. 38, damals ersetzt durch DVO 9 zu diesem G, der durch FamRÄndG 1961 Art 9 I Z 10 aufgeh wurde. S jetzt § 1723 Anm 3).

1733 **Tod des Kindes oder des Vaters.** [I] Die Ehelicherklärung kann nicht nach dem Tode des Kindes erfolgen.

[II] Nach dem Tode des Vaters ist die Ehelicherklärung nur zulässig, wenn der Vater den Antrag beim Vormundschaftsgericht eingereicht oder bei oder nach der Beurkundung des Antrags den Notar mit der Einreichung betraut hat.

[III] Die nach dem Tode des Vaters erfolgte Ehelicherklärung hat die gleiche Wirkung, wie wenn sie vor dem Tode des Vaters erfolgt wäre.

1) **Tod des Kindes, I.** Da dch die EhelErkl auf Antr des Vaters das Kind in dessen Familie eingegliedert w soll, würde sie ihren Zweck verfehlen, wenn das Kind nicht mehr lebt. Sie setzt also voraus, daß das Kind noch den Zeitpkt erlebt, in dem sie wirks wird.

2) **Tod des Vaters, II, III.** Grdsätzl steht auch dieser einer EhelichErkl entgg. Im Interesse des Kindes bleibt sie aber auch dann zul, und hat dieselben Wirkgen wie sonst (III), wenn der Vater den Antr beim VormschG eingereicht, § 1723 Anm 4, oder bei der Beurkundg, § 1730, od nach ihr den Notar mit der Einreichg betraut hat; ein eigenes EinreichgsR hat dieser nicht. Zust u Gen, die nach § 1728 II erforderl sind, können nach dem Tode des Vaters zu dem Antrage nicht mehr erteilt werden, da mit seinem Tode die Vormsch als solche kraft G beendet wird, § 1882 Anm 1 und Vorbem a dazu. Hingg können die Einwilliggs-Erkl der übrigen Beteiligten, § 1726, auch nach dem Tode des Vaters ggü dem VormschG erfolgen, mithin auch die Ersetzg der Einwillig der Mutter u der Ehefr des Vaters durch das VormschG, § 1727.

3) **Widerrufsrecht des Vaters.** Solange die EhelichErkl nicht wirks ist, kann der Vater seinen Antr widerrufen, § 1723 Anm 2c, nicht mehr aber seine Erben. Hingg sind die EinwilliggsErkl unwiderrufl, § 1726 II.

4) **Nachträgliche Geschäftsunfähigkeit des Vaters;** vgl § 130 II und III. Es kann aber trotzdem mit Rücks auf den bes Charakter der EhelErkl diese von dem VormschG versagt werden, § 1723 Anm 3. Bei von vornherein vorhandener GeschUnfgk des Vaters vgl § 1728 Anm 2.

1734 **Versagungsgründe.** Weggefallen, Art. 1 Z 33 NEhelG; s jetzt § 1723 Anm 3.

1735 **Einfluß von Mängeln.** Auf die Wirksamkeit der Ehelicherklärung ist es ohne Einfluß, wenn mit Unrecht angenommen worden ist, daß ihre gesetzlichen Voraussetzungen vorlagen. Die Ehelicherklärung ist jedoch unwirksam, wenn durch rechtskräftige gerichtliche Entscheidung festgestellt worden ist, daß der Mann nicht der Vater des Kindes ist.

1) **Heilbare Mängel, S. 1.** Die gesetzl Stellg des Kindes soll nicht erschüttert werden, wie auch die Vfg des VormschG unanfechtbar u durch dieses nicht abänderbar ist, FGG 56a. Die Vfg deckt deshalb auch alle Mängel, formeller wie materieller Art mit Ausn der aus S 2, ferner wenn VormschG sich bewußt über die gesetzl Voraussetzgen hinweggesetzt hat, BGH **LM** EG 7ff Nr 7. Jeder Antr ist auf Mangelfreih zu prüfen u bei Mängeln abzulehen, vgl § 1723 Anm 4. Ist ein ehel Kind, auch wenn die Ehelichk angefochten w könnte (scheinehel), für ehel erkl worden, so ist die EhelichErkl mangels Obj wirkgslos, vgl dazu Maßfeller StAZ **63**, 199. Durch § 1735 wird ein solcher Fehler nicht geheilt, da kein Kind 2 ehel Väter haben kann, Hbg MDR **64**, 507, vgl auch § 1723 Anm 2a.

2) **Unwirksamkeit der Ehelicherklärung, S 2.** Nur ein nehel Kind kann für ehel erkl w. Die Vatersch ist dch Anerkenng od rechtskr Urt festgestellt worden, was bei EhelErkl lediglich nachzuweisen ist, § 1723 Anm 2a, b. Ergibt sich später dch Anf der Anerkenng od im WiederAufnVerf, vgl § 1719 Anm 3, daß der AntrSteller nicht der Vater des Kindes ist, so entfallen die Wirkgen der EhelErkl mit der Rechtskr des Urt; sie ist rückwirkd unwirks. Einer Anf wie nach § 1735a aF bedarf es nicht mehr.

§§ 1735a–1739

1735a *Anfechtung der Ehelichkeit.* Weggefallen, Art 1 Z 35 NEhelG.

1736 *Wirkung der Ehelicherklärung.* Durch die Ehelicherklärung erlangt das Kind die rechtliche Stellung eines ehelichen Kindes.

1) Die Wirkg tritt in dem Zeitpkt ein, in dem EhelichErkl dem AntrSt bekanntgemacht wird (§ 1723 Anm 4), aber nicht rückw. Durch Vereinbg keine Abänderg mögl. Es gelten also §§ 1626–1698b, zB also auch § 1683 (Vermögensverzeichn bei Heirat des Vaters), so daß sich trotz Wegfalls des § 1740 aF daran nichts geändert hat, mit den sich aus der EhelErkl ergebden Besonderheiten. Die Wirkgen erstrecken sich auf alle Abkömmlinge des Kindes, schon geborene od noch zukünft.

2) Die rechtliche Wirkung. Währd früher sich die Wirkgen nicht auf die Verwandten des Vaters erstreckten, ebenf nicht auf dessen Ehefrau u den Eheg des Kindes, § 1737 I aF, ist das Kind inf des Wegfalls von § 1589 II bereits vor der EhelErkl mit diesen verwandt od verschwägert. Eine Einschränkg kann also dch die EhelErkl nicht stattfinden. Wg der Wirkgen für die Mutter § 1738, auf die UnterhPfl des Vaters, § 1739, iF seiner Verheiratg, Anm 1. Das VerwandtschVerhältn des Kindes zu den mütterl Verwandten kann ebenf dch die EhelErkl berührt w (bisher § 1737 II, jetzt als selbstverständl gestrichen). Eine etwaige Vormsch über das Kind endigt im Ztpkt des WirksWerdens der EhelichErkl, § 1882 Anm 1c.

1737 *Familienname des Kindes.* Das Kind erhält den Familiennamen des Vaters. Als Familienname gilt nicht der gemäß § 1355 Abs. 3 dem Ehenamen vorangestellte Name. Ändert sich der Familienname des Vaters, so gilt § 1617 Abs. 2 bis 4 entsprechend.

Schrifttum: Ruthe FamRZ **76**, 415.

1) EhelErkl auf Antr des Vaters gibt dem Kind zugl dessen FamNamen. Die Mitwirkg des Kindes ist über § 1726 gesichert; bis zur Vollendg des 14. LebJ erteilt sein gesetzl Vertreter die Einwilligg, anschließd das Kind selbst (§ 1729). Da Ehename auch der Name der Ehefr des Vaters sein kann (§ 1355 II 1), erhält das Kind uU den Namen einer Familie, mit der es in keiner Weise verwandt ist (krit dazu NJW **76**, 1176 Fn 104). Dagg erhält das Kind nicht den Geburtsnamen seines Vaters, soweit dieser Begleitname geworden ist, S 2. Ändert sich der Name des Vaters nach der Legitimation, so gilt § 1617 II bis IV entspr, S 3, dh eine NamensÄnd dch Eheschl hat auf den Kindesnamen keinen Einfl, es behält ggf den Namen der 1. Ehefr seines Vaters; für und NamensÄnd kommt es wesentl auf die Altersstufe des Kindes an (vgl § 1617 Anm 3). Ist das Kind bei der Legitimation bereits verheiratet, bedarf es der AnschließgsErkl seines Eheg (BayObLG FRES **10**, 282). Besondere Erkl n § 1720 insb, wenn der zu ändernde Name nach § 1355 Ehename ist (BayObLG StAZ **83**, 101/276 mAv Dieckmann).

1738 *Verlust des elterlichen Sorgerechts.* ^I Mit der Ehelicherklärung verliert die Mutter das Recht und die Pflicht, die elterliche Sorge auszuüben.

^{II} Das Vormundschaftsgericht kann der Mutter die Ausübung der elterlichen Sorge zurückübertragen, wenn die elterliche Sorge des Vaters endigt oder ruht oder wenn dem Vater die Sorge für die Person des Kindes entzogen ist.

1) Verlust der elterlichen Sorge, I. Durch die EhelichErkl verliert die Mutter die Ausübg der elterl Sorge (krit hierzu Hoffknecht ZRP **70**, 228; vgl auch Bosch FamRZ **70**, 296; nach AG Hbg verfassgswidr; FamRZ **88**, 1319 m zu Recht krit Anm v Luthin), nicht aber das SorgeR als solches. Da das Recht auf persönl Umgg mit dem Kinde aber auch BestandT des natürl ElternR ist u das PersSorgeR nicht zur Voraussetzg hat, verliert die Mutter dieses nicht; darf also idR nicht völlig unterbunden w; andernf § 1666; s § 1634 Anm 1. Vater kann das Kind herausverlangen (BGH **40**, 1). Vereinbgen über die Ausübg des UmggsR sind gült, soweit ihnen nicht das Wohl des Kindes entgegensteht. Trotz des Verlustes des PersSorgeR behält die Mutter ein BeschwR aus dem Gesichtspkt von FGG 57 I Z 9 (Stgt FamRZ **62**, 208 Schulausbildg).

2) Rückübertragung der Ausübung der elterlichen Sorge, II. Die Ausübg der elterl Sorge kann vom VormschG zurückübertr w, wenn **a)** die elterl Sorge des Vaters endigt, also der Vater stirbt, für tot erkl w, sie ihm entzogen w, § 1666, od wenn sie wg GeschUnfgk des Vaters, § 1673 I, od tatsächl Verhinderg auf längere Zeit, § 1674, ruht. Ist der Vater nur in der GeschFgk beschränkt, so behält er hingg das SorgeR, § 1673 II, keine RückÜbertr. Die RückÜbertr schließt nicht eine Pflegerbestellg, § 1706, ein, da das Kind nunmehr die rechtl Stellg eines ehel Kindes hat, § 1736.

b) Verfahren. Zust FGG 43, 36. Es entsch der Richter, RPflG 14 Z 15. JA ist zu hören, JWG 48a I Z 9. Vor Übertr hat der VormschRichter das über 14 Jahre alte Kind persönl zu hören; es ist also vorzuladen. Der Richter soll sich einen Eindruck von der Wirkg der RückÜbertr auf das Kind verschaffen; dessen Wohl entsch („kann"). **Anhörung** des Kindes FGG 50b (Einf 6b vor § 1626).

1739 *Unterhaltspflicht des Vaters.* Der Vater ist dem Kinde und dessen Abkömmlingen vor der Mutter und den mütterlichen Verwandten zur Gewährung des Unterhalts verpflichtet.

1) § 1739 gilt ohne zeitl Beschrkg, also auch, wenn der Mutter die Ausübg der elterl Sorge zurückübertr ist, da der Vater keinen wirtsch Vorteil dch sein Verhalten erlangen soll. Am UnterhAnspr von Vater u Mutter ggü dem Kind ändert § 1739 nichts.

2) Vorrangige Verpflichtung des Vaters, da dch ihn freiw enge Beziehgen zum Kind hergestellt wurden. Seine bisherigen UnterhVerpflichtgen, § 1615 a ff, ggü dem Kind ändern sich; nicht mehr anwendb die Verpfl des Vaters zum RegelUnterh, § 1615 f; es gelten nunmehr §§ 1601 ff, wobei auch jetzt § 1606 bzgl der Mutter u deren Verwandten zu berücks. Eine Einforderg dch den Pfleger § 1706 Z 2, kann nicht mehr stattfinden, der Vater kann u w in den meisten Fällen die ihm leichtere Leistg in Natur wählen, § 1612 II. Die vorrang Verpfl des Vaters gilt auch ggü Abkömml des Kindes.

1740 *Verheiratung des Vaters.* Weggefallen, Art 1 Z 37 NEhelG; s § 1736 Anm 1.

III. Ehelicherklärung auf Antrag des Kindes

1740 a *Voraussetzungen der Ehelicherklärung.* ¹ Ein nichteheliches Kind ist auf seinen Antrag vom Vormundschaftsgericht für ehelich zu erklären, wenn die Eltern des Kindes verlobt waren und das Verlöbnis durch Tod eines Elternteils aufgelöst worden ist. Die Ehelicherklärung ist zu versagen, wenn sie nicht dem Wohle des Kindes entspricht.

ᴵᴵ Die Vorschriften des § 1724, des § 1730, des § 1733 Abs. 1, 3 und des § 1735 gelten entsprechend.

1) Währd der Antr des Vaters auf EhelErkl (§ 1723) bezweckt, das Kind in die väterl Fam einzugliedern, w bei EhelErkl auf Antr des Kindes nur etwas verwirklicht, was ohne den Tod eines (od beider) EltT eingetreten wäre: es wäre sonst heute ein ehel Kind. Da der entscheidde Gesichtsspkt der §§ 1740 b ff mithin ein ganz and ist, erübrigen sich bes SchutzVorschr zG des Kindes u der Fam u ist dem bei der Auslegg Rechng zu tragen. EhelErkl trotz inzw erfolgter Adoption zul (AG Tüb FamRZ **74**, 161).

2) Voraussetzungen. a) Ein **Antrag** des Kindes des Verstorbenen, ggf dch seinen ges Vertr, § 1740 c, **b)** der Nachw, daß der verstorbene ElternT mit dem lebden **verlobt** war, dch Zeugen, insb Angeh, Briefe. Es muß ein rechtl wirks Verlöbn vorgelegen haben (Kassel DAVorm **74**, 119; vgl Einf vor § 1297); nicht erforderl schon vor Geburt. Verlöbn mit einem Verheirateten nichtig (Hamm FamRZ **71**, 321). Die Vorschr setzt die Prognose voraus, daß es ohne den Tod zu der beabs Eheschl gekommen wäre; desh keine Anwendg, wenn der verstorbene EltT eheunfäh war (KG FamRZ **87**, 862). – **c)** Nachw, daß das Verlöbn **durch den Tod aufgelöst** wurde, nicht aus and Grden, zB Übereinkunft, auch stille, worauf ein langes Hinausschieben der Heirat deuten kann.

3) Die Entscheidung des Vormundschaftsgerichts. a) Entscheidd ist das Wohl des Kindes, I 2. Das w im allg zu bejahen sein, wenn die Mutter die Überlebde ist, bei der sich dann das Kind ohnehin aufhält u von ihr erzogen w. Ist der Vater der Überlebde, zu prüfen Unterbringg, Ernährg, Betreuung, die Einpassgsmöglichk in die Familie des Vaters, insb wenn er anderweit geheiratet hat.

b) Zuständigkeit und Verfahren. § 1723 Anm 4 entspr. Es entsch der Richter, RPflG 14 Z 3e, nach Anhörg des JA, JWG 48a I Z 9. **Anhörung** des Kindes FGG 50b, der Elt FGG 50a (Einf 6b vor § 1626). Wg der iü anzuhördn Personen § 1740d. Vfg, dch die Kind für ehel erkl w, w erst mit Rechtskr wirks, FGG 56b I. Dagg sof Beschwerde, FGG 60 I Z 6, für die § 1740d genannten Personen, gem FGG 20 II auch Beschw des Kindes, weil zB Einwilligg der Mutter nicht ordnsgemäß, gem FGG 20 I der Mutter. Beide haben demgem auch einf Beschw bei Ablehng. Randvermerk zum Geburtseintrag des Kindes, PStG 30 I, wg der GeburtsUrk PStG 65.

4) Entsprechende Geltung von Vorschriften über die Ehelicherklärung auf Antrag des Vaters, II: **§ 1724,** Bedinggsfeindlichk, keine Zeitbestimmg, **§ 1730** notarielle Beurk, **§ 1733 I, III** keine EhelErkl nach dem Tode des Kindes, gleiche Wirkg der EhelErkl nach dem Tode des ElternT wie vor seinem Tode, **§ 1735,** Heilg von Fehlern bei den gesetzl Voraussetzgen, also auch wenn kein Verlöbn od dieses nicht dch Tod aufgelöst; hingg keine Heilg u EhelErkl unwirks, wenn Kind nicht das eines ElternT, weil nicht der richt Vater od die richt Mutter, Kind ihr also untergeschoben, vgl auch § 1735 Anm 1 aE. Im übr gelten die bes Vorschr der §§ 1740 a ff.

1740 b *Einwilligung des überlebenden Elternteils.* ¹ Zur Ehelicherklärung ist die Einwilligung des überlebenden Elternteils erforderlich. Die Einwilligung ist nicht erforderlich, wenn der überlebende Elternteil zur Abgabe einer Erklärung dauernd außerstande oder sein Aufenthalt dauernd unbekannt ist.

ᴵᴵ Die Einwilligung ist dem Kinde oder dem Vormundschaftsgericht gegenüber zu erklären; sie ist unwiderruflich.

ᴵᴵᴵ Die Einwilligung kann nicht durch einen Vertreter erteilt werden. Ist der überlebende Elternteil in der Geschäftsfähigkeit beschränkt, so ist zur Erteilung seiner Einwilligung die Zustimmung des gesetzlichen Vertreters nicht erforderlich.

1) Einwilligg des Überlebden erforderl, weil seine Stellg zum Kinde mit dessen EhelErkl sich ändert. Der Vater bekommt die volle elterl Sorge, §§ 1616–1698b, unterhaltsrechtl § 1739 Anm 2, das Kind bleibt ohne Pfleger, falls die Mutter die Überlebde ist; denn das Kind ist ehel, § 1740f. Der Überlebde hat die uneingeschränkte elterl Sorge.

2) Einwilligungserklärung des überlebenden Elternteils (vgl auch § 1726 Anm 1) wg der Änd der Stellg zum Kind (Anm 1) erforderl. Dem Kinde od VormschG in notariell beurkundeter Form, §§ 1740a II, 1730, zu erkl, II. Ist unwiderrufl (§ 1726 Anm 1). Keine Ersetzg der Einwilligg dch VormschG mögl, zumal bei Ersetzg der Einwilligg, die sich daraus ersichtl ablehnde Haltg des ElternT, jedenf des Vaters, schwerl mit dem Wohl des Kindes vereinb wäre. Die Einwilligg entfällt daher auch, wenn der überl ElternT zur Abg einer Erkl dauernd außerstande od sein Aufenth dauernd unbekannt ist (vgl § 1726 Anm 3).

3) Vertretung bei Erteilung der Einwilligung, III. Kann wg des höchstpersönl Charakters nur vom überl ElternT selbst erteilt w. Das gilt auch, wenn der ElternT in der GeschFgk beschr ist, u zwar ohne daß sein ges Vertr zust müßte. Ist er geschunfäh, so entfällt seine Einwilligg, Anm 2.

1740 c *Antragstellung durch das Kind.* **Für ein Kind, das geschäftsunfähig oder noch nicht vierzehn Jahre alt ist, kann nur sein gesetzlicher Vertreter den Antrag stellen. Im übrigen kann das Kind den Antrag nur selbst stellen; es bedarf hierzu, falls es in der Geschäftsfähigkeit beschränkt ist, der Zustimmung seines gesetzlichen Vertreters.**

1) Gleichlautd mit § 1729 I, s dort. Vgl iü § 1740 a II.

1740 d *Anhörung von Angehörigen.* **Das Vormundschaftsgericht hat vor der Ehelicherklärung die Eltern des Verstorbenen und, falls der Vater des Kindes gestorben ist, auch die ehelichen Kinder des Vaters zu hören; es darf von der Anhörung einer Person nur absehen, wenn sie zur Abgabe einer Erklärung dauernd außerstande oder ihr Aufenthalt dauernd unbekannt ist. War der Verstorbene nichtehelich, so braucht sein Vater nicht gehört zu werden.**

1) Der Kreis der Anzuhörenden. Die Eltern, war der Verstorbene nehel, so nur die Mutter. Ist von den Eltern der Vater des Kindes gestorben, so sind auch dessen ehel Kinder, also die Geschwister des für ehel zu erklärenden Kindes zu hören. Von der Anhörg eines dieser Personen darf nur abgesehen w, wenn sie zur Abg einer Erkl dauernd außerstande, also geschunfäh, od ihr Aufenth dauernd unbekannt ist.

2) Wegen Anhörung Einf 6 b vor § 1626. Die anzuhörden Personen haben gg die Entsch ein BeschwRecht, FGG 56 b II; vgl auch § 1740 a Anm 3 b.

1740 e *Antragsfristen.* **¹ Nach dem Tode des Vaters kann das Kind den Antrag auf Ehelicherklärung nur binnen Jahresfrist stellen. Die Frist beginnt nicht vor der Geburt des Kindes und, falls die Vaterschaft nicht anerkannt ist, nicht vor ihrer rechtskräftigen Feststellung. Auf den Lauf der Frist sind die für die Verjährung geltenden Vorschriften der §§ 203, 206 entsprechend anzuwenden.**

II War beim Tode des Vaters die Vaterschaft weder anerkannt noch rechtskräftig festgestellt und auch kein gerichtliches Verfahren zur Feststellung der Vaterschaft anhängig, so kann das Kind den Antrag auf Ehelicherklärung nur stellen, wenn es die Feststellung der Vaterschaft *binnen der Frist des § 1934c Abs. 1 Satz 2* begehrt hat.

1) Grdsätzl ist das R des Kindes, die EhelErkl zu beantr, zeitl nicht begrenzt; es ist also zB mögl, einen solchen Antr nach Erreichen der Volljährigk zu stellen, auch wenn der ges Vertr ihn nicht gestellt hat od stellen wollte. Ist aber der Vater gestorben, so wird eine Befristg im Interesse der baldigen Klärg der Erbf notw, vgl dazu auch Knur FamRZ 70, 273; denn dch die EhelErkl steht das Kind einem ehel gleich, § 1740 f, ist also wie dieses erbberecht. Ausschlaggebd für den FrBeginn ist die Feststellg der Vatersch.

2) Auf den Lauf der Frist sind §§ 203, 206 entspr anwendb. **a)** Bis 1 Jahr nach dem Tode falls Vatersch bereits vor dem Tode anerkannt od rechtskr festgestellt, **I 1**. FrBeginn war nicht vor Geburt des Kindes u nicht vor Inkrafttr des NEhelG, NEhelG Art 13 § 9 S 2 u unten Anm 3 b. **b)** War Vatersch nicht anerkannt u w die Vatersch aGrd des schon bei Lebzeiten des Vaters anhäng Verf erst nach seinem Tode festgestellt, FrBeginn für die JahresFr nicht vor Rechtskr des FeststellgsUrt, da erst dann das Kind zur Stellg eines solchen Antr legitimiert ist, § 1600 a. **c)** Lag weder a noch b vor, war also auch kein Verf auf Festellg der Vatersch anhäng, stirbt aber der Vater vor der Geburt des Kindes od bevor es 6 Monate alt geworden ist, so kann das Kind den Antr auf EhelErkl nur stellen, wenn es den Antr auf Feststellg der Vatersch, die seinen Antr auf EhelErkl bei entspr Feststellg erst ermöglicht, § 1600 n II, binnen 6 Monaten seit dem Erbf od seiner Geb gestellt hat, *§ 1934 c I 2*. Der Verweisg auf diese Vorschr geht z Zt ins Leere, nachdem BVerfG BGBl I 87, 757 = NJW 87, 1007 § 1934 c insgesamt für verfwidrig erklärt hat (vgl dort).

3) Übergangsrechtlich bestimmt NEhelG Art 12 § 9, daß es bei der bisher erbrechtl Regelg bleibt, wenn der Vater vor dem 1. 7. 70 gestorben ist, u daß die Frist f den Antr auf EhelErkl ebenf nicht vor dem 1. 7. 70 beginnt. Einzelh 41. Aufl.

1740 f *Rechtswirkung der Ehelicherklärung.* **¹ Das auf seinen Antrag für ehelich erklärte Kind steht einem Kinde gleich, das durch Eheschließung seiner Eltern ehelich geworden ist.**

II Das Kind erhält den Familiennamen des überlebenden Elternteils. Das Vormundschaftsgericht hat dem Kind auf seinen Antrag mit Zustimmung des überlebenden Elternteils den Familiennamen des verstorbenen Elternteils zu erteilen. Als Familienname gilt nicht der gemäß § 1355 Abs. 3 dem Ehenamen vorangestellte Name. Der Antrag kann nur in dem Verfahren über den Antrag auf Ehelicherklärung gestellt werden.

III Führt das Kind den Familiennamen des überlebenden Elternteils und ändert sich dieser Name, so gilt § 1617 Abs. 2 bis 4 entsprechend.

1) Die Vorschr regelt die Rechtswirkgen der auf den eig Antr des Kindes erfolgten EhelErkl.

2) Ehelichkeit, I. And als bei dem auf Antr des Vaters für ehel erkl Kind, das die rechtl Stellg eines ehel Kindes erlangt, wobei die Mutter die Ausübg der elterl Sorge verliert (§ 1738) u der Vater eine verstärkte UnterhPfl bekommt (§ 1739), steht das auf seinen Antr für ehel erklärte Kind in jeder Beziehg einem dch Eheschl der Elt ehel gewordenen Kind völl gleich (§ 1719 Anm 3). Danach richten sich auch Rechte u Pflichten des überlebden EltT.

3) Kindesname. (Lit: Ruthe FamRZ **76**, 415). Grdsatz: Das Kind erhält den FamNamen des überlebden EltT, **II 1**. Das VormschG hat dem Kind jedoch auf seinen Antr mit Zust des überlebden EltT den FamNamen des verstorbenen EltT zu erteilen, **II 2**; kein Ermessen, wenn Antr u ZustErfordern erfüllt sind. Überlebder EltT kann eig Interesse daran haben, weil er über § 1740g ebenf den Namen seines fr Verlobten erhalten kann. Als FamName gilt nicht der Begleitname, **II 3**. Ein solcher ist nur vorh, wenn einer der miteinand verlobten EltTeile vor der Verlobg schon einmal verheiratet war. Da der auf diese Weise ausgeschl BeglName idR der Geburtsname ist (§ 1355 III), entsteht wiederum das unbefriedigde Ergebn, daß das Kind einen iRv § 1355 II 1 bloß angeheirateten Namen erhält, mit dem der EltT, wie gerade die neue Verlobg, aus der das Kind stammt, zeigt, nichts mehr verbindet. Führt das Kind den FamNamen des überlebden Eheg u ändert sich dieser Name, so gelten die ZustimmgsErfordern u Einschränkgen des § 1617 II–IV entspr, **III**.

1740 g *Namensübertragung auf den überlebenden Elternteil.* **Im Falle des § 1740f Abs. 2 Satz 2 bis 4 hat das Vormundschaftsgericht dem überlebenden Elternteil auf dessen Antrag den Familiennamen des Kindes zu erteilen. Die Erteilung ist ausgeschlossen, wenn der überlebende Elternteil nach dem Tode des anderen Elternteils eine Ehe eingegangen ist.**

1) Vom Grdgedanken einer ledigl dch den Tod des Vaters vereitelten Eheschließg der verlobten Elt aus (§ 1740a Anm 1) u nach EhelWerden des Kindes (§ 1740f) ist es konsequent, die Namensgleichh auch auf die Mutter z erstrecken, bei der das Kind idR lebt. Auf Grd von 1. EheRG Art 1 Z 38 gilt das Umgekehrte jetzt auch beim Tod der Mutter für den Vater. Zu Recht kritisiert Ruthe FamRZ **76**, 415, daß dadch der überlebde Verlobte den früheren Ehenamen des Verstorbenen, der nicht zugl dessen Geburtsname war, erhält, was iRv § 1355 II 1, also dch Eheschl, nicht mögl gewesen wäre. Neben der NamensÄnd im VerwWege (OVG Lüneb FamRZ **72**, 387) eröffnet § 1740g einen vereinf zivilrechtl Weg über Beschl des VormschG. Analogie zu § 1355 III erlaubt dem überlebden EltT, dch Erkl ggü dem StA dem Namen des Verlobten den Geburts- od den zZ der Namensertelg geführten Namen voranzustellen (vgl Stgt FamRZ **73**, 158). Da §§ 1740a ff nur die Brautkinder, nicht die nehel Kinder allg betreffen, erg (evtl zu Unrecht erfolgte) Erteilg des Vaternamens nicht automat auch der Mutter einen Anspr auf NamÄnd, da § 1740g keinen generellen Grds der Namensidentität zw Mutter u ne Kind enthält (BVerwG FamRZ **75**, 38).

2) Voraussetzungen: a) Wirks Verlobg beim Tode des EltT. Strenge Anfordergen an den Nachw; bloßes (auch langjähr) ZusLeben nicht ausr. Keine Namenserteilg, wenn Vater des ne Kindes verheiratet war (Hamm FamRZ **72**, 151) od wenn Mutter vor dem Tode des Vaters sich geheiratet hat. **b)** Tod des EltT, gleichgült ob Vater od Mutter (Anm 1). **c)** Rechtskr EhelErkl auf Antr des Kindes (§ 1740a), nicht des Vaters gem § 1723 (Hamm NJW **72**, 1088). **d)** Form- u fristl Antr des überlebden EltT. **e)** Fehlen von Hindernissen wie Eheschl des überlebden EltT nach dem Tode des and EltT, **S 3**. Entggstehen schwerwiegender Grde hindert die NamensÜbertr iGgs zur aF nicht mehr; damit unvereinb die Aufrechterhaltg der Zustdgk des Richters statt des RPflegers (Anm 3).

3) Verfahrensrecht. Zust das VormschG, örtl FGG 43a III. Es entsch der Richter (RPflG 14 Z 3e). BeschwerdeR des Überlebden bei Ablehng FGG 20 II, bei Erteilg für alle Pers, die nach § 1740d zu hören sind (FGG 56b II). Die Vfg, dch die der Name des verstorbenen EltT erteilt wird, wird erst mit der Rechtskr wirks (FGG 56b I), also für das erkennde Ger nicht abänderl (FGG 18 II). Sof Beschw mögl (FGG 60 I Z 6). Die Namenserteilg ist am Rande des Geburtseintrags des Kindes (!) des überlebden EltT zu vermerken (PStG 30 I nF). Zum Geburtseintrag des überlebden EltT erfolgt kein Randvermerk; der Geburtsname bleibt derselbe. Da keine HeiratsUrk besteht, kann der Überlebde den Nachw über seinen neuen Namen nur dch Vorlage einer GeburtsUrk seines Kindes beweisen (Reichard StAZ **76**, 183).

Achter Titel. Annahme als Kind

Einführung

Schrifttum: Roth-Stielow, AdGes, AdVermittlgsG, Komm Stgt 1976; Napp-Peters, Adoption – Das alleinstehende Ki u seine Familien, 1978; Dieckmann, ZBlJugR **80**, 567; Lüderitz, FamRZ **81**, 524; Barth ZfJ **84**, 68 (VaterschFeststellg bei gleichzeit Adoptionsvermittlg); Bosch FamRZ **84**, 829; Hecker StAZ **85**, 153 (Einfl der Adoption auf die Staatsangehörigk); Schlüsche ZfF **85**, 246. Wg ält Lit vgl 41. Aufl.

1) Die **soziale Bedeutung der Adoption** hat sich seit der Entstehg des BGB entscheidd geändert (zur histor Entwicklg Lüderitz NJW **76**, 1865). Die Ann eines Kindes soll nicht mehr den Fortbestand des Namens und des Vermögens sichern, sondern einem Kind, das ein gesundes Zuhause entbehren muß, eine Familie geben. Die Adoption ist nach heut Verständn in erster Linie ein Mittel der Fürs für elternlose u verlassene Kinder. Sie sollen in einer harmon u lebenstücht Fam als deren Kind aufwachsen können (BT-Drucks 7/3061 S 1 u 7/5087 S 1). Das **Adoptionsgesetz v 2. 7. 76** (BGBl 1749; für Bln vgl ÜbernG v 29. 7. 76 GVBl 1619/20) hat dch Art 1 Z 1 die §§ 1741–1772 völl neu gefaßt u dabei in den Grdzügen **folgende Neuregelungen** verwirklicht: Ziel u Voraussetzg der Ann eines Minderjähr ist, daß sie seinem Wohl dient u die Herstellg eines Elt-Kind-Verhältn zu erwarten ist. Ferner wird das mj Kind in jeder Beziehg wie ein leibl Kind des Annehmden voll in dessen Fam aufgen, so daß die alten VerwandtschVerhältn erlöschen (**Volladoption**). Einzelheiten § 1754 Anm 1. Als Folge davon kann das zu einem Mj begründete AnnVerhältn nur noch in bes AusnFällen u auch dann nur aufgelöst w, wenn die Auflösg im Einklang mit dem Kindeswohl steht. Damit sollen die neuen Elt u das Kind die Sicherh erhalten, die für ein gedeihl FamLeben notw ist (BT-Drucks 7/3061 S 2). Iü wird das AnnVerfahren vereinfacht; die Ann als Kind wird nicht mehr wie bish (§§ 1750–52 aF) dch Vertrag, sond dch gerichtl Ausspr begründet (**Dekretsystem**). Das BGB kennt nur die Ann als Kind (bisl: Ann an Kindes Statt), um ein Elt- u KindschVerhältn zu begründen, u zwar ist die Ann dch eine Pers od auch als gemeinschaftl Kind dch ein Ehepaar (§ 1741 II 1), nicht aber die Ann an Enkels Statt (KG HRR **28**, 129) mögl. Um Mißbr zu verhüten, waren im bish Recht Schutzbestimmgen gegeben, zB über den Ausschl des ErbR des Annehmden (vgl §§ 1752, 1759, 1760, 1767, 1771 aF); ebso hatte die Rspr den KindesAnnVertr, der ledigl den Namensübergang bezweckt, als nichtigen ScheinVertr behandelt (RG **147**, 225). Das G gg Mißbräuche bei der Eheschl u der Ann an Kindes Statt v 23. 11. 33 (vgl Einl 3c vor § 1297) verbot ausdrückl die AnnBestätigg, wenn ein dem Elt- u Kindesverhältn entspr Verhältn nicht hergestellt w sollte. Nach § 1741 I nF ist dies jetzt zur posit Voraussetzg für die Zulässigk der Ann ausgestaltet. Zur histor Entwicklg der Adoption vgl iü die 35. Aufl. Zum Verhältn von Adoption u **Vaterschaftsfeststellung** vgl BT-Drucks 7/5087 S 15 = DAVorm **77**, 311. Flankierende Maßn im Bereich der gesetzl KrankVers, SozVers usw enthält das **AdAnpG** v 24. 6. 85, BGBl S 1144 (vgl dazu BT-Drucks 10/3216; BR-Drucks 139/84; DAV **84**, 365 u 781).

2) Gleichzeit mit dem AdoptG wurde das **Adoptionsvermittlungsgesetz** v 2. 7. 76 erlassen (BGBl 1762; für Bln ÜberG v 29. 7. 76 GVBl 1619/33; zur Änderg: BR-Drucks 608/88; BT-Drucks 11/4154). AdoptVermittlg ist das Zusammenführen von Kindern unter 18 J u Personen, die ein Kind annehmen wollen (Adoptionsbewerber), mit dem Ziel der Ann (§ 1). Die AdoptVermittlg ist Aufg des JugA u des LJugA, sof dort AdoptVermittlgsstellen bzw zentrale AdoptStellen (Lit: Kühl ZfJ **87**, 441) eingerichtet sind, aber auch des Diakonischen Werks, des Dt Caritasverbandes, der Arbeiterwohlfahrt usw (§ 2), zu denen ggf ein AuftrVerh (§ 662) besteht (LG Ffm NJW-RR **88**, 646), wobei nur Fachkräfte mit der AdoptVermittlg betraut w dürfen (§ 3). Iü besteht ein Vermittlgsverbot, insb ist es verboten, Schwangere dch Verschaffen von Gelegenh zur Entbindg zu bestimmen, dort ihr Kind zur Ann als Kind wegzugeben (§ 5). Unter das Verbot fallen auch InformationsSt über AuslAdopt (VGH Kass NJW **88**, 1281) sowie fingierte Vatersch-Anerk mit anschließer Freigabe zur Adoption (VG Ffm NJW **88**, 3032). Ebso sind priv Zeitgsworbeaktionen untersagt (§ 6); auch hins Leihmüttern (Hamm NJW **85**, 2205). Die AdoptStellen prüfen vAw, für welche Kinder in den Heimen die Ann als Kind in Betr kommt (§ 12); zur Anwendg v JWG 78a Anders JugWohl **78**, 230. Ist ein solches Kind gefunden, beginnt die Vorbereitg der Vermittlg (§ 7); die Annehmden, das Kind u seine Elt werden iR der AdoptHilfe eingehd beraten u unterstützt (§ 9). Das Kind darf erst dann zur Eingewöhng bei den Adoptionsbewerbern in Pflege gegeben werden (AdoptPflege), wenn feststeht, daß die AdoptBewerber für die Ann des Kindes geeignet sind (§ 8). Zum bish Recht 35. Aufl; zur Übergangsregelg AdVermiG 15ff. Vgl iü BT-Drucks 7/3421. Empfehlgen für das Vorgehen der JugÄmter bei Kemper FamRZ **78**, 261.

3) Die **Pflegekindschaft** hat das BGB nicht aufgen (Regelg JWG 27–36; Lit: Giese RdJB **76**, 65; Feil RdJB **76**, 70; Friedrichs Jugendwohl **84**, 3; Finger ZBlJR **86**, 46; Salgo, Pflegekindsch u Staatsintervention, 1987; Gudat/Rummel RdJB **88**, 140; Wiesner ZfJ **89**, 101; Zenz KiWohl **89**, 23; zum Begriff: BVerwG FamRZ **85**, 183 betr BBesG 40 III; zur geplanten Novelle z JWG: Salgo RdJB **85**, 246; vgl iü Einl 6 v § 1297). **Muster einer Pflegevereinbarung** ZBlJugR **79**, 409.

4) **Internationales Privatrecht** EG 22; **interlokales Privatrecht** EG 22 Anm 1c. Lit: N König, Ann eines Kindes im Ausl, Bln 1979. Erneuter AnnBeschl in Dtschl, wenn hins Wirksamk einer ausländ Adoption Zweifel bestehen (LG Kln NJW **83**, 1982).

5) **Übergangsvorschrift** EG 209; bezügl **AdoptG 1976** dorts **Art 12** § 1–10 (Lit: Engler FamRZ **76**, 593; ausführl Erl MüKo/Lüderitz Vorb v 1741 Rdn 42ff; zur steuerl Anerk Oswald FamRZ **78**, 99): Ist der nach den §§ 1741 ff aF an Kindes Statt Angenommene im Ztpkt des Inkrafttr des AdoptG, also am 1. 1. 77, vollj, so finden auf das AnnVerhältn grdsl die §§ 1767ff nF Anwendg; Ausn: Auf einen Abkömml des Kindes, auf den sich die Wirkgen der Ann an Kindes Statt nicht erstreckt haben, werden die Wirkgen auch jetzt nicht erstreckt. Ferner führt das von einer Frau angen Kind, wenn es den Namen erhalten hat, den die Frau vor ihrer Verheiratg geführt hat, diesen Namen weiter. Für die erbrechtl Verhältn bleiben die bish geltden Vorschr ebenf maßgebd, wenn der Erblasser vor dem Inkrafttr des AdoptG gestorben ist, insb bleibt ein Ausschl des ErbR in dem AnnVertr unberührt. Ist der nach altem Recht an Kindes Statt Angen im Ztpkt des Inkrafttr des AdoptG **noch minderjährig**, so werden auf das AnnVerhältn **bis zum 31. 12. 77 die bisher geltenden Vorschriften** ü die Ann an Kindes Statt angewandt. Vgl dazu die 35. Aufl. Im Anschl daran werden auf das AnnVerhältn die §§ 1741ff nF angewandt mit den soeben für den Vollj bezügl des ErbR, Namens usw gemachten Einschränkgen. Nur ein iR der MjAdopt vereinbarter ErbschAusschl verliert seine Wirkg; denn § 2 II 1 erwähnt nur § 1 II–IV, so daß ohne Erkl gem § 2 II 2 der ErbRAusschl hinfällig ist, das Kind also gem §§ 1754, 1924ff wie ein leibl Abkömml erbt (wird dagg die Erkl gem § 2 II 2 abgegeben, so gilt über § 3 I nicht nur § 1770, sond gem § 3 II 1 auch 1 V entspr). Aber keine Anwendg des AdoptG, wenn ein Annehmder, das Kind, ein leibl EltT eines ehel Kindes od die Mutter eines nehel Kindes erklärt, daß die Vorschr des AdoptG über die Ann Minderjähr weiter anzuwenden sei; die Erkl kann nur bis zum 31. 12. 77 ggü dem AG Bln-Schöneberg abgegeben w u muß notariell beurk sein. Zur Frage der damit verbundenen PersStandsÄnderg Reichard StAZ **78**, 106; zum ErbR Dittmann Rpfleger **78**, 284. Wird eine solche Erkl abgegeben, so finden ab 1. 1. 78 auf das AnnVerhältn die §§ 1767ff nF Anwendg. Hins des Erb- u NamensR gilt das oben Gesagte. Findet eine spätere MjAdoptR Anwendg, so ist auch der Erwerb der dt Staatsangehörig mögl, RuStAG 3 Z 3 u 6. Anträge auf Bestätigg eines AnnVertr bzw Aufhebg des AnnVerhältn, die am 1. 1. 77 bei dem zust Ger eingereicht od wg denen der Notar mit der Einreich betraut ist, können nach altem Recht behandelt w. Die Dchführg der Adoption nach altem Recht setzt voraus, daß sämtliche nach früherem

Recht vorgesehenen Voraussetzgen für eine Adoption erfüllt waren (Bln FamRZ **78**, 60). Die nach altem R erteilte Einwilligg zur Adopt dch einen EltT behält auch für das neue R Gültigk, auch iF ihrer Ersetzg; bezog sich die Zustimmg nicht ausdrückl auf die Anwendbark der neuen AdoptVorschr, so kann der EltT bis zum 31. 12. 77 erklären, daß die §§ 1741ff nF nicht angewendet w sollen; es gelten dann die §§ 1767ff nF. Die nach altem R abgegebene, nach neuem R fortwirkde Einwilligg läßt die 3-J-Fr des § 1750 IV 2 mit dem 1. 1. 77 beginnen (BayObLG StAZ **79**, 122; ebso Celle FamRZ **79**, 861: Erlöschen mit dem 31. 12. 79). Schließl haben AdoptivElt u -kinder die Mögl, die Adoption auf das neue Recht umzustellen; ist der Angen bei Inkrafttr des AdoptG bereits vollj, so gilt § 1772 nF. Das AdoptG trat am 1. 1. 77 auch in Bln in Kraft, ebso das AdoptVermiG (GVBl Bln **76**, 1619 u 1633). Zur Erhaltg v WaisenRentAnspr WSG Hess ZBlJR **83**, 431.

Vor dem 1. 1. 77 **eingeleitete Adoptionen** (AdoptVertr, Bestellg eines Ergänzgspflegers) können nach diesem Ztpkt noch gem § 1751 aF genehmigt w (zum ggteil Stdpkt m RsprNachw die 38. Aufl). Haben die Parteien eines nach altem Recht geschloss AdVertr vor dem 1. 1. 77 den Antrag auf Bestätigg des Vertr bei dem zuständ Ger eingereicht od den Notar bei der Beurk des Vertr mit der Einreichg des Antr beim Ger beauftr, so können die vormschgerichtl Gen des VertrSchl sowie die Befreiungen von den Erfordern der Kinderlosigk u der fehlden Minderjährigk des Anzunehmden auch noch nach dem 31. 12. 76 rechtswirks erteilt w (BGH FamRZ **78**, 891). Entspr liegt es nach Kiel DAVorm **77**, 747, im Interesse der VertrBeteiligten, Art 12 § 5 AdoptG weit auszulegen in dem Sinne, daß sich nach Einleitg des gerichtl BestätiggsVerf der gesamte Fortgang des AdoptVerf nach altem Recht bestimmt (im Ergebn ebso Hann DAVorm **78**, 55). Das soll auch dann gelten, wenn die vormschaftsgerichtl Gen od die Befreiung vom Erfordern der Kinderlosigk noch ausstehen u der Annehmde gestorben ist (Kln DAVorm **78**, 101). Die vor dem 1. 1. 77 erklärte Einwilligg der Elt in die Adopt behält ihre Wirksamk für die Ann nach neuem Recht (AdoptG Art 12 § 6), löst jedoch nicht ab 1. 1. 77 die in § 1751 nF bestimmten präadoptionalen gesetzl RFolgen aus (Lünebg DAVorm **77**, 379; aA Stgt Just **77**, 203). Rechtl perfektioniert werden nach dem 1. 1. 77 auch nur solche AdoptVerträge, bei denen ledigl die Bestätigg dch das zuständ Ger ausstand, nicht dagg solche, in außerd zB noch die Befreiung vom Erfordern der Kinderlosigk beantragt wurde (LG Bln DAVorm **77**, 381) od die der vormschgerichtl Gen gem § 1751 I aF bedurften (aA LG Stgt FamRZ **77**, 479: AdoptG Art 12 § 5 analog). Die Mögl der **Aufhebung** des AdVerhältn dch Vertrag (§ 1768 aF) ist mit Inkrafttr des AdoptG am 1. 1. 77 entfallen (BayObLG FamRZ **78**, 944). Wg des Wortlauts von AdoptG 12 vgl 41. Aufl.

6) Verfahrensrecht. Das Dekretsystem weist den Ausspr der Annahme u alle weiteren gerichtl Entscheidgen dem VormschG zu. Zust ist das Ger des Wohns od Aufenth (FGG 43b). Es entsch der Richter (RPflG 14 Z 3f). Vor Ann eines Mj hat das VormschG eine gutachtl Äußer der AdVermittlgsstelle bzw des JugA über die Eigng des Kindes u der Fam den Annehmden einzuholen (FGG 56d). Persönl **Anhörung des Kindes** gem FGG 50b, 55c (Einf 4b vor § 1626). Bei Nichtberücks auch eines nach Ablauf der ErklFr eingegangenen Schriftsatzes eines Ki des Annehmden Aufhebg der Adoption (BVerfG FamRZ **88**, 1247 mAv Frank/Wassermann). Der AnnBeschl (§ 1752) wird mit der Zustellg an den Annehmenden, nicht seinem Tod mit der Zust an das Kind wirks. Er ist unanfechtb u nicht abänderb (FGG 56e S 2 u 3). Desh darf die Ann ggf erst nach Rechtskr des die Einwilligg eines EltT des Kindes, des Eheg des Annehmden od Vormds od Pflegers des Kindes ersetzend Beschl (FGG 53 I, 60 I Z 6) ausgesprochen w. Gg die Ablehng der Ann Beschw (FGG 20 II), die gemeinschaftl Ann auch dch einen Eheg allein (Engler FamRZ **76**, 588). Mit der Beschw sind nur ZwVerfügen des Richters, nicht des Rpflegers anfechtb (KG DAVorm **78**, 788). Der AnnBeschl (Einzelh § 1752 Anm 1) muß angeben, auf welche gesetzl Vorschr sich die Ann gründet (FGG 56e S 1); das bezieht sich auf die gesetzl Vorschr des BGB (Kollnig StAZ **79**, 71), also auf die MjAdopt (§§ 1754, 1755 I), die Stiefkind- u VerwandtenAdopt (§ 1755 II), die normale (§§ 1767 ff, 1770) od modifizierte VolljährAdopt (Engler FamRZ **76**, 588). Ebenf darauf beschrkt sich die Beischreibg der Ann in den PersStandsbüchern (PStG 30 I, 15 I 1 Z 3 u 4 sowie II Z 3).

7) Reform. Das AdoptR soll in den MitglStaaten des Europarats vereinheitlicht w, wofür ein entspr GesEntw vorliegt (BT-Drucks 8/3529).

I. Annahme Minderjähriger

1741 *Zulässigkeit der Annahme.* **I** Die Annahme als Kind ist zulässig, wenn sie dem Wohl des Kindes dient und zu erwarten ist, daß zwischen dem Annehmenden und dem Kind ein Eltern-Kind-Verhältnis entsteht.

II Ein Ehepaar kann ein Kind gemeinschaftlich annehmen. Ein Ehegatte kann sein nichteheliches Kind oder ein Kind seines Ehegatten allein annehmen. Er kann ein Kind auch dann allein annehmen, wenn der andere Ehegatte ein Kind nicht annehmen kann, weil er geschäftsunfähig oder in der Geschäftsfähigkeit beschränkt ist.

III Wer nicht verheiratet ist, kann ein Kind allein annehmen. Der Vater oder die Mutter eines nichtehelichen Kindes kann das Kind annehmen.

1) Die Grundvorschrift des neuen Adoptionsrechts nennt die Voraussetzgen, unter denen die Ann eines Mj als Kind zulässt ist, I, wobei der gesetzl Ausgangsfall der der Ann dch eine EinzelPers ist, der vor allem in Betr kommt, wenn der Vater od die Mutter eines nehel Kindes das Kind annimmt (BT-Drucks 7/5087 S 5). Das G behandelt sodann den Regelfall der Adopt, näml die Ann dch ein Ehepaar sowie die Ann dch einen Eheg allein, II, u schließl die Adopt dch eine unverheiratete Pers, insb den Vater od die Mutter eines nehel Kindes, III. Die Ann selbst erfolgte nach § 1741 aF dch einen AnnVertr zw Adoptivkind u AdoptivElt, welcher der Bestätigg dch das VormschG bedurfte. Die Ann erfordert nach neuem R einen Antr des Annehmden u den AdoptionsBeschl des VormschG (§ 1752).

2) Grundvoraussetzungen jeder Annahme, I. Die Ann als Kind ist überh nur zul, wenn zwei Erfordern vorliegen:

a) Die Ann muß dem **Wohl des Kindes** dienen. Es muß eine merkl bessere Entwicklg der Persönlichk des Kindes zu erwarten sein (MüKo/Lüderitz Rdn 7). Die bloß relative Besserg der Verhältn des Kindes, zB daß es dann (wenigstens vorübergd) nicht mehr in einem Heim zu sein braucht, reicht nicht aus. Der Maßstab ist ders wie bei der Genehmigg des VormschG iRv § 1751 aF (vgl Hbg OLG **5**, 417; Celle ZBlJugR **52**, 122; Hamm FamRZ **68**, 110). Beschl gem § 1752 also nur, wenn mit der Ann eine Verbesserg der persönl Verhältn od der RStellg des Kindes verbunden ist. Keine Versagg der Ann, weil Mutter den Erzeuger nicht nennen will (LG Kln FamRZ **63**, 55). Der Ann eines nehel Kindes dch den Vater steht nicht entgg, daß die Elt heiraten könnten (Mannh NJW **61**, 881; Gö NdsRPfl **63**, 128); dahin gehder Druck auf die Elt ist unzul. Für den AdoptBeschl müssen aber trift, das Kindeswohl im Einzelfall nachhalt berührde Grde vorliegen. So kann Herauslösg aus funktionierdem FamVerband zZw der Nachfolge im Gesch des Onkels wg der damit uU für das Kind verbundenen Konflikte abgelehnt w (Brem DAVorm **74**, 472). Vgl zum Kindeswohl iü § 1666, § 1671 Anm 3 u 4. Der Wunsch eines AdoptBewerbers, vor Ausspr der Ann erst die Vatersch zu klären, ist grdsl nicht zu berücks, wenn dadch eine Verzögerg der Ann eintritt u die Verzögerg dem Wohl des Kindes widerspricht (BT-Drucks 7/5087 S 15); ebso darf der Ausgang eines VaterschFeststellgsVerf nur dann abgewartet w, wenn dadch nicht eintrete Verzögerg der Adoption dem KiWohl nicht entggsteht (LG Stgt FamRZ **78**, 147). Einer Adoption des Kindes dch den Ehem seiner Mutter steht grdsl entgg, wenn der Stiefvater den ihm bekannten Namen des nehel Vaters verschweigt, um dessen gesetzl vorgeschriebene Beratg zu verhindern (Bln FamRZ **78**, 148). Die Adoption kann von einem **Aids-Test** abhäng gem werden (LG Bln FamRZ **89**, 427).

b) Hinzukommen muß die ernsth Aussicht, daß (auch bei Adoption des eig nehel Ki; BayObLG FamRZ **83**, 532) zw dem Annehmden u dem Kind ein **Eltern-Kind-Verhältnis** entsteht. Gemeint ist, wie die Aufrechterhaltg dieses Erfordern auch bei der Ann des eigenen nehel Kindes zeigt, nicht die leibl, sond die „soziale Elternsch", dh Fürs u Erziehg, wie sie natürl Elt typischerw leisten (Lüderitz NJW **76**, 1866). Die Herstellg „erwartg" soll verdeutlichen, daß das Ger die Ann erst aussprechen darf, wenn es zu seiner Überzeugg festgestellt hat, daß die Herstellg eines Elt-Ki-Verhältn beabsichtigt ist u die Voraussetzgen dafür vorliegen (BT-Drucks 7/5087 S 9). Der Wunsch der zukünft Elt reicht also allein nicht aus; es muß unter obj u subj Gesichtspkten die Prognose gerechtfert sein, daß eine Elt-Kind-Beziehg zw den Beteiligten zustande kommt. Da die Voraussage, daß ein Elt-Kind-Verhältn entsteht, am ehesten aGrd prakt Erfahrgen getroffen w kann, legt § 1744 fest, daß die Ann idR erst ausgesprochen w soll, wenn der Annehmde das Kind eine angem Zeit in Pflege gehabt hat (BT-Drucks 7/5087 S 5). Im Rahmen der Vorbereitg der AdoptVermittlg (Einf 2 v § 1741) ist die Eignung der Bewerber zu prüfen; die Prüfg sollte sich nicht auf Äußerlichkeiten (eig Bett, Sauberk, ausr Versorgg) beschr (Lüderitz NJW **76**, 1866).

c) Weitere Voraussetzungen der AdoptZulässigk ergeben sich aus den Alterserfordernissen (§ 1743 I–III) u dem Erfordern unbeschr GeschFähigk aS des Annehmden (§ 1743 IV), der Notwendigk der Einwilligg des Kindes (§ 1746) u seiner Elt (§§ 1747, 1748) sowie der der einseit Adopt des and Eheg (§ 1749). **Nicht verlangt werden besondere Eigenschaften des angenommenen Kindes.** Zul im Ggsatz zur Ann des eig ehel Kindes (Anm 4a) die Ann des eig nehel Kindes (§ 1741 III 2), des Ki der „Leihmutter" (AG Gütersloh FamRZ **86**, 718), ferner die Ann des eig Enkels, aber nicht an Enkels Statt (Einf 1 v § 1741). Auch die Ann von Kindern, auf die sich der Ann über § 1754 erstreckt, ist zul (vgl Schlesw NJW **61**, 2163). Unzul die Ann des eig ehel Kindes, etwa um den and EltT gem § 1755 I 1 von der elterl Sorge auszuschließen (Düss JMBlNRW **58**, 58); ebso wenn es sich in Wahrh um ein nehel handelt, die Ehelichk aber nicht angefochten wurde (Dölle § 112 II 1a Fn 71). Unzul auch die erneute Ann eines adoptierten Kindes vor Aufhebg der Ann (§ 1742; sa RG **109**, 246). – Keine Voraussetzg mehr (iGgs zu § 1741 aF) die **Kinderlosigkeit;** das AdoptG geht davon aus, daß es für das angen Kind förderl ist, wenn es mit Geschwistern heranwächst; zu den gleichwohl bestehden Beschrkgen bei Vorhandensein von Kindern § 1745 (BT-Drucks 7/3061 S 29). – Schließl wird weder ein Mindestehedauer (dazu BT-Drucks 7/3061 S 28) noch ein Mindestaltersunterschied zw dem Kind u dem Annehmden verlangt. Die Fragen, ob die Ehe Bestand verspricht u ob der Altersunterschied zw dem Kind u dem Adoptierden die Entstehg einer Elt-Kind-Beziehg erwarten läßt, sind bei der Prüfg des Kindeswohls zu berücks (BT-Drucks 7/5087 S 5).

3) Annahme durch Ehegatten, II.

a) Nach dem G soll die **gemeinschaftliche Annahme** durch ein Ehepaar die Regel sein; Personen, die nicht miteinand verheiratet sind, ist es nicht gestattet, ein Kind gemschaftl anzunehmen, weil jede and LebensGemsch als die Ehe rechtl nicht abgesichert ist, um eine gemschaftl Ann des Kindes dch ihre Mitgl zu rechtfert (BT-Drucks 7/3061 S 30). Ein **Ehepaar** kann ein ihnen beiden fremdes Kind nur gemschaftl annehmen, **S 1.** Unzul auch die Ann in Stufen, wonach zunächst nur ein Eheg das Kind adoptiert, währd es sich der and erst noch einmal überlegen will. Das Kind soll von vornh zu beiden EltTeilen eine echte Kindbeziehg entwickeln können (Anm 2b). Hat ein Eheg das Kind vor der Eheschl angen, so kann die Adopt von dem and Eheg nachvollzogen w (§ 1742).

b) Annahme durch einen Ehegatten allein grdsätzl unzul; auch in den AusnFällen setzt sie die Einwilligg des and Eheg voraus (§ 1749 I). Zul jedoch die Ann eines Kindes dch einen Eheg allein, wenn es sich dabei um ein eig nehel Kind, nehel oder auch nur adoptiertes Kind seines Eheg handelt, **S 2.** Auch die nehel Mutter kann ihr eig Kind adoptieren, was den Sinn hat, die Rechte des leibl Vaters, wie zB das VerkR (§ 1634), auszuschließen. Auch der Ehem der nehel Mutter u damit der Stiefvater des Kindes kann dieses annehmen, wenn er über die bl Namensertëlg (§ 1618) hinausgehen will. Der Ann dieser Form sind keine zeitl Grenzen gesteckt. Die Ann dch einen Eheg allein ist auch dann erlaubt, wenn in der Pers des and Eheg Hindernisse für eine Adopt vorliegen, sei es daß er geschäftsunfäh od in der Geschäftsfähigk beschr ist (§§ 104, 106, 114), **S 3.** – Das Kind erlangt iF der Ann des Kindes des and Eheg die Stellg eines gemschaftl ehel Kindes der Eheg (§ 1754 I). Es soll nicht das Kind des einen Eheg u das Stiefkind des and werden, zumal das bürgerl Recht kein bes Recht der Stiefkinder kennt, das geeignet wäre, Konflikte zw StiefEltT u Stiefkind zu lösen (BT-Drucks 7/3061 S 28).

4) Annahme durch einen Alleinstehenden, III. a) Auch wer gar nicht verheiratet ist od verh war, kann ein Kind annehmen, **S 1**, was bes ausgesprochen w mußte, weil hier das Erfordern von I, näml eine Elt-Kind-Beziehg herzustellen, nur für einen EltT gelten kann. Sinnvoll in Fällen, in denen die gemeins Ann eines Adoptivkindes scheitert, weil die Ehe dch Tod od Scheidg aufgelöst wurde, ebso bei Ann eines verwandten Kindes dch eine EinzelPers (BT-Drucks 7/3061 S 30); ferner wenn die Adoptivmutter das pflegebedürft ne Ki bereits 4 J in Pflege gehabt h (LG Kln FamRZ **85**, 108 m zutr Anm Schön). Unzul dagg die Ann des eig ehel Kindes dch einen EltT nach Scheidg seiner Ehe (Hamm FamRZ **78**, 735). Iü gilt der Grds der **Einzeladoption**, so daß die gleichzeit Ann eines Ki dch ein Geschwisterpaar unzul ist (LG Kreuzn StAZ **85**, 167).

b) Annahme des eigenen nichtehelichen Kindes, S 2. Besser wie im RegE als IV zu lesen (vgl Engler FamRZ **76**, 585 f). Besondere Bedeutg kommt der Adopt dch Unverheiratete dadch zu, daß auch jeder EltT eines nehl Kindes dieses annehmen kann. Eingef schon dch Art 1 Z 40 NEhelG; Fassg AdoptG (krit Lüderitz NJW **76**, 1866; zur Ann dch die Mutter Engler FamRZ **75**, 127, 325 u **76**, 17; gg ihn Lehmann-Jessen FamRZ **76**, 14). Die Adopt eines nehl Kindes dch den Vater od die Mutter soll dazu beitragen, weniger im rechtl als im tatsächl Bereich liegde Unterschiede zw ehel u nehel Kindern zu verringern od zu beseitigen; ausreichend wird in Anbetr dessen gesehen, wenn die Zahl der Väter, die ihre nehl Kinder adoptieren, zunimmt (BT-Drucks 7/5087 S 9). Grd für die KindesAnn dch die Mutter kann sein, die Pflegsch (§ 1706) zu beenden (§ 1754 II), die zwar auf ihren Antr aufgehoben, aber auch wieder angeordnet w könnte (§ 1707 Nr 2); ferner für jeden von beiden, den Verk des Kindes mit dem and zu verhindern (§§ 1755 I, 1711); zu verbergen, daß der Annehmende ein nehel Kind hat. Aber das Bestreben der Mutter, dch die KiAnn das UmggsR des Vaters endgült auszuschalten, ist kein beachtl AdoptGrd (Hamm FamRZ **82**, 194). Sowohl Vater wie Mutter des nehel Kindes können dieses als Kind annehmen. Aber nicht als gemeins (*arg* „od"); das nur mögl, wenn beide geheiratet haben (§§ 1741 II, 1754 I). Nimmt Vater an, so für Mutter Verlust der elterl Sorge (§ 1755 I); umgek verliert Vater bei Ann des Kindes dch die Mutter Re aus § 1711. Zur GeburtsUrk bei Ann dch die Mutter Lehmann-Jessen StAZ **74**, 52. Ann dch die led Mutter sollte nur zugelassen w, wenn der nehel Vater das Kind vermögensrechtl befriedigd abgefunden hat (MüKo/Lüderitz Rdn 40). Ann des beim Vater lebden ne Ki dch diesen n LG Lüb DAV **85**, 329 zu versagen, wenn sich dadch in den äuß LebVerhältn f das Ki nichts ändert.

1742 **Annahme als gemeinschaftliches Kind.** Ein angenommenes Kind kann, solange das Annahmeverhältnis besteht, bei Lebzeiten eines Annehmenden nur von dessen Ehegatten angenommen werden.

1) Grundsatz der Ausschließlichkeit der Adoption. Das Adoptivkind steht in der Gefahr, daß die Elt-Ki-Beziehg, wie sie in § 1741 erstrebt wird, doch nicht zustande kommt u das Ki dann von AdoptivElt zu AdoptivElt weitergereicht wird („KettenAdopt"). Währd leibl Elt ihr Ki jederzeit zur Ann dch neue Elt freigeben können, haben die Annehmden diese Befugn nicht (BT-Drucks 7/3061 S 31). Die Abkömmlinge des als Ki Angen können adoptiert w, da auf sie § 1742 nicht anwendb (Schlesw NJW **61**, 2163). Keine Beendigg der Ann dch Scheidg der Ehe der AdoptivElt. Vor Aufhebg des früheren gemschaftl AdoptVerhältn also kein neues gemschaftl mit dem neuen Ehg des Wiederverheirateten (Schlesw SchlHA **61**, 22). Krit z § 1742 Engler FamRZ **76**, 586, insb unter dem Gesichtspkt der GroßEltKumulation. Die MjAdopt schließt eine spätere VolljAdopt auch dch die leibl Elt aus (Stgt NJW **88**, 2386). Bei ZweitAdopt entgg § 1742 Beischreibg im Geburtenbuch (BayObLG FamRZ **85**, 201; LG Münst StAZ **83**, 316).

2) Zur Vermeidg von Kettenadoptionen beschränkt das G die Adopt eines bereits angen Kindes auf wenige **Ausnahmefälle: a)** Ein angen Kind kann von dem Eheg des Annehmden adoptiert w, was aGrd § 1741 II 1 nur dann eintreten kann, wenn entweder eine Adopt dch einen Unverheirateten stattgefunden hat (§ 1741 III) od der Adoptierde zuvor anderweit verheiratet war, mit der Folge, daß das Kind nunmehr ein gemschaftl Kind der Eheg wird (§ 1754 I 2. Alt) u das Elt-Kind-Verh hergestellt wird, was nach § 1741 II 1 die Regel sein soll. Eine Einwilligg der leibl Elt ist in diesem Fall nicht mehr erforderl (BT-Drucks 7/3061 S 31). Einer erneuten Adopt steht ferner nichts mehr im Wege, wenn das alte AnnVerhältn nichtig war od aufgeh ist (§§ 1759 ff). **b)** Eine weitere Ausn vom AusschließlichkGrds kann enstehen, wenn die Adoptiv-Elt gestorben sind (Soerg/Liermann Rn 3). Auch hier bedarf es nicht der Einwillig in die neue Ann dch die leibl Elt, weil das VerwandtschVerhältn zu ihnen bereits mit der 1. Adopt erloschen ist; allerd können sie das Kind jetzt adoptieren (LG Oldbg FamRZ **65**, 395; BT-Drucks 7/3061 S 31).

1743 **Alterserfordernisse.** **I** Bei der Annahme durch ein Ehepaar muß ein Ehegatte das fünfundzwanzigste Lebensjahr, der andere Ehegatte das einundzwanzigste Lebensjahr vollendet haben.

II Wer ein Kind allein annehmen will, muß das fünfundzwanzigste Lebensjahr vollendet haben.

III Wer sein nichteheliches Kind oder ein Kind seines Ehegatten annehmen will, muß das einundzwanzigste Lebensjahr vollendet haben.

IV Der Annehmende muß unbeschränkt geschäftsfähig sein.

1) Die Bestimmg enthält die altersmäß Voraussetzgen für eine KindesAnn u das Erfordern unbeschr GeschFähigk. Das gesetzl vorgeschriebene **Mindestalter des Annehmenden** hängt stark vom Zweck der KiAnn ab; das BGB verlangte generell, um die Kinderlosigk zu gewährleisten, ein Mindestalter von 50 Jahren (zur weiteren gesetzl Entwicklg 35. Aufl sowie BT-Drucks 7/3061 S 31). Herabsetzg des Mindestalters aS des Annehmden trägt dem Funktionswandel der Adopt Rechng, echte Elt-Ki-Beziehgen zu ermöglichen, u paßt dazu das Alter des Annehmden dem gewöhnl Alter natürl Elt an. Daß mit eig Kindern nicht mehr gerechnet w kann u danach das Alter des Annehmden (fr 35 J) festzusetzen ist, entfiel als gesetzgeber Grd, nachdem heute wissenschaftl Voraussagen ü die Fortpflanzgsfähigk eines Paares idR frühzeit mögl s. Außerd sollen die AdoptChancen für Heimkinder erhöht w. Die vom G angeführten Daten betreffen jew das Mindestalter des Annehmden; nach oben bestehen keine Einschränkgen, so daß auch im GroßEltAlter noch Adopt vorgen w können, sof nur erwartet w kann, daß eine echte Elt-Ki-Beziehg (§ 1741 I) zustande kommt. Das anzunehmde Ki muß mj sein (vgl Überschr vor § 1741); zur Ann Volljähriger §§ 1767ff.

2) Mindestalter von Ehegatten, I. Das AdoptG fixiert das Alter des Annehmden endgült auf 25 J, um bei einer größtmögl Nachahmg der natürl Elt-Kind-Beziehgen auch dem Kleinkind altersgerechte Elt zu ermöglichen (BT-Drucks 7/421 S 4f u 7/3061 S 31). Bei der Ann eines Kindes dch ein Ehepaar genügt es, wenn der eine Eheg, gleichgült ob Ehem od Ehefr, 25 J alt ist; der and Teil muß dann aber mind 21 J alt sein. Diese Alterserfordernisse gelten nur iFv §§ 1741 II 1 u 1742; in allen and Fällen gilt II.

3) Alter bei Alleinannahme, II, III. Bei der Ann dch eine Pers allein muß diese mind das 25. LebensJ vollendet haben. Nur wenn es sich bei dem zu adoptierden Kind um das eig nehel Kind od um eine ehel od nehel Kind des and Eheg handelt, wird das erforderl Alter auf 21 J herabgesetzt. Keine Befreiung von diesem Alterserfordern, so daß eine weitere Herabsetzg ausgeschl ist. Bei der Ann verwandter Kinder bleibt es bei der Altersgrenze des II.

4) Unbeschränkte Geschäftsfähigkeit, IV. Die Ann eines Kindes setzt ein Mindestmaß erzieherischer Fähigkeiten voraus, die in aller Regel derj nicht hat, der geisteskrank od deswg od wg and Grde (§ 6) entmündigt ist, weil er selbst hilfsbedürft sein wird (BT-Drucks 7/3061 S 32). Da die Ann nur für Volljähr (§ 2) in Betr kommt, der Adoptierde im günstigsten Fall, wenn er dch Eheg, also mind 21 J, im Regelfall aber 25 J alt sein muß, ist das Erfordern der unbeschr GeschFähigk nur in den Fällen einer Entmündigg od wenn bei einem Erwachsenen EntmündiggsGrde vorliegen bedeuts (§§ 6, 104, 114). Ob die Entmündigg zur beschr od unbeschr GeschUnfähigk geführt hat, spielt keine Rolle. Nach Aufhebg der Entmündigg ist Adopt zuläss; hier aber bes sorgfält das Kindeswohl (§ 1741 I) zu prüfen.

1744 *Probezeit vor der Annahme.* **Die Annahme soll in der Regel erst ausgesprochen werden, wenn der Annehmende das Kind eine angemessene Zeit in Pflege gehabt hat.**

Schrifttum: Salgo, Pflegekindsch u Staatsintervention, 1987.

1) Einführg der **Adoptionspflege** dch das AdoptG. Die Bestimmg dient der Erleichterg der gem § 1741 I anzustellden Prognose, ob zu erwarten ist, daß zw dem Annehmden u dem Kind eine wirkl Elt-Kind-Beziehg entsteht. War das Kind bereits bei dem AdoptivElt in Pflege, läßt sich die Entscheidg für eine gedeih Fortentwicklg des beiderseit Verhältn viel leichter treffen. Auch die gutachtl Äußerg des JugA od der AdoptVermittlgsStelle, ob das Kind u die Fam des Annehmden für die Ann geeignet sind (FGG 56d), wird dch Erfahrgen, die in innerh einer ProbeZt gemacht w sind, wesentl sachhaltiger ausfallen können (BT-Drucks 7/3061 S 32). Das vorgezogene Pflegeverhältn ist jedoch nicht zwingdes Erfordern; insb bei der Inkognito-Adopt (§ 1747 Anm 2) wird es idR angebracht sein, daß sich das Kind möglichst nur kurze Zeit in öfftl Pflege befindet u rasch den PflegeElt überantwortet wird. Dann steht oft aber auch einer sofort Adopt nichts im Wege, insb wenn Erfahrgen mit den Elt aus früh Pflegefällen vorliegen. Vorherige PflegeErlaubn dch JugA (JWG 28) erfdl. AdoptPflege des nehel Vaters zul; seine Eigng ist wie die anderer Bewerber zu prüfen (Lüderitz NJW **76**, 1868).

2) Welche Zeit **angemessen** ist, richtet sich nach dem Einzelfall. **Zweck** dieser elast Regelg: Eine starre Regelg würde den konkr Verhältn nicht immer gerecht; eine BetreuungsZt wird ausnahmsw auch ganz entfallen können (BT-Drucks 7/3061 S 32). Es ist jedoch auch mögl, daß sich mit der Zeit bestimmte Erfahrgswerte herausstellen. Die Angemessenh richtet sich danach, in welchem ZtRaum schwerwiegde Krisen, die einer Entwicklg des nach § 1741 I geforderten Elt-Kind-Verhältn endgült enggstehen, eintreten u überwunden w können bzw nicht bewältigt w. Unterschiedl Zeiten je nach der Altersstufe des Adoptivkindes; bei Babys u Kleinkindern dürfte die Gewöhng am raschesten eintreten. Ausländ Rechte schreiben ProbeZten zw 3 Mo u 3 Jahren vor (BT-Drucks 7/3061 S 32). Das Streben nach letzter Gewißh darf nicht zu einer unangem langen Dauer der PflegeZt führen. Einer Auslegg, die diesen Anfordergen nicht entspr, kann der AdoptBewerber dadch beggnen, daß er einen AnnAntr beim zust VormschG stellt; das Ger entscheidet dann darüber, ob im konkr Fall die Voraussetzgen für eine Ann erfüllt sind (BT-Drucks 7/5087 S 10).

3) Das **Pflegeverhältnis während der Probezeit** ist gesetzl nur unvollkommen geregelt. Dchführg des PflegeVerhältn nach JWG 31–36. Die elterl Sorge der leibl Elt ruht mit der Einwilligg in die Ann; ebso dürfen sie ihr UmgangsR nicht ausüben (§ 1751 I). Doch gilt das nur für die FremdAdopt (§ 1751 II). Außerd ist der Annehmde dem Kind vor den Verwandten des Kindes zur Gewährg von Unterh verpflichtet (§ 1751 IV). Weitere Folgen: AufsichtsPfl u evtl Haftg gem § 832 I (nicht II) sowie sämtl Funktionen der §§ 1626ff, soweit sie iR des Pflegeverhältn u der Entwicklg einer echten Elt-Kind-Beziehg sinnvoll sind, weil sonst die notw Erfahrgen gar nicht gewonnen w können, also zB auch § 1619, Züchtiggsrechte in den Grenzen leibl Elternsch (§§ 1631 II, 1666), Haftg dem Kind ggü nur iRv § 1664. UnterhVerpflichtg, sol Probepflege besteht, auch mit den gesteigerten Anfordergen der §§ 1602 II, 1603 III. Verstöße iSv § 1666 od sonstige Toleranzüberschreitgen des leibl Elt-Kind-Verhältn belasten die Prognose des § 1741 I in ungünst Sinne.

1745 *Berücksichtigung von Kindesinteressen.* **Die Annahme darf nicht ausgesprochen werden, wenn ihr überwiegende Interessen der Kinder des Annehmden oder des Anzunehmenden entgegenstehen oder wenn zu befürchten ist, daß Interessen des Anzunehmenden durch Kinder des Annehmenden gefährdet werden. Vermögensrechtliche Interessen sollen nicht ausschlaggebend sein.**

Verwandtschaft. 8. Titel: Annahme als Kind §§ 1745, 1746

1) Ausschluß der Annahme auf Grund entgegenstehender Interessen. Währd § 1741 I positiv fordert, daß die Ann im Interesse des anzunehmden Kindes liegen muß, läßt § 1745 negativ die Adopt an entggstehden Interessen scheitern. Die Vorschr ist notw, weil sonst die Belange der Kinder des Annehmden nicht selbstd berücksichtigt würden, sond nur mittelb unter dem Gesichtspkt des Wohls des anzunehmden Kindes iRv § 1741 I (BT-Drucks 7/5087 S 10). Auch wenn es grdsl erwünscht ist, daß der Annehmde Kinder hat (§ 1741 Anm 2c), kann nicht übersehen w, daß Interessen dieser Kinder berührt w, wenn sie nach Wahl der Elt weitere Geschwister bekommen; der Erbteil der vorh Kinder wird verkürzt u auch ihr UnterhAnspr kann beeinträchtigt w. Diese Interessenlage hat nach Auffassg des GesGebers jedoch nicht dazu zu führen, für die Ann die Einwillig schon vorhandener Kinder zu verlangen, sond es genügt, die Interessen der Kinder des Annehmden im Umfang wie im bish geltden Recht bei der Befreiung vom Erfordern der Kinderlosigk (§ 1745a I aF) prüfen zu lassen (BT-Drucks 7/3061 S 33). Sachl ist der Kreis der dabei zu berücksichtigden Belange nicht eingeschränkt; auch vermögensrechtl Interessen sind mit zu berücks, sollen aber nicht den Ausschlag geben. Von der Pers des Interessenträgers kommen nur die Belange der **Kinder des Annehmenden** u die Interessen der **Kinder des anzunehmenden Kindes** selbst in Betr. Bei den Kindern des Annehmden ist es unerhebl, ob sie ehel, nehel od ihrers adoptiert sind; dagg bleiben bl einbenannte Kinder (§ 1718) außer Betr. Der and Fall, Kinder die Anzunehmden, wird bei der hier allein in Frage stehden MjAdopt selten vorkommen; da aber nach den Grdsätzen der VollAdopt (Einf 1 v § 1741) der Angen die Verwandtsch zur neuen Fam auch für seine Kinder vermittelt (§ 1754), sind auch deren Interessen zu berücks, wobei es sich allenf um Kleinkinder handeln kann. Bei entspr Interessenkonflikt darf die Ann nicht ausgespr w; eine trotzdem erfolgte Adopt ist jedoch gült.

2) Es muß jew eine **Interessenabwägung** vorgen w, S 1. Sind aS des Annehmden Kinder vorh, sind deren Interessen gg die Belange des Adoptivkindes abzuwägen. Die Ann hat zu unterbleiben, wenn die Interessen der eig Kinder des Annehmden überwiegen od wenn zu befürchten ist, daß dch die Ann die Interessen des Adoptivkindes dch solche der vorh Kinder des AdoptivEltT gefährdet werden. In der 1. Altern genügt es, wenn die entggstehden Interessen der eig Kinder überwiegen; in der 2. Alt müssen die Interessen des Adoptivkindes gefährdet sein; wg § 1741 überflüss Vorschr, da Kindeswohl ijF zu prüfen (Engler FamRZ 76, 586). AdoptHindernis dch **Überwiegen** wurde darin gesehen, wenn das Kind der Frau angen werden soll, die die Ehe der Mutter des vorhandenen Kindes zerstört hat (Hbg ZBlJugR **54**, 31). Interessenberücksichtig auch, wenn Ehem das erstehel Kind seiner Frau (BayObLG NJW **51**, 924) od deren nehel Kind (Hbg FamRZ **58**, 340) annimmt u aus der Ehe schon gemschaftl Kinder hervorgegangen sind. **Vermögensrechtliche Interessen** sind mit zu berücks (Hamm ZBlJugR **54**, 82), sollen aber nicht ausschlaggeb sein, S 2. Keine Berücksichtigung findet, daß dch neue Geschw rechnerisch eine Schmälerg des Erbteils eintritt; ebso wird eine Teilg der finanz Leistgskraft der Elt eine Gefährdg vorhandener Kinder nur darstellen, wenn bes Umst vorliegen (BT-Drucks 7/3061 S 34). Würde aber dch die zusätzl UnterhLast des Annehmden der Unterh der vorh Abkömml gefährdet, so läge darin gleichzeit eine Gefährdg ihres leibl Wohls, die der Ann idR entggsteht. Dch Kinder des Annehmden werden Interessen des Adoptivkindes **gefährdet**, wenn die Gefahr besteht, daß das schwächl Adoptivkind von seinen sehr viel stärkeren zukünft Geschwistern gequält w.

3) Verfahrensrechtliches. Im FGG-Verf sind die Beteiligten u ihre gesetzl Vertreter, desgl die leibl Abkömml des Annehmden, außer wenn sie zur Abgabe einer Erkl dauernd außerstande od ihr Aufenth dauernd unbekannt sind, zu hören. Möglichst persönl Anhörg von über 14 J alten Abkömmlingen. Anzuhören ggf die AdoptVermittlgsSt (FGG 56d) sowie das JA des gewöhnl AufenthOrts des Mj (JWG 11, 48a Z 10). Entspr gilt für and Pers, deren Interessen zu berücks sind.

1746 *Einwilligung des Kindes.*

^I Zur Annahme ist die Einwilligung des Kindes erforderlich. Für ein Kind, das geschäftsunfähig oder noch nicht vierzehn Jahre alt ist, kann nur sein gesetzlicher Vertreter die Einwilligung erteilen. Im übrigen kann das Kind die Einwilligung nur selbst erteilen; es bedarf hierzu der Zustimmung seines gesetzlichen Vertreters. Die Einwilligung bedarf bei unterschiedlicher Staatsangehörigkeit des Annehmenden und des Kindes der Genehmigung des Vormundschaftsgerichts.

^{II} Hat das Kind das vierzehnte Lebensjahr vollendet und ist es nicht geschäftsunfähig, so kann es die Einwilligung bis zum Wirksamwerden des Ausspruchs der Annahme gegenüber dem Vormundschaftsgericht widerrufen. Der Widerruf bedarf der öffentlichen Beurkundung. Eine Zustimmung des gesetzlichen Vertreters ist nicht erforderlich.

^{III} Verweigert der Vormund oder Pfleger die Einwilligung oder Zustimmung ohne triftigen Grund, so kann das Vormundschaftsgericht sie ersetzen.

1) Die §§ 1746–1749 bestimmen, wessen Einwilligg für die Adopt vorliegen muß; § 1750 regelt die näheren Einzelheiten der Einwilligg. Währd nach dem bis zum AdoptG v 1976 geltden VertrSystem von der urspr Konzeption der ErwachsenenAdopt als consequent das Adoptivkind den AnnahmeVertr (ggf dch seinen gesetzl Vertr) abschließen mußte (§ 1751 aF), beschr sich das Dekretsystem (vgl Einf 1 v § 1741) darauf, daß das Kind seiner Adopt zustimmt. Eine so tiefgreifde Änderg der familienrechtl Verhältn kann nur mit Zust desj erfolgen, der vor allem davon betroffen ist (BT-Drucks 7/3061 S 34). In Betr kommt nur die **vorherige Zustimmung**, nicht die Gen (§§ 183, 184). Der AdoptAntr soll von den neuen Elt ausgehen (§ 1752 I). Es würde den LebensSachverh nicht treffen, wenn das Kind, insb das Kleinkind, das AnnVerf selbst betreiben müßte (BT-Drucks 7/3061 S 34). Das G stuft nach dem Alter des Kindes ab, I. Solange es geschäftsunfäh (also unter 7 J) od noch nicht 14 J alt ist, kann die Einwilligg nur sein gesetzl Vertr erteilen; danach willigt das Kind mit Zust des gesetzl Vertr selbst ein. Nach Vollendg des 14. LebJ steht dem Kind außer der Möglk zu, die bereits erteilte Einwilligg zu widerrufen, II. Die Verweigerg der Zust des Vormd od Pflegers zur Ann selbst od zur Einwilligg des 14jähr od älteren Kindes kann vom VormschG ersetzt w, III. Bei der VolljährigenAdopt wirkt der Anzunehmde dch seinen Antr mit (§ 1768 I).

1715

§§ 1746, 1747   4. Buch. 2. Abschnitt. *Diederichsen*

2) Einwilligung des Kindes, I. Für das geschäftsunfäh od **noch nicht 14 Jahre alte Kind** erklären seine Elt als gesetzl Vertr die Einwilligg zur Ann (§§ 1626ff). Für die Adopt dch den **Stiefvater** ist die Bestellg eines Ergänzgspflegers nicht erfdl, wenn die Mutter als gesetzl Vertr f das Kind die Einwilligg ggü dem VormschG erkl (BGH NJW **80**, 1746; BayObLG FamRZ **81**, 93; aA **39**. Aufl mNachw). Bei einem erhebl Interessenwiderstr in der Pers der Mutter bleibt die Möglk, ihr die VertrMacht zu entziehen (§§ 1629 II 3, 1796). Gesetzl Vertr sind beide Elt, wenn sie elterl Sorge haben (§ 1629 Anm 1), sonst der vertretgsberecht EltT. Steht Sorge für Pers u Vermögen verschiedenen Pers zu, so der Vertr für die Pers. Das alles gilt auch für den Vertr des schon vorhandenen Abkömml, auf den sich die Wirkgen erstrecken (§ 1754). Vertr kann sich nicht vertreten lassen (§ 1750 III 1). Fehlen od Unwirksamk der Einwilligg nur unter erschwerten Voraussetzgen AufhebgsGrd (§ 1761). Hat das Kind einen Vormd od Pfleger (zB das nehel gem § 1706 Z 1), so gibt dieser Erkl für das Kind ab, **S 1**. Das geschäftsunfäh od noch nicht 14jähr Kind, **S 2**, kann seine Wünsche und Vorstellgen bei der Anhörg dch das VormschG vorbringen, wodch sie in den Entsch über das Kindeswohl (§ 1741 Anm 2a) einfließen. Einer Genehmigg der Erklärgen des gesetzl Vertr bzw Vormds dch das VormschG bedarf es anders als bei § 1751 I aF im Dekretsystem (Einf 1 v § 1741) nicht mehr. **Nach Vollendung des 14. Lebensjahres**, kann das Kind die Einwilligg nur selbst erteilen, bedarf hierzu aber noch der Zust seines gesetzl Vertr, **S 3**. Zur gesetzgeberischen Entsch für das Alter von 14 J vgl BT-Drucks 7/3061 S 35. Form § 1750 I. **Genehmigung von Auslandsadoption, S 4** (Lit: Krzywon BWNotZ **87**, 58): Eingef dch IPR-G Art 2 Z 4 in Ergänzg zu EGBGB 22, 23 nF. **Zweck:** GenErfordern zwingt zu berücks, daß sich bei versch StAngehörigk der Beteiligten regelm wesentl Ändgen in der Zuordng des Kindes zu einer ROrdng ergeben (BT-Drucks 10/504 S 86).

3) Ersetzung der Einwilligung, III, nur von Vormd od Pfleger, also nicht mögl die Ersetzg der Einwilligg des über 14 J alten Kindes, auch wenn es die Adopt ohne triftg Grd ablehnt. Ist die Mutter od der Vater od sind beide Elt zur Vertretg des geschäftsunfäh od noch nicht 14jähr Kindes berecht u weigern sie sich, die Einwilligg für das Kind zu erklären, kann die Erkl ebenf nicht ersetzt w. Den Elt kann allerd das R zur Vertretg des Kindes in persönl Angelegenheiten entzogen w (§ 1666), wofür die Voraussetzgen vorliegen, wenn die Einwilligg der Elt nach § 1748 ersetzt wurde, idR auch dann, wenn ein EltT die elterl Einwilligg (§ 1747) unwiderrufl (§ 1750 II 2) erklärt hat u sich weigert, die Einwilligg für das Kind zu erklären (BT-Drucks 7/3061 S 35). Bei Verweigerg der Einwilligg od Zust dch Vormd od Pfleger **ohne triftigen Grund** keine Entlassg (§ 1886), sond Ersetzg der Einwilligg. Mißbräuchl Verweigerg etwa bei Eigennutz, persönl Ressentiment gg die AdoptivElt uä; auch wenn der AmtsPfleg die Zust verweigert, weil der biolog Vater des Ki noch nicht festgestellt ist (LG Ellwangen DAV **88**, 309). Es entsch der Richter (RPflG 14 Z 3 f). Antr nicht erfdl (krit Bassenge JR **76**, 187). Gg Ersetzg sof Beschw (FGG 53 J 2, 60 I Z 6).

4) Widerruf der Kindeseinwilligung, II, im Ggs zu den bindden Einwilliggen der übr Beteiligten (§ 1750 II 2) zul; die Ann wird dem Wohl des Kindes regelmäß nicht entsprechen, wenn es selbst die Begründg des neuen Elt-Kind-Verhältn nicht mehr will, ehe das Ger entschieden hat (BT-Drucks 7/3061 S 35). Das Kind kann die Einwilligg auch dann widerrufen, wenn sie von seinen Elt, einem Vormd od Pfleger erkl wurde, ehe es 14 J alt war. Der Zust des gesetzl Vertr zum Widerruf bedarf es nicht, **S 3**, da das Kind in diesem Fall für seine bish FamBindg entsch (BT-Drucks 7/3061 S 35). Kein Verzicht auf Widerrufsmöglk. Der Widerruf bedarf der **öffentlichen Beurkundung, S 2**, nicht unbedingt notarieller, also auch dch das JugA, um zu erreichen, daß das Kind vor der Abg der Erkl von ihm evtl schon vertrauten Sachkund über die Bedeutg u die Folgen des Widerrufs beraten wird u um WiderrufsErklärgen aus einer augenblickl Verärgerg od sonst Mißstimmgen heraus zu verhindern (BT-Drucks 7/5087 S 10).

1747 **Einwilligung der Eltern des Kindes.** ^I Zur Annahme eines ehelichen Kindes ist die Einwilligung der Eltern erforderlich.

^II **Zur Annahme eines nichtehelichen Kindes ist die Einwilligung der Mutter erforderlich. Die Annahme eines nichtehelichen Kindes durch Dritte ist nicht auszusprechen, wenn der Vater die Ehelicherklärung oder die Annahme des Kindes beantragt hat; dies gilt nicht, wenn die Mutter ihr nichteheliches Kind annimmt. Der Vater des nichtehelichen Kindes kann darauf verzichten, diesen Antrag zu stellen. Die Verzichtserklärung bedarf der öffentlichen Beurkundung; sie ist unwiderruflich. § 1750 gilt sinngemäß mit Ausnahme von Absatz 4 Satz 1.**

^III **Die Einwilligung kann erst erteilt werden, wenn das Kind acht Wochen alt ist. Sie ist auch dann wirksam, wenn der Einwilligende die schon feststehenden Annehmenden nicht kennt.**

^IV **Die Einwilligung eines Elternteils ist nicht erforderlich, wenn er zur Abgabe einer Erklärung dauernd außerstande oder sein Aufenthalt dauernd unbekannt ist.**

1) Zunächst § 1746 Anm 1. Da dch die Ann als Kind die natürl VerwandtschVerh aufgeh w (§ 1755 I 1), ist die **Einwilligung der Eltern** erforderl, nicht als Ausfl der elterl Sorge, sond als Folge des natürl, in GG 6 geschützten ElternR (BT-Drucks 7/3061 S 36). Als Folge der Ablehng der BlankoAdopt (Anm 3) bedarf es der Einwilligg auch iF einer erneuten Ann (§ 1763 IIIb). Währd des Verf über die Unwirksamk der Einwilligg keine UmggsErlaubn iW einstw AnO (Düss FamRZ **88**, 1095). Zur **Anfechtung** der EinwErkl BayObLG FRES **4**, 119; zu ihrer **Ersetzung** § 1748. Zur Feststellg, ob diese erfdl ist, kann über die Wirksamk einer Einwilligg schon vor Einleitg des AdoptVerf entsch w (Hamm NJW-RR **87**, 260). Keine Einwilligg sonstiger Verwandter, insb der Geschwister des Adoptivkindes od der **Großeltern**, um die Adopt nicht zu erschweren u weil das Kind völl in der KleinFam lebt, die von den Elt u Kindern gebildet w; dazu gehören die GroßElt nicht (BT-Drucks 7/3061 S 38). Im Hinbl auf die VollAdopt (Einf 1 v § 1741) verfassgsrechtl bedenkl; vgl aber BT-Drucks 7/5087 S 15.

2) Einwilligungsberechtigung. Die Einwilligg ist für jedes mj Kind erforderl. Ohne Bedeutg, ob EltT die elterl Sorge hat (Engler NJW **69**, 1999; aA Delian NJW **69**, 1332). Einwilligg des EltT liegt vor, wenn er

1716

Verwandtschaft. 8. Titel: Annahme als Kind §§ 1747, 1748

als gesetzl Vertr der Ann od der Kindeseinwillig gem § 1746 zustimmt (vgl BayObLG 21, 197). Bei einem **ehelichen Kind** haben beide Elt einzuwilligen, **I**, auch wenn sie gesch sind, die Ehe aufgeh od für nichtig erkl ist; denn das EltR wird dadch nicht berührt, das Kind bleibt ehel (§ 1591). Bei einem auf seinen Antr dch EhelErkl legitimierten Kind erforderl Einwillig des Überlebden EltT (§ 1740a), bei einem dch Eheschl legit Kind (§ 1719) auch des Vaters (Celle StAZ 58, 290), u zwar auch dann, wenn dieser vor der Eheschl Verzicht gem II 3 erkl hat (Hamm NJW 83, 1741); bei einem **nichtehelichen Kind** der Mutter, **II 1**, dagg nicht des nehel Vaters (BT-Drucks 7/5087 S 11). Im Verf wg Anfechtg der EinwilliggsErkl ist der VormschRi zustd, nicht der RPfleger; die Entsch über die Wirksamk der EinwErkl ist vor der Stellg des AnnAntr (§ 1752) zul (LG Frankth DAVorm 81, 489). Die Stellg des nehel Vaters wird dadch gestärkt, daß ein **Dritter** das nehel Kind nicht annehmen kann, wenn der Vater die EhelErkl (§ 1723) od die Ann des Kindes (§ 1741 III 2) beantr hat, **II 2**. Dr ist auch der Stiefvater, der das nehel Kind seiner Ehefr adoptieren will (Bln FamRZ 78, 67 L). Der nehel Vater ist vom JugA ü seine Rechte zu belehren (JWG 51 b); Unterlass kann bei echter ElternschBereitsch des Vaters AnnAufhebg gem § 1763 I rechtfertigen (aA MüKo/Lüderitz Fn 43). AdoptPflege des nehel Vaters zul (§ 1744 Anm 1). Nicht ausreichd, wenn der nehel Vater das Kind lediql bei sich aufnehmen will, ohne seine rechtl Stellg zu verbessern, weil er ein PflegeVerhältn jederzeit wieder auflösen könnte (BT-Drucks 7/3061 S 37). Ist der Antr des Vaters abgelehnt, kommt die Ann dch Dr wieder in Betr. Der Vorrang des Vaters gilt auch nicht ggü der nehel Mutter, **II 2 aE**. Auch wenn der nehel Vater das Kind annehmen will, ist die Einwillig der Mutter erfdl; denn es kann sein, daß sie der Ann dch Dr zustimmen will, nicht jedoch der dch den Vater. Scheitert die Ann dch den nehel Vater am Widerstand der Mutter u ist eine Ersetzg ihrer Einwillig gem § 1748 nicht mögl, kommt die Ann nicht zustande (BT-Drucks 7/3061 S 37). Damit der nehel Vater eine DrittAdopt nicht dch einen eig Antr stört, ist vorgesehen, daß er auf sein AntrR unwiderrufl verzichten kann, **II 3**. Seine Erkl bedarf der öff Beurk, kann aber auch vom JugA beurk werden (JWG 49 I Z 5). Die VerzichtsErkl wird erst mit Zugg beim VormschG wirks, es sei denn es geht gleichzeit ein forml Widerruf ein (Hamm NJW 83, 1741).

3) Zeitpunkt und sachliche Einschränkungen der Einwilligung. Die Einwillig kann erst erteilt w, wenn das Kind 8 Wo alt ist, **III 1**, um vor allem die nehel Mutter vor einer unüberlegten Weggabe des Kindes zu schützen (Herabsetzg der früheren Fr von 3 Mo, weil die frühkindl Schädigg eines Heimkindes (Hospitalismus) schon früher beginnt (BT-Drucks 7/3061 S 37 u 7/5087 S 11 f). Vorzeit Einwillig gibt AufhebgsGrd (§ 1760 II Buchst e). Abgabe des Kindes zur AdoptPflege (§ 1744) schon gleich nach der Geburt mögl. Im VorderGrd sollte allerd die Hilfe für die jg Mutter stehen (JWG 51a, 52). Darü, wessen Einwillig erforderl, entsch Ztpkt des AnnBeschl (§ 1752 I), nicht des Antr (vgl Celle JR 65, 138). Erkl der Einwillig braucht nicht dem AdoptAntr (§ 1752) nachzufolgen (vgl § 1750 Anm 1). Zul ist auch die **Inkognitoadoption,** bei der die Annehmenden bereits feststehen, aber den Elt des Kindes unbekannt s, **III 2.** Zu dem daran anknüpfden Ausforschgsverbot § 1758 Anm 1. Dem Fall, daß der zunächst vorgesehene AdoptBewerber dch Tod od aus and Grden fortfällt, dch gleichzeit Einwillig zur Ann dch ein od mehrere weitere Ehepaare vorgebeugt w; Bedenken dagg bei Lüderitz NJW 76, 1868. Zu proz Auswirkgen auf schwebden VaterschProz Karlsr FamRZ 75, 507. Unzul ist die bish umstr Blankoadoption, bei der nur eine allg Einwillig der Elt vorliegt (zur Kontroverse darum vgl 35. Aufl; zur Ablehng dch den GesGeber BT-Drucks 7/3061 S 21 u ausführl 7/5087 S 12). Zul ist die Beschrkg der Einwillig auf best Adopt-Verhältnisse, zB Religion der AdoptivElt (Listl FamRZ 74, 74); denn dabei handelt es sich nicht um ein zukünft ungewisses Ereign, also um eine gem § 1750 II 1 unzul Bedingg (Einf 2 v § 158), sond um eine ggstdl Beschrkg der Erkl auf einen best PersKreis (Dölle § 112 III 2 e).

4) Wegfall des Einwilligungserfordernisses, IV. Einwillig eines EltT nicht erfdl, wenn dieser zur ErklAbg dauernd außerstande od sein Aufenth unbekannt ist. Vertretg des EltT als höchstpersönl Entsch unzul. Die Feststellg der Ger, ob die Voraussetzgen für IV vorliegen, wird inzidenter getroffen; nimmt das Ger sie zu Unrecht an, dann Aufhebg der Ann nur unter den Voraussetzgen des § 1760 V. Anwendg bei Findelkindern. Einwillig in Analogie zu IV nach dem VerhältnismäßigkGrds entbehrl ferner, wenn dadch türk Ehem der Mutter von deren Ehebr erfahren u für diese dadch die Gefahr der Tötg entstehen würde (Hbg-Berged DAVorm 79, 195).

1748 **Ersetzung der Einwilligung eines Elternteils.** **I** Das Vormundschaftsgericht hat auf Antrag des Kindes die Einwilligung eines Elternteils zu ersetzen, wenn dieser seine Pflichten gegenüber dem Kind anhaltend gröblich verletzt hat oder durch sein Verhalten gezeigt hat, daß ihm das Kind gleichgültig ist, und wenn das Unterbleiben der Annahme dem Kind zu unverhältnismäßigem Nachteil gereichen würde. Die Einwilligung kann auch ersetzt werden, wenn die Pflichtverletzung zwar nicht anhaltend, aber besonders schwer ist und das Kind voraussichtlich dauernd nicht mehr der Obhut des Elternteils anvertraut werden kann.

II Wegen Gleichgültigkeit, die nicht zugleich eine anhaltende gröbliche Pflichtverletzung ist, darf die Einwilligung nicht ersetzt werden, bevor der Elternteil vom Jugendamt über die Möglichkeit ihrer Ersetzung belehrt und nach § 51a Abs. 1 des Gesetzes für Jugendwohlfahrt beraten worden ist und seit der Belehrung wenigstens drei Monate verstrichen sind; in der Belehrung ist auf die Frist hinzuweisen. Der Belehrung bedarf es nicht, wenn der Elternteil seinen Aufenthaltsort ohne Hinterlassung seiner neuen Anschrift gewechselt hat und der Aufenthaltsort vom Jugendamt während eines Zeitraums von drei Monaten trotz angemessener Nachforschungen nicht ermittelt werden konnte; in diesem Fall beginnt die Frist mit der ersten auf die Belehrung und Beratung oder auf die Ermittlung des Aufenthaltsorts gerichteten Handlung des Jugendamts. Die Fristen laufen frühestens fünf Monate nach der Geburt des Kindes ab.

III Die Einwilligung eines Elternteils kann ferner ersetzt werden, wenn er wegen besonders schwerer geistiger Gebrechen zur Pflege und Erziehung des Kindes dauernd unfähig ist und

§ 1748 1, 2 4. Buch. 2. Abschnitt. *Diederichsen*

wenn das Kind bei Unterbleiben der Annahme nicht in einer Familie aufwachsen könnte und dadurch in seiner Entwicklung schwer gefährdet wäre.

Schrifttum: Arndt/Schweitzer ZBlJugR **74**, 201; Oberloskamp, FamRZ **73**, 286 u ZBlJugR **80**, 581.

1) Zweck: Währd fr Ersetzg der Einwilligg der Elt nur ausnahmsw stattfinden sollte (vgl § 1747 III aF), stellte § 1747a in einigen f die Praxis bedeuts Fällen das Kindeswohl über das R der natürl Elt u ermöglichte die Ann als Kind auch gg den Willen der leibl Elt. Insb ist das schwer nachzuweise Erfordern der böswill Verweigerg fallengelassen w. § 1748 findet keine Anwendg auf den EvtlVater, dh es bedarf der Einwilligg des angebl Vaters nicht (vgl § 1600a I 2), solange StatusProz andauert (§ 1747 Anm 2; and Hann DAVorm **76**, 55, das lediglich von der Anhörg absehen will). Die Einwilligg der Elt zur KiAnn ist v der Innehabg der elt Sorge unabh, also auch dann erfdl, wenn letztere nach § 1666 entzogen w ist (BayObLG DAVorm **81**, 131).

2) Ersetzung der Einwilligung verletzt grdsätzl nicht GG 6 (BVerfG NJW **68**, 2233), kann aber, auch bei InkognitoAdopt, abgesehen v I 2 u III (Anm 3 u 4), nur unter strikter Orientierung der Entsch am Erfordern eines bes schweren, vollständ Versagens der Elt in ihrer Veantwortg ggü dem Ki (BVerfG FamRZ **88**, 807 mA Gawlitta) unter **drei Voraussetzungen** erfolgen, I 1:

a) Das G nennt zunächst alternativ zwei tiefgreifde Störgen der Elt-Kind-Beziehg, wobei ein Vorlage-Beschl gem FGG 28 II die Maßgeblichk der RFrage an Hand des gegebenen Sachverhalts dartun muß (BGH FamRZ **86**, 461):

aa) Der verweigernde EltT **verletzt seine Pflichten gegenüber dem Kind anhaltend gröblich,** was regelm iFv § 1666 Anm 4a aa u bb vorliegt (AG Hbg FamRZ **66**, 576). Nach Entzug der elt Sorge können nur noch die verbleibenden Pflichten (Unterh, Besuche) verletzt w (Ffm FamRZ **85**, 831). PflVerletzgen zu bejahen bei lockerem Lebenswandel iVm übermäß Alkoholgenuß, Nichtabholen des Kindes nach der Geburt (Hamm FamRZ **77**, 418); total verwahrlostes Zuhause, wofür grobe Verschmutzg, Vorhandensein verdorbener LebMittel, Fehlen v menschenwürd SchlafGelegenh Merkm sind (LG Hbg DAVorm **78**, 49), ebso zusätzl, wenn Polizei die Mutter schlafd vorfindet, währd Elektroherdplatte glüht (Kiel DAVorm **78**, 384); schwere leibl od seel Vernachlässigg, zB grobe lieblose Behdlg (Ffm FamRZ **71**, 322; Mannh DAVorm **73**, 370; Elt Trinker u Kinder meist in Schmutz sich selbst überlassen (Schwabach DAVorm **74**, 273); GewUnzucht u Strafhaft (Ravbg DAVorm **75**, 306) wg Zuhälterei der Mutter u UnterhEntziehg (was die Nachteilsfrage Anm b präjudiziert; aA Duisbg DAVorm **75**, 432) od Kindesmißhdlg (Blieskastel DAVorm **75**, 434); Unauffindbark nach Strafhaft bei insges 5 nehel Kindern u UnterhEntziehg (Ellw DAVorm **76**, 159); Inkaufnehmen, daß das Kind inf ständ Strafhaft nicht versorgt w (Cuxhav FamRZ **76**, 241); Verlassen der Fam, gänzl Nichtkümmern um das Ki u mehrf StrafH der Mutter (AG Bad Ibg FamRZ **87**, 632); wie überh Straftaten u Verurteilgen, wenn sie konkrete nachteil Folgen für das Kind zur Folge haben, etwa die, daß die Elt dch die Straftat das Kind nicht zu sich nehmen können (LG Mü II DAVorm **80**, 119); unterlassene UnterhZahlgen iVm häuf WohnsWechsel ohne Angabe der jew Anschrift (Kln DAVorm **79**, 361). Nicht erforderl sole Böswilligk od individuelle Schuld (Karlsr FamRZ **83**, 1058). Es genügt obj Gefährdg (KG FamRZ **66**, 266), wie sie bei einer Kombination v Schwachsinn, AlkMißbr u Neigg zu Brandstiftgen gegeben s kann (Hombg DAVorm **76**, 160). Nach der Neufassg („anhaltd" statt „dauernd") kommt es nicht mehr darauf an, ob auch künft Pflichtverletzgen zu erwarten sind (Hamm FamRZ **76**, 462 mit sorgf Begrdg; Erm/Holzhauer 8; and Zweibr FamRZ **76**, 469). Stets muß die PflVerletzg jedoch Ausdr einer Gesingg ggü dem Ki, dh es muß wahrscheinl s, daß sich das Verhalten in dem f die Entw des Kis entsch Zeitr nicht ändert, *arg* „anhaltd" (aA MüKo/Lüderitz Rdn 8). Das Gesinngsmoment ist unabh von der Gefahr zukünftiger PflVerletzgen festzustellen. **Nicht ausreichend** Drogenabhängigk (Ffm FamRZ **83**, 531) u Straftaten der Elt, wenn sie keine konkr nachteil Folgen für das Ki haben; wenn Ki anderweit (bei PflegeElt) gut untergebracht u versorgt w, selbst bei Verletzg der UnterhPfl dch die Elt (Düss DAVorm **77**, 751) od wenn der Mutter zwar die KrankhEinsicht fehlt, sie sich aber in psychiatr Behdlg begeben h (LG Mannh DAV **85**, 723).

bb) Der verweigernde EltT zeigt dch sein Verhalten seine **Gleichgültigkeit gegenüber dem Kind.** Er muß währd der Dauer von wenigstens 5 Mo, vgl II 3, u trotz des Beistands dch das JA, II 1, nach außen erkennb w lassen, daß ihn das Kind u dessen Schicksal nicht interessiert, was zB in dem Verlangen auf Volladoption des Kindes ins Ausland zum Ausdruck kommt (BayObLG FamRZ **76**, 234). Iü reicht obj Eindruck wie beharrl Schweigen aus (Ffm FamRZ **71**, 322), so daß bl Beteuergen des Ggteils nicht genügen. Gleichgültig daher auch z bejahen, wenn BesitzAnspr auf das Kind keiner echten gefühlsm Bindg entspringen, sond anders motiviert sind, zB dch Neid, Rachsucht, Böswilligk, schlechtes Gewissen od auch die bl Besorgn um das eig Wohl (BayObLG FamRZ **83**, 648 L; Ravbg DAVorm **75**, 56). Feindselige od verwerfl Gesinng aber iGgs zu früher nicht erforderl. Wer, auch dch die Umst gezwungen, sein Kind in ein Heim abgibt, muß dch erhöhte Anstrengen wie regelm Besuche, Heimholg während der WoEnden u Ferien, InAnspruchn anwaltl Hilfe u Anreise zur Anhörg (BayObLG FamRZ **84**, 417) uä seine persönl Bindg an das Kind unter Beweis stellen, vgl Lüderitz Adoption S 41. Wer sich als Mutter 4 Mo um die 2½jähr Tochter, die in ein Pflegeheim gebracht w ist, nicht kümmert, dokumentiert Gleichgültigk (LG Hbg DAVorm **78**, 49). Wenn 6j Ki die Mutter nicht kennt, muß diese triftige Grde nennen (BayObLG ZBlJR **83**, 230). Umgek sind jedoch vorübergehde seel Störgen des EltT zu dessen Gunsten zu berücks. Auch reichen früh erhobene EhelkAnfKl od Verzicht auf Kontakt, wenn dadch dem Kind Konflikte erspart w sollten, nicht aus (Stgt Just **72**, 316). Schleppde Behdlg des AdoptionsAntr kann Gleichgültigk dokumentieren (AG Tüb FamRZ **73**, 321). Bei Ersetzg wg Gleichgültigk **Beratung** des EltT unverzichtb (Hamm FamRZ **77**, 415; BayObLG ZBlJR **83**, 230).

b) Das Unterbleiben der Ann als Kind würde dem Kinde zu **unverhältnismäßigem Nachteil** gereichen. Das w bei Vernachl des Kindes dch die Elt od die nehel Mutter regelm z bejahen s. Es muß sich um einen im Verhältn z Kindeswohl bes großen Nachteil handeln, zB Fehlen einer kontinuierl Unterbringgs-

Verwandtschaft. 8. Titel: Annahme als Kind §§ 1748, 1749

möglk, überdchschnittl EntwStörgen dch außerfam Pflege, Lüderitz Adoption S 44. Nachteil auch zu bejahen, wenn die PflegeElt bereit wären, das Kind auch ohne Adoption zu behalten (Karlsr FamRZ **83**, 1058; Hamm ZfJ **84**, 364; Ffm FamRZ **86**, 1042; Roth ZfJ **87**, 64; aA Düss DAVorm **76**, 157; Ffm FamRZ **86**, 601). Nicht ausreichd: Unentschlossenh, keine UnterhZahlg, weil Kind anderweit versorgt w, Verlust wirtschaftl Vorteile (KG FamRZ **66**, 266; OLGZ **69**, 235). Anderers sind die neuen Verhältn in geist u leibl Hins, die Möglk der Ausbildg, der Unterh usw ggü dem bisher Gegebenen in die Waagschale zu werfen. Solche Abwägg setzt Kenntn der neuen Verhältn voraus (BayObLG FamRZ **75**, 232).

c) Ersetzg erfolgt auf **Antrag des Kindes,** also des über 14 j alten Kindes mit Zust seines gesetzl Vertr (Brschw FamRZ **64**, 323; Gernhuber § 62 V 6 Fn 9; aA MüKo/Lüderitz Rdn 25: ohne Zust des gesetzl Vertr), sonst dch diesen, ijF auch dch den Amtspfleger (Ravbg DAVorm **75**, 56). Grdsl **Anhörung** auch eines 4jähr (BayObLG FamRZ **88**, 871).

3) Einmalige besonders schwere Pflichtverstöße wie Entführg des Ki ins Ausl (BayObLG FamRZ **89**, 429 Bolivien) reichen ebenf zur Ersetzg der Einwillg aus, sofern das Ki **voraussichtlich nicht mehr der Obhut des Elternteils anvertraut werden kann, I 2**. Das letztere Moment tritt an die St des unverhältnmäß Nachteils (Anm 2b) u erweist den Tatbestd damit als selbständ ErsetzgsGrd (BayObLG FamRZ **89**, 429). Ersetzg der Einwilligg eines in Strafh einsitzden Vaters, der die Mutter des Kindes umgebracht hat (BayObLG FamRZ **84**, 937; LG Esn DAVorm **79**, 521); dagg nicht ow wenn Franzose aus Eifersucht den Freund seiner geschied Frau umbringt u um des Wohls der Kinder diese entführt (BayObLG StAZ **79**, 13).

4) Einwilliggsersetzg ferner, III, a) bei **dauernder Unfähigkeit** z Pflege u Erziehg des Kindes wg bes schwerer geist Gebrechen, wofür schw Depressionen u sichergehrdde geist Erkrankgen, uU auch wenn sie nur schubw auftreten, genügen. Eine sichere med-diagnost Einordng der Gebrechen ist nicht erforderl (BayObLG FamRZ **84**, 201). Anderers verlangen die verfassgsrechtl Bedenken gg III (Engler FamRZ **75**, 131) strenge Anfdgen, so daß akute paranoide Schizophrenie mit ausgeprägten Wahnvorstellgen bei sonst Mütterlich usw uU nicht ausreichl (ausführl Hamm DAVorm **78**, 364). Als Folge der Unfähigk wird ferner vorausgesetzt **b) die Notwendigkeit der Heimunterbringung** f das Kind. Nicht ausr also, wenn Kind bei Verwandten aufwachsen kann, wohl aber, wenn diese selbst das Kind adoptieren wollen. **c)** Die Ersetzg soll schließl unterbleiben, wenn die Unterbringg in einem Heim das Kind in seiner Entw nicht **schwer gefährdet**, was jedoch idR z bejahen ist, sofern nicht bes günst Heimplatz z Vfg steht.

5) Im Anschl an die amtl Begrdg (BT-Drucks 7/3061 S 38) w das ErsetzgsVerf als **Zwischenverfahren** bezeichnet. Das ErsetzgsVerf muß rechtskr abgeschl wn, das aus den VormschG die Ann als Kind gem § 1752 aussprechen kann (Celle DAVorm **78**, 383). Zust VormschG FGG 43b. Es entsch der Richter, RPflG 14 Z 3f. Persönl Erscheinen des EltT kann mit Zwangsmitteln n FGG 33 dchgesetzt w (BayObLG FamRZ **84**, 201). Anhörg des JA nach pflichtgem Erm des VormschG, JWG 48 S 1; aof, auch iFv II, s unten. Der Einwilliggs-ErsetzgsBeschl muß begründet w (LG Hbg DAVorm **78**, 49). Gg abl Beschl einf Beschw ausschließlich (BayObLG FamRZ **84**, 935) des Kindes, FGG 20 II, 59, gg den ersetzden die Beschw des EltT, FGG 20 I, u zwar die sofort, FGG 53 I 1, 60 I Z 6. Rechtskr der ErsetzgsVfg Voraussetzg f Bestätigg. Bei Ersetzg aGrdv bl Gleichgültigk ist vor Ersetzg der EltT dch JA z belehren, z beratg u vor die Ersetzg einer Karenzzeit v 3 Mo zwzuschalten, **II 1**, es sei denn, der AufenthOrt des EltT ist v JA nicht z ermitteln, **2**, od es liegt neben der Gleichgültigk auch ein Fall gröbl PflVerletzg, Anm 2a aa, vor. Wird der Aufenth des EltT nach Erlaß der ErsetzgsEntsch bekannt, müssen Belehrg u Beratg nachgeholt w (Kln FamRZ **87**, 203). Erst wenn der ErsetzgsBeschl unanfechtb geworden ist, kann das Ger die Ann aussprechen. Bei VerfMängeln ggf § 1760 V.

1749 *Einwilligung des Ehegatten.* **I** Zur Annahme eines Kindes durch einen Ehegatten allein ist die Einwilligung des anderen Ehegatten erforderlich. Das Vormundschaftsgericht kann auf Antrag des Annehmenden die Einwilligung ersetzen. Die Einwilligung darf nicht ersetzt werden, wenn berechtigte Interessen des anderen Ehegatten und der Familie der Annahme entgegenstehen.

II Zur Annahme eines Verheirateten ist die Einwilligung seines Ehegatten erforderlich.

III Die Einwilligung des Ehegatten ist nicht erforderlich, wenn er zur Abgabe der Erklärung dauernd außerstande oder sein Aufenthalt dauernd unbekannt ist.

1) Vgl zunächst § 1746 Anm 1. Nimmt ein Ehepaar ein Ki gemschaftl an (§ 1741 II 1), liegt im AnnAntr jedes Eheg zugl die Einwilligg zur Ann des Ki auch dch den Eheg. Nimmt ein Eheg das Ki des and Eheg an (§§ 1741 II 2 zweite Alt, 1742), wird regelm in der elterl Einwilligg (§ 1747) die Einwilligg als Eheg liegen. Die bes **Einwilligung des Ehegatten** ist damit nur notw, wenn ein Eheg sein nehel Ki ann will (§ 1741 II 1 erste Alt) u wenn ein Eheg iFv § 1741 II 2 ausnahmsw ein Ki allein ann kann. **I 1** (BT-Drucks 7/3061 S 38). Einwilligg kann immer nur für eine bestimmte KiAnn erfolgen (KG JFG **3**, 126). Erforderl auch die Einwilligg des getrenntlebden Eheg, nicht aber des geschiedenen. Einwilligg des Eheg kann auf Antr ersetzt w, **I 2**, darf aber nicht ersetzt w, wenn berecht Interessen des and Eheg u der Fam der Ann entggstehen, **I 3**. Die Voraussetzgen sind dieselben wie in § 1727 Anm 3. Ist der and Eheg geschäftsunfäh od sein Aufenth dauernd unbekannt (vgl § 1747 Anm 4), so ist seine Einwilligg nicht erfdl, **III**. Wg der Form der Einwilligg § 1750. Die Erkl muß als vorher Zust (§ 183) vorliegen. Über die Ersetzg entsch der Richter (RPflG 14 Z 3f).

2) Annahme eines verheirateten Minderjährigen, II. Bei der Ann Minderjähr wird es selten sein, daß das Ki schon verh ist, läßt sich aber nicht ausschließen (EheG 1 II). Eine Ehe soll die Ann des Ki nicht verhindern; es muß dann aber die Einwilligg des and Eheg vorliegen, der mit der neuen Fam verschwägert wird (§ 1590). In diesem Fall soll eine Ersetzg der Einwilligg nicht mögl sein, weil dadch sonst der Keim für das Scheitern dieser Ehe gelegt w könnte (BT-Drucks 7/5087 S 13). Die Einwilligg ist nicht erfdl iFv III (vgl Anm 1). Zu den namensrechtl Folgen, die ggf einer bes Zustimmg des Eheg des Ki bedürfen, § 1757 Anm 1.

1719

§§ 1750, 1751

1750 *Einwilligungserklärung.* ¹ Die Einwilligung nach §§ 1746, 1747 und 1749 ist dem Vormundschaftsgericht gegenüber zu erklären. Die Erklärung bedarf der notariellen Beurkundung. Die Einwilligung wird in dem Zeitpunkt wirksam, in dem sie dem Vormundschaftsgericht zugeht.

II Die Einwilligung kann nicht unter einer Bedingung oder einer Zeitbestimmung erteilt werden. Sie ist unwiderruflich; die Vorschriften des § 1746 Abs. 2 bleibt unberührt.

III Die Einwilligung kann nicht durch einen Vertreter erteilt werden. Ist der Einwilligende in der Geschäftsfähigkeit beschränkt, so bedarf seine Einwilligung nicht der Zustimmung seines gesetzlichen Vertreters. Die Vorschriften des § 1746 Abs. 1 Satz 2, 3 bleiben unberührt.

IV Die Einwilligung verliert ihre Kraft, wenn der Antrag zurückgenommen oder die Annahme versagt wird. Die Einwilligung eines Elternteils verliert ferner ihre Kraft, wenn das Kind nicht innerhalb von drei Jahren seit dem Wirksamwerden der Einwilligung angenommen wird.

1) Förmlichkeiten der Einwilligungserklärung. Die Vorschr betrifft die EinwilliggsErkl des Kindes, seiner Elt sowie die des Eheg des Annehmden u Angenommenen. Die Einwilliggen sind bedinggs- u befristgsfeindl u mit Ausn derj des Kindes unwiderrufl, II. Für ein geordnetes AnnVerf ist es unerläßl, daß erklärte Einwilliggen Bestand haben u der Fortgang des AnnVerf, in dessen Verlauf das Kind regelmäß schon von den neuen Elt aufgen ist (vgl § 1744), nicht gestört w (BT-Drucks 7/3061 S 39). Verstöße gg II stellen keinen AufhebgsGrd dar (vgl § 1760), insb ist für ihre Wirksamk gleichgült, wenn vor Abgabe gemachte Zusagen nicht eingehalten w. Abmachg, daß für eine Einwillig eine Vergütg gezahlt w soll, nicht ow unsittl (Kiel OLG **46**, 187). Zur Anfechtbark wg Drohg Ffm FamRZ **81**, 206. Einwilligg muß höchstpersönl abgegeben w, **III 1**, also keine Stellvertretg, bedarf bei beschr GeschFähigk aGrd Geistesschwäche nicht der Zust des gesetzl Vertr, **III 2**, muß gem BeurkG 56 I notariell beurk w, **I 2**, so daß Zugang einer beglaub Abschr nicht genügt (Hamm NJW **82**, 1002), u ist im Dekretsystem (Einf v § 1741) nicht den Beteiligten als VertrParteien ggü abzugeben, sond ggü dem VormschG, **I 1**. Zustdgk FGG **36**, 43, 43 b. Bei Behördenfeindlichk der Mutter muß deren vor dem Notar abgegebene EinwilligsErkl nicht dem VormschG ggü wiederholt w (Bln DAVorm **77**, 600). Die EinwilliggsErkl werden wirks nicht mit der Abgabe beim Notar, sond erst mit dem Ztpkt des Zugangs beim VormschG, **I 3**, wobei das JugA auch nicht als Empfangsbote in Betr kommt (Hamm NJW-RR **87**, 260). I 3 enth gebotene Klarstellg, weil die elterl Sorge mit der Einwillig des Elt ruht (§ 1751 I 1). Zu mißbilligen ist die Prax der AdVermittlgbehörden, die EinwilliggsErkl der Elt entgg I dem VormschG über lange Zeit hinweg nicht einzureichen (Dickmeis DAVorm **80**, 48). Zugehen muß eine Ausfertigg der notar EinwilliggsUrk, so daß der Zugg einer beglaubigten Abschr nicht genügt (BayObLG StAZ **79**, 122). Örtl zustd für die Entgegnahme der Einwilligg ist gem FGG 43 b I das Wohnsitz G des Annehmden auch dann, wenn diese ihre AdoptAbsicht aufgegeben haben (BayObLG FamRZ **78**, 65). EinwilliggsErkl verlieren ihre Gültigk mit der Zurücknahme des AnnAntr od bei Versagg der Ann, **IV 1**. Die Best geht davon aus, daß der AnnAntr vor der Einwillig vorliegt. Das ist jedoch in vielen Fällen unprakt u angesichts der Zulässigk der Inkognitoadoption nicht erfdl (vgl § 1747 Anm 3); Einwillig kann nach der bei der AdoptVermittlgsstelle (Einf 2 v § 1741) geführten Liste der AdoptBewerber erteilt w. Wird die Versagg nicht mit Beschw angefochten, können hins der Gültigk der Einwillig Unklarheiten auftauchen (Bassenge JR **76**, 187). Die EinwilliggsErkl eines EltT büßt ihre Gültigk ein, wenn die PflegeElt eindeut u endgült erkl, keinen AnnAntr stellen zu wollen (BayObLG FamRZ **83**, 761); ferner, wenn das Kind nicht binnen 3 J nach Abg der Erkl beim VormschG angen w ist, **IV 2**. Die Fr beginnt in Überggsfällen frühestens am 1. 1. 77 (BayObLG StAZ **79**, 122) u endet dementspr am 31. 12. 79 (Celle FamRZ **79**, 861). Eine VorabEntsch des VormschG über die Wirksamk und Unwirksamk der EinwilliggsErkl ist unzul; für sie besteht anges der umfassden PrüfgsPfl (§ 1752) kein Bedürfn (LG Duisbg DAVorm **80**, 227 mAv Schultz).

1751 *Ruhen der elterlichen Sorge und der Unterhaltspflicht.* ¹ Mit der Einwilligung eines Elternteils in die Annahme ruht die elterliche Sorge dieses Elternteils; die Befugnis zum persönlichen Umgang mit dem Kinde darf nicht ausgeübt werden. Das Jugendamt wird Vormund; dies gilt nicht, wenn der andere Elternteil die elterliche Sorge allein ausübt oder wenn bereits ein Vormund bestellt ist. Eine bestehende Pflegschaft bleibt unberührt. Das Vormundschaftsgericht hat dem Jugendamt unverzüglich eine Bescheinigung über den Eintritt der Vormundschaft zu erteilen; § 1791 ist nicht anzuwenden.

II Absatz 1 ist nicht anzuwenden auf einen Ehegatten, dessen Kind vom anderen Ehegatten angenommen wird.

III Hat die Einwilligung eines Elternteils ihre Kraft verloren, so hat das Vormundschaftsgericht die elterliche Sorge dem Elternteil zu übertragen, wenn und soweit dies dem Wohl des Kindes nicht widerspricht.

IV Der Annehmende ist dem Kind vor den Verwandten des Kindes zur Gewährung des Unterhalts verpflichtet, sobald die Eltern des Kindes die erforderliche Einwilligung erteilt haben und das Kind in die Obhut des Annehmenden mit dem Ziel der Annahme aufgenommen ist. Will ein Ehegatte ein Kind seines Ehegatten annehmen, so sind die Ehegatten dem Kind vor den anderen Verwandten des Kindes zur Gewährung des Unterhalts verpflichtet, sobald die erforderliche Einwilligung der Eltern des Kindes erteilt und das Kind in die Obhut der Ehegatten aufgenommen ist.

Schrifttum: Roth-Stielow DAVorm **78**, 17; Ollmann FamRZ **89**, 350 (zweitl Legitimation des nehel Ki).

1) Elterliche Sorge nach Einwilligung in die Adoption, I. Mit der Einwilligg eines ElterT in die Adopt des eig Kindes hat dieser EltT das von seiner Seite aus Erforderliche getan, um die rechtl Verbindg zu

Verwandtschaft. 8. Titel: Annahme als Kind   §§ 1751, 1752

dem Kind zu lösen. Es ist desh konsequent, wenn das G in der ZwZeit bis zur Wirksamk der Ann seine elterl Sorge mit der Wirkg des § 1675 ruhen läßt. Ebso bei Ersetzg der Einwilligg gem § 1748 (MüKo/Lüderitz Rdn 2; Roth-Stielow 2; aA AG Münst DAVorm **77**, 271). Im VerbundVerf (ZPO 623) ergeht keine SorgeR-Regelg mehr (Hamm FamRZ **86**, 922). Die gesetzl angeordnete RWirkg tritt nicht ein, wenn die Einwilligg vor dem 1. 1. 77 erklärt w ist (Lünebg DAVorm **77**, 379). Solange nur ein EltT die Einwilligg erklärt hat, übt der and EltT die elterl Sorge allein aus (§ 1678 I). Da die Ann auf das Erlöschen des VerwandtschVerhältn abzielt (§ 1755 I), entspricht es ferner der gesetzl Konzeption, daß der EltT in Ausn zu § 1634 I auch keinen persönl Umgang mehr mit dem Kind haben soll, **S 1**, so daß auch die ProbeZt (§ 1744) nicht davon beeinflußt w kann. Anderers bedarf es eines gesetzl Vertreters, dessen Zustimmg herbeigeführt w kann, wenn zB ein ärztl Eingriff notw ist. Gesetzl Vertr wird automat, dh ohne daß es einer Bestellg bedarf, das nach JWG 37 zuständ JugA, sofern nicht der and EltT die elterl Sorge allein ausübt od schon ein Vormd bestellt ist, **S 2**, was idR bei Ersetzg der elt Einwilligg (§ 1748) der Fall sein wird. Vormsch auch dann, wenn die Einwilligg eines EltTeils in die Ann dch das VormschG ersetzt w ist (KG FamRZ **78**, 210). Bei Adopt mit AuslBerührg keine Vormsch kr Ges, sond Bestellg des JugA (LG Stgt DAVorm **79**, 193). Ferner macht eine gem § 1791c bestehde AmtsVormsch beim Eintritt einer AdoptAmtsVormsch nicht unnöt (Bln DAVorm **79**, 190; bestr, vgl ZfJ **85**, 80). Der Eintritt der AmtsVormsch gem I 2 stellt für sich genommen keinen Grd dar, die Amtspflegsch an das JA, das Vormd geworden ist, abzugeben; Abgabe aber iRvJWG 43 (vgl dort Anm 2; Bonn DAVorm **77**, 746). Ebso bleibt eine bestehde Pflegsch unberührt, **S 3** (vgl §§ 1630 I, 1794). Die Amtspflegsch f ein nehel Kind, dessen Mutter in der Adoption eingewilligt hat, bleibt auch dann bestehen, wenn ein and JugA gem I 2 Vormd w (KG FamRZ **78**, 206; Hann DAVorm **80**, 427). Bis zum AdoptAusspr bestehen entgg §§ 1791 c II, 1918, JWG 41 II Amtspflegsch u AmtsVormsch nebeneinand (Stgt FamRZ **78**, 207; LG Hbg DAVorm **78**, 37); Beseitigg der Kollision zw den §§ 1706, 1751 nur über JWG 43 (Roth-Stielow DAVorm **78**, 17). Das JugA erhält über den Eintritt der Vormsch unverzügl eine Bescheinigg, **S 4**, damit es frühzeit Kenntn von der elterl Einwilligg erhält u noch rechtzeit auf die Notwendigk der Pflegeerlaubn gem JWG 28 hinweisen u sie versagen kann, wenn das Wohl des Kindes dies erfordert (BT-Drucks 7/5087 S 14). Dieser für die FremdAdopt sinnvollen Regelg bedarf es nicht, wenn das Kind von dem Eheg seines Vaters od seiner Mutter adoptiert w soll, da es dann nicht um die Lösg der FamBande, sond umgek gerade um deren Festigg u Erweiterg geht, II.

2) Wenn die **Einwilligung** eines EltT wg Scheiterns der Ann od aGrd Zeitablaufs (§ 1750 IV) ihre **Wirksamkeit verloren** hat, so überträgt das VormschG diesem EltT die elterl Sorge, aber nur, sof dies nicht dem Kindeswohl widerspricht, **III**. Eine Aufg des EltR ist nur vertretb, um ein neues EltR zu begründen. Besteht keine Aussicht, daß ein neues EltR begründet wird, ist dafür zu sorgen, daß die bereits eingeleiteten Maßn rückgäng gemacht w. Das Kind soll sich nicht unangem lange in einem Schwebezustand befinden (BT-Drucks 7/3061 S 40f). Die elt Sorge fällt nicht automat an den EltT zurück, der seine Einwilligg zur Ann gegeben hat, sond wird ihm übertragen, wenn dies dem Kindeswohl entspricht (vgl §§ 1678 II, 1681 I). Wenn ein EltT die elt Sorge 3 Jahre nicht mehr ausgeübt hat, wird er möglicherw nicht geeignet sein, sie auszuüben. Ob der EltT geeignet ist, soll das VormschG in jedem Fall prüfen. Ist der EltT nicht geeignet u übt auch der and EltT die elt Sorge nicht aus, hat das VormschG die gesetzl Vertretg des Kindes dadch zu regeln, daß es einen Vormd od Pfleger bestellt (BT-Drucks 7/3061 S 41). Es entsch der Richter (RPflG 14 Z 3 f). Anhörg des Ki erfdl (BayObLG FamRZ **83**, 761).

3) Die **Unterhaltspflicht** der leibl Elt u der and Verwandten des Kindes erlischt währd der PflegeZt nicht, sond tritt ledigl hinter derj der Annehmden zurück (Subsidiarität). Endet das Pflegeverhält, ohne daß es zur Ann kommt, so tritt die UnterhPfl der leibl Elt u der and Verwandten wieder ein (Ffm FamRZ **84**, 312 mAv Bosch). Entspr der Regelg der elterl Sorge ruht die UnterhPfl der leibl Elt u Verwandten; der Annehmde ist vorrang unterhaltspflicht vom Augenbl des Wirksamwerdens der elterl Einwilligg (§ 1750 I 3) und wenn der Annehmde das Kind mit dem Ziel der Ann in Pflege gen hat, **IV 1**. Voraussetzg ist die „erforderl" Einwilligg der Elt, bei einer Halbwaisen also nur die des überlebden EltT, beim nehel Kind nur die der Mutter; entspr ist die Einwilligg nur eines EltT erfdl, wenn der and zur Abg einer Erkl dauernd außerstande od sein Aufenth dauernd unbekannt ist (§ 1747 IV). Ist das Kind Vollwaise od die Einwilligg der Elt od des allein einwilligsberecht EltT nach § 1747 IV nicht erfdl, so beginnt die UnterhPfl, wenn der Annehmde das Kind in Obhut nimmt. Maßgebl Ztpkt ist nicht die Erteilg der Pflegeerlaubn dch das JugA (JWG 28), sond der Ztpkt, in dem das Kind in die Obhut der künft AdoptivElt genommen wird u diese dadch die Verantwortg für das Kind übernehmen (BT-Drucks 7/5087 S 14). Obhut nicht gleichbedeut mit Haushalt; Krankenhaus- od Heimverbleib wg Krankh od sonst Behinderg des Kindes bei Übernahme der Verantwortg dch die künf Elt reicht aus. Zur Verpfl zur Zahlg v **Pflegegeld** dch den Träger der JugHilfe Brüggemann DAV **78**, 44. Der nehel Vater macht die vorrang UnterhVerpfl der Annehmden bereits im Verf nach ZPO 643 geltd (Stgt FamRZ **80**, 497). – Bei der Ann des Kindes eines Eheg dch den and Eheg sind beide Eheg dem Kind vor dessen and Verwandten unter dens Voraussetzgen der Einwilligg u der Inobhutnahme unterhaltspflichtig, **IV 2**.

1752 Beschluß des Vormundschaftsgerichts; Antrag. ^I Die Annahme als Kind wird auf Antrag des Annehmenden vom Vormundschaftsgericht ausgesprochen.

II Der Antrag kann nicht unter einer Bedingung oder einer Zeitbestimmung oder durch einen Vertreter gestellt werden. Er bedarf der notariellen Beurkundung.

1) Adoptionsdekret, I. Die Ann als Ki erfolgt nicht mehr dch vormschgerichtl bestätigten Vertr zw Annehmdem u Adoptivkind, sond dch Ausspr des VormschG. Zur Begründg des Dekretsystems (Einf 1 v § 1741) vgl BT-Drucks 7/3061 S 23; zur Zustdgk des VormschG BT-Drucks 7/3061 S 41. Örtl Zustdgk FGG 43 b I. Vor dem Beschl Einholg eines EigngsGA (FGG 56 d). Soweit das Ki nicht einwilligen muß

(§ 1746), ist es zu hören (JWG 48a Z 10; FGG 55c). Einholg eines psycholog GA idR, insb wenn das Ki schon längere Zeit in der AdoptFam zugebracht u Rückstände aufgeholt hat, überfl; ihre AnO unterliegt jedoch nicht der Beschw (Hann DAVorm **77**, 759). Es entsch der Richter (RPflG 14 Z 3f). In dem Beschl ist anzugeben, auf welche Vorschr sich die Ann stützt (vgl dazu Mergenthaler StAZ **77**, 292); anzugeben ist jew die eigtl RGrdlage der Adopt, also beispielsw § 1741 II 1 bei gemschaftl Ann eines Ki dch ein Ehepaar (Karlsr DAVorm **78**, 787). Ferner ist anzugeben, wenn die Einwilligg eines EltT gem § 1747 IV nicht für erfdl erachtet wurde (FGG 56e S 1). Der AnnBeschl wird mit der Zustellg an den Annehmden, nach dessen Tod mit der Zustellg an das Ki wirks; er ist unanfechtb, u auch das Ger kann ihn nicht ändern (FGG 56e S 2 u 3). Willensmängel u VerfFehler werden geheilt (Lüderitz NJW **76**, 1869); Berücksichtigt allerd iRv § 1760. Der StBeamte ist auch an das unter Verstoß gg das Verbot der ZweitAdopt (§ 1742) ausgesprochene AdoptDekret gebunden (LG Brschw FamRZ **88**, 106). Gg die Ablehng des AdoptBeschl unbefr Beschw (FGG 20 II). Das AdoptVerf ist gebührenfrei (KostO 91, 98).

2) Der Annahmeantrag, II, muß vom Annehmden ausgehen, nicht vom Ki od einem sonst Beteiligten. Er ist bedinggs- u befristgsfeindl u bedarf bei persönl Anwesenh vor dem Notar der not Beurk (Lit: Kemper DAVorm **77**, 153). Der Antr enthält zugl die Einwilligg der Annehmden, daß das Ki dch die Ann ihr Ki werden soll. Trotz der Formulierg des G, daß der Antr nicht dch einen Vertr gestellt w kann, ist es zul, daß er von dem Notar beim VormschG eingereicht w (*arg* § 1753 II). Der Antr kann bis zum Ausspr der Ann zurückgen w. Gg die Ablehng des Antr Beschw nur vS des Annehmden (FGG 20 II). Stirbt er vor der Entsch, bleibt Ann zul (§ 1753 II); die Ablehng ist mangels eines BeschwBerecht aber nicht anfechtb (FGG 68 S 2 hätte nicht aufgeh w dürfen; Bassenge JR **76**, 187).

1753 *Annahme nach dem Tod.* ^I Der Ausspruch der Annahme kann nicht nach dem Tod des Kindes erfolgen.

^{II} Nach dem Tod des Annehmenden ist der Ausspruch nur zulässig, wenn der Annehmende den Antrag beim Vormundschaftsgericht eingereicht oder bei oder nach der notariellen Beurkundung des Antrags den Notar damit betraut hat, den Antrag einzureichen.

^{III} Wird die Annahme nach dem Tod des Annehmenden ausgesprochen, so hat sie die gleiche Wirkung, wie wenn sie vor dem Tod erfolgt wäre.

1) Der Tod des Kindes vor der Ann schließt den Abschl der bereits eingeleiteten Adopt aus. **I.** Wichtig für die Erbfolge (§§ 1754, 1755, 1924ff). Ist das Kind gestorben, verliert die Ann des Kindes ihren eigentl Sinn; erbrechtl Überleggen sollen daneben nicht ausschlaggeb sein (BT-Drucks 7/3061 S 42). Entscheidd Ztpkt Zustellg an den Annehmden (FGG 56e S 2).

2) Der Tod des Annehmenden vor dem Erlaß des AdoptBeschl macht die Ann dagg nicht unmögl u nach wie vor sinnvoll, wenn das Kind zB im Haush des Annehmenden gelebt hatte (Engler FamRZ **76**, 586). Der Ausspr der Ann hat zwar auch zu unterbleiben, wenn der Annehmde in einem frühen Stadium des AnnVerf stirbt; hat er od sein Notar dagg bereits den AnnAntr beim VormschG eingereicht, so kann auch jetzt noch die Adopt ausgesprochen w, **II.** Entspr Anwendg v II, wenn der Annehmde währd der RBeschwInst stirbt (Brschw DAVorm **78**, 784). Entscheidd das Kindeswohl (§ 1741 I), ferner, ob das Kind nicht seine Einwilligg widerruft (§ 1746 II 1). Stirbt bei einer gemschaftl Ann der eine Eheg u nimmt daraufh der and Eheg seinen Antr zurück (§ 1752 Anm 2 aE), so bleibt AnnBeschl mögl, weil die in dem Antr des überlebden Eheg liegde Einwilligg (§ 1749 Anm 1) zur Ann dch den verstorbenen Eheg nicht zurückgen w kann (§ 1750 II 2); idR verbietet dann aber das Kindeswohl den nachträgl AnnBeschl. Der nach dem Tode des Annehmden ergehde AnnBeschl hat die Wirkg, als ob die Ann vor dem Tode erfolgt wäre, **III,** was insb bedeutet, daß dem Kind ggü dem verstorbenen Annehmden ein gesetzl ErbR u, soweit dieser anderweit verfügt hatte, ein PflichtteilsAnspr zusteht, sof er diese Vfg nicht überh anfechten will (§§ 1924 I, 2079, 2303). Die Mögl der nachträgl Vollziehg der Ann entspricht idR der inzw eingetretenen tatsächl Verhältn (BT-Drucks 7/3061 S 42). II trifft auch den Fall, daß eine gemschaftl KindesAnn erfolgen sollte u beide Annehmden verstorben sind (Hamm StAZ **67**, 99), unabh ob gleichzeit od nacheinander; das Kind beerbt dann beide AdoptivElt. Erfolgt Ausspr der Ann erst nach dem Tode des Annehmden, so Erkl gem § 1829 I 2 ggü dessen Erben od dem für die ungewissen Erben bestellten Pfleger (Hamm DNotZ **50**, 109). Vgl iü die parallele Regelg bei der EhelErkl (§ 1733).

1754 *Rechtliche Stellung des Kindes.* ^I Nimmt ein Ehepaar ein Kind an oder nimmt ein Ehegatte ein Kind des anderen Ehegatten an, so erlangt das Kind die rechtliche Stellung eines gemeinschaftlichen ehelichen Kindes der Ehegatten.

^{II} In den anderen Fällen erlangt das Kind die rechtliche Stellung eines ehelichen Kindes des Annehmenden.

Schrifttum: Diestelkamp NJW **65**, 2041; Ruthe FamRZ **77**, 30 (UnterhaltsAnspr); Hellermann FamRZ **83**, 659 (Ann nach dem Tod des and Eheg).

1) Die §§ 1754–1758 regeln die rechtlichen Wirkungen der Annahme. Im Wortlaut weitgehd übereinstimmd mit § 1757 aF, erhält die Vorschr des § 1754 eine and Bedeutg, indem sie von der Gleichstellg des angen Kindes mit dem leibl ehel Kind prakt keine Ausn vorsieht. Damit wird der **Grundsatz der Volladoption** (Einf 1 v § 1741) verwirklicht, wonach das Kind soweit wie mögl aus seinem bisher FamVerband gelöst u in dem neuen eingefügt w soll. Dieser MjAdopt mit starken Wirkgen steht die ErwachsenAdopt mit schwachen Wirkgen ggü (vgl §§ 1767ff). **1. Wirkung:** Das Kind erhält mit dem Ausspr der Adopt (§ 1752 I) kr Gesetzes die **Stellung als eheliches Kind des Annehmenden,** II, u iF der EhegAnn diej eines gemschaftl Kindes der Eheg, I, wobei es gleichgült ist, ob beide Eheg das Kind gemschaftl angen haben

Verwandtschaft. 8. Titel: Annahme als Kind §§ 1754, 1755

(§ 1741 II 1) od ein Eheg sein eig nehel od das ehel od nehel Kind des and Eheg (§ 1741 II 2). Im Ggs zu § 1763 aF wird damit ein **umfassendes gesetzliches Verwandtschaftsverhältnis** zu dem Annehmenden selbst u zu dessen Verwandten, insb zu seinen Elt, seinen leibl u Adoptivkindern, hergestellt. Das Kind wird in der neuen Fam unterhaltsberecht u -verpflichtet. Die Beschrkg des § 1759 aF, wonach kein ErbR des Annehmden begründet wurde, u die Möglk, das ErbR des Kindes auszuschließen (§ 1767 I aF), entfallen. Das Kind beerbt seine neuen Elt u deren Verwandte nach den allg Regeln u wird selbst nach den allg Grdsätzen von ihnen beerbt. Einzelheiten § 1924 Anm 3 A b. Im EheschlR bestehen aGrd der dch die Ann begründeten Verwandtsch u Schwägersch Eheverbote, von denen aber weitgeh befreit w kann (EheG 4, 7). Das Kind erwirbt ggf die dt Staatsangehörigk (RuStAG 3 Z 3). Auch im StrafR (mit Ausn des StGB 173), SozialVersR, Beamten- u SteuerR ist das Kind ohne Einschrkg als ehel Kind des Annehmden zu behandeln, soweit nicht Ausn bestehen od getroffen w (BT-Drucks 7/3061 S 42). Allerd kein SonderUrl entspr dem Mutterschutz f Beamtinnen (OVG Münst FamRZ **80**, 941). Keine Verzögerg der Ann dch **Vaterschaftsfeststellung;** das JugA (§ 1706 Z 1) hat aber auch währd der AdoptPflege (§ 1744) die VaterschFeststellg zu betreiben. Nach dem Ausspr der Ann ist die Feststellg der Vatersch nicht verboten. Es steht in der freien Entsch der Annehmden, die einmal eingeleitete VaterschFeststellg betreiben od fortführen wollen (BT-Drucks 7/5087 S 16). Bei der InkognitoAdopt (§ 1747 Anm 3) ist dem Kind zur VaterschFeststellg od EhelichkAnf ein Pfleger zu bestellen (§ 1909 I 1), da die Annehmden an der Vertretg des Kindes gehindert s (Karlsr FamRZ **66**, 268). Aber keine Fortführg der VaterschFeststellg u damit keine PflegerBest gg den Willen der AdoptElt (Brschw DAVorm **78**, 639). **Kein Mutterschutz** (BAG NJW **84**, 630). Zum Einfl der Adoption auf die **Staatsangehörigkeit** Hecker StAZ **85**, 153.

2) **Rechtliche Stellung des Angenommenen, II.** Es gelten die Vorschr, die auch sonst für ehel Kinder in Betr kommen, also zB EheG 3, §§ 1601 ff, 1619 ff, 1626 ff, 1924, 2303, 204; G über rel Kindererziehg; Waisengeld des adoptierten Beamtenkindes (BeamtVG 23; früher BBG 158 II Z 2). Stand das Kind unter Vormsch, so entfällt diese (§ 1882) mit Zustellg des AnnBeschl an den Annehmden (FGG 56e S 2; vgl § 1752 Anm 1), so daß die bisherige Vormd auch keine BeschwBefugn zB w der NamensEintr hat (Düss FamRZ **65**, 290). Dch die Ann erwirbt das mj Kind auch die Staatsangehörig, wenn der Annehmde Deutscher ist, die dt, sonst ggf eine ausl (RuStAG 6, 27). Gleichstellg der Adoptiv- mit den leibl Kindern auch hins der HofErbf (HöfeO).

3) **Rechtliche Stellung eines gemeinschaftlich angenommenen Kindes, I.** Voraussetzg, daß Ehe noch besteht (KG NJW **68**, 1631). Die RStellg von Mann u Frau im Verhältn zum Kinde richtet sich nach den Vorschriften für die ehel Kinder (§§ 1626 ff). Gilt auch, wenn der Ehem das nehel Kind seiner Ehefr, zu der das Kind ohnehin die Stellg eines ehel hat, annimmt; § 1755 scheidet dann aus (vgl Hildesh NJW **65**, 2063). Das Kind bekommt ebenf die Position eines gemeinschaftl ehel Kindes, wenn der Adoptierde die Kindesmutter erst nachträgl heiratet (AG Augsbg StAZ **76**, 165 mAv Beitzke). Dch die Ann des nehel Kindes der Ehefr vS des Mannes wird aber die Ehefr nicht zur Annehmden; I regelt nur die Stellg des Kindes. Wird fälschlicherw das ehel Kind der Mutter von ihr u ihrem 2. Ehem angenommen, so ist die Ann dch ihren Ehem gült (vgl LG Hbg StAZ **59**, 101). Doch bei dem nehel Kinde der Frau vS des Mannes erlangt dieser über § 1705 hinaus die Rechte der ehel Mutter. Ist ein Eheg gestorben, so erlangt das leibl Kind dch die Ann seitens des and nicht die Stellg eines gemschaftl (aA Celle NJW **71**, 708). Bei Scheidg der Eheg gelten §§ 1671, 1634; der nicht sorgeberecht Teil behält also das UmgggsR.

1755 *Verhältnis zu den bisherigen Verwandten.* [I] Mit der Annahme erlöschen das Verwandtschaftsverhältnis des Kindes und seiner Abkömmlinge zu den bisherigen Verwandten und die sich aus ihm ergebenden Rechte und Pflichten. Ansprüche des Kindes, die bis zur Annahme entstanden sind, insbesondere auf Renten, Waisengeld und andere entsprechende wiederkehrende Leistungen, werden durch die Annahme nicht berührt; dies gilt nicht für Unterhaltsansprüche.

[II] Nimmt ein Ehegatte das nichteheliche Kind seines Ehegatten an, so tritt das Erlöschen nur im Verhältnis zu dem anderen Elternteil und dessen Verwandten ein.

Schrifttum: Behn ZBlJugR **78**, 233 (Waisenrenten); Brüggemann DAVorm **79**, 81; Zopfs FamRZ **79**, 385; Ruthe FamRZ **77**, 30 u **79**, 388; Doms FamRZ **81**, 325.

1) **Erlöschen früherer Verwandtschaftsverhältnisse.** Die Vorschr regelt die **2. Wirkung** der Ann. Die Adopt läßt das VerwandtschVerhältn des Kindes u seiner Abkömmlinge zu seinen bisherigen, leibl u rechtl (dh dch Adopt vermittelten) Verwandten einschließl aller sich daraus ergebden Rechte u Pflichten erlöschen, I 1. **Ausnahmen:** § 1756. Außerdem weiter Eheverbote, ZeugnVerweigerungsGrde, Feststellg der blutmäß Abstammg usw (Soergel-Liermann Rn 5 ff).

a) **Erstreckung auf Abkömmlinge.** Dch die volle Eingliederg des Kindes in die Adoptivfamilie vermittelt der Angenommene die Verwandtsch zur neuen Fam auch für seine eig Kinder; das VerwandtschVerh des Kindes zu seinen eig Abkömml wird also dch die Ann nicht berührt. Hat das AdoptKind bereits mehrere Abkömml, so bleibt auch deren GeschwisterVerh untereinand bestehen. Das VerwandtschVerh der Abkömml zu den bish Verwandten erlischt jedoch ebenf (BT-Drucks 7/3061 S 43).

b) **Erlöschende Rechtspositionen.** Dch die Adopt büßt das Kind alle in die Zukft gerichteten UnterhaltsAnspr, das NamensR, Erb- u PflichtRechte usw ebso ein wie umgek eig Verpflichtgen zur Unterh-Zahlg usw erlöschen. **Grund:** Evtl damit verbundene finanzielle Nachteile für das Kind müssen hingen w, um jede Störg des Kindes dch Anspr dche, die aus der leibl Fam kommen, abzuwehren (BT-Drucks 7/3061 S 43). Die leibl Elt verlieren die elterl Sorge u das UmgangsR, ohne daß dies gesetzl bes gesagt zu werden brauchte. Widerspricht nicht GG 6 II (BayObLG FamRZ **71**, 323), da das idR im Interesse einer ungestörten Entwicklg des Kindes liegt, auch Inkognitoadoptionen (§ 1747 Anm 3) sonst nicht dchführb. Wird allerd

Verkehr unter Mißbr des ErziehgsR dch AdoptivElt zum Nachteil des Kindes unterbunden, zB wenn das Kind seine leibl Elt kennt, so uU Einschreiten des VormschG nach § 1666 (RG **64**, 47; Mü JFG **15**, 176; sa § 1634 Anm 1). Rückgängigmachg dieser Wirkgen nur dch Aufhebg, insb iFv § 1763 III a. **Bestehen bleiben** dagg Ansprüche des Kindes, soweit sie bis zur Ann bereits entstanden sind, insb Leistgen sozialer Art wie Renten (BSG DRV **87**, 418), Waisengeld u and entspr wiederkehrde Leistgen. Sie bleiben dem Kind erhalten, **I 2.** Zweck: Fielen Ansprüche des Kindes auf Renten u ähnl wiederkehrde Leistgen mit der Adopt weg, so könnte die Neigg entstehen, einer Ann das DauerpflegVerh vorzuziehen. Außerd könnten mit Renten ausgestattete Kinder auch an ärmere AdoptivElt vermittelt w, währd im umgek Fall besonders pflege- u kostenintensive Kinder uU gar nicht vermittelt w könnten (BT-Drucks 7/5087 S 16). Ob Renten des Kindes nach § 844 II bestehen bleiben, richtet sich nach dem SchadErsR (vgl BGH FamRZ **70**, 587; Jayme FamRZ **73**, 14 Anm 10). Für das StrafR bleiben gewisse Privilegiergen des nehel VerwandtschVerh bestehen (vgl Art 6 AdoptG); Entsprechdes gilt für das ZeugnVerweigergsR, den Ausschl von der Vornahme gewisser Geschäfte wie Beurkdgen uä aGrd von Verwandtsch od Schwägersch usw (vgl Art 7 AdoptG). Das G stellt ausdrückl klar, daß auch die aus der Vergangenh stammden **Unterhaltsansprüche** des Kindes gg seine leibl Verwandten mit der Adopt untergehen. Weiterhin geltd gemacht werden können bereits aufgelaufene UnterhRückstde (BGH NJW **81**, 2298; KG FamRZ **84**, 1131). Wichtig wg KlVerbindg (ZPO 640 c 3, 643 I 1), so daß das unerfreul Ergebn vermieden w kann, daß der nehel Vater dch Hinauszögern seiner Zahlgen noch belohnt w. Zu den verloren gehden Anspr gehören auch solche aus UnterhVereinbgen gem § 1615 e; ist nach dieser Vorschr an Stelle der Unterh eine Abfindg gezahlt w, verbleibt sie dem Kind. Erbrechtstellgen, PflichttRechte, VermächtnAnsprüche bleiben dagg, soweit bei Ann bereits entstanden, bestehen; ebsowenig werden and vermögens- od nicht vermögensrechtl Ansprüche des Kindes dch die Adopt berührt. Nach der Ann des Kindes entfallen die Voraussetzgen für eine spätere Geltdmachg eines Anspr aus § 1934 d (BT-Drucks 7/5087 S 16). **Übergangsrecht:** Zur Anwendg v I 2 auf vor dem 1. 1. 77 dchgeführte Adoptionen Behn ZBlJugR **68**, 233.

2) Stiefkindadoption, II. Nimmt ein Eheg das nehel Kind seines Eheg an, so erlischt das Verwandtsch-Verhältn nur zu dem and EltT u dessen Verwandten; im Verhältn zu dem EltT, der mit dem Annehmden verheiratet ist, wird das Kind ebenf gemschaftl ehel Kind (§ 1754 I). Das VerwandtschVerh des nehel EltT soll also nicht erlöschen, sond zum dem Elt-Kind-Verhältn erstarken. Erfolgt demnach die Adopt dch den Ehem der nehel Mutter, so erlischt die Verwandtsch zw dem Kind u seinem leibl Vater u dessen Verwandten; umgek ist es, wenn eine Ehefr das nehel Kind ihres Mannes annimmt. Entspr geht das Verwandtsch-Verh zu einem EltT verloren, wenn ein ehel Kind von dem 2. Eheg des einen EltT adoptiert wird.

1756 **Vorherige Verwandtschaft der Annehmenden mit dem Kind.** **¹** Sind die Annehmenden mit dem Kind im zweiten oder dritten Grad verwandt oder verschwägert, so erlöschen nur das Verwandtschaftsverhältnis des Kindes und seiner Abkömmlinge zu den Eltern des Kindes und die sich aus ihm ergebenden Rechte und Pflichten.

II Nimmt ein Ehegatte das eheliche Kind seines Ehegatten an, dessen frühere Ehe durch Tod aufgelöst ist, so tritt das Erlöschen nicht im Verhältnis zu den Verwandten des verstorbenen Elternteils ein.

Schrifttum: Schmitt-Kammler FamRZ **78**, 570 (Erbrecht).

1) Die Vorschr trägt der **Adoption unter Verwandten** Rechng, die iF des Erziehgsversagens der leibl Elt u angesichts der Häufigk von StraßenVerkUnfällen uä rechtspolit der Förderg bedarf. In solchen Fällen braucht das Kind nicht vollständ aus dem bish FamVerband herausgerissen zu werden; nur die rechtl Bindgen zu den leibl Elt müssen abgebrochen w, zu den übr FamMitgliedern können sie bestehen bleiben, weil das Kind nicht im eigtl Sinne eine neue Fam bekommt. Anderers darf die VollAdopt (Einf 1 v § 1741) nicht auch dch entfernteste verwandtschaftl Beziehgen in Frage gestellt w. Aus diesen Grden erlöschen die VerwandtschBeziehgen u die entspr Rechte u Pflichten bei einer Adopt unter Verwandten im 2. oder 3. Grad (§ 1589 Anm 1) bzw unter Verschwägerten (§ 1590 Anm 2) nur ggü den Elt des Kindes, **I.** In den Fällen der Adopt dch GroßElt od Geschwister, dch Onkel od Tante, nachdem die leibl Elt gestorben od gesch sind u kein EltT die Betreuung des Kindes übernimmt, od schließl iF der Überlasssg eines Kindes aus einer kinderreichen Fam an ein nahe verwandtes Ehepaar ist es unerläßl, das VerwandtschVerhältn zu den leibl Elt erlöschen zu lassen, um auszuschließen, daß ein Kind zwei Elternpaare hat, währd es ungerechtfert erscheint, auch das VerwandtschVerh zu den übr Verwandten aufzuheben. Zu manchen Verwandten würde dch die Ann die alte Verwandtsch neu begründet; erlöschen würde sie aber zum Stamm desj EltT, mit dem die neuen Elt nicht verwandt sind; das soll dch I ausgeschl w (BT-Drucks 7/3061 S 44). Die Vorschr gilt auch, wenn ein Kind nach dem Tode seiner AdoptivElt von Adoptiv- od leibl Verwandten 2. od 3. Grades angen w (BT-Drucks 7/5087 S 17). Zu den erbrechtl Auswirkgen § 1925 IV (BT-Drucks 7/5087 S 17 f u Schaubilder auf S 31/32).

2) Annahme eines Kindes des Ehegatten, dessen frühere Ehe dch Tod aufgelöst ist, **II.** Heiratet ein verwitweter EltT erneut u nimmt sein Eheg ein Kind aus der 1. Ehe an, besteht ebenf kein Bedürfn dafür, das VerwandtschVerhältn zum Stamm des and EltT ganz zum Erlöschen zu bringen. In diesem Fall soll nur das VerwandtschVerhältn zum and EltT, nicht aber zu dessen Verwandten erlöschen. Denn es erscheint unzumutb, zB den GroßElt, die schon ihr Kind dch Tod verloren haben, auch noch das Enkelkind dch Adopt zu nehmen. Die Bestimmg gilt nicht iF der Scheidg der leibl Elt (BT-Drucks 7/5087 S 17).

1757 **Name des Kindes.** **¹** Das Kind erhält als Geburtsnamen den Familiennamen des Annehmenden. Als Familienname gilt nicht der nach § 1355 Abs. 3 dem Ehenamen vorangestellte Name. Ist der frühere Geburtsname zum Ehenamen des Kindes geworden, so erstreckt sich die Namensänderung auf den Ehenamen nur dann, wenn der Ehegatte der Namensän-

Verwandtschaft. 8. Titel: Annahme als Kind § 1757 1, 2

derung bei der Einwilligung (§ 1749 Abs. 2) zugestimmt hat. § 1617 Abs. 2 bis 4 ist entsprechend anzuwenden; dies gilt auch, wenn sich der Familienname des Annehmenden ändert.

II Das Vormundschaftsgericht kann auf Antrag des Annehmenden mit Einwilligung des Kindes mit dem Ausspruch der Annahme Vornamen des Kindes ändern, ihm einen neuen Vornamen beigeben oder seinem neuen Familiennamen den bisherigen Familiennamen hinzufügen, wenn dies aus schwerwiegenden Gründen zum Wohl des Kindes erforderlich ist. § 1746 Abs. 1 Satz 2, 3 ist entsprechend anzuwenden.

Schrifttum: Billen StAZ **70**, 242; Zöller FamRZ **75**, 614 u StAZ **78**, 201 (Vorname); v Bar StAZ **79**, 318.

1) Das 1. EheRG enthält bezügl des Kindesnamens in Art 1 Z 39 eine Fassg des § 1758, die ausschließl in der Zeit zw dem 1. 7. 76 u dem Inkrafttr des AdoptG am 1. 1. 77 gilt (Lit: Diederichsen NJW **76**, 1176; Ruthe FamRZ **76**, 416); von diesem Datum ab ist die oa Fassg geltendes Recht. Die **namensrechtlichen Folgen** sind die **3. Wirkung** des KindesAnn. Grdsl erhält das adoptierte Kind als neuen Geburtsnamen (vgl zu diesem Begr § 1355 Anm 2b bb) den FamNamen des Annehmden, I 1. Ein bish nach § 1355 III getragener BeglName fällt (allerd mit der Möglk des II 2) weg (KG StAZ **88**, 170). Eine spätere Änd des FamNamens des Annehmden nach dem NÄG erstreckt sich nicht ow auf das AdoptKi (FamRZ **84**, 1268 L). Auch ein evtl von dem Annehmenden geführter Begleitname (§ 1355 Anm 3) wird von dem adoptierten Ki nicht erworben, sond bleibt unberücks, I 2. Ebso kann ein persönl Adelsprädikat nicht dch Adoption übertragen w (BayObLG StAZ **81**, 186). Ist der frühere Geburtsname des Kindes in dessen eigener Ehe zum Ehenamen geworden, was von der Überschr her („Annahme Mj") nur iFv EheG 1 II eintreten kann, so bedarf es bei dessen ohnehin erforderl Einwilligg zur Ann (§ 1749 II) auch der Namenszustimmg des Eheg, I 3; wird diese versagt, bewirkt die Adopt bei dem Angenommenen nur eine Änd seines (vorehel geführten) Geburtsnamens. Hat also A die B geheiratet u ist Ehename A bzw B geworden u wird A jetzt von dem C adoptiert, so wird mit Zust des Eheg „C" der neue Ehename; ohne diese Zust ändert sich der Geburtsname des A in C, der Ehename bleibt dagg je nach der bei der Eheschl getroffenen Wahl A bzw B. Dem Eheg des Adoptierten nützt eine nachträgl Zust nichts (BayObLG FamRZ **85**, 1182). Es gelten iü hins der Erstreckg der NamensÄnd auf etwaige Abkömmlinge des Adoptivkindes die beim nehel Kind aufgestellten Regeln; ebso, wenn sich der Name des Annehmden ändert hins des Adoptivkindes selbst, I 4.

2) **Namensänderungen durch das Vormundschaftsgericht, II.** Das VormschG kann allerd nur iZushg mit dem AdoptAusspr u nicht vorab (KG FamRZ **78**, 208) u auch nicht danach (BayObLG StAZ **80**, 65 mAv v Bar) auf Antr des Annehmenden mit Einwillig des Kindes nach den Grdsen einer erstmaligen Vornamensgebg (Bln FamRZ **79**, 79) dessen **Vornamen ändern** od dch Beigabe eines od mehrerer Vornamen erweitern u auch seinem neuen FamNamen **den bisherigen Nachnamen hinzufügen,** dh (wg § 1355 III) voranstellen od anfügen (ebso v Bar aaO; AG Erlangen u LG Hann StAZ **79**, 323; aA AG Solingen FamRZ **88**, 105: nur nachstellen), wodch sich jedoch nur der Geburtsname des Angenommenen, nicht jedoch sein Ehename änd (BayObLG StAZ **85**, 202; aA LG Gieß StAZ **84**, 100 bei Zust des Eheg). Voraussetzg der Vor- u NachnamensÄnderg ist jedoch, daß diese **aus schwerwiegenden Gründen zum Wohl des Kindes erforderlich** ist, **S 1**, etwa wenn das Kind mit seinem Vornamen iZushg mit einem insb an ihm selbst verübten Verbrechen bekannt geworden ist, wech, der einen ausländ od nur in best Gegenden gebräuchl Vornamen sofort erkennb würde, daß es kein leibl Kind der AdoptivElt ist (BT-Drucks 7/5087 S 18), zB „Marko Curtis" (Bln DAVorm **78**, 118), „Resi" in Ostfriesland (AG Aurich DAVorm **78**, 119), od wenn der Name in der AdoptFam bereits vorh ist. Die Änd od Beigabe des Vornamens wird sich häuf als sinnv erweisen, wenn das Kind von seinen PflegeElt adoptiert wird, die es jahrelang mit einem und als seinem amtl Vornamen gerufen haben u die Beibehaltg des amtl Vorn die Gefahr enthält, daß die neue Lebenssphäre des Kindes auch seinen leibl Elt bekannt w (Düss StAZ **83**, 314; LG Freibg FamRZ **80**, 1068). Für Namensändergen von Kleinkindern bestehen keine erleichterten Voraussetzgen. Kein schwerwiegder Grd iSv II, wenn ein noch nicht 2jähr Kind von den Annehmden seit 1 J mit einem und dem amtl Vornamen gerufen w ist (Bln FamRZ **78**, 140). Zur Bedeutgslosigk eines Namens„wechsels" für die Ich-Findg in diesem Alter LG Bln DAVorm **77**, 669. And LG Stgt DAVorm **78**, 793 unter Hinweis auf die Erschütterg der Ich-Identifikationsvorgangs bei Verweigerg der NamÄndersgBefung bei einem etwa 2 J alten Kind; desgl LG Aach DAV **84**, 910, wenn die AdoptElt das wenige Tage nach der Geburt in AdoptPflege genommene Ki von Anfg an bei dem von ihnen gewählten Vorn gerufen h. Die Rspr ist zu mißbilligen; sie gewährt den AdoptElt ein ihnen vom G versagtes (wenn de lege ferenda viell auch wünschensw) VornGebgsR. Wg der für Adoption vorgeschalteten FamPflege würde das zu einem freien Vorn-WahlR der AdoptElt führen, die die Ann als Kind nur hinauszuschieben brauchten. Ein schwerwiegder Grd liegt noch nicht vor, wenn die Führg des von den Annehmden gewünschten Namens die Integration des Kindes in die neue Fam fördern würde (aA KG FamRZ **78**, 208). Für eine Beibehaltg des urspr FamNamens mittels Beifügg ist idR ein ausreicher Grd vorhanden, wenn Unfallwaisen von Verwandten od Freunden der leibl Elt adoptiert werden. Erleichterg der Namenshinzufügg bei der VolljAdoption (LG Bn FamRZ **85**, 109). Das Kind muß in die NamensÄnd bis zum 14. LebJ dch seinen gesetzl Vertr, von diesem Ztpkt an selbst mit Zust des gesetzl Vertr einwilligen, **S 2**. Es gilt das in § 1746 Anm 2 Gesagte entspr. Über die NamensÄnd entsch der Richter (RPflG 14 Z 3 f), ggf nachträgl dch ErgänzgsBeschl (Regsbg StAZ **78**, 247); wenn Änd rechtzeit beantr (Hamm OLG **83**, 423). Daneben gleichrang die öffentl NamensÄnd gem NÄG (BVerwGE **37**, 301). Die im Beschl über die Ann als Kind festgelegte u im Geburtenbuch eingetragene Namensänderg ist unabhdavon, ob sie II entspricht, als RGestaltg gem §§ 1752 I, 1757 II konstitutiv (Celle StAZ **79**, 323) u damit bindd (BayObLG StAZ **79**, 121; Heilbr StAZ **79**, 70). In **Übergangsfällen** ist die Hinzufügg des früh FamNamens zum Adoptivnamen bei noch nach altem R abgeschl Adopt Volljähriger nur unter den erschwerten Vorauss v II mögl (Celle StAZ **79**, 167). Nach §§ 1756 I, 1758 aF konnte wed dch einseit Erkl des Annehmden noch dch Vereinbg des VertrSchließden der Vorname des adoptierten

§§ 1757–1759　　　　　　　　　　　　　　　　　　4. Buch. 2. Abschnitt. *Diederichsen*

Ki geändert w; ein GerBeschl, der eine solche Änd gleichw bestätigt, verpflichtet den StBeamt nicht zur Beischreibg des neuen Vorn (AG Hbg StAZ **80**, 199).

1758 *Offenbarungs- und Ausforschungsverbot.* **¹ Tatsachen, die geeignet sind, die Annahme und ihre Umstände aufzudecken, dürfen ohne Zustimmung des Annehmenden und des Kindes nicht offenbart oder ausgeforscht werden, es sei denn, daß besondere Gründe des öffentlichen Interesses dies erfordern.**

ᴵᴵ Absatz 1 gilt sinngemäß, wenn die nach § 1747 erforderliche Einwilligung erteilt ist. Das Vormundschaftsgericht kann anordnen, daß die Wirkungen des Absatzes 1 eintreten, wenn ein Antrag auf Ersetzung der Einwilligung eines Elternteils gestellt worden ist.

Schrifttum: Kleineke, Das R auf Kenntn der eig Abstammg, Diss Gött 1976.

1) Schutz des Adoptionsgeheimnisses. Die moderne Adopt, insb die InkognitoAdopt (§ 1747 Anm 3), soll idR dazu dienen, das Kind vollständ aus seinen bish Familienbindgen herauszulösen u ihm ein völl neues familiäres Bezugsystem zur Verfügg zu stellen. Damit die Tatsache der Adopt nicht aufgedeckt w, unterscheidet das PStG zw der GeburtsUrk, die nur die AdoptivElt ausweist u der AbstammgsUrk (PStG 62), aus der die leibl Abstammg ersichtl ist u die in Zukft bei der Eheschließg vorgelegt w muß (PStG 5 I). Statt des bisl in das Geburtenbuch eingetr Sperrvermerks beschrkt PStG 61 II nF den Kreis der zur Einsichtn berecht Personen, damit das AnnVerhältn nicht ohne Grd aufgedeckt w. Entspr verbietet FGG 34 II die Gewährg der Einsicht in GerAkten u die Erteilg v Abschriften. Der Geheimhaltzweck könnte leicht vereitelt w, wenn es jedermann zu jeder Zeit gestattet wäre, die Ann u deren Umst aufzudecken. Die leibl Elt u auch sonst Verwandte könnten noch Jahre nach der Ann des Kindes versuchen, Kontakt zu dem Kind aufzunehmen, was zu erhebl Störgen führen kann u vermieden w soll (BT-Drucks 7/3061 S 46). Das **Verfügungsrecht über die Adoptionsumstände** liegt desh allein bei dem od den Annehmden u dem Kind. Die Ausforschg u Offenbarg der Tatsache u der näheren Einzelheiten der Ann hängt ausschließl von deren Zust ab, wobei idR die Zust beider Teile (arg „und") vorausgesetzt w. Ausnahmsw genügt auch ein des Teiles, wenn das bei der Aufklärg u Verfolgg von Straftaten, nicht aber zB iR kriminologischer od anthropologischer Forschgen zu bejahen ist; hier also Einholg der Zustimmgen erfdl. Wann u in welcher Form das Kind selbst über seine Herkunft unterrichtet w soll, ist ein Erziehgsproblem, in das nicht von Staats wg od vS Dritter eingegriffen w soll (BT-Drucks 7/3061 S 46); das Kind hat aber im GrdR auf Kenntn der eig Abstammg (Einf I § 1591). Zu Recht weist Lüderitz NJW **76**, 1870 darauf hin, daß zur Eheschl Vorlage einer AbstammgsUrk verlangt w (PStG 5 I), so daß es eine Illusion ist zu glauben, das Kind werde von der Tats der Ann nie etwas erfahren. Iü darf das Kind ab Vollendg des 16. LebJ selbst Einsicht in den die Abstammg ausweisden Geburtseintrag nehmen (PStG 61 I). Verstöße gg § 1758 können Unterlassgsklagen rechtfertigen. Nach dem Inkrafttr des AdoptG ist es nicht mehr zul, daß Behörden od ArbGeber getrennt danach fragen, ob ein Kind ein leibl od ein angen Kind ist (BT-Drucks 7/3061 S 46 u 7/5087 S 19). Fragen nach dem Inhalt des KindschVerhältn sind mit „ehel" zu beantworten. Beschrkg der Akteneinsicht gem FGG 34 II. Die Geheimhaltg der KiAnn erfolgt nur insow, als sie dem öff Interesse nicht widerspricht; PStG 15 I 3 dient dem öff Int an der Vollständigk u Richtigk des PersStBuches (Hamm StAZ **80**, 241). Ggf ist aber der GeheimhaltgsSchutz über § 1634 II 2 zeitl noch weiter vorzuverlegen (LG Bln DAVorm **80**, 936). Kl auf Erteilg v Auskft gg das JA als AdVermittlgs-Stelle vor dem VerwG (OVG Münst NJW **85**, 1107).

2) Der Beginn des Ausforschungsverbots wird dch das Abstellen auf die Erteilg der gem § 1747 erforderl elterl Einwilligg, **II 1,** prakt auf den Ztpkt der Begründg des AdoptPflegeverhältn (§ 1744) vorverlegt. Darüber hinaus kann das VormschG anordnen, daß das Verbot bereits wirks wird, wenn ein Antr auf Ersetzung der Einwilligg eines EltT gestellt w ist (§ 1748), **II 2.**

1759 *Aufhebung des Annahmeverhältnisses.* **Das Annahmeverhältnis kann nur in den Fällen der §§ 1760, 1763 aufgehoben werden.**

1) Das AdoptG hat die Möglichk, das AnnVerhältn aufzuheben, ggü dem bisher Recht stark eingeschränkt. Die Aufhebg des AnnVerhältn ist nur in den Fällen des Fehlens grdlegder Voraussetzgen für die Ann überh (§ 1760) u aus Grden des Kindeswohls (§ 1763) zul. Diese Regelg ist **verfassungswidrig**, soweit damit verhind wird, daß in keinem Fall die Elt-Ki-Beziehg zu den leibl Elt bei deren Wiederverheiratg nach Scheitern der die Adoption motivierenden Ehe wieder hergest werden kann (AG Kerpen FamRZ **89**, 431 VorlBeschl). Von G wg wird das AdoptVerhältn aufgeh, wenn ein Annehmder mit dem Adoptivkind od einem von dessen Abkömml eherechtswidr die Ehe eingegangen ist (§ 1766). Das AdoptG hat im Ggs zur Regelg des EheG 16 davon abgesehen, eine Sonderregelg für die seltenen Fälle der Nichtigk einer Ann zu treffen (BT-Drucks 7/3061 S 46). Die nichtige Adopt hat keinerlei Rechtswirkgen; ggf FeststellgsKl. Nur in AusnFällen Vertrauensschutz. Keine Aufhebg der MjAdopt zZw der Ersetzg der VolljAdopt dch die leibl Elt (Stgt NJW **88**, 2386). Zu den Wirkgen der Aufhebg vgl §§ 1764–65.

2) Verfahren. Es bedarf iFv § 1760 eines Antr; and iFv § 1763, wonach das VormschG das AnnVerhältn aAw aufheben kann. Zustdgk FGG 43, 36. Es entsch der Richter (RPflG 14 Z 3 f). Auch das zust JugA muß gehört w (JWG 48a I Z 10). Dem Kinde ist, wenn der Annehmde sein gesetzl Vertreter ist, ein Pfleger zu bestellen (FGG 56 f II). Die aufhebde Vfg ist mind dem Annehmden u dem Kinde zuzustellen (FGG 16 II), wg FGG 20 I kann sich trotzdem nach längerer Zeit herausstellen, daß der Beschl mangels Zustellg an einen BeschwBerecht nicht wirks geworden ist, was für Statusänderg unerträgl erscheint (Bassenge JR **76**, 188). Gg die aufhebde Vfg ist sof Beschw gegeben (FGG 56 f III, 60 I Z 6). Beschwerdeberecht der Annehmde u das Kind, iF der gemschaftl Ann od der Ann des Kindes eines Ehegn dch den and (§ 1741 II) auch der Eheg des Annehmden. Vfg wird erst mit Rechtskr wirks (FGG 56 f III). Randvermerk (PStG 30 I) also nur nach

Verwandtschaft. 8. Titel: Annahme als Kind   §§ 1759, 1760

Erteilg des RechtskrZeugnisses. Bei Ablehng einfache Beschw des Annehmden nur aus FGG 57 I 9 (KG FamRZ **62**, 531), auch nach Scheidg (BayObLG NJW **68**, 1529).

1760 *Aufhebung wegen fehlender Erklärungen.* ¹ Das Annahmeverhältnis kann auf Antrag vom Vormundschaftsgericht aufgehoben werden, wenn es ohne Antrag des Annehmden, ohne die Einwilligung des Kindes oder ohne die erforderliche Einwilligung eines Elternteils begründet worden ist.

ᴵᴵ Der Antrag oder eine Einwilligung ist nur dann unwirksam, wenn der Erklärende

a) zur Zeit der Erklärung sich im Zustand der Bewußtlosigkeit oder vorübergehenden Störung der Geistestätigkeit befand, wenn der Antragsteller geschäftsunfähig war oder das geschäftsunfähige oder noch nicht vierzehn Jahre alte Kind die Einwilligung selbst erteilt hat,

b) nicht gewußt hat, daß es sich um eine Annahme als Kind handelt, oder wenn er dies zwar gewußt hat, aber einen Annahmeantrag nicht hat stellen oder eine Einwilligung zur Annahme nicht hat abgeben wollen oder wenn sich der Annehmende in der Person des anzunehmenden Kindes oder wenn sich das anzunehmende Kind in der Person des Annehmenden geirrt hat,

c) durch arglistige Täuschung über wesentliche Umstände zur Erklärung bestimmt worden ist,

d) widerrechtlich durch Drohung zur Erklärung bestimmt worden ist,

e) die Einwilligung vor Ablauf der in § 1747 Abs. 3 Satz 1 bestimmten Frist erteilt hat.

ᴵᴵᴵ Die Aufhebung ist ausgeschlossen, wenn der Erklärende nach Wegfall der Geschäftsunfähigkeit, der Bewußtlosigkeit, der Störung der Geistestätigkeit, der durch die Drohung bestimmten Zwangslage, nach der Entdeckung des Irrtums oder nach Ablauf der in § 1747 Abs. 3 Satz 1 bestimmten Frist den Antrag oder die Einwilligung nachgeholt oder sonst zu erkennen gegeben hat, daß das Annahmeverhältnis aufrechterhalten werden soll. Die Vorschriften des § 1746 Abs. 1 Satz 2, 3 und des § 1750 Abs. 3 Satz 1, 2 sind entsprechend anzuwenden.

ᴵⱽ Die Aufhebung wegen arglistiger Täuschung über wesentliche Umstände ist ferner ausgeschlossen, wenn über Vermögensverhältnisse des Annehmenden oder des Kindes getäuscht worden ist oder wenn die Täuschung ohne Wissen eines Antrags- oder Einwilligungsberechtigten von jemand verübt worden ist, der weder antrags- noch einwilligungsberechtigt noch zur Vermittlung der Annahme befugt war.

ⱽ Ist beim Ausspruch der Annahme zu Unrecht angenommen worden, daß ein Elternteil zur Abgabe der Erklärung dauernd außerstande oder sein Aufenthalt dauernd unbekannt sei, so ist die Aufhebung ausgeschlossen, wenn der Elternteil die Einwilligung nachgeholt oder sonst zu erkennen gegeben hat, daß das Annahmeverhältnis aufrechterhalten werden soll. Die Vorschriften des § 1750 Abs. 3 Satz 1, 2 sind entsprechend anzuwenden.

1) Aufhebung der Annahme wegen Mängeln bei der Begründung, I. Die Mitwirkgsrechte der von der Adopt betroffenen Personen sind stark ausgebaut (vgl §§ 1752, 1746, 1747, 1749). Fehlt der Antr des Annehmden od eine erforderl Einwilligg od sind die Erklärgen fehlerh zustande gekommen, so ist das MitwirkgsR dieses Beteiligten übergangen; er kann ein überragdes **Interesse** daran haben, daß das AnnVerhältn wieder aufgeh wird. Dem steht entgg, daß in der Regel alle Beteiligten auf den Fortbestand des neuen Elt-Kind-Verhältn vertrauen u das Kind in der neuen Fam die Geborgenh gefunden haben wird, die es für seine Entwicklg braucht. Das AdoptG verfolgt das Anliegen, diese fakt entstandene Elt-Kind-Beziehg nach Möglk bestehen zu lassen (BT-Drucks 7/3061 S 25 f). Danach kann das AnnVerhältn nur aufgeh werden, wenn der Antr des Annehmden, die Einwilligg des Kindes od diej der ehel Elt oder der nehel Mutter des Kindes erforderl waren u nicht vorgelegen haben. Das Fehlen eines and gesetzl Erfordern für die Ann ist damit kein AufhebgsGrd mehr, insb gefährdet die fehlde Einwilligg eines Eheg (§ 1749), die fehlde Zustimmg des gesetzl Vertr zur Einwilligg dch das Kind (§ 1746 I 3) od die Nichtberücks der Kinder des Annehmden (BayObLG FamRZ **86**, 719) den Bestand des AnnVerhältn nicht mehr iJF (BT-Drucks 7/3061 S 47). Grdsl soll auch die unrichtige Ann, daß die Erkl eines EltT nicht erforderl war, weil er zu ihrer Abgabe dauernd außerstande od sein Aufenth dauernd unbekannt war (V u § 1747 IV) zur Aufhebg des AnnVerhältn berecht, um Umgehen des Einwilliggserfordernisses zu verhindern (BT-Drucks 7/5087 S 19). Keine WichtigkAufhebg analog § 1771 S 1 (Düss NJW-RR **86**, 300). Zum Verfahren § 1759 Anm 2. Es entsch der Richter (RPflG 14 Z 3 f). – **Schema der Aufhebungsvoraussetzungen: a)** Die Aufhebg erfolgt nur auf Antr, u zwar desj Beteiligten, dessen Einwilligg unwirks od nicht eingeholt worden ist (§ 1762). Dagg kann sich auf die fehlde Einwilligg nicht ein anderer der Beteiligten berufen. – **b)** Es müssen beim AnnVerf Mängel vorgekommen sein, näml der Antr des Annehmden (§ 1752) oder die Einwilligg des Kindes bzw eines od beider EltT (§ 1747) gefehlt haben. Ein solcher Mangel liegt außer im Falle, daß die Zust überh nicht eingeholt worden ist, vor allem, weil man sie nicht für erforderl gehalten hat (V), insb dann vor, wenn die abgegebene Erkl gem II unwirks war. – **c)** Die Befugn, die Aufhebg zu verlangen, darf nicht verloren gegangen sein; das ist dann der Fall, wenn die fehlde Einwilligg inzw nachgeholt od von dem ZustBerecht sonst zu erkennen gegeben wurde, daß das AnnVerhältn aufrechterhalten w soll, III 1 u V 1.

2) Unwirksamkeit des Antrags oder der Einwilligung, II. Das AdoptG hat den Bestandsschutz des AnnVerhältn wesentl erhöht, indem ein Teil der Willensmängel, die innerh des Vertragssystems (Einf 1 v § 1741) die Wirksamk der Ann gefährdeten (vgl §§ 116 ff), im Dekretsystem als AnnAufhebgsgründe ausgeschaltet w sind. Zur Verfmäßigk BVerfG DAV **88**, 689 (Unzulässigk der Vorlage wg NichtPrfg v § 1748). **Buchstabe a** behandelt den Fall der Bewußtlosigk od der vorübergehen Störg der Geistestätigk (vgl § 105 Anm 3; EheG 18). Die generelle GeschUnfähigk (§ 104) ist nur für den Fall bedeuts, daß sie beim AntrSteller vorgelegen hat; bei einer solchen von EltT od Eheg ist schon die Zustimmg selbst nicht erfdl (§§ 1747 IV,

1749 III). Hat für das Kind sein gesetzl Vertr gehandelt, dessen GeschUnfähigk nicht erkannt wurde, kommt die Aufhebg nicht in Betr, weil das VormschG unabh von der Erkl des gesetzl Vertr festgestellt hat, daß die Ann dem Wohl des Kindes entsprach (BT-Drucks 7/3061 S 47). **Buchstabe b** behandelt die Fälle, in denen ein Irrtum des Erklärden beachtl ist (vgl EheG 31). Das gilt nur für fundamentale Irrtümer über Inhalt, Identität der AdoptBeteiligten u die Tats der Erkl selbst (vgl § 119 I); unbeachtl dagg jeder Irrtum über persönl Eigenschaften (§ 119 II). **Buchstabe c** beschränkt die Unwirksamk einer Erkl wg arglistiger Täuschg (vgl § 123, EheG 33). Unbeachtl ist die Täuschg über Umst, die für die Ann nicht wesentl sind; dazu zählen insb Täuschgen über die Vermögensverhältn u dch Dritte, die ohne Kenntn eines Beteiligten erfolgt sind, **IV.** Wer sich auf Mitteilgen unbeteiligter Dritter verläßt, erscheint nicht schutzwürd (BT-Drucks 7/5037 S 19). Falsche Angaben einer AdoptVermittlgsstelle (Einf 2 v § 1741) fallen nicht unter die Einschrkg des IV, erlauben also ggf die Aufhebg der Ann. Nach **Buchstabe d** führt eine widerrechtl Drohg unabh davon, wer sie verübt hat, zur Unwirksamk der Erkl; vgl § 123 I. Schließl regelt **Buchstabe e** den Fall, daß ein EltT seine Einwilligg in die Adopt entgg § 1747 III 1 erteilt hat, also bevor das Kind 8 Wo alt war; auch hier ist die Ann nicht von sich aus unwirks, sond entsteht nur ein AufhebgsGrd. Allerd wird bei Unterschreitg der Fr nur um wenige Tage der AufhebgS des AnnVerhältn idR das Kindeswohl entggstehen (§ 1761 II).

3) Verlust von Aufhebungsgründen. Die Aufhebg ist ausgeschl, wenn nach Beseitigg des Hindernisses für einen wirks Antr od eine wirks Zustimmg diese Erklärgen nachgeholt w od der AufhebgsBerecht sonst zu erkennen gegeben hat, daß das AnnVerhältn aufrechterhalten werden soll, **III 1.** Die Verweisgn in **S 2** dienen der Klarstellg, auf wessen Rechtshandlg es ankommt, wenn zu erkennen gegeben wird, daß das AnnVerhältn aufrechterhalten w soll (BT-Drucks 7/3061 S 47). Das Entsprechde gilt, wenn bei der Ann auf die Einholg der Zust der Elt verzichtet wurde, weil zu Unrecht angen wurde, daß ein EltT zur Abgabe der Erklärg dauernd außerstande od sein Aufenth unbekannt sei (§ 1747 IV). Das Fehlen der Einwilligg ist in diesem Fall ohne Einfl auf die Wirksamk der Ann. Auch hier kann aber Aufhebg des AnnVerhältn verlangt w (I), es sei denn der übergangene EltT hat seine Einwilligg nachgeholt od sonstwie die Ann erkennb hingen, **V 1.** Wiederum bedarf es höchstpersönlicher Handlgen dazu, **S 2.** Schließl bleibt das Fehlen einer an sich erforderl Einwilligg ohne Einfl auf die Wirksamk der Adopt, wenn die Voraussetzgen für ihre Ersetzg vorlagen od -liegen (§ 1761 I) od dch die Aufhebg das Wohl des Kindes erhebl gefährdet würde (§ 1761 II).

1761 *Aufhebungssperren; Kindeswohlgefährdung.* [I] Das Annahmeverhältnis kann nicht aufgehoben werden, weil eine erforderliche Einwilligung nicht eingeholt worden ist oder nach § 1760 Abs. 2 unwirksam ist, wenn die Voraussetzungen für die Ersetzung der Einwilligung beim Ausspruch der Annahme vorgelegen haben oder wenn sie zum Zeitpunkt der Entscheidung über den Aufhebungsantrag vorliegen; dabei ist es unschädlich, wenn eine Belehrung oder Beratung nach § 1748 Abs. 2 nicht erfolgt ist.

[II] Das Annahmeverhältnis darf nicht aufgehoben werden, wenn dadurch das Wohl des Kindes erheblich gefährdet würde, es sei denn, daß überwiegende Interessen des Annehmenden die Aufhebung erfordern.

1) Aufrechterhaltung des Annahmeverhältnisses. Die Vorschr bringt zwei weitere Fälle, in denen die Aufhebg des AnnVerhältn ausgeschl ist, näml den, daß eine an sich erforderl, aber nicht eingeholte Einwilligg ohnehin zu ersetzen gewesen wäre, I, sowie das prakt wicht AufhebgsHindern, daß das AnnVerhältn trotz Vorliegens von AufhebgsGrden iSv § 1760 aufrechterhalten w muß, wenn sonst das Wohl des Kindes erhebl gefährdet würde u nicht überwiegde Interessen des Annehmden die Aufhebg erfordern, II.

2) Die Aufrechterhaltung des Annahmeverhältnisses wegen ersetzbarer Einwilligung, I, erfolgt unter dem Gesichtspkt, daß es nicht gerechtfertigt wäre, ein AnnVerhältn wg eines Mangels bei der EinwilligsErkl eines EltT usw aufzuheben, obwohl die Voraussetzgen für die Ersetzg der Einwilligg vorgelegen haben u das ErsetzgsVerf ledigl nicht durchgeführt wurde, weil der EltT, der gesetzl Vertr usw die Einwilligg erklärt hat, deren Unwirksamk erst später herausstellte. Das gleiche gilt, wenn die Voraussetzgen für die Ersetzg der Einwilligg jetzt vorliegen, da dann nach der Aufhebg ein neues AnnVerhältn zu begründen wäre (BT-Drucks 7/3061 S 48). Die Aufrechterhaltg des AnnVerhältn erfordert: **a)** daß eine ersetzb Einwilligg notw war, beschränkt also die Anwendbark der Bestimmg von vornh auf die Fälle der §§ 1746 III, 1748 I u III. Fehlen der Einwilligg des Eheg ist kein AufhebgsGrd (§§ 1749 I 1, 1760 I). **b)** Die Einwilligg darf nicht eingeholt worden sein od muß nach § 1760 II unwirkssein. War sie versagt worden od die Ersetzg seiner Zeit gescheitert u trotzdem das AnnVerhältn begründet w (§ 1752), so Aufhebg nach § 1760 I, ohne daß es darauf ankommt, ob iSv § 1761 I nunmehr die Ersetzgsvoraussetzgen vorliegen würden; ggf aber Aufrechterhaltg gem § 1761 II. **c)** Die Einwilligg muß im Ztpkt der Ann (§ 1752) od im Ztpkt der Entsch über den AufhebgsAntr (§ 1760) iS der § 1746 III, 1748 I u III zu ersetzen sein. Mit der Ablehng des AufhebgsAntr wird die Einwilligg incidenter ersetzt.

3) Aufrechterhaltung der Adoption aus Gründen des Kindeswohls, II. Das AnnVerhältn darf nicht aufgeh w, wenn dadch das Wohl des Kindes erhebl gefährdet würde, sof nicht die überwiegden Interessen des Annehmden die Aufhebg erfordern. Das Kindeswohl ist in allen Fällen zu berücksichtigen, in denen eine Aufhebg in Betr kommt. Erforderl ist eine Interessenabwägg: **a)** Die Aufhebg des AnnVerhältn hat zu unterbleiben, wenn sie **das Wohl des Kindes erheblich gefährden** würde, wenn sich also zB das Kind bei den AdoptivElt eingelebt hat u seinen leibl Elt so völl entfremdet ist, daß es dch einen Wechsel seelisch geschädigt würde. Die mit jedem Wechsel verbundene Umstellg reicht nicht aus. **b)** Dem auf Aufrechterhaltg der Ann gerichteten Kindeswohl dürfen nicht **überwiegende Interessen des Annehmenden** entggstehen, was prakt nur in Frage kommt, wenn der Antr des Annehmden fehlerhaft war. Denkb aber auch, daß die Aufhebg von den leibl Elt od dem Kind betrieben wird u zwischenzeitl die Interessen des Annehmden in dieselbe Richtg gehen. Die Belange der sonst Beteiligten werden in die Abwägg nicht mit einbezogen.

Verwandtschaft. 8. Titel: Annahme als Kind §§ 1762, 1763

1762 *Antragsrecht; Antragsfrist.* ¹ Antragsberechtigt ist nur derjenige, ohne dessen Antrag oder Einwilligung das Kind angenommen worden ist. Für ein Kind, das geschäftsunfähig oder noch nicht vierzehn Jahre alt ist, und für den Annehmenden, der geschäftsunfähig ist, können die gesetzlichen Vertreter den Antrag stellen. Im übrigen kann der Antrag nicht durch einen Vertreter gestellt werden. Ist der Antragsberechtigte in der Geschäftsfähigkeit beschränkt, so ist die Zustimmung des gesetzlichen Vertreters nicht erforderlich.

II Der Antrag kann nur innerhalb eines Jahres gestellt werden, wenn seit der Annahme noch keine drei Jahre verstrichen sind. Die Frist beginnt
a) in den Fällen des § 1760 Abs. 2 Buchstabe a mit dem Zeitpunkt, in dem der Erklärende zumindest die beschränkte Geschäftsfähigkeit erlangt hat oder in dem dem gesetzlichen Vertreter des geschäftsunfähigen Annehmenden oder des noch nicht vierzehn Jahre alten oder geschäftsunfähigen Kindes die Erklärung bekannt wird;
b) in den Fällen des § 1760 Abs. 2 Buchstaben b, c mit dem Zeitpunkt, in dem der Erklärende den Irrtum oder die Täuschung entdeckt;
c) in dem Fall des § 1760 Abs. 2 Buchstabe d mit dem Zeitpunkt, in dem die Zwangslage aufhört;
d) in dem Fall des § 1760 Abs. 2 Buchstabe e nach Ablauf der in § 1747 Abs. 3 Satz 1 bestimmten Frist;
e) in den Fällen des § 1760 Abs. 5 mit dem Zeitpunkt, in dem dem Elternteil bekannt wird, daß die Annahme ohne seine Einwilligung erfolgt ist. Die für die Verjährung geltenden Vorschriften der §§ 203, 206 sind entsprechend anzuwenden.

III Der Antrag bedarf der notariellen Beurkundung.

1) Antragsberechtigung, I. Währd sich nach dem früh R jedermann auf die Nichtigk des AnnVerhältn berufen konnte, kann nunmehr nur derj den AufhebgsAntr stellen, der in seinen Rechten verletzt ist; das ergibt sich als Konsequenz daraus, daß auf das AntragsR verzichtet w kann (§ 1760 III). Die Aufhebg des AnnVerhältn gem § 1760 kann daher nur derj verlangen, ohne dessen Antr od Einwilligg, obwohl an sich erfdl, das Kind angen w ist, **S 1.** Das ist je nach den Umst u jew allein ist im AnnVerf nicht berücks w sind (BayObLG FamRZ 86, 719 m krit Anm Bosch). Der ges Vertreter stellt den AufhebgsAntr für das geschäftsunfäh oder noch nicht 14jähr Kind sowie für den geschäftsunfäh Annehmden, **S 2.** Iü findet keine Vertretg statt. Der Antr muß höchstpersönl gestellt w, **S 3.** Im Falle beschränkter GeschFähigk (§§ 106, 114), bei Mj über 14, bedarf es nicht der Zustimmg des gesetzl Vertr, **S 4;** diese Pers können den Antr selbst stellen. Das AntrR ist nicht vererbl (BayObLG FamRZ 86, 719).

2) Antragsfrist, II. Die Aufhebg unterliegt verschiedenen Fristen. Als absolute zeitl Begrenzg kann der AufhebgsAntr nur innerh der ersten 3 Jahre nach dem Ausspr der Ann (§ 1752) gestellt w, **S 1.** Ein Kind ist idR voll in die AdoptivFam integriert, wenn es unter Einschluß der PflegeZt (§ 1744) mehr als 3 J in ihr gelebt hat (BT-Drucks 7/5087 S 20); danach aber auch § 1763 mögl. Innerh dieses ZtRaums läuft relativ eine 1-Jahres-Fr, deren Beginn sich nach den versch AufhebgsGrden richtet, **S 2.** Die Fristen des II beginnen frühestens mit dem 1. 1. 77 (AdoptG Art 12 §§ 1 VI 2 u 2 II 1). Das AufhebgsVerf kann auch nach Ablauf der 3-J-Fr fortgeführt w, wenn nur der AufhebgsAntr innerh der Fr gestellt w ist. Im Falle des Buchst a wird eine Vertretg des Kindes u dessen Annehmden zugelassen, da sonst die Gründe, die zur Unwirksamk des AnnAntr od der Einwilligg geführt haben, die AntrStellg ausschließen würden (BT-Drucks 7/3061 S 49). Ist ein leibl EltT geschäftsunfäh, kann er keinen AufhebgsAntr stellen, weil schon seine Einwilligg zur Ann nicht erforderl war (§ 1747 IV). Das AntragsR ist höchstpersönl, so daß, wer in der Geschäftsfähigk beschrkt ist, den Antr nur selbst stellen kann u nicht der Zust seines gesetzl Vertr bedarf, ebsowenig das Kind ab 14 J.

3) Form, III. Die not Beurk (§ 128) des AufhebgsAntr entspricht dem BeurkBedürfn des AnnAntr (§ 1752 II 2).

1763 *Aufhebung von Amts wegen.* ¹ Während der Minderjährigkeit des Kindes kann das Vormundschaftsgericht das Annahmeverhältnis von Amts wegen aufheben, wenn dies aus schwerwiegenden Gründen zum Wohl des Kindes erforderlich ist.

II Ist das Kind von einem Ehepaar angenommen, so kann auch das zwischen dem Kind und einem Ehegatten bestehende Annahmeverhältnis aufgehoben werden.

III Das Annahmeverhältnis darf nur aufgehoben werden,
a) wenn in dem Fall des Absatzes 2 der andere Ehegatte oder wenn ein leiblicher Elternteil bereit ist, die Pflege und Erziehung des Kindes zu übernehmen, und wenn die Ausübung der elterlichen Sorge durch ihn dem Wohl des Kindes nicht widersprechen würde oder
b) wenn die Aufhebung eine erneute Annahme des Kindes ermöglichen soll.

1) Aufhebung des Annahmeverhältnisses zum Wohl des Kindes. Die Vorschr entspricht in I unter Einf der Worte „vAw" dem dch Art 1 Z 29 FamRÄndG eingef § 1770a (aF). Der Staat ist nur in sehr beschrktem Maß berecht, in ein AnnVerhältn einzugreifen, an dem die Beteiligten festhalten wollen. § 1763 ist also eine **Ausnahmevorschrift,** die lediglich im Interesse des Kindes angewendet w darf. Die weitergehen Aufhebgsmöglichkeiten des früh R sind entfallen. Auch vorher begründete AnnVerhältnisse können dch das

§§ 1763, 1764

VormschG nur nach den §§ 1760, 1763 aufgeh w (Art 12 § 2 II AdoptG; sa BayObLG **62**, 235). Die Aufhebg gem § 1763 steht ijF unter der Einschränkg von III: Das AnnVerhältn darf nur aufgelöst w, wenn feststeht, daß das Kind auch nach der Aufhebg eine FamBindg haben wird. Die Aufhebg kann dem Interesse des Kindes nicht entsprechen, wenn sie lediglich dazu führt, das Kind aus der dch die Ann begründeten FamBeziehg zu lösen. Zum Schutz des Kindes müssen idR Maßnahmen nach § 1666 ausreichen. Die Beschrkg des III ist geboten, weil dch die volle Eingliederg des Kindes in die neue Fam eine Rückkehr in die leibl Fam idR nicht mögl sein w, das Kind aber nicht ohne FamBindg sein soll. Nur dann, wenn eine solche FamBindg bei den leibl Elt od dch eine neue Ann als Kind begründet w kann, kann eine Aufhebg aus schwerwiegenden Grden gerechtfert sein (BT-Drucks 7/3061 S 26). § 1763 nur anwendb, wenn das Kind noch mj ist (Hamm NJW **81**, 2762). Es scheiden alle Grde aus, die im Interesse des Annehmden liegen (BT-Drucks 7/3061 S 26), wie ungünst Entwicklg des Kindes od der Abkömmlinge, auf die sich die Ann erstreckt (§ 1755 Anm 1a); keine Lossagg vom Kinde. Es entsch der Richter (RPflG 14 Z 3f). **Schema der Aufhebung nach § 1763 (Amtsaufhebung): a)** Die Aufhebg muß vom Kindeswohl her erforderl sein, I (Anm 2). – **b)** Der Aufhebg dürfen keine Beschrkgen entgegenstehen od positiv formuliert: muß dem Kind ein FamVerband erhalten bleiben od neu eröffnet w (Garantie der FamZugehörigk): **aa)** Bei der Aufhebg einer EhegAdopt, II, muß der and Eheg od ein leibl EltT zur Übern der Pflege u Erziehg des Kindes bereit sein, III a (Anm 3), od **bb)** es soll hier bzw bei den üb Fällen der Aufhebg die Auflösg der AnnVerhältn nur zur Ermöglichg einer erneuten Ann des Kindes erfolgen, III b (Anm 3).

2) Die Aufhebg muß ijF **zum Wohl des Kindes erforderlich** sein I, zB zZw der neuen Adopt (AG Arnsbg FamRZ **87**, 1194). Handelt es sich um das Wohl eines Abkömmlings, ohne daß dabei das des angen Kindes bes beeinträchtig berührt w, ist § 1763 unanwendb. **Schwerwiegende Gründe** sind (wie „Wohl des Kindes") gem den zu § 1770 aF entwickelten Grdsen zu bestimmen (BayObLG FamRZ **80**, 498) u können sein: Tötg eines AdoptEltT (AG Arnsbg aaO); sonst verbrecherischer od unsittl Lebenswandel des Annehmden; Scheidg der AdoptiAnn u Eheschl des Adoptivvaters mit der leibl Mutter (vgl Ffm FamRZ **56**, 195), Scheidg aber iü nicht ow AufhebgsGrd, sond letzter Ausweg (BayObLG NJW **68**, 1528); bei weitgehde Entfremdg, so daß die Entwicklg des Kindes überaus ungünst beeinflußt wird. Zu berücksichtigen aber, daß das Kind UnterhAnspr gg den Annehmden u ErbR verliert. Kein schwerw Grd, wenn das Ger eine and rechtl Gestaltg als günstiger ansieht; unzul daher die Aufhebg der MutterAdopt, um dem Kind UnterhAnspr gg seinen leibl Vater zu verschaffen (vgl Mannh MDR **73**, 227; sa Engler FamRZ **75**, 326). Das VormschG kann auch and Maßnahmen, wie die Entziehg des SorgeR (§ 1666) treffen, von deren vorheriger Anwendg aber die Aufhebg nicht abhängt; sie sind jedoch zu erschöpfen, wenn der Grd dadch sein Gewicht verliert.

3) **Aufhebung der Ehegattenadoption, II.** Ist das Kind von einem Ehepaar angen w und ist es nur erforderl, das AnnVerhältn zu einem Eheg aufzuheben, kann es ausreichen, wenn der and Eheg in Zukft die Pflege u Erziehg des Kindes im Rahmen des zu ihm allein fortbestehenden AnnVerhältnisses übernimmt. Gilt sowohl bei der gemschaftl Ann (§ 1741 II 1), als auch bei der Ann dch einen Eheg allein (§§ 1741 II 2 u 3, 1754 I). Die Aufhebg kommt jedoch nur in Betr, wenn auch für die daran anschließende Zeit gewährleistet ist, daß das Kind eine FamBindg haben wird, **III**, wenn also der and Eheg, auch wenn er nicht selbst nicht der leibl od adoptierde Teil war, die Kindespflege u -erziehg zu übernehmen bereit ist; in AusnFällen wird auch ein leibl EltT die ErziehgsAufg übern können (vgl § 1764 III). Ferner reicht es für die Garantie der FamZugehörigk aus, wenn das Kind in eine AdoptivFam überwechseln soll. Dazu genügt es nicht, daß auch der Aufhebg eine erneute Adopt rechtl zuläss ist (vgl § 1742), es muß vielm schon begründete Aussicht für eine Vermittlg des Kindes in eine geeignete Fam bestehen, währd schon wg der ProbeZt (§ 1744) nicht verlangt w, daß mit der Aufhebg des AnnVerhältn gleichzeit ein neues begründet w muß (BT-Drucks 7/3061 S 50). Voraussetzg ist ijF, daß die zur Übern der Erziehg u Pflege vorgesehene Pers die elterl Sorge ausüben kann u dies dem Wohl des Kindes nicht widerspricht.

1764 *Wirkungen der Aufhebung.* ^I Die Aufhebung wirkt nur für die Zukunft. Hebt das Vormundschaftsgericht das Annahmeverhältnis nach dem Tod des Annehmenden auf dessen Antrag oder nach dem Tod des Kindes auf dessen Antrag auf, so hat dies die gleiche Wirkung, wie wenn das Annahmeverhältnis vor dem Tod aufgehoben worden wäre.

^{II} Mit der Aufhebung der Annahme als Kind erlöschen das durch die Annahme begründete Verwandtschaftsverhältnis des Kindes und seiner Abkömmlinge zu den bisherigen Verwandten und die sich aus ihm ergebenden Rechte und Pflichten.

^{III} Gleichzeitig leben das Verwandtschaftsverhältnis des Kindes und seiner Abkömmlinge zu den leiblichen Verwandten des Kindes und die sich aus ihm ergebenden Rechte und Pflichten, mit Ausnahme der elterlichen Sorge, wieder auf.

^{IV} Das Vormundschaftsgericht hat den leiblichen Eltern die elterliche Sorge zurückzuübertragen, wenn und soweit dies dem Wohl des Kindes nicht widerspricht; andernfalls bestellt es einen Vormund oder Pfleger.

^V Besteht das Annahmeverhältnis zu einem Ehepaar und erfolgt die Aufhebung nur im Verhältnis zu einem Ehegatten, so treten die Wirkungen des Absatzes 2 nur zwischen dem Kind und seinen Abkömmlingen und diesem Ehegatten und dessen Verwandten ein; die Wirkungen des Absatzes 3 treten nicht ein.

1) **Zeitpunkt der Aufhebungswirkungen, I.** Nach bisher R konnte das AnnVerhältn außer dch Aufhebg auch dch Anfechtg u damit rückwirkd vernichtet w; seit dem AdoptG ist nur noch die Aufhebg dch Beschl des VormschG (§§ 1760, 1763) zul. Die Wirkgen der Aufhebg treten nur **für die Zukunft** ein, S 1, dh die aGrd der KindesAnn bereits eingetretenen rechtl Wirkgen bleiben auch nach der Aufhebg bestehen.

Verwandtschaft. 8. Titel: Annahme als Kind **§§ 1764, 1765**

Eine Ausn von der Rückwirkgssperre macht **S 2**: Haben der Annehmde od das Kind die Aufhebg beantragt u sterben sie vor dem AufhebgsBeschl, so wirkt dieser auf den Ztpkt der AntrStellg zurück, um für diesen Fall das aus dem AnnVerhältn resultierde ErbR des Kindes od des AdoptivEltT auszuschließen. Die Rückwirkg tritt nur beim Tode des Annehmden od des Kindes ein, wenn gerade sie die Aufhebg beantr haben. Also keine Rückwirkg, wenn ein leibl EltT die Aufhebg beantr hat, weil er der Ann nicht zugestimmt hat (§ 1760 I), wenn nach AntrStellg er selbst od das Kind stirbt (BT-Drucks 7/3061 S 50); ebsowenig wenn der Annehmde den AufhebgsAntr stellt u das Kind stirbt od umgek. In allen diesen Fällen wird der Erbfall nach dem AdoptVerhältn abgewickelt. Das gleiche gilt, wenn das AnnVerhältn vAw aufgeh wird (§ 1763).

2) Verhältnis zu den Adoptivverwandten, II. Mit der Aufhebg der Ann als Kind werden alle Beziehgen des Kindes zur neuen Fam für die Zukft beseitigt. Die Wirkgen entsprechen dem § 1755 I, der das Erlöschen des auf Geburt beruhden VerwandtschVerhältn anordnet, wenn das Kind in die neue Fam aufgen w (vgl § 1755 Anm 1).

3) Wiederaufleben der leiblichen Verwandtschaft, III. a) Mit der Beseitigg der gesetzl Verwandtsch wird das Kind rechtl wieder seiner leibl Fam zugeordnet. Andernf wäre das Kind ohne FamBindg, also ein „Niemandskind" (BT-Drucks 7/3061 S 50). Da es oft nicht mögl wird, das Kind wieder od überh zum ersten Mal in die alten FamBeziehgen einzuordnen, schränkt das G die Gründe für die Aufhebg stark ein (vgl vor allem § 1763 Anm 1). Es leben nur die dch die Abstammg begründeten Beziehgen wieder auf, nicht dagg solche, die dch eine frühere Adopt geschaffen u gem II mit deren Aufhebg erloschen sind. Die Aufhebg der Adopt schafft also die gesetzl Verwandtsch ijF endgültig aus der Welt. – **b)** Die Wiederherstellg der rechtl Situation, wie sie vor der Ann bestand, wird hins der **elterlichen Sorge** der leibl Elt eingeschränkt. Diese lebt nicht ohne weiteres wieder auf, sond es bedarf zu ihrer Wiedererlangg eines RückÜbertrBeschl des VormschG, **IV.** Voraussetzg dafür ist, daß der RückÜbertr dem Wohl des Kindes entspricht, was nicht der Fall ist, wenn aS der leibl Elt Grde für die Entziehg der elt Gew vorliegen (§ 1666 insb Anm 4). Dagg scheidet die Übertr nicht etwa schon desh aus, weil die leibl Elt das Kind sZ zur Adopt gegeben haben. Ist die Übertr der elt Gew auf die leibl Elt nicht zweckmäß, so bestellt das VormschG dem Kind einen Vormd od Pfleger. Es entsch der Richter (RPflG 14 Z 3f).

4) Teilaufhebung bei der Ehegattenadoption, V. Wurde das Kind von einem Ehepaar angen, so kann das AnnVerhältn insgesamt, also zu beiden Eheg, od auch nur zu einem von ihnen allein aufgeh w (§ 1763 II). Dieser Fall kann eintreten, wenn nur ein Eheg den AufhebgsAntr nach § 1760 I stellt, ferner wenn das Wohl des Kindes es nur erfordert, das AnnVerhältn zu einem der Eheg aufzuheben (§ 1763 I). Das AnnVerhältn besteht dann zu dem und Eheg weiter. Der und dessen Verwandte scheiden aus dem dch die Ann begründeten VerwandtschVerhältn zum Kinde wieder aus. Ein Bedürfn dafür, daß das VerwandtschVerhältn zur leibl Fam wieder auflebt, besteht nicht (BT-Drucks 7/3061 S 51). V ist nicht entspr anzuwenden, wenn ledigl der eine Eheg das Kind des and Eheg annimmt; wird in einem solchen Fall das AnnVerhältn später aufgelöst, lebt das urspr VerwandtschVerh zum leibl EltT wieder auf (Celle FamRZ 82, 197).

1765 *Familienname des Kindes nach Aufhebung.* **I** Mit der Aufhebung der Annahme als Kind verliert das Kind das Recht, den Familiennamen des Annehmenden als Geburtsnamen zu führen. Für Abkömmlinge des Kindes gilt § 1617 Abs. 2 und 4 sinngemäß. Satz 1 ist in den Fällen des § 1754 Abs. 1 nicht anzuwenden, wenn das Annahmeverhältnis zu einem Ehegatten allein aufgehoben wird. Ist der Geburtsname zum Ehenamen des Kindes geworden, so bleibt dieser unberührt.

II Auf Antrag des Kindes kann das Vormundschaftsgericht mit der Aufhebung anordnen, daß das Kind den Familiennamen behält, den es durch die Annahme erworben hat, wenn das Kind ein berechtigtes Interesse an der Führung dieses Namens hat. § 1746 Abs. 1 Satz 2, 3 ist entsprechend anzuwenden.

III Ist der durch die Annahme erworbene Name zum Ehenamen geworden, so hat das Vormundschaftsgericht auf gemeinsamen Antrag der Ehegatten mit der Aufhebung anzuordnen, daß die Ehegatten als Ehenamen den Geburtsnamen führen, den das Kind vor der Annahme geführt hat. Für Abkömmlinge des Kindes gilt § 1617 Abs. 2 und 4 sinngemäß.

1) Verlust des Adoptivnamens. Nach § 1757 erhält das Kind dch die Ann als Geburtsnamen (vgl zu diesem Begr § 1355 Anm 2 b bb) den FamNamen des Annehmden. Mit der Aufhebg der Ann verliert das Kind das R, diesen Namen als Geburtsnamen zu führen, **I 1**. Auch hier erhält es den vor der Ann geführten Namen, idR also den Namen seiner leibl Elt (§§ 1616, 1617). Die Vorschr bezieht sich nicht auf den Vornamen; ihn behält das Kind auch dann, wenn er gem § 1757 II von den AdoptivElt geändert w ist. Für § 1617 II u IV entspr, **I 2**, dh Kinder des Adoptivkindes nehmen an der NamensÄnd des angen Kindes bis zur Erreichg des 5. LebJ automat teil, danach können sie sich selbst mit od ohne Zust des gesetzl Vertr der Änd anschließen; ist der Adoptivname bei dem Abkömml zum Ehenamen geworden, muß auch der Eheg des Abkömml der NamensÄnd zustimmen; sonst verbleibt es trotz der Aufhebg der Adopt beim Adoptivnamen, weil der Urheber dieses Namens, näml das Adoptivkind, mit der Aufhebg der Ann seinen Namen aufgibt. Der Verlust des Adoptivnamens tritt nicht ein iF der Aufhebg der Ann nur im Verhältn zu einem Eheg, **I 3** (§ 1764 Anm 4), auch wenn die Ehe der AdoptivElt gesch u derj Eheg, der das AnnVerhältn aufrechterhält, den Ehenamen aufgibt (§ 1355 IV 2). Das Adoptivname bleibt ferner erhalten, wenn er in der Ehe des Adoptivkindes zum FamNamen geworden ist, **I 4**. Schließl kann das Adoptivkind den dch die Adopt erworbenen Namen entgg I 1 behalten, wenn es ein berecht Interesse daran hat u das VormschG die Beibehaltg anordnet, **II 1**. Es entsch der Richter (RPflG 14 Z 3f). Behalten bedeutet, daß das Kind an Stelle seines Geburtsnamens den Adoptivnamen weiter führen kann; es kann ihn dagg nicht dem

1731

urspr Namen beifügen, dh voranstellen od anhängen; der GesGeber hat für die Bildg von Doppelnamen kein Bedürfn gesehen (BT-Drucks 7/5087 S 21). Voraussetzg ist ein entspr Antr. Ein berecht Interesse liegt nicht nur vor, wenn das Kind unter dem Namen als Schriftsteller, Künstler usw bekannt geworden ist, sond auch wenn es ihn längere Zeit getragen hat u sich mit dem Namen weitgehd identifiziert. Weiterführg insb dann, wenn sich ein Wechsel der FamZugehörigk in der Schulzeit u währd der Ausbildg nachteilig auswirken würde od ein Namenswechsel dem Kind aus sonst Gründen nicht zugemutet w kann, insb wenn den leibl Elt die elterl Sorge nicht übertr w (§ 1764 IV) od wenn eine neue Ann vorgesehen ist, mit der das Kind erneut den Namen wechseln müßte (BT-Drucks 7/3061 S 51). Bedeuts für die Entsch auch, wer den AufhebgsAntr gestellt hat. Kein berecht Interesse bei vorheriger mißbräuchl Verwendg des Namens. Hins des Alters gelten dieselben Bestimmgen wie bei der Einwilligg in die Ann, **II 2**.

2) Ehename, III. Wird die Ann erst aufgeh, nachdem das Kind geheiratet hat u der AdoptName zum Ehenamen geworden ist, so können die Eheg gemeins die Abänderg des Ehenamens in den vor der Ann geführten FamNamen des Adoptivkindes beantr. Sie können den Adoptivnamen aber auch weiterhin als Ehenamen behalten. Ist der Adoptivname nicht Ehename geworden, sond der Name des and Eheg (vgl § 1355 II 1), so verbleibt es bei diesem; die Aufhebg der Ann führt dann lediglich dazu, daß das Kind wieder einen and Geburtsnamen bekommt. Hat es diesen als Begleitnamen (§ 1355 Anm 3) angen, so ändert sich der. Für Abkömml gilt iR dieser Namensänderngen dasselbe wie in Anm 1.

1766 *Ehe zwischen Annehmendem und Kind.* **Schließt ein Annehmender mit dem Angenommenen oder einem seiner Abkömmlinge den eherechtlichen Vorschriften zuwider die Ehe, so wird mit der Eheschließung das durch die Annahme zwischen ihnen begründete Rechtsverhältnis aufgehoben. Das gilt auch dann, wenn die Ehe für nichtig erklärt wird. §§ 1764, 1765 sind nicht anzuwenden.**

1) Zur wechselvollen Geschichte der § 1771 aF entsprechenden Bestimmg 35. Aufl; amtl Begrdg BT-Drucks 7/3061 S 51 f. Da ein KindesAnnVerhältn mit der Stellg der Eheg zueinander unvereinb ist, tritt bei Außerachtlassg des aufschiebdn Ehehindern des EheG 7 kr Gesetzes die Auflösg des AnnVerhältn mit der Eheschl ein, **I.** Betroffen wird aber nur die Wirkg zw den Eheg, nicht die AnmWirkg im Verhältn zu denj, auf die die Ann außerdem Wirkgen äußert (§§ 1754, 1755). Heiratet also der Adoptivvater seine Tochter, so wird die Elt-Kind-Beziehg aufgelöst; die Tochter bleibt aber Enkelin der Elt ihres Mannes u Tochter im Verhältn zu ihrer gesch Adoptivmutter.

2) Ist die Ehe nichtig, so kann sie zwar an sich das KindesAnnVerhältn nicht auflösen, da rückw die Wirkgen der Ehe entfallen (Einf 1b vor EheG 16). Nach § 1771 II aF dauerten desh auch die Wirkgen des AnnVerhältn fort; die einem Eheg zustehde elterl Sorge wurde lediglich verwirkt, so daß ein Vormd zu bestellen war. Nach **S 2** löst jetzt auch die für nichtig erklärte Ehe das AnnVerh auf. Eine Nichtehe (Einf 1a vor EheG 16) berührt das AnnVerhältnis nicht.

II. Annahme Volljähriger

1767 *Zulässigkeit der Annahme; anzuwendende Vorschriften.* **¹ Ein Volljähriger kann als Kind angenommen werden, wenn die Annahme sittlich gerechtfertigt ist; dies ist insbesondere anzunehmen, wenn zwischen dem Annehmenden und dem Anzunehmenden ein Eltern-Kind-Verhältnis bereits entstanden ist.**
II Für die Annahme Volljähriger gelten die Vorschriften über die Annahme Minderjähriger sinngemäß, soweit sich aus den folgenden Vorschriften nichts anderes ergibt.

1) Das AdoptG hat sich für die **Zulässigkeit der Annahme Volljähriger** entschieden trotz der damit verbundenen MißbrMöglichkeiten (BT-Drucks 7/3061 S 22 f). Von einer Beibehaltg des Ausdr der Ann „an Kindes Statt" wurde zur Vermeidg von Verwechselgen abgesehen (BT-Drucks 7/5087 S 21). Anderers bedarf das so entstehde RVerhältn nicht derselben Ausprägg wie das dch die MjAdopt geschaffene. Die Vorschr der §§ 1767 ff begnügen sich daher mit im wesentl damit, die Bestimmgen über die MjAdop einzuschränken. Damit steht neben der VollAdopt Minderjähriger (vgl Einf 1 v § 1741) ein bes Typ der Ann Volljähriger mit minderen Wirkgen. Für die Ann eine Vollj gelten **die gleichen Grundvoraussetzungen** wie für die Ann eines Mj (§§ 1767 II, 1741 I). So muß die Ann insb dem Wohl des Anzunehmden entsprechen. Darüber hinaus wird es darauf an, daß die Ann sittl gerechtfertigt ist. Das VormSchG hat also eingehd zu prüfen, aus welchen Grden das AnnVerhältn zu einem Vollj begründet w soll, bes sorgfält bei **Asylanten** (Zweibr FamRZ **83**, 533; BVerfG FamRZ **84**, 554: 82jähr Adoptivmutter). Die Herstellg familienrechtl Beziehgen zw Vollj dch Adopt soll nicht der freien Disposition der Beteiligten überlassen bleiben (BT-Drucks 7/3061 S 52).

2) Sittliche Rechtfertigung der Annahme, I. Die Adopt eines Vollj ist sittl gerechtf, wenn zw dem Annehmden u dem Anzunehmden ein **Eltern-Kind-Verhältnis** bereits bestanden hat, insb beim zu einem Pflegekind adoptiert w soll, dessen Ann zZ seiner Minderjährigk aus beachtl Gründen, zB um familiäre Spannungen zu and Verwandten zu vermeiden, unterblieben ist (BT-Drucks III/530 S 21); ebso wenn mehrere Geschw adoptiert w sollen, von denen ein Teil mj, ein Teil vollj ist (§ 1772). Iü sind mit der Zulassg der VollAdopt auch die herkömml Grde für die Adopt Vollj, wie zB die familiäre Bindg eines UnternehmensNachf, anzuerkennen. Es reicht aus, wenn das Entstehen eines Elt-Kind-Verhältn erst zu erwarten ist (Düss FamRZ **81**, 94; BayObLG FamRZ **82**, 644). Besteht eine solche geist-seel Dauerverbundenh wie zw Elt u Kindern, schadet es nicht, wenn der Altersunterschied nur 11 J beträgt (Mannh Just **77**, 134). Nicht gerechtf ist dagg die Adopt bei gemeins Interessen u wöch Besuchen beim betagten Annehmden (BayObLG FamRZ 85, 1082 L); um eine testamentar Bedingg des Vorhandenseins v „Abkömml" zu erfüllen (vgl Stgt FamRZ 81, 818 mAv Bausch) od ausschließl zZw der NamensNachf, auch wenn adeliger Name (Hamm StAZ 58, 179), wenn in Wahrh wirtschaftl Interessen ausschlaggebd sind, um der drohnden Ausweisg des Anzunehmden als **Ausländer** vorzubeugen (BayObLG FRES 11, 266; KG FamRZ 82, 641 mNachw). Die Möglk einer Umgehg der auslrechtl Bestimmgen ist bes sorgfält zu prüfen, wenn ein Ausl adoptiert w soll, der sich bisl erfolgl um polit Asyl bemüht hat (Zweibr FamRZ 89, 537). Bei geringem Altersunterschied reicht entspr Verdacht aus (Kln FamRZ 82, 642). Keine Adopt auch zur Tarng unsittl Beziehgen (Schlesw SchlHA 60, 23). Sind die für u gg die Adoption sprechenden Grde gleichwert, kein Ausspr der Adoption (Düss FamRZ 85, 832: ausweisgsbedrohter 27j Inder). Enge Freundsch u ein zw 2 Fam bestehdes herzl Vertrauensverhältn reicht für die Adoption eines verheirateten Koreaners nicht aus (Düss FamRZ 81, 94). Die fehlde Absicht, solche Beziehgen zu schaffen, die denen zw Elt u Kindern gleichen (vgl dazu BayObLG FamRZ 52, 17), braucht nicht nachgewiesen zu sein; es genügen begründete Zweifel (vgl RG 147, 220; BGH NJW 57, 673). Das gilt insb für die Adoption v Ausländern (Ffm FamRZ 80, 503). Die AuslAdoption begründet regelm **kein Aufenthaltsrecht** des Auslänl (BVerfG NJW 89, 2195). Die Lauterk der Abs ist nicht schon allein dadch zu verneinen, weil nebenbei auch ErbschSteuern gespart w sollen (BGH 35, 75). Auch Versagsg, wenn nur bei einem Teil die Abs fehlt. AnnDekret ist ijF wirks. Zur ErwachsenenAnn sa Bosch FamRZ 64, 407. Zur sittl Rechtfertigg der Ann eines behinderten HausEigtümers bei negat Altersunterschied AG Bielef FamRZ 82, 961. Auch wöchentl Besuche bei dem betagten Annehmenden reichen nicht aus (BayObLG NJW 85, 2094).

3) **Anzuwenende Vorschriften, II.** Das AdoptG hat die Ann eines Vollj nicht eigenständ geregelt. Die §§ 1767–1772 enthalten vielm nur Sondervorschriften für die VolljAdopt. Soweit keine Sonderregel eingreift, sind die Vorschr über die Ann Minderj entspr anzuwenden (§§ 1741–1766). Ob die Ann dem **Wohl des Anzunehmenden** dient, wenn er vollj ist, muß idR von dem Vollj selbst entschieden w; die Aufgabe des VormschG beschränkt sich prakt auf die Mißbrkontrolle. Einer bes sorgfält Prüfg bedarf die Frage dagg bei der Ann GeschUnfähiger od in der GeschFähigk Beschrkter (BT-Drucks 7/3061 S 53). Anzuwenden ist auch § 1741 II, so daß die Ann dch einen Eheg allein nur in AusnFällen zul ist.

1768 *Annahmeantrag.* ¹ Die Annahme eines Volljährigen wird auf Antrag des Annehmenden und des Anzunehmenden vom Vormundschaftsgericht ausgesprochen. §§ 1744, 1745, 1746 Abs. 1, 2, § 1747 sind nicht anzuwenden.

II Für einen Anzunehmenden, der geschäftsunfähig ist, kann der Antrag nur von seinem gesetzlichen Vertreter gestellt werden. Ist der Anzunehmende in der Geschäftsfähigkeit beschränkt, so kann er den Antrag nur selbst stellen; er bedarf hierzu der Zustimmung seines gesetzlichen Vertreters.

1) **Zustandekommen des Annahmeverhältnisses, I 1.** SonderVorschr zu § 1752 I. Das Kind muß in seine Ann dch neue Elt einwilligen (§ 1746 I 1); der AnnAntr wird jedoch nur von den neuen Elt gestellt. Ein Vollj dagg muß die Begrdg einer neuen familienrechtl Beziehg selbst beantragen, so daß bei der Ann eines Vollj unter Aufrechterhaltg des Dekretsystems **zwei Anträge** erforderl sind, statt daß der GesGeber insow das bish geltde VertrSystem (Einf 1 v § 1741) beibehalten hat (BT-Drucks 7/3061 S 53). Ausgeschaltet werden bestimmte Vorschriften, die nur bei der MjAdopt sinnvoll sind, **I 2**, so die AdoptPflege (§ 1744); die Interessenwahrg gem § 1745, weil hierfür in § 1769 SonderVorschr vorh; die Einwilligg des zu Adoptierenden, (§ 1746), weil sie im AntrErfordern enthalten ist; die Einwilligg der Elt (§ 1747), weil der Anzunehmde vollj ist; § 1768 ist insow auch nicht verfassgswidr (Zweibr FamRZ 84, 204). Anzuwenden dagg § 1746 III, so daß bei Verweigerg der Mitwirkg ohne trift Grd das VormschG vAw Erkl des Vormds oder Pflegers ersetzen kann. Darüber u über Ann als solche entsch der Richter (RPflG 14 Z 3f).

2) **Die Annahme eines Geschäftsunfähigen bzw in der Geschäftsfähigkeit Beschränkten, II,** ist zul u wg der damit verbundenen Betreuung bes wünschenswert, Die Mitwirkg des gesetzl Vertr bei der Stellg des Antr ist so geregelt wie für die Erkl der Einwilligg Minderj (vgl § 1746 mAnm).

1769 *Berücksichtigung von Kindesinteressen.* Die Annahme eines Volljährigen darf nicht ausgesprochen werden, wenn ihr überwiegende Interessen der Kinder des Annehmenden oder des Anzunehmenden entgegenstehen.

1) Entspr § 1745 S 1 darf die Ann nicht ausgesprochen w, wenn ihr überwiegde Interessen der Kinder des Annehmden od des Anzunehmden entggstehen. Entscheidder Unterschied: § 1745 S 2 ist nicht anwendb; bei der Ann eines Vollj sind damit auch die vermögensrechtl Interessen der Beteiligten zu beachten. Dabei kann insb von Bedeutg sein, daß das ErbR od sonstige Vermögensinteressen vorhandener Kinder unangem beeinträchtigt w können. Das ist der Fall, wenn leibl Kind das Untern der Elt fortführen soll u das AdoptKind sich auszahlen lassen würde (BayObLG FamRZ 84, 419). Erbrechtl Interessen treten aber zurück, wenn das AdoptivKi bereits als Mj in die Fam des Annehmden aufgen war u es sich um das Ki seines Eheg handelt (AG Degdf FamRZ 84, 1265). Unberücksichtigt kann bleiben, ob es dem Annehmden gelingen wird, mit den Kindern der Annehmden ein GeschwisterVerh zu begründen (BT-Drucks 7/3061 S 53). Nicht erfdl die förml Einwilligg der Kinder von Annehmdem u Anzunehmdem. Zu deren Anspr auf rechtl Gehör BVerfG NJW 88, 1963 = FamRZ 88, 1247 mAv Frank/Zimmermann.

1770 *Wirkungen der Annahme.* ¹ Die Wirkungen der Annahme eines Volljährigen erstrecken sich nicht auf die Verwandten des Annehmenden. Der Ehegatte des Annehmenden wird nicht mit dem Angenommenen, dessen Ehegatte wird nicht mit dem Annehmenden verschwägert.

§§ 1770–1772   4. Buch. 2. Abschnitt. *Diederichsen*

II Die Rechte und Pflichten aus dem Verwandtschaftsverhältnis des Angenommenen und seiner Abkömmlinge zu ihren Verwandten werden durch die Annahme nicht berührt, soweit das Gesetz nichts anderes vorschreibt.

III Der Annehmende ist dem Angenommenen und dessen Abkömmlingen vor den leiblichen Verwandten des Angenommenen zur Gewährung des Unterhalts verpflichtet.

1) Beschränkung der Adoptionswirkungen. Die Wirkgen der Ann eines Vollj sind der Ann an Kindes Statt der aF der §§ 1763, 1764, 1766 nachgebildet. Der Angenommene wird nie ehel Kind der Annehmden (§ 1754). Keine Beschrkg des ErbR mehr (and § 1767 I aF); wohl aber noch iW der TestAuslegg (BayObLG FamRZ **85**, 426). Alle Kinder des Angen werden Enkelkinder der Annehmden, auch solche, die im Ztpkt der Ann schon geboren waren. Die Abkömml erlangen auf diese Weise die rechtl Stellg von Enkeln (RG **147**, 226). Wird dem Angen erst nach der Ann ein nehel Kind geboren, so hat dieses zum Adoptivvater des Angen dasselbe Verhältn, wie wenn der Sohn des Adoptivvaters dessen ehel Kind wäre (Engler FamRZ **70**, 120). Mögl auch die Ann von Mutter u Kind zugl, so daß auch dieses die Stellg eines Kindes des Annehmden erhält. Die Wirkgen der Ann sind iü aber auf die unmittel Betroffenen beschränkt, **I 1**; insb erstreckt sich die Ann nicht auf die Verwandten des Annehmden, so daß dessen Elt mit dem Angen nicht verwandt sind. Werden mehrere Vollj von ders Pers angen, so sind auch diese nicht miteinander verwandt. Der Angen wird nicht verwandt u verschwägert mit den Verwandten u Verschwägerten der AdoptivElt. In den seltenen Fällen der Ann dch einen Eheg allein (§ 1767 Anm 3) entsteht auch kein StiefkindVerh zum Eheg des Annehmden; ebsowenig tritt eine Schwägersch zw dem Eheg des Adoptierten u den AdoptivElt ein, **I 2**. Iü **kein** automat **Aufenthaltsrecht** eines angen Ausländ (BVerfG NJW **89**, 2195).

2) Verhältnis zu leiblichen Verwandten, II. Die aus der Abstammg herrührden VerwandtschVerhältnisse des Angenommenen werden dch die Ann grdsätzl nicht berührt, so daß iF des Todes des Angen seine leibl u seine AdoptivElt als Erben der 2. Ordng (§ 1925) nebeneinand erben. Die ggseit UnterhPfl bleibt bestehen; doch sind die AdoptivElt dem Angen u seinen Abkömml ggü vorrang unterhaltspflichtig, **III**.

1771 *Aufhebung des Annahmeverhältnisses.* Das Vormundschaftsgericht kann das Annahmeverhältnis, das zu einem Volljährigen begründet worden ist, auf Antrag des Annehmenden und des Angenommenen aufheben, wenn ein wichtiger Grund vorliegt. Im übrigen kann das Annahmeverhältnis nur in sinngemäßer Anwendung der Vorschriften des § 1760 Abs. 1 bis 5 aufgehoben werden. An die Stelle der Einwilligung des Kindes tritt der Antrag des Anzunehmenden.

Schrifttum: Bosch FamRZ **78**, 656.

1) Auflösung der Volljährigenadoption. Die Vorschriften über die Aufhebg eines AnnVerhältn, das zu einem Mj begründet w ist, passen nicht ohne Einschränkgen auf die mit schwachen Wirkgen ausgestattete VolljAdopt, für die § 1771 Sonderreglgen enthält. Anwendb aber § 1766 (BT-Drucks 7/3061 S 55). § 1771 S 1 ist nicht (auch nicht analog) anwendb, wenn der Angen bei Vornahme der Adoption minderj war, inzw aber vollj geworden ist (Hamm NJW **81**, 2762; Düss NJW-RR **86**, 300; Zweibr FamRZ **86**, 1149; aA BayObLG FamRZ **78**, 944; Bosch FamRZ **86**, 1149 sowie 45. Aufl). Im AdoptAufhebsVerf wird das Vorliegen der AnnVoraussetzgen nicht mehr geprüft, auch bei Verstoß gg GG 103 I im AnnVerf (Zweibr FamRZ **84**, 204). Erforderl für Aufhebg der Ann sind **Anträge** sowohl des Annehmenden wie des Angenommenen (hM; Karlsr FamRZ **88**, 979; aA AG Leutkirch FamRZ **89**, 538; Bosch FamRZ **86**, 1149 sowie Nachw 47. Aufl), auch dann, wenn die Ann dch gemeins Vortäusch eines Elt-Ki-Verh erreicht w (BGH **103**, 12). Entscheidd ist das Vorliegen eines wicht Grdes. Das Erfordern kongruenter Antr würde dem Dekretsystem widersprechen u einen Rückfall ins VertrSystem bedeuten, außerd aber die Aufhebg der Adopt in unzumutb Weise einschränken, da die wicht Grde in aller Regel in der Pers eines Beteiligten liegen w, der seiners dann seine Mitwirkg an der AdoptAufhebg verweigern wird. Der Wortl („u") ist nicht zwingd iS der AntrKumulation zu verstehen, sond kann auch iSv „und auch" verstanden w. Von der GgMeing wird mit § 138 geholfen, wenn mit der Ann nicht die Absicht der Herstellg eines Elt-Ki-Verhältn, sond ein sittenwidr Zweck verbunden war (Kln NJW **80**, 63); das aber widerspricht dem Dekretsystem, § 138 setzt ein RGesch voraus (krit dazu auch Lüderitz NJW **80**, 1087). Es entsch der Richter (RPflG 14 Z 3f). S 1 entspricht § 1763 S 2 dem § 1760. Für das AufhebgsVerf gelten die §§ 1764, 1765 sinngem. S 3 stellt klar, daß für die Anwendg des § 1760 statt auf die Einwiligg des Kindes auf dessen Antr abzustellen ist.

2) Voraussetzungen der Aufhebung. Die Aufhebg kann auf verschiedene Grde gestützt w. **a) Aufhebung aus wichigem Grund, S 1.** Die Auflösg des AnnVerhältn wird nicht grundlos u nach Willkür der Beteiligten zugelassen, sond setzt einen wicht Grd voraus. Dieser liegt noch nicht vor, wenn mit der Ann ein sittenwidr Zweck (Erlangg einer AufenthErlaubn) verfolgt w (KG FamRZ **87**, 635) od wenn die Umst, welche die Ann sittl rechtfertigen (§ 1767 I), nicht mehr bestehen. Auch kein wicht Grd, wenn sich die familiären Beziehgen der Beteiligten nicht nach ihrer Vorstellg entwickelt haben; wohl aber bei Verbrechen gg Adoptivverwandte od sonst schweren Verstößen gg die FamBindg. **b) Aufhebung wegen unwirksamer Erklärungen, S 2.** § 1760 gilt entspr. Also Aufhebg, wenn auch nur einer von den beiden für die Ann erforderl Anträgen fehlte od unwirks war (§ 1768 I), ferner die Einwiligg des Eheg des Anzunehmden (§§ 1767 II, 1749 II), diej des Eheg des Annehmden (§§ 1767 II, 1749 I). Dagg unerhebl u damit kein AufhebgsGrd das Fehlen der Einwiligg der Elt.

1772 *Ausspruch über Wirkungen wie bei Annahme Minderjähriger.* Das Vormundschaftsgericht kann beim Ausspruch der Annahme eines Volljährigen auf Antrag des Annehmenden und des Anzunehmenden bestimmen, daß sich die Wirkungen der Annahme nach

3. Abschnitt. Vormundschaft § 1772, Einl v § 1773

den Vorschriften über die Annahme eines Minderjährigen oder eines verwandten Minderjährigen richten (§§ 1754 bis 1756), wenn
a) ein minderjähriger Bruder oder eine minderjährige Schwester des Anzunehmenden von dem Annehmenden als Kind angenommen worden ist oder gleichzeitig angenommen wird oder
b) der Anzunehmende bereits als Minderjähriger in die Familie des Annehmenden aufgenommen worden ist oder
c) der Annehmende sein nichteheliches Kind oder das Kind seines Ehegatten annimmt.

Das Annahmeverhältnis kann in einem solchen Fall nur in sinngemäßer Anwendung der Vorschriften des § 1760 Abs. 1 bis 5 aufgehoben werden. An die Stelle der Einwilligung des Kindes tritt der Antrag des Anzunehmenden.

1) Annahme mit starken Wirkungen. Das AdoptG hat sich für die Unterscheidg zw der Adopt Minderj mit starken Wirkgen u der Ann Volljähr mit schwachen Wirkgen entschieden (BT-Drucks 7/3061 S 21; sa § 1754 Anm 1). In einigen AusnFällen genügen diese schwachen Wirkgen aber nicht, insb dann, wenn der Anzunehmde schon bes Beziehgen zu dem Annehmden hat, die nur dadch ausreichd verstärkt w können, daß die Ann des schon Volljähr mit stärkeren Wirkgen verbunden w (BT-Drucks 7/3061 S 55 f). Die **Volladoption** (Einf 1 v § 1741) wird daher **in vier Fällen** zugelassen, **S 1 : a)** wenn die Annehmden schon einen Bruder od eine Schwester des Anzunehmden mit starken Wirkgen angen haben od annehmen, um den Geschw die gleiche Rechtsstellg in der neuen Fam zu geben. **b)** Ferner wenn der Anzunehmde bereits als Mj tatsächl in der Fam des Annehmden gelebt hat, wofür die Rechtsstellg des Annehmden als Vormd des mj Vollwaisen ohne Integration in den FamVerband nicht ausr (Hamm DAVorm 79, 776), u schließl **c)** wenn der Annehmde sein nehel Kind od **d)** das Kind seines Eheg annimmt. Zum **Staatsangehörigkeitserwerb** Hecker StAZ **88**, 98.

2) Verfahren. Die Ann mit starken Wirkgen wird vom VormschG nur ausgesprochen, wenn der Antr darauf gerichtet ist. Dieser Antr wird zweckmäßigerw mit dem AnnAntr (§ 1768 I) verbunden. Keine nachträgl Ändg mögl (AG Kaisersl StAZ 83, 17). Das VormschG hat im Beschl anzugeben, ob die Ann des Volljähr starke Wirkgen hat od nicht u ob es sich um eine VerwandtenAdopt handelt (FGG 56e). Die Aufhebg einer solchen VolljAdopt mit starken Wirkgen kommt nur nach den Vorschr des § 1760 in Betr, **S 2**, also nicht aus wicht Grd (§ 1771 S 1). Vgl iü § 1771 Anm 2b.

Dritter Abschnitt. Vormundschaft

Schrifttum

Meyer-Stolte, VormschR, Bielef 1980; Bienwald, Vormdsch- u PflegschR in der soz Arb, Hdlbg 1982 sowie ZfJ **80**, 497 (Auswahl dch das JugA); Ofterdinger DAV **83**, 259 (AmtsVormsch); Riemer, Grdriß des VormschR, Bern 1981; Helle FamRZ **84**, 639 (Zwangsbefugn des ErwachsVormds); Damrau Rpfleger **84**, 45; Kolodziej DAV **85**, 931; Pardey, Vormsch u Pflegsch, 1988; Wesche Rpfleger **88**, 453 (Auswahl); Jochum/Pohl, Pflegsch, Vormdsch u Nachl, 1989. Wg früh Lit: 42. Aufl.

Einleitung

1) Überblick. Das BGB unterscheidet zw der Vormsch über Minderjährige (§§ 1773–1895) u über Volljährige (§§ 1896–1908) und der Pflegsch (§§ 1909–1921). Die Vormsch hat grdsätzl die allg Fürs in persönl u VermAngelegenheiten des Mündels zum Ggst, während die Pflegsch dann eingeleitet wird, wenn ein Schutzbedürfn für eine einzelne od einen Kreis von Angelegenh vorliegt (sa § 1706). Pflegsch kann aber auch vorl Maßn vor Bestellg eines Vormd sein (§ 1909 III).

2) Gegenstand des Vormundschaftsrechts ist verwaltende FürsTätigk, deren leitender Gesichtspkt das Interesse des Mündels ist. Es geht vornehml um PrivatRGestaltg. Desh ist das Amt des Vormd, obwohl das VormschR auch öffrechtl Bestandteile enthält, kein öff. Seine Stellg ist derj des Inhabers der elterl Sorge angepaßt (BGH **17**, 115; s aber auch BVerfG NJW **60**, 811). Zur Stellg des Amtsvormds JWG 37 ff.

3) Grundzüge der Regelung. Die Vormsch tritt grdsätzl nicht kraft G ein, sond es bedarf einer Anordng durch das VormschG. Erst mit der Bestellg entsteht die Vertretgsbefugnis des Vormds, §§ 1774–1789. Dieser Grds w bei Geburt eines nehel Kindes dann dchbrochen, wenn die Mutter die elterl Sorge nicht hat od diese ruht, sie also mj ist, §§ 1706 Anm 1, 1791c. Grundsätzl wird nur ein Vormd bestellt, § 1775. Der Vormd übt seine verwaltende Tätigk im wesentl selbständig aus, KG OLG **1**, 366. Das VormschG darf daher grdsätzl nicht an seiner Stelle für den Mündel tätig werden, § 1837 Anm 3; Ausn § 1846. Im Interesse des Mündels u zu seiner Sicherstellg (ein gesetzl PfandR ggü dem Vormd besteht nicht) untersteht der Vormd der Aufsicht des VormschG, § 1837, das durch das JA, § 1850, bei größeren VermVerwaltgen auch durch den GgVormd, §§ 1792, 1799, unterstützt wird. Die Art der Vermögensverwaltg des Vormds ist gesetzl geregelt. Vormd hat VermVerzeichn aufzustellen, § 1802, das zum Vermögen des Mdl gehörende Geld in bestimmter Weise anzulegen, §§ 1806 ff, Wertpapiere zu hinterlegen, § 1814 ff, u über seine VermVerw dem VormschG Rechng zu legen, § 1840, dessen Gen zu wichtigen Geschäften notw ist, §§ 1810 ff, 1821 ff; er haftet dem Mdl nach schuldrechtl Grdsätzen, § 1833, in bes Fällen kann er vom VormschG auch zur SicherhLeistg angehalten werden, § 1844. Im Konk des Vormds sind die MdlFdgen bevorzugt, KO 61 Z 5.

4) Das BGB geht von der **Einzelvormundschaft** als der besten Form der Vormsch aus (sa §§ 1887 I, II 3, 1899 II). Daneben kennt es iS einer Reihenfolge (Aachen DAVorm 76, 672) die **Vereins- und Amtsvormundschaft**. Es kann also ein Verein als solcher zum Vormd bestellt w, wenn ein EinzelVormd nicht vorhanden od der Verein zum Vormd berufen ist (§ 1791a). Die AmtsVormsch wird vom **Jugendamt** ausgeübt, wenn weder ein geeigneter Einzelvormd vorhanden, noch die Bestellg einer VereinsVormsch tunl erscheint, § 1791c. AmtsVormsch, also die des JA, tritt auch von Gesetzes wg bei Geburt eines nehel Kindes ein, wenn die Mutter nicht die elterl Sorge hat, oben Anm 3, ebso wenn die NEhelk erst später rechtskr festgestellt w, § 1791c I 2. Das JA kann auch vom VormschG zum EinzelVormund bestellt w, wenn eine als EinzelVormd geeignete Pers nicht vorhanden ist (§ 1791b). Für Vereins- wie AmtsVormsch gelten die Bestimmgen des BGB. Ausnahmen w stets bes angegeben (vgl Grdzge 1 vor § 1773). Im JWG verbleiben hingg die Vorschr für die verwmäß Abwicklg der AmtsVormsch.

5) Verfahren. VormschG ist das AG (FGG 35). Die Erledigg der vormschgerichtl Geschäfte (2. Abschn des FGG), worunter auch die des 4. Buches des BGB fallen, ist grdsätzl dem **Rechtspfleger** übertragen (RPflG 3 I Z 2a), jedoch mit den sich aus RPflG 14 ergebden Ausnahmen. Die Funktionen des VormschG konnte früher auch der FamRat haben (§ 1872 aF). Örtl Zustdgk FGG 36 ff. Das f den Unterbringsort des Mdls zuständ VormschG ist idR verpfl, die Vormsch zu übern, um dadch die Überprüfg der Unterbringsen, insb die persönl Anhörg des Mdls (FGG 64a d), dch den entscheidden Richter zu erleichtern (BayObLG NJW 80, 1699). Vgl auch Einf 2 v § 1773. Beschwerde FGG 57 ff. Ermittlgen u BewErhebg vAw (FGG 12). Rechtshilfe gem FGG 2; das VormschG darf aber dem RHilfeGer nicht eig Aufgaben übertragen.

6) Ergänzt w das VormschR dch das **JWG** id Fassg v 6. 8. 70, BGBl 1197, das die Organisation des JA u seine Stellg u Aufgaben im VormschWesen, den Schutz der Pflegekinder, außerdem die Erziehgsbeistandsch m freiw Erziehgshilfe u FürsErziehg regelt u insof auch § 1666 ergänzt (vgl Anh zu §§ 1666, 1666a). Die Voraussetzgen für das Eintreten einer AmtsVormsch, auch AmtsPflegsch, sowie VereinsVormsch regelt nicht mehr das JWG, sond seit Inkrafttr des NEhelG das BGB, §§ 1709, 1791a–c.

7) Landesrechtliche Vorbehalte enthalten nur noch §§ 1807 II, 1808. EG 136 ist durch JWG 54 aufgehoben. Vgl im übrigen Einl 4 vor § 1297.

8) Übergangsvorschriften: EG Art 210–212; vgl auch Art 160. **Internationales Privatrecht:** EG 24 und das Haager Abk z Regelg der Vormsch über Mje, abgedr Anh zu EG 24. Dort auch sonstige Staatsverträge. **Interlokales Privatrecht** EG 24 Anm 1c.

9) Reform: Anfrage der SPD (BT-Drucks 10/4271) u Antw dch den BJM (BT-Drucks 10/5970) vgl FamRZ 86, 1187; DAV 87, 14; ZfJ 87, 277. Antr der SPD zur Ref: BT-Drucks 10/5911 v 6. 8. 86. DiskussTeilEntw: G über die Betreuung Volljähriger, Teil I 1987, T II 1988; Entw eines G zur Ref der Vormdsch u Pflegsch f Vollj – **BtG** (BT-Drucks 11/4528). **Literatur:** Bienwald FamRZ 87, 533, 1000; 88, 902/1012 sowie ZfJ 87, 600; BJM (Hrsg), GA zu einer NeuOrdng des Entmündiggs-, Vormsch- u des PflegschR, Kln 1985; Hellmann (Hrsg), Beiträge zur Ref des Vormsch- u PflegschR f Menschen mit geist Behinderg, 1986 (Zenz FamRZ 89, 818); Kemper StAZ 87, 417; Leister DAV 87, 297; Lempp FamRZ 87, 766 u DAV 88, 573; Pitschas ZRP 87, 283; Schulte ZRP 86, 249; Zenz/v Eicken ua, Vormsch- u Pflegsch f Vollj, Kln 1987; Oberloskamp FamRZ 87, 7; Schach DAV 88, 211; Wienand, NachrDienst des Dt Vereins f öff u priv Fürsorge, 118; Wolf ZRP 88, 313; Wesche Rpfleger 88, 227; Holzhauer/Bruder, GA zum 57. DJT 1988 (Damrau FamRZ 89, 818); Reis ZRP 88, 318; Rink/Bauer FamRZ 88, 1229; Finger DAV 89, 11; Lachwitz DAV 89, 343 u 453; Diederichsen FS Keller 1989 S 3; Bürgle NJW 88, 1881; Dieckmann JZ 88, 789; Briemer DRiZ 88, 376; Pardey ZRP 88, 330 u Rpfleger 89, 228; Richter FamRZ 89, 909; Schwab FS Rebmann 1989 S 685 (Ehefähigk); Coester ZfJ 89, 350 (Sterilisation); Lachwitz SGb 89, 228; Pardey FamRZ 89, 1030: Staatshftg.

Erster Titel. Vormundschaft über Minderjährige

I. Begründung der Vormundschaft

Einführung

1) Überblick. Der Untertitel umfaßt Voraussetzgen u Begründg der Vormsch (§§ 1773, 1774); die als Vormd berufenen Personen (§§ 1776–1784); Übernahme u Ablehng der Vormsch (§§ 1785–1788); die Bestellg zum Vormd (§§ 1789–1791); Bestimmgen ü die Bestellg v MitVormd (§ 1775) u GgVormd (§ 1792). Bei der AmtsVormsch (Einl 4 v § 1773) sind die Vorschr ü Bestellg u GgVormd ausgeschl (§§ 1791b II, 1792 I).

2) Fehlerhafte Anordnung der Vormundschaft.
a) Zuständigkeitsmängel: Die sachl Unzustdgk macht AnO wie auch die einzelnen vormschgerichtl Hdlgen unwirks (KG JFG 1, 48). Unwirks ist auch ein vormschgerichtl Gesch, das unzulässigerw vom Rechtspfleger statt vom Richter vorgen w ist, nicht aber umgk (RPflG 8). Die örtl Unzustdgk führt dagg gem FGG 7 nur zur Aufhebg der an sich sachl zutreffend eingeleiteten Vormsch u des bisher Verf (KG JFG 14, 204, 255). Das unzuständ Ger wird gem FGG 50 das zust benachr; in Eilfällen FGG 44.
b) Die AnO der Vormsch hat rechtsbegründende Wirkg (RG 84, 95; BGH 41, 309). Liegen **materiell die Voraussetzgen einer Vormsch nicht vor, so bleibt sie dgn grdsätzl (Ausn: § 1780 v Vormsch ü Verstorbene) solange wirks, bis sie dch das VormschG od auf Beschw aufgeh wird. Wirksamk also auch bei irriger Bestellg eines weiteren Vormds (RG HRR 33, 1588); beide sind dann MitVormd (§ 1797 I). VergütgsFestsetzg f den Vormd (KGJ 53, 77) u die Wirksamk der dch Vormd u der ihm ggü vorgenomm

Vormundschaft. 1. Titel: Vormundschaft über Minderjährige **Einf v § 1773–§ 1775**

RGeschäfte werden dch die Aufhebg gem FGG 32 nicht berührt (BayObLG 23, 61). Ggf SchadErsPfl des Richters (RG 84, 92). Anderers wird bei irriger Annahme der Minderjährigk die Gesch- u ProzFähigk des Vollj nicht berührt. And nur bei vorl Vormsch (§§ 1906, 114) u ProzPflegsch (ZPO 53).

c) Ob die AnO zu Recht ergangen ist, kann nur im Vormsch-Verf, nicht dch das ProzGer nachgeprüft w (Stgt FamRZ 65, 457), das an die AnO **gebunden** ist (RG 81, 211). Desh darf die VertretgsBefugn idR nicht schon desh verneint w, weil nicht alle sachlrechtl Vorauss f die AnO gegeben waren (BGH 33, 195). Aber Aussetzg mögl (BGH 41, 309).

1773 *Voraussetzungen.* **I** Ein Minderjähriger erhält einen Vormund, wenn er nicht unter elterlicher Sorge steht oder wenn die Eltern weder in den die Person noch in den das Vermögen betreffenden Angelegenheiten zur Vertretung des Minderjährigen berechtigt sind.

II Ein Minderjähriger erhält einen Vormund auch dann, wenn sein Familienstand nicht zu ermitteln ist.

1) Der 1. Titel bezieht sich lediglich auf die **Minderjährigenvormundschaft.** Weg der Volljähr § 1896. Wird der Mj vollj, endet die Vormsch (§ 1882), soweit nicht eine solche über einen Vollj angeordnet w. Verheiratetsein hindert die VormschAnO nicht. Wg Ausländern EG 24. Wg fehlern AnO Einf 2 v § 1773.
a) eheliche Kinder u die ihnen gleichstehden f ehel erkl od angenommen Ki (§§ 1736, 1740 f, 1754), wenn sie **aa)** nicht unter elterl Sorge stehen, etwa weil beide Elt tot sind od beiden gem § 1666 die elt Sorge entzogen ist od iFv § 1680 II; od **bb)** die Elt den Mj wed persönl noch in VermAngelegenh vertreten dürfen, etwa weil die elt Sorge ruht (§§ 1673–1675). Hat der SorgeRInh nur Pers- od VermSorge, so lediglich Pfleger (§ 1909), sofern nicht der and EltT dann das alleinige uneingeschrkte SorgeR hat (§§ 1670 I, 1680). **cc)** Die VormschAnO entfällt bei Rückübertragg der elt Sorge auf die Mutter nach EhelErkl auf Antr des Vaters (§ 1738 II) od nach Aufhebg der KiAnnahme (§ 1764 IV).
b) nichteheliche minderjährige Kinder, sofern die Mutter nicht die elt Sorge hat (vgl § 1706).
c) Minderjährige bei nicht zu ermittelndem Familienstand, II, zB Findelkind (sa PStG 25, 26). Ist FamStand lediglich bestr, dann Pflegsch.

1774 *Anordnung von Amts wegen.* Das Vormundschaftsgericht hat die Vormundschaft von Amts wegen anzuordnen. Ist anzunehmen, daß ein Kind mit seiner Geburt eines Vormunds bedarf, so kann schon vor der Geburt des Kindes ein Vormund bestellt werden; die Bestellung wird mit der Geburt des Kindes wirksam.

1) Bestellungsgrundsatz: mit Ausn v § 1791c keine Vormsch von Gesetzes wg. Vormsch ist vAw, **S 1,** erforderlichenf ohne Antr, anzuordnen; Haftg des VormschRichters dem Mdl ggü gem § 1848, Dr ggü n § 839. Ermittlgen über die Erforderlk sind vAw anzustellen (FGG 12). Die AO der Vormsch ist begriffl die Vorbereitg der Bestellg (§ 1789); beide können zeitl auch zusfallen. Eines besonderen AO-Beschl bedarf es auß bei der vorläuf Vormsch (FGG 52) nicht. Vor der Bestellg hat VormschG ggf selbst die im Interesse des Mdl erforderlich Maßn zu treffen (§ 1846). Mögl auch die Bestellg eines Vormd **vor der Geburt** mit Wirksamk ab Geburt, **S 2,** entspr § 1708; insb, wenn Mutter bei Geburt mj ist (§ 1705 Anm 2).
2) Anzeigepflicht anderer Behörden zur Unterstütz des VormschG: StBeamte FGG 48, JA § 1849, JWG 47 II, 48 S 2. Gerichte FGG 50, StA JGG 70; der Erbe des Vormd, Vormd bei Todesfall des Gg- od MitVormd § 1894.
3) Verfahren. Zustdgk FGG 36. Fehlt fester Wohns der nehel Mutter, AG des Geburtsorts (BayObLG DJZ 34, 219). Ist Mdl Deutscher, aber ohne Wohns od Aufenth im Inl, so AG Schöneb g (FGG 36 II 1). Die AO trifft der RPfleger (RPflG 3 Z 2a), es sei denn, es handelt sich um Vormsch ü einen Ausl od aGrd dienstrechtl Vorschr (RPflG 14 Z 4). Dch die AO wird die Vormsch anhängig (FGG 36). Bekanntmachgsadressat gem FGG 16 I der Mdl (Drews Rpfleger 81, 13). Abgabe der Vormsch FGG 46, 47. BeschwR bei AO: der Mdl u jeder, dessen R dch sie beeinträchtigt ist (FGG 20); bei Ablehng: jeder rechtl an einer AO Interessierte, ferner die Eheg, die Verwandten u Verschwägerten des Mdl (FGG 57 I Z 1).

1775 *Bestellung von Mitvormündern.* Das Vormundschaftsgericht soll, sofern nicht besondere Gründe für die Bestellung mehrerer Vormünder vorliegen, für den Mündel und, wenn mehrere Geschwister zu bevormunden sind, für alle Mündel nur einen Vormund bestellen.

1) Grdsätzl ist **nur ein Vormund** zu bestellen, u zwar auch für Geschwister sowie Halbgeschwister (KGJ **47,** 10); zust dann das Ger, bei dem die Vormsch anhäng ist, sonst das für den jüngsten Mdl zustdige Ger (FGG 36 I 2). Bei gesetzl AmtsVormsch (§ 1791c) sind allerd inf verschiedener Geburtsorte der Geschw mehrere AmtsVormsch mögl (vgl JWG 44). Die Bestellg von MitVormd (wg des GgVormd § 1792) rechtfertigen nur **besondere Gründe** (BayObLG **5,** 118): zB bei Erreichen der Volljk dch das mj gebrechl Ki (LG Bln FamRZ **86,** 103); wenn die Elt bei einem FlugzeugUngl verstorben u für ihre beiden Mädchen neben dem Bruder des Vaters auch dessen Ehefr zum MitVormd bestellt w soll (LG Hdlbg FamRZ **81,** 96; Reinhart FamRZ **81,** 7); ferner bei bes schwier VermVerw; Vermögen an verschiedenen Orten; bei Geschw deren Beziehgen (Hasel BWNotZ **86,** 82) od dauernde Interessenverschiedenh (falls nur gelegentl: Pflegerbestellg); gem § 1779 II 2 verschiedene rel Bekenntn (KGJ **46,** 69). Kein bes Grd ist nur die ggstätdl beschrkte u zeitl vorübergehde Verhinderg des zum Vormd Berufenen (BayObLG Rpfleger **76,** 399). Die Vormsch über eins von mehreren Geschw kann auch, wenn es die Zweckmäßigk erfordert, an ein anderes Ger abgegeben w (Nürnb OLG **25,** 398). Vgl dazu FGG 46.

1737

§§ 1775–1778   4. Buch. 3. Abschnitt. *Diederichsen*

2) Bestellung mehrerer Vormünder. Auch bei Benenng mehrerer Vormd dch die gem § 1777 Berecht entsch das Ger darüber nach freiem Ermessen (BayObLG 21, 60). Neben dem als Vormd Berufenen (§ 1776) darf nur mit dessen Zust ein MitVormd bestellt w (§ 1778 IV); die Bestellg eines MitVormd ist ein AblehngsGrd (§ 1786 I Z 7). Grdsätzl führen mehrere MitVormd die Vormsch gemschaftl (§ 1797 I); das VormschG kann aber jedem Vormd einen best Wirkgskreis zuteilen (§ 1797 II). Für diesen Fall kann dann auch jedem Vormd ein GgVormd bestellt w (§ 1792 III), nicht aber iF des § 1792 I. Auch das JugA kann als MitVormd bestellt w (§ 1791b Anm 3); anderers kann es auch die Bestellg eines MitVormd für einen best Wirkungskreis beantragen (§ 1797 Anm 2). Soll neben einem Verein ein MitVormd bestellt w, so vor Bestellg Anhörg des Vereins (§ 1791a IV).

1776 *Benennungsrecht der Eltern.* **I** Als Vormund ist berufen, wer von den Eltern des Mündels als Vormund benannt ist.

II Haben der Vater und die Mutter verschiedene Personen benannt, so gilt die Benennung durch den zuletzt verstorbenen Elternteil.

1) Die **Berufenen** haben ein R auf Bestellg u dürfen nur unter den vom VormschG allerd iiF zu prüfenden Voraussetzgen des § 1778 übergangen werden. Bei Übergehg sofort Beschw (FGG 60 I Z 1); Beginn der BeschwFr KG JW **37**, 963. § 1776 gilt auch für MitVormd (§ 1775 Anm 2), GgVormd (§ 1792 IV); nicht dagg bei Vormsch ü Volljährige (§§ 1896–1900) u Pflegsch (§§ 1915–1917). Das JA kann nicht benannt w (JWG 45 S 2), wohl aber ein vom LJA für geeignet erklärter Verein (§ 1791a I 2).

2) Die Berufg verpflichtet nicht zur Übern der Vormsch. Das R ist **verzichtbar** (§ 1778 I); and iF von § 1785.

3) Berufen ist, wer aGrd letztwilliger Verfügg (§ 1777 III) von beiden Elt des ehel Mdl (§§ 1719, 1754 I) od einem v ihnen, sofern dem benennenden EltT zZt des Todes die elterl Sorge über das Kind zustand (§ 1777 I), als Vormd **benannt** w ist, **I.** BenenngsR iFv § 1705 bei nehel Mutter; iFv § 1736 beim Vater; iFv § 1740a beim SorgeBerecht; iFv § 1749 beim Annehmenden. Haben die Elt nicht dieselbe Pers benannt, entscheidet die Berufg dch den Letztverstorbenen, **II.**

4) Vorrang vor dem Berufenen haben der Eheg (§ 1778 III) u die ges AmtsVormsch (§ 1791c; JWG 41 I).

1777 *Voraussetzungen des Benennungsrechts.* **I** Die Eltern können einen Vormund nur benennen, wenn ihnen zur Zeit ihres Todes die Sorge für die Person und das Vermögen des Kindes zusteht.

II Der Vater kann für ein Kind, das erst nach seinem Tode geboren wird, einen Vormund benennen, wenn er dazu berechtigt sein würde, falls das Kind vor seinem Tode geboren wäre.

III Der Vormund wird durch letztwillige Verfügung benannt.

1) Benennungsberechtigt sind die im Ztpkt ihres Todes (BenenngsZtpkt u ZwischenZt bedeutgslos) **sorgeberechtigten Eltern, I.** Berechtigg ist Ausfl des SorgeR. Im Hinbl darauf war **II** erfdl. Es **steht** desh auch **nicht zu:** dem nehel Vater (§§ 1705, 1711); nach Scheidg dem nicht sorgeberecht EltT (§ 1671 I); bei gespaltenem SorgeR (§§ 1670 I, 1671 V).

2) Form, III. Benenng dch Test od in einem ErbVertr (§§ 1937, 2299 I). Bei Widerspr zw den Elt § 1776 II. Bezeichng als „Vormd" unnötig, aber dessen Aufgaben müssen gemeint sein (Kln ZfJ **61**, 61). Bedingg u ZeitBest zul (BayObLG **28**, 270). Regelg der Befugn des Vormd ü nur iR der §§ 1797 III, 1803 I, 1852 ff.

1778 *Übergehen des benannten Vormunds.* **I** Wer nach § 1776 als Vormund berufen ist, darf ohne seine Zustimmung nur übergangen werden,

1. wenn er nach den §§ 1780 bis 1784 nicht zum Vormund bestellt werden kann oder soll;
2. wenn er an der Übernahme der Vormundschaft verhindert ist;
3. wenn er die Übernahme verzögert;
4. wenn seine Bestellung das Wohl des Mündels gefährden würde;
5. wenn der Mündel, der das vierzehnte Lebensjahr vollendet hat, der Bestellung widerspricht, es sei denn, der Mündel ist geschäftsunfähig.

II Ist der Berufene nur vorübergehend verhindert, so hat ihn das Vormundschaftsgericht nach dem Wegfall des Hindernisses auf seinen Antrag an Stelle des bisherigen Vormundes zum Vormund zu bestellen.

III Für einen minderjährigen Ehegatten darf der andere Ehegatte vor den nach § 1776 Berufenen zum Vormund bestellt werden.

IV Neben dem Berufenen darf nur mit dessen Zustimmung ein Mitvormund bestellt werden.

1) Übergangen ist der Berufene, wenn ein and als Vormd bestellt w, ohne daß es darauf ankommt, ob dem VormschG die Berufg bekannt ist (KGJ **39** A 5; str). **Der Berufene hat kein unmittelb R auf Entlassg des bestellten Vormd,** sond sof Beschw (FGG 60 I Z 1). BeschwFr ab Kenntn von der Übergehg (FGG 60 II). Kein AbändergsR des VormschG von sich aus (FGG 18 II). Wird die Beschw für begründet erkl, ist der Berufene an Stelle des bisher Vormds zu bestellen, auch wenn diesem ggü kein Vorbehalt (§ 1790) gemacht war.

Vormundschaft. 1. Titel: Vormundschaft über Minderjährige **§§ 1778, 1779**

2) Der Berufene kann übergangen werden, I–III: bei **a)** erklärtem od stillschw Einverständn; **b)** bei Unfähigk od Untauglichk (§§ 1780–84), **Z 1**; **c)** wenn der Berufene an der Übern (inf Krankh, Abwesenh, Bedingg gem § 1777 Anm 2 usw) tatsächl verhindert ist, **Z 2**. Bei vorübergehender Verh nach Wegf des Hindern Bestellg statt des bisher Vormd, **II**; **d)** bei Verzögerg, **Z 3**. Bei Verschulden: § 1787. **e)** Bei Gefährdg des Wohls des Mdl, **Z 4**. VormschG entscheidet nach freiem Ermessen. Es genügt jede schon bestehende od mögl Beeinträchtigg der persönl od vermögensrechtl Belange (BayObLG **19**, 166; aA BayObLG **57**, 315: ggwärt Gefahr solchen Ausmaßes, daß bei Fortgang der Entwicklg eine erhebl Schädigg des geist od sittl Wohls od der VermInteressen des Mdl zu besorgen sind); tiefgehende Entfremdg zw Vormd u Mdl (KG OLG **42**, 111; uU zu hohes Alter u Gebrechlk; **f)** wenn der nicht geschäftsunfäh, 14 J od ältere Mdl widerspricht, **Z 5** (BT-Drucks 8/2788 S 69); **g)** wenn es sich um die Bevormundg des mj Eheg handelt, so kann der **andere Ehegatte** vor den nach § 1776 I Berufenen zum Vormd best w, **III**. Die Vorschr gibt kein R auf Best (BayObLG OLG **32**, 18), desh Beschw nur n FGG 57 I Z 9.

3) Bei Nichteigng der gem § 1776 Berufenen u wenn sich kein geeign Vormd findet, kann mit dessen Einverständn ein rechtsfäh Verein, schließl das JA zum Vormd bestellt w (§ 1791a, b). War geeign Pers vorhanden, hat das JA deren Best zu veranlassen.

4) Mitvormund, IV. Voraussetzgen: Besondere Grde n § 1775 u außerd Zustimmg des Berufenen. Bei Verein Zust u Anhörg gem § 1791a I 2 u IV. ZustVerweigerg kann Bestellg des Berufenen in Frage stellen od zu seiner Entlassg führen (§ 1886). IV findet keine Anwendg auf den GgVormd (BayObLG **18**, 54) u wenn in der letztwill Vfg mehrere Vormd berufen sind.

1779 *Auswahl durch Vormundschaftsgericht.* **I** Ist die Vormundschaft nicht einem nach § 1776 Berufenen zu übertragen, so hat das Vormundschaftsgericht nach Anhörung des Jugendamts den Vormund auszuwählen.

II Das Vormundschaftsgericht soll eine Person auswählen, die nach ihren persönlichen Verhältnissen und ihrer Vermögenslage sowie nach den sonstigen Umständen zur Führung der Vormundschaft geeignet ist. Bei der Auswahl ist auf das religiöse Bekenntnis des Mündels Rücksicht zu nehmen. Verwandte und Verschwägerte des Mündels sind zunächst zu berücksichtigen; ist der Mündel nichtehelich, so steht es im Ermessen des Vormundschaftsgerichts, ob sein Vater, dessen Verwandte und deren Ehegatten berücksichtigt werden sollen.

III Das Vormundschaftsgericht soll bei der Auswahl des Vormunds Verwandte oder Verschwägerte des Mündels hören, wenn dies ohne erhebliche Verzögerung und ohne unverhältnismäßige Kosten geschehen kann. Die Verwandten und Verschwägerten können von dem Mündel Ersatz ihrer Auslagen verlangen; der Betrag der Auslagen wird von dem Vormundschaftsgericht festgesetzt.

1) Ist niemand als Vormd berufen (§ 1776) od sind die Berufenen wg § 1778 zu übergehen, so ist ein Vormd vom VormschG auszuwählen. Der Ausgewählte ist **zur Übernahme der Vormundschaft verpflichtet** (§ 1785), sofern er nicht zur Übern unfäh oder untaugl ist (§§ 1780–1784) od ihm die Ablehngs-Grde aus § 1786 zur Seite stehen. Er kann sich nicht darauf berufen, er sei iSv § 1779 ungeeignet (KG FamRZ **63**, 376; aA Bielef DAVorm **75**, 438). Bei unbegründeter u schuldh Ablehng SchadErsPfl (§ 1787).

2) Verfahren:
a) JugAmt soll zugl mit der ihm obliegden Anzeige ü die Notwendigk einer VormdBestellg eine iSv II geeign Pers vorschlagen (§ 1849, JWG 47 I). VormschG ist an den Vorschl nicht gebunden, hat aber ü die v ihm selbst in Aussicht gen Pers das **Jugendamt anzuhören**. Der Mangel der Befragg des JA macht Bestellg nicht nichtig. In dringdn Fällen Absehen v Anhörg: dann aber Vorbeh gem § 1790 empfehlensw, da sonst nachträgl Bedenken des JA kein EntlassgsGrd.
b) Die **Auswahl** des Vormd erfolgt **durch das zuständige Vormundschaftsgericht** (FGG 35, 36), u zwar dch den Rpfleger (RpflG 3 Z 2a). Im allg wird sich das VormschG auf den Vorschlag des JA verlassen können (RG **67**, 411). Es kann aber auch eig Ermittlgen ü die Eigng anstellen (FGG 12) u and Ger um RHilfe ersuchen (Kass OLG **2**, 392). Vorbringen, soweit es das MdlInteresse berühren könnte, muß es vAw nachgehen (Stade FamRZ **65**, 98). Bei Waisenkind Prüfg, ob geeign Verwandte usw vorh (Mannh MDR **63**, 596). Auswahl liegt auch dann vor, wenn gem § 1791b JA zum Vormd bestellt w (BayObLG FamRZ **59**, 373).
c) Zur Erleichterg der Auswahl soll VormschG **Verwandte und Verschwägerte des Mündels** (§ 1589, 1590) v Vater- u Mutterseite **hören, III**. Voraussetzg: Keine erhebl Verzögerg oder unverhältnismäß Kosten. Ersatz n v Auslagen, nicht Zeitversäumn. Vgl iü Anm zu § 1847. Wg **Anhörung** der Elt, auch des nehel Vaters u des Mdls (BayObLG DAV **80**, 746) gem FGG 50a, 50b (Einf 4b vor § 1626).

3) Die **Auswahl** erfolgt nach dem freien nur iRv § 1779 gebundenen **Ermessen** des Gerichts **in drei Stufen** (vgl unten Anm a–c). Ausschlaggebd allein das MdlInteresse. Eingeschränkt wird dieses Auswahl-Erm schon aus prakt Grden auch nicht dch den Grds der Verhältnismäßigk, so daß von mehreren geeigneten, aber unwill Pers nicht nur diej als Vormd zu best ist, die hierdch am wenigsten belastet w (aA Würzbg FamRZ **72**, 393). Vgl iü Anm 1. Umgek außerh des § 1776 auch kein Recht auf Bestellg (KG RJA **16**, 193).
a) Zunächst sind bei der Auswahl im Einklang mit GG 6 I (KG FamRZ **63**, 376) **Verwandte und Verschwägerte** zu berücksichtigen, **II 3**, wenn sie II 1 erfüllen. Solange solche vorhanden, darf nur bei bes Grden (KG OLG **42**, 111 Anm 1b) nicht vom VormschG ausgewählt w. Desh Feststellg, ob neben dem Gewählten weitere Verwandte u Verschwägerte des Mdl vorh sind (BayObLG FamRZ **74**, 219). Auswahl des Geeignetsten; alle diese haben gleichen Rang. Großmutter ist auch dann zu bestellen, wenn sie bei der Erziehg ihres eig Kindes versagt hat (LG Hanau DAVorm **77**, 768).

§§ 1779–1782   4. Buch. 3. Abschnitt. *Diederichsen*

b) Sodann, also in zweiter Linie (KG RJA 14, 4), Rücksichtn auf das **religiöse Bekenntnis** des Mdl, **II 2,** was GG 3 III nicht widerspricht (BayObLG 54, 135). Ist ein iSv II 1 geeigneter konfessionsgleicher Vormd vorh, so soll, falls nicht bes Grde dafür sprechen, ein Vormd anderer Konfession nicht ausgewählt w (Ffm MDR 62, 737). Die Vorschr verbietet jedoch nicht schlechthin die Bestellg eines Vormd anderer Konfession. Erforderlichenf kann gem § 1801 zur Wahrnehmg der rel Interessen des Mdl ein **Pfleger** bestellt w (KG JFG 18, 325), was insb bei der konfessionslos geführten AmtsVormsch, für die II 2 nicht gilt, in Betr kommt (JWG 50 I 2). Dagg Anwendg der Vorschr auf die VereinsVormsch (§ 1801 Anm 1; KG JFG 18, 325). Bei Kollision von a und b geht es entspr Eigng der bekenntnfremde Vormd der bekenntngebundenen VereinsVormsch vor, da EinzelVormsch der Vereins- u AmtsVormsch vorzuziehen ist (§§ 1791 a I, 1791 b I 1; BayObLG FamRZ 66, 323). Wg Vormsch ü konfessionsungleiche Geschwister § 1775 Anm 1. In welcher Rel ein Mdl zu erziehen ist, auch soweit Bekenntn noch nicht feststeht, regelt G über die rel Kindererziehg, abgedr nach § 1631. Zur Bedeutg v weltanschaul (polit) Einstellg des Vormd vgl BayObLG JW 25, 2141.

c) Schließl ist Voraussetzg **persönliche und vermögensmäßige Eignung,** II 1. Bei nehel LebGemsch (Einf 8 v § 1353) kann Vater des Ki geeign s (zur Vormsch ü die Mutter BayObLG NJW 60, 245). Ungeeignet, wer wg Mißhandlg des eig Kindes bestraft ist (BayObLG 20, 358); iFv § 1909 kann verwandtschaftl Nähe des Eigng als Pfleger entgegstehen (BayObLG NJW 64, 2306).

4) Recht zur **Beschwerde** hat jeder, der aGrd seiner Beziehgn zu dem Kinde ein obj berecht Interesse hat, sich seines persönl Wohls anzunehmen (FGG 57 I Z 9), u zwar auch noch nach der Bestellg des Vormd (BayObLG Rpfleger 75, 91), soweit er damit nicht eig Vorteile od and mit dem Wohl des Kindes nicht zushängde Zwecke verfolgt (BayObLG 29, 16). Danach sind beschwerdeberecht: der Vater, auch wenn ihm PersSorgeR entzogen ist, ebso, wenn die elt Sorge wg tatsächl Verhinderg (§ 1674) ruht (BayObLG FamRZ 65, 283); die nehel Mutter; die Großmutter, bei der das Ki längere Zt gelebt h (BayObLG FamRZ 84, 205); das JA, insb wenn es nicht angehört wurde (KGJ 53, 47); das Pfarramt (Karlsr ZBlFG 7, 727; sa § 1801 Anm 1). Kein BeschwR haben der entlassene Vormd, auch nicht in seiner Eigensch als Verwandter des Mdl (BayObLG HRR 35, 1317; sa § 1778 Anm 1); ebsowenig außerh v FGG 57 I Z 9 der bei der Auswahl übergangene Verwandte, da kein R auf Bestellg (RG 64, 288; bestr) od vorübergehende PflegeElt (Hamm FamRZ 87, 1196). Keine selbständ Anf der Auswahl des Pflegers dch einen GeschUnfäh (BayObLG FamRZ 89, 214). Im übr kann die Beschw gg die Auswahl des Vormds beschr werden (BayObLG FamRZ 84, 205). Vor der Entsch ist der Vormd zu hören. Ist die Beschw begrdt, ist der Vormd mit Wirkg ex nunc zu entlassen. Keine Nachprfg von Angemessenh u Zweckmäßigk der getroff Entsch iW der weit Beschw (BayObLG Rpfleger 75, 91).

1780 *Unfähigkeit zur Vormundschaft.* **Zum Vormunde kann nicht bestellt werden, wer geschäftsunfähig oder wegen Geistesschwäche, Verschwendung, Trunksucht oder Rauschgiftsucht entmündigt ist.**

1) Vgl zunächst § 1781 Anm 1. UnfähigkGrde entsprechen § 6 (zur Rauschgiftsucht v Olshausen JZ 74, 778; Schultz MDR 75, 437). Die entgg § 1780 erfolgte Bestellg ist nichtig, so daß Entlassg an sich nicht erfdl. Der Unfäh kann auch bei Berufg (§ 1776) übergangen w u ist zur Übern nicht verpfl (§ 1785). Unanwendb: § 165; FGG 32. Haftg des Bestellten dem Mdl ggü: § 682. Bei nachträgl Entmündigg bzw GeschUnfähigk: §§ 1885, 1886.

1781 *Untauglichkeit zum Vormund.* **Zum Vormunde soll nicht bestellt werden:**
1. **wer minderjährig oder nach § 1906 unter vorläufige Vormundschaft gestellt ist;**
2. **wer nach § 1910 zur Besorgung seiner Vermögensangelegenheiten einen Pfleger erhalten hat;**
3. **wer in Konkurs geraten ist, während der Dauer des Konkurses.**

1) Vorbemerkung vor §§ 1781–1784. Im Ggsatz zur Nichtigk iF v § 1780 bloße **Soll-Vorschriften,** die der Gültigk der Bestellg nicht entggstehen. Wirkgen: Vormd bleibt im Amt u damit gesetzl Vertr (§§ 164, 165); Entlassg iF v § 1781 ohne weiteres, iü nur bei Gefährdg (§ 1886); bestr. Haftg bis dahin gem § 1833 (evtl §§ 827, 828); des VormdschRichters aus § 839, aber nicht Dr ggü. Übergehen auch bei Berufg (§ 1776); iü AblehngsR (§ 1785).

2) Untauglich ist der beschrkt Geschfäh (§§ 106, 114), **Z 1;** wer einen GebrechlkPfleger erhalten h (§ 1910), es sei denn nur f die Pers od einzelne Angelegh, **Z 2;** bei KonkEröffng, **Z 3,** auch des pers haftden Gesellschafters. Nicht anwendb auf NachlKonk u VerglVerf.

1782 *Ausschließung durch die Eltern.* ¹ **Zum Vormund soll nicht bestellt werden, wer durch Anordnung der Eltern des Mündels von der Vormundschaft ausgeschlossen ist. Haben die Eltern einander widersprechende Anordnungen getroffen, so gilt die Anordnung des zuletzt verstorbenen Elternteils.**
II **Auf die Ausschließung sind die Vorschriften des § 1777 anzuwenden.**

1) Vgl zunächst § 1781 Anm 1. Das AusschließgsR ist Ausfl der elt Sorge. Zum Kreis der **Ausschließungsberechtigten:** § 1776 Anm 3, § 1777 Anm 1.

2) Die **Ausschließung erfolgt, II,** mittels letztw Vfg (§ 1777 Anm 2) dch Bezeichng best Pers; mögl aber Ermittlg des Ausgeschlossenen dch TestAuslegg (BayObLG NJW 61, 1865). Unzul die Ausschl ganzer

1740

Vormundschaft. 1. Titel: Vormundschaft über Minderjährige   §§ 1782–1786

PersKlassen od der AmtsVormdsch (str). Bei widersprechenden AO, **I:** § 1776 Anm 3. **Wirkung** der Ausschl: Übergeh; bei Hinzufügg eines unrichtigen Grd Prüfg, ob bei richtiger Kenntn Ausschl erfolgt wäre. Abweichg dch VormschG nur, wenn der Ausschl mit MdlInteresse unvereinb (BayObLG NJW **61**, 1865). BeschwR wg Schutzzweck v § 1782 nur wg Gefährdg des MdlInteresses (§ 1886; FGG 57 I Z 9).

1783 *Frau als Vormund*   (Zustimmung des Ehemannes; aufgeh).

1784 **Beamter oder Religionsdiener als Vormund.**   [I] Ein Beamter oder Religionsdiener, der nach den Landesgesetzen einer besonderen Erlaubnis zur Übernahme einer Vormundschaft bedarf, soll nicht ohne die vorgeschriebene Erlaubnis zum Vormunde bestellt werden.

[II] Diese Erlaubnis darf nur versagt werden, wenn ein wichtiger dienstlicher Grund vorliegt.

1) Vgl zunächst § 1781 Anm 1. **Grund:** Gefahr der Beeinträchtigg dienstlicher Interessen. Kein R des Beamt, vor Versagg der Erlaubn die Übern der Vormsch abzulehnen. Bei Versagg od Zurückn der Erlaubn: § 1888.

2) Die **Genehmigung regeln** das BRRG 42 I iVm den BeamtG der Länder; BBG 65, wonach Gen nur versagt w darf bei Beeinträchtiggsgefahr für dienstl Leistgen, Unparteilichk, Unbefangenh od and dienstl Interessen. Für Religionsdiener gilt innerkirchl R; zumeist Verweisg auf BeamtR.

1785 **Übernahmepflicht.**   Jeder Deutsche hat die Vormundschaft, für die er von dem Vormundschaftsgericht ausgewählt wird, zu übernehmen, sofern nicht seiner Bestellung zum Vormund einer der in den §§ 1780 bis 1784 bestimmten Gründe entgegensteht.

1) **Übernahmeverpflichtung.** Jeder deutsche Staatsangehörige (GG 116 I) ist zur Übern der Vormsch verpfl, wenn er vom VormschG ausgewählt ist, allerd vorbehaltl einer Ablehng n § 1786. Die Berufg (§ 1776) als solche reicht nicht; bei Verzicht sind zunächst die weiter Berufenen zu bestellen, soweit nicht § 1778 entggsteht. Bei ungerechtfert Weigerg der Übern: OrdngsStrafen (§ 1788) u SchadErs (§ 1787 I). Ein Verein kann nur mit seiner Einwillig best w (§ 1791a I 2). Das JA kann sich als subsidiärer Vormd der Übern überh nicht entziehen (§ 1791b Anm 1). Gg die Vfg, dch welche die Weigerg zurückgewiesen w, sofort Beschw (FGG 60 I Z 2), die allerd nicht auf mangelnde Eigng (§ 1779 II) gestützt w kann (§ 1779 Anm 4).

2) **Keine Verpflichtung zur Übernahme,** für **a)** Ausländer, auch nicht bei gleicher Staatsangehörigk wie Mdl. Hat ein Ausl die Vormsch übern, ist die AuslEigensch kein EntlassgsGrd (KGJ **37** A 63); **b)** die gem §§ 1780–84 Unfäh u Untaugl; **c)** die zur Ablehng Berecht (§ 1786).

1786 *Ablehnungsrecht.*   [I] Die Übernahme der Vormundschaft kann ablehnen:
1. eine Frau, welche zwei und mehr noch nicht schulpflichtige Kinder besitzt oder glaubhaft macht, daß die ihr obliegende Fürsorge für ihre Familie die Ausübung des Amtes dauernd besonders erschwert;
2. wer das sechzigste Lebensjahr vollendet hat;
3. wem die Sorge für die Person oder das Vermögen von mehr als drei minderjährigen Kindern zusteht;
4. wer durch Krankheit oder durch Gebrechen verhindert ist, die Vormundschaft ordnungsmäßig zu führen;
5. wer wegen Entfernung seines Wohnsitzes von dem Sitze des Vormundschaftsgerichts die Vormundschaft nicht ohne besondere Belästigung führen kann;
6. wer nach § 1844 zur Sicherheitsleistung angehalten wird;
7. wer mit einem anderen zur gemeinschaftlichen Führung der Vormundschaft bestellt werden soll;
8. wer mehr als eine Vormundschaft oder Pflegschaft führt; die Vormundschaft oder Pflegschaft über mehrere Geschwister gilt nur als eine; die Führung von zwei Gegenvormundschaften steht der Führung einer Vormundschaft gleich.

[II] Das Ablehnungsrecht erlischt, wenn es nicht vor der Bestellung bei dem Vormundschaftsgerichte geltend gemacht wird.

1) **Ablehnungsgründe** für die Übern einer Vormdsch zusätzl zu Unfähgk u Untauglk (§§ 1780–84) u Mangel dtscher Staatsangehörgk (§ 1785 Anm 2a). Abschließde Aufzählg (Paderb DAV **74**, 404; aA LG Bielef NJW-RR **88**, 713; unbillige Beeinträchtigg der Interessen des Vormds). Der AblehngsGrd muß vor der Bestellg (§ 1789) beim VormschG geltd gemacht w, **II.** Nur in diesen Grenzen sofort Beschw (FGG 60 I Z 2). Trotz BeschwR Verpflichtg zur vorl Übern der Vormsch (§ 1787 II). Tritt nach Bestellg ein AblehngsGrd ein, so muß der Vormd auf seinen Antr entlassen w (§ 1889). Keine Anwendg v § 1786 auf VereinsVormd (§ 1791a) u AmtsVormd (KGJ **35** A 19).

2) **Die einzelnen Fälle,** I: Z 1: Jede Frau, gleichgült ob ledig, verheiratet, verwitwet od gesch. Entspr Anwendg auf Mann (Gernhuber § 64 IV 9; aA KG NJW **69**, 432). – Z 2: Vollendg des 60. LebJ. – Z 3: Mind

1741

§§ 1786–1790   4. Buch. 3. Abschnitt. *Diederichsen*

4 lebde, mj, ggf angenommene Kinder, gleichgült ob ehel od nehel. Kein AblehngsR bei SorgeREntzug zB iF von § 1671. – **Z 4:** Krankh (§ 616 Anm 3a aa) u Gebrechen (§ 1910 Anm 2a). – **Z 5:** Bes Belästigg kann auch bei Wohns des Vormd im GerBezirk gegeben s, anderers aber auch bei Wohns in einem and GerBez nicht, zB wenn im wesentl schriftl zu berichten ist (KG Recht **16**, 1153) od bei geringer Entferng (BayObLG **6**, 169). – **Z 6:** Vgl § 1844. – **Z 7:** § 1797 I, aber nicht II. – **Z 8:** Keine Begrenzg der Zahl der Vormundschaften, so daß **Sammelvormundschaft** zul (KGJ **38** A 34); aber AblehngsR bei ZusTreffen mehrerer Vormdsch bzw Pflegsch. Einzelheiten 44. Aufl; vgl auch §§ 1690 II 1, 1691 I.

1787 *Folgen der unbegründeten Ablehnung.* ¹ Wer die Übernahme der Vormundschaft ohne Grund ablehnt, ist, wenn ihm ein Verschulden zur Last fällt, für den Schaden verantwortlich, der dem Mündel dadurch entsteht, daß sich die Bestellung des Vormundes verzögert.

II Erklärt das Vormundschaftsgericht die Ablehnung für unbegründet, so hat der Ablehnende, unbeschadet der ihm zustehenden Rechtsmittel, die Vormundschaft auf Erfordern des Vormundschaftsgerichts vorläufig zu übernehmen.

1) Unbegründete Ablehnung, I. Währd § 1785 die öffrechtl Pfl zur Übern der Vormsch enthält, ist n § 1787 der Vormd dem Mdl ggü privatrechtl schadersatzpflichtig, wenn er ohne Grd (§ 1786 Anm 1) unter Verschulden (§ 276) die Übern der Vormsch ablehnt od verzögert. Der SchadErsAnspr wird nicht dadch ausgeschl, daß das VormschG selbst AO treffen, insb einen Pfleger best konnte (§§ 1846, 1909 III). Er richtet sich nur auf Ersatz des dch die verzögerte Bestellg entstandenen Schadens, einschließl der dch die Weigerg entstandenen Kosten. Das ProzGer entscheidet darüber, ob eine ÜbernVerpfl bestand, ohne Bindg an die Entsch des VormschG. Verjährg 30 J, da keine unerl Hdlg. Gg die Verfügg, welche die ÜbernVerweigerg für unbegründet erkl, sofort Beschw (FGG 60 I Z 2). Ohne aufschiebde Wirkg (FGG 24). Auf Verlangen des VormschG ist trotz Weigerg die Vormsch vorläuf zu übernehmen, **II.** Hiergg kein AblehngsR; also bei Weigerg SchadErsPfl n I auch bei begründeter Beschw. OrdngsStrafe gem § 1788. Wenn Beschw begründet, Entlassg.

1788 *Zwangsgeld.* ¹ Das Vormundschaftsgericht kann den zum Vormund Ausgewählten durch Festsetzung von Zwangsgeld zur Übernahme der Vormundschaft anhalten.

II Die Zwangsgelder dürfen nur in Zwischenräumen von mindestens einer Woche festgesetzt werden. Mehr als drei Zwangsgelder dürfen nicht festgesetzt werden.

1) Einziges Zwangsmittel, also keine zwangsw Vorführg od Umwandlg in Haft. Vgl iü § 1837 Anm 5. Auf Vereins- u AmtsVormsch nicht anwendb. Vorher Androhg (FGG 33 II). **Höhe:** 5–1000 DM unter gleichzeit Auferlegg der VerfKosten (EGStGB Art 6 I 1; FGG 33 III 2 u I 2; KostO 119 V 2). Beitreibg dch Rpfleger (JBeitrO 1 Z 3; RpflG 31 III).

1789 *Bestellung.* Der Vormund wird von dem Vormundschaftsgerichte durch Verpflichtung zu treuer und gewissenhafter Führung der Vormundschaft bestellt. Die Verpflichtung soll mittels Handschlags an Eides Statt erfolgen.

1) Die Bestellung (Lit: Goerke Rpfleger **82**, 169) ist ein öffrechtl, in Gestalt v Beauftragg u (bei persönl Anwesenh) Übernahme **zweiseitiger Rechtsakt** (Erman-Holzhauer 1) dch den Rpfleger des zuständ VormschG (RpflG 3 I Z 2a). Auch iW der Rhilfe (Celle OLG **12**, 184). Der Vormd wird zu treuer u gewissenh Führg der Vormsch verpfl, **S 1**. Wortlaut unerhebl (BayObLG FamRZ **58**, 385). Aber keine Bestellg dch schlüss Verhalten, etwa dch Dulden der Betätigg wie ein Vormd, vS des VormschG (OGH NJW **49**, 64). Keine Vertretg bei der Bestellg, auch keine schriftl Best (KGJ **38** A 41); and bei Vereins- u AmtsVormsch (§§ 1791a II; 1791b II). Wg fehlerh Bestellg: Grdz 2 v § 1773. **Form:** Verpfl dch Handschlag, **S 2**, bloße SollVorschr. Als Ausweis erhält Vormd die BestallgsUrk (§ 1791). Bestellg kein RGeschäft, also Bedingg od Zeitbestimmg (abgesehen v § 1790) unzul; ebso Anfechtg od Rücknahme. Vgl auch FGG 32. Entlassg nur, wenn Voraussn §§ 1886ff vorliegen, u nur mit Wirkg ex nunc.

2) Wirkungen. Mit der Bestellg, nicht erst mit Aushändig der Bestallg (§ 1791), entstehen öff- u privatrechtl Pfl des Vormd (BVerfG **10**, 302), im Verhältn zum Mdl ein gesetzl Schuldverhältn (BGH **17**, 116), u ist der Vormd ges Vertreter (§ 1793 S 1). Soweit schriftl Bestellg (Anm 1), Wirksamwerden mit Zugang der Verpfl; bei ges AmtsVormsch: § 1791c. Wg weiterer Wirkgen: §§ 1786 II, 1797 I 2, 1908 II; FGG 51, 52; ZPO 661.

1790 *Bestellung unter Vorbehalt.* Bei der Bestellung des Vormundes kann die Entlassung für den Fall vorbehalten werden, daß ein bestimmtes Ereignis eintritt oder nicht eintritt.

1) Grdsätzl bleibt der Vormd im Amt, sol nicht ein gesetzl EntlassgsGrd vorliegt (§§ 1886ff). Eine Bestellg unter Zeitbestimmg oder Bedingg ist regelm unzul (§ 1789 Anm 1). Ausn hiervon bestehen für den berufenen Vormd (§ 1777 Anm 2), ferner nach § 1790, hier aber nur insof, als Entlassg für den Fall des Eintritts oder NichtEintr eines best Ereign, zB der Abwicklg eines großen Geschäfts, für das ein MitVormd bestellt war (§ 1797 II), vorbehalten war. Auch dann aber stets Fortbestehen der Vormsch bis zur Entlassg. Ohne Vorbehalt ist Entlassg geboten iF des § 1777 Anm 2 u der grundlosen Übergeh eines Berufenen, wenn rechtzeitig Beschw eingelegt ist (§ 1778 Anm 1), des Wegfalls der vorübergehden Behinderg des berufenen Vormd (§ 1778 II), der Auswahl eines ungeeigneten Vormd (§ 1779 Anm 5), eines n § 1782 ausgeschl Vormd (BayObLG NJW **61**, 1865).

Vormundschaft. 1. Titel: Vormundschaft über Minderjährige §§ 1791–1791 b

1791 *Bestallungsurkunde.* **I** Der Vormund erhält eine Bestallung.
II Die Bestallung soll enthalten den Namen und die Zeit der Geburt des Mündels, die Namen des Vormundes, des Gegenvormundes und der Mitvormünder sowie im Falle der Teilung der Vormundschaft die Art der Teilung.

1) Die **Bestallungsurkunde bescheinigt** lediglich, daß die darin bezeichnete Pers als Vormd bestellt ist, hat also nicht die Wirkgen zG Dritter wie der Erbschein u der Vollm. § 174 unanwendb (RG 74, 263). Für den Wirkgskreis des Vormd ist nur die VerpflVerhandlg (§ 1789 Anm 1) maßgebd (KGJ 41, 38). Der Dr muß also von sich aus prüfen, ob die Angaben der Urk noch zutreffen. Er hat desh ein R auf Auskft dch das VormschG u bei glaubh gemachtem Interesse auf Einsicht der VormschAkten (FGG 34). Bei Entlassg des Vormd ist die Urk zurückzufordern (§ 1893 II); bei Ändergen zu berichtigen (§ 1881 II). Der VormschRichter (RPfleger iF RPflG 3 I 2 a) haftet für unricht Angaben in der Urk gem § 839. Bei Vereins- sowie bestellter u ges AmtsVormsch ist § 1791 unanwendb (§§ 1791 a II, 1791 b II, 1791 c III).

2) **Inhalt der Bestallungsurkunde, II.** Außer dem Inhalt aus II weitere Angaben mögl, auch zweckm, wie zB Befreiungen, bei deren unvollständiger Angabe Vormd BeschwR hat (KGJ 45, 66), ferner Entziehg der Vertretgsmacht (§ 1796).

1791 a *Vereinsvormundschaft.* **I** Ein rechtsfähiger Verein kann zum Vormund bestellt werden, wenn er vom Landesjugendamt hierzu für geeignet erklärt worden ist. Der Verein darf nur zum Vormund bestellt werden, wenn eine als Einzelvormund geeignete Person nicht vorhanden ist oder wenn er nach § 1776 als Vormund berufen ist; die Bestellung bedarf der Einwilligung des Vereins.
II Die Bestellung erfolgt durch schriftliche Verfügung des Vormundschaftsgerichts; die §§ 1789, 1791 sind nicht anzuwenden.
III Der Verein bedient sich bei der Führung der Vormundschaft einzelner seiner Mitglieder; ein Mitglied, das den Mündel in einem Heim des Vereins als Erzieher betreut, darf die Aufgaben des Vormunds nicht ausüben. Für ein Verschulden des Mitglieds ist der Verein dem Mündel in gleicher Weise verantwortlich wie für ein Verschulden eines verfassungsmäßig berufenen Vertreters.
IV Will das Vormundschaftsgericht neben dem Verein einen Mitvormund oder will es einen Gegenvormund bestellen, so soll es vor der Entscheidung den Verein hören.

1) **Träger der Vormundschaft.** Das BGB geht von der **Einzelvormundschaft** aus, kennt daneben aber die in der Prax inzw viel bedeutsamere **Vereins- und Amtsvormundschaft** (JWG 37–46; 53 f). Diese dürfen nur angeordn w, wenn die zw vorher gesuchte Art der Vormsch nicht durchz für Vfg steht (Zweibr ZfJ 87, 300). AmtsVormsch ist entwed bestellte (§ 1791 b) od gesetzl (§ 1791 c). Für alle Arten gilt mangels abweichender Bestimmgen das BGB (JWG 38 I). Demgem Vereins- u AmtsVormsch auch über Vollj (§ 1897) u bei der Pflegsch (§ 1915). Für die AmtsVormsch u AmtsPflegsch gelten ebso wie für die Beistandsch u GgVormsch des JA bundes- u landesgesetzl **Befreiungen** (JWG 38 III, 39, 46).

2) **Voraussetzungen der Bestellung eines Vereins zum Vormund. a)** Es muß sich um einen **rechtsfähigen Verein** (§§ 21 ff), nicht öff Körpersch, handeln, der sich der JugWohlfahrt widmet (zB Wohlfahrtsvereine, kirchl Vereine, Innere Mission) und der im Ztpkt der Bestellg vom LJA (JWG 19 ff) für eine solche Tätigk als geeignet erkl w ist, **I 1.** Vgl JWG 53. Gg Ablehng Verf vor VerwG. – **b) Fehlen** einer als **Einzelvormund** geeign Pers, **I 2 Halbs 1** (1. Altern). Ausnahme: Berufg des Vereins (§ 1776 Anm 1 aE); Übergehen dann nur n § 1778. – **c)** Antr des Vereins nicht erfdl, wenn er s für seine Bereitsch zur Übern v Vormschaften allg erkl hat; die Best bedarf aber seiner **Einwilligung, I 2 Halbs 2.** – **d)** Will VormschG neben dem Verein einen Mit- od GgVormd best, so muß der Verein **gehört** w, **IV**, um seine Bedenken geltd machen zu können. – **e)** Die Bestellung erfolgt (abweichd v §§ 1789, 1791) dch **schriftliche Verfügung** des VormschG, **II.** – **f)** zum Vormd, MitVormd, GgVormd, Pfleger od Beistand. Eine **Beschränkung** der Vormsch auf einzelne Gebiete nur noch in der Form mögl, daß der Verein als MitVormd mit best Wirkgskreis (§ 1797 II) best w, wofür Einwillig des Vereins erfdl ist.

3) **Führung der Vormundschaft durch den Verein, III. a)** Der Verein bedient sich hierzu einzelner od mehrerer Mitglieder: VorstandsMitgl, besonderer Vertreter (§ 30), gewöhnl Mitgl, denen er dch seine satzgsmäß Vertreter sämtliche VormschObliegenheiten überträgt. Es besteht eine Pfl zur Übertragg. Unzul ist die Heranziehg solcher VereinsMitgl, die den Mdl in einem Heim des Vereins betreuen. – **b) Haftung** des Vereins für ein Verschulden jedes Mitgl ggü dem Mdl n §§ 1833, 1915, 1691 jew wie nach § 31, **III 2.** Befreiung n §§ 1852 II, 1853, 1854 (§ 1857a).

4) **Entlassung des Vereins** nach dem Prinzip der EinzelVormdsch (Anm 1), sobald ein geeign Einz-Vormd vorh ist (§ 1887 I). Voraussetzgen: §§ 1887 II, 1889 II 1. Ferner Entlassg auf eig Antr bei wicht Grd (§ 1889 II 2). Entlassg dch Rpfleger (RPflG 3 Z 2a). Der Verein hat die bei Bestellg erhaltene schriftl Vfg zurückzugeben (§ 1893 II).

1791 b *Bestellte Amtsvormundschaft des Jugendamts.* **I** Ist eine als Einzelvormund geeignete Person nicht vorhanden, so kann auch das Jugendamt zum Vormund bestellt werden. Das Jugendamt kann von den Eltern des Mündels weder benannt noch ausgeschlossen werden.
II Die Bestellung erfolgt durch schriftliche Verfügung des Vormundschaftsgerichts; die §§ 1789, 1791 sind nicht anzuwenden.

§§ 1791b, 1791c

1) Vgl zunächst § 1791a Anm 1. Die bestellte Amtsvormundschaft soll dem Mdl die Erfahrg des JA, seine behördl Mittel bei Auffindg des Vaters u die Dchsetzg der UnterhZahlg sichern u gg and Schwierigkten schützen. **Ausübung** dadch, daß das JA die Aufgaben des Vormds einzelnen seiner Beamt od Angest überträgt (JWG 37). Iü gelten §§ 1773ff, JWG 38. Auch hier bei Vorhandensein eines geeign EinzelVormds **Entlassung** des AmtsVormds (§§ 1887, 1889 II; JWG 39a, b), unter Rückgabe der schriftl Vfg (§ 1893 II). Ersetzg dch EinzelVormd liegt regelmäß im Mdl-Interesse (BayObLG NJW **61**, 1117).

2) Voraussetzungen der Bestellung. a) Ehel wie nehel Kind unter den Vorauss des § 1773. – **b)** Es darf eine als EinzelVormd geeign Pers, dh eine solche, die bei gegebener Sachlage das Wohl des Mdls nachhalt wahrnehmen könnte (KG JFG **8**, 88; JW **38**, 32, 42), nicht vorh sein (Ffm ZfJ **71**, 182), was nach dem EinzFall, zB der Schwierigk der R- u VermLage, zu beurt ist u erst nach intensiven, aber ergebnisl Ermittlgen des VormschG verneint w darf (Ffm FamRZ **80**, 284; Stgt Just **82**, 158; LG Brem Rpfleger **73**, 431; LG Heilbr FamRZ **84**, 822). Ist geeign Pers vorh, so kann JA nicht best w (LG Bln DAV **74**, 403; Frankth DAV **76**, 343). Berücksichtigg des rel Bekenntn (§ 1779 II 2; § 1801 Anm 2). Es darf auch kein übernahmebereiter Verein vorh sein (§ 1791a Anm 1; aA Erman/Holzhauer 2). Haben die Elt eine ungeeign Pers berufen (§§ 1776, 1778) od fehlte die BenenngsBefugn (§ 1777), so trotzdem AmtsVormsch. Benenng wie Ausschließg des JA unzul, **I 2**. Die Geltdmachg v Pflegegeld verstößt nicht gg das Verbot v InsichProz (OVG Bln NJW **88**, 1931).

3) Bestellung durch das Vormundschaftsgericht, II. Das JA wird best als Vormd, GgVormd (§ 1792 I 2), Pfleger (§ 1915), auch NachlPfleger (LG Karlsr DAV **85**, 608), Beistand (§§ 1691 I, 1792); dagg kann dem JA selbst kein GgVormd best w (§ 1792 I 2). Als MitVormd kann das JA bestimmten Wirkgskreis zugewiesen bekommen (§ 1797 II), also für einzelne Re u Pfl best w. Zustdgk für die Bestellg FGG 36. ZustdgkBereich des JA zu beachten (JWG 11); bei Interessenkollision (zB RStreit) kann auch unzustdges SozialAmt zum Pfleger best w (LG Bln Rpfleger **74**, 14). Best dch schriftl Vfg des Rpflegers (RPflG 3 Z 2a); §§ 1789, 1791 nicht anwendb. Fehlde Schriftlk unschädl (BayObLG **62**, 205). Etwa Übergangene haben sofort Beschw (FGG 60 Z 1); FrBeginn der Ztpkt der KenntnErlangg von der Best (KG JW **37**, 963). Beschw Angehöriger u Dr: FGG 57 I Z 9; des Mdl ab 14 J (FGG 59). Hebt BeschwGer die BestellgsVfg auf, bleibt JA noch solange Vormd, bis es entlassen ist (Hamm ZfJ **67**, 200).

1791c *Gesetzliche Amtsvormundschaft des Jugendamts.* **I** Mit der Geburt eines nichtehelichen Kindes, das eines Vormunds bedarf, wird das Jugendamt Vormund; dies gilt nicht, wenn bereits vor der Geburt des Kindes ein Vormund bestellt ist. Ergibt sich erst später aus einer gerichtlichen Entscheidung, daß das Kind nichtehelich ist, und bedarf das Kind eines Vormunds, so wird das Jugendamt in dem Zeitpunkt Vormund, in dem die Entscheidung rechtskräftig wird.

II War das Jugendamt Pfleger eines nichtehelichen Kindes, endet die Pflegschaft kraft Gesetzes und bedarf das Kind eines Vormunds, so wird das Jugendamt Vormund, das bisher Pfleger war.

III Das Vormundschaftsgericht hat dem Jugendamt unverzüglich eine Bescheinigung über den Eintritt der Vormundschaft zu erteilen; § 1791 ist nicht anzuwenden.

1) Vgl zunächst § 1791a Anm 1. Gesetzliche Amtsvormundschaft hauptsächl dann, wenn die Mutter eines nehel Kindes bei dessen Geburt noch minderjähr ist (§ 1705 Anm 2; § 1706 Anm 1). Ehel Kinder können nicht unter gesetzl AmtsVormsch stehen; für sie nur bestellte AmtsVormsch (§ 1791b) mögl. Das G kennt daneben auch die gesetzl AmtsPflegsch (§§ 1706, 1709; JWG 40), auf die VormschR anzuwenden ist, soweit nicht JWG 40ff eine and Regelg enthalten (JWG 38 I). Das VormschG (Zustdgk: JWG 42) hat dem JA unverzügl eine BestallgsUrk (§ 1791) eine **Bescheinigung** über den Eintr der Vormsch zu erteiln, **III**. Wird die nehel Mutter volljj, wird das JA automat AmtsPfleger (§ 1710). **Entlassung** des JA als AmtsVormd gem §§ 1887, 1889 II, insb wenn ein geeign EinzelVormd vorh ist (§ 1791b Anm 1 u 3 aE). Wechsel in der Führg der AmtsVormsch nur gem JWG 43 (KG FamRZ **88**, 321).

2) Eintritt der gesetzlichen Amtsvormundschaft des JA v Ges wg: **a)** mit der **Geburt eines nichtehelichen, der Vormundschaft bedürftigen Kindes, I 1**, JWG 41. AnzeigePfl des StAmts: JWG 44; FGG 48. Das Ki bedarf eines Vormds ab Geburt, wenn die Mutter vor od in der Geburt gestorben ist bzw wenn ihre elterl Sorge inf GeschFähigkBeschrkg od PflegerBestell wg körperl Gebrechen ruht (§§ 1773, 1673); – **b)** wenn für ein bish als ehel geltdes Kind die **Nichtehelichkeit gerichtlich festgestellt** ist (§§ 1593, 1599) **mit der Rechtskraft** der Entsch, **I 2**. Vorauss auch hier, daß eine Vormsch erforderl ist, die Mutter also die elterl Sorge nicht hat (§ 1706 Anm 1). Die Nehelk eines zunächst als ehel geltenden Kindes (§ 1591) kann sich auch dann ergeben, wenn der Mann für tot erklärt od sein TodesZtpkt festgestellt w, dieser u damit die Auflösg der Ehe aber weiter als 302 Tage vor der Geburt liegt (§ 1592 I). Lebt der Mann, fallen TotErkl u damit AmtsVormsch weg.

3) Kein Eintritt der gesetzlichen Amtsvormundschaft, wenn **a)** die **Mutter die elterliche Sorge** hat (§ 1705 S 1) od **b)** wenn bereits **vor der Geburt ein Vormund bestellt** w ist (§ 1774 S 2), **I 1 Halbs 2**. § 1791c gilt auch dann nicht, wenn der Mutter das SorgeR bereits vor EhelkAnfechtg gem §§ 1680 I 2 u II 2, 1671 V entzogen w war (LG Nürnb DAV **76**, 592; AG Lörrach DAV **82**, 293).

4) Umwandlung der Pflegschaft in gesetzliche Amtsvormundschaft, II (JWG 41 II). Wenn die Pflegsch des JA über ein nehel Kind (§§ 1706, 1709 S 1) endet, was beim Tod od Eintr der GeschUnfähgk der Mutter, Ruhen der elt Sorge (KG FamRZ **72**, 44) od bei Entzug der elt Sorge (§ 1666) der Fall ist (Wiegel FamRZ **70**, 456), u das Ki eines Vormds bedarf (§ 1773 I), so steht das Ki nicht ohne Schutz, sondern das JA, das bish Pfleger war, wird automat Vormd. Wird der nehel Mutter ledigl das PersSorgeR entzogen, fällt dieses nicht ow dem AmtsPfleger zu; and aber bei Entziehg des SorgeR insges, weil dann gem § 1918 I die AmtsPflegsch des JA endet (LG Bln DAV **79**, 764).

1792 *Gegenvormund.* **I** Neben dem Vormunde kann ein Gegenvormund bestellt werden. Ist das Jugendamt Vormund, so kann kein Gegenvormund bestellt werden; das Jugendamt kann Gegenvormund sein.

II Ein Gegenvormund soll bestellt werden, wenn mit der Vormundschaft eine Vermögensverwaltung verbunden ist, es sei denn, daß die Verwaltung nicht erheblich oder daß die Vormundschaft von mehreren Vormündern gemeinschaftlich zu führen ist.

III Ist die Vormundschaft von mehreren Vormündern nicht gemeinschaftlich zu führen, so kann der eine Vormund zum Gegenvormund des anderen bestellt werden.

IV Auf die Berufung und Bestellung des Gegenvormunds sind die für die Begründung der Vormundschaft geltenden Vorschriften anzuwenden.

1) Gegenvormundschaft. Im Ggs zur **Mitvormundschaft,** bei der mehrere Vormünder die Geschäfte gemschaftl od mit getrennten Wirkgskreisen führen (§§ 1775, 1797), ist es Aufgabe des GgVormds, ohne eig Verwaltgstätig den Vormd zu überwachen u ihn bei best Gesch dch Erteilg seiner Gen zu unterstützen (§§ 1799, 1809, 1823, 1813, 1826, 1842, 1891). Demgem soll ein MitVormd nur aus bes Grden (§ 1775), hingg kann ein GgVormd immer best w, **I 1.** Ausn: wenn JA Vormd ist, **I 2.**

2) Ein GgVormd **soll bestellt werden,** wenn mit der Vormsch eine **Vermögensverwaltung** verbunden ist, **II, außer wenn: a)** diese **nicht erheblich** ist, was das VormschG nach fr Ermessen festzustellen h. Ein gr Vermögen bringt nicht immer eine erhebl VermVerw (BayObLG **14,** 212); auch die GenBedürftigk einzelner Gesch macht GgVormd nicht unbedingt erfdl (§§ 1810, 1812), wohl aber die Verrechng fortlaufder Einnahmen u Ausg in größ Umfg; – **b)** bei **Mitvormundschaft** (§ 1797 I), da dann eine genügde Überwachg vorh, es sei denn, die WirkgsKr sind aufgeteilt (§ 1797 II). Dann kann jeder zum GgVormd des and gemacht w, **III;** – **c)** wenn die Best eines GgVormds dch die Elt **letztwillig ausgeschlossen** w ist (§§ 1852 I, 1855, 1856); – **d)** wenn **Amtsvormundschaft** eintritt, **I 2** (JWG 38 II). Dagg GgVormd bei VereinsVormsch mögl (§ 1791a IV), wie auch der Verein GgVormd sein k. Wird JA zum GgVormd eingesetzt, JWG 37–39 b, 45 (JWG 46).

3) Berufung und Bestellung erfolgen gem §§ 1776–1791, **IV.** Ausschließ bestimmter Pers dch die Elt (§ 1782) mögl (str). Freundsch (KG OLG **43,** 380) od Verwandtsch (KG DJZ **13,** 236) mit dem Vormd steht Best als GgVormd nicht entgg. JA macht Vorschläge (JWG 47 II), kann auch selbst GgVormd w, **I 2.** Es entsch Rpfleger (RPflG 3 Z 2a).

4) Beschwerderecht. Der als GgVormd grdlos Übergangene od dessen Weigerg zurückgewiesen w ist: Sofort Beschw (FGG 60 I Z 1 u 2); der Vormd bzw and Berecht bei AO od Ablehng der Best eines GgVormds: im Mdl-Interesse Beschw (FGG 57 I Z 9, aber nicht Z 1).

II. Führung der Vormundschaft

Grundzüge

1) Selbständigkeitsprinzip. Die Tätigk des Vormds umfaßt grdsl die Personen- u VermSorge, einschließl der Vertretg des Mdls auf beiden Gebieten (§ 1793 Anm 1). Er hat die Vormsch selbst zu führen. Das VormschG hat nicht die Befugn, ihn in Fragen, die der Entsch des Vormds unterliegen, mit bindenden Anweisgen zu versehen (BayObLG JW **27,** 1217). Seine Selbständigk ist aber **in doppelter Hinsicht eingeschränkt:**

a) Er ist **allgemein** dch das G verpfl, bei seiner Tätigk gewisse Richtl einzuhalten, die darauf hinauslaufen, den Mdl vor Schaden dch schlechte od ungetreue Verw zu bewahren. Dem dienen die Vorschr über die Anlegg der MdlVermögens (§§ 1806ff), die Einschrkg seiner freien Vfgbefugn dch notw Mitwirkg des GgVormds (§§ 1810, 1812ff) u der Zwang, die Gen des VormschG einzuholen (§§ 1821ff; 1828ff). Tatsächl ist der Vormd also bei allen wicht Geschäften in seinem Handeln stark eingeengt.

b) Im Interesse des Mdl kann aber das VormschG im **konkreten** Fall die dch G bestehenden Grenzen f das selbständ Handeln des Vormd noch enger ziehen (§§ 1818f, 1844). Es kann aus bes Grden den Vormd auch freier stellen (§ 1817). Auch der VermZuwender kann nach beiden Richtgen AnOen treffen, die zur Dchführg kommen, soweit sie dem Mdl-Interesse nicht schädl ist (§ 1803 II).

2) Beschränkung des Wirkungskreises. Abgesehen vom Verbot der Schenkg aus dem MdlVermögen u dessen Verwendg zu eig Zwecken (§§ 1804f) können dem Vormd bestimmte TätigkGebiete entzogen w (§§ 1796, 1801), was auch dch einen VermZuwender geschehen k (§ 1803), u ist die Vertretg des Mdl dch den Vormd bei Interessenwiderstreit gesetzl ausgeschl (§ 1795). Insof ist dann die Tätigk des Vormd ausgeschaltet (§§ 1794, 1909 I 2).

3) Haftung. Für seine Tätigk ist der Vormd bei Verschulden verantwortl, haftet dem Mdl also auf SchadErs (§ 1833). Umgek bestehen aber auch **Pflichten des Mündels** auf Auslagenerstattg (§ 1835) u evtl Vergütg (§ 1836). Außerd uU §§ 1618a, 1619 analog.

1793 *Aufgaben des Vormunds.* Der Vormund hat das Recht und die Pflicht, für die Person und das Vermögen des Mündels zu sorgen, insbesondere den Mündel zu vertreten. § 1626 Abs. 2 gilt entsprechend.

§ 1793 1–6

1) Inhalt: Wie die elterl Sorge (§ 1626 Anm 4) umfaßt die Vormsch die Sorge für die persönl u die VermAngelegenhten des Mdl sowie seine gesetzl Vertretg darin. Der Vormd übt seine Tätig in eig Verantwortg u grdsätzl selbständ aus. Wg der Beschränkgen Einl 3 v § 1773, Grdz v § 1793 sowie unten Anm 4. Oberster Grdsatz ist die Wahrg des wohlverstandenen Mündelinteresses. Der Vormd wird **unterstützt** dch das JA (JWG 47d). Ein R auf **Akteneinsicht** bei JA-Vormsch nur bei berecht Interesse u falls nicht bes Geheimhaltg entggsteht (OVG Hbg NJW 79, 1219).

2) Die Sorge für den Mündel.
a) Die **Personensorge** regeln §§ 1800, 1801. Daneben kann die der Elt bestehen (§§ 1673 II 2, 1679 I 3, 1680); auch kann sie diesen, insbes der nehel Mutter, zustehen u der Vormd auf die Vertretg in persönl Angelegenh des Mdl beschrkt sein (§ 1673 II 3). Bei Verheiratg des mj Mdl § 1633. Das JA berät u unterstützt den Vormd (§ 1851), bes bei Erziehungsbeistandsch (Anh z §§ 1666, 1666a Anm 2). Der **Erziehungsstil** entspricht demj der Elt, **S 2**, insb hat auch der Vormd der Reifg des Kindes Rechng zu tragen (§ 1626 Anm 5) u entwürdigende ErzMaßn zu unterlassen (§ 1631 II).

b) Zur **Vermögenssorge** enthalten die §§ 1802–1842 nähere Vorschr. Steht ein Eheg unter Vormsch, hat der Vormd die VermSorge nur unter Berücks der Rechte des and Eheg (§§ 1364ff, Grdz v § 1414, §§ 1422, 1417, 1418), was entgg § 1814 auch bei InhPapieren gilt. Fällt das GütGemsch der verwaltde Eheg unter Vormsch, gilt § 1436; haben beide Eheg die Verw, gilt § 1458. Erfaßt TestVollstrg die ererbten Rechte des Mdl, ist Vormd von der Verw ausgeschl (RG 106, 187). Mit diesen Einschrkgen hat Vormd das Verm in Besitz zu nehmen. Verweigert Mdl die Herausg, so keine Kl gg ihn, sond VormschG hat GVz mit der Wegnahme zu beauftragen (Dresd SeuffA 67, 136). Der Vormd wird unmittelbarer, der Mdl mittelb Besitzer. Der Vormd muß MdlVerm möglichst erhalten u vermehren (§ 1833 Anm 2), kann den Stamm aber unter Beachtg der §§ 1812ff, 1821ff auch angreifen, wenn es zur Bestreitg v Erziehg od Unterh erforderl ist (BayObLG JW 23, 517). Zur VermVerw gehören soweit erfdl auch Buchführg, Abgabe v SteuerErkl u dgl. Ein AmtsVormd ist ggwärt grdsl nicht aus Obhut einer HaftPflVers f den Mdl verpfl, sofern nicht bes Umstde vorliegen (BGH 77, 224), wie Jähzornsattacken bei Zerebralstörg (Hamm DAV 78, 221; vgl dagg die RevEntsch BGH aaO).

3) In der **gesetzlichen Vertretung** ist der Vormd grdsl unbeschränkt. Er kann also im Namen des Mdl RGeschäfte vornehmen, auch solche, zu denen der Mdl selbst fäh ist (§ 107); Prozesse führen; auch RMittel in Angelegenh der freiw Gerichtsbark einlegen bei iü selbständ BeschwR des Mdl (FGG 59); StrafAntr stellen (StGB 77 III) usw. Zur Sterilisation § 1631 Anm 1. Auslieferg der an sein Mdl gerichteten Post ggf nur aGrd entspr VerwKl (VerwG Münst FamRZ 84, 1148). Aufgabe des Vormd ist ferner die Erteilg der Gen als ges Vertr, was der Sache nach unter Anm 2 fällt. Soweit der Vormd innerh seiner Vertretgsmacht (vgl aber § 1791 Anm 1) Erklärgen im Namen des Mdl abgibt, treten die Wirkgen für u gg den Mdl unmittelb ein (§§ 164 I 1, 1793 S 1). Soweit sich das mit dem MdlInteresse verträgt, kann der Vormd allerd auch für den Mdl im eig Namen handeln. Bei erkanntem od erkennb Mißbr der VertrMacht kann der Dr sich auf diese nicht berufen (RG 75, 301). Bei AmtsVormsch des JugA hat dieses die Ausübg der vormschaftl Obliegenheiten einem Beamt od Angest übertragen; dieser ist im übertragenen Umfg vertretgsbefugt (JWG 37 S 3). Ebso bei VereinsVormsch (§ 1791a III).

4) Beschränkungen der Vertretungsmacht: a) Bei höchstpersönl Rechtsakten, zB EheG 13; zur Eheschl aber Einwilligg des Vormds erfdl, die auf Antr des Mdl dch das VormschG ersetzt w kann (EheG 3). – **b)** Soweit Mdl unbeschränkt geschäftsfäh ist (§§ 112, 113). – **c)** Auf Grd gesetzl Ausschlusses der Vertretgsmacht bei Interessenwiderstreit (§ 1795); bei MitVormd mit verschiedenen Wirkgskreisen (§ 1797 II); ferner bei dem Vormd verbotenen Geschäften wie dem der Schenkg (§ 1804), od solchen, die für den Mj in der beabsichtigten Art ausscheiden wie Wettbewerbsklauseln (HGB 74a II 2, 75d). – **d)** Soweit einzelne Rechte u Pfl des Vormd dem JA übertragen sind (JWG 52), ein Pfleger bestellt od die Vertretg dem Vormd entzogen ist (§§ 1794, 1796, 1801). – **e)** Falls die Gen des GgVormd od VormschG erfdl ist (§§ 1809ff, 1821f). – **f)** Soweit die Gen od Zust dch das VormschG ersetzt w kann (§ 113; EheG 3 III). – **g)** Für den Abschl v Dienst- u Lehrverträgen v FürsZöglingen (JWG 69 IV; Anh z §§ 1666, 1666a Anm 4b hh).

5) Unübertragbarkeit. Die Vormsch als solche ist nicht übertragb u damit auch die vormschaftl Tätigk in allen Angelegenh, die den persönl Einfluß des Vormd fordern, nicht. Soweit das nicht der Fall ist, kann sich der Vormd Hilfspersonen bedienen, etwa zur Verwaltg eines Landguts (RG 76, 185); Abwicklg einer NachlSache (BayObLG 14, 213); Internat-, Kinder- od KrankPflege. Ein insow Bevollmächtigter steht aber hins der Notwendigk der Gen des VormschG nicht freier als der Vormd. Zur Haftg Anm 6 b.

6) Haftung
a) des Mündels für den Vormund. Der Mdl wird aus RGeschäften des Vormd verpfl (Anm 3 u 4), u zwar auch **über die Zeit der Vormundschaft hinaus.** Jedoch kann in einer unnötigen Bindg des Mdl eine Pflichtwidrigk des Vormd liegen. Vgl iü § 1822. Eine vom Vormd erteilte Vollm erlischt nicht mit der VertrMacht des Vormd (KG JFG 1, 313; RG HRR 29, 1649). Mdl haftet außerd aus den vom Vormd abgeschlossenen Verträgen u vertragsähnl Verhältnissen gem §§ 278, 677ff, u zwar auch, wenn der Vormd bei VertrAbschl argl gehandelt h (RG 83, 243); and wenn Gen des VormschG erfdl war u dieses von der argl Zusicherg nichts weiß (RG 99, 72) od die erforderl Gen überhpt nicht od nicht für die Nebenabrede erteilt ist (RG 132, 78). Dch unerl Hdlgen des Vormd wird der Mdl nicht verpfl (RG 121, 118).

b) des Vormunds. Vgl § 1833. Die Übertragg vormschaftlicher Aufgaben auf Dr (Anm 5) erfolgt auf eig Verantwortg des Vormds. Dieser haftet, falls die Bevollmächtigt od Verwendg der HilfsPers unzul ist, für jeden Schaden, gleichgült, ob den Bevollm od die HilfsPers ein Verschulden trifft; bei Zulässigk der Bevollmächtigg hingg nur für Auswahl, Unterweisg u Beaufsichtigg des Dr (RG 76, 185).

Vormundschaft. 1. Titel: Vormundschaft über Minderjährige §§ 1794, 1795

1794 *Beschränkung durch Pflegschaft.* **Das Recht und die Pflicht des Vormundes, für die Person und das Vermögen des Mündels zu sorgen, erstreckt sich nicht auf Angelegenheiten des Mündels, für die ein Pfleger bestellt ist.**

1) **Pflegerbestellung** in den Fällen der §§ 1795, 1796, 1801, 1909 I 2. Bei Hervortreten eines PflegschBedürfn **Anzeigepflicht** des Vormd: § 1909 II; des JA: JWG 47. Der Vormd ist (wie in § 1630 die Elt) im WirkgsKreis des Pflegers **nicht zur Vertretung befugt** (§ 1793 Anm 4d); bei Zuwiderhandeln: §§ 177 ff. Im WirkgsKr des Pfleg steht dem Vormd auch kein BeschwR zu (vgl BGH NJW 56, 1755); wohl aber wg der PflegBestellg. Bei **Meinungsverschiedenheiten** zw Pfleg u Vormd entscheidet entspr §§ 1798, 1915 I der VormschRichter (RPflG 14 Z 5).

1795 *Gesetzlicher Ausschluß der Vertretungsmacht.* **¹ Der Vormund kann den Mündel nicht vertreten:**
1. **bei einem Rechtsgeschäfte zwischen seinem Ehegatten oder einem seiner Verwandten in gerader Linie einerseits und dem Mündel andererseits, es sei denn, daß das Rechtsgeschäft ausschließlich in der Erfüllung einer Verbindlichkeit besteht;**
2. **bei einem Rechtsgeschäfte, das die Übertragung oder Belastung einer durch Pfandrecht, Hypothek, Schiffshypothek oder Bürgschaft gesicherten Forderung des Mündels gegen den Vormund oder die Aufhebung oder Minderung dieser Sicherheit zum Gegenstande hat oder die Verpflichtung des Mündels zu einer solchen Übertragung, Belastung, Aufhebung oder Minderung begründet;**
3. **bei einem Rechtsstreite zwischen den in Nummer 1 bezeichneten Personen sowie bei einem Rechtsstreit über eine Angelegenheit der in Nummer 2 bezeichneten Art.**
II Die Vorschrift des § 181 bleibt unberührt.

Schrifttum: Riedel JR **50**, 140 (kritisch); Röll NJW **79**, 627 (Gesellschafterbeschlüsse).

1) **Zweck:** § 1796 Anm 1. Die Vorschr enthält eine wicht **Ergänzung zu § 181,** dessen Geltg dch II sichergestellt wird. Die zusätzl Vertretgsbeschränkgen für den Vormd ergeben sich aus I. § 1795 gilt n § 1629 II 1 auch für die **Eltern** (§ 1629 Anm 4).

2) Zunächst gilt auch für den Vormd § 181. Auch ihm ist damit grdsl das **Selbstkontrahieren verboten,** II, also ein Gesch zw sich u dem v ihm selbst vertretenen Mdl bzw zw letzterem u einem Dr, wobei beide dch den Vormd vertreten w.

a) Zum **Tatbestand** vgl zunächst § 181. Wesentl, daß Vormd auf beiden Seiten steht, zB Bevollmächtigter od gesetzl Vertr der and Seite ist. Desh kann der GeschwisterVormd (§ 1775) nicht RGesch unter den Vertretenen selbst vornehmen (RG 67, 61); auch nicht eine Erbauseinands, selbst wenn sie nur eine vorläuf od rechner ist (RG 93, 334). Unzul auch die Eintragg einer SichergsHyp zG eigener Fdgen des Gebrechlk-Pfleg gg den Pflegebefohlenen (KG Rpfleger 78, 105). Das VertrVerbot gilt auch für einseit RGesch wie Anfechtg, Kündigg, Zustimmg (Erman-Holzhauer 2) sowie f die Aufn in eine Gesellsch bzw Änderg des GesVertr (BGH NJW 61, 724) iGgs zu bl GeschFührgsMaßn (§ 181 Anm 1). Vertretg auch zul, soweit die vertretenen Geschw auf einer Seite stehen u ihre Anteile auf and Miterben od Dr übertragen (KGJ 40, 1); ferner RGesch, an denen der Vormd zugl im eig u im Namen des Mdl mit Dr abschließt (RG JW 12, 790). Solche ParallelGesch vor allem bei StatusÄndergn, wie bei der Einbenenng n § 1618 (BayObLG FamRZ 77, 409). Das **Jugendamt** als AmtsVormd kann dch Antr FürsErziehg einleiten (JWG 65 I), braucht f dieses Verf also keinen Pfleger (BayObLG NJW 62, 964; bestr); ebsowenig bei Anlegg v MdlGeld bei der Körpersch, bei der das JA errichtet ist (§ 1805 S 2; JWG 38 V); wohl aber wg JWG 12 bei Abschl eines ArbVertr mit der Kommunalbehörde (KG JFG 8, 89).

b) Ausnahmen vom Verbot des Selbstkontrahierens mit der Wirkg sofortiger Wirksamk des RGesch:

aa) wenn das RGesch ausschließl in der **Erfüllung einer Verbindlichkeit** besteht (§ 181), sei es nun des Vormd gg den Mdl od umgek. Soweit aber zum ErfüllgsGesch die Gen des GgVormd od des VormschG erfdl ist, ist diese einzuholen.

bb) Die nach ehel **Güterrecht** erforderl Zust des and Eheg kann der zum Vormd best Eheg (§ 1436) sich selbst erteilen; sie liegt in seiner Erkl dem Dr ggü (KG RJA **4**, 76). Bei gemeins Verw ohnehin AlleinVerw des gesunden Eheg (§ 1458).

cc) Im Ggs zu § 1796 ist es grdsl gleichgült, ob ein **Interessengegensatz** tatsächl besteht. Aber Elt (vgl § 1629 Anm 4) u Vormd sind vertretgsbefugt, wenn das RGesch dem Ki bzw Mdl lediglich einen rechtl Vorteil bringt (BGH **59**, 236; zu § 1795 I Z 1: BGH NJW **75**, 1885 = FamRZ **75**, 480 mAv Schmidt).

dd) bei **Gestattung,** die auch dch das VormschG erfolgen kann (Hübner, Interessenkonfl u VertrMacht, 1977, S 125 ff; Larenz AllgT § 30 II a; Erman-Holzhauer 6; aA BGH **21**, 234). Dagg keine allg Befreiung v den Beschrkgen des § 181 dch das VormschG (Hamm FamRZ **75**, 510).

3) **Weitergehender Ausschluß der Vertretungsmacht, I.**

a) Ziff 1–3: Es gilt das Anm 2a Gesagte, wobei die Funktion der Z 1–3 lediglich darin besteht, das Verbot auf die darin bezeichneten Pers zu erweitern. **Ehegatte** ist nicht der frühere Eheg (Düss NJW **65**, 400). **Verwandte** in gerader Linie: § 1589 Anm 2. Also nicht Verschwägerte (Hamm FamRZ **65**, 86); hier evtl Entziehg (§ 1796 II). Vertretgmacht für reine ErfüllgsGesch, auch Aufrechng, gegeben; nicht aber f ErfüllgsSurrogate.

1747

§§ 1795-1797　　　　　　　　　　　　　4. Buch. 3. Abschnitt. *Diederichsen*

b) Ziff 2: Verbot v InsichGesch für best Arten v Gesch. Bei der Hyp nicht erfdl, daß sie auf dem Grdst des Vormd ruht (KG RJA **3**, 50). Unzul auch Kündigg u Einziehg der HypFdg dch den Vormd, da dch die Erfüllg die Fdg erlischt (KGJ **24** A 17); ferner Gen einer die persönl Schuld des Vormd aufhebden SchuldÜbern (RG **68**, 37). Hingg ist der Erwerb einer Hyp an Grdst des Vormd f den Mdl zul. Z 2 gilt auch für die SichergsHyp, die für künft ErsAnspr des Mdl gg den Vormd best ist; auch entspr anwendb f die Grdschuld, die dem Mdl an dem Grdst des Vormd zusteht (KG HRR **33**, 1589; aM Brschw JW **36**, 2937). Keine Ausn für reine ErfüllgsGesch (KG OLG **5**, 362; aA Gernhuber § 51 IV 3). Verbot gilt ferner f RegPfdR an Luftfahrz (LuftfzRG 98 II).

c) Ziff 3: Gilt für **Rechtsstreitigkeiten** der bezeichn Art (überfl wg entspr ausdehnender Ausleg v § 181; dort Anm 1 u BayObLG NJW **62**, 964); auch für die echten StreitVerf der Freiw Gerichtsbk, nicht aber f deren VerwVerf, also zB im ErbscheinsVerf (BayObLG NJW **61**, 2309) od f das JA bei Antr auf FE (Anm 2a). **Ehelichkeitsanfechtung** (§ 1629 Anm 4) dch den Mann: Ausschl beider Elt wg GesamtVertretg (§§ 181, 1795 II); alleiniges SorgeR der Mutter: Ausschl n § 1795 I Z 3 u 1. Anf dch das Ki (§ 1596): bei bestehder GesVertretg Ausschl beider Elt (§§ 181, 1795 II); bei AlleinVertr des Mannes Ausschl n §§ 181, 1795 II; nach Scheidg ist die alleinvertretgsberecht Mutter nicht ausgeschl (vgl aber § 1796 Anm 3). Ebso ledigl Prüfg v § 1796, ob dem Scheinvater Vertretg zu entziehen ist, um EhelkAnf zu betreiben (BGH NJW **75**, 345). Z 3 gilt nicht für die Vorfrage, ob Proz überh anhäng gemacht w soll (Hamm Rpfleger **73**, 395: Unterhalt; BayObLG **63**, 578 u Ffm MDR **64**, 419: Pflichtt gg überlebden EltT; BGH NJW **75**, 345: EhelkAnf). Dann aber evtl § 1796 (Erman-Holzhauer 11).

4) Rechtsfolgen. Zuwiderhandlgen machen das RGesch im allg nicht nichtig, sond nur schwebd unwirks (§§ 177ff). Es kann also dch einen zu bestellden Pfleger od den vollj gewordenen Mdl **genehmigt** w (Warn **37**, 22), u zwar sowohl bei I wie bei II (RG **71**, 163), dagg nicht vom Vormd selbst, weil die Ausschließg v der Vertretg beim RGesch gleichzeit die Verhinderg an der Erteilg der erfdl Gen bedeutet (BayObLG NJW **60**, 577). Bei fehlder ProzFührgsBefugn gilt Mdl als nicht vertreten (ZPO 56, 89, 579 Z 4). **Keine Umdeutung** des Gesch in ein im eig Namen des Vormd zG des Mdl abgeschlossenes (BGH FamRZ **62**, 464).

1796 *Entziehung der Vertretungsmacht.* ¹ **Das Vormundschaftsgericht kann dem Vormunde die Vertretung für einzelne Angelegenheiten oder für einen bestimmten Kreis von Angelegenheiten entziehen.**
ᴵᴵ **Die Entziehung soll nur erfolgen, wenn das Interesse des Mündels zu dem Interesse des Vormundes oder eines von diesem vertretenen Dritten oder einer der in § 1795 Nr. 1 bezeichneten Personen in erheblichem Gegensatze steht.**

1) Zweck: Schutz des Mdl vor den sich aus einem Interessenkonflikt des Vormd ergebenden Gefahren (statt dch tatbestandl Einschrkg wie in § 1795) durch Eingreifen des VormschG. MußVorschr: Stellt das VormschG einen erhebl InteressenGgs fest, so hat es die Vertretg zu entziehen. Entspr anwendb auf AmtsVormd u die sorgeberecht Elt (§ 1626 II 3). Tritt ein PflegschBedürfn ein, AnzeigePfl des Vormd (§ 1909 II).

2) Als Maßnahme kommt nur die **Entziehung der Vertretungsmacht** in Betr, u zwar zeitweilig od dauernd u nur für einzelne oder einen best Kreis v Angelegenhten, **I;** dagg nicht (wie in §§ 1666ff für die Elt vorgesehen) allgemein (KG JFG **15**, 234; KGJ **45**, 42). Reicht die auf diese Weise mögl Einschrkg der Tätigk des Vormds nicht aus, so Entlassg (§ 1886). Das VormschG hat daneben für die Angelegenh, von deren Besorgg der Vormd ausgeschl w, einen Pfleger zu bestellen (§ 1909 I 1), es sei denn, das Mdl-Interesse bleibt ohne die vom Vormd geplante Maßn ungefährdet (Erman-Holzhauer 6 mN).

3) Voraussetzung für die Entziehg der Vertretgsmacht ist ein erhebl Ggsatz zw Mdl- und VormdsInteressen od denen eines vom Vormd ebenf vertretenen Dr, **II.** Vgl § 1629 Anm 6. Bei Religionsverschiedenh:§ 1801. Keine Entziehg aus and Grden als §§ 1796, 1801. **Erheblicher Interessengegensatz:** Bl Meingsverschiedenh zw Vormd u VormschG über das Mdl-Interesse fallen nicht unter II (BayObLG JW **27**, 1217). Es muß das Interesse nur auf Kosten des and zu fördern sein (KGJ **29** A 24). Nicht genügd, wenn trotz mögl InteressenGgsatzes zu erwarten ist, daß Vormd iS des Mdl handeln w (KG DJ **38**, 427; Mü DFG **42**, 58); wohl aber, wm mRücks auf den zu erwartenden InteressenGgs den Pfleger die Vornahme gewisser Hdlgen dch den Vormd verhindert w soll, auch wenn der Ggsatz noch nicht zutage getreten ist u ein Bedürfn zur Best eines Pflegers n § 1909 noch nicht vorliegt (BayObLG OLG **33**, 367). Bei **Ehelichkeitsanfechtung** (§ 1795 Anm 3c) können dch gegsätzl Interessen v Ki u Mutter zur Entziehg des VertretgsR führen (BGH NJW **72**, 1708; Weyer FamRZ **68**, 498). Zur Geltdmachg eines **Pflichtteils** § 1629 Anm 6. Für § 1796 reicht das Verhältn des Vormds zu anderen als den in § 1795 I Z 1 bezeichneten Pers aus, weil es nur auf die Interessengefährdg ankommt.

4) Verfahren. Entsch dch RPfleger (RPflG 3 Z 2a). Die Entziehg wird **wirksam** nicht schon mit Eintr des InteressenGgsatzes (KGJ **30 A 35**), sond dch die Entziehg u Zustellg des Beschl an den Vormd (FGG 16) bzw dch Bestellg eines Pflegers u Bekanntmachg an den Vormd, worin konkludente VertretgsEntziehg liegt (KGJ **31** A 12); trotzdem auch hier begründeter EntziehgsBeschl erfdl (KG NJW **66**, 1320). BeschwR des Vormds aus FGG 20 (KG OLG **65**, 237).

1797 *Mehrere Vormünder.* ¹ **Mehrere Vormünder führen die Vormundschaft gemeinschaftlich. Bei einer Meinungsverschiedenheit entscheidet das Vormundschaftsgericht, sofern nicht bei der Bestellung ein anderes bestimmt wird.**
ᴵᴵ **Das Vormundschaftsgericht kann die Führung der Vormundschaft unter mehrere Vormünder nach bestimmten Wirkungskreisen verteilen. Innerhalb des ihm überwiesenen Wirkungskreises führt jeder Vormund die Vormundschaft selbständig.**

Vormundschaft. 1. Titel: Vormundschaft über Minderjährige §§ 1797–1799

III Bestimmungen, die der Vater oder die Mutter für die Entscheidung von Meinungsverschiedenheiten zwischen den von ihnen benannten Vormündern und für die Verteilung der Geschäfte unter diese nach Maßgabe des § 1777 getroffen hat, sind von dem Vormundschaftsgerichte zu befolgen, sofern nicht ihre Befolgung das Interesse des Mündels gefährden würde.

1) Grdsätzl führen **Mitvormünder** (zu ihrer Bestellg § 1775) die Vormsch **gemeinschaftlich, I 1.** Stillschweigende Verteilg der GeschFührg unzul (Posen OLG 33, 368); also **Gesamtvertretung;** fehlt die erforderl Mitwirkg, so §§ 177ff (RG 81, 325). **Ausnahmen:** Zustellg an einen genügt (ZPO 171 III); selbständiges BeschwR (FGG 58); jeder kann seine Zust zur Abgabe der Vormsch an ein and Ger verweigern (FGG 46 II, 47 II). Die MitVormd haften als **Gesamtschuldner** für mitverschuldeten Schaden, auch bei Verletzg der AufsPfl (§ 1833 II), denn jeder ist zur Beaufsichtigg des and verpflichtet. Desh kann selbst bei erhebl VermVerwaltgen von Bestellg eines GgVormd abgesehen w (§ 1792 II); ferner ist die Gen des VormschG für Anlegg von Geld u zur Vfg über KapitalVerm auch bei Fehlen eines GgVormd nicht erforderl (§§ 1810 S 2, 1812 III). Fällt ein Vormd weg, so führen die anderen die Vormsch weiter, falls bei GesVertretg noch zwei vorhanden sind; bei getrennten Wirkgskreisen, II, muß schleunigst ein neuer MitVormd für diesen Wirkgskreis bestellt werden. Auch das JA kann zum MitVormd bestellt w (§ 1791b Anm 3).

2) Teilung nach Wirkungskreisen, II. Kann vom MdlVater od MdlMutter angeordnet w (vgl Anm 3), ebso durch das VormschG. Die Teilg kann in der Weise geschehen, daß – **a)** jeder einen bes Wirkgskreis hat, zB Sorge für die Pers einerseits, für das Verm andererseits. Dann ist jeder nur für diesen vertretgs- u geschäftsführgsberechtigt, aber auch nur für ihn haftbar (Dresd OLG 36, 212). Sein BeschwR bemißt sich nach seinem Wirkgskreis. Keine ggseitige AufsPfl. Es kann jedoch ein Vormd dem anderen zum GgVormd bestellt werden (§ 1792 III). – **b)** Ein Wirkgskreis wird einem Vormd zugeteilt, währd im übrigen die GeschFührg allen gemeins zusteht (BayObLG 5, 121). – Art der Teilg der Führg der Vormsch soll ebso wie Namen der MitVormd in der Bestallg vermerkt sein (§ 1791 II).

3) Bestimmungen des Vaters oder der Mutter, III, sind nur unter den sachl Voraussetzgen u in der Form des § 1777 mögl; vgl dort Anm 1 und 2. Bestimmt werden kann die Verteilg der Geschäfte u wie über Meingsverschiedenheiten entschieden w soll; vgl Anm 4. An diese Bestimmg ist das VormschG grdsätzl gebunden. Die Wirkgen treten aber nicht von selbst, sond erst mit der entspr Bestellg durch VormschG ein. Wird MdlInteresse durch Bestimmg gefährdet, so ist VormschG an die Bestimmgen nicht gebunden.

4) Entscheidung von Meinungsverschiedenheiten, I 2. Hierüber können sowohl das VormschG bei der Bestellg wie die III Genannten (vgl Anm 3) Bestimmg getroffen haben, zB MehrhBeschl. Ist das nicht geschehen, so entsch das VormschG, jedoch nur dadurch, daß es einer Meing beitritt (Dresd OLG 40, 95), wogg Beschwerde namens des Mdl mögl. Durch den Beitritt wird Zust derer ersetzt, gg die es entscheidet (KG OLG 7, 208). Es kann auch sämtl Ansichten verwerfen, so daß die Hdlg unterbleiben muß. Eine eigene selbständige Ansicht durchzuführen, würde dem Grds der Selbständigk des Vormd zuwiderlaufen. Hingg kann das VormschG ein selbständiges Recht zum Eingreifen wg Pflichtwidrigk des MitVormd im Rahmen des § 1837 haben. Entsch des VormschG (es entsch der Richter, RPflG 14 Z 5) wird erst mit Rechtskr wirks (KGJ 26 A 18; aM KGJ 38 A 44).

1798 **Meinungsverschiedenheiten.** Steht die Sorge für die Person und die Sorge für das Vermögen des Mündels verschiedenen Vormündern zu, so entscheidet bei einer Meinungsverschiedenheit über die Vornahme einer sowohl die Person als das Vermögen des Mündels betreffenden Handlung das Vormundschaftsgericht.

1) Vgl § 1628. Gilt nur, wenn keine abw Regelg gem § 1797 III. Aber auch bei mehreren Pflegern (§ 1915 I); ferner für einen neben dem Vormd bestellten Pfleger, wenn die Wirkgskreise nach Pers- u VermSorge geschieden sind. Entspr anwendb auf Meingsverschiednheten zw Vormd u Pfleger auf vermögensrechtl Gebiet (§ 1794 Anm 1). Wg der Entsch des VormschG: § 1797 Anm 4. Selbständ BeschwR (FGG 58 II).

1799 **Pflichten des Gegenvormundes.** **I** Der Gegenvormund hat darauf zu achten, daß der Vormund die Vormundschaft pflichtmäßig führt. Er hat dem Vormundschaftsgerichte Pflichtwidrigkeiten des Vormundes sowie jeden Fall unverzüglich anzuzeigen, in welchem das Vormundschaftsgericht zum Einschreiten berufen ist, insbesondere den Tod des Vormundes oder den Eintritt eines anderen Umstandes, infolge dessen das Amt des Vormundes endigt oder die Entlassung des Vormundes erforderlich wird.

II Der Vormund hat dem Gegenvormund auf Verlangen über die Führung der Vormundschaft Auskunft zu erteilen und die Einsicht der sich auf die Vormundschaft beziehenden Papiere zu gestatten.

1) Der GgVormd (Bestellg § 1792) ist **Aufsichtsorgan** bei sämtl dem Vormd obliegenden Angelegenhten, nicht aber auch des neben dem Vormd eingesetzten Pflegers (§ 1794). Neben JA als Vormd kein GgVormd (§ 1792 I 2), wohl aber bei VereinsVormd (§ 1791a IV). JA kann GgVormd s (§ 1792 I 2). Leitender GesPkt bei Ausübg der **Rechte und Pflichten** ist die Wahrg des Mdl-Interesses (BGH NJW 56, 789). Die Beaufsichtigg im einzelnen ist Sache des pflichtmäß Ermessens. Der Vormd hat dem GgVormd jederzeit Auskft zu erteilen u Einblick in die Unterlagen zu gestatten. Bei Amtsantritt hat er sich über den Stand der Verw u die sichere Anlage der Wertpapiere Kenntn zu verschaffen (RG 79, 11). Mitwirkg bei der VermögensVerw, soweit es sich um Gesch handelt, die seiner Gen unterliegen (§§ 1809, 1810, 1812, 1813, 1824, 1832). Ferner Mitwirkg u Prüfg bei der Aufn des VermVerzeichn (§ 1802), bei der regelm JahresRechng (§ 1842) u Schlußrechng (§ 1892 I). Aber **kein Vertretungsrecht** des GgVormds, auch nicht bei

§§ 1799, 1800   4. Buch. 3. Abschnitt. *Diederichsen*

Verhinderg des Vormds (KG RJA **4**, 74). Der GgVormd hat kein unmittelb EingriffsR; er kann nicht selbständ AnO treffen, sond muß, wenn Grd zum Einschreiten vorliegt (§ 1837 I), insb also bei Pflwidrigkten od wenn ein and Vormd od ein Pfleger best w muß (§§ 1885 ff, 1795 f, 1909), dem VormschG unverzügl (§ 121) **Anzeige machen,** damit dieses gem § 1837 gg den Vormd eingreifen k. Auch ist der GgVormd zur **Auskunftserteilung** ggü dem VormschG verpfl (§§ 1839, 1891 II); wie er umgek vom VormschG angehört w muß (§§ 1826, 1836 II). Auch der GgVormd untersteht iR v § 1837 der Aufsicht u OrdngsStrafGewalt des VormschG. Für Pflwidrigk bei der Überwach u Anzeige **haftet** er dem MdI n § 1833 I 2. **Beschwerderecht:** FGG 57 I Z 6 u 9.

1800 *Personensorge.* Das Recht und die Pflicht des Vormunds, für die Person des Mündels zu sorgen, bestimmen sich nach §§ 1631 bis 1633.

Schrifttum: Palder BayVBl **77**, 392 (Unterbringg von Suicidenten), Göppinger FamRZ **80**, 856 (Unterbringg psych Kranker); Helle JR **86**, 180 (Kompetenz des LGesGeb).

1) Schwergewicht der Vormsch liegt idR in der PersSorge. Das R des Vormd hat denselben Umfang wie das elterl SorgeR (§§ 1631–1633). Der Vormd übt dieses R **selbständig** aus. Allerd ist öfters Gen des VormschG erforderl (§§ 112, 1728 II, 1729). Außerd unterliegt er der Aufs des VormschG (§ 1837), der Überwachg dch GgVormd (§ 1799) u des JA (§ 1850). Bisweilen steht dem Vormd das PersSorgeR nur beschr zu (§ 1793 Anm 2 a). **Beschwerderecht:** Jeder bei berecht Interesse (FGG 57 I Z 9); Mdl selbst n FGG 59.

2) Personensorge: allg §§ 1626 Anm 4, 1631. Der Vormd hat AufsichtsPfl; R auf Herausg ggü jedem, der ihm Mdl widerrechtl vorenthält (KG OLG **2**, 450), das er im KlWege durchsetzen kann, auch der AmtsVormd (Karlsr FamRZ **65**, 452), sofern das VormschG nicht von sich aus vorgeht (Kln NJW **52**, 547); Bekl hat nur Einwendg des RMißbr (§ 1632), der Dritte kann sich also nicht darauf berufen, daß er dch die Zurückbehaltg im Interesse des Kindes handele, worüber nur VormschG entscheidet (Donau NJW **68**, 1331). Vormd hat ferner das Recht, Mdl zu erziehen, Schule auszuwählen (KG OLG **7**, 422) u dessen Beruf zu bestimmen (vgl auch KG DFG **40**, 108). Den dafür notw Betrag hat er festzusetzen; dabei kann er erforderlichenf den Vermögensstamm angreifen (§ 1793 Anm 2 b). Geschieht dies in übermäß Weise, so Einschreiten des VormschG (§ 1837), aber keine Festsetzg des Betrags dch dieses von vornherein (KG RJA **1**, 178). Vormd kann Mdl auch selbst erziehen. Falls er ihn als Lehrling annehmen will, Pflegerbestellg erforderl. Vormd hat selbstd den Aufenth zu bestimmen (KG OLG **12**, 346), wobei seine Zustimmg auf den Ztpkt des tatsächl Wohnsitzwechsels zurückwirkt (BayObLG FamRZ **81**, 400). Wenn f Mdl daraus Nachteile entstehen können, braucht er ihn auch den Verwandten nicht zu nennen (KG OLG **40**, 99). Er kann geeignete Erziehgsmaßregeln anwenden. Bei diesen hat VormschG in geeigneter Weise zu unterstützen (§ 1631 III), zB Ersuchen an die Polizei um zwangsw Zurückführg des Mdl oRücks auf dem Staat etwa entstehde Kosten. Vormd kann auch das DienstVerhältn kündigen (BayObLG SeuffA **56**, 95). Bei nehel Kindern hat auch Vormd, sofern ein solcher an Stelle eines Pflegers tät ist (§ 1706 Anm 1), regelm das JA (§ 1791 c), den Erzeuger, erforderlichenf im Prozeßwege (ZPO 641), festzustellen, auch dafür zu sorgen, daß Unterh gezahlt w (ZPO 642); desgl wenn der Regelbedarf erhöht w f Neufestsetzg des RegelUnterh (ZPO 642 b).

3) Unterbringung des Mündels. Jede die Freih entziehde Unterbringg des Mdls bedarf der vorherigen Gen dch das VormschG, um jedem Mdl den Schutz von GG 104 II zu sichern (so schon BVerfG **10**, 302). Die GenPfl sprach der dch Art 1 Z 32 FamÄndG 1961 eingefügte II ausdrückl aus, den SorgeRG Art 1 Z 49 mit Rücks darauf aufgeh hat, daß nunmehr gem § 1631 b auch die Elt iF einer Unterbringg ihres Kindes zur Einholg der vormschgerichtl Gen verpfl sind; in der Verweisg auf die §§ 1631–1633 ist auch diej auf § 1631 b enthalten, so daß es sich bei der Aufhebg v II ledigl um eine gesetzestechn Maßn AG Ffm FamRZ **88**, 1209, was jedoch idR die Beurtfähigk des Juristen überfordern dürfte. **Verfassungsmäßigkeit:** VorlBeschl AG Ffm vgl NJW **87**, 824.

a) Genbedürft ist die **Unterbringung,** also jede Einweisg, Einschließg oder Einsperrg **in** eine psychiatr Klinik, Trinkerheil- od sonst geschloss **Anstalt** (Lit: Saage/Göppinger, FreihEntziehg u Unterbringg, 2. Aufl 1975, S 269 ff). Entscheidd der FreihEntzug; nicht ausr die bl **Freiheitsbeschränkung** (§ 1631 b Anm 2) alter verwirrter Menschen, zB off Anst (Mannh Just **74**, 381) od dch Ausgehverbot bzw Vorführg zu kurzfr ärztl Untersuchg (vgl Stgt Just **73**, 392), dch Bauchgurte u Bettengitterg lege artis (vgl AG Erlinghausen FamRZ **88**, 653). Vormschgericht von verlangt dagg f sämtl freih-beschrkde Maßn AG Ffm FamRZ **88**, 1209, was jedoch idR die Beurtfähigk des Juristen überfordern dürfte. Der Zweck der Unterbringg ist gleichgült (Hamm FamRZ **62**, 398; BayObLG NJW **63**, 2372), insb kommt eine Freistellg der pädagog motivierten Unterbringg von dem GenErfordern nicht in Betr, vgl Anm b. Im Hinbl auf notw Verteidigg iSv StPO 140 I Z 5 steht Gen gem II gleich (Celle NJW **65**, 2069).

b) Dch das Erfordern vormschgerichtl Gen wird geschützt der **Mündel,** bei Vormsch über Vollj (§ 1897) u bei Pflegsch (§ 1915); eine Gen scheidet aber überh aus, wenn der GebrechlkPfl mit dem WirkgsKreis der AufenthBestimmg einen geschäftsfäh Pflegling gg dessen Willen in einer geschl Anst unterbringen will (BGH **48**, 157; BayObLG StAZ **78**, 211). Gen erforderl auch bei Kindern unter elterl Sorge (§ 1631 b), auch bei ne Kindern, deren Mutter die PersSorge (§ 1705 I) zusteht; ebso bei sonst Mj die in Kinderheim od Internat untergebracht w, auch wenn iW der freiw ErzHilfe od FürsErz aus ErzGrden Einweisg in das bes GewVerhältn einer Anst erfolgen soll (Beitzke § 37 II 1, Hamm FamRZ **62**, 397, Düss NJW **63**, 397, BayObLG NJW **63**, 2372, Celle NJW **64**, 552; aA AG Hbg NJW **61**, 2160 u MDR **62**, 654, Arnold FamRZ **63**, 484, Prahl NJW **64**, 530, Soergel-Gerner 9 mwNachw).

c) Erforderl die **Genehmigung des Vormundschaftsgerichts.** Zustdgk FGG 36. Abgabe an and VormschG gem FGG 46 bei voraussichtl längerer AnstUnterbringg außerh des eig örtl ZustdgkBereichs (Stgt FamRZ **80**, 504). Es entsch der Richter (RPflG 14 Z 10). Die Entsch ist gem FGG 64 d I 2 auch bei einf

Vormundschaft. 1. Titel: Vormundschaft über Minderjährige § 1800 3c–j

Sach- u RLage (anders noch Brem OLGZ **67**, 258) wg ihrer Tragweite in allen Inst zu begründen (vgl Mannh NJW **64**, 1137 u Just **74**, 19). Wird eine Unterbringg genehmigt, so sind in der Entsch die **Art und Dauer** der Unterbringg anzugeben (FGG 64d I 1). Bei Unterbringg eines psych Kranken muß die Duldg od Förderg von GeschlVerk unter den Kr vom VormschG ausgeschl werden können (AG Rheda-Wiedenbrück FamRZ **89**, 1000); ggf Haftg des Klinikpersonals. Die zuläss Dauer der Unterbringg beträgt bei voraussichtl langer Geisteskrankh höchstens 2 J, in allen and Fällen höchstens 1 J (FGG 64 d II). Für die Gen einer weiteren Unterbringg gelten die VerfVorschr wie bei einer Erstunterbringg (FGG 64 d III). Bekanntmachg der Entsch an Mdl u Vormd (FGG 16).

d) VormschG wie 2.Inst (BGH DAV **82**, 460) haben vor der Entsch den **Mündel persönlich hören** (FGG 64a), um sich einen unmittelb Eindruck zu verschaffen. Es unterrichtet den Mdl über den mögl Verlauf des Verf (FGG 64a I 2). Die Anhörg darf nicht, u zwar auch nicht nach dem PsychKG (Celle NdsRpf **79**, 269), dch einen ersuchten Richter erfolgen (FGG 64 a I 3), so daß ein entspr RHilfeErsuchen abgelehnt w kann (Düss Rpfleger **80**, 105), u in der BeschwInst idR nicht dch den beauftr Richter, sond dch die BeschwKam selbst (Stgt Just **80**, 149; and VorlBeschl Hamm FamRZ **81**, 820: Absehen v pers Anhörg, wenn keine Anhaltspkte dafür, daß eine nochmal Anhörg zur SachAufklärg beitragen werde). Ist ein Pflegebefohlener aber vor der Gen seiner Unterbringg in einer geschloss Anst vom VormschG gem FGG 64a persönl angehört w, so ist das BeschwGer bei Einlegg der sofort Beschw des Pflegebefohlenen nicht unter allen Umst verpfl, ihn nochmals persönl anzuhören (BVerfG FamRZ **84**, 139; Hbg FamRZ **80**, 943; Bln DAVorm **80**, 419). Auch im Verf über die erneute Gen einer Unterbringg ist der Betroffene vom BeschwGer grdsl anzuhören (Stgt Just **79**, 402), dh die BeschwKammer muß sich insges einen persönl Eindruck v dem Betroff verschaff (Stgt Just **79**, 435). Zu der Anhörg des Mdls hat das Ger einen Sachverständ zuzuziehen, wovon nur abgesehen w darf, wenn die Zuziehg nach den Umst nicht erfdl erscheint od wenn ihr bes Grde entggstehen (FGG 64a II 1 u 2). Erscheint Mdl trotz Ladg zur Anhörg nicht, so kann das Ger seine Vorführg anordnen (FGG 64a III). Anhörg u Unterrichtg des Mdl dch VormschG **nicht erforderlich**, wenn nach ärztl Gutachten erhebl Nachteile für den GesundhZustd des Mdls zu besorgen sind, dh wenn sie eine ernsth Gefahr für den GesundhZustd des Mdls bedeuten würden (Hamm MDR **67**, 1011), was vor allem bei Eilbedürftigk gegeben sein kann; dann aber Anhörg dch BeschwGer. Anhörg erübrigt sich auch bei Rückfall eines probew entlassenen Trunksücht (Hamm MDR **67**, 1011). Dagg erübrigt sich die Anhörg nicht dch Angaben des AnstPflegepersonals (Mannh Just **74**, 19). Von der Unterrichtg des Mdls iSv FGG 64 a I 2 darf das Ger auch absehen, wenn der Mdl nicht die erforderl Einsichtsfähigk haben kann (FGG 64 a IV 2).

e) Das Ger bestellt dem Mdl für das Verf einen **Pfleger**, wenn es zur Wahrnehmg der Interessen des Mdls erforderl erscheint (FGG 64b I). Pflegerbestellg insb dann, wenn Mdl vielleicht nicht fäh ist, einen Willen zu äußern (Hampel FamRZ **62**, 514), aber nicht schon zur Wahrnehmg der Interessen des Mdls gg den Vormd, da auch der GeschUnfäh RMittel selbst einlegen k (BGH **35**, 1; BayObLG FamRZ **60**, 411). Die Pflegerbestellg endet mit ihrer Aufhebg, mit der Rechtskr der Entsch über die Gen der Unterbringg od mit dem sonst Abschluß des Verf (FGG 64b II). Zur **Anwaltsbeiordnung** LG u AG Arnsbg FamRZ **84**, 1150 u **85**, 834. Als staatl bestellter Bevollm ist RA insow befugt, sämtl VerfRechte des Beteiligten auszuüben; seine Befugn erledigt sich aber, wenn der UnterbringgsBerecht die U-Absicht aufgibt (KG OLG **71**, 77).

f) Die Unterbringg darf erst genehmigt w, nachdem das **Gutachten eines Sachverständigen** eingeholt ist, der den Mdl untersucht hat (FGG 64 c I). Eine bl ärztl Stellgnahme mit einz BefundTats zur Diagnose reicht hierfür nicht aus (KG FamRZ **88**, 981). Befindet sich der GAer noch in der FachAusbildg, so ist seine Sachkunde bes festzustellen (BayObLG NJW **88**, 2384). Zur Vorbereitg kann das Ger anordnen, daß der Mdl untersucht u zu einer Untersuchg vorgeführt w (FGG 64 c II 1). Dagg keine Beschw. Unterbringg u Beobachtg auf best Dauer nach Anhörg eines Sachverst (FGG 64 c II 2) ist sog **Beobachtungsunterbringung** 6 Wo u um 3 Mo verlängerb (FGG 64c III 1 u 2); unbefr beschwfäh (Bassenge/Herbst, FGG/RPflG 4. Aufl FGG 64c Anm 2c).

g) Maßgebd für die Erteilg od Versagg der Gen ist ausschließl das **Wohl des Mündels** (arg II 3). LandesGesGeber können keine zusätzl Voraussetzgen schaffen u dadch die Unterbringg einschränken, Ffm OLGZ **66**, 102. So reichen ohne weiteres polizeil Grde f die Unterbringg aus Selbstgefährdg (BayObLG MDR **63**, 1014), Trunks (Mannh MDR **64**, 236), sex Übergriffe inf akuter schizophrener Psychose (Stgt Just **79**, 434) od die Befürchtg einer Verletzg Dritter (Gö DAVorm **76**, 345). Zu beachten Grdsatz der Verhältnmäßigk des Mittels, so daß Unterbringg in geschloss Anst nicht genfäh, wenn (halb) off, geeignete Anst z Vfg steht (BayObLG MDR **63**, 1014).

h) Unterbringg unter best Voraussetzgen auch dch **einstweilige Anordnung** zul (FGG 64f). Auch hierfür ist aber die persönl Anhörg des Mdls, ggf iW der Rechtshilfe dch den ersuchten Richter (Mü NJW **80**, 1699), erfdl, wenn nicht Gefahr im Verzug; dann unverzügl Nachholg der Anhörg spätestens innerh v 2 Wo (FGG 64g). Gg AnO n FGG 64 f einf Beschw (LG Frankth FamRZ **84**, 1149).

i) Die Entsch ist dem Mdl als BeschwBerecht grdsl förml bekanntzumachen. Die **Bekanntmachung** an ihn kann aber unterbleiben, wenn nach ärztl Zeugn eine Verständigg mit ihm wg seines Geisteszustandes nicht mögl ist od erhebl Nachteile f seine Gesundh zu besorgen sind, wobei die Bek auf die Mitteilg der EntschFormel beschrkt w kann (FGG 64e).

j) **Rechtsbehelfe:** Entsch des VormschG wird erst mit Rechtskr wirks (FGG 64h I 1); jedoch kann das VormschG die sof Wirksamk der Vfg anordnen in Fällen, die keinen Aufschub dulden (FGG 64h I 2); insow sof Beschw (BGH **42**, 225). Es kann vor seiner Entsch auch einstw AnO treffen (Anm h), die mit der Bek wirks wird (FGG 16); dagg nur einf Beschw (BGH **48**, 154). Wird Unterbringg abgelehnt, einf Beschw des Vormd (FGG 20), nicht auch des GesundhAmts (KG FamRZ **64**, 325). Bei Gen hat nicht der Vormd (LG Oldbg FamRZ **61**, 606), wohl aber der Mdl unabhäng v der evtl GeschUnfähigk (BayObLG NJW **88**, 2384) sof Beschw (FGG 64h u i, 59, 60 I Z 6), die Mdl auch zur Niederschr des AG, in dessen Bezirk er verwahrt w, einlegen kann (FGG 64h II; vgl BGH NJW **70**, 804). Kein BeschwR der Elt gg Unterbringg in geschl Anst, wenn ihnen das PersSorgeR f ihr Kind entzogen ist (Hamm FamRZ **73**, 318).

1751

§§ 1800–1802   4. Buch. 3. Abschnitt. *Diederichsen*

k) Das VormschG nimmt die Genehmigung zurück, wenn das Wohl des Mdls die Unterbringg nicht mehr erfordert (I iVm § 1631b S 3). Um diese Entsch treffen zu können, hat es auf Antr od sonst vAw bei voraussichtl langer Geisteskrankh spätestens alle 2 J, sonst nach 1 J (FGG 64d II) auch ohne bes Anlaß zu überprüfen, ob Aufenth in der geschl Anst noch weiter notw. Auch hierbei muß sich VormschG dch Anhörg persönl ein Bild verschaffen; doch kann davon abgesehen w, wenn letzte Anhörg nicht allzulange zurückliegt od Mdl mehr gehört u die Aufrechterhaltg der Gen sicher ist (BayObLG FamRZ **65**, 457). Bei Verändergen des KrankhBildes SachverstGA unter Heranziehg der früh GA (Hamm FamRZ **65**, 340). Die AnstUnterbringg ist aufzuheben, wenn mangels eines BehdlgsPflegers die zwangsw Unterbringg der Untergebrachten nicht mögl ist (Stgt NJW **81**, 638). Verneint VormschG die weitere Erforderlk, hat es die Gen zurückzunehmen, worauf der Vormd die sof Entlassg des Mdls zu veranlassen hat. Mit der Entlassg des Mdls wird die vormschgerichtl Gen wirkglos, so daß erneute Einweisg einer neuen Gen bedarf (Hamm OLGZ **70**, 237). Die probew Entlassg des Untergebrachten kann nicht vom VormschG angeordnet w (BayObLG ZBlJugR **78**, 140). Die ZurücknVfg steht der Ablehng der Gen gleich, so daß dagg einf Beschw des Vormd; das gleiche gilt für Mdl bei Ablehng der Zurückn (BayObLG FamRZ **62**, 535; LG Bln MDR **67**, 674).

1801 *Religiöse Erziehung.* ¹ **Die Sorge für die religiöse Erziehung des Mündels kann dem Einzelvormund von dem Vormundschaftsgericht entzogen werden, wenn der Vormund nicht dem Bekenntnis angehört, in dem der Mündel zu erziehen ist.**

II Hat das Jugendamt oder ein Verein als Vormund über die Unterbringung des Mündels zu entscheiden, so ist hierbei auf das religiöse Bekenntnis oder die Weltanschauung des Mündels und seiner Familie Rücksicht zu nehmen.

1) Zur PersSorge gehört auch rel Erziehg, G über rel Kindererziehg, erläutert hinter § 1631. Bei VormdBestellg ist auf das rel Bekenntn des Mdl Rücks zu nehmen (§ 1779 Anm 4b). Bei Ungleich des Bekenntnisses kann dem Vormd die Sorge für die rel Erziehg, wenn es MdlInteresse erfordert, entzogen u insofern ein Pfleger bestellt werden (§ 1909 I); od es kann für diesen Wirkgskreis ein MitVormd bestellt w (§ 1775). Es entsch der Richter (RPflG 14 Z 19). Es müssen aber gewichtige Gründe vorliegen (KGJ **46**, 79). Religionswechsel od Kirchenaustritt macht Vormd noch nicht ungeeignet (BayObLG OLG **30**, 148).

2) Unterbringung durch Jugendamt oder Verein, II. Beide haben als Vormünder die Bestimmg des Aufenth. Dabei ist auf das religiöse Bekenntn Rücks zu nehmen (JWG 38 IV). Bei Mangel einer geeigneten Stelle aber auch konfessionsfremde Unterbringg (BayObLG JW **27**, 217).

3) Beschwerderecht. Ist Vormd schon bei Bestellg religiöses ErziehgsR entzogen, nur aus FGG 57 I Z 9 (KG RJA **12**, 173), sonst einfache Beschw aus FGG 20 (KGJ **37** A 86). Vgl auch § 1779 Anm 5.

1802 *Vermögensverzeichnis.* ¹ **Der Vormund hat das Vermögen, das bei der Anordnung der Vormundschaft vorhanden ist oder später dem Mündel zufällt, zu verzeichnen und das Verzeichnis, nachdem er es mit der Versicherung der Richtigkeit und Vollständigkeit versehen hat, dem Vormundschaftsgericht einzureichen. Ist ein Gegenvormund vorhanden, so hat ihn der Vormund bei der Aufnahme des Verzeichnisses zuzuziehen; das Verzeichnis ist auch von dem Gegenvormunde mit der Versicherung der Richtigkeit und Vollständigkeit zu versehen.**

II Der Vormund kann sich bei der Aufnahme des Verzeichnisses der Hilfe eines Beamten, eines Notars oder eines anderen Sachverständigen bedienen.

III Ist das eingereichte Verzeichnis ungenügend, so kann das Vormundschaftsgericht anordnen, daß das Verzeichnis durch eine zuständige Behörde oder durch einen zuständigen Beamten oder Notar aufgenommen wird.

Schrifttum: Drews Rpfleger **80**, 178 (Stichtag f das VermVerzeichn).

1) Pflicht zur Aufstellung und Einreichung des Vermögensverzeichnisses, I 1. Das VermVerzeichn (vgl auch § 1640) bildet die Grdlage für VermVerw des Vormd u Aufsicht des VormschG, dient demgemäß auch als Unterlage für Rechngslegg u Schlußbericht, aber auch als Beweisstück bei HerausgAnspr des Mdl, § 1890. Deshalb keine Befreiung, weder durch VormschG, noch durch Vater od Mutter, noch von dritten VermZuwendern (§ 1803). Auch keine Einschrkg der Vorschr, zB Verbot der Offenlegg. Gilt allg, also grdsl auch bei Vereins- u AmtsVormsch. Aber landesrechtl Ausn für JA (zB BadWürtt, LJWG v 5. 6. 73 GBl 165, § 16; Nds AGJWG v 14. 4. 72 GVBl 211, § 23). Wechselt Vormd, so genügt Prüfg des bish Verzeichnisses, falls ein solches bereits vorhanden. Ist Verm nicht vorhanden, so genügt eine solche Erkl. VormschG darf dort Ordngsstrafen, notf Entlassg zur Aufstellg u Einreichg anhalten (§ 1837) und Verzeichnis zu prüfen; falls dieses ungenüg, **III**, kann er ein solches durch eine Behörde, Beamten od Notar aufnehmen lassen, **II** (vgl § 1640 Anm 3). Kosten für Aufstellg des Verzeichnisses trägt in jedem Falle der Mdl. Stichtag für das EröffngsVermVerzeichn ist der Tag der Bekanntmachg der AnO ggü Vormd od Pfleger (LG Bln DAVorm **81**, 311).

2) Zu verzeichnen ist das gesamte MdlVermögen, gleichgültig, ob es der Verw des Vormd untersteht od nicht (KG RJA **17**, 34); anders § 1640. Werden nach Übernahme der Verw größere Stücke erworben, so sind auch diese zu verzeichnen, str; hingg gehören die in der Natur der Sache liegenden Zu- u Abgänge in die Jahresrechng. Mehrere Vormd mit getrenntem Wirkgskreis haben nur die in diesen fallenden Stücke zu verzeichnen. Verzeichnis muß größtmögliche Klarheit über das MdlVerm geben, also vor allem Aktiva u Passiva enthalten, nicht aber alle Kleinigk. Belege brauchen nicht beigefügt zu werden (KGJ **36** A 38), Wertpapiere jedoch nach Nummern aufzunehmen (KG OLG **24**, 45). Ist Mdl an einer Gesellsch od ungeteilten Gemsch beteiligt, so auch die Bestandteile der GemschMasse (KGJ **36** A 38). Der Vormd kann sich bei

Vormundschaft. 1. Titel: Vormundschaft über Minderjährige §§ 1802–1805

Aufstellg des Vermögens, sofern das mit dessen Wert in Einklang steht, auch sachverständiger Hilfe bedienen, II.

3) Der vorhandene Gegenvormund ist zuzuziehen. Er hat sich selbständ Überblick über Verm zu verschaffen u das vom Vormd aufgestellte Verzeichnis mit der Versicherg der Richtigk u Vollständigk zu versehen, ggf Abweichgen, die dann das VormschG zu klären hat, zu vermerken.

1803 *Vermögensverwaltung bei Erbschaft oder Schenkung.* ¹ Was der Mündel von Todes wegen erwirbt oder was ihm unter Lebenden von einem Dritten unentgeltlich zugewendet wird, hat der Vormund nach den Anordnungen des Erblassers oder des Dritten zu verwalten, wenn die Anordnungen von dem Erblasser durch letztwillige Verfügung, von dem Dritten bei der Zuwendung getroffen worden sind.

ᴵᴵ Der Vormund darf mit Genehmigung des Vormundschaftsgerichts von den Anordnungen abweichen, wenn ihre Befolgung das Interesse des Mündels gefährden würde.

ᴵᴵᴵ Zu einer Abweichung von den Anordnungen, die ein Dritter bei einer Zuwendung unter Lebenden getroffen hat, ist, solange er lebt, seine Zustimmung erforderlich und genügend. Die Zustimmung des Dritten kann durch das Vormundschaftsgericht ersetzt werden, wenn der Dritte zur Abgabe einer Erklärung dauernd außerstande oder sein Aufenthalt dauernd unbekannt ist.

1) Die Anordnung, I, muß bei Erwerb von Todes wg im Test, im Falle der unentgeltl Zuwendg bei dieser (nicht später) erfolgen. Nur diese Personen sind anordngsberechtigt, nicht Eltern als solche. Gilt auch bei Amts- u VereinsVormsch. Gegenstand der Anordng kann eine Befreiung von den §§ 1807ff, 1814ff, od aber auch eine Erweiterg der HinterleggsPfl sein. Zur Erweiterg der durch GgVormd oder VormschG genehmiggsbedürftigen Geschäfte über die gesetzl Fälle hinaus ist VermZuwender nicht befugt (KGJ **40** A 227). Anordng erfaßt auch Surrogate, § 1638 II. Wegen der Anordng, durch die die Verw des Vormd überh ausgeschl wird, § 1909 I 2. Verwaltgsanordng, die ja nur dem Vormd eine Verpflichtg auferlegt, ist keine Beschrkg des Pflichtteils, Abweichg von ihr also keine TestAnfechtg (KGJ **35** A 28). Ist aber die Anordng in Wirklichk eine den Mdl belastende Aufl od Bedingg, so § 1803 unanwendbar. Unberechtigte Abweichgen machen Vfgen des Vormd nicht unwirks, er kann sich aber Mdl ggü schadensersatzpfl machen, § 1833. Lehnt VormschG Einschreiten ab, BeschwR des Dritten, FGG 20.

2) Abweichungen von der Anordnung, II, III. Mögl sind dauernde u solche für einen bes Fall. Sie können erfolgen – **a)** bei Erwerb von Todes wg u bei unentgeltl Zuwendg durch einen Dritten, falls dieser gestorben ist, nur, wenn Befolgg der Anordng das MdlInteresse gefährden würde (dann ist Vormd zur Einholg der Gen des VormschG verpflichtet, § 1833) u VormschG genehmigt. Bloßer Gewinnentgang nicht immer Gefährdg, KGJ **35** A 29, ebsowenig genügen ZweckmäßigkGründe, RG SeuffA **60**, 194; – **b)** lebt der Dritte, so genügt seine Zust, falls nicht etwa das Gesch als eine der des VormschG bedarf. Gefährdg des MdlInteresses braucht nicht vorzuliegen. Zustimmg des Dritten stets erforderl. Wird sie trotz Gefährdg verweigert, so ist äußerstenf nur Zurückweisg der Zuwendg, nicht aber Ersetzg durch das VormschG mögl. Diese erfolgt nur, wenn Dritter zur Abgabe einer Erkl dauernd außerstande od sein Aufenth dauernd unbekannt ist; dann auch ohne Vorliegen einer Gefährdg.

1804 *Schenkungen des Vormundes.* Der Vormund kann nicht in Vertretung des Mündels Schenkungen machen. Ausgenommen sind Schenkungen, durch die einer sittlichen Pflicht oder einer auf den Anstand zu nehmenden Rücksicht entsprochen wird.

1) Vgl auch § 1641 Anm 1. Schenkgen, § 516, aus dem MdlVerm durch Vormd selbst od durch Mdl mit Gen des Vormd schlechthin verboten. Die Schenkg ist nichtig, selbst wenn sie vom VormschG genehmigt wäre (BayObLG OLG **32**, 19, hM). Zu einer Schenkg des Verwalters aus dem GesGut kann Vormd Einwillig nicht erklären, da diese dann als Schenkg zu bewerten ist (RG **91**, 40). Hingg kann OHG durch ihre vertretgsberechtigten Gesellschafter Schenkgen machen, auch wenn der Mj Mitgesellschafter ist (RG **125**, 380). Nicht unter § 1804 fallen sonstige Freigebigk, vgl zB § 1822 Z 2 und 13. Zur Vorn von Gesch, die gg § 1804 verstoßen wie zB die Übertragg einer LebVersBezugsberechtigg auf den Vormd, auch nicht Best eines ErgänzgsPfleg (Hamm FamRZ **85**, 206). Bei GebrechlkPflegsch kommt es auf die GeschFähigk des Pfleglgs an (LG Ans NJW **88**, 2387).

2) Ausgenommen Anstandsschenkungen. Begriff bei § 534. Der sittl Pfl (Köln OLGZ **69**, 264) entspricht auch aus Billigk gebotene Schenkg im Interesse des FamFriedens (Hamm FamRZ **87**, 751). In diesen Fällen Gen des VormschG nicht erforderl, ProzG entscheidet, ob eine solche Schenkg vorliegt. Gesamte VermLage ist zu berücksichtigen. Vorsicht geboten (KG OLG **3**, 110). Zul die GrdstÜbertragg an die Tochter nach Einweisg in Klinik als Pflegefall (Hamm FamRZ **87**, 751). Unter Umst GenPfl nach and Vorschr (BayObLG FamRZ **88**, 210 L).

1805 *Verwendung für den Vormund.* Der Vormund darf Vermögen des Mündels weder für sich noch für den Gegenvormund verwenden. Ist das Jugendamt Vormund oder Gegenvormund, so ist die Anlegung von Mündelgeld gemäß § 1807 auch bei der Körperschaft zulässig, bei der das Jugendamt errichtet ist.

1) Dem Vormund u Gegenvormund **ist verboten, Mündelvermögen für sich zu verwenden,** gleichgültig, ob das für den Mdl vorteilh ist od nicht. Die Vermögen sind deshalb auch streng getrennt zu halten. SchadErs § 1833; außerdem StGB 246, 266. Einschreiten des VormschG erforderl, VerzinsgsPfl § 1834. Dasselbe Verbot gilt für Verwendg von MdlVerm für GgVormd. RechtsGesch bleibt aber gültig (RG JW **17**, 289). Die Verwendg darf in keiner Form geschehen, also auch nicht unentgeltlich Gebr der

1753

§§ 1805–1807   4. Buch. 3. Abschnitt. *Diederichsen*

MdlSachen oder Geschäft mit sich selbst, auch nicht in Form eines Darlehens an eine Gesellsch, an der der Vormd od GgVormd beteiligt ist. Zulässig aber, daß Vormd Prokura für ErwerbsGesch des Mdls hat (BayObLG **18** A 55), § 1805 entspr anwendb, wenn Vormd ArbKraft des Mdl unentgeltl ausnutzt. Im Falle der AmtsVormsch können MdlGelder auch bei der Körpersch, von der das JA errichtet wurde, zB den Kommunalsparkassen mündelsicher angelegt w, S 2, JWG 38 II.

1806 *Anlegung von Mündelgeld.* Der Vormund hat das zum Vermögen des Mündels gehörende Geld verzinslich anzulegen, soweit es nicht zur Bestreitung von Ausgaben bereit zu halten ist.

Schrifttum: Sichtermann, Das R der Mündelsicherh, 3. Aufl Stgt 1980.

1) Wie die Eltern, § 1642 I, hat auch der Vormd das zum Verm des Mdls gehörende Geld verzinsl anzulegen. **Zwingende Vorschrift;** gilt auch für Amts- u VereinsVormd, §§ 1791 a–c; Befreiung, auch dch elterl letztw Vfg, unzul (BayObLG **22**, 154). Umfaßt alles der Verwaltg des Vormds unterstehde Verm, also auch das dem Mdl überlassene, nicht von ihm verbrauchte, § 110 (BayObLG **17** A 128). Anlegg binnen angem Frist, sonst SchadErsPfl. Eingreifen des VormschG, das nicht bis zur Rechngslegg warten darf, sond aGrd seiner allg AufsPfl sich vorher ü die Anlegg vergewissern muß, auch wenn kein Mißtrauen gg Vormd besteht, RG **88**, 266. **Ausnahmen** nur hins der nach einer ordngsgem Verw zur Bestreitg von Ausgaben bereitzuhaltden Geldes. Ob Vormd auch dieses vorl verzinsl anlegt od ganz von einer solchen Anlage absieht, ist seinem pflichtgem Erm, § 1833, überlassen. Keine Bindg an §§ 1807–1810. Zul Bereithaltg von aufgelaufenen Zinsen iHv 1 Mo-Rente (1000 DM) auf gemeins SparKto dch Ehefr als GebrechlkPflegerin (LG Bln Rpfleger **73**, 356). Zur Abhebg braucht er demgem nicht Gen des GgVormds, § 1813 I Z 3 und II. KG NJW **67**, 883 will, daß solches Geld nicht auf Anderkto des Pflegers, sond auf ein auf den Mdl lautds Kto angelegt w, da es sonst dem Zugr des Gläub des Pflegers ausgesetzt sei; dem widersprechen Schütz NJW **67**, 1569 mit Rücks auf die Handhabg der Banken bzgl Anderkonten, desgl Beitzke ZBlJR **67**, 237 auch unter Hinw auf die KlageMöglk aus ZPO 771 u die Möglk der Berücksichtigg eines Pflegerwechsels schon bei KtoAnlegg.

2) Verzinsliche Anlegung im Rahmen der §§ 1807, 1808. Bei Abweichg von der dort vorgeschriebenen Anleggsart, zB Ankauf von Aktien (BayObLG JW **22**, 396), Erlaubnis des VormschG erforderl, § 1811. Vormd kann aber nach pflichtgemäßem Ermessen auch statt verzinsl Anlage nutzbare Verwertg des Geldes wählen, zB GrdstKauf, GeschVergrößerg und dgl (KG RJA **13**, 78). Dann § 1811 nicht anwendbar (BayObLG JW **22**, 396). Genehmigg des VormschG aber erforderl, soweit sich das aus §§ 1821 ff mit Rücks auf die Art des RGeschäfts ergibt.

1807 *Regelmäßige Anlegung.* ^I Die im § 1806 vorgeschriebene Anlegung von Mündelgeld soll nur erfolgen:

1. in Forderungen, für die eine sichere Hypothek an einem inländischen Grundstücke besteht, oder in sicheren Grundschulden oder Rentenschulden an inländischen Grundstücken;
2. in verbrieften Forderungen gegen das *Reich* oder einen *Bundesstaat* sowie in Forderungen, die in das *Reichsschuldbuch* oder in das Staatsschuldbuch eines *Bundesstaats* eingetragen sind;
3. in verbrieften Forderungen, deren Verzinsung von dem *Reiche* oder einem *Bundesstaate* gewährleistet ist;
4. in Wertpapieren, insbesondere Pfandbriefen, sowie in verbrieften Forderungen jeder Art gegen eine inländische kommunale Körperschaft oder die Kreditanstalt einer solchen Körperschaft, sofern die Wertpapiere oder die Forderungen von der Bundesregierung mit Zustimmung des Bundesrats zur Anlegung von Mündelgeld für geeignet erklärt sind;
5. bei einer inländischen öffentlichen Sparkasse, wenn sie von der zuständigen Behörde des *Bundesstaats,* in welchem sie ihren Sitz hat, zur Anlegung von Mündelgeld für geeignet erklärt ist.

^{II} Die Landesgesetze können für die innerhalb ihres Geltungsbereichs belegenen Grundstücke die Grundsätze bestimmen, nach denen die Sicherheit einer Hypothek, einer Grundschuld oder einer Rentenschuld festzustellen ist.

Schrifttum: Sichtermann, Das R der Mündelsicherh, 3. Aufl Stgt 1980; Klotz, Die rechtstatsächl u rechtspolit Bedeutg der Vorschr ü die Anlage v MdlGeld, Bln 1966: O. Möhring, VermVerw in Vormsch- u Nachlaßsachen, 6. Aufl, 1981.

1) Jetzige Fassg beruht auf 2. G über Mündelsicherheit v 23. 3. 31, RGBl 69. Vormd hat nach pflichtgemäßem Ermessen beste Anlageart auszuwählen. Erkennt er od konnte er erkennen, daß Anlage im gegebenen Falle nicht sicher war, so schadenersatzpfl, § 1833; dann darf er sich auch nicht ohne weiteres auf eine amtl GrdstTaxe verlassen (RG JW **14**, 931). Ist die Anlage durch VormschG genehmigt, wird freilich HaftPfl regelm nicht gegeben sein (RG JW **11**, 984). Befreiung von § 1807 durch Erblasser od zuwendenden Dritten mögl (§ 1803 Anm 1). Ist GgVormd vorhanden, so hat Anlegg mit seiner Gen zu erfolgen, sonst mit der des VormschG (vgl auch §§ 1813 II, 1809). Findet Vormd eine § 1807 nicht entsprechende Anlage vor, so hat er die dem Mdl dadurch drohende Gefahr mit den etwaigen Verlusten, die mit einer Neuanlage verbunden sind, verständig abzuwägen (KG RJA **4**, 5). Zuwiderhandlgen des Vormd gg § 1807 geben Mdl nicht das Recht zur Zurückweisg der Anlage, sond ledigl auf SchadErs. Aber Verpflichtg des VormschG zum Eingreifen, notf Entlassg des Vormd. Die Vorschr hat auch Bedeutg außerhalb des VormschRechts, vgl zB §§ 234, 238, 1079, 1083 II, 1288, 2119, ZPO 108, VAG 68 I Nr 1.

2) Die Anlegungsarten.

Vormundschaft. 1. Titel: Vormundschaft über Minderjährige §§ 1807, 1808

Zu Z 1: Hyp-, Grund- und Rentenschuld auf inländ Grdst (fiduziarischer Erwerb genügt nicht, RG JW **38**, 3167), bei ausländischen § 1811. Außerdem können mit MdlHyp usw. belastet w: Wohngs- u TeilEigt (hM); BergwerksEigt (vgl BBergG 9 I); nach LandesG dem Grdst gleich z behandelnde Re (vgl EGBGB 68, 168); ferner gem ErbbauVO 18 H das ErbbauR. Z 1 nicht anwendb, wenn die Bestellg des GrdPfdR lediglich der Absicherg einer bereits bestehden Forderg des Mdl, etwa aus einem ErbauseinandsetzgsVertr, dient (KG JFG **8**, 54). – In welcher Höhe Belastg noch mündelsicher ist, legt LandesR f die GrdPfdR innerh seines GeltgsBereichs verbindl fest, II (Soerg/Damrau Rn 17), idR bis ⅗ od ½ des GrdstWerts zul: BadWürtt AGBGB v. 26. 11. 74 (GBl 498), § 45; Bay AGBGB v 20. 9. 82 (GVBl 803 = BayRS 400–1–y), Art 67; Berlin PrAGBGB v 20. 9. 99 (berl GVBl Sb I 400–1), Art 73; Brem AGBGB v 18. 7. 99 (SaBremR 400–a–1), § 56; Hbg AGBGB v 14. 7. 99 idF v 1. 7. 58 (GVBl 195), §§ 74, 74a; Hess ehem pr Teil wie Berlin (hess GVBl II 230–2), iü AGBGB v 17. 7. 99 (GVBl II 230–1), Art 124; Nds kein; NRW wie Berlin (SGVNW Nr 40); RhPf kein; Saarl ehem pr Teil wie Berlin (BS Saar 400–1), ehem bay Teil Bay AGBGB v 9. 6. 99 (BS Saar 400–2), Art 92; SchlH kein.

Zu Z 2: Verbriefte Fdgen, dh solche, über die eine Urk ausgestellt ist. Schuldverschreibgen, Anleihen, Schatzanweisgen, Wechsel u Darlehen gg Schuldschein des Bundes (vgl RSchuldenO v 13. 2. 24, RGBl 95), ebso der Bundesbahn, der Bundespost u der Länder; ferner das Postsparbuch (hM), nicht aber die Sparbücher einer Landesbank (KG DJZ **31**, 1024 zu Z 4). Wegen der Schuldbücher vgl § 1815 Anm 1 b.

Zu Z 3: Einers genügt es, wenn Haftg lediglich für die Zinsen übernommen ist; anderers fallen hierunter alle verbrieften Fordergen gg Unternehmen, für das allg Gewährleistg des Bundes od eines Landes besteht. Aufstellg bei Sichtermann S 24.

Zu Z 4: Durch Entsch der BReg v 21. 6. 50 ist an Stelle der ReichsReg mit Zust des Reichsrats die Bundesregierg mit Zust des BRats getreten, BGBl **50**, 262. Die verbrieften Fordergen gegen eine inländische kommunale Körperschaft oder Kreditanstalt einer solchen sind durch die Bek v 7. 7. 01 (erweitert durch die Bek v 18. 6. 28, RGBl 191) zur Anlegg von MdlGeld für geeignet erkl worden, wenn sie entweder seitens des Gläubigers kündbar sind od einer regelmäßigen Tilgg unterliegen. Die BundesReg mit Zust des BRats ist weiterhin ermächtigt, Wertpapiere (Begriff bei Einf 1 vor § 793) jeder Art, also auch Aktien u sogar ausl Wertpapiere für geeignet zu erklären, kann diese Erkl aber auch wieder zurücknehmen. Derartige Wertpapiere sind zB InhSchuldverschreibgen der landwirtschaftl Rentenbank mit mind 5 Jahren Laufzeit, G v 15. 7. 63, BGBl 466, § 18 III iVm § 18 I 1. Daneben sind die landesgesetzl Vorschriften in Kraft geblieben, nach welchen vor Inkrafttr des BGB gewisse Wertpapiere zur Anlegg von Mündelgeld für geeignet erkl waren (Erweiterg also nicht möglich), EG 212 (vgl dazu auch VO v 11. 5. 34 Art 3 § 4, RGBl 378); Bay aufgeh dch AGBGB v 20. 9. 82 (GVBl 803), Art 80 II Z 2; Berlin PrAGBGB v 20. 9. 99 (GVBl Sb I 400–1), Art 74; NRW wie Berlin (SGVNW Nr 40); Saarl ehem pr Teil PrAGBGB idF des G Nr 965 v 28. 2. 73 (BS Saar 400–1), Art 74, ehem bay Teil Bay AGBGB v 9. 6. 99 (BS Saar 400–3), Art 32 u Bek v 9. 9. 99 (BS 400–3–1). Pfandbriefe werden nach LandesR von den Landschaften u Stadtschafen ausgegeben. Welche Pfandbriefe mündelsicher sind, ergibt VO v 7. 5. 40, RGBl 756; dazu Weitnauer DJ **40**, 663; mündelsicher also ua auch die Pfandbriefe privater Hypothekenbanken, § 1 VO, Verzeichn der Institute bei Sichtermann S 29ff. Wegen der Mündelsicherh von Schiffspfandbriefen VO v 18. 3. 41, RGBl 156; wg mdlsicheren Wertpapieren in Sammelverwahrg VO v 29. 9. 39, RGBl 1985. Anlegg auch bei der Körpersch, bei der das JA errichtet ist, JWG 12, also zB auch bei seiner Kommunalsparkasse, § 1805 Anm 1, JWG 38 V.

Zu Z 5: Es richtet sich nach LandesR, welche Sparkassen als öffentl anzusehen u welche Behörden befugt sind, sie zur mündelsicheren Anlage für geeignet zu erklären, RG **117**, 261. Wegen der Anlegg auf ein Sammelkonto des JA Beitzke ZBlJugR **64**, 29. – *Die LandesGe ie:* BadWürtt AGBGB v 26. 11. 74 (GBl 498), § 46; Bay SparkG idF v 1. 10. 56 (BayBS I 574 = BayRS 2025–1–y), Art 2 II; Berlin SparkG idF v 28. 6. 73 (GVBl 970), § 1 I; Brem SparkG idF v 18. 7. 99 (Sa BremR 400–a–1), § 57 u VO v 9. 12. 40 (SaBremR 404–a–2), § 1; Hbg VO v 1. 12. 99 (Bl I 40–b), § 5; Hess ehem pr Teil PrAGBGB v 20. 9. 99 (GVBl II 230–2), Art 75, iü AGBGB v 17. 7. 99 (GVBl II 230–1), Art 125; Nds AGBGB v 4. 3. 71 (GVBl 73), § 26; NRW PrAGBGB v 20. 9. 99 (SGVNW Nr 40), Art 75; RhPf SparkG v 1. 4. 82 (GVBl 113), § 1 I, IV; Saarl ehem pr Teil PrAGBGB v 20. 9. 99 (BS Saar 400–1), Art 75, ehem bay Teil Bek des bay MdJ v 21. 12. 99 (BayGVBl 1239); SchlH SparkG idF v 2. 2. 81 (GVBl 17), §§ 1 III, 35, 40 VI.

Spezialgesetzlich sind noch die Schuldverschreibgen der folgden 5 öffentl-rechtl KreditInst für mdlsicher erkl w: *Deutsche Genossenschaftsbank,* G idF v 22. 12. 75 (BGBl I 3171), § 15 I; *Kreditanstalt für Wiederaufbau,* G idF v 23. 6. 69 (BGBl I 574), § 4 III; *Lastenausgleichsbank,* G v 28. 10. 54 (BGBl I 293), § 14 II; *Landwirtschaftliche Rentenbank,* G idF v 15. 7. 63 (BGBl I 465), § 18 III; *DSL – Deutsche Siedlungs- und Landesrentenbank,* G v 27. 8. 65 u 22. 8. 80 (BGBl I 1001 u 1558), § 3 IV.

1808 Hilfsweise Anlegung.

Kann die Anlegung den Umständen nach nicht in der im § 1807 bezeichneten Weise erfolgen, so ist das Geld bei der *Reichsbank,* bei der *Deutschen Zentralgenossenschaftskasse* oder bei der *Deutschen Girozentrale (Deutschen Kommunalbank),* bei einer Staatsbank oder bei einer anderen durch Landesgesetz dazu für geeignet erklärten inländischen Bank oder bei einer Hinterlegungsstelle anzulegen.

1) Nur wenn eine verzinsl Anlegg nach § 1807 nicht mögl, erfolgt eine solche, die ebenf verzinsl sein muß nach § 1808. Sie ist in eine solche nach § 1807 umzuwandeln, sobald Hindernis weggefallen. Vgl im übrigen § 1807 Anm 1. Die Bundesbank u die Landeszentralbanken sind nicht an Stelle der Reichsbank getreten (Bundesbank nimmt verzinsb Einlagen Privater nicht an, § 22 G v 26. 7. 57, BGBl 745). Anlegg aber (an Stelle der ZentrGenKasse) bei der Deutschen GenossenschBank od der Deutschen Girozentrale, Sitz Berlin u Frankfurt/M. Von Staatsbanken kommen die Bay Staatsbank u die übrigen Landesbanken, zB Hbg Landesbank, in Betr; ferner die Deutsche Pfandbriefanstalt, Wiesbaden. Folgde Länder h daneben eig Regelgen getroffen (Fundstellen, sow nicht angegb, bei § 1807 Anm 2 Z 5): BadWürtt AGBGB 47, Bay SparkG 24 II; Berlin PrAGBGB 76 zZ ggstandslos; Brem AGBGB 58; Hbg kein; Hess PrAGBGB 76 u AGBGB 126

1755

§§ 1808–1811 4. Buch. 3. Abschnitt. *Diederichsen*

iVm Bek v 21. 6. 21 (RegBl 154); Nds AGBGB 27; NRW SparkG idF v 2. 7. 75 (GV 498), § 36 I 3; RhPf SparkG 26 III; Saarl ehem pr Teil PrAGBGB 76; SchlH 40 V, 1 III. EG 144 S 2, der gestattete, landesgesetzl die bundesstaatl Hinterleggstellen auszuschließen, ist durch HintO 38 II aufgeh, die die Hinterlegg einheitl regelt, § 1814 Anm 3.

1809 *Versperrte Anlegung.* **Der Vormund soll Mündelgeld nach § 1807 Abs. 1 Nr. 5 oder nach § 1808 nur mit der Bestimmung anlegen, daß zur Erhebung des Geldes die Genehmigung des Gegenvormundes oder des Vormundschaftsgerichts erforderlich ist.**

1) Um zu verhindern, daß Vormd Geld, das er angelegt hat, ohne weiteres wieder abheben kann, § 1813 I Z 3, u dadurch Schädigg des Mdl eintritt, ist er verpflichtet, dies bei der Sparkasse od den sich aus § 1809 ergebenden Banken u Hinterleggstellen mit der Bestimmg anzulegen (weigert sie sich, so darf das Geld bei ihr nicht angelegt werden), daß zur Erhebg des Geldes die Gen des GgVormd od VormschG erforderl ist. Dadurch wird er in seiner Vfgsmacht beschränkt, § 1813 II 1; vgl auch unten Anm 2; die Aufhebg einer solchen Verpflichtg ist ihrers eine Vfg über die Fdg, die genehmiggspfl ist, § 1812. Bei ZuwiderHdlg gg die Anleggsvorschr SchadErsPfl des Vormd, § 1833; desgl haftet VormschRichter für Verabsäumg der Überwachg, RG JW **10**, 288. Er kann auch u muß ggfalls Erhebg von einer Bedingg abhängig machen, zB Einwilligg des mitverfüggsberechtigten Ehemanns der bevormundeten Frau, RG **85**, 421. Die Gen des GgVormd zur Anlegg erfolgt formlos dem Vormd od der Stelle ggü, bei der das Geld angelegt ist, da jene nicht Teil des RGeschäfts wie bei der Erhebg ist, vgl dazu Anm 2. § 1809 gilt auch für Zinsen, die zum Kapital geschlagen sind, was bald zu geschehen hat, KG DJ **38**, 1428, vgl auch Möhring VermVerw S 74, nicht vorher, ebsowenig für die vorübergehende Anlage von Geld, das zur Bestreitg von Ausgaben bereitgehalten wird, § 1806 Anm 1. Ferner nicht bei befreiter Vormsch, § 1852, bei Amts- u VereinsVormsch, § 1857a. Nach Beendigg der Vormsch keine Gen mehr erforderl, sond nur Nachweis, daß Beendigg eingetreten ist, Colmar Recht **10**, 3356. Eine solche Bescheinigg hat VormschRichter auszustellen. Auf schon zur Zeit der Anordng der Vormsch angelegte Gelder wird § 1809 entspr anzuwenden sein, Soergel-Germer Anm 4, Ach-Gr-Beitzke Anm 1 (von RG **154**, 113 offen gelassen). Darauf hat VormschG hinzuwirken od Hinterleggg des Depotscheins, Sparkassenbuchs gem § 1818 zu veranlassen, Staud-Engler Anm 15. Beschrkg hat nur schuldrechtl Wirkg, so daß sie Durchführg einer ZwVollstr durch MdlGläub nicht entggsteht, KGJ **43**, 58.

2) *Sperrvermerk.* Er ist in dem Sparkassenbuch od dem von der Bank oder Hinterleggstelle ausgestellten Legitimationspapier zu vermerken. Auszahlg ohne Beachtg des Sperrvermerks befreit Bank nicht, RG **85**, 422; denn der Vormd ist in seiner Vertretgsmacht insofern beschränkt. Genehmigg des GgVormds zum Zustandekommen des RGeschäfts erforderl; vgl § 1832 Anm 1. Bank ist verpflichtet, die VfgsBeschrkg des Vormds sich ggü auch ohne Hinzusetzg des Vermerks gelten zu lassen, KGJ **43**, 58. Einer Vereinbg bedarf es nicht, wenn Bank, Sparkasse od Hinterleggstelle MdlGeld nur unter den Voraussetzgen des § 1809 erforderl auszahlen darf; auf Hinzusetzg des Sperrvermerks kommt es auch hier nicht an, RG JW **12**, 353. Außerkurssetzg von InhPapieren ist durch das BGB abgeschafft, EG 176. Zur SorgfaltsPfl des Rpflegers ggü dem GebrechlkPfleger Oldbg Rpfleger **79**, 101.

1810 *Mitwirkung von Gegenvormund oder Vormundschaftsgericht.* **Der Vormund soll die in den §§ 1806 bis 1808 vorgeschriebene Anlegung nur mit Genehmigung des Gegenvormundes bewirken; die Genehmigung des Gegenvormundes wird durch die Genehmigung des Vormundschaftsgerichts ersetzt. Ist ein Gegenvormund nicht vorhanden, so soll die Anlegung nur mit Genehmigung des Vormundschaftsgerichts erfolgen, sofern nicht die Vormundschaft von mehreren Vormündern gemeinschaftlich geführt wird.**

1) Wie bei Abhebg hat der GgVormd auch bei Anlegg von MdlGeld, gleichgült in welcher Art diese geschieht, mitzuwirken. Ausnahmen bei befreiter Vormsch (§§ 1852 ff) Amts- u VereinsVormsch (§ 1857a) sowie wenn es sich um die nur vorübergehende Anlegg von Geld handelt, das zur Bestreitg laufender Bedürfn erforderl ist, § 1806. ZuwiderHdlg § 1807 Anm 1. Die Wirksamk der Anlegg wird durch das Fehlen der Genehmigg nicht berührt; §§ 1829 ff sind nicht anwendbar, da § 1810 nur OrdngsVorschr ist. Ist GgVormd nicht vorh (weggefallen, nicht od noch nicht bestellt), so Gen des VormschG erforderl, außer wenn Vormsch von mehreren Vormd gemschaftl geführt w, Notwendigk der Bestellg eines GgVormd also nicht gegeben war (§ 1792 II). Meingsverschiedenheiten unter ihnen entscheidet VormschG (§ 1797 I 2), u zwar der Richter (RPflG 14 Z 5). Keine Ersetzg der Zust des MitVormd. Ist GgVormd vorh, so kann VormschG Gen erteilen, wenn er sie verweigert od sie sonst nicht zu erlangen ist. Vormd kann sich aber auch sonst unmittelb an VormschG wenden, das dann Gen erteilen kann, ohne auf umständl Weg der Ordngsstrafe od Entlassg angewiesen zu sein. GgVormd hat BeschwR nur, wenn er nicht gehört ist (§ 1826, KG RJA **4**, 75). Gen des VormschG ersetzt in jedem Falle die des GgVormd, wird aber nicht erst mit Rechtskr des Beschlusses wirks, da es sich nicht um Ersetzg einer WillensErkl handelt, also nicht FGG 53, 60 Z 6, sond FGG 16 anwendb (KG RJA **10**, 168). Form der Gen des GgVormd § 1809 Anm 1.

1811 *Andersartige Anlegung.* **Das Vormundschaftsgericht kann dem Vormund eine andere Anlegung als die in den §§ 1807, 1808 vorgeschriebene gestatten. Die Erlaubnis soll nur verweigert werden, wenn die beabsichtigte Art der Anlegung nach Lage des Falles den Grundsätzen einer wirtschaftlichen Vermögensverwaltung zuwiderlaufen würde.**

1) Neufassg durch G über die Anlegg von MdlGeld v 23. 6. 23, kam für die Rettg der MdlVermögen jedoch im allg zu spät. Auch jetzt bildet aber Anlegg nach §§ 1807, 1808 die Regel, Münst (LG) Rpfleger **62**, 445; es kann Abweichg vom VormschG, jedoch nur von Fall zu Fall gestattet werden. Die Gestattg der

Vormundschaft. 1. Titel: Vormundschaft über Minderjährige §§ 1811, 1812

Anlegg auf Girokto einer Privatbank erfaßt nicht Umwandlg in Sparkto (KG FamRZ **70**, 40). **Voraussetzungen der Genehmigung** sind (RG 128, 309):

a) Vorliegen eines besonderen Falles (Erwäggen allg Art genügen nicht), der schon bisher zur Abweich von den grdsätzl Anleggsarten ausreichte und, wie die Entstehsgeschichte zeigt, nicht etwa nun ausgeschaltet sein sollte, also zB Darlehen an die MdlMutter, um sie vor wirtschaftl Untergang zu retten, KGJ **37** A 65. Oder Notwendigk inf der allg wirtschaftl Lage (Inflation, Kaufkraftschwund);

b) daß die beabsichtigte Art der Anlegg ggü der weiterhin regelmäßig in Betr kommenden mündelsicheren Anlage nach §§ 1807, 1808 im Einzelfalle (allg Gestattg also unzul, LG Göttingen BB **57**, 907) klar erkennbare wirtschaftl Vorteile bietet, KG NJW **68**, 55 (dagg Eberding NJW **68**, 943: zu eng, da die Stellg der Banken nicht genügd berücksichtigender Standpunkt), Dölle § 126 II 3b ii, zB höhere Zinsen, KG JW **34**, 2343, Vermeidg der Wertminderg durch allg Kaufkraftschwund; aber auch Celle ZBlJugR **62**, 28 (Anlage im Ausland). Erst wenn das zu bejahen (zB auch weil die übl mündelsicheren Werte nicht zu erhalten sind), braucht Vormd u VormschG nicht zu prüfen, ob Rückzahlg des Geldes nach der WirtschLage der Anlagestelle unbedingt sichergestellt ist, KG JW **29**, 2159, LG Bln JR **61**, 183 (VW-Aktien) hM. Mehr will auch die negative Fassg von S 2 nicht sagen, wie die Stellg der Vorschr im G zeigt. Andernfalls würde die Ausn die regelmäßige Anlage außer Kraft setzen, RG aaO. Die Gestattg setzt voraus, daß entweder die allg wirtschaftl Verhältnisse od die bes Umstände des Einzelfalles nach den Grdsätzen einer wirtschaftl Verm-Verw die nicht mündelsichere Anlegg angebracht erscheinen lassen, KG DFG **38**, 69; vgl auch Hamm NJW **53**, 186 (Anlegg bei einer GenossenschBank); Münchmeyer DRiZ **63**, 229 (Investmentanteile, vgl auch LG Bielefeld NJW **70**, 203); LG Göttingen NJW **60**, 1465, LG Hann FamRZ **65**, 163 halten die Anlegg von Sparguthaben bei Großbanken ohne weiteres für zul, da Auslegg des RG zu eng, ähnl LG Mannh NJW **62**, 1017, jedoch lehnt LG Hann NJW **66**, 661 die Anlage bei Regional- u Privatbanken ab, da die VormschRichter nicht in der Lage sind, zu beurteilen, ob das einzelne Institut auf längere Sicht sicher genug ist. Lindacher BB **63**, 1242 will Versagg mit Verweis auf andersartige Anlage nur zulassen, wenn diese nicht gleichwertig ist (zu weitgehd). Über den Stand der Meingen Sichtermann S 55 f. §§ 1828 bis 1831 sind auf die Gestattg nicht anwendb, RG JW **38**, 3167; vgl auch Möhring S 78 ff u § 1642 Anm 2. Keine Gen f Anlegg bei KG, die im ausländ GrdstMarkt tät ist (Darmst NJW **79**, 274).

2) Verfahren. Es entscheidet der RPfleger, RPflG 3 Z 2a.

1812 **Verfügungen über Forderungen und Wertpapiere.** ᴵ Der Vormund kann über eine Forderung oder über ein anderes Recht, kraft dessen der Mündel eine Leistung verlangen kann, sowie über ein Wertpapier des Mündels nur mit Genehmigung des Gegenvormundes verfügen, sofern nicht nach den §§ 1819 bis 1822 die Genehmigung des Vormundschaftsgerichts erforderlich ist. Das gleiche gilt von der Eingehung der Verpflichtung zu einer solchen Verfügung.

ᴵᴵ Die Genehmigung des Gegenvormundes wird durch die Genehmigung des Vormundschaftsgerichts ersetzt.

ᴵᴵᴵ Ist ein Gegenvormund nicht vorhanden, so tritt an die Stelle der Genehmigung des Gegenvormundes die Genehmigung des Vormundschaftsgerichts, sofern nicht die Vormundschaft von mehreren Vormündern gemeinschaftlich geführt wird.

Schrifttum: Damrau FamRZ **84**, 842.

1) Entspr der Verpfl des Vormd, die Gen des GgVormd bei der Anlegg von MdlGeld einzuholen (§ 1810), darf er über VermStücke des Mdl nur mit dieser Gen verfügen. Zwingdes R; dch Leistg ohne die erforderl Gen wird Schu nicht befreit, da die Gen Teil des RGeschäfts ist (RG **79**, 13). **Ausnahmen**, abgesehen von § 1813, **a)** wenn Gen des VormschG erforderl (§§ 1819–1822); **b)** bei befreiter Vormsch (§§ 1852 II, 1855); **c)** bei Amts- u VereinsVormsch (§§ 1857a, 1852 II); **d)** bei allg Ermächtigg durch das VormschG (§ 1825). § 1812 unanwendb auf RGeschäfte, die der TestVollstr od Vormd als Bevollm des Erbl aGrd der von diesem ausgestellten Vollm über den Tod hinaus vornimmt (RG **106**, 186), auch wenn Vormd mit Zustimmg des TestVollstr über MdlVerm verfügt, das der TestVollstrg unterliegt (Celle OLGZ **67**, 483). S ferner § 1793 Anm 4, § 1821 Anm 1.

2) Genehmigungspflichtig sind ohne Rücks darauf, ob Mdl an dem Ggst allein berechtigt ist od nicht (KG OLG **5**, 411), **Verfügungen über**

a) Forderungen, also schuldrechtl Anspr jeder Art, auch solche aus einem GemschVerh, so auch Verrechng des GewinnAnspr gg Erhöhg des KommAnteils (Celle NdsRpfl **68**, 12). **Nicht genehmigungspflichtig** dagg Abhebg der Rente des Mdls vom Kto (Damrau WM **86**, 1022); Rückgewähr v verzinsl Darl an Vater, der mj Kindern zu diesem Zweck SparkontenFdg schenkt (BayObLG NJW **74**, 1142); ferner Ann v Diensten, Abtretg dingl Anspr auf bewegl Sachen, zB des HerausgAnspr, § 931, bestr;

b) andere Rechte, kraft deren Mündel eine Leistung verlangen kann, also auch das auf Rechngslegg (RG Recht **13**, 2741), Kündigg eines WohngsMietVertr (LG Bln MDR **73**, 503); nicht hierher gehören Anspr auf Übereignn v Grdst u Einräumg v GrdstRechten, die zum GrdVerm rechnen u daher der Gen des VormschG unterliegen, § 1821 I, wohl aber die Vfg über die nicht zu jenen gerechneten Hyp, Grund- u Rentenschulden, sowie Reallasten, § 1821 II. Bei Hinterlegg des Briefes bedarf der Vormd jedoch statt der Gen des GgVormd der des VormschG zur Vfg über die HypFdg, Grund- od Rentenschuld, § 1819.

c) Wertpapiere. Bei Hinterlegg wie zu b, §§ 1819 f. Die Gen zur Herausg eines Wertpapiers enthält nicht gleichzeitig die zu dem RGeschäft, für welches Vormd jenes verwenden will. Zur Vfg über andere bewegl Sachen, soweit sie nicht hinterlegt sind, §§ 1818 f, bedarf der Vormd nicht der Gen des GgVormd, wohl aber zur Einziehg des Kaufpreises, oben a;

1757

d) die Eingehung der Verpflichtung zu einer Verfügung über die zu a–c genannten Gegenstände.

3) **Verfügung,** dh jede rechtsgeschäftl Änderg eines Rechtes, insb also auch seine Aufhebg u Verminderg (Überbl 3 d v § 104). Hierher gehören Veräußerg, Erlaß, Verzicht, Abtretg, Belastg, die Annahme der geschuldeten Leistg (jedoch mit den sich aus § 1813 ergebenden Einschränkgen), gleichgültig, ob die Leistg eingefordert od angeboten wird (RG SeuffA 82, 134), ebso wie sie freiw erfolgt od durch ZwVollstr beigetrieben wird, Einwilligg zur Auszahlg an einen Dritten, Gen der SchuldÜbern, §§ 415f (Bambg LZ 16, 1503), Aufrechng (Stgt MDR 54, 229), Kündigg (BayObLG 6, 332), Ausschl der Künd (KG RJA 5, 197), Änderg der KündBedinggen (KG OLG 14, 262), Herabsetzg des Zinsfußes, Änderg der Zinstermine, Wandlg, Gen der unbefugten Vfg eines Dritten über MdlPapiere (RG 115, 156); für die Quittungserteilg ist Gen erforderl, soweit sie zur Annahme der Leistg erforderl ist (KG Recht 13, 1308), ferner soweit damit etwa die Leistg erlassen wird, für die VollmErteilg, soweit das RGeschäft genehmiggsbedürftig ist (KG OLG 5, 410); schließl die Zust zur Löschg einer letztrangigen EigtümGrdsch des Mdl (BayObLG Rpfleger 85, 2 m abl Anm Damrau). Die Löschgsbewilligg nur zZw der Löschg ist dagg keine Vfg, aber GenNachweis, GBO 29, zur Annahme der Leistg erforderl, was auch durch Gen der Löschgsbewilligg geschehen kann; anders aber, wenn sie zugl als Vfg über Hyp od Fdg anzusehen (KG OLG 26, 171; KG OLG 44, 81). Vgl auch § 1822 Anm 13. Genehmiggsfrei Löschg einer letztstelligen EigtümerGrdsch, KG JW 36, 2745. **Keine Verfügung** ist die Mahng sowie die ProzFührg als solche einschl der Dchführg der ZwVollstr, es sei denn, es sind damit rechtsgeschäftl Hdlgen verbunden, die ihrers Vfgen s, so daß genbedürft sind Anerkenntn, Verzicht (BGH **LM** ZPO 306 Nr 1), Vergl (RG 56, 333; **133**, 259), ebso die etwa in der Klage liegde Kündigg, die Verteilg des ZwVollstrErlöses unter mehreren UnterhBerecht dch versch JA (Düss DAVorm 81, 483). Vgl auch § 1424 Anm 2, § 1821 Anm 2.

4) **Genehmigung des Gegenvormunds,** vgl dazu §§ 1828–1832; wg der Möglichk des Eingreifens des VormschG § 1810 Anm 1. Bei MeingsVerschiedenh entsch der Richter, RPflG 14 Z 5.

1813 *Genehmigungsfreie Geschäfte.* ^I Der Vormund bedarf nicht der Genehmigung des Gegenvormundes zur Annahme einer geschuldeten Leistung:
1. wenn der Gegenstand der Leistung nicht in Geld oder Wertpapieren besteht;
2. wenn der Anspruch nicht mehr als dreihundert Deutsche Mark beträgt;
3. wenn Geld zurückgezahlt wird, das der Vormund angelegt hat;
4. wenn der Anspruch zu den Nutzungen des Mündelvermögens gehört;
5. wenn der Anspruch auf Erstattung von Kosten der Kündigung oder der Rechtsverfolgung oder auf sonstige Nebenleistungen gerichtet ist.

^{II} Die Befreiung nach Absatz 1 Nr. 2, 3 erstreckt sich nicht auf die Erhebung von Geld, bei dessen Anlegung ein anderes bestimmt worden ist. Die Befreiung nach Absatz 1 Nr. 3 gilt auch nicht für die Erhebung von Geld, das nach § 1807 Abs. 1 Nr. 1 bis 4 angelegt ist.

1) Die Annahme der geschuldeten Leistg bedarf als Vfg nach § 1812 der Gen des GgVormd bzw des VormschG (bei Meingsverschiedenh dann Entsch dch Richter, RPflG 14 Z 5). Insbesondere für die unbedeutenderen u wiederkehrenden Leistgen, die zum Unterh des Mdl dienen, bringt § 1813 Ausnahmen.

2) **Die einzelnen Fälle, I, II. Zu Z 1:** ZB Lieferg der gekauften Sache, nicht aber der SchadErs in Geld; denn es kommt nicht darauf an, was zu leisten war, sond was geleistet wird. Der Ggst der Leistg besteht auch bei der Ausfolgg von Wertpapieren, die bei der Bank hinterlegt sind, in Wertpapieren.

Zu Z 2: Es kommt auf die Höhe des GesAnspr zZ der Annahme an, ist dieser höher als 300 DM, so Annahme genehmiggspfl (**Reform:** 2000 DM; BR-Drucks 400/88). Aber keine ZusRechng bei gleichzeitiger Leistg für mehrere Mdl, die EinzelGläub sind, KG Recht **13**, 1309. Bei GesHandAnspr nur der auf den Mdl entfallende Anteil maßg, KG JFG **6**, 267. Ausn, wenn bei der Anlegg etwas anderes bestimmt ist, II 1, insb es sich also um Gelder handelt, die auf der Sparkasse od Bank angelegt sind, §§ 1807 I Z 5, 1808.

Zu Z 3: Gilt nicht, wenn das Geld bei Sparkasse od Bank mit anderer Bestimmg angelegt ist, II 1, vgl zu Z 2; ferner nicht bei Anlegg nach § 1807 I Z 1–4 (**II 2**). Im wesentl kommen hier also nur Gelder in Betr, die der Vormd vorübergeh angelegt hat, weil sie zur Bestreitg von Auslagen bereitgestellt sind, § 1806 Anm 1.

Zu Z 4: Nutzgen, § 100, auch wenn sie 300 DM übersteigen; also HypZinsen, KG OLG **14**, 262, die aGrd einer Reallast gezahlten einzelnen Renten, Erntevorräte, aber nicht der Erlös für diese, Staud Anm 1 d, auch nicht nichtabgehobene Zinsen, die dem Kapital zugeschrieben sind (Naumbg AkZ **38**, 243; KG DJ **38**, 1428); Rentenzahlgen (BSG MDR **82**, 698).

Zu Z 5: ZB Kosten, Verzugszinsen, SchadErs, der neben (vgl zu Z 1) dem Kapital geleistet wird, VertrStrafen; vgl auch §§ 224, 1115. Wegen der Künd selbst § 1812 Anm 3.

1814 *Hinterlegung von Inhaberpapieren.* Der Vormund hat die zu dem Vermögen des Mündels gehörenden Inhaberpapiere nebst den Erneuerungsscheinen bei einer Hinterlegungsstelle oder bei der *Reichsbank*, bei der *Deutschen Zentralgenossenschaftskasse* oder bei der Deutschen Girozentrale (Deutschen Kommunalbank) mit der Bestimmung zu hinterlegen, daß die Herausgabe der Papiere nur mit Genehmigung des Vormundschaftsgerichts verlangt werden kann. Die Hinterlegung von Inhaberpapieren, die nach § 92 zu den verbrauchbaren Sachen gehören, sowie von Zins-, Renten- oder Gewinnanteilscheinen ist nicht erforderlich. Den Inhaberpapieren stehen Orderpapiere gleich, die mit Blankoindossament versehen sind.

Vormundschaft. 1. Titel: Vormundschaft über Minderjährige §§ 1814, 1815

1) §§ 1814 ff behandeln die Pfl des Vormd, die dem Mdl gehörigen InhPapiere zu hinterlegen. Ähnlich wie in § 1809 die Abhebg des angelegten Geldes, ist hier die Heraug der Papiere bei der Hinterlegg an die Gen des VormschG zu binden. Zwingende Vorschr. VormschG hat Vormd unverzügl zur Hinterlegg anzuhalten (RG **80**, 256). Zwangsmittel: Ordngsstrafe, Entlassg. Vormd haftet gem § 1833, VormschRichter nach § 839. Auch wenn § 1814 nicht eingreift, bleibt aber Vfgsbeschränkg gem § 1812 unberührt. Ausnahmen: Befreite Vormsch, §§ 1852, 1855, Amts- u VereinsVormsch, § 1857a, Entbindg von der HinterleggsPfl durch VormschG, § 1817, durch Anordng eines Dritten, § 1803, wenn bei Bevormundeten Dritter zum Besitz berechtigt ist. Vormd kann die Umschreibg nach § 1815 statt des Hinterlegens wählen. Stehen die hinterleggspflichtigen Papiere nur im MitEigt des Mdls, so § 1814 unanwendbar, § 744 I; ebso bei GesHandEigt, bei Nießbrauch, § 1082; desgl, wenn anderweit hinterlegte Wertpapiere übernommen werden (LG Hbg MDR **57**, 420). Kosten der Hinterlegg trägt Mdl.

2) Hinterlegungspflichtig sind die zum Verm des Mdl gehörigen **a)** Inhaberpapiere (vgl § 793), desgl InhAktien, AktG 10, 24, auf den Inh ausgestellte Grd- u Rentenschuldbriefe. Findet der Vormd bei Übern der Vormsch InhPapiere, die auf Stückekonto geschrieben sind, vor, so braucht er sie, wenn nicht Anlaß zu Zweifeln über die Zuverlässigk der Bank besteht, nicht der Hinterlegg zuzuführen (RG **137**, 322). Findet Vormd bei Übern seines Amtes auf Stückekonto geschriebene od im Sammeldepot liegende InhAktien vor, so bedarf es keines Antrags an VormschG, sie dort zu belassg, da § 1814 nur verhindern will, daß er selbst die Stücke verwahrt, nicht aber eine allg Veränderg der Verwahrgsarten fordert (LG Hbg MDR **57**, 420; Graßhof JW **33**, 159; aM Soergel-Germer Anm 1, vgl auch oben § 1809 Anm 1). Eine solche kann aber seine SorgfPflicht, §§ 1793, 1833, fordern, wenn die Bank nicht sicher genug ist. Zu den InhPapieren gehören nicht die sog hinkenden InhPapiere, § 808, also vor allem die SparkBücher. Ferner nicht die Papiere, die nach § 92 zu den verbrauchbaren Sachen gehören, also zB Banknoten, zu den Betriebsmitteln eines Erwerbsgeschäfts gehörige Papiere, wie zum Umsatze bestimmte, in blanko indossierte Wechsel, regelm auch die Verpflichtgszeichen, § 807;

b) die zugehörigen Erneuergsscheine, nicht aber die Zins-, Renten- u Gewinnanteilscheine;

c) die mit Blankoindossament versehenen Orderpapiere, HGB 363ff, WG 13, 14, 16, 77, ScheckG 15, 16, 17, 19. Die Zahl der hinterleggspflichtigen Papiere kann durch Anordng des VormschG erweitert werden, wenn ein bes Grd vorliegt; die Hinterlegg von Zins-, Renten- u Gewinnanteilscheinen kann auf Antr des Vormd u auch ohne einen solchen angeordnet werden, § 1818. Eine solche Anordng zu treffen sind die VormschRichter zT landesgesetzl verpflichtet. Vormd kann aber freiw nicht hinterleggspflichtige Ggstände hinterlegen; dann nicht § 1819, wohl aber § 1812, 1813 anwendbar.

3) Hinterlegungsstellen: a) Amtsgerichte, wie bundesgesetzl durch HintO v 10. 3. 37, RGBl 285 (Schönfelder Deutsche Gesetze Nr 121), die von den LaBehörden insow als LandesR angewendet w (aaO Fn zu HintO 8), bestimmt ist. Für eine Hinterlegg gem §§ 1814, 1818, 1915 sind Hinterleggsstellen aber auch die Staatsbanken, ferner die Kreditinstitute, die das RMJ als Hinterleggsstellen bestimmt hatte, HintO 27. Die Amtsgerichte kommen für Pfleger bei Aufgabe der Pflegsch allein in Betr, da die zu c genannten Stellen das Vorhandensein eines Depotinhabers erfordern, Ffm Rpfleger **61**, 356. **b)** Zu dem GeschKreis der Landeszentralbanken gehört die Annahme von derartigen Hinterleggen nicht. Dort also keine Hinterlegg. **c)** Deutsche Genossenschaftskasse u Deutsche Girozentrale (Deutsche Kommunalbank) s § 1808 Anm 1.

4) Art der Hinterlegung, Hinterlegungswirkung. Hinterlegg hat mit der Bestimmg zu erfolgen, daß die Herausgabe nur mit Genehmigg des VormschG (die des GgVormd genügt nicht) verlangt w kann, vgl auch § 1809. Bestimmg kann auch noch nachgeholt werden. Gemäß VO v 29. 9. 39, RGBl 1985, kann Vormd, ohne daß er dazu der Gen des VormschG bedürfte, die Stelle, bei der er hinterlegt, ermächtigen, die Wertpapiere einer Wertpapiersammelbank zur Sammelverwahrg zu übergeben. – Wirkg: Entsprechende VfgsBeschrkg hins der Heraug der hinterlegten Sachen, vgl im übrigen auch § 1809 Anm 1 u 2; ferner VfgsBeschrkg nach § 1819. Sperrvermerk auf dem Papier nicht erforderl. Sperrvermerk auf Hinterleggsschein erfolgt nur zum Zweck der Kenntlichmachg (RG **79**, 16), auch ohne diese ist Erfordernis der Gen VertrInhalt, so daß Hinterleggsstelle u Bank trotz § 793 I 2 Mdl bei ungenehmigter Heraug haften (RG **79**, 9). Bank wird auch nicht durch Bestimmg ihrer Satzg befreit, daß zur Gültigk der Vfgsbeschränkg Sperrvermerk auf Hinterleggsschein erforderl (RG **79**, 9).

1815 *Umschreibung von Inhaberpapieren.* **I** Der Vormund kann die Inhaberpapiere, statt sie nach § 1814 zu hinterlegen, auf den Namen des Mündels mit der Bestimmung umschreiben lassen, daß er über sie nur mit Genehmigung des Vormundschaftsgerichts verfügen kann. Sind die Papiere von dem *Reiche* oder einem *Bundesstaat* ausgestellt, so kann er sie mit der gleichen Bestimmung in Buchforderungen gegen das *Reich* oder den *Bundesstaat* umwandeln lassen.

II Sind Inhaberpapiere zu hinterlegen, die in Buchforderungen gegen das *Reich* oder einen *Bundesstaat* umgewandelt werden können, so kann das Vormundschaftsgericht anordnen, daß sie nach Absatz 1 in Buchforderungen umgewandelt werden.

1) Zur Vermeidg des umständl HinterlVerf u zur Vereinfachg der Zinserhebg kann auf Kost des MdlVerm der **Vormund, I**, unter Begrdg vormdsch-gerichtlicher Zustimmgsbedürftigk f künft Verpfl u Verfüggen über das StammR, nicht die NebLeistgen (§§ 1809, 1820), **a)** aus InhPapieren **Namenspapiere** machen, **S 1**, dch Umschreibg auf den Namen des Mdl; der Aussteller ist hierzu jedoch ohne landesrechtl Vorschr nicht verpfl (§ 806 S 2; EG 101 Anm 1); **b)** Briefrechte der Bu- od LaSchuldenVerw (Schatzanweisgen der BuRep, BuPost usw) in **Buchrechte** umwandeln lassen, **S 2**. Zur BuSchuldenVerw: § 236 Anm 1; zur LaSchuVerw: EG 97 Anm 2.

§§ 1815–1820 4. Buch. 3. Abschnitt. *Diederichsen*

2) Das **Vormundschaftsgericht, II,** kann auch gg den Willen des Vormd u erforderlichenf mit Zwangsmitteln (§§ 1837, 1886) die Umwandlg nach Anm 1 b vAw anordnen. Ausn: §§ 1803 I, 1853, 1855, 1857a; auch § 1817. RPfleg entsch (RPflG 3 Z 2).

1816 *Sperrung von Buchforderungen.* Gehören Buchforderungen gegen das *Reich* oder gegen einen *Bundesstaat* bei der Anordnung der Vormundschaft zu dem Vermögen des Mündels oder erwirbt der Mündel später solche Forderungen, so hat der Vormund in das Schuldbuch den Vermerk eintragen zu lassen, daß er über die Forderungen nur mit Genehmigung des Vormundschaftsgerichts verfügen kann.

1) Ebso wie bei der Umwandlg vom Vormd erworbener Anlagepapiere nach § 1815 hat dieser SchuldbuchFdgen iF des sonst Erwerbs od wenn er solche bei AnO der Vormsch vorfindet unverzügl mit dem Sperrvermerk versehen zu lassen, sofern VormschG dies nicht v sich aus veranlaßt. Wirkg: wie § 1815 Anm 1. Befreiung: wie § 1815 Anm 2. Auf StiftsVerm findet § 1816 keine Anwendg (Rostock OLG **26**, 115).

1817 *Befreiung.* Das Vormundschaftsgericht kann aus besonderen Gründen den Vormund von den ihm nach den §§ 1814, 1816 obliegenden Verpflichtungen entbinden.

1) **Befreiung von Hinterlegung und Sperrvorschriften** (§§ 1814, 1816, auch 1815 II), insges od einzelnen, ggf unter Auflagen, zum Schutz nicht des Vormds, sond ausschließl des Mdl. Allg GesPkte wie die Sicherh der Großbanken (KG FamRZ **70**, 104) od daß Vormd „allg bekannt u geachtet" ist, reichen nicht aus, weil Verweiger der Befreiung sonst zum Makel u §§ 1814, 1816 zur Ausn würden (RG **80**, 257; KGJ **20 A** 225). **Erforderl vielm besondere Gründe**, aus denen Gefahr des Verlustes bei der Aufbewahrg u eine Veruntreuung ausgeschl erscheinen. Abweich muß daher im Einzelfall gerechtf s (KG JW **35**, 1881), so bei Vertrauenswürdigk aGrd bekannt guter u geordn VermVerhältn. RPfleger entsch (RPflG 3 Z 2a). Haftg nach § 839.

1818 *Anordnung der Hinterlegung.* Das Vormundschaftsgericht kann aus besonderen Gründen anordnen, daß der Vormund auch solche zu dem Vermögen des Mündels gehörende Wertpapiere, zu deren Hinterlegung er nach § 1814 nicht verpflichtet ist, sowie Kostbarkeiten des Mündels in der im § 1814 bezeichneten Weise zu hinterlegen hat; auf Antrag des Vormundes kann die Hinterlegung von Zins-, Renten- und Gewinnanteilscheinen angeordnet werden, auch wenn ein besonderer Grund nicht vorliegt.

1) **Erweiterung der Hinterlegungspflicht** dch AnO des VormschG, das zum Einschreiten verpfl ist; sonst § 839. **Besondere Gründe** sind für nicht unter § 1814 fallde Wertpapiere wie Sparbücher, HypBriefe usw (§ 1819) u Kostbarkeiten des Mdl erfdl u liegen vor, wenn die Aufbewahrg beim Vormd vor Verlust nicht genügd sichert; bei dessen eig Unzuverlässigk: § 1886. Ob eine Kostbark vorliegt, richtet sich nach der VerkAnschauung (RG **105**, 202), also auch KunstGgstde, seltene Bücher, wertvolle Filme (RG **94**, 119). Kostbark sind bei den ord HinterlSt zu hinterl (HinterlO 5). Auf bloßen Antr des Vormd AnO der Hinterl bei Zins-, Rent- u Gewinnanteilscheinen. Wirkg: wie § 1814 Anm 4; 1819. Befreiung: wie § 1815 Anm 2. Beschwerde des Vormd gg AnO nach Halbs 1, gg Ablehng iF von Halbs 2 (FGG 20).

1819 *Genehmigung zur Verfügung bei Hinterlegung.* Solange die nach § 1814 oder nach § 1818 hinterlegten Wertpapiere oder Kostbarkeiten nicht zurückgenommen sind, bedarf der Vormund zu einer Verfügung über sie und, wenn Hypotheken-, Grundschuld- oder Rentenschuldbriefe hinterlegt sind, zu einer Verfügung über die Hypothekenforderung, die Grundschuld oder die Rentenschuld der Genehmigung des Vormundschaftsgerichts. Das gleiche gilt von der Eingehung der Verpflichtung zu einer solchen Verfügung.

1) Die Zurücknahme der gem §§ 1814, 1818 hinterlegten Wertpapiere od Kostbarkeiten bedarf bereits nach diesen Bestimmgen der Gen des VormschG. Diese (die Gen des GgVormd reicht nicht aus) ist nach § 1819 aber **auch notwendig a)** bei einer Vfg (wg des Begriffs vgl § 1812 Anm 3) über die hinterlegten Wertpapiere u Kostbark, – **b)** falls Hyp-, Grd- od Rentenschuldbriefe hinterlegt sind, auch zur Vfg über die in den Urk verbrieften KapitalFdgen, nicht aber über die Zinsen bzw eingetragenen Leistgen, – **c)** zur Eingeh eines schuldrechtl Vertrages, der die Verpflichtg zu einer derartigen Vfg zum Ggst hat. – Der Vormd ist also in seiner Vertretgsmacht beschränkt, so daß seine Vfg über die hinterlegten Ggstände ohne Gen des VormschG mit Wirkg gegen den Dritten unwirks ist. Sind die Wertpapiere od Kostbarkeiten mit od ohne Gen herausgegeben od überh nicht hinterlegt, so fällt diese Vfgsbeschränkg selbst dem bösgl Dritten ggü fort, hM; es bleibt aber die Gen des GgVormd bzw VormschG nach §§ 1812f erforderlich. Nur diese ferner bei freiwilliger Hinterlegg durch den Vormd, also ohne daß hierzu eine Verpflichtg bestand, ferner wenn der Vermögenszuwender Hinterlegg über das gesetzl Maß anordnet, § 1803 Anm 1; § 1819 ist dann unanwendb.

1820 *Genehmigung nach Umschreibung und Umwandlung.* ^I Sind Inhaberpapiere nach § 1815 auf den Namen des Mündels umgeschrieben oder in Buchforderungen umgewandelt, so bedarf der Vormund auch zur Eingehung der Verpflichtung zu einer Verfügung über die sich aus der Umschreibung oder der Umwandlung ergebenden Stammforderungen der Genehmigung des Vormundschaftsgerichts.

^{II} Das gleiche gilt, wenn bei einer Buchforderung des Mündels der im § 1816 bezeichnete Vermerk eingetragen ist.

Vormundschaft. 1. Titel: Vormundschaft über Minderjährige   §§ 1820, 1821

1) Zur Vfg über die gem § 1815 umgeschriebenen InhPapiere u die gem §§ 1815f umgewandelten bzw mit einem Vermerk versehenen BuchFdgen bedarf der Vormd der Gen des VormschG schon wg der nach diesen Vorschr getroffenen Bestimmg u des genannten Vermerks. Als Vfg anzusehen u demgemäß genehmiggspflichtig ist auch Rückverwandlg der Namens- in InhPapiere, Beseitigg des Vermerks u die Erhebg der BuchFdgen. Nach § 1820 genehmiggspflichtig auch der schuldrechtl Vertr, durch den sich Vormd zu einer Vfg über die sich aus der Umschreibg od Umwandlg ergebenden StammFdgen od die mit Vermerk versehene BuchFdg verpflichtet. Vfgsbeschränkg, die die gleiche Wirkg wie bei § 1819 hat, wirkt wie dort nur, solange Vermerk eingetragen od Umschreibg auf den Namen nicht gelöscht ist. Vgl im übrigen, und zwar auch für die freiwillige od vom Dritten angeordnete Umschreibg und Umwandlg, § 1819 Anm 1.

1821 *Genehmigung für Grundstücksgeschäfte.* ^I Der Vormund bedarf der Genehmigung des Vormundschaftsgerichts:
1. zur Verfügung über ein Grundstück oder über ein Recht an einem Grundstück;
2. zur Verfügung über eine Forderung, die auf Übertragung des Eigentums an einem Grundstück oder auf Begründung oder Übertragung eines Rechts an einem Grundstück oder auf Befreiung eines Grundstücks von einem solchen Recht gerichtet ist;
3. zur Verfügung über ein eingetragenes Schiff oder Schiffsbauwerk oder über eine Forderung, die auf Übertragung des Eigentums an einem eingetragenen Schiff oder Schiffsbauwerk gerichtet ist;
4. zur Eingehung einer Verpflichtung zu einer der in den Nummern 1 bis 3 bezeichneten Verfügungen;
5. zu einem Vertrage, der auf den entgeltlichen Erwerb eines Grundstücks, eines eingetragenen Schiffs oder Schiffsbauwerks oder eines Rechts an einem Grundstück gerichtet ist.

^{II} Zu den Rechten an einem Grundstück im Sinne dieser Vorschriften gehören nicht Hypotheken, Grundschulden und Rentenschulden.

Schrifttum: Klüsener, Rpfleger **81**, 461.

1) Vorbemerkung vor §§ 1821, 1822.

a) Um zu gewährleisten, daß das MdlInteresse gewahrt wird, bedürfen sowohl auf dem Gebiet der PersSorge wie der Verw des MdlVermögens besonders wichtige RHdlgen u RGeschäfte des Vormd der Gen des VormschG selbst. Die Entsch über Erteilg od Verweigerg der Gen ist eine **Ermessensentscheidung** (BGH NJW **86**, 2829; BayObLG FamRZ **89**, 540; aA Soergel/Damrau § 1828 Rdn 8: in allen Inst voll nachprüfb unbest RBegr). Die Gen die GgVormd reicht nicht aus. Das VormschG hat vor Erteilg der Gen den **Sachverhalt** hinreich **aufzuklären** (BGH NJW **86**, 2829). **Die Aufzählung** der Fälle in §§ 1821, 1822 **ist keineswegs vollständig.** So ist in **persönlichen Angelegenheiten** zB die Gen des VormschG ferner erforderl: Falls der Mdl geschäftsunfähig ist, zur Erhebg der Aufhebgs- u Scheidgsklage, ZPO 607 II 2 (vgl auch Einf 3 vor EheG 28); zur Anfechtg der Ehelichk od Vatersch, ZPO 640b, 641; zum Antr des Vaters zur EhelErkl seines nehel Kindes, §§ 1723, 1728 II; zur Bestimmg über die rel Erziehg des Mdl, RKEG 3 II; zur Unterbringg, die mit FreihEntzieh verbunden ist, §§ 1631b, 1800; zum Antr, das AufgebotsVerf zum Zwecke der TodesErkl einzuleiten, VerschG 16 III; zum Antr auf Entlassg des Mdl aus der Staatszugehörigk, RuStAG 19 I; zur Auswanderg von Mädchen unter 18 Jahren, § 9 VO gg Mißbräuche im Auswandsgwesen v 14. 2. 24, RGBl 108; ferner der Antr auf Anordg der ZwVerst zum Zwecke der Aufhebg einer Gemsch, ZVG 181 II. Weitere Fälle der Notwendigk der Gen des VormschG **in vermögensrechtlichen Angelegenheiten** bei § 1822 Anm zu Z 1–3, ferner zB §§ 1812 II, III, 1819, 1820. Umgek gibt es in den AGen zum JWG der Länder Ausnahmen vom GenehmiggsErfordern für AmtsVormsch des JA (vgl § 1802 Anm 1).

b) Gleichgültig ist, ob eine Verpflichtg zur Vornahme des RGeschäfts besteht (KG OLG **33**, 363). Regelmäßig steht der Vfg die Eingeh der Verpflichtg zur Vfg gleich, um die sonst mögliche Durchsetzg der Vornahme der Vfg im Prozeßwege zu verhindern. Genehmigg auch erforderl, wenn der Mdl nur mitberechtigt ist, also auch bei Beteiligg an einer Gemsch zur gesamten Hand (BayObLG JW **21**, 581), und demgemäß zur AuseinandS bei derartigen Mitberechtiggen, auch dann, wenn TestVollstr u mj Erben gemeins auseinandersetzen (BGH **56**, 284), hingg **nicht erforderlich** bei Beteiligg des Mdl an einer jur Pers od wenn das MdlVerm sich nicht in der Verw des Vormd, sond eines TestVollstr befindet (RG JW **13**, 1000), auch wenn dieser dem Vormd Mittel zum GrdstKauf aushändigt, sofern das Grdst nicht für das vom Vormd verwaltete Verm, sond für die NachlMasse gekauft worden ist (RG **91**, 69), was auch dann der Fall ist, wenn TestVollstr die zunächst auftraglose GeschFührg des Vormd genehmigt. Wird die OHG, an der der Mdl beteiligt ist, durch die Liquidatoren verkauft, so ist Gen durch das VormschG begriffl ausgeschl (KG DR **42**, 276). Ob §§ 1821, 1822 zutreffen, ist die GenBedürftigk des in Frage kommden Gesch um der Rechtssicherh willen nicht nach den jeweil Umst des Einzelfalles, also nicht nach dem Zweck, sond formal zu beurteilen (BGH **38**, 28; **52**, 319). Wg Abschlusses eines Geschäftes aGrd einer Vollm des Erbl vgl RG **88**, 345 und § 1812 Anm 1 aE. Keine Gen zur ProzFührg als solcher u dem Betreiben der ZwVollstr (§ 1812 Anm 3 und unten Anm 2), ebsowenig zur Bewirkg der Leistg od Abgabe der WillErkl, wenn dazu rechtskr verurteilt worden ist (KGJ **45**, 264; BayObLG MDR **53**, 561).

c) Die Genehmigg ist wesentl Bestandteil des vom Vormd vorzunehmenden RGeschäftes. Also **Beschränkung der Vertretungsmacht.** Im übrigen vgl §§ 1828–1831. Sie ist notw für das RGesch als solches, gleichgültig, ob es Vormd für den Mdl mit seiner Zust vornimmt. Auch insow Mdl unbeschränkt geschäftsfähig ist, bleiben RGeschäfte, zu denen der Vormd der Gen des VormschG bedarf, genehmiggspfl, §§ 112 I, 113 I. Keine Befreiung möglich, Vorschr gelten mit landesrechtl Ausn auch bei Amts- u VereinsVormd. Vor Entscheidg des VormschG soll der mind 18jährige Mdl tunlichst gehört w (FGG 50b). Ob Gen

§ 1821 1, 2 4. Buch. 3. Abschnitt. *Diederichsen*

erteilt wird, ist Ermessenssache (umstr; vgl Soergel/Damrau § 1828 Rz 8 mN: unbest RBegr). Es entsch der RPfleger, RPflG 3 Z 2a. Über Umfang der Gen § 1828 Anm 3. Erhebl Abänderngen eines Vertr, dessen Gen das VormschG abgelehnt h, ändern den VerfGgst u können desh im BeschwVerf trotz FGG 23 nicht berücks w (Stgt Just **79**, 265).

2) Die einzelnen Fälle. Zu Z 1, 3, 4: Z 3 eingefügt durch VO v 21. 12. 40, RGBl 1609, Art 2. Genehmiggsbedürftig sind **a)** Vfgen über ein Grdst, eingetragenes Schiff, Schiffsbauwerk, SchiffsrechteG v 15. 11. 40, RGBl 1499, DVO v 21. 12. 40, RGBl 1609, u ÄndG v 8. 5. 63, BGBl 293, ferner die einem Grdst bundes- u landesrechtl gleichgeachteten Rechte wie WohngsEigt, ErbbauR, ErbbRVO 11, ErbpachtR, BergwerksEigt u dgl, Art 63, 67, 68, 74 EG. Gemäß dem Anm 1b Gesagten gilt das auch für GrdstAnteil, auch wenn er GesHandsanteil ist, insb also bei AuseinandS der ErbenGemsch, zu der der Mdl gehört (KGJ **38** A 219; vgl auch § 1629 Anm 4, nicht aber der unentgeltl Erwerb eines NachlGrdst zu AlleinEigt, BayObLG NJW **68**, 941) und der Teilg von MitEigt an einem Grdst (BayObLG **1**, 420), nicht aber bei Vfgen über Grdst einer OHG, an der der Mdl beteiligt ist (RG **54**, 278), od bei Veräußerg des GmbH-Anteilen, deren Verm aus einem Grdst besteht (RG **133**, 7). **Verfügungen** (vgl § 1812 Anm 3) **sind vor allem** Veräußerg, Auflassg, auch Rückauflassg aGrd vorbehaltenen Rücktr (BayObLG FamRZ **77**, 141), Belastg (zB mit einer Grdschuld; aber nicht erneute Gen bei deren Valutierg; BayObLG FamRZ **86**, 597), die Zust zur Vfg eines NichtBerecht (BayObLG **13**, 287), Zust zur Veräußerg, falls Mdl nur Nacherbe (Karlsr RJA **17**, 22), Belastg eines Grdst mit EigentümerGrdschulden (KG JW **32**, 1388). Ausschl des KündR des HypSchu (KG OLG **14**, 262, str) od Änderg der Fälligk des GrdpfandR (BGH BB **51**, 404, nicht aber eine Künd seitens des GrdstEigtümers, BGH ebda), Bewilligg einer GBBerichtigg (KG OLG **25**, 390), einer Vormerkg wg dadch beeinträcht Veräußerbark des Grdst (Celle Rpfleger **80**, 187; Mohr Rpfleger **81**, 175; aA Stade MDR **75**, 933), mRücks auf die Änderg der Belastgverhältnisse des Grdst die Erhöhg des HypZinses, Verlängerg der KündFrist (KGJ **29** A 20), Zust des Eigtümers zur Umwandlg einer Hyp in eine GrdSchu und umgekehrt (vgl BayObLG **2**, 799), einer Sichergs- in eine VerkehrsHyp, da andere Belastg. Keine Vfg über ein Grdst ist der Antr auf ZwVerst eines im MitEigt stehenden Grdst zum Zwecke der Aufheb der Gemsch (RG **136**, 358; § 1365 Anm 2). Er ist aber wg ZVG 181 II 2 genehmiggspfl. **Nicht genehmigungsbedürftig** ist die HypBestellg zur Deckg des Restkaufgeldes anläßl des GrdstKaufs (RG **108**, 356; Gen allerdings nach Z 5 für den Erwerb erforderl), da es sich nicht um eine Verminderg des MdlVermögens, sond um die teilweise GgLeistg für die Veräußerg des Grdst handelt; ebsowenig beim GrdstErwerb dem Vater eingeräumte NießbrBestellg (BGH **24**, 372), es sei denn unter Vereinbg eines uneingeschränkten VerwertgsR des Schenkers (Celle OLG **74**, 164). Ebenso liegt es bei einer Hyp, die im KaufVertr seitens des Mdl für Straßenanlage- u Unterhaltgskosten zG der Stadtgemeinde übernommen wird (KG HRR **32**, 1305), bei der Schenkg eines Grdst an den Mdl unter Übernahme bestehender u Begrdg neuer dingl Lasten (KG JW **35**, 55). Genfrei die gem ErbbRVO 5 II erforderl Zust für eine Belastg des ErbbauR (LG Ffm Rpfleger **74**, 109); ferner Vfgen ü GrdstBesitz, da Besitz kein R am Grdst (RG **106**, 112); ebsowenig ist zustbedürft Abtretg des HerausgAnspr, die Zust zum RangRücktr od zur Löschg einer Hyp (vgl KGJ **22** A 140, str), Unterwerfg unter die sof ZwVollstr (KG RJA **7**, 224, str, sa Knopp MDR **60**, 464). Auch keine Gen bei Verurt zur Erkl der Auflassg, selbst nicht bei VersäumnUrt (BayObLG MDR **53**, 561). **Genehmigungserteilung,** wenn § 1804 S 2 vorliegt (Hamm NJW-RR **87**, 453). Die Gen der Auflassg enthält regelm die des obligator Geschäfts (RG **130**, 148) u umgek (KG HRR **37**, 92; BayObLG Rpfleger **85**, 235).

b) Vfgen über ein Recht am Grdst. Hierhin gehören jedoch nicht Hyp-, Grd- u Rentenschulden, II, für die außer bei angeordneter Hinterlegg, § 1819, die Gen des GgVormd genügt, § 1812 Anm 2b, so daß nur bleiben Nießbrauch, Dienstbarkeiten, Reallasten u VorkaufsR. Bei Möglk des Ausfalls in der ZwVerst ist ein vom Pfleger erklärter RangRücktr nicht zu gen (LG Brschw Rpfleger **76**, 310). Vgl dazu §§ 1059, 1092, 1098 I, 1105, 514. Die einzelnen Leistgen aGrd einer Reallast stehen den HypZinsen gleich, § 1107, gehören also ebenf nicht hierher. Für Vfgen über Rechte an einem Recht am Grdst ist keine Gen erforderl (KGJ **40**, 163), ebsowenig für die Überlassg od Ausübg eines GrdstRechts, da über dieses dadurch nicht verfügt wird; aber Gen nach § 1812 erforderl.

c) Die Eingehg der Verpflichtg zu einer der unter a und b genannten Vfgen.

Zu Z 2, 3, 4: Z 2 trifft Anspr, die wirtschaftl Z 1 gleichzusetzen sind. Hierher gehört zB der Anspr auf Auflassg, hingg nicht die EntggNahme (RG **108**, 356), da darin zwar eine Vfg über den Anspr auf Eigt-Übertr, nicht aber der von Z 2 zu verhindernde RVerlust liegt. Genehmiggsbedürftig auch der Anspr aus dem Meistgebot, ZVG 81 II, die Wiederaufnahme eines GrdstKauf od -schenkg (Karlsr FamRZ **78**, 378), die Vfg über eine Vormkg zur Sicherg des Anspr auf EigtÜbertr (KG Recht **29**, 2371); nicht hierunter (sond unter § 1812) fallen aber Vfgen über Rechte an Hyp-, Grd- u Rentenschulden, II, zB Löschgsbewilligg für den HypNießbr (KGJ **40** A 163). Entspr gilt für Z 3, durch VO v 21. 12. 40, RGBl 1609, eingefügt, vgl auch oben Anm 2a.

Zu Z 5: Genehmigg erforderl für jeden entgeltl Erwerb eines Grdst, eingetragenes Schiffs od Schiffbauwerks, vgl oben Anm 2a, deshalb auch für Tausch. Entgeltlichkeit liegt auch vor, wenn das Kaufgeld durch HypBestellg gedeckt wird (BayObLG JFG **5**, 305), nicht aber bei Schenkg, auch wenn Nießbrauch od sonstige Lasten vorbehalten sind (BayObLG **67**, 245), od jene unter Auflage erfolgt ist, außer wenn die Erfüllg der Auflage die GgLeistg ist. Gleichgült ist, wie der Erwerb erfolgt; genehmigungsbedürftig also auch Ausübg des MiterbenvorkaufsR, wenn zum Nachl ein Grdst gehört (SchlHOLG SchlHA **56**, 262). Ein nicht genehmigtes Gebot, das bei der ZwVerst für den Mdl abgegeben wird, ist demgemäß zurückzuweisen. Der entgeltl Erwerb von Hyp-, Grd- und Rentenschulden bedarf auch hier nicht der Gen des VormschG, II; vgl dazu §§ 1807 I Z 1, 1810. Gen ist ErmessensEntsch (umstr; vgl Soergel/Damrau § 1828 Rz 8 mN: unbest RBegr); kein FehlGebr die Versagg der Gen, wenn die von dem Kind übernommenen gesamtschuldner Verbindlken den Wert des ihm übertragenen MitEigtAnteils übersteigen (BayObLGZ **77**, 121). Bei Erwerb dch Makler wird Mdl idR auch dessen VertrPartner (Ffm DAV **87**, 149).

1822 *Genehmigung für sonstige Geschäfte.* Der Vormund bedarf der Genehmigung des Vormundschaftsgerichts:

1. zu einem Rechtsgeschäfte, durch das der Mündel zu einer Verfügung über sein Vermögen im ganzen oder über eine ihm angefallene Erbschaft oder über seinen künftigen gesetzlichen Erbteil oder seinen künftigen Pflichtteil verpflichtet wird, sowie zu einer Verfügung über den Anteil des Mündels an einer Erbschaft;
2. zur Ausschlagung einer Erbschaft oder eines Vermächtnisses, zum Verzicht auf einen Pflichtteil sowie zu einem Erbteilungsvertrage;
3. zu einem Vertrage, der auf den entgeltlichen Erwerb oder die Veräußerung eines Erwerbsgeschäfts gerichtet ist, sowie zu einem Gesellschaftsvertrage, der zum Betrieb eines Erwerbsgeschäfts eingegangen wird;
4. zu einem Pachtvertrag über ein Landgut oder einen gewerblichen Betrieb;
5. zu einem Miet- oder Pachtvertrag oder einem anderen Vertrage, durch den der Mündel zu wiederkehrenden Leistungen verpflichtet wird, wenn das Vertragsverhältnis länger als ein Jahr nach dem Eintritt der Volljährigkeit des Mündels fortdauern soll;
6. zu einem Lehrvertrage, der für längere Zeit als ein Jahr geschlossen wird;
7. zu einem auf die Eingehung eines Dienst- oder Arbeitsverhältnisses gerichteten Vertrage, wenn der Mündel zu persönlichen Leistungen für längere Zeit als ein Jahr verpflichtet werden soll;
8. zur Aufnahme von Geld auf den Kredit des Mündels;
9. zur Ausstellung einer Schuldverschreibung auf den Inhaber oder zur Eingehung einer Verbindlichkeit aus einem Wechsel oder einem anderen Papiere, das durch Indossament übertragen werden kann;
10. zur Übernahme einer fremden Verbindlichkeit, insbesondere zur Eingehung einer Bürgschaft;
11. zur Erteilung einer Prokura;
12. zu einem Vergleich oder einem Schiedsvertrag, es sei denn, daß der Gegenstand des Streites oder der Ungewißheit in Geld schätzbar ist und den Wert von dreihundert Deutsche Mark nicht übersteigt;
13. zu einem Rechtsgeschäfte, durch das die für eine Forderung des Mündels bestehende Sicherheit aufgehoben oder gemindert oder die Verpflichtung dazu begründet wird.

Schrifttum: Wolf AcP **187**, 319.

1) Vgl § 1821 Anm 1. In den Fällen Z 1–3 u 12 entscheidet der Richter (RPflG 14 Z 9), sonst der RPfleger (RPflG 3 Z 2a).

2) **Zu Z 1: Verpflichtung zur Verfügung über das Vermögen im ganzen,** vgl § 311 u Anm: nicht genügd, wenn Verpflichtgswille auf EinzelVermStücke geht (BGH DNotZ **57**, 504), mögen diese auch tatsächl das ganze Verm ausmachen (enger § 1365 Anm 2), aM Reinicke DNotZ **57**, 506 (ebenso wie § 144 aF = § 1423 nF). Eine Vfg über das Verm im ganzen ist im BGB ledigl bei Vereinbg u Aufhebg der GütGemsch mögl, für die ebenf Gen des VormschG erforderl ist, §§ 1411 I 2, 1484 II, 1492 III. Ob die Vfg über einen Ggst aus einer VermMasse der Gen bedarf, richtet sich nach den dafür in Betr kommenden Vorschr.

3) **Zu Z 1 und 2; Erbschaft: a)** Verpflichtg zur Vfg über eine angefallene Erbsch, der der Erbteil gleichsteht, § 1922 II: Veräußerg der Erbsch, §§ 2371ff, 2385, Bestellg eines Nießbrauchs an der Erbsch, § 1089; – **b)** Verpflichtg zur Vfg über den künftigen gesetzl Erb- od Pflichtteil, § 312 II; – **c)** Vfg über den Anteil an der Erbsch, § 2033, durch Veräußerg, Belastg, Verzicht zG eines anderen Erben. Entsprechd anwendbar auch bei Wahl der statutarischen Portion nach Märkischem ErbR (KGJ **49**, 48); – **d)** Ausschlag einer Erbsch, §§ 1942ff, nicht erforderl zur Annahme, wohl aber zu deren Anfechtg, die als Ausschlagg gilt, § 1957 I. *Länder der früh BrZ:* Genehmigg erforderl auch bei Ausschlagg eines Hofes, HöfeO 11; – **e)** Ausschlagg eines Vermächtnisses, § 2180, nicht zur Annahme u auch nicht zu deren Anfechtg; – **f)** Verzicht auf den Pflichtteil, soweit bereits angefallen, §§ 2303ff. Auf den zukünftigen kann durch Erbverzicht verzichtet werden, der ebenf genehmiggsbedürftig ist, § 2347; – **g)** ErbteilsgVertr, gleichgültig, ob gerichtl oder außergerichtl, ferner ob ErbenGemsch dadurch im ganzen od nur bzgl eines NachlGgstandes aufgeh wird (KGJ **49**, 49). Auch wenn beim Mdl bei Teilg nicht alles erlangte, aber der Vertr vom VormschRichter doch zu genehmigen sein, wenn im ganzen vorteilhaft (vgl KG JFG **8**, 55). Kein ErbteilsgVertr, wenn durch sämtl Erben Erbsch an Dritte verkauft wird; vgl dann aber § 1821 Anm 1 und 2 zu Z 1 und 3. Keine Gen zur Erhebg der Teilgsklage, § 2042. Eine im voraus erteilte vormschgerichtl Gen kann, sofern der wesentl Inh des Vertr bereits feststeht (KG MDR **66**, 238), nicht mehr nachträgl versagt w (Memmg FamRZ **77**, 662); – **h)** sonstige Fälle, in denen Gen erforderl: ErbVertr, § 2275, zu seiner Anfechtg für den geschäftsunfähigen Erbl, § 2282 II, zur Einwilligg in die Aufhebg des Erbvertrages, §§ 2290f, Verzicht des Abkömmlings auf seinen GesGutsanteil, §§ 1491 III, 1517 II. Keine Gen zur Errichtg eines Testaments. Es entsch der Richter, RPflG 14 Z 9.

4) **Zu Z 3: Erwerbsgeschäft,** das ist jede berufsmäßig ausgeübte, auf selbständigen Erwerb gerichtete Tätigk, gleichgültig, ob es sich um Handel, Fabrikationsbetrieb, Handwerk, Landwirtsch, wissenschaftl, künstlerische od sonstige Erwerbstätigk handelt (RG **133**, 11). Wg Ermächtigg des Mdl zum selbständigen Betrieb eines Erwerbsgeschäfts, vgl § 112, wg des Beginns u der Auflösg eines solchen, § 1823. Wegen der Anhörg des Mdl § 1827 II. Der Gen bedarf

§ 1822 4–6

a) der entgeltl **Erwerb oder** die **Veräußerung** eines Erwerbsgeschäfts; ebso die Bestellg eines Nießbrauchs daran u die Verpfändg. Gleichgültig, ob Firma (Warn **08**, 70) sowie ob die Aktiven u Passiven übergehen (Kassel OLG **10**, 12), ob Geschäft allein od zus mit andern erworben, ob Gesch im ganzen od nur GeschAnteil veräußert wird (RG **122**, 370). Hingg ist die Auflösg eines solchen Gesch seiner Veräußerg nicht gleichzustellen (BGH **52**, 319). Verkauf des ges Inventars eines Hofes, da auch dann der landwirtschaftl Betrieb als Einh bestehen bleibt (BGH **LM** Nr 2). Da eine Arztpraxis an die Pers des Arztes gebunden ist, ist der Verkauf nach seinem Tode nicht genehmiggspfl (RGZ **144**, 5). Die schenkw Übertragg eines GmbH-Anteils ist nicht nach Z 3 gen-bedürft (BGH NJW **89**, 1926); wohl aber die Veräuß sämtl GeschAnteile (Hamm FamRZ **84**, 1036; aA Damrau RPfleger **85**, 62; vgl auch Gerken Rpfleger **89**, 270). Nach der gesetzl Regelg ist keine Gen erforderl zum unentgeltl Erwerb, zur Annahme u **Fortführung eines ererbten Geschäfts** (Lit: Damrau NJW **85**, 2236; K Schmidt NJW **85**, 2785 u BB **86**, 1238), u zwar auch nicht für die Fortführg in ungeteilter ErbGemsch (BGH NJW **85**, 136); das BVerfG NJW **86**, 1859 hat der gg diese Entsch gerichtete VerfBeschw stattgegeben: Der GesGeber muß eine Regelg schaffen, die entw die Fortführg eines HandGesch dch Mj von einer vormschgerichtl Gen abhäng macht od den Mj jedenf nicht über den Umfg des ererbten Verm hinaus zu Schuldn werden läßt (zu den Auswirkgen dieser Entsch: Hertwig FamRZ **87**, 124). Bis zur gesetzl NeuRegelg Aussetzg des Verf (BGH NJW-RR **87**, 450). Ist Erwerb genehmiggspfl, aber nicht genehmigt, so wird dadurch die Gültigk der späteren Einzelgeschäfte nicht berührt (Brsl OLG **26**, 270);

b) der **Gesellschaftsvertrag,** der zum Betriebe eines ErwerbsGesch eingegangen w, also zB Grdg einer OHG; stillen Gesellsch (Bielef NJW **69**, 753), außer bei einmaliger Kapitalbeteiligg ohne Beteiligg am Verlust (BGH JZ **57**, 382; Knopp NJW **62**, 2181; BFH Betr **74**, 365); auch Vereinbg, daß die dch Tod aufgelöste Gesellsch unter Eintr der Mdl fortgesetzt w soll (RG JW **35**, 3154); od Fortsetzg des Gesch des Mannes dch die Wwe u Kinder als OHG bei gleichzeit Verlustbeteiligg der Kinder (Hamm Rpfleger **74**, 152); auch die Veräußerg von Zwergbeteiliggen Mj an kapitalist KGen (Karlsr NJW **73**, 1977); ferner Beteiligg an GmbH (sa Anm 10); dch Anstellg verdecktes GesellschVerh (RAG **21**, 129); Grdg einer KG, auch auf seiten des Kommanditisten; Eintr in bestehende KG als Kommanditist (BGH **17**, 160; dazu Fischer **LM** Nr 3); nicht aber die Aufn eines Dritten als stillen Gesellschafters (KG OLG **21**, 290) od die Eingeh einer stillen Gesellsch im Namen der KG dch deren vertretgsberecht Gesellschaft, auch wenn an dieser Mje beteiligt sind (BGH NJW **71**, 375), das Ausscheiden eines Mitgesellschafters od die dahingehende Künd (BGH NJW **61**, 724), die Zeichng einzelner Aktien. Auch die Änderg eines GesVertr (Aufn v Gesellschaftern in OHG) soll nach BGH **38**, 26 (sa WPM **72**, 1368) der Gen nicht bedürfen, da Z 3 nur die Eingeh des GesellschVertrages der Gen unterwirft u die Zahl der genehmiggspflichtigen Geschäfte nicht erweitergsfähig ist. Zust Duden JZ **63**, 601, Gernhuber § 52 V 6, dagg Beitzke JR **63**, 182 unter Hinweis auf die Bedeutg einer Änderg des Gesellschafterbestandes für eine Personalgesellsch; zumindest sei aber zu untersuchen, ob nicht aus anderen Gesichtspunkten Gen erforderl; dagg auch Knopp BB **62**, 939. Vgl zu den gesellschrechtl Fragen Stöber Rpfleger **68**, 2. Kein verbotenes InsichGesch, wenn bei AuflösgsBeschl ein Gesellschter StimmR für sich u ausübt; auch keine vormschgerichtl Gen bei Beteiligg eines mj Gesellschters (BGH **52**, 316; zust Wiedemann JZ **70**, 290). Hat sich ein Mj am Abschl eines GesellschVertrages ohne rechtl Wirkg beteiligt, so ist er, unbeschadet der Haftg der übr Gesellschafter (BGH NJW **83**, 748), auch nicht aus einem faktischen GesellschVerh verpflichtet (BGH **17**, 165). Die Gen eines KG-Vertr scheitert nicht daran, daß die KG schon vor Abschl des GesVertr ihre Tätigk aufgen hat u damit die Kinder als Kommanditisten unbeschrkt haften (BayObLG Rpfleger **77**, 60). Die Entsch ü die Gen setzt sorgfält Abwägg aller Umst voraus; derj, daß der Mj aus der BGB-Gesellsch haftet, reicht f die Versagg nicht aus (Hamm BB **83**, 791). Es entsch der Richter, RPflG 14 Z 9.

5) Zu Z 4: Pachtverträge a) über ein Landgut, vgl § 98 Anm 3, als Ganzes; mögen auch die einzelnen Parzellen verpachtet werden u geringfügige Ackerstücke u die WirtschGebäude von Mdl angepachtet sein (KG JFG **13**, 318). Über die Verpachtg einzelner Grdst vgl Z 5 und KG JFG **1**, 83; – **b)** über einen gewerbl Betrieb, vgl auch HGB 22 II, das ist ein selbständig verpachteter land- u forstwirtschaftl Nebenbetrieb, gleichgültig, ob Mdl Pächter od Verpächter sowie die Dauer des Pachtvertrages; anders Z 5.

6) Zu Z 5: a) Miet- und Pachtvertrag, gleichgültig, ob Mdl Mieter, Vermieter, Pächter od Verpächter, ob bewegl od unbewegl Sache (KG JFG **1**, 83). Z 4 und 5 auch nebeneinander anwendb (RG **114**, 37). Keine analoge Anwendg der Verpfl zu dauernder Bereitstellg von Kfz-Einstellplätzen (BGH NJW **74**, 1134) od auf die gesetzl Folge des § 571 (BGH NJW **83**, 1780). Genfrei auch MietVertr für vollj Pfleglg. – **b) wiederkehrende Leistungen,** zB Versicherungsverträge (LG Hbg NJW **88**, 215; Winter ZVersWiss **77**, 145; Hilbert VersR **86**, 948), Altenteil, Abzahlgsverträge (LG Bln NJW **63**, 110; aM Schmidt BB **63**, 1121); Ansparverträge (LG Dortm MDR **54**, 546), Rentenversprechen, Zusage eines Ruhegehalts (RAG **11**, 331), aber nicht ArbLeistgen (RAG JW **29**, 1263, vgl aber Anm 7); auch nicht Verpflichtg des mj nehel Vaters zur UnterhZahlg, da idR nicht Vertr, sond einseit schuldbestätigdes Anerkenntn, auch wenn in Form von ZPO 794 I Z 5 (KG FamRZ **71**, 41; Bronsch NJW **70**, 49; Odersky FamRZ **71**, 137). Auch keine entspr Anwendg, da Aufzählg von § 1822 geschl (aM LG Köln NJW **69**, 1907; Wiegel FamRZ **71**, 17; sa § 1615e Anm 3).

Gemeinsame Voraussetzungen für a) und b), daß VertragsVerh länger als ein Jahr nach Eintr der Volljk des Mdl (§ 2) fortdauern soll (geänd dch VolljkG Art 1 Z 10), also nicht eher vom Mdl gekündigt w kann; vgl auch § 1793 Anm 5. Dem steht gleich, wenn zwar bald gekündigt w kann, VVG 165, damit aber erhebl VermEinbußen verbunden sind (BGH **28**, 78). Ist Vertr genehmigt, so richtet sich Wirksamk nach § 139 (RG **114**, 35), gilt also bei Vereinbg, daß die Nichtigk einzelner Best die Gültigk der übrigen Vertrags nicht berühren soll, bis ein Jahr nach Vollendg der Volljährigk (BGH FamRZ **62**, 154); ebso wenn er hins eines Mdl diese Zeitdauer übersteigt. Beim VersVertr auf den Todes- od Erlebensfall kann wg der bei kürzerer Vertragsdauer höheren Prämie grdsätzl nicht gesagt werden, daß mit solcher Vertr abgeschl worden wäre (BGH **28**, 83; aM Woltereck VersR **65**, 649, der KündMöglich u zwar auch bei LebensVersVertr auf den Erlebens- u Todesfall trotz der erhebl Einbuße bei vorzeit Künd für ausreichend hält, desgl bei Beitritt zu einer Ersatzkasse, SozGerichtsbark **65**, 161). Nicht Unter Z 5 fällt der GrdstErwerb mit der ges

Vormundschaft. 1. Titel: Vormundschaft über Minderjährige §1822 6–13

Folge des § 571 (BGH NJW **83**, 1780) sowie der Beitritt zu Vereiniggen, Gewerkschaften u dergl wg der Beitragszahlg; hier muß die Möglichk des jederzeitigen Austritts genügen (Woltereck Arb u Recht **65**, 240).

7) Zu Z 6 u 7: Lehr-, Dienst- u Arbeitsverträge, die für länger als ein Jahr geschl werden, dh nicht eher seitens des Mdl kündbar sind; vgl auch Anm 6. Nicht unter Z 7 fallen persönl Leistgen, zu denen Mdl als Gesellschafter verpflichtet ist. Wg des Lehrvertrages vgl HandwerksO idF v 28. 12. 65 (BGBl **66**, 1), §§ 21ff, geänd dch BerBG v 14. 8. 69, BGBl 1112; Anhörg des Mdl vor Abschl (Einf 4b v § 1626). VormschRichter hat nicht nur vermögensrechtl Seite des Vertrages zu prüfen, sond auch, ob das leibl, geistige u sittl Wohl des Mdl gewahrt ist. Keine Gen erforderl bei den durch die FürsErzBehörde abgeschlossenen Dienst- u Lehrverträgen, JWG 69 IV.

8) Zu Z 8: Geld auf Kredit in jeder Form (RG JW **12**, 590), also auch in Gestalt des Kontokorrentverkehrs (KG OLG **21**, 289), Schuldanerkenntnis od Versprechen zum Zwecke der Geldbeschaffg (KG OLG **21**, 289), uU auch DarlVorvertrag (RAG **21**, 129); nicht aber Kreditgeschäft wie Kauf auf Borg (RG JW **12**, 590); bei Kauf mit Teilzahlgkredit handelt es sich neben dem Kauf um Aufnahme eines Darlehns (BGH NJW **61**, 166), also Gen erforderl (LG Mannh NJW **62**, 1112). Auch nicht Aufwendgen für DarlBeschaffg wie Mäklerlohn, mögen sie auch Darlehen kürzen (BGH MDR **57**, 410). Allg Ermächtigg mögl, § 1825. Nicht genehmiggspflichtig Geldaufnahme durch den Dritten, dem laut GesellschVertr mit dem Mdl GeschFührg zusteht (BayObLG **2**, 847), auch nicht die Sichergsabtretg; ist das Kreditgeschäft nicht genehmigt, aber § 812 (RG HRR **32**, 1755).

9) Zu Z 9: Schuldverschreibungen auf den Inhaber, Orderpapiere. Genehmigg mit Rücks auf Erhaltg der Klagemöglichk im Wechselprozeß zweckmäßigerw in den Wechsel aufzunehmen. Bei Wechsel an eigene Order Gen nicht zur Ausstellg, sond erst zur Begebg erforderl (RG JW **27**, 1354). Allg Ermächtigg mögl, § 1825.

10) Zu Z 10: Übernahme einer fremden Verbindlichkeit. GrdGedanke: Erfahrgsgem ist Bereitsch zur Eingehg der Verpfl größer, wenn nicht sofort z leisten ist od Erstattg des Geleisteten verlangt w kann. Daraus folgt als Einschrkg ggü dem Wortlaut: Genpflichtig ist nur die Übern solcher Verbindlichk, f deren Begleichg Mdl Ers vom ErstSchu verlangen kann (RG **133**, 13; **158**, 215). Z 10 verlangt nicht schlechthin die Gen f riskante Gesch (BGH **41**, 79). Desh unanwendb bei Haftg aus § 571 nach GrdstErwerb (BGH NJW **83**, 1780) od wenn Mdl Schuld tilgt (RG **75**, 357, dann aber § 1812 beachten) od als eig übernimmt ohne entspr ErstattgsAnspr; ebso bei HypÜbern bei GrdstSchenkg (KG JW **35**, 55) od in Anrechng auf den Kaufpr (RG **110**, 175; vgl auch § 1821 Anm 2a). Iü allg Ermächtigg mögl, § 1825. **Genehmigungsbedürftig** sind Bürgsch, Verpfändg (RG **63**, 76), auch Austausch des PfandGgst (Engler Rpfleger **74**, 144), Sichergsübereign f fremde Schuld (RG HRR **36**, 336), SchuldÜbern jeder Art, §§ 414ff, wenn Erstattg vorgesehen ist, ferner wenn Mdl bl MitEigtAnteil erwerben, aber gesamtschuldnerisch f den gesamten Kaufpr haften soll (BGH **60**, 385). Unerhebl, ob die Haftg für die fremde Verbindlk auf der Erkl od als deren Folge auf Ges beruht (RG **133**, 7). Auf die Beteiligg an einer **GmbH** bei Gründg bzw dch späteren Erwerb von Anteilen ist Z 10 nicht schlechthin anzuwenden, sond nur, wenn der Mdl damit zugl eine fremde Verbindlk übernimmt, dh insb, wenn die Einlage noch nicht voll geleistet ist, so daß Mdl evtl für den FehlBetr aufkommen muß (GmbHG 24, 26), den im Verhältn zu dem bisher Schu allein dieser zu tilgen hat (BGH NJW **89**, 1926). Nicht unter Z 10 fällt der Beitritt eines Mj zu einer **Genossenschaft** m beschr Haftg (BGH **41**, 71). Ferner keine Gen erfdl für die Verpfl, einer GrdSchu unterliegde Sachen zu versichern (BayObLG FamRZ **86**, 597).

11) Zu Z 11: Erteilung der Prokura, HGB 48ff, ist genehmiggsbedürftig, nicht die Zurücknahme HGB 52, nicht die Erteilg sonstiger Handlgsvollmachten, HGB 54. Die nicht genehmigte Erteilg der Prokura ist unwirks, auch wenn sie ins HandelsReg eingetragen ist (RG **127**, 157). Haftg des Registerrichters. Der Prokurist bedarf zu Geschäften im Umfange des HGB 49 nicht der Gen, selbst wenn diese bei Vornahme des Geschäfts durch den Vormd erforderl wäre (vgl RG **106**, 185), auch nicht wenn vom Mdl ererbten ErwerbsGesch Prokurist schon vorher bestellt war (Hamm BB **56**, 900). Vormd kann durch Pfleger mit Gen des VormschG zum Prokuristen bestellt werden, jedoch nicht sich selbst bestellen, § 1795 II. Z 11 unanwendbar bei Erteilg der Prokura für GmbH, an der Mdl beteiligt ist (KG RJA **12**, 237).

12) Zu Z 12: Vergleich, Schiedsvertrag. Genehmiggsbedürftig ist – **a)** der Vergleich, auch der ProzeßVergl (RG **56**, 333; vgl auch RG **133**, 259), der UnterhVergl u AbfindgsVertr, § 1615e, die Stimmenabgabe für den ZwangsVergl im Konk- und VerglVerfahren. Ist der ZwangsVergl rechtskr bestätigt, so für Mdl bindend, auch wenn Vormd dagg od ohne Gen dafür gestimmt hatte, KO 193, VerglO 82; – **b)** Schiedsvertrag, ZPO 1025ff. **Gemeinsame Voraussetzungen für a und b,** daß Ggst des Streits od der Ungewißh, nicht etwa der gesamte Anspr, 300 DM übersteigt od unschätzbar ist (**Reform:** 2000 DM; BR-Drucks 400/88 S 44). Berechng nach ZPO 3ff. Genehmig bleibt aber auch bei Unterschreitn der Grenze von 300 DM erforderl, wenn RGesch aus anderen Gründen der Gen bedarf. Es entsch der Richter, RPflG 14 Z 9.

13) Zu Z 13: Aufhebung einer Sicherheit betrifft den obligatorischen u dingl Vertrag. Hierunter fallen zB Aufgabe der dingl Sicherh für die bestehenbleibende persönl Fdg (KGJ **33** A 46), Verzicht auf Hyp (KG OLG **8**, 359). Wg der damit verbundenen Erschwerg der Rechtsverfolgg die Umwandlg einer gewöhnl Hyp in eine SichergsHyp, § 1186, nicht umgekehrt (Dresd OLG **29**, 372). Zust des Nacherben zur Aufhebg einer zur Nacherbsch gehörenden Hyp (Dresd Recht **06**, 477), Vorrangeinräumg (BayObLG **17**, 173), Verteilg der GesamtHyp auf die einzelnen Grdst, § 1132 II, Verzicht auf das KonkVorrecht (KG OLG **3**, 109), Verzicht auf Eintrag, § 232, ZPO 108 ff. Keine Gen zur Löschg einer Hyp, wenn Mdl Nießbrauchber der Fdg (KGJ **40**, 163 str), ferner nicht bei Wegfall der Sicherg inf Erfüllg der Fdg. Wird zugl über Sicherg u Fdg verfügt, so §§ 1812f, 1821 anwendbar. VormschRichter hat zu beachten, daß MdlSicherh gewahrt bleibt, §§ 1807 f.

§§ 1823–1828

1823 *Erwerbsgeschäft des Mündels.* Der Vormund soll nicht ohne Genehmigung des Vormundschaftsgerichts ein neues Erwerbsgeschäft im Namen des Mündels beginnen oder ein bestehendes Erwerbsgeschäft des Mündels auflösen.

1) Anders als §§ 1821f nur OrdngsVorschr. Also Wirksamk auch ohne Gen, Eintragg ins HandelsReg darf nicht abgelehnt w (KGJ **20** A 160). Mdl wird Kaufmann. Bei Zuwiderhdlgen aber §§ 1833, 1837, 1886, 839. Wg des Betriebs des Geschäfts durch Mdl § 112, wg Erwerb u Veräußerg § 1822 Z 3. Anhörg des Mdl FGG 50b. Keine Gen zur Fortführg eines Erwerbsgeschäfts, zB also wenn der Eintritt des zum Erben berufenen Mdl als Mitgesellschafter im GesellschVertrage schon bestimmt ist, nicht aber, wenn erst GesellschVertr zur Fortführg des väterl Geschäfts geschl od der alte GesellschVertr durch den Tod aufgelöst ist, § 727 I, und nunmehr die Fortführg wiederum in Form einer Gesellsch vereinbart wird, vgl § 1822 Anm 4. Es entscheidet der Richter, RPflG **14** Z 9.

1824 *Überlassung von Gegenständen an den Mündel.* Der Vormund kann Gegenstände, zu deren Veräußerung die Genehmigung des Gegenvormundes oder des Vormundschaftsgerichts erforderlich ist, dem Mündel nicht ohne diese Genehmigung zur Erfüllung eines von diesem geschlossenen Vertrags oder zu freier Verfügung überlassen.

1) Allg gilt, daß die Gen des GgVormd u VormschG nicht nur bei Hdlgen des Vormd selbst, sond auch bei solchen des Mdl, denen der Vormd zustimmt, erforderl ist. Könnte der Vormd dem Mdl ohne weiteres jeden Ggst wirks zur freien Vfg überlassen, so ergäbe sich aus § 110 eine Umgehgsmöglichk der §§ 1812f, 1819ff, die § 1824 verschließt. Die Gen des GgVormd ist entspr § 1812 II durch die des VormschG ersetzbar, vgl auch § 1810 Anm 1.

1825 *Allgemeine Ermächtigung.* **I** Das Vormundschaftsgericht kann dem Vormunde zu Rechtsgeschäften, zu denen nach § 1812 die Genehmigung des Gegenvormundes erforderlich ist, sowie zu den im § 1822 Nr. 8 bis 10 bezeichneten Rechtsgeschäften eine allgemeine Ermächtigung erteilen.

II Die Ermächtigung soll nur erteilt werden, wenn sie zum Zwecke der Vermögensverwaltung, insbesondere zum Betrieb eines Erwerbsgeschäfts, erforderlich ist.

1) Grundsätzlich muß jedes einzelne Geschäft durch Vormundschaftsgericht oder Gegenvormund genehmigt werden. Hiervon schafft § 1825 eine Ausnahme für die im GeschLeben häufiger vorkommenden Geschäfte des § 1822 Z 8–10 u die Vfgen über das KapitalVerm, § 1812, durch die Ermöglichg einer allg Ermächtigg, wenn sie zum Zwecke der VermVerw, insb zum Betriebe eines Erwerbsgeschäfts, das oft durch jene überh erst durchführbar ist, erforderl wird. Die allg Ermächtigg, über deren Erteilg der RPfleger entscheidet, RPflG 3 Z 2a, kann für alle im § 1825 genannten Geschäfte, aber auch nur für einzelne Gruppen od Teile von ihnen gewährt werden. Sie hat zur Folge, daß Vormd der Gen nicht bedarf, wirkt also wie eine Befreiung. Eines Vermerks auf der Bestallg bedarf es nicht, er ist aber zweckm. Auch wenn Voraussetzgen von II nicht vorliegen, ist das auf die Wirksamk des Geschäfts ohne Einfluß. Ermächtigg ist dann aber zu entziehen, FGG 18, was auch sonst jederzeit mögl ist. Wird allg Ermächtigg gegeben, so hat der GgVormd ein BeschwR. Eine allg Ermächtigg über § 1825 hinaus ist unstatth, vgl RG **85**, 421.

1826 *Anhörung des Gegenvormundes.* Das Vormundschaftsgericht soll vor der Entscheidung über die zu einer Handlung des Vormundes erforderliche Genehmigung den Gegenvormund hören, sofern ein solcher vorhanden und die Anhörung tunlich ist.

1) Ist GgVormd vorhanden, so soll VormschG ihm vor der Entscheidg über die Gen Gelegenh geben, sich mdl od schriftl zu äußern. Das gilt auch, wenn Gen des GgVormd durch die des VormschG ersetzt w soll, § 1812 II, KGJ **27** A 14. Unterbleiben kann Anhörg nur bei Untunlichk, also unverhältnism Kosten, erheblichem Zeitverlust. Ist Anhörg zu Unrecht unterblieben, so berührt das Wirksamk der Entsch des VormschG nicht, da nur Ordngsvorschrift. GgVormd hat aber BeschwR, FGG 20, um so noch nachträgl seine Bedenken geltd machen zu können, ohne allerdings einen Anspr auf deren Berücksichtigg zu haben, KG RJA **10**, 167. Auch kann sich SchadErsPfl des VormschRichters dem Mdl ggü aus Unterlassg ergeben.

1827 *Anhörung des Mündels.* (Aufgehoben durch Art 1 Ziff 50 SorgRG mit Rücksicht auf § 50b FGG; vgl jetzt Einf 4b vor § 1626.)

1828 *Erklärung der Genehmigung.* Das Vormundschaftsgericht kann die Genehmigung zu einem Rechtsgeschäfte nur dem Vormunde gegenüber erklären.

1) **Zweck** der Vorschr ist es, dem Vormd die Wahl zu lassen, ob er von den Gen Gebr machen will (RG **130**, 151). **Zwingendes Recht.** Der Vormd kann also nicht auf Erkl der Gen ihm ggü verzichten (BayObLG **3**, 684). Vorschr bezieht sich auf jede Art von RGeschäften, auch solche, die der Mdl mit Zust des Vormd od solche, die Vormd zwar im eig Namen, aber für Mdl (vgl § 1793 Anm 3), od auch für den Mdl zugl vornimmt (BayObLG **13**, 22). Sie gilt nicht, wenn Gen des VormschG nur erfolgen soll, es sich also um Ordngsvorschr handelt, und daher Ausbleiben der Gen Wirksamk des RGeschäfts nicht beeinflußt, §§ 1810, 1823, ferner nicht im Falle des § 1811 (RG JW **17**, 290) od wenn Zust des Vormd durch das VormschG ersetzt wird, § 113 III, EheG 3 III, 30 III, wohl aber dann, wenn Gen des GgVormd zum Zustandekommen des RGeschäfts erforderl, da dann nicht nur Ordngsvorschr (vgl § 1832 Anm 1), und diese Gen durch das VormschG ersetzt wird (dazu § 1810 Anm 1). Hinsichtl des Sprachgebrauchs „Genehmigg" Anm 2b.

Vormundschaft. 1. Titel: Vormundschaft über Minderjährige § 1828 2–4

2) Die Genehmigung des Vormundschaftsgerichts. – a) Die Gen des VormschG ist ein obrigkeitl Akt, den dieses in Ausübg der staatl Fürs vornimmt. Durch das Erfordern der Gen ist die **Vertretungsmacht des Vormunds beschränkt.** Die Gen des VormschG wird damit zum wesentl Bestandt des vom Vormd vorzunehmenden RGeschäfts, hat also auch privrechtl Wirkgen u insofern rechtsgeschäftl Eigenschaften (RG 137, 345 str; dagg Müller-Freienfels, Vertretg beim Rechtsgeschäft S 381 ff: kein RGesch, sond Akt der freiw Gerichtsbark, also Widerruf, FGG 18 I, 55, jedoch darüber hinaus entspr Anwendg rechtsgeschäftl Bestimmgen; insof dagg Gernhuber § 52 III 1, der keine Anfechtg zulassen will). Die Gen kann nach der hier vertretenen Ansicht durch den Vormd (falls dieser selbst beteiligt ist, durch einen Pfleger) wg Irrtums, Täuschg, Drohg angefochten werden (Darmst OLG 22, 130). Entsprechd anwendbar ist ferner § 184 (nicht aber § 182). Wird Gen also nachträgl erklärt, so wirkt sie auf den Zeitpkt der Vornahme des RGeschäfts zurück (RG 142, 62), soweit nicht etwas anderes bestimmt ist, ohne daß dadurch aber Vfgen aus der Zeit vor der Gen, soweit der Vormd verfügen konnte, unwirks werden (KG OLG 6, 294). Die Gen kann auch unter einer Bedingg (aber nicht unter einer auflösenden) erkl werden; das gilt dann als Verweiger der Gen unter gleichzeitiger vorheriger Gen des bedinggsgemäß vorgenommenen RGeschäfts (RG 85, 421; KG JW 37, 1551). Hingg ist die Wirksamk der Gen von der Erfüllg der seitens des VormschG anläßl der Gen gemachten Auflage nicht abhängig (BayObLG 22, 331). Hat Vormd das genehmiggsbedürftige RGesch innerh einer bestimmten Frist vorzunehmen, so muß Gen des VormschG, um Wirkgen äußern zu können, innerh dieser Frist erfolgt u dem Vormd bekanntgemacht sein.

b) Die Gen (der Sprachgebrauch in §§ 1828 ff entspricht nicht §§ 183 f) wird üblicherw **nachträglich,** sie kann aber auch **vorher** erteilt werden (KG RJA 15, 264, vgl auch § 1829 Anm 1 a); sie muß vorher erteilt sein bei einseitigen RGeschäften, § 1831. Zu welchem Zeitpkt um die Gen nachgesucht wird, unterliegt dem Ermessen des Vormd (BayObLG 1, 419). Vorherige Einholg der Gen wird aber nur mögl sein, wenn der Inhalt des Vertrages im wesentl feststeht (ebso KG OLGZ 66, 78). Einzelheiten können allerdings der Vereinbg der Beteiligten überlassen bleiben (Warn 19, 59). Eine allg Ermächtigg ist nur im Rahmen des § 1825 mögl (vgl RG 85, 421).

c) Maßgebend für die Entscheidung des Vormundschaftsgerichts ist das Mündelinteresse (BayObLG FamRZ 89, 540), wie es sich zZ der Entscheidg, nicht des VertrSchlusses (KG OLG 43, 382), darstellt. Das VormschG hat aber nicht bloß Zulässigk des RGeschäfts zu prüfen, sond hat auch Zweckmäßigk, auch Vorteile ideeller Art (KG JFG 13, 187; LG Kiel MDR 55, 37), zu erwägen. Das Interesse des Vormd od eines Dritten hat das VormschG nicht wahrzunehmen. Jedoch kann die Erhaltg des FamFriedens im wohlverstandenen MdlInteresse liegen u sogar die unentgeltl Aufgabe von Vermögenswerten rechtfertigen, wenn aus BilligkGründen geboten (KG JW 36, 393; LG Lübeck FamRZ 62, 312). VormschRichter hat auch allg Vorschriften zu beachten. Die Gen ist also zu verweigern, wenn dem Geschäft §§ 134, 138 entggstehen od es offenbar ungültig ist (KG RJA 15, 180). In vermögensrechtl Angelegenheiten braucht sich das rein geldl nicht schon immer mit MdlInteresse zu decken (KG OLG 43, 380), wenn das auch idR der Fall sein wird. Genehmigg darf aber nicht schon dann zu versagen, wenn VormschRichter bei der ihm obliegenden Prüfg der Rechtswirksamk des Geschäfts zu dem Ergebn kommt, daß diese zweifelh ist (Rostock OLG 33, 368; KG FamRZ 63, 467), unter bes Umst Unwirksamk eintreten kann (Mü JFG 15, 177), wenn zweifelh, ob RGesch genehmiggsbedürftig (BayObLG 63, 1). Genehmigg aber ohne weiteres abzulehnen, wenn die zu genehmigenden Erklärgen von einer Pers abgegeben werden, die kraft G von der Vertretg ausgeschl ist (KG JW 35, 1439). Im übrigen wird aber bei Gen zu erwägen sein, daß MdlInteresse auch Vermeidg eines unsicheren Prozesses verlangen kann (aM anscheinend KG OLG 12, 347).

3) Umfang der Genehmigung. Die Gen erstreckt sich auf den Vertr, wie er dem VormschRichter vorliegt u sich aus den durch das G für derartige Verträge aufgestellten Vorschriften ergibt (RG 61, 209). Darüber hinaus getroffene Abreden gelten danach nicht als genehmigt (RG 132, 78). Jedes genehmiggspflichtige Gesch bedarf einer bes Gen, so daß nicht etwa durch Gen der Aufnahme einer GrdSch auch die Kreditaufnahme, die jene sichern sollte, genehmigt ist (Celle NdsRpfl 54, 64), wohl enthält aber die Gen des dingl auch die des schuldrechtl Geschäfts, § 1821 Anm 2 a aE. Bei GrdstGeschäften wird durch Auflassg u Eintragg, § 313 S 2, nicht etwa fehlende Gen ersetzt.

4) Form der Genehmigung. a) An eine Form ist die Erkl der Gen nicht geknüpft, sie kann mündl, auch stillschweigend erfolgen (RG 130, 150; daß sie dem GBA urkundl nachzuweisen ist, folgt aus GBO 29). Das ist aber nicht schon dann der Fall, wenn der VormschRichter dem Vormd die Vornahme eines RGeschäfts empfiehlt (RG 137, 345), die Gen nur in Aussicht stellt (BayObLG 5, 453), das GBA ledigl um Eintragg ersucht (RG 59, 278). Auch der Bescheid, das RGeschäft bedürfe keiner Gen (NegativEntsch) ersetzt die Gen nicht (BGH 44, 325).

b) Die Erklärung der Genehmigung kann, anders als in § 182, in jedem Falle **nur dem Vormund gegenüber** erfolgen, und zwar dem derzeit bestellten, nicht dem entlassenen (BayObLG 21, 375), ebso nicht dem Mdl, auch wenn dieser selbst das RGeschäft abschließt u der Vormd nur zustimmt. Es genügt also nicht ein Aktenvermerk, die Mitteilg an das GBA, auch nicht bei gleichzeitiger Übersendg des Eintraggsersuchens (RG 59, 277), ferner nicht die Erkl dem Notar od dem GeschGegner ggü, auch nicht, wenn Vormd, dem das VormschG eine Mitteilg nicht gemacht hat, dann nachträgl zustimmt. Sendet VormschG Gerichtsakten mit VergleichsGen einem Ger zurück, wird darin idR Ersuchen an dieses um Bekanntgabe an Vormd liegen (BayObLG NJW 60, 2188). Vormd kann n FGG 13 einen **Bevollmächtigten zur Entgegennahme der Erklärung** bestellen (BayObLG JFG 1, 351), bei AmtsVormsch also den Beauftragten des JA (JWG 37). Auch der VormschRichter kann die Erkl dem Vormd durch Vermittlg Dritter zugehen lassen (RG 121, 30), so wenn zB ProzG vom VormschG um Bekanntgabe an den Vormd ersucht wird (BayObLG NJW 60, 2188). Bevollmächtigg kann sich aus den Umst ergeben, auch stillschw erfolgen. Die Klausel, die Gen solle mit dem Zugang an den Notar als wirks erteilt gelten, liegt keine zuläss Doppelbevollmächtigg, sond ein unzul Verzicht auf die Mitteilg (BayObLG FamRZ 89, 1113). Genehmigg wirkgslos, wenn der Bevollm sich zur EntggNahme u Weitergabe an den Vormd nicht für befugt erklärt (Warn 22, 98).

1767

§§ 1828, 1829 4. Buch. 3. Abschnitt. *Diederichsen*

5) Verfahren. Eines Antrags des Vormd bedarf es nicht. Gegen seinen Willen kann die Gen aber nicht erteilt werden (KG Recht 20, 922). Der GeschGegner ist nicht antragsberechtigt. Zur Vorbereitg seiner Entscheidg hat VormsG vAw tätig zu werden u zweckmäßige Erhebgen anzustellen (FGG 12). Über den Inh eines genpflicht Vergl informiert sich das VormschG ggf dch Anfrage bei der VersGesellsch; die GenPfl schafft kein konkludentes SchriftformErfordern (Ffm DAVorm 77, 665). Die Entsch darf nicht ausgesetzt werden, bis Vorfragen im Prozeßwege geklärt sind (KGJ 52, 50). Vor der Entschließg sind der GgVormd, der Mdl, auch dessen nahe Verwandte im Rahmen der § 1826, FGG 50a, 50b zu hören. Wg des WirksWerdens der Entscheidg dem Vormd ggü vgl FGG 16 und oben Anm 4, dem Dritten ggü § 1829. Solange die Gen (oder Verweigerg) dem Dritten ggü noch nicht wirks geworden ist, kann sie abgeändert od zurückgenommen werden, FGG 55 I, 18 I (KGJ 52, 45). Die Rücknahme der Gen des ZwVerstAntrages zum Zwecke der Aufhebg der Gemsch ist bis zum Zuschlag zul (KG RJA 6, 9). Ist die Gen aber formell wirks geworden, so kann sie (od die Verweigerg) nicht mehr abgeändert werden, auch nicht im BeschwWege (FGG 55 I, 62). Werden die RWirkgen in materieller Hins in Zweifel gezogen, zB weil die Gen nicht fristgerecht erteilt sei, so ist darüber nur im Prozeßweg zu entscheiden (KGJ 53, 41). Beschwerdeberechtigt ist bei Verweigerg der Vormd namens des Mdl gemäß FGG 20 (KG OLGZ 65, 375), nicht aber der Dritte (RG 56, 125; Ffm FRES 2, 334). Auch wenn er Beeinträchtigg seines Rechts befürchtet, steht ihm nur der Prozeßweg offen (KGJ 38 A 56); BeschwBerechtigg ledigl aus FGG 57 I Z 9. Ausnahmsweise hat er jedoch BeschwR, wenn er sich darauf stützt, das RGesch habe keiner Gen dch das VormschG bedurft (Hamm FamRZ 84, 1036) od daß GenBeschl ihm ggü wirks u infolgedessen unabänderl geworden sei (KG DJ 35, 1528), nicht aber schon dann, wenn die Gen nachträgl erteilt wird, wg Fristablaufs (§ 1829 II), aber nicht mehr wirks werden kann (KG JW 37, 2975). BeschwR des Vormd uU auch bei Gen denkbar (KG OLG 41, 12), zB des Personenpflegers, dem Gen zu einem das Verm angehenden RGesch erteilt ist (KG JW 38, 2141); ferner um die Aufhebg der ihm ggü nicht wirks gewordenen, aber vom VormschG dem Dritten unmittelbar übersandten Gen zu erlangen (KGJ 34 A 49). Beschwerdeberecht weiter des Mdl unter den Voraussetzgen des FGG 59, der GgVormd im Rahmen des § 1826 (dort Anm 1), der Staatsanwalt bei Entlassg des Mdl aus dem Staatsverbande (RuStAG 19). Die weitere Beschw kann damit begründet werden, daß das VormschG vom Ermessen einen rechtl fehlerh Gebr gemacht habe.

1829 *Nachträgliche Genehmigung des Vormundschaftsgerichts.* I Schließt der Vormund einen Vertrag ohne die erforderliche Genehmigung des Vormundschaftsgerichts, so hängt die Wirksamkeit des Vertrags von der nachträglichen Genehmigung des Vormundschaftsgerichts ab. Die Genehmigung sowie deren Verweigerung wird dem anderen Teile gegenüber erst wirksam, wenn sie ihm durch den Vormund mitgeteilt wird.

II Fordert der andere Teil den Vormund zur Mitteilung darüber auf, ob die Genehmigung erteilt sei, so kann die Mitteilung der Genehmigung nur bis zum Ablaufe von zwei Wochen nach dem Empfange der Aufforderung erfolgen; erfolgt sie nicht, so gilt die Genehmigung als verweigert.

III Ist der Mündel volljährig geworden, so tritt seine Genehmigung an die Stelle der Genehmigung des Vormundschaftsgerichts.

1) Vorbemerkungen vor §§ 1829–1831. Sie entsprechen §§ 108, 109, 111 und treffen eine ähnl Regelg. Es sind folgende Fälle zu unterscheiden:

a) Bereits vor Abschluß des Vertrages hat der Vormd die Gen beantragt (§ 1828 Anm 2b), sie ist gegeben u ihm erkl worden. In diesem im G nicht erwähnten Fall wird der Vertr, falls er in den Grenzen der Gen vorgenommen wird, sofort mit Abschl wirks (KGJ 23 A 173; BayObLG 60, 283; Dölle § 128 VI 1); der Dritte kann also den Vormd nicht zur Mitteilg, ob die Gen erteilt ist, auffordern, wohl aber beim VormschG, das ihm zur Ausk verpflichtet ist, Erkundiggen einziehen. Erteilg der Gen ist nur Ermächtigg des Vormd, die ihm zum Abschl des Vertrages nicht verpflichtet (RG 76, 366). Bis zum Abschl des Vertrages kann VormschG seine Entsch ändern (KG RJA 15, 264). – **b)** Der Vormd hat den Vertrag abgeschlossen, ohne daß eine Gen bisher erteilt wäre; Fall des § 1829. – **c)** Es handelt sich um ein einseitiges Rechtsgeschäft, § 1831. Beim dingl RGesch ist auch die Einigg als Vertr iS des § 1829 anzusehen (BayObLG 19, 183). Wg Anwendgsgebiets von § 1829 im übr vgl § 1828 Anm 1, wg der Gen im allg dort Anm 2.

2) Fehlen der Genehmigung. – a) Dann ist der Vertr schwebd unwirks u hängt von der nachträgl Gen des VormschG ab, I 1. Die Gen u ihre Verweigerg wird dem Dritten gegenüber aber erst mit der Mitteilg durch den Vormund wirksam. Ein Notar, der mit der Beurkundg eines Geschäfts, zu dem eine derartige Gen gehört, befaßt ist, muß darüber Laienpublikum aufklären (BGH 19, 9). Der Dritte bleibt anders als im § 109 währd des Schwebezustandes gebunden u kann sich von dieser Bindg nur durch die Aufforderg, II, wenn nicht der Fall des § 1830 vorliegt, lösen. Eine Bindg des Vormd besteht hingg nicht. Seinem Ermessen, das nur das MdlInteresse im Auge haben darf, ist es überlassen, die Gen zu erwirken, ohne daß der Dritte selbst ein AntrR hätte (§ 1828 Anm 5). Holt der Vormd die Gen nicht ein, so kann sich der Dritte auch nicht auf § 162 I berufen (RG JW 21, 1237; vgl. auch § 1643 Anm 4). Wird anderers dem Dritten mitgeteilt, daß die Gen erteilt sei, so wird das RGesch vom Zeitpkt seiner Vorn ab rechtswirks, § 184 (RG 142, 63).

b) Mitteilung, I 2; dazu Wangemann, NJW 55, 531. Ebenso wie bei der Einholg der Gen, hat der Vormd auch nach deren Erteilg zu prüfen, ob es jetzt noch im MdlInteresse liegt, den VertrGegner mitzuteilen und damit den Vertr wirks werden zu lassen (RG JR Rspr 25, 781). Eine Verpflichtg hierzu besteht für ihn trotz Erteilg der Gen nicht (RG 132, 261), auch nicht, wenn Gen vom BeschwG bestätigt worden ist (KGJ 52, 44). Der Dr kann sich auch dann nicht auf § 162 I berufen (vgl Anm 2a). Auch in diesem Falle ist die Gen ledigl die Ermächtigg des Vormd, den Vertr durch die Mitteilg von der Gen wirks werden zu lassen. Die Mitteilg ist ein vom Vormd als gesetzl Vertreter des Mündels vorgenommenes Rechtsgeschäft, auf das die allg Grdsätze über RGeschäfte, zB über die Anfechtg, Anwendg finden (KG RJA 17, 5; BayObLG 60, 2188; Zunft, NJW 59, 518). Die WillErkl des Vormd muß zum Ausdruck bringen, daß er die Entsch des VormschG als endgültige betrachten, sie also nicht etwa noch anfechten will, u sie mitteilt, um den Vertr wirks werden zu lassen (KG JFG **2**, 119); deshalb ist keine Mitteilg die Erwähng der Gen mit dem Zusatze, von ihr keinen Gebr machen zu wollen (RG **130**, 148). Die Erkl an den VertrGegner, daß Vertr nur unter einschränkenden Bedinggen genehmigt worden sei, wird regelm nicht als eine Mitteilg der Verweigerg der Gen des Vertrages in der abgeschlossenen Form anzusehen sein, sond nur als Nachricht durch die die Unwirksamk des Vertrages nicht herbeigeführt w soll (Mü JFG **23**, 275). Die Gen braucht nur dem GeschGegner, nicht auch den an dem Geschäft auf seiten des Mj mitbeteiligten Volljn mitgeteilt zu werden (KG HRR **35**, 182). Einer Form bedarf die Mitteilg nicht, also auch nicht der Form, der der Vertr als solcher etwa bedarf. Sie kann vielm auch mdl oder stillschw erfolgen (KG OLG **44**, 82). Ist Gen dem anderen VertrTeil bekannt u weiß Vormd das, so genügt also, daß Vormd dem anderen zu erkennen gibt, daß er Vertr weiter in der genehmigten Form billigt (BGH **15**, 97; unklar ebda 100: Mitteilg brauche nicht notw in der Abs zu erfolgen, um damit dem Vertr endgültig zur Wirksamk zu verhelfen, wogg Zunft, NJW **59**, 517, da damit die RNatur der Mitteilg als einer WillErkl, also eine auf den gewollten u eintretenden Rechtserfolg gerichtete Willensäußerg in Frage gestellt ist). Hat Vormd Gen mitgeteilt, die an ihn abgesandt wurde (FGG 16 II 2), so kann er sich nicht mehr darauf berufen, sie sei nicht zugegangen (BayObLG **63**, 1). Auf die Mitteilg kann nicht verzichtet werden, wie überh die Vereinbg einer anderen Art des WirksWerdens der Gen unwirks ist (Mü DR **43**, 491); denn sonst würde der Vormd die Möglichk verlieren, von der Gen keinen Gebr zu machen; ferner kein Verzicht mögl, daß die Mitteilg, bei der es sich um eine einseitige empfangsbedürftige WillErkl handelt, dem and Teil im Auszug zugeht (RG **121**, 30 str). Es genügt also nicht die Vereinbg einer and Art der Bekanntgabe des Willens des Vormd, von der Gen Gebr machen zu wollen (vgl Colmar OLG **26**, 116); auch mit der entspr Anwendg des § 151 S 1 läßt sich eine Entbehrlichk des Zugehens nicht begründen (RG **121**, 30; Staud-Engler Rdn 14; aM KG HRR **28**, 615). Es genügt auch nicht die bloße EntggNahme der Gen von dem VormschG im Beisein des Gegners (KG OLG **42**, 114), ebsowenig, daß die Gen mit Zugang an den Notar als wirks erteilt gelten soll (OGHBrZ NJW **49**, 64). Handelt es sich um einen Vertr zw zwei Mdl, so wird er erst mit der Mitteilg der Gen von jedem Vormd an den andern wirks (KG OLG **3**, 300). Zur Mitteilg berechtigt ist allein der zZ bestellte Vormd, ohne daß es darauf ankäme, ob er den Vertr geschl hat (BayObLG **21**, 375), auch nicht etwa das VormschG (KGJ **34** A 49). Durch die Mitteilg der Genehmigg gelangt sie in u mit der vom Vormd dem Dritten ggü abzugebenden WillErkl zur Wirksamk; der Vertrag wird damit vollwirksam. Behauptet der Vormd der Wahrh zuwider, daß die Gen nachträgl erfolgt sei, so macht er sich bei Zutreffen der dafür gegebenen Voraussetzgen schadensersatzpfl (vgl auch § 1830 Anm 1). § 179 ist nicht anwendbar, da §§ 1829 ff eine Sonderregel enthalten (Staud-Engler Rdn 11). Behauptet der Vormd der Wahrh zuwider, die Gen sei verweigert, so wird der Vertr als unwirks anzusehen, der Fall also ebso zu behandeln sein, als wenn diese Erkl nach Aufforderg (§ 1829 II) ergangen ist (Stettin LZ **26**, 60 str). Zum BeschwR § 1828 Anm 5. Bei Doppelbevollm zur Abgabe u Entggn muß beides nach außen erkennb gemacht w (Frankth FamRZ **79**, 176).

c) Zulässig, daß die Mitteilg **durch einen Bevollmächtigten** erfolgt. Hingg kann sie mit Rücks auf die Stellg des Vormd niemals von einem auftragslosen GeschFührer ausgehen, auch wenn der VertrGegner damit einverst war (KG HRR **29**, 1649). Die Mitteilg kann auch von einem Bevollmächtigten entgegengenommen werden. Das kann dieselbe Pers sein, zB bei einem GrdstVertrage der Notar, str. Ob eine solche gleichzeitige Bevollmächtigg von beiden Seiten gewollt ist, kann sich durch Auslegg der VertrUrkunde ergeben (RG **121**, 30). Stets muß aber dann ein in solcher Art Bevollm seinen Willen, sich als Bevollm des anderen Teils die Gen mitzuteilen, nach außen irgendwie erkennen lassen (Warn **22**, 98), zB durch Vermerk auf der Urk (Vermerk des Notars auf der Urk üb Eingang u Kenntnisnahme für die Beteiligten genügt aber nicht; Zweibr DNotZ **71**, 731), Einreichg der Urk beim GBA. In diesem Fall genügt bei einem RGesch, das der Eintr ins GB bedarf, dem GBA ggü der Nachweis der Gen des VormschG u ihrer Erkl dem Vormd ggü, ohne daß es noch des besonderen Nachweises der Mitteilg der Gen, die bei Doppelbevollmächtigg zus mit der Empfangnahme ein einheitl innerer Vorgang in der Pers des Bevollm ist, in grdbuchmäßiger Form bedürfte (BayObLG JFG **1**, 354). Die DoppelVollm kann von dem bevollmächtigten Notar beurkundet werden. Die Doppelbevollmächtigg darf aber nicht dazu dienen, dem Mdl das ihm, etwa nach FGG 59 zustehende BeschwR abzuschneiden. Ist ein solches vorhanden, so werden die Beteiligten zweckmäßigerw bei der Beurkundg der Vollm darauf hinzuweisen sein, welche Folgen diese für das BeschwR haben kann (BayObLG HRR **30**, 296). Wirken Vormd u Dritter bei der Bevollmächtigg arglistig zus, um eine Beschw des Mdl unmögl zu machen, so bleibt diesem sein BeschwR trotz FGG 55 (BayObLG **28**, 514); daß Vormd mit Beschw gg die vormschgerichtl Gen rechnen muß, spricht ohne Hinzutreten weiterer Umst noch nicht für Argl (BayObLG MDR **64**, 596).

3) **Beendigung des Schwebezustandes, II), a)** durch **Aufforderung** seitens des Dritten an den Vormd zur Mitteilg, ob die Gen erteilt sei. Die Aufforderg kann auch schon erfolgen, wenn die Gen noch nicht erteilt ist (RG **130**, 151). Ob alle als GeschGegner Beteiligten auffordern müssen, ergibt sich aus dem zw ihnen geltenden RVerhältn und ist iZw anzunehmen (KGJ **36** A 160). Auch die Aufforderg ist ein einseitiges empfangsbedürftiges RGesch und unterliegt den allg Vorschr für diese. Ist sie ergangen, so kann die Mitteilg nur bis zum Ablauf von 2 Wochen nach dem Empfang der Aufforderg durch den Vormd erfolgen. Die Frist kann aber durch Vereinbg verkürzt od verlängert werden, hM. Wird die Gen innerh der Frist nicht mitgeteilt, gleichgültig, ob der Vormd sich darum bemüht od nicht, so gilt sie als verweigert. Hat die Gen jedoch eine ausl VormschBehörde zu erteilen, so ist II nicht anwendbar (RG **110**, 173). Eine etwa später erteilte Gen kann materielle Wirkgen nicht mehr äußern (KGJ **53**, 41). Der Dritte hat deshalb auch kein BeschwR. Vgl auch § 1828 Anm 5.

b) Der Dritte wird idR von seiner Bindg auch dadurch frei, daß er zur VertrAnn eine Frist setzt u die Mitteilg den Gen fristgemäß nicht eingeht (RG **76**, 366).

4) **Volljährigkeit des Mündels, III.** Ist der Mdl vollj, so findet eine Gen des VormschG nicht mehr statt. Die danach dem GeschGegner mitgeteilte Gen ist wirkgslos. Ebsowenig kann nach Beendigg der

§§ 1829–1831   4. Buch. 3. Abschnitt. *Diederichsen*

Vormsch die Berechtigg der Gen nachgeprüft werden (KG JW **38**, 2142), wohl aber, wenn VormschG genehmigt u gleichzeitig aufhebt (Mü DR **43**, 491). Ist die Versagg der Gen rechtswirks mitgeteilt, so ist der Dritte frei, der Vollj kann nicht mehr genehmigen (RG **130**, 128). – Zur Gen befugt allein der Vollj, an ihn ist auch Aufforderg zu richten. Ist die Volljährigk aber gerade währd des Laufes der Zweiwochenfrist eingetreten, so muß der Vollj den Beginn der Frist gg sich gelten lassen u vor Fristablauf seine Gen erteilen, widrigenf sie als verweigert gilt. Genehmigg ist dem GeschGegner ggü zu erklären. Für sie gelten nunmehr die allg Vorschr. Auch nach dem **Tod des Mündels** kann das VormschG nicht mehr genehmigen (BayObLG NJW **65**, 397). Stirbt der Mdl vor WirksWerden der Gen, so steht Recht zur Gen den Erben zu (KG OLG **4**, 416). Analoge Anwendg v III bei sonst Beendigg v Vormsch od Pflegsch; für eine Gen ist auch im BeschwVerf kein Raum mehr (Ffm Rpfleger **78**, 99).

5) Verweigerung der Genehmigung hat, da dann eine wirksame Vertretg des Mdl fehlt, die Unwirksamk der Hdlgen des Vormd zur Folge (KGJ **25** A 17). Für die RückFdg des Empfangenen dem Mdl ggü gelten BereichergsGrdsätze (RG **81**, 261). Hat Vormd Versagg der Gen mitgeteilt, so können die Beteiligten nicht vereinbaren, daß der Schwebezustand vor der Gen wiederhergestellt wird, um die Gen im Beschwerdeweg herbeizuführen. Da die früher durch den Vormd abgegebenen Erklärgen inf der Verweiger der Gen hinfällig geworden sind, kann nur ein neu abgeschlossenes RGesch genehmigt werden (Colmar OLG **18**, 292). Dieselbe RLage tritt ein, wenn die Gen als endgültig verweigert gilt (§ 1829 II) od wenn sie nur zT verweigert wird, da auch dann der zum WirksWerden erforderl Tatbestd nicht erfüllt ist. Das muß jedenf dann gelten, wenn der Dritte durch die abändernde Gen irgendwie beschwert wird, aM RGRK Anm 5 (wie NichtGen zu behandeln).

1830 **Widerrufsrecht des Geschäftsgegners.** Hat der Vormund dem anderen Teile gegenüber der Wahrheit zuwider die Genehmigung des Vormundschaftsgerichts behauptet, so ist der andere Teil bis zur Mitteilung der nachträglichen Genehmigung des Vormundschaftsgerichts zum Widerrufe berechtigt, es sei denn, daß ihm das Fehlen der Genehmigung bei dem Abschlusse des Vertrags bekannt war.

1) Vgl die Vorbem 1 zu § 1829. Anders als im § 109 I ist der GeschGegner an den Vertr gebunden, bis die Gen endgültig verweigert ist od endgültig für verweigert gilt, § 1829 II. Hat der Vormd dem Gegner jedoch beim Abschl des Vertrages (wg der nachträgl unrichtigen Behauptg, die Gen sei erfolgt, u der Nichtanwendbark von § 179 vgl § 1829 Anm 2b aE) die bewußt od unbewußt unrichtige Behauptg aufgestellt, der Vertr sei schon genehmigt, so ist dem Gegner das besondere **Widerrufsrecht** des § 1830 gegeben, das eine Anfechtg des Vertrages wg Irrtums od Täuschg über das Vorliegen der Gen ausschließt. Es besteht auch dann, wenn der Gegner den Vertr nicht für genehmiggsbedürftig hielt; der Widerruf unterliegt als einseitiges empfangsbedürftiges RGesch den für dieses geltenden allg Bestimmungen u ist nur dem Vormd ggü zu erklären. An eine Frist ist er nicht gebunden. Auf den Widerruf kann verzichtet werden; er ist nicht mögl, wenn Gen erteilt u gemäß § 1829 I Gegner mitgeteilt wurde. Kannte dieser das Fehlen der Genehmigg beim Abschluß des Vertrages, so hat er kein WiderrufsR. Kennenmüssen genügt nicht. Verzichtet der Dritte auf Widerruf, hat er dieses Recht wg seiner Kenntn nicht od macht er vom Widerruf keinen Gebr, so § 1829 II.

2) Durch den Widerruf wird der GeschGegner von seiner Bindg frei. Der Vormd ist ihm aus dem Gesichtspkt der unerl Hdlg, dem Mdl aus § 1833 haftbar.

3) Beweislast. Dem Vormd obliegt der Beweis für die Kenntnis des Gegners von der Unrichtigk der Behauptg, diesem, daß die unrichtige Behauptg von dem Vormd aufgestellt wurde.

1831 **Einseitiges Rechtsgeschäft ohne Genehmigung.** Ein einseitiges Rechtsgeschäft, das der Vormund ohne die erforderliche Genehmigung des Vormundschaftsgerichts vornimmt, ist unwirksam. Nimmt der Vormund mit dieser Genehmigung ein solches Rechtsgeschäft einem anderen gegenüber vor, so ist das Rechtsgeschäft unwirksam, wenn der Vormund die Genehmigung nicht in schriftlicher Form vorlegt und der andere das Rechtsgeschäft aus diesem Grunde unverzüglich zurückweist.

1) Vgl die Vorbem 1 zu § 1829. Entspr der Regelg in § 111 ist auch das vom Vormd ohne die Gen des VormschG vorgenommene einseitige RGesch **unwirksam, S 1,** um den Dritten, der im Ggsatz zu § 1829 nur passiv an diesem beteiligt ist, nicht über unbestimmte Zeit über die RWirksamk des Geschäfts im unklaren zu lassen. Das RGesch kann nur wiederholt, die Gen also nicht nachgeholt werden (RG LZ **30**, 1390). S 1 im allg entspr anwendbar bei Anträgen an Behörden, die Gen des VormschG bedürfen (vgl § 1821 Anm 1). Bei genehmiggsbedürftigen Klagen, vgl ebendort, ist die Nachbringg bis zum Schluß der letzten mdl Verhandlg zul, auch noch in der Revisionsinstanz (RG **86**, 16).

2) Zeitpunkt des Vorliegens der Genehmigung. Es genügt, daß die Gen vorliegt, wenn das einseitige RGesch wirks wird. Das braucht nicht der Zeitpkt der Beurkundg zu sein. Eine Rückwirkg der späteren Gen des VormschG findet aber nicht statt (KG JW **28**, 1405). Ist ein einseitiges RGesch innerh einer gesetzl Frist vorzunehmen, so genügt, daß das Vorliegen der Gen einschl Bekanntmachg an den Vormd (§ 1828, FGG 16) bis zum Ablauf dieser Frist nachgewiesen ist, so zB bei der dem NachlG ggü vorzunehmenden Ausschlagg der Erbsch gem §§ 1945 I, 1944 I (RG **118**, 145; KGJ **50**, 73; str). Wg des Nachweises dem NachlG ggü vgl Anm 4. Ebenso genügt bei Eintraggsanträgen die Nachreichg der Gen des VormschG beim GBA (JFG **13**, 393), da Ungewißh über die RWirksamk (Anm 1) dch ZwischenVfg begrenzt, § 1831 also nicht anwendbar. Geht Gen vom VormschG nicht rechtzeitig ein, so daß Frist verstrichen ist, so höhere Gewalt (§ 1944 Anm 3).

3) Einseitige Rechtsgeschäfte, vgl auch Übbl 3 vor § 104, zB Ausübg eines VorkaufsR, Antreten od Ausschlagg einer Erbsch, AufgabeErkl nach § 875 (KG OLG **44**, 81), die Einwilligg zur EhelichErkl gem

Vormundschaft. 1. Titel: Vormundschaft über Minderjährige   §§ 1831–1833

§ 1726 II (KG HRR **29**, 1648); nicht aber die Annahme der Leistg als Erfüllg, da zur EigtVerschaffg an der Leistg die Einigg gehört (KG HRR **31**, 512; aM anscheinend RG HRR **29**, 1441), das VertrAngebot (RG Gruch **71**, 77). Schließt der Mdl ohne Gen des Vormd einen Vertr, so unterliegt nicht die Zust des Vormd zu diesem Vertr der Gen des VormschG, sond der Vertr selbst. Es ist also, ohne die Zust des Vormd zunächst ohne Gen des VormschG erteilt wird, nicht § 1831, sond § 1829 anwendbar. Für die Möglichk eines Widerrufs kommt demnach nicht § 109 I, sond §§ 1829, 1830 in Betr (str).

4) Zurückweisung, S 2. Auch wenn das einseitige RGesch vom VormschG genehmigt ist, muß der Vormd sich durch die Vorlegg der Gen in schriftl Form, dh da §§ 125 f nur auf RGeschäfte anwendbar, die Erteilg der Gen durch das VormschG aber kein RGesch ist (§ 1828 Anm 2), dch die Urschrift oder eine begl Abschrift ausweisen können. Geschieht das nicht u weist der andere das RGesch deshalb unverzügl (§ 121 I 1) zurück, so ist das Gesch unwiderrufl unwirks. Der andere kann sich also nicht zB auf Irrtum beim Widerruf berufen. S 2 ist auf Behörden nicht anwendbar. Es genügt also, wenn dem NachlG der Beschl des VormschG, durch den die ErbschAusschlagg genehmigt ist, genau bezeichnet u die Zustellg angegeben ist (RG **118**, 145).

1832 *Genehmigung des Gegenvormundes.* **Soweit der Vormund zu einem Rechtsgeschäfte der Genehmigung des Gegenvormundes bedarf, finden die Vorschriften der §§ 1828 bis 1831 entsprechende Anwendung.**

1) Die Gen des GgVormd ist ein RGesch, die allg Vorschr für Rechtsgeschäfte finden also Anwendg, str. Wie bei der Gen des VormschG sind die §§ 1828–1831 aber nur dann auf die Gen des GgVormd entspr anzuwenden, wenn die Vertretgsmacht des Vormd beschränkt u demgemäß die Gen zum Zustandekommen des RGeschäfts unbedingt erforderl ist, § 1809 (Erhebg des Geldes, das mit der Bestimmg angelegt ist, daß zu seiner Erhebg die Gen des GgVormd erforderl sei), §§ 1812, 1813 II, nicht aber bei § 1810. Wg des Anwendgsgebietes vgl auch § 1828 Anm 1.

1833 *Haftung des Vormundes.* **I Der Vormund ist dem Mündel für den aus einer Pflichtverletzung entstehenden Schaden verantwortlich, wenn ihm ein Verschulden zur Last fällt. Das gleiche gilt von dem Gegenvormunde.**

II Sind für den Schaden mehrere nebeneinander verantwortlich, so haften sie als Gesamtschuldner. Ist neben dem Vormunde für den von diesem verursachten Schaden der Gegenvormund oder ein Mitvormund nur wegen Verletzung seiner Aufsichtspflicht verantwortlich, so ist in ihrem Verhältnisse zueinander der Vormund allein verpflichtet.

Schrifttum: Klaus Schreiber AcP **178**, 533.

1) Besondere familienrechtliche Haftung, die ihren Grd in der Übernahme des Amtes u der besonderen Schutzbedürftigk des Mdl hat, str. § 1833 ist also keine Erweiterg der Bestimmungen über unerl Hdlgen, aber auch kein besonderer Fall einer vertragl Haftg, da Bestellg kein VertrVerh zwischen Vormd u Mdl begründet. Deshalb 30jährige Verjährg mit den sich aus §§ 204, 206 ergebenden Besonderh (RG Recht **07**, 2575); SchadErsAnspr kann schon gegen bestehender Vormsch geltd gemacht werden (§ 1843 II). Dann Pflegerbestellg erforderl (§ 1909), Gerichtsstand (auch für den GgVormd) nur ZPO 31, nicht 32. Eine weitergehende Haftg wird durch § 1833 nicht ausgeschl. Die Haftg beginnt mit der Bestellg (§ 1789 Anm 2); sie ist auch dann noch gegeben, wenn trotz Beendigg der Vormsch alle die Sache so behandeln, als wenn sie fortbestände (RG JW **38**, 3116); anders natürl, wenn der Vormd dann nicht mehr tätig ist (RG DR **40**, 726). Anwendbar ist § 1833 auf den Vormd, die MitVormd, den GgVormd (BGH **LM** Nr 2), soweit sie nicht etwa zur Übernahme der Vormsch unfähig waren (§ 1780); Untauglichk (§ 1781) steht nicht entgg; ferner bei VereinsVormsch; Haftg des Vereins für das Versch jedes Mitgl (§ 1791a III 2), nicht nur für Vorstd, dessen Mitglieder u und verfassgsmäß berufene Vertr (§ 31). Nicht anwendbar auf die Haftg des Dritten, der nur nach den allg Grdsätzen haftet, nach denen auch das Vorliegen eines GesSchuldverhältn zu beurt ist. Im Konk des Vormd ist die Fdg des Mdl bevorrechtigt (KO 61 Z 5). Für **Amtsvormund** Haftg gem GG 34, § 839 (BGH **100**, 313; Pardey FamRZ **89**, 1030: Staatshftg auch für die sonst Vormd u Pfleg); auch Dr wie ArbGeb ggü, wegen Hinweis auf die Krankh Neigg des Mdls zum Feuerlegen unterbleibt (BGH **100**, 313). Bei unzureichender Personalausstattg evtl Hftg wg Organisationsmangel (KG DAV **75**, 439).

2) Schadensersatzpflicht. Vgl auch § 1837 Anm 3. Der Vormd hat die Vormsch treu u gewissenh zu führen, § 1789. Eine **Pflichtverletzung liegt also vor,** wenn er die durch das G gegebenen Vorschr, seien sie zwingende od nur OrdngsVorschr, od die Anordnungen des VormschG außer acht läßt; auch sonst hat er stets die gehörige Sorgf zu beachten. Maßgebd muß für ihn dabei das MdlInteresse sein (§ 1793 Anm 1 aE); dringende eigene Geschäfte sind kein EntschuldiggsGrd (KG OLG **4**, 414), ebsowenig die Aussichtslosigk, für Aufwendgen Ersatz erlangen zu können (vgl auch § 1835 Anm 1). Der GegenVormd haftet vor allem für ordngsgemäße Überwachg des Vormd (§ 1799 I), u für eine etwa pflichtwidrige Erteilg der ihm obliegenden Genehmigg. Das Verhalten des Vormd (GgVormd) muß **schuldhaft** sein (§ 276); er hat nicht nur Vorsatz, sond auch Fahrlk zu vertreten, also die Sorgf anzuwenden, die man von einem verständigen Menschen erwarten kann, wobei allerdings die Sorgf der Lebenskreise, denen der Vormd angehört, in Rücks zu ziehen ist (RG JW **11**, 1061). So darf Vormd Ablösg des WohnR des Mdl nach dessen endgült Unterbringung in einer Anstalt nicht unterlassen (BGH **LM** Nr 1). SorgfPflicht auch für den AmtsVormd (Nürnb FamRZ **65**, 454; vgl auch Anm 1). Selbst die Gen des VormschG befreit den Vormd nicht ohne weiteres (BGH FamRZ **64**, 199; **83**, 1220). Es kommt auf die Lage des einzelnen Falles an (RG LZ **22**, 329). Er hat in tatsächl Beziehg, insb bei wirtschaftl Fragen (RG Recht **14**, 1581), stets selbst zu prüfen, ob das Gesch für den Mdl noch vorteilh ist (vgl § 1829 Anm 2a und b), ob die tatsächl Unterlagen richtig sind, die

§§ 1833–1835

dem VormschRichter bei der Gen vorlagen u dgl. Er kann sich also zu seiner Entlastg auch nicht ohne weiteres darauf berufen, daß eine amtl Taxe vorgelegen hat, falls er unterlassen hat, auf etwaige ihm bekannte Fehlerquellen hinzuweisen (RG JW **10**, 708). Bei vertragl Festlegg des PflichttAnspr seines Mdls darf er sich auf die Schätzg des Verkehrswertes des landwirtsch Betriebes allein nach dem ErtragswertVerf nicht verlassen (BGH FamRZ **83**, 1220). Er kann sich aber auf einen vom VormschRichter erteilten Rechtsrat verlassen (vgl RG **132**, 260). Darüber, ob er in einem Prozeß RMittel einzulegen hat, muß er sich durch einen Anwalt, notf den VormschRichter beraten lassen, nicht aber sich selbst die Entsch anmaßen (RG JW **22**, 1006). Entspr wird er sich bei einer für den Mdl ungünstigen Entsch des VormschG verhalten müssen. Ist der Vormd Anwalt, so muß er die Aussicht des Prozesses gewissenh beurteilen; für einen haltlosen Prozeß hat er ErsPfl für die Kosten (Warn **32**, 76). Vormd hat nicht nur UnterhPfl festzustellen, sond auch durchzusetzen, muß also ggebenenf auch Auswanderg des Pflichtigen bei der Prozeßbehörde zu verhindern versuchen (Nürnb FamRZ **65**, 454). Über die Folgen der Aussageverweiger braucht Vormd die MdlMutter nicht aufzuklären (Celle Rpfleger **56**, 310). Für die **Haftung des Vormunds für Dritte** kommt es darauf an, ob er die Obliegenh ihrer Art nach diesem übertragen durfte od nicht (vgl dazu § 1793 Anm 6b). Die Trägerkörpersch der JugA haftet auf SchadErs, wenn dieses als Vormd das Sparbuch des Mdls an dessen Mutter gibt u sie das Geld unzul abhebt u für sich verwendet (AG Langenfeld DAVorm **80**, 240). Umfang der SchadErsPflicht §§ 249ff. Schädigt Mdl Dr, entsprecher FreistellgsAnspr des Mdls (Hamm DAVorm **78**, 221). Bei Vernachlässigg der PersFürs durch den Vormd wird die Haftg gem § 253 meist nicht gegeben sein, soweit nicht die weitergehende Haftg aus § 847 vorliegt (vgl Anm 1). Darauf, daß Mdl von Unterh- od Nichtersatzpflichtigen entschädigt wird, kann sich Vormd nicht berufen (BGH **22**, 72). Mitverschulden des Mdl (§ 254) ist nicht ausgeschl, zB nach Lage des Falles in der selbständigen Unterlassg der Einlegg eines RMittels gem FGG 59. Haftg der Erben des Vormd nach allg Grdsätzen.

3) Mehrere Verantwortliche, II. ZB MitVormd, Vormd u GgVormd haften dem Mdl ggü als GesSchu (§§ 421ff). Im Verhältn zueinander sind sie also zu gleichen Anteilen verpflichtet (§ 426). Besteht aber die Verantwortlichk des Gg- od MitVormd (vgl § 1797 Anm 2a und c) nur in der Verletzg der AufsPfl, so wird im Verhältn zum Mdl zwar an II 1 nichts geändert, im InnenVerh haftet aber der Vormd allein, II 2. Die Mithaftg des VormschRichters bestimmt sich nach §§ 1848, 840 I, die von Dritten nach allg Grdsätzen (vgl Anm 1). Eine AusglPfl des VormschRichters besteht nicht (§ 841).

4) Beweislast. Mdl hat Pflichtverletzg u Versch zu beweisen (RG **76**, 186), bei Unterlassg einer gesetzl Pfl oft Beweis des ersten Anscheins für den Mdl, so daß Vormd sich zu entlasten hat.

1834 *Verzinsungspflicht.* **Verwendet der Vormund Geld des Mündels für sich, so hat er es von der Zeit der Verwendung an zu verzinsen.**

1) Vgl § 1805. Auf Versch od die Entstehg eines Schadens kommt es nicht an. Verzinsg in Höhe von 4% (§ 246), für den darüber hinausgehenden Schaden gilt § 1833. Eine Verwendg ist in der Vermischg der Mdl-Gelder mit denen des Vormd noch nicht zu sehen, wohl aber in dem Verbrauch der vermischten Gelder; dann Anteil des Mdl zu verzinsen.

1835 *Ersatz von Aufwendungen.* **I Macht der Vormund zum Zwecke der Führung der Vormundschaft Aufwendungen, so kann er nach den für den Auftrag geltenden Vorschriften der §§ 669, 670 von dem Mündel Vorschuß oder Ersatz verlangen. Das gleiche Recht steht dem Gegenvormunde zu.**

II Als Aufwendungen gelten auch solche Dienste des Vormundes oder des Gegenvormundes, die zu seinem Gewerbe oder seinem Berufe gehören.

III Ist der Mündel mittellos, so kann der Vormund Vorschuß und Ersatz aus der Staatskasse verlangen. Die Vorschriften über das Verfahren bei der Entschädigung von Zeugen hinsichtlich ihrer baren Auslagen gelten sinngemäß.

IV Das Jugendamt oder ein Verein kann als Vormund oder Gegenvormund für Aufwendungen keinen Vorschuß und Ersatz nur insoweit verlangen, als das Vermögen des Mündels ausreicht. Allgemeine Verwaltungskosten werden nicht ersetzt.

1) Vormd, GgVormd u Pfleger (§ 1915 I) können bei **Aufwendungen** zZw der Führg der Vormdsch Vorschuß (§ 669), Ersatz f Aufwendungen (§ 670), Zinsen (§ 256) iHv 4% (§ 246), ferner Befreiung v Verbindlichk (§ 257 S 1), auch SicherhLeistg (§ 257 S 2) verlangen. Bei Mittellosigk des Mdl kann der Vormd Vorschuß u darüber hinaus barer Auslagen **aus der Staatskasse** verlangen. Festsetzg dch Rpfleger (KG Rpfleger **73**, 357; Hamm Rpfleger **76**, 362); zum Verf ü LG Bln Rpfleger **73**, 169. Maßgebd für die 3-Mo-Frist zur Geltdmachg: gem 15 II ab Feststehen der Mittellosigk (Düss Rpfleger **82**, 105; LG Boch Rpfleger **85**, 147); für Art u Höhe: 14 (Vorschuß), 9–11 (Fahrtkosten, AufwandsEntsch) **ZuSEG** v. 1. 10. 69, BGBl 1756, sinngem. Verdienstausfall w nicht ersetzt, wohl aber Kosten einer notw Vertretg, ZuSEG 11. JA u VereinsVormd erhalten keinen Vorschuß; Ers, außer f allg VerwKosten, nur, soweit das MdlVerm ausreicht, III u ebso JWG 38 VI, III u IV eingef dch Art 1 Z 58 NEhelG. Antr muß klarstellen, ob angem Vergütg (§ 1836 I) od AusglErs aus der Staatskasse (§ 1835 III) verlangt w (Ffm Rpfleger **74**, 312). Ein **Berufsvormund** (zum Begr: LG Düss Rpfleger **82**, 147) kann gem III auch für Zeitaufwand u anteilige BüroKost Ersatz aus der Staatskasse verlangen (BVerfG NJW **80**, 2179). Im Fall des ZuSEG keine weit Beschw (Karlsr Just **76**, 35). Zum Umfang des VergütgsAnspr eines im Verf der GebrechlkPflegschAnO beigeordn RA KG Rpfleger **79**, 226.

2) Aufwendungen, zB bare Auslagen, vgl auch § 256, sind ersatzfähig, wenn sie der Vormd bei Anwendg der ihn obliegenden Sorgf (§ 1833) den Umst nach für erforderl halten durfte (§ 670). Hierzu rechnen nicht Zeitversäumnis, für die ledigl § 1836 in Betr kommen kann, ebsowenig Schäden, die Vormd bei Gelegenh der Führg der Vormsch erleidet, außer bei gefährl zur Gefahrenabwehr vorgenommenen Hdlgen (§ 683 Anm 4b). Kein AufwendgsErs f die GerichtsKost eines EhelkAnfVerf, wenn PKH mögl war (Brem FamRZ **86**, 189). Für eigene Dienste AufwendgsErs gem II, jedoch ledigl für solche, für die ein Vormd ohne sachl Kenntnisse berechtigterweise Hilfe eines Dritten in Anspr genommen hätte (KG JW **35**, 1251), nicht aber solche, die jeder verrichten kann; insofern nur § 1836 (bestr). Vergütg demgemäß an Vormd zu zahlen für Dienste als Handwerker; Arzt; steuerrechn Betreuung eines gr Vermögens (LG Frankth Rpfleger **85**, 148); Anwalt (KG JW **38**, 3116), zB für ProzFührg (Brsl JW **29**, 518); zweckmäßigerw erfolgt jedoch Beiordng des VormdAnwalts auch als ArmenAnw (vgl Ffm NJW **51**, 276), Heranzieh eines VerkehrsAnw (KG Rpfleger **76**, 248), nicht aber schon für jede sonst nach BRAGO gebührenpflichtige Tätigk (Karlsr OLG **31**, 415; Ffm NJW **66**, 554); vgl auch § 1 II BRAGO, ebenso Ersatz für Schreibgebühren, soweit nicht Schriftstücke sehr umfangreich, od für Einzieh von Geld, Mahnschreiben u das, was auch sonst zu einer allg VerwTätigk gehört (KG DJZ **33**, 914). Voraussetzg der Vergütg nach II ist nicht, daß der Vormd seine ArbKraft anderweitig hätte verwenden können. Bei Übertragg v Vormschaften über mittellose Pers an RA in gr Umfg sind auch Zeitaufwand u anteilige Bürokosten als Aufwendungen zu erstatten (BVerfG NJW **80**, 2179; BayObLG FamRZ **83**, 834 L). **Höhe** des AufwendgsErs für den AnwVormd gem ZuSEG 3 II: 25 DM/Std (LG Mainz Rpfleger **85**, 236). Entsch über die Höhe der Aufwendgen nicht Sache des VormschG (BayObLG FamRZ **89**, 1119).

3) Geltendmachung. Der Vormd kann sich die erforderl Beträge, soweit vorhanden, selbst nehmen, §§ 1795 II, 181, der Anwalt also zB Prozeßkostenvorschuß aus den Einkünften, KG JW **35**, 546; § 1805 steht nicht entgg, KG OLG **18**, 299. Aber Gen erforderl, falls Geld vom Mündel in gr Geschäfte gem §§ 1812, 1821 zu beschaffen. Sonst Klage, also des Vormd gg einen zu bestellenden Pfleger, KG OLG **8**, 361, die auch bei bestehender Vormsch schon erhoben w kann, § 1843 II; denn die Feststellg der Aufwendgen dem Grunde u der Höhe nach erfolgt durch das ProzG (BayObLG FamRZ **89**, 433), nicht durch das VormschG (Mü JFG **14**, 272); anders bei § 1836. Die Ansicht des VormschG bindet demgemäß weder das ProzG, KG OLG **30**, 152, noch den Mdl. Da Ersatz für Aufwendgen von der Vergütg nach § 1836 grdsätzl zu trennen ist, ist auch Festsetzg einer Pauschalvergütg für beides durch das VormschG ungültig, KGJ **45**, 57. Mögl, daß dem Vormd durch das VormschG Entlassg angedroht wird, falls er bestimmte Aufwendgen in Zukunft nicht unterläßt, KG OLG **30**, 152.

1836 *Vergütung des Vormundes.* **I** Die Vormundschaft wird unentgeltlich geführt. Das Vormundschaftsgericht kann jedoch dem Vormund und aus besonderen Gründen auch dem Gegenvormund eine angemessene Vergütung bewilligen. Die Bewilligung soll nur erfolgen, wenn das Vermögen des Mündels sowie der Umfang und die Bedeutung der vormundschaftlichen Geschäfte es rechtfertigen. Die Vergütung kann jederzeit für die Zukunft geändert oder entzogen werden.

II Vor der Bewilligung, Änderung oder Entziehung soll der Vormund und, wenn ein Gegenvormund vorhanden oder zu bestellen ist, auch dieser gehört werden.

III Dem Jugendamt oder einem Verein kann keine Vergütung bewilligt werden.

Schrifttum: Bobenhausen Rpfleger **85**, 426.

1) Als Ehrenamt, dessen Übern allg StaatsbürgerPfl ist, ist die **Vormundschaft und Pflegschaft (§ 1915) grundsätzlich unentgeltlich zu führen.** Nicht GGwidr (BayObLG FamRZ **77**, 558). Ein Anspr besteht ledigl auf Ersatz der Aufwendgen (§ 1835). Das VormschG kann jedoch dem Vormd u aus bes Grden auch dem GgVormd für eine mit der allg Mühewaltg u Zeitversäumn verbundene **angemessene Vergütung** bewilligen. Das VormschG ist dabei in den Grenzen des richterl Erm frei (Ffm MDR **61**, 691), so daß die Unangemessenh mit der weit Beschw nur bei Überschreitg der ErmessensGr geltd gemacht w kann. MwSt ist bei Festsetzg der Höhe der Vergütg z berücks u nicht n § 1835 zu ersetzen (BGH NJW **75**, 210; Hamm NJW **72**, 2038; KG NJW **73**, 762; aA Hbg NJW **72**, 1427). Bei VermZuwendgn (§ 1803) kann aus dem Zugewendeten eine Vergütg f den Vormd bindd ausgesetzt w. Vereinbgen über Unentgeltlichk od Höhe der Vergütg binden VormschG nicht, wohl aber kann Vormd verzichten (KGJ **45**, 52; vgl aber Anm 3). Stets muß wirks Bestellg vorliegen (KG JW **34**, 1581). Die PflegVergütg ist dem angem UnterhBedarf des Pflegl zuzurechn mit der Wirkg, daß zu ihrer Deckg eine Schenkg dch den Pflegl gem § 528 rückgg gem w kann (Zweibr FamRZ **89**, 433). Zum Verhältn des AuslagenErs- zum VergütgsAnspr des NachlPflegers BayObLG JurBüro **85**, 274. Der Amts- u VereinsVormd erhält keine Vergütg, **III.** Entsch ü Vergütg dch RPfleger (RPflG 3 Z 2a).

2) Vergütung kann einmalig, laufend, auch nur für ein bes Gesch erfolgen. Ein bestimmter Prozentsatz kann nicht verlangt werden (KG OLG **18**, 297). Auch die Grdsätze für die Vergütg anderer honorierspflichtiger Tätigk, zB des KonkVerw, können nicht herangezogen werden (Mü JFG **15**, 34; Ffm MDR **61**, 691). Die Zubilligg einer Vergütg an den Vormd u deren Höhe beruht auf BilligkErwäggn aller Art (RG **149**, 177); dem ist bei Beurteilg des einzelnen Falles Rechng zu tragen. Kein BeschwR des wg GeistesKrankh Entmündigten gg Festsetzg der Vergütg seines Vormd (Lüb Rpfleger **76**, 249); wohl aber uU ein NachlGläub gg die Festsetzg der NachlPflegVergütg (BayObLG FamRZ **86**, 107).

Maßgebend für die Vergütung a) des Vormunds und Pflegers (Lit: Bobenhausen Rpfleger **88**, 175), die vom VormschG nach pflgemäß Ermessen festzusetzen ist (BayObLG FamRZ **89**, 214), ist das MdlVerm sowie Umfang u Bedeutg der vormschaftl Geschäfte. Grdsätzl nur, wenn Aktivwerte vorhanden s, eine Vergütg in Erwägg zu ziehen. Grds der Unentgeltlk auch, wenn Vormd RA ist, anders uU jedoch, wenn er mit Rücks auf seinen Beruf zum Pfleger ausgewählt w ist (LG Bln Rpfleger **74**, 14). Aussicht des Erben auf dch ErbVertr Zugedachtes ist vor Eintr des Erbfalles kein Verm (BayObLG JZ **53**, 242), ebsowenig

§ 1836 2, 3   4. Buch. 3. Abschnitt. *Diederichsen*

UnterhRenten, ArbEinkommen u dgl, die zur Deckg des LebUnterh verwendet w müssen (LG Brschw MDR **63**, 253). Bei der Erwägg, ob u in welcher Höhe im Einzelfalle eine Vergütg zu gewähren ist, sind alle Umst des Falles, also auch die Verbindlk heranzuziehen (Grdsätze KG FamRZ **68**, 488). Die Überschuldg, die an sich nicht grdsätzl Ablehng der Vergütg bedingt, kann dann aber zur Versagg führen, es kann aber auch eine Vergütg der Billigk entsprechen, zB wg der umfangreichen Tätigk des Vormd od weil der Betrag die wirtschaftl Lage des Mdl nicht unbillig verschlechtert (RG **149**, 172; BayObLG **65**, 351). Infolgedessen ist Bewilligg auch nicht dch Vorhandensein von Einkünften bedingt (KG OLG **40**, 97 Fußn), wird auch dch MdlKonk nicht ausgeschl (KG RJA **16**, 51). Die Zubilligg ist auch nicht davon abhängig, daß die abzugeltende Tätigk sich gerade auf die VermVerw erstreckt hat (RG **147**, 317 unter Ablehng von BayObLG DJZ **33**, 916 und KG JW **34**, 2245). Weiterhin kommt es auf den Umfang u die Bedeutg der Geschäfte sowie die Schwierigk der Verw an, die das Durchschnittsmaß übersteigen müssen. Die Tätigkeit des Vormd ist als Ganzes zu betrachten, nicht etwa in die einzelnen Geschäfte zu zerlegen (RG **149**, 172), das Vorhandensein eines umfangreichen Vermögens ist also für sich allein noch kein Grd für die Zubilligg. Bürovorsteher als Ergänzungspfleger iR einer NachlaßAuseinandSetzg (2 Anteile zu je 40000 DM) erhielten 500 bzw 250 DM (= 30 bzw 15 DM mtl, Bielef JurBüro **78**, 734). Abgesehen von den im G genannten Merkmalen können auch andere für eine Vergütgsbewilligg sprechen (aM KG RJA **6**, 33), zB bes Pflichteifer u Erfolg (Hbg OLG **14**, 264). **Gegen** eine Bewilligg od für eine niedrigere Bemessg sprechen zB Untreue zum Nachteil des Pfleglings (BayObLG NJW **88**, 1919); Bedürftigk iS der PKH (LG Bln Rpfleger **85**, 237); Anspr des Vormd auf Vergütg gg Dritte (KG Recht **06**, 1313); AufwendgsErs des RA-Pflegers gem § 1835 (BayObLG NJW-RR **86**, 497); nahes VerwandtschVerhältnis (Mü DFG **36**, 234); ungetreues Verhalten (RG **154**, 110); nachläss GeschFührg (da Möglk der Entlassg od Aufrechng im SchadErsAnspr ggü VergütgsProbl disparat; ebso Düss Rpfleger **78**, 410: grdsl Vergütg auch bei mangelh GeschFührg; aA Kln Rpfleger **75**, 92), nicht aber eigenes Verm des Vormd (aM Gernhuber § 65 VII Anm 16; für Berücksichtigg, wenn Unterschied zw Verm des Vormd u Mdl ungewöhnl groß, jedoch unter Außerachtlassg eines AufwendgsErs, KG JW **38**, 3116). Einer Bewilligg steht nicht entgg die noch nicht erfolgte Rechngslegg (KGJ **35** A 29) od der SchadErsAnspr gg den Vormd (§ 1833), der dann allerdings Aufrechng u ZurückbehaltgsR zuläßt (KGJ **35** A 29). Eine Vergütg kann auch noch nach Beendigg der Vormsch durch das VormschG festgesetzt werden (BayObLG SeuffA **61**, 227), da das noch zur rechtl Erledigg der anhängig gewesenen Vormsch gehört; demgem auch nach dem Tode des Vormd u wenn dieser einen Antr nicht gestellt hatte (KG NJW **57**, 1441); ebso wenn gesetzl Voraussetzgen der Anordng überh nicht vorlagen u deshalb Aufhebg der Vormsch nicht erfolgte (BayObLG **23**, 61). Herabsetzg, Erhöhg u Entziehg der Vergütg durch VormschG für die Zukunft stets (keine schroffen Übergänge von einem Jahr zum anderen) mögl, auch dann noch, wenn Festsetzg in der BeschwInstanz bestätigt, inzwischen aber andere Gesichtspunkte hervorgetreten sind (FGG 18), ferner auch, wenn aGrd der Entsch des VormschG inzwischen Verurteilg durch ProzG erfolgt ist (Hbg JW **16**, 1550), aber auch rückw nach Beendigg der Vormsch bei veränderter Sachlage (FGG 18) oder aGrd einer Beschw (RG **127**, 109) bzw im Stadium der Abrechng (LG Bln Rpfleger **74**, 14). Ist jedoch ü die Höhe der Vergütg formell rechtskr entschieden w, ist das VormschG nicht mehr zur erneuten sachl Entsch ü Vergütg befugt (KG JW **36**, 2562).

b) Für die **Vergütung des Gegenvormunds** gilt das zu a Gesagte entspr. Es müssen aber bes Grde vorliegen, dh, da die Bewilligg einer Vergütg schon für den Vormd ein überdurchschnittl Tätigwerden erfordert, außergewöhnl Umstände. Bestellg v RA gem § 1792 ausr (BayObLG Rpfleger **75**, 222).

3) Verfahren. Die Festsetzg der Vergütg kann auf Antrag des Vormd, GgVormd, Mdl (KG OLG **18**, 296) oder vAw (KG NJW **57**, 1441) erfolgen. Es entsch der RPfleger (RPflG 3 Z 2a). Vor der Bewilligg, Änderg od Entziehg soll der Vormd od der vorhandene GgVormd angehört werden, II. Ist ein GgVormd zwar zu bestellen (§ 1792 II), aber noch nicht vorhanden, so ist er zunächst zu bestellen. In der BeschwInstanz braucht eine abermalige Anhörg nicht stattzufinden (KG DJZ **04**, 604). Die Festsetzg einer Pauschalsumme für Auslagen u Vergütg ist unzul (vgl § 1835 Anm 3). Die Gründe für die Angemessenh der Vergütg brauchen nur in wesentl Zügen angegeben zu werden (Mü JFG **15**, 34). Gegen Ablehng der Vergütg hat Vormd bzw GgVormd Beschwerderecht (FGG 20), ebso gg Bewilligg, und zwar bei einer solchen zG des Vormd der GgVormd (FGG 57 I Z 7), zG des GgVormd der Vormd (FGG 20), ferner der vollj gewordene Mdl, der TestVollstr (Mü JFG **14**, 9), ebso der Mdl gem FGG 59 selbständig (KG DFG **37**, 85) u die Kindesmutter, beide nur dann, wenn durch die Bewilligg die künftige Lebensgestaltg des Mdl geschmälert wird (KG DR **42**, 336). Auf einseit Beschw des Pflegers gg VergütgsFestsetzg keine Herabsetzg (KG ZfJ **87**, 139). Weitere Beschw gem FGG 27 (vgl auch Anm 1). Eine Abänderg der Entsch zum Nachteil des BeschwFührers ist unzul (KG RJA **14**, 96; aA LG Bln Rpfleger **85**, 191). Der Anspr auf Vergütg wird erst mit dem WirksWerden der Bewilligg erworben, PflegG **16** (RG **127**, 110). Die Festsetzg der Vergütg kann daher auch nicht abgelehnt werden, weil Anspr bereits erfüllt (KG RJA **14**, 59). Da aus dem BewilliggsBeschl aber eine Vollstreckg nicht stattfindet (Dresd OLG **26**, 117 Fußn), sofern das nicht landesrechtl geschehen ist, zB Nds FGG Art 6 I Z 3, muß Vormd od GgVormd, sofern nicht bezahlt wird, klagen, wobei ProzG an Entsch des VormschG gebunden ist (RG **127**, 103). Vor dem ProzG kann also nicht die Festsetzg des VormschG bemängelt, wohl aber können andere Einreden, wie Verzicht, Aufrechng, Vergütgsvereinbg (BayObLG **50/51**, 346), geltd gemacht werden. Da Anspr auf Vergütg erst mit Bewilligg entsteht (RG **127**, 103), muß sie vor Eröffng des VormdKonk erfolgt sein, wenn Anspr in KonkMasse fallen soll (KG JFG **10**, 43); die nach Eröffng des Konk bewilligte Vergütg gehört nicht zu den KonkFdgen (KGJ **45**, 47).

III. Fürsorge und Aufsicht des Vormundschaftsgerichts

Grundzüge

1) Grdsätzl führt der Vormd die Vormsch selbstd (Grdz v § 1793). Abgesehen v § 1846 ist eine Vertretg des Mdl dch das VormschG nicht mögl. Der Vormd untersteht aber der **Aufsicht** des VormschG, das dabei ggf vom GgVormd unterstützt w (§§ 1799, 1842), in zweierlei Form: **a)** dch Überwachg der Tätigk des Vormd im allg, also dahingeh, daß die gesetzl Vorschr u die bes des VormschG befolgt w, wobei als Zwangsmittel die Ordngsstrafe (§ 1837 II), äußerstenf die Entlassg (§ 1886) zur Vfg stehen; **b)** dch rechngsmäß Nachprüfg der VerwTätigk des Vormd (§ 1843), die dch das vom Vormd eingereichte VermVerzeichn (§ 1802) u seine Rechngslegg (§§ 1840 ff) erleichtert w. Daneben besteht ein jederzeit AuskR (§ 1839). Verletzt der VormschRichter seine Pfl, ist er dem Mdl schadersatzpfl.

1837 *Aufsicht des Vormundschaftsgerichts.* ^I Das Vormundschaftsgericht hat über die gesamte Tätigkeit des Vormundes und des Gegenvormundes die Aufsicht zu führen und gegen Pflichtwidrigkeiten durch geeignete Gebote und Verbote einzuschreiten.
^{II} Das Vormundschaftsgericht kann den Vormund und den Gegenvormund zur Befolgung seiner Anordnungen durch Festsetzung von Zwangsgeld anhalten. Gegen das Jugendamt oder einen Verein wird kein Zwangsgeld festgesetzt.
^{III} §§ 1666, 1666a, 1667 Abs. 1, 5 und § 1696 gelten entsprechend.

1) Grundsatz: Der Vormd führt die Vormsch selbstd, soweit nicht die Verpfl zur Einholg der Gen des GgVormd od VormschG besteht, zB §§ 1810, 1812, 1821 (vgl auch § 1793 Anm 1). Abgesehen hiervon untersteht seine gesamte Tätigk, ebso die des befreiten Vormd, GgVormd, Amts- u VereinsVormd, bei diesen mit der sich aus II 2 ergebden Einschränkg, der Aufsicht des VormschG. Unterstützt wird er dch den GgVormd (§ 1799 I), das JA (§ 1850, JWG 48), dch die Ausk- (§ 1839), Inventarisiergs- u RechngsleggsPfl des Vormd (§ 1802, 1840 ff). Der wirks Durchführg des AufsR dienen die Möglichk, Anordngen zu erlassen u deren Befolgg durch Zwangsgelder zu erzwingen, II, schließl als äußerstes Maßn die Entlassg des Vormd (§ 1886), insb bei Pflichtwidrigk iSv Anm 3. Nach dem bish Recht konnte gg Elt leichter eingeschritten w als gg einen Vormd; das VormschG konnte ihm nicht einen Teil seiner Aufgaben entziehen, auch wenn dies zweckm war. Um das VormschG in den gg den Vormd zu ergreifden Maßn bewegl zu machen, hat das SorgRG III eingef (BT-Drucks 8/2788 S 69 f).

2) Die Aufsichtsführung. Leitender Grds ist die Wahrg des MdlInteresses mit den Maßgaben aus §§ 1793 Anm 1, 1828 Anm 2c. Dritte Personen haben daher keine BeschwR, wenn VormschG nicht einschreitet, außer im Rahmen des FGG 57 I Z 9. Der erstrebte Erfolg muß also dem persönl Wohl des Mdl in körperl, geistiger od moralischer Hins zu dienen geeignet sein. BeschwR des GgVormd FGG 57 I Z 6, des Mdl FGG 59.
Gegenstand der Aufsichtsführung a) die **Überwachung** der gesamten Tätigk des Vormd, dh also auf allen ihm obliegenden Gebieten (vgl § 1793 Anm 1), ob sich seine Tätigk innerh der gesetzl Schranken u der vom VormschG getroffenen Anordnungen (§§ 1803, 1818, 1844) hält (KG OLG 37, 250); handelt es sich um umfangreiche kaufmännische, landwirtschaftl od Fabrikationsbetriebe, deren ordngsmäßige Verw nur mit Fachkenntnissen beurteilt w kann, kann das VormschG fachkundige Hilfspersonen zuziehen, aber niemals den Vormd ständig durch sie überwachen lassen (KG HRR **36**, 1045).
b) Das **Einschreiten bei Pflichtwidrigkeit** durch Erlaß von Ge- u Verboten, die seinem Ermessen nach geeignet sind, jenen entgzuwirken, notf durch Ordngsstrafen, II. Grundsätzl wird das VormschG durch das Aufsichtsrecht nicht berechtigt, den Mdl zu vertreten (RG **71**, 167); Ausnahmen §§ 1844, 1846. Die Ausdehng der gesetzl Zustdgk des VormschG durch Anordng Dritter, zB durch letztw Vfg der Eltern, ist unzul (RG Gruch **64**, 726). Zum Einschreiten ist VormschG von Amts wegen verpflichtet (FGG 12). Trifft es ungeeignete Maßnahmen, unterläßt es das Einschreiten trotz Notwendigk, Haftg aus § 839. Aufsichtsführg beginnt mit der Bestellg (§§ 1789, 1792 IV), endigt mit Ende der Vormsch (§§ 1885 ff, 1895). Es besteht daher kein Recht mehr auf AuskErteilg gg den früh Vormd (KG OLG **40**, 99), der aber noch ordngsmäßige Schlußrechng zu legen hat, § 1890 (KG OLG **32**, 49). Dem vollj Mdl hat das VormschG Akteneinsicht zu gewähren, auch Abschriften auf Erfordern zu erteilen (FGG 34) u Ausk zu geben. – Zu den iRv III zulässigen Maßnahmen des Vormundschaftsgerichts § 1666 Anm 5; § 1666a Anm 1–4; § 1667 Anm 2 zu § 1667 I u V; § 1696 Anm 2 u 3.

3) Die Pflichtwidrigkeit richtet sich nicht nach III, kann also ganz anderen Inhalt als bei den Elt haben u setzt insb im Ggsatz zu diesen grdsl (weil anders als iRv § 1666 nicht auf das unverschuldete Versagen, sond auf die Pflichtwidrigk abgestellt ist) ein Versch des Vormd voraus iSv § 276 (BayObLG JFG **8**, 94; allg M; vgl auch § 1833 Anm 2; aM Gernhuber § 65 V 1: kein Versch im Interesse des Kindes erforderl). Ob eine Pflichtwidrigk vorliegt, hat das VormschG nach freiem Ermessen zu prüfen; zu bejahen, wenn der Vormd sich an die Entsch des VormschG nach aufgetretener Meingsverschiedenh der Mitvormünder nicht kehrt, die Mittel zur Erhebg der Klage auf Aufhebg der Entmündigg verweigert (Colmar Recht **10**, 1267), die Entlassg des geisteskranken u gemeingefährl Mdl aus der Anstalt betreibt (Mü JFG **15**, 271), bei unangemessener Umggsregel mit den leibl Eltern (RG **153**, 243), bei Störg des guten Verhältnisses des Mdls zur Großtante (KG RJA **5**, 221); ferner wenn der Vormd die Kosten zur Behebg einer erhebl Krankh aus dem VermStamm nicht bereitstellt (Colmar Recht **05**, 1767), Unterh- u Erziehungskosten verschwenderisch festsetzt, eine berechtigte Fdg gg den Mdl leichtsinnig bestreitet (KG RJA **16**, 14), bei Nachlässigk in der Betriebspfl (Bonn DAVorm **74**, 406). – Anders hingg, wenn es sich um reine Zweckmäßigkeitsfragen handelt. Ein Eingriff des VormschG würde insofern gg die Selbständigk des Vormd verstoßen. Hier kann es

1775

weder mit Ge- noch Verboten vorgehen (KGJ 37 A 75) od gar ZwGeld verhängen (BayObLG 5, 182). So hat der Vormd selbst zu bestimmen die Regelg des Umggs des Mdl (vgl auch oben) die Bestimmg zu treffen, welche Summen für den Unterh verwendet (KG OLG 2, 61; BayObLG 17, 231) u ob Verbindlichk des Mdl erfüllt w sollen (KG JW 37, 1552) bzw ob ein RStreit geführt (KG OLG 18, 302) od nicht weitergeführt w soll (KG JFG 15, 214); die Erziehg des Mdl (KG OLG 2, 61), die Berufswahl, die Unterbringg des Mdl bei PflegeElt (BayObLG FamRZ 85, 101) od in einer geschloss Anst, wozu er aber die Gen des VormschG einzuholen hat (§ 1800 Anm 3; sa LG Köln NJW 60, 1769; bei ungesetzl Verbringen muß VormschG Entlassg veranlassen), die Art der Verw des MdlVermögens im allg (RG LZ 18, 692), ob KindesAnn stattfinden soll (vgl Oldbg NdsRpfl 51, 200). VormschG kann außer iFv § 1836 auch noch nicht über die Anspr des Vormd gg den Mdl od umgek entscheiden. Hält aber das VormschG die vom Vormd getroffene Regelg für unzweckm, zB denn vom Vormd beabsichtigten RStreit für aussichtslos (KG RJA 16, 13), so ist es ihm unbenommen, den Vormd belehrend darauf hinzuweisen (RG 75, 231). Stellt sich dann heraus, daß Vormd nur aus Starrköpfigk, also aus unsachl Erwägen an seiner Ansicht festhält, während er diese bei gewissenhafter Überlegg als offenbar unhaltbar erkennen muß, so liegt Pflichtwidrigk vor, die VormschG zum Einschreiten nach § 1837 berechtigt (KG OLG 41, 78; BayObLG JW 27, 1218). Läßt sich anderes Versch und damit Pflichtwidrigk nicht feststellen, hält aber der VormschRichter die Maßregeln des Vormd für gefährlich im MdlInteresse, so bleibt, da Bestellg eines Pflegers zZw der Verwirklichg der Ansicht des Gerichts unzul ist (BayObLG 25, 200), nur Entlassg (KG JW 36, 2753). Vorläufiges Verbot der Maßn bis zur Entsch des zu bestellenden neuen Vormd dann mögl (KG RJA 6, 18). Bei falscher Beurteilg der Sachlage dch den VormschRichter aber Haftg. Gegen Ge- u Verbote des VormschRichters hat Vormd Beschw aus FGG 20 I (KGJ 51, 39); wg des BeschwR anderer Personen Anm 2.

4) Unterstützende Tätigkeit des Vormundschaftsgerichts. Abgesehen von den Jugendämtern (JWG 47 d) ist auch das VormschG verpflichtet, den Vormd bei seiner Tätigk durch Rat u Tat zu unterstützen (RG 67, 418), so zB dem Vormd, der keine Rechtskenntnisse besitzt, auf die rechtl Folgen seines Tuns u eine zweckm Erledigg hinzuweisen, den Vormd über die Unzweckmäßigk von Maßnahmen zu belehren (Anm 3), auf dessen Antr die Hilfe anderer Behörden nachzusuchen (RG 75, 230). Es darf aber nicht mittelbar die staatshoheitl Gewalt dem Vormd zur Durchführg für seine Geschäftstätigk dienstbar machen, also zB den ihm zur Vfg stehenden Zeugniszwang zur Ermittelg der nehel Vaterschaft gebrauchen (RG JW 11, 781; KG DJ 40, 1174) od die Beweise, die zur Entscheidg eines vom Vormd geführten Prozesses dienen sollen, schon vorher erheben (RG LZ 17, 333); ebsowenig darf es für den Vormd handeln od ihn über das G hinaus mit bindenden Anweisgen versehen, und zwar auch nicht, wenn Vormd es wünscht (ebso BayObLG 50/51, 440).

5) Zwangsgeld (früh OrdngsStrafe), II. Nicht ggü Amts- u VereinsVormd (II 2, JWG 38 V) od entlassenen Vormd (KG RJA 16, 18). **Voraussetzung** für Festsetzg v ZwGeld ist die schuldh Nichtbefolgg eines zul (Anm 3) Ge- od Verbots des VormschG (KGJ 51, 49) wie Erzwingg der Erstattg eines persönl Berichts ü den Zustand des Mdl (KG RJA 13, 70). Verhängt ist nur ZwMittel, nicht Ausfluß der staatl StrafGew (Colmar OLG 21, 291), daher kein ZwGeld bei Ungebühr od zur Dchsetzg v SchadErsLeistgen gg den Vormd, da für diese nur der Rechtsweg in Betr kommt (§ 1843 III; BayObLG 3, 797); ferner nicht, wenn Ausführg der gerichtl AO unmögl, od Aufhebg, wenn vor Beitreibg der AO ausgeführt worden ist (KG OLG 38, 261), u zwar auch auf Beschw (KG JFG 1, 26); ebso wenn sie nachträgl als ungerechtf herausstellt, u erst ebenf noch nach Einlegg der Beschw (FGG 18 I). **Höhe:** 5–1000 DM (EGStGB Art 6); zuzügl Kosten (FGG 33 III 2; vgl § 1788 Anm 1). Der Festsetzg muß stets eine **Androhung** vorausgehen (FGG 33 III). ZwGeld kann nicht wiederholt w (unausweichl Umkehrschl zu EGStGB Art 121 Z 5b; anders noch vor diesem legislator Versehen, BayObLG 2, 800). Uneinbringl ZwGeld kann nicht umgewandelt w. Gehört das Gesch zu den dem RPfleger übertragenen Geschäften (RPflG 3 Z 2a, vgl jedoch auch RPflG 14), so kann er auch das ZwGeld androhen u festsetzen (RPflG 4 I); denn eine Haftstrafe kommt nicht in Betr. Wg Kosten KostO 119 V. Einziehg der Kosten wie des ZwGeldes gem JustBeitrO 1. **Beschwerde** bereits gg Androhg (BayObLG JFG 4, 63) u gg Festsetzg. Aufschiebde Wirkg (FGG 24).

1838 *Anderweitige Unterbringung des Mündels.* **Das Vormundschaftsgericht kann anordnen, daß der Mündel zum Zwecke der Erziehung in einer geeigneten Familie oder in einer Erziehungsanstalt untergebracht wird. Hierbei ist auf das religiöse Bekenntnis oder die Weltanschauung des Mündels und seiner Familie Rücksicht zu nehmen. Steht dem Vater oder der Mutter die Sorge für die Person des Mündels zu, so ist eine solche Anordnung nur unter den Voraussetzungen der §§ 1666, 1666a zulässig.**

1) Zum UnterbringsR des Vormd § 1800. § 1838 handelt nur von der Anordng zur Erziehg in einer geeigneten Familie od in FürsErziehg, die das VormschG selbständig, auch gegen den Willen des Vormd (BayObLG JW 27, 1218), also unter Durchbrechg des Grdsatzes, daß der Vormd die Vormsch selbständig führt, anordnet. Für die gesetzl oder bestellte Amts- u VereinsVormsch § 1801 II. Kommt zu den Voraussetzgen des § 1838 hinzu, daß die Entferng des Mj aus seiner bisherigen Umgeb zur Verhütg der Verwahrlosg erforderl ist, u kann ausreichende andere Erziehgsmaßnahme nicht gewährt werden, so ordnet VormschG FürsErziehg an (JWG 64).

2) Anderweitige Unterbringung, S 1). Die Anordng einer solchen durch das VormschG ist nur im MdlInteresse und **nur zu Erhiehungszwecken statthaft** (BayObLG 25, 183), dann aber auch gegen den Willen des Vormd (Anm 1); auch braucht Vormd keine Pflichtwidrigk bei der Erziehg zur Last zu fallen (BayObLG JFG 8, 91), auch nicht Verwahrlosg des Mdl zu befürchten sein, allgM; es genügt zB anderweite Unterbringg zur Ausbild des Mdl in der deutschen Sprache (KG ZBlFG 5, 260). Unzulässig ist eine solche Anordng aber dann, wenn Mdl in einer anderen Anstalt, als in § 1838 genannt, untergebracht w soll, zB Trinkerheilanstalt (KG RJA 13, 185), Psychiatr Klinik od überh einer Anstalt zur Heilg von gesundheitl

Leiden (LG Bln FamRZ **70**, 254), da insofern Recht des Vormd zur selbstd Führg der Vormsch (vgl aber auch § 1800 Anm 3) keine Ausn erleidet (vgl § 1837 Anm 3). Anordng des VormschG muß enthalten, ob Mdl untergebracht werden soll – **a)** in einer geeigneten Familie, oder – **b)** in einer Erziehgsanstalt. Es kann auch bestimmte Stelle auswählen, ihre Auswahl aber auch Vormd überlassen, die Durchführg seiner Anordng dann aber auch gem § 1837 II erzwingen (BayObLG JW **27**, 1218). Folge der Unterbringg ist, daß ErziehgsR insofern auf den damit in der betr Familie betrauten od Vorstd der Anstalt übergeht, währd im übr Rechte u Pflichten des Vormd, also insb seine gesetzl Vertretgsmacht, keine Einschränkg erleiden (KGJ **46**, 83). Kosten der Unterbringg trägt Mdl.

3) Hat ein Elternteil Sorgerecht, S 3, und zwar auch dann, wenn dieses daneben dem Vormd zusteht, zB § 1673 II, so muß anders als bei S 1 bei Anordng gg den Willen des Sorgeberecht Gefährdg des körperl, geistigen od leibl Wohls des Kindes vorliegen (§§ 1666, 1666a); wg der Verweisg in den Voraussetzgen kein Versch erfdl (and noch KG OLG **33**, 366).

4) Verfahren. Es entsch der Richter (RPflG 14 Z 8). Anhörg des Vormd u Mdl nicht ausdrückl vorgeschrieben, doch die Regel (BayObLG **20**, 114); Anhörg der Elt u des Mdls FGG 50a, 50b (vgl Einf 6b vor § 1626); außerdem die der Verwandten u Verschwägerten (§ 1847 I). Beschwerderecht des Mdl (FGG 59), des Vormd aus eigenem Recht (RGG 20; BayObLG JW **27**, 1218), ebso sorgeberechtigten Elternteils, ferner jedes Dritten mit berechtigtem Interesse (FGG 57 I Z 9), aber nicht des Elternteils, dem das SorgeR entzogen ist (BGH NJW **56**, 1755) auch des JA (BGH ZBlJugR **54**, 237). VormschG setzt Unterbringg gemäß FGG 33 durch (Köln NJW **52**, 547; Spindler AcP **155**, 525).

1839 **Auskunftspflicht des Vormundes.** Der Vormund sowie der Gegenvormund hat dem Vormundschaftsgericht auf Verlangen jederzeit über die Führung der Vormundschaft und über die persönlichen Verhältnisse des Mündels Auskunft zu erteilen.

1) Die AuskPfl des Vormd u GgVormd, auch bei Amts-, Vereins- u befreiter Vormsch soll dem VormschG die Aufsichtsführg erleichtern. Die AuskPfl erstreckt sich auf die gesamte Führg der Vormsch, also auch die vermögensrechtl Verw. Entspr § 1799 II kann VormschG auch Einsicht in die sich auf die Vormsch beziehenden Papiere nehmen, erforderlichenf durch einen Sachverst, auch verlangen, daß die zum VermVerzeichnis gehörigen Belege (KGJ **36** A 38) sowie Bescheinigen vorgelegt werden, die letzteren aber nur, falls der Vormd selbst Anspr auf solche hat (KG OLG **38**, 261). Berichte in persönl Angelegenheiten (wg der Rechngslegg § 1840) können jederzeit, aber auch periodisch gefordert werden. Der Vormd ist berechtigt, sie durch einen Bevollm abfassen u unterzeichnen zu lassen (§ 1793 Anm 4), ist aber auf Verlangen des VormschG verpflichtet, das anvertraut zu tun, auch persönl zum Bericht zu erscheinen (KG RJA **13**, 70). Erzwingg dch Zwangsgeld (§ 1837 II) mögl (RPfleger zust, § 1837 Anm 5), aber nicht mehr nach Beendigg der Vormsch (KG RJA **15**, 255); notf Entlassg § 1886. Andererseits Klage auf AuskErteilg u Ableistg der eidesstattl Vers (§ 260 II) erst nach Beendigg des Amts.

1840 **Rechnungslegung.** ¹ Der Vormund hat über seine Vermögensverwaltung dem Vormundschaftsgerichte Rechnung zu legen.

II Die Rechnung ist jährlich zu legen. Das Rechnungsjahr wird von dem Vormundschaftsgerichte bestimmt.

III Ist die Verwaltung von geringem Umfange, so kann das Vormundschaftsgericht, nachdem die Rechnung für das erste Jahr gelegt worden ist, anordnen, daß die Rechnung für längere, höchstens dreijährige Zeitabschnitte zu legen ist.

1) Vormd, mehrere Vormd bei ungeteilter VermVerw (§ 1797 I) zus, bei geteilter VermVerw (§ 1797 II) jeder für den ihm bestimmten Wirkgskreis, hat unaufgefordert über seine VermVerw **Rechnung zu legen, I.** Wird Vormsch über mehrere Mdl geführt (§ 1775), braucht bei ungeteiltem Vermögen Rechngslegg nicht gesondert zu erfolgen. Art der Rechngslegg § 1841. Die Rechngslegg erstreckt sich nur auf das nach dem G der Verw des Vormd unterliegende MdlVermögen (anders § 1802 Anm 2), nicht also auf die Teile des MdlVermögens, die der Verw eines Dritten, also zB TestVollstr, od des Eheg (§ 1422), selbst wenn dieser zugl Vormd ist, unterliegen; wohl aber auch auf die Teile, die der Vormd durch einen Dritten verwalten läßt (§ 1793 Anm 4) od die sich im Besitz eines Pfandgläubigers od Nießbrauchers befinden. Von der Rechngslegg besteht für Amts- u VereinsVormd **Befreiung** (§§ 1854, 1857a). Befreit ist auch der vom Vater u der ehel Mutter benannte u entspr befreite Vormd (§§ 1854, 1855, aber auch 1857). Hingg ist unzul die Befreiung dch das VormschG od des Pflegers dch den vollj geschunfäh Pflegl (Hamm FamRZ **89**, 665). Die RechngsleggsPfl entfällt, wenn kein zu verwaltendes Vermögen da ist; sind weder Einnahmen noch Ausgaben zu verzeichnen, so genügt die Einreichg einer Vermögensübersicht. Die Pflicht zur Rechngslegg besteht **a)** ggü dem VormschG u kann von diesem durch Ordngsstrafen erzwungen werden (§ 1837 II), **b)** aber auch dem Mdl ggü (bestr), so daß Vormd sich diesem ggü dch Verletzg dieser Pfl schadensersatzpfl macht (§ 1833). Rechngslegg kann auch im Prozeßwege erzwungen w. Jedoch kann die eidl Versicherg über Vollständigk der angegebenen Einnahmen (§ 259 II) nur nach beendeter Vormsch vom Mdl, nicht vom VormschG gefordert werden. Auf die dem VormschG gelegte Rechng kann Vormd nach Beendigg seines Amts Bezug nehmen (§ 1890 S 2). Kosten der Rechngslegg fallen MdlVermögen zur Last, begründete Zuziehg eines Sachverständigen ist Aufwendg gem § 1835.

2) Zeitpunkt der Rechnungslegung, II, III. Die Rechng ist jährl zu legen. Mit Rücks auf § 1839 kann das aber auch in der Zwischenzeit verlangt werden. Handelt es sich um eine Verw von geringem Umfange, so kann das VormschG mit der stets gegebenen Möglichk, seine Anordng wieder abzuändern, die Periode für die Rechngslegg bis auf höchstens drei Jahre verlängern, jedoch immer erst dann, nachdem die Rechng für das erste Jahr gelegt ist. Verlängerg dieses ersten Rechngsleggsabschnittes ist unzul. Eine nach der ersten

§§ 1840–1844   4. Buch. 3. Abschnitt. *Diederichsen*

Rechngslegg angeordnete Verlängerg des Zeitabschnittes gilt auch bei Eintritt eines neuen Vormd. Bei „befreiter" Vormsch bzw Pflegsch Vorlage einer VermÜbersicht nur nach 2–5 J gem § 1854 II (Bonn DAVorm **79**, 526).

1841 *Art der Rechnungslegung.* ^I Die Rechnung soll eine geordnete Zusammenstellung der Einnahmen und Ausgaben enthalten, über den Ab- und Zugang des Vermögens Auskunft geben und, soweit Belege erteilt zu werden pflegen, mit Belegen versehen sein.

^{II} Wird ein Erwerbsgeschäft mit kaufmännischer Buchführung betrieben, so genügt als Rechnung ein aus den Büchern gezogener Jahresabschluß. Das Vormundschaftsgericht kann jedoch die Vorlegung der Bücher und sonstigen Belege verlangen.

1) § 1841 ist ggü § 259 Sondervorschr (KGJ **37** A 110). Erste Rechngslegg hat an das VermVerzeichnis nach § 1802 anzuschließen, die späteren an die früheren Rechngsleggen. Die Rechng soll eine **geordnete Zusammenstellung** der Einnahmen u Ausgaben enthalten, was bei größeren Verwaltgen nur nach Ordng von Ggständen mögl sein wird. Anzuschließen ist Bericht, der über Zu- u Abgänge Ausk gibt, unbedeutende Zu- u Abgänge aber natürlich nicht zu erwähnen braucht. Inwieweit Belege, dh Beweisstücke ohne eigenen Wert, also nicht Sparkassenbücher, Depotscheine (KGJ **50**, 31) beizufügen sind, richtet sich nach Verkehrssitte. Sie sind dem Vormd im allg zurückzugeben. Sachverständigenausgaben sind, wenn wirkl erforderl, Vormd zu ersetzen (§ 1835 Anm 2).

2) Bei einem **Erwerbsgeschäft,** II (Begriff § 1822 Anm 4), mit kaufmänn Buchführg (HGB 38) ist der aus den Büchern gezogene JahresAbschl (BiRiLiG Art 10 Z (6) statt bish Bilanz) erforderl. Begriffl erfaßt der JAbschl die Bilanz u die Gewinn- u Verlustrechng. Vgl zu den Erfordern HGB 242 ff. Es kann vom VormschG nach freiem Ermessen auch die Vorlegg der Bücher u Belege gefordert werden.

1842 *Mitwirkung des Gegenvormundes.* Ist ein Gegenvormund vorhanden oder zu bestellen, so hat ihm der Vormund die Rechnung unter Nachweisung des Vermögensbestandes vorzulegen. Der Gegenvormund hat die Rechnung mit den Bemerkungen zu versehen, zu denen die Prüfung ihm Anlaß gibt.

1) Ist ein GgVormd zu bestellen (§ 1792), aber noch nicht bestellt, so hat zunächst die Bestellg zu erfolgen. Dem GgVormd ist anders als im § 1841 auch der VermBestand jedesmal vorzulegen u nachzuweisen, daß und wo sich die VermStücke von Bedeutg befinden. Auch darauf erstreckt sich PrüfgsPfl u Verpflichtg, in dem vorzusetzenden Vermerk Vorhandensein od Fehlen zu bescheinigen. Prüfg erschöpft sich also nicht im Rechngsmäßigen. Erleichtert wird jene durch die dem Vormd obliegende Ausk- u VorweisgsPfl (§ 1799 II). GgVormd darf sich nicht darauf verlassen, daß ihm der Vormd vertrauenswürdig erscheint; Haftg nach § 1833. Bei befreiter Vormsch § 1854 III.

1843 *Prüfung durch das Vormundschaftsgericht.* ^I Das Vormundschaftsgericht hat die Rechnung rechnungsmäßig und sachlich zu prüfen und, soweit erforderlich, ihre Berichtigung und Ergänzung herbeizuführen.

^{II} Ansprüche, die zwischen dem Vormund und dem Mündel streitig bleiben, können schon vor der Beendigung des Vormundschaftsverhältnisses im Rechtswege geltend gemacht werden.

Schrifttum: Birkenfeld FamRZ **76**, 197.

1) **Die Prüfung des Vormundschaftsgerichts, I,** ist a) eine **rechnungsmäßige.** Es sind also die zahlenmäßige Übereinstimm der Belege u der Rechngsposten u die rechnerische Richtigk des Abschlusses zu prüfen. Dazu kann sich das VormschG auch Hilfspersonen bedienen. Sind ihm Kalkulatoren zugewiesen, so haftet er ledigl für Versch bei deren Auswahl u Überwachg (RG **80**, 406).

b) Eine **sachliche,** also ob alle Einnahmen gezogen u diese vollständig aufgeführt, die Ausgaben angemessen, die gesetzl Vorschr beachtet sind, insb also die erforderl Genehmiggen eingeholt, die Anleggs- u Hinterleggsvorschr eingehalten sind u dgl. Zu diesem Zwecke kann sich das VormschG nach seinem pflichtmäßigen Ermessen erforderlichenf auch vom Vorhandensein des Kapitalvermögens, zB durch Vorlegg der Hinterleggsscheine, überzeugen. Eine Verpflichtg dazu bei jeder Rechngslegg besteht aber nicht. Zum Zwecke der Prüfg kann das VormschG Ausk, auch vom Vormd persönl (§ 1839 Anm 1) verlangen, die Berichtigg und Ergänzg der Rechng herbeiführen, aber nicht etwa selbst auf Kosten des Vormd, sond nur durch den Vormd notf mit Ordngsstrafen (§ 1837 II). Er kann aber den Vormd notf zur Streichg von Rechngsposten, die er nicht für erforderl hält, zwingen (BayObLG JFG **6**, 104) od Einnahmeposten einstellen od Vormd zum Anerkenntnis von SchadErs zwingen (§ 1837 Anm 5). NachlGer kann NachlVerw nicht zur Rückzahlg unangebrachter Auslagen (Brasilienreise) anhalten, sond Sache des Erben im ProzWege (LG Bln Rpfleger **76**, 98).

2) **Streitige Ansprüche, II.** Entlastg wird durch das VormschG nicht erteilt, Mdl kann also Rechng auch noch nach Erlangg der Volljährigk bestreiten, vgl auch § 204. Streitige Anspr, und zwar solche des Mdls gg Vormd u umgekehrt, können aber auch schon währd der Vormsch ausgetragen werden, II, jedoch nur vor dem ProzG (BayObLG JFG **6**, 104). Für diesen Prozeß hat VormschG dem Mdl Pfleger zu bestellen (§ 1909 I). Wg Leistg der eidl Versicherg § 1840 Anm 1b.

1844 *Sicherheitsleistung durch den Vormund.* ^I Das Vormundschaftsgericht kann aus besonderen Gründen den Einzelvormund anhalten, für das seiner Verwaltung unterliegende Vermögen Sicherheit zu leisten. Die Art und den Umfang der Sicherheitsleistung bestimmt das Vormundschaftsgericht nach seinem Ermessen. Das Vormundschaftsgericht kann, solange das Amt des Vormundes dauert, jederzeit die Erhöhung, Minderung oder Aufhebung der Sicherheit anordnen.

II Bei der Bestellung, Änderung oder Aufhebung der Sicherheit wird die Mitwirkung des Mündels durch die Anordnung des Vormundschaftsgerichts ersetzt.

III Die Kosten der Sicherheitsleistung sowie der Änderung oder der Aufhebung fallen dem Mündel zur Last.

1) Das BGB gibt dem Mdl kein gesetzl PfdR am Verm des Vormd, auch das Vorrecht im Konkurse reicht nicht aus (KO 61 Z 5). Desh ist dem VormschG das Recht gegeben, den EinzelVormd, auf den sich allein § 1844 bezieht, allerdings nur aus bes Gründen, anzuhalten, für das seiner Verw, also nicht etwa auch der des TestVollstr unterliegende Vermögen Sicherh zu leisten. **Besondere Gründe** können vorliegen, zB mit Rücksicht auf die leichte Verwertbark des MdlVermögens (KG OLG **4**, 115), die Pers od VermLage des Vormd, so daß das VormschG auf diese Weise eine Möglichk erhält, den Mdl auch gg einen nicht vertrauenswürdigen Vormd, dem bisher eine Interessengefährdg noch nicht nachgewiesen ist, zu schützen od aber die Entlassg herbeizuführen; denn der berufene Vormd hat dann das Recht, die Übernahme der Vormsch abzulehnen (§ 1786 I Z 6), der bereits Bestellte, seine Entlassg zu fordern (§ 1889). Ob bes Gründe vorliegen, hat der VormschRichter von Amts wegen festzustellen, und haftet dem Mdl für den etwa durch die Unterlassg der Anordng erwachsenen Schaden (§ 1848). Das VormschG kann auch jederzeit die Erhöhg, Minderg oder Aufhebg der Sicherh anordnen, jedoch nur so lange, als das Amt des Vormd dauert, I 3. Nach dessen Beendigg entfällt eine Erhöhg, vielm ist dann ein etwa vorhandener SchadErsAnspr von dem neuen Vorm od dem vollj gewordenen Mdl einzuklagen. Dem neuen Vormd liegt auch die Minderg u Freigabe der Sicherh ob, wozu aber Gen des VormschG erforderl ist (§ 1822 Z 13; vgl auch § 1892 Anm 4). Erforderlichenfalls muß der bisherige auf Freigabe klagen. Das VormschG bestimmt Art u Umfang der zu leistenden Sicherh nach freiem Ermessen, ist also an §§ 232ff nicht gebunden. Es wird dabei auf die beiderseitigen Vermögen Rücks zu nehmen haben. Es entsch der RPfleger (RPflG 3 Z 2a). Wg der Eintragg einer SicherngsHyp vgl Anm 2. Die Anordngen des VormschG sind durch Zwangsgeld, § 1837 II (anders § 1668 Anm 1), nicht im Prozeßwege zu erzwingen. Jedoch ist die Erwirkg eines Arrestes bei Vorliegen von ZPO 916ff durch einen hierfür bestellten Pfleger nicht ausgeschl. Befreiung von SicherhLeistg (§§ 1852ff) unzul. Gg Anordng des VormschG hat Vormd BeschwerdeR (FGG 20), Kosten fallen Mdl zur Last, III.

2) Vertretung des Mündels, II. In Durchbrechg des Grdsatzes, daß eine Vertretg des Mdl durch das VormschG nicht stattfindet, § 1837 Anm 2, wird der Mdl auch mit Rücks auf die gebotene Eile bei der Bestellg, Änderg od Aufhebg durch das VormschG vertreten, so daß sich die sonst erforderl Pflegerbestellg erübrigt. Das gilt aber nur solange, als der Vormsch besteht (vgl auch Anm 1). Für die Eintragung einer SicherngsHyp (§ 1184) auf dem Grdst des Vormd genügt also das Ersuchen des VormschG an die GBA (GBO 38, FGG 54 I). Vormd tunlichst vorher zu hören, GBA kann aber Eintragg hiervon nicht abhängig machen. Die Folgen der Nichtanhörg treffen allein VormschRichter (§ 839). Die Hyp entsteht mit Eintragg (FGG 54 I 3). Das gleiche gilt für eine Erhöhg. Entspr gilt bei der SchiffsHyp (FGG 54 II, SchiffsRegO 45, 57). Erzwingg durch Zwangsgeld scheidet hier also praktisch aus. Die Löschg der SichergsHyp erfolgt hingg erst, wenn sie der GrdstEigtümer beantragt (§ 1183), nachdem eine dahingehende Anordng des VormschG ergangen ist. Löschgersuchen des VormschG unzul, vielm gelten insofern die allg Vorschr.

1845 *Eheschließung des zum Vormund bestellten Elternteils.* Will der zum Vormunde bestellte Vater oder die zum Vormunde bestellte Mutter des Mündels eine Ehe eingehen, so gilt § 1683 entsprechend.

1) Aufschiebendes Ehehindernis (EheG 9). Keine Befreiung mögl. Gilt hauptsächl bei Vormsch über Vollj. Bezieht sich auf den Vater des ehel, legitimierten od angenommenen Kindes, die Mutter des ehel, nehel, legitimierten u angenommenen Kindes (§§ 1719, 1736, 1740f, 1757). Grund der Vorschr: Der zum Vormd bestellte Elternteil soll nicht besser gestellt werden als der Inhaber der elterl Sorge. Dem Vormd sind deshalb dieselben Pflichten wie jenen (§ 1683) auferlegt. Wird eine AuseinandS erforderl, so Pfleger zu bestellen; mögl auch Aufschub der AuseinandS (§ 1683 S 2). Die dem Vormd gemäß § 1683 obliegenden Verpflichtgen können durch Ordngsstrafen erzwungen werden (§ 1837 II). Der Verheiratete bleibt weiter Vormd.

1846 *Einstweilige Maßregeln des Vormundschaftsgerichts.* Ist ein Vormund noch nicht bestellt oder ist der Vormund an der Erfüllung seiner Pflichten verhindert, so hat das Vormundschaftsgericht die im Interesse des Mündels erforderlichen Maßregeln zu treffen.

1) In Durchbrechg des Grdsatzes, daß dem VormschG nicht die Vertretg des Mdl, sond nur die Aufsicht obliegt, hat das VormschG die Befugnis, vorläufige Maßnahmen zu treffen, wenn Vormd noch nicht od noch nicht wieder bestellt ist od der amtierende Vormd aus tatsächl, TB Versehen, od rechtl Gründen, zB Interessenwiderstreit (KG OLG **8**, 364), an der Erfüllg seiner Pflichten verhindert ist, ohne daß es auf die Dauer der Verhinderg ankäme. Immer muß es sich aber um dringenden Fall handeln, und nicht etwa um Umgehg der Pflegerbestellg (RGVZ **71**, 162); auch genügt bloße Erschwerg der VormdTätigk nicht. Liegt aber dringender Fall vor, was VormschG nach freiem Ermessen zu entscheiden hat (KG RJA **15**, 99), ist er verpflichtet, die erforderl Maßregeln zu treffen (§ 1848); er kann also auch für einen Vollj eine geschlossene Anstalt als Aufenth bestimmen, wenn die Voraussetzgen der §§ 1631b, 1800 gegeben sind (Hamm FamRZ **64**, 380). Eine solche Verpfl, Maßregeln zu treffen, besteht nicht ggü Ausländ (EG 23 II).

2) Vorläufige Maßregeln. Über deren Art entscheidet VormschG nach freiem Ermessen. Meist Pflegerbestellg gem § 1909 I, III (KG RJA **15**, 99), kann aber auch selbst handeln, also auch Mdl vertreten, zB Arrest beantragen, Künd aussprechen (vgl RG **71**, 168), auch Strafantrag stellen (SchlHOLG SchlHA **55**, 226; RGSt **75**, 146); Erteilg der Einwilligg in eine dringl Operation. Zur vorläuf Unterbringg: Zettel DRiZ **81**, 261; es gelten bei freiheitsentziehen Maßn FGG 64f, 64g entspr (BayObLG NJW-RR **87**, 779).

3) Zuständigkeit und Beschwerde. Die Zustdgk des VormschG regelt sich nach allg Grdsätzen (FGG 36, 43); zust aber auch das Ger, in dessen Bezirk das Bedürfnis der Fürs hervortritt (FGG 44); die vom Ger des FGG 44 erlassenen Maßn werden ggstandsl, wenn das nach FGG 43 zust Ger eine abweichende Regelg trifft. Handelt es sich um ein nehel Kind, so hat bis zum Eingreifen des zuständigen VormschG das AmtsG des Geburtsorts die erforderl Maßregeln zu treffen (FGG 36b). Vormd hat Beschwerderecht, wenn zu Unrecht seine Verhinderg angenommen (FGG 20), nicht auch der Dritte, dem ggü die Maßregel getroffen wurde (BayObLG **8**, 57). Nachprüfg der Voraussetzgen der Maßregeln im Instanzenzug des FGG möglich.

1847 *Anhörung von Verwandten.* Das Vormundschaftsgericht soll in wichtigen Angelegenheiten Verwandte oder Verschwägerte des Mündels hören, wenn dies ohne erhebliche Verzögerung und ohne unverhältnismäßige Kosten geschehen kann. § 1779 Abs. 3 Satz 2 gilt entsprechend.

1) Anhörg der Elt des Mdls u des Mdls selbst gem FGG 50a, 50b (vgl Einf 5b vor § 1626). **Anhörung von Verwandten und Verschwägerten** iSv § 1589f findet statt bei wichtigen Angelegenheiten, was das VormschG nach freiem Ermessen zu beurteilen hat. Gleichgültig, ob ein solcher Antr vorliegt. Wichtige Angelegenheiten sind zB die Befreiung von der Ehemündigk (EheG 1 II), Gen nach EheG 3 III, die Ersetzg der Einwilligg des gesetzl Vertreters (EheG 30 III), die Ann an Kindes Statt (BayObLG **21**, 201), die Anordng der Unterbringg, § 1838 (bei AO der FürsErz JWG 65 II), die Erhebg der Eheaufhebgsklage (ZPO 606 I), Ermächtigg zum Betriebe eines Erwerbsgeschäfts u deren Rücknahme (§ 112), Beginn u Auflösg eines Erwerbsgeschäfts (§ 1823), Verkauf des von den Eltern ererbten Grdst (BayObLG **13**, 429). Durch Anhörg soll dem Anzuhörenden Gelegenh gegeben werden, dem VormschG seine Ansicht zur Kenntnis zu bringen. Anhörung kann in jeder Form erfolgen; um ihre Vornahme kann auch eine andere Behörde ersucht werden. Sie kann nur dann unterbleiben, wenn sie eine erhebl Verzöger od unverhältnismäßige Kosten verursacht. Wird sie grundlos unterlassen, so § 1848, ohne daß aber die Wirksamk der Anordng des VormschG beeinflußt würde; aber Gesetzesverletzg i S von FGG 27. Die Auswahl der Anzuhörenden unterliegt dem Ermessen des Gerichts und hat, ohne Berücksichtigg der Gradesnähe, nur unter dem Gesichtspkt einer möglichst guten Unterricht des VormschG zu erfolgen. Von der Anhörg der Eltern kann nur aus schwerwiegdn Grdnen abgesehen w (§ 1695); für das nehel Kind gilt hinsichtl des Vaters § 1712 entspr. An die Ansicht der Angehörigen ist VormschwRichter nicht gebunden, infolgedessen haben jene außer im Rahmen des FGG 57 I Z 8 kein eigenes BeschwR (KG OLG **34**, 246).

2) Auslagenersatz, S 2. Nicht für Zeitversäumnis, sond nur für die Auslagen, die erforderl gewesen sind, zB Reisekosten. Festsetzg erfolgt durch VormschG, nicht ProzG. Gegen Entsch des VormschG BeschwR des Angehörten, FGG 20. Zahlt Vormd nicht, so muß jener gg Mdl, vertreten dch Vormd, klagen, es sei denn, das LandesR erklärt Festsetzg des VormschG zum Vollstreckgstitel (so in Hess FGG v 12. 4. 54, Art 17 Z 3; Nds FGG v 24. 2. 71, Art 6 I Z 2; Berlin, NRW, ehem pr Teile des Saarl u SchlH PrFGG v 21. 9. 99, Art 14; ehem bay Teile v RhPf u Saarl BayAGBGB v 9. 6. 99, Art 133 – für Bay selbst aber dch AG GVG v 23. 6. 81, § 56 Z 5 aufgeh). Muß gesond Kl erhoben w, ist ProzG an Festsetzg des VormschG gebunden. Eine Erzwingg der Zahlg durch Ordngsstrafe ist unzul, da privrechtl Anspr.

1848 *Haftung des Vormundschaftsrichters.* (Aufgehoben dch 1. EheRG Art 1 Z 42. Die Haftg folgt ab 1. 7. 77 unmittelb aus § 839).

IV. Mitwirkung des Jugendamts

Grundzüge

1) An Stelle des früheren Gemeindewaisenrates tritt das JA. Es ist Hilfsorgan des VormschG. Soweit LandesR nicht anderes bestimmt, ist es ihm nicht unterstellt, so daß VormschG keine Zwangsgewalt über es hat. Andererseits hat JA eine solche auch nicht ggü Vormd u Mdl. BeschwR aus eigenem Rechte steht JA nicht zu, wohl aber in allen SorgeRAngelegenh aus FGG 57 I Z 9 (RG **102**, 285).

2) Aufgaben des Jugendamtes. Das JA hat das VormschG bei allen Maßnahmen, die die PersSorge angehen, zu unterstützen (§ 1850 I), ihm von Unregelmäßigkeiten des Vormd bei der VermSorge zu benachrichtigen (§ 1850 II, JWG 47a II). Das JA kann als Mit- u GgVormd sowie Pfleger bestellt, auch können ihm einzelne Rechte u Pflichten des Vormd, zB schwierige ProzFührg, umfangreiche VermVerwaltg u dgl als MitVormd mit bes Aufgabengebiet übertragen w (§§ 1797 II, 1791b Anm 3).

1849 *Vorschlag von geeigneten Personen.* Das Jugendamt hat dem Vormundschaftsgerichte die Personen vorzuschlagen, die sich im einzelnen Falle zum Vormund oder Gegenvormund eignen.

1) Das JA hat das VorschlagsR, soweit nicht eine Berufg nach §§ 1776, 1792 IV, 1861, 1899 vorliegt (§ 1779). Ist das nicht der Fall, so hat das VormschG das JA vor der Bestellg des Vormd zu hören (§§ 1779 I, 1792 IV, 1862 I 2, 1897), ohne freilich an den Vorschlag gebunden zu sein. Erlangt das JA von sich aus von

Vormundschaft. 1. Titel: Vormundschaft über Minderjährige **§§ 1849–1852**

einem Fall Kenntnis, in dem ein Vormd od GgVormd zu bestellen wäre, so hat es davon dem VormschG Anzeige zu machen u zugl eine geeignete Pers vorzuschlagen (JWG 47). Bei dem Vorschlag sind die für das VormschG geltden Vorschr zu beachten (§ 1779 II), also zB auf rel Bekenntn Rücks zu nehmen (KGJ 43, 52).

2) **Beschwerderecht** hat das JA nur nach allg Grdsätzen (vgl Grdz 1), also nicht wg Nichtbeachtg seines Vorschlags, auch nicht wg Entlassg des Vormd (JFG 15, 282), wohl aber unter dem Gesichtspkt von FGG 57 I Z 9, wenn ungeeignete Pers vom VormschG ausgewählt wurde (KGJ 53, 46).

1850 *Überwachungspflichten.* **I** Das Jugendamt hat in Unterstützung des Vormundschaftsgerichts darüber zu wachen, daß die Vormünder für die Person der Mündel, insbesondere für ihre Erziehung und ihre körperliche Pflege, pflichtmäßig Sorge tragen. Es hat dem Vormundschaftsgericht Mängel und Pflichtwidrigkeiten anzuzeigen und auf Erfordern über das persönliche Ergehen und das Verhalten eines Mündels Auskunft zu erteilen.

II Erlangt das Jugendamt Kenntnis von einer Gefährdung des Vermögens eines Mündels, so hat es dem Vormundschaftsgericht Anzeige zu machen.

1) Die Hauptaufgabe des JA ist die Überwachg des Vormds auf dem Gebiet der PersSorge, I, von deren Ordnsmäßigk sich das JA zu unterrichten hat (JWG 47a). Die ÜberwachgsPfl erstreckt sich auf die Vormd aller im Bezirk des JA sich aufhaltden Mdl, u zwar hins der Pers der Mdl (§ 1800 I), insb der Erziehg u körperl Pflege. Wo die Vormsch geführt w, ist gleichgült. Mängel u Pflichtwidrigk hat das JA dem VormschG anzuzeigen. Auf Erfordern hat es dem VormschRichter hierüber auch Ausk zu erteilen. Hinsichtl der VermVerw des Vormd, II, hat das JA keine ÜberwachgsPfl, sond hat ledigl seine erlangte Kenntnis von einer Gefährdg des MdlVermögens an das VormschG weiterzugeben (JWG 47a II).

1851 *Mitteilungspflichten.* **I** Das Vormundschaftsgericht hat dem Jugendamt die Anordnung der Vormundschaft unter Bezeichnung des Vormunds und des Gegenvormunds sowie einen Wechsel in der Person und die Beendigung der Vormundschaft mitzuteilen.

II Wird der gewöhnliche Aufenthalt eines Mündels in den Bezirk eines anderen Jugendamts verlegt, so hat der Vormund dem Jugendamt des bisherigen gewöhnlichen Aufenthalts und dieses dem Jugendamt des neuen gewöhnlichen Aufenthalts die Verlegung mitzuteilen.

1) Ebso JWG 47b. MitteilgsPfl dient der Durchführg der ÜberwachgsPfl des § 1850.

1851a *Vereinsvormundschaft.* Ist ein Verein Vormund, so sind die Vorschriften der §§ 1850, 1851 nicht anzuwenden.

1) Nur solche Vereine, die vom LJA für geeignet erklärt worden sind, daß sie zum Vormd geeignet sind (JWG 53), können Vormd sein, so daß sich die Überwachg dch das JA u die Mitteilgen dch das VormschG erübrigen.

V. Befreite Vormundschaft

Grundzüge

1) Da bei dem Vater, §§ 1852ff, der ehel Mutter, § 1855, u den ihnen gleichstehenden Personen (§ 1776 Anm 3a) nicht angenommen w kann, daß sie ihre Kinder benachteiligen werden, sie auch die Verhältnisse am besten kennen, ist es ihnen gestattet, den Vormd von gewissen Verpflichtgen zu befreien. Diese Befreiung gilt aber nur für den von ihnen benannten Vormd (§ 1852 Anm 1). Sie können sämtl Befreiungen, die mögl sind, anordnen. Das wird angenommen w müssen, wenn sie den Vormd **schlechthin befreit** haben, falls nicht aus ihrer Erkl etwas Ggteiliges hervorgeht. Sie können den Vormd aber auch von einzelnen Verpflichtgen befreien. **Befreiung ist unzulässig** von der Verpflichtg zu Aufstellg u Einreichg des Verm-Verzeichnisses (§ 1802), das MdlGeld entspr §§ 1806ff anzulegen (BayObLG 22, 154, vgl aber § 1852 II), von der Gen des VormschG in den Fällen der §§ 1821, 1822 (Kassel OLG 14, 265), der SicherhLeistg (§ 1844), der RechenschAblegg (§ 1890) sowie von der Aufs des VormschG schlechthin nach § 1837 (KGJ 24 A 8), wohl aber zum Teil von der diesem obliegden Gen (§§ 1852 II, 1853).

2) **Von Gesetzes wegen tritt die Befreiung ein** a) bei der Amts- u VereinsVormsch (§ 1857a), bei der letztgenannten aber mit der Einschränkg, daß ein GgVormd bestellt w kann (§ 1791a IV), b) bei dem dem volljj Mdl zum Vormd bestellten Vater oder Mutter (§§ 1903f).

1852 *Befreiung durch den Vater.* **I** Der Vater kann, wenn er einen Vormund benennt, die Bestellung eines Gegenvormundes ausschließen.

II Der Vater kann anordnen, daß der von ihm benannte Vormund bei der Anlegung von Geld den in den §§ 1809, 1810 bestimmten Beschränkungen nicht unterliegen und zu den im § 1812 bezeichneten Rechtsgeschäften der Genehmigung des Gegenvormundes oder des Vormundschaftsgerichts nicht bedürfen soll. Diese Anordnungen sind als getroffen anzusehen, wenn der Vater die Bestellung eines Gegenvormundes ausgeschlossen hat.

1) **Benennung.** Vgl Grdz 1 u § 1855. Wg der Berechtigg zur Benenng §§ 1856 S 1, 1777. Die Befreiung gilt nur für die benannte Pers, nicht auch für einen späteren Vormd, den MitVormd, od den Pfleger, der für

§§ 1852–1857 4. Buch. 3. Abschnitt. *Diederichsen*

den Vormd eintritt, §§ 1795f (KGJ 21 A 24). Befreiung ist nicht auf das Verm, das der Mdl von den Eltern erhält, beschränkt. Sie kann der Benenng zeitl nachfolgen. Hat zB der Vater einen Vormd benannt, die Mutter aber Befreiung angeordnet, so liegt hins dieser eine widersprechende AO vor, so daß § 1856 S 2 zur Anwendg kommt. Zweckmäßig ist die Aufn der Befreiung in die Bestallg (§ 1791 Anm 2).

2) Ausschließung des Gegenvormunds, I, II, 2. Sie bedeutet gleichzeitig die Befreiung bei der Anlegg von Geld im Umfange des II 1 (II 2). Der Vater kann aber auch Ggteiliges bestimmen. Er kann auch, ohne von der Bestell eines GgVormd zu befreien, Vormd bei einzelnen Geschäften von dessen Gen befreien, womit dann gleichzeitig die Gen des VormschG, soweit sie die des GgVormd ersetzt (§§ 1810 S 2, 1812 III), entfällt. Die trotz Befreiung erfolgte Bestellg des GgVormd ist nicht ungültig, aber vom Vormd im Beschwerdewege anfechtbar.

3) Befreiung bei der Anlegung von Geld, II, 1. Auch hier kann der Vater von allen genannten Verpflichtgen befreien. Auch nur von einzelnen. Wg der unzulässigen Befreiungen vgl Grdz 1.

1853 *Befreiung von Hinterlegung und Sperrvermerk.* Der Vater kann den von ihmbenannten Vormund von der Verpflichtung entbinden, Inhaber- und Orderpapiere zu hinterlegen und den im § 1816 bezeichneten Vermerk in das *Reichsschuldbuch* oder das Staatsschuldbuch eintragen zu lassen.

1) Die Befreiung kann in vollem Umfange, aber auch nur für bestimmte Ggstände angeordnet w. Die Befreiung von der Hinterlegg (§ 1814), ebso wie die von dem Sperrvermerk (§ 1816), schließt die Umwandlgsanordg des VormschG nach § 1815 II aus. Wird demnach mit Sperrvermerk hinterlegt od die BuchFdg mit diesem versehen, so treten dennoch nicht die in §§ 1819f vorgesehenen Vfgsbeschränkgen ein. Eine Anordng nach § 1818 kann VormschG nur treffen, wenn es zunächst die Befreiung gem § 1857 aufhebt. Wegen der Unzulässigk von Befreiungen vgl Grdz 1 vor § 1852.

1854 *Befreiung von Rechnungslegung.* ^I Der Vater kann den von ihm benannten Vormund von der Verpflichtung entbinden, während der Dauer seines Amtes Rechnung zu legen.

^{II} Der Vormund hat in einem solchen Falle nach dem Ablaufe von je zwei Jahren eine Übersicht über den Bestand des seiner Verwaltung unterliegenden Vermögens dem Vormundschaftsgericht einzureichen. Das Vormundschaftsgericht kann anordnen, daß die Übersicht in längeren, höchstens fünfjährigen Zwischenräumen einzureichen ist.

^{III} Ist ein Gegenvormund vorhanden oder zu bestellen, so hat ihm der Vormund die Übersicht unter Nachweisung des Vermögensbestandes vorzulegen. Der Gegenvormund hat die Übersicht mit den Bemerkungen zu versehen, zu denen die Prüfung ihm Anlaß gibt.

1) Befreiung von der Rechnungslegung, I, II. Bezieht sich nur auf die jährl Pfl zur Rechngslegg (§ 1840), nicht auf die Schlußrechng (Grdz 1 vor § 1852). Ist Befreiung von der Rechngslegg erfolgt, so hat der Vormd unaufgefordert spätestens nach zwei Jahren eine Übersicht über den Bestand des seiner Verw unterliegenden Vermögens (vgl § 1840 Anm 1), ggf unter Bezugnahme auf das Inventarverzeichnis (§ 1802), dem VormschG einzureichen, in dem zwar nicht die Zu- u Abgänge enthalten zu sein brauchen, wohl aber die Schulden, str. Das VormschG kann trotz der Befreiung, wenn ein bes Anlaß vorliegt, kraft seines PrüfgsR Ausk vom Vormd verlangen. Ist unter mehreren MitVormd nur einer befreit, so Rechngslegg durch die übrigen, denen jener aber die erforderl Ausk geben muß.

2) Mitwirkung des Gegenvormunds. Er ist trotz Befreiung zur Prüfg verpflichtet, kann also Ausk über Einnahmen u Ausgaben verlangen u muß sich Vermögensstand nachweisen lassen (vgl auch § 1842 Anm 1), ohne daß er selbst hiervon befreit w könnte.

1855 *Befreiung durch die Mutter.* Benennt die Mutter einen Vormund, so kann sie die gleichen Anordnungen treffen wie nach den §§ 1852 bis 1854 der Vater.

1) Wg der zur Benenng Berechtigten §§ 1856 S 1, 1777, über die Wirkg der Anordng § 1852 Anm 1. Bei widersprechenden Anordngen zw Vater u Mutter § 1856.

1856 *Voraussetzungen der Befreiung.* Auf die nach den §§ 1852 bis 1855 zulässigen Anordnungen sind die Vorschriften des § 1777 anzuwenden. Haben die Eltern denselben Vormund benannt, aber einander widersprechende Anordnungen getroffen, so gelten die Anordnungen des zuletzt verstorbenen Elternteils.

1) Vgl § 1777 Anm 1 und 2. Anordng der Befreiung ist auch nachträgl in besonderer letztw Vfg mögl. S 2 überträgt den Gedanken des § 1776 II hierher (vgl Anm 3 dort, ferner § 1852 Anm 1), gilt aber nur, wenn beide Eltern denselben Vormd benannt haben, sonst § 1776 II.

1857 *Aufhebung der Befreiung.* Die Anordnungen des Vaters oder der Mutter können von dem Vormundschaftsgericht außer Kraft gesetzt werden, wenn ihre Befolgung das Interesse des Mündels gefährden würde.

1) VormschRichter kann die Anordngen des Vaters u der Mutter ganz od teilw aufheben, sie aber auch wieder in Kraft setzen. Keine Rückwirkg. Befreiung von § 1857 unzul. Aufhebg muß ohne weiteres erfolgen, wenn Interessengefährdg droht. Vorher sind die Verwandten u Verschwägerten zu hören (§ 1847),

Vormundschaft. 1. Titel: Vormundschaft über Minderjährige §§ 1857a–1883

desgl der Vormd. Dieser hat ein BeschwR (FGG 20). Entlassg gemäß § 1889 nicht ausgeschl, aber kein Recht darauf.

1857 a *Befreiung für Jugendamt und Verein.* Dem Jugendamt und einem Verein als Vormund stehen die nach § 1852 Abs. 2, §§ 1853, 1854 zulässigen Befreiungen zu.

1) Es gelten die in §§ 1852 II, 1853, 1854 gen Befreiungen, wobei zu beachten, daß dem JA ein GgVormd nicht bestellt w kann (§ 1792 I 2). Währd der Dauer der Beistandsch ist das KrJA von der Rechnglegg befreit (Stgt ZfJ **83**, 452). Die Schlußabrechng (§ 1890), ist zu legen. Eine Aufhebg der Befreiung dch das VormschG kommt nicht in Betr; dann nur Bestellg eines EinzelVormd mögl.

VI. Familienrat

1858–1881 Aufgehoben durch Art 1 Ziff 55 SorgRG mit Wirkg v 1. 1. 1980. Vgl die Erläutergen bis zur 38. Aufl.

VII. Beendigung der Vormundschaft

Grundzüge

1) Das BGB versteht unter Beendigung der Vormundschaft a) die Beendigung der Vormundschaft als solche (§§ 1882–1884), die dann auch die Beendigg des Amtes des Vormds zur Folge hat. Die Beendigg der Vormsch tritt grdsätzl kraft G ein (§§ 1882, 1883 I, 1884 II), ausnahmsw ist Aufhebg durch das VormschG erforderl (§§ 1883 I und II, 1884 I).

b) Die Beendigung des Amtes des Vormunds (§§ 1885–1889). Entspr dem Bestellgsprinzip bedarf es grundsätzl der Entlassg des Vormd (§§ 1886–1889), auch des Vereins u JA (§§ 1887, 1889 II), auf die sich die Vorschr des BGB hinsichtl ihrer Tätigk als Vormd ebenf beziehen. Eine Ausn bildet, abgesehen von der Beendigg der Vormsch als solcher (§ 1885) der im G nicht ausdrückl erwähnte Tod des Vormd. Auch nach Beendigg der Vormsch können aber, abgesehen von der Pfl des Vormd zur VermHerausg u Rechnglegg (§ 1890) u der des VormsG zur Prüfg der Rechng (§ 1892) noch gewisse Fortwirkgen bestehen, zB die Festsetzg der Vergütg des Vormd durch das VormschG (§ 1836 Anm 2), sowie bei RGeschäften des Vormd (vgl § 1822 Anm 5–7, aber auch § 1793 Anm 5).

1882 *Wegfall der Voraussetzungen.* Die Vormundschaft endigt mit dem Wegfalle der im § 1773 für die Begründung der Vormundschaft bestimmten Voraussetzungen.

1) Die Fälle der Beendigung. a) Tod des Mündels, der vAw festzustellen ist, der Vormd ist zur Einreichg der SterbeUrk nicht verpflichtet (KGJ **51**, 47); TodesErkl u Verschollenh des Mdl, jedoch nur mit der Maßg des § 1884.

b) Volljährigkeit tritt mit Vollendg des 18. LebJ ein (§ 2); VolljährigkErkl nicht mehr vorgesehen. Der Eintritt der Volljährigk bei Ausländern richtet sich nach ihrem HeimatR (EG 7). Da die Vormsch kraft G endet, ist eine bes Entlassg nicht erforderl (KG RJA **2**, 5). Den nicht bekannten Geburtstag eines Findelkindes hat das VormschG, nicht der Vormd, nach freiem Ermessen festzusetzen (aM KG RJA **16**, 34 unzul). Liegen auch weiter die Voraussetzgen für eine Vormsch od für eine Pflegsch vor, so muß diese aufs neue eingeleitet werden (BayObLG **17** B 167; Gernhuber § 67 I 2); denn Vormsch wird immer nur wg eines bestimmten Grundes eingeleitet, also keine Fortdauer aus anderem Grd (aM Soergel-Damrau 7; Staud-Engler 11; Dölle § 136 I 2h). Eine Verlängerg der AltersVormsch durch letztw Anordng ist unzul; möglicherw kann aber die Bestellg eines TestVollstr gewollt sein, was zu prüfen ist. Endet die AltersVormsch, liegen aber die Voraussetzgen für eine Vormsch über Vollj vor, so neue Bestellg des Vormd erforderl (so auch Staud-Engler 11; Soergel-Damrau 7; BayObLG **17** B 167).

c) Eintritt oder Wiedereintritt der elterlichen Sorge, soweit den Sorgeberechtigten nicht die Vertretg in persönl u VermAngelegenheiten entzogen ist (vgl § 1773 Anm 2). Ist ihnen nur die Pers- od die VermFürsorge entzogen, so endet die Vormsch gleichf, aber Pflegerbestellg erforderl. Vormsch endet zB bei Annahme als Kind (§ 1754), bei Aufhören des Ruhens der elterl Sorge (§§ 1674 II, 1705 Anm 2), EhelichkErkl (§§ 1736, 1740f), wenn in erstem Fall auch dann, wenn der Vater inzwischen verstorben ist (BayObLG **20**, 293), bei Ermittlg des bisher unbekannten FamStandes des Mdl, falls er sich dann unter elterl Sorge befindet. Bei Legitimation durch nachf Ehe § 1883. Hingg **keine Beendigung der Vormundschaft** durch Verheiratg, Gründg eines eig Hausstandes od Auswanderg (RG Gruch **43**, 496), Verlust der dtschen Staatsangehörigk, da Vormsch auch über Ausländer geführt w kann (EG 23); dort auch über Beendigg der Vormsch, weil die Fürs vom Auslandsstaat übernommen wird.

1883 *Legitimation des Mündels.* Wird der Mündel durch nachfolgende Ehe seiner Eltern ehelich, so endigt die Vormundschaft erst dann, wenn ihre Aufhebung von dem Vormundschaftsgericht angeordnet wird.

1) Heiratet der Vater des Kindes die Kindesmutter, w das Kind von Gesetzes wg ehel, § 1719. Die Eltern erlangen die elterl Sorge. Die Vormsch endet aber nicht kr Gesetzes, sond aus Grden der VerkSicherh, also

§§ 1883–1886

um den Ztpkt der Beendigg der Vormsch klar erkennb zu machen, erst mit AO der Aufhebg dch das VormschG.

2) Bis zur Beendigung der Vormundschaft steht das Kind sowohl unter elterl Sorge (§§ 1719, 1626) wie unter Vormsch. Bei widersprechenden Vfgen der Vertretgsberechtigten geht die frühere vor.

3) Verfahren. Es entsch der RPfleger (RPflG 3 I 2a). Die Vfg über die Aufhebg der Vormsch wird mit der Bekanntmachg an den Vormd wirks (FGG 16). In diesem Zeitpkt erlischt mit seiner Amtsbefugn als Vormd auch seine Vertretgsmacht. BeschwR gg die Aufhebg der Vormsch im Rahmen des FGG 20, 57 Z 1, 59. Ändert das VormschG nachträgl die AufhebungsVfg (FGG 18), so muß es eine neue Vormsch einleiten.

1884 *Verschollenheit und Todeserklärung des Mündels.* **I** Ist der Mündel verschollen, so endigt die Vormundschaft erst mit der Aufhebung durch das Vormundschaftsgericht. Das Vormundschaftsgericht hat die Vormundschaft aufzuheben, wenn ihm der Tod des Mündels bekannt wird.

II Wird der Mündel für tot erklärt oder wird seine Todeszeit nach den Vorschriften des Verschollenheitsgesetzes festgestellt, so endigt die Vormundschaft mit der Rechtskraft des Beschlusses über die Todeserklärung oder die Feststellung der Todeszeit.

1) Bei Verschollenheit des Mündels, I (VerschG 1) endigt die Vormsch in Abweich von § 1882 nicht schon im Zeitpkt des Todes des Mdl, sond erst mit der Aufhebg durch das VormschG, das die Wahrscheinlichk des Ablebens des Mdl vAw zu ermitteln hat (FGG 12). Hingg bedarf es bei Eintritt der übr Beendiggsgründe der Vormsch, zB Eintritt der Volljährigk, keiner Anordng des VormschG (str; aM Oldbg NdsRpfl **52**, 30). Die Verschollenh selbst ist noch kein Grd zur Aufhebg der Vormsch. Über das Verf bei Aufhebg vgl § 1883 Anm 3.

2) Bei Todeserklärung oder Feststellung des Todeszeitpunktes, II (VerschG 2 ff, 39 ff), tritt die Beendigg der Vormsch nicht mit dem wahren Todestage ein (§ 1882), sond mit Rechtskr des die TodesErkl aussprechenden od den Todesztpkt feststellenden Beschl, wie II iVm VerschG 29, 40 ergibt. Maßgebd ist also in Abweichg von VerschG 9, 44 II nicht der im Beschl festgestellte Ztpkt des Todes. Gesetzl Folge tritt auch dann ein, wenn TodesErkl aufgeh wird (VerschG 30 ff) od Mdl noch lebt. Er ist dann unvertreten (vgl § 206).

1885 *Entmündigung des Vormundes.* Das Amt des Vormundes endigt mit seiner Entmündigung.

1) Die Entmündigung des Vormunds, I, und zwar aus jedem der in § 6 vorgesehenen Gründe, beendigt sein Amt kraft G, nicht aber schon der Eintritt der GeschUnfgk (ohne Entm), § 104 Z 2, u die Stellg unter vorl Vormsch (§ 1906), so daß in diesen Fällen der Mdl auch nicht ohne Vertretg ist (vgl § 206). Das VormschG hat dann aber schleunigst die Entlassg herbeizuführen (§ 1886), wie es auch im Falle der Einleitg eines EntmVerfahrens, ohne den Ausgang abzuwarten, sofort geeignete Maßnahmen zu ergreifen hat (§§ 1846, 1886). Mitteilg des mit der Entm befaßten ProzRichters an das VormschG, bei dem die Vormsch geführt wird, ist zwar nicht vorgeschrieben, aber selbstverständl Pfl. Die Aufhebg des EntmBeschlusses läßt das Amt nicht wiederaufleben. Weitere Beendigungsgründe Tod od TodesErkl des Vormd, nicht seine Verschollenh; dann aber Entlassg (§ 1886).

1886 *Entlassung des Einzelvormundes.* Das Vormundschaftsgericht hat den Einzelvormund zu entlassen, wenn die Fortführung des Amtes, insbesondere wegen pflichtwidrigen Verhaltens des Vormundes, das Interesse des Mündels gefährden würde oder wenn in der Person des Vormundes einer der im § 1781 bestimmten Gründe vorliegt.

1) Die Entlassung des Vormunds erfolgt vAw (§§ 1886, 1888) od auf Antr (§ 1889). Die Entlassg für einen Teil des Wirkgskreises, zB die VermVerw, ist unzul (KG JW **38**, 237). Keine Bindg an Voraussetzgen v § 1886, wenn iW des BeschwVerf Entsch über Auswahl des Vormd (§ 1779) geändert w (BayObLG Rpfleger **75**, 91). **Wirkung** der Entlassg: Ende des vormschaftl Amtes (§ 1893 Anm 1, 2). Das VormschG hat sofort neuen Vormd (ebso NachfolgePfleger; BayObLG DAV **87**, 701) zu bestellen, auch wenn der bisherige Beschw einlegt (KG JW **35**, 2157). **Weitere Entlassungsgründe:** Wegfall der vorübergehden Verhinderg des als Vormd Berufenen (§ 1778 Anm 2 c), Bestellg unter Vorbeh u Eintr des best Ereign (§ 1790). Auch Verletzg der AuswahlVorschr (§ 1782) kann zur Entlassg führen (BayObLG NJW **61**, 1865). Zum Ausschl dch Test § 1790 Anm 1. Auf Amts- u VereinsVormsch ist § 1886 unanwendb (§ 1887). Entlassg des NachlPflegers (§ 1915) nur, wenn weniger einschneidende Maßn erfolgt (BayObLG **83**, 59).

2) Entlassungsgründe. a) Gefährdung des Mündelinteresses. Dieses entscheidet (vgl dazu auch § 1828 Anm 2 c). Schädigg braucht noch nicht eingetreten zu sein, es genügt, wenn nach der ganzen Sachlage bei Fortführg des Amtes durch den bestellten Vormd Möglichk einer Schädigg naheliegt (BayObLG **18** A 206). Die Entlassg kommt aber nur als äußerste Maßregel in Betr, also erst dann, wenn andere Mittel nicht mehr zur Vfg stehen, zB die Entziehg der Vertretg in einer einzelnen Angelegenh od die Bestellg eines Pflegers nicht genügt (BayObLG **18** A 105). Das VormschG ist aber verpflichtet, sofort zur Entlassg zu schreiten, wenn die Voraussetzgen § 1886 vorliegen, u nicht erst zu schwächeren Maßnahmen zu greifen (BayObLG JFG **8**, 91). Der voraussichtl Erfolg der in Aussicht genommenen Maßn wird also stets sorgf zu prüfen sein, aber auch ob die Entlassg des Vormd dem Mdl nicht mehr schadet als die Beibehaltg (KG OLG **24**, 48). Jedoch dürfen Schwirigk bei Gewinn eines neuen Vormd nicht ausschlaggeb sein (BayObLG Recht **19**, 1800), wenn sie auch mittelbar einwirken können. Regelmäß kommt Entlassg nur bei pflichtwidr

Verhalten des Vormd od Pflegers (§ 1837 Anm 3) in Betr (BayObLG FamRZ **84**, 1151); doch sind and EntlassgsGrde denkb („insbesondere"; BayObLG JFG **8**, 91). Es **genügt bereits objektive Gefährdung des Mündelinteresses:** Tatfrage (BayObLG FamRZ **88**, 874). Kann gegeben sein bei sich lange hinziehender Erkrankg des Vormd, weiter Entferng seines Wohnsitzes von dem des Mdl (BayObLG **6**, 45), mangelndem Verständnis für die Aufgaben des Vormd (BayObLG **19**, 82), Untauglichk zur GeschFührg (Karlsr JW **20**, 502), UnmöglMachen der Aufsichtsführg, indem trotz wiederholter Zwangsgelder Auskünfte zur Rechngslegg nicht erteilt, Rechng nicht berichtigt u ergänzt w (Hamm Rpfleger **66**, 17), dauerndem Interessenwiderstreit (BayObLG **6**, 735), Notwendigk von Maßregeln gem § 1666 I gg die zum Vormd bestellte Kindesmutter (KG DFG **37**, 101), aber auch bei tiefer Entfremdg zw Vormd u Mdl (BayObLG JFG **3**, 76), bei RelWechsel seitens des Vormd od Mdls, wenn dadurch ein so tiefer Zwiespalt in der Lebensauffassg zutage tritt, daß eine gedeihliche Wirksamk des Vormd nicht mehr zu erwarten ist (BayObLG aaO); Entlass auch wg vor der Bestellg liegender Tatsachen mögl, die VormschG erst nachträgl erfährt (Hbg OLG **30**, 158). Ferner, wenn es sich zwar um Entscheid einer ZweckmäßigkFrage handelt, Vormd aber entweder allen besseren Vorstellgn des VormschG unzugängl ist (§ 1837 Anm 3 aE) oder auch wenn auf seiten des Vormd eine Pflichtwidrigk zwar nicht festzustellen ist, die Durchführg seines Vorhabens aber MdlInteresse gefährdet (KG JW **35**, 546), so uU die Ablehng der Adoption durch den Erzeuger (Celle ZBlJugR **53**, 39). Andererseits genügen im allg nicht Ggsätzlichk zw Vormd u VormschG, zw Vormd u MdlAngehörigen (vgl aber auch Dresden ZBlFam **18**, 298: Entlassg des Stiefvaters als Vormd, der in Scheidg mit MdlMutter).

b) Vorhandensein der Untauglichkeitsgründe (§ 1781), gleichgültig, ob sie vor od nach der Bestellg eingetreten sind. Hingg ist Entlassg bei Vorliegen der UnfähigkGründe zZ der Bestellg nicht erforderl, da die Bestellg dann nichtig ist (§ 1780 Anm 1); wg der nachträgl eingetretenen Entmündigg vgl § 1885 Anm 1.

3) Verfahren. Es entsch der RPfleger (RPflG 3 Z 2a). Vor der Entlassg wird der Vormd im allg zu hören sein (KG JR Rspr **26**, 475) u uU auch die Angehör (§ 1847). Die Entlassg kann schriftl od mündl zu Prot erfolgen (BayObLG **18** B 130). Vor der Entlassg des Pflegers für den Pflegebefohlene entspr FGG 50b persönl anzuhören (Düss FamRZ **81**, 98). WirksWerden der EntlassgsVfg FGG 16, 26. Eine vorl Amtsenthebg kennt das BGB nicht. VormschG kann aber vorläuf Maßn vor Eintr der Wirksamk der Entlassg treffen, zB die das MdlInteresse gefährdden Hdlgen untersagen (§ 1837 Anm 3 aE). Zulässigk der Beschw gg Entlassg entfällt nicht mit nachträgl PflegschAufhebg wg Wegfalls des Grdes dafür (BayObLG **83**, 59). **Beschwerdeberechtigung: a)** sof Beschw des Vormds bei Entlassg (FGG 60 I Z 3), ebso bei Androhg der Entlassg gem FGG 20 (KGJ **51**, 36); BeschwR auch noch nach der Entlassg gg Vfgen gem § 1837 (KGJ **30** A 25). Beschwerderecht gem FGG 59 auch Mdl (KG JFG **15**, 201), auch wenn Entlassg nur aus vermögensrechtl Grden erfolgt, da dch die Entlassg stets auch die Pers des Mdl mitbetroffen wird. Jedoch entfällt die Wirkg der EntlassgsVfg, wenn sie auf Beschw aufgeh w, so daß es einer erneuten Bestellg nicht bedarf (KG NJW **71**, 53); FGG 32 steht nicht entgg, es besteht bis zur Entlassg des neuen Vormd Doppelvertretg. Kein BeschwR Dr, da nur aus FGG 57 I Z 9 mögl, dieser aber wg FGG 57 II iVm FGG 60 I Z 3 ausschneidet (KG JW **35**, 2157; Hamm MDR **66**, 149). **b)** bei Ablehng des EntlassgsAntr ist beschwberecht der GgVormd (FGG 57 I Z 6), Mdl gem FGG 59 (KG JFG **15**, 198), Dritte nach FGG 57 I Z 9, es sei denn, daß AG entlassen, LG aber diese Entsch aufgeh u Antr abgelehnt hatte (FGG 60 I Z 3, 29 III, 57 II). **Aufhebung der Entlassung** wirkt zurück; NachfolgePfleg ist zu entlassen (BayObLG FamRZ **88**, 874). Wird die Entlassg eines Vormds (Pflegers) vom BeschwGer aufgeh, so steht dem inzw bestellten NachfolgeVormd das R der sof weit Beschw zu (KG FamRZ **81**, 607). Kein BeschwR aus eig Rechte haben die Verwandten (Brem OLGZ **68**, 68), desgl nicht das JA (KGJ **53**, 46); aber Mitteilg an JA entspr § 1851 erforderl.

1887 *Entlassung des Jugendamts oder Vereins.*

I Das Vormundschaftsgericht hat das Jugendamt oder den Verein als Vormund zu entlassen und einen anderen Vormund zu bestellen, wenn dies dem Wohle des Mündels dient und eine andere als Vormund geeignete Person vorhanden ist.

II Die Entscheidung ergeht von Amts wegen sofort oder auf Antrag. Zum Antrag ist berechtigt der Mündel, der das vierzehnte Lebensjahr vollendet hat, sowie jeder, der ein berechtigtes Interesse des Mündels geltend macht. Das Jugendamt oder der Verein sollen den Antrag stellen, sobald sie erfahren, daß die Voraussetzungen des Absatzes 1 vorliegen.

III Das Vormundschaftsgericht soll vor seiner Entscheidung auch das Jugendamt oder den Verein hören.

1) Vgl auch JWG 39a. § 1887 behandelt Entlassg des JA od Vereins im Interesse des Mdl, § 1889 II im Interesse des JA od Vereins. Die Herübern aus dem JWG ist die Folge von §§ 1791a–c u der sich daraus ergebden Unterstellg der vormschaftl Tätigk von JA u Verein unter die Vorschr des BGB (vgl § 791a Anm 1).

2) Bestellung eines anderen Vormunds, I. Bei der gesetzl AmtsVormsch ist die Bestellung eines and JugA zum Vormd ohne weitere Grde nur iR des AbgabeVerf gem JWG 43 zul (BayObLG FamRZ **77**, 664) bzw bei vollj Mdl zu dessen Wohl (BayObLG Rpfleger **78**, 252). Voraussetzgen: **a)** es dient dem Wohl des Kindes, wobei AusgangsPkt, daß grdsätzl EinzelVormsch der Vereins- oder AmtsVormsch vorzuziehen ist (§ 1791a Anm 1); **b)** Vorhandensein einer als Vormd geeigneten Pers (JWG 39a). So wenn das Mdl einer mehr individuellen Erziehg u Betreuung bedarf an Stelle der oft bürokrat u formell aktenmäß (vgl BayObLG NJW **60**, 245; **61**, 117; and Webler ebda; vgl auch JWG 39b). Die in Aussicht genommene Pers ist nur dann als geeignet anzusehen, wenn sie es nach gegebener Sachlage ist; sie ist im allg zu verneinen, wenn die Vatersch noch nicht festgestellt, die UnterhFrage noch zu klären, der Proz noch nicht dchgeführt ist. In den meisten derartigen Fällen wird die Vormsch des JA od des Vereins mit Rücks auf deren größere Erfahrg u ihre besseren Mittel solange vorzuziehen sein, bis diese Fragen geklärt sind; allenf kann das JA oder der

§§ 1887–1890 4. Buch. 3. Abschnitt. *Diederichsen*

Verein als MitVormd mit beschr Wirkgskreis, etwa im Umfang wie im Falle des § 1706, bestellt w, wenn diese Fragen nicht so überwiegen, daß das Verbleiben des Vereins od JA zweckmäßig ist.

3) Verfahren, II, III. Zust FGG 36. Es entsch der Rpfleger (RPflG 3 Z 2a). VormschG handelt vAw od auf Antr. Antragsberechtigt, II 2, der über 14 Jahre alte Mdl, jeder, der ein berecht Interesse des Mdl geltd macht; allg menschl od persönl Interesse des Beantragden genügt nicht. Andererseits verwandtschaftl Interesse od das wg eines persönl Bandes nicht erforderl, also weit zu fassen. Antr w dahingehen, einen bestimmten EinzelVormd zu bestellen mit der Begr, weswg dieser besser als JA oder Verein wäre. JA u Verein sind zu einem derart Antr verpflichtet, sobald sie erfahren, daß die Voraussetzgen von I vorliegen (JWG 39a II 3). Anhörungspflicht vor der Entsch, III: Elt des Mdls, der nehel Vater, der Mdl selbst (FGG 50a, 50b; vgl Einf 6b vor § 1626), auch Verein u JA, diese insb auch über die Pers des neuen Vormd (JWG 39a III). Außerachtlassg Verfahrensfehler. Entlassg erfolgt dch Beschl, der mit Grden zu versehen u gem FGG 16 wirks w. Beschwerdeberechtigt Mdl, sofern über 14 Jahre (FGG 59), JA u Verein bei Entlassg gg ihren Willen sof Beschw (FGG 60 I Z 3, KG 7, 101), bei Ablehng ihres Antr auf Entlassg, einfache Beschw (FGG 20, 57 I Z 9). Dritte haben gg Entlassg des JA u Vereins gg deren u ihren Willen kein BeschwR (Hamm FamRZ **87**, 1196), da FGG 57 I Z 9 wg dessen II iVm FGG 60 Z 3 ausscheidet, gg Entlassg des JA mit seinem Willen einfache Beschw (FGG 20, 57 I Z 9; vgl auch § 1886 Anm 3).

1888 *Entlassung von Beamten und Geistlichen.* Ist ein Beamter oder ein Religionsdiener zum Vormunde bestellt, so hat ihn das Vormundschaftsgericht zu entlassen, wenn die Erlaubnis, die nach den Landesgesetzen zur Übernahme der Vormundschaft oder zur Fortführung der vor dem Eintritt in das Amts- oder Dienstverhältnis übernommenen Vormundschaft erforderlich ist, versagt oder zurückgenommen wird oder wenn die nach den Landesgesetzen zulässige Untersagung der Fortführung der Vormundschaft erfolgt.

1) § 1888 ergänzt § 1784; vgl dort Anm 1. Die Entlassg erfolgt vAw, eines Antrags der Behörde bedarf es nicht.

1889 *Entlassung auf eigenen Antrag.* ^{I} Das Vormundschaftsgericht hat den Einzelvormund auf seinen Antrag zu entlassen, wenn ein wichtiger Grund vorliegt; ein wichtiger Grund ist insbesondere der Eintritt eines Umstandes, der den Vormund nach § 1786 Abs. 1 Nr. 2 bis 7 berechtigen würde, die Übernahme der Vormundschaft abzulehnen.

^{II} Das Vormundschaftsgericht hat das Jugendamt oder den Verein als Vormund auf seinen Antrag zu entlassen, wenn eine andere als Vormund geeignete Person vorhanden ist und das Wohl des Mündels dieser Maßnahme nicht entgegensteht. Ein Verein ist auf seinen Antrag ferner zu entlassen, wenn ein wichtiger Grund vorliegt.

1) Ob ein **wichtiger Grund für die Entlassung des Einzelvormunds** vorliegt, entsch VormschG nach freiem Erm, wobei in erster Linie das Interesse des Vormds an der Entlassg z berücks (BayObLG FamRZ **59**, 373), wobei auch z beachten ist, daß das Mdl dch den Wechsel nicht zu sehr beeinträ w. Ein wicht Grd ist stets, also ohne ErmSpielraum, z bejahen, wenn einer der in § 1786 I Z 2–7 gen Fälle nach der Best z Vormd (§ 1786 II) eintr. Die Unterbringg des Mdl in FürsErziehg ist im allg kein wicht Grd (KGJ **46**, 83). Keine Verwirkg des EntlassgAnspr, wenn Vormd dch Zustimmg z WohngsWechsel des Mdl EntlassgsGrd des § 1786 I Z 5 selbst schafft, sofern WohngsWechsel dem MdlWohl entspr (Stgt Just **72**, 284). Dagg kann ein Ausl, der die Führg der Vormsch übern hat, nicht m Rücks auf seine AuslEigensch Entlassg fordern (KG RJA **10**, 99; vgl § 1785 Anm 2a). Der nachträgl Eintr des § 1786 I Z 8 ist als wicht Grd ausgelassen, um dch Übern weiterer Vormsch od Pflegsch dem Vormd nicht die Möglichk z geben, sich der bisher Vormsch z entledigen. Unter bes Umst kann aber auch die Übern eines weiteren Amtes ein wicht Grd sein. Wird wicht Grd bejaht, verfügt VormschG die Entlassg. Gg die Ablehng des Antr hat Vormd BeschwR (FGG 20).

2) Entlassung von Jugendamt und Verein als Vormd erfolgt ebso wie ihre Bestellg (§§ 1791a u b) nach BGB, u zwar n § 1887 aus Grden des MdlWohles und gem **II** im Interesse von JA u Verein. **a)** Entlassg nicht ow mögl, sond nur, wenn ein geeign Vormd vorhanden u wenn das Wohl des Mdl nicht entggsteht (JWG 39b); kann vorliegen, wenn noch Vatersch zu klären u Klärg mögl erscheint od UnterhRechtsstreit noch nicht dchgeführt (vgl auch KG JFG **18**, 274; BayObLG NJW **60**, 245). Ein Verein ist in jedem Falle zu entlassen, wenn für ihn ein wicht Grd vorliegt, II 2. Er kann Pflichten nur im Rahmen seines MitglBestandes u seiner Mittel übernehmen, so daß eine Verringerg schon eines von beiden seine Tätigk als Vormd einschränken od unmögl machen kann. Dem muß VormschG Rechng tragen. Auswahl des EinzelVormd Sache des RPflegers (RPflG 3 Z 2a), der auch JA od Verein entläßt. Sollte sich die Maßn später als unzweckmäß erweisen u EinzelVormd entlassen w, so kein Wiederaufleben der fr Amts- od VereinsVormsch, sond Neubestellg; dem fr unter gesetzl AmtsVormsch stehden Mdl kann also nur ein AmtsVormd bestellt w. Aber keine Neubestellg, wenn der EntlassgsBeschl im BeschwWege aufgeh w (BayObLG ZBlJR **65**, 19). Die Bestellg eines Pflegers ändert an der bestehden AmtsVormsch natürl nichts. **b)** Es bedarf eines Antr des JA od Vereins (BayObLG DAVorm **75**, 540). BeschwR (FGG 19, 20) steht nur dem JA od Verein, deren Antr abgelehnt ist, zu (KG JFG **7**, 101). W Entlassg angeordnet, so einf Beschw (FGG 20, 57 I 9), also nur bei berecht Interesse.

1890 *Vermögensherausgabe und Rechnungslegung.* Der Vormund hat nach der Beendigung seines Amtes dem Mündel das verwaltete Vermögen herauszugeben und über die Verwaltung Rechenschaft abzulegen. Soweit er dem Vormundschaftsgerichte Rechnung gelegt hat, genügt die Bezugnahme auf diese Rechnung.

Vormundschaft. 1. Titel: Vormundschaft über Minderjährige §§ 1890–1892

1) Bei Beendigg seines Amtes hat der Vormd, auch Amts- u VereinsVormd, also auch das JugA als Amtspfleger (Ffm FRES **2**, 407), das verwaltete Verm herauszugeben u über die Verw Rechensch abzulegen. Zum befreiten Vormd: Wesche DAV **87**, 167. Gläub dieser Herausg ist Anspr Mdl, vertreten durch neuen gesetzl Vertreter, falls ein solcher noch in Betr kommt, sonst der Mdl od sein RNachfolger; bei Gesamtberechtigg des Mdl mit anderen Personen, Herausg an alle gemschaftl, währd auf Rechngslegg nur der Mdl Anspr hat. Ob Rechng richtig gelegt ist, entsch ProzG (KG JW **39**, 351); wg der Tätigk des VormschG § 1892 II. Wird dieselbe Pers od das JA, der Verein nach beendeter AltersVormsch Vormd des nunmehr vollj Mdl, so erübrigt sich Herausg an einen etwa hierzu bestellten Pfleger, str; aber Nachweig des Bestands durch Rechngslegg für die bisher geführte AltersVormsch erforderl. Schu des Anspr auf Herausgabe und Rechenschaftslegg ist der Vormd od sein RNachfolger. Im Konk des Vormds Aussonderg; SchadErs dagg KO 61 Z 5. § 1890 entspr anwendbar, wenn die VermVerw völlig od zum Teil auf einen anderen MitVormd od Pfleger übergeht.

2) Die Herausgabe des Vermögens hat sofort zu erfolgen. Der Vormd hat also den Besitz aller zum MdlVerm gehörigen Sachen, soweit er sie selbst in Besitz hatte u sie nicht etwa in dem eines Pflegers waren, zu übertragen, ferner die vorhandenen Urk über die zum MdlVerm gehörigen Fdgen u hinterlegten Werte herauszugeben, so daß der Mdl seine Anspr selbst geltd machen kann. Quittgserteilg über das Herausgegebene im Rahmen von § 368. Löschg des Sperrvermerks (§§ 1809, 1815, 1816) braucht Vormd nicht zu veranlassen, sie ist aber auch nicht erforderl. Das VormschG hat dem Mdl auf Erfordern eine Bescheinigg über die Beendigg der Vormsch auszustellen. Gemäß § 260 I hat Vormd bei der Herausg Bestandsverzeichnis aufzustellen, das an frühere (§ 1802) anschließen kann. Unter den Voraussetzgen des § 260 II ist er zur Abgabe der dort dem Inhalt nach näher gekennzeichneten eidesstattl Vers verpflichtet. Andererseits hat er ZurückbehaltgsR für seine ErsAnspr (§§ 273, 274), das er aber nicht ungebührl ausdehnen darf (RG **61**, 128). Verweigert der Vormd die Herausg, so kann Anspr hierauf nur durch Klage verfolgt werden; das VormschG hat keine Zwangsrechte mehr (KGJ **33** A 54). Rechtshilfe ist bei der VermAushändigg mögl (Darmst SeuffA **65**, 204; str).

3) Rechenschaftslegung erstreckt sich nur auf VermVerw, nicht auch auf PersSorge. Sie umfaßt Rechngslegg, die in der in §§ 1840f genannten Art zu erfolgen hat, also auch AuskErteilg in sich schließt, aber an die dem VormschG gelegten Jahresrechngen anschließen kann u auch die aus § 1841 II ersichtl Erleichtrg genießt (KGJ **37** A 110). Mdl kann Beanstandgen auch erheben, wenn VormschG bei früheren Prüfgen diese Rechngen in Ordng befunden hat (§ 1843 Anm 2). §§ 259ff sind anwendbar; Abgabe der eidesstattl Vers erfolgt zu Protokoll des RPflegers (§ 261, ZPO 889, RPflG 20 Z 17). Auf Rechngslegg kann Mdl verzichten (§ 397), der VermZuwender kann von der RechngsleggsPfl befreien, nicht aber die Eltern, da § 1854 nur für die Dauer der Vormsch gilt. Zum Umf der Verpfl des JugA als AmtsVormd zur Rechngslegg Bln DAVorm **80**, 55; bei der GebrechlichkPflegsch Düss DAVorm **82**, 209.

1891 Mitwirkung des Gegenvormundes.

I Ist ein Gegenvormund vorhanden, so hat ihm der Vormund die Rechnung vorzulegen. Der Gegenvormund hat die Rechnung mit den Bemerkungen zu versehen, zu denen die Prüfung ihm Anlaß gibt.

II Der Gegenvormund hat über die Führung der Gegenvormundschaft und, soweit er dazu imstande ist, über das von dem Vormunde verwaltete Vermögen auf Verlangen Auskunft zu erteilen.

1) Bzgl der Rechngslegg gilt dasselbe wie bei § 1842. Es entfällt jedoch die Nachweig des VermBestandes, dieser ist vielm dem Mdl nachzuweisen. Der GgVormd ist seiner zur Ausk über die Führg der GgVormsch u des vom Vormd verwalteten Vermögens verpflichtet. Vgl auch § 1892 Anm 2.

1892 Rechnungsprüfung und -abnahme.

I Der Vormund hat die Rechnung, nachdem er sie dem Gegenvormunde vorgelegt hat, dem Vormundschaftsgericht einzureichen.

II Das Vormundschaftsgericht hat die Rechnung rechnungsmäßig und sachlich zu prüfen und deren Abnahme durch Verhandlung mit den Beteiligten unter Zuziehung des Gegenvormundes zu vermitteln. Soweit die Rechnung als richtig anerkannt wird, hat das Vormundschaftsgericht das Anerkenntnis zu beurkunden.

1) Auch nach Beendigg der Vormsch als solcher bleibt das VormschG zu weiterer FürsTätigk im Interesse der Abwicklg der Vormsch verpflichtet, behält auch weiter seine amtl Befugnisse, aber nur soweit, als das zur Erreichg dieses Zweckes erforderl ist. RGeschäfte können von ihm also nicht mehr genehmigt werden (vgl aber auch § 1893 Anm 1). Wohl kann es aber, abgesehen von den in § 1892 genannten Verrichtgen u der Rückg der Bestallg, die dch Zwangsgeld erzwungen w können (KG OLGZ **69**, 293), auch jetzt noch Vormd eine Vergütg bewilligen (§ 1836 Anm 2). Bewilligg auch noch, weil sie nachträgl ungerechtf erscheint, zurücknehmen (KG RJA **16**, 159), sie kann auch durch BeschwG abgeändert w (RG **127**, 109). Die Herausgabe des MdlVermögens hat hingg der Vormd selbst zu bewirken (§ 1890 Anm 2; Brsl OLG **18**, 381); VormschG kann ihn darin insofern unterstützen, als es die bei den Akten befindl Urk im Einverständn mit dem Vormd im Wege der Rechtshilfe dem Mdl aushändigen läßt. Dem vollj gewordenen Mdl, wie überh jedem, der ein berecht Interesse daran glaubh macht, hat es Akteneinsicht zu gewähren (FGG 34). § 1892 u das oben Gesagte gelten auch, wenn nicht Vormsch als solche, sond nur Amt des Vormd endigt. § 1892 gilt bei Amts- u VereinsVormsch; davon sind sie auch dch § 1857a nicht befreit.

2) Zur Einreichung der Rechnung, I, kann der Vormd trotz der Beendigg seines Amtes durch Ordngsstrafen angehalten werden, soweit er sich weigert od es sich um eine formell nicht ordngsmäßige Rechng handelt, § 1841 (KG OLG **14**, 268; Neust NJW **55**, 1724), ebso ein vorhandener GgVormd, dem der

Vormd die Rechng zur Beifügg seiner Bemerkgen vorzulegen hat (§ 1891 I 2; str). Vorlegg einer sachl richtigen Rechng kann nicht erzwungen werden, ebsowenig die Vorlage von Wertpapieren (KGJ 50, 28). Wg der Beifügg von Belegen § 1841 Anm 1. Einreichg der Schlußrechng entfällt a) wenn MdlVerm währd der ganzen Dauer des Amts des Vormd nicht zu verwalten war; b) wenn sich Mdl u Vormd außergerichtl auseinandergesetzt haben od Mdl auf Schlußrechng verzichtet hat. Besteht Vormsch fort, so etwaiger Verzicht des neuen Vormd wirkgslos; SchadErsPfl § 1833; VormschG § 1837.

3) Die Rechnungsprüfung, II 1, hat das VormschG entspr § 1843 I vorzunehmen. Es kann auch Ergänzen u Berichtiggen herbeiführen, ohne daß ihm aber Zwangsmittel zur Vfg stehen.

4) Die Abnahme der Schlußrechnung, II 1, ist vom VormschG unter Zuziehg des GgVormd, soweit ein solcher vorhanden ist, durch Verhandlg mit den Beteiligten zu vermitteln. Es hat also deren Vorladg vor das VormschG zu erfolgen. Ihr Erscheinen kann nicht erzwungen werden, wenn die Vormsch beendet ist (Kbg OLG 4, 116), sonst nur ggü dem der Aufsicht jetzt unterstehenden Vormd, nicht aber dem entlassenen. Im Termin ist der Vollj an Hand der Akten über Führg der Vormsch u Stand der Dinge, ggf auch über die ihm Mdl gg den Vormd zustehenden Anspr vom VormschRichter zu unterrichten. Mit der Rechngslegg u der VermHerausg werden etwa durch den Vormd geleistete Sicherheiten (§ 1844) frei, soweit nicht ErsAnspr des Mdl bestehen. Das VormschG hat hierbei nicht mitzuwirken; bei Verweigerg der Freigabe bleibt nur Klage.

5) Das Anerkenntnis der Richtigkeit der Rechnung, II 2, ist, falls es erfolgt, vom VormschG zu Prot zu nehmen (vgl BeurkG 1 II, 59), ohne daß seine Gültigk von der Einhaltg dieser Form abhinge. Auch teilweise Anerkennung unter Kenntlichmachg der Vorbehalte mögl. Soweit nicht anerkannt wird, kann Vormd Klage auf Feststellg der gelegten Rechng erheben (ZPO 256), wenn deren prozessuale Voraussetzgen gegeben sind. Eine auf Irrt beruhendes od ein in der irrigen Annahme einer Verpflichtg zur Abgabe abgegebenes Anerkenntn kann nach den Grdsätzen der §§ 812, 814 angefochten werden (RG JW 02 Beil 255). Einen **Anspruch auf Entlastung** (Lit: Gleißner Rpfleger 86, 462) haben weder Vormd (Kass SeuffA 61, 13) noch VormschRichter (LG Stgt DAVorm 74, 672). Die Entlastserteil seitens des neu bestellten Vormd bedarf der Gen des VormschG (§ 1812). Das VormschG kann auch seine EntlastgsErkl vermitteln, muß sich aber bei der Aufnahme einer solchen Zurückhaltg auferlegen, um beim Mdl nicht den Anschein einer Verpflichtg zu einer solchen zu erwecken. VormschG kann dazu auch ein anderes Ger um Rechtshilfe ersuchen (RG 115, 368; aM KGJ 51, 42). Im Rahmen des § 368 kann Vormd Quittg über Rechngslegg verlangen. Sie enthält keinen Verzicht auf materielle Anspr, deren Vorhandensein nicht erkennb war. Eine vorbehaltl Entlastg enthält die Erkl, daß das JugA keine weiteren Auskfte ü die VermVerw zu erteilen h (LG Kiel DAV 82, 189).

1893 *Fortführung der Geschäfte nach Beendigung der Vormundschaft.* I Im Falle der Beendigung der Vormundschaft oder des vormundschaftlichen Amtes finden die Vorschriften der §§ 1698a, 1698b entsprechende Anwendung.

II Der Vormund hat nach Beendigung seines Amtes die Bestallung dem Vormundschaftsgericht zurückzugeben. In den Fällen der §§ 1791a, 1791b ist die schriftliche Verfügung des Vormundschaftsgerichts, im Falle des § 1791c die Bescheinigung über den Eintritt der Vormundschaft zurückzugeben.

1) Amtsfortführung, I. a) Entspr § 1698a ist der Vormd auch nach Beendigg der Vormsch überh od seines Amtes zur Fortführg seiner Geschäfte berechtigt, bis er von der Beendigg Kenntnis erlangt od sie kennen muß. Wegen der Haftg vgl § 1833 Anm 1. Das gilt auch entspr, wenn die Vertretgsmacht des Vormd nur in einzelnen Beziehgen endigt (§§ 1794, 1796). Dritter kann sich auf Berechtigg zur Fortführg des Amts nicht berufen, wenn er bei Vornahme eines RGeschäfts Beendigg kennt od kennen muß (§ 122 II). Vertretgsmacht des Vormd endigt aber jedenf mit seiner Kenntnis vom Amtsende; nimmt er später noch RGeschäfte vor, so wird auch der dritte Gutgläubige nicht geschützt (RG JW 12, 978). Bis zum Zeitpkt der Kenntnis vom Amtsende kann Vormd aber noch dem Dritten wirks mitteilen (§ 1829 I 2), ebso können solche Geschäfte auch noch vormschgerichtl genehmigt werden; allerd muß VormschG hiervon Abstand nehmen, wenn ihm Beendigg bekannt (Stgt RdL 56, 255; Dölle § 137 III). Soweit die vormschgerichtl Gen nicht unabänderl wurde, kann sie auch nach Beendigg der Vormsch aufgehoben w (BayObLG 64, 350). Um allen diesem vorzubeugen, ist eine sofortige Unterrichtg des Vormd vom Amtsende durch VormschG zweckm.

b) Entspr § 1698b ist der Vormd beim Tode des Mdl verpflichtet, die Geschäfte mit deren Aufschub Gefahr verbunden ist, zu besorgen, bis der Erbe anderweit Fürs treffen kann. Geschieht das nicht, Haftg aus § 1833.

Zu a) und b): Besorgt der Vormd Geschäfte trotz Kenntnis von der Beendigg seines Amtes od geht er über den Rahmen der im § 1698b genannten Geschäfte hinaus, so gelten §§ 177ff, 677ff (RG JW 10, 233). Soweit er sich aber innerh der ihm nach §§ 1698a f gezogenen Grenzen hält, sind die Rechte u Pflichten aus derartigen Geschäften für alle Teile nach den Vorschr über die Vormsch zu beurteilen. Der Vormd kann also auch Ersatz der Aufwendgen verlangen.

2) Die Rückgabe der Bestallung kann durch Zwangsgeld, u zwar auch nach Beendigg der Vormsch, erzwungen werden (Neust NJW 55, 1724; aM Darmst ZblFG 15, 260; vgl auch § 1892 Anm 2). Zur Herausgabe verpflichtet sind auch die Erben des Vormd; insofern aber nur HerausgKlage. Vereins- u *bestellter AmtsVormd* müssen Urk, die zu ihrer Legitimation dienen, also die schriftl Vfg des VormschG, die sie gem §§ 1791a II, 1791b II erhalten haben, das JA, das gesetzl AmtsVormd ist, die Bescheinigg über den Eintritt der Vormsch, § 1791c III, zurückgeben.

Vormundschaft. 2. Titel: Vormundschaft über Volljährige §§ 1894–1897

1894 *Anzeige bei Tod des Vormundes.* **I** Den Tod des Vormundes hat dessen Erbe dem Vormundschaftsgericht unverzüglich anzuzeigen.
II Den Tod des Gegenvormundes oder eines Mitvormundes hat der Vormund unverzüglich anzuzeigen.

1) Um dem VormschG zu ermöglichen, baldigst nach dem Tode eines Vormd, GgVormd, MitVormd die erforderl Vorkehrgen, erforderlichenf auch Maßnahmen selbst zu treffen (§ 1846), besteht für die Erben der genannten Personen, I und § 1895, hins des Gg- u MitVormd für den Vormd selbst, II, hins des Vormd ferner für den GgVormd (§ 1799 I 2), die Pfl, den Tod unverzügl (§ 121) anzuzeigen. Entspr gilt bei der TodesErkl. Wird die Anzeige seitens des Vormd, Gg- od MitVormd versäumt, so Haftg nach § 1833, der Erben nach § 276. Eine Verpflichtg zur Fortführg der Geschäfte besteht für diese nicht. Wg der AnzeigePfl von Behörden vgl § 1774 Anm 2.

1895 *Amtsbeendigung des Gegenvormundes.* Die Vorschriften der §§ 1885 bis 1889, 1893, 1894 finden auf den Gegenvormund entsprechende Anwendung.

1) Das Amt des GgVormd endigt auch mit der Vormsch als solcher (Grdz vor § 1882); ferner kann das VormschG die GgVormsch bei nachträgl Wegfall ihrer Voraussetzgen (§ 1792 II) aufheben. Hinsichtl der Zuständigk des RPflegers gilt das § 1886 Anm 3 Gesagte. Rückg der Bestallg § 1893 II.

Zweiter Titel. Vormundschaft über Volljährige

Vorbemerkung

1) Die **Vormundschaft über Volljährige** ist nur zul, wenn der Vollj entmündigt ist (§ 1896). Vorl Vormsch § 1906. Eine Verlängerg der AltersVormsch nach Erreichg der Volljährigk (VolljErkl) ist unzul u kann auch nicht durch den Erbl angeordnet werden. In einem solchen Fall bleibt jedoch zu prüfen, ob mit einer solchen Anordng nicht die Bestellg eines TestVollstr gewollt ist (§ 1882 Anm 1b). Mögl ist aber, daß an die AltersVormsch sich die Vormsch über den nunmehr vollj Gewordenen anschließt u derselbe Vormd auch diese Vormsch führt. Auch dann ist aber stets eine bes Anordng des VormschG erforderl (Bestellgsprinzip), da die AltersVormsch von Gesetzes wg beendigt ist (§ 1882 Anm 1b). Ist Entm beantragt, so kann vorl Vormsch angeordnet werden. Ist weder eine Entm erfolgt noch eine solche beantragt, so ist ledigl Pflegsch mögl (§ 1910). Auch Amts- u VereinsVormsch mögl (§ 1897).

2) Für **die Beendigung der Vormundschaft** über die Vollj kommen entspr Vorschr über die Alters-Vormsch zur Anwendg (§ 1897). Kraft Gesetzes endigt aber die Vormsch über Vollj entspr § 1882 auch mit der rechtskr Aufhebg der Entm (BayObLG 29, 436), die durch Beschl des AmtsG (ZPO 675, 685) od auf Anfechtgs- od Aufhebgsklage erfolgen kann (ZPO 672, 679 IV, 684 IV, 686 IV). Die rechtskr gewordene Wiederaufhebg u jede auf die Anfechtgsklage erlassene Entsch ist dem VormschG mitzuteilen (ZPO 674, 678 III, 679 IV, 683 II 2, 684 IV, 686 IV). Die Aufhebg inf Anfechtgsklage hat auf die Wirksamk der von od ggü dem Vormd vorgenommenen RGeschäfte keinen Einfluß (§ 115 I 2). Über die Beendigg der vorl Vormsch § 1908.

1896 *Entmündigung als Voraussetzung.* Ein Volljähriger erhält einen Vormund, wenn er entmündigt ist.

1) **Entmündigung**, gleichgültig aus welchem Grunde (Geisteskrankh, Geistesschwäche, Verschwendg, Trunksucht) (§ 6). Auch der Verheiratete. Bei mehreren EntmGründen nur eine einheitl Vormsch (vgl RG **108**, 307). Die Vormsch ist aGrd des für das VormschG bindenden EntmündiggsBeschl (BayObLG Rpfleger **81**, 401) vAw anzuordnen, wenn der VormschRichter Kenntnis erhält. Es entsch der RPfleger (RPflG 3 Z 2a u e contrario 14 Z 4). Der der Entm aussprechde Beschl ist vAw mitzuteilen (ZPO 660, FGG 50). Ohne EntmBeschl ist die Vormsch nichtig. Die Entm wird wirks – **a)** bei Geisteskranken dch Zustellg an den gesetzl Vertreter, dem die PersSorge zusteht, soweit ein solcher nicht vorhanden ist, mit Bestellg des Vormd (ZPO 661 I); – **b)** bei Geistesschwachen, Verschwendern u Trunksüchtigen dch Zustellg an den Entmündigten (ZPO 661 II). Die Anordng des VormschG kann nicht mit der Behauptg, daß die Voraussetzgen der Entm nicht vorgelegen hätten, angefochten werden. Insofern kann nur Anfechtgskl gg den EntmBeschl beim AmtsG erhoben w (BayObLG JFG **7**, 91).

1897 *Anzuwendende Vorschriften.* Auf die Vormundschaft über einen Volljährigen finden die für die Vormundschaft über einen Minderjährigen geltenden Vorschriften Anwendung, soweit sich nicht aus den §§ 1898 bis 1908 ein anderes ergibt. Die Landesregierungen können durch Rechtsverordnung bestimmen, daß andere Behörden an die Stelle des Jugendamts und des Landesjugendamts treten.

1) Im allg sind die Vorsch für die AltersVormsch, einschl der für die Zustdgk des RPflegers anwendb. AO der vorl Vormsch (§ 1906) ist aber Sache des Richters (RPflG 14 Z 4), ebso die Unterbringg (RPflG 14 Z 10); Besonderh f §§ 1907, 1908. Anwendb auf Vormsch für Vollj vor allem auch § 1779 II 2; auf das religiöse Bekenntnis ist mithin bei der VormdBestellg Rücks zu nehmen (KG JFG **7**, 88). Soweit den

§§ 1897–1901　4. Buch. 3. Abschnitt. *Diederichsen*

Umst nach tunlich, wird auch der wg Geisteskrankh entmündigte Mdl anzuhören sein (vgl RG LZ **24**, 549). Vormd kann dem vom Mdl zur Erhebg der AnfechtgsKl beauftragten Anwalt Zahlg des Kostenvorschusses verweigern, da Mdl ohne Gen des Vormd mit dem Anwalt keinen Vertr abschließen kann (BayObLG JFG **10**, 45; vgl aber § 1901 Anm 1). **Nicht anwendbar** §§ 1773, 1776, 1777, 1782, 1797 III, 1883. Die Befreiungen der §§ 1852–1854 können dem Vater od der Mutter zustehen (§ 1903 I) immer dem Amts- u VereinsVormd (§ 1857 a), für die ebenf, soweit es sich um ihre vormsch Tätigk handelt, die Vorschr des BGB gelten, so daß Amts- od VereinsVormsch nunmehr über Vollj mögl (Übbl 4 vor § 1773, §§ 1791 a u c jeweils Anm 1). Wg **der Abweichungen** von den allg Vorschr vgl §§ 1898 bis 1908. Von der in **S 2** enthaltenen Ermächtigg haben Gebr gemacht: BadWürtt VO 21. 7. 70 (GBl 407); Bay VO 3. 7. 79 (GVBl 164); Berlin VO 9. 10. 70 (GVBl 1777); Brem VO 28. 4. 70 (GBl 53); Hbg VO 23. 6. 70 (AmtlAnz 1073); Nds 12. 4. 72 (GVBl 197); NRW VO 25. 9. 79 (GVBl 648); RhPf VO 10. 11. 72 (GVBl 349).

1898 *Kein Benennungsrecht der Eltern.* **Der Vater und die Mutter des Mündels sind nicht berechtigt, einen Vormund zu benennen oder jemand von der Vormundschaft auszuschließen.**

1) Das BenenngsR der Eltern (§§ 1776, 1782) ist ein Ausfluß der elterl Sorge (§ 1777 Anm 1), unter der der Vollj nicht mehr steht.

1899 *Berufung der Eltern.* **I Als Vormund sind die Eltern des Mündels berufen; § 1779 Abs. 2 gilt entsprechend.**
II Die Eltern sind nicht berufen, wenn der Mündel von einer anderen Person als seinem Vater oder seiner Mutter oder deren Ehegatten als Kind angenommen ist.
III § 1778 Abs. 1 ist mit der Maßgabe anzuwenden, daß der Mündel der Bestellung eines Elternteils zum Vormund nicht widersprechen kann.

1) Anders als bei AltersVormsch ist bei der Vormsch über Vollj nur eine Berufg durch G gegeben. Die Bestimmgen über die Übergeh (§ 1778 I und II) sind anwendbar (vgl dort Anm 1 und 2 a–e), I aber nur mit der Maßg, daß Mdl nicht der Bestellg der eig Elt widersprechen kann, III (BT-Drucks 8/2788 S 70). Ist ein kraft G Berufener nicht vorhanden, so erfolgt Auswahl durch das VormschG nach Anhörg des JA (§ 1779). Auf die vorl Vormsch ist § 1899 nicht anwendbar (§ 1907).

2) Berufen sind untereinand gleichrangig (BayObLG FamRZ **88**, 874) die Elt u die ihnen gleichstehenden Personen (vgl § 1776 Anm 3). VormschG kann beide Elt bestimmen (Heinen ZfJ **84**, 511), zB bei Volljk des gebrechl Kindes (LG Bln FamRZ **86**, 103), u hat sonst gem § 1779 II den geeigneteren EltT auszuwählen (LG Bln FamRZ **88**, 211). Ist der berufene u nach Wahl des VormschG zum Vormd bestellte EltT weggefallen, so ist der andere berufene EltT als Vormd zu bestellen, falls nicht § 1778 I entggsteht. Das ist auch bei einer nichtigen Ehe nicht anders. Ausgeschlossen sind die Elt, wenn der Mdl von einem anderen als einem EltT od dessen Eheg als Kind angenommen ist (II). Vor einem EltT darf Eheg des Mdl zum Vormd bestellt w (§ 1900).

1900 *Bestellung des Ehegatten.* **Der Ehegatte des Mündels darf vor den Eltern zum Vormund bestellt werden.**

1) § 1900 gibt Abweichgsmöglichk von der Berufgsreihenfolge des § 1899 (dort Anm 2). Der Eheg des Mdls hat keinen Anspr auf Bestellg (vgl BayObLG OLG **32**, 18), das VormschG hat aber zu prüfen, ob im MdlInteresse ihm nicht vor den durch G Berufenen, ebso vor anderen nach §§ 1899 I, 1779 II zu Berücksichtigenden (Hamm JMBl NRW **63**, 248) der Vorrang zu geben ist (Celle NJW **65**, 1718). Übergehgsgründe brauchen in der Pers der Eltern nicht gegeben zu sein. Diese haben kein eigenes BeschwR, wohl aber ein solches aus FGG 57 I Z 9 im MdlInteresse (KGJ **50**, 33).

2) Bestellung des Ehegatten ist in güterrechtl Beziehg bedeutgsvoll. Leben Eheg in GütGemsch u ist für den allein verwaltenden Eheg der Mdl zum Vormd bestellt, so vertritt dieser den nunmehr unter Vormsch Stehden in den Rechten u Pflichten, die sich aus der Verw des GesGutes ergeben (§ 1436 S 2), erteilt sich also Zust selbst (KG RJA **4**, 76, KGJ **27**, 166) für Zust erfordernde RGeschäfte. Bei InteressenGgsatz Pflegerbestellg § 1909. Verwalten beide gemschaftl, so § 1458. Bei gesetzl Güterstd wird in den Fällen der §§ 1365, 1369, also bei InteressenGgsatz, regelm Pfleger zu bestellen sein.

1901 *Sorge für die Person.* **I Der Vormund hat für die Person des Mündels nur insoweit zu sorgen, als der Zweck der Vormundschaft es erfordert.**
II Ist oder war der Mündel verheiratet, so gilt die in § 1633 bestimmte Beschränkung nicht.

Schrifttum: Meyer-Stolte Rpfleger **79**, 10.

1) Umfang der Personensorge im allgemeinen, I. In Abweichg von § 1800 hat der Vormd des Vollj für die Pers seines Mdl nur insoweit zu sorgen, als der Zweck der Vormsch es erfordert. Auf den Umfang der SorgePfl wird also auch der Grd der Entm von Einfluß sein. Jedoch hat der Vormd auch dann einzugreifen, wenn es sich nicht um eine unmittelbar mit dem EntmGrd zusammenhängende Pflegebedürftigk handelt. Soweit mögl u mit dem MdlInteresse vereinbar, wird dem Mdl die Handlgsfreih zu belassen sein u erforderlichenf hat VormschG den Umfang der Tätigk des Vormd abzugrenzen, darf aber nicht auf diese

Vormundschaft. 2. Titel: Vormundschaft über Volljährige   §§ 1901–1903

Weise dem Vormd Anweisgen auf einem Gebiet geben, auf dem der Vormd selbständig zu entscheiden hat (vgl §§ 1793 Anm 1, 1837 Anm 3). Gg unzweckm Maßnahmen kann es also nur im Rahmen der §§ 1837, 1886 vorgehen (KG RJA **6**, 15; vgl auch § 1886 Anm 2a). Der Vormd wird mithin im allg auf Maßnahmen zur Pflege, Heilg, Beaufsichtig u Sicherg des Mdl beschränkt sein, also auch bei den Besprechgen des Mdl mit dem von ihm gemäß FGG 59, ZPO 664 II Bevollmächtigten zugegen sein, deren briefl Verkehr überwachen, uU den telefon Verkehr verbieten können (KG JFG **21**, 155), falls nicht etwa Mdl entgg Ansicht des Vormd die Aufhebg betreiben will. Iü Briefkontrolle nur, wenn der Schutz des Mdl od Dr dies unabweisl gebietet (Hamm FamRZ **85**, 832). Zum AuslieferungsAnspr gg die BuPost VerwG Münst FamRZ **84**, 1148. Erziehungsmaßnahmen wird Vormd nur zur Bekämpfg der geistigen u sittl Mängel, die zur Entm führen, treffen dürfen, im übrigen hat er Zucht- u ErziehgsR jedoch nicht (KGJ **43**, 68). Will er Mdl in psychiatr Klinik od Trinkerheilanstalt od überhaupt in dieser Weise unterbringen, ist dem FreihEntzieh verbunden ist, so vormschgerichtl Gen erforderl (§ 1800 Anm 3; vgl auch BVerfG NJW **60**, 811); es entsch der Richter (RPflG 14 Z 10). Mdl hat auch im Falle der GeschUnfgk unbefristetes BeschwR ohne Mitwirkg des gesetzl Vertreters (BayObLG JZ **60**, 670). Die Einrichtgen des JWG kommen für Vollj nicht in Betr. Höchstpersönl Rechte eines Eheg kann Vormd nicht wahrnehmen, Klage auf Wiederherstell des ehel Lebens nicht erheben (ZPO 612 II). Er kann aber Schlüsselgewalt entziehen. Falls die Voraussetzgen für Wiederaufhebg der Entm vorliegen, hat Vormd Antr zu stellen (ZPO 675, 685), ebso dem Mdl, wenn dessen Anfechtgsklage nicht völl aussichtslos ist, die Mittel hierzu zu bewilligen (BayObLG SeuffA **59**, 115). Das PersSorgeR kann für ihn auch Anlaß sein, für die Verteidig des Mdls in Strafsachen zu sorgen (RGSt **59**, 353).

2) Bei einem **bevormundeten Ehegatten, II** – das kann gem VolljkG jetzt auch ein Mann sein (EheG 1 II) – beschränkt sich die Abweichg von § 1800 nicht auf die Vertretg in persönl Angelegenheiten (§ 1633), sond dem Vormd liegt die Sorge für die Pers im Umfange des I ob. Der Vormd hat sich aber jedes Eingriffs in die Rechte des and Eheg zu enthalten, wenn nicht etwa ein Mißbr vorliegt wie bei Mißhdlgen durch Ehem, mag Ehefr sie auch nicht mehr als Ehewidrigkeiten empfinden, dann mögl, daß Vormd Mdl aus dem Haus bringt, um ihn nicht weiter ehewidriger Behandlg dch den Eheg auszusetzen (RG **85**, 16). Ist das nicht der Fall, kann zB die Ehefr gg den Willen des Ehemanns nicht in einer Anstalt untergebracht werden, da Vormd Dinge, die das ehel ZusLeben betreffen, nicht allein entscheiden kann (vgl § 1353 Anm 2). Streitigkeiten über den Umfang der beiderseitigen Rechte entsch nicht das VormschG, sond das ProzG (RJA **13**, 67). Wohl hat der Vormd aber darauf zu achten, daß der nicht entmündigte Eheg seiner UnterhPfl nachkommt. Gg Mißbr der Rechte des nicht entmünd Eheg hat er das VormschG zum Einschreiten zu veranlassen, wo solches nach dem G zul ist, zB § 1357 II, sonst Klage zu erheben.

1902 *Genehmigungsbedürftige Rechtsgeschäfte.* **¹** Der Vormund kann eine Ausstattung aus dem Vermögen des Mündels nur mit Genehmigung des Vormundschaftsgerichts versprechen oder gewähren.

II Zu einem Miet- oder Pachtvertrage sowie zu einem anderen Vertrage, durch den der Mündel zu wiederkehrenden Leistungen verpflichtet wird, bedarf der Vormund der Genehmigung des Vormundschaftsgerichts, wenn das Vertragsverhältnis länger als vier Jahre dauern soll. Die Vorschrift des § 1822 Nr. 4 bleibt unberührt.

1) Es gelten hins der GenBedürftigk dieselben Vorschr wie bei der AltersVormsch, jedoch mit 2 Ausnahmen.

2) **Ausstattung, I.** Die Ausstattg (§ 1624) kann nur mit Gen des VormschG versprochen od gewährt werden. Sind jedoch beim Versprechen bereits die zu übereignenden Ggstände genau bezeichnet, so bedarf es für das dingl Geschäft keiner neuen Gen. Auch durch die Gen des VormschG wird eine schenkgsweise gewährte Ausstattg nicht wirks (§ 1804 S 1 u Anm 1), außer wenn dadurch einer sittl Pfl od einer auf den Anstand zu nehmenden Rücks entsprochen ist. Schenkg liegt gem § 1624 also vor, wenn die Ausstattg **a)** das den Umst nach entsprechende Maß überschreitet, insb mit den VermVerhältnissen des Mdl nicht im Einklang steht od **b)** einer andern Pers als dem Kinde gewährt wird.

3) **Verpflichtung zu wiederkehrenden Leistungen, II** (vgl dazu § 1822 Anm 6b). II tritt an Stelle des § 1822 Z 5 mit der Wirkg, daß ein derartiges mit Gen des VormschG geschlossenes RGesch vorzeitig nicht gekündigt w kann. II bezieht sich aber nicht auf die Pachtverträge über ein Landgut od einen gewerbl Betrieb, die schlechthin genehmiggspfl sind (§ 1822 Z 4).

1903 *Befreite Stellung der Eltern.* **¹** Wird der Vater oder die Mutter des Mündels zum Vormund bestellt, so wird ein Gegenvormund nicht bestellt. Dem Vater oder der Mutter stehen die Befreiungen zu, die nach den §§ 1852 bis 1854 angeordnet werden können. Das Vormundschaftsgericht kann die Befreiungen außer Kraft setzen, wenn sie das Interesse des Mündels gefährden.

II Diese Vorschriften sind nicht anzuwenden, wenn der Vater oder die Mutter im Falle der Minderjährigkeit des Mündels zur Vermögensverwaltung nicht berechtigt wäre.

1) Der zum Vormd bestellte ehel Elternteil u die ihnen Gleichstehenden (vgl § 1776 Anm 3) sind kraft Gesetzes berufen, also auch die nehel Mutter. Nur auf sie, nicht auf den nach § 1900 bestellten, aber nicht berufenen Eheg ist § 1903 anwendbar. Die **befreite Stellung, I,** verträgt sich nicht mit der Bestellg eines GgVormd, § 1792 (anders, wenn beantragt, § 1904). Mit der Bestehg eines GgVormd entfällt auch die Gen des VormschG, soweit sie die des GgVormd ersetzt (vgl § 1852 Anm 2). Über die im übrigen eintretenden Befreiungen vgl §§ 1852–1854. Entspr § 1857 kann VormschG bei Gefährdg des MdlInteresses die Befreiun-

gen außer Kraft setzen (dh es muß es tun, § 1848), dann auch einen GgVormd bestellen. Wg der Befreiung des JA u des Vereins § 1897 Anm 1.

2) Nichtanwendbarkeit, II. Die Berechtigg des Elternteils zur VermVerw, dh auch zur Vertretg in VermAngelegenheiten, würde bei Minderjährigk des Mdl nicht gegeben sein in den Fällen der §§ 1670, 1683, 1680. War dem Elternteil währd der Minderjährigk des Kindes VermVerw gemäß §§ 1666 III, 1640 IV, 1667, 1683 IV entzogen, wird idR ein ÜbergehgsGrd (§ 1778 I) vorliegen; II nicht anwendbar, da Bestellg wie ggteiliger Akt anzusehen, so daß Befreiung nur nach I 3 außer Kraft gesetzt w könnte. Entscheidend für das Vorliegen von II nicht die Zeit der Bestellg, sond die ggwärtigen Verhältnisse; demgemäß fallen die Befreiungen bei Eintritt der Voraussetzgen des II kraft G weg, zB bei KonkEröffng mit dem EröffngsBeschl. Durch II bleiben §§ 1780ff, 1778, 1885ff unberührt (§ 1897).

1904 *Bestellung eines Gegenvormundes.* ¹ Dem Vater oder der Mutter ist ein Gegenvormund zu bestellen, wenn sie dies beantragen. Wird ein Gegenvormund bestellt, so stehen dem Vater oder der Mutter die im § 1852 bezeichneten Befreiungen nicht zu.

ᴵᴵ Das Vormundschaftsgericht soll die Bestellung des Gegenvormundes nur mit Zustimmung des Elternteils, dem der Gegenvormund bestellt ist, aufheben.

1) Vgl. § 1903 Anm 1 und 2. Gegenvormd, abgesehen von § 1903 I 2 (dort Anm 1), nur zu bestellen auf Antr eines Elternteils, der Vormund ist. Gegen Ablehng hat der zum Vormd bestellte Elternteil Beschwerderecht (FGG 20 II) ebso bei Aufhebg der GgVormsch, die nur mit seiner Zust erfolgen kann, II (vgl auch § 1692) ferner gg Aufhebg (nicht aber gg Ablehng der Bestellg, FGG 20 II) auch der Eheg des Mdl, seine Verwandten u Verschwägerten (FGG 57 I Z 1). Der GgVormd tritt hier zwar an Stelle des Beistandes (vgl § 1685); die Übertragg der VermVerw auf ihn ist aber, da mit seiner Stellg unvereinbar, unzul. Durch die Bestellg des GgVormd verliert Elternteil nur die § 1852, nicht aber die §§ 1853, 1854 genannten Befreiungen.

1905 *Einsetzung eines Familienrats.* (Aufgehoben durch Art 1 Z 59 SorgRG.)

1906 *Voraussetzungen für vorläufige Vormundschaft.* Ein Volljähriger, dessen Entmündigung beantragt ist, kann unter vorläufige Vormundschaft gestellt werden, wenn das Vormundschaftsgericht es zur Abwendung einer erheblichen Gefährdung der Person oder des Vermögens des Volljährigen für erforderlich erachtet.

1) Die vorl Vormsch ist einsweiliger Schutz für denjenigen, dessen Entm beantragt, aber noch nicht durchgeführt ist. Sie ist eine Abart der Vormsch (vgl Anm 3), deren Vorschr auch hier mit den sich aus §§ 1907, 1908 ergebenden Abweichgen anwendbar bleiben (§ 1897), also zB auch §§ 204, 1436, 2290 III, 2347 I. Der Vormd hat mithin dieselben Rechte u Pflichten wie in anderen Fällen (KG OLG 24, 50), kann also auch den Mdl in einer Anstalt unterbringen (vgl aber § 1800 Anm 3), wird jedoch nach Möglichk hier aller tiefer greifenden Änderngen enthalten müssen. Zulässig ist die vorl Vormsch nur bei Vollj (§ 2), bei Ausländern unter der Voraussetzg von EG 23 I. Neben einer schon bestehenden Vormsch ist für eine vorläufige kein Raum, hingg kann Pflegsch nach § 1909 in Betr kommen (BayObLG JFG 5, 116). Wohl steht aber eine Pflegsch, die als Sicherungsmaßnahme vor Stellg des EntmAntrags allein mögl bleibt (§ 1910), nach dessen Stellg der Anordng der vorl Vormsch nicht entgg (KGJ 26 A 23).

2) **Voraussetzungen: a)** Vorliegen eines gültigen EntmündiggsAntrags, dh eines durch den AntrBerechtigten (ZPO 646, 680 III–V), beim zust Ger gestellten (ZPO 648, 680 III); bei Einreich an ein unzust Ger liegt kein gültiger EntmAntr vor (KG JW 37, 474). Fehlt er, so ist die Anordng der vorl Vormsch nichtig, der davon Betroffene infolgedessen auch nicht beschr geschäftsfähig (vgl Anm 3). Andererseits genügt (falls auch b vorliegt) diese Voraussetzg, Einleitg der Entm ist also nicht erforderl (KG OLG 43, 385). Ablehng dann nur statth, wenn EntmAntrag offensichtl unbegründet (BayObLG 28, 503). Ist die Einleitg schon erfolgt, so hat VormschG nicht zu prüfen, ob das zu Recht erfolgt ist; auch nicht die Erfolgsaussicht (Mü JFG 17, 207). Hingg ist die Anordng wg § 1908 I nach rechtskr Abweisg des EntmAntrags unzul (KG RJA 3, 226). Die Aussetzg des Verfahrens (ZPO 681) steht anderers nicht entgg (KG OLG 27, 122).

b) Es muß eine erhebl Gefährdg der Person oder des Vermögens vorliegen; die Tatsachen müssen festgestellt, nicht nur glaubh gemacht werden (Köln NJW 61, 609). Nachprüfg im Prozeßwege unzul. Weitere Beschw kann nicht darauf gestützt werden, daß erhebl Gefährdg auf unzutreffende Voraussetzgen tatsächl Art gestützt sei; wohl aber, daß der RBegriff „erhebl Gefährdg" verkannt sei (BayObLG FamRZ 88, 875; vgl auch Göppinger FamRZ 60, 258 Anm 73). Mit Rücks auf einschneidne Wirkgen der vorl Vormsch (vgl Anm 3) aber Vorsicht geboten. Eine kurze ärztliche Anregg in Verbindg mit Angabe des AntrStellers genügt nicht als Unterlage (KG HRR 35, 18). Ebsowenig Möglichk einer Schädigg, es müssen vielm Tatsachen vorliegen, die eine solche bei vernünftiger Beurteilg wahrscheinl erscheinen lassen (Schlesw FamRZ 62, 209), so namentl bei Verschwendg (BayObLG DJZ 22, 262). Es genügt auch nicht Gefährdg durch Umst, die nicht zur Entm führen (KG OLG 41, 78 Fußn), vielm muß Wahrscheinlichk eines Entmgrundes u seines Zushangs mit den GefährdgsUmst dargetan sein (BayObLG 63, 91). Ausreichd Geisteskrankh (aM Brschw OLG 30, 159), Ausbeutg durch Dritte, uU Querulantentum (BayObLG 23, 39), voraussichtl Begehg weiterer Straftaten (KG JW 37, 474), bei Entmündigg wg Verschwendg, daß der zu Entmündigde sich od seine Familie dch sein Verhalten der Gefahr eines Notstandes aussetzt, was jedenf in sicherer Aussicht stehen muß (RG HRR 32, 929; Zweibr FamRZ 67, 55).

Vormundschaft. 2. Titel: Vormundschaft über Volljährige §§ 1906–1908

3) Wirkungen der Stellung unter vorläufige Vormundschaft. Es tritt Beschrkg der Gesch- u Prozeßfgk ein (§ 114; ZPO 52). Soweit es sich jedoch um die Verteidigg gg die Entm handelt, bleibt der Mdl prozeßfähig (vgl auch ZPO 664 II); er kann also insow auch einen Anwalt bevollmächtigen. Die Beschrkg tritt mit der Wirksamk der Anordng ein (vgl Anm 4). Eine Eintragg ins GB findet nicht statt (BayObLG **5**, 185). Wird der die Entm aussprechende Beschl auf Anfechtgsklage aufgehoben, der Antr zurückgenommen od rechtskr abgewiesen, so werden die von od ggü dem Entmündigten od Vormd vorgenommenen RGeschäfte nicht in Frage gestellt (§ 115); ebso wenn die Anordng durch das BeschwG aufgehoben ist (FGG 61, 32). Die Beschrkg der GeschFgk und die Vertretgsmacht des Vormd bleiben bis zur Beendigg der vorl Vormsch (§ 1908) bestehen.

4) Verfahren. Zust ist das VormschG (FGG 35); wg Aufhebg der dch ein örtl unzust VormschG getroffenen Maßn vgl Grdz 2 vor § 1773. Es entsch der Richter (RPflG 14 Z 4). Wenn das mit der Entm befaßte Ger die AnO einer FürsMaßn für geboten hält, hat es dem VormschG Mitteilg zu machen (ZPO 657, 680) ebso das JA (JWG 54a, 47a). Das VormschG hat aber auch von selbst tät zu w, wenn ein Grd hierfür vorliegt (FGG 12). Die **Anhörung** des zu Entmündigden gem FGG 50b IV („Mdl" proleptisch od analog) zwingend (LG Oldbg FamRZ **85**, 426 mAv Luthin u wNachw), wenn im Einzelfall nicht in bes Maße untunl (Kln NJW **61**, 609), also wenn Verständigg nicht mögl (BayObLG FamRZ **68**, 615) od nicht ohne erhebl Nachteile für den GesundhZustand ausführb (BayObLG NJW **67**, 1235); desgl des Ehegatten (§ 1847). Der anordnde Beschl wird wirks, falls Entm wg Geisteskrankh beantragt ist, mit der Bestellg des Vormd, falls der Antr auf Geistesschwäche, Verschwendg od Trunksucht gestützt ist, mit der Bekanntmachg an den zu Entmündigden (FGG 52). Die Ersatzzustellg für den zu Entmündigden an den AntrSt setzt die BeschwFr gg ersteren nicht in Lauf (KG OLG **31**, 78 Fußn). Eine Änderg dieser Vfg kann das VormschG nicht vornehmen (FGG 18 II). AnO od Aufhebg der vorl Vormsch durch das BeschwG erst mit Rechtskr wirks, da FGG **52** keine Ausn von FGG 26 (BayObLG **62**, 408). Mitteilg an Staatsanwaltsch (AktO 13 Z 3). VerfKosten trägt der Mdl (BayObLG **12**, 458). **Beschwerde:** Gg die AnO sof Beschw (FGG 60 I Z 5, 20), wessen Rechte dch die AnO beeinträchtigt sind, also der Mdl (FGG 59) u für ihn sein Vormd, nicht weitere Pers, da FGG 57 I Z 9 wg II dort keine Anwendg findet. Gg Ablehng haben einf Beschw (FGG 57 I Z 2) alle AntrBerechtigten (vgl Anm 2). Beschwberecht ist mit Rücks auf BVerfGE **10**, 302 trotz FGG 59 II auch der Geschäftsunfäh (Hamm FamRZ **73**, 326). Er kann auch ohne Zust seines Vertreters einen RA bevollmächt (Mü JFG **13**, 271). Aussetzg mRücks auf EntmVerf unzul (KG JFG **13**, 299). Nach Zurückn des EntmAntr entfällt RSchutzBedürfn f Beschw gg AO der vorl Vormsch (LG Mü FamRZ **74**, 269 L).

1907 **Keine Berufung bei vorläufiger Vormundschaft.** Die Vorschriften über die Berufung zur Vormundschaft gelten nicht für die vorläufige Vormundschaft.

1) Mit Rücks auf die Dringlichk liegt die Auswahl des Vormd allein beim VormschG. Infolgedessen haben auch die übergangenen Verwandten kein BeschwR aus eig Recht (BayObLG **11**, 359); es kann aber FGG 57 I Z 9 gegeben sein (KG HRR **28**, 958). Die Übergeh der nächsten Verwandten verstößt nicht gg GG 6 (BayObLG **54**, 132).

1908 **Ende der vorläufigen Vormundschaft.** **I** Die vorläufige Vormundschaft endigt mit der Rücknahme oder der rechtskräftigen Abweisung des Antrags auf Entmündigung.

II Erfolgt die Entmündigung, so endigt die vorläufige Vormundschaft, wenn auf Grund der Entmündigung ein Vormund bestellt wird.

III Die vorläufige Vormundschaft ist von dem Vormundschaftsgericht aufzuheben, wenn der Mündel des vorläufigen vormundschaftlichen Schutzes nicht mehr bedürftig ist.

1) Beendigung. Die vorl Vormsch endigt **a)** kraft Gesetzes in den Fällen I u II, ferner mit dem Tode des Mdl (§ 1882 Anm 1a) u mit WirksWerden des die TodesErkl aussprechenden Beschl (§§ 1897, 1884 II; VerschG 23, 29), der Rückn (BayObLG NJW-RR **88**, 198) od rechtskr Abweisg des EntmAntrages (ZPO 663 I, 680 III), mag diese auch nur wg örtl Unzuständigk erfolgt sein (KG RJA **3**, 226); dem steht die rechtskr Aufhebg des EntmBeschl durch Urteil gleich (BayObLG **29**, 436). Bei II muß der Vormd bestellt werden, sobald der EntmBeschl nach ZPO 661, 683 II wirks geworden ist (§ 1896 Anm 1). Natürlich kann das auch der vorl Vormd sein. Er ist aber neu zu bestellen, da die vorl u die endgültige Vormsch nicht etwa ohne weiteres ineinander übergehen (vgl BayObLG **17** B 165). Kostenrechtl gilt die vorl u die endgültige Vormsch in diesem Falle jedoch als Einheit (KostO 92 III). – **b)** Durch Aufhebg seitens des VormschG, **III**, bei Verschollenh des Mdl (§§ 1897, 1884 I) u wenn Mdl den vorl VormschSchutzes nicht mehr bedürftig ist. Dahin gehört auch der Fall, daß sich der EntmAntrag als unbegründet herausstellt. Das VormschG wird also mit dem EntmGericht Fühlg halten müssen. Die Vfg, durch die die vorl Vormsch aufgeh wird, trifft der Richter (RPflG 14 Z 11); sie tritt mit der Bekanntmachg an den Mdl in Wirksamk (FGG 52). Gg Ablehng der Aufhebg BeschwR des Mdl (FGG 59). Dritte gem FGG 57 I Z 9; gg Aufhebg diese u die zum EntmAntr Berechtigten (FGG 57 I Z 2). Der vorl Vormd hat den BeschwR (KG RJA **3**, 172).

2) Wg der **Wirkung der Beendigung der Vormundschaft** vgl § 1906 Anm 3. Wird die AnO der vorläuf Vormsch mit der Beschw erfolgr angefochten, kann nicht Feststellg begehrt w, die AO sei ungerechtf gewesen (Hamm MDR **77**, 400).

Dritter Titel. Pflegschaft

Schrifttum: Bienwald, Vormundsch- u PflegschR in der soz Arbeit, 1982. Vgl auch vor § 1773.

Einführung

1) Wesen der Pflegschaft. Die Pflegsch hat ebso wie die Vormsch eine FürsTätigk zum Inhalt. Währd die Vormsch grdsätzl aber die Fürsorge für alle Angelegenheiten, § 1793 Anm 1, umfaßt, greift **die Pflegschaft bei einem Fürsorgebedürfnis für besondere Angelegenheiten** (das allerdings in dem Falle der §§ 1909 III, 1910 I ein sehr umfassendes sein kann) ein, sei es nun, daß es sich um eine Ergänzg des elterl od vormschaftl Schutzes, also um ein FürsBedürfnis geschäftsunfähiger od beschränkt geschäftsfähiger Personen, § 1909, od um ein Schutzbedürfnis aus anderen im G festgelegten Gründen handelt, §§ 1910–1914, vgl auch Anm 2, die eine Beschrkg der GeschFgk des Pflegebefohlenen nicht zur Voraussetzg haben. Aus dieser Besonderh der Pflegsch ergibt sich, – **a)** daß der Pfleger nicht wie der Vormd grdsätzl allg innerh der gesetzl Schranken zur Vertretg des Mdl berechtigt ist, sond nur innerhalb der ihm vom VormschG zugewiesenen Grenzen. Maßgebd dafür ist die VerpflichtgsHdlg (KG JFG **7**, 103), u zwar auch dann, wenn die Bestallg einen anderen Wirkgskreis ergibt (KGJ **41**, 38). Bei Entziehg des AufenthBestR darf das VormschG dem Pfleger nicht bindende Weisgen erteilen (BayObLG DAV **84**, 1048). „Vertretg im EnteignVerf" deckt nicht Verk des Grdst zur Abwendg der Enteign (BGH NJW **74**, 1374); – **b)** daß der Pflegsch grundsätzl die Geschäfts- u damit die Prozeßfähigk des Pflegebefohlenen unberührt läßt. Nur wenn der Pflegebefohlene geschäftsunfähig ist, hat der Pfleger die Stellg eines gesetzl Vertreters, ist jener hingg geschäftsfähig, so ist der Pfleger nur ein staatl bestellter Bevollmächtigter (RG HRR **29**, 1651; aM Celle FamRZ **63**, 465 für § 1910, vgl dort Anm 4). Wird ein sonst geschäftsfähiger Pflegebefohlener allerdings in einem Prozeß durch den Pfleger vertreten, so steht er in den Grenzen von dessen VertretgsR (ZPO 81) in dem Prozeß einer nicht prozeßfähigen Pers gleich (ZPO 53, vgl auch ZPO 455 II 2); der Pfleger hat also dann insow die Stellg eines gesetzl Vertreters (RG **52**, 224); das ist auch der Fall, wenn der Pfleger einen Prozeß an Stelle des Pflegebefohlenen übernimmt. Ein Auftreten des Pflegers als Streitgenosse od Nebenintervenient ist unzul (RG JW **26**, 806). Bei Widersprüchen zw dem geschäftsfähigen Pflegebefohlenen u dem Pfleger wird es im allg auf die zeitl frühere Erkl ankommen. Jedoch darf der Schutz des gutgl Dritten nicht außer Betr bleiben (vgl Riezler AcP **98**, 372 ff).

2) Anwendung der Pflegschaftsvorschriften. Die im BGB vorgesehenen Pflegschaften sind durchweg Personal-, nicht Realpflegschaften. Eine Ausn macht ledigl die Pflegsch für die Sammelvermögen § 1914 (KG SeuffA **56**, 179). Auch die für das nehel Kind bestehende Pflegsch (§ 1706) ist ebso wie die NachlPflegsch eine Personalpflegsch; denn letztere dient der Fürs für die unbekannten Erben (RG **135**, 307). Über die ausdrückl geregelten Fälle für die Anordng einer Pflegsch hinaus kann das VormschG auch dann, wenn seiner Ansicht nach ein Schutzbedürfnis vorhanden ist, eine Pflegsch nicht anordnen (KGJ **20** A 21). Unzulässig also entspr Anwendg bei Verhinderg des TestVollstr (KG OLG **6**, 303). Abgesehen von § 1913 u ZuständErgG 10 (Anh § 1911) ist auch eine Pflegsch über jur Personen unzul (KG OLG **41**, 79). In anderen Gesetzen gibt es zahlr Sonderfälle für Pflegsch. Ob die Vorsch des BGB für diese anwendbar sind, ist in jedem einzelnen Fall nach dem Inhalt u Zweck, der mit der Pflegerbestellg verfolgt wird, zu prüfen. Nicht anwendbar auf die Vertreter zu Prozeß- od VollstrZwecken wie die aus ZPO 57, 58, 494 II, 668, 679 III, 686 II, 779 II, 787, ZVG 6, 7, 135, 157 II. Für die Beschlagnahme u Güterpflege nach StPO 290ff, 433 sind die Vorschriften nur insow anwendbar, als das mit der Eigenart jener Maßnahmen vereinbar ist (vgl auch RAG **23**, 66). Diese erfolgen ausschl im öff Interesse, um den flüchtigen Angeschuldigten zur Gestellg zu veranlassen, allerdings mit der Nebenaufgabe des Pflegers u VormschG, daß die Interessen des Angeschuldigten nicht über den BeschlagnZweck hinaus beeinträchtigt w (KG JW **37**, 412; str). Für die Verw erforderl Beträge kann VormschG freigeben, währd Freigabe von ArbEinkünften des Pfleglings im Inland Sache des Strafrichters (BayObLG **63**, 258). Desh kann auch nicht unter Berufg auf § 1911 Aufhebg der Pflegsch verlangt w, wenn ein Inlandsvertreter bestellt ist (BayObLG HRR **34**, 631). Anders zu behandeln auch Beschlagn gemäß RAbgO 106 III, 380 IV, die ledigl ein relatives Veräußergsverbot zG des FinAmts darstellt (KG JFG **12**, 142; aM Schlegelberger Anm 2 zu FGG 39). Kein Pfleger ist Treuhänder im HypR (§§ 1141 II, 1189). Hingg hat Stellg eines Pflegers der Beistand, dem VermVerw übertragen ist (§ 1690). Wg der Pflegsch über einen dienstunfähigen Beamten § 1910 Anm 7. Der **Custodian** nach Sperre des Vermögens gem MRG 52 (vgl 42. Aufl § 1911 Anh Anm 1 zu § 10) ist kein Pfleger.

3) Auf das **Verfahren** sind die Vorschr über die Vormsch entspr anzuwenden (vgl auch Übbl 5 vor § 1773). Es entsch, im allg der RPfleger; Ausnahmen bei der GebrechlichkPflegsch, der Pflegsch über einen Ausl u eine Pflegsch aGrd dienstrechtl Vorschr (RPflG 14 Z 4). Auch JA u Vereine können Pfleger sein (§§ 1915, 1791 a, b). Besondere Vorschr enthalten FGG 37–42, 46 III. 47 III, 57 I Z 3. Vgl dazu auch die Anm bei den §§ 1909 ff. Die Kosten sind bundesrechtl geregelt, KostO 93, vgl auch KostO 96.

4) Übergangsvorschriften EG 210, 211, 160; **Internationales Privatrecht** EG 23, FGG 37 II, 38, 39 II, 47 III.

1909 *Ergänzungspflegschaft.* ¹ Wer unter elterlicher Sorge oder unter Vormundschaft steht, erhält für Angelegenheiten, an deren Besorgung die Eltern oder der Vormund verhindert sind, einen Pfleger. Er erhält insbesondere einen Pfleger zur Verwaltung des Vermögens, das er von Todes wegen erwirbt oder das ihm unter Lebenden unentgeltlich zugewendet wird, wenn der Erblasser durch letztwillige Verfügung, der Zuwendende bei der Zuwendung bestimmt hat, daß die Eltern oder der Vormund das Vermögen nicht verwalten sollen.

Vormundschaft. 3. Titel: Pflegschaft § 1909 1, 2

II Wird eine Pflegschaft erforderlich, so haben die Eltern oder der Vormund dies dem Vormundschaftsgericht unverzüglich anzuzeigen.

III Die Pflegschaft ist auch dann anzuordnen, wenn die Voraussetzungen für die Anordnung einer Vormundschaft vorliegen, ein Vormund aber noch nicht bestellt ist.

Schrifttum: Brandenberg, Betr **81**, 860 (Verh zw FinGer u VormschG).

1) Der RGrd für die Anordng der ErgänzgsPflegsch ist die Verhinderg der Elt oder des Vormds. Auf jur Personen kann die Vorschr daher keine Anwendg finden (KG OLG **41**, 79). Es bleibt gleich, ob eine AltersVormsch, eine solche über Vollj od eine Amts- od VereinsVormsch vorliegt. Unterschieden wird (vgl KostO 93) zw DauerPflegsch und Pflegschaften für einzelne Rechtshdlgen; zur Abgrenzg vgl BayObLG JurBüro **81**, 264. Ist der Pfleger verhindert, so kann auch ein Unterpfleger bestellt w. Der Pfleger tritt nur an Stelle der Elt od des Vormd. Für den GgVormd wird kein Pfleger bestellt. Bei vorübergehender Verhinderg kann seine Gen dch das VormschG ersetzt w (§§ 1809f, 1812); bei dauernder Verhinderg Entlassg (§ 1886).

2) Voraussetzungen der Anordnung:
a) Die Eltern (bzw der allein berechtigte EltTeil) **oder der Vormund muß an der Besorgung von Angelegenheiten verhindert sein**, sei es eine od ein Kreis von Angelegenheiten, mögen diese persönl od vermögensrechtl Art sein. Gleichgültig auch, ob die Verhinderg tatsächl od rechtl Art ist, §§ 1629 II, 1670 iVm 1680, 1666, 1667, 1680, 1795, 1796, 1801; bei rechtl Verhinderg genügt ein ernstl rechtl Zweifel, zumal wenn andere mit dieser Frage befaßte Stellen diese Verhinderg annehmen könnten u der EltT mit der Pflegerbestellg einverst ist (KG JW **35**, 2154). Desh wurde in der Rspr mRücks auf BFH FamRZ **73**, 374 **Dauerpflegschaft** zur Wahrnehmg der Rechte eines Mj in einer FamGesellsch zugelassen, wenn allein dadch SteuerVort zu erlangen sind (Nachw 35. Aufl); abl jetzt BGH **65**, 93, so daß ErgänzgsPflegsch zivilrechtl nicht mehr dch die Tats gerechtf ist, daß mj Kommanditist u sein gesetzl Vertr Komplementär des KG sind. Entspr hat BFH NJW **76**, 1287 seine RAuffassg, daß f die einksteuerl Anerk einer Fam-KG mit mj Kindern erfdl ist, daß für jedes beteiligte Kind ein ErgänzgsPfleg best w, ausdrückl aufgegeben. Nicht erfdl ist eine Ergänzgspflegsch auch f die Dauer eines schenkw begründeten Nießbr an einem MietwohnGrdst zG mj Ki (BFH NJW **81**, 142); wohl aber ist wg § 181 die Mitwirkg eines Pflegers bei der Bestellg des Nießbr erfdl (BFH NJW **81**, 141). Zweifel daran, ob der Pfleger das RGesch rechtswirks wird vornehmen können, schließen Pflegerbestellg nicht aus (BayObLG NJW **60**, 577); anders, wenn rechtswirksame Vornahmen nicht mögl, insow also bei Pflegerbestellg zu prüfen. Keine Pflegsch, wenn der andere Elternteil die elterl Sorge ausüben kann, zB §§ 1680, 1666 od ein ÜbertraggsGrd auf ihn vorliegt, §§ 1670 II, 1680, od VormschG selbst der erforderl Maßregeln trifft, §§ 1667, 1693, 1844 II, 1846, od Mdl selbst die Angelegenheiten besorgen kann, §§ 112, 113, FGG 59. **Zuwendungspflegschaft, I 2:** Besonderer Fall der rechtl Verhinderg bei VermErwerb von Todes wg od durch unentgeltl Zuwendg seitens eines Dritten mit Verwaltgsausschluß der beiden Eltern od Vormd, I 2 (vgl auch GleichberG Art 8 I Z 9, abgedr 41. Aufl § 1638 Anm 4, aber auch § 1638 III). Es genügt die Bitte um Anordng gerichtl Verwaltg (BayObLG Recht **16**, 952) od um Pflegerbestellg (KGJ **22** A 25). Andererseits kann die Bestellg eines Pflegers durch den VermZuwender nicht ausgeschl werden (KG RJA 10, 102). Das VormschG hat die Gültigk des Testaments zu prüfen (KGJ **38** A 72), aber bereits bei Zweifelhaftigk Pflegsch anzuordnen (Hbg OLG **26**, 118). Durch die Anordng werden die Eltern von der Verw ausgeschl, § 1638, u zwar ohne weiteres (BayObLG **14**, 253), ohne daß ihnen allerdings dadurch das Recht zur Ausschlagg der Erbsch entzogen würde (KG RJA **14**, 115). Beim Vormd tritt die Unfähigk zur VermVerw hingg erst mit der Pflegerbestellg ein (§ 1794 Anm 1). Ausschluß der Verw bei nichtbevormundeten Vollj kann bedeuten, daß ein TestVollstr gewollt ist; die Anordng eines Pflegers ist jedenf unzul (Warn **13**, 239; vgl auch § 1882 Anm 1b).
Fälle der Verhinderung: Krankh (aber über die HeilbehandlgsPflegsch kein Einschreiten des VormschG zZw des Abbruchs der ärztl Behdlg; AG Bln-Neukln FamRZ **87**, 1083/**88**, 541); Entbindg von der ärztl SchweigePfl (LG Stgt DAV **87**, 147: Vorauss, daß Mj selbst bereit ist); Abwesenh; uU auch bei Selbstablehng des VertragsBerechtigt wg Interessenwiderstreits, etwa AdoptivElt des incognito adoptierten Kindes wollen nicht bekannt w (Karlsr FamRZ **66**, 268); Dchführg einer VerfassgsBeschw in einem Verf gem §§ 1632 IV, 1666 (BVerfG FamRZ **86**, 871; **87**, 786); Entsch üb die Ausübg des ZeugnVerweigersR eines Mj bei Verhinderg des gesetzl Vertr (Hamm OLGZ **72**, 157), weil der eine EltT der Beschuldigte ist (LG Memmg MDR **82**, 145); Klage der Kinder gg beide Eltern (falls nur gg einen EltT, der andere getrennt lebende vertretgsberechtigt, § 1629 II 1 Halbs 2) auf Unterh (§ 1629 Anm 5); Feststellg eines Rechtsverhältnisses seitens eines EltT ggü dem Kinde (BayObLG **1**, 259); Ausschl des überlebden EltT von der Verw ererbten Verm (BayObLG DAV **89**, 703); hingg nicht bei Vorbeh des Nießbrauchs anläßl einer Schenkg des und Elternteils an das Kind (RG **148**, 321; aM Mü HRR **42**, 544), wohl aber bei Entlassg eines EltT in der Gesellschafterversammlg einer GmbH, an der das Kind beteiligt ist (KG JW **35**, 2154), der and EltT ist wg §§ 1629 II, 1795 Z 1 verhindert), ebso bei AuseinandS zw Vater u Kind hins einer Erbsch (Rostock JFG **2**, 133), nicht aber schon bei AuseinandS des Vaters u Kindes einerseits mit einem Dritten andererseits (KGJ **A 74**), da die bloße Möglichk eines Interessenwiderstreites nicht genügt (KG DJ **38**, 427); bei Herausg des Pflichtteils gg einen EltT (BayObLG JR Rspr **25**, 692). Wird anläßl einer ErbauseinandS das mehreren Mjen zustehende GesHandsEigt in BruchtEigt umgewandelt, so muß jeder Mj durch einen Pfleger vertreten sein (BGH **21**, 229); desgl wenn mehrere Kinder als Kommanditisten mit dem Vater eine Kommanditgesellsch eingehen, da dadurch auch RVerhältnisse zw den Kindern begründet werden, mithin je ein Pfleger für jedes Kind (BayObLG FamRZ **59**, 125; vgl §§ 1629 Anm 4, 1795 Anm 1). Möglich auch Pflegerbestellg im Verf gem § 1666 zur Anstellg der erforderl Ermittlgen (KGJ **50**, 34, str). ErgänzgsPflegsch auch, wenn die Ämter eines TestamentsVollstr u eines Vormds des Erben sich in einer Pers vereinigen (BayObLG DAVorm **78**, 470). ErgänzgsPflegsch trotz TestVollstr mögl, wenn der VermGgst inf Vertr zG Dritter unter Lebden nicht in den Nachl fällt (Bln Rpfleger **79**, 204). ErgänzgsPflegsch ist erfdl bei unentgeltl Zuwendg eines Grdst od v WohngsEigt vom Vater auf seinen mj Sohn, weil das obligator Gesch nicht losgelöst vom dingl ErfüllgsGesch betrachtet w kann (so VorlBeschl BayObLGZ **79**, 243 ggü BGH **15**, 168).

Hingegen Pflegschaft unzulässig als Beobachtgspflegsch nur zur Überprüfg der Rechngslegg des Vormd (BayObLG Rpfleger **81**, 302) od ledigl zZw der Einlegg der Beschwerde (KGJ **38** A 12).

b) Ein Bedürfnis muß vorliegen, dh eine best Angelegenh z besorgen sein (BayObLG **13**, 582) u ein konkreter Interessenwiderstreit vorliegen (Ffm MDR **64**, 419). Daß ein Bedürfn einmal eintreten kann, genügt nicht (KG RJA **16**, 10), so daß BeobachtsPflegsch unzul. Anderers ist Bedürfn nicht desh z verneinen, weil ein TestVollstr ernannt ist (Rostock JFG **2**, 132). Bei StatusKl muß Interesse des Kindes an der Feststellg der FamZugehörigk bestehen (BayObLG FamRZ **89**, 540; KG NJW **66**, 1320); zZw der Zust od Verweigerg zu einer im StrafVerf gg die Elt des Ki angeordneten BlutEntn (Stgt Just **82**, 158); bei Geltdmachg v Unterh (KG JR **59**, 20 mAv Beitzke) bzw eines PflichttAnspr (KG JW **36**, 2748) Gefährdg desselben. Ob Bedürfn vorh, hat VormschG z prüfen, wobei es sich Klarh ü den Sachverhalt verschaffen muß, um das Vorliegen eines Bedürfn beurt z können (KG DJ **38**, 427). Bei ZeugnVerweigerg wg Kindesmißhdlg entsch Verhörsperson ü Aussagebereitsch u Verstandesreife (Stgt FamRZ **85**, 1154). Ist der Proz, zu dessen Führg Pfleger best w soll, offenb aussichtsl od mutwill, so kann AO der Pflegsch wg fehlden Bedürfn abgelehnt w (BayObLG Recht **24**, 1000), ebso bei Verstoß gg gute Sitten od ein gesetzl Verbot (BayObLG Recht **26**, 1957), weil dann Gesch ohnehin nicht v VormschG gen w kann (LG Lüb SchlHA **55**, 275), dagg nicht, weil Vertr möglicherw nicht mehr wirks vorzunehmen ist (BayObLG NJW **60**, 577) od nicht dem MdlInteresse entspricht, denn das hat Pfleger selbst z entscheiden (BayObLG JFG **4**, 126). Nur wenn Gen völl aussichtsl erscheint, w v einer Bestellg abgesehen w können (LG Mü FamRZ **71**, 323). Im AsylanerkenngsVerf bekommt 16jähr Ausländer Pfleger, wenn die VerwG seine VerfFähigk verneinen (KG NJW **82**, 526). Eine bes Art der Pflegsch ist die f nicht volj Kind der ne Mutter, § 1706, die vAw eintrb (AmtsPflegsch), sofern das VormschG nicht das Gteil angeordn h, § 1707. Kein Bedürfn, wenn voll Gesch-fäh ausreichende natürl Einsichtsfähigk besitzt, von der ärztl SchweigePfl zu entbinden u einer ärztl Untersuchg zuzustimmen (BayObLG Rpfleger **85**, 192).

3) Pfleger an Stelle des Vormunds, III. Zulässig zB, wenn VormdBestellg Hindernisse (schwierige Prüfg, ob Berufener zu übergehen, Ablehng des Ausgewählten u dgl) entggstehen, aber schleunige Regelg erforderl ist, soweit nicht etwa VormschG selbst eingreifen muß, §§ 1693, 1846 Anm 2. Das kann auch bei vorl Vormsch eintreten, str, dann muß aber Entmündiggsantrag bereits gestellt sein, das Vorliegen der tatsächl Voraussetzgen von § 6 genügt nicht (KG OLG **2**, 234).

4) Anzeigepflicht, II. Eltern u Vormd haben von dem Bedürfnis der Pflegsch unverzügl, dh ohne schuldhaftes Zögern, § 121, bei Vermeidg ihrer Haftg dem VormschG Anzeige zu machen. Zur Anzeige sind weiter verpflichtet der GgVormd, § 1799 I, Pfleger, § 1915 I, Beistand, § 1686, das JA, § 1694, 1850, das Ger, wenn in dem vor ihm anhängigen Verfahren die Notwendigk einer Anordng der Pflegsch hervortritt, FGG 50.

5) Anordnung und Verfahren. Zuständig das VormschG, bei dem die Vormsch anhängig ist, sonst gelten die allg Regeln, FGG 37 I. Wenn also nur über die anderen Geschwister Vormsch, so deren Ger auch für Pflegsch der übrigen zust (KG JFG **1**, 37); hingg zieht die Anhängigk einer Pflegsch aus § 1909 die Zustdgk dieses Gerichts nur für Einzelverrichtgen bzgl desselben Pflegebefohlenen nach sich (KG DR **40**, 919). Zuständgk bei Pflegsch über Ausländer FGG 37 II; nicht das Bedürfn der Fürs entsch, sond der AufenthOrt des Ki (BayObLG FamRZ **88**, 534). Es entsch der RPfleger, RPflG 3 Z 2a, 14 Z 4. VormschG hat entspr dem das VormschR beherrschenden Offizialprinzip auch vAw tätig zu werden (KG OLG **18**, 287) und die erforderl Ermittlgen anzustellen, FGG 12. Bei Auswahl des Pflegers hat VormschG freie Hand (§ 1916). Bes zu berücks aber Vorschlag der Elt (LG Mü I Rpfleger **75**, 130; Bln DAVorm **76**, 429), denen eig BeschwR zusteht (FGG 20 I) gg Auswahl wie gg Ablehng der Entlassg des Pflegers (BayObLG NJW **64**, 2306); ebso wenn der VermZuwender einen Pfleger benannt hat, § 1917 I, der auch im Umfang der §§ 1852 bis 1854 von ihm befreit w kann, § 1917 II. Das VormschG kann aber in diesem Falle bei Interessengefährdg des Pflegebefohlenen die Anordngen außer Kraft setzen, bei Lebzeiten des VormZuwenders allerdings im allg § 1917 III, nur mit dessen Zust (vgl auch § 1803 Anm 2b). Der benannte Pfleger kann wg Interessengefährdg übergangen werden (§§ 1917 I, 1778 I), niemals kann das VormschG aber die Ausschließg der Verw dch Eltern od Vormd als solche außer Kraft setzen, da darin keine Gefährdg des Interesses des Pflegebefohlenen liegen kann. Gegen die Ablehng der Anordng der Pflegsch u ebso gg deren Aufhebg durch das VormschG (§ 1919) hat jeder, er ein rechtl Interesse daran hat, ebso der Eheg, die Verwandten u Verschwägerten des Pflegebefohlenen das BeschwR (FGG 57 I Z 3), aber nicht der Pfleger (Mü JW **36**, 1022); gg Anordng BeschwR der Elt im eig Namen (BayObLG FamRZ **65**, 99), ferner des Vormd (FGG 20), weiterhin des Mdl im Rahmen FGG 59, Dritter im Rahmen von FGG 57 I Z 9, jedoch nicht des Prozeßgegners des Pfleglings (KGJ **24** A 153). Über die Nachprüfg, ob der Pfleger rechtmäßig bestellt ist u ob dafür die Voraussetzgen vorlagen, steht weder dem ProzG noch einem anderen VormschG, nur dem der Pfleger auftritt, zu (KG JW **35**, 2754).

6) Wirkung der Pflegerbestellung; vgl dazu Einf 1a und b. Der Pflegebefohlene wird in seiner GeschFgk durch die Pflegsch selbst auch dann nicht beschränkt, wenn eine vorl Vormsch der Anlaß ist, III, sond nur durch die Anordng vorl Vormsch (§ 114, FGG 52 und oben Anm 3). Auch dann ist der Wirkgskreis des Pflegers bei der Bestellg vom VormschG genau zu bestimmen (KG OLG **24.** 34), wenn er auch in diesem AusnFall möglicherw die Besorgg sämtl Angelegenheiten des Mdl umfaßt. Ist ein TestVollstr ernannt (Anm 2b), so Wirkgskreis des Pflegers nicht zur Wahrnehmg der Rechte des Pflegebefohlenen ggü TestVollstr, sond die ganze den Eltern entzogene VermVerw, soweit sie nicht dem TestVollstr zusteht (KG RJA **16**, 15). Bei Meingsverschiedenheiten der Eltern od des Vormd mit dem Pfleger vgl §§ 1630, 1798.

7) Beendigung der Pflegschaft. a) kraft Gesetzes bei Beendigg der elterl Sorge od Vormsch (§ 1918 I und Anm 2), bei Anordng der Pflegsch zur Besorgg einer einzelnen Angelegenh mit deren Erledigg (§ 1918 III und Anm 4); – **b)** mit Aufhebg durch das VormschG (§ 1919 Anm 1). Gg Aufhebg der Pflegsch hat der zum Ergänzgspfleger bestellte RA kraft seines früh Pflegeramtes kein BeschwR (KG Rpfleger **78**, 138).

Vormundschaft. 3. Titel: Pflegschaft § 1910 1, 2

1910 *Gebrechlichkeitspflegschaft.* ^I Ein Volljähriger, der nicht unter Vormundschaft steht, kann einen Pfleger für seine Person und sein Vermögen erhalten, wenn er infolge körperlicher Gebrechen, insbesondere weil er taub, blind oder stumm ist, seine Angelegenheiten nicht zu besorgen vermag.

^{II} Vermag ein Volljähriger, der nicht unter Vormundschaft steht, infolge geistiger oder körperlicher Gebrechen einzelne seiner Angelegenheiten oder einen bestimmten Kreis seiner Angelegenheiten, insbesondere seine Vermögensangelegenheiten, nicht zu besorgen, so kann er für diese Angelegenheiten einen Pfleger erhalten.

^{III} Die Pflegschaft darf nur mit Einwilligung des Gebrechlichen angeordnet werden, es sei denn, daß eine Verständigung mit ihm nicht möglich ist.

Schrifttum: Gernhuber FamRZ **76**, 189 (VermögenszwangsPflegsch im Alter); Kraiß BWNotZ **81**, 59; Hendel FamRZ **82**, 1058; Göppinger FamRZ **80**, 856.

1) § 1910 ergänzt die Bestimmgen über die Vormsch über Vollj (§ 1896) insofern, als die Anordng einer Pflegsch einen Entmündiggsantrag nicht voraussetzt (Vorbem 1 vor § 1896, § 1906 Anm 1), also die Vormsch vorbereiten kann, anderers einem vorübergehenden Schutzbedürfnis des geistesgebrechlichen Vollj, dessen Heilg zu erwarten steht, Rechng trägt. Bei Trinkern (Schlesw SchlHA **84**, 74) u Verschwendern versagt § 1910 allerdings, soweit ihr Mangel nicht auf einem geistigen Leiden beruht; denn es fehlt dann an einem Gebrechen, ist auch zwecklos, da die GeschFgk nicht eingeschränkt wird (Anm 4). Mit GG ist Zwangspflegsch vereinb (BVerfG NJW **65**, 2051). Bei mehreren Wirkgskreisen liegt nur eine einz Pflegsch vor (BayObLG FamRZ **88**, 1321).

2) **Voraussetzungen der Gebrechlichkeitspflegschaft:**

a) Gebrechen; aa) körperl. Hierzu rechnen nicht nur die I angeführten, sond uU auch große Schwerhörigk u Kurzsichtigk, Altersleiden, Lähmg u dgl; **bb)** geistige, dh unter erhebl Verminderg der Geisteskräfte, also GebrechlkPflegsch auch f Geisteskranke u -schwache (BGH **41**, 106; In der Beeck/Wuttke NJW **68**, 1165). Wirkl krankh Eifersucht rechtf zwangsw Heilbehdlg in geschl Anstalt (Brandt u Göppinger FamRZ **76**, 377 gg KG FamRZ **76**, 54).

b) Das Gebrechen muß den Vollj **hindern, seine Angelegenheiten zu besorgen.** Erhebl Erschwerg genügt. Aber zu verneinen, wenn der Gebrechliche die Angelegenh durch Bevollm erledigen kann, vorausgesetzt, daß er ihn zu überwachen in der Lage ist. KonkEröffng hindert Pflegsch nicht wg der Rechte als GemSchu (KG OLG **16**, 37).

c) Es muß ein **pflegschaftliches Fürsorgebedürfnis** vorliegen. Wie bei der AbwesenhPflegsch (§ 1911 Anm 2b) muß Pflegsch auch im Interesse des Pflegebefohlenen liegen (BayObLG FamRZ **65**, 342). Ein bl Drittinteresse reicht nur ausnahmsw aus (BGH **93**, 1 = JZ **85**, 289 mAv Beitzke); ebso Doppelinteresse (LG Frankenthal FamRZ **82**, 964). Bei bl Drittinteresse ist zu prüfen, ob nicht die Voraussetzgen f Vormsch od vorl Vormsch gegeben sind. Mögl auch bei einem wg Geisteskrankh allg GeschUnfähigen statt Entm Pflegsch, wenn Schutzbedürfn nur für einzelne Angelegenh (KG OLGZ **69**, 257). Dann also keine Verdrängg der Pflegsch dch Vormsch (Zweibr FamRZ **82**, 961). Der VerhältnmäßigkGrds kann sogar in diesen Fällen die Entm ausschließen (LG Freibg FamRZ **82**, 962/83, 832 m krit Anm Bienwald). Ist ein Pfleger nach § 1909 für die die Pers betr Angelegenheiten bestellt, so kann dieser auch EntmAntrag stellen; aber unzul Pflegerbestellg nur zu solchem Zweck, wie ja solcher Antr nicht zu den Angelegenheiten eines zu Entmündigenden selbst gehört, er also auch nicht inf seines Gebrechens hieran verhindert ist, StjP ZPO 646 Anm I 3, aA Dölle § 141 II 3. Fürsorgebedürfn auch zu verneinen zum Zwecke der Aufstellg eines VermVerzeichnisses u zur Leistg des Offenbargseides (KG JW **33**, 2067); ebso PflegschAnO zZw AufenthBestimmg nicht gerechtf, wenn die zGrde liegde Medikamentenabhängigk (Captagon) weder als körperl noch als seel Gebrechen angesehen w kann, das ursächl ein PflegschBedürfn zur Folge hat (Mannh Just **77**, 464 L). Soweit G Vertretg regelt, so bei GütGemsch (§§ 1429, 1454), im allg kein FürsBedürfn. Ein PflegschInteresse ist dagg bejaht w zur Geltdmachg v Schmerzensgeld bei bewußtl Unfallopfer (BGH NJW **86**, 1039). Zum Umfg der VertrMacht bei der ProzPflegsch nach ZPO 53 BGH NJW **86**, 49.

d) Die GebrechlkPflegsch setzt schließl alternativ, **III**, voraus: **aa)** die **Einwilligung des Gebrechlichen,** dh Zustimmg zur behördl AnO. Keine bes Form. Einwillig kann jederzeit widerrufen w mit der Folge, daß dann die Pflegsch aufgeh w muß (§ 1920). – **bb)** Die Einwilligg ist nicht erforderl, sond dann **Zwangspflegschaft, wenn eine Verständigung mit dem Gebrechlichen nicht möglich** ist, dh bei **Geschäftsunfähigkeit** (BGH **70**, 258f; BayObLG NJW **86**, 2892), wenn er die Mitteilg v der beabsicht AnO nicht aufnehmen, ihre Bedeutg nicht verstehen od sich darauf nicht verständl ausdrücken kann (Hamm MDR **65**, 104). Auch bei partieller GeschUnfähigk (BayObLG NJW-RR **88**, 454). Darüber entsch VormschG aGrd des persönl Eindrucks von dem Betroffenen u eines zeitnahen (BayObLG Rpfleger **82**, 67) medizin SachverstGA (Göppinger FamRZ **80**, 863 Fn 88). Beides zwingend (LG Kln FamRZ **85**, 836). Schwierigk bei Verständig genügen nicht u sind dch Zuziehg v Sachverst zu beheben (Colmar OLG **23**, 366). Das Ger muß den Betroff hören u sich von seiner körperl u geist Verfassg ein Bild verschaffen (Zweibr FamRZ **77**, 560), um sich davon zu überzeugen, daß eine Verständig mit ihm nicht mögl ist; eine ärztl Bescheinig genügt nicht (LG Mannh MDR **77**, 229). Verständigg aber nicht mögl bei Gebrechl, die gem § 104 Z 2 keinen freien Willen haben (RG **65**, 199; BGH **48**, 147; BayObLG FamRZ **80**, 81 stRspr; aA Mannh NJW **76**, 2018; Krfld u Würzbg FamRZ **80**, 82 u 83 m abl Anm Saggel FamRZ **80**, 627; Staud-Engler 14, Gernhuber § 70 VI 2 wonach „natürl Wille" ausr soll, um nicht die Pflegsch illegitim auf Kosten der Entmündig auszuweiten; vgl Dunz JZ **60**, 475). Verständig nicht mögl bei partieller GeschUnfähigk (Ffm MDR **63**, 219; KG MDR **67**, 765; BayObLGZ **65**, 59), bei VerständiggsUnfähigk für den PflegschBereich, zB gerichtl Verf schlechthin (Stgt FamRZ **75**, 355) od die Ehescheidg, selbst wenn iü eine Unterhaltg noch mögl (Heilbr Just **74**, 226; uU auch bei Querulanten, wenn ihr Widerspr gg AnO nur Ausfluß krankh Wahnvorstellgen (BayObLG RJA **6**, 27). Zweifel an der

Geschäftsfähigk müssen unter Hinzuziehg eines Sachverstdgen im Anhörgstermin geklärt u dem Pfleglg das Ergebn eines GA mitgeteilt w (Ffm FamRZ **81**, 399). Im PflegschAnOVerf wird der vollj GeschUnfäh heute immer häufiger als voll **verfahrensfähig** behandelt, etwa auch bei Auswahl u Entlassg seines Pflegers (BayObLG FamRZ **89**, 1003).

3) Arten der Gebrechlichkeitspflegschaft:

a) Der **körperlich Gebrechliche** kann, je nachdem ob er alle od nur einzelne od einen bestimmten Kreis seiner Angelegenheiten nicht besorgen kann, einen Pfleger für alle, einzelne od einen bestimmten Kreis seiner Angelegenheiten, insb seine VermVerw, erhalten, **I** u **II**. Der Wirkgskreis des Pflegers ist vom VormschG nach freiem Ermessen entspr dem hervorgetretenen Schutzbedürfnis zu bemessen.

b) Der **geistig Gebrechliche** kann hingg einen Pfleger nur für bestimmte od einen Kreis von Angelegenheiten, insb seine VermAngelegenheiten erhalten, **II**, nicht aber für alle Angelegenheiten. Mögl aber auch für die AufenthBestimmg mit dem Ziele der Unterbringg in einer Heilanstalt (vgl Anm 4); wg GG 104 II dann aber vormschgerichtl Gen erforderl (§§ 1915, 1800 dort Anm 3; vgl BVerfG NJW **60**, 811). Die Nichtangabe des GeschKreises (vgl § 1915 Anm 2) macht die Bestellg nicht nichtig (Mü JFG **15**, 271). Bei Pflegsch mit dem WirkgsKr der ärztl Betreuung kann der Pfleg bei Vorliegen med Grde den Umgg mit dem Vater verbieten (BayObLG FamRZ **88**, 320). Eine Pflegsch kann auch dann angeordnet werden, wenn der Gebrechliche zwar seine gesamten Angelegenheiten nicht besorgen kann, aber nur für einzelne eine Fürs notw wird (RG **65**, 202; BGH FamRZ **61**, 370); zB Vertretg eines nicht entmündigten Geisteskranken im Scheidgsprozeß (Karlsr FamRZ **57**, 423); im KonkVerf (RG HRR **33**, 731); für Steuerangelegenh (BayObLG FamRZ **65**, 341). Wirkgskreis „VermSorge" berecht GebrechlichkPfleger zur Betreibg des ErbscheinsVerf (LG Bln Rpfleger **76**, 60).

4) Wirkungen. Dch die AnO der Pflegsch wird die GeschFgk des Pfleglings nicht berührt (RG **52**, 224). Ist Pfleglg voll geschfg, so hat Pfleger nur die Stellg eines staatl bestellten Bevollm; Pfleglg bleibt auch im Wirkgskreis des Pflegers voll verhdlgsfäh, sein Wille hat Vorrang (BGH WPM **74**, 272; aA Celle FamRZ **63**, 465, Gernhuber § 70 VI 4: stets gesetzl Vertreter); auch bei der Wohnsitzbegründg (BayObLG FamRZ **85**, 743); die eidesstattl OffbgsVers erfolgt dch den Pfleg (LG Ffm FamRZ **89**, 317). Ist der Pflegl geschunfäh, so ist der Pfleger sein gesetzl Vertreter. Der Pfleglg kann auch nicht als Bevollmächtigter eines Dr RMittel einlegen (Stgt FamRZ **76**, 549). Wg des Wirkgskreises des Pflegers Einf 1 a. Erteilt der geschfäh Pfleglg dem Pfleger eine Vollm, so bedarf dieser der Gen des VormschG nicht (RG HRR **30**, 615). Pfleger kann für Pflegebefohlenen, der Gesellschafter einer OHG ist, im Rahmen von dessen Befugnissen tätig sein, ohne daß das im GesellschVertr wirks beschränkt w könnte(BGH **44**, 101). Pflegebefohlener kann diese Tätigk aber auch an sich ziehen. Einen ErbverzichtsVertr kann der Pfleger für jenen nicht schließen (RG HRR **29**, 1651). Hat der Pfleger vor seiner Pflegerbestellg für einen GeschUnfähigen einen RStreit geführt, so kann er die ProzFührg nach Bestellg selbst genehmigen (BGH **41**, 107). Ist Pfleglging geschäftsfäh, so kann Pfleger ihn nicht gg seinen Willen unter Entziehg der Freih unterbringen (BGH **48**, 157 gg BayObLG **61**, 332; wie BGH auch Gernhuber § 70 VI 7, Jansen JR **68**, 103 u jetzt auch BayObLG Rpfleger **79**, 422). Die Anordng der Pflegsch für Pers u Verm eines Elternteils hat das Ruhen von dessen elterl Sorge zur Folge (§ 1673 II); wg der Untauglichk zum Beistand, Vormd, GgVormd, Pfleger, TestVollstr vgl §§ 1691 I, 1781 Z 2, 1915 I, 2201, 2225, wg der Einwirkg auf den Güterstd § 1447 Z 1. VermPfleger für 90-jähr Verschwenderin muß zur Verwirklichg angem LebFreuden ausreichdes Taschengeld auszahlen u darf nicht im Interesse ausschließl der Erben VermStamm erhalten; sonst Einschreiten des VormschG gem §§ 1837, 1915 (Karlsr Just **74**, 187). **Einsicht** in die PflegschAkten dch einen Dr nur bei berecht Interesse (BayObLG FamRZ **85**, 208).

5) Verfahren. Zuständigk regelt sich wie bei § 1909, dort Anm 5 und FGG 38. AO vAw; es bedarf also keines Antr (KG OLGZ **67**, 348), bei III aber der Einwilligg des Gebrechl. Bei Dchführg einer angeordn Untersuchg dch den Amtsarzt darf der Betroff seinen VerfBevollm anwesd sein lassen (AG Würzbg FamRZ **79**, 82). Das Ger kann das persönl Erscheinen des Pflegl, auch zZw der Feststellg, ob eine Verständigg mit ihm mögl ist, dch Festsetzg v ZwGeld u AnO der Vorführg erzwingen (Düss DAVorm **81**, 303). Zum Verf bei der Zwangspflegsch Anm 2 d. Das **Gutachten** eines in Psychiatrie mind erfahrenen Arztes (BayObLG NJW-RR **88**, 454) über den Geisteszustand des Betroff ist von diesem nicht anfechtb (Hamm FamRZ **89**, 542); es ist sämtl VerfBeteiligten mitzuteilen (BayObLG NJW **73**, 2251; Ffm FamRZ **81**, 399). IjF ist auch der GeschUnfäh zu **hören** (Zweibr FamRZ **77**, 560); im BeschwVerf auch dch ersuchten Ri (Kblz FamRZ **89**, 213). Bei unveränd Verhältn Wiederholg der Anhörg dch ErstBeschwGer nicht erforderl (BayObLG FamRZ **84**, 208). Es entsch der Richter (RPflG 14 Z 4 u 11), der RPfleger nur dann, wenn Gebrechlichk-Pflegsch zur Geltendmachg eines auf dem öff Recht beruhden RentenAnspr angeordnet w. Auf die Berufg zum Pfleger finden §§ 1899, 1900 Anwendung, § 1915 I. Von der AnO u Aufhebg der GebrechlichkPflegsch wg geist Gebrechen ist nach der bundeseinheitl AnO über Mitteilgen in Zivilsachen v 1. 10. 67 (BayJMBl **67**, 125) den Behörden Mitteilg zu machen. Der Beschl, der die GebrechlichkPflegsch anordnet, bedarf der **Begründung** (Mannh MDR **77**, 229). **Beschwerde** gg richterl Anhörg in Ggwart des Sachverst als ZwVfg unzul, gg Zwangsgeldandrohg bei Nichtbefolgg des angeordn pers Erscheinens zul (BayObLG FamRZ **86**, 1236). **Beschwerderecht** hat gg Anordng der Pflegsch der Gebrechl (FGG 20), wg GG 1 I u 103 I auch, wenn er geschäftsunfäh ist (BGH **35**, 1; ebso BayObLG FamRZ **80**, 81); gg Auswahl des Pfleg Beschw nur unter den Vorauss v FGG 59 (BayObLG NJW-RR **88**, 454). Der Pfleglg kann sich dch einen VerfBevollm vertreten lassen (Ffm FRES **2**, 315). Vgl auch ZPO 664 II; auch gg Auswahl des Pflegers, wenn dieser noch nicht bestellt (BayObLG FamRZ **65**, 341), desgl gg Ablehng der von ihm beantragten Aufhebg (KG FamRZ **66**, 321), einschließl des Rechts zu weit Beschw (BGH **70**, 252), sowie im AOVerf gg Untersuch des Geisteszustandes dch Sachverst (BayObLG NJW **67**, 85), zu dessen Besuch er weder gezwungen, noch ihm vorgeführt w kann (BayObLG NJW **72**, 1522; ebso Jansen, FGG 12 Rdnr 68, 69; vgl auch KG FamRZ **67**, 170). Dagg setzen Maßn iR einer anhäng Pflegsch GeschFähigk voraus, wie der Antr, die Pflegsch aufzuheben (Ffm FRES **2**, 315); Pflegerwechsel (KG FamRZ **66**, 320), od wenn VormschG der Anregg, Weisg an Pfleger gem §§ 1837, 1915 zu erteilen, nicht nachkommt (Karlsr Just **74**, 187). Dann Pfleger allein, der sonst

Vormundschaft. 3. Titel: Pflegschaft §§ 1910, 1911

das BeschwR nur neben dem Gebrechl hat. Gg UnterbringgsVfg betr den geistig gebrechl Vollj auch der Vater FGG 57 I Z 9 (BGH **48**, 147). Ist eine Verständigg nicht mögl, hat BeschwR gg die Ablehng der Pflegsch od die ihre Aufhebg jeder Dritte mit rechtl Interesse an Änderg der Vfg, so zB das FinA bei Aufhebg der zur Erledigg der Steuerangelegenh angeordneten Pflegsch, BayObLG aaO, ferner der Eheg, die Verwandten u Verschwägerten, FGG 57 I Z 3; BeschwR dann aber nur im Interesse der Pflegebefohlenen (RG JFG **14**, 404). Erweiterg des Wirkgskreises nur unter dens Voraussetzgen wie AnO der Pflegsch zul (BayObLG FamRZ **80**, 81). Zur Gewaltanwendg bei Dchsetzg des AufenthBestR BayObLG FamRZ **80**, 81.

6) Beendigung der Pflegschaft. a) kraft Gesetzes bei Tod, TodesErkl, §§ 1915 I, 1897, 1884 II, Erledigg der besonderen Angelegenh, für die die Anordng erfolgt ist, § 1918 III, – **b)** durch Aufhebg seitens des VormschG auf Antr des Pflegebefohlenen, § 1920, bei Verschollenh, §§ 1915 I, 1897, 1884 I, bei Wegfall des Grundes für die Anordng, § 1919, jedoch handelt der Pfleger pflichtwidr, wenn II noch vorliegt, mag er auch dch den selbst antragsberecht Pflegebefohlenen, § 1920, dazu veranlaßt sein, Ffm FamRZ **67**, 172, andererseits Aufhebg, wenn Pflegebefohlener wieder gesund; vorsorgl Bestehenlassen unzuläss, KG FamRZ **69**, 440.

7) Auch **Beamten** kann für dienstrechtl Angelegenh ein Pfleger bestellt w als öff-rechtl Pflegsch (Dortm FamRZ **62**, 485), so zZw der Einleitg od Fortsetzg eines DisziplinarVerf, BDO 19 II (wonach Pfleger selbst Beamter s muß), od zur Zwangspensionierg, BBG 44 I 2, BRRG 26 I 3 sowie die BeamtenG der Länder. EinleitgsBehörde bzw. Dienstvorgesetzter hat beim AG Bestellg des Pflegers zur Wahrnehmg des Beamten im Verf z beantragen. Es entsch idR der Richter, RPflG 14 Z 4. Vorauss, daß Beamter geisteskr od sonst verhdlgsunf ist; querulator Neiggen reichen nicht aus (Hamm OLGZ **68**, 239), ebsowenig Herzleiden bei fortdauernder geist Gesundh (KG NJW **61**, 2166). Anwendbark der §§ 1910 ff iü von Fall zu Fall zu entscheiden: Einwilligg gem III unerhebl (KG NJW **61**, 2166); Vergütg gem §§ 1836, 1915 bei ZurruhesetzgsVerf zul (Oldbg NdsRPfl **74**, 130).

1911 *Abwesenheitspflegschaft.* ^I Ein abwesender Volljähriger, dessen Aufenthalt unbekannt ist, erhält für seine Vermögensangelegenheiten, soweit sie der Fürsorge bedürfen, einen Abwesenheitspfleger. Ein solcher Pfleger ist ihm insbesondere auch dann zu bestellen, wenn er durch Erteilung eines Auftrags oder einer Vollmacht Fürsorge getroffen hat, aber Umstände eingetreten sind, die zum Widerrufe des Auftrags oder der Vollmacht Anlaß geben.

^{II} Das gleiche gilt von einem Abwesenden, dessen Aufenthalt bekannt ist, der aber an der Rückkehr und der Besorgung seiner Vermögensangelegenheiten verhindert ist.

1) Der gesetzgeberische Zweck ist die Fürs für VermAngelegenh einer Pers, die inf Abwesenh an deren Besorgg verhindert ist. Auch hier handelt es sich um eine Personalpflegsch (Einf 2). Anwendung der Vorschr auf eine jur Pers, deren Vertreter unbekannt sind, ist nach § 1911 unzul (KG JW **20**, 497). Eine bes Art der AbwesenhPflegsch ist die zum Zwecke der AuseinandS (FGG 88, 99), ebso die auf Ersuchen der Enteignungsbehörde mit Zust des VormschG, in dessen Bezirk das betroffene Grdst liegt (§ 149 BBauG). Wg der Pflegsch über das beschlagn Verm eines Angeschuldigten StPO 292, 433 (vgl Einf 2). AbwesenhPflegsch zul nur bei VermAngelegenheiten; Bestellg zZw der Wahrnehmg persönl Angelegenhten wie Führg eines KindschProz absolut nichtig, so daß ProzPart nicht vertreten ist (Kblz FamRZ **74**, 222).

2) Voraussetzungen. a) Abwesenheit aa) mit unbekanntem Aufenthalt. Welche Anfordergen an die Dauer der Abwesenen gestellt werden, ist nach Lage des einzelnen Falles vom VormschG nach freiem Ermessen zu beurteilen. Liegt nicht nur dann vor, wenn jemand von seinem Wohns, od falls er einen solchen nicht hatte, von seinem AufenthOrt abgereist ist, ohne daß Nachricht über seinen neuen AufenthOrt vorliegt, sond auch, wenn jemand an seinem Wohns verschwunden u Nachricht von seinem Verbleib trotz Nachforschgen nicht zu erlangen ist (RG **98**, 264). Es genügt, wenn das VormschG den AufenthOrt nicht kennt u diese Unkenntnis nicht leicht behoben w kann (KG OLG **18**, 307). Verschollenh (VerschG 1) braucht für I nicht vorzuliegen. Andererseits Anordng der Pflegsch auch zul, wenn die Lebensvermutg (VerschG 10) nicht mehr begründet ist (BayObLG RJA **13**, 176; OGH JR **51**, 280). Die Beibehaltg der deutschen Staatsangehörigk wird bei einem Verschollenen vermutet (BayObLG OLG **6**, 305). Ist der Pflegebefohlene zZ der Einleitg der Pflegsch tatsächl nicht mehr am Leben gewesen, so wird dadurch die Wirksamk der von u ggü dem Pfleger vorgenommenen RGeschäfte nicht berührt (RG JW **11**, 100), da im Falle des Todes die Pflegsch erst mit der Aufhebg durch das VormschG endet (§ 1921 II 2). Nach der TodesErkl ist hingg eine AbwesenhPflegsch unzul (BayObLG **2**, 42). Es kann u Umst NachlPflegsch in Betr kommen, die auch nicht vom Vorliegen eines FürsBedürfnisses abhängt, § 1961 (vgl auch Arnold NJW **49**, 250).

bb) Abwesenheit mit bekanntem Aufenthalt, II. Einleitg auch mögl, wenn der Abwesde an der Rückkehr od Besorgg seiner VermAngelegenhten verhindert ist, mithin auch wenn er sich an seinem Wohns befindet. Entscheidd die Verhinderg, zu dem Ort zu gelangen, an dem die VermAngelegenheiten besorgt w müssen (RG **98**, 263). Wesentl Erschwerg genügt. Gleichgültig, ob die Verhinderg auf seinem Willen beruht, zB Geschäfte, die ihn im Ausl zurückhalten (BayObLG **9**, 428), od nicht; PflegerBestellg also auch bei DDR-Bewohnern zur Abgabe von Erkl in der Form des GBV 29 (Heilbronn Just **74**, 130) od auch für Strafgefangenen, wenn deren eine bevollm Pers nicht findet, soweit ein solcher zur Besorgg der Gesch auser würde, hingg nicht für Steuerflücht (KG JFG **12**, 136) u StrafHäftlg bei bl Geldmangel (KG FamRZ **88**, 877).

b) Ein Fürsorgebedürfnis für die Vermögensangelegenheiten des Abwesenden muß vorliegen. Ist zu verneinen, wenn es sich um Mj od bevormundete Vollj handelt, da für diese durch die elterl Sorge od Vormsch gesorgt ist; wenn durch G schon für den Fall der Abwesenh in anderer Weise Vorsorge getroffen ist, zB bei Abwesenh eines Elternteils durch Alleinvertretg seitens des anderen, § 1678; desgl wenn der

§ 1911, Anh nach § 1911   4. Buch. 3. Abschnitt. *Diederichsen*

Abwesende sich um seine Angelegenh nicht kümmern will (BayObLG OLG 30, 160); wenn er diese schriftl erledigen (BayObLG 9, 431); wenn er durch Erteilg eines Auftrags od einer Vollm selbst Fürs treffen kann. Ist das geschehen, so kann dennoch Pflegerbestellg erforderl werden, wenn Umst hervortreten, die zum Widerruf des Auftrags od der Vollm Anlaß geben, I 2. Darüber hat der VormschRichter zu entscheiden. Der Widerruf der Vollm u des Auftrags erfolgt aber nicht durch ihn, sond durch den von ihm zu bestellenden Pfleger, der darüber selbständig zu entscheiden hat. Die Anordng einer NachlPflegsch schließt die einer AbwesenhPflegsch noch nicht ohne weiteres aus (BayObLG 14, 632). Ob ein FürsBedürfnis vorliegt, ist nach dem Interesse des Abwesenden zu beurteilen (Warn 20, 48). Liegt das vor, so kann daneben die Pflegerbestellg auch im Interesse Dritter liegen, zB um eine Schuld, über die kein Zweifel besteht, anzuerkennen u zu bezahlen und so den Abwesenden vor Klage zu schützen (KG RJA 15, 176), od um einer zweifelsfreien UnterhPfl nachzukommen (KG JR 50, 690); unzul dagg die AbwesenhPflegsch ausschließt im Interesse eines Dr, zB zZw der Zustellg eines Pfändgs- u ÜberweisgsBeschl (Zweibr FamRZ 87, 523) od lediglich, um die Künd einer Hyp entggzunehmen. Das allg Interesse an der Klärg od das des Gegners an der Führg eines sonst auszusetzenden RStreits reicht nicht aus (Celle NdsRpfl 48, 88). Aufhebg des Mietverhältnisses im allg nicht im Interesse des Vermißten (BayObLG NJW 53, 506).

3) Wirkungskreis des Pflegers. Bestimmt sich ebenf nach dem FürsBedürfnis, bei dessen Beurteilg auch die Länge der voraussichtl Verhinderg, die Dringlichk der Besorgg der Angelegenh zu beachten ist. Danach zu entscheiden, ob der Pfleger nur für einzelne od für alle VermAngelegenheiten zu bestellen ist. Für die Abgrenzg des Wirkgskreises ist die Bestellg maßg, Einf 1 a. Ist eine Beschrkg nicht erfolgt, so anzunehmen, daß Pfleger für die Besorgg aller Vermögensangelegenheiten bestellt ist. Dazu gehört nicht nur Erhaltg, sond auch Verw des Vermögens (KG OLG 37, 250), Ausschlagg u Annahme einer Erbsch (Colmar KGJ 53, 250), Beantragg eines Erbscheins (KG RJA 13, 198), Antr auf KonkEröffng, jedoch niemals die Besorgg persönl Angelegenh, also zB PersStKlagen, Zustimmg zum VaterschAnerkenntn (§ 1600 d II), Erhebg der ScheidgsKl (RG 126, 261), Verletzg von Strafanträgen, soweit es sich nicht um Verletzg vom Pfleger wahrzunehmender VermRechte handelt. Zu seinen Aufgaben gehört aber auch Ermittlg der unbekannten Abwesenden (einschränkd BGH Betr 56, 891). Er kann auch TodesErkl beantragen (VerschG 16 II b; BGH 18, 393), aber nur mit Gen des VormschG (VerschG 16 III), die aber zur Beschw wg Aufhebg der TodesErkl nicht erforderl (BGH 18, 396).

4) Verfahren. Zuständig ist VormschG, in dessen Bezirk Abwesender seinen Wohns hat, FGG 39 I: bei Fehlen eines solchen im Inland FGG 39 II; bei AuseinandSPflegsch FGG 88, 89. Es entsch der RPfleger, RPflG 3 Z 2a. Vorliegen der Abwesenh vAw festzustellen (BayObLG OLG 28, 328). Auf die Berufg finden §§ 1899, 1900 Anwendg (§ 1915 I). Die Anregg zur Pflegerbestellg kann auch vom interessierten Dritten ausgehn, ein eig Recht auf Pflegerbestellg hat er jedoch nicht (vgl Anm 2b). Gg die Ablehng u Aufhebg der Pflegsch Beschwerderecht jedes interessierten Dritten (FGG 57 I Z 3), nicht aber für die NachlPfleger (Colmar OLG 30, 174; aM BayObLG 21, 349). Zu den interessierten Dr gehört nicht der AbwesenhPfleger selbst (Colmar ZBlFG 19, 188). Gg die Anordng haben BeschwR der Pflegebefohlene u Pfleger (FGG 20), nicht aber durch Dritte, da ihre Rechte durch die Anordng unberührt bleiben, also nicht Gläub u ProzGegner (BayObLG 9, 366), die Ehefr (Celle JR 48, 292).

5) Wirkung der Bestellung. Hinsichtl der GeschFgk des Pflegebefohlenen vgl Einf 1 b.

6) Beendigung der Pflegschaft. a) Kraft Gesetzes bei Bestellg der Besorgg einer einzelnen Angelegenh mit deren Erledigg, § 1918 III, mit Rechtskr des die TodesErkl aussprechenden Beschl, § 1921 Anm 1. – **b)** Durch Aufhebg seitens des VormschG, wenn festgestellt wird, daß der Abwesende, für den die Pflegsch angeordnet wurde, nicht existiert (BayObLG 21, 352), bei Wegfall des Anordngsgrundes, §§ 1919, 1921 I, im Falle des Todes des Pflegebefohlenen, § 1921 II (abweichend von der Regel, vgl § 1882 Anm 1a und Grdz 1 vor § 1882). Wird dem Pfleger der Tod des Pflegebefohlenen bekannt, so hat er die Aufhebg zu beantragen (BayObLG 3, 841). Eine Fortführg der Pflegsch im Interesse der Erben findet nicht statt, erforderlichenf aber Pflegsch nach § 1913 oder NachlPflegsch, § 1960.

Anhang nach § 1911

Aus dem Zuständigkeitsergänzungsgesetz

vom 7. 8. 1952, BGBl I 407

Gilt in BRep; übernommen von Berlin durch G v 7. 11. 52, GVBl 1017, u Saarland, AngleichgsG v 22. 12. 56, ABl 1667

§ 10 [I] Unbeschadet der allgemeinen gesetzlichen Vorschriften kann

1. einer natürlichen Person,

2. einer juristischen Person oder Gesellschaft

für Vermögensangelegenheiten, die im Geltungsbereich dieses Gesetzes zu erledigen sind, ein Abwesenheitspfleger bestellt werden, wenn die Verbindung mit dem Aufenthaltsort der natürlichen Person (Nummer 1) oder den zur Vertretung berechtigten Personen der juristischen Person oder Gesellschaft (Nummer 2) unterbrochen oder in einer Weise erschwert ist, daß die Vermögensangelegenheiten der Person oder Gesellschaft im Geltungsbereich dieses Gesetzes nicht ordnungsmäßig besorgt werden können.

[II] *Bedürfen die gesetzlichen Vertreter einer juristischen Person oder Gesellschaft zur Vornahme von Rechtsgeschäften der Zustimmung eines anderen Organs, so kann für dieses Organ oder Mitglieder desselben in entsprechender Anwendung der Bestimmung des Absatzes I ein Abwesenheitspfleger bestellt werden.*

Vormundschaft. 3. Titel: Pflegschaft **Anh nach § 1911, § 1912**

III Für die Bestellung des Abwesenheitspflegers ist das Amtsgericht zuständig, in dessen Bezirk das Bedürfnis der Fürsorge für die Vermögensangelegenheit hervortritt. Unterhält die Person oder Gesellschaft im Geltungsbereich dieses Gesetzes eine Zweigniederlassung, so ist das für die Zweigniederlassung zuständige Amtsgericht zuständig.
IV Betreibt die Person oder Gesellschaft ein gewerbliches Unternehmen, so ist vor der Bestellung des Abwesenheitspflegers die zuständige Berufsvertretung zu hören.

1) Die Vorschr erweitert den Anwendgsbereich der AbwesenhPflegsch über § 1911 hinaus auf **juristische Personen und Gesellschaften** u deren Aufsichtsrat u seine Mitgl, II. Es genügt, wenn die Verbindg mit dem AufenthOrt außerh der BRep unterbrochen od in einer die ordngsmäß Besorgg der VermAngelegenh unmögl machden Weise erschwert ist: dch Verhaftg in der DDR (BayObLG **53**, 283), aber auch bl Gefahr der Verfolgg, weil in der BRep befindl Vermögen den DDR-Behörden nicht gemeldet wurde (LG Nürnb DNotZ **74**, 620), od bei sonst schwerer Gefährdg (vgl BGH NJW **64**, 650). Die fürsorgebedürft Pers kann sich außerh der BRep aufhalten u braucht ihren Aufenth auch nie hier gehabt zu haben (Arnold NJW **49**, 249). Die sonstigen allg Voraussetzgen des § 1911 müssen gegeben sein (BayObLG **53**, 283), also vor allem das FürsBedürfn (§ 1911 Anm 2 b). Keinesfalls wollte die VO die Einleitg einer AbwesenhPflegsch gg das Interesse des Abwesden zulassen (OGH ZJBl BrZ **48**, 182). Zum AbwesenhPfleger ist eine der zur Gesamtvertretg berechtigten Personen nicht geeignet, da sonst die mit der GesVertretg erstrebten Sichergen gefährdet würden.

1912 *Pflegschaft für eine Leibesfrucht.* I Eine Leibesfrucht erhält zur Wahrung ihrer künftigen Rechte, soweit diese einer Fürsorge bedürfen, einen Pfleger. Auch ohne diese Voraussetzungen kann für eine Leibesfrucht auf Antrag des Jugendamts oder der werdenden Mutter ein Pfleger bestellt werden, wenn anzunehmen ist, daß das Kind nichtehelich geboren werden wird.
II Die Fürsorge steht jedoch den Eltern insoweit zu, als ihnen die elterliche Sorge zustünde, wenn das Kind bereits geboren wäre.

1) Voraussetzungen der Anordnung. a) Es muß durch die Schwangersch der Mutter das Vorhandensein einer Leibesfrucht dargetan sein. Wegen der Pflegsch für Nichterzeugte vgl § 1913.

b) Das Kind darf, falls es bereits geboren wäre, nicht unter elterl Sorge stehen, da für diesen Fall den Eltern die Fürs zusteht, II, die Fürs für ein nehel Kind der nehel Mutter, jedoch mit den aus § 1706 ergbden Einschränkg, für die vor der Geburt ein Pfleger gem § 1708 bestellt w kann. Pflegerbestellg aus § 1912, aber, falls der Vater u die Mutter das Kind in der fragl Angelegenh nicht vertreten könnten, zB § 1638, od wenn es sich um Rechte der Leibesfrucht als Nacherbe ggü den Eltern als Vorerben handelt, §§ 1629 II 1, 1795 II, 181.

c) Die künftigen Rechte müssen der Fürsorge bedürfen. Ausschlaggebd ist das Interesse der Leibesfrucht, also nicht etwa eines Dritten. Ein FürsBedürfn fehlt, wenn für die Wahrg der Rechte der Leibesfrucht schon in anderer Weise gesorgt ist, zB durch Ernenng eines TestVollstr, § 2222, od Bestellg eines NachlPflegers, die zu erfolgen hat, wenn eine Leibesfrucht als Erbe eingesetzt ist, § 1960, od dadurch, daß die Mutter die Möglichk des Antrags zu einer einstw Vfg gegen den Vater für den Unterh des Kindes in den ersten 3 Monaten hat, § 1615 o I 2, oder VormschG einen Pfleger für nehel Kind vor Geburt bestellt, § 1708. Auch zur Erwirkg eines diesbezügl Arrestes ist eine Pflegerbestellg unzul (BayObLG **12**, 535). Als künftige Rechte kommen überh nur solche in Betr, die der Leibesfrucht als solcher zustehen, wie zB Rechte aus Vermächtnis, als Nacherbe, aus einem zu ihren Gunsten geschlossenen Vertr, §§ 328, 331 II (KJG **29** A 156), ferner gem § 844 II 2, HaftpflG 3 II 2, StVG 10 II 2, bei Bestreitg des ErbR, § 1923 II, nicht aber Anspr aus § 1963, der ein solcher der Schwangeren ist, oder UnterhAnspr des nehel Kindes als solcher, §§ 1601, 1615 f, da dieser erst mit Geburt entsteht (KG RJA **2**, 116). – Voraussetzgen von c entfallen, I 2, u damit die Einschränkg auf Rechte, die der Leibesfrucht als solcher zustehen, wenn anzunehmen, es handele sich um ein nehel Kind handelt. Dann ist die Aufg des Pflegers eine weitergehende, also auch Ermittlg des Vaters, Veranlassg zur Anerkenng, Zustimmg zu dieser, § 1600 b II u c, ggf Vorbereitg der VaterschKl, Beantragg einer einstw Vfg, § 1615 o. Keine Pflegerbestellg, solange das Kind noch als ehel gelten würde, § 1593.

2) Wirkungskreis. Vgl Einf 1 a vor § 1909. Er erstreckt sich nur auf die zu 1 c genannten künftigen Rechte. Der Pfleger ist insof gesetzl Vertreter der Leibesfrucht, kann also mit Gen des VormschG auch einen AbfindsVertr mit dem natürl Vater schließen (bestr). Ist Leibesfrucht zum Erben eingesetzt, nicht Pfleger nach § 1912, sond NachlPfleger, § 1960. Keine PflegBestellg nach § 1912 zur Entsch über SchwangerschAbbr (Vennemann FamRZ **87**, 1068; vgl § 1626 Anm 4 a aa).

3) Verfahren. Zuständig ist das Ger, das für die Vormsch zust sein würde, falls das Kind zu der Zeit, zu welcher das Bedürfnis der Fürs hervortritt, geboren wäre, FGG 40. Es entsch der RPfleger, RPflG 3 Z 2 Z, 14 Z 4. Bestellg eines Pflegers für ein voraussichtl nehel Kind kann auf Antr des JA od der werdden Mutter, I 2, für die Leibesfrucht bestellt w, Berufg als Pfleger entspr § 1777 II mögl, § 1915 I. Gegen die Ablehng u Aufhebg der Pflegsch hat jeder interessierte Dritte das Beschwerderecht, FGG 57 I Z 3, gg die Anordng der fürsorgeberechtigte Elternteil, FGG 20.

4) Beendigung der Pflegschaft. a) Kraft Gesetzes mit der Geburt des (lebden od toten) Kindes (§ 1918 II), auch wenn es um die vorgeburtl Einbenenng geht (BayObLG FamRZ **83**, 949); ferner wenn die Pflegsch nur zur Besorgg einer einzelnen Angelegenh angeordnet war, mit deren Erledigg, § 1918 III;

b) mit der Aufhebung durch das Vormundschaftsgericht, wenn der Grd für die Anordng der Pflegsch weggefallen ist (§ 1919), zB die Schwangere stirbt, es sich herausstellt, daß sie nicht schwanger gewesen ist, bei Eheschl der Mutter u des Erzeugers, bei Eintritt der Volljährigk der verwitweten ehel Mutter.

§ 1913 *Pflegschaft für unbekannte Beteiligte.* Ist unbekannt oder ungewiß, wer bei einer Angelegenheit der Beteiligte ist, so kann dem Beteiligten für diese Angelegenheit, soweit eine Fürsorge erforderlich ist, ein Pfleger bestellt werden. Insbesondere kann einem Nacherben, der noch nicht erzeugt ist oder dessen Persönlichkeit erst durch ein künftiges Ereignis bestimmt wird, für die Zeit bis zum Eintritte der Nacherbfolge ein Pfleger bestellt werden.

Schrifttum: Beitzke, Pflegsch f HandelsGesellschaften u jur Pers, FS Ballerstedt, Bln 1975, S 185.

1) Auch hier handelt es sich um eine **Personalpflegschaft**, näml eine für denjenigen, den es angeht, nicht um Güterpflege, RG LZ **19**, 1248; vgl auch Einf 2. Demgemäß kein Pfleger für ein herrenloses Grdst, Karlsr RJA **14**, 304 (s aber BBauG 149 I Z 5), wohl aber für eine jur Pers und noch nicht genehmigte Stiftg mögl. Ist nur der Vertr der jur Pers unbekannt od ungewiß, so liegt § 1913 nicht vor, KG JW **20**, 497.

2) Voraussetzungen. a) Der in einer Angelegenh Beteiligte muß **unbekannt oder ungewiß** sein. Bei Beteiligg von unbekannten u bekannten Personen ist nur für die ersteren ein Pfleger zu bestellen (BayObLG LZ **28**, 1483). Unbekannth od Ungewißh der Beteiligg liegt auch vor, wenn mehrere über ihre Berechtigg streiten (KG JW **37**, 2598), wenn aus RechtsGrden ungewiß ist, welche von 2 zur Pers alleinige Gesellschafterin einer GmbH ist (Düss Rpfleger **76**, 358) od nicht sicher ist, ob das entscheidende Ereignis überh eintritt. Insbes kann für die unbekannten, möglicherw zur Erbfolge berufenen Verwandten eines Erblassers (BGH FamRZ **83**, 56/582 mAv Dieckmann) od für einen Nacherben, der noch nicht erzeugt ist, od dessen Persönlichk erst durch ein künft Ereign bestimmt wird (2), §§ 2101, 2104, 2105 I, 2106 II, 2139, wie die Wiederverheiratg der als Erbin eingesetzten Ehefr u dann eintretender and Erbfolge (KG FamRZ **72**, 323), ferner für mit einem Vermächtn Bedachte u durch einen Vertr Begünstigte, bei denen das ebenf vorliegt, §§ 2178, 331, ein Pfleger bestellt w. Daß die Fürs dem Gewalthabern zustehen würde (§ 1912 S 2), steht hier nicht im Wege; ist der Nacherbe, der durch Vermächtn Bedachte, durch Vertr Begünstigte aber bereits erzeugt, so kommt, wenn die Leibesfrucht, falls bereits geboren, der elterl Gewalt unterstehen würde, eine Pflegsch nicht mehr in Betr.

b) Es muß ein **Fürsorgebedürfnis** vorliegen. Das ist nicht schon dann der Fall, wenn die Ungewißh leicht zu beheben ist; desgl wenn schon durch andere gesetzl SicherhMittel für die Belange der unbekannten od ungewissen Beteiligten Sorge getragen ist, zB durch einen TestVollstr, NachlPfleger (KG OLG **34**, 298), die Behörde bei Fundsachen, durch die gerichtl Verw für die Dauer eines Verteilgsstreits im ZwVerstVerf, ZVG 94 (KG JW **36**, 330), ferner wenn es sich um eine Angelegenh handelt, die ausschließl im Interesse Dritter liegt (KGJ **49**, 41); daß der Dritte auch interessiert ist, schadet hingg nicht. Es muß sich um ggwärtige Angelegenheiten des Pflegebefohlenen handeln (KG OLG **35**, 13); dann aber gleichgültig, ob es solche vermögensrechtl od persönl Art sind. Das FürsBedürfnis kann auch rein tatsächl Art sein, zB bei großen Überschwemmgn. Bei noch nicht erzeugten Personen muß es sich um ein FürsBedürfnis für Rechte handeln, die durch das G zugebilligt werden, zB §§ 2114, 2116–2118, 2120–2123, 2127, 2128, 2142; deshalb Pflegerbestellg zum Zwecke des Abschlusses eines Kaufvertrages für die künftigen Nachkommen unzul (KG OLG **2**, 35). Kein Bedürfn für Pflegerbestellg, wenn zwar ungewiß ist, wer Gesellschafter einer GmbH ist, wenn aber eine eig Entscheidg der Beteiligten erwartet w kann (Düss Rpfleger **77**, 131).

3) Wirkungskreis des Pflegers wird dch die Bestellgsverhdlg bestimmt (Einf 1a). Desh ist auf die genaue Bezeichng der Grenzen bes zu achten. Der Pfleger ist innerh des ihm zugewiesenen Wirkgskreises **gesetzlicher Vertreter** des unbekannten u ungew Beteiligten (Warn **15**, 310; BGH MDR **68**, 484; Hamm NJW **74**, 505), also zB bei mitgliedslosem Verein der an der VermAbwicklg Beteiligten (BAG **AP** Nr 1 mAv Hübner), auch zur ProzFührg legitimiert (RG Recht **10**, 3015). Das ProzG darf idR die Vertretgsbefugnis nicht verneinen, weil nicht alle sachlrechtl Voraussetzgn für die Bestellg vorlagen (BGH **33**, 195). Sind die Nacherben hins der ganzen Nacherbsch ungew (§ 2066 S 2), vertritt der Pfleger alle, auch die bedingt bekannten, da ungewiß, ob sie den Nacherbfall erleben (KG OLG **41**, 80). Er kann aber nur die Rechte der Nacherben wahrnehmen, also nicht die NachlVerw für sich verlangen (RG LZ **19**, 1247). Der Pfleger hat die Pflegsch im Interesse der unbekannten od ungewissen Beteiligten zu führen, die er nach Möglichk zu ermitteln hat (KG JW **38**, 2401). Streiten sich mehrere über ihre Berechtigg, so hat er nicht Partei zu nehmen. Der NachlPfleger muß die Klärg, wer wirkl Erbe ist, den Erbanwärtern überlassen; § 1913 lediql zG unbekannter, möglicherw zur Erbfolge berufener Verwandter des Erbl (BGH NJW **83**, 226).

4) Verfahren. Zuständig ist das Ger, in dessen Bezirk das FürsBedürfnis hervortritt (FGG 41). Es entsch auch über Auswahl der RPfleger (RPflG 3 Z 2a, 14 Z 4). – Entscheid ist der Ztpkt der Anordng (BayObLG **11**, 382). Bei der Auswahl des Pflegers hat das VormschG völlig freie Hand. Berufen sind auch nicht die Eltern des Beteiligten, denen im Falle seiner Geburt die elterl Sorge zustehen würde (BayObLG **3**, 3). Die PflegschAnordng erfolgt vAw (KG OLG **10**, 19). Doch können dritte Interessierte eine PflegschAnordng anregen. Gegen die Ablehng des Antrags u die Aufhebg der Pflegsch steht ihnen ein Beschwerderecht zu (FGG 57 I Z 3), zB dem Schu hins des ungewissen Gläub (KGJ **28** A 10), aber nicht dem Vorerben gg Anordng der Nacherbenpflegsch (Dresd OLG **39**, 19), dem Miterben u Vorerben gg Ablehng der Aufhebg, auch nicht gg Ablehng der Freigabe von Geldern, die nach Weisg des VormschG für Miterben u Nacherben gesperrt angelegt sind (KG JFG **12**, 143), od dem NachlG (KGJ **48**, 20). Gg Anordng beschwerdeberechtigt jeder, in dessen Recht eingegriffen wird (FGG 20), zB also der TestVollstr.

5) Beendigung der Pflegschaft. a) Kraft Gesetzes bei Anordng der Pflegsch zur Besorgg einer einzelnen Angelegenh nach deren Erledigg (§ 1918 III); – **b)** durch Aufhebg seitens des VormschG (RPfleger), wenn der Grd für die Anordng weggefallen ist (§ 1919), also die Unbekannth od Ungewißh weggefallen ist, wie auch bei Eintritt der Nacherbfolge (§ 2106).

Vormundschaft. 3. Titel: Pflegschaft §§ 1914, 1915

1914 *Pflegschaft für Sammelvermögen.* **Ist durch öffentliche Sammlung Vermögen für einen vorübergehenden Zweck zusammengebracht worden, so kann zum Zwecke der Verwaltung und Verwendung des Vermögens ein Pfleger bestellt werden, wenn die zu der Verwaltung und Verwendung berufenen Personen weggefallen sind.**

1) Das SammelVerm hat keine jur Persönlk. Es ist aber ein stiftsähnl Gebilde (Vorbem 2 vor § 80). Die zugebrachten Mittel, zu denen die eingezahlten u die bindd gezeichneten Beträge zu rechn sind, stehen zunächst im MitEigt der BeitrLeistden, das dch bestimmtgem Zuführg zum endgült Eigt des dch diese Bedachten wird (str; vgl RG **62**, 391). VfgGew über das SammelVerm steht idR den Veranstaltern der Sammlg zu (BGH MDR **73**, 742). Bei der Pflegsch über das SammelVerm tritt an ihre Stelle der Pfleger, der nicht die Mitgl der SpenderGemsch bzgl der ihnen ggü dem SammelVerm zustehden Rechte vertritt, sond der als Sachpfleger zZw der Verw u Verwendg des Verm eingesetzt w. Es handelt sich also im Ggsatz zu der sonst im dritten Teil geregelten Pflegsch (vgl Einf 2) um eine Güterpflegsch (KG SeuffA **56**, 179).

2) Voraussetzungen. a) Es muß durch eine öffentl Sammlg, dh eine solche ohne Beschrkg auf einen bestimmten Kreis, ohne daß es eines öff Aufrufs od einer öff Sammelstelle bedurfte, Verm, also nicht nur Geld, auch Lebensmittel u dgl, zu einem vorübergehden Zweck, zB zur Unterstütz Verunglückter u ihrer Angehörigen, zugebracht sein, zB öff Sammlg f Brandgeschädigte (Ffm NJW-RR **87**, 56).

b) Die zur Verw u Verwertg der Sammlg berufenen Personen müssen weggefallen sein. Nicht nur dch Tod, sond zB auch dch Ausscheiden aus dem Ausschuß, GeschUnfgk, Fehlen der zur Verw u Verwendg des Verm genügden Zahl von Ausschußmitgliedern, nicht aber bei Pflichtverletzg od Unfähigk zur ordngsmäß GeschFührg.

3) Wirkungskreis. Er bestimmt sich nach der Bestellgsverhandlg (Einf 1a). Der Pfleger w also die gezeichneten Beträge einzuziehen haben. Hingg hat er keine Befugn zum Weitersammeln, str. Da es sich um eine Güterpflegsch handelt (Anm 1), ist er nicht gesetzl Vertreter der Spender, sond obrigkeitl bestellter Verwalter u Verwender des Verm. Als solcher ist er auch klageberecht u insow Part kraft Amtes. Unzul Kl als Sammlgspfleger gem § 1914 u hilfsw als Pfleger für unbekannte Beteiligte gem § 1913 (BGH MDR **73**, 742).

4) Verfahren. Zuständig ist das Ger der bish Verw des SammelVerm (FGG 42). Es entsch der RPfleger (RPflG 3 Z 2a, 14 Z 4). – Die Anordng erfolgt vAw. Hinsichtl der Auswahl des Pflegers, die ebenf wie auch die Entlassg dch den Richter erfolgt, bestehen keine Beschrkgen. Gegen die Ablehng der Anordng od Aufhebg der Pflegsch hat jeder Interessierte die Beschw (FGG 57 I 3).

5) Beendigung der Pflegschaft. Das § 1913 Anm 5 Gesagte gilt entspr.

1915 *Anwendung des Vormundschaftsrechts.* **¹ Auf die Pflegschaft finden die für die Vormundschaft geltenden Vorschriften entsprechende Anwendung, soweit sich nicht aus dem Gesetz ein anderes ergibt.**

II Die Bestellung eines Gegenvormundes ist nicht erforderlich.

1) Die für die Vormsch geltenden Vorschr, also nicht nur §§ 1773ff, sond auch zB § 204 sind entspr anwendbar, soweit nicht die §§ 1916ff etwas anderes besagen od sich aus der rechtl Natur der betreffenden Pflegsch etwas anderes ergibt. Aus dieser folgt auch, daß auf die ErgänzgsPflegsch für Mje u die Pflegsch für eine Leibesfrucht (§§ 1909, 1912), die Vorschr über die AltersVormsch (§§ 1773 ff), im übrigen idR aber die für die Vormsch über Voll (§§ 1896 ff) entspr anwendbar sind. Schließt sich die Pflegsch unmittelb an die Beendigg der elt Sorge beider EltT an, kann das VormschG die gemeinschaftl Ausübg der GebrechlkPflegsch anordn (LG Bln FamRZ **86**, 103). Das VormschG darf nicht mit Weisgen in den Ermessensspielr des Pflegers einschreiten (Bln DAVorm **79**, 434). Zur AntrBefugn bei der Entmündigg wg Geisteskrankh, wenn Pflegsch angeordnet ist, LG Ravbg FamRZ **81**, 394.

2) Im besonderen. Auch die Pflegsch tritt nicht kraft G ein (Ausn AmtsPflegsch, § 1706, JWG 40), der Pfleger ist vielm zu bestellen, u zwar erfolgt AO der Pflegsch mit Festlegg des Wirkgskreises des Pflegers u Auswahl des Pflegers im allg dch den RPfleger, RPflG 3 Z 2a, auch die des Vereins u JA, JWG 37; Ausn RPflG 14 Z 4 u 10. Unzul die Bestellg eines Pflegers z Vorbereitg der Entlassg des bisherigen, also nicht entspr § 1775, da das Einschränkg des Wirkgskreises des bisherigen wäre (BayObLG NJW **70**, 1687). Die Bestellgsverhandlg ist von ganz bes Wichtigk, da sie den Wirkgskreis des Pflegers umschreibt (Einf 1a und § 1909 Anm 2b) und damit den Umfang der gesetzl Vertretg des Pflegebefohlenen durch den Pfleger festlegt; werden dem vorhandenen Pfleger also Aufgaben übertragen, die außerh seines bish TätigkBereichs liegen, so bedarf es einer weiteren Bestellg für die neuen Aufgaben (KG JW **34**, 1581), u zwar in der Form des § 1789; Ergänzg der BestallgsUrk genügt nicht (Mü DFG **40**, 91). Mögl auch Bestellg eines Unterpflegers wg InteressenGgsatzes, bei solchem in größerem Maße aber Entlassg des Pflegers zul (BayObLG FamRZ **59**, 32). Die Geschäftsfähigkeit des Pflegebefohlenen wird durch die Pflegerbestellg regelm nicht beschränkt (Einf. 1 b). Für die Berufg gelten nicht nur im Falle des § 1909 (vgl § 1916), sond der Natur dieser Pflegschaften nach auch in den Fällen der §§ 1913, 1914 die Vorschriften der §§ 1776 ff, 1899 nicht. Die Dringlichk der Bestellg kann erfordern, von der Anhörg des JA (§ 1779 I) Abstand zu nehmen. Auch bei der Pflegerbestellg ist auf das Religionsbekenntnis des Pflegebefohlenen Rücks zu nehmen (§ 1779 II 2), und zwar selbst dann, wenn die Tätigk des Pflegers auf vermrechtl Gebiet liegt. Die Bestimmgen über die Führg der Vormsch (§§ 1793ff) u Fürsorge u Aufsicht des VormschG (§§ 1837ff) sind anwendbar. Der Pfleger hat also wie der Vormd die Pflegsch selbständig zu führen u unterliegt denselben Beschrkgen hins der Anlegg des Vermögens usw sowie hins der im G genannten RGeschäfte der GenBedürftigk wie jener (RG HRR **30**, 791). An Stelle der Gen des GgVormd (vgl § 1915 II) tritt die Gen des VormschG (§ 1810 Anm 1).

1803

Werden genehmigspflichtige Geschäfte vom unbeschränkt geschäftsfähigen Pflegebefohlenen vorgenommen, so bedarf er selbst natürl keiner Gen. Sie entfällt für den Pfleger dann, wenn dieser nur als Bevollm eines solchen Pflegebefohlenen handelt (§ 1910 Anm 4). Andererseits muß der VormschRichter, wenn der geschäftsfähige Abwesende einer Gen des Geschäfts überh od in der beabsichtigten Form widerspricht, die Gen ohne weitere Prüfg ablehnen (Rostock OLG **32**, 28). Nach dem Tode des Pfleglings keine vormschgerichtl Gen mehr (Memmg Rpfleger **75**, 62), auch wenn Pfleger vom Tode nichts wußte u deshalb Geschäfte fortführte (§§ 1915, 1893; BayObLG NJW **65**, 397). Der Pfleger haftet nach § 1833 (RG LZ **22**, 329), er erhält Ersatz der Aufwendgen und Vergütg gem §§ 1835, 1836 (RG JW **30**, 2210) u zwar auch der Pfleger f Beamten (Oldbg NdsRPfl **74**, 130, § 1910 Anm 7); es entsch VormschG allein (BGH FamRZ **63**, 356). Der als ProzPfleger beigeordnete RA ist ggf als ArmenAnw beizuordnen (LG Bln DR **40**, 120; vgl Ffm NJW **51**, 276). Die Abhebg der Kosten vom PfleglingsKto kann nicht damit abgelehnt w, daß iF des Obsiegens der Gegner diese zu tragen, andernf der RA zu Unrecht prozessiert habe, da er dann mit einer GarantiePfl belegt würde, die über § 276 hinausginge (LG Ffm MDR **61**, 692). Bei der Pflegsch über ein SammelVerm haftet dieses für jene Anspr. An den Vorerben kann sich der Pfleger aber nicht halten, u zwar auch dann nicht, wenn dieser den Antr auf Anordg der Pflegsch gestellt hat (KG JFG **7**, 106), da ihm nur das Verm des Pflegebefohlenen, also des noch nicht erzeugten od ungewissen Nacherben haftet. Demgem bleibt der Pfleger zunächst ohne Vergütg (BayObLG JFG **16**, 188). Entsprechdes gilt bei § 1912, wenn ein lebdes Kind nicht geboren wird, str. Wg Beendigg der Pflegsch §§ 1918ff und § 1918 Anm 1. Schlußrechng nach Beendigg der Amtspflegsch u §§ 1840, 1841 (Stgt FamRZ **79**, 76; § 1706 Anm 2d).

3) Gegenvormund, II. Die Bestellung eines GgVormd ist auch im Falle des § 1792 II nicht erforderl, aber zul, außer wenn der Dritte bei der VermZuwendg die Bestellg eines GgVormds ausgeschl hat (§ 1917 II). Der vorhandene GgVormd kann auch zum GgVormd des Pflegers bestellt werden; es bedarf dazu aber einer bes Bestellg. Bestellg eines GgVormds nur in außergewöhnl Fällen; Pfleger hat BeschwR (LG Ffm MDR **77**, 579).

1916 *Berufung als Ergänzungspfleger.* Für die nach § 1909 anzuordnende Pflegschaft gelten die Vorschriften über die Berufung zur Vormundschaft nicht.

1) Mit Rücks auf den Interessenwiderstreit, der häuf Anlaß f die PflegschAO ist, w es im allg zweckm sein, für Angelegenh, an deren Besorgg Elt od Vormd verhindert sind (§ 1909 I 1), den **Pfleger nicht dem nächsten Verwandtenkreis** des Kindes od Mdl z **entnehmen,** zumal dieser Kreis bei Berufg u Auswahl des Vormd bes bevorzugt ist (§§ 1776 ff). Das schließt jedoch deren Berücks nicht schlechthin aus (BayObLG JW **28**, 68); nur ist ihre Eigng unter Beachtg des Zwecks der PflegschAO ganz bes sorgfält z prüfen (§ 1779 II 1), wobei allein das Interesse des Pfleglings maßg ist (BayObLG FamRZ **59**, 125). Desh Verwandte ungeeign, wenn in ihnen InteressenGgsatz mit Elt weiterwirkt (BayObLG FamRZ **65**, 99). Interessenkollision schließt auch binddes VorschlagsR des Vaters bez der Pers des Pflegers aus (LG Mannh DNotZ **72**, 691). Eigenes BeschwR jener Personen nur iRv FGG 57 I Z 9. Vgl iü § 1779 Anm 4a u 5. Ausn §§ 1909 I 2, 1917. Wg Übertr der Pflegsch auf das JA u Anwendg der BerufsVorschr in den sonst PflegschFällen vgl § 1915 Anm 2.

1917 *Benennung durch Erblasser und Dritte.* ^I Wird die Anordnung einer Pflegschaft nach § 1909 Abs. 1 Satz 2 erforderlich, so ist als Pfleger berufen, wer durch letztwillige Verfügung oder bei der Zuwendung benannt worden ist; die Vorschriften des § 1778 sind entsprechend anzuwenden.

^{II} Für den benannten Pfleger können durch letztwillige Verfügung oder bei der Zuwendung die in den §§ 1852 bis 1854 bezeichneten Befreiungen angeordnet werden. Das Vormundschaftsgericht kann die Anordnungen außer Kraft setzen, wenn sie das Interesse des Pfleglings gefährden.

^{III} Zu einer Abweichung von den Anordnungen des Zuwendenden ist, solange er lebt, seine Zustimmung erforderlich und genügend. Ist er zur Abgabe einer Erklärung dauernd außerstande oder ist sein Aufenthalt dauernd unbekannt, so kann das Vormundschaftsgericht die Zustimmung ersetzen.

1) Benennung, I. Vgl § 1909 Anm 2a. Der Zuwender kann auch sich selbst als Pfleger benennen (Mü JFG **21**, 181). Bestimmte Personen kann der Dritte nicht ausschließen, da es sich bei dem AusschließgsR um einen Ausfluß der elterl Sorge handelt (§ 1782 Anm 1). Wg der Übergeh der vom Erbl u Dritten benannten Personen vgl § 1778 Anm 1 und 2.

2) Befreiungen, II. Wegen der Form der Anordngen § 1803 Anm 1, wg des Umfangs der Befreiungen §§ 1852–1854. Den im Falle der §§ 1910, 1911 als Pfleger berufenen Eltern (§ 1899) stehen bei ihrer Bestellg kraft G die Befreiungen der §§ 1903, 1904 zu. Wg der gesetzl Befreiungen für die Amts- u VereinsVormsch §§ 1857a, 1915. Wg der Außerkraftsetzg der Befreiungen vgl. §§ 1857 Anm 1, 1903 Anm 1.

3) Abweichung von den Anordnungen des Dritten, III. Unter Anordng sind hier nur die Befreiungen (II), nicht die Benenng (I) zu verstehen, da andernf die Übergeh der Berufenen trotz Gefährdg des Mdl-Interesses nicht mögl wäre, was einem der Grdgedanken des VormschRechts, vgl auch I Halbs 2, widerspricht. III sagt für Befreiungen das, was § 1803 III für Anordngen sagt, dort Anm 2.

1918 *Beendigung der Pflegschaft kraft Gesetzes.* ^I Die Pflegschaft für eine unter elterlicher Sorge oder unter Vormundschaft stehende Person endigt mit der Beendigung der elterlichen Sorge oder der Vormundschaft.

Vormundschaft. 3. Titel: Pflegschaft §§ 1918–1920

II Die Pflegschaft für eine Leibesfrucht endigt mit der Geburt des Kindes.
III Die Pflegschaft zur Besorgung einer einzelnen Angelegenheit endigt mit deren Erledigung.

1) Im Ggsatz zur Vormsch (vgl Grdz 1a vor § 1882) endet die Pflegsch im allg erst mit ihrer Aufhebg durch das VormschG (§§ 1919 ff). In einigen Fällen tritt aber auch hier die Beendigg kraft G ein (§§ 1918, 1921 III), jedenf mit Volljährigk des nehel Kindes iF des § 1706. In jedem Falle endet sie mit dem Tode des Pfleglings (KG JW **38**, 2142). Für die Beendigg des Amtes des Pflegers gilt nichts Besonderes (§§ 1915 I, 1885 ff).

2) Ergänzungspflegschaft, I. Der Pfleger ergänzt hier ledigl die Eltern in ihrer Sorgeausübg, den Vormd in seinen Verrichtgen. Fällt die elterl Sorge od die Vormsch weg, so muß deshalb auch die Pflegsch (selbst vor Erledigg der Angelegenh, deretwegen die Anordng erfolgt, BayObLG **20**, 32) wegfallen, u zwar auch dann, wenn nur ein Wechsel in der Pers des SorgerechtsInhs oder Vormd eintritt, str. Das ist aber dann nicht der Fall, wenn ehel Kinder bei Erreichg der Volljährigk entmündigt u Vater zum Vormd bestellt wird; dann bleibt Pfleger, der für das der väterl Verw schon vorher entzogene Verm bestellt war, beibehalten (Neust FamRZ **61**, 81). Sonst muß erforderlichenf eine neue Pflegsch angeordnet werden. Auch mit dem Ruhen der elterl Sorge endigt die Pflegsch (KG JW **34**, 2624). Vgl im übrigen § 1909 Anm 7.

3) Pflegschaft für eine Leibesfrucht, II. Vgl § 1912 Anm 4 und 5.

4) Erledigung der Pflegeraufgaben, III, zB Pflegsch zur Vertretg in einem ZivProz (BayObLG FamRZ **88**, 321) od im ScheidgsVerf mit der Rechtskr des Urteils (KG RJA **15**, 255), bei einer solchen zum Zwecke der AuseinandS bereits mit der Zuweisg der einzelnen Ggstände, die die Masse erschöpft (KG RJA **17**, 35). Vorschr nur anwendbar, wenn es sich um Pflegerbestellg für eine einzelne Angelegenh od um einen endgültig abgeschl Kreis von solchen, also aller zugehörigen Angelegenh, vgl Staud-Engler Anm 1c str, nicht aber um einen Kreis von solchen handelt, zu denen noch weitere hinzukommen können, wie das zB bei der UnterhNachzahlg des nur gelegentl zahlenden Vaters der Fall wäre. Vgl auch Anm 2. Deshalb endigt Pflegsch zur Wahrnehmg der UnterhAnspr des mj Kindes ggü seinem Vater nicht kraft G, sond durch Aufhebg gem § 1919 (KG JW **35**, 1441; Mü JW **38**, 1046).

1919 *Aufhebung der Pflegschaft bei Wegfall des Grundes.* **Die Pflegschaft ist von dem Vormundschaftsgericht aufzuheben, wenn der Grund für die Anordnung der Pflegschaft weggefallen ist.**

1) Der **Regelfall der Beendigung der Pflegschaft**, vgl § 1918 Anm 1. Die Anordng ist also insb aufzuheben, wenn FürsBedürfnis nicht mehr besteht. Es entscheidet der RPfleger (RPflG 3 Z 2a), iF der GebrechlichkPflegsch der Richter (RPflG 14 Z 11) mit der Maßgabe, daß auch aus dieser Best ergebende Einschränkg. Bei AO einer UnterhPflegsch, besteht erst dann kein FürsBedürfnis mehr, wenn der Vater die UnterhPfl freiwillig erfüllt (BayObLG **29**, 353); Verurteilg genügt also im allg noch nicht (Mü JW **38**, 1046). Gewährt der Vater aber jetzt Naturalunterhalt, so kann uU sogar auch von der Einziehg von Rückständen abgesehen werden, um UnterhGewährg u FamFrieden nicht zu stören (KG JW **37**, 2205); die Pflegsch wird dann also aufzuheben sein. Aufhebg ferner, wenn mit einer an Sicherh grenzenden Wahrscheinlichkeit damit gerechnet w kann, daß ein InteressenGgsatz nicht wieder auftaucht (KG JW **35**, 1441); zu § 1910 vgl auch § 1920, zu § 1911 § 1912 I und § 1911 Anm 6b; vgl ferner §§ 1912 Anm 4b, 1913 Anm 5b. Die Pflegsch ist auch dann aufzuheben, wenn die Voraussetzungen für die Anordnung nicht vorlagen (BayObLG **21**, 95; vgl Einf 2 vor § 1773). In der RückFdg der Bestallg kann den Umständen nach eine Aufhebg der Pflegsch liegen (KG OLG **5**, 366). Die Aufhebg beendigt die Pflegsch selbst dann, wenn der Grd der Anordng noch nicht weggefallen ist (Warn **30**, 63). Wird die Aufhebg im BeschwWege wieder aufgeh, so ist Neubestellg erforderl (KG RJA **15**, 101). Die Aufhebg wird mit der Zustellg der Vfg an den Pfleger wirks (FGG 16 I). Damit erweitert sich ohne weiteres kraft G der Wirkgskreis des Gewalthabers u Vormd um das dem Pfleger zugewiesene Gebiet. Gg Aufhebg hat in den Fällen des § 1909 der Ehegatte sowie die Verwandten u Verschwägerten des Pflegebefohlenen, ebso im Falle des § 1910, falls mit letzterem eine Verständigg nicht mögl ist, in sämtl PflegschFällen aber der rechtl Interessierte das Beschwerderecht (FGG 58 I Z 3). Hierzu gehört nicht Pfleger (BGH LM Nr 1; KGJ **40**, 41), dem aber BeschwR aus FGG 20 zusteht, wenn Pflegsch trotz Wegfalls des Grundes nicht aufgeh w; ebsowen das SozG, wenn GebrechlkPflegsch aufgeh w, weil Pfleger das RentenerhöhgsVerf vor dem SozG für aussichtsl hält (LG Mü FamRZ **74**, 47).

2) Zur **Entlassung** des Pflegers **wegen Pflichtwidrigkeit** §§ 1886, 1915. EntlassgsGrd zB Weigerg, dem für eine gg ihn anzustrengde SchadErsKl bestellten ErgänzgsPfleger ProzKostVorsch zu zahlen (LG Bln FamRZ **74**, 268).

1920 *Aufhebung der Gebrechlichkeitspflegschaft.* **Eine nach § 1910 angeordnete Pflegschaft ist von dem Vormundschaftsgericht aufzuheben, wenn der Pflegebefohlene die Aufhebung beantragt.**

1) Die vom Willen des Gebrechl getragene GebrlkPflegsch (§ 1910 III) muß konsequenterw ihr Ende finden, sobald dieser Wille nicht mehr vorh ist. Desh **Aufhebung auf Antrag des Pflegings.** Dem Antr ist zu entsprechen, auch wenn FürsBedürfn fortdauert u Pflegsch ohne Einwilligg angeordnet w war (RG **145**, 287); dann aber idR Entmündigg. Keine Aufrechterhaltg der Pflegsch wg erneuter Besorgn der GeschUnfähigk (KG FamRZ **69**, 440). Antr mit rechtsgeschäftl Charakter u setzt desh Geschfähigk voraus (RG **65**, 199; BGH **48**, 159; bestätigt BGH **70**, 252; BayObLG FamRZ **88**, 768; aber evtl § 1919; aA Mannh NJW **76**, 2018; Dölle § 148 II 2b, Gernhuber § 70 VII 7). Bei Antr des GeschUnfäh keine entspr Anwendg v ZPO 664 II (RG **145**, 287; BGH **15**, 262), wohl aber Prüfg, ob Antr als Anregg iSv § 1919 verstanden w kann (BGH **35**, 13; BGH **70**, 252; BayObLG **86**, 145).

§§ 1920, 1921

2) Es entsch der RPfleger (RPflG 3 Z 2 iVm 14 Z 11), jedoch bei Ablehng wg GeschUnfähigk der Richter mit PrfgsPfl n § 1919 (BayObLG FamRZ **87**, 412). Der Pflegl trägt nicht Beweisl für seine GeschFhgk, wenn die Pflegsch auf seiner Einwilligg beruht. Gg die Ablehng des Antr Erinnerg (RPflG 11 I u V) u Beschw (FGG 20). BeschwGer zur Anhörg des Betroff verpfl (Zweibr FamRZ **89**, 544 mN). Gg PflegschAufhebh weit Beschw nur zZw der NeuAO der Pflegsch; kein PflegschAO dch vorläuf AO gem FGG 24 III (BayObLG FamRZ **88**, 423).

1921 *Aufhebung der Abwesenheitspflegschaft* ^I Die Pflegschaft für einen Abwesenden ist von dem Vormundschaftsgericht aufzuheben, wenn der Abwesende an der Besorgung seiner Vermögensangelegenheiten nicht mehr verhindert ist.

^{II} Stirbt der Abwesende, so endigt die Pflegschaft erst mit der Aufhebung durch das Vormundschaftsgericht. Das Vormundschaftsgericht hat die Pflegschaft aufzuheben, wenn ihm der Tod des Abwesenden bekannt wird.

^{III} Wird der Abwesende für tot erklärt oder wird seine Todeszeit nach den Vorschriften des Verschollenheitsgesetzes festgestellt, so endigt die Pflegschaft mit der Rechtskraft des Beschlusses über die Todeserklärung oder die Feststellung der Todeszeit.

1) **Vgl § 1911 Anm 6. Zu III:** Die Beendigg tritt kraft G, und zwar gem VerschG 29, 40 mit der Rechtskr des die TodesErkl aussprechenden od den Todeszeitpkt feststellenden Beschl ein. Der Pfleger ist nicht mehr vertretgsberechtigt. Ein Gesch des Pflegers ist idR auch dann wirks, wenn es nach dem festgestellten Todeszeitpkt (VerschG 9, 44) vorgenommen ist (BGH **5**, 244; BayObLG **53**, 34); lag es außerh der Vertretgsmacht des Pflegers, so wird dieses wirks, wenn die Erben genehmigen (BayObLG **53**, 33; vgl Jansen DNotZ **54**, 592).

Fünftes Buch. Erbrecht

Bearbeiter: Edenhofer, Vizepräsident des Amtsgerichts München

Schrifttum

(Siehe auch vor dem 1. Buch sowie vor den einzelnen Abschnitten und Paragraphen)

Kommentare: Erman Bd II (7. Aufl 1981); Münchener Kommentar (MüKo) Bd VI (2. Aufl 1989); Jauernig/Stürner (4. Aufl 1987); Planck (5. Aufl 1930); Reichsgerichtsrätekommentar (RGRK) Bd V (12. Aufl 1974/75); Staudinger (12. Aufl seit 1979); Soergel/Siebert Bd VII (11. Aufl 1982).
Lehrbücher: Brox (11. Aufl 1988); Dieckmann (1982); Gursky (1988); Harder (2. Aufl 1983); Heldrich (2. Aufl 1984); John (1981); Kipp/Coing (13. Bearbeitg 1978); Lange/Kuchinke (3. Aufl 1989); Leipold (7. Aufl 1988); von Lübtow (1972); Schlüter (12. Aufl 1986).
Handbücher: Baumgärtel, Handbuch der Beweislast im PrivatR, Bd 2, 1985; Brand/Kleeff/Finke, NachlSachen in der gerichtl Praxis (2. Aufl 1961); Dittmann/Reimann/Bengel, Test und ErbVertr (2. Aufl 1986, zitiert je nach Bearbeiter als Reimann od Bengel); Esch/Schulze zur Wiesche, Handbuch der Vermögensnachfolge (3. Aufl 1989); Firsching, NachlR (6. Aufl 1986); Langenfeld/Gail, Handbuch der FamilienUntern (6. Aufl 1988); Kapp/Ebeling, Handbuch der Erbengemeinsch; Möhring, Vermögensverwaltg in Vormundsch- u NachlSachen (6. Aufl 1981); Sudhoff, Handbuch der UnternNachfolge (3. Aufl 1984); Weirich, Erben und Vererben (2. Aufl 1987).

Einleitung

1) Erbrecht ist **objektiv** die Gesamth aller privatrechtl Vorschr, die nach dem Tode eines Menschen die Weitergabe seines Vermögens regeln. Es ist vornehml im 5. Buch enthalten, findet sich aber auch in anderen Büchern wie im SachenR (zB § 857) u im FamilienR (zB § 1371) und auch außerhalb des BGB in zahlreichen EinzelVorschr. **Subjektiv** ist es ein Komplex aller Befugnisse, die mit dem Erbfall originär in der Person des Erben zur Entstehg gelangen und sich allein auf seine Erbenstellg beziehen (Dörner, FS Ferid 1988, 57 ff mit Übersicht zum Stand der Meinggn).

2) Die Grundprinzipien, auf denen das ErbR des BGB beruht u die zum Teil verfassgsrechtl garantiert sind (s Anm 6), lauten: **Privaterbfolge:** Das Vermögen des Erbl wird in private Hand geleitet. Der Staat hat keinen erbrechtl Anteil an der Erbsch, sondern nur ein gesetzl ErbR (§ 1936) für den Fall, daß kein privater Erbe vorhanden ist. Er beteiligt sich allerd auf dem Umweg über die ErbschSteuer am Nachl u beschränkt dadch das private ErbR. – **Familienerbrecht:** Sofern der Erbl nicht abweichend verfügt, geht sein Vermögen nach dem G auf seine Familie über, näml auf den Ehegatten u die nächsten Verwandten. Dies beruht nicht auf einem hypothetischen Willen des Erbl, sond auf einer davon unabhängigen allg Gerechtigk-Überzeugg (MüKo/Leipold Rz 10). Der Ehegatte erbt neben den Verwandten gemäß dem Wesen der ehel Gemeinsch (s dazu § 1931 Anm 1). Die Reihenfolge der Verwandten bestimmt sich nach Ordngen (s § 1924 Anm 2), wodurch auch die jüngere Generation bevorzugt wird. – **Testierfreiheit:** Sie ist vertragl unbeschränkbar (§ 2302) u berechtigt den Erbl zur beliebigen Vfg über seinen Nachl. Ihre Ausübg unterliegt allerd dem Typenzwang von Test u ErbVertr (§§ 1937, 1941) u kann beim ErbVertr u gemeinsch Test zu einer Beschränkg (s § 2289 Anm 1; § 2271 Anm 2) führen. Ihre Schranken findet sie im PflichtR u im Verbot sittenwidr Vfgen. – **Universalsukzession:** Das Vermögen des Erbl geht als Ganzes auf den (die) Erben über. Nur ausnahmsw findet eine Sondererbfolge in einzelne Vermögensmassen statt (s § 1922 Anm 2). – **Formzwang:** S dazu § 2231 (u dort Anm 1, 2); §§ 2247, 2267; 2276. – **Höchstpersönlichkeit** der Errichtg von Vfgen vTw. S dazu §§ 2064; 2274; 2347.

3) Rechtsentwicklung. Die erbrechtl Regelgen des BGB sind seit dessen Inkrafttreten in ihren Grundzügen nahezu unverändert geblieben. Die erste bedeutsame Änderg des G dch das TestG vom 31. 7. 38 bezweckte nur die Milderg der bis dahin ausgeprägten Formstrenge bei Errichtg u Aufhebg der Vfgen vTw (s Einf 1 vor § 2229). Sieht man von der zeitweiligen u nur für landwirtsch Höfe bedeutsamen Erbhofgesetzgebg des Dritten Reichs ab (dazu EG 64 Anm 2), führte erst nach dem Krieg die schrittweise verwirklichte Reform des FamilienR zu entspr Ändergen im ErbR: Das **GleichberechtigungsG** vom 18. 6. 57 (BGBl 609) schuf als wichtigste Neuerung die Verknüpfg des ErbR mit dem gesetzl Güterstand der ZugewinnGemeinsch (§§ 1371, 2303 II 2). Das **NichtehelichenG** vom 19. 8. 69 (BGBl 1243) beseitigte die Fiktion, daß ein unehel Kind mit seinem Vater nicht verwandt sei (§ 1589 II aF) u eröffnete damit das gesetzl Erb- u PflichtR des nichtehel Kindes und seines Vaters (s § 1924 Anm 3b) mit der Einschränkg, die sich aus den SonderVorschr über den ErbersatzAnspr u den vorzeit Erbausgleich (§§ 1934a–e) ergeben. Das **1. EherechtsreformG** vom 14. 6. 76 (BGBl 1421) paßte diejenigen erbrechtl Vorschr, die Konsequenzen aus der Aufhebg einer Ehe ziehen (§§ 1933, 2077, 2268, 2335), dem im ScheidgsR vollzogenen Übergang vom Verschuldens- zum Zerrüttgsprinzip an, wobei die UnterhBerechtigg des überlebenden Ehegatten erhalten blieb (§ 1933 S 3). Das **AdoptionsG** vom 2. 7. 76 (BGBl 1749) schließl bewirkte dch die Einführg der Volladoption bei der Annahme Minderjähriger, daß das aus seiner leibl Familie fortan gelöste Kind (§ 1755) nur noch in der Familie des Adoptierenden gesetzl erbt (Ausn § 1756), während der als Volljähriger Angenommene gesetzl Erbe seiner leibl Eltern bleibt u nach dem Annehmenden wird, weil hier die Adoptionswirkgen beschränkt sind (s § 1924 Anm 3c). – Das **BeurkundungsG** vom 28. 8. 69 (BGBl 1513), das die BeurkZuständigk auf die Notare konzentrierte und das BeurkVerfahren vereinheitlichte, hatte im 5. Buch eine Umgestaltg des 7. Titels (§§ 2229–2264) zur Folge (s die Ggüberstellg in der 41. Aufl, Einf 8 vor § 2229). – Eine **Erbrechtsreform** war wiederholt Ggstand von Erörtergen (s die ausführl Darstellg bei Soergel/Stein Einl Rz 65 ff mit eigenen Vorschlägen). In den letzten Jahren war im Hinblick auf den sozialen Wandel vor allem das ges ErbR des Ehegatten in der Diskussion (s Bosch FamRZ **83**, 227; Dtsch RPflegertag 1983, FamRZ **83**, 787; Jung Rpfleger **84**, 165; Buchholz FamRZ **85**, 872). Einen Reformvorschlag zugunsten der nichtehel Lebensgemeinsch machte Goetz FamRZ **85**, 987. Der BRegierg erscheint derzeit aber eine Reform nicht vordringlich (BT-Dr 11/4911 v 30. 6. 89).

4) Außerhalb des Erbrechts kann ein Vermögensanfall sich auch beim Tod eines Menschen am Nachlaß vorbei vollziehen (zB bei Lebensversicherungs- od Bausparverträgen; s § 1922 Anm 7; § 1937 Anm 1 a; § 2301 Anm 4). Auch die VersorgungsRegelg nach BeamtenR od Ansprüche der Hinterbliebenen nach SozialVersichR unterliegen nicht dem ErbR (s aber § 1922 Anm 8). – Ferner wird das Recht der **Bestattung** und der Totenfürsorge (dazu § 1968 Anm 2) sowie das Recht am **Leichnam** od zur Organtransplantation (s § 1922 Anm 4b) nicht dch die erbrechtl Gesamtnachfolge geregelt.

5) Zu Lebzeiten des Erblassers haben die kraft Gesetzes berufenen od die dch Vfg vTw eingesetzten Personen noch kein ErbR, sondern nur eine rechtl begründete Erwartg auf das ErbR und eine tatsächl **Aussicht** auf das Vermögen des Erbl. Diese Aussicht ist noch kein AnwartschR (auch nicht im Falle eines ErbVertr): Da sich wg § 1923 und der Änderbark des ErblWillens (vgl § 2302) sowie der AufhebgsMöglk von ErbVertr erst beim Erbfall feststellen läßt, wer Erbe geworden ist, besteht vor diesem Ztpkt keine rechtl gesicherte Position iS eines Anspruchs auf ihr Erstarken zum VollR. Daher ist die Aussicht weder übertragbar noch pfändbar noch dch einstw Vfg od Arrest zu sichern. Auch ein Feststellgsklage über das künftige ErbR ist mangels eines RVerhältn (ZPO 256 I) vor dem Erbfall unzulässig (BGH **37**, 137). – Allerd entsteht für den NachE nach dem Tod des Erbl od für den in einem gemeinsch Test bzw ErbVertr eingesetzten SchlußE nach dem Tod des Erstversterbenden eine rechtl gesicherte **Anwartschaft** (s § 2269 Anm 4), die zwar auch nicht übertragen werden, aber doch schon Ggstand einer Feststellgsklage sein kann. Das PflichtteilsR begründet dagg schon zu Lebzeiten des Erbl ein RVerhältn (s Übbl 1 vor § 2303).

a) Lebzeitige Verträge. Zugelassen ist zu Lebzeiten des Erbl nur der Erbverzicht (§ 2346). Nichtig ist dagg ein Vertr über den Nachl od den Pflichtt od ein Vermächtn aus dem Nachl eines **noch lebenden Dritten** (sog ErbschaftsVertr), auch wenn der Erbl zustimmt (§ 312 I). Eine Ausn gilt für Vertr unter künft ges Erben (die weit zu verstehen sind, RG **98**, 330) üb den gesetzl Erbteil od den Pflichtt eines von ihnen (§ 312 II 1), auch wenn der Erbl seine Zustimmung verweigert; dabei ist „ges Erbteil" nur als quantitative Begrenzg zu verstehen, so daß dieser Erbteil nicht unbedingt auch kr G erlangt werden muß, sond zugewendet sein kann (BGH **104**, 279 mAv Hohloch JuS **89**, 61). Nichtig ist die zu Lebzeiten eines Dritten eingegangene Verpflichtg, einen Bruchteil des Vermögenszuwachses abzuführen, der sich aus der Beerbg des Dritten od dch den Pflichtt aus dessen Nachl ergeben wird (BGH NJW **58**, 705; **LM** § 312 Nr 2 mAv Johannsen).

b) Lebzeitige Sicherung künft ErbAnspr ist nicht mögl, denn erst „Sterben macht Erben". Im **Grundbuch** sind sie nicht eintragsfäh (KG DNotZ **31**, 240). Daher ist auch eine Vormerkg unzuläss (§ 883 Anm 2 g; s aber auch § 2174 Anm 4; § 2286 Anm 2). Grdsätzl ausgeschlossen sind auch **Klagen** auf Feststellg eines erbrechtl Verhältn bezügl des Nachl eines noch lebenden Dritten (RG **49**, 672; Celle MDR **54**, 547) od der Gültigk des Test eines noch Lebenden (BGH **37**, 137; Johannsen in Anm zu **LM** ZPO 256 Nr 74; Mattern BWNotZ **62**, 329). – **Zulässig** ist aber eine Klage des Erben auf Feststellg des Nichtbestehens eines ges ErbRs (RG **169**, 98; Staud/Werner Rz 42 vor § 1924; str) od des Rechts auf PflichttEntzieh (RG **92**, 1). Zu Feststellgsklagen zw Erbl u Erbbeteiligten s insb Lange NJW **63**, 1573.

6) Erbrecht und Verfassung. GG 14 I 1 gewährleistet (wie auch verschiedene Länderverfassgen) neben dem Eigentum auch das ErbR, dessen Inhalt u Grenzen dch die Gesetze bestimmt werden (I 2). Dies beinhaltet die Garantie des ErbR als **Rechtsinstitut** und als **Individualrecht** (s BVerfG **19**, 202; **44**, 1; NJW **85**, 1455; BGH **77**, 384). Zum Wesensgehalt des ErbR, der vom GesGeber nicht angetastet werden darf (GG 19 II), gehören sicherl die Grundprinzipien (s Anm 2) der Privaterbfolge u der Testierfreiheit (BVerfG NJW **85**, 1455), wobei GG 14 allerd eine gewisse Einengg der Testierfreiheit in Randbereichen zuläßt (zB bei der PflichttEntzieh, BGH NJW **89**, 2054). Ob die Erbrechtsgarantie auch das Prinzip der Verwandtenerbrechts umfaßt, ist verfassgsrechtl noch nicht geklärt (BVerfG aaO; dafür MüKo/Leipold Einl Rz 17; dagg Soergel/Stein Einl Rz 6). Ferner garantiert GG 14 das Recht des Erbl, sein Vermögen zu vererben und schützt das subjektive Recht des Erben (dh des Erbanwärters) vor staatl Maßnahmen, die seine Aussicht auf das Vermögen des Erbl (s Anm 5) vereitelln würden (Soergel/Stein Einl Rz 6; nur für Institutionsgarantie BSG NJW **74**, 1579). – Auch das Maß der Besteuerg ist bei der (verfassgsrechtl zulässigen, s GG 106 II Nr 2) ErbschSteuer an GG 14 zu messen, weil der Staat die Garantie des ErbR nicht dch eine konfiskatorisch wirkende Besteuerg des Erbfalls unterlaufen darf, ohne daß allerd bereits ausreichend geklärt ist, bei welcher Höhe des Steuersatzes die Grenze zu ziehen ist; s Meincke/Michel, ErbStG, Einf 5; Troll, ErbStG, § 19 Rz 2; MüKo/Leipold Rz 17 mN; aber auch Soergel/Stein Einl Rz 6. – Dagg kann das PflichttR nicht in den Schutzbereich des GG 14 einbezogen werden (aA Stöcker WM **79**, 214; dazu Pikalo DNotZ **81**, 437/479). Es wird jedoch dch GG 6 I garantiert (hM, s MüKo/Leipold Einl Rz 18 mN; zweifelnd Soergel/Stein Einl Rz 7). – Zur **MRK** u NichtehelR s EuropGMR NJW **79**, 2449; Jayme NJW **79**, 2425; Stöcker DAV **80**, 249.

7) Nachlaßverfahren. Vorschr üb das Verfahren enthalten das BGB selbst (§§ 2353 ff), ferner das FGG, die ZPO, KO u VerglO. An sich ist die Regelg eines Nachl grdsl Sache der Beteiligten; Streitigkeiten können sie dch das Prozeßgericht entscheiden lassen. Eine gewisse staatl Fürsorge ist jedoch geboten. Diese ist Aufgabe des NachlG, soweit es sich nicht um eine den Notaren übertragene BeurkTätigk handelt.

a) Nachlaßgericht ist das AmtsG (FGG 72), soweit nicht die Länder von dem Vorbehalt des EG 147 Gebr gemacht haben (s dort Anm 5); in Ba-Wü ist es das staatl Notariat (Einzeln s § 1962 Anm 1; § 2353 Anm 1). Das NachlG wird in einem Verfahren der FreiwG teils vAw, teils nur auf Antrag tätig, sofern es nicht ledigl Erkl nur entggzunehmen hat (wie zB nach §§ 1945, 1955; 1993, 2081, 2281; 2226; 2384). Wesentl **Aufgaben** des NachlG sind zB: Die Sicherg des Nachl bei unbekannten Erben u entspr Bedürfnis (§§ 1960 ff); Verwahrg u Eröffng von Test u ErbVertr (§§ 2248, 2258a ff; 2260 ff; 2267; 2300 ff); Feststellg des ges ErbR des Fiskus (§§ 1964 ff); Anordng der NachlVerwaltg (§§ 1981 ff); Inventarerrichtg (§§ 1993 ff); Erteilg von Erbschein u TV-Zeugnis (§§ 2353 ff); Ernenng (im Falle des § 2200) u Entlassg eines TV (§ 2227); Stundg des Erbersatz- od PflichtAnspr (§§ 1934b II; 2331 a); Vermittlg der Auseinandersetzg (FGG 86 ff). – Dagg ist die Ermittlg der Erben grdsl keine vAw vorzunehmde Aufgabe, soweit nicht dies bes dem NachlG aufgibt (s § 2262 Anm 2). – Gerichtskosten für eine Tätigk des NachlG regelt die KostenO.

b) Den Notaren sind in NachlSachen verschiedene Beurkundgsaufgaben übertragen (vgl §§ 2002, 2003, 2121 III, 2215 IV, 2231 ff, 2314, 2356 f.), wobei das LandesR über den Vorbehalt des EG 147 (s dort) u über EG 148 ihnen zusätzl Kompetenzen zuweist. Eine Regelg der notariellen Aufgaben enthält auch die BNotO vom 24. 2. 61 in §§ 20, 25. Das BeurkG (erläutert im Anhang) regelt das vom Notar zu beachtde Verfahren u konzentriert die BeurkZuständigk auf die Notare. Über die Zuständigk der staatl Notariate in Ba-Wü s die Erläutergen von Richter/Hammel zum LFGG; Sandweg BWNotZ **79**, 25.

8) Erbschaftsteuer. RGrdlage für die verfassungsrechtl zulässige (s Einl 6) Beteiligg des Staats am privaten Nachl ist das ErbStG vom 17. 4. 74 (BGBl 933) idF des G vom 18. 8. 80 (BGBl 1537). Regelgen treffen außerdem die ErbStDV vom 19. 1. 62, ErbStErlaß 1976 (BStBl 145) und der Ländererlaß 1976.

a) Gegenstand. Die Steuer erfaßt die den einzelnen Erwerber dch den Erbfall anfallende Bereicherg sowie Schenkgen unter Lebenden (zu denen steuerrechtl nach ErbStG 7 I Nr 5; 6 auch die Abfindg für einen Erbverzicht und der vorzeit Erbausgleich gehören) u Zweckzuwendgen (ErbStG 8); ferner seit Jan 84 in period Abständen das Vermögen von Familienstiftgen (ErbStG 1 I Nr 4; 9 I Nr 4) als sog Erbersatzsteuer, die mit dem GG vereinb ist (BVerfG NJW **83**, 1841). – Bei Vor- und NachErbsch ist zunächst der VorE steuerpflichtig u bei Eintritt der Nacherbfolge erneut der NachE (ErbStG 6); näheres s Einf 4 vor § 2100. – Teilgsanordngen des Erbl sind für die Besteuerg des einzelnen MitE unerhebl (BFH NJW **83**, 2288); dies gilt auch für eine qualifizierte Nachfolgeklausel bei Personengesellsch (BFH aaO).

b) Der unbeschränkten Steuerpflicht unterliegt der ganze Nachl, wenn der Erbl od der Erwerber Inländer ist (dies wird steuerrechtl dch den Wohnsitz bestimmt, ErbStG 2 I; AO 8), auch wenn der Nachl sich im Ausland befindet. Vermögen in der DDR unterliegt allerd nicht der ErbschSt (ErbStG 2 III).

c) Die steuerpflichtigen Erwerbe vTw sind in ErbStG 3 erschöpfend aufgezählt. Darunter fallen zB: Erwerb dch Erbanfall; auf Grd von Vermächtn, Auflage, ErbersatzAnspr od geltd gemachten PflichtAnspr. Erwerb dch Schenkg auf den Todesfall (s § 2301 Anm 3), zu der steuerrechtl auch der auf GesVertr beruhende Anteilsübergang beim Tod eines Gesellschafters gehört, soweit der Wert AbfindgsAnspr Dritter übersteigt, also vor allem bei Buchwertklauseln (s dazu § 2311 Anm 3c; § 1922 Anm 3c). Erwerb dch Vertr zGDr auf den Todesfall (s dazu § 2301 Anm 4), bei denen es sich meist um vom Erbl abgeschl Lebens- od RentenVersichVertr handelt; darunter fallen allerd nicht die dch den ArbeitsVertr begründeten VersorggsAnspr Hinterbliebener und gesetzl Renten- und PensionsAnspr (BGH BStBl **81** II 715; **82**, II 27). – **Steuerfrei** bleiben nach ErbStG 13 ganz od teilw od mit bestimmten Beträgen bestimmte Vermögensanfälle aus Gründen, die in der Natur des Erwerbs liegen, zB für Ehegatten, Kinder u Enkel der Hausrat od Kunstggstände bis zu einem Gesamtwert von 40000 DM (I Nr 1); der angemessene Entgelt für unentgeltl Pflege od Unterh der Erbl bis zu 2000 DM (I Nr 9); der Verzicht auf Pflichtt- od ErbersatzAnspr (I Nr 11). Dabei ist jede BefreigsVorschr für sich anzuwenden (ErbStG 13 III).

d) Der Wert des Erwerbs wird beim Erwerb vTw zum Stichtag des Erbfalls (ErbStG 11 iVm 9) nach ErbStG 10 ff ermittelt. Bereicherg ist der Betrag, der sich ergibt, wenn nach Berücksichtigg der persönl u sachl Steuerbefreiungen (ErbStG 5, 13, 16, 17, 18) von dem nach ErbStG 12 ermittelten Wert die abzugsfäh NachlVerbindlk (ErbStG 10 III–IX) abgezogen werden (ErbStG 10 I 2). Bei Ermittlg des steuerpflicht Erwerbs können **Freibeträge** abgezogen werden, die ErbStG 16; 17 neben den Steuerbefreiungen (s Anm c) gewährt. Der Ehegatte erhält zB Freibeträge von 250000 DM (ErbStG 16 I) u weiteren 250000 DM als besond Versorggsfreibetrag (ErbStG 17 I), außerdem ist sein erbrechtl Zugewinnausgleich steuerfrei (ErbStG 5). Kinder erhalten je nach Alter Freibeträge zwischen 100000 DM und 140000 DM (ErbStG 16 I Nr 1; 17 II). – Mehrere Erwerbe von derselben Person innerh von 10 Jahren werden in bestimmter Weise zusammengezählt (ErbStG 14). Bei Mehrfacherwerb desselben Vermögens innerh von 10 Jahren dch Personen der Steuerklasse I oder II sieht ErbStG 27 eine Steuerermäßigg vor.

e) Die Steuerschuld steigt, je höher der Wert der Bereicherg u je entfernter die persönl Beziehg vom Erbl ist, weil sie der Höhe nach von 2 Faktoren abhängt: Einerseits vom **Steuersatz,** der sich als Stufentarif nach dem Wert des Erwerbs richtet (ErbStG 19); zum Steuersatz des SchlußE beim Berliner Test s BFH NJW **83**, 415. Andererseits von der **Steuerklasse**, die sich aus dem persönl Verhältn zum Erbl ergibt (ErbStG 15). So gehören zu den günstigsten StKlasse **I:** Kinder (auch Adoptiv- u Stiefkinder); der Ehegatte (nicht der Lebensgefährte, BFH NJW **83**, 1080); Enkel, deren Eltern gestorben sind. Zur StKlasse **II:** Eltern, Großeltern, Enkel, Urenkel. Zur StKlasse **III:** Geschwister; der geschiedene Ehegatte (od der Partner einer für nichtig erklärten Ehe, BFH BStBl **87** II 174); Neffen, Nichten; Schwiegereltern, -kinder; Stiefeltern. Zur StKlasse **IV** alle übrigen. – Nach der Tabelle des ErbStG 19 wird die Steuer in folgenden Prozentsätzen erhoben:

%-Satz in der Steuerklasse	Wert des steuerpflichtigen Erwerbs (§ 10) bis einschließlich Deutsche Mark																				
	50.000	75.000	100.000	125.000	150.000	200.000	250.000	300.000	400.000	500.000	600.000	700.000	800.000	900.000	1 Mio	2 Mio	3 Mio	4 Mio	6 Mio	8 Mio	10 Mio	25 Mio	50 Mio	100 Mio darüber
I	3	3,5	4	4,5	5	5,5	6	6,5	7	7,5	8	8,5	9	9,5	10	11	12	13	14	16	18	21	25	30	35
II	6	7	8	9	10	11	12	13	14	15	16	17	18	19	20	22	24	26	28	30	33	36	40	45	50
III	11	12,5	14	15,5	17	18,5	20	21,5	23	24,5	26	27,5	29	30,5	32	34	36	38	40	43	46	50	55	60	65
IV	20	22	24	26	28	30	32	34	36	38	40	42	44	46	48	50	52	54	56	58	60	62	64	67	70

f) **Schrifttum:** Kommentare zum ErbStG von Kapp; Meincke/Michel; Moench; Petzoldt; Troll. – Übersichten der neuesten Rechtsprechung erstellen regelmäßig Herden/Gmach in NJW und Petzoldt in DNotZ.

9) Sonstige Steuern. Der Erwerb vTw ist als einmaliger Vorgang von der **Einkommensteuer** praktisch dadch ausgeschl, daß er nicht zu den in EStG 2 I aufgeführten Einkunftsarten gehört. Die aus dem Erwerb ab Erbfall anfallenden Einkünfte unterliegen dann aber der EinkSt in der Person des Erben, VermächtnNehmer, PflichtBerecht usw. Wirtschaftl kann sich allerd eine Doppelbelastg mit Erbsch- u EinkSt daraus ergeben, daß zB Bezüge aus einem Rentenvermächtn oder die Realisierg des ererbten Vermögens (zB Auflösg stiller Reserven) EinkSt auslöst. Für die vom Erbl noch nicht versteuerten Einkünfte, die dem FinA oft erst beim Erbfall dch die MitteilgsPfl von Banken u Versichergen bekannt werden u dann zu Nachzahlgen führen, haften die Erben (AO 45), ggf auch TV, NachlVerwalter od NachlPfleger. – **Vermögensteuer** fällt neben der ErbschSt nicht an, kann aber dadch ausgelöst werden, daß sich dch die Erbsch das Vermögen des Begünstigten erhöht hat. – Von der **Grunderwerbsteuer** ist der Grunderwerb vTw dch GrdErwStG 3 Nr 2 ausgenommen; ebso der Erwerb von NachlGrdst dch MitE zur Teilg des Nachl, wobei dem MitE sowohl sein Ehegatte als auch der überlebende Ehegatte, der mit dem Erbl gütergemeinschsch Vermögen zu teilen hat od dem ein NachlGrdst in Anrechng auf eine AusgleichsFdg am Zugewinn übertragen wird, gleichsteht (GrdErwStG 3 Nr 3). – Einen steuerrechtl Überblick gibt Enders in MDR **87**, 719; 898.

10) Erbrecht der DDR. Seit Inkrafttreten des ZGB am 1. 1. 76 ist die REinheit beendet u das ErbR im wesentl in ZGB 362–427 neu geregelt; die Beerbg von Mitgliedern einer landw ProdGen bestimmt § 24 des G üb landw ProdGen. Vererbl Vermögen ist nur das persönl Eigentum (ZGB 362 II). Erbfähig sind Bürger, Betriebe, Organisationen u der Staat (ZGB 363 II, III). Die ges Erbfolge richtet sich nach 3 Ordngen; nichtehel Kinder erben wie ehel; der Ehegatte gehört neben Kindern zur 1. Ordng (ZGB 364–366; s dazu Freitag ZRP **84**, 66). Gewillkürte Erbfolge kann nur dch Test (eigenhänd od not, ZGB 383 I) angeordnet werden (ZGB 377 ff); gemeinschaftl Test ist für Ehegatten mögl (ZGB 388 ff). – Die Aufgaben des NachlG hat das **Staatliche Notariat** übernommen (NotG vom 5. 2. 76), dem auch die Verwahrg von Test obliegt (NotG 24). Kosten regelt die NotariatsKostO vom 5. 2. 76. – Das **internationale Privatrecht** ist im RAnwendgsG geregelt (s Einl 2c vor EG 3), das in § 25 an die Staatsangehörigk des Erbl anknüpft und Grundstücke in der DDR stets dessen ErbR unterwirft. – Zur **Anerkennung** von DDR-Erbscheinen s Übbl 5 vor § 2353. – Zum DevisenR s Kringe NJW **83**, 2292. – Zu **Auskunftsersuchen** in NachlSachen s DNotZ **79**, 25. – Übersichten zum DDR-Recht geben MüKo/Leipold Einl Rz 214 ff; Soergel/Stein Einl Rz 23 ff.

Erster Abschnitt. Erbfolge

Überblick

1) Erbfolge ist die RNachfolge des (der) Erben in das gesamte **Vermögen** nebst den Verbindlichk des Erbl (Erwerb von Todes wg), nicht aber auch in dessen Persönlichk, die mit dem Tode eines Menschen endet. Jedoch besteht ein Bedürfn des Schutzes der Persönlichk des Erbl weiter; zur Ausübg einer derartigen Schutzgewalt sind die nächsten Angehörigen berufen (Westermann FamRZ **69**, 561). Erbfolge in das Vermögen tritt auch ein, wenn die Schulden überwiegen (s § 1922 Anm 3). – Die Erbfolge beruht entw auf dem Willen des Erbl (**gewillkürte** Erbfolge) oder auf dem nur ergänzend eingreifenden G (**gesetzliche** Erbfolge). Die gewillkürte Erbfolge u der Inhalt der Vfgen vTw werden andeutgsweise in §§ 1937–1941, die gesetzl in §§ 1924–1936 (Blutsverwandte, Eheg, Fiskus) behandelt, während §§ 1922, 1923 für beide Arten Geltg haben; auch können sie nebeneinander eingreifen (vgl § 2088). Über die erbrechtl Stellg des nichtehel Kindes im Verhältn zum Vater s § 1924 Anm 3 b; §§ 1934 a–e, auch § 1930.

1922 *Gesamtrechtsnachfolge.* **I** Mit dem Tode einer Person (Erbfall) geht deren Vermögen (Erbschaft) als Ganzes auf eine oder mehrere andere Personen (Erben) über.
II Auf den Anteil eines Miterben (Erbteil) finden die sich auf die Erbschaft beziehenden Vorschriften Anwendung.

Schrifttum: Johannsen, Die Rechtsprechg des BGH auf dem Gebiet der ErbR 9. Teil: Erbfolge usw, WM **72**, 914; **77**, 270; **79**, 599; ders, Die Nachfolge in ein kaufmänn Untern u Beteiliggen an Personengesellsch beim Tod ihres Inhabers, FamRZ **80**, 1074.

1) Grundsatz des Vonselbsterwerbs. Mit dem Erbfall, also mit dem Tod des Erbl geht die Erbsch unmittelb auf den Erben über (dazu Wacke JA **82**, 242; für „Antrittserwerb" von Lübtow II 651).

a) Erblasser kann nur eine natürliche Person sein, nicht auch die juristische. Nur der Mensch kann sterben und beerbt werden (passive Erbfähigk). Sein **Todeszeitpunkt** ist der tatsächl Eintritt, nicht der seiner ärztl Feststellg. Er kann wg der medizinischen Möglk von Reanimation u Intensivtherapie im Einzelfall ungewiß sein; maßgebl ist nach heute wohl hM der Gesamthirntod, auch bei künstl Aufrechterhaltg von Kreislauf u Atmung (Soergel/Stein Rz 3; zT aA MüKo/Leipold Rz 12). Wird (wie meist) nur die Beendigg von Kreislauf u Atmung festgestellt, sollte desh ein geringfügiger, individuell festzustellder Zeitraum („Sterbezeit") von max 10 Minuten hinzugerechnet werden (Soergel/Stein aaO mwN). Bei TodesErkl wird Übergang mit dem festgestellten TodesZtpkt vermutet (VerschG 9, 44 II; vgl aber §§ 2031, 2370).

b) Der Erbe ist Gesamtrechtsnachfolger des Erbl. Er erlangt diese RStellg entweder dch Vfg vTw (Test od ErbVertr, §§ 1937, 1941) od aGr Gesetzes (§§ 1924 ff). Wg seines Rechts zur Ausschlagg (§ 1942) erwirbt er erst mit der Annahme die Erbsch endgültig (§ 1943; s dort und § 1942 Anm 2) und kann dann seine Erbenstellg nur mehr dch Erbunwürdigerklärg (§ 2342) verlieren, aber nicht mehr dch „Verzicht" (s Übbl 1 vor § 2346) od wg Unvereinbark mit § 242 (BayObLG **74**, 401; **77**, 274; s auch BGH NJW **67**, 1126; WM **77**, 688 zur Verwirkg).

c) Erbschaft ist das auf den Erben als Ganzes übergehende Vermögen (s Anm 3), das ohne Bezug zum Erben als Nachlaß bezeichnet wird (zB in § 1960). – Ist **Gütergemeinschaft** von Ehegatten in einem EheVertr vereinbart worden (§§ 1415 ff), gehört der Anteil des verstorbenen Ehegatten am Gesamtgut zum Nachl. Der verst Eheg wird nach den allg Vorschriften beerbt (§ 1482; BayObLG Rpfleger **81**, 282). Solange keine Auseinandersetzg über das GesGut stattgefunden hat, gehört nur der Anteil am GesGut zum Nachl; die einzelnen Ggst des GesGuts sind dagg keine NachlGgste (BGH **26**, 382 = LM Nr 1 zu § 2138 mit Anm v Johannsen; BGH NJW **64**, 768; s auch Stgt Just **67**, 119). Ist **fortgesetzte Gütergemeinschaft** vereinbart (§§ 1483 ff) u wird die GütGemeinsch mit den gemschaftl Abkömmlingen fortgesetzt, gehört der Anteil des verst Eheg nicht zum Nachl; im übr wird der verst Eheg nach den allg Vorschriften beerbt (§ 1483 I 3 u Anm 2 hierzu). Stirbt ein anteilsberecht **Abkömmling,** gehört sein Anteil am GesGut nicht zu seinem Nachl (§ 1490 S 1). Die fortgesetzte GütGemsch wird mit seinen Abkömmlingen nach Maßgabe des § 1490 S 2 fortgesetzt; sind solche nicht vorhanden, tritt Anwachsg nach § 1490 S 3 ein; kein Eintritt in die fortges GütGemsch des zum Erben berufenen nichtehel Abkömml des Verstorbenen, wenn dieser nicht Erbe des vorverst Teilh geworden ist (Stgt Rpfleger **75**, 433). Stirbt ein an einer fortgesetzten GütGemsch beteiligter Abkömml nach deren Beendigg, aber vor Beendigg der Auseinandersetzg des Ges-Guts, vererbt sich sein Recht an der AuseinandersetzgGemsch nach allgem Grdsätzen (gesetzl Erbfolge; aGrd Vfg von Todes wg; BayObLG **67**, 70 = Rpfleger **68**, 21 mAv Haegele).

d) Erbteil (II) ist der Anteil eines MitE (§§ 2032 ff). Auf ihn finden grdsätzl die ErbschVorschr Anwendg, also zB üb den Erbanteilsverkauf (§§ 2371 ff); die NachlSicherg (§ 1960) usw. Ausnahmen: §§ 2033; 2062; KO 235; VerglO 113.

2) Gesamtnachfolge. Kraft G geht die Erbsch „als Ganzes" im Wege der Gesamtnachfolge auf den Erben über, also ohne besond Übertragg der Einzelrechte. Die Nachfolge geschieht durch einheitl Rechtsakt in das gesamte Vermögen und nicht in einzelne Ggstände (s § 2087 II), so daß zB der Voraus wie ein Vermächtn behandelt wird (§ 1932). Auf Wissen und Willen des Berufenen kommt es an (s § 1942 Anm 1), auch nicht auf seine Annahme od den Antritt der Erbsch. Ein Erwerb aGrd guten Glaubens an das Eigentum des Erbl ist nicht mehr mögl. – Als **Ausnahme** vom Grdsatz der Gesamtnachfolge findet nur in folgenden Fällen eine **Sondererbfolge** in bestimmte Vermögensteile des Erbl statt:

a) Bei Personengesellschaften (OHG; KG; BGB-Gesellsch) geht der Anteil des Erbl im Falle seiner Vererblichk beim Erbfall dch Singularzession unmittelbar auf den (die) Nachfolger-Erben über (s Anm 3 c, bb; e; § 2032 Anm 5; 6), so daß er bei vorhandenen MitE aus dem gesamthänd gebundenen übr Nachl ausgeliedert wird. Trotz dieser Absonderg gehört er aber als Teil des hinterlassenen Vermögens zum Nachl (BGH **91**, 132; **98**, 48). Ges ist diese Sondererbfolge nicht geregelt, sond ergibt sich aus den gesellschaftsrechtl Besonderh.

b) In einen Hof bei Hoferbfolge gem HöfeO 4 od nach landesrechtl AnerbenR (s EG 64 Anm 2; Soergel/Stein Rz 61 ff), sofern die landwirtsch Besitzg beim Erbfall die HofEigensch nicht bereits infolge Löschg des Hofvermerks verloren hatte (BGH **101**, 57 mAv Otte NJW **88**, 672; FamRZ **88**, 497).

c) In ein Mietverhältnis über **Wohnraum** (§§ 569 a; 569 b; s dort; ferner Däubler ZRP **75**, 140 f, Jung FamRZ **76**, 134/135, Ripfel JurBüro **79**, 655).

d) In eine Heimstätte. Wird der Erbl von mehreren Personen beerbt, geht das Eigentum an einer zum Nachl gehörenden Heimstätte gemäß den weiter geltenden (BGH **33**, 208) RHeimstG 24 iVm AVO 25 ff auf einen der MitE als Heimstättenfolger allein über, wenn ihn der Erbl in einer Vfg vTw als solchen bezeichnet hat (AVO 26 Nr 1) od wenn die MitE sich auf ihn einigen u dies dem NachlG binnen 6 Monaten ab Erbfall förml erklären (AVO 26 Nr 2) od wenn er in einem beim NachlG binnen 6 Monaten ab Erbfall zu beantragenden Verfahren dch Mehrheitsbeschluß (2/3) u Genehmigg des NachlG bestimmt wird (AVO 26 Nr 3). Die Frist ist eine Ausschlußfrist, die auch bei Unkenntn üb das Recht zur AntrStellg zu laufen beginnt (Köln OLGZ **86**, 166). Zur Fristwahrg kommt es aber nur auf die Stellg des Antr an, nicht auf den Ztpkt der Verfahrenseinleitg od der Genehmigg noch auf die endgültig Erbenfeststellg, so daß auch Erbprätendenten den Antr stellen können. Bei Fristversäumn ist Wiedereinsetzg ausgeschlossen (Köln aaO; Westphal Rpfleger **81**, 129).

3) Vererbliche Rechte. Die „Erbschaft", also das auf den Erben übergehende Vermögen, ist die Gesamth der RVerhältn des Erbl. Sie umfaßt also auch RVerhältn nichtvermögensrechtl Inhalts. Zur Erbsch gehören auch die Verbindlichkeiten des Erbl (RG **95**, 14; BGH **32**, 369; hM), so daß zB die im Rahmen eines AuftragsVerhältn entstandene Pflicht zur Abgabe einer eV gem § 259 II nicht mit dem Tod des Verpflichteten endet, sond auf dessen Erben übergeht (BGH **104**, 369 mAv Hohloch JuS **89**, 63). Die Stellg der Erben hängt nicht davon ab, daß ihnen aus der Erbsch ein wirtschaftl Vorteil zukommt (BayObLG MDR **79**, 847). – **Vererblich** sind regelm alle dingl u persönl Vermögensrechte u Verbindlichk einschl der Rechte u Verbindlichk aus unerl Hdlgen. Auch **öffentlich-rechtliche** Anspr gehen grsl auf den Erben über (auch wenn dies in der anspruchsbegründenden Norm selbst nicht vorgesehen ist), sofern nicht öff-rechtl Sonderregelgen entggstehen od sich aus dem öff-rechtl RVerhältn Abweichendes herleiten läßt (BVerwG 64, 150; NJW 87, 3212; s Anm 8). – Im einzelnen sind zu erwähnen:

a) Urheber- und sonstige **Schutzrechte** (UrheberrechtsG 28; s dort auch §§ 29, 30, 60 II, 117) sind vererbl. Zur Erb- rechtsregelg im Urheberrecht s Fromm NJW 66, 1244. Ferner VerlG 34, GebrMG 13, GeschmMG 3, PatG 15, WZG 8.

b) Ein Handelsgeschäft ist vererbl, wie sich aus HGB 22 ergibt. Die Firma ist nur mit dem Unternehmen übertragb u vererbl (HGB 21ff; dazu Kuchinke ZIP 87, 681). Eine Prokura erlischt nicht (HGB 52 III), sofern nicht der Prokurist AlleinE od MitE wird (BGH NJW 59, 2114 u dazu Reinicke MDR 60, 28). Nicht vererbl ist die Kaufmannseigenschaft, denn ihre Merkmale (HGB 1, 2, 3, 6) müssen persönl erworben sein. – **Schrifttum:** Weimar, Veräußerg u Vererbg eines Handelsgeschäfts, MDR 67, 731; Langenfeld/Gail IV; Stürner, Die Unternehmensnachfolge, JuS 72, 653; Wehrens/Hoffmann, Das Einzelunternehmen, 1981 Rz 414ff; Langenfeld, Die FamGesellsch als Modell der Nachfolge von Eheg u Abkömml in das Einzelunternehmen, BWNotZ 81, 51. – Auch ein sonstiges vom Erbl betriebenes **gewerbliches Unternehmen** (zB Handwerksbetrieb) kann vererbl sein (BGH LM Nr 1, 7). Die Zugehörigkeit zum Nachl ist nicht davon abhäng, ob die Weiterführg dch einen MitE mit od ohne Einverständn der übrigen MitE erfolgt (BGH NJW 63, 1541). Für Minderjährige kann gesetzl Vertr das Gesch fortführen, vormschaftsgerichtl Gen nach §§ 1643, 1822 Nr 2 ist nicht erforderl (Johannsen WM 72, 914; BGH 92, 259). – Unvererbl sind dagg **öffentlich-rechtliche Gewerbeberechtigungen** (Erm/Schlüter Rz 16).

c) Der Geschäftsanteil des persönl haftden Gesellschafters **einer OHG, KG** ist Teil seines Vermögens, dessen Verbleib bei seinem Tode sich nach ErbR richtet, sofern darüber nicht schon dch den GesellschVertr od RGesch unter Lebenden bestimmt ist, u ist daher vererbl. Das ErbR leitet aber die Rechte des Erbl nur so auf dessen RNachfolger weiter, wie es sie beim Erbfall vorfindet; das ErbR muß hinnehmen, wenn ein Recht oder eine RStellg des Erbl nicht od nur beschränkt vererbl ist (BGH 98, 48; NJW 83, 2376). S ausführl Marotzke AcP 184, 541. Gemäß HGB 131 Nr 4 wird die OHG u auch die KG (HGB 161 II) dch den Tod eines persönl haftden Gesellschafters aufgelöst, soweit sich nicht aus dem GesellschVertr ein anderes ergibt (s BGH WM 71, 308). Ohne Liquidation erlischt die Ges grsl dann, wenn sich sämtl Anteile in einer Hand vereinigen, zB weil der einzige Mit-Gter des Erbl zugleich sein AlleinE ist; er wird dann ihr Gesamtrechts-Nachf (K. Schmidt JuS 87, 147). Eine Ausn gilt jedoch, wenn der alleinige Erbe nur VorE ist, weil dann der GesAnteil als NachlGgstand bis zum Eintritt der NErbfolge nicht untergehen kann, so daß für den NachE die OHG erhalten bleibt (BGH 98, 48; Baur/Grunsky ZHR 133, 209), es sei denn, daß ein TV den Anteil gem § 2217 I freigibt (BGH aaO; s auch 2205 Anm 2c). Der Erbe (die Erben) tritt, falls Liquidation stattfindet (HGB 145), in die Liquidationsgesellsch ein. Der GesellschVertrag kann jedoch Bestimmgen enthalten, welche die Fortsetzg der Gesellsch ermöglichen. Dabei sind hauptsächl folgende GestaltgsMöglichk zu unterscheiden:

aa) Fortbestand unter den übrigen Gesellschaftern (HGB 138). Sieht der GesellschVertr für den Fall des Todes eines Gesellschafters den Fortbestand der Gesellsch unter den verbleibenden Gesellschaftern vor, scheidet der verstorbene Gesellschafter mit seinem Tod aus der Gesellsch aus. Seinem Erben (den Erben) steht ein AbfindgsAnspr gg die Gesellsch zu, während der Anteil am GesellschVerm den übrigen Gesellschaftern zuwächst (HGB 105 II mit § 738). Im GesellschVertr kann aber sogar dieser AbfindgsAnspr ausgeschlossen werden. Eine solche Vereinbg ist, wenn sie für alle Gesellschafter gilt, keine Schenkg von Todes wegen (§ 2301; BGH 22, 194, dazu Anm von Fischer LM Nr 1 zu HGB 139). Über AbfindgsVereinbgen bei Personalhandelsgesellschaften s Knöchlein DNotZ 60, 452; Rasner NJW 83, 2905; auch Langenfeld/Gail IV Rz 218. – Im GesellschVertr kann auch vorgesehen sein, daß nach dem Tode eines Gesellschafters die übr Gesellschafter die Fortsetzg der Gesellsch ohne dessen Erben **beschließen** können. Machen sie von dieser Möglichk Gebr, treten dieselben Rechtsfolgen ein wie im Fall von HGB 138.

bb) Fortsetzung mit dem Erben. Im GesellschVertr kann vorgesehen sein, daß im Fall des Todes eines Gesellschafters die Gesellsch mit dessen (gesetzl od eingesetzten) Erben (auch Vor- u NachE, BGH 98, 48; NJW 77, 1540; s ausführl Michalski Betr 87 Beil 16) fortgesetzt werden soll (HGB 139 I; BGB 736; dazu Göbel DNotZ 79, 133/141). Der Erbe tritt dann ohne weiteres mit dem Tod des Erbl in die Gesellsch ein, ohne daß es einer bes Erklärg des Erben oder einer bes Aufnahme dch die übr Gesellschafter bedarf. Bei Minderjährigk des Erben ist nach § 1822 Nr 3, 10 erforderl (KG JW 33, 119). Ob der Erbe auch in die Geschäftsführungs- u Vertretgsbefugn des Erbl einrückt, bestimmt sich in erster Linie nach dem GesellschVertr (s hierzu BGH LM Nr 2 zu HGB 139; Erman/Schlüter Rz 29 zu § 1922; Merkel MDR 63, 102). Dem Gesellschafter steht nach Maßgabe von HGB 139 I, III das Recht zu, sein Verbleiben bei Personalhandelsgesellsch davon abhängig zu machen, daß ihm die Stellg eines Kommanditisten eingeräumt wird (s hierzu Schlegelberger/Geßler HGB 139 Anm 29ff). – Nach st Rspr vererbt sich der GesellschAnteil an einer Personengesellsch im Wege der **Sondererbfolge,** geht also dch Singularzession auf die Erben über. Allerd ordnet der II. Senat des BGH (zuständ für GesellschR) dabei nur die selbständ abtretbaren Anspr auf Gewinn u die Auseinandersetzungsguthaben dem Nachl zu (BGH 47, 2293; 91, 132; NJW-RR 87, 989), so daß dch diese Abspaltg der VermögensRe vom GesAnteil letzterer nicht in den Nachl fällt (krit entw grsl od wg der schwer durchschaubaren Argumentation Flume NJW 88, 161; Marotzke JR 88, 184; Ulmer JZ 87, 881). Dagg gehört nach Auffassg des IV a-Senats des BGH (zuständ für ErbR) der GesAnteil insgesamt zum Nachl, weil eine Herauslösg weder unter haftgs- noch unter gesellschrechtl Gesichtspkten gerechtfertigt ist (BGH 98, 48; NJW 83, 2376; zust Schneider JR 83, 502; Esch NJW 84, 339; Marotzke AcP 84, 553 u 87, 223; aA Ulmer NJW 84, 1496; JuS 86, 586; s auch Koch EWiR 86, 1117 u BB 87, 2106; Müller JR 86, 507). Er fällt also getrennt von dem übr NachlVermögen (das bei MitE gesamthänderisch gebunden ist) unmittelb u endgültig in das Privatvermögen des Gesellschafter-Erben. Dies gilt sowohl bei Vorhandensein nur eines Erben als auch bei mehreren Erben (BGH 91, 132). Diese gesonderte erbrechtl Behandlg ist endgültig u wird nachträgl nicht wg bes Umstände aufgehoben (BGH aaO), also weder dch NachlVerwaltg (BGH 47, 293) noch dch NachlKonkurs des Gesellschafter-Erben (BGH 91, 132 mAv Brox JZ **84**, 890 u Schmidt JuS **85**, 63), der den GesellschAnteil als solchen nicht ergreift u folgl auch nicht die OHG gem HGB 131 Nr 5 auflöst (BGH aaO). NachlVerwaltg und NachlKonkurs erfassen allerd die (zum übrigen Nachl gehörenden) Anspr auf Gewinn u das AuseinandersetzgsGuthaben. Auf den Wert des GesellschAnteils kann der KonkVerwalter ggf dch Kündigg entspr HGB 135 zugreifen (BGH aaO). – Wird der Gesellschafter **von mehreren Personen** beerbt, erben diese die Beteiligg nicht in ErbenGemsch, sond die MitE werden auf Grd ihres ErbR mit je einem der Größe ihres Erbanteils entspr GesellschAnteil ihres Erbl Gesellschafters der Gesellsch (BGH **22**, 186; NJW **71**, 1286); s auch BGH **68**, 225 (dazu Ulmer BB **77**, 805; Göbel DNotZ **79**, 133; Johannsen WM **79**, 637), Knieper/Fromm NJW **80**, 2677; KG DNotZ **55**, 418). Jeder einzelne MitE hat das Wahlrecht nach HGB 139 I, III (s Baumb/Duden Anm 3; Schlegelberger/ Geßler Anm 37 je zu HGB 139). Über Vertreterklausel für die in OHG als Kommanditisten eintretenden Erben eines Gesellschafters s BGH **46**, 291 mAv Fischer **LM** § 161 HGB Nr 20 u von Kol NJW **67**, 1908. Zur Einwillig des Erben üb die Fortführ der Firma unter dem ErblNamen s BGH **92**, 79; NJW **87**, 2081.

cc) **Qualifizierte Nachfolgeklausel.** Der GesellschVertrag kann vorsehen, daß die Gesellsch nur mit einzelnen od mit einem der mehreren Erben fortgesetzt wird. Bestr ist hier, ob der (die) bevorrechtigte MitE im Weg der Sondererbfolge den vollen Gesellschafteranteil des Gesellschaftererblassers erwirbt od ob er nur entspr seinem Erbanteil Gesellschafter wird u die übr Gesellschafter verpflichtet sind, den ihnen zugewachsenen Restanteil dem Rechtsnachfolger zu übertragen. S dazu BGH **22**, 186 mAv Fischer zu **LM** HGB 139 Nr 1; BGH WM **67**, 319; BGH **68**, 225 mAv Priester DNotZ **77**, 558; Wiedemann JZ **77**, 689; Göbel aaO 147; Johannsen aaO 638; ferner Tiedau, MDR **78**, 353 u NJW **80**, 2446; Vogelbruch MDR **78**, 891; BayObLG Rpfleger **78**, 450; **81**, 13, KG JurBüro **78**, 1277 (Nachfolgeklauseln beim Tod eines Komplementärs; Langenfeld/Gail IV Rz 232–236.

dd) **Eintrittsrecht.** Der GesellschVertrag kann auch nur ein (rechtsgeschäftl) EintrittsR für einen od alle Erben des verstorbenen Gesellschafters vorsehen (s zB BGH DNotZ **67**, 387). Dieses macht den GesellschAnteil nicht vererbl. Die Mitgliedsch des verstorbenen Gesellschafters erlischt; sein Anteil wächst den übr Gesellschaftern zu (§ 738), unter denen die Gesellsch fortgesetzt wird (§ 736). Der Eintritt des neuen Gesellschafters begründet eine neue Mitgliedsch; wie er sich vollzieht, hängt vom GesVertr ab. Mit dem Tod des Ausscheidenden sind für dessen Erben AbfindgsAnspr entstanden (§ 738), sofern sie nicht von dem ihnen zustehenden EintrittsR Gebr machen, wozu der minderjähr Erbe der Genehmigg des VormschG bedarf (§ 1822 Nr 3). Für die Ausgestaltg der AbfindgsAnspr im GesVertr gibt es mehrere Gestaltungsmöglichk (s dazu Götte DNotZ **88**, 603). Vgl hierzu BGH **68**, 225; NJW-RR **87**, 989; Langenfeld/Gail IV Rz 240ff; Brox § 44 II 3; Göbel DNotZ **79**, 133/152. Eine Eintrittsklausel kann sich aus ergänzender Ausleg des GesellschVertr ergeben, wenn die in der Nachfolgeregel vorgesehenen Personen nicht Erben geworden sind (BGH NJW **78**, 264).

ee) **Sonstiges.** Über das Verhältn von GesellschVertr u Test s Langenfeld/Gail IV Rz 211ff; – Zum Erwerb der Mitgliedsch dch GesellschErben im Falle eines Irrtums üb die Person des Erben s Konzen, Der vermeintl Erbe in der OHG, ZHR **145** (81), 29ff.

d) **Kommanditistenstellung** in der KG. Der Tod des Kommanditisten hat abweichd von HGB 131 Nr 4 mit 161 II die Auflösg der Gesellsch nicht zur Folge (HGB 177). Der Kommanditanteil ist desh vererblich. Bei Mehrh von Erben wird jeder MitE mit dem Anteil, der seinem Erbanteil entspricht, Kommanditist (RG DR **43**, 1228; KG WM **67**, 148; Schilling, Großkomm HGB Rz 15, 16 zu § 177; aM Köbler, ErbR u Gesellsch, 1974, 98ff; ders Betr **72**, 2241, der die ErbenGemsch als solche als Rechtsnachfolgerin erachtet; der so aufgeteilte GesellschAnteil gehört dennoch zum Nachl (BGH NJW **83**, 2376 mAv Esch, Ulmer NJW **84**, 339; 1496). Die Vererblichk der Kommanditbeteiligg kann aber dch den GesellschVertr ausgeschlossen und es können verschiedenartige Nachfolgeklauseln vorgesehen werden (s Langenfeld/Gail IV Rz 243f; Sudhoff, Der Gesellschaftsvertrag der Personengesellschaft, 6. Aufl 1985, 428f; KG JR **71**, 421 mit Anm von Säcker). Zur Regelg des EintrittsR eines Erben bei Vorliegen eines bindenden gemschaftl Test s BGH DNotZ **74**, 296; BGH WM **79**, 533; zur Aufhebg einer gesellschvertragl Nachfolgeklausel BGH WM **74**, 192. Scheitert die im GesellschVertr vorges erbrechtl NachfolgeRegelg in den Kommanditanteil daran, daß die vorges Pers nicht Erbe geworden ist, kann diese Klausel als Eintrittsklausel anzusehen sein (BGH NJW **78**, 264; dazu Tiedau MDR **78**, 353). Zur Zulässigk einer TVstrg s § 2205 Anm 2d. – Zur Vererbg der Beteiligg bei der **GmbH & Co. KG** s Sudhoff, Der GesellschVertr der GmbH u Co, §§ 98 bis 107; Langenfeld/Gail I Rz 126ff. Zur Stellg des GesellschErben am Beisp der kapitalist organisierten KG s Eisenhardt, JuS **75**, 413; Langenfeld, Das Test des Gesellschafter-Geschäftsführers einer GmbH u GmbH & Co (1980).

e) **Der Geschäftsanteil eines BGB-Gesellschafters.** Bei Auflösg der Gesellsch mit dem Tod eines Gesellschafters (§ 727 I) tritt der Erbe (Erben) kraft seines ErbR in die Rechtsstellg des verstorbenen Gesellschafters im Stadium der Liquidationsgesellsch ein. Die Erben können aber mit den übrigen Gesellschaftern die Fortsetzg der Gesellsch vereinbaren (Staud/Keßler § 727 Rz 11; s auch Neust DNotZ **65**, 489; Celle Rpfleger **79**, 197). Ist im GesellschVertr bestimmt, daß die Gesellsch mit den übrigen Gesellschaftern fortbestehen soll, wächst der Anteil des verstorbenen Gesellschafters den übrigen Gesellschaftern zu (§ 738 I 1). Der Erbe (Erben) hat Anspr auf das Auseinandersetzungsguthaben (§§ 738 bis 740). – Die unter Ehegatten gegründete sog EigenheimGes zum Zwecke des Erwerbs u Bewohnens eines Hauses (BGH DNotZ **82**, 159 mit krit Anm K. Schmidt AcP **82**, 482ff) kann vertragl so geregelt werden, daß bei Tod eines Ehegatten sein Anteil am Nachl vorbei auf den übertragen wird (dazu Rapp MittBayNot **87**, 70). – Im GesellschVertr kann auch ein EintrittsR des od der Erben vorgesehen sein. Auch eine einfache od qualifizierte Nachfolgeklausel kann vereinb werden (s Staud/Keßler § 727 Rz 17ff).

f) **Die Rechtsstellung des stillen Gesellschafters.** Dch den Tod eines stillen Gesellschafters wird die Gesellsch nicht aufgelöst (HGB 234 II). Der Erbe tritt kraft seines ErbR an Stelle des Erbl in die stille Gesellsch ein, mehrere Erben als ErbenGemsch (MüKo/Leipold Rz 44). Auch hier sind abweichde Vereinbgen im GesellschVertr zuläss (s Sudhoff aaO 430f; Langenfeld/Gail IV Rz 251; BGH WM **62**, 1084). – Zur Vererblk einer Unterbeteiligg s Schiller RhNK **77**, 45/50; Langenfeld/Gail I Rz 155.

g) Mitgliedschaftsrechte bei Kapitalgesellschaften. Hier ist im einzelnen vieles str. Die Vererblichk des **Aktienrechts** kann nicht ausgeschl werden (s dazu Erman/Schlüter Rz 20; s auch § 2032 Anm 8); über die Möglichk einer in der Satzg der AG vorgesehenen Zwangseinziehg s AktG 237. Auch das Aktienbezugs R (AktG 186) ist idR vererbl (RG **65**, 21; vgl auch RG **97**, 240). Für Stimmrechtskonsortien unter Aktionären kann in den GesellschVertr (BGB-Gesellsch) eine VererblichkKlausel für den Tod eines Konsorten vorgesehen werden (s hierzu Schröder ZGR **78**, 578/594ff, der sowohl den Fall der Vererbg auf einen AlleinE als auch auf mehrere Erben behandelt). – **GmbH-Anteile** sind grdsätzl vererbl (BGH **LM** Nr 3–5 zu § 2205; Schefer, Rdsch-GmbH **60**, 203; Kraker BWNotZ **61**, 10; Sudhoff Betr **63**, 1109; Köbler, ErbR u Gesellsch, 1974, 13 ff). Ob die Vererblichk ausgeschl werden kann, ist str (vgl Erman/Schlüter Rz 21; Barella, Erbfolge bei GmbH-Gesellschaften, RdschGmbH **59**, 45; Schefer Rdsch-GmbH **61**, 7, Betr **61**, 57; Schilling GmbH-Rdsch **62**, 205; eingehd Sudhoff aaO, der die Ausschließg der Vererblichk bejaht); LG Kassel Rpfleger **74**, 3/9, **76**, 37 (eingehd Darstellg); LG Kassel Rpfleger **76**, 61; **77**, 62; Köbler aaO 10 ff; MüKo/Leipold Rz 31). – Über Fortsetzg einer KGaA mit den Erben des Komplementärs (AktG 289, HGB 139) s Durchlaub BB **77**, 875; Langenfeld/Gail I Rz 120. – Die Mitgliedsch bei einer **eingetragenen Genossenschaft** geht auf den (die) Erben über; dieser scheidet aber mit dem Ende des laufden GeschJahres aus. Das Statut kann bestimmen, daß im Falle des Todes eines Genossen dessen Mitgliedsch in der Genossensch dch dessen Erben fortgesetzt wird. Das Statut kann auch die Fortsetzg der Mitgliedsch von persönl Voraussetzgen des Rechtsnachfolgers abhäng machen; für den Fall der Beerbg des Erbl dch mehrere Erben kann auch bestimmt werden, daß die Mitgliedsch endet, wenn sie nicht innerh einer im Statut festgesetzten Frist einem MitE allein überlassen worden ist (GenG 77 I, II; dazu Hornung Rpfleger **74**, 3/9, **76**, 37 (eingehd Darstellg); LG Kassel Rpfleger **76**, 61; **77**, 62; Köbler aaO 10 ff; MüKo/Leipold Rz 31). – Über Fortsetzg einer KGaA mit den Erben des Komplementärs (AktG 289, HGB 139) s Durchlaub BB **77**, 875; Langenfeld/Gail I Rz 120.

h) Vermögensrechtliche Beziehungen sind vererbl, auch noch werdende od schwebende RBeziehgen; bedingte od künftige Rechte; AnwartschRechte; Bindgen u Lasten (BGH **32**, 367; Johannsen aaO 914 f; Schröder, Zum Übergang variabler Verpflichtgen auf den Erben, JZ **78**, 379). **Beispiele**: Das AnfechtgsR nach § 119 (BGH NJW **51**, 308); Wirkkraft einer WillErkl (§ 130 II); Abschl eines vermögensbezogenen Vertr dch vollmachtlosen Vertreter des Erbl kann vom Erben genehmigt werden (Hamm Rpfleger **79**, 17); das WiderrufsR nach § 178 (SchlHOLG SchlHA **65**, 277); das AnkaufsR (OGH DNotZ **51**, 124); das Recht zur Annahme eines VertrAntr (§ 153); Vererblichk von ErsAnspr (BGH **LM** Nr 249 (Hd) Nr. 15); das zeitl beschränkte persönl VorkR (§ 514 S 2; s LG Stgt BWNotZ **74**, 85); die KreditbürgschVerpfl (§ 765; BGH **LM** Nr 10). – Im **Höferecht** vererbt sich der Anspr auf Übertr des Eigt an einem Erbhof nach den für die Erbfolge in Erbhöfe geltden Bestimmgen (BGH RdL **68**, 293 mAv Barnstedt); vererblich ist auch der Anspr auf Übereigng eines Hofes aus einem ÜbergabeVertr (Hamm MDR **49**, 175; BGH **LM** Nr 7 zu § 17 HöfeO; bestr; s Lüdtke-Handjery, HöfeO 17 Rz 122); der AusglAnspr nach § 13 I HöfeO (BGH **37**, 122); s aber auch BGH NJW **65**, 819 (kein Übergang der AusglPfl) mit zu Recht abl Anm v Rötelmann, dazu auch Lukanow RdL **65**, 194; Rechte u Pflichten des Jagdpächters (Düss MDR **76**, 140). – Der AusglAnspr des **Handelsvertreters** nach § 89b HGB kann bei dessen Tod von den Erben geltd gemacht werden (BGH **24**, 214 mAv Selowsky in **LM** § 89b HGB Nr 2, dazu Erman/Schlüter Rz 46). – Vererbl sind weiter das öffentl Sondernutzgs R an einem bestimmten Friedhofsteil (**„Wahlgrab"**), Beyer NJW **58**, 1813 (RNachfolger dürften aber wohl eher die Angeh sein, § 1968 Anm 2). – Im **Familienrecht** sind vererbl die AusglFdg nach Beendigg des gesetzl Güterstandes (§ 1378 III); der AuskAnspr u die ErgänzgsAnspr (§ 1379 I, II; § 1390 I 1; Erm/Schlüter Rz 12). – Im **Erbrecht** ist vererbl das VorkR des MitE (§ 2034 II 2); das AusschlaggsR bei Erbsch (§ 1952 I) u Vermächtn (§ 2180 III); AnwR, vor allem das NachER (§ 2108 II); der PflichttAnspr (§ 2317 II); der ErbErsAnspr (§ 1934 b); zur Vererblichk des Anspr auf vorzeit ErbAusgleich s § 1934 d Anm 1 g; die WiedergutmachgsAnspr u die Ansprüche aus dem BEG mit den sich aus den einschläg Gesetzen ergebden Einschränkgen (Jordan JZ **51**, 166; Weißstein JR **54**, 96; RzW **57**, 297, **58**, 123). – Deliktische Verpflichtgen zum **Schadensersatz** ggü dem Erbl sind aber auf die dem Verletzten (Erbl) selbst zugefügten Nachteile begrenzt u bestehen nur in diesem Umfang den Erben zu (BGH NJW **62**, 913 mAv Larenz JZ **62**, 709); BGH FamRZ **68**, 308 (Aufoperggsschaden). Bei Insassenunfallversicher fällt Anspr auf Auskehr der vom VersNehmer einbezogenen VersSumme grdsätzl in Nachl des tödl verunglückten Insassen (BGH **32**, 44; BFH NJW **63**, 1223; Oswald, VP **70**, 57, Anm 3c). – Über Vererbg von **Unterlassungspflichten** s Gaa, AcP **161**, 433, aA Brehm, JZ **72**, 225 (Nachfolge in dingl UnterlassPfl); Heinze, Rechtsnachfolge in Unterlassen, 1974, S 167ff; Schröder, Zum Übergang inhaltl variabler Verpflichtungen auf den Erben, JZ **78**, 379. – Keine Vererblichk des Anspr auf Abschl eines VeräußergsVertr über ein Kaufeigenheim (§§ 55, 56 WoBauG), BGH **70**, 227.

i) Der Besitz ist vererbl (§ 857), auch wenn der Erbe weder vom Erbfall noch vom Eigenbesitz des Erbl Kenntn hatte (BGH **LM** § 836 Nr 6; dort auch über die VerkSichgPfl des Erben gem § 836), wohl aber der Gewahrs im strafrechtl Sinn (RGSt **34**, 254). Die tatsächl Sachherrsch entsteht erst mit der Besitzergreifg (s Celle NdsRpfl **49**, 199).

k) Eine Vollmacht, die der Erbl erteilt hat, erlischt bei seinem Tod idR nicht. Der Bevollmächtigte vertritt nun die Erben, aber beschränkt auf den Nachl. Diese (od der TV) können die Vollm widerrufen; widerruft nur ein Erbe, erlischt sie ihm nur (Einzelh s § 168 Anm 2 c). Hatte der Erbl eine AuflassgsVollm für GrdstVerkauf erteilt u ist der KaufVertr formnichtig, erstreckt sich dies grsl auch auf die Vollm (§ 139); dies gilt aber nicht, wenn die Vollm zur Sicherg der VertrVollziehg unwiderrufl üb den Tod hinaus erteilt war. Dann bindet sie auch die Erben, so daß es auf deren Willensübereinstimmg mit dem Käufer bei AuflassgsErkl nicht ankommt (BGH BB **89**, 1227). – Die Vollm kann auch von vornherein nur auf den Todesfall erteilt werden (s Einf 6 vor § 2197). Die Erteilg einer postmortalen Kontovollmacht stellt aber keine Vfg des Erbl üb das Guthaben dar, weil dieses auch dann in den Nachl fällt, wenn es der Vfgsgewalt eines Bevollmächtigten unterliegt (Köln ZIP **88**, 1203). – Eine dem Erbl erteilte Vollm erlischt iZw mit seinem Tod (§ 168 Anm 2b; Hopt ZfHK **133**, 305).

l) Treugut gehört zum Nachl des Treuhänders (KG HRR **31**, 1866; vgl § 903 Anm 6b).

Erbfolge § 1922 3, 4

m) Der Name (§ 12) überträgt sich von den Eltern auf das Kind (vgl § 1616), jedoch insow nicht im Erbübergang. Das Recht am Namen als PersönlichkR ist unvererbl (Staud/Boehmer Rz 156). – Es besteht aber ein fortwirkendes **Persönlichkeitsrecht** zum Schutz des Verstorbenen (§ 823 Anm 14 B e). S dazu BGH **50**, 133; BVerfG **30**, 173; Stein FamRZ **86**, 7; Westermann FamRZ **69**, 561; **73**, 614; Buschmann NJW **70**, 2081; MüKo/Leipold Rz 50, 51; Schwerdtner, Das PersönlichkR in der deutschen ZivGerbark, 1977, 101 ff (postmortales PersönlkR); Zimmermann NJW **79**, 569/573; BGH NJW **74**, 1371; LG Bückebg NJW **77**, 1065 (zur Wahrnehmg des PersönlkSchutzes).

n) Bei Dauerwohnrecht (WEG 31) und **Erbbaurecht** kann die Vererblichk nicht abbedungen werden (bestr; s WEG 33 Anm 2, ErbbRVO 1 Anm 4).

o) Bei der Besteuerung tritt der Erbe eines Steuerpflichtigen grdsätzl auch in die RStellg des Erbl ein. Er kann daher auch das WahlR nach § 26 EStG ausüben (BFH NJW **64**, 615); s die allg Regel in AO 45.

p) Ob ein Trust/Guthaben eines dtschn Erbl bei einer amerik Bank zum Nachlaß gehört, bestimmt sich nach dem dortigen Recht (BGH BB **69**, 197; s auch Ffm DNotZ **72**, 543; Haas, ErbschSteuer auf amerikan TrustVerm, ZGR **74**, 461).

q) Bei Grundstücken ist die RStellg aus erklärter Auflassg vererbl (§ 873 II; BayObLG **73**, 139; Tiedtke FamRZ **76**, 510/511). Ebso die Rechte aus einer für den Erbl laufenden Ersitzg (§ 943). – Zum **Vollzug** eines GrdstVertr nach dem Tod eines VertrBeteiligten **im Grundbuch** s Kofler RhNotK **71**, 671.

r) Bankrecht. Bankkonten gehen beim Tod des Kontoinhabers auf dessen Erben über, sofern nicht der Erbl die EinlageFdg dem Nachl auch einen mit der Bank geschlossenen Vertr zg Dr entzogen hat (dazu § 2301 Anm 4). Auch der sich aus der Geschäftsverbindg des Erbl ergebende AuskunftsAnspr (§§ 675, 666) geht auf den Erben über (BGH NJW **89**, 1601; Ffm MDR **66**, 503); dieser kann ihn an den PflichttBerecht, dem er seinerseits Auskunft gem § 2314 schuldet, abtreten (BGH aaO). – MitE können über das Konto nur gemeinsam vfgen (§ 2040l), die Bank kann an alle gemeinsam leisten (§ 2039), so daß bei ihr auch ein gemeinsames Und-Konto kr G entsteht. Zur Legitimation der Erben s Übbl 1c vor § 2353. Eine vom Erbl erteilte Vollm besteht fort (s oben k); zur Vollm auf den Todesfall s Einf 6 vor § 2197; sie stellt keine Vfg des Erbl üb das Guthaben dar (Köln ZIP **88**, 1203). – Beim **Gemeinschaftskonto**, idR ein Oder-Konto mit alleiniger VfgsBerechtigg jedes Mitinhabers, ändert sich im Innenverhältn der Kontoinhaber dch den Eintritt der Erben nichts an der Berechtigg bezügl der EinlageFdg. Diese bestimmt sich weiterhin nach den (auch konkludent) getroffenen Absprachen der Kontoinhaber; nur wenn eine solche fehlt, steht das Guthaben den Inhabern zu gleichen Teilen zu (§ 430) unabhängig davon, aus wessen Mitteln es stammt. Allerd können die Kontoinhaber über ihre Guthabenanteile auch dch RGesch unter Lebenden vfgt haben, zB sich ihre Anteile aufschiebend bedingt auf den Todesfall abgetreten haben. Eine solche Abtretg bedarf keiner Form, bei Eheleuten uU nicht einmal einer exakten rechtl Vorstellg (s § 2301 Anm 3a, bb) und ist dann eine zu Lebzeiten vollzogene Schenkg vTw iS von § 2301 II; sie führt allerd auch zur Haftg. – Ebenso gilt auch für den **Treuhandvertrag** des Erbl mit der Bank betr Vfgen über Wertpapiere nach seinem Tod (BGH WM **76**, 1130). – Über rechtl Behandlg der „Anderkonten" des RA, Notars nach dessen Tod s Soergel/Stein Rz 40. – Zur AnzeigePfl der Bank ggü dem FinA nach dem Tod des KontoInh s ErbStG 33, ErbStDV 5. Das Bankgeheimn entfällt (s Liesecke WM **75**, 238/248). – Zur AuskErteilg über Steuerverhältnisse des Erbl s BMdF BB **81**, 963. – Zum Besitz u EigentumsÜbergang am Inh eines **Schrankfachs** s Oldbg JuS **78**, 54; Werner JuS **80**, 175.

4) Unvererbliche Rechte sind idR die **höchstpersönlichen** (Hamm Rpfleger **79**, 17), zB an die Person des Berechtigten geknüpfte Altenteilsrechte (Hamm RdL **63**, 70). Mit dem postmortalen Schutz des Verstorbenen üb die vermögensrechtl Abwicklg hinaus, insbes seiner Person u seinen Werken befaßt sich Schack JZ **89**, 609.

a) Mit dem Tod erlöschen ferner: Der Anspr auf Bereitstellg eines Ersatzraums (LG Mü MDR **63**, 137); der **Nießbrauch**, § 1061 (s dazu LG Traunstein NJW **62**, 2207; GrdstEigtümer kann sich ggü Nießbraucher verpflichten, nach dessen Tod dessen Erben neuen Nießbrauch zu bestellen); die beschränkten persönl **Dienstbarkeiten**, § 1090 II (vererbl uU aber Anspr auf Bestellg einer beschränkten persönl Dienstbark, BGH **28**, 99); die **Mitgliedschaft** bei einem rechtsfäh Verein, soweit nicht die Satzg ein anderes bestimmt, §§ 38, 40 (es kann Anspr auf Aufn des Erben bestehen, Lange/Kuchinke § 5 V 3d) und ebso die Mitgliedsch bei einem nicht rechtsfäh Verein (Staud/Boehmer Rz 162) od bei einer Gesellsch, sofern nicht der GesVertr etwas anderes bestimmt (§ 727 I; s oben 3c); das erstzt unbeschränkte **Vorkaufsrecht**, § 514 (dazu wg des subj-persönl dingl VorkR § 1094 Anm 5 a); die auf Schenkg beruhde **Rente**, sofern sich nicht aus dem Verspr ein anderes ergibt (§ 520); iZw die **Leibrente**, § 759 I; and auch ein der Witwe von Todes wg zugewendetes HolzeinschlagsR zur Sicherg der Altersversorgg (Hamm RdL **63**, 70); der Anspr auf **Ersatz des immateriellen Schadens** wg der KranzgeldAnspr, es sei denn, daß er durch Vertr anerkannt od rechtshängig geworden ist (§§ 847, 1300 II). – Auch **Unterhaltsansprüche** sind regelm unvererbl, § 1615 f, § 1586 (s auch §§ 1587 k, m); die UnterhPfl geht jedoch im Fall des § 1586b auf die Erben über (vgl Erman/Schlüter Rz 41; zu § 1712 aF s BGH NJW **75**, 1123). Unvererbl sind auch die **Familienrechte** wie die elterl Gewalt (Mü JFG **14**, 38), soweit nicht überw vermögensrechtl Art sind; daher kein VatersAnerkenntn (§§ 1600a ff) dch die Erben (KG JFG **22**, 227). – Zur Unvererblichk des VersorggsAusglAnspr s § 1587 e II, 1587 k II je mit Anm 3. – Unvererbl ist grdsätzl auch die **Verwaltgsbefugnis** der privaten Amtsträger wie NachlPfleger u -Verw, KonkVerw, TestVollstr. Vererbl aber sind die Einzelansprüche aus der Amtstätigkeit (Erman/Schlüter Rz 43).

b) Leichnam, Skelett und Asche des Erbl sind in ihrer rechtl Einordng umstritten. Sie gehören jedenfalls nicht zum Nachl. Nach hM sind sie zwar als Sachen anzusehen (str), stehen aber in niemandes Eigentum (s Übbl 4b vor § 90). Bestimmgen darüb können aber die nächsten **Angehörigen** im Rahmen der Totenfürsorge treffen (s § 1968 Anm 2). Während der Dauer der Totenehrg sind sie herrenlos (Kiel FamRZ **86**, 57). – Die mit der Leiche fest verbundenen künstl Körperteile gehören zur Leiche, teilen also während der Verbindg deren Schicksal u sind nicht vererbl (s § 90 Anm 2); jedoch haben die Erben ein ausschließl AneigngsR, dessen Ausübg aber ev von der Zust der Angeh abhängt, denen die Totensorge obliegt. Einzeln s Übbl 4b vor § 90. Zum Recht am Herzschrittmacher u an getrennten Körperteilen s § 90 Anm 2; Weimar JZ **79**, 363; Görgens JR **80**, 140. – Zur **Transplantation** von Körperorganen Verstorbener s Zimmermann NJW **79**, 569/573; Übbl 4b vor § 90; AG Bln FamRZ **78**, 633; Soergel/Stein Rz 20 (auch zu Transplantationsklauseln in KrankenhausVertr); Behl, Organtransplantation DRiZ **80**, 342. – Die Widmg des eig Körpers zur Verwendg in der Anatomie od zu Transplantationen bedarf keiner bes Form (bestr); der Wille des Verstorbenen muß aber eindeut zu ermitteln sein (s Schlüter § 6 IV 1b aa; Soergel/Stein aaO; Epple BWNotZ **81**, 31). Ein TransplantationsG ist in Vorbereitg (BT-Drucks 8/2681; dazu Sturm JZ **79**, 697, Karstens, Deutsch ZRP **79**, 282, **82**, 174). S auch § 1968 Anm 2c.

5) Einsicht in Krankenpapiere. War der Erbl vor seinem Tod in ärztl Behandlg, hatte er als Patient aus dem BehandlgsVertr einen NebenAnspr auf Einsicht in die ihn betreffenden Krankenunterlagen, der ggf auf obj Feststellen u Behandlungsdaten beschränkt werden kann (BGH **85**, 327; 339 mAv Ahrens NJW **83**, 2609). Dieser Anspr ist nicht zwingend ein höchstpersönl, sond kann aus wirtschaftl Belangen (zB SchadErs) nach seinem Tod auf seine Erben übergehen (§ 1922), soweit ihm nicht die ärztl Schweigepflicht entggsteht, die im Grdsatz auch im Verhältn zu nahen Angehörigen des Patienten und auch über dessen Tod hinaus gilt (BGH NJW **83**, 2627; Anm 6). Wenn der Arzt nicht von sich aus zur Offenlegg bereit ist, weil er bei gewissenhafter Prüfg Belange des verstorb Patienten nicht berührt sieht, muß der Erbe die Umstände konkret darlegen, aus denen er seinen nur dch die feststehende od mutmaßl Einwilligg des Verstorbenen gerechtfertigten RAnspr auf Einsicht herleitet. Ist er hierzu überzeugend in der Lage, hat dann der Arzt darzulegen, daß und unter welchen allg Gesichtspkten er sich aus Gründen der Schweigepflicht an der Einsichtsgewähr und Offenlegung gehindert sieht. Hierzu ist in BGH aaO grdsätzl ausgeführt: Nur der Arzt selbst kann entscheiden, ob der Bruch des Arztgeheimnisses gerechtfertigt ist. Er kann und muß nahen Angehörigen die Kenntn von Krankenunterlagen verweigern, wenn der Schutz des ihm entgegengebrachten Vertrauens dies gebietet, insbes wenn sie dem geäußerten od mutmaßl Willen des Verstorbenen widerspricht. Bei seiner Gewissensentscheidg muß er aber auf alle Belange, auch die des Einsichtbegehrenden, abstellen und insbes prüfen, ob nicht dch das Ableben ein noch vorher bestandenes Geheimhaltgsinteresse entfallen ist. Sachfremde Erwägen wie die Befürchtg, daß eigenes od fremdes Verschulden aufgedeckt würde, berechtigen den Arzt nicht zur Verweigerg.

6) Zeugnisverweigerungsrecht. Die öff-rechtl Pflicht, als Zeuge vor Gericht auszusagen, unterliegt gewissen gesetzl Einschränkgen. Ein Recht zur Verweigerg hat zB der behandelnde **Arzt** hinsichtl solcher Tatsachen, die er in dieser Eigensch u Tätigk a Grd seiner Vertrauensstellg erfahren hat (BGH **40**, 288; **91**, 392); grdsl der **Rechtsanwalt** od **Notar**, der bei TestErrichtg mitgewirkt hat, wobei allerd die Klarstellg der wirkl Willens eines Testators nicht unter die VerschwiegenheitsPfl fällt, weil der Erbl gerade diesen Willen nicht geheimhalten will (Köln OLGZ **82**, 1; **86**, 59). Die Frage, ob u von wem ein Zeuge noch nach dem Tod des Geschützten von seiner Verpflichtg zur Verschwiegenh **befreit** werden kann (s zB ZPO 385 II mit 383 I Nr 4, 6), ist differenzierend zu beantworten; s zB Stgt OLGZ **83**, 6 (Steuerberater); Köln aaO (RA; Notar). Mü DNotZ **81**, 709 mAv Kanzleiter S 662 (Notar); BayObLG **66**, 86 (Notar), **86**, 323 (Arzt). Auszugehen ist von dem Grdsatz, daß der Geheimnisschutz u damit auch die SchweigePfl noch nach dem Tod des Patienten (Mandanten) fortbesteht; nur soweit die geheim zu haltenden Tatsachen dem vermögensrechtl Bereich zuzuordnen sind, geht mit dem Vermög (§ 1922) auch die BefreiungsBefugn des Erbl auf den Erben über (Stgt aaO). Dagg unterliegen Tats aus der höchstpersönl Sphäre des Verstorbenen, zu denen auch solche üb die Testierfähigk gehören (BGH **91**, 398; BayObLG **86**, 332), dem Willen des Erbl, aber nicht der Disposition der Erben od der nächsten Angehörigen (Stgt aaO; BayObLG aaO). Eine Befreiung des Zeugen hängt also vom (auch konkludent) erklärten Willen des Verstorbenen ab; läßt sich solcher nicht feststellen, von seinem mutmaßl. Kein ZeugnisverweigersR besteht, wenn der mutmaßl Wille des Erbl dahin geht, daß er unter Berücksichtigg seines wohlverstandenen Interesses u seiner persönl Belange auf Geheimhaltg verzichten würde. Ist ein solcher Wille zweifelh, liegt die Verantwortg beim Geheimnisträger (BGH; Stgt; BayObLG je aaO). Dieser (zB der Arzt) ist dann aber in seiner Entscheidg nicht völlig frei, sond hat nur einen Entscheidgsspielraum dahin, ob bei gewissenhafter Prüfg der persönl Belange des Verstorbenen er sich von seiner SchweigePfl als entbunden ansehen kann (s Anm 5). Da er bei sachfremden Gesichtspkten zur Aussage verpflichtet ist, hat er dem Gericht darzulegen, auf welche Belange er eine Weigerg stützt (BGH aaO; BayObLG aaO). Allg Gründe des Gewissens oder des Standesethos reichen nicht aus, weil die SchweigePfl dem Schutz des Patienten u nicht des Arztes dient (s Anm 5); auch ist anerkannt, daß die Aufklärg von Zweifeln an der Testierfähigk im wohlverstandenen Interesse eines Erbl liegt, der ein Test errichtet hat (BGH aaO; KG OLGZ **29**, 118; BayObLG aaO). Es kommt daher auf die Lage des Einzelfalls an. – Bei Verweigerg ergeht üb ihre Berechtigg Zwischenentscheid, die mit sof Beschwerde anfechtbar ist (BayObLG aaO). – S auch § 1937 Anm 3c; StGB 203 III S 2; Solbach DRiZ **78**, 207 (zum Strafprozeß).

7) Nicht zum Nachlaß eines verstorbenen Versichergsnehmers gehören Anspr aus einer **Lebensversicherung** od Kapitalversicherg auf den Todesfall, sofern im Versichergsschein die Versicherg zur Leistg an einen **Bezugsberechtigten** verpflichtet wurde. Der Anspr auf die Versichergssumme entsteht dann unmittelb in der Person des BezugsBerecht (BGH **32**, 47; § 330 Anm 2a). Dies gilt auch dann, wenn die Benenng des BezugsBerecht widerrufl ist (Stgt NJW **56**, 1073; s dazu § 330 Anm 2b) od der bezugsberecht Ehegatte beim Tod des Erbl von diesem geschieden ist (s aber § 2077 Anm 4). Sind bei einer Kapitalversicherg als BezugsBerecht „die Erben" bestimmt, ist nach der Ausleggsregel in VVG 167 II im Zw anzunehmen, daß sich der RErwerb außerhalb des Erbrechts vollzieht u bezugsberechtigt diejenigen sind, die beim Erbfall zu Erben berufen sind, selbst wenn sie ausschlagen (zur entspr Anwendg von § 2066 S 1 s Damrau FamRZ **84**, 443). Bei Rentenversicherg ist dies Ausleggsfrage. Zum Fall der Bezeichng des BezugsBerecht mit **Ehefrau** s § 330 Anm 2a. – Unterblieb die Angabe eines Bezugsberechtigten, gehört der Anspr zum Nachl; zB fällt die FlugVersSumme in den Nachl des tödl verunglückten Fluggastes (FG Brem VersR 77, 73; s auch BFH NJW 79, 944). – Leistgen aGr eines **Vertrags zu Gunsten Dritter** auf den Todesfall (§ 331) gehören nicht zum Nachl des Gläubigers (Einf 3 vor § 328; § 2301 Anm 4). – Bei **Bausparverträgen** s zur rechtl Bedeutg des Todes des Bausparers EStG 10 VI Nr 2; WohngsBauprämienG idF v 10. 2. 82 (BGBl 131) 2 II 3 u dazu Jansen Betr **71**, 1342; auch BFH WM **73**, 1276; **74**, 580. Zur Ablösg eines dch GrundpfandR gesicherten Bauspardarlehens dch eine vom Erbl abgeschl Risikolebensversicherg s BGH MDR **80**, 386.

8) Der Übergang öffentlich-rechtlicher Ansprüche u Pflichten ist nicht nach bürgerl Recht zu beurteilen. Er ist vielmehr nach dem Zweck der jeweiligen öffrechtl Vorschr versch geregelt (BVerwG **16**, 68 zum RÜbergang von Beihilfeansprüchen beim Ableben eines Beamten). Jedoch kann der Rechtsgedanke des § 1922 bei Fehlen ausdrückl Vorschriften über die Vererblichk entspr angewendet werden, BVerwG **21**, 302 (Vererblichk von Ansprüchen auf Ermessensentscheidg bezügl beamtenrechtl Versorgg); BGH NJW **78**, 2091. – **Einzelfälle:** Im **Beamtenrecht** sind unvererbl das BeamtVerhältn (ü auch das AngestVerh) u die GehaltsAnspr (RG **93**, 110), bei letzteren der rückständ u auf den Sterbemonat eines Beamten treffenden Beträge (BeamtVG 17); doch steht uU den Hinterbliebenen Sterbe-, Witwen- u Waisengeld selbständ zu (BeamtVG 18 ff). – **Beihilfeansprüche** sind nicht vererbl (BVerwG ZBR **83**, 106); der Test-Vollstr eines verstorb Beamten ist nicht befugt, BeihilfeAntr zu stellen (BayVGH BayVerwBl **83**, 698). – Im Hinbl auf die höchstpersönl Natur des Ausschließg von Lastenausgleichsleistgen (LAG 360 I) findet eine Fortsetzg eines derartigen Verf (FeststellgsG 41) gg die Erben nicht statt (BVerwG **28**, 59). – Eine RNachf des Erben in **Polizei- u Ordnungspflichten** ist, soweit es sich nicht um höchstpersönl Rechte u Pflichten handelt, grdsätzl zu bejahen; dies gilt zB für Verhaltenspflichten, die dch ErsVornahme erzwungen werden können (s Ossenbühl, NJW **68**, 1992; auch Bettermann, Rimann DVBl **61**, 921; **62**, 533; BayVGH JuS **70**, 590, dazu Wallerrath JuS **71**, 460); Oldiges, Rechtsnachfolge im Polizei- u OrdngsR, JA **78**, 541, 616). – Über Rechtsnachfolge im BauordngsR s BVerwG NJW **71**, 1624 u dazu Martens, JuS **72**, 190; auch VGH Kassel NJW **76**, 1910; **77**, 123 mit Anm v Stober. – Anspr auf **Blindenhilfe** nach BSHG 67 wird jedenf dann nicht vererbl, wenn sie bis zum Tode des Hilfesuchden noch nicht zugesprochen u ihre Gewährg auch nicht wg säumigen Verhaltens der Beh unterblieben ist (BVerwG **25**, 23); ähnlich für die Eingliedergshilfe nach BSHG 40 BVerwG MDR **69**, 79. – **Wohngeldansprüche** sind ohne Rücks darauf, ob das Wohngeld schon festgesetzt war, jedenf dann vererbl, wenn der verstorbene AntrSteller Alleinmieter der Wohng war (BVerwG MDR **69**, 79). Anspr aus dem II. WoBauG 56 I mit 55 I sind nicht vererbl (BGH **70**, 227 mit Anm zu **LM** Nr 21 zu 2. WoBauG). – Unvererbl ist der Anspr auf Erteilg einer Genehmigg der **Selbstbenutzung** (sog Bauherrnprivileg) nach WoBindgG 6 II 3 (BVerwG NJW **87**, 3212). – Im **Zivilprozeß** rücken die Erben kr G in das ProzeßVerhältn des Erbl ein, da die RStellg einer Partei vererbl ist (BGH **104**, 1). Ob dies auch für die Rechte aus der Bewilligg von Prozeßkostenhilfe für den Erbl gilt, ist str, aber hinsichtl der vor dem Erbfall entstandenen Kosten zu bejahen (s Düss MDR **87**, 1032; KG Rpfleger **86**, 281; Bielefeld Rpfleger **89**, 113; aA Ffm Rpfleger **85**, 123). Bei TestVollstrg s §§ 2212, 2213. Unvererbl ist dagg das Recht auf Erhebg der Restitutionsklage nach ZPO 641i (Stgt FamRZ **82**, 193). – Im **Strafverfahren** ist das Recht des Verletzten gem StPO 170 II zum Betreiben des KlageerzwinggsVerf unvererbl (hM; zB Stgt NJW **86**, 3153). – Zur RStellg des Erben in der **Zwangsvollstreckung** s allg Stöber[8] Rz 1481; Noack JR **69**, 8.

1923 *Erbfähigkeit.* [I] Erbe kann nur werden, wer zur Zeit des Erbfalls lebt.
[II] Wer zur Zeit des Erbfalls noch nicht lebte, aber bereits erzeugt war, gilt als vor dem Erbfalle geboren.

1) Aktiv erbfähig ist jeder Mensch. EG 87, der früh die Mitgl von Orden u Kongregationen in der Erbfähigk beschränkt hat, wurde dch Teil II Art 2 GesEinhGes aufgeh. EG 88 (Vorbeh staatl Gen beim Erwerb von Grdstücken dch Ausländer) ist ohne prakt Bedeutg (s dort). – Erbfähig ist auch die **juristische Person** (vgl § 2101 II), soweit sie zZ des Erbf rechtsfähig besteht (für Stiftg s § 84; Kuchinke FS Neumayer 389ff), sowie die OHG (§ 124 HGB) als gesamthänderische Gemsch der Teilhaber. EG 86 ist hins inländ jur Person aufgeh (Teil II Art 2 GesEinhGes). – **Nicht rechtsfähige Vereine** sind in dem Sinn erbfähig, als Erwerb vTw unmittelbares Vermögen des Vereins wird (MüKo/Leipold Rz 30; Habscheid AcP **155**, 400; aM RGRK Rz 17 zu § 54, der Zuwendg an Mitglieder mit Verpflichtg zur Übertragg auf den Verein annimmt). KG JFG **13**, 133 nimmt an, daß die Erbeinsetzg eines nicht rechtsf Vereins uU als ein Vermächtn zG der jeweiligen Mitgl ausgelegt werden kann.

2) Ausnahmen. – **a)** Wer **vor** oder **gleichzeitig** mit dem Erbl gestorben ist, kann nicht Erbe od NachE od VermächtnNehmer sein (§§ 2108 I, 2160). In diesen Fällen wird die Berufg des Erben u VermächtnNehmers sowie die Anordng der NachErbf hinfällig. Nach VerschG 11 wird gleichzeitiger Tod vermutet, wenn nicht bewiesen werden kann, daß von mehreren verstorbenen od für tot erklärten Menschen der eine den anderen überlebt hat (vgl Völker, RVerhältniss beim gleichzeitigen Tod, NJW **47**/48, 375; Werner, ZugewinnAusgl bei gleichzeit Tod der Eheg, FamRZ **76**, 249). Stirbt aber der NachE zwar vor der VorE, aber nach dem Erbl, vererbt sich iZw seine Anwartsch (§ 2108 II).

b) Auch der Verschollene kann Erbe sein, wenn er den Erbf erlebt. Für ihn gilt die Lebensvermutg des VerschG 10. Diese endet aber mit dem in VerschG 9 III, IV, bei Kriegsvermißten mit dem in Art 2 § 2 III VerschÄndG bestimmten Ztpkt (Ffm OLGZ **77**, 407). Mit dem Aufhören der Lebensvermutg endet auch die Vermutg, daß der Verschollene Erbe wurde (s Köln FamRZ **67**, 59). – Die gleiche Wirkg tritt ein, wenn der Verschollene für einen vor dem Erbf liegenden Ztpkt für tot erkl wird (VerschG 9 I). In allen Fällen ist aber auf der GgBew zul, daß der Verschollene den Erbf erlebte (RG **60**, 198; vgl hierzu Holthöfer, Die Erbsch des vermißten Soldaten NJW **49**, 248; Arnold MDR **49**, 600; auch KG FamRZ **63**, 467/469). – Ob mehrere zu verschiedenen Zeiten für tot erklärte Personen mangels eines bestimmten Beweises trotzdem als gleichzeitig verstorben gelten (VerschG 11), ist streitig (vgl BGH NJW **74**, 699 mit Anm v Wüstenberg **LM** § 11 VerschG Nr 1; KG FamRZ **67**, 514; s auch BGH WM **74**, 1256). S auch Ripfel, Das Test für den Fall des gemschaftl Unfalltodes von Eheg, BB **61**, 583; Sachse, Berichtigg v Sterbeeinträgen oder Todeszeitfeststellgen im ErbschVerf StAZ **80**, 179; BayObLG **79**, 427; **81**, 79 (Auslegg d Worte „falls uns beiden etwas zustößt" im gemschaftl Test); Stgt OLGZ **82**, 311.

c) Der Erbverzichtende gilt als nicht mehr lebend (§ 2346 I 2). S auch § 1934e über die Rechtswirkgen des **vorzeitigen Erbausgleichs**.

3) Leibesfrucht. Der zur Zeit des Erbfalles **bereits Erzeugte** gilt, wenn er lebend zur Welt kommt (§ 1 Anm 1, 3), als vor dem Erbfall geboren – Fiktion (s Diederichsen NJW **65**, 671/675); s hierzu Fabricius, FamRZ **63**, 404, 410. Der Anfall der Erbsch (§ 1942) erfolgt aber erst mit der Geburt (KGJ **34** A 79). Bis dahin kommt nur ein Teilerbschein (§ 2357 Anm 2) in Betracht. Für die Zwischenzeit ist Pflegsch nach §§ 1912, 1960 anzuordnen, die mit Geburt kraft G (§ 1918) endet (s BayObLG **83**, 67; s auch § 1708). Fürsorge für die Mutter §§ 1963, 2141; s auch §§ 1615k ff. Aufschub der Erbauseinandersetzg ist die Folge (§ 2043). – Die Tats des Erzeugtseins ist nicht nach der Empfängniszeit (§ 1592), sond durch freie Beweiswürdigg zu ermitteln; anders, wenn die Erbberechtigg von der Bejahg der ehel od nichtehel Abstammg abhängt, so dann ges gesetzl ErbR u PflichttR (MüKo/Leipold Rz 16). – Zum SchadensErsAnspr des Leibesfrucht s BGH FamRZ **72**, 202; Paehler ebda 189. – Bei **Totgeburt**, Fehlgeburt (vgl hierü die Begriffsbestimm in AV PStG 29; Sachse StAZ **80**, 270) od Tod der Mutter samt Leibesfrucht vor der Geburt fällt die Erbsch an den zur Zeit des Erbfalls Nächstberufenen (§ 2094 Anm 1b). – Bei einer **Stiftung** gilt nach § 84 der Abs II entspr; § 1923 II gilt aber nicht für in Entstehg befindl jur Personen (s aber § 2101 II; RGRK Rz 7 und zur Stiftg BayObLG **65**, 77). – Der **noch nicht Erzeugte** ist iZw NachE (§ 2101 I), dh ungewisser Nacherbenanwärter. Er kann aber VermächtnNehmer sein (§§ 2162 II, 2178).

4) Relative Erbunfähigkeit. Notare, Dolmetscher, VertrauensPers, die bei der Beurk eines öffentl Test od eines ErbVertr mitwirken, sind für Zuwendgen dch die beurkundete Vfg relativ erbunfäh (BeurkG 7; 16 III; 24 II mit 27; s auch § 2249 I 3, 4; § 2250 I; Erman/Schlüter Rz 5).

1924 Gesetzliche Erben erster Ordnung.
I Gesetzliche Erben der ersten Ordnung sind die Abkömmlinge des Erblassers.

II Ein zur Zeit des Erbfalls lebender Abkömmling schließt die durch ihn mit dem Erblasser verwandten Abkömmlinge von der Erbfolge aus.

III An die Stelle eines zur Zeit des Erbfalls nicht mehr lebenden Abkömmlinges treten die durch ihn mit dem Erblasser verwandten Abkömmlinge (Erbfolge nach Stämmen).

IV Kinder erben zu gleichen Teilen.

1) Subsidiarität. Die ges Erbfolge der Verwandten (§§ 1924 ff) u des Ehegatten des Erbl (§ 1931) sowie zuletzt des Staates (§ 1936) tritt hinter eine vom Erbl gewollte u formgerecht erklärte zurück. Die ges Erben kommen also nur zum Zuge, wenn der Erbl die Erbfolge nicht abweichend dch rechtsgült Vfg vTw geregelt hat (§§ 1937, 1941; 2088, 2089; 2104) oder wenn der eingesetzte Erbe ersatzlos wegfällt (zB nach §§ 1953; 2344).

2) Verwandtenerbfolge. Entscheidend für die ges Erbfolge ist Verwandtsch im RSinne (§ 1589) u nicht im biologischen Sinn (BGH NJW **89**, 2197). Die Abstammg im biolog Sinn führt zwar idR, aber nicht notwendig zum ges ErbR (zB nichtehel Kinder, die vor dem 1. 7. 49 geboren sind). Umgekehrt sind auch solche Kinder Verwandte iS der ges Erbfolge, die als ehel gelten, obwohl sie nicht blutsverwandt sind (s § 1593; od angenommene Kinder). – Zur Bestimmg der Reihenfolge, in der die Verwandten zum Zuge kommen, werden sie in §§ 1924–1929 in **Ordnungen** (Parentelen) eingeteilt. Dch dieses System, in dem jeder Angehörige einer vorhergehenden Ordng alle Verwandten der späteren Ordngen ausschließt (§ 1930), ist also die Gradnähe der Verwandtsch nicht entscheidend. – Innerhalb der Ordng gilt der Grunds der **Erbfolge nach Stämmen** (dazu Anm 5) u das **Linearsystem** (dazu Anm 4), innerh der Stämme die **Erbteilung nach Köpfen** zwischen ebenso gleich nahen Erben (dazu Anm 6).

3) Die Abkömmlinge des Erbl bilden die **erste Ordnung,** also die mit ihm in gerader absteigender Linie verwandten Personen (Kinder, Enkel, Urenkel usw), auch wenn sie aus verschiedenen od geschiedenen Ehen stammen. Allerd führt die natürl Abstammg nicht notwend zum ErbR, sond nur die rechtl anerkannte (s Anm 2). Gemäß dem FamilienR ist also zwischen ehelichen, nichtehelichen und angenommenen Kindern zu unterscheiden:

a) Eheliche Kinder sind die während besteher Ehe od innerh einer Frist von 302 Tagen nach Auflösg der Mutterehe geborenen Kinder (Einzelh s §§ 1591 ff), so lange nicht die Ehelk nach § 1599 angefochten u eine rkräftige Feststellg der Nichtehelk erfolgt ist (§ 1593). Eine solche Feststellg wirkt dann auf den Ztpkt der Geburt zurück (s § 1593 Anm 2). – Ohne Einfluß auf die ehel Abstammg sind die Scheidg, Aufhebg od Nichtigerklärg (§ 1593 I 1 Hs 2) der Ehe. Kinder aus einer Nichtehe sind allerd stets nichtehel (s EheG 16). – **Ehelich sind auch** Kinder aus **anerkannten freien Ehen** rass u polit Verfolgter (G v 23. 6. 50, BGBl 226, mit Änd v 7. 3. 56, BGBl 104); aus **nachträglich geschlossenen Ehen** mit gefallenen Wehrmachtsangehör (G v 29. 3. 51, BGBl 215, mit Änd v 14. 6. 76, BGBl 1421). Einzelheiten dazu s in der 39. Aufl, EheG 13 Anh I u II. – **Nachgeborene Kinder** der Ehefrauen vermißter Männer erbrechtl nach §§ 1591, 1592 als ehel, wenn sie innerh von 302 Tagen nach dem festgestellten Todeszeitpkt geboren werden, falls ihre Ehelk nicht erfolgreich angefochten wurde (§§ 1595a ff); s dazu ausführl Soergel/Stein Rz 4. – **Die Rechtsstellung ehelicher Kinder** erlangen nichtehel geborene Kinder dch **Legitimation** inf nachträgl Eheschließg ihrer Eltern (§§ 1719, 1722), allerd nicht rückwirkd, sond erst ab Eheschließg (s § 1719 Anm 3) u damit nicht mit Wirkg für die vorher eingetretenen Erbfälle. Ferner dch **Ehelicherklärung** (§§ 1736; 1740f), die auch nicht zurück wirkt, aber das gesetzl ErbR stets verschafft, wenn sie nach dem Tod des Vaters erfolgt ist (§ 1733 III). Schließl dch **Annahme als Kind** (§ 1754); s dazu aber Anm c. –

Keine verwandtschaftl Beziehg u damit auch kein ges ErbR begründet die **Einbenennung** (§ 1618). Erbrechtl Probleme bei künstl Befruchtg untersucht Mansees FamRZ **86**, 756.

b) Nichteheliche Kinder (s dazu § 1705 Anm 1) sind gleichf Abkömmlinge und damit grdsl gesetzl Erben 1. Ordng. Dies gilt seit dem am 1. 7. 70 in Kraft getretenen NEhelG v 19. 8. 69 (BGBl 1243) auch im Verhältn zum Vater und dessen Verwandten, weil die frühere § 1589 II aufgehoben u damit die Fiktion beseitigt wurde, wonach das unehel Kind u sein Vater als nicht miteinander verwandt galten. Gleichzeit wurden aber auch die SonderVorschr über ErbersatzAnspr und vorzeit Erbausgleich (§§ 1934a bis e) eingeführt, dch die in bestimmten Fällen die RStellg eines gesetzl Erben ausgeschlossen wird. – **Übergangsrecht:** Obwohl die Vorschr des NEhelG grds auch die rechtl Stellg vor seinem Inkrafttreten geborene ne Kindes bestimmen (Art 12 § 1), macht die ÜbergangsVorschr des Art 12 § 10 (s EG 213 Anm 2) für das ErbR zwei zeitliche Einschränkungen, die aber für verfassungsgem erklärt worden sind (BVerfG **44**, 1): Neues Recht gilt nur, wenn der Erbfall unter oder nach dem **1. 7. 1970** eingetreten (Abs 1) und das Kind nicht vor dem **1. 7. 1949** geboren (Abs 2) ist. Da also für die erste Voraussetzg auf den Erbfall abgestellt wurde, beerbt das (nach dem 1. 7. 49 geborene) ne Kind die nach dem 1. 7. 70 verstorbenen Eltern seines Vaters auch dann, wenn sein Vater schon vor dem Stichtag verstorben war (BGH NJW **77**, 1338). Hat anderers der Vater seine Abkömml zu NachE berufen, sind seine ne Kinder nicht NachE geworden, wenn zwar der Nacherbfall nach dem 1. 7. 70 eingetreten, der Vater aber schon vor diesem Ztpkt gestorben ist. Beim früheren Rechtszustand bleibt es dagg für alle vor dem 1. 7. 70 eingetretenen Erbfälle sowie für alle vor dem 1. 7. 49 geborene ne Kinder (u deren Abkömml): das ne Kind hat dann kein ErbR nach seinem Vater (u dessen Verwandten) noch umgekehrt, kein PflichttR u keinen ErbersatzAnspr auf vorzeit Erbausgleich; wohl aber Unterhaltsansprüche gg die Erben nach §§ 1708 II, 1712 aF (s unten cc).

aa) Voraussetzung für das ErbR des ne Kindes nach seinem Vater (nicht aber auch umgekehrt des Vaters nach dem ne Kind) ist, daß die **Vaterschaft** feststeht. Dies ist gem § 1600a nur der Fall, wenn sie anerkannt (§§ 1600b bis m) od rkräftig gerichtl festgestellt (§§ 1600n iVm ZPO 640 II Nr 1 bzw FGG 55b) ist. Allerd durfte der GesGeber das gesetzl ErbR des Kindes nicht davon abhäng machen, daß die Vatersch bereits im Tode des ne Vaters anerkannt od festgestellt od zumindest Ggstand eines hierauf gerichteten Verfahrens sein mußte, wie dies § 1934c forderte. Diese nur für das ErbR gemachte Einschränkg verstößt gg GG 6 V u wurde daher vom BVerfG für nichtig erklärt (NJW **87**, 1007; s § 1934c Anm 1). – Wegen der vor dem 1. 7. 70 abgegebenen Anerkenntnisse, Unterhalts-Titel usw s NEhelG Art 12 § 3.

bb) Nur einen Erbersatzanspruch statt eines Erbteils nach seinem Vater erhält das ne Kind, wenn es mit **ehelichen Abkömmlingen** (bzw diesen gleichgestellten, zB für ehel erklärten oder angenommenen Kindern) oder mit der **Ehefrau** seines Vaters in einer ErbenGemeinsch **zusammentreffen** würde (§ 1934a I); es bleibt also Erbe, wenn die Ehefrau und die ehel Kinder dch Ausschlag, Ausschluß, Erbunwürdigk od Erbverzicht nicht zum Zuge kommen. Diese Grdsätze gelten auch beim Tod der väterl Verwandten. – Das ne Kind nimmt dann als NachlGläub am Wert des väterl Nachl teil dch einen auf Geld gerichteten erbrechtl Anspruch, dessen Höhe dem Wert des Erbteils entspricht, der ihm als MitE zustünde (§ 1934b) u für den grds die Vorschr über den Pflichtt, aber auch solche über das Vermächtn, sinngemäß gelten.

cc) Unterhaltsansprüche des ne Kindes gg den Erben seines vor dem 1. 1. 70 gestorbenen Vaters richten sich gem NEhelG Art 12 § 10 I 2 (s EG 213 Anm 2) nach § 1712 aF, auch der Höhe nach (BGH NJW **77**, 1338); es handelt sich um eine NachlVerbindlk (§ 1967). Starb der Vater aber erst am od nach dem 1. 7. 70, ist der UnterhAnspr des ne Kindes erloschen (§ 1615a iVm § 1615), weil das Kind als Ausgleich das ErbR beanspruchen kann; hat es aber kein ErbR (ErbersatzAnspr), weil es schon vor dem 1. 7. 49 geboren ist, bleiben abweichd von § 1615 die Erben zur Gewährg von Unterhalt verpflichtet, wenn der Vater dies beim Erbfall ggü seinem (volljährigen) ne Kind war (NEhelG Art 12 § 10 II 2). Die Erben sind aber berecht, das ne Kind nach § 1712 aF abzufinden (NEhelG aaO).

dd) Als Abkömmling schließt das ne Kind (od die an seine Stelle tretenden Abkömml) die Verwandten 2. Ordng von der gesetzl Erbfolge aus, also auch die Eltern des Vaters. Auch seine Beschränkg auf einen ErbersatzAnspr führt nicht zur Berufg von Verwandten der späteren Ordng (§ 1930). Als gesetzl Erbe (MitE) gelten für das ne Kind die allg Vorschr über die Gesamtnachfolge, Einreihg in die Erbenordng, Anfall u Ausschlag, Haftg für NachlVerbindlk, Mehrheit von Erben, Erbunwürdk, Erbverzicht, PflichttR (s dazu auch § 2338a Anm 1).

ee) Nicht berührt wird dch die Neuregelg des NichtehelichenRs die **Testierfreiheit** des Vaters od seines ne Kindes. Der Vater kann also sein ne Kind zu beliebigen Quoten zum Erben einsetzen (s zB SchlHOLG SchlHA **78**, 37/39) od es auch enterben, vorbehaltl des PflichttR (Stgt FamRZ **72**, 471), insbes ihm den ErbersatzAnspr entziehen, etwa dch Einsetzg eines od Erben (s § 2338a Anm 2). Der Erbl kann den ErbersatzBerecht auch als Erben einsetzen od ihm ein Vermächtn zuwenden. Dieses Vermächtn ist dann nicht auf den ErbersatzAnspr anzurechnen, es sei denn, daß der Erbl die Anrechng verfügt hat (BGH NJW **79**, 917).

c) Angenommene Kinder. Die Reform des AdoptionsR (s Einf 1 vor § 1741) dch das am 1. 1. 77 in Kraft getretene AdoptionsG v 2. 7. 76 (BGBl 1749) veränderte auch die erbrechtl Stellg des angenommenen Kindes (u umgekehrt des Annehmden). Dabei sind unterschiedl Folgen bei der Annahme eines Minderjährigen (Anm aa) od eines Volljähr (Anm bb) als Kind des Erbl zu beachten. Nicht zu den ges Erben gehören aber diejenigen Kinder, die von Verwandten des Erbl mit der Wirkg adoptiert worden sind, daß sich die dch Adoption begründete Verwandtsch nicht auf den Erbl erstreckt (§ 1770 I 1). – Ist die Adoption im Ausland erfolgt u die dortige Entscheidg anzuerkennen (FGG 16a), besteht Streit üb die Qualifikation des ges ErbRs (s Müller NJW **85**, 2056ff; KG FamRZ **88**, 434). BGH NJW **89**, 2197 hat entschieden, daß weder allein nach Erbstatut noch ausschließl nach dem Adoptionsstatut beantwortet werden kann, ob ein Adoptivkind ein ges ErbR hat; vielm beurteilt sich nach Adoptionsstatut, ob es zwischen Erbl u Kind zu einer so starken Verwandtsch kommen soll, wie das in dem für die Erbfolge maßgebenden Recht vorausgesetzt wird. – Auch die nach altem Recht erfolgten Adoptionen können dch die ges Neuregelg betroffen sein (s Anm cc).

aa) Annahme eines Minderjährigen. Das mj Kind (u dessen Abkömml) erhält mit seiner dch Beschluß des VormschG erfolgten (§ 1752; FGG 56e) Annahme als Kind ein ges ErbR (u PflichttR) nach dem Annehmenden u dessen Vorfahren. Nach dem Grdsatz der Volladoption erlangt es die volle RStellg eines ehel Kindes des Annehmenden (bzw der Ehegatten; § 1754), scheidet aus seiner leibl Familie völlig aus u ist nur noch mit den Adoptiveltern u deren Verwandten verwandt (§ 1755; der nach § 1767 aF früher mögl Ausschluß seines ErbR im AnnahmeVertr ist nicht mehr zugelassen). Gehen ihm somit entspr Erb- u PflichttRechte nach den leibl Eltern u deren Verwandten grsl verloren, macht das G hiervon doch einige **Ausnahmen** (dazu Dittmann Rpfleger **78**, 278ff): Nimmt ein Ehegatte ein Kind seines an u ist dieses nichtehel **(Stiefkindadoption),** erlöschen die VerwandtschVerh nur zu dem außerh der Ehe stehenden nichtehel Elternteil u dessen Verwandten (§ 1755 II), so daß nach dem Ehegatten-Elternteil u dessen Vorfahren ein ges ErbR des Kindes besteht; stammt das angenommene Kind aus einer früh, dch Tod (nicht anderweitig!) aufgelösten Ehe des and Ehegatten **(Halbwaisenadoption),** bleiben die VerwandtschVerh zu den Verwandten des verstorbenen Elternteils erhalten (§ 1756 II), so daß dem Kind ein ges ErbR nach den Eltern des Verstorbenen u nach dem Überlebden (u dessen Linie) zusteht, es also ges Erbe 1. Ordng nach 3 Großelternpaaren werden kann (eingehd Schmitt-Kammler FamRZ **78**, 570/573ff; Bsple bei Kemp RhNK **76**, 373/394 f.). – Bei der Annahme von Verwandten od Verschwägerten zweiten od dritten Grades, also zB dch Onkel od Tante **(Verwandtenadoption)** erlöschen die VerwandtschVerh des Kindes nur zu seinen Eltern, nicht aber auch zu seinen Großeltern (§ 1756 I), so daß es über die Großeltern auch mit seinen Geschwistern verwandt bleibt (die dann allerd nur Erben 3. Ordng nach § 1926 I sein können); das Kind kann also ges Erbe 1. Ordng nach seinen 2 leibl Großelternpaaren u nach dem dch die Adoption vermittelten -paar werden (s § 1927). – Bei der Annahme des **eigenen nichtehelichen Kindes** dch den ledigen Vater (§ 1741 III S 2) od die Mutter gilt dagg für das Erlöschen von VerwandtschVerh **keine** Ausnahme, so daß ein ErbR des Kindes nach den anderen leibl Elternteil über § 1755 I 1 erlischt (MüKo/Leipold Rz 14). – Eine **Aufhebung** des Annahmeverhältnisses ist mögl (§ 1759). Bei rkräft AufhebgsBeschluß des VormschG (FGG 56f III) entfallen alle erbrechtl Beziehgen zwischen dem Kind (seinen Abkömml) u den Adoptiveltern (u ihren Verwandten); dafür leben die zu seinen leibl Eltern (u deren Verwandten) wieder auf (§ 1764 II, III). Bei Eheg, die ein Kind angenommen haben, kann das AnnVerhältn auch nur zu einem allein aufgeh werden (§ 1763 II), so daß die erbrechtl Beziehgen zu dem and Eheg verbleiben, ohne daß das VerwandtschVerhältnis zur leibl Familie wieder auflebt (§ 1764 V). Einen Sonderfall regelt § 1766. – Die **Wirkungen** der Aufhebg treten nur für die Zukunft ein (§ 1764 I 1); eine Ausn hiervon macht allerd § 1764 I 2. Bereits eingetretene RWirkgen bleiben daher bestehen.

bb) Annahme eines Volljährigen. Hier ist die Adoptionswirkg beschränkt: Der Angenommene wird zwar ehel Kind des Annehmden (§§ 1767 II, 1754). Die Wirkgen der Annahme erstrecken sich jedoch nicht auf die Verwandten oder den Ehegatten des Annehmden (§ 1770 I). Dafür bleiben idR die verwandtschaftl u damit auch die erbrechtl Beziehgen zur leibl Familie bestehen (§ 1770 II). Der angenommene Erwachsene (u seine Abkömml) ist daher gesetzl **Erbe** 1. Ordng **nach dem Annehmenden und nach seinen leiblichen Eltern** (u deren Vorfahren), aber nicht nach den Verwandten des Annehmden. Nur in den in § 1772 abschließd aufgezählten 4 Fällen kann das VormschG bestimmen, daß die Annahme des Erwachsenen die Wirkg einer Volladoption hat. – Bei **Aufhebung** des AnnahmeVerhältn hat der rkräftige Beschluß des VormschG (FGG 56f) die gleiche Wirkg wie bei Annahme Minderjähriger (s Anm aa), läßt also das ggseitige ErbR zw Angenommenem u Annehmendem erlöschen.

cc) Adoptionen nach altem Recht werden von der Neuregelg des AdoptionsR auch betroffen. Die **Übergangsvorschriften** sind in Art 12 §§ 1–8 AdoptG enthalten (s dazu Einf 5 vor § 1741). War allerd der Erbl bei Inkrafttreten des AdoptG am 1. 1. 77 bereits verstorben, bestimmten sich das ErbR und seine Beschränkgen stets nach altem Recht (Art 12 § 1 IV); bei einem (nach § 1767 aF früh zuläss) Ausschluß des ErbR im AnnahmeVertr hat also der Adoptierte, aber auch der Annehmde (Art 12 § 1 V) kein ErbR. – Für **Erbfälle nach dem 1. 1. 77** muß unterschieden werden, ob das nach altem R adoptierte Kind bei Inkrafttreten des AdoptG bereits volljähr od noch minderj war: War der Adoptierte am 1. 1. 77 **volljährig**, werden nach Art 12 § 1 I grds die Vorschr über die VolljAnnahme (s oben bb) angewandt; ein vereinb Ausschluß des ErbR des Kindes bleibt unberührt, wobei dann auch den Adoptiveltern kein ges ErbR nach dem Kind zusteht (Art 12 § 1 V). War nur das PflichttR ausgeschl, bleibt dieser Ausschluß unberührt, hat aber keine Folgen für das gesetzl ErbR; kann der Annehmden also von dem Kind erb-, erst aber pflichtberecht (Kraiß BWNotZ **77**, 1/6; Dittmann Rpfleger **78**, 277/284). Ferner wird der Annehmde nicht von solchen Abkömml des Adoptierten gesetzl beerbt, auf die sich die Wirkgen der Adoption nach § 1762 aF nicht erstreckt haben (Art 12 § 1 II). War das adoptierte Kind am 1. 1. 77 noch **minderjährig**, verlängert sich die Geltg alten Rs bis 31. 12. 77 (Art 12 § 2 I). Bis zu diesem Tag konnten ein Annehmder, das Kind, ein ehel Elternteil od die nichtehel Mutter ggü dem AG Berlin-Schöneberg erklären, daß die Vorschr des neuen Rs über die Annahme Minderj nicht angewandt werden sollen (Art 12 § 2 II, III) mit der Folge, daß ab 1. 1. 78 für das AnnahmeVerhältn die neuen Vorschr über die Volljährigenannahme gelten (Art 12 § 3 I; s oben bb). Wurde die Erkl nicht abgegeben (od widerrufen), finden ab 1. 1. 78 die neuen Vorschr über die Wirkg der Annahme Minderjähriger Anwendg (Art 12 § 2 I). – Zu den am 1. 1. 77 erst **eingeleiteten Adoptionen** s Einf 5 vor § 1741.

dd) Im Erbscheinsverfahren ist zu ermitteln, ob ein zur gesetzl Erbfolge berufener Verwandter dch Adoption weggefallen od hinzugekommen ist (Bühler BWNotZ **77**, 131). Es kann geboten sein, die Wirksamk einer Adoption nachzuprüfen (BGH FamRZ **74**, 645; BayObLG **64**, 385/387).

4) Linearsystem, II. Jeder Abkömml schließt alle dch ihn mit dem Erbl verwandten Abkömml aus, wenn er beim Erbfall lebt u zur Erbfolge gelangt od ersbersatzberecht ist. Er verdrängt seine Nachkommen aber auch nicht, wenn er so behandelt wird, wie wenn er den Erbf nicht erlebt hätte, also bei Erbausschlagg (§ 1953), Erbunwürdigk (§ 2344), rein persönl Enterbg (§ 1938, dort Anm 2) od beschränkt Erbverzicht (§§ 2346, 2349), so daß dann das EintrittsR (III) eingreift (s Anm 5). – Ein **vorzeitiger Erbausgleich** (§ 1934d) läßt aber das ErbR auch der Abkömml des nichtehel Kindes erlöschen (§ 1934e). Ebenso führt die

Erbfolge **§§ 1924, 1925**

Annahme eines mj Abkömml des Erbl **als Kind** eines Dritten nach dem jetzt geltden Grds der Volladoption (§ 1755) zum Wegfall des ganzen Stammes (s oben Anm 3c).

5) Erbfolge nach Stämmen, III. Fällt ein Abkömml des Erbl vor dem Erbf weg, treten seine Nachkommen (nicht sein Eheg) an seine Stelle, auch wenn sie nicht seine Erben geworden sind; nur wenn der vorverstorbene Abkömml keine eigenen Nachkommen hinterläßt, erhöht sich der Erbteil der anderen Abkömml (IV). Die Nachrückden erhalten zusammen u zu gleichen Teilen den Erbteil des Weggefallenen **aus eigenem Recht** (RG 61, 16), falls sie nicht dch dessen Erbverzicht ausgeschl sind (§ 2349). Die **Kinder bilden die Stämme,** Enkel die Unterstämme usw. Geteilt wird nach Stämmen u innerhalb dieser nach der Anzahl der Unterstämme, ohne Rücks auf die Zahl der zu einem Stamm gehörigen Erben. Erbfolge nach Stämmen kann bis zur dritten Ordng (§ 1926) eintreten, doch kommt bei der zweiten u dritten Ordng die Teilg der Erbsch nach Linien (väterliche, mütterliche Linie usw) hinzu. Die Zugehörigk zu mehreren Stämmen kann zu mehrfacher Berücksiggt führen (§ 1927). Über Anwendg von III bei Gütertrenng mit dem überlebden Eheg s § 1931 IV. Zur Wirkg des Ausschl des Stammvaters auf die Abkömml s § 1938 Anm 2; Staud/Werner Rz 19 zu § 1924.

6) Erbteilung nach Köpfen, IV. Sind nur Kinder des Erbl (Geschwister u auch Halbgeschwister) seine Erben, wird ohne Rücksicht auf Erstgeburt, Geschlecht oä nach Köpfen zu gleichen Teilen geteilt. Auch die Erbquoten nichtehel Kinder od ihr ErbersatzAnspr (s § 1934b) berechnen sich nach **IV,** der **auch innerhalb der Stämme** gilt, also unter den Abkömml eines weggefallenen Kindes. Leben also von 3 Kindern des Erbl beim Erbf nur noch 2 u hat das dritte 2 Abkömml hinterlassen, erben die beiden Kinder je ⅓ und die 2 Enkel je ⅙. – Ist ein überleb **Ehegatte** mit als Erbe berufen, muß dessen Erbteil stets zuerst berücksichtigt werden. **Nur der Rest** des Nachl verteilt sich dann nach IV unter den Kindern, bei Zugewinngemeinsch also idR die Hälfte (§§ 1931 I, III; 1371 I); bei Gütertrenng wird der Eheg neben 1 od 2 Kindern in die Teilg nach Köpfen einbezogen (§ 1931 IV), neben 3 od mehr Kindern erhält er stets ¼ (§ 1931 I) u die Kinder teilen sich die restl ¾ nach Köpfen.

7) Bei gewillkürter Erbfolge kann die Regelg des § 1924 bei einer notwend TestAusslegg als Anhalt herangezogen werden, zB wenn „die Abkömml" bedacht sind (s BayObLG FamRZ 76, 101) od bei Anordng einer „gleichmäßigen Verteilg" des Nachl unter den Kindern u den (an die Stelle verstorbener Kinder getretenen) Enkeln (München JFG 16, 246).

1925 *Gesetzliche Erben zweiter Ordnung.* ¹ Gesetzliche Erben der zweiten Ordnung sind die Eltern des Erblassers und deren Abkömmlinge.

ᴵᴵ Leben zur Zeit des Erbfalls die Eltern, so erben sie allein und zu gleichen Teilen.

ᴵᴵᴵ Lebt zur Zeit des Erbfalls der Vater oder die Mutter nicht mehr, so treten an die Stelle des Verstorbenen dessen Abkömmlinge nach den für die Beerbung in der ersten Ordnung geltenden Vorschriften. Sind Abkömmlinge nicht vorhanden, so erbt der überlebende Teil allein.

ᴵⱽ In den Fällen des § 1756 sind das angenommene Kind und die Abkömmlinge der leiblichen Eltern oder des anderen Elternteils des Kindes im Verhältnis zueinander nicht Erben der zweiten Ordnung.

1) Die zweite Ordnung in der Verwandtenerbfolge (s § 1924 Anm 2) bilden die Eltern des Erbl u deren Abkömml, also seine voll- u halbbürt Geschwister u deren Kinder (Neffen u Nichten) u Kindeskinder. Sie kommen **nur zum Zug,** wenn beim Erbf keine Abkömml des Erbl (Erben 1. Ordng) vorhanden od vorhandene wg Ausschlagg, Enterbg, Erbverzicht od Erbunwürdgk weggefallen sind (§ 1930). – **Nichteheliche Kinder** werden wie ehel beerbt, wenn sie nach dem 1. 7. 49 geboren sind u der Erbfall nach dem 1. 7. 70 (jeweils 0 Uhr) eingetreten ist; andernf gilt altes R, nach dem der Vater mit seinem nichtehel Kind als nicht verwandt galt (§ 1589 II aF) u daher kein ErbR besaß (s § 1924 Anm 3b u Anhang). Ihr Vater ist jedoch in den Fällen des § 1934a II, III auf einen ErbersatzAnspr verwiesen. Ein vorzeit Erbausgleich (§ 1934d) wirkt sich auch auf das ErbR des Vaters (u dessen Abkömml) negativ aus (§ 1934e). – **Angenommene Kinder** werden nach der Reform des AdoptionsR unterschiedl beerbt, je nachdem, ob sie bei Annahme minderj od vollj waren (s Anm 5; zu den RWirkgen u zum ÜbergangsR s § 1924 Anm 3c). – Der **Ehegatte** des Erbl erbt neben ges Erben 2. Ordng bei ZugewinnGemeinsch zu drei Viertel, sonst zur Hälfte (§§ 1931, 1371).

2) Die Eltern erben allein u zu gleichen Teilen, wenn sie beim Erbf leben u zur Erbfolge gelangen, **II;** zum ErbR des überlebden Eheg s aber Anm 1. Sie schließen also die Geschwister des Erbl u deren Abkömml von der Erbfolge völl aus; der Nachl des Kindes „fällt in ihren Schoß zurück". Abs II gilt auch für die Eltern des nichtehel Kindes (s aber Anm 1), des legitimierten (§ 1719) u des für ehel erklärten Kindes (§ 1736); zu Adoptiveltern s Anm 5. Ohne Einfluß ist die Scheidg od Nichtigerklärg der Elternehe (Ausn: vor dem 1. 8. 38 für nichtig erkl Ehen, s Soergel/Stein Rz 6).

3) Ist ein Elternteil verstorben od erbrechtl weggefallen u hat er keine Abkömml hinterlassen, erbt der überlebde Elternteil allein (**III** 2). Andernf treten seine Abkömml nach Stämmen (§ 1924 II–IV) an seine Stelle (**III** 1), auch die nichtehel (§§ 1934a II, III sind aber zu beachten). Halbgeschwister (ihre Abkömml) treten aber nur nach dem Elternteil ein, den sie mit dem Erbl gemeins haben. War der Erbl ein angenommenes Kind, haben die Abkömml seiner leibl Eltern ein EintrittsR nur, wenn er mit diesen noch verwandt war; die Abkömml von Adoptiveltern können idR nicht eintreten, wenn es sich um die Annahme eines Erwachsenen handelte, weil es dann an der verwandtschaftl Beziehgen des Erbl zu seinen Adoptivgeschwistern fehlen, so daß diese als „nicht vorhanden" (III 2) gelten. Zur Erwachsenenadoption s auch Dittmann Rpfleger 78, 277/282 f mN. – Die Berufg der Abkömmlinge tritt (im Ggsatz zur 4. Ordng, § 1928 III) für den Anteil jedes einzelnen Elternteils (RG 94, 242) schon dann ein, wenn dieser weggefallen ist.

§§ 1925, 1926

4) Sind beide Eltern weggefallen, erben ihre Abkömml nach Linien (Vaterseite/Mutterseite), innerh dieser nach Stämmen (§ 1924). Keine Rolle spielt diese Linienteilg bei vollbürt Geschwistern des Erbl: Diese treten an die Stelle beider Eltern, wobei nur str ist, ob sie damit zu mehreren Erbteilen iS des § 1951 berufen sind (s dort Anm 2). Die Halbgeschwister des Erbl (u deren Abkömml) erben dagg nur „mit einer Hand": Sie können nur an die Stelle des Elternteils treten, den sie mit dem Erbl gemeins haben.

5) Erbfolge nach angenommenen Kindern. Zunächst ist nach den ÜbergangsVorschr des Art 12 AdoptG festzustellen, ob altes od neues AdoptionsR (§§ 1741ff) anzuwenden ist (s § 1924 Anm 3c, cc). Nach **neuem Recht** hängt die Beerbg des Kindes davon ab, ob es als Minderj od als Erwachsener angenommen worden war, weil die unterschiedl Regelg der VerwandtschVerhältn zu verschiedenen erbrechtl Folgen führt:

a) Beim Tod des **als Minderjähriger angenommenen** Kindes sind gesetzl Erben als Folge des Grdsatzes der Volladoption (§ 1754) der (od die) Annehmende(n) und danach deren Abkömml. Die **leiblichen** Eltern u die leibl Geschwister scheiden als nicht mehr verwandt (§ 1755) aus; zu Besonderh bei der Verwandtenadoption s unten c.

b) Beim Tod des **als Volljähriger angenommenen** Erbl sind wg der beschränkten Adoptionswirkg sowohl die leibl Eltern (u deren Abkömml) als auch die Adoptiveltern (aber nicht deren Abkömml, s Anm 3) gesetzl Erben 2. Ordng, weil die verwandtschaftl Beziehgen einer zur leibl Familie bestehen bleiben (§ 1770 II; Ausn: § 1772), andererers sich nicht auch auf die Verwandten des Annehmenden (und auch nicht auf dessen Eheg) erstrecken (§ 1770 I); s § 1924 Anm 3c. – War bei einer Adoption nach altem R im AnnahmeVertr das **Erbrecht** des Kindes **ausgeschlossen** worden (§ 1767 aF), hat auch der Annehmde kein ErbR (s § 1924 Anm 3c, cc; Kemp RhNK **76**, 373/378; Dittmann Rpfleger **78**, 277/284).

c) **Besonderheiten** ergeben sich wg § 1756 bei der Verwandtenadoption (s § 1924 Anm 3c, aa): Das von **seinen Großeltern** angenommene Kind wurde deren gemeinschaftl ehel Kind (§ 1754 I) u wird daher auch von diesen beerbt. Da die leibl Eltern nicht mehr als Erben 2. Ordnung sind (§ 1755), stellt für die ges Erbfolge der dch das AdoptG eingefügt Abs IV klar, daß auch die Geschwister kein EintrittsR (III) mehr nach diesen haben. Da die verwandtschaftl Beziehgen aber nur zu den leibl Eltern, nicht aber darüber hinaus abgebrochen sind (§ 1756 I), scheiden weder die leibl Eltern noch deren Nachkommen als Abkömml der annehmnden Großeltern aus (Soergel/Stein Rz 10 mN). – Auch bei der Annahme eines Neffen (Nichte) dch **Onkel oder Tante** wird das angenommene Kind in 2. Ordng gesetzl von seinen Adoptiveltern (deren Abkömml) beerbt; IV stellt klar, daß die leibl Geschwister mangels Verwandtsch mit dem Angenommenen über ihre Eltern nicht eintreten (III) können u § 1756 verhindert nicht auch, daß **umgekehrt** das angenommene Kind seine leibl Eltern, von denen eines ein Geschwister des Annehmden ist, dann beerbt, wenn diese keine anderen Abkömml als Erben hinterlassen und die vorrang berufenen Großeltern und der Annehmde weggefallen sind (Dieckmann FamRZ **79**, 389/394 mN). – Entspr gilt bei der Annahme durch Geschwister: Der Annehmde erbt als Elternteil; andere Geschwister haben kein EintrittsR. – In welchem Umfang IV bei der **Stiefkinderadoption** (§ 1756 II) gilt, ist str. Das EintrittsR der Geschwister des Angenommenen ist wohl nur nach dem verstorbenen leibl Elternteil ausgeschl. Bei Wegfall des überlebden (wiederverheirateten) Elternteils treten die Geschwister jedoch an dessen Stelle (Soergel/Stein Rz 11 mwH).

6) Nicht zum Zug kommen Erben **dritter** Ordnung (§ 1926), so lange Angehörige der 2. Ordnung vorhanden sind (§ 1930). Sie werden sowohl dch den Überlebden (III 2) als auch dch Halbgeschwister (ehel od nichtehel) und deren Abkömml ausgeschl. Ein Halbbruder od Halbneffe geht also dem Großvater vor.

1926 *Gesetzliche Erben dritter Ordnung.*

[I] Gesetzliche Erben der dritten Ordnung sind die Großeltern des Erblassers und deren Abkömmlinge.

[II] Leben zur Zeit des Erbfalls die Großeltern, so erben sie allein und zu gleichen Teilen.

[III] Lebt zur Zeit des Erbfalls von einem Großelternpaar der Großvater oder die Großmutter nicht mehr, so treten an die Stelle des Verstorbenen dessen Abkömmlinge. Sind Abkömmlinge nicht vorhanden, so fällt der Anteil des Verstorbenen dem anderen Teile des Großelternpaars und, wenn dieser nicht mehr lebt, dessen Abkömmlingen zu.

[IV] Lebt zur Zeit des Erbfalls ein Großelternpaar nicht mehr und sind Abkömmlinge der Verstorbenen nicht vorhanden, so erben die anderen Großeltern oder ihre Abkömmlinge allein.

[V] Soweit Abkömmlinge an die Stelle ihrer Eltern oder ihrer Voreltern treten, finden die für die Beerbung in der ersten Ordnung geltenden Vorschriften Anwendung.

Vorbemerkung. Bei III 1 u IV wurden dch Art 1 Nr 2 AdoptG v 2. 7. 76 (BGBl 1749) der Wortlaut geändert in „Großelternpaar", da im Falle der Verwandtenadoption (§ 1756) drei Großelternpaare nebeneinander stehen können (s Anm 4).

1) Die dritte Ordnung in der Verwandtenerbfolge (s § 1924 Anm 2) bilden die Großeltern des Erbl u diejenigen ihre Abkömml, die nicht Erben zweiter Ordng sind (sonst gilt § 1930), also Onkel, Tanten, Vettern, Basen u deren Kinder u Kindeskinder. Sie haben aber kein PflichtR mehr (§ 2303 II). – Beim Tod des **nichtehelichen Kindes** steht den väterl Großeltern unter der Vorauss des § 1934a nur ein Erbersatz-Anspr zu; bei Anwendg alten Rs (dazu § 1924 Anm 3b) ist die väterl Linie mangels Verwandtsch (§ 1589 II aF) nicht erbberecht. – **Angenommene Kinder** werden nach dem Grdsatz der Volladoption (§§ 1754, 1755) nur durch die Familie des Annehmden beerbt, wenn sie als Minderjährige angenommen wurden u neues R gilt. Beim Tod des Volljähriger Angenommenen sind Erben dritter Ordng dagg die leibl Großeltern u deren Abkömml (§ 1770 I); seine Kinder haben aber drei erbberecht Großelternpaare. Bei Anwendg alten AdoptionsR (dazu § 1924 Anm 3c, cc) wird das adoptierte Kind in dritter Ordng ausschließ in der leibl Familie beerbt, da es mit den Verwandten des Adoptierenden nicht verwandt wurde (§ 1763 aF).

Zu den Besonderheiten bei Verwandtenadoption s Anm 4. – Der **Ehegatte** des Erbl erhält neben Großeltern die Hälfte, bei ZugewinnGemeinsch drei Viertel; das ErbR ihrer Abkömml schaltet er völl aus, wodurch sich sein Anteil erhöht (§ 1931 I). Ist von den Großeltern niemand mehr vorhanden, erbt der Eheg allein (§ 1931 II).

2) Leben alle vier Großeltern noch und erben sie, tritt (wie bei § 1925 II) Schoßfall ein, **II.** Dies gilt auch, wenn der Erbl nichtehel geboren ist od seine Eltern nichtehel geboren sind.

3) Bei Wegfall eines Großelternteils treten seine Abkömml an seine Stelle **(III),** u zwar nach Stämmen (**V** iVm § 1924 II–IV; s dazu § 1925 Anm 3), weil jedes Großelternpaar als Einh angesehen wird. Hier wird also die Zugehörigk zur väterl od mütterl Linie bedeuts. Erst wenn auf einer Seite weder Großvater noch Großmutter od Abkömml von ihnen vorhanden sind (s § 1930 Anm 2), erben die and Großeltern (od ihre Linie) allein **(IV).**

4) Verwandtenadoption. Nach § 1756 blieb das minderj Kind, das von seinem Onkel (Tante) u dessen Eheg angenommen u damit deren ehel Kind wurde (§ 1754 I), mit seinen zwei leibl Großelternpaaren verwandt (von denen eines zugleich zu Adoptivgroßeltern wurde). Diese drei Großelternpaare bzw ihre Abkömml sind beim Tod des Kindes Erben dritter Ordng, ohne daß die Adoptivgroßeltern doppelt bedacht sind, weil weder mehrfache Verwandtsch vorliegt (der Grad hat sich nicht geändert) noch die aufsteigden Linien mehreren Stämmen (§ 1927) zugehör sein können (MüKo/ Leipold Rz 8; Dieckmann ZBlJugR **80,** 673 Fußn 24; aA Soergel/Stein Rz 6). Die leibl Geschwister haben als Abkömml der gemeins leibl Großeltern ein EintrittsR nach **III,** ebso der Teil von den leibl Eltern (die wg § 1756 I als Erben 2. Ordng wegfallen u als nicht vorhanden iS des § 1930 gelten), der ein Kind dieser Großeltern ist (Soergel/Stein Rz 6; Schmitt-Kammler FamRZ **78,** 571ff). – Entspr gilt bei der **Annahme durch Geschwister** sowie bei der **Stiefkinderadoption** nach § 1756 II.

1927 *Mehrere Erbteile bei mehrfacher Verwandtschaft.* **Wer in der ersten, der zweiten oder der dritten Ordnung verschiedenen Stämmen angehört, erhält den in jedem dieser Stämme ihm zufallenden Anteil. Jeder Anteil gilt als besonderer Erbteil.**

1) Mehrfache Verwandtschaft mit dem Erbl (§ 1589) innerh derselben Ordng (§ 1930) führt nur bei Angehör der ersten drei Ordngen zur mehrfachen Beteiligg, da die Erbfolge nach Stämmen nur bis zur dritten Ordng reicht (§ 1928 III). Der mehrfach Verwandte erhält dann jeden der in diesen Stämmen auf ihn entfallden Anteil **(S 1).**

2) Mehreren Stämmen zugehörig kann ein Verwandter sein, wenn er aus einer Ehe zwischen Verwandten stammt (zB von Geschwisterkindern) od wenn er von einem Verwandten als Kind angenommen wurde, sofern seine bisherigen VerwandtschVerhältn bestehen blieben. Letzteres ist der Fall bei Adoption Volljähriger (§ 1770 II) sowie eines Verwandten 2. od 3. Grades (§ 1756 I), s § 1924 Anm 3c, aa. – Die Annahme eines **nichtehelichen Kindes** dch seinen Vater od seine Mutter (§ 1741 II 2; III 2) führt nicht auch zu mehrfacher Verwandtsch mit dem Annehmden (Soergel/Stein Rz 1 mN), wohl aber zum Verlust des ErbRs nach dem anderen Elternteil u dessen Verwandten (§ 1755).

3) Eigenständige Erbteile (S 2) sind die verschied Anteile, so daß auf jeden die auf die Erbsch sich beziehden Vorschr Anwendg finden (§ 1922 II). Jeder Anteil kann also gesondert ausgeschlagen werden (§ 1951 I); der MitE kann über ihn gesondert verfügen (§ 2033); die Haftg für NachlVerbindlichk beurteilt sich für jeden Anteil selbständ (§ 2007); Vermächtn u Auflagen belasten nur den Anteil, für den sie angeordnet sind (§§ 2161; 2187; 2095); auch Ausgleichspflichten können auf den Anteil beschränkt sein (§§ 2051, 2056).

1928 *Gesetzliche Erben vierter Ordnung.* **I Gesetzliche Erben der vierten Ordnung sind die Urgroßeltern des Erblassers und deren Abkömmlinge.**

II Leben zur Zeit des Erbfalls Urgroßeltern, so erben sie allein; mehrere erben zu gleichen Teilen, ohne Unterschied, ob sie derselben Linie oder verschiedenen Linien angehören.

III Leben zur Zeit des Erbfalls Urgroßeltern nicht mehr, so erbt von ihren Abkömmlingen derjenige, welcher mit dem Erblasser dem Grade nach am nächsten verwandt ist; mehrere gleich nahe Verwandte erben zu gleichen Teilen.

1) Die vierte Ordnung in der Verwandtenerbfolge (s § 1924 Anm 2) bilden die Urgroßeltern des Erbl u ihre Abkömml. Jedoch wird ab der 4. Ordng die bisherige Auswahl unter den Verwandten nach Linien u Stämmen aufgegeben u zum **Gradualsystem,** dh zum Nächstverwandten übergegangen. Durch diese Vereinfachg soll eine zu große Zersplittergg des Nachl vermieden werden. – Der **Ehegatte** des Erbl verdrängt die (ohnehin seltenen) Erben der 4. Ordng völlig (§ 1931 II).

2) Unbeschränkter Schoßfall, II. Urgroßeltern erben (ohne Rücksicht auf die Zugehörigk zu einer Linie) zu gleichen Teilen. Lebt auch nur einer der 8 Urgroßeltern, tritt Schoßfall unter völligem Ausschluß der Abkömml ein, sofern kein überlebder Eheg vorhanden ist (§ 1931 II).

3) Abkömmlinge, III. Erst in Ermangelg erbberechtigter Urgroßeltern treten deren Abkömml ein. Die Gliederg nach Stämmen u Linien sowie das EintrittsR (§ 1924 III) hört auf. Statt dessen erfolgt Berücksichtigg nur nach Gradesnähe u bei gleicher Nähe Teilg nach Köpfen (II, III). Dies gilt auch für halbbürtige Abkömml. Wegen der Wirkgen einer Annahme als Kind auf die erbrechtl Beziehgen s § 1924 Anm 3c.

1929 *Fernere Ordnungen.* ᴵ Gesetzliche Erben der fünften Ordnung und der ferneren Ordnungen sind die entfernteren Voreltern des Erblassers und deren Abkömmlinge.
ᴵᴵ Die Vorschriften des § 1928 Abs. 2, 3 finden entsprechende Anwendung.

1) Unbegrenzt wird das VerwandtenErbR weitergeführt, wobei innerh der Ordngen das Gradualsystem gilt (II iVm § 1928 III; s dort Anm 1). – Der überlebde **Ehegatte** verdrängt aber sämtl Verwandte ab der 4. Ordng (§ 1931 II). – In der Praxis kommen die hier häufige Unkenntn od Nachweisschwierigk dem Staat zugute (§ 1936; vgl auch §§ 1964, 1965).

1930 *Rangfolge der Ordnungen.* Ein Verwandter ist nicht zur Erbfolge berufen, solange ein Verwandter einer vorhergehenden Ordnung vorhanden ist, auch wenn diesem nur ein Erbersatzanspruch zusteht.

Vorbemerkung. Der letzte Hs wurde mit Wirkg vom 1. 1. 70 dch Art 1 Nr 86 NichtehelG eingefügt.

1) Ein Grundsatz der Verwandtenerbfolge ist, daß kein Angehöriger der zweiten od jeder folgden Ordng als Erbe berufen ist, solange ein Verwandter einer vorhergehenden Ordng vorhanden ist. Ein einziger (auch halbbürtiger) Verwandter der früheren Ordng genügt also, um das ErbR jedes Angehörigen einer späteren Ordng auszuschließen (s § 1924 Anm 2). Selbst wenn dem vorrangigen Verwandten nur ein ErbersatzAnspr (§ 1934a) zusteht, schließt er in gleicher Weise wie bei Erbanfall die nachrangigen Verwandten aus. **Beispiele:** Hinterläßt der Erbl ledigl seine Ehefrau u ein nichtehel Kind, ist die Ehefrau Alleinerbe, weil das nichtehel Kind das ErbR der Eltern (u ihrer Abkömml) als Erben zweiter Ordng ausschließt, ihm selbst aber nur ein ErbersatzAnspr (in Höhe des Wertes seines Erbteils als Erbe 1. Ordng) zusteht (§§ 1924, 1931, 1934a I). Hinterläßt ein nichtehel Kind neben seinem Eheg nur noch seinen Vater, ist die Witwe Alleinerbin, weil der nichtehel Vater das ErbR der Großeltern (u ihrer Abkömml) als Erben dritter Ordng ausschließt, ihm selbst aber nur ein ErbersatzAnspr (in Höhe des Wertes seines Erbteils als Erbe 2. Ordng) zusteht (§§ 1925 III 2, 1931 I 1, 1934a I).

2) Nicht vorhanden ist der Angehör einer früheren Ordng, wenn er entweder **vor** dem Erbfall stirbt oder trotz Erlebens als gesetzl Erbe wegfällt; letzteres ist der Fall bei Ausschlagg (§ 1953 II), Erbverzicht (§ 2346 I 2), Enterbg (§ 1938), vorzeitigem Erbausgleich (§§ 1934d, e) od Erkl der Erbunwürdigk (§ 2344 II). **Folge** ist, daß der entferntere Verwandte vom Erbfall an zur Erbfolge berufen ist, selbst wenn er nur den Erbfall, aber nicht dessen Wegfall erlebt hat. – Stirbt allerd der Erstberufene erst **nach** dem Erbfall, war er bereits Erbe geworden u überträgt daher den Nachl auf seine eigenen Erben (§§ 1922, 1942). – Für die Ausschlagg einesErbersatzAnspr gilt iü § 2180 (s § 1934b II 1).

1931 *Gesetzliches Erbrecht des Ehegatten.* ᴵ Der überlebende Ehegatte des Erblassers ist neben Verwandten der ersten Ordnung zu einem Vierteile, neben Verwandten der zweiten Ordnung oder neben Großeltern zur Hälfte der Erbschaft als gesetzlicher Erbe berufen. Treffen mit Großeltern Abkömmlinge von Großeltern zusammen, so erhält der Ehegatte auch von der anderen Hälfte den Anteil, der nach § 1926 den Abkömmlingen zufallen würde.

ᴵᴵ Sind weder Verwandte der ersten oder der zweiten Ordnung noch Großeltern vorhanden, so erhält der überlebende Ehegatte die ganze Erbschaft.

ᴵᴵᴵ Die Vorschriften des § 1371 bleiben unberührt.

ᴵⱽ Bestand beim Erbfall Gütertrennung und sind als gesetzliche Erben neben dem überlebenden Ehegatten ein oder zwei Kinder des Erblassers berufen, so erben der überlebende Ehegatte und jedes Kind zu gleichen Teilen; § 1924 Abs. 3 gilt auch in diesem Falle.

Schrifttum: Braga, Das EhegattenerbR nach § 1931 Abs IV BGB, FamRZ **72**, 105; dazu Stöcker FamRZ **72**, 429; Haegele, Zum gesetzl ErbR nach Gütertrenng, BWNotZ **72**, 130; Odersky, Die Erbquote des Eheg u der Kinder in den Fällen des § 1931 IV BGB, Rpfleger **73**, 239; Franke, Der Erbteil der Witwe neben ehel u nehel Kinder, BWNotZ **76**, 166; Werner, ZugewinnAusgl bei gleichzeit Tod der Eheg, FamRZ **76**, 249; Johannsen WM **79**, 600; v Olshausen FamRZ **81**, 633.

1) Ehegattenerbrecht und Güterstand. Dem Wesen der ehel Lebensgemeinsch entsprechd erhält der mit dem Erbl bei dessen Tod gültig verheiratete u ihn überlebde Ehegatte außerh der für die Verwandten geltden Ordngen durch § 1931 ein ges ErbR, damit auch seine Existenz entspr dem bisherigen Lebenszuschnitt der Eheleute wirtschaftl gesichert ist. Sein PflichttR (§ 2303 II) garantiert ihm eine Mindestbeteiligg am Nachl. Ergänzd hat er ein gesetzl Vermächtn auf die Hausratsggstände, den Voraus (§ 1932). – Das ges ErbR des Eheg steht gleichrang **neben dem Verwandtenerbrecht** u reicht von einem Viertel bis zum Ganzen, da es von der Zugehörigk der konkurrierden Verwandten zu den verschiedenen **Ordnungen abhängig** und umso größer ist, je ferner diese mit dem Erbl verwandt sind. – Daneben besteht seit dem GleichberechtG v 18. 6. 1957 eine **Verknüpfung mit dem Güterstand** dch den pauschalen Zugewinnausgleich (dazu Anm 5), die noch verstärkt wurde dch das NichtehelG v 19. 8. 69, weil seitdem Abs 4 dem Eheg bei Gütertrenng eine stärkere Beteiligg am Nachl sichert (s Anm 4). Nur bei Gütergemeinsch ist auch heute noch der Güterstand ohne Einfluß auf das ges ErbR; die fortgesetzte Gütergemeinsch regeln §§ 1483 ff. – Zu **Reformgedanken** s Einl 3 vor § 1922; Soergel/Stein Einl Rz 75 ff.

2) Voraussetzung ist, daß der überlebde Eheg beim Erbfall mit dem Erblasser in bestehder Ehe gültig verheiratet war u seine Berufg nicht ausgeschlossen ist.

a) Eine rechtsgültige Ehe kommt nach EheG 11 nur durch Mitwirkg des Standesbeamten zustande; formelle sonstige Fehler machen sie evtl vernichtb, aber nicht von selbst unwirks. **Sondervorschriften** aus

Erbfolge **§ 1931** 2–4

der Kriegs- u Nachkriegszeit gewähren die RWirkgen einer ges Ehe auch Ferntrauungen (Personenstands-VO der Wehrmacht v 4. 11. 39, RGBl I 2163); anerkannten Nottrauungen (G v 2. 12. 50, BGBl 778); anerkannten freien Ehen rassisch u polit Verfolgter (G v 23. 6. 50, BGBl 226, mit Änd v 7. 3. 56, BGBl 104), s dazu BGH **22**, 65; KG FamRZ **73**, 91; Ehen verschleppter Personen u Flüchtlinge nach AHKG 23. Dagg verschaffte die (postmortale) nachträgl Eheschließung (Geheimerlaß Hitlers vom 6. 11. 41, s JR **47**, 113) der Frau trotz anderweitiger Wirkgen nach dem G v 29. 3. 51 (BGBl 215) kein ErbR.
Keine gültige Ehe besteht im Falle einer Nichtehe, auf die sich ein Erbprätendent auch ohne gerichtl Feststellg (ZPO 638) berufen kann (s Einf 1a vor EheG 16); ferner bei rkräftig für nichtig erklärter (EheG 23, 24; ZPO 636; s Einf vor EheG 16), aufgehobener (EheG 28, 29) od geschiedener Ehe (§ 1564). Starb der in einer **Doppelehe** lebende Erbl, ohne daß es zur NichtigkKlage eines hierzu Berecht (EheG 24; 20) gekommen ist, erben beide überlebenden Ehegatten gemeins den ges Anteil des Erbl (KG OLGZ **77**, 386; MüKo/Leipold Rz 9); über die RLage bei unterschiedl Güterständen u über den Erbteil der Kinder aus beiden Ehen s auch Ferid FamRZ **63**, 410; Epple FamRZ **64**, 184. – Stirbt bei vernichtbarer Ehe einer der Eheg nach RHängigk, aber vor RKraft des Urteils, ist das Verf in der Hauptsache als erledigt anzusehen (ZPO 619) u ein ergangenes Urteil wirkgslos (mit Ausn der Kostenentscheidg). Das ErbR des Eheg kann dann aber nach § 1933 ausgeschl sein (s dort). – Bei Wiederverheirat nach TodesErkl wird, wenn der verschollene u für tot erkl Eheg noch lebt, die frühere Ehe mit Schließg der neuen Ehe aufgelöst (EheG 38 II; VerschÄndG Art 3 § 1), so daß kein ges ErbR der früh Eheg mehr besteht.

b) **Die nichteheliche Lebensgemeinschaft** entfaltet keine RFolgen, die der Ehe vorbehalten sind (s Einf 8 vor § 1353) und führt daher beim Tod eines Partners nicht zu einem ges ErbR. § 1931 ist **nicht analog anwendbar** (allg M, zB Saarbrücken NJW **79**, 2050; s auch Fft NJW **82**, 1885; Celle FamRZ **82**, 63), auch nicht nach jahrelangen Pflegeleistgen (Berlin FamRZ **79**, 503). Allenfalls hat der überlebde Partner gg die ges Erben Anspr aus besonderen Vereinbargen, die den Nachl belasten (§ 1967; s dazu Diederichsen NJW **83**, 1017).

c) **Ausgeschlossen** sein kann das ges ErbR des überlebden Eheg trotz bestehder Ehe unter den Voraussetzgen des § 1933 (s dort), ferner dch Enterbg (§ 1938), Erbverzicht (§ 2346) u bei Erbunwürdigk (§ 2344). Zum PflichttR s § 2303 II. – Bei **gleichzeitigem Versterben** (s zum TodesZtpkt § 1922 Anm 1) der Eheg haben diese sich nicht ggseitig beerbt (s BGH NJW **78**, 1855: kein ZugewinnAusgl; LG Augsbg FamRZ **76**, 523 mAv Bosch; Werner FamRZ **76**, 249). – Bei Ausschluß besteht kein EintrR der Verwandten des Eheg.

3) **Die Erbquote** des überlebden Ehegatten neben erbden Verwandten hängt zunächst davon ab, welcher Ordng diese angehören: Neben Verwandten der **ersten Ordnung** erbt der Eheg **ein Viertel** (I 1; bei Gütertrennng s Anm 5); sind allerd beim Tod des Vaters nur nichtehel Abkömml vorhanden, ist der Eheg Alleinerbe, weil dann die Kinder auf einen ErbersatzAnspr verwiesen sind (§ 1934a I). – Neben Verwandten der **zweiten Ordnung** erbt er **die Hälfte** (I 1). – Von den Verwandten der **dritten Ordnung** können nur Großeltern erben, da er deren Abkömml ausschließt (I 1; II), so daß er **mindestens** die Hälfte erhält. Die Beteiligg des Eheg wächst mit dem Anteil, der nach § 1926 den vorhandenen Abkömml neben einem od mehreren Großelternteilen zustehen würde; fehlen jedoch solche Abkömml, erhält er stets dann die Hälfte, wenn auch nur ein Großelternteil lebt (I); lebt kein Großelternteil mehr, erbt er allein (II). Bei Wegfall eines Großelternteils ist also zu prüfen, wem dessen Anteil nach § 1926 III, IV zufallen würde: wären es Abkömml, wächst der Anteil dem Eheg an; ist es ein anderer Großelternteil, verbleibt er diesem. Von den Abkömml sind aber nur die zu berücksichtigen, die ohne den Eheg auch tatsächl erben würden; ihr Erbverzicht od ihre Enterbg wirkt sich also nicht zugunsten des Eheg aus, während eine mögl Ausschlagg der (gar nicht zur Erbfolge gelangenden) Abkömml keine Rolle spielen kann. **Beispiele:** Sind 2 Großväter u jeweils 1 Abkömml der beiden Großmütter vorhanden, erbt der Eheg ¾. Ist ein Großelternpaar weggefallen und lebt von dem and Paar nur noch ein Teil mit Abkömml, erbt der Eheg ebenfalls ¾ (das Viertel des weggefallenen Paares fiel der anderen Seite zu und teilte sich zw dem Großelternteil u dem Abkömml auf; die beiden Achtel des Abkömml gebühren dem Eheg). S auch Soergel/Stein Rz 21; Staud/Werner Rz 23 ff; MüKo/Leipold Rz 20.

4) **Erhöhung bei Zugewinngemeinschaft, III.** Bei Erbfällen nach dem 30. 6. 58 (GleichberechtG) erfolgt der Zugewinnausgleich, wenn die Eheleute im gesetzl Güterstand lebten, **pauschal** durch **Erhöhung** des ges Erbteils des überlebden Eheg **um ein Viertel** ohne Rücksicht darauf, welcher Eheg tatsächl einen höheren Zugewinn erzielt hat (sog erbrechtl Lösung, § 1371 I; dazu ausführl dort Anm 2). Der so erhöhte Erbteil ist ein **einheitlicher,** kann also nur insgesamt angenommen od ausgeschlagen werden. Ist der Erbl Ausländer u wird er gem EG 25 nach ausländ R beerbt, tritt keine Erhöhg nach § 1371 I ein (Düss MittRhNotK **88**, 68). – Bei Ausschlagg steht dem Eheg die güterrechtl Lösung offen (§ 1371 II; s dort Anm 4, 5) sowie (als erbrechtl Ausnahme) ein Anspr auf den (kleinen) Pflichtteil zu (§ 1371 III; s dort Anm 5a, § 2303 Anm 2). – Der als ges Erbe berufene Eheg erhält also neben Verwandten 1. Ordng die Hälfte, neben Verwandten 2. Ordng und neben Großeltern drei Viertel. Sind neben Großeltern Abkömml vorhanden, deren ErbR der Eheg verdrängt (s Anm 3), ist streitig, ob bei der Berechng des EhegErbteils von dem um ¼ erhöhten Hälfteanteil des **I** 1 auszugehen oder ob zunächst ohne Berücksichtigg des § 1371 zu rechnen ist, so daß der Eheg ggf schon nach **I** 2 drei Viertel bekäme u nach Erhöhung um ¼ Alleinerbe wäre. Nachem dch die Erhöhg die Verwandten nicht ausgeschl werden, innerhalb der ihnen vielmehr stets Restanteile (mindestens ¹⁄₁₆) verbleiben sollen (MüKo/Leipold Rz 24), erscheint es richtig, Großeltern u ihren Abkömml rechnerisch zunächst ein Viertel zuzumessen und davon dann die auf Abkömml entfallden Anteile dem Eheg zuzuschlagen (Soergel/Stein Rz 25 mN). **Beispiel:** Neben einem Großelternpaar und einem Abkömml des andern Paares erhalten der Eheg ¾ + ⅛ = ⅞, die Großeltern je ¹⁄₁₆. Bei gesetzl Erbfolge nach ZugewinnGemeinsch ist das dem Eheg zusätzl gewährte Viertel mit einem **gesetzlichen Vermächtnis belastet** zugunsten bedürftiger Stiefabkömml hinsichtl der Ausbildgskosten (§ 1371 IV; s dort Anm 3).

5) Besonderheit bei Gütertrennung (IV). Leben Eheleute beim Erbfall in Gütertrenng (§ 1414) u sind auch Abkömml zu gesetzl Erben berufen, erhält der überlebde Eheg neben einem Kind die Hälfte, neben zwei Kindern (wie diese) ein Drittel; von drei Kindern an gilt wieder die allg Regelg des **I**. Abkömml eines weggefallenen Kindes treten hinsichtl seines Erbteils an seine Stelle. **Zweck** dieser dch das NichtehelG eingefügten SonderVorschr, die nur für **Erbfälle nach dem 30. 6. 70** gilt (Art 12 § 10 I 1 NEhelG; s EG 213 Anm 2), ist es, zu verhindern, daß der Erbteil des Eheg geringer als der eines Kindes ist. Wäre dies nach der allgem Regelg der Fall, erben alle zu gleichen Teilen. Mit dieser Verbesserg soll der Eheg, der bei den anderen Güterständen dch § 1371 u § 1416 einen Ausgleich erfährt, für seine Mitarbeit beim Vermögenserwerb entschädigt u ein Ausgleich dafür geschaffen werden, daß durch den (auch neu eingefügten) § 2057a nur Abkömml ein AusgleichsAnspr bei bes Leistgen zusteht.

a) Kinder des Erbl sind die aus der Ehe hervorgegangenen Kinder sowie Kinder aus einer früheren Ehe; auch nichtehel Kinder des verst Ehemanns (s § 1924 Anm 3b); ferner dch Ehschließg legitimierten (§§ 1719, 1722), für ehel erklärte, (§§ 1736, 1733 III), als Kind angenommene (§§ 1754, 1755, 1767 II, 1770, 1772). Die Kinder müssen als gesetzl Erben od als Erbersatzberecht berufen sein. Nicht berufen ist ein Kind, das auf sein ErbR verzichtet hat (§ 2346), erbunwürd ist (§ 2344), einen vorzeit ErbAusgl beansprucht hat (§ 1934e), die Erbsch od den Erbersatz Anspr ausgeschlagen hat (§§ 1953, 1934b, s Braga aaO 107; Haegele aaO 131) od von der Erbfolge von vorneherein ausgeschlossen ist. Aus der in IV Halbs 2 vorgeschriebenen Geltg des § 1924 III (Erbfolge nach Stämmen) ergibt sich, daß an die Stelle eines vor dem Erbfall dch Tod, aber auch dch Ausschlagg (§ 1953 II) weggefallenen Kindes dessen Abkömml treten. Diese erben zusammen zu gleichen Teilen dessen Erbteil aus eigenem Recht (s im übr § 1924 Anm 5). – **Nichteheliche Kinder** haben neben dem Ehegatten nur einen ErbersatzAnspr (§ 1934a), werden aber nach allg Meing mitgezählt. Sind also beim Tod des Ehemannes neben der Ehefrau nur ein bzw zwei nichtehel Kinder vorhanden, steht diesen ein ErbersatzAnspr in Höhe der Hälfte bzw je eines Drittels des Nachl zu. – Ist von 2 Kindern nur eins ehel, erbt dieses neben der Ehefrau zur Hälfte; dem nichtehel steht ein ErbersatzAnspr in Höhe eines Drittels des NachlWertes zu. – Sind drei oder mehr Kinder vorhanden, kommt Abs I 1 zur Anwendg, auch wenn nicht mehr als zwei ehel sind (str; ebso Staud/Werner Rz 48; Erman/Schlüter Rz 43; wohl hM). Bei zwei ehel u zwei nichtehel Kindern wären also die Ehefrau $\frac{1}{4}$ u die ehel Kinder je $\frac{3}{8}$, der ErbersatzAnspr der nichtehel Kinder im Wert von je $\frac{3}{16}$ belastet aber im InnenVerhältnis nur die ehel Kinder. Nach aA ist hier Abs IV anzuwenden (MüKo/Leipold Rz 30; Soergel/Stein Rz 33 je mN), so daß die Ehefrau u die ehel Kinder je $\frac{1}{3}$ erben; der ErbersatzAnspr im Wert von zusammen $\frac{3}{8}$ ist dann intern in dem Verhältn zu tragen, in dem sich die jeweilige Erbquote dch den Ausfall der nichtehel Kinder erhöht hat, so daß die Ehefrau $\frac{4}{48}$ und jedes ehel Kind $\frac{7}{48}$ des Anspruchs trifft.

b) Der Ausbildungskostenanspruch nach § 1371 IV kann bei Gütertrenng nicht geltend gemacht werden. Die Vorschr ist auch nicht entspr anwendbar (MüKo/Leipold Rz 31 mN).

6) Ehegattengesellschaft. Eine Innengesellsch zwischen Eheg kann außerhalb des ErbRs zu AusgleichsAnspr des überlebden Eheg führen, da derartige Anspr nicht dch § 1931 ausgeschl werden (Soergel/Stein Rz 37; s § 1356 Anm 4d). Die Umstände des Einzelfalles sind jeweils maßgebl.

§ 1932 Voraus des Ehegatten.

I Ist der überlebende Ehegatte neben Verwandten der zweiten Ordnung oder neben Großeltern gesetzlicher Erbe, so gebühren ihm außer dem Erbteile die zum ehelichen Haushalt gehörenden Gegenstände, soweit sie nicht Zubehör eines Grundstücks sind, und die Hochzeitsgeschenke als Voraus. Ist der überlebende Ehegatte neben Verwandten der ersten Ordnung gesetzlicher Erbe, so gebühren ihm diese Gegenstände, soweit er sie zur Führung eines angemessenen Haushalts benötigt.

II Auf den Voraus sind die für Vermächtnisse geltenden Vorschriften anzuwenden.

Schrifttum: Eigel, Der Voraus des überlebenden Ehegatten, MittRhNotK **83**, 1.

1) Voraus. Dem überlebenden Ehegatten steht, wenn er als solcher Erbe aGr Ges wird, zusätzl zu seinem Erbteil u unabhäng vom Güterstand ein Anspr auf den sog Voraus zu, sofern die Eheleute einen gemeinschaftl Haushalt gehabt haben. Der Eheg soll diejenigen Ggstände behalten dürfen, die bisher den äußeren Rahmen der ehel LebensGemsch repräsentierten. Dieser Zweck wird ergänzt durch die §§ 569a, b, die in § 569a ein SonderErbR für ein Mietverhältn über die Ehewohg schaffen (dazu Ripfel JurBüro **79**, 658).

2) Voraussetzung ist, daß der Ehegatte endgült **gesetzlicher Miterbe** geworden ist (dazu § 1931 Anm 2). Kein Anspr besteht daher, wenn der Eheg dch Vfg vTw als Erbe eingesetzt wurde (BGH **73**, 29) od von der gesetzl Erbf ausgeschl ist (§§ 1933, 1938), auf das ErbR verzichtet hat (s § 2346 Anm 1), die Erbsch ausschlägt (Staudenmaier DNotZ **65**, 72) od erbunwürd ist. Er kann also nicht die Erbsch ausschlagen u den Voraus annehmen, wohl aber den Voraus ausschlagen u die Erbschaft annehmen. Ebso kann der Erbl ihm den Voraus allein entziehen, da er nicht den Charakter eines PflichttRechts hat (s Erman/Schlüter Rz 15). Der Anspr auf den Voraus ist auch nach Maßg des § 2345 I anfechtb. Um den Voraus zu erhalten, kann der Eheg die Erbsch aGrd einer Vfg vTw ausschlagen und seinen gesetzl Erbteil annehmen (vgl § 1948 Anm 1, 2); nutzlos ist dies allerd, wenn bei seiner Einsetzg als MitE gewollt war, daß seine NachlBeteiligg begrenzt sein soll, ihm also der Voraus entzogen worden ist (MüKo/Leipold Rz 5). Hat der Erbl seine „gesetzl Erben" bedacht u ist der überl Eheg nach der Ergänzgsregel des § 2066 als gesetzl Erbe berufen, ist er doch testamentar Erbe, der Voraus gebührt ihm also nicht (Staud/Werner Rz 11, str; aA Soergel/Stein Rz 3; MüKo/Leipold Rz 5).

3) Umfang. Zum Haushalt können Ggstände nur gehören, wenn die Eheleute einen gemeins geführt (also nicht nur geplant u dafür bereits Anschaffgen getätigt) haben. Bei Trenng von Anfang an fehlt ein ehel Haushalt; bei späterer Trenng können, wenn sie ohne einvernehml Haushaltsauflösg erfolgte, noch die verbliebenen Ggstände des früh Haushalts gefordert werden, uU nach § 2169 III iVm § 1932 II als Surrogat (KG OLG **24**, 80; aA Soergel/Stein Rz 5). – **Haushaltsgegenstände** sind Sachen u Rechte, die dem Erbl gehört u dem gemeins Haushalt gedient haben ohne Rücks auf ihren Wert od ihren tatsächl Gebrauch; ausgen sind Sachen, die Grundstückszubehör wurden (§§ 97, 98). Beispiele: Möbel, Teppiche, Geschirr, Haushalts- u Phonogeräte, Bücher, Schallplatten, Bilder (sofern nicht Kunstsammlg); auch Mietmöbel (Leasing), Miteigentumsanteile, vertragl od ErsatzAnspr usw; wohl auch der Familien-Pkw (nicht der berufl genutzte; grds aA MüKo/Leipold: Pkw hat nie Bezug zur Wohng). **Keine** HaushaltsGgstände sind dagg die dem persönl Gebrauch des Erbl dienen (Kleider, Schmuck usw) od zur Berufstätigk bestimmten Ggstände. Bei **Hochzeitsgeschenken** (nicht auch bei Aussteuer, § 1624), die iZw gemeinschaftl Eigentum beider Eheg sind (KG Recht 07 Nr 1452), geht der Anspr auf Verschaffg der ideellen Eigentumshälfte des Erbl. – **Eingeschränkt** ist der Voraus **neben Abkömmlingen, I 2**. Hier kommt es für jeden Einzelfall darauf an, ob die Ggstände nach den Verhältnissen zum Zeitpunkt des Erbfalls (Ripfel BWNotZ **65**, 268) zur Führg eines angemessenen Haushalts notwend sind, der überlebde Ehegatte also weder genügd Ggstände dieser Art besitzt noch ihm die Beschaffg aus eigenen Mitteln zugemutet werden kann (RGRK Rz 8). Die Möglich des Selbsterwerbs schließt nicht immer aus, daß er sie benötigt (s auch Soergel/Stein Rz 5). Bei der Interessenabwägg ist die Reduzierg des Haushalts wg geringeren Bedarfs zu berücksichtigen (MüKo/Leipold Rz 14). Der Wert allein ist nicht entscheidend.

4) Rechtsnatur. Infolge der zur Anwendg kommenden VermächtnVorschr **(II)** begründet der Voraus zusätzl zum Erbteil ein ForderungsR des Eheg gg die ErbenGemsch auf Eigentumsübertragg (§ 2174). Er wird deshalb gerne als „gesetzl" Vermächtnis bezeichnet, obwohl es Vermächtn nur aGr Vfg vTw gibt (§ 1939) u gerade deshalb die Verweisg notwend wurde (Harder NJW **88**, 2761; s Einf 1 b vor § 2147). Die Erfüllg erfolgt dch Einigg u Übergabe, die entbehrl ist, sofern der Eheg die Ggstände bereits in Besitz hat (KG FamRZ **60**, 71). Ggü dieser Forderg kann kein Zurückbehaltsr ausgeübt werden (Dütz NJW **67**, 1107). – Der Anspr ist NachlVerbindlichk (§ 1967 II), die bei der Auseinandersetzg vorweg zu berichtigen ist (§ 2046), bei Unzulänglichk des Nachl od NachlKonk aber keinen Vorrang hat u wie andere Vermächtn auch erst nach den sonst Verbindlichk zu erfüllen ist (§ 1991 IV; KO 226 II Nr 5). – Bei **Berechnung des Pflichtteils** des Eheg sind die zum Voraus gehörden Ggstände zus mit den übrigen NachlGgstanden unter die NachlAktiva einzustellen (RGRK Anm 11 zu § 2311). Bei der Berechng der Pflichtt eines Abkömml u der Eltern des Erbl ist der Wert der zum Voraus gehörden Ggste vom Nachl nur abzuziehen, wenn der überlebde Eheg gesetzl Erbe geworden ist (BGH **73**, 29 mAv Schubert JR **79**, 245; Goller BWNotZ **80**, 12). Über Voraus bei Berechng des ErbersatzAnsprs § 1934b Anm 2a.

5) Nacherben und **Erbschaftskäufer** haben iZw keinen Anspr auf den Voraus (§§ 2110 II; 2373). – Eine **Auskunftspflicht** des erbschaftsbesitzenden Eheg über den Voraus besteht nach § 2027. – Im Streitfall ist das **Prozeßgericht** zuständ, ein Hausrats- od AuseinandersetzgsVerf ist nicht vorgesehen (krit Erman/Schlüter Rz 12).

1933 *Ausschluß des Ehegattenerbrechts.* Das Erbrecht des überlebenden Ehegatten sowie das Recht auf den Voraus ist ausgeschlossen, wenn zur Zeit des Todes des Erblassers die Voraussetzungen für die Scheidung der Ehe gegeben waren und der Erblasser die Scheidung beantragt oder ihr zugestimmt hatte. Das gleiche gilt, wenn der Erblasser auf Aufhebung der Ehe zu klagen berechtigt war und die Klage erhoben hatte. In diesen Fällen ist der Ehegatte nach Maßgabe der §§ 1569 bis 1586b unterhaltsberechtigt.

Schrifttum: Battes FamRZ **77**, 433; Bock RhNK **77**, 205; Dieckmann NJW **80**, 2777.

1) Allgemeines. Die mehrfach geänderte Vorschr wurde dem im ScheidgsR vollzogenen Übergang vom Verschuldens- zum Zerrüttgsprinzip angepaßt u gilt in ihrer Neufassg dch das 1. EheRG für alle nach dem 30. 6. 77 eingetretenen Erbfälle. Sie regelt den Fall, daß es im Scheidgs(Aufhebgs-)Verfahren wg des Todes des Antragstellers (Klägers) nicht mehr zu einem (rechtskr) Urteil kommt (ZPO 619, aber auch 636; s § 1931 Anm 2a u Ffm FamRZ **81**, 192), in der Weise, daß das geschiederter (od aufzuhebender) Ehe das begründete Verlangen der rkräftigen Eheauflösg in der erbrechtl Folge **gleichgestellt** ist u auch zum Verlust von ErbR u Voraus führt. Dem liegt die Annahme zugrunde, daß der hypothet Wille eines Erbl, der die Folgen aus dem Scheitern seiner Ehe ziehen wollte u dies in einer auch den Förmlichk des ErbRs genügden Weise zum Ausdruck gebracht hat, auf Ausschluß seines Eheg von seinem Vermögen gerichtet ist. Das ges EhegattenerbR soll also nicht von dem Zufall abhäng sein, ob der Erbl vor od nach RKraft eines stattgebden Urteils stirbt. – Haben **beide Ehegatten** die Scheidg beantragt od hat einer sie beantragt u der andere zugestimmt, erbt der überlebde Eheg nicht. Hat dagg der **überlebende Ehegatte** die Scheidg beantragt, ist es dazu aber nicht mehr gekommen, bleibt sein ges ErbR erhalten. Der and Eheg kann aber dch Vfg vTw das ErbR verhindern. Ggf kann er sogar nach § 2335 den Pflichtt entziehen.

2) Formelle Voraussetzung ist, daß der Erbl vor seinem Tod die Scheidg (§§ 1564ff) beantragt od einem ScheidgsAntrag seines Eheg zugestimmt od AufhebgsKlage (EheG 28ff) erhoben hat.

a) Antragstellung (ZPO 622, 630) wie Klageerhebg erfordern **Zustellung** der Antrags(Klage-)schrift (ZPO 608, 253 mit 622 III; BayObLG Rpfleger **87**, 358; Ulm BWNotZ **79**, 149; Ravbg BWNotZ **81**, 116); ihre Einreichg beim FamilienG macht das Verfahren dort zwar anhäng (ZPO 622 I), aber noch nicht rechtshäng (ZPO 261). Zustellg erst nach dem Tod des Erbl genügt nicht, selbst wenn sie „alsbald" erfolgt ist, weil die materiellrechtl Wirkgen der Prozhandlgen nicht vor dem prozessual maßgebl Ereign eintreten (s auch ZPO 262 S 2) und es nicht um die Wahrg einer Frist (wie zB bei ZPO 207; 270 III) geht (aA Bock aaO 207; auch Soergel/Stein Rz 4). Beseitigbare prozessuale Mängel wie zB Klageerhebg beim örtl unzuständ FamilienG (GVG 23b I Nr 1; ZPO 606) betreffen nur die Zulässigk, beseitigen aber nicht die Rechtshängigk (Thomas/Putzo ZPO 253 Anm 4b) und sind materiellrechtl unschädl. – Ausreichd ist auch die Stellg eines Anschlußantrags (§ 1566 I) od Erhebg einer Widerklage in der mündl Verhandlg od dch Zustellg eines entspr Schriftsatzes (ZPO 261 II); nicht aber ein Antrag auf Prozeßkostenhilfe (ZPO 114ff) für

§§ 1933, 1934

einen beabsichtigten ScheidgsAntrag (Aufhebgsklage). – Die **Zurücknahme** des Antrags od der Klage (ZPO 269) beseitigt die Wirkg des § 1933, nicht aber schon ein bloßer AussetzgsAntrag (ZPO 614 III).

b) Die Zustimmung des Erbl zum ScheidgsAntrag seines Eheg (§ 1566; ZPO 630 II 2) muß formell zu Prot der Geschäftsstelle od in der mündl Verhandlg zur Niederschrift des Gerichts (Zweibr OLGZ 83, 160; LG Düss Rpfleger 80, 187) od dch Schriftsatz seines bevollmächt RA (BayObLG FamRZ 83, 96) erklärt sein. Ihr Widerruf (ZPO 630 II 1) läßt die Wirkg entfallen (Staud/Werner Rz 8).

c) Bei Abweisung des Antrags (der Klage) beseitigt ein **nicht rechtskräftiges** Urteil noch nicht die mat-rechtl Wirkg des § 1933. Unstr ist dies, wenn der Erbl noch ein Rechtsmittel eingelegt hat. Dies muß aber auch gelten, wenn der Erbl dch seinen Tod von einem ihm zustehenden Rechtsmittel keinen Gebrauch mehr machen konnte (Soergel/Stein Rz 5; aA Staud/Werner Rz 6; im Ergebn wie hier MüKo/Leipold Rz 9).

3) Materielle Voraussetzung ist, daß ohne die Erledigg des Verfahrens dch Tod des Erbl (ZPO 618) die Ehe auf seinen Antr od mit seiner Zustimmg geschieden (auf seine Klage aufgehoben) worden wäre. Die Voraussetzgen für die Scheidg sind in §§ 1565–1568 geregelt, für eine Aufhebg in EheG 28; 30–37. Zu den ScheidgsVoraussetzgen gehört auch die Härteklausel (§ 1568; BayObLG Rpfleger 87, 358). Bei der KonventionalScheidg (§ 1566 I; ZPO 630) muß die Einigg über die Folgesachen gem ZPO 630 I Nr 2, 3 bereits vorgelegen haben (Bremen FamRZ 86, 833; Battes FamRZ 77, 437ff; Soergel/Stein Rz 8; Dieckmann FamRZ 79, 389/396; str; aA Soergel/Damrau § 2077 Rz 4 mN), selbst wenn sie nur als ZulässigkVorauss u nicht als mat Scheidgsbedingg verstanden wird (vgl § 1566 Anm 2 mN); fehlte sie, kann nur noch geprüft werden, ob der Erbl seinen Antrag auf streitige Scheidg umgestellt hätte (dazu Hbg FamRZ 79, 702) u ob dann deren Voraussetzgen vorlagen (ebso Soergel/Stein Rz 8; aA MüKo/Leipold Rz 8). – **Beweislast.** In der beim NachlG (im ErbschVerf) od ProzeßG (bei Feststellgsklage) postmortal zu führenden Ehesache trägt die Beweislast dafür, daß die Ehe geschieden worden wäre, wer sich darauf beruft. Das sind idR die das EhegattenErbR bestreitenden Verwandten. Ihnen kommen allerd die in § 1566 aufgestellten Vermutgen zu Hilfe, sofern deren Grdlagen dch die vom NachlG vAw (FGG 12) zu führenden Ermittlgen feststehen; bei Getrenntleben ist auf die Ablehng der ehel LebensGemeinsch abzustellen (§ 1567), nicht auf Scheidgsabsicht (BayObLG aaO). An den Nachweis des Scheiterns sind dagg strenge Anfordergen dann zu stellen, wenn der Überlebende dem vom Erbl kurz vor seinem Tod (ggf nicht unbeeinflußt) gestellten Scheidgsbegehren nicht zugestimmt hatte (Baumgärtl/Strieder Rz 1 mN; str). Dagg hat der Ehegatte die Beweislast dafür, daß die erwiesenen Gründe ausnahmsw (zB wg der Härteklausel) nicht zur Scheidg geführt hätten (Staud/Werner Rz 16). – Bei Anfechtgsklage (S 2) muß dagg das ErbR des Ehegatten Bestreitende Beweis für die Voraussetzgen der EheG 28ff erbringen, der Ehegatte dagg den Nachweis für die Voraussetzgen der EheG 31 II; 32 II führen.

4) Rechtsfolgen. Sind die Voraussetzungen nach S 1 od S 2 gegeben, hat der überlebde Eheg sein ges ErbR (§ 1931), den Anspr auf den Voraus (§ 1932) und auch ein PflichttR verloren, weil er dann nicht mehr von der ges Erbfolge ausgeschlossen werden konnte (§ 2303 II 1). Lebten die Eheg beim Erbfall in ZugewinnGemsch, kann ein Ausgleich nicht mehr erbrechtl (§ 1931 III iVm § 1371 I), sondern nur noch güterrechtl (§ 1371 II) beansprucht werden (BGH 46, 343), wobei dann für die Berechng analog § 1384 der Ztpkt der RHängigk des ScheidgsAntr statt des Erbfalls maßgebl ist (BGH 99, 304 mAv Hohloch JuS 87, 745); die Erben können nur bei „grober Unbilligkeit" die Erfüllung verweigern (§ 1381). – Der **Unterhaltsanspruch** des überleb Eheg nach Maßgabe der §§ 1569–1586b gegen die Erben wird dch **Satz 3 gewährleistet,** sofern nicht ein Erb- od PflichttVerzicht vorliegt (dazu Dieckmann NJW 80, 2777) od der Pflicht entzogen ist (s § 2325 Anm 1). – **Unberührt** bleiben die §§ 569a; b für Mietverhältn an der Ehewohng. – Die **Hausratsverordnung** findet **keine** analoge Anwendg, wenn das ScheidgsVerf dch Tod endet (MüKo/Leipold Rz 13; Soergel/Stein Rz 12). – **Versorgungsansprüche** stehen dem verwitweten Eheg zu, weil die Ehe beim Erbfall noch bestanden hat.

5) Bei gewillkürter Erbfolge gelten entspr Regelgen, näml §§ 2077 I 2, 3; 2268 II für Testamente u § 2279 I, II für Erbverträge. Dabei handelt es sich allerd nur um Ausleggsregeln (§ 2077 III; 2268 II; 2279), so daß insofern der überlebde Eheg besser gestellt ist.

1934 *Erbrecht des verwandten Ehegatten.*
Gehört der überlebende Ehegatte zu den erbberechtigten Verwandten, so erbt er zugleich als Verwandter. Der Erbteil, der ihm auf Grund der Verwandtschaft zufällt, gilt als besonderer Erbteil.

1) Ein mehrfaches Erbrecht des überlebden Eheg ist prakt nur mögl, wenn er mit dem Erbl in **zweiter Ordnung** verwandt, also zB mit Tante od Onkel verheiratet war (s MüKo/Leipold Rz 1). War umgekehrt der Erbl Neffe od Nichte seines Eheg, ist ein mehrfaches ErbR ausgeschl, weil der Überlebde als Onkel od Tante dann Abkömml von Großeltern ist, also § 1931 I 2 eingreift (vgl Kipp/Coing § 5 VI).

2) Rechtsfolge ist, daß die als Eheg nach § 1931 erbende Nichte (der Neffe) zusätzl einen besonderen Verwandten-Erbteil gem § 1925 erhält, der von § 1933 nicht betroffen wird u gesondert ausgeschlagen werden kann (s § 1927 Anm 3). Er steht bei Ausschlagg des Ehegattenerbteils dem Verlangen eines güterrechtl Zugewinnausgleichs nicht entgegen (s § 1371 Anm 5).

Vorbemerkung zu §§ 1934a–e

1) Ersetzung des Erbrechts. Seit der rechtl Anerkenng der Verwandtsch zwischen Vater u seinem nichtehel Kind dch das am 1. 7. 70 in Kraft getretene NEhelG hat das nichtehel Kind auch beim Tod seines Vaters ein ges ErbR als Erbe erster Ordng (s § 1924 Anm 3b) wie umgekehrt auch der Vater zu den ges Erben zweiter Ordng nach seinem nichtehel Kind gehört (s § 1925 Anm 1). Nur für ganz bestimmte Fallgestaltgen bei der ges Erbfolge erfährt die Gleichstellg nichtehel Kinder mit ehel eine Einschränkg: Um zu verhindern, daß Erbengemeinschaften entstehen, die als prinzipiell konfliktgeladen angesehen werden, wird ein dem nichtehel Kind od dem Vater an sich zustehender ges Erbteil in bestimmten Situationen dch einen Wert entsprechenden GeldAnpr ersetzt. Die Funktion dieses mit dem Erbfall entstehenden **Erbersatzanspruchs** besteht also darin, ein an sich bestehendes ErbR mit der ihm eigenen dingl Beteiligg am Nachl dch eine bloße Fdg gg die Erben zu ersetzen. Dieser Ersatz ist nach § 1934a I–III auf die Fallgestaltgen beschränkt, daß bei Eintritt ges Erbfolge sonst das nichtehel Kind eines verstorbenen Mannes neben dessen Ehefrau od ehel Abkömml oder daß der nichtehel Vater eines verstorbenen Kindes od seine Verwandten mit der Ehefrau od Verwandten des Kindes in einer ErbenGemsch zusammentreffen würde. Hinterläßt dagg der Vater weder Ehefrau noch ehel Kinder, erbt sein nichtehel Kind nach dem Gesetz allein. – Trotz seiner einem Vermächtn entspr Ausgestaltg als Fdg wird der ErbersatzAnspr im PflichtR wie eine Erbberechtigg behandelt (§ 2338a), so daß sowohl der Ausschluß des ges ErbR des nichtehel Kindes als auch die (isolierte) Entziehg eines an sich gegebenen ErbersatzAnspr zum Pflichtt führt (s § 2338a Anm 1). – Die rechtl Behandlg u die Berechng des ErbersatzAnspr ergibt sich aus § 1934b. Die Last eines bestehenden Anspr tragen im Innenverhältn diejenigen Erben, denen der Wegfall des nichtehel Kindes od des nichtehel Vaters zugute kommt.

2) Vorzeitiger Erbausgleich. In § 1934d hat der Gesetzgeber ein neues RInstitut geschaffen: Ein nichtehel Kind kann zwischen dem vollendeten 21. und dem Ende seines 27. Lebensjahres einen vorzeitigen Erbausgleich in Geld verlangen. Dieses Recht steht ihm aber nur zu, wenn es im Grdsatz nach seinem Vater erb- bzw erbersatzberechtigt ist. Die Höhe des Ausgleichsbetrags ist an den geschuldeten Unterhalt geknüpft; Regelbetrag ist das Dreifache des Jahresunterhalts (§ 1934d II). – Die Wirkgen eines solchen Erbausgleichs reichen, wenn er auf die vorgeschriebene Weise (wirks Vereinbarg od rechtskr Verurteilg) zustande gekommen ist, weiter als die eines Erbverzichts: Die Erb-, Erbersatz- und PflichttRechte, die auf der nichtehel Verwandtsch zum Vater beruhen, entfallen nicht nur auf Seiten des Kindes u seiner Abkömml, sond auch auf Seiten des Vaters u seiner Verwandten (§ 1934e). Ein vorzeit Ausgleich kann auch im Interesse des Vaters u seiner ehel Familie liegen, weil bei den Anordgen für den künft Erbfall die Rechte des nichtehel Kindes nicht mehr berücksichtigt werden müssen. – Dem vorzeitigen AusgleichsR des Kindes steht kein vorzeitiges AbfindgsR des Vaters ggüber. Dieser kann von sich aus den erbrechtl Wegfall seines nichtehel Kindes nur dch Abschluß eines ErbverzichtsVertr (§ 2346) erreichen.

3) Übergangsrecht. Die ÜbergangsVorschr des Art 12 § 10 NEhelG (abgedruckt nach EG 213 Anm 2) macht für das ErbR zwei zeitl Einschränkungen, die für verfassungsgemäß erklärt worden sind (BVerfG 44, 1): **Neues Recht** gilt nur, wenn der Erbfall am od nach dem 1.7.70 eingetreten (Abs 1) **und** das nichtehel Kind nicht vor dem 1.7.49 geboren (Abs 2) ist. Beim **früheren Rechtszustand** bleibt es also bei allen vor dem 1.7.70 eingetretenen Erbfällen sowie für alle vor dem 1.7.49 geborenen Kinder u deren Abkömml; das nichtehel Kind hat dann nach seinem Vater weder ein Erb- oder PflichttR noch einen Anspr auf Erbersatz od vorzeit Erbausgleich (u umgekehrt).

4) Verfassungsrechtliche Problematik. Der Gesetzgeber mußte gemäß dem sich aus GG 6 V folgenden Gebot, das eine Konkretisierg des allg GleichhSatzes ist, dem nichtehel Kind eine angemessene Beteiligg am väterl Nachl zuerkennen, sei es in Form eines Erbteils od eines GeldAnspr. Die getroffene Regelg des ErbersatzAnspr ist nach überwiegr Auffassg mit GG 6 V vereinb (zu Bedenken s MüKo/Leipold § 1934a Rz 7f). Nur hinsichtl einer bestimmten Gruppe nichtehel Kinder wird die in § 1934c vorgenommene Einschränkg gg GG 6 V verstoßen, so daß diese Vorschr vom BVerfG (NJW **87**, 1007) für nichtig erklärt wurde (s § 1934c Anm 1). Dagg verstößt die erfolgte Übergangsregelg (s oben Anm 3) nicht gg das Grundgesetz (BVerfG **44**, 1). Ob allerd die Differenzierg zwischen ehel u nichtehel Kindern tatsächl erforderl ist u damit GG 3 I gerecht wird, erscheint nicht in gleicher Weise gesichert (s ausführl Kreß/Stein vor § 1934a Rz 5). Dagg liegt kein nach GG 14 I 1 unzulässiger Eingriff in die geschützte Rposition des ehel Kindes vor, sondern eine zuläss Inhaltsbeschränkg (vgl BVerf **44**, 1/17ff). Zur Ungleichbehandlg nichtehel Kinder s auch EuGH für MenschR NJW **79**, 2449/2453. – Die Folgen des vorzeit Erbausgleichs hat der GesGeber im Rahmen der ihm für Eigentum u ErbR eingeräumten GestaltgsFreih verfassgskonform geregelt (BVerfG **58**, 377; aA Soergel/Stein vor § 1934a Rz 7).

1934a *Erbersatzanspruch bei nichtehelichen Kindern.*

I Einem nichtehelichen Kinde und seinen Abkömmlingen steht beim Tode des Vaters des Kindes sowie beim Tode von väterlichen Verwandten neben ehelichen Abkömmlingen des Erblassers und neben dem überlebenden Ehegatten des Erblassers an Stelle des gesetzlichen Erbteils ein Erbersatzanspruch gegen den Erben in Höhe des Wertes des Erbteils zu.

II Beim Tode eines nichtehelichen Kindes steht dem Vater und seinen Abkömmlingen neben der Mutter und ihren ehelichen Abkömmlingen an Stelle des gesetzlichen Erbteils der im Absatz 1 bezeichnete Erbersatzanspruch zu.

III Beim Tode eines nichtehelichen Kindes sowie beim Tode eines Kindes des nichtehelichen Kindes steht dem Vater des nichtehelichen Kindes und seinen Verwandten neben dem überlebenden Ehegatten des Erblassers an Stelle des gesetzlichen Erbteils der im Absatz 1 bezeichnete Erbersatzanspruch zu.

IV Soweit es nach den Absätzen 1 und 2 für die Entstehung eines Erbersatzanspruchs darauf ankommt, ob eheliche Abkömmlinge vorhanden sind, steht ein nichteheliches Kind im Verhältnis zu seiner Mutter einem ehelichen Kinde gleich.

1) Allgemeine Voraussetzungen. Tritt ges Erbfolge ein, ist der Ersatz des ges Erbteils eines nichtehel Kindes od seines Vaters dch einen GeldAnspr gg den (die) Erben in Höhe des Wertes des Erbteils nur in den vom G in **I–III** bestimmten besond Fallgruppen vorgesehen (**IV** hat nur klarstellende Bedeutg), um eine

§ 1934a 1, 2

sonst entstehende prinzipiell konfliktgeladene ErbenGemsch zu vermeiden (s Vorb 1 vor § 1934a). Dies stellt keine „Enterbg kr G" dar, sond nur eine besond Ausgestaltg des bestehenden ges ErbRs (BGH NJW **88**, 136). Auch der ErbersatzBerecht wahrt trotz seines Ausschlusses von der realen NachlBeteiligg den **Rang** seiner Ordng (§ 1930), so daß Verwandte nachfolgender Ordngen auch dann nicht aufrücken, wenn der ErsatzBerecht der einzige Erbe seiner Ordnung ist, als solcher aber wg des vorhandenen Ehegatten nicht zum Zuge kommt. In sämtl Fallgestaltgen kommt ein ErbersatzAnspr, dessen RNatur, Berechng u Geltendmachg dann dch § 1934b näher bestimmt ist, nur unter drei allg Voraussetzgen in Betr:

a) Erst nach förmlicher Vaterschaftsfeststellung dch Anerkenntn od gerichtl Entscheidg kann ein nichtehel Kind Rechte aus seiner Abstammg gg seinen Vater geltend machen (§ 1600a). Dieser Grdsatz gilt auch im ErbR gleichermaßen für das gesetzl ErbR wie für einen Erbersatz- od PflichttAnspr (BGH NJW **83**, 1485). Gesetzl Erbe 1. Ordng (§ 1924 I) od stattdessen ErbersatzBerecht ist also das beim Tode des Vaters vorhandene und nicht dch die Übergangsregelg des Art 12 § 10 NEhelG (s Vorb 3 vor § 1934a) ausgeschlossene nichtehel Kind nur, wenn die Vatersch entw wirks anerkannt oder gerichtl festgestellt wurde. Die nur im ErbR dch § 1934c zunächst vorgesehene Einschränkg, daß die Vatersch grsl schon beim Tod des Erbl festgestellt sein müsse, ist mit GG 6 V unvereinb und daher nichtig (BVerfG NJW **87**, 1007). – Hält die Mutter den Namen des Vaters geheim, ist ein AuskAnspr des nichtehel Kindes gg sie zur Vorbereitg seiner Erb- od ErbersatzAnspr nach AG Passau FamRZ **87**, 1309 aus § 1618a iVm §§ 1934a ff; GG 6 V abzuleiten.

aa) Das Vaterschaftsanerkenntnis (§ 1600b) ist eine höchstpersönliche, formgebundene Erkl des Vaters (§§ 1600d, 1600e). Die notwend Zustimmg des Kindes (§ 1600c) kann auch noch nach dem Tod des Vaters ggü dem Standesbeamten erklärt werden (Soergel/Stein § 1934c Rz 3). Bei Unwirksamk der Anerkenng (dazu § 1600f–l) ist das Kind kein Abkömml des Erbl u folgl Scheinerbe. Den Erben stehen dann Anspr gem §§ 2018ff od nach Erfüllg eines geltend gemachten ErbersatzAnspr gem §§ 812ff zu.

bb) Ein Feststellungsurteil, das rechtskr die Vatersch **positiv** (u nicht nur incidenter) feststellt, also aGrd einer nur dem Vater od dem Kind mögl Klage nach ZPO 640 II Nr 1 od auch auf negative Feststellgsklage (ZPO 641h) ergangen ist, wirkt für und gg alle (§§ 1600a, 1600n I; ZPO 641k). Es kann nur dch erfolgreiche Nichtigk- od Restitutionsklage (ZPO 578ff; 641i) beseitigt werden; zu den dann bestehenden Anspr s oben aa.

cc) Ein Feststellungsbeschluß des VormschG kann über die Vatersch noch nach dem Tod des Mannes od des Kindes dch einen an keine Frist gebundenen Antr herbeigeführt werden (§ 1600n II), weil § 1934c nichtig ist. Gg die Feststellg steht Beschw nur den nach FGG 55b I zu hörenden Personen zu, insbes den sonst Erben des Mannes (Düss OLGZ **89**, 300). Der rechtskr positive Feststellungsbeschluß (FGG 55b) wirkt grdsl zurück. Während des Verfahrens nach § 1600n ist zur Sicherung des Nachl **Nachlaßpflegschaft** (§ 1960) dann mögl, wenn im Falle der Feststellg ein ErbR des Kindes u nicht nur ein ErbersatzAnspr gegeben ist (s Stgt NJW **75**, 880).

b) Gesetzliches Erbrecht des Verdrängten. Ersatz kann nur verlangen, wer ohne die Sonderregel des § 1934a ges (Mit-)Erbe würde; steht ihm ohnehin kein ges ErbR zu, gebührt ihm „statt dessen" auch kein Ersatz (BGH **80**, 290 mAv Dieckmann FamRZ **81**, 948 u Böhmer JR **82**, 23/24). Erforderl ist also ein **Berufungsgrund** nach §§ **1924ff** und **Erleben** des Erbfalls (§ 1923); zum zeitl Geltungsbereich s Vorb 3 vor § 1934a. **Kein Anspruch** besteht folgl bei Enterbg (§ 1938 od den Übergehen, s § 2338a Anm 2; insow aA Soergel/Stein § 1937 Rz 5); vorzeit Erbausgleich (§ 1934e); Erbverzicht (§ 2346 I), Erbausschlagg (§§ 1942ff) od Erbunwürdigk (§§ 2339ff). – Ist der an sich Ersatzberechtigte dch Vfg vTw **als Erbe eingesetzt,** scheiden §§ 1934a ff stets aus, gleich ob das eingesetzte Erbteil im Wert größer, gleich od kleiner als der Anspr ist, da die TestierFreih des Erbl dch die ges Regelg nicht eingeschränkt wird (Soergel/Stein Rz 16; MüKo/Leipold Rz 14). Bei Einsetzg auf den „gesetzl Erbteil" s § 2066 Anm 1.

c) Erbrecht der verdrängenden Verwandten. Nur „neben" bestimmten Verwandten (ehel Abkömml, Eheg usw, s I–III) kommt der nichtehel Verwandte als Erbe nicht zum Zuge, weil er mit diesen keine ErbenGemsch bilden soll (s Vorb 1 vor § 1934a). Wird keiner dieser privilegierten Verwandten Erbe (infolge Vorversterbens; Ausschlagg; Enterbg; Erbverzicht; ErbunwürdigkErkl), ist der nichtehel Verwandte nicht aus der Erbfolge verdrängt. Ob das ErbR der Privilegierten auf Ges od Vfg vTw beruht, ist nach Wortlaut u Sinn der Regelg gleichgült (bestr); relevant wird dies ohnehin nur, wenn der Erbl nicht über den ganzen Nachl verfügt hat u die Eingesetzten auch nicht über §§ 2089; 2094 den ganzen Nachl erhalten, so daß streitig ist, ob der nichtehel Verwandte nach § 2088 hinsichtl des Restteils Miterbe wurde (so Soergel/Stein Rz 5 mN; Staud/Werner Rz 8) od auf den ErbersatzAnspr beschränkt bleibt (so MüKo/Leipold Rz 17 mN); s dazu § 2088 Anm 3.

2) Vier Fallgruppen enthält § 1934a, in denen bei Vorliegen der allg Voraussetzgen (Anm 1) an die Stelle des ges Erbteils nur ein ErbersatzAnspr gg den (die) Erben tritt:

a) Tod des nichtehelichen Vaters (I 1. Alternative). Gelangen hier die Ehefrau od ehel Abkömml zur Erbfolge, erhält das mit diesen zusammentreffende nichtehel Kind statt seines Erbteils (s § 1924 Anm 3b) nur einen ErbersatzAnspr. Gleiches gilt für Abkömml des nichtehel Kindes, die an seine Stelle treten (§ 1924 III). **Ehelich** sind auch Kinder, die aus einer früheren Ehe stammen od die es dch Legitimation (§ 1719) od Adoption (§ 1754) geworden sind. Abkömml ehel Kinder, die an deren Stelle getreten sind (§ 1924 III), schließen das ErbR nichtehel Abkömml aus, wenn ihre Abstammg zum Erbl ununterbrochen ehel war (Staud/Werner Rz 22; Soergel/Stein Rz 8), wobei allerd im Verhältn zur Mutter auch nichtehel Kinder als ehel gelten (**IV;** s Anm 3). Bspl: Nichtehel Kinder eines vorverstorbenen Sohnes des Erbl schließen dessen nichtehel Kinder einer vorverstorbenen Tochter. – Der Güterstand der Ehefrau beeinflußt stets nur die Quote (s § 1931 Anm 3ff), nicht aber die NachlBeteiligg als solche. – **Beispiele:** Hinterläßt der Vater nur 2 ehel und 2 nichtehel Kinder, erben die ehel zu je ½; die beiden nichtehel haben ErsatzAnspr von je ¼. – Die Ehefrau des Vaters erbt allein, wenn außer dem nichtehel Kind kein weiterer Abkömml vorhanden ist, weil das Kind etwaige Erben der 2. od 3. Ordng ausschließt (§§ 1930, 1931).

b) Tod väterlicher Verwandter (I 2. Alternative). Das nach dem Tod eines Verwandten seines Vaters

Erbfolge **§§ 1934a, 1934b**

als ges Erbe berufene nichtehel Kind ist auf den ErbersatzAnspr verwiesen, wenn es mit dem Eheg des **Erblassers** od dessen ehel Abkömml (Begriff s a) zusammentrifft. Die Ehefrau des Vaters ist nach dem Wortlaut nicht maßgebl, weil sie an sich nicht zu den ges Erben der väterl Verwandten zählt. Nicht geregelt blieb dabei aber der Fall, daß ein ehel Kind, dessen Vater vorverstorben ist u dabei außer der Ehefrau auch noch einen nichtehel Sohn hinterlassen hat, bei seinem Tod von seiner Mutter u seinem nichtehel geborenen Bruder zu je ½ beerbt wird (§ 1925), so daß ein nichtehel Abkömml des vorverstorbenen Vaters mit dessen Ehefrau zusammentrifft. Dch die Regelgslücke kommt ein Ergebnis zustande, das der Grundregel des **I** widerspricht. Die Lücke ist dch **entsprechende** Anwendg von **I** 1. Altern in der Weise zu schließen, daß hier das nichtehel Kind auf einen ErbersatzAnspr verwiesen ist (hM; Stgt OLGZ **79**, 405; Soergel/Stein Rz 14 mwN). Ob die Analogie auch bei Erbfolge 3. Ordng (§ 1926; zB Erbl hinterläßt außer seiner Ehefrau seine Großmutter u einen nichtehel Abkömml des Großvaters) weitergeführt werden soll, ist streitig (dagg Soergel/Stein Rz 15; Benkö JZ **73**, 500; dafür Dieckmann JZ **70**, 344; Spellenberg FamRZ **77**, 185; offengelassen von Stgt aaO). Treffen ehel u nichtehel Abkömml nur in der Seitenverwandtsch zusammen, kommt eine analoge Anwendg von I nicht in Betr (Bielefeld Rpfleger **81**, 237; Bspl: Wird Erbl von den Kindern seiner Geschwister beerbt, erben sowohl die ehel als auch die nichtehel Kinder). – Stirbt ein an einer fortges GüterGemsch teilhabender Sohn, tritt sein nichtehel Abkömml als sein Erbe nicht an seiner Stelle ein (Stgt JR **76**, 196 mAv Bökelmann).

c) Tod des nichtehelichen Kindes (II; III 1. Alternative). Der Vater hat ein ges ErbR nach seinem nichtehel Kind nur, wenn dieses keine Abkömml hinterläßt (§§ 1924; 1930). Würde er (od an seiner Stelle seine Abkömml) dann bei der Erbfolge mit der Mutter od mit deren ehel Abkömml (beachte **IV**: als solche gelten auch nichtehel Kinder einer Tochter, nicht aber eines Sohnes) od mit dem Eheg des Erbl zusammentreffen, ist der Vater (od seine Abkömml) auf einen ErbersatzAnspr verwiesen. Dies gilt auch für andere Verwandte des Vaters (zB dessen Eltern, also die Großeltern des Erbl) beim Zusammentreffen mit dem Ehegatten des Erbl. – Auch für das ges ErbR wie den ErbersatzAnspr des Vaters ist Voraussetzg, daß die Vatersch förml festgestellt ist (§ 1600a S 2; s Anm 1); soll die Feststellg erst nach dem Erbfall erfolgen (s Anm 1a, cc), hat die Mutter infolge ihres alleinigen AntragsRs (§ 1600n II) es in der Hand, ob sie für die erfolgreiche Feststellg das ges ErbR bzw den ErbersatzAnspr des Vaters in Kauf nehmen will.

d) Tod eines Kindes des nichtehelichen Kindes (III 2. Alternative). Ist der Erbl ein ehel Kind des nichtehel Kindes, bereits vorverstorbenes Vaters u hinterläßt er seinen Ehegatten, ist der Vater des ErblVaters und dessen Verwandte auf den ErbersatzAnspr verwiesen. Bei ZugewinnGemsch erben also die Witwe ¾ und von den vorhandenen (nicht miteinander verheirateten) Großeltern väterlicherseits die Großmutter ¼; der Großvater hat einen ErbersatzAnspr von ⅛ des NachlWertes. Ist der Erbl selbst auch nichtehel geboren, kann nach dem Wortlaut des **III** sowohl die 1. Alternative (Tod eines nichtehel Kindes: beide Großeltern nur erbersatzberechtigt) als auch die 2. Alternative (Tod des Kindes eines nichtehel Kindes: Ergebnis wie eingangs) zutreffen. Streitig, aber zu bevorzugen ist die Anwendg der 2. Alternative (Staud/Werner Rz 35; RGRK Rz 4; Erman/Schlüter Rz 21; aA MüKo/Leipold Rz 45f; Soergel/Stein Rz 11 mwN).

3) Im Verhältnis zur Mutter hat ein nichtehel Kind beim Tod der Mutter od mütterl Verwandter im Rahmen der ges Erbfolge die gleiche Stellg wie ein ehel Kind. **IV** stellt dies für die Abgrenzg zwischen ErbR u ErbersatzAnspr nur klar. Die Gleichstellg erstreckt sich auch auf das Verhältn zu den Voreltern der Mutter. – Beispiele: Ist beim Tod des nichtehel Kindes außer dem Vater auch ein nichtehel Kind der vorverstorbenen Mutter vorhanden, erbt dieses allein; der Vater hat ErsatzAnspr im Wert von ½. Hinterläßt der Erbl einen nichtehel Sohn und das nichtehel Kind einer vorverstorbenen ehel Tochter, ist das Enkelkind Alleinerbe, der Sohn Ersatzberechtigter.

4) Die Höhe des Anspruchs entspricht dem Erbteil, an dessen Stelle er tritt. Dazu ist fiktiv die Erbfolge ohne die Sonderregel des § 1934a zu bestimmen. Der sich so ergebenden Quote entspricht dann der Geld-Anspr auf Zahlg des Wertes des Erbteils. Zur RNatur, Berechng u Geltendmachg des Anspr s § 1934b. – Zum PflichttAnspr bei Entziehg des ErbersatzAnspr s § 2338a.

5) Verfahrensrechtliches. Die Nachlaßgerichte sind nicht verpflichtet, die ErbersatzBerecht vAw zu ermitteln (landesrechtl Ausn: Ba-Wü LFGG 41; dazu Sandweg BWNotZ **79**, 25) und sie über ihren Anspr zu benachrichtigen. Zumindest nach dem Tod des Vaters erscheint dies idR auch entbehrl, da der nichtehel Abkömml wg der notwend formellen VaterschFeststellg (s § 1934c) u wg seiner UnterhaltsAnspr die Verhältn des Vaters meist kennen wird od kann. Zur BenachrichtiggsPfl nach TestEröffng s § 2262 Anm 1. Ebso wie der VermächtnNehmer ist er nicht Beteiligter, es sei denn, daß ein testl ErbR in Betracht kommt od ein gesetzl ErbR von ihm trotz § 1934a beansprucht wird (nach Soergel/Stein § 1934b Rz 19; MüKo/Leipold Rz 54 soll er dagg stets Beteiligter sein). – Wg Mitteilgen des Standesamts an das NachlG s die einheitl Bek der Länder (Fundstellen: BeurkG 34 Anm 7); Mergenthaler FamRZ **72**, 430; Frank StAZ **71**, 45.

1934 b *Berechnung des Erbersatzanspruchs; anzuwendende Vorschriften; Verjährung.* ¹Der Berechnung des Erbersatzanspruchs wird der Bestand und der Wert des Nachlasses zur Zeit des Erbfalls zugrunde gelegt. Der Wert ist, soweit erforderlich, durch Schätzung zu ermitteln. § 2049 gilt entsprechend.

II Auf den Erbersatzanspruch sind die für den Pflichtteil geltenden Vorschriften mit Ausnahme der §§ 2303 bis 2312, 2315, 2316, 2318, 2322 bis 2331, 2332 bis 2338a sowie die für die Annahme und die Ausschlagung eines Vermächtnisses geltenden Vorschriften sinngemäß anzuwenden. Der Erbersatzanspruch verjährt in drei Jahren von dem Zeitpunkt an, in dem der Erbersatzberechtigte von dem Eintritt des Erbfalls und den Umständen, aus denen sich das Bestehen des Anspruchs ergibt, Kenntnis erlangt, spätestens in dreißig Jahren von dem Eintritt des Erbfalls an.

III Auf den Erbersatzanspruch eines Abkömmlings des Erblassers sind auch die Vorschriften über die Ausgleichspflicht unter Abkömmlingen, die als gesetzliche Erben zur Erbfolge gelangen, entsprechend anzuwenden.

1) Rechtsnatur. Der ErbersatzAnspr ist ein gg den Erben gerichteter GeldAnspr auf Zahlg des Wertes des gesetzl Erbteils. In die Systematik der Fordergsrechte ist er nur schwer einzuordnen. Er kann nicht als gesetzl Vermächtn angesehen werden (Harder NJW **88**, 2716; aA Coing NJW **88**, 1753), da er keinen zusätzl Vermögensvorteil gewährt, sond ein vom Ges vorenthaltenes Recht wenigstens wertmäßig ausgleicht (MüKo/Leipold Rz 51), den Rang der Erbordng wahrt (s § 1934a Anm 1) und im PflichttR dem ErbR gleichgestellt ist (s Einf 1b vor § 2147). Auch entspricht er in seiner wesentl Ausgestaltg nicht dem Pflichtteil, da er als Surrogat des Erbteils gerade nicht auf dessen Entziehg beruht und auch auf den Wert des ganzen (statt des halben) Erbteils gerichtet ist. Er ist daher als RInstitut eigener Art anzusehen u wird als „Erbrecht in Geld" bezeichnet (MüKo/Leipold § 1934a Rz 51).

a) Der Verfügung des Erblassers unterliegt wie das ges ErbR selbst auch der es ersetzende Anspr (dazu Coing NJW **88**, 1753). Der Erbl kann also dch Vfg vTw den Berecht ganz od teilweise ausschließen und ihn dadch auf einen PflichttAnspr verweisen (s § 2338a). Er kann auch den Anspr quotenmäßig vergrößern od verkleinern; die Fälligk der Zahlg hinausschieben dch Stundg od Anordng einer ratenweisen Zahlg. Dch letztw Vfg kann der Anfall auch aufschiebend bedingt od befristet werden. Infolge seiner TestierFreih kann der Erbl auch im Verhältn der MitE untereinander die AnsprLast umverteilen, obwohl § 2324 nicht in die Verweisg einbezogen ist (str; s unten d). Ferner kann der Erbl dch Bestimmg üb die Bewertg von NachlGgständen indirekt auf den Anspr einwirken; § 2312 II 2 findet keine Anwendg. – Der Erbl kann den ErsatzBerecht auch mit einem Vermächtn od dch Auflagen **belasten** (Soergel/Stein Rz 4 mN; zweifelnd Soergel/Dieckmann § 2306 Rz 15), dagg **nicht** mit einer TestVollstrg od mit der Anordng einer „Vor- u Nachersatzerbfolge" (Coing aaO).

b) Die inhaltliche Ausgestaltung des Anspr regelt § 1934b. Als Konsequenz für die dem Nachlaßsurrogat fehlende dingl NachlBeteiligg erfolgte sie dch Verweis auf Vorschriften des **Pflichtteilsrechts.** Ausgenommen blieben davon in erster Linie diejenigen Bestimmgen, die der Sicherg einer Mindestteilhabe am Nachl (dch Beschränkg der VfgsFreih des Erbl) dienen od die eine nur pflichtteilstypische Berechng des Anspr ohne Rücksicht auf Vermächtn u Auflagen vorsehen (§§ 2318; 2322–2324). Nicht anwendbar ist auch § 2310 üb die abstrakte Feststellg des Erbteils. Zusätzl gilt **Vermächtnisrecht** für das dem ErbersatzBerecht einzuräumende Recht zur Ausschlagg, die beim Pflichtt nicht mögl ist.

2) Der Anspruch entsteht unter den in § 1934a genannten Voraussetzgen mit dem Erbfall (**II, § 2317 I**). Bis zu diesem Zeitpkt der Berecht nur eine bloße Aussicht, die weder dch Arrest noch dch einstw Vfg gesichert werden, wohl aber Ggstand eines Vertrags nach § 312 II sein kann. – Der entstandene Anspr ist **übertragbar** und **vererblich** (II 1; 2317 II), damit auch **verpfändbar** (§ 1274), aufrechenbar (§ 394) und **pfändbar,** ohne daß die Pfändg entspr ZPO 852 dem Anerkenntn od der RHängigk unterworfen ist (Soergel/Stein Rz 3 mN; str). – Die GenehmiggsVorschr in §§ 1643 II; 1822 Nr 1, 2; 2347 sind ggf zu beachten.

a) Berechnung der Anspruchshöhe erfolgt nach **I** (der wörtl mit § 2311 I 1 u II 1 übereinstimmt) grdsl wie beim Pflichtt dch Bewertg des Nachl **zum Zeitpunkt des Erbfalls.** Nachträgl Wertsteigergen od -mindergen bleiben außer Betracht. **Nachlaßwert** ist der um die Passiva verringerte Aktivbestand beim Erbfall. Für bedingte od ungewisse Rechte od Verbindlk gilt § 2313 (**II** 1). Als NachlPassiva sind auch PflichttAnspr, Vermächtn einschließl Voraus (§ 1932) u Dreißigstem (§ 1969), Auflagen und auch die Beerdiggskosten (AG Schöneb DAVorm **74,** 200) abzuziehen, da der ErsatzBerecht nicht mehr zu beanspruchen hat, als er als Erbe erhalten würde. Auslegungsfrage ist, ob ein dem Berecht selbst zugewendetes Vermächtn abzugsfähig ist od auf den ErsatzAnspr angerechnet werden bzw gar an seine Stelle treten soll (BGH NJW **79,** 917; Johannsen WM **79,** 599). Zu LAG-Anspr s § 2311 Anm 2a. – **Wertermittlung** erfolgt wie beim Pflichtt (s § 2311 Anm 3) mit der Abweichg, daß Wertbestimmgen des Erbl dch letztw Vfg zu beachten sind (§ 2313 II 2 gilt nicht), da der ErsatzAnspr wie der gesetzl Erbteil der freien Vfg des Erbl insow unterliegt, als er über den Pflichtt hinausgeht (s Anm 1c). Soweit erforderl, erfolgt **Schätzung** (I 2), notfalls dch Sachverständige, zwecks Ermittlg des gemeinen Werts (s dazu im einzelnen § 2311 Anm 3). Bei Bewertg einer Beteiligg des Erbl an einer Handelsgesellsch ist der Abfindgsbetrag heranzuziehen (Johannsen WM **70** Sonderbeil 3 S 10; Stauder/Westerhoff FamRZ **72,** 601/616ff). – Ein zum Nachl gehörendes **Landgut** (Begriff s § 98 Anm 3), das nach der Anordng des Erbl von einem MitE übernommen werden soll, ist iZw mit dem Ertragswert anzusetzen (**I** 3; 2049; EG 137). Dies gilt auch dann, wenn der zur Übernahme Berecht AlleinE ist, weil das nichtehel Kind auf den ErsatzAnspr beschränkt ist. Wenn dagg eine Zuweisg des Landguts an einen Erben fehlt, kommt nicht § 2049 zur Anwendg, sondern es ist der Verkehrswert anzusetzen (MüKo/Leipold Rz 9; Soergel/Stein Rz 7; aA Hamm RdL **80,** 148 mit krit Anm Stöcker ZBlJugR **80,** 553).

b) Ausschlagung. Für die Annahme u Ausschlagg des Anspr gilt VermächtnR (**II** 1), so daß auf die Anm zu §§ 2176; 2180 verwiesen werden kann. Die formlos (auch schlüssig) mögl Annahme schließt die Ausschlagg aus (§ 2180 I), wobei es genügt, daß die Annahme ggü einem vo mehreren MitE erklärt wurde. – Die **Ausschlaggung** erfolgt dch formlose, aber empfangsbedürft Erkl ggü dem Erben (ggf dessen gesetzl Vertreter; bei MitE ggü allen) od ggü dem verwaltenden TV od NachlPfleger. Für gesetzl Vertreter des Berecht gelten die GenehmiggsVorschr der §§ 1643 II; 1822 Nr 2. Die auf einen Teil des Anspr beschränkte Ausschlagg ist unzulässig (§§ 2180 III; 1950). Eine **Frist** besteht für die Ausschlagg nicht; mittelb wird sie allerd dch die Verjährg (s dazu f) gesetzt. Fristsetzg dch den Erben analog § 2307 ist dch **II** 1 ausgeschlossen. – Sowohl die erkl Annahme als auch die Ausschlagg ist **unwiderruflich,** aber nach §§ 119–124 anfechtbar. – Die **Wirkung** der Ausschlagg besteht in dem rückwirkenden Anfall des Anspr bei den Nächstberufenen, wie wenn der Ausschlagende beim Erbfall nicht gelebt hätte (§§ 2180 III; 1953 I, II). Ist ein solcher nicht vorhanden, etwa weil das ausschlagende nichtehel Kind keinen Abkömmling hat, entfällt der Anspr u damit die Belastg des Erben (Soergel/Stein Rz 11).

c) Geltendmachung des ErbersatzAnspr ist gerichtl erst nach Annahme der Erbsch mögl (§ 1958), auch bei TestVollstrg (§ 2213 I 3; s oben d). Für das minderjähr nichtehel Kind wird idR das Jugendamt als

Erbfolge **§ 1934 b** 2–4

Pfleger nach §§ 1706 Nr 3; 1709 tätig (dazu LG Bln FamRZ **76**, 461), sofern nicht ein Fall des § 1707 vorliegt. Ist die Mutter nicht dch eine Pflegsch beschränkt, hat sie §§ 1643, 1822 Nr 1, 2347 zu beachten (s Firsching Rpfleger **70**, 52; u Damrau FamRZ **69**, 585). Ein gerichtl Vergleich bedarf ggf der Genehmigung des VormschG nach **II**, §§ 1915; 1822 Nr 1, 12; 2347.

d) Verjährung (II 2). Die VerjFrist von 3 Jahren entspr dem PflichttR (§ 2332). Sie beginnt mit dem Ztpkt, zu dem der Berecht (bzw sein gesetzl Vertreter) vom Tod des Erbl **und** den das Bestehen des Anspr begründenden Umständen Kenntnis erlangt. Andernfalls tritt Verj spätestens 30 Jahre nach dem Erbfall ein. Zu den Umständen gehören vor allem die den Anspr begründenden Familienverhältn u die übr aus § 1934a hervorgehenden Voraussetzgen wie die formelle VaterschFeststellg. – Für Hemmg u Unterbrechg gelten §§ 202 ff. Bei Minderjährigk des Kindes wird die Verj seines Anspr nicht vor Eintritt der Volljährigk in Gang gesetzt (§ 204; s dort Anm 2b). Unter § 202 I fällt auch die Stundg des Anspr gem II 1, § 2331a. Hemmg tritt auch für die Dauer des gerichtl Verfahrens zur Feststellg der Vatersch ein (Hamm NJW-RR **86**, 165). – Über die Bedeutg eines RIrrtums s § 2082 Anm 2a.

e) Verzicht auf den ErbersatzAnspr ist **vor dem Erbfall** nur dch not Vertr mit dem Erbl als Erbverzicht mögl (§§ 2346, 2348). Ein Verzicht auf das gesetzl ErbR umfaßt auch den ErbersatzAnspr (auch bei Vorbehalt des Pflichtt), der aber vom Erbverzicht ausgenommen werden kann (BayObLG **75**, 420). Ein Verzicht nur auf den ErsatzAnspr ist mögl (**II**, § 2346 II; aA Soergel/Stein Rz 4; wie hier aber Soergel/Damrau Rz 12). Er erfaßt den (minderen) Pflichtt wie ein Erbverzicht, sofern nichts anderes bstimmt ist (§ 2346 I 2), das (höhere) gesetzl ErbR aber jedenfalls dann nicht, wenn beim Tod des Vaters kein Ehegatte u keine ehel Abkömml (mehr) vorhanden sind (Soergel/Damrau § 2346 Rz 12; MüKo/Leipold Rz 28). S auch Übbl 2e vor § 2346. Der Vorbehalt des Pflichtt (§ 2346 Anm 3c) berecht noch zum Verlangen des vorzeit Erbausgleichs (§ 1934d). – Ein Vertrag über den künftigen ErsatzAnspr ist nach § 312 II zulässig. – **Nach dem Erbfall** kann der Berecht entw ausschlagen (s oben b) od die Schuld erlassen (§ 397). – Ggf sind GenehmiggsVorschr in §§ 1643 II; 1822 Nr 1, 12; 2347 zu beachten. – Zum Teilverzicht s Damrau BB **70**, 469.

f) Erbunwürdigkeit. Liegen die Voraussetzgen des § 2339 in der Person des ErbersatzBerecht vor, ist der Anspr anfechtbar (**II**, 2345 II). Berecht hierzu ist, wem der Wegfall des Ersatzberecht zustatten käme (§ 2341). Die Anfechtg erfolgt dch Erkl ggü dem Ersatzberecht (§§ 2345; 143 I; s § 2345 Anm 1). Die erfolgr Anfechtg wirkt ex tunc (§ 142 I; s § 2345 Anm 2), als hätte es den Ersatzberecht beim Erbfall nicht gegeben.

3) Schuldner des Anspr ist der Erbe bzw die ErbenGemsch, für die § 2058 gilt. Nach der Teilg gewährt II iVm § 2319 einem pflichtteilsberecht MitE zu seinem Schutz ein LeistgsverwR, damit er nicht ohne Rücks auf seinen eigenen Pflichtt von dem ErsatzBerecht in Anspr genommen werden kann. – **Stundung** kann der Erbe entspr § 2331a verlangen, wenn dessen Voraussetzgen gegeben sind (s dort); für die dann notwend Entscheidg üb die Zinsen ist der gesetzl Zinssatz nicht bindend (BayObLG **80**, 421; s § 2331a Anm 3a). – Der Anspr ist Erbfallschuld (**II**; § 1967), kann aber vor Annahme nicht gerichtl geltend gemacht werden (§ 1958); dies gilt auch bei TestVollstrg, § 2213 I 3 (str; aA Odersky Anm III 2). Es gelten die Vorschr üb die Erbenhaftg (§§ 1967 ff). Dem Erben steht die Dreimonatseinrede zu (§ 2014). Beim GläubAufgebot beurteilt sich die Stellg des Berecht nach §§ 1972; 1973 I 2; 1974 II. In der Rangordng der Verbindlkeiten steht der Anspr hinter den in KO 226 IV Nr 4 u 5 genannten (§ 1991 IV iVm KO 226; Bosch FamRZ **72**, 177). – Im **Innenverhältnis** der MitE tragen diejenigen die Belastg, deren Erbteil sich dadch erhöht hat, daß der ErsatzBerecht aus der ErbenGemsch ausgeschlossen wurde (**II**, § 2320). Der Erbl kann allerd eine and Lastverteilg anordnen, obwohl § 2324 von der Verweisg ausgenommen ist (hM; s Soergel/Stein Rz 12 mN; aA Staud/Werner Rz 15). Bspl: Hinterläßt der Erbl den Berecht wie Ehefrau u 2 Kinder, erben bei ZugewGemsch die Ehefrau ½ u die Kinder je ¼, sofern beide ehel sind; ist eines nichtehel, hat es nur ErsatzAnspr in Höhe von ¼ des NachlWertes; das ehel Kind ist dann Erbe zu ½, hat dafür aber den ErsatzAnspr im InnenVerhältn allein zu tragen, da der Erbteil der Witwe unverändert ½ blieb. Bei Gütertrenng erben Ehefrau und ehel Kinder je ⅓ (§ 1931 IV); ist hier das nichtehel Kind auf den ErsatzAnspr von ⅓ beschränkt, trifft es Ehefrau u ehel Kind gleich, da sich beider Erbteil gleich erhöht hat. – Die Umverteilgsregel des § 2321 kommt dagg nur einschränkend zur Anwendg, wenn der ErsatzBerecht ein ihm zugewendetes Vermächtn ausschlägt. Hier ist zu unterscheiden: Wollte der Erbl den Berecht mit dem Vermächtn vollständ abfinden, führt dessen Ausschlagg nicht zum ErsatzAnspr (da dieser entzogen ist), sond nur zu einem bestehenden Pflichtt (§ 2338a). Sollte das Vermächtn auf den ErsatzAnspr nur angerechnet werden, greift § 2321 ein, so daß der vom Vermächtn Entlastete insoweit die Last des ErsatzAnspr trägt. War keine Anrechng vorgesehen, wirkt sich die Ausschlagg des Vermächtn auf den ErsatzAnspr nicht aus; § 2321 kommt dann nicht zur Anwendg (s MüKo/Leipold Rz 35; Johannsen WM **70** Sonderbeil 3 S 12; auch Lutter § 2 IV 6c, d).

4) Schenkungen des Erbl an Dritte führen nicht zu einem ErgänzgsAnspr des ErbersatzBerecht, da **II** 1 die §§ 2325 ff ausdrückl für nicht entspr anwendbar erklärt. Allerd kann es über § 2338a zur Anwendg der ErgänzgsVorschr für einen PflichttBerecht kommen, dessen ErsatzAnspr hinter dem Wert seines Pflichtt zurückblieb. – Zwischen erbenden und ersatzberecht **Abkömmlingen** sind **Zuwendungen** des Erbl unter Lebenden (Begriff s § 2050 Anm 3) allerd nach Maßgabe der §§ 2050–2057a **auszugleichen (III)**; § 2316 findet keine Anwendg. Der ErbersatzBerecht kann sowohl ausgleichsberechtigt als auch -pflichtig sein. § 2052 ist sinngemäß anzuwenden, wenn der Erbl seinem nichtehel Abkömml statt des ErsatzAnspr test einen Erbteil od ein Bruchteilsvermächtn zugewendet hat, das mit der ges Erbquote übereinstimmt (MüKo/Leipold Rz 17; teilw aA Soergel/Stein Rz 8). Zuwendungen des Erbl an sein nichtehel Kind in der Zeit vor Inkrafttreten des NEhelG sind nur ausgleichspflichtig, wenn der Erbl dies bei Zuwendg angeordnet hat (§ 2053 II). Eine Ausnahme von den zeitl GeltgsVoraussetzgen besteht insoweit nicht (Staud/Werner Rz 28; Soergel/Stein Rz 8), so daß es nicht gerechtfertigt erscheint, § 2053 II nicht anzuwenden (so MüKo/Leipold Rz 18) od auf einen hypothet ErblWillen abzustellen (Erman/Schlüter Rz 25f). – Rechnerisch wird die Ausgleichg entspr § 2055 dchgeführt, also zum NachlWert die Zuwendg addiert und von der so erhaltenen Summe der ErsatzAnspr errechnet. **Beispiel:** Nachl 40000. Bei ausgleichspflicht Zuwendg an erbenden Abkömml von 10000 ist die Summe 50000; der ErsatzAnspr des ne Kindes ist 25000, dem Erben verbleiben

1833

§§ 1934 b–1934 d

40000 − 25000 = 15000. Bei einem Vorempfang des ErsatzBerecht von 20000 beträgt der rechn Wert 40000 + 20000 = 60000, der ErsatzAnspr somit 30000; abzügl 20000 kann das ne Kind noch 10000 verlangen. – Die Ausgleichg für Mitarbeit od Pflege errechnet sich nach § 2057 a, wobei der ErsatzBerecht als „MitE" zählt.

5) Auskunftsrecht. Gem II iVm § 2314 hat der ErsatzBerecht Ansprüche gg den Erben auf Ausk über Bestand u Wert des Nachl (s § 2314 Anm 1). Die AuskPflicht umfaßt auch alle Tatsachen, die eine AusgleichsPfl gem III, §§ 2050 ff begründen, jedoch nicht die Schenkgen des Erbl, da § 2325 nicht anwendbar ist (Anm 3; Soergel/Stein Rz 14; aA MüKo/Leipold Rz 37). – Ferner kann er Anspr auf Wertermittlg dch einen Sachverständigen haben (§ 2314 Anm 2; BGH **75**, 259; Schlesw NJW **72**, 586; aA Oldbg NJW **74**, 2093). – Zum Bestandsverzeichn s § 260 mit FGG 163, 79; AG Köln DAVorm **74**, 661.

6) In den Erbschein wird der ErbersatzAnspr **nicht** aufgenommen, da er seiner schuldrechtl Natur nach nur eine Beschwerg des Erben darstellt, die im Zeugnis nicht vermerkt wird (aM Kumme ZBlJR **72**, 256).

7) Erbschaftsteuer. Die Steuerschuld (ErbStG 3 I Nr 1) entsteht mit Geltendmachung des Anspr (ErbStG 9 Nr 1 b).

1934 c *Erbanspruch bei nicht anerkannter oder festgestellter Vaterschaft.* ¹*War beim Tode des Vaters eines nichtehelichen Kindes die Vaterschaft weder anerkannt noch rechtskräftig festgestellt, so steht dem Kind eine gesetzliches Erbrecht oder ein Erbersatzanspruch nur zu, wenn das gerichtliche Verfahren zur Feststellung der Vaterschaft bereits zur Zeit des Erbfalls anhängig war. Ist der Vater gestorben, bevor das Kind geboren oder sechs Monate alt war, so genügt es, wenn der Antrag auf Feststellung der Vaterschaft binnen sechs Monaten gestellt wird; die Frist beginnt mit dem Erbfall, jedoch nicht vor der Geburt des Kindes.*

II Im Falle des Todes eines Verwandten des Vaters gilt Absatz 1 Satz 1 entsprechend.

1) Nichtigkeit der Vorschrift. Rechtsfolgen aus der nichtehel Vatersch können auch im ErbR erst nach ihrer förml Feststellg geltend gemacht werden (§ 1600a S 2; BGH **85**, 277). Zusätzl wollte der Gesetzgeber aber noch eine zeitl Restriktion im Interesse der RSicherh dch § 1934 c einführen: Dem nichtehel Kind (od seinem Vater) sollte ein gesetzl ErbR od ein ErbersatzAnspr nur zustehen, wenn bereits beim Erbfall die Vatersch anerkannt od rkräftig festgestellt od zumindest das gerichtl Feststellungsverfahren anhäng war bzw binnen 6 Monaten anhäng gemacht wurde, obwohl § 1600 n II es dem Kind ermöglicht, auch noch nach dem Tode seines Vaters unbefristet die Vatersch feststellen zu lassen. Das BVerfG hat jedoch die Vorschr wg Unvereinbark mit GG 6 V für **insgesamt nichtig** erklärt (BGBl **87** I 757 = NJW **87**, 1007; dazu Hohloch JuS **87**, 570). Damit entfaltet jede positive VaterschFeststellg, dch die mit rückwirkender Kraft der Status des Kindes von seiner Geburt an verbindl geklärt ist (§ 1600a S 1), ihre RWirkgen uneingeschränkt auch im ErbR, selbst wenn sie erst nach dem Erbfall dch rkräftigen Beschluß des VormschG (FGG 55 b) erfolgte.

1934 d *Vorzeitiger Erbausgleich des nichtehelichen Kindes.* ¹*Ein nichteheliches Kind, welches das einundzwanzigste, aber nicht das siebenundzwanzigste Lebensjahr vollendet hat, ist berechtigt, von seinem Vater einen vorzeitigen Erbausgleich in Geld zu verlangen.*

II Der Ausgleichsbetrag beläuft sich auf das Dreifache des Unterhalts, den der Vater dem Kinde im Durchschnitt der letzten fünf Jahre, in denen es voll unterhaltsbedürftig war, jährlich zu leisten hatte. Ist nach den Erwerbs- und Vermögensverhältnissen des Vaters unter Berücksichtigung seiner anderen Verpflichtungen eine Zahlung in dieser Höhe entweder dem Vater nicht zuzumuten oder für das Kind als Erbausgleich unangemessen gering, so beläuft sich der Ausgleichsbetrag auf das den Umständen nach Angemessene, jedoch auf mindestens das Einfache, höchstens das Zwölffache des in Satz 1 bezeichneten Unterhalts.

III Der Anspruch verjährt in drei Jahren von dem Zeitpunkt an, in dem das Kind das siebenundzwanzigste Lebensjahr vollendet hat.

IV Eine Vereinbarung, die zwischen dem Kinde und dem Vater über den Erbausgleich getroffen wird, bedarf der notariellen Beurkundung. Bevor eine Vereinbarung beurkundet oder über den Erbausgleich rechtskräftig entschieden ist, kann das Kind das Ausgleichsverlangen ohne Einwilligung des Vaters zurücknehmen. Kommt ein Erbausgleich nicht zustande, so gelten für Zahlungen, die der Vater dem Kinde im Hinblick auf den Erbausgleich geleistet und nicht zurückgefordert hat, die Vorschriften des § 2050 Abs. 1, des § 2051 Abs. 1 und des § 2315 entsprechend.

V Der Vater kann Stundung des Ausgleichsbetrages verlangen, wenn er dem Kinde laufenden Unterhalt zu gewähren hat und soweit ihm die Zahlung neben der Gewährung des Unterhalts nicht zugemutet werden kann. In anderen Fällen kann der Vater Stundung verlangen, wenn ihn die sofortige Zahlung des gesamten Ausgleichsbetrages besonders hart treffen würde und dem Kinde eine Stundung zugemutet werden kann. Die Vorschriften des § 1382 gelten entsprechend.

Schrifttum: Stöcker JZ **70**, 675; **79**, 87; Ebert, Der vorzeit ErbAusgl: Vorläuf od endgült Rechtsinstitut? 1971; Jochem FamRZ **74**, 360; Jäger FamRZ **71**, 504; Bosch FamRZ **72**, 177f; Johannsen WM **70**, 12; Kumme, ZblJR **74**, 22; **84**, 127; Voss, Das ErbR des nichtehel Kindes in beiden Teilen Dtschl, 1974, § 10 A I 6; Wirner MittBayNot **84**, 13.

1) Vorzeitiger Erbausgleich. Die dch das NEhelG eingefügte Vorschr brachte ein bis dahin unbekanntes RInstitut: Sofern die Vatersch dch Anerkenng od rechtskr Feststellg formell feststeht (§ 1600a), ist ein nichtehel **Kind** (nur) zwischen dem 21. u 27. Lebensjahr berechtigt, einen Anspr auf vorzeit Erbausgleich geltend zu machen. Geschieht dies, hat es damit aber noch keine Fdg gg den Vater erworben. Vielmehr muß es nun entw eine Vereinbg od ein Urteil erreichen **(IV)**, damit der Vater zur Zahlg verpflichtet wird. Dann

Erbfolge § 1934d 1a–g

erst treten auch die erbrechtl Wirkgen ein (§ 1934e). – Dem **Vater** wurde kein Recht zur Abfindg seines Kindes eingeräumt; er kann zu seinen Lebzeiten einen späteren erbrechtl Anspr des Kindes nur dch Abschluß eines Erbverzichts (§ 2346) verhindern. – Zum zeitl Geltgsbereich s Art 12 § 10 II NEhelG (dazu Vorb 3 vor § 1934a; KG FamRZ 72, 149).

a) Zweck dieser Regelg ist, dem nichtehel Kind in erster Linie die Möglichk einer Starthilfe zum Aufbau einer Existenz od Familie als Ausgleich für ein den ehel Kindern ggü bestehendes generelles Lebensdefizit zu verschaffen, aber auch einen Anreiz zu geben, seine erbrechtl Stellg zur Vermeidg mögl Konflikte bereits vor dem Erbfall aufzugeben (vgl BVerfG **58**, 377). Das Recht zur vorzeit Erbausgleich liegt also nicht ausschließl im Interesse des Kindes, sond auch des Vaters (u dessen Familie), der dch die Abfindg des Kindes freie Hand für eine gewünschte Erbregelg erlangt (BGH **96**, 262). – Verfassungsrechtl Bedenken gg die Regelg aus GG 3, 6 greifen nicht durch (BVerfG aaO; BGH **76**, 109; Nbg NJW-RR **86**, 83).

b) Rechtsnatur. Streitig ist, ob der GeldAnspr erbrechtl od familienrechtl od eigener Art ist. Die formale Regel im ErbR, die Ähnlichk mit dem Erbverzicht u die Kapitalisierg einer Erbaussicht spricht für den erbrechtl Charakter. Nach Funktion (Starthilfe) u Ausgestaltg ähnelt er aber mehr einem familienrechtl AusstattgsAnspr (s BGH **76**, 109; BVerfG **58**, 377). Da er gleichwohl ledigl ein unselbstständ Annex an das grdsätzl ErbR u PflichtR des nichtehel Kindes u mit dem auszugleichenden ErbR eng verzahnt ist (s § 1934e), wird er als AusstattgsAnspr auf der Grdlage eines mögl ErbR charakterisiert (Coing NJW **88**, 1753). BGH **96**, 262 hat sich in der vom G ungeregelt gelassenen u str Frage der Behandlg des Anspr im IPR für die erbrechtl Qualifikation entschieden; anzuknüpfen ist nicht anders als beim ErbR des nichtehel Kindes nach seinem Vater, wobei auf die Verhältn zZt des Erbausgleichs abzustellen ist (hypothet Erbstatut des Vaters).

c) Anspruchsberechtigt ist nur ein nichtehel Kind u dieses auch nur, wenn ihm sonst das auszugleichende ges ErbR zusteht. Der Nichtehel-Status muß zum Ztpkt des Vertragsabschlusses bzw der letzten mündl Verhandlg noch bestehen. Wird das Kind vorher dch Annahme od Legitimation in einer ehel Verb des Vaters, hat es keinen Anspr mehr (Dittmann Rpfleger **78**, 277). Spätere Statusänderen bleiben ohne Auswirkg (str; s § 1934e Anm 2a). – Ausgeschlossen ist das Verlangen, wenn das Kind sein ges ErbR dch Erbverzicht (§ 2346) verloren hat. Sind die Voraussetzgen einer PflichttEntziehg gegeben, kann der Vater also nach dem G sein Kind völlig von jegl NachlBeteiligg ausschließen, so ist dem Kind auf den Anspr eine Einrede zu gewähren, die nicht voraussetzt, daß er eine entspr Vfg vTw (§ 2336) getroffen haben muß (BGH **76**, 109; s auch Tiedke JZ **80**, 717). Gleiches muß bei ErbunwürdigkGründen (§ 2339) für §§ 2340, 2342 gelten (Coing NJW **88**, 1753). Der Vater kann vielm im Wege einer auf diese Gründe gestützten Einrede die Leistg verweigern. – Die test Erbeinsetzg od Enterb ist ohne Einfluß auf den vorzeit Erbausgleich, da der Vater sich nicht einseit befreien kann. Hat das Kind dch Abschluß eines **Erbvertrags** erbrechtl eine gesicherte RPosition erlangt, ist ihm der Weg des § 1934d jedenfalls dann verschlossen, wenn sich aus dem ErbVertr ergibt, daß dch die erfolgte Zuwendg sämtl gesetzl Beteiligsmöglichk des Kindes am väterl Nachlaß abgedeckt sein sollten (Soergel/Stein Rz 7; auf Umfang der Zuwendg stellen ab Damrau FamRZ **71**, 480; Lutter § 3 II 1 d; für generellen Ausschluß Erman/Schlüter Rz 13).

d) Anspruchsverpflichtet kann nur der Vater sein. Gg ihn kann das Kind sein Ausgleichsverlangen aber nur richten, wenn die Vatersch formell feststeht (§ 1600a); die Feststellg darf zu dem oben c) genannten Ztpkt nicht unwirksam geworden sein (vgl § 1934a Anm 1a). Von väterl Verwandten (etwa den Großeltern nach dem Tod des Vaters) kann kein vorzeit Erbausgleich gefordert werden.

e) Altersgrenzen. Vorzeit Erbausgleich kann das Kind erst nach Vollendg des 21. Lebensjahres verlangen (**I**), nicht schon nach Erreichen der Volljährigk. Ein verfrühtes Verlangen ist unwirksam u wird auch nicht am 21. Geburtstag wirksam. Spätestens muß das Kind das Begehren an dem Tag stellen, der dem Tag der Vollendg seines 27. Lebensjahres vorausgeht (**I**; § 187 II 2; s unten **f**). Ein vorzeit Erbausgleich, also erst am 27. Geburtstag od danach dem Vater zugehendes Verlangen ist rechtl bedeutslos. Zur Fristwahrg muß die Erklärg nicht schon in einer zum Verzugseintritt führenden bezifferten Form abgegeben werden (KG FamRZ **86**, 725).

f) Das Ausgleichsverlangen ist eine einseitige, formfreie, aber empfangsbedürftige WillErkl (§ 130), die dem Vater am Tag vor Vollendg des 27. Lebensjahres des Kindes zugehen muß (s Anm e). Stellvertretg ist zulässig. Die Beziffrg des Ausgleichsbetrags muß damit noch nicht verbunden werden. – Nach **IV 2** ist die **Rücknahme** des Verlangens bis zum Abschluß der notariellen Beurkundg od RKraft der Entscheidg jederzeit und ohne Einwilligung des Vaters zulässig; sie beläßt dem Kind seine früh erbrechtl Stellg. Die Möglichk einer Anfechtg der Erkl nach §§ 119ff ist dch diese SonderVorschr ausgeschlossen (str). Die formlose, an den Vater gerichtete empfangsbedürft Erkl der Rücknahme ist nicht an die Altersgrenze des **I** gebunden, kann also auch noch nach dem 27. Lebensjahr abgegeben werden; Stellvertretg ist mögl. Nach erkl Rücknahme kann das Verlangen erneut gestellt werden, sofern die Frist des **I** noch läuft, da mit der Rücknahme grdsl kein Verzicht verbunden ist, sofern er nicht ausdrückl vereinbart wird (§ 397). Im **Prozeß** kann die Rücknahme also noch in der Revisionsinstanz in der mündl Verhandlg bis zur Urteilsverkündg erklärt werden. Sie führt zur Abweisg der Klage, falls diese nicht auch zurückgenommen wird (ZPO 269; Zustimmg des Bekl erscheint nicht erforderl, Soergel/Stein Rz 14). Ist bereits vollstreckt worden, kann Schadensersatz nach ZPO 717 II verlangt werden, der auch die Rückerstattg eines bereits bezahlten Ausgleichs umfaßt; die Haftgserleichterg in ZPO 717 III sollte nach ihrem Sinn (Privilegierg des Vertrauens in die Richtigk eines OLG-Urteils) keine Anwendg finden (ebso Soergel/Stein Rz 14).

g) Höchstpersönlich ist das Ausgleichsverlangen (wie auch das RücknahmeR). Es ist daher **nicht übertragbar** u nicht verpfändbar od pfändbar. Dies gilt wg der jederzeit RücknahmeMöglichk auch noch nach der Geltendmachg bis Vertragsabschluß bzw RKraft des Urteils. Stirbt das Kind vor dieser endgült Festlegg des Ausgleichsbetrags, erlischt der Anspr auf vorzeit Erbausgleich. Da der Anspr in diesem Stadium noch **nicht vererblich** ist, können die Erben des Kindes weder mit dem Vater einen Vertrag schließen noch gg ihn nachträgl Klage erheben od einen unterbrochenen Prozeß fortsetzen. Stirbt der Vater vor endgült Festlegg, kann das Kind gg dessen Erben den Anspr nicht weiterverfolgen. Da für einen vorzeit Erbausgleich kein Raum mehr ist, hat das Kind dafür wieder seine frühere erbrechtl Position. – Der Anspr auf einen vertragl vereinbarten od rechtskr zuerkannten Ausgleichsbetrag ist dagg übertragbar, verpfändbar, pfändbar und vererbl.

2) Der Ausgleichsanspruch setzt voraus, daß die Vatersch anerkannt od gerichtl festgestellt ist (§ 1600 a), das Ausgleichsverlangen in den Altersgrenzen des I gestellt wird (s Anm 1 e) u das ges ErbR nicht bereits verloren ist (s Anm 1 c).

a) Gestaltungsrecht. Die Entsteh des Anspr ist rechtsdogmatisch streitig, weil nach § 194 an sich schon die Geltendmachg des Verlangens als (zeitl begrenzter) Anspruch anzusehen ist, es hier aber für die Herbeiführg von Fällig u Erfüllbark noch einer zusätzl vertragl Festlegg od gerichtl Entscheidg bedarf, ohne die auch keine erbrechtl Wirkgen eintreten (§ 1934e). Es wird deshalb von einem „verhaltenen Anspr" gesprochen (Erman/Schlüter Rz 4 ff). Zutreffender erscheint es, das erhobene Verlangen als Ausüb eines subj **Gestaltungsrechts** aufzufassen, das eine unbestimmte, aber bestimmbare Geldfordg entstehen läßt; die spätere Vereinbarg od das Urteil begründen dann Fällig u Durchsetzbark des Anspr (Staud/Werner Rz 17 mN; Soergel/Stein Rz 9: gestufter Gestaltgstatbestand).

b) Zeitliche Grenzen. Wird das Ausgleichsverlangen nicht in den zeitl Grenzen des I geltend gemacht, können die Beteiligten nicht nachträgl einen vorzeit Erbausgleich mit den Wirkgen des § 1934e frei vereinbaren, sond sind dann auf einen Erbverzicht gg Abfindg (§ 2346) angewiesen (str; s Soergel/Stein Rz 35 mN). Hat das Kind das Verlangen noch vor Vollendg des 27. Lebensjahres gestellt, kann allerd der vorzeit Erbausgleich auch noch später vereinbart od dch Urteil herbeigeführt werden.

c) Durchsetzung. Ist nach erhobenem Verlangen der Vater nicht freiwillig bereit, eine not Vereinbarg üb Höhe u Leistg des Ausgleichs zu treffen, muß das Kind Leistgsklage erheben. Diese ist auf Zahlg des (zu beziffernden) Ausgleichsbetrags nach Eintritt der RKraft (nicht auf Abschluß einer Vereinbarg) zu richten (BGH **96**, 262). Kann das Gericht dem Antrag nicht in voller Höhe stattgeben, darf es nicht ohne weiteres einen geringeren Betrag zusprechen, weil es allein dem Kind überlassen ist, den ermittelten AusglAnspr gg die Chance auf NachlTeilhabe abzuwägen u es bei zu geringem Betrag das Verlangen noch zurücknehmen kann **(IV)**. Hilfsanträge über geringere Beträge, sogar bis zu einer Untergrenze sind daher ratsam (BGH aaO). – Zum vorbereitenden AuskAnspr s unten Anm 4.

d) Verjährung. Die VerjFrist des III von 3 Jahren gilt nur für das GestaltungsR, so daß die Verj des Anspr auf Abschluß einer Vereinbarg unabhängig von seiner Entstehg immer mit Vollendg des 27. Lebensjahres des Kindes beginnt (§§ 188 II; 187 II). Für Hemmg u Unterbrechg gelten §§ 202 ff; ob allerd das Anerkenntn dch Abschlagszahlg unterbricht (§ 208), ist weg **IV** str, aber zu bejahen (aA Lutter § 3 II 2c; Soergel/Stein Rz 17). – Dagg verjährt die dch Vereinbarg od rechtskr Urteil **titulierte** AusgleichsFdg nicht nach **III**, sond in 30 Jahren (§ 218 I); hat sich der Vater in der not Urkunde nicht der ZwVollstr unterworfen, beginnt die 30-jähr Frist mit dem Verlangen (§§ 195; 198). – Stundg hemmt die Verj (§ 202).

3) Höhe des Ausgleichsbetrags (II). Maßstab ist der geschuldete (nicht der tatsächl geleistete) Unterhalt (§§ 1615a; 1615c; 1615f). – **a) Im gesetzlichen Regelfall** errechnet sich die AusgleichsFdg dch Verdreifachg der Jahresleistg, die vom Vater im Durchschnitt der letzten 5 Jahre bei voller Unterhaltsbedürftigk des Kindes geschuldet wurde (**I** 1). Dieser Durchschnitt ist zu errechnen, indem die letzten 5 Jahre summiert werden, in denen das Kind voll unterhaltsberecht war; meist wird es sich um die Zeit vor der Volljährigk handeln (§ 1615 f I). Die 5 Jahre brauchen aber nicht zusammenzuhängen; unberücksichtigt bleiben zB Zeiten einer Herabsetzg nach § 1615h (aA Brschw NJW **88**, 2743: stets der tatsächl geleistete Unterh). Beim UnterhAnspr bei voller Bedürftigk wird häufig der RegelUnterh sein (§ 1615f II mit VO, s Anh zu § 1615f; g). – **b) Die Angemessenheit** des Regelbetrags ist stets nach den tatsächl Umständen des Einzelfalls (dazu Karlsr FamRZ **83**, 97) dch eine Zumutgs- u Interessenabwägg zu überprüfen (**II** 2), in die auch die Interessen des ehel Kindes einzubeziehen sind (BVerfG **58**, 377). Geboten ist eine Abweichg auf das Angemessene entw nach unten bis zur Untergrenze eines Jahresunterhalts (wenn dem Vater die Zahlg des ermittelten Regelbetrags nicht zuzumuten ist) od nach oben bis zur Obergrenze des 12-fachen Jahresunterhalts (wenn für das Kind die Zahlg des Regelbetrags unangemessen gering wäre). Zur Ausfüllg des Ermessensspielraums hat BGH **96**, 262 unter Bezugnahme auf BVerfG (aaO) als Richtlinien herausgestellt: Der Ausgleichsbetrag muß eine angemessene Relation zu dem wahren, was das nichtehel Kind beim Familienstand u den Vermögensverhältn des Vaters als ErbersatzAnspr od wenigstens als Pflichtt erwarten könnte, wobei auf den Zeitpkt der letzten mündl Verhandlg vor dem Tatrichter abzustellen ist. Für die Prüfg der Frage, ob der Regelbetrag für das Kind unangemessen niedrig ist, kommt es also in erster Linie auf die ggwärt Vermögensverhältn u Familienverhältn des Vaters an. Festzustellen (in groben Zügen) ist somit der Vermögensstand, der auch die Berechng des Erb- bzw Pflichtteils bestimmen würde; hinzuzurechnen sind dabei solche Vermögenseinbußen, die auch nach § 2325 zu berücksichtigen wären. Die Einkommensverhältn des Vaters spielen dagg in erster Linie eine Rolle bei der Prüfg, ob ihm die Zahlg zuzumuten ist (zu verneinen zB bei nachhalt Verschlechterg seiner wirtschaftl Verhältn). Als Ergebn gilt: **Unzumutbar** ist die RegelFdg dann, wenn der Vater sie weder aus seinem Vermögen noch aus seinen laufenden Einkünften (auch nicht bei Ratenzahlg od Stundg) befriedigen kann (KG FamRZ **72**, 52) od wenn die Befriedigg seinen eig Unterh gefährdet; Kreditaufnahme od der Verkauf von Werten zu einem ungünst Ztpkt ist ihm allerd zuzumuten (Oldbg FamRZ **73**, 550). **Unangemessen niedrig** ist für das Kind der Regelbetrag, wenn nach den Vermögens- u FamilienVerhältn des Vaters eine größere Summe angemessen wäre, wobei auch die Lage des Kindes (zB Beschränkg in der Erwerbsfähigk; Bedarf bei der beabsichtigten Selbständigmachg) berücksichtigt werden soll (str). – Die ges Ober- und Untergrenzen können **vertraglich** überschritten werden, nachdem ein vollständ Erbverzicht zulässig u ein Alleinerbeinsetzg mögl ist. – **c) Im Streitfall** muß das Prozeßgericht über die Höhe des angemessenen Ausgleichsbetrags entscheiden (s dazu oben Anm 2c; allg Damrau BB **70**, 469f; zur Substanziergslast Schneider JurBüro **79**, 334; das Beispl bei Knur Betr **70**, 1117).

4) Ein Auskunftsanspruch des Kindes ist gesetzl nicht geregelt, häufig aber erforderl. Das Kind benötigt Informationen sowohl zur Berechng der Angemessenh des Regelbetrags als auch zur Abwägg, ob es den Anspr realisieren od besser seine Chance an einer NachlTeilhabe wahrnehmen soll. Ein AuskAnspr ist ihm analog §§ 1605 I; 2314 daher zuzubilligen, wenn eine Festsetzg des Ausgleichsbetrags nach **II** 2 plausibel erscheint (Köln OLGZ **79**, 204, auch zur erweiterten DarleggsPfl des beklagten Vaters; Soergel/Stein Rz 29). Nbg NJW-RR **86**, 83 gewährt den Anspr aus § 242, wenn das Kind in entschuldbarer Weise üb Bestehen od Umfang des Anspr im ungewissen, der Vater aber in der Lage ist, die Ausk unschwer zu erteilen. – Besteht eine AuskPflicht, umfaßt sie die Tats, die zur Berechng unbedingt erforderl sind, also die ggwärt Vermögensverhältn des Vaters, seine entspr § 2325 hinzuzurechnenden Schenkgen u die erbrechtl relevanten ggwärt Familienverhältn (welche Personen wären bei derzeit Erbfall zu welchen Anteilen seine ges Erben; Güterstand). Die ggwärt Erwerbsverhältn des Vaters sind dagg nicht so sehr für das Kind als für den Vater selbst von Interesse (s Anm 3b). – Ist das AusglVerlangen nicht rechtzeitig gestellt worden (s Anm 2b) u der AusglAnspr dadch erloschen, kann auch nicht mehr Ausk verlangt werden. – Dagg kann das Kind **nicht** verlangen, daß sein Vater auf eigene Kosten eine **Wertermittlung** seines Vermögens dch Sachverständ vornehmen läßt; der im PflichttR geltende § 2314 kann nicht entspr angewandt werden (Düss NJW-RR **89**, 835). Dies entspricht insow der RLage des Ehegatten beim ZugewinnAusgl (§ 1379 sieht Anspr nur auf eigene Kosten vor) u des PflichttBerecht beim ErgänzgsAnspr gg den Beschenkten (s § 2314 Anm 2c).

5) Die Vereinbarung (IV) des vorzeit Erbausgleichs (od das Urteil, s Anm 6) bewirkt erst die ZahlgsPfl des Vaters (s Anm 1) u die erbrechtl Wirkgen des § 1934e. Ihrer **Rechtsnatur** nach ist sie kein ggseit Vertr iS der §§ 320ff (str), weil keine im AustauschVerhältn stehenden ggseit Leistgn übernommen werden, nachdem der Vater gesetzl zum Ausgleich verpflichtet ist u die RWirkgen kr Ges und nicht aGr Vereinbarg eintreten. Wie beim Erbverzicht liegt ein erbrechtl VfgsGeschäft vor. – Für ihre Wirksamk ist die Form **notarieller Beurkundung** (§§ 128; 127a; BeurkG 8 ff) vorgeschrieben; dabei ist gleichzeit Anwesenheit nicht erforderl und Stellvertretg mögl. Der gesetzl Vertr bedarf vormschgerichtl Genehmigg (§ 1822 Nr 1; Schramm BWNotZ **70**, 14). – **Inhalt** des Vertrags ist vor allem die Festsetzg der Höhe des Ausgleichsbetrags, wobei Vater u Kind nicht an die Grenzen des **II** gebunden sind (Anm 2b; str; aA Staud/Werner Rz 43). Unterwerfg unter die ZwVollstr (ZPO 794 I Nr 5) ist zweckmäßig. Art, Zeit u Ort der Erfüllg sind frei regelbar. Vereinbarg eines Rücktrittsvorbehalts ist ebso zulässig wie die Aufnahme auflösender od aufschiebender Bedinggen (Soergel/Stein Rz 31 mN; aA MüKo/Leipold Rz 28). Nicht der Disposition unterliegen die RWirkgen des § 1934e, so daß Einigg darüber nicht erforderl ist; werden sie abgeändert, ist zu prüfen, ob ein anderer Vertrag als der vorzeit Erbausgleich gewollt ist (ggf Umdeutg). – Die **Kosten** der Beurkundg (KostO 32, 36) treffen Vater u Kind als GesamtSchu (§ 426 I 1; KostO 2 Nr 1; 5 I 1; 141). Einzelh s Gamp FamRZ **78**, 868). – Die **formlose** (nur mündl od schriftl) Vereinbarg hat keine erbrechtl Ausschlußwirkg. Hat der Vater aGrd einer solchen Vereinbarg geleistet, kann er den Betrag zurückfordern (§ 812), sofern es nicht nachträgl zu einer formellen Vereinbarg od einem rechtskr Urteil kommt. Unterbleibt die RückFdg, ist das zur ges Erbfolge gelangende nichtehel Kind (seine Abkömml) nach dem Tode des Vaters zur Ausgleichg entspr §§ 2050 I, 2051 verpflichtet; als PflichttBerecht ist es anrechnungspflichtig entspr § 2315. – S auch § 1934e Anm 1; 2.

6) Rechtskräftige Entscheidung (IV 2) üb den vorzeit Erbausgleich ist nur ein Leistgsurteil, das einen Ausgleichsbetrag zuerkennt. Grund- od Feststellungsurteil genügt nicht (s § 1934e Anm 1). Im RStreit sind die Ober- und Untergrenzen des **II** zwingend (im Ggsatz zur Vereinbarg). Stirbt der Vater od das Kind während des RStreits, erlischt der Anspr auf vorzeit Erbausgleich und kann weder von den Erben des Kindes noch gg die Erben des Vaters weiterverfolgt werden. Der mat-rechtl Folge muß prozessual Rechng getragen werden dch ErledigssErkl (ZPO 91a), Klagerücknahme (ZPO 269) od Ruhenlassen des Verfahrens. – Prozeßvergleich wahrt die Form (§ 127a), erfordert aber als Vereinbarg die Voraussetzgen des **I**, um erbrechtl Wirkgen zu entfalten (s § 1934e Anm 1).

7) Stundung (V). Ist der Ausgleichsbetrag dch Vereinbarg od rechtskr Urteil zur Zahlg fällig und daher auch **unstreitig,** kann der Vater unter den Voraussetzgen des **V** (unten a) Stundg verlangen. Zuständ ist dafür das VormschG (unten b). Die Stundungsabrede kann aber auch bereits in der Vereinbarg getroffen werden. – Ist die AusgleichsFdg noch **streitig**, aber nicht Ggstand eines anhängigen RStreits, ist ein StundgsAntr unzulässig u vom Gericht zurückzuweisen; wenn dagg das Verfahren bereits beim ProzeßG anhängig ist, kann der Antr nur dort gestellt werden (unten b).

a) Voraussetzungen. Der zur Zahlg verpflichtete Vater kann Stundg in 2 Fällen verlangen:

aa) Hat der Vater dem erwachsenen AusgleichsBerecht (s **I**) noch laufenden **Unterhalt** zu gewähren (§§ 1615a; 1602; 1603), kann er Stundg insoweit beanspruchen, als ihm daneben die Zahlg des Ausgleichsbetrags (ganz od teilweise) **nicht zugemutet** werden kann (V 1). Die GesamtBelastg des Vaters ist also mit seinen Einkommens- u VermögensVerhältn zu vergleichen. Unzumutbar ist zB die sofortige Zahlg, wenn sie seine Existenzgrundlage berührt; nicht dagg, nur weil er Vermögenswerte unter Verlusten realisieren muß. Überhaupt muß der Vater auf Vermögen zurückgreifen, soweit nicht die notwend Vorsorge für Notfälle entggsteht.

bb) Sofern den Vater die sofortige Zahlg **besonders hart** trifft **und** dem Kind die Stundg **zumutbar** ist (**V** 2). Vgl hierzu § 1382 I. Auch hier kommt es auf die gesamte Einkommens- und Vermögenssituation des Vaters an. Fehlende Liquidität kann im Ggsatz zu V 1 allerd eher als bes Härte gewertet werden, weil auch noch die Zumutbarkeit für das Kind zu prüfen ist, so daß zB der Zwang zur Veräußerg eines Geschäfts od einer Gesellschaftsbeteiligg od die Notwendigk zur Vermögensverschleudrg darunter fallen kann (KG FamRZ **73**, 51; LG Waldshut-Tiengen FamRZ **76**, 372). Wird die bes Härte bejaht, muß dem Kind die Stundg auch zumutbar sein, zB weil es derzeit keinen bes Geldbedarf hat. Es ist also das beiderseit Schutzbedürfn abzuwägen.

§§ 1934 d, 1934 e

b) Die Durchsetzung des Stundgsverlangens erfolgt gem V 2 nach § 1382. **Zuständiges Gericht** ist nur bei anhängigem RStreit das ProzeßG (§ 1382 V), das im Urteil üb den Antrag (ggf mit Zinsen u SicherhLeistg) entscheidet; Anordng der Stundg ist prozessual teilweises Unterliegen mit der Kostenfolge ZPO 92. – In allen and Fällen ist das **Vormundschaftsgericht** zuständig, also auch dann, wenn im RStreit kein Stundgsantrag gestellt worden war (das Recht geht nicht unter) od wenn sich nach dem RStreit die Verhältn geändert haben. Zwar ist in den Fällen des § 1382 das FamilienG zuständ. In dem abschließenden Katalog der dem FamilienG zugewiesenen Streitigkeiten in ZPO 621 ist das Verfahren nach V aber ebsowenig enthalten wie in GVG 23 b I. Das FamilienG ist auch sonst nicht für UnterhAnspr nichtehel Kinder zuständ; GVG 23 b I Nr 5; 6 gilt nicht für nichtehel Kinder (Mü FamRZ 78, 349), so daß das FamG auch nicht sinngemäß für die Stundg zuständig sein muß (hM). – Örtl Zuständigk des VormschG: FGG 43; funktionelle: RPfleger (RPflG 3 Nr 2a; 14 Nr 2 greift nicht ein). Zum Verfahren s FGG 53 a Anm 3. Erforderl ist Antrag des Vaters (ggf seiner Erben; des TV, NachlPflegers), der auch auf einen Teil beschränkt sein kann. In einer positiven Entscheidg sind festzulegen: die Höhe des gestundeten Betrags; der Stundgszeitraum; die Art und Weise einer Ratenzahlg, ggf mit Verfallklausel; die Verzinsg (§ 1382 II, IV; s zur Angemessenh § 2331 a Anm 3a); auf Antr SicherhLeistg (§ 1382 III). – Das VormschG kann auf Antr auch die Verpflichtg des Vaters zur Zahlg aussprechen u damit VollstrTitel schaffen (FGG 53 a II, IV). – Die Entscheidg wird erst mit RKraft wirksam (FGG 53 a II 1); RMittel ist die befristete Erinnerg (RPflG 11 II; FGG 60 I Nr 6). – Einstw Anordngen des Gerichts sind mögl, aber nur mit der Endentscheidg anfechtbar. – Ein Vergleich schafft auch einen VollstrTitel (FGG 53 a I; IV); zu seinem Inhalt s § 2331 a Anm 3 a. – Auf Antr kann das VormschG seine rechtskr Entscheidg **aufheben** od **ändern**, wenn sich die Verhältn nach der Entscheidg wesentl geändert haben (§ 1382 VI). Dies gilt auch für einen gerichtl Vergleich. – Wird nach dem Tod des Vaters NachlKonkurs eröffnet, ist eine Stundg hinfällig (KO 64).

8) **Steuerrecht.** Für die ErbschSt wird der vorzeit Erbausgleich (wie die Abfindg für einen Erbverzicht) als Schenkg unter Lebenden behandelt (ErbStG 7 I Nr 6). Im Regelfall ist die Steuerpflicht ohne Bedeutg, da der 12-fache Jahresunterhalt als Obergrenze (II) von dem Freibetrag des in StKlasse I eingeordneten Kindes von 90000 DM (ErbStG 16 I Nr 2) übertroffen wird. – Bei der EinkSt können die Zahlgen des Vaters nicht als außergewöhnl Belastgen nach EStG 33 I berücksichtigt werden (BFH NJW 89, 1824).

1934 e *Rechtsfolgen des vorzeitigen Erbausgleichs.* Ist über den Erbausgleich eine wirksame Vereinbarung getroffen oder ist er durch rechtskräftiges Urteil zuerkannt, so sind beim Tode des Vaters sowie beim Tode väterlicher Verwandter das Kind und dessen Abkömmlinge, beim Tode des Kindes sowie beim Tode von Abkömmlingen des Kindes der Vater und dessen Verwandte nicht gesetzliche Erben und nicht pflichtteilsberechtigt.

1) **Die endgültige Festlegung** des Ausgleichsbetrags der Höhe nach (nicht schon das rücknehmbare Ausgleichsverlangen) bewirkt, daß ein vorzeit Erbausgleich erb- u pflichtrechtl Wirkgen entfaltet. Auf die tatsächl Erfüllg kommt es dagg nicht an; stirbt der Vater vor Zahlg, geht die Verpflichtg als NachlVerbindlichk auf seine Erben über. Allerd kann die Wirkg dadch berührt werden, daß wg Nichterfüllg Rechte geltend gemacht werden (s unten Anm 2c). – Die Festlegg des Betrags kann dch **vertragliche Vereinbarung** zw Vater u Kind erfolgen, die wirksam ist, wenn sie notariell beurkundet wurde (s § 1934 d Anm 5) u nicht gg zwingendes Recht (zB §§ 105; 134; 138) verstößt. Bei wirks Anfechtg nach §§ 119, 123 entfallen rückwirkend (§ 142) auch die Wirkgen des § 1934 e. Zur Auswirkg eines Rücktritts od dem Eintritt einer vereinbarten Bedingg s Anm 2c. Lag der Vereinbarg kein rechtzeit gestelltes u wirksames Ausgleichsverlangen (§ 1934 d) zugrunde, kommt ihr nur dann erbrechtl Wirkg zu, wenn sie in einen Erbverzicht (§§ 2346; 2347) umgedeutet werden kann (s auch Damrau FamRZ 69, 588). – Ein **rechtskräftiges Urteil** erfüllt dann die Voraussetzgen, wenn es als Leistgsurteil einen Ausgleichsbetrag zuerkennt. Ein Grundurteil od ein Feststellgsurteil genügt nicht, da es die Höhe des Betrags nicht festlegt. Das rechtskr Urteil kann nicht mehr darauf überprüft werden, ob die Voraussetzgen des § 1934 d tatsächl vorgelegen haben. Wird das Urteil im WiederaufnahmeVerf (ZPO 578 ff) aufgehoben, entfallen rückwirkend auch die Rechtswirkgen des § 1934 e. Stirbt der Vater vor RKraft, hat das Kind seine erbrechtl Position behalten (Soergel/Stein Rz 3; aA MüKo/ Leipold § 1934 d Rz 31).

2) **Die Rechtswirkung** der endgült Festlegg des vorzeit Erbausgleichs besteht darin, daß die auf der nichtehel Verwandtsch beruhenden gesetzl Erbrechtswirkgen beseitigt werden. Bei allen danach eintretenden Erbfällen sind also die Erbfolge und PflichtAnsprüche so zu ermitteln, wie wenn das nichtehel Kind u seine Abkömml den Erbfall nicht erlebt hätten. Dch das Ausscheiden des Kindes (u seiner Abkömml) aus der gesetzl Erbfolge nach dem Vater u dessen Verwandten gehen folgl auch Erbersatz- und PflichtAnspr verloren. Die Wirkgen gehen also noch über die eines Erbverzichts hinaus (s Knur Betr 70, 111). Rückwirkg auf frühere, bereits eingetretene Erbfälle hat der vorzeit Erbausgleich nicht. – **Unberührt** bleiben dagg Erbeinsetzgen des nichtehel Kindes dch Vfg vTw od andere Zuwendgen, selbst wenn die Vfg vor der Festlegg des vorzeit Erbausgleichs errichtet worden ist.

a) Nachträgliche Statusänderungen. Erhält das nichtehel Kind nach dem vorzeit Erbausgleich dch Heirat seiner Eltern (§ 1719) od EhelichErkl (§§ 1723; 1740a) od dch Annahme als Kind (§ 1741 III 2) die Stellg eines ehel Kindes seines Vaters, ist gesetzl nicht geregelt u sehr streitig, ob damit die Wirkgen des § 1934 e hinfällig werden. Die bereits erfolgte Teilhabe am Vermögen des Vaters, der mit dem Ges verfolgte Zweck nach RKlarheit u die unbefriedigenden Konsequenzen bei der Rückabwicklg sprechen dafür, die in 1934 e angeordneten Folgen nicht mehr zu beseitigen u den wechselseitigen Verlust der Erb- und Pflichtteilsrechte zu belassen (ebso MüKo/Leipold Rz 9, 10; Damrau FamRZ 69, 584; Odersky III 4). Die GgMeing (Staud/Werner Rz 10; Erman/Schlüter Rz 5; RGRK Rz 3; Soergel/Stein Rz 8 mwN) will das Wiederaufleben des ErbRs dadch mit den bereits eingetretenen Wirkgen in Einklang bringen, daß dem Vater wg geleisteter Zahlgen ein RückfordergsAnspr zugebilligt wird u ggü künftigen Fordergen ein LeistgsverweigergsR (Soergel/Stein Rz 9; Jäger FamRZ **71**, 510); nach seinem Tod werden auf erfolgte Zahlgen die AusgleichsPfl für Ausstattgen entspr angewendet (§§ 2050f; Staud/Werner Rz 10; Soergel/Stein aaO; Jäger aaO 509; Kumme ZBlJR **74**, 24; Lutter § 3 IX 2c; Dittmann Rpfleger **78**, 277).

b) Durch Aufhebung der Ausgleichsvereinbarg können die Folgen des § 1934e rückwirkend beseitigt werden (str). Der Aufhebgsvertrag bedarf der Form des § 1934d IV u läßt nicht nur die ZahlgsPfl entfallen, sond stellt auch die früh erbrechtl Beziehgen wieder her (Staud/Werner Rz 14; Soergel/Stein Rz 7; aA MüKo/Leipold § 1934d Rz 28 mN). Wenn aber der vorzeit Erbausgleich nach dem Grds der VertragsFreih der Disposition der Beteiligten untersteht, kann es keinen Unterschied machen, ob dch die Aufhebg die Folgen einer Vereinbarg od eines rechtskr Urteils beseitigt werden (Soergel/Stein aaO; aA Staud/Werner aaO).

c) Unwirksam kann die Vereinbarg des vorzeit Erbausgleichs auch dch Wahrnehmg vertragl Rechte werden. So erscheint bei Nichterfüllg der vereinbarten AusgleichsFdg die entspr Anwendg von § 326 gerechtfertigt, obwohl tatsächl kein ggseit Vertrag vorliegt (str; s § 1934d Anm 5). Auch kann die Ausübg eines vorbehaltenen RücktrittsRs od der Nichteintritt einer aufschiebenden bzw der Eintritt einer auflösenden Bedingg (s § 1934d Anm 5) der Vereinbarg ihre Wirkg nehmen.

3) Im Erbscheinsverfahren hat bei ges Erbfolge das NachlG zu prüfen, ob ein beanspruchtes ges ErbR des nichtehel Kindes dch vorzeit Erbausgleich beseitigt ist.

1935 *Folgen der Erbteilserhöhung.* Fällt ein gesetzlicher Erbe vor oder nach dem Erbfalle weg und erhöht sich infolgedessen der Erbteil eines anderen gesetzlichen Erben, so gilt der Teil, um welchen sich der Erbteil erhöht, in Ansehung der Vermächtnisse und Auflagen, mit denen dieser Erbe oder der wegfallende Erbe beschwert ist, sowie in Ansehung der Ausgleichungspflicht als besonderer Erbteil.

1) Allgemeines. Anwachsg (§§ 2094, 2095, 2158, 2159) tritt bei gewillkürter Erbfolge, Erhöhg des Erbteils bei gesetzl Erbfolge ein. Praktisch ist es dasselbe (vgl § 2007 S 2). § 1935 will eine Überlastg des gesetzl Erben durch Vermächtnisse (§§ 2147ff), Auflagen (§§ 2192ff) oder eine den Wegfallenden treffende AusglPfl (§§ 2050ff) verhindern. Zur AusglPfl s das Beisp bei Staud/Werner Rz 13, 14.

2) Wegfall. Von einem gesetzl Erben kann **vor** dem Erbfall noch nicht gesprochen werden (s Einl 1a). Gemeint ist: Wegfall des gesetzl Erbanwärters vor dem Erbl durch Tod (§ 1923 I), Ausschluß (§§ 1933, 1938) od Erbverzicht (§ 2346). Als Wegfall vor dem Erbfall wird auch der Eintritt der RFolgen des § 1934e (vorzeit ErbAusgl) anzusehen sein. Wegfall **nach** dem Erbfall: Ausschlagg (§ 1953), Erbunwürdigk (§ 2344) und Totgeburt der Leibesfrucht (§ 1923 II; Staud/Werners Rz 2–5). Tod nach dem Erbfall gehört nicht hierher (§ 1930 Anm 2).

3) Verhältnismäßige Erhöhung. Die Erhöhg gilt nur in den in § 1935 genannten Beziehgen sowie im besonderen Falle des § 2007 S 2 als Sondererbteil (unechte Berufg zu mehreren Erbteilen). Im übrigen (zB bei §§ 1951, 2033) liegt insow eine Mehrheit von Erbteilen nicht vor. Zu Besonderheiten beim ErbschVerkauf s § 2373. Wie schon das G andeutet („und erhöht sich infolgedessen..."), erfolgt eine Erhöhg nicht immer, zB nicht beim EintrittsR (§§ 1924 III, 1925 III) od dem festen Erbteil des Ehegatten bei Wegfall eines einzelnen Verwandten der ersten und zweiten Ordng (§ 1931 I).

4) Folge. Der Erbteil ohne Erhöhg und diese selbst werden im Rahmen des § 1935 so angesehen, als wenn sie verschiedenen Erben gehörten, dh die erwähnten Belastgen sind immer nur aus derjenigen Masse zu decken, auf der sie schon urspr ruhten. Dies kann auch bei der AnrechngsPfl (§ 2315) prakt werden.

5) Besonderheiten. Der andere gesetzl Erbe muß bereits aus eigenem Recht zu einem Erbteil berufen sein. § 1935 gilt auch dann, wenn der inf des Wegfalls erhöhte Erbteil durch die AusglLast von vornherein überbeschwert od wenn der wegfallende Erbe selbst ausgleichsbelastet ist, nicht aber dann, wenn der wegfallende Erbe (zB der Ehegatte) an der Ausgleichg weder aktiv noch passiv beteiligt ist (Langheineken BayZ **11**, 33ff). Eine **entsprechende** Anwendg des § 1935 ist geboten, wenn die Erhöhg des gesetzl Erbteils sich aus dem Wegfall gewillkürter Erben ergibt, zB bei nur teilweiser letztw Vfg über den Nachl und Wegfall des TestErben unter Ausschl der Anwachsg (§ 2094 II, III; s Staud/Werner Rz 18). Wegen der Erbenhaftg vgl § 2007 S 2.

1936 *Gesetzliches Erbrecht des Fiskus.* **I** Ist zur Zeit des Erbfalls weder ein Verwandter noch ein Ehegatte des Erblassers vorhanden, so ist der Fiskus des Bundesstaats, dem der Erblasser zur Zeit des Todes angehört hat, gesetzlicher Erbe. Hat der Erblasser mehreren Bundesstaaten angehört, so ist der Fiskus eines jeden dieser Staaten zu gleichem Anteile zur Erbfolge berufen.

II War der Erblasser ein Deutscher, der keinem Bundesstaate angehörte, so ist der Reichsfiskus gesetzlicher Erbe.

1) Staatserbfolge. Nach der gesetzl Erbfolgeordng gehen Verwandte u der Ehegatte (soweit sie nicht wg Ausschlusses, Erbverzichts, Erbunwürdigk od Ausschlagg als nicht vorhanden gelten) dem Fiskus vor. Auch durch das REG Art 10 *(AmZ)*, Art 8 *(BrZ)*, Art 9 *(Berlin)* ist das Staatserbrecht ausgeschl; die Rechte nicht mehr vorhandener Erben werden hier durch Nachfolgeorganisationen (Treuhandgesellsch) wahrgenommen; das auf einem nach 1945 errichteten Test beruhde ErbR des Fiskus ist aber dch die Bestimmungen der RE-Gesetze nicht ausgeschlossen (KG RzW **66**, 212). Ansprüche nach dem BEG erlöschen, wenn Fiskus gesetzl Erbe würde (BEG 13 II; s auch LAG 244, RepG 42 S 3). – Das ErbR des Fiskus ist **privates** ErbR, kein HoheitsR (Kipp/Coing § 6 I 2) u ergreift auch das im Ausland befindl Vermögen, soweit nicht EG 3 III eingreift. – **Grundlage** für die Geltendmachg des Staatserbrechts bildet der FeststellgsBeschluß des § 1964 (s

§§ 1936, 1937

dort u BayObLG JW **35**, 2518). – Der Staat kann auch, abgesehen von dem Zusammentreffen mehrerer Länder (**I 2**), als **Miterbe** (§ 1922 II) in Frage kommen, zB in den Fällen der §§ 2088, 2094 I, III (KGJ **48**, 73). Möglicherweise ist er nur VorE (§ 2105), doch gehört er zu den gesetzl Nacherben nicht (§ 2104 S 2). Auch bei § 2149 zählt der Fiskus nicht zu den gesetzl Erben. – Er kann sein gesetzl ErbR **nicht ausschlagen** noch darauf verzichten (§§ 1942 II, 2346). Er kann nicht ohne Einsetzg eines anderen Erben ausgeschlossen werden (§ 1938). Wegen seiner Haftg als Erbe s § 2011 mit Anm 1. – Ein BezugsR bei der **Lebensversicherung** steht ihm nicht zu (VVG 167 III), wohl aber das Recht auf das **Patent** und aus dem Patent sowie der Anspr auf Erteilg des Patents (PatG 15); s auch UrheberrechtsG 28 (zur Sonderregel im früh Recht s Fromm NJW **66**, 1245). – § 1936 gilt in gewissen Fällen auch für das Vermögen eines aufgelösten Vereins (§§ 45 f); s auch § 88 für das Vermögen einer erloschenen Stiftg.

2) Landesangehörigkeit. An Stelle der Bundesstaaten sind die Länder getreten. In den Fällen des Abs **I** ist die VO v 5. 2. 34 (BGBl III 102-2) anzuwenden (ebso Dernedde DV **49**, 17) und die Landesangehörigkeit des Erblassers, die sich nach § 4 der VO richtet (Niederlassg ist ein tatsächl u weiterer Begriff als Wohnsitz), behält zur Ermittlg des zuständigen Landesfiskus fernerhin ihre Bedeutg. Die Entscheidg nach § 4 III trifft jetzt der Bundesinnenminister (RGRK Rz 2). – § 1936 **II** betrifft den Fall, daß die Zustdgk eines Bundeslandes nach § 4 der VO nicht festzustellen ist (s Staud/Werner Rz 7). An die Stelle des Reichsfiskus tritt der Bundesfiskus.

3) Beerbung von Deutschen. § 1936 (vgl II) gilt nur für die Beerbg von deutschen Staatsangehörigen ohne Rücks auf den letzten ErblWohnsitz. Ob eine ausl Staatsangehörig neben der deutschen außer Betr bleibt, war streitig; s jetzt EG 5 I 2. – Ein **ausländisches** FiskuserbR wird im Inland nur anerkannt, wenn es als privates ErbR ausgestaltet ist; als öff-rechtl AneignungsR kann es dagg außerhalb des betr Staatsgebiets nicht geltend gemacht werden. S zB KG OLGZ **85**, 280 zum schwed R (dazu Firsching IPrax **86**, 25); Stgt IPrax **87**, 125 zum österr R mAv Krzywon.

4) Landesrecht. Vgl EG 138, 139 je mit Anm 1. Auf Grd EG 139 (hierzu KG JW **35**, 3236; NJW **50**, 610) kann auch ein ausschließ ErbR des Staates oder anderer Körperschaften des öff Rechts in Betr kommen.

1937 *Erbeinsetzung durch Testament.* **Der Erblasser kann durch einseitige Verfügung von Todes wegen (Testament, letztwillige Verfügung) den Erben bestimmen.**

1) Verfügung von Todes wegen ist der vom Ges verwendete Oberbegriff für die dem Erbl eingeräumten zwei Formen, in denen er die Weitergabe seines Vermögens nach seinem Tode gestalten kann, näml Test (od letztw Vfg) und Erbvertrag (dazu § 1941). **Verfügung** hat hier nicht die rechtstechn Bedeutg des § 185 (insbes nicht als Vfg üb einen Ggst iS des § 185 II), sond ist iS von Anordng gemeint und kann entw die Gesamth aller für den Todesfall getroffenen Anordngen od auch nur einzelne von ihnen bezeichnen (vgl §§ 2085; 2253). – Einseitiges RGeschäft und damit widerrufl (mit Ausn von § 2271 II) ist nur das Test ohne Rücks auf seinen Inhalt. Vertragsmäßig und damit grdsätzl unwiderrufl kann nur im Erbvertrag verfügt werden (s §§ 2278; 2289 ff). Wechselbezügl Vfgen sind in einem gemeinschaftl Test mögl (s §§ 2270 ff). – Die §§ 1937–1941 definieren mehr, was ein Erbl im Rahmen seiner Testierfreih (§ 2302) inhaltl anordnen kann als daß sie eine abschließende od auch nur ausführl Regelg des mögl Inhalts einer Vfg vTw enthalten, die im wesentl erst in den §§ 2087–2228 erfolgt (s Übbl 1 vor § 2064; unten Anm 3).

a) Durch Rechtsgeschäft unter Lebenden kann der Erbl gleichfalls über seinen Tod hinaus disponieren, vor allem dch Vertr zGDr nach § 331 (Vfg über eine Versicherngssumme, RG **128**, 190; über ein Bankguthaben, BGH **46**, 198; s § 2301 Anm 4) od dch Schenkg auf den Todesfall (§ 2301; s dort Anm 1–3) od auch nur dch Erteilg einer Vollmacht über den Tod hinaus (dazu Einf 6 vor § 2197). Diese RGesch können grsl unter dem Gesichtspkt einer Umgehg der G od berecht Belange und Personen betrachtet werden (BGH **8**, 23; FamRZ **89**, 669). Ihre Abgrenzg zur Vfg vTw bereitet vor allem dann Schwierigk, wenn der Erbl sich zwar bereits lebzeitig binden wollte, die dingl Erfüllg aber auf die Zeit nach seinem Tod hinausgeschoben ist (s dazu die Anm zu § 2301; BGH NJW **84**, 46; Liessem MittRhNotK **88**, 29). Zur Gesellschaftsnachfolge s § 1922 Anm 3 c–f. – Eine nichtige Vfg vTw kann uU in ein RGesch unter Lebenden umgedeutet werden und umgekehrt (s § 2084 Anm 5; § 2302 Anm 3).

b) Vorbereitende Erbfolgemaßnahmen können vor allem bei großen Vermögen, komplizierten Familienverhältn od bei Unternehmensnachfolge geboten sein. In Frage kommen vor allem: Ausstattgen (§§ 1624; 2050); Schenkgen (§§ 516 ff; 2301); Errichtg und Umwandlg von FamilienGesellsch; sonstige Vermögensumschichtg im Hinblick auf den Erbfall; Güterstandsvereinbargen; Adoptionen. S dazu Esch/Schulze zur Wiesche Rz 748–1407, zur steuerrechtl Seite Rz 1830 ff; ferner Übbl 7 vor § 2274; Sudhoff Handbuch Teil I, II.

c) Güterrecht. Bei Zugewinngemeinsch gilt die VfgsBeschränkg des § 1365 nicht für Vfgen vTw (BGH FamRZ **64**, 25; WM **69**, 704) und auch nicht für vollzogene Schenkgen vTw (§ 2301 I); jedoch ist für die Vollziehg eines Schenkgsversprechens vTw § 1365 zu beachten (Staud/Thiele § 1365 Rz 11). – Bei Gütergemeinsch ist der überlebende Ehegatte weder dch ihre Fortsetzg mit den Abkömml noch notw dch pflichtteilsrechtl Gesichtspkte an Vfgen vTw über seinen Nachl od seinen Anteil am Gesamtgut gehindert. § 1419 mit § 1487 gelten nicht für Vfgen vTw (BGH NJW **64**, 2298; BayObLG **60**, 254; § 1487 Anm 2; s auch § 1922 Anm 1 c).

d) Höferecht. Die Bestimmg des HofE wird dch Vfg vTw getroffen (s HöfeO 7). Sie bedarf nicht mehr der Zustimmg des LandwGer, wenn der Erbl seine sämtl Abkömml übergehen will (HöfeO 7, 8). Einen Fall der Zustimmgsbedürftigk regelt HöfeO 16 I (s Celle AgrarR **75**, 267 mAv Fleer). S auch EG 64 Anm 2 a. Beim Ehegattenerbhof kann ein Ehegatte nicht letztw über seinen Anteil verfügen (Hamm AgrarR **80**, 50; 165 mAv Stöcker). Übergangsfall: Hamm AgrarR **80**, 166 mAv Führer.

2) Wirksamkeit. Eine Vfg vTw ist nur dann wirksam, wenn der Erbl testierfähig war (§§ 2229, 2230; 2275), sie höchstpersönl (§§ 2064; 2274) und formgerecht (s § 2231 Anm 1, 2; § 2276) errichtet hat und die Vfg weder inhaltl von Anfang an nichtig war (§§ 134, 138) noch nachträgl unwirksam geworden ist (s Anm 4; 5). – Bei **Willensmängeln** gelten die Vorschr des Allg Teils darüber nur eingeschränkt. Anwendb ist § 116 S 1; um betrügerisches Testieren zu verhindern, ist ein geheimer Vorbehalt wirkgslos (RG **148**, 222; Soergel/Stein Rz 18; bestr). Auch § 118 gilt, so daß scherzeshalber od zu Lehrzwecken angefertigte Test nichtig sind. Dagg sind die nur für empfangsbedürft WillErkl geltenden §§ 116 S 2; 117 zwar auf Erbverträge, aber nicht auf Test anwendb (BayObLG FamRZ **77**, 347; Düss WM **68**, 811; aA Schlüter § 23 I 4), da die letztw Vfg zwar für andere bestimmt, aber nicht einem anderen ggü abzugeben ist (RG **104**, 322). – Die **Anfechtbarkeit** wg Irrtums, Täuschg od Drohg richtet sich nicht nach §§ 119ff, sond nach §§ 2078ff. Ersatz des Vertrauensschadens (§ 122) ist dch § 2078 III ausdrückl ausgeschlossen. Auch § 120 ist nicht anwendb, weil ein Test nur persönl errichtet werden kann.

3) Inhalt. Die §§ 1937–1941 geben den mögl Inhalt der Vfgen vTw an, ohne daß es sich aber um eine abschließende Aufzählg handelt, da der Grdsatz der Testierfreiheit nur den sich aus dem Ges ergebenden Einschränkgen unterliegt (s § 2302 Anm 1). Der Inhalt kann sowohl erbrechtl Art sein als auch andere Erklärgen enthalten (s unten c).

a) Erbeinsetzung. Diese wichtigste Gestaltungsbefug des Erbl nennt § 1937 ausdrückl und bringt so den Vorrang der gewillkürten Erbfolge zum Ausdruck. Damit ist klargestellt, daß die vom Ges als Regelfall behandelte gesetzl Erbfolge (§§ 1924–1936) dch den erklärten abweichenden Willen des Erbl ausgeschlossen wird, also abdingb und tatsächl nur subsidiär ist. § 1938 ergänzt die positive Regelgsbefug dch Gestattg des rein negativen Test. – Hat der Erbl positiv eine Erbeinsetzg angeordnet, enthalten die §§ 2087ff; 2100ff Regeln über die Auslegg od Ergänzg sowie über die Einsetzg von ErsatzE und NachE. – Ob Erbeinsetzg vorliegt, ist Auslegsfrage (vgl §§ 2087, 2304). Die Anordng in einem gemeinschaftl Test, daß es „bezügl unseres übrigen Nachl bei den gesetzl Bestimmgen verbleibt", kann eine test Einsetzg der gesetzl Erben enthalten (BayObLG **65**, 53). Zum Erben kann auch ein Nichtverwandter bestimmt werden unbeschadet des PflichttAnspr (§§ 2302, 2317) od einer Anfechtbark gem § 2079. Die Person des Erben muß so bestimmt sein, daß sie allein auf Grd der in der letztw Vfg enthaltenen Willensäußerg des Erbl festgestellt werden kann (BayObLG FamRZ **81**, 403; s auch Tüb, Stgt BWNotZ **81**, 141). – Eine Erbeinsetzg auf bestimmte einzelne **Gegenstände** des Nachl ist nur mit dingl Wirkg mögl (s §§ 2048 Anm 2). – Keine Erbeinsetzg ist die Zuwendg des Pflichtt od des ErbersatzAnspr (s § 2304 Anm 2). – Die Erbeinsetzg bringt das subj ErbR frühestens mit dem Erbfall zum Entstehen. Vor diesem Zeitpkt besteht nur eine tatsächl Aussicht (s Einl 5 vor § 1922) und bei Bindg des Erbl an seine letztw Vfg eine Anwartsch (s § 2269 Anm 4; BGH **37**, 319; Mattern BWNotZ **62**, 229). – Die erfolgte Zuwendg der ganzen Erbsch an eingesetzte Erben bewirkt zugleich den Ausschluß der gesetzl Erben, denen aber unter den Voraussetzgen der §§ 2303, 2305 ein PflichttAnspr zusteht. Zugleich ist darin idR die Entziehg des ErbersatzAnspr zu sehen (s § 2338a Anm 2; str; aA Soergel/Stein Rz 8).

b) Andere erbrechtliche Anordnungen als Erbeinsetzg können dch Test ebenfalls getroffen werden. Beisp: Enterbg (§ 1938); Widerruf eines Test (§§ 2254, 2258); Teilgsanordngen (§ 2048); Ernenng eines TestVollstr (§ 2197), auch auf Lebenszeit des AlleinE (Zweibr Rpfleger **82**, 106); Entziehg des Pflichtt (§ 2336) od des ErbersatzAnspr (s § 2338a); Beschränkg des PflichttR (§ 2338); Errichtg einer Stiftg gem § 83 (BGH **70**, 313). Weitere zuläss Anordng ist die Änderg der Bezugsberechtigg bei Lebensversicherg (§ 332). Ferner sind familienrechtl Anordngen mit erbrechtl Auswirkg mögl wie zB Anordngen über die Verwaltg des Kindesvermögens (§ 1638; dazu Hamm OLGZ **69**, 488; BayObLG **82**, 86; §§ 1639, 1803) od die Ernenng und Ausschließg eines Vormunds dch die Eltern (§§ 1777, 1782; dazu BayObLG **61**, 189). Auch kann ein Vaterschaftsanerkenntn (§§ 1600a, 1600e) im notariellen Test od Erbvertrag abgegeben werden (Soergel/Stein Rz 11). – Der Erbl kann auch ein Schiedsgericht (ZPO 1048) anordnen (Kohler DNotZ **62**, 125; Soergel/Stein Rz 13; MüKo/Leipold Rz 26ff).

c) Empfangsbedürftige Willenserklärungen kann der Erbl ebenf dch letztw Vfg abgeben. Beisp: Widerruf einer Schenkg (RG **170**, 383); Erteilg einer Vollmacht (zB AuflassgsVollm), auch wenn sie erst nach Eröffng dem Bevollmächtigten zur Kenntn kommt (Köln NJW **50**, 702; Siegen NJW **50**, 226; str). Zulässig ist ferner die Befreig eines Zeugen von der Pfl zur Verschwiegenh etwa gem ZPO 385 II mit 383 I Nr 4, 6 (BGH NJW **60**, 550); eine Anordng über die Bestattgsart (vgl Reimann NJW **73**, 2240; § 1968 Anm 2a); Bestimmgen über die relig Kindererziehg (vgl RKEG 1).

d) Wertsicherungsklauseln (s dazu § 245 Anm 5) in letztw Vfgen unterliegen im allg nicht der GenehmiggsPfl nach WährG 3, es sei denn, daß sie über den Erbfall hinaus Wirksamk behalten sollen (s Soergel/Stein Rz 26; Mitteilg der BBank 1015/78 DNotZ **78**, 449).

4) Unwirksamkeit. Vfgen vTw können nach den allg Vorschr (§§ 125; 134; 138) von Anfang an nichtig od unwirksam sein (dazu unten a; Anm 5; zum Begr s Übbl 4 vor § 104). Sie können auch nachträgl dch Widerruf od auf andere Weise unwirksam werden (dazu unten b). – Unwirksam ist auch ein Test, das vollkommen unbestimmte, widersinnige, rechtl und tatsächl unmögl Bestimmgen od Bedingen enthält (KG DFG **44**, 56; § 2074 Anm 1). Ferner ist ein Test unwirks, wenn der Erbl versehentl nicht erklärt hat, wer als Erbe eingesetzt ist (Köln Rpfleger **81**, 57). Auch bei Beweisfällig im Falle der §§ 2247 III, V; 2249 VI ist das Test unwirks (s § 2247 Anm 4). – Über formungült Vfgen vTw im ErbschaftsteuerR s Kapp BB **79**, 997.

a) Von Anfang an nichtig ist eine Vfg vTw bei Verstoß gg die guten Sitten (§ 138; Einzelh s Anm 5) od bei Verstoß gg zwingende gesetzl Vorschr, insbes über die Testierfähigk und die Form der Errichtg (§§ 125; 134). Zwingende gesetzl Vorschr in diesem Sinne enthalten: § 2064; § 2065; § 2229 mit Ausn in §§ 2230, 2253 II; §§ 2231–2233; 2247 I, IV (bedingte Unwirksamk nach V); 2249 I 2, 3 mit der Einschränkg des VI; § 2250 III 1, 3; §§ 2263, 2265, 2274, 2275, 2276 I. Ferner die zwingenden FormVorschr des BeurkG, zB §§ 9;

§ 1937 4, 5

13; 16 II 1, III 1; 23 S 1; 24 I 2, II; 25; 27; 30 S 1; 32; 33. – Der in einer formnichtigen Vfg vTw Eingesetzte kann auch nicht unter Berufg auf **Treu und Glauben** (§ 242) sein Recht geltend machen; vgl hierzu die Rpsr zum formlosen Erbvertrag (§ 2276 Anm 3).

b) Nachträglich unwirksam kann eine Vfg vTw werden: Dch Widerruf (§§ 2253–2258); über RFolgen von Lübtow NJW **68**, 1849; über unfreiw Verlust s § 2255 Anm 4) od Änderg; dch Anfechtg (§§ 2078 ff; 2281 ff); dch Auflösg der Ehe od des Verlöbn (§§ 2077, 2268, 2279). Ferner dch Erbverzicht (§ 2352), Vorversterben des Bedachten (§ 1923 I), Ausschlagg (§ 1944) od ErbunwürdigkErklärg (§§ 2344, 2342 II); auch dch Zeitablauf (§§ 2109; 2162; 2210; 2252).

c) Die Rechtsfolgen sind bei Nichtigk und Unwirksamk verschieden und richten sich nach der Sachlage. Es kann die ganze Vfg nichtig sein od nur eine einzelne Bestimmg (zB bei teilweiser Sittenwidrigk, s Anm 5); im Falle des § 2077 I kann eine Begünstigg Dritter bestehen bleiben (s Dieterle BWNotZ **70**, 170). Es kann dann gesetzl Erbfolge (ganz od zum Teil) eintreten od auch ein früheres Test wirks werden od bleiben, da §§ 2255, 2258 einen wirks Widerruf vorausetzen. – Unter Umst kann auch ein **Umdeutung** (§ 140) die Vfg gehalten werden, zB ein nichtiges öffentl Test als eigenhänd od ein nichtiger Erbvertrag als gemeinschaftl od einseit Test (vgl Übbl 5 vor § 2274).

d) Bestätigung. Will der Erbl ein nichtiges Test bestätigen (§ 144 I), muß er ein neues Test errichten und den früheren NichtigkGrd vermeiden (s BGH **20**, 75). – **Vereinbarungen** der Erbbeteiligten, in denen ein Test als wirks anerkannt wird, sind mögl, haben aber nur schuldrechtl Bedeutg. Dabei müssen ggf die FormVorschr der §§ 2371, 2385, bei Übertragg der Erbsch od eines Erbteils des § 2033 beachtet werden.

e) Prozessuales. Nichtigk und Unwirksamk sind von Amts wegen zu prüfen und zu beachten. Meist werden sich ohnehin die Beteiligten darauf berufen, vor allem im Erbscheinsverfahren. – Klage auf Feststellg der Nichtigk erfordert ein Feststellgsinteresse (ZPO 256). Beklagte MitE sind dann keine notw Streitgenossen (BGH **23**, 73).

5) Sittenwidrigkeit einer Vfg vTw (§ 138) kann nur in besonders hervorstechenden **Ausnahmefällen** angenommen werden. § 138 ist hier zurückhaltend anzuwenden; der Richter ist im Hinblick auf die Testierfreiheit (s § 2302 Anm 1) nicht berecht, den Willen des Erbl an Hand seiner eigenen GerechtigkVorstellgen zu messen u danach zu korrigieren (BGH FamRZ **83**, 53; BayObLG FamRZ **85**, 1082). Ausschlaggebend ist vielmehr, ob in der Vfg vTw selbst eine unredl (also verwerfl) Gesinng des Erbl zum Ausdruck kommt u eine Verwirklichg erstrebt. Es kommt also auf den Inhalt, Motiv u Zweck sowie auf den Gesamtcharakter der letztw Vfg an, der an der Sittenordng zu messen ist. U. a. sind sowohl das Verhalten der „zurückgesetzten" Personen als auch die Beziehgen der bedachten Person zum Erbl zu berücksichtigen, die die letztw Vfg zu ihren Gunsten als gerechtfertigt od zumindest weniger anstößig erscheinen lassen; ferner die Auswirkgen der Vfg auf die zurückgesetzten Familienangehörigen (BGH **53**, 369; NJW **73**, 1645; FamRZ **83**, 53). Nahm der Erbl eine letztw Vfg zum Nachteil eines anderen dch ein vorwerfbares Verhalten eines Dritten (zB des ihn beratenden RAnwalts, Notars) vor, wird dadch nicht der rechtl Bestand der Vfg berührt, sond allenf SchadErsatzAnspr gg den Dritten begründet (BayObLG FamRZ **85**, 1082). Auch die Auswahl des behandelten Arztes als Erbe ist selbst im Falle überreichlicher Dankbark kein sittl zu beanstandender Beweggrund (BayObLG aaO). – In den Begriff der guten Sitten sind GrdR-Werte, zB GG 3, 4, 6, 9, 11, 12, einzubeziehen (Thielmann, Sittenwidr Vfgen vTw, 1973, 54 ff). Bewußtsein der Sittenwidrigk ist nicht erforderl (Thielmann 167).

a) Tatsächliche Grundlage für die Beurteilg der Sittenwidrigk einer letztw Vfg sind die **Verhältnisse zur Zeit ihrer Errichtung,** weil der entscheidende Grund in der darin zum Ausdruck kommenden und eine Verwirklichg erstrebenden unredl Gesinng des Erbl liegt, also in seinen ihn bei der Errichtg der letztw Vfg bestimmenden Beweggründen sowie den dabei gehegten Vorstellgen über Zweck und Auswirkgen seiner Anordnung (BGH **20**, 71; **53**, 375; FamRZ **69**, 623; KG FamRZ **67**, 227; **77**, 267; dazu auch Birk FamRZ **64**, 129). Will der Erbl später seine Vfg aus sittl nicht zu beanstandenden Beweggründen bestätigen, muß er seine nichtigen Anordngen formgerecht neu treffen (BGH **20**, 74; str; s auch die beachtl Bedenken von Weimar MDR **68**, 110; Johannsen WM **71**, 923; Thielmann 154 ff, 158; von Lübtow I 312). Lange/Kuhinke § 34 IV 5 will bei Wandlg von Grund und Zweck der Vfg, etwa wenn diese erst nachträgl einem unsittl Zweck dient, den Ztpkt des Todes des Erbl zugrunde legen. Auch nach Bartholomeyczik (FS 150 Jahre OLG Zweibr, 1969, 26) kommt es darauf an, ob die Vfg im Ztpkt des Erbfalls gg die guten Sitten verstößt, mag sie es auch noch nicht bei ihrer Errichtg getan haben. – Auf jeden Fall kann gg die Durchsetzg einer bei ihrer Errichtg sittl unbedenkl Vfg der Einwand der unzuläss RAusübg (§ 242) dann erhoben werden, wenn infolge später eingetretener tatsächl Umstände sie nach dem Erbfall zu unsittl Auswirkgen führen würde (BGH **20**, 75; Soergel/Stein Rz 28). – Bei **Änderung des sittlichen Maßstabs,** also der Auffassg von den guten Sitten zwischen TestErrichtg und gerichtl Beurteilg sind die Bewertgskriterien zur Zeit des Richterspruchs maßgebend (Hamm Rpfleger **79**, 458; Johannsen aaO; RGRK § 2078 Rz 17; Lange/Kuhinke aaO; von Lübtow aaO).

b) Zurücksetzung der Angehörigen allein macht eine letztw Vfg noch nicht sittenwidr. Der Erbl kann in Ausübg seiner Testierfreiheit ohne Rücksicht auf die gesetzl Regelg der Erbfolge beliebig über seinen Nachl verfügen. Beschränkt wird er dabei nur dch das PflichtR von Ehegatten, Abkömml und Eltern (§§ 2303 ff), das nur in Ausnahmefällen entzogen od beschränkt werden kann, sowie dch eingegangene Bindg an wechselbezügl und vertragsmäß Vfgen vTw in gemeinschaftl Test bzw ErbVertr (BGH FamRZ **83**, 53; BayObLG FamRZ **84**, 1153; Steffen DRiZ **70**, 374; Johannsen WM **71**, 920 ff); der Ehegatte wird iü bei ges Güterstand noch dch den Anspr auf Ausgleich des Zugewinns (§ 1371 II) geschützt. Erst recht nicht ist das Übergehen einer um den Erbl verdienten Person sittenwidr (BayObLG FamRZ **85**, 1082). Der Erbl kann also ohne Verstoß gg die Sittenordng pflichtberecht Verwandte auf den Pflichtt beschränken od völlig übergehen (BGH FamRZ **56**, 83), zB einen Freund als AlleinE einsetzen, selbst wenn wesentl Teile des Nachl aus Zuwendgen der Ehefrau herrühren (BayObLG FamRZ **86**, 1248 mit krit Anm Bosch u Anm

1842

von Hohloch JuS **87**, 906); od Nichtverwandte unter Übergeh entfernterer Verwandter zu Erben einsetzen (Celle NdsRpfl **60**, 40) od einen Stiefsohn unter Übergeh der Schwester (KG DR **39**, 1389); der ledige Erbl kann seine langjähr Haushälterin unter Ausschluß der gesetzl Erben einsetzen (BGH **LM** § 138 [Cd] Nr 9). Wird über die Einsetzg einer Behindertenorganisation die Bedürftig eines geistig behinderten Kindes zu Lasten des Sozialhilfeträgers nicht behoben, ist das Test nicht wg des sozialrechtl Nachrangprinzips nichtig (Hbg FamRZ **89**, 1007). Nicht sittenwidr ist nach BGH DRiZ **66**, 397 die Erbeinsetzg der zweiten Ehefrau unter Verweisg der Kinder aus der ersten Ehe auf den Pflichttt, auch wenn die dch Tod aufgelöste erste Ehe dadch zerrüttet war, daß der Erbl damals mit der nunmehrigen Alleinerbin ehebrecherische Beziehgen unterhalten hatte. Die Einsetzg eines **nichtehelichen** Kindes dch seinen verheirateten Erzeuger zum AlleinE ist auch bei Vorhandensein ehel Kinder idR nicht als sittenwidr anzusehen (Hamm OLGZ **79**, 425; Bosch FamRZ **72**, 175), wie sich aus der Bewertg von GG 6 V dch BVerfG **25**, 167 und der Neuregelg des NichtehelichenR (s § 1924 Anm 3b) ergibt.

c) **Geliebtentestament.** Die Beurteilg der Frage, ob die letztw Vfg eines Erbl rechtl anerkannt werden kann, wenn dch sie die Frau begünstigt wird, mit der er außerehel Beziehgen unterhielt, hat sich seit 1970 dch BGH **53**, 369 gewandelt. Zwar ist auch nach der heutigen Rspr die Belohng von Geschlechtsverkehr stets sittenwidr. Jedoch geht der Wertg der Vfg nicht um die Bestrafg des Erbl, also um Sanktionen für unsittl Verhalten, sond um die Sittenwidrigk eines RGeschäfts. Entscheidend ist dafür beim Test weniger die rechtsethische Bewertg einer außerehel Verbindg als das Verhältnis der TestierFreih zum Schutz der zurückgesetzten Erben. Dabei kann als gefestigte Rspr gelten, daß Ehe u Verwandtsch außerhalb des PflichtteilsRs ggü der TestierFreih des Erbl zurückzutreten haben. Für die Sittenwidrig einer letztw Vfg wird folgl der entscheidende Grd in der unredlichen Gesinng des Erbl gesehen, wie sie im Gesamtcharakter des RGeschäfts zum Ausdr kommt. Fehlt ihm der ausschließ Charakter als Entgelt u Belohng für geschlechtl Hingabe, kommt es auf seinen **Inhalt** u auf die **Auswirkungen** an. Insbes ist auch zu berücksichtigen, wer von den Angehörigen zugunsten der Bedachten zurückgesetzt worden ist, in welchen Beziehgen der Erbl zu den Zurückgesetzten stand und wie sich die Zurücksetzg auf diese wirtschaftl auswirkt. Zu werten ist insbes, ob neben den sexuellen Beziehgen achtenswerte andere Gründe ausschlaggebend sind wie zB der Wunsch, wertvolle Dienste od erhaltene Pflege zu belohnen (BGH **53**, 380; WM **71**, 1153; FamRZ **83**, 53; KG FamRZ **77**, 267; SchlHOLG SchlHA **78**, 37). Es kann auch darauf ankommen, woher das Vermögen stammt (zB ist ein Unterschied, ob es vom Erbl selbst erarbeitet wurde od von der Mutter der zurückgesetzten erstehel Kinder stammt). – Zur Einsetzg des Partners einer eheähnl Lebensgemeinsch s Meier/Scherling DRiZ **79**, 298; Diederichsen NJW **83**, 1024; Strätz FamRZ **80**, 306. Sie ist nur sittenwidrig, wenn bes Umstände hinzutreten (BGH **77**, 55; BayObLG FamRZ **84**, 1153: 30-jähr LebensGemsch eines nicht geschiedenen Erbl). – **Teilnichtigkeit** kann bei teilbaren Vfgen insow vorliegen, als das Ausmaß der Zuwendg dch billigenswerte Beweggründe nicht gedeckt ist. Setzt zB der verheiratete Erbl die Frau als AlleinE ein, mit der er bei TestErrichtg 7 Jahre zusammengelebt hat und übergeht er damit sowohl seine Ehefrau als auch seine Geschwister, kann die Zurücksetzg der Ehefrau unwirksam sein, wenn achtenswerte Gründe dafür nicht festzustellen sind; im übr ist das Test aber wirksam, so daß die Geschwister nicht auf Grd gesetzl Erbfolge einen Erbanteil beanspruchen können (BGH **53**, 381 f; NJW **73**, 1646). Eine solche Teilnichtigk kann hinsichtl der Ehefrau zu bejahen, hinsichtl der pflichtberecht Abkömml zu verneinen sein. – Ein **Vermächtnis** an die Geliebte kann uU voll wirksam sein (BGH NJW **83**, 674 m Av Finger JZ **83**, 608). – Über ErsatzGesch unter Lebenden s Stauf RhNK **74**, 61/106 ff.

d) **Kein Sittenverstoß** liegt vor, wenn in einem Test Ehegatten in der DDR das Vermögen des Erstversterbenden allein den in der DDR wohnenden gesetzl Erben zuwenden, um es vor Beschränkgen und Schwierigk zu bewahren, die sich dch eine Beschlagnahme od Enteigng des Vermögens abwesender Personen ergeben (Düss WM **68**, 811).

e) **Beweislast.** Im Streit um die Sittenwidrigk einer letztw Vfg hat jede Partei die tatsächl Voraussetzgen für eine von ihr in Anspr genommene günstige RFolge darzutun und zu beweisen. Dabei können (wie sonst auch) tatsächl Vermutgen und Erfahrgssätze, damit auch die Grdsätze des sog Anscheinsbeweises Bedeutg gewinnen. Jede Partei trägt also die Beweislast für diejenigen Umstände, die bei Beurteilg einer etwaigen Sittenwidrigk der letztw Vfg zu ihren Gunsten von Bedeutg sind (BGH **53**, 379; FamRZ **71**, 639); s auch Husmann NJW **71**, 404; Johannsen WM **71**, 924 f; **73**, 548.

f) **Gleichheitsgrundsatz** (GG 3). Über seinen Einfluß auf die Testierfreih s Mikat FS Nipperdey 1965, I 581 ff; Brüggemann JA **78**, 209; Brox § 18 IV 1 b; Lange/Kuchinke § 34 III. Für die Erbregelg dch den Erbl enthält GG 3 II, III keine Bindung; uU kann § 138 eingreifen (s auch Thielmann 299 ff). – Über die Wichtigk der Tatsachenfeststellg bei der Prüfg, ob aus rassischen od religiösen Gründen letztw Vfgen wg Ungleichbehandlg nichtig sind, s Mikat aaO 603 f.

6) Das „Patiententestament" ist keine Vfg vTw, sond die an den Arzt gerichtete Untersagg einer aufgedrängten Lebensverlängerg, also eine verbindlich gewollte Anordng, dch die Erklärende für den Fall seiner Erkrankg mit sicherer Todesprognose die Anwendg lebensverlängernder Maßnahmen untersagt, sofern wg seines Zustandes der der verabreichten Medikamente od der Art seiner Erkrankg nicht mehr fähig sein sollte. Die Anordng betrifft also nicht eine NachlRegelg, sond eine Vorsorge für den noch zu Lebzeiten sich ereignenden Fall, daß der Erklärende nicht mehr in der Lage sein werde, dem Arzt rechtsverbindlich die Einwilligg zu einer Behandlg zu verweigern, obwohl er angesichts der Hoffngslosigk seines Zustandes nur noch einen schmerzlosen Tod, nicht mehr eine bloße Verlängerg seiner Leiden wünscht (s Uhlenbruck NJW **78**, 566; MedR **83**, 16). – Die RVerbindlichk einer solchen Erkl ist nicht zweifelhaft, wenn sie von einer urteilsfäh Person nach ärztl Aufklärg gefertigt worden ist. Sie unterliegt als lebzeit WillErkl, die das ärztl Behandlgsrecht betrifft, nicht den FormVorschr des Test, deren Einhaltg auch gar nicht zweckmäß wäre (Epple BWNotZ **81**, 31). Es genügt in jedem Falle Schriftform; evtl ist notarielle Beglaubigg der Unterschr ratsam. Die Erklärg kann von dem willensfäh Patienten jederzeit und formlos **widerrufen** werden, etwa auch dch bloßes Kopfnicken auf entspr Frage. Im akuten Falle eines willensunfäh Patienten kann die RVerbindlichk einer vorliegenden unwiderrufenen Erklärg jedoch nicht allein deshalb verneint werden, weil ein Patient seine oft lange vorher getroffene Entscheidg bei Erkenntn seines akuten

Zustandes angesichts des Todes möglicherw ändern würde. Gleichwohl sieht die überwiegende Meing in ihr nur eine Entscheidshilfe, die der Arzt bei Ermittlg des mutmaßl Willens eines nicht mehr entscheidsfäh Patienten berücksichtigen müsse (s zum Stand der Meingen Sternberg/Lieben NJW **85**, 2734 mN).

7) Schuldhaft unterbliebene Testamentserrichtung. SchadensersatzAnspr können einem nicht zum Zuge kommenden mögl Erben gg einen RA od Notar zustehen, den der Erbl wg seiner TestErrichtg beauftragt hat, wenn das zu seinen Gunsten vorgesehene Test nur wg schuldhafter Versäumn des RA od Notars nicht mehr errichtet wird (BGH NJW **65**, 1955 = JZ **66**, 141 mit krit Anm Lorenz; abl Boehmer MDR **66**, 468; Kegel FS Flume 1978, 545; dazu auch Zimmermann FamRZ **80**, 99). Entspr gilt, wenn eine vom Erbl nicht mehr gewollte letztw Vfg infolge Amtspflichtverletzg des Notars nicht beseitigt wurde (BGH NJW **79**, 2033). Steht der auf Wertersatz für die entgangene Erbsch gerichtete Anspr Eltern zu, deren Kinder Nutznießer der vom Erbl nicht mehr gewollten, aber wirks gebliebenen Vfg geworden sind, ist der Anspr gem § 242 zu ermäßigen (BGH aaO).

1938 *Enterbung.* Der Erblasser kann durch Testament einen Verwandten oder den Ehegatten von der gesetzlichen Erbfolge ausschließen, ohne einen Erben einzusetzen.

1) Das negative Testament erlaubt die Vorschr dem Erbl (s BayObLG **74**, 440). Er kann also seine gesetzl Erben ausschließen, ohne an deren Stelle den Nachl and Personen zuzuwenden. Das Staatserbrecht (§ 1936) kann der Erbl bei Gefahr der Unwirksamk seiner letztw Vfg nicht ausschließen, wohl aber seinen Eintritt durch wirks Einsetzg eines anderen unmögl machen. Weitere unentziehbare Erbrechte bestehen nach LandesR (s EG 139) und nach REG 78 *(AmZ)*, 65 *(BrZ)*, 67 *(Bln)*.

2) Der Ausschluß kann nur durch Test od durch einseit Vfg in einem ErbVertr erfolgen (§§ 2278 II, 2299), auch bedingt od für einen Teil des Nachl. Er bedarf keiner Begründ. Eine unzutreffende Begründ ist unschädl, berechtigt aber uU zur Anfechtg gem § 2078 II (BGH NJW **65**, 584). Stillschw Ausschluß ist mögl; der Ausschließgswille muß aber unzweideut zum Ausdruck kommen (BayObLG **65**, 166/174; Aach DAV **79**, 623). Die Ausschließg eines in der Zuwendg des Pflichtt liegen (RG **61**, 15), liegt aber bei Erschöpfg des Nachl durch Vermächtnisse nicht vor, da die Vermächtn ja ausgeschlagen werden können (RG Recht **30** Nr 1520; BayObLG MDR 79, 847). Erfolgt der Ausschluß durch Einsetzg eines anderen, bleibt er auch im Fall der Nichtigk der Erbeinsetzg wirks, wenn er unter allen Umst gewollt war (Warn **42** Nr 23; BGH RdL 66, 320). – Der Ausschluß gesetzl Erben wirkt iZw nicht auch auf die **Abkömmlinge** des Ausgeschlossenen (BGH FamRZ **59**, 149; BayObLG FamRZ **89**, 1006), die vielm an seine Stelle treten (vgl § 1924 Anm 4, 5). Die Auslegg kann aber ergeben, daß sich die Ausschließg auch auf die Abkömml erstrecken soll (BayObLG **65**, 176, Rpfleger **76**, 290), insb wenn der Erbl neben der Ausschließg auch positiv bestimmt, in welche Hände der Nachl fallen soll (RG JW **37**, 2598; Kipp/Coing § 43 IV 2, Lange/Kuchinke § 25 VIII 2). – Aus § 242 kann aber die Erbenstellg nicht angezweifelt werden (s § 1922 Anm 1b).

3) Rechtsfolgen. Der Ausschluß der in § 2303 bezeichneten Personen berechtigt diese zur Fdg des Pflichtteils gem §§ 2302, 2309, 2338a (Entziehg des ErbErsAnspr), falls nicht auch dieser wirks nach § 2333 entzogen ist (s Hamm FamRZ **72**, 660). Bei allen Güterständen verliert der Eheg durch Ausschließg auch das Recht auf den Voraus (§ 1932 Anm 2). Andere Verwandte als die in § 2303 genannten können von der Erbsch ausgeschlossen werden, ohne daß ihnen ein AnwartschR auf eine Quote am Vermögen des Erbl zusteht (s dazu Brüggemann JS **78**, 309).

a) Pflichtteilsentziehung. Im Falle der Enterbg kann ein dem Berecht dann zustehender Pflichtt nur noch unter den Voraussetzungen der §§ 2333ff entzogen werden. Der Ausdr „Enterbg" in einem Test bedeutet jurist nur den Ausschluß von einer gesetzl od testamentar angeordneten Erbfolge. Er wird aber vielf auch in der Weise gebraucht, daß der Enterbte keinerlei Anteil am Nachl des Erbl, also auch nicht den Pflichtt erhalten soll. Das gilt namentl, wenn Gründe für die Enterbg angegeben sind (Hamm FamRZ **72**, 660). – Zur Enterbg des nichtehel Kindes s § 2338a Anm 1a; Kumme ZBlJR **77**, 339 mH; BGH NJW **81**, 1735.

b) Entziehung des Verwaltungsrechts. In der Enterbung eines Kindes kann auch die Bestimmg enthalten sein, daß der Ausgeschlossene das hiernach seinen Abkömmlingen (den Enkeln des Erbl) im Erbgang kr Gesetzes zufallende Vermögen nicht verwalten soll (§ 1638 I; BayObLG **64**, 263).

c) Zur erbrechtl Ausschaltg lästiger **Enkel** s Stanovsky BWNotZ **74**, 102.

4) Erbersatzanspruch. Über seine Entziehg u deren Folgen s § 2338a.

1939 *Vermächtnis.* Der Erblasser kann durch Testament einem anderen, ohne ihn als Erben einzusetzen, einen Vermögensvorteil zuwenden (Vermächtnis).

1) Begriff. Die Zuwendg eines Vermächtnisses (Einzelheiten bei §§ 2147ff) macht den Bedachten nicht zum Erben (§ 2087 II). Da der vermachte Ggstand nicht dingl übergeht (das G kennt kein sog Vindikationslegat; s Einf 1 vor § 2147), handelt es sich eigentl auch nicht um einen Erbgang. Vielmehr wird nur ein **Forderungsrecht** gg den Beschwerten begründet (§ 2174; sog Damnationslegat; s MüKo/Leipold Rz 2, 3). Wird das Vermächtn dem Erben zugewendet, handelt es sich um ein Vorausvermächtnis (§ 2150). Ob Vermächtn od Erbeinsetzg od Teilgsanordng vorliegt, ist durch Auslegg zu ermitteln (vgl §§ 2048, 2087 mit Anm; RG DR **42**, 977; BGH **36**, 115; LG Köln RhNK **77**, 198; BayObLG Rpfleger **82**, 13; Stgt BWNotZ **81**, 141). Ein Vermächtn kann auch durch ErbVertr zugewendet werden (§§ 1941, 2278, 2299). Ein unwirks dingl Vermächtn (zB des Eigtums an einem Grdst) kann beim Erben als Teilgsanordng (§ 2048) od Vorausvermächtn (§ 2150), bei einem Dritten als Vermächtn aufrechterhalten werden. – Da nur dch Vfg vTw das Vermächtn ausgesetzt werden kann, gibt es keine „gesetzl" (s Einf 1b vor § 2147); in den erbrechtl Vorschriften ist diese Bezeichng folgl auch nicht zu finden. Gleichwohl werden vereinfachend als solche oft Voraus und Dreißigster (§§ 1932, 1969) sowie die Rechte der Abkömml auf Ausbildgshilfe bei durch Tod

Erbfolge **§§ 1939–1941**

aufgelöster ZugewGemsch nach § 1371 IV (vgl § 1371 Anm 3) bezeichnet; ferner die Anspr auf Grd HöfeO 12 V, 13 u die Rechte auf bestimmte Sachen nach EG 139.

2) Bestimmtheit. Der Bedachte und der vermachte Ggst müssen bestimmt od wenigstens in durch Ausleg bestimmbarer Weise bezeichnet sein (RG JW **15**, 786; s BGH NJW **81**, 1562). Auch muß das Vermachte idR vorhanden sein (§§ 2169, 2170).

3) Ein Vermögensvorteil, also eine Begünstigg für den Bedachten muß vorliegen. Bereicherg iS einer Vermögensvermehrg braucht nicht einzutreten, zB bei Stellg einer Sicherh für eine Fdg (RFH **29**, 150; Johannsen WM **72**, 866). Es kann auch eine Fdg erlassen od vermacht werden (§ 2173). Das Vermächtnis einer Geldsumme ist iZw VerschaffgsVerm (vgl § 2173 S 2). Das Vermächtnis wird nicht dadurch unwirks, daß der Erbl den Bedachten mit einer Aufl oder einem Untervermächtn bis zur vollen Höhe des ihm Zugewandten belastet od das Vermächtn nur Treugut dargestellt (RG HRR **28** Nr 1698), denn das G verlangt nicht die Abs einer Freigebigk (Erman/Schlüter Rz 4). – **Beschwert** werden kann mit dem Vermächtn sowohl ein Erbe als auch ein ErbersatzBerecht (str) und auch ein anderer Vermächtnisnehmer (s § 2147).

4) Anwartschaft. Vor dem Erbfall hat der VermNehmer weder einen Anspr noch eine rechtl gesicherte Anwartsch (RGRK Rz 3; Erman/Hense Rz 2 zu § 2174). Dies gilt auch, wenn das Vermächtn auf einem ErbVertr beruht (BGH **12**, 115 mAv Pritsch zu **LM** § 883 Nr 2; **LM** § 2288 Nr 2). Über den Schutz des vertragl VermNehmers s § 2288; dieser Schutz gilt auch für den VermNehmer aGrd eines bindenden wechselbezügl Test (OHG **1**, 161). S dazu auch allgem über die Anwartsch Mattern BWNotZ **62**, 233ff. Über die mit dem Erbfall erlangte Anwartsch des VermNehmers beim aufschiebend bedingten od befristeten Vermächtn s § 2177 mit Anm 1; § 2179 mit Anm 1; Bühler BWNotZ **67**, 174ff.

1940 *Auflage.* Der Erblasser kann durch Testament den Erben oder einen Vermächtnisnehmer zu einer Leistung verpflichten, ohne einem anderen ein Recht auf die Leistung zuzuwenden (Auflage).

1) Begriff. Das G unterscheidet zw Erbeinsetzgen, Vermächtnissen (beide in § 2279 als Zuwendgen bezeichnet) u Auflagen. Die Auflage ist also keine Zuwendg, sond die durch Test od Erbvertrag erfolgende Auferlegg einer Verpflichtg, der kein Bedachter ggübersteht. Ein allenf Begünstigter hat kein Recht auf Leistg od SchadErs wg Nichterfüll (WarnR **37** Nr 133). Jedoch können gewisse Personen od Behörden die Vollziehg verlangen (§ 2194). Einzelheiten s §§ 2192 bis 2196.

2) Gegenstand. Die Auflage kann ein Tun od Unterlassen betreffen (§ 241), auch nichtvermögensrechtl Inhalts (hM). Bspl: Aufstellg einer Büste; Verpflichtg, ein Grdst nicht in fremde Hände fallen zu lassen (BGH FamRZ **85**, 278); Bestattg und Grabpflege (BFH NJW **68**, 1847; Grabpflegekosten sind keine dauernde Last iS von EStG 10 I Nr 1); die Anordng, die Leiche der Anatomie zu übergeben, wenn NachlBeteiligtem die Kostentragg auferlegt wird (Soergel/Stein Rz 3; s hierzu auch Wolpers Ufita **34**, 167ff); die Anordng, der Leiche keine Organe zu entnehmen (s Kohlhaas, Deutsche Medizinische WochenSchr **68**, 1612). Durch Auflage kann auch trotz § 2038 einem Miterben die NachlVerwaltg übertr werden (RG LZ **29**, 254), soweit nicht ein Vorausvermächtn od eine Bestellg zum auf die Verwaltg beschränkten TestVollstr (§ 2209) anzunehmen ist (§ 2038 Anm 1).

1941 *Erbvertrag.* [I] Der Erblasser kann durch Vertrag einen Erben einsetzen sowie Vermächtnisse und Auflagen anordnen (Erbvertrag).
[II] Als Erbe (Vertragserbe) oder als Vermächtnisnehmer kann sowohl der andere Vertragschließende als ein Dritter bedacht werden.

1) Der Erbvertrag ist eine in Vertragsform errichtete Vfg vTw (s § 1937 Anm 1) und im einzelnen in den §§ 2274–2300a geregelt. Als negativer Erbvertrag ist der Erbverzicht besonders ausgestaltet (§§ 2346ff); er kann mit einem Erbvertrag verbunden werden (BGH **22**, 364; **36**, 65/70). – Der Erbvertr ist kein schuldrechtl Vertr (§ 2302; dazu aber Stöcker WM **80**, 496ff), sond ein grdsätzl unwiderrufl Vertr erbrechtl Wirkg, der seinem möglichen Inhalt nach begrenzt ist (I). Es können sowohl beide Vertragschließenden wie auch nur der eine Teil über den Nachl verfügen. Bedachter kann sowohl der andere VertrPartner wie auch ein Dritter sein (**II**; dazu BayObLG Rpfleger **82**, 13). Er kann vertragsmäßige od einseitige Vfgen enthalten. Eine Erbeinsetzg od Vermächtnisanordng ist aber nicht schon deshalb, weil sie sich in einem ErbVertr findet, als vertragsmäßige Vfg anzusehen (RG **116**, 321; BGH DRiZ **61**, 26). Darüber entscheidet die Ausleg (§ 133; auch § 157 ist anzuwenden, Johannsen in Anm zu BGH **LM** § 2289 Nr 3; auch § 2084 Anm 6; § 2278 Anm 2a). – Auch eine **Stiftung** kann von Eheg gemeins dch ErbVertr errichtet werden (BGH NJW **78**, 943; § 83 Anm 1). Nach § 2299 sind einseitige Vfgen mögl (zB die Ernenng zum TestVollstr). Ein „Ehevertr", der inhaltl nur eine Vfg vTw enthält, ist als ErbVertr anzusehen (s Mü I FamRZ **78**, 364 mAv Jayme). – Wird durch den Vertr ein nur in der Erfüll bis zum Tod des Erbl hinausgeschobener Anspr begründet, liegt kein ErbVertr, sond ein RGesch unter Lebenden vor (Hbg MDR **50**, 616).

2) Inhalt. Die in I vorgesehenen Anordngen können einzeln od in Verbindg miteinander getroffen werden. Gegenseitige Erbeinsetzg setzt nicht voraus, daß die VertrPartner Eheleute sind (RG **67**, 65); sie können es aber sein (§ 2276 II).

3) Kein Vertrag zugunsten Dritter. Obwohl auch ein Dritter bedacht werden kann (**II**), ist doch ein ErbVertr kein Vertr auf Leistg an Dritte (§ 328), da weder eine Verpflichtg eingegangen wird noch dem Dritten ein FdgsR erwächst. Vielmehr vollzieht sich der Erwerb des Dritten erst mit dem Tode des Erbl. Vgl auch Warn **17** Nr 91; BGH **12**, 115 mAv Pritsch zu **LM** § 883 Nr 2.

4) Kein Erbvertrag ist der Vertr über den Nachl eines noch lebenden Dritten (§ 312 mit Anm 1). S dazu Daniels, Vertr mit Bezug auf den Nachl eines noch lebden Dritten, 1973; Blomeyer, Spellenberg FamRZ **74**, 421, 489; Wiedemann, Abfindgs- u Wertfestsetzgsvereinbgen unter zukünft Erben, NJW **68**, 769. − Ferner nicht der nach § 2302 nichtige Vertr über Errichtg od Aufhebg einer Vfg vTw (Staud/Otte Rz 5; Battes AcP **178**, 342 ff). Auch nicht der HofübergabeVertr gem HöfeO 17 (s Übbl 7 vor § 2274; Riedel, Bes erbrechtl Vereinbgen innerh u außerh des ErbR, insb vorweg genommene Erbfolge, JurBüro **80**, 1281).

Zweiter Abschnitt. Rechtliche Stellung des Erben

Überblick

1) Gesetzesübersicht. Die wichtige Regelg der rechtl Stellg des Erben, dh der RBeziehgen, die für eine (natürl od jur) Pers durch das Erbewerden u Erbesein entstehen, ist in den §§ 1942–2063 enthalten. Der 1. Titel (§§ 1942–1966) handelt vom Erwerb der Erbsch (Annahme, Ausschlagg) und von der Fürsorge des NachlG bis zum Eintritt des endgültig Berufenen. Im 2. Titel (§§ 1967–2017) wird die Haftg des Erben für die NachlVerbindlichk und deren mögl Beschrkg behandelt und im 3. Titel (§§ 2018–2031) der ErbschAnspr, dh die gerichtl Geltdmachg des Erbrechts. Dabei wird zunächst davon ausgegangen, daß nur ein Erbe vorhanden ist. Erst im 4. und letzten Titel (§§ 2032–2063) wird eine Mehrheit von Erben vorausgesetzt und das RVerhältn der Erben untereinander (einschl der AusglPfl) u ihre Stellg zu den NachlGläub geregelt. Die Vorschr dieses Abschn gelten sowohl für den gesetzl Erben wie auch für denjenigen, dessen ErbR auf Vfg vTw beruht.

2) Folgen des Erbganges. Zum Übergang von Rechten des Erbl auf den Erben od zu ihrem Erlöschen s § 1922 Anm 3 ff. Kommt es dadch zur **Vereinigung** von Recht u Verbindlichk od von Fdg, Schuld und Belastg in der Person des Erben (Konfusion, Konsolidation), erlischt grdsätzl das betr SchuldVerh ohne weiteres (vgl §§ 425, 429, 1063, 1173, 1256; Ausn § 889); vgl auch RG **76**, 57 zum RVerh zw Gläub u Bürgen, wenn beide den HauptSchu beerben. Jedoch sind für Rechte Dritter (wie Nießbraucher, PfdGläub) die Fordergen als bestehd zu behandeln (s auch Hamm Rpfleger **73**, 315) und die erloschenen RVerh leben uU (zB bei NachlVerw, Nacherbfall, ErbschVerkauf) wieder auf (§§ 1976, 1991, 2143, 2175, 2377, s BGH **48**, 214). Bei Miterben tritt vor Auseinandersetzg überh keine Vereinigg ein. – **a) Verfügungen** des Erben **vor dem Erbfall** über Ggstände des Erbl u umgekehrt werden nach Maßg des § 185 II S 1 wirks (s dort Anm 3 u auch Ebel, NJW **82**, 724/725 ff). – **b) Verjährung** der Ansprüche, die zum Nachl gehören od sich gg ihn richten: § 207 – **c)** Wegen der RStellg des Erben bei der **Lebens- und Unfallversicherung** vgl § 1922 Anm 7; § 2301 Anm 4.

Erster Titel. Annahme und Ausschlagung der Erbschaft
Fürsorge des Nachlaßgerichts

Einführung

1) Gesetzesübersicht. Der erste Titel gliedert sich in die Vorschr über Annahme u Ausschlagg der Erbsch (§§ 1942–1959) einerseits und über die in bes Fällen dem NachlG obliegende Sorge für die Sicherg des Nachl andererseits (§§ 1960–1966). Verfahrensrechtl ergänzt wird dies dch die Vorschr in KO 9; 214–236 c; VerglO 113–114 c; ZPO 241, 243, 246, 729, 782, 784, 989–1001 und FGG 72 ff.

2) Außenwirtschaftsgesetz. Die Ausschlagg einer in einem fremden WirtschGebiet im Sinn des AWG befindl Erbsch bedarf keiner Genehmigg; aus dem AWG u der AWV ergeben sich insow keine Beschränkungen.

3) Erbersatzanspruch (§ 1934 a). Für seine Annahme u Ausschlagg gelten sinngem die Vorschr über das Vermächtn (§ 1934 b II 1).

1942 *Anfall der Erbschaft.* ^I Die Erbschaft geht auf den berufenen Erben unbeschadet des Rechtes über, sie auszuschlagen (Anfall der Erbschaft).

^{II} Der Fiskus kann die ihm als gesetzlichem Erben angefallene Erbschaft nicht ausschlagen.

Schrifttum: Bücker. RhNK **64**, 97; Johannsen WM **72**, 914/918; **73**, 549; Kapp, ErbschAusschlagg in zivilrechtl u erbschsteuerl Sicht BB **80**, 117; Firsching, Gefahren der ErbschAusschlagg, DNotZ **74**, 597; Pohl, Mängel der ErbschAnnahme u -Ausschlagg, AcP **177** (77), 52.

1) Anfall der Erbschaft. Gemäß dem Grdsatz der Gesamtrechtsnachfolge (§ 1922) geht die Erbsch mit dem Erbfall auf den entw vom Erbl dch Vfg vTw, sonst dch das G berufenen Erben über. Zugleich wird diesem dch **I** die Möglichk der Ausschlagg offen gehalten. Der idR mit dem Tod des Erbl zusammenfallende Anfall der Erbsch vollzieht sich kraft G ohne Wissen u Willen des Berufenen. Der Erbl kann den Übergang nicht ausschließen od von einer bes AnnahmeErkl des Erben abhängig machen. Das letztere würde keine aufschiebende Bedingg, sond eine ebso überflüssiger u daher unbeachtl Zusatz sein wie die Klausel „falls er Erbe wird" oder „falls er nicht ausschlägt". Der so Einge- setzte würde VollE, nicht NachE nach § 2105 (Erman/Schlüter Rz 2; s Staud/Otte/Marotzke Rz 4); der Erbl kann allerdings eine vom G abweichende Zeit für die Annahme vorschreiben (vgl § 1944 Anm 3). – Im Falle der **Ausschlagung** od der Verurteilg wg **Erbunwürdigkeit** gilt der Anfall an den NächstBerecht als mit dem Erbfall erfolgt (§§ 1953 II; 2344 II), so daß dieser nur den Tod des Erblassers, nicht den Anfall zu erleben braucht. Bei einer **Leibesfrucht** (§ 1923 II) erfolgt der Anfall erst mit der Geburt, jedoch rückwirkend vom Erbfall an, beim **Nacherben** mit dem Eintritt der Nacherbfolge (§ 2139), beim **Vermächtnis** idR mit dem Erbfall (§ 2176, jedoch Ausn in §§ 2177–79). Für **Stiftungen** gilt § 84. Hat der Erbl eine Stiftg dch Erbeinsetzg errichtet, kann der Stiftgs-Vorstand nicht ausschlagen (RGRK Rz 4).

2) Vorläufiger Erbschaftserwerb. Mit Rücks auf das AusschlagsR ist der ErbschErwerb zunächst nur ein vorläufiger. Erst die wirkliche od bei Verstreichen der Ausschlagsfrist unterstellte Annahme (§ 1943) vollendet den Erwerb. Bis dahin besteht ein **Schwebezustand.** Währd der dem Erben gewährten Überleggsfrist (§ 1944) ist er entspr geschützt (§§ 207, 1958, 1995 II; ZPO 239 V, 778). Zur Rechtsstellg des vorl Erben s auch BGH NJW **69**, 1349.

3) Fiskus. Um das Herrenloswerden der Erbsch zu verhindern, ist dem ohne Einsetzg eines anderen Erben (§ 1938) nicht ausschließbaren Fiskus das AusschlagsR versagt **(II).** Als eingesetzter Erbe kann er ausschlagen. Durch §§ 1966, 2011 und ZPO 780 II wird den Staatsbelangen Rechng getragen.

1943 **Annahme der Erbschaft.** Der Erbe kann die Erbschaft nicht mehr ausschlagen, wenn er sie angenommen hat oder wenn die für die Ausschlagung vorgeschriebene Frist verstrichen ist; mit dem Ablaufe der Frist gilt die Erbschaft als angenommen.

1) Die Annahme bewirkt, daß der Annehmende endgült Erbe wird u das Recht verliert, die Erbsch auszuschlagen. Sie beendet den Schwebezustand (§ 1942 Anm 2) u wandelt den vorläuf Erwerb der Erbsch in einen endgült um. Sie ist also Bestätigg des Anfalls u Verzicht auf das AusschlaggsR. Ihrer RNatur nach ist sie gestaltende WillErkl, die ausdrückl od konkludent erfolgen kann od vom G fingiert wird (s Anm 2). Zu den erbschaftssteuerl Folgen s Kapp BB **80**, 117.

a) Die Erklärung der Annahme besagt, daß der vorläuf Erbe die Erbsch behalten, also endgült Erbe sein u bleiben will. Sie kann nicht vor dem Erbfall erfolgen (§ 1946). Sie ist – im Ggsatz zur Anfechtg od Anfechtg der Annahme bzw der Ausschlagg (§§ 1945, 1955) – an keine Form gebunden u nicht empfangsbedürftig (zB mittels GläubAufgebots durch Zeitg od Rundfunk, hM; s Soergel/Stein Rz 2 mwN). Sie wird regelm ggü einem Beteiligten (zB NachlGläub, NachlSchu, VermächtnNehmer, Miterben) od dem NachlG erfolgen (s MüKo/Leipold Rz 3). Fehlende Kenntn des AusschlaggsRs berechtigt bei ausdrückl AnnahmeErkl nicht zur Anfechtg (s § 1954 Anm 1a).

b) Durch schlüssiges Verhalten kann die Annahme erfolgen, wenn dieses ggü Dritten objektiv eindeutig zum Ausdr bringt, Erbe sein u die Erbsch behalten zu wollen (BayObLG **83**, 153). Dies ist unter Berücksichtigg aller in Betr kommenden Umstände des Einzelfalls zu entscheiden u kann auch darin liegen, daß über einen einzelnen Ggstand verfügt wird (BayObLG FamRZ **88**, 213). Wer nach außen Handlgen vornimmt, die den Schluß auf seinen Annahmewillen zulassen, muß sich als Annehmender behandeln lassen, auch wenn sein Wille nur auf and RFolgen gerichtet ist u ihm der Annahmewille tatsächl fehlt. Jedoch ist dann die Anfechtg der Annahme wg Irrtums mögl (s § 1954 Anm 1 a). Wenn allerdings der vorl Erbe NachlGgstände in der irrigen Meing veräußert, daß sie ihm schon vor dem Erbfall gehörten, so liegt darin über keine Annahme der Erbsch (aM MüKo/Leipold Rz 4). Ferner ist zu beachten, daß eine gewisse Fürsorge für den Nachl auch währd der Überleggsfrist geboten ist wie zB Erklärgen üb den Nachl beim NachlG (Köln OLGZ **80**, 235), Antr auf TestEröffng, Bestellg eines TestVollstr, auf NachlVerw, so daß selbst eine Vfg über NachlGgstände noch keine Annahme zu sein braucht (§ 1959 II; s Celle OLGZ **65**, 30; Lücke JuS **78**, 254); ebsowenig Bezahlg der Beerdiggskosten; auch zunächst nicht die Fortführg eines Handelsgeschäfts unter der bisherigen Firma u die Eintragg des Erben ins HandelsReg, wenn letztere etwa erforderl ist, um gleichzeitig die verschärfte Schuldenhaftg der vielleicht Erbsch annehmenden Erben aus HGB 27 I entspr 25 II auszuschließen (Erman/Schlüter Rz 3 für Vorbeh bei zweifelh Maßn). Dagg liegt unbedenkl die Annahme in einer Prozeßaufnahme (ZPO 239) od Einlass auf diese (vgl § 1958 Anm 1); in der Geltdmachg des ErbschAnspr (§ 2018) und ErbschVerkauf (§ 2371); in der Stellg eines ErbschAntr (BGH RdL **68**, 99; s auch Anm 1 zu § 1948 und Anm 1 zu § 2354). In der Einreichg eines NachlVerz braucht noch nicht die ErbschAnnahme zu liegen (Johannsen WM **72**, 918).

c) Annahmefähigkeit. Die Annahme, die auch durch einen gewillkürten Vertreter – Vollm ist formlos gültig (Soergel/Stein Rz 6) – erfolgen kann, setzt volle **Geschäftsfähigkeit** voraus. Für GeschUnfäh oder beschr GeschFäh (§§ 104–111) kann der gesetzl Vertreter (beide Elternteile, § 1945 Anm 2) annehmen, ohne daß es – im Ggsatz zur Ausschlagg u Anfechtg der Annahme (§ 1643 II, 1822 Nr 2) – vormundschaftsgerichtl Genehmigg bedarf (s § 1643 Anm 2c). Der beschr GeschFähige kann mit Einwillig seines gesetzl Vertreters annehmen; die Annahme ist aber als einseit Gesch nicht genehmiggsfäh, § 111 (s Staud/Otte/Marotzke Rz 9). Vor der Geburt des Erben kann wg § 1 für die Leibesfrucht nicht angenommen werden (wohl aber ausgeschlagen, s § 1946 Anm 2; KGJ **34** A 81). Zur Annahme **nicht** berechtigt sind TestVollstr und NachlPfleger (OLG **21**, 349), zumal sie nicht od nicht insoweit (RG **106**, 46) echte gesetzl Vertr des Erben sind (RG **144**, 401); wohl aber Ergänzgspfleger (§ 1909), AbwesenhPfleger (§ 1911, KGJ **53**, 250) u GebrechlichkPfleger (§ 1910). Bei Ehegatten ist nur der Teil, dem die Erbsch anfiel, zur Annahme berecht; dies gilt bei GütGemsch auch dann, wenn die Erbsch nicht ins Vorbehaltsgut, sond ins Gesamtgut fällt, selbst wenn dieses vom and Eheg verwaltet wird (§ 1432 I mit Anm 1); bei gemschaftl Verwaltg können beide Eheg gemeins (§ 1450) od der Erbende allein (§ 1455 Nr 1) annehmen. Die Annahme einer vor KonkEröffng angefallenen Erbsch steht nur dem Gemeinschuldner zu (KO 9).

2) Fiktion der Annahme (s Pohl AcP **77**, 57ff). Als Annahme gilt die Anfechtg der Ausschlagg (§ 1957) u das ungenutzte Verstreichenlassen der Ausschlagsfrist. Auch im letzteren Fall muß der Erbe geschäftsfähig sein (Staud/Otte/Marotzke Rz 9) od, wenn dies nicht der Fall ist, einen gesetzl Vertreter haben, der Kenntn von Erbanfall u BerufgsGrd hat (Staud/Otte/Marotzke Rz 11; aM Soergel/Stein Rz 8). Die Fristversäumg kann wie die Annahme angefochten werden (§ 1956; Köln MDR 80, 493). Bei fehlendem gesetzl Vertreter trifft § 1944 II S 3 Vorsorge.

3) Beweislast. Beim Erben erübrigt sich der Beweis der Annahme, wenn seine Hdlgen (Anm 2b) als Annahme gelten. Ausnahmen: ZPO 991 III (Aufgebot); § 2357 (für Miterben). Die NachlGläubiger haben die Annahme zu beweisen, wenn sie gg den Erben vorgehen wollen (§ 1958, ZPO 239, 778), also entweder die ausdrückl erklärte Annahme od den Ablauf der Ausschlaggsfrist (RGRK Rz 15). Für die Ausschlagg u ihren Ztpkt ist beweispfl, wer ihre Rechtzeitigk behauptet (Staud/Otte/Marotzke Rz 13; s auch § 1944 Anm 5).

1944 Ausschlagungsfrist.
I Die Ausschlagung kann nur binnen sechs Wochen erfolgen.

II Die Frist beginnt mit dem Zeitpunkt, in welchem der Erbe von dem Anfall und dem Grunde der Berufung Kenntnis erlangt. Ist der Erbe durch Verfügung von Todes wegen berufen, so beginnt die Frist nicht vor der Verkündung der Verfügung. Auf den Lauf der Frist finden die für die Verjährung geltenden Vorschriften der §§ 203, 206 entsprechende Anwendung.

III Die Frist beträgt sechs Monate, wenn der Erblasser seinen letzten Wohnsitz nur im Auslande gehabt hat oder wenn sich der Erbe bei dem Beginne der Frist im Ausland aufhält.

1) Zweck der relativ kurzen Ausschlagsfrist von 6 Wochen ist, den durch die Möglichk der Ausschlagg geschaffenen ungewissen Schwebezustand innerh festbestimmter Zeit zu beenden. Sie ist allerd dann auf 6 Monate verlängert, wenn entw der Erbl nur im **Ausland** Wohnsitz hatte (s Anm 4) od der Erbe sich bei Fristbeginn im Ausland aufhält **(III)**; ist Kenntn des ges Vertreters maßgebl (s Anm 2c), kommt es auf dessen Aufenth an; bei gewillkürter Vertretg gilt Anm 2c entspr.

2) Die Ausschlagsfrist beginnt nicht schon mit dem Erbfall, da dieser auch ohne Wissen des Erben zum Anfall der Erbsch führt (s § 1942 Anm 1), sond erst, wenn der Erbe von dem Anfall und dem Grunde der Berufung **bestimmte und überzeugende Kenntnis** erlangt hat; bei mehreren Erben gilt dies für jeden gesondert. Schuldhafte Unkenntn steht der Kenntn nicht gleich; dem Ztpkt des bloßen Zugangs eines Schreibens, dessen Inhalt Kenntn vermitteln würde, kommt daher noch keine entscheidende Bedeutg zu (BayObLG 68, 74; s auch BGH RPfleger 68, 183). Eine Sonderregelg gilt für PflichtBerecht, die als Erben eingesetzt sind (s § 2306 Anm 4b). Sondervorschriften: REG 78 II *(AmZ)*, 65 *(BrZ)*, 67 *(Bln)*.

a) Kenntnis des Anfalls liegt regelm in der Kenntn der den Anfall begründenden **Tatsachen** (Tod, TodesErkl des Erbl; verwandtschaftl od ehel Verhältn; Wegfall im Wege stehender Verwandter). Kenntn fehlt aber, solange der Erbe irrtüml (infolge Tats- od Rechtsirrtums) einen anderen für vorberufen od das diesen berufende nichtige Test für gültig od das ihn selbst berufende Test für ungült hält; ferner bei begründeter Vermutg, dch letztw Vfg als gesetzl Erbe ausgeschlossen zu sein (Hamm OLGZ 69, 288). Mangel eines Aktivnachlasses (oder Glaube an solchen) wird bei Laien häufig die Kenntn des Anfalls ausschließen (BayObLG 33, 337).

b) Kenntnis des Berufungsgrundes für den Anfall der Erbsch. Der Erbe muß wissen, weshalb sie ihm u ob sie ihm als gesetzl od als gewillkürtem Erben angefallen ist. Fristbeginn ist also ausgeschlossen, solange der TestErbe irrtüml annimmt, er sei gesetzl Erbe, und umgekehrt (RG HRR 31 Nr 1440); desgl wenn der Erbe inf körperl od geistigen Verfalls von Anfall u BerufgsGrd nicht mehr Kenntn nehmen kann (BayObLG NJW 53, 1431).

aa) Bei gesetzlicher Erbfolge ist Kenntn des nach dem G (§§ 1924–1935) die Erbberechtigg begründenden Familienverhältnisses (Verwandtsch, Ehe) erforderl. Außerdem muß dem gesetzl Erben bekannt sein, daß keine letztw Vfg vorhanden ist, die das gesetzl ErbR ausschließt; hierbei genügt es, wenn er keine Kenntnis u auch keine begründete Vermutg hat, daß eine Vfg vTw vorliegt (KG Recht 29, Nr 778; BayObLG RhNK 79, 159).

bb) Bei gewillkürter Erbfolge muß der Erbe Kenntn davon erlangen, daß er dch Vfg vTw zum Erben berufen ist. Auf die genaue Kenntn des ganzen Inhalts der ihn berufenden Vfg kommt es nicht an. Insbes ist unerhebl, ob er sie für ein Test od einen ErbVertr hält, ihre Tragweite od den Nachl überschaut, die genaue Größe seines Erbteils od den sonstigen Inhalt kennt; irrt er sich über die Erbteilsgröße, hilft allenf Anfechtg. Existieren mehrere Vfgen des Erbl mit unterschiedl Regelgen, sollte zur Vermeidg v Zweifeln von dem bestimmten Test verlangt werden, nachdem dessen Eröffng dch **II** zur weiteren Voraussetzg für den Fristbeginn gemacht wird (MüKo/Leipold Rz 4). – Kenntn ist das zuverläss Erfahren der in Betr kommenden Umstände, aGrd dessen ein Handeln vom Betroffenen erwartet werden kann (BGH **LM** § 2306 Nr 4). Kennenmüssen u Zweifel genügen nicht, bei Verschulden kommt es nicht an; der in § 1944 verlangten Kenntn steht fahrl (selbst grobfahrl) Nichtkenntn nicht gleich (Hamm OLGZ 69, 288). Ob die Kenntn aus privater od amtl Quelle (NachlG) stammt, gilt gleich. Tatsachen- u Rechtsirrtum kann der Kenntn entgegenstehen, zB Irrt od Ungewißh über die Wirksamk einer letztw Vfg (BGH **LM** § 2306 Nr 4).

c) Maßgebliche Person. Entscheidend ist die Kenntn des Erben, im Falle seiner Minderjährigk od Geschäftsunfähig die seines ges Vertreters. Bei **gewillkürter Vertretung** sowie GebrechlichkPflegsch (§ 1910 I) für einen unbeschr Geschäftsfähigen genügt sowohl die Kenntn des Vertretenen wie die seines Vertreters (KG HRR 35 Nr 1664); die früher ablaufende Frist entscheidet. § 166 gilt nicht, da er nur die RFolgen einer WillErkl, nicht der Unterlassg betrifft. Ist der Erbe eine **juristische Person**, die zum Erwerb einer Genehmigg bedarf (EG 86), beginnt die Frist erst mit Kenntn von deren Erteilg (Soergel/Stein Rz 17 mN). – Über die Sonderregelg in § 2306 I 2 s dort Anm 4b. – Für **Nacherben** beginnt die Frist erst bei Kenntn des Eintritts der Nacherbfolge u des Berufungsgrundes (RG LZ 25, 1071), doch kann er – wie jeder Erbe, § 1946 – bereits nach Eintritt des Erbfalls ausschlagen (§ 2142 I). Für einen nach dem Tode des Erbl geborenen Erben (§ 1923 II) beginnt die AusschlFrist nicht vor dessen Geburt (KGJ **34** A 79) u Kenntn des gesetzl Vertreters. – Der **Ersatzerbe** (§ 2096) kann auch schon nach dem Erbfall, braucht aber erst nach dem Ersatzerbfall auszuschlagen.

d) Zeitpunkt. Der Fristbeginn ist an die Kenntn von Anfall u Berufsgrund geknüpft. Bei gewillkürter Erbfolge beginnt die Frist jedoch nach **II** 2 niemals vor der gerichtl **Eröffnung** der das ErbR begründenden Vfg vTw (§§ 2260, 2261), selbst wenn der Erbe zu diesem Zeitpkt schon längst Kenntn von ihr hatte (daß der Gesetzeswortlaut von Verkünd spricht, ist wohl auf den 1. Entwurf zum BGB zurückzuführen, der die Eröffng noch nicht vorsah; s MüKo/Leipold Rz 15). Mit der Eröffng beginnt die Frist aber nur, wenn die weiter erforderl Kenntn dch sie verschafft wird od bereits vorhanden war, wobei es dann unerhebl ist, ob der Erbe zur Eröffng geladen war, erschienen ist od überh von ihr Kenntn erlangt (aA insow Karls Rpfleger **89**, 62). Erhält der Erbe erst später die notwend Kenntn von der ihn berufenden Vfg, zB dch ob über die Benachrichtigg (§ 2262) od noch später, wird die Frist erst dch diesen späteren Zeitpkt in Lauf gesetzt. Bei Mißverständn od beachtl RIrrtum kann aber selbst dann ein noch späterer Zeitpkt in Frage kommen (s Müko/Leipold Rz 12). – Keine Eröffng im RSinne ist die Mitverkündg untrennbarer Vfgen des Überlebenden bei Eröffnung eines gemeinsch Test nach dem Erstverstorbenen (§ 2273; s dort Anm 1); wohl aber steht ihr die „Kundmachung" eines Test eines Deutschen dch das österreich VerlassenschGer gleich (Will DNotZ **74**, 273/278). – Ist Verkündg wg Zerstörg od Verlust der Urk unmögl, beginnt die Frist mit Kenntn von Anfall und BerufgsGrd sowie der Tats, daß die Verkündg der Vfg nicht mögl ist (KG JW **19**, 586; Kipp/Coing § 87 II 2b). Falls aber nach BeurkG 46 wiederhergestellt werden kann, gilt dies nicht u die Frist beginnt erst mit der Eröffng der wiederhergestellten Urk (vgl Wuppertal JMBl NRW **48**, 173).

3) Fristablauf und Hemmung. Der Fristablauf wird nach §§ 187 I, 188, 193 berechnet. Fristverlängerg od Verkürzg durch NachlG ist unzuläss. Der Erbl kann allerdings die Frist dadurch verlängern od verkürzen, daß er die Annahme innerh eines gewissen Zeitraumes vorschreibt (Stgt OLGZ **74**, 67/68); bei Bestimmg einer längeren Frist ist der Erbe unter einer aufschiebenden Bedingg eingesetzt (RGRK Rz 1). Wird die etwa erforderl vormundgerichtl Genehmigg (§§ 1643 II, 1822 Nr 2; vgl § 1945 Anm 2) vom Gericht über den Fristablauf hinaus verzögert, ist Anfechtg wg Fristversäumg (§ 1956) mangels Irrt nicht mögl; eine unvermeidbare Verzögerg der gerichtl Genehmigg ist als Fall höherer Gewalt anzusehen (jetzt hM; Ffm FamRZ **66**, 259; BayObLG **69**, 18; **83**, 9); die Hemmg des Fristablaufs fällt mit Zugang der GenBeschl beim gesetzl Vertreter weg (Ffm aaO). – Nach § 206 I 2 beträgt die Frist eines gesetzl Vertreters ebenf nur 6 Wochen, nicht 6 Monate, abgesehen vom Fall des Abs III. § 206 II ist unanwendb (Staud/Otte/Marotzke Rz 26). Fällt der gesetzl Vertreter nach Kenntn, also nach Fristbeginn (durch Tod, Abberufg usw) weg, beginnt bei Bestellg des Nachfolgers keine neue Frist. Erneute Kenntn ist nicht erforderl, da der neue Vertreter (od der geschäftsfähig gewordene Erbe) die RLage so hinnehmen muß, wie er sie vorfindet; beim Tod des Erben läuft die schon im Lauf befindl Frist gg seine Erben weiter (vgl aber §§ 1952 II, 1956).

4) Auslandswohnsitz. III Hs 1 gilt nur für einen **deutschen** Erbl (EG 25) und stellt allein auf dessen Wohnsitz ab; auf den Sterbeort kommt es nicht an. Die Ausschlagsfrist verlängert sich dann auf 6 Monate. Obwohl staatsrechtl die DDR und Ost-Bln nicht als Ausland gelten, sind sie hier hinsichtl der Länge der Frist entspr zu behandeln (hM; AG Bleckede MDR **68**, 588; Soergel/Stein Rz 5 mN). Ebso wird das Gebiet östl der Oder-Neiße iS dieser Vorschr als Ausland behandelt werden müssen (MüKo/Leipold Rz 22). – Da jemand mehrere Wohnsitze haben kann (§ 7 II), gilt **III** ledigl dann, wenn der Erblasserwohnsitz „**nur im Auslande**" bestand, nicht wenn sich der Erbe (bei Doppel- od Inlandswohnsitz) ledigl im Auslande aufhielt. – **Beginn** der Frist ist Ztpkt der KenntnisErlangg (**II**).

5) Beweislast. Wer sich auf die Ausschlagg beruft (zB der vom NachlGläub als Erbe in Anspr Genommene), muß die Rechtzeitigk der Ausschlagg dartun. Demgü hat der, der behauptet, das Recht zur Ausschlagg sei bereits erloschen, zu beweisen, daß u wann der Erbe Kenntn vom Anfall u dem BerufgsGrd erhalten hat (s Staud/Otte/Marotzke Rz 29; auch Düss MDR **78**, 142 zur Prüfg des Fristablaufs im ErbSch-Verf).

6) Eine Beratungspflicht über die Möglichk der ErbschAusschlagg kann sich für einen RA aus dem AnwaltsVertr ergeben (LG Köln NJW **81**, 351).

1945

Form der Ausschlagung. **I** Die Ausschlagung erfolgt durch Erklärung gegenüber dem Nachlaßgerichte; die Erklärung ist zur Niederschrift des Nachlaßgerichts oder in öffentlich beglaubigter Form abzugeben.

II Die Niederschrift des Nachlaßgerichts wird nach den Vorschriften des Beurkundungsgesetzes errichtet.

III Ein Bevollmächtigter bedarf einer öffentlich beglaubigten Vollmacht. Die Vollmacht muß der Erklärung beigefügt oder innerhalb der Ausschlagungsfrist nachgebracht werden.

1) Die Ausschlagungserklärung ist eine einseitige, form- und fristgebundene, amtsempfangsbedürftige Willenserklärg (§ 130). Sie wird daher erst wirks, wenn sie dem NachlG zugeht; sie wird nicht wirks, wenn dem NachlG vorher od gleichzeitig ein Widerruf zugeht (§ 130 I). Die Erkl muß den Willen erkennen lassen, nicht Erbe sein zu wollen; ob dies der Fall ist, muß ggf dch Ausleg (§§ 133, 157) festgestellt werden (BayObLG **67**, 33; **77**, 163). Da sie das Gegenstück der Annahme ist (§ 1957 I), muß auch die Erkl, nicht annehmen zu wollen, genügen (Besonderheiten in §§ 1947ff). In der Erklärg eines gesetzl Erben (MitE, daß er das auf ihn bezogene ErbR einer and Person anerkenne, liegt noch keine Ausschlagg der Erbsch, auch wenn der Erklärende wußte, daß das Test nichtig ist (BayObLG aaO). Bei mehrfacher Ausschlagg ist die zweite RHdlg zunächst unbeachtl, kann aber Wirksamk dadurch erlangen, daß die erste sich als unwirks herausstellt. – Eine Anfechtg der Ausschlagg wg GläubBenachteiligg kann nicht erfolgen, da sie keine Schenkg ist (§ 517; s RG **54**, 289).

1849

2) Der Ausschlagende muß unbeschränkt **geschäftsfähig** sein, aber nicht persönl handeln (s III). Beschränkt Geschäftsfähige können nur mit Einwilligg ihres ges Vertr ausschlagen (§ 107), aber nicht mit dessen nachträgl Zustimmg (§ 111). Im übr kann für sie sowie für Geschäftsunfäh nur ihr **gesetzlicher Vertreter** die Ausschlagg erklären. Sind dies die Eltern (§ 1629 I), müssen beide die ihrem Kind angefallene Erbsch ausschlagen (BayObLG **77**, 163); schlägt nur ein Elternteil aus, ist die Ausschlagg auch dann nicht wirks, wenn der and formlos zustimmt (BayObLG **57**, 361; Soergel/Stein Rz 5). Die Berechtigg des gesetzl Vertr zur Ausschlagg entfällt auch nicht dadch, daß der Erbl ihn oder einen von ihnen nach § 1638 von der Verwaltg des Nachl ausgeschlossen hat (Karlsr FamRZ **65**, 573). Die Ausschlagg dch den ges Vertreter wird auch wirks, wenn der Vertretene nach Abgabe der AusschlagsErkl, aber noch vor deren Zugang volljähr wird (§ 130 II; Karlsr aaO). Auch wenn die Ausschlagg des Kindes dazu führt, daß nunmehr ein Elternteil als Erbe berufen ist, bedarf die Eltern nicht kr G von der Vertretg ausgeschlossen, weil der der Ausschlagg § 181 weder direkt noch seinem Schutzzweck nach eingreift und ein Fall der §§ 1629 II, 1795 nicht vorliegt (BayObLG **83**, 213; s auch Coing NJW **85**, 6); jedoch hat das NachlG gem FGG 50 das VormschG zu verständigen, das den Eltern idR die Vertretg gem §§ 1629 II 2, 1796 entziehen und einen Pfleger (§ 1909) bestellen wird (Soergel/Stein Rz 6; s auch BayObLG aaO). – Als gesetzl Vertreter bedürfen Vormund (§ 1643 II mit Ausn in S 2), Vormund und Pfleger stets (§§ 1822 Nr 2; 1915) der **vormundschaftsgerichtlichen Genehmigung.** Diese ist samt dem Nachweis der zu ihrer Wirksamk erforderl Bekanntmach an den ges Vertr (§ 1828) innerhalb der Frist des § 1944 dem NachlG vorzulegen, wobei § 1831 nicht gilt, so also auch entspr III 2 nach der Erkl beigebracht werden kann (BayObLG **83**, 213; Ffm FamRZ **66**, 259). Wird die Erteilg der rechtzeit beantragten Genehmigg verzögert, ist dies ggf als höhere Gewalt anzusehen (s § 1944 Anm 3). Das VormschG darf seine Entscheidg nicht davon abhäng machen, ob nach seiner Beurteilg die Ausschlaggsfrist bereits abgelaufen ist (BayObLG **69**, 14; Soergel/Stein Rz 6). S im übr zur Erteilg der vormschg Genehmigg Hamm, Ffm NJW **59**, 2215; **62**, 52; RPfleger **69**, 386; Waldsh Just **74**, 127 (Ausschlagg einer DDR-Erbsch); ferner BayObLG **69**, 14; **77**, 163/167 (Ausschlagg der TestErbsch des Inhabers der elterl Sorge für sich u sein ersatzw nach § 2069 berufenen Kinder, um die Erbsch als gesetzl Erbe anzunehmen). – Bei **Ehegatten** ist zur Ausschlagg nur der Eheteil, dem die Erbsch anfiel, berechtigt, und zwar bei GüterGemsch auch dann, wenn das Gesamtgut vom anderen Eheg verwaltet wird (§ 1432); bei gemschaftl Verwaltg können beide Eheg gemeins (§ 1450) od nur der Erbende (§ 1455 Nr 1) ausschlagen. Ein in ZugewGemsch lebender Eheg bedarf zur Ausschlagg nicht der Einwilligg des anderen Eheg nach §§ 1365, 1367. – Bei Anfall von **Erbe zur Erbschaftskonk** ist der Erbe zur Ausschl berechtigt (KO 9). – TestVollstr u NachlPfleger können ebsowenig ausschlagen wie annehmen (vgl § 2205 Anm 1c, § 1960 Anm 4d). – Eine nach Erbfall formlos vereinbarte **Verpflichtung zur Ausschlagung** ist mögl, muß aber durch formgerechte Ausschlagg erfüllt werden (RG HRR **29** Nr 292); vor dem Erbfall ist sie nur gem § 312 II mögl (Erman/Schlüter § 1946 Rz 1).

3) Form. Die Erkl muß ggü dem **Nachlaßgericht** abgegeben werden entw zu dessen Niederschrift (Rpfleger, RPflG 3 Nr 1 f; II iVm BeurkG 1–13a; 16–18; 22–26; 44–51; 54) od in öff beglaub Form (§ 129; BeurkG 40; 63). Ausschlagg des Jugendamts als Amtspfleger in Form einer öff Urk (ZPO 415) bedarf nicht der öff Beglaub (Osnabr Rpfleger **88**, 313; LG Braunschw Rpfleger **87**, 457; Essen DAV **84**, 922). – Halten sich die Erben im **Ausland** auf (§ 1944 III), sollte für die an das inländ NachlG gerichtete Erkl auch Ortsform genügen (EG 11; str; ebso Staud/Firsching EG 24–26 Rz 295); die Abgabe dch Bevollmächt mit öff beglaub Vollm ist stets wirks (MüKo/Birk vor EG 24–26 Rz 186). Formfehler bei der Niederschr können innerh der Frist behoben werden (arg III 2). Ausschlagg dch Telegramm genügt nicht. Gebühr KostO 45. – **a)** Die Ausschlagg in einem **öffentlichen Testament** wäre an sich ebenso wie der in gleicher Form erfolgende Widerruf einer Schenkg wirks (str; vgl § 130 Anm 3f; aM KG JW **19**, 998); es wird aber nur selten die Frist des § 1944 gewahrt sein. – **b)** Bei Anwendg **ausländischen** Rechts bestimmt dieses üb die Möglichk u die besond Voraussetzgen der Ausschlagg (s EG 25 Anm 3 a); das dtsche NachlG ist dann grsl nicht zur Entggnahme zuständ (Ferid/Firsching II Grdzüge Deutschl Rz 65). Über den Fall, daß das ausl Recht das Institut der Ausschlagg nicht kennt, vgl JM *BaWü* BWNotZ **59**, 31. Annahme- u AusschlaggsErklärgen in ErbschSachen mit Berührg zur DDR können auch von Erben in der BRep vor dem westdtschen NachlG abgegeben werden (s Kuchinke, FS v d Heydte, 1977 II, 1005/ 1016). – **c)** Ob Annahme od Ausschlagg einer Erbsch nach ausl Erbstatut ggü dem deutschen NachlG erklärt werden können, ist bestr (s Soergel/Kegel Rz 62 vor Art 24 EGBGB; Pinckernelle/Spreen DNotZ **67**, 203); nach BayObLG **65**, 423 kann das deutsche NachlG, das zur Erteilg eines ggständl beschr Erbscheins in Anwendg italienischen Rechts international zuständig ist, auch die in jenem Recht vorgesehene Erklärg der minderjährigen Erben entggnehmen, daß sie die Erbsch unter dem Vorbeh des Inventars annehmen. – **d) Vollmacht** zur Ausschlagg, **III**, kann nicht vom NachlGer beurk werden (Winkler Rpfleger **71**, 346). – **e) Beglaubigungskosten** trägt der Ausschlagende (Erman/Schlüter Rz 8).

4) Erklärungsempfänger ist ausschließl das **Nachlaßgericht** (anders beim Vermächtnis, §§ 2180 II 1, 2308 II 2). NachlG ist das Amtsgericht, in *BaWü* das staatl Notariat (s § 1962 Anm 1). Es kann im Wege der RHilfe ein and NachlG um Entggnahme ersuchen; dieses kann nach Ausschlagg auch noch den nachrückenden Erben einvernehmen u dessen Erkl entggnehmen, weil das Ersuchen weit auszulegen ist (BayObLG **52**, 291). – Die Aufnahme der Erkl zur Niederschr und ihre EntggNahme in öff beglaubigter Form dch ein **örtlich unzuständiges Gericht** ist dann nicht unwirks, wenn sich dieses als NachlG betätigt (FGG 7; s BGH Rpfleger **77**, 406). Dazu gehört auch die Weitergabe der Erkl innerh der Frist an das zuständ NachlG, auch wenn sie dort verspätet eingeht (Keidel/Reichert FGG 7 Rz 6). Selbst wenn das unzuständ Gericht nach Aufnahme und Entggnahme untätig bleibt, ist die Wirksamk nicht berührt, da auch Aufnahme u Entggnahme von Erkl od deren Weitergabe gerichtl Handlgen sind (ebso Keidel/Reichert FFG 7 Rz 5). Nur wenn das Gericht wg Unzuständigk die bei ihm in öff beglaubigter Form eingereichte Erkl zurückgibt, ist die Ausschl unwirks. Sie kann aber vor Fristablauf in wirks Form wiederholt werden. – Das NachlG nimmt die AusschlaggsErkl entgg (selbst wenn es sie für verspätet od unwirksam hält) u teilt die Ausschlagg den

Nächstberufenen mit (§ 1953 III). Über die Wirksamk der Ausschlagg entscheidet das NachlG nur im Rahmen eines Erbscheinsverfahrens, selbst wenn das LandesR ihm die Erbenermittlg vAw vorschreibt (BayObLGZ **85**, 244); für einen (feststellenden) gesonderten Beschluß besteht weder eine Verpflichtg noch ein Bedürfnis (BayObLG aaO).

5) Empfangsbestätigung, Zeugnis. Wird die Erkl beim NachlG in öff beglaubigter Form **eingereicht**, hat dieses auf Verlangen ihren Empfang zu **bestätigen;** nimmt es sie zur Niederschr entgg, so ist dem Ausschlagenden darü auf Antr ein **Zeugnis** zu erteilen (KGJ **35** A 60), das sich nur über die Tats, nicht über die Rechtzeitigk od Gültigk der Ausschlagg zu äußern hat. – **Gebühren** regelt KostO 112 I Nr 2.

1946 *Frühester Zeitpunkt für Annahme oder Ausschlagung.* Der Erbe kann die Erbschaft annehmen oder ausschlagen, sobald der Erbfall eingetreten ist.

1) Allgemeines. Vor dem Tode des Erbl ist eine Erbsch, die angenommen od ausgeschlagen werden könnte, noch nicht vorhanden; wohl aber ein ErbR, auf das verzichtet werden kann (§ 2346). Auch Verträge zw künftigen gesetzl Erben nach § 312 II sind mögl. Der **Nacherbe** (§ 2142 I) kann nach dem Tod des Erbl, also schon vor dem Nacherbfall ausschlagen od annehmen (BayObLGZ **62**, 239/241), der PflichtBerechtigte (§ 2306 I 2) schon vor Kenntn der Beschränken. Wegen des Ersatzerben s § 1944 Anm 2c.

2) Nicht vor dem Erbfall, wohl aber vor Beginn der Ausschlaggsfrist (§ 1944) u auch vor dem Anfall (dh vor Wegfall eines Vorberufenen) kann angenommen od ausgeschlagen werden. Auch für ein erzeugtes, aber noch nicht geborenes Kind können die Eltern (auch ein nach § 1912 bestellter Pfleger) dann schon ausschlagen, obwohl die Frist erst mit dessen Geburt beginnt (Peter Rpfleger **88**, 107; Linde BWNotZ **88**, 54; in der Rspr noch nicht geklärt). Dem Erben ist also HdlgsFreih dahin gewährt, daß er vom Zeitpunkt des Erbfalls an annehmen od ausschlagen kann, auch wenn die Voraussetzgen für den Beginn der Ausschlaggsfrist (§ 1944 II) in seiner Pers noch nicht gegeben waren (RGRK Rz 2). Eine **juristische Person** kann vor der Gen des Erwerbs (EG 86) zwar nicht annehmen (Fristbeginn § 1944 Anm 2c), aber ausschlagen (RG **76**, 384; s auch EG 86 Anm 1).

1947 *Bedingungsfeindliches Geschäft.* Die Annahme und die Ausschlagung können nicht unter einer Bedingung oder einer Zeitbestimmung erfolgen.

1) Allgemeines. Zwecks Schaffg klarer Verhältnisse sind Annahme u Ausschlagg (ebso wie beim Vermächtn, § 2180 II, und TestVollstrg, § 2202 II) bedinggsfeindlich. Sie sind mit dem Zugehen als WillErkl unwiderrufl, § 130 I 1, III (Lange/Kuchinke § 8 IV 1); s aber auch §§ 1949 I, 1954.

2) Echte Bedingung. Nur die Setzg einer echten rechtsgeschäftl Bedingg (s Einf 2 vor § 158) od Zeitbestimmg (§§ 158–163) macht die Erkl unwirks („Falls mir die Erbschaftsteuer erlassen wird", „Auf die Dauer von 3 Jahren", „Falls der Nachlaß nicht überschuldet ist" usw, s MüKo/Leipold Rz 2); nicht aber eine überflüssige od eine RBedingg („Wenn ich berufen sein sollte", „Falls der Erblasser nicht mehr lebt"). Keine echte Bedingg liegt auch vor, wenn für den Fall der Berufg aus einem bestimmten Grd angenommen od ausgeschlagen wird (Staud/Otte/Marotzke Rz 3). Wird zG eines Dritten ausgeschlagen, ist entscheidend, ob der gewollte Erwerb des Dritten nach § 1953 II, Staud/Otte/Marotzke Rz 4) oder nur BewegGrd ist (s Hamm NJW **81**, 2585 u dazu Frohn Rpfleger **82**, 56); sie ist echte Bedingg, wenn dem Ausschlagden erkennb daran liegt, daß die Erbsch an einen bestimmten Dritten gelangt u der Erklärde mit einem Erfolg keineswegs einverstanden ist (BayObLG **77**, 163, Rpfleger **82**, 69). In diesem Fall ist die Ausschlagg unwirks, falls zB bei Wahrg der Form des § 2033 eine Umdeutg (KGJ **35** A 64) in Annahme u Erkl, den Erbteil einem Dritten zu übertragen, mögl ist (s DNotZ **74**, 597); in den anderen Fällen ist die Beifügg einer Bedingg unschädl. Daß das erwartete Entgelt nicht gezahlt wird, hindert die Wirksamk der Ausschlagg nicht. Wegen mehrfacher Berufg vgl §§ 1948, 1949, 1951, 2007.

1948 *Mehrere Berufungsgründe.* **I** Wer durch Verfügung von Todes wegen als Erbe berufen ist, kann, wenn er ohne die Verfügung als gesetzlicher Erbe berufen sein würde, die Erbschaft als eingesetzter Erbe ausschlagen und als gesetzlicher Erbe annehmen.

II Wer durch Testament und durch Erbvertrag als Erbe berufen ist, kann die Erbschaft aus dem einen Berufungsgrund annehmen und aus dem anderen ausschlagen.

Schrifttum: Strobl, Schramm, Das Wahlrecht des Erben nach § 1948 BGB, DNotZ **65**, 337, 734; Holzhauer, Die Teilbark von Annahme u Ausschlagg im System des ErbR, Erbrechtl Untersuchgen, 1973, 85ff; s auch DNotZ **74**, 597.

1) Allgemeines. § 1948 ermöglicht dem mehrfach berufenen Allein- od Miterben ohne Verstoß gg § 1947 die Beschränkg der Ausschlagg, während § 1951 bei Berufg zu mehreren Erbteilen ihre Teilbarkeit vorsieht; iü kann man nur insges ausschlagen (§ 1950). – Die Vorschr hat kaum prakt Bedeutg, weil zB test Beschwergen auch bei Ausschlagg der Erbeinsetzg u Eintritt der gesetzl Erbfolge idR bestehen bleiben, etwa Vermächtn u Auflagen (§§ 2161, 2192) ebso andere Beschrkgen wie Nacherbsch, TestVollstr, Teilgsanordngen (§ 2085) u die PflichtLast (§ 2320). In Anwendg von **I** kann aber zB der eingesetzte Eheg erreichen, daß ihm als gesetzl Erben (§ 1932) der Voraus zufällt (Staud/Otte/Marotzke Rz 6), s auch § 2311 I 2 (aM Holzhauer aaO 114ff); ferner eine Befreiung von der Bindg dch wechselbezügl Verfügen, § 2271 II 1 (s aber auch § 2271 Anm 3c aa); ob dies nur gilt, wenn der Eheg inf Ausschlusses von pflichttberecht Erben auch AlleinE kr Gesetzes wird, (so Strobl aaO) ist bestr; aM Staudenmaier DNotZ **65**, 72; Schramm aaO; die eingendge Auffassg von Strobl dürfte abzulehnen sein (siehe auch Lange/Kuchinke § 8 VI 2a; Holzhauer aaO 126ff; Stgt BWNotZ **79**, 11). Ist der pflichttberecht Erbe zu einem geringeren als dem gesetzl Erbteil eingesetzt, wird er, wenn er die Erbeinsetzg ausschlägt, nur zu diesem geringeren Erbteil gesetzl Erbe (RGRK Rz 4). Ob Ausschlagg zwecks Erlangg von AusgleichsAnspr (§ 2050) zu diesem Erfolg führen kann, ist zweifelh (s Holzhauer 107ff; RGRK Rz 5). – Der Antr auf Erteilg eines Erbscheins als gesetzl Erbe, den ein TestErbe stellt, der zugl gesetzl Erbe ist, kann noch nicht als Ausschlagg der gewillkürten Erbfolge angesehen werden (RG Recht **10** Nr 1111).

2) Voraussetzung bei I ist, daß durch die Ausschlagg die gesetzl Erbfolge des Ausschlagenden eröffnet wird, zB Einsetzg als AlleinE, Fall des § 2088. Die Vorschr gilt also nicht, wenn die gesetzl Erbfolge durch erschöpfende testamentarische Bestimmgen gänzl ausgeschlossen ist, der ausgeschlagene Erbteil daher entweder den Nach- u Ersatzerben zufällt (Ffm NJW **55**, 466; Rpfleger **69**, 386) oder den übr eingesetzten Erben nach § 2094 anwächst (BayObLG **77**, 163) od das Gesetz (§§ 2069, 2102) für den Fall der Ausschlagg eine und Erbfolge vorsieht (s BayObLG **77**, 163/166f). – Ausschlägt der Erbeinsetzg hat zur Folge, daß für Berufg als gesetzl Erbe ab Kenntn dieses Berufsgrundes neue Ausschlaggsfrist läuft (RGRK Rz 9). Kennt der Ausschlagende seine Berufg als gesetzl Erbe, muß er wg § 1949 II die Ausschlagg auf die Berufg als eingesetzter Erbe beschränken, um sich die gesetzl Erbfolge zu wahren (Staud/Otte/Marotzke Rz 10). Der umgekehrte Fall (Ausschlagg als gesetzl u Annahme als eingesetzter Erbe) kann nicht in Betr kommen („wenn er ohne die Vfg als gesetzlicher Erbe berufen würde").

3) Testament und Erbvertrag. II hat prakt keine große Bedeutg. Es ist an die Fälle zu denken, daß das Test od der ErbVertr besondere Beschränkgen und Belastgen (Vermächtnisse, Nacherbeinsetzgen) enthält. Sind sie dem Test beigefügt, so wird es durch einen späteren ErbVertr ohnedies aufgeh, soweit das Recht des vertragsm Bedachten beeinträchtigt würde (§ 2289 I) währd die im ErbVertr enthaltenen Beschrkgen auch bei Ausschlagg der vertragsmäßigen Erbteile bestehen bleiben (vgl § 2161). **II gilt** jedoch **nicht,** wenn die Berufg auf zwei Test od zwei ErbVertr beruht, § 1951 II (s MüKo/Leipold Rz 11).

1949 *Irrtum über den Berufungsgrund.* **I** Die Annahme gilt als nicht erfolgt, wenn der Erbe über den Berufungsgrund im Irrtume war.

II Die Ausschlagung erstreckt sich im Zweifel auf alle Berufungsgründe, die dem Erben zur Zeit der Erklärung bekannt sind.

1) Allgemeines. § 1949 behandelt den Irrt ohne Anfechtg (daher auch keine SchadErsPfl nach § 122), § 1954 die Anfechtg infolge Irrtums. BerufsGrd ist die Art u Weise der konkreten Berufg: durch ein bestimmtes VerwandtschVerh, Ehe od eine bestimmte Vfg vTw. Die richtige Kenntn vom BerufsGrd darf nicht mit der Kenntn vom Grd der Berufg nach § 1944 II (s Anm 2b hierzu) gleichgesetzt werden.

2) Die Annahme ist bei Irrt über den Berufsgrund entgg allg Grundsätzen nicht anfechtbar, sondern unwirksam. Der Irrtum kann auf Unkenntn der die Berufg begründenden Tatsachen (zB VerwandtschVerh, ob gesetzl od gewillkürte Erbfolge) od auf falscher rechtl Beurteilg bekannter Tatsachen beruhen. Nimmt also der eingesetzte Erbe inf Unkenntn der maßg VerwandtschBeziehg die Erbsch an, ohne zu wissen, daß er (zB durch Wegfall der gesetzl Vorberufenen) der nächste gesetzl Erbe war, so irrt er über den BerufsGrd (Staud/Otte/Marotzke Rz 6). Ohne Einfluß ist, ob der Irrt entschuldb ist od nicht. Die Annahme gilt ohne Anfechtg (§§ 119, 142, 1954) als nicht erfolgt. Die AusschlFrist beginnt erst mit Kenntn des wahren Grundes; vorausgesetzt, daß die beiden Berufgen sich inhaltl nicht decken. – **I gilt nicht,** wenn es (wie meist) dem Erben ganz gleichgültig war, aus welchem Grd die Berufg erfolgte. **I** greift auch **nicht** ein, wenn die Erbsch lediglich inf Versäumg der Ausschlagg (§ 1943) als angenommen gilt, da die Frist nicht ohne Kenntn des Berufungsgrundes zu laufen beginnt (§ 1944 II; Erman/Schlüter Rz 2).

3) Ausschlagung. Da sich nach der Auslegsregel des **II** die Ausschlagg (mag sie auch unbeschr erklärt sein) nur auf die bekannten Berufsgründe erstreckt, ist auch die AusschlaggsErkl nach dem hier ebenf anwendbaren **I** unwirks, wenn der Erbe über den Grd seiner Berufg im Irrt war u daher der wahre Grd inf des Irrtums unbekannt blieb (Soergel/Stein Rz 1). Kennt der Erbe alle Berufsgründe, kann er die Ausschlagg auf einen beschränken. Ob die Ausschlagg sich auch auf möglicherw erst künftig eintretende Berufsgründe erstreckt, ist Frage der Auslegg. Die Vermutg des **II** gilt hier nicht (MüKo/Leipold Rz 10).

1950 *Teilannahme; Teilausschlagung.* Die Annahme und die Ausschlagung können nicht auf einen Teil der Erbschaft beschränkt werden. Die Annahme oder Ausschlagung eines Teiles ist unwirksam.

1) Bedeutung. § 1950 ist eine zwingende Vorschr, die durch den Erbl nicht abgeändert werden kann. Die Ausschlagg od Ann kann nicht willkürl auf rechtl gar nicht existierende Teile der Erbsch (Bruchteile der Erbsch od des Erbteils, § 1922 II) od der NachlMasse (einzelne NachlGgstände) beschr werden. Ausschlagg unter **Vorbehalt des Pflichtteils** wird daher für unwirks angesehen (Staud/Otte/Marotzke Rz 3; RGRK Rz 1), es sei denn, daß ein Fall des § 2306 I 2 od des § 1371 III (dazu Anm 2) vorliegt. Tatsächl wird aber ein Wille des Erklärenden, ein dem Pflichtt entspr Teil der Erbsch solle von der Ausschlagg ausgenommen bleiben, sehr selten sein. Häufig wird er nur klarstellen wollen, daß er trotz Aufgabe seines ErbRs noch eine (Geld-)Fdg stelle. Es geht dann aber um die Frage, ob das Bestehen des PflichttAnspr (dazu § 2303 Anm 3) unbeachtl Motiv od Bedingg (dann § 1947) war (MüKo/Leipold Rz 5; Soergel/Stein Rz 1; Frohn Rpfleger **82**, 56). – Da Teilannahme und -ausschlag wirksgslos sind, gilt die ganze Erbsch mit dem Ablauf der Ausschlaggfrist als angenommen (Soergel/Stein Rz 1). Besonderheiten in § 1951, 1952 III (mehrere Erbteile, Ausschlagg von Erbeserben). Auch auf Vermächtn anwendb (§ 2180 III).

2) Sonderregelung bei Zugewinngemeinschaft: Der ausschlagende überl Eheg erhält den Anspr auf Ausgl des Zugewinns und auf den Pflichtt (§ 1371 Anm 5, § 2303 Anm 2a). Er kann aber nicht den Erbteil nach § 1931 I annehmen u die Erhöhg nach § 1371 I ausschlagen oder umgekehrt, da es sich um einen einheitl Erbteil handelt (Staud/Otte/Marotzke Rz 4).

3) Der zum Heimstättenfolger durch Vfg vTw berufene Erbe kann auf die Heimstättenfolge verzichten, ohne die Erbsch auszuschlagen (AVO RHeimstG 28; Westphal Rpfleger **81**, 129/131).

1951 Mehrere Erbteile.
I Wer zu mehreren Erbteilen berufen ist, kann, wenn die Berufung auf verschiedenen Gründen beruht, den einen Erbteil annehmen und den anderen ausschlagen.

II Beruht die Berufung auf demselben Grunde, so gilt die Annahme oder Ausschlagung des einen Erbteils auch für den anderen, selbst wenn der andere erst später anfällt. Die Berufung beruht auf demselben Grunde auch dann, wenn sie in verschiedenen Testamenten oder vertragsmäßig in verschiedenen zwischen denselben Personen geschlossenen Erbverträgen angeordnet ist.

III Setzt der Erblasser einen Erben auf mehrere Erbteile ein, so kann er ihm durch Verfügung von Todes wegen gestatten, den einen Erbteil anzunehmen und den anderen auszuschlagen.

1) Allgemeines. Berufg zu mehreren Erbteilen liegt zB in den Fällen der §§ 1927 (Zugehörigk zu verschiedenen Stämmen) und § 1934 (Ehegatte als Verwandter) sowie dann vor, wenn jemand zu mehreren Erbteilen teils durch Vfg vTw, teils kraft G od durch mehrere Verfügen od auch nur durch dieselbe Vfg berufen ist. Dagg fallen Erhöhg (§ 1935) und Anwachsg (§§ 2094, 2095) nicht hierunter, da hier grdsätzl (vgl § 2095: „in Anseh") kein Mehrh von Erbteilen vorliegt, Ann od Ausschlag sich also ohne weiteres auf die Erhöhg od Anwachsg mit erstreckt. (Wegen der Erbenhaftg vgl § 2007). An sich ist nicht einzusehen, warum es dem Erben versagt sein sollte, den einen Erbteil anzunehmen und den anderen auszuschlagen. Das G unterscheidet aber zw der Berufg aus demselben Grd und aus verschiedenen Gründen.

2) Verschiedene Gründe der Berufg liegen vor: Bei Berufg zu mehreren Erbteilen durch Vfg vTw und kraft G; teils durch Test, teils durch ErbVertr; durch zw verschiedenen Personen geschlossene ErbVertr. **Derselbe** Grund ist gegeben, wenn der Erbe in einem od mehreren Test oder in einem einzigen ErbVertr od in mehreren zw denselben Personen abgeschl Erbverträgen berufen ist (Staud/Otte/Marotzke Rz 7; verschiedene Berufsgründe nimmt allerd RGRK Rz 7 an, wenn mehrere ErbVertr mit derselben Person einseitige Vfgen, § 2299, enthalten). In den letzteren Fällen wird die Einheit des Berufungsgrundes aus der zu vermutenden einheitl Willensrichtg des Erbl gefolgert, so daß auch Annahme u Ausschlag einheitl zu erfolgen haben. Diese Willensrichtg fehlt aber, wenn die berufg als Erbfolge eine mehrfache Beteiligg wg mehrfacher Verwandtschaft oder wg Verwandtschaft und Ehe erfolgt (§§ 1927, 1934); daher liegen auch hier mehrere Berufsgründe vor (hM; Staud/Otte/Marotzke Rz 8). Dasselbe Test, das für dieselbe Person mehrere Nacherbeneinsetzgen unter verschiedenen Voraussetzgen anordnet (beim Tode der Vorerbin, bei Wiederverheiratg), stellt nur einen BerufsGrd dar (KG JFG **6**, 143).

3) Rechtsfolgen. Bei demselben Berufungsgrund können die mehreren Erbteile, vorbehaltl einer anderw Bestimmg des Erbl (**III**), nur einheitl angenommen od ausgeschlagen werden (**II**), u zwar auch dann, wenn der eine Erbteil erst später anfällt. Hat zB der Erbl jemand für einen Erbteil zum Erben, für den anderen zum Ersatzerben (§ 2096) eingesetzt, hindert die beim Anfall des ersten Erbteils noch bestehende Ungewißheit od Unkenntn des Eintritts der ErsErbfolge die allg Wirkg der Annahme od Ausschlag nicht (**II** 1). Die Annahme kann also auch vor dem Anfall wirks erfolgen; auch seitens des Nacherben (RG **80**, 382). Die Teilannahme od -ausschlag ist in entspr Anwendg des § 1950 unwirks; also Fiktion der Annahme auch des ausgeschlagenen Teils nach § 1943, vorbehaltl der Anfechtg, § 1956 (s Pohl AcP **177**, 74).

4) Nur bei verschiedenen Berufungsgründen kann der Erbe sich **getrennt entscheiden** u die mehreren Erbteile teils annehmen, teils ausschlagen. Schlägt er nun einen Erbteil aus, so ist damit der andere noch nicht stillschw angenommen. § 1949 II ist aber auch dann nicht entspr anzuwenden. Im Zw erstreckt sich daher Annahme u Ausschlag auf alle Erbteile, soweit sie schon angefallen sind u der Anfall dem Erben bekannt ist (Staud/Otte/Marotzke Rz 5). Beschränkt der Erbe bei einem einheitl BerufsGrd seine Erkl auf einen Erbteil, so ist sie in entspr Anwendg des § 1950 S 2 unwirks (hM).

5) Gestattung des Erblassers. Diese Gestattg (**III**) ist im Falle von **I** (gesetzl Gestattg) überflüssig u durch § 1950 begrenzt. Sie setzt also voraus, daß einheitl Berufg zu mehreren Erbteilen vorliegt. Nach § 1950 ist es dem Erbl nicht gestattet, hins eines Teils der Erbsch od des Erbteils eine Annahme und Ausschlag einzuräumen (str; aM Soergel/Stein Rz 7). Wenn jemand teils als Erbe, teils als NachE eingesetzt ist, ist Gestattg auch ohne bes Erwähng anzunehmen.

1952 Vererblichkeit des Ausschlagungsrechts.
I Das Recht des Erben, die Erbschaft auszuschlagen, ist vererblich.

II Stirbt der Erbe vor dem Ablaufe der Ausschlagungsfrist, so endigt die Frist nicht vor dem Ablaufe der für die Erbschaft des Erben vorgeschriebenen Ausschlagungsfrist.

III Von mehreren Erben des Erben kann jeder den seinen Erbteil entsprechenden Teil der Erbschaft ausschlagen.

Schrifttum: von Lübtow, Probleme des Erbrechts, 1967; derselbe, Die Vererblichk des Ausschlaggsrechts, JZ **69**, 502; von Ohlshausen, Konkurrenz von GüterR u ErbR bei Auflösg der ZugewGemsch bei Tod eines Eheg, 1968; ders, ZugewAusgl u Pflichtt bei ErbschAusschlag dch einen von mehreren ErbesE des überleb Eheg, FamRZ **76**, 678.

1) Das Ausschlagungsrecht ist eine nur dem Erben persönl zustehende RBefugn u daher auf Dritte nicht übertragbar. Es ist aber **vererblich,** sofern es der Erbe nicht schon dch Annahme verloren hat (§ 1943) und geht unter dieser Vorausstzg beim Tod des Erben zusammen mit der ganzen vorläufigen RPosition (BGH **44,** 152) als Bestandteil des ErbenNachl auf den ErbesE über. – Gilt entspr auch für Vermächtnis (§ 2180 III).

2) Stellung des Erbeserben. Der Erbe des Erben kann beide Erbschaften annehmen od beide ausschlagen, ebso die erste Erbschaft ausschlagen u die zweite annehmen. Dagg kann er nicht umgekehrt die zweite ausschlagen u die erste annehmen, da er die erste nur als Bestandteil der zweiten erhalten könnte (dazu von Lübtow JZ **69,** 503; s auch Brüstle BWNotZ **76,** 78). In der Annahme oder Ausschlagg der ersten liegt idR eine stillschw Annahme der zweiten Erbsch (Staud/Otte/Marotzke Rz 1; aA Soergel/Stein Rz 2, zT auch MüKo/Leipold Rz 5). – Hat der vor Ablauf der AusschlFrist verstorbene Erbe Vor- und NachE eingesetzt, so kann der VorE die Erbsch mit Wirkgg gg den NachE ausschlagen vorbehaltl seiner späteren Verantwortlichk aus §§ 2130, 2131 (s § 2112 Anm 1; Soergel/Stein Rz 3). Auch die gesetzl Erben eines VorE, denen die NachErbsch nicht zufällt, können nach Eintritt des Nacherbfalls den Anfall der Vorerbschaft an ihren Rechtsvorgänger ausschlagen, solange die AusschlFrist noch läuft (BGH **44,** 152 mAv Johannsen **LM** § 2139 Nr 2 u Bosch FamRZ **65,** 607; dazu auch die Kritik bei von Lübtow 28ff); war hier VorE die Witwe des Erbl, mit dem sie in ZugewGemsch gelebt hat, kann die zurückwirkende Ausschlag (§ 1953) dch ihre gesetzl Erben bewirken, daß diese den PflichttAnspr (§§ 2303 I 2 mit 2306 II) u den ZugewAusgleichsAnspr (§ 1371 II) der Witwe bei ihrem Ableben geerbt haben (s BGH aaO; von Lübtow aaO 33ff u auch Anm 5).

3) Ausschlagungsfrist. Wenn die Frist für den Erben schon begonnen hatte, läuft sie für den ErbesE weiter, auch wenn er vom Anfall der ersten Erbsch keine Kenntn hat. Sie endet aber nicht vor dem in **II** bestimmten Ztpkt (BayObLG NJW **53,** 1432). War der Erbe vor Fristbeginn gestorben, beginnt die Frist überh erst für den ErbesE mit seiner Kenntn von Anfall u BerufsGrd; sie endet aber auch in diesem Falle nicht vor dem Ablauf der für die Erbsch des Erben bestehenden AusschlFrist (**II**), da andernf für die Erbsch des Erbl die gedachte Ann nach § 1943 eintreten könnte. Die Frist beträgt 6 Monate, wenn der ErbesE sich im Ausland aufhielt (§ 1944 III).

4) Mehrheit von Erbeserben. Sie bilden eine gesamthänderische Unterbeteiligg an der ErbenGemsch, (für 2 verschied MitErbGemeinsch MüKo/Leipold Rz 11). **III** gibt die Möglichk einer **Teilausschlagung,** abweichd von dem Grds des § 1950. Schlägt nur der eine ErbesE seinen Anteil an der zur Erbsch des Erben gehörenden Erbsch des Erbl aus, fällt der ausgeschlagene Anteil (soweit nicht die Abkömml des Ausschlagenden nach §§ 1924 III, 2069 eintreten) den MiterbesE durch eine Art Anwachsg an; denn es ist dann in entspr Anwendg des § 1953 II so anzusehen, als wenn der ErbesE in Ansehg des nicht ausschlagenden Miterbeserben beerbt worden wäre (jetzt hM; s Soergel/Stein Rz 5). – Über die Wirkg der Ausschlag des alleinigen ErbesE s § 1953; wird das AusschlaggsR vererbt u ausgeübt, so gilt der Anfall an den Erbl des Ausschlagden als nicht erfolgt (von Lübtow JZ **69,** 503); Annahme, Ausschlag, Versäumg der AusschlaggsFr können angefochten werden (§§ 1954, 1956). – Zum Inhalt eines Erbscheins, wenn der MitE von seinem Recht aus III Gebr macht, s Schmid BWNotZ **70,** 82.

5) Sind in Zugewinngemeinschaft lebende Eheg kurz hintereinander verstorben u besteht für den Überlebenden bei seinem Tod das AusschlR nach dem zuerst Verstorbenen noch fort, kann von mehreren Erben des Überlebden jeder zu seiner Erbquote nach dem Überlebden das sich aus § 1371 ergebde WahlR ausüben u die hieraus abzuleitenden Rechte geltend machen (s Schramm BWNotZ **66,** 34); aM Olshausen (FamRZ **76,** 678/683), der annimmt, bei vererbtem AusschlaggR entstehe der Anspr auf ZugewinnAusgl u der bes PflichttAnspr des § 1371 III nur, wenn alle ErbesE die transmittierte Erbsch ausschlagen.

1953 *Wirkung der Ausschlagung.*

I Wird die Erbschaft ausgeschlagen, so gilt der Anfall an den Ausschlagenden als nicht erfolgt.

II Die Erbschaft fällt demjenigen an, welcher berufen sein würde, wenn der Ausschlagende zur Zeit des Erbfalls nicht gelebt hätte; der Anfall gilt als mit dem Erbfall erfolgt.

III Das Nachlaßgericht soll die Ausschlagung demjenigen mitteilen, welchem die Erbschaft infolge der Ausschlagung angefallen ist. Es hat die Einsicht der Erklärung jedem zu gestatten, der ein rechtliches Interesse glaubhaft macht.

1) Rückwirkung. Bei wirks Ausschlagg vor dem Anfall (§ 1946 Anm 2) erfolgt kein Anfall. Wird nach dem Anfall ausgeschlagen, so „gilt der Anfall ... als nicht erfolgt" (I). Die Ausschlag wirkt also auf den Erbfall zurück (**II**), so daß der Ausschlagende von Anfang an Nichterbe war. Der Nächstberufene muß zwar noch den Erbfall, aber nicht mehr die Ausschlag erlebt haben (RG **61,** 16).

2) Rechtsstellung des Ausschlagenden. Da er nicht Gesamtnachfolger wurde, stand ihm der Nachlaß nie zu. Seine RVerhältn zum Erbl erloschen nicht dch Konsolidation od Konfusion. Er hat auch **keinen Pflichtteilsanspruch** (s § 2303 Anm 1); Ausnahmen ergeben sich allerd aus §§ 2305, 2306 I 2 und bei ZugewinnGemsch aus § 1371 III für den Ehegatten (s § 1371 Anm 5). Ein ihm zugewendetes **Vorausvermächtnis** verbleibt ihm, sofern es nicht mit ausgeschlagen wurde und nicht unter die Bedingg der Erbschaftsannahme gestellt war.

a) Dem wirklichen Erben ggü trifft den Weggefallenen die Herausgabepflicht (§ 1953 iVm §§ 1959 I, 667, 681) u die Auskunftspflicht (§§ 1959 I, 681, 666 u 2027 II). Bei Eröffng des NachlKonkurses (KO 214 ff) kommt es für die Anfechtg von Rechtshandlgen des vorl Erben wg GläubBegünstigg (KO 30 III 2) allerd auf die Absicht des vorl Erben an (BGH NJW **69,** 1349). Gg ihn ergangene Urteile können den wirkl Erben nicht binden (BGH WM **89,** 690).

b) Im Verhältnis zu Dritten verfügte der vorl Erbe dch die Rückwirkg als **Nichtberechtigter** mit Ausn der Geschäfte, die nach § 1959 II, III wirks bleiben. Auch der **Besitz** ist beim Erbfall auf den wirkl

Erben übergegangen (§ 857). An der tatsächl Sachherrsch des vorl Erben über NachLGgstände kann sich allerd nichts mehr ändern. Insoweit muß die Besitzentzieh als gesetzl gestattet angesehen werden (§ 858 I), so daß weder verbotene Eigenmacht vorliegt noch dem wirkl Erben Sachen abhanden gekommen (§ 935) sind. Gutgläubiger Erwerb vom vorl Erben ist also nach §§ 892, 893, 932 mögl, nach §§ 2366, 2367 prakt nur bei Anfechtg der Annahme, da im Erbscheinsantrag die AnnahmeErkl liegt.

3) Anfall an den Nächstberufenen, II. Dieser gilt (rückwirkend) vom Erbfall an als Erbe, so daß die Ausschlagg keine RNachfolge iS von ZPO 265 vom „vorläufigen" zum „endgült" Erben bewirkt (BGH WM **89**, 690). Er wird nach der Vorschr der gesetzl od gewillkürten Erbfolge ermittelt, indem der Ausschlagende als beim Erbfall nicht lebend betrachtet wird. Bei Erbeinsetzg kommt zunächst ein ErsatzE (§§ 2096, 2097, 2102) zum Zuge, dessen Einsetzg sich auch aus § 2069 ergeben kann. Fehlt ein solcher, ist bei Miterben Anwachsg (§ 2094) zu beachten; greift diese nicht ein, erhalten die gesetzl Erben den frei gewordenen Erbteil (§ 2088). Der Fortfall eines eingesetzten Erben löst gesetzl Erbfolge aus. – Der Vorerbe wird bei Ausschlagg des NachE, für den kein ErsatzE bestimmt ist, zum VollE (§ 2142 II). – Bei gesetzl Erbfolge treten, sofern nicht Erhöhg von Erbteilen (§ 1935) stattfindet, an die Stelle des Ausschlagenden die in derselben Ordng Eintrittsberechtigten; sind solche nicht vorhanden, fällt das ErbR der nächsten Ordng zu (§ 1930). Die Ausschlagg des Ehegatten erhöht den Erbteil der berufenen Verwandten.

4) Die Mitteilungspflicht des Nachlaßgerichts hat den Zweck, die AusschlFrist gg der inf der Ausschl Berufenen in Lauf zu setzen; sie kann aber schon vorher beginnen, falls der Nächstberufene vom Anfall u BerufsGrd schon vor der Mitteilg Kenntn erhielt (Soergel/Stein Rz 9 zu § 1944). Aus III S 1 ergibt sich, daß das NachlG den Nächstberufenen von Amts wegen (FGG 12) und gebührenfrei (KostO 105) zu ermitteln hat. Ist der nunmehr Berufene unbekannt, ist nach §§ 1960 ff (NachlPflegsch usw) zu verfahren. Gericht der Fürsorge (FGG 74) hat Sicherungsmaßnahmen dem zuständigen NachlG mitzuteilen.

5) Einsichtsrecht. Der Begriff des rechtl Interesse (**III** S 2) – vgl auch ZPO 256 – ist enger als der des berechtigten Interesses (FGG 34; Keidel/Reichert FGG 34 Rz 13). Einsicht wird dem Nächstberufenen u den NachlGläub zu gewähren sein (Einsicht gebührenfrei).

1954

Anfechtungsfrist. **I** Ist die Annahme oder die Ausschlagung anfechtbar, so kann die Anfechtung nur binnen sechs Wochen erfolgen.

II Die Frist beginnt im Falle der Anfechtbarkeit wegen Drohung mit dem Zeitpunkt, in welchem die Zwangslage aufhört, in den übrigen Fällen mit dem Zeitpunkt, in welchem der Anfechtungsberechtigte von dem Anfechtungsgrunde Kenntnis erlangt. Auf den Lauf der Frist finden die für die Verjährung geltenden Vorschriften der §§ 203, 206, 207 entsprechende Anwendung.

III Die Frist beträgt sechs Monate, wenn der Erblasser seinen letzten Wohnsitz nur im Auslande gehabt hat oder wenn sich der Erbe bei dem Beginne der Frist im Ausland aufhält.

IV Die Anfechtung ist ausgeschlossen, wenn seit der Annahme oder der Ausschlagung dreißig Jahre verstrichen sind.

Schrifttum: Pohl, Mängel bei Erbschaftsannahme u -ausschlagg, AcP **177** (77), 52.

1) Anfechtbarkeit. Die (grdsl unwiderrufl) WillErkl des Erben, er nehme die Erbsch an bzw er schlage sie aus, ist nach den allg Bestimmgen anfechtbar (§§ 119, 120, 123) mit der Besonderh, daß der Irrt üb den BerufsGrd keine AnfErklärg erfordert (§ 1949). Die §§ 1954 bis 1957 enthalten ledigl einige Sonderregeln, ohne aber die AnfGründe zu erweitern, so daß §§ 2078, 2079 nicht gelten. – Hat ein **Vertreter** die Erbsch für den Erben angenommen, kommt es für die Frage, ob die AnnahmeErkl von Willensmängeln beeinflußt war, allein auf die Person des Vertreters an (§ 166 I). Ein zZ der Annahme noch minderj Erbe kann also nach Volljährigk nur anfechten, wenn sein gesetzl Vertreter bei Erkl der Annahme einem nach §§ 119, 123 beachtl WillMangel unterlegen war (LG Kblz FamRZ **68**, 656).

a) Erklärungsirrtum. Ein Irrt in der ErklHandlg (§ 119 I Alt 2) ist hier selten. In Betr kommt vor allem ein Inhaltsirrtum (§ 119 I Alt 1), bei dem äußerer Tatbestand u Wille übereinstimmen, der Erklärende sich jedoch üb Bedeutg u Tragweite seiner Erkl irrt (s § 119 Anm 5). Bei ausdrückl Erkl der Annahme liegt allerd nur ein unbeachtl RIrrtum und kein Auseinanderfallen von Wille u Erkl vor, wenn dem Annehmenden die Möglichk der Ausschlagg nicht bekannt war, weil trotz dieser Unkenntn wirkl u erklärter Wille auf Annahme gerichtet waren u übereinstimmen (BayObLG **87**, 356). Bei Annahme dch schlüss Verhalten kann dagg ein Inhaltsirrtum in Betr kommen, wenn der Erbe weder weiß noch will, daß er mit seiner auf etwas anderes als die Annahme gerichteten ausdrückl Erkl auch das Recht zur Ausschlagg verliert (BayObLG aaO). Anders als bei der ausdrückl Annahme wird hier seinem Verhalten dch dessen Auslegg als Annahme eine zusätzl RFolge beigemessen, obwohl es (etwa bei Veräußerg eines NachlGgstands) auf and RFolgen ausgerichtet war. Deshalb liegt ein beachtl Irrtum über die RFolgen (§ 119 Anm 5d) vor, wenn ihm die Möglichk der Ausschlagg völlig unbekannt war u er daher nicht wußte, daß er dch sein Verhalten zugleich die Erbsch angenommen hat (BayObLG **83**, 153), ihm also tatsächl der Annahmewille fehlte (s auch Soergel/Stein Rd 2; MüKo/Leipold Rz 5). – Unbeachtlicher **Motivirrtum** ist allerd bei der Ausschlagg der Irrt über die Person des Nächstberufenen (KG JFG **17**, 70; hM); nimmt der Ausschlagende allerd irrig an, seine Erkl führe zum unmittelb Übergang seines Erbteils auf einen MitE, liegt InhaltsIrrt vor (KG aaO; Pohl aaO 74); dies gilt aber nicht auch für den Irrt, RFolge sei der Anfall der Erbsch bei einem bestimmten Dritten (RGRK Rz 1; Staud/Otte/Marotzke Rz 4; Soergel/Stein Rz 2; aA KGJ 35 A 67; Pohl aaO). Irrt im Beweggrund sind auch der Irrt über die Zahlg des Entgelts für die Ausschlagg od die Wirksamk des Entgeltsversprechens; über den Umfang von Beschränkgen od über Beschwergen (Ausn in § 2308 I für pflichtberecht Erben iF des § 2306); über die Höhe der ErbschSteuer; den Bestand von LA-Anspr (KG NJW **69**, 191); über die pflichtteils- od güterrechtl Folgen der Ausschlagg (Schwab JuS **65**, 437; s aber auch Hamm OLGZ **82**, 47).

b) Eigenschaftsirrtum (§ 119 II). Verkehrswesentl Eigensch ist die **Überschuldung des Nachlasses**, so daß die kausale u obj erhebl Fehlvorstellg die Anfechtg begründet (RG **158**, 50; BayObLG **83**, 9/11 mN); ebso Irrt üb die Zusammensetzg des Nachl (RGRK Rz 4); die Belastg des Nachl mit wesentl, in ihrem rechtl Bestand ungeklärten Verbindlichk jedenf dann, wenn der Irrtum ein Vermächtn betrifft, das den Pflichtt des Erben gefährdet (BGH WM **89**, 960). Dagg begründet es die Anfechtg **nicht**, wenn die von Anfang an bekannten Vermögensstücke u Verbindlichkeiten nachträgl nur anders bewertet wurden (§ 119 Anm 7a) od wenn bei Ermittlg des Wertes ein Irrtum unterlaufen ist (Lücke JuS **78**, 254/256) od wenn die Überschuldg erst nach der Ausschlagg durch Erlaß einer Schuld, Verjährg der NachlVerbindlk wegfällt (LG Bln NJW **75**, 2104). Im Irrtum über den **quotenmäßigen Anteil** am GesamtNachl (zB ⅓ statt ⅙) kann ein Irrtum üb eine verkehrswesentl Eigensch des Erbanteils iS des § 119 II erblickt werden (Hamm NJW **66**, 1080); anders bei Irrtum über den Wert des Anteils; auch nicht bei dem Bewertg einzelner NachlGgstde (§ 119 Anm 6c). – Der pflichtberecht VorE kann seine AusschlaggsErkl nicht nach § 119 anfechten, wenn der NachE entgg der Erwartg des VorE auch ausschlägt statt annimmt (Stgt OLGZ **83**, 304).

c) Weitere Anfechtungsfälle s REG Art 79 *(AmZ)*, Art. 66 *(BrZ)*, Art 68 *(Berlin)*; vgl hierzu BGH **LM** Nr 1 zu REG 66 *(BrZ)*.

d) Gläubigeranfechtung der Ausschlagg innerh od außerh des Konkurses ist ausgeschlossen (Erman/Schlüter § 1945 Rz 2).

e) Bewußte Willensmängel: anwendb sind §§ 116 S 2, 117, 118 (s Pohl 61 ff).

f) Die guten Sitten (§ 138) können bei ErbschAnnahme bzw -Ausschlagg nicht verletzt werden (s Pohl 65 ff).

2) Die Anfechtungsfrist wird im wesentl wie die Ausschlaggsfrist (§ 1944) behandelt. Die Frist beginnt bei argl Täuschg u Irrt mit Kenntn vom AnfechtgsGrd, bei Drohg mit Aufhören der Zwangslage; bei Irrt wird die Frist mit Kenntn der die Anfechtg begründenden Tatsachen in Lauf gesetzt; über das AnfechtgsR als solches muß der Anfechtende nicht unterrichtet sein (Hamm OLGZ **85**, 286). Die Länge der Frist entspricht der Ausschlaggsfrist; bei der IrrtAnf muß also nicht unverzügl (§ 121) angefochten werden (Soergel/Stein Rz 8). Die Bezugnahme auf § 207 **(II 2)** hat für den ErbesE Bedeutg, wenn der Erbe vor Anfechtg gestorben war, denn das AnfechtgsR gehört zum Nachlaß.

3) Anfechtungsberechtigt ist **nur** der Erbe oder ErbesE, auch bei GütGemsch (§§ 1432 Anm 1, 1455 Nr 1); bei gemschaftl Gesamtgutverwaltg können auch beide Eheg gemeins anfechten (§ 1450). Dagg **nicht** der Gläub (vgl § 517; RG **54**, 289), der TestVollstr od NachlVerw, der KonkVerw (KO **9**), der NachlPfleger (Staud/Otte/Marotzke Rz 13; vgl auch § 1943 Anm 1c). Über vormundschaftsgerichtl Genehmigg s § 1643 Anm 2c; RG **143**, 419. Gebühr: KostO § 112 I Nr 2.

4) Anfechtungswirkung. Die über § 142 I (Nichtigk) hinausgehende Wirkg der Anfechtg zeigt sich in § 1957 I. Auch ist nach § 122 der etwaige Vertrauensschaden zu ersetzen (zB Prozeßkosten des NachlGläub in einem nach der Ann – § 1958 – angestrengten, durch die Anfechtg erledigten RStreit).

1955 *Form der Anfechtung.* Die Anfechtung der Annahme oder der Ausschlagung erfolgt durch Erklärung gegenüber dem Nachlaßgerichte. Für die Erklärung gelten die Vorschriften des § 1945.

1) Anfechtungserklärung. Obwohl AnfGegner (s § 143 I, III, IV) der Nächstberufene ist, dem nun die Erbsch zufällt od entzogen wird, ist die ihm ggü erfolgte Anfechtg wirkslos. Sie muß **gegenüber dem Nachlaßgericht** erfolgen, da ihre Wirkg nicht nur den Adressaten der AnnahmeErkl, sond alle Beteiligten betrifft. Es handelt sich also um eine amtsempfangsbedürft Erkl, deren Inhalt notf dch Auslegg zu ermitteln ist (BayObLG **83**, 153). Über die **Form** der Erkl s § 1945 I, II, § 1945 Anm 3. Für die Erkl des Bevollmächtigten gilt § 1945 III. MitteilgsPfl des NachlG § 1957 II. Gebühren: KostO 112 I Nr 2 mit § 38 III; § 115.

2) Unwiderruflich ist die erkl Anfechtg der Annahme od Ausschlagg. Die Erkl kann jedoch wg Irrtum **angefochten** werden; diese muß unverzügl erklärt werden (BayObLG **80**, 23; Staud/Dilcher § 142 Rz 13).

1956 *Anfechtung der Fristversäumung.* Die Versäumung der Ausschlagungsfrist kann in gleicher Weise wie die Annahme angefochten werden.

1) Die Anfechtung der Versäumg der Ausschlaggsfrist (§ 1944) wäre als bloßes Verstreichenlassen einer Frist mangels einer WillErkl an sich nicht mögl. Deshalb wird die Versäumg dch § 1956 für anfechtbar erklärt, um gg dieses als Kundgebg eines Willens des Erben angesehene Verhalten den Weg der Anfechtg zu eröffnen, die wie bei der Anfechtg der allg Bestimmungen erfolgt (§§ 119; 120; 123; § 1954 Anm 1). Die in der Fristversäumn liegende Annahme kann also nicht nur bei wissentl Unterlassg der Ausschlagg, sond auch dann wg Irrt angefochten werden, wenn der als Erbe Berufene die Erbsch in Wirklichk nicht hat annehmen wollen, sond die Frist nur versäumt hat, weil er über ihr Bestehen, ihren Lauf oder die RFolgen ihres Ablaufs in Unkenntn gewesen ist od geglaubt zu haben, wirks ausgeschlagen zu haben (RG **143**, 419; Hamm OLGZ **85**, 286; BayObLG RhNK **79**, 159). Hierher gehört somit auch die irrtüml Annahme des Erben, Schweigen sei Ausschlagg; ferner die mangelnde Kenntn des neuen gesetzl Vertreters (§ 1944 Anm 3) od die Unkenntn des gesetzl Vertreters von der GenehmiggsBedürftigk der Ausschlagg (BayObLG **83**, 9; s § 1945 Anm 2); od es stellt sich nach Fristablauf heraus, daß die Ausschlagg (zB wg Verstoß gg §§ 1947–1951) unwirks war. Ein Irrtum über den NachlBestand (EigenschIrrt) wird mangels Ursächlichk die Anfechtg nicht begründen können (Stein Rpfleger **85**, 149 in Anm zu Bonn Rpfleger **85**, 148). Die Versäumg der AusschlFrist kann bei der Erbsch nach einem vor dem 1. 4. 52 Verstorbenen nicht wg Irrt über das Bestehen von LastenAusgl Anspr angefochten werden, denn diese gehören nicht zu dessen Nachl, sond entstehen in der Person des Erben (KG NJW **69**, 191). – Die erforderl **Ursächlichkeit** ist gegeben, wenn der Irrende bei Kenntn der Sachlage u verständiger Würdigg des Falles (§ 119 Anm 8; zu letzterem aber Stein aaO) die Erbsch ausgeschlagen hätte, wären ihm die Konsequenzen des Fristablaufs bekannt gewesen. – Leichtfertigen od böswilligen AnfErkl ist auch hier dch §§ 119 I (Schlußhalbs), 122 eine wirksame Schranke gesetzt.

2) **Frist, Form** und **Wirkung** sind die gleichen wie bei Anfechtg der Annahme (§§ 1954, 1955, 1957). Wiederholte Ausschlag ist uU Anfechtg der Versäumg der AusschlFrist (Mü DFG **42**, 21). – Eine für die Ausschlag etwa erforderliche vormundschaftsgerichtl Genehmigg deckt auch die Anfechtg der Ausschlaggsversäumg. – Gebühr s § 1955 Anm 1.

1957 *Wirkung der Anfechtung.* [I] Die Anfechtung der Annahme gilt als Ausschlagung, die Anfechtung der Ausschlagung gilt als Annahme.

[II] Das Nachlaßgericht soll die Anfechtung der Ausschlagung demjenigen mitteilen, welchem die Erbschaft infolge der Ausschlagung angefallen war. Die Vorschrift des § 1953 Abs. 3 Satz 2 findet Anwendung

1) **Wirkung, I.** Über die Nichtigk der angefochtenen Erkl (§ 142 I) hinaus tritt zugleich die jeweils gegenteilige Wirkg dch die gesetzl Fiktion sofort ein. Damit soll zur Vermeidg von Unklarheiten der Eintritt eines nochmaligen Schwebezustandes vermieden werden. Diese Wirkg tritt auch bei Anfechtg der Fristversäumnis ein (§ 1956). – § 1957 gilt auch, wenn ein NachE vor Eintritt des NachEFalls die Ann der Nacherbsch anficht (BayObLG **62**, 239).

2) **Rechtsfolgen.** Zum **Schadensersatz** verpflichtet (§ 122) ist der Anfechtende einem **Dritten,** dem im Vertrauen auf die Gültgk der Annahme od Ausschlag ein Schaden entstanden ist (s aber MüKo/Leipold Rz 4). – Der seine Ausschlag anfechtde Erbe kann gg den etwaigen ErbschBesitzer nach § 2018 vorgehen (Staud/Otte/Marotzke Rz 3; aA Soergel/Stein Rz 2).

1958 *Keine passive Prozeßführungsbefugnis vor der Annahme.* Vor der Annahme der Erbschaft kann ein Anspruch, der sich gegen den Nachlaß richtet, nicht gegen den Erben gerichtlich geltend gemacht werden.

1) **Schutz bei Passivprozessen.** Solange der vorl Erbe weder angenommen noch ausgeschlagen hat und Zeit zur Prüfg des Nachl haben soll, ist er **prozessual** geschützt: In diesem Zeitraum fehlt ihm als Beklagtem einer Leistgs-, Feststellgs-, Gestaltgs- od Widerklage die **Prozeßführungsbefugnis** (Soergel/Stein Rz 2 mN; hM; aA RG **60**, 179: Passivlegitimation). Dies ist vAw zu beachten. Zur Fortsetzg eines dch Tod des Erbl unterbrochenen Prozesses ist er nicht verpflichtet (ZPO 239 V) u ohne Annahme auch nicht berechtigt. Für die Klage eines NachlGläubigers gg den Erben ist also die Annahme eine vAw zu berücksichtigende ProzeßVoraussetzg, die vom Kläger schlüssig behauptet werden muß; läßt sie sich nicht feststellen, erfolgt Abweisg als unzulässig. Wer dch Ausschlag od Anfechtg der Annahme nicht Erbe geworden ist, bedarf des prozessualen Schutzes nicht; Klagen gg ihn sind mangels mat Verpflichtg unbegründet. – Ebenso ist in dieser Zeit die **Zwangsvollstreckung** wg NachlVerbindlichk (§ 1967 II) nur in den Nachl, wg Eigenverbindlichk des Erben nur in dessen Vermögen zul, ZPO 778, 779 (dazu LG Dortm NJW **73**, 374), ZPO 928 (s Noack JR **68**, 8; Brox § 22 VII 1). Ein vollstreckb Titel wg einer NachlVerbindlichk kann nicht gg den Erben erwirkt od umgeschrieben werden (ZPO 727). – Auch eine Sicherg des Anspruchs dch **Arrest** od **einstweilige Verfügung** ist gg ihn nicht zul (RG **60**, 179); einstweil Maßnahmen zum Schutz absoluter Rechte, wie sie ggü jedem Dritten, der das Recht zu achten hätte, zuläss wären, sind aber nicht ausgeschlossen (Staud/Otte/Marotzke Rz 4). – Einlass gg Passivprozesse, Führg von **Aktivprozessen** od Aufnahme durch den vorl Erben gelten idR als Ann der Erbsch (vgl § 1943 Anm 1b). – § 1958 gilt auch im Verfahren der FreiwGerichtsbark (Staud/Otte/Marotzke Rz 9; Josef ZZP **44**, 478). – SonderVorschr für **Fiskus,** der ja nicht ausschlagen kann, ist § 1966.

2) **Ausnahmen.** § 1958 gilt nicht bei TestVollstrg (§ 2213 II) u NachlPflegsch (§ 1960 III). Ein Gläub, der vor der Ann vorgehen will, muß also nach § 1961 NachlPflegsch beantragen. Vgl auch § 2017, ZPO 779 II. Andererseits hindert die NachlPflegsch Vfgen des vorl Erben nach § 1959 nicht. Dieser kann auch NachlVerwaltg (§§ 1975, 1981, 1984 I) beantragen, str; dazu wird es aber vor Ann der Erbsch wohl kaum kommen. Auch NachlKonk u Antr auf VerglVerf sind schon vor der Annahme zulässig (KO 216, VerglO 113 I Nr 2).

3) **Außergerichtliche Geltendmachung** (Mahng, Künd, Anfechtg, Genehmigg, Rücktr, Aufrechng, Zurückbehaltg) gg den vorl Erben ist dem Gläub nicht verwehrt u bleibt ggü dem endgültigen Erben wirks (§ 1959 III). Der Erbe gerät aber nicht in Verzug (§ 285), wenn er die ihm ggü währd der Schwebezeit geltd gemachte Fdg des NachlGläub unbefriedt läßt od vorzeitiges Erfüllserbieten ablehnt (RG **79**, 203); anders bei § 2014. Die **Aufrechnung** gg aus Eigenvermögen des vorl Erben gehörige Fdg ist in ihrer Wirkg aber davon abhängig, daß der Erbe nicht ausschlägt; nur wenn die eine Fdg sich gg den Nachl richtet u die andere zum Nachl gehört, gilt § 1959 III (Staud/Otte/Marotzke Rz 6). – Die **Verjährung** ist gehemmt (§ 207). Eine **Inventarfrist** beginnt nicht vor der Annahme (§ 1995 II).

4) **Nach der Annahme** greifen §§ 1967 ff, 2014 ff ein. Auch der endgültige Erbe ist noch durch aufschiebende Einreden geschützt.

5) **Für den Erbersatzanspruch** gilt § 1958 auch.

1959 **Geschäftsführung vor der Ausschlagung.** ¹ Besorgt der Erbe vor der Ausschlagung erbschaftliche Geschäfte, so ist er demjenigen gegenüber, welcher Erbe wird, wie ein Geschäftsführer ohne Auftrag berechtigt und verpflichtet.

II Verfügt der Erbe vor der Ausschlagung über einen Nachlaßgegenstand, so wird die Wirksamkeit der Verfügung durch die Ausschlagung nicht berührt, wenn die Verfügung nicht ohne Nachteil für den Nachlaß verschoben werden konnte.

III Ein Rechtsgeschäft, das gegenüber dem Erben als solchem vorgenommen werden muß, bleibt, wenn es vor der Ausschlagung dem Ausschlagenden gegenüber vorgenommen wird, auch nach der Ausschlagung wirksam.

1) Allgemeines. Der Erbe ist vor Annahme der Erbsch zur NachlFürs nicht verpflichtet; dies ist notf Aufgabe des NachlG (§ 1960). Wird der vorl Erbe aber (ohne AnnWillen) tätig und erklärt er später wirks aus od ficht er an (§ 1957 I), hat er dem Nachl ggü wie eine Art Treuhänder und „demjenigen gegenüber, welcher Erbe wird", wie ein auftragloser GeschFührer gehandelt u ist verpflichtet, weiter tätig zu sein (§ 677). Das G spricht hier nur von Geschäften vor der Ausschlagg, nicht von solchen vor der Annahme od Anfechtg der Ausschlagg. In letzterem Fall gelten auch für die wirkl Erben im NachlKonkurs od bei NachlVerwaltg Besonderheiten (§ 1978 I 2, III). Der Ausschlagende muß nach III zum Erben berufen gewesen sein. Ein Dritter haftet als ErbschBesitzer (§§ 2018 ff).

2) Geschäftsführung ohne Auftrag (§§ 677 ff). Der vorl Erbe hat die Interessen des endgültigen Erben zu wahren u dessen mutmaßl Willen zu berücksichtigen (s Celle MDR **70**, 1012), seinen wirkl Willen, wenn er ihn schon kennt (zB den eines für den Ausschlaggsfall berufenen Ersatzerben, der bereits im voraus angen hat). Geschäfte des Ausschlagdenn (zB Besorgg der Bestattg, § 1968) und daraus erwachsenen ErsAnspr (§ 683) belasten den endgült Erben als NachlVerbindlichk (§ 1967 II); im NachlKonk Masseschuld (KO 224 Nr 6). Bei einer vom Erbl genommenen Versicherg ist aber der die Erbsch später ausschlage vorl Erbe als solcher nicht Repräsentant des VersNehmer (BGH **LM** § 61 VVG Nr 2). Andererseits haftet der Ausschlagde dem Erben auf Herausg des Erlangten (§§ 681 S 2, 667). Ist er schuldh Verletzg seiner Pfl zur Interessenwahrg haftet er dem endgült Erben; dieser Anspr gehört zum Nachl (Celle aaO).

3) Unaufschiebbare Verfügungen des Ausschlagenden bleiben trotz späterer Ausschlagg wirksam **(II)**. Ob eine Vfg ohne Nachteil für den Nachl verschoben werden kann, ist obj u wirtschaftl zu beurteilen (MüKo/Leipold Rz 6). **Verfügung** ist jedes RGesch, dch das unmittelbar auf ein zum Nachl gehördenden R eingewirkt wird (s Übbl 3 d vor § 104), wie zB die Annahme von Zahlgen, sonstiger Leistgen zwecks Erfüllg einer NachlFdg dch den NachlSchuldner bei Dringlichk, Zahlg der Beerdiggskosten aus Nachl-Mitteln, Veräußerg verderblicher Waren usw. Das schuldrechtl Verpflichtungsgeschäft wird von II dagg nicht erfaßt (hM; aA Bertzel AcP **158**, 107). – Die Vfg über fremde, nicht zum Nachl gehördende Ggstände, über einen Erbteil (Erman/Schlüter Rz 4) u die Prozeßführg, die eine VerwHdlg, aber keine Vfg ist, gehören nicht hierher. Aktive Prozeßführ (s dazu Staud/Otte/Marotzke Rz 21–23) des vorl Erben begründet also keine Rechtskr ggü dem endgültigen Erben (RGRK Rz 2). Nicht eilige Verfügungen sind an sich unwirks, können jedoch durch gutgl Erwerb (§§ 932 ff, 154/155; auch §§ 892, 893, wenn vorl Erbe bereits inf Annahme ins Grdbuch eingetragen war, die Annahme aber angefochten hat) oder Genehmigg des endgültigen Erben (§ 185 II) wirks werden (s Staud/Otte/Marotzke Rz 13–15).

4) Die einseitigen, empfangsbedürftigen Rechtsgeschäfte (III), die ggü dem Erben vorgenommen werden müssen u ggü dem vorl Erben vorgenommen wurden, bleiben auch ggü dem endgült Erben wirks. Eine dem Ausschlagenden ggü erfolgte Geltendmach einer Fdg gg den Nachl wahrt zB die Frist des § 1974 I. Sie sind ggü dem vorl Erben auch dann vorzunehmen, wenn Konk über sein Vermögen eröffnet ist, da der Nachl vor Ann nicht zur KonkMasse gehört (RGRK Rz 14; auch Celle OLG **30**, 207). Bei NachlKonk finden I u II keine Anwendg.

1960 **Sicherung des Nachlasses; Nachlaßpfleger.** ¹ Bis zur Annahme der Erbschaft hat das Nachlaßgericht für die Sicherung des Nachlasses zu sorgen, soweit ein Bedürfnis besteht. Das gleiche gilt, wenn der Erbe unbekannt oder wenn ungewiß ist, ob er die Erbschaft angenommen hat.

II Das Nachlaßgericht kann insbesondere die Anlegung von Siegeln, die Hinterlegung von Geld, Wertpapieren und Kostbarkeiten sowie die Aufnahme eines Nachlaßverzeichnisses anordnen und für denjenigen, welcher Erbe wird, einen Pfleger (Nachlaßpfleger) bestellen.

III Die Vorschrift des § 1958 findet auf den Nachlaßpfleger keine Anwendung.

Schrifttum: Möhring, Vermögensverwaltg in Vormdsch- u NachlSachen, 6. Aufl 1981; Jochum/Pohl, Pflegschaft: Vormundschaft u Nachlaß, 1989.

1) Gerichtliche Nachlaßsicherung ist nur veranlaßt, wenn nach dem Erbfall die Person des an sich für den Nachl verantwortl Erben (od seine ErbschAnnahme) ungewiß bleibt, aber ein aktuelles Bedürfn für eine alsbaldige Sicherg des Nachl besteht. Das Gericht ist dann verpflichtet, vorübergehend vAw für die Sicherg zu sorgen; ein Ermessen hat es nur bei der Auswahl der Mittel (**II;** s Anm 3). In and Fällen obliegt die Besorgg aller sich aus der Erbsch ergebenden Angelegenh allein den Erben. Hat das Gericht bezügl ihrer Existenz, Identität u Erbberechtigg sowie der ErbschAnnahme keine Zweifel, kommen Maßnahmen der staatl Fürsorge selbst dann nicht in Betr, wenn ein entspr Bedürfn bestünde, etwa weil die Erben zerstritten sind (Zweibr Rpfleger **86**, 433). – Liegen die Voraussetzgen des § 1960 nur hinsichtl eines **Erbteils** vor, ist die Anordng zB einer NachlPflegsch auch nur hinsichtl dieses Erbteils zulässig; auch ein zum Nachl gehörendes Mietshaus rechtfertigt dann keine Ausdehng auf den ganzen Nachl, zumal der Pfleger keine weiteren Befugn erhalten kann als der von ihm vertretene unbekannte MitE (Köln FamRZ **89**, 435).

a) Zuständig ist das NachlG (§ 1962), aber auch jedes AG, in dessen Bezirk ein Fürsorgebedürfn hervortritt (FGG 74). Auch zur Sicherg des inländ Nachl eines **ausländischen** Erbl ist das dtsche Gericht bei entspr Bedürfnis befugt (s EG 25 Anm 4a), sogar wenn ein zuständ deutsches NachlG als solches fehlt (BGH FamRZ **68**, 26). Ob ein Bedürfn besteht u welche Maßnahme geboten ist, bestimmt sich nach dtschem Recht. Eine NachlPflegsch kann also auch dann angeordnet werden, wenn das für die Beerbg maßgebl ausländ Recht eine solche nicht kennt (BGH **49**, 1). Sogar über die NachlSicherg hinaus ist eine Notzuständigk in Anwendg von FGG 74 zu bejahen, wenn ein Fürsorgebedürfn für NachlGläub od NachlBerecht besteht (BGH NJW **76**, 481; BayObLG **65**, 413). – Zur Fürsorge dch Konsularbeamte s KonsG 9.

b) Gerichtsgebühren regeln KostO 104; 106. Die Kosten treffen den Erben (KostO 6). Im NachlKonkurs sind sie Masseschulden (KO 224 Nr 4). – Zur Vergütung eines NachlPflegers s Anm 4f.

2) Voraussetzungen sind Bedürfn und unbekannter Erbe bzw ungewisse Annahme (sie können landesrechtl auch anders bestimmt werden, EG 140 mit Anm 1). Ob sie vorliegen, beurteilt das NachlG von seinem Standpkt aus nach pflichtgem Ermessen (Köln OLGZ **89**, 144; 547; BayObLG Rpfleger **75**, 47; KG OLGZ **71**, 210); die Anordng notwendiger Fürsorgemaßn kann nach dem Zweck der Vorsch nicht von der vorherigen Dchführg umfangreicher u zeitraubender Ermittlgen abhängig gemacht werden (Köln aaO).

a) Bedürfnis (I 1). Ob der Nachl zur Erhaltg u Sicherg der Fürsorge bedarf, beurteilt sich nach dem Interesse des endgült Erben (nicht der NachlGläub, die sich üb §§ 1961, 1981 II schützen können). Es fehlt, wenn eine an sich erforderl Sicherg auf einfachere Weise zu erlangen ist (etwa dch einstw Vfg, ZPO 938), wenn ein TV den Nachl verwaltet (KG OLGZ **73**, 106) od NachlVerwaltg angeordnet wurde (s Anm 4g). Es kann auch fehlen, wenn die dringl NachlAngelegenh bereits von einer dch ErblVollm handlungsfähigen Person erledigt werden (zB einem vertrauenswürd Ehegatten) u mißbräuchl and Vfgen nach der Zusammensetzg des Nachl vor ErbSchErteilg ausgeschlossen sind.

b) Unbekannter Erbe (I 2). Die Person des (der) Erben kann aus tatsächl od aus rechtl Gründen unbekannt sein. Sie ist es insbesond auch dann, wenn zwar alle in Betr kommenden Personen bekannt sind, das NachlG sich aber nicht ohne umfängl Ermittlgen davon überzeugen kann, wer von ihnen der wahre Erbe ist (Köln FamRZ **89**, 435): zB bei erhebl, nicht sofort entkräftbaren Zweifeln an der Testierfähigk des Erbl; Streit üb die Gültigk eines Test (BayObLG **60**, 405; KGJ **45** A 106); wenn das nichtehel Kind als einziger Erbe seines Vaters in Betr kommt, ohne daß beim Erbfall die Vatersch schon festgestellt ist (Stgt NJW **75**, 880); wenn gg die Erbeinsetzg einer fremden Person beachtl UnwirksamkGründe nach § 138 sprechen (s § 1937 Anm 5). Unbekannt kann der Erbe ferner sein im Fall, daß er erst gezeugt, aber noch nicht geboren ist (§ 1923 II); falls er verschollen ist u weder eine Lebens- noch TodesVermutg (VerschG 10; 9) besteht (Wuppert RhNK **74**, 260), so daß keine AbwesenhPflegsch angeordnet werden kann. Ist die Person des Erben, nur sein Aufenth bekannt, kommt nur AbwesenhPflegsch (§ 1911) in Betr. – Um den Erben iS von § 1960 als **bekannt** anzusehen, ist nicht letzte Gewißh erforderl. Für das NachlG ist ausreichend, wenn es mit hoher Wahrscheinlichk davon auszugehen hat, daß eine bestimmte Person Erbe geworden ist (Köln aaO), etwa weil nur bloße Zweifel an der Erbberechtigg bestehen (Stgt BWNotZ **78**, 163); wenn die Erbfolge bereits sehr wahrscheinl ist; wenn TestAnfechtg od Erbunwürdigk als mögl bezeichnet wird, ohne daß Anfechtg erfolgt od Klage erhoben ist (KG Recht **29** Nr 2004); wenn ErbSchVerf noch nicht abgeschlossen ist, aber Erbe (VE u NE) schon feststeht (s Oldbg Rpfleger **66**, 18). – Ist gegen den im ErbSch ausgewiesenen Erben ein Prozeß auf Herausg des ErbSch anhängig, hat das NachlG als Vorfrage für die Anordg der NachlPflegsch zu prüfen, ob seine Überzeugg von der Richtigk dieses ErbSch erschüttert ist (BayObLG **60**, 405). Durch ErbSchEinzieh kann der Erbe unbekannt werden (BayObLG **62**, 307); uU kann auch schon vor Einzieh des ErbSch eine NachlPflegsch erforderl sein (BayObLG **60**, 407). S auch § 1961 Anm 2. – Die **ungewisse Annahme** ist der ungewissen üb die Person gleichgestellt. Sie besteht, wenn der bekannte Erbe die Erbsch entw noch nicht angenommen hat (**I** 1) od seine Annahme ungewiß ist (**I** 2). Dies kann zB bei Zweifeln üb die Berechng der Ausschlaggsfrist (§ 1944) der Fall sein; od bei Anfechtg der Annahme; bei Unklarh, ob eine Handlg des vorläufigen Erben nur als Sicherungsmaßn od als Annahme zu werten ist.

c) Fehlt eine dieser beiden materiell-rechtl Voraussetzgn, ist die getroffene gerichtl Maßnahme nicht nichtig, aber aufzuheben. Bis zur Aufhebg ist eine angeordnete Pflegsch wirks (BGH **49**, 1). Im ErbSchVerfahren wird folglich das Vorliegen der Voraussetzgen des § 1960 nicht überprüft.

3) Fürsorgemaßnahmen. Das NachlG ist in der Auswahl der Sicherungsmittel frei, muß sich aber stets von den vermögensrechtl Interessen des endgült Erben bezügl Sicherg u Erhaltg des Nachl leiten lassen. Die Art der Fürsorge im einzelnen ist also seinem pflichtgemäß Ermessen überlassen; die in II aufgeführten Maßnahmen sind nur Beispiele („kann insbesondere"). Es können auch Ermittlgen über die Erben, über den NachlBestand (Celle FamRZ **59**, 33), über die Frage der Annahme, das Vorhandensein von Vfgen vTw usw nach FGG 12 in Betr kommen (RG **69**, 271). Auch § 1846 ist anwendb (§ 1915 I; s § 1962 Anm 1a). Sofern nicht eine NachlPflegsch anzuordnen ist (dazu Anm 4), kommen zB in Betr: Anstellg eines Hauswächters. – Anordg des Verkaufs verderbl Sachen. – Sperrg von Konten (KG Rpfleger **82**, 184); dabei sind aber (ohne überspannte PrüfgsPflicht) Rechte Dritter zu wahren (KG OLGZ **83**, 398). – Anordng, den erteilten ErbSch zu hinterlegen (Stgt aaO; s auch BayObLG **18** B, 129). – Wegen Siegelg vgl das LandesR, zB Bay AGGVG 36; *BaWü* 1. VVLFGG 9 und AV u 30. 6. 75 (Just 201). – Wg Hinterlegg s HintO vom 10. 3. 37 (RGBl 285), dazu RPflG 30, 38 II. – Über Sicherungsmaßnahmen beim Ableben des Bediensteten einer öff Behörde vgl *Preuß* FGG 20, *Hess* FGG v 12. 4. 54 (GVBl 59) Art 23. – Auf das NachlVerzeichn (in § 1993 „Inventar" genannt) finden §§ 2001, 2010 Anwendg (vgl auch §§ 2012, 2017), jedoch nicht die der Fristwahrg dienenden §§ 2002, 2003, 2009 (s Staud/Otte/Marotzke Rz 21). – Die **Beschwerdeberechti-**

gung gg die Weigerg des NachlG, eine SichergsAnordng aufzuheben, bestimmt sich nach FGG 20 I (KG Rpfleger **82**, 184).

4) Nachlaßpflegschaft (II) ist die wichtigste Sichergsmaßnahme des NachlG. Rechtl ist sie eine Unterart der Pflegsch (FGG 75 S 1), so daß gem § 1915 I die Vorschr über die Vormsch Anwendg finden, soweit sich nicht daraus etwas anderes ergibt, daß sie einen Nachl betrifft u der Pflegling regelm unbekannt ist. Die Pflegsch wird angeordnet „für denjenigen, welcher Erbe wird", ist also PersonenPflegsch. Eine TeilPflegsch ist veranlaßt, wenn nur ein Teil der Erben unbekannt ist od ihre Erbquote nicht feststeht (KG NJW **71**, 565; s Anm 1). – Der vorläufige Erbe wird dch die Anordng einer Pflegsch nicht in seiner VfgsFähigk beschränkt (s § 1959). Widersprechen sich seine Maßnahmen u die des Pflegers u erweist er sich schließl als der wirkl Erbe, bleibt die früher erfolgte Vfg wirksam. – Über Anordng einer Pflegsch für **unbekannte Beteiligte** nach § **1913**, wenn kein Sichergsbedürfn hins des Nachl besteht, s LG Düss DNotZ **63**, 564; auch Staud/Otte/Marotzke Rz 25. – Zur Wahrg der Rechte eines **unbekannten Nacherben**, zB wenn mehrere Personen in Frage kommen, aber noch ungewiß ist, wer NachE sein wird, kann ein Pfleger gem §§ 1913, 1960 bestellt werden (BGH RdL **68**, 97; s auch KG OLGZ **72**, 83). Über Pflegerbestellg für die unbek Erben eines GmbH-Gesellschafters s Schmitz Rdsch-GmbH **71**, 226/227.

a) Zweck. Die NachlPflegsch dient nicht (wie die konkursähnl NachlVerw) der Beschränkg der Erbenhaftg u regelm nicht der Befriedigg der NachlGläub, auch nicht (wie die TestVollstrg) der Ausführg des letzten Willens des Erbl. Vielm ist sie eine Sicherungsmaßnahme im Interesse der Erben u als solche auf die **Ermittlung** der unbekannten **Erben** (s KG NJW **71**, 565) und die **Sicherung** und **Erhaltung** des **Nachlasses** bis zur Annahme der Erbsch (BGH LM Nr 1; Köln FamRZ **67**, 59) gerichtet, sofern sie nicht nur auf eine Einzelaufgabe beschränkt wird. Die Ermittlg des Erben ist allerd dann nicht Aufgabe des Pflegers (sond des Gerichts), wenn die Erbberechtigte nur zwischen zwei Erbprätendenten streitig ist (Köln FamRZ **89**, 435). Was innerh einer der Erhaltg u Sicherg des Nachl dienenden Verwaltg zu tun ist, ist weitgehd eine Frage der Zweckmäßigk (s Anm d). UU kann der NachlPfleger auch den ganzen Nachl liquidieren (BGH **49**, 1).

b) Die Bestellung des NachlPflegers dch das NachlG (§§ 1962; 1789) ist rechtsbegründend u auch nach Fehlen der mat-rechtl Voraussetzgen für die Pflegsch bis zu deren Aufhebg wirks (BGH **49**, 1). Der Pfleger erhält vom NachlG eine BestallgsUrkunde (§ 1791) nach Maßgabe der ihm übertragenen Aufgaben. Seine **Auswahl** erfolgt dch das NachlG nach dem pflichtgem Ermessen des Rechtspflegers (§§ 1915; 1779 II 1); die Beteiligten haben kein Recht auf einen bestimmten Pfleger (KG DFG **44**, 54). Über AnzeigePfl gg den Finanzamt s ErbStG 34 II Nr 2; ErbStDVO 12. – Zur **Beschwerde** gg die Anordng der Pflegsch od die Auswahl des Pflegers berechtigt (FGG 20 I) sind die Erbanwärter (Heidelberg NJW **55**, 469), allerd nicht ErsatzE od NachE od Dritte (Stgt BWNotZ **71**, 88); der TV nur gg die Anordng (KG OLGZ **73**, 106), nicht aber gg die Auswahl des Pflegers (OLG **40**, 133). Zum BeschwdeR bei Ablehng s FGG 75; 57 I Nr 3 (dazu KG OLGZ **71**, 210; **81**, 151/152). – Bei Auferlegg einer Sicherh (§ 1844) muß sie für den Pfleger zumutbar sein; von einem Anwaltsnotar kann daher regelm nicht der Abschl einer Kautionsversicherg für vorsätzl Pflichtverletzg gefordert werden (Düss JZ **51**, 643). – Bestellg mehrerer Pfleger ist zulässig (§§ 1915, 1797).

c) Rechtsstellung. Der NachlPfleger verwaltet den Nachl (§ 2017) für einen anderen, näml den noch nicht bekannten endgültg Erben, der mit dem vorläufigen identisch, aber auch ein anderer sein kann. Seine Bestellg dient also ausschließl der Vertretg einer bestimmten od zumindest bedingt bestimmten Person zur Wahrg ihrer Interessen. Im Rahmen der Sicherg u Erhaltg des Nachl ist er deshalb **gesetzlicher Vertreter** der unbekannten Erben (nicht des Nachl od gar der NachlGläub), wenngleich seine Stellg in der Tendenz bis zur Feststellg der wahren Erben gg alle Erbprätendenten gerichtet ist (BGH NJW **83**, 226). Der Pfleger handelt eigenverantwortl u führt sein Amt selbständig. Er bedarf nur zu bestimmten RGeschäften (zB nach §§ 1812, 1821, 1822) der **Genehmigung** des NachlG (§§ 1915; 1962; 1828–1831; s Ffm WM **74**, 473 zur Abhebg vom Bankkonto). Für alle anderen im Rahmen seines Wirkgskreises abgeschlossenen RGeschäfte ist seine Vertretgsmacht nach außen unumschränkt u nicht von der Zweckmäßigk seiner Handlgen abhängig (BGH **49**, 1). Über NachlGgstände kann er als gesetzl Vertreter nicht Verträge nach § 181 mit sich selbst abschließen (RG **71**, 162); etwaige Genehmigg des NachlG wäre unwirksam. – Der Pfleger untersteht allerd der **Aufsicht** des NachlG (§§ 1962; 1837), das sich seiner zur Erfüllg der staatl FürsorgePfl bedient (BGH NJW **83**, 226) u das ihn zu unterstützen, ggf auf eine sachgemäße Erledigg hinzuweisen u bei etwaige Pflichtwidrigk mit Ge- u Verboten vorzugehen hat (BayObLG **83**, 62; s § 1962 Anm 2). Lehnt das NachlG ein Einschreiten ab, besteht hiergg kein BeschwR des Gläub (KG JW **38**, 1453).

d) Aufgaben. Der Wirkgskreis des Pflegers legt seine Aufgaben fest. Das NachlG bestimmt ihn von Fall zu Fall nach dem jeweiligen Bedürfn. Deshalb kann er (s Anm a) aber auch nur auf die Besorgg bestimmter einzelner Angelegenh (Auflösg der Wohng) od auf die Verwaltg einzelner NachlGgstände beschränkt werden (KG NJW **65**, 1719; BayObLG **60**, 93) od auf die Mitwirkg bei Veräußerg eines NachlGrdst bezügl des Anteils unbekannter MitE (Hamm JMBl NRW **63**, 19; Köln FamRZ **89**, 435). – Im Regelfall besteht die Hauptaufgabe des Pflegers neben der Erbenermittlg in der Sicherg u Erhaltg des Nachl. Dazu hat er kraft Amtes den Nachl an sich zu nehmen (BGH NJW **83**, 226), also als erstes die NachlSachen in **Besitz zu nehmen**. Er kann von jedem, der NachlGgstände in Besitz hat (auch vom Erbanwärter, s BGH aaO mAv Dieckmann FamRZ **83**, 582) deren Herausg verlangen; s Johannsen WM **72**, 918f; BGH NJW **81**, 2299 (Einschränkg hinsichtl des WohnR); BGH NJW **72**, 1752 (ZurückbehaltgsR des Belangten wg Verwendgen auf den herausverlangten Ggst); BGH MDR **72**, 363 (Verlangen der Rentennachzahlg). Versicherungssummen, die nicht in den Nachl fallen, kann er nicht fordern; wird trotzdem an ihn geleistet, ist die Herausgabeverpflichtg im NachlKonkurs Masseschuld (BGH **94**, 312). – Er hat ein **Nachlaßverzeichnis** einzureichen (§ 1802); über dessen Nachprüfg durch das NachlG vgl LG Bln JR **55**, 261. – Der NachlPfleger hat für Zahlg von **Steuerschulden** zu sorgen (s AO 34, 36, 69). – **Inventar** (§ 1993) kann der NachlPfleger für den Erben errichten; Inventarfrist (§ 1994) kann ihm aber nicht gesetzt werden (§ 2012 I 1). – **Rechtskraft** wirkt für und gg den endgültigen Erben. Die VollstrKlausel ist, wenn nötig, ohne Anwendg der ZPO 727, 730 auf den Erben umzustellen, da es sich nur um die Aufdeckg des wahren Sachverhalts handelt (StJMünzberg Anm I 3 zu ZPO 727). Bei Urteilen gg den Erbl kann die VollstrKlausel gg den NachlPfleger erteilt werden; unnötig, wenn schon Vollstr vor dem Erbfall begonnen hatte (ZPO 779 I). – Der NachlPfleger kann die **Todeserklärung** des Erben (VerschG 16 IIb) als gesetzl Vertreter des verschollenen Erben beantragen (Köln FamRZ **67**, 59); ein rechtl Interesse nach VerschG 16 IIc hat er nicht (BayObLG NJW **59**, 725, str); Gen des NachlG erforderl (VerschG 16 III), da auch hier § 1962 eingreift (Köln aaO; insoweit unentschieden, BayObLG aaO). – Der NachlPfleger kann ferner das **Aufgebot** der NachlGläub (ZPO 991) u **Nachlaßkonkurs** (KO 217; dazu KG FamRZ **75**, 292) beantragen. – Die Prozeßunterbrechg wird uU mit der Anzeige von seiner Bestellg beendet (ZPO 243, 241). Den Gläub hat er über den NachlBestand **Auskunft** zu erteilen (§ 2012 I 2); die Fristen für die aufschiebenden Einreden beginnen schon mit seiner Bestellg (§ 2017).

Nicht zu den Aufgaben des NachlPflegers gehört grdsätzl die **Befriedigung** der NachlGläub (Johannsen WM **72**, 919). Er kann aber vorhandene NachlGläub dann befriedigen und hierfür auch NachlGgstände veräußern (BGH DRiZ **66**, 395), wenn dies zur ordngsmäß Verwaltg u Erhaltg des Nachl geboten ist, etwa zur Vermeidg unnötiger Prozesse (s § 1961) od zur Schadensverhütg; jedoch ist er dazu nur nach Kräften des Nachl u unter Berücksichtigg der beschränkten Erbenhaftg (§§ 1979, 1980) befugt. – Er kann nicht NachlVerwaltg beantragen (§ 1981 Anm 2; str). Ebenso nicht die Erteilg eines **Erbscheins** für den seiner Pflegsch unterstellten Nachl. – Die **Nachlaßauseinandersetzung** steht ihm nicht zu (KG NJW **71**, 565). Ein TeilnachlPfleger kann allerd an der Auseinandersetzg für den unbekannten Erben mitwirken, zumal wenn sie von einem anderen Erben betrieben wird (KG aaO). Es besteht auch kein VfgsR bei TeilnachlPflegsch (§ 2033 II) vorbehaltl § 2038 I 2 (OGH DRZ **49**, 66). – Ferner kann er nicht die **Erbschaft annehmen** od **ausschlagen**, auch nicht auf die Beschrkg der Haftg verzichten (§ 2012 I 3), da dies höchstpersönl Rechte des Berufenen sind. Prozesse über den ErbR kann er nicht führen, ebensowenig einen Erbanwärter im ErbscheinsVerf vertreten (Celle JR **50**, 59). Er hat auch nicht zu klären, wer von mehreren Erbanwärtern der wirkl Erbe ist, selbst wenn ihm die Ermittlg der Erben ausdrückl übertragen wurde (BGH NJW **83**, 226); dies muß vielm im Verhältn der Erbanwärter erfolgen, wobei ggf für unbekannte ges Erben ein Pfleger gem § 1913 zu bestellen ist (BGH aaO). – Dagg ist eine **Klage des Erben** gg den sein ErbR bestreitenden NachlPfleger auf Feststellg dieses Rechts mögl, wie auch sonst das Vertreterhe gg den Vertr einen RStreit wg des der Vertretgmacht zugrunde liegden RVerhältnisses führen kann (RG **106**, 46; BGH aaO mN). Ebso kann der NachlPfleger einen Prozeß über den Nachl führen (vgl auch III), in welchem dem zukünft Erben (nicht ihm) **Prozeßkostenhilfe** bewilligt werden kann, da er gesetzl Vertreter (RG **50**, 394) u nicht Partei kraft Amtes (ZPO 114 mit 116 Nr 1) ist. Entscheidend ist also, ob die ProzKosten aus dem Nachl gedeckt werden können (vgl BGH NJW **64**, 1418). Bei Fortsetzg des RechtsStr dch den ermittelten Erben bedarf es keiner erneuten Bewilligg der ProzKostenhilfe (vgl KG NJW **69**, 2207).

e) Haftung. Der NachlPfleger haftet dem **Erben** für den aus schuldhaften Pflichtverletzgen entstandenen Schaden (§§ 1915, 1833; vgl BGH **49**, 1); ausnahmsw könnte seine Inansprnahme gg Treu u Glauben verstoßen (s BGH FamRZ **75**, 576; Johannsen WM **77**, 270/271). Die ErsatzAnspr sind im Prozeßweg geltend zu machen (s § 1843 Anm 2). – Den **Nachlaßgläubigern** haftet er nur bei Verletzg der Auskunftspflicht (§ 2012 I 2) u unerl Handlg. Da er nur die Interessen des unbek Erben zu wahren hat (s Anm c), ist § 1985 II nicht entspr anwendbar (hM). Der von ihm gesetzl vertretene **Erbe** hat ein Verschulden des Pflegers über § 278 zu vertreten; er kann aber seine Haftg auf den Nachl beschränken, da die aus Maßnahmen des Pflegers erwachsenen Anspr NachlVerbindlk sind, u beim Pfleger Rückgriff nehmen. – Dem **Finanzamt** haftet er nach Bekanntgabe des Steuerbescheids (ErbStG 32) für die ErbschSteuer (AO 34 III), soweit deren Nichtzahlg auf vorsätzl od grob fahrläss Pflichtverletzg beruht; ebso für rückständ Steuern des Erbl (AO 45; s oben d).

f) Vergütung. Das Amt des Pflegers ist grsl unentgeltl zu führen (BVerfG **54**, 251). Das NachlG kann ihm jedoch eine angemessene Vergütg bewilligen, insbesond wenn er mit Rücks auf seinen Beruf bestellt worden ist (§ 1836 I 2 iVm §§ 1915; 1962). Davon soll es aber nur Gebrauch machen, wenn das NachlVermögen sowie Umfang u Bedeutg der Geschäfte des Pflegers eine Entschädigg für die in fremdem Interesse aufgewendete Mühe u Zeitversäumnis rechtfertigen. Die Bewilligg der Vergütg u ihre Höhe ist dann in das **Ermessen** des Gerichts gestellt, das nicht nach starren Regeln vorgehen kann. Auch sind die Grdsätze für die Vergütg von Konkurs- od Hausverwaltern, TestVollstr od ähnl Amtsträgern nicht anwendb (KG JFG **15**, 34). Eine Vergütg wird idR einmalig für die gesamte Zeit bewilligt (Vorschuß ist mögl); bei langer Dauer der Pflegsch ggf auch laufend für jeweil bestimmte Zeitabschnitte (BayObLG **74**, 260). – Außergerichtl Einigg zw Pfleger u Erben ist zuläss u läßt ggf Bedürfn für die Festsetzg entfallen; bei Streit üb den Inhalt der Vereinbg entscheidet das ProzeßG. Bindende Vereinbargen für die Zukunft sind aber nicht mögl (§ 1836 I 4). – Ohne Rücks auf einen Streit hat aber das NachlG nach § 1836 zu entscheiden. Sein Festsetzgsbeschluß schafft keinen Vollstreckgstitel. Notfalls muß der Pfleger beim ProzeßG auf Zahlg klagen; dieses ist an die vom NachlG festgesetzte Vergütg gebunden (Hbg NJW **60**, 1207). Ein Streit über die Vergütg für die Mitwirkg bei einer Auseinandersetzg (vgl Anm d) gehört in vollem Umfang vor das ProzeßG (BayObLG **50**, 346).

aa) Höhe. Bei der Bemessg der Vergütg (für den gesamten Zeitraum der Pflegertätigk, BayObLG Rpfleger **81**, 111) sind zunächst die vorhandenen NachlAktiva (Verkehrswert ohne Abzug der Verbindlichk), aber auch die Größe des ReinNachl u der Umfang der flüssigen Geldmittel zu berücksichtigen (s BayObLG **86**, 48; KG FamRZ **68**, 488); ist überh kein aktiver Nachl vorhanden, kommt die Bewilligung einer Vergütg nie in Betr (BayObLG **83**, 96). Maßgebend sind dann aber vor allem der zeitl Aufwand, Bedeutg u Schwierigk der entfalteten Tätigk u der daraus sich ergebende Grad der Verantwortlichk des Pflegers, uU auch der finanzielle Erfolg für die Erben (vgl BayObLG aaO). In welchem Ausmaß diese einzelnen Faktoren die Höhe beeinflussen, muß nach den Umständen des Einzelfalls verschieden sein. Aus diesem Grund kann keine Berechng nach Hundertsätzen des Vermögens erfolgen (Mü JFG **14**, 272; KG MDR **60**, 843; Hamm Rpfleger **69**, 53). Die Praxis benötigt aber gewisse Anhaltspunkte; meistens wird bei größeren Nachl von 1 bis 2%, bei kleineren von 3 bis 5% des Aktivwerts ausgegangen u die konkrete Vergütg dann je nach den Umständen des Einzelfalls niedriger od höher festgesetzt (s BayObLG **84**, 356;

Mümmler JurBüro **87**, 989). – Ist die Tätigk des Pflegers teilw bereits dch Aufwendgsersatz abgegolten (§ 1835 I; II), zB weil er für einen von ihm als RA geführten Zivilprozeß die ges Gebühren erhalten hat, kann diese Tätigk bei Bewilligg der Vergütg nicht nochmals berücksichtigt werden (BayObLG NJW-RR **86**, 497; FamRZ **89**, 214). – Wird ein **berufsmäßiger** Vermögensverwalter zum Pfleger bestellt, ist hinsichtl der Bewilligg einer Vergütg wohlwollend zu verfahren. Zur Berücksichtigg anteiliger Bürounkosten u des Zeitaufwands s BayObLG **83**, 96; Bobenhausen Rpfleger **85**, 426. Über die Bemessg, wenn der NachlPfleger gerade wg seiner Eigensch als RA bestellt wurde, s KG FamRZ **68**, 488; Köln NJW **68**, 2408; Ffm JurBüro **72**, 798 (Verwaltg von Miethäusern); s auch BayObLG **75**, 103/104. – Zur **Mehrwertsteuerpflicht** u ihrem Ersatz s Hamm Rpfleger **72**, 370; KG Rpfleger **73**, 24; BayObLG **84**, 356; aber auch BGH NJW **75**, 210.

bb) Mangelhafte Geschäftsführung. Im FestsetzgsVerf ist der Einwand des Erben, der NachlPfleger habe sein Amt nachläss, oberfläch, fehlerh uä geführt, nach hM grsl unbeachtl (BayObLG **65**, 348; MDR **80**, 757; Köln Rpfleger **75**, 92; Düss Rpfleger **78**, 410; KG NJW **88**, 261). Üb solche u and materiell-rechtl Einwendgen gg den VergütgsAnspr entscheidet regelmäß erst das ProzeßG; dies gilt auch für etwaige SchadErsatzAnspr gg den Pfleger aus § 1833. Ausnahmsweise ist die Einbeziehg pflichtwidr Verhaltens bei der Bemessg der Vergütg dann geboten, wenn der Pfleger den Nachl vorsätzl geschädigt hat, etwa dch Veruntreuung von Geldern (RG **154**, 117; BayObLG aaO); od wenn es sich dahin ausgewirkt hat, daß seine Tätigk als wesentl geringer anzusehen ist als bei pflichtgem Amtserfüllg (KG OLGZ **88**, 281). BayObLG NJW **88**, 1919 läßt einen VergütgsAnspr für solche Tätigk nicht entstehen, die der Pfleger nur zu dem Zweck entfaltete, eine Vergütg zu begründen u die für den Erben nachweisb ohne Nutzen blieben.

cc) Aufwendungsersatz. Dem Pfleger sind die ihm entstandenen Aufwendgen wie zB Auslagen, Anwaltsgebühren (LG Mü I Rpfleger **75**, 396), Bürounkosten usw zu erstatten (§§ 1915, 1835). Zu ihrer Geltendmachg s § 1835 Anm 3. Sie werden also **nicht** vom NachlG festgesetzt (Köln NJW **67**, 2408). Bei Streit über sie entscheidet ProzG (vgl § 1835 Anm 2, 3). Auch Festsetzg einer Pauschalvergütg (Vergütg zuzügl etwaiger Aufwendgen) dch das NachlG ist unzuläss (LG Bln MDR **67**, 128; OLG Zweibr Rpfleger **80**, 103), §§ 1835, 1836. Sind Bürounkosten u Zeitaufwand bereits bei der Bemessg der Vergütg berücksichtigt (s BVerfG NJW **80**, 2179; KG OLGZ **81**, 176), ist ein ErsatzAnspr nicht mehr gegeben (BayObLG **83**, 96). – Wegen seiner etw **Anwaltsgebühren** für einen von ihm als RA geführten RStreit muß er sich an die Erben halten (vgl § 1835 u dazu BayObLG **59**, 329); er kann sie aber nicht nach BRAGebO 19 gg die Erben als eigene Partei festsetzen lassen (Mü NJW **65**, 1027; Ffm, Hamm JW **66**, 554, 2129; dazu Haenecke NJW **65**, 1814, der ggü Mü aaO mit Recht darauf hinweist, daß dch ProzFührg des Pflegers entstandene Anwalts-Geb nicht vom NachlG festgesetzt werden können; ebso Köln NJW **67**, 2408, KG Rpfleger **77**, 225). § 1835 III (AufwendgsErs aus der Staatskasse) gilt sinngem (LG Bln Rpfleger **75**, 435); dazu § 1835 Anm 1; Zimmermann JVBl **71**, 25; BVerfG NJW **80**, 2179; BayObLG Rpfleger **81**, 111. Die Festsetzg erfolgt wie im Verf bei Entschädigg von Zeugen u Sachverständ (Karlsr Just **76**, 35, Hamm OLGZ **77**, 190).

dd) Rechtsmittel gg die Festsetzg der Vergütg sind Erinnerg (RPflG 11) u Beschwerde (FGG 19). Ein BeschwerdeR (FGG 20 I) haben der Erbe; Erbanwärter; TestVollstr; der NachlGläub jedenfalls dann, wenn die Vergütg seine Befriedigg beeinträchtigt (BayObLG **58**, 74) od wenn er sich den Erben ggü zur Zahlg der Vergütg verpflichtet hat (BayObLG FamRZ **86**, 107); ferner dem ErbschKäufer; schließl der Pfleger selbst, wobei dann das Verbot der Schlechterstellg gilt (KG FamRZ **86**, 1016; aA LG Bln Rpfleger **85**, 191; Domke Rpfleger **84**, 94). Für Verwirkg des BeschwR reicht Zeitablauf allein nicht aus (BayObLG FamRZ **89**, 214).

g) Beendigung. Die NachlPflegsch endet bei Zweckerreich nicht von selbst, sond dch Aufhebg. Sie wird auch nicht ohne weiteres durch NachlKonk (KGJ **38** A 116) u durch VerglVerf (Bley VerglO § 113 Anm 3) od dch NachlVerwaltg beendet; neben einer NachlVerw wird aber selten noch ein Bedürfnis zur Aufrechterhaltg einer NachlPflegsch bestehen. Vor Annahme der Erbsch wird auch kaum NachlVerw angeordnet werden (Staud/Otte/Marotzke Rz 57). Die NachlPflegsch ist durch Beschl **aufzuheben** (§ 1919; RG **154**, 114), wenn die Erben ermittelt sind u die Erbsch angenommen haben od Erbschein erteilt u die Schlußrechng des Pflegers (s §§ 1890, 1892) geprüft ist. **Teilaufhebung** ist zulässig.

aa) Rechtsmittel. Gg die Aufhebg steht dem **Pfleger** die **Beschwerde** nicht zu (RG JFG **13**, 393), auch nicht gg die Anordg des LG, die Aufhebg durchzuführen (BayObLG **61**, 277), wohl aber gg nachträgl Beschrkg seiner Befugnisse (Mü JFG **16**, 101) sowie gg seine Entlassg (FGG 60 I Nr 3; 75). Ob ein BeschwR der **Nachlaßgläubiger** gg die Aufhebg besteht (RJA **7**, 102), ist str. Gg eine Weisg des NachlG, das NachlVerm nach Beendigg der Pflegsch zu hinterlegen, ist der vermeintl **Erbe**, falls kein Erbschein beigebracht wird, nicht zur Beschw befugt (KG OLGZ **77**, 129). – Verweigert das NachlG die Aufhebg, bestimmt sich ein BeschwerdeR nach FGG 20 I u nicht nach FGG 57 I 3 (KG OLGZ **83**, 398).

bb) Folgen. Die Erben treten an Stelle des Pflegers in einen RStr ein, ohne Aussetzg od Unterbrechg (OLG **17**, 318; **41**, 81). Nach Aufhebg ist der Pfleger verpflichtet, den Nachl an den Erben **herauszugeben** (§§ 1960, 1915, 1890; Johannsen aaO 919). Die Aushändigg des Nachl ist Sache der Beteiligten, nicht des Gerichts. **Nach Aufhebung** der Pflegsch kann das NachlG den Pfleger nur noch zur Einreichg einer formell ordngsmäß Schlußrechg sowie zur Rückgabe der Bestellg anhalten u die Befolgg dieser Anordng dch Festsetzg von Zwangsgeld (FGG 33) erzwingen. Zu bestimmten VerwHdlgen u weiterer Rechngslegg kann es auch bei nicht vollständ Herausg des Vermögens an den Berecht den Pfleger nicht mehr veranlassen (KG FamRZ **69**, 446).

h) Die Entlassung des NachlPflegers gg seinen Willen ist gem §§ 1915, 1886 mögl. Zwingend notw ist sie allerd nur bei Vorliegen eines UntauglichkGrdes (§ 1781). Dagg ist sie bei Gefährdg der Erbeninteressen dch pflichtwidr Verhalten od auch objektiv ohne Verschulden (BayObLG **52**, 336) nur die äußerste Maßnahme, die erst in Betracht kommt, wenn mildere, weniger einschneidende erfolglos blieben od objektiv im konkreten Fall nicht ausreichen (BayObLG **83**, 59; auch Rpfleger **83**, 108; s § 1886 Anm 2). – Der Pfleger ist vorher zu hören. Die EntlassgsVfg ist ihm zuzustellen (FGG 16 II). – Rechtsmittel s § 1886 Anm 3. Die

Aufhebg der EntlassgsVfg dch das BeschwG wirkt zurück, so daß Pfleger im Amt bleibt und nicht neu bestellt werden muß (KG OLGZ **71**, 198; BayObLG **83**, 59).

i) Akteneinsicht in PflegschAkten (FGG 34) ist bei berechtigtem Interesse zu gewähren (Mü JFG **15**, 83).

1961 *Nachlaßpflegschaft auf Antrag.* Das Nachlaßgericht hat in den Fällen des § 1960 Abs. 1 einen Nachlaßpfleger zu bestellen, wenn die Bestellung zum Zwecke der gerichtlichen Geltendmachung eines Anspruchs, der sich gegen den Nachlaß richtet, von dem Berechtigten beantragt wird.

1) Allgemeines. Da gem §§ 1958; 1960 III gg den Nachlpfleger geklagt werden kann, wird so den NachlGläub die Möglichk gegeben, ihre Anspr auch vor Annahme der Erbsch zu verfolgen (vgl auch ZPO 243 und Erläut zu § 2017). Die Vorschr gilt auch für inländischen Nachl eines Ausländers (Mü JFG **16**, 104; Hamm JMBl NRW **62**, 209); s auch § 1960 Anm 1 a. – Gegenstück ist § 1913. – Kosten sind NachlVerbindlichkeiten.

2) Voraussetzung. Grdsl ist auf § 1960 I verwiesen. Allerd sind zum Teil andere Grdsätze maßgebend. So ist hier Bedürfn nicht zu prüfen; es muß nur RSchutzinteresse vorliegen (BayObLG **60**, 405; KG OLGZ **81**, 151). Bei Prüfg, ob der Erbe unbekannt ist, muß die Situation des Gläub berücksichtigt werden, dem bei verwickelten Verhältn umfangreiche Nachforschgen u Nachweisbeschaffgen nicht zugemutet werden können (BayObLG Rpfleger **84**, 102). Bekannt ist der Erbe, wenn schon Erbschein erteilt ist (Verden MDR **51**, 34) od wenn der Gläub die zur sachgemäßen RVerfolgg erforderl Tats kennen muß (LG Oldbg Rpfleger **82**, 105). – Die bezweckte gerichtl Geltendmachg braucht Gläub nicht glaubhaft zu machen. Es genügt die Überzeugg des Gerichts, daß er jemandes bedarf, gg den er seine Rechte verfolgen kann, sei es auch zunächst nur zwecks gütl Verhandlg (BayObLG aaO). – § 1961 ist daher entspr anwendb, wenn der ErbscheinsMitE des ungeteilten Nachl starb u seine RNachf ganz od teilw unbekannt sind.

3) Der Antrag bedarf keiner Form. **Berechtigter** ist, wer die Absicht, einen Anspr gg den Nachl gerichtl (auch durch Arrest od ZwVerst zum Zweck der Aufhebg einer ErbenGem, Düss JMBl NRW **54**, 83, usw) geltd zu machen, vorgibt. Glaubhaftmachg des Anspr ist nicht erforderl. Bei Tod des AntrSt läuft Verf für seine Erben weiter. Der Antrag ist abzulehnen, wenn TestVollstrg (§ 2213) besteht. Gegen Ablehng BeschwR des Gläub (FGG 57 Nr 3).

4) Der Prozeßpfleger ist in vollem Umfange NachlPfleger. Seine Vertretgsmacht erstreckt sich also auch auf die NachlSicherg iS des § 1960 (Erman/Schlüter Rz 4), soweit nicht sein Wirkgskreis auf eine bestimmte Angelegenh (zB den RStreit) beschränkt ist (s BayObLG **60**, 93). Nur im letzteren Fall endet das Amt mit der Erledigg der Aufgabe (§ 1918 III), sonst erst mit der Aufhebg. Stirbt der AntrSteller, läuft das Verf für seine Erben weiter (Erman/Schlüter Rz 3).

5) Sonderfälle. Soweit bei einer **Vollstreckungshandlung** die Zuziehg des Schuldners erforderl ist, hat das VollstrG auf Antr einen einstweiligen bes Vertreter des Erben zu bestellen, wenn nicht NachlPflegsch od TestVollstrg besteht (ZPO 779 II); dazu LG Oldbg aaO mit Anm v Meyer-Stolte (NachlPflegsch für Zwangsversteiger). – Die Stellg eines NachlPflegers nach § 1961 hat auch die auf Antr des Finanzamts bestellte Pfleger nach AO 81 (dazu Hamm JMBlNRW **62**, 209).

1962 *Zuständigkeit des Nachlaßgerichts.* Für die Nachlaßpflegschaft tritt an die Stelle des Vormundschaftsgerichts das Nachlaßgericht.

1) Das Nachlaßgericht, das bei der NachlPflegsch aus Gründen der Zweckmäßigk an die Stelle des VormschG tritt, ist das AG (FGG 72), in *Ba-Wü* das staatl Notariat (EG 147; LFGG 1 II; 38; 40 ff). Daneben ist jedes AG zuständ, in dessen Bezirk ein Fürsorgebedürfn hervortritt u das dann das NachlG verständigt (FGG 74). – Die örtl Zuständigk bestimmt sich nach dem letzten Wohnsitz od Aufenth des Erbl (FGG 73; s § 2353 Anm 1 b). Zur internat Zuständigk bei Auslandsberührg s § 1960 Anm 1; EG 25 Anm 4a. – Funktionell zuständ ist grsl der Rechtspfleger (RPflG 3 Nr 2c). Dem Richter vorbehalten (RPflG 16 I Nr 1; 14 Nr 4, 9, 17) sind nur AusländerNachl (bei Mehrstaatern mit dtscher Staatsangehörig gilt dtsches Recht, EG 5 I 2), die Erteilg der gem § 1822 Nr 1–3; 12 od § 1823 erforderl nachlgerichtl Genehmiggen u Entscheidgen üb Meinungsverschiedenh mehrerer Pfleger (s BayObLG **82**, 284; Hamm Rpfleger **76**, 94).

a) Stellung. Die in § 1960 statuierte Verpflichtg des NachlG, im Bedarfsfall für unbekannte Erben die Sicherg u Erhaltg des Nachl zu besorgen, ist Ausfluß der allg staatl Fürsorge- u AufsichtsPfl. Zugleich hat das NachlG damit fremde Vermögensinteressen zu betreuen, muß sich also stets von den Interessen des endgült Erben leiten lassen. Dazu ist ihm auch eine unmittelb Vfgs- u Verpflichtgsbefugn eingeräumt: Bis zur Bestellg eines NachlPflegers od im Falle seiner Verhinderg an dessen Stelle kann es in dringenden Fällen gem §§ 1915, 1846 in unmittelbarer Vertretg der Erben selbst die erforderl Maßnahmen treffen u dabei mit unmittelb Wirkg für u gg die Erben üb NachlGgstände verfügen u Verbindlichk eingehen (s auch § 1846 Anm 1), zur Abwendg drohender Nachteile auch NachlGgstände veräußern (BGH DRiZ **66**, 395). – Für die Entgegennahme einer RechngsLegg u die RechngsPrüfg ist auch das NachlG berufen (s Birkenfeld FamRZ **76**, 197; Beisp Ffm NJW **83**, 2278).

b) Aufgaben. Nach Bestellg eines NachlPflegers, dem als Wirkgskreis die selbständ Verwaltg des Nachl übertragen ist, beschränkt sich die Aufgabe des NachlG im wesentl auf die Beaufsichtigg des Pflegers bei Durchführg seiner Aufgaben (§§ 1915; 1837 I; BGH DNotZ **67**, 320). Nur bei dessen tatsächl od rechtl Verhinderg wird das NachlG selbst gem § 1846 noch tätig (s oben). Im Rahmen seiner Aufsicht hat es bei Pflichtwidrigk dch geeignete Gebote u Verbote sowie dch Festsetzg von Zwangsmitteln einzuschreiten (§ 1837), um eine pflichtgemäße, der Sicherg u Erhaltg dienende Verwaltg des Nachl sicherzustellen. Bei Gefährdg des Interesses der Erben hat es den Pfleger zu entlassen (§ 1886).

2) Vorsätzliche Pflichtverletzungen des Rechtspflegers können wg seiner VermögensbetreuungsPfl ggü dem Erben in NachlSachen zur strafrechtl Ahndg führen: Er kann Täter einer Untreue iS von StGB 266 sein (BGH NJW **88**, 2909 mAv Otto JZ **88**, 883) sowohl in Form des Mißbrauchstatbestands (zB dch PflegschAnordng ohne sachl Bedürfn; Bewilligg überhöhter Vergütg; Veräußerg von NachlGgst unter Wert) als auch in Form des Treubruchstatbestands (zB dch unberechtigte Zuführg von NachlWerten an sich od Dritte; Veranlassg des Pflegers zu nachteiligen Maßnahmen). Auch kann er Rechtsbeugung begehen, da seine Tätigk als richterliche iS von StGB 336 zu werten ist (BGH aaO), obwohl der Rechtspfleger im Sinne des GG u des GVG nicht die Stellg eines Richters hat (BVerwG Rpfleger **88**, 244).

3) Die Genehmigung dch das VormschG läßt sich in eine nachlgerichtl Genehmigg desselben Gerichts jedenf dann nicht umdeuten, wenn die Genehmiggsfrage sich für den NachlRichter wesentl anders darstellt als für den VormschRichter (OHG **1**, 198 gegen Kiel JR **48**, 159; aM Müller NJW **56**, 652; s auch Keidel/Reichert FGG 7 Rz 26b; Jansen FGG 7 Rz 15).

1963 Unterhalt der werdenden Mutter eines Erben.
Ist zur Zeit des Erbfalls die Geburt eines Erben zu erwarten, so kann die Mutter, falls sie außerstande ist, sich selbst zu unterhalten, bis zur Entbindung angemessenen Unterhalt aus dem Nachlaß oder, wenn noch andere Personen als Erben berufen sind, aus dem Erbteile des Kindes verlangen. Bei der Bemessung des Erbteils ist anzunehmen, daß nur ein Kind geboren wird.

Schrifttum: Stöcker, Der UnterhAnspr der Mutter des noch nicht geb Erben nach § 1963 – ein überholtes RInstitut, ZBlJR **81**, 125.

1) Um des Kindes willen wird für die Mutter gesorgt. Die zu erwartende Geburt eines bereits erzeugten Erben (§ 1923 II) ist Voraussetzg, gleichgültig, ob er kraft G als Abkömml od sonstiger Verwandter od durch Vfg vTw berufen ist. Bei Ersatzberufg (§§ 1953, 2096, 2344) gilt § 1963, sobald der zunächst Berufene weggefallen ist, denn dann ist es so anzusehen, als hätte der Vorberufene nicht gelebt (Planck/Flad Anm 2a; RGRK Rz 2). Ein nichtehel Kind ist auch Erbe im Sinne des § 1963, wenn ihm nur ein Erbersatz-Anspr (§ 1934a) zustehen würde (Soergel/Stein Rz 2 mN, bestr; dazu auch Stöcker aaO, der auf weitere Fragen eingeht). Der Höhe nach ist der Anspr **begrenzt** dch den Erbteil des Kindes.

2) Anspruchsberechtigter. Jeder ehelichen wie nichtehel Mutter (nicht nur der Witwe) steht der Anspr bei Bedürftigk (§ 1602 I) zu, aber nur für die Zeit bis zur Entbdg zu (also auch für Entbindgs-, nicht aber für Wochenbettkosten). Nicht nur einen billigen Beitrag zum Unterhalt (§ 1611 I), sond den angemessenen Unterhalt kann die Mutter verlangen (§ 1610, s § 1360a Anm 1), regelm in Rentenform (§ 1612 I) dch monatl Vorauszahlg. Der volle Monatsbetrag wird auch dann geschuldet, wenn die Mutter im Laufe des Monats stirbt (§ 1612 III). Entspr anwendb ist auch § 1614, aber nicht § 1613 (Staud/Otte/Marotzke Rz 7). Von einem Leibesfruchtpfleger (§ 1912) kann der Anspr nicht geltd gemacht werden, da nicht künftige Rechte der Leibesfrucht in Frage stehen.

3) Anspruchsgegner. Der Anspr ist kein gesetzl Vermächtn, sond **gewöhnliche Nachlaßverbindlichkeit** (§ 1967) u richtet sich gg den Nachl, dh gg den etwaigen od zu bestellenden NachlPfleger (§§ 1960, 1961) od TestVollstr. Beim Vorhandensein von Mehr von Erben richtet sich der Anspr gg den gesamten Nachl, wobei der Erbteil des zu erwartenden MitE nur einen Berechnungsmaßstab bildet (Staud/Otte/Marotzke Rz 10) u seine Höhe zu schätzen ist (S 2). Die Dreimonatseinrede (§ 2014) wird nicht gewährt. Der Anspr, der übrigens auch durch einstw Vfg (ZPO 940) geltd gemacht werden kann, ist im NachlKonk gewöhnl KonkFdg. Er besteht auch bei überschuldetem Nachl (bestr), aber nicht bei mangelnder Masse (§§ 1990, 1991 I–III), Soergel/Stein Rz 5. Als UnterhRente genießt der Anspr den Pfändgsschutz der ZPO 850b I Nr 2 (Stöber[8] Rz 1010); es gilt daher auch das AufrechngsVerbot des § 394 und der daraus sich ergebde Ausschluß eines ZurückbehaltgsR (§ 273); entspr gilt auch, wenn kein Rentenbetrag, sond unregelmäß Summen zu zahlen sind (Dütz NJW **67**, 1107).

4) Bei Totgeburt behält die Mutter den schon gezahlten Unterh; eine RückFdg (§ 818) ist wg § 814 ausgeschlossen, da Mutterschutz AnstandsPfl ist (aA Soergel/Stein Rz 6). Der bis zur Totgeburt nicht bezahlte Unterh kann nicht nachverlangt werden. Bei irrtüml Annahme einer Schwangersch ist der gezahlte Unterh zurückzuerstatten (§ 812; Staud/Otte/Marotzke Rz 12). Bei Vorspiegelg der Schwangersch besteht ErsatzPfl der Mutter nach §§ 823 II, 826 u §§ 812, 813 I, 818 IV.

1964 Erbvermutung für den Fiskus.
[I] Wird der Erbe nicht innerhalb einer den Umständen entsprechenden Frist ermittelt, so hat das Nachlaßgericht festzustellen, daß ein anderer Erbe als der Fiskus nicht vorhanden ist.

[II] Die Feststellung begründet die Vermutung, daß der Fiskus gesetzlicher Erbe sei.

1) Allgemeines. Nur im Falle ges Erbfolge (II; nicht bei Erbeinsetzg des Fiskus) wird § 1936 ergänzt dch die §§ 1964–1966, indem das ohnehin schon beschränkte StaatserbR an ein umständl Verfahren gebunden wird (dazu ausführl Frohn Rpfleger **86**, 37). Die Ermittlungspflicht obliegt dem NachlG od einem (zweckm zunächst bestellten) NachlPfleger. Akteneinsicht kann bei berecht Interesse verlangt werden (FGG 78).

2) Der Feststellungsbeschluß bildet die Grdlage für das StaatsErbR (BayObLG JW **35**, 2518), ersetzt aber ggü GBAmt nicht den nach GBO 35 erforderl ErbSch (BayObLG MDR **87**, 762 mN). BenachrichtiggsPfl: Art 2 VO v 18. 3. 35 (RGBl 381). Zuständig ist der RPfleger (s zur Entscheidg Frohn Rpfleger **86**, 37). – Gebühr: KostO 110. – Str ist, ob das StaatsErbR auch dann festgestellt werden muß, wenn kein Nachl vorhanden od der Nachl überschuldet ist; bejahend LG Düss Rpfleger **81**, 358; Staud/Otte/Marotzke Rz 8; Soergel/Stein Rz 2; nach BayObLG **57**, 360 steht in diesen Fällen die Entsch im Ermessen des NachlG. –

Rechtl. Stellg d. Erben. 2. Titel: Haftung §§ 1964–1966, Einf v § 1967

Rechtsmittel sind Erinnerg (RPflG 11) u Beschwerde (FGG 19). Beschwberecht ist gg die Feststellg sowohl der Fiskus als auch die and Erbprätendenten, selbst wenn sie als Verwandte ausdrückl als ges Erben enterbt sind (BayObLG FamRZ **86**, 728). Gg die Ablehng des Fiskus u die NachlGläub, da auch deren Rechte durch die Ablehng beeinträchtigt werden (BayObLG **57**, 360); andere Erben haben gg die Ablehng kein BeschwR (JFG **16**, 110). Doch kann der angebl Übergangene stattdessen auch Klage gg den Staat erheben (§ 1965 II) od Erbschein beantragen (KG Rpfleger **70**, 340).

3) Die Vermutung (II) ist widerlegbar. Die Feststellg entbehrt aber der dem Erbschein eigentüml Wirkgen zG redl Dritter (§§ 2366ff; Kipp/Coing § 127 V). Der Beschl kann vAw jederzeit aufgeh werden (FGG 18 I); er steht auch dem Fortgang des ErbschVerf und der Einlegg von RMitteln nicht entgg (BayObLG **83**, 204); über Bindg des NachlG an rechtskr Urt s § 1965 Anm 2. Bei Ablehng der Feststellg steht dem Fiskus der Klageweg frei. Er kann nach Feststellg auch noch Erbschein beantragen, der zur Eintragg des Fiskus als gesetzl Erben ins Grdbuch erforderl ist (Köln MDR **65**, 993; Ffm MDR **84**, 145; BayObLG MDR **87**, 762).

1965 **Öffentliche Aufforderung zur Anmeldung der Erbrechte.** ¹ Der Feststellung hat eine öffentliche Aufforderung zur Anmeldung der Erbrechte unter Bestimmung einer Anmeldungsfrist vorauszugehen; die Art der Bekanntmachung und die Dauer der Anmeldungsfrist bestimmen sich nach den für das Aufgebotsverfahren geltenden Vorschriften. Die Aufforderung darf unterbleiben, wenn die Kosten dem Bestande des Nachlasses gegenüber unverhältnismäßig groß sind.

II Ein Erbrecht bleibt unberücksichtigt, wenn nicht dem Nachlaßgerichte binnen drei Monaten nach dem Ablaufe der Anmeldungsfrist nachgewiesen wird, daß das Erbrecht besteht oder daß es gegen den Fiskus im Wege des Klage geltend gemacht ist. Ist eine öffentliche Aufforderung nicht ergangen, so beginnt die dreimonatige Frist mit der gerichtlichen Aufforderung, das Erbrecht oder die Erhebung der Klage nachzuweisen.

1) Nur die Bekanntmachung und Fristdauer (mind 6 Wochen) richten sich nach ZPO 948–950 in diesem Verf der freiw Gerichtsbark. Die Aufforderg darf erst nach Ablauf der Frist des § 1964 I erfolgen (s Frohn Rpfleger **86**, 37). Sie verfolgt den Zweck, die in § 1964 vorgesehene Feststellg zu ermögl (s KG Rpfleger **70**, 340). Die Vorschr gilt auch für die jur Pers des öff Rechts nach EG 138.

2) Verfahren. Wird währd der Anmeldefrist od später, jedoch vor dem FeststellgsBeschl, ein ErbR angemeldet oder ergeht an einen Erbansprecher eine gerichtl Aufforderg nach **II** 2, so wird die Entscheidg auf drei Monate ausgesetzt, um dem Erbansprecher Gelegenh zum Nachw seines ErbR od wenigstens der Klageerhebg zu geben. Über das angemeldete Recht entsch das NachlG. Ein nicht nachgewiesenes Recht erlischt nicht, sond bleibt nur „unberücksichtigt". Ein rechtskräftiges Urteil zw Erbansprechern u Staat bindet das NachlG im Rahmen seiner Rechtskr (s Übbl 2 vor § 2353). Es ist also im Verhältn der Prozeßparteien auch für das FeststellgsVerf maßg (BayObLG **69**, 184; Soergel/Stein Rz 3; s auch Staud/Otte/Marotzke Rz 15–17). – Die Dreimonatsfrist des **II** ist nicht abzuwarten, wenn überh keine Anmeldg bis zum FeststellsBeschl erfolgt war (KGJ **36** A 67). – Keine Haftg des Fiskus als Erben für Auslagen des Erbenaufgebots (KostO 12; BayObLG Rpfleger 70, 181).

1966 **Rechtsstellung des Fiskus vor Feststellung.** Von dem Fiskus als gesetzlichem Erben und gegen den Fiskus als gesetzlichen Erben kann ein Recht erst geltend gemacht werden, nachdem von dem Nachlaßgerichte festgestellt worden ist, daß ein anderer Erbe nicht vorhanden ist.

1) Der Staat soll den Nachl nicht an sich ziehen, bevor sein **gesetzliches** ErbR nach §§ 1964, 1965 festgestellt ist. So lange ist er aber auch gg Inanspruchnahme geschützt. Ist eingesetzter Erbe, so gelten die gewöhnl Vorschr der §§ 1942 I, 1958, 2014. – Das FeststellgsVerf gilt auch im Fall der §§ 46, 88 (Anfall des Vereins- od Stiftsvermögens); s Staud/Coing § 46 Rz 4.

Zweiter Titel. Haftung des Erben für die Nachlaßverbindlichkeiten

I. Nachlaßverbindlichkeiten

Einführung

Schrifttum: Raape, JhJ **72**, 293; Siber, Haftg für NachlSchulden 1937, 9ff; Zehner, Versicherungssumme u NachlInteressen AcP **153**, 424; Barella, Betr **59**, Beil 6; Krautwig, RhNK **67**, 178; Börner, Das System der Erbenhaftg. JuS **68**, 53, 108; Harder/Müller/Freienfels, Grundzüge der Erbenhaftg, JuS **80**, 876; Noack, Vollstreckg gg Erben, JR **69**, 8; Johannsen, Die Rechtsprechg des BGH auf dem Gebiet der ErbR. – 9. Teil: Die Erbenhaftg, WM **72**, 914/919; **77**, 270; Schröder, Zum Übergang inhaltl variabler Verpflichtgen auf den Erben, JZ **78**, 379; Hoepfner, Grundzüge d Erbenhaftg, Jura **82**, 169.

1) Haftung des Erben. Gemäß dem Grds der **Gesamtrechtsnachfolge** (§ 1922 I) haftet der Erbe für die NachlSchulden (§ 1967 I). Hins der **Art der Haftung** bestünden an sich mehrere Möglichk: Der Erbe haftet entw von vornherein unbeschränkt, also auch mit seinem eig Vermögen, kann aber die Haftg beschränken (und zwar entweder auf den Nachl od auf einen dem NachlWert entsprechenden Betrag) od er haftet von vornherein nur mit dem Nachl od bis zu einem dem NachlWert entspr Betrag, verliert aber unter gewissen Voraussetzgen diese Beschrkg.

a) Vorläufig unbeschränkt, aber beschränkbar haftet der Erbe nach der im G festgelegten Lösg. Seine Haftg „beschränkt sich auf den Nachlaß", wenn NachlVerw angeordnet od NachlKonk eröffnet wird (§§ 1974–1975; KO 214–235); gleiche Wirkg hat das NachlVerglVerf (VerglO 113 I Nr 4), s jedoch § 1975 Anm 4. Nachl u Eigenvermögen des Erben bilden dann zwei getrennte Vermögensmassen. Bei Dürftigk des Nachl kann der Erbe auch ohne diese Verfahren seine Haftg auf den Nachl beschränken (§§ 1990–1992). Der Erbe hat also ein **Beschränkungsrecht**. In der Beschränkg der Haftg für NachlSchulden sieht Schröder (aaO) eine Schuld-(Umfangs-)Beschränkg mit der Folge, daß die Schuld nun den Erben nur noch in seiner Eigensch als Inh des SonderVerm Nachl trifft. Auf die Beschrkg kann er (nicht der NachlPfleger, § 2012 I 3) verzichten. Er **verliert** es ggü allen NachlGläub durch Versäumg der InvFrist (§ 1994 I 2) oder InvUntreue (§ 2005 I 1), ggü einzelnen Gläub durch Eidesverweigerg (§ 2006). In diesen Fällen haftet er **endgültig unbeschränkbar**, was das G mit unbeschränkter Haftg bezeichnet.

b) Prozessuales. Der als Erbe des Schuldners Verurteilte kann die HaftgsBeschrkg nur geltd machen, wenn sie im Urt vorbehalten ist (ZPO 780; BGH NJW **54**, 635; BVerwG NJW **56**, 805). Der Antr ist grdsätzl in den Tatsachenrechtszügen zu stellen, nicht erst im RevRechtszug (BGH NJW **62**, 1250); dies gilt nicht, wenn der zur Zahlg verurteilte Bekl erst nach Schluß der letzten Tatsachenverhandlg stirbt (BGH **17**, 69, aber auch BGH **54**, 204). Zur Geltdmach im Verf über den Grd des Anspr od im BetragsVerf s SchlHOLG SchlHAnz **69**, 231. Zur Übern des Vorbeh in den KostenfestsetzgsBeschl s KG NJW **64**, 1330, MDR **81**, 851; Hamm Rpfleger **82**, 354; auch KG Rpfleger **76**, 187 (Haftg für Kosten eines Proz üb eine NachlVerbindlichk auch im Fall der KonkEröffng, wenn Urt neben Vorbeh nach ZPO 780 enthält). Zur Geltmachg der vorbehaltenen beschr Erbenhaftg für Gerichtskosten s KG Rpfleger **64**, 385. Dazu auch Johannsen aaO 920 f. Die Kompetenzabgrenzg zw Erkenntn- u VollstreckgsVerf in den Fällen von ZPO 780; 785 behandelt K. Schmidt JR **89**, 45.

c) Haftungsvereinbarung. Der Erbe kann, ebso wie er auf die Haftgsbeschrkg verzichten kann, diese auch durch Vereinbarg mit den Gläub herbeiführen (RG **146**, 346; Molitor JhJ **69**, 291 ff; vgl auch Anm 2 aE zu § 1975).

2) Aufgebot, Inventar. Um sich Klarh über die NachlSchulden zu verschaffen, kann der Erbe ein **Aufgebot** der NachlGläub herbeiführen (§§ 1970–1974). Er kann ferner von den Gläub zur Einreichg eines **Nachlaßverzeichnisses (Inventar)** gezwungen werden (§§ 1993–2013), wobei zB Säumn die unbeschränkb Haftg herbeiführt. Solange letzteres nicht der Fall ist (§ 2016 I), wird ihm währd der ersten 3 Monate nach ErbschAnnahme eine gewisse – allerdings durch ZPO 305, 782, 783 stark beschränkte – Schonfrist zur Überlegg gewährt, ob er von seinem BeschrkgsR Gebr machen will od nicht (§§ 2014, 2017).

3) Sonderfälle. Die Haftg mehrerer Erben wird erst in §§ 2058–2063 behandelt, die des Nacherben in §§ 2144 ff, des Erbschaftskäufers in §§ 2382 ff. Über Haftg des nichtverwaltungsberechtigten Ehegatten bei Gütergemeinschaft für ErbschSchulden, wenn er die Erbsch als Vorbeh- od Sondergut erwirbt, s § 1439.

4) Geschäftsschulden regeln HGB 25 III; 27 I, II; 139. – S dazu aus der Rspr: BGH **30**, 391; NJW **61**, 1304 (Haftg des Erben eines Handelsgeschäfts bei dessen Fortführg im gerichtl VerglVerf); BB **65**, 968 (Haftg eines ausgeschiedenen MitE für neuerwachsene Verbindlichk der Firma), NJW **71**, 1268 mAv Schwerdtner JR **71**, 420; NJW **76**, 848 (zu HGB 176 II, Haftg bei Erwerb eines KommAnteils im Erbweg); BGH Betr **81**, 2165 (Haftg des Erben eines persönl haftden Gesellsch einer KG). – Ferner Hueck ZfHK **108**, 1 ff; Dempewolf Betr **60**, 80; Mattern BWNotZ **60**, 166; Krabbenhöft Rpfleger **57**, 158; Heinen RhNK **62**, 153, Säcker ZGR **73**, 261. Die Haftg des Alleinerben eines GmbH-Gesellschafters für NachlVerbindlichk ggü der GmbH bestimmt sich nach BGB (s Däubler, Vererbg des Geschäftsanteils der GmbH 1965, S 12 ff). Über Haftg des TV bei Verwaltg des HandelsGesch s Haegele/Winkler, Der TV, Rz 317 ff.

5) Der Erbersatzanspruchberechtigte (§§ 1934 a) haftet nicht für NachlVerbindlichk. Er ist selbst NachlGläub.

6) Geldstrafen dürfen in den Nachl des Verurteilten nicht vollstreckt werden (StPO 459 c III). Auch darf nach OWiG 101 eine Geldbuße nicht in den Nachl des Betroffenen vollstreckt werden. S auch AO 45 I 2. Nach StPO 465 III haftet der Nachl nicht für die VerfKosten, wenn ein Verurteilter vor Rechtskr des Urt stirbt (dazu Kleinknecht/Meyer StPO 465 Rz 12).

7) Für die Kosten der in KostO 6 bezeichneten Gesch des NachlG haften nur die Erben nach den Vorschr über NachlVerbindlk (s Düss Rpfleger **68**, 98); über ZahlgsPfl für gemschaftl ErbSch s Stgt Just **78**, 76.

8) Kosten der Sozialhilfe. Die ErsatzPfl des **Erben** hierfür gehört zu den NachlVerbindlichk; er haftet nur mit dem Nachl (BSHG 92 c II); s auch BSHG 92 a II (dazu AG Düren DAV **80**, 730) u auch die gleichart Vorschr in KonsG 5 V, 6 II 1; s ferner SGB – Allg Teil – Art I 57 II u dazu Schmeling MDR **76**, 807/811; MüKo/Siegmann Rz 8, 9 vor § 1967.

1967 *Erbhaftung.*
I Der Erbe haftet für die Nachlaßverbindlichkeiten.
II Zu den Nachlaßverbindlichkeiten gehören außer den vom Erblasser herrührenden Schulden die den Erben als solchen treffenden Verbindlichkeiten, insbesondere die Verbindlichkeiten aus Pflichtteilsrechten, Vermächtnissen und Auflagen.

1) Nachlaßverbindlichkeiten sind sowohl die Erblasserschulden als auch die Erbfallschulden (II). Dazu gibt es Verbindlichk, die sowohl NachlVerbindlichk wie EigenVerbindlichk des Erben sind (Anm 2). Über die Art der Haftg s Einf 1 vor § 1967.

a) Erblasserschulden sind die „vom Erblasser herrührenden Schulden", soweit sie nicht mit dem Tod des Erblassers erlöschen (§ 1922 Anm 4), also gesetzliche, vertragliche und außervertragliche Verpflichtungen (Kauf, Miete, unerl Hdlg), auch wenn die Folgen erst nach dem Erbfall eintreten (RG HRR **42** Nr 522). Dazu gehören zB: **Eintragungsbewilligung** des Erbl (BGH 48, 351). − **Steuerschulden** (s Kröger BB **71**, 647; AO 45). − Verpflichtg des Erben eines Beamten zur Rückzahlg von überbezahltem Ruhegehalt (BVerwG MDR **71**, 748). − In der Pers des Erbl entstandene **Prozeßkosten**. War dem Erbl Prozeßkostenhilfe bewilligt gewesen, entsteht für den Erben bei Aufnahme des Zivilprozesses zwar die VerfGebühr neu; für bereits angefallene SachverständKosten haftet er jedoch ebso wie vor dem Erbfall, von davon nach ZPO 122 I Nr 1 a befreite Erbl (Düss MDR **87**, 1031; str). Wg der nach dem Erbfall entstandenen Kosten s Anm 2. − Die VermAbgabeschuld beim Lastenausgleich (BGH 14, 368; BFH NJW **65**, 1736; BayObLG **56**, 231, wobei nach LAG 71 neben dem Erben auch die VermNehmer u die Auflagebegünstigten in Höhe der Bereicherg haften). − **Schulden** eines verstorb **Gesellschafters** wg unzulässiger Entnahme aus dem GesellschVerm (BGH **LM** § 115 HGB Nr 1). − Auch Verpflichtg zur Abgabe von **Willenserklärung** od **Auskunftserteilung** (RG HRR **33** Nr 569). − Hierher gehören auch **Unterhaltsansprüche** (§ 1586b); der UnterhAnspr nach Art 10 I 2 NehelG mit § 1712 aF (BGH FamRZ **75**, 410); Anspr auf den öff-rechtl **Versorgungsausgleich** (§ 1587e IV mit Anm 5 hierzu; beim schuldrechtl endet der Anspr mit Tod des Ausgleichsrente (§ 1587g k) grdsl mit dem Tod des Ausgleichspflichtigen; für die Zeit davor können aber noch Anspr gg die Erben bestehen (BGH FamRZ **89**, 950). − ErblSchuld ist auch die Verpflichtg zum **Zugewinnausgleich** nach § 1371 I, II, die im Rang den gewöhnl NachlVerbindlichk gleichsteht, also nicht unter KO 226 II fällt (bestr; s Reinicke Betr **60**, 1267). Dagg erwächst aus einer **nichtehelichen** LebensGemsch als solcher keine ErblSchuld (BFH NJW **89**, 1696), es sei denn, daß die Partner vertragl Anspr begründet hatten od daß ein **Bereicherungsanspruch** gegeben ist; für diese haften die Erben auch sonst (Schröder JZ **78**, 379/383). − Die auf den Erben übergegangene Haftg des Erbl für künftige Inanspruchn, zB aus **Bürgschaft** (BGH WM **76**, 808). − Ferner der wirks vereinb od rechtskr zuerkannte **Erbausgleich** (§ 1934d). − Es genügt Setzg der Ursache eines erst nach dem Erbfall eingetretenen Ereignisses (Boehmer JW **38**, 2634: „zwischen zwei Rechtsleben entstandene Verbindlichkeit"); der Erbe tritt also auch in vom Erbl begründete **schwebende Rechtsbeziehungen** ein, auch wenn die Verpfl erst nach dessen Tod (zB dch Eintritt einer Bedingg, Zeitbestimmg) in Kraft tritt (BGH **68**, 152; RGRK Rz 5; § 1922 Anm 3h). − Der Erbe haftet auch für eine Verbindlichk des Erbl, die dch Aufnahme in ein **Kontokorrent** u die nachfolgenden Saldoanerkenntnisse als EinzelFdg erloschen ist (BGH WM **64**, 881); Haftg des Bürgenerben (Ffm OLGZ **71**, 46). − Schließl für **öffentlich-rechtliche Erstattungsansprüche** (Klink SozSich **66**, 199), zB ErsatzAnspr des Trägers der Sozialhilfe (dazu Einf 8 vor § 1967). Über öffentlichrechtl **Verbindlichkeiten** s BGH NJW **78**, 2091; § 1922 Anm 8.

b) **Erbfallschulden** sind „die den Erben als solchen" treffenden Schulden, die aus Anlaß des Erbfalls entstehen. Das sind zB: Verbindlichk aus **Erbersatzansprüchen** (§ 1934b II); **Pflichtteilsrechten** (§§ 2303ff), auch PflichtErgAnspr (BGH **80**, 206 mAv Zopfs **LM** § 1922 Nr 12); **Vermächtnissen** (§ 2174, s BayObLG **82**, 20/27) und **vermächtnisähnlichen** Anspr (Voraus, § 1932; Dreißigster, § 1969; Anspr der Abkömml auf Ausbildungsbeihilfe nach § 1371 IV; letzteres str, aM Boehmer, Johannsen FamRZ **61**, 48, 164; vgl § 1371 Anm 3), Ansprüche nach § **1963**. − **Kosten** der standesgem Beerdigg (§ 1968, Mü NJW **74**, 704); der TodesErkl (VerschG 34 II, 40); der gerichtl Sicherg des Nachl u der TestEröffng . − **Altenteilsrechte** (BGH **8**, 217). − Ferner die **Erbschaftsteuer** (ErbStG 9 I, 20). − Verbindlichk aus wirksamen (s. u.) RHdlgen eines **Nachlaßpflegers** (-Verwalters, KO 224) od des TestVollstr (RG **60**, 30) sowie deren Gebühren (NachlKosten u NachlVerwaltgsschulden, vgl Lange/Kuchinke § 49 IV; Erman/Schlüter Rz 7). − **Keine** NachlVerbindlichk sind Anspr auf Rückzahlg nach dem Tod des Erbl gezahlten Altersruhegelds (s KG FamRZ **77**, 349), sie können aber NachlErbenschulden sein (Anm 2; § 2058 Anm 1). − Durch genehmiggpfl, aber nicht genehmigte Geschäfte eines NachlPflegers werden NachlVerbindlichk nicht begründet (Hbg NJW **52**, 938). Über Entstehg von NachlVerbindlichk bei Schäden dch NachlSachen (zB gem §§ 833, 836) s Weimar MDR **71**, 369.

2) **Nachlaßerbenschulden.** Sie entstehen aus RHdlgen des Erben anläßl des Erbfalls u führen grds zu **Eigenschulden**, für die der Erbe aus seinem Vermögen haftet wie jeder andere, der durch RGesch eine Verbindlichk eingeht (Köln NJW **52**, 1145). Wenn aber das RGesch irgendwie mit dem Nachl od Erbfall zu tun hat, zur Abwicklg des Nachl gehört (BGH **32**, 60), kann nach außen sowohl eine Nachl- wie eine Eigenverbindlk entstehen. Dann haften im Außenverhältnis Nachl- und Eigenvermögen gewisserm gesamtschuldnerisch; richtiger spricht man von einem einheitl Schuldverhältn mit doppeltem HaftgsGgst im Falle der Haftgssonderg (Erman/Schlüter Rz 9 mN). Im Innenverhältnis gilt § 1978 III: ErsatzAnspr des Erben gg den Nachl. − Praktisch bedeutsam ist dies, wenn es zu NachlSonderg kommt (zB dch NachlVerwaltg).

a) **Nachlaßverbindlichkeit** liegt vor, wenn die Verbindlichk vom Standpkt eines sorgfältigen Verwalters in ordnungsgem Verwaltg des Nachl eingegangen ist; dabei kommt es nicht entscheidend darauf an, ob die Verbindlichk ausdrückl für den Nachl übernommen od die Beziehg zum Nachl dem GeschGegner erkennb ist (RG **90**, 95; BGH **32**, 60); s auch BGH **38**, 193; WM **73**, 362; Ffm BB **75**, 1319 (NachlAbwicklg eines HandwerksBetr, Kosten, die Erben dch Auflösg eines Gesch des Erbl entstehen); BGH WM **77**, 270; Düss OLGZ **78**, 323 (Verneing einer NachlVerbindlk). Dabei können die Grdsätze über Haftg aus Anscheinsvollmacht Anwendg finden, wenn die Geschäfte eines vom Erbl hinterlassenen Handwerksbetriebs abschließt (BGH **LM** § 2032 Nr. 2). Nimmt der Erbe einen dem Erbl von einer Bank eingeräumten Kredit weiter in Anspr, so handelt es sich um eine ErblSchuld, aber auch um eine NachlErbenschuld (Brox § 37 V 1). NachlErbenschuld ist auch der Anspr auf Rückforderg von irrtüml nach dem Tod des Berecht an die Erben gelangten RentenZahlgen (BGH **71**, 180; **73**, 202; § 2058 Anm 1; aM KG FamRZ **77**, 349). − Auch für den **Nacherben** sind vom VorE begründete Schulden aus ordnungsmäßiger Verwaltg des Nachl NachlVerbindlichk (BGH **32**, 60), es sei denn, daß erkennb nur persönl Haftg des VorE bestehen sollte (RGRK Rz 12).

b) **Eine Vereinbarung** des Erben (mag eine NachlVerbindlichk vorliegen od nicht) **mit dem Gläubiger,** daß seine Haftg auf den Nachl od auf sein Eigenvermögen **beschränkt** sein solle, ist mögl (RG **146**,

346), s Ffm WM **65**, 659 (Wechselverbindlichk als NachlErbenschuld). Für die Beschrkg der Haftg auf den Nachl genügt es, wenn der Erbe zum Ausdruck bringt, er handle nur für den Nachl, u der and Teil darauf eingeht: Vertr im Rahmen der Fortsetzg des Betriebs eines vom Erbl geführten HandelsGesch unter dessen Firma (BGH BB **68**, 769); s auch Johannsen aaO 919; Ffm BB **75**, 1319 (HandwBetr). – Aus schuldh Verw des Nachl (§§ 1978–1980), also für NachlFdgen (§ 1978 II) haftet der Erbe **ohne Beschränkung** (§ 1978 Anm 4), ebso der **Vorerbe** aus Eigenverbindlichk (s RG **112**, 131 und § 2145).

3) Für Forderungen des Erben gegen den Erbl od aus Aufwendungen haftet der Nachl, denn der Erbe kann sich nicht selbst haften (§§ 1976; 1991 I, II; 1978 III; KO 224, 225).

1968 *Beerdigungskosten.* Der Erbe trägt die Kosten der standesmäßigen Beerdigung des Erblassers.

Schrifttum: Gaedke, Handbuch des Friedhofs- u Bestattungsrechts, 5. Aufl 1983; – Berger, Die Erstattg der Beerdiggskosten, Diss Köln, 1968; – Englert, Todesbegriff u Leichnam als Element des TodesR, 1979.

1) Die Kosten der Beerdigung treffen den Erben, im Fall einer Mehrh von Erben die ErbenGemsch (BGH NJW **62**, 791). Sie gelten als NachlVerbindlichk, auch iS von KostO 107 II 1 (KG Rpfleger **80**, 79) u sind Masseschuld (KO 224 Nr 2). Soweit die Kosten vom Erben nicht zu erlangen sind, haften subsidiär bei Tod eines UnterhaltsBerecht die UnterhPflichtigen (§ 1615 II; dazu Dieckmann FamRZ **77**, 161/165). Entsprechendes gilt für den Vater bei Tod der nichtehel Mutter infolge Schwangersch od Entbindg (§ 1615 m). – Die Kosten der Beerdigg eines Vorerben treffen nicht den Nacherben (Celle HRR **41** Nr 127). – Auch die **Feuerbestattung** ist standesmäßige Beerdigg (RG **154**, 270), vgl dazu FeuBestG v 15. 5. 34 (RGBl 380) u verschied LandesR. Die Standesmäßigk richtet sich nach der Lebensstellg des Erbl (§ 1610 I, Düss MDR **61**, 940; Berger aaO 43 ff). – Zu den **Kosten gehören** auch: die Ausgaben für die üblichen kirchl u bürgerl Feierlichkeiten; die Aufwendgen für das Grabmal sowie Erstanlage der Grabstätte (aber nicht Mehrkosten für Doppelgrab, BGH **61**, 238 mAv Kreft **LM** § 844 I Nr 2); Ausgaben für Trauerkleidg (s dazu Weimar MDR **67**, 980; Hamm DAR **56**, 217); für Todesanzeigen, Danksagungen; Verdienstausfall usw (RG **139**, 394; Hamm aaO); uU auch Kosten für Exhumier, Überführg u endgültige Bestattg (Karlsr NJW **54**, 720; Mü NJW **74**, 703). Dagg idR nicht Reisekosten von Angehörigen zum Beerdiggsort (BGH **32**, 72), es sei denn, daß das öff R den Angehörigen zur Beerdigg verpflichtet (Karlsr MDR **70**, 48). – Die **Grabpflege** ist nach RG **160**, 256 (zu § 844) nur sittl Pfl des Erben u keine RPfl (bestr). Nach ErbStG 10 V Nr 3 kann der Erbe allerd bei Ermittlg des steuerpflicht Erwerbs (s Einl 8d vor § 1922) die dch freiwill Grabpflege anfallenden Kosten mit ihrem Kapitalwert (BewG 13 II: 9-facher Jahreswert) absetzen, sofern sie nicht schon dch die Pauschale von insgesamt 10000 DM für alle Beerdiggskosten (ErbStG 10 V) mit abgegolten sind. In einem noch vom Erbl abgeschlossenen GrabpflegeVertr üb die gesamte Ruhezeit für seine Grabstätte kann das KündiggsR mit bindender Wirkg für die Erben ausgeschlossen werden (Karlsr 11 U 154/88); ist von ihm einmalig zu leistende Vorauszahlg unangemessen hoch, kann der Vertr wg Sittenwidrigk nichtig sein (LG Mü I NJW-RR **89**, 197: Gesamtzahlg für 40 Jahre ohne Berücksichtgg einer Kapitalisierg).

a) Einen Ersatzanspruch gg den **Erben** begründet § 1968, wenn der BestattgsBerecht (s Anm 2) zunächst die Beerdiggskosten übernommen hat, ohne Erbe geworden zu sein. Hat ein beliebiger Dritter die Bestattg veranlaßt, ohne daß ihm die Bestattgssorge obliegt, ist er auf Anspr aus GoA angewiesen (Widmann FamRZ **88**, 351). Ebso steht kein Anspr aus § 1968, sond ein vertragl dem zu, der aGrd rechtsgeschäftl Verpfl tätig wird, also zB dem hierzu vom Erben od NichtE beauftragten gewerbl Bestattgsunternehmer. – Der ErsatzAnspr ist NachlVerbindlk.

b) Andere Ansprüche können neben § 1968 auf Ersatz der Aufwendgen für Beerdiggskosten entstehen, zB aus Vertr; GeschFg ohne Auftr; ungerechtf Ber; gem § 844 I (BGH **61**, 238; Düss MDR **73**, 671: Umfang der Kosten); § 2022 II. – Vom Erben abgeschl Vertr über die Beerdigg des Erbl begründen für diesen auch eine Eigenverbindlkeit (Staud/Marotzke Rz 13).

2) Recht der Totenfürsorge. Neben der öff-rechtl Bestattgspflicht (s BVerwG **11**, 68; **17**, 119) besteht das private Recht der Totenfürsorge, das die Bestimmg über den Leichnam, die Art der Bestattg u die Auswahl der letzten Ruhestätte umfaßt. Dieses gewohnheitsrechtl anerkannte Recht (KG FamRZ **69**, 414) ist in familienrechtl Beziehgen begründet (RG **154**, 271) u obliegt desh nicht dem Erben als solchen, sond den **nächsten Angehörigen** (BGH **61**, 238; BayVerfGE **28**, 136; Ffm NJW-RR **89**, 1159; LG Mü I FamRZ **82**, 849; s auch Kiessling NJW **69**, 533). Es stellt ein sonst Recht iS von § 823 II dar u setzt sich als AbwehrR gg Beeinträchtiggen fort (Kiel FamRZ **86**, 56).

a) Bestattungsort und **Bestattungsart** (Erd- od Feuerbestattg) bestimmen sich in erster Linie nach dem ausdrückl od mutmaßl Willen des Verstorbenen, der formlos od auch in TestForm zum Ausdr gebracht sein u auch widerrufen werden kann (für Feuerbestattg sind allerd die Vorschr des FeuBestG 2, 4 zu beachten; dazu Reimann NJW **73**, 2240). Die Angehör haben diesen Willen zu beachten (KG FamRZ **69**, 414; Ffm NJW-RR **89**, 1159; LG Mü I FamRZ **82**, 849). Läßt er sich nicht ermitteln u fehlt jede Äußerg, entscheiden darüber die nächsten Angehör (s oben). Unter denen hat der Ehegatte des Verstorbenen ein VorR vor den übr Verwandten (RG **154**, 269; Schlesw NJW-RR **87**, 72), ebso der Inhaber des PersonensorgeR eines verstorbenen minderj Kindes (Paderborn FamRZ **81**, 700). – Auch die Fragen der **Umbettung** der Leiche bzw Urne sowie der **Exhumierung** entscheiden sich nach dem ausdrückl od mutmaßl Willen des Verstorbenen aGrd seines fortwirkenden PersönlichkRs (BGH aaO; Schlesw aaO). Die Angehör sind dazu nur bei Vorliegen besond Umstände berechtigt (KG aaO), sofern nicht die Achtg der Totenruhe entggsteht (s dazu Schlesw aaO unter Aufhebg von Kiel FamRZ **86**, 56). – Die Bestimmg über Bestattgsart u -ort od Umbettg ist keine Verwaltungshandlung im Sinne der §§ 2038, 745; diese Vorschr können für die Entsch der Angeh auch nicht entspr angewendet werden (RG **100**, 173; Staud/Werner § 2038 Rz 5; aM Baumann FamRZ **58**, 281). Hinsichtl der RVerhältnisse bei einem „Wahlgrab" vgl Beyer NJW **58**, 1813; bei einem Erbbegräbn OVG Münster RdL **65**, 162, BGH **25**, 200; über Nutzg von BegräbnPlätzen s auch Art 133 EG Anm 1, Gaedke aaO 163ff. Zur Zulässigk eines Privatgrabs s Katzler NVwZ **83**, 662.

b) Grabmal. Auch bei seiner Auswahl u Beschriftg haben die Angeh in erster Linie den Willen des Verstorbenen zu berücksichtigen; im übr ist nach allg Herkommen u den sittl Anschauungen zu verfahren (Gaedke aaO 116). Zur HandlgsFreih bezügl der Gestaltg des Grabsteins s BayVerfGH aaO; zur Versetzg des Grabkreuzes LG Mü I aaO; zum Anspr des Ehemannes, dass nach dem Tod seiner Ehefr der gemeins Familiennamen auf deren Grabstein anzuführen, AG Opladen FamRZ **68**, 205. – Das Eigentum an der **Urne** gibt der TotensorgeBerecht regelmäß im Rahmen des Bestattgsvorgangs auf (Kiel FamRZ **86**, 56).

c) Über Leichenöffnung siehe §§ 159, 87 StPO, Nr 28ff RiStV, FeuerBestG 3 II Nr 2; inwieweit die Angeh bei gerichtl Anordng einer Obduktion zu hören sind, hat das Ger nach pflichtgem Ermessen zu entsch (s Struckmann NJW **64**, 2244; Koch NJW **65**, 528). – Zur **Organentnahme** s § 1922 Anm 4b. S ferner auch Gucht, Zur Sektionsklausel in den Aufnahmebedinggen der Krankenhäuser JR **73**, 234; Zimmermann, Gesellsch, Tod u mediz Erkenntn, NJW **79**, 569.

d) Bei Streit über Bestattgsart u -ort, Bestimmg der Grabinschrift, Umbettg der Leiche od Exhumierg entscheidet das ProzG (RG **108**, 219, LG Detmold aaO, KG FamRZ **69**, 414, Übbl 4b vor § 90), ebso bei Streit üb Kosten zw Eltern für Bestattg d Kindes (SchlHOLG SchlHA **81**, 67; Paderb FamRZ **81**, 700); siehe aber für die Feuerbestattg FeuBestG 2 IV u zum Bereich des VerwRechtswegs OVG Münster RdL **65**, 162, VerwG Arnsberg FamRZ **69**, 416, Hess StaatsGerH JR **69**, 436, BVerwG NJW **74**, 2018 (Bestattg auf PrivatGrdSt).

3) Der Hofübernehmer hat auch ohne ausdrückl Bestimmg die Beerdiggskosten für den Übergeber u seinen Eheg jedenf dann zu tragen, wenn der Hof das Hauptvermögen darstellte u das Altenteil die vollständ Versorgg des Übergebers u seines Eheg sichern sollte (SchlHOLG RdL **63**, 154). Wird in einem **Übergabe- und Altenteilsvertrag** freie u standesgem Beerdigg versprochen, gehört dazu grdsätzl auch Setzg eines Grabmals, das den wirtschaftl Verhältn des Hofes entspricht, Celle RdL **68**, 74 (dort auch zur Verwirkg).

4) Sozialhilferecht. Nach BSHG 15 sind die erforderl Kosten einer Bestattg zu übernehmen, soweit dem hierzu Verpflichteten nicht zugemutet werden kann, die Kosten zu tragen. Hiernach ist zur Kostenübernahme der Sozialhilfeträger örtl zust, in dessen Bereich der BestattgsOrt liegt (BSHG 97 I Nr 2). Ansprberecht ist der Erbe, evtl der UnterhPflichtige, s Jehle ZfF **66**, 34; Berger aaO 116ff. – Dem Dienstherrn des getöteten Beamten steht in Höhe des nach BeamtVG 18 zu zahlende Sterbegeldes der Rückgr auf den Anspr gg den Schädiger zu Ers der BeerdiggsKosten zu (BGH FamRZ **77**, 246).

5) Weitere Sondervorschriften enthalten SeemannsG 75 II, 78 I, RVO 487 III.

1969 *Dreißigster.* [I] Der Erbe ist verpflichtet, Familienangehörigen des Erblassers, die zur Zeit des Todes des Erblassers zu dessen Hausstande gehört und von ihm Unterhalt bezogen haben, in den ersten dreißig Tagen nach dem Eintritte des Erbfalls in demselben Umfange, wie der Erblasser es getan hat, Unterhalt zu gewähren und die Benutzung der Wohnung und der Haushaltsgegenstände zu gestatten. Der Erblasser kann durch letztwillige Verfügung eine abweichende Anordnung treffen.

[II] Die Vorschriften über Vermächtnisse finden entsprechende Anwendung.

1) Anspruchsberechtigter. Der Anspr auf den Dreißigsten steht den **Familienangehörigen** (zu denen auch Pflegekinder gehören; nach Düss NJW **83**, 1566 auch die Lebensgefährtin; aA Steinert NJW **86**, 686) zu, die zum **Hausstande** (§ 1619) gehören, also wg ihrer persönl Beziehgen zum Erbl u ihrer tatsächl Aufn in die FamGemeinsch als zu ihr gehörig angesehen werden (Staud/Marotzke Rz 4–6) und außerd **Unterhalt** bezogen haben (ohne Rücks darauf, ob hierzu eine Verpflichtg des Erbl bestand). Hausangestellte scheiden hier aus, da sie keinen Unterh beziehen (s Müller/Freienfelds JuS **67**, 127); idR auch ein nach Trenng in Scheidg lebder Eheg (str; aA Soergel/Stein Rz 2). Dagg gehört der mit dem Erbl in häusl Gemeinsch lebende Lebensgefährte zu den AnsprBerecht (Düss NJW **83**, 1566; MüKo/Siegmann Rz 2; Soergel/Stein Rz 2 mN; str).

2) Der Anspruch wird wg der entspr Anwendg des VermächtnRs **(II)** oft als „gesetzl" Vermächtn bezeichnet, obwohl es solche nicht gibt (s Einf 1b vor § 2147; § 1932 Anm 4). Er ist in Natur u im bish Umfang zu erfüllen, falls nicht vorherige Haushaltsauflösg erforderl wird (dann Geldansprüche; s § 1612 I 2). Durch letztw Vfg **(I** 2) kann der Erbl den Dreißigsten erhöhen (insoweit reines Vermächtn), verringern od ausschließen. Vor Ann der Erbsch ist notf ein Pfleger (§§ 1958, 1960 III) zu bestellen; nach Ann keine aufschiebende Einr nach § 2014. Der Erbe kann die Haftg nicht beschränken. Durch Aufgebot wird jedoch der Anspr nicht betroffen (**II**, § 1972). Kein Anspr besteht für die Vergangenh (§ 1613). Verzicht ist nach dem Erbf (entgg § 1614) mögl, da auch reine Vermächtn ausgeschlagen werden können (Staud/Marotzke Rz 14; aM RGRK Rz 6). – Der Anspr ist grdsätzl **nicht übertragbar** u **unpfändbar** (§§ 399, 400, ZPO 850b I Nr 2, II, 851; RGRK Rz 6). Er unterliegt damit dem Aufrechnungsverbot des § 394 u dem Ausschluß des ZurückbehaltgsR (§ 273; Dütz NJW **67**, 1107). – Der Anspr nach § 1969 ist nicht Verm iS des § 1371 II.

II. Aufgebot der Nachlaßgläubiger

1970 *Aufforderung zur Anmeldung.* **Die Nachlaßgläubiger können im Wege des Aufgebotsverfahrens zur Anmeldung ihrer Forderungen aufgefordert werden.**

1) **Das Aufgebot** soll dem Erben Aufschluß über den Stand des Nachl u die Höhe der NachlVerbindlichk geben, ihm die Entschließg über Beantragg der NachlVerw od des NachlKonk u die Errichtg eines ordngsgem Inv (§ 2001) ermöglichen und ihn gg unbekannte NachlGläub sichern (§ 1973). Außerdem soll es dem Erben, NachlPfleger, NachlVerwalter und TestVollstr die Unterlagen zur Verteilg der Masse an die Gläub verschaffen. – Die **Dreimonatsfrist** des § 2014 verlängert sich nach Maßg des § 2015 bis zur Beendigg des Aufgebotsverfahrens, so daß der Erbe nicht in Verzug kommt u im Prozeß den Vorbeh der beschränkten Haftg geltd machen kann (ZPO 305, 782). Zugleich ergibt sich daraus, daß das Aufgebot **keine Haftungsbeschränkung** herbeiführt. Für den MitE s auch § 2045 und die Besonderh in § 2060 Nr. 1.

2) **Vom Aufgebot betroffen** werden **alle Nachlaßgläubiger** (Ausn s. u.), auch auswärtige, mögen sie dem Erben bekannt sein, gg ihn od den Erbl einen Titel haben od nicht, sofern ihnen zu Beginn der Aufgebotsfrist (ZPO 994, 950) eine NachlFdg zustand. Der antragstellende Erbe, der selbst eine NachlFdg hat (§§ 1978 III, 1991 I, KO 225 II, III), braucht nur anzumelden, wenn das Aufgebot vom NachlVerw od TestVollstr beantragt ist od einem anderen MitE (ZPO 997) zustatten kommt. – **Nicht betroffen** werden: der in §§ 1971, 1972 genannte Personenkreis; ferner EigenGläub des Erben (RG **92**, 344); auch nicht Fdgen gg den Nachl, die erst nach Erlaß des AusschlUrt oder die durch RHdlgen des NachlPflegers od TestVollstr nach Erlaß des Aufgebots entstanden sind (Erman/Schlüter Rz 3, bestr; aA, Veröffentlichg maßgebl, Soergel/Stein Rz 4 mN).

3) **Das Aufgebotsverfahren** ist in ZPO 989–1000; 946–959 geregelt. **Zuständig** ist das NachlG (ZPO 990; FGG 73; RPflG 20 Nr 2; EG 147), das durch Ausschlußurteil (ZPO 952, 957) entscheidet.

a) **Antragsberechtigt** ist jeder Erbe (ZPO § 991 I, III) nach Annahme der Erbsch, sofern er nicht bereits unbeschränkb haftet, § 2013 I (Ausnahme bei MitE, ZPO 997); NachlPfleger, -Verw; TestVollstr auch bei Ann der Erbsch (ZPO 991 II, III; ZVG 175 II) u der ErbschKäufer (ZPO 1000). Ob NachlVerw u TestVollstr auch bei allg unbeschränkb Haftg des Erben noch antragsberecht sind, ist str, aber zu bejahen (Staud/Marotzke Rz 7; aM RGRK Rz 8; Soergel/Stein Rz 1). Gehört ein Nachl zum GesGut der GütGemsch, kann sowohl der Eheg, der Erbe ist, als auch der Eheg, der nicht Erbe ist, aber das GesGut allein od gemeins mit seinem Eheg verwaltet, das Aufgebot ohne Zust des anderen beantragen (ZPO 999). – **Keine Ausschlußfrist** besteht für den Antr. Daß aber der Aufgebotsantrag praktisch **binnen Jahresfrist** seit der ErbschAnn gestellt werden muß, ergibt sich aus § 2015 I, ZPO 782. Wenn Grd besteht, das Vorhandensein unbekannter NachlVerbindlichk anzunehmen, muß der Erbe oder NachlVerw bei Vermeidg der SchadErsPfl den Antr unverzügl stellen (§§ 1980 II 2, 1985 II 2). – Dem Antr ist ein **Verzeichnis** der bekannten Gläub beizufügen (s ZPO 992, 944 II); hat der Erbe schuldh die Aufnahme eines bekannten Gläub in das Verzeichn unterlassen, macht er sich schadensersatzpflichtig u kann ihm gg die Einrede nach § 1973 nicht geltend machen (Soergel/Stein § 1973 Rz 2). – Bei NachlKonk (NachlVerglVerf) ist der Aufgebotsantrag mangels RSchutzbedürfnisses abzulehnen (ZPO 993); die ZwVerst geht jedoch weiter (ZVG 178 II). – Das Verfahren ist auch dann **einzustellen,** wenn das BeschrkgsR des Erben vor Erlaß des AusschlUrteils verlorengeht (Staud/Marotzke Rz 9) oder uU, wenn er den Aufgebotstermin versäumt (§ 2015 II).

b) **Die Kosten** des Aufgebotsverfahrens sind Nachlverbindlichk und im Konk Masseschulden (KO 224 Nr 4), da sie im Ergebn auch den NachlGläub zugute kommen.

4) **Zur Anerkennung** eines im **Ausland** ergangenen Ausschlußurteils bei deutschem Erbstatut od Durchführg eines Aufgebotsverfahrens im Inland bei ausländ Erbstatut s Pinckernelle/Spreen DNotZ **67**, 217.

1971 *Nicht betroffene Gläubiger.* **Pfandgläubiger und Gläubiger, die im Konkurse den Pfandgläubigern gleichstehen, sowie Gläubiger, die bei der Zwangsvollstreckung in das unbewegliche Vermögen ein Recht auf Befriedigung aus diesem Vermögen haben, werden, soweit es sich um die Befriedigung aus den ihnen haftenden Gegenständen handelt, das Aufgebot nicht betroffen. Das gleiche gilt von Gläubigern, deren Ansprüche durch eine Vormerkung gesichert sind oder denen im Konkurs ein Aussonderungsrecht zusteht, in Ansehung des Gegenstandes ihres Rechtes.**

1) **Allgemeines.** Es handelt sich hier um **dingliche** u den dingl gleichgestelle Anspr, die nicht (wie das AufgebotsVerf) den Nachl als Ganzes, sond nur einen bes NachlGgst betreffen. Diese Gläub brauchen ihre Fdgen nicht anzumelden u werden durch den Ausschl im AufgebotsVerf (§ 1973) nicht betroffen, „soweit es sich um die Befriedigung aus den ihnen haftenden Gegenständen handelt"; wohl aber müssen sie wg ihrer persönl AusfallFdgen (zB der persönl Anspr bei der Hyp) anmelden.

2) **Nicht betroffen** dch das Aufgebot (S 1) werden PfandGläub (§§ 1204, 1273; KO 48) und diesen nach KO 49 gleichstehende Absondergsberechtigte sowie Aussondergsberechtigte (KO 43ff) u in der ZwVerst Realberechtigte (ZVG 10) sowie Gläub, die kaufm Zurückbehaltsrechte an bestimmten Ggständen haben (HGB 369ff, Erm-Schlüter Rdz 1 e). Ist eine persönl NachlFdg mit einem dingl Recht an einem NachlGrdst verbunden, kann entspr dem AufgebotsVerf nach ZVG 175ff ZwVerst beantragt werden, um dem Erben die Feststellg zu ermöglichen, ob u inwieweit der Gläub sich aus dem Grdst befriedigen kann u der Erbe danach noch persönl für den Ausfall haftet. – Die **Vormerkung** (§ 883) ist hier den dingl Rechten gleichgestellt (S 2), da nach § 884 die Haftgsbeschrkg auch insoweit nicht geltd gemacht werden kann. Ob das

Vorrecht vor od nach dem Erbfall erlangt wurde, ist hier gleichgültig; anders bei der Einr (§ 2016 II) und im NachlKonk (KO 221).

1972 *Nicht betroffene Pflichtteilsrechte, Vermächtnisse und Auflagen.* Pflichtteilsrechte, Vermächtnisse und Auflagen werden durch das Aufgebot nicht betroffen, unbeschadet der Vorschrift des § 2060 Nr. 1.

1) Nicht betroffen dch das Aufgebot werden die sog **nachlaßbeteiligten Gläubiger** (Erm-Schlüter Rdz 1), da der Erbe das Bestehen von Verbindlichkeiten aus PflichttR, Vermächtn u Aufl idR dch Verküdg der Vfg vTw und eher als die Gläubiger kennen wird. Sie haben im Ggsatz zu den ausgeschl Gläub Ansprüche gg den Erben aus dessen Verwaltg (§§ 1978, 1979). Doch können sie nur durch Anmeldg die Teilhaftg des Miterben verhindern (§ 2060 Nr 1). Die Versäumungseinrede aus § 1974 kann auch gg sie erhoben werden (s § 1974 III). Bei der Befriedigg stehen sie ggü den übrigen NachlVerbindlichkeiten in mehrf Hins zurück (vgl §§ 1973 I 2, 1991 IV, KO 222, 226 II, IV, 228). § 1972 gilt auch für **Erbersatzansprüche** (§ 1934b II; Staud/Werner § 1934b Rz 36).

1973 *Ausschließung von Nachlaßgläubigern.* I Der Erbe kann die Befriedigung eines im Aufgebotsverfahren ausgeschlossenen Nachlaßgläubigers insoweit verweigern, als der Nachlaß durch die Befriedigung der nicht ausgeschlossenen Gläubiger erschöpft wird. Der Erbe hat jedoch den ausgeschlossenen Gläubiger vor den Verbindlichkeiten aus Pflichtteilsrechten, Vermächtnissen und Auflagen zu befriedigen, es sei denn, daß der Gläubiger seine Forderung erst nach der Berichtigung dieser Verbindlichkeiten geltend macht.

II Einen Überschuß hat der Erbe zum Zwecke der Befriedigung des Gläubigers im Wege der Zwangsvollstreckung nach den Vorschriften über die Herausgabe einer ungerechtfertigten Bereicherung herauszugeben. Er kann die Herausgabe der noch vorhandenen Nachlaßgegenstände durch Zahlung des Wertes abwenden. Die rechtskräftige Verurteilung des Erben zur Befriedigung eines ausgeschlossenen Gläubigers wirkt einem anderen Gläubiger gegenüber wie die Befriedigung.

1) Erschöpfungseinrede. Der Erbe, der bei Erlaß des Ausschlußurteils (ZPO 952) nicht bereits unbeschränkbar haftet (§ 2013 I), kann dem ausgeschlossenen NachlGläub als Urteilswirkg eine Einrede bes Art entgghalten, ohne die HaftgsBeschrkg der NachlVerw od des NachlKonk herbeiführen zu müssen. Es handelt sich um eine **außerordentliche Beschränkung der Haftung** (§ 2013 I 2), die bei §§ 1973, 1974 dem Erben auch noch dann zustatten kommt, wenn die unbeschränkt Haftg nach Erlaß des AusschlußUrt eintritt. Seine Haftg ggü den Ausgeschlossenen (§ 1973f) beschränkt sich auf den Nachlaßüberschuß (s Anm 2). Hins der Befugn der ausgeschlossenen Gläub, NachlKonk zu beantragen, vgl KO 219.

2) Der Überschuß (II 1) errechnet sich gem BereichergsGrdsätzen (§§ 818, 819) nach dem Aktivbestand des Nachl, dem die gezogenen Nutzgen u Surrogate **zuzurechnen** sind, ebso die beim Erbf erloschenen Verbindlichk u Lasten des Erben ggü dem Erbl. **Abzuziehen** sind umgekehrt die beim Erbf auf gleiche Weise erloschenen Fdgen u Rechte des Erben; dann vor allem die Fordergen (auch die erfüllten) der nicht ausgeschlossenen u der vom Aufgebot nicht betroffenen Gläub, ausgenommen die noch nicht befriedigten Ansprüche aus § 1972 (**I 2**); ferner die aus dem Nachl bereits befriedigten Fdgen anderer ausgeschlossener Gläub mit der Maßgabe des **II 3**; schließl alle Aufwendgen des Erben für den Nachl aus eigenem Vermögen (einschl, versteigernde, Soergel/Stein Rz 5). Wg eines AnfR s AnfG 3 a. – Maßgebl **Zeitpunkt** für den Umfang der Haftg ist der Erlaß des im RStreit mit dem Ausgeschlossenen ergehenden Urt od der Entscheidg über die gg seine Vollstreckg erhobene Einwendg (vgl RGRK Rz 16, der in letzterem Fall auf den Beginn der ZwVollstr abstellt), nicht aber dem Ztpkt der Geltdmachg (auf den es nur bei **I 2** ankommt).

3) Wirkung. Die Erschöpfgseinrede (die mit der DürftigkEinr des § 1990 nicht zu verwechseln ist) läßt die GläubFdg nicht erlöschen, sond macht sie nur **einredebehaftet**. Der Gläub kann daher mit ihr weiterhin gg NachlFdgen aufrechnen (§ 390 steht nicht entgg, weil selbst NachlKonk die entstandene Aufrechngslage unberührt läßt, MüKo/Siegmann Rz 2) od auf sie die Einrede des § 322 stützen. Im **Prozeß** ist sie vom Erben nachzuweisen u führt bei nachgewiesener NachlErschöpfg zur Klageabweisg als zZ unzulässig (Schlüter § 53 I 3d; vgl RG **137**, 54, BGH NJW **54**, 635). – Ihre Wirkg besteht also im wesentl darin, daß der Erbe die **Befriedigung** insow **verweigern** kann, als der Nachl dch Erfüllg der nicht ausgeschlossenen Fdgen erschöpft ist od wäre. Bei Überschuß beschränkt sich der GläubAnspr auf die im Nachl „noch vorhandenen" Ggstände (od deren Ersatz, BereichergsAnspr bei Zahlg des Erben an vermeintl NachlGläub usw), **II 1, 2**. Der Erbe hat (ähnl wie bei AnfG 7) die ZwVollstrs in diese Ggstände zu dulden; der Gläub kann zuvor vom Erben nach §§ 260, 261 Ausk und eidesstattl Vers verlangen (s auch 2006 Anm 2).

4) Abwendungsbefugnis, II 2. Auch die so bereits ggständl beschränkte ZwVollstr kann der Erbe (ebso bei § 1992 S 2) durch Zahlg des Schätzwertes, falls dieser hinter der Fdg des Ausgeschlossenen zurückbleibt, abwenden, wobei er die zur Befriedigg seiner eigenen ErsatzFdgen (s Anm 2c) erforderl Ggstände zurückbehalten kann, da sie nicht zum „Überschuß" gehören (RGRK Rz 22).

5) Vorbehalt im Prozeß. Die Einrede aus § 1973 ist verzichtb u geht durch Versäumg des Vorbehalts nach ZPO 780 I verloren (Ausn ZPO 780 II; RG **59**, 305), falls der Vorbeh nicht durch Urteilsergänzg (ZPO 321) od RMittel (uU auch noch in der RevInstanz, BGH **17**, 69, NJW **62**, 1250) nachgeholt wird. Der allg Vorbeh des ZPO 305, 780 I genügt (RG **83**, 330), auch wenn er versehentl nur in den Gründen steht (OLG **7**, 134). Vorbeh ist auch bei Klage auf Vollstreckungsklausel (ZPO 731) notw; nicht jedoch im Verfahren nach ZPO 727, da hier ZPO 781 Anwendg findet (Köln JW **32**, 1405; Zöller/Stöber ZPO 780 Rz 9).

§§ 1973–1975   5. Buch. 2. Abschnitt. *Edenhofer*

6) Zwangsvollstreckung. Führt die Erschöpfungseinrede nicht bereits zur Klageabweisg, muß der Erbe in der ZwVollstr die beschränkte Haftg einwenden (ZPO 781); hat er bereits unter dem Druck der ZwVollstr gezahlt, kann er Rückzahlg verlangen (§§ 813, 814; RG **64**, 244). Es muß also gem dem hier anwendb ZPO 784 nach ZPO 785 Gegenklage erheben (StJP/Münzberg I zu ZPO 784), wobei die Geltdmachg des allg Vorbeh (s Anm 5) ZPO 767 II ausschließt. Gegenüber vorbehaltsloser Verurteilg ist aber die Klage versagt.

7) Besonderheiten. Bei NachlVerw u NachlKonk kann der Ausgeschlossene nur dann auf Duldg der ZwVollstr klagen, wenn nach dem Teilgsplan feststeht, daß ein Überschuß nach Befriedigg der nicht ausgeschlossenen Gläub verbleibt (RG **61**, 221).

1974 *Versäumung.* ^I Ein Nachlaßgläubiger, der seine Forderung später als fünf Jahre nach dem Erbfalle dem Erben gegenüber geltend macht, steht einem ausgeschlossenen Gläubiger gleich, es sei denn, daß die Forderung dem Erben vor dem Ablaufe der fünf Jahre bekannt geworden oder im Aufgebotsverfahren angemeldet worden ist. Wird der Erblasser für tot erklärt oder wird seine Todeszeit nach den Vorschriften des Verschollenheitsgesetzes festgestellt, so beginnt die Frist nicht vor dem Eintritt der Rechtskraft des Beschlusses über die Todeserklärung oder die Feststellung der Todeszeit.

^{II} Die dem Erben nach § 1973 Abs. 1 Satz 2 obliegende Verpflichtung tritt im Verhältnisse von Verbindlichkeiten aus Pflichtteilsrechten, Vermächtnissen und Auflagen zueinander nur insoweit ein, als der Gläubiger im Falle des Nachlaßkonkurses im Range vorgehen würde.

^{III} Soweit ein Gläubiger nach § 1971 von dem Aufgebote nicht betroffen wird, finden die Vorschriften des Absatzes 1 auf ihn keine Anwendung.

1) Die Versäumungseinrede soll den Erben vor Nachteilen dch nachlässige od verhinderte Gläub schützen. Machen diese ihre Fdg erst nach Ablauf von 5 Jahren geltend, werden sie wie ausgeschlossene Gläub (§ 1973) behandelt. **Ausgenommen** sind säumige Gläub, die im AufgebotsVerf ihre Fdg angemeldet haben **(I 1)** od von dem Verf nach § 1971 nicht betroffen werden **(III)** od deren Fdg dem Erben vor Fristablauf bekannt wurde **(I 1)**. Die Vorschr hat auch Bedeutg, wenn ein AufgebotsVerf stattgefunden hat, näml ggü den vom Verf nicht betroffenen nachlaßbeteiligten Gläub des § 1972 u ggü **Neugläubigern**, deren Fdgen nach dem Ausschlußurteil od erst nach Fristablauf entstanden sind (str; s Soergel/Stein Rz 3), weil unerhebl ist, ob die Fdg geltend gemacht werden konnte; allerd wird dann meist der Erbe Kenntn haben od Nachlaßerbenschuld vorliegen. – **Voraussetzung** ist **völlige Säumnis** des Gläub; dies ist nur der Fall, wenn die Fdg auch nicht ggü NachlPfleger, -Verwalter, TestVollstr od vorläufigem Erben (der später ausgeschlagen hat) geltend gemacht wurde. – Bei geteiltem Nachl unter Miterben gilt § 2060 Nr 2. Die Säumniswirkg tritt nicht ein, wenn der Erbe noch vor Ablauf der Fünfjahresfrist sein HaftgbeschränkgsR verliert (§ 2013 I). Die Frist läuft auch ggü dem Nacherben (§ 2144 I 1).

2) Abs II. Da der Erbe die Verbindlichkeiten nach § 1972 regelm schon aus der Vfg vTw kennt, haben **II** und KO 226 IV 1 Halbs 2 wenig praktische Bedeutg.

3) Der Todeserklärung (I 3) ist jetzt die Feststellg der Todeszeit gleichgestellt (VerschG 39 ff). Die Entscheidungen ergehen dch Beschl u werden erst mit Rechtskr wirks (VerschG 29, 40, 49).

III. Beschränkung der Haftung des Erben

1975 *Nachlaßverwaltung; Nachlaßkonkurs.* Die Haftung des Erben für die Nachlaßverbindlichkeiten beschränkt sich auf den Nachlaß, wenn eine Nachlaßpflegschaft zum Zwecke der Befriedigung der Nachlaßgläubiger (Nachlaßverwaltung) angeordnet oder der Nachlaßkonkurs eröffnet ist.

1) Haftungsbeschränkung, I, tritt dch Anordng der NachlVerw (Anm 2) od dch Eröffng des NachlKonk (Anm 3) od des VerglVerf (Anm 4) ein. Der Erbe ist stets selbst **antragsberechtigt** (§ 1981 I; KO 217, VglO 113 I Nr 1), bei NachlVerw auch der Gläub (§ 1981 II), ebso bei Konk od Vergl neben anderen (KO 217). Nach **Beendigung** der NachlVerw bleibt die HaftgsBeschränkg bestehen (BGH NJW **54**, 635; hM) u ist entspr §§ 1990, 1991 geltend zu machen; der Erbe haftet allerd den Gläub bei nicht ordnungsgemäßer Verwaltg nach §§ 1978, 1979. Auch nach KonkVerf, das dch Verteilg der Masse od Zwangsvergleich beendet wurde, haftet der Erbe den nicht befriedigten NachlGläub endgültig nur wie ausgeschlossenen Gläub (§§ 1989, 1973); war es allerd zur Eröffng nicht gekommen (mangels Masse, KO 107, od dch Aufhebg des EröffngsBeschlusses auf Beschwerde), ist eine HaftgsBeschränkg nicht eingetreten; wird das eröffnete Verf mangels Masse eingestellt (KO 204), kann Erbe sich auf Unzulänglk berufen (§ 1990). Endet VerglVerf mit bestätigtem Vergl, haftet Erbe endgültig beschränkt (§§ 1989, 1975; VglO 113 I Nr 4). S ausführl Soergel/Stein Rz. 12 ff.

a) Wirkung. NachlVerw führt stets zu einer auf den Erbf zurückwirkenden Trenng von Nachl u sonstigem Vermögen des Erben (s § 1976 Anm 1). Verw- u Verfügsbefugnis gehen auf den Verw über (§ 1981). Gleiches gilt für NachlKonk (KO 12). Das ZugriffsR der NachlGläub ruht hins des Eigenvermögens des Erben. Der Erbe ist nicht mehr auf Leistg (wohl auf Feststellg u künftige Leistg) beklagb (RG JW **13**, 752) und kann Vollstr-AbwehrKlage erheben (ZPO 784, 785).

b) Verlust des HaftgbeschränkgsR kann durch Verzicht od Eintritt der unbeschränkten Haftg allg od ggü einzelnen Gläub eintreten. Der Erbe kann bei allg Verlust keine NachlVerw mehr beantragen (§ 2013 I), wohl noch den NachlKonk (KO 216 I), um Übergriffe der PrivGläub zu verhindern. TestVollstrg steht der Haftgsbeschränkg nicht entgg (s auch KO 217 III).

2) Die Nachlaßverwaltung ist eine besondere NachlPflegsch, die der Befriedigg der NachlGläub bei zureichendem, aber unübersichtl Nachl dient, und eine Unterart der Pflegsch (RG JFG **13**, 388, RG **135**, 307). Über einen Erbteil u nach Teilg des Nachl (§ 2062) ist NachlVerw nicht zul. Das Vorhandensein eines NachlPflegers bildet kein Hindern für die Anordng der NachlVerw (BayObLG **76**, 167/171). **Zuständig** ist das NachlG (§§ 1962, 1981; FGG 72, 76; RPflG 3 Nr 2c, 16 I Nr 1 mit 14 Nr 5, 9); die internat Zustgk fehlt bei Anwendg ausländ R auf die Erbfolge (BayObLG **76**, 152/155; KG OLGZ **77**, 309; bestr; s Anm 5). Die NachlVerw führt vielf zum NachlKonk u endigt mit dessen Eröffng (§ 1988). Bei Einverständn der Gläub läßt sich die Verw auch zwecks Abwendg des wertvernichtenden Konkurses rechtfertigen (Siber 89). Auch kann ohne NachlVerw der Erbe im Einverständn der Gläub als deren Beauftragter den Nachl abwickeln. Diese Vereinbg wird aber durch KonkEröffng (§ 1980) hinfällig (Molitor JhJ **69**, 314).

3) Nachlaßkonkurs (KO 214–235, RPflG 3 Nr 2e, 18) dient der Haftgsbeschränk u Absonderg des Nachl u setzt dessen Überschuldg voraus (KO 215; Jäger/Weber Rz 2–5). Über einen Erbteil ist er nicht zulässig (KO 235). Nichtannahme, unbeschränkte Haftg des Erben u Teilg stehen nicht entgg (KO 216). GemSchu ist der Erbe (Hamm JMBl NRW **64**, 116; Jäger/Weber KO 214 Rz 7, 10, 17), doch kann er zugleich auch Gläub sein (KO 225). In dem Verf kann jede NachlVerbindlichk (§ 1967) geltd gemacht werden (KO 226), nicht aber gg den Erben selbst. – Ausschließl **zuständig** ist das AG des ErblWohnsitzes (KO 214). Über AntrBerechtigg s KO 217–220, des ErbersatzBerechtt Jäger/Weber Rz 18a hiezu.

4) Vergleichsverfahren. Hinsichtlich der Erbenhaftg wirkt das VerglVerf zur Abwendg des NachlKonk wie dieser selbst (VerglO 113 I Nr 4); es führt also auch zu einer Trenng des NachlVerm vom Verm des Erben (MüKo/Siegmann Rz 6). Über AntrBefugn s VglO 113 I Nr 1; antrberecht ist auch der zu voller Verw des Nachl ernannte TestVollstr (Haegele KTS **69**, 113). Der Antr kann jedoch nicht mehr gestellt werden, wenn der Erbe beschränkt haftet od der Nachl geteilt ist (VglO 113 I Nr 3). Die in KO 226 II u IV genannten Gläub sind am Verf nicht beteiligt u werden vom Vergl nicht betroffen; hierunter fallen ua PflichttBerecht, VermNehmer, AuflBegünstigte sowie ErbersatzBerecht (s Bley/Mohrbutter VerglO 113 Rz 40).

5) Ausländer. Über Durchführg einer NachlVerwaltg od eines NachlKonkurses im Inland bei ausländ Erbstatut s Pinckernell/Spreen DNotZ **67**, 218f. Für NachlVerwaltg über Nachl eines Israeli fehlt in der BRep die internat Zustdgk (BayObLG **76**, 152); ebso KG OLGZ **77**, 309 über Nachl eines Österreichers, wenn Erbstatut österrR ist.

1976 *Fiktion des Nichterlöschens von erloschenen Rechtsverhältnissen.* **Ist die Nachlaßverwaltung angeordnet oder der Nachlaßkonkurs eröffnet, so gelten die infolge des Erbfalls durch Vereinigung von Recht und Verbindlichkeit oder von Recht und Belastung erloschenen Rechtsverhältnisse als nicht erloschen.**

1) Nachlaßabsonderung. Die wirks gewordene NachlVerwaltg (§ 1983 Anm 1) führt zur Absonderg des Nachl vom EigenVerm des Erben. **An Stelle der Vereinigung** (Konfusion, Konsolidation, vgl Übbl 2 vor § 1942) **tritt die Trennung** mit rückw Kraft, u zwar im Interesse der Gläub, auch bei unbeschränkb Haftg (§ 2013 I S 1); der Erbe kann daher nicht mehr vfgsberecht Erbe (§ 1984 I; KO 6) kann seine gg den Nachl gerichtete Fdg gg den zur Berichtigg der NachVerbindlichk verpflichteten NachlVerw (§ 1985 I) od gg den KonkVerw (KO 225 I) geltd machen (BGH **48**, 214). Die Anwachsg nach § 738, HGB 138 wird durch § 1976 nicht berührt (RG **136**, 99).

2) Beispiele: a) Schuldete der Erblasser dem Erben ein Darlehen, gilt bei Verfahrensanordng die DarlSchuld als fortbestehend, so daß der Erbe unter diesen Voraussetzgen zugleich Gläub u Schu ist und demgem im NachlKonk (KO 225 I) die ihm gg den Erbl zustehenden Anspr geltd machen kann, obwohl er GemSchu ist. Die Vermögenssonderg ermöglicht den Fortbestand u die Neubegründg selbständiger RBeziehgen zw dem Sondergut (Nachl) u dem übrigen Vermögen des Erben, obwohl er Vermögenssubjekt beider Massen bleibt (MüKo/Siegmann Rz 6 mN; aA Soergel/Stein Rz 3, RGRK Rz 2 u KG HRR **32** Nr 1661, das meint, daß der Erbe nicht Schu sei u ihm aus NachlMitteln gewährten Darlehns seien u daher keine Hyp für die ErstattgsFdg bestellt werden könne. Daß er Schu sein kann, ergibt aber § 1978).

b) Wurde der Hypothekengläubiger Erbe des Eigentümers, ist die Hyp, solange die Vereinigg besteht, Grdschuld (§ 1177 I) od wird, wenn der Erbl nicht persönl Schuldner war, im Rahmen des § 1177 II wie eine behandelt. Durch die Trenng entsteht aber eine fordersbekleidete FremdHyp, so daß der Gläub wg der Hyp die ZwVerst betreiben kann, da § 1197 durch § 1976 ausgeschaltet ist (Staud/Marotzke Rz 4). Auch die Vereinigg zweier Miteigentumsanteile in einer Hand wird wieder beseitigt (Soergel/Stein Rz 2).

3) Entsprechende Anwendung des allg RGedankens des § 1976 ist mögl, wo der NachlBestand BerechnngsGrdlage einer Fdg war (MüKo/Siegmann Rz 8), zB bei Erbersatz- od PflichttAnspr, QuotenVermächtn. Entspr Bestimmgen enthalten §§ 1991 II, 2175, 2377 im Verhältn zu den dort genannten Personen sowie § 2343. Auch bei § 1973 wirkt er sich bei der Überschußberechng aus (s § 1973 Anm 2).

4) Konvaleszenz (§ 185 II). Die Vfg eines NichtBerecht, den der Berecht beerbt, kann idR bei Anordng der NachlVerw od bei NachlKonk nicht wirks werden, da Voraussetzg ist, daß der Erbe unbeschränkt haftet, also die Möglk der HaftgsBeschränkg nicht mehr besteht (§ 185 Anm 3b). Haftet der Erbe unbeschränkb, ist Konvaleszenz eingetreten u wird dch spätere KonkEröffng nicht mehr beseitigt.

1977 *Unwirksamwerden der Aufrechnung.* [I] **Hat ein Nachlaßgläubiger vor der Anordnung der Nachlaßverwaltung oder vor der Eröffnung des Nachlaßkonkurses seine Forderung gegen eine nicht zum Nachlasse gehörende Forderung des Erben ohne dessen Zustim-**

§§ 1977, 1978

mung aufgerechnet, so ist nach der Anordnung der Nachlaßverwaltung oder der Eröffnung des Nachlaßkonkurses die Aufrechnung als nicht erfolgt anzusehen.

II Das gleiche gilt, wenn ein Gläubiger, der nicht Nachlaßgläubiger ist, die ihm gegen den Erben zustehende Forderung gegen eine zum Nachlasse gehörende Forderung aufgerechnet hat.

1) Als Konsequenz der rückwirkend eingetretenen Vermögenssonderg (s § 1976 Anm 1) gewährt **Abs I** dem **Erben** bei der ohne seine Zustimmg erfolgten Aufrechng eines NachlGläub gg eine ErbenFdg die Rechtswohltat der Haftgsbeschränkg. **Abs II** dient dagg dem Schutz der **Nachlaßgläubiger** gg eine Nachl-Verkürzg dch Aufrechng eines ErbenGläub gg eine NachlFordg.

2) Maßgeblicher Zeitpunkt. Die nach dem Erbf ggü dem Erben einseitig erklärte Aufrechng wird unwirksam, wenn sie **vor** Anordng der NachlVerw od Eröffng des NachlKonk erfolgte. **Später,** also nach der Vermögensabsonderg, kann der NachlGläub seine Fdg nur noch gg den Verwalter geltend machen (§ 1984 I 3; KO 6 II). Nach Anordng (Eröffng) kann daher ein NachlGläub gg eine PrivFdg des Erben u ein PrivGläub gegen eine NachlFdg auch bei Zust des Erben nicht aufrechnen (§§ 1984 I 3, 1984 II; KO 8); auch kann sich der Erbe von einer Eigenverbindlichk nicht mehr durch Aufrechng mit einer NachlFdg befreien (§§ 1975, 1984 I 1). Dagg kann der Erbe noch eine NachlSchuld durch Aufrechng mit einer PrivatFdg tilgen (str; s Soergel/Stein Rz 2; 7 mN), hat dann aber grdsätzl nur einen BereicherngsAnspr gg die Masse (§§ 1978 III, 683, 684, s auch KO 225 II). Haftete der Erbe bereits vor Verfahrensanordng unbeschränkt (§ 2013), kann der NachlGläub auch nachher gg eine PrivatFdg des Erben aufrechnen (vgl Anm 5 aE). Die Bestimmgen über Aufrechng im gewöhnl Konk (KO 53–56) bleiben unberührt (RGRK Rz 9).

3) Gläubigeraufrechnung ohne Erbenzustimmung. Eine einseitige Aufrechng des NachlGläub gg Erbenschuld **(I)** od des NachlSchuldners gg ErbenFdg **(II)** gilt nach Verfahrensanordng (-eröffng) als nicht erfolgt u damit das Erlöschen des Fdgen (§ 389) einschl etwaiger Nebenrechte (§§ 768, 1252) als nicht eingetreten.

4) Zustimmung oder Aufrechnung des Erben. Die Wirkg einer Aufrechng des NachlGläub bleibt nach **Abs I** bestehen, wenn sie mit ausdrückl od schlüssig erklärter Zustimmg des Erben erfolgte. Wenn somit seine Einwillig die Fdg zum Erlöschen brachte, bleibt umgekehrt auch jede Aufrechng des Erben ggü einem NachlGläub unberührt. Ob „das gleiche" auch für **Abs II** gilt (so RG LZ 16, 1364; Soergel/Stein Rz 5), ist str. Der andere Normzweck des **II** läßt es geboten erscheinen, I nicht wörtl anzuwenden u hier der Zustimmg des Erben keine Bedeutg beizumessen (MüKo/Siegmann Rz 6 mN); folgl ist dann auch die vom Erben erklärte Aufrechng mit einer NachlFordg ggü einem EigenGläub unwirksam. – **Folgewirkung** ist, daß der Erbe im Fall des **I** (Befreiung des Nachl von Schuld) einen ErsAnspr (§ 1978 III, KO 225 II) hat und, wenn der GgMeing gefolgt wird, im Falle des **II** (Erlöschen einer NachlFdg) den NachlGläub nach § 1978 I 1 persönl haftet.

5) Bei allgemein unbeschränkbarer Haftung des Erben gilt § 1977 I überh nicht (§ 2013 I), da der Erbe dann jeden SchutzAnspr verloren hat. Da aber § 1977 II dem Schutze der NachlGläub gg NachlVerkürzg dient, wird er trotz des § 2013 bei allg unbeschränkbarer Haftg des Erben anzuwenden sein, da andernf die NachlGläub das Unvermögen des Erben gerade durch eine zu ihren Gunsten geschaffene RLage benachteiligt würden (MüKo/Siegmann Rz 7). Daß § 2013 nicht alle vorkommenden Fälle deckt, zeigt sich bei nur teilw unbeschränkbarer Haftg. Die durch § 2013 II angeordnete Geltg des § 1977 kann sich näml nur auf dessen **II** wg der zu verhindernden Verkürzg der übrigen NachlGläub beziehen. Denn aus der Nacherwähng des § 1975 in § 2013 II ergibt sich hier, daß eine teilw unbeschränkb Haftg nicht wieder beschr werden kann. Der so begünstigte Gläub kann also ungeachtet des § 1977 I die ErbenFdg durch Aufrechnung zum Erlöschen bringen u auch noch nach Verfahrensanordng aufrechnen (Erman/Schlüter Rz 4).

1978 Haftung des Erben für bisherige Verwaltung.

I Ist die Nachlaßverwaltung angeordnet oder der Nachlaßkonkurs eröffnet, so ist der Erbe den Nachlaßgläubigern für die bisherige Verwaltung des Nachlasses so verantwortlich, wie wenn er von der Annahme der Erbschaft an die Verwaltung für sie als Beauftragter zu führen gehabt hätte. Auf die vor der Annahme der Erbschaft von dem Erben besorgten erbschaftlichen Geschäfte finden die Vorschriften über die Geschäftsführung ohne Auftrag entsprechende Anwendung.

II Die den Nachlaßgläubigern nach Absatz 1 zustehenden Ansprüche gelten als zum Nachlasse gehörend.

III Aufwendungen sind dem Erben aus dem Nachlasse zu ersetzen, soweit er nach den Vorschriften über den Auftrag oder über die Geschäftsführung ohne Auftrag Ersatz verlangen könnte.

1) Erbenhaftung. Weil u soweit der Erbe gem § 1975 nur mit dem Nachl haftet, muß der Nachl den (nicht durch Aufgebot ausgeschlossenen) NachlGläub auch möglichst unvermindert erhalten bleiben und der Erbe für seine Verwaltungsmaßnahmen ihnen verantwortl sein, wobei für die Zeit vor u nach Annahme unterschieden wird (I 1, 2). Haftet er dagg bereits allg unbeschränkb mit Nachl und PrivVermögen, hätte es keinen Sinn, dem Nachl die ErsAnspr **(II)** noch bes zuzuweisen (§ 2013 I S 1). – Verletzt der Erbe die durch den Erbl begründeten Rechte Dritter, haftet er diesen außer nach § 1978 I auch persönl (RG 92, 343; s auch MüKo/Siegmann Rz 8); wg NachlSchädigg (Entgang des Kaufpreises, Wegfall des Mietzinses) haftet er den NachlGläub.

2) Vor Annahme der Erbschaft braucht der Erbe hins des Nachl nicht tätig zu sein; denn zur GeschFg ohne Auftr **(I 2)** kann niemand gezwungen werden (wg der Geschäfte des Ausschlagenden vgl § 1959, des NachlPflegers vgl § 1960 Anm 4d). Wird er tätig, gelten die §§ 677–684, 259, 260 entspr (s Celle MDR **70**, 1012). Er ist also haftb, wenn er den Interessen der NachlGläub zuwiderhandelt (vgl MüKo/Siegmann Rz

Rechtl. Stellg. d. Erben. 2. Titel: Haftg d. Erben f. d. Nachlaßverbindlichk. §§ 1978–1980

3). Für die Aufwendungen (III) gelten §§ 683, 684. Über Anwendg des § 1978 III auf Grd § 419 II s BGH Betr **76**, 1278, Celle OLGZ **78**, 199.

3) Nach der Annahme der Erbschaft wird der Erbe, auch wenn er zu Unrecht untätig blieb, wie ein „Verwalter fremden Gutes" (Beauftragter der NachlGläub) behandelt **(I 1)**. Wirtschaftlich zum Nachl gehörige Geschäfte (zB Bestellg einer Hyp am NachlGrdst) gelten angesichts der durch § 1975 bewirkten Nachl-Absonderg als für Rechng des Nachl abgeschl (RG **134**, 259). Ob ein derartiges Gesch des Erben – bei entspr Willensrichtg – auch dingl Wirkg hat, der Gegenwert also unmittelb in den Nachl fällt, oder der Erbe nur schuldrechtl zur Übertr des Gegenwertes verpflichtet ist, ist bestr (s MüKo/Siegmann Rz 6); ersterer Ansicht ist mit Jäger/Weber (KO 214 Rz 26) beizupflichten (aM Soergel/Stein Rz 4 mN). Wg der Berichtigg von NachlVerbindlichk vgl § 1979. – Der **Erbe** haftet für ordngsgmäß Verw u Erhaltg des Nachl u hat ihn nebst Nutzgen u ErsAnspr an den NachlVerw (KonkVerw, s KO 117) **herauszugeben** (§§ 667, 1984; RG Recht **09**, Nr 2127), sowie **Rechenschaft abzulegen** (§ 666, §§ 259, 260). Für NachlPfleger (§§ 1960, 1961), TestVollstr (§ 2219) u andere gesetzl Vertreter sowie Erfüllgsgehilfen haftet er nach § 278 (s auch § 644 I); für die beiden ersteren aber nur mit dem Nachl (Erman/Schlüter Rz 4). Für verbrauchte od auf eig Rechng veräußerte NachlGgstände hat er Ersatz zu leisten. Was der Erbe auf eigene Rechng mit Mitteln der Erbsch erworben hat, gilt aber nicht (wie in §§ 2019 I, 2111) als für die Erbsch erlangt u ist daher nicht herauszugeben, sond zu ersetzen. Nur die ErsFdg **(II)** gehört zum Nachl.

4) Zum Nachlaß gehören diese nach I entstandenen Eigenverbindlichk **(II)**, die trotz der Haftgsbeschrkg in das Eigenvermögen geltd gemacht werden können, näml gegen den Erben (RG **89**, 408) od die Miterben als GesSchu schon vor Auseinandersetzg und, währd der Verwaltg od des Konk, nur durch den Verw, nicht durch die Gläub (Siber 48).

5) Ersatzansprüche des Erben, III. Aufwendgen des Erben aus ErbschGeschäften sind ihm aus dem Nachl zu ersetzen u im Konkurs Masseschuld (KO 224 Nr 1). Eine bes Vergütg steht ihm nicht zu (§ 662). Um die schleunige Verfahrensabwicklg nicht aufzuhalten, ist dem Erben im Konk das ZurückbehaltgsR ausdrückl versagt (KO 223). Das gleiche wird trotz des § 273 II auch für die NachlVerwaltg zu gelten haben, wo der Erbe auf Befriedigg seines AufwendgsAnspr eher rechnen kann als im Konk und er durch die gerichtl Aufsicht hinreichd gesichert ist (Soergel/Stein Rz 9 mN).

1979 *Berichtigung von Nachlaßverbindlichkeiten.* Die Berichtigung einer Nachlaßverbindlichkeit durch den Erben müssen die Nachlaßgläubiger als für Rechnung des Nachlasses erfolgt gelten lassen, wenn der Erbe den Umständen nach annehmen durfte, daß der Nachlaß zur Berichtigung aller Nachlaßverbindlichkeiten ausreiche.

1) Allgemeines. Berichtigg von Eigenschulden aus eigenen Mitteln ist dem beschränkt haftenden Erben nicht versagt; bei Begleichg aus NachlMitteln ist er nach § 1978 ersatzpflichtig. Bei Berichtigg von NachlSchulden, die in beliebiger Reihenfolge geschehen kann, trifft § 1979 iVm § 1980 zum Schutze des Erben wie der NachlGläub bes Bestimmgen.

2) Voraussetzung ist, daß der nicht bereits unbeschränkbar haftende Erbe (§ 2013 I 1; KO 225 II im Ggsatz zu 2013 II; KO 225 III) die begründete Überzeugg hat, daß der Nachl ausreicht. Ob **guter Glaube** des Erben (od des an seiner Stelle handelnden NachlPflegers od TestVollstr) gegeben ist, hängt von den Umständen des Einzelfalles ab. Er ist zu sorgfältiger ZulänglichkPrüfg verpflichtet u darf den Nachl nicht ohne weiteres für ausreichend halten. Desh muß er den Nachl sichten, Unterlagen durcharbeiten, Rückfragen halten usw u auf dieser Grdlage die NachlAktiva u -Passiva erfassen, bewerten u in groben Zügen aufzeichnen, ev Inventar errichtet u Aufgebot erwirkt haben (§§ 1993, 2009, 1980 II 2, 2061).

3) Rechtsfolgen. – a) Beweist der Erbe, daß er den Nachl für zulängl halten durfte, so ist zu **unterscheiden**: Erfolgte die Berichtigg **aus eigenen Mitteln**, steht dem Erben, in voller Höhe eine ErsFdg zu (§ 1978 III), soweit der Nachl reicht, und im Konk ein MasseschuldAnspr (KO 224 Nr 1), auch wenn der befriedigte Gläub durch Aufgebot ausgeschl war (Staud/Marotzke Rz 10). Hat der Erbe eine durch Hyp an einem NachlGrdst gesicherte Schuld des Erbl für Rechng des Nachl erfüllt, steht ihm ein MasseschuldAnspr zu; die Hyp ist zur NachlKonkMasse gehörige EigentümerGrdSch (§§ 1163 I 2, 1177 I; Jaeger/Weber KO 225 Rz 9). – Auch wenn die Berichtigg **aus Nachlaßmitteln** erfolgte, müssen die NachlGläub dies „als für Rechng des Nachl erfolgt gelten lassen". Den Erben trifft also bei Herausg des Nachl insow keine ErsPfl.

b) **Bei Fahrlässigkeit** kann Erbe im Falle einer Befriedigg aus eigenen Mitteln bei NachlVerw nur die etwaige Bereicherg der NachlMasse beanspruchen (§ 1978 III mit § 684), im Konk aber die auf ihn übergegangene Fdg des Gläub an dessen Rangstelle (einschließl der einen anhaftenden Hyp, RG **55**, 161) geltend machen (KO 225 II), damit die dem Befriedigten gleich- od nachstehenden Gläub sich nicht auf Kosten des Erben bereichern (Jaeger/Weber KO 225 Rz 5). – Im Falle einer Befriedigg aus NachlMitteln ist der Erbe nach § 1978 I, II ersatzpflichtig. Im Konk gilt KO 225 II für ihn nur dann, wenn er zunächst den zu Unrecht entnommenen Betrag der Masse zurückerstattet hat (Jaeger/Weber aaO).

4) Anfechtung. Befriedigg eines NachlGläub unter Verletzg des § 1979 ist wirks (RG Warn **08** Nr 650). Es kann aber Anfechtungsmöglichk ggü dem Befriedigten nach KO 30ff, 222; AnfG 3, 3a gegeben sein. Zur Anfechtg ist nur der Nachl- od KonkVerw berechtigt (KO 36; §§ 1984 I, 1985; AnfechtgsR gehört zum Nachl; aM RGRK Rz 5); der einzelne Gläub kann es nur in den Fällen der §§ 1990, 1992 ausüben (ebso MüKo/Siegmann Rz 7; aM Staud/Marotzke Rz 19). Es **ist kein Rückgriff** des leer Ausgegangenen gg den Befriedigten möglich.

1980 *Antrag auf Konkurseröffnung.* [I] Hat der Erbe von der Überschuldung des Nachlasses Kenntnis erlangt, so hat er unverzüglich die Eröffnung des Konkursverfahrens

§§ 1980, 1981

oder, sofern nach § 113 der Vergleichsordnung ein solcher Antrag zulässig ist, die Eröffnung des gerichtlichen Vergleichsverfahrens über den Nachlaß zu beantragen. Verletzt er diese Pflicht, so ist er den Gläubigern für den daraus entstehenden Schaden verantwortlich. Bei der Bemessung der Zulänglichkeit des Nachlasses bleiben die Verbindlichkeiten aus Vermächtnissen und Auflagen außer Betracht.

II Der Kenntnis der Überschuldung steht die auf Fahrlässigkeit beruhende Unkenntnis gleich. Als Fahrlässigkeit gilt es insbesondere, wenn der Erbe das Aufgebot der Nachlaßgläubiger nicht beantragt, obwohl er Grund hat, das Vorhandensein unbekannter Nachlaßverbindlichkeiten anzunehmen; das Aufgebot ist nicht erforderlich, wenn die Kosten des Verfahrens dem Bestande des Nachlasses gegenüber unverhältnismäßig groß sind.

1) Konkursantragspflicht. Der Erbe hat grdsl das Recht, NachlVerw, NachlKonk od VerglVerf zu beantragen. Nur bei Kenntn einer Überschuldg des Nachl (od bei fahrl Unkenntn) trifft ihn zum Schutz der NachlGläub die **Pflicht**, unverzügl (§ 121) bei Meidg von SchadErsAnspr (I 2) die Eröffng des Konk- od VerglVerfahrens zu beantragen, weil die Überschuldg des Nachl KonkGrd ist (KO 215). Von dieser AntrPfl kann ihn nur eine Vereinbg mit sämtl Gläub befreien (§ 1975 Anm 2; Molitor, JhJ 69, 294). Hins der AntrPfl der Eheg, wenn der Nachl zum GesGut der GütGemsch gehört, vgl KO 218. – Die AntrPflicht **besteht nicht** bei allg unbeschränkter Haftg (§ 2013 I 1) u vor Ann der Erbsch, unbeschadet der AntrMöglichk (KO 216 I, 217); auch nicht ggü ausgeschlossenen Gläub (§§ 1973, 1974, vgl KO 219 I) od bei bloßer Überschuldg durch sie; od wenn Überschuldg nur auf Vermächtn u Auflagen beruht. – Nach Anordng der NachlVerwaltg obliegt dem Verwalter die AntrPfl (§ 1985 II); der Erbe bleibt antragsberechtigt, ist aber zB bei schuldh mangelhafter Unterrichtg des Verwalters verpflichtet (Erman/Schlüter Rz 5). – Über AntrR des TestVollstr s Haegele KTS 69, 158, des NachlPflegers KG FamRZ 75, 292 u dazu Jäger/Weber KO 217–220 Rz 24 (keine AntrPfl). – Zur BeschwBerechtigg gg KonkEröffng s Ffm MDR 71, 491.

2) Überschuldung wird obj vorausgesetzt. Sie liegt vor, wenn die NachlVerbindlich ohne die letztw Schulden (I 3, KO 226) den Wert der NachlGgstände (vgl § 2001 I) übersteigen. Bei Zahlungsunfähigk ohne Überschuldg ist NachlVerwaltg zunächst das Gegebene; Konk aber nicht die Folge. Bei Zahlseinstellg des Erben liegt regelm Kenntn der Überschuldg vor. Wg ausgeschlossener Gläub s Anm 1.

3) Kenntnis der Tats, aus denen sich dem Erben die Überzeugg einer Überschuldg aufwingt, ist subjekt Voraussetzg. Ihr steht die **fahrlässige Unkenntnis** gleich (II 1), wobei Kausalität erforderl ist. **Fahrlässigkeit** (II 2) liegt auch in Begleichg einer NachlVerbindlich bei Nichtvorliegen der Voraussetzgen des § 1979, auch falls rechtskräftiges Urt vorlag. Selbst wenn Aufgebot wg zu großer Kosten nicht erforderl ist (vgl auch § 1965), kann Fahrlk od Kenntn vorliegen, da sich der Erbe dann durch Prüfg aller Unterlagen, ev durch Inv od Privataufgebot informieren muß (vgl RGRK Rz 16–18).

4) Schadensersatzanspruch (I 2; §§ 249 ff) besteht gg den Erben (od die Erben als GesSchu, §§ 823 II 2, 840 I, 421 ff) und ist im Konk vom Verwalter geltd zu machen. Jedoch entfällt der Anspr, wenn alle bekannten NachlGläub den Erben (oder NachlVerw) von der AntrPfl entbinden (Jaeger/Weber KO 217–220 Rz 21). NachlPfleger u TestVollstr trifft aus § 1980 keine Verantwortlichk, wohl aber ggü dem Erben gem §§ 1915, 1833, 2216, 2219 (Staud/Marotzke Rz 20), dessen Haftg seinerseits dann seltener in Frage kommen wird (Jaeger/Weber KO 217–220 Rz 24).

1981 *Anordnung der Nachlaßverwaltung.* I Die Nachlaßverwaltung ist von dem Nachlaßgericht anzuordnen, wenn der Erbe die Anordnung beantragt.

II Auf Antrag eines Nachlaßgläubigers ist die Nachlaßverwaltung anzuordnen, wenn Grund zu der Annahme besteht, daß die Befriedigung der Nachlaßgläubiger aus dem Nachlasse durch das Verhalten oder die Vermögenslage des Erben gefährdet wird. Der Antrag kann nicht mehr gestellt werden, wenn seit der Annahme der Erbschaft zwei Jahre verstrichen sind.

III Die Vorschriften des § 1785 finden keine Anwendung.

1) Antragsverfahren. Im Ggsatz zur gewöhnl NachlPflegsch (§ 1960) wird die NachlVerw nur auf Antrag angeordnet. **Zuständig** ist das NachlGericht (s § 1962), u zwar RPfleger (RPflG 3 Nr 2c; 16 I Nr 1). Vorgeschrieben ist Mitteilg an FinA nach ErbStDVO 12; s auch Art 9 ErbStRG. **Wirksam** wird die Anordg nach FGG 16 I od II (III) mit der Bek an den (die) Erben; ist für unbekannte Erben ein NachlPfleger bestellt, muß auch ihm die Anordng bekannt gemacht werden (BayObLG 66, 75/76; **76**, 167). – Ist sie zu Unrecht vAw od auf Antr eines NichtBerecht (zB des allg unbeschränkb haftden Erben, § 2013 I S 1; eines ErbenGläub; nur eines Miterben § 2062; s Aachen NJW **60**, 46) od trotz mangelnder internat Zustdgk (BayObLG **76**, 151/154) angeordnet worden, ist sie auf Antr, einfache Beschw (FGG 76 setzt Anordg auf Antr eines Berechtigten voraus) oder vAw **aufzuheben**, wenn nicht ein AntrBerechtigter noch den Antr stellt und (vgl II 2) stellen kann. Sie kann aber nicht vAw aufgeh werden, wenn sie von NachlGläub beantragt war (FGG 18 II, 76 II; Mannh MDR **60**, 505). – Der Antrag des Erben auf Anordng der NachlVerwaltg unterliegt nicht der GläubAnfechtg (AnfG 3 I Nr 1), da die Verwaltg im GläubInteresse liegt (RG LZ **07**, 841). – **Gebühren:** KostO 106. Für die Kosten haften nur die Erben, u zwar wie für NachlVerbindlichkeiten, KostO 2.

2) Auf Antrag des Erben ist die NachlVerw ohne weitere Voraussetzg anzuordnen, sofern dieser nicht bereits allg unbeschränkt haftet (§ 2013 I 1) u nicht ein Fall des § 1982 vorliegt. – **a) Das Antragsrecht** (Miterben gemschaftl und nur vor Teilg, § 2062) ist zeitl unbegrenzt. Es besteht schon vor ErbschAnnahme (im Antr liegt idR keine Annahme, § 1943 Anm 1b), aber nicht mehr, wenn NachlKonk eröffnet wurde (§ 1988 I). Wurde Konk über Eigenvermögen eröffnet, hindert dies den Antrag nicht (Aachen aaO). – Den Antr kann auch ein verwaltender TestVollstr (vgl die Parallele in KO 217 I) und der ErbschKäufer stellen

(§ 2383, s RGRK Rz 5); auch der NachE (§ 2144). Nicht jedoch der NachlPfleger der §§ 1960, 1961, da er für die HaftgsBeschrkg und GläubBefriedigg nicht zu sorgen hat (BayObLG **76**, 167/172, str). Wenn der Nachl zum GesGut der GütGemsch gehört, gilt für das AntrR der Ehegatten KO 218 entspr. – **b) Verfahren.** Der antragstellende Erbe muß sich durch den Erbschein od letztw Vfg ausweisen. Antr ist nach Zustellg der Anordng nicht mehr zurücknehmb (KG JFG **22**, 66; dazu Fahrenkamp NJW **75**, 163 f). Ein RSchutzBedürfn muß gegeben sein (s Notariat Mannh BWNotZ **75**, 27) NachlÜberschuldg ist nicht Vorausetzg, so daß weitere Prüfg nicht erfolgt. Die NachlVerw dient der Abwehr der Vollstreckg in Eigenvermögen; uU auch der KonkAbwendg (§ 1975 Anm 2).

3) Gläubigerantrag. – a) Antragsrecht: Jeder NachlGläub (auch wenn er zugleich MitE ist; ferner der nach §§ 1973, 1974 Ausgeschlossene; VermNehmer, anders KO 219; PflichttBerecht) kann, auch bei allg unbeschränkbarer Erbenhaftg (§ 2013 I), innerh der zweijährigen Ausschlußfrist seit Ann der Erbsch (dch den Erben oder Nacherben, § 2144) Antr stellen, wenn er seine Fdg und deren Gefährdg glaubh macht, ggf unter Angabe von Beweismitteln (BayObLG JZ **54**, 234; KG OLGZ **77**, 309). Die Befristg (ebso KO 220) erklärt sich aus der mit dem Zeitablauf immer schwieriger werdenden Trenng des Eigenvermögens vom Nachl. Auch der PflichttBerechtigte ist NachlGläub (§§ 2303, 2304), ebso der ErbersatzBer (§§ 1934a, 1934b).

b) Voraussetzungen für eine Anordng sind dann: Die Befriedigg sämtl NachlGläub muß gefährdet sein (u nicht nur eines einzelnen). Die Gefährdg kann entw durch das **Verhalten** (NachlVerschleuderg od -Verwahrlosg) oder die **schlechte Vermögenslage** des (od der) **Erben** (BayObLG **32**, 336) od eines der MitE (BayObLG **66**, 75) entstehen, nicht etwa des Nachl (KG HRR **30** Nr 1109). Die sich aus der NachlAbwicklg ergebende Beeinträchtigg des einzelnen Gläub reicht nicht aus (Mü JFG 15, 268; KG DFG **41**, 25; aM RGRK Rz 16). Bei TestVollstrg entscheidet das Verhalten des Vollstreckers, wenn den Erben ein Versch trifft (str, s Staud/Marotzke Rz 23; aA Soergel/Stein Rz 11). Die Gefährdg kann (ebso wie bei § 1968 II) durch SicherhLeistg (nicht bloßes Erbieten dazu) beseitigt werden (OLG **12**, 357).

4) Nachlaßverwalter. Für seine Auswahl, die der Rechtspfleger nach pflichtgem Ermessen trifft, gelten die gleichen Grsätze wie bei der Pflegsch (§§ 1960; 1915; 1779 II 1). Der Erbe kann nicht Verwalter sein (wohl aber der TV); den MitE hält Reihlen MDR **89**, 603 jedenf bei Anordng auf ErbenAntr für geeignet. Eine Verpflichtg zur Übern des Verwalteramtes besteht nicht (**III** schließt § 1785 aus). Der NachlVerwalter erhält eine Bestallg (§ 1791).

5) Beschwerde (Erinnerung, RpflG 11): Gg die **Anordnung** auf Antr des Erben (**I**) ist sie, abgesehen von den in Anm 1 aufgeführten Fällen, unzul (FGG § 76 I). Gg Anordng auf Antr eines NachlGläub (**II**) findet sofortige Beschw des Erben, jedes einzelnen MitE u des verwaltenden TestVollstr statt (FGG 76 II). Dieses Rechtsmittel kann aber mit Erfolg nur darauf gestützt werden, daß zZ der Anordng die für sie bestehden Voraussetzgen nicht gegeben waren. Ereignisse, die erst nach der Anordng eingetreten sind, können nicht mit Erfolg zur Anfechtg verwendet werden (BayObLG **66**, 75; KG RJA **9**, 9; bestr). – Gg die **Ablehnung** des Antr erfolgt einf Beschw des AntrStellers (bei mehreren Erben nur gemschaftl); aber Beschw jedes MitE bei Ablehng der Aufhebg wg Erreichg des Zwecks (Ffm JZ **53**, 53; Hamm JMBl NRW **55**, 230). – Gg die **Aufhebung** der NachlVers hat der AntrSt und der rechtl Interessierte das BeschwR; nicht der NachlVerw (RG **151**, 62) mangels rechtl Interesses (FGG 57 I Nr 1, 3); anders bei seiner Entlassg wider Willen (KGJ **40**, 42).

1982 *Ablehnung der Nachlaßverwaltung mangels Masse.* Die Anordnung der Nachlaßverwaltung kann abgelehnt werden, wenn eine den Kosten entsprechende Masse nicht vorhanden ist.

1) Kosten der Nachlaßverwaltung sind die dadurch entstehenden Gebühren u Auslagen (§§ 1983, 1987; KostO 106, 136 ff). Die notf durch einen Sachverst zu schätzende Masse, zu der auch die ErsatzAnspr gg den Erben nach §§ 1978 ff gehören, entspricht den Kosten nicht, wenn sie diese nicht deckt (s auch KO 107). Ein ganz geringfügiger Überschuß kann außer Betr bleiben (ebso Staud/Marotzke Rz 3; auch KG OLG **11**, 227; aM Jaeger/Weber KO 107 Rz 1); der Erbe kann aber nach § 1990 verfahren. Andererseits kann (wie bei KO 204 S 2) bei ausreichendem Vorschuß die Ablehng od Aufhebg (§ 1988 II) unterbleiben. Unzulänglichk gibt dem Erben die DürftigkEinr (§§ 1990–1992).

1983 *Öffentliche Bekanntmachung.* Das Nachlaßgericht hat die Anordnung der Nachlaßverwaltung durch das für seine Bekanntmachungen bestimmte Blatt zu veröffentlichen.

1) Bekanntmachung. In sie wird zweckm auch Name u Anschrift des Verwalters aufgenommen. Sie ist keine Voraussetzg für die Wirksamk der Verfahrensanordng. Diese wird bereits wirks mit der Zustellg (FGG 16, 76) des Anordngsbeschlusses an den (oder die) Erben od TestVollstr (BayObLG **66**, 75). Die Anordng ergeht zweckm durch Beschl. Der Gebr bestimmter Worte ist nicht vorgeschrieben.

2) Die Eintragung der VfgsBeschrkg des Erben (§ 1984) bei NachlGrdst ins Grdbuch erfolgt vAw. Sie hat der Verwalter zu bewirken. Das NachlG ist mangels „gesetzl Vorschr" (GBO 38) zu einem Eintraggersuchen (anders KO 113, 114) nicht befugt (bestr; s RGRK Rz 3). Wurde aber seinem Ersuchen stattgegeben, so ist GB nicht unrichtig (GBO 53). Auch kann NachlG den Verwalter zur Herbeiführg der Eintragg anhalten (§§ 1915, 1837).

1984 *Wirkung der Anordnung.* **I** Mit der Anordnung der Nachlaßverwaltung verliert der Erbe die Befugnis, den Nachlaß zu verwalten und über ihn zu verfügen. Die

§§ 1984, 1985

Vorschriften der §§ 7 und 8 der Konkursordnung finden entsprechende Anwendung. Ein Anspruch, der sich gegen den Nachlaß richtet, kann nur gegen den Nachlaßverwalter geltend gemacht werden.

II Zwangsvollstreckungen und Arreste in den Nachlaß zugunsten eines Gläubigers, der nicht Nachlaßgläubiger ist, sind ausgeschlossen.

1) Allgemeines. Infolge der NachlAbsonderg zum Zwecke der Befriedigg der NachlGläub (§ 1975) verliert der Erbe mit der Anordng der NachlVerw über den Nachl die Verwaltgs- u Vfgsbefugnis und im Prozeß die Aktiv- u Passivlegitimation zG des NachlVerw. Der Miterbe kann aber noch nach § 2033 über seinen Anteil am Nachl verfügen, da dies die Stellg des Verwalters u die Rechte der Gläub unberührt läßt. – Der enge Zusammenhang der NachlVerw mit dem NachlKonk zeigt sich aus der Anführg der KO 7, 8; s § 1980 Anm 1.

2) Die Verfügungsbeschränkung des Erben (od TestVollstr, RG LZ 19, 875) tritt kr G unmittelb u sofort ein (RG 130, 193). RHandlgen des Erben nach Anordng der NachlVerwaltg sind den NachlGläub ggü unwirks; die Unwirksamk kann im Rahmen der Zweckbestimmg (Erhaltg des Nachl zur gemschaftl Befriedigg der Gläub) von jedermann geltend gemacht werden (BGH 46, 229). Eine Vollmacht des Erbl über den Tod hinaus erlischt. Da der Erbe die Vfgsbefugnis „verliert", sind Grundbuchanträge des Erben, die nach der Anordng eingehen (mag die Bewilligg auch vor der Anordng erkl sein), zurückzuweisen, sofern es sich nicht lediglich um eine Berichtigg handelt. – **a)** Gemäß den hier anwendbaren §§ 892, 893 (KO 7 I) ist aber **gutgläubiger Erwerb** dingl Rechte mögl, wenn die NachlVerwaltg nicht eingetr (vgl § 1983 Anm 2) u dem Erwerber nicht bekannt war (§ 892 I 2); bei bewegl Sachen u Rechten (§§ 135 II, 932–936, 1032, 1207; bestr für WG 16 II, s Erman/Schlüter Rz 3) schließt **KO 7** gutgl Erwerb aus, außer wenn dem Erwerber die Zugehörigk zum Nachl infolge grobe Fahrlk unbekannt geblieben war (hM; aA Staud/Marotzke Rz 15). Wer von demjenigen, der einen NachlGgst vom Erben erworben hatte (Zweiterwerber), gutgl erwirbt, wird aber durch das Vfgsverbot nicht berührt (RG JW 16, 397; Erman/Schlüter Rz 3). § 935 gilt aber, wenn die Sachen dem NachlVerw nach Inbesitznahme abhanden gekommen sind (RGRK Rz 12). – **b)** Nach **KO 7 II** ist das für die unwirksame Vfg Geleistete an die Bereicherg der Masse zurückzugewähren; **KO 7 III** ist von Bedeutg, wenn die Vfg am Tage der Zustellg des Anordngsbeschlusses (vgl § 1983 Anm 1) erfolgt war. Gem **KO 8** hat die auf eine NachlFdg an den Erben nach Anordng gemachte Leistg insow befreiende Wirkg, als das Geleistete in den Nachl gelangt ist, auch wenn dieser nicht mehr bereichert ist (Staud/Marotzke Rz 18). Ferner ist der Leistende auch befreit, wenn er von der Anordng keine Kenntn hat. Die Beweislast ist verschieden, je nachdem die Leistg vor od nach der öff Bekanntmachg (§ 1983) erfolgt war (KO 8 II, III).

3) Die Prozeßführungsbefugnis steht dem Verwalter zu (**I 3**). – **a)** Nur der **Nachlaßverwalter** kann klagen, verklagt werden u unterbrochene Prozesse aufnehmen (ZPO 239, 241 III, 246), ebso im FinanzG-Proz (zw Erben u NachlVerw keine notwend Streitgenossensch), BFH NJW 77, 1472. Bei allg unbeschränkbarer Haftg (§ 2013 I 1) tritt Unterbrechg durch die auf Antr von NachlVerw angeordnete NachlVerw nur ein, wenn sich der Titel gg den Nachl richtet (Brsl OLG 18, 411). Gläub kann in diesem Falle seinen Anspr in das Eigenvermögen weiterverfolgen. Der NachlVerw ist **Partei kraft Amtes** (RG 135, 307, vgl § 1985 Anm 1), also auch nach ZPO 116 Nr. 1. Eine gg den Erben gerichtete Klage des Erben- od NachlGläub auf Befriedigg aus dem Nachl hat er ohne weiteres abzuweisen, ebso eine Klage des Erben, mit der er NachlFdgen geltd macht. – **b)** Der **Erbe** kann aber eine NachlFdg einklagen, wenn er vom NachlVerwalter zur ProzFührg ermächtigt ist u ein eigenes schützwürd Interesse an der ProzFührg im eig Namen hat (BGH 38, 281 mAv Nirk NJW 63, 297, Johannsen **LM** Nr 1; dazu auch Bötticher JZ 63, 582).

4) Vollstreckungshandlungen der **Eigengläubiger** des Erben in den Nachl, die vor Anordng erfolgt sind, können nach Verwaltgsanordng auf Abwehrklage des NachlVerw gem ZPO 784 II, 785 beseitigt werden (RGRK Rz 22), u zwar auch dann, wenn die Erbe sein HaftgsbeschrkgsR vorbehalten hat. Das gleiche Recht hat der noch nicht unbeschränkbar haftende Erbe ggü Vollstreckgsmaßregeln zG der **Nachlaßgläubiger in sein Eigenvermögen** (ZPO 781, 784 I), sofern ihm die Haftgsbeschrkg vorbehalten war (ZPO 780). Nach Anordng der NachlVerw sind ZwVollstreckgen u Arreste zG von EigenGläub in den Nachl „ausgeschlossen" (auch KO 14, 221). Der Verwalter kann aber auch in diesem Falle nicht Erinnerg nach ZPO 766, sond muß Gegenklage nach ZPO 784 II erheben (RG LZ 07, 840). Die EigenGläub können aber den Anspr des Erben gg den Verw auf Herausg des künftigen Überschusses pfänden (§ 1986, ZPO 829, 844; Erman/Schlüter Rz 5). – Die **Nachlaßgläubiger** können dagg **in den Nachlaß** ohne Umschreibg der Klausel gg den Verwalter vollstrecken, mag das Urt gg den Erbl od gg den Erben ergangen sein (bestr, s Staud/Marotzke Rz 24, 25; aA Soergel/Stein Rz 9 mN); der auf den Erbl lautende Titel muß allerd auf den Erben umgeschrieben sein (ZPO 727).

1985 Pflichten und Haftung des Nachlaßverwalters.
I Der Nachlaßverwalter hat den Nachlaß zu verwalten und die Nachlaßverbindlichkeiten aus dem Nachlasse zu berichtigen.

II Der Nachlaßverwalter ist für die Verwaltung des Nachlasses auch den Nachlaßgläubigern verantwortlich. Die Vorschriften des § 1978 Abs. 2 und der §§ 1979, 1980 finden entsprechende Anwendung.

1) Rechtsstellung. Der NachlVerwalter führt ein Amt (§ 1987) zur Verwaltg fremden Vermögens (RG 135, 307) u zwecks Wahrnehmg der Belange aller Beteiligten (Erben u Gläubiger). Er ist (wie der Konk-Verw) **amtlich bestelltes Organ** u nicht (wie der NachlPfleger) gesetzl Vertreter des Erben (KG JFG 23, 236; BayObLG 76, 171; hM) oder der Gläub od gar des Nachl (vgl auch RG 151, 62); denn er kann sowohl gg den Erben (§ 1978 II) wie gg die Gläub vorgehen. Dem Nachl aber (als einem Vermögensinbegriff) kommt

Rechtl. Stellg. d. Erben. 2. Titel: Haftg d. Erben f. d. Nachlaßverbindlichk. **§ 1985** 1–3

RPersönlichk nicht zu, wenn der Verwalter auch für dessen Rechng handelt (**II** 2, § 1979). Er kann, soweit NachlVermögen in Betr kommt, nicht als Berechtigter ins Grdbuch eingetragen werden, da er nicht Rechtsinhaber des Nachl ist (BGH DNotZ **61**, 485). Zum Erhalt von Prozeßkostenhilfe s ZPO 116 Nr 1. – Nach § 1915 untersteht er mittelb dem VormschRecht (nach § 1798 zu verpflichten; s aber §§ 1981 III, 1987) u damit der **Aufsicht des Nachlaßgerichts** (§§ 1960, 1915, 1837, 1886; 1962), dessen Genehmigg er in den Fällen der §§ 1821, 1822, 1828–1831 bedarf, auch wenn die Erben nicht minderjährig sind. Die Gen ist zB dann zu versagen, wenn der Verwalter, anstatt Konk zu beantragen, eine genehmigungspflichtige Vfg treffen will (KGJ **34** A 90). Ob auch §§ 1812, 1813, u hierzu § 1825, Anwendg finden, ist bestr (bej Haegele aaO vor § 1975, S 41; aM Lange/Kuchinke § 51 II 4f); die Stellg des NachlVerw u die daraus sich ergebend prakt Erwäggen sprechen für letztere Auffassg (ebso MüKo/Siegmann Rz 2). Das NachlG hat auch die nach § 1841 mit § 1915 zu legende Rechnung zu prüfen (§ 1843); es kann ihn zB zur Rückzahlg von Auslagen anhalten (LG Bln Rpfleger **76**, 98). Bei Verzicht der NachlGläub u MitE auf Nachprüfg darf das NachlG keine Prüfg anordnen (Ffm NJW **63**, 2278). Bestellg eines GgVerwalters nach § 1792 ist mögl (KG DJZ **28**, 388). – Im übrigen führt er sein Amt **unabhängig und eigenverantwortlich**, untersteht also in reinen ZweckmäßigkFragen keinen gerichtl Anweisgen (s BGH **49**, 1; Einf vor § 1909 u Grdzüge vor § 1793). – Für die **Entlassung** des NachlVerw als äußerste Maßnahme bei Erfolglosigk milderer Mittel ist kein Verschulden erforderl, sond gem §§ 1915; 1897; 1886 die Gefährdg des Interesses der NachlGläub od des Erben maßgebend. Eine solche kann bei beharrl, langandauernder Unterlassg der Vorlage des NachlVerz gegeben sein. Gleiches gilt bei Gleichgültigk ggü der Pfl zur jährl Rechnglegg gem § 1840 (BayObLG FamRZ **88**, 543). Den Antr auf Entlassg kann auch ein NachlGläub stellen (Karlsr NJW-RR **89**, 1095; str). – Auch der Zwangsverwalter eines NachlGrdst kann NachlVerw sein, da nicht stets ein Interessenwiderstreit zu besorgen (KG JFG **18**, 331). – Das VerwR eines **Testamentsvollstreckers** ruht währd der Dauer der NachlVerw (s Einf 3a vor § 2197).

2) Gegenstand. Der NachlVerwaltg unterliegen alle vermögensrechtl Bestandteile des Nachl samt den nach dem Erbfall entstandenen Anspr; dagg nicht höchstpersönl Rechte od Sachen des Erbl ohne bes Verkehrswert; auch das unpfändb Vermögen sollte wie beim NachlKonkurs nicht von der NachlVerwaltg erfaßt werden, wobei sich die Unpfändbark aus der Person des Erben bestimmt (MüKo/Siegmann Rz 4; aA Soergel/Stein Rz 6). – Die NachlVerwaltg verdrängt einen **Gesellschaftererben** (zB einer OHG) nicht aus seiner Gesellschafterstellg (s Anm 3b); ihm verbleibt die Befugnis, gem HGB 139 I über seine weitere Stellg in einer OHG zu entscheiden (s BGH **47**, 293 mAv Großfeld u Rohlff JZ **67**, 705); die aus dieser Stellg fließden Vermögensrechte müssen aber dem NachlVerw zustehen (s Anm 3b; s auch Westermann AcP **173**, 39ff, Wiedemann, Übertr u Vererbg von MitgliedschRechten bei Handelsgesellschaften, § 13 V). – Geht dem Erben ein NachlGrdst infolge Verschuldens seines Rechtsanwalts (dch Zwangsversteigerg) verloren, fällt der SchadensersatzAnspr des Erben gg den Anwalt im Fall der NachlVerwaltg in das ihr unterliegde Vermögen (Surrogation) (BGH **46**, 222 mAv Mattern **LM** § 1984 Nr 2).

3) Aufgaben. – Hauptaufgabe des Verwalters und Zweckerfüllg der Verwaltg ist die Berichtigg der „NachlVerbindlichk aus dem Nachl". Der Verw hat dazu als erstes den seiner Verwaltg unterliegenden Nachl (s Anm 2) **in Besitz zu nehmen** (Umkehrschluß aus § 1986 I), dh der Erbe hat ihn dem Verw herauszugeben. Bei Weigerg des Erben kann aber nicht auf Anrufg des Verwalters durch das NachlG ein GVz beauftragt werden, auch wenn die Ggstände unstreitig zum Nachl gehören (KG NJW **58**, 2071). Verwalter ist also auf HerausgKlage (s LG Stgt BWNotZ **78**, 164 mit krit Anm von Vögele) angewiesen, denn der AnordngsBeschl bildet keinen Titel iS ZPO 794 I Nr 3 (Staud/Marotzke Rz 13). Über weitergehde Befugnisse des KonkGerichts vgl KO 101 II; Jaeger/Weber KO 117 Rz 13.

a) Verwaltungsaufgaben. Der Verwalter hat nach § 1802 bei Gericht ein **Nachlaßverzeichnis** einzureichen, das ihm der Erbe vorzulegen hat (§ 260). Eine InvFrist kann ihm nicht bestimmt werden; er hat aber dem Gläub **Auskunft** zu erteilen (§ 2012 I 2; II). Auf die Beschränkg der Haftg des Erben kann er nicht verzichten (§ 2012). – Bei der Verw u der Berichtigg von NachlVerbindlichk ist er an Wünsche u Weisgen der Erben od Gläub nicht gebunden; diese können jedoch NachlG gg PflWidrigk anrufen (RG **72**, 263). Zwecks Berichtigg muß Verw die **Nachlaßgläubiger ermitteln,** notf durch Aufgebot (§§ 1970ff; KG OLGZ **77**, 309). Die Versilberg steht in seinem pflichtmäßigen Ermessen. – Rein persönl GesellschRechte, die dem Erben zustehen, kann er **nicht** ausüben, also nicht das Ausscheiden des Erben aus einer Gesellsch vereinbaren (KG JFG **23**, 236). – Bei der **Befriedigung von Nachlaßforderungen** ist er an § 1979 gebunden. Zahlgen an NachlGläub sind ihm daher erst nach sorgfältiger ZulänglichkPrüfg gestattet. Dazu muß er mittels vollständ Sichtg des Nachl, Prüfg der Unterlagen, Rückfragen usw NachlAktiva u -Passiva vollständ erfassen, bewerten u zutreffend in die beiden Zügen aufzeichnen (BGH NJW **85**, 140). Ohne ein solches Vorgehen, für das ihn die Darlegsg- u Beweislast trifft, darf er keine Verbindlichk berichtigen (BGH aaO). Sind NE vorhanden, ist er auf deren Zustimmg zur Veräußerg eines NachlGrdst zwecks Befriedigg der NachlGläub nicht angewiesen (analog § 2115 S 2); er hat insow mehr Befugn als die nur nicht befreite VE, selbst wenn dieser die NachlVerw beantragt hätte (Braunschw OLGZ **88**, 392). – Bei Kenntn der Überschuldg hat er unverzügl Konk od VerglVerf zu beantragen (§ 1980), selbst wenn mit Ablehng der Eröffng mangels Masse zu rechnen ist (Stgt Rpfleger **84**, 416); schließt er statt dessen noch ein RGeschäft mit einem NachlGläub ab, ist eine erforderl nachlgerichtl Genehmigg zu versagen (Stgt aaO). Bei Überschuldg mit ausgeschlossene Fdgen besteht aber keine AntrPflicht (Siber 70). – Eine Verteilg des Nachl oder Erbauseinandersetzg gehört **nicht** zu seinen Aufgaben (KGJ **49**, 85, BayObLG **25**, 454); auch gerichtl NachlAuseinandersetzg (FGG 86) ist ausgeschl (KG RJA **75**, 279). Dagg kann er mit gerichtl Genehmigg bei ausreichder Masse dem Erben notdürft Unterh gewähren, wie dies ja sogar im NachlKonk, also bei Überschuldg, mögl ist (Jaeger/Weber KO 129 Rz 2). – Beantragt er Eintrag einer ZwangssichergsHyp zur Sicherg einer NachlFdg, sind als Berechtigte die Erben einzutragen (Hamm OLGZ **88**, 390). – Er kann auch eine vom Erbl erteilte GeneralVollm widerrufen (KG NJW **71**, 566), ebso Vollm eines vom Erbl bestellt RAnw kündigen (Düss BB **78**, 1442).

b) Beschränkungen. Von den Befugnissen des NachlVerw werden aber nicht die persönl Rechtsbeziehgen des Erbl erfaßt, in die der Erbe mit dem Erbfall eingerückt ist; er ist also nicht befugt, persönl MitgliedschRechte eines **Gesellschaftererben** geltend zu machen, od die Feststellg zu begehren, daß der GesellschVertr nichtig od wirks angefochten ist. Nur die rein vermögensrechtl Ansprüche auf Gewinn u der Anspr auf das Abfindgsguthaben unterliegen seiner Verwaltg (BGH **47**, 293 mAv Großfeld u Rohlff JZ **67**, 705; s auch Westermann AcP **173**, 39 ff). MitgliedschRechte bei einer Kapitalgesellsch kann der NachlVerw ohne Rücks auf den Inhalt der Satzg wahrnehmen (s Wiedemann, aaO bei Anm 2, §§ 13 III 2).

4) Verantwortlichkeit. Der Verwalter **haftet dem Erben** auf Grd der durch die Bestellg zw dem Verwalter und dem Erben geschaffenen RBeziehg (RG **150**, 190) für schuldhafte Pflichtverletzgen gem §§ 1915, 1833, auch §§ 1834, 1839–1841, 1844 (BGH NJW **85**, 140; FamRZ **75**, 576: Anwendg des § 242 ggü Haftbarmachg dch Erben). Ferner ist er gem **II**, § 1980 I 2 auch den **Nachlaßgläubigern** verantwortl, sofern er seine Pflicht zu ordngsgemäßer Verwaltg schuldhaft verletzt u daraus einem Gläub Schaden entsteht. Entspr SchadErsatzAnspr der Gläub gelten als zum Nachl gehörend (**II** 2; § 1978 II). Bei Verstoß gg § 1979 kommt Ersatz nur in Betracht, soweit andere vor- od gleichrangige Gläub weniger erhalten, als sie bei Unterbleiben vorzeit Zahlgen erlangt haben würden (BGH NJW **85**, 140). Bei Aufgebot kann sich der Verwalter auf § 1973 berufen (RG **61**, 221). – Bei mangelnder Masse od Erschöpfg des Nachl (KG HRR **35** Nr 1022) hat er Aufhebg der Verwaltg nach § 1988 II zu beantragen; die §§ 1990, 1991 sind nicht entspr anwendb (RGRK Rz 17), wohl aber § 1992 (Jaeger/Weber KO 217–220 Rz 14); für Anwendg von §§ 1990– 1992 Staud/Marotzke Rz 29.

1986 *Herausgabe des Nachlasses.* **I** Der Nachlaßverwalter darf den Nachlaß dem Erben erst ausantworten, wenn die bekannten Nachlaßverbindlichkeiten berichtigt sind.

II Ist die Berichtigung einer Verbindlichkeit zur Zeit nicht ausführbar oder ist eine Verbindlichkeit streitig, so darf die Ausantwortung des Nachlasses nur erfolgen, wenn dem Gläubiger Sicherheit geleistet wird. Für eine bedingte Forderung ist Sicherheitsleistung nicht erforderlich, wenn die Möglichkeit des Eintritts der Bedingung eine so entfernte ist, daß die Forderung einen gegenwärtigen Vermögenswert nicht hat.

1) Allgemeines. Mit der Berichtigg der bekannten NachlVerbindlichk od Erschöpfg des Nachl (KG HRR **35** Nr 1022) entfällt der Anlaß der NachlVerwaltg. Sie ist dann aufzuheben (§ 1919). Den etwaigen NachlRest hat der Verw an den Erben, bei Mehrh an alle, hinauszugeben (s KG NJW **71**, 566; dort auch über Pfl zur Herausg an einen neu bestellten NachlVerw). Gegen unbekannte NachlGläub hat sich der Verwalter durch Aufgebot (§§ 1970 ff) zu sichern. Die Haftgsbeschränkg der NachlVerwaltg bleibt bei ordngsgem durchgeführter Verf bestehen; der Erbe kann also entspr § 1990 I den Gläub auch den etwa erhaltenen NachlRest verweisen (BGH NJW **54**, 635; **LM** Nr 1 zu § 1975; s § 1975 Anm 1). Doch kann noch InvFrist bestimmt u dadch uU beschränkte Haftg herbeigeführt werden.

2) Sicherheitsleistung (II) erfolgt nach §§ 232 ff. Streitig ist die NachlVerbindk, wenn der NachlVerw sie bestreitet; die Ansicht des Erben ist unerhebl (Ffm JZ **53**, 53). Eine Fdg ohne Vermögenswert (**II 2**, s ZPO 916 II) ist aber zB nicht der Anspr einer Leibesfrucht (§ 1615 o) od der Anspr der Mutter aus § 1963.

1987 *Vergütung des Nachlaßverwalters.* Der Nachlaßverwalter kann für die Führung seines Amtes eine angemessene Vergütung verlangen.

1) Vergütung. Entgg dem gewöhnl NachlPfleger hat der NachlVerw **Anspruch** auf eine Vergütg, die das Nachlgericht (RPfleger, RPflG 3 Nr 2c; 16 I Nr 1) festsetzt (vgl auch § 2221; KO 85). – Ihre **Höhe** richtet sich nach der NachlMasse, dem Umfang u der Bedeutg der Verwaltergeschäfte, der Dauer der Verwaltg, dem Maß der Verantwortg des Verw (RG JFG **13**, 4; Hamm Rpfleger **66**, 180; BayObLG **72**, 156). Hierbei ist vom AktivNachl ohne Abzug der Verbindlichk auszugehen; daneben kann auch der ReinNachl berücksichtigt werden (BayObLG **53**, 50; Rpfleger **85**, 402). Die ihm als KonkVerw zugebilligte Vergütg ist außer Betr zul lassen (Mü DFG **36**, 215). Dessen Vergütgssätze gelten hier nicht (KG JFG **17**, 206); sie können aber einen gewissen Anhalt als Vergleich bieten, insbesond bei relativ kurzer Verwaltg (BayObLG **72**, 156; Rpfleger **85**, 402). Es gelten auch nicht die Gebührensätze eines Berufsverbands, dem der Verw angehört (BayObLG **53**, 50; Hamm aaO). Auch sind grdsätzl keine feststehenden Hundertsätze des Vermögens als Maßstab heranzuziehen (KG OLG **18**, 297). Eine vorangegangene gesond Vergütg für eine Tätigk des NachlVerw als NachlPfleger kann bei der Bemessg mindernd berücksicht werden. Wird der Verwalter überh nicht tätig, od wg grober Pflichtwidrigk entlassen (§ 1886), ist überh keine „Vergütung angemessen". – BeschwR nach § 20 FGG (KG JFG **20**, 90). – Einwendgen gg den Anspr auf Vergütg sind notf im Prozeßwege geltd zu machen (BayObLG HRR **28** Nr 2279); dies gilt auch vom GebührenAnspr nach der BRAGebO bei ebin anwaltl Tätigk (KG JFG **3**, 73). – Im Konk ist der Anspr Masseschuld (KO 224 Nr 4, 6). – Die Änderg einer nach Aufhebg u Abwicklg des Verfahrens formell rechtskräftigen Vergütg festsetzenden Entscheidg kann nicht mehr verlangt werden (KG JFG **14**, 42).

2) Ersatz von Aufwendungen (§§ 1915, 1835). Hierüber entscheidet nicht das NachlG, sond im Streitfall das ProzeßG (BayObLG **53**, 50). Unzulässig ist daher auch die Festsetzg einer Pauschalvergütg (Vergütg zuzügl etwaiger Aufwendgen) dch das NachlG (LG Bln MDR **67**, 128; Zweibr Rpfleger **80**, 103, Staud/Marotzke Rz 5, 8). Zu den Aufwendgen zählen auch **Bürokosten** eines zum Verwalter bestellten RAnwalts. Lassen sich diese nicht exakt ausscheiden, kann die Tats der Kanzleibenutzg bei der Bemessg der Vergütg allg in die BilligkErwägg einbezogen u so mit berücksichtigt werden; ein zahlenmäßiger Bruchteil der Kosten darf allerd nicht zugrde gelegt werden (BayObLG Rpfleger **85**, 402). S auch § 1835 III.

1988 *Ende der Nachlaßverwaltung.* **I** Die Nachlaßverwaltung endigt mit der Eröffnung des Nachlaßkonkurses.

II Die Nachlaßverwaltung kann aufgehoben werden, wenn sich ergibt, daß eine den Kosten entsprechende Masse nicht vorhanden ist.

1) Beendigung der NachlVerw tritt mit Eröffng des **Nachlaßkonkurs** ohne bes Aufhebg kr G ein (**I**). VerglVerf hat dagg nicht die gleiche Wirkg (hM; Bley/Mohrbutter VerglO 113 Rz 6). An der Haftg des Erben ändert sich nichts. Die NachlVerw wird in NachlKonkVerw übergeleitet; NachlPflegsch endet nicht (KGJ **38** A 117). Die Verw- und Vfgsbefugnis des Verwalters geht auf den KonkVerw über, dem der NachlVerw, falls er nicht selbst zum KonkVerw ernannt wird, den Nachl herauszugeben hat. KO 7, 8 sind nicht anwendb, da NachlVerw nicht gesetzl Vertreter ist (§ 1985 Anm 1).

2) Aufhebung durch Nachlaßgericht. Im übrigen endet die Verw durch die Berichtigg aller bekannten NachlVerbindlichk (§§ 1986, 1919; BayObLG **76**, 167/173), muß aber dann vom Gericht formell aufgeh werden; ebso bei Eintritt der Nacherbfolge, da die Haftg des NachE bes beschränkt werden muß (RGRK Rz 5); ferner, wenn der Erbe (auf dessen Antr die NachlVerw angeordnet wurde), nachträgl rechtswirks die Erbsch ausschlägt (KG RJA **7**, 102). Vorher können die Beteiligten (Erben, NachlGläub) durch AntrRückn od AufhebgsAnträge die Aufhebg des Verfahrens nicht erzwingen (KGJ **42**, 94), es sei denn, daß der Antr vor Anordng zurückgenommen wurde (vgl KostO 106 III). Vor Befriedigg der NachlGäubiger kann bei Einverständn aller Gläubiger u Erben (zB inf Einigg über die Befriedigg) die NachlVerwaltg aufgeh werden (s BayObLG aaO).

a) **Zweckerreichung.** Der Erbe kann allerd wg Erreich des Zwecks die Aufhebg beantragen u **gegen Ablehnung** Erinnerg (RPflG 11) einlegen; bei Mehrh von Erben steht das BeschwR jedem zu (Ffm JZ **53**, 53; Hamm JMBl NRW **55**, 230, gg MüJFG **14**, 61). Der AufhebgsBeschl ist (auch im Falle des **II**) nach FGG 16 wie der AnordngsBeschl zuzustellen. Mit der Zust endet das Amt des NachlVerw; hebt das BeschwG die aufhebde Entscheidg des NachlG auf u ordnet es erneut NachlVerw an, ist der NachlVerw neu auszuwählen u zu verpflichten (§§ 1791 mit 1915). Tod des Erben als solcher ist kein AufhebsGrd.

b) **Aufhebung mangels Masse** (vgl auch KO 204) dch NachlG sollte mit Rücks auf § 1982 nicht vorkommen. Sie gibt dem Erben die Einrede aus § 1990. Beschwerde s § 1981 Anm 5.

3) Rechtsfolgen der Aufhebung. Aufhebg nach § 1919 (vgl auch Anm 1) verpflichtet den Verwalter zur Schlußrechng (§ 1890) u Herausg des Nachl an den Erben. Jedoch hat er wg seiner Aufwendgen ein ZurückbehaltsR (§ 273). Löschg im GB erfolgt auf Antr des Erben.

1989 *Erschöpfungseinrede des Erben.* **Ist der Nachlaßkonkurs durch Verteilung der Masse oder durch Zwangsvergleich beendigt, so finden auf die Haftung des Erben die Vorschriften des § 1973 entsprechende Anwendung.**

1) Bedeutung. Die mit der KonkEröffng eingetretene Haftgsbeschrkg bleibt grdsätzl auch nach Aufhebg des Verf bestehen (§ 1975 Anm 1). § 1989 enthält noch eine weitergehende Beschrkg für den Fall der Verteilg der Masse (KO 161, 163, 166) u des Zwangsvergleichs (KO 190, 193, 230). Die Vorschr gilt auch für den im **Vergleichsverfahren** abgeschl Vergl (VerglO 113 I Nr 4). In diesen Fällen haftet der Erbe den NachlGläub (ganz gleich, ob sie am Konk teilgenommen haben, vom ZwVergl betroffen sind od nicht) nicht mehr mit seinem Eigenvermögen; aus dem ZwVergl selbst kann sich aber seine persönl Haftg ergeben (Staud/Marotzke Rz 15). KO 164 I ist insow ausgeschaltet. Der Erbe haftet den NachlGläub nur so, als ob sie am AufgebotsVerf ausgeschl worden wären (§ 1973). Die endgültig beschränkte Haftg kann auch durch InvSäumn nicht mehr in Frage gestellt werden (§ 2000 S 3; vgl auch § 2013 Anm 3; wg der Miterben vgl § 2060 Nr 3).

2) § 1989 gilt nicht bei Verlust des BeschrkgsR vor KonkEröffng (§ 2013 I 1, s auch dort Anm 3); bei Einstellg mangels Masse (KO 204; hier kann sich der Erbe auf § 1990 berufen); bei Einstellg nach KO 202 (hier entscheiden die Vereinbargen mit den Gläub; soweit sie nicht hieran teilgenommen haben, haftet der Erbe wie vor KonkEröffng, s Kipp/Coing § 98 IV 4) u Aufhebg des EröffngsBeschl nach KO 116 (hier wird die Haftgsbeschrkg rückwirkend aufgehoben). Bei Ablehng des NachlKonk mangels Masse (KO 107) kann sich der Erbe nur auf § 1990 berufen (s § 1975 Anm 1).

1990 *Einrede der Dürftigkeit des Nachlasses.* **I Ist die Anordnung der Nachlaßverwaltung oder die Eröffnung des Nachlaßkonkurses wegen Mangels einer den Kosten entsprechenden Masse nicht tunlich oder wird aus diesem Grunde die Nachlaßverwaltung aufgehoben oder das Konkursverfahren eingestellt, so kann der Erbe die Befriedigung eines Nachlaßgläubigers insoweit verweigern, als der Nachlaß nicht ausreicht. Der Erbe ist in diesem Falle verpflichtet, den Nachlaß zum Zwecke der Befriedigung des Gläubigers im Wege der Zwangsvollstreckung herauszugeben.**

II Das Recht des Erben wird nicht dadurch ausgeschlossen, daß der Gläubiger nach dem Eintritte des Erbfalls im Wege der Zwangsvollstreckung oder der Arrestvollziehung ein Pfandrecht oder eine Hypothek oder im Wege der einstweiligen Verfügung eine Vormerkung erlangt hat.

1) Allgemeines. Lohnt sich die amtl Verwaltg mangels Masse od Vorschusses nicht (§§ 1982, 1988 II; KO 107 I, 204; VerglO 17 Nr 6, 100 I Nr 1), steht dem noch beschränkbar haftenden Erben (§ 2013 I 1) des somit dürftigen Nachl die Haftgsbeschrkg auch ohne amtl Verwaltg zu Gebote. Er ist dann gleichsam sein eigener Verwalter, ohne unbedingt die konkursmäßige Reihenfolge bei GläubBefriedigg einhalten zu müssen (Prot **5**, 801; s § 1991 Anm 3; Ausn § 1991 IV). Allerd werden geringfügige Nachl häufig ausgeschlagen; die damit verbundenen unverhältnismäß Belastgen von NachlG u Nachberufenen haben aber nicht zu einer amtl Liquidation geführt (s zu den Problemen Weithase Rpfleger **88**, 434).

§ 1990 2–4   5. Buch. 2. Abschnitt. *Edenhofer*

2) Erschöpfungseinrede. Nach dem Maß der BefriediggsMöglk (s Anm b) wird sie unterteilt in die Einrede der **Dürftigkeit** (ohne Überschuldg), der **Unzulänglichkeit** (bei Überschuldg) bzw der **Erschöpfung** (bei Fehlen jegl Masse). Die Einrede führt nicht zu einer Trenng der VermMassen wie bei NachlVerwaltg od – Konkurs; die Trenng gilt nur zw Erben u dem Befriedigg suchenden **Nachlaßgläubiger** (§ 1991 II mit Anm 1). – **Eigengläubiger** des Erben können in Nachl vollstrecken (aA Soergel/Stein Rz 9); über entspr Anwendg des § 784 II ZPO s Anm 4. – Vollstreckg der **Nachlaßgläubiger** in das **Eigenvermögen** braucht der Erbe nur insow zu dulden, als NachlWerte in dieses gelangt sind od ErsFdgen aus § 1991 I gg ihn bestehen. – Nur für Prozeßkosten, die nicht in der Pers des Erbl entstanden, haftet der Erbe unbeschränkt (RG HRR 30, 455; Köln NJW 52, 1145).

a) Geltendmachung. Die Einrede ist dem Erben ggü allen NachlGläub (Ausn § 2013 II) ohne Rücksicht auf die Art der Fdg gegeben, unbeschadet der Einrede aus §§ 1973, 1974 ggü den Ausgeschlossenen. Sie steht ihm also auch ggü dem auf Geld gerichteten PflichttErgänzgsAnspr (§ 2325; BGH **LM** § 2325 Nr 2), ggü der RückFdg von Sozialhilfe nach SGB X § 50 I (VGH Mannh NJW 86, 272) od von Leistgen nach dem LAG (BVerwG NJW 63, 1075) zu und auch noch nach Teilg, wenn Nachl schon bei Teilg unzulängl war (RGRK Rz 2). – Der Umstand allein, daß der Erbe NachlGläubigern ggü nicht sofort darauf hinweist, er wolle von der Möglichk, die Haftg auf den Nachl zu beschränken, Gebrauch machen, kann weder als Verzicht auf die Beschränkgsmöglk angesehen werden, noch dazu führen, daß die spätere Ausübg dieses Rechts als unzul RAusübg anzusehen ist (Celle NdsRpfl 62, 232). – Wird die zunächst unbegründete Einrede infolge nachträgl Verändergen begründet, muß sie noch beachtet werden (BGH **85**, 281). – Die Einr steht auch NachlPfleger u TestVollstrecker sowie bei in GüterGemsch lebden Ehegatten dem Gesamtgutsverwalter zu (s Staud/Thiele/Thiele Rz 7); ferner dem Konkursverwalter im GesamtvermögensKonk (KO 234) des Erben (Börner JuS 68, 55). – Auf die Einrede kann sich auch der Träger der SozVers berufen, wenn dem Erben eines Unfallgeschädigten ggü der AusglFdg des SchadErsPflichtigen (§ 426, § 17 StVG) diese Einrede zusteht u die SchadErsFdg auf den Träger der SozVers übergegangen ist (BGH **35**, 317; VersR **65**, 688). – Die Vorschr gilt entspr auch nach Durchführg einer NachlVerwaltg (BGH NJW **54**, 635; § 1986 Anm 1).

b) Rechtsfolgen. Die Haftg des Erben **beschränkt sich** auf die Ggstände des dürftigen Nachlasses, sofern er die Unzulänglk nachweist (zB durch Vorlage der etwaigen – das ProzeßG bindenden – Ablehngs-, Aufhebgs- od Einstellungsbeschlüsse u Vorbehalt erfolgt war (ZPO 780), soweit erforderl (zB nicht bei ZPO 780 II). Eine Überschuldg wird im Ggsatz zu § 1992 S 1 nicht vorausgesetzt, kann aber gegeben sein. Ist überh kein Nachl vorhanden, schuldet der Erbe (insow nach Maßgabe der etw ErsPfl aus § 1991 I) nichts mehr u eine Klage des NachlGläub ist abzuweisen, RG **58**, 128 **(Einrede völliger Erschöpfung).** Im übr mag Gläub ggü der Einrede den Zahlgsantrag in einen solchen auf Duldg der ZwVollstr in die noch vorhandenen Ggstände oder eine etwaige vom Erben geschuldete ErsLeistg ändern, will er nicht eine eventl Abweisg riskieren (OLG **36**, 241). – Der Erbe wird sich (zwecks Vermeidg unnützer Vollstreckungsprozesse) also nicht mit dem Vorbeh aus ZPO 780 I u der Abwehrklage aus ZPO 785, 767 begnügen. Vielmehr wird er schon im Hauptprozeß durch die **Dürftigkeitseinrede** (dh den Nachweis, daß die Aktiva die Kosten der amtl Verw nicht decken) die Verweisg des Gläubigers auf die NachlGgstände sowie damit die Verhinderg des Zugriffs auf das Eigenvermögen zu erreichen versuchen od durch die **Unzulänglichkeitseinrede** (dh den Nachweis, daß die NachlAktiven die Kosten amtl Verwaltg nicht decken u der Nachl wg Überschuldg nicht ausreicht) die Abweisg des weitergehenden Antrages auf persönl Leistgen (Staud/Marotzke Rz 17ff; Warn **40** Nr 61; s auch BVerwG NJW 63, 1075). Notf wird er nachweisen, daß der Nachl bereits völlig erschöpft sei (vgl Eccius, Gruch **43**, 617; aM Krüger MDR **51**, 664); in diesem Fall kann der Erbe auch Interesse an der Abweisg einer Kl auf Leistg vorbehaltl der beschr Erbenhaftg haben. – **Im Zivilprozeß** kann das Gericht nach seinem Ermessen üb die Haftgsbeschränkg entw sachl entscheiden od diese dem Erben gem ZPO 780 vorbehalten u das weitere dem VollstrVerf überlassen (BGH NJW **54**, 635; RG **162**, 300; Celle NdsRpfl **62**, 233). Im **verwaltungsgerichtlichen Verfahren** ist dagg die geltend gemachte Dürftigk schon im Anfechtungsprozeß zu prüfen (VGH Mannh NJW 86, 272). – Der Erbe kann den Ansturm der Gläub auch dadch abwehren, daß er ihnen den Nachl zur Befriedigg **freiwillig überläßt** od sich nach ZPO 794 I Nr 5 zur Vermeidg von Proz- u VollstrKosten der sofortigen ZwVollstr in die NachlGgstände unterwirft (RG **137**, 53). Abwendg dch Zahlg des Wertes (§ 1973 II 2) ist hier nicht mögl.

c) Aufrechnung. NachlGläub können nicht gg eine EigenFdg des Erben aufrechnen, obwohl § 1977 nicht für anwendb erkl ist, da der Erbe sonst prakt unbeschränkt haften würde (vgl BGH **35**, 317). Jedoch können sie gg eine NachlFdg aufrechnen; die haftgsbeschränkende Einrede fällt nicht unter § 390 S 1, nachdem selbst im Konk (KO 53, 54) Aufr mögl ist (hM). – Der EigenGläub des Erben kann gg eine NachlFdg aufrechnen, da er auch in den Nachl vollstrecken kann (str; wie hier MüKo/Siegmann Rz 6; Staud/Marotzke Rz 42; aA Soergel/Stein Rz 8, weil Nachl entgg dem Absondergsprinzip zum Nachteil der NachlGläub geschmälert würde).

3) Maßgebender Zeitpunkt für die Frage, ob der Nachl dürftig u unzulängl und daher NachlVerw od KonkEröffng „untunlich" ist, ist nicht der Erbfall (allg M), sond derjenige der Entscheidg üb die Einrede (BGH **85**, 274; str; für die Geltdmachg des Anspr BGH VersR **65**, 688; Soergel/Stein Rz 5; für Erhebg der Einrede Staud/Marotzke Rz 7, 19). Dabei sind ErsAnspr des Gläub (§§ 1991 I, 1978) dem Nachl hinzuzurechnen, ErsatzAnspr des Erben (§ 1978 III) abzuziehen, soweit er sich dieserhalb nicht schon aus dem Nachl befriedigt hat (s § 1991 Anm 3). Der Erbe muß, möglichst unter Vorlegg eines Inv (vgl § 2009), dem Gläub nach § 260 Ausk über den urspr NachlBestand u die Gründe des jetzigen Bestandes geben. Auch muß er nach ZPO 807 bzgl seines ganzen Verm die eidesstattl OffenbargsVers abgeben; hat der Erbe aber nach ZPO 785 ein rechtskr Urt auf Beschrkg seiner Haftg erwirkt, ist die eidesstattl Vers auf den Nachl zu beschr (Staud/Marotzke Rz 37). Der Gläub kann auch von vornherein eine auf den Nachl beschränkte eidesstattl Vers verlangen (StJPMünzberg II zu § 781 ZPO; str).

4) Dingliche Sicherungen, II (ZwangsHyp, Vormerkgen, Pfändgspfandrechte nach ZPO 804, 866, BGB 885), die der NachlGläub nach dem Erbfall am nicht zum Nachl gehörenden Vermögen des Erben erlangt hat, kann der Erbe in entspr Anwendg von ZPO 784 I zur Aufhebg bringen. Ebenso steht ihm bei VollstrMaßnahmen der EigenGläub in den Nachl die VollstrAbwehrklage zu (ZPO 784 II; der Erbe steht hier dem NachlVerw gleich, bestr; vgl Anm 2a). Das gleiche gilt von NachlSichergen der NachlGläub, soweit die Haftgsbeschrkgsmöglichk des Erben (zB die Geltdmachg seiner ErsFdg) od die nach § 1991 IV zu beobachtende Rangfolge beeinträchtigt würden (RGRK Rz 18). **Abs II** erkl sich eben daraus, daß die Dürftigk des Nachl oft erst eintritt od offenb wird, nachdem gg den Erben bereits VollstrMaßnahmen ergangen sind. Er **gilt nicht** für vor dem Erbfall erwirkte u vom Erbl od Erben bewilligte dingl Sichergen.

5) Sonderfälle. Die UnzulänglichkEinr ohne Dürftigk gewährt das G bei der VermÜbern (§ 419 II; dazu Celle OLGZ **78**, 199) sowie in §§ 1480, 1498, 1504, 2036/2037, 2145 und im REG 34, 41 (früh *AmZ*), 33 (früh *BrZ*), 34 *(Berlin)*.

1991 *Verantwortlichkeit des Erben.* ¹ Macht der Erbe von dem ihm nach § 1990 zustehenden Rechte Gebrauch, so finden auf seine Verantwortlichkeit und den Ersatz seiner Aufwendungen die Vorschriften der §§ 1978, 1979 Anwendung.

II **Die infolge des Erbfalls durch Vereinigung von Recht und Verbindlichkeit oder von Recht und Belastung erloschenen Rechtsverhältnisse gelten im Verhältnisse zwischen dem Gläubiger und dem Erben als nicht erloschen.**

III **Die rechtskräftige Verurteilung des Erben zur Befriedigung eines Gläubigers wirkt einem anderen Gläubiger gegenüber wie die Befriedigung.**

IV **Die Verbindlichkeiten aus Pflichtteilsrechten, Vermächtnissen und Auflagen hat der Erbe so zu berichtigen, wie sie im Falle des Konkurses zur Berichtigung kommen würden.**

1) Trennung des Nachl vom Eigenvermögen ist auch hier zwecks Feststellg des NachlBestandes unerläßl. Die Aufhebg der Vereinigg **(II)** gilt aber nur relativ zw dem sein Befriedigg suchenden Gläub u dem Erben (s BGH FamRZ **82**, 54/55 üb Anwendg bei PflichttBerechng). Die Trenng bezieht sich auch auf die Vereinigg von MiteigtAnteilen in einer Hand (Stgt WürttJb **24**, 304) und ermöglicht dem Erben, sich wg seiner Fdgen trotz ihrem tatsächl eingetr Erlöschen aus dem Nachl zu befriedigen (Warn **14** Nr 213).

2) Die Verantwortlichkeit des Erben wg seiner NachlVerwaltg u sein Recht auf **Ersatz von Aufwendungen**, also auch eine Befriedigg nach § 364 I (Siber 67), richten sich nach §§ 1978, 1979. Bis zur Ann der Erbsch haftet er daher als GeschFührer ohne Auftr, hernach als Beauftr. Auch der von der Reichstagskommission irrtümlich gestrichene § 1980 ist anwendb. Denn der Erbe, der die KonkUnwürdigk selbst herbeigeführt u nicht rechtzeitig Konk beantragt hat, haftet in Höhe der dem Gläub entgangenen KonkDividende (also nur, wenn die Masse die Kosten übersteigt; vgl auch Siber 59). Für verbrauchte NachlGgstände hat er Ersatz zu leisten (§ 1978 I). Von den bezahlten NachlSchulden kann er nach §§ 1978, 1979 nur diejenigen in Rechng stellen, die er bezahlt hat, solange er Zulänglichk des Nachl annehmen durfte (s Staud/Marotzke Rz 12; Börner JuS **68**, 55).

3) Rangfolge. Der Erbe kann mehrere Gläub, die er kennt od die sich melden, in beliebiger Reihenfolge befriedigen (wie der Umkehrschluß aus Abs **IV** ergibt); jedoch sind ausgeschlossene Gläub hinter die anderen zurückzustellen (Staud/Marotzke Rz 21). Der Erbe kann sich ggü einzelnen Gläub nicht darauf berufen, daß anderen Gläub im Konkurs Vorrechte zustehen. – **Vorrang** haben allerd die Gläub, die ein rkräft Urteil erstritten haben, **III**: Bei rkräftiger Verurteilg (vgl auch § 1973 II 3) darf der Erbe ggü anderen Gläubigern die Herausg derjenigen Ggstände verweigern, die zur Befriedigg des UrtGläubigers erforderl sind; er muß also den UrtGläub vor den übrigen befriedigen (RGRK Rz 8); § 372 S 2 gilt entspr (RGRK Rz 10). Jedoch kann der Erbe wg seiner eigenen Fdgen an den Nachl (Ansprüche gg den Erbl od auf Ersatz von Aufwendgen), die er ja nicht einklagen kann, auch dem UrtGläub die Herausg des Nachlasses, soweit dieser zur Befriedigg derartiger Ansprüche erforderl ist, verweigern (RG **82**, 278; Soergel/Stein Rz 7).

4) Nachrangige Gläubiger sind die **nachlaßbeteiligten, IV,** zu denen auch der ErbersatzansprBerecht gehört (§ 1934b II 1) u der Gläub eines PflichtErgänzgsAnspr (§ 2325; BGH **85**, 280). Diese Gläub wären auch im NachlKonk minderberechtigt (KO 226 II Nr 4, 5, 6). Sie hat der Erbe erst nach allen ihm bekannten NachlVerbindlichk zu befriedigen, selbst wenn sie ein rechtskr Urt **(III)** erwirkt haben. Nach den Verbindlichk aus PflichttR, Vermächtn u Auflagen sind solche aus ErbErsAnspr zu berichtigen (s dazu Göppinger DRiZ **70**, 180; Schramm BWNotZ **70**, 9/13). Bevorzugt er diese NachlBeteiligten, so haftet er (nicht der Bevorzugte) den Gläub nach **I** (RG JW **08**, 487); denn der so Begünstigte hat ja nur erhalten, was ihm zustand. Jedoch besteht uU ein BereicherungsAnspr des Erben (§§ 813, 814) od die Möglk der Anfechtg durch Gläub (AnfG 3a).

5) Entsprechende Anwendung vgl § 1990 Anm 5.

1992 *Überschuldung durch Vermächtnisse und Auflagen.* **Beruht die Überschuldung des Nachlasses auf Vermächtnissen und Auflagen, so ist der Erbe, auch wenn die Voraussetzungen des § 1990 nicht vorliegen, berechtigt, die Berichtigung dieser Verbindlichkeiten nach den Vorschriften der §§ 1990, 1991 zu bewirken. Er kann die Herausgabe der noch vorhandenen Nachlaßgegenstände durch Zahlung des Wertes abwenden.**

1) Überschwerung. Der KonkAntrag zur Herbeiführg der HaftgsBeschrkg bleibt dem Erben erspart, wenn die Überschuldg des Nachl nur auf Vermächtn od Auflagen beruht; bei der Prüfg bleiben ausgeschlossene u säumige Gläub (§§ 1973, 1974) außer Betracht. § 1992 ist also nicht anwendbar, wenn Nachl auch ohne Vermächtn u Aufl überschuldet ist (Soergel/Stein Rz 2 mN; str). Die letztwilligen Gläubiger des S 1 können auch nicht NachlKonk beantragen, ausgenommen bei ErbenKonk (KO 219 I 2); der Erbe ist zur

AntrStellg nicht verpflichtet (§ 1980 I 3). Soweit daher der Nachl zur Befriedigg solch letztrangiger Gläub nicht ausreicht, haftet der Erbe nicht, wenn er nicht bereits allg unbeschränkb haftet (§ 2013 I). – Die Vorschr ist entspr anzuwenden bei UnterVermächtn (§ 2187 II). – **Nicht** hierher gehören Pflichtteilsrechte, da diese einen aktiven NachlBestand zZ des Erbfalls voraussetzen (§§ 2303 I 2; Anm 2 zu § 2311; Staud/Marotzke Rz 5) und auch nicht ErbersatzAnsprüche.

2) Die Einrede der Überschwerg kann an Stelle des Erben auch vom TestVollstr, NachlPfleger u NachlVerwalter geltend gemacht werden (str, s Soergel/Stein Rz 3). **Im Prozeß** muß der Erbe, obwohl es sich bei § 1992 nicht um vom Erbl herrührende Schulden handelt, Vorbehalt nach ZPO 780 in Anspr nehmen; ist die Einrede erhoben, kann das ProzG im allg entweder die Frage des Haftgsumfangs sachl aufklären u darüber entscheiden, od sich mit dem Ausspruch des Vorbehalts der HaftgsBeschrkg im Urt begnügen u die sachl Klärg dem ZwVollstrVerf überlassen (BGH NJW **64**, 2300).

3) Die Rechtsfolgen der erhobenen Einrede bestimmen sich nach §§ 1990, 1991. Die Haftg für Verm u Aufl beschränkt sich auf den nach § 1991 zu ermittelnden Nachl, wobei der Nachrang des § 1991 IV zu beachten ist; der Erbe ist also berechtigt, seine Fdg u die der and NachlGläub bei den Passiva einzusetzen. Als **Besonderheit** hat der Erbe hier allerd ein **Abfindungsrecht (S 2):** Er kann die Herausgabe der noch vorhandenen NachlGgstände abwenden dch Zahlg ihres Wertes (der nach dem Ztpkt der Einredeerhebg zu schätzen ist). – Bei Vermächtn eines best NachlGgstandes wandelt sich der VermächtnAnspr bei Erhebg der Einrede in einen gekürzten GeldAnspr. Der VermächtnNehmer kann aber die Sachleistg verlangen, sofern er einen dem Kürzgsbetrag entspr Geldbetrag in den Nachl einzahlt (BGH NJW **64**, 2298). Dies gilt auch dann, wenn der vermachte Ggstand vom Erben zu beschaffen (§ 2170) ist (BGH aaO; Soergel/Stein Rz 4; krit MüKo/Siegmann Rz 9). – Besteht die Zuwendg im **Erlaß** einer Schuld, gehört die Fordg anteilig zum Nachl, soweit sie zur Deckg vorrangiger od gleichrangiger Gläub erforderl ist (s Hbg OLG **21**, 308).

4) Aufrechnung. Mit dem VermächtnAnspr kann gg eine NachlFdg auch bei Erhebg der Einrede aufgerechnet werden (analog KO 53 ff), nicht aber gg eigene Fdgen des Erben. Ersteres wird allerd dann verneint, wenn der Nachl von Anfang an überschuldet war, weil dann dem VermächtnAnspr die Einrede des § 1992 entggstehe (MüKo/Siegmann Rz 8). Abgesehen davon, daß bei einer nicht auf Vermächtn u Aufl beruhenden Überschuldg § 1992 nicht zur Anwendg kommt (s Anm 1), steht § 390 bei haftgsbeschränkden Einreden der Aufrechng nicht entgg (s § 1990 Anm 2c; im Ergebn wie hier Soergel/Stein Rz 6; Staud/Marotzke § 1990 Rz 42).

IV. Inventarerrichtung. Unbeschränkte Haftung des Erben

Vorbemerkung

1) Inventarerrichtung iS des G ist die Einreich (u nicht nur die Erstellg) eines Verzeichnisses (des Inv) beim örtl zuständigen NachlGericht (§ 1993). Sie dient zur „Abwendung der unbeschränkten Haftung" (vgl § 2000 S 3). Für den **Erben** ist sie ein Mittel, sich die Möglk der HaftgsBeschrkg zu erhalten, führt diese aber nicht herbei. Jedoch haben Säumnis (§ 1994 I 1) od InvUntreue (§ 2005 I) die unbeschränkte Haftg zur Folge, die Verweigerg der eidesstattl Vers nur ggü dem einzelnen Gläub (§ 2006 III 1, II). Positiv wirkt sich für den Erben vor allem die dch § 2009 begründete Vermutg aus; allerd verliert er damit die ausschiebde Einrede des § 2014. Den Interessen der **Nachlaßgläubiger** dient sie durch die damit geschaffene Übersicht über den NachlBestand, eine Erleichterg der ZwVollstr in die NachlGgstände u die Inanspruch des Erben bei Bestandsveränderungen (RG **129**, 244). – **Gebühren:** KostO 114 Nr 1; für die Kosten haften nur die Erben, u zwar wie für NachlVerbindlichkeiten (KostO 6).

2) Die Aufnahme des Inventars, also die Erstellg des Verzeichnisses der Aktiva u Passiva des Nachl, erfolgt entw dch den **Erben** unter Zuziehg einer Behörde bzw Amtsträgers (§ 2002) od (auf Antrag des Erben) dch das **Nachlaßgericht;** dieses kann dann das Inv selbst aufnehmen od einer Behörde od einem Amtsträger die Aufnahme übertragen (§ 2003; s auch EG 148). Der Erbe kann auch auf ein bereits vorhandnes Inv eines anderen (zB das vom TestVollstr errichtete) Bezug nehmen (§ 2004). – **Errichtet** ist das vom Erben aufgenommene Inv mit Einreich beim NachlG (§ 1993), das vom NachlG aufgenommene mit Antragstellg (§ 2003 I 2) bzw Bezugnahme (§ 2004). – Zustatten kommt dem Erben auch das für ihn dch **Dritte** aufgenommene Inv, zB das Inv des verwaltenden Ehegatten bei GütGemsch (§ 2008); des Miterben (§ 2063). Eine auf das bereits errichtete Inv bezugnehmende Erkl ggü dem NachlG ist nicht erforderl (s § 2063 Anm 1). – **Inhalt** des Inventars s § 2001.

1993 **Recht zur Inventarerrichtung.** Der Erbe ist berechtigt, ein Verzeichnis des Nachlasses (Inventar) bei dem Nachlaßgericht einzureichen (Inventarerrichtung).

1) Zur freiwilligen Inventarerrichtung ist der Erbe berechtigt, ohne daß eine entspr Pfl besteht; bei MitE ist jeder ohne Mitwirkgspflicht der übrigen berechtigt. Sie ist an **keine Frist** gebunden u wird nicht dch NachlVerw (KGJ **42**, 94) od NachlKonk ausgeschlossen. – **Inventar** ist ein Verzeichn mit dem Inhalt des § 2001. **Errichtet** im rechtstechn Sinne ist erst mit Einreichg beim örtl zuständigen NachlG (FGG 73), nicht schon mit seiner Aufnahme. Der Erbe kann aber zur InvAufn jedes (sachl zuständige) AG zuziehen (§ 2002) oder beim örtl zuständigen NachlG die Aufn beantragen (§ 2003) od auf ein anderes vorschriftsmäß Inv Bezug nehmen (§ 2004). – Einreichg durch Vertreter (nicht aber Vertr ohne Vertretgs-Macht, § 180; s auch § 2004 Anm 1), durch MitE (§ 2063), od eines verschlossenen Inv (§ 2010 Anm 1) ist mögl. – Der Einreichende kann vom Gericht Empfangsbestätig, der Gläub nach FGG 34 Abschrift des eingereichten Inv verlangen (RG **129**, 234).

2) Inventarerrichtung bei Ehegatten. Das Inv errichtet grdsätzl derj Teil, der Erbe ist. Bei GütGemsch kann der nicht verwaltende Eheg, dem die Erbsch anfällt, das Inv ohne Zust des verwaltenden Teils errichten (§ 1432). Ebenso kann dies der allein verwaltende für den anderen, der Erbe ist. Bei gemeins Verw des GesGuts kann jeder Eheg ohne Mitwirkg des anderen ein Inv über eine ihm od dem anderen Teil angefallene Erbsch errichten, soweit sie nicht Vorbeh- oder Sondergut des anderen Teils ist (§ 1455 Nr 3). Hinsichtl der Bestimmg einer InvFrist bei Ehegatten vgl § 2008.

1994 Bestimmung der Inventarfrist.

I Das Nachlaßgericht hat dem Erben auf Antrag eines Nachlaßgläubigers zur Errichtung des Inventars eine Frist (Inventarfrist) zu bestimmen. Nach dem Ablaufe der Frist haftet der Erbe für die Nachlaßverbindlichkeiten unbeschränkt, wenn nicht vorher das Inventar errichtet wird.

II Der Antragsteller hat seine Forderung glaubhaft zu machen. Auf die Wirksamkeit der Fristbestimmung ist es ohne Einfluß, wenn die Forderung nicht besteht.

1) Antragsrecht. Jeder NachlGläub ist berechtigt, beim NachlG formlos eine InvFrist für den Erben zu beantragen, auch der nachlaßbeteiligte (§ 1967 II) od, wenn dessen Anspr gepfändet wurde, der PfandGläub (BayObLG **8**, 263). **Kein** AntrR hat aber der ausgeschlossene Gläub (§ 1973) od ihm Gleichgestellte (§ 1974; str; aA Soergel/Stein Rz 3 mN); auch nicht der **Miterbe**, selbst wenn er zugl NachlGläub ist (letzteres str; aA Soergel/Stein Rz 2 mN) wg § 2063 II, zumal dieser ja schon als Erbe nach § 1993 das Inv errichten kann (KG RPfleger **79**, 136; RGRK Rz 5; Staud/Marotzke Rz 8) – **Kosten** treffen den AntrSt; Gebühr: KostO 114 Nr 1.

2) Voraussetzungen der Fristsetzg sind **Antrag** eines Berecht (Anm 1) sowie **Glaubhaftmachung** der Fdg u der NachlGläubEigensch nach FGG 15, ZPO 294 I. Ermittlg des Erben u Feststellg der Erbeneigensch des AntrGegners ist Sache des NachlG nach FGG 12 (KG RJA **11**, 89), jedoch ohne eine Bindg des ProzG (BayObLG RJA **3**, 176). – Fristbestimmung erfolgt dann ohne Rücks auf einen aktiven Nachl; gleichgültig ist, ob überh NachlGgstände von Wert vorhanden sind (Staud/Marotzke Rz 19). Sie ist auch schon vor ErbschAnn mögl (§ 1995 II). – **Unzulässig** ist die Fristbestimmg in den Fällen des § 2000 S 2, 3; gg den Fiskus (§ 2011) od gg NachlPfleger, NachlVerwalter (§ 2012).

3) Rechtsmittel. Gegen den FristbestimmgsBeschl des NachlG (RPfleger, RPflG 3 Nr 2 c; keine Zurücknahme vAw, FGG 18 II) od die Ablehng der Fristverlängerg od neue Fristgewährg (§§ 1995, 1996) steht dem **Erben** die **befristete Erinnerung** zu (FGG 77, 22 I; RPflG 11), mit der er zB geltd machen kann, daß er nicht Erbe, daß die Frist zu kurz, ohne sein Versch verstrichen od ein Inv (vgl auch § 2004) bereits eingereicht sei (dazu Hamm NJW **62**, 53). Das gleiche RMittel hat der **Gläubiger** gg Festsetzg zu langer Frist, Fristverlängerg od Setzg einer neuen Frist. – Die **fristlose Erinnerung** nach FGG 19, 20; RPflG 11 steht dem Erben zu, wenn das NachlG die EntggNahme des Inv ablehnt; dem AntrGläub gg Ablehng der Fristbestimmg (Ablehng zB denkb, wenn bereits Frist auf Antr eines anderen Gläub gesetzt od zu Inv errichtet ist). – Der Ablauf der Frist wird dch Einlegg der sof Beschw nicht gehemmt (FGG 24 I). – Einsicht nach FGG 78 I, 34.

4) Folgen. Der Erbe ist zur InvErrichtg nicht verpflichtet; es besteht kein im Prozeßweg erzwingbarer Anspr (RG **129**, 243). Er hat aber RNachteile bei Fristversäumnis. Nach **I 2** tritt näml nach Fristablauf die unbeschränkbare Haftg ein, wenn nicht bis zum Fristablauf das Inv eingereicht od gerichtl InvAufn beantragt (§ 2003) od auf beim NachlG vorhandenes Inv verwiesen wird (§ 2004) oder ein durch Dritte aufgenommenes Inv für Erben wirks ist (s §§ 2008, 2063 I, 2144 II, 2383 II); ferner nicht ggü Gläub, denen der Erbe schon beschr haftet (§§ 1973f, 2000 S 3, 2063 II, 2144 III) – Wegen Einreichg beim unzust Ger vgl § 1945 Anm 4. – Die Entscheid über die Wirkg des Fristablaufs tritt der NachlG, sond dem ProzG zu (KGJ **34** A 94). – Die Wirkgen des **I 2** erstrecken sich **nicht** auf MitE (§ 2063 II) und NachE (§ 2144 III). – Eine **Fristversäumnis** hat **weiter zur Folge**, daß keine GläubAusschließg (§§ 1973, 1974) mehr mögl ist; außerd kann Erbe nur noch NachlKonk beantragen (KO 216 I), aber nicht mehr NachlVerw (§ 2013 I 1) od VerglVerf (VglO 113 I Nr 3).

1995 Dauer der Inventarfrist.

I Die Inventarfrist soll mindestens einen Monat, höchstens drei Monate betragen. Sie beginnt mit der Zustellung des Beschlusses, durch den die Frist bestimmt wird.

II Wird die Frist vor der Annahme der Erbschaft bestimmt, so beginnt sie erst mit der Annahme der Erbschaft.

III Auf Antrag des Erben kann das Nachlaßgericht die Frist nach seinem Ermessen verlängern.

1) Die Inventarfrist beginnt nicht vor Annahme (II), danach mit Zustellg des Beschlusses (FGG 16 II 1; ZPO 208–213) an den Erben. Die Frist läuft für jeden Erben besonders (Klautern DAV **73**, 625). Verstoß gg **I** macht Fristbestimmung nicht unwirks. Fristberechg: §§ 187 I, 188 II, III.

2) Abs II ist ohne große Bedeutg, da vor Ann Erbe vielf nicht bekannt, Fristsetzg ggü dem NachlPfleger aber verboten ist (§ 2012 I 1; Staud/Marotzke Rz 3). Fristsetzg ist unwirks, wenn der Erbe ausschlägt.

3) Fristverlängerung ist auf Antr mögl (**III**). Das NachlG ist bei Ausübg seines Ermessens weder an den Antr noch an die Höchstfrist des **I** gebunden (KG Rpfleger **85**, 193). Die Fristverlängerg beginnt mit Ablauf der zunächst bestimmten Frist. RMittel ist die befristete Erinnerg (s § 1994 Anm 3).

1996 Bestimmung einer neuen Frist.

I Ist der Erbe durch höhere Gewalt verhindert worden, das Inventar rechtzeitig zu errichten oder die nach den Umständen gerechtfertigte Verlängerung der Inventarfrist zu beantragen, so hat ihm auf seinen Antrag das Nachlaßgericht eine neue Inventarfrist zu bestimmen. Das gleiche gilt, wenn der Erbe von der Zustellung des Beschlusses, durch den die Inventarfrist bestimmt worden ist, ohne sein Verschulden Kenntnis nicht erlangt hat.

II Der Antrag muß binnen zwei Wochen nach der Beseitigung des Hindernisses und spätestens vor dem Ablauf eines Jahres nach dem Ende der zuerst bestimmten Frist gestellt werden.

III Vor der Entscheidung soll der Nachlaßgläubiger, auf dessen Antrag die erste Frist bestimmt worden ist, wenn tunlich gehört werden.

1) **Neue Inventarfrist** ist mögl bei Fristversäumnis wg **höherer Gewalt (I 1)** od schuldloser Unkenntnis von der Zustellg (I 2). Die Vorschr gewährt **eine Art Wiedereinsetzung** in den vorigen Stand (RG 54, 151; vgl ZPO 233). § 203 gilt hier nicht (vgl aber § 1997); wg des Begriffs „höhere Gewalt" s § 203 Anm 3. Verschulden des gesetzl Vertreters ist Versch des Erben (ZPO 51 II; 171). Keinen WiedereinsetzgsGrd bildet die Tats, daß ein Dritter im Besitz des Nachl ist u über ihn keine Ausk erteilt; der Erbe muß dann gerichtl vorgehen und Fristverlängerg (§ 1995 III) od die fristwahrende amtl Aufnahme (§ 2003) beantragen. – Neuerl Wiedereinsetzg bei Versäumg der neuen Frist ist zul; Antr muß aber innerh der Jahresfrist des Abs II gestellt werden (Staud/Marotzke Rz 7). – Formell rechtskr Entscheidg des NachlG ist auch für ProzG bindend; s aber Anm 4 zu § 1994; vgl auch Seibert DFG 37, 136.

2) **Der Antrag** muß innerh der Frist des II vor Fristablauf bei Gericht gestellt werden. – **Rechtliches Gehör** ist entgg III obligatorisch (GG 103 I). – **Sofortige Beschwerde** (befristete Erinnerg): FGG 77 II, III; RpflG 11.

1997 *Hemmung des Fristablaufs.* Auf den Lauf der Inventarfrist und der im § 1996 Abs. 2 bestimmten Frist von zwei Wochen finden die für die Verjährung geltenden Vorschriften des § 203 Abs. 1 und des § 206 entsprechende Anwendung.

1) **Hemmung** tritt ein bei Stillstand der RPflege (§ 203 I) od fehlendem gesetzl Vertr (§ 206). Jedoch tritt der Fristablauf auch ein, wenn der geschäftsfähig gewordene Erbe od der neue gesetzl Vertreter von der Fristsetzg keine Kenntn hatten (vgl § 1944 Anm 3). Doch kann hier durch Gewährg einer neuen InvFrist geholfen werden (§ 1996 I 2). § 1997 gilt auch für die verlängerte Frist (§ 1995 III) u die Frist nach § 1996 I. Bei Verhinderg an der Frist des § 1996 II scheidet Wiedereinsetzg aus (hM; aA MüKo/Siegmann Rz 2).

1998 *Tod des Erben vor Fristablauf.* Stirbt der Erbe vor dem Ablaufe der Inventarfrist oder der im § 1996 Abs. 2 bestimmten Frist von zwei Wochen, so endigt die Frist nicht vor dem Ablaufe der für die Erbschaft des Erben vorgeschriebenen Ausschlagungsfrist.

1) Der Fall des § 1952 II (vgl auch § 1944) gilt hier ebenf. Auch der Erbe des Erben kann Fristverlängerg u neue Frist beantragen.

1999 *Mitteilung an das Vormundschaftsgericht.* Steht der Erbe unter elterlicher Sorge oder unter Vormundschaft, so soll das Nachlaßgericht dem Vormundschaftsgerichte von der Bestimmung der Inventarfrist Mitteilung machen.

1) **Zweck.** Bei vertretgsbedürftigen Erben soll das VormschG benachrichtigt werden, um die Fristeinhaltg zu überwachen u zur InvErrichtg anzuhalten (§§ 1667 ff; 1837; 1915). Ist nur Ordngsvorschr. Nichtbeachtg ist daher ohne Einfluß auf Beginn u Lauf der Frist (Staud/Marotzke Rz 2). – Benachrichtigg des GBAmts s GBO 83.

2000 *Unwirksamkeit der Fristbestimmung.* Die Bestimmung einer Inventarfrist wird unwirksam, wenn eine Nachlaßverwaltung angeordnet oder der Nachlaßkonkurs eröffnet wird. Während der Dauer der Nachlaßverwaltung oder des Nachlaßkonkurses kann eine Inventarfrist nicht bestimmt werden. Ist der Nachlaßkonkurs durch Verteilung der Masse oder durch Zwangsvergleich beendigt, so bedarf es zur Abwendung der unbeschränkten Haftung der Inventarerrichtung nicht.

1) **Bedeutung.** Da NachlVerwaltg od NachlKonk die Haftgsbeschrkg herbeiführen (§ 1975) u eine ordngsmäßige BestandsAufn gewährleisten, wird die Fristsetzg (§ 1994) bei noch nicht versäumter Frist unwirks (S 1) und die Fristbestimmg währd des Verfahrens untersagt (S 2). Bei durchgeführtem Konk gelten §§ 1989, 1973; daher kann auch nachher keine InvFrist bestimmt werden (S 3). Wird Konk auf andere Weise beendet od ist NachlVerwaltg durchgeführt, kann InvFrist bestimmt werden, wobei sich der Erbe auf ein Verzeichn des NachlVerw berufen kann (§ 2004). § 2000 gilt auch für NachlVerglVerf (VerglO 113 I Nr 4).

2) **Inventaruntreue.** Hat der Erbe ein Inv bereits errichtet, bleibt bei InvUntreue (§ 2005 I) die eingetretene unbeschränkb Haftg bestehen, auch wenn es später zu NachlKonk, NachlVerwaltg od VerglVerf kommt. Ein währd NachlVerwaltg od NachlKonk freiwillig errichtetes Inv (§ 1993 Anm 1) führt auch bei InvUntreue nicht zur unbeschränkten Haftg; Bedenken äußern Staud/Marotzke Rz 8.

2001 *Inhalt des Inventars.* I In dem Inventar sollen die bei dem Eintritte des Erbfalls vorhandenen Nachlaßgegenstände und die Nachlaßverbindlichkeiten vollständig angegeben werden.

Rechtl. Stellg. d. Erben. 2. Titel: Haftg d. Erben f. d. Nachlaßverbindlichk. §§ 2001–2003

II Das Inventar soll außerdem eine Beschreibung der Nachlaßgegenstände, soweit eine solche zur Bestimmung des Wertes erforderlich ist, und die Angabe des Wertes enthalten.

1) Reine Ordnungsvorschrift. In dem Verzeichnis sollen die bei dem Eintritte des Erbfalls vorhandenen NachlGgstände u die im Ztpkt der InvErrichtg bereits vorhandenen bekannten NachlVerbindlichk (§ 1967) angegeben werden (BGH **32**, 60 = **LM** § 1967 Nr 1 mAv Mattern). Eine pauschale Zusammenfassg reicht nicht aus. Nach **II** sollen auch eine Beschreibg und eine Wertangabe (auf den Zeitpkt des Erbfalls, I) enthalten sein. – Da es sich nur um eine Sollvorschr handelt, wird die Wirksamk durch Unvollständigk nicht berührt (s jedoch § 2005). – Ein NachlVerzeichn ohne amtl Mitwirkg, (§ 2002) ist kein Inv im RSinne. – Auch beim Inv des MitE muß der ganze Nachl aufgeführt werden (RJA **8**, 100). Inv des NachE § 2144 Anm 4.

2002 *Aufnahme des Inventars durch den Erben.* **Der Erbe muß zu der Aufnahme des Inventars eine zuständige Behörde oder einen zuständigen Beamten oder Notar zuziehen.**

1) Amtliche Mitwirkung ist bei der InvAufn **durch den Erben** erforderl (s Vorb 2 v § 1993); das reine PrivatInv ist nicht zugelassen. Sache des Erben ist die Beschreibg der NachlGgstände u Wertangabe (§ 2001 II), der auch das Inv zu unterschreiben hat (RG **77**, 246). **Die Behörden** usw haben im Ggsatz zu § 2003 **nur mitzuwirken**, also Beistand zu leisten u zu belehren, aber die Vollständigk und sachl Richtigk der Angaben des Erben nicht zu prüfen (Staud/Marotzke Rz 2). – Über die **Form** enthält das BGB keine Bestimmgen, wohl aber das LandesR Ordngsvorschriften. Über notarielle Inventarerrichtg s BeurkG 36, 37, auch 39.

2) Zuständige Behörde oder Beamter. Ihre sachl u örtl Zustdgk bestimmt sich nach LandesR, auch die örtl des Notars (der nach BundesR zuständig ist, BNotO 20 I, IV; BeurkG 61 I Nr 2). Danach sind für eine Mitwirkg zuständig in: **Bayern** nur Notar (AGGVG 8); **Baden-Württemberg** nur Notar (LFGG 41 V); **Bremen** Notar u GVz (AGBGB 63 I); **Hamburg** Notar u GVz (AGBGB 78); **Hessen** Notar u jedes AG (*hess FGG* 38 II); **Niedersachsen** Notar, jed UrkBeamte der Geschäftsstelle, jeder GVz (*nds FGG* 24 Nr 2; 25 I Nr 3); **ehemals preußischen Gebieten** Notar und jedes AG (*preußFGG* 31). S auch Keidel/Winkler FGG 77 Rz 5; Jansen FGG 77 Rz 15. – Für die Wirksamk entscheidet ist allerd **nur die sachliche** Zustdgk (Soergel/Stein Rz 3 stellen überh vor darauf ab, ob die Behörde ihre Zustdgk bejaht hat). Der Erbe kann daher jede nach LandesR zust Behörden od zust Beamten od einen Notar zuziehen.

3) Fristwahrung. Durch die Zuziehg wird (anders nach § 2003 I 2) die Frist noch nicht gewahrt, sondern erst durch rechtzeitige Einreichg beim NachlG nach § 1993 (Hamm NJW **62**, 53). Bei behördl Verzögerg ist InvFrist zu verlängern (s § 1995 III, § 1996 I 1); auch kann Antr nach § 2003 helfen. – **Gebühr:** KostO 52.

2003 *Amtliche Aufnahme des Inventars.* **I Auf Antrag des Erben hat das Nachlaßgericht entweder das Inventar selbst aufzunehmen oder die Aufnahme einer zuständigen Behörde oder einem zuständigen Beamten oder Notar zu übertragen. Durch die Stellung des Antrags wird die Inventarfrist gewahrt.**

II Der Erbe ist verpflichtet, die zur Aufnahme des Inventars erforderliche Auskunft zu erteilen.

III Das Inventar ist von der Behörde, dem Beamten oder dem Notar bei dem Nachlaßgericht einzureichen.

1) Amtliche Inventaraufnahme. Der Erbe kann das Inv auch amtl aufnehmen lassen. Das NachlG kann dann die Aufnahme selbst vornehmen od übertragen (**I 1**). **Antragsberechtigt** sind nur Erben od Miterben (nicht der Gläub, Karlsr OLG **35**, 361). **Zuständig** ist das örtl zuständige NachlG (FGG 73; RPflG 3 Nr 2c) zur InvAufn od deren Übertr (zB auf GVz, LG Bln DFG **42**, 7). Es kann aber (zB wenn sich der Nachl nicht am Orte des ErblWohnsitzes befindet) im Wege der RHilfe ein auswärtiges Gericht od eine auswärtige Behörde um Aufnahme ersuchen (RG **106**, 288), die ihrers die Aufnahme nach **I 1** übertr können.

a) Nachlaßgericht ist das AG, in *Ba-Wü* das staatl Notariat (s § 1962 Anm 1). EG 148 ermächtigt aber das **Landesrecht,** die eigene Zuständigk des NachlG zur InvAufn auszuschließen. Hiervon haben Gebrauch gemacht: **Bayern** (AGGVG 8), **Bremen** (AGBGB 63 II) und **Hamburg** (AGBGB 78 II).

b) Zuständige Behörde oder Beamte nach LandesR sind in: **Baden-Württemberg** Notare (LFGG 41 V); **Bremen** Notare und GVz (AGBGB 63 I); **Hessen** Notare, UrkBeamte der Geschäftsstelle, GVz u Ortsgericht (*hess FGG* 46; 44 I Nr 6; 45 I Nr 3; OrtsGG 23 I c); **Niedersachsen** Notare, UrkBeamte der Geschäftsstelle und GVz (*ndsFGG* 13; 24 Nr 2; 25 I Nr 3); s auch Jansen FGG 77 Rz 16.

2) Antragsverfahren und Wirkung. Der Antr ist beim örtl zust NachlG (FGG 73) zu stellen; ist nach EG 148 die Zustdgk des NachlG ausgeschl, kann der Antr zwar bei ihm eingereicht werden; es muß aber die Aufn der zust Behörde, dem zust Beamten od Notar übertragen. Örtl Unzuständigk macht das Inventar nicht unwirks, wohl aber sachl Unzustdgk (§ 2002 Anm 2). – Durch Antr wird MitE **Frist, I 2**, auch für die übrigen **gewahrt** (§ 2063 I). – Die **Auskunft** (II) kann nicht erzwungen werden. Mangelnde, unzureichende od erhebl verzögerte Ausk berechtigt das Ger zwar nicht zur Zurückweisg des Antr, kann aber InvUntreue (§ 2005 I 2) darstellen. Gegen Verzögerg der ersuchten Behörde od Beamten AufsBeschw. Auch bei Unzulänglichk des Nachl muß der Erbe ein Inv errichten; ProzKostenhilfe kann hierzu grdsätzl nicht bewilligt werden (vgl KG RJA **11**, 269), wohl aber dann, wenn der Erbe auch selbst unbemittelt ist (FGG 14; s Staud/Marotzke § 1993 Rz 23). – **Gebühr** KostO 52.

3) Internationale Zuständigkeit. Das deutsche NachlG, das zur Erteilg eines gegenständl beschränkten Erbscheins unter Zugrundelegg italien Rechts international zust ist, kann nicht nur die in jenem Recht vorgesehene Erklärg der minderjähr Erben über die Annahme der Erbsch unter Vorbeh des Inventars entggnehmen; es ist auch zur Anordng der Inventarerrichtg berufen, wenn die Erben des italien StaatsAngeh ihren Wohnsitz zZ des Todes des Erbl in Deutschland hatten u der Nachl sich ausschl in Deutschland befindet. Die Inventarerrichtg kann in diesem Fall nach deutschem Recht durchgeführt werden (BayObLG 65, 423; dazu Heldrich, Neuhaus NJW 67, 417; 1167; Pinckernelle/Spreen DNotZ 67, 197).

§ 2004 Bezugnahme auf vorhandenes Inventarverzeichnis.

Befindet sich bei dem Nachlaßgerichte schon ein den Vorschriften der §§ 2002, 2003 entsprechendes Inventar, so genügt es, wenn der Erbe vor dem Ablaufe der Inventarfrist dem Nachlaßgerichte gegenüber erklärt, daß das Inventar als von ihm eingereicht gelten soll.

1) Bezugnahme des Erben auf das beim NachlG bereits befindliche Inv eines anderen ist eine dritte Art der InvAufnahme. Die Vorschr ist aber nicht anwendb, wenn das Inv von jemand eingereicht ist, der gesetzl od gewillkürter Vertreter des Erben (zB NachlPfleger, § 1960 II) ist od dessen Inv dem Erben zugute kommt (§§ 2008, 2063, 2144, 2383), da hier das Inv als das des Erben gilt u es nicht mehr besonderer Erkl des Erben bedarf. Zu denken ist an das Inv des NachlVerwalters (§ 1802), auf das der Erbe nach Beendigg der Verw ggü dem FristbestimmgsAntr eines Gläub verweisen könnte; das eines TestVollstr oder ErbschBesitzers. Das Inv des KonkVerw wird nach § 2000 S 3 wohl kaum in Betr kommen. – Ein bei den Akten befindl NachlVerzeichn des Erben (nach § 2314 I 3) wird aber nicht dadurch zu einem wirks errichteten Inv, daß der Erbe ggü NachlG erklärt, es solle als von ihm errichtetes Inv angesehen werden (Hamm NJW 62, 53).

2) Die Erklärung der Bezugnahme ist fristgebunden, bedarf aber keiner Form. Sie kann auch dch Bevollmächtigten erfolgen; Vollmacht kann (entgg § 1945 III 2) nachgereicht werden.

3) Inventaruntreue (§ 2005) kann der Erbe auch dch Bezugnahme auf ein fremdes Inv begehen, aber nur, wenn er in Kenntn der Unrichtigk Bezug nimmt. Auch § 2005 II ist anwendbar.

§ 2005 Unrichtigkeit des Inventars.

I Führt der Erbe absichtlich eine erhebliche Unvollständigkeit der im Inventar enthaltenen Angabe der Nachlaßgegenstände herbei oder bewirkt er in der Absicht, die Nachlaßgläubiger zu benachteiligen, die Aufnahme einer nicht bestehenden Nachlaßverbindlichkeit, so haftet er für die Nachlaßverbindlichkeiten unbeschränkt. Das gleiche gilt, wenn er im Falle des § 2003 die Erteilung der Auskunft verweigert oder absichtlich in erheblichem Maße verzögert.

II Ist die Angabe der Nachlaßgegenstände unvollständig, ohne daß ein Fall des Absatzes 1 vorliegt, so kann dem Erben zur Ergänzung eine neue Inventarfrist bestimmt werden.

1) Inventaruntreue bewirkt für den Erben den Verlust seiner Möglk einer Haftgsbeschränkg. Die unbeschränkb Haftg ggü allen NachlGläubigern (wg dieser s § 2013 I) tritt sowohl bei freiwilligem Inv, § 1993 (Ausn § 2000 Anm 2) wie erzwungenem Inv (§ 1994) ein, nicht aber bei einem dem § 2002 nicht entsprechenden PrivInv. Unrichtige Angaben der gesetzl od gewillkürten Vertreter gehen zu Lasten des Erben (§ 278). Untreue bei Inv, dessen Errichtg dem Erben nur zustatten kommt (§§ 2008, 2063 I, 2144, 2383), führt zwar nicht seine unbeschr Haftg herbei; aber solche Inv vermögen die InvFrist nicht zu wahren (s Staud/Marotzke Rz 11 mit § 2008 Rz 27). – **Voraussetzung** ist die beabsichtigte und erhebl Unvollständgk bei der Aufführung der Nachlggstände (nicht bei der Beschreibg od der Wertangabe nach § 2001 II). Benachteiligungsabsicht (vgl KO 31) ist bei der Angabe der Aktiven (s § 2001 I) nicht erfordert. Die Unvollständigk kann hier zB auch bezweckt haben, anderen Erbansprechern od der SteuerBeh den Nachl gering erscheinen zu lassen. Die Aufnahme einer nicht bestehenden NachlVerbindlichk muß dagg in der Abs, die NachlGläub zu benachteiligen, erfolgt sein, zB Vorspiegelg der Überschuldg des Nachl (RGRK Rz 5). Weglassen einer bestehenden NachlVerbindlichk od Aufnahme eines nicht vorhandenen NachlGgstandes haben dagg nicht die unbeschränkte Haftg zur Folge, da sie nicht zur Verkürzg der GläubRechte führen können. Bei § 2005 liegt die Verfehlg in einer Täuschg der Behörden.

2) Verletzung der Auskunftspflicht (I 2, § 2003 II) hat die Wirkg des Abs **I** nur dann, wenn eine InvFrist gesetzt war, da nach Antr nach § 2003 I 2 die Frist gewahrt wird. Es soll verhindert werden, daß der Erbe unter dem Schutz der Fristwahrg die richtige BestandsAufn vereitelt. Die Folge der InvUntreue tritt also nicht ein bei freiw InvErrichtg (§ 1993, dann aber **II**), ferner nicht, wenn die Ausk nur unabsichtl od unabsichtl unvollst od wenn sie unabsichtl verzögert war od der Beamte sie sich anderw verschafft hat (RGRK Rz 7). Bei Ehegatten ist die Ausk des erbenden Teils maßg; doch kommt im Fall des § 2008 die Ausk des Teils, der das GesGut verwaltet od mitverwaltet, dem erbenden Eheg zustatten.

3) Berichtigung der absichtl falschen od unvollst Angaben nach Einreich (§ 1993) **ist ausgeschlossen**; sie ist auch nicht innerh der InvFrist mögl, da der zur InvErrichtg gezwungene Erbe sonst zu Unrecht besser gestellt wäre als der freiw Errichtende. Zudem verliert die InvFrist mit der rechtzeitigen Einreichg des (wenn auch unvollständigen) Inv ihre Bedeutg. Vervollständigg nach § 2006 II schützt nur vor Strafe, nicht vor Verlust des BeschrkgsR.

4) Neue Inventarfrist, II, (die im Falle des § 1993 auch die erste sein kann) zur **Ergänzung** kann nach § 1994 nur auf Antr eines Gläub bestimmt werden (Staud/Marotzke Rz 14). Einem MitE (vgl § 2063 I) kann bei unvollst Inv des anderen Frist gesetzt werden (KGJ **34** A 97). Auch für die neue Frist gelten §§ 1994–2000. – Bei Ablehng sof Beschw (befristete Erinnerg) nach FGG 77 II; 22 I; RPflG 11.

§ 2006 Eidesstattliche Versicherung des Erben.

I Der Erbe hat auf Verlangen eines Nachlaßgläubigers zu Protokoll des Nachlaßgerichts an Eides Statt zu versichern, daß er nach bestem Wissen die Nachlaßgegenstände so vollständig angegeben habe, als er dazu im Stande sei.

II Der Erbe kann vor der Abgabe der eidesstattlichen Versicherung das Inventar vervollständigen.

III Verweigert der Erbe die Abgabe der eidesstattlichen Versicherung, so haftet er dem Gläubiger, der den Antrag gestellt hat, unbeschränkt. Das gleiche gilt, wenn er weder in dem Termine noch in einem auf Antrag des Gläubigers bestimmten neuen Termin erscheint, es sei denn, daß ein Grund vorliegt, durch den das Nichterscheinen in diesem Termine genügend entschuldigt wird.

IV Eine wiederholte Abgabe der eidesstattlichen Versicherung kann derselbe Gläubiger oder ein anderer Gläubiger nur verlangen, wenn Grund zu der Annahme besteht, daß dem Erben nach der Abgabe der eidesstattlichen Versicherung weitere Nachlaßgegenstände bekannt geworden sind.

1) Pflicht zur eidesstattlichen Versicherung hat der Erbe, wenn er freiw od nach Fristsetzg (§ 1994) ein Inv errichtet hat, gleichgült ob dieses nach §§ 2002, 2003 od 2004 aufgenommen worden ist; dies gilt auch bei einem für den Erben wirkden Inv (§§ 2008; 2063; 2144; 2383). Nicht verpflichtet ist der NachlPfleger (vgl aber § 2012 I 2, II) od der KonkVerw. Hinsichtl der eidesstattl Vers der Ehegatten bei GütGemsch, wenn die Erbsch zum GesGut gehört, vgl § 2008 Anm 4. Währd NachlVerwaltg od -Konk kann vom Erben die eidesstattl Vers nicht verlangt werden (vgl § 2000 S 1). Wohl aber kann dies der NachlVerw vom Erben, der Gläub vom NachlVerw aGrd des § 260 II, aber nur im Klagewege (s auch RG **129,** 244). Im NachlKonk beruht die Pfl zur Abgabe der eidesstattl Vers ausschließl auf KO 125 (KGJ **28** A 27), dessen Verletzg die Folge des § 2006 III nicht nach sich zieht (Jaeger/Weber KO 214 Rz 13).

2) Verlangen der eidesstattlichen Versicherung. Berechtigt ist **jeder Nachlaßgläubiger,** auch wenn er keine InvFrist (§ 1994) beantragt hatte. Auch der Ausgeschlossene (§§ 1973, 1974; s § 1973 Anm 3 aE) oder PflichttBerecht kann die Abgabe des eidesstattl Vers verlangen (s LG Krefeld MDR **70,** 766), aber nicht erzwingen, da freiw Gerichtsbark; und bei § 260 (RG **129,** 245; Mü JFG **15,** 121). Wer die Folge der Verweigerg (s Anm 3) auf sich nehmen will, ist vor Zwang geschützt. – Terminsbestimmg kann auch vom Erben beantragt werden (FGG 79).

3) Folge der Verweigerung, III, ist die relativ unbeschränkb Haftg (§ 2013 II) ggü dem AntrSt wg der im Antr bezeichneten Fdg (hM; aA Soergel/Stein Rz 6: aller Fdg des AntrSt), sofern sie nicht schon wg InvSäumn od InvUntr (§§ 1994, 2005) allg eingetreten ist. Vervollständigg nach **II** schützt nur vor Strafe. Bei Verweigerg ggü einem Gläub können andere ihrers die Leistg verlangen.

4) Die Abgabe der eidesstattl Vers erfolgt zu Protokoll des NachlG; zuständig ist der Rechtspfleger (RpflG 3 Nr 2c); s auch EG 147 Anm 1. – **Verfahren:** FGG 79 mit ZPO 478–480, 483 entspr; über den Verlauf des Termins ist ein Protokoll aufzunehmen (s FGG 78 I 2). – **Inhalt:** Die eidesstattl Vers betrifft nur die Vollständigk der angegebenen Aktiven nach dem Stand zZ des Erbf, nicht aber die Verbindlichk, die Beschreibg u die Wertangabe (§ 2001 II). Sie schützt vor neuem Verlangen desselben od anderer Gläub, falls nicht IV vorliegt. GgBew (wie ZPO 807) ist unbeschränkt im Prozeß zul, Änderg der Norm für die eidesstattl Vers nach Sachl zul. Hat NachlG aber Nichterscheinen als entschuldigt od die eidesstattl Vers als verweigert angesehen, ist dies für ProzG bindend, da hier eine gerichtl Entsch bereits vorliegt (bestr; aA Soergel/Stein Rz 7 mwN). – **Beschwerde** (Erinnerg) ist **gegen** Ablehng der Abnahme der eidesstattl Vers nach FGG 19, 20; RPflG 11 statthaft, aber nicht gg TerminsBest u Ladg (Jansen FGG 79 Rz 7). – Protokolleinsicht nach FGG 78.

5) Kosten des Verf (KostO 124) treffen den AntrSt (entspr § 261 II; vgl auch KostO 2. KostO 5 betr andere Fälle).

2007 Haftung bei mehreren Erbteilen.
Ist ein Erbe zu mehreren Erbteilen berufen, so bestimmt sich seine Haftung für die Nachlaßverbindlichkeiten in Ansehung eines jeden der Erbteile so, wie wenn die Erbteile verschiedenen Erben gehörten. In den Fällen der Anwachsung und des § 1935 gilt dies nur dann, wenn die Erbteile verschieden beschwert sind.

1) Ist der Erbe zu mehreren Erbteilen berufen (§§ 1927, 1934, 1951) od erwirbt er einen weiteren nach § 2033 hinzu, werden die Voraussetzgen der Haftgsbeschrkg idR bei jedem Erbteil die gleichen sein; es sei denn, daß die InvFrist (§§ 1994, 1995) verschieden lief od im Falle des § 1951 I die Erbteile getrennt angenommen wurden. Sind mehrere Erben vorhanden, haftet der Miterbe, dem mehrere Erbteile angefallen sind, mit seinem Privatvermögen nur für den Teil der NachlVerbindlichk, welcher der Quote des Erbteils entspricht, mit der er unbeschränkb haftet, § 2059 I 2 (anders nach der Teilg, außer in den Fällen des § 2060). Ist der **Alleinerbe** zu mehreren Erbteilen berufen, kommt NachlTeilg nicht in Betracht; bei unterschiedl Haftgslage der Erbteile haftet er analog § 2059 I 2 (Soergel/Stein Rz 2). Wenn die unbeschr Haftg nach §§ 1994, 2005 erst nach dem endgültigen Erwerb der sämtl Erbteile eintritt, muß sie sich notw auf alle Erbteile beziehen (Staud/Marotzke Rz 13; bestr).

2) Bei Anwachsung (§§ 2094, 2095) od **Erbteilserhöhung** (§ 1935), die den Anteil vergrößern, erweitert sich die Haftg auf den Zuerwerb, wenn nicht unterschiedl Beschwergen vorliegen, **S 2.** Eine Berufg zu mehreren Erbteilen kommt in diesen Fällen nur „in Ansehung" von Vermächtnissen u Auflagen in Frage. Eine Haftgsbeschrkg aus S 2 kann daher nur im Verhältn zu diesen letztwl Gläub, nicht auch ggü den übrigen NachlGläub in Betr kommen, da für die letzteren Anwachsg u Erhöhg nicht als besonderer Erbteil gelten (hM). **S 2** ist also dahin zu lesen: „In den Fällen der Anwachsg ... gilt dies nur, soweit der hinzutretende Teil mit anderen Lasten (Vermächtn u Aufl) beschwert ist."

2008 Inventar für zum Gesamtgut gehörende Erbschaft.
I Ist ein in Gütergemeinschaft lebender Ehegatte Erbe und gehört die Erbschaft zum Gesamtgut, so ist die

§§ 2008, 2009

Bestimmung der Inventarfrist nur wirksam, wenn sie auch dem anderen Ehegatten gegenüber erfolgt, sofern dieser das Gesamtgut allein oder mit seinem Ehegatten gemeinschaftlich verwaltet. Solange die Frist diesem gegenüber nicht verstrichen ist, endet sie auch nicht dem Ehegatten gegenüber, der Erbe ist. Die Errichtung des Inventars durch den anderen Ehegatten kommt dem Ehegatten, der Erbe ist, zustatten.

II Die Vorschriften des Absatzes 1 gelten auch nach der Beendigung der Gütergemeinschaft.

1) Inventarfristbestimmung. Gehört eine Erbsch zum **Gesamtgut** (§ 1416) des in Gütergemeinsch verheirateten Erben, haftet der nichterbende Ehegatte, der das Gesamtgut allein od mit verwaltet, persönl auch für die GesGutsverbindlichkeiten seines erbenden Eheg, also auch für NachlVerbindlichkeiten. Die Haftg erlischt bei Beendigg der GütGemsch nur, wenn die Verbindlichk im InnenVerh dem anderen Eheteil zur Last fällt (§§ 1437, 1459). Der nichterbende Eheg hat daher ein erhebl Interesse daran, daß ihm durch rechtzeitige Errichtg eines vollständigen Inv die Möglichk der Beschrkg der Haftg auf den Nachl nicht verloren geht. Die Inventarfrist muß deshalb auch dem nichterbenden Ehegatten, der das Gesamtgut (mit) verwaltet, gesetzt werden, auch wenn dies nicht beantragt ist (**I 1**). Verwaltet der erbende Eheg das Gesamtgut allein, ist die Frist nur ihm zu setzen. § 2008 **gilt nicht**, wenn die Erbsch zum Vorbehalts- oder Sondergut gehört od ein anderer Güterstand besteht. – Die **Dauer** der Frist kann bei den Eheg verschieden bestimmt werden. Die Frist ist auch nach Beendigg der GütGemsch zu setzen (**II**). – § 2008 gilt auch dann, wenn erst nach dem Anfall der Erbsch die Ehe geschl od die Erbsch zum Gesamtgut wird. Dem nicht erbenden Teil muß dann notf eine neue InvFrist gesetzt werden. In allen Fällen endet aber die Frist ggü dem erbenden Eheg nicht früher als ggü dem nichterbenden (**I 2**). Wohl aber kann die Frist ggü dem erbenden Eheg später enden als die dem nichterbenden gesetzte.

2) Inventarerrichtung durch den nichterbenden Ehegatten. Der das Gesamtgut allein od mit verwaltende Eheg kann selbständig ein Inv über eine in das GesGut fallende Erbsch des anderen Teils errichten; dieses kommt dem erbenden Eheg zustatten (**I 3**). Daneben bleibt aber der erbende Eheg, der das GesGut nicht verwaltet, auch ohne Zust des verwaltenden Teils befugt, selbst ein Inv zu errichten (§ 1432 II). Jeder Teil kann die InvSäumn des anderen Teils od dessen **Inventaruntreue** (§§ 1994, 2005) durch ein rechtzeitiges u richtiges Inv abwenden. InvUntreue des einen Teils schadet dem anderen Teil nicht, wenn dieser gutgl auf das Inv Bezug nimmt (§ 2004); er muß aber rechtzeitig innerh der ihm dann nach § 2005 II zu setzenden Frist das Inv richtigstellen (Soergel/Stein Rz 2).

3) Herbeiführung beschränkter Haftung. Sowohl der erbende wie der nichterbende, aber das Gesamtgut (mit) verwaltende Eheg kann die beschränkte Haftg des erbenden Teils durch die gesetzl Mittel (NachlVerwaltg, NachlKonk, NachlVerglVerf) herbeiführen u das Aufgebot der Gläub beantragen (ZPO 999), ferner die ErschöpfgsEinr (§ 1990) und die DreimonatsEinr (§ 2014) erheben.

4) Eidesstattliche Versicherung. Die Verpfl zur Abg der eidesstaatl Vers (§ 2006) trifft in den Fällen des § 2008 nicht nur den erbenden Eheg, sond auch den and Teil, wenn er das Gesamtgut (mit)verwaltet. Beide Teile müssen daher zum Termin geladen werden (RGRK Rz 13). Die eidesstaatl Vers des einen Teils kommt dem and zustatten.

5) Beschwerderecht. Dem nichterbenden, aber das Gesamtgut (mit)verwaltenden Eheg steht gleichfalls ein BeschwR hins aller Anordngen zu, die über das Inv des erbenden Eheg ergehen; er kann auch Fristverlängerg (§ 1995 II) od eine neue Frist (§ 1996) beantragen.

6) Verzicht des erbenden Ehegatten **auf die Haftungsbeschränkung** ist im Fall des § 2008 nur mit Zust des anderen Eheg, der das Gesamtgut allein od mit seinem Eheg verwaltet, zul (§§ 1438, 1460; Soergel/Stein Rz 10). Letzterer kann, wenn der erbende Eheg den Vorbeh der beschränkten Haftg (ZPO 780) versäumt hat, die HaftgsBeschrkg gleichwohl geltd machen, wenn er für das DuldgsUrt gg sich den Vorbeh erwirkt (Erman/Schlüter Rz 6).

2009 Wirkung der Inventarerrichtung.
Ist das Inventar rechtzeitig errichtet worden, so wird im Verhältnisse zwischen dem Erben und den Nachlaßgläubigern vermutet, daß zur Zeit des Erbfalls weitere Nachlaßgegenstände als die angegebenen nicht vorhanden gewesen seien.

1) Vermutung. Die positive Wirkg der InvErrichtg für den Erben ist die Vermutg des § 2009. Die Bedeutg der Vermutg selbst ist aber stark eingeschränkt. Denn **sie gilt nur** ggü den NachlGläub (nicht ErbenGläub, ErbschBesitzern, Nacherben, ErbschKäufern, TestVollstr; ggü Miterben nur, soweit sie NachlGläub sind) **und nicht** für die NachlVerbindlichk (§ 2001 I). Sie bezieht sich entspr § 2001 I nur auf die Zeit des Erbfalls u hat ledigl negativen Inhalt. Es wird also nicht vermutet, daß die im Inv aufgeführten Ggstände nun auch zum Nachl gehören.

2) Voraussetzung ist rechtzeitige Errichtung, dh freiw (§ 1993) od vor Fristablauf (§ 1994 I). Ferner darf nicht InvUntreue (§ 2005 I) vorliegen, da es dann so anzusehen ist, als wenn kein Inv errichtet wäre (Prot **5**, 756). Bei Unvollständigk nach § 2005 II wird im übr die Vermutg, daß weitere NachlGgstände nicht vorhanden sind, nicht entkräftet (hM).

3) Die praktische Bedeutung der Vermutg liegt darin, daß dementspr das Inv die Grdlage der Verantwortlichk des Erben aus § 1978 bildet u ihm bis §§ 1973, 1974, 1990, 1992 bis zum Bew des Ggteils der Umfang der Pfl zur Herausg des Nachl begrenzt u ihm das Bew der Nichtzugehörigk des VollstreckgsGgstandes zum Nachl erleichtert wird. Der Gläub kann mit allen zul Mitteln den Gegenbeweis gg die Vermutg als bloße TatsVermutg führen (ZPO 292).

2010 *Einsicht des Inventars.* **Das Nachlaßgericht hat die Einsicht des Inventars jedem zu gestatten, der ein rechtliches Interesse glaubhaft macht.**

1) Einsicht, Abschrifterteilung. Wegen des **rechtlichen** Interesses vgl § 1953 Anm 5 u den dadurch modifizierten FGG 34, demzufolge auch (auf Antr beglaubigte) Abschr erteilt werden kann. Rechtl Interesse ist bei NachlGläub, Miterben, NachlVerw und TestVollstr gegeben. Auch die Steuerbehörde ist stets einsichtsberechtigt. – Entscheid erfolgt dch RPfleger (RPflG § 3 Nr 2c). – Rechtsmittel: Erinnerg (RPflG 11).

2) Unzulässigkeit eines versiegelten Inventars. Aus der gesetzl Regelg ergibt sich, daß es nicht genügt, ein versiegeltes Inv bei Gestattg der Einsicht zu eröffnen, sond daß die Einreichg eines solchen Inv unzul ist. Da die Gebühr (KostO 114) bereits „für die Entgegennahme" eines NachlInv erhoben wird, muß sein Inhalt auch im Kosteninteresse nachprüfb sein.

2011 *Fiskus als Erbe.* **Dem Fiskus als gesetzlichem Erben kann eine Inventarfrist nicht bestimmt werden. Der Fiskus ist den Nachlaßgläubigern gegenüber verpflichtet, über den Bestand des Nachlasses Auskunft zu erteilen.**

1) Ausschluß der Inventarfristbestimmung. Für den Staat als **gesetzlichen** Erben (vgl §§ 1936, 1942 II; 1964; 1966), der nicht ausschlagen kann, sowie die Körperschaften usw nach EG 138 ist die Geltdmachg der Haftgbeschränkg (die im übr nach den allg Vorschr zu erfolgen hat) durch § 2011 u ZPO 780 II wesentl erleichtert. Daher scheidet bei ihnen InvSäumnis und Eidesleistg kraft G und InvUntreue als unwahrschein aus. Im praktischen Endergebnis haftet der Staat in jedem Falle nur mit dem Nachl, mag dieser zulängl oder überschuldet sein. Wegen der Vollstreckg vgl ZPO 882a.

2) Auskunftspflicht, S 2, tritt erst mit der Feststellg nach § 1964 ein. Sie ist vor den ordentl Gerichten geltd zu machen, umfaßt auch Verzeichn (§ 160 I), eidesstattl Vers (§ 260 II) und bezieht sich nur auf den ggwärtigen Bestand (anders § 2001).

2012 *Nachlaßpfleger; Nachlaßverwalter.* [I] **Einem nach den §§ 1960, 1961 bestellten Nachlaßpfleger kann eine Inventarfrist nicht bestimmt werden. Der Nachlaßpfleger ist den Nachlaßgläubigern gegenüber verpflichtet, über den Bestand des Nachlasses Auskunft zu erteilen. Der Nachlaßpfleger kann nicht auf die Beschränkung der Haftung des Erben verzichten.**
[II] **Diese Vorschriften gelten auch für den Nachlaßverwalter.**

1) Der Schutz des Erben ist Zweck der Vorschr. Da dem Erben dch NachlVerwaltg und -Pflegsch die Herrschaft über den Nachl entzogen ist, darf er durch Säumn- od VerzichtsErkl dieser Pfleger sein BeschrkgsR nicht verlieren (vgl auch ZPO 780 II). Die Gläub sind zudem dadurch genügd geschützt, daß Pfleger u Verwalter gem §§ 1915, 1802 für ordngsmäßige Verzeichng der Masse zu sorgen haben. Daß dem NachlVerwalter (u währd der NachlPflegsch dem Erben) keine Frist bestimmt werden kann, ergibt sich auch aus § 2000. Nach I 2, II kann dafür aber vom NachlPfleger u -Verw **Auskunft** (§ 260) verlangt und nach ZPO 888, 889 die Abg der eidesstattl Vers erzwungen werden. Die AuskPfl des Erben gem § 2314 I besteht neben der des NachlPflegers od NachlVerw (Celle JZ 60, 375).

2) Inventarfrist gegen den Erben. Eine dem Erben währd der NachlPflegsch gesetzte InvFrist beginnt erst mit der Ann (§ 1995 II mit Anm 2). **Nach Beendigung der Nachlaßverwaltung** (falls nicht Konk folgt, § 1988) kann zwar dem Erben wieder eine InvFrist bestimmt werden, jedoch kann nach § 2004 auf das etw Bestandsverzeichn des NachlVerw verwiesen werden. Durchgeführter Konk erübrigt die InvErrichtg (§ 2000 S 3). – Zum Verzicht des Erben auf Beschränkg der Haftg s Einf 1a vor § 1967.

2013 *Folgen der unbeschränkten Haftung des Erben.* [I] **Haftet der Erbe für die Nachlaßverbindlichkeiten unbeschränkt, so finden die Vorschriften der §§ 1973 bis 1975, 1977 bis 1980, 1989 bis 1992 keine Anwendung; der Erbe ist nicht berechtigt, die Anordnung einer Nachlaßverwaltung zu beantragen. Auf eine nach § 1973 oder nach § 1974 eingetretene Beschränkung der Haftung kann sich der Erbe jedoch berufen, wenn später der Fall des § 1994 Abs. 1 Satz 2 oder des § 2005 Abs. 1 eintritt.**
[II] **Die Vorschriften der §§ 1977 bis 1980 und das Recht des Erben, die Anordnung einer Nachlaßverwaltung zu beantragen, werden nicht dadurch ausgeschlossen, daß der Erbe einzelnen Nachlaßgläubigern gegenüber unbeschränkt haftet.**

1) Allgemeines. Der nicht sehr klar gefaßte § 2013 regelt in **Abs I** die Folgen, wenn der Erbe ggü allen NachlGläub die Möglk verloren hat, seine Haftg zu beschränken, in **Abs II** den nur einzelnen NachlGläub ggü eingetretenen Verlust des BeschränkgsR. Es handelt sich bei beiden um kraft G eingetretene Verwirkg. Unter unbeschränkter Haftg ist die **allgemein unbeschränkbare** Haftg zu verstehen (s Einf 1a vor § 1967). Diese Haftg mit Nachl u Eigenvermögen tritt ein bei InvSäumnis (§ 1994 I 2); InvUntreue (§ 2005 I) u Verzicht des Erben (§§ 305, 2012 I S 3) auf die Beschränkg der Haftg ggü allen NachlGläub.

2) Folgen (I) der allgem unbeschränkb Haftg sind: Der Erbe kann nicht mehr das GläubAufgebot beantragen (ZPO 991 I) und **verliert** deshalb die **Ausschließungs- u Verschweigungseinreden** der §§ 1973, 1974 (Ausn in **I 2**). – **Nachlaßverwaltung und -konkurs** (§§ 1975, 1981 II, 1982–1988; KO 216 I, 217, 219) hindern die persönl Inanspruchn des Erben nicht mehr (ZPO 784 I), wohl aber die Vereinigg (§ 1976 ist bewußt nicht ausgeschl). – **Aufrechnungen** (§ 1977 I) bleiben bestehen. – Die §§ 1978–1980 gelten nicht, da der Erbe nun ohnehin mit seinem ganzen Vermögen haftet. Somit stehen ihm auch die

Erschöpfgs- u ÜberlastgsEinrede (§§ 1989–1992) u die aufschiebende Einrede (§ 2016 I) nicht zu (s Klautern DAV 73, 625). – **Nachlaßvergleichsverfahren** kann er **nicht mehr** beantragen (VerglO 113 I Nr 3). – NachlKonk kann der Erbe noch beantragen (KO 216, 217).

3) Ausnahme (I 2). Ebenso wie der Erbe nur einzelnen Gläub unbeschränkbar, allen anderen aber beschränkt haften kann (§ 2006 III; ZPO 780 I), kann auch der umgekehrte Fall eintreten: Nachdem die InvFrist den Antr eines Gläub voraussetzt (§ 1994 I), ist es denkb, daß bis zu ihrem Beginn bereits das Aufgebot (§§ 1970 ff) erledigt od Verschweigg (§ 1974) eingetreten war. Wenn jetzt erst die InvFrist versäumt (§ 1994 I) od InvUntreue begangen wird (§ 2005 I), behält der Erbe den so ausgeschlossenen Gläub ggü die Ausschließgs- u VerschweiggsEinrede (§§ 1973, 1974), obwohl er im Verhältn zu den übrigen NachlGläub seine Haftgsbeschränkg verwirkt hat. – Das Gleiche gilt gem § 2000 S 3 von der Einrede aus § 1989; denn § 1973 gilt entspr. – Praktisches Beispiel: Kiel SeuffA 78 Nr 37.

4) Einzelnen Nachlaßgläubigern gegenüber (II) haftet der Erbe unbeschränkb (vgl auch § 2016) bei Weigerg, die eidesstattl Vers abzugeben (§ 2006 III); Verlust des Vorbehalts (ZPO 780 I) und Verzicht, was sich aus § 2012 I 3 indirekt ergibt; ferner in den Sonderfällen der HGB 27, 139. Der Erbe ist dadurch nicht gehindert, die Beschränkbark seiner Haftg den übrigen NachlGläub ggü (zB dch Antr auf NachlVerwaltg oder -Konk) geltd zu machen, weshalb die §§ 1977–1980 anwendb sind. Auch kann er sich (was als selbstverständl nicht erwähnt ist) insow auf die HaftgsBeschrkg nach §§ 1990–1992 berufen. Von § 1977 (Aufrechng) ist allerdings nur II anwendb (vgl dort Anm 5) – Bzgl eines den Nachl verwaltenden **Nichterben** ist für Verwirkg kein Raum.

V. Aufschiebende Einreden

2014 *Dreimonatseinrede.* Der Erbe ist berechtigt, die Berichtigung einer Nachlaßverbindlichkeit bis zum Ablaufe der ersten drei Monate nach der Annahme der Erbschaft, jedoch nicht über die Errichtung des Inventars hinaus, zu verweigern.

1) Dreimonatseinrede. Bis zur Annahme der Erbsch ist der Erbe dch § 1958 u ZPO 778 vor Prozessen mit den NachlGläub geschützt. Aber auch noch nach Annahme wird ihm dch § 2014 eine gewisse **Schonfrist** gewährt, währd der er sich über die Lage des Nachl unterrichten, das Inv vorbereiten u von den andrängenden NachlGläub nicht behelligt werden soll. Die **Frist** beginnt mit Annahme, also spätestens nach Ablauf der Ausschlaggsfrist (§§ 1943, 1944) und endet mit Ablauf von 3 Monaten, vorher schon bei Errichtg des Inv, da der Erbe dadurch ja genügd Überblick über die ErbschVerhältnisse u NachlSchulden erhalten haben wird. – **Das gleiche Recht** haben auch NachlPfleger, -Verw u verwaltender TestVollstr und der gesamtgutsverwaltende Eheg bei der GütGemsch. – Gegenüber den sofort zu befriedigenden Anspr aus § 1963 (Mutterschutz) und § 1969 (Dreißigster) ist die Einrede **nicht** gewährt; weitere Ausn vgl § 2016 II. Wohl aber ggü Erbersatzanspruch. – Entspr Anwendg § 1489 II.

2) Voraussetzung ist, daß der Erbe nicht bereits unbeschränkb haftet (§ 2016 I). Die Einrede kann auch nur gg Anspr von **Nachlaßgläubigern** erhoben werden; verfügen diese über dingl Sichergen, ergeben sich Einschränkgen aus § 2016 II. Die Einrebg kann treuwidr sein, wenn der Erbe alle NachlGläub kennt und der Nachl für deren Fdgen offensichtl ausreicht (Soergel/Stein Rz 2).

3) Wirkung. Die Einrede hat **nur prozessuale und vollstreckungsrechtliche** Wirkg, nicht aber auch materiell-rechtl (RG 79, 201; heute wohl hM, s Soergel/Stein Rz 4 mN). Sie hindert aber weder Klage auf Leistg noch Verurteilg dazu (ZPO 305 I), oder den Beginn der ZwVollstr, die aber nicht zur Befriedigg, sond nur zur Sicherg des Gläub führen darf (ZPO 782, 783, 785). – Mangels mat-rechtl Wirkg wird Verzug des Erben durch Erhebg der Einrede nicht ausgeschlossen, so daß er Verzugszinsen, SchadErs u Vertragsstrafen schuldet; Gläub kann auch Re aus § 326 geltd machen. Eine Aufrechng der NachlGläub gg NachlFdgen od ein ZurückbehaltgsR wird nicht gehindert. Die Verjährg wird nicht gehemmt (§ 202 II).

2015 *Einrede des Aufgebotsverfahrens.* ᴵ Hat der Erbe den Antrag auf Erlassung des Aufgebots der Nachlaßgläubiger innerhalb eines Jahres nach der Annahme der Erbschaft gestellt und ist der Antrag zugelassen, so ist der Erbe berechtigt, die Berichtigung einer Nachlaßverbindlichkeit bis zur Beendigung des Aufgebotsverfahrens zu verweigern.

ᴵᴵ Der Beendigung des Aufgebotsverfahrens steht es gleich, wenn der Erbe in dem Aufgebotstermine nicht erschienen ist und nicht binnen zwei Wochen die Bestimmung eines neuen Termins beantragt oder wenn er auch in dem neuen Termine nicht erscheint.

ᴵᴵᴵ Wird das Ausschlußurteil erlassen oder der Antrag auf Erlassung des Urteils zurückgewiesen, so ist das Verfahren nicht vor dem Ablauf einer mit der Verkündung der Entscheidung beginnenden Frist von zwei Wochen und nicht vor der Erledigung einer rechtzeitig eingelegten Beschwerde als beendigt anzusehen.

1) Zweck. Diese Einr soll eine gleichmäßige Befriedigg der NachlGläub gewährleisten u unbekannte Gläub vor der Vorwegbefriedigg einzelner vordrängender Gläub schützen. Die Stellg des Aufgebotsantrags ist für den Erben befristet (I) und ihm uU zur Pfl gemacht (§ 1980 II). Der Antr eines MitE kommt den anderen zustatten, soweit sie nicht schon unbeschränkb haften (ZPO 997). Für die Fälle vor Annahme der Erbsch ist durch § 2017 gesorgt. Der AufgebotsAntr muß nicht nur gestellt, sond (wenn auch nach Ablauf der Jahresfrist) zugelassen sein (ZPO 947 II).

2) Um Verschleppungen des rechtzeit in Gang gebrachten AufgebotsVerf **vorzubeugen,** werden der

Rechtl. Stellung d. Erben. 3. Titel: Erbschaftsanspruch §§ 2015–2017, Einf v § 2018

Beendigg des AufgebotsVerf die in **II** genannten Fälle gleichgestellt. Die Verweigergsfrist (**I**) wird also nicht solange hinausgeschoben, wie ZPO 954 dies für die dort geregelte AntrFrist vorsieht; das Verf ist schon dann als beendigt anzusehen, wenn der Erbe nicht innerh von 2 Wochen den Antr auf Bestimmg eines neuen Termins gestellt hat od in diesem nicht erschienen ist (RGRK Rz 2, 3). Verlust der Einrede tritt nicht ein, wenn der ausgebliebene Erbe vor dem ersten od zweiten Termin den Antr auf AusschlUrt schriftl od zu Protokoll gestellt hat (Erm/Schlüter Rz 2). – **III** berücksichtigt die nach ZPO 952 IV mögliche sofortige Beschwerde (ZPO 577 II).

2016 *Ausschluß der Einreden bei unbeschränkter Erbenhaftung.* [I] Die Vorschriften der §§ 2014, 2015 finden keine Anwendung, wenn der Erbe unbeschränkt haftet.

[II] Das gleiche gilt, soweit ein Gläubiger nach § 1971 von dem Aufgebote der Nachlaßgläubiger nicht betroffen wird, mit der Maßgabe, daß ein erst nach dem Eintritte des Erbfalls im Wege der Zwangsvollstreckung oder der Arrestvollziehung erlangtes Recht sowie ein erst nach diesem Zeitpunkt im Wege der einstweiligen Verfügung erlangte Vormerkung außer Betracht bleibt.

1) Ausgeschlossen (I) sind die Einreden für den unbeschränkb haftden Erben (§ 2013 I, II), weil sie dem Erben dann nicht mehr die HaftgsBeschränkg vorbereiten und sichern können. Der Ausschluß gilt sowohl bei allg unbeschränkbarer Haftg als auch im Verhältn zu einzelnen Gläub, ggü denen der Erbe sein Beschränkgsr verloren hat. NachlVerw u verwaltender TestVollstr können aber noch das Aufgebot beantragen u nach Maßg von § 2015 die Aufgebotseinrede geltd machen (§ 1970 Anm 3a; Staud/Marotzke Rz 2).

2) Dinglich gesicherte Gläubiger (II). Die Einreden wirken auch nicht ggü den nach § 1971 bevorrechtigten RealGläub, soweit sie sich bei der RVerfolgg auf den dingl Anspr in die ihnen haftenden Ggstände beschränken od es sich um eine vom Erben bewilligte Vormerkg handelt. Soweit die Rechte durch ZwVollstr **nach** dem Erbf erlangt sind, kann der Erbe nach ZPO 782, 783, 785 vorgehen.

2017 *Fristbeginn bei Nachlaßpflegschaft.* Wird vor der Annahme der Erbschaft zur Verwaltung des Nachlasses ein Nachlaßpfleger bestellt, so beginnen die im § 2014 und im § 2015 Abs. 1 bestimmten Fristen mit der Bestellung.

1) Ein Nachlaßpfleger, der mit der **Verwaltung** des Nachl beauftragt wurde (also nicht nur auf die Regelg einzelner Angelegenheiten beschränkt ist), kann die Einreden der §§ 2014, 2015 I erheben. Da er aber vor ErbschAnnahme des Erben bestellt wird (s § 1960 Anm 2b), mußte der Beginn der dafür geltenden Fristen anders geregelt werden, da sonst die NachlGläub uU zuwarten müßten, obwohl sie ihre Anspr gg den die Erben vertretenden NachlPfleger (s § 1960 Anm 4c) bereits geltend machen können (§§ 1960 III; 1958; 1961). **Fristbeginn** ist daher der Zeitpkt der Bestellg des NachlPflegers, dh der Bekanntmachg des Beschlusses an ihn (FGG 16). – Für einen **Nachlaßverwalter** gilt das gleiche, doch ist NachlVerwaltg vor ErbschAnnahme selten. – Für den **Testamentsvollstrecker** beginnt die Frist mit ErbschAnnahme oder der etwaigen vorherigen Bestellg eines verwaltenden NachlPfl (Staud/Marotzke Rz 2, 4). Wird die Nachl-Pflegsch inf ErbschAnnahme aufgehoben (§ 1919), laufen die begonnenen Fristen weiter.

Dritter Titel. Erbschaftsanspruch

Einführung

1) Erbschaftsanspruch. Der Erbe, auf den mit dem Erbfall die Erbsch als Ganzes übergegangen ist und der auch die Besitzerstellg des Erbl erlangte (§ 857), hat als Herr des Nachlasses bezügl der NachlGgstände gg Dritte alle Einzelansprüche des Eigtümers od Besitzers (zB §§ 985, 1007; 861; 812; 823ff). Zusätzl gewährt ihm das Ges als besond ErbschAnspr in §§ 2018ff einen **Gesamtanspruch** gg den ErbschBesitzer, der auf Erben beansprucht, ihm aber tatsächl nicht zustehenden Erbrechts etwas aus dem Nachl erlangt hat. Dieser Anspr besteht also nicht gg denjenigen, der dem Erben NachlGgstände vorenthält, ohne sich ein ErbR anzumaßen. – Der ErbschAnspr umfaßt die Anspr auf Herausgabe der NachlGgst (§ 2018), der Surrogate von NachlGgst (§ 2019) sowie der Nutzgen (§ 2020). An die Stelle der HerausgabeAnspr kann eine BereicherAnspr treten, wobei die Haftg des ErbschBesitzers ähnl der nach §§ 987ff ausgestaltet ist (§§ 2021ff). Bei EinzelAnspr ist seine Haftg beim ErbschAnspr geregelt (§ 2029). Die Erbenhaftg trifft in jedem Fall den Erben und nicht den ErbschBesitzer.

2) Erbschaftsklage. Wenn der Erbe den GesamtAnspr (s § 2018 Anm 1) einklagt, muß er im KlageAntr gleichwohl die herausverlangten NachlGgstände einzeln bezeichnen (ZPO 253 II Nr 2), auch wegen der Vollstreckg; er kann ohne Klageänderg die bezeichneten Ggstände ergänzen (ZPO 264 Nr 2). Im Wege der Stufenklage (ZPO 254) kann er Auskunfts- und HerausgabeAnspr verfolgen. Der bes Gerichtsstand (auch der internat) ergibt sich aus ZPO 27 I (Nürnb OLGZ **81**, 115); er ist auch bei Auskunftsklage gg einen sonstigen Besitzer von ErbschGgständen gegeben. – Der Beklagte kann auch gg den GesamtAnspr Einzeleinreden erheben, mit denen er nur ein Recht auf einzelne der herausverlangten Ggstände behauptet. – Die Rechtskraft des Urteils wirkt nur zwischen den Parteien (ZPO 322, 325) und erstreckt sich auf die im KlageAntr bezeichneten Ggstände. Deshalb wird mit der Herausgabe zweckmäß die Klage auf Feststellg des ErbRs (ZPO 256, 257) und auf Auskunft (§ 2027; ZPO 260, 254) verbunden (s Nürnb aaO). Soweit der Kläger dann wieder Ggstände über das Verzeichn des Beklagten hinaus verlangt, ist zwar nicht deren Zugehörigk zur Erbsch, aber doch wenigstens das ErbR rechtskr festgestellt. – Zur Beweislast s § 2018 Anm 4. – Von dieser ErbschKlage zu unterscheiden ist die Klage auf **Feststellung** des ErbR (ZPO 256; 257), bei der StreitGgst nicht die Erbsch, sond das ErbR ist. Beide Klagen können miteinander verbunden werden

1893

(Zöller/Vollkommer ZPO 27 Rz 5), was wg der RKraftwirkg (ZPO 322) von Bedeutg und für den Kläger von Vorteil ist.

2018 Herausgabepflicht des Erbschaftsbesitzers. Der Erbe kann von jedem, der auf Grund eines ihm in Wirklichkeit nicht zustehenden Erbrechts etwas aus der Erbschaft erlangt hat (Erbschaftsbesitzer), die Herausgabe des Erlangten verlangen.

1) Der Herausgabeanspruch erstreckt sich auf die unmittelb aus dem Nachl erlangten Ggstände u ergänzend auf die Surrogate (§ 2019). Als GesamtAnspr (s Einf 1) ist er eine Ausn im BGB, weil er alle auf die erlangten Ggstände gerichteten EinzelAnspr zusammenfaßt, obwohl der in die RPosition des Erbl voll eingerückte Erbe (§ 1922 I) seine Rechte auch dch EinzelAnspr daneben verfolgen könnte. Das Erlangte ist als Ganzes herauszugeben. Der ErbschBesitz umfaßt ein subj u ein obj Moment (s Anm 2; 3). – Zur prozessualen Geltendmachg s Einf 2. Der Anspr ist vererbl, übertragbar u pfändbar. Er kann als solcher verjähren (§§ 2026; 2031 I 2). – **a) Anspruchsberechtigt** ist zunächst der wahre Erbe; auch der MitE, der aber vor Auseinandersetzg wg der gesamthänd Bindg des Anspr nur Leistg an alle bzw Hinterlegg (Verwahrg) für alle verlangen kann (§ 2039 S 2), wobei im Prozeß keine notwend Streitgenossensch besteht (RG **95**, 97); der VorE bis zum Eintritt des NErbfalls, der NachE danach (§ 2039); im Verhältn zum VorE besteht die Sonderregel des § 2130 (s Anm 2). Ferner der Erbteilserwerber (§ 2033 I); der PfändsGläub eines Erbteils (RG Warn **11** Nr 139); der ErbschKäufer (§ 2371) dagg erst nach Abtretg dch den Verkäufer bzw verpflichteten Verkäufer (§ 2374). Außerdem der verwaltende TV (§§ 2211, 2212); der NachlVerwalter (§ 1984) und der NachlKonkursVerw (KO 6). Der **Nachlaßpfleger** kann auf Grund seines Rechts zum Besitz und zur Verwaltg (§ 1960) von jedem Herausgabe von NachlGgständen verlangen (evtl auch vom wahren Erben), ohne die Nichtberechtigg des Erbanwärters beweisen zu müssen (BGH NJW **72**, 1752; **83**, 226 mAv Dieckmann FamRZ 83, 582; bestr; s MüKo/Frank Rz 15); ErsatzGgstände erfaßt sein Anspr analog § 2019 jedenfalls dann, wenn der AnsprGegner seine Berechtigg aus einem behaupteten ErbR ableitet (BGH aaO). – **b) Ein Zurückbehaltungsrecht** des ErbschBesitzers gg das Herausgabeverlangen wg eines ihm zustehenden Pflichtt- od VermächtnAnspr besteht nicht (KG OLGZ **74**, 17; Hamm MDR **64**, 151), weil der ErbschAnspr zuerst die Einziehg des Nachl ermöglichen soll, bevor dann etwaige Anspr erfüllt werden können (str; einschränkend Dütz NJW **67**, 1105).

2) Anspruchsgegner ist der Erbschaftsbesitzer, also derjenige, der etwas aus der Erbsch auf Grd eines ihm in Wirklichk nicht zustehenden Erbrechts erlangt hat. Ihm steht derjenige gleich, der von ihm die Erbsch dch Vertrag erwirbt (§ 2030); nach dem Sinn des G auch, wer nachträgl unter Berufg auf ein nicht bestehendes ErbR Ggstände verteidigt, die er aus dem ErblVermögen zunächst ohne Beanspruchg eines ErbRs (vor od nach dem Erbfall) erlangt hat (BGH NJW **85**, 3068). Der Erbe des ErbschBesitzers rückt in dessen noch bestehende Verpflichtg ein, ohne daß es dazu einer zusätzl Erbrechtsanmaßg dch ihn bedarf (BGH aaO mAv Dieckmann FamRZ **85**, 1247 u Hohloch JuS **86**, 315). – Der (gut- od bösgläubige) Besitzer muß etwas aus der Erbsch erlangt haben aGrd eines **angemaßten Erbrechts** (nicht Vermächtn), das ihm in Wirklichk nicht od (bei MitE, RG **81**, 293) nicht in diesem Umfang zusteht. Wechselt der ErbschBesitzer dann nachträgl seine Stellg u berühmt er sich schließl keines Erbrechts mehr, kann er sich doch dem Anspr nicht entziehen (BGH FamRZ **85**, 693). – ErbschBesitzer ist auch der NachlSchu, der dem wahren Erben die Erfüllg mit der Behauptg, selbst Erbe zu sein, verweigert (Staud/Gursky Rz 19). – Nach **Wegfall** einer zunächst eingenommenen Erbenstellg infolge wirks Anfechtg (§§ 2078; 2079; 142) od ErbunwürdigkErkl (§ 2344) wird der besitzende vermeintl Erbe zum ErbschBesitzer (Soergel/Dieckmann Rz 6), wobei unerhebl ist, daß er sich jetzt eines ErbRs nicht mehr berühmt (BGH NJW **85**, 3068). – ErbschBesitzer ist also **nicht** der Erbe, der ausschlug (gg ihn besteht nur Anspr aus GeschFg ohne Auftr, § 1959); das gilt auch dann, wenn er die Ausschlagg zu Unrecht nicht als wirks gelten lassen will (Soergel/Dieckmann Rz 6). Ferner nicht, wer aGrd dingl vermeintl persönl od dingl Anspr gg den Erbl od auch ohne solche (zB der Dieb) den Nachl ganz od teilw an sich genommen hat. Hier hilft dem Erben der Besitzerschutz (§§ 857ff), der Anspr aus dem früh Besitz (§ 1007) und auf Auskunft (§ 2027 II). Deshalb scheiden hier auch NachlPfleger, NachlVerwalter, NachlKonkursVerw und TV (RG **81**, 152) aus, da sie nicht aGrd angemaßten Erbrechts, sond kraft ihres Amtes besitzen (abgesehen von dem seltenen Fall, daß sie etwas zur Masse gezogen haben, bzgl dessen der Erbe nur ErbschBesitzer war, Planck/Flad Anm 2b α). Doch kann gg sie ErbRFeststellgsKlage erhoben werden, wenn sie dem Erben sein ErbR streitig machen (RG **106**, 46; BGH **LM** Nr 1 zu § 1960). – Der **Vorerbe** wird dagg nicht ErbschBesitzer, wenn er den Eintritt der Nacherbfolge zu Unrecht bestreitet; für ihn gilt stets die weitergehende Haftg des § 2130 als Sonderregel (Staud/Gursky Rz 21; MüKo/Frank Rz 21; Soergel/Dieckmann Rz 7; str). – Über die Stellg des vermeintl Erben in der OHG und das RechtsVerh zw dem vermeintl und dem wahren Erben des Gesellschafters einer OHG s Fischer FS „Recht im Wandel" 150 Jahre Heymann-Verlag, 1965, S 271.

3) Aus dem Nachlaß erlangt muß der Besitzer etwas haben. Erwerb des mittelb Besitzes genügt; es kann auch der ganze Nachl erlangt sein (zB von dem sich als AlleinR anmaßden MitE; von einem Erbanwärter, der unter Vorlegg eines gefälschten Erbscheins vom NachlPfleger den ganzen Nachl ausgehändigt erhielt). – **Erlangt** sein können „zur Erbschaft gehörende Sachen" (§ 2023 I), auch wenn sie nicht im Eigt des Erbl, sond nur in seinem unmittelb od mittelb Besitz standen (von ihm also nur gemietet, gepachtet od ihm anvertraut waren). Ferner ErbschGgstände also auch Fdgen u Rechte (§ 2025), insb, was der ErbschBesitzer dch RGesch mit Mitteln der Erbsch erlangt hat (§ 2019) u was an ihn auf NachlFdgen geleistet worden ist; sowie die dch Aufrechng gg eine NachlFdg erlangte Schuldbefreiung. Als erlangt gilt auch, was schon vor dem Erbfall erlangt u aGrd der Erbanmaßg einbehalten wurde; zB ein vom Erbl gewährtes Darlehen, dessen Rückzahlg der ErbschBesitzer jetzt verweigert; od dem Erbl gehörende Sachen od Grdste, die der ErbschBesitzer ohne Einverständn des Erbl an sich brachte, um sie dann aGrd seines vermeintl ErbR zu behalten (RG **81**, 295; KG OLGZ **74**, 17). War dies aber mit Willen des Erbl geschehen, greift nicht der ErbschAnspr, sond uU der PflichttErgänzgsAnspr (§ 2325) ein. – **Aus dem Nachlaß** erlangt hat ein NichtE auch Beträge, die er aus einem ihm vom Erbl übergebenen Blankoscheck nach dessen Tod erhalten hat. Er hat sie an den Erben herauszugeben, weil die Leistg der Scheckvaluta erst nach dem Erbfall erfolgt ist (KG NJW **70**, 329; aM Finger ebda 954).

4) Beweispflicht. Der Kläger hat sein Erbrecht zu beweisen, zB durch Beibringg einer formgerechten letztw Vfg od (bei gesetzl Erbfolge) eines Erbscheins (§ 2365), dessen Vermutg jedoch vom Bekl widerlegt werden kann (RG **92**, 71; vgl § 2365 Anm 2). Ferner hat er nachzuweisen, daß der herausverlangte Ggstand zum Nachl gehört, also den ErbschBesitz. — Der Gegner hat demggü den Wegfall des Besitzes der Sache od der Bereicherg (§ 2021) zu beweisen. — Die bes Gestaltg der ErbschKlage zeigt sich darin, daß sie schon abzuweisen ist, wenn dem Kläger der Beweis seines ErbR nicht gelingt.

2019 *Surrogation.* ^IAls aus der Erbschaft erlangt gilt auch, was der Erbschaftsbesitzer durch Rechtsgeschäft mit Mitteln der Erbschaft erwirbt.

^{II}Die Zugehörigkeit einer in solcher Weise erworbenen Forderung zur Erbschaft hat der Schuldner erst dann gegen sich gelten zu lassen, wenn er von der Zugehörigkeit Kenntnis erlangt; die Vorschriften der §§ 406 bis 408 finden entsprechende Anwendung.

1) Ersetzungsgrundsatz. Die hier anerkannte dingl Surrogation (s dazu auch §§ 2041, 2111 u allg Einl 7 vor § 854 mwN) ist eine erbrechtl Besonderh, die einen gesicherten Zwischenerwerb des ErbschBesitzers vermeidet (s Olzen JuS **89**, 774). Wenn dieser ErbschGgstände veräußert, NachlFdgen eingezogen od mit NachlMitteln etwas erworben hat, wird das Erworbene von selbst Bestandteil des Nachl u unterliegt der HerausgPfl (§ 2018) u im Konk des ErbschBesitzers der Aussonderg (KO 43), ohne daß es auf den Willen des Erben, des ErbschBesitzers oder des Dritten ankäme (s Werner JuS **73**, 434/436). Die Surrogation kann sich auch wiederholen (Staud/Gursky Rz 4). — Es handelt sich bei § 2019 also um keinen selbständ Anspr, sond um eine Ergänzg von § 2018. — Wegen des guten Glaubens des Dritten vgl **II.** Das Eigt steht unmittelb dem wahren Erben zu. Bei Eintragg des ErbschBesitzers im Grundbuch hat der Erbe den BerichtiggsAnspr (§ 894, GBO 22). — Surrogation tritt **nicht** ein, wenn der erlangte Vorteil völlig im Vermögen des ErbschBesitzers aufgeht, etwa bei Bezahlg eigener Schulden mit ErbschMitteln od Aufrechng mit einer NachlFdg gg eine Eigenschuld (Staud/Gursky Rz 4). Hier erfolgt nur Wertersatz nach Bereicherungsgrdsätzen (§ 2021; MüKo/Frank Rz 6). Surrogation tritt auch nicht ein bei höchstpersönl Rechten (zB Nießbr) od bei Rechten, die Bestandteil eines dem ErbschBesitzer gehörigen Grdstücks sind (§ 96). Ebso nicht, wenn der vermeintl Erbe einen ErbschGgst als seine Einlage in eine KG einbringt; die Kommanditistenstellg ist kein Surrogat des ErbschGgst (BGH NJW **77**, 433). — Auch bei Kreditgeschäften, bei denen der ErbschBesitzer seine Leistg aus dem Nachl erst nach Empfang der Gglleistg erbringt, findet kein Zwischenerwerb statt (Soergel/Dieckmann Rz 1; str; aA MüKo/Frank Rz 13).

2) Der Ersatzgegenstand, zu dem jeder rechtl Vorteil zählt, muß mit **Mitteln der Erbschaft** erworben sein (s § 2111 Anm 2c); bei Erwerb teils mit eigenen u teils mit NachlMitteln entsteht MitEigt zw dem Erben u dem ErbschBesitzer (§ 1008). Dabei wird Erwerb dch **Rechtsgeschäft** vorausgesetzt. Die Wirksamk der Vfg über NachlGgstände ist gleichgült. Rechtsgeschäftl ist der Erwerb auch dann, wenn der ErbschBesitzer tatsächl ErbschMittel weggibt. Bei unwirksamer Vfg liegt im Herausgabeverlangen des Ersatzguts die Genehmigg (§ 185), bedingt dch die tatsächl Herausg (Soergel/Dieckmann Rz 3; str; s Lüke-Göler JuS **75**, 381 f). Auch Gegengeschenke für verschenkte NachlSachen unterliegen der Surrogation, wenn diese schon bei der Schenkg vereinbart werden (Staud/Gursky Rz 9; bestr). — Gesetzl Ersatzvorteile, die inf „Zerstörg, Beschädigg oder Entziehg eines ErbschGegenstandes" (§ 2111 I 1) an dessen Stelle getreten sind, stehen ohne weiteres dem Erben zu. Dies brauchte angesichts der weiten Fassg des § 2018 u des nach § 2021 anwendb § 818 nicht bes hervorgehoben zu werden (s MüKo/Frank Rz 4). Doch gilt für den Schu dieser Fdgen **II** nicht, da dort rechtsgeschäftl Erwerb vorausgesetzt ist; wohl aber gelten §§ 851, 893, 2367 (s Staud/Gursky Rz 13 mit teilw aM).

3) Schutz des gutgläubigen Schuldners (II) ist in entspr Anwendg der §§ 406–408 angeordnet. Entscheidend ist nicht die Kenntn der (gar nicht stattfindenden) Abtretg, auch nicht die Geltdmachg der Fdg, sond Kenntn der Zugehörigk der Fdg zum Nachl. Bis dahin darf der Schu den ErbschBesitzer als Gläub betrachten. — Daß der Schu den Erben die zZ der Kenntn gg den ErbschBesitzer begründeten **Einwendungen** (zB aus Sachmängeln; Verjährg) entggsetzen kann (§ 404), versteht sich von selbst. Nach § 406 kann unter den dort bezeichneten Voraussetzgen der Schu eine ihm gg den ErbschBesitzer zustehende Fdg auch ggü dem Erben aufrechnen. — Leistgen des Schu an den Besitzer befreien nur, wenn sie vor Kenntn der NachlZugehörigk der Fdg erfolgt sind (§ 407). Das gleiche gilt für Leistgen u RGeschäfte des Schuldners bei Weiterabtretg (§ 408).

2020 *Nutzungen und Früchte.* Der Erbschaftsbesitzer hat dem Erben die gezogenen Nutzungen herauszugeben; die Verpflichtung zur Herausgabe erstreckt sich auch auf Früchte, an denen er das Eigentum erworben hat.

1) Nutzungen (§ 100) sind nur herauszugeben, soweit sie gezogen sind. Anders ist dies allerd nach Rechtshängigk od bei Bösgläubigk (§§ 2023 II; 2024; 987 II). — Noch vorhandene **Früchte** (§ 99) muß der ErbschBesitzer herausgeben: Sofern er an ihnen gem § 955 Eigt erworben hat, ist der dazu aGrd des bes schuldrechtl Anspr nach Halbs 2 verpflichtet; ist wg bösem Glauben Hs 1, sond der Erbe Eigtümer geworden (§ 953), besteht dingl HerausgAnspr. Auch für mittelb Sach- und Rechtsfrüchte wie zB Mietzins für NachlGrdst (vgl § 99 Anm 4) gilt Hs 2 (aA Soergel/Dieckmann Rz 2: Surrogation gem § 2019). — In allen Fällen tritt bei Nichtvorhandensein Haftg nach BereicherungsGrds ein (§ 2021).

§§ 2021, 2022

2021 Herausgabepflicht nach Bereicherungsgrundsätzen. Soweit der Erbschaftsbesitzer zur Herausgabe außerstande ist, bestimmt sich seine Verpflichtung nach den Vorschriften über die Herausgabe einer ungerechtfertigten Bereicherung.

1) Regelungsinhalt. § 2021 beschränkt die in §§ 2018 – 2020 geregelte HerausgPflicht des gutgläub unverklagten ErbschBesitzers dem Umfang nach auf eine Haftg nach BereichersGrdsätzen (§§ 818, 822) im Falle der Unmöglichk. Dagg ist die Haftg verschärft bei Bösgläubigk (§ 2024), Rechtshängigk (§ 2023) od gewaltsamer Aneigng (§ 2025). Da es sich um eine Rechtsfolgenverweis handelt, kommt es auf die Voraussetzgen eines BereichersAnspr nicht an (RG 81, 206; Olzen JuS 89, 374).

2) Außerstande ist der ErbschBesitzer nur, wenn ihm die Herausg in Natur **unmöglich** ist, gleichgült aus welchem Grunde. Bei bloßen Gebrauchsvorteilen (zB mietfreier Nutzung der ErblWohnung) ist dies ohne weiteres der Fall, sonst bei Untergang od Verbrauch des Ggstands. War der ErbschAnspr ursprüngl auf Geld gerichtet, befreit die Unmöglichk im Hinblick auf § 279 den ErbschBesitzer an sich noch nicht; gleichwohl kann auch hier Wegfall der Bereicherg eingewendet werden (RG Recht 20 Nr 417). Bei unentgeltl Zuwendg des Erlangten an einen Dritten haftet der Erwerber unmittelbar nach § 822, bei wirks Vfg des ErbschBesitzer als Nichtberecht auch nach § 816 I 2 (Soergel/Dieckmann Rz 3).

3) Bereicherungsgrundsätze. Der dingl HerausgAnspr verwandelt sich in einen schuldrechtl auf Wertersatz (§ 818 II), der entfällt, soweit der Besitzer nicht mehr bereichert ist (§ 818 III). **Verwendungen** des ErbschBesitzers auf den Nachlaß führen zur Entreicherg (§ 2022 I), gleichgült ob sie aus eigenen od aus Mitteln des Nachl erbracht wurden. Dagg mindern Aufwendgen des gutgläub ErbschBesitzers, die er im Vertrauen auf sein vermeintl ErbR machte, seine Bereicherg dann nicht, wenn sie gemacht wurden, um in den Besitz der Erbsch zu kommen; deshalb sind insbes Erbscheins- und Prozeßkosten nicht anzurechnen (Soergel/Dieckmann Rz 5).

2022 Ersatz von Verwendungen. ¹Der Erbschaftsbesitzer ist zur Herausgabe der zur Erbschaft gehörenden Sachen nur gegen Ersatz aller Verwendungen verpflichtet, soweit nicht die Verwendungen durch Anrechnung auf die nach § 2021 herauszugebende Bereicherung gedeckt werden. Die für den Eigentumsanspruch geltenden Vorschriften der §§ 1000 bis 1003 finden Anwendung.

ᴵᴵZu den Verwendungen gehören auch die Aufwendungen, die der Erbschaftsbesitzer zur Bestreitung von Lasten der Erbschaft oder zur Berichtigung von Nachlaßverbindlichkeiten macht.

ᴵᴵᴵSoweit der Erbe für Aufwendungen, die nicht auf einzelne Sachen gemacht worden sind, insbesondere für die im Absatz 2 bezeichneten Aufwendungen, nach den allgemeinen Vorschriften in weiterem Umfang Ersatz zu leisten hat, bleibt der Anspruch des Erbschaftsbesitzers unberührt.

1) Bedeutung. Nur der **gutgläubige** ErbschBesitzer wird für Verwendgen **vor Rechtshängigkeit** (anders bei bösem Glauben od Rechtshängigk, vgl §§ 2023 bis 2025) dch § 2022 ggü dem dingl Anspr auf Herausg der Erbsch gehörenden Sachen besser gestellt als der Besitzer im Verhältn zum Eigentümer gem §§ 985ff. Denn der VergütgsAnspr für Aufwendgen (gleichsam das Ggstück zu seiner HerausgPfl) beschränkt sich nicht ledigl auf notw u werterhöhende Verwendgen (wie bei § 996) od die hins einer einzelnen Sache gemachten Aufwendgen. Vielm sind alle für die Erbsch im allg gemachten Verwendgen, auch die überflüssigen u die nicht nutzbringenden, nach Maßg der §§ 1000-1003 zu ersetzen, soweit sie nicht schon durch Anrechng (innere Ausgleich, keine Aufrechng) die nach § 2021 herauszugebende Bereicherg mindern (**I 1**). Nach dem weiten VerwendgsBegriff des **II** gehören dazu auch Aufwendgen wie zB die für den Erben im Umfang der bestehenden SteuerPfl gezahlte ErbschSt (Staud/Gursky Rz 5); die eigene Arbeitsleistg aber nur dann, wenn dadch für den Besitzer ein Verdienstausfall entsteht (KG OLGZ 74, 17). – Ihrem Sinn nach gilt die Verwendgregel auch für den schuldrechtl HerausgAnspr bezügl der Früchte, an denen der Besitzer Eigt erworben hat (§ 2020), obwohl es hier an einer ausdrückl Vorschr fehlt (anders § 2023 II).

2) Der Verwendungsersatz wird gem **I 2** nach den für den EigtAnspr geltenden Vorschr der §§ 1000-1003 geltend gemacht. Der ErbschBesitzer hat demnach folgende Rechte:

a) Ein Zurückbehaltungsrecht (§§ 1000, 273, 274) steht dem Besitzer wg aller Aufwendgen an allen herauszugebenden Sachen zu. Er kann also die Herausg einer Einzelsache auch dann verweigern, wenn die Verwendgen nicht auf diese, sond auf eine andere NachlSache (selbst wenn sie nicht mehr vorhanden ist) od auf die Erbsch im ganzen gemacht worden sind. Soweit Anrechng (**I 1**) erfolgt, schließt sie ZbR aus. – Ist der ErbschBesitzer zugleich Vermächtn- od PflichttBerecht, hat er ein ZbR nur wg Verwendgen, nicht aber wg Vermächtn- oder PflichtAnsprüchen (Warn **13** Nr 233; KG OLGZ 74, 17; Staud/Gursky **5** 2018 Rz 23; dazu auch Dütz NJW **67**, 1105 f). Über entspr Anwendg ggü HerausgAnspr des NachlPflegers s BGH NJW **72**, 1752. – § 2022 gilt entspr für den Anspr der Erben auf **Berichtigung des Grundbuchs,** wenn der ErbschBesitzer eine zu seinen Gunsten lautende unrichtige Eintragg erlangt hat. Er kann Zustimmg verweigern, bis ihm Verwendungen auf das Grdst ersetzt sind (Staud/Gursky Rz 2 mit § 2018 Rz 21). Der Erbe muß sich durch Eintragg eines Widerspruchs sichern.

b) Einen klagbaren Anspruch auf Ersatz der Verwendgen (§ 1001), der innerh der Ausschlußfrist des § 1002 geltend zu machen ist. Str ist dabei, ob der Anspr von der Rückg der gesamten Erbsch (§ 2018) abhängt (Staud/Gursky Rz 9) od nur davon, daß der Erbe die Ggstände, denen die Verwendg galten, bzw deren Surrogate 2019) od entspr Wertersatz (§ 2021) erhalten od die Verwendg genehmigt hat (Soergel/Dieckmann Rz 5); letzterem ist zuzustimmen.

c) Ein pfandähnliches Befriedigungsrecht an allen ErbschSachen, die sich noch in seinem Besitz befinden (§ 1003).

Rechtl. Stellung d. Erben. 3. Titel: Erbschaftsanspruch §§ 2022–2025

d) Ein Wegnahmerecht entspr §§ 997, 258 (Soergel/Dieckmann Rz 7 mN).

e) Nach Herausgabe der Erbsch ist der ErsatzAnspr des Besitzers ebso beschränkt wie ggü der Eigtümerklage (**I 2**, §§ 1001–1003). VergütgsAnspr besteht also nur, wenn der Erbe die Sache wiedererlangt od die Verwendg genehmigt.

3) Weitergehende Ansprüche des ErbschBesitzers als der ihm dch **I** gewährte Schutz bleiben ihm dch **III** vorbehalten. Dabei handelt es sich insbes um Bereicherungsansprüche, wenn der Besitzer über die Zulänglichk des Nachl hinaus NachlVerbindlichk berichtigt hat u der Erbe unbeschränkb haftet (§ 2013 I).

2023 Haftung bei Rechtshängigkeit.

[I]Hat der Erbschaftsbesitzer zur Erbschaft gehörende Sachen herauszugeben, so bestimmt sich von dem Eintritte der Rechtshängigkeit an der Anspruch des Erben auf Schadensersatz wegen Verschlechterung, Unterganges oder einer aus einem anderen Grunde eintretenden Unmöglichkeit der Herausgabe nach den Vorschriften, die für das Verhältnis zwischen dem Eigentümer und dem Besitzer von dem Eintritte der Rechtshängigkeit des Eigentumsanspruchs an gelten.

[II]Das gleiche gilt von dem Anspruche des Erben auf Herausgabe oder Vergütung von Nutzungen und von dem Anspruche des Erbschaftsbesitzers auf Ersatz von Verwendungen.

1) Haftungsverschärfung. Ab Eintritt der **Rechtshängigkeit** (ZPO 261 I, II; 696 III; s § 818 Anm 7), die dch Urteil, Vergl od KlageRückn endet (vgl auch § 212), verschärft sich die Haftg des Besitzers und mindert sich sein Gegenanspruch. Der Besitzer muß nun mit der Möglichk rechnen, daß er im RStreit unterliegt und nicht er, sond ein anderer der wahre Erbe ist und von da ab die Erbsch wie fremdes Gut ansehen u behandeln. Er haftet dann wg untergegangener, verschlechterter od veräußerter Sachen auf SchadErs (§§ 249–255), Verschulden (§§ 276, 989) sowie wg schuldh nicht gezogener Nutzgen (**II; § 987 II**).

2) Der Bereicherungsanspruch des Erben (§ 2021) richtet sich nunmehr nach allg Vorschriften (§ 818 IV), in erster Linie also nach den §§ 291, 292 mit den dort genannten Verweisen (s § 818 Anm 7b). Ob sich der ErbschBesitzer nun noch auf Wegfall od Minderg der Bereicherg berufen kann, ist str (s Soergel/Dieckmann Rz 2 mN; § 818 Anm 7 c). Richtig erscheint, daß der ErbschBesitzer nicht nach §§ 292, 989 haftet, wenn er den Wegfall der Bereicherg nicht (sei es auch nur wg Verzugs, § 287 S 2) zu vertreten hat (Erman/Schlüter Rz 2).

3) Notwendige Verwendungen allein sind zu ersetzen (**II**) und auch diese nur nach den Grdsätzen der GoA (§ 994 II), dh wenn sie dem wirkl od mutmaßl Willen des Erben entsprochen haben od von ihm genehmigt worden sind (§§ 677 ff) od den Erben noch bereichern (§§ 683, 684). Außerdem müssen sie gerade auf die herauszugebende Sache gemacht worden sein, soweit nicht § 2022 III eingreift (bestr; aA Soergel/Dieckmann Rz 3).

2024 Haftung bei Bösgläubigkeit.

Ist der Erbschaftsbesitzer bei dem Beginne des Erbschaftsbesitzes nicht in gutem Glauben, so haftet er so, wie wenn der Anspruch des Erben zu dieser Zeit rechtshängig geworden wäre. Erfährt der Erbschaftsbesitzer später, daß er nicht Erbe ist, so haftet er in gleicher Weise von der Erlangung der Kenntnis an. Eine weitergehende Haftung wegen Verzugs bleibt unberührt.

1) Ursprüngliche Bösgläubigkeit bei Erlangg des Besitzes liegt vor, wenn der Besitzer weiß od es ihm inf grober Fahrlk (zB Nichtlesen des vorgefundenen Test) unbekannt blieb, daß er nicht Erbe ist. Dann haftet er ggü dem Heraus- u BereicherungsAnspr wie bei Rechtshängigk (§ 2023) und bei Verzug (durch Mahng od Klageerhebg) wg Zufalls (S 3; §§ 284 II, 287).

2) Nachträgliche Bösgläubigkeit tritt ein, sobald der Besitzer später positiv erfährt, „daß er nicht Erbe ist". Grobe Fahrlk genügt hier nicht (RG **56**, 317; vgl § 990 Anm 1 b). – **Beweispflichtig** für Bösgläubigk u Verzug ist der Erbe.

3) Haftung wg Bösgläubigk hins des ErbR **entfällt,** wenn der Besitzer hinsichtl seines BesitzR an einem einzelnen Ggstand gutgläub ist (Staud/Gursky Rz 3; aA Soergel/Dieckmann Rz 2: nur mit diesem Ggstand unterliegt er nicht der verschärften Haftg).

2025 Haftung bei unerlaubter Handlung.

Hat der Erbschaftsbesitzer einen Erbschaftsgegenstand durch eine Straftat oder eine zur Erbschaft gehörende Sache durch verbotene Eigenmacht erlangt, so haftet er nach den Vorschriften über den Schadensersatz wegen unerlaubter Handlungen. Ein gutgläubiger Erbschaftsbesitzer haftet jedoch wegen verbotener Eigenmacht nach diesen Vorschriften nur, wenn der Erbe den Besitz der Sache bereits tatsächlich ergriffen hatte.

1) Durch eine Straftat (Fälschg des Test od Erbscheins; Erpressg; Betrug) muß der ErbschGgst (Sache od Recht, zB Einziehg einer NachlFdg aGrd gefälschter Urk) erlangt sein. Daß der Besitzer dann bösgl ist (anders **S 2**), erscheint selbstverständl. Jedenfalls ist hier guter Glaube (§ 2024), der bei TestFälschg des an sein ErbR glaubenden Besitzers vorkommen könnte (vgl RG **81**, 413), gleichgültig.

2) Verbotene Eigenmacht (§ 858) an ErbschSachen ist auch mögl, wenn der Erbe den Besitz noch nicht tatsächl ergriffen hat (S 2; § 854 I), weil er den Besitz bereits mit dem Erbfall erworben hatte (§ 857). Der gutgl ErbschBesitzer (mag sein guter Glaube auch auf einfacher Fahrlässigk beruhen) haftet in solchem Falle nicht aus unerl Hdlg, sond wie ein gewöhnl ErbschBesitzer. Erst wenn der Erbe bereits Besitz ergriffen hatte (S 2), haftet der gutgl wie der bösgl ErbschBesitzer bei verbotener Eigenmacht nach **S 1.** – Die Haftg wg verbotener Eigenmacht setzt infolge der Bezugnahme auf §§ 823 ff Verschulden voraus (Soergel/Dieckmann Rz 3; str). Die Erlangg dch verbotene Eigenmacht kann auch im Ausland erfolgt sein (Ferid GRUR, Intern Teil, **73**, 472/476).

3) Die Haftung regelt sich nach §§ 823 ff, geht also auf Naturalherstellg (§ 249). Dch diese Verschärfg wird dem ErbschBesitzer vor allem das Zufallsrisiko auferlegt (§ 848). Verwendgen sind auch dem gutgl Besitzer nur noch nach §§ 850, 994–996 zu ersetzen. – Verjährg s § 2026 Anm 2.

2026 *Keine Berufung auf Ersitzung.* **Der Erbschaftsbesitzer kann sich dem Erben gegenüber, solange nicht der Erbschaftsanspruch verjährt ist, nicht auf die Ersitzung einer Sache berufen, die er als zur Erbschaft gehörend im Besitze hat.**

1) Herausgabeanspruch. Die Vorschr schließt aus, daß die 30-jähr Verjährgsfrist des ErbschAnspr (§ 195) dadch wertlos wird, daß schon nach 10 Jahren der gutgl ErbschBesitzer an bewegl Sachen Eigt ersitzt (§ 937 I). Der Besitzer ist dann trotz erlangtem Eigentum dem Erben schuldrechtl zur Herausg verpflichtet; ggü Dritten kann er sich auf die Ersitzg berufen (Staud/Gursky Rz 9; MüKo/Frank Rz 7; str). Gg die verbreitete Ansicht, der EigtErwerb sei dem Erben ggü zum besseren Schutz in Konk u ZwVollstr relativ unwirks (Soergel/Dieckmann Rz 3 mN), spricht vor allem, daß damit ein dem Ges fremdes gespaltenes EigentR anerkannt würde. – Bei Grundst ist § 2026 prakt von geringer Bedeutg wg der gleich langen Buchersitzgsfrist (§ 900), zB wenn dch Anerkenntn nur die Frist der Verjährg unterbrochen wird (§ 208), dies aber für die Ersitzg nicht mögl ist. – Eine Ersitzg der Erbsch im Ganzen gibt es nicht.

2) Die Verjährung des Anspr beginnt einheitl, sobald etwas aus der Erbsch erlangt ist (§ 2018; hM). Nur der SchadErsAnspr des § 2025 verjährt nach § 852 in 3 Jahren, die idR konkurrierenden Anspr aus §§ 2018, 2024 aber in 30 Jahren (§ 195). Wird der Erbe rückwirkend dch wirks Anfechtg (§§ 2078, 2340) zum ErbschBesitzer, beginnt die Verjährg des ErbschAnspr nach § 200 schon mit der Zulässigk der Anfechtg, sobald der AnfGegner etwas aus der Erbsch erlangt hat. – Unterbrochen (§ 209) wird die Verjährg nur hins der im KlageAntr bezeichneten Ggstände (vgl Einf 2 vor § 2018). – Mit Eintritt der Verjährg erlangt der ErbschBesitzer aber nicht die RStellg des Erben (Staud/Gursky Rz 7).

3) Die Ersitzungszeit bei einer dem Erbl nicht gehörden Sache kommt dem Erben zustatten (§ 944), wenn er nicht bösgläubig ist (§ 937 II).

2027 *Auskunftspflicht des Erbschaftsbesitzers.* ¹**Der Erbschaftsbesitzer ist verpflichtet, dem Erben über den Bestand der Erbschaft und über den Verbleib der Erbschaftsgegenstände Auskunft zu erteilen.**
  ²**Die gleiche Verpflichtung hat, wer, ohne Erbschaftsbesitzer zu sein, eine Sache aus dem Nachlaß in Besitz nimmt, bevor der Erbe den Besitz tatsächlich ergriffen hat.**

1) Der Erbschaftsbesitzer (§§ 2018, 2030) ist schon nach § 260 I zur Vorlegg eines Bestandsverzeichnisses u nach § 260 II zur Abgabe der eidesstattl Vers verpflichtet, von geringfüg Nachl abgesehen (§ 260 III). Die dch § 2027 erweiterte **Auskunftspflicht** betrifft den **Aktivbestand,** auch den Voraus des erbschaftsbesitzenden Eheg (SeuffA **66** Nr 141), **nicht** aber dessen Wert und nicht die **Schulden** (RGSt **71**, 360) od Schenkgen zu Lebzeiten (BGH **61**, 182). – Darüber hinaus hat der Besitzer dem Erben sowie dem NachlPfleger, NachlVerw, TestVollstr über den **Verbleib** der nicht mehr vorhandenen od nicht auffindbaren Ggstände Ausk zu erteilen. Die Erfordernisse der Ausk gehen also nicht soweit wie die des Inventars (§ 2001). AuskPfl über Verbleib der Rechngslegg über Verwaltg in sich (Soergel/Dieckmann Rz 1). – **Vervollständigung** der Ausk kann idR nur durch eidesstattl Vers, nicht dch neue Kl erzwungen werden, wenn nicht ein selbständ Vermögensteil gänzl ausgelassen war u deshalb ein NachlVerzeichnis gar nicht vorgelegen hat (RG **84**, 44). – Der AuskAnspr ist vererbl (Soergel/Dieckmann Rz 4; vgl auch Nürnb OLGZ **81**, 115). Die AuskPflicht kann der Erbl nicht erlassen. Wohl aber kann der Berecht darauf **verzichten,** den Anspr aber nicht einem Nichterben übertragen (Karlsr FamRZ **67**, 692). – Mit dem Tod des ErbschBesitzers geht eine noch unerfüllte AuskPfl nicht unter, sond auf dessen **Erben** über, die sich fehlende eigene Kenntnisse in zumutbarer Weise beschaffen müssen (BGH NJW **85**, 3068 mAv Dieckmann FamRZ **85**, 1247 u Hohloch JuS **86**, 315; Nürnb aaO; str); daneben kann eine eigene AusklPfl des Erben aus **I** bestehen (BGH aaO).

2) Ein sonstiger Besitzer, der nach dem Erbfall Sachen aus dem Nachl in Besitz genommen hat, ohne ErbschBesitzer zu sein (vgl § 2018 Anm 2), ist ebso auskunftspflichtig, gleichgült, aus welchem Grunde er in die Erbsch eingegriffen hat (als GeschF oA, Gläub od Dieb). Darunter fällt auch, wer nur die Möglichk tatsächl Vfg erlangt hat wie zB der Vermieter, dem die Wohngsschlüssel an sich nahm (OLG **9**, 34). Nicht notwend ist, daß der Besitzer Kenntn von dem Eingriff in den Nachl hatte. – **Nicht** auskunftspflichtig ist aber, wer den Besitz schon vor dem Tod des Erbl erlangt hat (Staud/Gursky Rz 15) od wer nach dem Tode des Erbl eine Sache in Besitz nimmt, die der Erbl schon zu seinen Lebzeiten einem Dritten übergeben hatte (BGH **LM** Nr 1 zu § 1421; s auch Johannsen WM **72**, 923). Ebenso gilt **II** nicht ggü NachlPfleger usw (§ 2018 Anm 2).

3) Ein Miterbe kann unter den Voraussetzgen des § 2027 auch von einem **andern Miterben** Ausk verlangen (Karlsr MDR **72**, 424; Staud/Gursky Rz 5). Nicht aber, wenn letzterer für die Gesamth der Erben als deren Vertreter Besitz ergriffen hat (§ 2038 I 2; RG HRR **32** Nr 1928). Hier können aber §§ 666, 681 Platz greifen (Staud/Gursky aaO; vgl § 2038 Anm 2e).

4) Prozessuales. Klage auf AuskErteilg ist im Gerichtsstand des ZPO 27 mögl (Nürnb OLGZ **81**, 115; str). Sie macht aber nicht auch den ErbschAnspr rechtshängig (RG **115**, 29), es sei denn, daß im Wege der

Stufenklage (ZPO 254) zugleich die genaue Kennzeichng und Herausg der ErbschGgstände verfolgt wird (s Einf 2 vor § 2018). Sie unterbricht auch nicht die Verjährg. Vollstreckg erfolgt gem ZPO 888. – Die eidesstattl Vers ist abzugeben: freiwill gem FGG 163 vor dem FG-Gericht (zuständ RPfleger, RPflG 3 Nr 1b); nach Verurteilg gem ZPO 889 vor dem VollstrGericht (Düss MDR **60**, 590), sofern nicht Gläub u Schu mit Abgabe vor dem FG-Gericht einverstanden sind (s Hamm Rpfleger **58**, 189).

2028 *Auskunftspflicht des Hausgenossen; eidesstattliche Versicherung.* [I]Wer sich zur Zeit des Erbfalls mit dem Erblasser in häuslicher Gemeinschaft befunden hat, ist verpflichtet, dem Erben auf Verlangen Auskunft darüber zu erteilen, welche erbschaftliche Geschäfte er geführt hat und was ihm über den Verbleib der Erbschaftsgegenstände bekannt ist.

[II]Besteht Grund zu der Annahme, daß die Auskunft nicht mit der erforderlichen Sorgfalt erteilt worden ist, so hat der Verpflichtete auf Verlangen des Erben zu Protokoll an Eides Statt zu versichern, daß er seine Angaben nach bestem Wissen so vollständig gemacht habe, als er dazu im Stande sei.

[III]Die Vorschriften des § 259 Abs. 3 und des § 261 finden Anwendung.

1) Häusliche Gemeinschaft verschafft Kenntn u Vfgsmöglichk über NachlGgstände und ist daher der Grund für die AuskPflicht. Ihr Begriff ist weit auszulegen, damit dem schlechter informierten Erben geholfen wird. – **Berechtigt** sind neben dem Erben auch die in § 2027 Anm 1 bezeichneten Pers, nicht aber der Erwerber einzelner NachlGgstände (LG Bln JR **56**, 300). **Auskunftspflichtig** ist derj, bei dem nach den räuml u persönl Beziehgn, die zw ihm u dem Erbl bestanden hatten, eine Kenntn iS des § 2028 unter Berücksichtigg aller Umst des Einzelfalls zu vermuten ist (BGH **LM** Nr 1). Auch ein MitE kann auskunftspfl sein (RG **81**, 30). Verwandtsch od FamZugehörigk (§ 1969) wird hier nicht vorausgesetzt. Auch FamBesuch (RG **80**, 285), Lebensgefährte (LG Bln FamRZ **79**, 503), Hauspersonal, Zimmer- u Flurnachbarn können darunter fallen; ebso ein Mieter, der das eingerichtete Haus des Erbl gemietet, ihm ein Zimmer als Untermieter überlassen u seine Verköstigg u Versorgg übernommen hat (BGH **LM** Nr 1).

2) Die Auskunft (Vollstreckg nach ZPO 888) ist von der des § 2027 verschieden. Als Ausk kann idR nur eine Erklärg gewertet werden, die der Erklärende auf Fragen hin in dem Bewußtsein abgibt, einer gesetzl Pfl zu genügen (BGH **WM 71**, 443). Sie umfaßt nicht die Vorlage eines Bestandsverzeichnisses (s aber § 2027), erstreckt sich aber auf Führg erbschaftl Geschäfte (Soergel/Dieckmann Rz 3). Bei Führg erbschaftl Geschäfte greift auch § 681 ein. – Unter „Verbleib der Erbschaftsggstände" (Sachen u Rechte, Vfgen darüber) fallen auch solche, die schon vor dem Erbfall beiseite geschafft sind, nicht aber vorher verschenkte Ggstände (RG **84**, 206; BGH **18**, 67; WM **71**, 443 zur Ausk über Rückzahlg eines Darlehens an Erbl). Die AuskPfl ist nicht durch Namhaftmachg bestimmter vermißter NachlSachen bedingt (BGH Betr **64**, 1443). – AuskErteilg nach § 2027 entbindet nicht von der AuskPfl nach § 2028 (Staud/Gursky Rz 11; str). – Gerichtsstand der ZPO 27 ist nicht gegeben (str). – Ein MitE kann Ausk nicht verweigern, weil er NachlGgst für wertlos hält (Köln MDR **61**, 147).

3) Versicherung an Eides Statt (FGG 163, 79; ZPO 889) über Vollständigk der Angaben (nicht, wie bei § 260, des Bestandes) setzt AuskErteilg voraus (RG LZ **22**, 196; BGH Betr **64**, 1443). Ist der Hausgenosse zur Abgabe der Vers vor dem Gericht der freiw Gerichtsbark (**III**; § 261) bereit, hat dieses nicht zu prüfen, ob Grd zur Annahme einer unsorgfältigen Ausk besteht (KGJ **45**, 112). **Voraussetzung** ist aber stets, daß der Erbe die Abgabe der Vers an Eides Statt verlangt od wenigstens damit einverstanden ist. In der Klage auf Abgabe der Vers an Eides Statt liegt ein solches Verlangen (BayObLG **53**, 135). Die dem Gericht obliegde Pfl beschränkt sich auf die Bestimmg des Termins, Ladg der Beteiligten u EntggNahme der Vers an Eides Statt zu Protokoll des Ger (Rechtspfleger, RPflG 3 Nr 1b; wg Prot s FGG 78 I 2), wenn der Pflichtige bereit ist (Mü JFG **15**, 118). Wird sie verweigert, entscheidet das ProzG über die Pflicht; der Erbe muß Gründe darlegen u ev beweisen, die die Annahme rechtfertigen, daß die Auskunft aus mangelnder Sorgf unvollständ od unrichtig erteilt ist, zB NachlGgstände verschwiegen sind (BGH aaO).

2029 *Haftung bei Einzelansprüchen des Erben.* Die Haftung des Erbschaftsbesitzers bestimmt sich auch gegenüber den Ansprüchen, die dem Erben in Ansehung der einzelnen Erbschaftsgegenstände zustehen, nach den Vorschriften über den Erbschaftsanspruch.

1) Einzelansprüche dingl od schuldrechtl Art auf Herausg, Bereicherg, SchadErs (s §§ 985; 861; 812ff; 823ff) kann der Erbe als Herr des Nachl wie gg jeden Dritten so auch gg den Besitzer geltd machen (s Einf 1 vor § 2018; Wiegand JuS **75**, 286: Ausgl für Vfgen des ScheinE). Es steht in seiner Wahl, ob er gg letzteren Gesamt- od Einzelklage erhebt. § 2029 stellt klar, daß auch in letzterem Fall der Besitzer die Vorteile des ErbschAnspr (zB hins der Aufwendgen) nicht verlieren, andererseits aber auch dessen Nachteile tragen soll. Zu diesen Nachteilen gehört die strengere Haftg hins der Nutzgen (§ 2020) im Ggsatz zu § 993 und der Herausg der Bereicherg nach § 2024 S 1 (grob fahrl Nichtwissen genügt) u schließl bei § 2026 der Ausschluß der Ersitzgseinrede (s Staud/Gursky Rz 4).

2) Prozessuales. Durch eine solche Einzelklage wird rechtskräftige Feststellg des ErbR nicht herbeigeführt, wenn der Beklagte nicht die Widerklage (ZPO 256 II) hierauf erstreckt. Die Vorschr über den ErbschAnspr sind vom Gericht vAw anzuwenden, so weit sich der ErbschBesitz aus dem Parteivortrag ergibt. Der Gerichtsstand (ZPO 27) gilt jedoch für Einzelklagen nicht (Nürnb OLGZ **81**, 115).

2030 *Rechtsstellung des Erbschaftserwerbers.* Wer die Erbschaft durch Vertrag von einem Erbschaftsbesitzer erwirbt, steht im Verhältnisse zu dem Erben einem Erbschaftsbesitzer gleich.

1) Erwerberhaftung. Eine Veräußerg der Erbsch (§§ 2371, 2385) od eines Erbteils (§§ 1922 II, 2033) durch den Besitzer hindert den Erben nicht, den Erbschaftsanspruch auf den Erlös (§ 2019) gegen den Veräußerer geltd zu machen. Jedoch haftet der Erwerber, sobald ihm tatsächl die Erbsch übertr ist, dem Erben wie ein ErbschBesitzer u kann sich nicht auf gutgl Erwerb iS der §§ 932–936, 892, 893, 2366, 2367 berufen (Staud/Gursky Rz 3). Die §§ 2024, 2025 treffen ihn aber nur, falls deren Voraussetzgen in seiner Person gegeben sind. – Der Erbe hat die Wahl, ob er gg den Verkäufer nach §§ 2018, 2019 od gg den Erwerber nach §§ 2018, 2030 vorgeht. Erhält er allerd die Erbsch zurück, kann er nicht außerdem noch den etwaigen Verkaufserlös beanspruchen; diesen kann vielm der Erwerber vom Besitzer nach § 440 wieder zurückverlangen, falls er nicht den Mangel im Recht kannte (§ 439 I). – § 2030 gilt entspr für den Erwerb einer Erbsch aGrd einer letztw Vfg, zB Vermächtn des ErbschBesitzers (Staud/Gursky Rz 10). – Wer nur **einzelne** Nachlaßgegenstände erwirbt, steht einem ErbschBesitzer nicht gleich; daher ist gutgl Erwerb mögl.

2031 *Herausgabeanspruch des für tot Erklärten.* ¹Überlebt eine Person, die für tot erklärt oder deren Todeszeit nach den Vorschriften des Verschollenheitsgesetzes festgestellt ist, den Zeitpunkt, der als Zeitpunkt ihres Todes gilt, so kann sie die Herausgabe ihres Vermögens nach den für den Erbschaftsanspruch geltenden Vorschriften verlangen. Solange sie noch lebt, wird die Verjährung ihres Anspruchs nicht vor dem Ablauf eines Jahres nach dem Zeitpunkt vollendet, in welchem sie von der Todeserklärung oder der Feststellung der Todeszeit Kenntnis erlangt.

II Das gleiche gilt, wenn der Tod einer Person ohne Todeserklärung oder Feststellung der Todeszeit mit Unrecht angenommen worden ist.

1) Scheinerbfolge. Dem „Erbl", der gar nicht tot war, aber dafür gehalten od für tot erklärt od dessen Todeszeit festgestellt wurde, steht der ErbschAnspr gg jeden Eindringling in sein Vermögen selbst zu. Unerhebl ist, wenn dieser kein ErbschBesitzer iS des § 2018 war, dh sich ein ErbR nicht angemaßt hat, insb wenn er das Vermögen des Verschollenen dadurch erlangte, daß er sich selbst als der Verschollene ausgab. Denn seine Anmaßg ging hier ja noch viel weiter. Daher ist entspr Anwendg geboten (Staud/Gursky Rz 4). Schutz des Dritten gewährt § 2370. – Der TodesErkl ist die Feststellg der Todeszeit (VerschG 39 ff) gleichgestellt.

2) Der Zeitpunkt des Todes (VerschG 9, 23, 44) ist im Beschluß festzustellen. Für Verschollenh im ersten Weltkrieg war der 10. Januar 1920 der vermutete Todestag (G vom 20. 2. 25, RGBl 15); für den zweiten Weltkrieg ist dies den Art 2 des G vom 15. 1. 51 (BGBl 59) der 31. 12. 45. – Bei **II** (falsche Sterbeurkunde; Personenverwechslg; Scheintod; Aufhebg der TodesErkl od der Todeszeitfeststellg, VerschG 30) genügt Leben des Totgeglaubten, da hier ein TodesZtpkt fehlt. Dann kann auch ein Abwesenheitspfleger (§ 1911) den Anspr geltend machen.

3) Verjährung. Wer zu Unrecht für tot erklärt od wessen Todeszeit zu Unrecht festgestellt wurde **(I)** od der Totgeglaubte **(II)** soll seinen Anspr auch nicht durch Ablauf der Verjährgsfrist (§ 2026, §§ 194, 195) verlieren (**I** 2).

4) Stirbt der ScheinErbl später, geht sein „ErbschAnspr" auf seine Erben über u verwandelt sich in einen wirkl ErbschAnspr (RGRK Rz 5).

Vierter Titel. Mehrheit von Erben

Einführung

1) Gesetzesübersicht. Die RStellg mehrerer nebeneinander berufener Erben **(Miterben)** ist im 5. Buch am Schluß des 2. Abschn behandelt. Tatsächl ist jedoch eine Mehrh von Erben die Regel. Deshalb kommt dem vorliegenden Titel erhebl praktische Bedeutg zu. Er enthält die besonderen Vorschr, die sich auf die Stellg der MitE beziehen und ergänzt damit die anderen Teile des 2. Abschn, die ihrers sowohl für den einzelnen als auch für die mehreren Erben gelten. Die zwei Unterabschnitte behandeln einerseits die RVerhältn der Erben untereinander (§§ 2032–2057a), andererseits ihr Verhältn zu den NachlGläub samt Besonderh wg ihrer Haftg für NachlVerbindlichk (§§ 2058–2063).

2) Miterbengemeinschaft. Die RVerbindg der MitE ist als Gemeinsch zur gesamten Hand ausgestaltet u damit die dritte derartige Gemeinsch im BGB (neben der Gesellsch u der ehel Gütergemeinsch; vgl Übbl 2c vor § 420). Obwohl damit zwischen dem gesamthänd gebundenen NachlVermögen u dem Eigenvermögen ihrer Mitglieder zu unterscheiden ist, ist die ErbenGemsch keine eigene Rechtspersönlichk u als solche auch nicht parteifähig (BGH NJW **89**, 2133); allerd kann sie am sozialgerichtl Verf beteiligt sein, SGG 70 Nr 2 (BSozG NJW **58**, 1560). Sie entsteht dch den Tod des Erbl unabhängig von dem eigenen Willen der MitE kr G; vertragl kann sie weder geschaffen noch nach erfolgter Auseinandersetzg wieder eingeführt werden (s § 2042 Anm 9). – Die grdsätzl Pfl der MitE zu gemeinschaftl Handeln findet sich unverfälscht zB in den §§ 2038–2040, erfährt aber mehrfach eine Durchbrechg durch Befugnisse rein individueller Prägung wie die Verfügbark über den Miterbenanteil (§ 2033 I; anders bei der Gesellsch, § 719 I und der GüterGemsch, § 1419 I) und namentl den Anspr jedes MitE auf jederzeitige Auseinandersetzg (§ 2042 I). Während bei der Gesellsch für die Dauer bestimmt u eingegangen ist, soll die MiterbenGemsch idR möglichst bald aufgelöst werden. Auch die „fortgesetzte ErbenGemsch" ist keine Gesellsch des BGB. – Besonderh brachte das **Nichtehelichenrecht,** das in bestimmten Fällen der gesetzl Erbfolge keine ErbenGemsch zw nichtehel

Rechtl. Stellung d. Erben. 4. Titel: Mehrheit von Erben **Einf v § 2032, § 2032**

Kind od seinem Vater mit weiteren Erben entstehen läßt, sond auf einen ErbersatzAnspr verweist (s § 1934 a).

3) Erbeserbengemeinschaft (s § 1952 Anm 4). Stirbt eine Person und wird sie von mehreren Erben beerbt, entsteht eine MiterbenGemsch. Stirbt vor der Auseinandersetzg dieser Gemsch einer der Erben und hinterläßt er seinerseits mehrere Erben, geht dessen Anteil am Sondervermögen der ErbenGemsch auf seine Erben über; sie bilden eine ErbeserbenGemsch, also eine **gesamthänderische Unterbeteiligung** an der ErbenGemsch. Über das AusschlaggsR des einzelnen Erben s § 1952 III mit Anm 4. Für die Verwaltg der ErbeserbenGemsch gelten §§ 2038–2040. Über den Anteil an der Erbsch nach dem ersten Erbl können die Erbeserben nicht verfügen, wohl aber über den ideellen Bruchteil des von ihnen ererbten Nachl. Zur Ausübg des VorkaufsR (§§ 2034ff) s BGH NJW **69**, 92. Die Teilg des Nachl nach dem verstorbenen MitE kann jeder Erbeserbe verlangen (§ 2042); zur Haftg des zweiten Nachl s §§ 2058ff.

4) Sondervorschriften. – a) Grundstücke. Befinden sich Grdst im Nachl, ist gg allzu krasse Auswüchse des Auseinandersetzgsverlangens durch einen beschränkten Vollstreckgsschutz eine gewisse Sicherg gegeben, die zur Einigg der MitE beitragen kann (ZVG 180 II). S auch ZVG 185 über Einstell des Zwangsversteigergsverf wg Stellg eines Zuweisgsantrags nach § 13 GrdstVG. Handelt es sich um land- od forstwirtschaftl Grdstücke, ist für die Auseinandersetzg ggf die Genehmigg nach GrdstVG 2ff; 18ff erforderl (s insbes GrdstVG 9 III; SchlHOLG RdL **63**, 89). S auch § 2033 Anm 1 c. – **b)** Gehört zu einer dch ges Erbfolge entstandenen ErbenGemsch ein **landwirtschaftlicher Betrieb**, ermöglicht das GrdstVG die gerichtl Zuweisg des Betriebs an einen MitE (GrdstVG 13–17; 33; 39 I; dazu § 2042 Anm 10). – **c) Außenwirtschaft.** Bei Erbteil u einzelnen AuseinandersetzgsMaßn ist ggf das AWG vom 28. 4. 61 (BGBl 481) mit der AWV idF vom 3. 8. 81 (BGBl 853) u ihren Ändergen sowie der VO zur Regelg von Zustdgk im Außenwirtschaftsverkehr vom 12. 12. 67 (BGBl 1210) zu beachten. – **d) Uraltguthaben.** Eine SonderVorschr über die UmwandlgsVoraussetzgen für Uraltguthaben (UmstErgG 1), die einer ErbenGemsch zustehen, enthält UmstErgG 6 I idF des § 8 Nr 2 des 3. UmstErgG vom 22. 1. 64 (BGBl 33). S auch die SonderVorschr in § 7 IV, V Bln-AltbankenG vom 10. 12. 53 (GVBl 1483) u dazu KG WM **67**, 148; auch WM **66**, 842; **69**, 1047 u LG Bln WM **67**, 859 (zum Begriff der Erben im Sinn von § 7 IV b des Ges); Schoele WM **69**, 1338. Ferner § 2 II G über die Liquidation der Deutschen Reichsbank und der Deutschen Golddiskontbank vom 2. 8. 61 (BGBl 1165) idF des § 11 des 3. UmstErgG.

I. Rechtsverhältnis der Erben untereinander

2032 *Erbengemeinschaft.* ^IHinterläßt der Erblasser mehrere Erben, so wird der Nachlaß gemeinschaftliches Vermögen der Erben.
^{II}Bis zur Auseinandersetzung gelten die Vorschriften der §§ 2033 bis 2041.

Schrifttum: Kapp/Ebeling, Handbuch der ErbenGemsch. – Bloymeyer, Die Rechtsnatur der Gesamthand, JR **71**, 397. – Bartholomeyczik, Willensbildg, Willenserklärg u das Gesamthandprinzip in der MitEGemsch, FS Reinhardt, 1972, S 13. – Schulze-Osterloh, Das Prinzip der gesamthänd Bindg, 1972.

1) Gesamthandsgemeinschaft. Das BGB kennt nur die Gesamtrechtsnachfolge hins des ganzen Nachlasses (§ 1922 I). Eine unmittelb ggständl Beziehg des einzelnen MitE zum Nachl od Teilen davon wird daher durch den Erbfall nicht begründet. Die Erbsch bleibt zur gesamten Hand beisammen. Der Nachl steht dem MitE gemeinschaftl zur gesamten Hand zu. Der Anteil des MitE an den einzelnen NachlGgsten ist zwar kein Bruchteil, aber ein wirkl, wenn auch bis zur Auseinandersetzg gesamthänderisch gebundener Anteil (BayObLG **68**, 3; **82**, 59/67). Die Sachen stehen im GesamthandsEigt, die Fdgen sind GesamthandsFdgen usw. Wg der Bedeutg vgl § 2033 Anm 4. Zur Rechtsstellg der ErbenGemsch s Einf 2. Sind den Erben durch Test einzelne Ggstände ausgesetzt u bestimmt damit der Erbl über die Vermögensstücke selbst, liegt nur ein Vorausvermächtn (§ 2150) od eine Teilgsanordng (§ 2048) vor, die schuldrechtl Wirkgen äußert u erst bei der Auseinandersetzg Berücksichtigg erfährt. Hat aber der Erbl im Test bestimmt, daß hinsichtl des wesentl Teils des Nachl gesetzl Erbfolge eintreten soll, liegt eine dch gesetzl Erbfolge entstandene ErbenGemsch vor (Köln RdL **76**, 249).

2) Besondere Übertragungsakte sind daher für RÜbertragungen erforderl, wenn das GesamthandsEigent in BruchteilsEigent umgewandelt od wenn AlleinEigent begründet werden soll. Bei Grundstücken ist also Auflassg u zur Gültigk des schuldrechtl Vertrags Beachtg der Form des § 313 erforderl (RG **57**, 432; **118**, 244; BGH **21**, 231); über Genehmiggsbedürftigk nach GrdstVG Nr 2 s Oldbg RdL **64**, 234; über Anwendg von WEG 12 I bei Übertr eines WohngsEigt von der ErbenGemsch auf eine MitE s BayObLG **82**, 46. Ebenso ist zur Umschreibg des Eigtums an einem NachlGrdst auf eine von den MitE gebildete offene Handelsgesellsch die Auflassg erforderl (KG JFG **21**, 168); desgl bei der KG (Hamm JMBl NRW **58**, 268); s auch Anm 4c. Wenn jedoch eine von den MitE gebildete Gesellsch des bürgerl Rechts sämtl Erbteile erwirbt, bedarf es zur Umschreibg eines NachlGrdstücks auf die Gesellsch keiner Auflassg (KG DR **44**, 455; s auch § 2033 Anm 2c). – Aus dem Grdsatz der GesamthandsGemsch ergibt sich ferner, daß es nicht mögl ist, innerh einer fortdauernden ErbenGemsch eine engere, nur einen Teil der MitE umfasse „ErbenGemsch" zu begründen; die Erben können aber ein zum Nachl gehördes HandelsGesch in der Weise aus der ErbenGemsch ausgliedern, daß sie insow eine Gesellsch bilden u das Geschäftsvermögen dorthin übertragen (BGH WM **75**, 1110).

3) Die Berufung mehrerer Erben kann auf G (§§ 1924ff) od auf einer Vfg vTw (§§ 1937; 1941) beruhen u bei begrenzter Vfg (§§ 2088ff) auch beide Berufgsgründe umfassen. Das GemschVerhältn besteht nur zw den unmittelb eintretenden MitE, nicht dagg schon mit einem ErsatzE (§ 2096) od NachE (§ 2100), solange nicht der für den Eintritt weiterer Erben maßgebl Umstand vorliegt. NachE bilden unter sich nach Eintritt des Nacherbfalls die Gemsch (RG 93, 296, insow nicht geändert durch RG 152, 380); ebenso ErsatznachE (s Schmidt BWNotZ 66, 144); nicht aber der VorE mit dem NachE. Der MitE kann aGrd Ges od Vfg vTw von mehreren Pers beerbt werden, die in seine Rechte u Pflichten eintreten.

4) Nachfolge in Handelsgeschäft (dazu Wolf AcP 181, 480; Strothmann ZIP 85, 969; Kapp/Ebeling Rz I 336 ff; K. Schmidt, HandelsR § 5 I 3 und NJW 85, 2785). Das von einem Einzelkaufmann hinterlassene HandelsGesch ist vererbl (s § 1922 Anm 3 b). Geht es auf eine Mehrh von Erben über, kann es nach ständ Rspr von der ErbenGemsch als Gesamthand auch über die Dreimonatsfrist von HGB 27 II hinaus zeitl unbeschränkt fortgeführt werden (zB BGH 92, 259), obwohl die ErbenGemsch kein Unternehmen neu errichten (KG HRR 32 Nr 749) od unter Lebenden erwerben kann. Die auf Auseinandersetzg angelegte ErbenGemsch ist für den Betrieb eines Unternehmens allerd eine wenig zweckmäßige RForm. Sie wird sogar aus Organisations- u Haftungsgründen für ungeeignet angesehen; die Fortführg dch sie widerspreche dem geschlossenen Kreis handelsrechtl GesellschForm (Fischer ZHR 144, 1/8 ff). – Die Fortführg des ererbten HandelsGesch ist auch mögl, wenn ein MitE aus der ErbenGemsch ausgeschieden ist (KG JW 39, 565). – Auch ein gewerbl Unternehmen, das nach HGB 2 erst in das HandelsReg einzutragen ist u damit zu einem Handelsgewerbe wird, kann von der ErbenGemsch als solcher (mit entspr Firma) fortgeführt werden (KG JW 38, 3117). Ist ein eintragssfäh Unternehmen auf MitE übergegangen und hat einer von diesen mit Einwillig der and die Fortführg übernommen, kann dieser allein dessen Eintragg ins Handelsregister bewirken (LG Kleve RhNK 67, 783). – Wird das ererbte HandelsGesch **nur von einem** MitE fortgeführt, liegt darin eine Fortführg dch alle MitE im Sinn von HGB 27 nur, wenn die übrigen MitE den tätigen MitE zur Fortführg ausdrückl od stillschweigend bevollmächtigt haben (BGH NJW 59, 2114; 60, 962).

a) Fortführung mit Minderjährigen. Auch eine aus Eltern u ihren minderj Kindern bestehende ungeteilte ErbenGemsch kann das HandelsGesch fortführen. Dadch können die Eltern kr ihrer ges Vertretgsmacht ihre Kinder als Mitinhaber für solche Verbindlichk mit verpflichten, die sie unter der Firma des fortgeführten Unternehmens eingegangen sind (BGH 92, 259 mAv Schmidt NJW 85, 139; John JZ 85, 246; Emmerich JuS 85, 316; Hüffer ZGR 86, 603; dazu auch Damrau NJW 85, 2236). Die Fortführg bedarf keiner Genehmigg des VormschG, solange nicht ein GesellschVertr geschlossen wird, weil § 1822 Nr 3 nicht, auch nicht entspr anzuwenden ist (BGH aaO; hM). Bei unbeschränkter Verpflichtgsmacht könnten also die Eltern ihre Kinder auch überschuldet in die Volljährigk „entlassen". Die sich daraus ergebende Lücke im MinderjSchutz ist mit dem dch GG 2 I iVm 1 I garantierten allg PersönlichkR der Minderjähr unvereinb u daher verfassgswidrig (BVerfG NJW 86, 1859 mAv K. Schmidt BB 86, 1238; Wolf AcP 187, 319/336; s auch Ramm u Schmidt NJW 89, 1708; 1712). Das BVerfG, das eine and Auslegg des § 1822 nicht vorschreiben konnte, hat daher unter Aufhebg der Entscheid des BGH (aaO) entschieden, daß der GesGeber müsse das Problem verfassgskonform regeln, sei es dch eine vormschgerichtl GenehmiggsPfl für die Fortführg des HandelsGesch od dch eine Beschränkg der Haftg des Minderjähr auf das ererbte Vermögen. Der BGH wartet nunmehr eine ges Neuregelg ab u hat bis dahin das an ihn zurückverwiesene Verfahren ausgesetzt (NJW-RR 87, 450).

b) Rechtsfolgen. Bei Fortführg kann die ErbenGemsch unter ihrer Firma Rechte erwerben und Verbindlichk eingehen, sowie klagen und verklagt werden (Wolf aaO 493). – Die Fortführung kann unter der **bisherigen Firma** (mit od ohne Nachfolgezusatz) od unter einer **neuen** erfolgen, die dann aber den Vorschr des Einzelkaufm gegen die ErbenGemsch erkennen lassen muß (KG JFG 5, 209; Soergel/Wolf Rz 6). – Ins **Handelsregister** wird die ErbenGemsch als Kaufmann eingetragen (dazu Heinen RhNK 62, 108 ff). – Die **Geschäftsführung** steht idR allen MitE gemeins zu (Ffm BB 75, 1319). Im **Innenverhältnis** können auf die RBeziehgen der MitE untereinander die RSätze der OHG angewendet werden (BGH 17, 299 mAv Johannsen **LM** § 2038 Nr 5). – Nach Fortführg trifft die **Haftung** sowohl für die **früheren** (HGB 27) als auch für die **neuen** Geschäftsverbindlk (analog HGB 128; K. Schmidt NJW 85, 2785) die Erben persönl (KG JW 37, 2599; Hueck ZfHK 108, 1; K. Schmidt aaO) und kann auf den Nachl nur dch Vereinbarg mit dem VertrPartner beschränkt werden (Ffm aaO; Soergel/Wolf Rz 6). – Eine **Prokura** erlischt mit dem Erbfall, wenn der Prokurist selbst MitE wird (BGH NJW 59, 2114); ein MitE kann auch nicht zum Prokuristen bestellt werden (KG JW 39, 565; dazu Beuthien FS Fischer, 1979, 1 ff). – Die ErbenGemsch kann sich nicht als solche an einer OHG od KG beteiligen (KGJ 49, 109; 268; 37 A 145; BGH 22, 192).

c) Umwandlung in Handelsgesellschaft. Wünschenswert erscheint sowohl aus Gründen der HaftgsBeschränkg der MitE als auch des Verkehrsschutzes im HandelsR, daß die ErbenGemsch als Unternehmensträger alsbald die eine HandelsGesellsch abgelöst wird. Einen ges Umwandlgszwang hierzu gibt es allerd nicht; eine Umwandlg erfordert Teilauseinandersetzg u Sachgründg (K. Schmidt aaO). Die **Fortführung als OHG** setzt Abschluß eines GesVertrags u Übertragg der Unternehmensgüter auf die PersonenGes voraus, weil es sich jeweils um gesondertes Gesamthandsvermögen u eigenständ Unternehmensträger handelt (BGH 92, 259; BFH NJW 88, 1343). Ohne entspr GesVertrag bleibt die ErbenGemsch Träger des Unternehmens. Allerd kann der Wille der MitE, zur Unternehmensfortführung eine OHG zu gründen, auch schlüssig zum Ausdr kommen. Ein solcher Gründgswille kann aber nicht schon im Entschluß zur Fortführg erblickt werden, wie überhaupt die Tats der Fortführg für sich allein auch nach längerem Zeitablauf nichts über eine Umwandlg od GesellschGründg besagt (so auch BGH aaO; Schmidt aaO). – Die MitE können dch Mitwirkg aller (§ 2038 I) auch eine **stille** Ges (HGB 230 ff) mit Dritten eingehen; sind dies minderj Abkömml eines MitE, ist zur Vertretg des Mindj ErgänzgsPflegsch (§ 1909) erforderl, sofern der Vertragsschluß dem Kind nicht lediglich rechtl Vorteil bringt (dazu BFH NJW 88, 1343).

5) Nachfolge in den Anteil an einer OHG od KG (HGB 139, 161 II; 177). Sieht der GesVertr einer OHG od KG bei Tod eines persönl haftbaren Gesellschafters die Fortsetzg der Gesellsch mit dessen Erben vor (s § 1922 Anm 3 c), erben bei Vorhandensein mehrerer Erben die MitE die Beteilig des Erbl an der Gesellsch nicht als ErbenGemsch, da eine solche als Inhaberin der Gesellschafterposition ungeeignet ist. Vielmehr vollzieht sich der Eintritt im Wege der Sondererbfolge: Die MitE werden auf Grd ihres Erbrechts mit je einem der Größe ihres Erbteils entspr GesellschAnteil des Erbl Gesellschafter (s § 1922 Anm 2a; 3c mH; BGH **68**, 225 mAv Priester DNotZ **77**, 558 und Wiedemann JZ **77**, 689; BGH NJW **83**, 2376 mAv Esch, Ulmer NJW **84**, 339; 1496; auch BayObLG Betr **80**, 2028; Soergel/Wolf Rz 9 ff). – Auch bei Vererbg eines **Kommanditanteils** auf mehrere Personen wird nicht die ErbenGemsch Kommanditist, sond jeder MitE mit dem Anteil, der seinem Erbteil entspricht (s § 1922 Anm 3d mH; auch Lammers MDR **60**, 888; Haegele BWNotZ **73**, 76/87); zur AnmeldePfl jedes einz MitE s BayObLG Betr **79**, 86. – Bei Fortführg einer OHG durch die Erben des Gesellschafters (einer KG mit den Erben des persönl haftenden Gesellsch) besteht unbeschränkte persönl Haftg (HGB 128) der einzelnen MitE, die unmittelb am GesellschVermögen beteiligt sind (KG HRR **35** Nr 794; Langenfeld/Gail IV Rz 218 ff). Soll nach dem Willen des Erbl ein TV den Nachfolger in den GesAnteil unter mehreren MitE auswählen, ist dessen Bestimmg nur wirks, wenn entw der GesVertr eine erbrechtl Nachfolgeklausel enthält od die Mitgesellschafter zustimmen (BGH NJW-RR **86**, 28).

6) Erbengemeinschaft und Beteiligung an einer BGB-Gesellschaft. Sieht der GesellschVertr die Vererblichk der Mitgliedsch vor (§ 727 I), wird bei Beerbg eines Gesellschafters von mehreren Personen nicht die ErbenGemsch, sond jeder MitE Gesellschafter mit dem Anteil, der seinem Erbteil entspricht (s BGH NJW **81**, 749; BayObLG **84**, 225; Staud/Keßler Rz 22; RGRK Rz 9 je zu § 727; § 1922 Anm 3e).

7) Nachfolge in einen GmbH-Anteil. Der GeschAnteil einer GmbH ist vererbl (GmbHG 15 I) und kann kraft ErbR auf MitE in ErbenGemsch übergehen (GmbHG 18; Däubler, Die Vererbg des GeschAnteils bei der GmbH, 1965, S 18 ff; Kapp/Ebeling Rz I 39 ff, 347 ff). Fällt der Anteil einer ErbenGemsch an, deren Mitglieder nach dem GesellschVertrag nur teilweise nachfolgeberechtigt sind, kann im Wege der Erbauseinandersetzg der vererbte GeschAnteil auf nachfolgeberechtigte MitE übertragen werden (BGH **92**, 386). Wird dagg dch erbrechtl zulässige Erbanteilsübertragg (s § 2033) ein gesellschaftsrechtl ErwerbsR an dem Anteil beeinträchtigt, kann der Erwerber schuldrechtl verpflichtet sein, hinsichtl des GeschAnteils die satzgsmäßige RLage wiederherzustellen (BGH aaO). – Die MitE können die GmbH-Anteilsrechte, namentl das StimmR nur **gemeinsam** ausüben (BGH WM **60**, 590) und Erklärgen ggü der Gesellsch nur gemeins abgeben; insow ist § 2038 I S 2, 2. Halbs nicht anwendb (GmbHG 18 I; Däubler aaO 18). Über Rechtshandlgen der GmbH ggü der ErbenGemsch s GmbHG 18 III. Über Haftg für NachlVerbindlichk ggü der Gesellsch s GmbHG 18 II, der grdsätzl mit § 2058 übereinstimmt; § 2059 ist anwendb; §§ 2060, 2061 geht GmbHG 18 II vor (Däubler aaO 20, 21). Soll bei der NachlAuseinandersetzg ein GmbH-Teil aufgeteilt werden, ist GmbHG 17 zu beachten (s dazu Däubler aaO 23). S auch § 1922 Anm 3g; eingehd Wiedemann Rdsch GmbH **69**, 247. – Zur ErbteilsÜbertr, wenn zum Nachl ein GmbH-Gesch-Anteil gehört, s Haegele BWNotZ **76**, 53/61; zur GmbH & Co KG auch Sudhoff, Der GesellschVertr der GmbH & Co⁴, 1979, §§ 98–114; Langenfeld, Das Test des Gesellschafter-GeschFührers einer GmbH u GmbH & Co, 1980.

8) Nachfolge bei Aktiengesellschaft. Das Mitgl-(Anteils-)Recht des Aktionärs (Aktie) ist unteilb (AktG 8 III). Mehrere MitE erben eine Aktie als ErbenGemsch, also zu gesamter Hand (s AktG 69). Die MitE können ihre Rechte aus einer Aktie nur dch einen gemeinschaftl Vertreter ausüben (AktG 69 I). Sie müssen einen solchen bestellen, wenn nicht etwa ein TestVollstr vorhanden ist (Godin/Wilhelmi AktG 69 Rz 3). – Die Vererblichk des AktienR kann **nicht ausgeschlossen** werden (§ 1922 Anm 3g); in der Satzg der AG kann aber der Gesellsch das Recht vorbehalten werden, beim Eintritt gewisser Umstände (zB Erbfall; Erbfall an bestimmten Personen) die Einziehg der vom Erbfall betroffenen Aktien durchzuführen (s AktG 237 ff; dazu Wiedemann, Die Übertr u Vererbg von MitgliedschR bei Handelsgesellschaften, § 4 I 1 b, II 2). – Die Eintragg des Rechtsübergangs in das Aktienbuch für Namensaktien (AktG 67, 68) ist für den erbrechtl Erwerb nicht erforderl. – Über Haftg der MitE für Leistgen auf die Aktie s AktG 69 II u dazu Godin/Wilhelmi Rz 4; über Abgabe von Willenserklärgen der Gesellsch ggü mehreren Erben eines Aktionärs s AktG 69 III. – Dazu Bartholomeyczik FS Lange, 1970, 343. S auch Schröder ZGR **78**, 578/594, 600 zur Vererblichk der Rechte eines Konsortiengesellschafters.

9) Grundbuchberichtigung. Bei der Berichtigg des GB durch Eintragg der MitE als neue Eigtümer des NachlGrdst ist GBO 47 (Bezeichng des GemschVerhältnisses) zu beachten. Ist das MiterbenVerhältn dergestalt gekennzeichnet, kann eine auf dem ideellen Anteil eines MitE unzulässigerw eingetragene Hyp auch nicht aGrd guten Glaubens an die Richtigk des Grdbuchs rechtswirks erworben werden (§§ 1114, 892; RG **88**, 21).

2033 *Verfügungsrecht des Miterben.* ¹Jeder Miterbe kann über seinen Anteil an dem Nachlasse verfügen. Der Vertrag, durch den ein Miterbe über seinen Anteil verfügt, bedarf der notariellen Beurkundung.

ᴵᴵ Über seinen Anteil an den einzelnen Nachlaßgegenständen kann ein Miterbe nicht verfügen.

1) Über seinen Erbteil (§ 1922 II) kann ein MitE in Abweichg von den gesamthänderischen Grdsätzen, die in den §§ 719, 1419 gewahrt sind, verfügen, nicht aber über einzelne NachlGgstände od seinen Anteil daran (**II**). Zulässs ist dch Vfg über einen **Bruchteil dieses Anteils** (dazu BGH NJW **63**, 1610; BFH NJW **75**, 2119; Düss RhNK **67**, 219 insbes zur BruchteilsGemsch mit dem Erwerber am Anteil, die zugleich Glied der GesHand am ganzen Nachl ist; hM; aM Kehrer BWNotZ **57**, 262; s auch Staudenmaier DNotZ **66**, 724/730; Haegele Rpfleger **68**, 173; auch BWNotZ **72**, 1). Ggstand der Vfg kann aber **nicht** der Anspr auf das künftige **Auseinandersetzungsguthaben** sein (Staud/Werner Rz 12; Soergel/Wolf Rz 6; str; aM Siegler MDR **64**, 372), u zwar so lange nicht, wie noch gemschaftl Vermögen vorhanden ist (KGJ **52**, 272; Hamm DNotZ **66**, 744; s Anm 2a aE). Dies gilt auch für MitVorE (§ 2112 Anm 2a; Haegele BWNotZ **71**, 129).

a) Die Verfügungsbefugnis kann mit dingl Wirkg auch dch den Erbl nicht beschränkt werden (§ 137). Auch TestVollstreckg schließt das VfgsR nicht aus (Essen Rpfleger **60**, 57). Zulässs ist auch der Erwerb eines

§ 2033 1, 2   5. Buch. 2. Abschnitt. *Edenhofer*

MitE-Anteils dch mehrere Personen, sei es daß diese in einem bestimmten GemschVerh stehen od sich miteinander in keinem bes RechtsVerhältn befinden. Stirbt ein MitE, können seine Erben über den in seinem Nachl befindlichen Erbteil nur gemeins verfügen (RG 162, 397); Teilausschlagg ist jedoch zuläss (§ 1952 III). – Bei **Übertragung sämtlicher Anteile** auf einen MitE vereinigt sich die Erbsch in dessen Hand mit der Maßg, daß eine Rückübertragg der Anteile nicht mehr mögl ist; es besteht der gleiche RZustand wie bei dem urspr Anfall an einen AlleinE (Düss NJW 77, 1828), der dingl nicht über die Erbsch als Ganzes, sond nur über die einzelnen NachlGgstände verfügen kann (RG 88, 116; BGH LM Nr 8; Hamm DNotZ 66, 747; s auch Haegele BWNotZ 71, 136). Dagg kann der AlleinE mit dingl Wirkg über den MitEAnteil des Erbl am Nachl eines verstorbenen Dritten verfügen (Landau NJW 54, 1647; s auch Haegele aaO 135). – Überträgt ein MitE seinen Erbteil an die übr Mitgl der ErbenGemsch, entsteht mangels entggstehender Anhaltspunkte (zB Anteile von Bruchteilen) keine BruchteilsGemsch; der übertragene Erbteil wächst den in GesamthandGemsch stehden Erwerbern gleichf zur GesHand zu (BayObLG 80, 328). – Der Antr von 3 in ungeteilter ErbenGemsch lebenden MitE, das GB dahin zu berichtigen, daß das NachlGrdst nur noch 2 MitE zusteht, kann als Erbteilsübertragg des Ausscheidenden auf die beiden anderen MitE auszulegen sein (Ffm MDR 61, 415). – **Rückübertragung** eines von einem MitE einem and MitE übertrag Erbanteils ist zuläss, obwohl sich beim Empfänger zwei Erbanteile vereinigt haben (Frankth MittBayNot 78, 17); anderst ist es, wenn sich beim Empfänger alle Anteile vereinigt haben (s oben).

b) Rechtsfolge. Das Recht als Miterbe geht dch die Vfg über den Anteil nicht verloren (BGH NJW 71, 1265). Der MitE ist daher im Erbschein zu bezeichnen (RG 64, 173). Er bleibt iS von § 2227 Beteiligter, der den Antr auf Entlassg eines TestVollstr stellen kann (KG DJZ 29, 1347). – Im übrigen erhält der **Erwerber** alle Rechte u Pflichten des MitE, vor allem hins Verwaltg, Auseinandersetzg u Schuldenhaftg; auch das Recht, die Zuweisg des der ErbenGemsch gehörigen Hofes zu beantragen (Celle RdL 59, 301; s auch § 2042 Anm 10). Anspr nach HöfeO 13 gehen bei Abtretg des MitEAnteils, wenn zum Nachl ein Hof gehört, nicht ohne weiteres auf den Dritten über (BGH RdL 79, 132).

c) Genehmigungspflicht. Der Genehmigg nach GrdstVG 2 II Nr 2; 3ff bedarf die Übertragg des Erbteils an einen anderen als den MitE, wenn der Nachl im wesentl aus einem land- od forstwirtschaftl Betrieb besteht. Wg des grdbuchamtl Vollzugs s GrdstVG 7. Der Erbteilsveräußerg steht im Hinbl auf GrdstVG 2 II Nr 3 die Bestellg eines Nießbr an einem Erbteil gleich, nicht aber die Verpfändg. – Die Veräußerg von Erbteilen unterliegt aber keinem siedlungsrechtl VorkR, da der Erbteil kein Grdst iS von RSiedlgG 4 ist (Erman/Schlüter Rz 7). – Sie bedarf auch keiner Genehmigg nach WEG 12 (LG Mü I MittBayNot 79, 119; Hamm NJW 80, 1397; s aber auch BayObLG 82, 46). – Bei Übertragg eines MitEAnteils eines Eheg können die Voraussetzgen des **§ 1365 I** gegeben sein (BGH NJW 61, 1301). – Über vormschgerichtl Genehmigg bei Erbanteil s §§ 1643 I; 1822 Nr 1, 10; AG Stgt BWNotZ 70, 177; BayObLG 80, 294. – Die Übertragg löst auch kein VorkR nach BBauG 24 aus (BGH DNotZ 70, 423).

d) Keine Beschränkung. Die Vfg über den Erbanteil ist nicht dadch ausgeschlossen, daß im Nachl eine Berechtigg vorhanden ist, hins deren eine VfgsBeschrkg besteht. Zum Bspl ist Übertr des Erbanteils auch dann zuläss, wenn zum Nachl ein Anteil an einer Gesellsch bürgerl Rechts gehört, für den § 719 zu beachten wäre (KGJ 38 A 233); od der Geschäftsanteil einer GmbH, dessen Übertragg der Genehmigg der Gesellsch bedarf (BGH 92, 386). Auch öff-rechtl Genehmiggserfordernisse, die für die Übertragg einzelner NachlGgstände bestehen, greifen bei Erbanteilsübertragg nicht ein (BGH 18, 380); Ausnahmen bedürfen einer ausdrückl gesetzl Regelg (zB GrstVG 2 II Nr 2). Die Vfg ist auch dann zuläss, wenn zum Nachl ein Anteil an einem fremden Nachl gehört (BayObLG 60, 138; s auch Düss RhNK 67, 219; Haegele BWNotZ 71, 134f).

e) Die Anfechtung der Veräußerg eines MitEAnteils nach dem AnfG hat keine dingl Wirkg; der Gläub kann verlangen, daß ihm die Vollstreckg nach ZPO 859 gewährt wird (BGH Betr 63, 341).

2) Das Verfügungsgeschäft ist hier in erster Linie **Veräußerung**; ferner auch die Bestellg eines **Nießbrauchs** (§ 1068) sowie die **Verpfändung** (dazu unten d). Ist das GrdGesch ein Kauf, greift das gesetzl VorkR des § 2034 Platz. Der Erwerber wird nicht MitE, tritt aber in dessen Rechte u Pflichten ein u wird somit GesHänder (Zweibr MittBayNot 75, 177). Das gilt auch bei **sicherungsweiser** Erbteilsübertragg; diese kann mit einer auflösenden Bedingg verbunden werden, so daß bei Bedingseintritt der Erbteil ohne weiteres wieder an den SichergsGeber zurückfällt (§ 158 II). Unwirksam sind Vfgen des SichergsNehmers (§ 161 II); über Eintragg im GB vgl einers Staudenmaier, anderers Keller BWNotZ 59, 191; 62, 286. – Durch die Vfg über einen Erbteil wird kein Recht eines anderen MitE beeinträchtigt; daher besteht kein BeschwR eines MitE gg einen GenBeschl eines LwG (Nürnb BayJMBl 59, 146). – Schutz des guten Glaubens kommt für Erwerber eines MitEAnteils nicht in Frage (Soergel/Wolf Rz 24).

a) Zeitlich richtet sich die Vfg eines MitE über seinen Anteil am Nachl solange nach § 2033 I, als noch Teile des GesHandvermögens vorhanden sind (Hamm DNotZ 66, 744), also auch dann, wenn der Nachlaß nur (noch) aus einem einzigen gemeinschaftl Gegenstand besteht (Celle NdsRpfl 67, 126; BayObLG 67, 408; BGH LM § 2382 Nr 2; Düss NJW 77, 1828). Besteht der Nachl nur aus einem Grdst od grdstgleichen Recht (zB ErbbauR, WEigt), liegt in der Abtretg eines Erbanteils dch einen MitE keine Vfg über das Grdst od das Recht; eine bei Veräußerg des ErbbauR vereinbargsgem erforderl Zustimmg des GrdstEigtümers (ErbbR-VO 5 I) ist daher in einem solchen Fall notw (BayObLG aaO; Hamm NJW 80, 1397 zu WEG 12).

b) Form. Für die Vfg über den MitEAnteil (Anteilsübertragg, NießbrBestellg, Verpfändg) ist in **I 2** die erschwerte Form der **notariellen Beurkundung** (§ 128; BNotO 20) vorgeschrieben, also Beurkundg der AbtretgsErkl u deren Annahme bei der AnteilsÜbertr (BGH DNotZ 67, 326; KG Rpfleger 73, 26). Sie gilt für den dingl Vertr, wie §§ 2371, 2385 für das VerpflGesch. Beide Formvorschriften stehen selbständig nebeneinander; doch können Verpflichtgs- und VfgsGesch in einer Urk verbunden werden; worauf der Wille der VertrSchließenden abzielt, ist eine Frage der Auslegg (RG 137, 171; BGH NJW 67, 1128). Ein Formmangel des Verpflichtgsgeschäfts ist nicht heilbar (vgl § 2371 Anm 2b; BGH aaO; bestr; aM Habscheid FamRZ 68, 13; Schlüter JuS 69, 10), ebsowenig bei Beurkundg eines unrichtigen Kaufpreises (Hamm

RdL 51, 103). — Das Formerfordern entfällt nicht, wenn die formlos mögl Auseinandersetzg des Nachl dch Übertragg der Erbanteile erfolgt (Soergel/Wolf Rz 8; Patschke NJW 55, 444; Zunft JZ 56, 550 ff; Grunau DNotZ 51, 365; aA Celle NJW 51, 198 mit abl Anm Rötelmann); wohl aber, wenn die sämtl NachlGgstände an einen MitE gg Abfindg der übrigen übertr werden, weil hier auch dem Willen der VertrTeile nur über einzelne NachlGgstände iS des § 2040 verfügt wird, nicht aber Erbanteile übertr werden. Auch Umdeutg ist mögl (RG 129, 123; § 140 Anm 3 b). — Über unschädl Falschbezeichng des ÜbertraggsGgstandes s BGH DNotZ 65, 38. — Die Berufg auf die Formnichtigk einer privschriftl ErbteilsÜbertr verstößt nur ganz ausnahmsw gg **Treu u Glauben (§ 242)** mit der Wirkg, daß die Parteien das nichtige RechtsGesch wie ein gült zu behandeln haben (BGH DRiZ 69, 279; Johannsen WM 70, 573). Die Verpfl eines MitE, im Rahmen eines Vertr zur Durchführg der Auseinandersetzg seinen Erbteil an einen and MitE zu übertr, bedarf nicht der Form des § 2385 (Johannsen aaO). — Eine **Vollmacht**, die zur Übertr eines Erbanteils des VollmGebers ermächtigt, bedarf der Form des § 2033, da sonst hierdch die gleiche RLage geschaffen wird wie dch die Übertr des Erbanteils selbst (KG JFG 15, 205; BayObLG 54, 234; SchlHOLG SchlHA 62, 173). — Der **Notar**, der ErbtKauf beurkundet, muß auf das VorkR der MitE **hinweisen** (BGH **LM** § 30 DONot Nr 2 a).

c) Dingliche Wirkung. Die Vfg hat unmittelbar dingl Wirkg. Sie ist losgelöst von VerpflichtsGrd u grdsätzl von dessen Rechtswirksamk unabhäng (s § 139; BGH WM 69, 592). Sie begründet eine Gesamtrechtsnachf (Zweibr MittBayNot 75, 177). — Der **Besitz** am Nachl geht nicht etwa entspr § 857 auf den Erwerber über (bestr); in der Übertragg des Anteils liegt aber häufig die Übertragg des unmittelb Mitbesitzes nach § 854 II od der Abtretg des HerausgabeAnspr nach § 870 (Erman/Schlüter Rz 5 aE). — Gehören zum Nachl Grdst, ist grundbuchmäß die bereits vollzogene Rechtsänderg im Wege der Berichtigg (ohne Auflassg) kenntl zu machen (BFH NJW 75, 2119; 76, 263 mit abl Anm Lehmann; dazu Tiedtke JuS 77, 158), zB „Verkauf von Erbanteilen mit sofort dingl Wirkg." — Ob eine etwaige BruchteilsGemsch, in der die Anteilserwerber hinsichtl eines gemschaftl od in Teilen erworbenen Erbanteils stehen, wie GB (s GBO 47) einzutragen ist, bestr; s Haegele, Düss Köln, Rpfleger 68, 173/177; 188; 74, 109; Neusser RhNK 79, 143/ 146 (bej; dort auch 147 f weiteres üb die ErfüllgsModalitäten bei der ErbtÜbertragg); BayObLGZ 67, 405 (abl).

d) Die Verpfändung des Anteils ist gleichf Vfg (§ 1273; vgl § 1276 Anm 2 b; LG Oldbg MDR 59, 669). Ein PfdR kann aber nicht mit dem Inhalt bestellt werden, daß der Gläub allein berechtigt ist, aus dem Pfand Befriedigg für seine Fdg zu suchen, der persönl Schu aber nicht befugt ist, das PfdR durch Tilgg der Schuld zum Erlöschen zu bringen (BGH 23, 293). Die Rechte des PfdGläub bestimmen sich nach § 1258 (s Anm 1 hierzu); über Konkurrenz eines VertrPfdR mit einem später entstandenen PfändgsPfdR s BGH NJW 69, 1347; Lehmann NJW 71, 1545. — Zur Übertragg des ge- od verpfändeten Erbteils bedarf es nicht der Zustimmg des PfdGläub; das PfdR bleibt aber bestehen. Anzeige nach § 1280 ist nicht erforderl (RG 84, 395; vgl hierzu Hoche NJW 55, 654).

3) Pfändung. Dem VfgsR entspr ist in ZPO 857 I, 859 II die ZwVollstr gg den berechtigten MitE durch **Pfändung des Erbanteils** (nicht aber des Anteils des MitE an den einzelnen NachlGgständen) zugelassen (s Stöber[8], Rz 1664 ff). Das PfandR erstreckt sich also nur auf diesen Erbanteil, nicht jedoch auf den einzelnen NachlGgst, auch nicht auf den Anteil des MitE an dem einzelnen NachlGgst. Auch wenn der einer MitE-Gemsch zustehde Nachl nur aus einer teilbaren Forderg besteht, hat der Gläub, der ein PfandR an einem MitEAnteil erworben hat, in der Regel kein Recht an einem dem MitEAnteil entspr Teil der Forderg, solange die Auseinandersetzg nicht erfolgt ist, die er aber betreiben kann (BGH NJW 67, 200).

a) Für das Verfahren ist hier zu beachten, daß sämtl MitE erkennbar zu machen sind, da sie als Drittschuldner iS von ZPO 857 I, 829 gelten, an die die Zustellg zu ergehen hat (RG 75, 179); ist ein TestVollstrecker eingesetzt, kann nur diesem zugestellt werden (RG 86, 294). Die Pfändg u Überweisg des Anteils berechtigen den PfändungsGläub ohne Rücks auf den Rang seines PfdR auch bei Konkurrenz mit VertrPfdR zu dem Verlangen der Auseinandersetzg (§ 2042 I), auch wenn der Erbl sie ausschloß (§ 2044); od zur Herbeiführg einer Versteigerg des Anteils (ZPO 844; Celle RdL 59, 302), was den Interessen der übrigen MitE durchaus zuwiderlaufen u zu unerwünschter Zerschlagg von NachlWerten führen kann. Entscheid über eine Anordng nach ZPO 844 hat nicht nur Interesse des PfandGläub, sond auch des Schuldners zu berücksichtigen, der den PfandGgst nicht verschleudert sehen möchte (Stgt BWNotZ 63, 297). — Die Pfändg u Überweisg des Erbanteils des Schuldners an einer ungeteilten ErbenGemsch enthält keinen Verzicht des Gläubigers auf ein PfändgspfandR an einer der ErbenGemsch gehörigen bewegl Sache (Düss JMBl NRW 66, 140).

b) Der Schuldner kann die Auseinandersetzg nicht betreiben u insb nicht die TeilgsVersteigerg eines NachlGrdst beantragen, da hierdurch das PfdR des Gläub beeinträchtigt würde (Hbg MDR 58, 45; Ripfel NJW 58, 692; Stöber Rpfleger 63, 337; aM Hamm Rpfleger 58, 269). Aus dem gleichen Grd kann der Schu auch nicht die einstw Einstellg des durch den PfändgsGläub veranlaßten ZwVersteigerungsVerf nach ZVG 180 II beantragen (Hill MDR 59, 92; aM Brschw NdsRpfl 56, 74; Stöber aaO).

c) Eintragung des rechtsgeschäftlichen od durch Pfändg erworbenen PfdR ins **Grundbuch** eines zum Nachl gehörenden Grdst ist zuläss, obwohl dem PfdR nur der Anteil am ungeteilten Nachl, nicht aber der einzelne NachlGgst unterliegt, und zwar als VfgBeschrkg der Eigentümer im Wege der Berichtigg (RG 90, 232; Hamm OLGZ 77, 283; Ffm Rpfleger 79, 205), so daß alsdann eine gemschaftl Vfg der MitE über das Grdst nur mit Zustimmg des PfandGläub mögl ist. Das GBA kann aber die Vfg eines MitE über den gepfändeten Erbanteil ohne Mitwirkg des PfandGläub eintragen (Hamm Rpfleger 61, 201). Der Grd der Verpfändg oder Pfändg darf aber nicht eingetragen werden (Hamm JMBl NRW 59, 110). — Eine ohne Zustimmg des PfandGläub vorgenommene Übertragg sämtl MitEanteile auf einen MitE hat die Aufhebg der ungeteilten ErbenGemsch zur Folge. Sie ist aber den ErbteilsPfandGläub ggü unwirks, der der Aufhebg seines PfdR nicht zugestimmt hat (Saarbr JBl Saar 62, 138). Wird der Erwerber sämtl Erbanteile als AlleinEigtümer ins GB eingetragen, wird dadurch das GB nicht unrichtig, wenn auch die Erbteilspfandrechte eingetragen bleiben (BayObLG 59, 51). – Sind die MitE noch nicht eingetragen, bedarf es nach GBO 39 ihrer Voreintragg; zum AntrR des Gläub s Stöber Rz 1685 gg Zweibr Rpfleger 76, 214; s auch § 1276 Anm 1a.

d) Mit der Auseinandersetzung konzentriert sich das PfändgsPfdR am Erbteil auf die Ansprüche des MitE auf Herausg der ihm zugeteilten Ggstände (StJ/Münzberg Anm III 2 zu ZPO 859; Stöber Rz 1692, 1693). Im Hinbl auf ZPO 847 ist schon bei der Pfändg anzuordnen, daß die bei Auseinandersetzg dem MitE-Schuldner zustehenden bewegl Sachen einem GVz herauszugeben sind (Liermann NJW 62, 2189).

4) Einzelne Nachlaßgegenstände. Im Ggsatz zu **I** 1 kann der MitE über seinen Anteil an den einzelnen NachlGgständen, auch bei Zustimmg der anderen MitE, **nicht verfügen** (II). Es ist dies Ausfluß des gesamthänderischen Prinzips. RG **61**, 76 will schon rein begriffl einen ErbAnspr oder ein ErbR an Bestandteilen des Nachlasses verneinen, was dem Grds nicht unbedingt zu entnehmen ist. Nach RG **94**, 243 haben aber die MitE nicht bloß Anteile zur ges Hand am Nachl als solchem, sond auch an den einzelnen zum Nachl gehörigen Ggständen (Staud/Werner § 2032 Rz 8; aM Kipp/Coing § 114 V 1 b). – GesamtVfg der MitE erfolgt gem § 2040 I nicht über Anteile, sond nur über einen NachlGgst selbst. Deshalb ist die Veräußerlichk eines Anteils an einem NachlGgst ebso wie die Belastg mit einer Hyp u selbst das WirksWerden des unzulässigen Rechtsaktes auf dem Wege des § 185 II in keinerlei Form denkbar (RG **88**, 21; vgl Haegele BWNotZ **71**, 134). – Zulässig ist aber, daß ein MitE sich schuldrechtl **verpflichtet,** einem anderen einen NachlGgst für den Fall zu verschaffen, daß er ihm bei der Auseinandersetzg zufällt (RG HRR **29** Nr 2084). Ebso ist eine unbedingte u unmittelbare schuldrechtl Verpflichtg zur Übertragg eines (ideellen) Anteils an einem NachlGgst od eines ganzen NachlGgstandes mögl, da keine obj Unmöglichk vorliegt (RG JW **09**, 20; RGRK Rz 15; BGH BWNotZ **68**, 165; **LM** Nr 8; s auch Zunft NJW **57**, 1178). Auslegsfrage ist allerdings, ob in einer dingl Vfg auch eine schuldrechtl Verpflichtg enthalten ist. – Auch Vfg über „Anteil eines MitE an einem zum Nachl gehörigen **Handelsgeschäft**" ist ausgeschl (Soergel/Wolf Rz 22). Unter bes Umst kann im Einzelfall die Veräußerg eines einzigen NachlGgst durch einen Teil der MitE als Erbteilsübertragg anzusehen sein, wenn ein darauf gerichteter Wille der Vertragsteile erkennb ist (BGH FamRZ **65**, 267; dazu Lange JuS **67**, 453).

5) Bei Ehegatten, die in **Gütergemeinschaft** leben (§§ 1415ff), fällt der einem Eheg zugewendete MitEAnteil in das Gesamtgut (§ 1417 Anm 2); das gleiche gilt für den Anteil am einzelnen NachlGgstand (BayObLG **20**, 386; RGRK § 1417 Rz 8; s aber auch § 1418 II Nr 2; Haegele BWNotZ **71**, 137; KG JW **38**, 3115). – Über seinen Anteil an einem RE-Anspr kann ein MitE trotz BRüG 8 nicht verfügen, wenn letzterer als einzelner NachlGgst erscheint; er kann dies aber in der Form des § 2033 I, wenn sich der Nachl in dem einen RE-Anspr erschöpft (Düss RzW **69**, 58).

2034 Vorkaufsrecht der Miterben gegenüber dem Verkäufer.
^IVerkauft ein Miterbe seinen Anteil an einen Dritten, so sind die übrigen Miterben zum Vorkaufe berechtigt.

^{II}**Die Frist für die Ausübung des Vorkaufsrechts beträgt zwei Monate. Das Vorkaufsrecht ist vererblich.**

Schrifttum: Bartholomeyczik, Das Gesamthandsprinzip beim gesetzl Vorkaufsrecht der Miterben, FS Nipperdey, 1965, I 145; Dumoulin RhNK **67**, 740/763; Johannsen WM **70**, 745; **73**, 545.

1) Vorkaufsrecht. Das einzige gesetzl VorkR des BGB soll die MitE gg das Eindringen unerwünschter Dritter u gg eine Überfremdg der ErbenGemsch schützen sowie eine Veränderg der quotenmäß Beteiligg verhindern, um Fortbestand und Auseinandersetzg der ErbenGemsch nicht vom Willen eines NichtE abhängig zu machen (BGH NJW **82**, 330). Es finden darauf, soweit nicht §§ 2034 ff anderes ergeben, die allg Vorschr der §§ 504 ff Anwendg (dazu BGH **LM** Nr 3). Nach §§ 2035, 2037 hat es jedoch gewisse dingl Wirkgen (vgl dort). Es kann aber nicht als Belastg der MitEAnteile ins GB eingetragen werden, auch wenn der Nachl ganz od zum Teil aus Grdstücken besteht (BayObLG **52**, 231).

2) Voraussetzung ist ein gültiger, der Form des § 2371 entsprechender (BGH DNotZ **60**, 551), wenn erforderl behördl genehmigter (Johannsen aaO 746) **Verkauf** des Erbteils dch den testamentar MitE od dch den Erben od Erbeserben eines MitE (BGH NJW **66**, 2207; **69**, 92, dazu abl Kanzleiter DNotZ **69**, 625) **an einen Dritten** (also nicht an einen MitE). Diese Voraussetzg ist auch gegeben, wenn der Dritte, der bereits einen Erbteil erworben hat, einen weiteren erwirbt (BGH **56**, 115 mAv Johannsen **LM** Nr 9a; Dumoulin aaO 764). Beim Verkauf des letzten noch verbliebenen Erbanteils an den Erwerber der anderen Teile steht dem MitE, der seinen Anteil schon vorher veräußert u übertragen hat, allerd kein VorkR mehr zu (BGH **86**, 379; s auch unten b). Ebenso besteht **kein** VorkaufsR, wenn Erben eines MitE ihre Anteile an dessen Nachl nicht dch einheitl RGesch, sond dch selbständ Vertr an Dritte verkaufen (BGH RhNK **70**, 535); ebso, wenn die Erben eines MitE ihre Anteile an dessen Nachl veräußern u dieser Nachl nicht ausschl aus dem Erbanteil des beerbten MitE am Nachl des von ihm beerbten Erbl besteht (BGH NJW **75**, 445 mAv Schubert JR **75**, 290).

a) Auf andere Veräußerungsfälle wie zB Tausch; Schenkg; Sichergsübereign kann die Vorschr **nicht** ausgedehnt werden (OLG **14**, 285, BGH **LM** § 1098 Nr 3). Ebso nicht die Erfüllg eines Vermächtn, dessen Ggst ein Erbanteil an einer zur Erbsch gehörenden nicht auseinandergesetzten Nachl ist. Auch eine notarielle **Vollmacht,** die einen Dritten unwiderrufl unter Befreiung von § 181 ermächtigt, einen Kauf-Vertr über den Erbteil abzuschließen, löst das VorkR nicht aus (BGH DNotZ **60**, 551). Namentl gehört Veräußerg im Wege der ZwVollstr od dch KonkVerw nicht hierher (§ 512; BGH NJW **77**, 37 mAv Schubert JR **77**, 284). – Jedoch können **Vereinbarungen,** die nicht als KaufVertr angesehen werden können, nach § 138 nichtig sein, wenn ein Erbteil prakt verkauft u dabei die Ausübg des VorkR dch die MitE vereitelt werden soll (s BGH WM **70**, 1315). In solchen Fällen kann uU angenommen werden, daß doch ein

KaufVertr geschl ist (BGH **LM** § 2035 Nr 2 mAv Johannsen); über weitere Fälle der Vereitelg des VorkR u UmgehgsGesch s Johannsen WM **70**, 748; Haegele BWNotZ **72**, 2. Unterwirft sich zB ein MitE hins eines Grdst, das (wie dem VertrGegner bekannt ist) den einzigen Ggst des ungeteilten Nachl bildet, gg Entgelt schuldrechtl Verpflichtgen, die dem VertrGegner die restlose, zeitl unbeschränkte Wahrnehmg der Miterbenrechte für eig Rechng in jeder Weise gewährleisten sollen, ist diese Vereinbg als ein das VorkR der and MitE auslösder Verkauf des Erbteils anzusehen (RG DR **43**, 1108). Auch wenn zur Sicherg für ein Darlehen ein Erbteil übertr wird, liegt in Wirklichk ein ErbschKauf vor, falls die Rückzahlg des Darlehens u die RückÜbertr des Erbteils doch bes Abmachgn prakt für immer ausgeschl sind (BGH NJW **57**, 1515). – Öffrechtl Veräußerg eines Anteils am Nachl, der nur aus einem Grdst besteht, löst das VorkR nicht aus (Clasen DVBl **56**, 821); auch bei Versteigerg des Nachl nach § 753, ZVG 180 steht dem MitE ggü dem meistbietenden Dritten das VorkR nicht zu (BGH NJW **72**, 1199).

b) Bei Weiterveräußerung des Erbteils dch den Erwerber entsteht **kein neues** VorkR (hM; vgl aber § 2037 Anm 1). Der vorkaufsberecht MitE kann der Berufg eines MitE u des Abkäufers seines Erbanteils auf die Formungültigk des KaufVertr nicht mit dem Vorwurf der Argl entggtreten, wenn der Erbanteil an den verkaufenden MitE zurückübertr wird (RG **170**, 203). – **Kein** VorkR besteht hins des MitEigtAnteils eines MitE nach Auseinandersetzg (Hamm RdL **53**, 52). Das gesetzl VorkR der MitE ist auch nicht gegeben, wenn derjenige Teilh der GesHandGemsch einen weiteren NachlAnteil kauft, der dch Erwerb eines Nachl-Anteils mit Rücks auf ein künft ErbR nach einem MitE als dessen gesetzl Erbe in die Gemsch eingetreten ist; ein solcher Teilh ist nicht Dritter iS des § 2034 I (BGH **LM** Nr 3; s auch Dumoulin aaO 764, aber auch Johannsen aaO 746). – Zur ErbtÜbertr des MitVorE an NachE s § 2139 Anm 7.

3) Vorkaufsberechtigt sind die sämtlichen MitE **gemeinschaftlich** (BGH WM **79**, 1066). Das VorkR steht ihnen als Gesamthändern zu (Bartholomeyczik aaO 171). Sie müssen das VorkR einheitl, wenn auch nicht gleichzeit ausüben (RG **158**, 57). Will es einer nicht ausüben, verbleibt es den and im ganzen (§ 513) u zwar wiederum als Gesamthändern (s BGH WM **62**, 722; **LM** Nr 6; NJW **82**, 330; Bartholomeyczik aaO 147ff; Johannsen WM **73**, 546). Auch solange das VorkR der übr noch besteht, können einzelne MitE es unter der ausdrückl od stillschw Bedingg ausüben, daß die übr davon keinen Gebr machen wollen (Johannsen WM **70**, 747). – Die Ausübg ist **ausgeschlossen,** wenn der Berecht zugl ablehnt, die mit seiner Erkl verbundene Verpfl zu erfüllen (BGH WM **62**, 722); wenn sich die MitE über die gemschaftl Ausübg nicht einigen können (Johannsen aaO). Die Wirksamk der VorkErkl hängt aber nicht davon ab, ob u wie der Berecht seine sich daraus ergebenden Verpfl zu erfüllen vermag (BGH NJW **72**, 202). – Das nicht ausgeübte VorkR ist für sich allein **nicht übertragbar** (§ 514) oder pfändb noch kann es im Konk des MitE vom KonkVerw ausgeübt werden (Jäger/Henckel KO 1 Rz 89) noch geht es auf den Dritten über, an den ein MitE seinen Erbanteil nach § 2033 übertr hat (BGH **56**, 115/118; NJW **83**, 2142); im letzteren Fall kann es auch der MitE, der seinen Erbteil veräußert hat, nicht mehr ausüben (Stgt NJW **67**, 2409; Staud/Werner Rz 9; hM; aM RGRK Rz 5). – Entgg § 514 ist es aber **vererblich (II).** – Der Pfleger eines MitE bedarf, wenn ein Grdst zum Nachl gehört, zur Ausübg des VorkR der vormschgerichtl **Genehmigung** nach § 1821 I Nr 5 (SchlHOLG SchlHA **56**, 262); ebso jetzt die Eltern als Sorgerechtsinhaber (§ 1643; s dort Anm 2a). – Der VorkBerecht hat dem Erbteilskäufer die durch den KaufVertr u die etwaige Genehmigg entstandenen **Kosten** zu ersetzen u die Kosten der Ausübg des VorkR zu tragen (Köln DNotZ **59**, 263; Staud/Werner Rz 20).

4) Die Frist zur Ausübung beträgt 2 Monate (II). Sie beginnt mit dem Empfang der Mitteilg über den Inhalt des abgeschlossenen Vertrages, zu der der Verkäufer verpflichtet ist (§ 510; BGH WM **79**, 1066). Ist der VorkBerecht beim VertrAbschluß anwesend, beginnt die Frist mit dem Beurkundgstag (Köln DNotZ **59**, 263). Die Frist läuft für jeden VorkBerechtigten besonders. Die Mitteilg nach § 510 kann formlos erfolgen, muß aber klar sein (RG HRR **30** Nr 297). Sie setzt die Frist nur in Lauf, wenn sie den Inhalt des Vertr richtig u vollständig wiedergibt (Johannsen aaO 747; Köln aaO). Beweispfl für eine wirks mündl Mitteilg ist der Erbteilskäufer (Köln aaO). – Über die **Ausübung** des VorkR u seine **Wirkung** vgl § 2035 Anm 1 und 3; auch BGH WM **79**, 503 (verspätete Erklärg dch einen MitE).

5) Erlöschen des VorkR tritt, abgesehen vom Fristablauf, durch **Verzicht** sämtl Berechtigter ein. Dieser kann formlos u schon vor der Mitteilg nach § 510 erfolgen (RG JW **24**, 1247). Das VorkR erlischt auch dch jede Veräußerg des Erbteils, bei der die Ausübg des VorkR ausgeschlossen ist (s oben Anm 2; §§ 507, 511; Dumoulin aaO 767). Die Ausübg ist aber nicht desh unzuläss, weil der Berecht nur zu einem geringen Bruchteil MitE ist u der Käufer nahezu alle Anteile der übrigen MitE bereits erworben hat (BGH NJW **72**, 202). Das VorkR wird auch dch Rückgängigmachg des KaufVertr mit dem Dritten nicht beseitigt (Stgt BWNotZ **76**, 150; § 504 Anm 2b).

2035 *Vorkaufsrecht gegenüber dem Käufer.* [I]Ist der verkaufte Anteil auf den Käufer übertragen, so können die Miterben das ihnen nach § 2034 dem Verkäufer gegenüber zustehende Vorkaufsrecht dem Käufer gegenüber ausüben. Dem Verkäufer gegenüber erlischt das Vorkaufsrecht mit der Übertragung des Anteils.
[II]Der Verkäufer hat die Miterben von der Übertragung unverzüglich zu benachrichtigen.

1) Die Ausübung des VorkR geschieht idR durch **formlose Erklärung** ggü dem Verkäufer (§ 505; s BGH BB **67**, 1104). Die MitE erhalten dadurch einen Anspr auf Übertr des Erbteils (§ 326 ist anwendb, Johannsen WM **70**, 748). Dieser Anspr kann nicht hins einzelner NachlGgstände geltd gemacht werden (BGH **LM** § 2034 Nr 1). Sobald aber der verkaufte Anteil auf den Käufer nach § 2033 übertr ist, kann das Recht nur noch ggü dem Käufer ausgeübt werden **(I).** Darin zeigt sich die dingl Wirkg des VorkR. Hat der Käufer es weiterübertr, ist es nur dem weiteren Erwerber ggü auszuüben (§ 2037).

§§ 2035–2038

2) Benachrichtigungspflicht. Mit Rücks auf **I** hat der Verkäufer unabhängig von der AnzeigePfl des § 510 die MitE unverzügl (§ 121) von der Übertragg zu benachrichtigen **(II)**; doch gilt auch hier § 510 I 2 entspr. Solange die Anzeige nicht erfolgt, können die MitE ihr VorkR wirks ggü dem Verkäufer ausüben (RGRK Rz 4). – Für die Frist des § 2034 II ist die Anzeige des II ohne Bedeutg.

3) Rechtswirkung. Bei Ausüb des VorkR ggü dem Käufer im Fall des § 2035 kommt zw den das VorkR ausübenden MitE u dem Käufer kein KaufVertr zustande. Vielm entsteht ein **gesetzliches Schuldverhältnis** (Hbg MDR **61**, 851), kr dessen der Käufer verpflichtet ist, den erworbenen Anteil auf die MitE zu übertr, währd diese ihm den etwa schon bezahlten Kaufpr nebst sonstigen Aufwendgen einschl der Kosten der RückÜbertr zu erstatten haben (vgl BGH **6**, 85; WM **62**, 722; BVerwG **24**, 88). Hierfür haften die MitE als Gesamtschuldner (§ 427). – Der vorkaufsberecht MitE wird **Eigentümer** erst mit der Übereigng, also der Übertr des Erbanteils; vor der Übertr kann er grdsätzl auch nicht als wirtschaftl Eigtümer des Anteils angesehen werden (BVerwG **24**, 87). – Eine **Sicherung** des Anspr ist nicht dch Vormerkg mögl, wohl aber uU dch Erwirkg eines Veräußergsverbots (s Stgt BWNotZ **76**, 150). – Mehrere MitE erwerben den Anteil als Gesamthänder; der Anteil wächst ihnen entspr §§ 1935, 2094 im Verhältn ihrer Erbteile zu (Erman/Schlüter Rz 4; bestr; s Haegele BWNotZ **71**, 137; BayObLG **80**, 328). – Wenn der MitE, der sein VorkR ggü dem Erwerber eines MitEAnteils geltd machte, mit der **Zahlung** des Erwerbspreises in Verzug kommt, hat der Erwerber kein RücktrR nach § 326 (BGH NJW **54**, 1883). – Für den Fall, daß der Verkäufer das ausgeübte VorkR mißachtet und den Anteil nicht an die MitE, sond an den Käufer od einen Dritten überträgt, enthält das G keine Regelg. Nachdem eine vormerkungsähnl SichergsWirkg nicht besteht, wirkt die erfolgte Ausübg nicht ggü dem Käufer od Dritten (str; aA MüKo/Dütz Rz 7). Die MitE können jedoch die Ausübg ggü dem Erwerber erneut erklären, sofern die Frist noch nicht abgelaufen ist (Soergel/Wolf Rz 3). Können sie ihr VorkR nicht durchsetzen, haftet ihnen der Verkäufer auf SchadErs (§ 280).

2036 *Haftung des Erbteilkäufers.* Mit der Übertragung des Anteils auf die Miterben wird der Käufer von der Haftung für die Nachlaßverbindlichkeiten frei. Seine Haftung bleibt jedoch bestehen, soweit er den Nachlaßgläubigern nach den §§ 1978 bis 1980 verantwortlich ist; die Vorschriften der §§ 1990, 1991 finden entsprechende Anwendung.

1) Haftungsbefreiung, Satz 1. Der ErbschKäufer haftet für NachlVerbindlichk grds auch dann, wenn er den Anteil weiterveräußert (§§ 1922 II; 2382, 2383, 2385). Davon macht S 1 eine Ausnahme. Mit der Übertragg des Erbteils durch Käufer od Verkäufer auf die MitE wird der Käufer von der Haftg frei, selbst dann, wenn er ihn aus dessen BeschränkgsR verloren hatte. Die unbeschr Haftg hins des Erbteils trifft aber dann die das VorkR ausübenden MitE (Staud/Werner Rz 3; RGRK Rz 2).

2) Bestehen bleibt nach **Satz 2** lediql die Haftg für mangelhafte VerwaltgsHandlgen gem §§ 1978–1980. Die Verweisg auf §§ 1990, 1991 ist mißverständl, weil deren Voraussetzg, daß der Haftende den Nachl in Händen hat, beim Käufer nach Übertragg auf die MitE gerade nicht gegeben ist. Gemeint ist, daß der Erwerber nach §§ 1978 ff auch dann haftet, wenn wg Dürftigk des Nachl weder NachlVerwaltg noch NachlKonk stattfinden (allg M).

2037 *Weiterveräußerung des Erbteils.* Überträgt der Käufer den Anteil auf einen anderen, so finden die Vorschriften der §§ 2033, 2035, 2036 entsprechende Anwendung.

1) Vorkaufsrecht gegen weitere Erwerber. Es kann nicht nur ggü den ersten Käufer ausgeübt werden, sond auch gg den weiteren Erwerber, auf diesen der den Anteil übertragen hat. Ob die Übertragg auf Kauf od einem anderen RGrunde beruht, ist hier gleichgültig. Es handelt sich jedoch um kein neues VorkR (s BGH NJW **71**, 1265). Es ist vielm (kr dingl Wirkg) dasselbe, das den MitE gg den veräußernden MitE nach § 2034 zusteht. Deshalb läuft die Frist des § 2034 II nur einmal seit der ersten Anzeige. Den Weiterveräußernden trifft aber jedesmal wieder die AnzeigePfl nach § 2035 II. – Unter „anderen" sind nicht auch die MitE zu verstehen (RG **170**, 203).

2038 *Gemeinschaftliche Verwaltung des Nachlasses.* ¹Die Verwaltung des Nachlasses steht den Erben gemeinschaftlich zu. Jeder Miterbe ist den anderen gegenüber verpflichtet, zu Maßregeln mitzuwirken, die zur ordnungsmäßigen Verwaltung erforderlich sind; die zur Erhaltung notwendigen Maßregeln kann jeder Miterbe ohne Mitwirkung der anderen treffen.

IIDie Vorschriften der §§ 743, 745, 746, 748 finden Anwendung. Die Teilung der Früchte erfolgt erst bei der Auseinandersetzung. Ist die Auseinandersetzung auf längere Zeit als ein Jahr ausgeschlossen, so kann jeder Miterbe am Schlusse jedes Jahres die Teilung des Reinertrags verlangen.

1) Die Verwaltung umfaßt alle Maßnahmen zur (tatsächl od rechtl) Erhalt od Vermehrg des Nachl einschließl des Ziehens der Nutzgen od der Bestreitg der laufenden Verbindlichk. Gleichgült ist, ob die Maßn nur im Innenverhältn od nach außen wirken. Verwaltg kann also Geschäftsführg u Vertretg sein (s BGH FamRZ **65**, 267). – Die EntscheidgsBefugn üb die zu treffenden Maßn steht als Ausfluß der gesamthänd Gemeinsch grdsl allen MitE gemeinschaftl zu (**I 1**; s Anm 2c); dem steht eine entspr MitwirkgsPfl ggüber (s Anm 2b). Alleinige Entscheidgskompetenz hat der einzelne MitE nur für dringl Maßn im Rahmen seines NotverwaltgsR (**I 2**; s Anm 3). Die MitE treffen ihre Entscheidgn über normale Verwaltungsgeschäfte, falls nicht erforderl, mit StimmenMehrh (s Anm 2c). Der MehrhBeschl kann auch Außenwirkg haben (BGH **56**, 47; Hamm BB **69**, 514; AG Köln WM **74**, 267). Nach **außen** vertritt jedenf bei Ausführg von VerwaltgsHandlgn die Mehrh der MitE die übr (BGH aaO; Johannsen WM **73**, 544). – Die Vorschr wird ergänzt dch das Erfordern gemeinsch **Verfügungen** in § 2040, der grdsl Einstimmigk verlangt. Da jedoch auch zur

Rechtl. Stellung d. Erben. 4. Titel: Mehrheit von Erben § 2038 1, 2

Verwaltg Vfgen (wie zB Veräußerg eines Grdst) erforderl werden können (BGH FamRZ **65**, 267; dazu Lange JuS **67**, 453; MüKo/Dütz Rz 14), ist eine zur ordngsgemäß Verwaltg od zur NotVerwaltg erforderl, aber nicht einstimmig beschlossene Vfg auch im AußenVerh wirks, da § 2038 insow eine § 2040 verdrängende ges Vertretgsmacht gewährt (sehr str; Soergel/Wolf Rz 5; Jauernig/Stürner Anm 1; aA MüKo/Dütz Rz 53; Staud/Werner Rz 7, 40; BGH **56**, 50 ohne Begr). – **Keine** Maßn der Verwaltg sind solche der Totenfürsorge (s § 1968 Anm 2). Ebso nicht der Widerruf einer vom Erbl erteilten Vollmacht (BGH **30**, 396) od Maßn zur Auseinandersetzg bzw zu ihrem Ausschluß. – Der Erbl kann das VerwR der MitE **ausschließen** dch Ernenng eines TV (den § 2038 nicht bindet, weil er nur das Verhältn der MitE untereinander regelt, BGH Rpfleger **86**, 434). Auch dch Einsetzg eines NachlVerw (§ 1984) od eines KonkVerw (KO 6) wird ihr VerwR ausgeschlossen. – Der Erbl kann ferner dch letztw Vfg einem MitE besond VerwRe übertragen; darin ist dann entw dessen Bestellg zum TV unter Beschränkg auf die Verwaltg od eine Auflage zu Lasten der anderen (RG HRR **29** Nr 500) zu sehen, uU auch in VorausVermächtn; dieses VerwR kann aus wicht Grd entzogen werden (BGH **6**, 76).

2) Ordnungsgemäße Verwaltung (II; § 745) muß der Beschaffenh des Ggstands u dem Interesse aller MitE nach billigem Ermessen entsprechen u schließt wesentl Veränderngen aus (§ 745 III). Getroffene Entscheidgen binden auch die RNachfolger (§ 746).

a) Einzelne Maßnahmen der Verwaltg sind zB: Ausübg des Besitzes an den NachlGgständen (§ 743 II; dazu BGH WM **78**, 1012). – Einziehg von NachlFdgen (BGH **46**, 280). – Abschl von **Mietverträgen** (LG Köln MDR **59**, 214; Mannh MDR **64**, 238; BGH WM **69**, 298; Johannsen WM **70**, 575 zu Vertr der ErbenGemsch mit MitE; dazu auch Schopp ZMR **67**, 193) u Einziehg der Mietzinsen aus einem der ErbenGemsch gehörenden Haus. Als Vermieter kann die Mehrh der MitE (gerechnet nach ihrer Beteiligg am Nachl) Mietverträge abschließen u kündigen, wenn darin eine Verwaltgshandl im Sinn von § 2038 II liegt (Schopp aaO 195; ebenso LG Köln MDR **59**, 214; Mannh MDR **64**, 238; **72**, 520; Staud/Werner Rz 41 für den Abschl von Mietverträgen). Grdsätzl für gemschaftl Kündigg aller MitE sind LG Mannh ZMR **66**, 178; Siegelmann ZMR **66**, 293, der jedoch zu Recht darauf hinweist, daß auch der Fall des § 2038 I 2 Halbs 2 gegeben sein kann. Als Mieter können die MitE ein Mietverhältnis nur gemeinsch kündigen (§ 2040), da dies eine Vfg über das MietVerhältn, keine Verwaltgshandlg ist (Schopp aaO 195f). – Kündigg eines VerwalterdienstVertr (KG DR **40**, 1018 mAv Vogels). – Kündigg des PachtVertr über ein zum Nachl gehör Landgut (BGH **LM** Nr 1; NJW **71**, 1265). – Baumaßnahmen sind jedenfalls nicht bereit zul (Düss MDR **47**, 289). – Rückn eines EintrAntr beim GBA (Düss NJW **56**, 876). – Klage auf Rechngslegg nach Tod des Mündels (§ 1890; Hamm BB **76**, 671). – Das Eingehen einer stillen Gesellsch (HGB 230ff) mit einem Dritten (BFH NJW **88**, 1343). – Auch Fortführg eines Handelsgeschäfts namens der ErbenGemsch kann hierher gehören (KG HRR **32**, 749; BGH **30**, 391; NJW **60**, 962; vgl auch § 2032 Anm 4; Johannsen WM **70**, 575; **77**, 271). – Fortführg eines gewerbl Betriebs (Ffm WM **75**, 129). – Beim HandelsGesch ist die Eintragg einzelner MitE als Vertreter der Firma unter Ausschl der übr von der Vertretg unzulässig (KG KGJ **35** A 152). – Zur Verwaltg eines GmbH-Anteils s Wiedemann RdschGmbH 69, 247. – Machen die MitE eine NachlFdg gerichtl geltend u schließt ihr RA einen ProzeßVergl unter Vorbeh seines Widerrufs, kann den Vergl jeder der vertretenen MitE fristgerecht widerrufen; § 2040 steht nicht entgg (BGH **46**, 277 mAv Johannsen **LM** Nr 8 u Bökelmann JR **67**, 341).

b) Mitwirkungspflicht. Jeder MitE ist verpflichtet, an Maßnahmen mitzuwirken, die zur ordngsmäß Verwaltg erforderl sind (**I** 2). Fremdverwaltg kann ein MitE nur fordern, wenn die MitE selbst zur ordnungsgemäßen Verwaltg nicht in der Lage od nicht bereit sind (BGH NJW **83**, 2142). Die Mitwirkg, zu der nicht nur Zustimmg, sond uU auch eigenes tätiges Handeln gehört, kann im **Klagewege** erzwungen werden (BGH **6**, 76; OLG **37**, 252; Celle JR **63**, 221: kein Recht des MitE zu 1/3 auf Einwilligg der anderen MitE in Künd des GrdstVerwalters wg erhebl persönl Spanngen mit ihm). Dabei sind die Anträge auf eine bestimmte Maßn zu richten, die dem Interesse aller nach bill Erm entsprechen muß bzw eine wesentl Veränderg kann nicht verlangt werden (**II** mit § 745; vgl auch § 745 Anm 2). – Verletzt ein MitE die ihm obliegende MitwirkgsPfl od die Pflicht, gg schädigendes Verhalten anderer MitE einzuschreiten, macht er sich ersatzpflichtig (§ 276); für Erfüllungsgehilfen haftet er nach § 278 (BGH DRiZ **66**, 396). – Für das ErbenGemsch sind § 708 analog anwendb sein. – Im übr sind auch für die ErbenGemsch die Grdsätze von Treu u Glauben maßg (RG **65**, 10). Auf die Aufstellg eines **Nachlaßverzeichnisses** bezieht sich die MitwirkgsPfl **nicht** (RG **81**, 30; s Anm 2e). – Da die MitwirkgsPfl nur unter den an der GesHand Beteiligten, nicht nach außen besteht, kann sich ein Dritter nicht darauf berufen, daß vor einem einzelnen MitE getroffene Maßregel notw sei u die übrigen Erben hätten mitwirken müssen (BGH NJW **58**, 2061). Ein einseit RGesch, das von einem MitE ohne Einwilligg der and vorgenommen wird, ist nach § 180 wirkgslos (Johannsen WM **70**, 576). – Über **Beschränkung** der Haftg auf den Nachl s Einf 2 vor § 2058.

c) Entscheidungen. Dch Stimmenmehrh (**II**; § 745) beschließen die MitE, falls Einstimmigk nicht erreichb ist, üb eine der Beschaffenh des gemschaftl Ggstandes entspr ordngsmäßige Verwaltg u Benutzg (BayObLG **65**, 391). Bspl: Die Übertrg der Verwaltg auf einzelne MitE od einen Dritten (s BGH DRiZ **66**, 396; WM **68**, 1172; Johannsen WM **73**, 544); die Vertretg des Nachl dch einen MitE od Dritten; die Regelg der Benutzg von NachlGgst (BGH WM **68**, 1172). – **Stimmberechtigt** ist auch der Erbteilserwerber (2033 Anm 1b). Die Stimmenmehrh ist nach der Größe der Erbteile zu berechnen (BayObLG **63**, 324). Dabei ist auch der MitE stimmberecht, der unter Berücksichtigg der AusglPfl nichts mehr zu erhalten hat (vgl § 2055 Anm 3). Stimmberechtigg bejaht auch BGH **56**, 47 (mAv Johannsen **LM** Nr 10) bei RGeschäften zw ErbenGemsch u GmbH, der MitE als Gesellschafter angehören. Kein StimmR haben die MitE in eig Angelegenheiten, zB hins der Einziehg einer Fdg, gegen Schu der MitE ist (vgl Hamm BB **69**, 514; BGH WM **73**, 360). Ein solcher Interessenwiderstreit besteht aber nicht, wenn die Verwaltg des Nachl einem MitE übertr werden soll. Dieser MitE darf daher über die Übertrg u die Höhe der Vergütg mitabstimmen (Nipperdey AcP **143**, 315). – Erweist sich die beschlossene Maßn als ungeeignet, kann jeder MitE von den and die zur Beseitigg der Störg erforderl Hdlgen verlangen, zB Abberufg des eingesetzten Verwalters

1909

(OLG **40**, 111). – Eine Verwaltgsvereinbg kann von jedem MitE aus wicht Grd **gekündigt** werden (§ 745 Anm 1 d). – Über das KlageR auf Änderg der Art der Verwaltg s § 745 Anm 2; KG NJW **61**, 733.

d) Kosten. Die Kosten der Erhaltg, Verwaltg u einer gemeinsch Benutzg sowie die sonstigen Lasten haben die MitE nach dem Verhältn ihrer Erbteile zu tragen (**II;** § 748). Die Verpflichtg beschränkt sich auf die im Nachl vorhandenen bereiten Mittel. Sie begründet keine VorschußPfl (MüKo/Dütz Rz 66; bestr). – Üb Haftg ggü Gläub s § 2059.

e) Eine allgemeine Auskunftspflicht der MitE untereinander über den Nachl besteht nicht. Sie läßt sich aus erbrechtl Bestimmgen nicht begründen u auch nicht aus § 242 ableiten, da die MitEStellg nicht die hierfür erforderl Sonderbeziehg begründet (BGH WM **89**, 548). Die MitE sind sich auch nicht üb Umstände betr die Testierfähigk des Erbl auskunftspflichtig (BGH aaO), zumal die im ErbR normierten AuskPfl sich immer nur auf den NachlBestand u den Verbleib best Ggstände beziehen (§§ 2027; 2028; 2057; 2121; 2127; 2314). – Hat aber ein MitE die Verwaltg allein geführt, ist er den anderen nach §§ 666, 681 auskunftspflichtig (RG **81**, 30; Lange/Kuchinke § 45 II 7 c). Es kann sich auch eine Pfl zur Mitwirkg bei Errichtg eines NachlVerzeichnisses ergeben (RGRK Rz 13; Karlsr MDR **72**, 424).

3) Notgeschäftsführung (I 2). Notwendige Erhaltungsmaßnahmen kann jeder Miterbe ohne Mitwirkg der anderen treffen. Hat er allein vom Erbfall Kenntn, ist er zur Ergreifg der notwend Sichergsmaßn sogar verpflichtet u hat hierfür ggf sogar sein eigenes Vermögen einzusetzen (BGH JZ **53**, 706). Notwend sind nur solche Maßn, die auch der ordngsgemäß Verwaltg des gesamten Nachl dienen (Einzeln s § 744 Anm 3 u Bertzel AcP **158**, 119 ff; NJW **62**, 2280); dies kann auch eine Vfg sein (MüKo/Dütz Rz 62; Soergel/Wolf Rz 10; Schlesw SchlHA **65**, 276; str). Bedeutsame Maßnahmen, dch die erhebl Verpflichtgen für den Nachl od die einzelnen MitE begründet werden, sind nur dann notwendig, wenn wg ihrer Dringlichk die Zustimmg der MitE nicht mehr eingeholt werden kann (BGH **6**, 83; Hamm OLGZ **85**, 226). Art und Umfang der Maßnahmen sind vom Standpkt eines vernünft u wirtschaftl denkenden Beurteilers zu entscheiden (BGH **6**, 76; Johannsen WM **70**, 578), also idR weder Wiederaufbau eines kriegszerstörten Gebäudes (BGH **LM** § 1004 Nr 14) noch Abschl eines langjährigen MietVertr (BGH NJW **58**, 2061), auch nicht Widerruf einer schwebend unwirks Auflassgserklärg (SchlHOLG aaO). – Antr auf Bestimmg einer InvFrist gehört nicht hierher, da dies lediglich nützl, aber nicht notw ist (KG OLG **35**, 360; s aber auch § 2039 Anm 1 a). Wohl aber die (notf im Klagewege durchzuführende) Abwehr gg die Enteignng eines NachlGrdst (VGH Kassel NJW **58**, 1203) sowie die Erhebg eines Beschwerdens u Klagen im Flurbereiniggs Verf (BVerwG NJW **65**, 1546). – Der notverwaltende MitE verpflichtet dch die von ihm für notwend erachteten Erhaltungsaufwendgen, wenn diese ordnungsgemäßer Verwaltg entsprechen, auch die Gemsch; ihm kommt dann eine ges Vertretgsmacht nach außen zu (Bertzel AcP **158**, 121; Brox § 30 IV 2 c). Intern kann er für seine Aufwendgen von den übr MitE Ersatz verlangen (§ 748), wenn ein eigenmächt Vorgehen berecht war. Hat er sein NotverwaltgsR überschritten, kommt Aufwendersatz nach GoA (§§ 683; 684, 687 II) in Betr (BGH NJW **87**, 3001 mAv Hohloch JuS **88**, 74; s auch § 748 Anm 2), es sei denn, daß §§ 987 ff als lex spec eingreifen; unberechtigter Besitzer eines NachlGgst kann ein MitE aber nur bei Beeinträchtigg des Mitgebrauchs der übr MitE sein, sofern diese ihn beansprucht haben (BGH aaO).

4) Die Früchte gebühren den MitE nach dem Verhältn ihrer Erbteile (§ 743). Ihre Teilg erfolgt aber grdsätzl erst bei der Auseinandersetzg. Auch Abschlagszahlgen können nicht gefordert werden (OLG **18**, 327; Hbg MDR **65**, 66), da erst bei der Auseinandersetzg feststeht, was der MitE unter Berücksichtigg einer etwaigen AusglPfl zu erhalten hat. Eine frühere Verteilg kann nicht durch MehrhBeschl (Hbg aaO), sond nur durch Vereinbg sämtl MitE angeordnet werden (RG **81**, 241). Doch kann sie einseitig dann verlangt werden, wenn Nichtteilg wg besonderer Umst arglistig wäre (LG Halle JW **37**, 643). – Teilg des Reinertrags erfolgt am **Schluß des Jahres,** wenn Auseinandersetzg nach §§ 2043 bis 2045 länger als ein Jahr ausgeschlossen ist (Hbg aaO); bloße Verzögerg der Auseinandersetzg genügt nicht (RG **81**, 241; Soergel/Wolf Rz 20). – Wird ein MitE durch Vorschüsse auf sein Auseinandersetzungsguthaben ganz od teilw befriedigt, gebühren ihm Früchte nur nach seiner tatsächl Beteiligg am NachlVermögen, bemessen nach den Wertverhältn am Verteilgsstichtag (Hbg MDR **56**, 107). Allg wird als Stichtag für die Bewertg der zur Auseinandersetzg stehden Masse der TeilgsZtpkt heranzuziehen sein (s Meincke BewertgsR § 14 II 2 a).

5) Keine Verwaltungsrechte hat der Inhaber eines **Erbersatzanspruchs** (§ 1934 a), da er nicht zur MiterbenGemsch gehört, sond nur einen schuldrechtl Anspr hat. – Das **Nachlaßgericht** ist nie zur Vornahme von VerwaltgsHandlgen befugt, etwa zur Regelgg der Befriedigg der NachlGläub; auch dann nicht, wenn es die Auseinandersetzg amtl vermittelt.

2039 Nachlaßforderungen; Leistung nur an alle Erben.

Gehört ein Anspruch zum Nachlasse, so kann der Verpflichtete nur an alle Erben gemeinschaftlich leisten und jeder Miterbe nur die Leistung an alle Erben fordern. Jeder Miterbe kann verlangen, daß der Verpflichtete die zu leistende Sache für alle Erben hinterlegt oder, wenn sie sich nicht zur Hinterlegung eignet, an einen gerichtlich zu bestellenden Verwahrer abliefert.

Schrifttum: Blomeyer, Einzelanspruch u gemeinschaftl Anspruch von Miterben u Miteigentümern, AcP **159**, 385; Lüke/Göler, Prakt Fall JuS **75**, 381; Kapp/Ebeling Rz I 354 ff.

1) Nachlaßansprüche. Nach den Grdsätzen der GesamthandsGemsch muß ein NachlSchu an alle MitE gemeinschaftl leisten. An sich müßten danach auch die MitE gemeins die zum Nachl gehörden Anspr geltend machen. Hier ermächtigt nun das G jeden MitE allein und unabhäng von den anderen zur Einforderg der geschuldeten Leistg, allerd nicht an sich, sond nur an alle. Damit wird erreicht, daß jeder MitE die der ErbenGemsch dch Nachlässigk einzelner ihrer Mitglieder drohenden Nachteile abwenden kann, ohne selbst einen unberecht Sondervorteil zu erlangen.

a) Erfaßte Ansprüche. Nur bei Anspr (dazu § 194 Anm 1) und nur bei solchen, die **zum Nachlaß**

Rechtl. Stellung d. Erben. 4. Titel: Mehrheit von Erben § 2039 1, 2

gehören, ist deren Geltendmachg dch einen MitE allein zuläss, mögen sie schuldrechtl od dingl od öffentlrechtl Natur sein. Dazu gehören zB: Der ErbschAnspr (§§ 2018 ff). – FreistellgsAnspr (RG **158**, 42). – UnterlAnspr (RG GewerblRSchutz **36**, 971). – Anspr auf Hinterlegg (§ 432 I 2), auch wenn die Erben-Gemsch nur Teilhaber der GeldFdg ist (BGH NJW **83**, 2020). – Anspr auf Auseinandersetzg u Antr auf Teilgsversteigerg nach ZVG 181, auch wenn die Gemsch zw der MiterbenGemsch u einem Dritten besteht (RG **108**, 434; Hamm Rpfleger **58**, 269; Schlesw MDR **59**, 46; LG Lübeck SchlHA **65**, 67 zu Heimstätte; aM LG Darmst NJW **55**, 1558 mit abl Anm Bartholomeyczik). – Der Anspr auf Rechngslegg gg TestVollstr (BGH NJW **65**, 396). – Anspr auf Berichtigg des GB (RG HRR **30** Nr 1220; BGH 44, 367 mAv Mattern **LM** Nr 7; Zweibr Rpfleger **68**, 88; BGH FamRZ **76**, 146, 268 mAv Schwab). – ErsLeistgen nach § 2041 (Wieser FS Lange, 1970, 325), zB SchadErsatzAnspr wg Nicht- od Schlechterfülllg der zum Nachl gehörenden KaufpreisFdg; ist dieser Anspr gg den Schuldner nicht dchsetzb, auch der SchadErsatzAnspr gg den Notar wg dessen schuldh AmtspflichtVerletzg bei Beurkundg des RGesch (BGH NJW **87**, 434). – Ein einz MitE eines tödl Verunglückten kann uU die SchadErsAnspr auf Grd des Todesfalles u die EntschädggsAnspr auf Grd der vom Schädiger nach dem Pauschsystem abgeschl InsassenUnfallVers selbständ geltd machen (Köln VersR **75**, 111). – Weitere Fälle: AnfechtgsR aGrd der AnfG. – Auch Anspr auf das bei der GeschFg oA Erlangte, jedoch erst, wenn die ErbenGemsch die GeschFg genehmigt hat (RG SeuffA **81** Nr 95). – Ferner Antr auf Aufnahme eines dch den Tod des Erbl unterbrochenen WiederAufnVerf (ZPO 578), jedenf dann, wenn das angefochtene Urt einen NachlAnspr abgewiesen hatte (BGH NJW **54**, 1523). – Antr auf Bestimmg einer InvFrist gg die Erben des Schuldners (RGRK Rz 2; aM KG OLG **35**, 360; vgl § 2038 Anm 3). Auch Geldmachg des sachl-rechtl WitwerrentenAnspr des verstorbenen Vaters (BVerfG **17**, 86 zu BVG 43) sowie der KostenerstattgsAnspr aus vom Vater u später von den Erben für den Vater geführten Rechtsstreitigk (LSozG Celle NJW **68**, 1743 zu SGG 193). – Entspr Anwendg ist mögl bei Klagen gg NachlVerwalter auf Herausg des Nachl (RG **150**, 189), auf Feststellg der Nichtigk eines Test (Mü HRR **42** Nr 302; RGRK Rz 10). – Für Anspr aus unerl Hdlg, die der ErbenGemsch zustehen, beginnt die Verjährungsfrist (§ 852), wenn Erbl Kenntn vom Schaden u der Person des ErsPflichtigen nicht mehr gehabt hat, erst, wenn diese Voraussetzgen in der Person jedes MitE begründet sind (Celle NJW **64**, 869).

b) Rechte ohne Anspruchscharakter können dagg nur alle MitE gemeins ausüben. Nicht unter § 2039 fallen deshalb vor allem Vfgen (§ 2040). Ferner nicht Rücktr-, Wahl-, Wiederkaufs- und VorkRechte mit der Ausn des § 2034; Anfechtgsrechte nach §§ 119 ff (BGH NJW **51**, 308; Düss NJW **54**, 1041); Widerruf einer Schenkg ua. – Auch **Kündigung** einer Fdg kann, da sie eine Vfg enthält, nur gemeinschaftl erfolgen (RG **65**, 5). – § 2039 ist auch nicht anwendb bei Anfechtg eines die ErbenGemsch verpflichtenden od belastenden **Verwaltungsakts**, die von den MitE grdsätzl nur gemeins in notw Streitgenossensch durchgeführt werden kann (BVerwG NJW **56**, 1295; BayVGH **25**, 112; Eyermann/Fröhler VwGO 64 Rz 2); für entspr Anwendg von § 2039 I ist BVerwG NJW **65**, 1546 (dazu auch Eyermann/Fröhler VwGO 42 Rz 87; 61 Rz 6; MüKo/Dütz Rz 35).

2) Leistungsverlangen. Der einzelne MitE kann außergerichtl den Schu eines fälligen Anspr mahnen und damit in Verzug setzen (§ 284; dazu Johannsen WM **70**, 578 ff); wg Kündigg s Anm 1 b. – Ferner ist er befugt, den Anspr **gerichtlich** geltend zu machen, also auf Leistg (uU auch auf künftige, RG JW **25**, 2244) od Feststellg zu klagen; zur Sicherg Arrest und einstw Vfg zu erwirken; die ZwangsVollstr zu betreiben (auch wenn der Titel von allen MitE erwirkt worden ist, KG NJW **57**, 1154). Ebso kann er negative FeststellgsKlage auf Nichtbestehen einer NachlSchuld erheben (RG HRR **35** Nr 1602). Ein Widerspruch der übr MitE steht dem Recht des S 1 nicht entgg. – Ebso kann die dch den Tod einer Partei unterbrochene Verfahren nicht nur von der ErbenGemsch, sond auch von jedem einzelnen MitE **aufgenommen** werden (Warn **39** Nr 23; OGH JR **50**, 245; BGH FamRZ **64**, 360; Ffm MDR **66**, 153). Bei der Aufnahme kann der einzelne MitE allein gerügt auch Mängel des bish Verfahrens haben, wie zB der Kläger zZ der Klageerhebg u bis zu seinem Tod geschäftsunfäh war (BGH **23**, 207). – Ist eine ErbenGemsch Verpächterin eines landwirtschaftl Grdst, hat jeder MitE für sich allein das Recht, gg eine auf Antr des Pächters beschlossene Verlängerg des PachtVertr sof Beschw einzulegen (BGH **LM** Nr 2 zu § 2038). – Auch Wiedergutmachgsansprüche nach dem REG u BEG kann der einz MitE geltd machen (BGH MDR **73**, 220; **LM** Nr 48 zu BEG 189). – § 2039 gilt auch im FG-Verfahren (Staud/Werner Rz 31).

a) In eigenem Namen klagt stets der MitE, nicht als Vertreter der übrigen. Die ErbenGemsch als solche ist nicht parteifähig (s Einf 2 vor § 2032). In einem Prozeß unter Beteiligg der vollständ Gemsch sind desh die einzelnen MitE selbst Partei mit der Folge, daß sie als einzelne prozessualen od materiell-rechtl Einwendgen ausgesetzt sein od Rechte selbst geltend machen können (BGH NJW **89**, 2133). – Das für gg einen MitE ergangene rechtskr Urt schafft für u gg die and MitE keine Rechtskraft (RG **93**, 127); es kann aber in einem nachfolgenden Prozeß aller Gesamthänder nicht unberücksichtigt bleiben u hindert ein neuerl Urteil gg den betr MitE (BGH aaO). – Klage des einen MitE unterbricht nicht Verjährg für die übrigen (RGRK Rz 12; aM Erman/Schlüter Rz 1); der Schu ist aber dem Obsiegenden zur Zahlg des Gesamtbetrages an alle Erben gemeinschaftl verpflichtet. – Ob bei Aktiv- od Passivprozessen aller od mehrerer MitE zwischen ihnen notwend Streitgenossensch (ZPO 62) besteht, ist str (s Zöller/Vollkommer ZPO 62 Rz 13, 16 ff; BGH **23**, 207; von BGH NJW **89**, 2133 offen gelassen). – Der Grds von Treu u Glauben verwehrt es einem MitE regelm nicht, Anspr der ErbenGemsch gem § 2039 zu verfolgen, obwohl er selbst Verbindlk ggü der ErbenGemsch hat (BGH WM **71**, 653). – Soweit der MitE einen Rechtsanwalt mit der Verfolgg des NachlAnspr beauftragt, ist er selbst verpflichtet. – Für die Bewilligg der **Prozeßkostenhilfe** kommt es grdsätzl auf die Vermögenslosigk des klagenden MitE an (s Staud/Werner Rz 29). Es kann einen sittenwidr Versuch zur Erlangg von ProzKostenhilfe darstellen, wenn aus dem Kreis der zT begüterten MitE ein gänzl vermögensloser zur Einklagg des Anspr der ErbenGemsch gem § 2039 vorgeschoben wird (KG JW **38**, 696).

b) Über Streitwert bei Klagen des MitE s Baumb/Lauterbach ZPO 3 Anh, „Erbrechtl Anspr"; Johannsen WM **70**, 579 f; **77**, 272; Schneider Rpfleger **82**, 268. MitE als Streitgenossen können sich in erstattgsfähiger Weise der Hilfe verschied Rechtsanwälte bedienen (Ffm MDR **81**, 149).

c) Nur Leistung an alle Miterben (Feststellg einer Leistgspflicht) kann regelmäß der einzelne MitE fordern, also auch nicht Leistg an sich in Höhe des seinem Erbteil entspr Teils der Fdg verlangen (OLG **4**, 432). Sind die MitE zur Annahme nicht bereit, muß er **Hinterlegung** für alle erwirken. Auch jeder MitE kann fordern, daß Hinterlegg bei der Ungeeigneth Ablieferg an einen vom AG (FGG 165) zu bestellenden **Verwahrer** erfolgt. Ausnahmsw kann aber ein MitE nach Treu u Glauben nicht auf Hinterlegg bestehen, wenn es näml zur ordngsmäß Verwaltg gerade der Zahlg bedarf (zB bei Einzieh von Mieten, RG JW **38**, 356). Der Verwahrer hat allen MitE ggü die Pfl zur ordngsmäß Verwahrg. Er hat nur einheitl Weisgen aller Folge zu leisten; etwaige Streitigkeiten hierüber sind nur zw den MitE auszutragen (OLG **14**, 287). Ein MitE wird dch die Pfändg seines MitEAnteils nicht gehindert, eine NachlFdg mit dem Ziel der Hinterlegg für alle MitE geltend zu machen, u zwar auch dann, wenn der PfändgsGläub zugleich der FdgsSchu ist (BGH NJW **68**, 2059). – **Ausnahmsweise** kann der MitE Leistg an sich verlangen, wenn er von den übrigen dazu ermächtigt ist (Warn **08** Nr 651). Ferner auch, wenn die Klage zuläss das Ergebn der Auseinandersetzg vorwegnimmt, zB die fragl Fdg der einzige zur Verteilg reife NachlBestand, der Schu der einzige weitere MitE ist u das TeilgsVerhältn feststeht (Warn **13** Nr 236; BGH LM § 2042 Nr 4: Klage des einen MitE gg den andern auf Herausg des Gewinnanteils aus einem vom letzteren weitergeführten Erwerbsgeschäft).

d) Einwendungen. Über die Geltdmachg von **Gegenansprüchen** gg die NachlFdg s § 2040 II u Anm 1, 4 dort. – Den Einwand unzulässiger Rechtsausüb kann der NachlSchuldn einer vom MitE erhobenen Grdbuchberichtiggsklage nicht wg eines argl Verhaltens enttggensetzen, das sich ein MitE hat zuschulden kommen lassen (RGZ **132**, 81). Macht dieser MitE jedoch den Anspr geltd u widersprechen die übr MitE der Klageerhebg, liegt ein Mißbrauch der Prozeßführgsbefugn vor, der zur Klageabweisg als unzuläss führt (BGH **44**, 367).

3) Für einen Miterben-Schuldner gilt § 2039 gleichfalls. Auch er muß an alle leisten (BGH LM Nr 3 zu § 249 [Fa]; Braunschw OLG **14**, 286) od hinterlegen (BGH WM **75**, 1179), u zwar grdsätzl ohne Rücks darauf, ob bei der Auseinandersetzg die Schuld ausgeglichen werden könnte. Jedoch kann er sich uU darauf berufen, daß die Einziehg der Fdg vor Auseinandersetzg gg Treu u Gl verstößt, weil seine Schuld mit Sicherh durch seinen Erbanteil gedeckt wird (BGH FamRZ **71**, 644). – Zur **Zurückbehaltung** gem § 273 I ist ein MitESchuldner im Hinblick auf seinen AuseinandersetzgsAnspr nicht befugt, wenn die Einziehg od der Verkauf der gg ihn gerichteten Forderg zur Begleich von NachlVerbindlk geboten od wenn eine Teilg der Forderg nicht mögl ist od entgegenstehende Bestimmgen des Erbl od der MitE vorliegen (Dütz NJW **67**, 1110). – Vgl auch § 2058 Anm 3, § 2059 Anm 4.

4) Entsprechende Anwendung des § 2039 auf andere GesamthandsGemsch ist grds mögl, zB für die GüterGemsch (RG **158**, 40), sofern wg Gefahr im Verzug das ZustimmgsVerf (§§ 1430, 1452) nicht eingehalten werden und ein NotverwaltgsR (§ 1429) mangels Krankh od Abwesenh nicht gegeben ist. – Auf **Gesellschaften** kann § 2039 allerd nur bei Vorliegen bes Gründe analog angewandt werden (BGH **39**, 14; aber auch NJW **73**, 2198). S dazu im einzelnen Soergel/Wolf Rz 2 mN.

2040 *Verfügung über Nachlaßgegenstände; Aufrechnung.* ¹Die Erben können über einen Nachlaßgegenstand nur gemeinschaftlich verfügen.

II Gegen eine zum Nachlasse gehörende Forderung kann der Schuldner nicht eine ihm gegen einen einzelnen Miterben zustehende Forderung aufrechnen.

1) Verfügungen (Begriff vgl Übbl 3d vor § 104) über einzelne NachlGgstände, dh Sachen u Rechte (nicht über den Nachl als Ganzes) können von den MitE nur gemschaftl getroffen werden. Ausgenommen sind nur Vfgen eines einzelnen MitE, die zur Erhaltg des Nachl erforderl sind (§ 2038 I 2 Halbs 2). I ist damit die positive Ergänzg zu der negat Bestimmg des § 2033 II (s aber auch § 2038 Anm 3). – Zu den Vfgen gehören auch Kündigg einer Fdg (RG **65**, 5; **146**, 316); ihre Einziehg; Anerkenng u Verzicht auf ein Recht (RG SeuffA **79** Nr 180); Rücktr (RG **151**, 313); Anfechtg nach § 119 (BGH NJW **51**, 308); Ermächtigg eines Dritten zur Vfg (RG **67**, 27); Zustimmg einer ErbenGemsch als GrdstEigentümerin zur Veräußerg des ErbbauRs (Hamm MDR **67**, 127); Löschgsbewilligg für eine Reallast (BayObLG **88**, 230); Erhebg der Mietaufhebgsklage (AG Hannover ZMR **66**, 152); der Klage auf geräumte Herausg einer Wohng (LG Köln MDR **72**, 520). Zur Kündigg eines MietVertr s § 2038 Anm 2a. – Ist der Schuldn der Fdg MitE, bedarf es seiner Mitwirkg bei Kündigg (BayObLG **6**, 327; bestr; aber auch OLG **26**, 304). – **Aufrechnung** mit einer zum Nachl gehörigen Fdg kann nach I nur von den MitE gemschaftl erklärt werden (BGH **38**, 124). Hat aber der Erbl die Aufrechng bereits erklärt, kann sich jeder einzelne MitE im Prozeß einredeweise darauf berufen (Warn **13**, Nr 235). Über den Widerspr der ErbenGemsch, die gg einen MitE mehrere zur Aufrechng geeignete Fdgen hat (§ 396 I 2), vgl LG Fürth MDR **54**, 100. – **Widerruf** einer abstrakten **Vollmacht** ist keine Vfg (vgl § 1922 Anm 3k), wohl aber die Kündigg des zugrunde liegenden AuftrVerhältn, soweit dadurch über einen NachlGgst verfügt wird (RG SeuffA **79** Nr 221). Wird aber durch die Künd die NachlSubstanz nicht betroffen, liegt VerwaltgsMaßn nach § 2038 vor (s dort Anm 1). – Keine Vfg ist der Antr auf Einleitg eines Aufgebotsverfahrens auf Grd § 927 (Bambg NJW **66**, 1413); zum Vergl-Widerruf s Bökelmann JR **67**, 342; Johannsen Anm **LM** § 2038 Nr 8; § 2038 Anm 2a). – Die Vorschr des I findet auch auf den Erbteilserwerber Anwendg; er kann nur wie ein Erbe verfügen (RG **112**, 129).

2) Gemeinschaftliche Verfügung erfordert keine rechtl Gleichartigk der Mitwirkg aller Beteiligten. Insbes ist nicht notw, daß die Erklärgen gleichzeitig u bei derselben Gelegenh abgegeben werden, sofern sie sich nur zu einer einheitl Vfg ergänzen (KGJ **53**, 133). Ist zB eine ErbenGemsch Gläubigerin einer Hyp und bewilligen einige MitE die Löschg der Hyp, die übrigen die pfandfreie Abschreibg einer Parzelle, liegt eine gemschaftl Vfg der MitE vor, soweit es sich um die Löschg der Hyp auf der abzuschreibenden Parzelle handelt (KG JW **37**, 1553). Die vom einzelnen MitE getroffene Vfg wird wirks, wenn die übrigen vorher ihre Zustimmg erklärt hatten (RG **129**, 284) od wenn sie nachträgl genehmigen (BGH **19**, 138; LM § 105

HGB Nr 19; RG **152**, 382; KGJ **53**, 133). Einer solchen Genehmigg steht es gleich, wenn zB eine Mutter im Glauben, Alleinerbin ihres Mannes zu sein, zG ihrer Kinder gleichmäß über Grdbesitz verfügt, der in Wirklichk ihr u den Kindern kraft gesetzl Erbfolge gehört, sie nach ihrem Tod von ihren Kindern zu gleichen Teilen beerbt wird u diese für die NachlVerbindlk unbeschr haften (BGH **LM** § 105 HGB Nr 19). – Widerruf ein MitE seine od des Erbl Erkl zulässigerw, ist die Vfg unwirks (Düss NJW **56**, 876 zur Rückn eines Eintraggsantrags des Erbl). – Über Form u Durchführg der Zustimmg § 182. – Bei **einseitigen** Vfgen ist eine nachträgl Genehmigg wirkgslos (vgl § 182 Anm 4). – Zur Anfechtg der Vfg einer Erben-Gemsch dch den Konkursverwalter eines MitE s BGH **78**, 1139.

3) **Eine gegenüber der Erbengemeinschaft zu treffende Verfügung** (Kündigg, Anfechtg ua) wird auch nur wirks, wenn sie allen MitE ggü erfolgt (OLG **30**, 188). So muß eine Klage, die auf eine Vfg über NachlGgstände gerichtet ist, gg alle MitE erhoben werden, sofern nicht einige unstreitig od nachweisl zu der Vfg bereit sind, od zur Vfg verurteilt sind (RG **111**, 338; **112**, 132; BGH WM **78**, 1327). Diese Grdsätze gelten auch für den Antr auf Ersetzg der Zustimmg nach ErbbRVO 7 (Hamm OLGZ **66**, 574 mAv Haegele Rpfleger **67**, 416); od für die Rücknahme eines begünstigenden VA, die einen ErstattgsAnspr begründet (VGH Mü NJW **85**, 2439).

4) **Aufrechnung.** Gg eine NachlFdg kann der Schu nicht mit der Fdg gg einen einzelnen MitE aufrechnen **(II).** Auch durch Zustimmg dieses MitE wird sie nicht wirks (Staud/Werner Rz 27). Dem NachlSchu ist auch nicht die Ausübg des **Zurückbehaltungsrechts** wg einer gg einen MitE bestehenden Fdg gestattet (RG **132**, 84; BGH **31**, 394). – Auch ein Besitzer kann sich ggü dem von sämtl MitE erhobenen EigtAnspr nicht auf ein BesitzR berufen, das ihm nur ggü einem MitE zusteht (Mü MDR **57**, 103). Ein mit der Gesamtschuldklage belangter MitE kann aber Befriedigg des Gläubigers verweigern, solange u soweit sich der Gläub dch Aufrechng seine fällige Fdg der ErbenGemsch befriedigen kann (BGH **38**, 122 mAv Mattern **LM** § 2058 Nr 3 und Scheyhing JZ **63**, 477).

5) **Über Notverfügungsrecht** des einzelnen MitE s § 2038 Anm 3.

2041 **Surrogation.** Was auf Grund eines zum Nachlasse gehörenden Rechtes oder als Ersatz für die Zerstörung, Beschädigung oder Entziehung eines Nachlaßgegenstandes oder durch ein Rechtsgeschäft erworben wird, das sich auf den Nachlaß bezieht, gehört zum Nachlasse. Auf eine durch ein solches Rechtsgeschäft erworbene Forderung findet die Vorschrift des § 2019 Abs. 2 Anwendung.

Schrifttum: Gross, Zur Anwendg des § 166 II im Rahmen des § 2041 Satz 1, MDR **65**, 443; Wieser, Ersatzleistgen an MitE bei Sachschäden, FS Lange, 1970, 325; Kapp/Ebeling Rz I 400ff.

1) **Surrogationserwerb.** Zum Nachl gehört auch der Erwerb kr dingl Surrogation nach § 2041 (Ersatzsurrogation). Auch er steht den MitE zur gesamten Hand zu. Über die Voraussetzgen im einzelnen vgl § 2019 Anm 1, 2; auch § 2111 Anm 2; zur Ersatzleistg auch Wieser aaO. – **Zweck** dieser Regel ist, die wirtschaftl Einh u auch den Wert des NachlVermögens als Gesamthandsvermögen für die MitE u die NachlGläub zu erhalten (BGH NJW **87**, 434). – Kein Ersatz für den Schaden am NachlGgstand ist der LAG-Anspr (BVerwG **24**, 89; **27**, 86; s aber auch BGH **44**, 336, § 2111 Anm 2b).

2) **Bei rechtsgeschäftlichem Erwerb** ist zu unterscheiden: Wird das RGesch **mit Mitteln des Nachlasses** vorgenommen, tritt Mittelsurrogation selbst bei entggstehendem Willen ein, soweit nicht die ErbenGemsch mit Einverständn der and den Ggst zum AlleinEigt erwerben sollte (BGH NJW **68**, 1824; Mü NJW **56**, 1880; Johannsen WM **70**, 738; Staud/Werner Rz 6; Soergel/Wolf Rz 6). Die obj Beziehg zum Nachl reicht hier allein aus. Dies ist zB bei Verpachtg eines zum Nachl gehör GewerbeBetr auch dann der Fall, wenn ein MitE sie in eigenem Namen vornimmt u in der Abs, den Pachtzins nicht einzuziehen; der Pachtzins wird daher der ErbenGemsch (BGH aaO). – Bei Erwerb **mit fremden Mitteln** erfordert dagg die Beziehgssurrogation den subj Willen, für den Nachl zu erwerben und außerd obj einen inneren Zusammenhang zw Nachl und Erwerb (KG JFG **15**, 155; Köln OLGZ **65**, 117; aA MüKo/Dütz Rz 25, der hier idR keine Surrogation zulassen will); zB Erwerb eines Grdst, wenn damit die bessere wirtschaftl Ausnutzg eines dem Erben bereits gehörenden Grdst bezweckt wird (KG DR **44**, 190; AG Osterrode NdsRpfl **68**, 67). – Gehört zur Erbsch ein GeschAnteil an einer GmbH, kann die ErbenGemsch bei einer Kapitalerhöhg eine auf das erhöhte Stammkapital zu leistde Stammeinlage übernehmen (Surrogationserwerb, Hamm OLGZ **75**, 164). Soweit aber als MitE ein ErbschBesitzer in Frage kommt, gilt nur § 2019, nach dem es sich entscheidet, ob der Erwerb mit Mitteln der Erbsch vollzogen ist.

3) **Gutgläubiger Erwerb.** Auch bei Surrogationserwerb gelten die Bestimmgen über gutgläubigen Erwerb vom Nichtberechtigten (zB §§ 932ff). Bei Bösgläubigk des MitE, der das RechtsGesch tätigt, ist ein gutgl Erwerb durch die ErbenGemsch von vorneherein ausgeschlossen. Ist der unmittelb am Erwerb beteiligte MitE dagegen gutgl, ein anderer MitE aber bösgl, wird § 166 Abs 2 entspr anzuwenden sein (Gross aaO; s aber auch Reichel GrünhutsZ **42**, 236).

4) **Zum Schutz des Schuldners** bestimmt **Satz 2,** daß dieser die Zugehörigk der durch Surrogation erworbenen Fdg zum Nachl erst gelten lassen muß, wenn er davon Kenntn erlangt hat.

2042 **Auseinandersetzung.** ^IJeder Miterbe kann jederzeit die Auseinandersetzung verlangen, soweit sich nicht aus den §§ 2043 bis 2045 ein anderes ergibt.
^{II}Die Vorschriften des § 749 Abs. 2, 3 und der §§ 750 bis 758 finden Anwendung.

Schrifttum: Drischler JurBüro **63**, 241, 501 (zur Aufhebg dch Zwangsversteigerg); – von Selzam, Langenmayr, Der Verteilgsschlüssel bei Erbauseinandersetzgen und inadäquaten Teilausschüttgen, BB **65**, 524,

§ 2042 1–3   5. Buch. 2. Abschnitt. *Edenhofer*

526; – Dütz NJW **67**, 1105 (zum ZurückbehaltgsR). – Koller, ErbteilsgsVertr üb Haus u GrdBesitz, NWB **79**, 2035. – Blomeyer, Die vorweggen Auseinandersetzg der in gemschaftl Test bedachten Kinder nach dem Tod des einen Elternteils, FamRZ **74**, 421. – Weimar MDR **78**, 287. – Westphal, Vermittlg der Auseinandersetzg einer ErbenGemsch, RpflJB **1981**, 345; Vogt, Vom bürgerl Recht abweichde Erbauseinandersetzg u ErbschSt, BB **82**, 816. – Streck, Unerwünschte und geplante Steuerfolgen der Erbauseinandersetzung, NJW **85**, 2454.

1) Auseinandersetzungsverlangen. Die Aufhebg der Gemsch zur gesamten Hand kann jeder einzelne MitE grds jederzeit verlangen; ebso der Erwerber eines Erbteils (§ 2033 I; OLG **14**, 154); der PfandGläub bei Verkaufsreife entspr § 1258 II (RG **60**, 126; **84**, 396), in Gemsch mit dem MitE der PfandGläub bis zum Eintritt der Verkaufsberechtigg; der Nießbraucher (§ 1066 II). Anders als in § 723 II ist auch ein Verlangen zur Unzeit nicht verboten. Jedoch ist ein gg Treu u Gl (vgl § 2038 Anm 2 b) verstoßendes Verlangen nicht zuzulassen (LG Düss FamRZ **55**, 303; Brox § 31 II 1). **Ausnahmsweise** kann das Recht zeitweilig ausgeschlossen sein (§§ 2043–2045 mit Anm). – Die MitE können auch durch Vereinbg die Auseinandersetzg für immer od auf Zeit ausgeschl haben (II mit §§ 749 II, III; 750, 751; BGH WM **68**, 1172). Bei wichtigem Grd kann sie allerd auch dann gleichwohl verlangt werden (§ 749 II mit § 2042 II). Eine solche Vereinbg hat nur schuldrechtl Wirkg. Sie unterliegt keinem Formzwang, da weder § 2033 noch §§ 2371, 2385 od § 313 in Betr kommen. Im einzelnen vgl dazu die Anm zu §§ 749–751. – Zur Erbauseinandersetzg mit DDR-Angehörigen s Broß RhNK **73**, 465/485 ff.

2) Durchführung. – a) Auseinandersetzungsarten. Die Auseinandersetzg kann verschiedentl erfolgen: Dch außergerichtl Vertr zw den MitE (dazu Anm 3); dch den TestVollstr (§ 2204 I; s Anm 4); dch Vermittlg staatl Stellen (NachlG, Notar; FGG 86 ff; dazu Anm 5); im Weg der Auseinandersetzgsklage dch das ProzG (dazu Anm 6). – Die Beteiligten können durch SchiedsVertr einem **Schiedsrichter** die Auseinandersetzg unter Ausschluß des Rechtsweges übertragen; es ist also nicht nur Vereinbg eines Schiedsgutachtens mögl (§ 319 I); § 2048 S 2, 3 sind nicht entspr anwendb (s BGH NJW **59**, 1493). Auch der Erbl kann ein SchiedsGer zur Erbauseinandersetzg anordnen (ZPO 1048; dazu Kohler DNotZ **62**, 125). – Wegen der **Teilauseinandersetzung** vgl Anm 7.

b) Auseinandersetzungsregeln. Maßgebl sind primär Anordngen des Erbl nach § 2048 od anderer Art. Sind solche nicht getroffen, können die MitE sich auf eine Lösg einigen. Solche frei vereinbarten Abmachgen der MitE haben dann Vorrang. Kommt eine Vereinbarg nicht zustande, greifen die **ergänzenden** gesetzl Vorschr der §§ 2046 ff; 752 ff ein (BGH **21**, 229/232; BayObLG **74**, 42/46 f). Danach sind zunächst die NachlVerbindlichk zu tilgen (§ 2046 I). Zu diesem Zweck ist der Nachl, soweit erforderl, zu versilbern. Das geschieht durch Verkauf nach den Vorschr über den Pfandverkauf, bei Grdstücken durch ZwVersteigerg (§§ 753, 754 und Anm dort). Der Rest ist im Verhältn der Erbteile zu teilen (§ 2047). Wegen der dafür geltenden Vorschr vgl §§ 752–758. Über Beteiligg von PfdGläubigern bei Verteilg des Erlöses eines zwecks Aufhebg der Gemsch zwangsversteigerten NachlGrdst (§§ 752; 1279 II; 1258 III) s BGH NJW **69**, 1347.

3) Auseinandersetzungsvertrag. Die Durchführg der Auseinandersetzg geschieht in erster Linie durch AuseinandersetzgsVertr zw den MitE (s BGH LM § 326 [A] Nr 2 u dazu Erman/Schlüter Rz 4 ff). Ein etwaiger NachE ist als nicht an der Gemsch beteiligt nicht hinzuzuziehen, soweit nicht RGeschäfte iS der §§ 2113 I, 2114 in Frage kommen (KG DJZ **07**, 300). Der schuldrechtl Vertr bedarf als solcher **keiner Form**, solange er nicht Abreden enthält, die aus anderen Gründen der Form bedürfen (KGJ **52**, 272; KG FamRZ **63**, 468). Formpflichtig ist der Vertr zB, wenn zum Nachl Grdstücke gehören (§ 313; Zunft JZ **56**, 553). Ist dies der Fall, bindet ein formloser Auseinandersetzgsvertrag zB über landwirtschaftl GrdBesitz die VertrParteien nicht (BGH LM § 242 [Ca] Nr 22). Formpfl ist auch ein Vertr über Übertr von GmbHAnteilen (GmbHG 15; s Anm f). – Der AuseinandersetzgsVertr **wirkt** zunächst nur verpflichtend; erst die vollziehende Teilg überführt mit dingl Wirkg das GesHandsR in eine Alleinberechtigg (BGH WM **65**, 1155 zur Auseinandersetzg hinsichtl eines zum Nachl gehörigen HandelsGesch). Die dingl Übereignung einzelner NachlGgstände in Ausführg der Auseinandersetzg an einen MitE bedarf der dafür vorgeschriebenen Form, bei Grdst der Auflassg, namentl auch, wenn das GesHandsEigt in MitEigt aller MitE umgewandelt werden soll (BGH **57**, 433; vgl auch BGH **21**, 229; BayObLG **65**, 324; § 2032 Anm 1) od bei Übertr eines WohngsEigt (WEG 12 I; BayObLG **82**, 46) od wenn ein Handelsunternehmen auf einen MitE übergehen soll. Eine Bindg an einen formrichtigen ErbauseinandersetzgsVertr über landwirtschaftl Grdbesitz gem § 242 ist grundsätzl zu verneinen (BGH LM § 242 [Ca] Nr 22). – Die Auseinandersetzg kann auch in **mehreren** Vertr je zu einem Teil der MitE erfolgen; doch müssen die Verträge in gewolltem Zusammenhang stehen, so daß die Auseinandersetzg als Ganzes sich auf sämtl MitE erstreckt (RG HRR **30** Nr 1466). Über Auseinandersetzg, wenn ein an einem Nachl beteiligter MitE von mehreren Personen gemschaftl beerbt wird, s BGH NJW **63**, 1611.

a) Inhalt. Maßgebd ist in erster Linie die freie Vereinbg der MitE, soweit nicht Teilgsanordngen des Erbl (§ 2048) vorliegen (s aber auch § 2048 Anm 3). Das G enthält keine zwingende Vorschr (Warn **09** Nr 512). Insb kann die Auseinandersetzg in der Form erfolgen, daß der gesamte Nachl einem od mehreren MitE zugewiesen wird, währd die übrigen eine Abfindg erhalten. Darin liegt kein ErbschKauf, so daß das schuldrechtl Gesch nicht der Form des § 2371 bedarf (Warn **09** Nr 512; Zunft JZ 56, 553) außer im Fall des § 313; wohl aber die Übertragg der Anteile (vgl § 2033 Anm 2 b; BFH NJW **81**, 784). Ein wg Formmangels nichtiger Verkauf eines Erbteils unter MitE kann uU sogar im Wege der Konversion (§ 140) als AuseinandersetzgsVertr aufrecht erhalten werden (RG **129**, 123). Die Übern des einzigen vorhandenen NachlGgstandes durch einen MitE gg Abfindg der anderen kann ihrer RNatur eines KaufVertr haben (BGH DNotZ **55**, 406). Zur steuerrechtl Behandlg des Erwerbs nach dem EStG s BFH NJW **86**, 608. – **Anfechtung** des AuseinandersetzgsVertr nach § 119 ff ist mögl. Hat dieser VerglCharakter, ist § 779 einschlägig (s Soergel/Wolf Rz 21). – Über Altenteilsvereinbg mit dem Recht, statt Naturalien Zahlg der Erzeugerpreise zu verlangen, in AuseinandersetzgsVertr s Ffm Rpfleger **68**, 358 m Av Haegele.

b) Mehrere minderjährige Miterben müssen, wenn die Auseinandersetzg durch Aufhebg der unter ihnen bestehden Gemsch erfolgen soll, regelmg wg § 181 jeder einen bes gesetzl Vertreter haben (RG **93**, 334; BGH FamRZ **68**, 245 mAv Mattern **LM** § 181 Nr 11). Dies gilt selbst dann, wenn die Auseinandersetzg nur eine rechnerische ist (RG **93**, 336; bestr); ebso wenn das GesHandsEigt an einem Grdst in BruchteilsEigt umgewandelt wird (BGH **21**, 229). Ein unerlaubtes Selbstkontrahieren des mit seinem Kind eine Erben-Gemsch bildenden gesetzl Vertr kann selbst bei unentgeltl Erwerb eines NachlGrdst dch das Kind vorliegen, etwa bei gleichzeit Übernahme der Verpflichtg aus einer schuldrechtl Wohnberechtigg (Hamm OLGZ **83**, 144). — Das VormschG kann die Vertretgsmacht eines gesetzl Vertreters nicht dch Gestattg nach § 181 erweitern (RG **71**, 162). Nur dann, wenn die Auseinandersetzg völlig unter Beachtg der gesetzl Regeln (§§ 2046 ff, 2042 mit 752 ff) erfolgt, ist die Vertretg mehrerer minderj MitE durch einen gesetzl Vertreter zuläss, da hier die Auseinandersetzg lediglich der Erfüllg der Verbindlk zur Auseinandersetzg dient (RG **93**, 336). — Wegen der notwendigen vormundschaftsgerichtl **Genehmigung** vgl § 1822 Nr 2 u dazu KG FamRZ **63**, 467; Memmg FamRZ **77**, 662. Die Eltern bedürfen ihrer nur, wenn der Vertr eines der in § 1643 I genannten Geschäfte enthält (BGH FamRZ **61**, 216). Zu § 1821 Nr 1, § 107 (unentgeltl Erwerb eines NachlGrdst dch Minderjähr) s BayObLG **68**, 1. An die Stelle des VormschG tritt in den Fällen der FGG 88, 97 II das NachlG.

c) **Ein Ehegatte** bedarf zur Auseinandersetzg nicht der Zustimmg des anderen Teils bei Gütertrenng u beim Vorbehalts- u Sondergut der GüterGemsch. Beim gesetzl Güterstand der ZugewGemsch nur, wenn der Erbteil eines Eheg sein ganzes Vermögen ausmacht u dieser od die NachlGgst auf einen MitE übertr wird (§ 1365; s BGH **35**, 135; Staud/Thiele § 1365 Rz 44, 45); nicht aber, wenn die MitE Realteilg vereinb (Mü MDR **70**, 928). Wenn der Erbteil eines Eheg zum Gesamtgut der Gütergemeinsch gehört, ist die Zustimmg des verwalteten Eheg in den Fällen der §§ 1423, 1424 erforderl (s Staud/Felgenträger § 1424 Rz 10). Verwalten beide Eheg das Gesamtgut, kann der AuseinandersetzgsVertr nur von beiden geschlossen werden (§ 1450 I).

d) **Grundstücksverkehr.** Die Veräußerg eines **land- od forstwirtschaftlichen Grundstücks** dch Auflassg unterliegt der GenPfl nach GrdstVG 2 (SchlHOLG SchlHA **65**, 143 mAv Scheyhing; Stgt BWNotZ **65**, 353; RdL **77**, 274 zu GrdstVG 9 III; **78**, 22). — Ein ErbauseinandersetzgsVertr mit der Pfl zur Übereign eines dem **Vorkaufsrecht** nach BBauG 24 unterliegenden NachlGrdst an einen der Gesamthänder löst das VorkR nicht aus (BGH DNotZ **70**, 423); daher ist auch keine Bescheinigg über Nichtbestehen eines gemeindl VorkaufsR erforderl (Krefeld, LG Koblz, Bonn, RhNK **77**, 55; **78**, 53).

e) **Ein Urheberrecht,** das zum Nachl gehört, kann im Wege der Erbauseinandersetzg an MitE übertragen werden. Dem MitE, der es erhält, stehen alle Befugn zu, die dem Urheber eingeräumt sind (UrhRG 28–30; Fromm NJW **66**, 1247).

f) **Kapitalgesellschaften.** Gehört ein **GmbH-Anteil** zum Nachl, bedarf eine Aufteilg in mehrere Teilgeschäftsanteile (falls diese nicht dch die Satzg ausgeschlossen ist) der Genehmigg der Gesellsch (GmbHG 17 I), es sei denn, daß nach der Satzg keine Genehmigg erforderl ist (GmbHG 17 III). Die Auseinandersetzg dch Zuteilg des GeschAnteils an einen der MitE ist nur dch Abtretg nach GmbHG 15 III mögl; diese bedarf uU der Genehmigg der Gesellsch (GmbHG 15 V; s dazu Däubler, Die Vererbg des Geschäftsanteils bei der GmbH, 1965, S 23, 24; Haegele BWNotZ **76**, 53/60 f; Schulze zur Wiese GmbHRdsch **80**, 211). — **Aktien** sind unteilbar (AktG 8 III; s auch 69; dazu Bartholomeyczik FS Lange, 1970, 343); Inhaberaktien sind frei übertragbar. Zur Übertr von Namensaktien s AktG 68. S auch § 2032 Anm 7, 8.

4) Testamentsvollstreckung. Ist ein TestVollstr für alle MitE eingesetzt, obliegt diesem die Auseinandersetzg, sofern im Einzelfall nichts Ggteiliges anzunehmen ist (s §§ 2204, 2208). Die MitE können sich dann nicht dch Vereinbg (Anm 3) auseinandersetzen. — Der TV nur eines MitE kann von den übr MitE Mitwirkg bei der Auseinandersetzg verlangen (§ 2204).

5) Amtliche Vermittlung. Nur auf Antr (FGG 86 I; von der nach FGG 192 mögl Vermittlg vAw wird in den Ländern kein Gebr mehr gemacht) hat das NachlG in einem Verfahren der freiw Gerichtsbark tätig zu werden u eine etwa zustande gekommene Vereinbg zu beurkunden u zu bestätigen. Zuständ ist grsl der Rechtspfleger; der Richter nur in Fall von RPflG 16 I Nr 8. -Gem FGG 193, BNotO 20 IV kann nach LandesR auch ein **Notar** dafür zuständ sein (zB *Bay* AGGVG 38; *Hess* FGG 24; *Nds* FGG 14), der dann als erste Gerichtsinstanz tätig wird (BayObLG **83**, 101), also kein eigenes BeschwR gg eine Überweisg des Verfahrens an ihn dch das NachlG hat (BayObLG aaO zu *Bay* AGGVG 38). — Säumige MitE werden als zustimmend behandelt. Im übr kann MitE dch Widerspr seinen Willen zum Scheitern bringen. Die Streitpunkte sind dann im Prozeßwege zu klären. Wegen der Einzelheiten vgl FGG 86–98. — Für Ba-Wü s LFGG 38, 43, dazu Richter Rpfleger **75**, 417/418. — Über Durchführg des Verfahrens, wenn Erbstatut **ausländisches Recht** ist, s Pinckernelle/Spreen DNotZ **67**, 212 f. — Die gerichtl Vermittlg der Auseinandersetzg des Nachlasses nach FGG 86 ff ist auch zuläss, wenn ein **Hof** iS der HöfeO zum Nachl gehört (s EG 64 Anm 2 a). In diesem Fall ist die sachl Zuständgk des NachlGerichts, nicht die des LwGerichts gegeben (Haegele Rpfleger **61**, 281). — Über die gerichtl Zuweisg eines Betriebs s Anm 10.

6) Auseinandersetzungsklage (Zuständigk ZPO 27) kann erhoben werden, ohne daß der Kläger vorher den Weg nach FGG 86 ff beschritten haben muß. Sie setzt voraus, daß der Nachl teilgsreif ist (KG NJW **61**, 733; Karlsr NJW **74**, 956; RGRK Rz 22; aM BGH bei Johannsen WM **70**, 744; s auch Staud/Werner Rz 41). Sie ist auf Zustimmg zur beantragten Auseinandersetzg, dh auf Schließg des AuseinandersetzgsVertr, zu richten. Kläger muß deshalb einen Plan für die Auseinandersetzg vorlegen u bestimmte Anträge (ev entspr Hilfsanträge) stellen (Johannsen aaO; KG aaO). Zur Erhebg der TeilgsKl ist eine vormschgerichtl Genehmigg nicht erforderl (Staud/Engler §§ 1821, 1822 Rz 61); wenn aber der AuseinandersetzgsVertr wg der vorgesehenen Vfg über Grdst einer solchen Genehmigg bedarf (§ 1821 I Nr 1, 3), ist diese vom Kläger vor der Entscheidg beizubringen (KG aaO). — Das Ger hat auf sachgemäße AntrStellg hinzuwirken (RG Recht **36** Nr 3138). Die Klage kann zugl auch auf Verurteilg zur Zustimmg zu den dingl Erklärgn für die Ausführg des Teilgsplans gerichtet werden (Kipp/Coing § 118 V). Sie kann auf die Feststellg einzelner

Streitpunkte beschränkt werden (Warn 09 Nr 375), zB auf Klarstellg eines bei der künftigen Auseinandersetzg zu berücksichtigenden Rechngspostens (Warn **41** Nr 108). Auch Beschrkg auf einzelne widerstrebende MitE ist zuläss (RGRK Rz 23). Mehrere MitE sind **nicht** notwendige **Streitgenossen** (Warn 19 Nr 42; Nürnb BayJMBl 57, 39). − Durch das rechtskr Urteil wird die ZustimmgsErkl ersetzt (ZPO 894). − Hat der Erbl durch Teilgsanordng einem MitE eine bestimmte Summe zugewiesen, kann dieser auf Leistg statt auf Auseinandersetzg klagen (RG SeuffA **77** Nr 149; Ffm OLGZ 77, 228). − Zum **Streitwert** bei ErbteilsKlagen s Johannsen WM **70**, 745; **73**, 545; Schneider Rpfleger **82**, 268. RA-Kosten s Mümmler, JurBüro **79**, 1612. − Ein etwaiger AuskunftsAnspr nach § 2057 geht dem AuseinandersetzgsAnspr des MitE vor (Stgt BWNotZ **76**, 89).

7) Teilauseinandersetzung. Obwohl der Anspr gem § 2042 auf Auseinandersetzg des gesamten Nachl geht und im allg zu einer vollständ Abwicklg führen soll, können die MitE einvernehml und unter Mitwirkg aller sowohl eine persönl als auch eine ggständl beschränkte Teilauseinandersetzg vornehmen. Dies führt dann entw zum vollständ Ausscheiden einzelner MitE und Fortbestand der Gesamthand unter den übrigen (Colmar OLG **11**, 230; KG OLGZ **65**, 247) od nur einzelner NachlGgstände, wobei für den übr Nachl die ErbenGemsch fortbesteht (OLG **21**, 317; Köln JMBl NRW **58**, 127), zB hins eines GesellschAnteils (Neust DNotZ **65**, 489). Wenn im letzteren Fall die einzelnen NachlGgstände von MitE übernommen werden, können sie insow nicht eine neue ErbenGemsch vereinbaren (vgl Anm 9; BayObLGZ **32**, 381; LG Saarbr SaarlRZ **57**, 31). − Das Ausscheiden eines einzelnen MitE kann in der Weise erfolgen, daß er seinen Erbanteil auf die übr Erben überträgt (§§ 2385; 2033; s Bühler BWNotZ **87**, 73) od daß er mit dingl Wirkg im Wege der Abschichtg aus dem Nachl abgefunden wird (KG OLGZ **65**, 244). Die Auseinandersetzg hinsichtl eines NachlGrdst in der Weise, daß ein minderj MitErbe unentgeltl das Grdstck zu AlleinEigt erwirbt, bedarf keiner Einwillig seines gesetzl Vertreters u keiner Genehmigg dch das VormschG (BayObLG **68**, 1). − Die **Klage** (s Anm 6) eines MitE kann nur auf Auseinandersetzg mit allen MitE (ev Erbteilerwerber) erhoben werden; die übrigen haben aber das Recht, sich auf Auseinandersetzg mit dem Kläger zu beschränken u unter sich die Gemsch fortzusetzen (KG OLG **4**, 119). − Die **persönliche** Teilauseinandersetzg kann nur einvernehml vereinbart, aber nicht von einem MitE gg den Willen auch nur eines and MitE beansprucht werden (BGH NJW **85**, 51). − Dagg kann eine **gegenständlich** beschränkte Auseinandersetzg von einem MitE auch gg den Willen eines and MitE **verlangt** werden, wenn bes Gründe dies rechtfertigen, etwa wenn NachlVerbindlk nicht mehr bestehen und berecht Belange der ErbenGemsch und der einzelnen MitE nicht gefährdet werden (BGH FamRZ **84**, 688; **LM** Nr 4; NJW **63**, 1611; WM **65**, 345; 1155; **77**, 271f; Hbg MDR **65**, 665: grdsätzl nicht für NachlFrüchte), zB Antr auf ZwVersteigerung eines Grdstücks zwecks Aufhebg der Gemsch (ZVG 180; LG Aachen DNotZ **52**, 36), selbst wenn die ErbenGemsch nur ein BruchteilsR an dem Grdst hat (Hamm Rpfleger **64**, 341). Die test Auflage, ein Grdst nicht in fremde Hände fallen zu lassen, kann einem MitE die Teilgsversteigerg verwehren (BGH FamRZ **85**, 278). IdR kann allerd auch die ZwVersteigerg von einem MitE nur beantragt werden, wenn sie die Auseinandersetzg des ganzen Nachl vorbereiten soll (RG JW **19**, 42; Köln JMBl NRW **58**, 129; AG Nürtingen MDR **61**, 606); s auch Däubler ZRP **75**, 136/140, der auf den Einwand treuwidr Verhaltens ggü dem Antr nach ZVG 180 zum Schutz des überlebten Eheg hinweist. − Wenn Eheleute eine **Wohnung** gemeins gemietet haben u der zuerst sterbende Ehemann von seiner Witwe u seiner in der Wohnung wohnenden Tochter gesetzl beerbt wird, kann sich die Witwe nicht durch eine Klage auf Teilerbauseinandersetzg das alleinige MietR verschaffen. Eine Erbauseinandersetzg liegt hier nicht vor; anzuwenden sind die Vorschr über die Gemsch, §§ 743− 745 (Brschw NJW **59**, 152 mAv Müller; s auch § 569b). − Über die Rechtslage nach inadäquaten Teilausschüttgn s von Selzam, Langemayr aaO. − Die Beendigg einer fortges ErbenGemsch kann erfolgen dch Vereinbg (§ 745 I, III 2); Zeitablauf; Tod eines MitE (§ 750); Pfändg des NachlAnteils eines MitE (§ 751 § 2); Konk seines MitE; Aufhebg nach § 749 II. − Nach Teilauseinandersetzg fällt der von einem MitE erworbene Teil bei dessen Konkurs in die KonkMasse (BGH NJW **85**, 1082: Wohngsnutzg).

8) Sonderbestimmung bei Zugewinngemeinschaft (s § 1371 II, III iVm § 1383; FGG 53a). Der überl Eheg, der nicht Erbe wird u auch kein Vermächtn erhält (vgl § 1371 Anm 4, 5), kann neben dem Pflicht Ausgleich des Zugewinns beanspruchen u hierbei verlangen, daß ihm bestimmte Ggstände aus dem Nachl des erstverstorbenen Eheg dch Anordng des VormschG unter Anrechng auf die AusglFdg übertr werden (vgl hierzu Bosch FamRZ **57**, 232; Keidel/Kuntze FGG 53a Rz 1, 2).

9) Nach Durchführung der Auseinandersetzung ist eine vertragl Wiedereinführg der GesamthandsGemsch ausgeschl (Düss Rpfleger **52**, 244; OLG **5**, 357), auch wenn die Auseinandersetzg nur hins einzelner NachlGgstände vorgenommen wurde, im übr aber die ErbenGemsch fortbesteht (KG DNotZ **52**, 84). Nicht mögl ist es, innerh einer fortbestehenden ErbenGemsch eine engere, nur einen Teil der MitE umfassende ErbenGemsch zu bilden (BGH WM **75**, 1110). Rückübertragg eines im Wege teilw Auseinandersetzg einem MitE od Dritten übertragenen Grdst auf die ErbenGemsch ist daher nicht mögl (Köln OLGZ **65**, 117). Die Beteiligten können aber den angestrebten Erfolg dch Neubegründg einer GesamthandsGemsch (zB einer BGB-Gesellsch) erreichen (BGH aaO). − Auch **Erbteilsübertragung** nach § 2033 I ist nach Auseinandersetzg nicht mehr mögl (RG **134**, 296). Wohl aber kann der AuseinandersetzgsVertr wg Irrt angefochten werden (KG DNotZ **52**, 84; Anm 3a). − Auch **Rücktritt** ist mögl. Wenn ein MitE einen NachlGgst gg Abfindg der übrigen Erben übernimmt u mit der Leistg der Abfindg in Verzug kommt, wird durch den Rücktr u das Verlangen der Rückgabe an die ErbenGemsch diese weder „vertragl begründet" noch „nach Aufhebg wiederhergestellt" (BGH **LM** § 326 [A] Nr 2). − Denkb ist auch die **Verwirkung** der Anspr eines MitE aus einer NachlRegulierung, wenn sie lange Zeit nicht geltd gemacht worden sind (Johannsen WM **79**, 602).

10) Ein landwirtschaftlicher Betrieb, der einer durch **gesetzliche** Erbfolge entstandenen ErbenGemsch gehört, kann auf Antr eines MitE ungeteilt einem der MitE vom LandwGericht **zugewiesen** werden, wenn die MitE sich über die Auseinandersetzg nicht einigen können od ihre Vereinbarg nicht

Rechtl. Stellung d. Erben. 4. Titel: Mehrheit von Erben §§ 2042–2044

vollzogen werden kann (GrdstVG 13–17; 33). Die weichenden MitE erhalten eine **Abfindung** (GrdstVG 16; 17). Dies ist verfassgsgemäß (Ffm OLGZ **70**, 268). Das Verfahren regelt das LwVG. – Ist ein Vermittlgsverfahren anhängig, hat dieses Vorrang (GrdstVG 14 II). Der Auseinandersetzungsklage geht das Zuweisgsverfahren vor; der Zivilprozeß ist bis zur Entscheidg des LandwGer auszusetzen. – Die Zuweisg darf nicht erfolgen, wenn u solange die Auseinandersetzg ausgeschlossen (§§ 2043ff) ist od ein TV sie zu betreiben hat (GrdstVG 14 III). – Für einen **Hof** iS der HöfeO (s EG 64 Anm 2a) kommt das Zuweisgsverfahren nur in Betracht, wenn er verwaist iS von HöfeO 10 ist u daher nach BGB vererbt wird.

2043 *Aufschub der Auseinandersetzung.* ¹Soweit die Erbteile wegen der zu erwartenden Geburt eines Miterben noch unbestimmt sind, ist die Auseinandersetzung bis zur Hebung der Unbestimmtheit ausgeschlossen.
 ᴵᴵDas gleiche gilt, soweit die Erbteile deshalb noch unbestimmt sind, weil die Entscheidung über eine Ehelicherklärung, über einen Antrag auf Annahme als Kind, über die Aufhebung des Annahmeverhältnisses oder über die Genehmigung einer vom Erblasser errichteten Stiftung noch aussteht.

1) **Voraussetzung** für den Aufschub nach **I** ist, daß der MitE, dessen Geburt zu erwarten ist, zZ des Erbfalls bereits erzeugt war (§ 1923). – Zu **II** vgl §§ 1723ff (EhelichErkl); §§ 1741ff, insb §§ 1752, 1753, 1767 II, 1768 (Annahme als Kind); §§ 1760ff, insb §§ 1764, 1767 II, 1771, 1772 II (Aufhebg des AnnahmeVerh); §§ 80, 84 (Stiftsgenehmigg). – Im übrigen ist eine Ausdehnung auf andere Fälle, in denen die Erbteile unbestimmt sind, ausgeschlossen, etwa bei Verschollenh eines MitE od noch vorhandener Ausschlaggsmöglichk. Desgl wird auf etwaige unbekannte Abkömmlinge eines für tot Erklärten keine Rücks genommen (BayObLG SeuffA **63** Nr 126). Das etwaige ErbR des nichtehel Kindes ggü dem Vater kann aber berücksichtigt werden (vgl § 1924 Anm 3b).

2) **Umfang.** In allen Fällen ist die Auseinandersetzung nur soweit u solange ausgeschlossen, als die **Erbteile** noch **unbestimmt** sind. Betrifft die Ungewißh zB nur einen Erbstamm, kann Auseinandersetzg hins der anderen Stämme verlangt werden.

3) **Rechtscharakter.** Die Vorschr beseitigt nur das Recht des MitE auf jederzeitige Auseinandersetzg, ist aber **kein Verbotsgesetz.** Eine gleichwohl vorgenommene Auseinandersetzg ist daher nicht nichtig. Sie wird aber schwebend unwirks, wenn in weiterer MitE wirkl hinzutritt, kann jedoch nochs des Kindes nach dessen Geburt genehmigt werden (§§ 177, 185 II; vgl Staud/Werner Rz 8). Wird der erwartete MitE nicht MitE, erfolgt hins der ihm bei vorangegangener Auseinandersetzg vorbehaltenen Ggstände Nachtragsauseinandersetzg (Erman/Schlüter Rz 7).

4) **Entsprechende Anwendung** s EG 86 Satz 2 Hs 3. S auch Anm 1; Staud/Werner Rz 11.

2044 *Ausschließung der Auseinandersetzung.* ¹Der Erblasser kann durch letztwillige Verfügung die Auseinandersetzung in Ansehung des Nachlasses oder einzelner Nachlaßgegenstände ausschließen oder von der Einhaltung einer Kündigungsfrist abhängig machen. Die Vorschriften des § 749 Abs. 2, 3, der §§ 750, 751 und des § 1010 Abs. 1 finden entsprechende Anwendung.
 ᴵᴵDie Verfügung wird unwirksam, wenn dreißig Jahre seit dem Eintritte des Erbfalls verstrichen sind. Der Erblasser kann jedoch anordnen, daß die Verfügung bis zum Eintritt eines bestimmten Ereignisses in der Person eines Miterben oder, falls er eine Nacherbfolge oder ein Vermächtnis anordnet, bis zum Eintritte der Nacherbfolge oder bis zum Anfalle des Vermächtnisses gelten soll. Ist der Miterbe, in dessen Person das Ereignis eintreten soll, eine juristische Person, so bewendet es bei der dreißigjährigen Frist.

Schrifttum: Weckbach, Die Bindgswirkg von Erbteilsverboten (1987).

1) **Ausschluß der Auseinandersetzung** kann, abgesehen von einer Vereinbg der MitE (s BGH WM **68**, 1172) auch durch letztw Vfg od vertragsmäßig durch ErbVertr (Staud/Werner Rz 10) angeordnet werden. Sie kann sich auf den gesamten Nachl, einzelne Erbstränge od auch einzelne Ggstände beziehen. Sie kann auch bei gesetzl Erbfolge angeordnet werden (BayObLG **66**, 408).

a) **Bedeutung.** Die Bestimmg kann den Sinn haben, daß der einzelne MitE nicht gg den Willen der anderen Auseinandersetzg verlangen kann. Dann ist sie ein **Vermächtnis** (§ 2150) und steht einer Auseinandersetzg mit Zustimmg aller nicht entgg. – Sie kann aber auch bedeuten, daß Auseinandersetzg auch mit Willen aller MitE verboten sein soll. In diesem Fall ist sie als **Auflage** anzusehen (RGRK Rz 3; dazu Mattern DNotZ **63**, 450/454ff; bestr) und kann nach § 2194 erzwungen werden (insb Kegel FS R. Lange, 1976, 932ff). Auch im letzten Fall wird bei einer gleichwohl erfolgten Auseinandersetzung die dingl Wirksamk des Verfüggsgeschäfts nicht berührt, wenn sie von allen Erben (auch NachE) od iF der TestVollstrg vom TV u allen Erben gemeins getroffen wurde, da die Anordng kein gesetzl Veräußergsverbot (§ 134; s auch § 137 S 1) enthält (BGH **40**, 115 mAv Nirk **LM** Nr 1; **56**, 275; LG Brem Rpfleger **67**, 411; s auch Kegel aaO 937f, der sich gg die Heranziehg von § 137 S 1 wendet). Das NachlG (FGG 86ff) hat in einem solchen Fall aber seine Mitwirkg zu versagen. Auch das gerichtl ZuweisgsVerf (GrdstVG 13ff) ist ausgeschl (Grdst VG 14 III). – Ist die Auseinandersetzg bis zur Wiederverheiratg des überlebden Eheg, der bis dahin auch zum TestVollstr bestellt ist, ausgeschlossen, kann nach den Umst des Falls angenommen werden, daß der Ausschluß nur im Interesse des Überlebden angeordnet wurde u er die Auseinandersetzg auch vor der Wiederverheiratg vornehmen darf (Stgt HEZ **2**, 115). – Daraus, daß der Erbl die Auseinandersetzg ausschließen kann, folgt, daß er sie auch **erschweren** kann, zB dahin, daß nur eine Mehrh der MitE sie beanspruchen kann (RG **110**, 273). – Auseinandersetzgsbeschränkungen werden nicht ins Grdbuch eingetragen (KG DR **44**, 191).

b) Ein Testamentsvollstrecker hat ein Auseinandersetzgsverbot zu beachten. Verstoß macht sie nicht unwirks (s oben a; Kegel aaO 934 ff). Zu der Frage, wieweit eine Ausschließg, die sich zugl als Verwaltgsanordng darstellt, nach § 2216 II durch das NachlG aufgehoben werden kann, vgl § 2216 Anm 3a und KG JFG **14,** 154.

2) Unwirksamkeit. Der angeordnete Ausschluß ist als Teilgsanordng unwirks ggü einem als MitE berufenen PflichttBerechtigten, wenn der ihm hinterlassene Erbteil die Hälfte des gesetzl Erbteils nicht übersteigt (§ 2306). Sie wirkt auch nicht gg die KonkMasse eines MitE (KO 16 II 2) u bei Wiederverheiratg eines Elternteils, der mit minderj Kindern in ErbenGemsch lebt (s § 1683; insb BayObLG **67,** 230, das zutreffend annimmt, § 1683 enthalte zwingdes Recht; § 1683 Anm 2; aM Schumacher, Staudenmaier BWNotZ **68,** 204, 251). Für PfändgsGläub vgl **I** 2 mit § 751.

3) Sachliche Grenzen der Anordnung. Wegen der entspr anwendbaren §§ 749 II, III, 750, 751 vgl dort. Was als **wichtiger** Grd iS des § 749 II anzusehen ist, der es rechtfertigt, ein Teilgsverbot des Erbl außer acht zu lassen, hängt von den Umst des Einzelfalles ab (s Hbg NJW **61,** 610). Ob ein solcher vorliegt, hat ein etwaiger TestVollstr (s LG Düss FamRZ **55,** 303) od das um Vermittlg der Auseinandersetzg angegangene NachlG, sonst das ProzeßG zu entscheiden. – Die Anwendg des § 1010 I setzt voraus, daß der Erbl die Umwandlg der ErbenGemsch hins des Grdst in eine BruchteilsGemsch gestattet, deren Teilg aber verboten hat (RGRK Rz 7). Mit der Eintragg wirkt die Anordng als dingl Last.

4) Zeitliche Grenzen zieht **II** für die Wirksamk des letztw Teilgsverbots entspr §§ 2109, 2162, 2163, 2210.

2045 **Aufschub bis zur Gläubigerermittlung.** Jeder Miterbe kann verlangen, daß die Auseinandersetzung bis zur Beendigung des nach § 1970 zulässigen Aufgebotsverfahrens oder bis zum Ablaufe der im § 2061 bestimmten Anmeldungsfrist aufgeschoben wird. Ist das Aufgebot noch nicht beantragt oder die öffentliche Aufforderung nach § 2061 noch nicht erlassen, so kann der Aufschub nur verlangt werden, wenn unverzüglich der Antrag gestellt oder die Aufforderung erlassen wird.

1) Der Grund der Vorschr liegt darin, daß nach §§ 2060 Nr 1, 2061 der MitE für NachlVerbindlichk nur anteilig haftet, wenn der Gläub sich nicht rechtzeitig meldet. – Für die Beendigg des Aufgebotsverfahrens gilt § 2015 II, III entspr (für § 2015 II bestr).

2) Das Recht des Dreißigsten (§ 1969) bildet kein Hindern für die Auseinandersetzg (s Staud/Werner § 2042 Rz 49; bestr).

2046 **Berichtigung der Nachlaßverbindlichkeiten.** ^IAus dem Nachlasse sind zunächst die Nachlaßverbindlichkeiten zu berichtigen. Ist eine Nachlaßverbindlichkeit noch nicht fällig oder ist sie streitig, so ist das zur Berichtigung Erforderliche zurückzuhalten.

^{II}Fällt eine Nachlaßverbindlichkeit nur einigen Miterben zur Last, so können diese die Berichtigung nur aus dem verlangen, was ihnen bei der Auseinandersetzung zukommt.

^{III}Zur Berichtigung ist der Nachlaß, soweit erforderlich, in Geld umzusetzen.

1) Schuldentilgung vor Teilung. NachlVerbindlk (§§ 1967 ff), zu denen auch Pflicht- u Ergänzgs-Anspr (§ 2325) zählen (BGH WM **89,** 382) u hier sogar nicht einklagbare moralische Verpflichtgen gehören können (KG SeuffA **60** Nr 181), wären nach § 2042 II iVm § 755 an sich erst bei der Auseinandersetzg zu tilgen. Als SondVorschr dazu bestimmt **I** im Interesse der MitE, daß ihre Tilgg „zunächst", dh schon **vor** der Auseinandersetzg zu erfolgen hat. Da näml die MitE nur bis zur Teilg einen Zugriff der Gläub auf ihr Eigenvermögen verhindern können (§ 2059), haben sie ein Interesse an vorheriger Schuldentilgg (RG **95,** 325). § 2046 verschafft ihnen einen Anspr darauf. Er gilt allerd nur für das Verhältn der **Miterben untereinander** und läßt die Stellg der Gläub unberührt. – I ist nicht zwingend. Die MitE können also auch abweichend Teilg vor Tilgg vereinbaren. Auch der Erbl kann abweichende Anordngen treffen (§ 2048). Abgesehen hiervon ist auch der TestVollstr an § 2046 gebunden (§ 2204 Anm 1; BGH NJW **71,** 2266). – Das NachlG muß § 2046 beachten, wenn nicht sämtl MitE andere Anträge stellen (Staud/Werner Rz 3). – Bei **streitigen Verbindlichkeiten** ist das zur Tilgg Erforderl bis zur Klärg zurückzuhalten, nicht etwa auch sicherzustellen. Das gilt entspr auch bei Streit der MitE über die AusgleichsPfl (§§ 2050 ff; OLG **9,** 389).

2) Nachlaßverbindlichkeit einiger Miterben (II) sind zB solche Vermächtn od Auflagen, die nur einzelne MitE treffen. Auch ihre Berichtigg aus dem den belasteten MitE zukommenden Überschuß (§ 2047) muß der Teilg des Nachl vorangehen (RG **95,** 325; vgl auch § 2058 Anm 1; BGH **LM** Nr 1).

3) Versilberung (III) erfolgt nach §§ 753, 754 (s dort; auch § 2042 Anm 2b). Die Auswahl der zu verwertenden NachlGgste kann nicht dch MehrhBeschl (§ 2038 II; § 745) geschehen. Sie bedarf, da es sich nicht um eine Verwaltungsmaßn handelt, der Zustimmg aller MitE. Ein widersprechender MitE muß ggf auf Einwilligg verklagt werden (Staud/Werner Rz 17).

4) Miterbengläubiger, für die **I** und **II** auch gelten, können wie and Gläub Tilgg vor der Teilg verlangen (RG **93,** 197; dazu kritisch Dütz NJW **67,** 1110). Jedoch kann bei einer nur aus zwei Erben bestehenden ErbenGemsch der MitE, der zugl NachlGläub ist, seine Fdg nur zu dem Teil geltend machen, zu dem der andere MitE wurde, soweit nicht das Verlangen auf Vorwegbefriedigg Treu u Glauben widerspricht (BGH **LM** Nr 1). Auch ein MitE, dem ein Vorausvermächtn (§ 2150) zugewendet ist, kann grdsätzl Vorwegbefriedigg verlangen (KG OLGZ **77,** 457/461; RGRK Rz 4). – Zur Klage des MitEGläub währd Bestehens der ErbGemsch s § 2058 Anm 3).

5) **Sondervorschriften** über Berichtigg der NachlVerbindlichk enthalten HöfeO 15 II, III und für die gerichtl Zuweisg eines landwirtschaftl Betriebs GrdstVG 13ff; § 16 II (s § 2042 Anm 10).

2047 *Verteilung des Überschusses.* ¹**Der nach der Berichtigung der Nachlaßverbindlichkeiten verbleibende Überschuß gebührt den Erben nach dem Verhältnisse der Erbteile.**

II **Schriftstücke, die sich auf die persönlichen Verhältnisse des Erblassers, auf dessen Familie oder auf den ganzen Nachlaß beziehen, bleiben gemeinschaftlich.**

1) **Einen schuldrechtlichen Anspruch** auf Übertragg des ihm nach dem Verhältn der Erbteile zustehdn Teils des Auseinandersetzgsguthabens gewährt I dem einz MitE gg die and MitE. Der Anspr ist für sich allein weder abtretbar noch verpfändb (Soergel/Wolf Rz 4). – Der **Überschuß** besteht aus den nach Berichtigg der NachlVerbindlichk übrig gebliebenen NachlGgständen, zu denen noch nach § 2055 I 2 sämtl zur Ausgleich zu bringenden Zuwendgen hinzuzurechnen sind. Er steht noch im Gesamthandsvermögen der Erben-Gemsch. – Die **Teilung** erfolgt im Verhältn der Erbquoten nach §§ 752–754, sofern nicht die MitE eine and Art der Teilg vereinbaren od der Erbl angeordnet hat, wobei sich allerd die Teilgsquoten dch eine Ausgleichg nach §§ 2050 ff ggü den Erbquoten verschieben können (BGH **96**, 174). Vgl § 2042 Anm 2b; BGH NJW **63**, 1611 (Teilg eines MitEAnteils nach Bruchteilen der Erbanteile des Erbeserben). Teilbark in Natur (§ 752) ist zB mögl bei Wertpapieren, aber auch bei Grdst mit Wohnhäusern (Teilg nach dem WEG). – Über die Rechte eines PfandGläub vgl § 1258 Anm 3; Erman/Schlüter Rz 2.

2) **Schriftstücke** iS von II bleiben GesamthandsEigt, solange nicht Umwandlg in BruchteilsGemsch vereinbart wird. Über die Verwaltg entscheiden §§ 2038, 745. II besagt nur, daß hier ein Anspr auf Teilg fehlt. Vereinbarg der Erben über Teilg bleibt aber zulässig. – **Nicht** unter II fallen Familienbilder (Soergel/Wolf Rz 5). – Vgl auch § 2373 S 2.

2048 *Teilungsanordnungen des Erblassers.* **Der Erblasser kann durch letztwillige Verfügung Anordnungen für die Auseinandersetzung treffen. Er kann insbesondere anordnen, daß die Auseinandersetzung nach dem billigen Ermessen eines Dritten erfolgen soll. Die von dem Dritten auf Grund der Anordnung getroffene Bestimmung ist für die Erben nicht verbindlich, wenn sie offenbar unbillig ist; die Bestimmung erfolgt in diesem Falle durch Urteil.**

Schrifttum: Beck DNotZ **61**, 665; Emmerich JuS **62**, 269; Coing JZ **62**, 529; Grunsky JZ **63**, 250; Mattern DNotZ **63**, 450; Benk RhNK **79**, 63; Dieckmann, Zur wertverschiebenden TeilgsAnordng, FS Coing 1982, Bd 2, S 53; Loritz NJW **88**, 2697.

1) **Die Teilungsanordnung** ist eine Anordng für die Auseinandersetzg unter den MitE. Der Erbl kann nicht nur bestimmen, wer sein Vermögen erhält, sond auch, wie die Erben dieses Vermögen untereinander aufzuteilen haben (es geht hier nicht um die Erbeinsetzg nach Vermögensgruppen, § 2087 Anm 2a). Will er dch eine solche Anordng die von ihm gewünschte ges Erbfolge od die Höhe der von ihm festgelegten Erbteile u deren Wert nicht verschieben, sond gerade unangetastet lassen, liegt eine Teilgsanordng vor (BGH FamRZ **85**, 62). Durch Anordng in seinem Test od Erbvertrag (hier allerd nur einseitig, BGH NJW **82**, 441) kann er also die Art und Weise der Auseinandersetzg regeln. Insbes kann der Erbl einzelne NachlGgstände einem MitE zuweisen. Ist deren Wert höher, als dem MitE seiner Quote nach zukäme, kann die Zuwendg nur dann als Teilgsanordng gedeutet werden, wenn dem MitE die Zahlg eines dem Mehrwert entspr Ausgleichs aus seinem eigenen Vermögen auferlegt wurde; andernfalls liegt ein **Vorausvermächtnis** vor, weil dem Erben zusätzl zu seinem Erbteil u ohne Anrechng ein Vermögensvorteil zugewendet ist (s zur Abgrenzg Anm 4a). – Die Zuweisg kann auch in der Form erfolgen, daß der Erbl den Erben selbst frei entscheiden läßt, ob er einen Ggst übernehmen will oder nicht (ÜbernahmeR); damit wird dem MitE ein GestaltgsR eingeräumt mit der Folge, daß erst die Erklärg der Ausübg dieses Rechts den Anspr auf Übertragg des zugewiesenen Ggst bei der Auseinandersetzg entstehen läßt. Auch die Anordng von Übernahmepflichten ist denkb (Benk aaO 61). – Der Erbl kann auf diese Weise seinen Nachl vollstdig verteilen, so daß dann nur noch die Anordngen vollzogen werden müssen, eine vereinbarte Auseinandersetzg aber nicht mehr stattfinden kann. – Auch einem Dritten kann die Auseinandersetzg übertragen werden (S 2; dazu Anm 5). – Die Anordng kann auch die Art der Verwaltg betreffen, zB ihre Führg od ihre Ausübg dch einzelne MitE. – Ferner kann der Erbl anordnen, daß NachlVerbindlichk in Innenverhältn einem MitE zur Last fallen (RG DNotZ **37**, 447; BGH LM § 138 [Cd] Nr 2 betr PflichttAnspr). – Auch kann er Bestimmgen über die Ausgleichg einer Schuld gem § 2050 treffen (wenn kein RückfordgsR mehr besteht). – Über Teilg dch vorweggenommene Erbfolge s BGH NJW **82**, 43 mAv Schubert JR **82**, 155. – Über Erschwerg der Auseinandersetzg s § 2044 Anm 1. – Über gleichmäß Mobiliarteilg unter zwei MitE s BGH bei Johannsen WM **70**, 140. Besteht der Nachl aus 2 Grdst, von denen nach der getroffenen Teilgsanordng jeder der beiden eingesetzten Erben eines erhalten soll, liegt Erbeinsetzg zu gleichen Teilen (u nicht im Verhältn der GrdstWerte) vor (BayObLG FamRZ **85**, 312).

2) **Rechtsnatur.** Die Teilgsanordng läßt die Höhe der Erbteile u den Wert der Beteiligg der einzelnen MitE am Nachl grdsl unberührt (BGH NJW **85**, 51). Sie ist nur für die Auseinandersetzg der MitE von Bedeutg (RG DR **42**, 997) u nur **schuldrechtlicher** Natur (KGJ **28** A 196). Da ihr somit nur Verpflichtgswirkg unter den MitE für den Fall der Auseinandersetzg zukommt, bedarf es zu ihrer Ausführg noch eines dingl Rechtsaktes (Neust MDR **60**, 497). Sie läßt also die Stellg der MitE als Gesamthänder zunächst unberührt und führt insbes nicht dazu, daß ein Erbe mehr od weniger als seinen Erbteil erhält. Dem einzelnen MitE steht auch nicht etwa ein SondererbR an dem ihm zugeteilten NachlGgstand zu (KG OLGZ **67**, 361; s auch § 2042 Anm 6), sond nur der Anspr auf Erbauseinandersetzg (BGH NJW **81**, 1837/1839), bei der die MitE verpflichtet sind, den Nachl entspr der Anordng dingl aufzuteilen. Sie enthält auch keine VfgsBeschränkg (§ 137 S 2; Soergel/Wolf Rz 2).

3) Wirkung. Dch die Teilanordng wird ein MitE nicht wertmäßig begünstigt, sond nur festgelegt, welche Ggstände aus dem Nachl er erhalten soll. Deren Wert muß er sich dann auf seinen Erbteil anrechnen lassen. Allerd kann die Anordng überh nur wirks werden, wenn nach Berichtigg sämtl NachlVerbindlichk (auch solcher aus Vermächtn) etwas zur Teilg an die Erben übrig bleibt (Kretschmar SächsArch **22**, 5). Jeder MitE hat Anspr auf Einhaltg des angeordneten Teilgsmodus. Gemeins können sie jedoch mit Einverständn aller eine davon abweichende Teilg vornehmen, sofern die Teilgsanordng nicht zugleich eine Auflage enthält (§ 2044 Anm 1); allerd ist auch dann eine gleichwohl erfolgte abweichende Aufteilg dingl wirks (BGH **40**, 115; Mattern BWNotZ **65**, 6). – Für den **Testamentsvollstrecker** sind die Anordngen bindend (§§ 2203, 2204); bei Verwaltungsanordngen gilt § 2216 II. – Ggü einem **Pflichtteilsberechtigten** ist eine seinen Erbteil beschwerende Teilgsanordng im Falle des § 2306 unwirks (s dort). – Dem **Vorerben** ist als MitE die Ausführg der Teilgsanordng ohne Zustimmg gestattet, auch GrdstÜbereign.

4) Überquotale Begünstigung. Der Erbl kann einem (od einzelnen) seiner MitE Ggstände zuweisen, deren Wert höher ist, als diesem nach bei der Auseinandersetzg zukäme. Die Rspr läßt jedoch außer bei § 2049 keine sog wertverschiebenden Teilgsanordnungen mehr zu (BGH NJW **85**, 51; FamRZ **87**, 475). Bei einer überquotalen Zuteilg kann es sich folgl nur dann um eine Teilgsanordng handeln, wenn der dadch zunächst begünstigte MitE den Mehrwert dch Zahlg aus seinem eigenen Vermögen ausgleichen muß. Wollte der Erbl dagg diesem MitE den Mehrbetrag zusätzl zu seinem Erbteil zuwenden, liegt nicht nur eine Teilgsanordng vor, sond jedenf hinsichtl des Mehrwerts (auch) ein Vorausvermächtnis (BGH aaO).

a) Zur Abgrenzung hat der BGH seine Rspr geändert, die seit BGH **36**, 115 nur den Begünstiggswillen des Erbl für maßgebl erachtete u dann eine wirtschaftl Ungleichh hinnahm. Nunmehr ist entscheidend, ob eine **Wertverschiebung** bei den Erbquoten eintritt (BGH **82**, 274; NJW **85**, 51; FamRZ **85**, 62 mAv Rudolf): Hat der Erbl einem MitE Ggstände zugewiesen, deren Wert obj höher ist als dieser nach seiner Quote nach bei der Auseinandersetzg zukäme, kommt es darauf an, ob der Erbl subjektiv dem dch die Anordng begünstigten MitE zusätzl zu seinem Erbteil auch noch den Mehrwert zuwenden wollte (dann insow Vermächtn) od ob nach seinem Willen eine Wertverschiebg dadch ausgeschlossen sein soll, daß der Bedachte hinsichtl des Mehrwerts den übr MitE Wertausgleich aus seinem eigenen Vermögen zahlen muß (dann Teilgsanordng). Kann der ErblWille der letztw Vfg nicht eindeutig entnommen werden, ist er dch **Auslegung** zu ermitteln, wobei auch außerhalb des Test liegende Umstände zu berücksichtigen sind (Nürnb MDR **74**, 671). Gelingt es nicht, sich von dem bei TestErrichtg vorhandenen tatsächl Willen des Erbl zu überzeugen, muß das Gericht sich notfalls damit begnügen, den Sinn zu ermitteln, der dem mutmaßl ErblWillen am ehesten entspricht (BGH **86**, 41; FamRZ **85**, 62). Ein dem Erbl bekannter obj Vermögensvorteil wird Indiz für einen Begünstiggswillen sein; war dem Erbl der obj Vermögensvorteil nicht bewußt, ist ergänzende Ausleg geboten (Soergel/Wolf Rz 6). – Die Frage der Abgrenzg stellt sich nicht allein bei Einräumg eines **ÜbernahmeR** (dazu Anm 1) gg Wertausgleich (s dazu Johannsen WM **72**, 866; **73**, 545: Ausgleichszahl bei Veräußerg; **77**, 276). Ein ÜbernahmeR zugunsten eines MitE kann auch bei obj gleichwertigem Übernahmepreis ein Vermächtn sein (BGH **36**, 115). IdR ist es Vermächtn, wenn in einem entgeltl Erbvertrag Übernahme und Entgelt des Berecht in Zusammenhang stehen (BGH aaO). – Über Anspr am ÜbernahmeGgst s § 2184.

b) Die Bedeutung der Abgrenzg zeigt sich verschiedentl: Das VorausVermächtn kann ausgeschlagen werden (§ 2180), die Teilgsanordng nicht. Der VermächtnNehmer hat mit seiner Fdg einen besseren Rang (vgl § 1991 II mit KO 226 II, § 1922 ggü § 2046). Der dch Teilgsanordng zugewiesene Ggst gehört bei beschränkter Erbenhaftg zum haftenden Nachl (BayObLG **74**, 30/315); nicht dagg der vorausvermachte und dem Bedachten bereits verschaffte Ggst unbeschadet KO 222, AnfG 3a. – Der Unterschied ist auch bei gemeinschaftl Test und Erbvertrag von Bedeutg, da eine Teilgsanordng vom Überlebenden jederzeit einseit widerrufen werden kann (§§ 2270 III; 2278 II), während der mit einem Vorausvermächtn Bedachte schon vor dem Erbfall den Schutz der §§ 2287, 2288 genießt und ihm die Bindungswirkg (§§ 2270, 2271; 2289–2291) zugute kommt. Bspl für ein Vermächtnis eines ÜbernahmeR in einem gemeinschaftl Test s Karlsr Just **62**, 152.

5) Dritter (Satz 2), nach dessen bill Ermessen die Teilg gem entspr Anordng des Erbl erfolgen soll, kann auch ein MitE sein (RG **110**, 274). – Zum Begriff der offenbaren Unbilligk **(Satz 3)** vgl § 319 Anm 2a. Wird ein Urteil notwend, ist die Entscheidg gleich nach bill Ermessen zu treffen. Entbehrl ist das Urteil, falls alle MitE über die Teilg einig sind. Im Prozeß besteht keine notw Streitgenossensch der MitE (RG Warn **19** Nr 42). – Kann od will der Dritte die Entscheidg nicht treffen od verzögert er sie, ist § 319 I 2 entspr anwendbar (str). – Der Erbl kann auch für die bei Auseinandersetzg entstehenden Streitigk ein **Schiedsgericht** anordnen (ZPO 1048; RG **100**, 76; s § 2042 Anm 2a).

6) Wertermittlung. Der Wert des zugewiesenen Ggst beurteilt sich nach dem Ztpkt, zu dem die Dchführg der Teilgsanordng verlangt werden kann (Soergel/Wolff Rz 11). Maßgebl ist der obj Verkehrswert. Für ein Landgut macht § 2049 eine Ausnahme. Der Wert eines Unternehmens kann dch Ermittlg des Mittelwertes aus Substanz- und Ertragswert festgestellt werden, wobei der good will im Ertragswert berücksicht wird (vgl BGH NJW **82**, 575 zu § 2311).

7) Steuerrecht. Für die ErbschSt bleiben bloße Teilgsanordnungen grds außer Betracht (s BFH **71**, 266). Bei Vorausvermächtn ist der zugewiesene Ggst (und nicht ein der Erbquote entspr Teil) für sich zu bewerten. Weist die Teilgsanordng den NachlGgst einem MitE unmittelb zu, wird sie wie ein Vorausvermächtn behandelt (BFH BStBl **77** II 640). S auch den Erlaß DB **78**, 819.

2049 Übernahme eines Landgutes.

^IHat der Erblasser angeordnet, daß einer der Miterben das Recht haben soll, ein zum Nachlasse gehörendes Landgut zu übernehmen, so ist im Zweifel anzunehmen, daß das Landgut zu dem Ertragswert angesetzt werden soll.

^{II}Der Ertragswert bestimmt sich nach dem Reinertrage, den das Landgut nach seiner bisherigen wirtschaftlichen Bestimmung bei ordnungsmäßiger Bewirtschaftung nachhaltig gewähren kann.

1) Eine Privilegierung zum Zweck der Erhaltg eines leistgsfäh landwirtsch Betriebs in der Hand einer vom Ges begünstigten Person, näml des übernehmenden MitE ggü weichenden sieht bei einem **Landgut** (zum Begriff s § 2312 Anm 1) die in **I** enthaltene **Auslegungsregel** (dazu Celle RdL **61**, 103) vor. Eine entspr Regelg gilt für die PflichttBerechng (§ 2312) und die Berechng des Anfangs- u Endvermögens bei ZugewGemsch (§ 1376 IV; s dazu BVerfG NJW **85**, 1329). Dies verstößt nicht gg den allg GleichhSatz, solange davon ausgegangen werden kann, daß im Einzelfall der GesZweck erreicht werden wird (BGH **98**, 375; s § 2312 Anm 1). – § 2049 gilt entspr bei Berechng des **Erbersatzanspruchs** (s § 1934b I 3), **nicht** aber bei Bewertg landw Grdste für die Gebühren nach der KostO (BayObLG **75**, 244/248). – Zur entspr Geltg, wenn zum Nachl ein verwaister Hof (HöfeO 10) gehört, s Hamm AgrarR **80**, 84 (dazu krit Stöcker ZBlJR **80**, 553). – Übernimmt ein MitE nur einen Bruchteil des Eigt an einem Landgut, ist für diesen nicht im Zw anzunehmen, daß er zum Ertragswert angesetzt werden soll (BGH NJW **73**, 995). – Auch kostenrechtl wird land- od forstwirtsch Vermögen iS des BewG seit 1. 7. 89 bei Übernahme zu Lebzeiten od nach dem Tod privilegiert (KostO 19 IV; V; 107 II; III nF; s § 2353 Anm 6a).

2) Der Ertragswert ist nach betriebswirtschaftl Grundsätzen ein bestimmtes Vielfaches des Reinertrags, der nicht nach dem BewertgsG ermittelt wird, sond wg der Besonderh jedes Einzelfalls nach betriebswirtschaftl Jahresabschlüssen (Düss FamRZ **86**, 168; Ffm OLGZ **70**, 268). Als maßgebl Kriterien zu seiner Festsetzg sind in **II** die bish wirtschaftl Bestimmg des Landguts, seine ordnungsgemäße Bewirtschaftg u der daraus nachhaltig erzielbare Reinertrag festgelegt, ohne daß aber vorgegeben ist, wie der Reinertrag beurteilt u wie auf seiner Grdlage der Ertragswert errechnet werden soll. Um nicht in jedem Einzelfall den nach örtl Verhältn in Betracht kommenden Kapitalisiergsfaktor ermitteln zu müssen, kann nach EG 137 eine landesrechtl Ergänzg des **II** erfolgen, wobei die Länder allerd an dessen materielle Kriterien gebunden, also nicht völlig frei sind (BVerfG NJW **88**, 2723). Soweit von dem Vorbehalt Gebrauch gemacht ist, wurde meist der 25- bzw 18-fache jährl Reinertrag bestimmt (s dazu EG 137 Anm 2).

2050 *Ausgleichungspflicht für gesetzliche Erben.* [I]Abkömmlinge, die als gesetzliche Erben zur Erbfolge gelangen, sind verpflichtet, dasjenige, was sie von dem Erblasser bei dessen Lebzeiten als Ausstattung erhalten haben, bei der Auseinandersetzung untereinander zur Ausgleichung zu bringen, soweit nicht der Erblasser bei der Zuwendung ein anderes angeordnet hat.

[II]Zuschüsse, die zu dem Zwecke gegeben worden sind, als Einkünfte verwendet zu werden, sowie Aufwendungen für die Vorbildung zu einem Berufe sind insoweit zur Ausgleichung zu bringen, als sie das den Vermögensverhältnissen des Erblassers entsprechende Maß überstiegen haben.

[III]Andere Zuwendungen unter Lebenden sind zur Ausgleichung zu bringen, wenn der Erblasser bei der Zuwendung die Ausgleichung angeordnet hat.

Schrifttum: Weimar JR **67**, 97; Johannsen, Ausgleichg unter Abkömml, WM **70**, 742; Kapp/Ebeling Rz I 661 ff; Keim, ZuwendgsAusgl dch Erbverzicht, Diss Köln, 1979, 39 ff.

1) Die Ausgleichung setzt einen zu verteilenden Nachl voraus. Sie gewährt dann keinen selbständ Anspr auf Herausgabe der Vorempfänge (s § 2056), sond bedeutet, daß bei Auseinandersetzg dieses Nachl (§ 2042) ein Abkömml im Falle gesetzl Erbfolge bestimmte Zuwendgen (s Anm 3), die er quasi als Vorausleistg vom Erbl zu dessen Lebzeiten erhalten hat, sich ggü abkömml anrechnen lassen muß. Sie führt also nicht zu einem GeldAnspr des Berecht, sond ledigl zu einem der Teilg zugrunde zu legenden Rechngsposten, so daß bei der Teilg der Verpflichtete um so viel weniger erhält, als er vorzeitig bereits empfangen hat. Diese AusgleichgsPfl beruht auf der Vermutg des Ges, daß der Erbl sein Vermögen unter seinen Abkömml gleichmäß verteilen will (BGH **65**, 375). Bei gewillkürter Erbfolge gilt dies nicht, weil hier anzunehmen ist, daß der Erbl die ihm sachgerecht erscheinende Aufteilg verfügt, also Vorempfänge entw berücksichtigt hat od nicht berücksichtigen wollte, sofern er nicht ausdrückl eine Ausgleichg anordnet.

a) Rechtsnatur. Die AusgleichgsPfl ist weder Vermächtn zugunsten der Berecht noch NachlVerbindlichk, sond nur eine Berechngsregel für die Erbteilg, die nicht die Erbquote als solche mindert, sond nur das Auseinandersetzgsguthaben des AusglPflichtigen verkürzt und das der ausgleichsberecht MitE vermehrt (s § 2055). Die Erbenstellg wird nicht berührt; auch der MitE, der nichts mehr erhält, bleibt Erbe mit allen Konsequenzen und ist sowohl zu NachlMaßnahmen zuzuziehen (s § 2055 Anm 3) als auch an der Schuldenhaftg beteiligt, wobei er aber bei Dchführg der Beschränkg nichts zu zahlen braucht (vgl auch § 2060 Anm 2). Die ausgleichspflicht Zuwendgen sind also niemals Bestandteil des Nachl und auch nicht in Natur zur Nachlmasse zurückzuführen, sond bleiben Vermögen des Begünstigten (BayObLG OLG **37**, 253), das nur dch Verrechng zu berücksichtigen ist (s § 2055 Anm 1).

b) Abweichende Anordnungen des Erbl sind mögl. Der Erbl kann die AusgleichgsPfl ganz od teilw, bedingt od unbedingt ausschließen od ändern. Ferner kann er für die Ausgleichg einen niedrigeren Wert als den tatsächl festsetzen (Frischknecht BWNotZ **60**, 270). Die abweichende Anordng muß er vor od bei Zuwendg treffen. Dies kann auch stillschw geschehen. Eine nachträgl Anordng ist nicht dch RGesch unter Lebenden, sond nur noch dch Vfg vTw mögl (RG **90**, 419; hM) als Teilgsanordng (§ 2048) od Vorausvermächtn (§ 2150) zugunsten der and Abkömml. Das PflichttR der and MitE kann dadch jedoch nicht beeinträchtigt werden (§ 2316 III; s RG **90**, 422). – Auch die Abkömml können dch **Vereinbarung** die AusgleichgsPfl ganz od teilw ausschließen od über das Ges hinaus erweitern.

c) Übertragung. Die AusgleichgsPfl ist **vererblich** und trifft auch den Erwerber eines Erbteils (s Anm 2), dem sie allerd auch zugute kommt.

d) Im Prozeß trifft die **Beweislast** für das Bestehen einer AusgleichgsPfl denjenigen, der die Anrechng einer Zuwendg verlangt. Den Ausschluß muß beweisen, wer sich darauf beruft (Soergel/Wolf Rz 22 mN). –

Der **Streitwert** einer FeststellgsKlage bemißt sich nach dem Betrag, der bei Dchführg der Ausgleichg auf den Kläger entfallen würde (BGH FamRZ **56**, 381; Schneider Rpfleger **82**, 270).

2) Nur unter Abkömmlingen des Erbl findet die Ausgleichg statt. Es sind also nur die Kinder (auch nichtehel, nicht aber Stiefkinder), Enkel, Urenkel zur Ausgleichg verpflichtet (s auch §§ 2051, 2053) und auch nur, wenn sie als **gesetzliche Erben** berufen sind. Bei gewillkürter Erbfolge gilt (mit Ausn von § 2052) die Vorschr nicht (s Anm 1). Die Ausgleichg kommt auch nur dem Abkömml zugute. Für andere MitE, insbes den **Ehegatten**, ist die Ausgleichg ohne Bedeutg, ihr Anteil ist bei der Berechng auszuscheiden. Will der Erbl gleichwohl seinen Ehegatten od and MitE zur Ausgleichg heranziehen, muß er dies dch letztw Vfg als Vermächtn zugunsten der and MitE anordnen (Maßfeller Betr **57**, 626; Wolfsteiner MitBayNot **82**, 61). – Der **Erbteilserwerber** tritt in die Rechte und Pflichten bezügl der Ausgleichg ein (§§ 2372, 2376). – Auch der **Pfandgläubiger** am Erbteil steht wg einer AusgleichsPfl dem betr MitE gleich und muß sie gg sich gelten lassen (MüKo/Dütz Rz 3). – Für den ErbersatzAnspr des nichtehel Abkömml gelten die Vorschr entspr (§ 1934b III; s Anm 4).

3) Gegenstand der Ausgleichung können nur Zuwendgen des Erbl unter Lebenden sein, wobei auch im Falle eines gemeinsch Test der zuerst verstorbene Ehegatte nicht als Erbl anzusehen ist (BGH **88**, 102 zum PflichttR; aA für AusglVorschr Kiel SchlHA **35**, 224 ohne Begr). Je nach Art der Zuwendg sind die Voraussetzgen der AusgleichsPfl verschieden geregelt (I–III). Stets erfordert aber der Begriff der **Zuwendung,** daß ein Vermögensvorteil aus dem Vermögen des Erbl in das des Abkömml überführt wird (RG JW **27**, 1201), so daß zB die bloße Einräumg des EintrittsR in ein Handelsgeschäft nicht darunter fällt (RG aaO; s aber auch Celle NdsRpfl **62**, 203). Ein RGeschäft zw Erbl und Abkömml ist nicht begriffswesentl. Jede wirtschaftl Maßnahme, dch die dem Abkömml ein Vermögensvorteil vom Erbl auf Kosten des Nachl zufließt, ist Zuwendg (RG JW **38**, 2971), da allein die Vermögensverschiebg maßgebl ist. Wenn allerd der zugewendete Ggst dch Sondererfolge gar nicht in den Nachl gefallen wäre, besteht auch keine AusgleichsPfl (RG JW **37**, 2201). Bei der Zuwendg muß es sich nicht um Schenkg handeln; auch entgeltl fallen unter die AusgleichsPfl, soweit ihr Wert den der Ggleistg übersteigt. – **Nicht** ausgleichspflichtig ist, was der Erbl zurückerhalten hat, zB ein als Ausstattg übertragenes landwirtschaftl Anwesen, das der Abkömml dem Erbl zurückübertragen hat (BGH DRiZ **66**, 397) od was dem Erbl wieder gegeben werden muß. Deshalb begründet die Hingabe eines **Darlehens** grdsl nur eine NachlVerbindlichk und ist nur unter ganz bes Umständen ausgleichspflichtige Zuwendg, etwa wenn (auch nachträgl) vereinbart wird, daß es ganz od teilw nicht zurückzuzahlen, sond auszugleichen od von der Erbsch abzuziehen ist (RG Warn **10** Nr 245; **41** Nr 10; LZ **27**, 1110); dagg reicht nicht schon aus, daß es dem Abkömml zur Erhaltg seiner wirtschaftl Lebensstellg gewährt wurde (Dresden OLG **32**, 51). Zur AusgleichsPfl von nicht getilgten DarlZinsen s Stgt BWNotZ **76**, 67. Hat der Erbl dem Abkömml eine Wohng unentgeltl überlassen, ist deren Nutzgswert nicht auszugleichen (Soergel/Wolf Rz 8; MüKo/Dütz Rz 10; bestr).

a) Ausstattungen (I) sind Zuwendgen des Erbl, die er seinem Abkömml zur Verheiratg od Begründg einer Lebensstellg od zu and Zwecken des § 1624 gemacht hat. Zum Begriff s deshalb § 1624 mit Anm 2; BGH **44**, 91; Celle NdsRpfl **62**, 203 zur Aufnahme als gleichberecht Gesellschafter in Geschäft des Erbl ohne Kapitaleinlage; dazu auch Hambg MDR **78**, 670; ferner Stgt BWNotZ **77**, 150 mAv Siegmann; Schmid BWNotZ **71**, 29. – Die Aussteuer (§§ 1620–1623 aF) ist als Unterart der Ausstattg ebenf ausgleichspflichtig. Mit der Änderg der sozialen Verhältn erhalten jetzt auch die Töchter regelmäßig eine Berufsausbildg. Der UnterhaltsAnspr der Kinder umfaßt auch die Kosten einer angemessenen Ausbildg. Insoweit findet keine Ausgleichg statt; eine Aussteuer ist also nur dann ausgleichspflichtig, wenn sie neben einer Berufsausbildg gewährt wird od soweit sie deren regelm Kosten übersteigt (BGH NJW **82**, 575). Ausgleichspflichtig iS der **I** ist (entgg § 1624) auch gegeben, wenn der Erbl die Zuwendg einem entfernteren Abkömml als Sohn od Tochter gemacht hat, soweit nicht nach § 2053 die Ausgleichg entfällt (hM). Zu den ausgleichspfl Ausstattgen kann auch ein bloßes AusstattgsVersprechen gehören, wenn es zu Lebzeiten des Erbl noch nicht erfüllt worden ist (s BGH **44**, 91; s auch § 1624 Anm 3; 5). – Keine Ausstattg ist eine Hofüberlassg nach HöfeO 17 (Schlesw AgrarR **72**, 362). – **Ausgleichspflichtig** sind Ausstattgen ohne Rücks darauf, ob sie das den Vermögensverhältn des Erbl entspr Maß übersteigen (and II), es sei denn, daß der Erbl bei Zuwendg od letztw etwas anderes angeordnet hat (s Anm 1b). Jedoch gilt für eine in Rentenform gewährte Ausstattg **II** (RG **79**, 267) wie auch Ausbildgskosten, die im Rahmen der UnterhaltPfl (§ 1610 II) erbracht wurden.

b) Zuschüsse (II), die mit der Zweckbestimmg gewährt wurden, daß sie als Einkünfte verwendet werden sollen, sind dann nicht ausgleichspflichtig, wenn sie das dem Vermögen des Erbl entsprechde Maß nicht übersteigen, selbst wenn es sich um Ausstattgen handelt (RG **79**, 267). **II** regelt nur die **Höhe** des ausgleichspflicht Betrags, so daß für die allg Voraussetzgen gelten (s oben). Zum Ausschluß der Ausgleichg s Anm 1b. – Die Bestimmung als Einkünfte setzt voraus, daß Wiederholg in Aussicht genommen ist, zB Unterh währd eines Vorbereitgsdienstes (RGRK Rz 11). Einmaliger Zuschuß (zB für Badereise) gehört nicht hierher (Warn **10** Nr 288).

c) Aufwendungen für die Vorbildung zu einem Beruf (II) sind zB Studien-, Promotions- od Fachschulkosten, nicht aber die Kosten für die allg Schulbildg. Auch Aufwendgen, die nicht in Erfüll gesetzl UnterhPfl erfolgen (weil etwa Abkömml eigenes Vermögen hat), sind nach **II,** dh bei Übermaß ausgleichspfl (RG **114**, 53). – **Übermaß** liegt nicht schon deshalb vor, weil die Aufwendgen für einen Abkömml zum Zwecke der Vorbildg höher sind als die für die anderen zu demselben Zweck gemachten. Für die Beurteilg der Frage, ob solche Aufwendgen das den Verhältnissen des Erbl entspr Maß übersteigen haben, sind vielm die seinerzeitigen Vermögensverhältnisse zZ der Zuwendg maßgb (Hbg HansGZ **38**, 387); s zB zu Studienkosten Dieckmann FamRZ **88**, 712/714. – Die Ausbildg ist idR beendet, wenn durch Prüfg die Befähigg für den Beruf nachgewiesen ist (Warn **13** Nr 237). Doch kann uU später ein neuer Beruf erlernt werden, wofür wieder **II** gilt (RG **114**, 54). – Auch hier kann Ausgleichg erlassen werden (s Anm 1b).

d) Sonstige Zuwendungen (III) des Erbl unter Lebenden an seine Abkömml sind **nur** ausgleichspflichtig, wenn der Erbl dies angeordnet hat. Ob auch Leistgen, durch die einer gesetzl Pfl genügt wird, unter **III** fallen (RG **73**, 377), ist zweifelh. Der in einer OHG kraft einer gesellschrechtl qualifizierten Nachfolgeklausel (s § 1922 Anm 3c) eintretende MitE des verstorbenen Gesellschafters muß sich bei der Erbauseinandersetzg den Wert der ihm zugewendeten Mitgliedsch anrechnen lassen, wenn der Erbl bei der Zuwendg die Ausgleichg (stillschweigd) angeordnet hat (Brox § 44 IV 4, 2c). — Die **Anordnung** der Ausgleichg muß wie der Ausschluß der Ausgleichg erfolgen (dazu Anm 1b), ist aber gleichzeitig mit der Zuwendg so zur Kenntn des Empfängers zu bringen, daß er die Zuwendg ablehnen kann (RG **67**, 308). Werden Grdstücke zu Lebzeiten des Erbl von diesem an Abkömmlinge unentgeltl mit der Bestimmg übereignet, daß die Übertragg „in Vorwegnahme der zukünftigen Erbregelg" erfolgt, kann daraus nicht unbedingt der Wille des Erbl entnommen werden, daß sich der Erwerber den Wert des Grdstücks auf sein künftiges ErbR anrechnen lassen muß (Weimar aO 98; Stgt BWNotZ **77**, 150/151). Eine nachträgl Anordnung durch Vfg vTw enthält dann ein Vermächtn zG der übrigen MitE, das aber (außer bei ErbverzichtsVertr vorbehalten der Bedachte im Fall des § 2306 I 2 nicht ausschlägt) den Pflichtt des Abkömml nicht beeinträchtigen darf (s RG **90**, 422). — Die Anordg begründet nicht (wie bei der Schenkg unter Aufl) eine schuldrechtl Verpflichtg des Bedachten. — Eine Schenkg des Erbl an seinen minderj Abkömml wird dch die Anordng der Ausgleichg nicht mit einem Rechtsnachteil iS des § 107 versehen und erfordert daher keine Einwilligg des gesetzl Vertreters (BGH **15**, 168 mAv Fischer **LM** § 107 Nr 1; aM Lange NJW **55**, 1343). — Setzt der Erbl einen Abkömml zum Erben ein, erklärt er ihn aber wg seines Erbteils dch Zuwendgen unter Lebden für **abgefunden**, handelt es sich in Wirklichkeit um eine Enterbg (§ 1938; Weimar aaO 98). — Ein **Trustguthaben,** das ein deutscher Erbl bei einer amerikan Bank begründet u einem Abkömml zugewendet hat, ist sowohl nach amerikanischem Recht als auch nach III ausgleichspflichtig (BGH BB **69**, 197).

4) Auf den Erbersatzanspruch eines nichtehel Abkömml sind die AusglVorschr entspr anzuwenden (§ 1934b III). Bei AusgleichsPfl des nichtehel Abkömml kann sich dessen ErsatzAnspr mindern, bei AusgleichsPfl eines ehel Abkömml aber auch erhöhen.

5) Gesellschaftsanteil an einer oHG. Bei qualifizierter Nachfolgeklausel (s Anm 3d; § 1922 Anm 3c) kann dch entspr Anwendg der §§ 2050ff geboten sein, wenn der Wert der Mitgliedsch, die der bevorzugte MitE erwirbt, höher ist als der Betrag, der ihm auf Grd seiner Erbquote zusteht; § 2056 S 1 gilt in diesem Fall nicht (s Brox § 44 IV 4, 2c; Meincke AcP **178**, 45/46; 56f; Ulmer in Großkomm zum HGB³ § 139 Rdz 187–189; Westermann ua, Handb der Personengesellsch, 1967ff, I Rdz 542; auch Haegele BWNotZ **73**, 76/82; bestr).

6) Eine Sondervorschrift über die AusgleichsPfl des **Hoferben** enthält GrdstVG 16, nach der bei Berechng der Abfindg der Miterben im Zuweisgsverfahren (s § 2042 Anm 10) die Ausgleichg der Vorempfänge zu berücksichtigen ist (Bergmann SchlHA **61**, 311/314).

2051 Ausgleichungspflicht bei Wegfall eines Abkömmlings.

¹Fällt ein Abkömmling, der als Erbe zur Ausgleichung verpflichtet sein würde, vor oder nach dem Erbfalle weg, so ist wegen der ihm gemachten Zuwendungen der an seine Stelle tretende Abkömmling zur Ausgleichung verpflichtet.

IIHat der Erblasser für den wegfallenden Abkömmling einen Ersatzerben eingesetzt, so ist im Zweifel anzunehmen, daß dieser nicht mehr erhalten soll, als der Abkömmling unter Berücksichtigung der Ausgleichungspflicht erhalten würde.

1) Wegfall eines Abkömmlings als Erbe (§§ 1924, 1938, 1953, 2344, 2346) hat zur Folge, daß der an seine Stelle Tretende in die AusgleichsPfl eintritt. Unerhebl ist, ob der Nachfolger Abkömml des Weggefallenen ist. Notwend ist nur, daß er Abkömml des Erbl ist. Erhöht sich dadurch der Erbteil eines MitE, gilt hins der Ausgleich die Erhöhg als bes Erbteil (§ 1935). Ist aber der eintretende Abkömml vom Erbl **unmittelbar** durch Vfg vTw als Erbe eingesetzt, ist § 2051 nicht anwendb (Warn **13** Nr 238). Stirbt der ausgleichspflichtige Abkömml, nachdem er schon endgültig Erbe geworden war, geht mit der Erbsch die AusgleichsPfl auf seine Erben über, mögen sie Abkömml des Erbl sein oder nicht.

2) Der Ersatzerbe (§ 2096) eines weggefallenen Abkömml, mag er selbst Abkömml sein od nicht, soll iZw nicht mehr erhalten, als der Abkömml unter Berücksichtigg der AusgleichsPfl erhalten würde (**II**). Dabei sind aber nicht nur die Ausgleichspflichten des weggefallenen Abkömml, sond auch dessen Ausgleichsrechte zu berücksichtigen (Staud/Werner Rz 6; Soergel/Wolf Rz 6; MüKo/Dütz Rz 6). Entscheidend muß das Gesamtergebn der Ausgleichg sein. – Vgl auch § 2053.

2052 Ausgleichungspflicht für Testamentserben.

Hat der Erblasser die Abkömmlinge auf dasjenige als Erben eingesetzt, was sie als gesetzliche Erben erhalten würden, oder hat er ihre Erbteile so bestimmt, daß sie zueinander in demselben Verhältnisse stehen wie die gesetzlichen Erbteile, so ist im Zweifel anzunehmen, daß die Abkömmlinge nach den §§ 2050, 2051 zur Ausgleichung verpflichtet sein sollen.

1) Eine Auslegungsregel enthält die Vorschr für den Fall, daß der Erbl durch **Erbeinsetzung** die Abkömml entw genau auf die gesetzl Erbteile gesetzt (s RG **149**, 133) od ihre (höheren od niedrigeren) Erbteile in demselben Verhältn wie die gesetzl Quoten zueinander bestimmt hat. Sie ist auch bei Einsetzg als ErsatzE od NachE anwendb. Ist dch Zuwendg eines Vorausvermächtnisses an einen MitE ein Teil des Nachl ausgeschieden, ist hinsichtl des Rests die Ausgleichg nicht notw ausgeschlossen (RG **90**, 419); uU kann aber in diesem Falle die AusgleichsPfl der and MitE als ausgeschlossen gelten. Hat der Erbl die Erbteile nur für einen **Teil** der Abkömml nach dem Verhältn der gesetzl Erbteile bestimmt, findet die Ausgleichg unter diesem Teil statt (RG **90**, 420; Soergel/Wolf Rz 3). Bei Erhöhg des Erbteils eines Abkömmlings dch

Anwachsg (§ 2095) gelten beide Erbteile hins der AusgleichgsPfl als selbstd Erbteile (Staud/Werner Rz 5). – Im Regelfall des § 2269 gilt für § 2052 auch der erstverstorbene Eheg als Erbl; die Abkömml müssen daher beim Tode des Überlebenden die Zuwendgen ausgleichen, die vom Erstverstorbenen od aus dessen Nachl gemacht worden waren (RG WarnR **38** Nr 22; RGRK Rz 4); s auch BGH NJW 82, 43 mAv Schubert JR **82**, 155 zu AusglAnordng dch vorweggenommene Erbfolge.

2) Entsprechende Anwendung ist beim ErbersatzAnspr vorgesehen (§ 1934b III) und auch bei der Ausgleichspflicht für besondere Leistungen (s § 2057a I 1 Halbs 2 mit Anm 4).

2053 *Zuwendung an entfernteren Abkömmling.* [I]Eine Zuwendung, die ein entfernterer Abkömmling vor dem Wegfalle des ihn von der Erbfolge ausschließenden näheren Abkömmlinges oder ein an die Stelle eines Abkömmlinges als Ersatzerbe tretender Abkömmling von dem Erblasser erhalten hat, ist nicht zur Ausgleichung zu bringen, es sei denn, daß der Erblasser bei der Zuwendung die Ausgleichung angeordnet hat.
[II]Das gleiche gilt, wenn ein Abkömmling, bevor er die rechtliche Stellung eines solchen erlangt hatte, eine Zuwendung von dem Erblasser erhalten hat.

1) Eine Zuwendung, die der Erbl **vor** dem Wegfall eines näheren Abkömml einem entfernteren macht, erfolgt nach dem von dem Ges vermuteten Willen des Erbl nicht als Vorausleistg auf die zu erwartende Erbsch, weil der Erbl den näheren Abkömml als seinen Erben ansieht. Sie ist daher auch nicht ausgleichspflichtig, es sei denn, daß der Erbl die Ausgleich bei Zuwendg angeordnet hat (s dazu § 2050 Anm 3d). – Da die Vorstellg des Erbl entscheidet (RG **149**, 134), wird die Ausgleichung auch für den Abkömml nicht in Frage kommen dürfen, dessen Vorgänger schon weggefallen war, wenn der Erbl dies bei der Zuwendg nicht wußte, währd umgekehrt iZw auszugleichen ist, wenn der Erbl den Bedachten irrtüml für den nächstberufenen hielt (RGRK Rz 1). – Die Anordng des Erbl wird idR den Fall betreffen, daß der entferntere Abkömml od der ErsatzE zur Erbsch berufen wird; der Erbl kann aber durch Vfg vTw auch Ausgleich durch den näheren Abkömml anordnen (Staud/Werner Rz 6).

2) Absatz 2 bezieht sich auf die Legitimation durch nachfolgende Ehe (§ 1719), EhelichErkl (§§ 1273 ff) u Annahme als Kind (§§ 1741 ff).

2054 *Zuwendung aus dem Gesamtgut.* [I]Eine Zuwendung, die aus dem Gesamtgut der Gütergemeinschaft erfolgt, gilt als von jedem der Ehegatten zur Hälfte gemacht. Die Zuwendung gilt jedoch, wenn sie an einen Abkömmling erfolgt, der nur von einem der Ehegatten abstammt, oder wenn einer der Ehegatten wegen der Zuwendung zu dem Gesamtgut Ersatz zu leisten hat, als von diesem Ehegatten gemacht.
[II]Diese Vorschriften sind auf eine Zuwendung aus dem Gesamtgut der fortgesetzten Gütergemeinschaft entsprechend anzuwenden.

1) Zweimalige Ausgleichung. Die Vorschr will Klarh über die Person des Leistenden schaffen, wenn eine Zuwendg aus dem GesamtGütervermögen einer GüterGemsch gemacht wurde. Falls kein ggteiliger Wille des verwaltenden Ehegatten vorliegt, gilt jeder Ehegatte zur Hälfte als Zuwender (**I** 1), u zwar unabhängig davon, welcher der Eheg od ob beide das Gesamtgut verwaltet haben (Staud/Werner Rz 2). Die Ausgleich muß also idR zweimal stattfinden, wenn sie nicht bis zur Beendigg der fortgesetzten Güter-Gemsch hinausgeschoben ist (§ 1483; RGRK Rz 3). Jeder Eheg kann die Ausgleichg anordnen od erlassen, soweit er als Zuwendender gilt. Kann beim Nachl eines Ehegatten die Ausgleich nicht erfolgen, weil dessen Gesamtgutsanteil nicht ausreicht, ist beim Nachl des and eine entspr höhere Ausgleich vorzunehmen (MüKo/Dütz Rz 8; aA Soergel/Wolf Rz 3).

2) Ausnahmsweise findet Ausgleich nur ggüber **einem** Elternteil statt, wenn der Abkömml, der die Zuwendg erhielt, nur von einem der Eheg stammt (**I** 2) od wenn ein Eheg wg der Zuwendg zum Gesamtgut Ersatz zu leisten hat. Diese ErsPfl tritt bei Ausstattgen nach §§ 1444, 1466 ein. – **I** 2 ist aber einschränkend dahin zu verstehen, daß die Zuwendg nur soweit von dem betr Eheg als gemacht gilt, als die auf ihn treffende Hälfte des Gesamtguts im Ztpkt der Beendigg der GüterGemsch reicht (RG **94**, 262).

3) Fortgesetzte Gütergemeinschaft. Zu II vgl § 1483 ff; Staud/Werner Rz 10, 11; MüKo/Dütz Rz 12, 13.

2055 *Durchführung der Ausgleichung.* [I]Bei der Auseinandersetzung wird jedem Miterben der Wert der Zuwendung, die er zur Ausgleichung zu bringen hat, auf seinen Erbteil angerechnet. Der Wert der sämtlichen Zuwendungen, die zur Ausgleichung zu bringen sind, wird dem Nachlasse hinzugerechnet, soweit dieser den Miterben zukommt, unter denen die Ausgleichung stattfindet.
[II]Der Wert bestimmt sich nach der Zeit, zu der die Zuwendung erfolgt ist.

Schrifttum: Kohler, Das Geld als Wertmaßstab beim Erb- u Zugewinnausgleich, NJW **63**, 225 (mit Beisp); Werner, Werterhöhg als ausgleichspfl Zugewinn u erbrechtl Vorempfang, DNotZ **78**, 66; Meincke, Zum Verfahren der MitE-Ausgleichg, AcP **178** (78), 45.

1) Durchführung. Nach der dispositiven Vorschr wird die Ausgleichung bei der Aufteilg (§ 2047) **nur rechnerisch** unter den beteiligten Abkömml vollzogen (Idealkollation), nicht durch Rückgewähr der Zuwendgen in Natur (Realkollation; vgl § 2050 Anm 1). Dem Nachl wird nicht wirkl etwas zugeführt, sond er wird rein rechnerisch um die auszugleichenden Zuwendgen vermehrt: Von dem um die NachlVerbindlichk verminderten Nachl (§ 2046 I 1) werden zunächst auch noch die Erbteile des Ehegatten und der an der Ausgleichg nicht beteiligten MitE vorweg nach der wirkl vorhandenen Erbmasse berechnet und abgesondert. Diesem NettoNachl werden die auszugleichenden Zuwendgen hinzugerechnet. Von dem so erhöhten NachlWert werden die Erbteile der ausgleichspflichtigen Abkömml berechnet u davon die anzurechnenden Zuwendgen abgezogen (s Celle RdL **60**, 295). Diese Rechng führt idR zu von den Erbquoten abweichenden Teilsquoten, die stets (also nicht nur bei der Verteilg von Geld) zu beachten sind (BGH **96**, 174). – **Beispiel:** Nachl 6000. MitE (ohne Berücksichtigg der ZugewGemsch, § 1371 I) sind die Witwe W zu ¼; Kinder A, B, C zu ¼. A hat 1000 und C 800 auszugleichen. Es erhält vorweg W 1500. Für die Abkömml beträgt die rechnerische erhöhte Teilungsmasse 4500+1000+800 = 6300. Davon erhalten B ⅓ = 2100, A 2100−1000 = 1100 und C 2100−800 = 1300. Bei der ZugewGemsch erhält die Witwe nach § 1371 I ½, die Abkömmlinge je ⅙. Der Erbteil der W ist demnach 3000. Der rechnerische Nachl für die Abkömml beträgt 4800. Hiervon entfallen auf A 600, auf B 1600, auf C 800. – In der str Frage, welcher **Stichtag** für die Bewertg des Nachl zugrde zu legen ist, hat sich der BGH (aaO) im Anschluß an Meincke AcP **178**, 45 für den Tag des **Erbfalls** entschieden. Der Wert der auszugleichenden Zuwendgen ist auf den Tag des Erbfalls gemäß den Grdsätzen von BGH **65**, 75 umzurechnen. – Untergang der Zuwendg befreit nicht von der AusgleichsPfl (Staud/Werner Rz 10). – Ist die Ausgleichg bei der Teilg unterblieben, sind BereicherungsAnspr gegeben.

2) Wertberechnung der Zuwendungen. Für sie ist nach **II** der Ztpkt der Zuwendg maßg; spätere Wertänderngen od Erträgnisse bleiben unberücksichtigt. – Der **Kaufkraftschwund** des Geldes zw dem Ztpkt der Zuwendg u dem des Erbfalls ist zu berücksichtigen (BGH **65**, 75 mAv Löbbecke NJW **75**, 2292; BGH WM **75**, 1179; s § 2315 Anm 2; dazu auch Meincke AcP **178**, 52 ff mit Beisp 48 ff). – Der Erbl kann bei der Zuwendg formlos den anzurechnenden Wert auch bindend festsetzen, zB nach dem Wert des geschenkten Ggst zur Zeit des Erbfalls (Hamm MDR **66**, 330); eine solche Anordng kann sich auch aus den Umständen des Falles ergeben (Werner aaO 58; Meincke aaO 55).

3) Rechtsstellung der Miterben. Die AusgleichsPfl ist bis zur Auseinandersetzg für die **Stellung der Miterben** nach innen u außen ohne Bedeutg. Sie sind nach Maßg ihrer ideellen Erbteile an der Verwaltg u Vfg beteiligt. Auch ein durch ausgleichspflichtige Zuwendgen völlig befriedigter MitE ist nicht ausgeschlossen (hM; vgl § 2050 Anm 1). Im Falle der Gefährdg können gg ihn auch durch einstw Vfg Sicherungsmaßnahmen ergriffen werden. Der völlig befriedigte MitE haftet auch dem Gläub nach allg Regeln. Im Innenverhältn allerdings ist er freizustellen; er kann deshalb auf Einhaltg des § 2046 I dringen u notfalls Rückgriff nehmen.

4) Gleiche Stellung wie ein Miterbe erlangen hins der AusgleichsPfl der Erbteilserwerber (§ 2033) od ein MiterbenGläub, der den NachlAnteil pfändet; sowie der NachlGläub, der ZwVollstr in den NachlAnteil vor Teilg betreibt (RGRK Rz 10; s auch § 1934b III).

2056 *Keine Herausgabe des Mehrempfanges.* Hat ein Miterbe durch die Zuwendung mehr erhalten, als ihm bei der Auseinandersetzung zukommen würde, so ist er zur Herauszahlung des Mehrbetrags nicht verpflichtet. Der Nachlaß wird in einem solchen Falle unter die übrigen Erben in der Weise geteilt, daß der Wert der Zuwendung und der Erbteil des Miterben außer Ansatz bleiben.

1) Keine Herausgabepflicht trifft den MitE, der als Zuwendg mehr erhalten hat, als das ihm nach § 2055 zustehende Auseinandersetzguthaben beträgt. Er ist namentl auch von der Zahlg eines Pflichtteils an andere befreit (RG **77**, 282). Der PflichttErgänzgsAnspr (§ 2325) erstreckt sich nur auf Schenkgen, nicht auf andere Zuwendgen (RG **77**, 282). Die Ausgleichg von Vorempfängen kann dch § 2056 nur dann beschränkt werden, wenn der Vorempfang eines sonst ausgleichspflichtigen gesetzl Erben höher ist als dessen gesetzl Erbteil bei Hinzurechng der auszugleichenden Vorempfänge zu dem um den Wert der Schenkg vermehrten Nachl (BGH NJW **65**, 1526 zu § 2325; dazu Keßler DRiZ **66**, 399; Johannsen WM **70**, 239).

2) Verfahren bei Ausgleichung. Bei der Verteilg des Nachl unter die übr MitE bleibt dieser Erbteil außer Ansatz. Dabei ist aber zu beachten, daß die Erbteile der beteiligt bleibenden MitE in demselben Verhältn zueinander stehen müssen wie bisher. **Beispiel:** Nachl 8000; MitE sind A zu ½, B zu ¼, C zu ¼. C hat 4000 auszugleichen. Auf C würden entfallen ¼ (8000 + 4000) = 3000. Da er 4000 erhalten, scheidet er aus. Nunmehr müssen erhalten A ⅔ von 8000 = 5333,33, B ⅓ = 2666,67. S auch Beisp bei Staud/Werner Rz 7.

3) Erhöhung. Für den Fall der Erhöhg des gesetzl Erbteils durch Wegfall eines gesetzl Erben vgl § 1935 Anm 3, 4.

2057 *Auskunftspflicht der Miterben.* Jeder Miterbe ist verpflichtet, den übrigen Erben auf Verlangen Auskunft über die Zuwendungen zu erteilen, die er nach den §§ 2050 bis 2053 zur Ausgleichung zu bringen hat. Die Vorschriften der §§ 260, 261 über die Verpflichtung zur Abgabe der eidesstattlichen Versicherung finden entsprechende Anwendung.

1) Das Recht auf Auskunft, das die AusgleichsPfl sichern soll, steht jedem MitE gg jeden einzelnen anderen MitE zu (über den AuskunftsAnspr bei Auseinandersetzg s Stgt BWNotZ **76**, 89). Ebso dem mit der Auseinandersetzg beauftragten TestVollstr und dem NachlVerwalter. Dem NachlKonkVerw nur bei bes Interesse (RGRK Rz 3). Wegen § 2316 I hat es auch der pflichtteilsberechtigte Nichterbe (RG **73**, 372; Zweibr FamRZ **87**, 1197). – Auskunftspflichtig ist auch ein Abkömml, der nicht Erbe ist, sondern nur den Pflichtt erhält (Nürnb NJW **57**, 1482). Auskunft kann auch der nichtehel Abkömml verlangen, dem ein ErbersatzAnspr zusteht (s Odersky § 1934b Anm VI 4b).

2) Gegenstand der Auskunftpflicht sind alle möglicherw unter § 2050 fallenden Zuwendgen, die der MitE persönl erhalten hat und nicht nur solche, die bei richtiger Anwendg der §§ 2050–2053 ausgleichspflichtig sind (RG 73, 376; vgl Staud/Werner Rz 5). Die Entscheidg, welche Zuwendgen in Frage kommen, kann nicht dem Belieben des Auskunftspflichtigen überlassen bleiben. Demnach ist Auskunft zu erteilen, ohne daß das Vorhandensein von Zuwendgen vorher überh festgestellt sein muß. Auch der Wert des Erhaltenen ist anzugeben (BayObLG OLG 37, 253).

3) Die Form der Auskunft ist nicht geregelt. Ein Verzeichnis iS des § 260 I ist nur vorzulegen, wenn die Zuwendg einen Inbegriff von Ggständen umfaßt. – Die **eidesstattliche Versicherung** ist nur zu leisten, wenn Grd zu der Annahme besteht, daß die Auskunft nicht mit der erforderl Sorgfalt erteilt ist; jedoch auch bei geringen Zuwendgen, da § 259 III nicht gilt (RGRK Rz 7). Ist der Pflichtige zur Abgabe der eidesstattl Vers bereit, regelt sich das **Verfahren** nach FGG 163, 79. Zuständ für die Entggnahme der eidesstattl Vers ist das AG (RPfleger, RPflG 3 Nr 1b) des Wohns des Pflichtigen (§ 269). Bei Streit entsch das ProzeßG; über Entggnahme der eidesstattl Vers s ZPO 889 (AG als VollstrG; RPfleger, RPflG 20 Nr 17); s § 2027 Anm 1. – Jedoch ist auch ein Vertr zur Leistg einer eidesstattl Vers gült. Liegt eine solche vertragl Verpfl vor, hat das Ger nicht zu prüfen, ob die gesetzl Voraussetzgen gegeben sind (Hbg HansGZ 40, 98). – Die Kosten trägt der Antragsteller; Gebühr regelt KostO 124.

4) Eine allgemeine Auskunftspflicht der MitE untereinander über den Nachl besteht darüber hinaus nicht (vgl § 2038 Anm 2e). Auch § 242 kann idR nicht dazu führen (BGH WM **89**, 548; s aber auch Speckmann NJW **73**, 1869).

2057a Ausgleichungspflicht bei besonderer Mitarbeit oder Pflegetätigkeit eines Abkömmlings.

^{I} Ein Abkömmling, der durch Mitarbeit im Haushalt, Beruf oder Geschäft des Erblassers während längerer Zeit, durch erhebliche Geldleistungen oder in anderer Weise in besonderem Maße dazu beigetragen hat, daß das Vermögen des Erblassers erhalten oder vermehrt wurde, kann bei der Auseinandersetzung eine Ausgleichung unter den Abkömmlingen verlangen, die mit ihm als gesetzliche Erben zur Erbfolge gelangen; § 2052 gilt entsprechend. Dies gilt auch für einen Abkömmling, der unter Verzicht auf berufliches Einkommen den Erblasser während längerer Zeit gepflegt hat.

^{II} Eine Ausgleichung kann nicht verlangt werden, wenn für die Leistungen ein angemessenes Entgelt gewährt oder vereinbart worden ist oder soweit dem Abkömmling wegen seiner Leistungen ein Anspruch aus anderem Rechtsgrunde zusteht. Der Ausgleichungspflicht steht es nicht entgegen, wenn die Leistungen nach den §§ 1619, 1620 erbracht worden sind.

^{III} Die Ausgleichung ist so zu bemessen, wie es mit Rücksicht auf die Dauer und den Umfang der Leistungen und auf den Wert des Nachlasses der Billigkeit entspricht.

^{IV} Bei der Auseinandersetzung wird der Ausgleichungsbetrag dem Erbteil des ausgleichungsberechtigten Miterben hinzugerechnet. Sämtliche Ausgleichungsbeträge werden vom Wert des Nachlasses abgezogen, soweit dieser den Miterben zukommt, unter denen die Ausgleichung stattfindet.

1) Zweck der mit Wirkg vom 1. 7. 70 dch das NEhelG eingefügten Vorschr ist es, eine sichere RGrdlage für einen Ausgleich nach Billigk im Rahmen der Erbauseinandersetzg zu schaffen, wenn ein Abkömml zum Wohl des Erbl besond Leistgen unentgeltl od gg unangemessen geringes Entgelt erbracht hat. Früher mußten dafür arbeits- u gesellschaftsrechtl Anspr konstruiert werden. Die Besonderh der Regelg liegt darin, daß hier nicht wie sonst Zuwendgen des Erbl an den ausgleichspflichtigen Abkömml auszugleichen sind, sond umgekehrt Leistgen des ausgleichsberecht Abkömml an den Erbl.

2) Voraussetzungen (I). Für das Verlangen einer Ausgleichg nach G sowohl persönl als auch sachl Voraussetzgen auf, wobei auch der Ausschluß nach **II** (dazu Anm 4) zu beachten ist.

a) Abkömmlinge des Erbl sind Kinder (auch nichtehel), Enkel, Urenkel (s § 1924 Anm 3). Nur unter diesen und nur wenn sie zur gesetzl Erbfolge gelangen, findet die Ausgleichg statt. Allerd ergibt sich aus der entspr Anwendg des § 2052 (**I** 2), daß auch unter den auf ihre gesetzl Erbteile od im Verhältn derselben test eingesetzten Abkömml die Ausgleichg stattfindet. Auf den Ehegatten des Erbl als MitE erstreckt sich die Regelg aber nicht. – AusgleichgsPfl u -Recht sind vererbl (s Staud/Werner § 2050 Rz 15). Zum ErbschKauf s §§ 2372, 2376 u § 2050 Anm 1 c.

b) Sonderleistungen des Abkömml für den Erbl sind Ggstand der Ausgleichg, wenn sie in **besonderem Maße** dazu beigetragen haben, das Vermögen des Erbl zu erhalten od zu vermehren. Sie müssen also nicht unerhebl und in jedem Fall über die bloße Unterhaltspflicht (§§ 1601ff) hinausgegangen sein. Das Ges nennt alternativ folgende Leistgen:

aa) Mitarbeit in Haushalt, Beruf od Geschäft des Erblassers. Dazu können die zu § 1619 entwickelten Grdsätze über Dienstleistgen des dem elterl Hausstand angehörenden Kindes im Hauswesen u Geschäft der Eltern herangezogen werden (s dazu Fenn, Die Mitarbeit in den Diensten Familienangehöriger, 1970, § 6; BGH NJW **72**, 429). Auch Mitarbeit der Familie des Kindes und Hilfskräfte im Auftr des Kindes ist zu berücksichtigen (Soergel/Wolf Rz 4 mN). – Der **Haushalt** des Erbl umfaßt alle Angelegenh des Hauswesens, die die gemeins Lebensführg mit sich bringt (s § 1360a Anm 1b; Weimar aaO 23). – Der **Beruf** des Erbl kann ein selbständ od unselbständ sein, zB Arzt, RechtsAnw, Angestellter. – Als **Geschäft** des Erbl ist jeder GeschBetr (vgl KStDV 14; GewStDV 8) anzusehen, auch zB der GeschBetr einer Gesellsch, deren Gesch er als Gesellschafter führt; ferner auch ein landw Betrieb. – Die **Mitarbeit** kann sehr verschiedenartig sein, muß sich aber auf längere Zeit erstreckt haben. Das ist idR bei mehrjähr Dauer der Fall; eine Mindestzeitgrenze kann nicht aufgestellt werden (Weimar aaO). Sie muß eine unentgeltl gewesen sein (s unten

Anm 4); bei teilw Unentgeltlichk besteht AusgleichsPfl nur für den unentgeltl Teil der Leistg (Erman/ Schlüter Rz 5).

bb) Erhebliche Geldleistungen sind einer solchen Mitarbeit gleichgestellt, wofür ein obj Maßstab anzulegen ist; die Vermögensverhältn des Erbl sind nicht hier, sond bei der Auswirkg zu würdigen (Soergel/ Wolf Rz 5; str; aA MüKo/Dütz Rz 22). – Gleich stehen auch **Leistungen sonstiger Art** wie zB das Zurverfüggstellen eines dem Abkömml gehörenden Grdst für das Gesch des Erbl; Bezahlg höherer Schulden; erhebl Investitionen in den Betrieb (Dressel RdL **70**, 146; s auch Odersky Anm II 4; Weimar aaO 24).

cc) Das Vermögen des Erbl zu erhalten od zu vermehren, also die Gesamth der Aktiva, muß Ergebn der Mitarbeit od einer der genannten Leistgen gewesen sein, zumindest in Form eines Beitrags. Der Vermehrg des Aktivvermögens wird also die Erhaltg des wirtschaftl Werts gleichgeachtet.

dd) Pflegeleistungen. Ein AusgleichsR entsteht auch für den Abkömml, der unter Verzicht auf berufl Einkommen den Erbl währd längerer Zeit gepflegt hat **(I 2)**. Die **Pflege,** also die Betreuung des pflegebedürft Erbl, muß **längere Zeit** gedauert und es muß sich um eine Leistg in bes Maß gehandelt haben. Der Abkömml muß die Pflege nicht allein durchgeführt, sond kann sich zur Unterstütz auch von ihm bezahlter Hilfskräfte bedient haben. Weiterhin ist erforderl, daß die Betreuung einen völligen od teilw Verzicht auf Einkünfte aus eigenen berufl Einkünften notw gemacht hat (dazu auch Weimar aaO 24; Staud/Werner Rz 17).

3) Ausgleichsberechtigt ist der Abkömml (uU auch mehrere Abkömml), der Leistgen iS von I erbracht hat. Er kann bei der Erbauseinandersetzg eine Ausgleichg verlangen. Die AusgleichsPfl kann auch das nichtehel Kind hins seines ErbersatzAnspr treffen (§ 1934 b III). Sind die Leistgen des Abkömml zG des Erbl im Rahmen der DienstleistgsPfl des hausangehör Kindes gem § 1619 erbracht od stellen sie Aufwendgen od eine Überlassg von Vermögen des hausangehör volljj Kindes zur Bestreitg der HaushKosten iS des § 1620 dar, steht dies einer AusgleichsPfl der übr Abkömml nicht entgg **(II 2)**. Hat also zB ein volljähr, dem elterl Haushalt angehörendes Kind seinem Vater zur Bestreitg von HaushKosten einen größeren GeldBetr überlassen u hat die Absicht, Ersatz zu verlangen, gefehlt, sind die Voraussetzgen für die Entstehg einer AusgleichsPfl gegeben, wenn das Kind nach dem Tod des Vaters kraft G MitE neben anderen Abkömml ist.

4) Ausschluß der Ausgleichung, II 1. Hat der Abkömml für die erbrachte Leistg ein **angemessenes Entgelt** erhalten, etwa im Rahmen eines Dienst- od ArbVerhältn zw ihm u dem Erbl für Dienste in dessen Geschäft (s § 1619 Anm 4), steht ihm kein AusgleichsR zu. Das gleiche gilt, wenn ein solches Entgelt für die Leistg zwar nicht entrichtet, aber vereinbart worden ist. In diesem Fall hat der Abkömml einen Anspr auf Zahlg des vereinbarten Entgelts als NachlFdg (§ 1967), bei Geldleistgn (zB Darlehen) eine Fdg auf Rückzahlg gem Vereinbarg. – Eine Ausgleichg kann ferner dann nicht verlangt werden, wenn dem Abkömmling ein Anspr aus einem and RechtsGrd zusteht, etwa aus GeschFührg ohne Auftr (§§ 677 ff) od aus ungerechtf Bereicherg (§§ 812ff); s hierzu u insb über etwaige Anspr aus § 612 II Damrau FamRZ **69**, 581; auch Fenn FamRZ **68**, 291; Richter BWNotZ **70**, 7. Hat der Abkömml aber für seine Mitarbeit nur ein unangemessen geringes Entgelt erhalten, kann er eine Ausgleichg verlangen; ebso wenn zB der Nachw eines entgeltl DienstVertr nicht erbracht werden kann (s Odersky Anm II 2d).

5) Bemessung der Ausgleichung (III). Bei Bemessg des AusglBetr ist einers die Dauer u der Umfang der Leistgen des Abkömml zu berücksichtigen, also zB Zeitraum u Wert der Mitarbeit im Haush, Beruf od Gesch des Erbl; Höhe der geleisteten GeldBetr; Dauer der Pflege u Höhe des damit verbundenen EinkVerzichts. Anderers ist der Wert des Nachl (u zwar des Reinrücklasses) zZ des Erbfalls (s § 2311 Anm 1) heranzuziehen. Es ist auch die Auswirkg der Leistgen des Abkömml auf das hinterlassene Vermögen des Erbl (Erhaltg, Vermehrg) zu ermitteln. – Die Ausgleichg muß unter Berücksichtigg dieser Faktoren so bemessen werden, daß sie der Billigk entspr. Der **Betrag** muß also nach den Umst des Einzelfalls billig u gerecht sein. Die BilligkKlausel ermöglicht, auf eine Nachrechng aller Einzelh, die ohnedies meist nicht mögl wäre, zu verzichten (s Firsching Rpfleger **70**, 41/53; Knur FamRZ **70**, 278; Damrau FamRZ **69**, 579/ 581; Johannsen WM **70**, 743/744). Es darf nicht der gesamte Nachl als AusgleichsBetr angesehen werden (Staud/Werner Rz 29; bestr). Im Streitfall muß das ProzeßG nach diesen Gesichtspunkten die Höhe des AusglBetr festsetzen (s Soergel/Wolf Rz 17).

6) Durchführung der Ausgleichung (IV) erfolgt rechnerisch in der Weise, daß zunächst unter Abzug des Anteils der nicht ausgleichspflicht MitE der Wert des Nachl festgestellt wird, der den Abkömml zufällt, unter denen der Ausgl stattfindet. Von diesem NachlWert wird der errechnete AusglBetrag abgezogen und sodann dem Erbteil des ausgleichsberecht MitE hinzugerechnet. – **Beispiel:** Ist der Wert des Nachl 18 000 und sind MitE die Witwe zu ½ und die Kinder A, B und C zu je ⅙, ergibt sich bei einem AusglBetrag für A von 3000: Die Witwe erhält 9000, die abzusetzen sind. Von den auf die Kinder fallenden 9000 beträgt nach Abzug des AusglBetrags von 3000 der rechnerische Nachl 6000. Es erhalten A 2000 + 3000 = 5000; B und C je 2000. – Trifft nach dem Tod des Vaters ein nichtehel Kind mit einem ehel zusammen (§ 1934a I) u ist das ehel Kind ausgleichsberecht, ergibt die Anwendg des § 2057a IV: Das ehel Kind ist AlleinE, dem nichtehel Kind steht ein ErbersatzAnspr in Höhe des Wertes von ½ Erbteil zu; es ist aber ausgleichspfl. Beisp: Nachl 12000, AusglBetr für das ehel Kind 4000, rechnerischer Nachl 8000; Wert des Erbteils des ehel Kindes 4000 + 4000 = 8000; ErbersatzAnspr des nichtehel Kindes 4000. S auch die Beisp bei Knur FamRZ **70**, 278[63]; Odersky Anm IV 2; Lutter § 6 III 4; Staud/Werner Rz 34.

7) Über entsprechende Anwendung der §§ 2051, 2053 s Damrau FamRZ **69**, 580, der diese zutr bejaht (ebso RGRK Rz 3); für entspr Anwendg des § 2051 Johannsen aaO; Knur aaO, Odersky Anm II (aber gg Anwendg des § 2053). § 2056 kann nicht Platz greifen, da der NachlWert bei Ausgleichg zu berücksichtigen ist (s Anm 5).

8) Pflichtteilsrecht. Über die bei Bestehen einer AusgleichsPfl gem § 2057a vorzunehmde Berechng des Pflichtt s § 2316 I 1.

9) Abweichende Anordnungen. Der Erbl kann den Wegfall od eine Einschränkg des AusglR dch letztw Vfg anordnen. Eine derartige Anordng ist als Vermächtn zG der and Abkömml anzusehen (Damrau FamRZ **69**, 581; auch Bosch FamRZ **72**, 174; Lutter § 6 IV; Staud/Werner Rz 4) – Kein Ausgl nach § 2057a erfolgt nach Durchführung des vorzeit ErbAusgl gem § 1934d.

10) Übergangsrecht. Gemäß Art 12 § 10 I 1 NEhelG (s EG 213 Anm 2) ist § 2057a nur anzuwenden, wenn der Erbl nach dem 30. 6. 70 verstorben ist. Die Leistg kann allerd zuvor erbracht worden sein (Firsching DNotZ **70**, 536; Bosch FamRZ **72**, 173). Die Beteiligg eines nichtehel Kindes scheidet aber aus, wenn dieses bereits vor dem 1. 7. 49 geboren ist, da ihm in diesem Fall kein ErbR zusteht (s NEhelG Art 12 § 10 II 1).

II. Rechtsverhältnis zwischen den Erben und den Nachlaßgläubigern

Schrifttum: Börner, Das System der Erbenhaftung, 3. Teil. Sonderregeln für Miterben, JuS **68**, 108; Harder/Müller-Freienfels JuS **80**, 876/879; Westermann, Haftg für NachlSchulden bei Beerbg eines Personen-Gesellsch dch eine ErbenGemsch, AcP **173**, 24.

Einführung

1) Die Haftung des Erben ist allg in §§ 1967–2017 geregelt, zu denen vollstreckgsrechtl ZPO 780–785 treten. Die §§ 1967ff gelten grds auch für MitE und zwar nicht getrennt. Insbes regelt sich danach, ob ein MitE beschränkt (also nur mit dem ererbten Vermögen) od unbeschränkt (auch mit seinem Eigenvermögen) haftet. Auch der MitE kann nicht vor Annahme der Erbsch in Anspr genommen werden (§ 1958). Die Einreden aus §§ 2014, 2015 stehen auch ihm zu. **Ergänzend** bestimmen zu diesen allg Vorschr die §§ 2058–2063, ob im AußenVerhältn die Erbengemsch als solche haftet und ob der einzelne MitE als GesamtSchu (für die ganze Fdg) oder nur anteilig (für seinen Erbteil entspr Teil der Verbindlk) einzustehen hat. Dies ist unabhäng von der Haftungsbeschränkg geregelt. Die Haftg des einzelnen MitE kann also gesamtschuldnerisch und beschränkt od unbeschränkb sein; aber auch anteilig und unbeschränkb od beschränkt.

2) Haftungsbeschränkung. Jeder MitE kann die gesetzl Möglichk zur Beschränkg seiner Haftg (s Einf 1a vor § 1967) ausnützen wie auch umgekehrt der Verlust des BeschränkgsR für jeden gesondert eintritt. Die **Sondervorschriften** der §§ 2058ff bestimmen für MitE lediglich folgende Abweichgen von den allg Grdsätzen: **Nachlaßverwaltung** (§ 1981) können nach § 2062 nur alle MitE gemeinschaftl und nur bis zur Teilg beantragen. Sie scheidet also als Beschränkgsmittel aus, sobald auch nur ein MitE unbeschränkb haftet (§ 2013 I). Eine gleichart Regelg gilt für das **Vergleichsverfahren** über den Nachl (VerglO 113 I Nr 1), während NachlKonk von jedem MitE selbständ beantragt u auch nach nach Teilg angeordnet werden kann (KO 217 I; 216 II). – **Inventarerrichtung** (§§ 1993ff), die eine Haftungsbeschränkg zwar nicht herbeiführt, aber die Möglichk dazu erhält, dch einen MitE gilt für alle noch nicht unbeschränkt haftenden MitE (§ 2063). – Handelt ein MitE bei Abschluß eines Verpflichtgsgeschäfts im Rahmen der Verwaltg des Nachl (§ 2038 I) erkennbar nur für den Nachl, wird die ErbenGemsch nur mit dem Nachl, nicht mit ihrem sonst Vermögen verpflichtet (BGH BB **68**, 769), weil insofern eine HaftgsBeschränkg als vereinbart anzunehmen ist (Brox § 30 IV 2a; s auch Einf 1c vor § 1967).

2058 Gesamtschuldnerische Haftung. Die Erben haften für die gemeinschaftlichen Nachlaßverbindlichkeiten als Gesamtschuldner.

1) Im Außenverhältnis gilt grdsätzl die persönl **gesamtschuldnerische Haftung** der MitE. Sie besteht neben der gesamthänderischen Haftg der Erbengemeinsch als solcher (§ 2059) und ist völlig losgelöst von der Frage einer Haftungsbeschränkg, die nur besagt, mit welcher Masse der einzelne MitE haftet (s Einf 1, 2). Sie beginnt mit der Erbengemeinsch und dauert grdsätzl auch nach deren Teilg fort; allerd enthalten §§ 2060, 2061 Ausnahmen für die Zeit nach der Teilg (vgl auch die Beschränkg in § 2059 I). – Gesamtschuldnerische Haftg besteht aber nur für **gemeinschaftliche** NachlVerbindlk, also für solche, für die alle MitE haften (Ggsatz vgl § 2046 II). Dies ist zB auch der Fall für die Rückforderg von Rentenzahlgen, die nach dem Tod des Berecht irrtüml an dessen Erben gelangten (BGH NJW **78**, 1385; s auch § 1967 Anm 1b, 2). Bei dem Gläub tritt sie um, wenn die Erben diesen aus demselben RGrund wie als GesamtSchu haften (BGH NJW **70**, 473 zu ZPO 747). – **Keine** gemeinschaftl Verbindlk sind zB: Vermächtnisse od Auflagen, die nur einzelnen MitE auferlegt sind; Verbindlichk der MitE eines PflichtBerecht nach § 2305, 2326 (RGRK Rz 2). Für diese haften die nicht betroffenen MitE überh nicht, mehrere Betroffene entspr § 2058 als GesamtSchu. Dagg findet § 2058 auf die NachlGläub nach §§ 1978ff zustehenden Anspr keine Anwendg, da diese als NachlAktiva gelten (§ 1978 II).

2) Gesamtschuldklage. Bis zur Teilg hat der Gläub ein WahlR, ob er Gesamtschuldklage gg die einzelnen MitE (zwecks Vollstreckg gg sie persönl) od Gesamthandklage gg die Erbengemeinsch (§ 2059 II; vgl § 2059 Anm 4) zwecks Zugriff nur auf den Nachl erheben will (BGH NJW **63**, 1611). Allerd hat die unterschiedl VollstreckgsMöglichkn nur geringe praktische Bedeutg wg § 2059 I 1 (BGH NJW-RR **88**, 710). – Gesamtschuldklage ist zB die auf Herbeiführg der Auflassg, also nicht auf unmittelb Vollzug der AuflassgsErkl (BGH aaO mAv Bötticher JZ **64**, 723 und Scheyhing JZ **63**, 477), da jeder einzelne MitE auf Abgabe seiner Erklärg zur Gesamtauflassg verklagt werden kann, aber nur die MitE gemeinschaftl verfügen können (§ 2040 I). Die MitE sind keine notw Streitgenossen (RG **68**, 221; **121**, 345; BGH aaO und st Rspr) im Ggsatz zur Gesamthandklage (s § 2059 Anm 4). Gg einzelne bestreitende MitE kann der Gläub auch auf **Feststellung** der Fdg klagen (RG Warn **08** Nr 487). Zur **Vollstreckung** in den ungeteilten Nachl ist aber ein Urteil gg alle MitE nötig (ZPO 747), wobei auch getrennte Titel gg die verschiedenen MitE genügen

(Soergel/Wolf Rz 13; MüKo/Dütz Rz 24). – Zum Einwand der Aufrechng dch einen MitE s § 2040 Anm 4. – Gerichtsstand s ZPO 27, 28.

3) Ein Gläubiger, der selbst Miterbe ist, kann gg die übr MitE die Gesamtschuldklage während des Bestehens der Erbengemeinsch erheben (BGH NJW **63**, 1611; NJW-RR **88**, 710), vermindert um den Anteil, der seiner eigenen Erbquote entspricht (Düss MDR **70**, 766), es sei denn, daß er Zahlg des ihm gebührenden Betrags ausdrückl nur „aus dem Nachl" verlangt (BGH aaO). Er hat auch die Gesamthandklage des § 2059 II (RGRK Rz 7; bestr; s auch Erman/Schlüter Rz 4; MüKo/Dütz Rz 28). **Nach** der Teilg kann er jeden seiner MitE als GesamtSchu auf den vollen Betrag seiner Fdg abzügl des auf seinen eigenen Bruchteil fallenden Betrages in Anspr nehmen (RG **150**, 344; RGRK Rz 9).

4) Im Innenverhältnis der MitE regelt sich der Ausgl nach dem Verhältn ihrer Erbteile (BayObLG **63**, 324; **70**, 132; vgl auch § 2055 Anm 3), bei Dchführg einer Ausgleichg nach dem, was jeder MitE tatsächl erhielt (vgl § 2060 Anm 1). Die NachlVerbindlk sind aber idR vor der Teilg zu tilgen (§ 2046 I).

5) Sonderfälle. Bei gerichtl Zuweisg eines landwirtschaftl Betriebs an einen MitE (GrdstVG 13 ff; s § 2042 Anm 10) enthält GrdstVG 16 II eine SonderVorschr für die Berichtigg von NachlVerbindlk, die zur Zeit des Erwerbs der zugewiesenen Ggstände noch bestehen. – Der Hoferbe haftet neben den übr MitE als GesamtSchu (vgl HöfeO 15; Soergel/Wolf Rz 15). – Bei Vererbg des Anteils eines persönl haftenden Gters eine **oHG** haftet der MitE haften diese für die bisherige GesellschSchulden gem HGB 128, 130. Eine Haftg nach §§ 2058 ff tritt nur nach Ausscheiden der MitE und Auflösg der Gesellsch ein (BGH NJW **82**, 45) od wenn der Erbe die Stellg eines Kommanditisten erhält (HGB 139 II; BGH **55**, 267).

2059 *Haftung bis zur Teilung.* [1]Bis zur Teilung des Nachlasses kann jeder Miterbe die Berichtigung der Nachlaßverbindlichkeiten aus dem Vermögen, das er außer seinem Anteil an dem Nachlasse hat, verweigern. Haftet er für eine Nachlaßverbindlichkeit unbeschränkt, so steht ihm dieses Recht in Ansehung des seinem Erbteil entsprechenden Teiles der Verbindlichkeit nicht zu.

[II]Das Recht der Nachlaßgläubiger, die Befriedigung aus dem ungeteilten Nachlasse von sämtlichen Miterben zu verlangen, bleibt unberührt.

1) Besonderes Verweigerungsrecht. Bis zur Teilg des Nachl (dazu Anm 3) kann sich der Gläub an den ungeteilten Nachl halten **(II)**. Außerdem kann er auch von jedem einzelnen der als GesamtSchu haftenden MitE Erfüllg fordern (s § 2058 Anm 1). Der MitE hat dann nach I 1 ein bes VerweigersR, das selbständ neben den allg Möglichk der Haftgsbeschränkg (s Einf 2 vor § 2058), also ohne NachlVerwaltg od Dürftigk, geltend gemacht werden kann. Eine amtl Absonderg des Nachl ist hier nicht erforderl, weil dieser als gesamthänd Sondervermögen der ErbenGemsch vom Eigenvermögen des einzelnen MitE noch getrennt ist. – Haftet der MitE bereits **unbeschränkbar**, dh auch mit seinem Eigenvermögen, ordnet I 2 zu seinem Schutz anteilige Haftg an: Als ein für die gesamte Fdg haftender GesamtSchu kann er zwar nicht Befriedigg aus dem Nachl verhindern; auf sein Eigenvermögen kann der Gläub jedoch nur in Höhe des seinem ideellen Erbteil entspr Teils der Schuld zurückgreifen (s Klautern DAV **73**, 625), da der MitE sich hinsichtl des Restes auf I 1 berufen kann. Dazu ist Vorbehalt im Urteil erforderl (ZPO 780; s Anm 2), wobei der allg Vorbeh genügt; doch ist dieser in der UrtFormel entspr einzuschränken.

2) Prozessual wird das bes VerweigersR des I im Urteil nicht ausgesprochen, da es sich um eine Einrede handelt, sond muß nach ZPO 780 **vorbehalten** werden. Der MitE kann also als GesamtSchu verurteilt werden (RG **71**, 371) und dch Erhebg der Einrede auch nicht den Eintritt des Verzugs verhindern (Mü OLG **30**, 203). Vielmehr muß er in der ZwangsVollstr gem ZPO 781, 785, 767 den Zugriff des Gläub in sein Privatvermögen abwehren; dabei erlaubt ihm auch der allg Vorbehalt nach ZPO 780 die Geltendmachg des **I**. Der MitE muß dazu aber **beweisen**, daß der Nachl noch nicht geteilt ist (dazu Anm 3). – Die stets zulässige ZwVollstr in den Anteil am ungeteilten Nachl erfolgt dch Pfändg des Erbteils gem ZPO 859 (s § 2033 Anm 3).

3) Die Teilung des Nachl tritt mit Vollzug der Auseindersetzg ein (s § 2042 Anm 2–7). Dazu ist nicht erforderl, daß die ErbenGemsch hinsichtl keines NachlGgstands mehr fortbesteht wie anderers die Verteilg einzelner (auch wertvoller) Ggstände noch keine Teilg zu sein braucht (RG **89**, 408). Wann der Nachl geteilt ist, beurteilt sich vielm nach dem obj Gesamtbild: Ist ein so erhebl Teil der NachlGgstände aus der Gesamthand in das Einzelvermögen der MitE überführt, daß im Nachl keine für die Berichtigg der NachlVerbindlichk mehr ausreichende Ggstände vorhanden sind, ist die Teilg vollzogen (Soergel/Wolf Rz 2; MüKo/Dütz Rz 4; str; aA Bräcklein NJW **67**, 431). – Auch die schon verteilten Ggstände können nach I 1 der Vollstr entzogen werden, wenn sie auch nicht mehr Anteil am Nachl sind (s Westermann AcP **173**, 29 f). Die Gläub sind auf den zum Nachl gehörenden Anspr auf Rückgewähr, soweit die Ggstände zur Befriedigg erforderl sind, beschränkt (RG **89**, 408; aM RGRK Rz 6). – Zur Teilg bei Nachfolge einer ErbenGemsch in einen PersonengesellschAnteil s MüKo/Dütz Rz 8, 11. – **Keine** Teilg liegt vor, wenn ein MitE alle Anteile der übr MitE gg nicht aus dem Nachl entnommenes Entgelt erworben hat; das VerweigersR nach I 1 entfällt hier (RGRK Rz 7). – Ob die fortges ErbenGemsch vom AnwendgsBereich des § 2059 I auszuschließen ist, erscheint zweifelh.

4) Gesamthandklage (II). Diese gg die ErbenGemsch als solche gerichtete Klage muß gg alle MitE erhoben werden. Diese sind notwend Streitgenossen (ZPO **62**; RG 71, 366; BGH **LM** Nr 2 zu ZPO 62: Klage auf Auflassg und Bewillig der GrdbuchUmschreibg; s § 2058 Anm 2). Sind jedoch einzelne MitE mit der Befriedigung aus dem Nachl einverstanden, ist Klage auf Einwillig in die Befriedigg aus dem Nachl nur gg die Widersprechenden zuläss (RG JW **29**, 585). – Daneben hat der Gläub wahlweise die Gesamtschuldklage (s § 2058 Anm 2) gg die einzelnen MitE. Sie dient dem nach **II** unbeschränkten Recht auf

Befriedigg aus dem ungeteilten Nachl. Dazu ist allerd nach ZPO 747 ein gg alle MitE ergangenes Urteil nötig. Es genügen aber auch getrennte Titel (s § 2058 Anm 2). Vorbehalt der HaftgsBeschränkg hindert Verurteilg nicht (RG **71**, 371). – Ob die Gesamthandklage od die Gesamtschuldklage erhoben ist, ist Ausleggsfrage (s BGH NJW **63**, 1612; NJW-RR **88**, 710). Ein Übergang von der Gesamtschuldklage zur Gesamthandklage, sond nicht Klageänderg, sond fällt unter ZPO 264 Nr 2 (RG **93**, 198). – Auch ggü der Gesamthandklage steht den MitE der Vorbehalt der HaftgsBeschränkg zu. – Auch dem MitE, der Gläub ist, steht die Gesamthandklage zu (§ 2058 Anm 3); er braucht sie nur gg die übrigen MitE zu richten (Warn **35** Nr 125). Wegen der Gesamtschuldklage s Anm 3 zu § 2058; BGH NJW **63**, 1611.

2060 Haftung nach der Teilung.
Nach der Teilung des Nachlasses haftet jeder Miterbe nur für den seinem Erbteil entsprechenden Teil einer Nachlaßverbindlichkeit:

1. wenn der Gläubiger im Aufgebotsverfahren ausgeschlossen ist; das Aufgebot erstreckt sich insoweit auch auf die in § 1972 bezeichneten Gläubiger sowie auf die Gläubiger, denen der Miterbe unbeschränkt haftet;
2. wenn der Gläubiger seine Forderung später als fünf Jahre nach dem im § 1974 Abs. 1 bestimmten Zeitpunkte geltend macht, es sei denn, daß die Forderung vor dem Ablaufe der fünf Jahre dem Miterben bekannt geworden oder im Aufgebotsverfahren angemeldet worden ist; die Vorschrift findet keine Anwendung, soweit der Gläubiger nach § 1971 von dem Aufgebote nicht betroffen wird;
3. wenn der Nachlaßkonkurs eröffnet und durch Verteilung der Masse oder durch Zwangsvergleich beendigt worden ist.

1) Allgemeines. §§ 2060, 2061 regeln Fälle, in denen die MitE nur anteilig haften, also nur für einen ihrer Erbquote entspr Teil der Schuld. Die Frage, ob der MitE beschränkbar od unbeschränkbar haftet, richtet sich stets nach den allg Vorschr (vgl Einf 1 vor § 2058).

2) Nach der Teilung (s dazu § 2059 Anm 3) haften die MitE grdsätzl ebenf als **Gesamtschuldner** (s Börner JuS **68**, 110). In den **Ausnahmefällen** der §§ 2060, 2061 beschränkt sich die Haftg aber auf einen dem Erbteil entspr **Bruchteil** der Schuld. Maßgebend im Verhältn zum Gläub ist die ideelle Erbquote; nur im InnenVerhältn wird die Verschiebg durch etwaige Ausgleichg, also der reale Erwerb aus der Erbsch berücksichtigt. Dadurch kann der Fall eintreten, daß ein Gläub trotz ausreichender NachlMasse nicht voll befriedigt wird. Denn ein nur beschr haftender MitE, der wg der Ausgleichg aus der Masse nichts erhalten hat, braucht nach Durchführung der Beschränkg nichts zu zahlen, währd die übrigen MitE nur für den ihrem ideellen Erbteil entspr Teil der Fdg haften (RGRK Rz 2). – In den Fällen der §§ 2060, 2061 ist ohne bes Vorbehalt nur anteilig zu verurteilen. Tritt die anteilige Haftg erst später ein, ist nach ZPO 767 zu verfahren.

3) Die einzelnen Ausnahmefälle des § 2060:

a) Ausschluß im Aufgebotsverfahren (§§ 1970 ff). Der Ausschluß wirkt für die Frage der Teilhaftg auch gg Gläub, denen der MitE unbeschränkt haftet, und gg die Pflicht-, Vermächtn- und AuflBerechtigten. Dieser Nachteil ist deshalb nach ZPO 997 I 2 bes anzudrohen. Teilg darf aber erst nach Erlaß des Ausschlußurteils erfolgen (MüKo/Dütz Rz 8; Soergel/Wolf Rz 3; bestr). – Nach ZPO 997 wirkt das Urteil für alle MitE. Ihre Kenntn von der Fdg ist unerhebl. – Die Stellg der dingl Berechtigten (§ 1971) bleibt unberührt (vgl Nr 2, wo dies ausdrückl klargestellt ist).

b) Verspätete Geltendmachung. Geltdmachg kann auch außergerichtl durch Mahng erfolgen. Die Frage der Kenntn ist für jeden MitE bes zu beurteilen. Sie können deshalb zT anteilig, zT gesamtschuldnerisch haften. – Anmeldg auf Aufforderg nach § 2061 ist nicht Anmeldg im AufgebotsVerf, kann sich aber als Geltdmachg ggü dem MitE darstellen. – Vor Ablauf der Fünfjahresfrist gibt es im allgem keine Verwirkg der Ansprüche eines NachlGläubigers nach § 242 (BGH WM **82**, 101). – Der verspäteten Geltdmachg der Forderg ist der Fall gleichzustellen, wenn ein Gläub infolge Rechtsirrtums über die Höhe der Forderg erst 5 Jahre nach Tilgg eines Teils der Forderg den Rest geltd macht (KG NJW **67**, 1137). – Im übr vgl § 1974.

c) Nachlaßkonkurs kann auch nach der Teilg eröffnet werden; dann findet Nr 3 keine Anwendg (Soergel/Wolf Rz 6; s auch oben a). KonkAusschüttg der gesamten Masse an die Gläub steht der Teilg gleich (hM). Im übr vgl § 1980. – Über Wirkg des im NachlVerglVerf geschlossenen Vergleichs s VerglO 113 I Nr 4.

2061 Aufgebot der Nachlaßgläubiger.
^I Jeder Miterbe kann die Nachlaßgläubiger öffentlich auffordern, ihre Forderungen binnen sechs Monaten bei dem Nachlaßgericht anzumelden. Ist die Aufforderung erfolgt, so haftet nach der Teilung jeder Miterbe nur für den seinem Erbteil entsprechenden Teil einer Forderung, soweit nicht vor dem Ablaufe der Frist die Anmeldung erfolgt oder die Forderung ihm zur Zeit der Teilung bekannt ist.

^II Die Aufforderung ist durch den Bundesanzeiger und durch das für die Bekanntmachungen des Nachlaßgerichts bestimmte Blatt zu veröffentlichen. Die Frist beginnt mit der letzten Einrückung. Die Kosten fallen dem Erben zur Last, der die Aufforderung erläßt.

1) Privataufgebot. Es kann von jedem MitE, auch dem unbeschränkbar haftenden, ausgehen u sichert diesem und den übrigen die **Teilhaftung**. Für die davon verschiedene Frage der HaftgsBeschränkg (s Einf 1 vor § 2058) ist nur das förml Aufgebotsverfahren (§§ 1970 ff) von Bedeutg.

2) Eintritt der Teilhaftung erfolgt erst, wenn Aufforderg, Fristablauf und Teilg (s § 2059 Anm 3) vorliegen. Teilg vor Fristablauf ist nicht verboten, Teilhaftg tritt dann erst mit Fristablauf ein. Die Aufforderg muß aber wenigstens vor Teilg erlassen sein (Soergel/Wolf Rz 2; str; aM RGRK Rz 2). – Die Stellg dingl Berechtigter bleibt unberührt (s § 1971). Das Privataufgebot wirkt aber auch gg PflichttBerechtigte usw, § 1972 (MüKo/Dütz Rz 6; bestr).

3) Die Frist ist eine Ausschlußfrist. – **Beweislast** für die Kenntn hat der Gläub. – **Veröffentlichung** erfolgt im Bundesanzeiger. – **Gebühr** regelt KostO 112 I Nr 3.

2062 *Antrag auf Nachlaßverwaltung.* Die Anordnung einer Nachlaßverwaltung kann von den Erben nur gemeinschaftlich beantragt werden; sie ist ausgeschlossen, wenn der Nachlaß geteilt ist.

1) Antrag auf Nachlaßverwaltung wie auch Beschwerde gg den sie ablehnenden Beschluß steht nur gemeinsam der Gesamth der MitE zu. Wohl aber hat jed MitE Beschwerde gg Ablehng eines Antr auf Aufhebg wg Erreich des Zwecks, da dies nur Anregg zu einer vAw zu treffenden Maßn ist (Ffm JZ **53**, 53; Hamm JMBl NRW **55**, 230 gg Mü JFG **14**, 61). Der Antr ist **unzulässig**, wenn auch nur ein MitE allen Gläubigern unbeschränkb haftet (§ 2013; hM, auch bestr). – Ein MehrheitsBeschl der MitE ist nicht bindend, da keine VerwaltgsMaßn in Frage steht. – Das Einverständn der MitE muß noch zZ der Entscheidg vorliegen (KG HRR **32** Nr 956). – Ist aber ein MitE zugl NachlGläub, kann er allein den Antr stellen (KGJ **44**, 72). Gg die Anordng der NachlVerwaltg auf Antr der MitE ist **Beschwerde** unzuläss (FGG 76 I). Ist dagg NachlVerwaltg auf Antr eines MitE angeordnet, steht den anderen die einf Beschw zu (FGG 19; KG SeuffA **66** Nr 178). – Für den Antr eines Gläubigers (§ 1981 II) genügt das Verhalten eines MitE (§ 1981 Anm 3). – Auch das **Vergleichsverfahren** über den Nachl kann nur von allen MitE beantragt werden (VerglO 113 I Nr 1); NachlKonk dagg auch von einzelnen (KO 217).

2) Nach der Teilung (s dazu § 2059 Anm 3) ist **Nachlaßverwaltung ausgeschlossen**. Auch der Nachl-Gläub kann sie nicht mehr beantragen (MüKo/Dütz Rz 8; hM). Bei Vereinigg aller Erbteile in der Hand eines MitE bleibt NachlVerwaltg zuläss (RGRK Rz 3). – Sie ist auch noch zuläss nach Zerfall der einheitl GesellschStellg des Erbl in einer Personengesellsch; in diesem Fall kann jed einzelne MitE-Gesellschafter u auch noch jed NachlGläub die Anordng der NachlVerw beantragen (Westermann AcP 173, 138f; dort auch zur Rechtsstellg des NachlVerwalters hinsichtl der Gesellsch-Anteile). – VerglVerf ist nach Teilg ebenf nicht zuläss (VerglO 113 I Nr 3), wohl aber NachlKonk (KO 216 II).

3) Aufhebung der NachlVerwaltg wg veränderter Umst kann jeder einzelne MitE beantragen. Gg die Ablehng des Antrags steht jedem einzelnen MitE die einf Beschw zu (Ffm JZ **53**, 53; Hamm JMBl NRW **55**, 230).

4) Über einen Erbteil kann weder NachlVerwaltg noch NachlKonk noch VerglVerfahren angeordnet werden (MüKo/Dütz Rz 14).

2063 *Errichtung eines Inventars.* ^{I}Die Errichtung des Inventars durch einen Miterben kommt auch den übrigen Erben zustatten, soweit nicht ihre Haftung für die Nachlaß-verbindlichkeiten unbeschränkt ist.

^{II}Ein Miterbe kann sich den übrigen Erben gegenüber auf die Beschränkung seiner Haftung auch dann berufen, wenn er den anderen Nachlaßgläubigern gegenüber unbeschränkt haftet.

1) Inventarerrichtung (§§ 1993ff) durch einen MitE, die aber den gesamten Nachl (nicht nur seinen Erbteil) zum Ggst haben muß, kommt auch den übrigen MitE zustatten, sofern sie nicht schon unbeschränkbar haften (**I**), ohne daß sie selbst ein Inventar errichten od Erkl nach § 2004 abgeben. Da die übrigen hier nicht für die InvErrichtg verantwortl sind, kommt für sie die eidesstattl Vers (§§ 2006, 260 II) nicht in Frage (RG **129**, 246; RGRK Rz 2).

2) Miterbengläubigern gegenüber haften die übr MitE nach **II** nie unbeschränkbar (auch wenn sie ihr BeschränksR ggü and Gläub bereits verloren haben), sofern sich dessen Fdg gg den Nachl richtet. Der MitE muß sich jedoch auch hier das Recht der Beschränkg durch Vorbehalt nach ZPO 780 wahren u die Beschränkg in der ZwVollstr geltd machen. Ob er anteilig od gesamtschuldnerisch haftet, richtet sich nach §§ 2060f. – Durch **II** wird § 185 II 1 Halbs 3 unanwendb (RG **110**, 94) u zwar auch dann, wenn ein VorE zG eines von mehreren NachE eine unentgeltl Vfg (§ 2113 II) trifft u seiners von den NachE beerbt wird (BGH **LM** Nr 1 zu § 2113).

Dritter Abschnitt. Testament

Überblick

1) Testament od letztw Vfg heißt nach dem Sprachgebrauch des G (§ 1937) die **einseitige** Vfg vTw des Erbl im Ggsatz zum Erbvertrag (§ 1941) und unabhängg vom jeweiligen Inhalt. Enthält es eine Erbeinsetzg (was es nicht muß), bewirkt es den Eintritt der gewillkürten und damit den Ausschluß der gesetzl Erbfolge (§§ 1924ff). – Im **Gesetz** sind die Bestimmungen über das Test verteilt: In §§ 1937–1941 wird eine skizzenhafte Übersicht über die gewillkürte Erbfolge u die Vfgen vTw gegeben. Nach einigen allg Vorschriften (§§ 2064–2086), insb Ausleggsregeln, wird der wesentlichste Inhalt der Test (näml Erbeinsetzg, Nacherbeinsetzg, Vermächtn, Auflage, TestVollstr) in §§ 2087–2228 behandelt u erst dann die Errichtg u Aufhebg der Test sowie ihre Behandlg vor u nach dem Erbfall geregelt (§§ 2229–2273).

2) Letztwillige Vfg ist das Test, weil unwiderrufen es das letzte Wort des Erbl über seinen Nachl darstellt. Der Ausdruck „letztw Verfügg" umfaßt aber auch die einzelnen, im Test getroffenen Anordnngen

(§ 2253 I). Daher ist nicht jede letztw Vfg auch ein Testament. – Das Test ist **Verfügung von Todes wegen,** da es im Hinbl auf den Tod getroffen wird u erst mit seinem Eintritt wirks werden soll.

3) Testierfreiheit. Die verfassgsrechtl garantierte TestierFreih (s Einl 6 vor § 1922) berechtigt den Erbl, üb seinen Nachl frei zu verfügen. Sie betrifft also den Inhalt seiner Vfgen vTw, gibt aber keine Befugn zur Wahl der ROrdng für Erbfolge u erbrechtl Anspr, soweit nicht EG 25 II eingreift (BGH NJW **72**, 1001; Hamm FamRZ **81**, 876; s EG 25 Anm 2b). Ihre Ausübg unterliegt dem erbrechtl Typenzwang von Test u ErbVertr (§§ 1937; 1941). Sie findet ihre Schranke im PflichttR (§§ 2303 ff) u im Verbot sittenwidr Vfgen (§ 138). Eine Beschränkg tritt nur dch die Bindg an wechselbezügl Vfgen in gemeinsch Test (§ 2271) u ErbVertr (§ 2289) ein; and vertragl Beschränkgen untersagt das Ges (§ 2302). Die Drittwirkg der Grundrechte im PrivatR ist zu beachten (s Thielmann, Sittenwidr Vfgen vTw, 1973, 48 ff; 201 ff; 300 ff zum Gleichbehandlgsgebot).

Erster Titel. Allgemeine Vorschriften

Einführung

1) Die Vorschriften des Allgemeinen Teils über GeschFgk u WillErkl (§§ 104–144) sowie Bedingg, Vertretg u Genehmigg (§§ 158–185) gelten grdsätzl auch für Test, sind aber durch Sondervorschr weitgehd eingeschränkt od ganz ausgeschaltet (§§ 2064; 2074; 2078 II, III; 2081; 2084, 2085; s auch § 1937 Anm 2).

2) Gesetzesübersicht. Die §§ 2064–2086 gelten für **alle** letztw Vfgen. Sie regeln die persönl Errichtg u die streng persönl Natur (§§ 2064, 2065), die Bestimmg des Bedachten (§§ 2066–2073), Bedinggen (§§ 2074–2076), Zuwendgen an Ehegatten u Verlobte (§ 2077), Anfechtg (§§ 2078–2083) und die Auslegg (§§ 2084–2086), wovon der in § 2084 aufgestellte Grds der wohlwollenden Auslegg von bes Wichtigk ist.

3) Gesetzliche Auslegungsregeln (zB §§ 2067–2072) sollen helfen, den wirkl Bedeutg einer in einem Test enthaltenen Erkl des Erbl zu ermitteln. Nach erfolgloser individueller Auslegg (§ 2084 Anm 1) kommt man mit ihrer Hilfe zu einem auf der Rechtserfahrg beruhenden standardisierten Ergebnis. – **Gesetzliche Ergänzungsregeln** (zB § 2066 S 1; § 2073) greifen dagg bei fehlender od lückenhafter Regelg dch den Erbl ein und liefern für den Fall des Versagens einer Auslegsregel eine vom ErblWillen weitgehend gelöste eigene Gestaltgsentscheid des Gesetzgebers.

2064 *Persönliche Errichtung.* Der Erblasser kann ein Testament nur persönlich errichten.

1) Persönliche Errichtung für das Test (ebso für Erbvertrag u Erbverzicht, §§ 2274, 2347) wg der großen Tragweite der letztw Vfg u wg der erst mit dem Tode des Erbl eintretenden Wirksamk vorgeschrieben. Jede **Vertretung** (rechtsgeschäftl wie gesetzl) ist daher **ausgeschlossen,** auch bei Minderjährigen (§ 2229 Anm 1b). Der Erbl kann sich weder im Willen noch in der Erkl von einem anderen vertreten lassen (BGH NJW **55**, 100). Er kann auch nicht seinen Erben zu letztw Vfgen ermächtigen (Warn **11** Nr 42) od für seinen minderj Sohn einen Erben bestimmen (RG DNotZ 31, 312). Nur durch Anordng einer Nacherbfolge kann er über seinen Nachl weiter verfügen (vgl KGJ **26** A 59) – Das Test eines Vertreters ist unheilb nichtig ohne Genehmiggsmöglichk. Der Erbl kann sich bei der TestErrichtg zwar beraten u helfen lassen (vgl BeurkG 17, 30); aber sein Wille darf dadch nicht beeinträchtigt od ersetzt werden (s auch § 2339 I 1).

2) Zur Sicherung soll bei öff Test der Beurkundende die Identität des Erbl prüfen (BeurkG 10).

2065 *Keine Bestimmung durch Dritte.* ᴵ Der Erblasser kann eine letztwillige Verfügung nicht in der Weise treffen, daß ein anderer zu bestimmen hat, ob sie gelten oder nicht gelten soll.

ᴵᴵ **Der Erblasser kann die Bestimmung der Person, die eine Zuwendung erhalten soll, sowie die Bestimmung des Gegenstandes der Zuwendung nicht einem anderen überlassen.**

1) Bedeutung. Nur hinter einer vom Erbl selbst bestimmten Erbfolge soll die ges zurücktreten, keinesfalls aber dch die Willkür eines anderen beseitigt werden. Der Erbl muß dafür einen eigenen Willen haben u auch bekunden. Er kann sich darin weder zu seinen Lebzeiten noch nach seinem Tode vertreten lassen (Grdsatz der Selbständigk). Von ihm wird verlangt, daß er das Schicksal seines Vermögens selbst entscheidet u nicht aus Unentschlossenh od Verantwortgsscheu bei seiner letztw Vfg die Bestimmg über die Geltg (**I**), den Bedachten od die Zuwendg (**II**) der Willkür od dem bill Ermessen (vgl § 317) einem Dritten überläßt (BGH **15**, 199). Andernfalls ist ein solches Test ohne Anfechtg unwirks. – **Ausnahmen** macht das G verschiedentl, etwa bei Vermächtn u Auflagen (§§ 2151, 2152, 2156; 2192, 2193), bei der Auseinandersetzg (§ 2048 S 2) u beim TV (§§ 2198–2200). – Ist das Test nur **unvollständig,** kann dch Auslegg die Lücke geschlossen werden (s aber § 2086 Anm 2).

a) Bestimmung der Gültigkeit (I) dch Dritte macht die letztw Vfg unwirks. Der Ehemann kann zB nicht die Gültigk seiner Vfg von der Zustimmg seiner Frau od der Minderj (§ 2229 I, II) von der Zustimmg seines gesetzl Vertreters abhängig machen. Der Erstversterbende kann die Änderg oder den Widerruf seiner Anordngen nicht dem überlebenden Ehegatten vorbehalten (RG **79**, 32; dazu RGRK Rz 4). Bei mehreren Test kann nicht einem anderen die Wahl überlassen werden, welches Test nun gelten soll. Andere Person ist auch der Bedachte. Mit der Eigenverantwortlk des Erbl vereinbar ist aber, wenn eine Zuwendg dem Willen des Bedachten unterstellt wird, nachdem dieser sie auch ausschlagen kann (Raape AcP **140**, 233; Soergel/Damrau Rz 2; str).

Testament. 1. Titel: Allg. Vorschriften § 2065 1–3

b) Unter Zuwendung (II), die weder bezügl der Person des Bedachten noch ihres Ggstands einem Dritten überlassen werden kann, fallen nur solche, die dem Bedachten einen selbständ Anspr auf das Zugewendete gewähren (also Erbeinsetzg, Vermächtn, SchenkgsVerspr auf den Todesfall). Über Anwendg bei Auflagen s § 2192, 2193. Liegt keine derartige Zuwendg vor, kann die Vfg des Erbl als Beschwerg des ges Erben mit einer Zweckauflage (s § 2193 Anm 1) auszulegen sein (zB Zuwendg an nicht bestimmte gemeinnützige Organisationen). Dazu ist in Anwendg von § 2084 nicht der Umweg erforderl, zunächst eine unwirks Erbeinsetzg anzunehmen u diese dann gem § 140 umzudeuten (BGH NJW-RR **87,** 1090).

2) Der Bedachte muß als Person vom Erbl so bestimmt werden, daß jede Willkür eines Dritten ausgeschlossen erscheint. Dem Dritten darf zwar die **Bezeichnung,** nicht aber die Bestimmg des Bedachten überlassen werden. Der Inhalt des Test muß daher so genaue Hinweise enthalten, daß die Bezeichnung von jeder mit genügender Sachkunde ausgestatteten Person erfolgen kann, ohne daß deren Ermessen bestimmend od auch nur mitbestimmend ist (BGH **15,** 203 mAv Johannsen zu **LM** § 2106 Nr 1; WM **70,** 930; vgl KG JR **53,** 422; Hamm JMBl NRW **62,** 211; Celle NJW **58,** 953; BayObLG **65,** 83). Ist die Vfg insow nicht eindeut, gelten die allg Grdsätze der TestAusslegg auch hier (Zweibr OLGZ **89,** 268); als auslegungsfäh iS entw der Erbeinsetzg einer Tierschutzorganisation od als Zweckauflage wurde zB noch angesehen, daß der Erbl sein Vermögen „den Tieren zugute kommen lassen" will (BayObLG NJW **88,** 2742). Im Schrifttum werden wg der schweren Abgrenzbark von Bestimmg u Bezeichnung unterschiedl Maßstäbe empfohlen. Rötelmann (in Anm zu Celle aaO) will das bill Ermessen eines Dritten zulassen, wenn der letzte Wille Anzeichen von Unvollständig u Unselbständig aufweise u die Einschalt eines Dritten dch ein prakt Bedürfn geboten sei. Großzüg bei Auswahl dch Dritten nach objektiven Kriterien will auch Lange/Kuchinke § 25 I 2 sein, verlangt jedoch Festlegg der Auswahlgesichtspunkte dch den Erbl (ebenso Klunzinger BB **70,** 1198). Schlüter § 14 4b ist für einschränkende Auslegg des § 2065 II bei Erbeinsetzg. Soergel/Damrau Rz 7 läßt für den Dritten einen Beurteilgspielraum zu.

a) Unwirksame Bestimmung. Dem Erben kann nicht die Ernenng des NachE od eines ErsatzE überlassen werden (KG OLG **42,** 127). Auch kann nicht die vollständ freie Auslegg des Test einem Dritten (zB dem TV) übertragen werden (Warn **11** Nr 42; RG **66,** 103), weil darin unzuläss Vertretg des Erbl im Willen läge (s aber auch unten c). Ebensowenig kann der Ztpkt, zu dem eine Nacherbfolge eintreten soll, der Bestimmg eines Dritten überlassen bleiben (BGH **15,** 199); über bedingte Einsetzg eine NachE s aber Anm 3. Die Erbeinsetzg desjenigen, der den Erbl überlebt, erachtet LG Ffm MDR **87,** 762 für unzuläss. Läßt der Erbl eine Wahlmöglichk, ohne die Stelle od Person zu nennen, die die Auswahl zu treffen hat, ist die Erbeinsetzg unwirks; zB wenn HofE derjenige seiner Enkelkinder sein soll, das am besten für die Landwirtsch geeignet ist (BGH NJW **65,** 2201 mAv Grossfeld JZ **68,** 120); wenn „die Blindenanstalt in Köln od Umgebung" bedacht wird, ohne daß konkrete u objektivierbare Anhaltspkte für eine Auswahl unter den vielen in Betr kommenden Einrichtgen ersichtl sind (Bonn Rpfleger **89,** 63). Das Gericht kann in einem solchen Fall den Erben nicht bestimmen.

b) Zulässige Bezeichnung liegt vor, wenn ein Dritter aus einem bestimmten, eng begrenzten Personenkreis den Geeignetsten zur Übernahme eines Geschäfts od Hofes usw ermitteln soll (RG **159,** 299 mAv Vogels DR **39,** 310), zB der als VorE eingesetzte Ehegatte den HofE unter den als NachE eingesetzten Abkömml auszuwählen hat (BGH **LM** Nr 2; vgl auch Hamm RdL **61,** 45; **67,** 156; DNotZ **51,** 369). Wirks ist, wenn der Erbl künft Adoptivkinder des überlebenden Eheg bedenkt, auch wenn die Auswahl der Kinder diesem überlassen ist (Bay ObLG **65,** 457 mAv Immel NJW **66,** 1222; Köln Rpfleger **84,** 236); wird diese Erbeinsetzg an die Bedingg der Befähig zur Führg eines Unternehmens geknüpft, führt dies nicht zur Unwirksamk der letztw Vfg wg der jeder sachkund Person mögl obj Bestimmbark (Köln aaO). S auch zur Auswahl des Unternehmens-Nachfolgers Dobroschke Betr **67,** 803; Sudhoff Betr **66,** 650; Menz Betr **66,** 1720; Klunzinger BB **70,** 1197. – **Die Erklärung,** dch die der Dritte den Bedachten bezeichnet, soll nach Celle NJW **58,** 953 erst dann wirks werden, wenn sie außer dem NachlG auch dem ausgeschlossenen Bedachten zugegangen ist. Dagg zutreffend Rötelmann in DNotZ **58,** 432/434, wonach die Bezeichng ggü dem NachlG (LwG) genügt; ebso Haegele BWNotZ **72,** 74/77, der für die Erkl die Form des § 129 verlangt. – Anfechtbark beurteilt sich nach §§ 119 ff.

c) Los und Schiedsrichter. Zuläss ist die Anordng, daß diejenigen Erben werden sollen, die ein anderer zu seinen Erben einsetzen wird (Gaberdiel Rpfleger **66,** 265; Schäfer BWNotZ **62,** 203); ebenso daß unter bestimmten Personen das Los entscheiden soll (RG SeuffA **91** Nr 106). Auch kann bei bedingter Zuwendg der Erbl die Entscheidg darü, ob die Bedingg erfüllt ist (zB der Bedachte einen ordentl Lebenswandel geführt hat, OLG **43,** 393), dem Beschwerten od einem Dritten überlassen. Denn in diesem Falle hat der zur Entscheidg Berufene nicht zu bestimmen, was der Erbl zu bestimmen hätte, sond er hat nach Art eines Schiedsrichters zu entscheiden (Prot **5,** 20). Daraus ergibt sich, daß bei einem nach Ansicht des Erbl erschöpfenden Test für den mögl Fall entstehender Streitigk über Gültigk, Anfechtbark u Auslegg des Test die (sonst dem Richter obliegende) Entsch einem **Schiedsrichter** (ZPO 1048; dazu Kohler DNotZ **62,** 125) und sogar dem **Testamentsvollstrecker** selbst übertragen werden kann (RG **100,** 78; Einf 3a vor § 2197). Dem TV kann aber die Auslegg des Test jedenf nicht hins solcher Bestimmgen übertr werden, die den Bestand des TestVollstrAmts selbst betreffen (BGH **41,** 23).

3) Bedingte Nacherbeneinsetzung. Ein NachE kann auch unter der (aufschiebden od auflösden) Bedingg eingesetzt werden, daß der VorE **nicht anderweitig** über den Nachl vTw verfügt (BGH **59,** 220; NJW **81,** 2051; KG DNotZ **56,** 195; BayObLG **65,** 463; **82,** 331; Hamm OLGZ **73,** 103; Frank MittBayNot **87,** 231; Hilgers RhNK **62,** 381/387; aM von Lübtow I 141). Dies ergibt sich mittelb aus §§ 2108 II, 2075. Der Eintritt od der Ausfall der Bedingg ist hier nicht vom Willen eines Dritten, sond des VorE abhäng, der nicht über das Vermögen des Erbl, sond üb sein eig (in das dem Vermögen des Erbl erhalten ist) eine Vfg trifft (vgl BGH **LM** Nr 6; Brox § 9 II 2a). Dessen etwaiges Test verletzt nicht die Rechte des NachE, sondern vereitelt in Übereinstimm mit dem Willen des Erbl (der auch dch ergänzde Auslegg festgestellt werden kann) den Fall der Nacherbfolge, so daß er nicht über sein Vorerbe, sond über sein Vollerbe bestimmt (Raape; Hermann AcP **140**, 239; **155**, 434). Nach dem Tod des „VorE" steht sodann rückwirkd fest, daß er VollE gewesen ist (RG HRR **42** Nr 838; Soergel/Damrau Rz 15). Vor seinem Tod darf der NachEVermerk im Grdbuch nicht gelöscht werden, auch wenn der VorE eine anderweit Vfg vTw getroffen hat (LG Dortm Rpfleger **69**, 17; Soergel/Damrau Rz 17). Zu Lebzeiten des Erbl kann aber der VorE nicht die ihm vorbehaltene Bestimmg treffen (s Johannsen WM **72**, 924, auch **73**, 538). – **Sonderfälle:** Die Freistellg des VorE kann umfassend od weniger umfassd sein; wie weit sie im Einzelfall geht, ist Frage der TestAuslegg. Sie kann dahin eingeschränkt werden, daß der VorE den Umfang, in dem die Hinterlassensch dem einen od and Kind zugute kommt, vom Test des Erbl abweichd regeln kann, jed nicht den einen od and leer ausgehen lassen darf (BGH **59**, 220 mAv Mattern **LM** Nr 7; aM Hamm DNotZ **67**, 315, das die Zulässigk der Ermächtigg, die Erbteile der NachE zu ändern, verneint). – Zulässg ist auch eine testamentar Bestimmg, die es dem VorE überläßt, aus einem zu NachE berufenen bestimmten Kreis von Personen (zB gesetzl Erben des Erbl) denjen auszuwählen, der den Nachl des VorE erhalten soll (Hamm OLGZ **73**, 103). – Denkb ist auch, daß der VorE berecht ist, einen od mehreren NE als solchen auszuschließen u ihn mit einem Vermächtn zu bedenken (BGH aaO). Die Nacherbeneinsetzg ist unter einer Bedingg auch dann zuläss, wenn der BedinggsEintritt vom Willen eines Dritten abhängt, zB von der PflichttForderg eines Abkömml (Hamm OLGZ **68**, 80).

Vorbemerkung zu §§ 2066–2073

1) Gemeinsamer Grundgedanke der §§ 2066–2073 ist, daß bei Berufg einer geschlossenen Gruppe von Personen (die zu den gesetzl Erben des Erbl gehören) zu Erben und fehlender Angabe eines Beteiligsverhältn eine Vermutg dafür spricht, daß die Bedachten nach dem Verhältn ihrer gesetzl Erbteile erben sollen. – Dieser Grundgedanke ist auf **ähnliche** Fälle entspr anwendb (Köln FamRZ **70**, 605); er ist zB bei Einsetzg der Geschwister u ihrer leibl Kinder heranziehb (Hamm Rpfleger **86**, 480), auch bei Einsetzg eines Kindes als VorE u dessen gesetzl Erben als NachE (Köln aaO) od der (Stief-)Söhne als SchlußE u deren Kinder als NachE ohne Bestimmg der Erbteile (BayObLG FamRZ **86**, 610).

2) Regelungsinhalt. Die §§ 2066–2073 enthalten über die Person des Bedachten teils Ausleggs-, teils Ergänggsregeln (s dazu Einf 3 vor § 2064; Diederichsen NJW **65**, 671/672). Sie gelten für Zuwendgen jeder Art, zB auch für Einsetzg von NachE (Köln aaO) od Vermächtn; dagg nicht für eine Auflage (§§ 2192 ff), bei der kein Recht zugewendet wird (vgl § 2081 III).

2066 *Einsetzung der „gesetzlichen Erben".* Hat der Erblasser seine gesetzlichen Erben ohne nähere Bestimmung bedacht, so sind diejenigen, welche zur Zeit des Erbfalls seine gesetzlichen Erben sein würden, nach dem Verhältnis ihrer gesetzlichen Erbteile bedacht. Ist die Zuwendung unter einer aufschiebenden Bedingung oder unter Bestimmung eines Anfangstermins gemacht und tritt die Bedingung oder der Termin erst nach dem Erbfall ein, so sind im Zweifel diejenigen als bedacht anzusehen, welche die gesetzlichen Erben sein würden, wenn der Erblasser zur Zeit des Eintritts der Bedingung oder des Termins gestorben wäre.

1) Die Ergänzungsregel des Satz 1 greift ein, wenn ohne nähere Bestimmg die **gesetzlichen Erben des Erblassers** (nicht die eines Dritten; hier muß Ausleg entscheiden u § 2066 gilt ev entspr) **bedacht** sind (nicht eingesetzt wie in § 2091): zB „meine gesetzlichen Erben" od auch „meine Erben." Hatte allerd im letzteren Fall der Erbl schon in einer früheren Vfg bestimmte Personen zu Erben eingesetzt, werden unter „meine Erben" meist diese Personen gemeint sein, § 2066 also nicht anwendb sein, sofern nicht der spätere Test als Widerruf aufzufassen ist (§§ 2253 ff). – Nach dieser Ergänzsregel sind alle zZ des Erbfalls vorhandenen gesetzl Erben nach Maßg ihrer gesetzl Erbteile, nicht (wie in § 2091) nach Kopfteilen bedacht. Auch der Ehegatte (§§ 1931 mit 1371, 2077) gilt als bedacht, falls nicht der Erbl nur die leibl Erben gemeint hat. Die Ergänzsregel gilt nicht, wenn aus dem Test od aGrd sonstiger Beweisunterlagen zu ermitteln ist, wen der Erbl als gesetzl Erben angesehen hat (RG LZ **17**, 746; vgl RG **70**, 391).

2) Bei Rechtsänderungen zwischen TestErrichtg u Erbfall ist für die Feststellg der ges Erben und der ges Erbteile grds der **Zeitpunkt des Erbfalls** (ggf des Nacherbfalls) maßgebend, wenn der Erbl sich darauf beschränkt hat, auf das ges ErbR zu verweisen. Nur wenn sich aus bes Anhaltspkten ein entspr ErblWille dch Auslegg feststellen läßt, gilt das bei Errichtg geltende Recht (RG Recht **23** Nr 53; KG FamRZ **61**, 447; Köln FamRZ **70**, 605). Hatte also ein in ZugewinnGemsch lebender Ehegatte in seinem noch vor dem GleichberG errichteten Test seine ges Erben ohne nähere Bestimmg bedacht, erbt der überlebende Ehegatte den erhöhten Erbteil nach §§ 1931, 1371 mit der Belastg des § 1371 IV (KG aaO; Köln aaO). – Der gleiche Grdsatz gilt seit Inkrafttreten des NEhelG (1. 7. 70) zugunsten nichtehelich gezeugter Kinder bei Erbberechtigg nach ihrem Vater (Stgt FamRZ **73**, 278), sofern sie nach dem 30. 6. 49 geboren sind (Art 12 § 10 NEhelG; s EG 213 Anm 2); allerd sind sie unter den Voraussetzgen des § 1934a nicht MitE, sondern nur mit dem ErbersatzAnspr bedacht (Soergel/Damrau Rz 4; aA RGRK Rz 3); s auch Lindacher FamRZ **74**, 345 (insbes zu Alt-Test). War bei TestErrichtg dem Erbl die neue Rechtslage bekannt, ist die Einsetzg der gesetzl Erben hinsichtl nichtehel Abkömml eines männl Erbl im Zweifel als Zuwendg gem dem gesetzl Muster anzusehen (Spellenberg FamRZ **77**, 185/190). Ist der Erbl aber fälschlicherweise von der Fortgeltg des alten Rechts ausgegangen, sind die für die Auslegg von Alt-Test entwickelten Grds heranzuziehen (Lindacher aaO 346). Zur entspr Anwendg von S 1 auf **§ 167 II VVG**, insbes bei vorhandenen nichtehel Kindern, s Damrau FamRZ **84**, 443. – Auch angenommene Kinder (§§ 1741 ff) fallen seit der Änderg dch das AdoptionsG unter die gesetzl Erben (s § 1924 Anm 3c); zu beachten sind aber Art 12 § 1 IV, V; § 2 II; § 3 II AdoptG.

3) Die Auslegungsregel des Satz 2 (vgl auch §§ 158, 163, 2067, 2074). Bei bedingter od befristeter Zuwendg ist nicht der Ztpkt des Erbfalls, sond der des Bedinggs- od Termineintritts maßg (s KG FamRZ

Testament. 1. Titel: Allg. Vorschriften　　　　　　　　　　　　　　　　　　**§§ 2066–2069**

72, 323), so daß hier auch ein erst nach dem Tod des Erbl, aber im maßg Ztpkt bereits Erzeugter in erweiternder Anwendg des § 1923 II bedacht sein kann. Die Regel wird prakt bei Anordng einer Nacherbfolge (§ 2104), weil die in der Einsetzg eines NachE liegende Zuwendg an diesen schon ihrem Wesen nach mind aufschiebd befristet ist (KG DNotZ **34**, 827; dazu Kanzleiter DNotZ **70**, 326). Bei Erbeinsetzg gilt § 2105.

4) Bei Irrtum des Erbl über den Kreis der gesetzl Erben kann Anfechtg nach § 2078 in Frage kommen (Staud/Otte Rz 11; RGRK § 2078 Rz 42). Bei Alt-Test eines männl Erbl, in denen unter Nichterwähng nichtehel Kinder verfügt ist, kann auch Anfechtg nach § 2079 in Betr kommen (s Lindacher FamRZ **74**, 348ff).

5) Erbvertrag. Für die Auslegg von ErbVertr gilt bei einseit Vfgen § 2066 unmittelb (§ 2299 II 1), bei vertragsmäß Vfgen entspr (§ 2279 I). Hinsichtl einseit Vfgen in ErbVertr von Eheg gelten, was die Einbeziehg nichtehel Kinder anlangt, die zu § 2066 entwickelten AusleggsGrds (Giencke FamRZ **74**, 241/243; Ffm FamRZ **73**, 278). Hinsichtl vertragsmäß Vfgen ist bei ergänzder Auslegg auch der irreale Wille des and VertrPartners von Bedeutg (Giencke aaO).

2067 **Verwandte.** Hat der Erblasser seine Verwandten oder seine nächsten Verwandten ohne nähere Bestimmung bedacht, so sind im Zweifel diejenigen Verwandten, welche zur Zeit des Erbfalls seine gesetzlichen Erben sein würden, als nach dem Verhältnis ihrer gesetzlichen Erbteile bedacht anzusehen. Die Vorschrift des § 2066 Satz 2 findet Anwendung.

1) Die Auslegungsregel hat einen **doppelten** Zweck, wenn der Erbl die (nächsten) Verwandten ohne näh Bestimmg eingesetzt hat: In diesem Fall wird mangels and Anhaltspkte der mehrdeut Begriff „Verwandte" konkretisiert auf diejenigen, die zur Zeit des Erbfalls seine ges Erben sein würden. Zugleich hilft sie üb die fehlende Angabe der einzelnen Anteile hinweg, indem diese Verwandten als nach dem Verhältn ihrer ges Erbteile bedacht angesehen werden. Die individuelle Auslegg geht vor, zB wenn der Erbl unter „verwandt" auch die Ehefrau verstanden hat (s auch § 2077 Anm 3 zur Zuwendg „an meine Frau"). – **Verwandte** sind auch **nichteheliche** Kinder im männl Erbl sowie der nichtehel Vater u seine Verwandten (Böhm FamRZ **72**, 183; ebso Soergel/Damrau Rz 4, 5, auch über ErbersatzAnspr). Art 12 § 10 NEhelG ist zu beachten (s EG 213 Anm 2). Erfolgte die Zuwendg vor Inkrafttreten des NEhelG, sind die Grdsätze in § 2066 Anm 2 anzuwenden. – § 2067 gilt auch für die dch Annahme als Kind zu Verwandten des Erbl gewordn Personen (§§ 1754–1756, 1767 II, 1770, 1772; s auch Art 12 §§ 1–3 AdoptG, Einf 5 vor § 1741); auch hier sind die Grundsätze des § 2066 Anm 2 heranzuziehen.

2) Entsprechende Anwendung der Vorschr ist mögl (s Vorb 1 vor § 2066), wenn der Erbl zwar die Verwandten als Gruppe genau bezeichnet, üb die Erbanteile aber keine näh Bestimmg getroffen hat. Bspl: Erben sind meine Geschwister (Düss DNotZ **72**, 41) od „die Kinder meiner Geschwister" (RG JW **38**, 2972; Hamm Rpfleger **86**, 480; str; aA KG JFG **10**, 63; Mü JFG **16**, 246). Bei Einsetzg der Verwandten eines Dritten wird auch die freie Auslegg meist zum gleichen Ergebn führen (s BayObLG **6**, 388; aber auch KG JFG **10**, 65, wonach in solchen Fällen nur freie Auslegg entscheiden soll). Die Einsetzung der Mitglieder der „Familie N" kann nach den Umständen des Einzelfalls dahin ausgelegt werden, daß nur die Blutsverwandten des Erbl eingesetzt sind (BayObLG **57**, 76). Andererseits können bei Anordng einer NachErbsch die Blutsverwandten des VorE als NachE eingesetzt sein (BayObLG **58**, 225).

2068 **Kinder des Erblassers.** Hat der Erblasser seine Kinder ohne nähere Bestimmung bedacht und ist ein Kind vor der Errichtung des Testaments mit Hinterlassung von Abkömmlingen gestorben, so ist im Zweifel anzunehmen, daß die Abkömmlinge insoweit bedacht sind, als sie bei der gesetzlichen Erbfolge an die Stelle des Kindes treten würden.

1) Eine Auslegungsregel nach dem vermuteten Willen des Erbl enthält die Vorschr (keine Ersatzberufg wie §§ 2069, 2102 I), die eingreift, wenn die individuelle Auslegg nicht zur sicheren Feststellg des ErblWillens geführt hat. – Bei Wegfall des Kindes dch Erbverzicht und nicht dch Tod gilt nicht § 2068, sond § 2349. – Den Wegfall nach TestErrichtg behandelt § 2069.

2) Unter Kindern versteht das G (§ 1924 IV) nur die Abkömmlinge ersten Grades, der gewöhnl SprachGebr aber oft auch Enkel u entferntere Abkömmlinge. Demgem sollen die letzteren insow mitbedacht sein, als sie bei gesetzl Erbfolge (§ 1924 III) an Stelle des vorverstorbenen ehel Kindes treten würden, auch wenn der Erbl den Wegfall kannte. – Die Regel gilt auch für den Fall, daß eine Gruppe von Kindern (zB die Söhne) ohne nähere Bestimmg bedacht ist (Staud/Otte Rz 2); ferner für Abkömmlinge eines angenommenen Kindes (s jetzt §§ 1754, 1767 II, 1770, 1772; vgl BayObLG FamRZ **76**, 101). **Nichteheliche** Kinder eines männl Erbl gehören seit dem 1. 7. 70 (Inkrafttr des NEhelG) ebenf zu den Kindern iS des § 2068 (sofern Art 12 § 10 NEhelG gewahrt ist; s EG 213 Anm 2); für vor diesem Ztpkt errichtete letzw Vfgen gelten die in § 2066 Anm 2 angeführten Grdsätze (BayObLG **74**, 1/6).

3) Entsprechend anwendbar ist die Ausleggsregel bei Bedenkg der Kinder eines Dritten, sofern für einen dahingehden Willen des Erblassers Anhaltspunkte (auch außerh des Test) vorhanden sind (RG **134**, 280); ebso bei Geschwistern (Düss HRR **41** Nr 627); s aber auch Soergel/Damrau Rz 8.

2069 **Abkömmlinge des Erblassers.** Hat der Erblasser einen seiner Abkömmlinge bedacht und fällt dieser nach der Errichtung des Testaments weg, so ist im Zweifel anzunehmen, daß dessen Abkömmlinge insoweit bedacht sind, als sie bei der gesetzlichen Erbfolge an dessen Stelle treten würden.

§ 2069 1–3

1) Eine Auslegungsregel („im Zweifel") enthält die Vorschr und keine gesetzl Vermutg (BGH **33**, 60; NJW **74**, 43; Soergel/Damrau Rz 1; für Ergänzgsregel von Lübtow Lehrb I 287), der ggü die individuelle Auslegg Vorrang hat. Läßt sich ein widersprechender ErblWille nicht dch Auslegg feststellen, greift die Regel ein, nach der bei Wegfall eines bedachten Abkömml des Erbl nach TestErrichtg ersatzweise der betreffende Stamm berufen ist. – § 2069 gilt auch dann, wenn der Erbl mit dem Wegfall nicht rechnete; od wenn der Abkömml schon vor TestErrichtg weggefallen, dies aber dem Erbl nicht bekannt war; od wenn er trotz Verzichts bedacht wurde (KG JFG **23**, 255). – Über den ges geregelten Sonderfall hinaus läßt sich § 2069 nicht, auch nicht entspr anwenden (BGH NJW **73**, 240). S aber Anm 4.

2) Voraussetzungen. – a) Ein Abkömmling des Erbl muß Empfänger der Zuwendg sein, die in einem (auch gemeinsch) Test od Erbvertrag enthalten sein kann. Bei gemeinsch Vfgen von Ehegatten kann der Abkömml nur des Erstversterbenden sein (MüKo/Leipold Rz 5). Die Person des Bedachten muß an sich dch namentl Nenng od dch Angabe individueller Merkmale feststehen od doch nach §§ 2066ff zu ermitteln sein. Fehlt es daran (zB bei BestimmgsR des VorE u Mögl eines mögl Bedachten), gilt § 2069 nicht entspr (BGH NJW **69**, 1111; aA MüKo/Leipold Rz 7: nur einzelfallorientierte Auslegg). – Hat der Erbl nur einen einzigen Abkömml, gilt § 2069 trotz seines Wortlauts („einen seiner ..") wg des inneren Grundes der Vorschr gleichwohl (BayObLG **71**, 386). – Die **Zuwendung** kann Erbeinsetzg (auch im VorE od NachE, BGH **33**, 61; Bremen NJW **70**, 1923; als ErsatzE) od Vermächtn sein. – **Abkömmling** ist gem § 1924 III ein Bedachter, der vom Erbl in gerader Linie abstammt (Kinder, Enkel, Urenkel usw). Dazu gehört auch das angenommene Kind des weggefallenen Abkömml, sofern es mit dem Erbl verwandt ist (s unten Anm 3; BayObLG **84**, 251; FamRZ **76**, 101; Bausch FamRZ **80**, 413; **81**, 819) und seit Inkrafttreten des NEhelG auch das nichtehel Kind eines männl Abkömml, bei dem jedoch die Möglk eines abweichden Willens sorgfält zu prüfen ist (Soergel/Damrau Rz 6).

b) Nachträglicher Wegfall des Bedachten nach TestErrichtg (bei vorherigem gilt § 2068, es sei denn, daß er dem Erbl nicht bekannt war, s oben). Der Wegfall kann sogar noch nach dem Erbfall liegen, sofern er rückwirkd den Anfall in der Person des Bedachten beseitigt (also zB nicht bei Widerruf, § 2253; Rücktritt, §§ 2293ff; Aufhebg, § 2271 II 2). Die wirks Enterbg eines in einem gemeinschaftl Test bedachten Abkömml dch den Überlebden (§§ 2271, 2294, 2336, 2333) fällt nicht unter § 2069 (BGH FamRZ **65**, 321; BayObLG **63**, 271). – **Wegfall** ist hier vor allem der dch **Tod** zwischen TestErrichtg und Erbfall. Ferner dch Erklärg als **erbunwürdig** (§§ 2342, 2344). Oder dch **Ausschlagung** (§ 1953 I); verlangt der Ausschlagende den Pflichtteil, soll allerd nach dem Grundgedanken des § 2069 der Stamm nicht doppelt bedacht werden, so daß § 2069 nicht gilt (BGH **33**, 60), vor allem wenn ein pflichtberecht NachE ausschlägt, während beim VollE dies schon § 2320 I verhindert, weil die Nachrückenden im Innenverhältnis allein die PflichttLast zu tragen haben (MüKo/Leipold Rz 13; Soergel/Damrau Rz 13). Ein **Zuwendungsverzicht** (§ 2352) führt zwar zum Wegfall des Verzichtenden, wirkt iZw aber nicht für seine Abkömml (s § 2352 Anm 2); § 2069 gilt daher beim Erbverzicht, wenn er die Abkömml nicht betrifft, bes wenn er zu deren Gunsten erfolgte; hat der Verzichtde dafür allerd eine Abfindg erhalten, spricht eine tatsächl Vermutg dafür, daß eine Ersatzberufg der Abkömml nicht dem Willen des Erbl entspricht (BGH NJW **74**, 43). – Ein **vorzeitiger Erbausgleich** zwischen dem Erbl und einem bedachten nichtehel Kind beseitigt zwar das ges ErbR (§ 1934e), läßt aber letztw Vfgen unberührt und ist daher kein „Wegfall"; erhält das Kind trotz erfolgten Ausgleichs noch eine letztw Zuwendg, wird auch das Nachrücken seiner Abkömml vom Erbl gewollt sein (MüKo/Leipold Rz 12). – **Nicht** unter § 2069 fällt die Beseitig einer Zuwendg an den Abkömml dch **Anfechtung**, weil die angefochtene Vfg von Anfang an nichtig ist (§ 142 I) und nicht auf Nachrückende erstreckt werden kann. – Bei **Verwirkungsklauseln** gilt bei Wegfall des Bedachten infolge Verstoßes § 2069 regelm als widerlegt (KG DNotZ **42**, 147; s § 2074 Anm 2a; MüKo/Leipold Rz 16 erachtet § 2069 hier für unanwendb; aA Soergel/Damrau Rz 7).

c) Bei aufschiebend bedingter Zuwendg an den Abkömml hat § 2069 Vorrang vor § 2074. Nur wenn ein die weiteren Abkömml ausschließender ErblWille zweifelsfrei festgestellt werden kann, gilt bei Wegfall des Abkömml zw Erbfall und Eintritt der Bedingg § 2074 (BGH NJW **58**, 22).

d) Ein als Nacherbe eingesetzter Abkömml fällt bei Wegfall zw TestErrichtg und Erbfall unter § 2069. Stirbt er allerd erst zwischen Erbfall und Nacherbfall, vererbt sich sein NacherbR grdsl auf seine Erben (§ 2108 II 1), sofern nicht ein anderer ErblWille anzunehmen ist, der aber nicht schon in der bloßen Einsetzg eines Abkömml zum NachE zu sehen ist. In diesem Widerstreit hat also § 2108 II **Vorrang** (RG **169**, 38; BGH NJW **63**, 1150; vgl Haegele Rpfleger **67**, 164). Allerd ist bes sorgfält zu prüfen, ob dem Test nicht zu entnehmen ist, daß der Erbl das Eindringen familienfremder Personen nicht gewollt hat und § 2069 anzuwenden ist (s § 2108 Anm 3), was bes naheliegt, wenn sich Eheleute ggs zu VorE und einen gemeinschaftl Abkömml als NachE eingesetzt haben (MüKo/Leipold Rz 24; Soergel/Damrau Rz 15). Bei ausdrückl Einsetzg eines ErsatzNachE wird idR dieser auch bei Wegfall des ursprüngl Bedachten nach dem Erbfall zum Zuge kommen sollen (s § 2108 Anm 3). Bei Ausschlagg des pflichtberecht NachE s b).

3) Rechtsfolge. Als Ersatzberufene treten an die Stelle des Weggefallenen dessen Abkömml, soweit sie bei der gesetzl Erbfolge **nach dem Erblasser** (nicht nach dem Weggefallenen) nachrücken würden. Der Personenkreis und die Quoten bestimmen sich also danach, wer gem § 1924 zum Ztpkt des Erbfalls (bzw Nacherbfalls) in Bezug auf den Erblasser, um dessen Beerbg (und nicht die des Weggefallenen) es geht, dessen gesetzl Erben wären. Sie müssen beim Erbfall leben oder erzeugt sein (§ 1923 II). Bei aufschiebd bedingter Zuwendg ist analog § 2066 S 2 auf den Zeitpkt des BedinggsEintritts abzustellen. – **Nachrücken** können nur solche Abkömml des Weggefallenen, die mit dem Erbl verwandt sind. Dazu gehört seit dem AdoptG auch der als Kind angenommene Minderjährige (s § 1924 Anm 3c), während beim angenommenen Vollj idR kein VerwandtschVerhältn zum Erbl besteht (§ 1770 I; s dort und § 1924 Anm 3c). Ein nichtehel Kind kann auch bei Wegfall seines Vaters als Enkel des Erbl nachrücken (s § 1924 Anm 3b), hat dann allerd unter den Voraussetzgen des § 1934a iZw nur den ErsatzAnspr (Soergel/Damrau Rz 10; str); allerd liegt hier die Möglichk eines abweichden ErblWillens häufig nahe. Bes bei RÄnderung zwischen

Testament. 1. Titel: Allg. Vorschriften   §§ 2069–2071

TestErrichtg und Erbfall ist dies zu berücksichtigen (s Spellenberg FamRZ **77**, 185/191 ff; auch Böhm FamRZ **72**, 184).

4) Ergänzende Testamentsauslegung. Hat der Erbl nicht Abkömml, sond andere Personen wie zB Geschwister eingesetzt, ist bei deren Wegfall § 2069 **nicht** entspr anwendb (BGH NJW **73**, 240; BayObLG **88**, 165). Ist kein ErsatzE bestimmt, kann allerd die letztw Vfg lückenh sein. Dann ist dch ergänzende TestAuslegg zu ermitteln, ob an Stelle des vor dem Erbfall Weggefallenen der Erbl Andere, insbes dessen Abkömml ersatzweise berufen hätte. Eine Regel gibt es dafür nicht. Vielm müssen irgendwelche bes Anhaltspkte dafür festgestellt werden, daß der Erbl nicht nur den Eingesetzten persönl, sond diesen zugleich als ersten seines Stammes od seiner Familie bedenken wollte (BGH aaO; BayObLG **82**, 159; **88**, 165; Hamm Rpfleger **76**, 210; **87**, 247; KG DNotZ **76**, 564; FamRZ **77**, 344). Einen solchen der Ausleg fähigen und aus dem Test (wenn auch nur gering) hervorgehenden Anhalt für den Willen zur Berufg and Personen, insbes an Stelle des Weggefallenen der Abkömml, hat die Rspr darin gefunden, daß **nahe Angehörige** des Erbl bedacht sind: zB bei Erbeinsetzg eines Stief- od Geschwisterkindes (RG **99**, 82; Oldbg NdsRpfl **50**, 73; BayObLG Rpfleger **74**, 345; vgl OGH **4**, 222) od des Ehegatten (KG MDR **54**, 39; BayObLG **88**, 165: ErsatzE kann der einzige Verwandte der weggefallenen Ehefrau sein); der Schwester (verneinend LG Essen RhNK **70**, 593); mehrerer Enkel unter Bevorzug des dann weggefallenen (Hbg FamRZ **88**, 1322: ErsatzE kann dessen zunächst übergangene Mutter sein). Ein im Test selbst enthaltener Anhaltspkt für eine Ausleg ist also nicht schon stets dann gegeben od anzunehmen, wenn der Erbl irgendeine später weggefallene Person letztw bedacht hat. Nur besond enge Beziehgen (nahe Angehörige; enge Freundsch; langjähr Betreuung usw) legen nach der Lebenserfahrg die Prüfg nahe, ob der Erbl eine Ersatzberufg der Abkömml des Bedachten gewollt hat od gewollt hätte, wenn er bei TestErrichtg dessen Wegfall in Erwägg gezogen hätte (KG aaO; BayObLG NJW **88**, 1033).

5) Sonstiges. Bei ausdrückl Ersatzberufg der weiteren Abkömmlinge ist die Bestimmung des Kreises der ersatzw berufenen Abkömml des weggefallenen Abkömmlings in § 2069 ebenf anwendb (BayObLG **61**, 132). – Die vom G für eine positive Bedenkg bestimmte Erstreckg auf die Abkömmlinge ist auf den Fall der Enterbg (§ 1938) auch nicht entspr anwendbar. Die Enterbg erstreckt sich also iZw nicht auf die Abkömmlinge (BGH **LM** § 1938 Nr 1; § 1938 Anm 2).

2070 *Abkömmlinge eines Dritten.* **Hat der Erblasser die Abkömmlinge eines Dritten ohne nähere Bestimmung bedacht, so ist im Zweifel anzunehmen, daß diejenigen Abkömmlinge nicht bedacht sind, welche zur Zeit des Erbfalls oder, wenn die Zuwendung unter einer aufschiebenden Bedingung oder unter Bestimmung eines Anfangstermins gemacht ist und die Bedingung oder der Termin erst nach dem Erbfall eintritt, zur Zeit des Eintritts der Bedingung oder des Termins noch nicht erzeugt sind.**

1) Die Auslegungsregel ist im Zusammenhang damit zu verstehen, daß ein beim Erbfall nicht Erzeugter nur als NachE eingesetzt werden kann (§§ 1923, 2101 I), der Nacherbfall erst mit Geburt eintritt (§ 2106 II 1) und VorE bis dahin die ges Erben sind (§ 2105 II). Eine so komplizierte Regelg wollte iZw der Erbl nicht, wenn er die **Abkömmlinge eines Dritten** (zB eines Freundes) ohne nähere Bestimmg, also ohne Angabe persönl Merkmale als Erben bedacht hat. Hat od bekommt der Dritte überh keine Abkömml, ist zu prüfen, was der Erbl angeordnet hat, wenn er das vorausgesehen hätte. Dies kann dazu führen, daß die Zuwendg bedacht ist od daß das entspr Vermächtn wegfällt od insow gesetzl Erbfolge eintritt (Haegele JurBüro **70**, 841). Werden die Abkömml erst nach dem maßg Ztpkt erzeugt, geht § 2070 dem § 2084 vor; sie gelten als nicht bedacht, falls nicht der Erbl auch diese Nacherzeugten bedenken wollte (s RGRK Rz 4). Im letzteren Falle können sie als NachE (§ 2101 I) od Nach VermächtnNehmer (§ 2191) in Betr kommen.

2) § 2070 gilt nicht für den Fall, daß der Erbl die Abkömml eines seiner Kinder zu Erben berufen, also eine Generation übersprungen hat. Vielm ist dann in freier Auslegg (§§ 133, 2084) zu entscheiden, ob damit auch solche Abkömml gemeint sind, die erst nach dem Erbfall erzeugt wurden (KG JFG **10**, 63; Erman/Hense Rz 1; Soergel/Damrau Rz 3). Wird die Berufg solcher Abkömml als Erben bejaht, wirkt sie für diese nur als Nacherbeneinsetzg (Staud/Otte Rz 4).

2071 *Personengruppe.* **Hat der Erblasser ohne nähere Bestimmung eine Klasse von Personen oder Personen bedacht, die zu ihm in einem Dienst- oder Geschäftsverhältnisse stehen, so ist im Zweifel anzunehmen, daß diejenigen bedacht sind, welche zur Zeit des Erbfalls der bezeichneten Klasse angehören oder in dem bezeichneten Verhältnisse stehen.**

1) Die Auslegungsregel gilt bei Zuwendgen zB an die Arbeiter und Angestellten des Erbl. Ferner an eine **Klasse** von Personen, also wenn sich die Bedachten dch ihre Zugehörigk zu einer bestimmten Personengruppe mit ggf wechselndem Bestand feststellen lassen (meine Betriebskollegen oä). Die Gruppe muß so eindeutig bezeichnet sein, daß ihre Angehörigen zweifelsfrei feststehen (also nicht nur „alle Liebhaber der Natur"). Die Zuwendg muß aber ohne nähere Bestimmg erfolgt sein, so daß bei Individualisierg (meine 4 Kartenbrüder) dch Angabe persönl Merkmale der Erbl selbst die Bedachten gekennzeichnet hat, § 2071 als nicht anzuwenden ist. – Hat der Erbl eine organisierte Gruppe bedacht (die Mitglieder des Tierschutzvereins; einer Gemeinde), muß dch Ausleg festgestellt werden, ob der Erbl die Korporation selbst oder deren Mitglieder (dies vor allem bei nichtrechtsfäh Vereinen) bedenken wollte. – Die Vorschr kann auch angewandt werden, wenn der jeweilige Repräsentant einer sich ablösenden Personenkette bedacht ist (unser Staatsoberhaupt). – Maßgebl ist iZw nicht die Zugehörigk **zur Zeit** der TestErrichtg, sondern beim Erbfall, u zwar auch bei bedingten u befristeten Zuwendgen (Kipp/Coing § 22 VI). Doch kann bei Personenwechsel zw TestErrichtg u Erbfall auch auf den ersteren Ztpkt abgestellt werden (zB „meinen jetzigen Hausangestellten für langjährige treue Dienste"). Dann besteht eben kein Zweifel.

2072 Die Armen. Hat der Erblasser die Armen ohne nähere Bestimmung bedacht, so ist im Zweifel anzunehmen, daß die öffentliche Armenkasse der Gemeinde, in deren Bezirk er seinen letzten Wohnsitz gehabt hat, unter der Auflage bedacht ist, das Zugewendete unter Arme zu verteilen.

1) Zuwendungen an die Armen wären wg Unbestimmbark der Empfänger unwirks (vgl § 2065) und werden daher aus sozialen Gründen umgedeutet, wobei eine räuml Begrenzg erfolgt und eine Stelle zur Verteilg bestimmt wird (Soergel/Damrau Rz 1). Die Verteilg dch die örtl **Träger der Sozialhilfe** (BSHG 9; 96) als „öffentl Armenkassen" ist dann aber nicht auf die Armen der letzten Wohnsitzgemeinde beschränkt u erfolgt nach dem Ermessen der örtl Träger der Sozialhilfe. Die Armen erwerben kein eigenen Rechte (vgl aber § 2194). – Wenn ohne nähere Angaben ein Betrag oder ein Teil des Nachl für wohltätige od gemeinnützige Zwecke ausgesetzt ist, ohne daß ein Zuwendungsempfänger angegeben wird, ist idR § 2072 nicht anwendbar, sond der Erbe mit einer Aufl beschwert (Staud/Otte Rz 2; s auch Anm 2).

2) Entsprechende Anwendung. § 2072 ist zwar insow eine AusnVorschr, als er die Bedenkg einer bestimmten öff Kasse vorsieht. Das hindert aber nicht, den ihm zu Grde liegdn allg Gedanken, daß ein Erbl bei mildtät Zuwendgen iZw in erster Linie an die in seiner Gemeinde bestehdn Fälle von Hilfsbedürftigk gedacht haben wird, auch bei der dann notw Ausleg der letztw Vfg zu verwerten (KG OLGZ **68**, 330). Analogiefähig sind auch die Fälle einer Zuwendg an „die Bedürftigen", „die sozial Schwachen", wenn als Zuwendgsempfänger bestimmte Gruppen od auch die Insassen eines unbestimmten Heimes konkretisierbar sind (Hamm Rpfleger **84**, 417); nicht generell gleichzustellen sind diesen „die Blinden" (Bonn Rpfleger **89**, 63).

2073 Mehrdeutige Bezeichnung. Hat der Erblasser den Bedachten in einer Weise bezeichnet, die auf mehrere Personen paßt, und läßt sich nicht ermitteln, wer von ihnen bedacht werden sollte, so gelten sie als zu gleichen Teilen bedacht.

1) Gesetzliche Fiktion. Wollte der Erbl erkennb zugunsten einer bestimmten Person verfügen und hat er diese auch dch Angabe individueller Merkmale genügd bezeichnet, wäre seine Vfg unvollziehb, wenn die von ihm gewählte Bezeichnung auf mehrere Personen paßt, also **objektiv mehrdeutig** ist und auch nicht dch individuelle Ausleg konkretisiert werden kann. Gemeint ist also ein begrenzter Kreis von (natürl od jur) Personen, unter denen sich der vom Erbl Bedachte befinden muß (KG OLGZ **68**, 329) und nicht unbestimmb viele Träger zB des Namens „Hans", sond „mein Freund Hans"; „die Luisenschule", wenn diese Bezeichng auf mehrere Freunde od Anstalten paßt u ein bestimmter Bedachter nicht ermittelt werden kann. Das G löst dieses Problem, indem es abweichd vom erkennb ErblWillen, aber ihm doch mehr entspr als die Unwirksamk fingiert, daß die mehreren Personen zu gleichen Teilen (also nach Kopfteilen) bedacht sind. (Diederichsen NJW **65**, 671/674). Allerd soll nach BGH WM **75**, 737 diese (salomonische) Fiktion nicht gelten, wenn der Erbl mit Sicherh nur eine Person und keinesfalls alle gemeins bedenken wollte. – Ist aber die Bezeichnung ganz unbestimmt (zB „Herr Schmitz") und kann nicht ein bestimmter Träger des Namens als Bedachter festgestellt werden, sind nicht alle Träger dieses Namens bedacht, sond die Zuwendg ist unwirks (KGJ **42** A 136). Das gleiche gilt, wenn eine bestimmt bezeichnete Einzelperson nicht existiert od nicht zu ermitteln ist. – § 2073 ist auch nicht anwendb, wenn erst eine ergänzde TestAusleg eine „Bezeichng" des Bedachten ergibt, die auf mehrere Personen paßt, unter denen der Erbl ausgewählt haben würde, wenn er erkannt hätte, daß die von ihm bezeichnete Person nicht existiere. Die Zuwendg ist in einem solchen Fall wg mangelnder Bestimmth unwirks (§ 2065 II).

2) Alternative Erbeinsetzung (entw A od B) ist im G nicht geregelt (im Ggsatz zum Vermächtn, §§ 2151, 2152). Falls damit nicht VorE und NachE od Ersatzberufg gemeint ist, kann sie in entspr Anwendg von § 2073 gehalten werden als Einsetzg der alternativ bezeichneten Erben zu gleichen Teilen (Baldus JR **69**, 180; aA Soergel/Damrau Rz 7, Kipp/Coing § 18 III 2: unwirks, sofern nicht Ausleg hilft).

2074 Aufschiebende Bedingung. Hat der Erblasser eine letztwillige Zuwendung unter einer aufschiebenden Bedingung gemacht, so ist im Zweifel anzunehmen, daß die Zuwendung nur gelten soll, wenn der Bedachte den Eintritt der Bedingung erlebt.

1) Bedingte Zuwendungen od befristete unterliegen grdsl den allg Vorschriften (§§ 158–163), wobei aber zu beachten ist, daß eine bedingte letztw Vfg keine bedingte Vfg iS des § 161 ist. Die §§ 2074–2076 enthalten daher nur Ergänzgen. Eine **echte** Bedingg liegt nur vor, **wenn das** künft Ereign sowohl objektiv als auch nach der Vorstellg des erklärenden Erbl ungewiß ist (BayObLG **66**, 390; FamRZ **76**, 101/103). Der Eintritt der Bedingung kann von dem Verhalten des Bedachten od eines belieb Dritten abhängig gemacht werden (Hamm OLGZ **68**, 84). Keine Bedingg, sond die bloße Angabe des Beweggrunds für die TestErrichtg sind Formulierungen wie „Falls ich auf dieser Reise sterbe"; „Wenn ich meine Operation nicht überlebe" (BayObLG MDR **82**, 145; KG OLG **11**, 236; Hbg OLG **16**, 46). Zum bedingten RErwerb vTw bei Vor- u NachErbsch s Zawar DNotZ **86**, 515.

a) Aufschiebende Bedingung (§ 158 I). Bei aufschiebd bedingter Erbeinsetzg wird der Bedachte nur NachE (§ 2105), falls nicht die Bedingg schon vor dem Erbfall eingetreten ist; der NachE muß den Eintritt der Bedingg erleben, andernf fällt sein AnwartschR nicht vererbt (§ 2108 II). Aufschieb bedingte Vermächtn fallen erst mit dem Eintritt der Bedingg an (§ 2177). – Die aufschieb bedingte Zuwendg soll nach der Auslegsregel des § 2074 (iZw) nur gelten, wenn der Bedachte den Eintritt der Bedingg (zB Wiederverheiratg des VorE) erlebt; anders bei ersichtl abweichdem ErblWillen („falls meinem Erben ein Nachkomme geboren wird"). Die bedingte Erbsch fällt demnach idR erst mit dem Bedingungseintritt an. Ausschlagg ist aber schon ab Erbfall mögl (§ 1946). – § 2074 kommt kein Vorrang vor § 2069 zu. Nur wenn ein die weiteren Abkömml ausschließder Wille des Erbl zweifelsfrei festgestellt werden kann, gilt die Ausleggsregel des § 2074 (BGH NJW **58**, 22). – Einsetzg eines Ersatzerben (§ 2096) fällt nicht unter § 2074, da hier der Wegfall des Erstberufenen gesetzl Voraussetzg der Ersatzberufg ist. Hier genügt Erleben des Erbfalls, auch wenn der Wegfall nicht erlebt wird (RGRK Rz 20). Wegen Ersatzvermächtn vgl §§ 2190, 2180 III, 2160.

b) Unmögliche Bedinggen. Als **aufschiebende** bewirken sie regelm die Nichtig der Vfg, sofern die Unmöglichk schon bei der Errichtg vorlag und dem Erbl bekannt war, da auch bei Vfgen vTw die aufschiebde Bedingg ein untrennb Bestandteil der Vfg ist, nicht etwa ein Teil einer WillErkl nach § 139 u noch viel weniger eine selbständ Vfg nach § 2085. War die Unmöglichk dem Erbl nicht bekannt oder tritt sie erst nach Errichtg ein, kann uU die Auslegg zur Aufrechterhaltg führen. So ist die Erbeinsetzg unter der Bedingg der postmortalen Eheschließg mit dem Erbl (§ 1931 Anm 2a) wg Unerfüllbark der Bedingg regelm unwirks (Halle NJ **49**, 18); aber auch hier kann uU die ergänzde Auslegg zum Erfolg führen (Soergel/Damrau Rz 4). Bei unmögl **auflösender** Bedingg ist diese (u nicht die Vfg) wirkgslos (aA Soergel/Damrau § 2075 Rz 3). – Ist bei einer an sich mögl Bedingg ihr Eintritt unmögl geworden, kann die Bedingg uU (je nach Einzelfall) auch in anderen als den unmittelbar von § 2076 erfaßten Fällen als eingetreten angesehen werden (BayObLG FamRZ **86**, 606).

c) Unerlaubte, unsittliche und widersinnige Bedingungen, gleichviel ob aufschiebd od auflösd, machen die Vfg regelm unwirks (BayObLG **22**, 265; RGRK Rz 12–22 vor § 2064). Eine Aufrechterhaltg des wg einer unsittl Bedingg unwirks RGesch als unbedingtes RGesch ist nur nach § 140 mögl (s Thielmann, Sittenwidr Vfgen vTw, 1973, 194ff). Vfgen, wonach jemand Erbe werden soll unter der Bedingg, daß dieser einen bestimmten Dritten zum Erben einsetzt, sind grdsätzl nicht sittenw. Die Bedingg der Verheiratg mit einer bestimmten Person ist sittenw, die Vfg daher unwirks; anders bei Bedingg der Verheiratg überh (Staud-Otte Rz 33ff). Erbeinsetzg unter der Bedingg der Ehescheidg ist nach den ges Umst des Falls, insb dem vom Erbl verfolgten Zweck zu beurteilen (BGH FamRZ **56**, 130; s auch Hilgers RhNK **62**, 381/383; Keuk FamRZ **72**, 9). Auch Erbeinsetzg unter der Bedingg, daß der Bedachte seiners den Testator od einen best Dritten bedenken wird **(kaptatorische Verfügung),** ist grdsätzl als gültig anzusehen (BGH **LM** § 533 Nr 1; hM; s hierzu § 2302 Anm 1b).

d) Bei Befristung gilt § 163, nicht § 2074 (KG DNotZ **55**, 412; vgl auch §§ 2105 I; 2108 II 1; 2177). Darüber, ob ein Ereign als Bedingg od Termin gelten soll, muß der Auslegg entscheiden (s RG Recht **20** Nr 2452). Die Möglichk einer Bindg durch Bedingen u Befristgen ist jedoch zeitl begrenzt (§§ 2109, 2162, 2163, 2210), um nicht eine Gebundenheit ins Unendliche eintreten zu lassen. Dem trägt auch § 2075 Rechng (s Haegele JurBüro **69**, 1/7).

2) Verwirkungsklauseln. Der Erbl kann anordnen, daß ein Bedachter nichts erhält od auf den Pflichtteil gesetzt ist, wenn er den letzten Willen nicht befolgt, das Test anficht od eine Auflage nicht erfüllt, um dch mittelb Druck auf den Bedachten od den Erben die Verwirklich seines letzten Willens zu sichern od Streitig (gerichtl und uU auch außergerichtl) zw Erben od Bedachten über den Nachl zu verhindern (BayObLG **62**, 47; Birk DNotZ **72**, 284; Soergel/Damrau § 2075 Rz 4; MüKo/Leipold Rz 19). Mit derartigen kassatorischen oder Strafklauseln kann auch eine Schiedsklausel für den Fall verbunden werden, daß unter den Erben Streit über die Auslegg od Gültigk einzelner Bestimmgen entsteht (Kohler DNotZ **62**, 125; s § 2065 Anm 2c). – Dch wirks Anfechtg kann die Klausel selbst ihrer Bedeutg entkleidet werden, zB als Folge der Anfechtg anderer Vfgen (§ 2085). – Zum Widerruf s § 2254 Anm 1.

a) Inhalt. Der Erbl kann die Klausel innerh von G und Sitte (§§ 134, 138) weitgehd frei bestimmen (RG JW **24**, 1717; Stgt OLGZ **79**, 52). Wegen der meist unbestimmten Formulierungen („Wer Streit anfängt"; „Jeder, der mein Test anficht") und der Vielfalt der mögl Handlngen wie Geltendmachg der Nichtigk; Ungehorsam; Anfechtg; Verstoß gg die Pflicht, Frieden unter den Bedachten zu bewahren usw ist im Einzelfall dch **Auslegung** zu bestimmen, welches Verhalten des Bedachten zur Verwirkg seiner Rechte führen soll (RG JW **24**, 1717; BGH bei Keßler DRiZ **66**, 397; BayObLG **67**, 63, 271, auch zur Strafsanktion; **66**, 49; SchlHOLG SchlHA **65**, 276; Stgt OLGZ **68**, 246; Brschw OLGZ **77**, 185; Johannsen WM **72**, 925). – Wirks ist eine Klausel, wonach die eingesetzten Erben samt Abkömml von der Erbfolge ausgeschlossen sein sollen, wenn sie nicht innerh einer bestimmten Frist ab TestEröffng ggü dem TV unaufgefordert und schriftl den testamentar näher geregelten letzten Willen anerkennen (Stgt OLGZ **74**, 67). – Auslegsfrage ist auch, ob die Klausel nur den Erben od auch seinen Stamm treffen will; in letzterem Fall gilt die Ausleggsregel des § 2069 als widerlegt (KG JFG **20**, 17; DNotZ **42**, 147). – Ausnahmsw kann nach Lage des Einzelfalls auch die **Ausschlagung** der Erbsch unter Verlangen des Pflichtt nach § 2306 dch einen unter Beschränkgen eingesetzten Erben unter eine Verwirkungsklausel fallen, nach der ein den letzten Willen anfechtender Erbe nur den Pflichtt erhält und sein Erbteil den übr anwachsen soll (KG JW **38**, 1600; Haegele JurBüro **69**, 7); eine Ersatzberufg der Abkömml nach § 2069 scheidet damit regelm aus (Hilgers RhNK **62**, 386; s § 2069 Anm 2b). – In einem **gemeinschaftlichen** Test kann sich die Klausel auch auf das ErbR der Abkömml nach dem Letztversterben für den Fall des PflichttVerlangens beim Tod des Erstversterbden beziehen (BayObLG **63**, 271; Stgt OLGZ **68**, 246).

b) Rechtsnatur. IdR handelt es sich um eine auflösde Bedingg (§ 2075) für den Fall der Zuwiderhandlg, wenn der Verlust der test Zuwendg die Folge ist. Die Klausel kann aber auch als aufschieb bedingte Pflicht des Erben zur Herausgabe des Zugewendeten an einen VermächtnNehmer aufzufassen sein (§ 2177; BayObLG **62**, 48). Die Erbeinsetzg kann auch dch Ausübg einer ÜbernahmePfl (zB eines Grdstücks aus dem Nachl) bedingt sein (Benk RhNK **79**, 53/61). – Auch auf die Verwirkgsklausel kann § 2075 anwendb sein („Falls mein Erbe dieses Test nicht anficht"; RGRK § 2075 Rz 8). – Über Ausdehg auf Nutzgen und Vorempfänge s Kohler BB **59**, 582.

c) Verwirkungsfall ist nicht jedes Verhalten gg die Klausel, insbes nicht bei deren Unkenntn, sond nur der **bewußte Verstoß** gg eindeut und wirks Anordngen (KG JW **36**, 2744; BayObLG **62**, 47/57; Soergel/Damrau § 2075 Rz 5; RGRK § 2074 Rz 17; aA Staud/Otte Rz 50); zT fordert die Rspr sogar böswill

Auflehng gg den letzten Willen iS einer vorwerfb Handlg (Stgt OLGZ **68**, 246; Brschw OLGZ **77**, 185), was bei Nichtbefolgen test Verpflichtngen so weitgehend ist. Will die Klausel auch Angriffe auf die Gültigk des Test erfassen, fallen darunter nicht solche, dch die der Wille des Erbl gerade zur Geltg gebracht werden soll (dazu Birk aaO 302) wie zB Streit über die Echtheit; über Ausleg unklarer Vfgen; den Umfang des Nachl; Anfechtg wg Irrtums od Drohg. Selbst wenn der Erbl jeden Angriff gegen seinen Willen mit einer Sanktion belegen wollte, kann er nicht die erfolgreiche Geltendmachung der Nichtigk des Test (wg Formmangels; TestUnfähigk) verhindern, weil damit auch die Klausel selbst nichtig ist. Auch dch den Erfolg anderer Angriffe wird idR bestätigt, daß dem ErblWillen zur Wirksamk verholfen wurde. Ist der Angriff dagg erfolglos, führen nur vorwerfbare, dh leichtfertige od doch ohne hinreichd sorgfält Prüfg erfolgte zur Verwirkg (RGRK § 2074 Rz 16; MüKo/Leipold Rz 25; aA Soergel/Damrau Rz 5: Angreifer trägt ausnahmsl das Risiko). – Anfechtg ist nicht techn zu verstehen und kann auch außergerichtl Bestreiten umfassen. Ohne nähere Angaben wird allerd idR nur das gerichtl Vorgehen gemeint sein, wozu auch schon das Gesuch um Prozeßkostenhilfe (KG JW **36**, 2744 zum fr ArmenR; aA MüKo/Leipold Rz 22) und Einrede im Prozeß (RG Recht **16** Nr 1549) gehören.

d) Rechtsfolgen. Der unter auflösder Bedingg eingesetzte Erbe hat die Stellg eines (idR befreiten) VorE (s auch § 2075 Anm 3). Er wird VollE mit Ausfall der Bedingg, zB wenn innerh einer gesetzten Frist der Bedachte sich nicht gg den letzten Willen auflehnt; ebso bei Übertragg des Nacherbrechts (§ 2108 Anm 5a; dazu Birk aaO 300); nicht aber dch Versprechen des Bedachten, die Test zu respektieren. Umgekehrt kann ohne Verstoß gg den letzten Willen die Bedingg nicht dch bloßes Anerkennen des VorE eintreten (LG Freibg BWNotZ **79**, 67). – Mit Eintritt der Bedingg entfällt die Zuwendg (§ 158 II). Welche Personen dann NachE werden, ist bei Fehlen einer ausdrückl Bestimmg dch Ausleg zu ermitteln (BayObLG **62**, 57); entw die gesetzl Erben (§ 2104) od die Abkömml des VorE (§ 2069) oder vorhandene MitE (§ 2094). – Die mit der Verwirkg oft verbundene Beschränkg auf die Pflichtt bedeutet wg des Strafzwecks idR Verweigg auf den Pflichtt (RG **113**, 237; BayObLG **59**, 205), so daß der Bedachte vom NachE den Pflichtt fordern kann (s § 2304 Anm 1, 2). Ausnahmsw kann Zuwendg eines Vermächtn in Höhe des Pflichtt vorliegen (dazu Oertmann ZBIFG **15**, 369; Schopp Rpfleger **54**, 548); etwa wenn der Bedachte nicht pflichttberecht ist und der Erbl keinem Irrtum darüber unterlag.

e) Im Erbschein muß je nach Ausleg der Klausel (BayObLG **62**, 57) die Nacherbfolge unter Angabe der Bedingg ihres Eintritts angegeben werden (§ 2363), nicht aber ein bedingtes Vermächtn. – Das **Grundbuchamt** kann bei Vorlage eines not gemeinsch Test mit PflichttKlausel trotz GBO 35 I 2 (s Übbl 3 vor § 2353) einen Erbschein zum Nachweis verlangen, daß der Pflichtt nach dem ersten Erbfall nicht geltend gemacht wurde (Böhringer BWNotZ **88**, 155; aA LG Stgt BWNotZ **88**, 163, weil der erste Erbfall schon ein Jahrzehnt zurücklag).

2075 *Auflösende Bedingung.* Hat der Erblasser eine letztwillige Zuwendung unter der Bedingung gemacht, daß der Bedachte während eines Zeitraums von unbestimmter Dauer etwas unterläßt oder fortgesetzt tut, so ist, wenn das Unterlassen oder das Tun lediglich in der Willkür des Bedachten liegt, im Zweifel anzunehmen, daß die Zuwendung von der auflösenden Bedingung abhängig sein soll, daß der Bedachte die Handlung vornimmt oder das Tun unterläßt.

Schrifttum: Zawar NJW **88**, 16.

1) Auslegungsregel. Ist dem Bedachten ein Verhalten für eine unbestimmte Dauer auferlegt („wenn er nicht trinkt; spielt"; „.. meine Mutter pflegt"), entspricht es iZw nicht dem Willen des Erbl, daß der Bedachte die Zuwendg erst nach unbestimmter Zeit (uU gar erst mit seinem Tod seine Erben) erhält, sond bereits mit dem Erbfall. Er soll sie daher nur behalten dürfen, wenn er sich entspr dem ErblWillen verhält. Die Beifügg einer unsittl Bedingg (vgl auch § 2074 Anm 1c) würde übrigens die ganze Zuwendg hinfällig machen, wenn nicht § 140 durchgreift; doch ist es nicht sittenwidr, wenn aus ehrenhaften u achtenswerten Gründen die Verheiratg mit einer bestimmten Person, mit Andersgläub od Ausländern untersagt wird (s auch § 2074 Anm 1; Keuk FamRZ **72**, 9; Mikat FS Nipperdey, 1965, I 581/598ff). – **Bei bestimmter Dauer** (Nichtheiraten vor Volljährigk) gilt § 2074 (einschränkend MüKo/Leipold Rz 4).

2) Voraussetzung ist Zuwendg unter einer Potestativbedingg (s Einf 4 vor § 158). Das Verhalten des Bedachten muß also allein von **seinem Willen,** nicht etwa von der Mitwirkg eines Dritten abhäng sein. Ist dies nicht od nicht ausschließl der Fall (zB die Bedingg pünktl Steuerzahlg), kann die Ausleg unbedingte Zuwendg ergeben (Soergel/Damrau Rz 2; vgl auch § 2076). – Bei Erbeinsetzg unter der Bedingg, daß der Bedachte im Fall seiner Verheiratg in Gütertrenng leben werde, erachtet KG OLGZ **68**, 244 die Vorschr nicht für anwendb; es komme auf freie Ausleg des Test an (dagg mit gutem Grd Bosch FamRZ **68**, 395; dazu auch Keuk FamRZ **72**, 15). – Bei unmöglicher auflös Bedingg ist diese (nicht die Zuwendg) wirkungslos (MüKo/Leipold Rz 3; aA Soergel/Damrau Rz 3).

3) Rechtsfolgen. Bei Zuwiderhandlung (§ 158 II) ist das Erlangte den Erben od Ersatzberecht herauszugeben; ob mit od ohne Früchte u Nutzgen, richtet sich nach dem zu ermittelnden ErblWillen (§ 159), iZw also ohne diese. – Der unter einer auflösenden Bedingg Bedachte hat die Stellg eines (idR befreiten, BayOLG **62**, 57) VorE. Hauptfall ist die Einsetzg eines Erben unter der Bedingg, daß er einer Verwirkgsklausel nach dem Erbfall nicht zuwiderhandelt (BayObLG **66**, 49; § 2074 Anm 2). Erst bei seinem Tode stellt sich heraus, ob er VollE geworden ist (BayObLG **62**, 57). S auch Stgt OLGZ **79**, 52 (Einsetzg eines Kindes als Erben des überlebden Eheg mit Ausschluß, wenn es Pflichtt nach Tod des Zuerstverstorbenen verlangt); LG Fbg BW-NotZ **79**, 67 (dch VerwirkgsKlausel auflös bedingt eingesetzter Erbe fällt dann nicht weg, wenn er zwar den Eintr der Verwirkg anerkennt, in Wirklichk gg die Klausel nicht verstoßen hat). – Bis zum Tod besteht aufschieb bedingter NachErbsch (KG aaO). – Auch ein NachE kann unter einer auflösden Bedingg eingesetzt werden (Hamm OLGZ **68**, 80; § 2065 Anm 3 aE).

Testament. 1. Titel: Allg. Vorschriften §§ 2075–2077

4) Nichtigkeit. Eine letztw Vfg od eine einzelne darin getroffene Bestimmg kann nichtig sein, weil sie an eine Bedingg geknüpft ist, die gg ein gesetzl Verbot od gg die guten Sitten verstößt (Johannsen WM 71, 926f; § 2074 Anm 1c).

2076 *Bedingung zum Vorteil eines Dritten.* **Bezweckt die Bedingung, unter der eine letztwillige Zuwendung gemacht ist, den Vorteil eines Dritten, so gilt sie im Zweifel als eingetreten, wenn der Dritte die zum Eintritte der Bedingung erforderliche Mitwirkung verweigert.**

1) Eine Auslegungsregel enthält die Vorschr, die neben den auch für letztw Vfgen geltenden § 162 tritt (Hamm OLGZ **68**, 85). Sie gilt nur für bedingte Zuwendgen (nicht für Vermächtn, § 2147 od Auflage, § 2192) und fingiert den Eintritt der Bedingg, wenn der begünstigte Dritte seine Mitwirkg trotz Erfüllgsbereitschaft des Bedachten verweigert. – Bei Mitwirkgsverweigerg des Auflageberecht gilt § 2195.

2) Dritter ist jeder, der nicht Erbl oder Bedachter ist (Schlüter § 22 IV 3c). Er hat (anders als bei der VermächtnZuwendg) keinen Anspr auf die Zuwendg. – Unter **Vorteil** des Dritten ist nicht nur ein Vermögensvorteil zu verstehen (anders § 1939). Auch Eheschl kann Vorteil bezwecken, so daß der Bedachte die Zuwendg erhält, wenn sein ernstl Antr abgelehnt wird. – Bei unverschuldeter Unmöglichk des Eintritts der Bedingg kann diese als erfüllt angesehen werden; jedoch muß hier der Wille des Erbl durch Auslegg ermittelt werden (s BayObLG FamRZ **86**, 606; Kipp/Coing § 23 IV; RGRK Rz 7).

2077 *Unwirksamkeit letztwilliger Verfügungen bei Auflösung der Ehe oder der Verlobung.* **¹Eine letztwillige Verfügung, durch die der Erblasser seinen Ehegatten bedacht hat, ist unwirksam, wenn die Ehe nichtig oder wenn sie vor dem Tode des Erblassers aufgelöst worden ist. Der Auflösung der Ehe steht es gleich, wenn zur Zeit des Todes des Erblassers die Voraussetzungen für die Scheidung der Ehe gegeben waren und der Erblasser die Scheidung beantragt oder ihr zugestimmt hatte. Das gleiche gilt, wenn der Erblasser zur Zeit seines Todes auf Aufhebung der Ehe zu klagen berechtigt war und die Klage erhoben hatte.**
II Eine letztwillige Verfügung, durch die der Erblasser seinen Verlobten bedacht hat, ist unwirksam, wenn das Verlöbnis vor dem Tode des Erblassers aufgelöst worden ist.
III Die Verfügung ist nicht unwirksam, wenn anzunehmen ist, daß der Erblasser sie auch für einen solchen Fall getroffen haben würde.

1) Auslegungsregel. Die dem Zerrüttgsprinzip im ScheidgsR dch das 1. EheRG angepaßte Vorschr (ebso § 1933 für gesetzl Erbfolge) ergänzt die allg Regeln üb die Nichtigk od Unwirksamk einer Vfg vTw (s dazu § 1937 Anm 4) dch eine Auslegsregel entspr dem vom Gesetz vermuteten ErblWillen (**III**; str; s MüKo/Leipold Rz 3, 4 mN), daß die zugunsten des Eheg errichtete Vfg vTw iZw nur im Falle des Bestehens der Ehe wirks bleiben soll. Zunächst ist daher dch Auslegg zu erforschen, ob der Wille des Erbl auf Weitergeltg gerichtet war (s Anm 3). War die Vfg in Erwartg späterer u fortgeltender Ehe errichtet worden, hilft Anfechtg nach § 2078 II. – Die Vorschr gilt entspr beim gemeinschaftl Testament (§ 2268) u beim ErbVertr (§ 2279), aber nicht bei Lebensversichergen (dazu Anm 4).

2) Anwendungsbereich. Die widerlegbare UnwirksamkRegel greift nur ein, wenn beim Erbfall die Auflösg der Ehe (des Verlöbn) bereits wirksam war od auf Betreiben des Erbl bevorstand. Im Einzelnen gilt:
a) Nichtigkeit (EheG 17–21) setzt rkräft NichtigErkl voraus, die auch nach dem Tod des Erbl noch herbeigeführt werden kann (EheG 23, 24; ZPO 631, 636). – **Auflösung** erfolgt dch rkräft Scheidg (§ 1564) od Eheaufhebg (EheG 28, 29) od Wiederheirat nach TodesErklärg vor dem Tod des Erbl (EheG 38). – Wurde die Ehe nach Scheidg erneut geschlossen, ist die Zuwendg iZw von Bestand (s Anm 3; str); bei Eheauflösg dch Tod des Bedachten entfällt sie ohnehin (§§ 1923, 2108, 2160).
b) Rechtshängiges Scheidungs- oder Aufhebungsverfahren (I 2, 3). Die Auslegsregel greift iZw (**III**) auch ein, wenn die Ehe als gescheitert anzusehen u der Erbl die Scheidg beantragt od ihr zugestimmt hat; od wenn die Aufhebg der Ehe berecht gewesen wäre und er Klage erhoben hatte (s § 1933 Anm 1–3), dort auch zu den Erfordern bei einverständl Scheidgsbegehren. Ob der ScheidgsAntr **begründet** gewesen wäre od ein AufhebgsGrd vorgelegen hätte, hat ggf das NachlG bei Erteilg des Erbscheins (§§ 2358, 2359), das ProzeßG bei der ErbschKl selbständ zu prüfen (BayObLG JFG **6**, 169). – Über die Rechtsfolgen, wenn die letztw Vfg bestehen bleibt, s Battes FamRZ **77**, 436.
c) Bei Verlöbnis (II), also ernstl gemeintem, ggseit gegebenem u angenommenen Eheversprechen, behandelt das G letztw Zuwendgen an den Verlobten als dch den Bestand des Verlöbn bedingt (KGJ **37** A 115; BayObLG Rpfleger **87**, 503). Für seinen Bestand zZ des Erbfalls trägt daher der Bedachte die Beweislast ebso wie dafür, daß der Erbl seine letztw Vfg auch für den Fall der Auflösg getroffen hätte (BayObLG aaO; Anm 3). Im Zw (**III**) ist die letztw Vfg unwirks, wenn das Verlöbn einseit dch Rücktr od einverständl aufgelöst war (s dazu Einf 4 vor § 1298 u dort Anm 1); ob der Rücktr, der nicht in Erkl nur ggü Dritten gesehen werden kann (RG **141**, 358), gerechtfertigt war od nicht, ist ohne Bedeutg. – Die Zuwendg bleibt idR wirks, wenn Erbl als Verlobter starb (KG aaO), währd die Zuwendg sich ohnehin erledigt, wenn der bedachte Verlobte vorverstorben war. – Kommt es zur Eheschl, gilt der Verlobte als Eheg bedacht, wenn nach der Heirat kein Widerruf erfolgt. – Auf die nichtehel LebensGemeinsch sind **II, III** nicht entspr anwendb, wenn kein Verlöbn vorliegt (BayObLG Rpfleger **83**, 440; MüKo/Leipold Rz 11; aA Meier-Scherling DRiZ **79**, 296).

3) Vorrang des Erblasserwillens. Dch Auslegg (**III**) ist zu ermitteln, ob der wirkl Wille des Erbl auf Fortgeltg gerichtet war. Hat er den Fall der Scheidg usw nicht bedacht, kommt es auf seinen hypothetischen Willen zZ der TestErrichtg an (BGH FamRZ **61**, 366; eingeh Battes JZ **78**, 733). Zur Weitergeltg der letztw

Vfg ist erforderl u genügd, daß sie der Erbl auch für den Fall der Ehe- (od Verlöbnis-) Auflösg getroffen hat od hätte (BGH FamRZ 60, 28/29; vgl § 2067 Anm 1). Spätere Umstände können für die Ermittlg des hypothet Willens insoweit herangezogen werden, als sie Rückschlüsse darauf zulassen, wie der Erbl testiert hätte, wenn er die Auflösg seiner Ehe vorausbedacht hätte (s § 2084 Anm 1 d). Ein später neu gefaßter wirkl Wille ist dagg schon wg des Formzwangs insoweit unbeachtl, als er auf einem Anschauungswandel des Erbl beruht. Daher muß eine Aussöhng der geschiedenen Eheg bei Ermittlg des hypothet Willens außer Betr bleiben. Auch bei **Wiederheirat** der geschiedenen Eheleute wird deshalb häuf angenommen, daß die Vfg vTw nichtig bleibt (KG FamRZ **68**, 217 mit abl Anm Bosch; Soergel/Damrau Rz 6 mN). Dies wird allerd dem häufigen Fall nicht gerecht, daß der Erbl wg der Wiederherstellg der ehel Bindg davon ausgig, daß sein Test weiterhin gilt und er daher von einer erneuten inhaltsgleichen Testierung abgesehen hat. Daher ist in diesen Fällen, sofern § 2077 überh anzuwenden ist (weil beim Erbfall der Bedachte mit dem Erbl verheiratet ist; dazu Tappmeier DNotZ **87**, 715), die Vfg in ihrem ursprüngl Sinn (kein hypothet Wille) aufrechtzu- erhalten (MüKo/Leipold Rz 18; s auch Battes JZ **78**, 733/738). Verheiratet sich dagg der Erbl mit einem anderen Gatten, kann die sich auf den früh Partner beziehde Zuwendg auch dann nicht zugunsten des jetzigen Gatten aufrecht erhalten werden, wenn nach der Formulierg „meine Frau" bedacht war, weil wohl allgemein angenommen werden kann, daß der Erbl seine jeweilige Ehefrau einsetzen wollte (RG **134**, 281; MüKo/Leipold Rz 18; Erman/Hense § 2067 Rz 1; aA Brox Rz 216). – Durch **III** wird eine unmittelb ErklAusslegg nicht ausgeschl, so daß ein hypothet Wille nur dann von Bedeutg ist, wenn ein durch Auslegg zu ermittelnder irrtumsfreier Wille fehlt (BGH FamRZ **60**, 28). – **Beweislast** hat der frühere Eheg od Verlobte (BGH aaO; BayObLG Rpfleger **87**, 503). Zu den Beweisanfordergen hinsichtl der ScheidgsVor- aussetzgen s § 1933 Anm 3. Die materielle Beweislast trägt im ErbscheinsVerf, wer sich darauf beruft, der Erbl habe entgg **I** seine letztw Vfg auch für den Fall der Scheidg getroffen (BayObLG Rpfleger **81**, 282; Bremen FamRZ **86**, 833).

4) **Auf Lebensversicherungen** als Kapitalversicherg (VVG 166) u damit RGesch unter Lebenden ist § 2077 trotz ähnl Interessenlage aus Grden der RSicherh u im Interesse des VertrPartners nicht entspr anzuwenden (BGH NJW **87**, 3131; Tappmeier DNotZ **87**, 715; str). Ggü der Versicherg bleibt der bei Festlegg des BezugsBerecht erklärte Wille des VersichNehmers maßgebl (BGH NJW **76**, 290 mAv Gitter JR **76**, 464; LG Saarbr NJW **83**, 180). Die Bezugsberechtigg der Ehefrau (mit od ohne Namensangabe) ist nicht ohne weiteres auflösd bedingt dch die Scheidg vor Eintritt des VersichFalles. Ist in den allg Bedinggen einer der Alters- und Hinterbliebenenversorgg dienenden Versicherg die Ehefrau „unwiderrufl" als BezugsBe- recht bezeichnet, wird damit die zum Ztpkt des VersichFalles mit dem Versicherten verheiratete Ehefrau bezeichnet (BGH NJW **81**, 984). – Ob der bezugsberecht geschiedene Ehegatte die Versicherungssumme der auch behalten darf, hängt von dem RGrd im Verhältn zum Versicherten ab (sog Valuta-Verhältn; s § 2301 Anm 4); RGrd kann Schenkg, auch Pflichtschenkg (BGH FamRZ **82**, 165), Unterhalt (BGH **74**, 38) od sog unbenannte Zuwendg (BGH **84**, 361; s dazu auch Morhard NJW **87**, 1734) sein. In Fortführg der bish Rspr hat BGH FamRZ **87**, 806 entschieden, daß mit Scheitern der Ehe im Valutaverhältn regelmäß die Geschäfts- Grdlage wegfällt, so daß statt entspr Anwendg von § 2077 das damit verfolgte Anliegen dch Prüfg einer Anpassg u Interessenabwägg (s § 242 Anm 6 B f) berücksicht werden kann.

2078 *Anfechtung wegen Irrtums oder Drohung.* ¹Eine letztwillige Verfügung kann angefochten werden, soweit der Erblasser über den Inhalt seiner Erklärung im Irrtu- me war oder eine Erklärung dieses Inhalts überhaupt nicht abgeben wollte und anzunehmen ist, daß er die Erklärung bei Kenntnis der Sachlage nicht abgegeben haben würde.

ⁱⁱDas gleiche gilt, soweit der Erblasser zu der Verfügung durch die irrige Annahme oder Erwar- tung des Eintritts oder Nichteintritts eines Umstandes oder widerrechtlich durch Drohung be- stimmt worden ist.

ⁱⁱⁱDie Vorschriften des § 122 finden keine Anwendung.

1) Vorrang der Auslegung, Die Auslegg (auch die ergänzende) geht nach allg Grdsätzen der Anfechtg vor, da sie den ErblWillen verwirklicht, die Anfechtg ihn dagegen vernichtet (§ 142) u häufig zur vom Erbl ungewollten ges Erbfolge führt. Erst wenn gem §§ 133; 2084 der reale od hypothet Wille des Erbl ermittelt ist, darf die Anfechtg geprüft werden (BGH **LM** § 2100 Nr 1; BayObLG **78**, 264; KG NJW **71**, 1992; BayObLG **66**, 394; Bedenken hiergg Schubert/Czub JA **80**, 258). – Auch eine nur **falsche Bezeichnung** des Bedachten od des zugewendeten Ggstands unterliegt der Ausslegg, nicht der Anfechtg (RG LZ **21**, 376), zB wenn der Erbl seine Ehefrau als „Mutter" bezeichnet. Es gilt dann das Gewollte u nicht das Erklärte (Lange JhJ **82**, 15).

2) Die Anfechtung letztw Vfgen ist in weiterem Umfang als bei and RGesch zugelassen, weil auf den Vertrauensschutz eines ErklEmpfängers keine Rücksicht zu nehmen ist. Anfechtbar ist aber nicht das Test als solches, sond immer nur einzelne in ihm enthaltene letztw Vfgen (BGH NJW **85**, 2025). Die Anfechtbark geht nur so weit, wie der Irrtum gereicht u auf den Inhalt der Erkl eingewirkt hat (RG **70**, 391; BGH aaO). – Das Ges regelt die **Gründe** der Anfechtg in §§ 2078, 2079 (als SonderVorschr zu §§ 119, 123), die **Berechti- gung** dazu in § 2080 sowie **Form** und **Frist** in §§ 2081, 2082. Zur Wirkg s Anm 4. Der seine Zuwendg verlierende Bedachte hat keinen Anspr auf Ersatz des Vertrauensschadens (**III**). – Bei aufschiebend bedingter od mit Anfangstermin versehener Zuwendg ist eine Anfechtg der **Bedingung** od der Befristg allein nicht mögl; anders ist dies bei auflösender Bedingg od bei Bestimmg eines Endtermins (Staud/Otte Rz 35). – Über Verzicht auf eine Anfechtg s § 2081 Anm 4.

a) Inhalts- und Erklärungsirrtum, I (s § 119 Anm 2b, 3). Hier ist es gleichgült, welcher Fall vorliegt, ob TatsIrrtum od RechtsIrrtum wie zB bei Einsetzg der gesetzl Erben darüber, wer nach dem G berufen ist (RG **70**, 391); Irrtum über die rechtl Tragweite bzw Bindgswirkg des ErbVertr (Hamm OLGZ **66**, 497) od der Fall des Verschreibens od (man denke an ein öff Test) des Versprechens, Vorausetzg ist stets, daß der testierfäh Erbl (s Johannsen WM **72**, 643) bei Kenntn der Sachlage die Erkl nicht abgegeben hätte, wobei es genügt, wenn der Irrt wesentl mitbestimmd war (s Anm 3). Die Verkehrssitten spielen hier keine Rolle. Es kommt daher auch nicht auf die verständ Würdigg des Falles an (wie bei § 119); maßg ist allein die wirkl Absicht des Erbl entspr seiner subj Denk- u Anschauungsweise (BayObLG **71**, 149), sofern sie nicht gesetzwidr ist.

b) Irrtum im Beweggrund (II) ist beim Test beachtl, auch wenn das Motiv in der letztw Vfg selbst nicht erwähnt ist. Damit wird die Anfechtbark wg Motivirrtums ggü § 119 II erweitert, aber nicht schrankenlos: Die Anfechtg können nur solche besond schwerwiegenden Umstände begründen, die gerade diesen Erbl auch unter Berücksichtigg seiner eigenen Vorstellg mit Sicherh dazu gebracht hätten, anders zu testieren (BGH NJW-RR **87**, 1412). Dch den Vorrang der ergänzden Auslegg (s Anm 1; § 2084 Anm 1 d) wird die prakt Bedeutg allerd eingeschränkt. – Irrige **Annahme** eines Umstands bezieht sich auf Vergangenh u Ggwart, **Erwartung** des Eintritts od Nichteintritts auf die Zukunft, wobei der Umstand auch erst nach dem Erbfall liegen kann (BGH Betr **66**, 379; FamRZ **77**, 786; BayObLG **71**, 149). Beispiele: die Entwicklg der Währgsverhältn (AG Hohenwested SchlHA **49**, 121); später unerwarteter Vermögenserwerb des Erbl (Stgt BWNotZ **60**, 50) od die Vorstellg eines rechtl Erfolges (RG Gruch **67**, 671); die Erwartg, daß künft Unstimmigkeiten zw Erbl u Bedachten ausbleiben (BGH LM Nr 8; FamRZ **73**, 539); die nicht erfüllte Erwartg künft Wohlverhaltens des Erben ggü dem Erbl (BGH **4**, 91).

aa) Wirkliche Vorstellung. Die Anfechtg kann nur auf Vorstellgn u Erwartgn gestützt werden, die der Erbl **bei Errichtung** der letztw Vfg **gehabt hat,** nicht auf solche, die er bei Kenntn von damals unbekannten Umständen gehabt haben würde (BGH NJW **63**, 246; BayObLG FamRZ **84**, 1270; Ravbg BWNotZ **79**, 15); auch nicht auf das spätere Aufkommen irriger Vorstellgn, wie etwa das Vergessen einer früheren TestErrichtg (BGH **42**, 327 mAv Kreft in LM Nr 9). IdR rechtfertigen Vorstellgen des Erbl, der Erbe werde in bestimmter Weise über den Nachl verfügen, die Anfechtg nicht, wenn der Erbe überhaupt nicht od nicht in entspr Weise über den Nachl verfügt (BGH FamRZ **67**, 473; s Johanssen WM **72**, 643 f).

bb) Sog. unbewußte Vorstellungen. Die Rspr versteht darunter keine vom Bewußtsein nicht erfaßbare, sond durchaus vorhandene Vorstellungen iS von in die Zukunft gerichteten Erwartgen des Erbl, die ihm als so selbstverständl erscheinen, daß bei ihm unbewußt bestehen können u trotzdem Grdlage seiner letztw Vfg sind. Gemeint sind Umstände, die in der Vorstellungswelt des Erbl ohne nähere Überlegg so selbstverständl sind, daß er sie zwar nicht konkret im Bewußtsein hat, aber doch jederzeit abrufen u in sein Bewußtstein holen kann (BGH NJW-RR **87**, 1412), Pohl bezeichnet sie als mitbewußte Vorstellgen (in: Unbewußte Vorstellgn als erbrechtl AnfGrd, 1976). Solche (zwischen wirkl Vorstellg u Nichtwissen anzusetzenden) Erwartgen können für den Erbl infolge ihrer Gewohnh die selbstverständl Grdlage für seine letztw Vfg sein u die Enttäuschg üb ihren Nichteintritt die Anfechtg nach **II** begründen (BGH LM Nr 3; 4; 8; WM **83**, 567; KG FamRZ **77**, 271; BayObLG FamRZ **84**, 1270). – Nicht darunter fällt idR die Tatsache, daß der eingesetzte Erbe einen Verkehrsunfall verursacht hat, der zum Tod des Erbl führte (Hamm OLGZ **68**, 86; s zum gleichen Sachverhalt aber auch BGH FamRZ **71**, 638).

cc) Umstände. Zur Begründg der Anfechtbark kommen sowohl Umst in Betr, die (wie Geburt, Tod, Bedürftigk der Bedachten) unabhäng vom Willen des Erbl eintreten, als auch solche, die (wie spätere Heirat) in seinem Belieben stehen (RG **148**, 222), soweit nicht der Erbl die Voraussetzgen für die Anfechtg nach Treu und Glauben selbst herbeigeführt hat (BGH **4**, 91; FamRZ **62**, 427; BWNotZ **61**, 181; Johanssen aaO 645); daß der Erbl AnfGründe durch Heirat u Entstehg neuer PflichtBerecht selbst schaffen kann, ergibt sich aus § 2079. Ist der Erbl durch einen (angegebenen oder nicht angegebenen) unzutreffenden Grund zum Ausschluß des gesetzl Erben bestimmt worden, kann der Benachteiligte nach **II** anfechten (BGH NJW **65**, 584). Anfechtb können auch letztw Vfgen sein, dch die ein Eheg dem überlebden Eheg nur ein Vermächtn od einen geringfüg Erbteil hinterlassen u über die pflichtteilsrechtl Auswirkgen nach § 1371 irrige Vorstellgn gehabt hat (s Schwab JuS **65**, 437; auch Johannsen aaO zur Rechtslage nach GesÄnderg). – Einseitige Vfgen des AntrGegners zG des AntrStellers im ScheidsVerf, die vor der Ehekrise errichtet worden sind, können uU anfechtb sein (Battes FamRZ **77**, 433/437, 439 mit Lange JuS **65**, 347/350).

c) Drohung. Wegen Drohg ist die letztw Vfg wie nach § 123 I anfechtb, zB wg Drohg mit Strafanzeige (s aber auch RG Recht **10** Nr 1395). Ob sie vom Bedachten od einem Dritten ausging, gilt gleich. Wegen der Widerrechtlichk vgl § 123 Anm 3b; BayObLG **60**, 497. Auch die Drohung einer Pflegerin, den Kranken hilflos sterben zu lassen, falls er nicht sie od einen anderen bedenke, gehört hierher (RG JW **02** Beil 286; auch Hbg HansRGZ 34 B Nr 194). Daß jemand einen Erbl dch Widerspr gegen eine von ihm beabsichtige TestErrichtg von dieser Absicht abbringt, ist für sich allein nicht rechtswidr (noch verstößt es gg die guten Sitten); dazu bedarf es weiterer Umstände, etwa der Ausnutzg einer Willensschwäche od Zwangslage des Erbl (BGH BWNotZ **65**, 348). – Verfüggen, zu denen der Erbl unter Ausnützg der Todesnot bestimmt worden ist u die früh von TestG 48 III erfaßt wurden, sind heute entw nach § 138 nichtig od nach § 2078 II aE anfechtb (Schlüter § 23 I 3b); s auch Finke DNotZ **53**, 180; BGH FamRZ **56**, 221. – Widerrechtl Drohg kann auch uU Anfechtg wg Erbunwürdigk begründen (§ 2339 I Nr 3).

3) Kausalität. Irrtum bzw Drohg müssen für die Vfg bestimmend od zumindest wesentl mitbestimmend gewesen sein (BGH FamRZ **61**, 366; BayObLG **71**, 150). Hätte der Erbl auch ohne die irrige Vorstellg od die Drohg die letzw Vfg errichtet, fehlt der ursächl Zusammenhang (Hamm OLGZ **68**, 86). Dies gilt auch, wenn der Irrtum erst nach TestErrichtet entstand (BGH **42**, 327: Vergessen eines Test). Er fehlt idR auch bei Irrt des Erbl über die steuerl Folgen (Hbg MDR **55**, 291) od über das weitere Schicksal des Nachl (BGH LM Nr 11). Vgl auch BGH LM Nr 4 betr spätere Änderg der polit Einstellg des Erbl. – Beim Motivirrtum muß der zur Anfechtg berechtigende Umstand der bewegende Grd für den letzten Willen gewesen sein, weil nicht jede Ursache das Gewicht des Beweggrundes hat (BGH NJW-RR **87**, 1412). – Unterläßt der Erbl trotz Erkennens des Irrtums den Widerruf des Test und hält er an seiner Vfg fest, ist Anfechtg regelm ausgeschl (vgl RG **77**, 170; BayObLG **71**, 150; s § 2081 Anm 4).

4) Wirkung. Die begründete, form- u fristgerecht von dem dazu Berecht erklärte Anfechtg führt zur

Nichtigk von Anfang an (§ 142). Diese erfaßt aber nicht das ganze Test, sond nur die angefochtene Vfg u auch diese nur insoweit, als anzunehmen ist, daß der Erbl sie bei Kenntn der Sachlage nicht getroffen hätte, soweit sie also durch den Irrt od die Droh beeinflußt ist (BGH NJW **86,** 1813; BayObLG **71,** 150); dagg nicht die vom Irrtum unbeeinflußten and Vfgen des Test (§ 2085). Sie bewirkt also bei mehreren Vfgen häufig nur eine Teilnichtigk. – Auch die nur von einem von mehreren AnfBerecht erklärte begründete Anfechtg wirkt absolut, kommt also auch den übr Beteiligten zugute (BGH NJW **85,** 2025). – Der Nichtig einer Erbeinsetzg folgt aber nicht wie bei der Anfechtg unter Lebenden das Nichts, sond die gesetzl Erbfolge (Lange IhJ **82,** 9), soweit nicht durch die Anfechtg ein älteres Test wieder in Kraft gesetzt wird od spätere EinzelVfgen des Überlebenden trotz § 2271 II wirks werden (RG **130,** 214). Der wahre, nicht erklärte Wille des Erbl gelangt aber dadurch nicht zur Wirksamk. Daher der Vorrang der Ausleg (s Anm 1), durch die dem mutmaßl od unterstellten Willen des Erbl zum Erfolg verholfen werden kann. – Die Anfechtg ist uU **unzulässige Rechtsausübung,** wenn der Anfechtende selbst den AnfTatbestand in sittl zu mißbilligender Weise mit verwirklicht hat (Soergel/Damrau Rz 10).

5) Der Beweis für den AnfechtgsGrd obliegt dem, der sich auf die Anfechtg der letztw Vfg beruft (BayObLG **63,** 264; **71,** 147; FamRZ **77,** 347; Hamm OLGZ **66,** 497; KG FamRZ **77,** 271; s auch § 2081 Anm 2; § 2082 Anm 1). An den Nachw des Motivirrtums dürfen keine zu geringen Anforderungen gestellt werden. Dies gilt insb für den Nachw, daß ein etwaiger Irrt auch ursächl für die Vfg war; für diese Ursächlichk gibt es keinen prima-facie-Beweis (Mattern BWNotZ **61,** 277/284). Beweis des ersten Anscheins (s RG DR **44,** 121) scheidet ohnehin bei dem individuellem Vorgang des Verstandes- u. Seelenlebens eines Menschen aus (BGH NJW **63,** 248; KG aaO). – Etwaige Anhaltspunkte für einen Willensmangel brauchen sich nicht aus der letztw Vfg zu ergeben; sie können aus nachgewiesenen mündl Äußergen des Erbl entnommen werden (BGH NJW **65,** 584). Siehe allg Johannsen WM **72,** 647ff.

6) Sonderfälle. Beim **Erbvertrag** regeln die Anfechtg §§ 2281–2285. – Zur Anfechtg eines **gemeinschaftlichen** Test s § 2271 Anm 4. – **Weitere Anfechtungsfälle** s REG 79 (früh *AmZ*), 66 (früh *BrZ*), 68 (*Berlin*); dazu ORG Bln RzW **71,** 348. Nach Ablauf der hier bestimmten Anfechtgsfrist ist bei gleichem Tatbestd eine Anfechtg nach § 2078 ausgeschl (hM).

7) Entsprechende Anwendung des § 2078 auf die Anfechtg eines RGesch des Erbl **unter Lebenden** ist denkbar. ZB wenn der Erbl in einem Zusatz zur LebensVersPolice einen anderen als bezugsberecht bezeichnet hat in der irrigen Annahme, der zunächst Bezeichnete sei gestorben, verschollen od erbunwürdig. Denkbar ist auch eine entspr Anwendg der §§ 2078, 2079 auf die Anfechtg einer Drittbegünstiggsklausel für den Todesfall in einem BausparVertr (s Hippel NJW **66,** 867; Soergel/Damrau Rz 12).

2079 *Anfechtung wegen Übergehung eines Pflichtteilsberechtigten.*

Eine letztwillige Verfügung kann angefochten werden, wenn der Erblasser einen zur Zeit des Erbfalls vorhandenen Pflichtteilsberechtigten übergangen hat, dessen Vorhandensein ihm bei der Errichtung der Verfügung nicht bekannt war oder der erst nach der Errichtung geboren oder pflichtteilsberechtigt geworden ist. Die Anfechtung ist ausgeschlossen, soweit anzunehmen ist, daß der Erblasser auch bei Kenntnis der Sachlage die Verfügung getroffen haben würde.

1) Normzweck. Die Vorschr regelt einen Sonderfall des Motivirrtums u ergänzt § 2078. Eine Anfechtg kann auf beide Vorschr gestützt werden (BayObLG **80,** 42/51), denen verschiedene Tatbestände zugrunde liegen, so daß eine Anfechtg nach § 2079 an sich nicht ohne weiteres eine solche nach § 2078 einschließt (RG JW **11,** 656). Da aber der Grund der Anfechtg nicht angegeben werden muß (s § 2081 Anm 1), kann nicht gefordert werden, daß schon bei Erklärg der Anfechtg ausdrückl erklärt wird, ob sie auf die eine od die andere Norm od auf beide gestützt wird. Nach seinem Zweck dient § 2079 dem Schutz des allein anfechtgsberecht (§ 2080 III) PflichttBerecht (MüKo/Leipold Rz 2; str; für Verwirklichg des ErblWillens Soergel/ Damrau Rz 5 mN), während bei ErbVertr (§ 2281 I) u gemeinsch Test (s § 2271 Anm 4) das eigene AnfechtgsR des Erbl and Zwecken dient.

2) Die Anfechtung nach § 2079 erstreckt sich grdsl auf die gesamte Vfg vTw (währd § 2078 die Anfechtbark auf die vom Irrt des Erbl beeinflußten Vfgen beschränkt). Auch wechselbezügl Vfgen in einem gemeinsch Test von Eheleuten (§ 2270 I) können nach Ableben beider Ehegatten von dem neuen Ehegatten des zuletzt Verstorbenen angefochten werden (KG FamRZ **68,** 218; BayObLG **89,** 116), allerd mit den Einschränkgen des § 2285 (s § 2271 Anm 4b). Voraussetzgen sind:

a) Übergehen eines PflichtBerecht liegt vor, wenn der Erbl ihm gar nichts zugewendet hat, ihn aber auch nicht von der Erbfolge ausschließen wollte (BayObLG **71,** 147/151; Damrau BB **70,** 473; Johannsen WM **72,** 649). Ist der PflichttBerecht ausdrückl ausgeschl od bewußt übergangen worden od wollte der Erbl eine endgült Regelg ohne Rücks auf etwa noch hinzutretende PflichttBerecht treffen, kann er nicht anfechten, sond nur den Pflichtt verlangen (RG **59,** 63). Übergangen ist auch das **nichteheliche Kind,** das in einem von seinem Vater vor dem 1. 7. 70 errichteten Test nicht od nur mit einem Vermächtn bedacht wurde, wenn der Erbfall nach diesem Zeitpkt eingetreten ist (Damrau BB **70,** 471ff; Johannsen WM **70** SonderNr 3, 21ff; Bosch FamRZ **72,** 179; Lindacher FamRZ **74,** 345). – Nicht übergangen ist der PflichttBerecht, wenn er (zB der spätere Ehegatte) mit einer nicht ganz geringfügigen Zuwendg bedacht ist, die nicht in Bezug auf das PflichttR gemacht zu sein braucht (zB Vermächtn); uU kann er allerd aus § 2078 anfechten (RG **148,** 223). Die Zuwendg kann auch in einer das angefochtene Test ergänzden Vfg vTw in voller Kenntn der PflichtBerechtigg gemacht sein (Celle NJW **69,** 101).

b) Unkenntnis des PflichtBerecht bei TestErrichtg aus tatsächl od rechtl Gründen. Dem Nichtbekanntsein *gleichgestellt* werden bloße Mutmaßgen des Erbl (zB der PflichttBerecht sei gestorben, RG SeuffA **62** Nr 186) sowie der tatsächl oder RechtsIrrt über das PflichttR des bekannten Berecht (RGRK Rz 24); ferner, daß der Erbl an die Möglichk zukünft PflichttRechts (zB durch Wegfall eines näher Berecht,

Testament. 1. Titel: Allg. Vorschriften §§ 2079, 2080

§ 1924 III; Heirat; EhelichErkl od Adoption, dazu Schalhorn JurBüro **75**, 1570) einfach nicht gedacht hat (Kipp/Coing § 24 II 2d).

c) Die Ursächlichkeit zwischen Irrt u Vfg wird vom Ges vermutet (im Ggsatz zu § 2078). § 2079 geht davon aus, daß iZw die Unkenntn vorhandener od künftiger PflichttBerecht (§ 2303 ff; § 2338 a) bestimmendes Motiv des Erbl war u er bei Kenntn der Sachlage den PflichttBerecht nicht übergangen hätte. **Widerlegt** ist diese Vermutg, wenn der reale Wille des Erbl zur Übergehung mögl PflichttBerecht erwiesen ist (BGH NJW **83**, 2249), iü dann **(S 2)**, wenn der Erbl nach seinem zu ermittelnden hypothet Willen zZt der TestErrichtg (nicht des Erbfalls) die gleiche Vfg getroffen hätte, sofern er hinsichtl der Person des PflichttBerecht die spätere Lage überschaut hätte (BGH NJW **81**, 1735; 1736; Hamm NJW **72**, 1089; Celle NJW **69**, 101). Andere Verändergen als die Kenntn von der Person des PflichttBerecht od seinem Hinzutreten nach TestErrichtg dürfen bei der ergänzenden Auslegg nicht berücksichtigt werden (BGH **LM** Nr 1), so daß also iü von den Umständen auszugehen ist, die den Erbl seinerzeit zu der Vfg bestimmt haben. Aus dem Umstand, daß der Erbl nach Wiederverheiratg sein Test nicht abgeändert hat, kann keinesfalls der Schluß gezogen, er habe schon bei dessen Errichtg den Willen gehabt, den zweiten Ehegatten zu übergehen. Dazu bedarf es im Einzelfall der Feststellg, daß der Erbl eine TestÄnd geflissentl, dh absichtl unterlassen hat (RG **148**, 224; BGH **80**, 295; BayObLG **89**, 116; **80**, 42). – **Beweislast:** Als Folge der ges Vermutg braucht der übergangene PflichttBerecht (anders als bei § 2078) die Kausalität des Irrtums nicht nachzuweisen. Vielm müssen die eingesetzten Erben beweisen, daß der Erbl auch bei Kenntn der Sachlage so testiert hätte wie geschehen (BayObLG FamRZ **85**, 534).

3) Wirkung. Die Anfechtg vernichtet nach S 1 idR das gesamte Test, weil die Berücksichtigg eines weiteren Erben alle Erbteile verschieben würde (BayObLG **71**, 147; **75**, 6; **80**, 42; str) u führt dann zur ges Erbfolge (aA Köln NJW **56**, 1522; MüKo/Leipold Rz 19; Erman/Hense Rz 4: Test ist nur insow nichtig, als es den PflichttBerecht von seinem ges ErbR ausschließt). Da die Anfechtg stets nur kassiert, nie reformiert, stellt sie nicht die RLage her, die der Erbl mutmaßl errichtetes Test schaffen würde. Auch die in der Einsetzg des test Bedachten notw liegende Enterbg eines Übergangenen entfällt wieder, weil diese nicht als selbständ u unabhäng Vfg angesehen werden kann (Tiedke JZ **88**, 649; aA Staud/Otte Rz 14). S 1 wird allerd dch S 2 **eingeschränkt**, so daß die Wirksamk des Test bezügl des restl Nachl davon abhängt, wie der Erbl testiert haben würde, wenn er gewußt hätte, daß der PflichttBerecht Erbe im ges Umfang würde (BayObLG **71**, 147; Reinicke NJW **71**, 1961). Die im Test eingesetzten Erben können also geltend machen, daß der Erbl bei Kenntn der Sachlage nicht die ges Erbfolge hätte eintreten lassen, sond den übergangenen PflichttBerecht nur nicht schlechter gestellt u im übr sein Test errichtet hätte. – **Beweislast:** Die in S 2 getroffene Beweislastregel zugunsten des übergangenen PflichttBerecht ist auf die RStellg des im Test eingesetzten Erben nicht anwendb. Insoweit muß es bei der Regel bleiben, daß die Kausalität des Irrt grdsl von dem zu beweisen ist, der hieraus Rechte herleitet (Tiedke aaO). Der ges Erbe hat also zu beweisen, daß der Erbl bei Kenntn der Sachlage nicht testiert, sond es bei der ges Erbfolge belassen hätte. Eine Ausn ist allerd zu machen, wenn der eingesetzte Erbe pflichtberecht ist (also den Schutz des § 2079 auch beanspruchen kann) u sein ges Erbteil dch Aufrechterhaltg des Test stärker beeinträchtigt würde, als es der Vorstellg des Erbl bei TestErrichtg entsprach (Tiedke aaO; s auch Darmst NJW-RR **88**, 262).

4) Arglisteinrede. Wirkgslos ist die fristgerecht erklärte und sachl begründete Anfechtg, wenn sie sich als unzuläss RAusübg (§ 242) od Verstoß gg §§ 138, 226 darstellt (BGH FamRZ **70**, 82; Hbg MDR **65**, 139).

2080 *Anfechtungsberechtigte.* ^{I}**Zur Anfechtung ist derjenige berechtigt, welchem die Aufhebung der letztwilligen Verfügung unmittelbar zustatten kommen würde.**
^{II}**Bezieht sich in den Fällen des § 2078 der Irrtum nur auf eine bestimmte Person und ist diese anfechtungsberechtigt oder würde sie anfechtungsberechtigt sein, wenn sie zur Zeit des Erbfalls gelebt hätte, so ist ein anderer zur Anfechtung nicht berechtigt.**
^{III}**Im Falle des § 2079 steht das Anfechtungsrecht nur dem Pflichtteilsberechtigten zu.**

1) Anfechtungsberechtigt ist nach der in **I** (und weiter noch in **II, III**) getroffenen Begrenzg des Personenkreises nur derjenige, dem die Aufhebg der letztw Vfg **unmittelbar** zustatten kommen würde. Dies ist dch einen Vergleich mit der RLage zu beurteilen, wie sie sich infolge der Anfechtg darstellen würde (BGH NJW **85**, 2025). Der Anfechtende muß also bei Wegfall der Vfg einen erbrechtl Vorteil erhalten, den er sonst nicht erhielte (BayObLG **75**, 6/9). Es soll also (anders als bei § 2341) nicht zunächst ein Dritter Nutznießer der Anfechtg sein. – **a) Beispiele:** Anfechten können also nächste gesetzl Erben bei Erbeinsetzg eines Dritten (vgl auch § 2081 I); Vor- u NachE wechselseitig (§ 2102 I); der ErsatzE ggü dem Haupterben (Erman/Hense Rz 1); der MitE die anfechtb Berufg anderer Miterben; der mit einem Vermächtn Beschwerte das Vermächtn. Ist eine Erbeinsetz in einem späteren Test widerrufen, ist zur Anfechtg des späteren Test auch der in einem früheren Test eingesetzte Erbe berecht (RG Recht **19** Nr 2136). Entsprechendes gilt auch für ein widerrufenes Vermächtn. – Ist die Erbeinsetzg eines **Ehegatten** od ein Vermächtn an ihn widerrufen, so ist nur der früher Bedachte anfechtsberecht, auch wenn die Zuwendg zum Gesamtgut der Güt-Gemsch gehört bzw u dieses von beiden Eheg gemschaft od vom anderen Eheg verwaltet wird (vgl §§ 1432 I, 1455 Nr 1). – Hat der Erbl die wirks erfolgte Ernenng eines TestVollstr anfechtb (zB in der irrtüml Ann seines Todes) aufgehoben, steht das AnfechtgsR dem TestVollstr zu. – **b) Bei familienrechtlichen Anordnungen** ist der Betroffene berecht; zB der eine Eheg bei Bestimmg einer Zuwendg als VorbehGut der anderen nach § 1418 II Nr 2 (RG Recht **09** Nr 1334); die Eltern od ein Elternteil bei Ausschl der Vermögensverwaltg nach § 1638 I und die Eltern od der Vormd bei Ausschl der Verwaltg nach § 1909 I 2. – Das AnfechtgsR kann im Hinbl auf § 1371 I auch davon abhängen, ob der Erbl vor seinem Tod mit dem überl Eheg in Zugewinngemeinschaft gelebt hat (s RGRK Rz 1). – **c) Ausnahme.** Ist der bei Anfechtg primär zum Zuge kommde Erbe **erbunwürdig** (§ 2339), ist ausnahmsw das AnfechtgsR dem zuzugestehen, der im Falle des Anfalls der Erbsch an den Unwürdigen mit Hilfe der Anfechtklage (§ 2342) die Erbsch erlangen

1945

§§ 2080, 2081

kann. Der rechtl Vorteil besteht im Erwerb dieses AnfechtgsR (Staud/Ferid § 2340 Rz 14; MüKo/Leipold Rz 4). Versucht der Unwürdige, sein AnfechtgsR als Druckmittel zu benützen, kann ihm mit Erhebg der AnfechtgsKlage begegnet werden, zumal der Kreis der AnfechtgsBerecht in § 2341 sehr viel weiter gezogen ist. S auch Schubert/Czub JA 80, 257/262f. – **d)** Von **mehreren Anfechtungsberechtigten** steht jedem das AnfechtgsR nach I selbständ zu. Auch die nur von einem Berecht erkl Anfecht einer ihrem ganzen Inhalt nach durch Irrt beeinflußten Vfg wirkt absolut, kommt also auch den übr Beteiligten zugute (BGH NJW 85, 2025; aA MüKo/Leipold Rz 8), denen dann immer noch die Ausschlaggsmöglichk hins einer nach Anfechtg eingetretenen Erbfolge verbleibt.

2) Weitere Einschränkungen. Bezog sich im Falle des § 2078 der Irrtum (bei Drohg gilt dies nicht) auf eine **bestimmte Person,** steht nach II das AnfechtgsR nur dem vom Irrtum Betroffenen zu. Stirbt er schon vor dem Erbfall, entsteht kein AnfechtgsR. Seine Erben können nur anfechten, wenn das AnfechtgsR bereits entstanden, also der Betroffene nach dem Erbl gestorben ist. – Nach **III** steht im Falle des § 2079 das AnfechtgsR nur dem übergangenen und beim Erbfall vorhandenen **Pflichtteilsberechtigten** zu; einem Dritten soll die Anfechtg nicht unmittelb zustatten kommen (s BayObLG 75, 6/9). War der Berecht noch vor dem Erbfall durch Tod od Erbverzicht weggefallen, bleibt die Vfg wirks, da dann die Voraussetzg des § 2079 (Übergeh eines zur Zeit des Erbfalls vorhandenen PflichtBerecht) nicht gegeben ist u zudem es an einem Anfechtgsberecht fehlt, soweit nicht an Stelle des Weggefallenen ein anderer PflichtBerecht tritt, der seiners übergegangen ist.

3) Der Erblasser ist hier **nicht** zur Anfechtg berecht, da er jederzeit frei widerrufen kann (§§ 2253ff). Anders ist dies beim ErbVertr (§ 2281) und bindend gewordenem gemschaftl Test (RG 132, 4). Auch für letzteres gilt § 2285 (s § 2271 Anm 4; § 2285 Anm 1).

4) Vererblich ist das einmal entstandene AnfechtgsR. Jedoch ist es als höchstpersönl Recht nicht unter Lebenden übertragb od pfändb und steht auch nur dem AnfBerecht selbst zu, aber nicht dem NachlPfleger, NachlVerw, KonkVerw des AnfBerecht od dem TestVollstrecker. NachlPfleger u TestVollstr können aber uU Anordnungen des Erbl anfechten, die ihre Befugnisse einschränken (vgl auch § 2081 I; oben Anm 1). – Allerdings kann das AnfechtgsR einem Dritten zur Ausübg überlassen werden, insb durch Übertragg des mit der Anfechtg erst zu erstreitenden Erbteils od Vermächtn. – Über Verzicht auf die Anfechtg s § 2081 Anm 4.

2081 Erklärung der Anfechtung.

¹Die Anfechtung einer letztwilligen Verfügung, durch die ein Erbe eingesetzt, ein gesetzlicher Erbe von der Erbfolge ausgeschlossen, ein Testamentsvollstrecker ernannt oder eine Verfügung solcher Art aufgehoben wird, erfolgt durch Erklärung gegenüber dem Nachlaßgerichte.

²Das Nachlaßgericht soll die Anfechtungserklärung demjenigen mitteilen, welchem die angefochtene Verfügung unmittelbar zustatten kommt. Es hat die Einsicht der Erklärung jedem zu gestatten, der ein rechtliches Interesse glaubhaft macht.

³Die Vorschrift des Absatzes 1 gilt auch für die Anfechtung einer letztwilligen Verfügung, durch die ein Recht für einen anderen nicht begründet wird, insbesondere für die Anfechtung einer Auflage.

1) Gegenüber dem Nachlaßgericht (I; III) ist (abweichend von § 143) die Anfechtg nur in den aufgeführten Fällen der §§ 2087ff, 1938, 2197ff, 2253ff zu erklären, selbst wenn die NachlSache bereits in der Beschwerdeinstanz anhäng ist (BayObLG 89, 327). Das NachlG wird dadch aber nicht zum Anfechtsgegner (dies ist dch den Wegfall der letztw Vfg Betroffene, RG 143, 353). Zu diesen Fällen gehören auch die Nacherbeneinsetzg (§ 2100), die Befreiung des VorE (§ 2136f) oder die Wiederaufhebg einer solchen Anordng u die Nichtbefreiung (KG JFG 13, 129) sowie die Bestimmg des Wirkgskreises des TestVollstr (§§ 2072ff). **I** gilt auch, wenn dch die letztw Vfg kein Recht begründet wird (**III**); das ist außer bei der genannten Auflage (§ 1940) auch bei Anfechtg von Teilgsverbot (§ 2044); Entziehg od Beschränkg des Pflichtt (§§ 2336; 2338); familienrechtl Anordnungen sowie bei Aufhebg solcher Anordnungen der Fall. – Der **Grund** der Anfechtg braucht nicht angegeben zu werden (BayObLG 62, 52; aM Kiel HEZ 2, 337). Daher können neue Tatsachen, die schon vor der Anfechtg gegeben waren, jederzeit zur Unterstützg der Anfechtg nachgebracht werden. Wird aber ein erst **nach** der Anfechtg entstandener Grd nachgeschoben, so kann auf diesen die bereits erklärte Anfechtg nicht mehr gestützt werden; ein derartiger AnfechtgsGrd kann aber in einer neuen AnfechtgsErkl geltd gemacht werden (RGRK Rz 2; s OHG 3, 378). – Eine besond **Form** ist für die Erkl nicht vorgeschrieben (auch zu Protokoll, FGG 11); auch muß die Anfechtg nicht persönl erkl werden (BayObLG 89, 116; anders bei Selbstanfechtg des gemeinsch Test od ErbVertr dch Erbl, § 2282). – **Gebühr** s KostO 112 I Nr 4.

a) Wirksam wird die amtsempfangsbedürft WillErkl mit Zugang (§ 130 I; III) beim örtl u sachl zuständ NachlG (s § 1962 Anm 1). Gibt ein örtl unzuständ NachlG die Erkl an das zuständ weiter, ist sie schon mit Einreichg wirks geworden (str; aA MüKo/Leipold Rz 8 mN); dies gilt auch, wenn das NachlG bewußt wg Unzuständigk untätig bleibt (Keidel/Reichert FGG 7 Rz 5); od sich das NachlG fälschl für zuständ erachtet u die Erkl nach **II** behandelt (FGG 7 analog; s BGH FamRZ 77, 786: auch bei fehlender interlokaler Zuständigk). Nur wenn das Gericht unter Verweisg auf seine Unzuständigk die Erkl zurückgibt, ist diese nicht wirks (Keidel/Reichert FGG 7 Rz 4; s auch § 1945 Anm 4).

b) Verfahren (II). Das NachlG nimmt nach positiver Prüfg seiner Zuständigk die AnfechtgsErkl zu den Akten. Nur in den Fällen des **I** teilt es die Erkl noch den dch die angefochtene Vfg Begünstigten mit (**II** 1); in den Fällen des **III** gibt es solche Personen nicht. Einsicht (od Abschrift) kann im Falle des **I** verlangen, wer ein rechtl Interesse glaubhaft macht (**II** 2; s auch § 1953 Anm 5); im Falle des **III** gilt FGG 34. – Eine weitere Tätigk des NachlG, insb die Prüfg der Wirksamk der Anfechtg ist nur dann veranlaßt u statth, wenn diese Frage für ein Verfahren vor dem NachlG von Bedeutg ist (Mü JFG 16, 244). Im Erbscheinsverfahren

Testament. 1. Titel: Allg. Vorschriften   §§ 2081, 2082

(§§ 2353 ff) hat daher das NachlG selbst über das Durchgreifen der Anfechtg zu entscheiden; Verweisg auf den Prozeßweg ist unstatth (Mü JFG **13**, 280). Ist bereits ein Erbschein erteilt, muß es nach Kenntn von der Anfechtg vAw prüfen, ob dessen Einziehg (§ 2361) geboten ist (KG NJW **63**, 766). – Die ErmittlgsPfl des NachlG beschränkt sich grdsätzl auf die geltd gemachten AnfechtgsGründe; nach weiteren AnfechtgsGründen forscht es nicht (BayObLG **62**, 47). Anerkenng der Wirksamk der Anfechtg durch die Beteiligten ist im ErbscheinsVerf ohne Bedeutg (§ 2358). Die materielle **Beweislast** (Feststellgslast) für die TestAnfechtgsgründe trifft in diesem Verf den, der die Anfechtg geltend macht (BayObLG **62**, 299; KG NJW **63**, 766). – Zum **Rechtsstreit** über die Anfechtg s Johannsen WM **72**, 653 f.

2) **Gegenüber dem Anfechtungsgegner** erfolgt gem § 143 die Anfechtg **in anderen Fällen** dch formlose Erklärg. Dies gilt zB bei Anordng od Aufhebg von Vermächtnissen (§§ 2147 ff); von Rechte begründenden Teilsanordnungen (§ 2048); nach Kipp/Coing § 24 V 1a auch von PflichttEntziehgn. Bei versehentl dem NachlG ggü erfolgter Anfechtg wird sie aber dch dessen Mitteilg (II) innerh der Anfechtgsfrist ersetzt (OHG MDR **50**, 147). – **Anfechtungsgegner** ist jeder, der aGrd der angefochtenen Vfg, Aussetzg, Aufhebg des Vermächtn unmittelb einen Vorteil erlangt hat (BayObLG **60**, 495). Bei einem Vermächtn an einen Ehegatten ist die Erkl jedenf an den Bedachten zu richten, wenn gesetzl Güterstd od Gütertrenng vorliegt od wenn das Vermächtn VorbehGut der GütGemsch ist; aber auch wenn das Vermächtn zum Gesamtgut der GütGemsch gehört, ist aus §§ 1432 I, 1455 Nr 1 zu folgern, daß nur der Bedachte Anfechtgsgegner ist. Ist minderj Kind Erbe, muß die Anfechtg der VermächtnAnordng dch dessen gesetzl Vertr ggü dem VermächtnNehmer erklärt werden (KG FamRZ **77**, 271). – Bei einem Erbfall vor KonkEröffng ist die AnfechtgsErkl an den KonkVerw, bei einem späteren Anfall an den Bedachten zu richten (Staud/Otte Rz 7). – Die **Wirkung** der Anfechtg ergibt sich aus § 142 I, erstreckt sich aber nicht auf die bereits dingl Übertragg des vermachten Ggstandes durch den Beschwerten, der vielm nach BereichergsGrdsätzen (§§ 812 ff) herauszugeben ist (Soergel/Damrau § 2078 Rz 9). Ob die Anfechtg des Widerrufs eines Vermächtn durch den VermNehmer über den Widerruf hinaus auf die vom TestWiderruf betroffene Erbeinsetzgn wirkt, ist nach § 2085 zu prüfen (BayObLG **60**, 499; s aber auch Johannsen WM **72**, 652).

3) **Doppelte Anfechtung.** Die Anfechtg eines Test oder des Widerrufs eines Test (Rücknahme aus der amtl Verwahrg, § 2256), das eine **Erbeinsetzung und ein Vermächtnis** enthält, muß doppelt erklärt werden: ggü dem NachlG, soweit sie die Erbeinsetzg betrifft und ggü den Begünstigten hinsichtl des Vermächtn (BayObLG **60**, 490; KG FamRZ **77**, 271). Jedoch ist zunächst zu prüfen, ob Vermächtn nicht dadurch schon ihre Wirksamk verlieren, daß sie mit den ggü dem NachlG anzufechtden Vfgen in so engem Zushang stehen, daß § 2085 Platz greift (Staud/Otte Rz 9; RGRK Rz 12). Die Anfechtg des Widerrufs eines derartigen Test seitens eines VermNehmers macht den Widerruf der im Test enthaltenen Erbeinsetzgn nur dann unwirks, wenn anzunehmen ist, daß der Erbl das Test nur in seiner Gesamth widerrufen hätte (BayObLG aaO).

4) **Verzicht** auf die noch nicht erklärte Anfechtg (hierzu eingeh Ischinger Rpfleger **51**, 159) ist durch **Vertrag** (Vergl) mit dem Anfechtgsgegner sowie durch **formlose Bestätigung** seitens des AnfechtgsBerecht (§ 144), auch wenn er nicht „Erklärender" iS des § 2078 ist, mögl (s BayObLG **30**, 269; **65**, 265). Eine Bestätigung durch den Erbl kommt nur in Frage, soweit er anfechtgsberecht ist (vgl § 2080 Anm 3). Eine solche Bestätigg ist nicht empfangsbedürft, braucht daher nicht notw ggü dem Anfechtgsgegner od nach dessen Tod ggü dem NachlG abgegeben zu werden (BayObLG **54**, 77). – Aber auch soweit der Erbl nicht anfechtgsberecht ist, wird eine Anfechtg regelm **ausgeschlossen** sein, wenn der Erbl trotz Kenntn des AnfGrundes die Vfg nicht abgeändert hat (vgl RG **77**, 170; BayObLG **71**, 150; **80**, 42; Rpfleger **75**, 242), weil dann idR anzunehmen ist, daß der Erbl auch bei Kenntn der Sachl die Vfg getroffen hätte (aM Lange/Kuchinke § 35 IV 1[83]). Wenn aber der Erbl seine Vfg vor Anfecht schützen will, muß er das Test (anders beim ErbVertr, § 2284) in der vorgeschriebenen Form neu errichten, wobei er sich auf Aufrechterhaltg der früheren Vfg beschränken kann (hM; s auch Johannsen WM **72**, 653).

5) **Durch Zurücknahme** der abgegebenen AnfechtgsErklärg kann die Wirkg der Anfechtg **nicht** mehr beseitigt werden (§ 142 Anm 2). Die AnfechtgsErklärg selbst ist aber wieder anfechtb (BayObLG **30**, 265/269).

2082 Anfechtungsfrist.
[I] **Die Anfechtung kann nur binnen Jahresfrist erfolgen.**
[II] **Die Frist beginnt mit dem Zeitpunkt, in welchem der Anfechtungsberechtigte von dem Anfechtungsgrunde Kenntnis erlangt. Auf den Lauf der Frist finden die für die Verjährung geltenden Vorschriften der §§ 203, 206, 207 entsprechende Anwendung.**
[III] **Die Anfechtung ist ausgeschlossen, wenn seit dem Erbfalle dreißig Jahre verstrichen sind.**

1) **Ausschlußfrist.** Die Anfechtg ggü dem NachlG (§ 2081 Anm 1) od beim Vermächtn ggü dem Anfechtgsgegner (§ 2081 Anm 2) kann abweichd von § 121 I und entspr § 124 I nur **binnen Jahresfrist** erfolgen. Sie ist also keine VerjFrist, so daß sie vAw zu berücksichtigen u eine Unterbrechg (§ 208 ff) ausgeschlossen ist. Die Berechng der Frist erfolgt nach §§ 187, 188. – Den **Beweis** der rechtzeitigen Anfechtg hat der Anfechtende zu führen, den der früher erlangten Kenntn (also insow den des Ausschlusses des AnfechtgsRs durch Zeitablauf) der Anfechtgsgegner (s BayObLG **63**, 265; auch Johannsen WM **72**, 652).

2) **Die Frist beginnt** (auch bei der Drohg, § 2078 II, da der AnfechtgsBerecht ja nicht bedroht war) keinesf vor dem Erbfall (vgl III) und erst mit der **Kenntnis** des Anfechtgsgrundes (Erbfall; Test, auf dessen Verkündg es hier im Ggsatz zu § 1944 II nicht ankommt; Irrt od Bedrohg des Erblassers u deren Ursächlichk). Alle diese das AnfechtgsR begründden Tatsachen muß der AnfechtgsBerecht zuverläss erfahren haben (RG **132**, 4).

a) Hemmung (II 2). Es gilt dasselbe wie nach § 1954 II. Stillstand der RPflege (§ 203 I) ist bei Erkl ggü AnfGegner (§ 2081 Anm 2) ohne Bedeutg. Stets beachtl ist höhere Gewalt (§ 203 II), die im wesentl dem unabwendb Zufall entspricht (BayObLG **89**, 116) u schon dch geringstes Verschulden ausgeschlossen wird (BGH **81**, 353); sie kann auch in unricht amtl Sachbehandlg liegen (BGH NJW **60**, 283), zB unricht Belehrg üb AnfR (BayObLG **60**, 490) od unricht ErbschErteilg aGr ges Erbfolge trotz Vorliegens eines gemeinsch Test mit früh Eheg (BayObLG **89**, 116). – Mangel ges Vertretg (§ 206) liegt auch bei Verhinderg des ges Vertr nach § 181 vor (RG **143**, 354). – Zu § 207 s dort. – **Rechtsirrtum** hemmt nur dann den Fristbeginn, wenn er die Unkenntn einer die Anfechtg begründden Tats zur Folge hat; nicht aber, wenn es sich lediglich um eine rechtsirrtüml Beurteilg des Anfechtstatbestandes selbst handelt (BGH FamRZ **70**, 79; dazu Johannsen WM **72**, 651; ferner Köln OLGZ **67**, 496; KG OLGZ **68**, 112; Hamm OLGZ **71**, 312; BayObLG **75**, 6/10). Nach RGRK Rz 12 ist nur der wirkl reine RechtsIrrt unbeachtl, dagg die auf einem TatsIrrt beruhde falsche Beurteilg der RLage beachtl. Die Frist läuft also nicht, solange der AnfechtsBerecht die letztw Vfg für ungült hält (RG **107**, 192; **115**, 30), zB für wirks angefochten (KG aaO 112) od für wirks widerrufen (Hamm aaO 312). Sie läuft aber, wenn er an das frühere Test nicht gedacht hat, weil er sich mit der Regelg seines Nachl nicht befaßt hat (Kiel HEZ **2**, 334). Die Frist beginnt auch nicht erst dann zu laufen, wenn er erfährt, daß er zur Beseitigg der Vfg die Anfechtg erklären müsse (RG **132**, 4). Bedenkl Kblz NJW **47/48**, 628, wonach rechtsirrtüml Auslegg den Fristablauf nicht hindert. – Der bloße, auf Rechtsunkenntn beruhde Irrt über die Möglichk u Notwendigk, ein Test wg Geburt eines PflichttBerecht anzufechten, ist nicht geeignet, den Lauf der Anfechtsfrist zu hemmen (KG NJW **63**, 767). Vgl auch Schubert/Czub JA **80**, 335 f (teilw aM).

b) Gemeinschaftliches Testament. Haben sich die Eheleute ggseitig zu Erben u die Abkömml zu Erben des Überlebenden eingesetzt, beginnt die Frist für die Abkömml erst mit dem Tod des Überlebenden (BayObLG FamRZ **77**, 347); aM Ffm MDR **59**, 393, wonach die Frist schon mit dem Tod des Erstversterbden beginnen soll; aber dessen Vfg hins der Abkömml wurde dch sein Ableben ggstandslos; anfechtb ist nur die Vfg des Überlebenden. Zur Fristhemmg bei amtl Nichtbeachtg des Test s Anm a.

2083 *Einrede der Anfechtbarkeit.* **Ist eine letztwillige Verfügung, durch die eine Verpflichtung zu einer Leistung begründet wird, anfechtbar, so kann der Beschwerte die Leistung verweigern, auch wenn die Anfechtung nach § 2082 ausgeschlossen ist.**

1) Leistungsverweigerungsrecht. Nach Verlust des AnfechtgsRs dch Fristablauf (§ 2082) soll bei anfechtb Vermächtn od Auflage der FdgsBerechtigte, dem ggü nicht angefochten ist, wenigstens nicht auf Erfüllg klagen können. Das AnfechtgsR kann dann noch **einredeweise** geltd gemacht werden, so auch bei § 2345 (ähnl §§ 821, 853). Dies gilt aber nicht, wenn der Beschwerte die AnfechtgsFrist gar nicht verstreichen lassen konnte, weil ihm ein Recht zu § 2285 wg Nichtanfechtg dch den Erbl (§§ 2283; 2281) nie zustand (BGH WM **89**, 960). – Der TestVollstr kann die Einrede nur mit Zustimmg der Erben geltd machen (BGH NJW **62**, 1058). – Nach erfolgter **Leistung** in Kenntn der Anfechtbark besteht kein RückFdgsR (§ 814); bei Unkenntn gilt § 813. – Durch Teilsanordngen (außer soweit sie etwa bei Teilg der Erbeinsetzg unberücksichtigt geblieben sind) od die Erbeinsetzg wird keine LeistgsPfl begründet; auch nicht durch die Nacherbeinsetzg, da die HerausgPfl des § 2130 nur die Folge davon ist, daß die Erbenstellg dem Vorerben nicht mehr zukommt (RGRK Rz 2).

2084 *Verschiedene Auslegungsmöglichkeiten.* **Läßt der Inhalt einer letztwilligen Verfügung verschiedene Auslegungen zu, so ist im Zweifel diejenige Auslegung vorzuziehen, bei welcher die Verfügung Erfolg haben kann.**

1) Die Auslegung letztw Vfgen als WillErkl erfolgt nach der allg Vorschr des § 133 mit dem Ziel, den wirkl Willen des Erbl zu erforschen. Sodann sind die besond Ausleggsregeln des Erbrechts heranzuziehen (§§ 2066–2076; 2096 ff; 2101, 2102, 2108 II; 2148; 2165; 2167; 2169 III; 2173 ff). Die Vorschr des § 2084 regelt lediglich ein spezielles Problem, das bei der Auslegg auftreten kann (s Anm 2). – Über die Auslegg entscheidet im Streitfall das Gericht (s Anm 4). Die Beteiligten können sich allerd nach dem Erbfall dch not **Auslegungsvertrag** untereinander verbindl einigen (s § 2385 Anm 1). – Der Erbl kann auch einen **Dritten** (auch einen TV) zur Auslegg ermächtigen, sei es dch Anordng einer Schiedsklausel od dch Bestellg zum Schiedsrichter (Kohler DNotZ **62**, 125; § 2065 Anm 2c). – Die Auslegg geht der Anfechtg vor, weil sie den ErblWillen verwirklicht, während ihn die Anfechtg zerstört (s § 2078 Anm 7).

a) Auslegungsgrundsätze. Für die Auslegg letztw Vfgen ist allein der **Erblasserwille** maßgebl. Da seine Erkl nicht empfangsbedürft ist (ausgenommen beim ErbV), bedarf es keines Vertrauensschutzes dch Berücksichtigg der objektiven Erklärgsbedeutg (s § 133 Anm 4). Auszugehen ist daher stets von § 133 (BGH **86**, 45). Nur bei vertragsmäß Vfgen im ErbVertr u die wechselbezügl Vfgen im gemeinsch Test ist gem §§ 157; 242 auch auf den ErklEmpfänger abzustellen (s Übbl 4 vor § 2274; Einf 4 vor § 2265). – **Auslegungsfähig** u damit auch ausleggsbedürftig ist eine letztw Vfg nur, wenn sie Anlaß zu Zweifeln gibt, also mehrdeutig ist. Wo kein Zweifel besteht, kommt eine Auslegg nicht in Betracht. Ob ein Test eindeut ist, entscheidet sich nicht schon nach dem Wortlaut (s Anm b). Hat ein Notar die Erkl beurkundet, mag eine gewisse Vermutg dafür sprechen, daß obj Erklärgsinhalt u ErblWille übereinstimmen (Köln Rpfleger **82**, 424); jedoch sind not Test der Auslegg in gleicher Weise zugängl wie private, selbst dahin, daß RBegriffe wie Vor- u Nacherbsch des ErblWillens unpräzise und unrichtig verwendet wurden (KG FamRZ **87**, 413), obwohl sie dem Notar geläufig sind (RG **160**, 109), weil nicht seine Auffassg, sond die des Testierenden maßgebl ist (BGH LM Nr 1 zu § 2100).

b) Auslegungsmethode. Die von der Rspr entwickelte Methode beschränkt sich nicht auf eine Analyse des Wortlauts, sond bedient sich aller zugängl Umstände auch außerh der Urkunde, die zur Aufdeckg des ErblWillens dienlich sind. Der Auslegg wird danach dch den Wortlaut keine Grenze gezogen, weil es um die

Erforschg des wirkl Willens geht, der auch in den Fällen eines scheinbar klaren u eindeut Wortlauts Vorrang haben muß, wenn der Erbl mit seinen Worten einen anderen Sinn verbunden hat als er dem allg Sprachgebrauch zukommt (BGH **86**, 41; **94**, 36; BayObLG FamRZ **84**, 825; Zweibr Rpfleger **86**, 479; KG aaO). Eine bloße Falschbezeichg kann stets korrigiert werden (s Flume NJW **83**, 2007; § 2078 Anm 1). Eine andere Frage ist, ob der so ermittelte Wille in der letztw Vfg selbst eine hinreichende Stütze findet u damit formgült erklärt ist (s unten c). Die Formfrage, die iü weitgehend mit der Frage nach dem obj Inhalt der Erkl zusammenfällt (BGH FamRZ **87**, 475), stellt sich jedoch erst nach Ermittlg des ErklInhalts, weil erst dann entschieden werden kann, ob der dch die Ausslegg festgestellte Wille im Test selbst eine hinreichende Stütze findet. Diese vom BGH (aaO) geforderte Prüfgsfolge wird kritisiert (Leipold JZ **83**, 709; Kuchinke JZ **85**, 748), weil sie dogmatisch unvertretbar sei u die Gefahr prozessual unbegrenzter Ermittlgen sowie der Verfälschg des ErblWillens in sich berge (s auch Flume aaO). Dieser Kritik hält BGH FamRZ **87**, 475 entgg, daß es keinesfalls um die Ermittlg eines von der Erkl losgelösten Willens od um die Beilegg eines nicht zum Ausdr gebrachten Sinnes gehe. Vielmehr müsse der Wortsinn der benutzten Ausdrücke „hinterfragt" werden, um dem wirkl Willen des Erbl Rechng zu tragen. Das Ergebn der Erforschg dieses Willens diene der Beschränkg der mögl Bedeutgen seiner Erkl auf eine einzige, näml der Bestimmg ihres rechtl maßgebenden Sinnes.

aa) Alle Umstände sind zur Feststellg des im Ztpkt der TestErrichtg bestehenden Willens des Erbl zu ermitteln u heranzuziehen, auch solche außerh des Test, mögen sie vor od nach seiner Errichtg liegen, sofern sie nur in Zusammenhang mit den in seinem Test enthaltenen Erkl stehen. Dazu gehört das gesamte Verhalten des Erbl, seine Äußergen u Handlgen (BGH **80**, 246; BayObLG **82**, 159); auch der Inhalt früherer od widerrufener od nichtiger Vfgen (BGH JR **81**, 23 mAv Schubert; BayObLG aaO). Der Gesamtinhalt seiner Erkl einschließl aller Nebenumstände muß als Ganzes gewürdigt werden. Für die Auslegg nicht verwertbar sind allerd solche Umstände, die ergeben, daß der Erbl nach TestErrichtg seinen Willen geändert hat. – Gelingt es trotz Auswertg aller Umstände nicht, sich von dem tatsächl vorhandenen wirkl Willen zu überzeugen, muß das Gericht sich notfalls damit begnügen, den Sinn zu ermitteln, der dem **mutmaßlichen** ErblWillen am ehesten entspricht (BGH **94**, 36; Zweibr Rpfleger **86**, 480).

bb) Beispiele. Der Ausdruck „Universalerbe" bedeutet nach allg Sprachgebrauch AlleinE; in der Einsetzg des and Eheg zum UniversalE kann aber auch dessen Befreiung von der Bindg an früh wechselbezügl Verfügen in einem gemeinschaftl Test liegen (BayObLG **66**, 242; zust Haegele Rpfleger **66**, 332). – Die Vfg, daß der Sohn den ganzen Nachl „verwalten" soll, kann üb diesen Teilbereich hinaus als Erbeinsetzg ausgelegt werden, insbes wenn der Erbl den sprachl eindeut Begriff vorformuliert erhalten hat (BayObLG NJW-RR **89**, 837). – Der Begriff „leibliche" Abkömml in einem Test od ErbVertr ist nicht eindeut nur iS einer Abgrenzg zu angenommenen Kindern zu verstehen (BGH FamRZ **83**, 380; dort auch zum Begriff „Hof"). – Die Zuwendg eines Geschäfts mit allen Aktiven u Passiven kann dahin ausgelegt werden, daß die in der Bilanz aufgeführten Grdst nicht zu den Aktiven gehören, wenn der Erbl hierüber bes Bestimmgen trifft (BGH FamRZ **58**, 180). – Der Begr „Geschwister" ist im Einzelfall dch Auslegg zu ermitteln (Düss DNotZ **72**, 41). – Zuwendg der Ggstände im gemeins Haushalt kann auch Anteil an GemeinschaftsKonten umfassen (BayObLG FamRZ **84**, 1153). – Hat der Erbl ein Test aufgehoben, in dem Vor- u Nacherbfolge angeordnet war, kann dieses Test idR nichts mehr darüb aussagen, ob mit dem späteren gült Test Vorerbsch angeordnet ist (Oldbg NdsRpfl **68**, 281; s auch BGH WM **77**, 273). Bleibt bei Auslegg eines Test zweifelh, ob der wirkl Wille des Erbl auf Vor- u Nacherbfolge od Nießbrauchsvermächtn gerichtet war, spricht bei Ermittlg des mutmaßl Willens (also bei Ermittlg dessen, was der Erbl vernünftigerw gewollt haben kann) für Anordng des letzteren, daß hierdurch der wiederholte ErbschSteueranfall vermieden wird (BayObLG **60**, 154).

c) Formbedürftigkeit. Im Hinblick auf den Formzwang für letztw Vfgen (s Einf 1 vor § 2229) muß die Auslegg eine wenn auch noch so geringe Grundlage in der vorliegenden formgült Erkl des Erbl finden (BGH **86**, 41; **94**, 36). Der Wille des Erbl muß in der letztw Vfg selbst wenigstens andeutgsweise od versteckt zum Ausdr gebracht sein (sog Andeutgstheorie). Andernf ermangelt er der ges Form u ist daher gem § 125 nichtig (BGH **80**, 242 u 246 gg vorlegendes Ffm Rpfleger **80**, 87, 415). Die formnichtige letztw Vfg bleibt also selbst dann unwirks, wenn der Wille des Erbl anderweit feststeht. Sie kann jedoch zur Auslegg anderer formgült Vfgen vTw herangezogen werden (BayObLG **81**, 82; s oben).

d) Ergänzende Auslegung. Zwischen TestErrichtg u Erbfall können Änderngen im Kreis der bedachten Personen od beim zugewendeten Ggstand eintreten, die der Erbl nicht vorausgesehen od erwogen hatte, auch wenn sie ihm bewußt geworden sind. In diesen Fällen ist die nachträgl entstandene Lücke im Test dch ergänzende Auslegg zu schließen. Dabei ist zu ermitteln, was nach der Willensrichtg des Erbl im Ztpkt der TestErrichtg als von ihm gewollt anzusehen sein würde, sofern er vorausschauend die spätere Entwicklg bedacht hätte (BGH **22**, 360; FamRZ **62**, 257; BayObLG **66**, 394). Der Auslegende hat sich also in den früheren Zustand zurückzuversetzen u von dort aus in die damalige Zukunft zu schauen, wenn eine Stellgnahme des Erbl zu dem veränderten Verhältn zu ermitteln ist (Lange JhJ **82**, 13; BGH LM Nr 5; BayObLG **66**, 390/394; Karlsr Just **81**, 317). Bei Auslegg von Vermächtn u Aufl können uU auch solche Veränderngen berücks werden, die in der Zeit zw Erbfall u späterer Fälligk des Vermächtn od dem angeordneten Ztpkt der Auflageerfüllg eingetreten sind (Johannsen aaO 66; s auch BGH WM **71**, 533). – **aa) Auslegung** ist auch die ergänzende, u soweit sie sich an das vom Erbl erkennb festgelegte Ziel u damit an seinen realen Willen hält (Kipp/Coing § 21 III 5b). Sie setzt daher einen im Test selbst zu findenden, wenn auch noch so geringen od unvollkommnen Anhalt für die behauptete Willensrichtg des Erbl voraus, auch wenn dann dessen Wille erst unter Heranziehg außerh des Test liegender Umstände od der allg Lebenserfahrg endgültig festgestellt werden kann (BGH NJW **57**, 421; KG NJW **63**, 768; OLGZ **66**, 503; BayObLG **88**, 165). Sie darf also nicht dch Umdeutg einen Willen in die letztw Vfg hineintragen, der darin nicht irgendwie (wenn auch nur andeutgsw) ausgedrückt ist (BayObLG **64**, 12; BGH WM **72**, 313). – **bb) Ergänzung** ist diese Auslegg, sofern sie die Maßnahmen des Erbl ändert. Insofern bringt sie nicht den erwiesenen od auch nur zu vermutenden wirkl Willen des Erbl zur Geltg, sond einen **hypothetischen** irrealen Willen. Hierbei können auch Tatsachen von Bedeutg sein, die sich erst nach dem Tod des Erbl unabhäng von seinem Willen ereignen (BGH **LM** Nr 5; NJW **63**, 1150; BayObLG **88**, 165). Die ergänzde Ausslegg schaltet aber die FormVorschr für die TestErrichtg nicht aus, weil bei Aufgabe jeder Bindg an eine formwirks Erkl die formlose Vfg vTw gestattet wäre (BayObLG aaO). – **cc) Beispiele:** Bei Zuwendg des „ges Erbteils" an den Ehegatten in einem vor dem 1. 7. 58 errichteten Test ist regelm davon auszugehen, daß der Überlebde mit dem gem § 1371 I erhöhten Erbteil bedacht ist (KG BWNotZ **61**, 329; Schramm BWNotZ **66**, 29). – An Stelle eines nicht mehr vorhandenen Bedachten kann ein anderer als bedacht angesehen werden, so an Stelle der NS- Kriegsopferversorgg die heutige Kriegsopferversorgg (BaWü VGH VerwRspr **8**, 550); vgl auch § 2160 Anm 1. – Die ergänzde Ausslegg einer letztw Vfg kann auch ergeben, daß der Erbl seine Anordng für den von ihm nicht vorhergesehenen Fall nicht getroffen hätte, so daß die Vfg ggstlos ist und gesetzl Erbfolge eintritt (BayObLG **66**, 390; aM Johannsen WM **72**, 68). Sie kann auch dazu führen, daß bei gleichen Erbquoten dch eine TeilgsAnordng eine wirtschaftl Ungleichh herbeigeführt wird (BGH WM **73**, 84). Über die Abgrenzg des mutmaßl (wirkl) von dem unterstellten Willen vgl BGH **LM** Nr 7 zu § 242 (A), 100; BayObLG **54**, 36. Bei eindeut Erklärgen ist eine ergänzende Ausslegg ausgeschl (BGH **26**, 212).

e) Ausländische Erblasser. Die Ausslegg ihrer Test beurteilt sich grdsl nach ihrem HeimatR (s EG 25 Anm 3a, bb) Siehe zur Vfg eines dtschen Erbl im poln besetzten Gebiet BayObLG **68**, 262; eines französischen Erbl in dtscher Sprache üb Grdbesitz im Inland Saarbr NJW **67**, 737 mAv Mezger.

2) Die Sonderregelung des § 2084 betrifft nur die relativ seltenen Fälle mehrdeut Vfgen, in denen eine von mehreren Aussleggsmöglichk zur Unwirksamk führen würde. Für diesen Fall werden die allg Ausleggsregeln dch § 2084 um den Grdsatz der wohlwollenden Ausslegg ergänzt. Dadch verändert sich aber nicht das Ziel der Ausslegg, näml den wirkl Willen des Erbl zu erforschen. Es soll nur dem ermittelten wirkl Willen zum Erfolg verholfen werden, indem ein rechtl zuläss Weg zur Verwirklichg dieses ErblWillens einem rechtl unzuläss vorzuziehen ist. Die **Beweisregel** des § 2084 (RG **92**, 72) greift also erst in, wenn eine notw Ausslegg nach allg Grdsätzen dch Aussleggsregeln nicht bereits zum Erfolg führt, sondern Zweifel offen läßt, welche von zwei od mehreren AussleggsMögl die rechtl richtige ist: zB ob jemand Allein- od MitE ist (KG JFG **22**, 83); ob Erb- od NacherbEinsetzg vorliegt (§ 2101); ob VorErbsch od Nießbrauchsvermächtn gegeben ist (s Petzold BB **75** Beil Nr 6). – Bestehen **keine Zweifel** über die Ausslegg u ist die letztw Vfg danach eindeut unwirks, kann ihr auch nicht mit Hilfe von § 2084 zur Wirksamk verholfen werden (BayObLG **53**, 195), aber ggf über § 140 (s Anm 5). Über § 2084 kann auch eine nach ihrem Wortlaut od nach dem Ergebn der Ausslegg nur für einen bestimmten, aber nicht eingetretenen Fall getroffene Vfg nicht auf andere Fälle ausgedehnt werden, nur damit sie aufrechtzuerh ist (KG NJW **70**, 758 für den Fall des gleichzeit Versterbens; dazu aber auch BayObLG **79**, 427 u 2269 Anm 3 c); s auch BGH WM **75**, 737. – Können mehrere Ausslegungen zum Erfolg führen, so wird in Anwendg von § 2084 die dem Bedachten günstigere, weniger Umstände u Kosten verursachde Ausslegg vorzunehmen sein (s Kipp/Coing § 21 V b). Dagegen ist § 2084 nicht anwendb, wenn es sich darum handelt, ob dem Bedachten od das dem Verpflichteten Günstigere gewollt ist (zB ob Zuwendg eines „Schreibtisches mit Inhalt" auch auf die Hyp zu beziehen ist, wenn sich ein HypBrief dort befindet, RG SeuffA **75** Nr. 107); sehr weitgehd KG JFG **22**, 83, wonach unter Heranzieh von § 2084 angenommen wird, der Erbl habe eine Erledigg gewünscht, die möglichst ohne Umstände u Kosten seiner Vfg Erfolg verschafft; es sei daher von mehreren mit verschiedenen NachlGgständen Bedachten nur der Hauptbedachte als Erbe, die übrigen als VermächtnNehmer anzusehen (s § 2087 Anm 2; auch Lange/Kuchinke § 33 III 1). – Die Aussleggsregel des § 2269 tritt hinter der des § 2084 zurück, wenn eine Vfg des anderen Ehegatten bei entspr Ausslegg wegen Wechselbezüglichk unwirks sein würde, währd sie bei einer anderen mögl Ausslegg Erfolg haben könnte (KG JW **37**, 1410).

3) Entsprechende Anwendung des § 2084. Die Vorschr findet nach ihrem Wortlaut nur auf eine letztw Vfg Anwendg, die unstreitig besteht, deren Inhalt aber mehrdeutig ist. Um jedoch dem letzten Willen des Erbl nach Möglichk Geltg zu verschaffen, kann eine entspr Anwendg geboten sein.

a) Gesetzliche Formerfordernisse können über § 2084 **nicht** ersetzt werden, insbes beim eigenhändigen Test nicht das fehlende FormErfordern der Unterschr (Neust Rpfleger **62**, 446; auch LG Mannh Just **62**, 182; Soergel/Damrau Rz 3).

b) Steht eine rechtsgeschäftliche Erklärung des Erbl zweifelfrei fest, ist aber deren rechtl Natur zweifelh, kommt § 2084 zur entspr Anwendg. So vor allem, wenn Zweifel darüber bestehen, ob eine letztw Vfg od eine Schenkg unter Lebden gegeben ist (RG LZ **24**, 161; KG NJW **59**, 1441; BGH **LM** Nr 3; NJW **84**, 46; FamRZ **85**, 693; hM, s dazu Johannsen WM **72**, 69; **79**, 602; aA Soergel/Stein § 1937 Rz 2). Ferner bei der Frage, ob eine letztw Vfg oder eine widerrufl Vollm für den Todesfall (§ 168 Anm 1) vorliegt.

c) Nicht anwendbar ist § 2084 aber, wenn Zweifel darüber bestehen, ob der Erbl eine letztw Verfügg treffen oder nur einen **unverbindlichen Wunsch** äußern wollte (BGH **LM** Nr 13 u hM; aA Stgt BWNotZ **60**, 150). Dies ist vielm dch allg Ausslegg nach § 133 zu ermitteln. Gleiches gilt auch; für die Ausslegg, ob Erkl im Brief letztw Vfg od unverbindl Mitteilg ist (BGH WM **76**, 744; BayObLG **63**, 61; Ffm Rpfleger **70**, 392). Zu beachten ist aber, daß die letzten Bitten u Wünsche vielf als höfl Formulierg eines letzten Willens gedeutet werden können (Kemmer DJ **40**, 1185; BayObLG **60**, 505; Werner JuS **73**, 434). Auch bei der Fassg „Ich erwarte" kann eine letztw Vfg gegeben sein (BGH **LM** § 133 (B) Nr 1). Entscheid ist, ob ein Rechtsbindgswille bestand (vgl Bartholomeyczik FS Fischer, 1967, 51 ff). Beisp s Prior JuS **78**, 772.

d) Nicht anwendbar ist § 2084 ferner bei Zweifeln über die Frage, ob eine letztw Verfügg oder nur die Ankündigg einer solchen od ein **Entwurf** vorliegt (RG LZ **27**, 523; KG NJW **59**, 1441; BayObLG **63**, 60/61; **70** 173; Stgt Rpfleger 64, 148; Ffm Rpfleger **70**, 392). Auch hier kann nur § 133 angewendet werden. – § 2084 ist auch nicht anwendb, wenn streitig ist, ob ein Schriftstück nur als Beweismittel für das Vorhandensein einer letztw Vfg dienen sollte od ob es unmittelb als eigenhänd Test zu verstehen ist (Mü JZ **54**, 513); doch dürfte letzteres iZw als gewollt anzusehen sein.

e) Zur Ausleg zweier Test eines Erbl, der sowohl Vermögen in der BRep als auch in der DDR besaß u in letzterer seinen Wohns hatte, s BGH bei Johannsen WM **79**, 602f.

4) Prozessuales. Da die Ausleg die Bewertg (nicht Feststellg) von Tatsachen ist, bindet die Auffassg der Parteien, wie eine Anordng des Erbl zu verstehen ist, das Gericht nicht (RG **134**, 279). Im Zivilprozeß obliegt es den Parteien, die auslegsrelevanten Tats vorzutragen u dem Gericht, sie zu bewerten; unstreit Tats muß es dabei zugrunde legen. Die Willensrichtg des Erbl ist eine dem Geständn (ZPO 288) zugängl Tats (BGH NJW **81**, 1562). Im ErbschVerf erfolgt die TatsErmittlg vAw. In beiden Verfahrensarten beeinflussen die Auslegsregeln die Dareggs- u Beweislast (s Tappmeier NJW **88**, 2714). – Nie kann von entscheidender Bedeutg sein, was sich der beurkundende **Notar** unter einem im Test gebrauchten Wort vorstellte, weil maßg ist, was sich der Erbl dachte u zum Ausdr bringen wollte (BGH **LM** § 2100 Nr 1; DNotZ **61**, 396; BB **67**, 1394; NJW **81**, 1736 auf Vorlage von Ffm Rpfleger **80**, 415). Der Sinn, den der beurkundende Notar einer Erklärg des Erbl beigemessen hat, läßt aber regelm einen Schluß darauf zu, was der Beteiligte gewollt hat (BayObLG **65**, 59; BGH BWNotZ **66**, 254; s auch Johannsen WM **72**, 64; **77**, 273). – Die Ausleg der Tatsacheninstanzen kann mit **Revision** im Prozeß od **Rechtsbeschwerde** (FGG 27) im FG-Verfahren nur angegriffen werden, wenn sie denkgesetzl, sprachgesetzl od nach der Erfahrg nicht mögl ist od der Tatrichter gg Auslegsregeln od VerfVorschriften verstoßen, eine in Betracht kommende Ausleg überh nicht erwogen od einen wesentl Umstand übersehen hat (einhellige Rspr). Auch die Auslegsfähigk ist auf Revision od RBeschw nachprüfb (BGH **32**, 63; BayObLG **65**, 56; Karlsr Just **81**, 317). Das RevGericht ist an die Ausleg durch den Tatrichter insow nicht gebunden, als seine vom Zweck der Vfg ausgehde Ausleg durch Irrt über RVorschriften (zB des ErbschStG) beeinflußt ist (BGH MDR **63**, 995). Hat der Tatrichter die Ausleg versäumt, kann sie das RevGer uU selbst vornehmen (Johannsen WM **72**, 71; **77**, 274; BayObLG **76**, 122/123).

5) Umdeutung (§ 140; dazu BGH **19**, 269). Deren Grdsätze sind heranzuziehen (RG JW **10**, 467), zB bei Bedenkg eines nichtrechtsfäh Vereins (vgl Coing FS Nipperdey, 1965, 232ff; § 1923 Anm 1); bei Zuwendg des Eigtums an einer Sache (in ein Vermächtn nach § 2174); bei PflegschAnordng, soweit nicht § 1917 vorliegt (in TestVollstrg). – So kann auch ein als solcher ungültiger u nicht zustande gekommener Erb-Vertr od ein nicht formrichtiges SchenkgsVerspr (Kblz HEZ **1**, 283) od ein AlteileilsVertr (LG Bln NJ **50**, 365) als Test aufrechterhalten werden, sofern anzunehmen ist, daß der Erbl dies bei Kenntn der Nichtigk gewollt hätte (§ 140). Ein undurchführb gewordener ErbVertr kann uU als Anordng einer Vor- u Nach-erbsch aufrechterhalten werden (OGH JR **50**, 536); ein unbegründeter Rücktr vom ErbVertr als Anfecht wg Motivirrtums (BGH bei Mattern BWNotZ **61**, 277/280). Ein formrichtiges VertrAngeb zur Aufhebg eines ErbVertr kann uU in Rücktr vom ErbVertr (§ 2295) umgedeutet werden (Hamm Rpfleger **77**, 208; § 2295 Anm 2). Ein nichtiger ErbVertr kann uU in eine Schenkg nach § 2301 umgedeutet werden (BGH NJW **78**, 423 mit krit Anm von Schubert JR **78**, 289 u Tiedtke NJW **78**, 2572). – Ein ErbVertr über die Hofnachfolge, der ungült ist, soweit er mit einer mdl Hoferbenbestimmg unvereinb ist, kann in die Anordng einer AusglVerpflichtg zG des im ErbVertr Bedachten umgedeutet werden (BGH FamRZ **64**, 25). – Üb Umdeutg einer nach § 2302 unwirks Verpflichtg in eine Aufl s § 2302 Anm 1; zur Umdeutg in Erbverzicht s § 2352 Anm 1b.

2085 *Teilweise Unwirksamkeit.* Die Unwirksamkeit einer von mehreren in einem Testament enthaltenen Verfügungen hat die Unwirksamkeit der übrigen Verfügungen nur zur Folge, wenn anzunehmen ist, daß der Erblasser diese ohne die unwirksame Verfügung nicht getroffen haben würde.

1) Auslegungsregel. § 2085 bestimmt als SondVorschr zu § 139 für einseit test Vfgen (nicht für wechsel-bezügl, §§ 2270,2298) gerade umgekehrt zur allg Regel für RGesch, daß grds die Unwirksamk einer von mehreren Vfg die Wirksamk der übr nicht berührt, die einzelnen Vfgen also selbständ sind. Ähnl wie § 2084 geht die Auslegsregel davon aus, daß der Erbl es vorzieht, wenn sein Test wenigstens teilweise zur Geltg kommt. Ist im Einzelfall festzustellen, daß der Erbl die Abhängigk seiner Vfgen gewollt hat, geht dieser Wille der Regel vor (s BayObLG **60**, 499). Im Ergebn kann also der Weiterbestand der übr Vfgen, nicht aber der Ersatz der unwirks dch den mutmaßl gewollten erreicht werden. Prakt am wichtigsten ist, daß die **Beweislast** für die Abhängigk im Ggsatz zu § 139 (BGH NJW **59**, 2113) derjenige hat, der die Unwirksamk auch der übr Vfgen behauptet (RG **116**, 148). – Der Grdsatz des § 2085 gilt entspr in § 2161 (Vermächtn), § 2195 (Auflage) u § 2258 (Widerruf dch spät Test). – Zur Teilunwirksamk infolge Sittenwidrigk s § 1937 Anm 5.

2) Voraussetzung ist, daß ein Test nach seinem festgestellten Inhalt **mehrere** Vfgen enthält. Bsp: Unwirks Vfg zugunsten der Tochter üb ein nicht mehr zum Nachl gehörendes Haus u wirks Zuwendg der Firmenanteile an die übr Kinder (BayObLG FamRZ **89**, 325); Erbeinsetzg und Verwirkgsklausel (RG JW **37**, 2201); wenn der Erbl den Bedachten sowohl von der Erbfolge ausgeschlossen als auch ihm den Pflicht entzogen hat und der Entzug (dch Verzeih od mangels Gründen) hinfäll ist (Hamm FamRZ **72**, 660 mAv Bosch); die Enterbg eines PflichttBerecht neben der Erbeinsetzg eines Dritten (BGH **LM** Nr 2; Karlsr FamRZ **67**, 691); die Verweisg auf den Pflicht neben der Einsetzg als AlleinE kann allerd auch bloßer Hinweis auf die ges Folge der Erbeinsetzg, also keine selbständige Vfg sein (RG DR **41**, 1000). Wenn zB die Eltern ihren Sohn zum Erben bestimmen u die Tochter auf den Pflicht setzen, bleibt die letztere Anordnung auch dann wirks, wenn der Sohn vor dem Erbfall stirbt, es sei denn, daß die Enterbg von der Einsetzg des Sohnes abhäng sein sollte (RG Recht **11** Nr 1156; s aber auch BGH NJW **59**, 2113). Die Anordng der VorErbsch kann trotz Unwirksamk der NachE-Einsetzg wirks bleiben.

a) Kein Fall des § 2085 liegt vor bei ungült Zusätzen od Nachträgen zu einem gült Test. Dieses bleibt vorbehaltl der Möglichk einer Anfechtg (§ 2078), soweit es dem wahren Willen des Erbl widerspricht, wirks (RG SeuffA **87** Nr 46); ungült Zusätze können iü ggf zur Ausleggr herangezogen werden (s § 2084 Anm 1 b, aa). Umgekehrt kann dagg ein formgült Nachtrag zu einem nichtigen Test nach allg AusleggsGrdsätzen aufrecht erhalten werden, wenn anzunehmen ist, daß der Erbl das Bestehen des Nachtrags gewollt hätte, wenn er die Nichtigk des Test gekannt hätte. – Ferner greift § 2085 nicht ein, wenn nur **ein Teil** eines Test inhaltl nicht mehr feststellb, aber der Gesamtwille der Erbl soweit erkennb ist, daß er auch ohne den fehlenden Teil Bestand hat; der festgestellte Teil ist dann wirks (BGH **LM** Nr 1; s auch BayObLG **67**, 206). – Die Unwirksamk eines widerspruchsvollen TestTeils (zB Erbeinsetzg) braucht die Wirksamk des weiteren Testinhalts (zB Enterbg der Verwandten) nicht zu berühren.

b) Die Unwirksamkeitsgründe sind gleichgültig. § 2085 gilt sowohl bei Nichtigk von Anfang an, zB wg Formmangels (bei Zusätzen von fremder Hand; teilweiser Maschinenschrift im eigenhändigen Test, RG Recht **21** Nr 582) od bei Verstoß gg § 2065 II (KG JR 53, 422) als auch bei nachträgl Unwirksamk infolge Anfechtg (§§ 2078 ff; Hbg MDR **55**, 168 zu nicht wechselbezügl Vfgen eines gemschaftl Test), Unsittlichk od aus anderen Gründen; ferner bei nachträgl Hinfälligwerden der Vfg dch Ausschlagg, Bedingungsausfall (§§ 2074 ff; vgl § 1937 Anm 4) und bei unterbliebener Ergänzg (§ 2086).

3) Teil einer Verfügung. Betrifft die Unwirksamk nicht eine von mehreren Vfgen, sond einen Teil einer einheitl Vfg, ist str, ob § 2085 entspr anwendb ist od § 139 gilt, wonach iZw Gesamtnichtigk anzunehmen ist. Mit der hM ist § 139 anzuwenden, sofern die Vfg überh **teilbar** ist, also der eine Teil ohne den and selbstständ bestehen kann (RG **63**, 23; BGH NJW **62**, 912; Hamm OLGZ **73**, 83; RGRK Rz 7; Erman/Hense Rz 1; BGH ließ die Frage offen in NJW **59**, 2113; **52**, 17; s dazu Johannsen WM **72**, 71); für analoge Anwendg von § 2085 MüKo/Leipold Rz 9; Soergel/Damrau Rz 3 mwH; differenzierend Staud/Otte Rz 11. – Teilbarkeit erfordert, daß der Zusammenhang zw den einzelnen Bestandteilen der Vfg nicht rechtl zwingd geboten ist (BGH NJW **59**, 2113 mit grdsätzl Ausführgn; Hamm FamRZ **65**, 49). Teilbar ist zB ein in mehreren Erben auferlegtes Vermächtn, das ggü einzelnen Beschwerten unwirks ist (RG SeuffA **75** Nr 36); die Anordng einer TestVollstrg bei mehreren Erben (BGH NJW **62**, 912); die Anordng der VorErbsch, wenn die Einsetzg der NachE wirks angefochten ist (Soergel/Damrau Rz 4); bei partieller Sittenwidrigk hat der BGH die Einsetzg eines AlleinE mit einer geringeren Quote aufrecht erhalten (NJW **69**, 1343; s § 1937 Anm 5 c; str; aA Soergel/Damrau Rz 4 mN).

4) Durch Aufnahme einer **Teilunwirksamkeitsklausel** in das Test kann der Erbl die Ersetzg des unwirks Teiles durch eine Regelg vorschreiben, die dessen Zweck wenigstens im wirtschaftl Ergebn auf eine zuläss Weise soweit als mögl erreicht u auch das Bestehenbleiben des übrigen Teils ermöglicht (s Kohler DNotZ **61**, 195). – Auch **Umdeutung** (§ 140) kann uU helfen.

5) Bei gemeinschaftlichem Testament gilt für wechselbezügl Vfgen § 2270 I; ob auch andere Vfgen von der Nichtigk betroffen werden, richtet sich nach § 2085 (s § 2270 Anm 3). – Für **Erbverträge** greift hinsichtl vertragsmäß bindender Vfgen beider VertrTeile § 2298 I ein. Ob einseitige Vfgen dch die Nichtigk einzelner vertragsmäß Vfgen berührt werden, bemißt sich nach § 2085 (s § 2298 Anm 1).

2086 **Vorbehalt einer Ergänzung.** Ist einer letztwilligen Verfügung der Vorbehalt einer Ergänzung beigefügt, die Ergänzung aber unterblieben, so ist die Verfügung wirksam, sofern nicht anzunehmen ist, daß die Wirksamkeit von der Ergänzung abhängig sein sollte.

1) Testament mit Ergänzungsvorbehalt. Den Vorbeh von Nachzetteln (Kodizillarklausel) kennt das G nicht, da auch solche Ergänzgen den TestFormen unterliegen. Vielmehr wird bei § 2086 der Lebenserfahrg entspr angenommen, daß der Erbl nur noch eine Erläuterg treffen, die Endgültigk seiner Vfg davon aber iZw nicht abhäng machen wollte (Vermutg der Wirksamk; vgl auch RG LZ **14**, 1116) § 154 gilt hier nicht, da § 2086 ein bereits formgerecht errichtetes Test voraussetzt u nur zweifelh ist, ob es durch den Ergänzgs-Vorbeh in Frage gestellt werden kann. Ob der Vorbehalt dem Test überh oder einer einzelnen letztw Vfg beigefügt war, gilt gleich. – Kein Fall des § 2086, sond gült Vermächtn liegt vor, wenn zur Bezeichng der VermNehmer auf die Traubibel Bezug genommen wird (RG JW **37**, 2832; vgl auch § 2151).

2) Das unvollständige (unvollendete) Testament gehört nicht hierher, zB Offenlassen der VermächtnSumme od der Fall, daß der Erbl währd der Errichtg stirbt od nicht mehr weitersprechen kann. In letzterem Falle ist das Test nichtig. Ist es unvollständig (zB es fehlt eine Seite), ist möglichst durch Auslegg zu helfen, zu der bei Übergabe einer Schrift (§ 2232) auch ein fehlendes Blatt, wenn es später aufgefunden wird, herangezogen werden kann (s RGRK Rz 6).

Zweiter Titel. Erbeinsetzung

Einführung

1) Die Erbeinsetzung als Zuwendg der Gesamtnachfolge (§ 1922) in das Vermögen des Erbl insgesamt od in Bruchteile davon ist die wichtigste (aber nicht die einzige, §§ 1938 ff) Möglichk, die der Erbl unter Ausnutzg seiner Testierfreih mit Hilfe einer Vfg vTw gestalten kann. Ist diese wichtige Anordng unklar od unvollständ, will das G mit den in §§ 2087 – 2099 aufgestellten Ausleggsregeln und Ergänzgsrechtssätzen (s dazu Einf 3 vor § 2064) helfen, die letztw Vfg nach Möglichk aufrecht zu erhalten, auch hier von dem Grundgedanken des § 2084 geleitet. – Die Vorschr sind auf Erbverträge entspr anwendb (§ 2279 I).

2087 *Allgemeine Auslegungsregel.* ¹Hat der Erblasser sein Vermögen oder einen Bruchteil seines Vermögens dem Bedachten zugewendet, so ist die Verfügung als Erbeinsetzung anzusehen, auch wenn der Bedachte nicht als Erbe bezeichnet ist.

^{II} Sind dem Bedachten nur einzelne Gegenstände zugewendet, so ist im Zweifel nicht anzunehmen, daß er Erbe sein soll, auch wenn er als Erbe bezeichnet ist.

Schrifttum: Schrader NJW 87, 117; Otte NJW 87, 3164.

1) Erbeinsetzung oder Vermächtnis. Der wenig glückl formulierte § 2087 (Otte aaO) ändert nichts an der Grundposition, daß Erbeinsetzg Gesamtnachfolge ist (§§ 1922; 1942), daß die G eine Erbfolge in bestimmte Ggstände nicht kennt u daß die Zuwendg von EinzelGgständen folgl nur Vermächtn sein kann. Ob jedoch ledigl die Zuwendg von EinzelGgständen vorliegt, wenn im Test nur solche verteilt sind, od ob nicht doch Erbeinsetzg dch Zuwendg des ganzen Vermögens od eines Bruchteils davon vorliegt, ist eine Frage der Auslegg. Nur für diese Auslegg hat die Vorschr Bedeutg (s Otte aaO). Sie stellt klar, daß nicht maßgebend ist, mit welchen Worten der Erbl dem Bedachten etwas zugewendet hat, sond der sachl Inhalt der letztw Vfg. Da die große Mehrh der Bevölkerg die Ausdrücke „erben" und „vermachen" oft unterschiedslos nebeneinander gebraucht, sind nach dem G bestimmte Worte weder vorgeschrieben (I) noch entscheidd (II). Vielmehr beurteilt sich nach dem auszulegenden Inhalt der ganzen Vfg, ob der Bedachte Erbe od VermächtnNehmer ist (§§ 133, 2084; BayObLG **64**, 94; Rpfleger **80**, 471).

2) Auslegungskriterien. Hat der Erbl seine Zuwendgen als Verteilg einzelner Ggstände formuliert, die zusammen (tatsächl od doch nach seinen Vorstellgen) sein gesamtes od fast sein gesamtes Vermögen ausmachen, kann Erbeinsetzg entgg der Auslegsregel des II vorliegen, weil diese überhaupt nicht eingreift, wenn dch individuelle Auslegg die Zweifel überwunden sind, die sonst zur Auslegg als VermächtnAnordng führen müßten (BayObLG **65**, 460; Rpfleger **80**, 471; Köln Rpfleger **80**, 344). Für eine Erbeinsetzg (auch für eine Nacherbfolge, RG **152**, 190) ist entscheidend, wer nach dem Willen des Erbl den Nachl zu regeln u die NachlSchulden zu tilgen hat und ob der Erbl dem Bedachten eine möglichst starke Stellg, also unmittelbare Rechte am Nachl (als Ganzem od zu Bruchteilen) verschaffen wollte od ob er ledigl schuldrechtl Ansprüche gg den Erben hinsichtl einzelner Ggstände (Mobiliar, Grdstück, Geldsumme etc) verweisen wollte (BGH MDR **60**, 484; BayObLG **63**, 319). Dagg hängt die Stellung als Erbe nicht begriffsnotwend davon ab, ob ihm nach Erfüllg aller NachlVerbindlichk noch ein mehr od weniger großer wirtschaftl Vorteil aus der Erbsch verbleibt (KG OLGZ **68**, 329); es kann geradezu für seine Erbeinsetzg sprechen, daß der Bedachte die NachlSchulden zu tilgen u den Nachl zu regulieren hat (BayObLG FamRZ **86**, 604; 728), zu denen auch die Beerdiggskosten gehören (§ 1968), so daß in der Beauftragg einer Person zur Besorgg der Bestattg ein zusätzl Anzeichen für deren Erbeinsetzg erblickt werden kann (BayObLG FamRZ **86**, 835). – Da **I** nicht zwingd ist, kann der Erbl allerd einen Bruchteil seines Vermögens auch als sog Quotenvermächtn zuwenden (RG DFG **37**, 34; BGH NJW **60**, 1759; KG OLGZ **67**, 361). Erbeinsetzg liegt aber vor, wenn nur scheinbar eine Zuwendg einzelner Ggstände erfolgte, tatsächl aber dem Bedachten diejenigen Ggstände zugewendet wurden, die nach der Vorstellg des Erbl im Ztpkt der TestErrichtg (BayObLG **58**, 251) praktisch den ganzen od einen Bruchteil des Nachl ausmachen (zB bei Zuwendg des gesamten, den Bestand des Nachl fast ausschl ausmachenden Grundbesitzes, ev unter Beschwerg mit Vermächtn; BGH FamRZ **72**, 561; BayObLG **65**, 84; Rpfleger **80**, 430) oder wenn der Erbl seine wirtschaftl Stellg durch die in dieser Weise bedachten Personen fortgesetzt wissen will (BayObLG **63**, 323; **65**, 460; Köln FamRZ **89**, 459). – Maßgebd für die Auslegg ist nur der bei der TestErrichtg vorhandene gewesene Wille des Erbl (BGH aaO 563). Durch erhebl **nachträglichen Vermögenserwerb** wird eine Erbeinsetzg nicht in Frage gestellt, weil diese sich regelmäßig auf das beim Erbfall hinterlassene Vermögen bezieht; eine anteilige ges Erbfolge an der nachträgl Vermögensmehrg kommt deshalb nicht in Betracht (BayObLG FamRZ **86**, 835). Im Zweifelsfall muß dch Auslegg (auch ergänzende) ermittelt werden, ob sich die Erbeinsetzg auch auf den nachträgl Vermögenserwerb erstreckt, wenn der Erbl durch Zuwendg einer Sachgesamtheit den zZ der TestErrichtg vorhandenen Nachl erschöpfen u demnach den Bedachten zum AlleinE einsetzen wollte (s KG NJW **71**, 1992; dazu Bartz NJW **72**, 1174; RGRK Rz 8).

a) Zuwendung nach Vermögensgruppen. Erbeinsetzg liegt auch vor, wenn der Nachl nicht nach Bruchteilen, sond nach Vermögensgruppen verteilt wird, zB wenn der eine die Grdst, der andere die Wertpapiere erhalten soll (s BGH FamRZ **72**, 561, auch DNotZ **72**, 500; BayObLG **66**, 416; **77**, 163/165; Mü, LG Mü I, Ufita **80**, 319, 327: Erbe ist, wem Kernstück von Zeugnissen der Geschichte zugewendet wurde). – Die so Bedachten werden nach Verhältn der Werte des unbewegl u des bewegl Vermögens als Erben zu behandeln sein (RG LZ **32**, 1050), verbunden mit einer Teilgsanordng (§ 2048; BayObLG **60**, 258; 506) und uU einem Vorausvermächtn (KGJ **52**, 65; BGH LM § 2084 Nr 12). Das Wertverhältn muß sich dabei nicht notw nach dem Verhältn des Erbl zZ der Errichtg bestimmen (so BayObLG **34**, 278; **58**, 251), sond kann sich auch uU nach den Verhältnissen zZ des Erbfalls beurteilen (Staud/Otte Rz 25 ff; Soergel/Damrau Rz 9; auch Meincke, BewertgsR § 14 II 2b). § 2091 gilt in solchem Falle nicht, da die Erbteile mittelb bestimmt sind. – Eine Erbeinsetzg mehrerer Personen nach Vermögensgruppen kann im Sinne der Erbeinsetzg zu denjenigen Erbteilen, die sich aus dem Wertverhältn dieser Vermögensgruppen zum GesamtNachl ergeben, unter bes Umst auch dann gegeben sein, wenn diese Erbteile mit den vom Erbl wortlautmäß angegebenen nicht übereinstimmen (BGH LM § 2084 Nr 12). Die Entscheidg des KG JFG **22**, 83, wonach der Haupthedachte AlleinE ist, dagg die übrigen VermächtnNehmer, darf nicht verallgemeinert werden (vgl auch Kiel JR **47**, 164; Johannsen WM **72**, 926; BGH ebda 622/624).

b) Einzelne Gegenstände. Das Wertverhältn eines zugewendeten EinzelGgstands zum Nachl kann für eine Erbeinsetzg sprechen, insbes wenn der Nachl dch Zuwendg einzelner VermögensGgstände erschöpft wird (BayObLG **60**, 254; **66**, 408). Vor allem wenn ein **Grundstück** seinem Wert nach einen wesentl Teil des Nachl bildet, kann in seiner Zuwendg an eine bestimmte Person deren Einsetzg als Erbe zu sehen sein (BayObLG FamRZ **86**, 728; s oben Anm 1). Beläßt der Erbl es bei der ges Erbfolge, kann die letztw

Zuwendg einzelner NachlGgstände an seine Kinder nur entw als Vorausvermächtn (§ 2150) od als Teilgsanordng (§ 2048) ausgelegt werden (BGH FamRZ **85**, 62); zur Abgrenzg s § 2048 Anm 4. – Die Zuwendg einer **Geldsumme** ist idR keine Erbeinsetzg (BayObLG **60**, 259; **65**, 460). Sie kann aber Erbeinsetzg sein, wenn die Summe (od ein sonstiger realer Teil der Erbsch) fast das ganze Vermögen erschöpft od als Bruchteil des zu einem bestimmten Wert veranschlagten Nachl aufzufassen ist (Erman/Hense Rz 2). Das ist jedoch nicht der Fall beim sog Quotenvermächtnis (OLG **26**, 337), bei dem den Erben die schuldrechtl Verpflichtg zur „Auszahlg" eines jenem Bruchteil entspr Teils des Barerlöses an den Bedachten auferlegt wird (s BGH NJW **60**, 1759; WM **78**, 377; oben Anm 1).

c) **Sonderfälle.** Hat der Erbl bestimmt, daß die Ehefrau frei über den Nachlaß verfügen kann u Verwandte den Teil des Nachl erhalten sollen, über den sie bis zu ihrem Tod nicht letztw verfügt hat, ist die Ehefr Vollerbin, die Verwandten VermächtnNehmer (Bremen DNotZ **56**, 149; s aber auch die zu § 2065 Anm 3 angeführte Rspr). – Die Klausel eines gemschaftl ErbVertr von Eheg, der Überlebde u AlleinE des Erstversterbdn hat bei seinem Tod die Hälfte des Nachl den Blutsverwandten des Erstversterbdn zu hinterlassen, kann Erbeinsetzg dieser Verwandten zur Hälfte des Nachl des Überlebden bedeuten (LG Köln FamRZ **65**, 581). – Die Zuwendg eines bestimmten Ggstandes an einen Erben über seinen Erbteil hinaus („mein Sohn A soll außerdem meinen Wagen bekommen") gilt als Vorausvermächtnis (§ 2150), währd die Anordng, daß ein ErbschGgst den eingesetzten Erben „nicht zufallen" soll, als Vermächt zG der gesetzl Erben behandelt wird (§ 2149). – Hins der alternativen Erbeinsetzg vgl § 2073 Anm 2. – Zuläss ist auch eine VermächtnAnordng an mehrere Personen (Kinder), bei der ein Dritter bestimmt, wer von diesen das Vermächtn erhalten soll (§ 2151) und die zum Ggst ein Unternehmen hat, das im wesentlichen den Nachl ausmacht, wenn der auf Anordng eines Vermächtn gerichtete Wille des Erbl eindeut in der letztw Vfg zum Ausdruck kommt (s Dobroschke Betr **67**, 803; Haegele Rpfleger **73**, 203/204).

3) Die Zuwendung des Pflichtteils ist nach der (den § 2087 ergänzden) Ausleggsregel des § 2304 iZw nicht als Erbeinsetzg anzusehen (s BayObLG **66**, 398). Damit ist aber noch nicht gesagt, ob die Zuwendg als Vermächtn aufzufassen ist od ob der so Bedachte auf den Pflichtteil beschränkt, dh den PflichttBetrag nur kraft G, nicht kraft test Anordng zu fordern berechtigt sein soll. Dies festzustellen ist Sache der Auslegg (RG **129**, 239) und schon für die Verjährg (§ 2332) von Bedeutg (RG **113**, 237). S § 2304 Anm 1; Ferid NJW **60**, 121. – Bei Zuwendg eines Vermächtnisses zwecks Deckg eines Pflichtteils greift § 2307 ein. – Über Zuwendg des ErbersatzAnspr s § 2304 Anm 2b.

2088 *Einsetzung auf einen Bruchteil.* [I] Hat der Erblasser nur einen Erben eingesetzt und die Einsetzung auf einen Bruchteil der Erbschaft beschränkt, so tritt in Ansehung des übrigen Teiles die gesetzliche Erbfolge ein.

[II] Das gleiche gilt, wenn der Erblasser mehrere Erben unter Beschränkung eines jeden auf einen Bruchteil eingesetzt hat und die Bruchteile das Ganze nicht erschöpfen.

1) Testamentarische und gesetzliche Erbfolge nebeneinander sind mögl bei nicht erschöpfender Erbeinsetzg. Ist nur ein Erbe eingesetzt, aber auf einen Bruchteil beschränkt od mehrere Erben auf Bruchteile od auf einen gemeinschaftl Bruchteil, tritt ergänzd die gesetzl Erbfolge (§§ 1924 ff) ein, soweit nicht ein abweichender, dch Auslegg zu ermittelnder ErblWille anzunehmen ist (§ 2089), da die testamentar Erbeinsetzg nur so weit wirkt, wie ihr Inhalt reicht (Kipp/Coing § 44 I).

2) Voraussetzungen. Erschöpfen die Bruchteile den Nachl, kann die gesetzl Erbfolge nicht eintreten. Im übr kommt es (bei **I** wie bei **II**) darauf an, ob eine **das Ganze nicht erschöpfende Beschränkung** vorliegt, die eingesetzten Erben nach dem ErblWillen also nicht die alleinige Erben sein sollen („mein Sohn soll nur die Hälfte des Nachl erhalten"). Ist ein eingesetzter Erbe zugleich gesetzl Erbe (vgl § 1951), ist es Frage der Auslegg, ob er auf die Zuwendg beschränkt sein oder auch als gesetzl Erbe am Nachl teilhaben soll (BayObLG **65**, 166; Kipp/Coing § 44 I 1³; vgl OLG **11**, 234, wo die überlebende Ehefr insow zur alleinigen Erbin eingesetzt war, „als das Gesetz dies erlaube". – Scheidet ein eingesetzter Erbe aus, weil er nicht Erbe sein kann od will, und greift nach dem ErblWillen weder Ersatzerbfolge (§ 2096) noch Anwachsg (§ 2094) ein, gelangt der freiwerdende Erbteil an die gesetzl Erben. – Erschöpfen die Bruchteile den Nachl nicht, weil der Erbl einen Teil des TestErben gestrichen hat (§ 2255), kommt es auf den dch zu ermittelnden Willen des Erbl an, ob die verbleibenden Erben unter verhältnismäßiger Erhöhg ihrer Bruchteile alleinige Erben sein sol ob die freigewordenen Bruchteile den gesetzl Erben zufallen sollen (KG JFG **6**, 147). – § 2088 I findet auch Anwendg, wenn der Erbl seine Geliebte unter Zurücksetzg der Ehefrau sowie der Kinder als AlleinE eingesetzt hat, diese Einsetzg wg Sittenwidrigk aber teilweise als nichtig anzusehen ist, so daß hinsichtl des nichtigen Teils ges Erbfolge eintritt (BGH FamRZ **63**, 287; s auch § 1937 Anm 5c).

3) Entsprechende Anwendung des § 1934 a. Hat der Erbl, der auch ein nichtehel Kind hinterläßt, seine mit ihm im Güterstd der Gütertrenng lebde Ehefr nur zur Hälfte als Erbin eingesetzt, über die verbleibende Hälfte aber nicht verfügt, und ergibt die Auslegg, daß die Ehefr auf die Zuwendg beschränkt sein soll, wäre auch das nichtehel Kind mit als gesetzl Erbe für den dch die Vfg vTw nicht erfaßten Hälfteteil berufen. Die Witwe u das nichtehel Kind würden hier also eine MitEGemsch bilden. Soergel/Damrau Rz 5 (ebso Erman/Schlüter § 1934 a Rz 15) ist der Auffassg, daß der Sinn des § 1934 a I gebieten könnte, dem Kind im Regelfall nur einen ErbersatzAnspr in Höhe des Wertes dieses Erbteils zu geben. Dabei müßte aber wohl unterstellt werden, daß die Witwe auch hinsichtl dieses Erbteils gesetzl Erbin geworden u zur Zahlg des ErbersatzAnspr verpflichtet ist. Ob eine solche Auslegg mögl ist, ist zweifelh u muß im Einzelfall bes geprüft werden. Dazu auch Johannsen WM SonderNr 3/70, 8; Lange/Kuchinke § 14 V 4d; Spellenberg FamRZ **77**, 185/187; Staud/Otte Rz 14; MüKo/Skibbe Rz 5; Coing NJW **88**, 1753). – Hat der Erbl einen ErbersatzBerecht auf einen Bruchteil eingesetzt, über den Rest des Nachl aber nicht verfügt, tritt insow ges Erbfolge ein (§ 2088), wobei dann der ErbersatzBerecht hinsichtl beider Teile als MitE zu behandeln ist (Coing aaO).

2089 *Erhöhung der Bruchteile.* **Sollen die eingesetzten Erben nach dem Willen des Erblassers die alleinigen Erben sein, so tritt, wenn jeder von ihnen auf einen Bruchteil der Erbschaft eingesetzt ist und die Bruchteile das Ganze nicht erschöpfen, eine verhältnismäßige Erhöhung der Bruchteile ein.**

1) Verhältnismäßige Erhöhung der Bruchteile erfolgt bei nicht erschöpfender Einsetzg mehrerer Erben auf Bruchteile, sofern nach dem dch Auslegg zu ermittelnden Willen des Erbl die Eingesetzten die alleinigen Erben unter Ausschl der gesetzl Erbfolge sein sollen. Dies ist iZw der Fall, wenn nach Wegstreichen eines Erben die verbliebenen Bruchteile den Nachl nicht mehr erschöpfen (Soergel/Damrau Rz 1; str). – Es wird dann nicht nach Kopfteilen, sond nach Verhältn der bestimmten Bruchteile zueinander geteilt unter Errechng des niedrigsten gemeinsamen Nenners. Diese Erhöhg hat nicht die Bedeutg eines Erbteils iS der §§ 1935, 2095. – Ist der einzige eingesetzte Erbe zu einem Bruchteil bedacht, gilt § 2088 I. – **Beispiel:** Soll A ½, B ⅕ und C ⅕ erhalten, ist ⅒ unverteilt. Bei gemeinschaftl Nenner 10 sind also A auf ⁵⁄₁₀, B auf ²⁄₁₀ und C auf ²⁄₁₀ eingesetzt od im Verhält 5:2:2. Das Zusammenzählen 5 + 2 + 2 = 9 ergibt den neuen Nenner, so daß also A ⁵⁄₉, B ²⁄₉ und C ²⁄₉ erhalten.

2090 *Minderung der Bruchteile.* **Ist jeder der eingesetzten Erben auf einen Bruchteil der Erbschaft eingesetzt und übersteigen die Bruchteile das Ganze, so tritt eine verhältnismäßige Minderung der Bruchteile ein.**

1) Widerspruchsvolle Anordnungen sollen das Test möglichst nicht unwirks machen (§§ 140, 2084), soweit nicht bei mehreren Test eine Aufhebg des früheren anzunehmen ist (§ 2258). Falls kein entgegengesetzter Wille des Erbl festzustellen ist und kein Irrtum vorliegt (sonst Anfechtg, § 2078), erfolgt bei Einsetzg auf Bruchteile, deren Summe das Ganze übersteigt, Korrektur nach § 2090. Es wird dann also verhältnism (vgl Anm zu § 2089) in der Weise gemindert, daß die Brüche der Erbteile auf den gleichen Nenner gebracht werden; dch Zusammenzählg der entstandenen Zähler erhält man den neuen Nenner. – Die Vorschr gilt entspr beim Vermächtn (§ 2157). – **Beispiel:** Sind A auf ⅔, B auf ¼ und C auf ¼ eingesetzt, ist ⅙ zu viel verteilt. Bei gemeinschaftl Nenner 12 sind also A auf ⁸⁄₁₂, B auf ³⁄₁₂ und C auf ³⁄₁₂ eingesetzt od im Verhältn 8:3:3. Das Zusammenzählen von 8 + 3 + 3 = 14 ergibt den neuen Nenner, so daß A ⁸⁄₁₄, B und C je ³⁄₁₄ erhalten. S auch das Beispiel bei Staudenmaier BWNotZ **66**, 279.

2091 *Unbestimmte Erbteile.* **Sind mehrere Erben eingesetzt, ohne daß die Erbteile bestimmt sind, so sind sie zu gleichen Teilen eingesetzt, soweit sich nicht aus den §§ 2066 bis 2069 ein anderes ergibt.**

1) Die Ergänzungsregel sieht gleiche Erbteile erst vor, wenn trotz Auslegg des Test über deren Größe weder ausdrückl noch mittelb etwas bestimmt ist, auch die Anwendg der Grdsätze der gesetzl Erbfolg sich nicht aus der Heranziehg der §§ 2066–2069 bzw dch deren entspr Anwendg (BayObLG FamRZ **86**, 610) od sonst aus den Umständen ergibt (Gruppierg nach Stämmen, Warn **18** Nr 123: „meine Frau und meine Kinder sollen meine Erben sein"). Im Zw sind Kopfteile gemeint, zB bei Einsetzg von Kindern verschiedener Geschwister. Sind die gesetzl Erben namentl, aber nicht ihre Erbteile angegeben, greift § 2091 und nicht § 2066 ein (KG JW **38**, 2475). Hatte sich der Erbl die Bestimmg der Anteile noch vorbehalten (§ 2086), dies aber nicht mehr ausgeführt, muß nach § 2091 gleiche Teilg eintreten. – Eine mittelb Bestimmg der Anteile liegt insb in der Einsetzg auf einen gemeinschaftl Erbteil (§ 2093). Unbestimmt ist der Erbteile auch, wenn die Verweisg auf das gesetzl ErbR keine Klarh bringt, zB Einsetzg des Bruders u dessen Tochter zum gesetzl Erbteil (RGRK Rz 1). – Bei Verteilg nach Ggst ist nicht an § 2091, sond an § 2087 zu denken (BGH **LM** § 13 HöfeO Nr 22; Erman/Hense Rz 2).

2092 *Teilweise Einsetzung auf Bruchteile.* **ᴵSind von mehreren Erben die einen auf Bruchteile, die anderen ohne Bruchteile eingesetzt, so erhalten die letzteren den freigebliebenen Teil der Erbschaft.**

ᴵᴵErschöpfen die bestimmten Bruchteile die Erbschaft, so tritt eine verhältnismäßige Minderung der Bruchteile in der Weise ein, daß jeder der ohne Bruchteile eingesetzten Erben so viel erhält wie der mit dem geringsten Bruchteile bedachte Erbe.

1) Beim Zusammentreffen bestimmter mit unbestimmter Erbeinsetzg erhalten, soweit nicht ein anderer ErblWille ersichtl ist, gem **I** die ohne Angabe eines Bruchteils Eingesetzten nach dem Grdsatz des § 2091 iZw gleiche Teile. Bspl: Ist A auf ½, B auf ¼, C und D ohne Bruchteil eingesetzt, erhalten C und D das verbleibende ¼ zu gleichen Teilen, also je ⅛. – **Erschöpfen** die bestimmten Bruchteile den Nachl (od übersteigen sie das Ganze), regelt **II** dies wie § 2090: Sind die bestimmten Bruchteile gleich, erhalten die ohne Bruchteil Eingesetzten gleich große Anteile wie die anderen; sind sie verschieden, erhält jeder von ihnen so viel wie der Erbe mit dem geringsten bestimmten Bruchteil. Bspl: A ist auf ½, B auf ⅓, C auf ⅙, D und E ohne Bruchteil eingesetzt. D und E steht der gleiche Anteil wie C zu. A ³⁄₆, B ²⁄₆, C, D und E je ⅙ ergeben zusammen ⁸⁄₆. Gem § 2090 wird gekürzt im Verhältn 3:2:1:1:1 auf A ³⁄₈, B ²⁄₈, C, D und E je ⅛.

2093 *Gemeinschaftlicher Erbteil.* **Sind einige von mehreren Erben auf einen und denselben Bruchteil der Erbschaft eingesetzt (gemeinschaftlicher Erbteil), so finden in Ansehung des gemeinschaftlichen Erbteils die Vorschriften der §§ 2089 bis 2092 entsprechende Anwendung.**

1) Gemeinschaftlicher Erbteil. Die Einsetzg hierauf ist mögl u hat dann innerrechtl Bedeutg (s Anm 2). Wann sie vorliegt, bestimmt die Vorschr nicht. Daher ist bei nicht eindeut Anordng des Erbl dch Auslegg zu

§§ 2093, 2094

ermitteln, ob mehrere Bedachte eine Gruppe bilden sollen (BayObLG **76**, 122; FamRZ **88**, 214). Ein derartiger Wille ist idR nicht schon bei bloß sprachl Verbindg (A, B und C erben ⅓) od Gesamtbezeichng (meine Söhne sollen die Hälfte erben) anzunehmen. Eher ist die Zusammenfassg von Personen unter einzelne Ziffern im Test ein Indiz für Gruppenbildg (1. A, 2. B und C) od der Fall des § 2092 I (A soll mein Erbe zu ¼, B und C sollen auch Erben sein). Entscheidend ist der Gedanke der engeren Gemeinsch im Verhältn zu den übr Erben (BayObLG **76**, 122), der sich aus sachl Gesichtspkten wie enge persönl Beziehg untereinander od gemeinsame Beziehg zum Ggstand ergeben soll (Soergel/Damrau Rz 1; MüKo/Skibbe Rz 2).

2) Teilung der Unterbruchteile. Die so Zusammenberufenen zählen ggü den anderen Erben für eins und haben unter sich nach den in §§ 2089–2093 wg des Teilgsverhältnisses gegebenen Vorschr zu teilen, also iZw nach Köpfen (§ 2091). Der gemschaftl Erbteil hat ferner bei der Anwachsg (§ 2094 I 2; II) u ErsatzBerufg (§ 2098 II) Bedeutg.

2094 *Anwachsung.* [I]Sind mehrere Erben in der Weise eingesetzt, daß sie die gesetzliche Erbfolge ausschließen, und fällt einer der Erben vor oder nach dem Eintritte des Erbfalls weg, so wächst dessen Erbteil den übrigen Erben nach dem Verhältnis ihrer Erbteile an. Sind einige der Erben auf einen gemeinschaftlichen Erbteil eingesetzt, so tritt die Anwachsung zunächst unter ihnen ein.

[II]Ist durch die Erbeinsetzung nur über einen Teil der Erbschaft verfügt und findet in Ansehung des übrigen Teiles die gesetzliche Erbfolge statt, so tritt die Anwachsung unter den eingesetzten Erben nur ein, soweit sie auf einen gemeinschaftlichen Erbteil eingesetzt sind.

[III]Der Erblasser kann die Anwachsung ausschließen.

Schrifttum: Schopp, Anwachsg – ErsatzErbsch, MDR **78**, 10; Faber BWNotZ **87**, 7.

1) Wegfall bei Ausschluß gesetzlicher Erbfolge. Sollen die eingesetzten Erben nach dem Willen des Erbl die alleinigen Erben sein (sei es, daß ihre Erbteile den Nachl erschöpfen; daß ein Fall des § 2089 vorliegt; od daß bei Zuwendg einzelner NachlGgste an mehrere Erben diese den gesamten Nachl ausmachen u die Auslegsregel des § 2087 II nicht durchgreift), wird vermutet, daß bei Wegfall eines Eingesetzten die übr TestErben den freiwerdenden Erbteil erhalten sollen und nicht die gesetzl Erben, sofern nicht der Erbl etwas anderes gewollt hat (III; s Anm b). — Nach Anwachsg ist das Recht der Nacherben dch § 2110 I, der ErbschKäufer dch § 2373 geregelt. Für Vermächtn gelten §§ 2158, 2159.

a) Wegfall kann vor od nach dem Erbfall erfolgen. Er tritt ein: **Vor** dem Ebfall dch Tod (§ 1923 I; auch Totgeburt einer Leibesfrucht, § 1923 II; RG Warn **14** Nr 125) sowie bei Erbverzicht (§ 2352); **nach** dem Erbfall dch Ausschlagg (§ 1953), Erbunwürdigkeitserklärg (§ 2344), Nichterleben einer aufschiebenden Bedingg (§ 2074), Anfechtg (§§ 2078, 2079) und Nichterteilg der staatl Genehmigg nach § 84; EG 86. — **Keinen** Wegfall bewirkt die Feststellg der Nichtigkeit der Erbeinsetzg (zB gem § 2077; BeurkG **7**, 27), weil der Bedachte nie Erbe werden konnte, so daß ggf eine Erhöhg der Erbteile gem § 2089 vorzunehmen ist (RG **95**, 97; RGRK Rz 2; str; aA KG NJW **56**, 1523; Soergel/Damrau Rz 4; MüKo/Skibbe Rz 3; Staud/Otte Rz 2). Bei der Ersatzerbeneinsetzg (§ 2096), die ja auch für den Wegfall gesetzl Erben gilt (§ 2051 II), ist der Begriff des Wegfalls allerd ein weiterer.

b) Ausschluß (III). Der Erbl kann dch Vfg vTw die Anwachsg ausschließen. Dies ist allg oder ggü einzelnen Erben mögl, da die Anwachsg ja nur auf dem vermuteten Willen des Erbl beruht. Der Ausschluß führt zum Eintritt eines ErsatzE, ist keiner berufen, fällt der frei gewordene Teil an die gesetzl Erben. Er kann nur dch letzw Vfg erfolgen, muß aber nicht ausdrückl angeordnet werden und ist dch Auslegg zu ermitteln. – Stets ist die Anwachsg ausgeschlossen bei Einsetzg von ErsatzE (§ 2099), zu denen iZw auch die NachE gehören (§ 2102 I), sowie bei Ersatzberufg von Kindeskindern gem § 2069; zum Nachrücken von ErsatzE bei Wegfall naher Angehöriger s § 2069 Anm 4; KG FamRZ **77**, 344; der Test Bevorzugg des weggefallenen Enkels ggü und Abkömml u Stämmen kann ein ausreichender Anhaltspkt für Ersatzberufg sein (Hbg FamRZ **88**, 1323). – In der Einsetzg auf bestimmte Bruchteile liegt die Ausschließg noch nicht, da sie nur das Teilgsverhältn der Erben festsetzt (Staud/Otte Rz 10; vgl § 2158 I 2); jedoch in der Einsetzg auf den Pflichtt (RG HRR **28**, 960). – Die Verwirkgsklausel u ähnl Sachlage gelt jedoch § 2094 dem § 2069 vor (KG DNotZ **42**, 147; s § 2069 Anm 2b; § 2074 Anm 2). – Dagg geht die Vererbbarlick des NacherbR (§ 2108 II 1) iZw dem AnwachgsR vor, wenn ein NachE nach dem Erbfall wegfällt (KG JFG **15**, 309; § 2108 Anm 2). Bei Wegfall eines von mehreren VorE ist es eine Frage der Auslegg, ob Anwachsg unter den übr VorE, Übergang auf den NachE als ErsatzE (§ 2102 I) gewollt ist od letzteres nur bei Wegfall des letzten VorE; iZw tritt Ersatzerbfolge ein (Soergel/Damrau Rz 8). Stirbt der MitVorE nach dem Erbfall, tritt iZw Nacherbfolge ein (§ 2106), andernf sich die Vorerbsch vererbt. – **Beweisen** muß im RStreit den Ausschluß, wer ihn behauptet.

2) Anwachsung (I 1). Sie ist sachl das gleiche wie die Erhöhg des Erbteils bei ges Erbfolge (§§ 1935; 2007 S 2) u erfolgt in der Weise, daß sich die Erbteile der verbleibenden Erben entspr ihrem Verhältn zueinander von selbst erhöhen. Es tritt also kein neuer Erbteil hinzu. Der vergrößerte Erbteil ist bereits mit Erbfall erworben (§ 1953 II) und stellt eine Einheit dar, so daß der Zuwachs keine selbständ Bedeutg hat mit Ausnahme von Belastgen und AusgleichsPfl (§§ 2095; 2052; 2007). – Bspl für verhältnismäß Erhöhg: Sind A auf ½, B auf ¼, C auf ¼ eingesetzt, erhalten bei Wegfall des C: A ½ + ²⁄₁₂ = ⅔, B ¼ + ¹⁄₁₂ = ⅓. – Bei **gemeinschaftlichem Erbteil** (§ 2093) findet die Anwachsg zunächst nur innerh dieser Sondergruppe statt, falls nicht alle gemschaftl Eingesetzten weggefallen sind (**I 2**). Bei den so Zusammenberufenen findet so auch Anwachsg statt, wenn nach § 2088 II auch die gesetzl Erben teilnehmen, obwohl hier im übrigen ein AnwachsgsR nicht besteht (**II**). – Im Falle des **Ausschlusses** der Anwachsg tritt nach Wegfall eines MitE ges Erbfolge ein. War der Ausschluß auf einzelne MitE beschränkt, nehmen diese an einer Anwachsg nicht teil; fallen sie selbst weg, wächst dagg ihr Teil bei Anwachsg den übr MitE an.

3) **Im Erbschein,** der unter Benutzg der AnwachsgsRegeln beantragt wird, sollte ggf in der Begründg zu §§ 2069, 2099, 2102 Stellg genommen werden (s Schopp MDR **78**, 10/12).

2095 Angewachsener Erbteil.
Der durch Anwachsung einem Erben anfallende Erbteil gilt in Ansehung der Vermächtnisse und Auflagen, mit denen dieser Erbe oder der wegfallende Erbe beschwert ist, sowie in Ansehung der Ausgleichungspflicht als besonderer Erbteil.

1) Schutz des Anwachsungsberechtigten. Die Vorschr entspricht § 1935. Der Erbe hat die auf dem anwachsenden Erbteil lastenden Vermächtnisse u Auflagen bei verschiedener Beschwerg (§ 2007 S 2) nur aus Mitteln der Erhöhg zu tragen, ohne den freien Erbteil angreifen zu müssen (§§ 2161, 2187 II, 2192). Für die AusglPfl kommt hier nur die letztw Berufg von Abkömmlingen nach § 2052 in Betr. Es soll auch hier vermieden werden, daß der Erbe durch die Anwachsg (§§ 2055, 2056) benachteiligt wird. – Bei Vermächtnissen gilt (von der AusglPfl abgesehen) dasselbe (§ 2159). Die Selbständigk der Erbteile gilt auch hins der Verteilg der PflichtLast nach § 2318 (Fürnrohr JW **12**, 61). – Der Erbl kann **abweichende Anordnungen** treffen, zB einzelne Vermächtn od Auflagen dadch bevorzugen, daß sie nicht bloß von dem ursprüngl, sond auch von dem dch Anwachsg größer gewordenen Erbteil zu tragen sind, jedoch unbeschadet der Rechte der PflichttBerechtigten nach §§ 2306 I, 2318 III u der zwingenden Vorschriften über die Beschränkg der Erbenhaftg (§ 2007; s Staud/Otte Rz 5).

2096 Einsetzung als Ersatzerbe.
Der Erblasser kann für den Fall, daß ein Erbe vor oder nach dem Eintritte des Erbfalls wegfällt, einen anderen als Erben einsetzen (Ersatzerbe).

Schrifttum: Kempf NJW **61**, 1797; Diederichsen NJW **65**, 671; Schopp, MDR **78**, 10.

1) Ersatzerbfolge. Hat der Erbl seine Erben dch Vfg vTw bestimmt und will er den Eintritt der gesetzl Erbfolge (insbes des Fiskus) auch für den Fall ausschließen, daß der Eingesetzte nicht Erbe wird, muß er einen ErsatzE bestimmen. Eine gesetzl Ersatzerbfolge gibt es nicht. Das G hält ledigl für nachträgl TestLükken infolge Vorversterbens bestimmter Bedachter ergänzende Regelgen bereit; so sind bei Wegfall eines Abkömml gem § 2069 die nachrückenden Abkömml u gem § 2102 der NachE iZw als ErsatzE berufen. Auch kann in der Einsetzung einer dem Erbl besond nahestehenden Person sein Wille zum Ausdr gebracht sein, daß bei deren Wegfall and Personen, insbesond deren Abkömml, als ErsatzE eingesetzt sind od wären, wenn er bei TestErrichtg den Wegfall des Bedachten erwogen hätte (s § 2069 Anm 4). Beruht somit die Ersatzerbfolge immer auf dem Willen des Erbl, muß sie nicht ausdrückl erklärt sein, sond kann auch dch ergänzde Ausleg (§ 2084 Anm 1 d) festgestellt werden.

a) Der Ersatzerbe tritt also an die Stelle eines anderen und wird nur Erbe, wenn der Erstberufene nicht Erbe geworden ist. Er unterscheidet sich dadch vom NachE, der Erbe wird, nachdem zunächst ein anderer bereits Erbe war (§ 2100). Da der Erstberufene nie Erbe gewesen sein darf, ist die Einsetzg des ErsE aufschiebend bedingt dch den Wegfall des Erstberufenen. Dies ist allerd keine rechtsgeschäftl Bedingg (s § 2074 Anm 1), da die „Bedingg" beim Erbfall schon eingetreten war od als eingetreten gilt.

b) Wegfall ist hier weiter zu verstehen als bei § 2094, da die Ersatzberufg auch dann eingreift, wenn die Erbeinsetzg nichtig ist od widerrufen wird. Wegfall liegt also sowohl in den in § 2094 Anm 1b genannten Fällen vor als auch bei anfängl Nichtigk der Einsetzg des Erstberufenen (unstr). Annahme des Eingesetzten als Kind eines Dritten kann uU als Wegfall anzusehen sein (s Dittmann Rpfleger **78**, 277). – Stirbt der Erstberufene erst **nach** dem Erbfall, geht die Erbsch auf dessen Erben über samt dem AusschlaggsR (§ 1952); macht der Erberbe davon noch innerh der Frist des § 1944 Gebrauch, ist der Erstberufene nie Erbe geworden (§ 1953 I), so daß Ersatzerbfolge eintritt. – Die Berufg des ErsatzE muß allerd nicht für alle Fälle des Wegfalls gelten, so daß bei einzelnen Wegfallgründen das Einrücken des ErsatzE ausgeschlossen sein kann. Ist die Ersatzberufg auf eine bestimmte Art des Wegfalls beschränkt, gilt § 2074 (s § 2097 Anm 1; aA Soergel/Damrau Rz 7). Überh findet § 2096 keine Anwendg, wenn der Erbl den Eintritt des Ersatzerbfalls von einer echten Bedingg abhängig macht (BayObLG NJW **60**, 965); stirbt dann der Erstberufenen nach dem Erbfall, aber vor Eintritt der Bedingg, ist Auslegsfrage, ob die gleiche Bedingg auch für den ErsatzE gilt, der gem § 2105 bedingt berufener NachE ist.

c) Die Berufung des ErsatzE erfolgt nach den allg Vorschr (zB §§ 2068, 2069, 2096 ff). ErsatzE kann auch ein MitE (2098) od ein Fremder sein. Der Erbl kann **mehrere** ErsatzE sowohl neben- als auch hintereinander einsetzen; nebeneinander sind sie gemeinschaftl und iZw zu gleichen Teilen (§ 2091) an Stelle des ersten Erben berufen, hintereinander jeweils erst nach Wegfall des Vordermannes, wobei bedeutsgslos ist, in welcher Reihenfolge die Vordermänner wegfallen (s auch § 2098).

d) Im Zweifelsfall ist Einsetzg eines ErsatzE anzunehmen (§ 2102 II), da dies eher dem vermuteten Willen des Erbl entspricht als die Annahme, er habe den Eingesetzten dch Nacherbfolge beschränken wollen. Dies gilt allerd nur, wenn sich auch nicht dch Ausleg ermitteln läßt, welchen Zweck der Erbl mit seiner Anordng verfolgte (s BGH **LM** Nr 1; Diederichsen NJW **65**, 671/676). In der Einsetzung eines ErsatzE kann nicht die eines NachE gefunden werden, falls nicht festzustellen ist, daß der Erbl in Wirklichk Nacherbfolge gemeint hat (RG HRR **32** Nr 1055); hat der Erbl letzteres gewollt, kann auch im Gebr des Wortes „Ersatzerbe" die Einsetzung eines NachE liegen (BGH aaO; vgl auch Celle Rdl **69**, 99; § 2102 Anm 1). Bei Erbeinsetzg für den Fall des kinderlosen Ablebens des Erstberufenen vor Erreichen eines bestimmten Lebensalters liegt Anordng von Nacherbsch u nicht Ersatzerbsch vor (Celle NdsRpfl **49**, 176).

2) Rechtsstellung. Der ErsatzE hat **vor** dem Erbfall und auch noch vor dem Wegfall des Erstberufenen (Ersatzerbfall) keinerlei Rechte, da er nur hilfsweise berufen ist (BGH **40**, 115). Er kann sich wg Geschäftsführg und Vfgen des Erstberufenen erst nach dessen Wegfall und nur nach Maßgabe des § 1959 an diesen od an Dritte halten (RG **145**, 316). – Mit Eintritt des **Erbfalls** erlangt der ErsatzE ein AnwartschR (BayObLG 60, 410; Soergel/Damrau Rz 13; aA Hamm NJW **70**, 1606), das iZw vererbl und übertragb ist. Er kann die Erbsch auch bereits ausschlagen (s § 1944 Anm 2c) od annehmen (RG **80**, 377). – Mit dem **Ersatzerbfall** erwirbt der ErsatzE die Erbsch, sofern der Erstberufene bereits weggefallen ist; bei späterem Wegfall wird er so angesehen, als sei er bereits im Ztpkt des Erbfalls berufen worden. Vermächtn und Auflagen belasten iZw auch ihn (§§ 2161, 2192). Ebenso trifft ihn die AusglPfl (§ 2051 II). Ob er auch ein dem Erben zugewendetes Vorausvermächtn (§ 2150) erhält, ist Auslegssfrage; zum Ersatzvermächtn s iü § 2190. Der Voraus (§ 1932) des weggefallenen Ehegatten steht dem ErsatzE idR nicht zu. – Nach **Erbschaftsverkauf** verbleibt einem MitE iZw ein ihm gem § 2096 zusätzl anfallendes ErbR (§ 2373).

a) Erleben muß der ErsatzE den Erbfall, zumindest als Erzeugter (§ 1923), da auch für ihn die allg Grdsätze der Erbeinsetzg gelten und der Erstberufene auch bei späterem Wegfall so angesehen wird, als wenn er bereits vor dem Erbfall weggefallen wäre. Den Nacherbfall braucht er dann nicht mehr zu erleben; sein AnwartschR geht iZw auf seine Erben über (s oben; KGJ **42**, 104).

b) Ersatznacherbe ist er als Ersatzmann eines NachE. Er muß dann den Nacherbfall erleben, aber nicht den Wegfall des NachE (zu seiner RStellg s ausführl § 2102 Anm 3). Zur Vererblichk des mit dem Erbfall entstehenden AnwartschR des NachE und zu ihrem Ausschluß dch Einsetzg eines ErsatzE s § 2108 Anm 2.

2097 *Auslegungsregel.* Ist jemand für den Fall, daß der zunächst berufene Erbe nicht Erbe sein kann, oder für den Fall, daß er nicht Erbe sein will, als Ersatzerbe eingesetzt, so ist im Zweifel anzunehmen, daß er für beide Fälle eingesetzt ist.

1) Die Auslegungsregel ist weit gefaßt (Düss DNotZ **74**, 366/369), greift aber nur ein („im Zw"), wenn der Erbl die Ersatzberufg nicht auf einen bestimmten Fall beschränken wollte (BayOblG FamRZ **89**, 666). So zB, wenn der ErsatzE für den Fall der Ausschlagg des Erstberufenen eingesetzt war, dieser aber infolge Widerrufs seiner Erbeinsetzg nicht Erbe sein konnte (Dresden ZBlFG **17**, 303); od umgekehrt, wenn bei Einsetzg für den Vorversterbensfall ausgeschlagen wird (RG **113**, 50). Ist die Ersatzberufg auf eine bestimmte Art des Wegfalls beschränkt, gilt nicht § 2097, sond § 2074 (aA Soergel/Damrau § 2096 Rz 7); der ErsatzE muß also den Wegfall (nicht nur den Erbfall) erleben. – Über entspr Anwendg beim Vermächtnis s § 2190. – Nicht anwendb ist § 2097, wenn der NachE nach Eintritt des Nacherbfalls die Erbsch ausschlägt, um den Pflichtt zu verlangen (Ffm Rpfleger **70**, 391; Stgt OLGZ **82**, 271).

2098 *Gegenseitige Einsetzung als Ersatzerben.* ¹Sind die Erben gegenseitig oder sind für einen von ihnen die übrigen als Ersatzerben eingesetzt, so ist im Zweifel anzunehmen, daß sie nach dem Verhältnis ihrer Erbteile als Ersatzerben eingesetzt sind.

ⁱⁱSind die Erben gegenseitig als Ersatzerben eingesetzt, so gehen Erben, die auf einen gemeinschaftlichen Erbteil eingesetzt sind, im Zweifel als Ersatzerben für diesen Erbteil den anderen vor.

1) Auslegungsregel. Sind einem Erben mehrere ErsatzE nebeneinander bestellt, erhalten sie nach § 2091 iZw gleiche Teile. Hat der Erbl aber die eingesetzten Erben ggseitig od für einen von ihnen die übrigen (also nicht bloß eine einzelnen von ihnen) als Ersatzerben berufen, erhalten sie iZw die Ersatzerbanteile nach dem Verhältn ihrer urspr Erbteile (**I** und § 2094 I 1), im ersten Fall unter Bevorzugg der Zusammenberufenen (**II** und § 2094 I 2). – Der einem MitE durch ErsatzBerufg zukommde Erbteil gilt (anders als bei der Anwachsg, § 2095) in jeder Hins als selbständiger Erbteil (RGRK Rz 5), für Annahme u Ausschlagg aber nur bei Berufg aus verschiedenen Gründen (§ 1951).

2099 *Ersatzerbe und Anwachsung.* Das Recht des Ersatzerben geht dem Anwachsungsrechte vor.

1) Ausschluß der Anwachsung liegt in der Einsetzg eines ErsatzE (§ 2094 III). Dem eingesetzten ErsatzE stehen die nach § 2069 nachrückenden Abkömml gleich. Fällt auch der Ersatzerbe weg, greift Anwachsg ein. Bei Einsetzg eines ErsatzE für mehrere Miterben ist es AusleggsFrage, ob die Ersatzerbfolge bei Wegfall jedes einzelnen der Erben od erst nach Wegfall aller MitE wirks wird; iZw geht auch hier ErsatzErbsch der Anwachsg vor (Soergel/Damrau Rz 1); s auch Schopp MDR **78**, 10/11.

Dritter Titel. Einsetzung eines Nacherben

Einführung

1) Gesetzesübersicht. Die Grdlagen der NErbfolge enthalten §§ 2100–2111, näml die NErbeneinsetzg (§§ 2100–2105), den Eintritt der NErbfolge (§§ 2106–2109) und deren Umfang (§§ 2110, 2111). Die Zwischenstellg des VE regeln die §§ 2112–2138, und zwar Vfgen §§ 2112–2120; Feststellg des Umfangs, Zustandes und der wirtschaftl Behandlg des Nachl §§ 2121–2123; Lasten §§ 2124–2126; Schutzmittel des NE und Dritter §§ 2127–2129; die Herausg der Erbsch §§ 2130–2135 und die Befreiungen des VE §§ 2136–2138. Schließl werden die RVerhältn beim und nach Eintritt des NErbfalls in §§ 2139–2146 geregelt, insb der Anfall (§ 2139), die Ausschlagg durch den NE (§ 2142) sowie das Verhältn des VE und NE zu den NachlGläub §§ 2144–2146.

2) Die Nacherbfolge ermöglicht es dem Erbl, die Weitergabe seines Vermögens so zu steuern, daß es zunächst beim Erbfall zwar dem VE persönl, später aber nicht dessen Erben zukommt (Prot II 5, 91 ff). Sein

Nachl bildet dann in der Hand des VE ein Sondervermögen, das von dessen übr Vermögen zu trennen ist u über das der VE nur nach Maßgabe der §§ 2112ff mehr od weniger frei unter Lebenden vfgen kann. Kennzeichnend ist für sie also das zeitl Aufeinanderfolgen verschiedener Erben desselben Erbl bezügl derselben Erbsch. Kommt es zu dieser vorausgesetzten Zwischenherrsch des VE nicht, weil dieser vor dem Erbfall wegfällt od das sein ErbR beendigende Ereign (zB Heirat) schon vor dem Erbfall eintrat, kommt es auch nicht zur NErbfolge. Der NE ist dann vielm iZw als Ersatzerbe (§§ 2096, 2102 I) Vollerbe. Widerspricht dies ausnahmsweise dem Willen des Erbl, ist er nicht Ersatzerbe, ohne daß es einer Anfechtg nach § 2078 II bedarf. Stirbt der VE nach dem Erbfall, aber vor dem NErbfall, geht seine entstandene RStellg auf seine Erben über u erlischt in deren Person beim Eintritt des NErbfalls (s § 2100 Anm 3). – Eine **Sondernacherbfolge** in einzelne NachlGgstände (zB ein Unternehmen) kann der Erbl nicht anordnen, da sonst der Wirkg nach ein Familienfideikommiß erreicht würde. Denkbar ist in einem solchen Fall aber die Umdeut (§ 140) in ein befristetes Vermächtn (s § 2177).

3) **Vorerbe und Nacherbe** sind zeitl aufeinanderfolgende wahre Erben **desselben Erblassers** und derselben Erbsch. Sie haben also nacheinander ein ungeteiltes ErbR, so daß von einer ErbenGemeinsch zw ihnen keine Rede sein kann, da nicht der Ggstand ihrer Berechtigg, sond nur deren Zeitdauer geteilt ist (RG Gruch 52, 682). Vor dem NErbfall (§ 2139) können auch mehrere NE untereinander nicht Miterben sein, da sie diese Stellg erst mit Erhalt der Erbsch erwerben und sich auch die Anwartsch des MitNE auf die ganze Erbsch u nicht nur auf einen Anteil bezieht (RG 101, 190; Schiedermair AcP 139, 145). Wohl aber besteht zw mehreren VE ErbenGemeinsch; wg der „Auseinandersetzg" vgl §§ 101–103; 2130 (dort Anm 1 b).

4) **Erbschaftsteuer.** Die NErbfolge wird wie zwei Erbfälle behandelt. Zuerst hat der VE wie ein Vollerbe ErbschSt aus Mitteln der Erbsch zu zahlen (ErbStG 6 I; 20 IV); entrichtet er sie nicht, gehen sie als NachlVerbindlk auf seine Erben (nicht auf den NE) über (Soergel/Harder aaO Rz 27). Sodann hat der NE seinen Vermögenserwerb als vom VE stammend zu versteuern (ErbStG 6 II), kann allerd für seine Steuerklasse (s Einl 8e vor § 1922) sein Verhältn zum Erbl wählen, wenn dies günstiger ist (ErbStG 6 II 2). Falls jedoch der NErbfall nicht dch den Tod des VE, sond schon vorher auf Grd eines and Ereign eintritt, ist dem NE die vom VE entrichtete Steuer anzurechnen abzügl des Betrags, welcher der tatsächl Bereicherung des VE entspricht (ErbStG 6 III). – Dazu Troll DStZ **79**, 403; Soergel/Harder aaO Rz 27ff; s auch Schrifttum bei Einl 8 vor § 1922.

5) **Verfahrensrecht.** Bis zum NErbfall ist für die den Nachl betreffden **Klagen** der VE aktiv und passiv prozeßführgsbefugt (MüKo/Grunsky § 2100 Rz 21). Die Prozeßführg ist keine Vfg über das streitbefangene Recht (BFH NJW **70**, 79). Ein vor Eintritt der NErbfolge erkräft gewordenes Urteil wirkt unter der Voraussetzg der ZPO 326 für und gg den NE, also stets, wenn der VE ohne Zustimmg des NE über der NErbfolge unterliegden ProzeßGgst verfügen konnte (ZPO 326 II); sonst nur das ihm günstige Urteil (ZPO 326 I). Ein gg den Erbl ergangenes Urteil ist dem VE wie dem NE als dessen RNachfolger gebunden (ZPO 325). Zur Unterbrechg des Verfahrens bei Eintritt der NErbfolge s ZPO 242, 246 (dazu RG **75**, 363; MüKo/Grunsky § 2100 Rz 22). – Bei Klage auf Abgabe einer WillErkl (ZPO 894, 895) muß NE mitverklagt werden, soll er an das Urteil gebunden sein. – Kann der VE über das streitbefangene Recht nur mit Zustimmg des NE verfügen, ist er nur bei Zustimmg des NE aktiv legitimiert; ein gg ihn ergangenes Urteil wirkt nicht gg den NE. Der NE hat seine Rechte in einem eigenen Prozeß geltd zu machen (StjSchP § 242 ZPO Anm III 2). Doch kann der Dritte schon vor dem NErbfall gg den NE auf Feststellg klagen, daß der StreitGgst nicht zum Nachl gehörte. – Alle Urteile über die RVerhältnisse des Nachlasses wirken für den NE. Ein Prozeß über NachlVerbindlichkeiten (vgl § 2144 Anm 1) geht gg den NE od dessen Erben weiter.

a) **Zwangsvollstreckung.** Der NE kann mit Rücks auf § 2115 durch Widerspruchsklage (ZPO 773) eine zur Veräußerg od Überweisg führende Vollstreckg in einen NachlGgst verhindern. Er darf also nicht bloßer Pfändg (RG **80**, 33) od Eintragg einer ZwangsHyp widersprechen, sowie dann nicht, wenn es sich um eine NachlVerbindlichk handelt (RG **90**, 95) od um ein gg den NE wirks dingl Recht (§ 2115 S 2), zB eine vom befreiten VE entgeltl bestellte SichergsHyp (RG **133**, 264). – War das Urteil dem NE gg wirks (ZPO 326), kann die **Klausel** für und gg ihn umgeschrieben werden (ZPO 728 I; vgl auch ZPO 863 II). Das VfgsR des VE ist aGrd des Urteils ohne urkundl Nachweise bei Erteilg der Klausel zu prüfen. – Der **Pfändung** unterliegt das Recht des NE zw Erbfall und NErbfall (bei MitNE das Recht auf den Anteil) nach ZPO 857, 859 II (Haegele BWNotZ **75**, 129/132). Der NE ist nicht Drittschuldner (außer für Herausg- u andere Nebenansprüche, KGJ **42**, 235); es gilt also ZPO 857 II. Ist ein MitNE Schuldner, sind Drittschuldner die übrigen NE (ZPO 857 I; 829 III; Stöber[8] Rz 1652ff). Der NachE kann die Pfändg durch Ausschlagg ggstandslos machen (Lange/Kuchinke § 26 VII 3 e). – **Verpfändung** bedarf der Form des § 2033.

b) **Konkurs.** Der NE hat im Konkurs des VE (s Kretschmar LZ **14**, 556) zwar kein AussondersR, ist aber gg ihn beeinträchtigde Vfgen geschützt (§ 2115; KO 128). Im Konkurs des NE gehört im NErbR u beim NErbfall die Erbsch zur Masse (Jaeger/Weber KO 128 Rz 8). Über Zusammentreffen von NachlGläubigern u Eigengläubigern des VorE im Konk über dessen Vermögen s Rahn BWNotZ **61**, 246, aber auch Jaeger/Weber KO 128 Rz 5.

6) **Nacherbenvermerk im Grundbuch.** Bei Eintragg des VE, die auch seine etwaige Befreig von Vfgs-Beschränkungen (§§ 2136; 2137) anzugeben hat, muß das GBAmt das Recht des NE vAw mit eintragen (GBO 51); gleiches gilt iü für das Schiffsregister (SchiffRegO 54) u das Register für PfandR an Luftfahrzeugen (LuftfzReg 86 I). Die Eintragg dieses Vermerks kann der NE vom VE gem §§ 894, 895 verlangen. Bei Vfgen des VE üb ein NachlGrdst zugunsten eines Dritten scheidet folgl dessen unmittelb Eintragg nach GBO 40 idR aus, es sei denn, daß der NE der Vfg zugestimmt od auf die Eintragg des NE-Vermerks verzichtet hat (BayObLG **89**, 183). – Der NE-Vermerk muß die Berecht bezeichnen, andernf er inhaltl unzulässig ist (Zweibr Rpfleger **77**, 305). Einzutragen sind auch eingesetzte zweite u weitere NE (Hamm OLGZ **75**, 151), deren Anwartsch bestehen bleibt, bis die Erbenstellg des vorausgehenden NE beendet ist; ferner die Ersatz-NE (Hamm Rpfleger **66**, 19), und zwar auch dann, wenn der NachE sein AnwR auf einen Dritten od den

VorE übertragen hat u wenn trotz der Berufg eines ErsatzNE die Vererblichk des NacherbenR nicht ausgeschlossen ist (Köln NJW 55, 633); für sie gelten aber §§ 2113 ff nicht (RG **145**, 316; Oldbg JR **63**, 21 mAv Jansen; BGH **40**, 115). Sind als GrdstEigentümer in ErbenGemsch eingetragen u ist einer von ihnen nur VE, erfordert die GB-Berichtigg auch den Vermerk der NErbfolge (Hamm Rpfleger **85**, 21).

a) Bedeutung. Dch die Eintragg des Vermerks wird kein Recht des NE am Grst begründet wie auch das NE-Recht als solches nicht von der Eintragg abhängig ist. Sie dient vielm dem Schutz des NE vor gutgläub Erwerb dch Dritte, sichert ihn also vor beeinträchtigenden Vfgen des befreiten VE. Da sein Recht kein dingl Recht an den einzelnen NachlGgständen ist (RG **83**, 436), kann es nicht unabhängig von der Eintragg des VE gebucht werden. Als bloße VfgsBeschränkg steht der Vermerk auch in keinem Rangverhältn zu eingetragenen GrdstRechten (RG **83**, 434; Hamm Rpfleger **57**, 19). – Die Eintragg bewirkt keine Sperre des GBs. Vfgen des VE (auch des nicht befreiten) üb das Grst od üb GrstRechte können ohne weiteres eingetragen werden (auch unentgeltl; s BayObLG Rpfleger **80**, 64; Maurer DNotZ **81**, 223; Bergermann RhNK **72**, 767/775 ff), sofern dies nicht zur Löschg des NE-Vermerks führt (s dazu § 2113 Anm 3). Ohne vorherige Eintragg des VE (u damit auch des NE-Vermerks) ist dem GBAmt die Zustimmg des NE in der Form von GBO 29 nachzuweisen (BayObLG **59**, 493), nicht aber die eines ErsatzNE (BGH **40**, 115); die Zustimmg bedarf ggf vormschgericht Genehmigg (§ 1821 I Nr. 1; BayObLG aaO).

b) Verzicht. Die Eintragg des Vermerks unterbleibt, wenn der NE (od statt seiner der NE-TV, BayObLG **89**, 183) in der Form des GBO 29 I 1 darauf verzichtet. Bei Einsetzg eines ErsatzNE bedarf der Verzicht dessen Zustimmg (Hamm NJW **69**, 1490; Ffm OLGZ **70**, 443). Für unbekannte NE ist ggf Pfleger zu bestellen (Hamm aaO). – In dem Verzicht auf die Eintragg liegt kein Verzicht auf das NErbR am Grdst, sond nur der Schutzwirkg gg gutgläub Erwerb (§§ 2113 III; 892 I 2); erst recht keine Ausschlagg (KGJ **52**, 169). – Die Eintragg des Vermerks unterbleibt auch dann, wenn der VE ein zum Nachl gehöriges Recht mit Zustimmg des NE veräußert, womit es aus dem Nachl ausscheidet; od wenn der NE sein AnwartschR auf den VE überträgt u ihn dadurch (sofern nicht ein ErsatzE od ein zweiter NE eingesetzt ist, Hamm JMBl NRW **53**, 80) zum unbeschränkten Erben macht (KG DNotZ **33**, 291; dann ist kein NEVermerk im Erbschein notw, KG JW **38**, 3118).

c) Pfändung, Übertragung und **Verpfändung** des NERechts sind eintragb (§§ 892 I 2; 1276 II; ZPO 804 II). Durch die Eintragg wird der NE betroffen. Dem GBO 39 I wird daher nicht eintragg des NE-Rechts genügt (RG **83**, 434; vgl auch Meikel/Imhof/Riedel GBO 51 Anm 24). – Die **Vererblichkeit** des AnwartschR (§ 2108 II) unterliegt nicht der regelmäß NachwMöglichk der Erbfolge gem GBO 35, da der Erbe des NE (wie schon dieser) keinen ErbSch erhalten kann (Oldbg Rpfleger **89**, 106; s § 2353 Anm 3b).

d) Rechtsmittel. Gg die Eintragg eines NEVermerks ist die Eintragg eines Amtswiderspruchs nicht zuläss (Hamm Rpfleger **57**, 415; Horber/Demharter GBO 53 Anm 3b), wohl aber die Beschw entgg § 71 II GBO, da sich an die Eintragg kein gutgl Erwerb anschließen kann (KG JFG **21**, 252; Mü JFG **23**, 300; Hamm JMBl NRW **58**, 16).

e) Über Gebührenbefreiung bei Eintr des NE ins GrdBuch s KostO 60 IV; GBMaßnG 34 (dazu KG Jur Büro **68**, 826).

7) Im Erbschein für den VE ist die NEFolge anzugeben (§ 2363). Die NE sind anzuführen (auch die bedingten; ersatzw; die weiteren). Einzelh s § 2363 Anm 1 b, auch zum VorausVermächtnis des VE. – Nichterwähng gibt dem NE einen ErsatzAnspr (RG **139**, 347); auch kann er Einziehg (§ 2361) verlangen.

8) Ins Handelsregister wird nur der VE eingetragen, wenn zum Nachl ein HandelsGesch od ein Gesellschaftsanteil gehört (Mü JFG **22**, 89; MüKo/Grunsky § 2100 Rz 38).

9) Sonderfälle. Über NErbfolge u vorweggenommene Erbfolge im **Lastenausgleich** s LAG 229. Dazu Schütze RLA **61**, 149/151; BGH NJW **66**, 592. – S auch die SonderVorschr in § 42 S 2 **Reparationsschäden G** v 12. 2. 69 (BGBl 105).

10) Vermögensverzeichnis. Zu seiner Einreichg beim VormschG ist der überlebde Eheg verpflichtet, wenn er VE und sein Kind NE ist, sofern ihm die Vermögenssorge zusteht und das Vermögen 10.000 DM übersteigt (§ 1640). Der Erbl kann allerd die Pflicht erlassen (§ 1640 II Nr 2). Über den Inhalt des Verzeichn s § 1640 Anm 3.

2100 Begriff des Nacherben.
Der Erblasser kann einen Erben in der Weise einsetzen, daß dieser erst Erbe wird, nachdem zunächst ein anderer Erbe geworden ist (Nacherbe).

1) Die Einsetzung als Nacherbe kann nur dch Test od ErbVertr erfolgen. Dies gilt auch für die sog konstruktive NErbfolge, bei der das Ges lediglich einer lückenhaften Anordng des Erbl zur Wirksamk verhelfen will, indem Ausleggsregeln für die Fälle der Einsetzg einer noch nicht erzeugten Person (§§ 2101, 2106 II) od der fehlenden Bezeichng (§§ 2104, 2105) aufgestellt wurden. – Für die Einsetzg kommt es nicht auf den Gebrauch bestimmter Worte an (§ 2087 Anm 1). Bei notwendiger Ausleg (s dazu § 2084 Anm 1) ist entscheidend, ob der Eingesetzte erkennb nur eine Zeitlang Herr des Nachl (ggf unter Beschränkgn) und ein anderer erst nach ihm Erbe sein soll (BayObLG **65**, 457; s Einf 2). Unwesentl ist, ob dem VE die Vfg über den Nachl im eig Interesse u zu eigenem Vorteil u Nutzen zustehen soll.

a) Einzelfälle. NErbfolge ist anzunehmen, wenn der überleb Eheg zum AlleinE mit der Verpflichtg eingesetzt wird, das Geld der Kinder zu verwalten u ihnen gleichmäß zuzuwenden, zB „das Ganze als Treuhänderin zu betreuen u es der Tochter zu vererben". Ausleggsfrage ist es, ob in dem Verbot, den NachlGrundbesitz an andere als die Abkömml der Söhne zu „übergeben" (BayObLG FamRZ **86**, 608); od letztw zu verfügen; od in dem Gebot, einen bestimmten Dritten als Erben einzusetzen (Oldbg NdsRpfl **54**, 165) oder den Nachl mit ihm zu teilen, eine NErbeneinsetzg gefunden werden kann. Ein testamentar

Verbot, den Nachl an andere als an Blutsverwandte weiterzuvererben, kann als Einsetzg der Blutsverwandten des VE zu NE auszulegen sein (BayObLG **58**, 225). Dagg ist keine NErbfolge angeordnet, wenn ein Eheg den and ausdrückl zum unbeschr VollE einsetzt u ihm nur die moralische Verpflchtg auferlegt, sein Vermögen letztw bestimmten Dritten zuzuwenden (Hamm JMBl NRW **58**, 100; auch DNotZ **63**, 559). – Die Einsetzg einer Person zum „**Alleinerben**" hindert noch nicht die Annahme einer VErbsch, da auch der VE alleiniger Erbe sein kann (RG **160**, 111); dem Laien wird dies allerd oft nicht klar sein, so daß darin regelm ein Anhaltspkt für den Ausschluß der NErbfolge gesehen werden kann (BayObLG **66**, 53). – Sind **Abkömmlinge** des VE als NE eingesetzt, zählen auch Adoptivkinder zu ihnen, wenn nicht ein anderer Wille des Erbl festgestellt werden kann (BayObLG **59**, 493; s auch **61**, 132). Hat der Erbl ein Kind zum VE u dessen „gesetzl Erben" als NE eingesetzt, bestimmt sich aber der Kreis der NE u deren Erbquoten nach den im Ztpkt des Eintritts der NErbfolge geltden Vorschr; § 2066 ist insow entspr anwendb (Köln FamRZ **70**, 605).

b) **In der Zuwendung des Nießbrauchs** an einer Erbsch (§ 1089) kann die Einsetzg als VE zu sehen sein, wenn dem Berecht die freie Vfg über den Nachl zugewendet ist (vgl BGH **LM** Nr 2; BayObLG **65**, 461; FamRZ **81**, 403). Dagg liegt nur ein Vermächtn vor, wenn der Begünstigte beim Erbfall darauf angewiesen ist, daß ihm der Erbe die Nutzerposition einräumt; eine beschränkte Befugnisse über §§ 2112ff hinaus ist dafür allerd nicht ausschlaggebend (BGH aaO). Zu beachten wird sein, ob der Erbl nicht die steuerl günstigere Konstruktion gewollt hat (BayObLG **60**, 154; Rpfleger **81**, 64), nachdem mit einem NießbrVermächtn eine mehrfache ErbschSteuer-Belastg (s Einf 4) vermieden wird und nach altem ErbschStG der Kapitalwert des Vermächtn abzugsfäh war (anders ErbStG 25 nF); zumindest bei großer Erbsch liegt dies nahe (Soergel/Harder Rz 2). S dazu Petzold BB **75**, Beil Nr 6; Hartmann, TestVollstrg u Nießbr zur Sicherg der Nachfolge des EinzelUntern, 1975, 4.3.

c) **Beim Berliner Testament** (§ 2269 I) stellt das G eine Ausleggsregel gg die Annahme einer NEEinsetzg auf, wobei selbst der Ausdruck „Nacherbe" nicht unbedingt maßg ist (BGH NJW **83**, 277 mAv Stürner JZ **83**, 147; RG JR **25** Nr 1016; § 2269 Anm 1 b; 3a).

2) **Die Nacherbfolge** wird dch das zeitl Aufeinanderfolgen verschiedener Erben desselben Erbrl bezügl derselben Erbsch gekennzeichnet (s Einf 2). – Es ist auch zuläss, die NErbfolge auf einen **Bruchteil** des dem VE zugewendeten Erbteils zu beschränken (BayObLG **61**, 205; BGH Rpfleger **80**/95). Hierbei können uU Schwierigkeiten bei der Frage entstehen, wie der VE zur freien Vfg über den ihm als Vollerben zukommenden ErbschTeil gelangt; § 2120 wird hier wohl entspr angewendet werden müssen (vgl BayObLG **58**, 109; auch BGH **26**, 378). – Zuläss ist auch, den NE unter einer **Bedingung** oder **Befristung** einzusetzen. Bspl: daß der VE wieder heiratet (KG DFG **42**, 149); daß er kinderlos bleibt (auflösd bedingte Nacherbfolge; Brschw MDR **46**, 296); daß sich der VE innerh 10 Jahren nach dem Erbfall nicht gut führt (BGH RdL **63**, 46) od nicht anderw über den Nachl verfügt (RG **95**, 279; Hamm Rpfleger **76**, 132/134; BGH **2**, 35; vgl § 2065 Anm 3; § 2107 Anm 3; § 2269 Anm 5) od daß der NE vor Eintritt des NErbfalls eine Leistg erbringt (BayObLG **66**, 275). Eine NErbsch kann aufschieb bedingt für den Fall angeordnet werden, daß der zuerst Bedachte einen bestimmten Ztpkt nicht erlebt (Johannsen WM **73**, 538). – **Mehrere Erben** können auch **nacheinander** als NE eingesetzt werden. In diesem Fall steht der zunächst berufene NE dem folgenden NE zunächst wieder als VE ggü (LG Aachen RhNK **62**, 631; Zweibr Rpfleger **77**, 305; Langenfeld/Gail IV Rz 20; s aber § 2109). Da der NE begriffl erst nach dem VE eintreten soll, ist eine NE-Einsetzg auf den Ztpkt des Todes des Erbl nicht mögl; hier kann Einsetzg des „VE" als Erben, der an den „NE" als VermächtnNehmer den Nachl herauszugeben hat, angenommen werden (RG LZ **23**, 321).

3) **Rechtsstellung des Vorerben**. Mit dem **Erbfall** fällt dem VE die VErbsch an (s auch Einf 3). Er bleibt bis zum NErbfall in deren Besitz und Genuß. In dieser Zeit hat er eine Vertrauensstellg inne, insb bei Befreiung (§§ 2136, 2137) und eine größere Vfgsmacht als ein Nießbraucher. Stirbt einer von mehreren VE, die gemeins eingesetzt sind mit der Bestimmg, daß NErbfolge mit dem Tod des Letzten eintreten soll, geht das einmal entstandene VErbR des Verstorbenen iZw auf dessen Erben über (RG Recht **28** Nr 298; Einf 2). – Dem VE gebühren im Verhältn zum NE die vollen Nutzgen (§ 100) der Vorerbsch; dafür fallen ihm außer den Fruchtziehgskosten (§ 102) nur die gewöhnl Erhaltgskosten (§ 2124 I) zur Last. Er ist auch berecht, vorbehaltl der gesetzl Beschränkgen (§§ 2113ff) über den Nachl zu verfügen (§ 2112). Dem NE muß (ledigl) die Substanz erhalten bleiben (s auch §§ 2133; 2134). Diese Abgrenzg der Rechte muß auch im TV beachten, sofern der Erbl keine anderweit Vfg getroffen hat (BGH Rpfleger **86**, 434). – Mit Eintritt des **Nacherbfalls** erlischt das Recht des VE. Die Substanz der Erbsch gebührt dem NE, dem sie herauszugeben ist (§ 2130), während die gezogenen Nutzgen dem VE verbleiben. Aus dieser zeitl Beschränkg seines Rechts und seiner Treuhänderstellg ggü dem NE erklärt sich auch seine beschränkte Vfgsmacht. Schlägt allerd der NE aus od überträgt er sein Recht auf den VE (s § 2108 Anm 5), verbleibt iZw die Erbsch dem VE (§ 2142). – Bei **Ausschlagung** des VE kommt iZw der NE als Ersatzerbe zum Zuge (§ 2102 I).

4) **Rechtsstellung des Nacherben**. Der NE leitet sein Recht in gleicher Weise wie der VE unmittelb vom Erbl als dessen Erbe und Rechtsnachfolger ab (BGH **3**, 254; RG **75**, 363) und nicht vom VE. Er kann also nicht als MitE des VE angesehen werden (s Einf 3) wie auch mehrere NE untereinander vor Eintritt des NErbfalls nicht MitE sein können, da sie diese Stellg erst mit Erhalt der Erbsch erlangen (RG **101**, 190; Einf 3). Der Erbfall bewirkt also zugleich den Voranfall der NErbsch. Beim Eintritt der NErbfolge erwirbt dann der NE die Erbsch als Gesamtnachfolger des Erbl und mit dingl Wirkg (§ 1922). Ihm fällt die Erbsch an, auch wenn sie sich bis dahin nicht in den Händen des VE befand. Möglicherweise fällt sie aber auch gar nicht dem eingesetzten NE, sond dessen Erben an (§ 2108 II). – Der Erwerb der NErbsch vollzieht sich also in zwei Abschnitten:

a) **Mit dem Erbfall** erlangt der NE (auch der bedingt eingesetzte, Hamm JMBl NRW **59**, 173) neben seinem zukünft ErbR bereits ein gegenwärt **Anwartschaftsrecht**, das unentziehb, unbeschränkb, vererbl und übertragb ist (BGH **87**, 367; **37**, 325; Düss MDR **81**, 149; Celle RdL **64**, 130; Schmidt BWNotZ **66**, 139; Kempf NJW **61**, 1797). Auch das AnwR aus einer bedingten NErbfolge ist übertragb, soweit sich nicht aus

§§ 2100–2102　　　　　　　　　　　　　　　5. Buch. 3. Abschnitt. *Edenhofer*

den Umständen ergibt, daß der Erbl die Übertragbark ausschließen wollte (RG **170**, 168; vgl jedoch § 2108 Anm 5c dazu, ob die Übertragbark überh ausgeschlossen werden kann). Die Veräußerg des AnwR eines MitNE (wohl auch des AlleinNE) an einen Dritten ist genehmigungspflichtig, wenn der Nachl im wesentl aus einem land- od forstwirtschaftl Betrieb besteht (GrdstVG 2 II Nr 2; Roemer DNotZ **62**, 491). – Der NE kann sein AnwR, dch das die Vfgsmacht des VE im Interesse des NE wesentl beschränkt ist (RG **139**, 347, im Beeinträchtiggsfalle schon vor dem Erbfall dch Feststellgsklage geltd machen. Umgekehrt kann eine Ehefrau als VE ihres verstorbenen Mannes gg den NE auf Feststellg des RVerhältn klagen, das dadurch entstanden ist, daß der Mann eingebrachtes Gut der Frau für sich verwendete (BGH **LM** § 2100 Nr 5); wg des ErsatzNE s § 2102 Anm 3.

b) Mit dem Nacherbfall beginnt für den NE die Zeit der Erfüllg, indem das Recht des VE erlischt und dem NE die Erbsch anfällt (§ 2139). Schlägt der NE aus, verbleibt die Erbsch iZw dem VE (§ 2142).

c) Todeserklärung des VE kann der NE nach VerschG 16 IIc beantragen.

2101 *Noch nicht Erzeugter.*
I Ist eine zur Zeit des Erbfalls noch nicht erzeugte Person als Erbe eingesetzt, so ist im Zweifel anzunehmen, daß sie als Nacherbe eingesetzt ist. Entspricht es nicht dem Willen des Erblassers, daß der Eingesetzte Nacherbe werden soll, so ist die Einsetzung unwirksam.

II Das gleiche gilt von der Einsetzung einer juristischen Person, die erst nach dem Erbfalle zur Entstehung gelangt; die Vorschrift des § 84 bleibt unberührt.

1) Zweck. Wer beim Erbfall nicht wenigstens erzeugt ist, kann nach § 1923 nicht Erbe od ErsatzE sein (§ 2102 II ist durch § 2101 I ausgeschaltet). Da diese Erbeinsetzg unwirks sein würde, deutet sie das G in eine Einsetzg des später Erzeugten als NE um (**I** 1), auch wenn er nach dem ErblWillen ohne Vorausgehen eines VE Erbe sein sollte (s Diederichsen NJW **65**, 651/675). Dies wird iZw das Mindere gewollt, zumal der NE, dem die Erbsch dann schon mit der Geburt anfällt (§ 2106 II 1), durch die Vorerbsch kaum beschwert wird. Der Gegenbeweis (OLG **11**, 267), daß vom Erbl die Einsetzg eines NE keinesf gewollt, die Erbeinsetzg also nach **I** 2 unwirks sei, ist zuläss, aber wohl schwer zu führen. – Ist eine zur Zeit des **Nacherbfalls** noch nicht erzeugte Person als NE eingesetzt, ist sie iZw zweiter NE.

2) Wirkung. Mit der Geburt wird der nach § 2101 Berufene NE (§ 2106 II). Bis dahin sind idR die gesetzl Erben die VE (§ 2105 II). Solange der Eintritt des NErbfalls ungewiß ist, besteht ein Schwebezustand. Steht fest, daß es zur Erzeugg od Geburt nicht kommen kann, od ist die zeitl Grenze des § 2109 überschritten, sind die als VE Berufenen unbeschränkte Erben. – Dem ungewissen NE-Anwärter ist nach § 1913 S 2 ein **Pfleger** zu bestellen (s BayObLG **59**, 493), aber nur diesem, nicht also den gewissen u ungewissen gemeinsam (von Werthern JhJ **83**, 200; Kanzleiter DNotZ **70**, 328). § 1912 gilt erst von der Erzeugg ab. – Gebühr für Pflegerbestellg: KostO 106; die Kosten sind NachlVerbindlich (KostO 6).

3) Juristische Person, II. Für die Einsetzg einer erst nach dem Erbfall zur Entstehg gelangenden jur Person (§§ 21–23, 80) gilt das gleiche. Eine vom Erbl selbst errichtete, aber erst nach dem Erbfall genehmigte **Stiftung** wird dagg nach § 84 VollE, nicht NE. Auch eine nach dem testamentar Willen des Erbl errichtete ausl Stiftg gilt für dessen letztw Vfgen als schon vor seinem Tod entstanden (BayObLG **65**, 77).

4) Ins Grundbuch kann das Recht des NE in den Fällen **I** u **II** eingetragen werden (Soergel/Harder Rz 3). Der Unerzeugte kann unter namentl Angabe der Eltern auch grdbuchmäßg gesichert werden (RG LZ **22**, 170).

2102 *Nacherbe und Ersatzerbe.*
I Die Einsetzung als Nacherbe enthält im Zweifel auch die Einsetzung als Ersatzerbe.

II Ist zweifelhaft, ob jemand als Ersatzerbe oder als Nacherbe eingesetzt ist, so gilt er als Ersatzerbe.

1) Eine Auslegungsregel enthält **I** (Diederichsen NJW **65**, 671/675; aM von Lübtow, Probleme des ErbRs, 1967, 55: Ergänzgsregel). Kommt die Einsetzg des NE nicht zum Tragen, weil der VE wegfällt (dch Vorversterben; Ausschlagg usw), soll iZw die Vfg wirks bleiben, indem der NE ersatzw als VollE berufen ist (KG Rpfleger **87**, 110). Vorausgesetzt wird, daß er zZ des Erbfalles bereits lebt od doch schon erzeugt ist. War er damals noch nicht einmal erzeugt, kann er lediglich NE werden u erst mit seiner Geburt Erbe (§ 2106 II); VE werden dann die gesetzl Erben (§ 2105 II). – Umgekehrt gilt die Regel nicht; die Einsetzg als ErsatzE enthält nicht auch die als NE (vgl § 2096 Anm 1d). Da aber der Unterschied zw den Begriffen ErsatzE und NE rechtsunkundig Pers nicht immer geläufig ist, kann leicht Verwechslg vorkommen. Dch Auslegg kann daher festgestellt werden, daß nach dem Willen des Erbl der ErsatzE auch NE sein soll (BGH **LM** § 2100 Nr 1; Celle RdL **69**, 99). – Nur „im Zweifel" gilt die Regel. Steht (ggf nach Auslgg) fest, daß der als NE Eingesetzte die Erbsch nach dem Willen des Erbl (wenn überh) erst mit Eintritt eines bestimmten nach dem Erbfall liegenden Zeitpunkts od einer Bedingg sowie als NE erhalten soll, bleibt er auf die NErbfolge beschränkt (RG Recht **22** Nr 438) und es treten bei Wegfall des VE mangels einer Bestimmg des Erblassers die anwachsgsberecht Miterben, sonst aber die gesetzl Erben als VE ein. Im übrigen schließt bei Wegfall der VE der als (NE u nunmehr) ErsatzE eines Miterben Berufene das AnwachsgsR der übrigen Miterben aus (§ 2099). Die Annahme der Erbsch gilt sowohl für den Ersatzerbfall als auch für die NErbfolge (RG **80**, 382). – Die Vorschr findet auch auf Vermächtn Anwend (§ 2191 II) und ergänzt zugl § 2096. – Setzen sich Eheg in einem **gemschaftlichen Testament** ggseit zu VE u Dritte zu NE ein (ist also nicht die Einsetzg von SchlußE gewollt, s § 2269 Anm 3), bleiben die beiderseit Vermögen getrennt; Vor- u NErbfolge kann nur nach dem Erstverstorbenen eintreten, weil beim Tod des Längerlebenden kein VE mehr vorhanden ist. Dann ist dch individuelle Auslegg zu ermitteln, ob der Längerlebende mit der Einsetzg der

Dritten zu NE zugleich zum Ausdr bringen wollte, daß diesen sein Nachl auch bei Ausfall des VE zukommen soll, so daß ihn dann die Dritten ersatzw als seine VollE erhalten. Läßt sich ein derart Wille nicht ermitteln, lehnt die hM die Anwendg der Ausleggsregel des **I** ab (zB Karlsr FamRZ **70**, 256). Richtig erscheint, daß auch dann der für jeden Wegfall des VE konzipierte **I** anzuwenden ist (KG Rpfleger **87**, 110; LG Bln FamRZ **76**, 293; Nehlsen/von Stryk DNotZ **88**, 147). Eine and Frage u gesondert zu prüfen ist, ob insow von den Eheg eine Bindgswirkg gewollt war (KG aaO).

2) Absatz II enthält eine Ausleggsregel, die erst nach Ausschöpfg aller Ausleggsmöglichk zur Anwendg kommt (BayObLG **63**, 19) und die davon ausgeht, daß iZw der Erbl den eingesetzten Erben nicht dch einen NE beschweren will (Diederichsen aaO 675f sieht in **II** eine Fiktion des Inhalts, daß bei einem non liquet das Ges abschließend bestimmt, die Vfg des Erbl habe den Bedachten nur zum ErsatzE gemacht). **II** gilt auch bei Abkömml (OGH HEZ **2**, 59). Bei Einsetzg unter Bedingg wird eine häufig NEEinsetzg anzunehmen sein (vgl RG LZ **22**, 465; aber auch Celle RdL **61**, 183). Bei Einsetzg einer zZ des Erbfalls noch nicht erzeugten Person steht der ErsatzBerufg § 1923 entgg (vgl KGJ **46** A 97) u es gehen die Sondervorschriften der §§ 2101 I, 2106 II vor (Soergel/Harder Rz 3). – Für **II** ist kein Raum, wenn Eheg in gemeinschaftl Test sich ggseit zu VE u Dritte zu NE einsetzen (Karlsr FamRZ **70**, 256).

3) Ersatznacherbe. Auch für den Wegfall des NE kann ein ErsatzE berufen werden (s hierzu Bergermann RhNK **72**, 754; Haegele Rpfleger **67**, 165; Becher NJW **69**, 1463). Der ErsatzNE muß zZ des NErbfalls leben od erzeugt sein, braucht aber den Wegfall des NE nicht zu erleben. Das den Ersatzerbfall auslöse Ereign kann zeitl vor dem Erbfall, zw Erbfall u NErbfall u nach dem NErbfall liegen, in letzterem Fall aber nur, wenn das Ereign auf den NErbfall rückbezogene Wirkgen auslöst wie zB Ausschlagg, Erbunwürdigk, Anfechtg der Annahme (Schmidt BWNotZ **66**, 139/143; s auch Staud/Otte § 2096 Rz 10).

a) Rechtsstellung. Vor dem Eintritt des Ersatzerbfalls hat der ErsatzNE zwar eine iZw vererbl u übertragb Anwartsch, aber keine Rechte hins des Nachl, insb keine Kontroll-, Sichergs- u ZustimmgsRechte ggü dem VE, da auch dem gewöhnl ErsatzE vor dem Ersatzerbfall keine Rechte am Nachl zustehen (s BayObLG **60**, 410; gg jedes AnwartschR aber Becher aaO). Der VE bedarf zu Vfgen über Grdst u GrdstRe sowie zu unentgeltl Vfgen (§ 2113) nicht der Zustimmg des ErsatzNE (RG **145**, 321; BGH **40**, 115; BayObLG **60**, 410). – Der NE kann trotz Einsetzg eines ErsatzNE sein AnwartschR auf den VE (od einen Dritten) übertr, jedoch unbeschadet der Rechte des ErsatzNE, denn der NE kann dem Erwerber das AnwartschR nur in dem Umfang übertr, als er selbst rechtl hat (s Hamm FamRZ **70**, 607 mAv Schulz sowie von Kanzleiter DNotZ **70**, 693; auch BayObLG **70**, 137). Hat der ErsatzNE nicht ebenf seine Anwartsch auf den VE übertr od die Zustimmg zur Übertr dch den NE erteilt, verliert der VE die Stellg in dem Augenblick, in dem sie der NE an den ErsatzNE verlieren würde (Stgt BWNotZ **57**, 152; Horber/Demharter GBO 51 Anm 17c; s auch § 2108 Anm 5b; aM Becher aaO). Es handelt sich hier um eine und als die vorstehd verneinte Frage, ob der ErsatzNE einer der Einwilligg des NE bedürft Vfg des VE zustimmen muß. – Für die noch nicht erzeugten ErsatzNE ist, wenn auch ihre Anwartsch auf den VE übertr werden soll, ein Pfleger nach § 1913 zu bestellen (LG Duisbg NJW **60**, 1205; s dazu auch Bergermann RhNK **72**, 789 ff).

b) Im Erbschein ist der ErsatzNE (mag er ausdrückl eingesetzt sein od seine Einsetzg sich durch Ausslegg ergeben) immer anzugeben, da der Erbschein von Anfang an spätere Änderungen, soweit sie zZ der Ausstellg zu übersehen sind, berücksichtigen muß (RG **142**, 173; Guggumos DFG **37**, 233; Haegele Rpfleger **67**, 165). – Das gleiche gilt für die Eintragg des NEVermerks ins **Grundbuch** (Oldbg JR **63**, 23 mAv Jansen; Hamm DNotZ **66**, 108; Einf 6 vor § 2100). Der NE kann auf die Eintr des NEVermerks nur mit Zustimmg etwa vorhandener ErsatzNE verzichten (Köln NJW **55**, 633); auch zur Löschg des NEVermerks ist die Zustimmg etwa vorh ErsatzNE erforderl (Hamm DNotZ **55**, 538; s Einf 6 vor § 2100).

2103 *Anordnung der Herausgabe der Erbschaft.*
Hat der Erblasser angeordnet, daß der Erbe mit dem Eintritt eines bestimmten Zeitpunkts oder Ereignisses die Erbschaft einem anderen herausgeben soll, so ist anzunehmen, daß der andere als Nacherbe eingesetzt ist.

1) Ergänzungsregel. Die Pflicht zur Herausgabe der Erbsch (§ 2130) od eines Bruchteils (OLG **11**, 239) ist eine bes sinnfällige Wirkg des Übergangs der Erbenstellg. Sie wird daher leicht im prakt Leben an Stelle der Ursache genannt. Daher folgert das G daraus **ergänzend**, aber nicht zwingd (Soergel/Harder Rz 1) die Einsetzg als VE und NE statt bloßer Vermächtnisanordng (vgl dazu BayObLG **22**, 94). Die Absicht des Erbl muß aber auf Begründg der NEStellg gerichtet sein, also nicht bloß auf Herausg einzelner Ggstände od einer Quote (eines Wertanteils) des reinen Nachl, wie beim Vermächtn.

2) Anordnung. Ob die HerausgVerpflichtg den eingesetzten Erben (VE) od den gesetzl Erben auferlegt wird, gilt gleich. Voraussetzg ist immer, daß der Beschwerte wenigstens vorübergehd VE sein u die Herausg erst eine gewisse Zeit nach dem Erbfall (zB bei Wiederverheiratg der Witwe; Volljährigk des NE; Tod des VE) stattfinden soll (RG LZ **23**, 321). Die Bestimmg des Zeitpunkts kann nicht einem Dritten überlassen werden (BGH **15**, 199; § 2065 Anm 2). – Die Anordng der Herausg kann auch in der Einsetzg auf den Überrest (§§ 2137, 2138) liegen (RG **152**, 190). Die Anordng sofortiger Herausg wird sich uU als unmittelbare Erbeinsetzg des HerausgBerechtigten unter Ernenng des Beschwerten zum TestVollstr halten lassen.

2104 *Gesetzliche Erben als Nacherben.*
Hat der Erblasser angeordnet, daß der Erbe nur bis zu dem Eintritt eines bestimmten Zeitpunkts oder Ereignisses Erbe sein soll, ohne zu bestimmen, wer alsdann die Erbschaft erhalten soll, so ist anzunehmen, daß als Nacherben diejenigen eingesetzt sind, welche die gesetzlichen Erben des Erblassers sein würden, wenn er zur Zeit des Eintritts des Zeitpunkts oder des Ereignisses gestorben wäre. Der Fiskus gehört nicht zu den gesetzlichen Erben im Sinne dieser Vorschrift.

§§ 2104, 2105

1) Konstruktive Nacherbfolge. An sich muß der Erbl den Willen, seinen Nachl dem VorE nur zeitl begrenzt zu belassen u dann einem NE zuzuwenden, hinreichend deutl zum Ausdruck bringen. Wollte er Vor- und NErbfolge anordnen, hat er aber die NE od die VE nicht bezeichnet, ist seine letztw Vfg unvollständ und wird gesetzl dch die §§ 2104, 2105 ergänzt (s § 2100 Anm 1). § 2104 hält also nur für den Sonderfall, daß der Erbl zwar die RStellg des VE zeitl begrenzt, aber die Bestimmg des danach eintretenden NE unterlassen hat, ein WillErkl des Erbl für entbehrl u nimmt an, daß er den VE unabhängig von der Person des NE auf jeden Fall beschränken wollte (BGH NJW **86**, 1812). – Über das Verhältn von § 2104 zu § 2142 II s Coing NJW **75**, 521, der dafür eintritt, daß Lücken in der Regelg der NErbfolge dch den Erbl grdsätzl dch Heranziehg des § 2141 II beseitigt werden sollen, währd § 2104 nur für den Fall gelten soll, daß es formal an einer NEBerufg fehlt.

2) Voraussetzung ist, daß ein NE **nicht genannt** ist und sich auch nicht dch Ausleg ermitteln läßt. Die Anwendg des § 2104 ist also ausgeschlossen, wenn der Erbl einen NE bestimmt hat (zB wenn die Blutsverwandten der VE Nacherben sein sollen, BayObLG **58**, 225). Dies gilt auch dann, wenn die getroffene Bestimmg des NE unwirksam ist od infolge Anfechtg wird (BGH NJW **86**, 1812; MüKo/Grunsky Rz 3; aA u für entspr Anwendg von § 2104 KG JW **38**, 2821; Soergel/Harder Rz 2; RGRK Rz 6); so auch gemäß dem Test nach dem Tode der Witwe der Nachl auf den Sohn als Erben übergehen sollte, da in solchem Fall die zeitl Begrenzg der Rechte des eingesetzten Erben u die NErbfolge im umgekehrten Verhältn stehen, als es § 2104 vorsieht; denn hier folgt die Beschränkg aus der testamentar Anordng der NErbfolge (dazu Coing aaO 523). Ein entgg BeurkG 7; 27 Bedachter kann nicht üb § 2104 NE werden (wohl aber kraft ges Erbfolge). – Dies gilt auch dann, wenn der benannte NE schon vor dem Erbl **verstorben** war; hier wird die NErbfolge idR ggstandslos u der VorE wird VollE (RG JW **07**, 259). Sollte aber der VorE auf jeden Fall nur bis zu einem bestimmten Ztpkt Erbe sein, können bei Vorversterben des NE die gesetzl Erben des Erbl als ErsatzNE in entspr Anwendg des § 2104 als eingesetzt gelten (KG DNotZ **33**, 286, auch JW **38**, 2821). – Sind die künft **Abkömmlinge** als NE eingesetzt, aber keine vorhanden, ist davon auszugehen, daß nur bei Vorhandensein von Kindern der Eintritt der NErbfolge gewollt war, der Überlebende also bei kinderloser Ehe unbeschränkter Erbe sein soll (KG JFG **2**, 151). Hat der Erbl einen Abkömml als **Hoferben** eingesetzt u bestimmt, daß im Falle seiner kinderlosen Ehe HofE werden soll, wer nach dem G dazu berufen sei, so stellt sich erst beim Tod des Abkömml heraus, ob er VollE od VE geworden ist. Es handelt sich um eine auflösd bedingte Vor- und NErbsch; für letztere gilt nicht die Ausleggsregel des § 2104, denn NE sollen die gesetzl Erben nach dem Abkömml sein (Hamm RdL **67**, 152).

3) Rechtsfolgen. Testamentarisch berufene NE sind nach § 2104 diejenigen **gesetzlichen Erben** des Erbl, die zum Zuge kämen, wenn der Erbl den NErbfall erlebt hätte. Wer zu den ges Erben gehört, ist in der Regel des § 2066 S 2 zu bestimmen (KG DNotZ **35**, 827). NE sind also nicht die Personen, welche zZ des Erbfalls ges Erben gewesen wären, sond diejenigen, welche zZt des Eintritts des vom Erbl bestimmten Ereignisses od Ztpkts die nächsten ges Erben sein würden, wenn erst jetzt der Erbfall einträte. Nicht zu ihnen gehört auch dazu, wer im Falle ges Erbfolge nur auf einen ErbersatzAnspr verwiesen wäre; § 1934a ist (anders als bei der ErgänzgsVorschr des § 2066) bei der Ausleggsregel (s Einf 3 vor § 2064) des § 2104 nicht anzuwenden, weil die konstruktive Berufg der MitNE von gewillkürter Erbfolge ausgeht. Ein nichtehel ErbBerecht ist also auch neben den nach § 2104 berufenen ges Erben od neben dem Ehegatten zu NE berufen (Soergel/Harder Rz 4; str; aA MüKo/Grunsky Rz 4; Böhm FamRZ **72**, 184f). – Da es sich um eine Ausleggsregel handelt, geht die individuelle Ausleg vor; aus der letztw Vfg kann sich daher ergeben, daß zB nach dem Willen des Erbl der Kreis der NE abweichend bestimmt ist od der Ztpkt des Erbfalls gelten soll. – Nach § 2104 können also ganz andere als die eigentl gesetzl Erben des Erbl NE werden. Ihnen ist ein **Pfleger** zu bestellen (§ 1913), wobei str ist, ob dieser auch die schon vorhandenen ges Erben vertritt, weil diese noch wegfallen können und daher in der Schwebezeit rechtl unbekannt sind (so zutr die noch hM; BGH MDR **68**, 484; Hamm Rpfleger **69**, 347; BayObLG **66**, 227; auch § 2066 Anm 3) od nur die einstw noch nicht vorhandenen und daher tatsächl unbekannten (Kanzleiter DNotZ **70**, 326; Soergel/Harder Rz 5; MüKo/Grunsky Rz 7). – Die eigentl ges Erben erwerben auch kein AnwartschR, das sie nach § 2108 vererben könnten (BayObLG **66**, 229). – Ist von **Miterben** nur einer nach § 2104 beschr, wächst nach Maßg des § 2094 der erledigte Erbteil den übr Miterben an u kommt nicht den gesetzl Erben zu. Das gleiche gilt, wenn die Bedingg nur in der Person eines od einz Miterben, die alle unter einer auflösden Bedingg (zB Verwirkgsklausel) eingesetzt sind, eintritt (Hilgers RhNK **62**, 391).

4) Der Staat wird in dieser Beziehg nicht als gesetzl Erbe (also auch nicht als ErsatzE iS des § 2102 I) angesehen, da er dem Erbl vermutl nicht näher steht als ein TestErbe. Die Erbsch verbleibt dann dem VE. – VE nach § 2105 kann dagg auch der Staat sein.

2105 *Gesetzliche Erben als Vorerben.* I Hat der Erblasser angeordnet, daß der eingesetzte Erbe die Erbschaft erst mit dem Eintritt eines bestimmten Zeitpunkts oder Ereignisses erhalten soll, ohne zu bestimmen, wer bis dahin Erbe sein soll, so sind die gesetzlichen Erben des Erblassers die Vorerben.

II Das gleiche gilt, wenn die Persönlichkeit des Erben durch ein erst nach dem Erbfall eintretendes Ereignis bestimmt werden soll oder wenn die Einsetzung einer zur Zeit des Erbfalls noch nicht erzeugten Person oder einer zu dieser Zeit noch nicht entstandenen juristischen Person als Erbe nach § 2101 als Nacherbeinsetzung anzusehen ist.

1) Konstruktive Vorerben-Berufung. Um bei unvollständ letzw Vfg eine herrenlose (ruhende) Erbsch zu vermeiden, bestimmt das G **ergänzend**, daß VE „die gesetzl Erben des Erbl" (hier einschließl des Staates, § 1936) nach dem Ztpkt des Erbfalls sind (abweichend § 2104 bzgl der NE). Wie die gesetzl Erbfolge neben der TestErbfolge eintreten kann (§ 2088), kann sie nach § 2105 dieser auch vorangehen (Staud/

Behrends Rz 1). – Da das G nur ergänzd eingreift, kann es nicht gelten, wenn der Erbl einen VE ausdrückl od in einer dch Auslegg feststellbaren Weise benannt (KGJ **29** A 42) od die gesetzl Erben nach § 1938 von der VErbfolge ausgeschl hat (Staud/Behrends Rz 3). § 2105 gilt entspr, wenn der VE zwar benannt, die Einsetzg aber nichtig ist, ohne daß die Anordng der NErbfolge unwirks wird (Soergel/Harder Rz 2). Bei **Miterben** (vgl § 2104 Anm 3) tritt hier mangels Wegfalls keine Anwachsg ein; die Auslegg kann aber dazu führen, daß die Erbsch zunächst den unbedingt eingesetzten MitE allein teils als VollE, teils als VE anfällt, so daß also der gesetzl Erben als VE des bedingt od betagt eingesetzten Miterben nicht in Frage kommen (Staud/Behrends Rz 5, 7, 8). – Zu den konstruktiven VE gehört auch das **nichteheliche** Kind, sofern es gesetzl Erbe und nicht nur erbersatzberecht (§ 1934a) ist (Böhm FamRZ **72**, 185; Soergel/Harder Rz 5); im Falle des § 1934a hat es gg den VE einen ErsatzAnspr hinsichtl der Nutzgen (MüKo/Grunsky Rz 4).

2) **Objektiv unbestimmt (II)** muß die Persönlichk des Erben sein, zB die künft Ehefr des zZ noch unverheirateten Sohnes. Dies ist zB nicht der unbekannt gebliebene, noch zu ermittelnde Lebensretter, dem notf ein NachlPfleger (§ 1960 I) zu bestellen ist. Trat das Ereign (zB die Eheschl) schon vor dem Erbfall ein, kommt es zur gewöhnl Erbfolge. – Im übrigen enthält **II** für die Fälle des § 2101 die notw Ergänzg (vgl dort sowie § 2106 II); dagg wird die bereits erzeugte Person mit der Geburt (§ 1923 II) und die errichtete Stiftg mit der Genehmigg (§ 84) rückwirkend auf den Erbfall gewöhnl Erbe.

2106 Eintritt der Nacherbfolge.
I Hat der Erblasser einen Nacherben eingesetzt, ohne den Zeitpunkt oder das Ereignis zu bestimmen, mit dem die Nacherbfolge eintreten soll, so fällt die Erbschaft dem Nacherben mit dem Tode des Vorerben an.

II Ist die Einsetzung einer noch nicht erzeugten Person als Erbe nach § 2101 Abs. 1 als Nacherbeneinsetzung anzusehen, so fällt die Erbschaft dem Nacherben mit dessen Geburt an. Im Falle des § 2101 Abs. 2 tritt der Anfall mit der Entstehung der juristischen Person ein.

1) **Ergänzungsregel.** Der NErbfall, dh der Ztpkt des Anfalls der Erbsch an den NE (vgl dazu Einf 2 vor § 2100), kann in den zeitl Grenzen des § 2109 vom Erbl frei bestimmt werden (nicht von einem Dritten, § 2065; BGH **15**, 199). Fehlt es an ausdrückl Bestimmg, tritt der NErbfall (§ 2139) regelm mit dem Tode des VE ein (Ergänzungsregel); vgl auch § 2181. Auch § 2109 I S 2 Nr 1 kommt zum Zug (BayOblG **75**, 62; KG Rpfleger **76**, 249). Der Voranfall, dh der Erwerb einer vererbl Anwartsch, tritt dagg regelm schon mit dem Erbfall ein (§ 2108 II); Ausn enthalten §§ 2104, 2074 (s § 2100 Anm 4a).

2) **Absatz 2 gilt nur** in den Fällen des § 2101, also bei der in eine NE-Einsetzg umgedeuteten Erbeinsetzg. Bei ausdrückl Einsetzg des noch nicht Erzeugten als NE greift **I** ein, so daß er die Erbsch erst mit dem Tod des VE erwirbt. Stirbt der VE dann vor Geburt des NE, treten zunächst seine Erben an seine Stelle. Von diesen erhält der NE mit Geburt die Erbsch (Soergel/Harder Rz 3; MüKo/Grunsky Rz 4).

2107 Kinderloser Vorerbe.
Hat der Erblasser einem Abkömmlinge, der zur Zeit der Errichtung der letztwilligen Verfügung keinen Abkömmling hat oder von dem der Erblasser zu dieser Zeit nicht weiß, daß er einen Abkömmling hat, für die Zeit nach dessen Tode einen Nacherben bestimmt, so ist anzunehmen, daß der Nacherbe nur für den Fall eingesetzt ist, daß der Abkömmling ohne Nachkommenschaft stirbt.

1) **Auslegungsregel.** Das G geht davon aus, daß der Erbl die Nachkommen eines von ihm bedachten Abkömml nicht zugunsten Dritter von der Erbsch ausschließen will. Bei Einsetzg eines zu dieser Zeit tatsächl od doch nach Meing des Erbl kinderlosen Abkömml als VE gilt daher die Einsetzg eines NE iZw nur für den Fall, daß der VE ohne Nachkommen stirbt, sofern NErbfall gerade mit dem Tod des VE eintrit. Der NE muß also ausdrückl od nach § 2106 I für die Zeit **nach dem Tod** des VE berufen sein. § 2107 gilt daher nicht in den Fällen der §§ 2105, 2106 II, wo Zeitpkt u Ereign anders bestimmt sind, weil dann als genügd deutl ausgedrückt gilt, daß der etwa nachgeborene od unbekannte Abkömml ausgeschaltet sein soll (RGRK Rz 3). – Die nachgiebige Vorschr (BGH BWNotZ **63**, 70) gilt nicht nur ggü familienfremden NE, sond auch im Verhältn zu and Abkömml als NE (BGH JR **80**, 282 mAv Schubart; NJW **81**, 2743). – Für den zuläss GgBeweis muß sich in der Vfg vTw selbst ein gewisser Anhalt finden (BGH aaO). – Zu den **Abkömmlingen** zählen auch Adoptivkinder (BGH **15**, 1754, 1770; fr § 1757 aF; BayOblG Rpfleger **76**, 122), sofern nicht ein ggteiliger Wille des Erbl zum Ausdruck gekommen ist (BayOblG **84**, 246) und nichtehel Kinder des bedachten Abkömml. Die Annahme als Kind kann vor od nach der TestErrichtg u selbst nach dem Tod des Erbl erfolgen, soweit nicht im letzteren Fall nur die Vereitelg der NErbfolge bezweckt wird.

2) **Rechtsstellung des Abkömmlings.** Da sich erst bei seinem Tod entscheidet, ob er mit od ohne Nachkommensch stirbt, hat er auf Lebensdauer nur die Stellg eines VE. Erst wenn er bei seinem Tod Nachkommen hinterläßt, entfällt die NErbfolge nach § 2107, ohne daß es einer Anfechtg wie nach § 2079 bedarf. Der VE wird dann als VollE angesehen. Er war also unbeschränkter Herr des Nachl u konnte über diesen unter Lebenden sowie vTw frei verfügen, zB zG seiner Abkömml od anderer vorbehaltl des Pflichtt-Anspr (RGRK Rz 1, 6). NE des Erbl sind diese nicht.

3) **Das Nacherbrecht** ist durch das Vorhandensein od Erzeugtsein (§ 1923) von Nachkommen des VE **auflösend bedingt** (BayOblG Rpfleger **81**, 64; MüKo/Grunsky Rz 6; Soergel/Harder Rz 3; aM Erman/Hense Rz 5: „Nach gesetzl Auslegg steht"). Der NE erwirbt bereits mit dem Erbfall ein vererbl u übertragb AnwartschR (§ 2108), das er erst verliert, wenn der VE bei seinem Tod Nachkommen hinterläßt, auch wenn diese den VE nicht beerben (BGH NJW **80**, 1277). Er braucht entgg § 2074 nur den Erbfall, nicht das nachkommenlose Versterben des VE zu erleben. Wenn Erbl nach TestErrichtg das Vorhandensein von Abkömml erfährt, gleichwohl aber seine Vfg nicht ändert, wird § 2107 meist ausgeschl sein (MüKo/Grunsky Rz 3).

§§ 2107, 2108   5. Buch. 3. Abschnitt. *Edenhofer*

4) Anfechtung. Neben § 2107 kann nach Sachlage auch eine Anfechtg durch den VE nach § 2078 II in Frage kommen. Fällt der VE vor dem Erbfall od durch Ausschlagg od ErbunwürdigkeitsErkl danach rückwirkend weg, ist § 2107 nicht anwendb. Vielm wird der eingesetzte NE nach § 2102 I iZw ErsatzE; der Abkömml des VE ist auf Anfechtg nach § 2078 II od § 2079 angewiesen (Soergel/Harder Rz 2; MüKo/Grunsky Rz 5; aM Staud/Behrends Rz 9).

2108 **Erbfähigkeit; Vererblichkeit des Nacherbrechts.** ¹ Die Vorschriften des § 1923 finden auf die Nacherbfolge entsprechende Anwendung.

 ᴵᴵ Stirbt der eingesetzte Nacherbe vor dem Eintritte des Falles der Nacherbfolge, aber nach dem Eintritte des Erbfalls, so geht sein Recht auf seine Erben über, sofern nicht ein anderer Wille des Erblassers anzunehmen ist. Ist der Nacherbe unter einer aufschiebenden Bedingung eingesetzt, so bewendet es bei der Vorschrift des § 2074.

1) Entsprechende Anwendung des § 1923. Der als NE Berufene muß beim Erbfall **noch leben** (§ 1923 I). Hat der Erbl den eingesetzten NE überlebt, wird die Anordng der NErbfolge in gleicher Weise hinfällig, wie wenn der Erbl den Erben überlebt. Der eingesetzte VE erwirbt dann die Erbsch als VollE (RG JW 07, 259), sofern nicht ein weiterer NE od ErsatzNE eingesetzt war. Fällt ein als NE eingesetzter Abkömml vor dem Erbfall weg, treten im Zweifel seine Abkömml als ErsatzE an seine Stelle (§ 2069; Bremen NJW 70, 1923). – Dagg braucht der NE, wie sich aus § 2101 I ergibt, beim **Erbfall noch nicht zu leben** u noch nicht einmal erzeugt zu sein (RG JW 29, 2596). Hier stellt vielm die entspr Anwendg des § 1923 auf die Zeit des Eintritts der NErbfolge (§ 2139) ab. NE kann daher nur werden, wer zu dem hierfür bestimmten Ztpkt od Ereign (§§ 2103–2105) od beim Tode des VE (§ 2106) lebt od doch zumindest erzeugt ist u demnächst lebend zur Welt kommt. Ist er noch nicht erzeugt, so ist er iZw zweiter NE (s § 2101 Anm 1). – Ohne Bedeutg ist es, wenn der NE, der zZ des Erbfalls lebte, den Eintritt der **Nacherbfolge nicht mehr erlebt,** wie sich aus **II** (entgg § 1923) ergibt. – Entspr **§ 1923 II** gilt der beim NErbfall nur erst erzeugte NE als schon vor diesem Ztpkt geboren. Dagg wird im Falle des § 2106 II, § 2101 I der Eintritt der NErbfolge erst auf den Ztpkt der Geburt verlegt, zumal eine Rückbeziehg hier kaum dem Willen des Erbl entsprechen u der Ztpkt der Erzeugg sehr schwer festzustellen sein wird (vgl auch RGRK Rz 2).

2) Vererblichkeit des Anwartschaftsrechts (II 1). Überlebt der NE od ErsatzNE den Erbl, erlangt er ein unentziehbares AnwartschR (s § 2100 Anm 4a). Stirbt er dann vor od gleichzeitig mit Eintritt des NErbfalls, geht dieses AnwartschR als Bestandteil seines Nachl nach der **Auslegungsregel** des II 1 (hM; BGH NJW 63, 1150) auf seine Erben über (auch auf nichtehel Verwandte, Böhm FamRZ 72, 186), sofern nicht die vorrangige individuelle Auslegg (BGH 33, 60) etwas anderes ergibt. Der NE kann dann seiners (als Erbl) seine Erben durch NErbfolge od TVstrg (§ 2222) beschränken (RG 103, 354). Mehrere Erben des NE bilden auch an dem AnwR eine ErbenGemsch (Schmidt BWNotZ 66, 141/145). Der Erbschein ist für die Erben des eingesetzten NE in ErbenGemsch zu erteilen (Schmidt aaO 147). – Die Vererblichk geht der **Anwachsung** (§ 2094) iZw **vor** (RG 106, 357; KG JFG 15, 309). Sie ist zum Vorteil des NE angeordnet, der nicht durch seinen vorzeitigen Tod der NErbsch verlustig gehen soll (vgl auch § 2142 II). Er kann also auch die zu erwartende NErbschaft durch Test einem anderen (als Vermächt) zuwenden als demjenigen, dem er sein eigenes Vermögen hinterläßt (Raape DNotZ 35, 629). – Bei **mehrfach aufeinanderfolgenden** NE-Einsetzgen ist das AnwR des weiteren NE vererbl, wenn er den Erbl überlebt hat. Nicht erforderlich ist, daß er den ersten NEFall erlebt hat, da er schon vom Erbfall an die vollen Rechte eines NE hat (KG DNotZ 55, 408). Der folgde NE ist zugleich ErsatzNE (s Zweibr Rpfleger 77, 305; RGRK Rz 11).

3) Ausschluß der Vererblichkeit. Der Erbl kann die Vererblichk des AnwartschR ganz ausschließen od auch nur bezügl bestimmter Personen, etwa wenn er bei Wegfall seines Kindes die Vererbg nur auf einen Teil von dessen Erben gewollt hat (BGH NJW 63, 1150). Der Ausschluß muß nicht ausdrückl angeordnet sein, sondern kann auch konkludent erfolgen u sich aus anderen Anordngen ersehen lassen, zB der Berufg weiterer NE, wenn NErbfall der Tod des ersten NE ist (KG DNotZ 55, 413); das NE-Recht ist in diesem Fall auflösend befristet auf den Tod des Vorgängers (BGH NJW 81, 2743). Bei fehlender Eindeutigk kommt es stets auf die individuelle Auslegg an Hand der Umstände des Einzelfalls an, wobei auch der Ausschluß sich aus der letztw Vfg ergeben muß. Erforderlichenfalls ist der ErblWille nach den Grdsätzen der ergänzenden TestAuslegg zu ermitteln. Hierfür gibt es keine zwingenden Regeln. Gg die Annahme, der Erbl habe bei Wegfall des NE vor Eintritt des NErbfalls die Weitervererbg nicht gewollt, spricht jedenfalls nicht, daß er ohne diesen Wegfall die Möglichk der Weitervererbg seines Vermögens auf die Erben des NE einschließl familienfremder) hingenommen hat (BGH NJW 63, 1150; Haegele Rpfleger 67, 161). Stirbt der NE zw Erb- u NErbfall, liegt in der Einsetzg eines **Ersatznacherben** nicht ohne weiteres schon der Ausschluß, weil die Ersatzberufg auch für andere Fälle des Wegfalls als dch Tod getroffen sein kann (§ 2142 II); auch eine Vermutg (Soergel/Harder Rz 3) läßt sich nicht begründen (BGH **LM** Nr 1). Bei ausdrückl Einsetzg eines ErsatzNE wird zwar die Auslegg meist zur Unvererblichk führen, ohne daß dies aber zwingend ist. Betrifft die Anordng der Vor- u NErbfolge ausschließl engste Familienangehörige, ohne daß die letztw Vfg eine Regelg üb die Vererblichk od deren Ausschluß enthält, u stirbt der NE ohne eigene Abkömml, bestehen an der Vererblichk Bedenken, die es dch ergänzende Auslegg auszuräumen gilt (Oldbg Rpfleger 89, 106); der Umstand, daß der NE ein Abkömml des Erbl ist, genügt für sich allein noch nicht ohne weiteres für die Annahme des Willens zur Unvererblichk (Köln OLGZ 68, 91), wenngleich ein solcher Wille hier besonders häufig sein wird (BGH NJW 63, 1150; RG 169, 39; dazu Johannsen WM 70, 7; 77, 275; Bergermann RhNK 72, 757). Als Anhaltspunkt für die Auslegg kann gelten: Vererblichk ist ausgeschlossen, wenn es dem Erbl in erster Linie darum ging, das Vermögen in der Familie zu halten (Soergel/Harder Rz 4). Dagg spricht es für die Vererblichk, wenn der Erbl dem NE eine schon vor dem NErbfall verwertbare RStellg zuwenden wollte (ebso MüKo/Grunsky § 2102 Rz 7). – Der Ausschluß wird von **II** 1 als Ausnahme angesehen, so daß die Beweislast hat, wer einen dahingehenden Willen behauptet (BayObLG Rpfleger 83, 11; Baumgärtel/Strieder Rz 1).

4) Einsetzung unter einer aufschiebenden Bedingung (II 2). Hat der Erbl den NE zB unter der Bedingg eingesetzt, daß die als VE eingesetzte Witwe sich wieder verheiratet (BayObLG **66**, 227), bleibt es bei der Regel, daß der NE die Erfüllg der Bedingg iZw erleben muß (**II 2**, § 2074). Bis dahin bleibt auch die Anwartsch in der Schwebe, so daß sie nicht vererbt werden kann. Da aber § 2074 nur Ausleggsregel ist, kann der Erbl auch bei einer aufschiebenden Bedingg die Vererblichk gewollt haben (Brschw MDR **56**, 296). Daß der NE den Eintritt der NEFolge erlebt, ist keine Bedingg in diesem Sinne (KG DNotZ **35**, 827; RGK Rz 14), ebsowenig die Einsetzg eines ErsatzNE; seine Anwartsch auf die NErbsch ist vererbl, wenn er vor Wegfall des zunächst berufenen NE verstirbt (§ 2102 Anm 3a; RGRK aaO; s auch Haegele Rpfleger **67**, 165). – Bei **auflösender Bedingung** ist das AnwartschR dagg veräußerl u je nach Art der Bedingg auch vererbl. Es geht jedoch bei Eintritt der Bedingg unter (Hamm OLGZ **76**, 180/187; Soergel/Harder Rz 8).

5) Übertragbarkeit des Anwartschaftsrechts. Das mit Erleben des Erbfalls entstehde AnwR des NE (s § 2100 Anm 4a), ist grdsätzl abtretbar, verpfändb und pfändb. Es gehört zu seiner KonkMasse, falls der Konkurs nach dem Erbfall eröffnet wird (Kempf NJW **61**, 1797; Flad AkZ **36**, 420; vgl auch Einf 5 vor § 2100). **Vor** dem Erbfall ist eine Übertragg des NERechts schon nach § 312 ausgeschlossen, jedoch Erbverzicht (§ 2352) zulässig. – S dazu Haegele Rpfleger **71**, 130 f; Bergermann RhNK **72**, 787 ff.

a) Die Übertragung der Rechte des NE erfolgt **nach** Eintritt des NErbfalls nach allgemein-erbrechtl Grdsätzen (§ 2033; Übbl 1 vor § 2371), da der NE dann ja Erbe geworden ist. Auch **zwischen** Erbfall und NErbfall (vgl zum folgenden Schiedermair AcP **139**, 131 ff; Schmidt BWNotZ **66**, 148 ff) ist die Zulässigk solcher Übertragg allg anerkannt (s Soergel/Harder Rz 10 u § 2100 Rz 16), insb auch die Befugn des NE, über seine NE-Rechte letztw zu verfügen. Bei der Rechtsähnlichk zw der Stellg des MitE u der des NE (mag er nun Allein- od MitNE sein) ist eine Übertragg des NERechts sowohl auf einen Dritten als auch an den VE zuläss, aber auch an die **Form** des § 2033 gebunden (RG **101**, 186 ff; KG JFG **6**, 273; DNotZ **54**, 389). Das VerpflichtgsGesch zu einer solchen Vfg bedarf nach §§ 2371, 1922 II, 2385 der not Beurkundg (Lange/Kuchinke § 26 VII 3d). Über GenPfl nach dem GrdstVG s § 2100 Anm 4a. Über eine RStellg eines ErsatzNE bei Übertragg des NERechts s § 2102 Anm 3. – In einem **Verzicht** des NE auf seine Rechte zG des VE liegt idR eine Übertragg des AnwR auf diesen; er bedarf auch der Form des § 2033. Der VE wird damit Vollerbe. – Bei der Übertragg an Dritte steht dem VE als Ausgl für die Übertragbark des NERechts u zwecks Vermeidg des Eindringens Dritter in die Gemsch in entspr Anwendg des § 2034 ein **Vorkaufsrecht** zu (Schiedermair aaO 150; ebso den MitNE, auch bei Verkauf an den VE (Smolla DNotZ **39**, 393). – Eine gesonderte Übertragg des unselbständigen künftigen HerausgAnspruchs (§ 2130) ist nicht möglich (Kipp/Coing § 50 I 3d), wohl die Verpflichtg dazu denkb (RG **60**, 133).

b) Wirkungen. Durch die Übertragg des NERechts tritt der Erwerber unmittelb in die RStellg des NE ein. Der VE wird von den Beschrkgen der NEFolge befreit, wenn ihm sämtl NE (und ErsatzNE) ihre Anwartsch übertragen (KG JW **37**, 1553). Im Erbschein werden die NE dann nicht aufgeführt (KG JW **38**, 3118). – Aus dem zGrde liegden ErbschKauf haftet vom Eintritt des NErbfalles an der Erwerber, nicht zusätzl der NE, der übertr hat (Lange/Kuchinke § 26 VII 3e). Überträgt der NE sein AnwartschR auf den VE, wird im Grundbuch der NE- und ErsatzNE-Vermerk nicht ggstandslos u das GrdBuch ist insoweit nicht unricht; der VE kann bis zum Eintritt des Ersatzerbfalls über die Ggstände der Vorerbsch frei verfügen. Tritt jedoch der ErsatzNE an die Stelle des NE, endet damit die (auflösd bedingte) Vereinigg der beiden Rechtsstellgen in der Person des VE u es entsteht das NEAnwartschR für den bish ErsatzNE (BayObLG **70**, 137).

c) Ausschluß. Der Erbl kann die **Übertragbarkeit** ebso wie die Vererblk ausschließen (RG **170**, 168; Soergel/Harder § 2100 Rz 16; vgl Mezger AcP **152**, 382; Haegele Rpfleger **71**, 130). – Kommt HöfeR zur Anwendg, kann der NE nicht letztw über seine NERechte verfügen (Oldbg AgrarR **78**, 19).

2109 Dreißigjährige Frist für Nacherbschaft.

[I] Die Einsetzung eines Nacherben wird mit dem Ablaufe von dreißig Jahren nach dem Erbfall unwirksam, wenn nicht vorher der Fall der Nacherbfolge eingetreten ist. Sie bleibt auch nach dieser Zeit wirksam:

1. wenn die Nacherbfolge für den Fall angeordnet ist, daß in der Person des Vorerben oder des Nacherben ein bestimmtes Ereignis eintritt, und derjenige, in dessen Person das Ereignis eintreten soll, zur Zeit des Erbfalls lebt;
2. wenn dem Vorerben oder einem Nacherben für den Fall, daß ihm ein Bruder oder eine Schwester geboren wird, der Bruder oder die Schwester als Nacherbe bestimmt ist.

[II] Ist der Vorerbe oder der Nacherbe, in dessen Person das Ereignis eintreten soll, eine juristische Person, so bewendet es bei der dreißigjährigen Frist.

1) Zweck. Das G will die Bindg des Vermögens in der Hand des VE grdsl nicht länger als 30 Jahre (fr „ein Menschenalter") bestehen lassen, damit der Erbl seine TestierFreih nicht dazu ausnutzen kann, fideikommißähnl Regelgen zu treffen. Er kann zwar mehrfach NErbfolge anordnen. Nach Fristablauf wird aber die NE-Einsetzg unwirks mit der Folge, daß der Nachl freies Vermögen des VE als VollE wird. Bei Einsetzg mehrerer NE nacheinander kommt das Unwirksamwerden dem zustatten, der bei Fristablauf VE ist (Staud/Behrends Rz 6).

2) Zwei Ausnahmen von der 30jähr Frist macht **I** mit der Folge, daß dann die Frist beliebig überschritten werden kann. – **a)** Wenn ein **bestimmtes Ereignis** „in der Person" des VE od des NE den NErbfall herbeiführen soll, gleichgült, ob der Eintritt vom Willen des VE od NE abhängt od nicht, so daß auch reine Podestativbedingg ausreicht (BGH NJW **69**, 1112). Bspe: die NErbfolge ist für den Fall angeordnet, daß der VE stirbt; sich wieder verheiratet; einen bestimmten Beruf ergreift; daß der NE ein gewisses Alter erreicht; daß er heiratet usw (s § 2163 Anm 1). Ist also die NErbfolge auf den Tod des VE abgestellt (s § 2106 I), bleibt die Einsetzg des NE wirks, auch wenn der VE den Erbl um mehr als 30 Jahre überlebt (BayObLG **75**, 63/66;

§§ 2109–2111   5. Buch. 3. Abschnitt. *Edenhofer*

KG Rpfleger **76**, 249). Die NErbin, bei deren Verheiratg der NErbfall eintreten soll, bleibt NErbin trotz Ablaufs der 30 Jahre, falls sie zZ des Erbfalls lebte (Flad AkZ **36**, 419) od wenigstens erzeugt war (§ 1923). – Das Ereign muß **in der Person** des VE oder NE eintreten, also eine rechtl od wirtschaftl Beziehg zu ihm haben, deren Grad nicht zu streng bemessen werden soll; bloßes Miterleben eines Weltgeschehens fällt nicht darunter (hM; aA Staud/Behrends Rz 8, MüKo/Grunsky Rz 4; s auch Soergel/Harder Rz 2). Da die für das Ereign maßg Person schon zZ des Erbfalls am Leben gewesen sein muß, zieht die begrenzte Dauer des menschl Lebens auch hier der unbegrenzten NachlBindg eine Schranke. – **b)** Wenn **ungeborene Geschwister** als (weitere) NE eingesetzt sind **(I Nr 2).** Die zeitl Grenze wird dann dch die Lebensdauer des Vaters bzw der Mutter des erzeugten Geschwisters, das NE werden soll, gezogen. Halbgeschwister und Legitimierte (§§ 1719, 1736) gehören auch hierher, ebso nichtehel Kinder; nicht aber Adoptivkinder (Soergel/Harder Rz 2 mN; aA MüKo/Grunsky Rz 5).

3) Für juristische Personen als VE od NE macht **II** eine Ausn von **I** Nr 1 (I Nr 2 ist hier nicht mögl). Nachdem jur Personen in ihrer Lebensdauer nicht beschränkt sind, soll der Erbl nicht dch Abstellen auf ein Ereign in der jur Person die NE-Einsetzg zeitl beliebig hinausschieben können. Hier hat es bei der 30jähr Frist sein Bewenden (s auch § 2044 II 3). Ist das Ereign bis zu dieser Zeit nicht eingetreten, verbleibt dem VE die Erbsch endgült.

4) Auf gesellschaftsrechtliche Nachfolgeklauseln kann § 2109 entspr angewendet werden (s Soergel/Harder Rz 1; Däubler JZ **69**, 502, Staud/Behrends Rz 13).

2110 **Umfang des Nacherbenrechts.** ¹ Das Recht des Nacherben erstreckt sich im Zweifel auf einen Erbteil, der dem Vorerben infolge des Wegfalls eines Miterben anfällt.
II Das Recht des Nacherben erstreckt sich im Zweifel nicht auf ein dem Vorerben zugewendetes **Vorausvermächtnis**.

1) Auslegungsregel, I. Nachdem Ggstand der NErbfolge die Erbsch od ein Erbteil, nicht ein einzelner NachlGgst ist, gibt **I** eine Ausleggsregel für den Fall, daß der VE MitE ist. Bei ErbschVerkauf besteht eine abweichende Regelg in § 2373.

2) Das Einrücken des NE in die ErbenGemsch u in den gesamten Erbteil des VE erstreckt sich auch auf einen Erbteil, der dem VE infolge Wegfalls eines MitE zugefallen ist; sei es durch Erhöhg (§ 1935), Anwachsg (§ 2094) od Ersatzberufg (§ 2096). Gleichgültig ist, ob der Wegfall vor od nach dem Erbfall (§ 2139) geschah, da in letzteren Fällen gem § 1953, 2344 Rückbeziehg des Anfalls auf den Erbfall erfolgt.

3) Vorausvermächtnis (II, § 2150). Da der VE nur das herausgeben muß, was er selbst als Erbe erlangt hat, unterliegt das nur ein FdgsR (§ 2174) gewährende VorausVerm der HerausgPfl (§ 2130) iZw nicht. Der VE erwirbt den Ggst frei vom Recht des NE (OLG **30**, 202). Doch kann auch eine Ersatzberufg (§§ 2096, 2191) vom Erbl gewollt sein (OLG **34**, 283). – Der alleinige VE erwirbt den ihm durch VorausVerm zugewandten Ggst ohne weiteres mit VErbsch, unbeschwert mit Recht des NErbsch (BGH NJW **60**, 959). Wurde ein Grdst als VorausVerm zugewendet, ist die Eintragg des NEVermerks im Grdbuch unzuläss (Mü JFG **23**, 300). Dazu Flad DGWR **37**, 233. – Im **Erbschein** (§ 2363) ist das dem alleinigen VE zugewendete VorausVermächtn anzugeben (s § 2363 Anm 1 b, dd).

2111 **Surrogation.** ¹ Zur Erbschaft gehört, was der Vorerbe auf Grund eines zur Erbschaft gehörenden Rechtes oder als Ersatz für die Zerstörung, Beschädigung oder Entziehung eines Erbschaftsgegenstandes oder durch Rechtsgeschäft mit Mitteln der Erbschaft erwirbt, sofern nicht der Erwerb ihm als Nutzung gebührt. Die Zugehörigkeit einer durch Rechtsgeschäft erworbenen Forderung zur Erbschaft hat der Schuldner erst dann gegen sich gelten zu lassen, wenn er von der Zugehörigkeit Kenntnis erlangt; die Vorschriften der §§ 406 bis 408 finden entsprechende Anwendung.
II Zur Erbschaft gehört auch, was der Vorerbe dem Inventar eines erbschaftlichen Grundstücks einverleibt.

1) Bedeutung. Der Bestand des Nachl kann sich in der Zeit zw Erbfall u NErbfall durch zufäll Ereignisse, dch Vfgen des VE od TestVollstr od den Eingriff Dritter vermehren, vermindern od sonst verändern. Dem trägt § 2111 Rechng, indem er den Nutzgen dem VE, die Substanz dem NE (auch bei befreiter VErbsch, Warn **20** Nr 203) zuweist (vgl RG HRR 28 Nr 1592; Roggendorff RhNK **81**, 31). Die Vorschr ist eine eng auszulegende Ausnahme zugunsten des NE (nicht der NachlGläub, BGH **81**, 12), die aus ZweckmäßigkGründen die Grds der **dinglichen Surrogation** aufstellt. Was danach zum Nachl gehört, untersteht auch den Vorschr der VErbsch, wobei sich die VfgsBeschränkgen (§§ 2112 ff) nach der Art der zum Nachl gelangden Ggstände richten. Für Grdst, die zum Nachl gehören, ist NE-Vermerk (GBO 51) einzutragen (Bergermann RhNK **72**, 773); ausnahmsw ist die Entschädigg für die Enteigng eines NachlGrdst wie das Grdst selbst zu behandeln (BGH RdL **56**, 189; s Anm 2 b). Nutzgen aus der Zeit **vor** dem Erbfall gehören dagg auch im Verhältn zw VE und NE zum Nachl, wobei die Grenze der Fruchtnutzg aus § 101 zu entnehmen ist (Warn **08** Nr 71). – NErbvermerk ist auch einzutragen bei RestkaufgeldHyp des VE (Mü JFG **18**, 109).

2) Das Surrogationsprinzip (dazu Einl 7 a vor § 854) gilt nur für Zuwachs, Ersatzvorteile und rechtsgeschäftl Mittelsurrogation **(I)** sowie Inventar **(II);** dazu Anm 5). Die Darleggs- u Beweislast für die während der VErbsch eingetretenen Surrogationsvorgänge trägt der NE (BGH NJW **83**, 2874).

a) Zuwachs ist nur der Erwerb aGrd eines zur Erbsch gehörenden Rechts (zB durch Ersitzg, Verbindg od Vermischg), also nicht der dch ein RGesch des VE vermittelte Erwerb (Johannsen WM **79**, 605). Bezahlt der

Testament. 3. Titel: Einsetzung eines Nacherben §§ 2111, 2112

VE eine NachlHyp **mit eigenen Mitteln,** fällt die EigtümerGrdsch demnach nicht in den Nachl (KG JFG **8**, 355; Celle NJW **53**, 1265; Soergel/Harder Rz 6). – Erwerb durch Zuschlag in der ZwVersteigerung gehört mangels rgeschäftl Erwerbs nicht hierher (RG HRR **28** Nr 1592; auch RG 136, 353; str; aA Soergel/Harder Rz 7; MüKo/Grunsky Rz 10 mN, die § 2111 aus wirtschaftl Betrachtgsweise entspr anwenden), da es hier nicht um Ersatzvorteile, sond um reinen Zuwachs geht.

b) Ersatzvorteile aGrd von Zerstörg, Beschädigg od Entziehg eines ErbschGgst sind Anspr auf Schad-Ers (auch aus GefährdgsHaftg); Versicherungssumme; EnteigngsEntschädgg (BGH RdL **56**, 189); LastenAusgl für schon vom Erbl verlorene Werte (BGH **44**, 336 mAv Kreft zu *LM* Nr 3), dazu aber auch BVerwGE **24**, 89, wonach der Anspr auf Lastenausgleich im Rahmen des AusgleichsR nicht als Ersatzvorteil iS des § 2041 anzusehen ist (s aber auch BGH NJW **72**, 1369; Johannsen WM **73**, 538).

c) Rechtsgeschäftlicher Erwerb mit Mitteln der Erbschaft (sog Mittelsurrogation) liegt vor, wenn der Gegenwert obj aus dem Nachl stammt. Das RGesch braucht sich nicht auf den Nachl zu beziehen, muß aber stets vom VE abgeschl sein. Erwirbt also der VE aus Mitteln der Erbsch einen Ggst zum persönl Gebrauch, gehört dieser zum Nachl, auch wenn der VE irrtüml Eigenmittel zu verwenden glaubte. Verkauft er einen NachlGgst, gehört der Kaufpreis Fdg od der vereinnahmte Kaufpreis zum Nachl, den verkaufte Ggst noch bis zur Übereignung. – Beteiligg des VE an einer **Gesellschaft** mit NachlMitteln bewirkt, daß der Anspr auf das Auseinandersetzgsguthaben in den Nachl fällt (Soergel/Harder Rz 8; aM Roggendorff aaO 35). – Ggstände, die der VE durch **Auseinandersetzung** (TeilgsVersteigerg) aus dem Nachl erwirbt, unterliegen der NEBeschrkg, da sie mit Mitteln der Erbsch erworben sind (BGH NJW **69**, 2043 f; Celle NJW **68**, 802; aM Beck DNotZ **61**, 574); bei dem Eigentumsumschreib der dabei übertragenen Grdst auf den VorE ist der NE-Vermerk von Amts wg mit einzutragen (BayObLG **86**, 208). Erwirbt also ein MitVE die der ErbenGemsch an einem Grdst bestellte Hyp dch Tilgg seiner DarlSchuld infolge Verrechng mit seiner NachlAuseinandersetzgsquote ggü der ErbenGemsch, wird hierdurch seine dadurch entstehende EigentümerGrdSch zur (Vor-)Erbsch (BGH **40**, 115 mAv Nirk zu *LM* Nr 2). – Surrogation tritt **nicht** ein, wenn der VE mit NachlMitteln **nicht übertragbare** Rechte (zB Nießbr) erworben hat (Johannsen WM **79**, 605). – Wird der Ggst **nur teilweise** mit ErbschMitteln erworben, gehört er auch nur zum entspr Teil zum Nachl (BGH NJW **77**, 1631, 2075 mit abl Anm von Peters; aA Wolf JuS **81**, 15; Staud/Behrends Rz 31); s ferner Ffm Rpfleger **80**, 228; Stgt BWNotZ **80**, 92 (wirtschaftl Maßstab); Roggendorff aaO 34. – Nicht zur Erbsch gehört der Anspr auf Erstattg der **Prozeßkosten,** wenn ein VE einen Rechtsstreit wg eines NachlGgstandes geführt u obsiegt hat; er ist vielmehr freies Vermögen der VE (KG JurBüro **66**, 615). – Veräußert der VE die ganze Erbsch dch Übertragg der Einzelwerte des Nachl, gilt für das Entgelt § 2111 (Haegele BWNotZ **71**, 130).

3) Nutzungen des Nachl (§§ 99, 100; s auch § 101) unterliegen nicht der Surrogation. Sie erwirbt der VE währd der Dauer seines Rechts mit der Einschränkg des § 2133 zu eigenem Vorteil; er hat dafür auch die gewöhnl Erhaltgskosten zu tragen (§ 2124). Diese Verteilg gilt aber nur im Verhältn des VE zum NE; ggü NachlGläub gehören Nutzgen zum NachlVermögen. – Der Erbl kann durch Vermächtnis od Auflage den Fruchtbezug der VE prakt ausschließen (Warn **12** Nr 174). – Gehört ein **Unternehmen** zum Nachl, ist für den Umfang der Nutzgen die nach kaufmänn Grdsätzen aufzustellende jährl Handelsbilanz maßg; der Erbl kann aber die Bilanziergs- u Bewertgsfreih durch letztw Vfg erweitern od einschränken (Baur JZ **58**, 465; Baur/Grunsky ZHR **133**, 208/211 ff); auch Hadding FS Bartholomeyczik 1973, 75/81 ff (GmbH-Anteil); s auch Roggendorff aaO 36 ff (insb zur GmbH). Hinsichtlich der Gewinnanteile an Personengesellsch können Entnahmebeschränkgen bestehen (s hierzu Esch/Schulze zur Wiesche Rz 501). – Nutzg ist auch der Zinszuschlag gem LAG 250 III (BGH **81**, 8). – Keine Nutzgen stellen die neuen Anteilsrechte eines Aktionärs aGrd Kapitalerhöhg aus GesellschMitteln (AktG 212) dar; sie gehören deshalb zur Erbsch (§ 99 Anm 3; so RGRK Rz 9; Hadding aaO 90 ff (GmbH); Esch/Schulze zur Wiesche Rz 465). – Auch Überlassg eines Grdst mittels Verpachtg zur Kiesausbeutg dch den befreiten VE kann diesen bei Eintritt der NErbfolge zum SchadErs verpflichten, wenn er den Pachterlös in vollem Umfang für sich verwendet hat (Köln AgrarR **77**, 150). – An dem Fruchterwerb des VE wird auch durch die Verwaltg eines **Testamentsvollstreckers** (§ 2209) nichts geändert; vgl aber hierzu § 2209 Anm 2 a.

4) Vertrauensschutz (I 2). Damit der gutgl Schuldner einer der NErbfolge unterliegen Fdg aus einem mit ihm durch den VE abgeschlossenen RGesch durch seine Unkenntn nicht Schaden erleide, ist er wie in § 2019 II geschützt. Soweit die Fdg nicht auf RGesch beruht, kommen ihm die §§ 851, 893, 2367 zustatten (vgl auch § 2113 III).

5) Inventar, II. Hier gilt im wesentl dasselbe wie in §§ 588 II, 1048 I, währd die Ersatzfrage in §§ 2124, 2125 behandelt ist. Dabei ist weder vorausgesetzt, daß der VE die inventarverleibte Inventarstück mit ErbschMitteln erworben hat (dann greift schon **I** ein), noch daß es an Stelle eines abgängigen Stücks von ihm angeschafft worden ist. Hier waren nicht SurrogationsGrdsätze, sond wirtschaftl Gründe maßg.

6) Gegenstände seines freien Vermögens kann der VE nach allg Meing dch Insichgeschäft nicht mit dingl Wirkg der ErbschMasse zuweisen od gg NachlGgstände austauschen (Stgt OLGZ **73**, 262; BGH **40**, 125; Maurer DNotZ **81**, 223/225; Soergel/Harder Rz 9; s auch Erman/Hense Rz 4). Will der VE NachlGgstände zu (NE)freiem Eigt erwerben, muß er zB zum NachlGgst nicht gehörige Grdst zuerst in den NE veräußern u es von diesem zurückerwerben (s Maurer aaO 229 ff; dort auch zur Rechtsstellg der ErsatzNE).

2112 Verfügungsrecht des Vorerben.

Der Vorerbe kann über die zur Erbschaft gehörenden Gegenstände verfügen, soweit sich nicht aus den Vorschriften der §§ 2113 bis 2115 ein anderes ergibt.

1) Verfügungsfreiheit. Der VE ist wahrer Erbe (s Einf 3 vor § 2100) und damit als Eigentümer des Nachl grds zur Vfg über ErbschGgst befugt. Sein ErbR ist aber nur ein zeitl (§ 2100). Sein VfgsR wird daher zugunsten des NE dch §§ 2113 ff erhebl eingeschränkt, um dem NE die Substanz zu erhalten. Der Erbl kann ihn allerd davon weitgehend befreien (§ 2136), aber auch dch TestVollstr noch weiter mit dingl Wirkg beschränken (§ 2211). Auch bei befreiter VErbsch verdrängt dann das Verwaltgs- und VfgsR des TV grds das des VE (BayObLG **59**, 128; s § 2205 Anm 3a); ist der TV zugl MitVE, ist er (von § 2222 abgesehen) dem NE ggü ebso beschränkt wie ein gewöhnl VE (vgl von Lübtow II 892). Andere test Beschränkgen haben als Auflage nur schuldrechtl Wirkg (BGH **LM** § 2100 Nr 2). Allerd bewirkt auch die Entziehg der Verwaltg (§§ 2129, 1052) den Verlust der Vfgsgewalt. – **Verfügung** ist technisch zu verstehen (s Übbl 3d v § 104) und betrifft die dingl Übertragg, Belastg, InhÄnderg und Aufgabe eines NachlGgst (Sachen und Rechte), auch die Bestellg eines ErbbauR (BGH **52**, 269). Schuldrechtl Verpflichtgsgeschäfte sind unbeschr gültig, verpflichten den NE allerd nur im Rahmen ordngsgemäßer NachlVerwaltg als NachlVerbindlk (BGH **32**, 60; MDR **73**, 749).

2) Unbeschränkte Verfügungsbefugnis. – a) Über seinen **Miterbenanteil** als solchen kann der VE gem § 2033 verfügen, da die §§ 2113 ff nur einzelne Ggstände betreffen; dies gilt auch für die Vereinbarg einer allg **Gütergemeinschaft** (BayObLG **89**, 114). Die Mitwirkg des NE ist nicht erforderl, da seine Rechte jeweils unberührt bleiben und auch ein gutgl Erwerb frei von den Beschränkgen ausgeschlossen ist (s § 2113 Anm 2c). – Besteht der Nachl im wesentl aus einem land- od forstwirtschaftl Betrieb, ist die Veräußerg an einen Dritten genehmigungspflichtig (GrdstVG 2 II Nr 2; Roemer DNotZ **62**, 491; § 2033 Anm 1c). – **b)** Der VE ist auch für die Geltdmachg des **Auseinandersetzungsanspruchs** (§ 2042) legitimiert u hat das AusschlaggsR (§§ 1946, 1952), wobei aber für seine etwaige spätere Verantwortlichk §§ 2130, 2131 gelten; vgl auch § 1952 Anm 2 aE. – **c) Gehört ein Handelsgeschäft** zur Erbsch, entscheidet der VE über die Fortführg. Er kann sich als FirmenInh ins HandelsReg eintragen lassen (Staud/Behrends Rz 22). – **d)** War der Erbl persönl haftender **Gesellschafter** einer Personenhandelsgesellsch u ist die Fortsetzg der Gesellsch nach dem Tod des verstorbenen Gesellschafters mit dessen Erben vorgesehen, kann eine Eintritts- od Fortsetzsklausel gegeben sein (Ulmer, Großkomm HGB Rz 8 ff zu § 139; Langenbach RhNK **65**, 81/88). Diese Regelgen können auch bei Anordng der Vor- u NErbsch Platz greifen (Langenbach aaO 88, 91; Ulmer aaO Rz 40; 104–106). Mit dem Eintritt od dem automatischen Einrücken des VorE in die Gesellschafterstellg des Erbl erwirbt der VE die Mitgliedsstellg. Er kann zB, soweit Gesetz od Gesellsch-Vertr es zulassen (vorbehaltl seiner Haftg nach §§ 2130, 2131) aus der Gesellsch austreten; kündigen; wenn zulässig, den GesellschAnteil veräußern; Änderg des GesellschVertr mitbeschließen (Langenbach aaO 94 ff). Über Schutz des NachE u §§ 2127 bis 2129. Die Anmeldg zum HandelsReg erfolgt dch den VE u die übrigen Gesellschafter ohne Mitwirkg des NE; bei Eintritt der NErbfolge ist die Anmeldg dch den VE (od seine Rechtsnachfolger), den NE u die übrigen Gesellschafter zu bewirken (Langenbach aaO S 106). – **e) Vollmacht.** Die vom Erbl einem Dritten über den Tod hinaus erteilte Vollm berechtigt währd der VErbsch nur zur Vertretg des VE, ebso beschränkt wie dieser. Dem VE steht das WiderrufsR zu, auch bei GeneralVollm od Prokura. Erst von NErbfall ab berecht die nicht widerrufene Vollm zur Vertretg des NE (RGRK Rz 7; bestr). Hat der Erbl den VE selbst bevollmächtigt, erlischt die Vollm mit dem Erbfall (KGJ **43** A 157; s auch Erman/Hense Rz 5). – Eine vom VE erteilte Vollm erlischt idR mit dem Eintritt des NErbfalls, soweit nicht der NE und der Bevollmächtigt einverstanden sind (KG NJW **57**, 755; auch SchlHOLG SchlHA **62**, 174). – **f)** Wenn dem als VE Eingesetzten nur die **Nutznießung** zugewendet ist (§ 2100 Anm 1b), wirkt die darin liegende Beschränkg seiner Vfgsmacht für ihn nur verpflichtend; nach außen hat er die Befugnisse aus § 2112 u bleibt Herr des Nachl (BGH **LM** Nr 2 zu § 2100). – **g) Letztwillige Verfügungen** des VE fallen nicht unter §§ 2112 ff. Soweit die VEStellg nicht mit dem Tod des VE endet, ist dieser nicht gehindert, sie dch Vfg vTw einem Dritten zu übertragen. Dies ist kein Widerspr in sich (entgg Raape AcP **140**, 233). Die erlangten AnwartschRechte des NE dürfen jedoch nicht angetastet werden. Volle Testierfreih des VE besteht dann, wenn der NE unter der Bedingg eingesetzt ist, daß der VE nicht anders über den Nachl verfügt (vgl § 2065 Anm 3; Soergel/Harder Rz 11).

3) Prozeßführung des VE ist keine Vfg. Der VE ist deshalb grds frei und kann ohne Zustimmg des NE Prozeßhandlgen vornehmen. S dazu Einf 5 vor § 2100, auch zur Rechtskrafterstreckg (ZPO 326), Unterbrechg, Aussetzg (ZPO 242, 246) und Erteilg vollstreckbarer Ausfertigg (ZPO 728 I).

2113 *Verfügungen über Grundstücke und Schiffe; Schenkungen.* **¹ Die Verfügung des Vorerben über ein zur Erbschaft gehörendes Grundstück oder Recht an einem Grundstück oder über ein zur Erbschaft gehörendes eingetragenes Schiff oder Schiffsbauwerk ist im Falle des Eintritts der Nacherbfolge insoweit unwirksam, als sie das Recht des Nacherben vereiteln oder beeinträchtigen würde.**

II Das gleiche gilt von der Verfügung über einen Erbschaftsgegenstand, die unentgeltlich oder zum Zwecke der Erfüllung eines von dem Vorerben erteilten Schenkungsversprechens erfolgt. Ausgenommen sind Schenkungen, durch die einer sittlichen Pflicht oder einer auf den Anstand zu nehmenden Rücksicht entsprochen wird.

III Die Vorschriften zugunsten derjenigen, welche Rechte von einem Nichtberechtigten herleiten, finden entsprechende Anwendung.

Schrifttum: Hill, Übertragg eines Rechts dch VE u seine grundbuchmäß Behandlg, MDR **59**, 359; Lahnert, Sicherg eines Bauspardarlehens dch Grdschuld: Entgeltlichk der Vfg beim befreiten VE, BWNotZ **64**, 197; Haegele Rpfleger **71**, 122; BWNotZ **74**, 89/91 (zu § 2113 I, II); ders, Unentgeltl Vfgen des TV u des VE, Rpfleger Jahrb **77**, 305 ff; Spellenberg FamRG **74**, 350 (zu § 2113 II); K. Schmidt, NachESchutz bei Vorerbsch an Gesamthandanteilen, FamRZ **76**, 683.

1) Grundstücksverfügungen, I. Vfgen über Grdstücke od Rechte an diesen sowie über ein ErbbauR (ErbRVO 11), WohngsEigt (WEG 1) sind vorbehaltl einer mögl Befreiung (§ 2136) von der VfgsFreih des VE ausgenommen. **Verfügungen** sind die Übertragg, Aufhebg, InhÄnderg, Belastg od Aufgabe des

Testament. 3. Titel: Einsetzung eines Nacherben § 2113 1, 2

GrdstR (s Übbl 3d vor § 104). **I** stellt somit eine Ausnahme von dem Grds des § 2112 dar, die alle **dinglichen**, nicht aber die schuldrechtl Geschäfte ergreift. – § 2113 gilt jedoch nur im Verhältn zw VE und NE. Das VfgsR des TV wird dadch nicht eingeschränkt (Soergel/Harder Rz 1 mN; str), zumindest nicht, wenn er für VE und NE eingesetzt ist (vgl BGH **40**, 115).

a) Nachlaßzugehörigkeit des Grdst setzt § 2113 voraus. Ist der VE an einer **Gesamthandsgemeinschaft** beteiligt, zu deren Vermögen das Grdst gehört, ist sehr str, ob Vfgen über das Grdst unter § 2113 fallen. Da NachlGgst der GesHandsAnteil (u nicht ein GrdstAnteil) ist u das G die Sicherg des NERechts nur im Verhältn zum VE bezweckt, kann nicht auch das Recht jedes weiteren Mitglieds der GesHandsGemsch der Zustimmg des NE unterworfen sein (s auch BGH NJW **76**, 893). § 2113 ist daher nicht (auch nicht entspr) anzuwenden, wobei es nicht darauf ankommen kann, ob über das Grdst unmittelb (von der GesHandsGemsch) od mittelb (dch Vfg über den Anteil) verfügt wird (MüKo/Grunsky Rz 3, 5) selbst wenn das Grdst den Hauptwert des GemschVermögens darstellt (Staud/Behrends Rz 47; Schmidt FamRZ **76**, 683; aA Düss JMBl NRW **60**, 101; Soergel/Harder Rz 3). Wird daher der in GüterGemsch lebde Eheg VE seines verstorbenen Ehepartners, kann er ohne Zustimmg des NachE über ein zum Gesamtgut gehördes Grdst verfügen (BGH **26**, 376; NJW **64**, 768; **76**, 893 unter Aufgabe von NJW **70**, 943; BayObLG Rpfleger **81**, 282). Ebso kann bei MitE-Gesamthand ein MitE, der vom and MitE zum VE eingesetzt wurde, nach dessen Tod ohne Beschränkg dch § 2113 über ein NachlGrdst verfügen (BGH NJW **78**, 698). – Unter § 2113 fällt aber der **Rangrücktritt** eines GrdstPfandRs, das auf einem zum Nachl gehör Grdst lastet (LG Frankth MDR **76**, 666), ebso der Rangrücktritt eines Erbbauzinses (LG Brschw Rpfleger **76**, 310); die Vfg über die Entschädigg für ein enteignetes zum Nachl gehörendes Grdst (BGH RdL **56**, 189); die GestaltgsErklärg des VE bezügl eines NachlGrdst ggü dem GrdstNachb nach § 915 (KG Rpfleger **74**, 222). – Hat der Eigtümer eines idellen **Hälftebruchteils** eines Grdst dessen and Hälfte als VE hinzuerworben, kann er trotz § 1114 BGB die ihm schon vor dem VErbfall gehörende GrdstHälfte gesondert mit einem GrdPfandR belasten (BayObLG **68**, 104). Die Veräußerg eines Grdst dch den VE, das zur ideellen Hälfte ihm selbst und zur and Hälfte zur Erbsch gehört, führt nicht zur Gesamtnichtigk der ganzen Vfg (§ 139), wenn die Beteil ihre Erklärgen in Kenntn der die Teilunwirksamk begründenden Umstände abgegeben haben (BGH WM **73**, 41). Die EigtÜbertr auf die Erwerber zu MitEigt ist also bei Eintritt des NEerbfalls dem NE ggü zur Hälfte unwirks (s BGH aaO).

b) Unwirksamkeit. Die Vfgen des VE gem **I** sind bei Eintritt der NErbfolge u von da an in den Grenzen der Vereitelg od Beeinträchtigg des Rechts des NE unwirks. Die Unwirksamk ist zwar hinausgeschoben auf den Ztpkt des NErbfalls, in ihrem Umfang aber von **absoluter** Wirkg, so daß von diesem Ztpkt ab sich jeder auf sie berufen kann, der daran ein rechtl Interesse hat (BGH **52**, 269). Solange die VErbsch besteht, ist die Wirksamk nicht berührt (Mü FamRZ **71**, 93). – **Voraussetzungen** für das Unwirksamwerden der Vfg sind der Eintritt der NErbfolge und eine Rechtsvereitelg oder RBeeinträchtigg des NE.

aa) **Die Beeinträchtigung ist bei I** (im Ggsatz zu **II**, s Anm 2a) nach **rechtlichen** Gesichtspunkten zu beurteilen, nicht nach wirtschaftl (Soergel/Harder Rz 5). Sie ist aber nicht gegeben bei Veräußerg od Belastg eines Grdst in Erfüll einer bereits vom Erbl eingegangenen Verbindlichk (RGRK Rz 5). Sie kann auch nicht vorliegen, wenn der NE **zustimmt** (volenti non fit injuria); in diesem Fall ist die Vfg sogleich vollwirks (RG **65**, 129). Die Zustimmg kann dem VE wie dem Dritten ggü erkl werden (Hamm NJW **65**, 1490; str). Sie hat die Bedeutg eines Verzichts auf die aus der NEEinsetzg folgden Rechtsstellg (SchlHOLG Rpfleger **68**, 325). Der minderjähr NE bedarf der Genehmigg des VormschG (Soergel/Harder Rz 9); Ausnahme: § 1821 II. – Der als VE eingesetzte gesetzl Vertreter des minderjähr NE kann diesen bei der Zustimmg zu einer v ihm getroffenen Vfg vertreten, wenn er der Zustimmg ggü der dch die Vfg Begünstigten abgibt (Hamm aaO). Zur Bestellg eines **Pflegers** (§ 1913) für **unbekannte** NE s Kanzleiter DNotZ **70**, 330[23]; Bergermann RhNK **72**, 763f; Haegele Rpfleger **71**, 122f. - Zur Vfg ist auch die Zustimmg des **bedingten** NE (Hamm DNotZ **72**, 360) sowie des **weiteren** NE (RGRK Rz 39) erforderl, nicht aber die des ErsatzNE (BGH **40**, 115 mAv Nirk in **LM** Nr 2/3 zu § 2096; Staud/Behrends Rz 20; s auch unten c und § 2102 Anm 3). – VollwirksWerden ist auch dch Genehmigg od RErwerb nach § 185 II mögl, wenngleich der VE als „Berechtigter" verfügt hat (Mü FamRZ **71**, 94; vgl jedoch § 2063 Anm 2 aE). – Über Verpflichtg des NE zur Einwillgg s § 2120; über Streitwert der Klage eines VE auf Zustimmg zum Verkauf eines NachlGrst s SchlHOLG aaO.

bb) **Keine Beeinträchtigung** des NE liegt vor, wenn der VE eine gült Vermächtnis- od Teilgsanordng des Erbl (§ 2048) erfüllt (KG JFG **22**, 98; Beck DNotZ **61**, 573; Deimann Rpfleger **78**, 244; aA Soergel/Harder Rz 6). Übereignet der nichtbefreite VE einem MitNE in vorzeit Erfüll einer den NE auferlegten TeilgsAnordng an NachlGrdst, ist die Zustimmg der übr NE erforderl (BayObLG **74**, 312; aM LG Kassel DNotZ **57**, 159). – Ist ein MitE irrigerw im GB als VE eingetr, ist nicht § 2113, sond nur § 892 maßg (Celle FamRZ **57**, 273).

2) Unentgeltliche Verfügungen od zum Zwecke der Erfüll eines Schenkgsversprechens getroffene Vfgen des VE über **jeden** ErbschGgst (also nicht nur Grdst) sind gleichfalls von der Unwirksamkeit betroffen, wenn die Vfg das Recht des NE vereitelt od beeinträchtigt würde (s zB BGH **40**, 115; Hamm DNotZ **63**, 559; Johannsen WM **70**, 5). Der Regelungsgehalt des **II** ist auf die ungeschmälerte Erhaltg des Rechts des NE begrenzt. Er bezweckt daher nur die Abwehr einer Vereitelg od Beeinträchtigg (BGH NJW **85**, 382). Stimmt allerd der NE zu (dazu LG Fbg BWNotZ **74**, 139), entfällt die Rechtsbeeinträchtigg (s Anm 1 b au). – **II** findet auch auf die **nur teilweise unentgeltliche** Vfg Anwendg. – Eine **Befreiung** iS von § 2136 kann für **II** von dem Erbl **nicht** erteilt werden.

a) Unentgeltlichkeit der Vfg ist gegeben, wenn nach wirtschaftl Gesichtspunkten **objektiv** eine in den Nachl zu erbringende Ggleist fehlt od dem aus der Erbmasse erbrachten Opfer nicht gleichwertig ist und **subjektiv** der VE die Ungleichwertigk entw erkennt od jedenfalls bei ordngsmäßiger Verwaltg das Fehlen bzw die Unzulänglichk der Ggleist hätte erkennen müssen (st Rspr; zB BGH NJW **84**, 366; FamRZ **71**, 643; BayObLG **73**, 272). Für die Erkennbark kommt es also nicht auf die persönl Fähigk des VE an; vielmehr ist

§ 2113 2a–f 5. Buch. 3. Abschnitt. *Edenhofer*

objektivierend von den an eine ordngsmäßige Verwaltg (§§ 2120, 2130) zu stellenden Anforderngen und der dem VE in Rücks auf die ihm bekannte HerausgPfl zuzumutende Erkennbark des Fehlens od der Unzulänglichk der GgLeistg auszugehen (BGH **5**, 174; Hamm Rpfleger **71**, 147). Ob auch der Empfänger die Ungleichwertigk erkannte, ist im Interesse des Schutzes des NE nicht erhebl (BGH NJW **63**, 1614). – Grds muß die Ggleistung dem Nachl zugute kommen (§ 2111); dies wird bei sog unbenannten Zuwendgen unter Eheg idR auch dann nicht angenommen werden können, wenn dieses von der Rspr als entgeltl angesehene RGesch ausnahmsweise im ErbR als unentgeltl zu behandeln wäre (Sandweg NJW **89**, 1965; s zu dieser str Frage § 2325 Anm 4b). Da dch § 2113 II die Gesamth der NE geschützt werden soll, ist Unentgeltlichk auch dann anzunehmen, wenn die GgLeistg statt in die von dem VE betreute Masse in das freie Vermögen eines einzelnen NE gelangt (RG **125**, 246). Nach RG DR **39**, 635 soll die Entscheidg wesentl von dem rechtsgeschäftl gewollten wirtschaftl Ergebn für die Vermögensmasse abhängen, aus der verfügt wurde. Gg die freie Ausleg wendet sich BGH **7**, 274 u hält daran fest, daß als entgeltl nur solche Leistgen angesehen werden können, durch die dem Nachl selbst od uU dem befreiten VE, insoweit er in wirtschaftl gerechtfert Verwaltg dadch seinen Lebensunterhalt bestreiten kann (BGH **69**, 47; NJW **77**, 1631, 2075; dazu Johannsen WM **79**, 605; BayObLG **57**, 288), ein Vermögensvorteil erwächst, der seine durch die Vfg eingetretene Verringerg bei objektiver u subjektiver Betrachtg aufwiegt. Ebso BayObLG **56**, 54; KG, Ffm Rpfleger **68**, 224; **77**, 170; BGH **69**, 47 mAv Johannsen LM Nr 16; auch WM **79**, 606 (GesellschAnteil gg Leibrente); 1631; BGH **78**, 177 (Zust des GesellschafterVE zur Änderg des GesellschVertr, die in seine Mitgliedsch eingreift, ist idR kein unentgeltl Vfg); BGH NJW **81**, 1560 (Zust der GesellschVE zur Änderg des Verteilgs-Schlüssels der Gesellsch kann eine unentgeltl Vfg sein); BGH NJW **84**, 362 (zur obj Vollwertigk bei Ausscheiden den VE aus Ges); BGH NJW **84**, 366 (NachlMittel zur Sanierg einer zum Nachl gehörenden GmbH). – Maßgebl **Zeitpunkt** für die Beurteilg der Entgeltlichk od Unentgeltlk einer Vfg ist der ihrer Vornahme (BayObLG **57**, 285).

b) Unwirksamkeit. Die unentgeltl Vfg des VE wird unter den Voraussetzgen des II 1 bei Eintritt der NErbfolge u mit Wirkg von da an unwirksam. Die Unwirksamk soll aber nur so weit reichen, daß die von der Vfg drohende Vereitelg od Beeinträchtig vermieden wird u das Recht des NE ungeschmälert bestehen bleibt (BGH **7**, 274). Bei **nur teilweise unentgeltlicher** Vfg des VE ist die ganze Vfg unwirks (BGH **LM** Nr 1; Hamm Rpfleger **71**, 174 mAv Haegele; BayObLG **57**, 290). Daher hilft keine weitere Zahlg des Erwerbers an den NE zwecks Ausgleich von Leistg u GgLeistg (RG DR **45**, 57). Allerd liegt hier die Beeinträchtigg lediglich in der Wertdifferenz zw dem weggegebenen NachlGgstand u der unzureichenden Ggleistg, wobei jedenfalls bei befreiter VErbsch gleichgültig ist, ob die Ggleistg in den Nachl gelangt (§ 2111) od lediglich dem VE persönl zugute gekommen ist (BGH NJW **85**, 382). Die NE können daher Herausgabe nur gg **Rückerstattung** der Ggleistg verlangen (BGH aaO). Bezügl der Verwendgen u Nutzgen auf den Ggstand können im Hinblick auf die erst beim NErbfall eintretende Unwirksamk erst von da an die §§ 987 ff in Betr kommen; für die Zeit davor sind §§ 2224–2226 maßgebl (BGH aaO). – Ist der NE zugl VertragsE, greift zu seinem Schutz gg unentgeltl RGeschäfte auch § 2287 ein, der nicht nur gg Vfgen, sond auch gg reine Verpflichtgsgeschäfte schützt (vgl Celle MDR **48**, 142).

c) Gütergemeinschaft. Vereinbaren Eheleute GüterGemsch, verfügt damit jeder über sein gesamtes Vermögen zugunsten des anderen ds Verschaffg gemeinsamen Vermögens. Diese Vereinbarg ist eine den Beschränkgen der §§ 2113ff unterliegende Vfg zB üb ein dem Ehemann als VE gehörendes Grdst (BayObLG **89**, 114). Die Rechte des NE werden nicht berührt, da jeder dch NErbfolge gebundene Vermögensteil nur unbeschadet der Rechte des NE übertragen werden kann zur Auseinandersetzg (KG HRR **29**, 2085). – War der überlebende Eheg alleiniger befreiter VE, ist str, ob er bis zur Auseinandersetzg auch unentgeltl üb die zum Gesamtgut gehörenden NachlGrdst verfügen kann (s Anm 1a). Die Rspr ist (nicht immer einheitl) für Zulässigk der Vfg (s BGH **26**, 378; NJW **76**, 893; Ffm Rpfleger **75**, 168; BayObLG Rpfleger **76**, 85; Hamm OLGZ **76**, 180). Dies entspricht der inzw wohl hM (s Soergel/Harder Rz 3 mN). S auch K. Schmidt FamRZ **76**, 683 ff (Darstellg verschiedenartiger Fälle); Neuschwander BWNotZ **77**, 85 sowie BGH NJW **78**, 698 (Miterbengesamthand); Johannsen WM **79**, 606.

d) Aufgabe einer Eigentümergrundschuld, die dch Rückzahlg einer Hyp aus NachlMitteln entstanden ist, stellt regelm eine unentgeltl Vfg dar und kann daher nicht ohne weiteres durch Erteilg der LöschgsBewilligg seitens des VE erfolgen. Die Löschg bedeutet jedoch dann keine unentgeltl Vfg, wenn sie an letzter Stelle steht, weil in diesem Falle ihr Rang dem Nachl zugute kommt u sie forderungsentkleidet dort keine echte Belastg mehr darstellt (Soergel/Harder Rz 15); die sonst zu verlangende Zustimmg des NE ist entbehrl (KGJ **43** A 263). S auch Hildesheim MDR **61**, 692, wonach die Aufg einer letztrang EigtümerGrdSchuld eine RHdlg ist, die nach den Grdsätzen einer ordngsmäß Verwaltg im freien Belieben des Berecht steht u keine Einbuße des Vermögens bedeutet, also aus diesem Grd nicht der Zustimmg des NE bedarf. Entgeltlich ist ferner zu bejahen, wenn LöschgsVormerkg nach § 1179 vorliegt, weil hier Löschg in Erfüllg einer NachlVerbindlichk erfolgt (Saarbr DNotZ **50**, 66); ferner wenn gleichzeitig mit der Löschg der EigtGrdSchuld eine neue Hyp bestellt wird auf der Gläub selbst oder Hyp auf der zuvorigen Löschung bestanden hat; das Entgelt besteht dann in dem GgWert der neuen Belastg (KGJ **41**, 180).

e) Die vertragliche Anerkennung eines verjährten PflichtAnspr eines Abkömml dch den VE ist schon keine Schenkg (BGH NJW **73**, 1690 mit krit Anm von Waltjen ebda 2061); zumindest wären die Voraussetzgen von **II** 2 zu bejahen. – Über rechtsgrdlose Vfgen s § 2205 Anm 3; Spellenberg aaO 353.

f) Wirksame unentgeltliche Verfügungen sind nach der Ausnahme in **II 2** die **Schenkungen des § 534** (dazu Migsch AcP **173**, 46). Ihre Bewirkg aus dem Nachl muß dch Pfl od Anstandsrücksichten gerechtfertigt sein (Johannsen WM **70**, 5). – **Sittliche Pflicht** ist die aus den konkreten Umständen des Einzelfalles erwachsene u in der Sittlichk wurzelnde Verpflichtg (Köln OLGZ **69**, 263). Darunter fällt nicht, wenn ein als VE eingesetzter Elternteil zu seinen Lebzeiten zG eines der zu NE berufenen Kinder eine Ausgleich iS von §§ 2050, 2052 vornimmt (RG LZ **22**, 410). Auch eine Ausstattg ist unentgeltl Zuwendg (Warn **42** Nr 89). Zum Anerkenntn verjährter PflichttAnspr s oben e).

g) Testamentsvollstrecker. Auf das Verhältn des TV zum NE finden § 2113ff keine Anwendg (Neustadt NJW 56, 1881; s BGH **40**, 115; § 2205 Anm 3a; Soergel/Harder Rz 1).

h) Auskunftsanspruch hat der NE gg den vom VE Beschenkten uU gem § 2314 (BGH **58**, 237 mAv Johannsen LM § 2314 Nr 7); s § 2314 Anm 1a aE.

3) Grundbuchrecht. Der Schutz des NE dch Eintragg eines Vermerks (s Einf 6 vor § 2100) hat auch ggü dem befreiten VE erhebl Bedeutg (SchlHOLG SchlHA **62**, 174; Lübeck SchlHA **65**, 278). Soll der eingetragene NE-Vermerk bleiben, hat bei der Vfg des befreiten VE üb das NachlGrst das GBAmt nicht zu prüfen, ob es sich um eine unentgeltl Vfg handelt (Düss Rpfleger **57**, 413). Soll dagg der NE-Vermerk im Zusammenhang mit einer Eintragg **gelöscht** werden, setzt dies entw die Bewilligg aller eingetragenen NE (GBO 19) od den in Form von GBO 29 zu führenden Nachw der Unrichtigk (GBO 22 I) voraus (BayObLG Rpfleger **88**, 525); die Bewilligg etwaiger ErsatzNE ist nicht erforderl (Oldgb JR **63**, 23 mAv Jansen). Nur wenn die Unrichtigk auf einem Erbfall beruht, bedarf der Nachw der Form von GBO 35 (Hamm Rpfleger **85**, 430; s auch Ffm Rpfleger **77**, 170; 285; BayObLG Rpfleger **80**, 107). Vor der Löschg hat das GBAmt den NE grdsl zu hören (BayObLG **73**, 272).

a) Für die Zustimmung ist bei unbekannten NE ein Pfleger zu bestellen (§ 1913), der für die Bewilligg der vormschgerichtl Genehmigg bedarf (§§ 1915; 1821). Der Antr des VE auf Löschg der auf einem NachlGrdst eingetragenen Hyp bedarf dann nicht der Zustimmg, wenn weitere GrdstBelastgen nicht vorhanden sind (KG JFG **15**, 187) od nur solche, für die Löschgsvormerkgen eingetragen sind (s Anm 2a); od bei Tilgg der Hyp aus persönl Mitteln des VE (str; s § 2111 Anm 2a). Bei Veräußerg genügt der Nachweis (GBO 29) der Zustimmg des NE hierzu für die Löschg des NE-Vermerks (Maurer DNotZ **81**, 225, 225).

b) Die Unrichtigkeit des GB ist dch den Nachweis erbracht, daß der VE wirks verfügt hat, insbes entgeltl. Wird nicht eine die Entgeltlichk bescheinigende beglaub Erkl des NE beigebracht (KGJ **33** A 43), ist in der Form des GBO 29 ein rechnerisch genauer Nachweis der Entgeltlichk praktisch schwer mögl. Die Rspr sieht daher das GBAmt für berecht u verpflichtet an, bei der Prüfg, ob die Entgeltlichk nicht als offenkundig iS von GBO 29 I 2 anzusehen ist, Regeln der Lebenserfahrg u der Wahrscheinlichk heranzuziehen (s BayObLG **56**, 54; Hamm NJW **69**, 1492; Ffm Rpfleger **80**, 107); auch sind die von der Rspr geforderten subj Merkmale (s Anm 2a) zu beachten. Deshalb kann von Unentgeltlichk (auch nur teilw) nicht schon ausgegangen werden, wenn ein besserer Preis erzielbar gewesen wäre od wenn Leistg u Gggleistg nicht völlig ausgeglichen sind (BayObLG Rpfleger **88**, 525); vielm müßte das subj Moment hinzutreten, daß der VE die Unzulänglichk erkannt hat od bei ordngsgemäßer Verwaltg hätte erkennen müssen. Auch wird zB eine Unentgeltlichk ausgeschlossen erscheinen können, wenn ein zweiseitiges Gesch mit einem nicht ersichtl dem VE nahestehenden Dritten vorliegt, das beiderseitige Verpflichtgen auslöst (s RG SeuffA **78** Nr 192; KGJ 38 A 223; 40 A 174). Als Ersatz eines Nachw nach GBO 29 od zur Ergänzg eines solchen Nachw können auch WahrscheinlichkErwäggen berücksichtigt werden, die sich auf allg Erfahrgssätze stützen (BayObLG **57**, 290 zu Kapitalisiergstabellen; Hamm NJW **69**, 1492). Dagg sind bei Bestehen verwandtschaftl Beziehg zw dem VE u dem VertrGegner Zweifel in dieser Hins geboten. Eine ängstl auch den entferntesten Möglichk Rechng tragende, der allg Lebenserfahrg widerstreitende Beurteilg der Sachlage wird immer zu vermeiden sein.

4) Schutz des gutgläubigen Erwerbs (III). Die § 161 III entspr Regelg setzt die Eintragg des NE-Vermerks im GB voraus (s Einf 6 vor § 2100). Solange nach dem Tode des im GB eingetragenen Eigtümers der VE noch nicht im GB eingetr ist, wird der gute Gl des GrdstErwerbers daran, daß mangels Eintragg des Rechts des NE der VE VollE geworden ist, nicht nach § 892 I 2 geschützt (BGH NJW **70**, 943 mit krit Anm von Batsch ebda 1314; s auch § 2366 Anm 3b). – Als **guter Glaube** geschützt wird die Annahme des Erwerbers, der über den ErbschGgst Verfügende handele nicht als VE, od sei doch befreiter VE mit gem § 2136 erweiterter Vfgsbefugn (s Hamm MDR **71**, 665). Beim Erwerb bewegl Sachen darf jedoch die Annahme nicht auf grober Fahrlk beruhen (§ 932 II). Ist allerd in einem Erbschein die NErbfolge nicht erwähnt, ist auch beim Erwerb bewegl Sachen grobe Fahrlk unschädl (§ 2366); über Anwendg von § 892 in einem solchen Fall s Hamm DNotZ **63**, 562. – Irrtum über die Unentgeltlichk wird nicht geschützt. – Gegen Bereicherten besteht der Anspr des § 816 I 2. – III gilt nicht bei Übertr eines MitEAnteils (§ 2112 Anm 2a), wohl aber, wenn VEen gemeins ein NachlGrdst veräußern u die Voraussetzgen der §§ 892ff od (u) § 2366 gegeben sind (Haegele BWNotZ **71**, 132).

2114 **Verfügungen über Hypothekenforderungen, Grund- und Rentenschulden.** Gehört zur Erbschaft eine Hypothekenforderung, eine Grundschuld, eine Rentenschuld oder eine Schiffshypothekenforderung, so steht die Kündigung und die Einziehung dem Vorerben zu. Der Vorerbe kann jedoch nur verlangen, daß das Kapital an ihn nach Beibringung der Einwilligung des Nacherben gezahlt oder daß es für ihn und den Nacherben hinterlegt wird. Auf andere Verfügungen über die Hypothekenforderung, die Grundschuld, die Rentenschuld oder die Schiffshypothekenforderung finden die Vorschriften des § 2113 Anwendung.

1) Regelungsinhalt. Grdsätzl gelten für Vfgen über die in S 1 bezeichneten Rechte an Grdst die Vorschr des § 2113 I, was S 3 ausdrückl klarstellt. Eine Ausnahme macht die Vorschr aber für die Kündigg und Einziehg der genannten Rechte: Nach **S 1** gilt der GrdRegel des freien VfgsRechts (§ 2112). Diese Befugnisse stehen also dem VE ohne Mitwirkg des NE zu. Sein EinziehgsR wird allerd wieder eingeschränkt dch **S 2**, wonach der VE Zahlg an sich erst nach Beibringg der Einwilligg des NE (die nötigenf gem § 2120 erzwungen werden kann) verlangen kann, sonst nur Hinterlegg für sich u den NE (§ 372); der hinterlegte Betrag wird Surrogat der Erbsch (§ 2111). – § 2114 gilt nur für die HauptFdg. Zinsen kann der VE schon gem § 2112 fordern.

2) **Über Kündigung** vgl §§ 1141, 1185 II, 1193. Ebenso wie das KündR aktiv allein dem VE zukommt, ist auch die vom Schu ihm ggü erklärte Künd voll wirks. Unter **Einziehung** sind alle der unmittelb Durchsetzg der HauptFdg zur Erlangg der Zahlg dienenden Maßnahmen zu verstehen, vor allem die Geldmachg des Anspr im Prozeßwege und die Beitreibg durch ZwVollstr; auch der Antr des VE auf ZwVersteigerg eines Grdst wg einer NachlHyp, der als solcher keine Vfg über die Hyp iS von § 2113 darstellt (RG **136**, 353).

3) **Schutz** gewährt Satz 2 für den NE u den auf Zahlg in Anspr genommenen Schu, da dieser auch von sich aus die Zustimmg des NE zur Zahlg an den VE allein beibringen müßte; eine Befreiung von der Schuld ggü dem NE tritt sonst nicht ein (RG SeuffA **82** Nr 134; KJG 50, 172; BGH FamRZ **70**, 192). Zahlt der Schu **freiwillig**, ist S 2 entspr anzuwenden (BGH WM **70**, 221).

4) Andere Verfügungen iS von **Satz 3** sind Abtretg; Verpfändg; Umwandlg von Hyp in GrdSchuld od umgekehrt (§ 1198); Erteilg der Löschgsbewilligg; auch eine vom VE erklärte Aufrechnung.

5) Befreiung von den Beschränkgen des § 2114 S 2 kann erteilt werden (§ 2136). Soweit die Verweisg des S 3 eingreift, gilt auch § 2113 II, für den eine Befreiung nicht eintritt.

2115 *Zwangsverfügungen gegen Vorerben.* Eine Verfügung über einen Erbschaftsgegenstand, die im Wege der Zwangsvollstreckung oder der Arrestvollziehung oder durch den Konkursverwalter erfolgt, ist im Falle des Eintritts der Nacherbfolge insoweit unwirksam, als sie das Recht des Nacherben vereiteln oder beeinträchtigen würde. Die Verfügung ist unbeschränkt wirksam, wenn der Anspruch eines Nachlaßgläubigers oder ein an einem Erbschaftsgegenstande bestehendes Recht geltend gemacht wird, das im Falle des Eintritts der Nacherbfolge dem Nacherben gegenüber wirksam ist.

1) Regelungsinhalt. EigenGläub des VE sollen nicht zum Nachteil des NE wirks in die der NErbfolge unterliegenden NachlGgstände (Sachen u Rechte) vollstrecken können, weil sonst dem Nachl ohne Ausgl Vermögen entzogen würde, obwohl den VE die Verbindlichk nicht als RNachfolger des Erbl trifft. Die dem VE zustehenden Nutzgen der Erbsch können dagg ungehindert in Anspr genommen werden (RG **80**, 7). Vfgen im Wege der ZwangsVollstr sind nur solche wg GeldFdgen in ErbschGgstände (ZPO 803–871). Zur Vollziehg eines Arrests s ZPO 928ff. Im Konkurs des VE gilt die Beschränkg auch für den KonkVerw, der sonst in seinen Vfgen frei ist (s BayObLG **63**, 23; Soergel/Harder Rz 7). Aufrechng dch einen EigenGläub des VE gg NachlFdg ist entspr § 394 unstatthaft (RG **80**, 30). – Auf die Kündigg der PersonenGes dch Gläub des VE (HGB 135) ist § 2115 anwendbar (Sorgel/Harder Rz 5). Dagg gilt er nicht, sond § 2112 für Urteile auf Abgabe einer WillErkl (ZPO 894, 895).

a) Verfahrensrechtlich wird die ZPO 326 angepaßte Vorschr dch ZPO 773 und KO 128 ergänzt (Verbot der Verwertg). Bei Zuwiderhandlg hat der NE DrittwidersprKlage gem ZPO 771 (Celle NJW **68**, 802); der KlageAntr kann dahin lauten, daß es für unzulässig erklärt wird, den Ggst im Weg der Zwangsvollstreckg zu veräußer od zu überweisen (s Brox § 25 IV 1 b [4]). Kommt es aber entgg ZPO 773 u KO 128 zu einer Veräußerg, erwirbt der Dritte Eigentum. Der NE kann ggü dem Erwerber des ErbschGgst keine Rechte geltd machen, wohl aber vom Gläub Herausgabe der Bereicherg verlangen (Staud/Behrends Rz 24, 27).

b) Die Teilungsversteigerung zum Zweck der Auseinandersetzg von mehreren VE (ZVG 180ff) ist **keine** ZwangsVollstr. Der im Grdbuch eingetragene NEVermerk steht der Versteigerg nicht entgg. Diese führt also zur Wirksamk der Eigentumsübertragg an einem Grdst auch ggü dem NE; § 2113 I greift nicht ein (BayObLG **65**, 212). Der NEVermerk ist aGrd des ZuschlagsBeschl zu löschen (Hamm NJW **69**, 516). Der Erlösüberschuß gehört zur Erbsch (§ 2111).

2) Unwirksamkeit (Satz 1). Nach Eintritt der NErbfolge sind ZwangsVfgen gg den VE in NachlGgstände absolut, dh ggü jedermann unwirks, soweit die Rechte des NE vereitelt oder beeinträchtigt werden (§ 2113 Anm 1b; unten Anm 3). Der Schutz des NE geht sogar noch weiter, da eine Befreiung iS von § 2136 ausscheidet u alle NachlGgstände einbezogen sind, selbst wenn der VE über sie rechtsgeschäftl hätte frei verfügen können. Da die Unwirksamk auf den Ztpkt des NErbfalls hinausgeschoben ist (s Anm 3), sind während der Dauer des VErbsch auch die übr ZVollstrMaßn zulässig, zB die Begründg eines PfandR od die Bestellg einer ZwangsHyp (ZPO 866) od die Dchführg der ZwVerwaltg (ZVG 146) od die Anordg der ZwVersteigerg (dazu BayObLG **68**, 109). Nur soweit VollstrMaßnahmen über die Zeit der Vorerbsch hinauswirken u erst bei deren Beendigg kann der NE die Beseitigg solcher Maßnahmen verlangen; vorher ggf SicherhLeistg (§ 2128).

3) Wirksam (Satz 2) sind ZwangsVfgen in zwei Fällen: **a) Zur Befriedigung** von NachlGläub können Vfgen schon vor Eintritt des NErbfalls erfolgen (§ 1967; s BGH FamRZ **73**, 187; Verneing einer NachlErbenschuld), weil die Anspr der NachlGläub sich gg jeden Erben richten würden, so daß ihnen auch der NE nicht ausweichen kann. Deshalb sind auch Vfgen des KonkVerw, die ausschließl der Befriedigg der Nachl-Gläub dienen, uneingeschränkt wirks (Jena HRR **33** Nr 830). Entspr gilt für Vfgen des NachlVerwalters, der für GrdstVeräußerg zum Zwecke der GläubBefriedigg nicht der Zustimmg des NE bedarf (Braunschw OLGZ **88**, 392). – **b) Zur Geltendmachung** eines Rechts an einem ErbschGgstand, das im Falle des Eintritts der NErbfolge dem NE ggü wirks ist. Dies ist (abgesehen von einem bereits vor dem Erbfall entstandenen Recht) vor allem dann gegeben, wenn der VE selbst iS von § 2113 I oder II wirks hat verfügen können, also immer bei Zustimmg des NE (auch im Fall des § 2120). Hierzu ist auch der Fall zu rechnen, daß an den von dem VE eingebrachten ErbschSachen ein VermieterPfdR (§ 559) geltd gemacht wird (Ffm SeuffA **71** Nr 206). Ist der NE ein minderj Abkömml des VE, kann dieser die Zustimmg erkl (§ 1629), weil er bei Abgabe der Erkl ggü dem Gläub nicht auf beiden Seiten iS von § 181 handelt (Bln Rpfleger **87**, 457 mN; str); er bedarf aber ggf der vormschgerichtl Genehmigg (§ 1643 iVm §§ 1821; 1822; Bln aaO).

4) Kein guter Glaube kommt (anders als bei § 2113 III) ggü ZwVollstrMaßnahmen in Betr, da die Vorschr über den öff Glauben des Grdbuchs (§ 892) u über gutgl Erwerb bewegl Sachen (§ 932, auch § 1244) nicht für den Erwerb dch ZwVollstreckg od Arrestvollziehg gelten. Daher erlangt auch der gutgl ohne Kenntn des NErbR mit ZwVollstr vorgehende Gläub keine gg den NE wirks Rechte (RGRK Rz 13). – Bei freihänd Verkauf od öff Versteigerg dch Gerichtsvollzieher gelten aber die allg Regeln. Bei ZwVersteigerg erlöschen die NERechte sogar dann, wenn sie dem Ersteher bekannt waren, sofern sie nicht dch Vermerk nach GBO 51 gesichert od aber im Sinn von ZVG 37 Nr 4, 5 rechtzeit angemeldet waren (Soergel/Harder Rz 10).

2116 Hinterlegung von Wertpapieren.
I Der Vorerbe hat auf Verlangen des Nacherben die zur Erbschaft gehörenden Inhaberpapiere nebst den Erneuerungsscheinen bei einer Hinterlegungsstelle oder bei der *Reichsbank*, bei der *Deutschen Zentralgenossenschaftskasse* oder bei der Deutschen Girozentrale (Deutschen Kommunalbank) mit der Bestimmung zu hinterlegen, daß die Herausgabe nur mit Zustimmung des Nacherben verlangt werden kann. Die Hinterlegung von Inhaberpapieren, die nach § 92 zu den verbrauchbaren Sachen gehören, sowie von Zins-, Renten- oder Gewinnanteilscheinen kann nicht verlangt werden. Den Inhaberpapieren stehen Orderpapiere gleich, die mit Blankoindossament versehen sind.

II Über die hinterlegten Papiere kann der Vorerbe nur mit Zustimmung des Nacherben verfügen.

1) Zweck. Zum Schutz der NE wg der leichten Verkehrsfähigk dieser Wertpapiere ist deren Hinterlegg auf Sperrkonto vorgeschrieben, falls der NE dies verlangt. Dieser Verpflichtg kann sich der VE nach Maßg des 2117 entziehen, sofern er nicht schon nach §§ 2136, 2137 befreit ist. SchadErsPfl besteht nach § 2130.

2) Hinterlegungspflichtige Wertpapiere (I) sind die Inhaberpapiere (**I** 1) u die mit Blankoindossament versehenen Orderpapiere (**I** 3), also Schuldverschreibgen auf den Inh (§§ 793 ff); InhGrdschulden (§§ 1195, 1199); Inh- und indossierte Namensaktien (AktG 10; 68 I; 278 III) und Erneuerungsscheine (§ 805) sowie Wechsel (WG 12, 13, 16); Schecks (ScheckG 14, 16). – Dagg **nicht Legitimationspapiere** (§ 808) wie Sparkassenbücher, Pfandscheine u die zu den verbrauchbaren Sachen (§ 92) gehörenden InhPapiere (zB Banknoten), die zudem unter § 2119 fallen; aber auch andere Inh- u Orderpapiere, deren bestimmgsmäßiger Gebr im Verbrauch od der Veräußerg besteht (**I** 2).

3) Hinterlegungsstellen nach HintO 1; 27; 31 ff sind grds die AmtsG. An Stelle der ZentrGenKasse ist die Deutsche GenosenschBank in Ffm getreten (§ 15 G vom 22. 12. 75, BGBl 3171). Die Deutsche Girozentrale (Deutsche Kommunalbank) hat Sitz in Bln u in Ffm (§ 1808 Anm 1). Über die Befug der Deutschen Bundesbank, Wertpapiere in Verwahrg zu nehmen, s §§ 22 mit 19 I Nr 5 G über die Deutsche Bundesbank.

4) Verfügen (II) üb die hinterlegten Wertpapiere kann der VE nur mit Einwilligg od Genehmigg (§§ 182–184) des NE. Die Befug zur Vfg über veräußerl Rechte (§ 137) ist hier also zG des NE eingeschränkt. Einseitige Vfgen können durch Genehmigg des NE wirks werden; bei Aushändigg an den Dritten gilt auch § 934. Verpflichtg des NE zur Zustimmg besteht nach Maßg des § 2120. Zur Herausgabe dch die HinterleggsStellen s HintO 12 ff bei Bülow/Mecke.

5) Sind Mutter u Kind VE und NE, ist zur Wahrnehmg der Sichergsrechte des NE gem § 2116 ff ein Pfleger nur bei Vorliegen eines bes Anlasses zu bestellen (Ffm FamRZ **64**, 154). – S auch § 1706 Nr 3.

2117 Umschreibung; Umwandlung.
Der Vorerbe kann die Inhaberpapiere, statt sie nach § 2116 zu hinterlegen, auf seinen Namen mit der Bestimmung umschreiben lassen, daß er über sie nur mit Zustimmung des Nacherben verfügen kann. Sind die Papiere von dem *Reiche* oder einem *Bundesstaat* ausgestellt, so kann er sie mit der gleichen Bestimmung in Buchforderungen gegen das *Reich* oder den *Bundesstaat* umwandeln lassen.

1) Befugnis des Vorerben zur Umschreibg auf seinen Namen besteht nur unter der gemachten Einschränkg. S dazu § 806; EG 101. Befreiung nach § 2136 ist mögl. – Statt Bundesstaat jetzt Land. – Auf InhPapiere kommunaler Gebietskörperschaften ist die Vorschr entspr anzuwenden. Hinsichtl der Umwandlg in BuchFdgen s § 1815 Anm 1 b u EG 97 Anm 1.

2118 Sperrvermerk im Schuldbuch.
Gehören zur Erbschaft Buchforderungen gegen das *Reich* oder einen *Bundesstaat*, so ist der Vorerbe auf Verlangen des Nacherben verpflichtet, in das Schuldbuch den Vermerk eintragen zu lassen, daß er über die Forderungen nur mit Zustimmung des Nacherben verfügen kann.

1) Der Nacherbe kann sich gg Vfgen des VE schützen. Eine Vfg über die BuchFdg ist dann nach Maßg des Vermerks beschränkt (§ 399). Vgl auch § 2115. – Befreiung nach § 2136 ist mögl. – Verpflichtg zur Einwilligg zu einer Vfg des VE besteht gem § 2120.

2119 Anlegung von Geld.
Geld, das nach den Regeln einer ordnungsmäßigen Wirtschaft dauernd anzulegen ist, darf der Vorerbe nur nach den für die Anlegung von Mündelgeld geltenden Vorschriften anlegen.

Schrifttum: Coing, Die AnlageVorschr des deutschen ErbR, FS Kaufmann, 1972, 127 ff; Sichtermann, Das Recht der Mündelsicherheit (1980).

1) Pflicht zur Geldanlage. Das Kapital soll dem NE erhalten bleiben. Daher hat der VE Geld, das beim

Erbfall vorhanden od als Surrogat (§ 2111) zum Nachl gelangt ist und dessen dauernde Anlegg wirtschaftl geboten erscheint, wie Mündelgeld (§§ 1806 ff; EG 212) anzulegen. Der Zustimmg des NE zur Anlegg od Abhebg (§§ 1809, 1810) bedarf er nicht; für entspr Anwendg des § 1809 (Zustimmg des NE zur Abhebg des bei Sparkasse od Bank angelegten Geldes) mit beachtl Grd Ordemann MDR **67**, 642. – Der NE kann (auch schon vor dem NErbfall) die Anlegg im Klagewege (OLG **18**, 318) erzwingen u nach § 2128 uU Sicherh-Leistg verlangen. – Befreiung ist zulässig (§ 2136).

2) Haftung. Ob die dauernde Anlegg geboten ist, richtet sich hier nicht nach den Gewohnheiten od der Lebensstellg des VE (§ 2131), sond objektiv nach wirtschafl Gesichtspunkten (RG **73**, 6). Dagg gilt für die Frage, ob ererbte Kapitalanlagen in mündelsichere umzuwandeln sind, der Maßstab des § 2131. – Die Nutzgen gebühren dem VE (§§ 100, 2111).

2120 *Einwilligungspflicht des Nacherben.* Ist zur ordnungsmäßigen Verwaltung, insbesondere zur Berichtigung von Nachlaßverbindlichkeiten, eine Verfügung erforderlich, die der Vorerbe nicht mit Wirkung gegen den Nacherben vornehmen kann, so ist der Nacherbe dem Vorerben gegenüber verpflichtet, seine Einwilligung zu der Verfügung zu erteilen. Die Einwilligung ist auf Verlangen in öffentlich beglaubigter Form zu erklären. Die Kosten der Beglaubigung fallen dem Vorerben zur Last.

1) Doppelter Zweck der Vorschr ist, den VE nach außen (ggü Behörden, NachlSchuldnern u VertrGegnern) zur Vfg zu **legitimieren** sowie ihn nach innen gegen etwaige Ansprüche des NE (§§ 2130 2131) abzusichern (Mot **5**, 117). Auf schuldrechtl Verpflichtg ist die Vorschr entspr anzuwenden, um klarzustellen, daß die beabsicht Vfg wirks ist und auch der NE für die entstehde NachlVerbindlk haftet (RG **90**, 96). § 2120 verstärkt die üblr die Befugnis des VE, über den Nachl mit Wirkg ggü dem NE zu verfügen (RG aaO). Bei zweifelh RLage kann die Zustimmung verlangt werden, ohne daß im Fall der §§ 2113ff sicher feststeht (vgl Soergel/Harder Rz 3). – Der Einwilligg eines ErsatzNE bedarf es nicht (RG **145**, 316).

2) Der Begriff der ordnungsmäßigen Verwaltung (vgl auch § 2038 I 2) bietet Maßstab dafür, ob u inwieweit der VE unter Berücksichtigg seiner HerausgPfl (§ 2130) nach den Umst des Falles über NachlGgstände zG eines Dritten verfügen darf (RG **105**, 248). Zur Verwaltg gehört hier insb die Versilberg von NachlGgständen zur Bezahlg von NachlVerbindlichk sowie auch das Eingehen von Verbindlichk (RG **90**, 96). Diese Verwaltg kann eines der Geschäfte erforderl machen, die gem §§ 2113, 2114, 2116 II, 2117, 2118 nur mit Zustimmg des NE vorgenommen werden können. S dazu BayObLG **58**, 113; BGH NJW **72**, 580 (Verpfl dem NE, dem Verkauf eines Grdst zuzustimmen, wenn andernf Enteignung droht); KG Rpfleger **74**, 222. Dem nicht befreiten VE, der für einen Bruchteil als VollE eingesetzt ist, wird dadch auch die Möglichk eröffnet, die ihm als VollE gebührenden NachlGgstände auszusondern (BayObLG aaO; Soergel/Harder Rz 5; s auch Hurst RhNK **62**, 447).

3) Zustimmung. Der NE ist zur Erteilg der Einwilligg (§§ 183, 184) verpflichtet, aber nur „dem VE gegenüber". Doch kann der VE seinen Anspr an einen Dritten abtreten. Dieser kann ggü dem NE, der sich auf die mangelnde Zustimmg beruft, obwohl er zu dieser verpflichtet ist, die Einrede der Argl erheben und zB auf Einwillig in die Löschg eines ggstandslos gewordenen NEVermerks (GBO 51) klagen (RG JR **26** Nr 939). – Der VE kann die Einwilligg des NE (od TestVollstr, § 2222) auch dann verlangen, wenn sie materiell nicht erforderl ist, aber hierdurch das Bestehen der NachlVerbindlichk sowie die Ordngsmäßigk der VerwaltgsHdlg des VE festgestellt u seiner Verantwortlichk ausgeschlossen wird (bestr; Erman/Hense Rz 3). Verpflichtg zur Einwilligg in den Verkauf eines NachlGrdst bedarf der Form des § 313 (BGH NJW **72**, 581). – Die Zustimmg des NE bedarf ggf der vormschaftsgerichtl Genehmigg nach §§ 1643, 1821 I Nr 1, 1915 (BayObLG **59**, 493); der VE kann die Zustimmg zu seiner eig Vfg auch als gesetzl Vertreter des NE abgeben (BayObLG BayNotV **54**, 64). – **Die Erteilung** der Zustimmung ist unwiderrufl. Sie kann sowohl dem VE wie auch dem Dritten ggü erfolgen (§§ 185, 182 I) und muß auf Verlangen des VE in begl Form (§ 129; BeurkG 39, 40, 63; GBO 29) abgegeben werden. Die Kosten (KostO 45, 39, 18, 32) fallen als Erhaltskosten (S 3; § 2124 I) dem VE (nicht dem Nachl, § 1967) zur Last.

2121 *Verzeichnis der Erbschaftsgegenstände.* ⁱDer Vorerbe hat dem Nacherben auf Verlangen ein Verzeichnis der zur Erbschaft gehörenden Gegenstände mitzuteilen. Das Verzeichnis ist mit der Angabe des Tages der Aufnahme zu versehen und von dem Vorerben zu unterzeichnen; der Vorerbe hat auf Verlangen die Unterzeichnung öffentlich beglaubigen zu lassen.

ⁱⁱDer Nacherbe kann verlangen, daß er bei der Aufnahme des Verzeichnisses zugezogen wird.

ⁱⁱⁱDer Vorerbe ist berechtigt und auf Verlangen des Nacherben verpflichtet, das Verzeichnis durch die zuständige Behörde oder durch einen zuständigen Beamten oder Notar aufnehmen zu lassen.

ⁱᵛDie Kosten der Aufnahme und der Beglaubigung fallen der Erbschaft zur Last.

1) Zweck. Die §§ 2121–2123 bezwecken sowohl die Sicherstellg des NE (nicht od doch nicht unmittelb die des ErsatzNE, RG **145**, 316) vor Unkenntn als auch den Schutz des VE vor ErsatzAnspr. Sie gelten nur für die Dauer der Vorerbsch, nicht mehr, wenn mit deren Beendigg (§§ 2130, 2139) schon Herausg verlangt werden könnte (RG **98**, 25). Das NachlG hat keine Aufsicht (BayObLG **20**, 182). – Befreiung dch den Erbl ist unzuläss (§ 2136 Anm 1a). – Für TestVollstr gilt § 2215 (OLG **18**, 344); der NE-TV (§ 2222) ist statt des NE legitimiert. – Über Anspr auf **Auskunft** bei SchadErs s RG **108**, 7; **164**, 209; bei Schenkg gg den vom VE Beschenkten BGH NJW **72**, 907. Kein Anspr auf Auskunft besteht über den Wert von NachlGrdst (BGH NJW **81**, 2051/2052).

Testament. 3. Titel: Einsetzung eines Nacherben §§ 2121–2124

2) **Das Verzeichnis** schafft eine der freien Würdigg unterliegde Beweisurkunde. Sein Inhalt hat den NachlBestand (nur die Aktiven) **zur Zeit der Aufnahme** (nicht des Erbfalls) wiederzugeben (RG **164**, 211), wie sich aus dem Zusammenhang mit § 2111 (Ersatzstücke), aus **I** S 2 (Zwang zur Zeitangabe) und **III** ergibt, da der Erbfallsbestand vom UrkBeamten ja nicht festgestellt werden kann. Wegen etwaiger Veränderungen nach Aufnahme, die nur einmal verlangt werden kann, besteht uU nach § 2127 AuskPfl.

3) Form. Es genügt Schriftform mit Angabe von Datum u Unterschr des VE. Auf Verlangen des NE ist die Unterschr öff zu beglaubigen (s BeurkG 39, 40, 63) od die Aufnahme durch die zuständ Behörde od den zuständ Beamten od Notar zu veranlassen (**I** 2; **III**). Bundesrechtl ist der Notar zuständ (BNotO 20 I). Die Zustdgk der Behörden u Beamten (III) richtet sich nach LandesR (§ 2003 Anm 1); vgl auch KostO 159. Eingehd hierzu Schubart DNotZ **34**, 497. – Der VE kann auch bei eigener Aufnahme die Behörde usw zuziehen (§ 2002). Kosten sind NachlVerbindlichk (§ 1967).

4) Durchsetzung. Das Verlangen des NE muß notf im Prozeß (nicht nach FGG) durchgesetzt werden. Verpflichtg zur eidesstattl Versicherg (wie bei §§ 2006, 2127) besteht nicht (OLG **21**, 325). Bei Mehrh von NE kann jeder von ihnen, auch bei Widerspr der übrigen, nach § 2121 vorgehen (RG **98**, 26). – Ist der NE Kind des VE, gelten in erster Linie §§ 1640, 1686 (RG **65**, 142).

2122 *Feststellung des Zustandes der Erbschaft.* Der Vorerbe kann den Zustand der zur Erbschaft gehörenden Sachen auf seine Kosten durch Sachverständige feststellen lassen. Das gleiche Recht steht dem Nacherben zu.

1) Das Verfahren richtet sich nach FGG 15, 164, was § 2122 klarstellt. Kosten (KostO 120) trägt der AntrSt. – Zum Zweck s § 2121 Anm 1. Die Feststellg kann wiederholt verlangt werden (s aber § 226). Sie kann sich auch auf einzelne Sachen beschränken (Staud/Behrends Rz 2), nicht aber auf den Wert. – Befreiung dch den Erbl ist unzulä (§ 2136 Anm 1a). – VorzeigePfl s § 809.

2123 *Wirtschaftsplan.* ¹Gehört ein Wald zur Erbschaft, so kann sowohl der Vorerbe als der Nacherbe verlangen, daß das Maß der Nutzung und die Art der wirtschaftlichen Behandlung durch einen Wirtschaftsplan festgestellt werden. Tritt eine erhebliche Änderung der Umstände ein, so kann jeder Teil eine entsprechende Änderung des Wirtschaftsplans verlangen. Die Kosten fallen der Erbschaft zur Last.

II Das gleiche gilt, wenn ein Bergwerk oder eine andere auf Gewinnung von Bodenbestandteilen gerichtete Anlage zur Erbschaft gehört.

1) Dem Nießbrauchsrecht (§ 1038) entspricht die Vorschr bis auf die Kostenregelg. – Befreiung ist zulässig (§ 2136). Gesetzl Vorschr (zB über vermehrte Abholzung) gehen vor.

2124 *Notwendige Aufwendungen.* ¹Der Vorerbe trägt dem Nacherben gegenüber die gewöhnlichen Erhaltungskosten.

II Andere Aufwendungen, die der Vorerbe zum Zwecke der Erhaltung von Erbschaftsgegenständen den Umständen nach für erforderlich halten darf, kann er aus der Erbschaft bestreiten. Bestreitet er sie aus seinem Vermögen, so ist der Nacherbe im Falle des Eintritts der Nacherbfolge zum Ersatze verpflichtet.

1) Allgemeines. Die §§ 2124–2126 behandeln im Innenverhältn die Verteilg der Kosten u Lasten zw VE und NE: § 2124 I die gewöhnl Erhaltgs- u Verwaltgskosten u die ordentl Lasten; § 2124 II die notw Aufwendungen, § 2125 I sonstige Verwendungen und § 2126 die außerordentl Lasten. – Befreiung (§ 2136) ist nicht mögl, läßt sich aber prakt durch entsprechende Vermächtnisse od Auflagen herbeiführen. Ebenso können VE u NE abweichende Vereinbarungen treffen.

2) Die gewöhnlichen Erhaltungs- und Verwaltungskosten sowie die **ordentlichen Lasten,** die auf die Zeit der Dauer seines Rechts (§ 103) entfallen, trägt der VE. Beispiele: öff Lasten nach ZVG 10 wie GrdSteuern; Zinsen; die Zinsen der HypGewinnabgabe u, wenn die Abgabenschuld auf einer Rentenverbindlichk beruht, die Abgabeschuld nach LAG 122 III mit II 1; ferner Renten, Versicherungsprämien, Ausbessergs- u Erneuergskosten; notw Ausgaben zur Fortführg eines Betriebes; Düngemittel für landwirtsch Betr (s BGH FamRZ **73**, 187). – Alle Aufwendgn für die Nutzgen hat der VE ggüber dem NE zu tragen (**I**). Er hat also auch nach Eintritt der NErbfolge dafür aufzukommen (§ 2145 I; vgl jedoch § 2130 I 2 u dazu BGH aaO) und haftet bei mangelnder Erhaltg der Erbsch (§§ 2130, 2131).

3) Andere Aufwendungen (II) sind: **außergewöhnliche** Ausbessergn u Erneuergn (§§ 1042, 1043) zB einer Hausfassade (Ffm JW **24**, 987); Ergänzg des vernichteten Inventars od Viehbestandes; währd der VErbfolge aufgelaufene Kosten eines RStreits über einen gg den Nachl gerichteten Anspr od einen der NErbfolge unterliegenden Ggst, sofern die Prozeßführg nicht mutwillig war. – Über Notwendigk u Umfang der Aufwendg entscheidet ebso wie beim Auftrag (§ 670) das gutgl ausgeübte Ermessen des VE (RGRK Rz 8). Ebso wie beim Auftrag (§ 670) ist zu beurteilen, ob der VE die Aufwendgn bei Anwendg der ihm obliegenden Sorgfalt den Umst nach für erforderl halten durfte. – Bestreitet der VE diese Kosten aus der Erbsch (§ 2111), kann er hierzu auch NachlGgstände versilbern od die etwa nötige Einwilligg des NE erzwingen (§ 2120). Bestreitet er sie aus seinem Eigenvermögen (wozu auch die ErbschNutzgen gehören), kann er hierfür vom NErbfall ab (§ 2139) Ersatz sowie Zinsen od Befreiung (§§ 256, 257) verlangen, auch wenn die Erbsch durch die Aufwendg nicht bereichert ist od der VerwendgsGgst dem NE (zB infolge Untergangs; anders § 1001) nicht herausgegeben werden kann. Der NE haftet jedoch ggü dem VE immer beschränkt (§ 2144). – **Außerordentliche Lasten** werden in gleicher Weise behandelt (§ 2126 S 2). –

§§ 2124–2128   5. Buch. 3. Abschnitt. *Edenhofer*

Bezahlt VE eine **Hypothek** am NachlGrdst **mit eigenen Mitteln** (§ 1143 Anm 2), fällt sie an ihn, andernf in den Nachl (KGJ **50**, 214; § 2111 Anm 2a).

2125 *Ersatz von Verwendungen; Wegnahmerecht.* ¹Macht der Vorerbe Verwendungen auf die Erbschaft, die nicht unter die Vorschrift des § 2124 fallen, so ist der Nacherbe im Falle des Eintritts der Nacherbfolge nach den Vorschriften über die Geschäftsführung ohne Auftrag zum Ersatze verpflichtet.

IIDer Vorerbe ist berechtigt, eine Einrichtung, mit der er eine zur Erbschaft gehörende Sache versehen hat, wegzunehmen.

1) Aufwendungen (I), die nicht unter § 2124 fallen (vgl auch § 1049), sind solche, die über den bloßen Erhaltungszweck hinausgehen (zB völlige Umgestaltg des Grdst od Betriebes) od unnütz kostspielige Ausgaben und Kosten eines unnötigen Prozesses (vgl Anm 3 zu § 2124). Für sie kann der VE Ersatz ledigl nach den Grdsätzen der auftragslosen GeschFührg (§§ 683f) fordern. Bei Ausgaben, die nicht unter § 2124 od § 683 fallen, besteht nur der BereichergsAnspr, sofern der NE nicht genehmigt hatte (§ 684 S 1 u 2). Daß der VE solche Aufwendgen (zu Unrecht) aus der Erbsch bestritten hat, befreit ihn nicht von der HerausgPfl des § 2130.

2) Das Wegnahmerecht (II; § 258) betrifft nicht nach § 2111 II einverleibte Inventarstücke (aM MüKo/Grunsky Rz 3; Soergel/Harder Rz 3), sond zB eingefügte Öfen, Lampen, SicherhSchlösser usw, auch wenn die Sachen wesentl Bestandteil eine NachlGgst geworden sind (vgl § 1049 Anm 1c). Verpflichtet zur Wegnahme ist der VE nicht.

2126 *Außerordentliche Lasten.* Der Vorerbe hat im Verhältnisse zu dem Nacherben nicht die außerordentlichen Lasten zu tragen, die als auf den Stammwert der Erbschaftsgegenstände gelegt anzusehen sind. Auf diese Lasten finden die Vorschriften des § 2124 Abs. 2 Anwendung.

1) Außerordentliche Lasten treffen den NE, da ihm auch die Substanz des Vermögens gebührt, währd dem VE nur die Nutzgen zustehen. Bspl: die Erblasserschulden und die meisten Erbfallschulden (§ 1967 Anm 1); Vermächtnisse u Auflagen, die nicht dem VE allein auferlegt sind; PflichtLasten; fällig werdende GrdstBelastgen (bei Rentenvermächtn Auslegsfrage, RG Recht **09** Nr 694); regelm wiederkehrende Tilgungsbeträge, die der VE auf eine TilggsHyp geleistet hat (Stgt BWNotZ **61**, 92; Soergel/Harder Rz 3; str); Erschließgsbeiträge (vgl BauGB 123ff); außerordentl Vermögensabgaben (KG JW **20**, 564).

2) Steuern. Die durch die VErbsch veranlaßte Erbschaftsteuer hat der VE, der als Erbe gilt (ErbStG 6 I; s Einf 4 vor § 2100) aus Mitteln der VErbsch zu entrichten (ErbStG 20 IV); sie fällt also unter § 2126. – Außerordentl Last ist auch nach EStG 17 im Falle der Veräußerg von Anteilen an Kapitalgesellsch bei wesentl Beteiligg anfallende Steuer (BGH **LM** Nr 3); auch die im Fall der Veräußerg od Aufgabe des GewerbeBetr nach EStG 16 anfallde EinkSt auf den Veräußerungsgewinn (BGH NJW **80**, 2465). – Die laufende Vermögensteuer ist dagg keine außerordentl Last; sie trifft den VE persönlich (Erman/Hense Rz 1).

2127 *Auskunftsrecht des Nacherben.* Der Nacherbe ist berechtigt, von dem Vorerben Auskunft über den Bestand der Erbschaft zu verlangen, wenn Grund zu der Annahme besteht, daß der Vorerbe durch seine Verwaltung die Rechte des Nacherben erheblich verletzt.

1) Nur bei Gefährdung seiner Rechte stehen dem NE die Sichergsmittel der §§ 2127–2129 (Auskunft; Sicherh; Entziehg der Verwaltg), bei mehreren NE jedem einzelnen auch gg den Willen der übrigen (RG LZ **19**, 252) zur Seite. Befreiung des VE ist zulässig (§ 2136).

2) Die Auskunft kann nur währd der VErbsch und nur über den ggwärtigen Bestand (nicht auch über den Verbleib) verlangt werden. Nach Eintritt des NErbfalls gilt § 260 (§ 2130 II). Der ErsatzNE kann sie nicht verlangen, es wird sich idR auf spätere Veränderg des ErbschBestandes beziehen, falls das Verzeichn des § 2121 bereits vorliegt (vgl dort Anm 2). – Das Verlangen ist für unbek Erben von Pfleger (§ 1913), im Falle des § 2222 vom TestVollstr sowie von jedem NE gesondert geltd zu machen und notf im Prozeß durchzusetzen (s BGH WM **66**, 373). Der Anspr kann **wiederholt** geltd gemacht werden, wenn ein neuerl Grd gegeben ist.

3) Die Besorgnis einer **erheblichen Verletzung** der Rechte des NE auf Herausg der Erbsch (§ 2130) dch die Verwaltg des VE rechtfertigt allein das AuskVerlangen, also nicht schon eine ungünstige Vermögenslage des VE wie bei § 2128. War die betreffende Maßn des VE ordngsmäß zur NachlVerwaltg erforderl und der NE somit zur Einwilligg (§ 2120) verpflichtet, können seine Rechte nicht verletzt werden (RG **149**, 68). – Über AuskunftsR des NE ggü dem VE Beschenkten s § 2113 Anm 2 h. Keinen AuskunftsAnspr hat der pflichttber NE gem § 2314 (BGH NJW **81**, 2051).

2128 *Sicherheitsleistung.* ¹Wird durch das Verhalten des Vorerben oder durch seine ungünstige Vermögenslage die Besorgnis einer erheblichen Verletzung der Rechte des Nacherben begründet, so kann der Nacherbe Sicherheitsleistung verlangen.

IIDie für die Verpflichtung des Nießbrauchers zur Sicherheitsleistung geltenden Vorschriften des § 1052 finden entsprechende Anwendung.

1) Die Besorgnis einer erhebl Verletzg der NERechte muß sich ergeben entw aus dem (auch unverschuldeten, RG JW **20**, 380) **Verhalten** des VE (zB unentgeltl Vfgen; Unterlassg der Kündigg u Eintreibg von

Fdgen; der Geldanlegg; unwirtschaftl Verwaltg des eigenen Vermögens, Warn **22** Nr 17) od aus der ungünst **Vermögenslage** des VE, gleichgültig, wann sie eingetreten ist. SicherhLeistg ist nach §§ 232 ff in Höhe des NachlWerts zu erbringen (OLG **39**, 25), soweit nicht nur geringer Schaden droht, etwa weil der VE über Teile des Nachl nach §§ 2113 ff nicht verfügen kann. Die Pfl zur SicherhLeistg besteht nicht mehr, wenn wg Beendigg der VErbsch schon Herausg verlangt werden kann. – Der Anspr ist im Prozeßweg geltd zu machen (**II**; § 1052 I).

2) Zwangsverwaltung (II, § 1052) kann nach Verurteilg zur SichLeistg im Wege der ZwVollstr auf Antr nach Fristsetzg (ZPO 255, 764) vom VollstrG angeordnet werden mit der Folge des § 2129. Der Verwalter darf erst bestellt werden, wenn die Frist zur SicherhLeistg fruchtlos verstrichen ist. Zum Verwalter kann auch der NE, nicht aber der VE eingesetzt werden (Soergel/Harder Rz 6). – Das Recht des Eigtümers aus § 1054 steht dem NE nicht zu (Celle HRR **34** Nr 1683). – Die Anordng ist aufzuheben, wenn die Sicherh nachträgl geleistet wird (§ 1052 III). – Die Vergütg des Verwalters, die den Einkünften zu entnehmen ist, setzt das VollstrG fest (OLG **19**, 155). – **Allgemeine Sicherungsmaßregeln** durch Arrest u einstw Vfg (ZPO 916 ff, 935 ff) können auch bei Befreiung (§ 2136) von den Beschränkgen des § 2128 erlassen werden (OLG **12**, 373).

2129 **Entziehung der Verwaltung.** ¹Wird dem Vorerben die Verwaltung nach den Vorschriften des § 1052 entzogen, so verliert er das Recht, über Erbschaftsgegenstände zu verfügen.

IIDie Vorschriften zugunsten derjenigen, welche Rechte von einem Nichtberechtigten herleiten, finden entsprechende Anwendung. Für die zur Erbschaft gehörenden Forderungen ist die Entziehung der Verwaltung dem Schuldner gegenüber erst wirksam, wenn er von der getroffenen Anordnung Kenntnis erlangt oder wenn ihm eine Mitteilung von der Anordnung zugestellt wird. Das gleiche gilt von der Aufhebung der Entziehung.

1) Durch Zwangsverwaltung wg unterbliebener SichLeistg (§§ 2128, 1052) wird dem VE nicht nur die Verwaltg (vgl auch ZVG 148 II), sond auch das VfgsR (§ 2122) entzogen. Diese Wirkg tritt mit der Vollstreckbark der Entscheidg des VollstrG, also mit ihrem Erlaß ein (ZPO 793; 794 I Nr 3). Die Erbsch ist dem Verwalter herauszugeben. Das NutzgsR des VE bleibt aber bestehen. Verfügen des VE können nur durch Genehmigg des NE (§ 185 II) wirks werden (RGRK Rz 2). Dem Verwalter steht das VfgsR im gleichen Ausmaß wie vorher dem VE zu (Soergel/Harder Rz 2). – Die Eintrag der Vfgsbeschrkg erfolgt nicht nach GBO 51, sond nach GBO 13, 22 auf Antr des Verwalters od NE oder auf Ersuchen des VollstrG (GBO 38).

2) Gutglaubensschutz. Durch die Eintragg der Vfgsbeschrkg wird § 2113 III ausgeschlossen Andernfalls kommt es auf Kenntn des Erwerbers von dem Bestehen der Vfgsbeschrkg an (§ 892). Verfügen des VE über bewegl Sachen (§§ 932 ff) sind nur wirks, wenn der Erwerber die Anordng der Verwaltg ohne grobe Fahrlk nicht kennt. – Durch **II** 2 sind die Schuldner (nicht die Erwerber solcher Fdgen) bes geschützt (vgl auch § 1070 II, § 1275; ZVG 22 II), da ihnen ja die ZwVerwAnordng nicht (wie bei ZPO 829) gerichtl zugestellt wird. Doch kann diese Zustellg auf bes Antr des NE od nach § 132 erfolgen. Der Erbschein (§ 2366), der über Vfgsbefugn nichts besagt, vermittelt keinen guten Glauben.

2130 **Eintritt der Nacherbfolge.** ¹Der Vorerbe ist nach dem Eintritte der Nacherbfolge verpflichtet, dem Nacherben die Erbschaft in dem Zustande herauszugeben, der sich bei einer bis zur Herausgabe fortgesetzten ordnungsmäßigen Verwaltung ergibt. Auf die Herausgabe eines landwirtschaftlichen Grundstücks findet die Vorschrift des § 596a, auf die Herausgabe eines Landguts finden die Vorschriften der §§ 596a, 596b entsprechende Anwendung.

IIDer Vorerbe hat auf Verlangen Rechenschaft abzulegen.

1) Herausgabeanspruch. Die Verpflichtg zur Herausgabe (von der Befreiung erteilt werden kann, § 2136) entsteht mit dem NErbfall (§§ 2100, 2106, 2139), meist also beim Tod des VE od bei Geburt des NE. Sie trifft den VE, bei Tod des VE dessen Erben (RG **163**, 53), der durch Herausgabe der Erbsch an einen Nichtnacherben nicht befreit wird (Warn **18** Nr 213).

a) Rechtsnatur. Der gesetzl HerausgAnspr ist kein rein schuldrechtl, auf Verschaffg des Eigt gerichteter (denn Eigtümer wird der NE schon mit dem NErbfall, § 2139) und ähnelt insow dem ErbschAnspr (§ 2018), unterscheidet sich jedoch von diesem wesentl dadurch, daß er stets gg den VE gerichtet ist, gleich in wessen Besitz die NachlGgstände sind, und daß der VE auf Zeit vollberecht war (vgl aber § 2018 Anm 3 aE). Bestreitet der VE den Eintritt des NErbfalls, steht dem NE der Anspruch aus § 2018 zu (RGRK Rz 4; aA Staud/Behrends Rz 23).

b) Inhalt. Der Anspr geht auf Herausgabe der **Erbschaft** (wie eine Pachtsache, § 596) in dem Zustande, zu dem sie sich bei fortgesetzt ordnungsmäßiger Verwaltg des Nachl entwickelt haben müßte (s Benk RhNK **79**, 53/57), umfaßt also auch Surrogate und nicht nur die beim Tod des Erbl vorhanden gewesenen NachlGgstände (vgl § 2111). Demgemäß kann der VE für laufende Aufwendgen grdsätzl keinen Ersatz verlangen, auch wenn die damit erzielten Früchte in die Zeit der NErbsch fallen (jedoch besteht Sonderregelg hins Wert- od AufwendgsErsatz für Früchte u zurückgelassene Erzeugnisse bei landwirtschaft Grdstücken od Landgut, **I** 2; dazu BGH FamRZ **73**, 188). Der im vollem Umfang **befreite** VE (§ 2137) ist dagg nur zur Herausg der bei ihm noch vorhandenen ErbschGgstände (einschl der Ersatzvorteile) verpflichtet (§ 2138). Dazu gehört aber auch eine vollstreckb Ausfertigg, die der VE oder dessen Erben nach dem NErbfall sich haben erteilen lassen (RG **163**, 55). Da VE und NE zeitl nacheinander u dann jeder für sich berecht sind (OLG **23**, 373; Einf 3 vor § 2100), findet zwischen ihnen **keine eigentliche Erbauseinandersetzung** statt, eine Auseinandersetzg vielm nur bzgl der Verteilg der Früchte nach § 101 (Warn **08** Nr 71). –

§§ 2130–2134   5. Buch. 3. Abschnitt. *Edenhofer*

Über Ansprüche des VE s §§ 2124, 2125. Seiner HerausgPflicht kann er uU ein ZurückbehaltgsR (§ 273 II) entgghalten (Staud/Behrends Rz 17).

c) Testamentsvollstrecker. Ist derselbe TV für VE und NE ernannt, entfällt eine Herausgabe. Es genügt, wenn der TestVollstr sich einseitig vom bisherigen BesitzmittlgsVerhältn zum VE löst u nunmehr für den NE die Erbsch besitzt (vgl § 868 Anm 4c).

2) Fürsorgepflicht. Als Ausgl des Vfgs- und Nutzgsrechts des VE obliegt ihm als gesetzl Verbindlichk eine gewisse VerwaltgsPfl (materielle FürsorgePfl), zu der die formelle RechenschPfl des II hinzutritt. Im übr darf der NE nicht eine einzelne VerwaltgsHdlg des VE herausgreifen, sond muß das Gesamtergebn der Verwaltg des VE berücksichtigen. Daraus, daß dieses Ergebn erst am Schluß der Verwaltg vorliegt u erst dann Ersatz- und RechenschAnspr erhoben werden können, erkl sich die eigenartige Fassg des § 2130 I 1, der den Zustand der herauszugebenden Erbsch der VerwaltgsPfl voranstellt (Flad AkZ **36**, 420f).

3) Die Rechenschaftspflicht, II, bezieht sich (abgesehen von § 2133) nicht auf solche Einnahmen, die Nutzgen sind, noch auf solche Ausgaben, die gewöhnl Erhaltgs- u VerwaltgsKosten (§ 2124 I) sind. Die gem § 259 zu legende Rechng ist also beschränkter als die für eigentl Verwaltg fremden Gutes. Doch ist der VE sowohl hins seiner Grds ordnungsmäßiger RechenschPfl (§ 259) wie der HerausgVerpflichtg (§ 260) ggf zur Vers an Eides St verpflichtet. Auf ein bereits gem § 2121 mitgeteiltes NachlVerzeichn kann er Bezug nehmen, muß aber die Veränderngen bis zur Herausg angeben. Die Erfüllg der Pflichten muß erforderlichenf durch Klage erzwungen werden (Staud/Behrends Rz 21).

2131 *Haftung des Vorerben.* **Der Vorerbe hat dem Nacherben gegenüber in Ansehung der Verwaltung nur für diejenige Sorgfalt einzustehen, welche er in eigenen Angelegenheiten anzuwenden pflegt.**

1) Nur Sorgfalt in eigenen Angelegenheiten ist subjektiver HaftgsMaßstab (vgl §§ 276, 277, 690, 708, 1359, 1664), wie dies dem vermutl ErblWillen u der Stellg des VE als Erben u Eigtümer der NachlSachen entspricht (Prot **5**, 96). Es handelt sich hier ja nicht um geschäftl, sond um persönl Verhältnisse. – Währd § 2130 von dem Grds ordnungsmäßiger Verwaltg (obj Maßstab) ausgeht, ist dem VE durch § 2131 der GgBeweis offengelassen, daß er in eigenen Angelegenheiten nicht sorgfältiger verfahre. Hiernach richtet sich ua, ob u inwieweit der VE NachlGgstände zu versichern u bereits vom Erbl abgeschlossene Versicherngen fortzusetzen hat. Befreiung nach § 2136 ist mögl. Für grobe Fahrlk haftet der VE (§ 277), wenn er nicht befreit ist (§§ 2136, 2137); bei absichtl Benachteiligg des NE (RG **70**, 334) haftet er aber auch dann (§ 2138 II).

2) Der subjektive Maßstab gilt nicht, soweit dem VE eine bestimmte Handlgsweise (§§ 2112–2119) wie zB Beurteilg der Unentgeltlichk einer Vfg (§§ 2113, 2133) oder Wertersatz (§ 2134) vorgeschrieben ist (RG **73**, 6; Schmidt FamRZ **76**, 683/689 zur Haftg bei unentgeltl Vfgen üb Gesamthandsgegenstände).

2132 *Keine Haftung für gewöhnliche Abnutzung.* **Veränderungen oder Verschlechterungen von Erbschaftssachen, die durch ordnungsmäßige Benutzung herbeigeführt werden, hat der Vorerbe nicht zu vertreten.**

1) In Ausführung des Verwaltungsgrundsatzes (§ 2130) ist hier klargestellt, daß der VE zur Benutzg berechtigt und seine Hdlg, auch wenn völliger Verschleiß eintritt, nicht rechtswidr ist (vgl §§ 548, 602, 1050). Er haftet an sich für Veränderngen u Verschlechtergen, kann aber den GgBeweis ordnungsmäßiger Benutzg od aus § 2131 führen. Der befreite VE (§ 2136) braucht nicht einmal diesen zu erbringen.

2133 *Übermäßige Fruchtziehung.* **Zieht der Vorerbe Früchte den Regeln einer ordnungsmäßigen Wirtschaft zuwider oder zieht er Früchte deshalb im Übermaße, weil dies infolge eines besonderen Ereignisses notwendig geworden ist, so gebührt ihm der Wert der Früchte nur insoweit, als durch den ordnungswidrigen oder den übermäßigen Fruchtbezug die ihm gebührenden Nutzungen beeinträchtigt werden und nicht der Wert der Früchte nach den Regeln einer ordnungsmäßigen Wirtschaft zur Wiederherstellung der Sache zu verwenden ist.**

1) Übermaßfrüchte (vgl wg des Nießbrauchers § 1039), die der VE gezogen hat, gehören ihm zwar als Eigtümer (§ 953). Ob sie ihm auch gebühren (vgl § 2111), dh ob er sie behalten darf, bestimmt § 2133 in Abweichg von § 101, soweit nicht der VE befreit ist (§ 2136). Der Mehrertrag ist dem NE nach Eintritt der NErbfolge herauszugeben bzw in Geld zu ersetzen, soweit nicht der VE durch den Raubbau einen Ausfall an Früchten erleidet. Der VE erhält die Übermaßfrüchte aber nicht, soweit sie zur Wiederherstellg notw sind. – Der Anspr des NE ist schuldrechtlicher Art. Hier findet eine Art Auseinandersetzg statt. Eine Pfl, für die Erstattg der Früchte Sicherh zu leisten (§ 1039 I 2), besteht nicht, unbeschadet des § 2128. Die Übermaßfrüchte sind keine ErbschGstände, auch nicht iS des § 2134. – **Besonderes Ereignis** kann Windbruch, Schneebruch, Raupenfraß sowie eine gesetzl Anordng sein.

2) Schadensersatz kann der NE verlangen, wenn durch den Raubbau die Substanz der Erbsch unter Verletzg der eigenen Sorgfalt (§ 2131) angegriffen u geschädigt wurde.

2134 *Eigennützige Verwendung.* **Hat der Vorerbe einen Erbschaftsgegenstand für sich verwendet, so ist er nach dem Eintritte der Nacherbfolge dem Nacherben gegenüber zum Ersatze des Wertes verpflichtet. Eine weitergehende Haftung wegen Verschuldens bleibt unberührt.**

Testament. 3. Titel: Einsetzung eines Nacherben §§ 2134–2136

1) Die Forderung auf Wertersatz tritt an die Stelle der vom VE für sich verbrauchten od sonst verwendeten ErbschGgstände (Sachen u Rechte einschl Ersatzvorteile, § 2111), deren Herausg (§ 2130) dadurch unmögl wird. Zu denken ist dabei an (zB zur Tilgg eigener Schulden des VE verwendetes) Geld u andere verbrauchbare Sachen (§ 92); Verbindg, Vermischg u Verarbeitg (§§ 946, 948, 950), zB wenn der VE auf eigenem Grdst mit ErbschMitteln ein Haus bauen läßt (Wolf JuS **81**, 14/17). Wird bei Vfg üb Ggstände der NachlSubstanz das Surrogat Bestandteil der Erbsch (§ 2111), entsteht dem NE meist kein Nachteil so daß § 2134 ggü § 2111 zurücktritt (BGH **40**, 115/124). – Maßgebd für den Wert ist die Zeit der Verwendg. Die Ersatz- u VerzinsgsPfl tritt aber erst mit dem NErbfall ein.

2) Eine weitergehende Haftung nach §§ 249ff, 280 ist gegeben, wenn die Verwendg den Grdsätzen ordngsmäßiger Verwaltg widersprach. Sie geht bei Verschulden, dh Verletzg der Eigensorgfalt (§ 2131), auf Ersatz des den Wertersatz übersteigden Schadens (s Staud/Behrends Rz 5).

3) Die Nutzung, nicht die Substanz der Erbsch steht dem VE zu (s § 2100 Anm 3). ErbschGgstände gg Wertersatz für sich zu verwenden, ist dem VE nicht allg gestattet, da sonst ja die vom G vorausgesetzte weitergehende Haftg wg Verschuldens **(S 2)** nicht denkb wäre. Ob der VE (insb die Witwe) in Zeiten der Not das Kapital entgg § 2134 angreifen darf, ist Frage der Auslegg, die davon abhängt, ob der Erbl in erster Linie den VE sicherstellen od dem NE das Kapital erhalten wollte (RGRK Rz 5). – **Für den befreiten Vorerben** (§§ 2136, 2137) hat es bei der HerausgPfl des § 2138 iVm § 2111 sein Bewenden (BGH **NJW 77**, 1631; **83**, 2874). Der **nicht** befreite VE kann jed nicht wirks einen eerbten GesellschAnteil gg Leibrente veräußern (BGH **69**, 47 mAv Johannsen **LM** Nr 16 zu § 2113).

2135 *Einfluß der Nacherbfolge auf Miete und Pacht.* Hat der Vorerbe ein zur Erbschaft gehörendes Grundstück oder eingetragenes Schiff vermietet oder verpachtet, so finden, wenn das Miet- oder Pachtverhältnis bei dem Eintritte der Nacherbfolge noch besteht, die Vorschriften des § 1056 entsprechende Anwendung.

1) Bei Grundstücken (und eingetr Schiffen) ist der NE an die weiter bestehen bleibenden Miet- u PachtVertr des VE gebunden, kann sie aber nach Eintritt der NErbfolge unter Einhaltg der gesetzl Fristen kündigen (§ 1056 II), wobei etwaige Einschränkgen dch das soziale MietR zu beachten sind (s Einf 13 vor § 535). Der Mieter hat dagg kein KündiggsR aGr des NErbfalls. – Dagg ist bei Miete od Pacht **beweglicher** ErbschSachen der NE nicht an den vom VE geschlossenen Vertr gebunden und kann mit Eintritt der NErbfolge vom Mieter od Pächter die Herausg der bewegl Sache verlangen; Mieter u Pächter haben uU SchadErsAnspr gg den VE (Staud/Behrends Rz 13).

2) Die Verweisung auf § 1056 bedeutet, daß bei Miete od Pacht unbewgl Sachen §§ 571, 572, 573 I, 574–576 u 578 entspr anzuwenden sind (§ 1056 I). Auch nach Eintritt des NE (§ 571 I) haftet der VE dem Mieter für etwaige SchadErsAnsprüche wie ein selbstschuldnerischer Bürge; er kann sich jedoch dch Mitteilg des Eintritts der NErbfolge an den Mieter für die Zukunft befreien (§ 571 II). VorausVfgen des VE über den Mietzins und Aufrechngen des Mieters sind nach Maßg des § 573 S 1, 574, 575 wirks. Da § 573 S 2 nach 1056 I nicht gilt, braucht der NE Vfgen des VE über den Mietzins einer Zeit, die noch über den dem NErbfall folgden Kalendermonat hinaus liegt, auch dann nicht gg sich gelten zu lassen, wenn er zZ des Eintritts der NErbfolge von der Vfg Kenntn hatte. – §§ 404, 422 werden dch die spezielleren §§ 574, 1056 I ausgeschl. – Mietvertragl **Baukostenzuschuß** od bereits im Mietvertrag ausbedungene Mietvorauszahlgen bleiben jedoch auch ggü dem NE wirks (vgl § 573 Anm 1b; § 1124 Anm 2c); dem NE ist in entspr Anwendg von ZVG 57a–c das KündR versagt, wenn die Kündigg bis zum Abwohnen des BaukZuschusses ausgeschl ist (Staud/Behrends Rz 11; Soergel/Harder Rz 4). – Im Falle der Veräußerg des Miet- oder PachtGrdstücks durch den NE od beim Eintritt einer weiteren NErbfolge finden die Grdsätze nach Maßg des § 579 entspr Anwendg. – Verlangt der Mieter od Pächter die Zustimmg des NE, kann der VE nach § 2120 dessen Einwilligg zu dem abzuschließden Vertr beanspruchen, wenn die Vermietg od Verpachtg zur ordnsgemäß Verwaltg erforderl ist.

2136 *Befreiung des Vorerben.* Der Erblasser kann den Vorerben von den Beschränkungen und Verpflichtungen des § 2113 Abs. 1 und der §§ 2114, 2116 bis 2119, 2123, 2127 bis 2131, 2133, 2134 befreien.

1) Befugnisse des Erblassers. Da die RStellg des VE gesetzl nur zT zwingend ausgestaltet ist, kann ihn der Erbl zum einen über die gesetzl Beschränkgen hinaus weiter beschränken (auch dem befreiten VE, RG **JW 38**, 1454; BayObLG **58**, 304; **59**, 128) und ihm die Verwaltg des Nachl u dch die Vfg oder NachlGgstände durch Bestellg eines TestVollstr ganz entziehen (§ 2209) sowie das FruchtbezugsR durch NießbrVermächtn einem anderen einräumen od bestimmen, daß der auf die Zeit der VErbfolge entfallende Fruchtertrag beim NErbfall dem NE herauszugeben ist. Der Erbl kann aber auch umgekehrt dem VE eine größere Vfgsfreiheit zugestehen, dabei aber nicht weiter gehen als § 2136 zuläßt (BGH **7**, 276), auch nicht dadurch, daß er dem VE zum alleinigen TestVollstr für den NE (JFG **11**, 126; dazu § 2222 Anm 1) od zum Generalbevollmächt bestellt (RG **77**, 177; Soergel/Harder Rz 1). Doch ist eine solche unzuläss Befreiung nicht immer nichtig. Bei gemeinschaftl Test kann die Auslegg ergeben, daß in Wahrh der Überlebende VollE und der „NE" nur Erbe des Überlebenden sein soll. Notf kann auch Umdeutg zu Gunsten beider Ergebn führen (§ 140; Karlsr OLGZ **69**, 500). Über Deutg als Vollerbeinsetzg mit befristeten Vermächtn s § 2137 Anm 2.

a) Schranken. Der Erbl kann den VE nicht von allen Beschränkgen befreien. Das G gestattet dies ihm nicht für unentgeltl Vfgen (§ 2113 II; BGH **7**, 276) od von der dingl Surrogation (§ 2111; Roggendorf RhNK **81**, 30) sowie hinsichtl VollstrMaßnahmen (§ 2115) oder der Pfl zur Inventarisierung (§§ 2121, 2122) und zum SchadErs (§ 2138 II). Bei 2111 hilft ggf VorausVermächtn für den VE. Die Verpfl zur Inventarisierung kann der Erbl dem VE erleichtern, indem er den gesamten Hausrat von der NErbsch ausschließt u dem VE

1981

§ 2136 1-3

allein überläßt; die Beschränkg der HerausgabePfl (§ 2138 I) ändert dagg nichts daran, daß ein Inbegriff von Ggst (§ 260) herauszugeben u der VE daher zur Vorlage eines Verzeichn u evtl dessen Bekräftigg dch eidesst Vers verpflichtet ist.

b) Verfügungen von Todes wegen. Eröffnet der Erbl dem VE sogar die Möglichk zu anderwt letztw Vfgen, liegt keine Befreiung vor, sond die Anordng einer NErbfolge unter der auflösenden Bedingg, daß der VE nicht abweichend üb die ihm zugewendete Erbsch testiert (Einzelh s § 2065 Anm 3).

2) Die Anordnung der Befreiung muß in einer letztw Vfg des Erbl enthalten sein. Eine bestimmte Ausdrucksweise ist dafür nicht vorgeschrieben (Köln HEZ **3**, 36). Jedoch muß der Befreiungswille in der letztw Vfg selbst irgendwie zum Ausdr kommen, wenn auch nur andeutgsweise od versteckt und dann iVm sonstigen bei TestAusleg verwertbaren Umständen (BayObLG **74**, 312; FamRZ **76**, 549; BGH RdL **69**, 101; LG Stgt Rpfleger **80**, 387) und kann nicht allein nur aus Umständen außerh der Urk gefolgert werden (hier möglicherw Anfechtg, Kblz DRZ **50**, 160; § 2081 Anm 1).

a) Einzelfälle. In der Einsetzg zum AlleinE liegt noch keine Befreiung, da auch der nicht befreite einzige VE AlleinE ist (BGH FamRZ **70**, 192; BayObLG **58**, 303). Die Kinderlosigk von Ehegatten, die sich in einem gemeinschaftl Test zu VE einsetzen und Verwandte od Dritte zu NE, spricht allein nicht regelm für befreite VErbsch (BayObLG **60**, 432); jedenf für ländl Verhältn besteht dafür keine Vermutg (BGH NJW **51**, 354; s auch § 2269 Anm 3 u BayObLG **58**, 109). Jedoch kann der zum VE eingesetzte Ehegatte stillschweigend befreit sein, wenn der Erbl wg Fehlens eigener Abkömmlinge entferntere Verwandte zu NE eingesetzt u der VE wesentl zum Vermögenserwerb des Erbl beigetragen hat (BayObLG **60**, 437). Der teilweise als VollE eingesetzte VE ist nicht ohne weiteres befreit (BayObLG **58**, 109). Dagg kann auch in Einräum der „unbeschränkten Verwaltg" Befreiung gefunden werden, da nach dem gewöhnl SprachGebr unter den Begriff der Verwaltg auch die Vfg (§ 2137 II) fällt; desgleichen in einem NießbrVermächtn mit der Befugn freier Vfgen über den ganzen Nachl (Oldbg NdsRpfl **51**, 198). Einräum „lebenslänglicher Nutznießg und Verfügg" wird idR keine Befreiung enthalten, soweit nicht die freie Vfg (§ 2137 II) durch Ausleg festgestellt werden kann (RG HRR **31** Nr 1050). Ein testamentar Verbot, den Nachl an andere als Blutsverwandte weiterzuvererben, kann als Anordng einer befreiten Vorerbsch auszulegen sein (BayObLG **58**, 225).

b) Bedingte Erbeinsetzung. Der dch gemeinsch Test zum alleinigen VollE eingesetzte überlebende Ehegatte ist, wenn für den Fall der Wiederverheiratg (§ 2269 Anm 5) eine Einsetzg der Kinder zu NE erfolgt ist, iZw befreiter VE; denn bis zur Wiederverheiratg soll er, soweit als mögl, das VfgsR über den Nachl gleich einem unbeschränkten Erben haben. Diesem ErblWillen wird die Annahme befreiter VErbsch am ehesten gerecht (Hamm DNotZ **72**, 96; s auch § 2269 Anm 5b; Johannsen WM **70**, 9). Dies gilt auch bei einem einseitigen Test, durch das der überlebende Ehegatte zum VollE mit bedingter NEEinsetzg der Kinder für den Fall der Wiederverheiratg eingesetzt wird (BGH FamRZ **61**, 275; s auch LG Köln RhNK **62**, 549); ebso bei erst im Todesfall möglicherw ausfallender Bedingg (KG JFG **17**, 154; s auch Staud/Behrends Rz 21). BGH BWNotZ **59**, 205 läßt die Frage dahingestellt, ob der vom KG JFG **17**, 154 ausgesprochene Erfahrgssatz von der Befreiung des überlebden Eheg auf alle Fälle von bedingter Erbeinsetzg dieser Art ausgedehnt werden kann; einschränkd auch Mannh MDR **60**, 497. Gg solchen Befreiungswillen spricht die Anordng einer TestVollstrg mit der bes Auflage, den Nachl od einen bestimmten NachlGgst den NE zu sichern (s hierzu allg Staud/Behrends Rz 26).

3) Zulässige Befreiungen, die iZw nur für den VE persönl gelten (nicht auch für dessen Erben), auch bedingt mögl sind (zB nur für den Not- od Pflegefall) u auch lediglich ggü einzelnen von mehreren NE erteilt werden können (LG Stgt Rpfleger **80**, 387), sind von folgenden Beschränkgen u Verpflichtgen (insgesamt, einzeln od in Verbindg miteinander) möglich:

a) §§ 2113 I, 2114. Befreiung von der Beschränkg in der Vfg über erbschaftl **Grundstücke** und **Rechte** an solchen ist regelm anzunehmen, wenn dem VE die Verpflichtg zur Übereignng eines Grdstücks an einen anderen (auch wenn dieser nicht MitE ist) durch Vermächtn od Teilgsanordng auferlegt ist (KG HRR **41** Nr 129; BayObLG **60**, 411) od dch NachlAuseinandersetzg gem § 2048 (Deimann Rpfleger **78**, 244). Die Befreig kann dem VE auch lediglich ggü einzelnen NE erteilt werden (LG Stgt Rpfleger **80**, 387). – Der **Hoferbe** hat nicht die Stellg eines befreiten VE (BGH **21**, 234). Jedoch kann in als HofVE eingesetzter Abkömml (Celle RdL **67**, 44) od Ehegatte von § 2113 I befreit werden (BGH RdL **61**, 261; aM Celle DNotZ **58**, 583). Hat der Erbl seine Ehefrau zum HofE eingesetzt u ihr dabei die Befugn erteilt, unter bestimmten Voraussetzgen über die HofGrdstücke zu verfügen, muß hierin keine Befreiung liegen; es ist auch die Ausleg mögl, daß GrdstVeräußergen zwar der Zustimmg des NE bedürfen, dieser aber bei Vorliegen der Voraussetzgen zur Erteilg der Zustimmg verpflichtet ist (Celle RdL **63**, 127).

b) Die dem Schutz des NE dienenden **Verpflichtungen** zur Hinterlegg bzw Umschreibg von Wertpapieren u zur Anlegg von Geld (§§ 2116–2119); zur Aufstellg eines WirtschPlans (§ 2123); zur AuskErteilg und SicherhLeistg (§§ 2127–2129); zur ordnungsmäß Verwaltg (§§ 2130, 2131) und zum Wertersatz für Raub- u Übermaßfrüchte und für verwendete ErbschGgstände (§§ 2133, 2134; dazu BGH NJW **77**, 1540, 1631). Auch § 2126 gilt bei befreiter VErbsch (BGH NJW **80**, 2465).

c) Durch Vorausvermächtnis kann der Erbl über die Befreig von § 2134 hinaus bestimmen, daß einzelne ErbschGgstände an den NE nicht herauszugeben sind. Auch kann er den VE durch Vermächtn von der Verpflichtg der Lastentragg des § 2124 I befreien, sowie ihm ein Vorausvermächtn zur unbeschränkten, also auch unentgeltl od letztw Vfg über einzelne ErbschGgstände zuweisen (RGRK Rz 5, 7).

d) Güterrecht. Ob ein Übergabevertr, dch den ein in ZugewinnGemsch lebder Ehegatte als befreiter VE ein NachlGrdst vorzeit an den künft alleinigen NE überträgt, der Zustimmg des and Eheg nach § 1365 bedarf, ist bestr (s Eble, Haegele RPfleger **70**, 419, 422).

Testament. 3. Titel: Einsetzung eines Nacherben §§ 2136–2139

4) Im Erbschein ist die Befreiung des VE anzugeben (§ 2363 I 2) und zwar nicht nur eine völlige Befreiung, sond auch die von den Beschrkgen der §§ 2113 I, 2114 (vgl hierzu den besser gefaßten GBO 51). Dieser Vermerk, dessen Fassg (§ 2363 I 2) sich an § 2137 anschließt, dient dazu, die Befreiung von den VfgsBeschrkgen der §§ 2113 I, 2114 im Rechtsverkehr u ggü Behörden (insb vor dem GBA, vgl GBO 35) darzutun. Die Befreiung von gesetzl Verpflichtgen gehört in den Erbschein als einen VfgsAusweis nicht hinein (OLG **34**, 290).

5) Im Grundbuch (GBO 51) ist bei der Eintragg des VE, soweit dieser von den Beschränkgen seines Vfgsrechts befreit ist, auch die Befreiung vAw zu vermerken; also nicht nur die gänzl Befreiung, sond auch die bloße Befreiung von den VfgsBeschrkgen der §§ 2113 I, 2114 (die anderen Befreiungen interessieren für den GBVerkehr nicht). Diese Eintragg ist notw, da das GB sonst unrichtig werden würde und sie die Vfg des VE ggü Erwerbern u dem GBA erleichtert. Aus der Eintragg der Befreiung ist die grdbuchrechtl VfgsBefugn für Löschgen zu entnehmen und es bedarf nur noch des **Nachweises der Entgeltlichkeit** (§§ 2113 II, 2136). Vgl § 2113 Anm 3; LG Stade NdsRpfl **75**, 219.

6) Entsprechende Anwendung. Über die strittige entspr Anwendg des § 2136 bei Beschwerg des Erben mit einem bedingten Vermächtn s § 2177 Anm 1; auch Bühler BWNotZ **67**, 174.

2137 *Nacherbeneinsetzung auf den Überrest.* [I]Hat der Erblasser den Nacherben auf dasjenige eingesetzt, was von der Erbschaft bei dem Eintritte der Nacherbfolge übrig sein wird, so gilt die Befreiung von allen im § 2136 bezeichneten Beschränkungen und Verpflichtungen als angeordnet.
[II]Das gleiche ist im Zweifel anzunehmen, wenn der Erblasser bestimmt hat, daß der Vorerbe zur freien Verfügung über die Erbschaft berechtigt sein soll.

1) Nacherbeneinsetzung auf den Überrest (vgl § 2138) liegt prakt dann vor, wenn der VE von allen zulüss Beschränkgen u Verpflichtgen befreit ist. Sie braucht nicht mit den Gesetzesworten, kann also auch dadurch erfolgen, daß dem VE der Verbrauch des Geerbten gestattet wird. **Voraussetzung** ist jedoch, daß eine NErbfolge gewollt ist; uU ist auch die Auslegung mögl, daß bzgl des Überrestes ein aufschieb bedingtes Vermächtn vorliegt (Oldbg DNotZ **58**, 95 mAv Eder). – Liegt Einsetzg auf den Überrest vor, ordnet **I** dch **Ergänzungsregel**, die keine and Ausleg zuläßt (Soergel/Harder Rz 1; str) als RFolge die vollständ Befreig (§ 2136) an.

2) Eine Auslegungsregel („i Zw") enthält dagg **II** für die Anordng der Befugn zur **freien Verfügung** des VE über die Erbsch. „Vfg" ist hier untechnisch gemeint (KGJ **44**, 77; vgl auch § 2136 Anm 2). Ob der VE völlig od nur teilw (§§ 2113, 2114) befreit sein soll, ist durch Ausleg zu ermitteln. Wenn der Erbl bestimmt, daß seine Ehefrau unter Lebenden u vTw frei über den Nachl verfügen kann und ihr damit auch unentgeltl Vfgen gestattet ist, ist die Ehefr Vollerbin u nicht nur befreite VE; den Verwandten, die den Teil des Nachl erhalten sollen, den die Ehefrau bei ihrem Tod noch nicht verfügt hat, ist nur ein befristetes Vermächtn zugewendet (Bremen DNotZ **56**, 149; s § 2087 Anm 2c, auch § 2065 Anm 3). – Wegen der Vermerke im GB (GBO 51) und Erbschein (§ 2363) vgl § 2136 Anm 4; 5.

2138 *Beschränkte Herausgabepflicht.* [I]Die Herausgabepflicht des Vorerben beschränkt sich in den Fällen des § 2137 auf die bei ihm noch vorhandenen Erbschaftsgegenstände. Für Verwendungen auf Gegenstände, die er infolge dieser Beschränkung nicht herauszugeben hat, kann er nicht Ersatz verlangen.
[II]Hat der Vorerbe der Vorschrift des § 2113 Abs. 2 zuwider über einen Erbschaftsgegenstand verfügt oder hat er die Erbschaft in der Absicht, den Nacherben zu benachteiligen, vermindert, so ist er dem Nacherben zum Schadensersatze verpflichtet.

1) Die Herausgabepflicht des VE beschränkt sich (abweich von § 2130, aber mit den Verpflichtgen aus § 260) auf alles, was tatsächl noch vorhand od dch Surrogation (§ 2111) hinzugekommen ist. War ein Ggst verkauft, aber noch nicht übereignet, gehört er noch zur Erbsch. Der VE kann aber vom NE Befreiung von seiner ggü dem Käufer übernommenen Verbindlichk verlangen; befreit der NE den VE, steht nach § 2111 der vom Käufer geschuldete Kaufpreis dem NE zu. – Verwendgen (§§ 2124 II, 2125) kann der VE ersetzt verlangen, sowie es zur Herausg kommt und diese nicht „infolge dieser Beschränkg", sond aus anderen Gründen (zB wg zufälligen Untergangs) unterbleibt.

2) Schadensersatz (§§ 249 ff, 280) kann vom befreiten VE (den die Vorschr allein betrifft) erst ab dem NErbfall wg Arglist od wg unentgeltl Verfüggen (§ 2113 II; s BGH **26**, 383; NJW **77**, 1631; K. Schmidt FamRZ **76**, 683/689) verlangt werden. Vorher sind aber Feststellgsklage (BGH NJW **77**, 163; dazu Wolf JuS **81**, 14) sowie allg Sichergsmaßnahmen gegeben, weil vor § 2128 ist der hier gemeinte VE befreit (§ 2136 I; § 2128 Anm 2; Köln AgrarR **77**, 150). – Die **Höhe** des SchadErs bestimmt sich nach dem Ztpkt der Ersatzleistg, nicht etwa der Verminderg der Erbsch (MüKo/Grunsky Rz 4). – Dem NE ist es unbenommen, den SchadErsAnspr und die Unwirksamk der Vfg auch gg den Dritten geltd zu machen. – Von der RegreßPfl aus § 2113 II kann der Erbl den VE nicht befreien, aber dadch freistellen, daß er durch bes Vermächtn den NE verpflichtet, Schenkgen des VE zu genehmigen, od den VE von dem Anspr zu befreien (Kipp/Coing § 51 III 1 b; bestr; s auch § 2136 Anm 3c). Dies gilt aber nicht auch für die Haftg aus Argl (vgl §§ 276 II, 226).

2139 *Wirkung des Eintritts der Nacherbfolge.* Mit dem Eintritte des Falles der Nacherbfolge hört der Vorerbe auf, Erbe zu sein, und fällt die Erbschaft dem Nacherben an.

§§ 2139, 2140

1) Übergang der Erbschaft. Die §§ 2139–2146 behandeln die **Wirkungen** der eingetretenen NErbfolge, nicht den Ztpkt des Eintritts des NErbfalls. Diesen bestimmt der Erbl (§ 2100), hilfsw das G (§ 2106); über Folgen der Tötg des VE dch den NE s § 2339 Anm 2a (dazu BGH **LM** § 2339 Nr 2). – **a) Anfall.** Dem NE fällt mit Eintritt des NErbfalls die Erbsch von selbst an. Er erwirbt sie als Gesamtnachfolger des Erbl und mit dingl Wirkg (§ 1922) als Ganzes kr G, auch wenn sie sich bis dahin nicht in den Händen des VE befand. Der NE tritt mit der Möglichk der Ausschlagg (§ 2142 I) in die Erbenstellg ein, sofern er nicht bereits angenommen und noch nicht ausgeschlagen hat. Es bedarf also nicht erst der Herausg der Erbsch (§ 2130). Schon vor dieser ist der NE Eigentümer der ErbschSachen, Gläub und Schuldner der NachlFdgen und NachlSchulden (§ 2144). Der NE muß den Nachl in der Rechtslage hinnehmen, in der er sich auf Grd ordnungsmäß Verwaltg des VE befindet (Soergel/Harder Rz 2). Soweit der VE währd des Bestehens der VErbsch im Rahmen seiner Befugn über NachlGgste verfügt hat, sind diese Vfgen dem NE ggü wirks. Hat er befugterw als befreiter VE über ein NachlGrdst dch Auflassg verfügt, erwirbt der NE das Eigt nur in der dch die Auflassg geschaffenen rechtl Bindg (KG JFG **23**, 21; s auch Aachen RhNK **67**, 217). – **b) Ist ein weiterer Nacherbe** vom Erbl eingesetzt, ist der NE zugl VE. – **c) Der Ersatznacherbe** wird bei Eintritt des ErsatzNErbfalles auch Erbe des Erbl. Mehrere ErsatzNE bilden keine ErbenGemsch hinsichtl des weggefallenen NE od dessen fingierten Erbteils; sie sind MitE nach dem Erbl. Tritt der Ersatzerbfall zw Vor- und NErbfall ein, muß der ErsatzNE den Bestand der Erbsch im Ztpkt des Ersatzerbfalls hinnehmen. Es wirkt also zB die erteilte Zustimmg des NE zu einer Vfg des VE (s § 2113 Anm 1 b aa) über einen ErbschGgst auch gg den ErsatzNE. Die Annahme der Erbsch dch den NE vor Eintr des NErbfalles schließt aber das AusschlaggsR des ErsatzNE nicht aus. Auch eine Vfg über das AnwartschR od ein PfandR – dch Pfändg seitens eines Gläub des NE – wirken nicht ggü dem ErsatzNE (Schmidt BWNotZ **66**, 143; § 2102 Anm 3). – **d) Übertragung.** Hat ein NE nach dem Erbfall, aber vor dem NErbfall sein Recht auf einen Dritten übertr, geht die Erbsch mit dem NErbfall unmittelb auf den Dritten über (s Düss MDR **81**, 143).

2) Rechtsnachfolger des **Erblassers** ist der NE u nicht der des VorE. Er tritt daher nicht in die Fdgen u Verbindlk des VorE ein (Warn **17** Nr. 183; s aber § 2120 Anm 2, auch § 2144 Anm 2). Dies zeigt sich bes deutl, wenn der VE nur MitE war und er seinen Anteil nach § 2033 übertragen hatte. Hier stellt sich beim NErbfall heraus, daß das Recht des VE über die VErbfolge nicht hinausreichte und daß der NE somit weder RNachfolger des VE noch des Erwerbers ist. – Eine vom VE erteilte **Vollmacht** wird mit dem Eintritt des NErbfalls grds unwirks (KG JFG **5**, 308; SchlHOLG SchlHA **62**, 174), soweit nicht der NE mit der Bevollmächtigg einverstanden war (KG NJW **57**, 755). Eine nicht widerrufene Vollm des Erbl bleibt dagg bestehen (s § 1922 Anm 3k; § 2112 Anm 2e). – Die **Prokura** eines MitNE für ein vom Erbl stammendes fortgeführtes HandelsGesch erlischt mit dem NErbfall (BGH **32**, 67).

3) Der Besitz des VE an den zur Erbsch gehörden Sachen geht als Bestandteil des Nachl auf den NE über; dh der ledigl vererbte unmittelb u der mittelb Besitz (§§ 857, 870). Der von ihm bereits ausgeübte unmittelb Besitz verbleibt aber beim VE so lange, als er ihn wirkl hat, od geht bei seinem Tode auf seine Erben nach § 857 über, muß also erst dem NE übertragen werden, wie sich aus der HerausgPfl (§§ 2130 ff) und dem nach §§ 2124, 2125 iVm § 273 begründeten ZurückbehaltgsR des VE ergibt. Wegen eines Bankdepots vgl OLG **42**, 135.

4) Prozessual bewirkt der Eintritt der NErbfolge Unterbrechg des RStreits (ZPO 242, 246). Um eine Erledigg des RStreits und unerwünschte Kostenfolgen zu vermeiden, behandelt ZPO 242 den NE ausnahmsweise so, als wenn er Rechtsnachfolger des VE wäre. Der VE verliert die Klagebefugn. Zur Rechtskrafterstreckg s Einf 5 vor § 2100.

5) Das Grundbuch wird durch den NErbfall unrichtig. Der NEVermerk (GBO 51) ist jedoch nicht vAw, sond nur auf Antr des NE zu löschen; Bewilligg eines etwaigen ErsatzNE ist nicht erforderl, da der ErsatzNErbfall hier nicht mehr eintreten kann. Die Umschreibg von NE bedarf des Nachweises der NErbfolge dch Erbschein (GBO 35 I 1); dies gilt auch dann, wenn das Recht des NE gem GBO 51 im GB eingetragen u eine Sterbeurkunde des VE vorgelegt wird (BGH **84**, 196). Eine Ausn kommt nur in Betracht, wenn die NErbfolge beim GBA „offenkundig" ist (GBO 29 I 2; dazu Köln MDR **65**, 993; von BGH aaO offen gelassen), wozu aber Sterbekurde des Erbschein u Testament des VE nicht ausreichen (BGH aaO; vgl BayObLG **82**, 252). S auch Übbl 3 vor § 2353. – Jetzt ist auch Berichtiggszwang mögl (GBO 82). Bei Nichteintragg der NErbfolge, wenn also der Erbl noch als Eigtümer eingetragen ist, ist jedoch Erbnachweis notwendig (Ffm NJW **57**, 265).

6) Der Erbschein wird unrichtig u ist einzuziehen (vgl § 2363 Anm 2, 3).

7) Erbschaftsübertragung. Der VE kann die Erbsch bereits vor dem NErbfall freiwillig od aGrd eines Vertrags auf den NE übertragen (RG Recht **16** Nr 831; Hamm Rpfleger 71, 433), ohne sich aber dadurch seiner Erbenstellg u Schuldenhaftg (§ 2145) entäußern zu können; über die Durchführung s Übbl 1 vor § 2371. Ist der VE MitE, kann er seinen Anteil gem § 2033 auf den NE übertragen (s Staud/Behrends Rz 12). In diesem Fall gilt § 2034 (Haegele BWNotZ **71**, 132f, dort auch über die RStellg des ErsatzNE u die grdbuchrechtl Fragen). Umgekehrt kann auch der NE schon vor dem NErbfall sein AnwartschR auf den VE übertragen, wodurch dieser VollE wird (§ 2108 Anm 5). Eine ErbenGemsch besteht vor dem NErbfall zw den NE nicht (Mü DNotZ **38**, 597).

2140 **Zwischenzeitliche Verfügungen des Vorerben.** Der Vorerbe ist auch nach dem Eintritte des Falles der Nacherbfolge zur Verfügung über Nachlaßgegenstände in dem gleichen Umfange wie vorher berechtigt, bis er von dem Eintritte Kenntnis erlangt oder ihn kennen muß. Ein Dritter kann sich auf diese Berechtigung nicht berufen, wenn er bei der Vornahme eines Rechtsgeschäfts den Eintritt kennt oder kennen muß.

Testament. 3. Titel: Einsetzung eines Nacherben §§ 2140–2142

1) Schutz des Vorerben. Mit dem NErbfall (§ 2139) hört der VE auf, Erbe zu sein und sein VfgsR erlischt, ohne daß der VE von dem Eintritt immer sogleich Kenntn erhält. Er wird deshalb bei späteren Vfgen noch als vfgsberecht behandelt, soweit er sich in schuldloser Unkenntn von dem bereits erfolgten NErbfall (zB der Geburt, nicht der Person des NE) befand. Die Verantwortlichk des VE wird durch seinen guten Glauben ausgeschl, auch wenn der Dritte bösgl und demgemäß die Vfg unwirks ist (Kipp/Coing § 50 IV 2). Von in ordngsmäßiger Verwaltg eingegangenen Verpflichtgen muß der NE den gutgl VE befreien. – **Kein Schutz** des § 2140 besteht für den VE, der die Erbsch an den Falschen herausgibt, noch für die Erben des VE, wenn mit dessen Tode der NErbfall eintritt (Warn **18** Nr 213).

2) Der Schutz des Dritten (S 2) tritt nur ein, wenn der VE gutgl war. Doch kann er sich ev auf §§ 892, 893, 932, 2366 berufen. – Auch ist eine entspr Anwendg der §§ 406–408, 412 auf den gutgl Schuldner einer auf den NE übergegangenen Fdg geboten, wenn dieser sich noch mit dem VE gutgl in Verhandlgen einließ. Die fahrläss Unkenntn des Schuldners ist aber der Kenntn insoweit überall gleichzustellen (Staud/Behrends Rz 11).

2141 *Unterhalt der werdenden Mutter eines Nacherben.* Ist bei dem Eintritte des Falles der Nacherbfolge die Geburt eines Nacherben zu erwarten, so finden auf den Unterhaltsanspruch der Mutter die Vorschriften des § 1963 entsprechende Anwendung.

1) Einen Unterhaltsanspruch gem § 1963 gewährt die Vorschr der Mutter eines beim NErbfall **bereits erzeugten** NE. Er richtet sich gg den durch den Pfleger des Kindes vertretenen Nachl, wenn der NErbfall vor der Geburt eintritt (Erman/Hense Rz 1). – Tritt der NErbfall mit der Geburt des Kindes ein (§§ 2101 I, 2106 II), kann die Mutter ebenf in entspr Anwendg des § 1963 Unterh verlangen (Staud/Behrends Rz 2). In diesem Fall richtet sich der Anspr gg den VE, der vom NE Ersatz verlangen kann (Soergel/Harder Rz 2).

2142 *Ausschlagung der Nacherbschaft.* ᴵDer Nacherbe kann die Erbschaft ausschlagen, sobald der Erbfall eingetreten ist.
ᴵᴵSchlägt der Nacherbe die Erbschaft aus, so verbleibt sie dem Vorerben, soweit nicht der Erblasser ein anderes bestimmt hat.

1) Ausschlagung. Anwartschaften sind grdsätzl verzichtbar. Allerdings kennt das G keinen Verzicht auf das NErbrecht durch Vereinbg mit dem VE, einem MitNE od einem Dritten. Will der NE nach Eintritt des Erbfalls dem NErbrecht entsagen, muß er entweder die NErbsch ausschlagen od sein AnwartschR auf den VE übertragen (s KG DNotZ **54**, 389; § 2108 Anm 5, dort auch über Behandlg eines „Verzichts" auf das NacherbenR zG des VE als Übertragg des AnwartschR). – Der NE (nicht für ihn der TestVollstr) kann die NErbsch nach dem Erbfall u bereits vor dem Eintritt der NErbfolge ausschlagen, wie sich schon aus § 1946 ergibt (aA BayObLG **66**, 230; RGRK Rz 2), vorausgesetzt, daß der NE zu dieser Zeit bereits existiert. Der Lauf der **Ausschlagungsfrist** kann jedoch gg ihn gem §§ 1944, 2139 nicht früher beginnen, als der NErbfall eingetreten ist (RG **59**, 341; BayObLG **55**, 274). Denn die Kenntn von dem Anfall der Erbsch an den NE kann nicht eher entstehen als die Tatsache des Anfalls selbst. – Währd es in seinem Belieben steht, von AusschlaggsR schon beim Erbfall od erst beim NErbfall Gebrauch zu machen, ist er durch § 2306 und die drohende Verjährg des PflichttAnspruches uU gezwungen, schon vor dem Beginn der Ausschlaggsfrist auszuschlagen (§ 2332 III; RG LZ **25**, 1071). Für den Fristlauf (§ 1944 III) entscheidet der letzte Wohns des Erbl (nicht des VE).

2) Wirkung (II). Die NErbfolge wird bei Ausschlagg des NE ggstandslos. Schlägt nur einer unter mehreren NE aus (§ 2094), kommt es zur Anwachsg (s BayObLG **62**, 239/246; Anm 3). Erfolgt die Ausschlagg erst nach dem NErbfall, war das Recht des VE bereits vorher weggefallen (§ 2139). Sein Recht wird dann wiederhergestellt u fällt an ihn od an seine Erben zurück. Die NErbfolge tritt auch nicht ein bei sonstigem Wegfall des NE (durch Tod vor dem Erbfall; Erbverzicht; Erbunwürdigk od sonst mit rückbezügl Wirkg, KG HRR **33** Nr 1202). S dazu Coing NJW **75**, 521ff, der zw absoluter u relativer Beschrkg unterscheidet; erstere liegt vor, daß der Erbl wollte, daß das Recht der VE unter allen Umst bei Eintritt gewisser Umst enden sollte (§ 2104), währd bei letzterer der VE nur im Interesse bestimmter oder bestimmb NE beschränkt worden ist (§ 2142 II); beide Fälle stehen unter dem Vorbeh, daß ein abw Wille des Erbl zu berücksichtigen ist. Bei Tod nach dem Erbfall gilt § 2108 II. – Sind Mutter u Kind VE u NE, ist ein **Pfleger** für das Kind zur Entscheidg über Ausschlagg der NErbsch (§ 2306) nur zu bestellen, wenn ein konkreter Interessenwiderstreit besteht (Ffm FamRZ **64**, 154).

3) Andere Bestimmung des Erblassers (II) ist anzunehmen bei Berufg eines ErsatzE (§ 2096) od stillschw Berufg der Abkömml eines weggefallenen Abkömmlings (§ 2069; Warn **13** Nr 241). Schlägt aber ein testamentarisch neben anderen Verwandten als NE eingesetzter Abkömml die Erbsch aus, um seine Pflicht zu verlangen, ist mit bes Sorgf zu prüfen, ob der Erbl ein Nachrücken der Abkömml des Ausschlagenden gewollt hat, da hierbei der Stamm des Ausschlagenden bevorzugt wird (Celle NdsRpfl **53**, 69; Düss NJW **56**, 1880); s § 2069 Anm 2b; BGH **33**, 60; ferner Lübeck SchlHA **64**, 258, das annimmt, eine etwaige testamentar Einsetzg von ErsatzNE werde ggstandslos, wenn NE unter Ausschlagg der NErbsch dem Pflichtt verlangen (ebso prinzipl Ffm OLGZ **71**, 208). Das AnwachsgsR der MitNE steht der Ersatzberufg nach (§ 2099), geht aber dem Anrecht des VE (II) vor (KGJ **31** A 125; LG Düss RhNK 61, 125). Im Falle des § 2104 rücken bei Ausschlagg der zunächst Berufenen gem § 1953 die entfernteren gesetzl Erben nach, nur nicht der Staat (§ 2104 S 2).

4) Die Annahme der bevorstehenden NErbfolge (auch der aufschiebend bedingten od befristeten, RGRK Rz 2; dahin gestellt gelassen in BayObLG **66**, 230) kann schon **vor** dem NErbfall erfolgen, wie sich aus § 1946 ergibt u in § 2142 keiner bes Hervorhebg mehr bedurfte, zumal die Anfechtg der nach I vorher

§§ 2142–2144   5. Buch. 3. Abschnitt. *Edenhofer*

zulässigen Ausschlagg ebenf als Annahme gilt (§ 1957 I). Wenn der NE vor Eintritt des Nacherbfalls die Annahme der Nacherbsch anficht, ist auch § 1957 anzuwenden (BayObLG **62**, 239). Zudem erfordern die zugelassene Möglichk der Veräußerg od Verpfändg der Anwartsch (§ 2108 Anm 5) und der Schutz des Erwerbers die Gestattg vorheriger Annahme. Sie liegt aber nicht schon in der bloßen Wahrnehmg der Rechte u Pflichten, die unabhängig von einer Annahme währd der VErbsch zw VE u NE bestehen (RG **80**, 383). – Gegen Veränderngen u Verschlechtergen des Nachlaßbestandes in der Zwischenzeit ist der annehmende NE genügend gesichert. – Am zweckmäßigsten u sichersten erfolgt die Annahme der bevorstehenden NErbfolge gegenüber dem NachlGericht. – Eine Haftg des NE wird dch die Annahme während der Zeit des VE nicht begründet (Lange/Kuchinke § 53 II 1 c).

2143 *Wiederaufleben erloschener Rechtsverhältnisse.* **Tritt die Nacherbfolge ein, so gelten die infolge des Erbfalls durch Vereinigung von Recht und Verbindlichkeit oder von Recht und Belastung erloschenen Rechtsverhältnisse als nicht erloschen.**

1) Wiederaufleben der zu Lebzeiten des Erbl begründeten, aber mit dem Erbfall erloschenen RVerhältn ist notwend, weil bei Eintritt der NErbfolge das Vermögen des VE geteilt wird in privates und in den Nachl (§ 2139). – Die RVerhältnisse gelten (anders bei § 2377) nicht nur zw VE und NE, sond auch ggü Dritten als fortbestehd, und zwar einschließl der Nebenrechte (wie Bürgsch, PfandR). Der VE schuldet also dem NE, was er dem Erbl schuldete, und er kann vom NE fordern, was ihm der Erbl schuldig war. – **Rückwirkung** tritt aber **nicht** ein. Das Wiederaufleben beginnt erst mit dem NErbfall (s Lange/Kuchinke § 26 VIII 3). Die Verjährg war währd der Dauer des VEVerhältnisses nach § 202 I gehemmt. Auch wenn NErbsch nur für einen Bruchteil der Erbsch eintritt, leben die RVerhältnisse wieder in vollem Umfang auf (Staud/Behrends Rz 2). Vgl im übr §§ 1976, 1991, 2175. – Schon vor dem Eintritt der NErbfolge ist mit Rücks auf das künft Wiederaufleben von Fdgen eine FeststellgsKlage des VE gg den NE mögl (BGH **LM** § 2100 Nr 5).

2) Gegenstandslos ist § 2143, wenn bereits aus and Gründen (zB wg TestVollstrg; NachlVerwaltg; NachlKonk) der Nachl Sondervermögen (§ 1976) und damit von dem sonstigen Vermögen des VE getrennt worden ist (BGH **48**, 214; auch Soergel/Harder Rz 3).

2144 *Haftung des Nacherben.* **¹Die Vorschriften über die Beschränkung der Haftung des Erben für die Nachlaßverbindlichkeiten gelten auch für den Nacherben; an die Stelle des Nachlasses tritt dasjenige, was der Nacherbe aus der Erbschaft erlangt, mit Einschluß der ihm gegen den Vorerben als solchen zustehenden Ansprüche.**

II Das von dem Vorerben errichtete Inventar kommt auch dem Nacherben zustatten.

III Der Nacherbe kann sich dem Vorerben gegenüber auf die Beschränkung seiner Haftung auch dann berufen, wenn er den übrigen Nachlaßgläubigern gegenüber unbeschränkt haftet.

1) Haftung. Für NachlVerbindlk haften VE und NE als wahre Erben des Erbl. Der VE wird mit dem Eintritt der NErbfolge von der Haftg grdsätzl frei mit der Einschränkg des § 2145 (s dort Anm 1). Die Haftg des NE beginnt mit dem NErbfall. Sie bestimmt sich im allg nach den Grdsätzen der Erbenhaftg überh. RHandlgen des VE in dieser Hins (Aufgebot; Inventar; NachlVerwaltg und -Konk) kommen ohne weiteres auch dem NE zu statten, währd eine Säumnis od Pflichtwidrigk des VE dem NE in seiner Stellg zu den NachlGläub nicht schadet.

2) Der Nacherbe haftet für die Nachlaßverbindlichkeiten (§ 1967), auch soweit sie aus RGeschäften entstanden sind, die der VE in ordngsmäßiger Verwaltg eingegangen ist (RG JW **38**, 2822; BGH **32**, 63 mAv Mattern **LM** § 1967 Nr 1), sowie für Vermächtn und Auflagen, soweit sie nicht dem VE persönl auferlegt sind. – Ordngsmäß Verwaltg liegt auch beim Wiederaufbau eines kriegszerstörten Hauses durch befreiten VE vor, selbst wenn die Erträgn keine hinreichde Verzinsg der Baukosten ergeben (BGH **LM** Nr 1 zu § 2136). Die Kosten für das Begräbnis des VE u den Dreißigsten (§§ 1968, 1969) haben die Erben des VE und nicht der NE als solcher zu tragen. – Im übr wird der NE Schuldner der NachlVerbindlichk in dem bei NErbfall bestehenden Umfange, auch soweit dieser durch Verschulden, bes Verzug (Zinsen, Vertragsstrafen) des VE erweitert ist, vorbehaltl des Rückgriffs nach §§ 2130, 2131; vgl auch ZPO 326.

3) Haftungsbeschränkung. Ob der NE beschränkb od unbeschränkb haftet, richtet sich nach den allg Vorschr (vgl Einf 1 a vor § 1967) u ist unabhängig davon, ob dem VE eine HaftgsBeschrkg zukam od nicht. Das vom VE erwirkte **Aufgebot** (§§ 1970 ff) wirkt ohne weiteres für den NE; in ein schwebendes Verfahren ist er eintreten und selbst ein solches beantragen (ZPO 998, 997). – Eine **Nachlaßverwaltung** dauert unter den Voraussetzgen des § 1981 II fort. Vom NE kann sie von neuem beantragt werden, von den Gläub binnen Zweijahresfrist seit Annahme der NErbsch. Dasselbe gilt beim **Nachlaßkonkurs** (Jaeger/Weber KO 217–220 Rz 19). **Nachlaßvergleich** kann der NE vom Eintritt der NErbfalls an beantragen (VerglO 113 I Nr 1 mit KO 217, 218). Auch die Rechte aus §§ 1990–1992 stehen ihm zu (s RGRK Rz 5; Lange/Kuchinke § 53 II 2 f).

4) Das Nachlaßinventar des VE (§§ 1993 ff) kommt dem NE zustatten (**II**). Er braucht also kein neues zu errichten, wenn nicht InvUntreue vorlag (§ 2005 I). War das Inv des VE unvollständig, kann dem NE nach § 2005 II neue InvFrist bestimmt werden, währd § 1994 eingreift, wenn der VE nach § 2005 I die HaftgsBeschrkg verwirkt od überh kein Inv errichtet hatte. Es kommt darauf an, ob das Inv „auch" dem NE zustatten, wenn es dem VE selbst nützte, also rechtzeitig u gem §§ 2002 ff, 2005, 2006 errichtet war (Staud/Behrends Rz 31). – Das vom NE errichtete Inv muß nach § 2001 die NachlGgstände u NachlVerbindlichk angeben, die zZ des Erbfalls (nicht des NErbfalls) vorhanden waren (hM; aA Staud/Behrends Rz 34; Meincke BewertgsR § 14 II 3 a). Über Veränderngen seit dem Erbfall hat er nach §§ 1978, 1991 Auskunft zu geben. Dabei kann er das NachlVerz (§ 2121) und den Rechenschaftsbericht des VE (§ 2130 II) heranziehen. – Der

1986

Testament. 4. Titel: Vermächtnis §§ 2144–2146, Einf v § 2147

NE muß die **eidesstattliche Versicherung** abgeben, soweit der VE dies noch nicht getan. Doch auch wenn letzteres der Fall war, kann der NE dazu angehalten werden, wenn er von den NachlGgständen mehr weiß, als dem VE bekannt war (§ 2006 IV).

5) Haftungsbestand (I 2) ist nicht der ursprüngl, sond der nach §§ 2130, 2111 herauszugebende Nachl, weil der beschr haftende NE für eine vor seiner Zeit eingetretene Verminderg des Nachl (zB durch Zufall, Fruchtbezug des VE) nicht mit seinem Eigenvermögen einzustehen hat. Als „erlangt" gilt auch der HerausgabeAnspr des § 2130 selbst. Gegen den VE „als solchen" stehen dem NE die Ersatzansprüche der §§ 2130 bis 2134, 2138 II zu. Für diesen NachlBestand ist der NE den Gläub nach § 260 auskunftspflichtig.

6) Auch dem unbeschränkbar haftenden Nacherben (§ 2013 I) bleibt ggü den Ansprüchen des VE aus §§ 2124 II – 2126; 2121 IV; 2143 die Möglichk der HaftgsBeschrkg gewahrt **(III).** Jedoch hat der NE die HaftgsBeschrkg besonders geltend zu machen u Vorbehalt nach ZPO 780 zu erwirken.

7) Erbschaftssteuer. Zur Haftg für die den VE treffende ErbschSt (Einf 4 vor § 2100) s ErbStG 20 IV.

2145 *Haftung des Vorerben.* ¹Der Vorerbe haftet nach dem Eintritte der Nacherbfolge für die Nachlaßverbindlichkeiten noch insoweit, als der Nacherbe nicht haftet. Die Haftung bleibt auch für diejenigen Nachlaßverbindlichkeiten bestehen, welche im Verhältnisse zwischen dem Vorerben und dem Nacherben dem Vorerben zur Last fallen.

ᴵᴵDer Vorerbe kann nach dem Eintritte der Nacherbfolge die Berichtigung der Nachlaßverbindlichkeiten, sofern nicht seine Haftung unbeschränkt ist, insoweit verweigern, als dasjenige nicht ausreicht, was ihm von der Erbschaft gebührt. Die Vorschriften der §§ 1990, 1991 finden entsprechende Anwendung.

1) Weiterhaftung des Vorerben. Da der VE aufhört, Erbe zu sein (§ 2139), wird er von der Haftg grundsätzl frei. Er kann wg NachlAnspr nicht mehr verklagt werden und selbst nach Rechtskr Einwendgen nach ZPO 767, 769 erheben. Haftet er jedoch **unbeschränkt,** wird er dch den NErbfall nicht befreit; denn **II** setzt die Fortdauer dieser Haftg als selbstverständl voraus (Soergel/Harder Rz 4). Auch sonst dauert seine Haftg in gewissem Umfang noch fort: **a)** Für die ihm allein auferlegten **Vermächtnisse** u Auflagen. – **b)** Für **Eigenverbindlichkeiten** wie zB Haftg aus Verletzg der VerwaltgsPfl (§ 1978); ErsatzAnspr des NE (§§ 2131, 2134, 2138); vom VE selbst, wenn auch in Beziehg auf den Nachl gemachte Schulden (vgl § 1967 Anm 2 und RG JW 38, 2822); s wg der Haftg des NE § 2144 Anm 2. – **c)** Für die **Verbindlichkeiten,** die ihm **im Verhältnis zum Nacherben** zur Last fallen, also wirtschaftl nur ihn allein angehen: zB die aus der Zeit der VErbsch rückständ Zinsen von NachlSchulden; die rückständ gewöhnl Lasten u Erhaltungskosten (§ 2124). Hier haftet der VE den Gläub neben dem NE (s auch BGH FamRZ **73,** 187), ein Fall, in dem die Verbindlichk nicht dem Nachl zur Last fallen konnte. Der NE kann sich an den VE halten, wenn er in Anspr genommen wird. – **d)** Für sämtl **anderen Verbindlichkeiten, soweit der Nacherbe nicht haftet** od die Gläub durch Zahlgsunfähigk des unbeschränkt haftenden NE Ausfälle erleiden. Den Gläub darf durch die NErbfolge kein HaftgsGgst entzogen werden, auch dann nicht, wenn der NE unbeschränkt haftet. Die Haftg des unbeschränkb haftden VE mindert sich nur um das, was vom NE beigetrieben wird.

2) Haftungsbeschränkung. Der VE kann die Berichtigg der ihm noch oblieg den NachlVerbindlichk insow verweigern, als dasjenige nicht ausreicht, was ihm von der Erbsch gebührt. NachlVerwaltg u NachlKonk kommen für den VE (soweit er nicht seiner NachlGläub ist) nicht mehr in Betr. Denn das, womit er haftet, ist ja nicht der Nachl, sond es sind die Nutzgen (§ 2111), auch die nicht gezogenen nach Maßg der §§ 1991, 1978, 1979 u Verwendgen aus der Erbsch (§ 2134). Insoweit hat auch der befreite VE für die NachlVerbindlichk aus eigenem Vermögen aufzukommen (s RGRK Rz 13). – Weist er nach, daß er aus dem Nachl nichts mehr hat, ist die Klage abzuweisen. Er kann aber auch den Vorbehalt des ZPO 780 erwirken.

3) Bei Fortführung eines Handelsgeschäfts durch den VE und NE gelten die SonderVorschr in HGB 25, 27 (s dazu BGH **32,** 60; Mattern BWNotZ **60,** 166 u in Anm zu BGH **LM** § 1967 Nr 1).

2146 *Anzeigepflicht des Vorerben.* ¹Der Vorerbe ist den Nachlaßgläubigern gegenüber verpflichtet, den Eintritt der Nacherbfolge unverzüglich dem Nachlaßgericht anzuzeigen. Die Anzeige des Vorerben wird durch die Anzeige des Nacherben ersetzt.

ᴵᴵDas Nachlaßgericht hat die Einsicht der Anzeige jedem zu gestatten, der ein rechtliches Interesse glaubhaft macht.

1) Anzeigepflicht. Der wichtige, auch für Dritte bedeutungsvolle Vorgang des NErbfalls vollzieht sich nicht in der Öffentlichk und ist daher vom VE (od seinen Erben) dem NachlG (FGG 72, 73) anzuzeigen. Bei Verletzg der Pfl ist er NachlGläub schadensersatzpflichtig. – Das NachlG hat keine Mitteilgspflicht nach § 1953 III (vgl im übrigen § 1953 Anm 3, 4). – Gebühr: KostO 112 I Nr 5.

Vierter Titel. Vermächtnis

Einführung

1) Als Vermächtnis wird sowohl die Vfg des Erbl als auch das ihr entspringende Recht des Bedachten u schließl der so zugewendete Ggstand bezeichnet. Erbrechtl ist es die dch Test (§ 1939) od ErbVertr (§ 1941) erfolgte Einzelzuwendg eines Vermögensvorteils vTw, die gerade keine Erbeinsetzg ist (zur Abgrenzg s

§ 2087). Vielm begründet sie nur einen schuldrechtl Anspr (§ 2174) des bedachten VermNehmers gg den Beschwerten, der Erbe od selbst VermNehmer sein muß (§ 2147). Für seine Erfüllg kann der Erbl auch dch Ernenng eines TV sorgen (§ 2203). Eine mehrdeut letztw Vfg ist auszulegen (s § 2084 Anm 1); zB kann die vermächtnisweise Zuwendg des „Barvermögens auf der Bank" auch das Wertpapierdepot umfassen (BGH WM **75**, 1259). – Ein **dingliches** Verm (Vindikationslegat) kennt das BGB nicht; es würde den Grdsätzen der Gesamtnachfolge, der Übergabe bewegl u der Umschreibg unbewegl Sachen widersprechen, die Abwicklg des Nachl erschweren u Erben sowie Gläub benachteiligen. – Im **Erbschein** wird das Verm nicht aufgeführt, es sei denn, daß es sich um das VorausVerm eines VorE handelt, weil dieses nicht der Beschränkg dch die NErbfolge unterliegt (s § 2353 Anm 4a).

a) Abgrenzung. Eine Auflage (§ 1940) unterscheidet sich vom Verm dadch, daß sie keine Zwendg ist u den Begünstigten keinen Anspr auf deren Ausführg zusteht (s §§ 2192; 2194). – Der **Vertrag von Todes wegen** (bes Lebensversicherg) ist Gesch unter Lebenden. Die Schenkg vTw wird, wenn vom Erbl vollzogen, als Schenkg unter Lebenden, sonst als Verm behandelt (vgl auch § 2301). – Kein Verm ist die in einem HofübergabeVertr enthaltene Verpfl des Übernehmers, einem weichden Erben, der am Vertr nicht mitwirkt, eine Abfindg zu gewähren (Celle RdL **79**, 76).

b) Rechtsgrundlage ist nach der Legaldefinition des § 1939 stets eine Vfg vTw, also Test (auch wechselbezügl gemeinsch, § 2270 III) od ErbVertr (§§ 1941; 2278; 2299). „Gesetzl" Vermächtn gibt es begriffl nicht (Harder NJW **88**, 2716), obwohl vereinfachend von solchen gerne dann gesprochen wird, wenn das Ges die ausdrückl od entspr Anwendg von VermR anordnet: beim Voraus (§ 1932), Dreißigsten (§ 1969) od dem Anspr der Abkömml auf Ausbildgsbeihilfe bei Beendigg der ZugewGemsch durch Tod (§ 1371 IV; str; vgl § 1371 Anm 3; auch Schramm BWNotZ **66**, 35); ferner dem Recht auf bestimmte Sachen nach EG 139. Erst recht ist der Pflichtt kein ges Verm; auch nicht der ErbersatzAnspr (§ 1934 a–c), nur weil er statt einer dingl NachlBeteiligg ledigl eine Anspr gg den Erben begründet (aA Coing NJW **88**, 175), tatsächl aber der wertmäßige Ausgleich für ein vom Ges vorenthaltenes Recht, also eine besond Ausgestaltg des ges ErbRs u daher auch einem solchen im PflichttR gleichgestellt (§ 2338 a) ist.

c) Besondere Arten des Vermächtn sind: VorausVerm (§ 2150); AlternativVerm (§§ 2151, 2152); WahlVerm (§ 2154); GattgsVerm (§ 2155); ZweckVerm (§ 2156); gemschaftl Verm (§ 2157); VerschaffgsVerm (§ 2170); FordergsVerm (§ 2173); UnterVerm (§ 2186); ErsatzVerm (§ 2190); NachVerm (§ 2191); RückVerm (§ 2177 Anm 4). – Zum GrdstVerm im HöfeR s Wöhrmann/Stöcker Rz 20–34 zu HöfeO 16; § 2174 Anm 5b.

2) Gegenstand. Dch ein Vermächtn muß ein **Vermögensvorteil** zugewendet werden. Dieser braucht aber nicht von Dauer zu sein u keine Vermögensmehrg (Bereicherg) zu enthalten. Es genügt auch ein mittelb Vermögensvorteil (Staud/Otte § 1939 Rz 8–10; Johannsen WM **72**, 866; vgl auch § 1939 Anm 3). Was Ggst einer Leistg aus einem SchuldVerh sein kann, vermag auch Ggst eines Verm zu sein. – **Beispiele:** Ein Geben od Verschaffen; die Übereign von Sachen. – Einräumg eines Nießbrauchs wie lebenslängl NutzgsR (KG NJW **64**, 1808; LG Mü I BayNotV **63**, 337), Nießbr an Aktien (BGH WM **68**, 696; **77**, 689), NutzgsR an Grdst (BGH WM **77**, 416; Petzold, Vorerbsch u. NießbrauchsVerm BB **75** Beil Nr 6; BayObLG Rpfleger **81**, 64); ein lebenslängl WohnR (LG Mannh MDR **67**, 1012; auch BGH WM **70**, 1520). – Verm eines GmbH-Anteils (Haegele BWNotZ **76**, 53/57); eines ÜbernR an einem NachlGgst (§ 2048 Anm 1; BGH **36**, 115; Karlsr Just **62**, 152). – Die Zahlg einer Geldsumme in „W-DM" gem Anordnung eines DDR-Erbl (BGH WM **70**, 480); eines dem Erbteil bei gesetzl Erbfolge entsprechenden Barbetrags (Quoten-Verm; BGH NJW **60**, 1759; FamRZ **74**, 652; LG Köln FamRZ **75**, 289; Johannsen WM **72**, 880; **79**, 606f; BGH DNotZ **78**, 487 zur Berechng des Verm, wenn Unternehmen zum Nachl gehört); GeldVerm in Währgseinheiten nach Preis einer Ware (BGH WM **71**, 1151). – Verm einer Rente s BGH **LM** Nr 1 DevG); eines Altenteils (Oldbg RdL **68**, 236 zur Umwandlg der Naturalleistg in GeldBetr); eines Gewinnanteils (BGH NJW **83**, 937), auch nach Maßg des vom FinAmt festgest Steuergewinns (BGH WM **69**, 337). – Die Abtretg von Fdgen; die Befreiung von Verbindlichk (ErlaßVerm; BGH FamRZ **64**, 140, Lange/Kuchinke § 27 V 2f) sowie überh jede Hdlg od Unterlassg des Beschwerten, auf die eine RechtsPfl begründet werden kann wie zB Aufnahme des Bedachten in eine Gesellsch (OLG **44**, 196), was keine AuskPfl begründet (RG JW **27**, 1201). – Leistg persönl Dienste wie ärztl Behandlg, Pflege usw. – Die Einräumg eines AnkaufsR (RFH **12**, 278). – Verm von WiedergutmachgsLeistgen aGrd ergänzder TestAusslegg (BGH WM **71**, 533). – Verm der Erbsch im ganzen od eines Bruchteils ist als Erbeinsetzg anzusehen (§ 2087). „Universalvermächtnis" eines Unternehmens, auch wenn dieses im wesentl die Gesamth des Vermögens des Erbl ausmacht (Verdrängg des § 2087 II), ist bei entspr letztw Vfg mögl (s Dobroschke Betr **67**, 803; Klunzinger BB **70**, 1199; s auch Lange/Kuchinke § 27 II 2a[49]). Wg eines HausratsVerm vgl Reichel AcP **138**, 194ff; § 2164 Anm 1. – Auch das UrheberR kann Ggst eines Verm sein (UrhG 29; Fromm NJW **66**, 1247).

3) Der Vermächtnisnehmer, der zugl auch Erbe sein kann (§ 2150), wird schon mit dem Erbfall berufen. Da er jedoch als solcher nicht an den Erben gehört, braucht der Anfall des Verm nicht unbedingt mit dem Erbfall zusammentreffen (§§ 2176ff). Er kann eine natürl od jur Pers sein od auch Gemsch zur ges Hand (Lange/Kuchinke § 27 III 2a; bestr) u braucht beim Erbfall noch nicht zu existieren; jedoch muß der Bedachte in diesem Ztpkt noch leben (§ 2160). Der Anfall erfolgt ohne Annahme, aber mit der Möglichk der Ausschlagg, für die ebso wie bei § 333 eine bestimmte Frist nicht vorgeschrieben ist (§ 2180). – Da die schuldrechtl VermVerpflichtg (§ 2174) eine NachlVerbindlichk (§ 1967) begründet, ist der VermNehmer ein NachlGläub, der jedoch in manchen Beziehgen hinter anderen Gläub zurückzustehen hat (vgl §§ 1992–1994; 1980; 1991–1992; 2318; KO 219; 222; 226 bis 228; 230; AnfG 3a). – Dagg ist die Höhe des Verm nicht beschränkt. Dieses kann also möglicherw den ganzen Nachl aufzehren und dem Erben nichts mehr übrig lassen.

4) Erbschaftsteuer (s ErbStG 1 I Nr 1; 3 I Nr 1; Einl 8 vor § 1922). Die Steuer entsteht mit dem Erbfall (ErbStG 9 I Nr 1), bei bedingtem Verm mit Eintritt der Bedingg (ErbStG 9 I Nr 1a). SteuerSchu ist der

Testament. 4. Titel: Vermächtnis   **Einf v § 2147, §§ 2147–2149**

VermNehmer als Erwerber (ErbStG 20 I); der Nachl haftet daneben nur bis zur Auseinandersetzg (§ 2042) für die Steuerschuld des VermNehmers als einem am Erbfall Beteiligten (ErbStG 20 III). Für Nießbrauch- u RentenVerm gilt ErbStG 25 (Soergel/Wolf Rz 14 vor § 2147). Über Abzugsfähigk des Verm als NachlVerbindlk s ErbStG 10 V Nr 2.

2147 **Beschwerter.** Mit einem Vermächtnisse kann der Erbe oder ein Vermächtnisnehmer beschwert werden. Soweit nicht der Erblasser ein anderes bestimmt hat, ist der Erbe beschwert.

1) Beschwerter. Der Erbl kann mit einem Verm nur beschweren, wer als Erbe od VermNehmer etwas aus der Erbsch erlangt hat. Bei mehreren Beschwerten gilt § 2148. Bei Wegfall des Beschwerten s 2161. – **Erbe** ist ein gesetzl, test od vertragl (s aber § 2289 I 2) Erbe. Ferner der ErsatzE. Auch ledigl der VorE; der NachE erst beim od nach Eintritt der NErbfolge, nicht schon vorher (BayObLG **66**, 271; s auch § 2144 Anm 2). Ist bei Vor- u NErbfolge nicht ausdrückl bestimmt, wer beschwert sein soll, ist das Verm eine Last der Erbsch als solcher (Lange/Kuchinke § 27 III 1). Ist dem NachE eine vor Eintritt des NErbfalls zu erfüllende Verpflichtg auferlegt, handelt es sich idR um eine bedingte NErbeinsetzg (RGRK Rz 6). Auch ein aufschiebend bedingt eingesetzter Erbe kann beschwert werden; das Verm ist dann nur bei Eintritt der Bedingg wirks (Staud/Otte Rz 2). – Ein **Vermächtnisnehmer** (dazu Einf 3 vor § 2147) wird dch das sog Untervermächtn (§§ 2186ff) beschwert. Mögl ist dies auch bei sog „gesetzl" Verm (dazu Einf 1b vor § 2147). – Der **Erbersatzberechtigte** kann auch mit einem Verm beschwert werden, da er gem § 1934a nicht einem PflichttBerecht gleichgestellt werden kann (s § 2306 Anm 6; Soergel/Wolf Rz 5; str; aA MüKo/Skibbe Rz 3; Soergel/Dieckmann § 2306 Rz 15). – Ferner auch der auf den Todesfall **Beschenkte**, wenn er den Schenker überlebt u nicht § 2289 I 2 entggsteht.

a) **Die Ergänzungsregel** des Satz 2 bestimmt, daß bei fehlender anderweitiger Bestimmg des Erbl der Erbe beschwert ist. – Ferner bestehen für das Verm in §§ 2151–2156 verschied Ausnahmen von der Regel des § 2065 II, wonach nur der Erbl den Bedachten u den Ggstand der Zuwendg bestimmen kann.

b) **Der Erbe des Beschwerten** hat an dessen Stelle ein Verm zu erfüllen, das bis zum Tod des Beschwerten aufschiebend bedingt od befristet (§ 2177) od erst bei seinem Tode fällig (§ 2181) ist (RG Warn **18** Nr 61).

c) **Höferecht.** Der Begünstigte eines HofübergabeVertr kann mit einem Verm beschwert werden, weil hier ausnahmsw die vorweggenommene Hoferbfolge einem Anfall des Hofes beim Erbfall gleichzusetzen ist (vgl HöfeO 17 II; BGH **37**, 192; NJW-RR **86**, 164).

2) Nicht beschweren kann der Erbl Personen, die am Nachl nur aGrd PflichttR beteiligt sind. Ferner nicht Dritte, selbst wenn sie vom Erbl dch RGesch unt Leb eine unentgeltl Zuwendg erhalten haben (BGH NJW-RR **86**, 164); zB wenn sie dch Vertr zG Dr (§§ 331, 332) mit dem Tod des Erbl das Recht auf eine Leistg erwerben (str; aA Soergel/Wolf Rz 5). Auch nicht sonstige Personen, die aus dem Erbfall Vorteile ziehen, ohne aber etwas vom Erbl zugewandt erhalten zu haben, wie der **Erbeserbe** (der aber uU das seinem Erbl auferlegte Verm erfüllen muß, § 2181; s Olshausen DNotZ **79**, 707/717); der Ehegatte od ein Verwandter des Bedachten; der Auflagenbegünstigte (einschränkd insow Soergel/Wolf Rz 5). Ferner nicht den TestVollstr.

2148 **Mehrere Beschwerte.** Sind mehrere Erben oder mehrere Vermächtnisnehmer mit demselben Vermächtnisse beschwert, so sind im Zweifel die Erben nach dem Verhältnisse der Erbteile, die Vermächtnisnehmer nach dem Verhältnisse des Wertes der Vermächtnisse beschwert.

1) Verhältnismäßige Beschwerung tritt nach dieser **Auslegungsregel** ein, soweit nicht der Wille des Erbl etwas anderes ergibt. MitE, die alle beschwert sind, haften aber nach außen gem § 2058 als Gesamtschuldner (vgl aber auch §§ 2060, 2061), so daß die Teilg nach § 2148 nur für das **Innenverhältnis** von Bedeutg ist (s BayObLG **7**, 211). Ist nur ein Teil der MitE od sind mehrere VermNehmer beschwert, ist auch hier § 2148 anzuwenden (Soergel/Wolf Rz 1; str). Entscheidend ist immer nur das Verhältn der Erbteile bzw das Wertverhältn der beschwerten Verm zur Zeit des Erbfalls (s Staud/Otte Rz 6).

2) Entsprechende Anwendung erfolgt, wenn mehrere Erben u VermNehmer gemeins mit einem Verm beschwert sind (Staud/Otte Rz 5; RGRK Rz 2).

3) Bei unteilbarer Leistung haften die mehreren Beschwerten als GesSchuldner (§ 431; RGRK Rz 5).

4) Alternatives Vermächtnis. Ist dieser od jener Erbe od VermNehmer beschwert, haften sie idR nach § 421 als GesSchu (RGRK Rz 6). Die §§ 2073, 2151, 2152 gelten dagg für mehrere alternativ Bedachte.

5) Ausnahme von § 2148 enthält § 2320 (RG JW **18**, 768).

2149 **Vermächtnis an den gesetzlichen Erben.** Hat der Erblasser bestimmt, daß dem eingesetzten Erben ein Erbschaftsgegenstand nicht zufallen soll, so gilt der Gegenstand als den gesetzlichen Erben vermacht. Der Fiskus gehört nicht zu den gesetzlichen Erben im Sinne dieser Vorschrift.

1) Die Vermächtnisanordnung ist nicht an bestimmte Ausdrücke (wie „vermachen") gebunden. Sind einzelne Ggstände zugewendet, gilt dies iZw als Verm (§ 2087 II). Was dem eingesetzten Erben nicht zufallen soll, „gilt" nach der **Vermutung** des G als Verm an die gesetzl Erben nach Maßg ihrer Anteile, ebso wie ihnen das ErbR zufällt, soweit darüber nicht verfügt ist (§§ 2088, 2104, 2105). Sind (abgesehen von dem

§§ 2149–2151   5. Buch. 3. Abschnitt. *Edenhofer*

hier ebso wie in § 2104 S 2 ausscheidenden Fiskus) gesetzl Erben nicht vorhanden, erhält der eingesetzte Erbe den Ggst doch.

2) Besondere Anordnungen. Hat sich der Erbl ledigl **vorbehalten,** noch über ErbschGgstände zu verfügen, gilt § 2086 (Staud/Otte Rz 3). – Wenn er dem **Erben verboten** hat, über ErbschGegenstände unter Lebenden od vTw zu verfügen, muß durch Ausleg ermittelt werden, ob ein NachVerm (§§ 2191, 2338), eine Auflage (§ 2192), eine auflösd bedingte Zuwendg (§ 2192 Anm 2) od nur ein rechtl unverbindl Wunsch vorliegt (Soergel/Wolf Rz 2).

2150 Vorausvermächtnis. Das einem Erben zugewendete Vermächtnis (Vorausvermächtnis) gilt als Vermächtnis auch insoweit, als der Erbe selbst beschwert ist.

1) Begriff. Ein VorausVerm liegt vor, wenn dem VermNehmer zusätzl zu seinem Erbteil ein Vermögensvorteil zugewendet wird, den er sich (im Ggsatz zur Teilgsanordng, § 2048) nicht auf seinen Erbteil anrechnen lassen muß. Es belastet den ganzen Nachl u kann gg die ErbenGemsch durchgesetzt werden (s Anm 3a). Der Bedachte ist selbst auch od sogar allein der Beschwerte (als AlleinE od alleiniger VorE, BGH NJW **60**, 959). Er hat also eine Doppelstellg. Als VermNehmer ist ihm das Zugewendete ungekürzt u ohne Anrechng auf den Erbteil zu gewähren, sofern nicht andere NachlGläub bessere Rechte haben. Soweit der Erbe selbst beschwert ist, liegt zwar eigentl kein Verm vor, da niemand sein eigener Schu sein kann. Es „gilt" aber insow als Verm, dh es soll wie ein solches behandelt werden (s Staud/Otte Rz 1, 8 aE). – Sind einzelne MitE zG eines anderen MitE mit einem Verm beschwert, liegt ein gewöhnl Verm vor, bei dem der Bedachte lediglich die Stellg eines VermNehmers einnimmt (vgl noch § 2063 II).

2) Voraussetzung. Die Anordng des VorausVerm erfordert, daß dem Erben (MitE) neben seiner Erbeinsetzg ein bestimmter einzelner Ggst od eine Mehrh von solchen noch besonders zugewendet wird. Über das Verhältn zw VorausVerm u Teilgsanordng, insb Zuwendg eines Übernahmerechts, s § 2048 Anm 1; 4; Loritz NJW **88**, 2697.

3) Wirkung. Dch die rechtl Selbständgk ist das VorausVerm von der Erbenstellg unabhäng. Der Vorausbedachte kann also die Erbsch ausschlagen u das Verm annehmen od auch umgekehrt. Bei Ausschlagg der Erbsch hat er ggf Pflichtt-Restanspruch (§ 2307 I 2). Eine Bedingg od Unwirksamk der Erbeinsetzg gilt nicht ohne weiteres auch für das VorausVerm (§ 2085). – **a) Ein Miterbe,** dem ein VorausVerm zugewendet und der zugl mitbeschwert ist, erhält damit eine Zuwendg über seinen Erbteil hinaus u eine Begünstigg vor den übr ME (s KG OLGZ **77**, 457/461). Bei einer Masse von zB 30000 DM erhält der vorbedachte Drittel-MitE das Verm von zB 6000 DM ungekürzt; sein Erbteil beläuft sich dann aber nur auf ⅓ von 24000, weil die zu verteilende Masse sich durch die ungekürzte Erfüllg des Verm entspr mindert u diese Minderg der Vorausbedachten in gleicher Weise wie (näml nach den Verhältn seines Erbteils) trifft wie die Minderg dieser Masse durch die übr Bruchteile der Verm. Die MitE haben zu diesem Verm in vollem Umfang verhältnismäßig beizutragen, also nicht bloß zu den auf ihre Erbteile entfallenden Bruchteilen, sond auch zu dem Bruchteil, der auf den Erbteil des Vorausbedachten entfällt. Das VorausVerm bildet also einen Abzugsposten von der Teilgsmasse. – Der Vorausbedachte kann die **Erfüllung** bereits aus dem ungeteilten Nachl mit der GesHandsklage (§ 2059 II) verlangen (RG **93**, 196; KG aaO; vgl § 2046 Anm 4; Johannsen WM **72**, 870). Im Verhältn zu NachlGläub, die nicht VermNehmer sind, gilt der Vorausbedachte als VermNehmer (vgl §§ 1973, 1974; 1979; 1991, 1992); auch im Konk (KO 226) und hins der Anfechtg (KO 222; AnfG 3a). Wegen des NachE vgl § 2110 II; des Erbscheins § 2110 Anm 3. – **b) Mehrere vorausbedachte Miterben** sind iZw zu gleichen Teilen berecht (§§ 2091, 2157), aber nach Verhältn ihrer Erbteile beschwert (§ 2148; RGRK Rz 6; auch Staud/Otte Rz 5). – **c) Für den Alleinerben** kann das VorausVerm auch von Wert sein (vgl §§ 2085, 2170 II, 2373), auch im Grdbuchverkehr (OLG **30**, 202) sowie ggü einem TestVollstr (HRR **29** Nr 712; §§ 2203, 2213) od NachlVerw (§§ 1975 ff); s auch RGRK Rz 1. Der **alleinige Vorerbe** erwirbt den ihm durch VorausVerm zugewendeten Ggst ohne weiteres mit dem Vorerbfall (BGH **32**, 60 = LM § 1967 Nr 1 mAv Mattern; s auch Johannsen aaO 871).

4) Beschwerung. Hat der Erbl mit dem VorausVerm **nur die anderen Miterben,** nicht aber auch den Vorausbedachten beschwert, gelten die allgem Grdsätze (s §§ 2046 II, 2063 II), so daß § 2150 dann ohne bes Bedeutg ist.

2151 Mehrere Bedachte; Bestimmungsrecht des Beschwerten. ¹Der Erblasser kann mehrere mit einem Vermächtnis in der Weise bedenken, daß der Beschwerte oder ein Dritter zu bestimmen hat, wer von den mehreren das Vermächtnis erhalten soll.

II Die Bestimmung des Beschwerten erfolgt durch Erklärung gegenüber demjenigen, welcher das Vermächtnis erhalten soll; die Bestimmung des Dritten erfolgt durch Erklärung gegenüber dem Beschwerten.

III Kann der Beschwerte oder der Dritte die Bestimmung nicht treffen, so sind die Bedachten Gesamtgläubiger. Das gleiche gilt, wenn das Nachlaßgericht dem Beschwerten oder dem Dritten auf Antrag eines der Beteiligten eine Frist zur Abgabe der Erklärung bestimmt hat und die Frist verstrichen ist, sofern nicht vorher die Erklärung erfolgt. Der Bedachte, der das Vermächtnis erhält, ist im Zweifel nicht zur Teilung verpflichtet.

1) Eine Ausnahme vom Grds des § 2065 II enthält die Vorschr (wie iü auch §§ 2152–2156), die bes praktisch wird für die Regelg einer Unternehmensnachfolge. Vgl dazu Sudhoff (Betr **66**, 650, 1720) über VorausVerm der Unternehmensnachfolge bei mehreren Kindern; Dobroschke (Betr **67**, 803) über Unternehmensnachfolge Minderjähriger, der zutr darauf hinweist, daß § 2087 die Zuwendg des Unternehmens auch dann nicht ausschließt, wenn das Verm den Nachl im wesentl, wenn auch nicht in seiner Gesamth ausmacht; ähnl Klunzinger BB **70**, 1199 für Verm eines Betriebs; auch Haegele BWNotZ **72**, 74/78 f u Rpfleger **73**, 203/204. – Der Wille des Erbl, ein Verm mit Bestimmg des VermNehmers unter seinen Kindern dch einen Dritten auszusetzen, muß aber aus der letztw Vfg eindeut hervorgehen. Über BestimmgsVerm im EhegTest s Keller BWNotZ **70**, 51. – **a) Der Kreis der Bedachten** muß bestimmbar sein (RG **96**, 15; Düss JW **25**, 2147). Aus der letztw Vfg selbst müssen im Fall von **III** die GesamtGläub feststellb sein. Genügend ist zB Verm „für meine Bundesbrüder"; auch die Bezugnahme auf Traubibel genügt (RG JW **37**, 2832). Die Zahl der Personen darf nicht allzu weit ausgedehnt werden (Haegele aaO 78); sonst handelt es sich um Aufl (§ 2193), etwa bei Zuwendg eines NachlRests zu „wohltätigen Zwecken" (RG Recht **20** Nr 1531); vgl Brox § 27 III 2b; Hass SchlHA 74, 136. Auch der Beschwerte kann zum Kreis der Bedachten gehören. – **b) Der vermachte Gegenstand** muß bestimmt sein; andernf gelten §§ 2154–2156.

2) **Die Bestimmung (II)** geschieht dch formlose, unwiderrufl Erkl. Sie muß (wie in den Fällen der §§ 319, 2155 III, 2156) billig sein (aA Soergel/Wolf Rz 4: freies Ermessen) ist bei Irrt od Argl anfechtb (str; s auch Klunzinger BB **70**, 1201; Johannsen WM **72**, 872; RGRK Rz 6, 7). – Das BestimmgsR ist nicht übertragb. Kann es nicht ausgeübt werden, gilt **III** 1. Bei Verzögerg od Verweigerg der Bestimmg kann nicht auf Vornahme geklagt werden, sond nach **III** 2 nur beim NachlG (Rpfleger, RpflG 3 Nr 2c) **Fristsetzung** beantragt werden. Gegen diese findet befristete, gg ablehnende Vfg unbefristete Erinnerng statt (RPflG 11; FGG 80). – **Gebühr:** KostO 114 Nr 2. – **III** 3 ist die Ausn von § 430. – Ist einem in ZugewinnGemsch lebenden, nicht erbenden Ehg ein Verm nach § 2151 zugewendet, so ist ggf § 1371 II zu beachten.

2152 **Wahlweise Bedachte.** Hat der Erblasser mehrere mit einem Vermächtnis in der Weise bedacht, daß nur der eine oder der andere das Vermächtnis erhalten soll, so ist anzunehmen, daß der Beschwerte bestimmen soll, wer von ihnen das Vermächtnis erhält.

1) **Der Beschwerte** soll iZw das BestimmgsR nach § 2151 haben, auch wenn mehr als 2 Personen bedacht sind. Bei Beschwerg mehrerer Personen ist Übereinstimmg aller Beschwerten erforderl (§ 317 II; Staud/Otte § 2151 Rz 4). Unterläßt der Beschwerte die Bestimmg, gilt § 2151 III.

2153 **Bestimmung der Anteile.** ¹Der Erblasser kann mehrere mit einem Vermächtnis in der Weise bedenken, daß der Beschwerte oder ein Dritter zu bestimmen hat, was jeder von dem vermachten Gegenstand erhalten soll. Die Bestimmung erfolgt nach § 2151 Abs. 2.

IIKann der Beschwerte oder der Dritte die Bestimmung nicht treffen, so sind die Bedachten zu gleichen Teilen berechtigt. Die Vorschrift des § 2151 Abs. 3 Satz 2 findet entsprechende Anwendung.

1) **Die Bestimmung der Anteile** an einem vermachten Ggst (Übbl 2 vor § 90) erfolgt bei Teilbark nach realen Teilen, bei Unteilbark nach gedachten Bruchteilen. Sie braucht nicht gleichzeitig zu erfolgen, wird aber erst verbindl, wenn der ganze Ggst aufgeteilt ist (RGRK Rz 2). Die Best nach **I** 2, § 2151 II braucht nicht nach bill Ermessen zu erfolgen (Johannsen WM **72**, 872). – Die vollzogene Verteilg ist für den Bestimmenden unwiderrufl und für die Bedachten (außer bei Argl) unanfechtb (RGRK Rz 4). – Die Möglichk der §§ 2151 und 2153 können miteinander verbunden werden (RG **96**, 17), zB der TestVollstr soll unter die Freunde des Erbl etwas nach seinem Ermessen verteilen.

2154 **Wahlvermächtnis.** ¹Der Erblasser kann ein Vermächtnis in der Art anordnen, daß der Bedachte von mehreren Gegenständen nur den einen oder den anderen erhalten soll. Ist in einem solchen Falle die Wahl einem Dritten übertragen, so erfolgt sie durch Erklärung gegenüber dem Beschwerten.

IIKann der Dritte die Wahl nicht treffen, so geht das Wahlrecht auf den Beschwerten über. Die Vorschrift des § 2151 Abs. 3 Satz 2 findet entsprechende Anwendung.

1) **Das Wahlvermächtnis** („eines meiner Bilder") begründet eine Wahlschuld iS der §§ 262–265. Im Zw ist also in erster Linie der Beschwerte wahlberechtigt (§ 262). Ist nach der Bestimmg des Erbl der Bedachte wahlberechtigt, kann er bei einer vom Beschwerten verschuldeten Unmögl der Leistg auch SchadErsatz verlangen (§ 265 S 2; § 280). Unter mehreren Wahlberecht muß Übereinstimmg herrschen (vgl §§ 317 II; 747; 2040 I; 2224). Im üb sind aber §§ 317 ff bei Wahl dch einen Dritten nicht anwendb. – Der Beschwerte ist nach §§ 242, 809 zur Vorzeigg der zur Wahl stehden Ggstände verpflichtet (Staud/Otte Rz 8). Verfügt der Erbl, daß der vermachte Ggst durch das Los od ein sonstiges Ereign bestimmt werden soll, liegt ein bedingtes Verm vor. – Über den Unterschied zw Wahlschuld u begrenzter Gattgsschuld vgl Reichel AcP **138**, 200.

2155 **Gattungsvermächtnis.** ¹Hat der Erblasser die vermachte Sache nur der Gattung nach bestimmt, so ist eine den Verhältnissen des Bedachten entsprechende Sache zu leisten.

IIIst die Bestimmung der Sache dem Bedachten oder einem Dritten übertragen, so finden die nach § 2154 für die Wahl des Dritten geltenden Vorschriften Anwendung.

IIIEntspricht die von dem Bedachten oder dem Dritten getroffene Bestimmung den Verhältnissen des Bedachten offenbar nicht, so hat der Beschwerte so zu leisten, wie wenn der Erblasser über die Bestimmung der Sache keine Anordnung getroffen hätte.

1) **Das Gattungsvermächtnis** („10 Sack Getreide") wird in Abweichg von § 243 I geregelt u betrifft nur Sachen, nicht sonstige Ggstände (str; aA MüKo/Skibbe Rz 2). Die Artmerkmale der Gattg werden nicht

obj, sond vom Erbl bestimmt. Der Bedachte kann daraus eine seinen persönl Verhältn entsprechende Sache fordern (**I**). Mängel der Sache verpfl Beschwerten zur Gewährleistg (§§ 2182; 2183). Die Sachen brauchen nicht im Nachl vorhanden zu sein, da § 2169 I für die GattgsVerm nicht gilt, soweit nicht der Erbl abweich bestimmt, daß nur im Nachl befindl Sachen zu leisten sind (auf den Nachl beschränktes GattgsVerm), Staud/Otte Rz 3. Erfüllt der Erbl selbst noch das Verm, kann der Bedachte nicht nochmals Erfüllg verlangen, u zwar auch dann nicht, wenn der Erbl bei TestErrichtg an diese Möglichk nicht gedacht hat, denn die VermAnordng ist unter der Bedingg stehend anzusehen, daß der Bedachte den Ggstand nicht schon zu Lebzeiten des Erbl erhält (s dazu eingehend Kuchinke JZ **83**, 483). – Ein Streit ist im ProzWege auszutragen (s Soergel/Wolf Rz 5). Vollstreckg erfolgt nach ZPO 884. Sind Sachen der betr Art im Nachl nicht vorhanden, kann Ersatz nach ZPO 893 verlangt werden. Im Falle des **III** hat der Beschwerte nach **I** zu leisten nach §§ 2182, 2183. – Für das **Geldsummenvermächtnis** gilt § 2155 nicht (aA MüKo/Skibbe Rz 2).

2) **Vermächtnis eines Sachinbegriffs** (§ 92 II) mit wechselndem Bestand bezieht sich iZw auf die im Ztpkt des Erbfalls dazu gehörenden Sachen (§ 2164 Anm 1; Staud/Otte § 2164 Rz 6).

2156 *Zweckvermächtnis.* **Der Erblasser kann bei der Anordnung eines Vermächtnisses, dessen Zweck er bestimmt hat, die Bestimmung der Leistung dem billigen Ermessen des Beschwerten oder eines Dritten überlassen. Auf ein solches Vermächtnis finden die Vorschriften der §§ 315 bis 319 entsprechende Anwendung.**

1) **Die Zweckbestimmung** wie zB Studium; Reise (dazu auch Schäfer BWNotZ **62**, 207); Ersatz für den entgangenen Erbteil (BGH NJW **83**, 277); Verschaffg der Stellg eines Gesellschafters (BGH NJW **84**, 2570) als auch die VermAnordng selbst muß vom Erbl getroffen sein (Warn **11** Nr 42). Der Bestimmgsberechtigte kann dann den Ggst, die Bedinggen der Leistg u deren Zeit feststellen, jedoch nicht die Person des Empfängers, soweit nicht zugleich im Fall der §§ 2151, 2152 vorliegt (anders bei der Aufl, § 2193). Bei Wegfall des Dritten entscheidet die Billigk schlechthin. Nachprüfg der Verbindlichk erfolgt nach § 315 III, bei Bestimmg durch einen Dritten nach § 319. – Das BestimmgsR kann nicht dem VermNehmer überlassen werden (Staud/Otte Rz 3; RGRK Rz 3; aM Soergel/Wolf Rz 4; Haegele BWNotZ **72**, 78), auch nicht dem freien Belieben eines Dritten (vgl BGH aaO). S aber auch die Fälle der §§ 2154, 2155.

2157 *Gemeinschaftliches Vermächtnis.* **Ist mehreren derselbe Gegenstand vermacht, so finden die Vorschriften der §§ 2089 bis 2093 entsprechende Anwendung.**

1) **Gemeinschaftliches Vermächtnis.** Hat der Erbl denselben Ggst mehreren Bedachten vermacht, ohne selbst dessen Aufteilg zu realen od ideellen Teilen anzuordnen od dafür einen Bestimmgsberecht (§§ 2151–2153) einzusetzen, erfolgt die Aufteilg nach §§ 2089–2093. Die Bedachten sind also zu gleichen Teilen eingesetzt (§ 2091). Das Verm kann auch in mehreren Vfgen ausgesetzt sein, sofern nicht die spätere die frühere aufhebt (§ 2258). Anwendb auch, wenn ein Grdst mehreren zu Bruchteilen vermacht ist (s BayObLG **13**, 18). – Bei Verm einer teilbaren Leistg ist durch Auslegg zu ermitteln, ob ein gemschaftl od mehrere einzelne Verm vorliegen (RGRK Rz 3).

2) **Forderungsrecht.** Die Bedachten können den vom Beschwerten geschuldeten Ggst bei ideeller od unmögl Teilg nur als GemeinschGläub (§ 432) fordern, bei realer Teilbark auch einzeln ihre Teile (§ 420). § 432 gilt auch, wenn nach dem Willen des Erbl die Aufteilg nur für das Innenverhältn der Bedachten gelten soll. – Über einen ideellen Anteil als solchen kann jeder Bedachte verfügen (§ 741).

2158 *Anwachsung.* **¹Ist mehreren derselbe Gegenstand vermacht, so wächst, wenn einer von ihnen vor oder nach dem Erbfalle wegfällt, dessen Anteil den übrigen Bedachten nach dem Verhältnis ihrer Anteile an. Dies gilt auch dann, wenn der Erblasser die Anteile der Bedachten bestimmt hat. Sind einige der Bedachten zu demselben Anteile berufen, so tritt die Anwachsung zunächst unter ihnen ein.**

II Der Erblasser kann die Anwachsung ausschließen.

1) **Die Anwachsung** setzt den Wegfall (s dazu § 2094 Anm 1b) eines gültig berufenen Mitberechtigten an demselben Ggst voraus. Stirbt einer nach dem Erbfall oder Anfall, ohne vorher ausgeschlagen zu haben, kommt es nur zur Anwachsg, wenn die Erben des Bedachten (§§ 2180, 1952) ihrers ausschlagen (Staud/Otte Rz 4). Ferner darf die Anwachsung nicht ausdrückl od mittelb (zB dch Ersatzberufg, §§ 2190, 2099) ausgeschlossen sein (**II**; OLG **42**, 137 zur Anwachsg bei Verm einer Jahresrente an die „Descendenz"). Soll nach dem Willen des Erbl beim Wegfall das Verm hinfällig werden, kommt der Anteil des Weggefallenen dem Beschwerten zugute. – Das Recht des **Nachvermächtnisnehmers** umfaßt iZw die Anwachsg (§§ 2191, 2110). – § 2158 ist entspr anzuwenden, wenn die mehreren Bedachten unter einer auflösden Bedingg od Bestimmg eines Endtermins eingesetzt sind, ohne daß der Erbl bestimmte, wer an die Stelle eines Mitbedachten treten soll, bei dem die Bedingg od der Endtermin eintritt (RG JW **36**, 41).

2159 *Selbständigkeit der Anwachsung.* **Der durch Anwachsung einem Vermächtnisnehmer anfallende Anteil gilt in Ansehung der Vermächtnisse und Auflagen, mit denen dieser oder der wegfallende Vermächtnisnehmer beschwert ist, als besonderes Vermächtnis.**

1) **Selbständigkeit des anwachsenden Anteils** gilt nur für Beschwergen entspr § 2095 (mit Ausnahme der nur bei gesetzl Erbfolge geltenden Ausgleichg). Der so begünstigte VermNehmer haftet einem Unterbedachten nur mit dem Wert des beschwerten Anteils (§ 2187 II). – Der Erbl kann abweichende Anordngen treffen.

Testament. 4. Titel: Vermächtnis §§ 2160–2164

2160 *Vorversterben des Bedachten.* **Ein Vermächtnis ist unwirksam, wenn der Bedachte zur Zeit des Erbfalls nicht mehr lebt.**

1) Unwirksamkeit. Die Wirksamk letztw Zuwendgen ist idR ausgeschl, wenn der Bedachte vor dem Erbfall (vor od nach TestErrichtg) gestorben ist od die bedachte jur Pers vorher zu bestehen aufgehört hat (vgl auch § 1923). Doch braucht der mit einem Verm Bedachte (anders als der Erbe, § 1923 II) beim Erbfall nicht bereits zu leben, erzeugt od sonst bestimmt zu sein (§ 2178), da hier keine unmittelb Gesamtnachfolge eintritt (vgl auch §§ 2162, 2163). Der VermAnfall (§ 2176) trifft also nicht immer mit dem Erbfall zusammen. – Die Unwirksamk kommt dem Beschwerten, nicht den gesetzl Erben zugute. – Die Wirksamk einer Verm-Anordng ist vom Gericht selbst u unabhäng von rechtl Erklärgen der Parteien zu prüfen (BGH WM **70**, 1520).

2) Andere Unwirksamkeitsgründe sind Verzicht (§ 2352); Eheauflösg usw (§ 2077); Zeitablauf (§§ 2162, 2163); Ausschlagg (§ 2180); Anfechtg (§§ 2078 ff; 2345); Tod vor Eintritt der Bedingg (§ 2074); Unmöglichk (§§ 2171, 2172).

3) Wirksamkeit. Die Vorschr gilt nicht bei **Ersatzberufung** (§ 2190 od stillschw nach § 2069; RG LZ **20**, 385) od bei **Anwachsung** (§ 2158). Ferner kann unter bes Umständen im Wege ergänzender Auslegg statt eines nicht mehr vorhandenen Bedachten ein anderer als bedacht angesehen werden (zB die polit Gemeinde statt einer aufgehobenen Schulgemeinde, Celle Nds Rpfl **48**, 8; vgl § 2084 Anm 1 d).

2161 *Wegfall des Beschwerten.* **Ein Vermächtnis bleibt, sofern nicht ein anderer Wille des Erblassers anzunehmen ist, wirksam, wenn der Beschwerte nicht Erbe oder Vermächtnisnehmer wird. Beschwert ist in diesem Falle derjenige, welchem der Wegfall des zunächst Beschwerten unmittelbar zustatten kommt.**

1) Trotz Wegfalls des Beschwerten (sei er nun Erbe od VermNehmer) bleibt das Verm iZw erhalten, auch wenn der Bedachte durch den Wegfall MitE wird (RG Recht **13** Nr 1615). Der an Stelle eines selbst beschwerten VermNehmers Eintretende haftet neu, aber nicht weiter als der Weggefallene (§ 2187 II), weil der Bedachte aus dem Wegfall keinen Vorteil ziehen soll. – Über den Begriff des Wegfalls vgl § 2094 Anm 2.

2162 *Dreißigjährige Frist für aufgeschobenes Vermächtnis.* **¹Ein Vermächtnis, das unter einer aufschiebenden Bedingung oder unter Bestimmung eines Anfangstermins angeordnet ist, wird mit dem Ablaufe von dreißig Jahren nach dem Erbfall unwirksam, wenn nicht vorher die Bedingung oder der Termin eingetreten ist.**

ⁿIst der Bedachte zur Zeit des Erbfalls noch nicht erzeugt oder wird seine Persönlichkeit durch ein erst nach dem Erbfall eintretendes Ereignis bestimmt, so wird das Vermächtnis mit dem Ablaufe von dreißig Jahren nach dem Erbfall unwirksam, wenn nicht vorher der Bedachte erzeugt oder das Ereignis eingetreten ist, durch das seine Persönlichkeit bestimmt wird.

1) Aufgeschobene Vermächtnisse (§§ 2177, 2074) werden ähnl wie Nacherbsch behandelt (§ 2109), um eine Verewigg der VermWirkg zu verhindern. Ist jemand, dessen „Kinder" bedacht sind, 30 Jahre nach dem Erbfall noch kinderlos, wird das Verm unwirks, wenn er nicht der Beschwerte ist (§ 2163 I Nr 1; vgl RGRK § 2109 Rz 7). – Vgl auch Ebbecke Recht **14**, 280; Johannsen WM **72**, 878.

2) Für die Fristberechnung gilt § 188 II 1. Alt. Die Frist kann sich jedoch im Falle des **II** noch um die Empfängniszeit verlängern (§ 2178).

2163 *Ausnahmen von der dreißigjährigen Frist.* **¹Das Vermächtnis bleibt in den Fällen des § 2162 auch nach dem Ablaufe von dreißig Jahren wirksam:**
1. **wenn es für den Fall angeordnet ist, daß in der Person des Beschwerten oder des Bedachten ein bestimmtes Ereignis eintritt, und derjenige, in dessen Person das Ereignis eintreten soll, zur Zeit des Erbfalls lebt;**
2. **wenn ein Erbe, ein Nacherbe oder ein Vermächtnisnehmer für den Fall, daß ihm ein Bruder oder eine Schwester geboren wird, mit einem Vermächtnisse zugunsten des Bruders oder der Schwester beschwert ist.**

ⁿIst der Beschwerte oder der Bedachte, in dessen Person das Ereignis eintreten soll, eine juristische Person, so bewendet es bei der dreißigjährigen Frist.

1) Ausnahmen gelten beim Verm wie bei der Nacherbsch (§ 2109). – **Ereignis** (I Nr 1) kann nicht nur ein Geschehen sein, das den Beschwerten od Bedachten unabhängig von seinem Willen trifft (wie etwa Erwerbsunfähigk od Tod; Anfall des Vorerbteils eines verstorbenen MitE, Hbg FamRZ **85**, 538); es kann auch auf der Willensentschließg des Betreffenden selbst beruhen (zB Wiederverheiratg). Es muß auch nicht den Beschwerten od Bedachten in seiner Stellg als Person berühren. Es genügt, wenn deren vermögensrechtl Stellg betroffen wird, sei es dch ein von seinem Willen unabhäng Ereign (zB Konkurs), sei es dch einen vermögensrechtl Vorgang, der auf dem Willen des Beschwerten od Bedachten beruht wie zB Landverkauf (BGH NJW **69**, 1112).

2164 *Erstreckung auf Zubehör.* **¹Das Vermächtnis einer Sache erstreckt sich im Zweifel auf das zur Zeit des Erbfalls vorhandene Zubehör.**

ⁿHat der Erblasser wegen einer nach der Anordnung des Vermächtnisses erfolgten Beschädigung der Sache einen Anspruch auf Ersatz der Minderung des Wertes, so erstreckt sich im Zweifel das Vermächtnis auf diesen Anspruch.

1) Umfang und Zustand, in dem die vermachte Sache zu leisten ist, richten sich wie sonst auch nach dem **Zeitpunkt des Erbfalls** u nicht nach dem der TestErrichtg od des Anfalls (s Staud/Otte Rz 4). Auch bei aufschieb bedingtem od befristetem Verm ist deshalb iZw Zubehör in dem Umfang vermacht, wie es beim Erbfall (nicht bei Bedingseintritt) vorhanden war; es kann aber angenommen werden, daß nach dem Willen des Erbl der Beschwerte Ersatz für Fehlstücke od Verschlechterg bei Eintritt der Bedingg od Befristg zu leisten hat (s §§ 2179, 160 I; Soergel/Wolf Rz 2). Das gilt auch für vermachte **Sachinbegriffe** wie Hausrat (vgl Reichel AcP **138**, 199). — Was **Zubehör** ist, entscheidet das G (§§ 97, 98, 314, 926). Der Wille des Erbl entscheidet aber, ob mehr od weniger als das gesetzl Zubehör vermacht ist; dann verschafft nicht der Irrt des Erbl, sond eine besondere Vfg das Verm. Fehlende Zubehörstücke, mögen sie auch für den wirtschaftl Zweck der Hauptsache notw sein, gelten nicht als vermacht. Zubehörstücke dürfen im Rahmen ordngsmäß Bewirtschaftg ausgewechselt werden (Staud/Otte Rz 4); es ist dann das Ersatzstück vermacht (entw kr dingl Surrogation, §§ 2041, 2111, od als VerschaffgsVerm, § 2170). Bei Zubehör, das nicht dem Erbl gehört, ist iZw der Besitz vermacht (§ 2169 II), zB unter EigtVorbeh vom Erbl gekaufte Maschinen (s auch Johannsen WM **72**, 875); uU wird ein VerschaffgsVerm anzunehmen (§ 2170; Staud/Otte Rz 4).

2) Der Ersatzanspruch (II) kann auf G od Vertr beruhen, auf SchuldVerh, RGesch (Versicherg) od unerl Hdlg (s §§ 249ff; 812ff). Er umfaßt auch GewährleistgsAnspr (§ 459ff) mit Ausn der Wandlg (s aber Soergel/Wolf Rz 5: § 2169 III entspr), jedoch nicht entgangene Nutzgen. Bei Zerstörg od Entziehg der Sache greift § 2169 III ein; ErsVorteil kann auch die AusglLeistg nach dem LAG für Zerstörg od Beschädigg des ausgesetzten VermGgst sein (BGH **LM** Nr 1; Johannsen WM **73**, 549). Entsteht der Anspr erst nach dem Erbfall, gehört er zum Nachl u ist nach §§ 281, 2184 abzutreten (Kipp/Coing § 58 II). Verwendgen des Beschwerten regelt § 2185.

3) Zusammenhängende Teile. Mit der vermachten Sache in wirtschaftl Zusammenhang stehende Ggstände können nach dem Willen der Erbl als mitvermacht gelten (Staud/Otte Rz 7). — Wesentl u unwesentl **Bestandteile** einer Sache können Ggst eines selbständigen Verm sein oder beim Verm der Sache ausgenommen werden (Staud/Otte Rz 5).

2165 *Beseitigung von Belastungen.* ¹Ist ein zur Erbschaft gehörender Gegenstand vermacht, so kann der Vermächtnisnehmer im Zweifel nicht die Beseitigung der Rechte verlangen, mit denen der Gegenstand belastet ist. ²Steht dem Erblasser ein Anspruch auf die Beseitigung zu, so erstreckt sich im Zweifel das Vermächtnis auf diesen Anspruch.

II Ruht auf einem vermachten Grundstück eine Hypothek, Grundschuld oder Rentenschuld, die dem Erblasser selbst zusteht, so ist aus den Umständen zu entnehmen, ob die Hypothek, Grundschuld oder Rentenschuld als mitvermacht zu gelten hat.

1) Die dinglichen Rechte (PfandR, Nießbr, Hyp) belasten iZw (Warn **13** Nr 242) den vermachten Ggst, da der VermNehmer grdsl nur das erhalten soll, was dem Erbl zustand. Befreiung von gesetzl Pfandrechten (§§ 559, 647) wird aber verlangt werden können. — Da der Ggst zur Erbsch gehören muß, ist **I 1 nicht** anwendb auf VerschaffgsVerm (§§ 2170, 2182 II); ebsowenig auf GattgsVerm (§§ 2155, 2182). Hier kann der VermNehmer iZw Leistg einer lastenfreien Sache verlangen (Ausn bei GrdstVerm, § 2182 III). — Bei Zuwendg zur Sicherh an Dritte übereigneter Ggstände wird der Wille des Erbl idR im Sinne von § 2169 dahin gehen, daß der Beschwerte den Ggst dem Bedachten verschaffen soll; es sind nicht §§ 2165–2168a, sond § 2182 II, III anzuwenden (Staud/Otte Rz 1, 4). — Bei Befriedigg des Pfandgläubigers durch den Bedachten gilt § 1249. Anspr des Erbl auf Beseitigg einer Belastg gelten iZw als mitvermacht. Der VermNehmer kann denn vom Beschwerten Übertragg dieses BeseitiggsAnspr u aGrd desselben Beseitigg der Belastg vom Berecht verlangen (Soergel/Wolf Rz 3; s BGH **LM** Nr 1; auch MDR **80**, 386).

2) Auf Eigentümer-Grundpfandrechte des Erbl an dem vermachten Grdst (§§ 1163, 1168, 1170 II, 1171, 1196) findet die Vermutg des I keine Anwendg; vielm entscheidet die Auslegg nach den Umst des Einzelfalles. Bei noch auf den Namen des Gläub eingetragenen Grdpfandrechten sprechen im allg die Umst dafür, daß die infolge ganzer od teilw Rückzahlg dem Erblasser als Eigtümer zustehenden Grdpfandrechte mit vermacht sind (s Staud/Otte Rz 9). — Im übrigen vgl §§ 2166–2168a.

2166 *Belastung mit Hypothek.* ¹Ist ein vermachtes Grundstück, das zur Erbschaft gehört, mit einer Hypothek für eine Schuld des Erblassers oder für eine Schuld belastet, zu deren Berichtigung der Erblasser dem Schuldner gegenüber verpflichtet ist, so ist der Vermächtnisnehmer im Zweifel dem Erben gegenüber zur rechtzeitigen Befriedigung des Gläubigers insoweit verpflichtet, als die Schuld durch den Wert des Grundstücks gedeckt wird. ²Der Wert bestimmt sich nach der Zeit, zu welcher das Eigentum auf den Vermächtnisnehmer übergeht; er wird unter Abzug der Belastungen berechnet, die der Hypothek im Range vorgehen.

II Ist dem Erblasser gegenüber ein Dritter zur Berichtigung der Schuld verpflichtet, so besteht die Verpflichtung des Vermächtnisnehmers im Zweifel nur insoweit, als der Erbe die Berichtigung nicht von dem Dritten erlangen kann.

III Auf eine Hypothek der im § 1190 bezeichneten Art finden diese Vorschriften keine Anwendung.

1) Ein Grundstück (auch einen Bruchteil) muß der Bedachte iZw mit den auf ihm ruhenden Hyp, Dienstbark usw übernehmen (§ 2165 I). Bei **persönlicher Schuld** des **Erblassers** (nicht bei bloß dingl Haftg) haftet der Bedachte dem Erben (nicht dem Gläub, § 329) für Erfüllg der Hypothekenschuld, soweit sie durch den Wert des Grdst gedeckt wird. Befriedigt der VermNehmer den Gläub u übersteigt seine Leistg den GrdstWert, geht insoweit die Fdg gg den persönl Schu nach § 1143 auf ihn über. Zahlt der Erbe die

Schuld, geht die Hyp bis zur Höhe des GrdstWerts auf diesen über (Staud/Otte Rz 4). Auf eine **Grundschuld** zur Sicherg einer persönl Schuld des Erbl ist § 2166 entspr anzuwenden (KG NJW **61**, 1680; BGH NJW **63**, 1612; Staud/Otte Rz 10–12). Die Ausleggsregel des **I** 1 gilt aber bei einer Grdschuld jedenf dann nicht, wenn diese der Sicherg eines Kreditverhältnisses in laufender Rechng mit wechselndem Bestand der Schuld dient (BGH **37**, 246 mAv Mattern **LM** BBauG Nr 1; s auch Johannsen WM **72**, 874). § 2166 ist ferner nicht anwendb, wenn der Erbl zur Darlehenssicherg ggü einer Bank eine Grdschuld bestellt u eine RisikolebensVers abgeschl, der Erbe das Darlehen aus der LebensVers getilgt u die Bank ihm die Grdschuld abgetreten hat (Mü NJW **75**, 1521).

2) **Für die Wertberechnung** (**I** 2) ist der gemeine Wert (Verkehrswert) iSv BBauG 141; BewertgsG 9 II zZt des EigtÜbergangs (§§ 873, 925), nicht des Erbfalls od des Anfalls maßgebd. Die der Hyp vorrangigen Belastgen werden grdsätzl abgezogen. Nicht abgezogen werden aber mitvermachte Grundpfandrechte; in § 2165 II erwähnte Eigentümerrechte, soweit nicht der Erbl das Ggteil bestimmt; ebensowenig die Höchstbetrags Hyp od entspr eine SichergsGrdschuld für Kontokorrentkredit (vgl BGH **37**, 246; NJW **63**, 1612), da sie gem **III** außer Betr bleiben, weil sie idR keine Kapitalsanlage darstellen, die sich aus dem Grdst verzinst und amortisiert. Dagg gilt auch für letztere § 2165 I 1; aber der Erbe bleibt persönl Schuldner, so daß der VermNehmer, der den Gläub befriedigt, die Fdg erwirbt (Staud/Otte Rz 9). – Im Fall des **II** haftet der Bedachte nur hilfsweise.

2167 *Belastung mit Gesamthypothek.* Sind neben dem vermachten Grundstück andere zur Erbschaft gehörende Grundstücke mit der Hypothek belastet, so beschränkt sich die im § 2166 bestimmte Verpflichtung des Vermächtnisnehmers im Zweifel auf den Teil der Schuld, der dem Verhältnisse des Wertes des vermachten Grundstücks zu dem Werte der sämtlichen Grundstücke entspricht. Der Wert wird nach § 2166 Abs. 1 Satz 2 berechnet.

1) **Dem Gläubiger der Gesamthypothek,** also nach außen haftet der Bedachte dingl mit dem Grdst unbeschränkt (§ 1132 I). Gleiches gilt nach § 2168 für GesamtGrdschulden. – Nur im InnenVerhältn zum Erben gilt § 2167, so daß die Beschrkg nach dem in S 1 angegebenen Wertverhältn nur hins der Verpflichtg des VermNehmers ggü dem Erben zur Befriedigg des Gläubigers eintritt (s Staud/Otte Rz 1, 2). Gehören die anderen Grdst nicht zur Erbsch, gilt § 2166; vgl auch § 2168 II.

2168 *Belastung mit Gesamtgrundschuld.* ¹Besteht an mehreren zur Erbschaft gehörenden Grundstücken eine Gesamtgrundschuld oder eine Gesamtrentenschuld und ist eines dieser Grundstücke vermacht, so ist der Vermächtnisnehmer im Zweifel dem Erben gegenüber zur Befriedigung des Gläubigers in Höhe des Teiles der Grundschuld oder der Rentenschuld verpflichtet, der dem Verhältnisse des Wertes des vermachten Grundstücks zu dem Werte der sämtlichen Grundstücke entspricht. Der Wert wird nach § 2166 Abs. 1 Satz 2 berechnet.
 ᴵᴵIst neben dem vermachten Grundstück ein nicht zur Erbschaft gehörendes Grundstück mit einer Gesamtgrundschuld oder einer Gesamtrentenschuld belastet, so finden, wenn der Erblasser zur Zeit des Erbfalls gegenüber dem Eigentümer des anderen Grundstücks oder einem Rechtsvorgänger des Eigentümers zur Befriedigung des Gläubigers verpflichtet ist, die Vorschriften des § 2166 Abs. 1 und des § 2167 entsprechende Anwendung.

1) **Für Gesamtgrundschulden** gilt das gleiche wie für GesHyp (§ 2167; s dort). Die BefriediggsPfl des Bedachten geht auch im Falle des **I** nicht über den Wert des Grdst (§ 2166 I S 1) hinaus; aber gesagt ist es nicht (Redaktionsversehen).

2) **Absatz II** erweitert die Ausgleichspflicht des VermNehmers auf eine Ersatzpflicht des Erbl ggü dem Eigentümer der gesamtbelasteten Grdstücke (s § 1173 II). Jedoch besteht keine BefriediggsPfl ggü dem Erben, soweit der Erbl nicht zur Befriedigg des Gläub verpflichtet ist, wohl aber die Haftg mit dem Grdst (§§ 1132 I, 1192 I).

2168 a *Anwendung auf Schiffe, Schiffsbauwerke und Schiffshypotheken.* § 2165 Abs. 2, §§ 2166, 2167 gelten sinngemäß für eingetragene Schiffe und Schiffsbauwerke und für Schiffshypotheken.

1) **Geltungsbereich.** § 2165 II gilt nur in den Fällen des SchiffsRG 64 II, IdR erlischt die SchiffsHyp, wenn sie mit dem Eigt in derselben Person zusammentrifft (SchiffsRG 64 I). § 2168 ist nicht entspr anwendb, da das SchiffsRG nur die SchiffsHyp kennt.

2169 *Vermächtnis fremder Gegenstände.* ¹Das Vermächtnis eines bestimmten Gegenstandes ist unwirksam, soweit der Gegenstand zur Zeit des Erbfalls nicht zur Erbschaft gehört, es sei denn, daß der Gegenstand dem Bedachten auch für den Fall zugewendet sein soll, daß er nicht zur Erbschaft gehört.
 ᴵᴵHat der Erblasser nur den Besitz der vermachten Sache, so gilt im Zweifel der Besitz als vermacht, es sei denn, daß er dem Bedachten keinen rechtlichen Vorteil gewährt.
 ᴵᴵᴵSteht dem Erblasser ein Anspruch auf Leistung des vermachten Gegenstandes oder, falls der Gegenstand nach der Anordnung des Vermächtnisses untergegangen oder dem Erblasser entzogen worden ist, ein Anspruch auf Ersatz des Wertes zu, so gilt im Zweifel der Anspruch als vermacht.
 ᴵⱽZur Erbschaft gehört im Sinne des Absatzes 1 ein Gegenstand nicht, wenn der Erblasser zu dessen Veräußerung verpflichtet ist.

§§ 2169, 2170 5. Buch. 3. Abschnitt. *Edenhofer*

1) Nach der Vermutung des I will ein Erbl idR nur ihm gehörende Ggstände vermachen. Deshalb ist das Verm eines bestimmten Ggst grdsl nur wirks, wenn der Ggst zur Zeit des Erbfalls (nicht der Anordng) zum Vermögen des Erbl gehört; auf GattungsVerm (§ 2155) ist die Vorschr nicht anwendb. Ob dies der Fall ist, beurteilt sich nach wirtschaftl Betrachtgsweise, wie sich aus **IV** ergibt (s BGH FamRZ **84**, 41). Danach gehört ein Ggst schon bei wirksamer und beim Erbfall noch bestehender Verpflichtg des Erbl darüber nicht mehr zur Erbsch, auch wenn er noch dazugehört (s Anm 4). Gehört ein Ggst nur teilw zur Erbsch, ist nur der Teil vermacht. Ist der Erbl MitE eines noch ungeteilten Nachl eines Dritten, gehört zur Erbsch des Erbl nur dessen Erbteil, nicht aber einzelne Ggstände od ein Bruchteil der einzelnen Ggst (RG **105**, 250; KG NJW **64**, 1809); das Verm einzelner dieser Ggstände ist daher grdsätzl unwirks. – **Bestimmter Gegenstand** kann Sache od Recht sein. **I** gilt auch, wenn ein Recht an einem Ggst vermacht wird; wenn das Recht zugewendet ist, von dem Beschwerten einen bestimmten Ggst käufl zu erwerben (RGRK Rz 1). Gehört der das vermachte Recht tragende Ggst nicht zum Nachl, ist das Verm grdsätzl unwirks (RG SeuffA **80** Nr 14; Celle HEZ **3**, 39; s aber Anm a). – Gleichgült ist, ob die Zuwendg dch Test od ErbVertr erfolgt. Die Regelg des § 2169 steht mit der Bindgswirkg von ErbVertr u gemschaftl Test nicht in Widerspr (s § 2286; BGH **31**, 17; Johannsen WM **69**, 1226; **72**, 873; dazu auch Bund JuS **68**, 273).

a) Ein Verschaffungsvermächtnis (§ 2170) kann aber entgg der ges Vermutg vom Erbl gewollt sein, wenn er den nicht mehr zur Erbsch gehörenden Ggst od das Recht an einem Ggst auch für den Fall der Nichtzugehörigk zuwenden wollte (BGH **LM** § 2288 Nr 2). Bes nahe liegt dies dann, wenn der Ggst zwar nicht rechtl, aber wirtschaftl zum Nachl gehört (BGH NJW **83**, 937). – Maßgebl ist immer der Wille zur Zeit der VermAnordng (RG **104**, 196). Auch der Anspr auf Auszahlg eines Gewinnanteils kann Ggst eines VerschaffgsVerm sein (BGH aaO). Ein solches kann auch dann vorliegen, wenn bei gemschaftl Test od ErbVertr unter Lebenden über den Ggst eines Verm verfügt u dieses dadurch unwirks wird (§ 2271 Anm 2a; BGH NJW **58**, 547; **59**, 2252 mAv Baumgärtel MDR **60**, 296, Coing JZ **60**, 538). Vermacht der überlebende Eheg einen zum Gesamtgut der fortgesetzten GüterGemsch gehörenden Ggst, handelt es sich um ein VerschaffgsVerm (BayObLG **60**, 254, 507; BGH NJW **64**, 2298: Verm eines ÜbernahmeR von Grdst, die zum Gesamtgut der fortges GütGemsch gehören; dazu Mattern BWNotZ **65**, 4; Bühler DNotZ **64**, 581).

b) Kenntnis. Bewußtsein der Nichtzugehörigk beim Erbl ist nicht Voraussetzg, sond sein qualifizierter Zuwendgswille (BGH NJW **83**, 672), so daß auch bei einem Irrtum des Erbl üb die Zugehörigk zu seinem Vermögen VerschaffgsVerm vorliegen kann (BGH FamRZ **84**, 41). Jedoch wird ein auf VerschaffsVerm gerichteter Wille regelm dann anzunehmen sein, wenn der Erbl die Nichtzugehörigk kannte (Celle aaO). Allerd ist dies nur ein Indiz; entscheidend ist die Intensität des Zuwendgswillens (BGH NJW **83**, 937). Bei Sicherungsübereigng durch den Erbl ist idR entweder ein VerschaffgsVerm gewollt od der Anspr auf Leistg nach **III** vermacht.

c) Der Beweis, daß der vermachte Ggst nicht zum Nachl gehört, trifft den Beschwerten. Der Bedachte hat dann zu beweisen, daß die Zuwendg auch für diesen Fall angeordnet ist (BGH FamRZ **84**, 41).

d) Haftung. Beim Verm eines bestimmten Ggst haftet der Beschwerte nicht für Sachmängel (§ 2183 Anm 2), für Rechtsmängel aber iZw wie ein Verkäufer (§ 2182 II). Er hat also alle Rechte zu beseitigen, die nach Erfüllg von Dritten gg den Bedachten geltend gemacht werden könnten, aber nicht die Rechte des Bedachten selbst (Bühler DNotZ **64**, 583). Der Erbl kann die Haftg für Rechtsmängel ausschließen od verschärfen; er kann auch Sachmängelhaftg anordnen (Bühler aaO 584). Für Grdstücke s § 2182 III.

2) Besitzvermächtnis (II). Ist der Erbl nur Besitzer der vermachten Sache, ist iZw kein VerschaffgsVerm anzunehmen, sond nur der Besitz vermacht. Wenn der Besitz keinen rechtl Vorteil gewährt, ist das Verm unwirks, falls nicht § 2170 einschlägt. Keinen rechtl Vorteil gewährt der Besitz namentl dann, wenn seine Unrechtmäßigk bekannt u Herausg vom Eigtümer bereits verlangt ist, GgAnsprüche (s § 994) aber nicht bestehen (Soergel/Wolf Rz 11).

3) Vermächtnis eines Leistungs- oder Ersatzanspruchs (III). Eine Sache, die dem Erbl rechtl nicht gehört, auf die er aber einen Anspr hat, wird gem **III** bes behandelt: Im Zw ist das Vermächtn einer solchen nicht zum Nachl gehörigen Sache zwar nicht gem **I** unwirks; es gilt aber nicht die Sache, sond der Anspr auf sie als vermacht. Es wird vermutet, daß iZw kein VerschaffgsVerm gewollt ist, sond ein Verm des Leistgs- bzw ErsatzAnspr. Wenn der Erbl den Wertersatz selbst noch nicht erhalten hatte, gilt § 2173. Hat er aber den VermGgst veräußert u den Erlös selbst noch nicht eingezogen, ist der Ggst weder untergegangen noch entzogen u der Erlös tritt daher grdsätzl an die Stelle des VermGgstandes (s BGH **31**, 13); das Verm ist unwirks. Denn der Grds des **III** darf nicht zu einem allg gültigen Surrogationsprinzip erweitert werden (Staud/Otte Rz 15). Im Wege der ergänzenden Auslegg kann aber uU doch der Erlös als vermacht angesehen werden (BGH **22**, 357 = **LM** Nr 1 mAv Johannsen; KG FamRZ **77**, 267/270; Johannsen WM **79**, 606f), zB bei Ausgleichsleistg nach LAG 229 (BGH NJW **72**, 1369) od bei Rückerstattg als Ersatzleistg für verfallenes Vermögen (Mü RzW **67**, 538). S auch § 2164 Anm 2.

4) Veräußerungspflicht (IV). War der Erbl beim Erbfall zwar Eigentümer der vermachten Sache, aber zur Veräußerg verpflichtet, gehört die Sache gem **IV** nicht mehr zur Erbschaft, weil der verkaufte, aber noch nicht übergebene Ggst dem Erbl zwar noch dingl, aber nicht mehr wirtschaftl gehörte. Hier kann **III** nicht entspr angewendet werden. Zu prüfen ist aber, ob notfalls im Weg ergänzender TestAuslegg festgestellt werden kann, daß der Erbl mit dem Verm des Ggstandes auch die GgLeistg für dessen Veräußerg vermachen wollte (Nürnbg NJW **56**, 1882; KG aaO). – **IV** gilt auch entspr für vertragsmäß Zuwendgen durch ErbVertr (Stgt BWNotZ **58**, 307; BGH **31**, 13); s auch § 2288 Anm 1.

2170 *Verschaffungsvermächtnis.* [1]Ist das Vermächtnis eines Gegenstandes, der zur Zeit des Erbfalls nicht zur Erbschaft gehört, nach § 2169 Abs. 1 wirksam, so hat der Beschwerte den Gegenstand dem Bedachten zu verschaffen.

Testament. 4. Titel: Vermächtnis §§ 2170–2172

II Ist der Beschwerte zur Verschaffung außerstande, so hat er den Wert zu entrichten. Ist die Verschaffung nur mit unverhältnismäßigen Aufwendungen möglich, so kann sich der Beschwerte durch Entrichtung des Wertes befreien.

Schrifttum: Haegele Rpfleger **64**, 138; Bühler DNotZ **64**, 581; Johannsen WM **72**, 875 f.

1) Das Verschaffungsvermächtnis ist auf einen Ggstand gerichtet, der nicht zum Nachl gehört (s § 2169 I Alt 2). Die Anordng setzt aber nicht voraus, daß der Erbl sich darüber bewußt ist (BGH NJW **83**, 937; s auch § 2169 Anm 1 a). Der **Beschwerte** hat den Ggstand (dazu § 2169 Anm 1) anzuschaffen u (nebst etwaigem Zubehör, § 2164) dem Bedachten zu übereignen od ihm das zu begründende Recht (RG LZ **23**, 454) zu verschaffen. Die Verpflichtg ist NachlVerbindlichk (§ 1967 II; BGH FamRZ **64**, 425). Über Haftg des Beschwerten s § 2169 Anm 1 d; über Durchsetzg des Verschaffgsanspruchs s Bühler aaO 589 ff, Johannsen aaO. – Gehört der Ggst bereits dem Beschwerten, gilt § 2174 (Haegele aaO; s dazu Kuchinke JZ **83**, 483). Gehört er dem Bedachten (weil er ihn etwa vom Erbl schon zu dessen Lebzeiten erhalten hatte), ist das Vermächtn wirkgslos; ein Anspr auf Wertersatz wird ihm nur in bes Fällen zustehen (Soergel/Wolf Rz 1). Wenn aber der Bedachte dem Erbl herausgabepflichtig war, ist er von der HerausgabePfl befreit; s auch RG **164**, 202.

2) Subjektives Unvermögen der Verschaffg (zB durch Weigerg od übermäßige PreisFdg des Dritten) verpflichtet zum Wertersatz; im zweiten Fall (**II** 2) berechtigt sie dazu (vgl §§ 251 II; 633 II). Maßgebend ist der gemeine Wert nicht zZ des Erbfalls, sondern im Fall **II** 1 zZ des Entstehens der Ersatzverpflichtg, in der sich das subj Unvermögen des Beschwerten endgült herausstellt, und im Fall **II** 2 zZ der Leistg (Soergel/Wolf Rz 9). Zur Entschädigg des Bedachten, dem Gelegenh zum Eintritt in eine OHG vermacht wurde, bei verschuldeter Unmöglichk des Eintritts s BGH NJW **84**, 2570. Die Verpflichtg zum Wertersatz entfällt aber, wenn die Leistg des vermachten Ggstandes nachträgl ohne Verschulden u ohne Verzug des Beschwerten obj unmögl wird (RGRK Rz 12; str).

3) Objektive Unmöglichkeit. Bei ursprüngl (anfängl) ist das Verm unwirks (§ 2171). Wird die Verschaffg nachträgl ohne Verschulden und ohne Verzug des Beschwerten obj unmögl (zB dch zufälligen Untergang, § 275 I), wird der Beschwerte befreit; vgl aber § 281 (s RG DR **44**, 292; RGRK Rz 6; Bühler aaO 586; einschränkend Soergel/Wolf Rz 6). Bei nachträgl Unmöglichk, die der Beschwerte zu vertreten hat, gilt § 280 I (Johannsen aaO).

4) Beim Erbvertrag besteht eine Sonderregelg nach § 2288.

2171 *Unmögliches oder verbotenes Vermächtnis.* Ein Vermächtnis, das auf eine zur Zeit des Erbfalls unmögliche Leistung gerichtet ist oder gegen ein zu dieser Zeit bestehendes gesetzliches Verbot verstößt, ist unwirksam. Die Vorschriften des § 308 finden entsprechende Anwendung.

1) Objektive Unmöglichkeit (vgl §§ 275, 306) wird erfordert, zB Untergang in der Zeit zw Anordng u Erbfall, soweit nicht der Anspr auf WertErs als vermacht anzusehen ist (§ 2169 III). § 2171 bezieht sich auf die **anfängliche** Unmöglichkeit und stellt in Abweichg von § 306 auf den Erbfall ab; bei einem bedingten od befristeten Verm muß die obj Unmöglichk aber auch noch zZ des Eintr der Bedingg od des Anfangstermins vorliegen (§§ 308, 2177; BGH NJW **83**, 937; Soergel/Wolf Rz 4; s auch § 2170 Anm 3). Nach **S** 2 ist das Verm trotz zZ des Erbfalls bestehender Unmöglichk od Verbotswidrigk der Leistg bei Vorliegen der Voraussetzgen des § 308 wirks (s RGRK Rz 8). – Nachträgl Unmöglichk s §§ 275 ff und § 2170 Anm 2, 3. Über aufschiebende u auflösende unmögl Bedinggen vgl § 2074 Anm 1 b. Bei Unvermögen des Beschwerten zZ des Erbfalls gelten §§ 2169, 2170.

2) Ein gesetzliches Verbot macht das Verm schon nach § 134 nichtig; zB ein Einfuhrverbot; od Verstoß gg Devisenbestimmgen, nicht aber Verstoß gg DevBest der DDR dch Anordng eines Verm aus Bankkonto eines DDR-Bürgers in der BRep od Bln-West (Kohler gg Ffm NJW **72**, 398; dazu auch Hirschberg ROW **72**, 55). Das gesetzl Verbot muß aber zZ des Erbfalls u nicht der Errichtg der Vfg bestehen. – Bei Verstoß gg die **guten Sitten** ist ein Verm nach § 138 nichtig (vgl den Übbl über die Rspr in § 1937 Anm 4, 5; auch Soergel/Wolf Rz 6–8). Die Frage der Sittenwidrigk ist nicht nach dem Verhältn zZ des Erbfalls, sondern der Errichtg zu beurteilen (BGH **20**, 71; § 1937 Anm 5; str; aA Soergel/Wolf Rz 8). Bei Änderg des sittl Maßstabs in der Zeit zw Errichtg u gerichtl Entscheid ist jedoch die Beurteilg im Ztpkt des Richterspruchs maßg (§ 1937 Anm 5; dort auch weitere Einzelheiten). Unentgeltlichk u ungleiche Bedenkg der Kinder macht Verm nicht nach § 138 unwirks (BGH NJW **64**, 2299).

3) Genehmigungsbedürftigkeit. Bedarf ein Verm seinem Inhalt nach einer behördl Genehmigg (zB nach GrdstVG; BBauG), ist es bis zur Entscheid über die Genehmigg od den Wegfall der GenErfordernisses **schwebend unwirksam** (BGH **37**, 233 = **LM** § 19 BauGB Nr 1 mAv Mattern; s auch Johannsen WM **72**, 876). Zum GenehmiggsVerf s Hense DNotZ **58**, 562; Bitter DVBl **62**, 41. – Über Verm landw Grdst an Nichtlandwirt s Stgt BWNotZ **64**, 335. Vgl. § 2174 Anm 5 b. – Die Zuwendg **sachwertabhängiger Geldvermächtnisse** bedarf keiner Genehmigg nach WährG 3 S 2 (Soergel/Wolf Rz 10).

2172 *Verbindung, Vermischung, Vermengung der vermachten Sache.* I Die Leistung einer vermachten Sache gilt auch dann als unmöglich, wenn die Sache mit einer anderen Sache in solcher Weise verbunden, vermischt oder vermengt worden ist, daß nach den §§ 946 bis 948 das Eigentum an der anderen Sache sich auf sie erstreckt oder Miteigentum eingetreten ist, oder wenn sie in solcher Weise verarbeitet oder umgebildet worden ist, daß nach § 950 derjenige, welcher die neue Sache hergestellt hat, Eigentümer geworden ist.

1997

§§ 2172–2174   5. Buch. 3. Abschnitt. *Edenhofer*

IIIst die Verbindung, Vermischung oder Vermengung durch einen anderen als den Erblasser erfolgt und hat der Erblasser dadurch Miteigentum erworben, so gilt im Zweifel das Miteigentum als vermacht; steht dem Erblasser ein Recht zur Wegnahme der verbundenen Sache zu, so gilt im Zweifel dieses Recht als vermacht. Im Falle der Verarbeitung oder Umbildung durch einen anderen als den Erblasser bewendet es bei der Vorschrift des § 2169 Abs. 3.

1) Verbindung usw (I) der vermachten Sache mit einer anderen machen die Leistg unmögl, u zwar ohne Rücks darauf, ob die Verbindg usw nur Sachen des Erbl od auch fremde Sachen betrifft u ob die Verbindg durch den Erbl od einen Dritten erfolgt. – **II** enthält aber dann Ausnahmen für den Fall, daß ein Dritter ohne den Willen des Erbl die Verbindg usw vornahm. – Über **II** hinaus kann aber die Vfg nach Sachlage dahin ausgelegt werden, daß auch in anderen Fällen etwaige WertersatzAnspr als vermacht gelten. Mögl ist auch ein Verm dahin, daß die vermachte Sache von dem anderen abzutrennen u dann zu leisten ist. Ebenso ist auch in den Fällen des **I** denkb, daß ein entstandenes AlleinEigt an der neuen Sache (§§ 947 II, 948) od ein MitEigt des Erbl (§§ 947 I, 948) als vermacht gilt.

2173 *Forderungsvermächtnis.* Hat der Erblasser eine ihm zustehende Forderung vermacht, so ist, wenn vor dem Erbfalle die Leistung erfolgt und der geleistete Gegenstand noch in der Erbschaft vorhanden ist, im Zweifel anzunehmen, daß dem Bedachten dieser Gegenstand zugewendet sein soll. War die Forderung auf die Zahlung einer Geldsumme gerichtet, so gilt im Zweifel die entsprechende Geldsumme als vermacht, auch wenn sich eine solche in der Erbschaft nicht vorfindet.

1) Beim Forderungsvermächtnis erlangt der Bedachte gemäß § 2174 gg den Beschwerten den Anspr auf Übertragg der vermachten Fdg (§§ 398ff) nebst Zinsen seit dem Anfall (§ 2184) und etw Nebenrechten (§§ 401, 402). Wird eine SchuldUrk (zB ein Sparkassenbuch) vermacht, ist regelm die Zuwendg der verbrieften Fdg in ihrer bestehenden Höhe gemeint. Bei Verm eines Schreibtischs „mit Inhalt" ist dies Auslegsfrage (§ 2084 Anm 2; RG SeuffA **75** Nr 107). Ob bei einem Verm von Wertpapieren, die vor dem Erbfall veräußert sind, der Beschwerte zur Herausg des Erlöses verpflichtet ist, muß nach den Umst des Einzelfalles entschieden werden (Erman/Hense Rz 1). Auch künftig entstehende Fdgen können vermacht werden. Beim Verm einer Leibrente wird die Schriftform (§ 761) durch die TestForm (§§ 2231ff; BeurkG 1ff) ersetzt.

2) Erfüllung. Nach der Ausleggsregel des **S 1** tritt im Zw an die Stelle einer untergegangenen Fdg der geleistete Ggst, wenn die Fdg **vor dem Erbfall** dch Erfüllg getilgt wird. Das Verm wird also iZw nicht unwirks, sofern sich der geleistete Ggst noch im Nachl befindet; od wenn es sich um eine Geldschuld handelt (**S 2**), da die Absicht des Erbl idR auf Zuwendg des SchuldGgstandes geht. Die Ausleggsregel des **S 2** (Warn 30 Nr 60) greift auch bei der **Aufrechnung** ein, soweit sie für den Erbl denselben wirtschaftl Erfolg wie die Erfüllg herbeiführt.

3) Was der Erbe nach dem Erbfall durch Zahlg der Schuld einnahm, hat er dem Bedachten zu ersetzen. Erfolgt nach dem Erbfall die Aufrechng durch den Schuldner mit einer ihm gg den Nachl od den Erben zustehenden Fdg ggü dem Bedachten, haftet der Erbe dem Bedachten, soweit er infolge der Aufrechng bereichert ist.

4) Beim Befreiungsvermächtnis, das nicht bes geregelt ist und ebenf keine dingl Wirkg hat, kann der Bedachte verlangen, von einer Schuld befreit zu werden. War es eine Schuld ggü dem Erbl, kann der Bedachte Schulderlaß, ev Freigabe der Sicherh für die erlassene Schuld, Quittg und Rückgabe des Schuldscheins (§§ 368, 371) beanspruchen (BGH FamRZ **64**, 140). Er hat auch nach Verjährg seines Anspr eine Einrede (vgl § 821). War es eine Schuld ggü einem Dritten, hat der Beschwerte durch Zahlg, Aufrechng od sonstwie den Bedachten zu befreien (RG LZ **14**, 760). War die Schuld vom Bedachten schon vor dem Erbfall getilgt, kann Verm der Schuldsumme gemeint sein (RG Gruch **62**, 248).

5) Schuldvermächtnis. Vermacht der Erbl etwas, was er dem Bedachten ohnehin schuldet, kann dies als Verm eines Schuldanerkenntnisses aufgefaßt werden. Dem Bedachten wird so der Beweis des Bestehens der Schuld erspart (OLG **12**, 363). Doch kann der Beschwerte nach § 2078 anfechten, wenn die Schuld nicht bestand. War sie vor dem Erbfall getilgt (nicht bloß verjährt), wird das Verm nach § 2171 unwirks. – Die Bestätigg einer unwirksamen Schenkg in einem Test kann als Verm ausgelegt werden (RG **82**, 149).

2174 *Anspruch aus Vermächtnis.* Durch das Vermächtnis wird für den Bedachten das Recht begründet, von dem Beschwerten die Leistung des vermachten Gegenstandes zu fordern.

Schrifttum: Bühler, Zum Inhalt der VermAnwartschaft im Vergleich zur Anwartsch des NachE, BWNotZ **67**, 174; Kuchinke, RFolgen der Vorausleistg des VermGgstandes an den Bedachten, JZ **83**, 483.

1) Schuldrechtlicher Anspruch. Das Verm verschafft dem Bedachten nur ein FdgsR gg den Beschwerten, auf das (von der Ausschlagg abgesehen) nach § 397 verzichtet werden kann (vgl Einf 1 vor § 2147). Wann die Fdg entsteht, regelt nicht § 2174, sond die §§ 2176ff (BGH NJW **61**, 1915). Die gegenseitigen Rechte und Pflichten des Bedachten u Beschwerten richten sich nach den Vorschr des **allgemeinen Schuldrechts,** insb hins Fälligk (§ 271; s aber § 2281); eigenen u fremden Verschuldens (§§ 276ff); der Unmöglichk (§§ 280, 275 II; s BGH NJW **84**, 2570); des Verzuges (§§ 286ff) und der ZinsPfl (§ 291; Warn **27** Nr 35). Sie stehen auch unter dem Gebot von Treu u Glauben, § 242 (BGH **37**, 240; Johannsen WM **72**, 877). Doch ist der Anspr als NachlVerbindlichk (§ 1967 II) von besonderer Art (s unten 3). – **Klage** kann in jedem Falle beim Gerichtsstand der Erbsch (ZPO 27) erhoben werden u richtet sich iZw gg den Erben (§ 2147), vor der Annahme gg den NachlPfleger od verwaltenden TestVollstr (§§ 1958; 2213) od KonkVer-

Testament. 4. Titel: Vermächtnis § 2174 1–5

walter (KO 226 Nr 5; 219 I 2). Im ordentl RWeg kann die Klage auch gg eine Stiftg erhoben werden, die einwendet, sie brauche das Verm nach LandesstiftgsR nicht zu erfüllen (BGH WM **75**, 198). – Vor Annahme der Erbsch **haftet** der Beschwerte wie ein GeschFührer ohne Auftr (vgl § 1978 I 2). – Die Gefahr einer nach dem Erbfall eingetretenen Verschlechterg seiner Wirtschaftslage trägt iZw der Beschwerte, nicht der Bedachte.

2) Zur Erfüllung der iZw sofort fälligen (§ 271; s aber § 2281) VermFdg hat der Beschwerte (§ 2147) ein Grdst nach §§ 873, 925, bewegl Sachen nach §§ 929 ff zu übereignen, eine vermachte Fdg abzutreten usw. Hinsichtl eines vermachten UrheberR s UrhRG 29, eines vermachten GmbHAnteils s GmbHG 15 III, V (dazu Däubler, Die Vererbg des GeschAnteils bei der GmbH, 1965, S 26 ff; Haegele BWNotZ **76**, 53/57). Als Erfüllgsort wird meist der letzte Wohnsitz des Erbl maßgebend sein (§§ 269; 270).

a) Zur Auskunft über den NachlBestand ist der Beschwerte an sich nicht verpflichtet (RG **129**, 239). Eine solche Pflicht kann sich aber nach § 242 aus den Umst ergeben od auch mitvermacht sein. Ist der Bedachte pflichtberechtigt, kann er Ausk gem § 2314 beanspruchen (BGH **28**, 177). Soll bei einem Gewinn-Verm der vom FinAmt festgestellte Steuergewinn maßg sein, hat der VermNehmer gg den Beschwerten nur einen Anspr auf Vorlage der Gewinnfeststellg des FinAmts, nicht aber auf Ausk od Rechnglegg über Einnahmen und Ausgaben des Betriebs (BGH WM **69**, 337). – Auch eine Pflicht zur **Rechnungslegung** od Vorzeigung kann sich nur aus dem Umst ergeben (§ 242) od auch mitvermacht sein (RG LZ **31**, 688), insb beim Verm eines Bruchteils des ReinNachl.

b) Die Kosten der Entrichtg des Verm fallen dem Beschwerten, die der Abnahme u Übersendg (man denke an Hausrat) iZw dem Bedachten zur Last (vgl §§ 242; 448 I; 449). Eine Bringschuld (Schickschuld) kann uU dann anzunehmen sein, wenn die Übersendgskosten vom Bedachten schwer, vom Nachl leicht zu tragen oder im Verhältn zum Wert der Zuwendg hoch sind (Reichel AcP **138**, 201). Der mit einem GrdstVerm Beschwerte hat auch die Kosten der GrdstUmschreibg zu tragen (BGH NJW **63**, 1602).

c) Die Erbschaftssteuer für das Verm schuldet der VermNehmer (ErbStG 20 I). Daneben haftet der Nachl mit, aber nur bis zur Auseinandersetzg (ErbStG 20 III). S Einf 4 vor § 2147.

d) Annahmeverzug. Durch die Ablehng der Leistg nach Annahme (§ 2180 I) kommt der Bedachte in AnnVerzug; vor Annahme kann er aber nicht in AnnVerzug kommen (s § 2180 Anm 1; Lange/Kuchinke § 27 IV 2 d). Der Beschwerte muß ggf nach § 383 verfahren, sofern nicht der Bedachte endgültig verzichtet (Reichel aaO 204).

e) Abtretung, Pfändung. Der Anspr ist vom Erbfall an (§ 2176) abtretb od pfändb (RG **67**, 425; § 2177 Anm 1) und (außer im Fall des § 2074) auf die Erben des Bedachten übertragb (zur Pfändbark s Stöber[8] Rz 414–419). Ist aber Ggst des Verm der Anteil an einer OHG od KG, ist die Abtretung (§ 399) des VermAnspr nur mit Zust der and Gesellschafter mögl, falls nicht der GesellschVertr die Abtretg ohne deren Zust zuläßt (BGH **LM** Nr 5 zu § 399; s auch Baumgärtel JZ **58**, 654). Steht der GesellschVertr einer Beteiligg des VermNehmers entgg, hat der Erbe ihm wenigstens die übertragb Rechte (auf Gewinnausschüttg, Auseinandersetzgsguthaben) abzutreten (BGH WM **76**, 251, dort auch zur Wertermittlg). Die Abtretg eines dem gesetzl Vertr eines minderj Erben vermachten Kommanditanteils bedarf weder einer Pflegerbestellg noch einer vormschaftl Genehmigg (LG Nürnbg-Fürth MittBayNot **77**, 239), Abtretg eines Anspr aus GrdstVerm ist nicht nach GrdstVG genehmiggspflicht (Ffm RdL **80**, 216). – Schuldet der VermNehmer eine Leistg an den Nachl, kann sich für ihn aus der VorleistgsPfl ergeben; er kann in einem solchen Fall ggü der ihn treffden NachlSchuld kein ZurückbehaltgsRecht (§ 273 I) geltend machen (s Dütz NJW **67**, 1108).

f) Verjährung des VermAnspr tritt nach dreißig Jahren (§§ 194, 195) ein. Die Frist beginnt mit dem Anfall des Verm (§§ 198, 2176 ff). Wg Hemmg der Verjährg s § 202.

3) Nachlaßverbindlichkeit (§ 1967 II) ist das Verm, wenn der Erbe damit beschwert ist. Es ist eine Verbindlichk zweiter Klasse, wie sich bes beim NachlKonk zeigt (KO 226). Das Verm hat nur soweit Geltg, als der Nachl nach Abzug der Schulden des Erbl reicht (vgl §§ 1972, 2060, 1992, 2306, 2318, 2322, 2323); mehrere Verm sind ggfs verhältnismäßig zu kürzen (§ 1991 IV mit KO 226 II; vgl § 2189 Anm 1). Im übr kann der Erbl den Rang bestimmen (§ 2189). Ist ein VermNehmer beschwert, gelten §§ 2186 ff.

4) Besondere Sicherungsrechte des VermNehmers bestehen nicht, soweit sie nicht mitvermacht sind (RG JR **25** Nr 1526; DNotZ **32**, 539). Der Bedachte ist nach dem Erbfall auf Arrest, einstw Vfg, NachlVerw (§ 1981), bei GrdstR auf Sicherg durch eine Vormerkg (§§ 883, 885 I 2) angewiesen (s RGRK Rz 13). Zu Lebzeiten des Erbl ist Vormerkg unmögl, auch wenn dort die Eintragg bewilligte (BGH **12**, 115 gg Celle DNotZ **52**, 236; Schlesw SchlHA **59**, 175). Ob eine schuldrechtl Verpflichtg, die neben dem ErbVertr übernommen und deren Zulässigk vom BGH (**LM** § 2288 Nr 2; NJW **59**, 2252) anerkannt wird, durch Vormerkg gesichert werden kann, ist str; vgl hierzu Hieber DNotZ **52**, 432; **53**, 635; **54**, 269; **58**, 306; Schulte DNotZ **53**, 360; ferner § 883 Anm 2b aa und § 2286 Anm 2b. Der schuldrechtl Vertr, durch den sich ein Erbl ggü seinem VermNehmer verpflichtet, über das vermachte Grdst auch unter Lebenden nicht zu verfügen, bedarf nicht der Form des § 313 (BGH NJW **63**, 1602). S auch § 2179 Anm 1.

5) Sonderfälle. – a) Zur Aufwertung, Umstellung u Vertragshilfe s Johannsen WM **72**, 879 f. – Über währgsrechtl Zuordng (Umstellg nach Ost- od WestwährgsR) des VermAnspr s KG NJW **62**, 1729.

b) Vermächtnis eines Grundstücks iS des GrdstVG 1 bedarf nicht der Genehmigg nach GrdstVG 2 I; wohl aber die Auflassg zur Erfüllg des Verm (bestr; s Hamm RdL **65**, 120, 299; Stgt BWNotZ **65**, 353; Karlsr AgrarR **75**, 106). Gehört das Grdst zu einem **Hof** iS der HöfeO, s auch HöfeO 16 I zu beachten. – Verm von **Wohnungseigentum** fällt nicht in den AnwendgsBereich von WEG 12 (LG Nürnbg-Fürth MittBayNot **76**, 27; WEG 12 Anm 1 b, bb). – Genehmiggsbedürftigk des ErfüllgsGesch kann sich aus §§ 1643, 1821 ergeben (Staud/Otte Rz 17).

c) Wohnungsrecht. Beim Vermächtn eines lebenslängl entgeltl WohngsR bestimmen sich die ggseitigen

Rechte u Pflichten der Beteiligten nach erbrechtl Grdsätzen auf der Grdlage des testamentar Verm, nicht nach den Vorschr eines MietVertr (LG Mannh MDR 67, 1012).

d) Wiedergutmachung. Der Anspr aus einem von einem Deportierten angeordneten Verm, dessen Vermögen dem Reich verfallen war, besteht auch ggü dem NachlVermögen, das dem Erben des Deportierten im Wege der Wiedergutmachg zugeflossen ist (LG Mü I RzW 65, 308).

2175 Wiederaufleben erloschener Rechtsverhältnisse.
Hat der Erblasser eine ihm gegen den Erben zustehende Forderung oder hat er ein Recht vermacht, mit dem eine Sache oder ein Recht des Erben belastet ist, so gelten die infolge des Erbfalls durch Vereinigung von Recht und Verbindlichkeit oder von Recht und Belastung erloschenen Rechtsverhältnisse in Ansehung des Vermächtnisses als nicht erloschen.

1) Das Nichterlöschen wird angeordnet, um ein Unmöglichwerden des Verm zu verhüten (vgl § 2169). Konfusion tritt nicht ein, wenn mit einem Recht des Erben belasteter Ggst vermacht ist (vgl § 2165; Staud/Otte Rz 5). Soweit die vermachte Fdg fortbesteht, bleiben auch die **Sicherungen** (PfandR; Rechte gg Bürgen) ggü Dritten und zG des Bedachten u seiner RNachfolger bestehen. – **Nicht** unter § 2175 fallen Rechte, die nicht vererbl sind (§§ 1059, 1061, 1090 II, 1092). Sie erlöschen mit dem Erbfall; nach § 2169 I ist daher das Verm insow unwirks (Soergel/Wolf Rz 3). – Zu beachten ist, daß in den Fällen der §§ 889, 1063, 1068, 1256, 1273 die Vereinigg von Recht u Belastg in einer Person überh nicht erlöschend wirkt und bei NachlVerw u NachlKonk die Vereiniggswirkgen schon nach § 1976 nicht eintreten.

2176 Anfall des Vermächtnisses.
Die Forderung des Vermächtnisnehmers kommt, unbeschadet des Rechtes, das Vermächtnis auszuschlagen, zur Entstehung (Anfall des Vermächtnisses) mit dem Erbfalle.

1) Der Vermächtnisanspruch (§ 2174) entsteht regelm mit dem Erbfall unabhäng von dem Erwerb der Erbsch durch den Erben; vor Annahme der Erbsch kann er allerd nicht eingeklagt werden (§§ 1958; 2014 ff). Der **Anfall** des Verm erfolgt also wie der Erbanfall unmittelb mit dem Tode des Erbl; die Fdg des VermNehmers wird mit dem Erbfall existent (BGH NJW 61, 1915). Ausnahmen regeln §§ 2177 bis 2179. Vor diesem Ztpkt besteht nur eine tatsächl Aussicht, auch wenn das Verm auf einem ErbVertr beruht (BGH 12, 115; § 2174 Anm 4). Diesen Ztpkt muß der Bedachte erlebt haben (§ 2160; s § 2177 Anm 1, 2).

2) Die Fälligkeit des Verm ist vom Anfall zu unterscheiden (§§ 271, 2181; vgl SeuffA 72 Nr 55). Sie kann nie vor dem Anfall, wohl aber erst nach ihm eintreten, wenn dies vom Erbl bestimmt ist od sich eine solche Bestimmg aus Umständen zZ der Errichtg der letztw Vfg ergibt (Celle NdsRpfl 61, 198). Über **Stundung** der VermFdg u deren Widerruf s BGH FamRZ 74, 652. – Bestimmt sich die Höhe eines Verm nach dem Wert eines Bruchteils des Nachl, ist hierfür der Ztpkt des Erbanfalls maßg, soweit sich nicht aus dem Test des Erbl ein anderes ergibt (BGH NJW 60, 1759). Nach einer Geldentwertg richtet sich der Wert des Bruchteils nach dem Ztpkt der Tilgg, wenn dies dem ErblWillen entspricht (BGH FamRZ 74, 652). Der Ztpkt für Bemessg der Höhe eines GeldwertVerm in Währgseinheiten nach Kaufpr einer Ware richtet sich nicht nach § 2176, sond nach TestAuslegg (BGH WM 71, 1151). – Wegen der Auschlagg s § 2180. – Für die Entsteh des **Erbersatzanspruchs** gilt § 2317 I sinngem; für Annahme u Ausschlagg gelten §§ 2176, 2180 mit § 1934b II 1.

2177 Anfall bei Bedingung oder Befristung.
Ist das Vermächtnis unter einer aufschiebenden Bedingung oder unter Bestimmung eines Anfangstermins angeordnet und tritt die Bedingung oder der Termin erst nach dem Erbfall ein, so erfolgt der Anfall des Vermächtnisses mit dem Eintritte der Bedingung oder des Termins.

1) Für ein aufschiebend bedingtes Vermächtnis gilt die Ausleggsregel des § 2074. Im Zweifel, vor allem wenn das Ereign zu der Person des Bedachten in Beziehg gesetzt ist, muß der Bedachte den Eintritt der Bedingg erleben (s RGRK Rz 1). S aber auch § 2069 u BGH **LM** Nr 1 hierzu, wonach der Abkömml des Bedachten ersatzw bedacht sein können, wenn Erbl seinem Sohn ein Verm aufschieb bedingt zugewandt u dieser nach dem Erbfall, aber vor Eintritt der Bedingg verstorben ist. Ist nach dem Willen des Erbl die Regel des § 2074 nicht anwendb, fällt das Verm mit Eintritt der Bedingg den Erben des Bedachten zu, wenn dieser zu diesem Ztpkt nicht mehr lebt (s Johannsen WM 72, 877). – **a) Anwartschaft.** Mit dem Erbfall erlangt der Bedachte bereits eine rechtl geschützte Anwartsch (§§ 160ff, 2179), die rechtsgeschäftl übertragen und unbeschadet der Ausschlaggsmöglichk gepfändet werden kann (RG JW 29, 586; BGH **LM** Nr 28 zu § 1 VHG; Stöber[8] Rz 418). – **b) Erst mit Eintritt** der Bedingg od dem Anfangstermin kommt der VermAnspr zur Entsteh (RGRK Rz 3, 4; s Karlsr Just 62, 153; auch Olshausen DNotZ 79, 707/716 zum Anfall beim Tod des beschwerten Erben). – **c) Beispiele.** Ein Verm iS des § 2177 liegt vor, wenn der Erbl eine Tochter um ihrer Versorgg willen zum AlleinE einsetzt u bestimmt, das zum Nachl gehörige Haus solle dann, wenn sie kinderlos sterbe, an die Kinder seines Sohnes fallen (s Gudian NJW 67, 431). Zu Unrecht nimmt aber Gudian aaO an, die Neffen seien gg den Verkauf des Hauses dch die Tochter des Erbl gem § 2179 mit § 161 geschützt, es könne auch der Rechtsgedanke des § 2136 („befreiter Beschwerter") herangezogen werden; denn § 161 ist hier nicht anwendb (s § 2179 Anm 2) u für eine Anwendg des § 2136 auf die VermAnwartsch fehlt es an den entspr Voraussetzgen (s Bühler BWNotZ 67, 180ff). – **d) Nacherbfolge.** § 2177 betrifft auch den Fall, daß ein NachE mit dem Verm beschwert ist. Es kommt dann mit dem Nacherbfall zur Entsteh. Überträgt der NachE schon vorher sein AnwR auf den VorE, werden damit nicht die an den Eintritt des NachErbfalls geknüpften Verm fällig (LG Heilbronn NJW 56, 513). Über Fälligk s § 2174 Anm 2 u § 2181.

Testament. 4. Titel: Vermächtnis §§ 2177–2180

2) Für das befristete Vermächtnis gilt das gleiche. Jedoch kommt § 2074 nicht in Frage, so daß also der Bedachte mit dem Erbfall eine vererbl Anwartsch erwirbt, sofern nicht durch Ausleg festgestellt werden kann, daß der Bedachte den Anfangstermin erleben muß (RG JW **18**, 502). Hiervon zu unterscheiden ist das **betagte** Verm, bei dem die VermFdg schon mit dem Erbfall entsteht u nur deren Geltdmachg (Fälligk) hinausgeschoben ist (zB Anordng der Auszahlg erst nach dem Tode des überlebenden Eheg). Ob mit der Setzg eines Anfangstermins (od FälligkZeitpunktes) zugl die Bedingth des Verm gewollt war, ist Ausleggsfrage (RG aaO). Durch §§ 2162, 2163 sind zeitl Grenzen gesetzt. – **Beim Vermächtnis wiederkehrender Leistungen** (Renten; Leibrenten) kann ein einheitl Verm od eine Reihe nach § 2177 zu beurteilender Verm vorliegen; bei Leibrenten handelt es sich iZw um ein einheitl Recht (Staud/Otte Rz 5).

3) Ein Vermächtnis unter auflösender Bedingung (Beisp bei Johannsen WM **72**, 878) **oder Befristung** hat die Bedeutg eines NachVerm (§ 2191), wenn der Ggst einem Dritten zugewendet ist. Hat der Erbl niemand bezeichnet, der den Ggst bei Eintritt der Bedingg od Befristg erhalten soll, kann der Beschwerte dessen Rückgewähr verlangen (RGRK Rz 12; s auch Bungenroth NJW **67**, 1357; Johannsen aaO). Ein testamentar Weitervererbgsverbot an den VermNehmer ohne ausdrückl Bestimmg der Folgen der ZuwiderHdlg kann entweder auflösende Bedingg seines Verm od Auflage od aufschiebd bedingtes NachVerm sein (s BGH BWNotZ **61**, 229).

4) Ein Rückvermächtnis liegt vor, wenn das Verm unter eine auflöse Bedingg od Befristg gestellt ist und der Erbl verfügt hat, daß beim Eintr der Bedingg od Befristg der vermachte Ggst an den mit dem Verm Beschwerten herauszugeben ist (Lange/Kuchinke § 27 V 1c; Johannsen WM **77**, 276; BayObLG Rpfleger **81**, 190 zur GrundbuchVormerkg).

2178 Anfall bei Ungewißheit des Bedachten.
Ist der Bedachte zur Zeit des Erbfalls noch nicht erzeugt oder wird seine Persönlichkeit durch ein erst nach dem Erbfall eintretendes Ereignis bestimmt, so erfolgt der Anfall des Vermächtnisses im ersteren Falle mit der Geburt, im letzteren Falle mit dem Eintritte des Ereignisses.

1) Der Anfall ist bei einem noch nicht erzeugten Bedachten bis zur Behebung der Ungewißh **hinausgeschoben**. Eine Rückbeziehg wie bei der Erbeinsetzg (§ 1923 II) findet also nicht statt. Die Fristen der §§ 2162, 2163 dürfen aber nicht überschritten werden; vgl insb § 2162 II, wonach es genügt, daß der später lebend Geborene zu jener Zeit bereits erzeugt war. – Dem beim Erbfall bereits Erzeugten kommt das Verm schon mit dem Erbfall zu (§ 1923 II). – Die Vorschr gilt bei einer noch nicht zur Entstehg gelangten **juristischen Person** entspr. – War der Erbl zugl Stifter, gilt die genehmigte **Stiftung** als schon vor seinem Tod entstanden (§ 84), so daß hier das Verm schon mit dem Erbfall anfällt (§ 2176).

2179 Schwebezeit.
Für die Zeit zwischen dem Erbfall und dem Anfalle des Vermächtnisses finden in den Fällen der §§ 2177, 2178 die Vorschriften Anwendung, die für den Fall gelten, daß eine Leistung unter einer aufschiebenden Bedingung geschuldet wird.

1) Anwartschaft. Während der Schwebezeit besitzt der Bedachte bereits eine rechtl geschützte Anwartsch. Sie kann übertragen u gepfändet werden, auch wenn die Ausleggsregel des § 2074 Platz greift (s § 2177 Anm 1) und kann durch einstw Vfg (ZPO 916 II, 936; Bungeroth NJW **67**, 1357) od im Konk (KO 67) gesichert werden (BGH LM Nr 28 zu § 1 VGH), sofern nicht schon ein solcher SichergsAnspr bereits mitvermacht ist (RG DNotZ **32**, 539). Ist VermGgst ein Grdst od GrdstR, kann nach dem Erbfall die Rechtsstellg des VermNehmers dch Vormerkg (§ 883) gesichert werden (Staud/Otte Rz 12; BayObLG Rpfleger **81**, 190). – Die Rechtsstellg der AnwartschBerecht kann vom Erbl in den allgemeinen Grenzen der §§ 137, 138, 276 II, 226 abweichend vom Gesetz geregelt werden (s Bühler BWNotZ **67**, 174/180 ff).

2) Haftung. Aus der in § 2179 angeordneten Anwendg der Vorschr über aufschiebd bedingte Leistgspflichten ergibt sich, daß § 160 I u § 162 gelten (s Staud/Otte Rz 4, 5, 7). Vom Erbfall an haftet der Beschwerte für jedes Verschulden (§ 276), dch das der Anspr des Bedachten vereitelt od beeinträcht wird (§§ 160, 281, 282,; BGH aaO; Brox § 27 V 1d). Zur Heranziehg des § 162 s BGH BWNotZ **61**, 265; Stgt FamRZ **81**, 818 mAv Bausch. – **§ 161** ist dagg idR **nicht** anwendb, denn er enthält eine für aufschiebend bedingte Vfgen geltde Bestimmg (Bungenroth NJW **67**, 1357; Bühler BWNotZ **67**, 174; Staud/Otte Rz 5; Soergel/Wolf Rz 2; aA Gudian NJW **67**, 431). Über Fälle der Anwendbark des § 161 s Schlüter § 43 III 1a.

3) Pflegerbestellung erfolgt bei Ungewißh über die Person des VermNehmers nach § 1913.

2180 Annahme und Ausschlagung.
^IDer Vermächtnisnehmer kann das Vermächtnis nicht mehr ausschlagen, wenn er es angenommen hat.
^{II}Die Annahme sowie die Ausschlagung des Vermächtnisses erfolgt durch Erklärung gegenüber dem Beschwerten. Die Erklärung kann erst nach dem Eintritte des Erbfalls abgegeben werden; sie ist unwirksam, wenn sie unter einer Bedingung oder einer Zeitbestimmung abgegeben wird.
^{III}Die für die Annahme und die Ausschlagung einer Erbschaft geltenden Vorschriften des § 1950, des § 1952 Abs. 1, 3 und des § 1953 Abs. 1, 2 finden entsprechende Anwendung.

1) Annahme und Ausschlagung sind formlose (auch dch schlüss Verhalten mögl) empfangsbedürftige WillensErkl (§§ 130–132). Abzugeben sind sie ggü dem Beschwerten od auch ggü einem NachlPfleger (§§ 1960 II, 1961) od TestVollstr (§ 2213 I), sofern der VermAnspr gg diese Vertreter geltd gemacht werden kann; aber nicht ggü dem NachlG, das sie allerd weiterleiten wird (RG **113**, 237). Stillschweigde Annahme ist zB idR die Annahme des zugewendeten Ggst (s Johannsen WM **72**, 879). – Die Erkl kann erst nach dem Erbfall, aber bei hinausgeschobenen Verm (§ 2177) schon vor dem Anfall erfolgen. – **Eine Ausschlagungs-**

§§ 2180–2182	5. Buch. 3. Abschnitt. *Edenhofer*

frist bestimmt das Gesetz (abweichd von §§ 1943, 1944) **nicht** (ErklFrist nur bei § 2307 II). Der Erbl kann als Bedingg die Annahme binnen einer bestimmten Frist verfügen (Reichel AcP **138**, 202). Ablehng des Verm vor Annahme wird als Ausschlagg zu werten sein. – Es handelt sich um **persönliche Rechte,** die aber dch Vertreter ausgeübt werden können. Das AusschlaggsR ist vererbl (**III** iVm § 1952 I). Bei Ehegatten ist nur der Bedachte zur Annahme und Ausschlagg berechtigt, und zwar auch dann, wenn bei GüterGemsch das Gesamtgut vom anderen Eheg od von beiden gemeins verwaltet wird (§§ 1432 I, 1455 Nr 1). Eltern bedürfen zur Ausschlagg eines dem Kind angefallenen Verm der Genehmigg des VormschG nach Maßg des § 1643 II, ebso der Vormund nach § 1822 Nr 2. Bei Anfall vor KonkEröffng steht Annahme u Ausschlagg dem GemeinSchu zu (KO 9). – Die Ausschlagg wird auch durch die **Pfändung** des Verm od der Anwartsch nicht ausgeschlossen u unterliegt der GläubAnfechtg nicht (vgl auch § 517). Eine Gruppe von VermNehmern kann einen bisher üb die Annahme seines VermAnteils (an Grdst) unentschlossenen VermNehmer auf Erkl über eine Annahme od Ausschlagg verklagen (Schalhorn JurBüro **76**, 1301).

2) Unwiderruflich ist die abgegebene Erkl, jedoch nach allg Vorschr (§§ 119–124, 142–144) ggü dem Beschwerten **anfechtbar** (Ausnahme § 2308 II). Durch die Anfechtg wird der Zustand der Ungewißh wiederhergestellt. Wird das Verm vom Beschwerten angefochten (§ 2078), hat die Ausschlagg nur Bedeutg, wenn die Anfechtg unbegründet od gem § 2082 verspätet war; hier wird die Praxis iZw die Ausschlagg durchgreifen lassen (Reichel AcP **138**, 215).

3) Wirkung. Die Annahme schließt Ausschlag aus (**I**). Nach der Annahme kann der Bedachte in Annahmeverzug gesetzt werden (§ 372). – Die Ausschlagg läßt das Verm nicht zum Anfall kommen, so daß es hinfäll ist, sofern nicht Anwachsg eingreift (§ 2158) od ein ErsBerecht vorhanden ist (§ 2190). Hier tritt Rückbeziehg nach § 1953 ein, aber weder auf die Zeit des Erbfalls noch den des Erwerbs, sond auf die Entstehg eines vererbl Anwartsch (RGRK Rz 13; Erman/Hense Rz 3; aA Soergel/Wolf Rz 12; MüKo/ Skibbe Rz 8), was wg der Früchte (§ 2184) von Bedeutg sein kann. – Zu unterscheiden von der Ausschlagg ist der vor dem Erbfall erklärte **Verzicht** ggü dem Erbl (§ 2352) oder der nach Annahme durch formlosen ErlaßVertr mit dem Beschwerten bewirkte Verzicht (§ 397). – Bei Ausschlagg eines Verm dch einen PflichttBerecht s §§ 2307, 2306 (dazu BGH NJW **81**, 1837).

2181 Fälligkeit der Leistung.
Ist die Zeit der Erfüllung eines Vermächtnisses dem freien Belieben des Beschwerten überlassen, so wird die Leistung im Zweifel mit dem Tode des Beschwerten fällig.

1) Die Auslegungsregel des § 2181 betrifft nur die **Fälligkeit** der VermFdg (Ausn von § 271 I), so daß §§ 2162, 2163 nicht gelten. Die Erfüllg als solche darf nicht in das Belieben des Beschwerten gestellt sein, da sonst kein wirks Vermächtn vorliegt. FälligkZeitpkt ist der Tod des Beschwerten; davor kann dieser zwar erfüllen (§ 271 II), der Bedachte aber nicht Erfüllg verlangen. Allerd kann er schon Klage auf Feststellg der befristeten Verpflichtg erheben (ZPO 256; RG Warn **19** Nr 198). – Der **Anfall** des Verm richtet sich dagg nach §§ 2176–2178, kann also vor Fälligk liegen, sofern nach ErblWillen nicht auch der Anfall hinausgeschoben ist (vgl Soergel/Wolf Rz 3). – Ob der Bedachte den Tod des Beschwerten erleben muß, ist Ausleggsfrage (RG JW **18**, 502). Ebso, ob seit dem Erbfall gezogene Früchte herauszugeben sind (§ 2184) od dem Beschwerten verbleiben.

2182 Gewährleistung für Rechtsmängel.
IIst eine nur der Gattung nach bestimmte Sache vermacht, so hat der Beschwerte die gleichen Verpflichtungen wie ein Verkäufer nach den Vorschriften des § 433 Abs. 1, der §§ 434 bis 437, des § 440 Abs. 2 bis 4 und der §§ 441 bis 444.

IIDasselbe gilt im Zweifel, wenn ein bestimmter nicht zur Erbschaft gehörender Gegenstand vermacht ist, unbeschadet der sich aus dem § 2170 ergebenden Beschränkung der Haftung.

IIIIst ein Grundstück Gegenstand des Vermächtnisses, so haftet der Beschwerte im Zweifel nicht für die Freiheit des Grundstücks von Grunddienstbarkeiten, beschränkten persönlichen Dienstbarkeiten und Reallasten.

1) Für Rechtsmängel haftet nur bei GattungsVerm (§ 2155) und VerschaffgsVerm (§ 2170) der Beschwerte wie ein Verkäufer; ausgenommen sind nur §§ 438, 439 sowie § 440 I, an dessen Stelle § 280 SchadensErs regelt. Bei Grdst (**III**), wo ein GattgsVerm prakt nicht vorkommt, erhält § 435 I beim VerschaffgsVerm Bedeutg über **II**. – Soll ein Recht verschafft werden, das vom Erbl vorausgesetzte, das aber nicht od nicht mehr bestand, so ist es Ausleggsfrage, ob § 2170 II Platz greift. Kann ein dahingehender Wille nicht ermittelt werden, wird das Verm (weil auf eine unmögl Leistg gerichtet, § 2171) als unwirks anzusehen sein (RGRK Rz 6). – Beim WahlVerm (§ 2154) richtet sich die Haftg nach der RNatur des gewählten Ggstandes (Staud/Otte Rz 9). – **Keine** RMängelhaftg besteht bei Verm eines bestimmten, im Nachl vorhandenen EinzelGgst (s §§ 2165–2168a; RGRK Rz 3). Gewährleistg wg **Sachmängeln** besteht nur nach § 2183 beim GattgsVerm.

2) Abs II enthält im Ggsatz zu I eine Ausleggsregel für das VerschaffgsVerm. Der Beschwerte kann sich hier dch Wertersatz stets befreien (§ 2170 II). – **Abs III** schränkt § 436 weiter ein. Für die genannten Freiheiten wird entgg § 434 nicht gehaftet.

3) Guter Glaube wird auch beim Erwerb des Verm geschützt. Dem Bedachten, der aGrd § 932 Eigt erlangt hat, steht kein GewährleistgsAnspr zu. Dies gilt auch dann, wenn er nach § 816 I 2 dem BereicherungsAnspr des Berechtigten ausgesetzt ist (RGRK Rz 11).

Testament. 4. Titel: Vermächtnis §§ 2183–2185

2183 *Gewährleistung für Sachmängel.* Ist eine nur der Gattung nach bestimmte Sache vermacht, so kann der Vermächtnisnehmer, wenn die geleistete Sache mangelhaft ist, verlangen, daß ihm an Stelle der mangelhaften Sache eine mangelfreie geliefert wird. Hat der Beschwerte einen Fehler arglistig verschwiegen, so kann der Vermächtnisnehmer statt der Lieferung einer mangelfreien Sache Schadensersatz wegen Nichterfüllung verlangen. Auf diese Ansprüche finden die für die Gewährleistung wegen Mängel einer verkauften Sache geltenden Vorschriften entsprechende Anwendung.

1) Für Sachmängel haftet der Beschwerte nur beim GattgsVerm (§ 2155); für positive FgsVerletzg dagg bei allen Verm. Die Gewährleistgspflicht entspricht der beim Kauf (§§ 480, 459 I, 460, 464, 465, 476, 477, 481ff) mit dem Unterschied, daß kein Anspr des Bedachten auf Wandelg od Minderg besteht, sond nur auf Lieferg einer mangelfreien Sache. Ein NachbessergsR entspr § 476a kann nur der Erbl einräumen.

2) Beim Sachvermächtnis (bestimmte einzelne Sache; VerschaffgsVerm, § 2170) ist eben nur diese Sache (so wie sie ist) geschuldet od (wie sie auch sei) zu liefern. Der Beschwerte haftet hier für Fehler nicht.

2184 *Früchte; Nutzungen.* Ist ein bestimmter zur Erbschaft gehörender Gegenstand vermacht, so hat der Beschwerte dem Vermächtnisnehmer auch die seit dem Anfalle des Vermächtnisses gezogenen Früchte sowie das sonst auf Grund des vermachten Rechtes Erlangte herauszugeben. Für Nutzungen, die nicht zu den Früchten gehören, hat der Beschwerte nicht Ersatz zu leisten.

1) Beim Stückvermächtnis eines bestimmten, zur Erbsch gehörenden Ggstands (s Einf 2 vor § 2147) hat der Beschwerte, sofern der Erbl nichts anderes bestimmt hat, nur die seit Anfall des Verm (§§ 2176–2178) wirkl gezogenen Früchte (§ 99) herauszugeben, nicht aber sonst Nutzgen wie zB Benutzg eines Kfz; Gartennutzg (S 2; § 100). Die zeitl Aufteilg bestimmt sich nach § 101, die Kosten der Fruchtziehg nach § 102. Sind herauszugebende Früchte nicht mehr vorhanden, besteht ErsatzPfl nur nach § 280; bei erlangten Surrogaten greift § 281 ein. Haftg nach § 812 (Eingriffskondiktion) setzt regelm Erwerb des HauptGgst dch Bedachten voraus (Soergel/Wolf Rz 4). – **Früchte** sind beim Vermächtn einer GeldFdg auch die seit Erbfall fällig gewordenen Zinsen. Beim NießbrauchsVerm muß der Nießbrauch erst bestellt sein, ehe er Früchte tragen kann; die davor zB an einem Grdst seit Anfall gezogenen Nutzgen sind Früchte des Grdst u nicht des Nießbrauchs (KG NJW **64**, 1808). Allerd kann ein Verm dahin auszulegen sein, daß auch die Früchte vom Erbfall ab mitvermacht sind (BGH WM **77**, 416). Auch beim Verm eines WohnR ist die vom Beschwerten vereinnahmte Miete keine Frucht des WohnR, sond RFrucht (§ 99 III) des vermieteten Gebäudes (Stgt OLG **6**, 313) u daher dem Bedachten nicht aus § 2184 herauszugeben, wenn dieser von seinem vermachten Recht zur unentgelt Nutzg der Räume keinen Gebrauch gemacht hat. Hat allerd der Beschwerte dch eigenmächt Vermietg die Überlassg an den Bedachten unmögl gemacht, kann neben SchadErsatzAnspr (§ 280) auch Anspr auf Herausgabe der Miete bestehen (§ 281), ggf auch aus Eingriffskondiktion (§ 812 I 1) analog der RLage bei unbefugter Vermietg fremder Sachen (s § 816 Anm 2a mN; § 812 Anm 4b); so im Ergebn auch Staud/Otte Rz 2. – Der Beschwerte ist allerd nicht verpflichtet, in der Zeit zw Anfall u Erfüll des Verm für den Bedachten Nutzgen zu ziehen. Er hat SorgfaltsPfl nur bezügl Erhaltg des Ggstands u seines Bestandes. Für **unterlassene** Fruchtziehg kann er erst ab Verzug od RHängigk schadensersatzpfl werden (§§ 284, 286; 291, 292 iVm § 987 II); die verschärfte Haftg wird nicht schon dch Kenntn seiner ErfüllgsPfl ausgelöst. Bei vorsätzl Unterlassg kommt uU § 826 in Betracht.

2) Bei Gattungs- (§ 2155) od **Verschaffungsvermächtnis** (§ 2170) eines nicht zur Erbsch gehörenden Ggst (zB Geldsumme) hat der Bedachte einen Anspr auf Früchte (zB Zinsen) u Nutzgen erst ab Verzug (§§ 284ff). Beim VerschaffgsVerm gilt daneben § 2184 ab Besitzerlangg des Ggst dch den Beschwerten. Beim **Wahlvermächtnis** (§ 2154) ist der Ggst erst bestimmt, wenn die Wahl vorgenommen ist (Staud/Otte Rz 7). Bei Einräumg eines **Übernahmerechts** an NachlGgst an einen MitE gebühren ihm die Nutzgn idR von der Ausübg des ÜbernahmeR an (BGH BWNotZ **62**, 259).

3) Erlangt kann auch ein **Ersatzanspruch** (§ 281) sein; gleichgültig ist, ob dieser vor oder nach dem Anfall entstanden war. Im übr ist als Erlangtes iS von **S 1** zB ein Erwerb durch Verbindg od Vermischg (§§ 946–949) anzusehen (Staud/Otte Rz 6). Wegen **Zubehör** s § 2164.

2185 *Ersatz von Verwendungen.* Ist eine bestimmte zur Erbschaft gehörende Sache vermacht, so kann der Beschwerte für die nach dem Erbfall auf die Sache gemachten Verwendungen sowie für Aufwendungen, die er nach dem Erbfalle zur Bestreitung von Lasten der Sache gemacht hat, Ersatz nach den Vorschriften verlangen, die für das Verhältnis zwischen dem Besitzer und dem Eigentümer gelten.

1) Verwendungen (s Vorbem 2 vor § 994). Nur beim EinzelVerm bestimmter, zur Erbsch gehörender Sachen (nicht Rechte; GattgsVerm: § 304) wird der Beschwerte hinsichtl Verwendgsersatz wie ein unrechtmäßiger Besitzer behandelt; entspr gilt im Falle eines VerschaffgsVerm nach Besitzerlangg. Es gelten §§ 994–1003; 256–258. War er gutgl (also vor Kenntn des eingetretenen od zu erwartenden Anfalls od vor Rechtshängigk), kann er notw u nützl Verwendgn (so auch Prozeßkosten) ersetzt u verzinst (Ausn § 256 S 2) verlangen (§§ 994, 996, 256). Bei Bösgläubigk (Kenntn od grobfahrl Unkenntn vom Anfall) hat er Anspr nur nach Maßg des § 994 II. Bei entggstehendem Willen des Bedachten scheidet ein ErsAnspr für notwend Verwendgn nach RHängigk od Bösgläubigk gem § 994 II, 683 aus (Soergel/Wolf Rz 2 mN; str). Ersatz gewöhnl Erhaltskosten ist ausgeschl, soweit die Nutzgen dem Beschwerten verbleiben (§§ 994, 995, 997, 998, 2184 S 2), zB Verwendgn auf einen vom Beschwerten benutzten Kraftwagen (s auch § 256 S 2). Vgl dazu auch Kipp/Coing § 58 VII; Bühler BWNotZ **67**, 177f.

2) Lasten (öffentl wie private; gewöhnl wie außerordentl) hat der Beschwerte zu tragen, soweit u solange ihm die Nutzgen verbleiben. Im übrigen trägt sie der Bedachte, jedoch nicht vor dem Erbfall aufgelaufene Rückstände. Persönl Verpflichtgen des Erbl berühren den Bedachten nicht. Bei Vermietg od Verpachtg des vermachten Grdstücks gelten §§ 571 ff (Bühler BWNotZ **67**, 175); bei bewegl Sachen wird der Bedachte den MietVertr zu erfüllen haben.

2186 *Fälligkeit des Untervermächtnisses.* Ist ein Vermächtnisnehmer mit einem Vermächtnis oder einer Auflage beschwert, so ist er zur Erfüllung erst dann verpflichtet, wenn er die Erfüllung des ihm zugewendeten Vermächtnisses zu verlangen berechtigt ist.

1) Weitere Belastung des Bedachten, der nicht Erbe ist, mit einem UnterVerm (s KG NJW **64**, 1808; BGH DRiZ **66**, 398) od einer Aufl ist zuläss, auch wenn der Erbl lediglich beabsichtigt, den Ggst dem Zweitbedachten mittelbar zuzuwenden. Sind beide Verm angefallen (§ 2176), tritt die Fälligk des Zweit-Verm nicht vor der des HauptVerm ein. Dagg ist es für die Fälligk des UnterVerm belanglos, ob der Erstbedachte das Verm bereits angenommen hat. Eine Ausschlagg (§ 2180), die die Klage des Zweitbedachten erledigt, hat der Hauptbedachte zu beweisen. Die Wirksamk des UnterVerm wird dadurch nicht berührt (§ 2161). Wegen des Umfangs der Haftg u der Kürzgen s §§ 2187, 2188. – Mit UnterVerm können auch Personen beschwert sein, denen ein gesetzl Verm zusteht.

2187 *Haftung des Hauptvermächtnisnehmers.* I Ein Vermächtnisnehmer, der mit einem Vermächtnis oder einer Auflage beschwert ist, kann die Erfüllung auch nach der Annahme des ihm zugewendeten Vermächtnisses insoweit verweigern, als dasjenige, was er aus dem Vermächtnis erhält, zur Erfüllung nicht ausreicht.

II Tritt nach § 2161 ein anderer an die Stelle des beschwerten Vermächtnisnehmers, so haftet er nicht weiter, als der Vermächtnisnehmer haften würde.

III Die für die Haftung des Erben geltenden Vorschriften des § 1992 finden entsprechende Anwendung.

1) Haftungsbeschränkung. Ebenso wie der Erbe soll der beschwerte VermNehmer nicht weiter haften, als das ihm Zugewendete (dh zunächst seine Fdg aus § 2174, nach deren Erfüllg das Erlangte) reicht. Auch die in Kenntn der Beschwerg erfolgte Annahme ändert an dieser HaftgsBeschrkg nichts. Das gilt auch für den an seine Stelle Tretenden (ErsatzVermNehmer; MitVermNehmer, § 2159), da der Bedachte durch den Wegfall keinen Vorteil haben soll.

2) Die etwaige Überschuldung (III) beruht hier nur auf dem UnterVerm, so daß an Stelle des Nachl (§§ 1990–1992) der Wert des HauptVerm tritt, da die sonstigen NachlVerbindlichkeiten den ersten VermNehmer nichts angehen (Staud/Otte Rz 6–9). Er hat zu beweisen, daß dasjenige, was er aus dem Verm erhalten od zu erhalten hat, von vornherein od mangels Beitreibgsmöglichk nicht ausreicht, und muß das etwa Erlangte dem Zweitbedachten zwecks Befriedigg überlassen. Er haftet wg seiner Verwaltg u auf Rechngslegg (§§ 1991, 1978). Inventarerrichtg ist zweckm. – **Prozessual** gilt dasselbe wie beim Erben (ZPO 786). Er muß also Vorbehalt (ZPO 780) erwirken, falls es nicht zur Klageabweisg kommt, und seine Haftgsbeschrkg ggü einer ZwVollstr in andere Ggstände klageweise geltd machen (ZPO 767, 770, 785).

3) Bei mehreren Vermächtnissen, die einem VermNehmer zugewendet sind, gilt jedes dieser Verm hinsichtl der ihm auferlegten Beschwergen durch UnterVerm od Auflagen für die HaftgsBeschrkg als selbständig. Wg Anwachsg s § 2159.

2188 *Kürzung der Beschwerungen.* Wird die einem Vermächtnisnehmer gebührende Leistung auf Grund der Beschränkung der Haftung des Erben, wegen eines Pflichtteilsanspruchs oder in Gemäßheit des § 2187 gekürzt, so kann der Vermächtnisnehmer, sofern nicht ein anderer Wille des Erblassers anzunehmen ist, die ihm auferlegten Beschwerungen verhältnismäßig kürzen.

1) Kürzung kann nach §§ 1990–1992; 2187; 2318 I; 2322ff; KO 226 u nach LAG 70 I eintreten (vgl hierzu Einf 8 vor § 2147; RGRK Rz 4). Ist das so gekürzte Verm seiners beschwert (§ 2187 I), kann der Beschwerte diese Leistgen verhältnismäßig kürzen, wie wenn n ur der UnterVermNehmer nebeneinander bedacht wären, selbst wenn die gekürzte Zuwendg zur Erfüllg des Auferlegten noch ausreicht. Denn der Beschwerte soll nach dem vermutl ErblWillen den Nachteil der Kürzg nicht allein tragen. Bei unteilbarer Leistg braucht der Beschwerte nur den verhältnismäßig gekürzten Schätzgswert zu bezahlen, wenn der Bedachte die Kürzg nicht vergüten will (BGH **19**, 309 = **LM** § 2322 Nr 1 mAv Johannsen).

2189 *Anordnung eines Vorrangs.* Der Erblasser kann für den Fall, daß die dem Erben oder einem Vermächtnisnehmer auferlegten Vermächtnisse und Auflagen auf Grund der Beschränkung der Haftung des Erben, wegen eines Pflichtteilsanspruchs oder in Gemäßheit der §§ 2187, 2188 gekürzt werden, durch Verfügung von Todes wegen anordnen, daß ein Vermächtnis oder eine Auflage den Vorrang vor den übrigen Beschwerungen haben soll.

1) Eine Rangordnung statt der verhältnismäß Kürzgen (§§ 1991 IV mit KO 226 II; 2188) kann der Erbl test od erbvertragl anordnen. Eine derart Anordng wird in KO 226 III 2 vorausgesetzt. § 2189 ist auf Zuwendgen, die der Erbl unter die Bedingg einer Leistg zG eines Dritten stellt (vgl § 2076), entspr anwendbar; für die Frage, ob in diesem Fall die übrigen Beschwergen einer Kürzg ausgesetzt sind, muß man den Wert der Zuwendg nach Vorabzug des Kostenwerts der Bedinggsleistg mit den Verm u Auflagen vergleichen (Kipp/Coing § 80 III; Staud/Otte Rz 1, 2 mit Beisp).

2190 *Ersatzvermächtnis.* **Hat der Erblasser für den Fall, daß der zunächst Bedachte das Vermächtnis nicht erwirbt, den Gegenstand des Vermächtnisses einem anderen zugewendet, so finden die für die Einsetzung eines Ersatzerben geltenden Vorschriften der §§ 2097 bis 2099 entsprechende Anwendung.**

1) Das Ersatzvermächtnis entspricht dem ErsatzerbR und wird ihm entspr behandelt. Die Ersatzmänner treten aber entgg § 2098 zu gleichen Teilen ein, falls sie nicht mit demselben Ggst bedacht sind. Auch die Vererblichk ist die gleiche wie beim ErbR (vgl § 2096 Anm 2). Der Ersatzberufene braucht nur den Erbfall zu erleben, nicht auch den Wegfall des zunächst bedachten VermNehmers (§§ 2160, 2178). Über den Unterschied zw Ersatz- und NachVerm s OGH NJW **50**, 596.

2191 *Nachvermächtnis.* [I]**Hat der Erblasser den vermachten Gegenstand von einem nach dem Anfalle des Vermächtnisses eintretenden bestimmten Zeitpunkt oder Ereignis an einem Dritten zugewendet, so gilt der erste Vermächtnisnehmer als beschwert.**
[II] **Auf das Vermächtnis finden die für die Einsetzung eines Nacherben geltenden Vorschriften des § 2102, des § 2106 Abs. 1, des § 2107 und des § 2110 Abs. 1 entsprechende Anwendung.**

1) Das Nachvermächtnis ist ein befristetes od aufschiebend bedingtes Verm, dessen Ggst mehreren nacheinander zugewendet ist. Hierdurch unterscheidet es sich sowohl vom UnterVerm (Leistg anderen Inhalts) als von dem unter Bestimmg eines Endtermins befristeten od auflösend bedingten Verm (Rückgabe an den Beschwerten). Beispiel BGH DRiZ **66**, 398: Bestimmg des Ehemanns, der seiner Ehefrau gewisse Werte als Verm zugewendet hat, sie solle diese Werte drei Kindern ihrerseits „vererben".

2) Wirkung. Der Erbe befreit sich durch Leistg an den Vorbedachten, dem als Beschwerten die Herausgabe an den „NachVermNehmer" obliegt. Der Erbe hat damit nichts mehr zu tun, selbst wenn ein NachlGrdst im Grdbuch noch auf den Erben eingetragen sein sollte (OHG NJW **50**, 596). Das NachVerm ähnelt der Nacherbeinsetzg, nur daß es nicht dingl wirkt (§ 2174). – Weitere als in **II** angezogene Vorschriften der Nacherbfolge sind nicht anwendb. Insbes gilt nicht § 2108. Die Vererblichk der Anwartsch richtet sich nach § 2074, der Anfall nach § 2177. Der VorVermNehmer ist auch nicht wie ein VorE verfügsbeschränkt (Warn **10** Nr 157). Doch ist der Nachbedachte durch § 2179 geschützt (BGH BWNotZ **61**, 265; s 2179 Anm 1). – Die Vorschriften über den Ggst und die zeitl Schranken des NachVerm sind dieselbe wie bei jedem Verm (§§ 2162, 2163). Das NachVerm kann sich auf einen ideellen od realen Teil des VorVerm beschränken. Es können mehrere VermFälle hintereinander angeordnet sein (Staud/Otte Rz 2, 8). – BGH BWNotZ **63**, 70 hat es offen gelassen, ob (analog §§ 2107, 2191 II) auch die Beschwerg eines als Erben eingesetzten Abkömmlings mit Verm bei seinem Tod fälligen VerM iZw der entfällt, wenn dieser zZ der Errichtg der letztw Vfg tatsächl od nach Annahme des Erbl keinen Abkömml hatte, bei seinem Tod jedoch Nachkommensch vorhanden ist. Die Frage dürfte zu bejahen sein; dazu (wie hier) BGH JR **80**, 282 mAv Schubart (Ausslegg ist aber zu beachten).

3) Vormerkungsfähigkeit. Der Anspr des NachVermNehmers ist, wenn Ggst des NachVerm ein Grdst od GrdstR ist, grdsätzl vormerkbar (BayObLG Rpfleger **81**, 190; Staud/Otte Rz 5).

Fünfter Titel. Auflage

Einführung

1) Begriff. Eine Aufl ist nach der Legaldefinition des § 1940 Verpflichtg ohne Rechtszuwendg. Entscheidend ist regelm die Zweckbestimmg (vgl hierzu § 2193 I). Die Erfüllg der Aufl braucht für den Verpflichteten nicht immer einen in Geld schätzbaren Aufwand zu bedeuten (zB die Aufl, jährl das Grab des Erbl zu besuchen). Die Aufl kann sogar vorzugsweise den Vorteil des Beschwerten bezwecken wie zB Anweisgen über die Führg eines Geschäfts, Anlegg von Geld usw (s auch § 1940 Anm 2). – Die Aufl ist nicht Zuwendg (vgl die GgÜberstellg in § 2192). Das KlageR auf Vollziehg (§ 2194) ist deshalb mangels Vermögenswerts nicht pfändbar. Einen Begünstigten setzt die Aufl nicht voraus (zB die Anordng der Versorgg von Lieblingstieren).

2) Abgrenzung. Von dem auch die Aufl umfassenden letzten Willen unterscheiden sich **letzte Wünsche;** Ratschläge; Empfehlungen, die den Beschwerten nicht rechtl, sond nur moralisch binden (RG LZ **17**, 806; vgl dazu § 2084 Anm 3c).

3) Erbschaftsteuer. S Einl 8 vor § 1922. Über Zuwendgen unter einer Aufl s ErbStG 1 I Nr 3; 3 II Nr 2; 8; 9 I Nr 1d; 20 I. Über Abzugsfähigk der Aufl beim steuerpflicht Erwerb s ErbStG 10 V Nr 2.

2192 *Anzuwendende Vorschriften.* **Auf eine Auflage finden die für letztwillige Zuwendungen geltenden Vorschriften der §§ 2065, 2147, 2148, 2154 bis 2156, 2161, 2171, 2181 entsprechende Anwendung.**

1) Keine Zuwendung ist die Aufl. Jedoch findet eine Reihe von Zuwendgsvorschriften entspr Anwendg, wohl auch § 2170. Die §§ 2159, 2186–2189, 2318, 2322, 2323 betreffen die Aufl ebenfalls. Auch eine Aufl kann wg der Verpflichtg des Erben zur Leistg der Vermögensabgabe nach dem LAG entspr gekürzt

§§ 2192–2194

werden (LAG 70 I–III); wer aGrd einer Aufl Vermögen erwirbt, haftet nach LAG 71 neben dem Erben in Höhe der Bereicherg für die Abgabeschuld (vgl Hense DNotZ **53**, 81). – **Fällig** wird die Aufl mangels Zeitangabe spätestens mit dem Tode des Beschwerten (§ 2181). – **Beschwert** ist iZw der Erbe (§ 2147). Auch VermNehmer kann beschwert sein; NachE erst bei od nach Eintritt der Nacherbfolge (BayObLG **66**, 271; s § 2147 Anm 1). Doch haben Aufl oft insofern einen höchstpersönl Charakter, als sie nur einen ganz bestimmten Beschwerten treffen sollen. Wegen Bestimmg der Leistg u des Begünstigten vgl §§ 2156, 2193. – **Keine Anwendung** finden die Vorschr, die einen Bedachten betreffen, zB § 2180 (Ausschlagg) u § 2307 (RG HRR **28** Nr 427), da ein allenfalls Begünstigter kein Recht auf Leistg hat. Auch eine zeitl Grenze (wie in §§ 2162, 2163) ist nicht gezogen, da Aufl auch stiftgsähnl Dauerzwecken dienen sollen.

2) Gegenstand der Auflage kann alles sein, wozu man sich schuldrechtl verpflichten kann (vgl § 1940 Anm 2). Oft betrifft die Aufl Grabpflege u Art der Bestattg. Es kann auch die Verwendg bestimmter Mittel zur Errichtg einer Stiftg od für diese auferlegt werden. Es kann dem Erben auferlegt werden, Vfgen über NachlGgstände, insbesond die Veräußerung des NachlGrdstückes zu unterlassen (BayObLG FamRZ **86**, 608; Johannsen WM **73**, 535). Ggst einer Aufl kann auch (soweit nicht Sittenwidrigk anzunehmen ist) die Verpfl sein, zu heiraten od nicht zu heiraten; einen bestimmten Beruf zu ergreifen; den Beruf, die Konfession od den Wohnsitz nicht zu wechseln; einer Vereinigg beizutreten od nicht beizutreten (s auch § 2074 Anm 1a; § 2075 Anm 1). – Dagg kann **nicht** Ggst einer Aufl sein, ein best Test zu errichten (BayObLG **58**, 225/230), aufzuheben od dies nicht zu tun (vgl § 2302). Wenn gg die Anerkenng von Verpflichtgen, die mit einer Zuwendg verbunden sind (zB ein Kind anzunehmen od zu legitimieren; den Familiennamen zu ändern) Bedenken bestehen, ist die Umdeutg einer Aufl in eine auflösd bedingte Zuwendg denkb (Staud/Otte § 1940 Rz 9). – Über Auflagen bezügl eines GeschAnteil einer GmbH s Däubler. Die Vererbg eines GeschAnteils bei der GmbH, 1965, § 7 I; Haegele BWNotZ **76**, 55/58. Bezügl TestVollstrg bei Fortführg eines EinzelhandelsGesch s § 2205 Anm 2b. Allgem über Auflagen zur Unternehmensfortführg od -umgründg s Esch/Schulze zur Wiesche Rz 570ff.

2193 *Bestimmung des Begünstigten.* ¹Der Erblasser kann bei der Anordnung einer Auflage, deren Zweck er bestimmt hat, die Bestimmung der Person, an welche die Leistung erfolgen soll, dem Beschwerten oder einem Dritten überlassen.

IISteht die Bestimmung dem Beschwerten zu, so kann ihm, wenn er zur Vollziehung der Auflage rechtskräftig verurteilt ist, von dem Kläger eine angemessene Frist zur Vollziehung bestimmt werden; nach dem Ablaufe der Frist ist der Kläger berechtigt, die Bestimmung zu treffen, wenn nicht die Vollziehung rechtzeitig erfolgt.

IIISteht die Bestimmung einem Dritten zu, so erfolgt sie durch Erklärung gegenüber dem Beschwerten. Kann der Dritte die Bestimmung nicht treffen, so geht das Bestimmungsrecht auf den Beschwerten über. Die Vorschrift des § 2151 Abs 3 Satz 2 findet entsprechende Anwendung; zu den Beteiligten im Sinne dieser Vorschrift gehören der Beschwerte und diejenigen, welche die Vollziehung der Auflage zu verlangen berechtigt sind.

1) Bestimmung. Entgg § 2065 II u über §§ 2156, 2192 hinaus kann auch die Bestimmg des Begünstigten dem Beschwerten oder einem Dritten (zB dem TestVollstr, BayObLG **13**, 743) überlassen werden. Immer aber muß der Zweck der Aufl vom Erbl wenigstens in erkennb Umrissen (RG **96**, 15) angegeben sein. Die Bestimmg darf nicht unbillig, von Irrtum beeinflußt od arglistig sein. Sonst ist sie anfechtbar (str; s § 2151 Anm 1; aM Staud/Otte Rz 5). – Die **Fristsetzung** kann bei **II** auch durch das Gericht (ZPO 255 II) und ggü dem Dritten (nicht dem Beschwerten) erfolgen, im Falle des **III** durch das NachlG (III 3; Rpfleger, RPflG 3 Nr 2c; 11; FGG 80, 20). – **Gebühr:** KostO 114 Nr 2.

2194 *Anspruch auf Vollziehung.* Die Vollziehung einer Auflage können der Erbe, der Miterbe und derjenige verlangen, welchem der Wegfall des mit der Auflage zunächst Beschwerten unmittelbar zustatten kommen würde. Liegt die Vollziehung im öffentlichen Interesse, so kann auch die zuständige Behörde die Vollziehung verlangen.

Schrifttum: Hass, Zur „schwierigen" Aufl im ErbR, SchlHAnz **78**, 61.

1) Das Klagerecht ist gewährt, damit die Aufl nicht unerfüllt bleibt, weil dem AuflBegünstigten kein FdgsR, also auch kein KlageR zusteht. Eingeräumt ist es als eigenes Recht auf Leistg an Dritte (vgl § 335) den Vollzugsberechtigten: dem Erben od ErbesE (gg den beschwerten VermNehmer; zum Einwand nach § 2187 s Hass aaO); dem MitE (gg den beschwerten Erben od VermNehmer); dem TestVollstr (§§ 2208 II, 2223), neben diesem darf auch gegen den Erben selbst, da § 2212 nicht entspr angewendet werden kann (ebso Erman/Hense Rz 2; aM LG Brschw MDR **55**, 169); sowie demjenigen, dem der Wegfall des mit der Aufl Beschwerten unmittelb zustatten kommen würde (§§ 2161, 2192; s Staud/Otte Rz 3); auch demjenigen, dem der Erbl das KlageR in der letztw Vfg ausdrückl eingeräumt hat (Staud/Otte Rz 5). – Bei **öffentlichem Interesse** (worüber im Hinbl auf die privrechtl Natur des Anspruchs derzeit öffentl Gericht zu entscheiden hätte) hat das KlageR als Partei kr Amtes die nach LandesR zuständ Behörde. S dazu *bay* AGBGB vom 20. 9. 82 (GVBl 803) 69; *ba-wü* AGBGB 4; *hess* AGBGB 19; *hamb* AO zur Durchf des BGB u AG vom 20. 5. 58 (AAnz 544) I 5; *Nds* AGBGB 3; *RhPf* § 4 VO vom 20. 12. 76; *SchlH* § 1 VO vom 9. 9. 75; *ehem Preußen – Berlin, NRW, Saarl* AVOBGB 7. – Wegen der Vollstreckungsfragen vgl § 2196 II.

2) Der Vollziehungsberechtigte ist ein Rechtsträger in fremdem Interesse, der (ähnl § 335) Leistg nur an den Begünstigten verlangen kann. Der Begünstigte hat keinen eigenen Anspr. Bei Nichterfüllg besteht kein SchadErsAnspr, da der Eintritt eines Schadens begriffl ausgeschl ist (MüKo/Skibbe Rz 9); vgl aber § 2196, – Eine Verpflichtg zum Verlangen auf Vollzieh besteht nicht. Verzicht hierauf ist zuläss, wenn er dem mutmaßl Willen des Erbl entspricht (RGRK Rz 9; str). Mehrere Berechtigte sind nicht GesamtGläub,

Testament. 6. Titel: Testamentsvollstrecker §§ 2194–2196, Einf § 2197

da jeder dasselbe und nicht für sich verlangt. Das Recht auf Vollziehg ist nicht übertragbar u pfändbar, aber auf jeden Fall bei Erben u MitE vererbl (s RGRK Rz 8). Der Erbl kann den Kreis der VollziehgsBerecht erweitern od einschränken.

2195 *Selbständigkeit von Auflage und Zuwendung.* **Die Unwirksamkeit einer Auflage hat die Unwirksamkeit der unter der Auflage gemachten Zuwendung nur zur Folge, wenn anzunehmen ist, daß der Erblasser die Zuwendung nicht ohne die Auflage gemacht haben würde.**

1) Die Selbständigkeit der Auflage (vgl auch § 2085) bildet die Regel, falls es nicht dem Erbl in erster Linie auf die Erfüllg der Aufl ankam (zB Rente für Grabunterhaltg; diese entfällt mit dem Grab). Die Unwirksamk kann von Anfang an bestehen (Unmöglichk; Sittenwidrigk; Anfechtg der bert Anordng) oder nachträgl eintreten (Ausfall der Bedingg; Sonderfall § 2196). Veränderte Umstände machen die Aufl noch nicht unwirks, wenn dem mit ihr zum Ausdruck gebrachten Willen des Erbl durch eine andere Art der Vollzieh Rechng getragen werden kann (BGH **42**, 327 mAv Kreft zu **LM** Nr 1). – Umgekehrt entfällt die Aufl nicht notw durch teilweise Unwirksamk der Zuwendg (RG Gruch **52**, 1087) od dadurch, daß nicht der zunächst Bedachte sie erhält (§§ 2192, 2161).

2196 *Unmöglichkeit der Vollziehung.* ¹**Wird die Vollziehung einer Auflage infolge eines von dem Beschwerten zu vertretenden Umstandes unmöglich, so kann derjenige, welchem der Wegfall des zunächst Beschwerten unmittelbar zustatten kommen würde, die Herausgabe der Zuwendung nach den Vorschriften über die Herausgabe einer ungerechtfertigten Bereicherung insoweit fordern, als die Zuwendung zur Vollziehung der Auflage hätte verwendet werden müssen.**

II**Das gleiche gilt, wenn der Beschwerte zur Vollziehung einer Auflage, die nicht durch einen Dritten vollzogen werden kann, rechtskräftig verurteilt ist und die zulässigen Zwangsmittel erfolglos gegen ihn angewendet worden sind.**

1) Bei unverschuldeter Unmöglichkeit (vgl auch § 2195) wird der Beschwerte frei u behält die Zuwendg (§ 275). Bei **verschuldeter Unmöglichkeit (I)** oder **Weigerung (II)** soll sich der Beschwerte nicht bereichern dürfen (§§ 276 ff), sofern nicht überh auch dann auch die Zuwendg nach dem ErblWillen entfällt. Der Erbl kann die Nichtvollziehg der Aufl auch zur auflösenden Bedingg der Zuwendg gestalten (vgl auch RG SeuffA **74** Nr 101). – Kann auch ein Dritter die Aufl vollziehen, erfolgt gewöhnl ZwangsVollstr nach ZPO 887 (Ermächtigg). Andernf ist nach ZPO 888, 890 zu vollstrecken. Erfordert die Aufl keinen Vermögensaufwand, besteht kein BereicherungsAnspr.

2) Der Bereicherungsanspruch, der nur dem evtl nachrückenden Beschwerten (nicht dem TestVollstr od der Behörde, § 2194) zusteht, bemißt sich nach §§ 818, 819 (vgl auch §§ 291, 292, 989). Der Herausgabeberechtigte ist seiners verpflichtet, die Aufl mit dem Erlangten zu erfüllen, sofern sie nicht etwa nur durch den zunächst Beschwerten erfüllt werden sollte od ihre Vollziehg obj unmögl ist (Kipp/Coing § 65 III).

Sechster Titel. Testamentsvollstrecker

Einführung

Schrifttum: Haegele/Winkler, Testamentsvollstrecker (9. Aufl 1987, zitiert H/Winkler); Hartmann, TestVollstrg u Nießbr zur Sicherg der Nachfolge des EinzelUntern (2. Aufl 1983); Möhring, Vermögensverwaltg in Vormundschafts- u NachlSachen, 6. Aufl 1981; Nolte, Zur Frage der Zulässigkeit der TestVollstreckg nach Handelsrecht, FS Nipperdey, 1965, I 667.

1) Die Testamentsvollstreckung beruht vornehml auf dem Interesse des Erbl an dem künft Schicksal seines Vermögens (BayObLG **76**, 67). Im Normalfall ist für sie kennzeichnend, daß dch ihre Anordng Inhabersch u Ausübg des Rechts auseinanderfallen (MüKo/Brandner § 2205 Rz 1): Dem Erben ist die Ausübg seiner Rechte verwehrt (§ 2211), solange u soweit sie dem TV dch Anordng des Erbl übertragen ist (§§ 2205; 2208); seine Haftg wird dadch jedoch nicht berührt. Allein die Anordng des Erbl bestimmt also, in welchem Umfang der TV tätig zu werden berechtigt u verpflichtet ist; zur Vfg üb NachlGgstände, die nicht der Verwaltg des TV unterliegen, ist allein der Erbe befugt. TestVollstrg kann uU sittenwidr sein (s zB Düss NJW **88**, 2615 bei Anordng nur wg Zugehörigk des Erben zu Sekte). Sie kann auch für einen VermächtnNehmer angeordnet werden (BGH **13**, 203); s § 2223. – Die ausführende TestVollstrg od **Abwicklungsvollstreckung** (§§ 2203–2207) ist der Regelfall; ihren Zwecken ist das Verwaltgs- u VfgsR des § 2205 untergeordnet. – Der Erbl kann ferner die **Dauervollstreckung** (§ 2209 S 1 Hs 2) dem TV die Verwaltg des Nachl auch für die Zeit nach Erledigg der ihm sonst zugewiesenen Aufgaben übertragen. – Er kann auch eine reine **Verwaltungsvollstreckung** anordnen (§ 2209 S 1 Hs 1).

2) Rechtsstellung. Der TV hat die Stellg eines **Treuhänders** u ist Inhaber eines **privaten Amtes** (BGH **25**, 275), das erst mit der Annahme (§ 2202 I) beginnt. Er ist nicht Vertreter od Beauftragter des Erbl (wg Vereinbargen mit diesem vgl Anm 1 zu § 2202) u auch nicht des Nachl, der ja keine RPersönlichk ist. Er ist auch nicht eigentl Vertreter des Erben, denn er kann auch gg diesen vorgehen (vgl §§ 2206 II, 2217). Sein rechtsgeschäftl Wille, den den Nachl verpflichtet, ist nicht der des Erben. Er übt vielmehr das ihm zugewiesene **Amt aus eigenem Recht** gem dem letzten Willen und dem G selbständ aus (s BGH **LM** Nr 1 zu § 2203). Dabei muß er sich allerdings nach außen hin als TV bezeichnen, um aus seinen RGeschäften nicht

2007

persönl haftbar gemacht zu werden. Indessen ist seine Stellg der eines gesetzl Vertreters (iwS) in gewissen Beziehgen angenähert. Denn der eigentl Herr des Nachl ist der Erbe, der TV sein Verwalter. Soweit diese Verwaltg in Frage steht, werden Rechte u Pflichten des Erben vom TV wahrgenommen u treffen dessen Hdlgen in ihren Wirkgen den Erben als solchen (vgl § 278 und dazu RG **144**, 401; §§ 2206, 2213, 2216–2219), ausgenommen unerl Hdlgen des TV (vgl § 2219 Anm 3). Über mitwirkendes Verschulden vgl § 254 Anm 2a. Der TV steht also an Stelle des Erben, wenn auch diese Stellg nicht auf dessen Willen, sond auf die Übertragg eines Vertrauensamtes gem der Anordng des Erblassers zurückzuführen ist (RG JW **30**, 1487, 2049). Über die Frage der Anwendbark des § 181 vgl § 2205 Anm 3c. Beauftragter des Erben ist der TV nicht, wenn auch § 2218 aus techn Gründen die entspr Anwend einiger AuftrVorschriften anordnet. – Ernennng durch den Erbl u Annahme des Amtes schaffen auch kein AuftrVerh zw Erbl und TV; §§ 164ff sind aber entspr anwendb (Schlüter § 42 I 3a). Derjenige, dem nur zu eigenem Nutzen Verwaltg und Vfg über einen Nachl eingeräumt wurde, ist nicht TV, sond regelm VorE (Mü JFG **16**, 310).

a) Das Nachlaßgericht ist nicht zur Überwach der Tätig des TV berufen. Auch der Erbl kann den TV nicht der Aufsicht des NachlG unterstellen, da dies ein Eingriff in öff R wäre. Die gesetzl Befugnisse des NachlG sind vielm auf Maßnahmen beschränkt, die das Vollstreckeramt erleichtern sollen (zB Ernennng auf Ersuchen, § 2200; Entggnahme von Erkl, §§ 2198 I 2, 2202 II 1; Außerkraftsetzg letztw Anordngen, § 2216 II 2; Entscheidg bei Meinungsverschiedenh, § 2216 II 2; Entlassg aus wicht Grd, § 2227). Dagg fehlt dem NachlG eine ges Ermächtigg, in die Amtsführg des TV einzugreifen. Es kann ihm folgl nicht dch einstw Anordng ein konkretes rechtsgeschäftl Handeln untersagen (Köln OLGZ **87**, 280), auch nicht das BeschwerdeG aGr FGG 24 III (Köln aaO). Einer **Genehmigung** des NachlG bedarf der TV niemals. Auf Antrag eines Beteiligten hat das NachlG üb die Entlassg des TV zu entscheiden (§ 2227). Dadurch ist ihm eine gewisse Überwach der Tätig ermöglicht. Eine Entlassg ist allerd nicht schon dann mögl, wenn der TV von der unzuläss Anordng des Erbl abgewichen ist, daß er für bestimmte Vfgen der Genehmigg des NachlG bedürfe (OLG **40**, 136 Anm 1). – Der Aufsicht des **Vormundschaftsgerichts** kann der TV bei minderj Erben gleichfalls nicht unterstellt werden (hM; H/Winkler Rz 218; aM Greiser DFG **36**, 245).

b) Der Erbe kann vom TV jederzeit verlangen, daß dieser seine Befugn nicht überschreitet. Er kann im Zivilprozeß seinen Anspr auf ordnungsmäßige Verwaltg durchsetzen u den TV auf Erfüllg seiner Pflichten verklagen (BGH **48**, 214; **25**, 283 m Anm Johannsen LM § 2205 Nr 2). Insow wird ihm unter den Voraussetzgen von ZPO 935ff auch einstw RSchutz zu gewähren sein (Köln OLGZ **87**, 280). – Beim NachlG kann der Erbe die Entlassg des TV bei Pflichtverletzgen od sonst wicht Grd beantragen (§ 2227). Auch dadch wird ihm eine gewisse Einwirkg auf den TV ermöglicht. – Der TV **haftet** dem Erben (§ 2219), mit Ausn von § 826 nicht aber den NachlGläub (wie etwa der NachlVerwalter, § 1985 II).

c) Der gesetzliche Vertreter eines minderj od geschäftsunfäh Erben ist von der Verwaltg des ererbten Vermögens insow ausgeschlossen, als dieses der TestVollstrg unterliegt. Trifft er allerd mit Zustimmg des TV eine Vfg üb derartiges Vermögen, bedarf es dazu (wie bei Vfg des TV allein) nicht einer sonst erforderl vormschgerichtl Genehmigg (Celle FamRZ **68**, 489; AG Bremen Rpfleger **72**, 369; s auch § 2204 Anm 2).

d) Ein Ergänzungspfleger (§§ 1909; 1775 II; 181) ist idR mangels Bedürfn nicht zu bestellen, wenn der Vater der als Erben eingesetzten Kinder zum TV ernannt ist (Mannh Just **77**, 135). Ggstandslos wird die TestVollstrg dch Anordng einer ErgänzgsPflegsch hinsichtl eines VermögensGgstands, der aGrd eines Vertr zg Dritter (§§ 331; 332) nicht in den Nachl fällt (LG Bln Rpfleger **79**, 204).

3) Aufgabenkreis. Aufgabe des TV ist es, den Willen des Erbl auszuführen. Inhalt u Umfang seines Amts können nach dem durch §§ 2203ff dem Erbl gewährten Spielraum sehr mannigfaltig sein. Seine Aufgaben können sich in einer einzelnen Maßnahme erschöpfen wie zB für die Vollzieh einer Auflage zu sorgen (BayObLG NJW-RR **86**, 629) od für die Durchführung der Bestattg; Auflassg eines Grdstücks an sich selbst (Lindemann DNotZ **51**, 215); Ausübg des Stimmrechts aus einem GmbH-Geschäftsanteil, und zwar auch noch nach der Auseinandersetzg (Hamm JMBl NRW **56**, 158). Sie können sich aber auch bei der selbständ Verwaltg des § 2209 nach § 2210 auf Jahrzehnte, auf den Nachl im ganzen oder einzelne NachlGgstände od nur auf ein Vermächtn (vgl § 2223 Anm 2) erstrecken. Er kann nach § 2207 unbeschränkt zur Eingeh von Verbindlichkeiten berechtigt sein, wogg diese Befugn gem § 2208 enger als durch § 2206 beschränkt od ganz ausgeschl sein kann (RG **132**, 141). Die TestVollstrg kann auch ggständl od auf bestimmte Erbteile beschränkt werden; eine solche Beschrkg kann sich auch nachträgl ergeben (s BGH NJW **62**, 912). – Auch die Ausübg des UrheberR kann dch letztw Vfg einem TV übertragen werden (UrhRG 28 II; Fromm NJW **66**, 1245). – Regelg der Heimstättenfolge ist ausgeschl, wenn TestVollstrg besteht (s Westphal Rpfleger **81**, 129/132).

a) Vollstrecker des letzten Willens ist der TV. Er hat also nach § 2203 die letztw Vfg auszuführen, nicht aber sie auszulegen, jedenf nicht hins solcher Bestimmgen, die den Bestand des TestVollstrAmts selbst betreffen (BGH **41**, 23; s dazu Bund JuS **66**, 61) od gar iS von nur vermuteten Absichten des Erbl zu erweitern (BayObLG FamRZ **89**, 668). Es kann ihm aber vom Erbl die Aufgabe eines **Schiedsrichters** zur Beilegg von Meinungsverschiedenh zugewiesen werden (RG **100**, 77), wobei ihm auch die Befugn zur Auslegg sonstiger str TestBestimmungen zukommt; gg seine Ernennng zum Schiedsrichter bestehen keine Bedenken (Kohler DNotZ **62**, 125/129). – Der TV ist zur Eingeh von **Verbindlichkeiten** für den Nachl (§ 2206) befugt. Ebso obliegt ihm die Auseinandersetzg (§ 2204), wodurch die Befugn des NachlG zur Vermittlg entfällt (FGG 86). – Er kann **Nachlaßkonkurs** und **Nachlaßverwaltung** beantragen (KO 217; § 1981; s Haegele KTS **69**, 158; Staud/Reimann Vorb Rz 23, 24). Währd ihrer Dauer ist er, sofern man ihn nicht zum Verwalter macht, praktisch ausgeschaltet. Nach Verfahrensbeendigg kommt sein Recht wieder frei zur Entfaltg (RG Recht **19** Nr 773). NachlVergleichsVerf berührt die TestVollstrg nicht; der TV übernimmt die Vertretg des Erben (Bley/Mohrbutter Anm II 4 zu § 113 VerglO; auch Staud/Reimann Vorb Rz 25–27). Bei Konkurseröffng über das **Eigenvermögen** des Erben kommt der vom TV verwaltete Nachl unter Aufrechterhaltg der Vfgsbeschrkg (§ 2211) u des Vollstreckgsverbots (§ 2214) zur KonkMasse (LG Aachen NJW **60**, 46; auch Haegele aaO 159ff). – Der TV kann das **Aufgebot** der NachlGläub u ZwVersteigerg eines NachlGrdst beantragen (ZPO 991 II; ZVG 175 I 2). – Er kann bei rechtl Interesse **Todeserklärung** od Feststellg des TodesZtpkts des verschollenen (Mit)Erben beantragen (VerschG 16 II c), sofern der Erbe vor dem Erbl verstorben sein soll; s Düss OLGZ **66**, 222; Ffm OLGZ **77**, 407 (Beschwerde gg TodesErkl.). – Eine **Inventarfrist** kann ihm nicht gestellt werden, da die InvErrichtg ausschließl Sache des Erben ist (§ 2215 iVm § 1994) u die TestVollstrg keine beschränkte Erbenhaftg herbeiführt.

b) Den Nachlaß verwaltet der TV, nicht aber die Rechte des Erben als solche. Er kann daher den Erbschein (§ 2353) beantragen, nicht aber die Erbsch annehmen od ausschlagen od die Ausschlagg des Erben anfechten. Der TV kann die aufschiebenden Einreden (§§ 2014, 2015), auch die aus § 1990, 1992 geltd machen. Hins des AnfechtgsRs aus § 2078 vgl § 2203 Anm 2a. Der ErbschAnspr (§ 2018) steht ihm zwar zu, besteht aber nicht gg ihn als solchen, da er sich ja kein ErbR anmaßt (RG **81**, 151).

4) Prozeßführung. – a) Für den Nachlaß kann allein der TV im Rahmen seiner VerwaltgsBefugn die zum Nachl gehörenden Rechte gerichtl geltd machen, währd der Erbe Nebenintervenient (ZPO 66) u Zeuge sein kann. Der TV führt die Prozesse in eigenem Namen, aber in seiner Eigensch als TV, also „Partei kraft Amts", also für Rechng des Nachl u mit Wirkg für u gg den Erben (§ 2212; ZPO 327 I), auch soweit es um eine Feststellgsklage, ErbschKlage od VollstrGgKlage handelt. Betrifft der Prozeß eine NachlVerbindlichk, wirkt das Urteil für u gg den Erben nur, soweit der TV nach § 2213 prozeßführgsbefugt war. ZwVollstr erfolgt nach ZPO 728 II, 748, 780 II.

b) Prozesse gegen den Nachlaß (insb aus NachlVerbindlichk) können, wenn der TV zur Verwaltg des ganzen Nachlasses befugt ist, sowohl gg den Erben als auch gg den TV gerichtet werden (§ 2213 I 1; s aber auch ZPO 327 II, 748 I). Ist der TV nicht zur Verwaltg des ganzen Nachl berechtigt, so ist nur der Erbe passiv legitimiert (§ 2213 I 2). Die Zwangsvollstreckg in die vom TV verwalteten einzelnen NachlGgstände erfordert aber neben dem Urteil gg den Erben ein solches wegen der Duldg gg den TV (ZPO 748 II; § 2213 III), da das Urteil gg den Erben keine Rechtskr gg den TV schafft (RG **109**, 166). Der PflichttAnspr (einschließl des vorbereitenden AuskBegehrens, § 2314) muß gg den Erben gerichtet werden; doch ist auch hier ein Duldgsurteil gg den TV erforderl (§ 2213 I 3, III; ZPO 748 III).

c) Über das Erbrecht selbst, das seiner Verwaltg nicht unterliegt, kann der TV grdsl keinen Prozeß führen (RG **106**, 47). Hat er jedoch in seiner Eigensch als TV ein rechtl Interesse an dessen Feststellg, liegt also die Prozeßführg im Rahmen seiner Verwaltgsaufgabe, ist seine Klage als Partei kr Amtes zulässig (BGH WM **87**, 564). Dies ist zB der Fall, wenn ein von ihm nicht anerkannter Erbanwärter Anspr auf den Nachl erhebt. Auf des ErbSchVerf braucht er sich dann nicht verweisen zu lassen, weil er ein eigenständ Recht hat, den letzten Willen des Erbl zu verwirklichen u zu verteidigen (BGH **69**, 235 u aaO). Inzidenter kann er üb das ErbR prozessieren, soweit es sich um das Bestehen seines Amtes od die Gültigk der ihn berufenden letztw Vfg od um sein Recht zu deren Ausführg usw handelt. Rechtskr (ZPO 325) wirkt nur zw den Parteien. Im Verf über die vormschaftsgerichtl Genehmigg eines Vergleichs über das ErbR (§ 1822 Nr 1) ist der TV nicht beschwerdeberecht (Zweibr OLGZ **80**, 142).

5) Bekanntmachung. – a) Im Erbschein ist die Ernenng des TV anzugeben (§ 2364 I). Bei aufschiebend bedingter TestVollstrg ist diese erst nach Eintritt der Bedingg (KG JFG **10**, 73) zu erwähnen. Der Umfang der Befugn des TV ergibt sich aus dem Zeugnis (§ 2368).

b) Im Grundbuch (GBO 52) ist die TestVollstrg gleichzeitig mit der Eintragg des Erben (KG DNotZ **56**, 195), aber niemals ohne diese zu vermerken, wenn der NachlGgst seiner Verwaltg unterliegt. Das gleiche gilt auch für das Schiffsregister (SchiffsRegO 55); s auch LuftfzRG 86 I. – Der Erbl kann die Eintragg nicht verbieten, der TV auf sie nicht verzichten, da er seine Befugnisse im Interesse des Erben auszuüben hat (Mü JFG **20**, 294). Durch die Eintragg wird das GB für Vfgen des Erben gesperrt (§ 892 Anm 5). – Löschg ist bei UnrichtigkNachw (GBO 22, 1) mögl, wenn die TestVollstrg in Wirklichkt nicht bestand od das Amt des TV durch Zeitablauf, Erledigg seiner Aufgaben (RG **81**, 169) od durch Freigabe (§ 2217) endet (s auch BGH WM **71**, 1126). Löschg allein aGrd Bewilligg des TV kommt nicht in Betr (Starnberg Rpfleger **85**, 57). Vielm ist der Grund hinreichend darzulegen. Bei Niederlegg des Amtes durch einen TV ist jedoch noch nicht nachgewiesen, daß auch die TestVollstrg als solche beendet ist, da der Erbl Ersatzbestimmungen getroffen haben kann (Hamm Rpfleger **58**, 15). – Den Antrag auf Berichtigg des GB dch Eintr des Erben als Eigtümer kann der TV stellen (KGJ **51**, 216; Mü JFG **20**, 373). Ob hierzu auch der Erbe selbst berecht ist, wird von der hM verneint; dagg aber mit beachtl Gründen Bertsch Rpfleger **68**, 178.

c) Ob in das Handelsregister ein TV-Vermerk gehört, ist bestr (s RG **132**, 141; aber auch Nolte aaO 673, 683; Baur FS Dölle, 1963, I 249). Hins der Fortführg des Geschäfts eines Einzelkaufmanns vgl § 2205 Anm 2b bb. Die Anmeldg des Neueintritts der Erben eines verstorbenen persönl haftden Gesellschafters zum HandelsReg durch den TV ist auf jeden Fall dann nicht mögl, wenn im GesellschVertr bestimmt ist, daß kein Test als Geselltreck schafters die Gesellsch mit den Erben fortgesetzt werden soll u sich auch aus dem Test nicht ergibt, daß der TV die Rechte der Erben hinsichtl der Beteiligg wahrnehmen soll (Hbg NJW **66**, 986); s auch § 2205 Anm 2c; BayObLG Rpfleger **72**, 259; **77**, 321 (keine Anmeldg des Kommanditistenwechsels) u allg Holzhauer 62 ff; H/Winkler Rz 301, 309, 317, 323.

6) Vollmacht auf den Todesfall. Der Erbl kann zu seinen Lebzeiten statt einer Vollm, die mit seinem Tod nicht erlischt (s § 168; § 1922 Anm 3k), auch eine Vollm erteilen, die von vorneherein auf den Todesfall beschränkt ist, dh erst beim Erbfall zur Entstehg gelangt (RG **114**, 354). Eine solche postmortale Vollm ändert nach dem Tod des Erbl nicht die Verteilg seines Vermögens, weil dieses auch dann in den Nachl fällt, wenn es der Verfügsbefugn eines Bevollmächtigten unterliegt (Köln ZIP **88**, 1203). Der Bevollmächtigte vertritt vielmehr nach dem Tod seines VollmGebers dessen Erben bis zum Widerruf der Vollm (dazu unten Anm c), ohne eigene Rechte am Vermögen des Erbl zu erwerben; es tritt also lediglich eine Änderg bei der Person des Vertretenen, nicht aber hinsichtl des Umfangs u Inhalts der Vollm ein. Da der Bevollmächtigte seine RMacht aber nicht von den Vertretenen, sond vom Erbl ableitet, können seine Rechte weitergehend sein als die der vertretenen Erben. Auch wird der Bestand der Vollm dch eine nach ihrer

Erteilg eintretende Beschränkg in der Vfgmacht der vertretenen Erben nicht berührt (Rehmann BB **87**, 213). Liegt der Vollm ein Auftr od ein GeschBesorggsVertr zugrunde, ergibt sich ihre Fortdauer über den Tod hinaus idR aus §§ 168, 672, 675. Diese ist aber auch mögl, wenn die Vollm unabhängig von einem bestimmten RVerhältn erteilt wird (isolierte Vollm; Staud/Reimann Rz 102 vor § 2197). Sonderfälle: HGB 52 III; ZPO 86.

a) Erteilung. Die postmortale Vollm kann als Innen- od AußenVollm durch RGesch unter Lebenden (§ 167) erteilt werden (s dazu Mü Betr **73**, 693); es genügt, wenn die Erklärg nach dem Tod des VollmGebers dem zu Bevollmächtigenden zugeht (§ 130 II). Die empfangsbedürft Erkl der Vollm kann auch in einem gemeinschaftl Test od ErbVertr bei Beteiligg des zu Bevollmächtigenden u sogar in einer einseitigen letztw Vfg (auch eigenhändigem Test) erfolgen, wenn das Zugehen der Erkl nach dem Tode des Erbl sichergestellt ist (Staud/Reimann Vorb Rz 104; auch Haegele Rpfleger **65**, 306; **68**, 345). Die Frage, ob Vollm od TVBestellg vom Erbl gewollt ist, muß dch Auslegg (§§ 133, 2084) festgestellt werden (Oldbg Rpfleger **65**, 305).

b) Der Bevollmächtigte kann ein Dritter sein, aber auch der TV od ein Erbe (Röhm Betr **69**, 1973/1978). Er erwirbt mit dem Tod des Erbl die Befugn, innerhalb der ihm eingeräumten Vertretgsmacht üb das zum Nachl gehörende Vermögen in Vertretg des (der) Erben zu verfügen (§ 672; BGH **87**, 19; BayObLG **19** A 174; s auch Kuchinke FamRZ **84**, 109; Mattern BWNotZ **65**, 8, 9). Er kann ohne Erbnachweis über NachlGgstände verfügen (KG JFG **12**, 274) u bedarf keiner Genehmigg des VormschG für solche Geschäfte, die der Vormund der minderj Erben nur mit dieser Genehmigg vornehmen könnte (RG **106**, 186). Er kann auch nach dem Tod des VollmGebers für diesen Anmeldgen zum HandelsReg ohne Vorlage eines ErbSch vornehmen (Hbg DNotZ **67**, 30). Über Verkehr mit den Grundbuchamt s Lukowsky RhNK **63**, 115/120ff; Haegele Rpfleger **68**, 345. Er bedarf zu RechtsGesch, die er nach dem Erbfall vornimmt, solange keiner Zustimmg des Erben, als dieser nicht Vollm od Auftr widerruft. Das Handeln des Bevollm kann aber ausnahmsw eine unzuläss RAusübg verstoßen od gg die guten Sitten verstoßen (BGH NJW **69**, 1245 mit abl Anm von Finger 1624; dazu auch Hopt ZfHK **133** (1970), 322ff). – Dch die Anordng einer TestVollstrg allein wird die dch Vollm begründete Vertretgsmacht nicht berührt (aA Staud/Reimann Vorb Rz 110; MüKo/Brandner § 2211 Rz 13). Erfolgte sie vor od gleichzeit mit der VollmErteilg, ist vielm anzunehmen, daß der Erbl dann die Befugn des TV entspr (widerrufl) beschränken wollte. Auch dch in der Vollm nachfolgendes spät Test mit Einsetzg eines TV, in dem der Wille des Erbl zur Einschränkg der Vollm erklärt ist, kann wg der Empfangsbedftigk eines solchen teilw Widerrufs der Bevollmächtigte nur wirks beschränkt werden, wenn der Erbl den Zugang der Erkl an diesen (§§ 168, 167, 130 II) sichergestellt hat (Rehmann BB **87**, 213 am Bspl Bankvollm; dazu auch Merkel WM **87**, 1001). – Wird ein TV ohne aGrd ihm erteilten postmortalen Vollm als Bevollm tätig, unterliegt er nicht den Beschrkgen eines TV (BGH NJW **62**, 1718 mAv Haegele Rpfleger **62**, 439). Er kann also im Rahmen seiner Vollm auch unentgeltl Vfgen treffen, soweit darin nicht ein Mißbr der Vollm liegt (BGH aaO, auch Röhm Betr **69**, 1973/1976). Ein TV kann zugl aGrd einer ihm vom Erbl über den Tod hinaus erteilten Vollm über die Stellg eines GeneralBevollm innehaben. Das Recht des Abschl von InsichGesch (§ 181) darf ihm aber nicht erteilt werden (s auch § 2205 Anm 3c). – Über Fortführg eines EinzelhandelsGesch dch den TV namens des (der) Erben u über die Ausübg der PersonengesellschRe des verst Erbl dch den TV als ErbenBevollm s § 2205 Anm 2b, c; H/Winkler Rz 309; 350ff; Haegele Rpfleger **73**, 115, 158.

c) Zum Widerruf der Vollm ist (auch währd des Bestehens einer ErbenGemsch) jeder einzelne **Erbe** befugt, und zwar ohne Rücks darauf, ob der Vollm ein RGesch zugrunde liegt od nicht. Durch den Widerruf eines MitE wird aber das VertretgsR des Bevollmächtigten hins der übrigen Miterben nicht berührt (RG JW **38**, 1892). Auch der **Testamentsvollstrecker** kann eine Vollm über den Tod hinaus im Rahmen des § 2205 widerrufen, sofern nicht das Test ein anderes bestimmt (Staud/Reimann Vorb Rz 114). Die Widerruflichk der Vollm richtet sich nach dem ihr zugrunde liegenden RGesch (§ 168; dazu BGH DNotZ **72**, 229). Die isolierte Vollm ist idR widerrufl (s § 168 Anm 3), sofern sie nicht ohnehin mit dem Tod des VollmGebers erlischt, wenn kein wirks GeschBesorggsverhältn begründet worden ist (Kuchinke FamRZ **84**, 109/111). Ist der Widerruf vom VollmGeber ausgeschlossen, kann die Vollm nur aus wichtigem Grd widerrufen werden. Die Unwiderruflichk einer über den Tod hinaus erteilten **Generalvollmacht** ist wg nicht zu billigender Knebelg der Erben u Umgehg der TestVollstrg sittenwidrig (§ 138; Staud/Reimann Vorb Rz 115; Röhm aaO 1977); sie gilt als widerrufliche fort, wenn der VollmGeber sie auch ohne den Verzicht auf das WiderrufR erteilt hätte (§ 139; Lukowsky aaO 129); sie kann möglicherw in Erbeinsetzg umgedeutet werden (Erman/Hense Rz 5 vor § 2197).

d) Bevollmächtigung durch den **Testamentsvollstrecker** s KG JFG **7**, 279 und § 2218 Anm 2a. – Über Vollmacht des Erbl bei **Vor-** u **Nacherbfolge** s § 2112 Anm 2e.

7) Ausländisches Recht. Ein trustee amerikanischen Rs kann als TV iS des deutschen Rs behandelt werden (Ffm DNotZ **72**, 542; BayObLG **80**, 42 [executor]). Zur Rechtsstellg des von einem Gericht des Staates New York eingesetzten Administrators s KG RzW **72**, 409; s auch BGH WM **76**, 811.

2197 Ernennung durch Testament.
^I**Der Erblasser kann durch Testament einen oder mehrere Testamentsvollstrecker ernennen.**

^{II}**Der Erblasser kann für den Fall, daß der ernannte Testamentsvollstrecker vor oder nach der Annahme des Amtes wegfällt, einen anderen Testamentsvollstrecker ernennen.**

1) Die Ernennung erfolgt entweder unmittelb **(I)**, zum Ersatz eines anderen **(II)** od durch andere (§§ 2198–2200). Die Anordng der TestVollstrg schlechthin ohne Angabe des TV od Bestimmgsberechtigten ist ebso wie der Ausschluß des Erben von jeglicher Verwaltg idR als Ersuchen iS des § 2200 auszulegen (s § 2200 Anm 1; H/Winkler Rz 75); nicht aber ohne weiteres die Ernenng eines inzw gestorbenen TV. – Ernannt wird der TV **durch letztwillige Verfügung** (Test od einseitige Vfg im ErbVertr, §§ 2299,

Testament. 6. Titel: Testamentsvollstrecker §§ 2197, 2198

2278 II), durch andere nach §§ 2198–2200. Wenn Ehegatten in einem gemeinschaftl Test einen Dritten zu ihrem TV ernennen, ist er für beide Erbfälle ernannt, falls nicht die Ausleg ergibt, daß die Ernennung nur für den Fall des Todes des Überlebenden gelten soll (KG JFG 14, 275; Granicky NJW 57, 407); ist der überleb Eheg AlleinE als Erstversterbenden u sind für den ersten Erbfall keine weiteren, der Ausführ bedürftigen Vfgen getroffen u keine Anhaltspunkte für eine Verwaltgs- od Dauervollstreckg vorhanden, wird der TV nur für den Nachl des Überlebenden eingesetzt sein (Staud/Reimann Rz 5). Bei Ernenng sowohl für den Nachl des erstversterbenden als auch des letztversterbenden Ehegatten handelt es sich nicht um eine fortgesetzte, sond um zwei voneinander rechtl unabhängige TestVollstrgen (BayObLG 85, 233). – Die Ernenng ist, auch bei gemschaftl Test (§ 2270 III), seitens der Erbl jederzeit widerrufl (Stade MDR 60, 142), nach § 2081 I anfechtb u bei Ungültigk des Test nach Maßg des § 2085 unwirks, woran auch die Erben nichts zu ändern vermögen. Doch können diese den TV zum rechtsgeschäftl Bevollmächtigten bestellen. – Ist eine TestVollstrg für den ganzen Nachl angeordnet, die Anordg aber hins eines MitE wg einen fr ErbVertr ungült (§ 2289), kann die Anordng den and Erben ggü wirks sein, wenn TeilTestVollstrg dem Willen des Erbl entspr (BGH LM § 2085 Nr 3). – Eine Bestellg durch **Vertrag** mit dem Erblasser ist nur als Auftrag wirks und vom Erbl u den Erben nach § 671 widerrufl (RG 139, 41; vgl auch § 2202 Anm 1). – Ernenng steht iSv BeurkG 7, 27 einer Zuwendg gleich.

2) Eine bestimmte Ausdrucksweise ist für die Ernenng **nicht erforderlich** (RG 92, 72). Die Bezeichng als Pfleger, Verwalter, Bevollmächtigter zur Verteilg des Nachl nach bill Ermessen (BayObLG Recht 15 Nr 329), Bevollmächtigter mit voller u alleiniger Vfgsgewalt über Nachl (Oldbg Rpfleger 65, 305) genügt, wenn der (durch Auslegg nach § 133 zu ermittelnde) ErblWille zur Vollstreckg im fremden Interesse anzunehmen und nicht in Wirklichk Erbeinsetzg unter Auflage (vgl OLG 21, 359) oder Vor- u Nacherbfolge (KG DRZ 27 Nr 680) od VerwVorausvermächtn an MitE (OGH 4, 223) od eine Anordng nach § 2048 gemeint ist.

3) Auswahl des Testamentsvollstreckers. Zum TV kann jede Person ernannt werden, sofern sie nicht nach § 2201 untaugl ist, also auch die Ehefrau od eine ausländ od auch eine juristische Person (§ 2210 S 3). TV kann auch der jeweilige Träger eines Amts, Notariats (BayObLG 20, 55) sein, nicht jedoch eine Behörde als solche, etwa das NachlG. Sittenwidr ist idR die Einsetzg der Geliebten als TV (BGH FamRZ 54, 194/198). Der **Alleinerbe** od der alleinige VorE kann nicht alleiniger TV, sond nur MitVollstr (§ 2224) sein (KG JFG 11, 125; OLGZ 65, 67, 361), von § 2223 abgesehen (s aber auch Rohlff DNotZ 71, 518/527 ff). Wohl aber kann ein MitVorE zum TV u zugl MitNachE-TV berufen werden, wenn die TVollstrg nach dch ein Kollegium ausgeübt wird (BayObLG 76, 67). Ein NachE oder einer von mehreren NachE (BayObLG NJW 59, 1920) kann zum TV für den VorE ernannt werden. Der MitE kann ohne weiteres TV sein, da er als TV ein Tätigkeitsfeld zugewiesen erhält, das er als bloßer MitE (§§ 2038 bis 2040) nicht besitzt (KJR JR 52, 324). Auch können sämtl MitE (allein od neben einem Mitvollstr) TV sein, da dann § 2224 I (statt § 2038 II) Geltg u der Erbl die Möglichk hatte, die Verwaltg abweich zu regeln (Soergel/Damrau Rz 11). Auch ein VermächtnNehmer, Vormund, Nießbraucher (dazu BayObLG MDR 78, 142; Rohlff aaO 519ff; Staud/Reimann Rz 22–25) kann TV sein. **Nicht** jedoch der beurkundende Notar (BeurkG 27 mit 7); wg des Notarvertreters s BNotO 41 II; s aber auch § 2200 Anm 2. Wegen des TV neben einem VE und NE vgl § 2222.

4) Sonderfälle: Auch unter einer Bedingg (vgl **II**) od Befristg, zB als Nachvollstrecker (TV nach Amtsbeendigg des Vorgängers), kann die Ernenng erfolgen; ferner für einen bestimmten Erbteil od ein Vermächtn od nur zur Beschrkg eines bestimmten Erben (§ 2338 I 2). Fällt dieser Erbe weg, ist die TestVollstrg ggstandslos, ohne daß es der Anfechtg od Entlass bedürfte (vgl Staud/Reimann Rz 26). Auch für die gesetzl Erbfolge und im Rahmen des § 1514 mit §§ 1512, 1513, 1516 für die fortgesetzte Gütergemeinsch kann TV bestellt werden; unzuläss ist aber Beschrkg des VerwR des überlebenden Eheg dch Überweisg der Verw an TV (§ 1518 Anm 2; s auch RG JW 16, 43; Haegele Rpfleger 63, 331; H/Winkler Rz 72). – Wegen der fortgesetzten westfäl GütGemsch s KG JFG 17, 246; auch Hamm JMBl NRW 62, 213.

5) Die Ersatzernennung (II) gilt auch für den Fall der Ablehng des Amtes (§ 2202 II, III).

2198 *Bestimmung durch einen Dritten.* ¹Der Erblasser kann die Bestimmung der Person des Testamentsvollstreckers einem Dritten überlassen. Die Bestimmung erfolgt durch Erklärung gegenüber dem Nachlaßgerichte; die Erklärung ist in öffentlich beglaubigter Form abzugeben.

II Das Bestimmungsrecht des Dritten erlischt mit dem Ablauf einer ihm auf Antrag eines der Beteiligten von dem Nachlaßgerichte bestimmten Frist.

1) Voraussetzung ist, daß der Erbl überh TestVollstrg angeordnet hat (KGJ 42, 219), wobei ggf wohlwollende Auslegg (§ 2084) helfen kann (Greiser DFG 39, 216). Dann kann er in Abweichg von § 2065 dch entspr test od einseit erbvertragl Anordg die Auswahl des TV einem Dritten übertr. – **Dritter** kann auch der Erbe sein (RG 92, 68) od der Leiter einer einschlägigen Behörde, zB der aufsichtsführende Richter eines AG (Hamm DNotZ 65, 487) od der jeweilige Leiter als PrivPerson (KG JW 38, 1900).

2) Die Bestimmung durch den Dritten ist wie die Ausschlagg (§ 1945 I) behandelt und unwiderrufl. Sie wird mit dem Eingang beim NachlG wirks, auch wenn sie diesem erst nach dem Tod des Erklärden zugeht (§ 130 II; Staud/Reimann Rz 9). Bestimmg erfolgt nach freiem Ermessen; Haftg nur nach § 826. Der Dritte kann auch sich selbst bestimmen, falls er nicht AlleinE ist (Haegele BWNotZ 74, 109/112). Hat der Erbl allerd einen Personenkreis vorbestimmt, muß er darunter auswählen. – **Öffentliche Beglaubigung** der Unterschr (§ 129, BeurkG 39, 40, 63) genügt, auch wenn der Erbl Beurkundg vorschrieb (Soergel/Damrau Rz 3 mN; aM Staud/Reimann Rz 14, RGRK § 2199 Rz 5). Die Bestimmg kann auch in einem öff Test getroffen werden, ebso wie in einem Test eine Schenkg widerrufen werden kann (§ 531 Anm 1; str; ebso Staud/Reimann Rz 15; Soergel/Damrau Rz 5; vgl § 130 Anm 3 f u KG JW 36, 2462). Kosten der Beglaubigg

2011

§§ 2198–2200   5. Buch. 3. Abschnitt. *Edenhofer*

trägt der Bestimmgsberechtigte mit RückgrAnspr gg den Erben nach § 2218. Akteneinsicht nach § 2228. –
Keiner Beglaubigung bedürfen öff Urk wie die in amtl Form erfolgte Bestimmg des TV dch den Präsidenten des OLG (Stgt NJW-RR **86**, 7) od der RA-Kammer (KG JFG **23**, 306) od dch einen Notar (Neust DNotZ **51**, 339); aA zur Ernenng dch den Präsidenten der IHK KG JW **38**, 1900; dch den AG-Direktor Hamm DNotZ **65**, 487; dch den Vorsitzenden einer Zivilkammer RG **53**, 1. S zur Benenng eines Schiedsrichters Mü OLGZ **19**, 165; Hgb OLGZ **35**, 159; Arnold NJW **68**, 781.

3) Fristsetzung (wie bei Vermächtn u Aufl, §§ 2151 III, 2193 II) erfolgt zur Klarstellg. Zuständig ist RPfleger (RPflG 3 Nr 2c). Eine vom Erbl gesetzte Frist kann durch das NachlG verlängert wie verkürzt werden. Beteiligte sind Erben, NachE, MitVollstr, PflichttBerechtigte, VermNehmer, AuflBerechtigte (§ 2194; nicht der durch die Aufl Begünstigte, LG Verden MDR **55**, 231; aM insoweit Staud/Reimann Rz 27), ErbersatzansprBer sowie sonstige NachlGläubiger (vgl BGH **35**, 296). – Gegen die Fristsetzg ist befristete, gg die Ablehng (auch einer Verlängerg) einf Erinnerg gegeben (RPflG 11; FGG 80, 20). Abänderg der gerichtl Frist ist unzulässig (FGG 18 II; Höver DFG **39**, 25). – Gebühren nach KostO 112 I Nr 6. – Durch fruchtlosen Fristablauf wird die TestVollstrg hinfällig, falls nicht vorsorgl ein weiterer Bestimmgsberechtigter benannt od nach § 2197 II ein Ersatzmann bestimmt ist od ein bedingtes Ersuchen iS des § 2200 vorliegt. BestimmgsR erlischt auch bei Ablehng vor Fristablauf (Greiser DFG **39**, 216).

2199 *Ernennung von Mitvollstrecker oder Nachfolger.* ¹Der Erblasser kann den Testamentsvollstrecker ermächtigen, einen oder mehrere Mitvollstrecker zu ernennen.
II Der Erblasser kann den Testamentsvollstrecker ermächtigen, einen Nachfolger zu ernennen.
III Die Ernennung erfolgt nach § 2198 Abs. 1 Satz 2.

1) Die Ermächtigung zur Ernenng von MitVollstr (§ 2224) und Nachfolgern kann dem TV durch Test od einseitige Vfg im ErbVertr erteilt werden (vgl OLG **44**, 96). Seine Entscheidg betrifft nicht nur die Person des zu Ernennenden (wie bei § 2198), sond auch dessen Eintritt überhaupt. – Zur Absetzg der ernannten MitTV kann der TV nicht ermächtigt werden. – Gemäß §§ 2198, 2200 kann der Erbl auch einem Dritten od dem Nachlaßgericht die Ernenng von Mitvollstreckern od eines Nachfolgers überlassen.

2) Das Bestimmungsrecht, das einer Fristsetzg nicht unterliegt, hat der TV nur so lange, als er bei WirksWerden der Ernenng (III; §§ 130 ff) selbst noch im Amt ist (vgl auch JW **28**, 1943). Nach § 130 II ist jedoch die Ernenng auch wirks, wenn der bish TV vor Eingang der Erklärg beim NachlG stirbt, sofern er nur alles tat, was von seiner Seite erforderl war, um die Wirksamk der Erkl herbeizuführen (vgl RG **170**, 382). Ein **Nachfolger, II** (auch mehrere, Staud/Reimann Rz 13, wenn der Erbl dies gestattet hat), kann **nur** für den Fall der Beendigg des Amtes (§§ 2225 bis 2227) ernannt werden. Die Ernenng wird mit Eingang der Erklärg beim NachlG wirks (III; Staud/Reimann Rz 5 mit § 2198 Rz 7 ff). Sind mehrere TV ermächtigt, ist durch Auslegg zu ermitteln, ob Ernenng durch Mehrheits- od einstimmigen Beschluß zu erfolgen hat (Staud/Reimann Rz 1). Über den Fall, daß zw mehreren ermächtigten TV Meingsverschiednh bestehen, vgl § 2224 Anm 2. – Vererbl ist das Amt nicht (§ 2225). S hierzu allgem Haegele BWNotZ **74**, 109/112.

3) Für sorgfältige Auswahl haftet der TV nach §§ 2218, 2219. – Akteneinsicht nach § 2228. – Gebühr nach KostO 112 I Nr 6.

4) Wegen Bevollmächtigung durch den TV vgl RG **81**, 166 und § 2218 Anm 2a.

2200 *Ernennung durch Nachlaßgericht.* ¹Hat der Erblasser in dem Testamente das Nachlaßgericht ersucht, einen Testamentsvollstrecker zu ernennen, so kann das Nachlaßgericht die Ernennung vornehmen.
II Das Nachlaßgericht soll vor der Ernennung die Beteiligten hören, wenn es ohne erhebliche Verzögerung und ohne unverhältnismäßige Kosten geschehen kann.

1) Ersuchen des Erbl an das NachlG in testamentar Form ist erforderl. Es muß im Test nicht ausdrückl gestellt sein, sond kann auch dch Auslegg ermittelt werden (auch ergänzende, KG DNotZ **55**, 649; Düss MDR **57**, 421; Hamm OLGZ **76**, 20; BayObLG FamRZ **87**, 98), sofern ein entspr Wille im Test selbst irgendwie, wenn auch nur verdeckt u unvollkommen, Ausdruck gefunden hat (s § 2084 Anm 1c). Stirbt zB der eingesetzte TV noch vor dem Erbl, ist zu prüfen, ob er bei Berücksichtigg der Sachlage mutmaßl eine Ernenng dch NachlG gewollt hätte, sofern die Gründe für die Anordnung fortbestehen u nach Aufgaben zu erfüllen sind (BayObLG FamRZ **88**, 325). Nimmt dagg der vom Erbl eingesetzte TV nach dem Erbfall das Amt nicht an, kann in dieser Einsetzg allein noch kein Ersuchen gesehen werden (BayObLG aaO; hM), jedoch in Verbindg mit den übr getroffenen Regelgn, zB wenn der Ausschluß der geschiedenen Ehefrau ersehen läßt, daß diese auch nicht als gesetzl Vertr minderj Erben den NachlG verwalten soll; od ggf aus Teilsanordngen, wenn sie zweckmäß eine Auseinandersetzg dch TV erfordern; wenn dem Erben für immer die Verwaltg entzogen (OLG **43**, 401 Fußn 1 b) od durch den Erbl unzulässigerw Pflegsch angeordnet ist (Warn **13** Nr 239; § 140); s auch § 2197 Anm 1. Auch die einem TV auferlegte Pfl, einen Nachfolger zu ernennen (§ 2199 II), enthält noch kein weiteres ein Ersuchen an das NachlG (BayObLG FamRZ **88**, 325). – Das Ersuchen kann auch bedingt sein (zB für den Fall der Nichtannahme des Amtes; des Fristablaufs; § 2198). Lehnt der um Übernahme der TestVollstrg gebetene aufsichtsführende Richter eines AG die Bestimmg des TV nach § 2198 I 1 ab, ist zu prüfen, ob nicht ein Ersuchen an das AG im Sinn des § 2200 vorliegt (Hamm DNotZ **65**, 487). – Ein fehlendes Ersuchen kann nicht dch Anträge der Erben od Dritter ersetzt werden. – Auf Ersuchen eines **Ausländers,** der nach seinem HeimatR beerbt wird (EG 25), kann das deutsche NachlG einen TV nur ernennen, wenn dies auch nach dem HeimatR zuläss ist (Anm von Neuhaus zu Neust JZ **51**, 644; s auch Staud/Firsching § 2368 Rz 33, 34).

Testament. 6. Titel: Testamentsvollstrecker §§ 2200—2202

2) Die Ernennung ist dem Richter vorbehalten (RPflG 16 I Nr 2) und kann auch in der Erteilg des TestVollstrZeugn liegen (BayObLG **85**, 233). Das NachlG muß einem Ersuchen nicht ohne weiteres nachkommen (aA MüKo/Brandner Rz 5), da es in seinem pflichtgem Ermessen („kann") steht, ob unter Berücksichtigg der Lage des Nachl u der Interessen der Beteiligten ein TV zu ernennen ist (Hamm Rpfleger **84**, 316). Es kann die Ernenng zwar nicht wg Überlastg ablehnen, aber zB dann, wenn der Nachl eine Vollstr nicht lohnt. Keine Ernenng erfolgt mehr, wenn das TVAmt mit der Ausführg aller Aufgaben geendet hat; eine trotzdem erfolgte Ernenng eines neuen TV ist von vorneherein ggstandslos (BGH NJW **64**, 1316 mAv Strickrodt; dazu auch Bund JuS **66**, 60; Jansen NJW **66**, 331; auch Johannsen WM **69**, 1403).

a) Die Auswahl des TV steht im pflichtgemäßen Ermessen des Gerichts (Ffm Rpfleger **78**, 178), soweit nicht der Erbl Personen ausgeschlossen hat (Staud/Reimann Rz 9). Auch der Notar, der die Vfg vTw beurkundete, kann ernannt werden (Göttingen DNotZ **52**, 445); BeurkG 27 mit 7 stehen nicht entgg. Das Ger darf aber keine für das Amt ungeeignete Person ernennen, zB wenn Schwierigk mit den Erben vorauszusehen sind, die zu einer Entlassg der in Aussicht genommenen Person führen könnte. Es ist nicht an eine Einigg der Erben gebunden; diese hat nur die Bedeutg einer Anregg (Hamm Rpfleger **59**, 53; JMBl NRW **62**, 211).

b) Anhörungspflicht (II). Das NachlG hat vor der Entscheidg die Beteiligten anzuhören (GG 103 I), also diejenigen, deren Rechte u Pflichten dch die gerichtl Entscheidg unmittelb betroffen werden können (s § 2198 Anm 3; § 2360 Anm 1). Für die Anhörg ist keine bestimmte Form vorgeschrieben.

c) Wirksam wird die Entscheidg ggü den Beteiligten nur bei formgerechter Bekanntmachg dch Zustellg (FGG 16 II); ggü dem Ernannten dch formlose Bekanntmachg (FGG 16 I; KG OLGZ **73**, 385; str; vgl BayObLG **85**, 233), für den das Amt erst mit Annahme beginnt (§ 2202). – Gebühr: KostO 113.

d) Rechtsmittel ist bei Ablehng die fristlose, bei Ernenng die sofort Beschwerde (FGG 81; vgl auch FGG 32). Beschwerdeberechtigt sind diejenigen, die nicht bei Ernenng die Erben, zauch MitE nach Pfändg der MitE-Anteile; nicht der TV selbst, der ablehnen kann (§ 2202); auch nicht gewöhnl NachlGläub (KG OLGZ **73**, 385). Gg Ablehng der Ernenng auch PflichtBerechtigte (KG NJW **63**, 1553). Hat nach Annahme des Amtes das LG die Ernenng auf Beschwerde aufgehoben, steht dem ernannten TV die sofortige weitere Beschwerde zu.

e) Bei Wegfall od **Nichtannahme** des Ernannten kann das NachlG auch einen od weitere Nachfolger ernennen. Die Ernenng kann nicht vAw wieder aufgehoben werden, auch wenn von Anfang an ein wicht Grd für Entlassg (§ 2227) vorliegt. Vielm ist Entlassg nur auf Antrag mögl (Ffm aaO). Ein Antr ist auch erforderl, um eine ohne Ersuchen des Erbl erfolgte Ernenng eines TV aufzuheben; denn diese ist wirks, bildet aber wichtigen Grd für Entlassg (§ 2227; KG DNotZ **55**, 648; Recht **25** Nr 2438; Kipp/Coing § 67 I 7; auch Hbg NJW **65**, 1969); für Zulässigk der Aufhebg auf Beschwerde Staud/Reimann Rz 16; s auch Hamm JMBl NRW **62**, 211.

f) Nicht nachprüfbar ist die wirks Ernenng im Prozeßweg (KG Recht **25** Nr 2438); s aber auch einschränkd BGH **41**, 23). Auch Grdbuchamt u RegisterGer haben kein eigenes NachprüfgsR (Soergel/Damrau Rz 9). Ferner nicht das NachlG im ErbSchVerf (Hbg NJW **65**, 1968; dazu Jansen NJW **66**, 331).

2201 Unwirksamkeit der Ernennung.
Die Ernennung des Testamentsvollstreckers ist unwirksam, wenn er zu der Zeit, zu welcher er das Amt anzutreten hat, geschäftsunfähig oder in der Geschäftsfähigkeit beschränkt ist oder nach § 1910 zur Besorgung seiner Vermögensangelegenheiten einen Pfleger erhalten hat.

1) Unfähig für das Amt des TV sind GeschUnfähige (§ 104); Minderjährige; Entmündigte (§§ 106, 114, 1906) und Gebrechliche (§ 1910), soweit die Pflegsch zur Besorgg ihrer gesamten Vermögensangelegenh angeordnet ist. Maßgebender Ztpkt ist weder der Erbfall noch der Annahme, sond idR die Erlangg der Kenntn von der Ernenng als TV; nur bei befristeter, bedingter od einem Dritten übertragener Ernenng kann ein späterer Ztpkt in Frage kommen. – Die Ernenng eines Unfähigen ist **unwirksam**, ohne daß es einer Aufhebg od Entlassg bedarf. Eine Ernenng wird auch dadurch unwirks, daß der Ernannte vor der Annahme od dem Erbfall stirbt od nach der Annahme unfähig wird (§ 2225). Nachträgl Wegfall der UnfähigkGründe hat keine rückw Kraft (Soergel/Damrau Rz 4).

2) Untauglichkeitsgründe (wie beim Vormd, §§ 1780, 1781) gibt es nicht. Doch ist ein TV, der in Konk geraten ist, die eidesstattl OffenbargsVersich abgegeben hat od gerichtl bestraft ist, in aller Regel nach § 2227 zu entlassen.

2202 Annahme und Ablehnung des Amtes.
¹Das Amt des Testamentsvollstreckers beginnt mit dem Zeitpunkt, in welchem der Ernannte das Amt annimmt.

II Die Annahme sowie die Ablehnung des Amtes erfolgt durch Erklärung gegenüber dem Nachlaßgerichte. Die Erklärung kann erst nach dem Eintritte des Erbfalls abgegeben werden; sie ist unwirksam, wenn sie unter einer Bedingung oder einer Zeitbestimmung abgegeben wird.

III Das Nachlaßgericht kann dem Ernannten auf Antrag eines der Beteiligten eine Frist zur Erklärung über die Annahme bestimmen. Mit dem Ablaufe der Frist gilt das Amt als abgelehnt, wenn nicht die Annahme vorher erklärt wird.

1) Erst mit der Annahme, die endgült sein muß (KG JFG **44**, 34), beginnt das Amt des TV. Der Erbfall muß eingetreten sein. Annahme der Erbsch (§ 2213 II) od TestEröffng ist nicht notwend. Der TV kann seine vor Annahme vorgenommenen **Rechtsgeschäfte** nach der Annahme (vgl auch § 108 III) nach Maßg der §§ 177, 180 durch Genehmigg wirks machen; ebso vorher getätigte Vfgen (§ 185 II 1 Fall 1). § 185 II 1 Fall 2

§§ 2202–2204   5. Buch. 3. Abschnitt. *Edenhofer*

u Satz 2 sind nicht entspr anwendb (bestr; Soergel/Damrau Rz 5). – **Keine Verpflichtung** besteht für jemand zur Übernahme einer TestVollstrg, auch nicht im Falle des § 2200. Aus einer eingegangenen Verpflichtg zur AmtsÜbern kann weder auf SchadErs (der übrigens schwer zu begründen wäre) noch auf VertrStrafe u auch nicht auf Annahme des Amts (mit der Folge des ZPO 894) geklagt werden, da dies der Natur der TestVollstrg als eines Vertrauensamtes widersprechen würde und der so in sein Amt Gezwungene jederzeit kündigen (§ 2226) könnte (str; Soergel/Damrau Rz 2 mN). Ein gewisser Zwang zur Übernahme kann allerd durch eine Zuwendg unter der Bedingg der Amtsübernahme ausgeübt werden (Kipp/Coing § 67 II 1). Dann entfällt mit Ablehng die Zuwendg von selbst. Bei einer Zuwendg unter Auflage der Amtsübernahme gilt bei Ablehng Entsprechendes wie nach § 2195. Ggf kann die Zuwendg bei Ablehng auch teilw unwirks sein, etwa weil sie teilw TestVollstrVergütg sein sollte (s auch Staud/Reimann Rz 21). – **Eine Bindung des Erblassers** zur Ernenng einer bestimmten Person wird schon durch § 2302 ausgeschl.

2) Für die Annahmeerklärung genügt die privatschriftl Form. Sie wird wirks nach § 130. Eine mündl Erkl ist zu beurkunden (vgl § 2228). Im Antrag des TV auf Erteilg des Zeugn liegt spätestens die Annahme des Amts (BGH WM **61**, 479). – Annahme und Ablehng (gleiche Form) erfordern GeschFgk. Bei in der GeschFgk Beschränkten ist Erkl durch gesetzl Vertreter mögl, wenn die Ernenng aufschieb bedingt od befristet ist u mit dem Wegfall der GeschBeschränkth bis zum Amtsantritt zu rechnen ist. Die Erklägen sind unwiderrufl (vgl aber § 2226). Über die Annahme kann TV vom NachlG eine **Bestätigung** verlangen (OLG **14**, 316; H/Winkler Rz 106 mit Muster Rz 878). Sie ergibt sich im übr mittelb aus dem Zeugnis (§ 2368 I). – **Kosten** der Annahme od Ablehng (KostO 112 I Nr 6) tragen die Erben als NachlVerbindlichk (KostO 6 S 2).

3) Die Erklärungsfrist (III) – vgl § 2198 II – erübrigt sich, wenn der Ernannte unbekannt od nicht erreichb ist. Dann Entlassg nach § 2227 (Zustellg nach Maßg des FGG 16 II). Zuständig zur Fristbestimmg ist der RPfleger (RPflG 3 Nr 2 c). Über AntrBerechtigg s § 2198 Anm 3, über Erinnerg gg Fristbestimmg RPflG 11; FGG 81 I. Ist Amtsbeginn vom Eintritt einer Bedingg od Befristg abhängig, ist Fristbestimmg nicht vor diesem Ztpkt mögl (Erman/Hense Rz 3). – Das NachlG kann auch vAw den Ernannten zur Erkl über Annahme od Ablehng auffordern (Staud/Reimann Rz 15).

2203 *Ausführung der letztwilligen Verfügungen.* **Der Testamentsvollstrecker hat die letztwilligen Verfügungen des Erblassers zur Ausführung zu bringen.**

1) Regelfall ist die ausführende od **Abwicklungsvollstreckung** (BayObLG **76**, 67/71 f) der §§ 2203–2207, **Ausnahme** die Dauervollstreckung (§ 2209). Anordng der TestVollstrg ohne nähere Angaben ist daher als ausführende zu deuten. – Um seiner Aufgabe gerecht werden zu können, wird sich der TV, der von seiner Ernenng Kenntn hat u annehmen will (§ 2202), sofort beim NachlG melden u die TestEröffng (§§ 2260 f) betreiben. Seine Tätigk bezieht sich iZw auf alle Bestimmgen vTw des Erbl, die ein Dritter ausführen kann, also nicht in den Fällen der §§ 1639, 1803, 1909, 1917; vgl jedoch § 2208 II.

2) Die Ausführung der letztw Vfgen setzt deren RGültigk voraus (bei Streit über Gültigk od Tragweite FeststellgsKl nach ZPO 256; vgl auch Einf 4 c vor § 2197; Erman/Hense Rz 4). Bei der Durchführg hat der TestVollstr die Anordngen u den erkennb ErblWillen zu befolgen, ohne an Weisgen des Erben gebunden zu sein (vgl auch §§ 2208, 2211, 2216 II; RG **105**, 250), zB Übereigng eines NachlGrdst an begünstigten VermNehmer u Einhaltg bestimmter vom Erbl verfügter Bedinggen (BGH WM **70**, 930). Doch wird er sich bei auftauchenden Bedenken mit dem NachlG u den Erben ins Benehmen setzen u letztere von der Ausführg der letztw Vfg benachrichtigen (RG **130**, 139). Der TV hat insb für die Erfüllg od Sicherstellg von Vermächtn und Auflagen (auch soweit sie einen VermNehmer beschweren) u die Berichtigg der Erbsch-Steuer zu sorgen und auch die „ihm sonst zugewiesenen Aufgaben" (§ 2209 S 1) zu erledigen wie zB die Bestattg; Veröff von Schriftstücken; Leistg von Rechtsbeistand. Keine bindden VerwAnordngen sind idR Wünsche, Hoffnungen u Bitten, die der Erbl im Test zum Ausdruck bringt (BayObLG **76**, 67).

a) Ein Anfechtungsrecht (§ 2078) steht dagg dem TV (soweit er nicht selbst MitE od VermNehmer ist) nur ggü Vfgen zu, die seine Rechte beschränken od aufheben (vgl BGH NJW **62**, 1058). Dies gilt aber nicht für die Anfechtg der Vfg vTw, durch die TestVollstrg angeordnet ist; auch nicht hins einer solchen Vfg, durch die dem Erbl der Nachl eines Dritten zugefallen war. Soweit eine Vfg der letzteren Art noch anfechtb ist, steht die Anfechtg ebenf nur dem Erben, nicht dem TV zu, da jener allein über den ErbR verfügen kann (§ 2205 Anm 1 c). Der TV bedarf der Zustimmung des Erben, um ggü der LeistgsPfl aus einer (nicht rechtzeitig) angefochtenen letztw Vfg die Einrede der Anfechtbark (§ 2083) zu erheben (BGH NJW **62**, 1058).

b) Zur Aufklärung eines Miterben, daß dieser uU vorteilh von dem AusschlaggsR nach § 2306 I 2 Gebr machen könnte, ist der TV weder verpflichtet noch überh berechtigt (Kohler DNotZ **58**, 246).

c) Die Mittel zur Ausführung erhält der TV durch sein Recht zur Verwaltg und Vfg (§ 2205) und zur Eingeh von Verpflichtgen (§§ 2206, 2207). Bei unzureichendem Nachl kann er NachlKonk (KO 217) beantragen, auch die dem Erben nach § 1992 zustehenden Rechte gebrauchen (vgl Einf 3 a, b vor § 2197). Die Erfüllg einer Verbindlichk muß der Erbe (vorbehaltl des BereichergsAnspr) gg sich gelten lassen, sowie Urteile nach Maßg von ZPO 327 II (vgl dazu §§ 2212, 2213 u Einf 4 vor § 2197).

3) Der Erbe (vgl §§ 2218, 2219), und zwar jeder einzelne kann seiner auf **Erfüllung** der dem TV obliegenden **Verpflichtung** zur Verwaltg (§ 2216) und Vollstrg (zB Auszahlg von Vermächtn) klagen, notf einstw Vfg erwirken (s Einf 3 vor § 2197).

2204 *Auseinandersetzung unter Miterben.* ¹**Der Testamentsvollstrecker hat, wenn mehrere Erben vorhanden sind, die Auseinandersetzung unter ihnen nach Maßgabe der §§ 2042 bis 2056 zu bewirken.**

Testament. 6. Titel: Testamentsvollstrecker §§ 2204, 2205

II Der Testamentsvollstrecker hat die Erben über den Auseinandersetzungsplan vor der Ausführung zu hören.

1) Die Auseinandersetzung (vgl die Erläutergen zu §§ 2042–2056) hat der TV vorzunehmen, soweit ihm diese nicht nach §§ 2208 I 1, 2209 I entzogen ist (vgl auch Anm 4). Er ist dazu verpflichtet (auch soweit über einen Teil des Nachl Streit herrscht, BGH WM **77**, 276) u kann von den Erben darauf verklagt werden. Das NachlG (FGG 86 I), das nur vermittelt, währd der TV teilt, ist hier ausgeschaltet. Auch ein Zuweisgs-Verf nach dem GrdstVG ist unzuläss (GrdstVG 14 III). Bei Streit (über die Art der Teilg, Widerspr gg den Teilgsplan, **II**) ist das ProzG anzurufen.

a) Pflicht zur Auseinandersetzung. Der TV hat entspr den Anordnungen des Erbl, möglicherw auch nach bill Ermessen (§ 2048; dazu Johannsen WM **70**, 744) u gem dem G zu teilen, ohne an Weisgen der Erben gebunden zu sein. Er kann aber eine Vereinbarg aller Erben, der etwaige Anordnungen des Erbl nicht entggstehen, entsprechen. Doch ist die Auseinandersetzg zu unterlassen, wenn alle Erben wirks vereinbart haben, die ErbenGemsch hinsichtl des Nachl od eines Teiles von ihm fortzusetzen (§§ 2042, 749ff; H/Winkler Rz 510). Denn die Erben haben zwar ein Recht auf sie, aber keine Pfl zu ihrer Duldg. – Der TV hat in den Fällen der §§ 2043–2045 die Teilg aufzuschieben. Verstoß macht sie aber nicht unwirks (KGJ **52**, 113); insb steht ein Auseinandsetzgsverbot des Erbl der Wirksamk einer im Wege der Auseinandersetzg getroffenen Vfg über NachlGgstände nicht entgg, wenn sie vom TV u allen Erben (NachE, nicht ErsatzNachE) getroffen wird (BGH **40**, 115; **56**, 275 mAv Mattern **LM** § 2208 Nr 3; s hierzu Kegel, FS R. Lange, 1976 S 927/934; Kapp/Ebeling Rz I 471 f). Wenn später ein MitE aus wicht Grd die Auseinandersetzg verlangt od die Erben die Auseinandersetzg nur widerrufl ausgeschl haben, sie aber nunmehr verlangen, ist der TV zuständig (RGRK Rz 2; aM MüJFG **14**, 190: für Zustdgk des NachlG). – Ist der überleb Eheg bis zur Wiederverheiratg als TV berufen, ist die Auseinandersetzg bis zur Wiederverheiratg ausgeschl, so ist uU anzunehmen, daß der Ausschluß nur im Interesse des Überlebenden angeordnet ist u er die Auseinandersetzg auch vor der Wiederverheiratg vornehmen darf (Stgt HEZ **2**, 116). Ist der als MitE mit mj Kindern eingesetzte überleb Eheg zum TV berufen, ist im Fall der Wiederverheiratg § 1683 zu beachten, auch wenn der Erbl die Auseinandersetzg ausgeschlossen hat (BayObLG **67**, 230; s § 2044 Anm 2, aber auch § 1683 Anm 2).

b) Einzelpflichten. Der TV hat nach § 2046 zuerst die Schulden zu bezahlen (RG **95**, 329). Jedoch braucht er mit der Ausschütt der verbleibenden Masse nicht solange zu warten, sond kann die erforderl Beträge zurückhalten (BGH **51**, 125). Die AusgleichsPfl, §§ 2050ff (§ 2057 gilt hier nur zG des TV, § 2057 Anm 1) od Teilgsanordngen (§ 2048) sind dabei zu berücksichtigen. Im übr hat er die gesetzl TeilgsVorschr (§§ 2042 II; 752–754) zu beachten; doch ist § 753 hier durch § 2205 S 2 ausgeschaltet (Johannsen WM **69**, 1409), so daß es zB in seinem pflichtgem Ermessen steht, ob er ein NachlGrdst versteigern od freihändig verkaufen will (RG **108**, 289). Bei landw Grdst empfiehlt sich die ZwVerst (ZVG 180), da sie von der GenehmiggsPfl ausgenommen ist (GrdstVG 37) u daher vielf einen höheren Erlös verspricht (Klingenstein BWNotZ **65**, 25). Über die Haftg eines zum TV ernannten Notars, wenn das Höchstgebot in der Versteigerg hinter Angeboten bei der freihändigen Veräußerg zurückbleibt, vgl Saarbr JZ **53**, 509 mAv Keidel; auch BGH WM **60**, 1419.

2) Der Teilungsplan (II) bedarf nur der Anhörg, nicht der Genehmigg der Erben und, da er kein Vertr ist (und denen ersetzt, s BayObLG **67**, 240), auch nicht der Genehmigg des VormschG (Soergel/Damrau Rz 8, 14). Der Plan wirkt an sich nur verpflichtend u berechtigend für die Erben (RG JW **16**, 1586). Aber der TV verfügt dingl zum Zweck der Auseinandsetzg über die NachlGgstände; doch kann er nicht gleichzeitig den Empfänger des Zuzuteilenden vertreten; anders, wenn er selbst MitE ist (vgl § 2205 Anm 3c). Bei der Gesamtsauseinandersetzg hat er mitzuwirken, soweit der Nachl beteiligt ist (RG **85**, 1 ff). Bei Vorhandensein mj od sonst unter Vormundsch (Pflegsch) stehder MitE bedarf der TV zu einem sich im Rahmen seiner Befugn haltden Teilgsplan nicht der Genehmigg des VormschG, ausgenommen, wenn im Plan bes Vereinbgen der Erben enthalten sind, die weder den Anordngen des Erbl noch gesetzl Vorschr entsprechen (H/Winkler Rz 531; BGH **56**, 275; AG Bremen Rpfleger **72**, 369). Der TeilgsPlan kann wegen Ungesetzlk od offenbarer Unbillk von jedem MitE dch Klage angefochten werden (H/Winkler Rz 533).

3) Die Ausführung der Teilg erfolgt durch Zuteilg selbständiger Rechte an die Erben. Kraft seiner Vfgsmacht (§ 2205) kann der TV die durch den Plan geschaffene Übertraggsverpflichtg der Erben gegeneinander erfüllen, auch selbst dingl Rechte (unter Wahrg der Übertraggsformen, Auflassg, Übergabe) begründen. Seine Vfgen werden durch Verletzg der AuseinandersetzgsVorschr nicht berührt (vgl aber § 2219). Die Kosten der Auseinandersetzg (auch Auslagen für Gutachten usw) treffen die Erben (§ 2218, 670). Werden von der Auseinandersetzg land- od forstwirtschaftl Grundstücke erfaßt, ist die GenehmiggsPfl nach GrdstVG 2 zu beachten (s auch Stgt RdL **66**, 123; H/Winkler Rz 536). – Setzt sich der TV über die Anordngen des Erbl hinweg, macht er sich der ErbenGemsch schaderspflichtig. Der von ihm aufgestellte Auseinandersetzgsplan ist dann unverbindl und die Leistgen an die MitE ohne RechtsGrd erfolgt; die ErbenGemsch hat folgl ggü den LeistgsEmpfängern nach § 812 Anspr auf Rückgewähr des Empfangenen. Diesen Anspr kann jeder MitE nach § 2039 geltd machen (BGH bei Johannsen WM **70**, 744).

4) Nicht berechtigt zur Auseinandersetzung ist der TV, der nur für ein Erbteil od einen bestimmten Erben sowie in den Fällen der §§ 2222, 2223 bestellt ist. Hier kann er nur die Auseinandersetzg fordern (auch dch nach FGG 86), nicht aber selbst vollziehen u nur die Rechte des Erben wahrnehmen (zB aus §§ 2034, 2039). Ist der TV gleichzeitig für VorE und NachE ernannt (s BayObLG **59**, 129), hat er den Nachl spätestens unter den NachE auseinanderzusetzen.

2205 *Verwaltung des Nachlasses.* Der Testamentsvollstrecker hat den Nachlaß zu verwalten. Er ist insbesondere berechtigt, den Nachlaß in Besitz zu nehmen und über die

§ 2205 1, 2

Nachlaßgegenstände zu verfügen. Zu unentgeltlichen Verfügungen ist er nur berechtigt, soweit sie einer sittlichen Pflicht oder einer auf den Anstand zu nehmenden Rücksicht entsprechen.

1) **Das Verwaltungsrecht** (S 1) besteht während der Dauer der Vollstrg (s dazu § 2225 Anm 1); ist dem TV allein die Verwaltg übertragen (§ 2209), besteht zudem die zeitl Grenze des § 2210; allerd kann auch darin die Übertragg aller Befugn liegen (Düss NJW **52**, 1259). Der Erbl kann dch Anordngen das VerwaltgsR beschränken (§ 2208). Ohne eine solche Beschränkg untersteht grsl der gesamte Nachl der Verwaltg des TV; zum Nachl gehört auch, was der TV dch RGesch mit Mitteln des Nachl erwirbt (KGJ **40**, 192). Seinem Inhalt nach verleiht das Recht dem TV die Befugn, grdsl alle Handlgen vorzunehmen, die im Rahmen seiner Aufgaben (s §§ 2203, 2204) den Zwecken der TVollstrg dienen u die ohne deren Anordng dem Erben zuständen. Dem steht die Pflicht ggü, sich bei Ausübg des Rechts von den Grdsätzen einer ordngsmäßigen Verwaltg leiten zu lassen (§ 2216 I; dort Anm 2).

a) **Der Erbe** kann während der Dauer der TVollstrg den Nachlaß nicht verwalten. Dies gilt auch für die Zeit, in der währd der Dauer der TestVollstrg kein TV das Amt bekleidet (**LM** Nr 2, Anm Johannsen). Der Erbe kann hier nur als GeschFührer ohne Auftr tätig werden (§ 2211 Anm 1b). Die Erben (auch jeder einzelne) können also jederzeit verlangen, daß der TV seine Befugn nicht überschreite u seine Pflichten erfüllt (BGH NJW **83**, 41). – Der TV kann sich Dritten od dem Erben ggü nicht wirks verpflichten, nur solche Hdlgen vorzunehmen, denen der Erbe vorher zustimmte (BGH **25**, 275). Ob der TV bei Vorgängen, die eine VerwaltgsMaßn vorbereiten, dem Erben Mitteilg machen und ihn anhören muß, bemißt sich nach dem Einzelfall (BGH **30**, 73).

b) **Erlöschen.** Das VerwaltgsR des TV erlischt endgültig hinsichtl solcher NachlGgstände, die er dem Erben zur freien Vfg überläßt (§ 2217 I 2). Verpflichtet ist er hierzu auf Verlangen, soweit er ihrer zur Erfüllg seiner Obliegenheiten offenbar nicht mehr bedarf (§ 2217 I; berechtigt hierzu ist er auch ohne die Schranke des § 2217 I, soweit er trotz eines Vfgsverbots des Erbl üb einen NachlGgstand verfügen darf od auch eine unentgeltl Vfg treffen kann (BGH **56**, 284; s Anm 4). – Gleich dem Erben verliert auch der TV das VerwaltgsR, wenn **Nachlaßverwaltung** angeordnet wird (§§ 1981, 1984, 1985), sofern er nicht selbst zum Verwalter bestellt wird. Gleiches gilt bei Anordng des NachlKonkurses (Haegele KTS **69**, 159; Emmerich ZHR **132**, 307). Nach Verfahrensbeendigg kommen seine Rechte wieder frei zur Entfaltg (RG LZ **19**, 875). Ein VergleichsVerf üb den Nachl berührt die TVollstrg nicht (s Einf 3a vor § 2197).

c) **Nicht erfaßt** von der VerwaltgsBefugn werden die **höchstpersönlichen** Rechte des Erben, die der TV nicht geltend machen kann. Zur ererbten Beteiligg an Personengesellsch s Anm 2c–e. Dem TV stehen ferner nicht zu: Annahme od Ausschlag der Erbsch, für die der TV bestellt ist, soweit er nicht selbst zum Erben berufen ist (Staud/Reimann Rz 13); Annahme od Ausschlag einer dem Erbl zugefallenen Erbsch (str; vgl Staud/Reimann Rz 13; aM Kipp/Coing § 68 III 9); wohl aber die Verwaltg einer solchen Erbsch (Schlüter § 42 IV 3f); nicht Anfechtg der Vfg vTw nach § 2078 (vgl aber § 2203 Anm 2a); Widerruf einer Schenkg (§ 530 II); Anfechtg wg Erbunwürdigk; Anspr wg Verletzg des NamensR (Staud/Reimann Rz 13); Anspr auf Herausgabe einer beeinträchtigenden Schenkg nach § 2287 (RG **77**, 5); nicht Anfechtg der vormschgerichtl Genehmigg zu einem Vergleich über das ErbR eines Pflegebefohlenen (Zweibr OLGZ **80**, 143). Der AusglAnspr des HandelsVertr (HGB 89b) fällt in den Nachl u damit in die Verwaltgsbefugn des TV (Soergel/Damrau Rz 9). S allg Soergel/Damrau Rz 7, 8.

2) **Die Befugnisse** des TV stehen unter dem leitenden Gesichtspkt der Dchführg seiner Aufgaben. Sie sind teilw ausschließl Natur (zB Führg von Aktivprozessen, § 2212). Zum Teil laufen sie aber neben den fortbestehenden Rechten des Erben einher, zB bei Geltendmachg von Anspr gg den Nachl (§ 2213 I 1); bei dem Aufgebot der NachlGläub (§ 1970 iVm ZPO 989, 991 II, III) u dem gleichzeitiehn Fall des Antr auf Zwangsversteigerg eines NachlGrdst (ZVG 175 I); bei Antr auf Erteilg od Einziehg eines Erbscheins (s Einf 4c vor § 2197). – Der TV hat die zum Nachl gehörenden Fdgen geltend zu machen (auch solche gg die Erben, Johannsen WM **61**, 1407). Er hat die NachlVerbindlichk zu berichtigen, zu denen auch die **Steuerschulden** gehören, insbes die ErbschSt (AO 34; 69), deren Entrichtg im öff u im Interesse der Erben liegt; jedoch ist der TV nicht zur Abgabe allg SteuerErkl an Stelle des Erben verpflichtet (BFH Betr **80**, 2118); üb seine Rechte u Pfl im BesteuergsVerf s BFH NJW **77**, 1552 mH; **78**, 1465. – Der TV ist auch zum **Empfang** rgeschäftl Erkl, die ggü dem Nachl abzugeben sind (zB Kündigg; Aufrechng) legitimiert. – Vertragshilfe kann der TV beantragen (BGH NJW **62**, 636), auch Entschädigg nach AltsparerG, sofern nicht der Erbfall schon vor Inkrafttreten des G eingetreten war (BVerwG WM **64**, 666). Zur Legitimation im RE-Verf s ORG Bln RzW **70**, 300.

a) **Inbesitznahme** (S 2). Macht der TV von seinem Recht Gebrauch, den Nachl in Besitz zu nehmen, wird er mit Erlangg der tatsächl Gewalt (§ 854 I) unmittelbarer Besitzer. Der Erbe, auf den der Besitz nach § 854 übergegangen war, wird mittelbarer Besitzer (§ 868). Der Besitzschutz steht dem TV erst ab Besitzergreifg zu (Staud/Reimann Rz 23).

b) **Handelsgeschäft des Erblassers.** Umfaßt die angeordnete TestVollstrg die Verwaltg eines Handels Gesch (allein od innerh eines NachlVermögens, s § 2209), bestehen nach hM hinsichtl der Fortführg der Einzelfirma des Erbl wg der Ggsätzlichk von erbrechtl u handelsrechtl Vorschr folgende Möglichk:

aa) **In eigenem Namen,** eigener Haftg und Verantwortg führt der TV nach außen das HandelsGesch fort, im Innenverhältnis aber als **Treuhänder** des (der) Erben (BGH **12**, 100; **35**, 13; eingehd John BB **80**, 747/ 758ff, der für die „Vollrechtstreuhand" eintritt). Der TV wird damit nicht Eigentümer des BetrVermögens (nicht VersNehmer eines Firmenwagens, BGH NJW **75**, 54). Er muß sich in diesem Fall persönl als Inh des Gesch in das HandelsReg eintragen lassen (s Hamm NJW **63**, 1554). HGB 27 greift nicht Platz (RG **132**, 144). HGB 25 II kann aber angewendet werden (KG JFG **18**, 282). Mehrere TV, die ein HandelsGesch vorübergehend treuhänderisch fortführen, bilden keine OHG (BGH NJW **75**, 50). – Der TV hat aber ggü dem Erben Anspr auf Befreiung von seiner unbeschr Haftg für die vom Erbl stammenden u die neubegründeten GeschVerbindlichk (§§ 2218, 670; s H/Winkler Rz 308). Der TV kann für das HandelsGesch Prokura

Testament. 6. Titel: Testamentsvollstrecker § 2205 2b, c

erteilen u eine bestehende Prokura widerrufen (KG NJW **59**, 1086). Denkb ist auch, daß ein Prokurist zum TV ernannt ist (dazu H/Winkler Rz 325); in diesem Fall verliert der Prokurist dch Annahme des TV-Amtes nicht die Prokura (s Hofmann, Der Prokurist⁵, S 132; aber auch Dempewolf Betr **55**, 889).

bb) Im Namen des Erben führt der TV das HandelsGesch fort (BGH **12**, 100; **35**, 13; KG JFG **14**, 428; Staud/Reimann Rz 76). In diesem Fall wird der Erbe (die Erben), der anmeldepfl ist, als Inh des zum Nachl gehörden HandelsGesch ins HandelsReg eingetragen; eine AnmeldePfl des TV besteht nicht (Keidel/Schmatz/Stöber, RegisterR³, Rz 169³²). Zu dieser Regelg bedarf es des Einverständn des (der) persönl haftden Erben (H/Winkler Rz 309); der TV bedarf in diesem Fall einer Vollmacht des (der) Erben (BayObLG **69**, 138 mAv Haegele Rpfleger **69**, 299). Der Erbl kann aber dch letztw Anordng oder entspr Bedingg od Aufl den Erben verpflichten, dem TV eine Rechtsstellg einzuräumen, die ihm die Befugn gibt, über § 2206 hinaus Verpflichtgen für den Erben einzugehen (BGH **12**, 103; H/Winkler Rz 313). In der Anordng einer TestVollstrg nach § 2209 kann uU eine derart Bedingg liegen. Der TV kann die Vollziehg der Bedingg oder Aufl von dem Erben verlangen (§§ 2208 II; 2194; BGH aaO; BayObLG aaO 141). Ob ein Erbe dch eine Aufl des Erbl rechtswirks gebunden werden kann, dem TV eine derart RStellg einzuräumen, möchte BGH WM **69**, 492 eher verneinen. – Für die Beschrkg der Haftg gelten HGB 25, 27; für die namens des (der) Erben für das Gesch eingegangenen Verbindlichk haftet dieser persönl, nicht aber der TV (Baur, Der TV als Unternehmer, FS Dölle 1963, 249/256; Langenfeld/Gail IV Rz 138ff). – Auch bei dieser Regelg ist der TV befugt, Prokura zu erteilen od eine vom Erbl erteilte zu widerrufen (KG NJW **59**, 1086).

cc) Für eine „**echte Testamentsvollstrecker-Lösung**" tritt Baur (aaO 249ff) in folgder Weise ein: Inh des HandelsGesch ist der Erbe. Dieser ist im HandelsReg einzutragen. Die Verwaltg des HandelsGesch obliegt aber unter Ausschl des Erben dem TV; klarstellt ist im HandelsReg der TV zu vermerken. Im GeschVerk zeichnet der TV mit der Firma, muß aber zum Ausdr bringen, daß er als TV handelt. Für das GeschVermögen gilt § 2041 entspr. Neuerwerb des TV gehört also wieder zum Nachl. Für eine etwaige Freigabe der Nutzgen greift § 2217 Platz. Zu Vfgen ist nur der TV befugt; vom TV beim Betrieb des Gesch eingegangene Verbindlichk sind NachlVerbindlichk; seine Befugn hiezu bemessen sich nach § 2209 S 2 mit § 2207. Die EigenGläub des Erben können sich nicht an das GeschVerm halten (§ 2214). – Gg die Baursche Lösg Holzhauer (Erbrechtl Untersuchgen, 1973, 7ff), der (S 61) eine normale AbwicklgsVollstrg nach 2197ff auch dann für zuläss erachtet, wenn sich der HandelsGesch od ein OHG-Anteil zum Nachl gehört.

dd) Zur Verpachtung, Stillegung oder Veräußerung des HandelsGesch ist der TV auch berecht, falls sich aus den Anordngen des Erbl nichts Ggteiliges ergibt (H/Winkler Rz 320). Bei Freigabe des Handels-Gesch dch den TV (§ 2217), die aber bei einer VerwVollstrg nicht zuläss ist, kann der Erbe diese auch selbst fortführen (s hierzu KG DNotZ **42**, 225; BGH **12**, 100; H/Winkler Rz 726).

ee) Die Erben können das HandelsGesch **selbst** mit od ohne Freigabe dch den TV fortführen (s H/Winkler Rz 321ff). Sie haben ihre Eintragg ins HandelsReg zu bewirken; der TV hat der Anmeldg beizutreten.

ff) Bei Erbengemeinschaft, auf die das EinzelhandelsGesch übergegangen ist, verwandelt es sich nach dem ungenutzten Ablauf der Frist von HGB 27 II nicht ohne weiteres in eine OHG (s § 2032 Anm 4). Der TV als solcher kann das Unternehmen nicht in eine OHG (HGB 105 II) umwandeln (s KG RJA **12**, 229). Denkb ist aber, daß der Erbl den TV ausdrückl damit beauftragt, eine OHG zu gründen.

c) Personengesellschaften. Der GesAnteil des Erbl an einer PersonenGes, der an die GterErben im Wege der Sondererbfolge gelangt (s § 1922 Anm 3c), ist aGrd gesellschrechtl Besonderh der VfgsGewalt eines TV in der Weise entzogen, daß ein TV nicht in die inneren Angelegenheiten der Ges eingreifen kann u darf und haftgsrechtl den Erben ohne dessen Einverständn auch nur im Rahmen des NachlVermögens verpflichten könnte, während ein persönl haftender Gter notwendigerw unbeschränkt haftet. Diese für die Mitgliedsch in einer OHG u KG vom RG begründete (**170**, 392; **172**, 199), von der Rspr stets fortgesetzte (zB BGH **68**, 225; BayObLG **83**, 176; Hbg ZIP **84**, 1226) u auf die BGB-Ges ausgedehnte Rspr (BGH NJW **81**, 749; BayObLG **84**, 225) hat BGH **98**, 48 in der Weise ergänzt, daß der Anteil als Ganzes, quasi mit „seiner Außenseite" der Verwaltg eines TV unterstellt werden kann, allerd nicht zur Ausübg der Mitgliedsrechte, sond um zu verhindern, daß der Gter-Erbe üb den Anteil u die daraus erwachsenen Vermögensrechte vfgen kann (§ 2211) u seine EigenGläub in den Anteil u die daraus erwachsenen Vermögensrechte vollstrecken (§ 2214) können (eingehd Marotzke JZ **86**, 457; Esch NJW **81**, 2222; **84**, 339). Der Anspr auf Gewinn aus den Auseinandersetzgs- od des Abfindgsguthabens unterliegt dagg stets (auch ohne Zustimmg der übr Gter) einer angeordneten TVollstrg, da es sich dabei um verkehrsfähige vermögensrechtl Anspr (§ 717 S 2; HGB 105 II; 161 II) handelt (BGH NJW **81**, 749; **85**, 1953; Esch NJW **81**, 2222). – Ferner kann der Erbl anordnen, daß der TV als **Treuhänder** im eigenen Namen, aber für Rechng der Erben die Gesellschafterrechte ausübt, falls im GesellschVertr die Übernahme dieser Rechte dch den TV vorgesehen ist od die Mitgesellschafter zustimmen (s Klussmann BB **66**, 1209; Durchlaub Betr **77**, 1399; H/Winkler Rz 349 mN; auch BGH **24**, 106; NJW **81**, 750); der TV haftet dann den Gläub der Gesellsch persönl unbeschränkt. – Ferner kann der TV als **Bevollmächtigter** entw des Erben od aGrd einer erst mit seinem Tode beginnenden (widerrufl) Vollmacht des Erbl die ererbten Gesellschafterrechte ausüben, wenn dies dem GesellschVertrag entspricht od die Mitgesellschafter zustimmen (BayObLG **86**, 34). Zwingen kann der Erbl den Erben, indem er entw ihm dch Auflage die VollmErteilg zur Pflicht macht (s BayObLG FamRZ **86**, 613 mN; str; aA Emmerich ZHR **132**, 314, weil Erbl den Erben nicht verpflichten könne, eine Befugnis zu erteilen, die Verpflichtgen auch hinsichtl seines Privatvermögens gestattet; BGH WM **69**, 492 ließ die Frage offen) od durch auflösende Bedingg die Erbeinsetzg von der VollmErteilg abhängig macht (s H/Winkler Rz 350ff; Johannsen WM **70**, 570; Finger Betr **75**, 2021).

aa) Das Eintrittsrecht in eine OHG, also die dch GesellschVertr einem (od mehreren) Erben eingeräumte Befugn zum Eintritt in die Gesellsch nach dem Tod des Erbl, gehört nicht zum Nachl, sond entsteht in der Person des Erben (BGH **22**, 186). Eine TestVollstrg daran kommt daher nicht in Frage.

bb) Für minderjährige Erben des verstorbenen Gesellschafters od geschäftsunfähige übt der ges Vertr die Gesellschafterrechte aus (dazu Stöber Rpfleger **68**, 1). Ist ihm die Vermögensverwaltg letztw entzogen (§§ 1638; 1909 I 2), kann insoweit der TV als Pfleger für den Erben bestellt werden (KG JFG **13**, 98).

cc) Die Anmeldung des Neueintritts des Erben in die Gesellsch zum **Handelsregister** trifft die Gter persönl (HGB 108; 143 I; 161 II) u ist daher dch den TV nicht mögl (Hbg NJW 66, 986; auch BayObLG Rpfleger 72, 259), es sei denn, daß die Erstreckg seines Machtbereichs auch auf den GesAnteil anerkannt wird (Hamm OLGZ 89, 148; s Anm d). – Die Eintragg eines TV-Vermerks ins **Grundbuch** (GBO 52) kommt nicht in Betr, wenn zum Vermögen einer BGB-Gesellsch Grdst gehören, auch wenn der TV Erbenbevollmächtigter ist (LG Hbg Rpfleger 79, 26; H/Winkler Rz 388).

d) Ein Kommanditanteil (HGB 161) des Erbl kann in eine DauerTVstrg dann einbezogen werden, wenn sämtl weiteren Gter damit einverstanden sind (BGH WM 89, 1131). Diese grdsl Zulässigk wurde bisher in der Rspr kontrovers beurteilt. RG 172, 199; Ffm OLGZ 83, 189; BayObLG 83, 176 hatten es abgelehnt, Unterschiede zwischen Kommanditanteil u Anteil des persönl haftenden Gters zu machen u die Zulässigk ihrer Verwaltg dch einen TV generell verneint; Hamm OLGZ 89, 148; Stgt ZIP 88, 1335; Düss WM 89, 830 haben die TVstrg unter der Einschränkg der Gter-Zustimmg bejaht. Der BGH, der diese Frage lange offen ließ (zuletzt BGH 91, 132), hat nun auf Vorlage von Hamm (aaO) die Zulässigk gleichfalls im Grdsatz bejaht. Nach rein erbrechtl Grdsätzen kann die Beteiligg des Erbl an PersonenGes in den Machtbereich des TV fallen, weil sie als Teil des hinterlassenen Vermögens zum Nachl gehört, allerd mit der Besonderh, daß bei Vorhandensein mehrerer Erben sie im Wege der Sondererbfolge u damit unter Ausgliederg aus dem gesamthänderisch gebundenen übr Nachl auf den od die Erben übergeht, die nach Vfg vTw u GesVertr zum Nachfolger bestimmt u geeignet sind (s Anm c; § 1922 Anm 3c, bb). Entscheidend ist daher, ob es die gesellschrechtl Besonderh verbieten, den Kommanditanteil dch einen fremdnützigen, grdsl nicht persönl haftenden Sachwalter verwalten zu lassen. Hierzu hat BGH WM 89, 1331 ausgeführt, daß die TVstrg mit der Ausgestaltg der RStellg eines Kommanditisten im Grundsatz vereinbar ist, weil seine Haftg auf die geleistete Einlage beschränkt (HGB 170 I), er idR nicht geschäftsführgs- u vertretgsbefugt ist (HGB 164, 170) u die wenigen Ausnahmen, in denen es zu einer persönl Haftg kommen kann, keine unüberwindl Schwierigk bereiten; damit entfällt bei ihm der tragende Grund für die Unzulässigk einer TVstrg über den Anteil des persönl haftenden Gters, daß näml der TV den Erben ohne dessen Einverständn nur im Rahmen des NachlVermögens verpflichten kann, während ein persönl haftender Gter notwendigerweise unbeschränkt haftet (s Anm c). Allerd ist für die Zulässigk der TVstrg in jedem Fall erforderl, daß die übr Gter ihr zugestimmt haben (BGH aaO), weil sich diese wg ihres engen Verbunds in der KG niemand aufdrängen lassen müssen, mit dem sie sich nicht auf die Ges eingelassen hatten (Hamm aaO; Stgt aaO; im Schriftt wird diese Auffassg geteilt von Flume NJW 88, 161; Damrau NJW 84, 2785; Bommert BB 84, 178; Esch NJW 81, 2222; H/Winkler Rz 369). Die notwend Zustimmg kann im GesVertr od auch später erteilt werden (BGH aaO; NJW 85, 1953; Stgt aaO). – Dem Willen des Erbl, daß die Verwaltg des Kommanditanteils für bestimmte Zeit nicht dem Erben zu übertragen, kann auch dadch Rechng getragen werden, daß dem TV entw **Vollmacht** erteilt od die Verwaltg **treuhänderisch** übertragen wird (s oben Anm c). Der Erbl kann dies erzwingen entw dch Auflage (str) od dch eine Strafklausel, mit der er die Erbeinsetzg unter die auflösende Bedingg der VollmErteilg od das Unterlassen des Widerrufs eines erteilten ErblVollm od das Unterlassen eigenen Tätigwerdens des Erben stellt (s oben Anm c; Damrau aaO, auch zu den dabei str Detailfragen). – Der **Erwerb** eines Kommanditanteils für den Nachl dch den TV wird von Hbg MDR 82, 849; MüKo/Brandner Rz 47 grdsl für zulässig erachtet. Dem widerspricht es Recht Damrau DNotZ 84, 660, weil vorhandenen MitE dogmatisch keine Anteile an dem rechtsgeschäftl erworbenen Kommanditanteil vom TV zugewiesen werden können, so daß der Erwerb auf AlleinErbsch beschränkt wäre. – **Handelsregister:** Soweit die Befugn des TV reichen, ist er auch zur Anmeldg des Übergangs des Kommanditanteils auf den Erben berechtigt u verpflichtet (BGH WM 89, 1331). Ob der Erbe daneben ein AnmelderR hat, ließt BGH aaO offen.

e) Rechte des stillen Gesellschafters (s HGB 234 II). Der TV kann die Rechte des (der) stillen Gesellschafters wahrnehmen (Paulick, Handbuch der stillen Gesellsch, 3. Aufl 1981, § 16 II 9; H/Winkler Rz 389 ff). Das EintrittsR eines MitE (Erben), den der Erbl entspr dem GesellschVertr zu seinem Rechtsnachfolger als stiller Gesellschafter bestimmt hat, wird dch eine TestVollstr nicht berührt (s BGH WM 62, 1084).

f) GmbH-Anteil. Der TV verwaltet einen zum Nachl gehör GeschAnteil kraft eigenen Rechts unter Ausschluß des (der) Erben (BGH NJW 59, 1820; Betr 76, 2295/2296; H/Winkler Rz 393; Priester, FS Stimpel, 1985, 463). Auch bei TestVollstr für den alleinigen GesellschafterErbl einer GmbH tritt der verwaltende TV an die Stelle des Erben (LG Köln RhNK 66, 127). Ein TV kann auch lediglich zu dem Zweck ernannt sein, das StimmR aus dem GeschAnteil unter Ausschl des Erben auszuüben (Hamm BB 56, 511; dagg Schilling FS W. Schmidt, 1959, 208/217). Siehe im übr wg Einzelh Däubler, Die Vererbg des Geschäftsanteils bei der GmbH, 1965, § 8; Hueck Betr 56, 735; BayObLG 76, 67 (Umwandlg einer GmbH in AG); H/Winkler Rz 398, 399. Über Mitwirkg des TV bei seiner Wahl zum GeschFührer der GmbH s unten 3 c aE. – Ob der TV im Rahmen seiner Befugnisse mit Wirkg für die Erben einen GesellschVertr zur Errichtg einer GmbH abschließen kann, ist bestr (s Staud/Reimann Rz 89; H/Winkler Rz 405 ff). Hat ihn der Erbl letztw damit beauftragt, das hinterlassene Unternehmen in eine GmbH umzuwandeln od sich sonst an der Errichtg einer GmbH zu beteiligen, kann er dies als Treuhänder der Erben im eigenen Namen durchführen.

g) Zum Nachlaß gehörende Aktien. Der TV verwaltet die zum Nachl gehör Aktien (Inhaber-, Namensaktien). Er übt auch das StimmR aus (AktienG 134 mit Anm 2 bei Godin/Wilhelmi). Auch zur Geltdmachg von Bezugsrechten ist er befugt (s AktienG 186). Wird eine AG in eine KG umgewandelt, bei der der Aktionär-Erbe Kommanditist wird, geht das VerwaltgsR des TV unter. Er hat aber Anspr auf Wiederherstellg dieses Rechts in der Form, daß ihm der Erbe treuhänderisch den Teil seines Kommanditanteils überträgt, der den Aktien entspricht, die zunächst der TestVollstr unterlagen (BGH 24, 106 mAv Fischer **LM** Nr 1 zu § 2218).

h) Anteil an einer Genossenschaft. Nach GenG 77 I geht mit dem Tod eines Genossen die Mitgliedsch auf die Erben über; sie endet mit dem Schluß des GeschJahrs, in dem die Erbfolge eingetreten ist. Bis zu diesem Ztpkt kann für mehrere Erben das StimmR dch einen Bevollmächtigten ausgeübt werden. Für den Zeitraum der Fortsetzg der Mitgliedsch kann ein TV die MitgliedschR wahrnehmen. § 77 II GenG sieht die Möglichk einer Fortsetzg der Mitgliedsch dch den (die) Erben des verstorbenen Genossen vor. Etwa hierzu

Testament. 6. Titel: Testamentsvollstrecker § 2205 2–4

erforderl Erklärgen kann der TV nicht abgeben (s H/Winkler Rz 429, 430; § 1922 Anm 3g; aA MüKo/Brandner Rz 45).

3) Die Verfügungsbefugnis des TV (S 2) ist Ausfluß seines VerwaltgsR. Er erhält sie mit demselben Inhalt, wie sie dem Erben ohne Anordng der TVstrg zustehen würde. Sie ist ausschließl (§ 2211), bezieht sich aber nur auf die zum Nachl gehörenden Ggstände und nicht auch auf die Anteile der MitE am Nachl (§ 2033 I). Letzteres betrifft aber nicht Erbteile an einem anderen Nachl, die bereits dem Erbl zugestanden hatten u damit als einzelne Ggstände Bestandteil des vom TV verwalteten Nachl sind (BGH NJW **84**, 2464; s unten Anm d). – Keine Einschränkung bewirkt das nur schuldrechtl Wirkgen zeitigende Auseinandersetzgsverbot des § 2044 (KGJ **52** A 113; s auch BGH NJW **71**, 805).

a) Umfang. Die Befugn des TV zu Vfgen üb die seiner Verwaltg unterliegenden NachlGgstände ist grds unbeschränkt (S 2); nur unentgeltl Vfgen sind ihm untersagt (S 3; dazu Anm 4). Dies gilt auch dann, wenn **Nacherben** vorhanden sind (KG DR **43**, 90). Das VerwaltgsR des TV geht auch dem des befreiten VorE vor, solange der TV nicht den Nachl an ihn herausgegeben hat (BayObLG **59**, 129; hM); an die einem VorE auferlegten Beschränkgen der §§ 2113, 2114 ist der TV nicht gebunden, da sie nur im Verhältn zw VorE u NachE gelten (Neust NJW **56**, 1881; Stgt BWNotZ **80**, 92; BGH **40**, 115, wenn TV zugl für VorE u NachE eingesetzt ist; dazu auch LG Köln RhNK **81**, 140). Ist allerd der TV zugl MitvorE od als alleiniger VorE MitTV, ist die RLage anders (s § 2112 Anm 1). Den TV berühren auch nicht solche Beschränkgen, denen nur der Erbe unterliegt, zB wenn sein Erbteil gepfändet ist (KG JR **52**, 323), wenn er unter elterl Sorge od Vormdsch steht (KG OLG **38**, 250; der ges Vertr hat nur ggü dem TV die Rechte des Minderj zu vertreten); od wenn seine VfgsBefugn kr ehel Güterrechts (§§ 1365; 1423; 1424) beschränkt ist (Staud/Reimann Rz 59; Haegele Rpfleger **63**, 331); ist die GüterGemsch des Erbl dch seinen Tod beendet, aber noch nicht auseinandergesetzt, kann der TV gemeins mit dem Ehegatten ohne Beteiligg der Erben üb einzelne Ggstände des Gesamtguts in Liquidation verfügen (Stgt NJW **67**, 1809; s auch BGH **26**, 378; **64**, 768). – Zur Erteilg einer widerrufl **Generalvollmacht** dch den TV s § 2218 Anm 2a; eine unwiderrufl ist grsl unwirks, da sie einer unzuläss dauernden Übertragg seiner Rechte u Pfl gleichkäme u daher mit seiner Vertrauensstellg unvereinbar ist (KGJ **32**, 90). Zum Widerruf einer vom Erbl erteilten GenVollm s Einf 6c vor § 2197.

b) Wirksam sind die Vfgen des TV nur, wenn sie entgeltl sind od wenn ihnen die Erben u VermächtnNehmer zugestimmt haben (BGH **57**, 84; s Anm 4). Seine VfgsHandlgen wirken dann unmittelb für u gg die Erben (RG **59**, 326; **76**, 125). Dies gilt selbst dann, wenn der TV zugl Rechte u Vfgen ihm eigene Rechte einräumen. – Eine den **gutgläubigen Erwerb** schützende Vorschr (wie § 2113 III) ist entbehrl, da insow §§ 2368 III; 2366 gelten. Verfügt der TV als angebl Eigentümer, greifen §§ 932ff ein. Eine Schutz-Vorschr enthält allerd § 2211 wg des Ausschlusses des VfgsRechts des Erben (s dort).

c) Insichgeschäft. § 181 ist grdsätzl auch auf den TV entspr anwendb. Ihm können jedoch Insichgeschäfte in weiterem Umfang durch den Erbl (ausdrückl od stillschw) gestattet werden (RG **61**, 139; KG JFG **12**, 202). Ist der TV zugl MitE, so ist die Annahme gerechtfertigt, daß der Erbl trotz eines Interessenwiderstreites dem TV die Vornahme von RGesch mit sich selbst gestattet hat. Die Zulässigk eines solchen RGesch ist aber dadurch begrenzt, daß sie nur im Rahmen einer ordngsgem Verwaltg (§ 2216 I) anzunehmen ist, wobei an den Begriff der ordnungsgemäßen Verwaltg strenge Anfordergen zu stellen sind (BGH NJW **59**, 1429; WM **60**, 1419; dazu von Lübtow JZ **60**, 151). Dem TV, der nicht MitE u auch sonst nicht letztw bedacht ist, sind daher Insichgeschäfte grdsätzl versagt (BGH **30**, 67; auch DRiZ **69**, 280). Insichgeschäfte des erbenden und nichterbenden TV, die gg das Gebot der ordngsgem Verwaltg verstoßen, sind unwirks (KG JW **35**, 2755), u zwar auch dann, wenn sie etwa vom Willen des Erbl gedeckt sein sollten, da der Erbl den TV von der Verpflichtg zur ordngsgem Verw nicht befreien kann (§ 2220; Mattern BWNotZ **61**, 149/155). Die Unwirksamk ist aber nur eine schwebende mit der Möglichk einer Heilg durch Genehmigg der (übrigen) Erben. Nichtig ist auch nur heilb das aber Geschäfte, die dem Willen des Erbl widersprechen (Lübtow JZ **60**, 157; s auch Mattern aaO 157). – **Beweispflichtig** für die Gestattg des Selbstkontrahierens ist der TV, der den Beweis dadurch führen kann, daß er die Ordngsmäßigk nachweist (BGH WM **60**, 1419). Er kann aber auch die Gestattg unmittelb nachweisen; dann muß der Gegner die Überschreitg einer ordnungsgem Verwaltg nachweisen (BGH NJW **59**, 1429). Ergibt sich hiernach die Unzulässigk des eig Handelns des TV und ist seitens des Erbl keine Ersatzanordng getroffen, steht das VfgsR dem Erben selbst zu (KGJ **50** A 164). – **Entsprechend** ist der Rechtsgedanke des § 181 anwendb, wenn ein TV, der AnteilsR an einer GmbH verwaltet, über seine Bestellg u Anstellg als GeschFührer der GmbH mitentscheiden soll; er darf dies nur, wenn der Erbl od die Erben ihm dies gestattet haben (BGH **51**, 209; s auch Johannsen WM **69**, 1405).

d) Keine Verfügung über einen NachlGgst bedeutet der Verzicht des zur Ausüb der Nacherbrechte berufenen TV (§ 2222) auf die Eintragg des NEVermerks ins GB (Einf 6b vor § 2100); dieses Recht entspringt schon der allg Verwaltgtätigk des TV (KG DNotZ **30**, 480). – Auch bei der Vfg eines MitE über seinen Anteil am Nachl (§ 2033) steht eine Vfg über einen NachlGgst nicht in Frage; die Vfg darüber od die Mitwirkg bei einer solchen ausschließl die Erben selbst verantwortlich vfg unter dem TV nicht zu (KG DJ **41**, 350), auch nicht im Rahmen der Erbauseinandersetzg (§ 2204; BGH WM **69**, 1404; RGRK Rz 20); dies gilt aber nicht für den Erbteil an einem and Nachl, der bereits dem Erbl zugestanden hatte (BGH NJW **84**, 2464). Der Erbteilserwerber kann ohne Mitwirkg des TV seine Eintragg als RNachfolger des bisherigen Mitglieds der im Grdbuch eingetr ungeteilten ErbenGemsch beantragen (Essen Rpfleger **60**, 58). Das VerwaltgsR des TV an den einzelnen NachlGgst bleibt aber bestehen; jedoch hat er kein VerwaltgsR an der GgLeistg, die der ErbschVerkäufer erzielt hat (H/Winkler Rz 233).

4) Schenkungsverbot (Satz 3). Zu unentgeltl Vfgen über NachlGgst ist der TV (mit Ausnahme von Pflicht- u Anstandsschenkgen, § 534) nicht berechtigt, es sei denn, daß alle Erben u VermächtnNehmer der Vfg zustimmen (s unten Anm b). Der Erbl kann den TV hiervon nicht befreien (§ 2207 S 2); er kann allerd dch Straf- od Verwirkgsklausel die Zustimmg der Erben zu solchen Vfgen hintanhalten (H/Winkler Rz

211). – Vfgen, die der TV in Erfüll einer letztw Vfg des Erbl vornimmt (§ 2203), sind **keine** unentgeltl (RG **105**, 246; BGH NJW **63**, 1613; BayObLG **86**, 208). – Unentgeltl Vfgen kann der Erbl im übr dadurch ermöglichen, daß er dem TV Vollm über den Tod hinaus erteilt (BGH NJW **62**, 1718), die aber von den Erben widerrufen werden kann (Einf 6 vor § 2197; Schlüter § 6 IV 2g).

a) Zur Annahme der Entgeltlichkeit der Vfg ist wie bei § 2113 (s dort Anm 2) nicht die objektive Gleichwertigk von Leistg u GgLeistg Voraussetzg. Vielmehr genügt es, wenn die beiderseit Leistgen für die verfolgten Zwecke gleichgestellt werden u von dem TV nach dem Maßstabe einer ordngsgem Verwaltg einander gleichgestellt werden dürfen, vorausgesetzt nur, daß er seine Leistg nicht im irrigen Glauben an eine GgLeistg bewirkt (RG **105**, 249; **117**, 97). Neben den objektiven sind also auch hier subjektive Momente heranzuziehen (RG **81**, 364). Jedoch haben die letzteren nicht die gleiche Bedeutg wie beim VorE (s BayObLG **56**, 54), da der TV Verwalter fremden Vermögens ist u (soweit er nicht etwa MitE ist) keine eig Interessen verfolgt. – **Unentgeltlich** verfügt der TV also dann über einen ErbschGgst, wenn er ohne gleichwertige GgLeistg ein Opfer aus der ErbschMasse bringt u entweder den Mangel der Gleichwertigk der GgLeistg kennt od doch bei ordnungsmäß Verwaltg ihre Unzulänglichk hätte erkennen müssen (BGH **57**, 84/90; KG Rpfleger **72**, 58 zur NachlAuseinandersetzg). Erkennbark der Pflichtverletzg auf Seite des Empfängers ist nicht erforderl (BGH NJW **63**, 1614; aM Lange/Kuchinke § 29 VI 2b). Für die Beurteilg maßgebend ist der Ztpkt der Vfg. Bei Erbauseinandersetzg kann eine unentgeltl Vfg vorliegen, wenn ein MitE wertmäß mehr zugeteilt bekommt, als seiner Erbquote entspricht (BGH; KG je aaO; BayObLG **86**, 208; dazu Keller, Haegele BWNotZ **63**, 285; **69**, 277 ff); auch bei Änderg eines bindenden VertrAngebots des Erbl (Fichter BWNotZ **63**, 158). Unentgeltl ist eine Vfg auch dann, wenn ein nicht an letzter Rangstelle stehdes zur EigtümerGrdSch gewordenes GrdPfandR gelöscht wird, ohne daß der dadch im Rang aufrückende Nachhypothekar eine GgLeistg für die Rangverbesserg an die NachlMasse gewährt (s KG JFG **15**, 191); and aber, wenn die Löschg in Erfüll der in einem KaufVertr übernommenen Verpflichtg bewilligt wird, dem Käufer das Grdst frei von Lasten in Abt III des GB zu verschaffen (KG NJW **68**, 1632; Stade JurBüro **80**, 1574). – Ist die Vfg ordnngsmäßig, so steht nicht entgg, daß die Leistg an den TV selbst erfolgt (Mü JFG **21**, 242). – Als unentgeltl gilt auch die rechtsgrundlose Verfügg (RGRK Rz 22; RG **105**, 246; **163**, 348; aM Spellenberg aaO 353).

b) Wirkung. Die Einschränkg der VfgsBefugn dch **Satz 3** führt bei Verstößen zur Unwirksamk des dingl Vollzugsgeschäfts. Da S 3 allerd nicht die Aufgabe hat, den Erben vor eigener Freigebigk zu schützen (Lehmann AcP **188**, 1), kann der TV mit Zustimmung der Erben (samt NachE) und der VermächtnNehmer über NachlGgst auch unentgeltl wirks vfgen, wobei ein etwa enttggstehender Wille des Erbl unbeachtl ist (BGH **57**, 84; BayObLG **86**, 208; nicht für erforderl erachtet Neuschwander BWNotZ **78**, 73 die Zustimmg der VermächtnNehmer; s auch § 2217 Anm 1b). Die Zustimmg von Auflagebegünstigten od sonstigen Nachl-Gläub ist dagg stets entbehrl.

5) Legitimation. Der TV weist seine RStellg dch das TV-Zeugnis (§ 2368) nach, ohne aber dazu immer genötigt zu sein. Der mit dem TV in rechtsgeschäftl Beziehung tretende Dritte kann nicht unbedingt dessen Vorlage verlangen s BGH WM **61**, 479; **67**, 25). – Ggüber dem **Grundbuchamt** gilt die SonderVorschr des GBO 35 II; uU kann Bezugnahme auf Nachlaßakten genügen (Mü JFG **20**, 374). Hat der TV als Veräußerer die Auflassg eines Grdst erklärt, wird seine VfgsBefugn vom GBA nachgeprüft, da die Eintragg vom Nachweis der Einigg abhängt (GBO 20). Dem GBAmt ist also nachzuweisen, daß der TV entw in Erfüll einer letztw Vfg des Erbl od aber entgeltl handelte. Diese Nachweise brauchen aber nicht in der Form des GBO 29 geführt zu werden (BayObLG NJW-RR **89**, 587). Es genügt, daß Zweifel an der Pflichtmäßigk der Vfg ausgeräumt werden können, indem der TV den RGrund u die für seine Vfg maßgebenden Beweggründe darlegt, wenn diese verständl u der Wirklichk gerecht werdend erscheinen u begründete Zweifel an der Pflichtmäßigk der Hdlg nicht ersichtl sind (KG JFG **7**, 284; Zweibr Rpfleger **68**, 89; Haegele BWNotZ **69**, 262 bei Abtretg von für die ErbenGemsch bestellter EigtümerGrdSch). Das GBA kann auch WahrscheinlichkErwäggen berücksichtigen, die sich auf allg Erfahrgssätze stützen (BayObLG **56**, 55; s auch Lüb JurBüro **76**, 1486). Soweit die GgLeistg nicht dem Nachl zufließt, muß sie bei der Prüfg, ob die Vfg des TV entgeltl ist, außer Betr bleiben (RG **125**, 245); anders aber, wenn bei NachlAuseinandersetzg der TV NachlGgstae auf einen MitE überträgt u dieser an andere MitE dafür Ausgleich leistet, der somit nicht in den Nachl fließt (KG Rpfleger **72**, 58). Sofern es dabei für die Beurteilg der Entgeltlichk auf die ErbenEigensch ankommt, ist diese stets in Form von GBO 35, ggf GBO 36 nachzuweisen (BayObLG **86**, 208). Für die Beurteilg der Entgeltlichk der Vfg ist es ferner ohne Bedeutg, wie der TV die GgLeistg, wenn sie bereits in den Nachl gelangt ist, verwendet (KG JW **38**, 949). Bei Bestellg einer Fremdgrundschuld muß TV darlegen, ob Anlaß eine DarlAufnahme ist u an wen das Darlehen geleistet worden ist (Aachen Rpfleger **84**, 98). – War die Vfg unentgeltl, aber der TV dch Zustimmung der Erben dazu berechtigt, setzt der Nachweis der Zustimmg voraus, daß die Zustimmenden auch Erben sind; letzteres ist dch ErbSch (GBO 35) bzw nach GBO 36 nachzuweisen (BayObLG NJW-RR **89**, 587). – Hat das GBA vor Eintragg des neuen Eigtümers nicht in erforderl Umfang geprüft, ob der TV etwa unentgeltl verfügt hat, so ist schon aus verfahrensrechtl Gründen ein **Amtswiderspruch** (GBO 53) einzutragen (Zweibr Rpfleger **68**, 88 mAv Haegele. Der TV od ein von ihm ermächtigter MitE kann die Eintr eines AmtsWiderspr mittels Beschw (GBO 71 II 2) fordern. Dies kann bei unentgeltl Vfg des TV auch ein NachE mit dem Ziel der Eintr eines AmtsWiderspr zG des VorE (KG DR **43**, 90). – Ggü dem GBAmt bedarf der TV idR der **Legitimation** nach GBO 35 II; doch kann auch Bezugn auf Nachlaßakten genügen (Mü JFG **20**, 374). Wenn bei Veräußerg eines NachlGrdst durch den TV Restkaufhypoteken für die MitE eingetragen werden sollen, bedarf es auch des Erbnachweises (KG JFG **18**, 161).

2206 *Eingehung von Verbindlichkeiten.* [1]Der Testamentsvollstrecker ist berechtigt, Verbindlichkeiten für den Nachlaß einzugehen, soweit die Eingehung zur ordnungsmäßigen Verwaltung erforderlich ist. Die Verbindlichkeit zu einer Verfügung über einen Nachlaßgegenstand kann der Testamentsvollstrecker für den Nachlaß auch dann eingehen, wenn er zu der Verfügung berechtigt ist.

Testament. 6. Titel: Testamentsvollstrecker §§ 2206–2208

^{II}Der Erbe ist verpflichtet, zur Eingehung solcher Verbindlichkeiten seine Einwilligung zu erteilen, unbeschadet des Rechtes, die Beschränkung seiner Haftung für die Nachlaßverbindlichkeiten geltend zu machen.

1) Von der Befugnis zur Eingehg von Verbindlichk für den Nachl (**I 1**) darf der TV nur im Rahmen der **ordnungsmäßigen Verwaltung** (§ 2216 I) Gebr machen, andernf die getroffene Maßn unwirks bleibt. Das Erfordern der ordnungsmäßigen Verwaltg ist aber nicht rein obj zu verstehen. Erweist sich, daß die Eingehg objektiv nicht erforderl war, kann dennoch eine wirks NachlVerbindlk zustande kommen, wenn der VertrPartner des TV annimmt u ohne Fahrlässigk annehmen durfte, die Eingehg sei zur ordngsmäß Verwaltg erforderl (BGH NJW **83**, 403). Im Streitfall ist der Dritte beweispflichtig (Staud/Reimann Rz 10, 11). Konnte der VertrPartner dies nicht annehmen, erlangt er keine Rechte gg den Nachl (§ 2216 Anm 1) und kann den TV höchstens aus § 179 verantwortl machen (H/Winkler Rz 193). Befreiung vgl §§ 2207, 2209 S 2.

2) Bei Verfügungen über NachlGgst ist nach **I 2** die Vertretgsmacht des TV bezügl der zGr liegenden VerpflichtgsVertr nicht auf Geschäfte beschränkt, die zur ordngsgemäßen Verwaltg des Nachl erforderl sind. Die Einschränkg des **I 1** ist hier also ausgeschaltet, weil es keinen Sinn gäbe, dem TV zwar die freie VfgsBefugn zu geben (§ 2205 S 2), ihn aber in der Eingehg von Verbindlichk zu seinen Vfgen zu beschränken (KGJ **27** A 192). Verletzt also der TV bei KaufVertr über NachlGgst seine Pflicht zur ordngsgemäßen Verwaltg (§ 2216), berührt dies nach **I 2** nicht die Gültigk des Vertrags (kann TV aber schadensersatzpfl machen); erweist sich seine Pflichtverletzg allerd als Treubruch, ist das VerpflGeschäft gem § 138 I nichtig, wenn der Vertragspartner mit dem TV bewußt zum Nachteil des Nachl zusammengewirkt hat; fehlt ein solcher Vorsatz des Vertragspartners, kann sich der Erbe über den Einwand unzuläss RAusübg auf Mißbrauch der Vertretgsmacht nur dann berufen, wenn sich der TV ersichtlich verdächtig verhalten hatte (BGH NJW-RR **89**, 642).

3) Einwilligung des Erben. Da der TV in erster Linie den Anordngen u dem sonst zum Ausdr gelangten Willen des Erbl zu folgen hat, über die Tragweite dieser Willensäußergen aber Zweifel entstehen können, gibt **II** die Möglichk, Klarheit darüber herbeizuführen, ob die vom TV getroffene Maßn noch seiner Vfgsmacht entspricht. Deshalb ist die **Beziehung des Erben** (bei Vorerbsch des VorE; nicht aber eines NachE oder ErsatznachE, Neust NJW **56**, 1881; RGRK Rz 5) bei Eingeh der Verbindlichk vorgesehen (RG **74**, 219). Der TV kann aber ein rechtl Interesse an der Mitwirkg des NachE haben (s Neust aaO). Der Erbe ist aber nur dann zur Einwillig verpflichtet, wenn die Eingehg der Verbindlichk zur ordngsgem Verwaltg erforderl ist. Er kann sie auch verweigern, wenn es sich um die Verbindlichk zu einer Vfg (**I 2**) handelt, die der TV nach §§ 2205, 2208 eingehen kann, deren Eingehg aber ordngsgem Verwaltg widerspricht (Staud/Reimann Rz 14; Kipp/Coing § 68 III 7 d). Durch die Erteilg der Einwillig ist der TV gg SchadErsAnspr aus § 2219 geschützt. Dch die Einwilligung des (der) Erben können unter den in § 2205 Anm 4 genannten Voraussetzgen unentgeltl Vfgen des TV wirks werden. Dies gilt aber nicht für die Eingehg von Verbindlichk, wenn der TV keinen Anspr auf Einwilligg gem II hat (Staud/Reimann Rz 15).

4) Den Nachlaßverbindlichkeiten des § 1967 gleichzusetzen sind die rechtswirks eingegangenen Verbindlichk (Staud/Reimann Rz 16). Im NachlKonkurs gehören sie zu den Masseschulden (KO 224 Nr 5; dazu Jäger/Weber Rz 15, 16).

5) Bei fehlender Verpflichtungsmacht des TV ist Heilg mögl: Vor Amtsannahme vorgenommene Rechtsgeschäfte kann der TV nach der Annahme dch Genehmigg wirks machen (§ 2202 Anm 1). – Fehlt es an der wirks Anordng einer TestVollstrg (zB Anordng in nichtiger Vfg vTw), kann der Erbe das VerpflichtgsGesch mit der Wirkg genehmigen (§ 177), daß eine NachlErbenschuld begründet wird. – Ein rechtsgeschäftl Handeln des angebl TV kann dch den amtierenden TV genehmigt werden (Müller JZ **81**, 370/375; 380).

2207 Erweiterte Verpflichtungsbefugnis.

Der Erblasser kann anordnen, daß der Testamentsvollstrecker in der Eingehung von Verbindlichkeiten für den Nachlaß nicht beschränkt sein soll. Der Testamentsvollstrecker ist auch in einem solchen Falle zu einem Schenkungsversprechen nur nach Maßgabe des § 2205 Satz 3 berechtigt.

1) Eine Befreiung des TV von der Beschrkg des § 2206 I durch den Erbl im Wege letztw Vfg sieht die Vorschr vor (ähnl wie § 2136 für gewisse Beschränkgen des VorE). Bei Übertragg der ausschließlichen Verwaltungsbefugn an den TV gilt die Ermächtigg des § 2207 ohne bes Anordng als erteilt (§ 2209 S 2). In dem Auftrag des Erbl an den TV zur Erfüllg eines Verschaffgsvermächtn (§ 2170) ist regelm die nach § 2207 wirksame Ermächtigg enthalten, die zum Erwerbe des VermächtnGgstandes unumgänglichen Verpflichtgen für den Nachl einzugehen (RG **85**, 7). Ausn von der Ermächtigg besteht nach S 2 nur für SchenkgsVerspr (ebso beim VorE, §§ 2113 II, 2136). Über Aufnahme der Befreiung ins TV-Zeugnis s § 2368 I 2.

2) Für das Verhältnis gegenüber dem Erben bleibt § 2206 entscheidend, so daß der TV allen sonstigen Pflichten (bes der Pfl zur ordnungsmäß Verwaltg) unterworfen bleibt (§§ 2220, 2216). Er kann daher auch die Einwillig des Erben nach § 2206 II verlangen (str; ebso Soergel/Damrau Rz 1; MüKo/Brandner Rz 7; s Staud/Reimann Rz 4).

2208 Beschränkung der Rechte.

^IDer Testamentsvollstrecker hat die in den §§ 2203 bis 2206 bestimmten Rechte nicht, soweit anzunehmen ist, daß sie ihm nach dem Willen des Erblassers nicht zustehen sollen. Unterliegen der Verwaltung des Testamentsvollstreckers nur einzelne Nachlaßgegenstände, so stehen ihm die im § 2205 Satz 2 bestimmten Befugnisse nur in Ansehung dieser Gegenstände zu.

^{II}Hat der Testamentsvollstrecker Verfügungen des Erblassers nicht selbst zur Ausführung zu

§§ 2208, 2209   5. Buch. 3. Abschnitt. *Edenhofer*

bringen, so kann er die Ausführung von dem Erben verlangen, sofern nicht ein anderer Wille des Erblassers anzunehmen ist.

1) Willentliche Beschränkung (I 1). Der Erbl kann die Befug des TV nach seinem Willen verschiedentl beschränken: Durch Entziehg eines Teils seiner Rechte (§ 2208; s zB BGH **56**, 275) od dch Bindg an die Zustimmg der Erben (H/Winkler Rz 145). – Durch Beschrkg auf die Verwaltg (§ 2209 S 1, 1. Halbs) od auch nur auf bestimmte einzelne Verwaltgsaufgaben (BayObLG **56**, 186), zB Verwaltg eines HandelsGesch (s Nolte, FS Nipperdey, 1965, I 667); Beschränkg auf vermittelnde und schlichtende Tätigk nach Beendig der Verwaltg (BGH WM **66**, 189). – Durch bloße Übertragg einzelner Rechte (zB §§ 2222, 2223; s Einf 3 vor § 2197). Auch bei Bestellg zur „Verwaltung" kann nach Sachlage die Übertragg aller Befugnisse gewollt sein (Düss NJW **52**, 1259). – Auch die VfgsMacht eines verwaltenden TV kann der Erbl zeitl od ggstdl für einzelne od sämtl NachlGgstände mit dingl Wirkg entziehen (s BGH **56**, 275; NJW **84**, 2464; MüKo/Brandner Rz 7; Staud/Reimann Rz 4). ZB kann er verbieten, ein Grdst zu veräußern od zu belasten. Da dann aber auch der Erbe nicht allein vfgen kann (§ 2211), wäre damit der NachlGgst vom Erbl dem RVerkehr auf Dauer entzogen. Nach hM ist zur Überwindg dieser Blockierg eine gemeinsame Vfg, nämI Vfg des TV **mit Zustimmung** aller Erben mögl u wirks (s BGH **40**, 115; **56**, 275; **57**, 85; MüKo/Brandner Rz 5; Staud/Reimann Rz 19), auch wenn die rechtl Konstruktion dafür weitgeh ungeklärt blieb (s dazu Lehmann Acp **188**, 1). Ergibt sich eine solche dingl wirkende Beschränkg nicht ausdrückl aus der Bestimmg des Erbl, ist Zurückhaltg geboten; so ist sie nicht schon in der Anordng einer befreiten Vorerbsch zu sehen (BGH **40**, 115) od in einem Auseinandersetzungsverbot (BayObLG **67**, 230; str); auch eine Teilgsanordng beschränkt den TV nur schuldrechtl (sofern nicht nach § 2216 II aufgehoben), aber nicht mit dingl Wirkg (Johannsen WM **70**, 744). BGH NJW **84**, 2464 hat allerd entschieden, daß bei einem TV, der dch Anordng des Erbl gehalten ist, über NachlGgstständen nur in bestimmter Weise zu verfügen, seine Befug zu widersprechenden Vfgen „in der Regel" auch dingl ausgeschlossen sei; dem widerspricht zu Recht Damrau JR **84**, 106.

a) Die Beschränkung od völlige Entziehg einzelner Befugnisse muß nicht ausdrückl erfolgen. Sie kann sich auch aus den Umst (Interessenwiderstreit, RG SeuffA **85** Nr 165) sowie mittelb aus der an sich nicht wirksamen Anordng ergeben, daß der TV der Beaufsichtig od Genehmigg des NachlG unterliege (vgl Einf 2a vor § 2197). Im letzteren Fall steht dem TV entweder kein selbständ VfgsR zu (KG OLG **7**, 360) od die Anordng ist als ggstandslos zu betrachten (Kipp/Coing § 69 I 3). – Eine Beschränkg ergibt sich aber nicht schon aus der Anordng einer befreiten Vorerbsch (RG JW **38**, 1454; BayObLG **58**, 304; **59**, 129) od aus der vermächtnisweisen Zuwendg des Anspr auf die NachlNutzgen nach dem Erbf od bei Bestellg eines Nießbrauchs am Nachl; der Nießbraucher erhält daran nur mittelbaren Besitz (BGH LM Nr 1 zu § 2203). Wenn der für Vor- u NachE eingesetzte TV nach Erfüllg besonderer letztw Anordngen des Erbl den Nachl an den VorE herauszugeben hat, liegt hierin keine Beschrkg nach § 2208; daher erfolgt auch keine Eintragg in das TVZeugn nach § 2368 I 2 (BayObLG **59**, 129). Die Beschrkg ist auch geg Dritte wirks, wenn sie ihnen bekannt od im Zeugn (§§ 2368, 2366) erwähnt od kein Zeugn erteilt ist (s 2205 Anm 5; § 2211 Anm 3).

b) Eine Erweiterung der Befugnisse des TV ist mögl: Durch DauerVollstrg (§ 2209 S 1, 2. Halbs; S 2); durch Übertragg von Befugnissen, wie sie jedem Dritten zugeteilt werden können (vgl zB §§ 2048; 2151; 2153–2156; 2192; 2193; aber auch § 2065 Anm 2c); durch Befreiung (§§ 2207, 2220). Eine sonstige Erweiterg ist unwirks (s H/Winkler Rz 142).

2) Die gegenständliche Beschränkung (I 2; vgl auch ZPO 748 II) der Befugn des TV ist die Folge, wenn der Erbl seiner Verwaltg nur einz NachlGgst unterstellt hat, auch wenn der Ggst zum Anteil an einer noch ungeteilten ErbenGemsch gehört (BayObLG **82**, 59). Das Recht des TV zur Besitzergreifg, Vfg und Eingeh von Verpflichtgen (§§ 2205, 2206 I) erstreckt sich dann nur auf die betr NachlGgstände, die dem Teilgsverbot (§ 2044) unterliegen (s 2044 Anm 1; vgl auch Dresd Recht **20** Nr 1911 wg Verwaltg einer Fabrik). Für nach § 2206 I eingegangene Verbindlichkeiten haftet aber der gesamte Nachl (Staud/Reimann Rz 7). Bei Verwaltg eines Erbteils, die zB eintreten kann, wenn die TestVollstrg zwar für den ganzen Nachl angeordnet ist, die Anordng aber hins eines MitE wg eines früheren ErbVertr ungültig ist (BGH NJW **62**, 912), kann der TV die Rechte des MitE ausüben, nicht aber über den Erbteil verfügen (Staud/Reimann Rz 13; vgl § 2204 Anm 4; 2338 Anm 2). Über Beschränkg auf Verwaltg eines VermächtGgstandes s § 2223 Anm 2. Über Beschränkg des TV auf Ausübg des StimmR aus einem zum Nachl gehörigen GeschAnteil einer GmbH s Hamm JMBl NRW **56**, 158. Über Erbauseinandsetzgsverbote s § 2204 Anm 1a.

3) Die beaufsichtigende Vollstreckung (II) gibt dem TV nicht die Befugn der §§ 2203–2206, sond nur den Anspr, vom Erben die Ausführg der betr Vfgen zu verlangen (Vermächtnisse; Teilgsanordngen; Herausgabe der Erbsch an den Erben); Auflagen, bei diesen aber mangels eines Berechtigt kein SchadErsAnspr wg Nichterfüll der Aufl, Warn **37** Nr 133, Staud/Reimann Rz 16). Hier prozessiert er nicht in Verwaltg des Nachl, so daß ihn die Prozeßkosten beim Unterliegen treffen; er hat aber RückgrR gg die Erben, § 2218 (aM Lange/Kuchinke § 29 V 1a[108]). Soll ihm auch dieses Vollzugsverlangen nicht zustehen, ist er kein TV, sond nur Berater des Erben.

2209 *Verwaltung des Nachlasses; Dauervollstreckung.* Der Erblasser kann einem Testamentsvollstrecker die Verwaltung des Nachlasses übertragen, ohne ihm andere Aufgaben als die Verwaltung zuzuweisen; er kann auch anordnen, daß der Testamentsvollstrecker die Verwaltung nach der Erledigung der ihm sonst zugewiesenen Aufgaben fortzuführen hat. Im Zweifel ist anzunehmen, daß einem solchen Testamentsvollstrecker die im § 2207 bezeichnete Ermächtigung erteilt ist.

1) Verwaltungsvollstreckung. Von den in S 1 geregelten zwei Sonderfällen, die sich ggseit ausschließen, betrifft S 1 Hs 1 die Vollstrg nur zur Verwaltg des Nachl ohne andere Aufgaben, deren Zulässigk sich schon aus § 2208 ergibt u die daher auch auf bestimmte einzelne Verwaltgsaufgaben beschränkt werden

Testament. 6. Titel: Testamentsvollstrecker   §§ 2209, 2210

kann (zB Abwicklg bestimmter NachlVerbindlichk, BayObLG **56**, 186; Verwaltg eines HandelsGesch, Nolte aaO). Mit der Verwaltg kann auch ein Nießbr des TV an dem Nachl verbunden sein (Mü JFG **16**, 310). – **Kein Fall** des § 2209 liegt vor, wenn ein TV, der für den VorE u den NachE ernannt ist, einen NachlGgst bis zum Eintritt der Nacherbfolge zu verwalten hat (BayObLG **58**, 299, 305). – **Bei Ende des Amts** od der **Verwaltung** gilt ZPO 239 (RG **155**, 350). – VerwaltgsR ist im **Zeugnis** (§ 2368) nur in den Fällen des § 2209 zu erwähnen (KGJ W **38**, 2823).

2) Dauervollstreckung gestattet S 1 Hs 2. Sie beschränkt den Erben erhebl. Endet näml sonst die Verwaltg als eine dem TV neben der Vollstrg u Auseinandersetzg (§§ 2205, 2203, 2204) obliegende u damit zusammenhängende Aufgabe mit der Erledigg der Aufgaben, bedeutet die DauerVollstrg eine zeitl Verlängerg der VollstrTätigk u stellt eine Art fürsorgl Bevormundg der Erben dar. Dieser weitgehenden Beschrkg der Erben steht aber (abgesehen von § 2210) eine gesetzl Beschrkg ihrer Voraussetzgen u ihrer Zeitdauer nicht ggü. Ihre **Anordnung** kann angenommen werden, wenn der Nachl für einen AlleinE zu verwalten ist u dem TV keine besond Aufgaben zugewiesen sind (BGH NJW **83**, 2247). – Der Erbe kann sich ggf helfen durch Anfechtg (§ 2078) und das Verlangen des Pflichtteils (§ 2306). Eine Außerkraftsetzg nach § 2216 II 2 ist dagg nicht mögl, da die TestVollstrg selbst nicht außer Kraft gesetzt werden kann (§ 2216 Anm 3a; Staud/Reimann Rz 11; s aber § 2227 Anm 5). Unter Umst können die einschlägigen Bestimmgen in der letztw Vfg wg übermäßiger Beschrkg des Erben sittenwidrig sein (vgl Mü JFG **14**, 428; Lange JuS **70**, 107).

a) Aufgaben. Der Dauervollstrecker hat den Nachl in seinen Besitz zu nehmen u im allg auch in Besitz zu halten. S ferner § 2203 Anm 2. Es gelten auch hier §§ 2215–2219. Der Inhalt seiner Pfl zur ordngsmäß Verwaltg (§ 2216) läßt sich nicht für jeden Einzelfall gleich beschreiben, weil die vom Erbl gestellten Aufgaben sehr verschieden sein können s BGH FamRZ **87**, 377; **88**, 279). Unentgeltl Vfgen sind nur mit Zustimmg des Erben mögl (s § 2205 Anm 4; bestr). Eine HerausgabePfl (§ 2217) besteht nur hinsichtl der Ggstände, an denen eine Verwaltg nicht mögl ist. Der Erbe kann jährl Rechnglegg verlangen (§§ 2218 II; 2220). Den jährl Reinertrag kann er nur beanspruchen, wenn dies der Wille des Erbl war (RG HRR **29** Nr 1652) od die Herausgabe der Grdsätzen ordngsgemäß Verwaltg entspr (BGH Rpfleger **86**, 434; FamRZ **88**, 279; str). Dies gilt auch, wenn ein Unternehmen zum Nachl gehört. – Die unbeschränkte Eingehg von Verpflichtgen (S 2) entspricht der Notwendigk, fortlaufend neue Geschäfte abschließen zu müssen. – Verwaltet der TV einen der **Vor- und Nacherbfolge** unterliegenden Nachl, verdrängt er das VerwaltgsR des VorE. Dem VorE steht wie allen Nutzgen (§ 100) aus dem vom TV verwalteten Nachl zu. Ob er ihn herauszugeben hat, hängt davon ab, ob dies ordngsgemäß Verwaltg entspr (s oben). Der TV hat den InteressenGgsatz zu berücksichtigen, der daraus entsteht, daß der VorE auf die Erziel mögl hoher (ihm zustehender) Gewinne bedacht sein wird, der NachE dagg die Erträge mehr zur Erhaltg u Mehrg der Substanz eingesetzt wissen will. Der TV darf also weder die dem VorE gebührenden Nutzgen schmälern noch die Substanz mindern od gefährden. Dabei muß er die §§ 2124–2126 beachten, die den Ausgl von Aufwendgen zw VorE u NachE regeln (BGH aaO).

b) Wirkungen. Die DauerVollstrg erweitert die Befugn des TV erhebl (s H/Winkler Rz 130 ff). Ausgeschaltet werden kann doch sie sowohl die elterl Vermögenssorge (§§ 1626; 1638 f; 1793, 1803) als auch die Bestellg eines Pflegers nach § 1909 I 2 (ebso Staud/Reimann Rz 4; Dortmd NJW **59**, 2264; aM KGJ **38** A 73 u RGRK Rz 2). Auch kann dadurch ein volljähriger Erbe in guter Absicht beschränkt (§§ 2211, 2214, 2338) oder dem TV (zB der Witwe) die Stellg eines nicht der Aufsicht des VormschG unterstehenden FamOberhaupts verschafft werden (s Hartmann 2.1.3). Vfgen des Erben (aber nicht tatsächl Maßnahmen, wie Umbau eines Hauses usw) sind unwirks (§ 2211), sofern nicht der TV zustimmt (§§ 182–185) oder die Verwaltg aufgehoben wird (§ 185 II).

3) Auch bei mehreren Erben ist DauerVollstr mögl. Erstreckt sie sich auf alle Erben od auf einzelne Ggstände (§ 2208), ist insow die Teilg noch aufzuschieben (§ 2044). Der TeilgsAusschl steht aber der Wirksamk einer dch Erbauseinandersetzg getroffenen Vfg über einen NachlGgst nicht entgg, wenn sie von allen Erben u dem TV gemeinsam vorgenommen wurde (LG Bremen Rpfleger **67**, 411; s auch BGH **40**, 115; H/Winkler Rz 541). Über TeilgsAusschl u § 1683 s § 2044 Anm 1 a, § 2204 Anm 1 a. Bezieht sich die TestVollstr auf einen einzelnen Erben od einen Erbteil, erhält der TV zur Verwaltg, was bei der Teilg auf den (die) Erben fällt.

4) Stiftung. Hat der Erbl eine rechtsfäh Stiftg testamentarisch begründet u als Alleinerbin eingesetzt, ist Dauervollstrg zur Mitwirkg des TV bei der Errichtg der Stiftg, bei künftigen Satzgsanpassgen u stiftgsinterner Überwachg denkbar (vgl BGH **41**, 23 u dazu bes Strickrodt NJW **64**, 1316; Bund JuS **66**, 60).

2210 **Dreißigjährige Frist für Dauervollstreckung.** Eine nach § 2209 getroffene Anordnung wird unwirksam, wenn seit dem Erbfalle dreißig Jahre verstrichen sind. Der Erblasser kann jedoch anordnen, daß die Verwaltung bis zum Tode des Erben oder des Testamentsvollstreckers oder bis zum Eintritt eines anderen Ereignisses in der Person des einen oder des anderen fortdauern soll. Die Vorschrift des § 2163 Abs. 2 findet entsprechende Anwendung.

1) Zweck. Dem Erben soll auch bei DauerVollstrg die Herrsch über den Nachl nicht für immer entzogen werden (ähnl bei §§ 2044, 2109, 2162). Ein Wechsel in der Person des TV hat nur Bedeutg bei Abstellg auf dessen Lebenszeit. Durch eine Anordng des Erbl, daß in diesem Fall Nachfolger zu bestellen sind (§ 2199 II), könnte die DauerVollstrg ins Ungemessene verlängert werden. Man wird daher annehmen müssen, daß der Nachfolger beim Erbfall bereits gelebt hat (Kipp/Coing § 69 III 2; Staud/Reimann Rz 3) od noch vor Ablauf der 30 Jahre ernannt sein muß (RGRK Rz 2; Soergel/Damrau Rz 2). – Als Erbe iS von S 2 gilt auch der NachE (Kipp/Coing aaO). – Nur die Verwaltungsvollstreckg (§ 2209) fällt unter § 2210. Ein Erbl, der ein TV-Kollegium für 30 Jahre ernannt hat, kann gleichzeit wirks bestimmen, daß das Kollegium dch einstimm Beschl die DauerVollstrg bei Sicherg der Erhaltg des NachlVermögens schon vorher beendigen kann

2023

(BayObLG **76**, 67). Bei der ausführenden Vollstrg (§ 2203) besteht noch nicht einmal die Zeitschranke des § 2210 (vgl auch RG **155**, 350). Hier hilft nur Entlassg.

2) Juristische Personen (zB Banken, Treuhandinstitute) können TV sein, wie aus S 3 folgt. Vgl dazu Flad DFG **36**, 136. Sie können nach § 2163 II nicht länger als 30 Jahre das Amt innehaben.

3) Urheberrecht. Ein Urheber kann nach UrhG 28 II dch letztw Vfg die Ausübg seines UrhR einem TV übertragen. § 2210 ist dann wg der 70-jähr Frist (UrhG 84) nicht anzuwenden (UrhG 28 II 2); s auch UrheberrechtsG 117. Dazu Fromm NJW **66**, 1245; Westermann FamRZ **69**, 561/571 (zum „geistigen NachlVerw").

2211 **Verfügungsbeschränkung des Erben.** ¹Über einen der Verwaltung des Testamentsvollstreckers unterliegenden Nachlaßgegenstand kann der Erbe nicht verfügen.
ⁱⁱDie Vorschriften zugunsten derjenigen, welche Rechte von einem Nichtberechtigten herleiten, finden entsprechende Anwendung.

1) Verfügungsentziehung. In Ergänzg von § 2205 und als Ausnahme von § 137 (BayObLG **52**, 250) stellt die Vorschr klar, daß der TV nicht nur die alleinige Verwaltg, sond auch das ausschließl VfgsR über die NachlGgstände hat. Sie spricht also nur die gesetzl Folge der dem TV eingeräumten Befugn und nicht ein rgeschäftl Veräußerungsverbot iSd § 135 aus (BGH **56**, 275; RG **87**, 433). Dem Erben ist jegliches VfgsR **dinglicher** Art entzogen, sofern nicht ein Fall des § 2208 vorliegt.

a) Bereits mit dem Erbfall tritt der Entzug ein, auch wenn der TV sein Amt noch nicht angenommen hat od seine Ernenng dch das NachlG od Dritte noch nicht erfolgt ist (BGH **25**, 275; **48**, 214). Kommt es aber überh nicht zur Annahme seitens des TV od seiner Ersatzmänner, sind die Vfgen des Erben wirks; ebso wenn sie mit Einwilligg des TV erfolgen (§ 183). Genehmigt der TV, tritt nach § 184 I Wirksamk ein (RG **87**, 432ff). Ob dies auch gilt, wenn es sich um eine unentgeltl Vfg (§ 2205 S 3) handelt, ist bestr (s Düss NJW **63**, 162; LG Oldbg Rpfleger **81**, 197; dazu § 2205 Anm 4). Fällt die Verwaltg od TestVollstrg weg, wird die Vfg ohne Rückwirkg nach § 185 wirks (Kipp/Coing § 70 I). Prozesse sind auszusetzen (RG **155**, 350).

b) Wirkung. Vfgen des Erben sind unwirks (vorbehaltl des **II**), nicht aber nichtig. Sie werden also nach § 185 II wirks, wenn der TV sie genehmigt od sein Recht wegfällt, bevor er entggstehde Vfgen getroffen hat (RG **LZ 31**, 1325; Anm 1 a; RGRK Rz 3. – Im einzelnen gilt: Die Erben sind nicht befugt zur Bewilligg der Eintragg eines VorkR an einem NachlGrdst, das der Verwaltg eines TV unterliegt (Düss NJW **63**, 162). – Der Erbe des Mieters kann nicht nach § 569 kündigen (RG **74**, 35). – Der Erbe kann aber sich persönl (nicht dch Nachl) schuldrechtl verpflichten, ohne (aus dem Nachl) erfüllen zu können (RG HRR **29** Nr 1833). Der TV kann daher auch nicht auf Erfüll solcher Verbindlichk in Anspr genommen werden, die von den Erben ohne seine Zustimmg über NachlGgstände eingegangen wurden; insoweit besteht auch kein Aufrechngs- od ZurückbehaltgsR (BGH **25**, 257; dazu Coing JZ **58**, 169). Dies gilt auch für die Zeit, in der währd der Dauer der TestVollstrg kein TV das Amt bekleidet, es sei denn, daß die Erben hier als GeschF ohne Auftr tätig werden (Johannsen Anm zu **LM** § 2205 Nr 2). – **Bedingte** Vfgen sind mögl (vgl auch § 160), falls nicht der TV anderw verfügt. Im Falle des § 2217 kann der Erbe vom TV die Zustimmg zur Vfg verlangen (s § 2217 Anm 1; Erman/Hense Rz 2). – Ein Anspr des Erben gg den Erbl, der idR dch Vereinigg von Recht u Verbindlichk in seiner Person erlischt, bleibt bestehen, wenn TestVollstrg zur Verwaltg des Nachl angeordnet ist (BGH **48**, 214).

c) Über seinen Erbteil kann der MitE, unbeschadet der Fortdauer der Rechte des TV, nach § 2033 verfügen (§ 2205 Anm 3d; RGRK Rz 6). Die Eintragg der Verpfändg des Erbanteils eines MitE, die im GB vermerkt ist, verliert ihre Bedeutg, wenn der TV das Grdst wirks veräußert; das PfandR erstreckt sich nunmehr auf den Erlös (§ 2041; KG JFG **22**, 122).

d) Gemeinsam können TV u Erben über NachlGgste auch dann verfügen, wenn der Erbl dch Anordng vTw eine Vfg verboten hat; § 137 steht nicht entgg (BGH **56**, 275 mAv Mattern **LM** § 2208 Nr 3; s auch § 2204 Anm 1 a).

2) Der gutgläubige Dritte (II; §§ 932ff; 892, 893; 1032; 1207) ist geschützt, wenn er bei Rechtsgeschäften **mit dem Erben** das Bestehen einer TestVollstrg nicht kannte od gutgläubig annahm, daß der Ggst nicht zum Nachl gehört od der Verwaltg des TV nicht unterliegt. Der gute Glaube ist aber regelm ausgeschl, wenn die Verwaltgsbefug des TV nach außen erkennb gemacht ist. Diese Kundmachg erfolgt im Erbschein (§§ 2364, 2366), ferner bei bewegl Sachen, Wertpapieren durch Inbesitznahme (§ 2205), bei Grdst (GrdstRechten) durch Eintragg des TV-Vermerks (GBO 52; SchiffsRegO 55). Rechtsirrtum wird kaum in Betracht kommen (Staud/Reimann Rz 19). – **II gilt entsprechend** für NachlFdgen; der gutgläubig an den Erben leistende Schuldn wird befreit (vgl §§ 1984 I u 407 I; Soergel/Damrau Rz 10). Zahlt die Bank an die wg bestehender TestVollstrg nicht verfügsberecht Erbin des Konteninhabers aus, kommt es für den Gutglaubensschutz (§ 2211 II mit § 407 I) auf die Kenntn der auszahlenden Stelle an. Hat die Bank aber Kenntn von der TestVollstrg, jedoch die kontoführende Stelle nicht benachrichtigt, wird sie ggü dem TV nicht befreit (Bremen MDR **64**, 328).

3) Bei Rechtsgeschäften mit dem Testamentsvollstrecker ist der **Dritte nicht** geschützt, wenn er einen NachlGgst, auf den sich die Vfgsbefug des TV nicht erstreckt, im guten Glauben an diese Vfgsbefugn erwirbt (Staud/Reimann Rz 23; Lange/Kuchinke § 29 V 6; s auch § 2205 Anm 3b). Auch kann ein Dritter aus einem vom TV unter Mißbr seiner Befugnisse abgeschl RGesch keine Rechte geltd machen, wenn er diesen Mißbr hätte erkennen müssen (s RG **83**, 353; **130**, 134; s auch § 2206 Anm 1; § 2368 Anm 3).

4) Erwerb durch den Testamentsvollstrecker. Gehört ein vom TV erworbener Ggst nicht zum Nachl, ist für den Erwerb § 932 maßgebd (BGH NJW **81**, 1251).

Testament. 6. Titel: Testamentsvollstrecker §§ 2212, 2213

2212 *Prozeßführungsrecht für Aktivprozesse.* Ein der Verwaltung des Testamentsvollstreckers unterliegendes Recht kann nur von dem Testamentsvollstrecker gerichtlich geltend gemacht werden.

1) Klagebefugnis. Für Aktivprozesse steht die ProzeßführgsBefugn dem TV zu (wg der Passivprozesse vgl § 2213). Einen dch Tod des Erbl unterbrochenen (ZPO 239) Aktivprozeß kann nur er (nicht der Erbe) aufnehmen (ZPO 243; BGH **104**, 1). NachlRe, die seiner Verwaltg unterliegen (vgl §§ 2208, 2209; BGH **31**, 284), können also nur vom TV gerichtl geltend gemacht werden (auch ggü einem Amtsvorgänger, RG **138**, 132; BGH MDR **58**, 670). Dies gilt im ordentl Prozeß (Klage, Widerklage, VollstrGgklage; Einrede, Aufrechng; Verteidgg eines Streitpatents gg NichtigkKlage, BGH NJW **66**, 2059; s § 2213 Anm 1c) wie im VerwaltgsgerichtsVerf u der freiw Gerichtsbark (zB Berichtigg des GB). — **Nicht** unter § 2212 fällt das Verlangen auf Vollziehg einer Auflage (§ 2194), das auch dem Erben zusteht (vgl § 2194 Anm 1). Auch Ansprüche des Erben aus § 2287 gehören nicht zum Nachl. Sie können vom TV nur mit Ermächtigg des Erben geltd gemacht werden (gewillkürte Prozeßstandsch); s BGH NJW **80**, 2461 u eingehd Tietke JZ **81**, 429. — Wegen RStreits über das ErbR als solches s Einf 4c vor § 2197; Löwisch DRiZ **71**, 272; H/Winkler Rz 435. — Zur Rechtsstellg des TV im **Steuerverfahren** s BFH NJW **77**, 1552; **78**, 1456, 2264; Betr **80**, 2118; H/Winkler Rz 780, 781; Thietz/Bartram DB **89**, 798).

a) „Partei kraft Amtes" ist der TV. Ihm ist Prozeßkostenhilfe zu bewilligen (ZPO 114 mit 116 S 1 Nr 1; dazu Grunsky NJW **80**, 2041/2044). Er ist als Partei zu vernehmen. Lehnt er die Prozeßführg ab, kann ihn der Erbe darauf verklagen (§ 2218) od seine Entlassg beantragen (§ 2227). Der Erbe kann Zeuge, Neben- u auch Hauptintervenient (ZPO 66, 69, 64) sowie Streitverkünder (ZPO 72ff; §§ 2216 I, 2219) sein. In die Kosten ist der TV zu verurteilen; er haftet aber für sie nur mit dem Nachl (StJ/Leipold Rz 23 vor ZPO 91), denn die Parteistellg hat er in fremdem Interesse; eigene Kostenhaftg als § 2219 (Hbg DNotZ **39**, 127). — In **eigenem Namen** klagt dagg der TV, wenn er seine persönl Anspr (zB Aufwendgersatz, §§ 2218, 670) od die ihm zustehde Vergütg (§ 2221) verfolgt. Entscheid für die Frage, ob der TV als Partei kr Amtes od eigenen Namens streitet, ist iZw, ob es um Interessen des Nachl od um seine persönl geht. Dabei spielt es auch keine Rolle, ob er mit Recht od zu Unrecht einen Anspr für den Nachl geltd macht od einen gg den Nachl gerichteten Anspr bestreitet (Kessler DRiZ **67**, 299ff; auch **65**, 195).

b) Bei Wegfall des TVAmtes od des VerwaltgsR (§ 2209) gelten ZPO 239, 246 entspr (RG **155**, 350). Eine bisher gg den TV gerichtete Klage eines NachlGläub kann jedenf dann gg einen MitE fortgeführt werden, wenn dies der bish TV ist (BGH NJW **64**, 2301). **Wechselt nur die Person** des TV (infolge Tod, Kündigg od Entlassg), gelten sinngem ZPO 241, 246 (Warn **13** Nr 330); § 207 ist entspr anzuwenden (vgl § 207 Anm 1c und RG **100**, 279).

2) Rechtskraft. Das Urteil wirkt entspr dem VfgsR des TV für und gg den Erben, wenn der TV zur Führg des RStreits befugt, also (bei Aktivprozessen) verwaltungsberechtigt war (ZPO 327 I). Prozesse, die nicht in Verwaltg des Nachl, sond zB gegen dritte Erbanwärter geführt sind, berühren den wahren Erben nicht. Anderers binden die unter den mehreren Erbanwärtern ergangenen Urt den TV nicht; er kann aber an den Obsiegenden leisten (RGRK Rz 9). Vollstreckb Ausfertig gegen den Erben ist jederzeit, für ihn erst dann zu erteilen, wenn das VerwaltgsR des TV entfallen ist (ZPO 728 II).

3) Die Klage des Erben ist mangels Klagebefugn abzuweisen (s BGH **31**, 279), falls nicht der TV ihn dazu ermächtigt hat od seiner Prozeßführg zustimmt (s BGH NJW **63**, 297 mAv Nirk u Johannsen in **LM** § 1984 Nr 1). Letzterenfalls wirkt das Sachurteil auch für u gegen den TV. Auch ohne Freigabe dürften durchgreifende Bedenken gegen die Klage des Erben bei Zustimmg des TV nicht bestehen (s Staud/Reimann Rz 5; Lange/Kuchinke § 29 VI 4f; s auch BGH **38**, 287; Bötticher JZ **63**, 582). Auch ein Antr der MitE auf TeilgsVersteigerg eines NachlGrdst (§ 180 ZVG) kann dch Genehmigg des TV wirks werden (Lübeck SchlHA **70**, 231). — Der TV kann auch einen MitE ermächtigen, die Eintr eines AmtsWiderspr im Wege der Beschw (GBO 71) zur Sicherg eines Grundbuchberichtiggsanspruchs (§ 894) einer ErbenGemsch zu deren Gunsten im eigenen Namen (§ 2039 S 2) zu fordern (Zweibr Rpfleger **68**, 88).

2213 *Prozeßführungsrecht für Passivprozesse.* ¹Ein Anspruch, der sich gegen den Nachlaß richtet, kann sowohl gegen den Erben als gegen den Testamentsvollstrecker gerichtlich geltend gemacht werden. Steht dem Testamentsvollstrecker nicht die Verwaltung des Nachlasses zu, so ist die Geltendmachung nur gegen den Erben zulässig. Ein Pflichtteilsanspruch kann, auch wenn dem Testamentsvollstrecker die Verwaltung des Nachlasses zusteht, nur gegen den Erben geltend gemacht werden.
II Die Vorschrift des § 1958 findet auf den Testamentsvollstrecker keine Anwendung.
III Ein Nachlaßgläubiger, der seinen Anspruch gegen den Erben geltend macht, kann den Anspruch auch gegen den Testamentsvollstrecker dahin geltend machen, daß dieser die Zwangsvollstreckung in die seiner Verwaltung unterliegenden Nachlaßgegenstände dulde.

1) Das Prozeßführungsrecht (ZPO 327 II) bei Passivprozessen hängt davon ab, ob der TV den ganzen Nachl, nur einzelne Ggstände (§ 2208 I 2) od gar nichts zu verwalten hat (§ 2208 I 1, II). Im letzteren Fall kann die Klage nur gg den Erben erhoben werden (**I** 2). Eine Ausnahme gilt auch bei PflichtAnspr einschl des AuskBegehrens nach § 2314 (s unten; oben Einf 4b, c vor § 2197). Über die Rechtslage bei Wegfall des TVAmts währd des Prozesses s 2212 Anm 1b.

a) Bei Verwaltung des ganzen Nachlasses kann ein NachlAnspr sowohl gg den Erben (nach Annahme der Erbsch, § 1958) wie auch gg den verwaltenden TV (nach Amtsbeginn, II, § 2202) geltend gemacht werden; zweckmäßig, wenn auch nicht notw (RG **109**, 166), ist Klage gg beide zugleich, und zwar entweder gg beide auf Leistg od gg den Erben auf Leistg u gg den TV auf Duldg (jetzt hM; zB BGH **104**, 1). Denn zur

2025

§§ 2213–2215 5. Buch. 3. Abschnitt. *Edenhofer*

ZwVollstr in den Nachl ist die Verurteilg des TV (ZPO 748 I), zur ZwVollstr in das Eigenvermögen des Erben dessen Verurteilg zweckm (Staud/Reimann Rz 11; s auch Anm 2). Ggf muß Bestimmg des zuständigen Gerichts nach ZPO 36 Nr 3 beantragt werden. – Ist ein gg den Erbl geführter Passivprozeß dch dessen Tod unterbrochen (ZPO 239), kann er von den Erben aufgenommen werden, ohne daß ZPO 243 im Weg steht (BGH aaO); der Gegner kann aber den TV in das Verfahren dch Anzeige seiner FortsetzgsAbsicht (ZPO 243; 241) stets hineinziehen (BGH aaO).

b) Bei Teilverwaltung, ebso bei Geltdmachg eines **Pflichtteilsanspruchs** (§§ 2303, 2306 I 2, 2314, ZPO 748 II, III) ist Klage gg den Erben auf Leistg u gg den TV auf Duldg (vgl KG NJW 63, 1553; Hamm Rpfleger 77, 306; betr Umdeutg des Leistgsbegehrens in Duldg RG HRR 32 Nr 1453). Wegen der pers Fragen, die beim PflichttAnspr mitspielen, soll der Erbe immer gehört werden (Prot 5, 300). Erkennt der Erbe den PflichttAnspr eines Abkömml des Erbl an, ist der TV an dieses Anerkenntn nicht gebunden (Celle MDR 67, 46). Der TV kann nichtstreitige PflichttAnspr auch ohne Zustimmg des Erben erfüllen; jedoch kann er eine streitige PflichttFdg ohne den Willen des Erben nicht mit Wirkg gg diesen rechtsgeschäftl anerkennen (BGH 51, 125; dazu Merkel NJW 69, 1285). – I 3 u die vorstehd hierzu dargelegten Grds gelten auch für den ErbersatzAnspr (§ 1934b II 1).

c) Eine Patentnichtigkeitsklage (PatG 37) ist auch dann, wenn das Streitpatent der Verwaltg des TV unterliegt, gg den in der Rolle als Patentinhaber eingetragenen Erben zu richten. Zur Führg des NichtigkeitsProzesses auf der BeklSeite u damit auch zur Erteilg der ProzVollm ist jedoch nur der TV befugt; dieser ist auch neben dem als Patentinhaber eingetragenen Erben im Urteilsrubrum aufzuführen (BGH NJW 66, 2059).

d) Streitigkeiten der Erben über die Ausgleichung haben diese untereinander auszumachen (RG Recht 29 Nr 516). Erhebt der TV selbst (zB als VermächtnNehmer) Anspr auf einen NachlGegenstand, kann er den Erben verklagen; er begibt sich damit der eigenen Vfg über den Ggst u überläßt diesen zum Zweck der Erfüllg dem Erben (RG 82, 149ff).

e) Gegen den TV persönlich richtet sich die Klage, wenn seine Ernenng bestritten werden soll (OGH 2, 45); wenn der Erbe nach Beendigg der TVollstrg den Nachl vom TV herausverlangt (§§ 2218, 667); wenn er ihn auf SchadErsatz in Anspr nimmt (§ 2219; BGH FamRZ 88, 279); od bei Geltendmachg einer NachlFdg dch einen Erben (BGH 48, 214). Verklagt jemand den TV auf Feststell, er sei Erbe od hinsichtl eines bestimmten Ggst VermächtnNehmer geworden, hat er die Klage gg ihn als Partei kr Amtes zu erheben (BGH bei Kessler DRiZ 67, 299). Er kann nicht gleichzeit gg ihn hilfsw Verurteilg zu Schadensersatz wg schuldh Pflichtverletzg beantragen; denn der HauptAntr richtet sich gg den TV als Partei kr Amtes (Repräsentanten der Erben), der HilfsAnspr gg den TV persönl. Die Ansprüche müssen im Prozeß so behandelt werden, als richteten sie sich gg verschiedene Personen (BGH bei Kessler DRiZ 65, 195).

2) Rechtskraft des **gegen** den TV ergangenen Urteils wirkt für u gegen den Erben (ZPO 327 II). – Das Urteil **gegen den Erben** allein wirkt nicht gegen den verwaltenden TV (ZPO 748 I), weil der Erbe nicht das Recht zur ProzFührg über den Nachl hat. Er kann wg der NachlSchulden auch verklagt werden, da er für sie auch persönl haftet (worauf ZPO 728 II 2 beruht), aber eben nur solange dies zutrifft (vgl § 1984 I 3). – **Für den Erben** ergangene Urteile kommen dem TV zugute, denn anderfl würde der Erbe mit den der Verwaltg des TV unterliegenden NachlGgständen uU doch aufkommen müssen. – Wegen der Unterbrechg s § 2212 Anm 1. Wg der vollstreckb Ausfertig für u gegen den Erben s ZPO 728, des ErblUrteils für u gegen den TV s ZPO 749, 779 II. – **Vorbehalt** (ZPO 780 I) ist bei Klage gg TV allein nicht erforderl, da er auf die HaftgsBeschrkg nicht verzichten kann. – Haftet der Erbe nach materiellem Recht unbeschränkt (§ 2013), ist das gg den TV ergangene Urt auch in Eigenvermögen des Erben vollstreckb (s ZPO 728 II; Staud/Reimann Rz 8); dies bleibt auch dann so, wenn das VerwaltgsR des TV nicht mehr besteht (Kipp/Coing § 71 II 2aγ).

2214 *Eigengläubiger des Erben.* Gläubiger des Erben, die nicht zu den Nachlaßgläubigern gehören, können sich nicht an die der Verwaltung des Testamentsvollstreckers unterliegenden Nachlaßgegenstände halten.

1) Die Eigengläubiger des Erben (PrivatGläub) können nicht mehr Rechte haben als der Erbe selbst (§§ 2205, 2211). Schuldrechtl Geschäfte über NachlGgstände kann der Erbe zwar eingehen. Sie bewirken aber keine NachlVerbindlichk, sond verpflichten nur ihn, ohne gg den TV erzwungen werden zu können (ZPO 748). **Dingliche Rechte** bleiben durch § 2214 unberührt. Ebso das Recht auf Pfändg des Erbanteils, wodurch aber die Befugn des TV zur Vfg über die einzelnen NachlGgstände nicht beschränkt wird (KG JR 52, 323), aber ggf Auseinandersetzg erreichb ist (Ensthaler Rpfleger 88, 94); od Pfändg der Ansprüche des AlleinE gg den TV, zB auf Herausg des Nachl (Ausnahme ZPO 863 I 2; s Kipp/Coing § 73 II 5 d[32]). – Im übrigen ist jede Vollstr zG eines ErbenGläub vom Erbfall ab unzuläss und auf Erinnerg des TV (ZPO 766) aufzuheben. Denn der TV darf in der Erfüllg seiner Aufgaben durch Maßnahmen von EigenGläub nicht gehindert werden; also auch nicht durch VollstrHdlgen mit bedingter od aufgeschobener Wirkg (RG LZ 16, 1473).

2215 *Nachlaßverzeichnis.* ¹Der Testamentsvollstrecker hat dem Erben unverzüglich nach der Annahme des Amtes ein Verzeichnis der seiner Verwaltung unterliegenden Nachlaßgegenstände und der bekannten Nachlaßverbindlichkeiten mitzuteilen und ihm die zur Aufnahme des Inventars sonst erforderliche Beihilfe zu leisten.

ᴵᴵDas Verzeichnis ist mit der Angabe des Tages der Aufnahme zu versehen und von dem Testamentsvollstrecker zu unterzeichnen; der Testamentsvollstrecker hat auf Verlangen die Unterzeichnung öffentlich beglaubigen zu lassen.

ᴵᴵᴵDer Erbe kann verlangen, daß er bei der Aufnahme des Verzeichnisses zugezogen wird.

IV Der Testamentsvollstrecker ist berechtigt und auf Verlangen des Erben verpflichtet, das Verzeichnis durch die zuständige Behörde oder durch einen zuständigen Beamten oder Notar aufnehmen zu lassen.

V Die Kosten der Aufnahme und der Beglaubigung fallen dem Nachlasse zur Last.

1) Das Nachlaßverzeichnis ist unverlangt jedem Erben (auch dem PfandGläub u Nießbraucher am Erbteil, nicht dem VermächtnNehmer) über den ganzen Nachl zu erteilen. Doch kann der Erbe (nicht der Erbl, § 2220) den TV davon befreien. – Das Verzeichn **dient** als Grdlage der dem TV obliegenden Verwaltg (§ 2216 I), seiner späteren Rechngslegg (§ 2218), möglicherw auch seiner Verantwortlichk (§ 2219). – Darüber hinaus ist der TV (abgesehen von dem Fall einer InvErrichtg, s Anm 2) nicht verpflichtet, weitere Angaben über NachlBestand u Verbindlichk zu machen (Stgt Just **65**, 28). – **Form, Aufnahme, Kosten** sind wie beim VorE geregelt (§ 2121 I 2; II–IV). Beschreibg u Wertangabe (§ 2001 II) ist nicht vorgeschrieben, aber zweckm, weil dann sich der Erbe nach § 2004 darauf berufen kann. – Zum **Inhalt** s H/Winkler Rz 485 ff. Zum Streitwert s KG JurBüro **75**, 151. – Ist der TV zugleich SorgeBerecht eines mj MitE, ist bestr, ob dem vom TV erteilten NachlVerz ein Pfleger für diesen MitE bestellt werden muß (s H/Winkler Rz 491, der annimmt, die Bestellg eines Pflegers nach § 1909 sei nicht zu vermeiden). – Zur eidesstattl Versicherg ist der TV nur nach §§ 2218, 666, 259, 260 verpflichtet (vgl Stgt aaO; Mü OLG **40**, 135; s auch § 2218 Anm 2 b).

2) Die Bedeutung eines Inventars zur Erhaltg der HaftgsBeschrkg hat das Verzeichn **nicht.** Der TV unterliegt auch nicht der InvFrist des § 1994. Er hat aber dem Erben bei Inventarerrichtg (§§ 1993 ff) zu helfen, insbes Einsicht in den Nachl u die Auskunft zu gewähren, die sein Verzeichn nicht schon bietet (Stgt Just **65**, 29). Der Erbe kann darauf klagen, wozu ein bestimmter Antr erforderl ist (OLG **16**, 269). S auch § 2004 Anm 1.

2216 **Ordnungsmäßige Verwaltung des Nachlasses.** ¹Der Testamentsvollstrecker ist zur ordnungsmäßigen Verwaltung des Nachlasses verpflichtet.

II Anordnungen, die der Erblasser für die Verwaltung durch letztwillige Verfügung getroffen hat, sind vom Testamentsvollstrecker zu befolgen. Sie können jedoch auf Antrag des Testamentsvollstreckers oder eines anderen Beteiligten von dem Nachlaßgericht außer Kraft gesetzt werden, wenn ihre Befolgung den Nachlaß erheblich gefährden würde. Das Gericht soll vor der Entscheidung, soweit tunlich, die Beteiligten hören.

Schrifttum: Coing, Die Anlagevorschriften des Deutschen Erbrechts, FS Heinz Kaufmann, 1972.

1) Die Verwaltungspflicht des TV ist das Ggstück seines Vfgs- u Verwaltgsrechts. Sie geht nicht weiter als dieses VerwaltgsR, das vom Erbl eingeschränkt werden kann (§ 2208). Soweit diese Pfl (ggü dem Erben und VermächtnNehmer, § 2219 I; BGH NJW **71**, 2266) besteht, kann ihn der Erbl nicht davon befreien (§ 2220), auch nicht, soweit Insichgeschäfte des TV in Frage kommen (vgl § 2205 Anm 3). Die VerwaltgsPfl ist fortlaufend zu erfüllen u muß den Zweck der Erfüll im Auge behalten. Sie kann nicht Ggstand eines ZurückbehaltgsR des Erben gg den TV sein (RG Recht **17** Nr 1093). Der Erbe kann gg den TV auf Erfüllg dieser Pflichten klagen (BGH **25**, 275; **48**, 214; Einf 2 b vor § 2197). **Pflichtwidriges** Handeln führt idR zu Schadensersatz (§ 2219) u Entlassg (§ 2227), aber nicht zur Unwirksamk (s jedoch § 2205 Anm 1; 3 c; § 2206 Anm 2; BGH **30**, 73 bei Verletzg einer Mitteilgs- u AnhörgsPfl). Handelt der TV den Grdsätzen einer ordngsgemäßen Verwaltg zuwider u mußte ein Dritter bei einem mit ihm abgeschlossenen RGesch erkennen, daß der TV seine VerwaltgsBefugn überschreitet od mißbraucht, wird der Erbe nicht verpflichtet (BGH NJW **83**, 40; s § 2206 Anm 1; 2).

2) Ordnungsmäßige Verwaltung (I). Nach ihren Grdsätzen hat der TV seine VerwaltgsPfl zu erfüllen. An die Ordngsmäßigk werden strenge Anfordergen gestellt (BGH NJW **59**, 1820). Der TV ist zu besond Gewissenhaftigk u Sorgfalt angehalten (RG **130**, 131). Er muß das ihm anvertraute Vermögen sichern u erhalten, Verluste verhindern u Nutzgen gewährleisten; der Verkauf eines NachlGrdst muß aber nicht auch zu einer Mehrg des Nachl führen (BGH NJW-RR **89**, 642). Da der TV selbständ, uU gg den Willen der Erben nach pflichtgemäß Ermessen entscheidet, spielen neben den zunächst maßgebl obj Gesichtspunkten (BGH **25**, 280) auch subjekt Merkmale eine Rolle (Staud/Reimann Rz 4). Pflichtwidrig handelt der TV erst bei Überschreitg der Grenzen dieses Ermessens, die dch allg Grdsätze der **Wirtschaftlichkeit** gezogen werden (BGH WM **67**, 25) und deren äußerste § 2205 S 3 bildet (Verbot unentgeltl Vfgen). Da der TV ähnl wie der Erbl steht, bei größerem Vermögen uU wie ein Unternehmer u nach dem Bild eines zwar umsichtigen u soliden, dabei aber dynamischen Geschäftsführers handeln soll, ist er nicht immer an den „sichersten Weg" (zB mündelsichere Anlage) gebunden (BGH FamRZ **67**, 377), zumal er sich nicht mit mäßigem Erfolg begnügen, sondern Möglichk zu besserem Erfolg wahrzunehmen hat (OGHZ **3**, 242; BGH WM **67**, 25: Ausübg von BezugsR bei Aktien). Deshalb ist bei Entscheidgen üb die Anlage von NachlVermögen die Eingehg eines kalkulierten Wagnisses nicht ohne weiteres ausgeschlossen, aber rein spekulative Anlagen jedenfalls dann, wenn sie den gesamten Nachl od einen sehr hohen Teil davon erfassen (BGH aaO im Anschl an Coing aaO 131ff). Der TV verletzt also bei der Anlage von NachlGeldern seine Pflichten nicht schon, wenn er nicht den Bindgen folgt, die einem Vormund bei Verwaltg des Mündelvermögens obliegen (KGJ **44** A 87). Es stellt auch keine Verletzg seines pflichtgemäß Ermessens dar, wenn er zum Nachl gehörende Aktien bekannter Unternehmen trotz sinkender Kurse hält u ihn gg festverzinsliche Wertpapiere dann, wenn ohne besond Anlaß ist er nicht verpflichtet, Aktienwerte in mündelsichere Papiere umzutauschen (Köln, Die AG **64**, 308). Bloße Fragen der **Zweckmäßigkeit** entscheidet allein der TV, andernf seine Tätigk lahmgelegt wäre. – Über Anlage von Kapitalien s auch H/Winkler Rz 167 a; üb Pfl zur Überwachg der Geschäftsführg einer GmbH s BGH NJW **59**, 1820; üb Pfl zum Abschl eines PachtVertr üb einen Hof, ggf unter Überschreitg

2027

§§ 2216, 2217   5. Buch. 3. Abschnitt. *Edenhofer*

seiner Amtsdauer, s Mümmler JurBüro **78**, 989. – Erforderl kann auch die Beantragg eines Erbscheins sein (Kiel NJW **76**, 2351).

3) Besondere Anweisungen des Erbl sind vom TV zu befolgen, **II** 1 (zB das Gebot od Verbot bestimmter rechtsgeschäftl Vfgen; die Auszahlg von Einkünften, RG HRR **29** Nr 1652). Bloße Wünsche des Erbl sind dagg nicht unbedingt bindend (BayObLG **76**, 67) und eine Vollm des Erbl ist widerrufl (RG **139**, 41; Einf 6c vor § 2197). Anordnungen des Erbl können allerd wg Verstoßes gg die guten Sitten nichtig sein (§ 138), zB wenn er mit dem Test eine übermäß Beschränkg der Persönlich des Erben u ihrer unentbehrl BeweggsFreih bezweckt u bewirkt (Mü JFG **14**, 428). – Mit Einverständn der Erben kann der TV aber wirks Vfgen vornehmen, die den Anordg des Erbl zuwiderlaufen (s § 2204 Anm 1a; Erman/Hense Rz 3, 4). Dadch wird zwar nicht die Anordng außer Kr gesetzt; jedoch können dann die Erben Vorwürfe u damit etwaige SchadErsAnspr gg den TV nicht erheben (Erman/Hense Rz 3, 4; s auch § 2217 Anm 1a).

a) Außerkraftsetzen von Anordnungen. Ein Erbl ist weder unfehlb noch kann er die spätere Entwicklg immer voraussehen. Deshalb können zwar nicht die TestVollstrg als solche außer Kraft gesetzt werden (KG HRR **34** Nr 1681; KG JR **51**, 732) und ebensowenig Anordnungen über deren Dauer, die Zahl der TV u ihre Vergütg (für Vergütgsänder ProzG zuständig, KG JW **37**, 475), auch nicht dem Erben gemachte Auflagen (BayObLG **61**, 155); wohl aber die eigentl VerwaltgsAnordnungen des Erbl. Besteht die Verwaltgs-Anordng aus mehreren selbständ Teilen, kann auch nur ein Teil außer Kr gesetzt werden, wenn nur dessen Befolgg den Nachl erhebl gefährdet (KG OLGZ **71**, 220). Die Befugn des NachlG zur Änderg kann dch den Erbl nicht entzogen werden (vgl auch § 2220).

b) Voraussetzung ist die Gefährdg der Substanz des Nachlasses; in ausdehnender Gesetzesauslegg genügt aber schon die zu besorgende Schädigg der an ihm interessierten Personen (KG HRR **33** Nr 1765), wodch mittelb auch die Vollziehg einer Teilgsanordg verhindert werden kann (KG JFG **14**, 154; s auch Staud/Reimann Rz 21; vgl § 1803 II). Daß der TV sich bereits über die Anordng (zB durch Verkauf unter dem Mindestpreis) hinweggesetzt hat, hindert die – ja auch der Beseitigg der RegreßPfl dienende – Außerkraftsetzg nicht (ebso RGRK Rz 13; Soergel/Damrau Rz 14; aM KG RJA **10**, 114; Staud/Reimann Rz 19 Abs 3).

c) Verfahren. Die Entscheidg obliegt dem NachlG, **II** 2. Zuständig ist der Richter (RPflG 16 I Nr 3). Erforderl ist ein Antrag entw des TV (bei gemeinschaftl Amtsführg aller TV, Mü JFG **20**, 121; str) od eines and Beteiligten (Erbe; VermächtnNehmer; dagg nicht NachlGläub od PrivatGläub des Erben, vgl BGH **35**, 296; BayObLG **82**, 459). Vor seiner Entscheidg hat das NachlG die Betroffenen anzuhören (II 3; GG 103 I, s § 2360 Anm 1). Es kann nur aufheben od den Antr ablehnen, nicht aber eine eigene Anordng treffen (KG OLGZ **71**, 220); es übt auch keine allg Aufsicht üb den TV aus (s Einf 2a vor § 2197). Gebühr: KostO 113. – **Rechtsmittel:** Gegen die stattgebende Entscheidg steht Beschwerde jedem Beeinträchtigten zu; bei mehreren TV jedem selbständ (FGG 19, 20, 81 I); gg Ablehng dem AntrSt (FGG 20 II), bei mehreren TV allen gemeins (Mü JFG **20**, 121; str). Mit der Beschw kann aber nicht Entlassg des TV begehrt werden, wenn das AG damit noch nicht befaßt war (BayObLG **34**, 365).

2217 *Überlassung von Nachlaßgegenständen.* [1]Der Testamentsvollstrecker hat Nachlaßgegenstände, deren er zur Erfüllung seiner Obliegenheiten offenbar nicht bedarf, dem Erben auf Verlangen zur freien Verfügung zu überlassen. Mit der Überlassung erlischt sein Recht zur Verwaltung der Gegenstände.

[II]Wegen Nachlaßverbindlichkeiten, die nicht auf einem Vermächtnis oder einer Auflage beruhen, sowie wegen bedingter und betagter Vermächtnisse oder Auflagen kann der Testamentsvollstrecker die Überlassung der Gegenstände nicht verweigern, wenn der Erbe für die Berichtigung der Verbindlichkeiten oder für die Vollziehung der Vermächtnisse oder Auflagen Sicherheit leistet.

Schrifttum: Häußermann, Überlassg von NachlGegenständen durch den TV, BWNotZ **67**, 234; Haegele BWNotZ **69**, 281; **74**, 109; Rpfleger **72**, 43.

1) Überlassung an Erben. Der TV benötigt den Nachl, um zB Steuern u Schulden zu bezahlen (s auch II) und ggf die Auseinandersetzg vorzunehmen (§ 2204); bei DauerVollstrg ist der NachlGgst idR gar nicht frei. Bedarf er allerd zur Aufgabenerfüllg einzelner NachlGgstände nicht mehr, hat er sie auf Verlangen dem Erben zu überlassen (s dazu Anm 2), damit dieser in den Genuß des Nachl kommt.

a) Überlassungsrecht. Der TV kann nach Annahme des Amtes (vorbehaltl seiner Haftg ggü MitE, VermächtnNehmern nach § 2219 I; KG JFG **20**, 261/263; Häußermann aaO 235) unverlangt einzelne NachlGgstände dem (den) Erben überlassen mit der Wirkg, daß sein VerwaltgsR erlischt. Darüber, ob der TV zur Freigabe berecht ist, besagt § 2217 nichts (BGH **56**, 275/284). Bei TestVollstrg zur Verwaltg des Nachl od einzelner NachlGgste ist eine vorzeit Herausg insow nicht zuläss, als NachlGgste für den TV zur Erfüll des VerwaltgsR unentbehrl sind (s RG LZ **29**, 1406/1407; auch KG DR **42**, 980). Zur Ausführg letztw Vfg od Bewirkg der Auseinandersetzg (§§ 2203, 2204) bedarf der TV zunächst insbes der zur Erfüllg von Vermächtn u Auflagen zu verwendenden Ggste sowie der nöt Mittel zur Erfüll der NachlVerbindlichk (RGRK Rz 2). – Die ÜberlassgsBefugn kann dch den Erbl ausgeschl werden. Der TV kann aber auch entgg einem VfgsVerbot des Erbl über NachlGgste verfügen, wenn die Erben (Vor-, NachE; evtl VermächtnNehmer) zustimmen (BGH **56**, 275; **57**, 84). Die Wirksamk der Freigabe, insb der Vfg über NachlGgste (auch einer unentgeltl), wird dch § 137 S 1 nicht beeinträcht (BGH **56**, 275/279ff; **57**, 84; gg letztere Staud/Reimann Rz 5). Der Erbl kann aber zur Durchsetzg seines Willens (VfgsVerbot) Strafklauseln anordnen (s H/Winkler Rz 506 mit 211).

b) Eine Überlassungspflicht des TV ergibt sich aus § 2217 S 1. NachlGgste, deren er zur Erfüllg seiner Aufgaben „offenbar" (was im Streitfall ohne weitläufige Beweiserhebg feststellb sein muß) nicht mehr bedarf, hat er auf Verlangen des (der) Erben diesen zu überlassen. Er kann vom Erben (bei Mehrh nur von allen gemeins) im Klageweg zur Überlassg gezwungen werden. Zur Herausg der für die Durchführg seiner Aufgaben zur Abwicklg od Verwaltg (Dauervollstreckg, § 2209) erforderl Ggste ist er nicht verpflichtet (s oben unter a). – Von der ÜberlassgsPfl kann der TestVollstr gem § 2220 befreit werden. Mit Zustimmg der Erben (Vor- u NachE) kann der TV aber NachlGgste unter Nichtbeachtg der Schranken des § 2217 S 1 u ohne Rücks auf den ErblWillen (falls dieser die ÜberlassgsBefugn ausgeschl hat) freigeben u damit mit diesen (u etwaigen VermächtnNehmern) gemeins wirks über NachlGgste unentgeltl, auch über § 2205 S 3 hinaus unentgeltl verfügen (BGH **57**, 84, auch **56**, 275; Haegele BWNotZ **74**, 109/115; Neuschwander BWNotZ **78**, 73; § 2205 Anm 4).

c) Bei befreiter Vorerbschaft ist die Frage, wie lange der TV den Nachl im Besitz behalten darf, in Anwendg der allgemein für die TestAuslegg geltenden Grdsätze zu beurteilen (BayObLG **59**, 129).

2) Die Freigabe bezieht sich nur auf Ggstände (Übbl 2 vor § 90), also auch auf selbständige Rechte; darunter fallen zB auch Anteile an einer GüterGemsch (Häußermann aaO 234). Die Befugn, einen NachlGgst zu belasten, ist aber kein selbständ Recht (Düss NJW **63**, 162). – **a) Begriff.** Eine Freigabe liegt dann vor, wenn der TV den Ggst rechtswirks u endgült so aufgibt, daß der Erbe im RVerkehr darü frei verfügen kann (Hamm Rpfleger **73**, 133). Dagg nicht, wenn bei einem Grdst dem Erben nur die Verwaltg u Nutznießg überlassen wird; hier verbleibt für die Vfg über den Ggst selbst u die TestVollstreckg, auch wenn das Grdst noch der einzige NachlGgst ist, nicht beendet (aM LG Hann JR **50**, 693 mAv Hartung). – **b) Rechtsnatur.** Die Freigabe ist ein gemischter Realakt (Hamm Rpfleger **73**, 133; bestr). Sie ist an keine Form gebunden. Dem GBA muß sie aber bei Grdstücken od Rechten an solchen in der Form des GBO 29 I 1 nachgewiesen werden (Hamm Rpfleger **73**, 133), auch wenn der TV zugleich Notar ist (Düss Rpfleger **89**, 58). Sie **wirkt dinglich** (s BayObLG **59**, 135) und führt grdbuchmäßig zur Löschg des VollstrVermerks (GBO 52; SchiffsRegO 55); erfolgte die Freigabe schon vor der Eintragg des Vermerks, kann die Eintragg von Anfang an unterbleiben (KGJ **40**, 212). – **c) Wirkung.** Mit der Freigabe erlischt das Vfgs-, Verpflichtgs- u ProzFührgsR. ZPO 265 findet keine Anwendg (Soergel/Damrau Rz 2). Bei irrtüml Freigabe besteht schuldrechtl RückgewährAnspr nach § 812 (BGH **12**, 104; **24**, 106 mAv Fischer **LM** Nr 1 zu § 2218). Wird GesamthandsEigt in BruchteilsEigt der Erben verwandelt, wird der TV-Vermerk im GrdBuch gelöscht, auch wenn die Voraussetzgen des § 2217 nicht gegeben sind (BGH NJW **71**, 1805 mAv Mattern **LM** § 2208 Nr 3). – **d) Zeitpunkt.** Vor Erledigg der steuerl Verpflichtgen kann Überlassg nicht verlangt werden, soweit nicht feststeht, daß ein Teil des Nachl zur Steuerzahlg nicht benötigt wird. Über die Pflichten des TV hinsichtl der Entrichtg der ErbschSteuer s AO 34, 69; ErbStG 31 V, 32 I; Megow/Michel Einl IV 4 vor ErbStG 1. – **e) Kein Zurückbehaltungsrecht** besteht hinsichtl einzelner NachlGgste wg des Honorars des TV (Häußermann aaO 235; Staud/Reimann Rz 9). – **f) Die Gläubiger** können sich nur an den Überlassgs-Anspr des Erben, nicht an den TV unmittelb halten. – **g)** Die Herausgabe von **Nutzungen** richtet sich nach § 2216 (Staud/ Reimann Rz 17; Häußermann aaO 234).

3) Bei Sicherheitsleistung (II) muß der TV dem Erben die Ggstände herausgeben, die an sich zur Berichtigg der NachlVerbindlichk benötigt werden; nur bei schon fälligen Vermächtn u Aufl besteht keine HerausgPfl. Es genügt, daß die Sicherh vom Erben dem Gläub, VermächtnNehmer, Auflageberechtigten geleistet u dem TV nachgewiesen wird (Kipp/Coing § 73 II 4e); dem TV die Sicherh zu bestellen, verlangt Lange/Kuchinke § 29 VIII 1[335]. – Die TestVollstrg als solche kann weder durch SicherhLeistg beseitigt noch einem Dritten überlassen werden (vgl auch § 2218, andererseits § 2199). Wegen der Herausgabe zwecks Umschuldg vgl Heck AcP **141**, 445.

4) Im Testamentsvollstreckerzeugnis (§ 2368) sind weder die Freigabeverpflichtg des TV noch die erfolgte Freigabe zu vermerken (LG Mannh JW **38**, 2476; BayObLG **59**, 135).

2218 Rechtsverhältnis zum Erben; Rechnungslegung. [I]Auf das Rechtsverhältnis zwischen dem Testamentsvollstrecker und dem Erben finden die für den Auftrag geltenden Vorschriften der §§ 664, 666 bis 668, 670, des § 673 Satz 2 und des § 674 entsprechende Anwendung.

[II]Bei einer länger dauernden Verwaltung kann der Erbe jährlich Rechnungslegung verlangen.

1) Gesetzliches Schuldverhältnis. Von unmittelbaren Beziehgen zw Erben u TV ist nur in §§ 2206 II, 2208 II, 2215 und 2217 die Rede. In § 2218 werden nur aus techn Gründen bestimmte AuftrVorschriften (also nicht die §§ 665, 669, 671 I, 672, 673 S 1; wg § 671 II, III vgl § 2226) zur Anwendg gebracht. Gleichwohl kann aber von einem VertrVerhältnis od vertragsähnl Verhältnis keine Rede sein. Der TV handelt vielmehr aGrd einer auf den Willen des Erbl beruhenden gesetzl Verpflichtg. Eine über die gesetzl Regelg hinausgehende gütl Einigg zw Erben u TV ist mögl (Flad DFG **36**, 134, 135; vgl auch Einf 2 vor § 2197). Gegenüber VermächtnNehmern u PflichtBerechtigten gilt § 2218 nicht (vgl aber § 2219). Bei Vermächtn kann ein AuskAnspr mitvermacht sein. Der NachE hat währd der Vorerbsch nur die Rechte aus § 2127.

2) Die einzelnen Auftragsvorschriften, die gem **I** zur entspr Anwendg kommen, sind:

a) § 664. Sein Vertrauensamt im ganzen darf der TV (vorbehaltl der Ernenng eines Nachfolgers, § 2199) auch mit Zustimmg der Erben nicht auf einen Dritten übertragen. Dagg darf er (und muß er bei Verhinderg) einen Bevollm u sogar einen GeneralBevollm bestellen, wenn er sich Widerruf vorbehält (KG JFG **7**, 282; letzteres ist str; aM Schlüter § 42 XII 1b ee; s auch Gerlach, Die Untervollmacht, 1967, 102ff). Widerruft er die Vollm nicht, obwohl der Bevollm ungeeignet ist, kann er entlassen werden (§ 2227). Die Vollm erlischt mit dem Amt des TV (aM Kipp/Coing § 73 II 5b). Wegen des Verschuldens vgl § 664 I, 2, 3. Bei Hdlgen, die der TV nur zu veranlassen hat (ProzFührg; Gutsverwaltg, Handwerkerarbeiten) erschöpft sich seine Verpflichtg in sorgfältiger Auswahl und Anweisg (Kipp/Coing § 73 II 5b).

b) § 666. Die Auskunfts- und Rechenschaftspflicht (erweitert durch II und § 2215; dazu H/Winkler Rz 549ff) kann unter den Voraussetzgen der §§ 259 II, 260 zur eidesstattl Vers verpflichten, zB wenn Anlaß zu der Annahme besteht, daß die Einnahmen in der Rechng unvollst angegeben waren (BGH WM **64**, 950). Sie besteht ggü jedem Erben, auch ggü dem einzelnen MitE (BGH NJW **65**, 396). Dieser kann sie aber nur derart geltd machen, daß Leistg an alle MitE verlangt wird. Betrugsversuch durch falsches Verzeichn (RGSt **71**, 361). Der Anspr ist pfändb mit dem Erbanteil (RG LZ **16**, 1473). In der vorbehaltenlosen EntggNahme von Leistgen liegt im allg keine Verwirkg des Anspruchs der Erben auf Rechnungslegg od ein Verzicht darauf (Mü HRR **41** Nr 628). Über Mitteilgs- u AnhörgsPfl vgl § 2205 Anm 1 a.

c) § 667. Die Herausgabepflicht (vgl aber auch §§ 2217, 2019, 2041, 2111) besteht bei Beendigg des Amtes (vgl auch § 260). Auf das Verzeichn des § 2215 kann sich der TV berufen, wenn es noch zutrifft. Wegen der beiderseitigen Ansprüche ist ZurückbehR (§ 273) mögl (s § 2221 Anm 5).

d) § 668. Im eigenen Interesse verwendetes **Geld** ist von der Verwendg ab zu **verzinsen** (vgl §§ 246, 1834).

e) Aufwendungsersatz, § 670. Seine Auslagen erhält der TV (ohne VorschußR) ersetzt, wenn er sie den Umständen nach für erforderl halten durfte. Dazu gehören auch die Kosten notwend **Hilfspersonen**, es sei denn, daß ihnen der Verwalter Arbeiten übertragen hat, die er in zumutbarer Weise selbst hätte erledigen können (vgl H/Winkler Rz 636). – Die Kosten eines **Rechtsstreits**, in dem der TV unterlegen ist od die nicht beitreibbar sind, fallen nur dann unter § 2212, wenn er diesen als TV im Rahmen seines Amts geführt hat. Persönl RStreite hat der TV selbst zu zahlen, es sei denn, daß er den Prozeß für erforderl halten durfte, um den letzten Willen des Erbl zu verteidigen (RG JW **36**, 3388), zB im Streit um die Gültigk des Test mit seiner Ernenng s H/Winkler Rz 449). – Die dch Einschaltg eines RA angefallenen **Anwaltsgebühren** kann der TV dann ersetzt verlangen, wenn er eine Vertretg dch einen RA für erforderl halten durfte (BGH **69**, 235 mAv Johannsen **LM** Nr 6 u Schelter DNotZ **78**, 439; Möhring/Segebrecht JurBüro **78**, 145). – Obwohl der Beruf des TV für die Vergütg entgeltlos ist, sind besond **berufliche Dienste**, die der TV in seiner Eigensch als RA; Steuerberater; Notar; Handwerker usw für den Nachl erbringt, zu vergüten, wenn er sie sonst einem Dritten hätte übertragen müssen, weil der TV regelm nur gg Entgelt Dienste zu leisten hat (s KG NJW **65**, 1540; H/Winkler Rz 635). Etwas anderes gilt nur dann, wenn solche Dienste dch die vom Erbl festgesetzte Vergütg mit abgegolten sein sollten u dies dem TV bei Amtsannahme bekannt war (Kipp/Coing § 73 IV 2). – Zu ersetzen sind uU auch Aufwendgen, die der TV nach seiner Entlassg gemacht hat (BGH WM **72**, 536). – Bei nichtigem Test gelten §§ 683, 684, 812ff (s § 2221 Anm 1b).

f) § 673 S 2. Bei **Tod des Testamentsvollstreckers** hat dessen Erbe AnzeigePfl ggü dem Erben (Anzeige an NachlG zweckmäß) und bei Gefahr im Verzuge die Geschäfte einstweilen fortzuführen. Insow gilt er als beauftragt.

g) § 674. Bei Eintritt auflösender Bedingg (vgl auch § 2210 S 2 und § 169) **dauert das Amt** zG des gutgl TV **fort**; jedoch nicht bei Entlassg (§ 2227), wo es auf die Bekanntmachg der EntlassgsVfg (FGG 16) ankommt. § 674 ist auch nicht anwendb, wenn die Ernenng des TV wg Ausführg aller Aufgaben ggstlos war (BGH **41**, 23). Hat eine TestVollstrg nach dem Willen des Erbl infolge Ausschlagg des (Vor-)Erben geendet, stehen dem vermeintl TV gg die späteren (Ersatz-)Erben keine Anspr aus §§ 2118 mit 674 zu; auch keine Anspr gem § 683, wenn diese Erben die TestVollstrkg abgelehnt haben (BGH NJW **77**, 1726; s oben e).

3) Vermächtnisnehmer od PflichtTBer haben ggü dem TV keinen allgemeinen, unmittelbaren Anspr auf Rechngslegg. Ein Anspr auf Auskunft u damit auch auf Rechngslegg kann aber mit vermacht sein, zB wenn der Ggst od Umfang des Vermächtn nur aGrd einer derartigen Auskunft bestimmt werden kann, insb bei Quotenvermächtn; Vermächtn von Sachinbegriffen (s § 260); Vermächtnissen, deren Höhe sich aus dem Wert anderer unbestimmter Vermögensteile ergibt (BGH WM **64**, 950).

4) Seinem Nachfolger im Amt ggü ist der TV nicht nur zur Auskunfterteilg u RechenschAblegg verpflichtet. Vielm hat er an diesen auch alles herauszugeben, was er zur Ausführg seines Amts erhalten u aus dessen Besorgg erlangt hat. Dazu gehören auch die Unterlagen seiner Amtsführg (§§ 2218 I, 666, 667 entspr; BGH NJW **72**, 1660).

2219 Haftung.
¹Verletzt der Testamentsvollstrecker die ihm obliegenden Verpflichtungen, so ist er, wenn ihm ein Verschulden zur Last fällt, für den daraus entstehenden Schaden dem Erben und, soweit ein Vermächtnis zu vollziehen ist, auch dem Vermächtnisnehmer verantwortlich.

II Mehrere Testamentsvollstrecker, denen ein Verschulden zur Last fällt, haften als Gesamtschuldner.

1) Schadensersatzpflicht bei Verschulden. Die freie Stellg des TV erzeugt Pflichten (§§ 2215; 2216; 2218; 2219). Ggü dem **Erben** ist er Schu eines gesetzl Schuldverhältnisses (§ 2218; RG JW **36**, 3390). Er haftet dem Erben für sorgfältige u gewissenhafte Ausführg der ihm obliegenden Verrichtgen (§§ 2203 bis 2209; 2212–2218; 2226 S 3) nach Maßg des § 276, also für Vorsatz u Fahrlässigk. Er haftet also zB für Kosten erkennb überflüssiger, leichtfertiger od dch eigene persönl Interessen beeinflußter Prozeßführg (BGH WM **67**, 29); für verzögerte Auseinandersetzg; Geldeinlage bei unzuverlässiger Bank; Versteigerg trotz der Möglichk eines günstigeren freihändigen Verkaufs (Saarbr JZ **53**, 509; BGH WM **60**, 1421); für Versäumg der Pflicht, seine Legitimation zur Vfgsbefugn über verwahrte Wertpapiere des Nachl auf ein Verlangen der sie verwahrenden Bank nachzuweisen (BGH WM **67**, 25); für unnötige Umwandlg eines Einzelhandelsgeschäfts in eine GmbH (BGH MDR **58**, 670). – **Keinen** SchadensersAnspr kann ein MitE gg den TV daraus herleiten, daß er bei Verteilg des Nachl schlechter gestellt worden ist als dem Test entspr, wenn er der getroffenen Regelg zugestimmt u dem TV hinsichtl dieser Regelg Entlastg erteilt hat (BGH DRiZ **69**, 281).
– Ein TV, dem die nötigen Kenntnisse für sein Amt fehlen, darf dieses nicht annehmen, od muß zu

schwierigen Entscheidgen, die über seine eigenen Fachkenntnisse hinausgehen, einen Rechtsanwalt zu Rate ziehen (Stgt BWNotZ **62**, 61). – Von seiner Haftg kann er vom Erbl **nicht befreit werden** (§ 2220; RG **133**, 135), auch nicht durch BefreiungsVermächtn (Kipp/Coing § 73 II 7); wohl aber vom Erben (außer bei Vorsatz, § 276 II), dessen mitwirk Versch (§ 254) zu beachten ist (RG **138**, 132). Der Erbe kann auch unbeschadet des § 2219 den TV auf Einhaltg der Grenzen seiner VerwaltgsBefug u Vornahme pflichtmäßiger Maßn verklagen (RG **73**, 26) und ggü einer Klage des TV einwenden, daß dieser seine Befugnisse überschreite. Er kann aber dem TV nicht entgehalten, es sei zur ordngsmäß Verwaltg nicht erforderl, daß dieser Anspr geldt gemacht werde. Die Entscheid hierüber kann idR nur durch das NachlG im Rahmen der Entscheid über einen EntlassgsAntr nach § 2227 erfolgen (BGH **25**, 275). Andererseits kann der TV auf Feststellg des Nichtbestehens einer SchadErsPfl klagen (Staud/Reimann § 2218 Rz 20; Hambg OLG **16**, 281); dagg für Zulässigk einer Klage auf Anerkenng u Entlastg Erman/Hense Rz 5.

a) Dem Vermächtnisnehmer haftet der TV gleichfalls (auch im Falle der §§ 2208 II, 2223). Dieser ist nicht genötigt, seine Anspr zunächst gg den Erben od sonst Beschwerten geldt zu machen (BGH **LM** Nr 1 zu § 2258; s auch WM **64**, 950). Den übrigen **Nachlaßgläubigern** (insb PflichtBerecht; Inh von Erbersatz-Anspr) und **Auflagebegünstigten** haftet der TV nur bei unverl Hdlg (vgl Anm 3). Die Geldtmachg eines ErsAnspr, der dem Erben aus der Pflichtverletzg eines früheren TV zusteht u die zum Nachl gehört (§ 2041), obliegt nur dem neuen TV, nicht aber daneben auch dem Erben (BGH MDR **58**, 670).

b) Ein Verstoß gg die dem TV oblieggden Verpflichtgen begründet regelm keine Nichtigk der von ihm getroffenen Vfgen (BGH **30**, 67/73; KG Rpfleger **72**, 60); s aber auch § 2205 Anm 3 c (Verstoß gg § 181).

2) Mehrere Vollstrecker (II; § 2224) haften nur dann als GesamtSchu (§§ 421 ff), wenn jeder mitschuldig ist u sie das Amt gemeinsch führen (vgl auch § 1833 II). – Verjährg nach § 195.

3) Dritten haftet der TV für die von ihm bei der Verwaltg des Nachl begangenen unerlaubten Handlgen persönl (BGH **LM** § 823 (Ad) Nr 1). – Die **Erben** haften (vorbehaltl der beschr Erbenhaftg, § 1978 Anm 3) nach § 278 für das Verschulden des TV bei Erfüllg von Verbindlichk im gleichen Umfang wie für eigenes Verschulden (RG **144**, 401; BGH aaO). Für die ein ErfüllgsVersch enthaltende Hdlg des TV, mit der er zugl den Tatbestd einer unerl Handlg verwirklicht, haftet auch der TV. Die Haftg des Erben erstreckt sich nicht auf Schadenshandlgen des TV außerh bestehender Verbindlichk, insb auf solche delikt Art (BGH aaO). Der TV ist auch nicht Verrichtgsgehilfe des Erben iS von § 831 (Staud/Schäfer § 831 Rz 79).

2220 *Zwingende Vorschriften.* **Der Erblasser kann den Testamentsvollstrecker nicht von den ihm nach den §§ 2215, 2216, 2218, 2219 obliegenden Verpflichtungen befreien.**

1) Zweck. Der Erbl soll den Erben nicht mit gebundenen Händen der Willkür eines TV ausliefern. § 2220 darf daher nicht durch Umgehungsversuche zu einer stumpfen Waffe in der Hand des ohnehin durch den TV sehr eingeschränkten Erben gestaltet werden (RG **133**, 135). Der Erbl kann insb nicht die Entlassg des TV (§ 2227) ausschließen od die dem TV nach §§ 2218, 259, 260, 666, 667 möglicherw obliegenden Pfl zur Abgabe einer eidesstattl Vers; od ihm unentgeltl Vfgen über § 2205 S 3 hinaus gestatten (s § 2205 Anm 4). Übermäßige Beschrkg der Persönlichk des Erben durch Einräumg so weitgehender Machtbefugnisse an den TV bzgl eines zum Nachl gehörenden Geschäfts kann sittenw sein (Mü JFG **14**, 428). Der Erbe kann aber auf den Schutz des § 2220 verzichten (OLG **43**, 403; H/Winkler Rz 142).

2221 *Vergütung.* **Der Testamentsvollstrecker kann für die Führung seines Amtes eine angemessene Vergütung verlangen, sofern nicht der Erblasser ein anderes bestimmt hat.**

Schrifttum: Eckelskemper RhNK **81**, 147; Möhring/Seebrecht, AufwendgsErsAnspr des vermeintl TV, JurBüro **78**, 145; Glaser MDR **83**, 93; Schmidt KTS **82**, 591.

1) Der Vergütungsanspruch des TV unterliegt der Bestimmg des Erbl. Dieser kann dch Test eine verbindl Festlegg dahin treffen, daß der von ihm eingesetzte TV eine Vergütg nicht od nur in bestimmter Höhe od Art erhalten soll; bei nicht eindeut Vfg muß sein wirkl od mutmaßl Wille erforscht werden (BayObLG Rpfleger **80**, 152). Der TV kann, wenn er das Amt annimmt, dann nur die festgelegte Vergütg verlangen (BGH WM **69**, 410), ohne daß deren Angemessenh zu prüfen ist. Ist sie unangemessen hoch, stellt sie insow ein unter der Bedingg der Amtsannahme stehendes Vermächtn dar; eine Verwaltgsanordng iS von § 2216 II liegt darin nicht. – Erfährt der TV erst nachträgl dch ein später aufgefundenes Test, daß er sein Amt unentgeltl führen soll, kann er kündigen u für seine bis dahin geleistete Tätigk eine Vergütg verlangen (H/Winkler Rz 629; s auch unten b). Der Erbl kann die Vergütg auch indirekt bestimmen, indem er einen **Dritten** mit ihrer Festsetzg betraut (§§ 2156; 315 ff; BGH WM **72**, 101). – Nur wenn der Erbl keine Bestimmg getroffen hat, steht dem TV eine **angemessene** Vergütg zu, für die es keine ges Gebührenregelg gibt (s Anm 2). – **Kein** VergütgsAnspr besteht außer im Falle seines Ausschlusses dch den Erbl auch dann, wenn der TV bereits vor Annahme entlassen wurde od er sonst keine Tätigk entfaltet hatte. – Der Vergütgs-Anspr ist **abtretbar** (KG NJW **74**, 752).

a) Sind mehrere TV ernannt, kann jeder die seiner Tätigk entspr Vergütg unabhängig von den and TV beanspruchen (BGH NJW **67**, 2400). Ihre Vergütgen können verschieden hoch sein, weil es auf die Aufgabe, Leistg u Verantwortg jedes einzelnen ankommt, so daß insgesamt eine Verdopplg ggü dem einzelnen TV eintreten wird (H/Winkler Rz 605). Eine Vereinbarg mehrerer TV untereinander üb ihre Vergütg ist unzulässig (BGH NJW **57**, 947). – Die Aufwendgen eines jeden TV sind gesondert abzurechnen.

b) Vermeintlicher Testamentsvollstrecker. Wer als TV tätig geworden ist, obwohl sich nachträgl seine Ernenng als unwirks erweist, kann im Falle seiner Gutgläubigk wie ein TV je nach Lage des Einzelfalls Vergütg verlangen, da die tatsächl Arbeit u Verantwortlichk denselben Umfang hat. AnsprGrdlage ist dann nicht § 2221, sondern GeschäftsbesorggsVertr, §§ 675, 612 (BGH NJW 63, 1615; aA Dittus NJW 61, 590: nur BereichergsAnspr). Haben allerd die Erben die TVollstrg von vorneherein bestritten, kommt nur die entspr Anwendg von §§ 2218, 2221 in Betr; diese ist auch gerechtfertigt, weil von einem gesetzl SchuldVerhältn auszugehen ist (u keinem rechtsgeschäftl), bei dem der Erbe den vom Erbl formgerecht gesetzten RSchein gg sich gelten lassen muß (H/Winkler Rz 632; aA BGH NJW 77, 1726: kein Anspr). Nur wenn der TV den Mangel seiner Ernenng kannte od kennen mußte, steht ihm kein Anspr zu (Schelter DNotZ 78, 494). – Ist das wirks begründete Amt nachträgl entfallen, nimmt der TV jedoch irrtüml dessen Fortbestand an, gilt die Vollstrg zugunsten des TV als fortbestehend (§§ 674, 2218), weil zunächst ein auf dem Willen des Erbl beruhendes besond ges Verhältn von ggseit Rechten u Pfl bestanden hat (BGH 69, 235).

2) Eine Gesamtvergütung in Form einer einmaligen Zahlg sieht § 2221 vor. Sie wird idR dch einen Hundertsatz vom BruttoNachl ausgedrückt (zu dessen Ermittlg s Anm 3). Für die Höhe der angemessenen Vergütg sind stets die Umstände des Einzelfalls maßgebend, näml der dem TV im Rahmen der Vfg u TVw nach dem Gesetz obliegende Pflichtenkreis, der Umfang der ihn treffenden Verantwortg (§§ 2219; 276) u die von ihm geleistete Arbeit. Zu berücksichtigen sind dabei die Schwierigk der geleisteten Aufgabe, die Dauer der Abwicklung od der Verwaltg, die Verwertg besond Kenntnisse u Erfahrgen sowie die Bewährg einer sich im Erfolg ausdrückenden Geschicklichk (BGH WM 72, 101; DNotZ 68, 355; **LM** Nr 2 mAv Haegele Rpfleger 63, 79). – Nur bei längerer Verwaltg ist es zulässig, daß die Vergütg in Teilen gezahlt wird entspr den Zeit- u Arbeitsabschnitten der Konstituierg des Nachl u der sich daran je nach Anordng des Erbl anschließenden weiteren Verwaltg (BayObLG 72, 379):

a) Eine Konstituierungsgebühr kann der TV als einmalige Sondervergütg neben der nach § 2221 verlangen, wenn er entw dies mit den Erben vereinbart hat od wenn er zu Beginn der TVollstrg eine besonders arbeitsreiche u verantwortgsvolle Tätigk hat entfalten müssen (BGH NJW 63, 1615; BayObLG aaO). Unter **Konstituierung** versteht man die Ermittlg u Inbesitznahme der NachlGgstände (§ 2205), die Aufstellg des NachlVerzeichnisses (§ 2215), die Regelg der Fordergen u der vom Erbl herrührenden Schulden, die Bezahlg der Beerdigg, des Grabsteins u der ErbschSteuer. Die Auseinandersetzg des Nachl gehört nicht dazu. Mit Beendigg dieser oft aufwendigen Tätigk hat der TV die Grdlage für die weitere laufende Verwaltg geschaffen. – Für die **Höhe** dieser Sondergebühr haben in der Praxis die Richtlinien des Rheinischen Notariats Bedeutg gewonnen, die eine Staffelg nach dem Wert des Brutto-Nachl vorsehn, bei normaler Abwicklg für die ersten 20 000 DM 4%, darüber hinaus bis 100 000 DM 3%, darüber bis 1 Mio 2% u darüber 1% (s bei H/Winkler Rz 580); eine schematische Anwendg kommt wg der Besonderh jedes Einzelfalls aber nicht in Betr. Der im Schriftt gegebenen Empfehlg, diese von 1925 stammenden Richtsätze wg der heute idR schwieriger liegenden Verhältn etwas zu erhöhen (dazu Möhring S 357; Tschirschke JurBüro 65, 89; Esch/Schulze zur Wiesche Rz 651; Glaser NJW 62, 1998; H/Winkler Rz 581), kann zwar nicht generell gefolgt werden, zumal heute die Nachl nominale Wertsteigergen aufweisen (BGH NJW 67, 2400); jedoch ist dies bei entspr Verhältn des Einzelfalls gerechtfertigt.

b) Eine Verwaltungsgebühr kommt daneben in Betr, wenn sich an die Konstituierg eine längere Verwaltg anschließt (zB bei Unternehmensführg; mindeerj Erben) od die Verwaltg eine besond umfangreiche u zeitraubende Tätigk erfordert. Bei der Bestimmg dieser Gebühr sind §§ 315, 316 entspr anzuwenden (BGH NJW 63, 1615). Ihre **Höhe** ist erhebl niedriger zu bemessen als die Konstituiergsgebühr (BGH NJW 67, 876; s auch KG NJW 74, 752). Im Regelfall wird sie in Hundertsätzen vom Bruttowert des Nachl (1/3%–1/2%) od vom Jahresbetrag der laufenden Einkünfte (2–4%) bemessen u in periodischen Zeitabschnitten (jährl) laufend gezahlt (s Glaser DB 79, 877; MDR 83, 93; H/Winkler Rz 595ff). Über die Vergütg des TV, der eine Tätigk als Unternehmer in einem zum Nachl gehörden Betrieb ausübt, s LG Hbg MDR 59, 761.

c) Verminderung der Regelgebühr ist mögl: Bei **vorzeitiger** Beendigg des Amts infolge Kündigg (§ 2226) od Entlassg (§ 2227) od bei Anordng einer NachlVerwaltg mindert sich die Vergütg entsprechend (vgl auch § 628). Dies gilt auch bei testamentarisch festgelegter Vergütg (BGH bei Keßler DRiZ 66, 398). Bei Entlassg wg gröbl Pflichtverletzg kann uU sein Anspr ganz entfallen (s Anm 4d). – Bei **besonders schneller** Abwicklg des Nachl infolge seiner einfachen Zusammensetzg ist ein Abschlag von der Regelvergütg vorzunehmen (H/Winkler Rz 608). – Überläßt der TV Arbeiten, die er zumutbar selbst hätte erledigen können, zu seiner Entlastg einem **Dritten** gg Vergütg, mindert sich seine eigene im Umfang der dadch unnötig verursachten Kosten (vgl BGH BB 67, 184); zum Kostenersatz für Hilfspersonen s § 2218 Anm 2e.

d) Aufwendungsersatz regeln §§ 2218, 670. Einzelh s § 2218 Anm 2e.

3) Bemessungsgrundlage für die Vergütg ist der gemeine Wert des der Vollstrg unterstellten Nachl. Sie kann allerd bei den Gebühren für die Konstituierg u die weitere Verwaltg verschieden sein, zB wenn der TV Ggstände freigegeben, Schulden getilgt, Vermächtnis erfüllt hat u dann nur noch einen RestNachl verwaltet. Die Vergütgsrichtsätze beziehen sich auf den BruttoNachl, dh auf die Summe der Aktiva, weil sonst bei Überschuldg die Vergütg zu versagen wäre, obwohl gerade dann die Regelg der NachlVerbindlk besondere Mühe bereitet u mit hoher Verantwortg verbunden ist. Anders ist es dagg, wenn die Regelg der Verbindlichk nicht in den Aufgabenbereich des TV fällt (vgl BGH **LM** Nr 2). Maßgebl Ztpkt für die Bewertg ist idR der Erbfall. Bei längerer Dauer der TVollstrg kann es gerechtfert sein, für spätere Zeitabschnitte von dem dann veränderten Wert auszugehen (BGH NJW 63, 1615; H/Winkler Rz 594). Der Anteil an einer Personen-Gesellsch, auf den sich der Machtbereich des TV nicht bezieht, kann bei der Bewertg für die Konstituiergsgebühr einzubeziehen sein (H/Winkler Rz 576).

4) Fälligkeit. Die Vergütg wird idR mit Beendigg des Amts in einem Betrag fällig (§§ 614, 628). Ein Anspr auf Vorschuß besteht nicht. Bei länger dauernder Verwaltg (§ 2218 II), insbes bei Dauervollstrg (§ 2209), kann der TV seine Vergütg allerd in periodischen Abschnitten (jährl nachträgl) verlangen (BGH WM 64, 950; BayObLG 72, 380). Die Schlußvergütg kann erst nach Rechnsglegg verlangt werden (BGH **LM** Nr 1).

Testament. 6. Titel: Testamentsvollstrecker §§ 2221, 2222

a) Entnahme. Der TV kann die vom Erbl bestimmte, sonst die von ihm für angemessen erachtete Vergütg grdsl selbst dem Nachl entnehmen (BGH WM **72**, 101). Da der TV aber ihre Höhe ohne eine dahingehende Bestimmung des Erbl weder für sich noch für einen MitvollstreckerTV festsetzen kann (BGH WM **73**, 360), trägt er dabei das Risiko, daß der entnommene Betrag nicht der tatsächl geschuldete ist (BGH NJW **63**, 1615). Die Entnahme einer zu hohen Vergütg kann sogar ein EntlassgsGrd sein (s § 2227 Anm 2a). Ob er sich die zur Entnahme erforderl Geldmittel dch Veräußerg von Sachwerten (zB Aktien) verschaffen darf, hängt von den Einzelumständen ab (BGH aaO). Wertvolle NachlGgstände darf er jedenf nur versilbern, wenn besond Umstände dies rechtfertigen od die Erben dem zustimmen, andernf SchadensersatzPfl besteht (BGH WM **73**, 360).

b) Schuldner sind die Erben. Die Vergütg ist NachlVerbindlichk u aus dem Nachl zu leisten (s auch KO 224 Nr 6; dazu Haegele KTS **69**, 162). Die Vergütg eines VermächtnTV geht auf Rechng des Vermächtn-Nehmers (H/Winkler Rz 641). Dieser kann auch sonst uU mindestens teilw mit der Vergütg belastet werden, wenn sein Vermächtn unverhältnismäß hoch im Vergl zum Rest des Nachl ist, der dem Erben verbleibt. – Beim Erben können Aufwendgen des TV Betriebsausgaben sein (s BFH NJW **78**, 1880).

c) Festsetzung. Im Streitfall zwischen TV u Erben ist für die Festsetzg der Vergütg das Prozeßgericht zuständig (nicht das NachlG, BGH WM **72**, 101; dazu Johannsen WM **73**, 56). Der TV hat in seiner Klage den von ihm verlangten Betrag grdsl im Antrag zu beziffern (RG JW **37**, 3184).

d) Verwirkung der Vergütg kann nur ausnahmsw bei besond schwerwiegenden vorsätzl od grob fahrläss Verstößen des TV gg seine Amtspflichten eintreten, dagg nicht, wenn er in dem Glauben, zum Wohle der Erben zu handeln, dch irrtüml Beurteilg der Sach- u Rechtslage fehlerhafte Entschlüsse faßte u Entscheidgen traf (BGH DNotZ **76**, 559; **80**, 164).

e) Verjährung: Der VergütgsAnspr verjährt nach 30 Jahren (§ 195; BGH WM **69**, 1411).

5) Ein Zurückbehaltungsrecht (§ 273) hat der TV wg seiner Vergütg ggü dem Anspr des Erben auf Herausgabe des Nachl, nicht aber ggü dem Anspr auf Auskunft u Rechnglegg (§ 2218) u nicht ggü dem ÜberlassgsAnspr nach § 2217 (s dort Anm 2e). Die Ausübg des ZbR kann allerd bei besond Umständen gg § 242 verstoßen.

6) Steuerpflicht. Die Tätigk des TV fällt für die EinkSt unter selbständige Arbeit (EStG 18 I Nr 3); s dazu H/Winkler Rz 653ff. – Der **Umsatzsteuer** unterliegt die Vergütg dann nicht, wenn der TV seine Tätigkeit einmalig, aber nicht nachhaltig ausübt u wenn er sie nicht im Rahmen seiner freiberufl Tätigk (als RA; Steuerberater usw) erbringt. Mehrjährige Verwaltgstätigk bei großem Vermögen ist idR umsatzsteuerpflichtig (s BFH BStBl **76** II 57). Bei einem RA ermäßigt sich der Steuersatz grdsl nicht, wohl aber bezügl seiner anwaltstyp Tätigkeiten (dazu BFH NJW **88**, 224). Der TV kann dann die UmsatzSt nicht zusätzl zu seiner Vergütg verlangen, da diese ein Bruttoentgelt ist (H/Winkler Rz 660).

2222 *Nacherbenvollstrecker.* Der Erblasser kann einen Testamentsvollstrecker auch zu dem Zwecke ernennen, daß dieser bis zu dem Eintritt einer angeordneten Nacherbfolge die Rechte des Nacherben ausübt und dessen Pflichten erfüllt.

1) Testamentsvollstrecker für Nacherben. Die Vorschr regelt den Fall, daß ein TV während der Vorerbschaft die Rechte u Pflichten des NachE wahrnehmen soll. Im Zw ist nicht anzunehmen, daß der im ernannte TV zugl auch mit der Wahrnehmg der Rechte u Pflichten des NachE bis zum Eintritt einer angeordneten NachErbsch betraut ist (BayObLG **59**, 129; LG Oldbg Rpfleger **81**, 197).

a) Stellung. Der Nacherbenvollstrecker beschränkt nicht den VorE, sond den NachE, dem ggü er auch verantwortl ist. Der MitVorE kann ein solcher TV sein, der alleinige VorE nur bei Mehrh von Vollstr (§ 2224 I), da er dann durch die Mitvollstrecker genügd überwacht wird (KG JFG **11**, 126); er kann auch neben einem für die Verwaltg der VorErbsch ernannten TV bestellt werden. Für Zulässigk der Ernenng des alleinigen VorE zum TV für den NachE aber Rohlff DNotZ **71**, 527ff; s auch § 2197 Anm 3. – Die auszuübenden **Rechte** ergeben sich aus §§ 2116–2119, 2121–2123, 2127, 2128 (vgl auch § 2115; ZPO 773), die **Pflichten** aus §§ 2120, 2123. Er hat die gleiche Stellg wie der verwaltende TV. Auf die Rechte des NachE kann der TV nicht verzichten, insb nicht dessen Anwartschaft übertragen (KG JW **37**, 1553); wohl aber auf die Eintragg des NE-Vermerks im GBuch (BayObLG **89**, 183). Er erteilt die nach §§ 2113ff erforderl Zustimmg des NachE zu Vfg des VorE über ErbschGgstände (Staud/Reimann Rz 10); er bedarf nicht einer etwa sonst erforderl vormundschaftl Genehmigg (Einf 2a vor § 2197); ebenso ist er üb § 2112 Anm 1. Die für den befreiten VorE bestehdn Erleichtergen (§§ 2136, 2137) hat er zu beachten (H/Winkler Rz 159). – Die Bestellg eines Pflegers aus §§ 1909, 1913 erübrigt sich mangels Bedürfnisses (s BayObLG NJW **60**, 966).

b) Beendigung des Amts. Tritt Vorerbschaft nicht ein (zB bei Ausschlagg), kommt es gar nicht zur TestVollstrg für den NachE (BGH NJW **77**, 1726). Im übrigen endet das Amt des TV mit dem Eintritt der Nacherbfolge (§ 2139). Vermerk im GBuch (GBO 51, 52) u Erbschein (§ 2363) wie beim VorE. – Der Anspr auf **Vergütung** (§ 2221) richtet sich gg den NachE, nicht gg den VorE; Haftg wie für gewöhnl NachlVerbindlichk (Staud/Reimann Rz 12).

2) Gewöhnliche Testamentsvollstreckung liegt dagg vor bei Einsetzg eines TV für den **Vorerben** während der Vorerbschaft **oder für den Nacherben** während der Nacherbsch (s BayObLG **58**, 299; Erman/Hense Rz 1). Bei Personengleichheit des TV ist ein einheitl TVZeugnis (§ 2368) zu erteilen (BayObLG **59**, 129). Ob die TestVollstrg bereits mit dem Erbfall od erst mit dem Nacherbfall (gewöhnl TestVollstrg zur Verwaltg des dem NachE angefallenen Nachl) beginnen soll, hängt von dem notf durch Auslegg zu ermittelnden Willen des Erbl ab (BayObLG **58**, 301). – Der NachE kann zum TV für den VorE (OLG **40**, 136), nicht aber der alleinige VorE zum alleinigen TV für den NachE nach § 2222 (Staud/Reimann Rz 5) bestellt werden; für VorE u NachE kann derselbe TV bestellt werden. Die Bestimmg des Zeitpunkts,

2033

§§ 2222–2224   5. Buch. 3. Abschnitt. *Edenhofer*

in dem die Nacherbfolge eintreten soll, kann aber dem TV nicht übertragen werden (vgl § 2065 Anm 1a). Über die RStellg des TV bei gewöhnl TestVollstrg, wenn Vor- u Nacherbfolge besteht, s § 2112 Anm 1; § 2205 Anm 3d. Der für den VorE u den NachE bestellte TV kann NachlGgstände dem VorE entgeltl zur freien Vfg dergestalt überlassen, daß die nacherbenrechtl Beschrkgen erlöschen u sie aus dem Nachl ausscheiden (KG JFG 11, 121). – Hat der NachE für seinen Nachl einen TV ernannt, übt dieser beim Tod des NachE vor dem Nacherbfall die dem NachE währd der Dauer der Vorerbsch zustehenden Befugnisse aus (RG 103, 356). – Über TestVollstrg für den **befreiten Vorerben** s § 2205 Anm 3a; BayObLG 59, 129.

2223 *Vermächtnisvollstrecker.* Der Erblasser kann einen Testamentsvollstrecker auch zu dem Zwecke ernennen, daß dieser für die Ausführung der einem Vermächtnisnehmer auferlegten Beschwerungen sorgt.

1) Vermächtnisvollstrecker. Der Erbl kann den TV zu dem Zweck ernennen, für die Ausführg der einem VermächtnNehmer auferlegten Beschwergen zu sorgen, zB für die Vollziehg einer Auflage (BayObLG 86, 34). Die Fürsorge für Untervermächtnis und Auflagen (auch NachVermächtn, § 2191) kann dem TV neben seinen anderen wie auch als einzige Aufgabe übertragen sein. An Stelle des Nachl tritt das beschwerte Vermächtn. Der TV verwaltet es u verfügt darüber. Er ist nach §§ 2212, 2213 klagberechtigt u beklagbar (RG DJZ 24, 475). Der TV ist dem VermächtnNehmer, dem UntervermächtnNehmer (§ 2186) u dem NachvermächtnNehmer (§ 2191) ggü verantwortl. – Hier kann auch der AlleinE TV sein. – Im Erbschein ist der VermächtnVollstr nicht zu erwähnen (KGJ 46, 141; Staud/Reimann Rz 13). Ihm ist jedoch ein Zeugnis nach § 2368 zu erteilen (§ 2368 Anm 2b).

2) Die Verwaltung des einem VermächtnNehmer zugewendeten **Gegenstandes** (zB eines Grdst, einer Fabrik) kann aber auch dem TV als einzige Aufgabe od für die Zeit nach Ausführg der Beschwergen übertragen werden. Das G sagt das zwar nicht ausdrückl. Jedoch sind die §§ 2209, 2210 entspr anzuwenden (BayObLG 86, 34). Ein solcher TV kann dann zugl für den Erben und den VermächtnNehmer bestimmt werden (BGH 13, 203). Einsetzg der Witwe auf den Pflichtt, verbunden mit dessen Verwaltg durch einen „Pfleger", kann als Vermächtnis u Ernenng eines TV nach § 2223 angesehen werden (BayObLG RJA 15, 24). Auch Einsetzg eines TV zur Ausübg der Rechte des NachvermächtnNehmers bis zum Anfall des NachVermächtn (§ 2191) ist zuläss (Dietrich NJW 71, 2017; Staud/Reimann Rz 10). – Einem TV kann auch die Verwaltg eines **Erbersatzanspruchs** (§ 1934a) übertragen werden.

2224 *Mehrere Testamentsvollstrecker.* ¹Mehrere Testamentsvollstrecker führen das Amt gemeinschaftlich; bei einer Meinungsverschiedenheit entscheidet das Nachlaßgericht. Fällt einer von ihnen weg, so führen die übrigen das Amt allein. Der Erblasser kann abweichende Anordnungen treffen.

ⁱⁱJeder Testamentsvollstrecker ist berechtigt, ohne Zustimmung der anderen Testamentsvollstrecker diejenigen Maßregeln zu treffen, welche zur Erhaltung eines der gemeinschaftlichen Verwaltung unterliegenden Nachlaßgegenstandes notwendig sind.

1) Gesamtvollstrecker sind mehrere TV (§§ 2197, 2199, 2219 II), sofern nicht jemand lediglich als Ratgeber od Anwalt dem TV empfohlen ist (vgl RG 130, 138). Sie führen das Amt gemeinschaftl nach innen wie außen (BGH NJW 67, 2402). Doch können sie vorbehaltl ihrer Haftg (§§ 2218, 664) die Ausführg einem TV od Dritten übertragen (vgl § 2218 Anm 2a und KG JFG 7, 279) od den Wirkgskreis unter sich aufteilen. Auskunft u Rechensch kann von jedem gefordert werden; GBBerichtiggszwang (GBO 82) nur gg alle (Mü HRR 38 Nr 1019). – Aus der gemeinschaftl Amtsführg folgt, daß grdsätzl (abgesehen von abweichenden Anordngen des Erbl) mehrere TV nur gemeins Anträge stellen u Beschwerde einlegen können (Mü JFG 20, 121; str; aM Erman/Hense Rz 2). Ausnahmen hiervon bei Außerkraftsetzg einer Anordng (§ 2216 Anm 3c) u bei Meingsverschiedenh (s Anm 2; FGG 82). – **Nachfolgerernennung** (§ 2199 II) gehört nicht zur Amtsführg iS des § 2224 (KG DFG 42, 45; ebso RGRK § 2199 Rz 2). Bei Meingsverschiedenh, ob nach der Bestimmg des Erbl ein einziger TV seinen Nachfolger ernennen darf od nur mehrere gemeins, entsch nicht das ProzeßG; dagg das NachlG gem I, wenn mehrere zur Ernenng berufene TV sich über die Person des Nachfolgers nicht einigen können (vgl Staud/Reimann Rz 12, 13).

2) Meinungsverschiedenheiten entscheidet auf Antr, zu dem jed MitVollstr od ein and Beteiligter berecht ist, das **Nachlaßgericht** (Richter, RPflG 16 I Nr 4) unter Ausschl des ProzeßG. Rechtsmittel ist die sofortige Beschwerde (FGG 53; 60 Nr 6; 82 II), zu der nur der AntrSteller berecht ist (FGG 20 II). – Gebühr: KostO 113. – Bei landw Grdst iS der HöfeO entscheidet das LwG (Soergel/Damrau Rz 10).

a) Voraussetzung ist, daß es sich um einen Streit innerh der gemeinschaftl sachl Amtsführg handelt (BGH 20, 264; BayObLG MDR 78, 142; aA Baur JZ 56, 494). Dagg ist das ProzeßG zuständ, wenn die TV darüber uneinig sind, ob eine VerwaltgsHdlg überh zum gemeinschaftl Verwaltgskreis gehört, insb ob sie mit dem G od der letztw Vfg des Erbl in Einklang steht. Nach Hbg MDR 53, 364 kann das NachlG überh nicht über RFragen entscheiden. Vgl dagg Staud/Reimann Rz 12, wonach das NachlG nur dann ausscheidet, wenn die RFragen den eigentl Ggst des Streites bilden.

b) Entscheidung. Das NachlG kann nur aussprechen, daß der sich weigernde MitTV zuzustimmen habe od die Entscheidg ablehnen. Es kann aber nicht die verweigerte Zustimmg ersetzen (str; KG DR 43, 353; Soergel/Damrau Rz 7 mN), weil I sich nach §§ 1365 II, 1369 II, 1426, 1430, 1452 I, 1727, 1748, 1803 III, 1917 III deckt; über den Vollzug s Sauerlandt DFG 40, 13. Der TV, dessen Meing gebilligt wurde, kann notf allein die Maßnahmen durchführen (Kipp/Coing § 74 I 1; str). Wenn das NachlG keine der vertretenen *Meingen* billigt, ist es nicht befugt, an Stelle der Streitenden selbst zu entscheiden; es muß die Entscheidg ablehnen (hM; vgl KG JW 36, 1017; § 1797 Anm 4). Eine unzulässige dritte Meing des NachlG liegt aber nicht vor, wenn es von der gebilligten Meing eines TV nur unwesentl abweicht, od wenn sich die Meingen

2034

Testament. 6. Titel: Testamentsvollstrecker §§ 2224–2226

der TV (zB hinsichtl der Höhe eines Kaufpreises) nur dem Betrag nach unterscheiden u es sich für einen Betrag entscheidet, der in der Mitte zw dem höchsten u dem niedrigsten Vorschlag bleibt. Vgl Mü JFG **15**, 344.

3) Der Wegfall eines TV kann durch Ablehng od Beendigg des Amtes (§§ 2202, 2225–2227) eintreten sowie bei dauernder tatsächl od rechtl Behinderg, zB infolge Interessenwiderstreits (RG **98**, 174; KGJ **46**, 134) od im Falle des § 181 (§ 34 entspr, Kipp/Coing § 74 III); Vermißter auch vor Amtsannahme (ÖGH NJW **50**, 64); weiterghd Oldbg ZJBlBrZ **48**, 144, wonach Wegfall auch dann anzunehmen ist, wenn ein TV zu der Zeit, in der seine Tätigkeit zu erfolgen hat, nicht zur Vfg steht.

4) Abweichende Anordnungen kann der **Erblasser** durch letztw Vfg für den Wirkgskreis der TV treffen, zB Teilg des Aufgabenkreises **(Nebenvollstrecker).** Er kann für Ersatz sorgen u bei Wegfall eines TV die Beendigg des TestVollstrg überh vorschreiben (KG JR **55**, 65), auch die Entscheidg des NachlG ausschließen u sie einem Dritten übertragen; nicht aber umgekehrt die GenehmiggsPfl des NachlG vorschreiben. Auch kann er nicht die Initiative des einzelnen TV im Rahmen des **II**, die uU zur Pfl werden kann, lähmen od ausschließen, wie Sinn und Anordg des G ergeben.

5) Ohne Zustimmung der anderen kann der MitVollstr bei dringl Geschäften (uU auch Beitreibg einer NachlFdg, RG **98**, 174) tätig werden. Auch die Verteidigg ggü Forderngen, die zu einer Schmäler des Nachl führen können, fällt unter die Einzelzuständigk eines jeden TV, zB die Einlegg eines Rechtsmittels gg einen vollstreckb Titel wie Kostenrechn eines Notars (Saarbr NJW **67**, 1137). Im übrigen gelten §§ 677ff. Genehmigg nach §§ 177ff, 185 ist mögl, aber auch notw, wenn **II** nicht gegeben war; in diesem Fall kann er auch das NachlG (**I 1**) anrufen (RGRK Rz 15).

6) Über Vergütung für den Fall, daß mehrere TV ernannt sind, s § 2221 Anm 1a.

2225 *Erlöschen des Amtes.* **Das Amt des Testamentsvollstreckers erlischt, wenn er stirbt oder wenn ein Fall eintritt, in welchem die Ernennung nach § 2201 unwirksam sein würde.**

1) Das Amt des Testamentsvollstreckers endet in den in §§ 2225–2227 genannten Fällen, außerdem bei Eintritt einer auflösenden Bedingg od Endfrist, bei Ablauf der Frist des § 2210 u durch Erledigg der zugewiesenen Aufgaben, wobei weder eine Niederlegg des Amts noch eine Anzeige an das NachlG od eine Aufhebg der TestVollstrg notw ist (RG **81**, 166; BGH **41**, 23). Ferner, wenn die Erben nach Erledigg seiner übrigen Aufgaben vereinbaren, die Auseinandersetzg zu unterlassen und die ErbenGemsch fortzusetzen (vgl § 2204 Anm 1; LG Hann JR **50**, 693 mAv Hartung). – Das Amt endet aber nicht durch Vereinbg des TV mit den Erben; hieraus kann sich aber eine Verpflichtg zur Amtsniederlegg ergeben (BGH NJW **62**, 912; s auch § 2226 Anm 1). Durch NachlVerwaltg, Konkurs über den Nachl od das Vermögen des TV wird sein Amt nicht beendet (vgl auch Einf 3 vor § 2197). Jedoch wird er in ersterem Falle nach § 2221 zu entlohnen, bei EigenKonk od Abgabe der eidesstattl Vers regelm zu entlassen (§ 2227) sein. – Ein **Streit** darüber, ob die TestVollstrg als solche beendet ist, kann nur vor dem ProzeßG ausgetragen werden (BGH **41**, 23; KG JR **51**, 732; BayObLG **53**, 360; Schlesw SchlHA **57**, 303). Jedoch hat sich das NachlG als Vorfrage damit zu befassen, wenn die Fortdauer des Amtes Voraussetzg für eine zu treffende Entscheidg (zB üb Entlassg) ist (BayObLG **88**, 42; § 2227 Anm 5).

2) Durch den Tod des TV (bei jur Pers durch Verlust der RechtsFgk) endet sein nicht vererbl Amt. Es ist nach §§ 2218, 673 S 2 uU durch seinen Erben (od gesetzl Vertreter des Erben, Kipp/Coing § 75 I) einstw weiterzuführen. Tod des Erben beendet die Vollstrg nur, wenn sie gerade für ihn od seine Lebenszeit (vgl § 2338) angeordnet war (Mü NJW **51**, 74). Ergeben sich nachträgl RückerstattgsAnspr, lebt die TestVollstrg wieder auf (Mü aaO); sie war in Wirklichk noch gar nicht beendet (RGRK Rz 10). – Prozesse führt der Erbe fort (ZPO 241, 246). – Ferner tritt bei **Unfähigkeit** (§ 2201) endgültige Amtsbeendigg ein.

3) Folgen der Amtsbeendigung sind die Herausgabe- u RechenschPfl (§§ 2218; 666, 667; 259–261), das Kraftloswerden des Zeugnisses (§ 2368 III mit Anm 4), Löschg des Grdbuchvermerks (GBO 52) nach GBO 22 I, 84 (dazu Mö-Gladb RhNK **80**, 10). Ob nach Entlassg des TV § 878 Anwendg findet, ist str (s dazu § 878 Anm 2c, cc). Hins Unterbrechg anhängiger Prozesse s § 2212 Anm 1b. – Die Vollstrg selbst endet dagg dann nicht, wenn Erbl Ersatzbestimmungen traf (§§ 2197 II; 2199 II; 2200; 2224 I 3; RG **156**, 76; Hamm Rpfleger **58**, 15). In diesem Fall kann die Vollstrg auch nicht durch Vereinbg der Erben u des TV aufgehoben werden.

4) Zeugnis. Üb eine Erteilg nach Amtsbeendigg s § 2368 Anm 4 (aE); Stgt DNotZ **81**, 294.

2226 *Kündigung.* **Der Testamentsvollstrecker kann das Amt jederzeit kündigen. Die Kündigung erfolgt durch Erklärung gegenüber dem Nachlaßgerichte. Die Vorschriften des § 671 Abs. 2, 3 finden entsprechende Anwendung.**

1) Kündigung steht im Belieben des TV. Die Fortführg des Amtes ist freiwillig wie seine Übernahme (vgl auch § 671 I). Ein Verzicht auf das KündR hindert entspr § 671 III nicht die Künd bei wichtigem Grunde (schwere Erkrankg, anderw Überlastg, Verfeindg mit Erben od Mitvollstr). – Die (formlos mögl) zugegangene Künd (S 2, § 130) ist **unwiderruflich,** aber in gleicher Weise – dch Erklärg ggü dem NachlG – nach § 119 anfechtb (KG RhNZ **32**, 140). Anfechtg der Kündigung verpflichtet zum SchadErs (nicht nach § 122, da das NachlG ja keinen Schaden erleidet) wie unzeitgemäße Kündigg (§§ 671 II, 2219; Staud/Reimann Rz 4). – Teilw Künd ist mögl, wenn mit dem Willen des Erbl vereinb. Dieser kann die Künd u damit die Freiwilligk der Amtsführg nicht ausschließen, wohl aber eine Zuwendg entspr auflös bedingen. – **Vereinbarung** einer Verpflichtg des TV zur Amtsniederlegg mit dem Erben ist zuläss und einklagb (RG **156**, 75; BGH **25**, 281;

2035

§§ 2226, 2227

NJW 62, 912; FamRZ 66, 140). Nichteinhaltg der Vereinbg könnte uU auch einen EntlassgsGrd (§ 2227) darstellen (Hamm JMBl NRW 58, 101). Coing JZ 58, 170 Anm hält einschränkd eine derartige Vereinbg nur für zuläss, wenn dadurch die Unabhängigk des TV nicht beeinträchtigt wird. – Unzulässig ist eine Verpflichtg des TV, das Amt jederzeit auf Verlangen eines od aller Erben niederzulegen (BGH 25, 275 = LM Nr 2 zu § 2205 mAv Johannsen), sofern nicht der Erbl dies ausdrückl od stillschw gebilligt hat. – **Gebühr:** KostO 112 I Nr 6.

2) Wirkung. Das Amt des TV erlischt dch die Kündigg. Die Vollstrg als solche endet allerd dann nicht, wenn der Erbl Ersatzbestimmungen getroffen hat (§§ 2197 II; 2199 II; 2200; 2224 I 3; s § 2225 Anm 3). Die Ernennung des ErsatzVollstr (§ 2199 II, III) muß spätestens gleichzeit mit der Kündigg erfolgen (vgl Staud/Reimann § 2199 Rz 6).

3) Einen Streit, ob eine Kündigg des TV-Amtes wirks erfolgt od die erklärte Kündigg wirksam angefochten ist, hat das ProzeßG (nicht nach NachlG) zu entscheiden. Das NachlG kann dies nur als Vorfrage prüfen, zB im Rahmen einer Entscheidg nach § 2200.

2227 *Entlassung.* ¹Das Nachlaßgericht kann den Testamentsvollstrecker auf Antrag eines der Beteiligten entlassen, wenn ein wichtiger Grund vorliegt; ein solcher Grund ist insbesondere grobe Pflichtverletzung oder Unfähigkeit zur ordnungsmäßigen Geschäftsführung.
ᴵᴵDer Testamentsvollstrecker soll vor der Entlassung, wenn tunlich, gehört werden.

1) Die Entlassung setzt eine gültige Ernenng des TV voraus, die vAw zu prüfen ist. Das NachlG (s Anm 4) kann den TV „gegen seinen Willen" (FGG 81 II) entlassen (auch schon vor dem Amtsantritt u Annahme), wenn ein wichtiger Grd vorliegt, aber nicht mehr nach Erlöschen des Amtes (s Anm 5). Es darf nach Stellg des Antr (Anm 3) sich nicht nur auf die Prüfg der vorgebrachten Gründe beschränken, sond hat alle erforderl Ermittlgen vAw vorzunehmen (BayObLG 88, 42). Die Entlassg bewirkt die endgült Amtsbeendigg; eine nur vorläufige kommt daher nicht in Betr (s Anm 4). – Über Entlassg des TV im Falle seiner Ernenng dch das NachlG ohne Ersuchen des Erbl s § 2200 Anm 2.

2) Wichtiger Grund (I) ist nicht nur bei den im Ges bes genannten Beispielsfällen gegeben (dazu Anm a; b), sond kann sich auch aus and objekt Gründen ergeben u setzt ein Verschulden nicht voraus (zB bei Unfähigk infolge Krankh). Er liegt auch dann vor, wenn der TV begründeten Anlaß zu der Annahme gibt, daß ein längeres Verbleiben im Amt der Ausführg des ErblWillens hinderlich sei; od daß sich dadch eine Schädigg od eine erhebl Gefährdg der Interessen der an der Ausführg od am Nachl Beteiligten ergeben würde (BayObLG 85, 298). Tatsachen, die dem Erbl bei der Berufg des TV **bekannt** waren, rechtfertigen die Entlassg regelm nicht; vielmehr muß dann berücksichtigt werden, ob der Erbl diesen TV nicht ernannt hätte, wenn er die späteren Auswirkgen dieser Tatsachen gekannt hätte (Düss RhNK 65, 505).

a) Grobe Pflichtverletzung kann sein: Eigennütziges Verhalten (ausnahmsw nicht, wenn der TV auch bei pflichtgemäßer Einstellg in der gleichen Weise hätte handeln dürfen, OGH 3, 242); Mißachtg der vom Erbl letztw verfügten Verwaltgs-Anordnungen (Zweibr Rpfleger 89, 370); Bevorzugg einzelner Erben vor den anderen od der eigenen Interessen vor denen der Erben; Benachteiligg eines MitE (s BGH 25, 284; Celle OLGZ 78, 442); Inanspruchnahme u Einbehaltg einer ganz unangemessenen Vergütg (BayObLG 72, 380; Rpfleger 80, 152; Köln NJW-RR 87, 1097; OLGZ 88, 26); Unterlassg der Vorlage eines NachlVerz (§ 2215 I; Hamm OLGZ 86, 1; LG Ffm BWNotZ 81, 117); Nichtbeachtg von Ersuchen des Erben um Auskunft u Rechngslegg od unzulängl AuskErteilg (BayObLG NJW-RR 88, 645); Auswahl od Beibehaltg ungeeigneter Vertreter, insb Generalbevollmächtigter; überh Täuschg des in ihn gesetzten Vertrauens (vgl auch RG 130, 131).

b) Unfähigkeit zur ordnungsmäßigen Geschäftsführung: zB völliges Untätigsein (JFG 2, 155); längere Abwesenh, Krankh, Verhaftg, Konk; Abgabe der eidesstattl Vers; Bestrafg; erhebl Interessenkonflikt (Dresden JFG 3, 169); **nicht** aber die bloße Behinderg bei einzelnen Maßn (RG 88, 173); die Eigensch als NachlGläub (soweit nicht erhebl InteressenGgsätze); die Erschöpfg des Nachl (dann Beendigg; vgl Anm 1 zu § 2225).

c) Andere Fälle eines wichtigen Grundes können zB sein: **Feindschaft** zw TV u Erben oder MitVollstr nur unter bes Umst (s Köln OLGZ 69, 281 mAv Haegele Rpfleger 69, 207), vor allem wenn sie die ordngsgemäß Amtsführg gefährdet (BayObLG 88, 42); persönl **Spannungen** zwischen TV und (Mit)Erben (BayObLG 57, 317); ein auf Tatsachen und nicht auf subj Gefühlsmomenten beruhendes, also obj gerechtfert **Mißtrauen** (BayObLG 88, 42 u st Rspr; Hamm NJW 68, 800); ein erhebl **Interessengegensatz** zwischen TV u Erben (BayObLG 85, 298; Schlesw SchlHA 58, 312; Stgt OLGZ 68, 457; Zweibr Rpfleger 77, 306; MittBayNot 77, 238 mAv Kaempfle); Überschreitg der Befugn dch **Erhöhung von Zuwendungen** gAr nur vermuteten ErblWillens ohne Erbenzustimmg (BayObLG RhRZ 89, 668); erhebliche **Gefährdung** des Erben oder der sonst Beteiligten (Düss DNotZ 50, 67). – Auch ein vor Amtsantritt liegendes Verhalten kann das Mißtrauen begründen. Zu beachten ist ferner, ob Umstände vorliegen, die den Erbl mutmaßl zu einem Widerruf der Ernenng veranlaßt hätten (BayObLG 53, 364; Köln aaO). Im Einzelfall kann das Interesse der Erben an einer störfreien sachl Abwicklg der NachlGeschäfte von höher als der Wille des Erbl zu werten sein u daher zur Entlassg führen (KG OLG 40, 138; Schlesw SchlHA 58, 312).

d) Verwirkung. Das Recht, sich auf einen Vorgang zu berufen, der die Entlassg des TV rechtfertigt, kann dch Zeitablauf bei Hinzutreten bes Umstände verwirkt sein.

3) Auf Antrag erfolgt die Entlassg, nicht vAw; auch keine Zurücknahme der gerichtl Ernenng (§ 2200) vAw. Zurücknahme des Antr ist zulässig (Staud/Reimann Rz 13). **Antragsberechtigt** ist jeder Beteiligte, der ein rechtl Interesse an der TestVollstrg hat (BGH 35, 296): Erben (NachE); MitE bleiben dies auch, wenn sie ihren Erbteil übertragen (§ 2033) od dieser gepfändet ist, weil ihre Haftg gem §§ 2382, 2385 fortdauert (KG Recht **29** Nr 1232). – Mitvollstrecker (so noch im Amt, Köln NJW-RR **87**, 1098). – VermächtnNehmer (§ 2219 I). – Auflageberechtigte (§ 2194); nicht aber der Auflagebegünstigte (LG Verden MDR **55**, 231). – PflichttBerechtigte (notfalls ihre gesetzl Vertreter, BayObLG **67**, 239); ihr AntrR wird nicht beeinträchtigt, wenn eine PflichttEntziehg vorliegt, deren Wirksamk zweifelh ist (Hildesheim MDR **64**, 849). – **Nicht** antragsberechtigt sind dagg: Der MitE, der als TV nur üb einen and Erbteil entlassen worden ist (Köln Rpfleger **87**, 313). Auch nicht der GgVormund, der nicht gesetzl Vertreter ist. Ferner nicht Eltern, die der Erbl gem § 1638 von der Verwaltg des dem Kind zugewendeten Nachl ausgeschlossen hat (BGH **106**, 96); allerd kann ein bestellter Pfleger ihren Antr rückwirkend (auch noch in 3. Instanz) genehmigen (BGH aaO). Auch nicht der gewöhnl NachlGläubiger (BGH **35**, 296 mAv Baur JZ **62**, 123), zumal er NachlVerwaltg beantragen kann (§ 1981). Erst recht nicht die Staatsanwaltschaft od eine sonst Behörde (MüKo/Brandner Rz 6; aA KG JFG **16**, 74). – EntlassgsAntr des TV selbst ist als Kündigg anzusehen. Der Erbl kann die Entlassg nicht ausschließen (vgl § 2220 Anm 1; RG **133**, 128). – Auf Beschwerde gg Ernenng (§ 2200) können nachträgl eingetretene EntlassgsGrde nicht berücksichtigt werden (Ffm Rpfleger **78**, 118).

4) Entscheidung. Das NachlG (FGG 72, 73; Richter, RPflG 16 I Nr 5) entscheidet zuerst, ob ein wicht Grd vorliegt; dies ist Tat- u Rechtsfrage (BayObLG **76**, 67). Ob dann wg eines wicht Grdes auch die Entlassg erfolgen soll, ist Ermessensfrage: Trotz Vorliegens eines wicht Grundes können überwiegende Gründe für das Verbleiben des TV sprechen (BayObLG **76**, 67; FamRZ **87**, 101; Hamm NJW **68**, 800; OLGZ **86**, 1; Zweibr DNotZ **73**, 112; Celle OLGZ **78**, 442); dabei sind der (ggf mußmaßl) ErblWille u die Interessen der Beteiligten zu berücksichtigen u ggeinander abzuwägen (Hamm aaO). – Die Entlassung erfolgt nach Anhörg des TV (GG 103 I) und möglichst nach AntrSt u Beteiligten durch Beschl des NachlG. Mit dessen Zustellg an den Entlassenen (FGG 16) endet das Amt ohne Rücks auf die Rechtskr der Entscheidg (BayObLG **69**, 142); zu den Folgen s § 2225 Anm 3. Einen ErsatzTV kann das NachlG nur ernennen, wenn ein Ersuchen des Erbl vorliegt (§ 2200). – **Vorläufige Anordnungen** kann das NachlG **nicht** treffen (KG JFG **3**, 174). Es kann auch keine zeitweil Entlassg verfügen, weil es nicht die Möglichk hat, während dieser Zeit anderweit Vorsorge zu treffen (Köln OLGZ **87**, 280; H/Winkler Rz 804). Auch die dem BeschwerdeG nach FGG 24 III zustehende Befugn zu einstw Anordngen ermächtigt nicht zu einer vorläuf Entlassg, weil auch das Beschwverf nur die endgült Amtsenthebg zum Ziel hat (Köln aaO). – **Rechtsmittel** ist bei Entlassg wider Willen des TV die sofortige, bei Ablehng des Antr die unbefristete Beschw (FGG 81, 20); zur sofort weiteren Beschw (FGG 29 II) s BayObLG **85**, 298. Hatte ein TV, der seine Entlassg mit der sof Beschw bekämpft, sein Amt für einen Ztpkt gekündigt, in dem über diese noch nicht entschieden ist, erledigt sich das BeschwVerf an dem Tag, auf den gekündigt wurde (BayObLG **69**, 138). Die Beschwerdekammer kann formlose Ermittlgen dch beauftragten Richter dchführen (BayObLG FamRZ **87**, 101; dort auch zur Verletzg rechtl Gehörs). Wird Entlassg auf Beschw aufgehoben, werden die Funktionen des TV als fortbestehd angesehen (BayObLG **59**, 128; zust Kipp/Coing § 75 IV). – **Kosten:** Gerichtsgebühren regelt KostO 113. In einem auf Entlassg des TV gerichteten Verf können dem Erben entstandenen außergerichtl Kosten einer unbegründeten Beschwerde des TV zunächst diesem aufzuerlegen (FGG 13 a I 2); das schließt jedoch das Recht des TV nicht aus, diese Kosten dem Nachl zu entnehmen od gg die Erben geltd zu machen, wenn er sich in dem Verf in berechtigter Verteidigg des letzten Willens des Erbl befunden hat (Hbg MDR **63**, 423).

5) Aufhebung der Vollstreckung als solcher durch das NachlG ist nicht mögl (Soergel/Damrau Rz 23; s auch H/Winkler Rz 811, 812). Sie läßt sich nur dadurch herbeiführen, daß der TV u die etwaigen Ersatzmänner (§§ 2224 I 2, 3; 2197 II; 2198; 2199) kündigen od entlassen werden, wenn sie auf der Beibehaltg einer wirtschaftl nicht tragbaren Vollstrg uneinsichtig beharren (vgl auch Vogel JW **34**, 1400). Über einen Streit, ob die Vollstrg noch fortbesteht, entscheidet notf das ProzeßG (SchlHOLG SchlHA **57**, 303; § 2225 Anm 1). Jedoch hat das NachlG im EntlassgsVerf als Vorfrage zu prüfen, ob die TestVollstrg ggstandslos geworden ist (BayObLG **88**, 42; Köln MDR **63**, 763; Hamm Rpfleger **73**, 303; s auch § 2225 Anm 1). Ist das Amt erloschen od ggstandslos geworden, kann Entlassg nur ausgesprochen werden, wenn TV sich noch Rechte anmaßt (Erman/Hense Rz 5).

6) Keine Wiedereinsetzung. Ein TV, der wg eines in seiner Person eingetretenen Grundes rechtskr entlassen ist, hat auch nach Wegfall des Entlassgsgrundes kein Recht auf Wiedereinsetzg in sein früheres Amt (BayObLG **64**, 153 mAv Haegele Rpfleger **64**, 181; SchlHOLG SchlHA **65**, 107); auch nicht der wg Konk entlassene TV nach inzw erfolgter Aufhebg des KonkVerf. Ggf kann eine Ernenng nach § 2200 in Betr kommen.

7) Internationale Zuständigkeit. Bestr ist, ob das deutsche NachlG zur Entscheidg über die Entlassg eines TV, dessen Rechtsstellg sich nach ausländ Recht richtet, international zuständ ist (siehe hierzu BayObLG **65**, 377/383; Ffm OLGZ **77**, 180 u allgemein Pinckernelle/Spreen DNotZ **67**, 208 f). Kennt das ausländ (ungarische) Recht eine dch Gericht od eine Behörde zu verfügende Entlassg des TV nicht, kann das dtsche NachlG einen hierauf gerichteten Antr auf jeden Fall abweisen (BayObLG aaO).

8) Die Anerkennung der Entlassg eines TV dch ein Staatl Notariat der **DDR** ist nach KG JZ **67**, 123 zu versagen, wenn im Entlassgsverfahren kein rechtl Gehör gewährt wurde u eine gerichtl Nachprüfg des Aktes der Verwaltgsbehörde ausgeschlossen war; s allg zur Anerkenng von Entscheidgen der Behörden der DDR in FGSachen Keidel/Zimmermann Pflge 16 a Rz 14; BGH **52**, 141 mAv Wengler JZ **69**, 664. Eine von der Behörde der DDR ausgesprochene Entlassg eines TV kann in der BRep unwirks u der TV weiter befugt sein, den in der BRep gelegenen Nachl zu verwalten (BGH WM **69**, 1403). Interlokal zuständ kann bei letztem Wohns des Erbl in der DDR u Nachl in der BRep das NachlG gem FGG 73 III sein (Hamm Rpfleger **73**, 303).

2228 *Akteneinsicht.* **Das Nachlaßgericht hat die Einsicht der nach § 2198 Abs. 1 Satz 2, § 2199 Abs. 3, § 2202 Abs. 2, § 2226 Satz 2 abgegebenen Erklärungen jedem zu gestatten, der ein rechtliches Interesse glaubhaft macht.**

1) Einsicht (vgl Anm 5 zu § 1953) hat das NachlG als zentrale Auskunftsstelle zu erteilen. Einsicht der Akten u Abschrift beurteilt sich nach FGG 34, 78, 85. Über Erteilg einer Erbscheinsausfertigg an Darlehens-Gläub nach Tod des Schuldners s KG Rpfleger **78**, 140.

Siebenter Titel. Errichtung und Aufhebung eines Testaments

Einführung

1) Formzwang. Die Errichtg von Test (od ErbVertr) ist nur in den gesetzl festgelegten Formen mögl. Welche dies sind, bestimmt sich nach dem Haager Testamentsabkommen, das im wesentl inhaltl identisch in EG 26 übernommen worden ist, wobei str wurde, ob diese jedenf für ErbVertr geltende Norm für Test im Hinblick auf den Vorrang von StaatsVertr (EG 3 II) eine selbständ Geltg beanspruchen kann (s EG 3 Anm 3 c; EG 26 Anm 1a). – Das deutsche ErbR entspricht in seiner Formstrenge den GrdstR. Zum Zweck der erbrechtl Formen s § 2231 Anm 1. Die bei Einführg des BGB noch ausgeprägtere Formstrenge führte in einer unnötigen Vielzahl zur Nichtigk des ErblWillens (§ 125 BGB). Sie wurde gemildert durch das **Testamentsgesetz** vom 31. 7. 38 (RGBl I 973), das bei Erbfällen **nach dem 4. 8. 38** die Errichtg u Aufhebg von Vfgen vTw nicht mehr den bis dahin geltenden Vorschr des BGB unterstellte. Es brachte zahlr Formerleichtergen. Eine zuverläss Wiedergabe des letzten Willens sollte aber gewährleistet sein. Seine Vorschr wurden ohne sachl Änderg dch das am **1. 4. 53** in Kraft getretene GesEinhG vom 5. 3. 53 (BGBl 33) wieder in das BGB übernommen; nur die sprachl Fassg wurde in einigen Fällen (so in §§ 2229, 2247, 2250 u 2273) dem BGB angepaßt. Vom damaligen **Übergangsrecht** ist auch heute noch bei Erbfällen nach dem 4. 8. 38 für eine davor errichtete Vfg vTw TestG 51 wg des damaligen Übergangs von strengeren FormVorschr zu mildern beachtl; Erbfälle vor dem 4. 8. 38 können dagg nicht mehr aufgerollt werden (TestG 51 ist zuletzt abgedruckt in der 45. Aufl vor § 2229 Einf 3).

2) Sondervorschriften außerhalb des BGB gelten für das **Konsulartestament.** Die im Ausland von Konsularbeamten (KonsG 18–20; 24) beurkundeten Test und ErbV (KonsG 10 I Nr 1; 11 I) stehen den von einem inländ Notar aufgenommenen Urkunden gleich (KonsG 10 II). Die Beurkundg soll nur erfolgen, wenn der Erbl Deutscher (GG 116) ist (Sollvorschrift, KonsG 11 I); beim ErbV kann der Vertragspartner auch Ausländer sein. Für das Verfahren gilt das BeurkG mit den sich aus KonsG 10 III Nr 1, 2 ergebenden Abweichgen (dazu allg Geimer DNotZ **78**, 3/18 ff). Zur Verwahrg s § 2258 Anm 2; zur Eröffng s § 2260 Anm 1a. – Für **Militärtestamente** wurde der im TestG enthaltene Vorbeh von SonderVorschr für **Wehrmachtsangehörige,** die Formerleichtergen gewährten, als damals entbehrl nicht übernommen. Die einschläg SonderVorschr (WehrmFGG vom 24. 4. 34, RGBl 335 mit VO vom 6. 9. 43, RGBl I 537) sind nur noch für die unter ihrer Geltgszeit errichteten Test von Bedeutg. S hierzu Staud/Firsching Vorbem 63–73; Soergel/Müller (10. Aufl) Rz 17–21 je vor § 2229; Kipp/Coing § 30. Die Gültigk eines in der Form des WehrmFGG 3a im mobilen Verhältn errichteten Test blieb auch währd der Kriegsgefangensch bestehen (WehrmFGG 3 V; BGH vom 1. 2. 65 III ZR 109/63). WehrmAngehör im mobilen Verhältn konnten auch Test nach BGB od TestG errichten (BayObLG vom 5. 6. 75, BReg 1 Z 36/75). Die SonderVorschr gelten nicht für die deutsche Bundeswehr (Schlüter § 20; Lange/Kuchinke § 21 II 3). – Zum **Verfolgtentestament** s § 2231 Anm 3.

2229 *Testierfähigkeit.* ^{I}**Ein Minderjähriger kann ein Testament erst errichten, wenn er das sechzehnte Lebensjahr vollendet hat.**

^{II}**Der Minderjährige oder ein unter vorläufige Vormundschaft gestellter Volljähriger bedarf zur Errichtung eines Testaments nicht der Zustimmung seines gesetzlichen Vertreters.**

^{III}**Wer entmündigt ist, kann ein Testament nicht errichten. Die Unfähigkeit tritt schon mit der Stellung des Antrags ein, auf Grund dessen die Entmündigung ausgesprochen wird.**

^{IV}**Wer wegen krankhafter Störung der Geistestätigkeit, wegen Geistesschwäche oder wegen Bewußtseinsstörung nicht in der Lage ist, die Bedeutung einer von ihm abgegebenen Willenserklärung einzusehen und nach dieser Einsicht zu handeln, kann ein Testament nicht errichten.**

1) Testierfähigkeit ist die Fähigk, ein Test zu errichten, zu ändern od aufzuheben. Obwohl ein Unterfall der GeschFähigk (§ 104 ff), ist sie von dieser unabhäng geregelt (s auch für ErbVertr, § 2275); vgl auch BeurkG 11, 28 („erforderl GeschFähigk"). Sie erfordert die Vorstellg des Erbl, daß er ein Test errichtet u welchen Inhalt die darin enthaltenen letzw Vfgen aufweisen. Er muß dabei in der Lage sein, sich ein klares Urteil zu bilden, welche Tragweite seine Anordngen haben, insbesond welche Wirkgen sie auf die persönl u wirtschaftl Verhältn der Betroffenen ausüben. Das gilt auch für die Gründe, welche für od gg die sittl Berechtigg der Anordngen sprechen. Nach seinem so gebildeten Urteil muß der Testierende frei von Einflüssen Dritter handeln können (allg M; s BGH NJW **59**, 1822; BayObLG FamRZ **86**, 728). Weiter setzt die Testierfähigk voraus, daß der Erbl imstande ist, den Inhalt des Test von sich aus zu bestimmen u auszudrücken. Sie muß beim Abschluß der Errichtg vorhanden sein (BGH **30**, 294) u soll von der AmtsPers geprüft werden (BeurkG 11, 28). – Nachträgl Verlust der TestierFähigk berührt die Gültigk des Test nicht (s auch Anm 2b). – Für die *Bestätigg* eines im Zustand der Testierunfähigk errichteten Test ist eine neuerl Unterschr notwend. – Es gibt keine je nach Schwierigk des Test abgestufte (relative) TestierFähigk (BGH **30**, 117; § 104 Anm 3), wohl aber eine partielle GeschUnfähigk (s § 104 Anm 3 d; BGH FamRZ **70**, 641).

Testament. 7. Titel: Errichtung und Aufhebung eines Testaments § 2229 1–3

a) Unbeschränkt testierfähig ist der des Sprechens, Lesens u Schreibens kundige Volljährige (§ 2) im Vollbesitz seiner Sinne (§ 2233 II, III; BeurkG 23–25; §§ 2229 I mit 2233 I, 2229 III, IV; BeurkG 22). Taubheit allein steht bei ihm nicht entgg (vgl jedoch BeurkG 23; 24 u Anm 3b). Die mit Einwilligg des Erbl erfolgte Anordng einer GebrechlichkPflegsch nur für Vermögensangelegenheiten berührt grdsl nicht seine TestierFähigk (BayObLG FamRZ **88**, 1099). Volljährige bleiben auch nach Anordng einer vorläufigen Vormsch (§§ 1906; 114) jedenf zunächst testierfähig (soweit nicht **IV** eingreift) u bedürfen nicht der Zustimmg ihres ges Vertreters, wenn sie dann testieren **(II);** führt das Verf allerd zu einer rechtskr Entmündigg, ist ihr Test rückwirkend nichtig (**III** 2; § 2230).

b) Beschränkt testierfähig sind **Minderjährige,** die erst nach Vollendg des 16. Lebensjahrs **(I)** u auch dann nur in gewissen Formen testieren können, näml nicht eigenhändig (§ 2247 IV) u beim öff Test nur durch mündl Erkl od Übergabe einer offenen Schrift (§ 2233 I). Ihr gesetzl Vertreter od das VormschG wirken in keinem Fall mit **(II).** – **Stumme** Personen (§ 2233 III; BeurkG 31 mit 22) und **Taubstumme,** soweit sie nicht die Lautsprache beherrschen (§ 2233 III; BeurkG 23; 24; 31). – **Lesensunkundige** (§ 2233 II; BeurkG 22). – Beim Zusammentreffen verschiedener Behinderngen kann praktisch Testierunfähigk eintreten (s unten Anm 3 d; e).

c) Bei ausländischem Erblasser ist die Anknüpfg der Testierfähigk im IPR gesetzl nicht vorgegeben u str (EG 7 od EG 25; s dazu EG 25 Anm 3b; van Venrooy JR **88**, 485). – Über **Staatenlose** vgl EG 5 II. – **Flüchtlinge und Vertriebene** deutscher Volkszugehörig sind Deutsche (GG 116 I; Art 9 II Nr 5 FamRÄndG); vgl auch EG 5 Anh II u über das bei ihrem Tod anzuwendende ErbR Fischer BWNotZ **59**, 24; BayObLG **60**, 478; **61**, 178 (Sudetendeutsche); zu GG 116 II s auch BVerfG **23**, 98.

2) Testierunfähig mit der Folge, daß ihre gleichwohl errichteten Test selbst bei späterem Eintritt der TestierFähigk nicht wirks werden u daher dann formgerecht neu errichtet werden müssen (§ 141 I), sind folgende Personen:

a) Minderjährige unter 16 Jahren **(I),** wobei der Tag der Geburt mitzurechnen ist (§ 187 II). Für sie kann auch nicht ihr ges Vertr testieren.

b) Geistig Gestörte, Geistesschwache u im Bewußtsein Gestörte (IV; §§ 104, 105 II), wobei auf den Zeitpkt der TestErrichtg abzustellen ist. Bei ihnen reicht nicht aus, wenn sie eine allg Vorstellg von der Tats der Errichtg des Test u dem Inhalt seiner Vfgen hat. Ein solcher Erbl muß vielm in der Lage sein, sich über die Tragweite dieser Anordngen, insb auch über ihre Auswirkgen auf die persönl u wirtschaftl Verhältnisse der Betroffenen u über die Gründe, die für u gg ihre sittl Berechtigg sprechen, ein klares Urteil zu bilden u nach diesem Urteil frei von den Einflüssen etwaiger interessierter Dritter zu handeln (BGH FamRZ **58**, 127; BayObLG **62**, 224; **79**, 256/263; Hamm MDR **67**, 496). In **lichten Zwischenräumen** errichtete Vfgen sind jedoch wirks. – Bewußtseinsstörngen führen nicht ohne weiteres zur TestierUnfgk, wenn noch die EinsichtsFgk nach **IV** vorliegt. Wenn daher der Erbl im Vollbesitz seiner Geisteskräfte dem Notar seinen letzten Willen erklärt, dann aber einen Schlaganfall mit der Folge einer Bewußtseinstrübg erleidet, genügt es, wenn er den am nächsten Tag verlesenen Text versteht u erfaßt, daß es sich um ein Test handelt, und wenn er frei darü entscheiden kann, ob dieses Test wirks werden soll (BGH **30**, 294). – Eine **partielle** Testierunfähigk kann es geben für eine bestimmten gegenständl abgegrenzten Lebensbereich, zB bei krankhaftem Eifersuchtswahn (BayObLG FamRZ **85**, 539 mN); eine relative gibt es dagg nicht (s Anm 1). – Psychopathie u Rauschgiftsucht schließen idR die TestierFgk nicht aus (BayObLG **56**, 377); zur Testierfähigk bei jahrelangem Alkohol- u Medikamentenmißbrauch BayObLG vom 3. 4. 80 (BReg 1 Z 62/79); zur Notwendigk eines Gesamtbildes bei Cerebralsklerose s BayObLG **79**, 256; Rpfleger **85**, 239. – Die mit Einwilligg erfolgte Anordng einer GebrechlkPflegsch (§ 1910 II, III) berührt die TestFähigk nicht (BayObLG **82**, 309). – Zur Behandlg der Test Geisteskranker vgl Höver DFG **40**, 81; Meyer DJ **41**, 755; auch unten Anm 3.

c) Entmündigte auf Gr Geisteskrankh, Geistesschwäche, Verschwendg od Trunksucht **(III)** u zwar schon von der Stellg des Antrags an (ZPO 647, 680). Lichte ZwRäume werden bei Entmündigg nicht berücksichtigt. Sonderfälle bei Entmündigg vgl § 2230. – Die nach § 114 Entmündigten (s dazu § 6 I Nr 3; § 114 Anm 2) können zwar kein neues Test errichten, aber ein früher errichtetes widerrufen (§ 2253 II), sofern nicht **IV** zutrifft (s BayObLG **75**, 212).

d) Stumme Schreibensunkundige und -unfähige können zwar nicht aus Rechts-, aber aus Formgründen praktisch nicht testieren (§ 2233 III; BeurkG 31), da ihnen sowohl die schriftl Erkl beim öff Test (BeurkG 31 S 1) wie die Niederschrift beim eigenhänd Test (§ 2247) unmögl ist. Desgl **stumme Lesensunkundige** (§ 2233 II, § 2247 IV); **stumme Blinde,** welche die Blindenschrift nicht beherrschen (vgl § 2233 Anm 3a; BeurkG 31 Anm 5). Über Anwendg des § 2276 II s Höfer JurA **70**, 751.

e) Taube Analphabeten, mit denen eine Verständigg unmögl ist, können praktisch auch nicht testieren (s BeurkG 24; Reimann Rz 57). Ebensowenig **stumme Minderjährige,** die nicht schreiben können (Reimann Rz 58).

3) Beweisfragen (s dazu Baumgärtel/Strieder § 2229). Da die Störg der Geistestätigk die Ausnahme bildet, ist ein Erbl solange als testierfäh anzusehen, als nicht das Gegenteil bewiesen ist. Dies gilt auch, wenn für den Erbl GebrechlkPflegsch nach § 1910 bestand (BayObLG **82**, 309). Das NachlG hat bei bestehenden Zweifeln an der Testierfähigk, die auf konkreten Umständen (nicht nur pauschaler Behauptg) beruhen, vor Erteilg (od Einziehg) eines ErbSch vAw (§ 2358; FGG 12) zunächst die konkreten auffälligen Verhaltensweisen des Erbl aufzuklären, sodann Klarh üb den medizinischen Befund zu schaffen u anschließend die hieraus zu ziehenden Schlüsse zu prüfen (Hamm OLGZ **89**, 271; Rpfleger **89**, 23). Für die Schlußfolgerg wird in aller Regel die eigene Kenntn des Gerichts nicht ausreichen. Daher ist die Begutachten eines fachkund ärztl **Sachverständigen** notwendig (Psychiater, nicht bloß prakt Arzt, BGH FamRZ **84**, 1003; KG NJW **61**, 2066; Hamm MDR **67**, 496; Stgt BWNotZ **78**, 89; Rpfleger **80**, 189). Das erstattete Gutachten hat das Gericht auf seinen sachl Gehalt, seine logische Schlüssigk sowie darauf zu überprüfen, ob es von dem vom Gericht selbst für erwiesen erachteten Sachverhalt ausgeht (BGH **LM** ZPO 144 Nr 4; BayObLG **82**, 309);

§§ 2229–2232   5. Buch. 3. Abschnitt. *Edenhofer*

werden im Gutachten Zweifel geäußert, hat das Gericht diesen nachzugehen (BayObLG Rpfleger **88**, 67). An das erholte Gutachten ist das Gericht nicht gebunden (BGH NJW **61**, 2061), sond kann nach dem Grdsatz freier Beweiswürdigg auch abweichen, muß sich dann allerd damit eingehend auseinandersetzen (BayObLG Rpfleger **85**, 239). Die Vernehmg von Zeugen u die Beurteilg ihrer Glaubwürdigk u der Glaubhaftigk ihrer Bekundungen ist Aufgabe des Gerichts u nicht des Sachverständigen (BayObLG FamRZ **85**, 739); zur Vernehmg ist der Sachverständige zuzuziehen, wenn es dabei auf seine Sachkunde ankommt (vgl BGH NJW **62**, 1770). Hat ein Sachverständiger zur Vorbereitg seines Gutachtens AuskPersonen gehört, können ihre Aussagen in der Entscheidg verwertet werden, falls nicht die AufklärgsPfl die richterl Vernehmg gebietet (BayObLG **62**, 219). – Die Einholg eines sog **Obergutachtens** kommt in Betr bei bes schwierigen Fragen od bei groben Mängeln des Erstgutachtens (Widersprüche; Zweifel an der Sachkunde) od bei Zugrundelegg unzutreffender Tatsachen od wenn der neue Sachverständige über überlegene Forschgsmittel verfügt (BGH **53**, 258f; BayObLG **82**, 315). Den Bekundungen sachverständ Zeugen kommt grdsl erhöhter Beweiswert zu (BayObLG Rpfleger **85**, 239). – Anscheinsbeweis kann bei Feststellg der Testierunfähigk uU in Betr kommen (BayObLG **79**, 256), insbes wenn Testierunfähigk um die Zeit der TestErrichtg festgestellt ist (Karlsr OLGZ **82**, 280). Die ernsth Mögllk reicht aber zur Erschütterg des ersten Anscheins ausreichend (Karlsr aaO). Die **Feststellungslast** bei allg TestUnfähigk, aber mögl lichten Momenten trägt dann, wer Rechte aus dem Test herleitet (Karlsr aaO, § 104 Anm 6). Bei verbleibenden Zweifeln trägt mat Beweislast, wer sich auf Testierunfähigk beruft (s § 2358 Anm 3; § 104 Anm 6). Im **Rechtsstreit** trifft BeweisPfl für mangelnde TestierFähigk den, der sie behauptet (BGH FamRZ **58**, 127); Ausnahmen s jedoch § 2247 Anm 7b. – Unter MitE besteht keine **Auskunftspflicht** üb Umstände betreffend die Testierunfähigk (s § 2038 Anm 2e).

2230 *Errichtung bei Entmündigung.* ¹Hat ein Entmündigter ein Testament errichtet, bevor der Entmündigungsbeschluß unanfechtbar geworden ist, so steht die Entmündigung der Gültigkeit des Testaments nicht entgegen, wenn der Entmündigte noch vor dem Eintritt der Unanfechtbarkeit stirbt.

II Hat ein Entmündigter nach der Stellung des Antrags auf Wiederaufhebung der Entmündigung ein Testament errichtet, so steht die Entmündigung der Gültigkeit des Testaments nicht entgegen, wenn die Entmündigung auf Grund des Antrags wieder aufgehoben wird.

1) Zwei Ausnahmen von der Regel des § 2229 III enthält die Vorschr. Bei **Tod** des Erbl **vor Unanfechtbarkeit** (ZPO 664, 684) bleibt die Rechtmäßigk der Entmündigg im ungewissen. Daher ist sein Test wirks, sofern nicht TestierUnfgk nach § 2229 IV vorliegt. Wird die Entmündigg inf AnfechtgsKl aufgeh, bleibt das Test ebenf wirks (§ 115).

2) Ein dem Wiederaufhebungsantrag (ZPO 675, 685) nachfolgendes Test ist bei Wiederaufhebg gültig, da angenommen wird, die Besserg habe schon bei AntrStellg bestanden. GgBeweis der TestierUnfähigk steht aber auch hier offen. Stirbt der Erbl vor der Entscheidg über seinen Antrag, bleibt es bei der Ungültigk (RGRK Rz 3; Schlüter § 15 III; str); Soergel/Harder Rz 4 ist für prozessuale Zulässgk einer feststellenden Entscheidg. Ebenso ist ein vor dem WiederaufhebgsAntr errichtetes Test auch bei Wiederaufhebg unwirks (§ 2229 III).

2231 *Ordentliche Testamentsformen.* Ein Testament kann in ordentlicher Form errichtet werden
1. zur Niederschrift eines Notars;
2. durch eine vom Erblasser nach § 2247 abgegebene Erklärung.

1) Formzwang. Das ErbR ist hins der Einhaltg der ges FormVorschr nicht weniger streng als das GrdstR. Deren **Zweck** ist vor allem, den wirkl Willen des Erbl zur Geltg kommen zu lassen, indem er möglichst deutl zum Ausdruck gebracht wird. Ferner soll der Erbl dch die Form gezwungen sein, sich über den Inhalt seiner Vfg vTw selbst klar zu werden. Auch soll die Echth seiner Erkl sichergestellt u nach Mögllk auch die Selbständigk seines Willens verbürgt werden. Es soll also verantwortl Testieren gefördert, Streitigk über den TestInhalt hintangehalten werden (BGH **80**, 242 u 246). Selbst ein etwaiges Versagen des Notars entbindet von der Einhaltg der Förmlichkeiten nicht (BGH FamRZ **81**, 651).

2) Zwei ordentliche Testamentsformen, die erbrechtl gleichwertig sind, sieht das G vor: Das **öffentliche** Test (§§ 2231 Nr 1; 2232; 2233; BeurkG 27–35 mit §§ 1–11, 13, 16, 17, 18, 22–26), zu denen auch das KonsularTest (s Einf 2 vor § 2229) u das BürgermeisterTest (§ 2249) zählen. Ferner das **eigenhändige** Testament (§ 2247, 2267). – Die **Wahl** zwischen beiden Formen steht dem Erbl frei. Der Vorzug rechtskund Beratg (BeurkG 17; 30), ersetzt im GB-Verkehr den sonst notwend ErbSch (GBO 35), hat auch weitere Bedeutg (s SchiffsRegO 41, RSchuldbG 16; s auch wg des HandelsReg LG Bln JR **50**, 688) u wird stets in besond amtl Verwahrg genommen (BeurkG 34; §§ 2258a; 2258b). Privatschriftl Test sind dagg einfacher, bequemer u ohne Kosten zu errichten; dch sie können ü auch öffentl Test geändert, ergänzt oder widerrufen werden. Dafür ist bei ihnen die Gefahr des Verlustes, der Unterdrückg od Fälschg höher.

3) Außerordentliche Testamente sind die **Nottestamente**: BürgermstrTest (§§ 2249, 2250 I), DreizeugenTest (§ 2250 I, III), das SeeTest, § 2251 (Verweisg auf § 2250 III). – Eine Sonderform ist auch das **Konsulartestament** (Einf 2 vor § 2229). Weitere außerordentl TestFormen waren das WehrmachtsTest (vgl Einf 2 vor § 2229) u die VerfolgtenTest nach REG 67 *(BrZ)*, 80 *(AmZ)*, 69 *(Bln)*.

2232 *Öffentliches Testament.* Zur Niederschrift eines Notars wird ein Testament errichtet, indem der Erblasser dem Notar seinen letzten Willen mündlich erklärt oder ihm eine Schrift mit der Erklärung übergibt, daß die Schrift seinen letzten Willen enthalte. Der

Testament. 7. Titel: Errichtung und Aufhebung eines Testaments　　§ 2232 1–3

Erblasser kann die Schrift offen oder verschlossen übergeben; sie braucht nicht von ihm geschrieben zu sein.

1) Die Beurkundungszuständigkeit für die Errichtg eines öff Test (od Erbvertrags) einschließl WiderrufsTest (§§ 2254; 2258 bzw aufhebender Verträge, § 2290 IV) liegt grdsätzl beim **Notar** (§ 2231 Nr 1; BNotO 20; BeurkG 1; 64); Notar im Landesdienst s *Ba-Wü* LFGG 3; 13–25; 48–50. Eine gerichtl Beurkundg dch das AG als Gericht der freiw Gerichtsbark ist seit Inkrafttreten des BeurkG am 1. 1. 70 nicht mehr mögl. Die früh Vorschr gelten aber noch für alle vor dem 1. 1. 70 eingetretenen Erbfälle; bei späteren sind letztw Vfgen auch dann gültig, wenn sie nur den erleichterten Vorschr des BeurkG genügen (dazu ausführl noch 45. Aufl Einf 4b vor § 2229; s Soergel/Harder vor § 2229 Rz 8; MüKo/Burkart Rz 2). – **Ausnahmen** gelten für die vor Konsularbeamten errichteten Test u ErbVertr (s Einf 2 vor § 2229; Geimer DNotZ 78, 3/18 ff); ferner für das BürgermeisterTest (§§ 2249; 2250 I) u das DreizeugenTest (§§ 2250; 2251). – In einem **Prozeßvergleich** kann ein Test nicht errichtet werden (s § 127a Anm 2; BGH FamRZ 60, 30), wohl aber ein ErbVertr (s § 2276 Anm 3).

a) Das BGB regelt heute nur noch die materielle Form (s §§ 2231–2233; 2249 I; 2250; 2265, 2266; 2274–2276 I), während bis 31. 12. 69 die FormVorschr des BGB über die gerichtl od not Beurkdg eines Test (od ErbVertr) als Sonderregel dem FGG vorgingen (vgl FGG 168 aF).

b) Das Verfahren bei Beurkundg eines öff Test od ErbVertr regelt sei 1. 1. 70 bundeseinheitl das **BeurkG** (kommentiert im Anhang). Die örtl Zuständigk des Notars ergibt sich aus BNotO 11; BeurkG 2, ohne daß ein Verstoß hierg zur Unwirksamk der Beurkundg führen würde. Im **Ausland** können dtsche Notare nicht wirks beurkunden (BeurkG 2 Anm 1).

c) Verschließung u die besondere amtl **Verwahrung** öff Test regeln BeurkG 34 u §§ 2258a, b; 2277; 2300. – **Kosten:** Die anfallenden Gebühren ergeben sich aus KostO 46; 141.

2) Errichtungsformen. Das öff Test wird entw dch **mündliche Erklärung** errichtet (dazu Anm 3) od dch **Übergabe einer Schrift,** die offen od verschlossen übergeben werden kann (dazu Anm 4). Stets besteht die TestErrichtg aus der Verhandlg vor dem Notar, der Niederschrift, ihrer Vorlesg, der Genehmigen u Unterschreiben dch den Erbl sowie dem Abschluß dch die Unterschrift des Notars u etwaiger sonst mitwirkender Personen. Die Verbindg von mündl Erkl u SchriftÜbergabe ist mögl (Soergel/Harder Rz 14).

3) Testamentserrichtung durch mündliche Erklärung (S 1, 1. Altern) erfordert, daß der Notar die Verhandlg selbst führt. Dies schließt aber nicht aus, daß sich der Notar eines TestZeugen od eines Dritten als VerständiggsOrgan bedient. Er darf aber die Verhandlgsführg nicht dem Dritten überlassen (OGHZ 3, 383).

a) Die mündliche Erklärung richtet sich an Notar u muß mit verständl gesprochenen Worten abgegeben werden (unverständl Lallen daher unzureich). Sie darf nicht nur dch Zeichen od Gebärden zum Ausdruck kommen (BGH **2**, 172; BayObLG **68**, 272), kann also nicht dch Kopfnicken, Gebärden od sonst Zeichen bewirkt werden (BGH aaO). Sie kann aber dch abschnittsweises Vorlesen eines vom Notar od niedergeschrieb TestEntwurfs u mündl erklärte Bejahg der Richtigk dch den Erbl zum Ausdruck kommen (s BGH **37**, 84; BayObLG **68**, 272 f). Es genügt dann (noch) ein bloßes Jasagen des Erbl auf Fragen des Notars, wobei auch ein von einem Dritten (in Abwesenh des Erbl) gefertigter Entwurf verwendet werden kann (KG DNotZ **60**, 485). Die von der RSicherg gezogene Grenze ist jedoch überschritten, wenn ein fast taubstummer Erbl die vorgelegte Urk selbst liest u dann einen gerade noch verständl, vom Notar als Bejahg empfundenen Laut von sich gibt (Hamm OLGZ **89**, 20 m Av Burkart DNotZ **89**, 587), zumal mangelnde Hörfähigk zur Beachtg von BeurkG 23 (auch bei der Genehmigg) zwingt. Die Erklärg des letzten Willens u die Genehmigg der Niederschrift nach BeurkG 13 I können nicht in einem Akt vollzogen werden. Die bloß stillschweigde Genehmigg (zB dch Kopfnicken) der vorgelesenen Niederschr od ihre Unterzeichng (BeurkG 13 I), insb Stillschweigen zum Diktat, ersetzt die Erkl des letzten Willens nicht (KG aaO). Es genügt aber, wenn der Erbl nach vollständ Vorlesg auf die Frage nach der Richtigk des Vorgelesenen – mag das Test auch mehrere Vfgen vTw enthalten – sein Einverständn mit Worten zu erkennen gibt, mag er auch zwischendurch nur dch Gesten zugestimmt haben (RGZ **161**, 381; auch Reimann Anm 14). Bei gemschaftl Test, bei denen häuf der eine Eheg allein spricht, ist darauf zu achten, daß sich der and mündl erklärt.

b) Die Niederschrift muß die Erklärg des Erbl enthalten (BeurkG 9 I 1 Nr 2), in Ggwart des Notars vorgelesen, genehmigt u eigenhänd unterschrieben werden (BeurkG 13 I); bei Schreibunfähig ist Schreibzeuge od 2. Notar zuzuziehen (BeurkG 25); dies erfordert, daß der Zeuge im Bewußtsein seiner Mitwirkg u Verantwortg an dem BeurkVorgang teilnimmt (BayObLG **84**, 141). Zur Schreibhilfe bei Unterzeichng s § 2247 Anm 2 a. Auch Karten usw können Ggst d Niederschr sein (BeurkG 9 I 3). Die Erklärgen können auch in einem Schriftstück enthalten sein, auf das in der Niederschr verwiesen wurde und das mit vorgelesen werden muß (Anl; BeurkG 9 I 2); handelt es sich bei dem Schriftst, auf das verwiesen wurde, um eine andere not Niederschr, kann auf deren Vorlesg u Beifügg verzichtet werden (§ 13a). Ein not Test, das eine Erbeinsetzg enthält, ermangelt der ges Form (§ 125), wenn in der Niederschr die eingesetzte Pers nicht wenigstens andeutgsweise genannt od zu bestimmen ist, weil es nicht die erhöhte Sicherh vor nachträgl Veränderg u Verfälschgen liefert u hins der zuverläss Willensüberliefg keinerlei Vorzug vor einer nicht beurkundeten mündl Erklärg verdient (BGH **80**, 246). Über den Formmangel kann auch nicht bei etwaigem Versagen des Notars hinweggesehen werden (BGH aaO u NJW **81**, 1900 gg Kegel, FS Flume, 1978, S. 554 ff).

c) Sonderfälle: Bei **Minderjährigen** s § 2233 I; 2229 I. – Für **Sprachunkundige** sind die SonderVorschr im BeurkG 16 mit 6, 7 und 27 sowie 32 zu beachten (s Anm hiezu im Anh). – **Stumme** können gem § 2233 III ein öffentl Test nur dch Übergabe einer Schrift errichten (s auch BeurkG 22, 31). Bei **Taubstummen** ist auch BeurkG 23 heranzuziehen. Ist der Stumme schreib- od lesensunfäh, kann er überh kein Test errichten (BeurkG 31; §§ 2233 III, 2247 IV; § 2229 Anm 2 d). – **Taube** können ein öffentl Test in allen drei

2041

§§ 2232, 2233

Arten errichten; wg des Verf s BeurkG 22ff. – **Blinde**, welche die Blindenschrift beherrschen, können dch Überg einer Blindenschrift testieren (Soergel/Harder § 2233 Rz 3), andernf nur dch mündl Erkl (s § 2233 II); ist der Blinde schreibunfäh, greift BeurkG 25 Platz. Die Errichtg eines privatschriftl Test ist dem Blinden nicht mögl (§ 2247 Anm 2a). – Über Errichtg öffentl Test in **fremder Sprache** s BeurkG 5 II mit Anm 1, BeurkG 16, 32.

4) Testamentserrichtung durch Übergabe einer Schrift (S 1, 2. Altern; S 2) mit der Erkl des Erbl, daß sie seinen letzten Willen enthalte. Über das Verf s BeurkG 30 mit Anm. Die Übergabe muß nicht von Hand zu Hand erfolgen. Es genügt zB, wenn der Notar die von ihm selbst gefertigte Schrift an das Krankenlager des Erbl mitbringt, sie vor diesem vorliest u der Erbl in der Lage ist, sie an sich zu nehmen, u er seinen ÜbergWillen erklärt (RG 150, 191; Schlüter § 17 III 3b). – Die **Erklärung** des Erbl kann auch in der allg Gen der Niederschr gem BeurkG 13 I erblickt werden (s BeurkG 30 Anm 2; Soergel/Harder Rz 7). – Die **Schrift** braucht vom Erbl nicht selbst geschrieben zu sein. Sie kann von einem Dritten (zB der UrkPers) entworfen sein (KG DNotZ **60**, 487; vgl BGH **37**, 85); der Dritte ist dadch von der Bedenkg in dem Test nicht ausgeschl (wg Bedenkg der an der Beurk Mitwirkden s aber BeurkG 27 mit 7, 26 I Nr 2). Die Schrift kann in jeder Form (Druck, Maschinenschr, Lithographie, Pause, Blindenschrift, Kurzschrift od auch in fremden Schriftzeichen u fremder Sprache) gefertigt sein. Der Erbl muß den Inhalt kennen (MüKo/Burkart Rz 25; Erman/Hense Rz 6, 8; aM Soergel/Harder Rz 4; Staud/Firsching Rz 24). Datum, Ortsangabe u Unterschrift sind überflüss. – Die Schrift, die derart gekennzeichnet werden soll, daß eine Verwechslg ausgeschl ist (s Keidel/Winkler, BeurkG 30 Rz 7), soll der Niederschr beigefügt werden. Einer Vorlesg der Schrift bedarf es nicht (BeurkG 30 S 2, 5). Die Niederschr muß die Feststellg enthalten, daß die Schrift übergeben worden ist; in ihr soll vermerkt werden, ob sie offen od verschlossen übergeben worden ist (BeurkG 30 S 1, 3 mit Anm 2b). – Die übergebene Schrift wird nicht Bestandteil der Niederschr; wohl aber gilt sie als Bestandteil des öffentl Test (Soergel/Harder Rz 10).

a) Bei der offen übergegebenen Schrift soll der Notar vom Inhalt Kenntn nehmen, sofern er der Sprache, in der die Schrift verfaßt ist, hinreichend kund ist; BeurkG 17 ist anzuwenden (BeurkG 30 S 4 mit Anm 2d).

b) Eine verschlossen übergebene Schrift ist erst bei der TestEröffng (§ 2260 II) zu öffnen. Auch hier ist der Notar aber berecht, wenn auch nicht verpflichtet, den Erbl über den Inhalt zu befragen u ihn auf mögl Bedenken hinzuweisen (BeurkG 30 Anm 2d; Erman/Hense Rz 8; s auch BeurkG 27 mit 7, 24 II, 26 I Nr 2, ferner § 17). Minderjährige können auf diese Weise allerd nicht testieren (§ 2233 I).

2233 **Sonderfälle der Errichtung.** [I] Ist der Erblasser minderjährig, so kann er das Testament nur durch mündliche Erklärung oder durch Übergabe einer offenen Schrift errichten.

[II] Ist der Erblasser nach seinen Angaben oder nach der Überzeugung des Notars nicht imstande, Geschriebenes zu lesen, so kann er das Testament nur durch mündliche Erklärung errichten.

[III] Vermag der Erblasser nach seinen Angaben oder nach der Überzeugung des Notars nicht hinreichend zu sprechen, so kann er das Testament nur durch Übergabe einer Schrift errichten.

Vorbemerkung: § 2233 in der Neufassg des BeurkG 57 III Nr 7 entspricht in I, II dem fr § 2238 III, IV, in III dem fr § 2243 I 1.

1) Minderjährige (I) sind erst nach Erreichg des 16. Lebensjahres testierfäh (§ 2229 I). Nicht minderjähr war, wer für volljähr erklärt worden war (§§ 3–5, ab 1. 1. 75 aufgeh dch das VolljkG). Die Volljährigk wird mit Vollendg des 18. LebensJ erreicht (§ 2). S auch § 2229 Anm 1b. – Der testierfähige Minderjähr kann **nur** in der Form eines öffentl Test letztw Vfg u auch so nur dch mündl Erkl vor dem Notar od dch Überg einer offenen Schrift (§ 2232). Dch Übergabe einer verschlossenen Schrift kann er nicht testieren wie er auch einen privatschriftl Test nicht errichten kann (§ 2247 IV). Der Zustimmg seines gesetzl Vertr bedarf er nicht (2229 II). Aus III ergibt sich, daß auch testierfäh Mj, die nicht hinreich zu sprechen vermögen, dch Überg einer offenen Schrift ein Test errichten können (s auch BeurkG 22, 24, 31). § 2233 I ist eine zwingde Vorschr, so daß bei Verstoß eine Heilg nach Eintritt der Volljährigk nicht mögl ist (Soergel/Harder Rz 2).

2) Lesensunfähige (II) können ein Test nur dch mündl Erklärg errichten. – **a) Lesensunfähig** ist, wem die Fähigk, den Text einer Schrift zu entziffern, abgeht; trotz Vorliegen dieser Fähigk kann, wer in einer fremden Schrift verwendeten Zeichen inhaltl nicht verstehen kann (Soergel/Harder Rz 3). Lesensunfäh sind also zB Analphabeten; auch Blinde, welche die Blindenschr nicht beherrschen; uU auch hochgrad Schwachsichtige (s SchlHOLG SchlHA **70**, 138) u dergl. Ob ein Erbl lesensunfäh ist, richtet sich in erster Linie danach, ob er sich für lesensunfäh erklärt (s dazu BeurkG 29 Anm 2a); an diese Erkl ist der Notar gebunden. Daneben wird auf die Überzeugg des Notars abgestellt für den Fall, daß der Erbl seine vom Notar erkannte Lesensunfähigk nicht zugeben will. – Die **Erklärung** des Beteiligten, Geschriebenes nicht lesen zu können, od die Überzeugg des Notars hiervon, soll in die Niederschr aufgen werden (vgl BeurkG 22 I 2). – **b) Nur durch mündliche Erklärung** vor dem Notar können Lesensunfähige iSv **II** ein Test errichten (§ 2232). Auch die Errichtg eines eigenhänd Test ist nicht mögl (§ 2247 IV). § 2233 II ist eine zwingde Vorschr. Das dch Überg einer Schrift errichtete Test eines Leseunfäh ist gleichwohl nur dann nichtig, wenn der Erbl tatsächl nicht lesen konnte u wenn er dies dem Notar angegeben hatte od der Notar von der Überzeugg war, daß der Erbl nicht imstande ist, Geschriebenes zu lesen; ein Irrt des Notars über die tatsächl Voraussetzgen der Lesensunfähigk macht das Test nicht unwirks (RGRK Rz 3; Soergel/Harder Rz 4).

3) Stumme (III) können ein Test nur dch Überg einer (offenen od verschlossenen) Schrift errichten (§ 2232). – **a) Stumm** iSv III sind Personen, die nicht hinreich zu sprechen vermögen. Am Sprechen verhindert ist ein Erbl, der nur unartikuliert lallen kann. Der Grd der Verhinderg am Sprechen ist rechtl ohne Bedeutg; es kann dies zB eine Erkrankg der Sprachorgane, ein Schlaganfall, ein ärztl Sprechverbot sein

Testament. 7. Titel: Errichtung und Aufhebung eines Testaments §§ 2233–2247

(Reimann Rz 22, 23). Bloße Zeichen od Gebärden reichen als Ausdrucksmittel allein nicht aus; nicht stumm ist aber ein Erbl, der das Sprechen zu einzelnen Punkten dch Zeichen od Gebärden unterstützen od ersetzen muß (Köln MDR 57, 740; BayObLG 68, 272, Reimann Rz 22). – Auch hier genügt die Angabe des Erbl, nicht hinreichd sprechen zu können; maßgebd ist außerdem die Überzeugg des Notars (s oben Anm 2). – Der stumme Minderjähr kann nur dch Überg einer offenen Schrift testieren (§ 2233 II). Ein schreibunfäh Stummer kann überh kein Test errichten, ebenso ein Stummer, mit dem eine schriftl Verständigg nicht mögl ist (BeurkG 31 Anm 5a; Jansen BeurkG 31 Rz 8). Bei Taubstummen ist auch BeurkG 23 zu beachten.
b) Das Verfahren ist in BeurkG 31 mit 22 geregelt (s BeurkG 31 Anm 3). – **c) Eine zwingende Vorschrift** ist § 2233 III. Ein gg diese Vorschr verstoßdes Test ist nichtig, wenn der Erbl tatsächl nicht sprechen konnte u dies dem Notar ggü erklärt hat, od der Notar hiervon überzeugt war (s oben Anm 2b).

2234–2246 *Mit dem Inkrafttreten des BeurkG am 1. 1. 70 sind die §§ 2234–2246 aF wg ihrer verfahrensrechtl Regelgen weggefallen. Jedoch sind sie für alle bis zum 31. 12. 69 errichteten öff Test noch maßgebl, weil sich deren Gültigk grdsl nach den früh Vorschr beurteilt, auch wenn der Erbl erst nach diesem Zeitpkt gestorben ist. Wg des früh Rechts kann auf die 31. Aufl zurückgegriffen werden, in der die Vorschr letztmals abgedruckt waren.*

2247 *Eigenhändiges Testament.* [I]**Der Erblasser kann ein Testament durch eine eigenhändig geschriebene und unterschriebene Erklärung errichten.**

[II]**Der Erblasser soll in der Erklärung angeben, zu welcher Zeit (Tag, Monat und Jahr) und an welchem Ort er sie niedergeschrieben hat.**

[III]**Die Unterschrift soll den Vornamen und den Familiennamen des Erblassers enthalten. Unterschreibt der Erblasser in einer anderen Weise und reicht diese Unterzeichnung zur Feststellung der Urheberschaft des Erblassers und der Ernstlichkeit seiner Erklärung aus, so steht eine solche Unterzeichnung der Gültigkeit des Testaments nicht entgegen.**

[IV]**Wer minderjährig ist oder Geschriebenes nicht zu lesen vermag, kann ein Testament nicht nach obigen Vorschriften errichten.**

[V]**Enthält ein nach Absatz 1 errichtetes Testament keine Angabe über die Zeit der Errichtung und ergeben sich hieraus Zweifel über seine Gültigkeit, so ist das Testament nur dann als gültig anzusehen, wenn sich die notwendigen Feststellungen über die Zeit der Errichtung anderweit treffen lassen. Dasselbe gilt entsprechend für ein Testament, das keine Angabe über den Ort der Errichtung enthält.**

1) Das privatschriftliche Testament muß vom Erbl in seinem gesamten Wortlaut **eigenhändig** geschrieben u unterschrieben sein **(I)**; er kann also seinen letzten Willen nicht wirks zB auf Tonband sprechen. Diese zwingenden Erfordernisse können nicht dadurch ersetzt werden, daß die Urhebersch des Erbl u die Ernstlichk seiner Erkl auf andere Weise (etwa durch Zeugenbeweis) festgestellt wird. Zuziehg von Zeugen ist für die TestErrichtg unnötig u unübl, aber auch unschädl. Die Angabe von Zeit und Ort sowie der Gebrauch einer vollständ Unterschrift ist seit den Formerleichtergen dch das TestG (s Einf 1 vor § 2229) nicht mehr zwingend, wird vom Ges aber weiterhin dch SollVorschr angeraten **(II, III)**, um Beweisschwierigk u damit eine mögl Ungültigk zu vermeiden **(III; V;** s Anm 3a; 4). – Für die Aufbewahrg des errichteten Test u sein Auffinden beim Erbfall ist der Erbl selbst verantwortl. Auf sein Verlangen wird es von jedem AG verwahrt (§§ 2248; 2258a II Nr 3). Aus dieser Verwahrg kann es der Erbl persönl jederzeit wieder zurückverlangen, ohne daß dadch die Gültigk berührt wird (§§ 2256 II; III). – Dem Erbl steht es frei, welche TestForm er wählt; zu den jeweiligen Vorzügen u Nachteilen von öff u privatem Test s § 2231 Anm 2.

a) Testierwille. Die Form der Eigenhändigk soll neben anderen Zwecken (s auch § 2231 Anm 1) dazu dienen, Vorüberlegen u **Entwürfe** von der maßgebenden Vfg exakt abzugrenzen sowie eine erhöhte Sicherh vor Verfälschgen des ErblWillens bieten (BGH **80**, 242; s auch Grundmann AcP **187**, 429). Ist ein Schriftstück des Erbl nicht eindeut als Test erkenntl, macht die äußere Erfüllg der TestForm allein es noch nicht zur letztw Vfg. Dafür muß die niedergelegte Erklärg unbedingt auf einem **ernstlichen Testierwillen** beruhen. Im Zw ist dch Heranziehg aller erheblichen, auch außerh der Urkunde liegden Umstände u der allg Lebenserfahrg zu ermitteln, ob der Erbl rechtsverbindl Anordngen über sein Vermögen nach seinem Tode treffen wollte, zumindest aber das Bewußtsein hatte, das Schriftstück könne uU als sein Test angesehen werden (BayObLG NJW-RR **89**, 1092; BayObLG **70**, 173 zur Wirksamk eines mit dem Wort „Entwurf" versehenen, iü aber formgerecht geschriebenes Erbl als Test).

b) Formunwirksamkeit. Ein Wille des Erbl, der in dem Test nicht enthalten u nicht einmal angedeutet ist, ermangelt der ges Form u ist gem § 125 nichtig (BGH **80**, 242). Für eine Auslegg ist kein Raum, wo sie fehlende FormVorschr ersetzen soll. Deshalb kann zB die letztw Anordng der „gesetzl Erbfolge" nicht als unschädl falsche Bezeichng einer bestimmten Pers angesehen werden, weil sie lediglich als Verweisg auf die gesetzl Regelg zu verstehen u an anderer Wille formungült ist (BGH **80**, 246). Formungült ist ein Test auch, wenn der Erbl versehentl nicht erklärt hat, wer als Erbe eingesetzt ist (Köln Rpfleger **81**, 357). – Der dch formnichtige Vfg Eingesetzte kann ein Recht am Nachl auch nicht unter Berufg auf Treu u Glauben (§ 242) geltend machen (s § 2359 Anm 1). Die Erben sind jedoch nicht gehindert, den Inhalt des nichtigen Test vertragl anzuerkennen (s Bengel Rz 57; 58).

c) Brieftestament. Grdsl ist es mögl, daß in einem von Erbl eigenhänd u damit formgerecht geschriebenen Brief auch sein letzter Wille enthalten ist. Da dies aber nicht den übl Gepflogenheiten entspricht, sind strenge Anfordergen dahin zu stellen, ob der Erbl wirkl schon im Brief selbst eine letztw Vfg treffen wollte (KG NJW **59**, 1441; Stgt Rpfleger **64**, 148; BayObLG Rpfleger **80**, 189; FamRZ **83**, 836). S auch BGH WM **76**, 744 (außergewöhnl Umst bei rass Verfolgten); Prior JuS **78**, 772; § 2084 Anm 3c.

2) Die eigenhändige Niederschrift des ganzen TestWortlauts durch eigene Herstellg (Ziehen) der Schrift unmittelb mit der Hand (bei Versehrten mit Prothese, Fuß, Mund oä) ist zwingend vorgeschrieben. Gleichgültig ist die Form (Brief od Postkarte), das Material, Schreibmittel (Tinte, Blei, Farbe, Kreide, Schiefer), die Sprache od Schrift (auch Rundschrift, Schrift in Druckbuchstaben, oder Kurzschrift), wenn das Test nur verständl ist u auf ernsth Testierwillen des Erbl beruht, also kein Entwurf od Scherz ist (Haegele BWNotZ 77, 29; KG FamRZ 77, 483/484; BayObLG Rpfleger 77, 438: Test auf gebrauchtem Briefumschlag). Bei Verwendg ausgefallenen Materials ist bes sorgfält zu prüfen, ob es sich nicht um einen bloßen TestEntwurf handelt. Auch die mittels Kohlepapier hergestellte **Durchschrift** eines eigenhändigen Test ist vom Erbl eigenhändig geschrieben (Werner DNotZ 72, 6/10 ff); sie kann durch nachträgl Zusatz zur Urschrift des eigenhändigen Test gemacht werden (BayObLG 65, 258; FamRZ 86, 1043; aM Jansen NJW 66, 663; krit auch Schlüter § 18 I 1). Das mittels Durchschreibbogen (Blaupause) errichtete Schriftstück kann das einzige Original sein (BGH 47, 68; s das Beisp bei Werner JuS 73, 434) od eine zweite Urschrift; sorgfält Prüfg auf Echth ist aber geboten. Derjenige, der sich auf ein solches Schriftstück beruft, hat die Umstände darzutun, aus denen sich ein entspr ErblWille ergibt (dazu Johannsen WM 71, 405 f); er trägt die Feststellgslast dafür, daß der Erbl mit der Durchschrift eine TestUrschrift errichten wollte (BayObLG Rpfleger 81, 282).

a) Die Schriftzeichen müssen von der Hand des Erbl stammen u die verwendete Sprache muß ihm bekannt sein. Die Eigenhändigk fehlt nicht nur bei mechanischer Schrift (Druck, Schreibmaschine, Telegramm), sond auch bei Durchpausen eines von fremder Hand geschriebenen TestEntwurfs od bei Nachmalen eines von fremder Hand stammenden Schriftstücks dch Leseunkundige (Mü DNotZ 37, 68; BayObLG 65, 261; BGH 47, 68). – Der Erbl kann beim Schreiben von einem Dritten **unterstützt** werden, etwa dch Halten des Arms od der Hand. Eine bloße Unterstützg liegt so lange vor, als die Schriftzüge des Erbl von seinem Willen abhängig sind u nicht von dem Helfer geformt werden (BGH 47, 68/71); ohne Bedeutg ist dann, ob der Erbl seine gewöhnl Schriftzüge zustande bringt u ob seine Unterschr lesbar ist (BayObLG Rpfleger 85, 493). Das Test darf also nicht von dem Dritten dch Führen der Hand des Testierenden ohne dessen Willen hergestellt werden. Kann ein Erbl bei der Leistg des Schriftzuges nicht mehr aktiv mitwirken, ist er nicht mehr schreibfäh (BGH NJW 81, 1900; s auch Köln DNotZ 57, 158; Stgt BWNotZ 77, 70). – **Schreibunfähige** müssen öffentl testieren (IV). Blinde gehören praktisch immer dazu, auch wenn sie die Blindenschr (od Blindenkurzschr) beherrschen (Hann NJW 72, 1204; Werner DNotZ 72, 8; Schulze DNotZ 55, 625), weil die mit der Hand gefertigte PunktSchr keinen sicheren Schluß auf die Person des Schreibers zuläßt (Soergel/Harder Rz 17 mN; bestr).

b) Zusätze Dritter od Einschaltgen in mechanischer Schrift od Abschnitte von fremder Hand gelten als nicht geschrieben u machen nicht das ganze Test ungültig, es sei denn, daß der Erbl den übr Teil nicht ohne die unwirks Vfg geschrieben hätte (BayObLG FamRZ 86, 726).

c) Bezugnahmen auf nicht eigenhändig geschriebene Schriftstücke (früh als sog testamentum mysticum bezeichnet) sind nichtig u können nach den Grdsätzen der §§ 2085, 139 die Nichtigk der gesamten Vfg bewirken, wenn sich die Erbeinsetzg od die Zuwendg von Vermächtn in der Bezugnahme erschöpft (BGH Rpfleger 80, 337; BayObLG 79, 215). Unschädl u die Formgültigk des Test nicht berührend sind allerd solche Bezugnahmen, die nur zum Zwecke der näheren Erläuterg der formgült test Bestimmgen erfolgen; sie sind auch zur Auslegg des wirkl ErblWillens geeignet (BGH, BayObLG aaO; Zweibr FamRZ 89, 900; Verweisg auf Auflistg mittels KennNr); zur Abgrenzg unzulässiger Bezugnahme von der zur Ausleg gebotenen Heranziehg außertest Umstände s BGH JR 81, 23 mAv Schubert. – Im gemeinsch eigenhänd Test ist die bloße BeitrittsErkl eines Eheg zur formnichtigen (weil nicht unterschriebenen) HauptErkl des and Eheg nichtig u keine zuläss Bezugnahme (BayObLG 68, 311).

d) Unlesbare Teile des Test machen die dort enthaltenen Vfgen unwirks (s § 2085 Anm 2 a). Nicht mehr Lesbares, von dem feststeht, daß es lesbar niedergeschrieben wurde, berührt die Formgültigk des Test nicht; eine andere Frage ist, ob der Inhalt noch ermittelt werden kann (Staud/Firsching Rz 38; s auch unten 4). Bei schwer leserlicher Schrift kann später Sachverständiger helfen (KG JW 37, 2831; s auch Werner DNotZ 72, 12).

e) Sonstiges. Anfertig auf mehreren losen Blättern, von denen nur das letzte unterschrieben ist u deren Zusammengehörigk feststeht, ist mögl (Neust Rpfleger 62, 446); dazu gehört aber nicht ein Ringbuch mit Öffnungsmechanik (Hamm NJW 83, 689). – Erstellg von mehreren Urschriften ist zulässig. Eine formgültige Niederschr kann uU auch wirks sein, wenn der Erbl noch eine Reinschrift anfertigen wollte (BayObLG 70, 173/179). – Durchstreichen, Rasuren od Einfügungen sind zwar unzweckmäßig, da sie den Beweiswert der Urk beeinträchtigen (ZPO 419) uU als Widerruf angesehen werden können (§ 2255).

3) Unterschrift. Durch sie will das G ein Mindestmaß an RSicherh gewährleisten (Identifikation des Erbl; sein Bekenntn zum Inhalt; den Abschluß der Vfg). Wegen der Eigenhändigk vgl Anm 2. Handzeichen (§ 126 I), bloße Schnörkel od drei Kreuze genügen nicht (RG 134, 310). Leserlich der Unterschr ist nicht notw. Erforderl ist aber ein die Identität ausreichd kennzeichnender individueller Schriftzug (Soergel/Harder Rz 23; vgl BGH LM § 170 ZPO Nr 8; Rpfleger 64, 211; 76, 127 mAv Vollkommer uwH; Krapp JurBüro 77, 11). Beglaubigg der Unterschrift ist mögl, aber nicht nötig. – Die rechtl Anfordergen im einzelnen sind:

a) Ausreichende Identitätsbezeichnung. Zweckmäß ist daher Vor- u Zuname. Nach III ist aber auch die Unterzeichng „in anderer Weise" wirks, wenn Identität u Ernstlichk festgestellt werden können. Seit den dch das TestG geschaffenen Formerleichtergen scheitert das Erfordern der Unterschrift nicht mehr an der Unterzeichng nur mit dem Vornamen od nur mit Nachnamen od sogar nur mit der Familienbezeichng („Euer Vater"); od mit Kose-, Künstlername usw. Allerd ist in diesen Fällen stets besond sorgfältig zu prüfen, ob wirkl eine ernstl, endgültige Erklärg u nicht lediql ein Entwurf od eine Ankündigg (bes bei BriefTest, s BayObLG 63, 58 u Anm 1 c) vorliegt (Vogels JW 38, 2162; KG DFG 41, 9). – **Abkürzungen**

(von Handzeichen od bloßen Schnörkeln abgesehen) sind wohl zulässig, wenn im Zweifelsfall die Urheberschaft des Erbl (**III** S 2) u Nichtvorliegen bloßen Entwurfs feststellbar ist; zB „F. M." od „Mü." statt „Ferdinand Mühlens". Ebso, wenn Erbl unter Abkürzg bekannt war u sich ihrer stets bedient hat (str; wie hier Celle NJW **77**, 1690; Stgt Just **77**, 378; Soergel/Harder Rz 27, 28 mwH; aM amtl Begr DJ **38**, 1257; RGRK Rz 17; Staud/Firsching Rz 52, da dies den Erfordern einer Unterschr nicht entspreche; vgl auch BGH Betr **67**, 1628), da die Erfordern hinsichtl der Identitätsbezeichnung nach **III** äußerst gering sind (vgl S 2 „in anderer Weise"), so daß auch nachlässige Form genügend ist. Dem Sinne des G entspricht es jedenf mehr, den letzten Willen an diesen Formalien nicht scheitern zu lassen (s auch Bengel Rz 24–26; Brox § 11 III 2a).

b) Abschlußfunktion. Die Unterschrift muß Fortsetzg u Abschluß der TestErrichtg sein (RG **110**, 166), die nicht einheitl od zusammenhängend erfolgen muß (BGH NJW **74**, 1083). Da die zeitl Reihenfolge der Niederschrift bedeutgslos ist, kann theoretisch die Unterschrift auch schon vor dem Text geleistet werden. Zwischen der Niederschrift einzelner Teile können auch lange Zeiträume liegen (BayObLG **84**, 194). TestierFähigk (§ 2229) muß im Ztpkt des Abschlusses der ErrichtgsHandlg (der nicht notwend mit dem Ztpkt der Unterschr zusammenfallen muß) vorliegen. Die Unterschrift gehört, wie der Name besagt, an sich **an den Schluß**, wobei unerhebl ist, wenn nach ihr noch Zeit- u Ortsangaben folgen. Bei einem vollbeschriebenen Blatt kann die Unterschrift aber auch quergeschrieben sein, od mangels freien Raums am Textende daneben stehen (BayObLG **81**, 79; FamRZ **86**, 728; Hamm FamRZ **86**, 728). – Die bloße **Selbstbezeichnung** des Erbl im Eingangstext seines eigenhänd Test („Ich, Klaus Schmitt, bestimme als meinen letzten Willen ...") ist noch keine Unterschrift (hM, zB Köln OLGZ **67**, 69; BayObLG FamRZ **88**, 1211; Hamm OLGZ **89**, 292; aA Grundmann AcP **187**, 429/458). Zwar wird hierdch die Person des Testierden bezeichnet; aber die Selbstbezeichnung ist nicht Fortsetzg u Abschluß der Vfg. Der Begriff der Unterschr würde damit völlig aufgegeben. Dies muß auch dann gelten, wenn sich die Erkl ihrem äußeren Anschein nach als abgeschlossen darstellt (zB durch die Schlußworte „Dies ist mein letzter Wille" od „geschrieben in meiner Wohnung", „persönlich", BayObLG **79**, 203), da eben diese abgeschl Erkl nicht unterschrieben ist (ebso RG DR **42**, 1340; Brschw MDR **55**, 292; Freibg DRZ **49**, 19; aM KG DR **41**, 1464). In den meisten Fällen würde übrigens die Frage, ob die Erkl wirkl abgeschlossen ist, kaum zweifelsfrei gelöst werden können (s von Hippel AkZ **41**, 269). Dagg ist Selbstbezeichnung am Schluß der Erkl eine gültige Unterschr, wenn dadurch die Erkl abgeschlossen werden sollte (Düss JMBl NRW **54**, 116; s auch Haegele JurBüro **68**, 343f). – Wird ein nicht unterzeichnetes Test in einem **Umschlag** aufbewahrt, der mit einer den Inhalt bezeichnenden Aufschrift u der Unterschrift des Erbl versehen ist, kann der Umschlag letzter Teil der TestUrkunde sein. Die TestErfordern sind gewahrt, wenn der Unterschrift auf dem Umschlag keine selbständ Bedeutg zukommt u wenn sie mit dem Text auf den einliegenden Blättern in einem so engen inneren Zusammenhang steht, daß sie sich nach dem Willen des Erbl u der Verkehrsauffassg als äußere Fortsetzg u Abschluß der einliegenden Erklärg darstellt (BayObLG **82**, 131; FamRZ **85**, 1286; Hamm OLGZ **86**, 292). Der Umschlag ist dann letzter Teil der mehrteiligen TestUrk u kann als solcher die Unterschrift tragen. Ob diese Voraussetzgen vorliegen, kann nicht generell, sond nur nach den tatsächl Umständen des Einzelfalls beurteilt werden (BayObLG FamRZ **88**, 1211); Hamm (aaO) hat allerd die Abschlußfunktion allg verneint bei Unterzeichng nur eines **unverschlossenen** Umschlags wg der zu losen, jederzeit aufhebbaren Verbindg zwischen Hülle u darin befindl Text (bejaht dagg von BayObLG Rpfleger **86**, 294). – Vom Erbl selbst geschriebene **Anlagen** bedürfen nur dann keiner besonderen Unterschr, wenn sie nach seinem erkennb Willen zum Bestandteil des Test gemacht sind. – Bei **mehrseitigem** Test ist Unterschr auf dem letzten Blatt ausreichd (Soergel/Harder Rz 29; BayObLG **75**, 243); zum Ringbuch mit Öffnungsmechanik s Hamm NJW **83**, 689.

4) Zeit und Ort müssen im Test nicht mehr notwendigerw angegeben werden (**II; V**). Sie können daher auch mit mechan Schrift angegeben od ganz weggelassen werden, wenn dies auch nicht ratsam ist. Vor allem das Fehlen einer Zeitangabe kann zu Zweifeln über die Gültigk Anlaß geben, etwa in den Fällen zeitweiliger Testierunfähigk od bei mehreren widersprüchlichen Test (s Bengel Rz 50). Wenn die Angaben fehlen oder unrichtig od zweideutig sind (zB doppelte Ortsangabe, KG JW **39**, 352), aber es nach **V** darauf ankommt, ist jedes BewMittel zulässig („anderweit"), also das Ger nicht (wie früher) auf den Inhalt der Urk od des Umschlags beschränkt (KG MDR **53**, 51). Bei mehreren Zeitangaben ist die durch die Unterschr gedeckte jüngste maßg; ist aber die Zeit nicht erkennb, so ist die Zeitangabe als fehlend anzusehen (RGRK Rz 28). Sind die Angaben unleserl geworden, gilt nicht **V**, sond freie Beweiswürdigg (KG JW **38**, 1601).

5) Nachträge. Für die Formgültigk späterer Zusätze ist entscheidend, daß die TestUrkunde zZ des Erbfalls eine die gesamte Erkl deckende Unterschrift aufweist. Der Erbl kann daher zur Errichtg eines formgült Test auch ein Schriftstück benutzen, das er als früh Test od sogar zu anderen Zwecken niedergeschrieben hat, indem er dieses so vollendet, daß es sein nunmehr gewolltes Test darstellt (BayObLG **84**, 194). – Die nachträgl vom Erbl auf der formgült TestUrk vorgenommenen Ändergen (Einschaltgen od Ergänzgen) brauchen nicht von ihm bes unterzeichnet zu werden, wenn sie nach seinem festgestellten Willen von der ursprüngl Unterschr gedeckt werden sollten u wenn das räuml Erscheingsbild der TestUrk nicht entggsteht (BGH NJW **74**, 1083; BayObLG **65**, 262; FamRZ **85**, 537 u **86**, 835; Stgt Just **79**, 436). Dies gilt aber nicht, wenn die unterschriebene ursprüngl Text nur tatsächl Angaben u Erklärgen, aber noch keine letztw Vfg enthält (Hamm Rpfleger **84**, 468); ferner nicht für einzelne Blätter in einem Ringbuch mit Öffngsmechanik (Hamm NJW **83**, 689). Ein nicht unterzeichneter Nachtr ist unwirks, wenn er auf ein bereits zuvor widerrufenes Test gesetzt ist (SchleswSchlHA **76**, 9). Berichtigg von Schreibfehlern u ähnl Unrichtigk ist jederzeit ohne Unterschr zul (Staud/Firsching Rz 18). – Unabhängige, eine neue sachl Vfg enthaltende, aber nicht unterschriebene Nachträge sind unwirksam (BayObLG **74**, 440), zB auf einem besond Blatt eines Ringbuchs (Hamm aaO). Vgl auch §§ 2085, 2086; ZPO 419; Anm 7. Sind sie unterschrieben od in den ursprüngl Text eingeschaltet, kann darin Widerruf od Einschränkg (§§ 2255, 2258) liegen (s BGH NJW **66**, 201).

6) Minderjährige und Lesensunfähige (s § 2233 I, II) sind vom eigenhänd Test ausgeschlossen (**IV**). Die Volljährigk tritt seit 1. 1. 75 mit der Vollendg des 18. Lebenj ein (§ 2). Lesefähigk ist eine in der Person des Erbl zu erfüllende Voraussetzg für eigenhändiges Testieren. Die Feststellgslast obliegt daher dem, der sich auf die mangelnde Fähigk beruft (BayObLG Rpfleger **85**, 239). Hat ein Erbl sein Test eigenhänd geschrieben, steht jed nicht sicher fest, ob er zu dieser Zeit noch „Geschriebenes zu lesen vermochte" u kann auch die Beweiserhebg darüber keine Klarheit bringen, ist vom Regelfall auszugehen, daß er lesen konnte (Neust FamRZ **61**, 541 mAv Lutter u Habscheid JZ **62**, 417; Werner DNotZ **72**, 14). Malt aber ein Schreibunkundiger die von einem Anderen erstellte Vorlage ab, ist die Erkl keine eigenhänd (s Anm 2a). Hinsichtl des öffentl Test vgl § 2233 I, II mit Anm 1, 2. – § 2247 IV gilt nicht für Personen, die nach § 114 entmündigt sind; sie können daher im Ggsatz zu Minderj durch eigenhänd Test ein früheres Test nach § 2253 II widerrufen (BayObLG **56**, 385).

7) Beweisfragen: Im ErbscheinsVerf erfolgt Amtsprüfg (s § 2358). Die mat Beweislast für den erbrechtl Charakter einer Erkl trägt, wer aus ihr ein ErbR für sich in Anspr nimmt (BayObLG **62**, 303; Hamm OLGZ **66**, 498). – **a) Eigenhändigkeit.** Echtheit der Unterschr ist noch kein Beweis, aber ein BewAnzeichen für die Eigenhändigk der letztw Erkl (Stgt BWNotZ **77**, 69; Ellw BWNotZ **70**, 91). ZPO 416 u 440 II sind unanwendb, da hier nicht die Abgabe, sond zugl eine bestimmte Form in Frage steht (Vogels JW **38**, 2163). Bei vorhandener Zeit- od Ortsangabe spricht eine Vermutg für ihre Richtigk. Im Zweifelsfall ist im ErbSchVerf vAw (FGG 12) ein schriftvergl Gutachten zu erholen. Dieses kann schriftl od mündl erstattet werden od sich in beigezogenen Akten befinden. Zum SachverständBeweis s § 2229 Anm 3; üb Schriftsachverständige Deitigsmann JZ **53**, 494; Falck JR **56**, 255. Ungeklärten Zweifeln des Gutachters hat das Gericht gem FGG 12 nachzugehen (BayObLG Rpfleger **88**, 67). – Feststellgslast für Echtheit und Eigenhändigk trägt derjenige, der Rechte aus dieser Urkunde herleiten will (BayObLG FamRZ **85**, 837). – **b) Fehlt die Zeitangabe**, kommt es aber (zB wegen zeitweiser TestierUnfähigk des Erbl) auf diese an, hat die BewLast derjenige, der sich auf TestGültigk beruft (**V** S 1). Bei BewFälligk ist Test als ungültig anzusehen, obwohl es materiell gültig sein mag. Dasselbe gilt bei Widerspr zw einem datierten u einem undatierten Test (**V** S 1, § 2258 I). – **V** ist entspr anwendb, wenn an der Gültigk eines Test gerade desh Zweifel entstehen, weil es eine Zeitangabe enthält, der Erbl aber zu dem angegebenen Ztpkt testierunfäh war (LG Koblz DNotZ **70**, 426; s auch RGRK Rz 27). – **c) Fehlen der Ortsangabe** (**II**, **V** S 2) führt höchstens in den seltenen Fällen zur UngültigkAnn, wo es nach EG 11 auf die Errichtg in Deutschland ankommt.

2248 *Verwahrung des eigenhändigen Testaments.* Ein nach den Vorschriften des § 2247 errichtetes Testament ist auf Verlangen des Erblassers in besondere amtliche Verwahrung zu nehmen (§§ 2258a, 2258b). Dem Erblasser soll über das in Verwahrung genommene Testament ein Hinterlegungsschein erteilt werden.

1) Die Verwahrung seines eigenhänd Test ist dem Erbl nicht vorgeschrieben u macht es nicht zu einem öffentl Test. Sie soll die Auffindg des Test beim Erbfall sichern u Schutz vor Unterdrück u Fälschg bieten. Das Verwahrgsverlangen kann formlos auch durch Vertreter erfolgen. Überbringg durch Boten ist zulässig. Rücknahme aus der Verwahrg ist jederzeit zulässig (§ 2256 II) u kein Widerruf (§ 2256 III).

2) Zuständig ist beim PrivatTest jedes AG (§ 2258a II Nr 3). – VerwaltgsVorschr: AktO 27 III. Wegen der AV vom 30. 11. 79 vgl BeurkG 34 Anm 7. – Gebühren: KostO 101.

2249 *Nottestament vor dem Bürgermeister.* ¹Ist zu besorgen, daß der Erblasser früher sterben werde, als die Errichtung eines Testaments vor einem Notar möglich ist, so kann er das Testament zur Niederschrift des Bürgermeisters der Gemeinde, in der er sich aufhält, errichten. Der Bürgermeister muß zu der Beurkundung zwei Zeugen zuziehen. Als Zeuge kann nicht zugezogen werden, wer in dem zu beurkundenden Testament bedacht oder zum Testamentsvollstrecker ernannt wird; die Vorschriften der §§ 7, 27 des Beurkundungsgesetzes gelten entsprechend. Für die Errichtung gelten die Vorschriften der §§ 2232, 2233 sowie die Vorschriften der §§ 2, 4, 5 Abs. 1, §§ 6 bis 10, 11 Abs. 1 Satz 2, Abs. 2, § 13 Abs. 1, 3, §§ 16, 17, 23, 24, 26 Abs. 1 Nr. 3, 4, Abs. 2, §§ 27, 28, 30 bis 32, 34, 35 des Beurkundungsgesetzes; der Bürgermeister tritt an die Stelle des Notars. Die Niederschrift muß auch von den Zeugen unterschrieben werden. Vermag der Erblasser nach seinen Angaben oder nach der Überzeugung des Bürgermeisters seinen Namen nicht zu schreiben, so wird die Unterschrift des Erblassers durch die Feststellung dieser Angabe oder Überzeugung in der Niederschrift ersetzt.

ᴵᴵDie Besorgnis, daß die Errichtung eines Testaments vor einem Notar nicht mehr möglich sein werde, soll in der Niederschrift festgestellt werden. Der Gültigkeit des Testaments steht nicht entgegen, daß die Besorgnis nicht begründet war.

ᴵᴵᴵDer Bürgermeister soll den Erblasser darauf hinweisen, daß das Testament seine Gültigkeit verliert, wenn der Erblasser den Ablauf der im § 2252 Abs. 1, 2 vorgesehenen Frist überlebt. Er soll in der Niederschrift feststellen, daß dieser Hinweis gegeben ist.

ᴵⱽFür die Anwendung der vorstehenden Vorschriften steht der Vorsteher eines Gutsbezirks dem Bürgermeister einer Gemeinde gleich.

ⱽDas Testament kann auch vor demjenigen errichtet werden, der nach den gesetzlichen Vorschriften zur Vertretung des Bürgermeisters oder des Gutsvorstehers befugt ist. Der Vertreter soll in der Niederschrift angeben, worauf sich seine Vertretungsbefugnis stützt.

ⱽᴵSind bei Abfassung der Niederschrift über die Errichtung des in den vorstehenden Absätzen vorgesehenen Testaments Formfehler unterlaufen, ist aber dennoch mit Sicherheit anzunehmen, daß das Testament eine zuverlässige Wiedergabe der Erklärung des Erblassers enthält, so steht der Formverstoß der Wirksamkeit der Beurkundung nicht entgegen.

Testament. 7. Titel: Errichtung und Aufhebung eines Testaments § 2249 1–5

1) Das Bürgermeistertestament (od GemeindeTest) gehört als NotTest zu den außerordentl Test (s § 2231 Anm 3). Es kann von Ehegatten auch als gemeinschaftl Test errichtet werden (§ 2266). Einen Not-ErbVertr gibt es aber nicht (§ 2276). Da der Bürgermstr als Urkundsperson an die Stelle des Notars tritt (vgl §§ 2256 I; 2258a II Nr 2), steht sein Test einem öffentl gleich, ist aber nur zeitl beschränkt gültig (§ 2252). Die Beweiskraft einer öffentl Urkunde (ZPO 415) hat nur die ordngsmäß Niederschr.

2) Voraussetzungen. Das NotTest kann nur in zwei bestimmten Situationen errichtet werden: Bei **Absperrung** (§ 2250 I; s dort Anm 1a). – Bei **Besorgnis des vorzeitigen Ablebens** des Erbl, bevor ihm die Errichtg eines Test vor dem Notar mögl ist (**I**); ihr gleichgestellt ist die Besorgnis des Eintritts einer bis zum Tod fortdauernden **Testierunfähigkeit** des Erbl (BGH **3**, 372). Die Befürchtg muß beim **Bürgermeister** als der Urkundsperson vorhanden sein; die der Zeugen oder des Erbl ist unmaßgebl (BGH aaO). Hegt er sie, kommt es nicht mehr darauf an, ob sie auch begründet ist (**II**). Ist die Besorgn objektiv gegeben, ist das NotTest auch dann gült, wenn der Bürgermstr die Besorgn nicht hatte (RG **171**, 29). Nur wenn keine Lebensgefahr bestand und der Bürgermstr dies erkannte, ist das Test ungült, selbst wenn die Besorgn pflichtwidr festgestellt würde. – Der nicht rechtzeitigen Erreichbark des Notars steht es gleich, wenn dieser nicht tätig werden will (Soergel/Harder Rz 5).

3) Die Errichtung des Test kann dch mündl Erkl des Erbl od dch Übergabe einer (offenen od verschlossenen) Schrift erfolgen (**I 4**; § 2232). Für Minderjährige, Lese- od Sprachunfähige gelten die SonderVorschr des § 2233 (**I 4**).

a) Zwei Zeugen muß der Bürgermstr immer zur Beurkdg zuziehen (**I 2**); die in dem NotTest Bedachten oder die zum TestVollstr Ernannte sind als Zeugen ungeeignet u ausgeschlossen (**I 3**); Verstoß macht das Test allerd nicht in vollem Umfang unwirks, da BeurkG 7; 27 entspr anzuwenden sind. Die Zeugen müssen während der gesamten TestErrichtg anwesend sein, sonst ist das Test nichtig (BayObLG Rpfleger **77**, 439).

b) Eine Niederschrift muß der Bürgermstr über die TestErrichtg aufnehmen (dazu Anm 5); fehlt sie ganz, ist das Test nicht wirks errichtet. Die Niederschr muß in Anwesenh des Bürgermstr u aller Zeugen dem Erbl **vorgelesen** u von ihm **genehmigt** werden. Sodann ist sie vom Erbl, vom Bürgermstr u von den Zeugen zu **unterschreiben**. Ist der Erbl schreibunfähig, wofür seine Angaben, sonst die Überzeugg des Bürgermstr maßgebl ist (s § 2233 Anm 2), wird dch die entspr Feststellg seine Unterschr ersetzt (**I 6**).

4) Der Bürgermeister od in gemeindefreien Gutsbezirken der Gutsbezirksvorsteher übernimmt die Rolle des Notars (**I 4; IV**). Er muß also anwesend sein, mit dem Erbl selbst verhandeln und dessen letzten Willen entgegennehmen. Er wird nicht dadurch ausgeschlossen, daß seine Gemeinde vom Erbl bedacht wird.

a) Zuständig ist nur der Bürgermstr oder Gutsbezirksvorsteher des **Aufenthaltsorts**. An Stelle der früh DGO (Bürgermstr § 6, Vertreter § 35, GutsbezVorsteher §§ 12 II, 13, 119) sind heute die Gemeindeordngn maßg. Zuständig ist der dch der DGO in der früheren *BrZ* bestellte Hauptgemeindebeamte u dessen Vertreter (DVO des ZJA, VOBlBrZ **47**, 9, aufrechterhalten durch Teil II Art 4 Nr 6 GesEinhG); s Zimmermann Rpfleger **70**, 195f. – Befugt ist der dch GemeindeO ges bestimmte **Vertreter** des Bürgermstr (**V**), nicht aber ein sonstiger Gemeindeangestellter (KG NJW **47/48**, 188). In Hbg ist der Standesbeamte zust (DVO des BGB u Hbg AGBGB v 20. 5. 58, AAnz 441). – Die örtl Unzuständigk des Bürgermstr (Gutsbezirksvorstehers) führt nicht mehr zur Nichtigk des Test. Nach **I 4**, BeurkG 2 ist das Test auch gült, wenn der Bürgermstr (GutsBezVorst) die Beurk außerh seines AmtsBez (Gemeindegebiets) vorgenommen hat. – **Verwaltungsverfügungen:** S die Übersicht bei Soergel/Harder Rz 4; für *Bay* MEntschl vom 24. 2. 70 (MABl 657).

b) Haftung. Die Gemeinde haftet bei Amtspflichtverletzg nach GG 34; § 839 (Nürnb OLGZ **65**, 157). Hat der Bürgermstr amtspflichtwidr die Nichtigk des Test verschuldet, braucht sich der im Test als Erbe Eingesetzte u SchadErs Beanspruchende ein nicht vorsätzl Selbstverschulden des Erbl u des von ihm zugezogenen Beraters nicht entgghalten zu lassen (BGH NJW **56**, 260). – In öff Krankenhäusern ist der Träger verpflichtet, organisatorisch dafür Vorsorge zu treffen, daß einem Patienten die Errichtg eines Test mögl wird (BGH NJW **58**, 2107; dazu Schlund ArztR **79**, 206).

5) Eine Niederschrift ist zwingend erforderl; fehlt sie ganz, ist das Test ungültig. Sie kann auch in Kurzschrift abgefaßt sein (BayObLG **79**, 232). Ihre Verlesg kann nicht dch lautes Diktat ersetzt werden. Wird ein vorbereiteter schriftl Entwurf benutzt, der dem Erbl Satz für Satz vorgelesen u von ihm (nicht nur mit Gebärden) gebilligt wird, kann die mündl Erkl des letzten Willens mit der Verlesg u der Genehmigung der Niederschr in einem Errichtgsvorgang zusammengefaßt werden (RG **161**, 378; Zweibr Rpfleger **87**, 22). Unterbleibt die Unterschr aller Mitwirkenden, liegt begriffl keine Niederschr vor (vgl KG NJW **66**, 1661; BayObLG aaO). Im übr genügt es, wenn sich aus der erstellten Urkunde die erforderl rechtserhebl Umstände u Erklärungen ergeben, also in ihr irgendwie schriftl niedergelegt sind, u wenn dies in Gegenwart der mitwirkenden Personen erfolgt u dch deren Unterschrift bezeugt ist (BGH **37**, 79/90ff). Ist nur die Niederschr mangelhaft, steht dies der Gültigk dann nicht entgg, wenn in ihr der Inhalt der letztw Erkl des Erbl wiedergegeben u sie von ihm als Aussteller unterschrieben ist (BGH NJW **62**, 1149).

a) Die Aufnahme der Niederschr wird gem **I 4** dch folgende VerfahrensVorschr des **BeurkG** (Einzelh s dort) mit der Maßgabe geregelt, daß der Bürgermstr an die Stelle des Notars tritt: § 2: Überschreiten des Amtsbezirks macht das Test nicht mehr nichtig. – § 4: Ablehng der Beurk. – § 5 I: Errichtg der Urk in dtscher Sprache; in einer and Sprache ist sie ausgeschlossen. – §§ 6, 7 mit § 27: AusschließgsGrde. – §§ 8, 9: Niederschr über die Verhandlg. – § 10: Feststellg der Pers des Erbl. – § 11 I 2, II: Feststellgen über GeschFgk (TestierFgk). – § 13 I, III: Vorlesen, Genehmigen, Unterschreiben der Niederschr. – § 16: Übersetzg der Niederschr. – § 17: Prüfgs- u BelehrgsPfl. – §§ 23, 24: SonderVorschr für taube Erbl, für Taube u Stumme, mit denen eine schriftl Verständigg nicht mögl ist (auch für das NotTest gilt aber der allg Grds, daß schreibunfäh od lesensunkund Stumme überh kein Test errichten können; s § 2229 Anm 2d; § 2232

2047

§§ 2249, 2250   5. Buch. 3. Abschnitt. *Edenhofer*

Anm 3 c, § 2233 Anm 3 a; BeurkG 31 Anm 4). – **§ 26 I Nr 3, 4, II:** Mitwirkgsverbote für Zeugen (s auch oben Anm 4). – **§ 27:** Ausschließg begünstigter Personen, zB des Bürgermstr (§§ 7, 24 II sind bereits angeführt). – **§ 28:** Feststellg der GeschFgk, TestierFgk (s auch den oben angeführten § 11 I 2, II). – **§ 30:** Übergabe einer Schrift. – **§ 31:** Übergabe einer Schrift dch Stumme. – **§ 32:** Sprachunkundig des Erbl (s auch den angeführten § 16). – **§ 34:** Verschließg, Verwahrg des Test. – **§ 35:** Niederschr ohne Unterschr des Bürgermstr.

b) Formverstöße, die bei der **Abfassung** der Niederschr unterlaufen (also nur ihren Inhalt u nicht den Errichtgsakt als solchen betreffen, s Anm 6), sind **unschädlich (VI),** wenn gleichwohl eine zuverlässige Wiedergabe des letzten Willens anzunehmen ist; für letzteres ist beweispfl, wer sich auf die Wirksamk des Test beruft (BGH **LM** Nr 1 zu ZPO 416). Was hierzu zählt, soll zur Vermeidg unnöt Formstrenge zwar weit ausgelegt werden (BGH **37,** 88; **54,** 89; BayObLG **70,** 53), darf aber nicht den mat-rechtl Erfordernissen zuzurechnen sein. – Unschädl ist zB: Nichtfeststellg der Besorgn der Todesgefahr (BayObLG **79,** 232) od der Schreibunfähigkeit des Erbl (MüKo/Burkart Rz 34); fehlende Angaben üb Zeit, Ort; ungenaue Bezeichng der Mitwirkenden; fehlende Unterschr nur der Zeugen (KG NJW **66,** 1661), die auch noch nach dem Tod des Erbl ohne Beteiligg und Mitwirkender nachgeholt werden können (KG NJW **47/48,** 190; Soergel/Harder Rz 18; s auch BayObLG aaO 240).

6) Unheilbar ist dagg die Nichtbeachtg der wesentl Erfordern des **Errichtungsakts.** Verstöße, die das Test nichtig machen, sind zB: Niederschr wird nicht od erst nach Ableben des Erbl erstellt od von keinem unterschrieben; ihre Vorlesg od ihre Genehmigg dch den Erbl unterbleibt (BayObLG **79,** 232; Ffm Rpfleger **79,** 206); Zeugen werden nicht od nur einer od es werden ausgeschlossene Personen zugezogen (bei letztem Verstoß ist nur Zuwendg, nicht Test unwirks, s Anm 2 b); Verstoß gg die dauernde AnwesenhPfl (BayObLG Rpfleger **77,** 439); fehlende Unterschr des Bürgermstr (sofern nicht BeurkG 35 eingreift) od des schreibfäh Erbl (KG JFG **21,** 296; aA Staud/Firsching Rz 33); Verwandtsch des Bürgermstr (**I** 4 mit BeurkG 6).

7) Verschließung. Die Niederschr ist vom Bürgermstr nach TestErrichtg in einen Umschlag zu nehmen, der mit dem Amtssiegel zu verschließen, zu beschriften und zu unterschreiben (BeurkG 35!) und sodann unverzügl in die bes amtl **Verwahrung** zu geben ist (**I** 4; BeurkG 34; § 2258 a II Nr 2).

8) Sonderfall. Über Errichtg eines (etwa dem dtschen „Dorf"-Testament entspr) Test dch dtschen Erbl in den unter **polnischer Verwaltung** stehden Ostgebieten s BayObLG **68,** 262.

2250 *Nottestament in besonderen Fällen.* ¹Wer sich an einem Ort aufhält, der infolge außerordentlicher Umstände dergestalt abgesperrt ist, daß die Errichtung eines Testaments vor einem Notar nicht möglich oder erheblich erschwert ist, kann das Testament in der durch § 2249 bestimmten Form oder durch mündliche Erklärung vor drei Zeugen errichten.

IIWer sich in so naher Todesgefahr befindet, daß voraussichtlich auch die Errichtung eines Testaments nach § 2249 nicht mehr möglich ist, kann das Testament durch mündliche Erklärung vor drei Zeugen errichten.

IIIWird das Testament durch mündliche Erklärung vor drei Zeugen errichtet, so muß hierüber eine Niederschrift aufgenommen werden. Auf die Zeugen sind die Vorschriften der § 6 Abs. 1 Nr. 1 bis 3, §§ 7, 26 Abs. 2 Nr. 2 bis 5, § 27 des Beurkundungsgesetzes, auf die Niederschrift sind die Vorschriften der §§ 8 bis 10, 11 Abs. 1 Satz 2, Abs. 2, § 13 Abs. 1, 3 Satz 1, §§ 23, 28 des Beurkundungsgesetzes sowie die Vorschriften des § 2249 Abs. 1 Satz 5, Abs. 2, 6 entsprechend anzuwenden. Die Niederschrift kann außer in der deutschen auch in einer anderen Sprache aufgenommen werden. Der Erblasser und die Zeugen müssen der Sprache der Niederschrift hinreichend kundig sein; dies soll in der Niederschrift festgestellt werden, wenn sie in einer anderen als der deutschen Sprache aufgenommen wird.

1) Voraussetzung. Ist eine der beiden nachstehend genannten Situationen gegeben, kann – ebso wie auf einer Seereise (§ 2251) – ein Test dch mündl Erkl **vor drei Zeugen** errichtet werden, im Falle a) wahlweise statt vor dem Bürgermstr nach § 2249. Dies ist auch als gemeinschaftl NotTest mögl (§ 2266; s dort). Die Voraussetzgn dieses NotTest müssen nicht immer obj vorliegen. Wenn die Gefahr tatsächl nicht, wohl aber nach Überzeugg aller Zeugen besteht, ist das DreizeugenTest wirks errichtet; die Besorgn des Erbl selbst ist ohne Bedeutg (BGH **3,** 372). Haben die Voraussetzgn obj bestanden, ist eine entspr Überzeugg bei den Zeugen entbehrl, sogar ihre gegenteil Auffassg unschädl (BGH aaO). Nur wenn weder obj noch subjekt die Voraussetzgn bestanden haben, ist das NotTest unwirks. Diese sind alternativ:

a) Absperrung (I) als Folge außerordentl Umst wie Hochwasser od Verschütt. Da Ort nicht gleich Ortschaft ist, genügt auch Absperrg in einem Haus od an anderer Örtlichk; im Juli 45 auch infolge Erkrankg, weil die meisten Notare (u AGe) noch nicht wieder tätig waren (Hamm JMBl NRW **62,** 60). Dagg kann ein nur subj Notstand, in dem sich der zur Errichtg eines eigenhändig Test noch fähige Erbl befindet (zB Furcht vor Strafe wg Nichtanzeige von Westvermögen in der DDR), den Voraussetzgen von **I** nicht gleich gestellt werden (KG Rpfleger **68,** 391).

b) Nahe Todesgefahr (II) gleich aus welchen Gründen u gleich an welchem Ort, ob im Hochgebirge od Krankenhaus. Ihrer Befürchtg gleich steht die des Eintritts einer bis zum Tod fortdauernden **Testierunfähigkeit** (BGH **3,** 372). – Unter **II** fällt auch die Errichtg eines Test durch die Insassen eines Flugzeugs bei naher Todesgefahr (vgl auch Seibert AkZ **38,** 666).

2) Als Zeugen können nur solche Pers gelten, die zur Mitwirkg herangezogen werden od von sich aus die Bereitwilligk zur Mitwirkg unter Übernahme der Verantwortg zu erkennen geben (BGH **54,** 89 mAv Kreft **LM** fr § 2239 Nr 2; **LM** Nr 2, 3). Die zufäll Anwesenh eines sonst unbeteiligten Dritten als Zeugen genügt für die Wahrg der Form nicht (BGH **LM** Nr 3). – Die Zeugen sind, da eine amtl Urkundsperson fehlt,

Testament. 7. Titel: Errichtung und Aufhebung eines Testaments §§ 2250, 2251

gleichberechtigte Mitwirkende. Sie können untereinander verwandt od verschwägert sein. **Ausgeschlossen** sind gem **III** 2 der Erbl selbst, sein Ehegatte u die mit ihm in gerader Linie Verwandten (BeurkG 6 Nr 1–3). Ferner sollen als Zeugen nicht Minderjähr, Geisteskranke u -schwache, Taube, Stumme, Blinde u Schreibunfäh herangezogen (BeurkG 26 II Nr 2–5). Die Geliebte des Erbl kann Zeugin sein, nicht aber die Ehefr; diese kann aber mittestieren (§ 2266). Wirken statt drei Zeugen fünf in BeurkFunktion mit, darf keiner von ihnen ges ausgeschlossen sein (Ffm MDR **81**, 673). – Die Mitwirkg eines dch BeurkG 6 Nr 1–3 ausgeschlossenen Zeugen macht die Beurkundg insgesamt unwirks. Wird dem beurkundeten Test dagg dem Ehegatten (auch früh) od einem nahen Angehörigen (Einzelh s BeurkG 7 Nr 3) eines nicht ausgeschlossenen Zeugen ein rechtl Vorteil verschafft oder wird er bedacht od als TV ernannt, ist nicht die Beurkdg des ganzen Test unwirks, sond nur die betr Vfgen (BeurkG 7; 27) mit der Folge mat-rechtl Teilnichtigk (§ 125).

3) **Die Errichtung** des DreizeugenTest erfolgt in der Weise, daß der Erbl vor den drei Zeugen mündl seinen letzten Willen erklärt (Übergabe einer Schrift ist unwirks, Ffm HEZ **1**, 236; Sprechunfähige sind also von diesem NotTest ausgeschlossen, s § 2233 III; BeurkG 31). Hierüber muß sodann noch zu seinen Lebzeiten dch einen Zeugen od auch dch eine and Pers eine **Niederschrift** angefertigt werden; dazu kann auch Kurzschrift verwendet werden (BayObLG **79**, 232), eine and als die dtsche Sprache aber nur, wenn der Erbl u alle Zeugen der fremden Sprache hinreichend mächtig sind (**III** 3, 4), andernf das Test nichtig ist. Sodann muß in Ggwart der drei Zeugen die gefertigte Niederschr dem Erbl **vorgelesen**, von ihm **genehmigt** und im Falle seiner Schreibunfähigk **unterschrieben** werden (**III** 2; BeurkG 8, 13 I). Dies sind zwingende Erfordern des Errichtsakts. Verstöße hiergg machen das Test nichtig (BayObLG **79**, 232; Ffm Rpfleger **79**, 206). Die Zeugen müssen also während des ganzen Vorgangs der TestErrichtg anwesend sein, ausgenommen die Anfertigg der Niederschr (zB im Büro des Krankenhauses). Das Fehlen nur eines Zeugen während der Erkl des Erbl, dem Vorlesen der Niederschr u ihrer Genehmigg dch den Erbl ist ein unheilbarer Verstoß u mach das Test nichtig (BGH **54**, 89; BayObLG aaO; allgM).

a) **Die Niederschrift** üb den letzten Willen des Erbl muß noch zu seinen Lebzeiten zwingend angefertigt werden. Stirbt der Erbl nach Erkl seines letzten Willens, bevor die Niederschr vorgelesen od genehmigt od unterschrieben worden ist, liegt kein wirks Test vor (Hamm JMBl NRW **62**, 212; Köln JMBl NRW **74**, 221; BayObLG **79**, 232). Als **Inhalt** ist in die Urkunde außer dem letzten Willen im wesentl aufzunehmen (**III** 2): Angaben zur Person des Erbl u der Zeugen; Tag u Ort (BeurkG 9, 10). Feststellungen sollen getroffen werden über die Beteiligten (BeurkG 9); die Testierfähigk des Erbl (BeurkG 11 I 2), ggf die Schwere seiner Erkrankg; eine **Schreibunfähigkeit** des Erbl (nach seinen Angaben od nach Überzeugg der Zeugen); die nahe Todesgefahr (Testierunfähigk) bzw die Absperrg. – Das **Vorlesen** der angefertigten Urk in Anwesenh aller Zeugen ist notwendig (BeurkG 13 I). Es kann dch einen Zeugen, aber auch dch Dritte oder den Bedachten erfolgen. Lautes Diktat bei der Niederschr ist kein wirks Ersatz (BayObLG aaO). Einem **tauben** Erbl ist die Niederschr statt vorzulesen zur Durchsicht vorzulegen (BeurkG 23). – Der Erbl muß die vorgelesene Niederschr vor allen Zeugen **genehmigen**, weil erst die Sicherh verschafft, daß sein letzter Wille richtig niedergeschrieben wurde. – Wurde bei der TestErrichtg ein aGrd der Angaben des Erbl vorbereitetes schriftl Konzept benutzt, kann die mündl Erkl des Erbl mit der Verlesg u Genehmigg in einem Errichtsakt erfolgen (s § 2249 Anm 5). – Die Niederschr ist von dem schreibfäh Erbl sowie von den Zeugen zu **unterschreiben**; die ErblUnterschr wird dch die Feststellg seiner Schreibunfähigk ersetzt (**III** 2; § 2249 I 6). Eine Niederschr liegt begriffl nicht vor, wenn die Urk von keinem unterschrieben ist (s § 2249 Anm 6).

b) **Formverstöße** sind dann unschädl, wenn sie nur bei Abfassg der Niederschr unterlaufen sind (**III** 2 iVm § 2249 IV). Dazu gehört zB das Unterlassen der genannten Feststellgen (s a); die fehlende Angabe von Tag, Ort u Beteiligten; fehlende Unterschr der Zeugen auf der vom Erbl unterschriebenen Urk (KG NJW **66**, 1661). S dazu § 2249 Anm 6. – **Unheilbar** u die Nichtigk des Test herbeiführend sind dagg Verstöße gg zwingende Erfordern des Errichtsakts (s oben). Einzelh dazu s § 2249 Anm 5 b.

4) **Beschränkte Gültigkeitsdauer** besteht auch hier (§ 2252). – **Verwahrung** (§§ 2258 a, b) ist wohl wg Fehlens einer AmtsPers nicht erwähnt, aber entspr § 2248 auch hier zulässig. Da kein öffentl Test vorliegt (BayObLG **79**, 232; Soergel/Harder Rz 15), sind BeurkG 34 I, § 2256 I nicht anwendb s § 2256 Anm 5). Als PrivatUrk unterliegt das NotTest der freien richterl Würdigg (BGH **LM** Nr 1 zu § 416 ZPO). – Anwendg beim gemeinschaftl Test vgl § 2266.

5) **Völlige Formlosigkeit** gilt beim VerfolgtenTest, REG Art 80 *(AmZ)*, 67 *(BrZ)* 69 *(Bln)*. Auch nach dem WehrmFGG idF vom 6. 9. 43 (RGBl 537) waren völlig formlose Test uU wirks (s Einf 2 vor § 2229).

2251

Seetestament. Wer sich während einer Seereise an Bord eines deutschen Schiffes außerhalb eines inländischen Hafens befindet, kann ein Testament durch mündliche Erklärung vor drei Zeugen nach § 2250 Abs. 3 errichten.

1) **Das Seetestament** ist eine außerordentl TestForm, aber kein NotTest, da es keine Notlage (wie Seenot, Krankheit, Absperrg) voraussetzt. Es ist ein privates, kein öff Test.

a) **Seereise** ist jede Seefahrt außerh eines inländ Hafens, also auch die Küstenfahrt. Nicht dazu zählen aber kurze Sport- od Vergnüggsfahrten (RGRK Rz 2) od Fischereifahrten mit baldiger Rückkehr. Der Aufenth in **ausländischen Häfen** zählt zur Seereise, solange der Erbl an Bord ist. In inländ Häfen gibt es nur die gewöhnl TestFormen (bei Quarantäne allerd § 2250 I).

b) **An Bord eines deutschen Schiffes** muß sich der Erbl befinden. Dies beurteilt sich nach dem FlaggenrechtsG vom 8. 2. 51 (BGBl 79); auf die Eintragg im Schiffsregister kommt es nicht an. Unerhebl ist die Schiffsart (Motor- od Segelboot; See- od Binnenschiff). Nach dem eindeutigen Wortlaut fallen aber Luftschiffe od Flugzeuge nicht unter die Vorschr (aM RGRK Rz 4); bei diesen sind nur NotTest nach § 2250 mögl. – Der Erbl kann Deutscher od Ausländer sein. Für Deutsche auf fremden Schiffen gilt EG 11 I (Soergel/Harder Rz 7).

§§ 2251–2253   5. Buch. 3. Abschnitt. *Edenhofer*

2) **Zeitlich beschränkte Wirksamkeit** hat das SeeTest (§ 2252). – Amtl **Verwahrung** ist nicht vorgeschrieben, aber zuläss (§ 2250 Anm 4). – Zu Seeverschollenh s VerschG 5.

3) Ist eine **Urkundsperson** zufällig **an Bord** (der Kapitän ist keine solche), kann auch in ordentl Form testiert werden, ohne daß die Form des § 2251 ausgeschlossen wäre. § 2252 II steht nicht entgg.

2252 **Gültigkeitsdauer der Nottestamente.** ¹Ein nach § 2249, § 2250 oder § 2251 errichtetes Testament gilt als nicht errichtet, wenn seit der Errichtung drei Monate verstrichen sind und der Erblasser noch lebt.

II Beginn und Lauf der Frist sind gehemmt, solange der Erblasser außerstande ist, ein Testament vor einem Notar zu errichten.

III Tritt im Falle des § 2251 der Erblasser vor dem Ablauf der Frist eine neue Seereise an, so wird die Frist mit der Wirkung unterbrochen, daß nach Beendigung der neuen Reise die volle Frist von neuem zu laufen beginnt.

IV Wird der Erblasser nach dem Ablauf der Frist für tot erklärt oder wird seine Todeszeit nach den Vorschriften des Verschollenheitsgesetzes festgestellt, so behält das Testament seine Kraft, wenn die Frist zu der Zeit, zu welcher der Erblasser nach den vorhandenen Nachrichten noch gelebt hat, noch nicht verstrichen war.

1) **Zeitliche Beschränkung.** Die Vorschr bringt den nur vorl Charakter der NotTest zum Ausdr, die idR eilig u ohne gründl Überlegg zustande kommen. Die Unwirksamk tritt rückw in drei Monaten nach Errichtg ein, wenn der Erbl dann noch lebt u zur Errichtg eines Test vor einem Notar (also nicht vor einem Konsul) in der Lage ist. – Durch fortdauernde od wiedereinsetzende Absperrg, sonstige Unmöglichk, einen Notar zu erreichen (zB auf einem Schiff), od durch TestierUnfähigk wird der Lauf der Frist **gehemmt**. Zur Errichtg eines eigenhänd Test (§ 2247) will das G nicht drängen (Kipp/Coing § 29 I 4). – Eine Sonderregelg gilt für SeeTest in **III**. – Das unwirks gewordene Test behält auch nicht die Wirkg eines Widerrufs (§§ 2254, 2258; RGRK Rz 2). Ein NotTest, das zugl den Erfordernissen eines eigenhänd Test entspricht, bleibt auch nach Ablauf der Frist wirks. Irrtum des Erbl über den Eintritt der Ungültigk berechtigt zur Anfecht nach § 2078 nur, wenn ursächl Zushang besteht (RG **104**, 322).

2) **Bei Todeserklärung** des Erbl schließt **IV** die Vermutg des VerschG 9 I u 44 I aus. Der TestGültigk steht der TodesZtpkt des Beschl (VerschG 23, 44) nicht entgg (Arnold Rpfleger **57**, 145; s auch Bengel Rz 9).

3) **Die Verfolgtentestamente** wurden nach dem REG am 30. 9. 45 unwirks, wenn der Erbl nach diesem Ztpkt zur Errichtg einer formgerechten Vfg in der Lage war (vgl § 2250 Anm 5).

4) **Die Beweislast** für die Hemmg der Frist hat derj, der sich auf die fortdauernde Wirksamk des Test beruft. Wenn der TodesZtpkt streitig ist, muß der die Unwirksamk Geltdmachende beweisen, daß der Erbl die Frist überlebte.

2253 **Widerruf des Testaments.** ¹Der Erblasser kann ein Testament sowie eine einzelne in einem Testament enthaltene Verfügung jederzeit widerrufen.

II Die Entmündigung des Erblassers wegen Geistesschwäche, Verschwendung, Trunksucht oder Rauschgiftsucht steht dem Widerruf eines vor der Entmündigung errichteten Testaments nicht entgegen.

Vorbemerkung. Dch Art 1 Nr 2k des AdoptG v 2. 7. 76 wurde in II „Rauschgiftsucht" hinzugefügt.

1) **Letztwillige Verfügung** ist auch der Widerruf eines Test. Er wirkt ex nunc. Das WiderrufsTest vernichtet also sofort u unmittelb den RBestand der widerrufenen Vfg (bestr; wie hier Bengel Rz 8; von Lütow I S 235 f). – Das Recht zum **jederzeitigen** Widerruf entspringt der Testierfreiheit u liegt im Wesen des Test als einer erst mit dem Tode wirks Vfg. Der Erbl kann also jederzeit **frei widerrufen** u damit den Eintritt der Wirkgen des widerrufenen Test verhindern (von Lübtow NJW **68**, 1849). Das WiderrufsR ist unverzichtb (§ 2302) wie auch eine Pflicht zum Widerruf vertragl nicht begründet werden kann (BGH FamRZ **60**, 28). Seine Ausübg setzt Testierfähigk voraus. – Die Vorschr gelten an sich auch für gemeinschaftl Test; bei bindenden wechselbezügl Vfgen bestehen aber Ausnahmen (§ 2271), vgl § 2255 Anm 6, § 2272 Anm 2. Ebenso gelten für Erbverträge des Vorschr (§§ 2290 ff). – Für das WiderrufsTest ist aus Gründen der Klarh anzuraten, frühere Vfgen ausdrückl aufzuheben u den letzten Willen völlig neu zu fassen, da sonst das Ineinklangbringen verschiedener Test oft zu Schwierigk u damit zu RUnsicherh führt (s auch § 2258 Anm 1).

2) **Vier Widerrufsmöglichkeiten** hat ein Erbl für sein errichtetes Test: Errichtg eines reinen Widerrufs-Test (§ 2254). – Vernichtg der TestUrk u ähnl schlüssige Hdlgen (§ 2255). – Rücknahme eines öff Test aus der bes amtl Verwahrg (§ 2256). – Errichtg eines neuen Test mit widersprechendem Inhalt (§ 2258). – Andere Möglichk gibt es nicht. Doch kann ein Test auch aus anderen Gründen nachträgl unwirks werden (vgl § 1937 Anm 4).

3) **Anfechtbar** ist nach § 2078 auch der Widerruf einer letztw Vfg (BayObLG **60**, 490); ebso der nach §§ 2255; 2256; 2272 erklärte (s auch § 2256 Anm 2).

4) **Entmündigte.** Der Widerruf erfordert grdsätzl TestierFähigk (§§ 2229, 2230). Jedoch können auch die in **II** genannten Entmündigten (aber auch nur diese) ein **vor** Entmündigg errichtetes Test in Abweichg von §§ 2229 III widerrufen, soweit nicht § 2229 IV entggsteht (BayObLG **75**, 212) u zwar in den Formen der

Testament. 7. Titel: Errichtung und Aufhebung eines Testaments §§ 2253–2255

§§ 2254–2256, nicht aber des § 2258 I, da der Entmündigte kein neues positives Test errichten kann (§ 2229 III). Nach BayObLG **56**, 377 kann aber aus einer widersprechenden anderw Vfg nach § 2258 im Wege der Ausslegg (§ 133) od Umdeutg (§ 140) ein Widerruf iS des § 2254, dem dem Entmündigten offen steht, entnommen werden; dieser Auffassg ist zuzustimmen. – Der nach **II** Entmündigte kann auch einen **vor** der Entmündigg (vor Eingang des EntmündiggsAntr) nach §§ 2254 oder 2258 I erklärten **Widerruf** eines früheren Test mit der Wirkg widerrufen, daß dieses wieder wirks wird (§§ 2257, 2258 II; ebso Köln NJW **55**, 466; Soergel/Harder Rz 6). Dagg kann ein erst **nach** der Entmündigg erklärter Widerruf nicht mehr wirks widerrufen werden (s BayObLG **75**, 212). Hat der Entmündigte in einem Test sein vor der Entmündigg errichtetes Test widerrufen u zugleich eine neue Erbeinsetzg angeordnet, ist zwar die neue Erbeinsetzg ungültig (§ 2229 III); die Wirksamk des Widerrufs wird dadch aber iZw nicht berührt (§ 2085; s von Lübtow NJW **68**, 1850).

5) Zur Auslegung eines späteren Test kann auch der Inhalt des widerrufenen Test herangezogen werden. Beinhaltete das aufgehobene Test aber zB eine Vor- u Nacherbfolge, kann es idR nichts mehr darüber aussagen, ob mit dem späteren gült Test eine Vorerbsch beabsichtigt ist (Oldbg NdsRpfl **68**, 281).

2254 Widerruf durch Testament. Der Widerruf erfolgt durch Testament.

1) Ein reines Widerrufstestament, das sonst keine Vfgen zu enthalten braucht (solche aber enthalten kann), ist mögl. Es kann auch als NotTest (dann jedoch mit zeitl beschränkter Wirkg, § 2252) errichtet werden oder ein sog BriefTest sein (dazu § 2247 Anm 1 c), nicht aber ein bloßer TestEntwurf. – Das WiderrufsTest bedarf nicht der gleichen Form wie das zu widerrufende, so daß ein öff Test durch ein eigenhänd widerrufen werden kann u umgekehrt (Köln OLGZ **68**, 325). Nur ein gült u wirks Test kann widerrufen werden u ein ungült WiderrufsTest hat keine Wirkg (s Schlesw SchlHA **76**, 9). Auch bedingter Widerruf ist mögl (Verwirkgsklausel, § 2074 Anm 2) oder auf einzelne test Anordngen beschränkter.

2) Der Widerruf nach § 2254 muß nicht ausdrückl erklärt sein. Er kann auch durch Auslegg od Umdeutg aus einer widersprechenden anderweitigen Vfg nach § 2258 entnommen werden (BayObLG **56**, 377; Hamm MDR **71**, 137) od einem späteren Test, mit dem der Erbl die Erbfolge abschließß und ausschließß regeln wollte (BayObLG **65**, 91). – Ein rechtswirks Widerruf (od eine rechtswirks Einschränkg) eines in **amtlicher Verwahrung** befindl Test liegt auch dann vor, wenn der Erbl auf eine mit Schreibmaschine geschriebene TestAbschr den Widerruf (od die Einschränkg) dch handschriftl mit Ortsangabe u Datum versehenen eigenhänd geschriebenen u von ihm unterzeichneten Zusatz vornimmt, der erst in Verbindg mit der TestAbschr voll zu verstehen ist (BGH NJW **66**, 201; Köln OLGZ **67**, 324). – In einem **Prozeßvergleich** kann der Widerruf nicht erkl werden (BGH FamRZ **60**, 30; vgl § 2232 Anm 1). – Gebühr: KostO 46.

3) Widerruf des Widerrufs ist nach §§ 2254–2256, 2258 mögl. Seine Wirkg regelt § 2257 (s dort).

2255 Widerruf durch Vernichtung oder Veränderungen.

Ein Testament kann auch dadurch widerrufen werden, daß der Erblasser in der Absicht, es aufzuheben, die Testamentsurkunde vernichtet oder an ihr Veränderungen vornimmt, durch die der Wille, eine schriftliche Willenserklärung aufzuheben, ausgedrückt zu werden pflegt. Hat der Erblasser die Testamentsurkunde vernichtet oder in der bezeichneten Weise verändert, so wird vermutet, daß er die Aufhebung des Testaments beabsichtigt habe.

1) Der Widerruf durch schlüssige Handlung erfordert **objektiv** eine körperl Veränderg des Test und **subjektiv** die Absicht seiner Aufhebg (BGH NJW **59**, 2113). Er wird idR nur bei eigenhänd Test prakt, bei öffentl Test uU entweder vor der amtl Verwahrg od wenn das öff Test unter Verletzg der Vorschr des § 2256 (zB durch Versehen des UrkBeamten od auf unrechtmäß Weise) aus der amtl Verwahrg in die Hände des Erbl gelangt. In diesen Fällen ist aber weder obj noch subj ein Widerruf durch schlüss Hdlg gegeben, falls der Erbl das Test, wenn auch nachlässig, aufbewahrt, keine Veränderungen an der Urk vornimmt u auch sonst untätig bleibt (BGH NJW **59**, 2113). – Der in AufhebgsAbs handelnde Erbl muß, da der Widerruf als letztw Vfg behandelt wird, **widerrufsfähig** sein (§§ 2229, 2230, 2253 II). Die UrkVernichtg dch einen Testierunfähigen vernichtet also das Test rechtl nicht, wenn sein Inhalt bewiesen werden kann (vgl unten Anm 4).

2) Durch den Erblasser persönlich (auch dch einen als sein Werkzeug handelnden Dritten) muß zu seinen Lebzeiten (KG JFG **14**, 280, Müller/Freienfels JuS **67**, 125) die Urschrift der Urk vernichtet od verändert werden. Daß der Erbl selbst sein Test verändert od ein unauffindbares vernichtet hat, wird vom G nicht vermutet (Celle MDR **62**, 410). **Beweispflichtig** ist im RStreit, wer sich darauf beruft (Zweibr Rpfleger **87**, 373; Ffm Rpfleger **78**, 310/312); verbleiben trotz ausreichender Ermittlgen Zweifel, geht dies auch im ErbSchVerf zu Lasten desjenigen, der sich auf die Veränderg zur Begründg seines ErbRs beruft (BayObLG **83**, 204). Befand sich die veränderte Urk bis zuletzt im Gewahrs des Erbl und fehlen Anzeichen für Handlgen eines Dritten, sind die Beweisanforderungen aber nicht zu hoch anzusetzen (BayObLG aaO mN). Nur wenn das persönl Handeln des Erbl feststeht, ergibt sich daraus nach S 2 die (widerlegbare) **Vermutung der Aufhebungsabsicht.** Diese Vermutg greift bei Vernichtg einer von mehreren Urschriften nicht ein (KG JFG **14**, 340; s Anm 3 c). Vernichtg der **Abschrift** einer not TestUrk ist unwirks. Auch kann die Aufhebgs Abs folgen, wenn das Zerreißen im Hinblick auf ein neues Test erfolgt, dessen Formnichtigk der Erbl nicht kannte (Fbg Rpfleger **52**, 340; RGRK Rz 5 will hier nur Anfechtg nach § 2078 II zulassen). Wegwerfen der Urk (zB in Papierkorb) läßt dagg idR die AufhebgsAbs ersehen u steht der Vernichtg gleich (aA Soergel/Harder Rz 5 mN). – Bei **Unauffindbarkeit** der Urk spricht dagg keineswegs eine Vermutg dafür, daß der Erbl sie in WiderrufsAbs vernichtet hat (Celle MDR **62**, 410; Hamm NJW **74**,

2051

1827; KG OLGZ **75**, 355; BayObLG Rpfleger **80**, 60). Inhalt u Formgültigk eines solchen Test können mit den gewöhnl Beweismitteln erwiesen werden (s RG DR **44**, 842; Hamm aaO). Läßt sich jedoch der Inhalt od die Formgültigk des Test nicht mehr feststellen, wird es ungült (Soergel/Harder Rz 13).

3) Veränderungen erfolgen idR durch Einreißen (BayObLG **83**, 204), Einschneiden, Durchstreichen; Ungültigkeitsvermerke (dazu unten b); dch Zerknüllen der Urk in Verbindg mit der Erklärg des Erbl, daß sein Vermächtn nunmehr hinfäll sei (BayObLG **80**, 95). Sie müssen **an der Urkunde selbst** vorgenommen sein. Verändergen nur auf der Abschrift eines amtl verwahrten Test sind wirkgslos, es sei denn, daß sie selbst der TestForm genügen (Ffm NJW **50**, 607). – **a) Streichungen.** Hierbei brauchen die TestFormen nicht eingehalten zu werden, sofern nicht die Streichgen mittelb eine positive Vfg enthalten. Wenn zB der Erbl geschrieben hatte: „Ich setze A und B als Erben ein, wobei A mein Vorerbe und B mein Nacherbe sein soll" und den mit „wobei" beginnenden zweiten Halbsatz später streicht, um damit B zum sofortigen Vollerben zu 1/2 einzusetzen, ist diese positive Vfg nur wirks, wenn die Streichg dch die ursprüngl Unterschr gedeckt wird (s § 2247 Anm 6). Werden dagg von mehreren Erben einer od mehrere gestrichen, liegt ein gültiger Widerruf der Einsetzg der Gestrichenen vor; auf den frei gewordenen Teil sind dann §§ 2088 II, 2089 anzuwenden (Soergel/Harder Rz 10; Staud/Firsching Rz 11; KG JFG **7**, 148; aM RGRK Rz 8, der in letzterem Fall Ungültigk der Streichg annimmt). – **b) Ungültigkeitsvermerke** (wie „ungültig"; „annuliert"; „überholt" usw) über dem Text od am Rande od quer üb den Text sind dann als ausreichende Veränderg anzusehen, wenn für jedermann sofort erkennbar ist, daß die Urkunde als solche nicht mehr gelten soll (RG JW **11**, 545; KG NJW **57**, 1364). Sie brauchen nach hM nicht gesondert unterschrieben zu sein (KG aaO; Soergel/Harder Rz 9; aA Schmidt MDR **51**, 324). Ein nicht unterschriebener Entwertgsvermerk nur auf dem **Umschlag** reicht allerd nicht aus (RG JW **25**, 475; BayObLG **63**, 31), es sei denn, daß er selbst dem TestErfordern entspricht. Bei gemeinschaftl Test kann der überlebende Ehegatte einen ihm vorbehaltenen Widerruf wechselbezügl Vfgen nicht dch einen nicht unterschriebenen Ungültigkeitsvermerk ausüben, da dieser Widerruf TestForm erfordert (Stgt NJW-RR **86**, 632; s § 2271 Anm 3c, cc). – **c) Bei Vorhandensein mehrerer Urschriften** unterliegt es der freien Beweiswürdigg, ob mit Vernichtg od Veränderg einer Urschrift auch die anderen Urschriften widerrufen werden sollten (RG LZ **23**, 322; KG OLG **46**, 245; JFG **14**, 280). – **d) Auch einzelne Verfügungen** (§ 2253 I) können (zB durch Streichg od Abschneiden eines Teils der Urk) aufgehoben werden (vgl auch § 2247 Anm 5; RG **111**, 262). Dienen die Veränderungen zur Vorbereitg eines neuen Test, wirken sie noch nicht als Widerruf, wenn das alte Test noch bis zur Errichtg des neuen gelten soll (RG **71**, 300; **111**, 265).

4) Unfreiwilliger Verlust. Ihm steht die unfreiwillige Vernichtung od Vernichtg in Unkenntn, daß es sich um das eigenhänd Test handelt (LwG Neumünster SchlHA **66**, 83) od Undeutlichwerden des Schriftstücks gleich. In allen Fällen gilt:

a) Die Wirksamkeit eines Test berührt es **nicht,** wenn die Urkunde ohne den Willen des Erbl vernichtet worden od verloren gegangen ist (allg M, zB BGH NJW **51**, 559). Dasselbe gilt, wenn ein Test in amtl Verwahrg (§ 2256) verlorengeht od dort versehentl vernichtet wird. Insbes wird ein durch Kriegsereignisse verlorengegangenes Test durch den Verlust nicht wirkgslos. Die formlose Billigg des Verlusts ist kein Widerruf, so daß Widerruf nach § 2254 od § 2258 notw ist (BGH **LM** Nr 1 zu § 1960; dazu Johannsen WM **71**, 408). Das Gleiche muß auch dann gelten, wenn ein Dritter das Test ohne Wissen des Erbl vernichtet (aM für den Fall, daß eine ZustimmgsErkl des Erbl ggü dem Dritten erfolgt, Schmidt MDR **51**, 321; Erman/Hense Rz 4; wie hier Bengel Rz 16). Dies schließt nicht aus, daß der Erbl sich eines Dritten als Werkzeug zur Vernichtg bedient (KG JFG **6**, 146; Soergel/Harder Rz 11). Bei Unauffindbark eines **gemeinschaftlichen Testaments** ist zu beachten, daß es schon dann als unfreiwill vernichtet od abhanden gekommen anzusehen ist, wenn es ohne Wissen u Willen des überlebden Ehegatten beseitigt wurde (s u Anm 6).

b) Ist nur ein Teil eines Testamentsinhalts **nicht mehr feststellbar,** aber der Gesamtwille des Erbl insow erkennbar, daß er auch ohne den fehlden Teil Bestand hat u hierdurch nicht wesentl berührt wird, ist der festgestellte Teil des Test wirks (BGH **LM** Nr 1 zu § 2085; s auch BayObLG **67**, 206f).

c) Beweisfragen: Errichtg u Inhalt eines nicht mehr vorhandenen Test können mit allen zul BewMitteln (Abschriften, Zeugen, Sachverst) bewiesen werden. Es muß sowohl die Einhaltg der FormVorschr als auch grdsl der Gesamtinhalt (Ausn s b) zuverläss nachgewiesen werden. An den Nachweis sind **strenge** Anfordergen zu stellen. Da die zu treffende Feststellg für die Entscheidg ausschlaggebend ist, verdient das förml BeweisVerf idR den Vorzug (BayObLG FamRZ **86**, 1043). Beweispfl ist, wer aus dem Test Rechte herleiten will. Ist im ErbscheinsVerf nach nicht abschließenden Ermittlgen vAw keine sichere Feststellg mögl, trägt Feststellungslast, wer seinen Antr auf das nicht mehr vorhandene Test stützt (Hamm NJW **74**, 1827; BayObLG **77**, 59; Rpfleger **80**, 60; Ffm Rpfleger **78**, 310/312). Hat aber der Gegner durch (schuldh) Vernichtg des Test diesen Nachw erschwert od vereitelt, muß er bis zum Beweis des Ggteils sich so behandeln lassen, als ob ein formgültiges Test errichtet worden wäre (Hamm OLGZ **67**, 79). – Wird der Beweis geführt, ist für die Ungültigk des unauffindbaren Test beweispfl, wer sich darauf beruft (s Anm 2).

d) Die Ersetzung zerstörter oder abhanden gekommener gerichtl od notarieller Urkunden war geregelt durch VO vom 18. 6. 42 (RGBl 395); s jetzt BeurkG 46. Nach BeurkG 57 X ist diese VO auf Urk, die unter BeurkG 1, 68 fallen, nicht mehr anzuwenden; für öff Test gilt also BeurkG 46. Die VO galt nicht für eigenhänd Test, auch wenn sie in bes amtl Verwahrg waren (Hamm Rpfleger **59**, 353); das Gleiche gilt für BeurkG 46. Dieser ist entspr anwendb, wenn eine Urk aus polit Gründen unbenützbar wurde (KG JR **52**, 443). – Über Rechtsmittel gg Ablehng der Ersetzg aGrd BeurkG 46 s BeurkG 54. Wird am Sitz des zuständ Gerichts die deutsche Gerichtsbark nicht mehr ausgeübt, richtet sich die Ersatzzuständigk nach § 6 ZuständErgG vom 7. 8. 52 (BGBl 407).

5) Der Widerruf nach § 2255 kann **nicht widerrufen** werden (GgSchluß aus § 2257), ist aber uU nach § 2078 anfechtb (RG **102**, 70; BayObLG **83**, 204).

Testament. 7. Titel: Errichtung und Aufhebung eines Testaments §§ 2255, 2256

6) Gemeinschaftliches Testament. Ein Ehegatte kann seine eigenen **einseitigen Verfügungen** in der Form des § 2255 widerrufen (ohne Zustimmg des anderen u auch noch nach dessen Tod), solange das Test nicht an das NachlG abgeliefert ist. Er kann in dieser Form auch einseitige Vfgen des anderen Eheg widerrufen, wenn er hierzu beauftragt ist u solange dieser andere lebt (s Anm 2; Schmidt MDR **51**, 321). Nachträgl formlose Billigg des anderen reicht aber nicht aus (s Anm 4; aM Schmidt aaO). – **Wechselbezügliche** Vfgen können in der Form des § 2255 nicht einseitig durch einen Ehegatten widerrufen werden. Das Test bleibt wirks, wenn der Inhalt erweislich ist. Gemeinsame Vernichtg od gemeins Veränderungen an der Urkunde durch beide Eheg sind denkb. Handelt ein Eheg im Einverständn mit dem and, ist der Widerruf wirks (Staud/Kanzleiter § 2271 Rz 2; Erman/Hense Rz 7; vgl auch BayObLG **65**, 92; RG DR **45**, 76; Schlesw SchlHA **57**, 181); nachträgl formlose Zustimmg des and Teils genügt nicht (bestr). Dch die **einseitige** Vernichtg eines gemschaftl Test werden die wechselbezügl Vfgen nicht unwirks. Es können aber Beweisschwierigk bei der Rekonstruktion des gemschaftl Test entstehen (s Soergel/Harder Rz 15); den Eheg, der das gemschaftl Test vernichtet hat, trifft die Beweislast dafür, daß das Test ungült ist (OGH **1**, 268; dazu Anm von Leonhardt DRZ **49**, 113; auch Hamm OLGZ **67**, 74). – Zum ErbVertr s §§ 2289 ff.

2256 *Rücknahme des Testaments aus der amtlichen Verwahrung.* [I]Ein vor einem Notar oder nach § 2249 errichtetes Testament gilt als widerrufen, wenn die in amtliche Verwahrung genommene Urkunde dem Erblasser zurückgegeben wird. Die zurückgebende Stelle soll den Erblasser über die im Satz 1 vorgesehene Folge der Rückgabe belehren, dies auf der Urkunde vermerken und aktenkundig machen, daß beides geschehen ist.

[II]Der Erblasser kann die Rückgabe jederzeit verlangen. Das Testament darf nur an den Erblasser persönlich zurückgegeben werden.

[III]Die Vorschriften des Absatzes 2 gelten auch für ein nach § 2248 hinterlegtes Testament; die Rückgabe ist auf die Wirksamkeit des Testaments ohne Einfluß.

Schrifttum: Granicky Rpfleger **57**, 246; Fischer Rpfleger **58**, 177; von Lübtow NJW **68**, 1849; Merle AcP **171**, 486.

1) Allgemeines. Die Vorschr betrifft nur die bes amtl Verwahrg (§ 2258a). Rücknahme aus einfacher Verwahrg ist kein Widerruf. – Auf Erbverträge ist sie nicht anwendb (§ 2277 Anm 2b). – **I; II** gelten auch für Test, die zeitl vor dem BeurkG vor einem Richter errichtet worden sind (BeurkG 68 III).

2) Die Widerrufswirkung der Rücknahme tritt nur bei einem vorher in die bes amtl Verwahrg gelangten öff Test (BGH NJW **59**, 2113) nach HerausgVerlangen (ohne Rücks auf einen entspr Aufhebswillen) ein, allerd erst mit der Rückgabe an den Erbl persönl (**II** 2), also nicht bei versehentl Rückgabe. Die eingetretene Wirkg kann dann dch neuerliche bes amtl Verwahrg nicht mehr beseitigt werden. Vorlage zur Einsicht ist keine Rücknahme. – Vorausgesetzt ist Testierfähigk nach §§ 2229, 2253 II (dazu Merle aaO 495 ff.). Die Rücknahme ist ein RGesch unter Lebenden, aber wg der damit zwangsläufig verbundenen Widerrufswirkg zugl eine Verfügg vTw (BGH **23**, 211; BayObLG **73**, 35; aM Lübtow aaO 1851, Merle aaO 492, 509: Fiktion). Daher ist **Anfechtung** nach § 2078 dch den Berecht zu § 2080 Berecht (nicht aber dch den Erbl) mögl (BayObLG **60**, 490; aM Kipp/Coing § 31 II 3; Merle aaO 504). Bsple: Wenn Erbl das herausverlangte Test irrtüml für ggstandslos hielt, ein neues zweites Test aber nichtig war; wenn er zur Rücknahme dch falsche Erwartgen über den weiteren Verlauf eines ihm bekannten Vorfalls (KG DR **42**, 143) od widerrechtl dch Drohg bestimmt wurde (BayObLG **60**, 494) oder die Widerrufswirkg nicht gekannt hat (KG JFG **21**, 324); Der letztere Fall dürfte eigentl nicht vorkommen, wenn nach **I** 2 verfahren wird (Vogels DR **42**, 144). Die Rücknahme ist auch anfechtb, wenn der Erbl zu ihr dch die Vorstellg bestimmt worden ist, er könne den fingierten Widerruf dch eine ggteilige testamentar Vfg aufheben u damit dem aus der bes amtl Verwahrg zurückgeg Test wieder Gültigk verschaffen (KG NJW **70**, 612 zu § 2078 II mit krit Anm von Riedel NJW **70**, 1278); s auch § 2257 Anm 4; Klunzinger DNotZ **74**, 278/288. Gg Anfechtbark der Rücknahme Lübtow aaO.

3) Persönliche Rückgabe an Erbl hat durch den Rpfleger gg Vorlage des Hinterleggsscheins (§ 2258b III; AktenO 27 Nr 6, 9), notf durch RHilfe (FGG 2; KG RJA **13**, 91; AktenO 27 Nr 8) zu erfolgen. Der Rpfleger ist nicht befugt, selbst den Umschlag (BeurkG 34) zu öffnen, sofern nicht der Erbl zustimmt (ebenso RGRK Rz 4 hins des Amtssiegels u Staud/Firsching Rz 15; bestr; s Granicky, Fischer Rpfleger **57**, 246; **58**, 177). – Aushändigg unter Verletzg des **II** dch Übersend an Erbl ohne Aushändiggsverlangen od an Dritten od nur zur Einsicht, falls diese bei Gericht erfolgt (vgl Bengel Rz 10–12), wirkt nicht als Widerruf. Das Test bleibt wirks, sofern es nicht durch den Erbl nach der Aushändigg in den Formen der §§ 2254, 2255 od 2258 widerrufen wird. Andererseits kann ein Test trotz Fortdauer der Verwahrg nach §§ 2254, 2258 widerrufen werden. Die Rückgabe ist auf die Abliefergspflicht (§ 2259) ohne Einfluß, wenn dann das Test noch vorhanden ist (KG JFG **15**, 93).

4) Rücknahme des eigenhändigen Testaments hat keine Widerrufswirkg (**III**). Ein gült öff Test, das zugl § 2247 entspricht, ist kein eigenhänd Test iS des **III** (RGRK Rz 10; MüKo/Burkart Rz 3; Soergel/Harder Rz 7; aM Staud/Firsching Rz 14).

5) Entsprechende Anwendung findet § 2256 I, II auf das vor einem **Konsul** errichtete Test (KonsG 16a I, wenn auch § 2256 I, II nicht mehr angeführt ist). Beim Test nach §§ 2250, 2251 ist aber ein Widerruf in der Form des § 2256 nicht mögl (Staud/Firsching Rz 6).

6) Über den Widerruf eines in amtl Verwahrg befindl **notariellen** Test dch ein **eigenhändiges** Test s § 2254 Anm 1.

§§ 2257, 2258   5. Buch. 3. Abschnitt. *Edenhofer*

2257 *Widerruf des Widerrufs.* **Wird der durch Testament erfolgte Widerruf einer letztwilligen Verfügung widerrufen, so ist im Zweifel die Verfügung wirksam, wie wenn sie nicht widerrufen worden wäre.**

1) Auslegungsregel ist § 2257, seit dch das TestG (s Einf 1 vor § 2229) die Worte „iZw" eingefügt worden sind, so daß die Vorschr ledigl eine widerlegb Vermutg aufstellt.

2) Der Widerruf durch Testament nach § 2254 (nicht aber der durch schlüss Hdlg od Rücknahme nach §§ 2255, 2256, s BayObLG 73, 35) kann selbst wieder nach §§ 2254–2256, 2258 **widerrufen** werden. Für die nach § 114 Entmündigten vgl § 2253 Anm 4. Ein nach § 2255 widerrufenes eigenhänd Test kann nur unter Beobachtg der FormVorschr des § 2247 als eigenhänd wiederhergestellt werden (s Lübtow NJW 68, 1852); dies gilt auch dann, wenn nach Vernichtg der Urschrift in Aufhebgsabsicht eine bloße Abschrift als Test gelten soll. KG HRR 42 Nr 755 erklärt mit Recht die Verwendg des alten Test mit neuer Unterschr und neuem Datum für zuläss (vgl RG 111, 252). Ein Widerruf nach § 2257 ist dies aber nicht. Nach Düss JZ 51, 309 genügt es, wenn der Erbl das durch Zerreißen widerrufene Test wieder zusammenklebt, es in einen Umschlag steckt u diesen mit dem eigenhänd geschriebenen u unterschriebenen Vermerk „Mein Test" versieht (zust Staud/Firsching Rz 7; dazu auch KG NJW 70, 613). Die UmschlagsUnterschr kann uU ausreichen (§ 2247 Anm 3b). Aber die neue Erkl ist möglicherw nach § 2247 ungült, wenn weder der Ztpkt des Widerrufs noch der Neuerrichtg feststeht. Bloße Aufbewahrg eines nach § 2255 zerrissenen Test macht selbst bei dem Willen zur Fortgeltg das Test nicht wieder wirks. Ein Zweifelsfall liegt regelm nicht vor, wenn das frühere Test sich mit dem jetzt widerrufenen WiderrufsTest deckt (BayObLG 65, 92).

3) Die Wirkung der Widerrufsbeseitigg wird auf den ersten Widerruf **zurückbezogen**, so daß ein früheres Test wieder auflebt (§ 2258 II), wenn nicht nach dem zu ermittelnden Willen des Erbl („iZw") nun gesetzl Erbfolge eintreten sollte od der Erbl in dem zweiten Widerruf eine dem fr Test widersprchde Vfg getroffen hat (Staud/Firsching Rz 6; s hierzu Klunzinger DNotZ 74, 278). Falls aber der Erbl mit dem ersten testamentar Widerruf das urspr Test aus der amtl Verwahrg (§ 2256) zurücknahm od damit nach § 2255 verfuhr, bleiben diese Widerrufshandlgen für sich wirks u der Widerruf des testamentar Widerrufs macht die urspr Vfg nicht mehr wirks. Auch der Widerruf eines WiderrufsTest ist gem §§ 2078 ff anfechtb (Bengel Rz 12).

4) Das KG hat in einem Fall, in dem der Erbl ein öff Test aus der bes amtl Verwahrg zurückgenommen, den Rücknahmevermerk (§ 2256 I S 2) durchstrichen u auf das zurückerhaltene Test eigenhänd vermerkt u unterschrieben hatte: „Das Test hat Gültigk", gg die Auffassg, die Wirkgen eines fingierten Widerrufs gem § 2256 I können dch testamentar Widerruf nicht beseitigt werden, beachtl Bedenken erhoben (dagg aber BayObLG 73, 35/37). KG neigt auch dazu, die Gültigk der Vfg des Erbl, in der dieser auf ein nicht eigenhänd geschriebenes Test Bezug nimmt (s oben 2), als formgerecht errichtete TestUrk anzusehen; es hat aber die beiden Fragen unentschieden gelassen (NJW 70, 612 mAv Riedel ebda 1278; aM Hbg OLG 34, 307; Merle AcP 171, 486, 506).

2258 *Widerruf durch späteres Testament.* ¹**Durch die Errichtung eines Testaments wird ein früheres Testament insoweit aufgehoben, als das spätere Testament mit dem früheren in Widerspruch steht.**

²**Wird das spätere Testament widerrufen, so ist im Zweifel das frühere Testament in gleicher Weise wirksam, wie wenn es nicht aufgehoben worden wäre.**

1) Mehrere Testamente eines Erbl sind dahin zu überprüfen, ob sie in ihrer Gesamth den Willen des Erbl repräsentieren (sich ergänzen) od ob spätere Vfgen zu früheren inhaltl in Widerspr stehen und diese dann insow kr Gesetzes aufheben, ohne daß es dafür eines entspr ErblWillens od auch nur seiner Kenntn von der früh Vfg bedarf. Die spätere Errichtg ergibt sich idR aus der Datierg, das gleiche gilt eines fehlenden Datum oft aus dem Inhalt od den Umständen. Bei Ungewißh üb den ErrichtgsZtpkt ist jedes Beweismittel zur Klärg zulässig; uU hilft auch die Auslegg (BayObLG Rpfleger 79, 123). Läßt sich eine Klärg nicht erreichen, gelten iZw mehrere Test mit gleichem Datum als gleichzeit errichtet (KG HRR 42 Nr 755) u heben sich bei widerspr Inhalt ggseit auf. Gleiches gilt für mehrere undatierte Test. Ist ein Test datiert, ein anderes undatiert, gilt iZw das undatierte als das ältere, so daß das datierte Bestand hat (s § 2247 V u dort Anm 4; 7b). – Beim eigenhänd Test kann das spätere auch in einer Einschaltg bestehen, die aber unterschrieben sein muß (s § 2247 Anm 5). – Bei inhaltlich gleichlautenden, aber nacheinander errichteten Test bleibt idR auch das früh wirks (s aber Anm 2); das ErbR beruht dann auf jedem einzelnen Test (BayObLG FamRZ 89, 441). – Wie die mehrfache Bedenkg derselben Person auszulegen ist, kommt auf den Einzelfall an (s RG JW 13, 981; Warn 31 Nr 12).

2) Widerspruch. Mehrere Vfgen vTw widersprechen sich inhaltl, wenn sie sachl miteinander unvereinbar sind. – Bei inhaltl Vereinbark kann ein Widerspr dann bestehen, wenn nach dem dch Auslegg zu ermittelnden ErblWillen die spätere Vfg eine ausschließl u alleinige Geltg haben sollte, so die kumulative Geltg aller Vfgen den im späteren Test zum Ausdr gebrachten Absichten des Erbl zuwiderliefe (BGH NJW 81, 2746; 86, 2572), etwa wenn der Erbl mit dem späteren Test die Erbfolge abschließend regeln wollte, sei es insgesamt od auch nur für einen bestimmten Teilbereich (BGH NJW 85, 969), wobei es nicht darauf ankommt, ob er an eine früh Vfg überh noch gedacht hat (BayObLG FamRZ 89, 441).

a) Die Aufhebungswirkung (I) reicht nur insow, als der Widerspr besteht. Die alleinige Erbeinsetzg eines Abkömml muß hinsichtl seiner Berufg also nicht einem früh ErbV widersprechen, in dem er auch, aber neben Geschwistern eingesetzt war (BayObLG Rpfleger 87, 59). Der alleinigen Erbeinsetzg des Ehegatten dch PrivatTest widerspricht auch nicht, wenn sie in einem späteren not Test wiederholt wird, zugleich aber noch Regelgen für den Fall des gleichzeit Versterbens od des Längerlebens des Erbl getroffen werden

2054

Testament. 7. Titel: Errichtung und Aufhebung eines Testaments   §§ 2258–2258b

(BayObLG FamRZ **89**, 441). Die Wirkg des **I** kommt nur einem zZ seiner Errichtg gült Test zu (KG DNotZ **56**, 564). Sie bleibt dann aber bestehen, auch wenn das Test letztl dch Tod od Ausschlagg des Bedachten ggstandslos od dch Bedinggsausfall od auch Verlust (KG JW **35**, 3122) wirkgslos wird. Anders ist dies allerd bei wirks Anfechtg; bei Fristablauf eines NotTest (§ 2252); auch beim ErbVertr (s § 2289 Anm 2; 3a).

b) Beseitigung der Aufhebungswirkung erfolgt dch Widerruf des späteren Test in den Formen der §§ 2254–2256 (**II**), ohne daß dies ausdrückl verfügt werden muß. **II** ist allerd nur Ausleggsregel (iZw.). Der Wille des Erbl kann also auch dahin gehen, trotz des Widerrufs die Wiederherstellg des ersten Test auszuschließen, also mit dem späteren auch das früh Test aufzuheben (Hamm Rpfleger **83**, 401). Ein Wille des Erbl, das früh Test nur teilw wiederherzustellen u einzelne Bestimmgen zu revidieren, kann nur dch neue Vfg wirks werden (Klunzinger DNotZ **74**, 286ff). – Das früh Test bleibt immer unwirks, wenn es aus der bes amtl Verwahrg zurückgenommen (§ 2256) od dch Handlgen nach § 2255 widerrufen worden war.

2258a *Zuständigkeit für die besondere amtliche Verwahrung.* ¹Für die besondere amtliche Verwahrung der Testamente sind die Amtsgerichte zuständig.
ᴵᴵÖrtlich zuständig ist:
1. wenn das Testament vor einem Notar errichtet ist, das Amtsgericht, in dessen Bezirk der Notar seinen Amtssitz hat;
2. wenn das Testament vor dem Bürgermeister einer Gemeinde oder dem Vorsteher eines Gutsbezirks errichtet ist, das Amtsgericht, zu dessen Bezirk die Gemeinde oder der Gutsbezirk gehört;
3. wenn das Testament nach § 2247 errichtet ist, jedes Amtsgericht.
ᴵᴵᴵDer Erblasser kann jederzeit die Verwahrung bei einem anderen Amtsgericht verlangen.

Vorbemerkung. Geändert dch BeurkG 57 III Nr 12 mit Wirkg vom 1. 1. 70. Die nach altem Recht zuläss vor einem Richter errichteten öff Test sind weiter zu verwahren (Zimmermann Rpfleger **70**, 194).

1) Bei besonderer amtlicher Verwahrung wird die Urkunde aus der allg Aktenverwahrg entnommen u einer Sonderform der Verwahrg (§ 2258b) unterworfen. Ihr **Zweck** ist die Sicherg der letztw Erkl dch Erhalt der Urkunde u Schutz vor ihrer Veränderg sowie die Geheimhaltg ihres Inhalts. – VollzVorschr vgl AktO 27 (zB *bay* JMBl **84**, 13) u die bundeseinheitl Bek der Länder über die Benachrichtigg in NachlSachen (s BeurkG 34 Anm 7). Über die AbliefergsPfl des Notars s BeurkG 34 I 4 u zum Vollzug DONot 16. – Gebühr: KostO 101.

2) Die Zuständigkeit des Amtsgerichts (dort Rpfleger, RPflG 3 Nr 2c) besteht für das ganze Bundesgebiet. Eine Sonderregelg gilt allerd in **Baden-Württemberg:** Dort sind für die bes amtl Verwahrg der Vfgen vTw an Stelle der Gerichte die Notariate zuständig (LFGG 1 I, II; 38; 46 III mit 1. VO 7, 11, 12, 19 u AV vom 30. 6. 75, Just 304; s dazu Richter Rpfleger **75**, 417; Stgt BWNotZ **76**, 175; Karlsr BWNotZ **77**, 45); über Mitteilgen an die NachlGer (= Notariate) s LFGG 39; ferner § 2261 Anm 1. – **Konsulartestamente** sind beim AG Schöneberg in Bln zu hinterlegen, sofern der Erbl nicht ein and AG verlangt hat (KonsG 11 II). – Hinterlegg beim örtl unzuständigen Gericht nimmt dieser nicht den Charakter der bes amtl Verwahrg (vgl FGG 7); das unzuständige Gericht wird aber das Test weiterleiten.

3) Dem Verlangen des Erbl (**III**) ist jederzeit u ohne weiteres stattzugeben, falls kein offenbarer Mißbrauch vorliegt. Die Ablieferg braucht nicht persönl erfolgen.

2258b *Verfahren bei der besonderen amtlichen Verwahrung.* ¹Die Annahme zur Verwahrung sowie die Herausgabe des Testaments ist von dem Richter anzuordnen und von ihm und dem Urkundsbeamten der Geschäftsstelle gemeinschaftlich zu bewirken.
ᴵᴵDie Verwahrung erfolgt unter gemeinschaftlichem Verschluß des Richters und des Urkundsbeamten der Geschäftsstelle.
ᴵᴵᴵDem Erblasser soll über das in Verwahrung genommene Testament ein Hinterlegungsschein erteilt werden. Der Hinterlegungsschein ist von dem Richter und dem Urkundsbeamten der Geschäftsstelle zu unterschreiben und mit dem Dienstsiegel zu versehen.

1) Das Verfahren bei der Annahme von Test zur bes amtl Verwahrg sowie bei ihrer Herausgabe ist in § 2258b geregelt; AusführgsVorschr enthält AktO 27; für *BaWü* s § 2258a Anm 2. Die Aufgaben des Richters sind dem RPfleger übertragen (RPflG 3 Nr 2c). – Die **Annahme** ist vom RPfleger anzuordnen u von ihm gemeinsch mit dem UrkBeamten zu bewirken (**I**). Eine Pflicht zur Prüfg der RGültigk des Test besteht dabei nicht.

2) Ein Hinterlegungsschein (III 1) soll dem Erbl (bei ErbVertr jedem VertrSchließenden, § 2277) erteilt werden. Zum Inhalt s AktO 27 Ziff 6. Über den Vollzug der bes amtl Verwahrg dch den Notar s BeurkG 34 I 4, DONot 16; BeurkG 34 Anm 2.

3) Ein Verwahrungsbuch ist beim AG über alle zur Verwahrg gebrachten Vfgen vTw zu führen (AktO 27 Ziff 4). Die Verwahrg hat unter gemeinschaftl Verschluß des RPflegers u des UrkBeamten zu erfolgen (**II**).

4) Die Herausgabe aus der bes amtl Verwahrg entw zur Eröffng (§§ 2260 ff) od zur Rückgabe an den Erbl ist ebenf vom RPfleger anzuordnen u von ihm gemeinschaftl mit dem UrkBeamten zu bewirken (**I**). – Der Erbl kann die Rückgabe **jederzeit** (§ 2256) gg Vorlage des Hinterlegsscheins verlangen; bei gemeinschl Test nur beide Ehegatten (§ 2272). Zur **Belehrungspflicht** bei öff Test s § 2256 I 2. – **Erbverträge** sind nicht den VertrSchließenden auszuhändigen, sond in die gewöhnl Verwahrg des Notars zurückzugeben (§ 2277 Anm 2b).

2055

§§ 2259, 2260

2259 *Ablieferungspflicht.* [I]Wer ein Testament, das nicht in besondere amtliche Verwahrung gebracht ist, im Besitz hat, ist verpflichtet, es unverzüglich, nachdem er von dem Tode des Erblassers Kenntnis erlangt hat, an das Nachlaßgericht abzuliefern.

[II]Befindet sich ein Testament bei einer anderen Behörde als einem Gericht in amtlicher Verwahrung, so ist es nach dem Tode des Erblassers an das Nachlaßgericht abzuliefern. Das Nachlaßgericht hat, wenn es von dem Testament Kenntnis erlangt, die Ablieferung zu veranlassen.

1) **Allgemeines.** Die zwingde Vorschr gilt für Test und ErbVertr (§ 2300); nicht aber für den Aufhebgs-Vertr (§ 2290, Düss RhNK **73**, 199) od für ErbverzichtsVertr (§ 2346; BayObLG **83**, 149) u bloße Anordngen über Feuerbestattg (RGRK Rz 3). Sie dient der Erhaltg u Sicherstellg nicht verwahrter Vfgen vTw sowie der Vorbereitg der Eröffng (§§ 2260ff).

2) **Die Ablieferungspflicht,** von welcher der Erbl nicht befreien kann, trifft den unmittelbaren **Besitzer** (I; § 857; BayObLG FamRZ **88**, 658).

a) **Gegenstand.** Abzuliefern sind ausnahmslos alle nicht in Verwahrg des NachlG befindl **Schriftstücke,** die sich äußerl od nach ihrem Inhalt als letztw Vfg des Erbl darstellen ohne Rücksicht darauf, ob sie als solche sachl u formell gültig, offen od verschlossen sind (BayObLG aaO). Abzuliefern sind also auch alle Schriftstücke, deren Eigensch als Test zweifelh ist, weil allein das NachlG (nicht der Besitzer) entscheidet, ob es den Anfordergen genügt, gültig, widerrufen od ggstandslos ist (KG OLGZ **77**, 394; BayObLG Rpfleger **84**, 19). Es sind also auch nach §§ 2256, 2272 zurückgenommene Test abzuliefern (KG JFG **15**, 93), wenn noch vorhanden; od Briefe od Vereinbargen, sofern sie als erbrechtl Anordngen aufgefaßt werden können (BayObLG aaO). Auch Test von Ausländern sind abzuliefern (Soergel/Harder Rz 8). – Die AbliefergsPfl bezieht sich aber nicht auf die Gesamth verschiedener, in einem Behältn aufbewahrter unbekannter Schriftstücke zwecks Prüfg ihres Inhalts (BayObLG FamRZ **88**, 658).

b) **Durchführung.** Abzuliefern sind die Urschriften (dazu Soergel/Harder Rz 3), bei deren Verlust eine etwa vorhandene begl Abschrift (Hbg RJA **15**, 25). Die Ablieferg hat **unverzüglich** (§ 121) nach Kenntn vom Tod des Erbl zu erfolgen, muß aber nicht persönl geschehen. Ihre Kosten treffen den Erben (KGJ **25** B 31). Abgabe beim nächsten AG statt beim zuständ NachlG erfüllt die Pflicht auch. Nichtablieferg kann straffällig u schadensersatzpflichtig machen. Erhält das NachlG Kenntn, daß jemand im Besitz eines Test ist, fordert es den Besitzer zunächst zur Ablieferg auf. Bleibt dies erfolglos, kann es die Ablieferg **erzwingen** entw dch Festsetzg von Zwangsgeld (FGG 83 I; 33 I) od dch Anwendg unmittelb Zwangs (FGG 33 II). Zwang kann auch angeordnet werden, wenn kein Pflichtiger, wohl aber bekannt ist, daß sich die Urk in Bankfach, Wohng, Versteck befindet. – Besteht nur eine Vermutg, kann NachlG den bestreitenden Besitzer zur Abgabe eidesstattl Vers anhalten (FGG 83 II); dies kann vAw od auf Antr erfolgen; bei Ablehng Beschw (Karlsr Just **78**, 141). – Für das Verfahren nach § 2259, FGG 83, 33 I, II 1 ist der Rpfleger zuständig (RPflG 3 Nr 2c); s auch *BaWü* LFGG 40 I.

c) **Ablieferungspflichtige Behörde (II)** kann ein Konsularbeamter, Notar od Bürgermeister sein, wenn entgg KonsG 11 II, BeurkG 34 I, § 2249 I 4 das Test noch nicht in amtl Verwahrg gebracht wurde; od ein Notar, der einen ErbVertr verwahrt (BeurkG 34 II, BNotO 25 II, DONot 16 II); ggf die Polizei od Staatsanwaltsch bei Beschlagnahmen; auch Gerichte, die nicht Verwahrungsgerichte iS des § 2261 sind. Bei Weigerg hilft nur AufsBeschw. – In *Ba-Wü* ist das verwahrende Notariat seit 1. 9. 86 nicht mehr abliefergspflichtig, sond selbst für die Eröffng zuständig.

3) **Nach Ablieferung** werden die Test nicht in bes amtl Verwahrg gebracht, sond bei den anzulegenden Akten bis zur Eröffng aufbewahrt (AktO 27 Nr 11). Ein Hinterleggsschein wird nicht erteilt, jedoch auf Verlangen eine Empfangsbestätigg.

2260 *Eröffnung des Testaments durch das Nachlaßgericht.* [I]Das Nachlaßgericht hat, sobald es von dem Tode des Erblassers Kenntnis erlangt, zur Eröffnung eines in seiner Verwahrung befindlichen Testaments einen Termin zu bestimmen. Zu dem Termin sollen die gesetzlichen Erben des Erblassers und die sonstigen Beteiligten, soweit tunlich, geladen werden.

[II]In dem Termin ist das Testament zu öffnen, den Beteiligten zu verkünden und ihnen auf Verlangen vorzulegen. Die Verkündung darf im Falle der Vorlegung unterbleiben. Die Verkündung unterbleibt ferner, wenn im Termin keiner der Beteiligten erscheint.

[III]Über die Eröffnung ist eine Niederschrift aufzunehmen. War das Testament verschlossen, so ist in der Niederschrift festzustellen, ob der Verschluß unversehrt war.

1) **Eröffnung.** Zu eröffnen ist jedes Schriftstück, das angebl vom Erbl stammt u sich äußerl u inhaltl als Test od ErbVertr darstellt (Einzelh s unten b). Die materielle und formelle Gültigk ist dabei noch nicht zu prüfen. Deshalb sind selbst aufgehobene, nichtige od dch Vorversterben des Bedachten überholte Test zu eröffnen u sogar solche, die inhaltl übereinstimmen (KG Rpfleger **79**, 277). – Die Eröffng ist von Amts wg vorzunehmen, sobald NachlG vom Todesfall zuverläss durch Standesbeamten, Polizei usw Kenntn hat (vgl die LänderVorschr über die Benachrichtigg in BeurkG 34 Anm 7). Ausnahmsw können auch ohne Todesnachweis Test, die mehr als 30 Jahre verwahrt sind, eröffnet werden (§ 2263a). – Die Eröffng ist ein formaler Akt, also mat-rechtl weder WirksamkVoraussetzg für die in der Urkunde enthaltenen letztw Vfgen noch Nachweis für die Erbfolge (BayObLG **83**, 176; Rpfleger **86**, 303). Dch sie wird idR die Ausschlagsfrist (§ 1944 II 2) in Lauf gesetzt (s § 1944 Anm 2d).

a) **Sachlich zuständig** ist das **Nachlaßgericht** (FGG 72, dort Rpfleger, RPflG 3 Nr 2c), ausnahmsw das Verwahrgsgericht (§ 2261) u der Konsularbeamte (KonsG 11 III), nicht aber ein ersuchtes Gericht (BayObLG **31**, 91). In *Ba-Wü* ist das verwahrende Notariat seit 1. 9. 86 auch für die Eröffng zuständig. – Verzicht der Beteiligten auf förml Eröffng ist unbeachtl (BayObLG **51**, 391), ebso ein Verbot des Erbl

Testament. 7. Titel: Errichtung und Aufhebung eines Testaments §§ 2260, 2261

(§ 2263). – Gg Ablehng der Eröffng ist Erinnerg (RPflG 11) mögl (s Ffm FamRZ **77**, 482), aber nicht mehr gg die bereits erfolgte Eröffng.

b) Gegenstand der Eröffng ist jede amtl verwahrte oder nach § 2259 abgelieferte, sich äußerl als (wenn auch formungült) Test darstellde Urk. Einen Brief, der äußerl nicht als Test bezeichnet ist, kann das NachlG inhaltl prüfen, ob es sich um ein Test handelt (Ffm Rpfleger **70**, 392; KG Rpfleger **77**, 256). Auch widerrufene Test sind zu eröffnen u mitzuteilen (BayObLG **89**, 323; Düss OLGZ **66**, 64). Über die Gültigk ist erst bei ErbschErteilg (§§ 2353ff) oder vom ProzRichter zu entsch (Hbg JFG **1**, 174; KG JFG **14**, 158, 171). – Zu eröffnen ist die **Urschrift,** bei mehreren sämtliche, notf bei Verlust eine etwa vorhandene begl Abschr, nicht aber einf Abschr (KG JW **19**, 586). Kann Eröffng wg TestVerlusts nicht erfolgen, hindert dies (falls Inhalt erweisl, zB durch eine einf Abschrift) die ErbschErteil nicht (KG JW **19**, 586; vgl § 2255 Anm 4). Wegen Ersetzg zerstörter od abhanden gekommener gerichtl od not Urk vgl § 2255 Anm 4.

c) Ausländer (s KG JW **37**, 1728; Höver DFG **37**, 133; Kiefer RhNK **77**, 65/75). Letztw Vfgen von Ausländern sind auf jeden Fall dann zu eröffnen, wenn im StaatsVertr die Mitwirkg des deutschen Gerichts vorsieht od wenn kraft Rückverweisg deutsches materielles ErbR, auch nur auf einen Teil des Nachl, anzuwenden ist (BayObLG **58**, 34; Staud/Firsching Rz 16) od wenn ein beschränkter ErbSch (§ 2369) beantragt werden soll (Lüb SchlHA **58**, 334) od wenn ein Sichergsbedürfn für den Nachl besteht (Pinckernelle/Spreen DNotZ **67**, 201).

d) Ein in Österreich vom dortigen VerlassenschGer „kundgemachtes" Test eines Deutschen braucht im ErbschVerf nicht ein zweites Mal eröffnet zu werden (Will DNotZ **74**, 273).

2) Verfahren. Zum alsbald anzusetzenden Termin (**I** 1) sollen die gesetzl Erben geladen werden sowie die sonst **Beteiligten,** denen dch die letztw Vfgen des Erbl ein (wenn auch aufschiebd bedingtes od befristetes) Recht gewährt od genommen od deren Rechtslage in sonstiger Weise unmittelb beeinflußt wird (Erben; TestVollstr; VermNehmer; Empfänger von Auflagen, § 2194; Behörde, die Vollziehg einer Auflage verlangen kann; Personen, bezügl deren familienrechtl Anordngen getroffen sind; nicht: NachlGläub), soweit sie bekannt sind (bei verschlossenem Test sind Angehörige, Polizei, Nachbarn zu befragen; zeitraube Ermittlgen aber vor der Eröffng zu unterlassen). In der Praxis unterbleibt oft die Ladg als „untunlich", weil die Beteiligten zweckmäßiger, schneller und zuverlässiger dch Übersendg von Ablichtgen des Test als dch Verkündg unterrichtet werden.

a) Im Termin hat der Rpfleger unter Feststellg des Todestags (mittels SterbeUrk, TodesErkl od and Nachweis) sowie der Unversehrtheit des Verschlusses ein verschlossenes Test zu öffnen. Die Eröffng erfolgt dch Verkündg an die Beteiligten; diese unterbleibt nur bei Vorlegg od Nichterscheinen (der ordngsmäßig geladenen) od Nichtermittlg von Beteiligten; es ist dann zur Niederschr **(III)** der Grund des Unterbleibens der Verkündg festzustellen u Benachrichtigg nach § 2262 vorzunehmen. – Zu sonstigen Erklärgen od Belehrg über Echth, Ausschlagg, Annahme, Anfechtg, Erbenhaftg, Erbteilg, Steuerfragen ist der Termin zwar nicht bestimmt. Er wird jedoch mit Recht auch zu derart Erörtergen in der Praxis genutzt. – Über die erfolgte Eröffng ist eine **Niederschrift** zu fertigen **(III).** Ihr Inhalt ist ges nur hinsichtl der Mindestanfordergen festgelegt, ergibt sich aber daraus, daß die erfolgten Feststellgen samt Auffälligkeiten zu protokollieren sind. Der in der Praxis verbreitete Stempelaufdruck auf der Originalurkunde mag rechtl der Mindestanforderg genügen, ist aber weder zweckmäßig noch sinnentspr (vgl dazu Westphal Rpfleger **80**, 214, 460; **83**, 210; von Rechberg Rpfleger **80**, 458; Bayer Rpfleger **80**, 459). Die Niederschrift ist zwar eine öff Urkunde (ZPO 415), aber kein Nachweis für die Erbfolge (vgl BayObLG **83**, 176/181; Übbl 5 vor § 2353).

b) Nach Eröffnung wird auf das eröffnete Test zweckm ein Eröffnungsvermerk gesetzt. Das Test bleibt dann offen bei den NachlAkten (Ausn § 2273 II 2), auch nach Erteilg eines Erbscheins (vgl auch § 2264). Keine Herausg an die Beteiligten (KG DFG **43**, 51; Rpfleger **77**, 256; aM Hbg MDR **75**, 666, wenn Urschrift für die Hinterbliebenen erhebl ethischen Wert hat; ebso Stgt Rpfleger **77**, 398; wie hier aber BGH NJW **78**, 1484). – Dem zuständ GBA soll das NachlG bei bekannt gewordenem Grundbesitz nach GBO 83 Mitteilg vom Erbfall machen; die Erben sollen auf der Unrichtigkeit des Grundbuchs hingewiesen werden sowie auf bestehende Gebührenvergünstiggen (s KostO 60 IV).

c) Gebühr (KostO 102) belastet den Erben (KostO 6; NachlVerbindlichk). Sie fällt ohne Rücks auf die Wirksamk der Vfg vTw an, also auch bei nichtigem od widerrufenem Test. Werden vom NachlG mehrere Test gleichzeitig eröffnet, ergibt sich beim Geschäftswert eine Begünstigg aus KostO 103 II; dagg sieht das G keine Ermäßigg für den Fall vor, daß getrennt eröffnete Vfgen inhaltl identisch sind. Folgl sind bei getrennter Eröffng die später eröffneten letztw Vfgen gesondert zu bewerten, da kostenrechtl nur an die Verfahrensakte angeknüpft wird (Ffm Rpfleger **86**, 55; Duisbg Rpfleger **88**, 190). Das NachlG muß vor Eröffng nicht von sich aus nach weiteren Vfgen vTw forschen, es sei denn, daß ihm das Vorhandensein solcher positiv bekannt ist (LG Berlin Rpfleger **89**, 286).

2261
Eröffnung durch ein anderes Gericht. Hat ein anderes Gericht als das Nachlaßgericht das Testament in amtlicher Verwahrung, so liegt dem anderen Gericht die Eröffnung des Testaments ob. Das Testament ist nebst einer beglaubigten Abschrift der über die Eröffnung aufgenommenen Niederschrift dem Nachlaßgericht zu übersenden; eine beglaubigte Abschrift des Testaments ist zurückzubehalten.

1) Das Verwahrungsgericht (stets ein AG, BeurkG 34, § 2248, § 2258a, KonsG 11 III) nimmt mit der Eröffng die Test eine eigenständ Aufgabe wahr. Es leitet seine Funktionen nicht der Tätigk des NachlG ab wie auch dieses nicht die Tätigk des VerwahrgsG fortsetzt (Hbg Rpfleger **85**, 194). Wegen der Verlustgefahr muß das VerwahrgsG eröffnen u erst das eröffnete Test samt begl Abschr an das NachlG weiterleiten, womit seine Funktionen enden, während das NachlG ein völlig neues Verfahren in Gang setzt (Hbg aaO). Bei Verlust des Test kann sein Inhalt an Hand der zurückbehaltenen begl Abschrift festgestellt werden. – In

§§ 2261–2263   5. Buch. 3. Abschnitt. *Edenhofer*

Ba-Wü ist das verwahrende Notariat seit 1. 9. 86 auch für die Eröffng zuständig. – Dem NachlG steht gg Verweigerg der Auslieferg Beschw zu (KG JFG **14**, 168), nicht aber dem Ger, dem das VerwahrgsG ein Test übersandt hat, gg die ÜbersendgsVfg; wohl aber dem VerwahrgsG gg die Weigerg eines and Ger, das übersandte Test zur endgült Verwahrg anzunehmen (Bln, KG Rpfleger **71**, 399/400; **77**, 100). Gg die durchgeführte Eröffng kann das NachlG nicht Beschw mit dem Ziel einer Berichtigg u Ergänzg einlegen (BayObLG **86**, 118). – Das VerwahrgsG hat auch dann zu eröffnen, wenn die Verwahrg keine bes iS des § 2258 a, BeurkG 34 I war (Hamm Rpfleger **72**, 23). – Prozeß- u StrafG sind nicht zur Eröffng befugt. – Das eröffnete Test ist vom NachlG weiter zu verwahren (KG Rpfleger **77**, 100; s auch § 2273 Anm 3, § 2300 Anm 3). – Die Gebühr ist nach KostO 103 III vom NachlG zu erheben.

2) Interlokales Recht. § 2261 ist auch anzuwenden, wenn das Test eines mit letztem gewöhnl Aufenth im Gebiet der DDR verstorbenen Erbl bei einem Ger im Gebiet der BRep abgeliefert wird (Hamm Rpfleger **72**, 23). Zur örtl, interlokalen Zustdgk s FGG 73 III in entspr Anwendg. Die Gerichte der BRep sind in diesem Fall zur endgültigen Verwahrg des eröffneten Test auch dann nicht zuständig, wenn bei ihnen für einzelne and nachlgerichtl Verrichtgen (zB Erteilg eines Erbsch) eine interlokale Zustdgk begründet ist. Sofern im Einzelfall keine überwiegden Belange entggstehen, ist die Urschrift des Test zur endgült Verwahrg an das für den letzten gewöhnl Aufenth des Erbl zust Staatl Notariat zu übersenden (KG OLGZ **70**, 223; Celle ROW **80**, 264; BayObLG IPRspr **82** Nr 201); dazu Geimer DNotZ **70**, 683; LG Brschw RhNK **72**, 718; aM LG Bln Rpfleger **71**, 317, das für entspr Anwendg von FGG 73 III ist; für endgült Verwahrg eines derart Test beim NachlG der BRep (FGG 73 III) aber Kuchinke, FS von der Heydte, 1977 II 1005/1013. – S auch LG Bln Rpfleger **71**, 400 (Übersendg an TestReg in DenHaag).

2262 **Benachrichtigung der Beteiligten.** Das Nachlaßgericht hat die Beteiligten, welche bei der Eröffnung des Testaments nicht zugegen gewesen sind, von dem sie betreffenden Inhalt des Testaments in Kenntnis zu setzen.

1) Benachrichtigung. Ihr Zweck ist, Personen, deren RLage dch die in der Vfg vTw getroffenen Bestimmgen des Erbl unmittelb beeinflußt wird, Kenntn von dem sie betreffenden Inhalt des Test zu geben, um sie in den Stand zu versetzen, das zur Wahrnehmg ihrer Interessen Zweckdienliche zu veranlassen (BGH **70**, 173; BayObLG **89**, 323). Eine Unterlassg mit Rücks auf das PersönlichkR des Erbl od der Erben ist nicht gerechtfertigt (BayObLG aaO). – Beteiligte sind zB: die Bedachten, auch bei nur bedingter Zuwendg (RG RJA **16**, 210); der VermächtnNehmer, auch wenn das Vermächtn dch ein weiteres Test widerrufen ist (BayObLG aaO; Düss OLGZ **66**, 64; s aber auch BGH **70**, 173 = **LM** Nr 1 mAv Johannsen zum ErbVertr); ferner die gesetzl Erben, die nach § 1938 ausgeschl od auf den Pflichtteil gesetzt sind, od denen der Pflichtteil entzogen ist, auch wenn sie in der Vfg nicht erwähnt sind (Staud/Firsching Rz 7; Düss RhNK **78**, 160 zum ErbVertr); nichtehel Verwandte, deren gesetzl ErbR od deren ErbersatzAnspr ausgeschlossen, beschränkt od beschwert ist (Schramm BWNotZ **70**, 17). – Das NachlG (nicht das nach § 2261 eröffnende Gericht) hat die Beteiligten formlos zu benachrichtigen, ohne Rücks auf die Gültigk des Test. Beim gemeinsam Test gehören dazu auch mögl Schlußerben nach dem Tod des Letztversterbenden (Hamm OLGZ **82**, 136). – Die Beteiligten sind ggf zu ermitteln (RG **69**, 274), zB wer zum Kreis der VermächtnNehmer gehört; ev ist Pfleger (§ 1913) zu bestellen (BayObLG **79**, 340/343); s auch Bremen Rpfleger **73**, 58: Ist TV ernannt, genügt es, wenn VermächtnNehmern die statt des bzw der Namen des TestVollstr bekannt gemacht wird. – Der Erbl kann Benachrichtigg ebensowenig verbieten wie die Eröffng (§ 2263; Düss aaO). Die Beteiligten können auf Benachrichtigg verzichten. – Der Erbe ist gg die vom NachlG beabsichtigte Bekanntgabe einer VermächtnAnordng an den Bedachten beschwerdeberecht (Düss aaO); über BeschwerdeR des TV gg Durchführg einer über die gesetzl Vorschr hinausgehden Mitteilg s Bremen aaO.

2) Erbenermittlung. In Süddeutschland hat das NachlG nach *BaWü* LFGG 41 u *Bay* AGGVG 37 vAw die Erben zu ermitteln (in *BaWü* auch die ErbersatzBerecht); *Bay* schränkt diese Fürsorge für den Nachl allerd auf die Fälle ein, daß ein Grdst od wesentl Aktivvermögen vorhanden ist. Das NachlG hat die ermittelten Erben dann vom Erbfall u dem Ermittlgsergebn zu unterrichten u auf die Berichtigg des GB hinzuwirken (zu *BaWü* s Sandweg BWNotZ **86**, 5; **79**, 25, der auch bei Ausländern die Pfl zur Erbenermittlg bejaht; üb die Mitwirkg der Standesbeamten u der Gemeinden s Richter StAZ **88**, 249). – Im Rahmen einer Erbenermittlg vAw kann das NachlG ua die Unwirksamk einer Erbausschlag aussprechen; dieser Beschluß ist mit Beschw (FGG 19ff) anfechtb. Es kann gem GG 35 vom Standesamt über die in den Sammelakten aufgeführten Angehörigen des Erbl Auskunft verlangen (Brschw Rpfleger **89**, 371). – Über Erbenermittlg dch auf Ersuchen des GBA im BerichtiggszwangsVerf s GBO 82a; KG OLGZ **69**, 134. – Erbenermittlg dch darauf spezialisierte Sucher zu dem Zweck, sich gg Erfolgshonorar mit der NachlAbwicklg beauftragen zu lassen, ist erlaubnispflichtig nach Art 1 § 1 RBerG (BGH NJW **89**, 2125).

3) Mitteilung an Finanzamt ist nach ErbStDVO 12, ErbStRG 9 vorgeschrieben. Vgl ferner die bundeseinheitl Anordng über Mitteilgen in Zivilsachen (MiZi) 2. Teil XVII/2 über Mitteilgen zu steuerl Zwecken. – Kosten sind NachlVerbindlk.

2263 **Nichtigkeit eines Eröffnungsverbots.** Eine Anordnung des Erblassers, durch die er verbietet, das Testament alsbald nach seinem Tode zu eröffnen, ist nichtig.

1) Unbeachtlich wie das Eröffngsverbot ist auch das Verbot der Ablieferg, Benachrichtigg, Einsicht (§§ 2259, 2262, 2264; s KG Rpfleger **79**, 137/138) sowie der Öffng der ErblWohng u ihrer Behältnisse. Die Nichtigk solcher Bestimmgen berührt iZw das Test im übrigen nicht (§ 2085). Doch wird Nichtigk dann anzunehmen sein, wenn der Erbl verboten hat, das Test überh zu eröffnen, weil es damit nicht ernstl gemeint (§ 118) od uU widerrufen (§§ 2253 ff) ist (ebso Soergel/Harder Rz 3; aM Staud/Firsching Rz 3).

Testament. 8. Titel: Gemeinschaftliches Testament §§ 2263a, 2264, Einf v § 2265

2263a Eröffnungsfrist für Testamente.
Befindet sich ein Testament seit mehr als dreißig Jahren in amtlicher Verwahrung, so hat die verwahrende Stelle von Amts wegen, soweit tunlich, Ermittlungen darüber anzustellen, ob der Erblasser noch lebt. Führen die Ermittlungen nicht zu der Feststellung des Fortlebens des Erblassers, so ist das Testament zu eröffnen. Die Vorschriften der §§ 2260 bis 2262 sind entsprechend anzuwenden.

1) Allgemeines. AusführgsVorschr: AktenO 27 Abs 10 S 2, 3; weitere s Bengel Rz 1. – Zuständig ist Rpfleger (RPflG 3 Nr 2c). – Für *BaWü* s § 2258a Anm 2; § 2259 Anm 2c; § 2261 Anm 1; 1. VV LFGG 17, 18.

2) Zweck der Vorschr ist, zu verhüten, daß Test von Erbl, deren Tod dem verwahrenden Gericht nicht mitgeteilt wurde, auf die Dauer uneröffnet bleiben.

3) Die Vorschrift gilt **für alle Testamente,** die sich **in amtlicher Verwahrung** – besondere amtl, einfache Urkunden- od Aktenverwahrg (s Hornung JVBl 64, 226) – befinden, auch wenn sie schon vor Inkrafttr des TestG (4. 8. 38) errichtet od in Verwahrg genommen wurden. Eine Beschränkg auf nach dem 1. 1. 1900 errichtete od in Verwahrg genommene Test od ErbVertr (s zB *Nds* AV vom 3. 2. 64) kann der Ges u der Rechtsentwicklg nicht entnommen werden (s BGH DNotZ 73, 379). Eine EröffnungsPfl über die im fr LandesR festgesetzte Frist hinaus wird nicht angenommen werden können. Solche Fälle werden ohnedies nur in Betr kommen, wenn die regelm Einhaltg der vorgeschriebenen Fristen übersehen worden ist. – Die Vorschr ist auch auf gemschaftl Test anwendbar, obwohl § 2273 in S 3 nicht erwähnt ist (Vogels AkZ 38, 666).

4) Der Umfang der nach Fristablauf für die verwahrende Stelle bestehden **Ermittlungspflicht** steht in deren pflichtgem Erm (Firsching VI B), nicht aber die EröffngsPfl. Führen die Ermittlgen zu keinem Ergebn, bleibt also der Tod des Erbl ungeklärt, ist das Test so zu eröffnen, als ob der Erbl unmittelb vor der Eröffng im Bezirk des VerwahrgsGer gestorben wäre (Bengel Rz 5). Bei vor dem 1. 1. 1900 errichteten Test u ErbVertr kann angesichts der Tats, daß ErbR weder ersessen noch verwirkt werden kann (vgl BayObLG 66, 233; BGH 47, 58), die Eröffng nicht etwa grdsätzl unterbleiben (s BGH DNotZ 73, 379; Memmg Rpfleger 77, 440; aM Hornung JVBl 65, 258, Bengel Rz 8). Es kann aber von ihr abgesehen werden, wenn feststeht, daß ihr keine Bedeutg mehr zukommt.

5) Falls die **Eröffnung bei Lebzeiten** des Erbl erfolgt, sei es versehentl od nach ergebnislosen od mangelh Erhebgen, wird die Gültigk des Test nicht berührt. Das Test ist, ggf nach Benachrichtigg des Erbl, wieder zu verschließen u zu verwahren (Vogels aaO). SchadErs kann der Erbl nur bei versehentl Eröffng nehmen, wenn er dadurch berechtigten Anlaß zur Errichtg eines neuen Test erhielt u ihm daraus besondere Kosten erwachsen (Planck § 2260 Anm 8), sofern sie nicht niedergeschlagen od erlassen werden können.

2264 Einsichtnahme, Abschrifterteilung.
Wer ein rechtliches Interesse glaubhaft macht, ist berechtigt, ein eröffnetes Testament einzusehen sowie eine Abschrift des Testaments oder einzelner Teile zu fordern; die Abschrift ist auf Verlangen zu beglaubigen.

1) Rechtliches Interesse (vgl § 1953 III; FGG 85) erfordert, daß das Test nach der Eröffng auf die Gestaltg der rechtl Beziehgen des Einsichtnehmers einwirkt. Es ist daher enger als das berechtigte (wirtschaftl, wissenschaftl) Interesse gem FGG 34, für das neben § 2264 gilt (s BayObLG 54, 313; KG Rpfleger 78, 140). Glaubhaftmachg erfolgt gem FGG 15 II. – Auch nicht bedachte gesetzl Erben des Erbl können Einsicht u Abschriften seines Test verlangen (BayObLG 54, 312). Der Berechtigte kann auch durch Vertreter einsehen, vom NachlG (nicht vom beurkundenden Notar, BayObLG 54, 310) Abschriften verlangen, Photokopien anfertigen, aber keine chemische Untersuchg vornehmen lassen. Er hat bei Ablehng Erinnerung gem RPflG 11. – Behörden, insb dem FinA (AO 111ff) ist ohne weiteres Einsicht zu gewähren. Bei nur teilw Eröffng eines gemeinschaftl Test (§ 2273) wird nur Einsicht in den eröffneten Teil u AbschrErteilg von diesem gewährt. Sonst kann der Berecht Einsicht u Abschr des ganzen Test verlangen (Hamm FamRZ 74, 387/389). Zum Test zählen auch die Anlagen u das EröffngsProt (MüKo/Burkart Rz 6; aA Soergel/Harder Rz 4; Staud/Firsching Rz 7).

2) Einsicht. Für **Erbverträge** gilt nicht § 2264, sond FGG 34, wonach schon bei berechtigtem Interesse Einsicht gewährt werden kann. – Auch in die **Akten** des NachlGerichts ist nach FGG 34 Einsicht nur im Umfang des berecht Interesses ganz od teilweise zu gestatten, auch noch nach Beendigg des ErbSchVerfahrens; zB den ges Erben bei test Erbfolge (Lübeck Rpfleger 85, 151) od PflichttBerecht, VermächtnNehmern (BayObLG Rpfleger 84, 238). Dies geschieht wg der Gefahr des Urkundenverlusts nur auf der Geschäftsstelle (Köln Rpfleger 83, 325). – **Nicht eröffnete** Vfgen vTw können währd der amtl Verwahrg nur durch den Erbl eingesehen werden (vgl BeurkG 34 Anm 6).

Achter Titel. Gemeinschaftliches Testament

Einführung

Schrifttum: Battes, Gemschaftl Test u EhegErbVertr als Gestaltgsmittel für die Vermögensordng der Familie, 1974; – Johannsen, Der Schutz der durch gemschaftl Test od ErbVertr berufenen Erben, DNotZ 77, Sonderh S 69; – Kapp, Gemschaftl Test in zivilrechtl u erbschaftsteuerl Sicht, BB 80, 689.

1) Der Begriff des gemsch Test ist im G nicht geregelt. Es steht nur Ehegatten offen (§ 2265; zur Umdeutg gemsch Test von Nichtehegatten s § 2265 Anm 2) u ist deshalb weitgehend vom Bestand der Ehe abhängig (§ 2268). Auch im gemsch Test verfügt jeder Ehegatte stets einseit als Erblasser üb sein Vermögen für den Fall seines Todes, so daß rechtl eine doppelte einseit Vfg vTw vorliegt. Die Unterschiede zu zwei EinzelTest liegen in den ges Formerleichtergen (§§ 2266, 2267), im Ausschluß einseit Rücknahme zu amtl Verwahrg (§ 2272) u vor allem in der Möglichk, die letztw Vfgen beider Ehegatten so miteinander zu verbinden, daß sie in ihrem Bestand voneinander abhängig sind (§ 2270) u nur nach § 2271 widerrufen werden können.

a) Das Wesen des gemsch Test besteht in der **Gemeinschaftlichkeit** seiner Errichtg aGr eines gemeins Entschlusses beider Ehegatten. Die früh vom RG vertretene obj Theorie, nach der die äußere Form einer einheitl Urkunde für wesentl erachtet wurde (RG 72, 202), wird heute fast allg als zu formal abgelehnt. Weitgehend herrscht Einigk, daß der Wille zur gemsch Testierg maßgebl ist (subjekt Theorien). Unterschiedl Auffassgen bestehen jedoch darüber, wie dieser Wille zum Ausdruck gebracht u nachgewiesen sein muß. Die rein subjekt Theorie begnügt sich damit, die Gemeinschaftlichk aus irgendwelchen, auch außerh der Urk liegenden Umständen herzuleiten (OGH NJW **49**, 304; Lange/Kuchinke § 22 III 2). Demggü verlangt im Interesse der RSicherh die heute wohl überwiegende vermittelnde Auffassg in Anlehng an die Andeutgstheorie (s dazu § 2084 Anm 1c), es müsse aus den TestUrk selbst erkennb sein, daß es sich um eine gemsch Erklärg handelt (BGH **9**, 113; Köln OLGZ **68**, 321; Celle OLGZ **69**, 84), mag sich der volle Beweis dann auch erst dch Umstände außerh der Urk ergeben (Ffm OLGZ **78**, 267; Hamm OLGZ **79**, 266). Dem ist zuzustimmen. Der als maßgebl angesehene Wille bezieht sich nur auf den Errichtsakt, der als gemeins äußerl erkennb sein muß, aber nicht auf die inhaltl Übereinstimmg der beiden letztw Vfgen, die mit begriffsnotwend aufeinander abgestimmt sein müssen; jeder Ehegatte verwirklicht seinen eigenen Willensentschluß u muß die Vfg des and nur deshalb kennen, um sich darauf einzustellen u seine eigene Vfg damit abstimmen zu können. Der Wille ist also kein rechtsgeschäftl, sond ein tatsächl, der sich auf die gemsch Erichttg beschränkt (s MüKo/Musielak Einl zu § 2265 Rz 9ff; Soergel/Wolf vor § 2265 Rz 6; KG NJW **72**, 2133; vgl auch Kanzleiter DNotZ **73**, 133) und der sogar erst später gefaßt werden kann, sich aber stets aus den TestUrk ergeben muß.

b) Vom Erbvertrag unterscheidet sich das gemsch Test verschiedl: Der ErbVertr kann auch von Nichteheleuten u zwischen mehr als zwei VertrPartnern geschlossen werden, braucht dann aber nur die letztw Vfg einer Person zu enthalten; er erzeugt als Vertr stets Bindgswirkg u kann vom Erbl grdsl nicht mehr widerrufen, sond nur noch angefochten od dch vorbehaltenen Rücktritt beseitigt werden; er bedarf stets not Form u kennt keine Formerleichterg.

2) Testamentserrichtung. Unter der Besonderh, daß stets zwei Erbl vorhanden sind, die beide testierfähig sein müssen (§§ 2229, 2230), können die Ehegatten frei wählen, ob sie ihr gemsch Test in Form des öff od des eigenhänd Test errichten wollen. Beide Formen sind erbrechtl gleichwertig, der angestrebte Zweck ist mit jeder Form erreichb; zu den jeweiligen Vorzügen s § 2231 Anm 2. Entscheidet sich das Eheleute für die privatschriftl Form, können sie zusätzl die Erleichterg des § 2267 in Anspr nehmen, müssen dies aber nicht. IdR werden beide Ehegatten in der gleichen Form testieren. Es sind aber auch **Mischformen** zulässig (einer errichtet öff, der andere privatschriftl Test), sofern der Wille, gemsch Test zu errichten, hinreichend erkennb ist (str; ebso Soergel/Wolf § 2265 Rz 11; RGRK Rz 11, 12; aA MüKo/Musielak § 2267 Rz 3). – Neben diesen ordentl Test (§ 2231) können die Ehegatten auch gemsch außerordentl Test errichten (§§ 2249–2251); dabei muß für ein NotTest die Voraussetzgen des § 2249 od des § 2250 nur bei einem Ehegatten bereits vorliegen (§ 2266).

a) Das öffentliche gemsch Test kann seit 1. 1. 70 nur noch zur Niederschrift eines Notars errichtet werden (§ 2231 Nr 1; 2232); zum früh Recht vor dem BeurkG s die 31. Aufl. Die Gemeinschaftlichk wird idR dch die Einheitlichk der Beurkundg hergestellt. Jedoch kann das gemsch Test auch dch getrennte öff Test errichtet werden, sofern nur der gemsch Wille erkennb ist, zB der eine Ehegatte vor einem Notar das gemsch Test errichtet u der andere vor einem anderen Notar erklärt, das ihm bekanntgewordene Test solle auch sein eigenes (RGRK Rz 10; Soergel/Wolf § 2265 Rz 11). – Ihren letzten Willen können die Eheleute auf die gleiche Weise od auf verschiedene Art erklären (§ 2232 iVm BeurkG 9 I Nr 2; 13 I; 30), sei es daß beide mündl sich erklären, daß der eine mündl u der andere dch Übergabe einer Schrift testiert, daß beide eine gemeins Schrift übergeben od jeder eine gesonderte, daß der eine zur übergebenen Schrift mündl Ergänzgen erklärt, der andere nicht. Stets muß jedoch sichergestellt sein, daß jeder Ehegatte von der Vfg des and Kenntn hat u sich auf sie einstellen kann; bei Übergabe einer verschlossenen Schrift soll der Notar deshalb entspr Erkl beider Ehegatten in die Niederschr aufnehmen. – Bestehen Hindernisse in der **Person** eines Ehegatten, muß die Form beachtet werden, die dem beschränkten Ehegatten zum Testieren offen steht (§ 2233): Ist er minderjährig, kann auch der volljähr Ehegatte nur dch mündl Erkl od Übergabe einer offenen Schrift testieren (§ 2333 I; BeurkG 30); ist er lesensunkundig, können beide Ehegatten nur dch mündl Erkl od Übergabe einer offenen Schrift testieren (§ 2333 II); ist er stumm, kann er stets nur dch Schriftübergabe testieren (§ 2233 III; BeurkG 22, 31), der und Ehegatte auch mündl, ohne daß dann schon genügt, wenn der Stumme schriftl erklärt, daß die aufgenommene Niederschr auch seinen Willen enthalte; der Stumme muß also eine Schrift mit seinem Willen übergeben u noch die schriftl Erkl nach BeurkG 31 abgeben. – **Verfahren:** Beide Ehegatten müssen anwesend sein u bis zur Unterschrift in ihrem je eigenen. Beide müssen sich vor dem Notar erklären, die Niederschr genehmigen u sie unterzeichnen (BeurkG 9 I Nr 2; 13 I). Bei Gebrechen auch nur eines gelten BeurkG 22ff, 31. Die Ausschließgründe nach BeurkG 6, 7, 27 gelten, auch wenn sie nur in der Person eines Ehegatten vorliegen. Übersetzg bzw Dolmetscher (BeurkG 16; 32) ist erforderl, wenn auch nur eine Ehegatte nicht sprachkundig ist. – Zur Verschließg u Veranlassg der Verwahrg s BeurkG 34. – **Gebühr** s KostO 46.

b) Das eigenhändige gemsch Test kann von den Ehegatten nur gewählt werden, wenn beide volljährig sind und lesen können (§ 2247 IV), anderf nur das öff Test zulässig ist (§ 2233 I; s oben a). Es kann dann sowohl in einem einzigen gemsch Test, aber auch in mehreren Urkunden, dann auch in zeitl Abstand voneinander (RG **72**, 204) u selbst ohne ausdrückl Bezugnahme, Ergänzgs- od Nachtragsvermerk errichtet werden. – **aa) Bei getrenntem** Testieren in Form zweier privatschriftl EinzelTest muß zunächst jeder Ehegatte seine Vfg zur Gänze eigenhänd schreiben und unterschreiben (§ 2247); es ist also nicht formgerecht, wenn der Ehemann nach seiner Vfg auch den Text der Ehefrau schreibt, diesen aber nur die Ehefrau unterschreibt u nicht auch der Ehemann, weil die FormVorschr nicht schon wg der Absicht zur Errichtg eines gemsch Test unbeachtet bleiben können (BGH NJW 58, 547; Hamm OLGZ 72, 139 mAv Haegele Rpfleger 72, 404; aA Celle NJW 57, 876). **Zusätzlich** muß der Wille beider Ehegatten zum gemsch Testieren sich aus beiden Urk zumindest andeutgsweise ergeben, wobei zum vollen Beweis auch Umstände außerh der Urkunden herangezogen werden können (BGH 9, 114; Ffm OLGZ 78, 267; Hamm OLGZ 79, 266). Dazu reicht nicht schon die gesonderte Errichtg zweier sich inhaltl im wesentl enspr Test am gleichen Ort u zur gleichen Zeit aus (BGH, Hamm aaO). Ausreichende Anhaltspkte können dagegen sein, daß die Ehegatten sich in ihren Vfgen das Wort „wir" verwenden; od jeweils die Vfg des and mitunterzeichnen (BayObLG 59, 199; Ffm aaO); od wenn beide EinzelTest auf demselben Bogen Papier geschrieben werden, inhaltl aufeinander abgestimmt sind u sich aus der Urk die Gleichzeitig der Errichtg ergibt (aA Hamm aaO). Noch nicht genügend ist dagg die bloße Verwahrg beider Test in einem gemeins unbeschrifteten offenen Umschlag (BayObLG 59, 229; Köln OLGZ 68, 321; Haegele JurBüro 68, 347ff); jedoch kann bei verschlossenem Umschlag aus dessen Beschriftg der gemeins Testierwille ersehen werden (Hamm aaO), wobei Köln aaO in der Aufschrift „Unser Test" noch keinen derart Willen gesehen hat. – **bb) Bei gemeinsamer Urkunde** gewährt § 2267 Formerleichtergn. Der gemeins Testierwille kann sich dann schon aus der gemeins Unterzeichng der nur von einem Ehegatten geschriebenen Vfgen ergeben od aus der jeweiligen Mitunterzeichng der von jedem Teil selbst geschriebenen Vfg (Einzelh s bei § 2267).

3) Inhalt. Im gemsch Test können die Eheleute alle Vfgen treffen, die sie sonst in EinzelTest treffen würden. Deshalb kann auch nur eine äußerl TestierGemsch vorliegen, zB wenn jeder Eheg verschiedene Personen bedenkt, etwa die Kinder aus seiner früheren Ehe (sog gleichzeitiges Test). Dies gilt auch dann, wenn sich die Eheleute ggseit, jedoch ohne inneres BeziehgsVerhältn, bedenken od so zugunsten desselben Dritten testieren (sog ggseit Test). Die Besonderh des gemsch Test liegen jedoch in der Möglichk zu wechselbezügl Vfgen (§ 2270 I), dem häufigsten Fall (**wechselbezügliches Testament**). Hier wird jede Vfg nicht nur mit Rücks auf die andere, sond nicht ohne die andere getroffen, steht u fällt also mit ihr (RG 116, 149). Das G beschränkt die wechselbezügl Vfgen auf Erbeinsetzgen, Vermächtn u Auflagen (§ 2270 III), führt einzelne Vfgen an, in denen iZw Wechselbezüglichk vorliegt (§ 2270 II) u zieht in § 2270 I aus der Wechselbezüglichk die Folgerg, daß Nichtigk od Widerruf der einen Vfg die Unwirksamk der anderen herbeiführt. In § 2271 wird schließl der Widerruf wechselbezügl Vfgen behandelt. – Bei **einseitiger Abhängigkeit** (einseit Bindg), bei der dem anderen Eheg der AbhängigkWille fehlt, sind §§ 2270, 2271 entspr anwendb (KG JFG 10, 67; 17, 46; Kipp/Coing § 35 I 2; Brox § 15 V 1; bestr). – Auch in **unwirksamen** gemsch Test, insb von Nichtehegatten, sind wechselbezügl Vfgen möglich (BGH NJW-RR 87, 1410). Hierauf sind zwar die §§ 2270ff nicht anwendb; wohl aber ist die eine Vfg bei Unwirksamk der anderen anfechtbar. – In einem notariellen gemsch Test kann auch die stillschw Erkl eines Erb- od Pflichtt-**Verzichts** des einen Eheg u dessen Annahme dch den and Eheg enthalten sein (BGH NJW 77, 1728; dazu Habermann JuS 79, 169). – Ein gemsch Test kann auch dch einen ErbVertr od dch ein späteres gemsch Test (gleich ob eigenhänd od nariell) in der Weise **ergänzt** werden, daß die neuen Vfgen mit den bisherigen sich als einziges gemsch Test darstellen (BayObLG Rpfleger 80, 283; s dazu auch § 2270 Anm 1 c).

4) Auslegung. Die allg Grds zur Auslegg nicht eindeutiger Vfgen vTw (s § 2084 Anm 1) gelten auch hier. Jedoch ist bei gemeins Vfgen in einem gemschaftl Test stets zu prüfen, ob eine nach dem Verhalten des einen Eheg mögl Auslegg auch dem Willen des and entsprochen hat (BayObLG 81, 79). Dabei kommt es auf den übereinstimmenden Willen zZt der TestErrichtg an (BGH FamRZ 73, 189). Auch für die Ermittlg des mutmaßl od des hypothet Willens ist die Willensrichtg beider Ehegatten maßgebend (KG OLGZ 66, 506; BayObLG 62, 142). – Die bes von älteren Eheleuten gern benutzte Formulierung „Falls uns beiden etwas zustößt" ist nicht eindeut u daher auslegsbedürftig, weil eine Regelg sowohl für den (seltenen) Fall des gleichzeitg Versterbens als auch für den (regelm) des Nacheinanderversterbens gewollt sein kann (BayObLG 81, 79; s dazu auch § 2269 Anm 3 c).

5) Aufhebung dch Widerruf eines gemsch Test s § 2271 Anm 1 und § 2255 Anm 6. Bei unfreiwilligem Verlust od bei **Unauffindbarkeit** s § 2255 Anm 4 und 6.

2265 *Errichtung durch Ehegatten.* Ein gemeinschaftliches Testament kann nur von Ehegatten errichtet werden.

1) Nur Ehegatten ist die Errichtg eines gemeinsch Test vorbehalten. Diese Einschränkg ist verfassgsrechtl unbedenkl u verstößt nicht gg GG 3 I (BVerfG NJW 89, 1986). Die Eheleute müssen zZt der TestErrichtg in einer gültigen Ehe leben; die Ehe darf also nicht nachträgl für nichtig erklärt worden sein (EheG 23). S dazu näheres bei § 2268, dort auch über die Auswirkgen einer Ehescheidg od Eheauflösg auf das gemeinsch Test. – Zu den Möglichk eines gemeinsch Test bei **Ausländern** s Umstätter DNotZ 84, 532. – Zum Wesen gemsch Vfg und zur TestErrichtg s Einf 1, 2 vor § 2265.

2) Unverheiratete Personen (Verlobte; Verwandte; Partner eheähnl Lebensgemeinsch) können sich des gemeinsch Test mit seiner Bindgsmöglichk u Formerleichterg nicht bedienen. Sie müssen entw zwei getrennte EinzelTest errichten od einen not ErbVertr (§ 2276) abschließen, falls eine Bindg gewollt wird. Ein von ihnen gleichwohl errichtetes gemeinsch Test, das sich nicht als zwei nur äußerl in einer Urk verbundene EinzelTest erweist, ist als solches nichtig; dies wird auch nicht dch spätere Heirat geheilt (Soergel/Wolf Rz 4). Eine and Frage ist, ob die in dem nichtigen gemsch Test getroffenen Vfgen dch **Umdeutung** nach § 140 als EinzelTest aufrecht erhalten werden können. Dies hängt zunächst einmal davon ab, ob dessen Form von jedem Testierenden eingehalten wurde. Soweit dies der Fall ist, bleiben **einseitige**

§§ 2265–2267   5. Buch. 3. Abschnitt. *Edenhofer*

Vfgen stets gültig (KG DNotZ **43**, 137; Kblz NJW **47/48**, 384; BGH NJW-RR **87**, 1410). Für **wechselbezügliche** Vfgen wird dies dagg von der bisher hM abgelehnt (RG **87**, 33; KG Rpfleger **69**, 93), weil derartige Vfgen miteinander stehen u fallen, also gerade nicht isoliert gelten sollen (s § 2271 Anm 1); es ist aber dann auch zu beachten, daß für die Feststellg einer Wechselbezüglichk der Vfgen von Unverheirateten nicht ohne weiteres die für Ehegatten geltende Vermutg des § 2270 II herangezogen werden kann, zumal wenn es sich um Blutsverwandte handelt (zB Geschwister, s Zweibr FamRZ **89**, 790). Inzwischen hat sich allerd ein gewisser Meingswandel vollzogen, wonach unter bestimmten Voraussetzgen auch bei wechselbezügl Vfgen die Möglichk einer Umdeutg zu bejahen ist (s KG NJW **72**, 2133; Ffm MDR **76**, 667; FamRZ **79**, 347; LG Karls BWNotZ **89**, 62; Soergel/Wolf Rz 4; RGRK Rz 14; Schlüter § 26 III 2 c; Lange/Kuchinke § 33 V 1 b[113]; Kanzleiter DNotZ **73**, 133 u in Staud Rz 4ff; wohl auch MüKo/Musielak Rz 9). Voraussetzg dafür ist allerd außer der Wahrg der Form eines EinzelTest (die bei gewählter Formerleichterg nach § 2267 nur von einem Testierenden eingehalten ist) vor allem ein **entsprechender Wille** beider Testierender. Soergel/Wolf (aaO u vor § 2265 Rz 12) stellt darauf ab, ob eine beiders auflösende Bedingg od eine WirksamkErwartg nach § 2078 II als gewollt angesehen werden kann. Da dem G kein Umdeutgsverbot zu entnehmen ist, sollte anerkannt werden, daß der formgerecht erklärte Wille des Testierenden eines fehlgegangenen gemeinschaftl Test auch bei wechselbezügl Vfg als EinzelTest aufrecht erhalten werden kann, wenn festgestellt wird, daß er bei Kenntn der Unwirksamk des angestrebten gemeinsch Test eine gleichlautende einseit letztw Vfg getroffen hätte (Staud/Kanzleiter Rz 12; Bengel Rz 7); bei Zuwendg an einen Dritten, die in der Absicht erfolgte, daß sie nicht nachträgl aufgehoben werden kann, wird die Umdeutg unter Beifügg einer Bedingg, daß der letztbegünstigte Dritte das ihm Zugewendete erhält, häufig mögl sein (Staud/Kanzleiter Rz 13).

2266 *Gemeinschaftliches Nottestament.* **Ein gemeinschaftliches Testament kann nach den §§ 2249, 2250 auch dann errichtet werden, wenn die dort vorgesehenen Voraussetzungen nur bei einem der Ehegatten vorliegen.**

1) Ein gemeinschaftliches Nottestament nach § 2249 od § 2250 ist auch zulässig, wenn die dort bezeichneten Voraussetzgen nur bei einem Eheg vorliegen. Beim AbsperrgsTest (§ 2250 I) und beim SeeTest (§ 2251) ergibt sich im allg, daß deren Voraussetzgen bei beiden Eheg vorliegen. Jedoch kann ein gemschaftl Test auch dadurch zustande kommen, daß ein Eheg seine Erkl in der Form u unter den Voraussetzgen der §§ 2250 I od 2251 abgibt, der andere in der ordentl Form (RGRK Rz 2).

2) Als nicht errichtet ist das Test zu betrachten, wenn beide Eheg die **Frist** des § 2252 I, II überleben. Die Frist ist gehemmt, solange nur einer der Eheg kein öff Test errichten kann. Dagg bleibt die ganze Vfg wirks, wenn einer der Eheg währd der Frist stirbt, also auch nach dem Tod des Gefährdeten (KGJ **51**, 89). Der Überlebende ist dann nach § 2271 an seine wechselbezügl Vfgen gebunden. Auch seine einseit Vfgen bleiben wirks (str; ebso Soergel/Wolf Rz 3; MüKo/Musielak Rz 4; aA Staud/Kanzleiter Rz 5 mN).

2267 *Gemeinschaftliches eigenhändiges Testament.* **Zur Errichtung eines gemeinschaftlichen Testaments nach § 2247 genügt es, wenn einer der Ehegatten das Testament in der dort vorgeschriebenen Form errichtet und der andere Ehegatte die gemeinschaftliche Erklärung eigenhändig mitunterzeichnet. Der mitunterzeichnende Ehegatte soll hierbei angeben, zu welcher Zeit (Tag, Monat und Jahr) und an welchem Ort er seine Unterschrift beigefügt hat.**

Vorbemerkung. Früher TestG 28 II. ÜbergangsR: TestG 51; s § 2247 Anm 1.

1) Formerleichterungen gewährt § 2267, wenn die Eheg eigenhänd testieren (zur TestErrichtg und Wahl der Form s Einf 2 vor § 2265). Es genügt, daß sämtl Vfgen beider Eheg nur von einem niedergeschrieben werden, wenn dann beide Eheg diese Vfgen unterschrieben (vgl Hamm OLGZ **72**, 139/143). Eine ausdrückl BeitrittsErkl ist nicht erforderl. Wenn ein Eheg die von einem anderen getroffenen Vfgen mitunterzeichnet, will er damit möglicherw zum Ausdr bringen, daß er auch für seine Person Vfgen treffen will, die denen des anderen Eheg entsprechen. Aus der Mitunterzeichng ergibt sich dann eine gemeinschaftl Erkl (Soergel/Wolf Rz 2). Zum vollen Beweis der Gemeinschaftlichk können außertestamentarische Umstände herangezogen werden (s Einf 1 a vor § 2265; BayObLG **59**, 199; s auch Hamm aaO). Der beitretende Eheg kann seine Unterschr auch noch später beifügen (Haegele BWNotZ **77**, 29/33). Jedoch muß zum Zeitpkt der Unterzeichng des Letztunterschreibenden der and Eheg noch am Leben sein. – Zeit- und Ortsangabe ist beim Mitunterzeichnenden ebso erwünscht wie beim Schreibenden (§ 2247 II), jedoch nicht notw. Die mögl Folgen einer Unterlassg (§ 2247 V) können aber auch hier nicht eintreten. Über die Anwendg des § 2270 auf den Fall, daß der andere Eheg nicht beitritt, vgl § 2270 Anm 3.

a) Kein gemschaftl Test liegt dann vor, wenn die Unterschr des and Eheg unterbleibt od wenn ein Eheg ohne eigenen Testierwillen die vom anderen einseitig getroffenen Vgen nur zum Zeichen der KenntnNahme od Billigg mitunterzeichnet (vgl Schlesw SchlHA **55**, 21; KGJ **42**, 116; BayObLG **59**, 199). S auch Einf 2 b vor § 2265.

b) Nachträge müssen wie beim EinzelTest (s § 2247 Anm 5) durch die urspr Unterschr der beiden Eheg gedeckt sein. Es genügt dann, wenn der eine Eheg sie mit Billigg des anderen beifügt. Nicht durch die urspr Unterschr mehr gedeckte Nachträge müssen also von beiden Eheg unterschrieben sein (RGRK Rz 14).

2) Formmängel. Hat ein Eheg die gemsch Erkl vollständ niedergeschrieben u unterschrieben, wird diese vom and Eheg aber nicht (mehr) unterzeichnet, liegt nur der Entwurf eines gemsch Test vor. Dieser kann aber, da er die Form des § 2247 wahrt, ein rechtswirks EinzelTest sein. Dafür kommt es nicht darauf an, ob es sich um den Entwurf von Eheg od von Unverheirateten handelt, sond nur auf den Willen desjenigen, der seine Erkl bereits abgegeben hat (BGH NJW-RR **87**, 1410): Geht dieser Wille dahin, daß seine Vfg unabhängig von dem Beitritt des and gelten soll, kann der Entwurf als sein EinzelTest aufrecht erhalten werden; war dagg von ihm nur eine wechselbezügl Vfg gewollt, ist dies nicht mögl (BGH aaO). – Eine Umdeutg (§ 140) in ein EinzelTest kommt wg der Formbedürftigk prakt meist nur für die HauptErkl in Betracht, da die BetrittsErkl für sich betrachtet idR kein vollständ formgerechtes EinzelTest darstellt; deshalb kann die BeitrittsErkl „Dies ist auch mein Test u Wille" nicht als rechtswirks EinzelTest aufrecht erhalten werden (BayObLG **68**, 311).

2268 *Wirkung von Ehenichtigkeit oder -auflösung.* [I]Ein gemeinschaftliches Testament ist in den Fällen des § 2077 seinem ganzen Inhalte nach unwirksam.

[II]Wird die Ehe vor dem Tode eines der Ehegatten aufgelöst oder liegen die Voraussetzungen des § 2077 Abs. 1 Satz 2 oder 3 vor, so bleiben die Verfügungen insoweit wirksam, als anzunehmen ist, daß sie auch für diesen Fall getroffen sein würden.

1) Allgemeines. Das gemschaftl Test ist nur unter Eheg zulässig (§ 2265). Es fällt daher idR mit der Ehe, auf der es beruht, falls diese nicht auf natürl Weise dch Tod aufgelöst wird. – Zu unterscheiden ist, ob die Ehe nach od vor dem Tode des Erbl aufgelöst wurde, da I dch II eingeschränkt wird (Erman/Hense Rz 1). Wird sie für **nichtig** erklärt (EheG 23; dies kann auch nach dem Tode eines Eheg erfolgen, EheG 24), ist das gemschaftl Test unwirks, sofern nicht Sonderanordngen, die einen Dritten begünstigen u mit der Ehe nichts zu tun haben, in EinzelTest nach § 140 umgedeutet werden können (Staud/Kanzleiter Rz 5; für weitergehende Umdeutg Lange/Kuchinke § 38 I 2; gg die Zulässigk einer Umdeutg Lutter FamRZ **59**, 273).

2) Auflösung der Ehe (Scheidg, Aufhebg, Wiederverheiratg nach vorausgegangener Todeserklärg) od Vorliegen der Voraussetzgen des § 2077 I 2, 3: In diesen Fällen bleiben die Vfgen des die Scheidg beantragenden od ihr zustimmenden od auf Aufhebg klagenden Ehegatten insow wirks, als anzunehmen ist, daß sie auch für den Fall der Scheidg od Aufhebg der Ehe od des begründeten ScheidgsAntr (begründ AufhebgsKl) getroffen sein würden (**II** mit § 2077 I 2, 3). Das wird regelmäß nur für Einzelanordngen gelten, nicht aber für ggseit od gar wechselbezügl Vfgen (RGRK Rz 2). Aus der Person des Bedachten (zB gemschaftl Kinder) kann sich aber etwas anderes ergeben (Erman/Hense Rz 2); s hinsichtl der Erbeinsetzg von Kindern Dieterle BWNotZ **70**, 171; auch Stgt OLGZ **76**, 17. – Eine freiere Beurteilg greift ein, wenn der mit begründetem ScheidgsAntr od begründeter AufhebgsKl verfolgte andere Ehegatte währd des Prozesses stirbt; denn bei ihm ist § 2077 u demzufolge auch § 2268 I unanwendb (s Staud/Kanzleiter Rz 8 mN). – Wenn die geschiedenen Eheg wieder heiraten, ist der Wille des Erbl nach diesem Ztpkt zu bestimmen u das Test idR wirks (Keuk ErblWille, 1965, S 53f; aM KG FamRZ **68**, 217 mit krit Anm der Schriftleitg; s auch § 2077 Anm 3).

2269 *Berliner Testament.* [I]Haben die Ehegatten in einem gemeinschaftlichen Testamente, durch das sie sich gegenseitig als Erben einsetzen, bestimmt, daß nach dem Tode des Überlebenden der beiderseitige Nachlaß an einen Dritten fallen soll, so ist im Zweifel anzunehmen, daß der Dritte für den gesamten Nachlaß als Erbe des zuletzt versterbenden Ehegatten eingesetzt ist.

[II]Haben die Ehegatten in einem solchen Testament ein Vermächtnis angeordnet, das nach dem Tode des Überlebenden erfüllt werden soll, so ist im Zweifel anzunehmen, daß das Vermächtnis dem Bedachten erst mit dem Tode des Überlebenden anfallen soll.

Schrifttum: Kohler NJW **47/48**, 361; Ripfel BB **61**, 583; Mattern BWNotZ **62**, 229; Raitz von Frentz DNotZ **62**, 635; Kapp BB **80**, 689/690 ff.

1) Gestaltungsmöglichkeiten. Wollen Eheg, die ihr Vermögen häufig als Einheit ansehen, dch erbrechtl Vfgen sicherstellen, daß nach dem Tod des ersten von ihnen das gemeins Vermögen zunächst dem überlebenden Teil verbleiben soll und erst nach dessen Ableben auf einen von ihnen gemeinsam bestimmten Dritten (meist die Abkömml) übergehen soll, stehen ihnen dafür drei Möglichk grdsl offen:

a) Vor- und Nacherbfolge (sog. Trennslösg). Jeder Eheg kann den anderen als seinen VorE, den Dritten als seinen NachE und zugleich als ErsatzE (für den Fall des eigenen Überlebens) einsetzen. Nach dem ersten Erbfall ist dann beim Überlebenden zw Eigenvermögen und Nachl des Erstverstorbenen zu unterscheiden. Nach seinem Tod (der zugleich Nacherbfall ist) erhält der Dritte beide Vermögensmassen getrennt u aus verschiedenen Berufungsgründen, näml den Nachl des Erstverstorbenen als dessen NachE und den des Überlebenden als dessen VollE (an Stelle des zunächst vorgesehenen, aber vorverstorbenen und Eheg). – Für den Fall, daß der eingesetzte NachE den Nacherbfall nicht erlebt, können die Eheg auch einen SchlußE einsetzen (BayObLG **66**, 408).

b) Voll- und Schlußerbfolge (sog Einheitslösg). Setzen sich die Eheg ggseit zu AlleinE ein u bestimmen sie, daß nach dem Tod des Überlebenden der beiderseit Nachl an einen Dritten fallen soll, ist dieser SchlußE von jedem Eheg als ErsatzE für den Fall berufen, daß der andere zuerst stirbt. Beim Tod des Erstversterbenden wird der Überlebende VollE, so daß sich in seiner Hand Nachl u Eigenvermögen zu einer einheitl Vermögensmasse vereinigen, über die er zu Lebzeiten frei verfügen kann (soweit nicht §§ 2287, 2288 analog entggstehen, s § 2271 Anm 2) u die nach seinem Tod als GesamtNachl auf den Dritten als seinen Erben übergeht. Als „Berliner Test" wird heute eine Vfg vTw bezeichnet, bei der die sich ggseit zu AlleinE einsetzenden Eheg ihre Kinder (od Dritte) zu Erben des Längerlebenden mit der Maßgabe berufen, den GesamtNachl zur freien letzten Vfg allein verbleiben u den Kindern nur das bei seinem Tod vorhandene Vermögen zufallen soll (BayObLG **66**, 408). – Geht der überlebende Eheg eine zweite Ehe ein u macht er von seinem AnfechtgsR (s § 2271 Anm 4a) keinen Gebr, erhält bei seinem Ableben der neue Eheg seinen Plichtt aus dessen gesamten Nachl (bei ZugewinnGemsch s § 2280 Anm 2). – Nach dem SchlußE können die Eheg **Nacherben** einsetzen (BayObLG FamRZ **86**, 610).

c) Nießbrauchsvermächtnis und Vollerbschaft. Die Eheg können den Dritten auch schon als VollE des Erstversterbenden berufen, den Nießbrauch am Nachl aber im Wege des Vermächtn dem Überlebenden zuwenden (s Einf 2 vor § 2147; § 1089).

2) Auslegungsregel. Verknüpfen Eheleute ihre ggseit (nicht notwend wechselbezügl) Einsetzg zu AlleinE mit der Bestimmg eines Erben für den Überlebenden (die bei Abkömml nicht stets ausdrückl sein muß, zB sich auch aus einer Strafklausel mit PflichttFolgen ergeben kann, BayObLG **59**, 199; **60**, 218) u ist ihr gemeins Wille nicht eindeut, ist er zunächst dch Ausleg auf der Grdlage des erklärten Willens beider Eheleute (s Einf 4 vor § 2265) zu erforschen. Hiervon befreit § 2269 nicht. Nur wenn Zweifel bestehen bleiben, die auch nach Ermittlg aller in Betr kommenden Umstände nicht zu beheben sind, kommt die **Auslegungsregel** des I (keine gesetzl Vermutg) zur Anwendg (BGH **22**, 366; WM **73**, 41; Hamm OLGZ **68**, 486). Im Zw hat das G sich also für die Einheitslösg entschieden u damit eine alte Streitfrage geregelt (zur Entstehgsgeschichte u etwaigen Reform s Buchholz FamRZ **85**, 872). § 2269 ist aber nicht anwendb, wenn der Längerlebende nur als MitE eingesetzt ist. Auch nicht, wenn die Schlußerbeneinsetzg mit einem früh Zeitpkt od Ereignis verknüpft ist; eine Wiederverheiratgsklausel (Anm 5) steht einer Ausleg allerd nicht entgg (BGH NJW **83**, 277). Die Bezeichng des Dritten als „NachE" hat dagg für sich allein keine entscheidende Bedeutg (s Anm 3).

3) Auslegungsfragen. Schlußerbeneinsetzg ist als gewollt anzunehmen, wenn beide Eheg das beiderseit Vermögen ersichtl als eine Einheit ansehen u eine verschiedene RStellg des Überlebenden zu den beiden urspr Vermögensmassen u die Möglichk einer Trenng der Massen beim Tod des Längstlebenden haben ausschließen wollen (RG **113**, 240; BayObLG **66**, 61, 417; KG DNotZ **55**, 411). Sind zB die beiders Verwandten als Schlußerben eingesetzt, erhalten sie iZw das Gesamtvermögen ohne Unterschied, was vom Mann od der Frau herstammte. Sind die Kinder ohne nähere Bezeichng als SchlußE eingesetzt u hinterläßt der Überlebende sowohl ehel als auch nichtehel Kinder, kann der Verwendg einer PflichttSanktionsklausel (s Anm 4a) entnommen werden, daß SchlußE nur diejenigen Kinder sind, denen ein Pflichtt in Bezug auf beide Eheg zusteht (BayObLG Rpfleger **88**, 314).

a) Vor- und Nacherbschaft ist dagg anzunehmen, wenn das Auseinanderfallen des Vermögens in seine urspr Bestandteile gewollt war, zB wenn die Verwandten des Mannes als Erben für seinen Nachl, die der Frau als Erben ihres Nachl werden (RG **79**, 277, auch wg weiterer Verteilgsfragen; vgl Köln HEZ **3**, 36). Für Vor- und Nacherbeinsetzg spricht auch die Anordng, daß die Kinder ein gewisses Kontroll- oder MitverwaltgsR haben (RG **60**, 118) od daß der überl Teil nur Verwaltg u Nießbr hat u von jeder SicherhLeistg befreit sein soll. Dagg macht nicht schon allein die Verwendg der Begriffe Vor- u NachE das Test eindeutig, weil nicht feststeht, daß die Eheleute diese Begriffe rechtl zutreffend (BayObLG Rpfleger **87**, 110), obwohl einem Notar solche Begriffe geläufig sein müssen (RG **160**, 109). Maßg ist näml nicht die Auffassg des Notars, sond der des Erbl, denn auch wenn der Notar glaubt, dem von ihm gewählten Formulierung gebe den Willen des Erbl wieder (BGH LM Nr 1 zu § 2100). Erst recht ist bei dem PrivatTest eines Laien der Gebr der Worte „Vorerbe" od „Nacherbe" (BGH NJW **83**, 277; BayObLG **66**, 419; Karlsr OLGZ **69**, 495) od ungenauer Ausdrücke wie „Nacherbe des Zuletztversterbenden" (Ffm OLGZ **72**, 122) nicht entscheid. Haben die Ehegatten bei der Einsetzg eines „NachE" sinnwidrig nicht zwischen ihren beiden Nachlässen unterschieden, wollte aber jeder für seinen Überlebensfall auch zugunsten dieses „NachE" testieren, bildet der Wortlaut eine hinreichende Stütze für die Ermittlg, ob damit dessen Einsetzg als VollE gewollt war (KG aaO; s § 2102 Anm 1 aE). Haben Eheg wg vereinbarter GüterGemsch bezügl des Gesamtguts keinen Anlaß zur Unterscheidg, wem dieses Vermögen zusteht (§ 1416 I), kann bei Zuwendg von Grundvermögen aus dem Gesamtgut an die Abkömml Nacherbfolge angeordnet sein (BayObLG FamRZ **88**, 542).

b) Die Vermögenslosigkeit des überlebden Eheg allein zwingt bei einer im gemsch Test angeordneten Erbfolge der Kinder nach dem zunächst alleinerbenden Überlebenden nicht zur Annahme von Vor- od NachErbsch (BayObLG **66**, 49). Ebso für einen ähnl gelagerten Fall BGH (Urt v 2. 2. 67, III ZR 17/65), in dem angeführt ist, eine mögliche Vermögenslosigk des überlebenden Ehemanns brauche noch kein hinreicher Hinweis dafür zu sein, daß Vor- u NachErbsch gewollt war (vgl BayObLG NJW **66**, 1223). Sie könnte aber als ein Hinweis darauf angesehen werden, wenn anzunehmen wäre, die (vorverstorbene) Ehefr habe Wert darauf gelegt, daß die Substanz ihres Vermögens unvermindert auf ihre Verwandten übergehe. Dagg spricht nach KG DNotZ **55**, 408 Vermögenslosigk eines Eheg für Vor- u NachErbeneinsetzg, weil ohne Vorhandensein eines nennenswerten Vermögens des einen Eheg ein maßgebl BewegGrd für die Gestaltg der Erbfolge iS einer Behandlg des „beiderseitigen Vermögens als Einheit" fehle; s hierzu aber BayObLG **66**, 62f.

c) Gleichzeitiges Versterben. Eheleute verfügen häufig für diesen Fall, der aber kaum eintritt, auch bei einem gemeins Unfall kaum vorkommen wäre (s § 1922 Anm 1), so daß er im SprachGebr nicht allgemein medizinisch zu verstehen ist. Vielmehr fällt darunter auch der Fall, daß die Ehegatten aGrd desselben Ereignisses kurz nacheinander eines unnatürlichen Todes sterben (BayObLG **81**, 79; **86**, 426; Stgt OLGZ **82**, 311). Dagg wird die Regelg von der Rspr insow als eindeutig angesehen, als die Erbeinsetzg eines Dritten für den Fall des gleichzeit Ablebens beider Eheleute nicht dahin ausgelegt werden kann, daß sie auch beim sonstigen Versterben nacheinander gilt (KG FamRZ **68**, 217; **70**, 148), es sei denn, daß ganz besondere Umstände des Einzelfalls vorliegen (BayObLG **79**, 427; auch Einf 4 vor § 2265). Bei Einsetzg für den Fall des „**gemeinsamen Todes**" fehlt dagg eine solche Eindeutigk. Hier legt die nächstliegende Ausleg es zwar nahe, daß sie nur für den Fall des gleichzeit Versterbens od der kurz nacheinander aGr desselben Ereignisses angeordnet sein soll (BayObLG **86**, 426; Karlsr OLGZ **88**, 24). Jedoch ist bei Vorliegen ausreichender Anhaltspkte eine and Ausleg nicht ausgeschlossen, so daß darin zB auch die Erbeinsetzg der Kinder nach dem zuletzt verstorbenen Eheg liegen kann (BayObLG FamRZ **88**, 879); solche Anhaltspkte hat Ffm Rpfleger **88**, 483 in den zusätzl Worten gesehen „u kein Überlebender mehr von uns beiden vorhanden ist".

4) Dem Schlußerben eines Berliner Test (od ErbVertr), der nur Erbe des Längerlebenden ist u als Nachl nur das bei dessen Tod Vorhandene erhält, erwächst dch den Tod des Erstversterbenden noch kein Recht od ein vererbl Voranfall (anders beim NachE, § 2108 II). Er erwirbt jedoch dadch aber eine Anwartsch (str), über die er zwar nicht vfgen kann (§ 312 I), die ihn aber zur Feststellgsklage berechtigt, wenn der überlebende Eheg entgg der eingetretenen Bindg abweichend letztw vfgt (RG HRR **28** Nr 843) od das Test anficht (vgl BGH **37**, 331) od eine Vfg unter Lebenden wg Umgehung des Widerrufsverbots nach § 2271 II aus besond Gründen nichtig ist (s § 2271 Anm 2a). Erlebt der zweite Erbfall nicht, setzt eine stillschw Ersatzberufg nach § 2069 an sich voraus, daß er Abkömml des Längerlebenden war; die Ausslegg wird hier aber meist dazu führen, daß auch Abkömml des Erstverstorbenen in Frage kommen (hM). – Für eine beabsichtigte **Anfechtung** beginnt die Frist erst mit dem Tod des Überlebenden (s § 2082 Anm 2b; § 2271 Anm 4b). – **Bedingt** ist die Einsetzg des SchlußE im Falle einer Strafklausel, mit der die Fdg des Pflichtt (s unten) verhindert werden soll (BayObLG Rpfleger **88**, 314).

a) Pflichtteil. Ein pflichttberecht SchlußE (§§ 2303ff) kann nach dem Tod des erstversterbenden Eheg den Pflichtt fordern, da es sich um zwei Erbl handelt u er beim ersten Erbfall übergangen ist (hM), während mit einem ErbVertr uU ein stillschw abgeschlossener PflichttVerzichtsVertr verbunden sein kann (BGH **22**, 364). Ausschlagg nach § 2306 I 2 kommt nicht in Betr, denn wo nichts zugewendet wurde, ist auch nichts auszuschlagen. In der Geltdmachg des Pflichtt liegt auch kein Verzicht auf die SchlußErbsch. Die PflichttFdg können die Testierenden rechtl selbst dann nicht verhindern, wenn sie ihrem Ziel widerspricht, dem Überlebenden das Vermögen ungeschmälert u frei verfügbar zu belassen. Sie können aber mittelbar versuchen, den SchlußE dch **Sanktionen** von der Fdg seines Pflichtt nach dem ersten Erbfall abzuhalten. Vielf übl ist die Strafklausel, daß ein Kind, das beim Tod des Erstversterbenden seinen Pflichtt verlangt, beim Tod des Längerlebenden auch nur den Pflichtt erhält. Die rechtl Wirksamk solcher Klauseln wird allg nicht in Zweifel gezogen (s § 2074 Anm 2); nur wenn sie zu weit gehen, können §§ 134; 138 zur Nichtigk führen. Zweifelh bleibt aber häufig, welches Verhalten nach dem Willen der Testierenden im Einzelfall tatsächl die Verwirk auslösen soll. Ist zB „Verlangen" des Pflichtt bereits seine bloße Geltendmachg (evtl sogar schon das vorbereitende AuskBegehren), der (ernstl) Versuch der Durchsetzg (schon Prozeßkostenhilfe für Klage) od erst der tatsächl Erhalt der Zahlg (s ausführl Lübbert NJW **88**, 2706). Auch muß als subj Moment ein bewußter Ungehorsam des SchlußE iS einer Auflehng gg den ErblWillen hinzukommen (s § 2074 Anm 2c; hierzg Lübbert aaO). – Verwirkgsklauseln können für den Überlebenden auch einen Ändergsvorbehalt beinhalten (s § 2271 Anm 3c, bb). Läßt sich ein Kind dadch nicht abhalten, erhält es im Ergebn vom Vermögen des Vorverstorbenen den Pflichtt doppelt, da im Vermögen des Überlebenden das des Erstverstorbenen ja mitenthalten ist (s BayObLG **66**, 55). Anrechng des ersten Pflichtt auf den zweiten ist rechtl nicht mögl, weil der Pflichtt sich nach dem G u nicht nach ErblWillkür bestimmt (str; s RGRK Rz 34 u Ebbecke Recht **23**, 88). Erwartet der Erbl, daß ein PflichttBer beim ersten Erbfall den Pflichtt fordert, kann er nur durch Aussetzg von Geldvermächtn, die beim ersten Erbfall anfallen, aus dem Vermögen des Erstverstorbenen zu entrichten sind und bis zum zweiten Erbfall gestundet sind, zugunsten der ihren Pflichtt nicht Fordernden in Höhe ihres gesetzl Erbteils helfen (Formel nach Jastrow DNotZ **04**, 424; Johannsen WM **69**, 1318; Dippel AcP **177**, 350/362; Schopp Rpfleger **78**, 77/80; Olshausen DNotZ **79**, 704/714, 718; Buchholz FamRZ **85**, 872). UU kann Anrechng des Pflichtt auf den Erbteil aus der SchlußErbsch als verfügt angesehen werden (RGRK Rz 35); vgl auch Hamm DNotZ **51**, 41; BayObLG **59**, 199; **60**, 218; Weiß MDR **79**, 812 (weiterer Vorschlag u dazu Strobel MDR **80**, 363).

b) Einzelfälle: Haben sich die Eheg ggseit zu Alleinerben eingesetzt u bestimmt, die Tochter müsse sich von den Eltern das unter Lebenden Zugewandte auf den Pflichtt anrechnen lassen, sowie beigefügt „ihr Pflichtt ist damit mehr als abgegolten", so ist die Tochter nur für den 1. Erbfall, nicht auch schon für den 2. von der gesetzl Erbfolge ausgeschl (Neust MDR **63**, 137). Haben Eheg in gemschaftl Test ihre aus fr Ehen stammenden Kinder als Erben des Überlebdn eingesetzt u bestimmt, daß ausgeschlossen sei, wer nach dem Tod des zuerst Verstorbenen den Pflichtt verlange, u sterben die Eheg kurz nacheinander, so steht der Tod des Überlebden der Geltendmachg des Pflichtt auf den Tod des zuerst Verstorbenen nicht entgg. Das Verlangen hat den Verlust des Erbes nach dem Tod des Überlebdn zufolge, aber erst mit dem Ztpkt der Geltendmachg; in der Zwischenzeit besteht Vorerbfolge (Stgt OLGZ **79**, 52). Dazu krit Olshausen DNotZ **79**, 707, der insb den Fall der Gleichstellg der Kinder erörtert.

5) Wiederverheiratungsklausel. In einem gemsch Test können Eheg ihre ggseit Einsetzg zu VollE (s Anm 1b) mit der Klausel verbinden, daß der Nachl des Erstverstorbenen bei Wiederheirat des Überlebenden den gemsch Abkömml ganz od gemäß ihren ges Erbteilen zufallen soll (dazu Stgt FamRZ **77**, 274) od daß sich der Überlebende dann mit den Abkömml auseinandersetzen muß od daß der Nachl an Dritte fällt. Die Eheg wollen damit die Wiederheirat als unwägb Moment ihres gemeins Ordngsplans regeln (Buchholz aaO S 10). Ihr gemeins Wille wird vorwiegend auf Erhaltg der Vermögenssubstanz für die gemeins Abkömml, aber auch auf Ausschluß der neuen Eheg u seines Stammes gerichtet sein. Je nach Hauptmotiv werden sie den Überlebenden in seinen VfgsBefugn mehr oder weniger frei stellen. Formulieren sie allerd die angestrebten RFolgen nicht genau, ist die im Einzelfall zutreffende rechtl Konstruktion oft unklar. Vom Grds her wird die Erbeinsetzg des Überlebenden zulässigerweise unter eine auflösende, nur von seinem Willen abhängige (Potestativ-)Bedingg gestellt (§ 2075). Die Gültigk dieser Beschränkg, die die Eheg ggseit auferlegen, wird bei ihnen kaum in Frage gestellt (zB von Otte aaO), obwohl Zölibatsklauseln sonst von der hM als sittenwidrig wg unzulässiger Einflußnahme auf eine höchstpersönl Entscheidg angesehen werden (zur Sittenwidrigk s auch Thielmann, bei § 1937 Anm 5, S 259). Auch ist (je nach Klausel) bedenkl, daß dem Ehe der Erbsch nach Wiederheirat ein Vermögensnachteil ohne Ausgleich, uU sogar der ersatzlose Verlust der ganzen Erbsch zugemutet wird, während der ausschlagende Überlebende von den Abkömml Pflichtt u ZugewinnAusgl verlangen (§ 1371 II; III) u dann bei Wiederheirat auch behalten kann (vgl Haegele Rpfleger **76**, 73/82; Dippel AcP **177**, 349). Die Beschränkg des Überlebenden sollte unter diesem Gesichtspkt möglichst nicht weiter gehen, als daß er bei Wiederheirat zum VorE eingesetzt ist, der

Nacherbfall aber erst mit seinem Tode eintritt (Otte aaO). – Zur Verfassgsmäßigk einer solchen Klausel s BGH FamRZ **65**, 600. – Zum PflichttR der Abkömml bei bedingter Nacherbfolge s § 2306 Anm 3. – **Schrifttum:** Buchholz, Erbfolge u Wiederverehiratg, 1986 (dazu Otte AcP **187**, 603; Leipold/FamRZ **88**, 352); Zawar, Der auflösend bedingte VollE, NJW **88**, 16.

a) Rechtliche Gestaltung. Bei der **Einheitslösung** (s Anm 1b) bewirkt die Verbindg der wechselbezügl Erbeinsetzgen mit einer Klausel, die bei Wiederheirat des Überlebenden den vorzeit Übergang des Nachl des Erstverstorbenen auf die SchlußE herbeiführen soll, daß die Einsetzg des Überlebenden zum VollE von der auflösenden Bedingg abhängig gemacht wird, daß er bis zu seinem Tode nicht wieder heiratet. Der Überlebende ist also nach hM bis zu seiner evtl Wiederheirat auflösend bedingter VollE (§ 2075) u zugleich aufschiebend bedingter VorE, da er mit seiner Wiederheirat die RStellg des VollE verliert u dch Eintritt der NErbfolge der Nachl (ganz od teilw) auf Andere übergeht. Die Einsetzg des NachE steht unter der aufschiebenden Bedingg (§ 2074), daß der Überlebende nicht wieder heiratet. Eine solche Kombination von auflösend bedingter VollErbsch u aufschiebend bedingter NachErbsch ist rechtl zulässig u wirtschaftl sinnvoll (BGH **96**, 198 mAv Zawar DNotZ **86**, 544; MüKo/Musielak ist für auflösend bedingte Vor- und Nacherbfolge, wobei der Überlebende von Anfang an befreiter VorE ist). – Haben die Eheleute die **Trennungslösung** (Anm 1a) gewählt, tritt die an keine Bedingg geknüpfte NErbfolge in jedem Fall ein, spätestens mit dem Tod des Überlebenden. Die Wiederverheiratgsklausel führt hier nur dazu, daß der NErbfall zeitl vorverlegt wird auf die Wiederheirat (s Zawar DNotZ **86**, 515). Eine aufschiebend bedingte VollErbsch des Überlebenden ist hier nicht mögl, da er auch ohne Wiederheirat nur VorE bleibt. Da die NErbfolge unbedingt angeordnet ist, scheidet eine Anwendg von § 2108 mit § 2074 aus. – Viel gebräuchl ist auch die Klausel, wonach der Überlebende von Anfang an unbedingt VollE ist u bleibt, aber mit einem aufschiebend bedingten **Vermächtnis** belastet wird, indem im Falle seiner Wiederheirat den Abkömml ein Anspr auf einen Teil des Nachl eingeräumt wird od ihm selbst nur bestimmte VermögensGgst verbleiben sollen od ein Anspr auf Auseinandersetzg nach der ges Erbfolge angeordnet wird (s zB Karlsr NJW **61**, 1410; BayObLG **62**, 137; Köln FamRZ **76**, 552; ausführl Zawar DNotZ **86**, 515). Für die RStellg der Vermächtn-Nehmer gelten dann nach dem Tode des Erstverstorbenen gem § 2179 die §§ 158, 159, 160 u 162 (nicht § 161, Bungeroth NJW **67**, 1357), wobei der Erbl weitere SichergsRe anordnen kann (Zawar aaO).

b) Der überlebende Ehegatte unterliegt bei der Einheitslösg als auflösend bedingter VollE u zugleich aufschiebend bedingter VorE in dem Umfang, in dem er bei Wiederheirat den Nachl des Erstverstorbenen herauszugeben hat, so lange den Beschränkgen eines VorE nach §§ 2113 ff, als nicht der Ausfall der Bedingg feststeht (hM; zB BGH **96**, 198; aA MüKo/Musielak Rz 55 ff; Buchholz aaO § 15 ff mit abl Anm von Zawar aaO). Im Regelfall ist er allerd als befreiter VorE (§ 2136) anzusehen, sofern nicht eine gegenteilige Anordng getroffen od sonst Umstände der Annahme entggstehen, daß die Eheg einander im Rahmen der gesetzl Ermächtigg befreien wollten (hM; zB BGH FamRZ **61**, 275; BayObLG **66**, 227; Hamm DNotZ **72**, 96; Staud/Kanzleiter Rz 42 a, allerd differenzierend hinsichtl der §§ 2133, 2134 als Vorschr zur Substanzerhaltg). Heiratet er nicht wieder, läßt sich erst bei seinem Tode feststellen, daß die Bedingg für seine Vollerbsch ausgefallen ist u sich an dieser nichts mehr ändern kann, er also endgültig VollE geworden ist u damit alle seine Vfgen wirksam sind, auch wenn sie entgg §§ 2113 ff getroffen waren u bei Eintritt der Bedingg unwirks gewesen wären. Diese Sicherstellg seiner Vfgen ist ua der Sinn der Klausel (BGH aaO). – Im Falle der **Wiederheirat** steht fest, daß die Bedingg eingetreten u damit die Vor- und Nacherbfolge endgültig ist; zugleich fällt die NErbsch an. Für die vom VorE getroffenen Vfgen unter Lebenden üb Ggstände, die der NErbsch unterliegen, gelten §§ 2113 II; 161 II. Im Verhältn des VorE zu den NachE ist § 159 iZw zu beachten.

c) Die Schlußerben haben bei unterbliebener Wiederverheiratg des überlb Eheg nur Anspr auf das, was vom beiders Nachl beim Tod des zuletzt Versterbenden noch übrigbleibt (RGZ **156**, 181). Hat der Überlebende wieder geheiratet, können die gemeins Abkömmlinge od die sonst bedachten Dritten als NachE die Herausgabe des Nachl von dem überl Ehegatten nach Maßg der Klausel verlangen. Der überleb Eheg hatte dann nur die Stellg eines befreiten VorE hins des Teils des Nachl, der an die Abkömml bzw Dritten fallen soll. Über die verschiedene Auffassgen s ferner Schlüter § 26 VI 3; Hurst RhNK **62**, 435/449 ff; Hilgers RhNK **62**, 381/388 ff; Dippel AcP **177**, 349/360 f.

d) Neue letztwillige Verfügungen des Überlebenden, die vom gemsch Test abweichen, müssen sich von vorneherein auf seinen eigenen Nachl beschränken, da er üb die der Nacherbfolge unterliegenden Ggstände als fremdes Vermögen nicht vfgen kann u die Anordng eines VerschaffgsGst nicht zuzunehmen ist; er kann auch nicht die bedingte NErbeneinsetzg widerrufen, da diese auf der Vfg des Erstverstorbenen beruht (Mü JFG **15**, 42). Rechtswirks sind sie, wenn nach dem im gemsch Test zum Ausdr gebrachten Willen beider Eheleute der Überlebende bei Wiederheirat von der Bindg an seine eigenen Vfgen befreit wird, nachdem er den Erbsch (ganz od teilw) herausgegeben muß (s dazu Dippel AcP **177**, 349/362 ff; Simshäuser FamRZ **72**, 275 ff). Im Zw verlieren die Vfgen des Überlebenden im gemsch Test den Charakter der Wechselbezüglichk; er ist daran nicht mehr gebunden und kann üb seinen Nachl frei testieren, zB zugunsten seines neuen Eheg u der Kinder aus der neuen Ehe (KG JFG **15**, 325; BayObLG **62**, 137; Köln FamRZ **76**, 552; Stgt BWNotZ **78**, 164). Die Ausleg kann sogar ergeben, daß die Vfgen üb den Nachl des Überlebenden mit dessen Wiederverheiratg als ggstandslos anzusehen sind, so daß ohne neue letztw Vfgen nach dem Überlebenden ges Erbfolge eintritt u eine Anfechtg der Vfgen im gemsch Test nicht erforderl ist (KG NJW **57**, 1073; FamRZ **68**, 331; Soergel/Wolf Rz 23; Haegele Rpfleger **76**, 78; aA Erman/Hense Rz 8; Huken DNotZ **65**, 729; Bengel Rz 45; offen gelassen in BayObLG aaO).

e) Im Erbschein ist die Wiederverheiratgsklausel zu vermerken. Die Fassg richtet sich nach dem jeweiligen Inhalt (zB: Die NErbfolge tritt ein mit dem Tod od mit der Wiederverheiratg des VorE...; Im Falle seiner Wiederverheiratg hat der VorE...). Einzelheiten s bei Firsching IX Ei; Ripfel Rpfleger **51**, 578; Asbeck MDR **59**, 897; Hurst RhNK **62**, 435; Hilgers RhNK **62**, 381; Haegele Rpfleger **76**, 78 ff. – Über GrdB u Wiederverheiratgsklauseln s Haegele aaO 81 f; über ErbschSteuer Haegele aaO 83 f.

Testament. 8. Titel: Gemeinschaftliches Testament §§ 2269, 2270

6) Vermächtnis im Berliner Testament. Bei II soll als Erbl, dem der Dritte das Vermächtnis verdankt, nur der **Längstlebende** gelten, den der VermNehmer daher gem § 2160 überleben muß (**LM § 2271 Nr 6** Anm von Johannsen). **II** beruht auf einer Lebenserfahrg; wer für sich Rechte aus einer solchen Bestimmg in einem Test herleitet, hat damit selbst dann Erfolg, wenn sich nicht feststellen läßt, wie die Bestimmg von dem Erbl gemeint war (BGH FamRZ **60**, 432). Im Zw ist also nicht anzunehmen, daß das Vermächtn schon mit dem Tode des Erstversterbenden anfallen u nur seine Fälligk bis zum Tode des Längstlebenden hinausgeschoben sein sollte (vgl RG **95**, 14). Es gelten auch nicht §§ 2177, 2179, 2074 (Staud/Kanzleiter Rz 63; Johannsen WM **69**, 1318), denn es liegt iZw ein Vermächtn des Letztversterbenden vor (RGRK Rz 37; s § 2160, auch § 2069). Der überlebde Eheg ist dch die VermächtnAnordng grdsätzl nicht gehindert, über den VermächtnGgst unter Lebden zu verfügen (Staud/Kanzleiter Rz 64). – Wenn Eheg eines ihrer Kinder für den GesamtNachl als Erben des Überlebenden einsetzen u zur Abfindg der übr Kinder Vermächtn anordnen, ist ein Vertr, durch den diese bei Lebzeiten des Überlebenden die Abfindg anderw regeln, nach § 312 I nichtig (BGH NJW **56**, 1151). Soll der Überlebde die Höhe dieser Abfindg bestimmen können, ist er dabei nicht frei, sondern ihm eine Grenze gesetzt, wobei die Feststellg des ihm verbliebenen Spielraums Ausleggsfrage ist (BGH NJW **83**, 278).

2270 *Wechselbezügliche Verfügungen.* ¹Haben die Ehegatten in einem gemeinschaftlichen Testamente Verfügungen getroffen, von denen anzunehmen ist, daß die Verfügung des einen nicht ohne die Verfügung des anderen getroffen sein würde, so hat die Nichtigkeit oder der Widerruf der einen Verfügung die Unwirksamkeit der anderen zur Folge.

II Ein solches Verhältnis der Verfügungen zueinander ist im Zweifel anzunehmen, wenn sich die Ehegatten gegenseitig bedenken oder wenn dem einen Ehegatten von dem anderen eine Zuwendung gemacht und für den Fall des Überlebens des Bedachten eine Verfügung zugunsten einer Person getroffen wird, die mit dem anderen Ehegatten verwandt ist oder ihm sonst nahe steht.

III Auf andere Verfügungen als Erbeinsetzungen, Vermächtnisse oder Auflagen findet die Vorschrift des Absatzes 1 keine Anwendung.

Schrifttum: Häußermann BWNotZ **60**, 256; Bühler DNotZ **62**, 359; Lange, Bindung des Erblassers an seine Verfügungen, NJW **63**, 1571.

1) Volle Wechselbezüglichkeit ist die ggseitige innere Abhängigk der beiderseitigen Vfgen aus dem Zusammenhang des Motivs (s KG NJW **72**, 2134; FamRZ **77**, 485; Stgt FamRZ **77**, 274 mAv Bosch; auch Bühler aaO 360, 361). Sie liegt nur vor, wenn jede der beiden Vfgen der Ehegatten gerade deshalb getroffen wurde, weil auch der andere Ehegatte eine bestimmte andere Vfg getroffen hat u jede Vfg somit nach dem Willen der gemeinsch Testierenden mit der anderen stehen u fallen soll. Sie muß für **jede einzelne** Vfg des Test gesondert geprüft werden (BGH **LM** Nr 2; BayObLG **83**, 213) u ist gesetzl beschränkt (**III**) auf Erbeinsetzg, Vermächtn (auch Vorausvermächtn, Benk RhNK **79**, 53) u Auflagen (s Anm 4). Auch die in einem unwirks gemsch Test enthaltenen Vfgen können in einem solchen Verhältn stehen (BGH NJW-RR **87**, 1410).

a) Die Feststellung der Wechselbezüglichk einer Vfg erfolgt nach Wortlaut u Inhalt des Test. Es gibt keine Regel, die Schlüsse auf eine bestimmte Willensrichtg u Interessenlage der Testierenden zuließe, etwa für das Verhältn des Überlebenden zum AlleinE ggü der Einsetzg der SchlußE. Sogar dann, wenn die sich ggseitig bedenkenden Ehegatten bestimmen, daß nach dem Tod des Überlebenden der beiderseit Nachl an die gemeinsamen Kinder fallen soll, ist nicht ohne weiteres anzunehmen, daß jeder Ehegatte die Kinder deshalb bedenkt, weil auch der andere dies tut (BayObLG FamRZ **86**, 392). Setzen sich kinderlose Ehegatten ggseitig zu Erben ein u bestimmen sie, daß nach dem Tod des Überlebenden der beiderseit Nachl teils an Verwandte des Mannes u teils an solche der Frau fallen soll, ist die vom Ehemann verfügte Einsetzg seiner Ehefrau nur wechselbezügl mit der von der Ehefrau verfügten Einsetzg des Mannes u seiner Verwandten, aber nicht ohne weiteres mit der Berufg der eigenen Verwandten der Ehefrau dch diese selbst (BGH **LM** Nr 2).

b) Auslegung. Enthält das Test keine klare u eindeut Anordng hinsichtl der Wechselbezüglichk der einzelnen Vfgen, muß die Wechselbezüglichk dch Auslegg des Test nach allg Grdsätzen (s § 2084 Anm 1) ermittelt werden, auch bei einem sog Berliner Test (BayObLG **83**, 213); dazu kann auch eine ergänzende Auslegg vorgenommen werden (KG NJW **63**, 766). Es muß der Inhalt der Erklärgen als Ganzes einschließl aller (auch außerh der TestUrk liegenden) Nebenumstände gewürdigt u die allg Lebenserfahrg berücksichtigt werden. – Beispl: Für die Annahme einer inneren Abhängigk zwischen Erbeinsetzg der Ehefrau dch ihren vorverstorbenen Mann mit der ihrer erstehel Tochter als SchlußE der überlebenden Ehefrau reicht gutes Einvernehmen zwischen Stieftochter u Stiefmutter, auch Briefe u Kartengrüße, nicht aus (BayObLG FamRZ **84**, 1154 u **86**, 392). Es entspricht auch der Lebenserfahrg, daß bei Einsetzg eines Verwandten der Ehefrau als SchlußE der Ehemann nach seinem Ableben seiner Ehefrau das Recht zur Abänderg der Einsetzg des SchlußE zB bei Verschlechterg der persönl Beziehgen belassen wollte (BayObLG FamRZ **85**, 1287). Die Einsetzg einer gemeinnützigen und caritativen Organisation als SchlußE ist idR nicht wechselbezügl u kann daher vom Überlebenden dch Test widerrufen werden (vgl BayObLG FamRZ **86**, 604). S auch unten Anm 2b. – Die Ausleggsregel des **II** greift erst ein, wenn die Auslegg zu keinem zweifelsfreien Ergebn geführt hat (s Anm 2). Fehlen die Voraussetzgen des **II**, ist das Vorhandensein der Wechselbezüglichk nach freiem richterl Ermessen unter Berücksichtigg aller Umstände des Einzelfalls zu entscheiden (BayObLG Rpfleger **80**, 283). Die **Feststellungslast** für Tatsachen, welche die Wechselbezüglichk begründen, trifft denjenigen, der sein ErbR auf die Wechselbezüglichk stützt (BayObLG **70**, 173); insoweit noch verbleibende Zweifel gehen zu seinen Lasten (BayObLG FamRZ **86**, 392).

c) Ergänzung. Um wechselbezügl zu sein, müssen Verfügungen nicht in demselben Test getroffen sein. Es ist den Eheleuten nicht verwehrt, die in einem früheren Erbvertrag od gemeinsch Test enthaltenen

Regelgen dch ein späteres gemeinsch Test nicht nur aufzuheben od abzuändern, sond auch zu ergänzen (s § 2292 Anm 1). § 2270 steht dem nicht entgg. Eine solche Änderg od Ergänzg bewirkt, daß die früheren Vfgen mit den späteren wechselbezügl werden, wenn der Wille der Testierenden dahin geht, daß nunmehr auch die früheren Vfgen nur für den Fall der Wirksamk der neueren gelten sollen u umgekehrt (BayObLG FamRZ **86**, 392). Mögl ist auch die einseitige Bindg nur eines Ehegatten an die Schlußerbeneinsetzg (BayObLG **83**, 213), zB wenn nach dem Willen der Testierenden die Bestimmg des früheren gemeinsch Test als solche zwar weiter bestehen, aber dch das spätere ergänzt werden sollen (BayObLG FamRZ **86**, 392).

d) Einschränkungen. Den Eheg steht es grdsätzl frei, die Wirkgen, die das G an die Wechselbezüglichk knüpft, **auszuschließen** od zu **beschränken** (Staud/Kanzleiter Rz 6; s auch BGH **2**, 37; **30**, 265; NJW **64**, 2056). Daher kann auch **einseitige Abhängigkeit** gewollt sein (KG JFG **10**, 67), also nur die Vfg des einen Eheg von der Wirksamk des anderen abhängen, während die des anderen auf jeden Fall wirks sein soll (Erman/ Hense Rz 5; Johannsen WM **69**, 1314; auch unten Anm 5). – In einem neuen einseitigen Test kann jeder Eheg die Wechselbezüglichk seiner eigenen letztw Vfg wieder ausschließen. Dieser Eheg bleibt aber seiners gebunden, nur der andere Eheg wird frei; § 2271 steht nicht entgg (RGRK Rz 12).

2) Auslegungsregel. Nach **II** ist im Zweifel Wechselbezüglichk anzunehmen, wenn **entweder** sich die Eheg **gegenseitig bedenken** (sei es auch nur mit Vermächtn) **oder** wenn dem einen Eheg (zB dem Mann) von dem anderen eine Zuwendg gemacht **und** für den Fall des Überlebens des Bedachten von diesem eine Vfg zG von Personen getroffen wird, die mit dem anderen Eheg (der Frau) verwandt sind (also auch die gemschaftl Kinder, RG **116**, 150) od dem anderen Eheg nahestehen. Es müssen sich also Vfgen der Gatten ggüberstehen, die übrigens auch zG desselben Dritten wechselbezügl sein können (RG **88**, 330). Wechselbezügl liegt auch vor, wenn angeordnet wird, daß es beim Vorhandensein gemschaftl Abkömmlinge auf den Tod des Erstversterbenden wie des Überlebenden bei der gesetzl Erbfolge verbleiben soll (Stgt BWNotZ **60**, 151, 258). – Das **Verwandtschaftsverhältnis** beurteilt sich nach dem Recht des Wohnsitzes der test Eheleute (KG FamRZ **83**, 98); es muß nicht schon bei TestErrichtg bestanden haben u kann sich daher auch auf die zu diesem Ztpkt noch nicht geborenen Personen erstrecken (KG aaO), aber nicht auf ein nach fr Recht mit dem Erbl nicht verwandtes Adoptivkind trotz der zwischenzeitl RÄnderg (KG aaO). – „**Nahestehen**" ist nach den konkreten Umst des Einzelfalls zu entscheiden, wobei ein strenger Maßstab anzulegen ist. Es fallen nur Personen darunter, zu denen der betr Ehegatte enge persönl u innere Bindgen gehabt hat, die mindestens dem übl Verhältn zu Verwandten entsprechen (BayObLG **82**, 474). In Betr kommen zB Adoptiv-, Stief- u Pflegekinder, enge Freunde, evtl langjähr Angestellte, bewährte Hausgenossen (BayObLG aaO); Schwägersch fällt nicht ohne weiteres darunter (KG JFG **17**, 44) kann aber darunter fallen (BayObLG DNotZ **77**, 40 u dazu Bengel ebda 5; Prior JuS **78**, 772/776f; BayObLG Rpfleger **80**, 259, 283). Nicht darunter fallen können aber Personen, die zZt der TestErrichtg noch nicht geboren od dem Erbl aus and Gründen unbekannt waren (KG FamRZ **83**, 98); ferner nicht jur Personen.

a) Auslegungsbedürftigkeit. Die AusleggsRegel greift nur „**im Zweifel**" Platz, also nur dann, wenn die Wechselbezüglichk nicht eindeut u dch TestAuslegg festzustellen ist, also die Willenserforschg (§§ 133, 2084) weder die ggseit Abhängigk noch die ggseit Unabhängigk ergibt. Das Für u Wider ist vom NachlG (§ 2358) zu würdigen u zu prüfen (vgl BayObLG **82**, 474; **83**, 213), wobei auch Umstände außerh des Test in Betr kommen wie Äußergen der Erbl und ihre beiderseit Vermögensverhältnisse od Zuwendgen währd der Ehe od der Umstand, daß ein Eheg dem anderen zu bes Dank verpflichtet ist. Auch die Regeln über ergänzende TestAuslegg sind anwendb (KG NJW **63**, 766). Der Umstand, daß **nur ein Teil Vermögen besaß**, gibt nur zu einer bes Prüfg Anlaß, ob Wechselbezüglichk gewollt war, spricht aber nicht direkt dagg (RG DR **40**, 723). Dies gilt auch dann, wenn nach dem Tode des Erstversterbenden dessen Vermögen vollständ verloren geht u der Überlebende später neues Vermögen hinzuerwirbt (Kiel HEZ **2**, 329). Gegen Wechselbezüglichk spricht aber der Umstand, daß die Zuwendg des einen an den anderen hinter dessen gesetzl Erb- od Pflichtteil zurückbleibt (KG JFG **22**, 106).

b) Beschränkungen. Die Vfg, dch die Verwandte des Mannes u der Frau als SchlußE (§ 2269) eingesetzt sind, braucht nicht im vollen Umfang wechselbezügl zu sein. Die Wechselbezüglichk ist vielmehr iZw auf die Einsetzg der Verwandten des Erstversterbenden beschränkt (BGH **LM** Nr 2; auch Stgt BWNotZ **58**, 53). Hat jeder Eheg seine eigenen Verwandten für sein Vermögen eingesetzt, wobei dem jeweils überleb Eheg hins des ererbten Vermögens des anderen nur eine Zwischenstellg als VorE zukam, so steht die Einsetzg der jeweiligen Verwandten auf das eigene Vermögen nicht im Verhältn ggseitiger Abhängigk. Haben die Eheg bestimmt, daß jeder von ihnen nach der gesetzl Erbfolge beerbt werden soll, zerfällt diese Erbeinsetzg auf Seiten jedes von ihnen in zwei Teile: in die Einsetzg der gesetzl Erben für den erstversterbenden u in die der gesetzl Erben für den überlebenden Gatten. Letztere Einsetzg ist nach § 2270 II grdsätzl wechselbezügl (BayObLG **64**, 94; FamRZ **74**, 395). Ob die Anordg „Bezügl unseres übrigen Nachl verbleibt es bei den gesetzl Bestimmgen" eine testamentar Einsetzg der gesetzl Erben als SchlußE enthält u ob eine solche Einsetzg mit der Einsetzg des überlebenden Eheg als Erben wechselbezügl sein soll, ist dch Auslegg zu ermitteln (BayObLG **65**, 53). Die Einsetzg der ges Erben des Überlebden als Schlußerben ist idR nicht wechselbezüglich zur ggs Erbeinsetzg der Ehegatten (BayObLG Rpfleger **81**, 282). Auch bei einseitiger Vermögenslosigk der Ehegatten kann die Abhängigk ihrer ggs Erbeinsetzg von der Schlußerbeneinsetzg verneint werden (BayObLG Rpfleger **81**, 282; **85**, 240). Die Freistellg des überl Eheg in einem gemschaftl Test hins der Vfg vTw über seinen Nachl muß nicht notw gg eine Wechselbezüglichk sprechen (BGH NJW **64**, 2056; Stgt NJW-RR **86**, 632; dazu RGRK Rz 8).

3) Die Nichtigkeit und **der Widerruf** (dazu § 2271) einer Vfg machen die damit **wechselbezügliche Verfügung** des anderen Teils von selbst unwirks. Die Nichtigk kann auf formellen od sachl Mängeln beruhen, ursprüngl bestehen od (zB inf Anfechtg gem §§ 2078ff od wirks Widerruf dch einen Eheg) später eintreten. Ob auch **andere Verfügungen** (III) von der Nichtigk der GgVfg betroffen werden, richtet sich nach § 2085 (RG **116**, 49; Staud/Kanzleiter Rz 36). Daß auch diese nicht ohne die nach § 2270 unwirks Vfg

Testament. 8. Titel: Gemeinschaftliches Testament §§ 2270, 2271

getroffen worden wären, hat zu **beweisen,** wer diese Unwirksamk geltd macht. Über Anfechtg s § 2271 Anm 4. Ob die Folge des I auch bei einer aus and Gründen eintretden Unwirksamk einer wechselbezügl Vfg, wie bei Ausschlagg, Erbunwürdigk od Vorversterben des bedachten Dritten eintritt, hängt von dem zu erforschden ErblWillen ab (vgl Erman/Hense Rz 8).

4) Andere Verfügungen (III) sind zB: Anordngen familienrechtl Art; TestVollstrErnenngen (vgl hierzu § 2197 Anm 1; KG FamRZ **77,** 485); Teilgsanordngen (BGH **82,** 277; BayObLG FamRZ **88,** 660; entgg BGH ist es jedoch keine Frage von **III,** sond von § 2271 II, wenn der gebundene Eheg nachträgl noch eine Teilgsanordng trifft, s Lehmann MittBayNot **88,** 157); Ausschließg (§ 1938); PflichttEntziehg (§ 2336 und Warn **33** Nr 152). Sie können zwar wechselbezügl gewollt sein, doch tritt insow Unwirksamk kraft G nicht ein, wie sich aus III iVm § 2278 II ergibt, so daß insb § 2271 auf solche Vfgen nicht anzuwenden ist. Jedoch ist uU Anfechtg (§ 2078) mögl. Auch der beiders Verzicht auf Erb- u PflichttAnspr der Eheg in gemschaftl Test kann nicht wechselbezügl sein (BGH **30,** 261/265; Bengel Rz 5).

5) Entsprechende Anwendung der §§ 2270, 2271 ist bei **einseitiger Abhängigkeit** mögl (KG JFG **10,** 67; **17,** 46 = JW **38,** 680; vgl auch Einf 3 vor § 2265).

2271 **Widerruf wechselbezüglicher Verfügungen.** ¹Der Widerruf einer Verfügung, die mit einer Verfügung des anderen Ehegatten in dem im § 2270 bezeichneten Verhältnisse steht, erfolgt bei Lebzeiten der Ehegatten nach den für den Rücktritt von einem Erbvertrage geltenden Vorschriften des § 2296. Durch eine neue Verfügung von Todes wegen kann ein Ehegatte bei Lebzeiten des anderen seine Verfügung nicht einseitig aufheben.

II Das Recht zum Widerruf erlischt mit dem Tode des anderen Ehegatten; der Überlebende kann jedoch seine Verfügung aufheben, wenn er das ihm Zugewendete ausschlägt. Auch nach der Annahme der Zuwendung ist der Überlebende zur Aufhebung nach Maßgabe des § 2294 und des § 2336 berechtigt.

III Ist ein pflichtteilsberechtigter Abkömmling der Ehegatten oder eines der Ehegatten bedacht, so findet die Vorschrift des § 2289 Abs. 2 entsprechende Anwendung.

1) Zu Lebzeiten beider Ehegatten ist das gemeinsch Test für jeden Ehegatten ohne besond Grd jederzeit **widerruflich** mit den Besonderh, die sich aus § 2271 für wechselbezügl Vfgen (§ 2270) ergeben. Darin liegt der Hauptunterschied zum ErbV, nach dessen Abschluß der ErbL seine vertragsmäß Vfgen auch zu Lebzeiten des anderen nicht mehr frei widerrufen kann (s Übbl 3 vor § 2274); bei vereinbarter Unwiderruflichk eines „gemeinsch Test" kann daher ein ErbV anzunehmen sein, wenn die Form des § 2276 gewahrt ist (KG OLG **35,** 19). Dch die Widerrufsmöglichk ist eine Anfechtg des Test ausgeschlossen (s Anm 4). Vfgen unter Lebenden kann jeder Ehegatte unbeschränkt vornehmen, insow auch der andere sich durch das Widerrufs R schützen kann; § 2287 gilt hier nicht (BGH **87,** 24; bejahend für unentgeltl Vertr zGDr auf den Todesfall Speth NJW **85,** 463). – Die Besonderh des § 2271 betreffen nur den einseit Widerruf von wechselbezügl Vfgen dch einen Ehegatten, für den zwingend die Beachtg der Form des § 2296 sowie Zugangsbedürftigk vorgeschrieben ist, damit der and Ehegatte zuverlässig Kenntn erlangt u sich mit seinen eigenen Vfgen einrichten kann (s unten b). Dagg kann jeder Ehegatte seine **einseitigen** Vfgen nach den allg Bestimmgen (§§ 2254ff) widerrufen. – Der Widerruf **wechselbezüglicher Verfügungen** ist zu Lebzeiten beider Ehegatten auf verschiedene Weise möglich:

a) Gemeinsam in allen Formen: Dch gemeinsch WiderrufsTest (§ 2254) od widersprechendes Test (§ 2258), zB in von beiden Eheg unterschriebenes Test, in dem eine wechselbezügl Vfg aufhebt, wodch die Wechselbezüglichk der Vfg des anderen Eheg mit der aufgehobenen wegfällt. – Dch Erbvertrag (§ 2289 I 1), auch dch einen im Prozeßvergleich enthaltenen ErbVertr (Köln OLGZ **70,** 114; s dazu § 2276 Anm 3). – Dch gemeinschaftl Rücknahme des öff Test (§ 2272). – Dch einvernehmliche Vernichtung der TestUrk od gemeinsch Streichg der betr Vfgen (§ 2255 Anm 6). – Bei Vermächtnis- und Auflagenanordngen analog § 2291 dch Test unter beurkundeter Zustimmg des and Ehegatten (RGRK Rz 8; Kipp/Coing § 35 III 3a Fußn 25; str).

b) Einseitig ausschließl nach I 1 dch formbedürft Erkl ggü dem anderen (§ 2296), damit der Widerruf nicht heimlich hinter dessen Rücken erfolgen u dieser sich ggf auf seine eigenen Vfgen darauf einrichten kann. Der einseit Widerruf wechselbezügl Vfgen dch neue Vfg vTw ist stets ausgeschlossen (I 2), selbst wenn der andere zustimmt (RG DR **45,** 76; Schlesw SchlHA **57,** 181). Somit kann auch das von den Eheg bei sich verwahrte eigenhänd Test (§ 2267) ggü dem widerstrebenden Ehegatten nur in dieser Form aus der Welt geschafft werden. Will der Ehegatte gleichzeit sein einseitige Vfgen widerrufen, hat dies in den gewöhnl Formen der §§ 2254ff zu geschehen. – Will ein Ehegatte wechselbezügl Vfgen nur **teilweise** widerrufen, zB nur abändern od den Bedachten nachträgl noch beschränken (auch über § 2270 III hinaus) dch Anordng von Vermächtn, Auflagen, Nacherbfolge od TestVollstrg, ist auch die Widerrufsform des § 2296 erforderl (jedoch nicht bei Auswechslg nur der Person des TV, KG FamRZ **77,** 485). Hierzu genügt jedoch, daß der Widerruf auf den zu ergänzenden Punkt beschränkt wird.

aa) Die Widerrufserklärung ist Vfg vTw, kann also von dem (auch beschränkt geschäftsfäh) Erbl nur **persönlich** abgegeben werden, nicht dch Vertreter (§§ 2296 I; 2253 II) u unterliegt der Anfechtg nach § 2078 (im Ggsatz zum gemeinsch Test als solchen, s Anm 4). Die einseit Erklärg bedarf der **Form** der notariellen Beurkundg (**I;** § 2296 II 2).

bb) Empfangsbedürftig ist der einseit Widerruf (**I;** § 2296 II 1). Die not beurkundete Erklärg muß daher in Urschrift od Ausfertigg dem and Ehegatten (bzw dessen gesetzl Vertreter) zugehen (§ 130); der Zugang nur einer beglaub Abschrift genügt nicht (st Rspr, zB BGH **31,** 5; **36,** 201; NJW **81,** 2300; aA Soergel/Wolf Rz 8). Erforderlichenfalls ist die Urschrift od Ausfertigg dch GVz od ggf sogar öffentl zuzustellen (§ 132); wird die öffentl Zustellg erschlichen, bleibt sie zwar wirks, jedoch ist dann gg Geltendmach von Rechten

2069

§ 2271 1, 2

aus dem Widerruf ist dann aber der Einwand unzul RAusübg mögl (BGH **64**, 5 mAv Johannsen **LM** Nr 19). Der **Zugang** des Widerrufs kann nach dem Tode des Erklärenden, aber nur an den lebenden Empfänger erfolgen (RG **65**, 270). § 130 II geht iVm § 2271 I von dem Regelfall aus, daß sich die WillensErkl beim Tode des Erbl auf dem Weg zum Empfänger befindet u die Zustellg alsbald nachfolgt; er gilt also für den Widerruf wechselbezügl Vfgen, wenn der Widerruf dem überlebden Eheg sogleich ordngsgem u alsbald nach dem Tod des Erbl zugestellt wird. Dagg ist der Widerruf unwirks, wenn die notarielle WiderrufsErkl zu Lebzeiten des Widerrufden dem and Eheg nur in beglaubigter Abschr zugegangen ist u sie ihm erst nach dem Tod des Widerrufden in Ausfertigg zugestellt wird, um dem erst zu dieser Zeit erkannten Zustellgsmangel abzuhelfen (BGH **48**, 374 = JZ **68**, 185 mAv Dilcher; dazu Johannsen WM **69**, 1315f; Heisecke MDR **68**, 899). Unzulässig ist eine Anweisg des Widerrufden, den Widerruf erst nach seinem Tod dem anderen Eheg zu übermitteln (BGH **9**, 233 gg Mü DFG **43**, 121 u dazu Dilcher JuS **61**, 20; vgl auch KG DNotZ **44**, 114 Anm; Herschel DR **44**, 109; Titze AkZ **43**, 134; Rudolf Schmidt JZ **53**, 602 Anm, JZ **54**, 605; Natter JZ **54**, 381); RG **170**, 380 betrifft Widerruf einer Schenkg u ist hier nicht anwendb.

cc) **Die einseitige Vernichtung** od **Veränderung** eines gemschaftl Test **ohne** Einverständn des andern Ehegatten ist rechtswidr. Hinsichtl der Wirkgen ist zu unterscheiden (s § 2255 Anm 6): Seine eigenen einseit Vfgen kann der Eheg in der Form des § 2255 widerrufen. Die wechselseit Vfgen können aber in dieser Form nicht einseit dch einen ohne Einverständn des and Eheg widerrufen werden; diese werden also dch einseit Vernichtg des gemschaftl Test nicht unwirks. Es können aber Beweisschwierigk bei der Rekonstruktion des gemschaftl Test auftreten (Erman/Hense Rz 6; von Lübtow I 495 f). Zur Feststellgslast s OHG **1**, 268; Hamm OLGZ **67**, 79. – Über **einseitige Zurücknahme** eines öffentl gemschaftl Test aus der amtl Verwahrg s § 2272 Anm 2.

dd) **Ohne förmlichen Widerruf** sind **neue** letztw Vfgen nur insoweit unwirksam (**I** 2), als sie früheren wechselbezügl Anordnungen **widersprechen und** den and Teil **beeinträchtigen**. Sie sind also wirks, wenn jene zB durch gleichzeit (VerschG 11) od vorherigen Tod des bedachten Eheg od Dritten od der Widerruf des einen od Gatten ggstandslos geworden sind (RG 149, 200) od wenn sie den and Ehegatten rechtl besser stellen, als er nach dem gemeins Test stehen würde (KG JFG **17**, 47; DR **43**, 697; BGH **30**, 261; BayObLG **66**, 245: Aufhebg der Bindg an ein wechselseit Test) od ein Eheg seine wechselbezügl Anordng in einem einseit Test wiederholt (BayObLG **61**, 12; KG JFG **18**, 332, Hamm OLGZ **63**, 77).

2) **Mit dem Tod eines Ehegatten** tritt für den Überlebenden die **Bindung** an seine wechselbezügl Vfgen (**II** 1) u die Beschränkg seiner TestierFreih ein (nicht seiner TestierFähigk). Von dieser Bindgswirkg wird der Überlebende nur mehr in bestimmten Fällen frei (dazu Anm 3). Eine Anfechtg der eigenen wechselbezügl Vfgen u der Vfgen des Erstverstorbenen ist jetzt mögl (s Anm 4). Insgesamt stellt sich nunmehr die Rechtslage des Überlebenden wie folgt dar:

a) **Verfügungen unter Lebenden** kann der Überlebende weiterhin frei vornehmen. Insoweit besteht **keine** Bindg, da § 2286 entspr anwendb ist (BGH DNotZ **51**, 344; § 2286 Anm 5). Eine Ausn besteht nur im HöfeR, da ggü der Hoferbenbestimmg durch bindendes gemschaftl Test od ErbVertr ein widersprechender ÜbergVertr unwirks ist (Celle RdL **68**, 72; s auch NdsRpfl **71**, 255). Die Vfgen unter Lebenden sind auch dann zulässig u wirks, wenn dadch der Nachl geschmälert wird, selbst bei einer absichtl Benachteilgg dch Schenkg unter Lebenden, da für diesen Fall in entspr Anwendg des § 2287 (s § 2287 Anm 1) nur ein BereichergsAnspr vorgesehen ist (BGH BWNotZ **59**, 205; s auch Reimann § 2287 Rz 9 ff; RGRK § 2269 Rz 15, 16). Solche Vfgen sind auch dann wirks, wenn dadurch ein Vermächtn unwirks werden sollte; soweit kein VerschaffgsVerm (§ 2169 I) vorliegt, hat der bedachte VermNehmer nur die Rechte aus § 2288 II (BGH NJW **58**, 547; vgl hierzu Anm Johannsen in **LM** Nr 5). – Ob Vfgen unter Lebenden, die wirtschaftl dem Ziel des gemschaftl Test widersprechen, nach § 134 **nichtig** sind, war lange str, wobei die früh Rspr zur sog „Aushöhlungsnichtigkeit" aufgegeben wurde (BGH **59**, 343; WM **73**, 680). Heute ist allg Meing, daß ein RGesch des Überlebenden, dch das er NachlGgst lebzeitig auf einen Dritten übertragen hat, nicht schon desh nichtig ist, weil dadch dem Schlußbedachten das ererbte Erbgut entzogen wird, sond aus § 138 nur bei Hinzutritt **besonderer** Umstände (BGH **59**, 348, 351). – Denkb ist auch eine **Haftung des Empfängers** ggü den Erben gem § 419, wenn der Erbl dch das RGesch sein ganzes od sein im wesentl ganzes Vermögen übertragen hat (BGH **59**, 352). Auch §§ 2287, 2288 sind entspr anwendb (BGH NJW **82**, 43; **76**, 749). S auch Stöcker WM **80**, 482/491. In Betracht kommt auch eine **Haftung des Vertragsgegners** aus § 826, wenn dieser etwa die Willensschwäche des Überlebenden sittenw zum eigenen Vorteil mißbraucht (BGH BWNotZ **59**, 205; s aber Boehmer FamRZ **61**, 254, 420, der einen Schutz der Erwerbsaussicht des Erben dch § 826 wohl mit Unrecht ablehnt; gg Boehmer auch Mattern BWNotZ **66**, 10). – **Keine Bindung** des überl Eheg besteht auch familienrechtl insofern, als er im Falle seiner Wiederheirat mit seinem neuen Ehepartner GüterGemsch vereinb od gesetzl Güterstand der ZugewGemsch gelten lassen kann. Etwaige Pflichtteils- u ZugewAusglVerbindlk, die aus Anlaß des Todes des Eheg zG des neuen Ehepartners erwachsen, muß der SchlußE erfüllen (BGH FamRZ **69**, 207).

b) **Die getroffenen Verfügungen von Todes wegen,** soweit sie wechselbezügl sind, kann der Überlebende grdsl nicht mehr widerrufen (**II** 1), es sei denn, daß er von der Bindg befreit ist od wird (dazu Anm 3). Dies betrifft die wechselbezügl Zuwendungen an Dritte, weil die Vfgen zugunsten des verstorbenen Ehegatten ggstandslos geworden sind (§§ 1923; 2160). Die Einschränkg des WiderrufsR dient nicht dem Schutz des Dritten, der zu diesem Ztpkt noch keine dem ErbV vergleichbare Anwartsch hat, da ein Widerruf bei Ausschlagg noch mögl ist (s Anm 3a) u selbst dch Eintritt der Bindg noch kein gesichertes Recht erwirbt (s § 2269 Anm 4). Sie ist vielmehr darin begründet, daß der Überlebende von der wechselbezügl Vfg im gemeinsch Test, auf deren Bestand der Verstorbene vertraute, sich nicht mehr soll lösen können, nachdem er deren Vorteile in Anspr genommen hat.

c) **Neue letztwillige Verfügungen,** die der Überlebende (gleich in welcher Form) nach dem gemeinsch Test einseitig getroffen hat, sind insoweit und so lange **unwirksam**, als sie die Rechte des aus dem gemeinsch Test Bedachten beeinträchtigen würden. Von dieser Bindgswirkg sind auch solche Vfgen nicht

Testament. 8. Titel: Gemeinschaftliches Testament § 2271 2, 3

ausgenommen, mit denen einer sittl Pflicht od einer auf den Anstand zu nehmenden Rücks entsprochen wurde (s BGH NJW **78**, 423). Widersprechende letztw Vfgen werden nur dch Wegfall der Bindg (Anm 3), aber nicht schon dadurch wirks, daß der Bedachte formlos zustimmt, weil die Bindg ggü dem Erstverstorbenen besteht (BGH **LM** Nr 7; Hamm OLGZ **82**, 272; aA RG **134**, 325). Nur wenn der Bedachte in der Form des § 2352 auf die Zuwendg verzichtet, wird die neue Vfg wirks, soweit dch den Verzicht die wechselbezügl Vfg ggstandslos geworden ist (RG Warn **18** Nr 124; Soergel/Wolf Rz 17; dahingestellt von BGH aaO). Dies entspricht der Wirkg in den übrigen Fällen ihres Ggstandsloswerdens, zB dch Vorversterben, Ausschlagg od Anfechtg (s unten Anm 3d). Der nur formlos zustimmende od verzichtende Bedachte kann allerd treuwidrig handeln, wenn er sich später auf die Bindg beruft (BGH aaO; LG Düss FamRZ **88**, 661). – **Beeinträchtigt** wird das Recht des Bedachten dch: Nachträgl Einsetzg eines NachE; Beschwerg mit einem Vermächtn (BGH FamRZ **64**, 592; **69**, 207; NJW **78**, 423 mit krit Anm Schubert JR **78**, 287 u Tiedtke NJW **78**, 2572; KG OLGZ **77**, 457); die Ausschließg der Rechte des Schwiegersohns vom Erbteil der Tochter (Hbg Recht **12** Nr 2298); Wertverschiebgn zu Lasten des Bedachten infolge neuer Teilgsanordng (§ 2048; Soergel/Wolf Rz 16; BGH **82**, 274 läßt sie bei AusgleichsPfl zu; Lehmann MittBayNot erachtet die Teilgsanordng als beeinträchtigende Vfg; s auch Staud/Kanzleiter § 2289 Rz 12); die Anordng einer TestVollstrg, es sei denn, daß ihre nachträgl Anordng gestattet war od die (auch ergänzende) Auslegg bei verständig Würdigg der tatsächl Verhältn einen Willen der Eheleute ergibt, daß der Überlebende hierzu befugt sein solle (KG OLGZ **66**, 503; Zweibr WPg **75**, 87; s auch Haegele BWNotZ **74**, 109). Keine Beeinträchtigg liegt dgg in der Aufhebg einer TestVollstrg od der Auswechslg nur der Person des TV (KG FamRZ **77**, 485). Der Überlebende kann seine eigene Zuwendg in einem späteren Test insow einschränken, als der Vater od die Mutter des minderj Erben von der Verwaltg des Zugewendeten ausgeschl wird (Brschw DNotZ **51**, 374; RGRK Rz 16). Er kann auch die gemschaftl Erbeinsetzg später wiederholen, so daß diese dann auf beiden Test beruht (KG JW **39**, 353).

3) Befreiung von der Bindung besteht für den überlebenden Ehegatten in folgenden Fällen:

a) Durch Ausschlagung des Zugewendeten. Schlägt der Überlebende das ihm vom Erstverstorbenen Zugewendete aus, entfallen sowohl Bindgszweck als auch Vermögensanfall (§§ 1953, 2180). Der gesetzl Erbteil (§ 1931) ist nicht zugewendet u braucht daher nicht ausgeschlagen zu werden (vgl § 1948 I), jedenf dann nicht, wenn er erhebl hinter der TestZuwendg zurückbleibt (Soergel/Wolf Rz 19); anders wenn die Gatten die gesetzl Erbfolge erweisl in Rechng gestellt od sich auf ihre gesetzl Erbteile eingesetzt hatten (Mü JFG **15**, 38; s dazu aber auch krit Holzhauer, Erbrechtl Untersuchgn 1973, 126ff). Die Ausschlagg ist nach der Annahme od nach dem Tode des Letztversterbden (etwa durch dessen Erben) nicht mehr mögl (RG **95**, 218; RGRK Rz 27). – Da die Bindg beseitigt ist, kann der Überlebende nunmehr nach §§ 2253ff seine eigenen Vfgen widerrufen. Ein derart erklärter Widerruf der wechselbezügl Vfgen des Überlebenden zieht die Unwirksamk der entspr Vfgen des Erstversterbden nach sich (§ 2270; s Warn **21** Nr 75; Bengel Rz 44); s aber auch BGH bei Johannsen WM **73**, 534. – War dem Überlebten nichts zugewendet, kann er auch nichts ausschlagen u daher auch nicht widerrufen. Ist jedoch die Zuwendg wirtschaftl wertlos (zB wg Überschuldg), muß der Überlebde ausschlagen, um seine Testierfreih zu erhalten (Kiel HEZ **2**, 333; BGH MDR **61**, 402). – War nicht der Überlebende, sond ein Verwandter od eine nahestehende Person (§ 2270 II) bedacht, steht deren Ausschlagg nicht der des Ehegatten gleich u berecht daher auch nicht zur Aufhebg (Staud/Kanzleiter Rz 40). War sowohl dem Gatten als auch dem Verwandten etwas zugewandt, müssen beide ausschlagen, falls nicht die Zuwendg an den Dritten nur ganz geringfügig od nicht wechselbezügl war (Erman/Hense Rz 9; aA Staud/Kanzleiter Rz 41, der Ausschlagg des überlebden Eheg genügen läßt).

b) Gegenüber Bedachten, denen schwere Verfehlgen (§§ 2294, 2333, 2336) vorzuwerfen sind, ist der Überlebende auch nach Annahme der Zuwendg zur Aufhebg seiner wechselbezügl Vfg berechtigt (**II** 2). Ferner kann er pflichttberecht Abkömml auf deren Schutz beschränken (**III**; §§ 2298 II; 2338). Denn hiermit würde auch der Verstorbene einverstanden sein. Die Aufnahme des Grundes in die Vfg ist unerläßl (§ 2336 II; KG OLG **21**, 340). Als Grd für beschränkende Anordngen kommen nach § 2338 nur Verschwendg od eine (bereits vorliegende, Köln MDR **83**, 318) Überschuldg in Betracht. Der überlebende Eheg kann die Erbeinsetzg des Kindes auch dann aufheben, wenn es den ehrlosen Lebenswandel (§ 2333 Nr 5), den es schon zZ der Errichtg des gemschaftl Test führte, bis zum Tod des überlebenden Eheg fortsetzt (BayObLG **63**, 271). Die Aufhebg der Erbeinsetzg nach § 2271 II 2 hat nicht die Ersatzberufg der Kinder dieses Erben zur Folge (s § 2069); es befreit den überleb Eheg (im Umfang der Aufhebg der Erbeinsetzg) von der Bindg an das gemschaftl Test (BayObLG aaO).

c) Änderungsvorbehalt. Da die Ehegatten die Bindgswirkg beschränken od ausschließen können (s § 2270 Anm 1d), können sie auch die Widerrufbark wechselbezügl Vfgen üb § 2271 II hinaus erweitern u dem Überlebenden sogar ein freies WiderrufsR einräumen (BGH **2**, 35). Jeder Ehegatte kann sich folgl mit Zustimmg des anderen dch letztw Vfg das Recht vorbehalten, seine **eigenen** Vfgen ganz od teilweise zu widerrufen. Die Eheleute können sich nach allg Meing auch ggseit ermächtigen, daß der Überlebende üb seinen eigenen Nachl (zu dem bei ggseit Vollerbeneinsetzg auch das Vermögen des Erstverstorbenen gehört) abweichend von den getroffenen Anordngen verfügen u dabei auch wechselbezügl Vfgen abändern darf (BGH NJW **64**, 2056; WM **77**, 278). Dch eine solche Freistellgklausel wird nicht notwend die Wechselbezüglichk von beiderseit Vfgen ausgeschlossen (s unten dd). Dies ist vielmehr getrennt zu prüfen von der Frage, ob u in welchem Umfang das Recht zur einseit Aufhebg u Abänderg besteht. Die Befugn hierzu kann einem Ehegatten auch **nachträglich** dch einseit letztw Vfg gewährt werden. Wird ein ErbV mit ggseit Erbeinsetzg der Ehegatten und Freistellgklausel (die zunächst inhaltsleer ist, weil dem Überlebenden die Änderg der eigenen Erbeinsetzg gestattet ist) nachträgl durch einen einseit Test mit Einsetzg eines SchlußE zu einer Einheit ergänzt, als wäre der letzte Wille in einer Urkunde niedergelegt (dazu § 2292 Anm 1; § 2270 Anm 1c), ist es mögl, daß die Ändersbefugn auch mit Wirkg für das spätere Test fortbesteht u dem Überlebenden bezügl des SchlußE freie Hand läßt; aufgehoben wäre die Klausel nur bei entspr Vereinbarg (§ 2292) od als ges Folge eines widersprechenden späteren Test (§ 2258), das bei einer dch Bezugnahme

§ 2271 3, 4

im gemeinsch Test auf den ErbV zustande gekommenen „Gesamterbregelg" nicht vorliegt (BGH NJW 87, 901 mit krit Anm Kanzleiter DNotZ 87, 433; BayObLG 87, 23).

aa) Die Ermächtigung kann nur dch Vfg vTw eingeräumt werden. Sie kann Befugn zum abweichenden Testieren sein. Die wechselbezügl Vfg des Erstversterbenden kann aber auch unter die Bedingg gestellt werden, daß der Überlebende nicht anderweitig testiert. Sie braucht nicht ausdrückl erklärt, sond kann auch stillschweigend eingeräumt worden sein; letzteres kann aber nicht allein daraus entnommen werden, daß der Erstverstorbene vermögenslos war (Mü DNotZ 37, 704) od nur aus der Anordng einer befreiten Vorerbsch (KG OLGZ 77, 457). Das Recht, auch die Vfg des anderen zu ändern, kann dem Überlebenden nicht eingeräumt werden (§ 2065). Dies berührt jedoch nicht die Befugn zur Abänderg des SchlußE, der nur den Überlebenden beerbt (s § 2269 Anm 4), so daß dieser im Falle der Änderg nur üb seinen eigenen Nachl verfügt. Ist der Dritte als NachE des Überlebenden eingesetzt (s § 2269 Anm 1a), ist seine Einsetzg nur dch die dem VorE eingeräumte Befugn an die Bedingg geknüpft, daß der Überlebende nicht anderweitig verfügt (s § 2065 Anm 3; BGH 59, 220; Huber Rpfleger 81, 437). Verliert der Überlebende bei Wiederheirat infolge Wiederverheiratgsklausel seine Rechte am Nachl des Erstverstorbenen, kann er idR nunmehr frei verfügen (s § 2269 Anm 5 d). – Die Änderungsbefugn kann an best Bedingen geknüpft od aus bestimmten Gründen erlaubt werden; ist dann beigefügt, daß die Vfg des Überlebenden keiner gerichtl Nachprüfg unterliegt, ist eine Überprüfg der vom Überlebenden angenommenen Gründe auf ihre Richtigk ausgeschlossen (BGH NJW 51, 959).

bb) Umfang u Inhalt des vorbehaltenen Rechts zur einseit Abänderg müssen sich aus einer letztw Vfg ergeben u sind im Zweifelsfall dch Auslegg (auch ergänzende) nach dem Willen beider Ehegatten zu ermitteln. Der Vorbehalt muß sich auf die Befugn zu abweichenden Vfgen vTw beziehen. Die häufige Bestimmg, daß der Überlebende frei u ungehindert verfügen dürfe, ist mangels and Anhaltspkte nur die Ermächtigg zu Vfgen unter Lebenden (BayObLG 85, 240). Der Vorbehalt kann weit gehen (zB Änderg der Schlußerbfolge), aber auch nur beschränkte Befugnisse eröffnen, zB zur Anordng einer TVollstrg od von Vermächtn ermächtigen. Lautet der Vorbehalt, daß „die Eltern das Test abändern können", muß bei jurist Laien aus der Überflüssigk des Vorbehalts gemeinsamer ÄndergsBefugn (s Anm 1a) allein nicht geschlossen werden, er sei als einseit ÄndergsR des Überlebenden auszulegen (BayObLG NJW-RR 89, 587). Eine Befugn, ausgesetzte Vermächtn der Höhe nach zu verändern, berechtigt nicht zum Austausch der Person des VermNehmers (RG Recht 14 Nr 945); auch kann das Recht zur Anordng zusätzl Vermächtn dahin auszulegen sein, daß den bereits Bedachten die Zuwendg nicht mehr entzogen werden darf (RG LZ 20, 705). Die Befugn des Überlebenden zur Anordng von Vermächtn kann sich auch auf Vfgen nur über das eigene Vermögen ohne das ererbte beschränken, etwa wenn das gemeinsame Vermögen größtenteils von dem Vorverstorbenen stammt u die Eheleute davon ausgingen, daß es im wesentl dem als SchlußE eingesetzten Kind zufallen soll (BGH FamRZ 73, 189; dazu Johannsen WM 73, 534). Es entspricht dem Lebenserfahrg, daß ein Ehemann nach seinem Ableben seiner Ehefrau das Recht zur Abänderg des SchlußE zB bei Verschlechterg der persönl Beziehgen belassen wollte, wenn nur ein Verwandter der Ehefrau als SchlußE eingesetzt war (BayObLG FamRZ 85, 1287). Die Klausel, daß der seine Einsetzg als SchlußE anstreitende Abkömml nur den Pflichtteil erhalten soll, kann beinhalten, daß der Überlebende nicht an die vorgenommene Einsetzg des SchlußE gebunden sein soll, wenn das Kind beim ersten Erbfall seinen Pflichtteil fordert (OLG 40, 143).

cc) Die Ausübung des vorbehaltenen Widerrufs nach dem Tod des Ehegatten bedarf auch bei wechselbezügl Vfgen nicht mehr der not Beurk des I, kann aber nur in Form einer letztw Vfg des Überlebenden erfolgen entspr dem Rücktritt vom ErbV (§ 2297). Dazu reicht aus, daß das Test gesetzter nicht unterschriebener UngültigkVermerk nicht aus (Stgt NJW-RR 86, 632; s § 2255 Anm 3b). Bei Beschränkg des WiderrufsRs auf bestimmte Gründe ist die Angabe des Grundes jedenfalls dann nicht erforderl, wenn nach dem gemeinsch Test es nur einen Grd geben kann (Düss JMBl NRW 63, 272).

dd) Wirkung. Der erfolgte Widerruf einer wechselbezügl Anordng beseitigt nach § 2270 grdsl auch die entspr Vfg des Vorverstorbenen, es sei denn, daß (wie oft) ein entgegengesetzter Wille der Eheleute ausdrückl od stillschweigend dch TestAuslegg festzustellen ist. Die Befugn, daß der Überlebende üb seinen Nachl frei verfügen kann, schließt die Wechselbezüglichk nicht notwendig aus (BGH NJW 64, 2056; 87, 901; Stgt NJW-RR 86, 632), kann aber je nach den gegebenen Umständen dahin ausgelegt werden, daß die Einsetzg des SchlußE nicht wechselbezügl sein soll (BayObLG 87, 23). Die Auslegg kann also ergeben, daß § 2270 I bezügl der Folgen des Widerrufs dch den gemeins Willen der Ehegatten eingeschränkt wird, so daß die Erbeinsetzg des Überlebenden wirks bleibt.

d) Bei Gegenstandslosigkeit der wechselbezügl Vfg, zB infolge ersatzlosen Wegfalls der Bedachten dch Tod, Erbunwürdigk, Erbverzicht (Johannsen WM 69, 1316), Zuwendgsverzicht (§ 2352; Peter BWNotZ 77, 113/114). Die VfgsFreih des Überlebenden tritt mit dem Erbteil des Weggefallenden den übrigen im gemeinschaftl Test bedachten Erben anwächst (§ 2094; BayObLG DNotZ 35 BayBeil 129; s auch BayObLG 60, 222) od einem eingesetzten ErsatzE zufällt (§§ 2096, 2069).

4) Die Anfechtung des gemeinsch Test ist zu Lebzeiten beider Ehegatten als entbehrl ausgeschlossen, weil jeder Ehegatte seine wechselbezügl Vfgen in der Form des § 2271 I 1 u einseitige Vfgen frei widerrufen kann gem §§ 2253ff (RG 77, 169; 87, 97; LG Karlsr 58, 714; s Anm 1). Eine Anfechtg durch Dritte scheidet aus, da der Erbfall noch nicht eingetreten ist. Erst **nach dem Tod eines Ehegatten** ist die Anfechtg des gemschaftl Test sowohl dem überlebenden Eheg als auch Dritten gestattet.

a) Der überlebende Ehegatte kann sowohl Vfgen dés Erstverstorbenen als auch seine eigenen wechselbezügl Vfgen nach den allg Vorschr der §§ 2078ff anfechten. Eine Anfechtg eigener einseitiger Vfgen ist nicht mögl, denn insow steht ihm nach §§ 2253ff das WiderrufsR zu (Bengel Rz 60).

aa) Die Selbstanfechtung eigener wechselbezügl Vfgen ist in entspr Anwendg der §§ 2281ff mit §§ 2078, 2079 mögl (RG 132, 4; BGH 37, 333; FamRZ 70, 79; Peter BWNotZ 77, 113). Der überlebende

Eheg, der eine neue Ehe eingeht, kann zB binnen Jahresfrist nach der Eheschließg od nach der Geburt eines Kindes aus dieser Ehe seine wechselbezügl Vfgen anfechten, § 2079 (Staud/Kanzleiter Rz 69 ff; Hamm NJW **72**, 1088 zu § 2079 S 2); dabei ist Rücksichtnahme auf den Willen des verst Eheg geboten (Battes, Schriftt vor § 2265 § 28). Auch die Geburt eines nichtehel Kindes kann ein AnfechtsR nach § 2079 begründen (2079 Anm 2a). – Die **Anfechtungserklärung** bedarf nach § 2282 III der **notariellen Beurkundung** (Düss DNotZ **72**, 42; Celle RdL **68**, 72). – Die **Anfechtungsfrist** (§ 2283) beginnt mit dem Ztpkt, in dem der überleb Eheg vom AnfechtgsGrd zuverläss Kenntn erlangt hat (RG **132**, 4; JW **35**, 2716), aber nicht vor dem Tod des Erstverstorbenen. Die Frist läuft auch dann, wenn der Erbl an das gemschaftl Test nicht gedacht hat. Sie ist aber dann gehemmt, wenn das Test soweit aus der Erinnerg des Erbl entschwunden ist, daß es selbst bei Befassg mit Fragen der NachlRegelg nicht ins Bewußtsein zurückgerufen worden ist (Kiel HEZ **2**, 334). Über RechtsIrrt als HemmgsGrd für den Fristbeginn s § 2082 Anm 2c; BGH FamRZ **70**, 79. Die Frist läuft nicht, wenn der überl Eheg das Test irrtüml für ungült, zB für wirks angefochten od widerrufen hält (KG JW **37**, 2976; FamRZ **68**, 218; BGH FamRZ **70**, 79; Hamm OLGZ **71**, 312), wohl aber, wenn die Ungültigk es rechtsirrtüml Beurteilg des Anfechtgstatbestdes hergeleitet wurde (RG **132**, 4; Kiel aaO) od wenn der AnfechtgsBerecht von der Möglichk und Notwendigk der Anfechtg nichts gewußt hat (RG **132**, 4). Bedenkl jedoch Koblz NJW **47/48**, 628, wonach rechtsirrtüml Ausleg den Fristablauf nicht hindert (dazu auch Johannsen WM **73**, 531; dort auch über die Zulässigk erneuter Anfechtg, wenn das AnfR nach § 2079 durch Zeitablauf verloren gegangen ist, aber ein neuer PflichttBer hinzugetreten ist). – **Unzulässig** ist die Selbstanfechtg, wenn der überleb Eheg die Voraussetzgen für die Anfechtg nach § 2078 II selbst durch ein Verhalten herbeigeführt hat, das gg Treu u Glauben od gg §§ 138, 226 verstößt (BGH **4**, 91; FamRZ **62**, 428; **70**, 82; s § 2078 Anm 4; § 2281 Anm 2). – Der überleb Eheg kann auch eigene wechselbezügl Vfgen **bestätigen** (§§ 2284, 144) u zwar dch einseit formlose Erkl (BayObLG **54**, 71). – Im Falle der Anfechtg einer VermächtnAnordng dch den überlebenden Eheg kann gg ihn von dem bedachten Dritten Klage auf Feststellg erhoben werden, daß die VermächtnAnordng nicht unwirks geworden ist (BGH **37**, 331).

bb) **Verfügungen des erstverstorbenen Ehegatten** (einseit od wechselbezügl) kann der Überlebende nach § 2078 anfechten, nicht aber nach § 2079, da dieses AnfechtsR nur dem übergangenen PflichttBerecht zusteht (§ 2080 III). Die Anfechtg kann auch erfolgen, nachdem der Überlebende das ihm Zugewendete angenommen hat (RGRK Rz 42). – Anfechtgsform: § 2081.

b) **Dritte** können die Vfgen des **erstverstorbenen** Eheg in dem gemschaftl Test nach §§ 2078, 2079, 2080 ff anfechten; zu § 2078 II s Köln OLGZ **70**, 114. Nach § 2079 können insb PflichttBerecht, die zw Errichtg des Test u dem Tod des erstverst Eheg hinzugekommen sind (zB dch Adoption von Kindern des zweiten Eheg) von diesem Recht Gebr machen (BGH FamRZ **70**, 79). Bei Wiederverheiratg ist auch Anfechtg dch Kinder der neuen Ehe mögl (KG JFG **15**, 330), falls nicht eine Wiederverheiratgsklausel (§ 2269 Anm 5) diesen Fall berücksichtigt. – **Form** der Anfechtg: § 2081. Bestr, aber zu verneinen ist, ob auf die Anfechtg wechselbezügl Vfgen des erstverst Eheg (sei es vor od nach dem Tod des überlebden) § 2285 Anwendg findet (Staud/Kanzleiter Rz 67; Soergel/Wolf Rz 30; aA LG Karlsr NJW **58**, 714; s auch KG NJW **63**, 766; Bln FamRZ **76**, 293; Schubert/Czub JA **80**, 334/339). – Vfgen des **überlebenden** Eheg können Dritte erst nach dessen Tod, nicht zu seinen Lebzeiten anfechten (KG FamRZ **68**, 219). Wenn ihnen die Aufhebg des gemschaftl Test od einzelner in ihm enthaltener Vfgen unmittelbar zustatten kommen würde (§ 2080), können sie das Test od einzelne Vfgen desselben aGrd §§ 2078, 2079 in der Form des § 2081 anfechten. ZB kann der neue Eheg des zuletzt Verstorbenen als PflichttBerecht nach §§ 2281, 2079 das gemschaftl Test der früheren Eheg soweit anfechten, daß ihm der gesetzl Erbteil zusteht (RG **132**, 1; KG FamRZ **68**, 219). Das AnfechtgsR unterliegt auch, soweit es wechselbezügl Vfgen des zuletzt verstorbenen Eheg betrifft, der Einschränkg des § 2285; solche Vfgen können also nicht mehr angefochten werden, wenn der zuletzt verstorbene Eheg das Recht, die Vfg aus demselben Grunde anzufechten, verloren hatte, zB durch Fristablauf od Bestätigg, §§ 2283, 2284 (Hamm OLGZ **71**, 313; KG aaO; BayObLG NJW-RR **89**, 587). Diese Einschränkg gilt jedoch nicht für die Anfechtg einseitiger Vfgen des überlebenden Eheg (BGH FamRZ **56**, 83); die wirksame Anfechtg solcher Vfgen kann aber uU auch die Unwirksamk wechselbezügl Vfgen nach sich ziehen (§ 2085; s RGRK Rz 56; Bengel Rz 68; Erman/Hense Rz 17, 18).

c) **Wirkungen der Anfechtung.**

aa) Die begründete Anfechtg **eigener wechselbezüglicher Verfügungen** dch den überl Eheg bewirkt nach § 2270 grdsätzl auch die Unwirksamk der wechselbezügl Vfgen des anderen Eheg, in dessen Vfg, durch die der Überlebende als Erbe eingesetzt wurde, so daß idR nachträgl gesetzl Erbfolge nach dem ErstVerst eintritt (s Peter BWNotZ **77**, 113/114). Das gilt aber nicht, wenn ausnahmsw anzunehmen ist, daß der erstverstorbene Eheg seine mit der angefochtenen in Wechselbeziehung stehende Vfg in gleicher Weise getroffen hätte, wenn die Vfg des Überlebenden schon bei Errichtg des Test den Inhalt gehabt hätte, den sie durch die Anfechtg haben würde (RGRK Rz 50; Hamm NJW **72**, 1089).

bb) Die wirksame Anfechtg **der wechselbezüglichen Verfügungen des Erstverstorbenen** durch den überl Eheg bewirkt nach § 2270 auch die Nichtigk seiner eigenen wechselbezügl Vfgen.

cc) Die Anfechtg durch den Überlebenden od Dritte nach § 2079 kann auf **einzelne Verfügungen** des Test **beschränkt** werden (bestr). Über die Wirkg der Anfechtg nach § 2079 s § 2079 Anm 3; auch Staud/Kanzleiter Rz 66, 73 u § 2281 Rz 33 ff; BGH FamRZ **70**, 79. Auch § 2079 S 2 ist anwendb (Hamm aaO). Die wirks Anfechtg wechselbezügl Vfgen eines Eheg durch Dritte hat nach § 2270 I die Nichtigk der wechselbezügl Vfgen des anderen zur Folge.

5) **Wegfall der Geschäftsgrundlage** begründet kein Recht des überlebden Eheg, die wechselbezügl Vfgen des gemschaftl Test den veränderten Verhältn anzupassen (s auch BGH **37**, 233/241).

2272 *Rücknahme aus amtlicher Verwahrung.* Ein gemeinschaftliches Testament kann nach § 2256 nur von beiden Ehegatten zurückgenommen werden.

1) Allgemeines. Die Vorschr regelt nur die Aufhebg des Test durch Zurücknahme aus der amtl Verwahrg. Hinsichtl der weiteren Widerrufsmöglichk vgl § 2271 Anm 1, 2; § 2255 Anm 6.

2) Die gemeinschaftliche Rücknahme, die selbst nach Scheid od Aufhebg der Ehe erforderl ist (vgl § 2268 II; KG **48**, 103) u zu der die Eheg persönl u gleichzeitig erscheinen müssen, entspricht der Gemeinsamk der Errichtg (Einf 1 vor § 2265) u bedeutet zugl einen Schutz des mit der Aufhebg nicht einverstandenen Eheg. **Einseitige** Rücknahme zwecks Widerruf ist weder beim öff noch beim eigenhänd Test statth, nach dem Tode des Erstversterbenden (§ 2273 II 2) überh ausgeschl u abzulehnen. Sie würde Widerrufswirkg beim öff Test höchstens hins der einseit Vfgen des Zurücknehmenden haben. Vgl im übr § 2271. – **Einsicht** kann allerdings auch ein Eheg allein nehmen (KG JFG **4**, 159; LG Halberstadt JW **22**, 522 zur Einsicht durch Abschriftenanforderg).

2273 *Eröffnung.* [I]Bei der Eröffnung eines gemeinschaftlichen Testaments sind die Verfügungen des überlebenden Ehegatten, soweit sie sich sondern lassen, weder zu verkünden noch sonst zur Kenntnis der Beteiligten zu bringen.

[II]Von den Verfügungen des verstorbenen Ehegatten ist eine beglaubigte Abschrift anzufertigen. Das Testament ist wieder zu verschließen und in die besondere amtliche Verwahrung zurückzubringen.

[III]Die Vorschriften des Absatzes 2 gelten nicht, wenn das Testament nur Anordnungen enthält, die sich auf den Erbfall beziehen, der mit dem Tode des erstversterbenden Ehegatten eintritt, insbesondere wenn das Testament sich auf die Erklärung beschränkt, daß die Ehegatten sich gegenseitig zu Erben einsetzen.

Schrifttum: Asbeck, TestEröffng u ErbschErteilg beim Berliner Testament mit Wiederverheiratgsklausel, MDR **59**, 897. – Haegele RPfleger **68**, 137/139; auch **77**, 207. – Bühler BWNotZ **80**, 34; ZRP **88**, 59.

1) Die Eröffnung ist auch beim gemeinsch Test auf die Vfgen des Erstverstorbenen beschränkt; § 2262 wird in der Weise ergänzt, daß diese Vorschr nicht dch die Verbindg zweier letztw Vfgen umgangen werden darf. Verfügen des Überlebenden werden nicht eröffnet; sein Geheimhaltgsinteresse wird grdsl geschützt (**I**). Geheim gehalten werden können sie allerd nur dann, wenn sie sich von denen des Erbl trennen lassen. Ist dies nicht mögl, müssen sie zwangsläufig mit verkündet bzw bekannt gemacht werden. Dies ist jedoch nur ein tatsächl Vorgang, keine Eröffng im Rechtssinn (RG **137**, 222; Hamm OLGZ **87**, 283) u notwend Folge der von den Testierenden gewählten Verbindg ihrer Vfgen. Der Grdsatz, daß Vfgen des Überlebenden bis zu seinem Ableben geheimzuhalten u erst danach zu eröffnen sind, läßt sich dann nicht unbeschränkt durchführen, weil die Ehegatten selbst dch die von ihnen herbeigeführte Unmöglichk der Absonderg die Wahrg ihres Geheimhaltgsinteresses verhindert haben. In diesem Fall gibt **I** dem Unterrichtsbedürfn des Erben bezügl der Vfgen des Erbl den Vorrang (BGH **91**, 105 mAv Bökelmann JR **84**, 501). – **Absonderg** läßt sich eine Vfg des Überlebenden schon äußerl nur dann, wenn sie sprachl als Einzelanordg abgefaßt ist, also in verständl Sätzen für sich steht (s KGJ **31** A 365). Verfügen in „Wir"-Form sind stets untrennbar; ebso, wenn die Vfgen in ein und demselben Satz enthalten sind; od wenn die eine Vfg auf die des and Ehegatten verweist od Bezug nimmt, zB bei gemeins Einsetzg der Kinder als Erben „nach dem Tod des Letztversterbenden" (Hamm OLGZ **82**, 136). Die Trennbark richtet sich nach den Umständen des Einzelfalls. Bei inhaltl Verknüpfg der Vfgen hat die Eröffng so zu geschehen, daß jeder Beteiligte ein richtiges Bild von der Tragweite der Vfgen des Erstverstorbenen für seine RPosition gewinnen kann.

2) Umfang. Zu eröffnen ist wie bei § 2260, also jede Urkunde, die sich äußerl als gemeinsch Test darstellt. Das NachlG hat nicht vorab zu prüfen, welche Teile des Test od Erbvertrags von Belang od ggstandslos, gültig od ungültig sind (BGH **91**, 105; RG **150**, 315; Hbg NJW **65**, 1969; Hamm FamRZ **74**, 387; NJW **82**, 57; Ffm Rpfleger **77**, 206 mAv Haegele; Düss RhNK **78**, 160; KG OLGZ **79**, 269, dazu Steffen RdL **80**, 4, Bühler aaO). Zu verkünden sind also auch gemeinsch Regelungen für den nicht eingetretenen Fall gleichzeit Versterbens (Köln DNotZ **88**, 721 mAv Cypionka); eine von beiden Eheg verfügte Wiederverheiratgsklausel (§ 2269 Anm 5; Asbeck MDR **59**, 897); Strafklauseln; die Aussetzg von Vermächtnissen (BGH FamRZ **84**, 690; Hbg NJW **65**, 1969 mit krit Anm von Lützeler NJW **66**, 58; aber mit R einschränkd für Vermächtnisse, die in ggseit ErbVertr vom Längstlebenden ausgesetzt sind, BGH **70**, 173 = **LM** § 2262 Nr 1 mAv Johannsen); mit der Einsetzg des überlebenden Eheg zum VorE auch der Berufg der Kinder als NachE (Haegele aaO 139). – Über den Umfang der Eröffng entscheidet nicht der Überlebende (od gar der Erstversterbende), sond das eröffnende **Gericht** (§§ 2260, 2261); bei mögl Sonderg kann zB vermerkt werden „Eröffnet mit Ausnahme der eingeklammerten Stellen" (Brand/Kleef 276). Ein Verzicht der Beteiligten kann erhebl sein, wenn keine überwiegenden öff Interessen entgegstehen (Hamm JMBl NRW **62**, 62; s auch RGRK Rz 6). – **Beteiligt** u zu benachrichtigen (§ 2262) ist jeder, dem dch die letztw Vfg des Erbl ein Recht gewährt od genommen oder dessen RLage dch sie in sonst Weise unmittelb beeinflußt wird (BGH **70**, 173), also der Bedachten; die ges Erben des Erstverstorbenen (nicht die des Überlebenden), vor allem die PflichttBerecht; NachE; VermächtnNehmer; TV; der SchlußE, sofern er zu den ges Erben des Erstverstorbenen gehört (zB als Abkömml, Hamm OLGZ **82**, 136); dagg nicht, wenn er als Fremder erst dch die Zuwendg des Überlebenden Rechte erwerben wird. – **Rechtsmittel.** Gegen Ausschluß eines Teils od Ablehng der Beschrkg ist **Erinnerung** nach RPflG 11 statthaft (Ffm Rpfleger **77**, 206; LG Aachen RhNK **65**, 368).

3) Wiederverwahrung. Nach der Eröffng ist eine beglaub Abschrift der eröffneten Vfgen zu fertigen (**II** 1), die im RVerkehr (zB im Falle des GBO 35) an die Stelle der Urschrift tritt. Ein bisher amtl verwahrtes gemsch Test ist in die bes amtl Verwahrg zurückzubringen, wenn es letztw Vfgen des Überlebenden enthält, die nicht dch den Tod des Erstverstorbenen ggstandslos geworden sind (**II** 2; **III**). Hat es sich bis zum ersten Erbfall in der amtl Verwahrg eines and Gerichts als des nunmehrigen NachlG befunden, ist

4. Abschnitt. Erbvertrag §§ 2273, Überbl v § 2274

dieses bish, dch § 2258a bestimmte VerwahrgsG nach überwiegender Auffassg auch für die weitere Verwahrg zuständig (BayObLG **89**, 39 unter Aufgabe der früh Rspr; Saarbr Rpfleger **88**, 484; Stgt Rpfleger **88**, 189 mit abl Anm Krzywon BWNotZ **88**, 69; Oldbg NJW-RR **87**, 265; KG Rpfleger **81**, 304; Schlesw SchlHA **78**, 101; Köln Rpfleger **75**, 249; str). Die Ggmeing, daß die Weiterverwahrg aus praktischen Gründen entspr § 2261 S 2 vom jetzigen NachlaßG übernommen werden soll (so Zweibr Rpfleger **88**, 149; Hamm OLGZ **87**, 283; Celle Rpfleger **79**, 24; auch noch die 48. Aufl), kann sich nicht auf den Gesetzeswortlaut stützen, da die ZuständigkRegelg des § 2258a einen Wechsel nicht vorsieht und § 2261 S 2 dch II als lex spec verdrängt wird. Will keines der beiden Gerichte die Verwahrg dchführen, liegt ein nach FGG 5 zu klärender Streit üb die örtl Zuständigk vor (Hamm aaO; BayObLG aaO). – Ein nach § 2259 abgeliefertes gemschaftl Test verbleibt nach der Eröffng bei den Akten, wenn nicht der Überlebende die bes Amtsverwahrg beantragt; doch kommt im Falle des **III** nur gewöhnl Verwahrg in Betracht (AktO 27). Keine Rückgabe an den Überlebenden (KGJ **49**, 55; s auch § 2260 Anm 2b). Dieser kann auch nicht gem § 2258a III Abgabe an ein anderes Ger verlangen, wenn das NachlG das gemschaftl Test eröffnet u wieder in bes amtl Verwahrg gegeben hat (Mü BayJMBl **60**, 22; s auch Hamm OLGZ **72**, 73). – **Entbehrlich (III)** wird dch **II** vorgeschriebene Fertigg einer begl Abschr u die Wiederverwahrg, wenn das Test für den Tod des Überlebenden keine Bestimmungen enthält. Daher wird ein solches Test nur in gewöhnl Verwahrg genommen u beim zweiten Erbfall nicht nochmals eröffnet u verkündet, da dies sinnlos wäre. Zum Verfahren für *BaWü* s 1. VVFGG 13 I.

4) Ein Erbvertrag wird grsl wie ein gemeinsch Test behandelt (§ 2300).

5) Nach dem Tode des Längstlebenden sind dessen Vfgen nach den gewöhnl Vorschr (§§ 2260ff) zu eröffnen, auch soweit sie mangels Trennungsmöglichk bereits bei m. Verkündg hatten verlesen werden müssen (RG **137**, 222). Nochmalige Verkündg unterbleibt im Falle des **III**. Der nochmaligen Eröffng bedarf es aber auch dann, wenn zweifelh ist, ob das Test Anordngen enthält, die sich auf diesen Erbfall beziehen (Hamm OLGZ **75**, 94). – Sodann erfolgt gewöhnl Aufbewahrg; bei ZustdgkWechsel Eröffng durch das erste NachlG als VerwahrgsG, Aufbewahrg durch das Gericht des zweiten Erbfalls (§ 2261 S 2; Mü JFG **14**, 73; s auch Hamm aaO; KG Rpfleger **77**, 24).

6) Eröffnungsgebühr (KostO 102, 103; s dazu § 2260 Anm 2c) wird nur nach dem NachlWert des jeweils Versterbenden berechnet. Im Fall des **III** kommen mangels Eröffng beim zweiten Erbfall Gerichtskosten nicht in Frage.

Vierter Abschnitt. Erbvertrag
Überblick

1) Begriff. Der ErbVertr ist eine in VertrForm errichtete Vfg vTw, mit der ein Erbl zG des VertrPartners (od eines Dritten, § 1941 II) letztw bindend verfügt. Er muß also zumindest eine vertrmäß Vfg (§ 2278 I) enthalten, deren Inhalt auf Erbeinsetzg, Vermächtn u Auflagen beschränkt ist (§§ 1941 I, 2278 II). Andere Vfgen können als einseitig (testamentar) angefügt werden (§ 2299). – Das Gesetz verwendet den Begriff unterschiedl; es kann sowohl das Vertragswerk, der erbrechtl Akt (zB in §§ 2274– 2278, 2298) als auch die vertrmäß Vfg (zB in §§ 2281, 2293ff) gemeint sein. – Während ein gemeinschaftl Test nur zw Ehegatten zuläss ist, kann ein ErbVertr auch von Nichtehegatten u vo mehr als zwei Personen (dazu Reithmann DNotZ **57**, 1527) abgeschl werden. – Der **Erbverzicht** ist ein negativer ErbVertr, der bes Vorschr unterliegt (§§ 2346ff). – Verträge über den Nachlaß eines noch lebenden Dritten vgl § 312. – Über Errichtg einer **Stiftung** dch ErbVertr s §§ 83, 84; BGH NJW **78**, 943.

a) **Einseitig** ist ein ErbVertr, wenn nur der Erbl vertragsmäß Vfgen vTw trifft, auch wenn sich der ledigl annehmende VertrGegner gleichzeit zu Leistgen unter Lebenden verpflichtet od einseit vTw verfügt. – **Zweiseitig** ist ein ErbVertr, wenn beide Teile als Erbl hinsichtl ihres Nachlasses vertrmäß verfügen, **gegenseitig**, wenn sich die Erbl dabei jeweils bedenken, **mehrseitig**, wenn mehr als zwei Personen vertrmäß Vfgen vTw treffen.

b) **Entgeltlich** wird ein ErbVertr bezeichnet, der mit einem RGeschäft verbunden ist, in dem der VertrPartner sich zu einer Leistg ggü dem Erbl (zB Unterhaltszahlg) verpflichtet. Auch wenn diese Verpflichtg mit Rücksicht auf die Zuwendg des Erbl eingegangen wird, steht sie zu ihr nicht im Verhältn von Leistg u GgLeistg iSd §§ 320ff (MüKo/Musielak Einl vor § 2274 Rz 21, 29).

2) Rechtsnatur. Der ErbVertr ist ein einheitl RGeschäft, das eine **Doppelnatur** als Vertr u als Vfg vTw aufweist. Als **Vertrag** läßt er mit seinem Abschluß Bindgen entstehen. Während aber ein RGesch unter Lebenden schon vor dem Erbfall Rechte u Pflichten erzeugt, begründet der ErbVertr als **Verfügung von Todes wegen** keine schuldrechtl Verpfl (auch nicht für den VertrGegner, etwa zur Annahme der Erbsch), sondern läßt seine RWirkgen erst mit dem Erbfall eintreten. Auch wenn er zwei- od mehrseit (Anm 1a) abgeschlossen wird, kann er daher niemals ggseit iS der §§ 320ff sein. Wird im Zusammenhang mit der Vfg vTw eine Leistgspflicht vereinbart, handelt es sich insoweit um ein RGesch unter Lebenden, das nicht Bestandteil des ErbVertr ist, auch wenn es in der gleichen Urkunde enthalten ist (BGH **36**, 65; MüKo/ Leipold § 1941 Rz 4).

3) Wirkung. – a) Der **Erblasser** wird dch Abschluß des ErbVertr in seiner **Testierfreiheit** beschränkt, aber nicht an Vfgen unter Lebenden gehindert; diese sind wirks (§ 2286) u führen allenfalls zu Anspr nach §§ 2287, 2288. Während ein Test frei widerrufen werden kann (§§ 2253ff), ist der ErbVertr grdsl unwiderrufl. Allerdings ist der Erbl nur an seine vertrmäß Vfgen gebunden, nicht aber an seine einseitigen. Die **Bindung** ergibt sich aus der vertragl Natur des RGesch u nicht erst aus § 2289, der nur die Folgen ausspricht

(BGH **26**, 204). Sie entfällt dch wirks Anfechtg (§§ 2281 ff), Aufhebg (§§ 2290 ff) od Rücktritt (§§ 2293 ff) od dch Ggstandsloswerden des ErbVs infolge Vorversterbens, Ausschlagg od Erbunwürdigk des Bedachten. Auch kann sich der Erbl dch **Vorbehalt** das Recht sichern, vertrmäß Vfgen nachträgl einseit zu ändern od aufzuheben (s § 2289 Anm 1 a).

b) Der Vertragserbe hat zu Lebzeiten des Erbl nur eine **Anwartschaft,** später möglicherw Erbe zu werden (Erwerbsaussicht, Kapp BB **80**, 845), die nicht vererbl u nicht übertragb (Mattern BWNotZ **62**, 229; auch BGH **37**, 319) u auch nicht Vermögen iSd § 1836 ist (BayObLG **52**, 290). Bei einem erbvertragl ausgesetzten **Vermächtnis** besteht vor dem Erbfall nur eine tatsächl Aussicht u kein schuldrechtl Anspruch (BGH **12**, 115). Im einzelnen s § 2286 Anm 2. – Ist ein **Dritter** bedacht, liegt kein Vertr zGDr iSd § 328 vor (BGH aaO), da der Erbl keine Verpfl ggü dem Dritten eingeht. Bei Aufhebg des ErbVertr ist daher die Zustimmg des bedachten Dritten nicht erforderl.

c) Die Form des ErbVertr entspricht der des öff Test (§ 2276). Bei Ehe- u ErbVertr in einer Urkunde genügt EheVertrForm (§ 2276 II). Auch mit anderen Vertr ist eine urkundl Verbindg zuläss (s § 2276 Anm 4).

4) Auslegung. Beim ErbV gelten neben den allg Auslegsregeln (s § 2084 Anm 1) für die **vertragsmäßigen** Vfgen (§ 2278) auch die Vorschr des § 157 (BGH WM **69**, 1223; dazu Giencke FamRZ **74**, 241), auch wenn nur ein VertrTeil vTw verfügt hat. Maßgebl ist dann der erklärte übereinstmde Wille beider VertrParteien (BGH FamRZ **83**, 380) so, wie sie den Vertr u seinen Wortlaut übereinstimmend verstanden haben (weil das jeder Interpretation vorgeht, BGH NJW **84**, 721) od verstehen mußten (Celle MDR **63**, 222). Brox (§ 16 III) beschränkt dies auf den entgeltl Vertrag; für Zuwendgen ohne Ggleistg soll dagg stets TestR statt VertrR anzuwenden sein. Auch bei der ergänzenden Auslegg ist der Wille beider Vertragsparteien maßgebend (Hamm RdL **69**, 152). – **Einseitige** Vfgen (§ 2299) sind dagg nach den Regeln für Test auszulegen, bei denen es nur auf den subj ErblWillen ankommt (s § 2084 Anm 1).

5) Umdeutung eines ErbVertr in ein Test nach § 140 ist grdsl zuläss. Ist ein ErbVertr wg Formmangels, beschr GeschFähgk od unzuläss Inhalts unwirks od ist er undurchführb geworden, kann er uU als einseit Test aufrechterhalten werden, wenn dessen Anfordergen gewahrt sind (als gemeinschaftl Test nur bei Ehegatten, § 2265), s § 2276 Anm 6; § 2275 Anm 1. – Über Umdeutg eines unwirks ÜbergabeVertr in einen ErbVertr s BGH **40**, 218.

6) Nichtigkeit. Abgesehen von der Formungültigk eines ErbVertr kann dieser nichtig sein, wenn der Inh gg ein gesetzl Verbot od gg die guten Sitten (§§ 134, 138) verstößt (s § 1937 Anm 4; 5). Verstoß gg § 138 ist insbes auch gegeben, wenn er auf eine sittl zu mißbilligde Art zustande gekommen ist, zB wenn er dem VertrErbe außergewöhnl Vorteile bietet u dieser die Unerfahrenh des Erbl hiebei ausgenützt hat od wenn der VertrErbe eine psych Zwangslage des Erbl herbeigeführt u ausgenützt hat (s BGHZ **50**, 63/70 mAv Mattern **LM** § 138 (A a) Nr 19; **LM** § 138 (B c) Nr 1; Johannsen WM **71**, 927 ff).

7) Verträge zur vorweg genommenen Erbfolge (wie zB Übergabe- u AltenteilsVertr) sind keine ErbVertr, sond RGesch unter Lebenden, weil schon zu Lebzeiten des Erbl Rechte u Pflichten begründet werden. Gleiches gilt für Vertr, deren Vollzug bis zum Tode eines VertrTeils hinausgeschoben werden (§ 2278 Anm 2 c; MüKo/Musielak Einl vor § 2274 Rz 9). Zu Umgehgsgeschäften s § 2286 Anm 3. Eine gesetzl Regelg derartiger Verträge enthalten lediglich die landesrechtl HöfeG. S zB HöfeO 17 u dazu BGH JZ **62**, 250 mAv von Scheyhing.

a) Als Schenkung kommt ein solcher Vertr zustande, wenn die Parteien sich darüber einig sind, daß die Zuwendg unentgeltl erfolgt (§ 516); über etwaige erbrechtl Wirkgen einer Schenkg s §§ 2050 I, II; 2287, 2325. Die erbrechtl Wirkgen kann der Erbl dadch verstärken, daß er gem § 2050 III (§ 2052) die Ausgleich der Zuwendgen (unter Geschwistern als gesetzl od TestErben, § 2052) anordnet. – **Schrifttum:** Olzen, Die vorweggenommene Erbfolge, 1984 (dazu Limbach NJW **86**, 122; Schubert JR **86**, 480).

b) Verknüpfung mit Erbverzicht. Wird die Leistg des Erbl an den Erbberecht mit dessen Erbverzicht verknüpft, hat der eine vorweg genommene Erbfolge enthaltende Vertr keine unentgeltl Zuwendg zum Ggst (Coing NJW **67**, 1777/1778; auch Übbl 1, 2 vor § 2346; Damrau, Der Erbverzicht als Mittel zweckmäß Vorsorge für den Todesfall, 1966, S 58 ff; Schlüter § 5 II 7). Zum GrdlagenIrrt bei vorweg genommener Erbfolge iS von b, c s Coing aaO; Damrau § 112 ff.

8) Gesellschaftsvertragliche Nachfolgeregelungen, die alsbald Rechte u Pflichten zw den Beteiligten begründen sollen, sind kein ErbVertr, auch wenn sie erst im Todesfall ihre volle Wirkg entfalten (BGH WM **66**, 367; s auch § 2301 Anm 3 d).

2274 *Persönlicher Abschluß.* Der Erblasser kann einen Erbvertrag nur persönlich schließen.

1) Der Erblasser kann nicht durch einen Vertreter, sei es im Willen, sei es in der Erkl, einen ErbVertr schließen, bestätigen (§ 2284), aufheben (§ 2290) od von ihm zurücktreten (§ 2296). Dies entspricht der Vorschr für Test (§ 2064). Für Anfechtg bestehen die SonderVorschr des § 2282. Wegen Zustimmg des gesetzl Vertr vgl § 2275 II.

2) Der Vertragsgegner kann dagg vertreten werden, mag er bedacht sein od nicht, wenn er nicht ebenf Erbl ist. Jeder VertrSchließende kann gleichzeitig Erbl u VertrGegner sein (§§ 2278, 2298, 2299); ebso können mehrere Erbl mit einem VertrGegner abschließen u umgekehrt (s Reithmann DNotZ **57**, 527; Kipp/Coing § 36 III). Annehmder Teil kann auch eine jur Person sein, wobei eine Vertretg notw ist.

Erbvertrag §§ 2275, 2276

2275 *Voraussetzungen.* ^I Einen Erbvertrag kann als Erblasser nur schließen, wer unbeschränkt geschäftsfähig ist.

^{II} Ein Ehegatte kann als Erblasser mit seinem Ehegatten einen Erbvertrag schließen, auch wenn er in der Geschäftsfähigkeit beschränkt ist. Er bedarf in diesem Falle der Zustimmung seines gesetzlichen Vertreters; ist der gesetzliche Vertreter ein Vormund, so ist auch die Genehmigung des Vormundschaftsgerichts erforderlich.

^{III} Die Vorschriften des Absatzes 2 gelten auch für Verlobte.

1) Unbeschränkte Geschäftsfähigkeit des Erblassers, I. Während für die Errichtg von Test in §§ 2229, 2230, 2233 I, 2247 IV ein bes Begriff der TestierFgk geschaffen ist, wird in § 2275 die Ausdrucksweise u die Regelg des Allg Teils (§§ 2, 104 ff) beibehalten (s auch BeurkG 11, 28). ErbVertr beschränkt GeschFähiger od gar GeschUnfähiger sind nichtig, auch nicht unter Mitwirkg oder Zustimmg des gesetzl Vertreters mögl, da der ErbVertr den Erbl erhebl mehr bindet als das Test. Keine Heilg tritt bei Wegfall der Beschrkg ein; jedoch ist Umdeutg in Test mögl (s Übbl 5 vor § 2274). – Im RStreit ist bei Anhaltspunkten für GeschUnfähigk Gutachten eines Sachverst (Psychiater, nicht bloß prakt Arzt) einzuholen (BGH FamRZ **84**, 1003).

2) Ausnahmen bestehen zG von **Ehegatten und Verlobten** auf der ErblSeite **(II, III).** Hier genügt beschr GeschFgk (§ 106). Daher können auch die nach § 114 entmündigten Eheg einen ErbVertr schließen, obwohl sie kein Test errichten können (§ 2229 III). Die Zustimmg des gesetzl Vertreters richtet sich nach §§ 108, 182–184, 1882. Sie kann formlos erfolgen; an sich auch nachträgl (§ 184). Doch wird die Urkundsperson (jetzt Notar, § 2276 I; BeurkG 11, 18, 28), außer bei Gefahr im Verzug, ohne Nachweis der Einwilligg die Beurkundg verweigern müssen (s auch Soergel/Wolf Rz 7). Die Zustimmg formpflichtig zu machen, wäre zweckmäßig. Genehmigg dch den Erbl ist bei fehlender Zustimmg nach Erlangg der unbeschr GeschFgk mögl (§ 108 III), aber nicht mehr nach dem Tod des anderen Teils, der ebenf Erbl war (KGJ **47**, 100). – Auch in den Fällen des II, III muß der Erbl den Vertr persönl abschließen (§ 2274). Die gerichtl Genehmigg (II letzter Halbs) erfolgt durch den Richter (RPflG 14 Nr 17). – Für Partner einer eheähnl **Lebensgemeinschaft** gelten II; III nicht (sie können aber Erbvertrag schließen).

3) Für den Vertragsgegner, der nicht Erbl ist, gelten die allg Vorschr über Verträge (vgl auch §§ 104, 105 ff, 114). Durch den ErbVertr erlangt er ausschließl Vorteile (§ 107), soweit er nicht Verpflichtgen (Unterhalt, Pflege) übernimmt (§ 2295). Nach dem Tod des Erbl kann ein wg mangelnder Vertretg des Vertr-Gegners unwirksamer ErbVertr durch nachträgl Zustimmg des gesetzl Vertr nicht mehr geheilt werden (BGH NJW **78**, 1159). – Ein ErbVertr, den ein mit seinen Kindern in fortges westfäl GüterGemsch lebder Eheg (§ 10 G vom 16. 4. 1860, GS 165) mit dem Sohn eines noch lebden unabgefundenen Kindes schließt, erlangt volle Wirksk, wenn das unabgefundene Kind vor dem Erbl stirbt (BGH DNotZ **71**, 740).

2276 *Form.* ^I Ein Erbvertrag kann nur zur Niederschrift eines Notars bei gleichzeitiger Anwesenheit beider Teile geschlossen werden. Die Vorschriften der § 2231 Nr. 1, §§ 2232, 2233 sind anzuwenden; was nach diesen Vorschriften für den Erblasser gilt, gilt für jeden der Vertragschließenden.

^{II} Für einen Erbvertrag zwischen Ehegatten oder zwischen Verlobten, der mit einem Ehevertrag in derselben Urkunde verbunden wird, genügt die für den Ehevertrag vorgeschriebene Form.

Vorbemerkung. Außer Notaren können nur noch Konsularbeamte (KonsG 18–20; 24) für deutsche Staatsangehörige ErbVertr beurkunden (KonsG 11 I, 10). – ErbVertr fielen nicht unter das Haager Testamentsabkommen; jedoch dehnt nunmehr EG 26 IV die entspr Regeln (EG 26 I–III) auf sie aus (s EG 26 Anm 1 a).

1) Materielle Formvorschriften. Die Aufnahme der Niederschr darf nur bei gleichzeit Anwesenh beider VertrTeile erfolgen. Der (die) Erbl muß persönl anwesend sein (§ 2274); dagg kann sich der VertrGegner, mag er bedacht sein od nicht, vertreten lassen (§ 2274 Anm 2; s auch § 177). Der gesetzl Vertr des Erbl (§ 2275 Anm 3) braucht nicht anwesend zu sein.

a) Vertragsabschluß. Es sind die Formen des öffentl Test zu wahren (s §§ 2231 Nr 1, 2232, 2233). Dies gilt auch für den VertrGegner, der nicht Erbl ist. Jedoch sind Bestimmgen, deren Voraussetzgen in der Person des Erbl erfüllt sind (zB wg Minderjährigk, Lesensunfähigk, Stummheit, § 2233), auf den VertrGegner, der keine vertragsmäß Vfgen vTw trifft, nicht anzuwenden. Diese gelten sein für den VertrGegner idR nur dann, wenn ihre Voraussetzgen (auch) in seiner Person liegen (Bengel Rz 6).

b) Die Erklärung des letzten Willens kann mündl od dch SchriftÜberg geschehen. Der and VertrSchließde kann die Annahme dieser Erklärg ebenf mündl od in einer übergebenen Schrift erklären (§ 2232; BeurkG 30, 33). Die VertrSchließden brauchen ihren Willen nicht in ders Weise zu erklären; der eine kann ihn mündl erklären, der and eine Schrift überreichen; sie können ihre Erklärgen auch in einer gemeins Schrift niederlegen u übergeben. Über die mündl Erklärg s § 2232 Anm 3 a, zur Übergabe einer Schrift § 2232 Anm 4, BeurkG 30. – Bei Minderjährigk, Lesensunfähigk u Sprechunfähigk (Stummh) muß § 2233 beachtet werden. Handelt für den anderen VertrSchließden ein (gesetzl) Vertreter, gilt dies auch für die Person des Vertreters. Der VertrGegner od sein Vertreter, der nicht lesen kann u auch die BlindenSchr nicht beherrscht, kann seine Erklärg nur mündl abgeben (§ 2233 II); in diesem Fall fordert Bengel Rz 10 mit Recht, daß auch der Erbl seine Vfgen mündl erklärt, damit der annehmde Teil vor Abschl des ErbVertr die Vfgen des Erbl kennen lernt.

2) Das Beurkundungsverfahren regelt das BeurkG. Daraus ist im einzelnen hervorzuheben:

a) Ausschließungsgründe. Die Mitwirkungsverbote für den Notar (SollVorschr) ergeben sich aus BeurkG 3. Im Rahmen dieser Vorschr ist der ErbVertr auch als eine Angelegenh des VertrGegners anzusehen, der keine Vfg vTw errichtet. Die **Ausschließungsgründe** ergeben sich aus § 6. Wirkt für den Annehmenden ein Vertreter mit, ist das Vorliegen des AusschließgsGrdes aus dessen Person zu beurteilen (BeurkG 6 I Nr 4, II). Die Ausschließg wegen Verhältn zum Bedachten ergibt sich aus BeurkG 27 mit 7.

b) Niederschrift. Für diese gelten BeurkG 8–12, 13 I, III, 13a, 16–18, 28–33, 35 (dazu auch BeurkG 33 Anm 3a). Auch beim ErbVertr kann auf eine and notarielle Niederschr verwiesen werden, auf deren Vorlesen u Beifügg gem § 13a verzichtet werden kann. Die Niederschr muß in Gegenwart des Notars den Beteiligten vorgelesen, von ihnen genehmigt u eigenhänd von beiden VertrSchließden od vom Vertr des VertrGegners unterschrieben werden. Über die Unterschr des Notars s BeurkG 13 III, auch 35 mit Anm 2; dazu BayObLG **76**, 275 (Unterschr des Notars unter die auf die Urk gesetzte Kostenrechng deckt grdsätzl nicht die Beurk eines ErbVertr). Für den anderen VertrSchließden, der nicht Erbl ist, gelten gem BeurkG 33 dessen §§ 30–32 entspr.

c) Bei körperlicher Behinderung, Schreibunfähigk, Sprechunfähigk, Taubh der VertrSchließden sind die bes Vorschr für Blinde u SchreibUnfäh, für Stumme u für Taube zu beachten (s BeurkG 22–27, 31, 33). Handelt für den anderen VertrSchließden, der keine Vfg vTw trifft, ein Vertreter, beurteilt sich die Einhaltg des bes BeurkVerf nach der Person des Vertreters.

d) Sprache. Die Niederschr wird grdsätzl in deutscher Sprache errichtet (BeurkG 5 I). Das Verlangen, die Niederschr in einer and Sprache zu errichten, muß von beiden VertrSchließden ausgehen, zumind muß der and damit einverstanden sein (s BeurkG 5 II). Für die **Übersetzung** der Niederschr sind BeurkG 16, 32, 33 maßg; sie gelten, wenn auch nur einer der VertrSchließden (od Vertr) der dtschen Sprache, od, wenn die Niederschr in einer and als der dtschen Sprache aufgenommen sind, dieser nicht hinreichd kund ist.

e) Verwahrung: s § 2277 Anm 2, BeurkG 34 Anm 4a. – **Gebühr** für Beurk: KostO 46.

3) Eigenhändige od nur **beglaubigte Erbverträge** sind ausgeschlossen. Ebenso der Abschl vor Bürgermeister oder 3 Zeugen (§§ 2249, 2250). Dagg kann ein ErbVertr in einem persönl abgeschl **Prozeßvergleich** (dazu §§ 127a Anm 2b) od in einem persönl im Verf der FreiwG geschlossenen Vergl beurkundet werden; besteht im Verf Anwaltszwang, müssen der Erbl u sein anwaltschftl Vertr die erforderl Erkl gemeins abgeben (vgl BGH **14**, 381 mAv Keidel DNotZ **55**, 190; NJW **80**, 2307; § 127a Anm 2b).

4) Verbindung mit Ehevertrag od anderem Vertr (zB Erbverzicht, § 2348) ist mögl, wobei Zusammenhang in einer Niederschrift ausreicht (anders bei § 2295, wo innerer Zusammenhang erforderl ist). Auch ein stillschweigend abgeschl PflichtVerzicht kann uU mit einem ErbVertr verbunden sein, in dem die Eheg sich ggseit zu AlleinE u einen pflichtberecht Abkömml zum SchlußE einsetzen (BGH **22**, 365; FamRZ **77**, 390 zum gemsch Test).

a) Form. Grdsl genügt nicht die Beachtg der für einen verbundenen Vertr bestehenden FormVorschr, sond es müssen die Erfordernisse des **I** gewahrt werden. – Nur für einen zw Eheg od Verlobten geschlossenen ErbVertr gewährt **II** eine **Erleichterung,** wenn er in derselben Urk mit einem **Ehevertrag** (§ 1408) verbunden wird. Die ehevertragl Form (§ 1410) genügt dann auch für den ErbVertr. In diesem Fall gelten für das Verfahren BeurkG 2–5, 6–13, 13a (s Anm 2b), 16–18, 22–26. Aus BeurkG 9 I 2, 13 I ergibt sich aber, daß eine die Vereinbg der Beteiligten enthaltende Schrift nur offen übergeben werden kann (Bengel Rz 20). Die §§ 2274, 2275 werden dch **II** nicht berührt; auch §§ 2231, 2232, 2233 müssen eingehalten werden. Die Ausdehng des BeurkG 7 dch BeurkG 27 bleibt eben anwendb; BeurkG 28–35 scheiden als SonderVorschr für Vfgen vTw aus (Soergel/Wolf Rz 13); zur Anwendg des BeurkG 34 s dort Anm 4. – Dagg reicht für den **Ehevertrag** die Beachtg der Form des ErbVertr nicht aus (Mecke BeurkG 33 Anm 5; bestr). – Die VertrSchließden können auch nicht in einzelnen Punkten die FormVorschr des EheVertr u solche des ErbVertr wählen (Bengel Rz 4).

b) Auswirkungen. Wird dch **Auflösung** des Verlöbn der von den Verlobten geschlossene EheVertr unwirks, gilt dies auch für den damit verbundenen ErbVertr, sofern in ihm nichts anderes bestimmt ist (§ 2279 II iVm § 2077). Bei **Tod** eines Verlobten bleibt der ErbVertr idR wirksam (KGJ **37** A 115). – Str ist, wie die **Unwirksamkeit** eines der beiden verbundenen Vertr sich auf den anderen TeilVertr auswirkt. Da sie nicht notw eine rechtl Einh iSv § 139 bilden, ist grdsl die Wirksamkeit des restl TeilVertr anzunehmen. Ausnahmsw kann aber bei einem von Anfang an nichtigen ErbVertr (wg Formmangel, § 125; infolge Anfechtg; nach § 2289 II usw) sich gem § 139 diese Nichtigk ex tunc auch auf den in derselben Urk geschlossenen EheVertr erstrecken, wenn näml nach dem Willen der Eheg (Verlobten) beide Vertr ein einheitl RGesch darstellen (Stgt FamRZ **87**, 1034; offen gelassen von BGH **29**, 129); die Annahme eines EinheitlichkWillens zZt des VertrAbschlusses ist aus Inhalt u Zustandekommen des Vertr unter Berücksichtigg des Interesses der VertrSchließden festzustellen, wobei sich aus der Zusammenfassg in einer Urk eine tatsächl Vermutg ergibt (Stgt aaO). Dagg ist bei nachträgl Aufhebg des ErbVertr dch Rücktritt die Anwendg des § 139 dch die SonderVorschr für den Rücktritt stets ausgeschlossen (BGH **29**, 129; s auch BGH NJW **67**, 152).

5) Nicht der Form des ErbVertr bedarf idR ein **besonderer** im Zushang mit dem ErbVertr stehender **Vertrag,** durch den sich der in einem ErbVertr Begünstigte zu Leistgen (einmaliger od wiederkehrender Art) an den Erbl verpflichtet (BGH **36**, 65 = LM Nr 4 mAv Piepenbrock). Ist er formnichtig (s zB § 761), ist auch ErbVertr nichtig, wenn nicht anzunehmen ist, daß ihn die VertrTeile auch ohne das nichtige RGesch unter Lebenden abgeschl hätten, § 139 (aA Schlüter § 25 I 2b; s Anm 4b). Über Verbindg eines ErbVertr mit einem **Verfügungsunterlassungsvertrag** s § 2286 Anm 1 (auch BGH WM **77**, 689: Mit einem ErbVertr kann ein Vertr verbunden werden, in dem sich der VermNehmer ggü den Erben verpflichtet, zu Lebzeiten vom Erbl keine Zuwendgen anzunehmen). Dieser Vertr bedarf nicht der Form des § 2276. – Zu formlosen Hofübergabe- u Erbverträgen s § 125 Anm 6 D.

6) Umdeutung eines formungült od aus anderem Grd nichtigen ErbVertr in einen and Vertr od in ein Test ist mögl (§ 140; BGH bei Johannsen WM **79**, 604; s auch Übbl 5 vor § 2274). Auch ein zweiseit, von

Eheg errichteter ErbVertr kann in ein eigenhänd gemschaftl Test umgedeutet werden. Ein gem § 1365 unwirks notariell KaufVertr kann in einen ErbVertr umgedeutet werden (BGH WM **80**, 895).

7) Auslegung (Übbl 4 vor § 2274). Sie kann uU ergeben, daß eine nicht ausdrückl erklärte Erbeinsetzg der Gesamth der Erklärgen der Beteiligten entnommen werden kann (Mattern DNotZ **66**, 250). Durch Auslegg kann Annahmeerklärg gefunden werden, ohne daß eine solche ausdrückl vorliegt (Ffm Rpfleger **80**, 344). Ein in der Urkunde aber nicht wenigstens andeutgsweise enthaltener Wille ist nicht formgült erklärt (vgl BGH **86**, 41; **80**, 246 zum not Test; s im übr dazu § 2084 Anm 1c; § 2279 Anm 1, § 2280).

2277 *Amtliche Verwahrung.* Wird ein Erbvertrag in besondere amtliche Verwahrung genommen, so soll jedem der Vertragschließenden ein Hinterlegungsschein erteilt werden.

1) Verschließung. Die Niederschr über den Abschl eines ErbVertr soll der Notar idR in einen Umschlag nehmen u diesen mit dem Prägesiegel verschließen. In den Umschlag sollen auch die nach BeurkG 30–32 (s BeurkG 33) beigefügten Schriftstücke genommen werden, also bei Erklärg des letzten Willens (AnnahmeErkl) dch SchriftÜberg die eine Vfg vTw (AnnahmeErkl) enthaltde Schrift (§ 30), bei SchriftÜberg dch Stumme die in § 31 vorgesehene Erklärg sowie bei Sprachunkundigen die nach Maßg des § 32 vorgeschr Übersetzg (BeurkG 34 II mit I 1, 2). Auch sonstige Anlagen wie zB eine Vollmacht des nur annehmenden VertrTeils (§ 2274 Anm 2) od eine bereits vorliegende vormschgerichtl Genehmigg (§ 2275 II) sollen mit in den Umschlag genommen werden. – Auf dem Umschlag soll der Notar die VertragschließendeN ihrer Person nach näher bezeichnen u angeben, wann der ErbVertr abgeschl worden ist; diese Aufschr soll der Notar unterschreiben (BeurkG 34 II mit I 3). Über das Prägesiegel des Notars s DONot 2.

2) Amtliche Verwahrung. Der Notar soll veranlassen, daß der ErbVertr unverzügl in bes amtl Verwahrg gebracht wird (BeurkG 34 II mit I 4). Für Zuständigk u Verf gelten nach § 2300 die §§ 2258a, b entspr. Für *BaWü* s LFGG 1 II, 46 III, 1. VVLFGG 11 ff. Dazu bestimmt § 2277 ergänzend, daß jedem VertrSchließenden über den in bes amtl Verwahrg genommenen ErbVertr ein **Hinterlegungsschein** erteilt werden soll (s § 2258b Anm 2). Gem DONot 16 I 3 soll der Notar auf Wunsch der VertrSchließenden eine Abschr des ErbVertr, den er zur bes amtl Verwahrg bringt, zurückbehalten; sie ist zu beglaubigen u zu den Akten zu nehmen. S ferner AktO 27 Nr 4f und die bundeseinheitl Bek über die Benachrichtigg in NachlSachen vom 30. 11. 79 (s BeurkG 34 Anm 7) sowie DONot 16 I, II. Über Anfertig eines Vermerkblattes s DONot 16 I 1, 2. – **Einsicht** in die verwahrte Urkunde od eine Abschrift kann jede VertrPartei jederzeit verlangen (BeurkG 34 Anm 6).

a) **Ausschließung.** Die bes amtl Verwahrung unterbleibt, wenn die VertrSchließden sie ausschließen (BeurkG 34 II). Der Widerspr muß gleich nach der Errichtg erklärt werden. Der Widerspr eines VertrTeils genügt nicht, in diesem Fall ist amtl zu verwahren. Wird der Widerspr später widerrufen, so ist der ErbVertr in bes amtl Verwahrg zu bringen. – ErbVertr, deren bes amtl Verwahrg ausgeschlossen ist (dazu auch BeurkG 34 II Halbs 2), verbleiben in der Verwahrg des UrkNotars, der ihn bei Eintritt des Erbfalls an das NachlG abzuliefern hat (BNotO 25 II, § 2259, DONot 16 II). Nach § 2300 gelten auch für die gewöhnl amtl Verwahrg dch den Notar §§ 2258a, b, entspr, ebso § 2300a; s ferner AktO 27 Nr 4ff (dazu BeurkG 34 Anm 7). Der Notar hat nach Maßg des DONot 16 III, IV über die ErbVertr, die er gem BNotO 25 II 1 in Verwahrg nimmt, ein Verz zu führen (s hiezu Dumoulin DNotZ **66**, 570; Kanzleiter DNotZ **70**, 585 f; **75**, 26). – Über Benachrichtigg des Standesbeamten im Fall der BNotO 25 II 1 s DONot 16 II, BeurkG 34 Anm 7.

b) **Rücknahme** aus der amtl Verwahrg können die Vertragsparteien verlangen. Die Urk gelangt dann in die gewöhnl Verwahrg des UrkNotars; sie ist nicht etwa an die VertrSchließden zurückzugeben (Hamm FamRZ **74**, 391). Die Wirksamk des ErbVertr wird dadch aber nicht berührt (Jansen BeurkG 34 Rz 14). Es gelten ausschließl die §§ 2290, 2292. Keine Rückgabe erfolgt bei Aufhebg des ErbVertr.

c) **Nach Aufhebung** eines ErbVertr (§§ 2290, 2292) darf der Notar die Urschrift selbst bei entspr Verlangen weder an die VertrSchließenden herausgeben (Ausn: BeurkG 45) noch sie vernichten, sond hat sie weiter selbst zu verwahren (BNotO 25 II; Köln NJW-RR **89**, 452).

2278 *Vertragsmäßige Verfügungen.* ᴵ In einem Erbvertrage kann jeder der Vertragschließenden vertragsmäßige Verfügungen von Todes wegen treffen.

ᴵᴵ Andere Verfügungen als Erbeinsetzungen, Vermächtnisse und Auflagen können vertragsmäßig nicht getroffen werden.

Schrifttum: Nolting, Inhalt, Ermittlg u Grenzen der Bindg beim ErbVertr (1985).

1) Vertragsgegenstand. Der ErbVertr kann sowohl vertragsmäßige als auch einseit Vfgen enthalten. Der Erbl ist nur an seine vertragsmäß Vfgen erbrechtl gebunden (s § 2289 Anm 1). Einseit Vfgen unterliegen ohne Beschränkg den allg Vorschr (§ 2299). § 2278 faßt im übr nur zusammen, was schon in § 1941 gesagt ist und in §§ 2298 I, 2299 I zum Ausdr gebracht wird. Nach Stöcker WM **80**, 482ff spricht I dafür, daß im ErbVertr auch ein schuldrechtl GrdGesch enthalten ist.

2) Vertragsmäßige Verfügungen können nach **II** nur Erbeinsetzg, Vermächtn und Auflagen sein. Diese sind aber nicht allein schon deshalb vertragsmäßig, weil sie im ErbVertr stehen. Hat der Erbl sie nicht ausdrückl als „vertragsmäßig" bezeichnet, ist vielm dch Auslegg gem §§ 133, 157 (s Übbl 4 vor § 2274) zu ermitteln, ob u inwieweit ggseitige Bindg od freie Widerruflichk der Bestimmg beabsichtigt war (BayObLG **61**, 206/210). Dabei liegt die Annahme einer vertragsmäßigen Zuwendg bes nahe, wenn in einem not Vertr einer am Vertr selbst beteiligten Person dch Vfg vTw etwas zugewendet wird (BGH **26**, 204; WM **89**, 910); zB ggseit Erbeinsetzg von Eheg (Hamm NJW **74**, 1774) od Vermächtn eines Übernahmerechts an Miterben, wenn nicht ausdrückl als einseitig bezeichnet (BGH **36**, 116). Wird mit dem Vermächtn in demselben Vertr ein ggseit Erbverzicht verbunden, spricht dies für (kausalen) Zusammenhang u damit vertragsmäß Vermächtn (BGH WM **89**, 960). Bei Drittzuwendgen kann das Interesse des anderen VertrTeils an der Vfg ein Anhaltspunkt sein (BGH NJW **61**, 120; DRiZ **66**, 398; DNotZ **70**, 356; Coing NJW **58**, 689; s auch Giencke FamRZ **74**, 241). Setzen kinderlose Ebeg in zweiseit ErbVertr einander zu Alleinerben u beiderseit Verwandte zu Erben des Überlebenden ein, ist idR die Erbeinsetzg der Verwandten des Erstversterbenden vertragsmäß, die der Verwandten des Überl dagg einseitig (BGH NJW **61**, 120). Es ist empfehlenswert, im ErbVertr zum Ausdruck zu bringen, ob es sich um eine vertragsmäß od um eine einseit Vfg handelt.

a) Rechtsnatur. Gegenseitig im techn Sinne der §§ 320ff kann der ErbVertr, mag er nun ein- od zweiseit abgeschl werden, niemals sein, da er vTw getroffen wird u erst mit dem Tode Anspr zur Entstehg bringt; er ist daher kein Vertr zG Dritter (s Übbl 2; 3b vor § 2274; über ggseit Abhängigk s § 2298). — Vom zweiseit ErbVertr (vgl zB § 2280) ist wieder der **Unterhaltsvertrag** (§ 2295) zu unterscheiden, der sich aus einem ErbVertr und einem schuldrechtl Vertr zusammensetzt. Im Erbeinsetzungsvertrag können sich die Parteien ggseit od nur einer den anderen od Dritte (§ 1941 II) zu „Vertragserben" (auch Vor-, Nach- od Ersatzerben) berufen, auf den ganzen Nachl od einen Bruchteil, neben gesetzl od TestErben. — Beim **Vermächtnisvertrag** können Beschwerte od Bedachte die Parteien wie auch Dritte sein, nicht aber kann ein ErbesE od der Erbe eines VermNehmers beschwert werden. Über die Rechtsnatur der Anwartsch des Erben od VermNehmers s Übbl 3b vor § 2274; § 2286 Anm 2. — Bei der **Auflage** steht die Klage auch hier nur den Vollziehgsberechtigten (§ 2194), nicht dem VertrGegner zu.

b) Vorbehalt. Die vertragsmäß Bindg kann durch einen Vorbehalt nachträglicher anderweitiger Vfg eingeschränkt od gelockert werden (s § 2289 Anm 1a). Auch der Vorbehalt bedarf der Form des ErbVertr; er kann aber im Wege der Auslegg dem ErbVertr entnommen werden (BGH **36**, 204).

c) Vertragsmäßige Abmachungen unter Lebenden. Daß solche Vereinbargen mit einem ErbVertr verbunden werden können, wird in § 2276 II, BeurkG 34 II vorausgesetzt (BayObLG JFG **6**, 159; BGH **26**, 65 mAv Piepenbrock **LM** § 2276 Nr 4; BayObLG Rpfleger **76**, 290 zu LeibgedingsVertr, § 2293); s wg der Form § 2276 Anm 5. Ist bloß die VertrErfüllg bis nach dem Tode des Schuldners hinausgeschoben, handelt es sich überh nicht um einen ErbVertr (Düss NJW **54**, 1041; Übbl 7 v § 2274). Wenn durch Vertr Grdbesitz od sonstiges Vermögen mit der Maßg übergeben wird, daß der Vertr erst nach dem Tode des Übergebers vollzogen werden soll, hängt es von dem VertrInhalt u den Umständen ab, ob ein Vertr unter Lebenden od ein verschleierter ErbVertr vorliegt (BGH NJW **53**, 182, BayObLG **53**, 226). Die ggü dem VertrPartner eingegangene Verpflichtg, ein Grdst nicht zu veräußern u bei Verstoß hiergg das Eigentum auf die VertrE zu übertragen, kann dch Vormerkg gesichert werden (BayObLG FamRZ **89**, 321).

3) Einseitige Verfügungen. Der ErbVertr kann gem § 2299 an frei widerrufl einseit Vfgen all das enthalten, was durch Test bestimmt werden kann (§§ 2299, 1937ff) wie zB Teilgsanordngen; Ausschl der Auseinandsetzg; Enterbgen; Einsetzg eines TestVollstr (RG **116**, 322); Erteilg einer Vollm, auch wenn sie nach dem Willen des Erbl erst bei Eröffng zur Kenntn des zu Bevollmächtigenden gelangt (Köln DNotZ **51**, 36); PflichtEntziehg (§ 2333; BGH NJW **61**, 437).

4) Jeder der Vertragschließenden (auch mehrere Erbl mit einem Gegner od umgekehrt) kann erbvertragl Bestimmgen treffen (§ 2298 I), ohne daß diese (wie bei § 2295) voneinander abhängen müßten. Auch unverheiratete Personen können im Ggs zum gemeinschaftl Test (§ 2265) ihren letzten Willen gemschaftl dch ErbV regeln.

5) Die Verfügungsbeschränkung des § 1365 gilt nicht für Vfgen vTw (BGH **40**, 224).

2279 Vertragsmäßige Zuwendungen und Auflagen.
I Auf vertragsmäßige Zuwendungen und Auflagen finden die für letztwillige Zuwendungen und Auflagen geltenden Vorschriften entsprechende Anwendung.

II Die Vorschriften des § 2077 gelten für einen Erbvertrag zwischen Ehegatten oder Verlobten auch insoweit, als ein Dritter bedacht ist.

1) Die entsprechende (nicht buchstäbliche) Anwendung der TestVorschr auf VertrZuwendgen (§ 2278 II) bezieht sich insb auf den zuläss Inhalt und die notwend Bestimmth sowie auf die Auslegg (§§ 2064–2076; 2077; 2084 bis 2093; zu § 2085 s aber § 2298; 2096–2099, 2100–2146; 2147–2168, 2169; dazu BGH **31**, 13/17 mAv Hieber DNotZ **60**, 209; 2170–2174; 2181–1993). Ferner auf den Anfall u Erwerb des Zugewendeten u die Auflageverpflichtg (§§ 1923 mit 2160; 1937–1959; 2094; 2095; 2176; 2180; RG **67**, 66). Jedoch nicht auf §§ 2265–2268 (vgl Anm 2). Selbst die Mitwirkg des Bedachten als annehmender Teil hindert nicht die Anwendg der Vorschr über Annahme u Ausschlagg (§§ 1942ff, 2180). Ein Verzicht auf das AusschlaggsR im ErbVertr wäre unwirks. — Die Beurteilg von Willensmängeln ist zT eine andere als bei letztw Vfgen. Da der Erbl hier seine Erkl einem anderen ggü abzugeben hat, gelten im Ggsatz zu den Test (§ 1937 Anm 2) auch die §§ 116 S 2, 117 (vgl auch RG **134**, 327), so daß ggf die Willensübereinstimmg u damit die Gültigk ausgeschl werden. — §§ 320ff finden auf zweiseit ErbVertr, in denen beide Vertragsteile vertragsmäß (bindende) Vfgen treffen, keine Anwendg (s Übbl 2 vor § 2274).

2) Der Erbvertrag zwischen Ehegatten (Verlobten) steht u fällt mit der Gültigk u dem Bestand der Ehe (des Verlöbnisses, § 2077 II), falls nicht der Tod der LösgsGrd od anzunehmen ist, daß der Erbl die Vfg auch für einen solchen Fall getroffen haben würde, § 2077 III (BGH FamRZ **61**, 365). Dies gilt nicht nur dann, wenn der Erbl den ErbVertr mit seinem Eheg (Verlobten) selbst schließt, sond auch, wenn er ihn zu dessen Gunsten mit einem Dritten geschlossen hat. — Die Unwirksamk des ErbVertr (und damit auch der etwaigen Zuwendgen an Dritte) ergibt sich bei zweiseit Verträgen schon aus § 2298 I. Erbl iS des § 2077 ist auch beim ggseit ErbVertr nur der zuerst verstorbene Eheg (Hamm FamRZ **65**, 78; dazu H. Lange JuS **65**, 347; Dieterle BWNotZ **70**, 171). Die Unwirksamk eines zw den Ehegg geschl ErbVertr mit Erbeinsetzg des überlebden Eheg erstreckt sich aber nicht notwend auch auf die gleichzeit Erbeinsetzg der aus der geschied Ehe hervorgegangenen Kinder nach dem Tod des erstverst fr Eheg (Stgt OLGZ **76**, 17). – Nach **II** soll aber § 2077 auch beim einseitigen Erbvertrag Anwendg finden, bei dem nur ein Eheg (Verlobter) als Erbl auftritt u ein Dritter bedacht wird, und zwar auch dann, wenn der jetzt verstorbene Eheg – nicht aber, wenn der andere – berechtigten ScheidgsAntr (AufhebgsKl) erhoben hatte (vgl RGRK Rz 4). Es wird angenommen, daß der Vertr auch hier durch die Ehe stark beeinflußt ist. Soweit das nicht der Fall war, kann die Drittzuwendg nach § 2077 III aufrechterhalten werden, da es sich nur um Ausleggsregeln handelt (vgl auch §§ 2085, 2298 III; Dieterle aaO 172); § 2268 gilt hier nicht.

2280 *Auslegungsregeln bei Ehegattenerbvertrag.* **Haben Ehegatten in einem Erbvertrage, durch den sie sich gegenseitig als Erben einsetzen, bestimmt, daß nach dem Tode des Überlebenden der beiderseitige Nachlaß an einen Dritten fallen soll, oder ein Vermächtnis angeordnet, das nach dem Tode des Überlebenden zu erfüllen ist, so finden die Vorschriften des § 2269 entsprechende Anwendung.**

1) Dritter ist nicht nur, wer im ErbVertr nicht mitgeschlossen hat (so RGRK Rz 1), sond bei vertrmäß erfolgter ggseit Erbeinsetzg der Ehegatten auch der Erbe des Überlebenden, selbst wenn er am ErbVertr beteiligt ist (MüKo/Musielak Rz 7; vgl auch § 2352 Anm 4a). Der Dritte ist iZw **Erbe des Überlebenden** (Einheitslsg, s § 2269 Anm 1b). Der Überlebende darf unter Lebenden über das beiderseitige Vermögen verfügen (§ 2286), ohne daß darin eine Aufhebg iS des § 2290 I 2 zu finden wäre; vgl auch KG HRR **38** Nr 1338 mit JFG 15, 325; § 2269 Anm 5 (Wiederverheiratgsklausel); Hamm JMBl NRW **60**, 125 (Umdeutg der Verpflichtg des längstlebenden Eheg, das beim Tod vorhandene Vermögen auf die Kinder zu übertragen, in Erbeinsetzg) u im übr Erläutergen zu § 2269, BGH DNotZ **70**, 356. Auch **Nichteheleute** können in einem ErbVertr Vfgen dieses Inhalts treffen; dann ist aber die Ausleggsregel § 2269 I nur entspr anwendb, wenn zw den VertrSchließden ein ähnl starkes VertrauensVerh wie zw Ehegg besteht (Köln FamRZ **74**, 387). – Wenn Ehegatten sich ggseit zu Alleinerben einsetzen u ihre Kinder auf den **Pflichtteil verweisen,** falls sie den ErbVertr anfechten sollten, kann daraus nicht eine Einsetzg der Kinder zu Erben des Überlebenden entnommen werden; dieser kann daher letztw über seinen Nachl verfügen (OGH MDR **50**, 669); anders aber, wenn bei ggseit Erbeinsetzg Erben des Überlebenden die Kinder werden sollen, die beim Tod des Erstversterbenden den Pflichtt nicht verlangen (Staud/Kanzleiter Rz 6; s aber auch § 2269 Anm 4, BayObLG **60**, 218). Die in einem von Eheg mit einem ihrer Kinder abgeschl ErbVertr abgegebenen Erklärgen können uU auch als **Verzicht** des Schlußerben auf seinen **Pflichtteil** u als Annahme dieses Verzichts dch die Erbl angesehen werden, wenn der ErbVertr dahingeht, daß die Eheg sich ggseit als Alleinerben und das am Vertr beteiligte Kind als Schlußerben einsetzen, währd den and Kindern Vermächtnisse für den Fall zugewendet werden, daß sie keine PflichttAnsprüche geltd machen (BGH **22**, 364 mAv Johannsen **LM** Nr 1 zu § 2348; s auch Lübtow JR **57**, 340). Die Anordng einer entspr Anwendg des § 2270 in § 2280 erübrigte sich, weil aus dem Charakter des ErbVertr die grdsätzl Bindg der VertrSchließden an ihre vertragl Vfgen folgt (BGH DNotZ **70**, 358, dort auch über einen Fall bindender Erbeinsetzg der Kinder nach dem letztversterbenden Eheg).

2) Bei Zweitehe eines Erbl, der die Regelg nach § 2269 nicht nach §§ 2281, 2079 angefochten hat, erhält der neue Eheg den Pflichtt aus dem gesamten Nachl, und zwar bei **Zugewinngemeinschaft** den kleinen Pflichtt u daneben den Anspr auf Ausgl des in der zweiten Ehe erzielten Zugewinns (§ 1371 II). Es besteht kein WahlR mit dem großen Pflichtt (str; vgl § 2303 Anm 2a, bb).

2281 *Anfechtung durch den Erblasser.* **I Der Erbvertrag kann auf Grund der §§ 2078, 2079 auch von dem Erblasser angefochten werden; zur Anfechtung auf Grund des § 2079 ist erforderlich, daß der Pflichtteilsberechtigte zur Zeit der Anfechtung vorhanden ist.**

II Soll nach dem Tode des anderen Vertragschließenden eine zugunsten eines Dritten getroffene Verfügung von dem Erblasser angefochten werden, so ist die Anfechtung dem Nachlaßgerichte gegenüber zu erklären. Das Nachlaßgericht soll die Erklärung dem Dritten mitteilen.

1) Beseitigung des Erbvertrags. Beim ErbVertr muß sich auch der Erbl bei Vorliegen eines AnfGrundes vom Vertr lösen können, um die volle TestierFreih wiederzuerlangen. Jedoch gilt auch hier der Grdsatz, daß die Auslegg (auch die ergänzende) Vorrang vor der Anfechtg hat (s auch § 2078 Anm 1). Weitere Möglichk der Entkräftg des ErbVertr bietet die Aufhebung (§§ 2290–2292) u der Rücktritt (§ 2293 ff). Ferner kann der Erbvertrag kraftlos werden durch Vorversterben, Erbunwürdigk, Ausschlagg od Erbverzicht des Bedachten. Zum Vorbehalt s Übbl 3 vor § 2274.

2) Das Anfechtungsrecht des Erbl besteht nur hinsichtl vertragsmäß Vfgen (§ 2278), da er seine einseit (§ 2299) frei widerrufen kann und daher insow der Anfechtg (wie beim Test) nicht bedarf. Der Erbl kann im ErbVertr auf das AnfechtgsR ganz od teilw **verzichten** mit der Folge, daß die Anfechtg wg solcher Tatsachen, auf die sich der Verzicht bezieht, für die Zukunft ausgeschl ist (BGH NJW **83**, 2247; Celle NJW **63**, 353; dazu Bengel DNotZ **84**, 132). – Ferner ist die Anfechtg auch hier **ausgeschlossen,** wenn der Erbl die Voraussetzgen wider Treu u Glauben od dch Verstoß gg §§ 138, 226 herbeiführte (BGH **4**, 91; FamRZ **70**, 82). – Zur Bestätigg des anfechtb ErbVertr s § 2284. – §§ 2281 ff gelten auch für die Anfechtg wechselbezügl Vfgen in **gemeinschaftlichem Testament** (Mü JFG **15**, 353; BGH FamRZ **70**, 71; BGH **37**, 333; vgl § 2271 Anm 4; Schubert/Czub JA **80**, 334/338); für die Anfechtg nicht wechselbezügl Vfgen in einem gemschaftl Test gelten dagg die §§ 2078 ff (BGH FamRZ **56**, 83). – Über das AnfechtgsR **Dritter** s § 2285. Der **Vertragsgegner** kann nach §§ 119, 123 nur seine eigene Erkl sowohl vor als auch nach dem Erbfall anfechten, als Nächstberufener auch die des Erbl nach §§ 2078, 2079, 2080.

§§ 2281, 2282

3) Anfechtungsgründe. Es sind dieselben wie beim Test (§§ 2078, 2079). Für die Anwendg der §§ 119, 123 bleibt kein Raum. Die Anfechtg kann uU auch nur eine einzelne Vfg zum Ggst haben.

a) Irrtum, auch im Beweggrunde (§ 2078). Es ist daher (abweich von § 123 II) gleichgült, ob die etwaige Täuschg vom VertrGegner od einem Dritten verübt wurde. Ein Irrtumsfall kann hier auch sein, daß der Erbl nicht wußte, daß er sich vertragsmäßig band; mag er nun geglaubt haben, ein Test zu errichten, od über die RWirken, insb die Bindgswirken, des ErbVertr falsch unterrichtet gewesen sein (Hamm OLGZ **66,** 497). Grund zur Anfechtg kann auch die irrige Erwartg des Erbl sein, daß der VertrGegner od ein Dritter den Erbl in bestimmter Weise betreuen werde (BGH FamRZ **73,** 539; Johannsen WM **73,** 531; § 2078 Anm 2b), ebso bei Nichterfüllg einer GgLeistg des VertrGegners (Kipp/Coing § 40 I 2b; Schubert/Czub aaO 337; § 2295 Anm 1). Beisp von Irrtum üb ErklärgsInhalt bei Dressel AgrarR **74,** 189. Str ist, ob bei der Anfechtg dch den Erbl auch dessen irrealer Wille zu berücksichtigen ist (dazu MüKo/Musielak Rz 10). BGH lehnt dies ab, läßt aber immerhin sog unbewußte Vorstellgen ausreichend sein (NJW **63,** 246; FamRZ **70,** 79). – Die **Wirkung** der IrrtumsAnf bestimmt sich nach § 142 (s § 2283 Anm 2); sie kann die Nichtigk des ganzen ErbVertr od teilw Nichtigk zur Folge haben (s aber § 2298).

b) Übergehung eines Pflichtteilsberechtigten (§ 2079). Gleichgült ist, ob dieser irrtüml übergangen od erst später geboren od pflichttber geworden ist. Mögl ist daher eine Anfechtg zB bei Wiederverheiratg des überlebden Eheg. Zur Anfechtg wg Übergehg eines am 1. 7. 70 pflichttber gewordenen nichteheI Kindes s Damrau BB **70,** 474; Johannsen WM Sonderbeil Nr 3/**70,** 23 f. – War der Pflichtt entzogen, der EntziehgsGrd aber nachträgl weggefallen (vgl §§ 2336 IV), besteht die AnfMöglich höchstens dann, wenn der Erbl irrtümlicherw meint, er habe mit einer Besserg nicht gerechnet hatte (§ 2078 II). – Es kommt hier (im Ggsatz zur TestAnfechtg, § 2079 S 1) ledigl darauf an, daß der PflichttBerecht zZ der Anfechtg vorhanden war. Die Anfechtg bleibt also wirks, selbst wenn der PflichttBerecht vor dem Erbfall wegfällt (BGH FamRZ **70,** 79/82). Auch § 2079 S 2 ist zu berücksichtigen (Hamm NJW **72,** 1089; Rpfleger **78,** 179).

aa) Die Wirkung der Anfechtg geht hier demnach weiter als der AnfGrd. Indessen wollte man bedingte Anfechtg nicht zulassen. Hätte der Erbl das Vorhandensein des PflichttBerechtigten gekannt, würde er den ErbVertr nicht geschlossen haben. Die Wirkg der Anfechtg ist Nichtigk des ErbVertr, soweit die Anfechtg reicht. Das AnfR wird aber nicht allein dch den Schutz u das Interesse des Pflichtt-Berecht bestimmt, sond darf daneben auch dem eigenen Interesse des Erbl; es gibt ihm also die Möglich, die volle VfgsFreih zurückzugewinnen (BGH FamRZ **70,** 79; Johannsen WM **73,** 532; Bengel Rz 32). Die Anwendg des § 2079 S 2 kann aber auch dazu führen, daß die angefocht Vfg ledigl in ihren Wirkgen eingeschränkt wird, also teilw bestehen bleibt (Hamm Rpfleger **78,** 179).

bb) Unwirksam kann die Anfechtg nach § 138 od § 226 sein, zB wenn das AnfR erst dch eine Adoption konstruiert wurde (vgl RGRK Rz 6; RG **138,** 373). Die Anfechtg nach Wiederverheiratg u Adoption der Kinder der 2. Ehefr erachtet LG Hbg MDR **64,** 507 für begründet u nicht gg Treu u Glauben verstoßend. Dazu BGH FamRZ **70,** 79 zum fr Recht.

4) Anfechtungsgegner ist bei Lebzeiten des VertrGegners nur dieser (§§ 143 II, 130–132), wobei aber der Erbl die Form (§ 2282 III) einzuhalten hat (Düss DNotZ **72,** 42). Nach dem Tod des VertrErbl können seine Erben nach Maßg des § 2080 anfechten. – Für die **Überlebenden** kann nur noch die Anfechtg vertragsmäß Erbeinsetzgen, Vermächtnisse u Auflagen zG Dritter in Frage kommen, da er ja nicht die zu seinen Gunsten getroffenen Vfgen des anderen anfechten kann u seine eigenen Anordnungen zG des anderen Teils sich durch dessen Tod erledigt haben. Da sich für den noch lebenden VertrErbl kein NachlG finden läßt, ist das für den Todesfall des Erstverstorbenen zuständige **Nachlaßgericht** (FGG 73, Wohnsitz zZ des Erbfalls) Empfänger der AnfErkl. Mitteilg an die Erben des Erstverstorbenen ist zweckm.

5) Form und **Frist:** §§ 2282 III, 2283 I.

6) Prozessuales. Die materielle Beweislast für den AnfGrd trifft den, der sich auf die Anfechtg beruft (Hamm OLGZ **66,** 497), die für den Ausschluß des AnfR durch Zeitablauf den AnfGegner (BayObLG **63,** 264). – Hat der Erbl den ErbVertr angefochten, kann er auf Feststellg der Nichtigk des ErbVertr klagen (Johannsen WM **69,** 1230). – **Gebühr:** KostO 38 III, 46 II, 112 I Nr. 4.

2282 Form der Anfechtung.
I Die Anfechtung kann nicht durch einen Vertreter des Erblassers erfolgen. Ist der Erblasser in der Geschäftsfähigkeit beschränkt, so bedarf er zur Anfechtung nicht der Zustimmung seines gesetzlichen Vertreters.

II Für einen geschäftsunfähigen Erblasser kann sein gesetzlicher Vertreter mit Genehmigung des Vormundschaftsgerichts den Erbvertrag anfechten.

III Die Anfechtungserklärung bedarf der notariellen Beurkundung.

1) Nur persönlich kann der **Erblasser** hier handeln, wie bei der Aufhebg u dem Rücktr (§§ 2290 II 2; 2296 I 2) u zwar nur durch not beurkundete Erkl. Auch eine bloße Vertretg in der Erkl ist ausgeschlossen (Lent DNotZ **51,** 151; Bengel Rz 1). Dies gilt auch für den in der GeschFgk Beschränkten (für Einschränkg seines AnfR unter Heranziehg von § 107 Bengel Rz 2). Das Zugehen der Erkl bedarf der Beurk nicht; dem Empfänger der AnfErkl muß diese in Urschr od Ausfertig zugehen, § 130 (s BayObLG **63,** 260). – Daß für einen nach Errichtg geschäftsunfäh Gewordenen dessen gesetzl Vertreter mit Genehmigg des Richters (**II;** RPflG 16; 14 Nr 17) anfechten kann (anders §§ 2229, 2274), bezweckt, die Beseitigg erzwungener od auf Irrt beruhender, bes erschlichener VertrBestimmgen zu erleichtern. Anfechtsberecht ist der Vertreter, dem die Vermögensverwaltg zusteht (vgl auch § 2283 III).

2) Der Formzwang (III) betr nur die Anfechtg dch den **Erblasser,** und zwar ggü dem VertrGegner wie dem NachlG (§ 2281 II), nicht aber dch and Personen, die formlos anfechten können (Bengel Rz 5). –

Erbvertrag §§ 2282–2285

Über entspr Anwendg von III beim **gemeinschaftlichen Testament** s § 2271 Anm 4 a; Düss DNotZ 72, 42. – Formbl s Beck-FormB VI, 28.

2283 *Anfechtungsfrist.* ¹ Die Anfechtung durch den Erblasser kann nur binnen Jahresfrist erfolgen.

II Die Frist beginnt im Falle der Anfechtbarkeit wegen Drohung mit dem Zeitpunkt, in welchem die Zwangslage aufhört, in den übrigen Fällen mit dem Zeitpunkt, in welchem der Erblasser von dem Anfechtungsgrunde Kenntnis erlangt. Auf den Lauf der Frist finden die für die Verjährung geltenden Vorschriften der §§ 203, 206 entsprechende Anwendung.

III Hat im Falle des § 2282 Abs. 2 der gesetzliche Vertreter den Erbvertrag nicht rechtzeitig angefochten, so kann nach dem Wegfalle der Geschäftsunfähigkeit der Erblasser selbst den Erbvertrag in gleicher Weise anfechten, wie wenn er ohne gesetzlichen Vertreter gewesen wäre.

1) **Die einjährige Ausschlußfrist (I)** beginnt mit Beendigg der Zwangslage bei Drohg, sonst mit Kenntn aller für das AnfR wesentl Tatsachen **(II 1)**. Unkenntn der Tatsachen kann sich auch aus RIrrtum ergeben. Die Frist läuft deshalb nicht, wenn der ErbVertr (entspr das gemschaftl Test) irrtüml für ungült, zB für bereits wirks angefochten, gehalten wird (vgl KG FamRZ **68**, 218), außer wenn die Ungültigk aus einem Umstand hergeleitet wird, der die Anfechtg erst begründet (s 2271 Anm 4; BGH FamRZ **70**, 79). Auch rechtsirrige Beurteilg der Wirksamk eines fr Widerrufs kann bewirken, daß die Frist für die Anfechtg eines ErbVertr nicht in Lauf gesetzt wird (Köln OLGZ **67**, 496). – Kenntn vom AnfGrd erfordert Kenntn aller für die Anfechtg wesentl Umstände (BayObLG **63**, 263; Johannsen WM **69**, 1230; BGH FamRZ **73**, 539); Beisp s Peter BWNotZ **77**, 113. – Die Frist läuft auch ggü dem in der GeschFgk Beschränkten (§ 2282 I 2) u gesetzl Vertreter (§ 2282 II); im letzteren Fall kann aber der später wieder geschäftsfäh gewordene Erbl selbst anfechten **(III)**, wobei ihm ua (§ 2282 Abs. 2 § 206). Eine zeitl Schranke, wie im § 124 III, besteht hier nicht. – Die Vorschriften gelten **nur für den Erblasser**. Für den VertrGegner (s § 2281 Anm 2) gelten dagg §§ 121, 124, für sonstige AnfBerechtigte (§ 2285) die §§ 2080, 2082. – Ist das AnfR nach § 2079 dch Zeitablauf verloren gegangen, ergibt das Hinzutreten eines neuen PflichttBer wiederum ein AnfR (Johannsen WM **73**, 531).

2) **Wirkung.** Die angefochtene vertragsmäß Vfg ist regelm als von Anfang an nichtig anzusehen (§ 142). Doch kann sie uU als letztw aufrechterhalten werden, wenn eine solche in Wirklichk beabsichtigt war (Erman/Hense Rz 3). ErsatzPfl nach § 122 ist bei Anfechtg eines Erbvertrags durch Erbl gegeben (s Lübtow, Lehrb I, 448). Die dch wirks Anfechtg herbeigeführte Nichtigk eines ErbVertr kann nach § 139 die Nichtigk weiterer äußerl getrennter Verträge, zB eines weiteren ErbVertr und eines AdoptionsVertr, zur Folge haben, wenn der Wille der VertrParteien darauf gerichtet war, daß die äußerl getrennten Geschäfte miteinander stehen u fallen sollen (BGH **LM** § 139 Nr 34; s auch § 139 Anm 2; § 2276 Anm 4b).

3) **Bei mehreren Erblassern** kann jeder für sich anfechten. Ficht nur einer an, fallen auch die wechselbezügl Vfgen des anderen weg (Reithmann DNotZ **57**, 529).

4) **Beweislast.** Die mat Beweislast für den Ausschluß des AnfR durch Zeitablauf trifft den AnfGegner (BayObLG **63**, 264; Baumgärtel/Strieder Rz 1; aA MüKo/Musielak Rz 6: Erbl).

2284 *Bestätigung.* Die Bestätigung eines anfechtbaren Erbvertrags kann nur durch den Erblasser persönlich erfolgen. Ist der Erblasser in der Geschäftsfähigkeit beschränkt, so ist die Bestätigung ausgeschlossen.

1) **Bestätigung** (§ 144; hierzu eingehd Ischinger, Rpfleger **51**, 159) steht als Verzicht auf das AnfR dem Erbl persönl zu u gilt nur für vertrmäß (§ 2278) Vfgen; einseit (§ 2299) sind für den Erbl widerrufl, daher (wie beim Test) nicht zusätzl anfechtb u können daher auch nicht bestätigt werden. Die einseit Erkl ist nur dem vollgeschäftsfäh Erbl gestattet; auch für Eheg u Verlobte (§ 2275 II) besteht insow keine Ausn (s Bengel Rz 10; für Anwendg des § 2275 II Erman/Hense Rz 2); die übr NachlBeteiligten können aber auf ihr AnfechtgsR verzichten (vgl § 2081 Anm 4).

2) **Keine Form.** Die Bestätigg bedarf **nicht** der Form der ErbVertr od der Anfechtg (§ 144 II; s dazu aber Bengel DNotZ **84**, 132) und ist auch durch schlüss Hdlg mögl, da ja auch das nicht formbedürft Verstreichenlassen der AnfFrist (§ 2283) Bestätiggswirkg hat. Sie setzt aber Kenntnis des AnfGrundes voraus (MüKo/Musielak Rz 5). Sie ist nicht empfangsbedürft, braucht daher nicht dem anderen VertrTeil od nach dessen Tod dem NachlG ggü abgegeben zu werden (BayObLG **54**, 77, hM).

2285 *Anfechtung durch Dritte.* Die im § 2080 bezeichneten Personen können den Erbvertrag auf Grund der §§ 2078, 2079 nicht mehr anfechten, wenn das Anfechtungsrecht des Erblassers zur Zeit des Erbfalls erloschen ist.

1) **Das Anfechtungsrecht Dritter** entsteht mit dem Tod des Erbl u richtet sich grdsl nach TestR. Wem die Aufhebg unmittelb zustatten kommt (§§ 2279 I, 2080), kann innerhalb der Frist des § 2082 durch formlose Erklärg anfechten, die bei Erbeinsetzg u Auflagen ggü dem NachlaßG (§ 2081 I, III), bei Vermächtn ggü dem Bedachten (§ 143; RG **143**, 353) abzugeben ist. Das AnfR ist jedoch von dem des Erbl **abhängig**, soweit dieser anfberecht war (also nicht bei einseit Vfgen, § 2281 Anm 2), wird also durch dessen Bestätigg (§ 2284), Fristversäumn (§ 2283), Verzicht od rechtsmißbräuchl Herbeiführg des AnfGrundes (§ 2281 Anm 2) zerstört. – Zum AnfR des VertrGegners s § 2281 Anm 2. – § 2285 gilt auch bei wechselbezügl Vfgen im **gemeinschaftlichen Testament** (RG **132**, 4, KG FamRZ **68**, 218, LG Bln FamRZ **76**, 293/

2083

295; s Anm 4 zu § 2271). – Die **Beweislast** dafür, daß AnfR des Erbl ausgeschlossen ist, trifft den Anfechtgsgegner (Stgt OLGZ **82**, 315; § 2281 Anm 6).

2) **Anfechtungstatsachen.** Hat der Erbl sein AnfechtgsR **ohne Erfolg** ausgeübt, wurde also gg ihn rechtskr erkannt, daß es nicht besteht, ist es nicht erloschen iS des § 2285 (BGH **4**, 91; dazu Johannsen WM **73**, 531). Man wird jedoch § 2285 entspr anwenden u Dritten ein AnfR versagen müssen, wenn der AnfTatbestd derselbe ist (RGRK Rz 4; aM Bengel Rz 6). Dritte können aber aGrd neuer Tatsachen anfechten u hierbei zu deren Unterstützg auch auf solche zurückgreifen, auf die eine selbständ Anfechtg nicht mehr gestützt werden kann, wenn es nach dem AnfGrd auf das Gesamtverhalten des AnfGegners ankommt (BGH aaO mAv Ascher **LM** Nr 1).

2286 *Verfügungen unter Lebenden.* **Durch den Erbvertrag wird das Recht des Erblassers, über sein Vermögen durch Rechtsgeschäft unter Lebenden zu verfügen, nicht beschränkt.**

1) **Der Erblasser** wird dch den ErbVertr in seinem Recht, letztwillig zu verfügen, beschränkt (§ 2289). Sein **freies Verfügungsrecht unter Lebenden** wird dagg durch den ErbVertr nicht berührt (BGH **31**, 13; WM **73**, 680). Ausnahmen zum Schutz gg den Mißbr der VfgsFreih enthalten §§ 2287, 2288 (s unten Anm 3). Der Erbl kann sich aber durch besonderen schuldr **Verfügungsunterlassungsvertrag** mit dem Bedachten formlos und uU stillschw wirks verpflichten, eine Vfg unter Lebenden zu unterlassen (BGH **31**, 13, hM; s MüKo/Musielak Rz 10 mN). Strenge Anforderngen an Nachw sind bei stillschw Vertr geboten (BGH DNotZ **69**, 760; WM **70**, 1366, NJW **73**, 242); für Annahme eines schuldrechtl GrdGesch im ErbVertr s Stöcker WM **80**, 482. Dch schuldrechtl Vertr kann sich ein Erbl ggü seinem VermNehmer verpflichten, über das vermachte Grdst auch unter Lebden nicht zu verfügen (BGH NJW **63**, 1602). Auch im Zusammenhang mit einer Erbeinsetzg kann mit dem Erben eine Vereinbg getroffen werden, die darauf abzielt, das Recht der Vfg zu Lebzeiten schuldrechtl auszuschließen od zu beschränken; eine solche VfgsBeschränkg ist nicht nur in bezug auf die Zuwendg eines bestimmten Ggst denkb (BGH FamRZ **67**, 470). Durch eine derartige Verpflichtg wird aber die VfgsFreih des Erbl nicht mit Wirkg gg Dritte ausgeschl od beschränkt, da sie nur im Verhältn zw den Beteiligten schuldrechtl wirks ist (Hamm DNotZ **56**, 151). Der Vertr kann mit dem ErbVertr verbunden werden (BeurkG 34; vgl § 2276 Anm 4; § 2278 Anm 2c). Dieser Vertr bedarf auch bei Grdst nicht der Form des § 313 (BGH FamRZ **67**, 470, DNotZ **69**, 760). Die Form des ErbVertr muß nur gewahrt werden, wenn ErbVertr u VerpflichtgsGesch unter Lebden eine rechtl Einheit bilden sollen (BGH FamRZ **67**, 470); andrnf bedarf er nicht der Form des § 2276 (BGH WM **77**, 689). Die Verletzg eines solchen Vertrages führt zu SchadErsAnsprüchen ggü dem Erbl od seinen Erben (BGH NJW **64**, 549; Kohler NJW **64**, 1395; Mattern BWNotZ **66**, 12; Johannsen WM **69**, 1226). Die vertragl übernommene Verpflichtg, ein Grdst nicht zu veräußern, kann ergänzd dahin ausgelegt werden, daß das Grdst belastet werden darf, wenn der Verpflichtete in eine Notlage gerät (BGH FamRZ **67**, 470).

2) **Position des Bedachten.** – **a)** Der im ErbVertr Bedachte hat **vor** dem Erbfall keinen Anspr, auch keinen bedingten, gg den Erbl; er ist nicht wie ein NachE (§§ 2108 ff) geschützt. Sofern er den Erbfall überh erlebt (§ 1923 I), hat er bis dahin zwar eine rechtl begründete Erwartg auf sein ErbR, aber nur eine tatsächl Aussicht auf das Vermögen, weil er sich wg § 2286 mit dem begnügen muß, was ihm der Erbl übr läßt. Seine RPosition ist nicht vererbl u nicht übertragb u kann weder ver- noch gepfändet werden (s unten b). Es kann deshalb auch noch nicht von einem „AnwartschR" iS eines Anspr auf deren Erstarken zum VollR gesprochen werden, obwohl insoweit zw vertragsmäß Erbeinsetzg und VermächtnAnordng Unterschiede gemacht werden (vgl BGH **12**, 118/119; Mattern BWNotZ **62**, 234; Lange NJW **63**, 1573; Johannsen WM **69**, 1226; Übbl 2 vor § 2274).

b) Sicherung. Die Aussicht auf den künft Nachl unterliegt nicht der Sicherg durch einstw Vfg (KG OLG **21**, 363) od Vormerkg (BGH **12**, 115 mAv Pritsch **LM** § 883 Nr 2; KG JFG **23**, 148; Mattern BWNotZ **66**, 8; aM Schulte DNotZ **53**, 360; Celle DNotZ **52**, 236 hins eines Vermächtn). – Strittig ist, ob eine neben der ErbVertr getroffene **schuldrechtliche Vereinbarung** (s oben 1) durch **Vormerkung** gesichert werden kann (vgl § 883 Anm 2b, aa; § 2174 Anm 4; Hieber DNotZ **52**, 432; **53**, 635; **54**, 269; **58**, 306; **60**, 209; Thieme JR **56**, 292; Holthöfer DRiZ **54**, 141; JR **55**, 11; LG Kreuznach DNotZ **65**, 301; Itzeh, LG Köln RhNK **75**, 330; **76**, 19; Mattern BWNotZ **66**, 12; BGH FamRZ **67**, 470). – VfgsUnterlassgsVertr können nicht dch Vormerkg gesichert werden (BGH aaO), wohl aber schuldrechtl ÜbereignsAnspr (LG Kreuznach aaO, Staud/Kanzleiter Rz 17). Über weitere Sicherungsmöglichkeiten s Kohler NJW **64**, 1393; Lange NJW **63**, 1571; Bund JuS **68**, 268; Mattern BWNotZ **66**, 11 ff; letzterer nennt außer dem VfgsUnterlassgsVertr die Einräumg eines Vorkaufsrechts an den Erstbedachten, die Beschwerg des Erstversterbden – beim Berliner Test – mit einem VfgsUnterlassgsVermächtn zG der Schlußerben, Anordng einer NachErbsch für den Fall eines aushöhlenden ZweitGesch. – Die künft Aussicht des Bedachten unterliegt nicht der ZwVollstr u gehört nicht zur KonkMasse; der Bedachte kann auch nicht Entmündigg des Erbl wg Verschwendg beantragen (ZPO 680, 646). Die VertrErben, die zu Lebzeiten des Erbl sich hinsichtl des künft Nachl, soweit er aus Grdst besteht, auseinandergesetzt haben, können etwaige Übereignsansprüche nicht dch Auflassgs-Vormerkg am Grdst des Erbl sichern (Hamm OLGZ **65**, 347 mAv Haegele Rpfleger **66**, 367).

3) **Mißbrauch des freien Verfügungsrechts unter Lebenden.** Überträgt der erbvertragl gebundene Erbl VermögensGgst lebzeit an einen Dritten, ist ein solches RGesch nicht desh nichtig, weil dadch dem VertrErben das erwartete Erbgut entzogen wird. Der BGH (**59**, 343) hat unter Aufgabe seiner fr Rspr zur „Aushöhlgsnichtigkeit" (s § 2271 Anm 2a) wiederholt (zB WM **73**, 680) allgem ausgesprochen, daß der dch ErbVertr gebundene Erbl ohne jede Einschränkg über sein Vermögen dch RGesch unter Lebden vfgen kann. Bei Vorliegen bes Umstände kann sich der Bedachte aber auf §§ 138, 826 berufen (BGH **59**, 351; Anwendg des § 138); uU kann sich auch eine Haftg des Empf ggü dem VertrErben aus § 419 ergeben (BGH aaO 352; dazu Teichmann JZ **74**, 34; Stöcker WM **80**, 482/490; s ferner § 2271 Anm 2a, § 2287 Anm 2b).

Erbvertrag §§ 2286, 2287

Die Anweisg an eine Bank (Spark), nach dem Tod ein Guthaben an eine bestimmte Pers auszuzahlen, ist eine rechtswirks Zuwendg dch Vertr zugunsten Dritter (§ 331); sie ist nicht schon aus dem Gesichtspkt der Umgehg der Bindg aus einem ErbVertr od gemschaftl wechselbezügl Test unwirks; dem benachteiligten VertrE od SchlußE kann aber ein BereicherngsAnspr nach § 2287 zustehen (BGH **66**, 8 mAv Johannsen **LM** § 2301 Nr 6; dazu Harder FamRZ **76**, 418).

4) Familienrechtliche Handlungen wie Eheschließg, Annahme eines Kindes, EhelichErkl sind dem Erbl nicht verwehrt, obwohl diese RGeschäfte uU PflichttRechte Dritter begründen u auf diese Weise mittelb den vertragsmäß Bedachten beeinträchtigen können. Andererseits kann der PflichtAnspr durch den ErbVertr weder ausgeschlossen noch beschränkt werden (Ausnahmen: §§ 2333 bis 2336). Anfechtg nach § 2079, §§ 2279, 2285 ist schon im ErbVertr ausschließbar (s § 2281 Anm 2, § 2285 Anm 1).

5) Auf wechselbezügliche Verfügungen in einem **gemeinschaftlichen Testament** ist § 2286 entspr anwendb (BGH DNotZ **51**, 345; DNotZ **65**, 357). Durch die nach dem Tode des Erstverstorbenen eingetretene Bindg werden RGeschäfte unter Lebenden nicht ausgeschl (§ 2271 Anm 2a).

2287 *Beeinträchtigende Schenkungen.*

^I Hat der Erblasser in der Absicht, den Vertragserben zu beeinträchtigen, eine Schenkung gemacht, so kann der Vertragserbe, nachdem ihm die Erbschaft angefallen ist, von dem Beschenkten die Herausgabe des Geschenkes nach den Vorschriften über die Herausgabe einer ungerechtfertigten Bereicherung fordern.

^{II} Der Anspruch verjährt in drei Jahren von dem Anfalle der Erbschaft an.

Schrifttum: Spellenberg FamRZ **74**, 357/360 und NJW **86**, 2531; Speckmann JZ **74**, 543; Johannsen WM **79**, 631.

1) Die Folgen des Mißbrauchs der lebzeitigen Vfgsfreiheit eines dch ErbVertr (od gemeinsch Test) gebundenen Erbl regelt § 2287, nachdem dieser dch den Abschluß eines ErbVertr nicht gehindert wird, sein Vermögen ganz od teilw zu verschenken (§ 2286). Derartige Schenkgen sind selbst dann wirks, wenn sie in der Absicht erfolgten, den VertrErben zu beeinträchtigen. Dieser muß auch alle übr RGesch des Erbl, die uneingeschränkt wirks sind u bleiben, als dessen RNachfolger gg sich gelten lassen, auch wenn sie seine Erberwartgen beeinträchtigen. Er ist gg sittenwidr Vorgehen eines Dritten, der aus dem Vermögen des Erbl zu dessen Lebzeiten einen Ggst erwirbt, im allg nur dann geschützt, wenn der Erwerb mindestens schuldrechtl seiner Wirkg entkleidet ist od wird (BGH NJW **89**, 2389). Er wird jedoch vor mißbräuchl Ausübg des freien VfgsRs in der Weise geschützt, daß ihm nach Anfall der Erbsch ein BereicherungsAnspr gg den Beschenkten entsteht (**I**). Voraussetzg ist allerd, daß der Erbl die berechtigte Erwartg des VertrE (SchlußE) obj beeinträchtigt. Ist das nicht der Fall, verschafft selbst eine in BenachteiliggsAbsicht vorgenommene Schenkg keinen Anspr (BGH FamRZ **89**, 175), zB wenn der beschenkte MitE dadch ausgleichspfl (§§ 2050; 2052) wird u der Nachl ausreicht, um die MitE bei der Auseinandersetzg ohne Ausgleichg völlig gleichzustellen (BGH aaO). – Als Sonderregel geht § 2287 einem eigenen Anspr des Erben aus § 826 vor; das gilt auch bei kollusivem Zusammenwirken des Erbl mit dem Dritten (BGH NJW **89**, 2389). – §§ 2287, 2288 gelten auch für bindend gewordene Vfgen in **gemeinschaftlichem Testament** (BGH **82**, 274, § 2271 Anm 2a). Ein Anspr kommt aber nicht in Betr, wenn der Ehegatte des Schenkers zZt der Schenkg noch lebte, weil dann die wechselbezügl Vfg des Erbl noch nicht bindend geworden war (BGH **87**, 19). Die Vorschr greifen auch nicht ein, wenn der überlebende Erbl sein Vermögen im Wege vorweggenommener Erbfolge auf die eingesetzten SchlußE (ungleich) verteilt (BGH **82**, 274 mAv Kuchinke JuS **88**, 853). Für entspr Anwendg des § 2287 zum Schutz des testamentstreuen Ehegatten vor unentgeltl Vertrag zGDr Speth NJW **85**, 463. – Ist ein NachE zugl VertrE, so greift zu seinem Schutz gg unentgeltl Geschäfte außer § 2113 II auch § 2287 ein; dieser schützt auch gg reine Verpflichtungsgeschäfte (Celle MDR **48**, 142 mAv Kleinrahm).

2) Voraussetzungen. Die berecht Erwartg des VertrE (SchlußE) muß **objektiv** (s Anm 1) dch eine Schenkg beeinträchtigt werden, die der Erbl **subjektiv** in Benachteiligsabsicht vorgenommen hat.

a) Schenkung iS von § 516. Erforderl ist also eine Zuwendg des Erbl, dch die obj die Substanz seines Vermögens vermindert u das Vermögen des Empfängers entspr vermehrt wird, sowie Einigg üb die Unentgeltlichk der Zuwendg (dazu Spellenberg aaO, Beckmann RhNK **77**, 26f). Dabei kommt es weder auf die Größe der Schenkg an noch auf ihren Ggst (aus dem Stamm od aus Erträgen des Vermögens od aus Einkünften). Unter Schenkg fallen auch: die gemischte od verschleierte (RG **148**, 240; BGH FamRZ **61**, 72/73; **63**, 426; **64**, 429), die aber bei fehlendem Schenkgswillen (etwa bei Kauf zum Freundschpreis, BGH WM **73**, 680/681) nicht angenommen werden kann; ferner das SchenkgsVerspr (§ 518; OLG Celle MDR **48**, 142) und die vollzogene Schenkg auf den Todesfall (§ 2301 II), wogg ein SchenkgsVerspr vTw ohne weiteres unwirks ist (§§ 2301 I; 2289 I). Ob ein üb der SchenkgsVertr wirks ist, ist ohne Bedeutg (Münzberg JuS **61**, 389/391, auch Spellenberg aaO 358). Ob sog unbenannte Zuwendgen von Eheg, von der Rspr als entgeltl RGesch angesehen werden, im ErbR als unentgeltl zu behandeln sind (so Sandweg NJW **89**, 1965/1971), ist str (s § 2325 Anm 4b). Keine Zuwendg aus dem Vermögen des Erbl ist die Aufhebg eines Erbverzichts nach § 2351 (s dort Anm 1). – Nach VertrAbschluß muß die Schenkg gemacht sein, gleichgült wie lange sie hinter dem Erbf zurücklag (anders § 2325 I, III). – Vertragl **Ausschluß** des § 2287 ist, wenn er im Einzelfall gg die guten Sitten verstößt, unzulässig (Soergel/Wolf Rz 1, s auch RGRK Rz 2, 11); aM (stets unzulässig) Kipp/Coing § 38 IV 2b; vgl auch § 276 II. – Auch Einsetzg des VertrE auf den Überrest schließt RückFdg nicht aus (RG LZ **19**, 1187); ebsowenig RücktrVorbeh nach § 2293. – **Verzicht** des beeinträchtigten Erben ist mögl (vgl OHG **2**, 169; Dittmann Rz 25). – **Beweisfragen:** Bei auffallendem, grobem Mißverh zw Leistg u GgLeistg spricht eine tatsächl Vermutg für Schenkg (BGH **82**, 274; s auch § 2325 Anm 4c).

b) Beeinträchtigungsabsicht, also die Abs, dem VertrErben die Vorteile der Erbeinsetzg zu entziehen od zu schmälern. Sie braucht nicht der eigentl leitende Beweggrund der Schenkg zu sein, da es nicht darauf ankommt, welche Absicht des Erbl die überwiegende Motivationskraft hat (BGH **59**, 343 und seitdem in st Rspr; krit Speckmann NJW **74**, 341; Finger FamRZ **75**, 251), wie überh die Abs, den Beschenkten zu begünstigen und den VertrErben zu benachteiligen, prakt meist in untrennb Zushang stehen wird (BGH aaO; Johannsen WM **73**, 533/534; aM Speckmann aaO). Direkter u erst recht bedingter Vors genügen nicht (BGH **31**, 23). Entscheidend ist, ob der Erbl an der Schenkg ein **lebzeitiges Eigeninteresse** hat. Dies ist vom Standpkt eines obj Urteilenden unter Berücksichtigg der gegebenen Umstände zu beurteilen. Es kommt darauf an, ob bei umfassender Abwägg die Beweggründe des Erbl ihrer Art nach so sind, daß ein dch ErbVertr Bedachter sie anerkennen u deswg die sich aus der Vfg für ihn ergebende Benachteiligg hinnehmen muß (BGH **83**, 44). EigInteresse **fehlt** idR, wenn der Erbl allein wg eines auf Korrektur seiner Vfg vTw gerichteten Sinneswandels wesentl VermWerte einer ihm jetzt genehmen Pers zuwendet (BGH **59**, 343 mAv Spellenberg FamRZ **73**, 136; **66**, 8 mAv Johannsen **LM** § 2301 Nr 6; WM **73**, 680, **77**, 201; s auch NJW **80**, 2307), auch wenn dies der Einsicht entspringt, daß er in der bindd gewordenen Vfg vTw den Beschenkten zu gering bedacht hat (BGH **77**, 264). Ist dieser allerd ein PflichttBer, der auf sein ges ErbR verzichtet hat, ist der Schutz des VertrErben insoweit eingeschränkt, wie dem Erbl der Weg der Verzichtsaufhebg nach § 2351 offengestanden hätte (BGH **77**, 264, abl Hülsmeier NJW **81**, 2043). Das Interesse des Erbl muß nicht erst nach Abschl des ErbV entstanden sein (BGH **83**, 44). EigInteresse wird **bejaht** zB bei Bemühen des Erbl, seine Altersversorgg zu sichern od zu verbessern (BGH **66**, 8; **77**, 264; Düss NJW-RR **86**, 806; Mü NJW-RR **87**, 1484), wobei sein Bedürfn hierfür mit den Jahren dringender u gewichtiger wird (BGH **83**, 44); bei Erfüll einer sittl Verpflichtg (BGH NJW **76**, 749); wenn VertrErbe sich schwerer Verfehlgen ggü Erbl schuld gemacht hat (LG Gießen MDR **81**, 582). Ob bei nachfolgder Ehe Schenkgen des Erbl an seinen neuen Ehegatten grdsl anzuerkennen sind (so Remmele NJW **81**, 2290), ist jedenf dann zweifelh, wenn Schenkg den wesentl Teil des Nachl umfaßt u Erbl keine Anf nach §§ 2281, 2079 erkl hat. – Die **Beweislast** für die BenachteiliggsAbs hat im RStreit der VertrErbe (BGH **66**, 8, Johannsen WM **77**, 297f; s aber auch Speckmann NJW aaO, Spellenberg aaO 359). Pflichtschenkgen (§§ 534, 1624) schließen die BeeinträchtiggsAbsicht dann nicht aus, wenn sie jedes vernünft Maß überschreiten. Kenntnis des Empfängers ist nur für § 819 von Bedeutg. – Die **Einwilligung** des vertrmäß bedachten VertrPartners nimmt ihm nur dann den Schutz des § 2287, wenn sie in notarieller Form (entspr dem Erbverzicht) erklärt ist, weil aus Gründen der RKlarh u auch des Schutzes vor überlegten Äußergen auf die Einhaltg der Form des § 2348 abzustellen ist (BGH NJW **89**, 2618; aA RG **134**, 325). Eine nur formlose Einwilligg hat diese Wirkg nicht, kann aber ausnahmsweise den Arglisteinwand begründen (BGH aaO). Bei minderjähr Bedachten bedarf dessen ges Vertrter für die Erkl der Einwilligg der vormschgerichtl Genehmigg (BGH **83**, 44/49).

c) Anfall der Erbschaft an den VertrE (gleichgült, ob er VertrGegner od nur als Dritter bedacht war). Schlägt er aus, so entfällt sein Recht rückwirkd (§ 1953), auch wenn die Ausschlagg auf der durch die Schenkg bewirkten NachlÜberschuldg beruhte (Reimann Rz 18). Denn das G will rasch klare Verhältnisse schaffen, vgl **II**.

3) Der Bereicherungsanspruch kann nicht höher sein als die dch die Schenkg herbeigeführte Beeinträchtigg des VertrE (SchlußE), selbst wenn der Erbl eine darüber hinausgehende Benachteiligg beabsichtigt haben sollte (BGH FamRZ **89**, 175). Bei MitE steht der Anspr nicht den Erben gemeinsch zu (fällt also nicht in die gesamthänderische Bindg), sondern jedem absichtl benachteiligten VertrEr persönl, der ihn zu einem seiner Erbquote entsprechenden Bruchteil auch unmittelbar geltend machen kann (BGH NJW **61**, 120; **80**, 2461; **89**, 2389).

a) Entstehung. Der Anspr entsteht erst mit dem Anfall (Anm 2c) u kann daher zu Lebzeiten des Erbl ggü dem Beschenkten nicht durch Arrest od einstw Vfg gesichert (BayObLG **52**, 290; s auch Kohler NJW **64**, 1398), jedoch dch Feststellgsklage des VertrErben geklärt werden, sobald ihm sein ErbR nicht mehr entzogen werden kann (Koblenz MDR **87**, 935; str). Mögl ist auch, daß der Erbl sich ggü dem VermNehmer od dem ErbVertrGegner verpflichtet, über den vermachten Ggst nicht zu verfügen (s Johannsen WM **79**, 633).

b) Gegen den Beschenkten richtet sich der Anspr (nicht gg den Erbl od die Miterben; anders bei §§ 2288, 2325ff). Er gehört nicht zum Nachl (BGH **78**, 1; NJW **89**, 2389), weil der Erbl nicht aus seiner eigenen Argl einen Anspr erwerben kann und der Anspr auch nicht jedem Erben, sond nur dem VertrErben zusteht (mehreren VertrErben – in Abweichg von § 2039 – nach Verhältn ihrer Erbteile). Daher kann der TestVollstr ihn nicht geltd machen (RG JW **36**, 251, Johannsen WM **69**, 1224) u die NachlGläub sind auf Anf (KO 29ff, AnfG 3ff) beschränkt. Der beschränkt haftende VertrE kann ihnen die Befriedigg aus dem RückFdgsAnspr od dem dadurch Erlangten verweigern. – Ein **Auskunftsanspruch** gg den vom Erbl Beschenkten steht nach neuerer Auffassg dem VertragsE gem § 242 zu, wenn er die Voraussetzgen für das Bestehen eines Anspr aus 2287 schlüssig u in substantiierter Weise dargetan hat (BGH **97**, 188 mAv Hohloch JuS **86**, 811; aA noch BGH **18**, 67); dagg nicht zur bloßen Ausforschg einer Schenkg (BGH **61**, 180). Die Darleggspflicht des VertragsE ist dabei um so höher, je konkreter der Begünstigte Behauptgen zum lebzeit Eigeninteresse (s Anm 2b) aufstellt (BGH NJW **86**, 1755). – Ist der Beschenkte **Pflichtteilsberechtigter**, erfährt der mit § 2287 bezweckte Schutz des Erben Einschränkgen, weil dieser bei seiner Erberwartg mit der PflichttLast rechnen muß. Der VertragsE (ebso SchlußE) ist also vor vorneherein nicht beeinträchtigt, soweit ein Geschenk des Erbl den Pflichtteil des Beschenkten zu decken geeignet ist, so daß der Anspr auf das beschränkt ist, was nach Begleichg des Pflichtt übrig bleibt (BGH **88**, 269). Selbst wenn der PflichttBerecht auf sein ges ErbR samt PflichttR verzichtet hat, kann der VertragsE den Schutz des § 2287 insoweit nicht beanspr, wie dem Erbl der Weg der Aufhebg des Verzichts gem § 2351 offengestanden hätte (BGH **77**, 264).

c) Auf Herausgabe des Geschenks nach §§ 818–822 geht der Anspr. Kenntn (§ 819) oder Rechtshängigk verschärfen die Haftg. Bei noch nicht erfülltem SchenkgsVerspr geht der Anspr auf Befreiung (vgl auch § 821). Bei teilweiser Unentgeltlich geht der Anspr nur dann auf Herausg, wenn der unentgeltl Charakter des Geschäfts überwiegt (BGH NJW **53**, 501, gg OGH **1**, 261, **2**, 165); sonst auf Erstattg der Wertdifferenz (RG **148**, 236; BGH **30**, 120; Lange/Kuchinke § 37 II 2a[44]). Ist der Beschenkte pflichtberecht, kann der VertragsE den HerausgabeAnspr nur Zug um Zug gg Zahlg des PflichttBetrags geltend machen (BGH **88**, 269).

Erbvertrag §§ 2287–2289

4) Andere Ansprüche.
a) Gegen den Erblasser bestehen solche idR **nicht**. Was er angerichtet hat, soll nur der Beschenkte büßen. Jedoch kann der VertrErbe, der zu Lebzeiten des Erbl u im Einverständn mit ihm Aufwendgen für ein diesem gehörendes Grdst gemacht hat, im Fall der Veräußerg des Grdst Anspr aus §§ 812 I 2, 818 II, 819 gg den Erbl erheben (BGH bei Johannsen WM **77**, 280).

b) Gegen den Beschenkten ist neben § 2287 auch § 826 anwendbar (OGH **2**, 170; RGRK Rz 9; Münzberg JuS **61**, 393, Kohler NJW **64**, 1398, Johannsen WM **69**, 1226, auch § 2271 Anm 2a). Es können auch die Voraussetzgen des § 138 vorliegen (BGH **59**, 343 mAv Spellenberg FamRZ **73**, 136 f).

2288 *Beeinträchtigung des Vermächtnisnehmers.* ¹ Hat der Erblasser den Gegenstand eines vertragsmäßig angeordneten Vermächtnisses in der Absicht, den Bedachten zu beeinträchtigen, zerstört, beiseite geschafft oder beschädigt, so tritt, soweit der Erbe dadurch außerstande gesetzt ist, die Leistung zu bewirken, an die Stelle des Gegenstandes der Wert.

ᴵᴵ Hat der Erblasser den Gegenstand in der Absicht, den Bedachten zu beeinträchtigen, veräußert oder belastet, so ist der Erbe verpflichtet, dem Bedachten den Gegenstand zu verschaffen oder die Belastung zu beseitigen; auf diese Verpflichtung finden die Vorschriften des § 2170 Abs. 2 entsprechende Anwendung. Ist die Veräußerung oder die Belastung schenkweise erfolgt, so steht dem Bedachten, soweit er Ersatz nicht von dem Erben erlangen kann, der im § 2287 bestimmte Anspruch gegen den Beschenkten zu.

1) Allgemeines. Der Schutz des VermächtnNehmers geht (vom Schenkgsfall, **II** 2, abgesehen) über den des VertrE hinaus; denn letzterer kann wg Zerstörg usw von ErbschGgständen nicht gg sich selbst od gg seine Miterben Rückgr nehmen. Der vertragl VermächtnNehmer bedarf aber besonderes Schutzes, da die Wirksamk eines SachVermächtn regelm davon abhängt, daß der Ggst noch in der Erbsch vorhanden ist (§§ 2169, 2171, 2165). Bei Einziehg einer Fdg od beim VerschaffgsVerm bestehen zwar WertersatzVorschr (§§ 2173, 2170 II), bei letzterem gewährt aber § 2288 für den Fall obj Unmöglichk (Zerstörg) Schutz (s auch Reimann Rz 11, 13). Vertragl Ausschl ist auch hier unzulässig (bestr). Die Vorschr ist auf gemeinschaftl Test ebenf anwendb (vgl § 2287 Anm 1).

2) Beeinträchtigende Handlungen, I. Hat der Erbl in der Abs, den Bedachten zu beeinträchtigen (s § 2287 Anm 2b), den zugewendeten VermögensGgstand **zerstört, beiseite geschafft, beschädigt** und kann daher der Ggstand nicht od nicht unversehrt beschafft werden, hat der VermächtnNehmer gg den Erben od die ErbenGemsch einen Anspr auf Wiederherstellg od Wiederbeschaffg (soweit dieser hierzu imstande ist), andernf auf Ersatz des gemeinen Wertes zur Zeit des VermächtnAnfalls (§ 2176). Soweit als Schuldner nur der beschwerte Erbe angesehen wird (Soergel/Wolf Rz 3; Reimann Rz 4), ist nicht berücksichtigt, daß die ErbenGemsch für das Verhalten des Erbl einzustehen hat (MüKo/Musielak Rz 9). Das gilt auch bei Untergang durch Verbrauch od Eigtumsverlust durch Verbindg, Vermischg in Beeinträchtiggs-Abs. Allerd kann ein lebzeit Eigeninteresse (§ 2287 Anm 2b) der Anwendg auch des § 2288 entggstehen, sofern nach Abschluß des ErbVertr eine Änderg der Sachlage eingetreten ist (BGH NJW **84**, 731).

3) Bei Veräußerung od **Belastung (II)** durch den Erbl in BeeinträchtiggsAbs (s § 2287 Anm 2b) steht dem VermächtnNehmer gg den Erben bzw die ErbenGemsch (BGH **26**, 280) ohne Rücks darauf, ob er beschwert ist, der Anspr auf Verschaffg des Ggstandes od Beseitigg der Belastg zu **(II 1)**. Ist der Erbe hierzu außerstande, besteht Anspr auf Wertersatz (§ 2170 II 1). Bei schenkgsweiser Beeinträchtigg **(II 2)** haftet der Beschenkte hilfsw, wenn u soweit von dem Erben (wg beschränkter Haftg od ZahlgsUnfgk) nichts zu erlangen ist, aus ungerechtf Bereicherg (s § 2287); evtl besteht Anspr aus § 826 (Johannsen **LM** Nr 6 zu § 2271). – Der Anspr nach **II** besteht auch bei schuldrechtl Verpflichtg zur Veräußerg des vermachten Ggstandes (BGH **31**, 23, dazu Bund JuS **68**, 274).

4) Vereitelung des Vermächtnisanspruchs durch den Nachl erschöpfende Schenkgen gibt nach dem Zweck dieser Schutzbestimmg den Anspr gg den Beschenkten auch dann, wenn es sich um ein GattgsVerm handelte (Strohal I, 375, aM Reimann Rz 11).

2289 *Wirkung auf letztwillige Verfügungen.* ¹ Durch den Erbvertrag wird eine frühere letztwillige Verfügung des Erblassers aufgehoben, soweit sie das Recht des vertragsmäßig Bedachten beeinträchtigen würde. In dem gleichen Umfang ist eine spätere Verfügung von Todes wegen unwirksam, unbeschadet der Vorschrift des § 2297.

ᴵᴵ Ist der Bedachte ein pflichtteilsberechtigter Abkömmling des Erblassers, so kann der Erblasser durch eine spätere letztwillige Verfügung die nach § 2338 zulässigen Anordnungen treffen.

1) Die erbvertragliche Bindung. Durch Abschluß des ErbV wird der Erbl zwar nicht an Vfgen unter Lebenden gehindert (§ 2286), aber in seiner **Testierfreiheit** (nicht in seiner TestierFgk) beschränkt. Er bindet sich an seine vertrmäß (§ 2278) Vfgen (einseitige, § 2299, kann er stets frei widerrufen). Diese Bindung folgt aus der VertrNatur des RGesch; § 2289 beruht hierauf u spricht lediglich die Folgen aus (BGH **26**, 204; s Übbl 2 vor § 2274). Wie weit sie reicht, richtet sich innerh der ges Grenzen ausschließl nach dem Willen der VertrSchließenden. BindgsWirkg entfaltet aber nur der wirks geschl u gebliebene ErbV, nicht die nichtige od wirks angefochtene (§ 142). Die Bindgswirkg **entfällt**, wenn der ErbV dch Aufhebg (§§ 2290–2292), Rücktritt (§§ 2293 ff) od Anfechtg (§§ 2281 ff) beseitigt od infolge Wegfalls des Bedachten vor od nach dem Erbfall dch Tod, Ausschlag od ErbunwürdigErkl ggstandslos wird. Zum Wegfall bei einer dch Wiederheirat wirks gewordenen Klausel s § 2269 Anm 5 d.

a) Vorbehalt. Der Erbl kann auch dch einen in den ErbV ausdrückl od stillschweigend aufgenommenen Vorbehalt das Recht zu späteren abweichenden letztw Vfgen behalten (BGH **26**, 204; NJW **82**, 441), weil es grdsl dem Willen der Vertragsparteien unterliegt, den Umfang der Bindg festzulegen. Der formbedürft (§ 2276) Vorbehalt kann auch dch Auslegg des ErbVs festgestellt werden (BayObLG **61**, 210). Streitig ist, wie weit ein solcher Vorbehalt reichen kann. Unterliegen sämtl vertragsmäß Vfgen des ErbV der Änderungsbefugn des Erbl, wird argumentiert, daß der ErbV seines eigentl Wesens entkleidet u inhaltslos werde, weil keine vertragsmäß Vfg mehr übrig bliebe (s BGH NJW **58**, 498; Düss OLGZ **66**, 70; Erman/Hense Rz 6; MüKo/Musielak § 2278 Rz 17; Johannsen **LM** Nr 3), so daß wenigstens eine vertragsmäß Anordng nicht vom Vorbehalt erfaßt werden dürfe (Stgt OLGZ **85**, 434). Damit ist jedoch die Folge eines unbegrenzten Vorbehalts noch nicht geklärt, etwa ob er od der ganze Vertrag unwirks ist od dieser als einseit Vfg wirks bleibt. Zu unterscheiden ist hierfür zwischen Wirksamk des Vorbehalts einers u Vertragsmäßigk der Vfg anderers (zum ähnl Problem der Wechselbezügl beim gemeinsch Test mit Freistellgsklausel s § 2271 Anm 3 c). Hülsmeier NJW **86**, 3115 ist zuzustimmen, daß jeder Vorbehalt wirks ist ebso wie die erbvertragl Zuwendg auch von einer Bedingg od Befristg abhängig gemacht werden kann. Geht der Vorbehalt allerd so weit, daß der Erbl an nichts mehr gebunden ist, liegt keine vertragsmäß Vfg mehr vor. Damit der Bedachte überhaupt ein Recht iS von § 2289 erwirbt, muß also der Vorbehalt inhaltl beschränkt sein; die Ausnutzg eines solchen Vorbehalts kann das Recht dann nicht beeinträchtigen, weil dieses von vorneherein dch den Vorbehalt bestimmt wird. Ein beschränkter Vorbehalt kann aber auch noch vorliegen, wenn dem Erbl die ersatzlose Aufhebg einer einzelnen Vfg gestattet ist, sofern nämlich die Aufhebg an bestimmte Voraussetzgen geknüpft u damit eine Willkür des Erbl ausgeschlossen ist (Hülsmeier aaO). Die erbvertragl Bindg wirkt sich dann dahin aus, daß der Erbl nur noch solche einseit Vfgen treffen kann, die im Rahmen des Vorbehalts liegen. – Als zulässige Vorbehalte werden zB angesehen: Nachträgl Berufg weiterer Erben neben dem eingesetzten AlleinE; das Recht des überlebenden Ehegatten, die für den zweiten Erbfall getroffenen Bestimmgen in einem bestimmten Rahmen abzuändern (Stgt OLGZ **85**, 434) od „wenn sich die Verhältn ändern" (LG Koblenz JurBüro **68**, 254); die nachträgl Anordng von Vermächtn od Auflagen (Düss OLGZ **66**, 68); einer TestVollstrg, ggf nur mit einer bestimmten Person als TV (Stgt OLGZ **79**, 49). Der Vorbehalt von Vermächtn berecht aber nicht zu einer neuen Erbregelg; der zur bloßen Umverteilg des Nachl nicht auch zur Anordng einer TVollstrg (LG Koblenz aaO), es sei denn, daß die Erbeinsetzg insgesamt widerrufen werden darf.

b) Die Einwilligung des bedachten VertrPartners ist nur dann geeignet, den Erbl von seiner Bindg zu befreien u trotz **I** eine weitere Vfg vTw im Rahmen der Einwilligg wirks werden zu lassen, wenn sie in der für die VertrAufhebg vorgeschriebenen Form (§§ 2290 IV; 2276) erklärt ist (BGH NJW **89**, 2618), wofür zwischen Ehegatten auch ein gemeinsch Test (§ 2292), bei Vermächtn einseit nicht beurkundete Erkl (§ 2291 II) genügt. Wirks ist auch die vor dem Erbfall in Form des Erbverzichts (§ 2348) erkl Zustimmg (BayObLG **74**, 401). Dagg kommt der **formlos** erkl Einwilligg eine solche Wirkg nicht zu (BGH aaO, der dies noch in BGH **83**, 44 offen gelassen hatte; aA RG **134**, 325). Wird sie allerd nach dem Erbfall erkl, sollte, nachdem der Bedachte jetzt die Zuwendg ganz ausschlagen kann, auch eine Beschränkg seiner RStellg als Teilausschlagg dann beachtl sein, wenn seine nicht formgerechte Zustimmg nach Frist u Form der Ausschlagg (§§ 1944, 1945) entspricht (Soergel/Wolf Rz 8). – Auch im Falle unwirks Zustimmg muß sich der Bedachte im Einzelfall uU den Arglisteinwand entgegenhalten lassen; er wird sich später auf die Unwirksamk der sein Recht beeinträchtigenden Vfg beruft (BGH NJW **89**, 2619; WM **78**, 171).

2) Beeinträchtigung des Rechts des Bedachten liegt vor, wenn die anderweit letztw Vfg die vertragsmäß Zuwendg mindern, beschränken, belasten od ggstandslos machen würde (Hamm OLGZ **74**, 378). Wirtschaftl Beeinträchtigg genügt (Soergel/Wolf Rz 2; Hülsmeier NJW **81**, 2043; aA MüKo/Musielak Rz 10: nur rechtl). Bei Widerspruch zwischen vertragl u anderweit Vfg liegt immer eine Beeinträchtigg vor, selbst wenn die andere Vfg für den Bedachten wirtschaftl günstiger wäre (BGH **26**, 204; dazu Küster JZ **58**, 394; anders beim gemeinsch Test). Eine vorausgehende Vfg muß allerd nicht auch widersprechend sein, um den vertragsmäß Bedachten beeinträchtigen zu können (§ 2289 geht üb § 2258 hinaus); zB beeinträchtigt ein test Vermächtn den Umfang einer späteren vertragl Erbeinsetzg, auch wenn sich beide Vfgen als Willen des Erbl ergänzen. – **Beispiele** für Beeinträchtigg: Der VertragsE wird dch spätere Vfg zum VorE zurückgestuft (Hamm NJW **74**, 1774) od dch wertverschiebende Teilgsanordng beschwert (Lehmann MittBayNot **88**, 157 erachtet Teilgsanordngen jegl Art als beeinträchtigende Vfg; BGH **82**, 274 mAv Schubert JR **82**, 156; BGH NJW **82**, 441 läßt Teilgsanordng zu, sogar wertverschiebende bei entspr AusgleichsPfl; dagg Staud/Kanzleiter Rz 12); od dch Vermächtn; Auflage; dch die test (auch frühere) Anordng einer TestVollstrg (BGH NJW **62**, 912), selbst wenn die Erben nachträgl einverstanden sind (KG JW **38**, 2746); die bloße Auswechslg nur der Person des TV beeinträchtigt allerd nicht (s auch § 2271 Anm 2 c; aA Stgt OLGZ **79**, 49). Der Erbl kann auch nicht ohne weiteres den Vertragspartner zu Lasten anderer vertragsmäß Bedachter besserstellen; haben zB Ehegatten vertragsmäß ihre Abkömml zu Erben berufen, kann ein Ehegatte später nicht mehr einseit den anderen zu seinem Erben einsetzen (BayObLG **61**, 206). Wohl aber kann ein Ehegatte bei vertragl ggseit Erbeinsetzg noch zu Lebzeiten des anderen Gatten einseit für den Fall neu testieren, daß der andere zuerst verstirbt, weil dann eine Beeinträchtigg nicht mehr vorliegt (s Anm 1).

3) Wirkung. Der abgeschlossene ErbV entfaltet bezügl seiner vertragsmäß Vfgen doppelte Wirkg:

a) Die Aufhebungswirkung (I 1) der vertragsmäß Vfgen (für einseitige gilt § 2258, § 2299) betrifft die **früheren**, also zeitl vor dem ErbV errichteten Vfgen vTw im Umfang ihrer Beeinträchtigg, sofern diese nicht ihrerseits als wechselbezügl gemeinsch Test od ErbV die Wirksamk des jetzigen ErbV verhindern (§§ 2271; 2289 I 2). Ist allerd der ErbV nur Ersatz des gemeinschaftl Test od des früheren Vertr, also von gleichen Partnern geschl worden, liegt Aufhebg (§ 2290) vor, so daß es auf Beeinträchtigg nicht ankommt. Wird die frühere Vfg im ErbV ganz od teilw ausdrückl aufrecht erhalten, ist die vertrmäß Vfg dch gemeins Willen der VertrSchließenden von vorneherein eingeschränkt. Letzteres gilt auch für beeinträchtigende einseit Anordngen des Erbl in der VertrUrkunde, da sie dem VertrPartner regelm bekannt sind (Hamm OLGZ **76**, 20/24; MüKo/Musielak Rz 5). Fällt die Bindg weg (dazu Anm 1), entfällt auch die Aufhebgswirkg, es sei denn, daß sich aus dem ErbV der Wille ergibt, die früh Vfg auf jeden Fall aufzuheben.

Erbvertrag §§ 2289–2291

b) Die Bindungswirkung (I 2) besteht darin, daß **nachträgliche** Vfgen des vertragsmäß gebundenen Erbl unwirks sind, soweit sie das Recht des vertragsmäß Bedachten beeinträchtigen würden (dazu Anm 2), es sei denn, daß der Erbl sich die abweichende Vfg ausdrückl od stillschweigend im ErbV vorbehalten hatte (s Anm 1a). Ist der ErbV nichtig, zB wirks angefochten od fällt die Bindg nachträgl weg (s Anm 1), wird die spätere Vfg vTw wirks. Zur nachträgl Zustimmg des Vertragspartners (Bedachten) s Anm 1 b.

4) Der gesetzliche Änderungsvorbehalt in II berecht den Erbl, einem (am ErbV beteiligten od als Dritten bedachten) pflichtteilsberecht **Abkömmling** die gemachte Zuwendg in guter Absicht (§ 2338) wieder zu entziehen. Ein vorheriger Verzicht auf dieses Recht wäre nichtig (§ 138 I). Die Anordng erfolgt einseitig, Kenntn od gar Zustimmg des Vertragspartners (Abkömml) ist nicht erforderl. Soll ein Dritter beschränkt werden, kann dies auch noch nach Tod des VertrPartners geschehen. – Die Entziehg des Pflichtt selbst (§ 2333) ist nicht nach **II**, sond nur nach Rücktritt vom ErbV (§ 2294) mögl.

5) Rechtsgeschäfte unter Lebenden. Auch wenn durch sie dem VertragsE der erwartete Nachl entzogen wird, sind sie nur unter Umständen nichtig (s § 2286 Anm 3). Zur Frage einer entspr Anwendg des § 2289 I 2 auf Vfgen zG Dr auf den Todesfall (§ 2301) s Johannsen SH 79 ff. Da § 2289 ebso wie § 2286 nicht für familienrechtliche Geschäfte gilt, kann der Erbl trotz Bindg kraft ErbVertr dch **Eingehung** einer (neuen) **Ehe** uU die Entstehg eines erhöhten PflichttAnspruchs des (2.) Eheg nach § 1371 I herbeiführen (s § 2303 Anm 2; § 2286 Anm 4). Dies gilt auch dann, wenn Eheleute einen ErbVertr iS von § 2280 errichtet haben u nach dem Tod des einen Eheg der andere wieder heiratet u vor seinem 2. Ehegatten im Güterstd der ZugewGemsch stirbt (Reimann Rz 30; Erman/Hense Rz 7). Treffen Eheg in einem ErbVertr, in dem sie sich ggseit u nach dem Tode des Längstlebenden ihre Kinder als Alleinerben eingesetzt haben, die Bestimmg, im Fall der Wiederverheiratg des überlebden Teils den Kindern der den gesetzl Erbteil übersteigde Betrag des Nachlasses des ErstVerst als Vermächtn herauszugeben ist, ist der überl Eheg im Fall der Wiederverheiratg an seine Vfg zG seiner Kinder nicht gebunden (Zweibr OLGZ 73, 217).

2290 *Aufhebung durch Vertrag.* **I** Ein Erbvertrag sowie eine einzelne vertragsmäßige Verfügung kann durch Vertrag von den Personen aufgehoben werden, die den Erbvertrag geschlossen haben. Nach dem Tode einer dieser Personen kann die Aufhebung nicht mehr erfolgen.

II Der Erblasser kann den Vertrag nur persönlich schließen. Ist er in der Geschäftsfähigkeit beschränkt, so bedarf er nicht der Zustimmung seines gesetzlichen Vertreters.

III Steht der andere Teil unter Vormundschaft, so ist die Genehmigung des Vormundschaftsgerichts erforderlich. Das gleiche gilt, wenn er unter elterlicher Sorge steht, es sei denn, daß der Vertrag unter Ehegatten oder unter Verlobten geschlossen wird.

IV Der Vertrag bedarf der im § 2276 für den Erbvertrag vorgeschriebenen Form.

1) Der Aufhebungsvertrag kann nur von den Parteien des ErbV, nicht aber von ihren Erben (I 2) od zw Erbl u bedachtem Dritten geschl werden (I 1). Der **Erblasser** kann ihn in allen Teilen nur persönl schließen, II 1 (wie schon den ErbV, § 2274), Vertretg ist bei ihm ausgeschl. Bei beschränkter GeschFgk bedarf er nicht der Zust seines ges Vertr (II 2) od einer gerichtl Genehmigg (kann aber keinen neuen ErbV mehr schließen, § 2275 I); bei nachträgl GeschUnfgk ist Aufhebg nicht mehr mögl. – Der **Vertragspartner,** der nicht selbst zugleich Erbl ist, kann bei nachträgl GeschUnfgk dch seinen ges Vertr handeln, wobei in den Fällen des III Genehmigung des VormschG (zuständ ist Richter, RPflG 14 Nr 17) erforderl ist; für den beschränkt geschäftsfäh Gegner gelten die §§ 107, 114. Die Zust eines bedachten **Dritten** ist nicht erforderl, da er vor dem Erbfall noch keinerlei Rechte erwirbt (s Übbl 3b vor § 2274); verhindert er argl die Aufhebg, muß er sich so behandeln lassen, als wenn sie erfolgt wäre (RG **134**, 327). Es wird daher im üb dadurch einigermaßen geschützt, daß die Aufhebg nur vertragl (nicht einseit) u nach dem Tode einer Partei überh nicht mehr mögl ist, ebsowenig durch Ausschlagg (anders bei §§ 2271 II, 2298 II). Doch ist zu beachten, daß der Gegner nicht Erbe des Erbl sein muß u Vfgen zu seinen Gunsten inf seines Todes von selbst wegfallen (s auch § 2297). – Einen **Erbverzichtsvertrag** (§ 2352) kann der Erbl mit dem bedachten VertrGegner nicht schließen (BayObLG **74**, 401; Hamm DNotZ **77**, 752; Stgt OLGZ **79**, 129), wohl aber mit dem bedachten Dritten (Düss DNotZ **74**, 368; s § 2352 Anm 4).

2) Die Form ist dieselbe wie beim ErbVertr, **IV**, § 2276 (gleichzeit Anwesenh beider Teile); also auch Ehe- u AufhebgsVertr mögl (§ 2276 II). § 2277, BeurkG 34 gelten nicht. Auch Aufhebg durch Rückn des Vertr aus der amtl Verwahrg (§§ 2256, 2272) kommt nicht in Frage. – Gebühr: KostO 46 II. – Aufhebg im Prozeßvergleich ist zul; Erbl muß aber anwesend sein, im AnwaltsProz Abgabe der Erkl durch Erbl u anwaltschaftl Vertreter (s § 2276 Anm 3).

3) Die Aufhebungswirkung besteht darin, daß der ErbVertr od die aufgehobenen vertragsmäß Vfgen kraftlos werden; sie erstreckt sich iZw auch auf einseit Vfgen (§ 2299 III); sie kann auf den Fortfall der Bindg beschränkt, es kann auch die Aufhebg mit einem neuen ErbVertr od Test (§§ 2274, 2275, 2299 I) verbunden werden.

4) Anfechtung des AufhebgsVertr kann durch den Gegner, der den Vertr nicht zugl als Erbl geschlossen hat, nur nach §§ 119 ff, durch den Erbl entspr § 2281 (§ 2285, str, wie hier MüKo/Musielak Rz 9; aM RGRK Rz 9) erfolgen (bei letzterem angesichts seiner wiedererlangten TestierFreih kaum prakt); der Bestand eines mit dem AufhebgsVertr verbundenen Abfindgsvertrags richtet sich nach § 139. Durch Beseitigg od vertragl **Aufhebung des Aufhebungsvertrags** (wofür §§ 2274, 2275, nicht § 2290 II, III gilt) wird der ErbVertr wiederhergestellt (§§ 2257, 2279 I).

2291 *Aufhebung durch Testament.* **I** Eine vertragsmäßige Verfügung, durch die ein Vermächtnis oder eine Auflage angeordnet ist, kann von dem Erblasser durch Testa-

§§ 2291–2293   5. Buch. 4. Abschnitt. *Edenhofer*

ment aufgehoben werden. Zur Wirksamkeit der Aufhebung ist die Zustimmung des anderen Vertragschließenden erforderlich; die Vorschriften des § 2290 Abs. 3 finden Anwendung.
II Die Zustimmungserklärung bedarf der notariellen Beurkundung; die Zustimmung ist unwiderruflich.

1) Das Aufhebungstestament bezügl vertrmäß Vfgen (§ 2278) kommt nur bei Verm und Aufl, nicht aber bei Erbeinsetzg in Betracht, I 1. Es ist nur der Form nach Test, der Sache nach aber Vertr (str, aM MüKo/Musielak Rz 3), weil es ein Zusammenwirken der ErbVertrParteien durch Zustimmg des VertrGegners erfordert, I 2, um wirks zu sein. Die **Formerleichterung** liegt in der Zulassg auch des PrivTest (§§ 2231 Nr 2) u darin, daß der Gegner zwar zustimmen, aber nicht gleichzeit anwesend sein muß.

2) Die Zustimmungserklärung ist empfangsbedürft und bedarf der not **Form, II**, um ein zuverlässiges BewMittel u den Parteien zweifelsfrei Kenntn der nunmehr wieder unbeschränkten TestierFreih zu verschaffen. Das ZustR geht nicht auf die Erben des VertrGegners über, kann also nur zu dessen Lebzeiten ausgeübt werden (s aber § 130 II); nach dem Tode des Erbl kann die Zust als empfbed WE nicht mehr erteilt werden (Hamm NJW 74, 1774). Eine bereits im ErbV ausgesprochene Zust, die nicht schon im Einverständn mit einem Rücktrittsvorbehalt (§ 2293) liegt, nimmt der entspr Vfg ihren vertrmäß Charakter. Die Zust kann auch dch Vertr erklärt werden, wobei nach I 2 in den Fällen des § 2290 III Genehmigg des VormschG erforderl ist.

3) Widerruf. Das AufhebgsTest kann der Erbl nach §§ 2253 ff, solange der VertrGegner nicht zugestimmt hat, mit der Wirkg widerrufen, daß die vertragsm Vfg wieder wirks wird. Nach Erteilg der Zust kann das AufhebgsTest nur mit Zust des VertrGegners – in der Form von II – widerrufen werden. Der Widerruf hat auch in diesem Fall die Wirkg, daß die vertragsm Vfg wieder auflebt.

2292 *Aufhebung durch gemeinschaftliches Testament.* Ein zwischen Ehegatten geschlossener Erbvertrag kann auch durch ein gemeinschaftliches Testament der Ehegatten aufgehoben werden; die Vorschriften des § 2290 Abs. 3 finden Anwendung.

1) Nur Ehegatten können den von ihnen geschl ErbV durch gemeinschaftl Test aufheben (I u § 2265), auch dann, wenn die VertrTeile bei Aufhebg verheiratet sind, diese Voraussetzg aber bei Abschl des ErbVertr noch nicht vorlag (Köln FamRZ 74, 51). **Die Aufhebung** kann sich hier (anders bei § 2291) auch auf vertragsm Erbeinsetzgen beziehen. Das Test kann sich mit der Aufhebg der früher getroffenen Vfgen begnügen; es kann auch nur einzelne Vfgen aufheben, und bestehen lassen (BayObLG 60, 192). Erfolgt die Aufhebg nicht ausdrückl u steht die test Vfgen zu den früheren des ErbVertr nicht in Widerspr, kann **Ergänzung** zu einer einheitl gemschaftl Vfg vTw vorliegen (BayObLG Rpfleger 80, 283). Wollen die Eheleute beide Vfgen als Einheit gelten lassen, können die vertragsmäß Erbeinsetzg u die test Einsetzg des SchlußE bei entspr Bindgswillen sogar wechselbezügl werden (BayObLG FamRZ 86, 392). Die zeitl nacheinander errichteten Vfgen sind dann so auszulegen, als wäre der Wille der Ehegatten in einer einheitl Urkunde niedergelegt, wobei eine vertragl Bindg nur insow als aufgehoben anzusehen ist, als das spätere gemeinsch Test ihr widerspricht (BayObLG 87, 23). Lag ein einseitiger ErbVertr vor od ist nur die Aufhebg der Vfgen des einen Teils beabsichtigt, hat der andere Teil der Aufhebg ledigl zuzustimmen.

2) Das Aufhebungstestament kann in jeder zulässigen Form des gemeinschaftl Test, aber nicht dch übereinstimmende EinzelTeste errichtet werden (dazu Einf 2 vor § 2265; § 2266). Da die Verweisg auf § 2290 III gelten allerd best VertrVorschr. Für den **Erblasser** (bei zweiseit ErbVertr für beide gelten) §§ 2229 f, 2253. Der bloß annehmende Gatte bedarf zur Aufhebg, wenn er in der GeschFgk beschränkt ist, der Zust des gesetzl Vertreters und vormschaftsgerichtl Gen (§ 2290 III). Nachträgl Genehmigg nach erlangter GeschFgk behebt den Mangel (aber nur solange der Erbl lebt, § 108 III, MüKo/Musielak Rz 3; s auch § 2275 Anm 3). Ein eigenhänd gemschaftl Test ist jedoch unheilb nichtig, wenn ein Eheg minderjähr war (§ 2247 IV; s Einf 2 vor § 2265).

3) Durch einseitigen Widerruf des AufhebgsTest (§§ 2271; 2253 ff) kann der ErbVertr nicht wieder in Kraft gesetzt werden (er ist aber uU umdeutb, § 140, in eine einseit letztw Vfg); wohl aber kann diese Wirkg durch einen ErbVertr, einen Vertr nach § 2290, ein neues gemschaftl Test erzielt werden.

2293 *Rücktritt bei Vorbehalt.* Der Erblasser kann von dem Erbvertrage zurücktreten, wenn er sich den Rücktritt im Vertrage vorbehalten hat.

1) Das Rücktrittsrecht sichert dem Erbl persönl (nicht seinen Erben, § 2296 I) das R, dch einseit Erklärg seine vertrmäß Vfgen (§ 2278) außer Kraft zu setzen; ist ein Vorbehalt unterblieben, stehen dem Erbl unter den jeweiligen Vorauss nur die Anfechtg (§§ 2281 ff) od die ges RücktrRe (§§ 2294, 2295) zur Vfg (s Müller BWNotZ 84, 113). Solange der Erbl von seinem RücktrR keinen Gebrauch macht, besteht die erbvertragl Bindg.

a) Die Ausübung bedarf der Form des § 2296 II od § 2297; Befristg kann vereinb werden (s Anm 2). Ist der Rücktr für den Fall vorbehalten, daß der Begünstigte versprochene Leistgen nicht erfüllen wird, kann der Erbl nicht zurücktreten, wenn er das Verhalten des Begünstigten stillschw duldete (Oldbg NdsRpfl 55, 191). Hat der Erbl sich den Rücktr für den Fall vorbehalten, daß der VertrErbe die Pflicht, den Erbl zu verpflegen, nicht ordngsgem erfüllt, dann kann der GrdSatz von Treu u Glauben dazu führen, daß der Rücktr erst nach einer Abmahnung zul ist (BGH **LM** § 242 (Cd) Nr 118); keine Abmahng ist aber erforderl bei eindeut Verstößen gg klare VertrPflichten (BGH NJW 81, 2299). Die schuldrechtl Vorschr der §§ 346 ff sind für den Rücktr des Erblassers grdsätzl nicht anwendb; in dem vom BGH (aaO) entschiedenen Fall wirft dieser allerd mit Recht die Frage auf, ob die Beweislastregel des § 358 doch Geltg zu beanspruchen hat. –

2090

Wenn Eheg in einem mit dem ErbVertr verbundenen EheVertr (§ 2276 II) GütGemsch vereinb haben, kann zwar jeder Eheg unter den Voraussetzgen der §§ 2293ff vom ErbVertr od einer vertragsm Vfg zurücktreten, die Weitergeltg des EheVertr wird aber dadurch nicht berührt (BGH 29, 129).

b) Erlöschen. Mit dem **Tod** des RücktrBerecht erlischt das RücktrR zwingend (§§ 2065, 2279 I). Der Tod des VertrGegners läßt das R bei einseit ErbV unberührt (ändert aber die Form, § 2297), bei zweiseit iZw bei Nichtausschlagg erlöschen (§ 2298 II, III). Der erklärte Rücktritt kann nur bei test Ausübg (§ 2297) widerrufen werden.

2) Der Vorbehalt unterliegt dem Willen der VertrParteien. Er kann für den ganzen ErbV od nur für einzelne vertrtmäß Vfgen, unbeschränkt od nur für bestimmte Fälle, bedingt od befristet erklärt werden. Der Erbl kann von dem Vorbehalt auch nur teilw Gebrauch machen. – **Im Vertrag** muß der Vorbeh gemacht sein; auch in einem NachtragsVertr mögl, für den, wenn er nur den Vorbeh enthält, dann § 2290 II, III (nicht § 2275) gilt. Er kann auch in anderen Begriffen ausgedrückt sein („widerrufen", „aufheben"). Eine WiederverheiratgsKlausel in einem EhegattenErbV enthält idR stillschweigend einen RücktrVorbeh für den Überlebenden im Falle der Wiederheirat (Karlsr NJW 61, 1410; Zweibr OLGZ 72, 217). – **Keinen** RücktrVorbeh enthält der Vorbeh, abweichend vTw zu verfügen (s § 2278 Anm 2b) od eine auflösende Bedingg.

3) Der Gegner braucht dem Rücktr nicht zuzustimmen. Seine Zust liegt schon in der Vereinbg des RücktrVorbehalts. Er hat kein gesetzl RücktrR, sond kann ausschlagen. Jedoch kann ein RücktrVorbeh seinerseits prakt werden, wenn er mit Rücks auf den ErbVertr (§ 2295) Leistgen gemacht od Verpflichtgen übernommen hat. Dieses vorbehaltene RücktrR richtet sich dann nach §§ 346ff. Seine Ausübg beseitigt die LeistgsPfl und berechtigt zur RückFdg des Geleisteten. Es vernichtet aber die Vfgen des Erbl nicht ohne weiteres, sond kann dessen vorbehaltenes od gesetzl RücktrR (§ 2295) auslösen.

2294 Rücktritt bei Verfehlungen des Bedachten. Der Erblasser kann von einer vertragsmäßigen Verfügung zurücktreten, wenn sich der Bedachte einer Verfehlung schuldig macht, die den Erblasser zur Entziehung des Pflichtteils berechtigt oder, falls der Bedachte nicht zu den Pflichtteilsberechtigten gehört, zu der Entziehung berechtigen würde, wenn der Bedachte ein Abkömmling des Erblassers wäre.

1) Ein gesetzliches Rücktrittsrecht besteht bei Verfehlgen (§§ 2333–2335) des Bedachten (mag er VertrGegner od Dritter sein; nicht die des bloß Annehmenden). Sie verdienen keine Belohng (ähnl § 530). Im Ggsatz zu § 2297 ordnet aber § 2294 die entspr Anwendg des § 2336 II–IV nicht an, da bei § 2294 der Rücktr zu Lebzeiten des anderen VertrSchließenden, bei § 2297 aber erst nachher erfolgt (BGH NJW 52, 700; FamRZ 85, 919; hM). Hieraus ergibt sich für § 2294: Verfehlungen vor dem Abschl des ErbVertr, auch wenn sie dem Erbl unbekannt sind, begründen nicht RücktrR, sondern uU Anfechtg nach §§ 2281, 2078. – **Form** des Rücktr: §§ 2296, 2297. Der RücktrGrd braucht nicht angegeben zu werden (Johannsen WM 73, 530). – **Wirkung** s § 2296 Anm 2.

2) Beweislast. Die Darleggs- u Beweislast für die Gründe einer PflichttEntziehg trägt der widerrufende Erbl (Baumgärtel/Strieder Rz 1). § 2294 verweist nicht auf die Regel des § 2336 III. Also muß der Erbl auch den Tatbestand der körperl Mißhandlg (§ 2333 Nr 2) od eines Verbrechens od schweren vorsätzl Vergehens (§ 2333 Nr 3) beweisen; nach allg Regeln ist aber der Bedachte insow beweispflichtig, als er sich für seine Schuldlosigk auf wirkl od vermeintl Notwehr od sonstige Schuldausschließgsgründe beruft (BGH NJW-RR 86, 371). Besserg oder Verzeihg vor Rücktr (§§ 2336 IV, 2337 S 1) vernichten das an sich unverzichtbare RücktrR, Verzeihg nach Rücktr (§ 2337 S 2) od Besserg nach dem Rücktr machen ihn nicht mehr unwirks.

3) Ist ein Ehevertrag mit dem ErbV verbunden, wird durch den Rücktr eines Ehegatten vom ErbVertr die Weitergeltg des EheVertr nicht berührt (BGH 29, 129).

2295 Rücktritt bei Aufhebung der Gegenverpflichtung. Der Erblasser kann von einer vertragsmäßigen Verfügung zurücktreten, wenn die Verfügung mit Rücksicht auf eine rechtsgeschäftliche Verpflichtung des Bedachten, dem Erblasser für dessen Lebenszeit wiederkehrende Leistungen zu entrichten, insbesondere Unterhalt zu gewähren, getroffen ist und die Verpflichtung vor dem Tode des Erblassers aufgehoben wird.

1) Gesetzliches Rücktrittsrecht. Ist im Zusammenhang mit einem ErbV (nicht notw darin) dch sog VerpfründgsVertr eine Verpflichtg des Bedachten zu wiederkehrenden Leistgen an den Erbl bis zu dessen Ableben (Unterhalt, Rente, Pflege, Verpflegg usw) vereinbart worden, berechtigt die Aufhebg dieser Verpflichtg vor dem Erbfall den Erbl zum Rücktritt vom ErbV. Dieses ges Rücktrittsist ist auf die im Zweckzusammenhang stehenden vertragsmäß Vfgen beschränkt u insow auch erforderl, weil ErbV u schuldrechtl Verpflichtg nur ursächl verknüpft sind, aber nicht im Verhältn von Leistg u GgLeistg iSv §§ 320ff stehen (s Übbl 2 vor § 2274). Allerd kann der ErbV von vorneherein von der Bedingg des Fortbestands der Verpflichtg (od deren Erfüllg) abhäng gemacht werden (BayObLG Rpfleger 76, 290), möglicherw stillschweigend (Hamm DNotZ 77, 751), so daß es dann eines Rücktr nicht bedarf (§ 158 II).

a) Aufhebung. Der vertragl Aufhebg steht der nachträgl Wegfall der Verpflichtg (dch Rücktritt, Bedinggseintritt, Unmöglichk) gleich. – **Leistungsstörungen** wie Nicht- od Schlechterfüllg, die den ErfüllgsAnspr bestehen lassen, berechtigen nicht zum Rücktr. Da §§ 320ff nicht anwendbar sind, ist nach hM die Anfechtg (§§ 2078 II, 2281ff) zulässig, sofern nicht entspr Bedingg vereinbart ist (aA Stürzebecher NJW 88, 2727, der beim entgeltl ErbV GrundGesch wie beim Erbverzicht befürwortet u damit Rücktr gem § 326 eröffnet; für Rücktr auch LG Köln DNotZ 78, 685 mit abl Anm Bengel; KondiktionsR soll nach aA dem Erbl zustehen, RGRK Rz 3; Reimann Rz 6; Knieper DNotZ 68, 331, obwohl es sich nicht um Bestandteile eines ggseit Vertr handelt u der Anspr auch undurchführb wäre, wenn Erbl vor seiner Durchsetzg

§§ 2295-2298 5. Buch. 4. Abschnitt. *Edenhofer*

verstirbt). – RücktrR des Erbl ist auch mögl, wenn die Verpfl nicht entstanden ist, zB infolge Nichtigk (Brox § 14 III 2b; aA MüKo/Musielak Rz 6).

b) Zusammenhang zw den beiden RGesch ist erforderl. Die inhaltl Verbindg wird dch den vom Erbl verfolgten und dem Bedachten bekannten Zweck seiner vertrmäß Vfg hergestellt.

2) Form des Rücktr regeln §§ 2296, 2297. Umdeut eines formnicht VertrAngeb zur Aufhebg eines ErbVertr in Rücktr nach § 2295 ist mögl (Hamm DNotZ **77**, 752).

3) Erbrachte Leistungen kann der Verpflichtete nach dem Rücktritt gem § 812 I 2 wg Nichterreichg des mit der Leistg bezweckten Erfolgs zurückfordern.

2296 **Form des Rücktritts.** [I] Der Rücktritt kann nicht durch einen Vertreter erfolgen. Ist der Erblasser in der Geschäftsfähigkeit beschränkt, so bedarf er nicht der Zustimmung seines gesetzlichen Vertreters.

[II] Der Rücktritt erfolgt durch Erklärung gegenüber dem anderen Vertragschließenden. Die Erklärung bedarf der notariellen Beurkundung.

1) Die Rücktrittserklärung (§§ 2293–2295) ist dem Erbl **persönlich** vorbehalten u geht nicht auf seine Erben über. Vertretg ist ausgeschl, **I 1**. Erbl muß zumindest beschr geschfäh sein, bedarf aber nicht der Zust seines ges Vertr, **I 2**. – **a)** Sie ist einseit **empfangsbedürftige** WillErkl, **II 1**, die zwingend der not Beurk bedarf, **II 2**. Um wirks zu werden, muß sie dem and VertrSchließenden (bei ges Vertr diesem, § 131) nach §§ 130 ff **zugehen**, bei mehreren VertrSchließenden jedem (Reithmann DNotZ **57**, 529), und zwar in **Urschrift** od **Ausfertigung;** Abschrift genügt auch dann nicht, wenn sie dch RA, Not, GVz beglaubigt ist (hM, vgl BGH **31**, 5; MüKo/Musielak Rz 6 mN). Zustellg (§ 132) ist nicht notwend, aber aus BewGründen zweckm; ZPO 170 I Halbs 2 gilt nicht; ErsZustellg an die Zustellg betreibend Teil macht die Zustellg unwirks (ZPO 185). Eine unwirks Zustellg (s dazu BGH NJW **75**, 827) der RücktrErkl kann nach dem Tod des Vertragserben nicht mit heilender Wirkg nachgeholt werden (Düss OLGZ **66**, 68). Hat der Notar zunächst nur eine begl Abschr der Rücktr zustellen lassen, ist aber nach dem Tod des Erklärenden eine Ausfertig zugestellt worden, um dem jetzt erst erkannten Zustellgsmangel abzuhelfen, ist der Rücktr unwirks. Darauf, ob der Erklärde vor seinem Tod alles getan hat, was von seiner Seite aus geschehen mußte, damit die Erkl dem and Teil zugeht, kommt es nicht an. Im übr ist der Widerruf auf jeden Fall unwirks, wenn er dem anderen VertrSchließenden nach dem Tod des Widerrufden erst als Ztpkt zugestellt wurde, zu dem er mit einem Rücktr nicht mehr zu rechnen brauchte (BGH **48**, 374; s auch § 2271 Anm 1 b, bb). – **b)** Die spätere **Errichtung eines Testaments** mit abweichdem Inhalt ist mangels Erkl ggü dem and VertrTeil noch kein Rücktr. Eine Anweisg, den TestInhalt (Widerruf) erst nach dem Tod des Erbl dem VertrGegner zu übermitteln, reicht aus (BGH **9**, 235); im übr ist § 130 II anwendb (vgl § 2271 Anm 1 a, bb). Der das Test nur verwahrende Notar ist nicht ermächtigt, nach dem Tod des Erbl durch Versendg des Test den Rücktr zu erklären (Saarbr SaarlRZ **57** (1. Halbjahr), 45). – **c)** Der einseit Rücktr ist wie jede empfangsbedürft Erkl **unwiderruflich** und läßt sich nur durch neuen Vertr beseitigen. Er kann nicht unter einer Bedingg erklärt w (Stgt OLGZ **79**, 129). Nach dem Tode des anderen Teils gilt § 2297. – **d) Gebühr:** KostO 46 II.

2) Wirkung. Dch wirks Rücktr werden die vertrmäß Vfgen des Zurücktretenden immer, die des and Teils aber nur bei vorbehaltenem Rücktr aufgehoben (§ 2298 II, III), während diese sonst, zB bei Rücktr wg Verfehlgen (§ 2294) wirks bleiben (arg e contrario aus § 2298 II; Müller-Rottach BWNotZ **87**, 42). Einseit Vfgen treten außer Kr (§ 2299 II). Bei Teilrücktr beurteilt sich die Wirksamk der übrigbleibenden Bestimmgen nach §§ 2279, 2085; Ausn: § 2298.

2297 **Rücktritt durch Testament.** Soweit der Erblasser zum Rücktritte berechtigt ist, kann er nach dem Tode des anderen Vertragschließenden die vertragsmäßige Verfügung durch Testament aufheben. In den Fällen des § 2294 finden die Vorschriften des § 2336 Abs. 2 bis 4 entsprechende Anwendung.

1) Der **Tod des Vertragsgegners** läßt bei einseitigen ErbVertr das RücktrR des Erbl unberührt, ändert aber die RücktrForm (Anf ist außerdem mögl, aber mit geändertem Empfänger, § 2281 II); bei zweiseitigen ErbVertr erlischt iZw mit dem Tod des and Teils bei Nichtausschlagg der RücktrVorbeh (§ 2298 II 2, 3, III). Der Rücktr erfolgt ggü den Erben od dem bedachten Dritten, sond allein durch aufhebendes Test (§§ 2254, 2258), gleichviel ob der Grd zum Rücktr vor od nach dem Tode des anderen Teils eintrat. Beim Tod einzelner von mehreren VertrSchließenden hält Reithmann (DNotZ **57**, 529) den Rücktr ggü den noch Lebenden nach § 2296 II für ausreichend. Der Rücktr ist bei § 2297 (anders bei § 2296) widerrufl wie jedes Test (§§ 2253 ff).

2) Wird **Rücktritt wegen Verfehlungen des Bedachten** in TestForm erkl, hat Erbl im Ggsatz zu § 2294 aus dem PflichtEntziehgsR die Vorschr des § 2336 II bis IV zu beachten. Ob der nicht erwähnte § 2337 Anwendg findet, ist str. Nach hM beseitigt Verzeih vor dem Rücktr das Recht zur Aufhebg, eine nachträgl Verzeih aber nicht die Wirksamk des Rücktr; Erbl muß dann entw das AufhebgsTest widerrufen od dem Bedachten eine neue Zuwendg machen.

2298 **Zweiseitiger Erbvertrag.** [I] Sind in einem Erbvertrage von beiden Teilen vertragsmäßige Verfügungen getroffen, so hat die Nichtigkeit einer dieser Verfügungen die Unwirksamkeit des ganzen Vertrags zur Folge.

[II] Ist in einem solchen Vertrage der Rücktritt vorbehalten, so wird durch den Rücktritt eines der Vertragschließenden der ganze Vertrag aufgehoben. Das Rücktrittsrecht erlischt mit dem Tode

2092

des anderen Vertragschließenden. Der Überlebende kann jedoch, wenn er das ihm durch den Vertrag Zugewendete ausschlägt, seine Verfügung durch Testament aufheben.

III Die Vorschriften des Absatzes 1 und des Absatzes 2 Satz 1, 2 finden keine Anwendung, wenn ein anderer Wille der Vertragschließenden anzunehmen ist.

1) Nichtigkeit auch nur einer **vertragsmäßigen** Vfg eines Erbl in einem **zweiseitigen** ErbV (s Übbl 1 a vor § 2274) macht nach der AusleggsRegel (III) des **I** den ganzen Vertr unwirks. Ob der Erbl sich auch ggseit (od Angehörige) bedacht haben, ist unerhebl. Wenn beide VertrParteien als Erbl auftreten und die Vertragsmäßigk ihrer Vfgen feststeht, ist iZw (nicht notw) ggseit Abhängigk voneinander anzunehmen (BGH NJW **61,** 120; anders § 2270 II). Die Nichtigk ist idR eine anfängl (wg GeschUnfähigk; Formmangel; Sittenverstoß usw) od eine dieser gleichstehende (bei Anfechtg, § 142). Eine von Anfang an gegebene Unwirksamk im Falle des § 2289 I 2 ist ihr gleichzusetzen. – Wird dagg eine vertrmäßige Vfg **gegenstandslos** (zB durch Vorversterben, Ausschlagg des Bedachten, Bedingungsausfall, Erbunwürdigk), ist dies regelm auf die Bestimmgen des Gegners ohne Einfluß. – Ob **einseitige** Vfgen durch die Nichtigk einzelner vertragsmäßiger Bestimmgen berührt werden, bemißt sich nach § 2085 (s dazu Bühler DNotZ **62,** 367 ff). Bei Nichtigk des ganzen ErbVertr sind auch einseitige Verfüggen unwirks, soweit nicht § 140 (Umdeutg in Test) eingreift.

2) Rücktritt. Nur die Ausübg eines nach § 2293 vorbehaltenen Rücktritts (nicht des gesetzl nach §§ 2294, 2295) dch einen VertrSchließenden macht nach der AusleggsRegel (III) des **II 1** gleichfalls den gesamten ErbV hinfäll. – **a)** Den Rücktritt können sich beide od nur einer vorbehalten, vgl iü § 2293 Anm 2. Wurde der Vorbeh auf eine einzelne Vfg beschränkt, ist idR anzunehmen, daß diese Vfg nicht im Verhältn ggseitiger Abhängigk zum übrigen Inhalt des ErbVertr stehen soll (s aber auch KG OLG **44,** 107). Wenn die Beteiligten den Vorbeh ganz weglassen können, dürfen sie ihn auch zeitl einschränken; sie dürfen also auch TestAufhebg bei Ausschlagg (**II 3**) durch Vereinbg ausschließen, so daß diese Art der Aufhebg ohne Ausschlagg gestattet u umgekehrt Aufhebg trotz Ausschlagg untersagt werden kann. – **b)** Das vorbehaltene RücktrR erlischt beim Tode des anderen (Ausn **III**; Flatten DNotZ **41,** 50). Doch gibt die Ausschlagg des im Vertr (vertragl od letztwill) Zugewandten aGrd des RücktrVorbehalts das Recht zur Aufhebg der eigenen Vfgen durch Test. Nur wer auf den ganzen GgWert verzichtet, kann von dem ganzen Vertr loskommen. War nichts zugewandt, so kann auch nicht durch Ausschlagg aufgeh werden; über die bestr Bedeutg der Ausschlagg eines bedachten Dritten vgl § 2271 Anm 3a.

3) Die Wirkung der Rücktrittserklärung (Aufhebg) richtet sich auch hier zunächst nach ihrem Umfang, in jedem Falle aber nach dem alles entscheidenden Parteiwillen, **III,** wobei die Hauptrolle spielt, ob u inwieweit die Vfgen wechselbezügl sind. Der Parteiwille kann auch aGrd von Tatsachen außerh des Vertr sowie der allg Lebenserfahrg ermittelt werden. S auch Anm 1, § 2085 u wg einseitiger Vfgen § 2299 III.

2299 *Einseitige Verfügungen.* I Jeder der Vertragschließenden kann in dem Erbvertrag einseitig jede Verfügung treffen, die durch Testament getroffen werden kann.

II Für eine Verfügung dieser Art gilt das gleiche, wie wenn sie durch Testament getroffen worden wäre. Die Verfügung kann auch in einem Vertrag aufgehoben werden, durch den eine vertragsmäßige Verfügung aufgehoben wird.

III Wird der Erbvertrag durch Ausübung des Rücktrittsrechts oder durch Vertrag aufgehoben, so tritt die Verfügung außer Kraft, sofern nicht ein anderer Wille des Erblassers anzunehmen ist.

1) Einseitige Verfügungen. Der ErbVertr ist gewissermaßen ein Stützpunkt für testamentar Vfgen jeder Partei, sofern er wirks zustande kam, also wenigstens eine vertrmäß Vfg (§ 2278) enthält (s § 2278 Anm 3). Das gleiche gilt für die Aufhebg, **II 2.** Andernfalls hätte die UrkundsPers ihre Mitwirkg zu verweigern (vgl auch BeurkG 4, 17). Der Erbl kann aber seine einseit Vfgen jederzeit nach § 2253 ff, idR auch den Vertr nach § 2290 (**II 2, III**) od durch Rücktr nach §§ 2293 ff (**III**) aufheben. Ob eine vertrmäß od einseit Vfg vorliegt, ist bei fehlender Eindeutgk dch Auslegg zu ermitteln (s dazu Übbl 4 vor § 2274; § 2278 Anm 2).

2) Testamentsrecht, II 1, gilt für einseit Vfgen, soweit nicht die ErbVForm zu beachten ist. TestierFgk des Erbl nach § 2229 ist daher erforderl, die Erleichtergen nach § 2275 II, III gelten nicht (hM, aA MüKo/Musielak Rz 4).

3) Beseitigung des gesamten ErbV (nicht nur einzelner vertrmäß Vfgen) durch Rücktritt, Aufhebg setzt nach der Ausleggsregel des **III** auch die einseit Vfg außer Kraft, wenn nicht der ErblWille entgegensteht.

2300 *Amtliche Verwahrung; Eröffnung.* Die für die amtliche Verwahrung und die Eröffnung eines Testaments geltenden Vorschriften der §§ 2258a bis 2263, 2273 sind auf den Erbvertrag entsprechend anzuwenden, die Vorschriften des § 2273 Abs. 2, 3 jedoch nur dann, wenn sich der Erbvertrag in besonderer amtlicher Verwahrung befindet.

1) Die besondere amtliche Verwahrung von ErbVertr ist nach BeurkG 34 II die Regel. Die VertrSchließenden können sie dch gemeins Erklg ausschließen. Dies ist iZw anzunehmen, wenn der ErbVertr mit einem anderen Vertr (zB EheVertr, § 2276 II) verbunden ist; in solchen Fällen überwiegt das Interesse der Beteil an der alsbald Benutzg der Urk idR das Interesse an der Sicherg u Geheimhaltg. Durchführg: s § 2277 Anm 2a. Zuständigk u Verfahren: §§ 2258a, b. Bei Ausschluß bleibt die Urk in der Verwahrg des UrkNotars (BNotO 25 II 1).

2) Ablieferungspflicht. Notar hat den von ihm gewöhnl verwahrten ErbVertr (auch einen aufgehobenen) nach dem Tod des Erbl unverzügl an das NachlG gem §§ 2300, 2259 abzuliefern (BNotO 25 II 2, DONot 16 II 2), auch bei Verbindg mit einem anderen Vertr.

§§ 2300–2301　　　　　　　　　　　　5. Buch. 4. Abschnitt. *Edenhofer*

3) Eröffnung u **Verkündung** geschieht wie beim Test (§§ 2260 bis 2263, dazu Ffm Rpfleger **77**, 206 mAv Haegele; BGH **70**, 173 = **LM** § 2262 Nr 1 mAv Johannsen). Ist ein aufgehobener ErbVertr ist zu eröffnen (LG Münst NRW JMBl **57**, 196); ebso ein mit einem and Vertr verbundener ErbVertr, nicht aber ein AufhebgsVertr, § 2290 (Düss RhNK **73**, 199). Bei zweiseit ErbVertr gilt § 2273 entspr, ebso wenn nur auf einer Seite zwei Erbl stehen. Im Falle der bes amtl Verwahrg wird nach § 2273 II, III verfahren (BayObLG **74**, 9). Ein nach § 2259 abgelieferter ErbVertr wird daher offen bis zum NachlAkten aufbewahrt, wenn nicht der Überlebde die amtl Verwahrg beantragt, die jedoch im Fall des § 2273 III nicht in Frage kommt. Ein bish in bes amtl Verwahrg befindl ErbVertr ist vom örtl zuständ NachlGer in bes amtl Verwahrg zu nehmen (BayObLG aaO, Celle Rpfleger **79**, 24; aM KG Rpfleger **72**, 405, s auch § 2273 Anm 3). In die Verwahrg des Notars ist der Vertr auf keinen Fall zurückzugeben (vgl § 2273 Anm 3; AktO 27 Nr 11). – Enthält der Vertr auch Vfgen des Überlebden, erfolgt nochmalige Eröffng bei seinem Ableben (vgl § 2273 Anm 5). – Über entspr Anwendg des § 2300 s KonsG 11 III. – **Einsichtnahme** nach Eröffng FGG 34 (vgl § 2264 Anm 2).

2300 a *Eröffnungsfrist.* **Befindet sich ein Erbvertrag seit mehr als fünfzig Jahren in amtlicher Verwahrung, so ist § 2263a entsprechend anzuwenden.**

1) Vorbemerkung. AusführgsVorschr vgl § 2263a Anm 1; s auch Hornung JVBl **64**, 225; **65**, 247; für *BaWü* 1. VVLFGG 17 I.

2) Eröffnungsfrist. Entspr Vorschr besteht für Test (vgl § 2263a); jedoch beträgt die Eröffngsfrist bei ErbVertr 50 Jahre, da sie vielf schon in jüngeren Jahren abgeschl werden. Die Vorschr gilt für alle ErbVertr, auch wenn sie schon vor dem Inkrafttr des TestG, dh dem 4. 8. 38, ev auch vor dem 1. 1. 1900 (s § 2263a Anm 3) errichtet wurden, und zwar nicht nur für die in bes amtl Verwahrg befindl, sondern auch für die beim Notar verwahrten Urkunden. Im letzteren Fall obliegt dem Notar die Nachprüfg u ggf die Ablieferg an das NachlG zwecks Eröffng (DONot 16 II 3, IV). Auch für ihn gelten die in § 2263a angeführten Grds. Er muß also ggf auch ErbVertr, die vor dem 1. 1. 1900 errichtet worden sind, an das NachlGer (§ 2260) abliefern (BGH DNotZ **73**, 379; Memmg Rpfleger **77**, 440); er kann auch an ein and AG, zB das AG des Amtssitzes, §§ 2259 mit 2261 (VerwahrgGer) abliefern (siehe auch § 2263a Anm 4; Hamm Rpfleger **72**, 23). Lehnt das angegangene AG die Annahme des ErbVertr zur Eröffnung ab, ist der Notar zur Einlegg der Erinnerg (RPflG 11) befugt (vgl KGJ **23** A 195; BayObLG **83**, 149; aM Jansen[2] FGG 20 Anm 59 mit Hinw, die aber für den gegwärt Fall nicht einschläg sind; denn dch die Ablehng wird der Notar an der Erfüll seiner Pfl zur Ablieferg zwecks Eröffng gehindert; wie hier Memmg aaO). – Die Vorschr ist auf den ErbverzichtsVertr nicht entspr anwendb (BayObLG **83**, 149).

2301 *Schenkungsversprechen von Todes wegen.* **I Auf ein Schenkungsversprechen, welches unter der Bedingung erteilt wird, daß der Beschenkte den Schenker überlebt, finden die Vorschriften über Verfügungen von Todes wegen Anwendung. Das gleiche gilt für ein schenkweise unter dieser Bedingung erteiltes Schuldversprechen oder Schuldanerkenntnis der in den §§ 780, 781 bezeichneten Art.**

II Vollzieht der Schenker die Schenkung durch Leistung des zugewendeten Gegenstandes, so finden die Vorschriften über Schenkungen unter Lebenden Anwendung.

Schrifttum: Kegel, Zur Schenkg von Todes wegen, 1972; Kuchinke, Das versproch Bankguthaben auf den Todesfall u die zur Erfüllg des Verspr erteilte VfgsVollm üb den Tod hinaus, FamRZ **84**, 109; Kümpel, Konto u Depot zugunsten Dritter auf den Todesfall, WM **77**, 1186; Liessem, Anwendungsmöglichk u Vorteile der Schenkg vTw ggü erbrechtl Lösgen, BB **89**, 862; Bork, Schenkgsvollzug mit Hilfe einer Vollmacht, JZ **88**, 1059.

1) Schenkung von Todes wegen. Stellt der Erbl ein unentgeltl RGesch unter die Bedingg, daß der Beschenkte ihn überlebt, liegt eine Schenkg unter Lebenden auf den Todesfall vor. Im BGB sind solche RGesch nicht als eigenständ RInstitut ausgestaltet. Sie sind nach § 2301 zwar zulässig, werden aber unterschiedl Vorschr unterworfen: Vollzieht der Erbl (persönl od dch einen Vertreter) noch zu seinen Lebzeiten eine solche Schenkg u mindert dadch sein Vermögen, wird sie auch als Schenkg unter Lebenden behandelt (II). Ist sie dagg von ihm nur versprochen u demnach auch erst nach seinem Tode zu erfüllen, untersteht sie den Vorschr über die Vfgen vTw, weil das lebzeit Schenkgsversprechen einer letztwill Zuwendg gleichkommt (I 1). – Liegt eine wirks Schenkg vTw vor, sind die Rechte des VertrErben auf § 2287, der PflichttBerecht auf §§ 2325; 2329 u der NachlGläub auf AnfG 3; KO 32 beschränkt. – Für entgeltl Vertr gilt § 2301 nicht (BGH **8**, 23).

a) Zweck dieser Regelg ist, die Umgehg der zwingenden erbrechtl Vorschriften dch formlose RGeschäfte zu verhindern. Es besteht jedoch kein Anlaß, Abs I ausdehnend u Abs II einengend auszulegen (ebenso BGH BWNotZ **64**, 331); an die gewisses Bedürfn für die rgeschäftl Regelg des Vermögens auf den Todesfall durchaus besteht. Bei der Vielfalt rechtl GestaltgsMöglk liegt die Schwierigk zunächst darin, den Übergang vom Versprechen zum Vollzug eindeut festzulegen. Ferner ist dch die Anerkenng des Vertrags zGDr auf den Todesfall als RGesch unter Lebenden eine weitgehende Möglichk zur Umgehg erbrechtl Vorschr vorhanden (s Anm 4). Im Schrifttum gehen die Meinungen im Einzelnen auseinander.

b) Überlebensbedingung. Kennzeichnend für die auf den Erbfall befristete Schenkg vTw od für ihr Versprechen ist die damit verknüpfte Bedingg, daß der Beschenkte den Schenker überlebt. Ob eine Schenkg unter Lebenden od vTw vorliegt, richtet sich also danach, ob eine solche Bedingg vereinbart ist. Sie kann aufschiebend od auflösend formuliert sein. Zulässig ist es, die Bedingg mit der Beschränkg auf einen bestimmten Fall des Ablebens (bestimmte Lebensgefahr) zu verbinden (RGRK Rz 5). Die Überlebensbedingg ist vielfach auch dann gewollt, wenn der Erbl sie nicht ausdrückl erklärt hat, etwa wenn die Gründe für die

Erbvertrag § 2301 1–3

nach seinem Tod versprochene Zuwendg gerade in der Person des Empfängers liegen (BGH **99**, 97 mAv Leipold JZ **87**, 362 u Olzen JR **87**, 372); bei dieser Prüfg braucht der Richter nicht engherzig zu verfahren (BGH aaO). Eine Regel gibt es jedoch nicht; maßgebl ist stets der individuelle Wille. Dieser ist im Einzelfall dch Auslegg (§ 133) festzustellen. Führt sie zu keinem eindeut Ergebn, ist auch der RGedanke des § 2084 heranzuziehen, also iZw die Auslegg zu wählen, bei der der Wille des Erbl Erfolg hat (BGH NJW **88**, 2731); aA Bork JZ **88**, 1059, wonach § 2084 dch die von § 2301 geforderte Auslegg ausgeschlossen wird, also iZw Schenkg vTw anzunehmen ist, wenn die Schenkg so ausgestaltet ist, daß sie sich wirtschaftl erst nach dem Tod des Schenkers auswirken soll. – **Ohne** diese Überlebensbedingg liegt ein nur auf den Tod des Schenkers befristetes Versprechen unter Lebenden vor, wenn der Schenker sich (od seine Erben) schon endgült zur Leistg verpfl hat, aber vereinbart wurde, daß die Erfüll auf die Zeit seines Todes od später hinausgeschoben wird (BGH **8**, 31; NJW **59**, 2254; **85**, 1553: formlos eingeräumtes WohnR); es bedarf als reines RGesch unter Lebenden der Form des § 518 u läßt dann bereits bei Lebzeiten des Schenkers einen Anspr entstehen, der bei Vorversterben des Beschenkten auf dessen Erben übergeht. **I** ist auch nicht anwendb, wenn das Schenkgs-Verspr nach seinem Inhalt erst nach dem Tod des Versprechenden angenommen werden darf, aber auch bei vorzeit Tod des VersprEmpfängers von dessen Erben angenommen werden kann (OHG MDR **49**, 282) od wenn die Bedingg auf gleichzeit Versterben von Schenker u Beschenktem lautet. Keine Bedingg, sond nur Motiv ist es, wenn das Verspr in der sicheren Erwartg des bald Todes abgegeben wird.

2) Schenkungsversprechen vTw ist die versprochene, erst nach dem Tod des Schenkers u nur bei Überleben des Beschenkten zu erfüllende Schenkg. Es setzt eine dch Annahme bereits verbindl gewordene VerpflErkl voraus, ist also Teil eines einseitig verpflichtenden SchenksVertr (s § 518 Anm 2; BGH FamRZ **89**, 673; aA MüKo/Musielak Rz 5 ff). Durch die Gleichstellg mit den Vfgen vTw (**I** 1) untersteht es daher auch den Vorschr üb den ErbVertr, insbes dessen Form (§ 2276); eine aA läßt dagg die für einseit Erkl ausreichende Form des § 2247 genügen (s MüKo/Musielak Rz 13; Kuchinke FamRZ **84**, 109/113).

a) Wirkung. Dch die Gleichstellg mit den Vfgen vTw ist das formgerechte SchenkgsVerspr entw als Vermächtn (bei EinzelGgst) od als Erbeinsetzg (bei gesamtem Vermögen od Bruchteil, § 2087) zu behandeln. Der Empfänger erlangt daher bis zum Tode des Schenkers keine gesicherte RPosition, insbes kein AnwR (s § 2286 Anm 2 a) u einen Anspr auf die Zuwendg erst mit dem Erbfall, sofern er ihn erlebt. Der Schenker ist an das in ErbVertrForm abgegebene Verspr gebunden, kann sich aber dch Anfechtg, Aufhebg u Rücktr (§§ 2281; 2290; 2293 ff) befreien; widerrufen gem § 530 ff kann er dagg nicht. Grober Undank ist aber idR Anfechtgsgrund (§ 2078 Anm 2b). – Ist die Form nicht beachtet, kann ein schriftl SchenkgsVerspr bei entspr Voraussetzgen (zB Brief) als eigenhänd Test aufrechterhalten werden (§ 140; s dort Anm 3b). Jedoch kann es ebsowenig wie eine formnichtige Vfg vTw nach dem Erbfall dch Handlgen eines vom Erbl Bevollmächtigten in Kr gesetzt werden; § 518 II ist hier nicht anwendbar (BGH NJW **88**, 2731; dazu Bork JZ **88**, 1059; s auch Anm 3).

b) Schuldversprechen u **Schuldanerkenntnis (I 2)** sind gleichgestellt (wie bei § 518 I 2), insbes formbedürft, wenn der abstr Vertr eine Schenkg als RGrund u das Überleben des Beschenkten als Bedingg hat.

3) Vollzogene Schenkung. Die unter Überlebensbedingg erfolgte (s Anm 1 b; unten e) vollzogene Schenkg untersteht nicht dem Recht der Vfg vTw, sond wird wie eine Schenkg unter Lebden behandelt (**II**). Handelt es sich nicht um eine Handschenkg (§ 518 Anm 2c), sond um Erfüllg eines förmlich Verspr, wird dieses wirks, wenn der Versprechende den zugesagten Ggstand leistet (**II**; § 518 II). Diese **Heilung** tritt aber nur ein, wenn die Schenkg noch zu Lebzeiten des Erbl vollzogen ist. Die Voraussetzgen von **II** u § 518 II sind also nicht völlig identisch: Während beim formungült Versprechen unter Lebenden Heilg auch noch dch Leistg nach dem Tod des Versprechenden, sei es dch dessen Erben od einen von ihm postmortal Bevollmächt, eintritt, führt beim Schenkgsversprechen unter Überlebensbedingg Leistg nach dem Tod nie mehr zur Heilg, weil es dann bereits den Vorschr des ErbR untersteht (BGH **99**, 97 mAv Leipold JZ **87**, 362).

a) Dingliche Erfüllung. Vollziehung erfordert, daß noch der Schenkende selbst das Vermögensopfer bringt, nicht erst sein Erbe (Brox Rz 712). Dies trifft zu in allen Fällen der dinglichen Erfüllg (§§ 929 ff; 398; 397), die den zugewendeten Ggstand aus dem Vermögen des Schenkers in das des Beschenkten übergehen läßt. Nur vorbereitende od sichernde Handlgen (s § 518 Anm 5b) sind kein Vollzug, zB Ermächtigg zur Abhebg der zZ des Todes vorhandenen Fdg (RG LZ **19**, 692). Die Erteilg einer Vollmacht, verbunden mit dem Auftrag des Erbl, nach seinem Tod das ErfüllgsGesch vorzunehmen, genügt selbst dann nicht, wenn die Vollm unwiderrufl erteilt wurde, auch wenn der zu Beschenkende tatsächl nach dem Tod des Erbl auf Grd der Vollm das versprochene Bankguthaben erlangt (BGH **87**, 19 mit abl Anm Kuchinke FamRZ **84**, 109; zust Bork JZ **88**, 1059). Bei Vollmacht zur Vfg über ein Sparguthaben braucht auch in der Übergabe des Sparbuchs noch kein Vollzug gesehen werden (BGH WM **78**, 895). – Mit dem Vollzug ist der Vorbehalt eines Widerrufs vereinbar (MüKo/Musielak Rz 22); der Widerruf bestimmt sich nach §§ 530–532.

b) Ausstehende Erfüllung. Steht die dingl Erfüllg noch aus, erfordert die Bejahg des Vollzugs, daß der Erbl seinen ZuwendgsWillen bereits in entspr Umfang in die Tat umgesetzt u schon zu Lebzeiten alles getan hat, was von seiner Seite zur Vermögensverschiebg erforderl ist, so daß diese ohne sein weiteres Zutun eintreten kann (BGH **87**, 19). Der Bedachte muß also bereits eine solche RPosition erreicht haben, daß sie ohne weiteres Zutun des Erbl mit od nach dessen Tod zur vollen Inhabersch des Rechts führt (Erman/Hense Rz 8). Dies ist zB der Fall, wenn zur Wirksamk nur noch behördl Genehmigg erforderl ist. Wie bei § 518 II (s dort Anm 5a) muß der Leistgserfolg noch nicht eingetreten sein. Der Erwerb kann befristet od (dch das Vorversterben des Schenkers) bedingt sein (KG NJW **72**, 497; 1357 mAv Walter u Finger). Für Vollzug genügt dann, daß für den Berecht ein ErwerbsR od AnwartschR begründet wird, das sich bei Eintritt der Bedingg zwangsläufig zu einem VollR entwickelt. Das verschaffte AnwartschR mehrt als gesicherte RStellg das Vermögen des Beschenkten bereits u mindert das des Erbl noch zu Lebzeiten (vgl BGH **8**, 28; NJW **78**, 424, auch NJW **70**, 942; 1638; **74**, 2319). Erweiternd ist aus dem Zweck der §§ 130 II, 153 Vollzug auch dann

2095

§ 2301 3, 4

zu bejahen, wenn der Beschenkte bis zum Erbfall trotz aller erforderl ErfüllgsHandlgen des Schenkers noch kein AnwR erwerben konnte, weil ihm dessen WillensErklärgen erst nach Ableben zugingen u erst dann dch Annahme zum RErwerb führten, sofern der Zugang vom Schenker nicht absichtl bis nach dem Erbf verzögert wurde (str, s MüKo/Musielak Rz 23 mN). Stirbt der Schenker, bevor ein von ihm beauftragter Dritter (Treuhänder, Bevollmächtigter, Bote) die ihm aufgetragenen Erfüllgshandlgen ausführt, ist Vollzug zu bejahen, wenn der Mittler unwiderrufl beauftragt war (zB Bank zur Aushändigg verwahrter Wertpapiere), in and Fällen, wenn die WillErkl des Schenkers nicht vor ihrer Annahme dch den Beschenkten von dem Erben widerrufen wurde (MüKo/Musielak Rz 24). Auch bei Übertragg an einen Treuhänder, der einem Dritten zur Übertragg verpfl ist, liegt Vollzug vor (teilw aA Staud/Kanzleiter Rz 38).

c) **Einzelfälle:** Vollzogene Schenkg ist auch der vertragl vereinbarte **Erlaß** einer Darlehensschuld in der zum Todeszeitpkt des Gläub noch bestehenden Höhe (befristeter Erlaßvertrag, Hbg NJW **61**, 76); als Folge der Befristg auf den Todesfall kann sich der Gläub zu seinen Lebzeiten noch Rückzahlgen vorbehalten, weil dies das Erstarken des AnwartschR zum VollR im Augenblick des Todes nicht hindert (Karlsr FamRZ **89**, 322). – Nach Lage des Falles kann eine aufschieb bedingte u damit vollzogene Schenkg vorliegen (vgl Anm e): Bei der schenkgsweisen Zuwendg eines GesellschAnt dch GesellschVertr (KG JR **59**, 101). – Bei schenkgsweiser Abtretg eines **Bankkontos** für den Zeitpkt des Ablebens des Gläub in Verbindg mit Erteilg einer BankVollm (Hbg NJW **63**, 449, auch KG WM **69**, 1047, dazu Kegel aaO 55f). Bei schenkgsw Zuwendg eines GeldBetr dch Erteilg eines BankAuftr zur Auszahlg nach dem Tod des Erbl (BGH NJW **75**, 382 mAv Bökelmann JR **75**, 243; BGH **66**, 8; dazu Harder FamRZ **76**, 418, Johannsen Anm zu **LM** Nr 6, Bühler NJW **76**, 1727); der Auftr kann allerd vom Erben widerrufen werden, sofern ihm dies der Erbl nicht dch letztw Vfg od Ernenng eines TV untersagt hat (Kümpel aaO 1192). Bei sog Oder-Konto von Ehegatten mit beiderseit VfgsBefugn (s § 428 Anm 2b) liegt das für Vollzug erforderl lebzeit Vermögensopfer bereits in der Einräumg der MitverfüggsBefugn (BGH FamRZ **86**, 982); für Schenkg genügt dann der Wille der Eheleute bei Kontoeinrichtg, daß im TodesZtpkt des einen die Fdg gg die Bank auf den Überlebenden als AlleinBerecht übergehen soll u ihre laienhafte Kenntn, daß dafür ihr Einverständn erforderl ist, ohne daß noch eine exakte Vorstellg üb die rechtl Einkleidg bestehen muß, welche als aufschiebend bedingte Abtretg vorhanden sein muß (BGH FamRZ **85**, 693 u aaO). Ferner dch TreuhandVertr zw Erbl u Bank mit Anweisg, bei dessen Tod dem Begünstigten den VerkErlös von WertPap auszuzahlen (rechtswirks Schenkg, Widerruflich) (BGH WM **76**, 1130, dazu auch üb die Bindg der Erben dch die sog SelbstkontrahiergsKlausel, §§ 177 I, 178 S 1 Halbs 2, od die Widerrufsverzichtsklausel, §§ 130 I S 2, 671, Kümpel aaO 1193 ff, dazu Hager, FS Caemmerer, 1978, 137). Ausreichend für Vollzug ist auch die aufschieb bedingte Abtretg eines Sparkontos (s BGH **87**, 19/23; FamRZ **89**, 959; Ffm MDR **66**, 503); schenkgsw Übertr von Wertpapieren in Bankkonto (BGH **41**, 95 mAv Mattern **LM** Nr 2; ablehnend Büsselberg NJW **64**, 1952). – Bei **Postsparguthaben** ist deren formlose Abtretg wg Verstoßes gg PostG 23 IV 3 gem § 125 nichtig (BGH NJW **86**, 2107; abl Wagner NJW **87**, 928: nur relative Unwirksamk; so auch KG OLGZ **70**, 140 zum fr PostsparO 16) u dadch weder wirks Handschenkg noch Bewirkg eines SchenkVersprech; jedoch wird der Formmangel dch Auszahlg geheilt (§ 518 II). – Bei **Versicherungsverträgen** stellt die Übertr der Versicherungsnehmereigensch für den Fall des Todes des Versicherungsnehmers auf ein and Lebden vollzogenes RGesch dar, das gem § 2301 II mit § 518 II keiner bes Form bedarf (s Mohr VersR **66**, 702). – Ebso die entschädiggslose Einräumg eines ÜbernahmeR bei Tod eines Gesellschters (BGH WM **71**, 1338). – Kegel (aaO 53) stellt die widerrufl, aber nicht widerrufene Vfg der unwiderrufl gleich. – Nicht vollzogene Schenkg liegt dagg bei Überg von Wertpapieren an Boten zur Weitergabe an Dritten vor, wenn Bote sie dem Empf erst nach dem Tod des Schenkers übergibt (aA zu Unrecht RG **83**, 223: Bonifatiusfall; dazu Kegel aaO 50f; Damrau JurA **70**, 724).

d) **Schenkung liegt** aber überh **nicht vor,** wenn nach dem GesellschVertr der Anteil eines Gesellschafters bei dessen Tod einem Mitgesellschafter zuwächst u dieser den Erben den Wert des Anteils zu vergüten hat (BGH **LM** § 516 Nr 3). Eine gesellschaftsvertragl Nachfolgeregelg, die für alle Gesellschafter gilt u, weil sie alsbald Rechte u Pflichten zw den Beteiligten begründen soll, keine Vfg von Todes wg darstellt, ist auch dann keine Schenkg, wenn ein AbfindgsAnspr der Erben ausgeschl ist (BGH **22**, 194; DNotZ **66**, 620; NJW **77**, 1339; KG OLGZ **78**, 464/467, dazu Zimmermann, BB **69**, 969). – Über Nachfolgeklauseln allg Ulmer, ZGR **72**, 212ff, 332ff; NJW **79**, 81; Finger, Betr **74**, 27; Käppler, ZGR **78**, 542 (dort insb üb Ermächtigg zur unentgeltl Einziehg des GeschAnteils eines verstorb Gesellsch, 547ff).

e) **Die Bedingung** ist bei vollzogener Schenkg regelm eine **auflösende.** Überlebt der Beschenkte den Erbl, besteht die Schenkg auch künftig zu Recht. Ihr Ggst gehört nicht mehr zum Nachl u bleibt bei dessen Abwicklg außer Betr. Bei Vorversterben des Empfängers fällt der Ggst wieder an den Schenker zurück (ob auch mit dingl Wirkg, hängt von den Umst ab; bei Grdstücken dingl Rückfallsicher wg § 925 II nur durch eine Vormerkg, § 883, zu erreichen). Zuwendgen unter **aufschiebender Bedingg** des Überlebens des Bedachten sind auch **vollzogene Schenkgen** (KG NJW **71**, 1808, 2311, **72**, 497, 1357), wenn alle übr Voraussetzgen für den RErwerb erfüllt sind.

4) Verträge zu Gunsten Dritter auf den Todesfall sind gesetzl nur unvollkommen geregelt (vgl §§ 330, 331 mit Anm). In der Rspr ist jedoch seit RG **128**, 187 anerkannt u vom BGH ständ bestätigt (zuletzt NJW **84**, 480; **87**, 3131), daß der echte Vertr zGDr (§§ 328; 331) neben den Vfgen vTw ein zuläss Mittel für die gewillkürte Weitergabe von Vermögensstücken ist, da dem Erbl auch außerhalb des ErbRs rechtl Gestaltgsmöglichk offenstehen (s § 1937 Anm 1a). Mit seiner Hilfe kann sich der Erbl eine Leistg an den von ihm begünst Dritten derart versprechen lassen (sog Deckungsverhältn; s Einf 2a vor § 328), daß dieser Begünstigte also nach dem Tode des Erbl einen eigenen Anspr gg den Versprechenden auf die Leistg erlangt, die Begünstigte also nicht aus dem Nachl erhält, sond kr Vertrags unmittelb vom Versprechenden (Versicherg; Bank usw). Behalten darf der solchermaßen Begünstigte den Ggstand der Zuwendg, also den erworbenen Anspr gg den Versprechenden od die zu dessen Erfüllg bewirkte Leistg, freilich nur, wenn in seinem Verhältn zum Erbl (Valuta-Verhältn; s Einf 2b vor § 328) ein rechtl Grd für die Vermögensverschiebg besteht; andernfalls hat er sie herauszugeben (§ 812 I 1; BGH aaO; s unten a). – Das Deckgsverhältn, also die RBeziehg des Erbl (als VersprechensEmpf) zu dem Versprechenden, entscheidet auch üb die **Form** derartiger Vertr; damit sind die zwingenden FormVorschr des ErbR nicht einzuhalten (str; s Einf 4 vor § 328), weil das Deckungsverhältn ebso wie der dadch begründete Anspr des Dritten dem SchuldR zumindest im Grdsatz unterliegt (dazu BGH **66**, 8/14). Dem Valuta-Verhältn, also der RBeziehg zw Erbl u Drittem, ist dagg der **rechtliche Grund** für die Leistg des Versprechenden an den Dritten (Drittleistg) zu entnehmen, so daß SchuldR auch darüb entscheidet, ob der Dritte die Leistg behalten darf od an den Erben herausgeben muß (BGH aaO). – Im Schrift ist im Einzelnen vieles streitig (s zB bei Liessem BB **89**, 862).

a) Bei unentgeltlicher Begünstigung des Dritten ist das Valutaverhältn eine Schenkg, die dem Erbl auch dann gestattet ist, wenn er erbrechtl dch Erbvertrag od wechselbezügl gemeinsch Test gebunden ist (BGH **66**, 8/14). Hierzu bedarf es einer Einigg des Begünstigten mit dem Schenker über die Unentgeltlichk (§ 516), da der RErwerb des Dritten im Verhältn zum Erben nur gesichert ist, wenn die Voraussetzgen der §§ 516ff eingehalten sind. Der SchenkgsVertr (s § 516 Anm 5) kommt also zu Lebzeiten nur zustande, wenn dem SchenkgsVersprechen dem Dritten zugeht u er das Angebot (auch stillschweigend, § 151 S 1) annimmt. Die Einhaltg der Form (§ 518 I) muß gewahrt od der Mangel dch Vollzug, dh Bewirken der Leistg geheilt sein (§ 518 II). Vielfach wird die Abrede jedoch zw Gläub u Schu getroffen, ohne daß der Dritte über seine Begünstigg informiert wird, so daß die Einigg über die Unentgeltlk fehlt. Der SchenkVertr wird in diesem Fall wirks dadurch geschl, daß der VersprEmpf mit dem Abschluß des Vertr zGDr die Schenkgsangebote erklärt u an Versprechenden mit der Weitergabe nach seinem Tode an den Dritten beauftragt (§ 130 II), der dann ohne Erklärg ggü dem Erben annehmen kann (§§ 151, 153). Der Formmangel wird gem § 518 II geheilt, da der Dritte mit dem Tod des Schenkenden den Anspr unmittelb erworben hat (BGH **41**, 96; **66**, 13; NJW **75**, 383). Der Erbe kann allerdings noch bis zum Zugang an den Dritten das VertrAngebot u den Auftrag zur Weitergabe widerrufen u dadurch den RErwerb verhindern (BGH aaO). Der Erbl kann ihm dies nicht untersagen, weil das Recht auf Widerruf od Änderg kein höchstpersönl Recht ist (BGH aaO); will er das, muß er testieren. Die Änderg der Bezugsberechtigg ist Vfg, bedarf also bei GüterGemsch im Falle der Zugehörigk zum Gesamtgut der Zustimmg des Ehegatten (§§ 1450 I; 182ff; s BGH NJW **84**, 2156). – Der SchenkgsVertr kann auch mit einer Auflage wie zB zur Teilg eines Sparguthabens mit und Personen verbunden werden (Ffm WM **87**, 1248 mAv Hammen); die Begünstigten haben dann iZw einen Anspr auf ihren Anteil gem § 330 S 2 Alt 1 (Hammen aaO). – **Ohne Schenkungsvertrag** kann dem Dr der Einwand unzuläss RAusübg (§ 242) entgg gehalten werden, da er nach § 812 I 1 die Pflicht zur alsbald Rückgewähr hat (BGH NJW **75**, 383; s auch § 242 Anm 4 B c, cc). – Die Konstruktion der Rspr ist im Schrifttum vielfält kritisiert worden (s MüKo/Musielak Rz 34ff mN).

b) Einzelfälle aus der Rspr: BGH **41**, 95 (= **LM** Nr 2 mit Anm von Mattern, auch in BWNotZ **65**, 12) erachtet es für zuläss, daß der Inh eines **Wertpapierdepots** auf den Ztpkt seines Todes durch Vertr mit seiner Bank zG eines Dritten einen schuldrechtl Anspr gg die Bank auf Übereign der Wertpapiere begründet (aM Büsselberg NJW **64**, 1952; s auch Hinz JuS **65**, 299). – Ähnlich kann nach BGH **46**, 198 eine rechtswirks Zuwendg auf den Todesfall gem § 331 darin liegen, daß eine Großmutter ein **Sparbuch** auf den Namen ihrer Enkelin anlegt, das Sparbuch aber behält, mit dem Vorgang, der idR die Enkelin nicht schon mit der Anlegg zur Inhaberin des Guthabens macht (dazu Anm bei Mormann **LM** Nr 3 zu § 331 BGB, Johannsen aaO 1047, Finger JuS **69**, 309; ferner BGH NJW **70**, 1181; auch KG NJW **71**, 1808; 2311; **72**, 497; 1357; KG WM **79**, 928). – BGH NJW **75**, 382: Auftr des Erbl an eine Bank, einem Dritten einen GeldBetr vom Konto auszuzahlen, kann Vertr zG eines Dritten sein, wenn der Erbl dem Dritten das Guthaben zuwenden wollte u diese RFolge auch vom VertrWillen der Bank mit umfaßt war, woran aber keine strengen Anfordergen zu stellen sind (BGH NJW **84**, 480; dazu krit Harder Grdz § 9 II 4 u FamRZ **76**, 418). – Schenkg dch **Hingabe eines Schecks** u Einlösg nach dem Tod des Ausstellers ist wirks (BGH JR **78**, 454 mAv Bökelmann). – Wenn in einem **Bausparvertrag** für den Todesfall des Bausparers ein Dritter unentgelt begünstigt wird, so ist hierin idR eine schenkw Zuwendg an den Dritten auch hinsichtl der Aufwendgen (Sparraten) zu sehen, die der Sparer in Erfüllg der Verpflichtgen aus dem Vertr gemacht hat (BGH NJW **65**, 1913, dazu Hippel NJW **66**, 867). – Auch bei **Lebensversicherungsvertrag** ist unentgeltl Zuwendg iS des Anspr von VertrErben (§ 2287), PflichttBer (§§ 2325, 2329), NachGläub (AnfG 3; KO 32) nicht die VersichSumme, sond die gezahlten Prämien (BGH FamRZ **76**, 616). – Ein zukünft **Erbe** kann sich ggü Erbl verpflichten, über einz Teile des künft Verm, das er vom Erbl erben würde, zugunsten eines Dritten zu verfügen (BGH WM **76**, 744).

2302 Unbeschränkbare Testierfreiheit.
Ein Vertrag, durch den sich jemand verpflichtet, eine Verfügung von Todes wegen zu errichten oder nicht zu errichten, aufzuheben oder nicht aufzuheben, ist nichtig.

Schrifttum: Battes, Der erbrechtl VerpflVertr im System des Deutschen ZivilR, AcP **178**, 337.

1) Die Testierfreiheit ist vertragl unbeschränkb. Sie berecht den Erbl zur belieb Vfg über seinen Nachl ohne Rücks auf die ges Regelg der Erbfolge u wird nur dch PflichttR (§§ 2303ff) u Sittenordng (§ 138) begrenzt (BGH FamRZ **83**, 53). Der Erbl kann ihre Ausübg nicht einem andern überl (§ 2065) u nur dch ErbVertr (§ 2289) bzw gemeinschaftl Test (§ 2271 II) eine Bindg eingehen (s Übbl 3 vor § 2064). Vertr jegl Art über Vfgen vTw verbietet das Ges (dazu Stöcker WM **80**, 482/487).

a) Nichtig ist die **Verpflichtung**, eine Vfg vTw zu errichten od in bestimmter Form od in bestimmter Weise zu testieren od nicht zu testieren (zB die gesetzl Erbfolge nicht zu ändern, sofern damit nicht in Wahrh Erbeinsetzg gewollt ist); eine Vfg vTw aufzuheben od zu unterlassen od nicht aufzuheben. Unwirks ist auch eine zur Sicherg des Versprechens vereinb **Vertragsstrafe** (§ 344); im ErbVertr der **Verzicht** auf Rücktr- od AufhebgsR, §§ 2294ff, 2290ff (BGH NJW **59**, 625). Die in einem ProzVergl übernommene Verpfl zum Abschluß eines ErbV kann nicht nach ZPO 888 erzwungen werden (Ffm Rpfleger **80**, 117).

b) Nichtig sind analog § 2302 auch test **Auflagen** des Erbl zur Beschränkg der TestFreih anderer, zB den Bedachten mit der Verpfl zu beschweren, eine Vfg vTw zu errichten od zu unterlassen, aufzuheben od nicht aufzuheben. Eine Zuwendg kann allerd an die **Bedingung** geknüpft werden, daß der Empf seiners jemand letztw bedenkt (BGH **LM** Nr 1 zu § 533; NJW **77**, 950), weil dadch lediglich die Zuwendg eingeschränkt wird, nicht aber die TestFreih (aber Verstoß gg §§ 134, 138 mögl; s auch § 2074 Anm 1c).

c) Wirksam u nicht gg § 2302 verstoßend ist die schuldr Verpfl zur Ausschlagg der Erbsch. Mit dem Erbl ist ein solcher Vertr formbed ErbVerz (§ 2348); mit Dritten s § 312.

2) Rechtsfolgen. Die Nichtigk ergreift den ganzen Vertr, auch Verspr der GgLeistg. Da keine rechtl Verpfl begründet wird, kann aus der Zusage einer test Zuwendg grdsl kein SchadErsAnspr hergeleitet werden (BGH NJW **67**, 1126). VertrStrafe ist unwirks, § 344 (s Anm 1a).

a) Das Versprechen, eine Vfg vTw bestimmten Inhalts zu errichten, kann allerd **Grundlage** eines and RGesch sein u die Nichteinhalt sich auf dessen Inh gem § 242 auswirken (BGH NJW **77**, 950 mit Anm Jochem JuS **77**, 473). – **b)** Das nichtige Versprechen, erbrachte **Dienstleistungen** dch letztw Zuwendg zu entgelten, kann als Zusage einer Vergütg (§ 612 II) Anspr des DienstVerpfl begründen. BereicherungsAnspr (§ 812 I 2) setzen voraus, daß kein schuldr Vertr bestanden hat (BGH FamRZ **65**, 318). S dazu auch § 2057a üb die AusglPfl unter Abkömml für bes Leistgn.

3) Umdeutung nichtiger Vereinbarungen (§ 140) ist mögl, zB die Verpflichtg des in einem ErbV bedachten Ehegatten zur Übertragg des Vermögens auf die ehel Kinder in eine Erbeinsetzg der Kinder (Hamm JMBl NRW **60**, 125); die der alleinerbenden Ehefrau gemachte Auflage, test Vfgen ausschließl zugunsten der gemeinschaftl Kinder zu treffen, in eine Anordng der Vor- u NachErbsch (Hamm NJW **74**, 60); bei Zuwendg bestimmter Werte die Anordng, die Ehefrau habe diese den gemeinschaftl Kindern zu vererben, in ein Nachvermächtn (BGH DRiZ **66**, 398); die Verpfl zum Abschl eines ErbV in einen Vertr zGDr (BGH WM **61**, 87, dazu Johannsen WM **72**, 1046).

Fünfter Abschnitt. Pflichtteil

Überblick

1) Das Pflichtteilsrecht ist Ausfluß u Ersatz des ges ErbR (Mot **5**, 388, 472) u Grundlage des Pflichtt-Anspr. Es garantiert dch Einschränkg der **Testierfreiheit** des Erbl den übergangenen nächsten Angehörigen (s Anm 2) selbst gg den Willen des Erbl eine Beteiligg am Nachl, allerd nicht in Gestalt eines Erbteils (NoterbR), sond nur eines GeldAnspr. – **a) Es beruht** auf Verwandtsch od Ehe u begründet ein **Rechtsverhältnis**, das schon zu Lebzeiten des Erbl besteht (vgl §§ 312 II, 1643, 1822 Nr. 1, 2281, 2346), seinen Tod überdauert u mit den Erben sich fortsetzt. Es kann desh Ggst einer FeststellgsKlage sein (BGH NJW **74**, 1084; Saarbr NJW **86**, 1182) u ist auch dann von Bedeutg, wenn im Einzelfall ein PflichttAnspr mit dem Erbfall nicht entsteht (vgl §§ 2305f, 2314, 2316, 2319, 2326; grds BGH **28**, 177). – **b) Es geht verloren** dch Pflicht- u Erbverzicht (§§ 2346, 2349); Erbunwürdigk (§§ 2344, 2345); PflichttEntziehg (§§ 2333ff); vorzeit Erbausgleich (§ 1934d); Verlust des ges EhegErbR nach § 1933 od dch Scheidg, Nichtigk od Aufhebg der Ehe (§ 2077); ferner dch Ausschlagg (Ausn: §§ 1371 III; 2306 I 2). – **c) Das Recht besteht** unter Verwandten nicht notwendig wechselseitig (Enkel gg Großeltern, aber nicht umgekehrt).

2) Pflichtteilsberechtigt sind nur die nächsten Angehörigen, näml Abkömml (jegl Grades, § 1924, mit Einschränkg des § 2309), Eltern u der Eheg (§ 2303; s dort Anm 1). Zu ihrem Schutz wehrt das G dch § 2306 Beschränkgen und Beschwerden ab und trachtet danach, einen dch Zuwendgen geschmälerten Nachl mit der Ausgleichspflicht (§ 2316) und dem ErgänzgsAnspr (§§ 2325ff) wieder aufzufüllen. – Eine Neufassg von § 2303 empfiehlt Gerken Rpfleger **89**, 45 vor allem zur Stärkg der Position des Eheg u zur wertmäß Sicherg des Pflichtt bei GesAnteilen des Erbl.

3) Sondervorschriften. – a) Für den Ehegatten gilt bei ZugewinnGemsch **§ 1371**, der nach § 2303 II unberührt bleibt. Hat er als Geschiedener einen Unterhaltsanspruch, der nach dem Erbfall gg den Erben weiterbesteht (§ 1586 b I), wird die Haftg des Erben für diese NachlVerbindlichk begrenzt auf den fiktiven ordentl Pflichtt (ohne ErgänzgsAnspr, AG Bottrop FamRZ **89**, 1009) Pflichtt des geschiedenen Ehegatten (§ 1586 b I 3; s dort Anm 3); dabei werden für die PflichttBerechng güterrechtl Besonderh (§§ 1371; 1931 IV) od ein neuer Ehegatte nicht berücksichtigt. – **b) Im Höferecht** gelten bes Bestimmgen für die Berechng des Pflichtteils des Hoferben u der übrigen, s HöfeO 16 II mit § 12 II, III. Zuständ für die Entscheidg über den Pflichtt nach der HöfeO ist das LwG (LwVG 1 Nr 5).

4) Auf den Erbersatzanspruch nichtehel Kinder (§§ 1934a–c) sind gem § 1934b II 1 die für den Pflichtt geltenden Vorschr mit Ausn der §§ 2303–2312, 2315, 2316, 2318, 2322–2331, 2332–2338a sinngem anzuwenden. Für die Verjährg des ErbersatzAnspr enthält § 1934b II 2 eine SonderVorschr. Bei **Entziehung** dieses Anspr folgt PflichttAnspr aus §§ 2303 I, 2338a (s BGH **80**, 290).

5) Der Erbschaftssteuer unterliegt der PflichttAnspr mit seiner Geltendmachg (ErbStG 9 I Nr 1b; s Einl 8 vor § 1922). Wird dem PflichttBerecht statt Geld ein Grdstück an Erfüllgs Statt übertragen, errechnet sich die ErbschSt nach dem Einheitswert (BFH BB **82**, 911), ohne daß zusätzl GrderwerbsSt anfällt (BFH NJW **82**, 960; s auch Einl 9 vor § 1922).

2303 Pflichtteilsberechtigte; Höhe des Pflichtteils.

¹ Ist ein Abkömmling des Erblassers durch Verfügung von Todes wegen von der Erbfolge ausgeschlossen, so kann er von dem Erben den Pflichtteil verlangen. Der Pflichtteil besteht in der Hälfte des Wertes des gesetzlichen Erbteils.

Pflichtteil § 2303 1, 2

II Das gleiche Recht steht den Eltern und dem Ehegatten des Erblassers zu, wenn sie durch Verfügung von Todes wegen von der Erbfolge ausgeschlossen sind. Die Vorschriften des § 1371 bleiben unberührt.

1) Pflichtteilsberechtigt (I, II) sind nur Abkömml (unter Ausschluß der entfernteren, § 2309), die Eltern (s aber § 2309) und der Ehegatte des Erbl; dagg nicht Geschwister, Großeltern od sonstige Verwandte. Nur ihnen wird dch dag G eine Mindestbeteiligg am Nachl garantiert, falls ihnen vom Erbl um die dch ihr gesetzl ErbR begründete Erberwartg gebracht wurden (s Übbl 1). Wg dieser Ersatzfunktion haben also auch sie kein PflichttR, wenn sie ohne Vfg vTw auch nicht zu ges Erben berufen wären (dazu Übbl 1 b). Erst bei bestehendem ges ErbR begründet der **Ausschluß** des PflichttBerecht von der Erbfolge dessen Pflichtt-Anspr. Ausschluß liegt vor bei (ausdrückl od stillschweigender) Enterbg (§ 1938), zu der auch die Einsetzg nur als ErsatzE gehört; die Entzieh eines ErbersatzAnspr steht der Enterbg gleich (§ 2338 a). Dagg ist die auf seinem eigenem Willen beruhende Ausschlag des Erben kein „Ausschluß" und führt deshalb zum Verlust seines PflichttR, ausgenommen beim in ZugewinnGemsch verheiratet gewesenen Ehegatten (§ 1371 III; s unten Anm c; § 2306 I 2). Bei teilw Ausschlagg s §§ 2305–2307.

a) Abkömmlinge (I 1) sind alle Verwandten in gerader, absteigender Linie jegl Grades (s § 1924 Anm 3), lebend geborene auch dann, wenn sie beim Erbfall erst erzeugt waren (§ 1923 II). Eine Einschränkg bei entfernteren Abkömml macht allerd § 2309. – Das **nichteheliche Kind** ist in der Familie der Mutter schon immer, in der des Vaters (§§ 1600 a ff) seit dem NEhelG (1. 7. 70) pflichtberecht, sofern die Vatersch gem § 1600 a festgestellt ist (BGH **85**, 274; s § 2338 a Anm 1, dort auch zum ÜbergangsR). Hat es wg § 1934 a kein ges ErbR, sond ErbersatzAnspr, bewirkt dessen Entzieh PflichttR, § 2338 a (s dort u BGH **80**, 290). Wirks Vereinbg od rkräft Urt über vorzeit Erbausgl (§ 1934 d) läßt PflichttR entfallen (§ 1934 e). Legitimation (§§ 1719, 1723) macht Kinder pflichtberecht, idR auch nachträgl Eheschließg (§ 1924 Anm 3a). Für die Regelg seiner PflichttRechte erhält das unter elterl Sorge der Mutter stehende nichtehel Kind gem § 1706 Nr 3 einen Pfleger (s auch §§ 1707–1709; Damrau FamRZ **69**, 585; Göppinger FamRZ **70**, 61). – Das **angenommene Kind** (u seine Abkömml, s § 1924 Anm 3c) ist seit der dch AdoptG v 2. 7. 76 geltenden Volladoption (s Einf 1 vor § 1741) in seiner neuen Familie erb- u pflichtberecht (§§ 1754, 1755); zum ÜbergangsR s Einf 5 vor § 1741; zu den Sonderproblemen bei Annahme Verwandter (wg § 1756) s MüKo/ Frank Rz 9. Der angenommene Volljährige ist nach den Sonderregeln der §§ 1767 II, 1754, 1770 sowohl nach seinen leibl als auch nach seinen Adoptiveltern erb- u pflichtberecht; das VormschG kann gem § 1772 allerd auch VolladoptionsWirkgen bestimmen.

b) Eltern (II 1) haben ein dch § 2309 eingeschränktes PflichttR. Auch der Vater des nichtehel Kindes ist seit dem NEhelG (1. 7. 70, s § 2338 a Anm 1, dort auch zum ÜbergangsR) pflichtberecht. Steht ihm nur der ErbersatzAnspr (§ 1934 a) zu, bewirkt dessen Entzieh Pflichtt (§ 2338 a). Vorzeitiger Erbausgleich (§ 1934 d) führt zum Verlust (§ 1934 e). – Erb- u PflichttR steht seit Einführg der Volladoption (AdoptG v 2. 7. 76, s Einf 1 v § 1741; zum ÜbergangsR dort Einf 5) auch den Annehmenden (Adoptiveltern) zu.

c) Der Ehegatte (II 1, 2) des Erbl hat ein PflichttR, sofern auch noch beim Erbfall eine rechtsgült Ehe bestand (s § 1933 Anm 2), also nicht mehr nach erfolgter Scheidg (§ 1564), NichtigErkl (EheG 23, 24; ZPO 631, 636) od EheAufhebg (EheG 29); s auch § 2077 Anm 2a. Wurde das Scheidgsverfahren dch den Tod des Erbl vorzeitig beendet, entfällt trotz formell noch gült Ehe das PflichttR, sofern es nach § 1933 zum Verlust des ges ErbR gekommen ist, weil dann kein Ausschluß vorliegt (Anm 2). – Bei **Zugewinngemeinschaft** bleibt aber § 1371 unberührt. Bei Auflösg dieses Güterstandes dch Tod hat der überlebende Eheg somit einen PflichttAnspr auch dann, wenn er von der Erbsch ausgeschl, und zwar neben dem Anspr auf Ausgl des Zugewinns (§ 1371 II, III; vgl § 1371 Anm 4, 5). Wenn jedoch der überlebende Eheg auf sein Erb- od PflichttR verzichtet hatte, hat er kein PflichttR (§ 1371 III Halbs 2); auch nicht, wenn er ausschlägt, was ihm durch Vfg vTw zugewendet ist od – bei Verzicht nur auf das PflichttR – was er kr Gesetzes erben würde.

2) Die Pflichtteilsquote ergibt sich als Bruchteil dch Halbierung des ges Erbteils. Für jeden Berechtigten ist sein Erbteil gesondert zu bestimmen, wobei die Erbfolge abstrakt unter Beachtg von § 2309 zu ermitteln ist (s dort). Ist beim Pflichtt entfernterer Abkömml u der Eltern § 2309 maßgebl, wird bei Ermittlg ihrer Quote der weggefallene Näherberechtigte trotz § 2310 nicht mitgezählt, wenn gerade dch seine Ausschlagg der Entferntere erst pflichtberecht wird (s § 2310 Anm 1). Der ErbersatzAnspr steht dem ges Erbteil gleich (§ 2338 a S 2). – Besonders ergeben sich bei vorhandenem Ehegatten dch die Verknüpfg von **Güterstand** und **Erb- bzw PflichttR**:

a) Bei Zugewinngemeinschaft führt die Erhöhg des Erbteils des überlebden EheG nach § 1371 I auch zur Erhöhg seines Pflichtt, sog **großer Pflichtteil**. Wird er Erbe (od VermNehmer), vermindern sich dementspr Erb- und Pflichtteile der Abkömml u Eltern. Für den Eheg selbst ist dies in den Fällen der §§ 2305, 2306, 2307, 2318, 2319, 2325 u 2329 von prakt Bedeutg. Wird der Eheg aber trotz seines ges ErbR aus irgendeinem Grd nicht Erbe u auch nicht mit einem Vermächtn bedacht, also auch bei Ausschlagg, kann er Ausgl des Zugewinns nach § 1371 II Halbs 1 verlangen, wobei unerhebl ist, ob er tatsächl dieses Verlangen stellt od ob überh ein Zugewinn erzielt wurde. In diesem Fall berechnet sich aber der Pflichtt des überl Eheg u auch der anderen PflichttBerechtigten nach dem nicht erhöhten gesetzl Erbteil des Eheg (§ 1371 II Halbs 2), sog **kleiner Pflichtteil**. Dies gilt auch, wenn der Ehegatte von der Erbfolge ausgeschlossen u ihm auch kein Vermächtn zugewendet wurde (s BGH DNotZ **83**, 187 mAv Wolfsteiner S 190 u Dieckmann S 630). Falls der Eheg den kleinen Pflichtt erhält, erhöht sich damit von selbst der Pflichtt anderer Pflichtt-Berechtigten (§ 1371 II Halbs 2).

aa) Ist der Eheg als **Alleinerbe** eingesetzt, beläuft sich der Pflichtt der Abkömmlinge unter Zugrundelegg von § 1371 I auf ¼ des NachlWerts (BGH **37**, 58, hM; s § 1371 Anm 2), der von Eltern auf ⅛. Als eingesetzter Erbe hat er ein WahlR nur zw Ann u Ausschlagg der Erbsch. Bei **Ausschlagung** (§§ 1942 ff) steht ihm nach erbrechtl Grdsätzen kein PflichttR mehr zu (s Anm 2); als SonderVorschr gewährt ihm § 1371 III aber – außer bei Verzicht (§ 2346) – den kleinen Pflichtt (ausführl § 1371 Anm 5).

bb) Ist der Eheg weder Erbe noch Vermächtnisnehmer, kann er nach hM stets nur den kleinen Pflichtt verlangen, § 1371 II 2. Daneben ist es ihm überlassen, den Ausgl eines etwaigen Zugewinns nach güterrechtl Bestimmgen zu fordern (BGH **42,** 182); zur Verjährg dieses selbständ Anspr (BGH NJW **83,** 388) s BGH NJW **84,** 2935. Ein WahlR zum großen Pflichtt steht ihm auch dann nicht zu, wenn er von der Möglk des ZugewinnAusgl keinen Gebrauch macht (str; s ausführl § 1371 Anm 4). Eine gleichwohl erhobene Klage auf Zahlg des großen Pflichtt unterbricht nicht auch die Verjährg des Anspr auf ZugewinnAusgl (BGH NJW **83,** 388).

cc) Die Höhe des Pflichtt können Erbl u Erbe dadurch beeinflussen, daß sie die güterrechtl Lösg (§ 1371 Anm 4) herbeiführen. Die ziffernmäß Berechng richtet sich nach §§ 2311ff. Der Erbl kann eine abweichende Berechng nicht willkürl vorschreiben (s § 2311 II 2).

b) Bestand Gütertrennung (§ 1414) beim Tod eines Ehegatten u sind neben dem Überlebenden ein od zwei Kinder des Erbl als Erben berufen, so erben der überlebende Eheg u jedes Kind zu gleichen Teilen (§ 1924 III gilt auch in diesem Fall), § 1931 IV. Sind diese Voraussetzgen gegeben u ist einer der gesetzl Erben dch Vfg vTw von der Erbfolge ausgeschlossen od ist in einem solchen Fall dem nichtehel Kind des verstorbenen Ehemannes der ErbersatzAnspr entzogen (§ 2338a), so bemißt sich die Höhe des Pflichtt nach der Hälfte des sich aus § 1931 IV ergebenden gesetzl Erbteils (Haegele BWNotZ **72,** 131f; Staud/Ferid/Cieslar, Rz 45).

3) Der Pflichtteilsanspruch ist vom PflichttR (s Übbl 1) zu unterscheiden. Er entspringt diesem, entsteht aber erst mit dem Erbfall (§ 2317) u kann dann nicht ausgeschlagen, sond nur noch erlassen werden. Er ist eine gewöhnl GeldFdg (BGH **28,** 178) in Höhe des Wertes des halben gesetzl Erbteils, wobei der Berechng der Bestand u Wert des Nachl zZ des Erbfalls zugrunde gelegt wird (**I** 2; §§ 2311ff). Steht der Anspruch einem **minderjährigen** Kind ggü einem Elternteil zu, bleibt nach Eintritt der Volljährigk überlassen, ob es seinen Pflichtt auch einfordern u durchsetzen will (vgl § 204). Dies soll nicht vom Ermessen des VormschG od vom Willen eines nach § 1909 bestellten Pflegers abhängen, deren Aufgabe im Normalfall nur ist, bis dahin den Anspr im Falle seiner Gefährdg zu sichern (BayObLG **88,** 385). – Der entstandene Anspr ist vererbl u übertragbar (§ 2317), pfändbar aber nur, sofern er anerkannt od rechtshängig ist (ZPO 852). Einzelh s § 2317 Anm 1. – **Ergänzung** des Pflichtt kann bei Schenkungen des Erbl unter den Voraussetzgen der §§ 2325–2331 verlangt werden. – Verjährg s § 2332. – Stundg s § 2331a.

a) Pflichtteilsschuldner ist der Erbe od die MitE (**I** 1); dagg kann der Anspr sich nicht gg einen TV richten (s § 2317 Anm 2). Mehrere MitE haften nach außen grdsl als Gesamtschuldner (§ 2058); zum Innenverhältn s §§ 2018ff. Gleiches gilt auch für den ErgänzgsAnspr (§ 2325; Ausn § 2329). Bei Einsetzg eines NachE (§§ 2100, 2139) kann der Anspr während der Dauer der Vorerbschaft nur vom VorE verlangt werden (RG **113,** 49). – Der PflichttAnspr ist NachlVerbindlichk (§ 1967 II), unterliegt aber bes Vorschr (§§ 1972; 1974 II; 1991 IV). – Zur Erbenhaftg für UnterhaltsAnspr des geschiedenen Eheg des Erbl s Übbl 3a; § 1596b.

b) Unzulässige Rechtsausübung. Dem PflichttAnspr kann der Einwand eines Verstoßes gg Treu u Glauben (§ 242) aus einem dem Erben ggü gezeigten Verhalten entgegengesetzt werden, schwerl aber aus dem Verhalten ggü dem Erbl. Hat die Ehefrau die Scheidg betrieben und ein Urteil erwirkt, dieses aber in Absprache mit ihrem Ehemann aus steuerl Gründen nicht rechtskräft werden lassen, kann sie nach dem Tod des Mannes ihren Pflichtt als gesetzl Konsequenz der noch bestehenden Ehe verlangen (BGH FamRZ **74,** 648); ggf kann aGrd § 242 auch der Einwand der Verwirkg erhoben werden (BGH WM **77,** 688).

2304 Auslegungsregel. Die Zuwendung des Pflichtteils ist im Zweifel nicht als Erbeinsetzung anzusehen.

Schrifttum: Ferid, Die Pflichtteilszuwendg insbesondere bei Zugewinn„gemeinschaft", NJW **60,** 121.

1) Allgemeines. Die Zuwendg des Pflichtt kann verschieden ausgelegt werden: als **Erbeinsetzung** (die einen PflichttAnspr ausschließt); als bloße **Verweisung auf den Pflichtteil** (Enterbung); als **Vermächtnis** (vgl § 2087 Anm 3), so daß der Berechtigte den Pflichtt kraft letztw Vfg u nicht kraft G erhält. Eine Zuwendg als Vermächtn ist von Bedeutg – s eingehd Staud/Ferid/Cieslar Rz 32ff – wg § 2307, wg der Verjährg: §§ 195, 198 im Ggsatz zu § 2332, u wg der Ausschlagg, die im Falle des § 2303 nicht mögl ist (§ 2303 Anm 3) sowie wg § 1371 (s Anm 3). – PflichttZuwendg an NichtPflichtBerechtigte kann Vermächtnis in Höhe des gesetzl Erbteils sein (Ferid aaO 122), eher aber Vermächtn in Höhe der Hälfte des gesetzl Erbteils.

2) Auslegungsregel. Im Zweifel liegt in der Zuwendg des Pflichtt **keine Erbeinsetzung** (BayObLG **66,** 398). – **a)** Bei der Auslegg kommt es darauf an, ob das Test von Rechtskundigen od Unkundigen, aus älterer od aus einer Zeit stammt, in der die rechtl Unterschiede schon eingebürgert waren (BayObLG JFG **14,** 79). Wenn der Berechtigte auf den Pflichtt als persönl GeldAnspr beschränkt wurde, ist er enterbt. Dies ist bei der TestAnfechtgsklausel (BayObLG **59,** 205, vgl OGH MDR **50,** 669) der Fall (s § 2074 Anm 2c, auch Staud/Ferid/Cieslar Rz 26). Die Berechtigten erhalten dann prakt keine Zuwendg, sond werden von allem ausgeschl, worauf sie keinen unentziehbaren Anspr haben (**Pflichtteilverweisung**).

b) Nichtehelichenrecht. Die Auslegsregeln, die sich aus § 2304 ergeben, gelten auch für die Zuwendg des Pflichtt an Personen, denen kraft Ges ledigl ein **Erbersatzanspruch** zustünde. Die Zuwendg enthält iZw keine Erbeinsetzg; sie kann ein Vermächtn od Entziehg des ErbErsAnspr bei Anerkenng des Pflichtt-Anspr sein (s § 2338a, Soergel/Dieckmann Rz 4). – In der Zuwendg eines ErbersatzAnspr wird idR die Verweisg auf diesen nach Maßg der §§ 1934a, b liegen; der Erbl kann aber den ErbErsAnspr auch als Verm zuwenden, § 1939; von Bedeutg ist dies für die Verjährg (s oben Anm 1). Eine Erbeinsetzg wird in der ausdrückl Zuwendg eines ErbErsAnspr wohl kaum erblickt werden können.

Pflichtteil §§ 2304–2306

3) **Bei Zugewinngemeinschaft** ist zu unterscheiden: – **a)** Handelt es sich um eine **Verweisung auf den Pflichtteil**, die eine Enterbg bedeutet, so erhält der überl Eheg nur den kleinen Pflichtt mit ZugewAusglAnspr ohne WahlR (§ 1371 Anm 4; RGRK Rz 8; Bohnen NJW **70**, 1531). – **b)** Ist dem Eheg der **Pflichtteil zugewendet**, so liegt idR ein **Vermächtnis** des erhöhten Pflichtt vor; der Eheg kann dieses Vermächtn ausschlagen u den kleinen Pflichtt neben dem ZugewAusgl verlangen (Staud/Ferid/Cieslar Rz 70 ff). Ist ausdrückl, zB dch Gebr der alten Quote von ⅛, der kleine Pflichtt zugewendet, so kann der Eheg bei Ann nach § 2307 I (im AusnFall eines Erbteils nach § 2305) den RestAnspr in Höhe seines großen Pflichtt verlangen (Staud/Ferid/Cieslar Rz 80; Boehmer NJW **58**, 526, s auch Johannsen FamRZ **61**, 20). Er kann aber statt dessen bei vermächtnisweiser Zuwendg des kleinen Pflichtt daneben den ZugewAusgl fordern; dies gilt insb, wenn der Erbl die Zuwendg des kleinen Pflichtt unter der stillschw Bedingg gemacht hat, die Ergänzg auf den großen nicht gefordert wird (RGRK Rz 10; s aber auch Bohnen NJW **70**, 1532). Eine Verweisg auf den großen Pflichtt ist nicht mögl (Staud/Ferid/Cieslar Rz 79, 80). – **c)** Bei ausnahmsw **Zuwendung als Erbeinsetzung** muß er aber ausschlagen, um den ZugewAusgl neben dem kleinen Pflichtt zu erhalten (Staud/Ferid/Cieslar Rz 80). – **d)** Bei PflichttZuwendg im **vor dem 1. 7. 1958** errichteten Testamenten muß geprüft werden, ob der Erbl seinem Eheg dch letztw Vfg den großen od kleinen Pflichtt zuwenden wollte (s Staud/Ferid/Cieslar Rz 77; vgl auch KG FamRZ **61**, 477, auch § 2066 Anm 2).

2305 *Zusatz-Rest-Pflichtteil.* **Ist einem Pflichtteilsberechtigten ein Erbteil hinterlassen, der geringer ist als die Hälfte des gesetzlichen Erbteils, so kann der Pflichtteilsberechtigte von den Miterben als Pflichtteil den Wert des an der Hälfte fehlenden Teiles verlangen.**

1) Nimmt der PflichttBerechtigte den Erbteil **an**, erhält er diesen als Erbe u den ZusatzPflichtt, der bei Zugewinngemeinsch nach dem erhöhten Erbt des Eheg nach § 1371 I berechnet wird (s aber auch § 2304 Anm 3), als GeldFdg. Für den Eheg kommt ein ZugewAusglAnspr nicht in Frage, da er Erbe ist u daher ein Fall des § 1371 II nicht vorliegt. Hat der Erbl den Eheg zu einer Erbquote, die zw der des kleinen u des großen Pflichttt liegt, unter der Bedingg eingesetzt, daß dieser keinen auf den erhöhten Pflichtt gerichteten ErgänzgsAnspr geltd macht, verzichtet dieser bei Ann der Erbsch auf den RestAnspr; schlägt er aus, erhält er den kleinen Pflichtt u ZugewAusgl (RGRK Rz 8, s Anm 1 b. S dazu aber auch Bohnen NJW **70**, 1533).

2) Schlägt der Berechtigte den Erbteil **aus**, behält er nur den Ergänzgsbetrag (RG **93**, 9, BGH **28**, 177, NJW **73**, 995/996; DNotZ **74**, 597/599); bei ZugewinnGemeinsch erhält aber der Eheg den kleinen Pflicht (§ 2303 Anm 2a) u den ZugewinnAusglAnspr (Soergel/Dieckmann Rz 2; Staud/Ferid/Cieslar Rz 3, 6).

3) Höhe des Pflichtteils. Der Pflichtt ist nicht immer gleich dem gesetzl PflichttBruchteil. Kommt eine Anrechngs- oder AusglPfl (§§ 2315, 2316) od beides in Betr, so kann er größer od geringer sein. Maßgebd ist dabei der Wert, den der Pflichtt unter Berücksichtigg der Anrechngen u Ausgleichgen darstellt (Kipp/Coing § 10 I 3; s auch § 2316 Anm 3; Staud/Ferid/Cieslar Rz 13 mit § 2315 Rz 78, § 2316 Rz 45, 46). – **Verjährung** § 2332 Anm 1.

4) Der Restanspruch ist **Nachlaßverbindlichkeit** und bei der Auseinandersetzg (§ 2046) geltd zu machen. Die Miterben haften also nur beschränkt (§ 2063 II). – Über den Fall, daß der **Erbe** auch **noch** mit einem **Vermächtn** bedacht ist, vgl § 2307 Anm 2.

5) Erbersatzberechtigter. Hat der Erbl zwar zum **Erben** eingesetzt, aber nur einen Erbteil hinterlassen, der geringer ist als die Hälfte des gesetzl Erbteils, kann er von den MitE den Wert des an der Hälfte fehlenden Teils in Geld verlangen, § 2305 (Odersky § 2338 Anm III 2; Erman/Schlüter Rz 2). Hat der Erbl durch letztw Vfg die Höhe des ErbersatzAnspr in der Weise bestimmt, daß sie unter der Hälfte des Betrags bleibt, der dem ErbersatzBerecht als Pflichtt zustehen würde, so gilt § 2305 (s Odersky § 2338 a Anm III 2 a; Erman/Schlüter aaO; Soergel/Dieckmann Rz 6; Brüggemann FamRZ **75**, 309, 315 ff; Schramm BWNotZ **70**, 12 unter VII 2a). Über entspr Anwendg des § 2305, wenn der Erbl Wertbestimmgen trifft, die dem ErbersatzBerecht ungünst sind, s Soergel/Dieckmann § 2306 Rz 17.

2306 *Beschränkungen und Beschwerungen.* [I] **Ist ein als Erbe berufener Pflichtteilsberechtigter durch die Einsetzung eines Nacherben, die Ernennung eines Testamentsvollstreckers oder eine Teilungsanordnung beschränkt oder ist er mit einem Vermächtnis oder einer Auflage beschwert, so gilt die Beschränkung oder die Beschwerung als nicht angeordnet, wenn der ihm hinterlassene Erbteil die Hälfte des gesetzlichen Erbteils nicht übersteigt. Ist der hinterlassene Erbteil größer, so kann der Pflichtteilsberechtigte den Pflichtteil verlangen, wenn er den Erbteil ausschlägt; die Ausschlagungsfrist beginnt erst, wenn der Pflichtteilsberechtigte von der Beschränkung oder der Beschwerung Kenntnis erlangt.**

[II] **Einer Beschränkung der Erbeinsetzung steht es gleich, wenn der Pflichtteilsberechtigte als Nacherbe eingesetzt ist.**

1) Bedeutung. Hat der Erbl einen PflichttBerecht zwar nicht dch Vfg vTw von der Erbfolge ausgeschlossen (§ 2303), aber den ihm hinterlassenen Erbteil mit Beschränkgen od Beschwergen belastet, ist es mögl, daß der Berecht selbst dann weniger als seinen Pflichtt erhält, wenn der ihm zugewendete Erbteil größer ist als die Hälfte des ges Erbteils. Diese Fälle eines beschränkten Erbteils regelt die Vorschr je nach dessen Größe: Ist der Erbteil **gleich oder kleiner** als die Hälfte des ges Erbteils, werden die darauf lastenden Beschränkgen u Beschwergen kr Ges gestrichen (**I** 1), so daß in Verbindg mit dem RestAnspr (bezügl der zur Hälfte fehlenden Differenz, § 2305) der Berecht das erhält, was ihm das Ges als frei verfügbaren Pflichtteil garantiert (s Anm 3 a). Schlägt er die Erbsch gleichwohl aus, hat er auch keinen PflichttAnspr, weil er dann dch eigene WillErkl u nicht dch Vfg des Erbl von der Erbfolge ausgeschlossen ist. – **Übersteigt** der hinterlassene Erbteil die Hälfte des ges Erbteils, hat der Berecht die Wahl (**I** 2): Er kann entw den höheren

2101

§ 2306 1–4

Erbteil samt Beschränkgen u Beschwergen annehmen od die Erbsch ausschlagen u den Pflichtt verlangen (s Anm 3b). – Mit einem **halben unbeschränkten** od unbeschwerten Erbteil, der dem Pflichtt gleichkommt, muß sich der Berecht regelmäßig zufriedengeben (BGH 28, 77). Eine Ausnahme besteht aber für den überlebenden Ehegatten bei ZugewinnGemsch: Dieser kann auch einen unbeschränkten od unbeschwerten Erbteil gleich welcher Höhe ausschlagen, um den Anspr auf Zugewinnausgleich zu erhalten. Daneben steht ihm noch der kleine Pflichtt zu (§ 2303 Anm 2a; § 1371 Anm 5).

2) Hinterlassener Erbteil. Ob er kleiner, gleich od größer als die Hälfte des ges Erbteils ist, wird dch Vergleich der halben ges Erbquote mit dem hinterlassenen quotenmäßigen Anteil am GesamtNachl festgestellt, wobei die Belastgen u Beschwergen des hinterlassenen Erbteils außer Betracht gelassen werden. Maßgebl sind die erbrechtl Verhältn im Zeitpkt des Erbfalls (SchlHOLG NJW 61, 1929 mAv Lange). Abgestellt wird also sowohl beim hinterlassenen als auch bei dem zum Vergleich stehenden ges Erbteil stets auf die **Quote**, also die Bruchteilsgröße, u nicht auf den Wert des Hinterlassenen (sog Quotentheorie; BGH WM 68, 543; BayObLG 68, 112; hM; Ausn s unten). Besteht die Zuwendg aus EinzelGgständen od Geldbeträgen, liegt aber gleichwohl Erbeinsetzg vor (s § 2087 Anm 2), ist die Quote aus dem WertVerhältn zw Zuwendg u GesamtNachl zu ermitteln (RG LZ 32, 1050). Ein zusätzl zum Erbteil zugewendetes Vermächtn ist hinzuzurechnen (§ 2307 Anm 2). – Hat der Erbl im Güterstand der **Zugewinngemeinschaft** gelebt, ist die halbe gesetzl Erbquote des überlebenden Ehegatten nach dem um ¼ erhöhten Erbteil (§ 1371 I) zu bestimmen (s § 2303 Anm 2). Für Eltern u Abkömml kommt es darauf an, ob der Ehegatte sich für die erb- od die güterrechtl Lösg entschieden: Nur wenn der Ehegatte ausschlägt, wird der nicht erhöhte Erbteil zugrunde gelegt, so daß sich der Pflichtt der and Berecht erhöht. – Ein **Wertvergleich** statt des Quotenvergleichs ist allerd dann vorzunehmen, wenn bei Berechng des Pflichtt Anrechngs- u AusgleichsPfl (§§ 2315, 2316) zu berücksichtigen sind. Entspricht näml im Einzelfall der konkrete Pflichtt (den § 2306 nur schützt) gar nicht dem Wert des halben ges Erbteils, weil Vorempfänge anzurechnen sind, wäre es nicht gerechtfertigt, dem Pflichtt Berecht einen zugewendeten beschwerten halben Erbteil lastenfrei zukommen zu lassen. Deshalb ist hier zu vergleichen, ob der rechnerische Betrag des konkreten Pflichtt (unter Berücksichtigg der Ausgl- u AnrechngsPfl) hinter dem Rohwert des hinterlassenen Erbteils (dh ohne Abzug der Beschränkgen u Beschwergen) zurückbleibt od nicht (sog Werttheorie; RG 113, 48; BayObLG 59, 80; **68**, 112; aA Stgt NJW 59, 1375).

3) Die Beschränkungen und Beschwergen sind in **I** 1 u **II** erschöpfend aufgezählt. Unter § 2306 fallen daher **nicht**: die Einsetzg nur als ErsatzE od bedingter NachE (hier kann der Berecht den vollen Pflichtt verlangen, den er bei Eintritt der Ersatz- od NErbfolge erforderlichenf sich anrechnen lassen muß; BayObLG 66, 230); auch nicht die Einsetzg als SchlußE nach § 2269 (denn dem SchlußE war nichts zugewendet); Pflichtt nicht solche Teilgsanordnungen, die dem PflichttBerecht nicht beeinträchtigen od gar nicht berühren (MüKo/Frank Rz 9); auch nicht familienrechtl Anordngen (zB nach § 1638 I; § 1418 II Nr 2; dazu Wendelstein BWNotZ **74**, 10); Beschrkgen nach §§ 2333ff od in guter Absicht (2338) sowie solche Beschrkgen, die schon vor dem Erbfall od durch Ausschlag des Bedachten weggefallen sind (§§ 1953 I, 2180 III, vgl aber § 2308).

a) Ist der Erbteil kleiner oder gleich dem Pflichtt (**I** 1), entfallen hinsichtl des Erbteils des PflichttBerecht die Beschrkgen u Beschwergen kraft G, so daß hier die PflichttLast von demjenigen getragen wird, zu dessen Gunsten die Beschwergen angeordnet waren (Staud/Ferid/Cieslar Rz 53). Doch kann der Erbl die Wahl zw der beschränkten Erbeinsetzg u dem persönl PflichttAnspr gestatten (Staud/Ferid/Cieslar Rz 60; aM RGRK Rz 15). Von diesem Fall abgesehen, hat bei geringerem Erbteil der Erbe neben dem Erbteil noch den **Zusatzanspruch** (§ 2305). Bei Zugewinngemeinsch steht hier dem Eheg kein AusglAnspr zu, da er Erbe ist (§ 1371 II). Eine gesetzl Ausn von **I** 1 ergibt sich aus § 2311 I 2. Erfüllt der Pflichtt-Berechtigte das ihn belastende Vermächtn, so gilt § 812 I 1, ev § 814. – Die Unwirks der TestVollstrg ist vom NachlG vAw zu beachten (vgl Haegele BWNotZ **74**, 109/110). – Bei Ausschlag eines geringen Erbteils erwirbt der PflichttBerecht nur den ZusatzAnspr, § 2305 (RG **93**, 9, BGH NJW **58**, 1964). Schlägt er einen dem Pflichtt gleichen Erbteil aus, steht ihm kein PflichttAnspr zu (s Anm 1); ein darüb hinaus zugewandtes Vermächtn kann er allerd ausschlagen, um einen befreiten Erbteil zu erhalten (BGH NJW **81**, 1837). Ob die Beschränkg od Beschwerg sich letztl auch zum Nachteil des PflichttBer auswirken würde, ist nicht zu prüfen (BGH aaO). Bei **Zugewinngemeinschaft** erhält der ausschlagende Ehegatte neben dem Anspr auf Ausgleich des Zugewinns auch den kleinen Pflichtt ohne WahlR (§ 2303 Anm 2b). Bei Ausschlag sind die Beschrkgen u Beschwergen wirks zu Lasten desj, der an die Stelle des Ausschlagenden tritt. Zur Ausschlag unter Vorbehalt des Pflichtt s § 1950 Anm 1, aber auch Hamm OLGZ **82**, 41 (unwirks TeilAusschlag, § 1950).

b) Ist der hinterlassene Erbteil größer als der Pflichtt (**I 2**), hat der Berecht die Wahl, ob er die Zuwendg mit der Belastg behalten od sie ausschlagen u den vollen Pflichtt fordern will. Der Erbteil ist auch größer als der Pflichtt, wenn der zugewendete Erbteil dem Pflichtt entspricht, der Erbe aber darüb hinaus noch ein Vermächtn angenommen hat (Neust NJW **57**, 1523). Ob die Ausschlagg ratsam ist, hängt davon ab, wie hoch der Erbe die Beschrkgen u Belastgen wirtschaftl bewertet (Maßfeller Betr **57**, 624; auch DNotZ **74**, 597f). – Bei **Zugewinngemeinschaft** muß der hinterlassene Erbteil größer als der Wert der Hälfte des nach § 1371 I um ¼ erhöhten gesetzl Erbteils sein. Der Eheg kann entweder den zugewendeten Erbteil mit den Belastgen behalten od ausschlagen; im letzteren Fall steht ihm der kleine Pflichtt zu, da er daneben noch den Anspr auf Ausgleich des Zugewinns erhält. Er hat kein WahlR zw kleinem Pflichtt mit ZugewAusglAnspr u großem Pflichtt (vgl § 2303 Anm 2a). Auch dies ist bei der Überlegg, ob ausgeschlagen werden soll, zu beachten.

4) Der Beginn der Ausschlagungsfrist (I 2) hängt bei einem den Pflichtt übersteigenden Erbteil neben den allg Voraussetzgen des § 1944 davon ab, daß der PflichttBerecht von den Beschrkgen u Beschwergen Kenntn erlangt hat (**I** 2). Die Kenntn eines belastenden Test reicht also nicht aus, um die Ausschlaggsfrist in Lauf zu setzen, solange der Betroffene das Test für unwirks hält (BGH **LM** Nr 4). Ferner muß der Pflichtt-

Berecht davon Kenntn haben, ob der hinterlassene Erbteil die Hälfte des gesetzl Erbteils übersteigt, da nur dann eine Ausschlagg in Frage kommt. Dies gilt auch, wenn der überl Eheg bei Zugewinngemeinsch mit mehr als ¼ – bei Vorhandensein von Abkömmlingen – unter Auferlegg von Beschrkgen od Beschwerg bedacht ist (Staud/Ferid/Cieslar Rz 70). Ist der PflichttBerecht als Erbe auf eine Summe od auf einzelne Ggstände eingesetzt (§ 2087 Anm 2b), beginnt die Frist erst, wenn er das Wertverhältn dieser Zuwendgen zum ganzen Nachl überblicken kann. Im übrigen ist grdsätzl die Erbquote, nicht der Wert des Hinterlassenen maßg. Eine Ausn besteht aber dann, wenn eine Anrechngs- od AusglPfl (§§ 2315, 2316) od beide in Frage kommen (s Anm 2). Hier beginnt die Frist erst dann, wenn der PflichttErbe weiß, ob sein Erbteil den ihm bei Berücksichtigg der gesetzl AnrechngsPfl zukommenden PflichttBetr übersteigt od nicht (RG **93**, 3, **113**, 45; BayObLG **59**, 77; aM Natter JZ **55**, 138, auch Stgt NJW **59**, 1735). Wenn aber ungewiß ist, ob überh eine AnrechngsPfl bestimmt ist, so soll nach BayObLG (aaO) der Fristbeginn dadurch nicht hinausgeschoben werden; dies dürfte nur dann zutreffen, wenn (wie im Fall von BayObLG aaO) der hinterlassene Erbteil in jedem Fall den Pflichtt übersteigt; denn solange der PflichttBerecht nicht weiß, ob eine Anrechngsbestimmg getroffen ist, weiß er auch nicht, wie sich sein Pflichtt stellt. – **Rechtsfolge** der Ausschlagg ist, daß dann der Nächstberufene (§§ 2161, 2192) die PflichttFdg erfüllen u die Lasten (ggf gekürzt nach § 2322) tragen muß, wenn er nicht ebenf ausschlägt od der Berechtigte sich mit den VermNehmern vergleicht (s Staud/Ferid/Cieslar Rz 71, 72). – Anfechtg der Ausschlagg u der Annahme vgl § 2308.

5) Nacherbe (II). Die Einsetzg eines PflichttBerecht zum NE wird dch **II** der Erbeinsetzg unter einer Beschränkg gleichgestellt. Die Beschränkg ist also darin zu sehen, daß der Bedachte den ihm zugewendeten Erbteil erst nach einem andern Erben (dem VorE) erhalten soll. Übersteigt die Quote des hinterlassenen NErbteils **nicht** die Hälfte des ges Erbteils, gilt die NErbfolge als nicht angeordnet, so daß der Bedachte im Umfang seiner Erbeinsetzg sofort VollE wird; ggf hat er noch den RestAnspr gem § 2305 (s auch Lange NJW **61**, 1929, Staudenmaier BWNotZ **66**, 279). Durch Ausschlagg des Nacherbteils erwirbt er also hier grdsätzl keinen PflichttAnspr (Erman/Schlüter Rz 6); ausgenommen ist hiervon der überl Eheg bei Zugew-Gemsch, falls er auch die Vollerbsch ausschlägt (vgl Anm 3). – Ist der hinterlassene Erbteil **größer** als der halbe gesetzl Erbteil, kann der Bedachte nach seiner Wahl entw die Nacherbsch annehmen od ausschlagen u den Pflichtt fordern (BayObLG **66**, 232). Vor Ausschlagg ist er nicht pflichtteilsberecht (LG Bln Jur Büro **63**, 423). Die **Ausschlagungsfrist** beginnt nicht vor dem Eintritt der NErbfolge. Da aber unabhäng davon die VerjFrist des § 2332 I, III läuft (SchlHOLG NJW **61**, 1930), wird er gut daran tun, schon vorher (§ 2142) auszuschlagen (RGRK Rz 31). Über die Unterbrechg der Verj bei Vor- u NachErbsch vgl Donau MDR **58**, 735; Anerkenng des PflichttAnspr dch Vorerben u die damit herbeigeführte Unterbrechg der Verj wirkt auch gg den NachE (BGH NJW **73**, 1690; aM Donau aaO). In dem Verlangen des Pflichtt kann eine Ausschlagg der Erbsch (§ 2142) nicht erblickt werden; eine dann ohne rechtl Grd erfolgende Auszahlg des Pflichtt berührt das NachErbR nicht; sie kann ledigl bei Eintritt des NErbfalles zur Anrechng des PflichttBetrags samt Nutzgen auf den Erbteil führen (Soergel/Dieckmann Rz 11; vgl BGH NJW **75**, 1510); ein NEVermerk (GBO 51) wird in diesem Fall vor Eintritt des NErbfalles nicht gegenstandslos (BayObLG **73**, 272/275). Vgl auch § 2269 Anm 4. – Der Wegfall der NErbfolge gem § 2306 I 1 mit II ist eine gesetzl Rechtsfolge, die keiner Aufn in den **Erbschein** bedarf. Ein nachträgl Eintreten dieser Voraussetzg macht jed den erteilten ErbSch unrichtig (s SchlHOLG NJW **61**, 1929). Vgl auch § 2069 Anm 2d, BayObLG **62**, 239.

6) Nichtehelichenrecht. Hat der Erblasser einen PflichttBerecht zum Erben eingesetzt, dem bei ges Erbfolge nur ein Erbersatzanspruch zustünde, ist auch § 2306 anwendbar (hM). Übersteigt also der ihm hinterlassene Erbteil nicht die Hälfte des ges Erbteils, gelten Beschränkgen dch Ernennung eines TV, Einsetzg eines NE od eine beschränkende Teilsanordng od seine Einsetzg nur als NE od Beschwerungen mit einem Vermächtn od einer Auflage als nicht angeordnet. Übersteigt der hinterlassene beschränkte od beschwerte Erbteil die Hälfte des ges Erbteils, kann der Eingesetzte das WahlR nach **I** 2; **II** (MüKo/Frank Rz 19 mN) ausüben. – Ist der **Erbersatzanspruch** vom Erbl mit Beschränkgen od Beschwerngen belastet (str, ob dies mögl ist; s Soergel/Dieckmann Rz 15), besteht nur unter den Voraussetzgen des **I** 2 die Möglichk, auszuschlagen u den Pflichtt zu verlangen. Ist der belassene ErbersatzAnspr gleich od kleiner als der Wert des halben ges Erbteils, entfallen die Beschränkgen u Beschwerungen (**I** 1). Als Beschränkgen kommen hier nicht die Anordng einer TestVollstrg, NErbschaft od NachlTeilg in Betracht, da sie den ErsatzBerecht nicht beeinträchtigen, sond nur Vermächtn; Auflagen; Aufschub der Fälligk; Einhaltg auflösender Beingen (Bosch FamRZ **72**, 177); ungünstige Wertbestimmg (dazu Brüggemann FamRZ **75**, 309/317f). Eine aufschiebend bedingte NErbeneinsetzg fällt nicht unter § 2306 II (MüKo/Frank Rz 21). Schlägt aber der ErbersatzBerecht den unbeschränkten u unbeschwerten ErbersatzAnspr aus, kann er den Pflichtt verlangen.

2307 Zuwendung eines Vermächtnisses.

I Ist ein Pflichtteilsberechtigter mit einem Vermächtnis bedacht, so kann er den Pflichtteil verlangen, wenn er das Vermächtnis ausschlägt. Schlägt er nicht aus, so steht ihm ein Recht auf den Pflichtteil nicht zu, soweit der Wert des Vermächtnisses reicht; bei der Berechnung des Wertes bleiben Beschränkungen und Beschwerungen der im § 2306 bezeichneten Art außer Betracht.

II Der mit dem Vermächtnisse beschwerte Erbe kann den Pflichtteilsberechtigten unter Bestimmung einer angemessenen Frist zur Erklärung über die Annahme des Vermächtnisses auffordern. Mit dem Ablaufe der Frist gilt das Vermächtnis als ausgeschlagen, wenn nicht vorher die Annahme erklärt wird.

1) Vermächtnis statt Erbteil. Der nicht zum Erben berufene Pflichtteilsberechtigte braucht sich nicht mit einem Vermächtnis abfinden zu lassen. – **a) Nach Ausschlagung** des Vermächtn (§ 2180) kann der Bedachte den vollen Pflichtt verlangen, **I** 1. Hier bestimmt sich bei ZugewinnGemeinsch der Pflichtt sowohl für den Eheg wie für andere PflichttBerechtigte nach dem nicht erhöhten EhegErbteil (§ 1371 II). Daneben steht dem Eheg noch der ZugewAusglAnspr zu (Maßfeller Betr **57**, 623, Soergel/Dieckmann

Rz 1); er hat aber kein WahlR zw großen und kleinen Pflichtt (§ 2303 Anm 2a). Auch befristete u bedingte Vermächtnisse fallen unter § 2307 (Staud/Ferid/Cieslar Rz 13ff; s aber auch Karlsr Just **62**, 152). – **b) Bei Annahme** des Vermächtn erhält der Bedachte ggf nach **I** 2 einen Zusatzpflichtteil (§ 2305). Hier bestimmt sich bei ZugewinnGemeinsch der Pflichtt des überlebden Eheg u auch der and PflichttBerecht nach dem erhöhten EhegErbteil; der Eheg hat daneben keinen ZugewAusglAnspr, da ein Fall des § 1371 II nicht vorliegt. Er kann den Wertunterschied zw Verm u großem Pflichtt verlangen, wobei aber etwaige Beschrkgen u Beschwergen außer Betracht bleiben (Lange/Kuchinke § 39 V B 4g; s auch § 2304 Anm 3). – **c) Der Pflichtteilsanspruch entsteht** im Fall a) mit der Ausschlagg. Diese ist iZw (außer uU bei Zugew-Gemsch, s oben b) vorzuziehen, da etwaige Beschrkgen u Beschwergen, wenn der Bedachte annimmt, ihn belasten u bei der Wertermittlg des etwaigen ZusatzAnspr außer Betr bleiben (**I** letzter Halbs). Insbes bleibt bei Ann des Vermächtn auch die etwaige Anordng eines Nachvermächtn (§ 2191) bestehen. – **d) Gleichrang** des Vermächtnis nach § 2307 im Konkurs (KO 226 III). – Nachträgl Verschlechterg der WirtschLage des Beschwerten berecht diesen nicht zur Kürzg, gewährt ihm aber uU einen StundgsAnspr (RG AkZ **38**, 277 mit Anm v Boehmer); über Stundg des Pflichttanspr s jetzt § 2331a. – **e) Für Auflagen** gilt § 2307 nicht, da bei diesen eine Ausschlagg nicht in Frage kommt. – **f) Pflichtteilslast** § 2321. Anfechtg § 2308. – **g) Auskunftsanspruch** ist unabhängig davon, ob das Vermächtn ausgeschlagen wird od den Wert des Pflichtt übersteigt (s § 2314 Anm 1). – **h) Verjährung** § 2332.

2) Ein zusätzliches Vermächtnis, mit dem der PflichttBerecht neben einem Erbteil bedacht ist, muß (wenn angenommen) dem Erbteil hinzugerechnet werden. Daraus bemißt sich dann, ob im Fall des § 2305 das Hinterlassene die Hälfte des gesetzl Erbteils erreicht od nicht. Wenn der beschränkte od beschwerte Erbteil (§ 2306) u das Vermächtn zusammen die Hälfte des gesetzl Erbteilswertes übersteigen, fallen die Beschrkgen u Beschwergen nicht weg. Es kommt also § 2306 I 2 (nicht I 1) in Betr (Neust NJW **57**, 1523); wird allerd durch Ausschlagg des Vermächtn die Hälfte erreicht od unterschritten, gilt § 2306 I 1 (BGH FamRZ **81**, 663). – Ist bei Zugewinngemeinsch der überl Eheg als Erbe eingesetzt u mit einem Vermächtn bedacht, muß er Erbsch u Vermächtn ausschlagen, wenn er den kleinen Pflichtt mit ZugewAusgl verlangen will. Nimmt er beides an, so hat er einen PflichttRestAnspr nur, wenn der hinterlassene Erbteil geringer ist als der große Pflichtt u auch der Wert des Vermächtn hinzugezählt nicht ausreicht (§§ 2305 mit 2307 I, Braga FamRZ **57**, 339). Schlägt er nur die Erbsch aus, kann er Ergänzg des Vermächtn auf den Wert des großen Pflichtteils fordern (RGRK Rz 17); schlägt er nur das Vermächtn aus, kann er Ergänzg des Erbteils auf den Wert des großen Pflichtteils verlangen (Braga aaO). Über weitere Fragen s Braga aaO, BGH FamRZ **76**, 334 u § 2304 Anm 3.

3) Die Fristsetzung, II, ist dem beschwerten Erben (nicht dem beschwerten VermNehmer od nichtbeschwerten Erben) gewährt, da für Annahme od Ausschlagg von Vermächtn gesetzl Fristen nicht bestehen u der Erbe Klarh haben muß, ob er das Verm od den Pflichtt zu entrichten hat. Sind mehrere MitE mit demselben Vermächtn beschwert, können sie das FristsetzgsR nur gemeinsam ausüben (Mü FamRZ **87**, 752).

4) Nichtehelichenrecht. Ist ein PflichttBerecht, dem kraft Ges ledigl ein **Erbersatzanspruch** (§ 1934a) zusteht, mit einem Vermächtn bedacht, gilt § 2307 auch (§ 2338a S 2; dazu Erman/Schlüter Rz 5; Odersky § 2338a Anm III 5; s auch Soergel/Dieckmann Rz 7). § 2307 **gilt nicht,** wenn der ErbersatzBerecht kein Vermächtn, sond den ErbersatzAnspr erhält (§ 1934 II 1; Erman/Schlüter aaO; dazu auch Johannsen WM Sonder-Nr 3/**70**, 12).

2308 *Anfechtung der Ausschlagung.* **I** Hat ein Pflichtteilsberechtigter, der als Erbe oder als Vermächtnisnehmer in der im § 2306 bezeichneten Art beschränkt oder beschwert ist, die Erbschaft oder das Vermächtnis ausgeschlagen, so kann er die Ausschlagung anfechten, wenn die Beschränkung oder die Beschwerung zur Zeit der Ausschlagung weggefallen und der Wegfall ihm nicht bekannt war.

II Auf die Anfechtung der Ausschlagung eines Vermächtnisses finden die für die Anfechtung der Ausschlagung einer Erbschaft geltenden Vorschriften entsprechende Anwendung. Die Anfechtung erfolgt durch Erklärung gegenüber dem Beschwerten.

1) Irrtum im Beweggrunde gibt hier ein Recht auf **Anfechtung** der Ausschlagg der Erbsch od des Vermächtn, damit der Berecht durch die Anfechtg (§ 1957) möglicherw mehr erhalten kann als den Pflichtt u weil er sonst nicht einmal den Pflichtt bekäme, da § 2306 I 2 für nicht beschwerte Erbteile nicht gilt (vgl Staud/Ferid/Cieslar Rz 2). Hamm (OLGZ **82**, 41) läßt Anfechtg wg beachtl RIrrtums zu, wenn der Berecht zur Erlangg eines unbelasteten Pflichtt den Erbteil vom Standpkt des § 2306 I aus zu Unrecht ausgeschlagen hat. Form u Frist der Anfechtg bestimmen §§ 1954, 1955. Anfechtg gilt als Ann des Erbteils (§ 1957 I); da kein rechtsgeschäftl Verzicht auf den Pflichtt erfolgt, ist Gen der VormschG nicht erforderl (RGRK Rz 2). – **Anfechtung** der in Unkenntn von Beschrkgen erfolgten **Annahme** ist nach § 119 zul, damit sich der Berechtigte wenigstens den Pflichtt ganz sichern kann (RGRK Rz 3). – Gebühr. KostO 112 I Nr 2.

2) Anfechtung der Vermächtnisausschlagung, II, bedarf keiner Form, da an Stelle des NachlG (§§ 1955, 1957 II) der Beschwerte tritt.

3) Nichtehelichenrecht. § 2308 gilt auch für einen PflichttBerecht, dem kraft Ges ledigl ein **Erbersatzanspruch** zusteht (§ 1934a), u der als solcher od als eingesetzter Erbe od als VermNehmer in der in § 2306 bezeichneten Art beschränkt od beschwert ist u der den ErbersatzAnspr, den Erbteil od das Vermächtn ausgeschlagen hat (§ 2338a S 2).

2309 *Pflichtteilsrecht der Eltern und entfernteren Abkömmlinge.* Entferntere Abkömmlinge und die Eltern des Erblassers sind insoweit nicht pflichtteilsberechtigt, als ein Abkömmling, der sie im Falle der gesetzlichen Erbfolge ausschließen würde, den Pflichtteil verlangen kann oder das ihm Hinterlassene annimmt.

1) Zweck der Vorschr ist, eine Vervielfältigg der PflichttLast zu verhindern. Bei Abkömml gilt: Demselben Stamm nicht zwei Pflichtteile (Mot **5**, 401); kein Pflichtteil neben einer Zuwendung. § 2309 schränkt somit ein an sich gegebenes PflichttR ein: Eltern u entferntere Abkömml sollen im Falle eigener Berechtigg gleichwohl kein PflichttR haben, wenn u soweit ein näher Berecht entw selbst den Pflichtt verlangen kann od eine (den Pflichtt deckende) Zuwendg annimmt. Ihr PflichttR setzt also voraus, daß einmal der sie an sich nach §§ 1924 II, 1930 ausschließende nähere Abkömml erbunwürd ist, ausgeschlagen od auf sein gesetzl ErbR verzichtet hat od daß ihm der Pflichtt entzogen ist (§§ 1953, 2344, 2346, 2333) u daß außerdem sie selbst nach § 2303 von der Erbfolge ausgeschlossen, also an sich pflichtteilsberecht sind u nicht etwa nach § 2069 eintreten.

2) Versagt ist den Nachstehenden also das PflichttR, soweit der Abkömml, der weder ausgeschlagen noch verzichtet hat noch erbunwürdig ist, den Pflichtt verlangen kann (nicht: ihn unberechtigt fordert u erhält, RG **93**, 195); und zwar kann er dies, wenn er enterbt (§ 2303) od geringer bedacht ist (§ 2305) od die Zuwendg nach §§ 2306 I S 2, 2307 I S 1 ausgeschlagen hat.

3) Verlangen können die Nachstehenden den vollen Pflichtt nur dann, wenn der Nähere es aus den in Anm 1 genannten Gründen nicht kann. Ist letzteres zwar der Fall, ist ihm aber etwas hinterlassen u **nimmt er an,** so ist das PflichttR der Nachstehden nur „insoweit", dh in Höhe des Werts des Hinterlassenen, abzügl Belastgen, beseitigt. Sie sind daher pflichtteilsberecht in Höhe des Unterschieds zw dem Wert des Pflichtt u des Hinterlassenen. Wegen der AnrechngsPfl vgl § 2315.

4) Nichtehelichenrecht. Unter Abkömmling iS des § 2309 fallen auch nichtehel Kinder im Verhältn zu ihrem Vater, denn zu den Eltern zählt auch der Vater des nichtehel Kindes. Hinterläßt zB der Vater ein nichtehel Kind u einen ehl Abkömml dieses Kindes, hat das nichtehel Kind die Erbsch od der ErbErsAnspr ausgeschlagen u ist dessen ehel Abkömml selbst von der Erbfolge ausgeschl, so ist der letztere pflichtberecht (s Anm 1). Hat aber der Vater mit seinem nichtehel Kind wirks einen vorzeit ErbAusgl vereinb (§§ 1934d, e), so ist auch der ehel Abkömml dieses Kindes nicht pflichttberecht (§ 1934e). – Hinterläßt der Erbl einen ehel Sohn u ein nehel Kind dieses Sohnes, hat ersterer auf sein gesetzl ErbR verzichtet (§§ 2344, 2346) u ist dessen nehel Kind von der Erbfolge (ErbersatzAnspr) ausgeschl, ist das letzte iZw nicht pflichttberecht (§ 2349, s Anm 1). Liegen aber beim näheren Abkömml die Voraussetzgen für die Pflichtt-Verdrängg nicht vor, so ist in den genannten Fällen dem entfernteren Abkömml das PflichttR versagt (s Anm 2).

5) Annahme als Kind. § 2309 gilt auch für das Verhältn entfernter Abkömml des angenommenen Kindes u der Adoptiveltern (s § 2303 Anm 1a).

2310 *Feststellung des Erbteils.* Bei der Feststellung des für die Berechnung des Pflichtteils maßgebenden Erbteils werden diejenigen mitgezählt, welche durch letztwillige Verfügung von der Erbfolge ausgeschlossen sind oder die Erbschaft ausgeschlagen haben oder für erbunwürdig erklärt sind. Wer durch Erbverzicht von der gesetzlichen Erbfolge ausgeschlossen ist, wird nicht mitgezählt.

1) Erbteilsbestimmung. Der für den Pflichtt maßgebl Erbteil (§ 2303 I 2) wird für jed Berecht gesondert bestimmt, u zwar abstrakt: Mitgezählt werden alle Personen, die zum Ztpkt des Erbfalls als gesetzl Erben berufen wären, auch wenn sie konkret infolge Enterbg, Ausschlagg od Erbunwürdigk weggefallen sind (S 1). Ihr Wegfall soll nicht den Pflichtt vergrößern, kommt also dem Erben zugute, weil der Erbl einerseits die Größe des Pflichtt nicht dch Enterbg von seinem Willen abhängig machen, anderers die Höhe der bestehenden Pflichtt für die NachlRegelg trotz Unvorhersehbark von Ausschlagg u Erbunwürdigk überschauen können soll. Die Vorschr ändert aber für die Berechng nicht die Grdsätze der Verwandtenerbfolge. Wer den Erbfall nicht erlebt, wird ebensowenig mitgezählt wie ein Abkömml, dessen Verwandtsch zur leibl Familie infolge Annahme als Kind eines Dritten gem § 1755 erloschen ist. Auch bleibt es beim Grdsatz der §§ 1924 II, 1930, 1935, so daß der Weggefallene nicht mitgezählt wird, wenn es um den Pflichtt eines entfernteren Abkömml od um den der Eltern (§ 2309) geht. – **Nicht** mitgezählt wird allerd, wer dch **Verzicht** auf sein gesetzl ErbR (§ 2346 I) weggefallen ist (S 2). Dieser Wegfall wirkt pflichtteilserhöhend, weil mit dem Erbverzicht idR die Zahlg einer den Nachl schmälernden Abfindg verbunden ist, der GesGeber allerd aus Gründen der RSicherheit die Regelg nicht davon abhängig machen wollte. Der bloße Pflichtt-Verzicht (§ 2346 II) bleibt dagg außer Betr, ebso der Verzicht unter Vorbehalt des Pflichtt (§ 2346 Anm 3c; Soergel-Dieckmann Rdz 2). Erstreckt sich der Verzicht entgg 2349 ausnahmsw nicht auf die Abkömml, werden diese entspr ihrem EintrittsR (§ 1924 III) mitgezählt.

2) Der Erbersatzberechtigte, dem sein Anspr entzogen wurde, fällt hinsichtl seines dann bestehenden Pflichtt (s § 2338a Anm 1) ebenfalls unter § 2310. Besteht dagg der ErbersatzAnspr, findet § 2310 zwar nicht auf dessen Berechng Anwendg (§ 1934b II 1), jedoch wird der Berecht bei Bestimmg des Erbteils eines anderen PflichttBerecht mitgezählt. – Ein vereinbarter od titulierter **vorzeitiger Erbausgleich,** der Erb- u PflichttR des Kindes u seiner Abkömml nach dem Vater beseitigt wie auch umgekehrt (§ 1934e), ist wie ein Erbverzicht zu behandeln.

2311 *Wert des Nachlasses.* ^I Der Berechnung des Pflichtteils wird der Bestand und der Wert des Nachlasses zur Zeit des Erbfalls zugrunde gelegt. Bei der Berechnung des Pflichtteils eines Abkömmlings und der Eltern des Erblassers bleibt der dem überlebenden Ehegatten gebührende Voraus außer Ansatz.

§ 2311 1–3

II Der Wert ist, soweit erforderlich, durch Schätzung zu ermitteln. Eine vom Erblasser getroffene Wertbestimmung ist nicht maßgebend.

Schrifttum: Piltz, Wissmann, Unternehmensbewertg beim Zugewinnausgleich, NJW 85, 2673; Troll/Simon, Wertermittlg bei Geschäfts- u Fabrikgrundstücken (2. Aufl 1986); Meincke, Recht der NachlBewertg im BGB (1973); Rössler/Langner/Simon, Schätzg u Ermittlg von GrdstWerten, 5. Aufl 1986.

1) Der Pflichtteilsbetrag ergibt sich durch Halbierg des gesetzl Erbteilwertes (vgl § 2303 Anm 2). Zum Nachl gehören auch die NachlVerbindlichk. Daher ist zunächst der **Aktivbestand** festzustellen (dazu BGH WM **71**, 1338) u in Geld zu veranschlagen (vgl auch § 2314). Zum Aktivbestand gehören auch Surrogate, zB LastenAusglAnspr für vor dem Erbfall eingetretene Schäden, auch wenn sie erst in der Person des Erben entstanden sind (BGH FamRZ **77**, 128/129), nicht aber Lebensversicherungen. Die ermittelte Summe des Aktivbestands ist um den Betrag der **Passiven** zu kürzen (dazu Anm 2). Maßgebd für die Veranschlagg u die Vergleich der Aktiven u Passiven, aus der sich der „Bestand" ergibt (RG **129**, 242) ist der **Wert** (s Anm 3) zZ **des Erbfalls**, so daß nachträgl Wertsteigergen od -mindergen außer Betr bleiben (BGH **7**, 135, BWNotZ **61**, 232) vorbehaltl der beschränkten Erbenhaftg (teilw abweichd Braga, AcP **153**, 158, s auch Keßler DRiZ **66**, 399, Johannsen WM **70**, 111). Daher ist es ohne Einfluß auf den Pflichtt, wenn eine unstreitige ErblSchuld, die weder bedingt noch zweifelh ist (§ 2313), nach dem Erbf dem Erben erlassen wird. Dauernde Nutzgen sind zu kapitalisieren (RG **72**, 381). RVerhältn, die mit dem Erbfall infolge Vereinigg von Recht u Verbindlichk erlöschen, gelten als nicht erloschen (BGH DNotZ **78**, 487/489). Der Wert eines dem PflichttBerecht zugewendeten Vermächtn ist bei Berechng des Wertes des AktivNachl zu berücksichtigen (BGH WM **70**, 1520). Enthält der für die PflichttBerechng maßgebl Nachl eine Beteiligg an dem Nachl eines vorverst Erbl (ErstErbl) u schlägt der ErbesE die Erbsch nach dem ErstErbl aus, so mindert sich der für einen nach dem ZweitErbl PflichttBerecht maßgebl Nachl (s Brüstle BWNotZ **76**, 78).

2) Befriedigung darf der PflichtBerecht erst aus dem **schuldenfreien** Nachl verlangen. Er geht also den anderen NachlGläub nach. Die Eintragg einer SichergsHyp für PflichttAnsprüche, deren endgült Höhe noch nicht feststeht, ist zul (LG Aachen Rpfleger **63**, 117).

a) Abzusetzen sind daher die **Erblasserschulden** wie zB: Anspr der Ehefr gg den Erbl aus gemschaftl WirtschFührg (Johannsen WM **73**, 541). – Anspr Dritter für Mitarbeit u Dienstleistgen im Betrieb des Erbl gem § 612 (dazu § 612 Anm 2). – Kreditgewinnabgabe (LAG 173). – GrdstLasten (auch HypGewinnabgabe, Johannsen WM **70**, 113; **79**, 635). – Sämtl Steuern (Besitz-, Verkehrs-, Realsteuern), soweit sie zu Lasten des Erbl (befristet od unbefristet) entstanden sind (Sudhoff NJW **63**, 421); über Berücksichtigg kongftiger von Erbl herrührder, aber erst in der Pers des Erben entstandener Steuerschulden s Kröger, BB **71**, 647, auch BGH NJW **72**, 1269; s auch den Sonderfall im BGH NJW **79**, 546 zu AO 44 I, EStG 26b, dazu Johannsen WM **79**, 636. – Abzusetzen sind auch alle **Verbindlichkeiten**, deren **Rechtsgrund beim Erbfall bereits bestand**, zB Beerdiggs-, NachlSicherigs-, NachlVerwaltgs-, Inventar-, NachlProzeßkosten, RAGebühren eines ErbSchVerf jedenf dann, wenn Bestreiten des ErbR dch PflichttBer Anlaß für Inansprnahme des RA war (BGH MDR **80**, 831; §§ 1968, 1960, 1975, 1993, 2314 II), vgl auch KO 226. – Ferner die **Zugewinnausgleichsforderung** der überlebtn Eheg in den Fällen des § 1371 II, III, da sie NachlVerbindlichk begründet (BGH **37**, 64, § 1371 Anm 4, Staud/Ferid/Cieslar Rz 65, dort auch üb Anspr nach §§ 1585, 1586b u Rz 68; Johannsen in Anm zu LM Nr 2 zu § 2303; Erman/Schlüter Rz 5, bestr; s auch Flik BWNotZ **78**, 117). – Für die **Vermögensabgabe** des Lastenausgleichs besteht weder eine Haftg noch eine AusglPfl des PflichttBerecht. Bei der Wertberechng mit der Vermögensabgabe, eine NachlVerbindlichk, ist der Zeitwert (LAG 77) in Ansatz zu bringen (BGH **14**, 368 mAv Johannsen LM Nr 3, BWNotZ **61**, 332, Hamm RdL **64**, 243; aM Karlsr DNotZ **54**, 146); eine nicht abgelöste HypGewinnabgabe ist nicht mit dem Ablösgsbetrag, sond mit dem Kapitalwert anzusetzen (BGH NJW **64**, 1414; Einzelheiten vgl Hense DNotZ **53**, 84 und Mohrbutter/Gewehr MDR **53**, 405). Für einen VertreibgsSchaden kann dem vom LAG zugebilligte AusglLeistgen sind der Berechng des Pflichtt als ErsVorteile auch dann zGrde zu legen, wenn der Schaden noch vor dem Erbf eingetreten ist, der AusglAnspr aber erst danach in der Pers der Erben (VE) entstanden ist (BGH **LM** Nr 3 zu § 2041). – Verbindlichkeiten, die auf **wiederkehrende Leistungen** gerichtet sind, werden mit ihrem Kapitalwert anzusetzen (RG **72**, 382; BGH **14**, 376: Anwendg versicherungstechn Grdsätze bei Renten; s auch Staud/Ferid/Cieslar Rz 63). WertÄndergen nach dem Erbfall können nur insoweit in Rechng gestellt werden, als sie auch schon zZ des Erbfalls einen vorbestimmenden Einfluß hatten. Allg über Bewertg von Verbindlichk Meincke aaO § 13 IV; auch § 7.

b) Nicht abzusetzen sind die im Range nachgehden (s §§ 1992; 1991 IV; KO 226 II Nr 5, 6) Vermächtn, Auflagen, Verbindlichk ggü ErbersatzBerecht; die Ansprüche aus dem Dreißigsten (§ 1969); das gesetzl Vermächtn an die Abkömml nach § 1371 IV. – Ferner nicht die Kosten einer TestVollstrg, es sei denn, daß diese auch für den PflichtBerecht von Vorteil ist (BGH **95**, 222). – Auch nicht die den Erben treffenden ErbschSteuern. Auch nicht abzuziehen ist die Ertragsteuer (EStG 16), wenn Erbe zum Nachl gehör HandelsUntern aufgibt (BGH **LM** Nr 7; dazu Kapp BB **72**, 829; Johannsen WM **73**, 539; Esch/Schulze zur Wiesche Rz 367–369).

3) Wertermittlung. Auszugehen ist von dem gemeinen Wert, den der NachlaßGgst in der Hand eines jeden Erben haben würde (BGH **LM** Nr. 4). Soweit erforderl, ist er dch Schätzung zu bestimmen (**II** 1), ggf durch Sachverständige (dazu Johannsen WM **79**, 635). Der Erbl kann den Wert nicht bestimmen (**II** 2; Ausn § 2312). Seine Wertbstimmung kann aber als TeilgsAnordng (§ 2048) Bedeutg haben, jedoch nur, soweit sie den PflichttAnspr nicht verkürzt (Staud/Ferid/Cieslar Rz 12ff). Bei Berechtigg des Erbl zur PflichttEntziehg (§ 2333) kann er aber statt der Entziehg eine den PflichttBerechtigten benachteiligende Bewertg des Aktivbestands bindend anordnen od Anrechngspflichten bestimmen, AusglPflichten mindern od ausschließen (§§ 2315, 2316), PflichtErgänzungsansprüche mindern od ausschließen (§§ 2325 ff); dabei ist aber § 2336 zu beachten (Erman/Schlüter Rz 3).

Pflichtteil § 2311 3, 4

a) Grundstücke. Ihr Wert ist idR der Verkehrswert (der als Denkfigur gebildete sog innere Wert gilt nur für Ausnahmebedinggen wie Stopp-Preise etc, BGH **LM** Nr 4). Bei **unbebauten** Grdst wird er dch Vergleich ermittelt (direkt od indirekt mittels Bodenrichtwerte), da hier idR eine ausreichende Zahl vergleichbarer Kaufpreise zur Vfg steht. Bei **bebauten** Grdst wird das SachwertVerf angewandt, wenn für potentielle Käufer Herstellgskosten vorrangig sind (eigengenutztes Einfamilienhaus od EigtWohng; Geschäftshaus; BGH NJW **70**, 2018; Köln MDR **63**, 411), dagg das ErtragswertVerf, wenn Renditeüberleggen im Vordergrd stehen (bei Miethaus, BGH aaO; Ffm FamRZ **80**, 576); in besond Fällen ist auch bei Renditehaus der Sachwert ergänzend zu berücksichtigen (BGH WM **61**, 700). Ein Mischwert wird vom BGH gg die Literatur, die ihn als zu schematisch ansieht, zugelassen (**LM** Nr 5; NJW-RR **86**, 226; abl Düss BB **88**, 1001: nur für Beleihgszwecke). Beim SachwertVerf werden der Bodenwert dch Preisvergleich, der Wert von Gebäude u Außenanlagen üb durchschnittl Herstellgskosten zum Stichtag (vermindert um Wertminderung dch Alter, Schäden usw) ermittelt u beide addiert. Beim ErtragswertVerf werden der Bodenwert ebso, der Wert von Gebäude u Außenanlagen dagg als Rentenbarwert ermittelt, wobei der jährl Reinertrag (verkürzt um Bodenwertverzinsg) mittels der Rentenformel kapitalisiert wird als Jahresbetrag einer Zeitrente üb die Restnutzgsdauer, und alle Werte addiert. – **Bauerwartungsland** ist ebenf mit dem Verkehrswert anzusetzen, wobei die darauf ruhende latente EinkSteuerlast jedenf dann zu berücksichtigen ist, wenn der Wert nur dch Verkauf realisiert werden kann (BGH **98**, 382). – **Sonderfälle:** Wert bei nur vorübergehender Preisänderg BGH NJW **65**, 1589; FamRZ **86**, 40. – Landwirtsch Grdst Oldbg RdL **68**, 265; Steffen RdL **76**, 116; in Großstadtnähe Stgt NJW **67**, 2410; vgl iü § 2312 u § 1376 Anm 3 c. - Bei **Heimstätte** ist der obj Erwerbspreis (RHeimstG 15) anzusetzen (dazu BGH NJW **72**, 1669; **75**, 1021; Johannsen WM **73**, 530).

b) Bargeld, Wertpapiere: Der Wert von Bargeld od unbestrittenen Außenständen liegt klar zutage u erfordert nie eine Schätzg. – Bei Wertpapieren mit Kurswert (Aktien; Pfandbriefe; Bundesobligationen usw) ist idR der mittlere Tageskurs zZ des Erbfalls maßgebl. Nur in besond Fällen, zB bei Aktienpaketen (Minoritätspaketen unter 25%!) ist der innere Wert durch Gutachten zu ermitteln (Nirk NJW **62**, 2185; s auch Soergel/Dieckmann Rz 3; Staud/Ferid/Cieslar Rz 41); aA Veith (NJW **63**, 1521), der grdsätzl – auch bei Aktien von FamGesellschaften – für den Börsenpreis zZ des Erbfalls ist u nur in seltenen AusnFällen aGrd § 242 eine Korrektur des Börsenpreises für zulässig hält.

c) Gesellschaftsanteile: Bei **GmbH-Anteilen** ist der gemeine Wert zu ermitteln (RdschGmbH **62**, 263; s insb mit Einzelheiten Däubler, Die Vererbg des GeschAnteils bei der GmbH, 1965, § 9; Schöne RdschGmbH **75**, 121; auch BFH WM **65**, 1042; Stöcker BB **75**, 1383: GmbHAnteile an Familiengesellsch). Buchwertklauseln in GmbH-Satzg sind bei der Wertermittlg nicht zu berücksichtigen (Ebeling RdschGmbH **76**, 153). – Bei Beteiligg des Erbl an einer **Personengesellschaft** sind für die Feststellg der Pflichtt folge Möglichk zu unterscheiden (s Langenfeld/Gail IV Rz 174 ff): Kommt es zur Auflösg u Liquidation der Gesellsch, so kann nicht mehr als die Beteiligg des (der) Erben am Liquidationserlös zu Grde gelegt werden. Bei Fortsetzg der Gesellsch nur mit den übr Gesellschaftern od unter diesen u den Erben ist der wahre – wirkliche – Wert der Beteiligg des Erbl am Todestag unter Berücksichtigg der offenen u stillen Reserven heranzuziehen. Ist in **Abfindungsklauseln** die Bewertg des ErblAnteils an der Ges für den Fall des Ausscheidens zum Buchwert vorgesehen, ist fragl, ob der Berechng der Pflichtt der wahre Wert der Beteiligg (Vollwert) zugrunde zu legen ist od der Wert des nach dem GesellschVertr auszuzahlden Guthabens: Der Ansatz des Vollwerts bedeutet eine Härte für den Erben, weil er zur Auszahlg des Pflichtt seinen Anteil nur zum Buchwert realisieren kann; bei Ansatz des Buchwerts wird dagg der überschießde wirkl Wert dem PflichttBerecht entzogen. Es werden deshalb verschiedene Kompromißlösgen vorgeschlagen (s die Nachweise bei MüKo/Frank Rz 26 od Eiselt NJW **81**, 2447): Vollwert nur bei Fortsetzg der Beteiligg; nur bei Realisierbark od mit Übergang zum Buchwert bei Mittellosgk des Erben; nur als vorläufiger, auflösd od aufschiebd bedingter Wert, ggf mit Ausgleich nach § 2313 I; als Zwischenwert. Richtig erscheint es, grds die PflichttBerechng nach dem Vollwert des GesAnteils vorzunehmen, wenn der Erbe in die Ges einrücken kann, da sonst der Mehrwert dem PflichttBerecht vorenthalten wird. Für diesen Fall räumt Siebert (NJW **60**, 1033) aber dem Erben ein LeistgsVerweigR ein, wenn zZ des Erbf nur der Buchwert realisiert werden kann; Zimmermann (BB **69**, 965) weist auf § 2331 a hin u erachtet eine darüber hinausgehde Anwendg des § 242 nicht für gerechtf; Heckelmann (aaO) u ihm folgd MüKo/Frank Rz 26, Haegele BWNotZ **76**, 25, mit Einschränkg auch Soergel/Dieckmann Rz 9 sind für Anfechtg der Klausel nach KO 32, AnfG 3 I Nr 3 zur Realisierg des vollen Anteilswert, da AbfindsVereinbg zus mit Kündigg nach Erbf unentgeltl Vfg sei. Bleibt allerd dem Erben die GterStellg des Erbl versagt u muß er sich (im Falle der Wirksamk der Klausel) mit dem Buchwert abfinden lassen, fällt auch nur dieser in den Nachl u bildet dann die BewertgsGrdlage (Eiselt aaO mit Fallgruppen). Für die PflichtGläubiger wäre dann nur Anf nach AnfG 3 I Nr 3, KO 32 hilfreich. Zur Unternehmensbewertg auch BGH NJW **72**, 1269 (Berücksichtigg der nach EStG 16 anfalldn ErtrSteuer).

d) Bei einem Handelsgeschäft gehört dazu auch der innere Wert, good-will (RG **106**, 132; Johannsen WM **70**, 111), der nicht etwa unter § 2313 II fällt (BGH NJW **73**, 509, wonach bei Fortführg eines Untern grdsätzl nicht der Liquidationswert zu Grde gelegt werden kann, dazu Breidenbach Betr **74**, 104; Langenfeld/Gail IV Rz 174; s allgem zum UnternWert W. Müller JuS **73**, 603; **74**, 147, 288, 424, 558; **75**, 489, 553). Die gleichen Grdsätze müssen auch für einen Handwerksbetrieb gelten (aM Nürnb FamRZ **66**, 512, das hier § 2313 II für anwendbar erachtet).

4) Beim Pflichtteil der Abkömmlinge und Eltern, I 2 bleibt der **Voraus** des mit seinem ges ErbR zum Zuge kommenden überl Eheg außer Betracht, um den Zweck des § 1932 (s dort Anm 1) nicht zu vereiteln. Der Pflichtt der Abkömml u Eltern wird daher nur aus dem Nachl berechnet, der nach Abzug des Voraus übrig bleibt, auch wenn dieser ausgeschlagen wird. Neben Abkömml ist hierbei nur der zur Führg eines angemessenen Haushalts benötigte Voraus (§ 1932 I 2), dagg neben Eltern der ganze Voraus abzuziehen (§ 1932 I 1). Der Voraus „gebührt" aber dem Eheg nicht, wenn die gesetzl Voraussetzgen (vgl § 1932 Anm 2) nicht gegeben sind (BGH **73**, 29 mit Anm v Schubert JR **79**, 245, dazu Goller BWNotZ **80**, 12) od er

2107

§§ 2311-2313   5. Buch. 5. Abschnitt. *Edenhofer*

dem Eheg entzogen ist. Ist der Eheg TestamentAlleinE, so ist bei Berechng des Pflichtt von Abkömmlingen od Eltern der Voraus nicht abzuziehen (BGH aaO). Beim Pflichtt der Eheg selbst wird der Voraus nicht abgezogen.

2312 **Landgut.** **I** Hat der Erblasser angeordnet oder ist nach § 2049 anzunehmen, daß einer von mehreren Erben das Recht haben soll, ein zum Nachlasse gehörendes Landgut zu dem Ertragswerte zu übernehmen, so ist, wenn von dem Rechte Gebrauch gemacht wird, der Ertragswert auch für die Berechnung des Pflichtteils maßgebend. Hat der Erblasser einen anderen Übernahmepreis bestimmt, so ist dieser maßgebend, wenn er den Ertragswert erreicht und den Schätzungswert nicht übersteigt.

II Hinterläßt der Erblasser nur einen Erben, so kann er anordnen, daß der Berechnung des Pflichtteils der Ertragswert oder ein nach Absatz 1 Satz 2 bestimmter Wert zugrunde gelegt werden soll.

III Diese Vorschriften finden nur Anwendung, wenn der Erbe, der das Landgut erwirbt, zu den im § 2303 bezeichneten pflichtteilsberechtigten Personen gehört.

Schrifttum: Becker, Übernahme eines Landguts nach BGB, AgrarR **75**, 57; Haegele, BWNotZ **73**, 34; Hessler RdL **80**, 309; Kegel, Zum Pflichtt vom GroßGrdbesitz, FS Cohn, 1976, 85 ff; Köhne AgrarR **82**, 29; Röll, BayNotV **62**, 1; Steffen RdL **80**, 143; Wöhrmann/Stöcker, LandwirtschErbR.

1) Ertragswert. Die Vorschr will den übernehmenden Erben im öff Interesse einer Erhaltg leistgsfähiger Höfe privilegieren u dch Anpassg des PflichttAnspr an den Ertragswert vermeiden, daß dch diese Belastg die Wirtschaftlichk des Landguts gefährdet wird (BGH FamRZ **83**, 1220). Seine Besserstellg ggü den weichenden Erben od PflichttBerecht verstößt nicht gg den allg GleichhSatz, solange im Einzelfall davon ausgegangen werden kann, daß der GesZweck auch erreicht wird (BGH **98**, 375 unter Bezugn auf BVerfG **67**, 348 zu § 1376 IV). Die Privilegierg läßt sich dagg dann nicht mehr rechtfert, wenn das Landgut nicht als geschlossene Einh fortgeführt wird u nicht mehr lebensfäh ist od zwar noch bewirtschaftet, aber nicht als solches gehalten werden kann (BGH **98**, 382). Entspr gilt für einzelne Grdst, die (demnächst) baureif sind u deren Herauslösg aus dem Hof ohne Gefahr für dessen dauernde Lebensfähigk ist (BGH aaO; Kraker BWNotZ **66**, 41). Gehört zum Nachl nur der Bruchteil des Eigt eines Landguts, das ein MitE übernimmt, so ist iZw anzunehmen, daß der Teil zum ErtrWert angesetzt werden soll (BGH NJW **73**, 995). – Keine Anwendg des § 2312 erfolgt, wenn ein Landgut auf testamentar Anordng od zufolge ÜbernVertr auf mehrere Erben od Übernehmer zu BruchtEigt übergeht (s BGH FamRZ **77**, 195). – Der Ertragswert statt des idR beträchtl höheren Verkehrswerts (§ 2311) ist aber nur maßgebl, sofern nicht der Erbl einen and Übernahmepreis bestimmt hat (**I** 2; s Anm 3), wobei dieser Bestimmg im Interesse von Übernehmer u PflichttBerecht Schranken nach oben u unten gesetzt sind.

a) Ein Landgut ist eine Besitzg, die zZt des Erbfalls eine zum selbständ u dauernden Betrieb der Landwirtsch geeignete u bestimmte WirtschEinh darstellt u mit den nötigen Wohn- u WirtschGebäuden versehen ist (BGH **98**, 375; st Rspr). Sie muß eine gewisse (keine bestimmte) Größe erreichen u für den Inhaber eine selbständ Nahrgsquelle darstellen. Der Betrieb kann auch nebenberufl geführt werden, wenn er nur zu einem erhebl Teil zum LebensUnterh des Inhabers beiträgt, also kein Zuschußbetrieb ist (Stgt NJW-RR **86**, 822). Eine nur vorübergehende Verpachtg u das Fehlen von Inventar steht nicht entgg (BGH NJW **64**, 1416), sofern eine Fortführg des Betriebs in absehbarer Zeit mögl u auch beabsichtigt ist (BGH **LM** Nr 2; Stgt aaO), zB wenn der überlebende Ehegatte als Erbe das Anwesen einem pflichtberecht Abkömml als Wirtschaftseinheit erhalten möchte (BayObLG **88**, 385). – Eine landw Nebenerwerbsstelle ist kein Landgut (Hamm MDR **65**, 488); auch nicht im landw genutztes Gelände in Großstadtnähe mit einem ggü dem Ertragswert vielf höheren Verkehrswert (Stgt NJW **67**, 2410). – Was zu einem Landgut gehört, bestimmt der Eigentümer im Rahmen der Verkehrsauffassg dch Widmg (Kegel aaO 112; BGH **98**, 382).

b) Die Berechnung des Ertragswerts erfolgt nach LandesR (s EG 137) durch Kapitalisierg des Reinertrags (dazu § 2049 Anm 2). – Über entspr Anwendg, wenn zum Nachl der GütergemschAnteil des Erbl an einem Landgut gehört, s Oldbg RdL **57**, 220, Haegele aaO 36. Entspr anwendb ist die Bestimmg auch, wenn das Landgut bereits zu Lebzeiten des Erbl übergeben wird u gg den Übernehmer PflichttErgänzgsansprüche (§§ 2325 ff) geltd gemacht werden (BGH Rpfleger **64**, 312 mA v Haegele; **LM** § 2325 Nr 5; Ulm BWNotZ **64**, 283; Röll aaO 2; Kraker BWNotZ **66**, 41; Johannsen WM **70**, 237 f). Hat der Erbl einen geringeren Wert als den Ertragswert bestimmt, so muß der Ertragswert für die PflichttBerecht maßg sein (Röll aaO 4, Haegele aaO 51).

2) Der übernehmende Erbe muß zu den im § 2303 genannten **pflichtteilsberechtigten Personen** gehören (**III**), also Abkömml, Elternteil od Eheg sein; ob er durch Näherstehende ausgeschlossen wird (vgl § 2309) od ob er aus sonst einem Grd keinen PflichtAnspr hat (vgl Übbl 2 vor § 2303), ist belanglos (Goller BWNotZ **59**, 18). – **Schätzungswert** gilt, wenn der übernehmende Erbe nicht pflichtteilsberechtigt ist (ebso Becker aaO 59).

3) Eine Erblasseranordnung nach **II** kann stillschweigend erfolgen. Sie kann auch dch ergänzende TestAuslegg ermittelt werden (BGH **LM** § 2325 Nr 5; Oldbg RdL **62**, 40); eine unwirks PflichttEntziehg aus persönl Verfeindg kann aber nicht ohne weiteres in Anordng gem **II** umgedeutet werden (Stgt NJW **67**, 2410).

2313 **Bedingte, ungewisse oder unsichere Rechte.** **I** Bei der Feststellung des Wertes des Nachlasses bleiben Rechte und Verbindlichkeiten, die von einer aufschiebenden Bedingung abhängig sind, außer Ansatz. Rechte und Verbindlichkeiten, die von einer auflösenden Bedingung abhängig sind, kommen als unbedingte in Ansatz. Tritt die Bedingung ein, so hat die der veränderten Rechtslage entsprechende Ausgleichung zu erfolgen.

Pflichtteil §§ 2313, 2314

II Für ungewisse oder unsichere Rechte sowie für zweifelhafte Verbindlichkeiten gilt das gleiche wie für Rechte und Verbindlichkeiten, die von einer aufschiebenden Bedingung abhängig sind. Der Erbe ist dem Pflichtteilsberechtigten gegenüber verpflichtet, für die Feststellung eines ungewissen und für die Verfolgung eines unsicheren Rechtes zu sorgen, soweit es einer ordnungsmäßigen Verwaltung entspricht.

Schrifttum: Meincke, BewertgsR, 1973, § 15 I, II.

1) Als erbrechtliche Sonderregelung, die bei Berechng des Zugewinns nicht entspr anwendb ist (BGH **87,** 367), durchbricht die Vorschr das sonst geltende Stichtagsprinzip (s dazu §§ 2311 I; 1934b I). Der PflichttBerecht soll damit vergleichb dem Erben behandelt werden, dem aufschiebd bedingte od zweifelh Rechte regelmäß erst zugute kommen, wenn die Bedingg eingetreten oder die Zweifelhaftigk behoben ist, während aufschiebd bedingte od zweifelh Verbindlichk ihn wirtschaftl erst belasten, wenn die Bedingg eintritt od die Zweifelhaftigk entfallen ist (BGH aaO). Vorläufig außer Ansatz bleiben also **aufschiebend bedingte** Rechte u Verbindlichk sowie **ungewisse** od **unsichere** Rechte u Verbindlichk (zB Leistgspflichten aus dem Lastenausgleich, soweit sie der Höhe nach noch nicht feststehen, Anm Johannsen zu **LM** Nr 3 z § 2311; od uU zum Nachl gehörige Nacherbrechte, RG **83,** 253, die sich ja meist nicht genau schätzen lassen) u zweifelh Verbindlichkeiten, dh solche, die zZ des Erbfalls zweifelh waren u zZ des Geltendmach des Pflichtt noch in voller Höhe zweifelh sind, BGH **3,** 394 (zB vom Erben bestrittene, wenn auch schon rechtshängige NachlSchulden, wobei zweifelh bedeutet, ob sie rechtl bestehen od sie tatsächl verwirkl werden können; dazu Johannsen WM **70,** 113f; BGH WM **77,** 1410). Soweit nicht mehr zweifelh, sind sie aufzunehmen. Als unsicherer Wert kann aber nicht ein Handwerksbetrieb erachtet werden (aM Nürnb FamRZ **66,** 512). Gesellsch-Anteile an PersGesellsch, deren Wert AbfindgsBeschrkgen bedrohen, sind ebenfalls nicht als unsichere Werte zu erachten (Soergel/Dieckmann Rz 2 mit Rz 9 zu § 2311).

2) Auflösend bedingte Rechte u Verbindlichkeiten sind einstweilen ihrem ganzen Betrage nach zu berücksichtigen. Bestand mit dem Erbl eine einheitl GeschVerbindg, bei der die beiderseitigen Fdgen u Verbindlichk ggseitig verrechnet wurden, so sind diese nur teilw sicher u unzweifelh, muß das RVerhältn als Ganzes behandelt werden u die beiderseitigen Fdgen insow unberücksichtigt bleiben, als die sicheren sich mit etwaigen ungewissen decken (BGH **7,** 134). Bei Bedingungseintritt (rechtskräftiger Feststellg, FdgsEinziehg) hat entsprechende Ausgleichg zu erfolgen, je nachdem, ob sich der NachlWert vermehrt od vermindert. Sicherheitsleistg für den zukünftigen Fall kann von keiner Seite gefordert werden. – **Befristete** Anspr u Verpflichtgen sind nach § 2311 II; KO 65 II, 70 zu schätzen (BGH FamRZ **79,** 787). – Über Berücksichtigg künft Steuerschulden s Kröger BB **71,** 647; BGH NJW **72,** 1269.

2314 *Auskunftspflicht des Erben.* **I** Ist der Pflichtteilsberechtigte nicht Erbe, so hat ihm der Erbe auf Verlangen über den Bestand des Nachlasses Auskunft zu erteilen. Der Pflichtteilsberechtigte kann verlangen, daß er bei der Aufnahme des ihm nach § 260 vorzulegenden Verzeichnisses der Nachlaßgegenstände zugezogen und daß der Wert der Nachlaßgegenstände ermittelt wird. Er kann auch verlangen, daß das Verzeichnis durch die zuständige Behörde oder durch einen zuständigen Beamten oder Notar aufgenommen wird.
II Die Kosten fallen dem Nachlasse zur Last.

Schrifttum: Coing, Zur Ausleg des § 2314, NJW 83, 1298; ders, Der AuskAnspr des PflichttBerecht im Fall der PflichtErgänzg, NJW **70,** 729; Dieckmann, Zum Ausk- u WertermittlgsAnspr des PflichttBerecht, NJW **88,** 1809; Kempfler NJW **70,** 1533; Winkler von Mohrenfels, Die Ausk- u WertermittlgsPfl des vom Erbl Beschenkten, NJW **87,** 2557.

1) Der Auskunftsanspruch soll dem pflichttberecht **Nichterben** zur Durchsetzg seiner Rechte verhelfen, da es seine Sache ist, sich die notwend Kenntnisse über Bestand u Wert des Nachl auf dem Weg des § 2314 zu verschaffen (BGH WM **77,** 305). **Voraussetzung** ist also das PflichttR, nicht auch ein PflichttAnspr, zu dessen Beurteilg die Auskunft erst dienen soll (BGH **28,** 177 mAv Mattern **LM** Nr 3; BGH NJW **81,** 2052). Steht allerd bereits fest, daß der Berecht einen PflichttAnspr nicht geltend machen kann, ist der AuskAnspr nicht gegeben (BGH **28,** 177; s auch e). Berechtigte PflichttEntziehg hindert das Entstehen des AuskAnspr (Hamm NJW **83,** 1067). – Das Ges gewährt AuskAnsprüche verschied Stärkegrade, die als selbständ Anspr neben- od nacheinander geltend gemacht werden können (Coing aaO): Der Berecht kann sich mit der Vorlage eines ohne seine Mitwirkg vom **Erben** hergestellten **privaten Verzeichnisses** begnügen **(I** 1); er kann seine **Zuziehung** bei Aufstellg dieses Verzeichn verlangen (**I** 2 Hs 1); schließl kann er Aufnahme des Verzeichn dch eine **Amtsperson** verlangen (**I** 3; s BGH NJW **61,** 603 mAv Mattern **LM** Nr 4; unten Anm c). – Zusätzl besteht noch der selbständ WertermittlgsAnspr gem **I** 2 Hs 2 (dazu Anm 2).

a) Auskunftsberechtigt ist nach dem Wortlaut jeder **Nichterbe** aus dem Personenkreis der §§ 2303, 2309, 2338a. Dazu gehört der PflichttBerecht, der enterbt ist (§ 2303); od nach § 2306 I 2 ausschlägt; od nur mit einem Vermächtn bedacht ist (§ 2307) ohne Rücks auf dessen Höhe od Ausschlagg (BGH NJW **81,** 2051) od das Feststehen eines RestAnspr (§ 2305); bei ZugewinnGemsch der überlebende Eheg, der ausschlägt (§ 2306 Anm 1). Auskunftsberecht ist auch der neue Gläub bei Abtretg (§§ 2317; 398). Erweiternd wird dem nichterbenden PflichttBerecht auch gg den vom Erbl beschenkten Dritten ein AuskAnspr in entspr Anwendg von **I** 1 zugebilligt (BGH **55,** 378; **89,** 24/27), sofern ihm nicht schon der Erbe Ausk erteilt hat (BGH NJW **85,** 384). Allerdg sollte mit Rücks auf die Kosten (II) die Analogie nicht zu weit gehen, daß er dann stets auch alle kostenträcht Rechte aus I 2 od I 3 soll beanspruchen können (Dieckmann NJW **88,** 1809). – Für den pflichttberecht **Erben** kommt dagg eine analoge Anwendg des auf den NichtE zugeschnittenen umfassenden Anspr aus **I** nicht in Betr. Ihm gewährt die Rspr gg den Beschenkten aber einen allg AuskAnspr gem **§ 242,** sofern er sich die erforderl Kenntn nicht auf andere ihm zumutbare Weise verschaffen kann u der

§ 2314 1a–d   5. Buch. 5. Abschnitt. *Edenhofer*

Beschenkte die Ausk unschwer zu geben vermag (BGH **61**, 180 mAv Johannsen **LM** Nr 8; KG JuS **73**, 514 mAv Reuter; Zweibr OLGZ **73**, 218). – Ist der PflichttBerecht **Miterbe**, stehen ihm die Anspr nach §§ 2027, 2028, 2038, 666, 681 zu, nicht nach § 2314. Auch der **Nacherbe** ist Erbe u kann sich gem §§ 2121, 2122, 2127 informieren; § 2314 steht ihm auch dann nicht zu, wenn seine RStellg auflösend bedingt ist (BGH NJW **81**, 2051). Gg den vom VorE Beschenkten steht dem NachE dagg ein Anspr analog **I** zu (BGH **55**, 378; **58**, 237).

b) Auskunftspflichtig ist der **Erbe** persönl, mehrere als GesamtSchu. Dies gilt auch dann, wenn daneben eine AuskPfl des NachlVerwalters gem § 2012 I 2 besteht (Celle MDR **60**, 402). – Der **Testamentsvollstrecker** ist nicht auskunftspflichtig (§ 2213 I 3). – Neben dem Erben kann auch der vom Erbl in den letzten 10 Jahren vor dem Erbfall **Beschenkte** verpflichtet sein, dem pflichtberecht NichtE auf Verlangen Ausk üb den fiktiven Nachl zu erteilen (s Anm a); nach dem Grdsatz von § 242 auch dem pflichtberecht Erben, sofern er die Ausk unschwer erteilen kann u der Erbe auf sie angewiesen ist (BGH **61**, 180; s Anm a). – Der vom VorE Beschenkte ist dem NachE auskunftspflichtig (s Anm a).

c) Umfang. Zweck des AuskAnspr ist die Offenlegg der Berechngsfaktoren (BGH **33**, 374). In der Praxis hat sich der Wortlaut der Vorschr dafür als zu eng erwiesen, so daß die Rspr den Anwendgsbereich des § 2314 nicht nur in persönl Hinsicht (s Anm a), sond auch bezügl des Umfangs der AuskPflichten ausgeweitet hat: Der Berecht hat nach ständ Rspr (s BGH **89**, 24 mN) Anspr auf Ausk über die beim Erbfall tatsächl vorhandenen **Nachlaßgegenstände** (reale Nachlaßaktiva) u über die **Nachlaßverbindlichkeiten** (Passiva; BGH **LM** Nr 5; FamRZ **65**, 135); ferner über den sog **fiktiven Nachlaßbestand,** also die ausgleichspflichtigen Zuwendgen des Erbl (§§ 2316 I; 2052; 2055 I; 1934b III) und seine Schenkungen innerh seiner letzten 10 Lebensjahre (§ 2325). Der Erbe muß über sein eigenes Wissen hinaus sich die zur AuskErteilg notwend Kenntn soweit mögl verschaffen (BGH **89**, 24), zB auch von einem AuskR ggü einer Bank gem §§ 675, 666 (s 1922 Anm 3r) Gebrauch machen (BGH NJW **89**, 1601). Auf Verlangen hat sich die Ausk auch auf Pflicht- u Anstandsschenkgen (§ 2330) zu erstrecken sowie auf solche ungeklärten u streit Veräußergen, deren Umstände die Annahme nahelegen, es handle sich (wenigstens zum Teil) um eine Schenkg (BGH **74**, 379; NJW **62**, 245; FamRZ **75**, 87); die Ausk muß sich auf alle VertrBedinggen erstrecken, deren Kenntn wesentl ist für die Beurteilg, ob u in welcher Höhe ein PflichttErgänzgsAnspr (§ 2325) geltd gemacht werden kann (BGH **LM** Nr 5; s auch Coing NJW **70**, 732f; BGH **55**, 378 = **LM** Nr 6 mAv Johannsen). – Der Berecht hat in entspr Anwendg von **I** den pflichtberecht Abkömml u Eltern auch Ausk zu erteilen, ob der verheiratete Erbl im **Güterstand** der ZugewinnGemsch gelebt u ein ihm zugewandtes Vermächtn angenommen od ausgeschlagen hat (§ 1371).

d) Auskunftserteilung. Das schriftl Bestandsverzeichnis (§ 260 I) hat den NachlBestand gem dem AnsprUmfang (s oben c) wiederzugeben, also auch die Passiva (§ 2311 Anm 1, 2), da der Berecht nur so über die Höhe seines ZahlgsAnspr unterrichtet werden kann (RG **129**, 240; Hbg JW **39**, 155; BGH **33**, 373). Zum Bestand gehören auch solche Ggstände, an denen der Erbl nur Besitz hatte. – Der Berecht kann, wenn ein **Unternehmen** od eine Unternehmensbeteiligg zum Nachl gehört u die Beurteilg seines Wertes ohne Kenntn insb der Bilanzen u ähnl Unterlagen dem PflichttBerecht nicht mögl wäre, die **Vorlage** derartiger **Unterlagen** verlangen, zB Bilanzen, Gewinn- u Verlustrechngen (BGH **LM** Nr 1 zu § 260; NJW **61**, 601/604; FamRZ **65**, 136; BGH **65**, 79 mAv Blunck NJW **75**, 2191; Reuter-Kunath JuS **77**, 376); der AuskAnspr umfaßt aber die Vorlage von Belegen nicht in der Allgemeinh wie beim RechngsleggsAnspr (s § 259 I). Im Urteil brauchen die vorzulegenden Belege nicht näher bezeichnet zu werden, da der Erbe im Vollstreckgs-Verf geltend machen kann, daß bestimmte EinzelUrk nicht mehr dem Zweck entspr (Zweibr FamRZ **87**, 1197). – Hinsichtl der Ausk über **Schenkungen** (§ 2325) kann die Vorlage von Unterlagen zur Feststellg des Wertes der fortgegebenen Vermögensteile, nicht aber die Vorlage von Wertfeststellgen (zB Schätzgutachten), die der Erbl od der Erbe hat anfertigen lassen, verlangt werden (BGH FamRZ **65**, 135; Oldbg NJW **74**, 2093). Jedoch kann der PflichttBerecht, wenn die Feststellg des Nachl zB die Bewertg eines Unternehmens erfordert u er diese aGrd der Bilanzen u der sonst Belege nicht allein vornehmen kann, vom Erben die Wertermittlg dch Einholg eines Sachverständigengutachtens verlangen (KG OLGZ **69**, 254; Schleswig NJW **72**, 586; Mü NJW **74**, 2094; BGH NJW **75**, 258; LG Mü I FamRZ **78**, 364); s aber auch Hamm NJW **69**, 433, das eine Verpfl des Erben hierzu verneint u diesen nur für verpfl erachtet, zu dulden, daß sich der PflichttBerecht bei der Wertermittlg eines Sachverst bedient. – Solange dem AuskVerlangen nicht entsprochen ist, kann der Berecht die Annahme eines ihm angebotenen Betrags verweigern; der Erbe wird daher auch durch Hinterlegg (§ 378) von seiner Verbindlichk nicht befreit (BGH FamRZ **58**, 23). – Zum AuskAnspr bei Vorliegen gesellschaftsrechtl Abfindgsklauseln vgl Sudhoff NJW **61**, 807 (bedenkl Einschränkgen).

aa) Das Bestandsverzeichnis (§ 260 I) ist kein Inventar (§ 2001); s dazu Hamm OLGZ **77**, 257 (Zustdgk zur Aufn des Verz in NRW: Notar, AG). Es kann aber auf ein solches verwiesen werden. Der PflichttBerecht kann auch Setzg einer InvFrist beantragen (§ 1994). Wurde das Verz ohne die schon vorher verlangte Zuziehg des PflichttBerecht angefertigt, muß ein neues Verz unter seiner Zuziehg erstellt werden; das gleiche gilt auch dann, wenn das Verlangen auf Zuziehg erst nachträgl gestellt wird, soweit nicht diesem Verlangen die §§ 226, 242 entgstehen. Auch die Aufn durch eine AmtsPers (s § 2002 Anm 1) kann noch nachträgl verlangt werden, selbst wenn sich der Berecht zunächst mit einem privaten Verz begnügte; er braucht sich nicht auf das Verf zur Abg einer eidesstattl Vers verweisen zu lassen (RG **72**, 384; DJ **40**, 1248; BGH NJW **61**, 602; LG Essen MDR **62**, 575). Der PflichttBerecht hat aber kein Recht, beim AG od Notar selbst die Aufn eines Verz zu verlangen (Stgt BWNotZ **63**, 265). – **Ergänzung** kann verlangt werden, wenn der Pflichtige einen best Vermögensteil ganz ausließ (RG JW **14**, 348) od aus Rechtsirrtum eine unbestimmte Anzahl von Ggständen nicht aufnahm (BGH **LM** Nr 1 zu § 260). Abgesehen hiervon kann wg sonstiger Mängel ein neues Verz od seine Ergänzg grdsätzl nicht gefordert werden. Diese Mängel sind vielm im Verf zur Abg der eidesstattl Vers od im RStreit zu erörtern.

bb) Amtsperson. Das in I 3 genannte NachlVerz stellt eine UrkHdlg dar, die zu den nicht rechtsgeschäftl Beurkdgen gehört (KG KGJ **43** B 339/342). Hierfür sind nach BundesR die Notare zuständig (BNotO 20 I);

landesrechtl ist daneben auch die Zustdgk des AmtsG (nicht des NachlG) u zwar des Richters gegeben; s für den Geltgsbereich des *Preuß*FGG dessen Art 31 I, II u dazu Hamm OLGZ **77**, 257, auch Schubart DNotZ **34**, 497 (zum Verz nach § 2121 III); für *BaWü* s § 41 V LFGG.

cc) **Die eidesstattliche Versicherung** hat der Pflichtige auf Verlangen über das Verzeichnis nach § 260 II abzugeben; dieses kann vor der Abgabe ergänzt werden, was eine Änderg der Formel für die eidesstattl Vers dch das nach ZPO 889 zust VollstreckgsG veranlassen kann (vgl § 261 II). Die eidesstattl Vers kann, ebso wie die AuskErteilg, in Teilakten über jeweils einen and AuskGgst abgegeben werden; sie muß aber auch dahin gelten, daß die Summe der Teilauskünfte die Ausk im geschuldeten Gesamtumfang darstellt (BGH LM Nr 5, FamRZ **62**, 429). Die Voraussetzgen des § 260 II liegen aber nicht schon dann vor, wenn der Verpflichtete mangels einer entspr Aufforderg des Berecht das Verz ohne Zuziehg eines Beamten od Notars u zunächst ohne Belege einreichte; die Behauptg, daß das Verz unsorgfält sei, muß näher erläutert werden (KG JR **49**, 410, auch Zweibr FamRZ **69**, 230). – **Verweigerung** der eidesstattl Vers führt jedoch (anders als im Fall des Verfahrens nach §§ 1993 ff, § 2006 III) keine unbeschränkte Haftg herbei (vgl aber ZPO 888). – Der zur Abgabe **bereite** Erbe kann die eidesstattl Vers vor dem AG abgeben (FGG 163). S auch §§ 259–261 Anm 6.

e) **Verjährung.** Während Pflichtt- und -ErgänzgsAnspr in 3 Jahren verjähren (§ 2332), fehlt für die Anspr des § 2314 ein bes Bestimmg. Diese verjähren folgl in 30 Jahren (§ 195). Nachdem sie aber nur der Durchsetzg eines HauptAnspr dienen, muß dessen Verjährg Einfluß auf die Geltendmachg der HilfsAnspr haben. Die rechtl Begründg dafür ist allerd streitig. Seit BGH **33**, 379 galt, daß der AuskAnspr in 30 Jahren, aber nicht später als der PflichttAnspr verjährt; die Verjährgseinrede des Schu mußte vom Gläub mit dem Einwand unzuläss RAusübg bekämpft werden (s Dieckmann FamRZ **85**, 589). BGH NJW **85**, 384 gab diese Begründg auf u entschied statt dessen, daß die Anspr nach § 2314 nicht mehr erhoben werden können, wenn ein entspr Informationsbedürfn objektiv nicht mehr besteht. Zu Recht verlangt allerd Dieckmann (aaO) in Anm hierzu, daß die Darleggs- u Beweislast für das Informationsinteresse dem PflichttBerecht erst nach Erhebg der Verjährgseinrede obliegt.

f) **Erlaß** der Auskunftspflicht dch den Erbl ist nicht mögl. Der Berecht kann aber auf sein AuskR **verzichten,** und zwar dem Erben ggü formlos, dem Erbl ggü nur in der Form der §§ 2348, 2346 II.

2) **Der Wertermittlungsanspruch (I 2)** steht selbständ neben dem AuskAnspr des **I** 1 (Coing NJW **83**, 1298). Erst wenn (ggf nach erteilter Auskunft) der Bestand des Nachl feststeht, kann sein Wert ermittelt werden. Der Anspr ist im Ggsatz zum AuskAnspr vom Wissen u den Wertvorstellgen des Verpflichteten gänzl unabhängig. Der Erbe muß auf Kosten des Nachl (**II;** dazu Anm § 2314) auch den Wert der NachlGgstände einschließl derjenigen, die dem realen Nachl hinzuzurechnen sind (fiktiver Bestand, s Anm 1 c), dch Gutachten eines unparteiischen Sachverständigen ermitteln lassen (BGH NJW **75**, 258; **89**, 29), bei einem Unternehmen ist der Vorlage einzelner Unterlagen (Coing aaO; einschränkd Soergel/Dieckmann, Nachtrag Rz 4). Bei der Bewertg der zum fiktiven Nachl gehörenden Ggstände ist dabei auf die für eine begehrte PflichttErgänzg maßgebl Stichtage (§ 2325 II 2) abzustellen (BGH WM **89**, 919). – Bei mehreren ernstl in Betr kommenden **Bewertungsmethoden** hat der Sachverständige zur Erfüllg des Anspr alle mögl Werte zu ermitteln u anzugeben, um den Berecht umfassend ins Bild zu setzen (Mü NJW-RR **88**, 390). – Das erholte Wertgutachten ist nicht verbindl u hat meist nur die Funktion, das Risiko eines Prozesses üb den Pflicht abschätzen zu können (BGH aaO). Im RStreit wird das Gericht oft ein neues erholen; allerd können dann die Kosten eines sog Privatgutachtens als notwendige erstattgsfähig sein (ZPO 91; s Mü Rpfleger **83**, 486).

a) **Anspruchsberechtigt** ist der pflichtberecht Nichterbe, sofern er ein schutzwürd Interesse an der Wertermittlg hat. Dieses ist zu bejahen, wenn er seinen Pflichtt nicht berechnen kann, weil die ihm zugängl Tatsachen ihm kein ausreichendes Bild über den Wert der vorhandenen (od verschenkten) Ggstände verschaffen (BGH **89**, 24). Da der Anspr nur eine Hilfe bei der Berechng bezweckt, muß der PflichttBerecht die NachlZugehörigk des zu bewertenden Ggstandes darlegen u beweisen (BGH aaO).

b) **Gerichtet** ist der Anspr gg den **Erben.** Dieser ist auch verpflichtet, den Wert eines innerhalb der Frist des § 2325 III vom Erbl verschenkten Ggstandes auf Verlangen des PflichttBerecht dch einen unabhängigen Sachverständ ermitteln zu lassen, allerd nicht schon auf den bloßen Verdacht hin, der Erbl habe einen bestimmten Ggstand weggeschenkt, sond nur bei Nachweis der Zugehörigk des betr Ggstands zum fiktiven Nachl. Eine Wertermittlg des fiktiven Nachl od eines seiner Bestandteile kann nicht bejaht werden, wenn nicht die Voraussetzgen des § 2325 erfüllt sind (BGH **89**, 24 mAv Dieckmann FamRZ **84**, 880 u Baumgärtel JR **84**, 198).

c) **Der vom Erblasser beschenkte Dritte** ist dagg nicht verpflichtet, auf eigene Kosten entspr **I** 2 eine Wertermittlg dch Sachverständigen zu veranlassen, wenn der pflichtberecht Nichterbe dies verlangt, weil er seinen (ergänzenden) PflichttAnspr nicht berechnen kann (BGH WM **89**, 919, der diese Frage bislang stets offen gelassen hatte, zuletzt in NJW **85**, 384). Da der Beschenkte nach der eindeut Regelg des § 2329 mit dem „Erlangten" nur begrenzt u nur für einen exakten Fehlbetrag haftet, kann er darüber hinaus nicht noch mit einer kostenträchtigen WertermittlPfl belastet werden (BGH aaO mAv Dieckmann FamRZ **89**, 857). Dagg will Winkler v Mohrenfels NJW **87**, 2557 einen WertermittlgsAnspr analog § 2314 I 2 stets zubilligen, wenn der pflichtberecht Nichterbe die erforderl Anhaltspunkte für eine Schenkg darlegt. Hiergg krit Dieckmann NJW **88**, 1809 wg Vernachlässigg der Kostenprobleme; zu bejahen sei ein solcher Anspr unter den Voraussetzgen, daß die Zugehörigk des Ggstands zum fiktiven Nachl feststeht u die vorrangige WertermittlgsPfl des Erben nicht eingreift; allerd soll dann der Beschenkte für die Kosten entspr den HaftgsGrds der §§ 2325, 2329 stets nur mit dem Wert des Geschenks haften. – Erst recht kann nicht dem pflichtberecht **Erben** ein auf entspr Anwendg von **I** 2 gestützter WertermittlgsAnspr gg den Beschenkten zugestanden werden. Allerd wurde ihm vom II. Senat des BGH (NJW **86**, 127 mit krit Anm von Dieckmann FamRZ **86**, 258) gg einen (selbst pflichtberecht) ZuwendgsEmpfänger, der Erb- u PflichttVerzicht geleistet hatte, ein aus § 242 abgeleiteter WertermittlgsAnspr zugebilligt, sofern er darauf angewiesen ist u sich nicht selbst auf andere

Weise Kenntn über den Wert der Zuwendg verschaffen kann, gewisse Anhaltspkte für die von ihm behauptete unentgeltl Vfg nachweist u die Kosten für den Nachl übernimmt. Nachdem die Kostenfrage beim WertermittlgsAnspr eine erhebl Rolle spielt, beruhte der Entscheidg des BGH wesentl auf dem Umstand, daß im Einzelfall dch die Bereiterklärg des Erben zur Kostenübernahme diese Frage geregelt war.

d) Zur Verjährung des WertermittlgsAnspr s Anm 1e.

3) Prozessual bedarf die AuskPfl keiner näheren Umschreibg im Urteil, da sich Art u Umfang aus dem G ergeben (Hbg FamRZ 88, 1213). – Ausk- und PflichttAnspr können dch Stufenklage (ZPO 254) verfolgt werden, so daß die Bezifferg des ZahlgsAnspr erst nach teilurteilsweiser Erledigg des Anspr auf Vorlegg des Verzeichn (evtl auch Abg der eidesstattl Vers) zu erfolgen hat. Die Möglichk der Stufenklage hindert aber den Gl nicht, die einzelnen Stufen zum Ggst gesonderter Klagen zu machen (Zweibr FamRZ 69, 230). – Durch die Stufenklage wird die Verjährg des PflichttAnspr sogleich unterbrochen (BGH NJW 75, 1409), nicht aber dch die bloße Klage auf AuskErteilg (RG 115, 29, Köln JR 58, 223). – Dem KlageR gem § 2314 mit § 260 II steht nicht im Wege, daß der PflichttBerecht als NachlGläub daneben vom Erben die Abgabe der eidesstattl Vers vor dem NachlG aGrd § 2006 verlangen kann (vgl Zweibr aaO). Ein Rechtsschutzinteresse an der Kl aGrd § 2314 kann auch fortbestehen, wenn der PflichttAnspr währd des RechtsStr verjährt ist (BGH DRiZ 69, 282). – Die **Zwangsvollstreckung** wg AuskErteilg u der Vorlegg des Verzeichn erfolgt gem ZPO 888 (Mü NJW 69, 436; Ffm Rpfleger 77, 184); gleiches gilt für Wertermittlg dch Zuziehg eines Sachverständ (Ffm OLGZ 87, 480). Aus dem AuskUrteil kann bezügl aller od auch nur einzelner Auskünfte vollstreckt werden; allerd müssen im VollstrVerfahren die Rechte des Bekl genau gewahrt werden (Hbg FamRZ 88, 1213). Hinsichtl der Abgabe der eidesstattl Vers s ZPO 889 II. – Zum Streitwert s Johannsen WM 79, 635.

4) Die Kosten (II) des Verzeichnisses, der Wertermittlg u der amtl Aufnahme treffen den Nachl (auch bei einem Ggstand des sog fiktiven Nachl, BGH 89, 24) und sind NachlVerbindlichk, die rechngsmäßig vom Aktivbestande (§ 2311) abgesetzt werden können und daher im Erbschaftsprozeß sowohl den Erben als auch den PflichttBerecht belasten (BGH 84, 35). Ist der Nachl wertlos, kann der Erbe die Einholg eines Wertgutachtens verweigern (§ 1990 I; BGH WM 89, 919). Mit seinem Eigenvermögen muß der Erbe für die Kosten der Wertermittlg nach dem HaftgsVerständn des BGH (s Anm 2c) nicht einstehen, solange er die Möglichk der HaftgsBeschränkg noch hat (Dieckmann FamRZ 89, 857 in Anm zu BGH; aA Mü NJW 69, 436). Dieckmann (aaO) gibt zu erwägen, ob dann der selbst pflichttberecht Erbe nicht auch von den Wertermittlgskosten für den „fiktiven" Nachl (s Anm 2b) verschont werden sollte. – Der Beschenkte hat nie auf eigene Kosten das Geschenk bewerten zu lassen (s Anm 2c). – Die Kosten der Abnahme der eidesstattl Vers (§ 261 III) trägt der AntrSt selbst (s auch §§ 259–261 Anm 6c dd).

5) Erbersatzanspruch. Für den ErbersatzBerecht (§ 1934a) gilt ggü dem Erben § 2314 sinngemäß (§ 1934b II 1; BGH FamRZ 77, 388).

2315 *Anrechnung von Zuwendungen auf den Pflichtteil.* **I** Der Pflichtteilsberechtigte hat sich auf den Pflichtteil anrechnen zu lassen, was ihm von dem Erblasser durch Rechtsgeschäft unter Lebenden mit der Bestimmung zugewendet worden ist, daß es auf den Pflichtteil angerechnet werden soll.

II Der Wert der Zuwendung wird bei der Bestimmung des Pflichtteils dem Nachlasse hinzugerechnet. Der Wert bestimmt sich nach der Zeit, zu welcher die Zuwendung erfolgt ist.

III Ist der Pflichtteilsberechtigte ein Abkömmling des Erblassers, so findet die Vorschrift des § 2051 Abs. 1 entsprechende Anwendung.

Schrifttum: Werner, Werterhöhg als ausgleichspfl Zugewinn u erbrechtl Vorempfang, DNotZ 78, 66.

1) Anrechnungspflicht. Der PflichttBerecht muß sich auf seinen errechneten Anspr bestimmte freigebige Zuwendgen des Erbl anrechnen lassen, die ihm bereits vor dem Erbfall aus dessen Vermögen zugeflossen sind wie zB Ausstattgen nach § 1624, vollzogene Schenkgen, SchenkgsVerspr, bezahlte Schulden; nicht darunter fallen dagg Zuwendgen aGrd einer Verpflichtg; ferner nicht Zuwendgen an die Ehefrau des PflichttBerecht (Erman/Schlüter Rz 2; Sostmann RhNK 76, 480, 487). Diese AnrechngsPfl hat nichts mit der AusgleichsPfl der Abkömml (§ 2316) zu tun. Sie kann auch Eltern u den Ehegatten treffen u gilt nicht nur unter Abkömml, sond auch ggü anderen, fremden Nachlaßbeteiligten. Sind verschieden hohe Zuwendgen an mehrere Personen anrechngspflichtig, ist bei jedem auch ein verschiedener, näml um die Zuwendg erhöhter NachlBestand zugrunde zu legen. – Die Vorschr hat eine Parallele beim Zugewinnausgleich (§ 1380; s dort Anm 3).

a) Die Anrechnungsbestimmg muß der Erbl durch einseit, empfangsbedürft (nicht formbedürft) Erkl vor od bei der Zuwendg treffen. Nachher kann er dies nur, wenn der Empfänger in der Form der §§ 2346 II, 2348 zustimmt. Daher ist dies dch Vfg vTw nicht mehr zulässig (Kipp/Coing § 11 I); auch deshalb nicht, weil der PflichttBerecht als solcher nicht mit einem Vermächtn beschwert werden kann; es sei denn an Stelle einer völligen PflichttEntziehg (§§ 2333ff). **Stillschweigende Anrechnungsbestimmung muß genügen,** da sonst § 2315 kaum praktisch würde (dazu Sostmann aaO 483f); der Berecht muß sich aber der AnrechngsPfl bewußt werden (BayObLG 59, 81, Schlesw AgrarR 72, 362). Die Anrechnungsbestimmg darf nicht bloß auf den Erbteil erfolgt sein; in diesem Fall kann die Anordng ihrer Anrechng auf den Pflichtt sich aber durch Auslegg ergeben (Staud/Ferid/Cieslar Rz 43, 44). Die Anrechngsbestimmg kann auch bedingt getroffen werden (Sostmann aaO 484).

b) Der eintretende Abkömmling (III, § 2051) muß sich die Zuwendgen anrechnen lassen, die dem Weggefallenen hätten angerechnet werden können, wenn er nicht beweist, daß die AnrechngsPfl des Empfängers nur für dessen Pers begründet war. Ob noch andere Abkömmlinge vorhanden sind, ist hier gleichgültig. Für Eltern (und Eheg) gilt **III** nicht, wohl aber § 2309, der ein PflichttR nur insow entstehen läßt, als der Weggefallene nicht schon zu Lebzeiten darauf abgefunden od als er vor dem Erbl verstorben war (vgl RGRK Rz 23). S dazu Johannsen WM **70**, 117.

2) Berechnungsmethode (II). Der Wert des Vorempfangs wird dem Nachl hinzugerechnet, aus der Summe der quotenmäßige Betrag des PflichttBerecht errechnet u von diesem die Zuwendg als bereits empfangen abgezogen. Für die **Bewertung** der Zuwendg ist auf den Ztpkt ihrer Vornahme abzustellen (**II** 2), sofern nicht der Erbl einen geringeren Wert bestimmt hat, da von seinem Willen die Anrechng überhaupt abhängt (**I**); nachträgl Veränderungen, die den Wert erhöhen, mindern od ganz beseitigen, bleiben außer Betracht. Jedoch ist zur wirtschaftl Vergleichbark die Kaufkraftschwund des Geldes zu berücksichtigen, indem der Zeitwert mittels des Lebenshaltgskostenindex auf die Zeit des Erbfalls umgerechnet wird (BGH **65**, 75 mit Anm v Löbbecke NJW **75**, 2292; Johannsen WM **75**, 860; dazu Philipp Betr **76**, 664; Werner aaO 67–70, 80 ff [krit]).

3) Beispiele (weitere s bei Brüggemann JA **78**, 209/212; Staud/Ferid/Cieslar Rz 96 ff):

a) Nachl 6000, Söhne A, B u C. Erben sind A u B. Bei 1200 anrechnungspflichtigem Vorempfang ist für den Pflichtt des C zu rechnen: $(6000 + 1200) : 6 - 1200 = 0$. Er erhält also nichts.

b) War C der einzige Sohn und sind als Erben Geschwister des Erbl eingesetzt, erhält C $(6000 + 1200) : 2 - 1200 = 2400$. Das gleiche gilt, wenn der Enkel X an Stelle seines Vaters C getreten war (vgl auch § 1935).

c) Ist außer C die Witwe W (mit 400 Vorempfang) pflichtberecht u Erbe ein Nichtverwandter, so erhalten (wenn keine Zugewinngemeinsch bestand od die güterrechtl Lösg nach § 1371 II gewählt wurde):
C $(6000 + 1200) \cdot 3 : 8 - 1200 = 1500$ und W $(6000 + 400) : 8 - 400 = 400$.
Die PflichttLast beträgt also nur 1900, während § 2311 ohne Anrechng 3000 betragen würde.
Bei Zugewinngemeinsch u erbrechtl Lösg (§ 1371 I) erhalten:
C $(6000 + 1200) : 4 - 1200 = 600$ und W $(6000 + 400) : 4 - 400 = 1200$.

4) Nichtehelichenrecht. § 2315 gilt auch bei Vorliegen der Voraussetzgen des § 2338a S 1. Er gilt ferner entspr, wenn zw dem nichtehel Kind u seinem Vater ein wirks vorzeit Erbausgleich (§§ 1934d, e) nicht zustande gekommen ist, der Vater dem Kinde aber Zahlgen im Hinblick auf den ErbAusgl geleistet, sie jedoch nicht zurückgefordert hat (§ 1934d IV 3; dazu Damrau FamRZ **69**, 587).

2316 *Ausgleichungspflicht.* **I** Der Pflichtteil eines Abkömmlings bestimmt sich, wenn mehrere Abkömmlinge vorhanden sind und unter ihnen im Falle der gesetzlichen Erbfolge eine Zuwendung des Erblassers oder Leistungen der in § 2057a bezeichneten Art zur Ausgleichung zu bringen sein würden, nach demjenigen, was auf den gesetzlichen Erbteil unter Berücksichtigung der Ausgleichungspflichten bei der Teilung entfallen würde. Ein Abkömmling, der durch Erbverzicht von der gesetzlichen Erbfolge ausgeschlossen ist, bleibt bei der Berechnung außer Betracht.

II Ist der Pflichtteilsberechtigte Erbe und beträgt der Pflichtteil nach Absatz 1 mehr als der Wert des hinterlassenen Erbteils, so kann der Pflichtteilsberechtigte von den Miterben den Mehrbetrag als Pflichtteil verlangen, auch wenn der hinterlassene Erbteil die Hälfte des gesetzlichen Erbteils erreicht oder übersteigt.

III Eine Zuwendung der im § 2050 Abs. 1 bezeichneten Art kann der Erblasser nicht zum Nachteil eines Pflichtteilsberechtigten von der Berücksichtigung ausschließen.

IV Ist eine nach Absatz 1 zu berücksichtigende Zuwendung zugleich nach § 2315 auf den Pflichtteil anzurechnen, so kommt sie auf diesen nur mit der Hälfte des Wertes zur Anrechnung.

1) Bedeutung. Die Vorschr regelt die allg Berechng der Quote des pflichttberecht Abkömml für den Fall, daß er bei Eintritt ges Erbfolge neben weiteren Abkömml berufen u dann unter diesen eine Ausgleichg (§§ 2050 ff) vorzunehmen wäre. Sie gilt also im Ggsatz zu § 2315 nur für den pflichttberecht Abkömml (nicht auch für den alleinerbenden, Stgt DNotZ **89**, 184 mAv Cieslar). Bei der abstrakten Ermittlg seines die PflichttQuote bestimmenden Erbteils (dazu § 2310 Anm 1) werden auch die Abkömml gezählt, die von der Erbfolge ausgeschlossen sind, ausgeschlagen haben od für erbunwürdig erkl sind (§ 2310 S 1). Nur durch Erbverzicht ausgeschiedene werden nicht berücksichtigt (**I** 2). Während § 2315 regelt, welche Zuwendg der PflichttBerecht sich konkret auf seinen Pflichtt anrechnen lassen muß, ist Ggstand der Regelg des § 2316 die Frage, wie sich allg der für den Pflichtt maßgebl gesetzl Erbteil eines Abkömmlings unter Berücksichtigg der Ausgleichsrechte u -pflichten (§§ 2050 ff) bemißt.

2) Grundsätzlich finden die Vorschr über die AusgleichsPfl im Falle gesetzl Erbfolge (§§ 2050 ff) Anwendg (Beisp bei Schalhorn, JurBüro **75**, 1428). Zuwendgen erhöhen also rechnerisch den Nachl, Leistgen nach § 2057 a sind abzuziehen u mindern ihn. Über die Wertberechng der Zuwendgen u insb die Berücksichtigg des Kaufkraftschwunds des Geldes hierbei s § 2315 Anm 2. Namentl gilt auch § 2056 für den Erben (RG **77**, 282). § 2057 (AuskunftsPfl) ist zG des pflichtteilsberecht Abkömmlings entspr anwendbar (RGRK Rz 3). Der Erbl kann aber die AusglPfl einer Ausstattg (§ 2050 I) nicht zum Nachteil des PflichttBerecht ausschließen, **III**. Das gleiche gilt auch für die Zuwendgen des § 2050 II, der ledigl eine Ergänzg des § 2050 I bildet (hM; s Staud/Ferid/Cieslar Rz 14; Johannsen WM **70**, 117). Ebenso bleiben Zuwendgen, die erst durch letztw Vfg für ausgleichspflichtig erkl sind, außer Betr, soweit sie zu einer Minderg des Pflichtteils führen würden, wobei dann vom Bestande u Werte des nach § 2050 I–III sich ergebenden Ausgleichspostens berechnet wird (RG **67**, 306; vgl § 2050 Anm 3d). – Beispiele:

a) **Ohne eine Zugewinngemeinschaft** zu berücksichtigen, errechnet sich, wenn Nachlaß 20000 ist, gesetzl Erben Ehegatte G und Kinder A, B und C sind u die ausgleichspflichtigen Zuwendgen bei A 2000 u bei B 4000 betragen: für **G** ist gesetzl Erbteil $20000 : 4 = 5000$, Pflichtteil 2500; der Ehegatte wird von der AusglPfl nicht berührt (vgl Anm 1 und § 2050 Anm 2). Für **A** ist gesetzl Erbteil $(15000 + 2000 + 4000) : 3 =$

2113

§§ 2316, 2317

7000 − 2000 = 5000, Pflichtteil 2500; für **B** ist gesetzl Erbteil 7000 − 4000 = 3000, Pflichtteil 1500; für **C** ist gesetzl Erbteil 7000 − 0, Pflichtt 3500. − **Variante:** Hätte im gegebenen Beispiel A 11000 auszugleichen, so würde sich für A, B und C die Berechng folgendermaßen gestalten: Für **A** ist gesetzl Erbteil (15000 + 11000 + 4000) : 3 = 10000 − 11000 = 0; da A mehr empfangen hat als den gesetzl Erbteil, gilt § 2056, so daß A ganz ausscheidet. Für **B** ist also gesetzl Erbteil (15000 + 4000) : 2 = 9500 − 4000 = 5500, Pflichtteil 2750; für **C** ist gesetzl Erbteil (15000 + 4000) : 2 = 9500 − 0; Pflichtteil 4750.

b) Bei Zugewinngemeinschaft (§ 1371 I, erbrechtl Lösung) ergeben sich in dem unter a) angenommenen Beispiel folgende Berechngen:
G: Erbteil 20000 : 2 = 10000. Pflichtteil 5000.
A: Erbteil (10000 + 2000 + 4000) : 3 = 5333,33 − 2000 = 3333,33. Pflichtteil 1666,66.
B: Erbteil (10000 + 2000 + 4000) : 3 = 5333,33 − 4000 = 1333,33. Pflichtteil 666.66.
C: Erbteil (10000 + 2000 + 4000) : 3 = 5333,33. Pflichtteil 2666,66.
Bei der oben angenommenen Variante ergeben sich:
G: Erbteil 10000. Pflichtteil 5000.
A: Erbteil (10000 + 11000 + 4000) : 3 = 8333,33 − 11000 = 0. Pflichtteil 0.
B: Erbteil (10000 + 4000) : 2 = 7000 − 4000 = 3000. Pflichtteil 1500.
C: Erbteil (10000 + 4000) : 2 = 7000. Pflichtteil 3500.

c) Bei Gütertrennung ergibt sich im Fall des § 1931 IV, wenn zB Nachl 30000 ist, gesetzl Erben Eheg G u die Kinder A u B sind u A 5000 ausgleichspflichtig Zuwendgen erhalten hatte: Für **G** ist gesetzl Erbteil 30000 : 3 = 10000, Pflichtt = 5000; der Eheg wird von der AusglPfl nicht berührt. Für **A** gesetzl Erbteil (20000 + 5000) : 2 = 12500 − 5000 = 7500, Pflichtt 3750. Für **C** ist gesetzl Erbteil (20000 + 5000) : 2 = 12500 − 0; Pflichtt 6250.

d) Ausgleichungspflicht für besondere Leistungen. Die in § 2057a geregelte Ausgleich unter Abkömml zG desjenigen, der dch Mitarbeit im Haushalt, Beruf od Geschäft des Erbl währd längerer Zeit, dch erhebl Geldleistgen od in anderer Weise in bes Maße dazu beigetragen hat, daß das Vermögen des Erbl erhalten od vermehrt wurde, oder der unter Verzicht auf berufl Einkünfte den Erbl währd längerer Zeit gepflegt hat, ist bei Bemessg des Pflichtt von Abkömml − auch des nichtehel Kindes im Verh zum verstorbenen Vater − zu berücksichtigen. Es gelten also die oben dargelegten Grdsätze iVm den Regeln des § 2057a. **Beispiel:** Nachl 9000, gesetzl Erben die Abkömml A, B u C je zu ⅓. AusglBetr für A 3000, rechnerischer Nachl 6000. Pflicht für A (2000 + 3000) : 2 = 2500, Pflicht für B u C je 2000 : 2 = je 1000. Der gesetzl Erbteil u damit der Pflichtt des überl Eheg wird dch die Ausgl nicht berührt; die Höhe seines gesetzl Erbteils (s § 1931) beeinflußt aber die Höhe des gesetzl Erbteils der Abkömml u damit deren Pflicht. S auch Beisp bei Lutter, ErbR des nehel Kindes 110; ferner Staud/Ferid/Cieslar Rz 47, 48; Erman/Schlüter Rz 3, 6.

3) Restanspruch (II). Ist dem PflichttBerecht als Erben ein Erbteil hinterlassen, der ohne Berücksichtigg von Ausgleichsrechten u -pflichten die Hälfte des gesetzl Erbteils erreicht od übersteigt, so würde ihm nach §§ 2303, 2305 ein PflichttAnspr nicht zustehen. **II** ist ihm unter der Voraussetzg, daß er nach §§ 2305− 2307 überh anspruchsberecht ist, ein Recht, die durch Hinzurechng der ausgleichspflichtigen Zuwendgen bewirkte Vergrößerg des Pflichtt als PflichttRestAnspr zu fordern (Beisp s MüKo/Frank Rz 19). Verjährg § 2332.

4) Zusammentreffen von Ausgleichungspflicht und Anrechnungspflicht. IV regelt den Fall, daß für die bei Berechng des Erbteils gem **I** zur Ausgleich zu bringende Zuwendg gleichzeitig auch nach § 2315 Anrechng auf den Pflichtt angeordnet ist. Hier wird zunächst der gesetzl Erbteil nach **I** berechnet. Auf den so gewonnenen Pflichtt ist die Zuwendg dann nur noch mit der Hälfte des Wertes in Anrechng zu bringen. Damit wird verhindert, daß die Zuwendg doppelt angerechnet wird (s MüKo/Frank Rz 20; auch Johannsen WM **70**, 118; Sostmann RhNK **76**, 493ff). Es kommt nicht darauf an, ob Abkömml allein od neben Eheg pflichtberecht sind (Staud/Ferid/Cieslar Rz 51; MüKo/Frank Rz 21).

5) Nichtehelichenrecht. PflichttBerecht Abkömml iS des § 2316 ist auch das nichtehel Kind im Verhältn zu seinem Vater (s § 2338a Anm 1a). Befindet sich unter den pflichtberecht Abkömml des Erbl (Vater) ein nichtehel Kind u wäre unter den Abkömml eine Zuwendg des Erbl zur Ausgleich zu bringen (§§ 2050ff, § 1934b III), gilt § 2316, auch § 2338a S 2 (mit Brüggemann FamRZ **75**, 309/319/321f).

2317 Entstehung und Übertragbarkeit des Pflichtteilsanspruchs.
I Der Anspruch auf den Pflichtteil entsteht mit dem Erbfalle.
II Der Anspruch ist vererblich und übertragbar.

1) Der Pflichtteilsanspruch als reine Fdg ist zu unterscheiden von dem bereits vor dem Erbfall als Anwartsch bestehenden **Pflichtteilsrecht.** Demgemäß ist der PflichttVerzicht (§§ 517, 2346 II) etwas anderes als der AnsprVerzicht (§ 397; RG **93**, 298) u wird in § 1822 Z 1 u 2 scharf vom anderen geschieden.

a) Entstehung. Der konkrete Anspruch entsteht mit dem Erbfall, also mit dem Tod des Erbl (§ 1922). Dies gilt auch bei Anordng einer Nacherbfolge, so daß mit dem Eintritt des Nacherbfalls kein neuer PflichttAnspr gg den NachE entsteht (aM Ottow MDR **57**, 211). Auch bei Vorliegen eines gemeinsch Test sind die zwei PflichttAnspr des Kindes nach dem Vater und nach der Mutter deutl auseinanderzuhalten (vgl BGH **88**, 102; NJW **83**, 277). In den Fällen der §§ 2306, 2307 entsteht der Anspr zwar erst mit der Ausschlagg, wird aber nach der Ausschlagg als mit dem Erbfall entstanden behandelt (vgl § 2332 III; abw RGRK Rz 4; RG JW **31**, 1354, die den Anspr nicht mit dem Erbfall entstanden, die fehlde Ausschlagg nur als Hindern für seine Geltdmachg ansehen). Vor dem Erbfall ist keine Sicherg durch Arrest od einstw Vfg mögl (Staud/Ferid/Cieslar Rz 162 vor § 2303), doch ist schon Klage auf Feststellg des Bestehens od Nichtbestehens des PflichttRechts od des Rechts auf PflichttEntziehg zulässig (Übbl 1a). − Der Anspr **entsteht nicht** bei Erbverzicht od vorherigem PflichttVerzicht (§ 2346 II) od bei wirks vorzeitigem Erbausgleich (§§ 1934d, e).

b) Rechtsnatur. Der PflichtAnspr ist eine gewöhnl GeldFdg (BGH **28**, 178), die sich aus dem Reinertrag des Nachl (§ 2311) in Höhe der Hälfte des Wertes des ges Erbteils (§ 2303 I 2) errechnet. Er ist NachlaßVerbindlk (§ 1967 II), unterliegt aber einigen SonderVorschr (§§ 1972; 1974 II, 1991 IV). Dem **Rang** nach steht er hinter den sonstigen NachlVerbindlichk (zu denen auch die ZugewinnausglFdg gehört, § 2311 Anm 2; Reinicke Betrieb **60**, 1267), aber noch vor Vermächtn u Aufl (§§ 1973; 1991 IV; KO 226 II Nr 4, 6; III). Dies gilt auch für den PflichttAnspr des nichtehel Kindes (BGH NJW **88**, 136). – Der entstandene Anspr ist **vererblich** und **übertragbar** (§§ 398 ff); II geht als SpezialVorschr § 400 vor. – Der **Pfändung** und der KonkMasse ist der noch nicht abgtretene Anspr erst nach RHängigk (ZPO 852 I) od vertragl Anerkenntn unterworfen, weil seine Geltendmachg nicht der BestimmgsFreih des Berechtigten entzogen sein soll; allerd ist kein Anerkenntn nach § 781 erforderl, sond es genügt jede Vereinbarg (auch Abtretg), die den Willen zur Geltendmachg erkennen läßt (Karlsr HRR **30** Nr 1164; s auch § 2332 Anm 3). Eine Unpfändbark ist nur nach ZPO 766 geltd zu machen (RG **93**, 77). S allg Stöber, FdgsPfändg, Rz 268 ff. Bei Abtretg od Verpfändg besteht kein Pfändgschutz, auch nicht im Falle des § 2307. Aus ZPO 852 folgt auch, daß vor Eintritt der PfändbarkVoraussetzgen der Anspr nicht dch Aufrechng (§ 394 I) seitens des Verpflichteten getilgt werden kann (Staud/Ferid/Cieslar Rz 25).

c) **Keine Ausschlagung** des Anspr ist (wie beim Vermächtn, § 2180) einseitig mögl. Er kann nur durch formlosen Vertr (§ 397) dem Erben **erlassen** werden (KG OLGZ **76**, 193). Bei Ehegatten bedarf der pflichtteilsberecht Teil zum Abschl des Erlaßvertrags in keinem Fall der Zust des anderen Teils, und zwar auch dann nicht, wenn bei GütGemsch das GesGut vom anderen Teil od von beiden gemeins verwaltet wird (§§ 1432 I, 1455 Nr 2). Die Eltern bedürfen der Gen des VormschG nach Maßg des § 1643 II, der Vormd nach § 1822 Nr 2. Ob der Erlaß des Anspr eine Schenkg ist, ist str (vgl § 517 Anm 2).

d) **Verzinslich** ist die Fdg erst bei Verzug od Rechtshängigk (BGH DRiZ **69**, 281). Verzug tritt dch Mahng auch dann ein, wenn Anspr noch nicht beziffert werden kann (BGH NJW **81**, 1732); auch bei nur hilfsw Anmahng neben einem HauptAnspr als Miterbe (BGH aaO). – **Verjährung** s § 2332.

e) **Steuerpflichtig** ist der Anspr nur, wenn er geltd gemacht wird (ErbStG 3 I Nr 1; s Einl 8 b vor § 1922 u Übbl 5 vor § 2303). – Abzugsfähig als NachlVerbindlk (ErbStG 10 V Nr 2). – Haftg ErbStG 20 I, III.

2) Anspruchsberechtigt sind nur Abkömml, Eltern od der Eheg, sofern ihnen ihr ges ErbR dch Vfg vTw entzogen wurde (s § 2303 Anm 1). Hat der Erbl den Abkömml dch Schenkgen geschmälert, wird dieser Teil zusätzl dch ErgänzgsAnspr geschützt (§§ 2325 ff), Abkömml uU auch noch dch AusgleichsPfl (§ 2316). Sind sie **unwürdig,** rechtfertigt dies Anfechtg nach § 2345 II. – Ist der berecht Abkömml **minderjährig** u der überlebende Elternteil AlleinE, kann dieser als ges Vertreter die gg ihn gerichteten PflichttAnspr seines Kindes selbst berechnen und zunächst darüber entscheiden, ob er geltend gemacht werden soll, weil §§ 1629 II, 1795 II, 181 dafür noch nicht eingreifen. Da hier die Verjährg ohnehin nicht vor Eintritt der Volljährigk in Gang gesetzt wird (§ 204), soll die Geltendmachg od Durchsetzg letztlich dem Kind selbst überlassen bleiben (s § 2303 Anm 3). Eine Pflegerbestellg (§ 1909) ist grdsl nur erforderl, wenn der überlebende Elternteil den PflichttAnspr des Kindes gefährdet od wenn ihm die Vermögenssorge entzogen ist (BayObLG **63**, 132; **88**, 385); auch dann ist aber Aufgabe von VormschG u Pfleger in erster Linie, den PflichttAnspr lediglich zu sichern u nur in Ausnahmefällen, ihn auch durchzusetzen (BayObLG aaO). Das vom Elternteil nach § 1640 einzureichende Vermögensverzeichn muß aber in jedem Fall Aufschluß über die Art der PflichttBerechng geben (Haegele Rpfleger **64**, 269; s auch § 1640 Anm 3).

3) Anspruchsgegner ist der Erbe od MitE, nicht der TestVollstr (§ 2213 I 3; ZPO 748 III). Einzeln s § 2303 Anm 3a. **Stundung** kann der Erbe unter den Voraussetzgen des § 2331a verlangen. – Gilt der Erbe den Anspr dch Übertragg eines HausGrdst ab, gelten für Gewährleistg wg Mängel der Sache §§ 493, 477 I (BGH NJW **74**, 363). – Über ZurückbehaltgsR gg PflichttAnspr s Dütz NJW **67**, 1107.

4) Prozessuales. Streitige PflichttAnspr sind beim ProzßG geltend zu machen. Gerichtsstand ist wahlweise der des Beklagten (ZPO 12 ff) od der Erbsch (ZPO 27). Der PflichttBerecht hat alle Tatsachen zu beweisen, von denen Grd u Höhe des Anspr abhängen (BGH **7**, 134). Eine Verletzg der AuskPfl durch den Erben (§ 2314) ist allerdings bei der Beweiswürdigg zG des Beweispflichtigen zu berücksichtigen. – Ein Teilurteil über eine teilweise Klageabweisg ist nur zulässig, wenn geklärt ist, ob sie wg zu geringer Nachl-Aktiva od wg zu hoher NachlPassiva erfolgt (BGH NJW **64**, 205). – Das LandwirtschG ist für PflichttAnspr eines weichenden Erben jedenfalls dann zuständig, wenn sie den Hof betreffen (Hamm RdL **64**, 214; LwVG 1 Nr 5). – Für eine Klage kann kein Prozeßkostenvorschuß vom Eheg gefordert werden, da Pflicht- u ErgänzgsAnspr (wie auch sonst die erbrechtl Verhältn) grdsl keine persönl Angelegenh iS von § 1360a IV sind (s Köln NJW-RR **89**, 967; str; s § 1360a Anm 3 c, der).

5) Nichtehelichenrecht. § 2317 ist auf den ErbersatzAnspr (§ 1934a) sinngem anzuwenden (§ 1934b II 1); ZPO 852 gilt nicht entspr (s § 1934b Anm 2). Er gilt auch für den PflichttAnspr im Fall des § 2338a.

2318 *Pflichtteilslast bei Vermächtnissen.* **I** Der Erbe kann die Erfüllung eines ihm auferlegten Vermächtnisses soweit verweigern, daß die Pflichtteilslast von ihm und dem Vermächtnisnehmer verhältnismäßig getragen wird. Das gleiche gilt von einer Auflage.

II Einem pflichtteilsberechtigten Vermächtnisnehmer gegenüber ist die Kürzung nur soweit zulässig, daß ihm der Pflichtteil verbleibt.

III Ist der Erbe selbst pflichtteilsberechtigt, so kann er wegen der Pflichtteilslast das Vermächtnis und die Auflage soweit kürzen, daß ihm sein eigener Pflichtteil verbleibt.

1) Kürzungsrecht. Im Innenverhältnis zum VermächtnNehmer od AuflBerecht kann der Erbe, der im Außenverhältn allein PflichttSchu ist (bzw die ErbenGemsch, §§ 2058 ff vorbehaltl § 2319), auf diese einen Teil der PflichttLast abwälzen als Ausgleich dafür, daß bei der PflichttBerechng die im Range nachgehenden Vermächtn u Auflagen nicht abgesetzt werden (§ 2311 Anm 2b). Nach der **Grundregel (I),** die allerd dch

§§ 2318, 2319

abweichende Anordngen des Erbl abdingbar ist (§ 2324) u dch §§ 2320–2323 modifiziert wird, haben Erbe und VermächtnNehmer (AuflBerecht) die PflichttLast nach dem Verhältn ihrer Beteiligg am Nachl zu tragen. Zur Last wird der Pflichtt erst, wenn der Erbe als Schuldner auch in Anspr genommen wird u erfüllen muß; wird ihm dann die Erfüllg dch Schenkg erlassen, entfällt dadch das KürzgsR nicht mehr (LG Mü II NJW-RR **89**, 8). Die Höhe des zur Leistgsverweiger berechtigenden **Kürzungsbetrags** ergibt sich also dadch, daß der VermächtnNehmer an der PflichttLast mit dem gleichen Prozentsatz wie am Nachl beteiligt ist. **Beispiel:** Nachl 100.000, Vermächtn 20.000, Pflichtt 25.000; NachlBeteiligg Erbe 80%, VermächtnNehmer 20%; Kürzg des Vermächtn um den Betrag, der 20% vom Pflichtt 25.000 = 5.000 entspricht. Andere Berechnungsformel ist, daß idR (dh ohne Beeinflussg des Pflichtt dch Anrechngs- od AusgleichsPfl) der Erbe das Vermächtn um den gleichen Prozentsatz kürzen kann, mit dem der PflichttBerecht am Nachl beteiligt ist (im Beispl: PflichttQuote ¼ = 25%; Kürzg des Vermächtn von 20.000 um 25% = 5.000). – Zu den kürzbaren **Vermächtnissen** gehören auch die gesetzl wie der Dreißigste (§ 1969), allerd nicht der Voraus (§ 1932), weil dieser bereits bei der PflichttBerechng abgezogen wurde (§ 2311 I 2). – Sind **mehrere** VermächtnNehmer (AuflBerecht) vorhanden, ist der PflichttTeil ggü jedem zur verhältnismäß Kürzg befugt, soweit nicht **II** od § 2189 eingreift; das Verhältn ergibt sich aus dem Anteil sämtl Zuwendgen am NachlWert. – Hat der Erbe in Unkenntn seines LeistgsverwR das Vermächtn voll erfüllt, kann er in Höhe des KürzgsR die erbrachte Leistg gem § 813 I **zurückfordern** (KG FamRZ **77**, 267). – Im **Prozeß** mit dem PflichttBerecht wird der Erbe dem VermächtnNehmer den Streit verkünden (ZPO 72ff). – Der VermächtnNehmer kann ggf seinerseits nach §§ 2188, 2189 kürzen.

2) Zwei Ausnahmen von der Grdregel, daß Erbe, VermächtnNehmer u AuflBerecht die PflichttLast anteilig tragen sollen, enthalten **II** u **III** (dazu Johannsen WM **70**, 241):

a) Eingeschränkt wird das KürzgsR ggü einem selbst **pflichtteilsberechtigten Vermächtnisnehmer** dch **II** (der nicht abänderbar ist, § 2324): Dessen Vermächtn ist bis zur Höhe seines PflichttAnspr nicht kürzgsfähig, sond nur hinsichtl des **Mehrbetrags**. Ist VermächtnNehmer der überleb Ehegatte, ergibt sich bei ZugewinnGemsch die Kürzgsgrenze aus dem erhöhten (§§ 1371 I; 1931 III) Pflichtt; dies wirkt sich auch auf PflichttBerecht aus (s § 2303 Anm 2a).

b) Erweitert wird das KürzgsR zugunsten des selbst **pflichtteilsberechtigten Erben** dch **III:** Läuft dieser dch das Zusammentreffen von Vermächtns- (od Aufl) mit PflichttAnspr (auch nichteheI Kinder, BGH NJW **88**, 136) Gefahr, daß ihm von dem hinterlassenen Nachl nach Erfüllg beider Ansprüche weniger verbleibt als sein eigener Pflichtt ausmacht, kann er sein Erbe in Grenzen verteidigen. Die Vorschr ist allerd wenig glückl gefaßt. Sie verschiebt nicht die in § 2306 vorgesehenen Belastgsgrenzen. Da nach § 2306 I 1 bei einem den Pflichtt nicht erreichenden Erbteil Vermächtn u Auflagen ohnehin gestrichen werden, hat sie nur Bedeutg, wenn der beschwerte Erbteil größer als die Hälfte des ges Erbteils war, aber der Erbe es versäumt hat, sich dch Ausschlagg von den Beschwergen zu befreien (§ 2306 I 2). Dann muß er näml Vermächtn voll tragen, ggf auch auf Kosten seines Pflichtt. Begrenzt wird seine Belastg dch **III** dann nur, wenn **zusätzlich** noch eine PflichttLast hinzukommt: Da er auch diesen Anspr erfüllen muß, ist ihm nun die Kürzg des Vermächtn (od einer Aufl) gestattet, aber nur um den Betrag, um den anderf die PflichttLast seinen eigenen Pflichtt zusätzlich beeinträchtigen würde. **III** gewährleistet also nicht, daß dem Erben dann der eigene Pflichtt voll verbleibt, sond berecht ihn zu dessen Verteidig **nur wegen der Pflichtteilslast,** nicht auch wg der Vermächtn (BGH **95**, 222 mAv Kuchinke JZ **86**, 90). – Die Vorschr kommt auch **Miterben** zustatten (BGH aaO), setzt also keinen AlleinE voraus. Zur Abgrenzg von § 2319 ausführl von Olshausen FamRZ **86**, 524. – **III** ist **nicht** abändergsfähig (§ 2324; str; s MüKo/Frank Rz 9). – Bei ZugewinnGemsch wirkt sich auch hier aus, ob dem Ehegatten der große oder kleine Pflichtt zusteht (s § 2303 Anm 2a). – Treffen dch einen selbst pflichtteilsberecht VermächtnNehmer **II** und **III** zusammen, geht das PflichttR des Erben u damit **III** vor (str; ebso Soergel/Dieckmann Rz 5; aA MüKo/Frank Rz 10).

3) GmbH-Anteil. Wenn ein GmbH-Anteil zum Nachl gehört, s zur Anwendg von § 2318 Haegele BWNotZ **76**, 53/59; Käppler ZGR **78**, 542/565.

2319 *Pflichtteilsberechtigter Miterbe.* Ist einer von mehreren Erben selbst pflichtteilsberechtigt, so kann er nach der Teilung die Befriedigung eines anderen Pflichtteilsberechtigten soweit verweigern, daß ihm sein eigener Pflichtteil verbleibt. Für den Ausfall haften die übrigen Erben.

1) Im Außenverhältnis bewahrt § 2319 den pflichtberecht MitE nach der Teilg davor, einem PflichttGläub, der von ihm gem § 2058 Befriedigg verlangt, von seinem Erbteil so viel geben zu müssen, daß ihm selbst weniger als sein eigener Pflichtt verbleibt. Entspr wirkt § 2328 bei der PflichttErgänzg. Bis zur Teilg gewährt § 2059 Schutz (§ 2046). – Der in Anspr genommene MitE hat daher das unabänderl Recht (§ 2324), schon gleich die Leistg des Pflichtteils an den Gläub insow zu verweigern, daß ihm sein eigener Pflichtt bleibt, und den Gläub für seinen Ausfall auf die (od den) anderen Miterben zu verweisen. Diese Befugn als Ausfluß seines PflichttR steht auch dem unbeschränkbar Haftenden zu. – Ist der Erbteil des MitE dch Zusammentreffen von PflichttLast u Vermächtn (Auflage) in Gefahr, unter den eigenen Pflichtt vermindert zu werden, kommt § 2318 zur Anwendg (s dort Anm 2b; v Olshausen FamRZ **86**, 524). – Bei ZugewinnGemsch berechnet sich der Pflichtt des überlebenden Eheg u anderer PflichttBerechtigter nach dem erhöhten EhegErbteil des § 1371 I, es sei denn, daß die Voraussetzgen des § 1371 II, III, gegeben sind (Staud/Ferid/Cieslar Rz 9). PflichttBerechng bei Gütertrennung s § 2303 Anm 2b.

2) Für den Ausfall haften dem PflichttBerechtigten die übr Miterben (u zwar nach §§ 421, 2058, 426 als GesSchuldner, in den Fällen der §§ 2060, 2061 verhältnism); eine andere Anordng hins der Außenhaftg der MitE kann der Erbl nicht treffen (§ 2324; Staud/Ferid/Cieslar Rz 10). Daraus folgt für das Innenverhältnis, daß dem pflichtber MitE bei der Auseinandersetzg fremde Pflichtteile nur soweit angerechnet werden dürfen, daß der eigene Pflichtt gewahrt bleibt (Kipp/Coing § 12 I 4; Soergel/Dieckmann Rz 2).

3) Nichtehelichenrecht. § 2319 ist auf den **Erbersatzanspruch** sinngem anzuwenden (§ 1934b II 1) u gilt bei dessen Entziehg auch für einen dann gegebenen PflichttAnspr (s § 2338a).

2320 *Pflichtteilslast des Ersatzmannes.* ^I Wer an Stelle des Pflichtteilsberechtigten gesetzlicher Erbe wird, hat im Verhältnisse zu Miterben die Pflichtteilslast und, wenn der Pflichtteilsberechtigte ein ihm zugewendetes Vermächtnis annimmt, das Vermächtnis in Höhe des erlangten Vorteils zu tragen.

^{II} Das gleiche gilt im Zweifel von demjenigen, welchem der Erblasser den Erbteil des Pflichtteilsberechtigten durch Verfügung von Todes wegen zugewendet hat.

1) Nur das Innenverhältnis regelt die (nach § 2324 abändergsfäh) Vorschr. Im Verhältn der MitE untereinander trägt der an Stelle eines PflichttBerecht eintretende ges Erbe **(I)** abweichend von §§ 2038 II, 748, 2047 I, 2148 die PflichttLast in Höhe des erlangten Vorteils, während im Verhältn zu VermächtnNehmern die Grdregel des § 2318 I dch § 2320 nicht durchbrochen wird (Olshausen MDR **86**, 89). Nach **außen** verbleibt es bei der Haftg der MitE als GesSchu (§§ 2058ff). Ggü dem PflichttBerecht kann sich der Erbe auf § 2320 u auf § 2321 nicht berufen (RG JW **14**, 594). – Die MitEStellg des Eintretenden kann sich dch Enterbg (§ 1938) des PflichttBerecht od dessen Ausschlagg nach § 2306 I 2 od ErbVerz unter PflichttVorbehalt (s § 2346 Anm 3c) ergeben. Es macht keinen Unterschied, ob derjenige, dem der Erbteil anfällt, durch die Ausschließg des Berechtigten erst zur Erbfolge berufen wird ob er den Erbteil im Wege der Erhöhg (§ 1935), Anwachsg (§ 2094) od Ersatzberufg (§ 2096) erwirbt (RG JW **18**, 768, Höfer NJW **61**, 589 [Verhältn von § 2069 zu § 2320]). – Bspl: Sind Witwe und 6 Söhne vorhanden u deren 3 ausgeschlossen (§ 1938), hätte sich der gesetzl Erbteil der übrigen 3 von ⅛ auf ¼ (bei ZugewGemsch, § 1371 I, von 1/12 auf ⅙) erhöht; die PflichttLast wäre also von diesen allein zu tragen, da der Witwe nichts von den Erbteilen der Ausgeschlossenen angefallen, sie also nicht an deren Stelle Erbin geworden ist, **I.** Sind die nicht Ausgeschlossenen zu je ¼ eingesetzt, ist auch hier nur den Söhnen der Erbteil der Ausgeschlossenen zugewendet u nur von ihnen die PflichttLast zu tragen, **II.** Über die sich bei Zugewinngemeinschaft ergebende Fragen s RGRK Rz 11–13.

2) Auch die Vermächtnislast soll den Eintretenden treffen, wenn ein Berechtigter ein Verm als Ersatz für den Pflichtt angenommen hatte (§ 2307) od es ihm trotz dessen wirksamer Entziehg (§§ 2333ff) zugewendet war.

3) Der Vorteil beläuft sich auf das, was die Eintretenden an Stelle des PflichttBerechtigten erhalten; aber Beschrkgen u Beschwergen (s auch § 2322) mindern den Vorteil. Ein Vorteil liegt auch darin, daß zB der überlebde Eheg statt neben Abkömml nunm neben Eltern erbt u desh sowohl dch Erhöhg des Erbt als auch dch den Anspr auf größeren Voraus begünstigt wird (RGRK Rz 5; Soergel/Dieckmann Rz 2).

4) Nach der Auslegungsregel des II gilt im Zw (s § 2324) diese Verteilg der PflichttLast auch bei **Erbeinsetzg**, wenn der Erbl nicht dch Vfg vTw eine and Verteilg angeordnet hat (RG DR **41**, 441); ein nur hypothet Wille des Erbl dürfte dafür allerd nicht ausreichen (von BGH NJW **83**, 2378 angedeutet, aber offen gelassen). Im Innenverhält der MitE hat die PflichttLast also derjenige in Höhe des erlangten Vorteils zu tragen, dem der Erbl den **gesetzlichen** Erbteil des PflichttBerecht dch Vfg vTw zugewendet hat (BGH aaO); dazu Olshausen MDR **86**, 89. Für die Bemessg der Höhe des Vorteils ist der Wert zZt des Erbfalls maßgebl (BGH aaO).

5) Nichtehelichenrecht. § 2320 ist auf den ErbersatzAnspr (§ 1934a) sinngem anzuwenden (§ 1934b II 1; s dort Anm 3). Er gilt auch für den Pflichtteilsanspruch im Fall des § 2338a (MüKo/Frank Rz 10).

2321 *Pflichtteilslast bei Vermächtnisausschlagung.* Schlägt der Pflichtteilsberechtigte ein ihm zugewendetes Vermächtnis aus, so hat im Verhältnisse der Erben und der Vermächtnisnehmer zueinander derjenige, welchem die Ausschlagung zustatten kommt, die Pflichtteilslast in Höhe des erlangten Vorteils zu tragen.

1) Vermächtnisausschlagung. Schlägt der PflichttBerecht ein ihm zugewendetes Vermächtn aus, kann er vom Erben den vollen Pflichtt verlangen (§§ 2307 I 1, 2303 I); nimmt er an, gilt § 2320 I. In diesem Fall behält aber die VermAnordng ihre Wirkg für die Verteilg der PflichttteilsLast im InnenVerhältn (RG JW **38**, 2144; DR **41**, 441), worüber der Erbl auch abweichde Bestimmgen treffen kann (§ 2324). Der Beschwerte muß dann den Wertbetrag, den er für das Verm hätte aufwenden müssen, zur Deckg der PflichttLast hergeben, soweit ihm der Wegfall des Vermächtn zustatten kommt, er also bereichert ist.

2) Der Vermächtniswegfall kommt zustatten:

a) Dem Erben, der damit beschwert war. Soweit er allein beschwert war, kann er die Last nicht auf die Miterben, u soweit alle beschwert waren, können sie diese nicht auf andere Vermächtn u Auflagen abwälzen (§ 2318, RG JW **14**, 594). – **b) Dem Vermächtnisnehmer,** soweit dieser beschwert od nach §§ 2158, 2190 eingetreten war. Wird also das UnterVermächtn ausgeschlagen, hat der VermNehmer den Vorteil u der nach außen haftende Erbe ggü diesem ein AbzugsR. Vor Ausschlagg kann der Erbe nicht in entspr Anwendg des § 2307 II durch Fristsetzg die Entscheidg des PflichttBerechtigten herbeiführen (Staud/Ferid/Cieslar Rz 12).

3) Der erlangte Vorteil besteht meist (aber nicht immer) in der Höhe des ausgeschlagenen Verm; sicherl dann, wenn der VermWert den Pflichtteils übersteigt (RG JW **14**, 594) od ihm gleichkommt. Ist das ausgeschlagene Verm geringer als der PflichttBetrag, so ist die Höhe des Vorteils durch Vergleich der RLage vor u nach der Ausschlagg zu ermitteln (Staud/Ferid/Cieslar Rz 15; vgl Schug BayNotZ **20**, 230). Der VermWert berechnet sich nach der Zeit des Erbfalls, ggf mit Zinsen u Zinseszinsen (RG aaO). Prakt Beispiel RG DR **41**, 441.

4) Nichtehelichenrecht. Auch für § 2321 gelten die Ausführgen bei § 2320 Anm 5.

§§ 2322–2325

2322 **Kürzung von Vermächtnissen und Auflagen.** Ist eine von dem Pflichtteilsberechtigten ausgeschlagene Erbschaft oder ein von ihm ausgeschlagenes Vermächtnis mit einem Vermächtnis oder einer Auflage beschwert, so kann derjenige, welchem die Ausschlagung zustatten kommt, das Vermächtnis oder die Auflage soweit kürzen, daß ihm der zur Deckung der Pflichtteilslast erforderliche Betrag verbleibt.

1) Im Falle der Ausschlagung der Erbsch od eines Vermächtn dch den PflichttBerecht regelt die Vorschr das KürzgsR des Erben speziell, so daß die weitergehende Kürzgsmöglichk des § 2318 I zurücktritt (BGH NJW 83, 2378). Derjen, dem die Ausschlagg zustatten kommt, kann das Vermächtn nur in dem Maße kürzen, daß die ihn treffende PflichttLast gedeckt ist, weil mutmaßl der Erbl dem Ersatzmann, der erst infolge Ausschlagg Erbe wird, nicht auf Kosten des VermächtnNehmers NachlWerte zukommen lassen will (BGH aaO). Der VermächtnNehmer wird also nur zugunsten des PflichttBerecht, nicht aber des dch die Ausschlagg Begünstigten zurückgesetzt. Da der Nachberufene als Erbe PflichttLast und Beschwergen zu tragen hat, darf er Vermächtn und Auflagen (§§ 2161; 2192) nur kürzen, wenn der ihm verbleibende Nachl zur Deckg des Pflichtteils erschöpft ist. Bei unteilbarer Leistg hat der VermNehmer einen AusglBetrag an den Erben zu bezahlen; bei Weigerg des VermNehmers ist ihm nur der verhältnism gekürzte Schätzgswert zu entrichten. Wenn der VermAnspr auf Bestellg eines Nießbrauchs geht, hat der Nachberufene nicht die Rechte aus §§ 1089, 1087 (BGH **19**, 309 = **LM** Nr 1 mit Anm v Johannsen gg Natter JZ **56**, 284). Vorteile bietet ein solcher ErbschErwerb meist nicht, so daß auch der Nachberufene besser ausschlägt (vgl v Tuhr, DJZ **01**, 122). S dazu Johannsen WM **70**, 241 f.

2) Nichtehelichenrecht. § 2322 gilt auch für den PflichttAnspr im Fall des § 2338a.

2323 **Nicht pflichtteilsbelasteter Erbe.** Der Erbe kann die Erfüllung eines Vermächtnisses oder einer Auflage auf Grund des § 2318 Abs. 1 insoweit nicht verweigern, als er die Pflichtteilslast nach den §§ 2320 bis 2322 nicht zu tragen hat.

1) Soweit der Erbe nach §§ 2320/22 die PflichttLast im InnenVerhältn auf Miterben od VermNehmer abwälzen od mindern kann, ist er selbst nicht kürzgsberechtigt. Sein LeistgsVerweigR ist daher eingeschränkt. § 2323 gilt auch für die KürzgsMöglk des § 2318 III (Staud/Ferid/Cieslar Rz 3).

2) Nichtehelichenrecht. § 2323 gilt auch für den PflichttAnspr im Fall des § 2338a.

2324 **Abweichende Anordnungen des Erblassers.** Der Erblasser kann durch Verfügung von Todes wegen die Pflichtteilslast im Verhältnisse der Erben zueinander einzelnen Erben auferlegen und von den Vorschriften des § 2318 Abs. 1 und der §§ 2320 bis 2323 abweichende Anordnungen treffen.

1) Durch Testament oder Erbvertrag (Regelg der PflichttLast stellt ein Vermächtn zG der von ihr Entlasteten dar, vgl § 1939, ist also erbvertragl mögl, vgl § 2278 II), auch nach § 2299, kann der Erbl die PflichttLasten im innenVerhältn zw Erben, VermNehmer u AuflBegünst in dem gesamt Umfang umverteilen. Er kann also die PflichttLast im Verhältn der Erben untereinander (auch im Fall des § 2319 S 2, s § 2319 Anm 2) einzelnen Erben aufbürden (§§ 2046 II, 2189) od das KürzgsR erweitern, beschr od ganz ausschließen (Warn **27** Nr 35, RG DFG **37**, 244; BGH WM **81**, 335). In das eigene PflichttR des Erben (VermNehmer) kann er, da zwingendes R, nicht eingreifen (§§ 2318 II, III, 2319 S 1; vgl § 2318 Anm 2).

2) Die Haftung gegenüber dem Pflichtteilsberechtigten (§§ 2058 ff, 2303) kann auch der Erbl nicht ändern; ebsowenig die ErgänzgsPfl, §§ 2325 ff.

3) Nichtehelichenrecht. § 2324 gilt auch für den PflichttAnspr im Fall des § 2338a. Für den ErbersatzAnspr kann der Erbl die Last zu dessen Tragg im Verhältn der Erben zueinander anderw regeln (s Damrau FamRZ **69**, 585; § 1934b Anm 3).

2325 **Ergänzung des Pflichtteils wegen Schenkungen.** I Hat der Erblasser einem Dritten eine Schenkung gemacht, so kann der Pflichtteilsberechtigte als Ergänzung des Pflichtteils den Betrag verlangen, um den sich der Pflichtteil erhöht, wenn der verschenkte Gegenstand dem Nachlasse hinzugerechnet wird.

II Eine verbrauchbare Sache kommt mit dem Werte in Ansatz, den sie zur Zeit der Schenkung hatte. Ein anderer Gegenstand kommt mit dem Werte in Ansatz, den er zur Zeit des Erbfalls hat; hatte er zur Zeit der Schenkung einen geringeren Wert, so wird nur dieser in Ansatz gebracht.

III Die Schenkung bleibt unberücksichtigt, wenn zur Zeit des Erbfalls zehn Jahre seit der Leistung des verschenkten Gegenstandes verstrichen sind; ist die Schenkung an den Ehegatten des Erblassers erfolgt, so beginnt die Frist nicht vor der Auflösung der Ehe.

Schrifttum: Dieckmann, Wertveränderg en des Nachl, Pflichtt – PflichttErgänzg – Anfechtg, FS Beitzke, 1979, 399 (mit Beisp); Haegele BWNotZ **72**, 69; Kraker, Pflichtteilsverletzung durch verbilligte Grundstücksabgabe, BWNotZ **66**, 37; Peters, PflichttErgAnspr wegen Schenkgen des Erbl an seinen Eheg, FamRZ **73**, 169; Sudhoff, Vorweg genommene Erbfolge u PflichttAnspr, Betr **71**, 225; Westphal, Der PflichttErgAnspr gg den mit einer Heimstätte Beschenkten, MDR **85**, 725.

1) Der Ergänzungsanspruch (§§ 2325–31) ist praktisch der einzige, zudem noch zeitl (§ 2325 III) u inhaltl (§ 2329) begrenzte Schutz der nächsten Angehörigen dagg, daß der Erbl sie schon zu seinen Lebzeiten

Pflichtteil § 2325 1-4

dch unentgeltl Vfg üb Teile seines Vermögens wirtschaftl um eine angemessene Beteiligg am Nachl bringt (in krassen Fällen können auch noch §§ 138, 826 eingreifen, s BGH FamRZ **72**, 255; Staud/Ferid/Cieslar Rz 22, 24). Er ist als außerordentl Pflichtt selbständ (s BGH **103**, 333) u **unabhängig** vom tatsächl Bestehen eines ordentl PflichttAnspr, steht dem Berecht also auch dann zu, wenn er nicht dch Vfg vTw von der Erbfolge ausgeschl ist (s § 2326) od die Erbsch ausgeschlagen hat (BGH NJW **73**, 995). Gleichgült ist, ob der Verpflichtete selbst auch pflichttberecht ist od nicht (s § 2328). – Kinder haben nach ihren Eltern zwei getrennte PflichttAnspr; der Begriff „Erblasser" ist daher auch bei Vorliegen eines gemeinsch Test (§ 2269) beim Tod des Letztversterbenden nicht auf den vorverstorbenen Eheg auszudehnen (BGH **88**, 102), so daß dessen Geschenke dann außer Betracht bleiben.

a) Rechtsnatur. Der ErgänzgsAnspr wird rechtl entspr dem ordentl PflichttAnspr behandelt: So bezügl seiner **Entstehung** (kein Schutz vor dem Erbfall, § 2317 Anm 1) und Übertragbark (§ 2317); der **Auskunftspflicht** (§ 2314; dort Anm 1); s auch KG MDR **73**, 500 (grdsätzl kein AuskunftsAnspr des MitE, dem ein ErgAnspr zusteht, gg andere MitE; aM Speckmann NJW **73**, 1870); auch über Anstandsschenkgen nach § 2330 (Hbg MDR **56**, 169; BGH NJW **62**, 245); des Anspr auf **Wertermittlung** (BGH **89**, 24; § 2314 Anm 2); der **Pflichtteilslast** (§§ 2318 ff); der **Verjährung** (§ 2332; BGH WM **72**, 505; SchlHOLG MDR **78**, 757) u der **Entziehung** (§§ 2333 ff).

b) Anspruchsinhalt. Der Anspr geht als GeldAnspr nicht auf Anfecht der Schenkg, sond auf Ergänzg des Pflichtt wegen aller Schenkgen, die der Erbl in den letzten zehn Jahren (Ausn bei Eheg, § 2325 III 2; s Anm 5) vor seinem Tode gemacht hat, ohne Rücks auf deren Höhe od eine BenachteiliggsAbs (anders § 2287), ausgenommen Pflichtschenkgen (§ 2330). Hat der Erbl den PflichttBerecht dch verschiedene Schenkgen nacheinander beeinträchtigt, können sich daraus verschiedene ErgänzgsAnspr ergeben (s auch BGH NJW **88**, 1667). Eine solche Heranzieh der Schenkgen erfolgt auch (od gerade) dann, wenn bei nicht aktivem Nachl der Pflichtt aus ihm allein gleich Null wäre; prakt wird der Anspr nach § 2325 in diesem Fall aber gg den Erben nur, wenn dieser für die NachlVerbindlichk unbeschränkt haftet (§ 2013 Anm 1–4); bei völligem Fehlen bereits eines BruttoNachl u noch nicht unbeschr Erbenhaftg entfällt also der PflichttErgänzgsAnspr ggü dem Erben (s § 1990); hier kommt § 2329 in Betr (s BGH **LM** Nr 2, 6, NJW **74**, 1327, dazu Haegele aaO 71). Wenn der Nachl selbst bei Hinzurechn der Geschenke nicht aktiv würde, die Berecht also auch bei unterbliebener Schenkg leer ausgegangen wären, ist für einen ErgänzgsAnspr, auch gg den Beschenkten (§ 2329) kein Raum (RG JR **27** Nr 1655).

c) Berechnung. Zu ermitteln ist, um wieviel sich der ordentl Pflichtt erhöhen würde, wenn der verschenkte Ggst noch zum Nachl gehören würde **(I)**. Der damit maßgebl Wert des sog fiktiven Nachl ergibt sich aus der Zusammenrechng von realem Nachl und dem Wert des Geschenks. Daraus wird der erhöhte Pflichtt ermittelt, der sich bei ZugewinnGemsch für alle PflichttBerechtigten nach dem erhöhten EhegErbteil des § 1371 I bestimmt (anders aber, wenn der Eheg weder Erbe noch VermNehmer ist, Johannsen FamRZ **61**, 21; s auch Staud/Ferid/Cieslar Rz 56–58). Beispiel: Nachl 12000, Schenkg 6000. Pflichtquote des einzigen Sohnes ½ = 9000, ErgänzgsAnspr also 3000. Noch einfacher berechnet sich die Ergänzg vom Geschenk selbst: ½ von 6000 = 3000. Weitere Beispiele Schopp Rpfleger **56**, 121 ff; Haegele aaO 72; Brüggemann JA **78**, 209/213.

2) Gläubiger des ErgänzgsAnspr ist der PflichttBerecht **(I);** hat er selbst Zuwendgen des Erbl erhalten, sind §§ 2326, 2327 zu beachten. Da ein tatsächl PflichttAnspr nicht bestehen muß (s Anm 1), ist gemeint, daß er zu den nach §§ 2303, 2309, 2338a Berecht gehört. Weitere Voraussetzg ist nach der Rspr (BGH **59**, 210), die im Schrifttum überw abgelehnt wird (MüKo/Frank Rz 6 mN), daß zZ der Schenkg das RVerh, das den ErgänzgsAnspr begründet od aus dem der PflichttBerecht hervorgegangen ist, schon bestanden haben muß: Keinen Anspr hat also der überleb **Ehegatte** hinsichtl solcher Schenkgen, die der Erbl vor Eheschließg gemacht hat; das **Adoptivkind** wg Schenkgen des Elternteils vor seiner Annahme; der **nichteheliche** Abkömml wg Schenkgen vor seiner Zeugg; der **eheliche** Abkömml wg Schenkgen seiner Eltern vor Eheschließg, bei früherer Zeugg vor diesem Zeitpkt.

3) Schuldner des ErgänzgsAnspr ist der **Erbe** (die Erben); die GeldFdg ist NachlVerbindlichk. Bei Versagen richtet sich der Anspr direkt gg den **Beschenkten,** dann allerd nur auf Herausgabe des Geschenks zwecks Befriedigg wg des fehlden Betrags nach Bereicherngsvorschriften (§§ 2328, 2329, BGH **LM** Nr 2); letzteres gilt auch, wenn der PflichttBerecht alleiniger Erbe ist (§ 2329 I 2). War auch der Berecht beschenkt, gilt § 2327.

4) Eine Schenkung iS der §§ 516, 517 (hM, zB BGH **59**, 132) muß durch den Erbl eine anderen (der Dritter, Erbe, MitE, PflichttBerechtigter sein kann) gemacht sein. Erforderl ist also obj Bereicherg des Empfängers aus dem Vermögen des Erbl u Einigg über Unentgeltlk der Zuwendg. Ob Schenkg vorliegt, richtet sich nach der Zeit der Zuwendg. Darunter können auch **belohnende** Schenkgen (§ 516 Anm 4b, aa) fallen (s BGH WM **77**, 1410; **78**, 905). Ebso **gemischte** Schenkgen (§ 516 Anm 7), die nur hinsichtl ihres unentgeltl Teils heranzuziehen sind, zB bei Übergabeverträgen (BGH **59**, 132 mAv Johannsen **LM** Nr 7; NJW **64**, 1323; **65**, 1526; FamRZ **67**, 214; **74**, 650). Bewertgen der VertrPartner über Leistgen bei Überg-Verträgen müssen dabei anerkannt werden, wenn sie auch unter Berücksichtigg eines VerwandtschVerhältnisses noch in einem vernünft Rahmen bleiben (vgl BGH **LM** Nr 1). Vertragl vereinbarte Ggleistgen können nachträgl noch erhöht werden (RG **72**, 188; **94**, 157); der Schenker hat vertragl sogar das Recht, das zunächst unentgeltl Gesch dch einseit Erkl nachträgl in ein voll entgeltl umzugestalten, dies sogar dch Vfg vTw (BGH FamRZ **85**, 696). Für RGesch unter Ehegatten gilt im Grdsatz nichts anderes (BGH FamRZ **89**, 732); allerd erfordert der Schutzzweck des § 2325 eine Überprüfg, ob eine Vereinbarg wg Mißverhältn von Leistg u Ggleistg statt nachträgl Korrektur nicht in Wahrheit bloße Vermögensverschiebg ist, weil nach den konkreten Verhältn in der Ehe die zu vergütenden Leistgen nicht über die nach § 1360 zur gemeinsamen Lebensführg beizusteuernden Dienste hinausgingen (BGH aaO). – Bei überhöhten **Anstandsschenkungen** ist auch nur der Mehrbetrag zu berücksichtigen (BGH FamRZ **81**, 765).

a) Einzelfragen. Ein **Landgut** ist bei Prüfg der Frage, ob u inwieweit die Übertr eine Schenkg enthält, mit dem Ertragswert anzusetzen (BGH NJW 64, 1323, 1414, s auch § 2312 Anm 1); and aber, wenn ein MitE nur einen Bruchteil eines Landguts übernimmt (BGH **LM** Nr 9). Erträgnisse eines geschenkten Ggst mindern die GgLeist(Haegele aaO 70). – Bei der **Lebensversicherung** können die Prämien eine unentgeltl Zuwendg sein, dagg nicht die Versicherssumme (vgl BGH FamRZ **76**, 616 mit ablehnder Anm von Harder; Staud/Ferid/Cieslar Rz 18; Haegele aaO 71, dort auch über Errichtg einer Stiftg; dazu auch Wieser aaO, dort auch über Aufnahme von Kindern od Dritten in Personalgesellsch). – Vereinbart im Erbl mit seinem Erben dessen **Aufnahme als Gesellschafter** in sein HandelsUntern u wird für beide Gesellsch der neugegründeten OHG das Recht begründet, nach dem Tod eines Gesellsch das Gesch zu übernehmen, so liegt idR keine einen PflichttErgAnspr auslöse Schenkg vor (and in bes gelagerten Fällen, KG OLGZ **78**, 464); ist neben dem ÜbernahmeR ein Ausschluß jegl Abfindg vereinb, muß beim Vergl der beiderseitgen Leistgen geprüft werden, ob auffalldes, grobes Mißverhalten vorliegt (BGH NJW **81**, 1956). – **Nachfolge bei Personalgesellschaften:** Sieht der GesVertr einer OHG, KG beim Tod eines Gters die Fortsetzg unter Ausschluß des Erben vor, liegt keine unentgeltl Zuwendg an die verbleibden Gter vor, wenn sie gleichen Risiken u Chancen für alle Gter eine Fortsetzg ohne Abfindg vereinb war (BGH **22**, 186/194; KG DNotZ **78**, 109; Düss MDR **77**, 932, str; aM MüKo/Frank Rz 16) od wenn nur ein entgeltl EintrR besteht. Ergänzgsbedürftge Schenkg kann dagg vorliegen, wenn GesVertr den AbfindgsAnspr nur für den Fall des Todes einzelner Gter ausschließt od einen Gter entschädigslos zur Übernahme berecht (s BGH JZ **81**, 445). S auch Schmidt FamRZ **74**, 518/521 mN u allg über den PflichttErgAnspr bei Ausscheiden eines Gesellsch dch Tod Haegele BWNotZ **76**, 29. – Ob **Abfindung** für einen Erb- u PflichttVerzicht idR als unentgeltl Leistg des Erbl anzusehen ist, ist bestr (bejahd Speckmann NJW **70**, 117; verneind Coing NJW **67**, 1778; s auch Wieser MittBayNot **70**, 135/139; ferner BGH FamRZ **71**, 645 [gesellschaftsrechtl Regelg]; Soergel/Dieckmann Rz 7; Staud/Ferid/Cieslar Rz 7).

b) Keine Schenkung, sond als entgeltl RGesch werden von der Rspr (BGH **87**, 145; NJW **89**, 1954; NJW-RR **88**, 962; **90**, 1068) die ehebedingten od **unbenannten Zuwendungen** zwischen Ehegatten angesehen. Darunter sind Vermögensverschiebgen zu verstehen, die eine angemessene, gleichmäßige Beteiligg der Ehegatten an dem während der Ehe erworbenen Vermögen sichern od während der Ehe erbrachte Leistgen, etwa die Kindererziehg abgeltgen sollen, ohne daß aber eine ausdrückl Abrede über den Charakter der Zuwendg (insbes als Schenkg) erfolgte (dazu Sandweg BWNotZ **85**, 34; NJW **89**, 1965). Ihnen liegt ein im G nicht ausdrückl geregelter familienrechtl Vertr der Eheleute zugrunde. Ob sich allerd auch ein Dritter die Entgeltlichk etwa im ErbR entgghalten lassen muß, ist in der Rspr noch nicht geklärt u im Schrifttum str. Morhard (NJW **87**, 1734) hält § 2325 nicht für anwendbar, weil „Schenkg" nach hM identisch ist mit § 516 u dort solche Zuwendgen ausscheiden. Sandweg (NJW **89**, 1965) erachtet die Gründe einer Privilegierg solcher Zuwendgen nicht auch auf das ErbR für übertragbar u will sie daher iS von § 2325 als unentgeltl Gesch behandeln. Auch für die ErbschSteuer haben die obersten Finanzbehörden in gleichlautenden Erlassen (BStBl I 1988, 513) darauf hingewiesen, daß solche Zuwendgen nicht in jedem Fall der SteuerPfl gem ErbStG 7 I Nr 1 ausschließen (insbes wenn sie die Alterssicherg bezweckten), obwohl sich BFH **142**, 511 der zivilrechtl Beurteilg des BGH angeschlossen hat. Gibt man der einheitl Behandlg dieses dch richterliche RFortbildg geschaffenen RInstituts den Vorzug u läßt sie unter § 2325 fallen, können sie aber analog § 1624 hinsichtl eines etwaigen Übermaßes als Schenkg behandelt werden, das sich aus der Ehedauer, den Einkommens- u VermögensVerhältn der Eheg u den jeweiligen Beiträgen zur gemeins Lebensführg errechnen ließe. Vom Regelgssinn her vergleichbar (Morhard aaO) sind näml die unter **Ausstattungen** (§ 1624 I) fallenden Zuwendgen von Eltern an Kinder, die gleichf nicht aGr RPflicht, sond freiwillig im Hinbl auf familiäre Beziehgen vorgenommen werden. Sie sind krG auch keine Schenkg, soweit sie nicht das den Umständen entspr Maß übersteigen, u unterliegen dann nur der Ausgleichg (§§ 2050 ff), nicht der PflichttErgänzg (s aber § 2327 Anm 3; Haegele BWNotZ **76**, 29). – **Keinen** ErgänzgsAnspr begründet der Umstand, daß ein nichtehel Kind bei einem **vorzeitigen Erbausgleich** (§ 1934d) nach wie vor als PflichttBerecht verbleibt, wenn der ErbAusglBetr dem Vermögen des Erbl hinzugerechnet wird (Damrau FamRZ **69**, 589; Johannsen WM SonderNr 3/**70**, 17; Haegele BWNotZ **72**, 71). – **Keine** Schenkg ist Erfüllg (Anerkenntn) einer Schuld trotz Verjährg wg § 362 (s § 516 Anm 4b, bb; § 222 Anm 2b). – Abschluß eines **Ehevertrags** stellt idR keine Schenkg dar (Haegele aaO 71 mwN; s Zweibr OLGZ **65**, 304).

c) Beweisfragen. Der PflichttBerecht muß darlegen und beweisen, daß der vom Erbl angebl verschenkte Ggstand zum (ggf fiktiven) Nachl gehört (BGH **89**, 26). Es ist zu ermitteln, in welcher Höhe sich Leistg u GgLeistg ggüstehen. Dabei trägt der PflichttBer die BewLast für beide Werte (BGH FamRZ **81**, 765). Bei obj Wertdifferenz ist zu prüfen, ob die Bewertg der Leistgen dch die VertrPartner bei Würdigg der konkreten Umstände (noch) vertretb war (BGH aaO). Ergibt der Vergl ein auffalld grobes MißVerh, spricht eine tats Vermutg dafür, daß sich die VertrPart über die Unentgeltlk auch einig waren (BGH **59**, 132).

d) Wertermittlung. Bewertgsstichtag ist bei verbrauchbaren Sachen (§ 92) der Ztpkt der Schenkg (II); zu diesen zählt auch der schenkgsweise Erlaß einer GeldFdg, der als Hingabe von Geld gilt (RG **80**, 138; BGH **98**, 226 zum Erlaß einer Leibrente mit krit Anm von Frank JR **87**, 243 u Paulus JZ **87**, 153). Bei anderen Ggständen ist sowohl der Wert zur Zeit des Erbfalls als auch derjenige zZt des Vollzugs der Schenkg zu ermitteln. Sodann ist der für den Ztpkt der Schenkung ermittelte Wert nach den Grdsätzen über die Berücksichtigg des Kaufkraftschwundes (BGH **65**, 75; s § 2315 Anm 2) auf den Tag des Erbfalls umzurechnen u in dieser Höhe dem Wert beim Erbfall ggüber zu stellen. Der geringere Wert kommt dann in Ansatz **(Niederstwertprinzip).** War die Schenkg beim Erbfall noch nicht vollzogen (Schenkgsversprechen), ist der Wert des Anspr auf den versprochenen Ggst maßgebl, der ebenf nach dem Niederstwertprinzip unter Berücksichtigg des Kaufkraftschwundes zu ermitteln ist (BGH **85**, 274). Bei Untergang der Sache erlischt der Anspr ganz. Im übrigen ist es gleichgültig, ob der Beschenkte die Sache noch im Besitz od veräußert hat (vgl aber § 2329). Für die Bewertg ist grdsätzl der VerkWert maßgebd (Haegele BWNotZ **72**, 73, s auch oben Anm 4).

5) Zeitliche Schranke (III). Von der Berechng des außerordentl Pflichtt sind solche Schenkgen auszunehmen, deren Leistg beim Erbfall bereits mehr als **10 Jahre** zurückliegt. Dabei kommt es nicht auf den schuldrechtl SchenkgsVertr (s § 518 Anm 2a) an, sond auf die Vfg üb den verschenkten Ggst, dch die der Schenker den Ggst auch wirkl an den Beschenkten verliert. Dies ist der Zeitpkt, zu dem obj die Leistg des Ggst erfolgte; bei mehreren Zuwendgen ist er für jeden verschenkten Ggst gesondert festzustellen (BGH NJW **88**, 138). Dazu hat der BGH unter Aufgabe seiner überholten Rspr (maßgebl sei die Zeit der Leistgs-Handlg, NJW **70**, 1638 mit Einschränkg bereits NJW **74**, 2319) nunmehr eine klare Lösg geschaffen, die auch mit dem Bewertgsstichtag gem II übereinstimmt: Erforderl ist eine auf Rechtsübertragg gerichtete Vollziehgshandlg, dch die das Geschenk auch wirtschaftl aus dem Vermögen des Erbl ausgegliedert wird (BGH **98**, 226). Deshalb beginnt die Frist bei Schenkg bewegl Sachen mit Vollendg des EigtÜbergangs, bei GrdsSchenkgen mit der Umschreibg im Grundbuch gem § 873 I (BGH **102**, 289 mAv Dieckmann FamRZ **88**, 712 und Hohloch JuS **88**, 489, unter Ablehng der Auffassg, daß schon Eingang des Antr beim GBAmt ausreiche); ob dies auch bei Sicherg des ÜbereignsAnspr dch Vormerkg im Grundbuch gilt, wurde nicht entschieden, sollte aber nicht zu einer Ausnahme führen (Dieckmann aaO). Damit hat der BGH eine lange Streitfrage erledigt u nunmehr im Interesse der RKlarheit die Anforderungen an den Fristbeginn eindeutig festgelegt. Bereits BGH **98**, 226 hatte die bisherige Auffassg ausdrückl aufgegeben (weil sie die Fehlentwicklg beim Erbl den Fristbeginn dch bösliche Schenkg vTw gem § 2301 ohne spürbare eigene Vermögensminderg in Lauf setzen konnte) und die Anforderungen dahin erhöht, daß der Erbl einen Zustand geschaffen haben muß, dessen Folgen er als fühlbares Opfer in seiner Lebensführg selbst noch 10 Jahre lang zu tragen hat. Damals blieben aber noch Fragen offen (dazu Paulus JZ **87**, 153; Frank JR **87**, 243; Nieder DNotZ **87**, 319), die nunmehr geklärt sein dürften. – Abweichend beginnt die Frist bei Schenkgen an **Ehegatten** die Frist erst mit Eheauflösg (III Hs 2). Hier bleibt die währd der Ehe erfolgte Schenkg nur dann außer Betr, wenn zZ des Erbfalls 10 Jahre seit der Auflösg der Ehe (dch Tod, Scheidg) verstrichen waren, da bis dahin das Geschenk wirtschaftl noch im Vermögen des Schenkers verblieben war. Andernf sind also die währd der ganzen Ehedauer gemachten Schenkgen heranzuziehen, soweit nicht § 2330 eingreift. Ob ihre sog unbenannten Zuwendungen im ErbR als Schenkgen anzusehen sind, ist str (s oben Anm 4b). Die Verfassgsmäßigk dieser unterschiedl Behandlg der Schenkgen unter Eheg ggü unentgeltl Zuwendgen an Dritte wurde erfolglos angezweifelt, da sie weder gg GG 6 I noch gg GG 3 I verstößt (BVerfG, NichtannahmeBeschl vom 12. 9. 80, 1 BvR 1145/79; Celle FamRZ **89**, 1012); die ggteil Entscheidgen verschied LGe (Braunschw NJW **88**, 1857; MöGladb FamRZ **85**, 429; Wiesb FamRZ **75**, 654) wurden nicht immer rechtskr.

6) Landgut. Wird vom Übernehmer eines vom Erbl schon zu Lebzeiten übergebenen Landguts Ergänzg des Pflichtt verlangt, ist § 2312 entspr anwendbar (s dort Anm 1).

7) Verhältnis der §§ 2325 ff zu § 2316. Schenkgen an Dritte sind nicht nochmals nach §§ 2325 ff zu berücksichtigen, wenn u soweit sie bereits nach § 2316 bei der Berechng des Pflichtt dem Nachl zugerechnet worden sind (Erman/Schlüter Rz 1; RG JW **37**, 2201; Bührer ZBlFG **15**, 213/226, Sostmann RhNK **76**, 495/507 ff). Beispiel zur Berechng der PflichttErgänzgsAnspr für den Fall, daß Erbl ausgleichspflichtige Zuwendgen sowie Schenkgen gemacht hat u keinen nennenswerten Nachl hinterläßt, BGH NJW **65**, 1526 (dazu Keßler DRiZ **66**, 399; Johannsen WM **70**, 234/239; **77**, 306; Sostmann aaO 509 f, § 2056 Anm 1).

2326 Ergänzung über die Hälfte des gesetzlichen Erbteils.
Der Pflichtteilsberechtigte kann die Ergänzung des Pflichtteils auch dann verlangen, wenn ihm die Hälfte des gesetzlichen Erbteils hinterlassen ist. Ist dem Pflichtteilsberechtigten mehr als die Hälfte hinterlassen, so ist der Anspruch ausgeschlossen, soweit der Wert des mehr Hinterlassenen reicht.

1) Der Ergänzungsanspruch ist auch dann gegeben, wenn ein Anspr auf den ordentl Pflichtt nach §§ 2303, 2305 od nach § 2338a (s Brüggemann JA **78**, 209/312) überh nicht besteht, sond dem Berecht die Hälfte des (nicht durch Schenkgen vermehrten) Erbteils u mehr durch Erbeinsetzg od VermächtnZuwendg hinterlassen ist. Sonst könnte der Erbl fast alles wegschenken u seinen Sohn mit dem noch verbleibenden Hälfte des Nachl abfinden. Der ErgänzgsAnspr besteht auch dann, wenn der Berecht den zugewandten Erbteil, der mehr als die Hälfte des gesetzl Erbteils beträgt, annimmt. Er braucht also nicht auszuschlagen, nur um die Ergänzg zu bekommen. Die §§ 2306 I 2, 2307 kommen hier insow nicht in Betr (s aber Anm 3).

2) Kürzung (Satz 2). Wurde dem PflichttBerecht mehr als die Hälfte seines ges Erbteils hinterlassen, ist seine PflichttErgänzg als insoweit ausgeschlossen (S 2) um den Wert des mehr Hinterlassenen zu kürzen (BGH WM **89**, 382; **LM** § 2325 Nr 2). Der gesetzl Ausschluß ist ggf vAw zu berücksichtigen (BGH NJW **73**, 995). – Beispiel: Hinterläßt der Erbl 6000 DM u hatte er 7000 verschenkt, hätte der zu $\frac{2}{3}$ eingesetzte alleinige Sohn einen Pflichtt von $\frac{1}{2}$ = 3000 u ErgänzgsAnspr von 3500; da aber sein Erbteil mit 4000 seinen Pflichtt um 1000 übersteigt, kann er Ergänzg nur von 3500 – 1000 = 2500 verlangen.

3) Bei Auferlegung von Beschwerungen u Beschränkungen (§§ 2306, 2307) ist es häufig praktisch unmögl, diese von dem mehr Hinterlassenen in Abzug zu bringen (vgl Staud/Ferid/Cieslar Rz 10). Hier wird man dem PflichtBerechtigten aus § 119 ein AnfechtgsR gewähren, wenn er die beschränkte od beschwerte Zuwendg (Erbteil od Verm) in Unkenntn von der Schenkg angenommen hatte (str; vgl Staud/Ferid/Cieslar Rz 11; MüKo/Frank Rz 2). Eine Hinausschiebg der AusschlFrist (§ 2306 I 2 Halbs 2) ist aber nicht veranlaßt (Staud/Ferid/Cieslar Rz 11).

2327 Beschenkter Pflichtteilsberechtigter.
I Hat der Pflichtteilsberechtigte selbst ein Geschenk von dem Erblasser erhalten, so ist das Geschenk in gleicher Weise wie das dem Dritten gemachte Geschenk dem Nachlasse hinzuzurechnen und zugleich dem Pflichtteilsberechtigten auf die Ergänzung anzurechnen. Ein nach § 2315 anzurechnendes Geschenk ist auf den Gesamtbetrag des Pflichtteils und der Ergänzung anzurechnen.

II Ist der Pflichtteilsberechtigte ein Abkömmling des Erblassers, so findet die Vorschrift des § 2051 Abs. 1 entsprechende Anwendung.

§§ 2327, 2328

1) Der selbst beschenkte Ergänzungsberechtigte darf, wie dies der Billigk entspricht, nicht wg der an andere gemachten Geschenke Ergänzg verlangen, ohne sein eigenes einzuwerfen. Voraussetzg ist also, daß außer dem Eigengeschenk wenigstens noch ein Geschenk an Dritte (PflichttBerechtigte, Fremde) in Frage steht. Eine Schenkg an seinen Eheg braucht der PflichttBerecht nicht dem Nachl zurechnen u sich auf seine Ergänzg anrechnen zu lassen, es sei denn, daß in der Zuwendg an den Eheg ein Geschenk an den PflichttBerecht liegt (BGH **LM** Nr 1). Da Erbl und Schenker die gleiche Person sind, ist auch bei Vorliegen eines gemeinsch Test (§ 2269) jeweils festzustellen, welcher Ehegatte das Geschenk gemacht hat, weil getrennte Erbfälle vorliegen und damit zwei PflichttAnspr eines Kindes je nach Vater und Mutter bestehen. Deshalb ist auf den ErgänzgsAnspr des Kindes nach dem Tod der letztverstorbenen Mutter ein von dem vorverstorbenen Vater erhaltenes Geschenk nicht, auch nicht aus BilligkGrden, anzurechnen (BGH **88**, 102 mAv Kuchinke JZ **84**, 96; aA KG NJW **74**, 2131; auch 43. Aufl). Die Zeitschranke des § 2325 III gilt hier nicht (KG aaO; RGRK Rz 2), da der Berecht durch die Anrechng eines ihm selbst gemachten, auch länger zurückliegenden Geschenks nicht unbillig geschädigt wird. Den Beschenkten trifft die Beweislast für die Behauptg, der Berecht habe selbst vom Erbl Schenkgen erhalten (BGH NJW **64**, 1414).

2) Die Anrechnung des Eigengeschenks erfolgt idR (**I 1**) bloß auf die Ergänzg, nicht auf den Gesamtbetrag des Pflichtteils (RG Recht **15** Nr 1121). Der Betrag der PflichttErgänzg errechnet sich einfach durch Addition der Schenkgen. Bspl: Pflichtteilsberecht sind die Witwe und der mit 3000 beschenkte Sohn; ein Fremder hat 5000 geschenkt erhalten. Die Witwe erhält, abgesehen von der Zugewinngemeinsch, $(5000 + 3000) : 4 : 2 = 1000$; der Sohn $8000 \cdot \frac{3}{4} : 2 = 3000 - 3000$, somit nichts. Da bei der Zugewinngemeinsch der gesetzl Erbteil der Witwe ½ beträgt (§ 1371 I), steht ihr eine Ergänzg von 2000 zu, wenn sie den großen Pflichtt erhält; der Sohn erhält auch hier nichts. S auch Beisp bei Haegele BWNotZ **72**, 72; KG NJW **74**, 2131 (WährgsUmstellg!). War also das Geschenk höher od gleich der Ergänzg, so muß sich der Pflichtt-Berechtigte mit seinem einfachen Pflichtt begnügen. Dieser verbleibt ihm aber ungeschmälert (Bührer, ZBlFG **15**, 222) unbeschadet der §§ 2315, 2316. War das Geschenk geringer, so kann er sich wg der Differenz ggf an den dritten Beschenkten halten (§ 2329).

a) Bei Wegfall eines pflichtteilsberecht beschenkten Abkömml vor od nach dem Erbfall ist der Eintretende verpflichtet, sich die Schenkg in gleicher Weise anrechnen zu lassen wie jener, **II**, § 2051 I (vgl auch § 2315 III). War niemand sonst beschenkt, so hat der Eintretende kein ErgänzgsR.

b) Bei Anrechnungspflicht (I 2, § 2315) eines Geschenks auf den Pflichtt infolge Anordng des Erbl ist das Eigengeschenk, soweit es die Ergänzg übersteigt, auch auf den ordentl PflichttAnspr anzurechnen, und zwar mit dem Wert der Schenkgszeit (§ 2315 II 2; letzteres bestr, s MüKo/Frank Rz 9).

3) Ausgleichungspflichtige Zuwendungen. Sind Schenkgen zugleich ausgleichungspflichtig u bei Berechng des ordentl Pflichtteils eines Abkömml bereits berücksichtigt (§ 2316), kommen sie für eine Ergänzg nur noch insoweit in Betr, als sie bei der Ausgleich nicht bereits in Rechng gesetzt worden sind (BGH DNotZ **63**, 113). Verlangt der Abkömml, der selbst eine (nicht als Schenkg geltende) Ausstattg erhalten hat, Ergänzg wg eines Geschenks an Dritten, ist zunächst zu ermitteln, wie hoch der ordentl Pflichtt unter Berücksichtigg der AnrechngsPfl (§ 2316) wäre, wenn der verschenkte Ggst sich noch im Nachl befände. Der DifferenzBetr ergibt den ErgänzgsAnspr. Wg § 2056 ist bei hohem Vorempfang mögl, daß sich auch bei Hinzurechng des Geschenkgs zum Nachl ein PflichttAnspr nicht ergibt, so daß dann auch Ergänzg nicht in Betr kommt (BGH NJW **65**, 1526). § 2056 greift ein, wenn der Vorempfang des ausgleichungspflicht ges Erben höher ist als dessen ges Erbteil unter Hinzurechnung aller Vorempfänge u Schenkgen (BGH aaO; s § 2056 Anm 1). Wird der „fiktive" Erbteil von den Vorempfängen übertroffen, sind nach BGH NJW **88**, 712 (abweichend von RG **77**, 282) ausgleichspflicht Zuwendgen bei der Bestimmg der ergänzgserhebl Erbteile in der Weise zu berücksichtigen, daß der fiktive Nachl um die ausgleichspflicht Zuwendgen ergänzt u aus diesem „doppelt fiktiven" Nachl (Dieckmann in Anm hierzu in FamRZ **88**, 712) die ergänzgserhebl Erbteile ermittelt werden; scheidet dabei nach § 2056 S 2 ein Abkömml aus, weil er mit seinem Vorempfang mehr erhalten hat als das, was ihm als Erbteil aus dem doppelt fiktiven Nachl rechnerisch gebührt, erhöhen sich dadch rechnerischer Erbteil u damit auch die rechnerische PflichttQuote der übrigen Abkömml. Mit dieser erhöhten Quote sind sie dann am fiktiven Nachl zu beteiligen. Beim Anspr gg den Beschenkten (§ 2229) muß dieser dann vom Wert des Geschenks mehr opfern, als dies ohne den ausgleichspflicht Vorempfang der Fall wäre (Dieckmann aaO). S auch Johannsen WM **70**, 239, **77**, 306; Haegele BWNotZ **72**, 73 mit Beispl.

4) Nichtehelichenrecht. § 2327 gilt auch iF des **§ 2338a**.

2328 *Selbst pflichtteilsberechtigter Erbe.* **Ist der Erbe selbst pflichtteilsberechtigt, so kann er die Ergänzung des Pflichtteils soweit verweigern, daß ihm sein eigener Pflichtteil mit Einschluß dessen verbleibt, was ihm zur Ergänzung des Pflichtteils gebühren würde.**

1) Verweigerungsrecht. Nur gg einen ErgänzgsAnspr (§ 2325), nicht auch gg den PflichttAnspr gewährt das G dem Erben eine Einrede, wenn er selbst pflichtteilsberecht ist: Er kann eine geforderte Ergänzg soweit verweigern, daß ihm der eigene Pflichtt einschließl einer ihm etwa gebührenden PflichttErgänzg verbleibt (BGH **85**, 274/286 f). Als Schuldner eines ErgänzgsAnspr soll er davor bewahrt werden, das erlangte Vermögen zunächst auskehren u dann bei and Beschenkten Ersatz suchen zu müssen. Daneben kann er sich nach § 1990 auch auf eine Dürftigk des Nachl berufen (BGH WM **89**, 384). – **Beispiel:** Erben Sohn S und Neffe N zu ½; Tochter T ist enterbt. Nachlaß 2000, Schenkg an X 4000. Ordentl Pflichtt der T 500, ergänzt 1500. S muß T 500 zahlen, kann aber Ergänzg verweigern u T an N verweisen. Ist S AlleinE, verbleiben ihm nach PflichttZahlg 1500, so daß er Ergänzg auch abwehren und T an Beschenkten X verweisen kann (§ 2329).

2) **Bei Zugewinngemeinschaft** berechnet sich der Pflichtt des überl Eheg u anderer PflichttBerechtigter nach dem erhöhten EhegErbteil des § 1371 I (s aber auch § 2319 Anm 1, Staud/Ferid/Cieslar Rz 10).

3) **Gegenüber Vermächtnissen** ist der Erbe nach § 2318 geschützt.

4) **Nichtehelichenrecht.** § 2328 gilt auch iF des § **2338a**.

2329 *Anspruch gegen den Beschenkten.* I Soweit der Erbe zur Ergänzung des Pflichtteils nicht verpflichtet ist, kann der Pflichtteilsberechtigte von dem Beschenkten die Herausgabe des Geschenkes zum Zwecke der Befriedigung wegen des fehlenden Betrags nach den Vorschriften über die Herausgabe einer ungerechtfertigten Bereicherung fordern. Ist der Pflichtteilsberechtigte der alleinige Erbe, so steht ihm das gleiche Recht zu.

II Der Beschenkte kann die Herausgabe durch Zahlung des fehlenden Betrags abwenden.

III Unter mehreren Beschenkten haftet der früher Beschenkte nur insoweit, als der später Beschenkte nicht verpflichtet ist.

1) **Haftung des Beschenkten.** Der vom Erbl Beschenkte muß dem PflichttBerecht das Geschenk (od was davon noch vorhanden ist) zum Ausgleich eines bestimmten Fehlbetrags nur zur Vfg stellen; dch freiwillige Zahlg kann er den Zugriff in das ihm Zugewendete sogar vollständ abwehren **(II)**. Seine Haftg setzt erst da ein, wo die des Erben aufhört u die Nachl zur Befriedigg der Ergänzgsberechtigten nicht ausreicht od soweit der Erbe nach § 2328 die Ergänzg verweigern darf. Es handelt sich ebso wie im Fall des § 2325 um einen Ergänzungsanspruch. Beide dienen dem gleichen Endziel, den PflichttBerecht (auch im Falle von § 2338a) vor ungerechtfertigten Nachteilen dch Schenkgen des Erbl zu bewahren. Sie unterscheiden sich nur dch Art u Umfang der Haftg (BGH NJW 74, 1327). Die Zeitgrenze des § 2325 III gilt auch für den Anspr aus § 2329 (BGH NJW 74, 2319); s dazu § 2325 Anm 5 u BGH 59, 290. – § 2329 gilt bei nichtehel Vatersch auch im Falle des § 2338a.

a) **Subsidiarität.** Der Beschenkte haftet (mit Ausn des Falles I 2; dazu Anm 2) **nur**, soweit nicht der Erbe verpflichtet ist (sei es wg § 2328, od beschränkter Haftg nach §§ 1975, 1990, BGH **LM** § 2325 Nr 2, 6 od § 2060). Auch bei bloßer ZahlgsUnfähigk des unbeschränkt haftenden Erben ist der subsidiäre Anspr gg den Beschenkten zu gewähren (Staud/Ferid/Cieslar Rz 8; aM RGRK Rz 2, MüKo/Frank Rz 2; s ferner § 2325 Anm 1a). **Ist der Beschenkte zugleich Erbe**, schuldet er zunächst als Erbe die PflichttErgänzg in Geld; er kann in dieser Eigensch einen Anspr auf Vorbeh nach ZPO 780 haben (RG 80, 136). Ist diese Haftg ausgeschl, haftet er nach § 2329 (**LM** § 2325 Nr 2). Ist der Beschenkte selbst pflichttberecht u gebührt ihm selbst ein Pflichtt (einschließl Ergänzg) nach dem Schenker, muß er entspr § 2328 mit dem ihm zugewendeten Schenkg so gestellt werden wie dort der pflichtberecht Erbe (BGH **85**, 274). Bei Berücksichtigg dessen, was dem beschenkten PflichttBerecht verbleiben muß, ist auf den Ztpkt der Zwangsvollstreckg abzustellen, damit ein Wertverfall des Geschenks nach dem Erbfall nicht zu Lasten des Beschenkten geht od Wertsteigergen nicht dem PflichttBerecht vorenthalten werden (BGH aaO 287 mit Vorschlag für die Urteilsformel). – Die **Beweislast** trifft den pflichtberechtigten Kläger (RG LZ **32**, 393).

b) **Beschränkung.** I beschränkt die Haftg des Beschenkten in doppelter Weise: Sie ist begrenzt auf das schenkweise Zugewendete (wie im BereicherngsR). Das „Erlangte" ist aber (abweichend vom BereicherngsR) nur zur Befriedigg wg eines anderweitig errechneten exakten Fehlbetrags herauszugeben (BGH WM **89**, 919). Dieser Fehlbetrag ergibt sich aus der Differenz zwischen der (vom PflichttBerecht nach § 2325 zu beanspruchenden) PflichttErgänzg u demjenigen, zu dessen Leistg der Erbe iS von § 2329 verpflichtet ist (BGH aaO mit teilw krit Anm Dieckmann FamRZ **89**, 857).

c) **Von mehreren Beschenkten** haftet in erster Linie der zuletzt Beschenkte (**III**; vgl § 528 II). Als die spätere Schenkg ist von zwei zu versch Ztpkten bindd versprochenen od danach zu versch Ztpkt vollzogenen Schenkgen die später vollzogene anzusehen, auch wenn sie die früher bindd versprochene Schenkg ist (Hamm NJW **69**, 2148). Ob bei Vollzug der Schenkg erst nach dem Erbfall auch auf den Ztpkt des Vollzugs abgestellt werden kann, zieht BGH **85**, 274 in Zweifel. Der Ergänzgsberechtigte kann Klage auch gg alle Beschenkte zur Leistg, uU gg den früher Beschenkten auf Feststellg, erheben. Der Anspr gg diesen ist weder künftig noch bedingt u der Höhe nach unabhängig von dem tatsächl Ergebnis der ZwVollstr in die dem später Beschenkten zugewendeten Ggstände (BGH NJW **55**, 1185). Die Verpflichtg des später Beschenkten erlischt nicht dch Wegfall der Bereicherg (vgl aber §§ 818 IV, 819), nicht durch ZahlgsUnfgk. Die Frist des § 2325 III gilt hier ebenf, auch wenn eine Person mehrf beschenkt wurde (Soergel/Dieckmann Rz 6). S zu **III** auch Johannsen WM **70**, 240.

d) **Auskunftspflichtig** ist der Beschenkte entspr § 2314 I ggü dem pflichtberecht Nichterben, sofern dieser nicht bereits vom Erben Auskunft erhalten hat (BGH **55**, 378; **89**, 24; NJW **85**, 384). Ggü dem pflichtberechten Erben kann eine solche AuskunftsPfl nicht aus § 2314, sond nur aus § 242 abgeleitet werden u setzt dann ein besond Informationsbedürfn voraus (s § 2314 Anm 1a). – Ein Anspr auf **Wertermittlung** gg den Beschenkten auf dessen Kosten analog § 2314 I 2 besteht nicht, wie nunmehr höchstrichterl geklärt ist (BGH WM **89**, 919), nachdem der BGH dies lange offen gelassen hat (s § 2314 Anm 2c).

e) **Verjährung** des Anspr s § 2332 II u dort Anm 2; 3.

2) **Der pflichtteilsberechtigte Alleinerbe** hat von vornherein einen Anspr gg den Beschenkten (**I 2**), soweit der Nachl den ergänzten Pflichtt nicht deckt. Entspr gilt für zu kurz gekommene Miterben (BGH **80**, 205). Ist Beschenkter bereits vor dem Erbfall gestorben, richtet sich Anspr gg seine Erben (BGH aaO). – Allerd ist der einen vom Erbl beschenkten NichtE auf Ergänzg seines Pflichtt in Anspr nehmende Erbe verpflichtet, dem Beschenkten Auskunft über die Geschenke zu geben, die er selbst vom Erbl empfangen hat (BGH NJW **64**, 1414). Zum **Auskunftsanspruch** des pflichtberecht AlleinE gg den Beschenkten s § 2314 Anm 1a.

3) Durchsetzung. Der Anspr gg den Beschenkten ist bei Geldgeschenken od bei bereichergsrechtl Werthaftg auf Zahlg gerichtet. Bei and Geschenken ist er dch Klage auf Duldg der ZwVollstr in den geschenkten Ggst in Höhe des (zu beziffernden) Fehlbetrages durchzusetzen (BGH **85**, 274/282; s auch Erman/Schlüter Rz 2). Bei der Abfindungsbefugn ist § 2325 II zu beachten. Wegen der Bereicherg s §§ 818–822. Auch dieser Anspr ist ein ErgänzgsAnspr iS des § 2325, von dem er sich nur der Art u dem Umfang der Haftg, nicht aber dem Grd nach unterscheidet. – Für die Berechng des Anspr ist ein übergebenes Landgut iZw mit dem Ertragswert anzusetzen (BGH NJW **64**, 1323; dazu aber auch BGH NJW **73**, 995). Über ErgänzgsAnspr gg den mit einer Heimstätte Beschenkten s Blunck MDR **72**, 998. – Wegfall der Bereicherg kann auch durch Anfechtg (KO 32, AnfG 3 Nr 3, 4) eintreten.

2330 **Anstandsschenkungen.** Die Vorschriften der §§ 2325 bis 2329 finden keine Anwendung auf Schenkungen, durch die einer sittlichen Pflicht oder einer auf den Anstand zu nehmenden Rücksicht entsprochen wird.

1) Ausgenommen von der Ergänzg sind mit Rücks auf den Erbl dessen Pflicht- u Anstandsschenkgen, deren Vorliegen nach **objektiven** Kriterien (persönl Beziehgen; Lebensstellg usw) zu beurteilen ist (MüKo/Frank Rz 2 mN). **Anstandsschenkungen** sind kleinere Zuwendgen wie übl GelegenhGaben zu bestimmten Anlässen (BGH NJW **81**, 111; § 534 Anm 1), wobei die örtl od gesellschaftl Verkehrssitte eine Rolle spielt. Aus **sittlicher Pflicht** ist die Schenkg geboten, wenn ihr Unterlassen dem Erbl als Verletzg der für ihn bestehenden sittl Pfl zur Last zu legen wäre (BGH NJW **84**, 2939); im Ggsatz zu Anstandsschenkgen steht hier auch ein großer Wert der Anwendg von § 2330 nicht entgg (BGH aaO). – **Einzelfälle:** Unter sittl Pfl kann fallen: Die Sicherg des LebensUnterh für den Partner einer nichtehel LebensGemsch (BGH NJW **83**, 674); Unterhaltszahlgen für nahe Verwandte (MüKo/Kolhosser § 534 Rz 4); einzelfallbezogen auch die Zuwendg eines Grdstücks für unbezahlte langjähr Dienste im Haushalt od für unentgeltl Pflege u Versorgg (BGH WM **77**, 1410; **78**, 905); den Pflichtt eines Abkömml nicht dch rechtl noch zulässige Maßnahmen auszuhöhlen (BGH **88**, 102); belohnende Zuwendgen für Pflegeleistgen oä dagg nur, wenn besond Umstände wie zB schwere persönl Opfer vorliegen (BGH NJW **86**, 1926). – **Übermäßige** Schenkgen sind für den das gebotene Maß übersteigenden Teil ergänzgspflichtig (s Nürnb WM **62**, 1200); mit dem Mehrwert kann der Beschenkte zur PflichttErgänzg herangezogen werden (BGH **LM** Nr 2; Johannsen WM **79**, 636; s § 2325 Anm 4). Zu unbenannten Zuwendgen unter Eheg s § 2325 Anm 4b.

2) Beweislast, daß Schenkg vorliegt, hat Kläger; daß es sich um AnstandsSchenkg handelte, der beschenkte Beklagte. – Auch über Schenkgen nach § 2330 ist der Erbe **auskunftspflichtig** (§ 2314; BGH **LM** Nr 5 zu § 2314).

2331 **Zuwendungen aus dem Gesamtgut.** I Eine Zuwendung, die aus dem Gesamtgut der Gütergemeinschaft erfolgt, gilt als von jedem der Ehegatten zur Hälfte gemacht. Die Zuwendung gilt jedoch, wenn sie an einen Abkömmling, der nur von einem der Ehegatten abstammt, oder an eine Person, von der nur einer der Ehegatten abstammt, erfolgt, oder wenn einer der Ehegatten wegen der Zuwendung zu dem Gesamtgut Ersatz zu leisten hat, als von diesem Ehegatten gemacht.

II Diese Vorschriften sind auf eine Zuwendung aus dem Gesamtgut der fortgesetzten Gütergemeinschaft entsprechend anzuwenden.

1) Die Vorschrift entspricht § 2054. Vgl die dortigen Anmerkgen und RG **94**, 263, Zweibr OLGZ **73**, 222. Sie gilt für Zuwendgen iS der §§ 2304ff, 2315, 2316, 2325ff, also sowohl für den ordentl wie für den ErgänzgsPflichtt.

2) Nichtehelichenrecht. § 2331 gilt auch iF des **§ 2338a.**

2331a **Stundung des Pflichtteilsanspruchs.** I Ist der Erbe selbst pflichtteilsberechtigt, so kann er Stundung des Pflichtteilsanspruchs verlangen, wenn die sofortige Erfüllung des gesamten Anspruchs den Erben wegen der Art der Nachlaßgegenstände ungewöhnlich hart treffen, insbesondere wenn sie ihn zur Aufgabe seiner Familienwohnung oder zur Veräußerung eines Wirtschaftsgutes zwingen würde, das für den Erben und seine Familie die wirtschaftliche Lebensgrundlage bildet. Stundung kann nur verlangt werden, soweit sie dem Pflichtteilsberechtigten bei Abwägung der Interessen beider Teile zugemutet werden kann.

II Für die Entscheidung über eine Stundung ist, wenn der Anspruch nicht bestritten wird, das Nachlaßgericht zuständig. § 1382 Abs. 2 bis 6 gilt entsprechend; an die Stelle des Familiengerichts tritt das Nachlaßgericht.

1) Stundungsvoraussetzungen. Die dch das NEhelG seit 1. 7. 70 geschaffene Stundungsmöglk des PflichttAnspr mit Hilfe des Gerichts, die auch für den ErbersatzAnspr gilt, soll der Gefährdg des Nachl dch rücksichtslose Geltdmachg des Anspr od seine Durchsetzg im Wege der Zwangsvollstr vorbeugen (die Vereinbarg einer Stundg ist jederzeit zulässig, auch schon vor Entstehg des Anspr im Rahmen des § 312 II). Da die sofortige Erfüllg des mit dem Erbfall entstandenen und fälligen PflichttAnspr (§ 2317) die Regel ist, macht das Gesetz die Stundg dch doppelte Voraussetzg zur besond Ausnahme:

a) Ungewöhnliche Härte für den Erben (I 1). Stundg kann nicht schon gewährt werden, wenn die sofortige Erfüllg den Erben (wie oft) in Schwierigk bringt. Vom Erben muß erwartet werden, daß er zur Erfüllg des Anspr sich auch von Ggst trennt, an denen er hängt (Familienstück, Kunstwerk), daß er Werte zur Unzeit veräußert, sein sonst Vermögen heranzieht od Kredit auch zu ungünst Bedinggen aufnimmt. Nur wenn sich aus der **Art der Nachlaßgegenstände** eine **ungewöhnliche** Härte ergibt, ist Stundg mögl.

Pflichtteil   § 2331a 1–4

Das Ges nennt beispielh Zwang zur Aufgabe der FamilienWohng; zur Veräußerg des die LebensGrdlage
bilddn WirtschGuts (Unternehmen, Mietshaus, Landwirtsch, GesellschAnteil, aus dem Erbe seine hauptsächl Einkünfte bezieht), wenn anders die Erfüllg der PflichttAnspr nicht mögl ist. Ungewöhnl hart würde
es den Erben auch treffen, wenn zB dch die sof Erfüllg dem zum Nachl gehör GeschBetr soviel flüss Mittel
entzogen werden müßten, daß als unmittelb Folge der Verlust des Betr zu erwarten wäre. Gehören aber zum
Nachl mehrere WirtschBetr, so würde die Notwendigk der Veräußerg eines von ihnen nicht in jedem Fall
die Stundg des PflichttAnspr rechtfertigen.

b) Dem Pflichtteilsberechtigten zumutbar (I 2) muß ferner die Stundg sein, nachdem dieser ohnehin
vom Erbl zurückgesetzt worden ist. Dazu ist nach den Umständen des jew Einzelfalls eine Abwägg der
beiderseitigen Interessen vorzunehmen. Das Verhalten des Erben (zB Verzögerg der Erfüllg dch einen mit
allen Mitteln geführten RStreit) und die Eink- u VermögensVerh des PflichttBerecht können berücksich
werden. Stdg ist auch in Form angemessener Ratenzahlg mögl. Sie ist auch dann unzumutb, wenn vorauszusehen
ist, daß der Erbe dch sie nicht in die Lage versetzt wird, sich die Mittel zur Erfüllg des Anspr zu verschaffen.

c) Mehrere Erben. Sind mehrere selbst pflichtberecht Erben vorhanden, so ist bei der Entscheidung
über die Stundg des PflichttAnspr zu beachten, daß bis zur Teilg des Nachl bei beschränkter Erbenhaftg
keiner der Erben den PflichttAnspr aus seinem Privatvermögen erfüllen muß u die Vollstr nur gg den
ungeteilten Nachl richten kann (§ 2059 I 1, II; s das Bsp bei Damrau FamRZ **69**, 582). Ist von den MitE nur
einer selbst pflichtberecht, so kann das Interesse des PflichttBerecht die Stundg gebieten, obwohl die übr
MitE dch die sofortige Erfüllg nicht übermäß hart getroffen werden (Damrau aaO; s auch Soergel/Dieckmann Rz 2, 5).

2) Verlangen kann die Stundg **nur ein Erbe** (MitE), der selbst pflichtberecht ist, der also zu dem Kreis
von Pers gehört, die im Fall des Ausschl von der gesetzl Erbf den Pflicht verlangen können (§§ 2303, 2309),
nicht aber sonstige Erben. Sind mehrere Pers als Erben eingesetzt, von denen nur einer selbst pflichtberecht ist, so kann nur dieser, nicht auch die and StundgsAntr stellen. Die dem pflichtberecht Erben
gewährte Stundg kommt nur diesem, nicht auch den übr Erben zugute (s auch Anm 2b). Über die Haftg
mehrerer Erben ggü dem PflichttBerecht s §§ 1967 II, 2058ff. – **Gerichtet** wird das Stundgsbegehren gg
den **Pflichtteilsberechtigten,** der seinen PflichttAnspr (§§ 2317, 2338a) geltd macht; bei mehreren
PflichttBerecht kann der selbst pflichtberecht Erbe gg jeden einzelnen von ihnen die Stundg herbeiführen.
Ein TestVollstr kann nicht an Stelle des Erben den Antr stellen, wohl aber der KonkVerw iF des NachlKonk, der NachlVerw (§ 1984) u der NachlPfleger (§§ 1960, 1961).

3) Für das Verfahren (II) u die Gestaltg der Stundg gelten § 1382 II–VI entspr, ferner FGG 83a mit 53a.

a) Das Nachlaßgericht ist nur bei **unstreitigem** PflichttAnspr zur Entscheidg berufen. **Verfahren:**
Zustdgk örtl FGG 73, funktionell Rechtspfleger, RPflG 3 Nr 2c (dazu Bosch FamRZ **72**, 174). Echtes
StreitVerf. Sonderregeln in FGG 83a iVm 53a. Erforderl ist Antrag eines Berecht (s hierzu Anm 2). Das
NachlG soll auf den Beteil mündl verhandeln u darauf hinwirken, daß sie sich über die Stundg gütl einigen.
Vergleich ist zu Prot (nach ZPO 159–165) zu nehmen (FGG 53a I 2); es sind der SchuldBetr, die Zins- u
Zahlgsbedingg sowie etwa vereinb Sicherg aufzunehmen. Zweckm ist auch eine Vereinbg über die
Kosten. Zur ZwVollstr aus dem Vergl s FGG 53a IV. Kommt keine Einigg zustande, hat das NachlG die für
die Sache erhebl Tats vAw zu ermitteln (FGG 12, dazu Keidel/Amelung Rz 88) ua Grd ihr von ihm getroffenen Feststelln unter Beachtg rechtl Gehörs über den Antr zu entsch. Einstw AO sind mögl (FGG 53a III).
– **Entscheidung:** NachlG kann Stundg des ges Betr bis zu einem best Ztpkt od Ratenzahlgen (mit Verfallklausel) bewilligen. Auf Antr des PflichttBerecht kann es anordnen, daß der Erbe für den gestundeten Anspr
Sicherh zu leisten hat (II 2 iVm § 1382 III, IV). Es muß außerdem über die Höhe der Verzinsg – nach
billigem Ermessen – u den Zinsbeginn befinden (§ 1382 II, IV); für Zinshöhe sind die wesentl Umstände des
Einzelfalls, die Verhältn von Gl u Schu unter Abwägg der beiderseitigen Vor- u Nachteile maßgebl
(BayObLG **80**, 421). Erachtet NachlG die Voraussetzgen einer Stundg für nicht gegeben, weist es den Antr
ab. Die Vfg des NachlG über den StundgsAntr wird erst mit Rechtskr wirks (FGG 53a II). In der Vfg, in
über den Antr entschieden wird, kann Ger auf Antr des PflichttBerecht auch die Verpfl des Erben zur Zahlg
des unstr PflichttAnspr aussprechen und damit einen VollstrTitel schaffen (FGG 53a II 2, IV). – **Gebühren:**
KostO 106a. – **Rechtsmittel:** Gg die EndEntsch befrist Erinnerg (sof Beschw), RPflG 11 I 2, II (FGG 60 I
Nr 6) sowohl bei abweiser als auch bei (ganz oder teilw) stattgebder Entsch. Frist: FGG 22 I. Sof weitere
Beschw: FGG 27, 29. Eine einstw AO kann nur zus mit der EndEntsch angefochten werden (FGG 53a III 2).

b) Nur beim Prozeßgericht kann der Antrag auf Stundg gestellt werden, wenn der PflichttAnspr noch
streitig ist u über ihn ein RechtsStr anhäng wird (§ 1382 V). Über den Antr entsch dieses im Urteil. Liegt
ein rechtskr Urteil über den PflichttAnspr vor, so ist eine nachträgl Anrufg des NachlG wg Stundg der Fdg
unzulässig (s aber unter c; im übr s § 1934d Anm 7b).

c) Nachträgliche Aufhebung oder Änderung der Stundungsentscheidung (§ 1382 VI). Das NachlGer kann auf Antr des Erben od des PflichttBerecht die rechtskr Entsch über die Stundg, auch die des
ProzGer, aufheben od ändern, wenn die Verh nach der Entsch sich wesentl geändert haben. Diese
EntschBefug erstreckt sich auch auf gerichtl Vergl, wenn nach dessen Abschluß eine wesentl Änderg der
Verh eingetreten ist (§ 1934d Anm 7b). Für das Verfahren gelten die Grdsätze unter a. Ist im ProzVerf kein
StundgsAntr gestellt worden, so kann nach rechtskr Zuerkenng des PflichttAnspr unter den Voraussetzgen
des § 1382 VI vom NachlGer auf Antr über die Stundg entschieden werden.

4) Sinngemäße Anwendung auf den Erbersatzanspruch (§ 1934b II). Der selbst pflichtberecht Erbe
hat, wenn die Voraussetzgen des § 2331 a vorliegen, das Recht, die Stundg des gg ihn geltd gemachten
ErbersatzAnspr zu verlangen. Es gelten die obigen Grdsätze entspr. Bei der Entsch über die Stundg ist bes
zu berücksichtigen, daß der ErbersatzAnspr idR größer sein wird als der PflichttAnspr u daß daher seine
sofortige Erfüllg (§ 2317) für den Erben weitaus eher zu einer ungewöhnl Härte führen kann (Damrau
FamRZ **69**, 285; Bosch FamRZ **72**, 174f).

§§ 2331a, 2332   5. Buch. 5. Abschnitt. *Edenhofer*

5) Übergangsrecht. Der dem allg ErbR zuzurechnende § 2231a ist gem Art 12 § 10 I NEhelG (s EG 213 Anm 2) nur anwendb für PflichttAnspr, die nach einem nach dem 1. 7. 70 verstorbenen Erbl entstanden sind; ist das nichtehel Kind allerd vor dem 1. 7. 49 geboren, steht ihm kein ErbR u damit auch kein Pflichtt zu (s Art 12 § 10 II 1 NEhelG).

2332 *Verjährung des Pflichtteilsanspruchs.* **I** Der Pflichtteilsanspruch verjährt in drei Jahren von dem Zeitpunkt an, in welchem der Pflichtteilsberechtigte von dem Eintritte des Erbfalls und von der ihn beeinträchtigenden Verfügung Kenntnis erlangt, ohne Rücksicht auf diese Kenntnis in dreißig Jahren von dem Eintritte des Erbfalls an.

II Der nach § 2329 dem Pflichtteilsberechtigten gegen den Beschenkten zustehende Anspruch verjährt in drei Jahren von dem Eintritte des Erbfalls an.

III Die Verjährung wird nicht dadurch gehemmt, daß die Ansprüche erst nach der Ausschlagung der Erbschaft oder eines Vermächtnisses geltend gemacht werden können.

1) Alle gegen den Erben gerichteten PflichttAnspr werden dch die Erschwerung gestärkt, daß die kurze Verjährungsfrist von 3 Jahren nur dch die doppelte Kenntn von Erbfall **und** beeinträchtigender Vfg in Lauf gesetzt wird **(I)**; unabhängig von dieser Kenntn verjähren sie in 30 Jahren nach dem Erbfall. Dies gilt für Anspr auf den Pflichtt einschließl Zusatz (§§ 2303, 2338a; 2305; 2307), auf dessen Ergänzg (§ 2325 f; s aber **II** mit Anm 2) od Vervollständigg (§ 2316 II). Ausnahmsweise muß bei Eintritt entfernterer Abkömml od Eltern (§ 2309) noch Kenntn des Wegfalls des Entziehgsgrundes (§ 2333) hinzukommen. Solange dem PflichttBerecht nicht bekannt ist, ob der überlebende Eheg eine Zuwendg angenommen hat, fehlt Kenntn der Höhe seiner PflichttQuote u damit des Ausmaßes der ihn beeinträchtigenden Vfg (Staud/Ferid/Cieslar Rz 13). – Dagg kommt es auf die Kenntn vom NachlStande u der sich daraus ergebenden Beeinträchtigg des PflichttR an (BGH FamRZ 77, 128; RG 104, 197). Auch beginnt die VerjFrist dann zu laufen, wenn zum Nachl Fdgen od Verbindlichk gehören, deren Höhe noch nicht feststeht. Eine Ausn hiervon ist nur für den Fall zu machen, daß erst dch Gesetz Anspr geschaffen werden, die dem Nachl hinzuzurechnen sind, zB die erst in der Person des Erben entstehenden LastenausglAnspr (s BGH aaO; Johannsen WM **77**, 307). – Die Vorschr gilt **nicht** für den ErbersatzAnspr als solchen, der nach § 1934 b II 2 verjährt (wohl aber bei dessen Entziehg); ferner nicht (sond § 195) für einen MängelAnspr bezügl einer als Abgeltg erhaltenen Sache (BGH NJW **74**, 363: § 477); den Erbauseinandersetzgs- od VermächtnAnspr der auf den PflichttBruchteil (§ 2304 Anm 1) oder PflichttBetrag eingesetzten Erben od VermNehmer (RG **113**, 237). – § 2332 gilt **entsprechend** für die Verjährg des AusgleichsAnspr bei der Zugewinngemeinsch (§§ 1378 IV 3; 1390 III). – Über Verjährg des **Auskunftsanspruchs** s § 2314 Anm 1 e. Über Verjährg von GewährleistgsAnspr aus einem Vergleich über den Pflichtt s § 493 Anm 1 a.

a) Vom Erbfall erlangt der PflichttBerecht Kenntn, wenn er vom Tod des Erbl erfährt. Dies gilt auch bei NachErbsch, so daß die Frist beim Nacherbfall nicht neu beginnt.

b) Beeinträchtigende Verfügung kann sowohl Vfg vTw als auch RGesch unter Lebenden sein: Für die PflichttAnspr (§§ 2303–2307) ist es die enterbende od beschränkende letztw Vfg (BGH **95**, 76); für den ErgänzgsAnspr (§ 2325 f) die das Vermögen des Erbl verkürzende Schenkg (BGH NJW **72**, 760). Hat der Erbl den PflichttBerecht dch verschiedene Schenkgen benachteiligt u erfährt dieser davon nacheinander, können sich daraus verschiedene ErgänzgsAnspr mit unterschiedl laufenden VerjFristen ergeben. – Treffen beeinträchtigende Vfg vTw u lebzeitige zusammen od wird die Beeinträchtigg erst dch Zusammenwirken beider herbeigeführt u erfährt der PflichttBerecht zunächst nur von der Schenkg u erst danach von der Vfg vTw, beginnt die Verjährg des ErgänzgsAnspr gg den Erben (§ 2325) nicht vor der Kenntn des Anspr auf den ordentl Pflichtt, sond einheitl mit der letzten Kenntn (BGH aaO; **95**, 76/80). Erlangt umgekehrt der Berecht zuerst nur Kenntn von der Vfg vTw u erst später auch von der Schenkg, beginnt zunächst die kurze Verjährg des PflichttAnspr zu laufen unabhängig von seiner Kenntn von der ebenfalls beeinträchtigenden Vfg unter Lebenden; die kurze Verjährg des ErgänzgsAnspr beginnt aber erst mit Kenntn auch der beeinträchtigenden Vfg unter Lebenden (BGH **103**, 333 gg Schlesw MDR **78**, 757; aA Soergel/Dickmann Rz 7). – **Kenntnis** bezieht sich auf die Vfg (nicht auf Nachl od Beeinträchtigg des PflichttAnspr). Notwendig ist positive Kenntn von deren wesentl beeinträchtigenden Inh; mdl Mitteilg genügt (BGH **LM** Nr 1). Rechtl Zweifel können (bis zur Erbscheinerteil) Kenntn ausschließen (RG **140**, 75); zB beginnt die Verjährg nicht, solange der Berecht das ihn beeinträchtigde SchenkgsGesch zwar tatsächl kennt, aber rechtsirrig aus Gründen, die nicht von vornherein von der Hand zu weisen sind, für rechtsunwirks hält (BGH NJW **64**, 297, auch Rpfleger **68**, 183). – **Lückenhaft** ist die Regelg, wenn der PflichttBerecht kurz nach Kenntn der ihn enterbenden Vfg eine weitere Vfg des Erbl entdeckt, dch die seine Enterbg allem Anschein nach wieder aufgehoben wurde. Erweist sich später, daß die Enterbg doch wirksam ist, hat er bis dahin keinen Anlaß zur weiteren Verfolgg seines PflichttAnspr. In Ausfüllg dieser Lücke hat BGH **95**, 76 entschieden, daß die frühere Kenntn entfällt u der bereits abgelaufene Teil der VerjFrist als nicht abgelaufen anzusehen ist (dazu Dieckmann FamRZ **85**, 1124). – Auch bei **Verwirkungsklauseln** (zB Einsetzg eines PflichttBerecht als Erben unter Verweis auf den Pflichtt für den Fall der „Anfechtg" der letztw Vfg dch diesen, § 2074 Anm 2) beginnt die Verjährg des PflichttAnspr bereits mit der Kenntn der beeinträchtigden Vfg und nicht erst mit dem Eintritt der Beeinträchtigg. Hat aber zB der Erbl seinen Sohn zum AlleinE eingesetzt u bestimmt, daß er an Nachl an einen Dritten herausgeben muß, wenn er nicht binnen 4 Jahren eine Auflage erfüllt, so wird im Fall der Nichterfüllg u der damit eingetretenen Nacherbfolge (§ 2074 Anm 2c) die Verjährg des Pflichtt-Anspr des VorE nicht vor diesem Ztpkt beginnen können.

2) Ein gegen den Beschenkten bestehender ErgänzgsAnspr des PflichttBerecht (§ 2329) unterliegt dagg nach **II** im Interesse des Beschenkten einer erleichterten Verjährg: Die Frist beginnt hier im Ggsatz zu **I** stets zugleich mit dem Erbfall auch ohne Kenntnis des Berecht zu laufen (BGH FamRZ **68**, 150). **II** gilt auch dann, wenn der Beschenkte zugleich (Mit-)Erbe ist (BGH NJW **86**, 1610 mAv Sick JR **86**, 111 gg Zweibr

Pflichtteil §§ 2332, 2333

NJW 77, 1825; ebso Hamm NJW-RR **86**, 166). Zur Unterbrechg der Verjährg auch dch eine auf § 2325 gestützte Klage gg den beschenkten Erben s Anm 3.

3) Hemmung der Verjähr tritt nach §§ 202–207 ein. Demnach wird bei Anspr minderj Kinder gg einen Elternteil die Verjährg nicht vor Eintritt der Volljährigk in Gang gesetzt (§ 204). Ebso wirkt die Stundg des PflichttAnspr gem § 2331 a hemmend (§ 202 I). Dagg beginnt die Verjähr nach **I** auch dann, wenn der Anspr erst von einer Ausschlagg (§ 2306 I 2, § 2307) abhängt **(III).** – Für die **Unterbrechung** der Verjähr gelten §§ 208 ff. Ein unterbrechendes Anerkenntn (§ 208) kann in einem Verhalten des Schu liegen, aus dem sich das Bewußtsein vom Bestehen des Anspr unzweideut ergibt; zB kann im Einzelfall sich aus der Erteilg einer Auskunft üb den NachlBestand ergeben, daß auch der PflichttAnspr als bestehend angesehen wird (BGH WM **87**, 1108; BGH **95**, 76 mAv Dieckmann FamRZ **85**, 1124). Das Anerkenntn eines VorE, das er nach Eintritt der Verjähr ggü einem Abkömml abgibt, wirkt auch gg den NachE (BGH NJW **73**, 1690 mAv Waltjen NJW **73**, 2061). – Bloße Klage auf Auskunft unterbricht nicht (RG **115**, 29, Köln JR **58**, 223), wohl aber möglicherw das Verhalten des Erben ggü einem solchen Verlangen (§ 208; RG **113**, 239; Zweibr FamRZ **69**, 231; BGH NJW **75**, 1409). – Eine auf § 2325 gestützte ZahlgsKl unterbricht auch die Verjähr des auf § 2329 gegründeten HerausgAnspr gg denselben Verpflichteten (Erben od Erbeserben; BGH NJW **74**, 1327; WM **89**, 919 mAv Dieckmann FamRZ **89**, 857). Eine gg den beschenkten Erben gerichtete Kl auf PflichttErgAnspr unterbricht im geltd gemachten Umfang auch die Verj des PflichttAnspr, wenn der Kl im Verfahren seine Kl entspr umstellt (BGH bei Johannsen WM **77**, 308). Eine Stufenklage auf Auskunft, Leistg einer eidesstattl Vers u Zahlg eines MindestBetr unterbricht die Verjähr (§ 209 I; BGH NJW **75**, 1409). – Keine Unterbrechg tritt ein, wenn der PflichttBerecht die letztw Vfg währd des Laufes der VerjFr entgg seiner ursprüngl zutreffden Beurteilg später fehls für unwirks hält (BGH aaO; WM **77**, 307). Auch die gg die einen TestVollstr gerichtete Klage od ein von diesem abgegebenes Anerkenntn der PflichttFdg unterbricht die Verjähr nicht (s BGH **51**, 125; Johannsen WM **70**, 114).

4) Wirkung. Die Verjähr bewirkt ein LeistgsverweigergsR (§ 222 I; vgl auch §§ 223–225), führt also nicht dazu, daß die Undurchsetzbark des Anspr eines Berecht die PflichttAnspr der anderen erhöht. – Ist der PflichttAnspr nur gg einen Teil der PflichttSchuldner (Miterben) verjährt, gilt bei gesamtschuldnerischer Haftg (§ 2058) § 425 II.

2333 *Entziehung des Pflichtteils eines Abkömmlings.* Der Erblasser kann einem Abkömmlinge den Pflichtteil entziehen:
1. wenn der Abkömmling dem Erblasser, dem Ehegatten oder einem anderen Abkömmlinge des Erblassers nach dem Leben trachtet;
2. wenn der Abkömmling sich einer vorsätzlichen körperlichen Mißhandlung des Erblassers oder des Ehegatten des Erblassers schuldig macht, im Falle der Mißhandlung des Ehegatten jedoch nur, wenn der Abkömmling von diesem abstammt.
3. wenn der Abkömmling sich eines Verbrechens oder eines schweren vorsätzlichen Vergehens gegen den Erblasser oder dessen Ehegatten schuldig macht;
4. wenn der Abkömmling die ihm dem Erblasser gegenüber gesetzlich obliegende Unterhaltspflicht böswillig verletzt;
5. wenn der Abkömmling einen ehrlosen oder unsittlichen Lebenswandel wider den Willen des Erblassers führt.

Schrifttum: Firsching, Berechtigung zur Entzieh des Pflichtteils nach § 2333 Nr 2, 3 BGB, JR **60**, 129.

1) Die Pflichtteilsentziehung ermögl es dem Erbl, einem pflichtteilsberecht nahen Angehörigen nach Enterbg unter best Voraussetzgen, die das G in §§ 2333 bis 2335 erschöpfend regelt, ausnahmsw auch noch die vom G an sich garantierte Mindestbeteiligg am Nachl zu verwehren. Die Entziehung kann ganz od nur teilweise erfolgen od nur in Beschränkgen od Beschwergen bestehen (die sonst gem § 2306 I 1 unwirks sind). Sie erfaßt auch den Anspr, näml Rest- (§§ 2305, 2307), Ergänzgs- (§§ 2325 ff) u AuskunftsAnspr (§ 2314). – Sein unverzichtbares (§ 2302) GestaltgsR kann der Erbl nur persönl u **formgebunden** (§ 2336) ausüben. Es kann noch zu seinen Lebzeiten wieder erlöschen (§ 2337) od unwirks werden (§ 2336 IV). – Der Erbl kann dch **Klage** sein EntziehgsR schon zu seinen Lebzeiten gerichtl feststellen lassen (BGH NJW **74**, 1084; Hbg NJW **88**, 977); auch der zukünft PflichttBerecht kann auf Feststellg klagen (Saarbr NJW **86**, 1182).

2) Die Entziehungsgründe zählt das G für Abkömml (§ 1924 Anm 3, also auch die nur ErbersatzBerecht) in § 2333, für Eltern (auch nichtehel Vater) in § 2334 u für Eheg in § 2335 jeweils abschließend auf. Sie sind daher nicht ausdehngs- od analogiefähig (BGH NJW **74**, 1084). Bei Nr 1 bis 4 handelt es sich um Verbrechen im strafrechtl Sinn od schwere vorsätzl Vergehen (idR gg den Erbl od seinen Ehegatten), ohne daß aber die Bestrafg des Täters erforderl ist. Jedoch setzen sie stets **Verschulden** voraus; dies gilt auch für Nr 5 (Düss NJW **68**, 944; Hbg NJW **88**, 977). – Die Unrechtstatbestände sind auch im Ausland erfüllbar (Ferid GRUR Intern Teil **73**, 472/476).

a) Lebensnachstellung (Nr 1) setzt ernsten Willen zur Herbeiführg des Todes des Erbl (seines Eheg; eines Abkömml) voraus. Anstiftg, Beihilfe, Versuch od bloße VorbereitgsHandlg genügen.

b) Vorsätzliche körperliche Mißhandlung (Nr 2) entspr im Begriff StGB 223, muß aber keine schwere od grobe sein; die körperl Beeinträchtigg muß sich aber doch als schwere „Pietätsverletzg" darstellen (Stgt BWNotZ **76**, 92). Seelische Mißhandlgen fallen nur unter Nr 2, wenn dadch auf die körperl Gesundh des Erbl eingewirkt werden sollte u wurde (BGH FamRZ **77**, 47 mAv Bosch). – Kein Grd liegt vor bei Handeln in Notwehr (RG JW **13**, 207) od bei unverschuldeter Notwehrüberschreitg (s Stgt aaO).

c) Verbrechen; vorsätzliches schwere Vergehen (Nr 3) gem StGB 12 gg Erbl (dessen Eheg) müssen in deren RSphäre eingreifen (ohne Rücksicht auf strafrechtl geschütztes RGut) u beurteilen sich jeweils nach

2127

den Umständen des Einzelfalls. Eigene verwerfl Lebensführg des Erbl kann Abkömml entlasten (RG JW **29**, 2707). Verfehlgen gg Eigentum od Vermögen des Erbl können unter Nr 3 fallen, wenn sie nach Natur u Begehgsweise eine grobe Mißachtg des Eltern-Kind-Verhältn u damit eine besond Kränkg des Erbl bedeuten (BGH NJW **74**, 1085). Bei Untreuehandlg (StGB 266 Alt 2) ist ein Handeln mit Einverständn des Erbl nicht pflichtwidr u damit nicht tatbestandsmäßig (BGH NJW-RR **86**, 371). Beleidigg kann uU ausreichen (BGH NJW **74**, 1085), aber nicht schon eine einzelne (RG aaO). – Der Erbl muß in der letztw Vfg (§ 2336) den konkreten Vorgang angeben, nicht den Straftatbestand benennen. S dazu aber auch BGH NJW **85**, 1554.

d) Unterhaltspflichtverletzung (Nr 4) ist prakt bedeutgslos. Der bedürftige Erbl, der auf ges Unterh (§ 1606) in Geld (nicht in Betreuung, § 1612) angewiesen ist, wird dem leistgsfäh Abkömml (§ 1603) idR keinen nennenswerten Pflichtt entziehen können.

e) Ehrloser, unsittlicher Lebenswandel (Nr 5), der vom Erbl nicht geduldet u beim Erbfall noch nicht aufgegeben war (§ 2336 IV), ist der problematischste EntziehgsGrd: Der vorwerfbare (verschuldete, s oben) Lebenswandel muß schutzwürd Interessen des Erbl verletzen (BGH **76**, 109: „Familienehre"), ohne daß es dann aber allein od vorrangig auf die sittl Maßstäbe des Erbl ankommen kann. Seine Wertvorstellgen u die Lebensführg seiner Familie sind zwar zu berücksichtigen, jedoch an den obj u allgemeingültigen Wertanschauungen zu messen, weil sonst das PflichttR des Kindes der Disposition des Erbl unterstellt wäre (Hbg NJW **88**, 977). Angesichts des Wandels der Wertvorstellgen und der Pluralität der Anschauungen sind jedoch allg gült Moralmaßstäbe nur mehr schwer feststellb. Gotthardt FamRZ **87**, 757 will daher zum Schutz des PflichttBerecht vor individuell zu hohen sittl Maßstäben durch Unwerturteil an Hand der Grdsätze konkretisieren, die von der Rspr zum sittenwidr Test (s § 1937 Anm 5 c) aufgestellt worden sind. – **Lebenswandel** ist ein dauerndes, auf festgewurzeltem Hang beruhendes Verhalten (RG **168**, 39); einmalige Verfehlen reichen grdsl nicht aus. Er kann nach BGH **76**, 109 die Familienehre nur verletzen, wenn ein Übergriff in den Interessenkreis des Erbl (zB Beziehg zw Erbl u seinem nichtehel Kind) festzustellen ist (hiergg als zu weitgehend Tiedke JZ **80**, 717; Soergel/Dieckmann Rz 6). Beispiele: Prostitution; gewerbsmäßiges Glücksspiel; im Einzelfall auch weiterhin fortgesetzter Ehebruch (Hamm NJW **83**, 1067 mAv Kanzleiter DNotZ **84**, 22). Nicht mehr unter Nr 5 fällt eheähnl Zusammenleben. Trunksucht auch nicht, wenn sie auf krankhafter Veranlagg beruht (KG OLG **21**, 344) od der PlichttBerecht vermindert verantwortl ist (Düss NJW **68**, 944; s aber BGH bei Johannsen WM **73**, 543).

3) Weitere Auswirkung. Die Verfehlgen berechtigen zum Rücktr vom ErbVertr (§ 2294) u zur Aufhebg einer wechselbezügl Vfg (§ 2271 II). S auch § 1513. Zum LeistgsverweigerungsR beim vorzeit Erbausgl ohne Einhaltg der Entziehgsform s § 1934d Anm 1 c. – Die Rechte aus § 569 a werden dch §§ 2333 ff nicht berührt (Däubler ZRP **75**, 136/141).

2334 Entziehung des Elternpflichtteils.
Der Erblasser kann dem Vater den Pflichtteil entziehen, wenn dieser sich einer der im § 2333 Nr. 1, 3, 4 bezeichneten Verfehlungen schuldig macht. Das gleiche Recht steht dem Erblasser der Mutter gegenüber zu, wenn diese sich einer solchen Verfehlung schuldig macht.

1) Immer nur dem schuldigen Elternteil kann der Pflichtt entzogen werden, wenn einer der Gründe nach § 2333 Nr 1, 3 od 4 (s dort) gegeben ist. Dies gilt auch für den nichtehel Vater. Verfassgsrechtl Bedenken äußert Bowitz JZ **80**, 304. Straflosigkeit nach StGB 247 II, 289 IV schützt nicht. Böswillige Verletzg der UnterhPfl (2333 Nr 4) kann auch bei schweren Fällen der Vernachlässigg der Erziehg od Berufsfortbildg gegeben sein (Staud/Ferid/Cieslar § 2333 Rz 7, § 2334 Rz 3).

2) Form. Entziehg erfolgt dch Vfg vTw, die den Grund anzugeben hat (§ 2336) u die bei Verzeihg unwirksam wird (§ 2337).

2335 Entziehung des Ehegattenpflichtteils.
Der Erblasser kann dem Ehegatten den Pflichtteil entziehen:
1. wenn der Ehegatte dem Erblasser oder einem Abkömmling des Erblassers nach dem Leben trachtet;
2. wenn der Ehegatte sich einer vorsätzlichen körperlichen Mißhandlung des Erblassers schuldig macht;
3. wenn der Ehegatte sich eines Verbrechens oder eines schweren vorsätzlichen Vergehens gegen den Erblasser schuldig macht;
4. wenn der Ehegatte die ihm dem Erblasser gegenüber gesetzlich obliegende Unterhaltspflicht böswillig verletzt.

1) Der Ehegattenpflichtteil kann nach der Neufassg der Vorschr dch das 1. EheRG vom 14. 6. 76 nur noch in den besond schwerwiegenden Ausnahmefällen der Nr 1–4 entzogen werden. Damit entspricht die Regelg dem Schutzgebot des GG 6 I, ohne daß die dch GG 14 geschützte Testierfreiheit des Erbl übermäßig eingeschränkt wird (BGH NJW **89**, 2054; s auch Einl 6 vor § 1922). Ging das PflichttR bereits als Folge eines Scheidgsverfahrens verloren (s § 1933 mit Anm 4), ist seine Entziehg noch sinnvoll in Bezug auf den UnterhAnspr nach § 1933 S 3, weil dieser auf den fiktiven Pflichtt begrenzt (§ 1586 b I 3 mit Anm 3 c) u dann folgl „auf Null" gestellt ist (Soergel/Dieckmann Rz 2). – Die Neuregelg gilt entspr EG 213 mangels eigener Übergangsbestimmg für alle Erbfälle ab Inkrafttreten (1. 7. 77), für die folgl eine nur nach altem Recht mögl gewesene Entziehg (zB wg Ehebruchs) nicht mehr wirksam werden kann (BGH FamRZ **89**, 609; Karlsr NJW **89**, 109). Ist der Erbl vor dem 1. 7. 77 gestorben, gilt altes Recht. – Die Regelg ist nicht überzeugend (s MüKo/Frank Rz 2). Verfassgsrechtl Bedenken äußert Bowitz JZ **80**, 304.

Pflichtteil §§ 2335, 2336

2) Die Entziehungsgründe sind nicht ausdehngsfähig u entspr im wesentl § 2333 Nr 1–4 (Nr 5 blieb ausgenommen). S daher zunächst § 2333 Anm 2. Dazu ergänzend:

a) Lebensnachstellung, Nr 1. Abkömml (s § 1924 Anm 3) sind auch nichtehel Kinder (wenn Vatersch festgestellt ist, § 1600a) und Angenommene (§§ 1754–1756; 1767 II, 1770), letztere aber bei Volladoption nicht mehr bezügl leibl Verwandter (§ 1755).

b) Straftaten, Nr 3 gg den Erbl setzen keine Strafbark od Bestrafg voraus, aber Vorsatz. „Schwer" ist nach den Umständen des Einzelfalls der konkreten Ehe zu entscheiden. S dazu auch den gleichart § 1579 I Nr 2 mit Anm 3b.

c) Böswillige Unterhaltspflichtverletzung, Nr 4, unterscheidet sich von § 2333 Nr 4 dch das wesentl kompliziertere UnterhR bei Eheg, das bei Zusammenleben wechselseit UnterhPfl dch Geld- od Haushaltsleistgen (§§ 1360, 1360a) u nach Getrenntleben einseit GeldUnterh nach Bedürftigk vorsieht (§ 1361), so daß **böswillige** Pflichtverletzg schwerer festzustellen ist. Sie erfordert schuldhafte, nach Ausmaß u Dauer erhebl Vernachlässigg der bestehenden Verpflichtg, obwohl der Pflichtige alle tatsächl Voraussetzgen kennt u zu ihrer Erfüll imstande ist (s Soergel/Dieckmann Rz 8). Die einseit Veränderg der UnterhSituation gg den Willen des Partners (zB dch Auszug; Aufgabe der Erwerbstätigk usw) wird Entziehg kaum rechtfertigen, da sie meist nachvollziehbare Grde hat.

3) Form. Entziehg erfolgt dch Vfg vTw, die den Grd anzugeben hat (§ 2336). Das Recht **erlischt** dch Verzeihg (§ 2337). Es hat ohnehin nicht bestanden, wenn der Erbl das Fehlverhalten des Partners gebilligt od gleichgült hingenommen hat.

4) Ausgleich des Zugewinns kann der überlebende Eheg bei ZugewinnGemsch auch nach PflichtEntziehg verlangen (§ 1371 II). Die Erfüll kann allerd bei grober Unbilligk verweigert werden (§ 1381).

2336 *Form und Grund der Entziehung.* ¹ Die Entziehung des Pflichtteils erfolgt durch letztwillige Verfügung.

II Der Grund der Entziehung muß zur Zeit der Errichtung bestehen und in der Verfügung angegeben werden.

III Der Beweis des Grundes liegt demjenigen ob, welcher die Entziehung geltend macht.

IV Im Falle des § 2333 Nr. 5 ist die Entziehung unwirksam, wenn sich der Abkömmling zur Zeit des Erbfalls von dem ehrlosen oder unsittlichen Lebenswandel dauernd abgewendet hat.

1) Formbedürftigkeit. Die PflichttEntziehg ist eine formbedürft Erkl. Ihre Wirksamk setzt voraus, daß sowohl die Erkl als auch der Grund in einem Test niedergelegt sind. In der letztw Vfg muß die betroffene Pers bezeichnet, die Entziehg angeordnet u der Grund hierfür angegeben werden (**I; II;** dazu Nürnb NJW **76**, 2020). Wird zur Begründg lediglich auf eine nicht der TestForm genügende Anlage verwiesen, ist die Form nicht gewahrt (BGH **94**, 36 mAv Kuchinke JZ **85**, 748 u Schubert JR **86**, 26). – Die PflichttEntziehg kann in **allen Testamentsformen,** auch einseitig im ErbVertr (§§ 2299 I, 2276 II) erfolgen; im ErbVertr kann sie aber nicht mit vertragsmäßiger Bindg ausgesprochen, wohl aber in eine einseitige Vfg umgedeutet werden (BGH FamRZ **61**, 437).

2) Der Entziehungsgrund (§§ 2333–2335) muß zur Zeit der TestErrichtg bestehen (also keine Entziehg od Verzeihg für zukünftige Fälle, RG HRR **42** Nr 524) u konkret in der Vfg angegeben sein **(II).** Dies braucht nicht in die Einzelheiten zu gehen. Der Erbl muß aber faßbar und unverwechselbar die Tatsachen festlegen. Ist das Test insoweit unvollständ u nicht eindeutig, ist zunächst dch Ausslegg zu ermitteln, worauf der Erbl die Entziehg stützen wollte. Das Ergebnis ist dann am Erfordernis des **II** zu messen (BGH **94**, 36 mAv Kuchinke JZ **85**, 748 u Schubert JR **86**, 26). **Formgerecht** ist der Grund nur erklärt, wenn in der Vfg vTw zumindest ein zutreffender Kernsachverhalt angegeben ist, jedenf bei § 2333 Nr 1–4 (BGH aaO). Hinzufügg von später nicht beweisb Einzelumständen ist unschädl, wenn sie für den Entziehgswillen des Erbl ohne Bedeutg sind (BGH NJW **64**, 549). Im Fall des § 2333 Nr 5 genügt der Gesetzeswortlaut, zumal der Schuldige ja die Gründe kennt (RG **95**, 27; offengelassen von BGH aaO). Falsche, irrtüml genannte, nicht erweisl, fehlende Gründe machen die Entziehung unwirks (BGH aaO) und können nicht durch andere (nicht genannte) Gründe ersetzt werden. Ungenügend ist es, wenn Erbl im Test lediglich erklärt, er werde den Grund demnächst niederlegen u dies in einem von ihm nicht unterschriebenen Schriftstück verwirklicht (LG Köln DNotZ **65**, 108). Im Falle des § 2333 Nr 5 muß nach **IV** das Verhalten des Abkömml auch noch zZ des Erbfalls als ehrloser od unsittl Lebenswandel erscheinen (Kanzleiter DNotZ **84**, 22).

3) Die Beweislast (III) trifft den Erben (bei § 2329 den Beschenkten). Dies gilt nach allg M auch für das Nichtvorliegen von Rechtfertiggs- u Entschuldiggsgründen wie zB einer vom PflichttBerechtigten behaupteten Notwehr (BGH NJW-RR **86**, 371), ohne daß damit schon entschieden ist, ob ZurechngsFähigk zum Grund der Entziehg nach § 2336 Nr 3 gehört od ob die Beweislastregel des § 827 als Norm vorgeht (BGH NJW **88**, 823). Auch bei § 2333 Nr 5 gilt dies nicht nur für den äußeren Entziehgstatbestand, sondern auch das Verschulden des PflichtBerecht, zB bei Trunksucht (Düss NJW **68**, 944). – Den Enterbten trifft aber die Beweislast hins der Besserg, **IV** (s LG M-Gladbach, MDR **52**, 750) u Verzeihg (§ 2337). Prozeßrichter im Erbstreit tritt an Stelle des Scheidsrichters (RG **168**, 35). – Etwas anders verhält es sich beim Rücktritt vom ErbVertr (s § 2294 Anm 2).

4) Wirkung. Die begründete EntziehgsErkl entfaltet Wirkg nicht schon mit ihrer formgerechten Abgabe, sond trotz des Wortlauts von § 2337 S 2 immer erst im Zeitpkt des Erbfalls (BGH NJW **89**, 2054). Sie umfaßt als minus den Ausschluß von der Erbfolge (§ 1938), so daß im Falle ihrer Unwirksamk nicht mehr als der Pflichttl, aber wenigstens dieser verbleibt. Nur dch wirksame Anfechtg nach § 2078 II kann der Enterbte erreichen, daß er seinen vollen Erbteil erhält (s BayObLG **21**, 331).

§§ 2337, 2338

2337 Verzeihung. Das Recht zur Entziehung des Pflichtteils erlischt durch Verzeihung. Eine Verfügung, durch die der Erblasser die Entziehung angeordnet hat, wird durch die Verzeihung unwirksam.

1) Verzeihung liegt vor, wenn der Erbl zum Ausdruck gebracht hat, daß er die Kränkg, die er dch das in Rede stehende Verhalten erfahren hat, nicht mehr als solche empfindet, wenn also das **Verletzende** der Kränkg als nicht mehr existent betrachtet wird (BGH FamRZ **61**, 437; NJW **84**, 2089 unter Hinweis auf die Mißverständlichk von BGH NJW **74**, 1085; Stgt BWNotZ **76**, 92). Vgl auch §§ 532; 2343. Versöhng ist zur Verzeihg nicht notwend; denkbar ist sogar Versöhng ohne Verzeihg. Der Wegfall des Kränkgsempfindens kann für eine Verzeihg aber dann nicht ausreichen, wenn sich der Gekränkte vom Kränkenden innerl völlig gelöst hat, also Gleichgültigk eingetreten ist. Umgekehrt schließt das Bewußtsein der früheren Kränkg Verzeihg nicht notwend aus: „vergeben, aber nicht vergessen" (BGH NJW **84**, 2089; Staud/Ferid/Cieslar Rz 22–26; Soergel/Dieckmann Rz 1). – Die Verzeihg kann formlos, auch dch schlüss Handlgen erfolgen (s BayObLG **21**, 330) u setzt grdsl Kenntnis der Verfehlgen voraus.

2) Wirkung. Die Verzeihg macht eine bereits ausgesprochene Entziehg unwirks. Der Einfluß auf die übrigen Vfgen bemißt sich nach § 2085; der Berechtigte ist also idR auf den Pflichtt beschränkt (s § 2336 Anm 1). Daneben ist auch der letztw Widerruf (§§ 2253ff) mögl. Beisp (Hamm FamRZ **72**, 660): Ist in einer als Enterbg bezeichneten letztw Vfg des Erbl der Ausschl des Enterbten von der Erbf u die Entziehg des Pflichtt angeordnet u liegt Verzeihg vor, wird mit dieser nur die PflichttEntziehg unwirks; der ErbRAussschl kann dch formgült Test beseitigt werden. Es kann aber gem § 2085 angenommen werden, daß auch die Entziehg des gesetzl od test ErbR hinfällig wird (Staud/Ferid/Cieslar Rz 19 vor § 2333).

2338 Pflichtteilsbeschränkung in guter Absicht. I Hat sich ein Abkömmling in solchem Maße der Verschwendung ergeben oder ist er in solchem Maße überschuldet, daß sein späterer Erwerb erheblich gefährdet wird, so kann der Erblasser das Pflichtteilsrecht des Abkömmlings durch die Anordnung beschränken, daß nach dem Tode des Abkömmlinges dessen gesetzliche Erben das ihm Hinterlassene oder den ihm gebührenden Pflichtteil als Nacherben oder als Nachvermächtnisnehmer nach dem Verhältnis ihrer gesetzlichen Erbteile erhalten sollen. Der Erblasser kann auch für die Lebenszeit des Abkömmlinges die Verwaltung einem Testamentsvollstrecker übertragen; der Abkömmling hat in einem solchen Falle Anspruch auf den jährlichen Reinertrag.

II Auf Anordnungen dieser Art finden die Vorschriften des § 2336 Abs. 1 bis 3 entsprechende Anwendung. Die Anordnungen sind unwirksam, wenn zur Zeit des Erbfalls der Abkömmling sich dauernd von dem verschwenderischen Leben abgewendet hat oder die den Grund der Anordnung bildende Überschuldung nicht mehr besteht.

1) Die testamentarische Beschränkung (II 1) des Pflichtteilsrechts eines Abkömml od seines Erbteils (einerlei, ob dieser der Hälfte des gesetzl Erbteils entspricht od größer, RG **85**, 349, od kleiner ist) od der Alleinerbsch od eines Vermächtnisses erfolgt im wohlverstandenen Interesse des Abkömml u nicht zur Strafe (wie die Entziehg; § 2337 gilt daher nicht). Sie setzt eine Entmündigg wg Verschwendg (§ 6) nicht voraus; eine bereits bestehende Entmündigg ist aber kein Hindern für die PflichttBeschränkg (Staud/Ferid/Cieslar Rz 11). – Zu den gesetzl Erben gehört auch das nichtehel Kind eines Abkömml.

a) Erbteilsbeschränkung. Ist der dem Abkömml hinterlassene Erbteil **nicht größer als die Hälfte** des ges Erbteils, gelten entgg § 2306 I 1 die angeordneten Beschränkgen; nur so weit sie über das nach § 2338 zulässige Maß hinausgehen, gelten sie als nicht angeordnet. Schlägt er aus, so hat er keinen PflichttAnspr. – **Übersteigt** der beschränkte od beschwerte Anteil den Pflichtteil, bleibt der Berechtigte daran gebunden, wenn er nicht ausschlägt (s KG RJA **15**, 194). Schlägt er in diesem Fall aus, erwirbt er zwar den PflichttAnspr; vom Beweis der Tats der Verschwendg oder Überschuldg hängt es aber ab, ob er den Beschrkgen des § 2338 unterliegt od ob er ihn unbeschränkt erhält (RGRK Rz 8).

b) Ehegatten u **Eltern** müssen sich ebso wie Abkömml dann Beschränkgen jeder Art, also auch solche nach § 2338, gefallen lassen, wenn der Erbl zur Entziehg ihres Pflichtt berechtigt war (§§ 2333ff).

2) Die möglichen Maßnahmen (I) können jede für sich angeordnet od verbunden werden. – Dch die **Nacherbeneinsetzung** wird der Abkömml sowohl vor sich selbst geschützt (§ 2111ff) als auch vor dem Zugriff seiner Gläub (§ 2115); dieser Schutz wird hinsichtl der Nutzgen ergänzt dch ZPO 863. Als NachE u NachVermNehmer müssen die gesetzl Erben des Abkömml eingesetzt werden, soweit nicht die Voraussetzgen für eine PflichttEntziehg vorliegen. Der Fiskus ist hier ebso wie in §§ 2104, 2149 nicht gesetzl Erbe (RGRK Rz 4). Ist der Abkömml nicht Erbe, sond hat er nur ein Vermächtn od den Pflichtt erhalten, sind die gesetzl Erben als NachVermNehmer gefährdet, wenn nicht zugl TestVollstrg angeordnet ist (§ 2211, ZPO 748). Im übrigen wirkt die Beschrkg nur ggü den persönl Gläub (§§ 1967, 2213, ZPO 863). Der Erbl kann aber die Pfändgsbefugn dieser Gläub für den Reinertrag nicht beschränken (§ 137; aM RG LZ **19**, 877; dazu Staud/Ferid/Cieslar Rz 71, 72, Soergel/Dieckmann Rz 12). – Mit Anordng der **Verwaltung** dch TV **(I** 2) entzieht der Erbl dem Abkömml zu dessen lebenslängl Schutz das VfgsR unter Lebenden (§ 2211), schließt zugleich dessen EigenGläub vom Pfändgszugriff aus (§ 2214) u entzieht ihnen die Nutzgen nach Maßgabe von ZPO 863. Dem Abkömml muß jedoch der jährl Reinertrag verbleiben (I 2). Allerd kann er der Erbl entgg I 2 auch den Reinertrag der Verwaltg unterstellen (Bremen FamRZ **84**, 213). Der Erbe kann sich dagg zur Wehr setzen (s Anm 1a), sich aber auch unterwerfen u damit den Reinertrag dem Zugriff seiner Gläub entziehen.

3) Unwirksam ist die Anordng (wenn sie nicht etwa nach § 2306 I 2 od § 2307 I 2 wirks ist), soweit sie sich nicht im gesetzl Rahmen hält (zB einzelne gesetzl Erben grdlos ausschließt, vgl aber § 2085), keine

Pflichtteil §§ 2338, 2338a

Gründe od andere als die im G erschöpfd aufgeführten angibt od unbegründet ist. Sie wird unwirks bei dauernder Besserg od Wegfall der Überschuldg zZ des Erbfalls (**II** 2). Spätere Besserg – falls dies nicht vom Erbl vorgesehen od durch ergänzende Auslegg feststellbar – hilft nicht, eine Grenzzieh war nötig; im Falle der Anordng einer TestVollstrg kann aber das NachlG beim Wegfall des TestVollstr von der ihm übertragenen Bestellg eines neuen TestVollstr absehen (KG DFG **42**, 86). Die Unwirksamk, die ohne Anfechtg eintritt, kann vom Abkömml, aber auch von einem Gläub (ZPO 863) geltd gemacht werden.

2338a *Erbersatzanspruch.* Pflichtteilsberechtigt ist ein Abkömmling oder der Vater des Erblassers auch dann, wenn ihm der Erbersatzanspruch durch Verfügung von Todes wegen entzogen worden ist. Im Sinne der Vorschriften dieses Abschnitts steht der Erbersatzanspruch dem gesetzlichen Erbteil gleich.

Schrifttum: Brüggemann, FamRZ **75**, 309; Westphal, Die erbrechtl Stellg des nichtehel Kindes nach seinem Vater u seinen väterl Verwandten ZBlJR **79**, 479/487.

1) Pflichtteilsrechte Nichtehelicher. Schließt der Erbl dch Vfg vTw den Eintritt der ges Erbfolge aus, entsteht überhaupt kein ErbersatzAnspr (§ 1934a), so daß dem ErsatzBerecht trotz seines Übergehens die Voraussetzg für sein PflichttR nach § 2303 fehlen würde, näml der „Ausschluß" eines bestehenden Rechts; auch ist der ErsatzAnspr gerade keine „Erbfolge". Deshalb ergänzt § 2338a dch seine Gleichstellg mit dem ges Erbteil für das PflichttR **(S 2)** § 2303; **S 1** betrifft lediglich die Fälle, in denen nur der ErbersatzAnspr entzogen wurde u belegt zugleich, daß eine isolierte Entziehg zulässig ist (BGH **80**, 290). In der Zeit bis zum Erbfall ist offen, ob das nichtehel Kind, dem ein ges ErbR nach seinem Vater zusteht, zu einer formellen Erbenstellg od zu einem ErbersatzAnspr kommen wird (Brüggemann FamRZ **75**, 309/310). Für die Entstehg des Pflichtt als solchen ist auch das ÜbergangsR zu beachten (s Anm c).

a) Dem nichtehelichen Kind steht beim Tod seiner **Mutter** (oder den Voreltern mütterlseits) ein ges ErbR u damit ein PflichttR zu (§§ 1924, 2303 I), wie umgekehrt auch der Mutter beim Tod des Kindes (§§ 1925, 2303 II 1, 2309). Hieran hat sich dch das NEhelG nichts geändert. – Mit seinem **Vater** u dessen Verwandten ist das nichtehel Kind seit Aufhebg des § 1589 II aF dch das NEhelG (1. 7. 70) ebenso verwandt wie mit der Mutter, wenn die Vatersch iS des § 1600a festgestellt ist (BGH **85**, 274). Ein ges ErbR (§ 1924) hat es daher nur, wenn kein ehel Abkömml u kein überlebender Ehegatte des Erbl vorhanden ist (§ 1934a), andernf einen ErbersatzAnspr. Ist es dch Vfg vTw von der Erbfolge ausgeschlossen od sein ErbersatzAnspr entzogen, hat es PflichttAnspr (vgl Anm 1) in Höhe der Hälfte des Wertes des ges Erbteils, der aber nicht immer dem halben ErbersatzAnspr entspricht (s Anm 4). – Bei Erbeinsetzg des PflichttBerecht gelten §§ 2305; 2306 (s § 2306 Anm 6). Ist ihm bei Entziehg des ErbersatzAnspr ein Vermächtn zugewendet, gilt § 2307.

b) Der Vater ist beim Tod des nichtehel Kindes ges Erbe, sofern dieses keine Abkömml hinterläßt (§§ 1925, 1930) u er nicht mit der Mutter u (od) deren ehel Abkömml zusammentrifft (§ 1934 II); andernf hat er ErbersatzAnspr. Ist er von der Erbfolge ausgeschlossen od ihm der ErbersatzAnspr entzogen, kann er Pflichtt in Höhe des halben Wertes seines Erbteils verlangen (§ 2303 II, 2309, 2338a).

c) Übergangsrecht. Maßgebl ist grdsl der TodesZtpkt des Erbl. Ist dieser nach dem 1. 7. 70 gestorben, gilt neues Recht, es sei denn, daß das Kind vor dem 1. 7. 49 geboren ist (Art 12 § 10 I 1, II NEhelG; s EG 213 Anm 2).

2) Entziehung (I 1) des ErbersatzAnspr braucht nicht ausdrückl angeordnet zu werden. In einer förml Enterbg ist sie jedenfalls enthalten (Brüggemann aaO 310, RGRK Rz 2); umgekehrt kann eine ausdrückl Entziehg des ErsatzAnspr als Enterbg ausgelegt werden. Es genügt, wenn das nichtehel Kind in einer Vfg vTw überh nicht genannt, sond dch anderweit volle Verteilg des Nachlasses übergangen wird (Stgt FamRZ **72**, 471; LG Oldbg FamRZ **77**, 266; MüKo/Frank Rz 4; RGRK Rz 2; Staud/Werner Rz 33 vor § 1924; Soergel/Dieckmann Rz 5 u Dieckmann FamRZ **79**, 389/392f; Erman/Schlüter Rz 3), weil bei gewillkürter Erbfolge bereits die Grdlage des ErbersatzAnspr (näml ein gesetzl ErbR) fehlt, so daß es keiner bes Entziehg mehr bedarf (BGH **80**, 290 mAv Dieckmann FamRZ **81**, 948). Auch würde dch das Erfordern einer (zumind konkludenten) Entziehg das nichtehel Kind erhebl besser gestellt als das ehel (BGH aaO).

3) Das anzuwendende Pflichtteilsrecht. Wird einem nach § 1934a I, II ErbersatzBerecht nur der Pflichtt zugewendet, so ist dies iZw nicht als Erbeinsetzg anzusehen (§ 2304, s Anm 2a hierzu). § 2305 (ZusatzPflichtt) ist anwendb (s dort Anm 5), wenn dem ErsatzBerecht ein Erbteil zugewendet wurde, der wertmäßig ggü seinem Pflichtt zurückbleibt. Ist der zugewendete Erbteil beschwert od beschränkt, greift § 2306 ein (s dort Anm 6), bei Aussetzg eines Vermächtn § 2307 (s dort Anm 4). – Ferner gelten § 2308–2315; § 2316 (s dort Anm 5, Brüggemann aaO 319, 321f); §§ 2317–2324; §§ 2325–2330 (PflichttErgAnspr, dazu Haegele BWNotZ **72**, 69ff, Brüggemann aaO 315, 320f); § 2331a; § 2332; §§ 2333, 2334, 2336–2338; auch § 2345 II über Erbunwürdigk des PflichttBerecht ist anwendb (so dort Anm 1); ferner greifen §§ 2346ff über ErbVerz hinsichtl des PflichttVerzichts Platz (s Übbl 2e aE vor § 2346). – Dem **Rang** nach ist auch der PflichttAnspr des nichtehel Kindes in der Stufe von KO 226 II Nr 4 zu erfüllen (BGH NJW **88**, 136).

4) Die Höhe des Pflichtt eines ErbersatzBerecht entspricht dem bei Enterbg. Der PflichttAnspr kann nicht einfach dch Halbierg des ErbersatzAnspr ermittelt werden, da ott Berechnungsunterschiede bestehen: Zur Ermittl des ErbersatzAnspr sind auch nachrangige NachlVerbindlichk von den NachlAktiva abzusetzen wg der Gleichbehandlg mit dem ges Erbteil (s § 1934b Anm 2a), während dies beim Pflichtt unterbleibt (s § 2311 Anm 2b). Der PflichttAnspr des Nichtehelichen kann daher erhebl höher sein als der halbe ErbersatzAnspr, uU sogar als der ganze (BGH NJW **88**, 136).

5) Zur Testamentsanfechtung bei Übergeh eines nach dem 1. 7. 1970 pflichttberecht gewordenen nichtehel Kindes s § 2079 Anm 2a; Staud/Ferid/Cieslar Rz 8ff; Odersky Anm II 4 je zu § 2338a.

Sechster Abschnitt. Erbunwürdigkeit

2339 *Erbunwürdigkeitsgründe.* ^I Erbunwürdig ist:
1. wer den Erblasser vorsätzlich und widerrechtlich getötet oder zu töten versucht oder in einen Zustand versetzt hat, infolgedessen der Erblasser bis zu seinem Tode unfähig war, eine Verfügung von Todes wegen zu errichten oder aufzuheben;
2. wer den Erblasser vorsätzlich und widerrechtlich verhindert hat, eine Verfügung von Todes wegen zu errichten oder aufzuheben;
3. wer den Erblasser durch arglistige Täuschung oder widerrechtlich durch Drohung bestimmt hat, eine Verfügung von Todes wegen zu errichten oder aufzuheben;
4. wer sich in Ansehung einer Verfügung des Erblassers von Todes wegen einer Straftat nach den §§ 267, 271 bis 274 des Strafgesetzbuches schuldig gemacht hat.

^{II} Die Erbunwürdigkeit tritt in den Fällen des Absatzes 1 Nr. 3, 4 nicht ein, wenn vor dem Eintritte des Erbfalls die Verfügung, zu deren Errichtung der Erblasser bestimmt oder in Ansehung deren die Straftat begangen worden ist, unwirksam geworden ist, oder die Verfügung, zu deren Aufhebung er bestimmt worden ist, unwirksam geworden sein würde.

1) Die Erbunwürdigkeit wird bei Vorliegen eines der Gründe nach Nr 1–4 (im Ggsatz zu der dch Test erfolgenden PflichttEntziehg) nach dem Erbfall dch Anfechtg (§ 2340) mittels Klage (§ 2342) des AnfechtgsBerecht (§ 2341) geltend gemacht; nur im Falle des § 2345 genügt Erklärg. Sie tritt dann erst mit RKraft des Urteils ein (§ 2342 II) u wirkt nur im Verhältn zu einem bestimmten Erbl. Mit ihr wird in erster Linie kein Strafzweck verfolgt (obwohl in Nr 1 der Strafcharakter vorherrscht). Vielm dient sie dazu, die Verdunklg des wahren ErblWillens dch Handlgen des Unwürdigen abzuwehren. Bei Verzeih erlischt das AnfechtgsR (§ 2343). – Zur Anwendg auf Pflichtt- od ErbersatzAnspr s § 2345 Anm 1. – Zwischen gesetzl u gewillkürter Erbfolge wird nicht unterschieden. – Die Unrechtstatbestände können auch im Ausland erfüllt werden (Ferid GRUR Intern Teil **73**, 474/476).

2) Die Gründe für eine Erbunwürdigk sind im Ges erschöpfend aufgezählt. Sie umfassen alle Formen der Teilnahme, also Mittätersch, Anstiftg u Beihilfe.

a) Nr. 1. Mord oder Totschlag: StGB 211, 212, 217, ferner der Versuch hierzu (StGB 22, 23); uU Verstümmelg (StGB 224, 225). Nicht aber Tötg auf Verlangen (StGB 216 iVm § 2343); Körperverletzg mit Todesfolge (StGB 226) u fahrl Tötg (StGB 222). Die Tötg muß vorsätzl u widerrechtl begangen sein; die Absicht, testierunfäh zu machen, ist nicht erforderl. Täter trägt entspr § 827 Beweislast dafür, daß er zur Tatzeit unzurechngsfäh war, im Strafprozeß gilt dagg in dubio pro reo (BGH NJW **88**, 822 mAv Hohloch JuS **88**, 819). – Tötg des VorE dch den NachE gehört nicht hierher; zur Ausfüllg der Lücke ist § 162 II sinngem anzuwenden (BGH FamRZ **68**, 518; s auch Müller/Freienfels FS Schiedermair, 1976, 409/428, 429ff). – Bei dem vorsätzl u widerrechtl **Versetzen** in einen die TestFähigk bis zum Tode, also dauernd ausschließenden Zustand handelt es sich insb um die Herbeiführg von Siechtum od Geisteskrankh dch Vergiften od körperl Verstümmelg. Auch hier ist die Absicht, testunfäh zu machen, nicht erforderl; es genügt die vorsätzl Herbeiführg des fragl Zustandes. Versuch (StGB 22, 23) genügt nicht (Staud/Ferid/Cieslar Rz 17).

b) Nr 2. Verhinderung kann dch physische Gewalt sowie dch Täuschg od Drohg begangen werden. Sie muß widerrechtl sein (BGH FamRZ **65**, 496; dazu Staud/Ferid/Cieslar Rz 28, 29). Eine Verhinderg dch Unterlassen genügt nur bei Bestehen einer RechtsPfl zum Handeln. Es muß ein ursächl Zushang zw der Handlgstätigk u dem Unterbleiben der beabsichtigten Vfg oder Aufhebg einer solchen bestehen, der Erbl muß also eine derartige Vfg konkret beabsichtigen. Geschützt ist jede letztw Willensbildg, nicht nur eine wirksame (Staud/Ferid/Cieslar Rz 19ff). Verhinderg liegt auch in der arglistigen Bestimmg zur Errichtg eines formungültigen Test. Versuch genügt nicht.

c) Nr 3. Täuschung. § 123 kann auch in einer Unterlassg, so im Verschweigen der ehel Untreue des den testierden Eheteil bestimmden Gatten liegen (BGH **49**, 155). Da allerd die ehel Untreue seit dem 1. EheRG nicht einmal mehr zur PflichttEntziehg (§ 2335) ausreicht, darf sie nicht versteckt als generelle UnwürdigkGrund benutzt werden (MüKo/Frank Rz 23). Vor allem ist zu sehen, daß ein Verschweigen, wenn die Eheverfehlg schon weit zurückliegt, idR mangels OffenbargsPfl keine Täuschg ist (Röwer FamRZ **60**, 15). Erbunwürd ist jedoch ein Eheg, der ein fortdauerndes ehewidr Verh verschweigt, obwohl er weiß, daß der and Eheg im Vertrauen auf die Beteuerg seiner ehel Treue ein Test zu seinen Gunsten errichtet (BGH **49**, 155; dazu Deubner JuS **68**, 449, Anm v Kreft **LM** Nr 1, Johannsen WM **72**, 1047f). Versuch genügt auch hier nicht. Die **Drohung** muß unmittelb auf die Errichtg od Aufhebg einer Vfg vTw gerichtet sein. Ein durch Drohg zustande gekommener fr KindesAnnVertr, der das gesetzl ErbR begründet (§ 1757 I aF), reicht daher nicht aus (Köln NJW **51**, 158); uU kann aber Abs **I** Nr 2 vorliegen. **Hypnose** fällt nicht unter Drohg; hier ist das Test nichtig (§ 2229 IV); im übrigen ist bei Führen der Hand des in Hypnose befindl Erbl auch Nr 4 gegeben, ebso bei **Anwendung von Gewalt** gg den Willen des Erbl (für Nichtigk MüKo/Frank Rz 21). Bei Irrtum, Täuschg u Drohg ist auch Anfechtg nach §§ 2078ff mögl (BGH FamRZ **88**, 153); diese beseitigt aber nicht die Stellg des Erbunwürdigen als gesetzl Erbe (Brox § 20 II 1d).

d) Nr 4. Die Fälschungshandlungen können auch nach dem Erbfall begangen sein u schließen Unwürdigk auch dann nicht aus, wenn dadurch der ErblWille gerade zur formellen Geltg hatte kommen sollen (BGH NJW **70**, 197 gg RG **72**, 207; Celle NdsRpfl **72**, 238, Staud/Ferid/Cieslar Rz 47, 48; Johannsen aaO 1048; gg BGH Speckmann JuS **71**, 235). Denkb ist Einwand des RMißbr ggü dem Anfechtgskläger (Lange/Kuchinke § 6 II 3). Bei Nr 4 genügt der Versuch (vgl StGB 267; Staud/Ferid/Cieslar Rz 44, 45). Trotz der

Erbunwürdigkeit   §§ 2339–2343

Fassg des Gesetzes („in Ansehg einer Vfg der Erbl") ist der Tatbestand auch dann gegeben, wenn der Täter die ganze unechte Urk herstellt (Stgt Rpfleger **56**, 160).

3) Ausnahmevorschrift, II. Der späteren Unwirksamk (durch Widerruf, Vorversterben des Bedachten) muß auch die (zB wg Formmangels bestehende) ursprüngl gleichgestellt werden (hM; aA Staud/Ferid/Cieslar Rz 53; MüKo/Frank Rz 30; Ravensbg NJW **55**, 795 mAv Bartholomeyczik). Wenn in dem hier nicht erwähnten Fall der Verhinderg (Nr 2) es dem Erbl doch noch gelingt, zu testieren, so kann er den Täter wenigstens enterben (§ 2333 Nr 3 iVm StGB 240, 253).

2340 **Geltendmachung durch Anfechtung.** **I** Die Erbunwürdigkeit wird durch Anfechtung des Erbschaftserwerbes geltend gemacht.
II Die Anfechtung ist erst nach dem Anfalle der Erbschaft zulässig. Einem Nacherben gegenüber kann die Anfechtung erfolgen, sobald die Erbschaft dem Vorerben angefallen ist.
III Die Anfechtung kann nur innerhalb der im § 2082 bestimmten Fristen erfolgen.

1) Die Geltendmachung der Erbunwürdigk kann nur dch rechtzeit Klageerhebg binnen Jahresfrist erfolgen (§ 2342; III iVm § 2082 I; Ausn § 2345 I 2). Damit soll ausgeschlossen werden, wer nicht handelt, obwohl er hätte handeln können. Die Anfectg ist nicht vor dem Erbfall, sond regelm erst nach dem Anfall an den Unwürdigen, wohl aber vor dem Nacherbfall (§ 2139) u gg die Erben des Unwürdigen zulässig. Wenn der Berechtigte behauptet, daß alle vor ihm nacheinander Berufenen unwürdig seien, so kann er die Klage sofort gg alle erheben (s MüKo/Frank Rz 2 mH; str).

2) Die Jahresfrist beginnt nach III; § 2082 II mit der zuverläss Kenntn des Anfechtgsgrundes, bei TestFälschg also mit der Kenntn der Fälschg u der Person des Fälschers. Sie liegt vor, wenn dem Anfechtenden die Klageerhebg zumutbar ist, zB wenn er dch ein von ihm eingeholtes Gutachten eines gerichtl beeidigten Sachverständ Fälschg u Täter kennt (BGH WM **89**, 1151). Da der Anfechtende sich in gleicher Lage wie der Geschädigte im Fall des § 852 befindet, kann die Rspr zu § 852 bei der Frage nach der Kenntn der Erbunwürdigk herangezogen werden (BGH aaO). Auf bloße Vermutg hin ist ihm Klage noch nicht zuzumuten (Celle NdsRpfl **72**, 238). – Über das AnfechtgsR des Erbunwürd nach §§ 2078ff s § 2080 Anm 1c; Staud/Ferid/Cieslar Rz 19ff.

2341 **Anfechtungsberechtigte.** Anfechtungsberechtigt ist jeder, dem der Wegfall des Erbunwürdigen, sei es auch nur bei dem Wegfall eines anderen, zustatten kommt.

1) Der Kreis der Anfechtungsberechtigten ist weiter gezogen als bei § 2080 I. Auch mittelbares Interesse genügt; auch der Staat gehört hierher, nicht aber VermNehmer od Auflagebegünstigter (MüKo/Frank Rz 2). Die Erbsch fällt aber immer nur an den Nächstberufenen (§ 2344 II). Das AnfR ist weder übertragb noch pfändb, wohl aber vererbl. Sind mehrere anfechtgsberechtigt, so kann jeder allein das AnfR ausüben (Staud/Ferid/Cieslar Rz 9). Über AnfBerechtigg bei Eheg s § 2080 Anm 1b. S auch § 2345 Anm 1.

2342 **Anfechtungsklage.** **I** Die Anfechtung erfolgt durch Erhebung der Anfechtungsklage. Die Klage ist darauf zu richten, daß der Erbe für erbunwürdig erklärt wird.
II Die Wirkung der Anfechtung tritt erst mit der Rechtskraft des Urteils ein.

1) Nur durch Anfechtungsklage erfolgt die Anfechtg, auch dch Widerklage, wohl auch verbunden mit der ErbschKlage des § 2018 (str); nicht aber einredew od im ErbscheinVerf (BayObLG **73**, 257; Rpfleger **75**, 243). **Beklagter** ist der Erbunwürdige (ev seine Erben), nicht sein ErbschKäufer (§§ 2371, 2385) od der Erbteilserwerber (§ 2033); schlägt er die Erbsch aus, entfällt dadch nicht das RSchutzbedürfn für die AnfechtgsKlage (KG FamRZ **89**, 675). – Das Gestaltgsurteil (hM; aA RGRK Rz 2: FeststellgsUrt) kann auch auf Anerkenntn (ZPO 307) ergehen (str; ebso Dresden OLG **14**, 310; LG Köln NJW **77**, 1783; Staud/Ferid/Cieslar Rz 8; Soergel/Damrau Rz 1; einschränkd KG aaO; aA Aachen NJW-RR **88**, 263; Blomeyer MDR **77**, 674; MüKo/Frank Rz 8). – **Zuständigkeit:** Die sachl richtet sich nach dem Streitwert. Dieser ist nach freiem Ermessen (ZPO 3) nach der Beteiligg des Bekl am Nachl zu bestimmen (BGH NJW **70**, 197), bei Klage auf Feststellg der Erbunwürdigk des als AlleinE eingesetzten Bekl nach dem Wert des GesamtNachl (Nürnb Rpfleger **63**, 219; str, s MüKo/Frank Rz 6 mN). – Örtl Zustdk: auch im Gerichtsstand der Erbsch (ZPO 27). – Über Anerkennng ausl AnfechtgsUrteile u Geltendmachg von ErbunwürdigkGrden noch ausl Recht s Pinckernelle/Spreen DNotZ **67**, 209. – Erhebg der AnfechtgsKl kann Aussetzg des ErbSchVerf rechtfertigen (BayObLG **73**, 257/258). Währd der Prozeßdauer kann NachlPfleger bestellt werden (§ 1960).

2) Der Erfolg der Anfechtung (§ 2344) tritt erst mit Rechtskr ein, die zG aller AnfBerechtigten wirkt u durch öff Urk (ZPO 794 Nr 5, ProzVergl) nicht mit dingl Wirkg ersetzt werden kann (s Dresd RJA **7**, 185). Klagabweisg wirkt nur zw den Parteien. Das die Erbunwürdigk rechtskräft bejahde Urteil wirkt auch gg den NachlGläub (s § 2344 Anm 1), über die Möglichk eines Schutzes gg diese Drittwirkg eines zu Unrecht ergangenen ErbunwürdigkUrt s Brox FamRZ **63**, 396ff.

3) Im Fall des § 2339 I Nr 3 können die Rechtsbehelfe der Anfechtgsklage (§ 2342) u der TestAnfechtg (§§ 2078, 2081) in Verbindg mit einer entspr Feststellgs- od Leistgsklage nebeneinander stehen (BGH FamRZ **68**, 153; BayObLG **73**, 258).

2343 **Verzeihung.** Die Anfechtung ist ausgeschlossen, wenn der Erblasser dem Erbunwürdigen verziehen hat.

1) Verzeihung (s § 2337 Anm 1; BGH NJW **84**, 2089) ist selbst bei Mordversuch mögl; sie setzt Kenntn des ErbunwürdigkGrd voraus. Wenn der Erbl inf der Hdlg des Erben später stirbt, ist Verzeih nur dann anzunehmen, wenn er auch mit der Möglichk rechnete, daß der inf der Tat sterben werde; sonst ist idR nur die versuchte, nicht aber die vollendete Tötg verziehen (Halle NJ **58**, 145). Bei nach dem Erbfall begangenen FälschgsHdlgen ist Verzeihg naturgem ausgeschl; sie kann nicht durch die Feststell ersetzt werden, daß der Erbl bei Kenntn verziehen hätte (Stgt Rpfleger **56**, 160). – Auf eine Anfechtg kann der AnfBerechtigte auch **verzichten**; in diesem Falle kann sich der Bekl ggü der AnfKlage mit Erfolg auf den wirksamen vertragsmäßigen Verzicht berufen (Staud/Ferid/Cieslar Rz 8, 9).

2344 Wirkung der Erbunwürdigerklärung.

^I Ist ein Erbe für erbunwürdig erklärt, so gilt der Anfall an ihn als nicht erfolgt.

^{II} Die Erbschaft fällt demjenigen an, welcher berufen sein würde, wenn der Erbunwürdige zur Zeit des Erbfalls nicht gelebt hätte; der Anfall gilt als mit dem Eintritte des Erbfalls erfolgt.

1) Wirkung. Die Erbunwürdigk hat (anders als der Erbverzicht) unmittelb Auswirkg nur auf den Unwürdigen persönl (nicht auch seine Abkömml), der wie bei der Ausschlagg (§ 1953 I, II) **rückwirkend** als nicht vorhanden gilt (Ausn § 2310 I), aber nicht erbunfähig wird. Die Erbsch fällt an den gesetzl Erben, an Anwachsgsberechtigte od Ersatzerben, wozu auch die Abkömml des Täters gehören können, § 2069 (so daß der Unwürdige bei deren kinderlosem Versterben doch noch zum Zuge kommen kann). Bei Erbunwürdigk eines NachE verbleibt die Erbsch idR dem VorE od dessen Erben (§ 2142 Anm 2). – Der Erbunwürdige haftet nach §§ 2018 ff, 819; er haftet aber nicht mehr für NachlVerbindlichkeiten, abgesehen von NachlEigenschulden (Staud/Ferid/Cieslar Rz 8, 9). **Dritte** werden nicht geschützt, soweit nicht guter Glaube (§§ 932 ff, 891 ff, 1032, 1207) od § 2366 eingreift. Hat der NachlSchuldner an den Erbunwürdigen geleistet, so wird er unter den Voraussetzgen des § 2367 frei; für eine weitergehde analoge Anwendg von § 407 ist kein Raum (MüKo/Frank Rz 4, str); ist er dem wirkl Erben ggü nicht befreit worden, so haftet ihm der für erbunwürdig Erklärte idR nach § 819 (Staud/Ferid/Cieslar Rz 30). RechtsGesch zw dem Erbunwürdigen u schlechtgläub Dritten werden unwirks; eine ZwangsHyp, die zB der Staat wg der Strafprozßkosten am NachlGrdst bestellen ließ, fällt in der Nächstberufenen (ZPO 868). Über Rechtsfolgen der ErbunwürdigkErkl eines VorE auf ErbteilsVertr mit NachE s BGH WM **68**, 474.

2) Weitere Rechtswirkungen. Der Erbunwürdige verliert auch den Anspr nach § 1932, nach § 1969 u einen etwa bestehenden PflichttAnspr, es sei denn, daß die AnfBerechtigg verschieden ist od aus bes Gründen anzunehmen ist, daß die Anf nach §§ 2342 ff ausschließl den ErbschErwerb zum Ggst haben sollte (Staud/Ferid/Cieslar § 2345 Rz 8). Bei Zugewinngemeinsch erhält jedoch der erbunwürdige Eheg den Auspr auf Ausgleich des Zugewinns (§ 1371 II), dessen Erfüllg aber bei grober Unbilligk verweigert werden kann (§ 1381 I).

2345 Vermächtnisunwürdigkeit; Pflichtteilsunwürdigkeit.

^I Hat sich ein Vermächtnisnehmer einer der im § 2339 Abs. 1 bezeichneten Verfehlungen schuldig gemacht, so ist der Anspruch aus dem Vermächtnis anfechtbar. Die Vorschriften der §§ 2082, 2083, des § 2339 Abs. 2 und der §§ 2341, 2343 finden Anwendung.

^{II} Das gleiche gilt für einen Pflichtteilsanspruch, wenn der Pflichtteilsberechtigte sich einer solchen Verfehlung schuldig gemacht hat.

1) Die Geltendmachung der Verm- und PflichttUnwürdigk bedarf (da § 2342 nicht erwähnt ist) nicht der Klage, sond nur der AnfechtungsErkl ggü dem Unwürdigen (§ 143 I, IV, zB auch dem ErbersatzBerechten). Dies ist im Prozeß auch im Weg der Einwendg mögl (nach Fristablauf Einr aus § 2083). Anfechtsberecht (§ 2341) ist jeder, dem die AnfechtsWirkg auch nur mittelb zustatten kommt, also auch VermNehmer. – AnfechtsFrist (§ 2340) beginnt mit zuverläss Kenntn des Anfechtsgrundes. – **Anfechtsgrund**: Über VermUnwürdigk wg widerrechtl Drohg (§ 2339 I Nr 3) s Hbg HansRGZ **34** B 670, über Widerrechtlichk der Drohg aber auch BayObLG **60**, 497; über VermUnwürdigk wg FälschgsHandlgen s Celle NdsRpfl **72**, 238. Für eine Tat des VermNehmers gg den Erben gilt § 2345 nicht (BGH FamRZ **62**, 257). – Auch der PflichttAnspr nach § 2338a u der ErgänzgsAnspr (§§ 2325, 2329) gehören hierher, ebso die sog gesetzl Vermächtnisse (§§ 1932, 1969) u Schenkgen vTw (§ 2301; RGRK Rz 1) sowie der ErbersatzAnspr (§ 1934b II 1). Zum Anspr auf vorzeit Erbausgleich s § 1934a Anm 7; MüKo/Frank Rz 8.

2) Wirkung der Anfechtung. Die Anfechtg wg VermUnwürdigk beseitigt rückwirkend den schuldrechtl VermAnspr des Unwürdigen (§ 142 I). Ist ein ErsatzVermNehmer bestimmt (§ 2190), erwirbt dieser den Anspr; ist ein MitVermNehmer vorhanden, dann sind §§ 2158, 2159 anwendb; andernf erlischt das Verm. Für die Rückforderg des zur Befriedigg des VermNehmers vor der Anfechtg Geleisteten gelten §§ 812 I 2, 813, 819 I. – Ist der PflichttAnspr wirks angefochten, so können die in § 2309 genannten entfernteren PflichtBerecht ihrerseits den Pflichtt verlangen.

Siebenter Abschnitt. Erbverzicht

Überblick

Schrifttum: Damrau, Der Erbverzicht als Mittel zweckmäßiger Vorsorge für den Todesfall, 1966; Degenhart, Erbverzicht u Abfindungsvereinbarg, Rpfleger **69**, 145; Habermann, Stillschweigender Erb- u PflichttVerzicht in notariellem gemschaftl Test, JuS **79**, 169; Lange, Der entgeltl Erbverzicht, FS Nottarp, 1961; Larenz, Erbverzicht als abstraktes Rechtsgeschäft, JhJ **81**, 2;

Erbverzicht   **Überbl v § 2346** 1, 2

1) Begriff. Der ErbVerz ist ein vom Erbl zu Lebzeiten abgeschlossener erbrechtl Vertr mit einem Erben, dch den der Anfall der Erbsch ausgeschlossen wird; er kann auch nur auf das PflichttR (§ 2346 II) od ein Vermächtn bzw eine letztw Zuwendg (§ 2352) beschränkt werden u läßt dann den PflichttAnspr od das Vermächtn nicht entstehen; die Zuwendg gilt als nicht erfolgt. Der Verz kann schlechthin od zG best Dritter (§ 2350) erklärt u wieder aufgehoben werden (§ 2351). Er erfolgt vor dem Anfall der Erbsch, die Ausschlagg (§§ 1942 ff) danach.

a) Rechtsnatur: Der ErbVerz ist ein erbrechtl, abstraktes VfgsGeschäft. Die ges Vorschriften dazu sind zwinger Natur. Der VerzVertr ist, auch wenn er mit Rücks auf eine Ggleistg abgeschl wird, kein ggs Vertr iS der §§ 320 ff (s Anm 2; Degenhart aaO 146; Staud/Ferid/Cieslar Rz 36 vor § 2346); auch kein Vertr zGDr (§ 328), weil er kein Recht eines Dr begründet. Er ist vor allem keine Vfg vTw, sond als negativer ErbVertr **Rechtsgeschäft unter Lebenden** (s Damrau S 97f). Maßgebl sind daher grdsl die allg Vorschr über Vertr, soweit nicht die erbr Natur des Verz entgegensteht (so kann abw von § 130 II ein VertrAngebot des Erbl nach dessen Tod nicht mehr angenommen werden). **Willensmängel** beurteilen sich folgl nach §§ 116 ff; eine **teilweise Unwirksamkeit** nach § 139 (u nicht nach § 2085); eine **Auslegung** erfolgt nach §§ 133, 157, 242, zu denen noch besAusleggsregeln in § 2350 kommen; eine **Anfechtung** richtet sich nach §§ 119 ff, ein Motivirrtum ist nicht nach § 2078 beachtl; für eine Anf dch den Erbl selbst besteht allerd kein Bedürfn, da er den Ausschluß des Erben jederzeit dch neue Vfg vTw rückgäng machen kann.

b) Ein Rücktrittsvorbehalt ist im Ggs zum ErbVertr (§ 2293) nicht vorgesehen u mit dem abstr Verz nicht vereinb. Zuläss ist dagg eine aufschiebde, auflösde **Bedingung,** auch eine **Befristung** (Ffm DNotZ **52,** 488; BayObLG **57,** 292; BGH **37,** 327; BFH **76,** 43): zB Bedingg der Gültigk eines gleichzeit geschlossenen AbfindsVertr (Damrau S 92 ff; Anm 2c), der fristgemäßen Zahlg der Abfindg. Der unentgeltl Verzicht ist keine Schenkung (§§ 516, 517); daher ist auch keine GläubAnfechtg mögl (Staud/Ferid/Cieslar Rz 54 vor § 2346; dazu auch Haegele, Schramm BWNotZ **71,** 39, 162.)

c) Wirkung: Der ErbVerz wirkt, wenn er formgült (§ 2348) erklärt ist, in der Weise kr seiner selbst, daß der Verzichtde für die ges Erbfolge als nicht vorhanden, ihn aber zu seinen Gunsten errichtete Vfg vTw als nicht erfolgt gilt (§ 2346 I 2, § 2352); spätere begünstigende Vfgen vTw sind allerd mögl. Seine rein erbrechtl Natur zeigt sich darin, daß er unmittelb die ges Erbfolge ändert od die Wirkg einer Vfg vTw beseitigt, währd ein Vertr nach § 312 II nur schuldr wirkt. Der Verz zG eines Dr allein macht den Begünstigten aber noch nicht zum Erben; hierfür bedarf es noch der Berufg dch G od Vfg vTw.

d) Praktische Bedeutung. Sie liegt vor allem in der Auswirkg auf den Pflichtt (§ 2346 I 2), weil das ges ErbR auch test ausgeschl werden könnte, sowie in der vorzeit Abfindg von (erst- od nichtehel) Kindern im Zusammenhang mit Vertr zw Ehegatten. Insbes der PflichttVerz ermöglicht die Erhaltg von Unternehmen od landw Besitz in einer Hand u erleichtert den Auswandern, Klostereintritt etc die Nachlaßabwicklg. Näheres s Damrau S 26 ff u 67 ff; Haegele Rpfleger **68,** 247 ff; Zimmermann BB **69,** 969; Staud/Ferid/Cieslar Rz 4 ff vor § 2346. Zur Nachfolgeplang insb des Einzelkaufmanns mittels ErbVerz gg PflichttAbfindg s Pühringer BB **89** Beil 6.

2) Erbverzicht und Abfindung. Eine GgLeistg (Abfindg) ist für den ErbVerz nicht begriffswesentl, wird aber wohl meist gewährt. Sie kann auch an Dr erfolgen. Ihre Vereinbg steht rechtl selbständ neben dem abstr ErbVerz. Sie kann deshalb schuldrechtl nicht zurückgefordert werden, wenn der Verz dch Vorversterben des Verzichtden überflüss geworden ist (anders bei Unwirksamk od Aufhebg, §§ 2350, 2351), wie umgekehrt auch nicht der Verz, wenn die versprochene Abfindg unterblieb. §§ 320 ff sind auf das aus zwei Verträgen zusammengesetzte Doppelgeschäft nicht anwendb (Anm 1a).

a) Grundgeschäft. ErbVerz u Abfindg liegt aber regelm ein schuldrechtl RGesch iS der §§ 320 ff zugrunde, das einers die Verpfl zur Abgabe der VerzErkl, anders die Verpfl des Erbl zur Leistg der Abfindg enthält, insoweit ggs Vertr ist u dch die beiden selbstd Vollzugsgeschäfte erfüllt wird (Larenz aaO **81,** 1; Lange aaO 119 ff; heute allg M). Es ist wie das ErfüllgsGesch formbedürft (§ 2348 Anm 1); ein Formmangel kann allerd dch die formgült Vornahme des ErfüllgsGesch geheilt werden analog § 313 S 2, nicht aber umgekehrt (Staud/Ferid/Cieslar Rz 61 vor § 2346; abl Kuchinke NJW **83,** 2360; hierg Damrau NJW **84,** 1163; s auch § 313 Anm 12 d, dd). Auf Gr des KausalGesch kann im Falle der Nichtleistg jede Partei auf Erfüll klagen; KonditionsAnspr scheiden dagg aus, schon weil ein RGrund vorhanden ist. Stirbt der Erbl vor Abschluß des VerzVertr, wird die Ggseite von ihrer LeistgsPfl frei (§ 275; BGH **37,** 327); ist die Abfindg schon bezahlt, können die Erben sie zurückfordern (§§ 323 III; 812 ff). Unter den Voraussetzgen von § 326 hat jede Partei ein RücktrR, wobei die Pfl zur Rückgewähr auch Aufhebg des Verzichts gem § 2351 umfaßt (Damrau aaO 127).

b) Bei fehlendem oder **nichtigem Grundgeschäft,** aber wirks ErbVerz kann auf §§ 320 ff nicht zurückgegriffen werden, so daß ein InteressenAusgl erhebl rechtl Schwierigkeiten bereitet, wenn die Abfindg nicht erbracht wurde u keine rechtl Verknüpf (s Anm c, d) besteht. Eine Anfechtg des ErbVerz (Strohal § 59 V 1) wäre nur wegen Irrtums im Beweggrund analog §§ 2281, 2078 mögl, ist ges aber nicht vorgesehen. Ein rückwirkdes RücktrittsR entspr § 2295 (Larenz aaO 81, 18) ist mit dem abstr ErbVerz nicht vereinb u zu verneinen (Damrau S 110 ff). BereichergsAnspr (bejahd RGRK § 2346 Rz 6; MüKo/Strobel Rz 28; Lange/ Kuchinke § 7 V 2b) scheitern daran, daß der Verz keine Zuwendg ist, der Erbl also die Verbesserg seiner RStellg nicht „auf Kosten" des Verzichtden erlangt hat; der Begünstigte wiederum hat bis zum Erbfall keine vermögenswerte Anwartsch u danach eine Erbenstellg nicht kr Verzichts, sond kr BerufgsGrd erlangt (Erman/Schlüter Rz 4 vor § 2346). Letztere wollen daher dem Verzichtden den Einwand unzuläss RAusübg (§ 242) ggü demjenigen einräumen, der den Verz geltend macht od nach dem Erbf sein ErbR bestreitet. § 242 wird damit allerd eine über die rechtl Sonderbeziehg hinausgehde Geltg verschafft (s § 242 Anm 1b). Die nach Eintritt des Erbfalls ohnehin nicht mehr mögl Aufhebg des rechtl selbständ Verz ist daher nicht erreichb. Der Verzichtde kann nur Erfüllg des AbfindgsVertr od SchadErs wg Nichterfüllg vom Erbl, von dessen Erben (als NachlVerbindlk) oder dem abfindenden Dritten verlangen (Staud/Ferid/Cieslar Rz 92 vor § 2346).

c) Bedingung. Die rechtl Selbständigk beider RGeschäfte hindert die VertrParteien allerd nicht, dch

Vereinbg einer Bedingung Leistg u GgLeistg rechtl voneinander abhäng zu machen, § 158 (s Anm 1 b). Bedingt kann ErbVerz dch die Abfind sein (die Wirksamk des Versprechens od die Leistg) und umgekehrt (sofern die Abfindg zeitlich vor dem Verz erbracht wurde). Die Vereinbg einer Bedingung wird jedoch nicht vermutet. Ist sie nicht ausdrückl erklärt, muß ein entspr beidseitiger Wille dem Vertrag selbst zu entnehmen sein, da sonst die Form des § 2348 nicht gewahrt ist. Bei Vorbeh eines RücktrittsR, der nur hinsichtl des AbfindgsVertr zulässt ist, kann ErbVerz als auflösd bedingt dch den Rücktritt vom AbfindgsVertr angesehen werden; ist der Rücktr vereinbargsgem auch noch nach dem Tode des Erbl zul, ist der Verzichtete vom Erbf an aufschiebd bedingter NachE und im ErbSch aufzuführen (BayObLG **57**, 300). – Der bedingte Verz wird bei Eintritt der Bedingg (zB Nichtzahlg der Abfindg) wirkslos; die bedingte Abfindg ist nach VertragsGrdsätzen zurückzugewähren. Stirbt der Erbl, bevor die Bedingg eintritt, zB vor Zahlg der GgLeistg, ist der bedingte Verz im Ztpkt des Erbfalls nicht wirks u kann dies auch nicht mehr werden (Staud/Ferid/Cieslar Rz 89 vor § 2346).

d) Einheitliches Rechtsgeschäft. Die VertrParteien können auch die Verträge als einheitl Ganzes gestalten, so daß § 139 (nicht § 2085) eingreift, wenn der AbfindgsV unwirks ist (nicht aber bei Nichterfüllg; s Celle NdsRpfl **49**, 121; Lange aaO 125; Damrau S 96ff; Coing, FS Schwind, 1978, 63/67; Staud/Ferid/Cieslar Rz 91 vor § 2346). Indiz für einen derart Willen, daß beide Geschäfte „miteinander stehen u fallen sollen", kann die Beurk von ErbVerz u Abfindungsabrede in derselben Urkunde sein (RGRK § 2348 Rz 3).

e) Erbverzicht und Abfindungsvertrag zwischen nichtehelichem Kind und seinem Vater. Währd das Kind unter den Voraussetzgen des § 1934d von seinem Vater einen vorzeit ErbAusgl verlangen kann, ist dem Vater ein Recht, zu seinen Lebzeiten das Kind dch Geldzahlgen od sonst Leistgen für seinen späteren erbrechtl Anspr abzufinden, nicht eingeräumt (s § 1934d I mit Anm 1). Außerdem ist zweifelh, ob ein vorzeit ErbAusgl auch außerh der Altersgrenzen des § 1934d I vereinb werden kann (s § 1934d Anm 2b). Ein Abfindgs- u ErbVerzVertr zw dem nichtehel Kind u seinem Vater ist aber auf jeden Fall mögl. Zu beachten ist jedoch, daß der Vater einen ErbVerzVertr nur höchstpersönl abschließen kann, der Vertr bei seiner GeschUnfgk der Genehmigg des VormschG bedarf (§ 2347 II) u für das Kind, wenn es unter Vormsch steht, die Genehmigg des VormschG notw ist (§ 2347 I); letzteres gilt auch bei Pflegsch nach § 1706 Nr 3 gem § 1915 I mit § 2347 I Halbs 2 (s dazu Damrau FamRZ **69**, 588; Knur Betr **70**, 1117; Regler DNotZ **72**, 650f; Haegele BWNotZ **71**, 42f). Rechtl zuläss ist auch die Vereinbg eines PflichttVerz zw Vater u nichtehel Kind (§ 2346 II), wenn zB ein Unternehmer einen ehel Abkömml zum Alleinerben eingesetzt hat; denkb ist auch ein Verz auf die sof Geltendmachg des PflichttAnspr (s Damrau BB **70**, 469, 470).

3) Ein künftiger Erbe kann sich dch Vertr zur Ausschlagg der Erbsch verpfl (s § 2302 Anm 1 c; Erman/Schlüter § 2346 Rz 9). – Eine nach dem Erbfall von einem MitE zugunsten eines and MitE abgegebene privatschriftl VerzErklärg kann die Verpfl enthalten, den letzteren so zu stellen, als ob er AlleinE wäre, §§ 133, 305 Köln OLGZ **75**, 1; s ü Staud/Ferid/Cieslar § 2346 Rz 5).

4) Steuerrecht. Eine Abfindg gilt als Schenkg u unterliegt nach Überschreiten der Freibeträge der Schenkgssteuer (ErbStG 7 I Nr 5; s Einl 8 vor 1922); für die Steuerklasse ist Verhältn des Verzichtden zum Erbl maßgebl (BFH BStBl **77 II**, 733).

2346 Wirkung des Erbverzichts.
^I Verwandte sowie der Ehegatte des Erblassers können durch Vertrag mit dem Erblasser auf ihr gesetzliches Erbrecht verzichten. Der Verzichtende ist von der gesetzlichen Erbfolge ausgeschlossen, wie wenn er zur Zeit des Erbfalls nicht mehr lebte; er hat kein Pflichtteilsrecht.

^{II} Der Verzicht kann auf das Pflichtteilsrecht beschränkt werden.

Schrifttum: Coing, Zur Lehre vom teilweisen Erbverzicht, JZ **60**, 209; Fette, Die Zulässigk eines gegenständl beschränkten PflichttVerz, NJW **70**, 743; dazu auch Haegele BWNotZ **71**, 36; Schopp Rpfleger **84**, 175; Jordan Rpfleger **85**, 7.

1) Verzicht. – a) Gegenstand können sein: das ges ErbR einschl des PflichtR (I); das ges ErbR allein (II); der ErbersatzAnspr (§§ 1934a, 1934b II) allein; diese Rechte in beschränkter Form (dazu Anm 3). – **b) Rechtsnatur** des VerzVertr s Übbl 1a vor § 2346. – **c) Verzichtende** können nur Verwandte od der Eheg sein; allerd kann auch der künft Eheg auf sein erst dch die Eheschließg entstehdes ErbR schon vorher verzichten, wie sich aus der Erwähng des Verlobten in § 2347 I ergibt; das Adoptivkind kann schon vor der Annahme verzichten (vgl Dittmann Rpfleger **78**, 278; die früher nach 1767 aF zuläss Vereinbg üb einen Ausschl des ErbR des Kindes ist kein ErbVerz). Der Fiskus kann auf sein ges ErbR (§ 1936), da nicht ausschlagb (§ 1942 II), auch nicht verzichten (wohl aber auf Zuwendgen, § 2352). – **d) Vertragsgegner** ist nur der Erbl. Geht Verz weiter als auf seinen Erbfall, ist ein für allemal von der Hoferbfolge, ist er dem noch geltden R fremd (Celle RdL **57**, 322). Verträge unter künft Erben (§ 312 II) od über eine bereits angefallene Erbsch (soweit nicht § 2033 eingreift) haben nur schuldrechtl Wirkg (RG **98**, 330, s Übbl 3 vor § 2346). – **e) Umfang.** Der Verz auf das ges ErbR umfaßt beim nehel Abkömml auch den ErbersatzAnspr (§§ 1934a, 1934b II) beim Eheg auch den Voraus (§ 1932), beim häusl FamilienAngehör auch den Dreißigsten (§ 1969). Er ist aber grdsl auf den BerufsGrd beschränkt u enthält nicht notwend auch Verz auf Zuwendgen (§ 2352) u umgekehrt (RG LZ **19**, 594; s § 2352 Anm 2); bei entspr Willen kann aber zB in einem Erb- u PflichttVerz für jetzt u in alle Zukunft auch ein ZuwendgsVerz enthalten sein (BGH DNotZ **72**, 500). – **f) Bedingungen** (§ 158) und Befristgen sind zuläss (s Übbl 1b vor § 2346; Staud/Ferid/Cieslar Rz 33, 79ff vor § 2346), ferner Vorbehalte (zB des PflichttR, s Anm 3c).

2) Wirkung, I 2. Der unbeschr Verzicht bewirkt beim Erbfall die unmittelb Änd der ges Erbfolge dch den Wegfall des Verzichtden, wie wenn er gestorben wäre (s auch Übbl 1 c vor § 2346). Dieser verliert auch ein PflichttR (s auch §§ 2310 S 1, 2316 I 2). Es tritt Erhöhg nach § 1935 ein. Der Verzicht eines Abkömml od Seitenverwandten erstreckt sich auch auf seine Abkömml, sofern nichts anderes bestimmt ist (§ 2349). Von dieser Ausn abgesehen hat der Verz aber nur Auswirkgen auf den Verzichtden persönl. Er hindert nicht, daß

Erbverzicht §§ 2346, 2347

dieser vom Erbl dch Vfg vTw als Erbe eingesetzt wird (BGH 30, 267; § 2351 Anm 2). – Der bloße PflichttVerz (dazu Anm 3b) läßt den Anspr nicht entstehen, aber den ges Erbteil des Verzichtden unberührt. Dem Erbl gibt er die volle TestierFreih. Durch Verz auf Bruchteil des Pflichtt wird Anspr unmittelb gemindert. – Eine Abfindg (Übbl 2 vor § 2346) ist kein ausgleichspflichtiger Vorempfang, kann der Übermaß aber Schenkg sein, §§ 2325–2329. – Der Verz nur auf den ErbErsAnspr (Anm 3 d) hat zur Folge, daß der Verzichtde den Anspr nicht erwirbt u auch kein PflichttR nach § 2338a hat, hindert aber nicht den Eintritt der ges Erbfolge nach §§ 1924, 1925, wenn die Voraussetzgen des § 1934a zZ des Erbfalls nicht gegeben sind.

3) Beschränkungen des Verzichts sind zulässig u wirks. – a) **Auf einen Bruchteil** des ges ErbR od auf dessen Verminderg kann der ErbVerz gerichtet sein (und wirkt sich dann entspr auch auf das PflichttR aus). Eine Beschränkg auf reale Teile od bestimmte Gegenstände ist dagg nicht mögl, da mit Universalsukzession unvereinb; Umdeutg in BruchteilsVerz entspr den RGrdsätzen zu § 2087 ist aber mögl, zB bei Beschränkg des Verz auf den „gegenwärtigen NachlBestand" (KG JFG 15, 98). – Verz zG eines Anderen s § 2350. – b) **Verzicht nur auf den Pflichtteil (II)** nennt das G selbst als Fall einer Beschränkg. Er kann uU auch stillschweigd erklärt werden u in einem and Gesch enthalten sein, zB in einem ErbVertr mit einem pflichtteilsberecht Abkömml, in dem die Ehegatten sich ggseit zu Alleinerben u Abkömml zum SchlußE einsetzen (BGH 22, 364 mAv Johannsen LM § 2348 Nr 1 u von Lübtow JR 57, 340; BGH NJW 77, 1728: im gemeinschaftl Test enthaltener Erb- od PflichttVerz, dazu krit Habermann JuS 79, 169, s auch § 2348 Anm 2). Er umfaßt auch den ErgAnspr, § 2325. Eine weitere Beschränkg auf einen Bruchteil des PflichttR, auf eine feste Summe od eine betragsmäß Obergrenze ist ebenso zulässig. Auch ein gegenständl beschr PflichttVerz ist (anders als beim ErbVerz) in der Weise zulässig, daß bestimmte Ggstände bei der NachlBewertg zum Zwecke der AnsprBerechng (§ 2311) außer Betracht bleiben (Fette aaO; Coing aaO 211; Cremer RhNK 78, 169; Jordan aaO; Staud/Ferid/Cieslar Rz 37, bestr). – Zuläss ist auch die Einräumg der Befugnis für den Erbl, den Verzichtenden beschwerden den Vermächtn od Auflagen od Beschränkgen der Anordng einer TestVollstr aufzuerlegen, die nach PflichttR nicht mögl wären (s Coing aaO). – Über PflichttVerz des nichtehel Kindes s Übbl 2e vor § 2346. – Verz auf bereits entstandenen PflichttAnspr (ErlaßVertr, § 397) ist eine Vfg (§ 2348 Anm 1c, s KG OLGZ 76, 193). – c) **Der Vorbehalt des Pflichtteilsrechts** ist auch Beschränkg. Er ist zulässig, da der Pflichtt ein Ausfluß des ErbR ist. Darin kann ein Verz auf die Hälfte des ges ErbR liegen; er kann aber auch den Sinn haben, daß dem Verzichtden in jedem Fall nur der PflichttAnspr verbleiben soll (Staud/Ferid/Cieslar Rz 40). – d) **Wird nur auf den Erbersatzanspruch** verzichtet, gilt § 2346 II sinngem (§ 1934 b IV). Es gelten auch §§ 2347–2351. Über TeilVerz ist mögl (RGRK Rz 20). Der Verzichtende kann sich auch sein PflichttR vorbehalten (BayObLG 75, 420/433; Odersky Anm II 14 zu § 1934b). Zulässig ist auch ErbVerz unter Vorbeh des ErbersatzAnspr. Der Verzichtende kann Erbe aGrd letztw Vfg werden.

4) Zugewinngemeinschaft. Hatte der überlebende Eheg auf sein Erbrecht verzichtet und ist ihm auch kein Vermächtn zugewendet, kann er in regelm den ZugewinnAusgl beanspruchen, §§ 1371 II, 1373–1390 (§ 1371 Anm 4); das gilt auch, wenn der Erbverzicht vor dem 1. 7. 1958 vereinbart, der Erbfall nach diesem Ztpkt eingetreten ist (§ 1371 Anm 4). Daß diese Folge bei früheren ErbverzichtsVertr nicht gewollt war (vgl Bärmann AcP 157, 189), ist unerhebl, wenn die VertrSchließenden den Verzicht nicht wieder aufheben, § 2351 (s Schramm BWNotZ 66, 30). Hat sich der Eheg beim Erbverzicht das PflichttRecht vorbehalten (Anm 3 d), steht ihm neben dem ZugewinnAusgl der „kleine Pflichtt" zu, § 1371 II (Staud/Ferid/Cieslar Rz 42). Hat er nur auf das PflichttR verzichtet, hat er die Stellg eines Erben; er kann sich nicht auf § 2306 I S 1, § 2318 II, §§ 2319, 2328 berufen u keine Restpflichtteile aus §§ 2305, 2307, 2326 geltd machen (Schramm aaO 31); die güterrechtl Lösg des § 1371 II steht ihm offen, wenn ihm der Erbl enterbt od er ausschlägt, § 1371 II. Wenn aber der überl Eheg auf das gesetzl ErbR einschl des Pflichtt od auf das PflichttR verzichtet hat, später aber aGrd einer Vfg vTw Erbe wird, so hat er keinen Anspr auf den Pflichtt mehr (§ 1371 III Halbs 2 u Anm 5b). – Zum ErbVerz eines Kindes bei Gütertrenng s Haegele BWNotZ 71, 42.

2347 **Voraussetzungen für Erbverzicht.** I Zu dem Erbverzicht ist, wenn der Verzichtende unter Vormundschaft steht, die Genehmigung des Vormundschaftsgerichts erforderlich; steht er unter elterlicher Sorge, so gilt das gleiche, sofern nicht der Vertrag unter Ehegatten oder unter Verlobten geschlossen wird.

II Der Erblasser kann den Vertrag nur persönlich schließen; ist er in der Geschäftsfähigkeit beschränkt, so bedarf er nicht der Zustimmung seines gesetzlichen Vertreters. Ist der Erblasser geschäftsunfähig, so kann der Vertrag durch den gesetzlichen Vertreter geschlossen werden; die Genehmigung des Vormundschaftsgerichts ist in gleichem Umfange wie nach Absatz 1 erforderlich.

1) Der Verzichtende kann sich vertreten lassen, da § 2347 die Zulässigk einer Vertretg für beide VertrParteien unterschiedl regelt (ebso die Anfordergen an die GeschFähigk). Handelt für ihn ein ges Vertreter, bedarf nach I der vom Vormund geschlossene Vertr stets noch der vormschger Gen, der von elterl SorgeBerecht dann, wenn es sich nicht um einen Vertr unter Eheg od Verlobten handelt. Dies entspr der Regelg für den VertrGegner bei Aufhebg des ErbVertr (§ 2290 III). Gen ist auch erforderl bei VertrAbschluß dch Pfleger (§ 1915). Dem nichtehel Kind ist für Verzicht ein Pfleger zu bestellen (§ 1706 Nr 3); unterbleibt dies auf Antr der Mutter (§ 1707), ist für VerzVertr mit dem Vater gleichwohl Gen erforderl (I 2). – **Genehmigung:** Zuständ ist Richter (RPflG 14 Nr 17). Sie muß vor Eintritt des Erbfalls wirks werden nach §§ 1828, 1829 I 2, 1643 III. Auch teilw ErbVerz unterliegt der Gen (BGH WM 78, 170/173); dazu s LG Düss RhNK 71, 498. Bei beschr Geschfgk bedarf es der Zust des ges Vertr (s auch § 108 III). – Auf **schuldrechtliche** Verträge ist § 2347 grdsätzl nicht anwendb, auch wenn sie sich wirtschaftl nachteilig auf den PflichttAnspr eines am Vertr beteiligten Minderj auswirken (BGH 24, 372, dazu Johannsen WM 72, 1049).

§§ 2347–2350

2) Der Erblasser muß den Vertr grdsl **persönlich** abschließen (gilt auch für Erbverzicht im ProzVergl, dazu § 2348 Anm 3). Sein GebrechlichkPfleger od Vormund (bei Geistesschwachen) kann das nicht für ihn (RG HRR **29** Nr 1651, Mü JFG **17**, 181); auch bedarf es nicht dessen Zustimmg. Eine **Ausnahme** gibt es nur für GeschUnfähige (**II** 2), die sonst keinen Verz entggnehmen könnten; der ges Vertr benötigt hierzu gerichtl Gen wie nach I (s Anm 1). Minderjährige können auch nur persönl, aber ohne den gesetzl Vertr in den Erbverzicht einwilligen, § 107; für Geschäftsunfähige kann es (abw von § 2290) der gesetzl Vertreter. Nach KonkEröffng über das Vermögen des Verzichtenden kann er noch selbst verzichten. – **II** 1 gilt nicht für **schuldrechtlichen Vertrag,** dch den sich eine Person ggü dem Erbl verpflichtet, auf ihr Erb- u PflichttR zu verzichten (s Johannsen aaO 1049).

3) Ein Ehegatte bedarf weder als Erbl noch als Verzichtender der Zustimmg des anderen Ehegatten (vgl § 1432 Anm 1; § 1455 Anm 2; Haegele Rpfleger **68**, 248). Verzicht auf den Gesamtgutsanteil s § 1517.

2348 *Form.* **Der Erbverzichtsvertrag bedarf der notariellen Beurkundung.**

1) Form. Für die seit dem BeurkG nur noch not mögl Beurk ist gleichzeitige Anwesenheit hier **nicht** erforderl (§§ 128, 152). Wird der Verzicht mit einem ErbVertr od Test verbunden, muß auch hierfür die bestimmte Form gewahrt werden; die Formerleichterg des § 2276 II gilt dann nicht entspr (Staud/Ferid/Cieslar Rz 9). Ist der ErbVerz mit der Entgeltabrede durch Bedinggen verknüpft, bedarf auch sie der Form des § 2348 (Soergel/Damrau Rz 6). Ein nur dch Auslegg erschlossener, nicht ausdrückl erklärter ErbVerz genügt nicht der in § 2348 vorgeschriebenen Form. – Das dem Erbverzicht etwa zugrunde liegende **Verpflichtungsgeschäft** bedarf ebenf der not Beurk (KG OLGZ **74**, 263; Damrau NJW **84**, 1163; Staud/Ferid/Cieslar Rz 7; MüKo/Strobel Rz 2; RGRK Rz 3; aM Kuchinke NJW **83**, 2358). – Ein Formverstoß wird durch § 313 S 2 beim abstr Verz nicht geheilt (KG JFG **7**, 133), wohl aber ist Heilg des GrundGesch mögl (Übbl 2 a vor § 2346). Doch kann bei Formnichtigk uU Umdeutg in eine letztw Vfg des Erbl (Enterbg od Widerruf) in Frage kommen (Schlüter § 5 I 5 c; s aber auch Kuchinke NJW **83**, 2360). – Im Erbscheinsverfahren hat das NachlG Wirksamk u Umfang des Verzichts vAw zu prüfen; Verweisg auf Rechtsweg ist unzulässig (BayObLG **81**, 30).

2) Verbindung mit anderem Vertrag. In einem ErbVertr zw Eheg u einem ihrer Kinder kann ein stillschweigd erklärter PflichttVerz des als SchlußE eingesetzten Kindes enthalten sein (BGH **22**, 364); ebso in einem notariellen gemschftl Test ein Erb- od PflichttVerz eines der Eheg (BGH NJW **77**, 1728; dazu Johannsen WM **79**, 631; aM Habermann JuS **79**, 169, der Gewicht auf den fehlenden Vertr legt). Erklärt sich ein Abkömml in einem Vertrag, dch den seine Eltern auf ihn übertragen, wg seines künft ErbR für abgefunden, liegt darin idR kein ErbVerz (BayObLG **81**, 30); dies gilt bes dann, wenn die Altersversorgg der Eltern wesentl Vertragsbestandteil ist (BayObLG Rpfleger **84**, 191).

3) Prozeßvergleich (dazu § 127 a Anm 2) wahrt die Form, § 127 a. Bei Anwaltszwang muß RA prozessual u Erbl persönl (wg § 2347 II) die Erklärgen abgeben (BayObLG **65**, 86); zum Vergleich im Parteiprozeß s BGH Betr **59**, 790.

2349 *Wirkung auf Abkömmlinge.* **Verzichtet ein Abkömmling oder ein Seitenverwandter des Erblassers auf das gesetzliche Erbrecht, so erstreckt sich die Wirkung des Verzichts auf seine Abkömmlinge, sofern nicht ein anderes bestimmt wird.**

1) Auf den ganzen Stamm soll sich grdsätzl der Verzicht eines Abkömml od Seitenverwandten auf sein ges ErbR erstrecken, also auf die vorhandenen wie die künft Abkömml, ohne daß er in deren Namen od Vertretg (§ 2347) erklärt werden müßte (ergänzende Norm). Wenn, wie es die Regel ist, mit dem Erbverzicht ein AbfindgsVertr verbunden ist, liegt eine vorweggenommene Erbfolge vor, so daß durch die Erstreckg der Verzichtswirkg auf die Abkömml die Bevorzugg eines Stammes vermieden wird. Die Erstreckg tritt aber grdsätzl auch ohne Abfindg ein; allerdings wird hierbei wohl meist ein Verzicht zugunsten Dritter (§ 2350) vereinb werden. Über den Wortlaut des Gesetzes hinaus tritt die Erstreckg auch beim Verzicht auf das PflichttR (§ 2346 II) ein (Baumgärtel DNotZ **59**, 65; hM). **Abkömmling** ist auch das nichtehel Kind ggü seinem Vater; das angenommene Kind (§ 1924 Anm 3 c; vgl Ffm OLGZ **72**, 120).

2) § 2349 gilt nicht bei abweichender Bestimmg, die ausdrückl im VerzVertr erfolgen muß; ferner nicht für Personen, die weder Abkömml noch Seitenverwandte sind, also bei Verzicht eines Vorfahren od Eheg (Regler DNotZ **70**, 646; s auch § 2352 Anm 2) und wenn der Abkömml trotz des Verzichts letztw bedacht wurde (KG JFG **23**, 255). Auch nicht beim Zuwendgsverzicht (§ 2352 Anm 2). – § 2349 **gilt entsprechend,** wenn im fr KindesannahmeVertr das ErbR des Kindes dem Annehmenden ggü ausgeschlossen wurde (§ 1767 I aF), sowohl für künft Abkömml des Kindes, als auch wenn der Vertr mit den schon lebenden Abkömmlingen des Kindes geschlossen war (Staud/Ferid/Cieslar Rz 53 vor § 2346; dazu auch Haegele BWNotZ **71**, 41); eine derart Vorschr ist im AdoptG nicht mehr enthalten (s § 1924 Anm 3 c); wg ErbVerz bei Annahme als Kind nach neuem Recht s § 2346 Anm 1 c.

2350 *Verzicht zugunsten eines anderen.* ^I **Verzichtet jemand zugunsten eines anderen auf das gesetzliche Erbrecht, so ist im Zweifel anzunehmen, daß der Verzicht nur für den Fall gelten soll, daß der andere Erbe wird.**

^{II} **Verzichtet ein Abkömmling des Erblassers auf das gesetzliche Erbrecht, so ist im Zweifel anzunehmen, daß der Verzicht nur zugunsten der anderen Abkömmlinge und des Ehegatten des Erblassers gelten soll.**

Erbverzicht §§ 2350–2352

1) Allgemeines. Der ErbVerz in bedingter Form ist zulässig (s Übbl 1 b v § 2346). § 2350 stellt eine AusleggsReg für zwei Fälle des Verz auf das ges ErbR auf, die nur Platz greift, wenn die Zw nicht überwunden sind. Sie ist nicht anwendbar auf den Zuwendungsverzicht, § 2352 (Lübeck SchlHA **59**, 211; aM Blomeyer FamRZ **74**, 421/426) u auch nicht auf den bloßen PflichttVerz, § 2346 II. Der PflichttVerz nur für den Fall, daß eine best Person Erbe u deshalb mit Pflichtt belastet wird, ist iü ein gewöhnl, bedingter Verz.

2) Der zugunsten eines anderen erklärte Erbverzicht auf das ges ErbR **(I)** ist iZw gegenstandslos, wenn der Begünstigte aus welchen Gründen auch immer nicht Erbe wird. Verz ist also auflösend bedingt dch die Erbeneigensch. Der (od die) Begünstigte muß nicht ausdrückl genannt, aber in der Urk hinreichend bestimmt sein. Erbe werden kann er kr G od der Einsetzg, die meist in einem verbundenen ErbVertr erfolgt; nicht erforderl ist, daß er an Stelle des Verzichtenden Erbe wird. Bei Begünstigg eines ges Miterben fällt diesem als Erben iZw der volle Erbteil des Verzichtenden zu (KG JFG **23**, 179; dazu auch Staud/Ferid/Cieslar Rz 17; Damrau aaO 37 ff; Blomeyer FamRZ **74**, 426 f). – Die Abkömmlinge des Verzichtenden treten nur dann an dessen Stelle (§ 2069), wenn der Verzicht erkennb zu ihren Gunsten erklärt war (KG JFG **20**, 160; s auch § 2352 Anm 2). – **Bei mehreren Begünstigten** wird der Verzicht erst unwirks, wenn sie alle wegfallen (RG LZ **26**, 1006).

3) Erbverzicht eines Abkömmlings (II) auf ges ErbR ist iZw immer relativ iS einer Begünstigg der and Abkömmlinge u des Ehegatten des Erbl. Eine **unbeabsichtigte Begünstigung** der Verwandten der aufsteigenden oder der Seitenlinie od des Staates soll vermieden werden. Verzicht ist also iZw hinfällig, wenn nur Fernerstehende erben würden, dagg wirks, wenn auch nur einer der Begünstigten (erste Ordng, § 1924, auch Stiefelternteil) Erbe wird. Abköml ist auch das nichtehel Kind ggü seinem Vater (vgl Regler DNotZ **70**, 649 f). Über entspr Anwendg auf Aussch des ErbR bei Adoption (§ 1767 aF) s Hamm Rpfleger **52**, 89; § 2349 Anm 2; Staud/Ferid/Cieslar Rz 53 vor § 2346 u § 2346 Rz 6, 8. – Wegen § 2352 s dort.

2351 Aufhebung des Erbverzichts.
Auf einen Vertrag, durch den ein Erbverzicht aufgehoben wird, findet die Vorschrift des § 2348 und in Ansehung des Erblassers auch die Vorschrift des § 2347 Abs. 2 Anwendung.

1) Die vertragsmäßige Aufhebung des Erb- od PflichttVerz (auch des Zuwendgsverzichts, § 2352; Kempt MittBayNot **78**, 63 mAv Büttel; bestr; s Staud/Ferid/Cieslar Rz 2) ist den VertrParteien in Form der not Beurk jederzeit, aber nur bis zum Tode des Erbl mögl. Daß ein minderjähriger Erbl (§ 2347 II) den auf Wiederaufhebg eines vielleicht teuer erkauften Erbverzichts gerichteten Vertrag ohne Zust des gesetzl Vertreters (VormschG) wirks abschließen kann, ist wohl ein Redaktionsversehen (Staud/Ferid/Cieslar Rz 10; aM Haegele Rpfleger **68**, 250). Für den dch die Aufhebg nur gewinnenden minderjähr Verzichtenden gilt § 107. – Der Erbl wird auch dch Abschl eines ErbVertr nicht gehindert, einen VerzVertr aufzuheben; die VertrErben müssen dies selbst bei Unentgeltlk des Verz hinnehmen (BGH **77**, 264). – Ein Erbverzicht, der sich gem § 2349 auch auf die Abköml erstreckt, kann von den Parteien des ErbVerzVertr ohne deren Zust aufgeh werden. Zust der durch den Verzicht Begünstigten ist nicht erforderl (Haegele aaO, Staud/Ferid/Cieslar Rz 8; s auch BGH NJW **80**, 2307).

2) Einseitig (insb letztw) läßt sich der Verzicht nicht beseitigen (BGH **30**, 261/267). Der Verzichtende kann zwar bedacht werden. Das gesetzl ErbR (u etw PflichttR) des Nächstberufenen wird aber dadurch nicht berührt. Hat sich zB das PflichttR anderer Pers dch den ErbVerz vermehrt (§ 2310 I 2), kann daran dch einseit Zuwendgen des Erbl nichts geändert werden (s Staud/Ferid/Cieslar Rz 4, 5).

3) Wirkung. Der AufhebgsVertr beseitigt den Erb-, Pflichtt- od ZuwendgsVerz, als sei er nie erfolgt, stellt also den früheren Zustand wieder her. Der Verzichtende erlangt die RStellg, die er ohne den ErbVerz hatte. Er wird daher nicht Erbe, wenn Erbl inzw anderweit testiert hat, kann dann aber Pflichtt wieder beanspr. Eine für den Verz geleistete Abfindg kann zurückgefordert werden, §§ 812 ff.

2352 Verzicht auf Zuwendungen.
Wer durch Testament als Erbe eingesetzt oder mit einem Vermächtnisse bedacht ist, kann durch Vertrag mit dem Erblasser auf die Zuwendung verzichten. Das gleiche gilt für eine Zuwendung, die in einem Erbvertrag einem Dritten gemacht ist. Die Vorschriften der §§ 2347, 2348 finden Anwendung.

Schrifttum: Peter, Anfechtg od Zuwendgsverzicht, BWNotZ **77**, 113; Jackschath, RhNK **77**, 117.

1) Zuwendungsverzicht. Jeder Bedachte kann grds auf eine erfolgte (nicht auf zukünft, BayObLG Rpfleger **87**, 374) Zuwendg vTw verzichten (s aber Anm 2), hier also auch der Fiskus. Die Zuwendg kann in einem einseit od gemschaftl Test sowie in einem ein- od mehrseit ErbVertr enthalten sein. Allerd stellt § 2352 für die Zulässigk des ZuwendgsVerz hinsichtl Test u ErbVertr unterschiedl Regelungen auf (s Anm 2). Bedeutg hat der Verz angesichts der Widerrufsmöglk (§§ 2253 ff) vor allem dann, wenn der Erbl nachträgl geschäftsunfäh (§§ 2229 ff, § 2347 II 2) od die wechselbezügl Vfg (§ 2271 II) dch Tod des and Teils unabänderl geworden ist (Warn **18** Nr 124, Damrau aaO S 42). – **Form:** Der VerzVertr bedarf notarieller Beurkundg (S 3 iVm § 2348, s dort); für GeschFähigk u Zulässigk der Stellvertr gilt § 2347.

a) **Teilverzicht** ist mögl; Verz ist auch auf ideellen Bruchteil der Erbsch beschränkb (KG JFG **15**, 99, Jackschath aaO 120 f).

b) **Bedingter Verzicht** zugunsten bestimmter Personen kann vereinbart, aber nicht über § 2350 angenommen werden (s dort Anm 1). Er bewirkt aber noch nicht die Übertragg der RStellg des Verzichtenden auf den Begünstigten (Hamm OLGZ **82**, 272). Die nach § 312 I unwirks Übertr des in einem gemschaftl Test einem Abköml zugewendeten Erbt an seine als MitE berufenen Geschwister zu Lebzeiten des Erbl kann in einen ErbVerz zugunsten der Geschwister umgedeutet werden (§ 140), wenn der Erbl den Erklärgen zugestimmt hat u diese den dafür geltden FormVorschr (§ 2348) genügen (BGH NJW **74**, 43; s auch Blomeyer FamRZ **74**, 421, Johannsen WM **77**, 309).

c) Auf ein Vermächtnis kann ganz od teilw (dazu Coing JZ **60**, 211) verzichtet werden (s dazu Damrau aaO S 88ff), nicht aber nur auf die sog gesetzl Vermächtn des Voraus od Dreißigsten, §§ 1932, 1969 (Staud/Ferid/Cieslar Rz 19).

2) Wirkung. Der ZuwendgsVerz bewirkt nicht die Aufhebg der betr Vfg vTw. Diese wird ledigl ihrer Wirkg dadch entkleidet, daß der Anfall der Zuwendg unterbleibt, wie wenn der Bedachte den Erbfall nicht erlebt hätte (s § 2346 Anm 2). Vermächtn- u PflichttVerz lassen also einen Anspr nicht entstehen. – Ist der Verzichtde zugleich ges Erbe, enthält der ZuwendgsVerz weder grdsl noch notwend einen Verz auf das ges ErbR od PflichttR u umgekehrt (Staud/Ferid/Cieslar Rz 29), kann aber uU darauf ausgedehnt sein (Auslegsfrage, zB BGH DNotZ **72**, 500). – Der ZuwendgsVerz wirkt nur für den Verzichtden, der somit ein eigenes ErbR seiner Abkömml nicht beseitigen kann; § 2349 gilt hier nicht (Stgt NJW **58**, 347; Hamm OLGZ **82**, 272; BayObLG Rpfleger **84**, 65); als ges Vertr bedürfte seine Erkl der für vormschger Gen (§ 2347 I). Eingesetzte Ersatzerben kommen daher auch als Abkömml des Verzichtenden zum Zuge; ob sie nach § 2069 stillschw berufen sind, hängt vom Willen des Erbl ab; dies wird vor allem dann anzunehmen sein, wenn zu ihren Gunsten verzichtet war (s auch RGRK Rz 8; KG JFG **23**, 255); dagg nicht, wenn gg vollständ Abfindg verzichtet wurde (KG JFG **20**, 160; BGH NJW **74**, 43; dazu Blomeyer FamRZ **74**, 427; Jackschath aaO 122). – Der Verz hindert nicht, daß der Verzichtende vom Erbl in einer späteren Vfg vTw erneut bedacht wird (BayObLG Rpfleger **87**, 374).

3) Aufhebung des VerzVertr nach § 2351 ist mögl (s § 2351 Anm 1).

4) Besonderheiten beim Erbvertrag (S 2). Verzichten kann hier nur der bedachte Dritte. Die Parteien des ErbVertr können auf vertragl Zuwendgen nicht verzichten, sond müssen Vertr nach § 2290 aufheben. Auf einseit Vfgen (§ 2299), die aufgeh werden können (s § 2299 Anm 1), kann aber auch der VertrPartner als Bedachter verzichten (Staud/Ferid/Cieslar Rz 10). – **a) Dritter** ist, wer weder als Erbl noch als dessen VertrPartner am Abschluß des ErbVertr beteiligt war. Wurde ErbVertr von mehreren bedachten Personen unterzeichnet, kann von diesen auf Zuwendg verzichten, wer nur formal beteiligt war (BayObLG **65**, 188; **74**, 401; s auch Jackschath aaO 119; Peter aaO 115; Staud/Ferid/Cieslar Rz 14; RGRK Rz 4). Der einzelne VertrPartner kann hier aber nie als nur formal beteiligt angesehen werden (Hamm DNotZ **77**, 751; Stgt OLGZ **79**, 129). – **b) Zustimmung** des ErbVertrPartners ist für den VerzVertr mit dem Dritten nicht erforderl (Staud/Ferid/Cieslar Rz 13; s Peter aaO 114/115; Jackschath aaO 119).

Achter Abschnitt. Erbschein

Überblick

1) Verfügungsausweis des Erben. Mit dem Erbfall geht die Erbsch unmittelbar auf den Erben über (§ 1922), ohne daß aber stets sicher beurteilt werden kann, wer im Einzelfall bei den tatsächl u rechtl bestehenden Schwierigk nun Erbe geworden ist. Der RVerkehr benötigt aber verläßl Angaben. Das NachlG stellt daher als Akt gerichtl Fürsorge auf Antr eine Bescheinigg üb die eingetretene Erbfolge aus, die Legitimations- u Schutzwirkg entfaltet. Der Erbschein ist also ein **Zeugnis** über **erbrechtliche Verhältnisse** (§ 2353), jedoch (soweit es um das ErbR geht) keine im WiederaufnahmeVerf bedeutsame Urkunde iS von ZPO 580 Nr 7b (vgl Schlesw SchlHA **52**, 95, BVerwG NJW **65**, 1292) u auch keine öff Urk iS von ZPO 415, 417, 418 (wohl aber iS von StGB 271, 272; BGH NJW **64**, 558), da er keine von od vor einer Behörde abgegebene Erkl enthält u keine Tatsache (sond das ErbR) bezeugt. – Seine Bedeutg ist der Art nach die gleiche wie die Eintragg im GB: Der Erbschein bekundet, wer Erbe ist u welchen Beschränkgen dieser dch die Anordngen des Erbl unterliegt (Nacherbfolge, TestVollstrg). Dazu soll er den Umfang des Erbrechts aufzeigen u die Erben möglichst genau bezeichnen. Er bezeugt aber nicht den dem ausgewiesenen ErbR unterliegden Nachl (Hamm NJW **68**, 1682). Seiner Funktion nach muß er solche späteren Ändergen bereits berücksichtigen, die sich zZ seiner Ausstellg übersehen lassen (RG **142**, 172).

a) Arten. ErbSch sind mit unterschiedl Inhalten mögl: Erbschein des **Alleinerben**, § 2353. – **Teilerbschein**, auf Antr eines MitE auch über das ErbR eines anderen MitE (Mü JFG **23**, 334). Zum TeilErbSch über Mindesterbteil s § 2353 Anm 4b. Hat ein Erbe einen TeilErbSch erhalten u ergibt sich nachträgl, daß er AlleinE ist, so kann er entweder einen weiteren TeilErbSch über das restl Erbe od einen VollErbSch über sein AlleinErbR erhalten (AG Schöneberg Rpfleger **70**, 342). – **Gemeinschaftlicher Erbschein** über die Erbfolge in den ganzen Nachl bei Erbenmehrh (§ 2357). – **Gruppenerbschein** dch äußere ZusFassg mehrerer Teilerbscheine, ausgestellt auf Antr aller darin benannten Erben, zB für mehrere zu einem einzelnen Erbstamm gehörende MitE (KGJ **41**, 90; HRR **35** Nr 1321); er ist wenig prakt. – **Gemeinschaftlicher Teilerbschein** für einzelne Erbstämme, auf Antr eines MitE, wenn zB ein MitE ausgewandert ist (s KG JFG **13**, 41; DFG **40**, 26; Mü JFG **15**, 354). – **Vereinigter Erbschein** (Sammelerbschein) dch äußere Zusammenfassg mehrerer Erbscheine bei mehrfachem Erbgang (KGJ **44**, 99). Auch bei mehrfachen Erbgängen dürfen aber die Erbeserben nicht unter Überspringg der Zwischenglieder als Erben genannt werden; vielm sind stets dem rechtl Hergang entspr so viele Zeugnisse auszustellen als Erbfolgen vorliegen. Eine Vereinigg scheidet von vornherein aus, wenn nicht dasselbe NachlG für die Erteilg aller Erbscheine zust ist (BayObLG **51**, 695). – Ggständl beschränkter **Fremdrechtserbschein** (§ 2369).

b) Bedeutung. Der erteilte ErbSch hat eine doppelte Bedeutg: Zum einen begründet er die widerlegbare **Rechtsvermutung** der Richtigk u Vollständigk seines Inhalts für u gg den in ihm bescheinigten Erben (s auch § 2365 Anm 2). Zum anderen schützt er dch **öffentlichen Glauben** den gutgl Dritten bei Erwerb vom Erben od Leistgen an ihn (§§ 2365–2367). Verkehrsschutz genießt der ErbSch aber nur im GültigkBereich

Erbschein   **Überbl v § 2353** 1–4

dieser Vorschriften (vgl KG OLGZ **84**, 428). – **Materielle Rechtskraft** kennt das ErbSchVerfahren **nicht**, da sich an der Erbfolge durch Erteilg od Ablehng des Erbscheins sachl nichts ändert (KG NJW **55**, 1074; BGH **47**, 58/66). Der ErbSch bindet den Prozeßrichter nicht, wenn er ihm auch seine Aufgabe u dem Besitzer die Beweislast erleichtert (s aber auch § 2365 Anm 2). Das Urteil des Prozeßrichters ist stärker als der ErbSch, da der Sieger dessen Herausg erzwingen kann (§ 2362 I; s Anm 2). War od wird der ErbSch unrichtig (aGrd falscher Unterlagen od Rechtsanwendg, Anfechtg, Nacherbfolge), hat das NachlG ihn **einzuziehen**, notfalls für kraftlos zu erklären (§ 2361).

c) **Nachweisfunktion.** Der ErbSch ist im RVerkehr das sicherste, aber nicht das alleinige Beweismittel für die Erbfolge. Der Erbe kann zB im RStreit sein ErbR auch auf jede and Weise nachweisen. – Der im Versichergsschein für den Fall des Todes des Versicherungsnehmers als anspruchsberecht bezeichnete Erbe ist gleichf nicht auf den ErbSch angewiesen; GBO 35 I 1 gibt hier keinen Maßstab (Bremen OLGZ **65**, 170). – Bank kann nach Tod ihres Kunden Vorlage eines ErbSch verlangen (AGB-Banken Nr 24) u sollte dies auch, weil bei Legitimation dch Vorlage einer beglaubigten TestKopie zusammen mit einer Abschrift des Eröffngsprotokolls weder ein sicherer Nachweis angenommen noch ein Rechtsmißbrauch ausgeschlossen werden kann (dazu Westphal Rpfleger **80**, 214; von Rechberg Rpfleger **80**, 458 ff; Krefeld WM **77**, 378; Söhn NJW **80**, 1430), da bei der Eröffng des Wirksamk eines Test nicht geprüft wird und das Protokoll auch keinen Nachweis darüber abgibt, daß nicht später noch weitere Test abgeliefert u dann gesondert eröffnet wurden (s § 2260).

2) Durch Zivilprozeß können Erbprätendenten das ErbR neben od anstatt einem ErbSchVerf feststellen lassen. Das Feststellgsurteil erwächst zwischen ihnen in RKraft, die dem ErbSch nicht zukommt (s § 2361). In einem solchen RStreit ist der bereits erteilte ErbSch keine bindende Wirkg (BGH **86**, 41; WM **87**, 564; NJW **83**, 277). Der Obsiegende kann seine Herausgabe an das NachlG verlangen (§ 2362) u darauf klagen. Der RStreit kann mangels Vorgreiflichk nicht bis zur Erledigg eines anhängigen ErbSchVerf gem ZPO 148 ausgesetzt werden (KG OLGZ **75**, 355), umgekehrt aber das ErbSchVerf (s § 2353 Anm 5). – Entspr gilt für den Streit mehrerer Anwärter auf das Amt des TV u die Erteilg eines TV-Zeugn sowie im Streit zwischen Erbe u TV üb das Amt od das ErbR (BGH NJW-RR **87**, 1090). – Das rechtskr Urteil **bindet** das NachlG dann, wenn es zwischen allen Beteiligten des ErbSchVerf in RKraft erwachsen ist, diese also auch die Parteien des RStreits waren. Dem Unterlegenen kann auch sonst kein ErbSch erteilt werden, weil von ihm sofort dessen Rückgabe verlangt werden könnte (§ 2362), wohl aber einem Dritten. Sofern dem Prozeßrichter unbekannte nachträgl begründete Umstände im ErbSchVerf bekannt werden, die dem Unterlegenen die Einrede arglist Ausnutzg der RKraft gewähren, besteht auch keine Bindg ggü dem Obsiegenden (RG **155**, 55; BGH NJW **51**, 759). S auch Soergel/Damrau § 2360 Rz 4.

3) Für das Grundbuch ist die Erbfolge grdsl dch ErbSch urkundl nachzuweisen (GBO 35). In anderer Form erfolgte Erbenfeststellgen des NachlaßG reichen als Nachweis auch dann nicht aus, wenn die Erbfolge vAw ermittelt wurde (BayObLG **89**, 8). Nur die Vorlage eines öff Test od eines ErbVertr macht den Nachweis dch ErbSch idR entbehrl (GBO 35 I 2; s dazu BayObLG **82**, 452; Celle NJW **61**, 562; Aachen Rpfleger **65**, 233: öff Test eines Ausländers; Hamm Rpfleger **66**, 19: Eintragg des ErsatznachEVermerks). Das GBA hat dann die in der öff Urk enthaltene Vfg vTw selbständ zu prüfen u auszulegen (BayObLG **82**, 449); ergibt sich dann, daß der Erbe nicht zweifelsfrei bezeichnet ist od bestehen begründete Zweifel tatsächl Art am behaupteten ErbR, kann GBA aber ErbSch verlangen. Wird das Nichtvorhandensein weiterer Kinder in der öff Urk abgegebene eidesstattl Versicherg nachgewiesen, kann Vorlage eines weiteren ErbSch dagg nicht verlangt werden (Zweibr OLGZ **85**, 408; Ffm OLGZ **86**, 411; str). Bei Einsetzg der Kinder zu NachE kann nach LG Ffm Rpfleger **84**, 271 (mAv Grunsky) ErbSch zum Nachweis der bereits bekannten NachE verlangt werden. S auch Hamm OLGZ **68**, 485; NJW **69**, 798; BayObLG **74**, 1 mAv Bokelmann Rpfleger **74**, 435; Stgt OLGZ **75**, 147. Enthält das nicht gemeinsch Test den Pflichtt-Strafklausel, kann ErbSch verlangt werden (s § 2074 Anm 2a; e). – Bei Vorlage eines ErbSch hat das GBA keine eigenen Ermittlen anzustellen, sond ist an die Beurteilg der Formgültigk u die Ausleg dch das NachlG gebunden. Der ErbSch hat volle Beweiskraft für das Bestehen des ErbR in dem bezeugten Umfange. Werden dem GBA nachträgl neue Tatsachen bekannt, welche die ursprüngl od nachträgl Unrichtigk des ErbSch ergeben, ist Rückfrage beim NachlG angezeigt, damit dieses den ErbSch einziehen kann (KG JFG **18**, 44); bleibt aber das NachlG bei seiner Auffassg, trägt es allein die Verantwortg (Horber/Demharter GBO 35 Anm 10c). – Das NachlG soll nach ErbSchErteilg od Erbenermittlg dem zuständ GBA **Mitteilung** machen, wenn ihm bekannt wurde, daß zum Nachl ein Grdst gehört (GBO 83). – Erfährt das GBA von der KraftlosErkl od Einziehg des ErbSch, hat es einen and zu verlangen (dazu auch Ffm Rpfleger **79**, 106). – Auch zur Eintragg des **Fiskus** als gesetzl Erben bedarf es der Vorlage eines ErbSch. Der Feststellungsbeschluß nach § 1964 allein genügt nicht (Köln MDR **65**, 993; s auch Hamm OLGZ **86**, 109 u § 1964 Anm 2). – Der Nachweis des **Eintritts der Nacherbfolge** ist für die Umschreibg des GB dch Erbsch zu führen, auch wenn der NacherbR gem GBO 51 eingetragen ist u eine Sterbeurkunde des VorE vorgelegt wird (BGH **84**, 196). Das GBA kann aber die Vorlage eines Erbsch nicht nur zu dem Zweck verlangen, daraus die einzelnen NachE feststellen zu wollen (BayObLG **84**, 449). Vgl auch GBO 36, 37 u SchiffsRegO 42. – Ist das Zwangsverfahren zur **Grundbuchberichtigung** (GBO **82**, 82a) trotz Unrichtigk des GrdBuchs dch Rechtsübergang außerh des GrdBuchs nicht dchführb od bietet es keine Aussicht auf Erfolg, kann das GBA vAw berichtigen; es kann in diesem Fall das NachlG um Ermittlg der Erben des eingetr Eigentümers ersuchen (GBO 82a); weigert sich das AG, die Erben zu ermitteln, kann entspr GVG 159 das OLG angerufen werden (KG OLGZ **69**, 134).

4) Weitere erbrechtliche Ausweise sind: Das TV-Zeugnis (§ 2368). – Das Zeugnis üb die fortgesetzte GüterGemsch (§ 1507). – Die Zeugnisse nach GBO 36; 37. – Das Schuldbuchzeugnis (§ 16 RSchuldbG), das vom NachlG zu erteilen ist (str). – Das Heimstättenfolgezeugnis (RHeimstG 19, 24 mit AVO 29; dazu Westphal Rpfleger **81**, 129; s auch § 1922 Anm 2d). – Das **Hoffolgezeugnis** (HöfeO 18 II), wenn ein im Geltgsbereich der HöfeO (s EG 64 Anm 2) gelegener Hof zum Nachl gehört; außer diesem auf die Hoferbfolge beschränkten ErbSch ist auch ErbSch üb den gesamten Nachl od auch ein auf das hoffreie Vermögen

2141

beschränkter mögl, den dann ebenf das LandwirtschG erteilt (BGH NJW **88**, 2739). Das Verfahren vor dem LandwirtschG richtet sich nach LwVG 1 Nr 5, 14ff (BGH *LM* Nr 1 zu HöfeO 18). Jedoch können die Länder nach LwVG 20 III bestimmen, daß die Entscheid über Erteilg, Einziehg u KraftloserkI eines Erbscheins (Hoffolgezeugnisses) ohne Zuziehg der Beisitzern erfolgen kann u daß insow die Vorschriften der LwVG 14, II, 21, 22 und 30 keine Anwendg finden. Von dieser Ermächtigg haben Gebr gemacht *Niedersachsen* (Art II AGLwVG) u *Nordrhein-Westfalen* (§§ 2, 3 AGLwVG); in diesen Ländern gelten insbesond für die Anfechtbark der Erteilg von Erbscheinen u Hoffolgezeugnissen die allg Bestimmgen des BGB u FGG. S auch die Regelg in HöfeO *Rh-Pf* 30, in *Brem*HöfeG 31, in *Württ*AnerbenG Art 10.

5) Anerkennung ausländischer Erbscheine. Die in FGG 16a geregelte Anerkenng ausländ Entscheidgen auf dem Gebiet der freiw Gerichtsbk wird im ErkenntnVerf mitentschieden; ein besond AnerkenngVerf ist nicht vorgesehen (s BGH NJW **89**, 2197). Eine Bindg an den ausländ ErbSch besteht nicht (s EG 25 Anm 4b). Erbscheine der Staatl Notariate der **DDR** od aus **Ost-Berlin** werden nach ganz überwiegder Auffassg vorbehaltl des EG 6 anerkannt (BGH **52**, 145; KG OLGZ **65**, 214; **85**, 179; Soergel/Kegel vor EG 7 Rz 764; aA MüKo/Promberger § 2353 Rz 65f). Dagg erkennen die Gerichte der DDR solche Erbscheine aus der BRep nicht mehr an, die ein ges ErbR bezeugen (s BayJM MittBayNot **79**, 255). – Über Anerkenng der Erbscheine holländ Notare od and ausländ Zeugnisse s Pinckernelle/Spreen DNotZ **67**, 215; Firsching StAZ **76**, 153/158 u in Staud § 2369 Rz 12, 13; auch BayObLG **65**, 377.

2353 Erteilung des Erbscheins.
Das Nachlaßgericht hat dem Erben auf Antrag ein Zeugnis über sein Erbrecht und, wenn er nur zu einem Teile der Erbschaft berufen ist, über die Größe des Erbteils zu erteilen (Erbschein).

1) Zuständigkeit. Die ErbschErteilg ist allein dem NachlG vorbehalten. NachlG ist das AG (FGG 72), in *Ba-Wü* das staatl Notariat (LFGG 38). Das BeschwerdeG kann nie selbst erteilen, sondern nur das AG zur Erteilg eines genau bestimmten ErbSch anweisen. Das NachlG hat seine funktionelle, örtl, internationale bzw interlokale Zuständigk in jeder Lage vAw zu prüfen, da die ZuständigkBestimmgen zwingender Natur sind u unabhängig davon gelten, ob deutsches od ausländ materielles ErbR anzuwenden ist (KG OLGZ **69**, 285). Ebso ist die Staatsangehörigk des Erbl vAw festzustellen (BayObLG **82**, 236). Die Erteilg dch ein örtl unzuständ Gericht ist zwar nicht unwirks (FGG 7), führt aber zur Einziehg (§ 2361 Anm 2).

a) Funktionell zuständig ist grdsl der Rechtspfleger (RPflG 3 Nr 2 c). Dem **Richter** vorbehalten (RPflG 16 I Nr 6) ist die ErbSchErteilg stets bei ggständl Beschränkg (§ 2369), sonst bei Vorliegen einer Vfg vTw, gleichgült ob diese wirks ist (str) od ihr Vorhandensein nur behauptet wird (BayObLG **77**, 59); wird trotz Vfg vTw der Eintritt ges Erbfolge nach dtschem Recht festgestellt, kann Erteilg dem RPfleger übertragen werden (RPflG 16 II). Der Vorbehalt umfaßt nicht nur die Erteilg als solche, sond auch das vorausgehende Verf; Richter muß also die entscheidserhebl Ermittlgen, insbes förml BeweisAufn, selbst vornehmen u kann sie nicht dem RPfleger übertr (vgl Mü OLGZ **80**, 191). Bei Überschreitg dieser Zustdgk ist der vom RPfleger erteilte ErbSch zwar nicht unwirks, aber einzuziehen (s § 2361 Anm 2b; MüKo/Promberger Rz 50).

b) Die örtliche Zuständigkeit eines inländ NachlG ist bei einem **deutschen** Erbl immer gegeben, gleichgült ob sich NachlGgstände im Inland befinden od nicht. Sie bestimmt sich nach dem Wohnsitz des Erbl zZ des Erbfalls (FGG 73 I); ist ein inländ Wohnsitz nicht zu ermitteln, nach dem Aufenthalt des Erbl im Inland zZ seines Todes (FGG 73 II); ermangelt es auch an einem solchen, ist das AG Schöneberg in Berlin zuständig (FGG 73 II 2), das aber das Verf aus wichtigem Grd an ein andNachlG bindend abgeben kann (FGG 73 II 2). Hatte der Erbl seinen letzten Wohnsitz (Aufenth) in einem Gebiet, in dem als Kriegsfolge dch Abtrenng vom deutschen Reich heute deutsche Gerichtsbark nicht mehr ausgeübt wird, ist in der BRep (einschl Berlin-West; Saarland, Art 7 RAG) infolge der ges geschaffenen **Ersatzzuständigkeit** jedes NachlG zuständ, in dessen Bezirk sich NachlGgstände befinden, sonst das AG Schöneberg (ZustErgG 7 mit 6 II, abgedruckt bei Keidel/Winkler FGG 73 Rz 10). – Hatte der Erbl mehrere Staatsangehörigk u ist eine davon die deutsche, wird er im Inland als Deutscher behandelt (EG 5 I 2). Hatte der Erbl seine deutsche Staatsangehörigk zZ des Erbfalls verloren, gilt FGG 73 III (s nachstehend); ist der Verlust nicht feststellbar, gilt er solange als Deutscher, als nicht seine AusländerEigensch erwiesen ist (BayObLG Rpfleger **83**, 315). Ein Verlust, der vor dem 8. 5. 45 dch die 11. DVO zum ReichsbürgerG betr die Ausbürgerg deutscher Juden herbeigeführt worden war, ist nichtig (BVerfG **23**, 98; KG OLGZ **71**, 215); nur wenn der Betroffene zu erkennen gab, daß er die deutsche Staatsangehörigk nicht mehr besitzen wollte, kann er nicht mehr als Deutscher behandelt werden. – War der Erbl **Ausländer** (od Staatenloser, s EG 5 II) mit Wohnsitz oder Aufenthalt im Inland, gilt FGG 73 I gleichfalls. Andernfalls ist eine Zuständigk nur gegeben, wenn sich im Inland NachlGgstände befinden, deren Lage dann das örtl zuständige NachlG (für das im Inland befindl Ggstände) bestimmt (FGG 73 III; Einzelh s Keidel/Winkler FGG 73 Rz 37ff); bei eingetragenen Rechten od Ansprüchen gilt § 2369 II. Bei mehrfacher Zuständigk ist FGG 4 maßgebl. Das NachlG darf allerd nur tätig werden, wenn es auch international zuständig ist (s Anm c).

aa) Zum Wohnsitz s §§ 7ff; er läßt sich idR der Sterbeurkunde entnehmen (dazu KG OLGZ **73**, 149; Rpfleger **74**, 399 zu amtsgerichtl Zweigstellen). Bei Doppelwohnsitz (s § 7 Anm 4) ist das zuerst fest gewordene NachlG zuständig (FGG 4; dazu BayObLG FamRZ **85**, 533). Bei Streit od Ungewißheit wird das zuständige NachlG dch das gemeinsch Obergericht bestimmt (FGG 5). Polizeiliche Anmeldg ist zur Begründg weder erforderl noch ausreichend (s § 7 Anm 2b). War der Erbl dauernd in einer Heil- u Pflegeanstalt untergebracht, s § 8 Anm 1. Ob ein Ausländer im Inland Wohnsitz hat, beurteilt sich nach der lex fori (BayObLG **66**, 203; KG FamRZ **61**, 383). – **Aufenthalt** ist der Ort, wo sich der Erbl bei seinem Tod tatsächl befand (s § 7 Anm 1b), gleichgült ob nur vorübergehend (zB auf Durchreise, KG OLGZ **73**, 149; BayObLG Rpfleger **78**, 180) od auf längere Dauer, gewollt od unfreiwillig, bewußt od unbewußt (KG Rpfleger **68**, 287). Zum Nachweis genügt regelmäß die Sterbeurkunde (Keidel/Winkler § 73 Rz 9). Die dch

Erbschein § 2353 1–3

fehlenden Wohnsitz begründete AufenthZuständigk wird dch einen Wohnsitz im Ausland od in der DDR nicht ausgeschlossen.

bb) Sonderfälle. Wird ein ErbSch nur für **Lastenausgleichsansprüche** benötigt (s auch Anm 6b), ist zu beachten, daß diese nicht zum Nachl gehören u dem Erben persönl als Geschädigtem zustehen, wenn es sich um einen der in LAG 229 mit 12 VII; 230; 232 II geregelten Fälle handelt. Nur wenn der geschädigte Erbl nach dem 1. 4. 52 verstorben ist, sind die LAG-Anspr grdsl in seiner Person entstanden. Es gibt dann keine Besonderh, wenn der Erbl Deutscher war; hatte er zZ des Erbfalls in der BRep (Bln-West) weder Wohns noch Aufenth u befinden sich hier auch keine weiteren NachlGgstände, ist das AG Schöneberg nach FGG 72 II (bzw FGG 73 I mit ZustErgG 7) zuständ. Hatte der Erbl dagg nur eine ausländ Staatsangehörigk u ist er im Ausland verstorben, bejaht die Rspr bei Schädigg ausländ Wirtschaftsgüter eine internat Zuständigk des deutschen NachlG analog FGG 73 III nur, wenn die LAG-Anspr ihre Wurzel noch in einer unmittelb Schädigg des Vermögens des Erbl haben, wenn also noch zu seinen Lebzeiten sein Vermögen von Kriegs- od Vertreibgsschäden betroffen wurde (BGH 52, 123; Hamm NJW 73, 2156; BayObL 74, 460). Dagg ist das deutsche NachlG nicht zuständ, wenn der Schadenstatbestand erst nach Ableben des Erbl eingetreten ist, als der Erbe bereits Eigentümer war, zB an einem ererbten im Ausland gelegenen Wirtschaftsgut einen Schaden erlitten hat (BGH NJW 72, 945; BayObLG 56, 119; Celle Rpfleger 71, 318; Hamm OLGZ 73, 286). – Entspr ist die RLage bei EntschädiggsAnspr nach dem ReparationsschädenG. – Bei ausländ (staatenlosen) Erbl ist für die Erteilg eines ErbSch zur Geltdmachg eines Anspr auf **Entschädigung nach dem BEG** das AG zuständ, in dessen Bezirk sich die untere Entschädiggsbehörde befindet (Stgt BWNotZ 63, 300); zuständ ist auch das AG, in dessen Bezirk die Feststellgsbehörde ihren Sitz hat (Hamm, Düss JMBl NRW 57, 161; 202). – Soll ein ggständl beschränkter ErbSch (§ 2369) ausgestellt werden u kommt als inländ NachlGgstand nur ein auf SchadensErs wg Entziehg gerichteter **Rückerstattungsanspruch** in Betr, ist das AG des Entziehgsorts zuständ (BayObLG 61, 79; 67, 5); bei rückerstattgsrechtl ErfüllgsAnspr (BRüG 1; 3; 7a) das AG, in dessen Bezirk die zuständ Oberfinanzdirektion ihren Sitz hat (Bln RzW 66, 208).

c) Internationale Zuständigkeit. Ist der Erbl Ausländer, muß das deutsche NachlG seine Befugn zum Tätigwerden prüfen. Diese prozessuale Frage ist für NachlSachen ges nicht generell geregelt u ergibt sich nicht aus dem IPR, das in EG 25, 26 nur bestimmt, welches Recht auf den Erbfall anzuwenden ist (s Einl 1c vor EG 3; BayObLG FamRZ 87, 526). Jedoch besteht im Zusammenhang dadch, daß die internat Zuständigk für die ErbSchErteilg von der Rspr (zB BayObLG Rpfleger 88, 366; Zweibr OLGZ 85, 413) stets bejaht wird, wenn für die Erbfolge deutsches ErbR mindestens teilweise gilt (Grdsatz des Gleichlaufs von materiellem u VerfahrensR). Einzelh s EG 25 Anm 4a, dort auch zur Zuständigk für vorläufige sichernde Maßregeln. Zu den Sonderfällen einer Regelg dch Staatsvertrag s EG 25 Anm 1 d, zur Erteilg eines (gegenständl beschränkten) FremdrechtsErbSch § 2369 Anm 2a. – Eine Lockerg des Gleichlaufgrdsatzes nimmt die Rspr allerd vor, wenn sonst die Beteiligten sich in einer an Rechtsverweigerg grenzenden Notlage befinden (Zweibr OLGZ 85, 413). So wurde das NachlG für die Erteilg eines allg Erbsch nach einem dtschen Erbl auch dann für zuständ angesehen, wenn dessen Beerbg im Sudetengebiet fremdem Recht unterlag (BayObLG 61, 176; s auch 60, 478; 67, 197; ferner EG 25 Anm 4a). Gehören zum Nachl eines dtschen Erbl Grundst im Elsaß, ist RVerweigerg nicht zu befürchten (Zweibr OLGZ 85, 413 mAv Witz/Bopp IPrax 87, 83); bei Grundbesitz in **Österreich** fehlt dem deutschen NachlG zur Erteilg eines uneingeschränkten Erbscheins die internat Zuständigk (KG NJW 84, 2769; dazu Weithase Rpfleger 85, 267), so daß die eingeschränkte Geltg des ErbSch nach der Rspr zu vermerken ist (s Anm 4d).

d) Die interlokale Zuständigkeit für deutsche Erbl aus der DDR ist ges nicht geregelt u wirft dch die ungelöste staatsrechtl Situation des geteilten Deutschland Probleme auf. Die DDR kann nicht als Ausland angesehen werden (BVerfG 36, 1 zum GrundlagenVertr zw der BRep u der DDR), ist aber auch nicht Inland iS des FGG 73 (BGH 52, 123; 65, 311). Die Anknüpfg an die Staatsangehörigk versagt. Ein in der DDR verstorbener Erbl ist weder ein im Ausland verstorbener Deutscher noch ein Ausländer. Die Rspr (zur Entwicklg Keidel/Winkler FGG 73 Rz 50ff) wendet daher FGG 73 nicht unmittelb an, sond entsprechd nach prakt Bedürfnissen. Befinden sich reale NachlGgstände in der BRep, ist FGG 73 III heranzuziehen (so schon BGH 52, 123), andernf FGG 73 II (BGH NJW 76, 480; 1032; KG OLGZ 78, 156; BayObLG Rpfleger 79, 104; aM Hamm OLGZ 72, 352/355); hatte der Erbl zum Ztpkt des Erbfalls Aufenth in der BRep, greift FGG 73 I ein. S ausführl EG 25 Anm 5. – Von bes prakt Bedeutg ist die Annahme der interlok NotZustdgk der NachlG der BRep für die Erteilg von ErbSch zu LAG-Zwecken nach dtschen Erbl mit letztem Wohns in der DDR (Bln- Ost), zu deren Nachl die LA-Anspr nicht gehören, aus dem Gesichtspunkt des Fürsorgebedürfnisses, da die Staatl Notariate der DDR hierfür eine ErbSchErteilg ablehnen (s die vorstehend zit Rspr, auch § 2369 Anm 2b); sie besteht auch dann, wenn in der DDR bereits ein allg ErbSch erteilt worden war (Karlsr OLGZ 81, 399).

2) Nur dem Erben (§ 1922 I) ist ein ErbSch zu erteilen, mag er gesetzl od durch Test, ErbVertr berufen sein; dagg trotz weitergehendem AntrR nicht dem Erbteils-, Erbschaftserwerber (§§ 2033, 2371) od dem VermächtnNehmer, Auflageberechtigten. Formelle Voraussetzgen sind außer einem Antr (dazu Anm 3) die Abgabe bestimmter Erklärgen u die Erfüllg bestimmter Förmlichk u Nachweise (§§ 2354–2357). – Dem **Ersatzerben** wird ein ErbSch erst bei Anfall an ihn, dem **Nacherben** erst beim NErbfall (den VorE dann nicht mehr) erteilt (§§ 2139, 2363; BayObLG 51, 561; HRR 32 Nr 12; Keidel DNotZ 58, 267; LG Mannh MDR 61, 58). – Bei einem **vermißten** Erben muß nachgewiesen sein, daß er den Erbfall noch erlebte od in diesem Ztpkt noch eine Lebensvermutg nach VerschG 10 bestand (vgl § 1923 Anm 2b; Ffm Rpfleger 53, 36, Karlsr NJW 53, 1303). Hins mehrerer zu verschiedenen Zeiten für tot erklärter Personen vgl § 1923 Anm 2b.

3) Erbscheinsantrag. Nur nach Antrag kann ein ErbSch erteilt werden, auch wenn nach LandesR Erbenermittlg vAw vorzunehmen ist (s § 2262 Anm 2). Der Antrag ist also ErteilgsVoraussetzg. Er muß bestimmt sein u bindet das Gericht, das einen and ErbSch als den beantragten nicht erteilen darf. Im ErbschVerfahren kann dem Antrag also nur stattgegeben od er muß abgelehnt werden, wenn trotz

Dchführg aller gebotenen Ermittlgen begründete Zweifel gg die Richtigk des beantragten ErbSch fortbestehen. Die Erteilg eines ErbSch nur teilweise od mit abweichendem Inhalt ist unzuläss u führt zur Einziehg, sofern nicht Genehmigg (dch schlüss Verhalten des ASt) erfolgt ist (BayObLG **70**, 106; Stgt Just **79**, 437). Vor einer Ablehng hat das NachLG die Beteiligten auf Bedenken üb die Antragstellg hinzuweisen (s KG DNotZ **55**, 408). – **Vertretung** ist zuläss (FGG 13), Vollmacht kann nachgebracht werden. Der auch zur Entggnahme des ErbSch beauftragte UrkNotar hat inhaltl PrüfgsPfl bezügl Übereinstimmg von beauftragtem u erteiltem ErbSch (BGH NJW **88**, 63 mit krit Anm Bernhardt DNotZ **88**, 375). Ges Vertretg dch Eltern ist Teil der Vermögenssorge (s § 1626 Anm 4b, § 1638 Anm 1); ErbschAnnahme kann darin aber nur liegen, wenn ges Vertr dazu befugt ist. Das ErbSchVerf ist kein Rechtsstreit iS des § 1795 I Nr 3 (BayObLG **61**, 277). – **Rücknahme** ist bis zur Erteilg des ErbSch (Anm 6) mögl; Notar ist dazu nur bei entspr Vollmacht ermächtigt (LG Düss RhNK **61**, 120). Die RücknErkl od die Verpflichtg dazu kann auch Inhalt eines Vergleichs sein (Stgt OLGZ **84**, 131).

a) Form. Der Antrag ist formfrei, wird aber regelm zu Protokoll des NachlGer (FGG 11) od Notars (s Prior JuS **78**, 772) gestellt, meist mit der Niederschr üb die eidesst Vers, § 2356 II (Ffm Rpfleger **70**, 206).

b) Antragsrecht. Es ist grds vom Nachweis der RStellg des ASt abhäng. Beim Erben genügt jedoch (schlüss) Behauptg, da sein Recht im Verf erst festgestellt wird. – **Berechtigt** sind: Der **Erbe** nach dem Anfall; der einz Miterbe (§ 2357 I 2), auch für andere (s Übbl 1 a); der VorE bis zum NErbfall; der Fiskus als ges Erbe nach der Feststellg des § 1964. Ferner der **Rechtsnachfolger** des Erben (Erbeserbe, aber nur auf dessen Namen (Mü JFG **14**, 65); Erbteilserwerber; ErbschKäufer (Übbl 2 b vor § 2371; str; aA MüKo/Promberger Rz 114 mN). Der **verwaltungsberechtigte Ehegatte**, hierzu gehört auch der Erbsch zum Gesamtgut gehört, neben dem erbenden Ehegatten; bei geschäftl Verwaltg der erbende Eheg od beide gemeins (BayObLG **58**, 366). – Berechtigt sind auch **Testamentsvollstrecker; Nachlaßverwalter** u NachlKonk-Verw; Abwesenheits- u Gebrechlk-**Pfleger** (§ 1911, s KG JR **67**, 26; § 1910), nicht NachlPfl (s u); zum Antr eines unter AmtsPflegsch stehden nichtehel Kindes s Hamm DVorm **75**, 533. Schließl auch Nachl- u Erben-**Gläubiger** (ZPO 792, 896), aber **nur**, wenn sie den Titel vorlegen (LG Flensbg Jur Büro **68**, 588, BayObLG **73**, 224); bei ZwVerst zwecks Aufhebg einer ErbenGemsch der AntrSt für die Erben eines Beteiligten, der MitE für einen anderen Miterben, hier aber ohne Titel (ZVG 180, 181, 17 I, III, Hamm MDR **60**, 1018). – **Nicht antragsberechtigt** sind dagg: Der **Nacherbe** währd der VorErbsch; der durch den Erben zur Auflassg eines NachlGrdst an sich selbst Bevollmächtigte (Celle JR **48**, 317); der **Käufer** eines NachlGrdst, solange er keinen vollstreckb Titel vorlegt (LG Mü DNotZ **50**, 33); ebsowenig Vater od Mutter für das minderj Kind bei Ausschluß der Verw (Brschw DNotZ **51**, 374); ebso nicht der **Nachlaßpfleger** (§ 1960), sofern sich der zu erteilende ErbSch auf denjenigen Nachl bezieht, für den die Nachl-Pflegsch angeordnet ist (KGJ **40**, 37); anders dagg, wenn es sich um die Wahrnehmung der Rechte des Erben hins eines anderen anscheind ganz od teilweise zur Erbsch gehörigen Nachl handelt (s KGJ **41**, 94); nicht das Finanzamt (MüKo/Promberger Rz 121); auch nicht der executor nach USA-Recht, der nicht für die Verwaltg des in der BRep befindl Verm in Betr kommt (BayObLG **80**, 42).

c) Inhalt. Der Antrag muß das beanspruchte Erbrecht genau bezeichnen, also grdsätzl auch angeben, ob das ErbR aGrd Ges od Vfg vTw beansprucht wird (BayObLGZ **73**, 28); alternative Angabe ist nur zuläss, wenn der Erbe bei Zweifeln über die Gültigk der letztw Vfg in gleichem Umfang dch das Ges wie dch den Test berufen erscheint (BayObLG **74**, 464; Hamm OLGZ **67**, 71; Ffm Rpfleger **78**, 17). Ist Nacherbfolge angeordnet, so ist im Antr auch anzugeben, wer NE ist u unter welchen Voraussetzen die NErbfolge eintritt. S auch Firsching DNotZ **60**, 569, der mit Recht dafür eintritt, daß die Praxis bei ungenauen Anträgen nicht ängstl verfahren soll; auch Stgt BWNotZ **62**, 170. Aus dem Antr muß aber hervorgehen, ob der begehrte ErbSch unbeschränkt (§ 2353) od ggständl beschränkt (§ 2369; BEG 181; BRüG 7a) sein soll (LG Frankenthal RzW **66**, 401, auch Hamm NJW **68**, 1682). Der Antr, ErbSch „nach Maßgabe des Test" zu erteilen, genügt in der Regel nicht (BayObLG **67**, 1). UU kann der AntrSteller aus Grden, die in der Natur der Sache liegen, auch von der Angabe bestimmter Erbquoten im Antrag absehen (Düss DNotZ **78**, 683).

d) Haupt- und Hilfsantrag mit sachl unterschiedl Inhalt sind zulässig, wenn jeder Antrag für sich das mit ihm beanspruchte ErbR bestimmt bezeichnet u dem Gericht die Reihenfolge der Prüfg u Entscheidg üb die Anträge vom Antragsteller angegeben wird (RG **156**, 172; BayObLG **73**, 30).

4) Der Erbschein muß seinem Inhalt nach aus sich heraus verständl sein; Bezugnahmen auf Urk sind daher nicht zuläss. Er bezeugt das ErbR zur Zeit des Erbfalls. Tod des Erben nach Annahme sowie Erbsch- od Erbteilsverkauf bleiben daher unberücksichtigt; haben sich aber VfgsBeschränkgen (s § 2363) zw Erbfall u ErbSchErteilg erledigt, ist dies zu berücksichtigen (s § 2363 Anm 1 b, bb). – Der ErbSch hat den Namen u Todestag des Erblassers (nicht mehrerer) u den Erben, MitE (s Anm 2 u 4c) genau anzugeben (Geburtsdaten sind für GBAmt wichtig, s GBVfg 15). Den BerufsgsGrd (Ges od Test) dagg regelm nicht (BayObLG **73**, 29), außer wenn er der Bezeichng des Umfangs des ErbR dient (vgl § 1951 und § 2088 Anm 2 aE); er wird aber in der Praxis meist angegeben; s auch § 2363 Anm 1 b (ErbSch für VE). – **Nicht** in den ErbSch gehören Angaben über den Umfang des Nachl (s aber § 2369). Von den zulässigen Sondererbfolgen (s § 1922 Anm 2) wird nur die in einen Hof (HöfeO 19 II) verlautbart, nicht aber die in Anteile an PersonenhandelsGesellsch (BayObLG **87**, 149), in Mietverhältn und eine Heimstätte (allerd sind gesond Heimstättenfolgezeugn u Hoffolgezeugn mögl, Übbl 1; 4 vor § 2353).

a) Verfügungsbeschränkungen dch Anordng von NErbfolge od TestVollstrg sind anzugeben (§§ 2363, 2364), nicht aber die das ErbR als solches nicht berührenden Beschwergen (Vermächtn; Erbersatz-Anspr; PflichtAnspr; Auflagen; Teilgsanordnngen); eine Ausn gilt nur bei dem einem alleinigen VorE zu erteilenden ErbSch hinsichtl eines Vorausvermächtns (s § 2363 Anm 1 b, dd), nicht aber beim ErbSch des NachE (LG Düss RhNK **61**, 918). Vermerkt wird auch nicht der gesetzl Nießbr des überlebenden Eheg nach italienischem (BayObLG **61**, 4), schweizerischem od französischem Recht (Greif MDR **65**, 447). Empfehlgen, Anreggen od Zusätze wie „mit der Maßgabe, daß ..." sind unzulässig (Schlesw SchlHA **58**, 353). Wegen der Angabe von Beschrkgen vgl Backs DFG **40**, 49. Über Fassg des Erbscheins bei Wiederverheiratgsklauseln s § 2269 Anm 5e, Haegele Rpfleger **76**, 73/78 ff; über Aufn von Verwirkgsklauseln s § 2074 Anm 2e.

b) Bei mehreren Erben ist neben dem gemschaftl ErbSch (§ 2357) auch Erteilung für jeden gesondert zulässig (vgl Übbl 1a vor § 2353, Firsching DNotZ **60**, 640). Hier muß die Größe des Erbteils (Bruchteils der Erbsch) angegeben werden (s aber auch § 2357 Anm 3; Hamm Rpfleger **69**, 299). Zulässig ist Ausstellg eines TeilErbSch über einen Mindesterbteil (KG JFG **13**, 43, BayObLG **60**, 479), wenn über den restl Erbteil eine derzeit nicht behebb Ungewißh besteht (Vorhandensein eines nehel Kindes vor Feststellg der Vatersch, s Firsching DNotZ **70**, 522) od wenn sich nicht ermitteln läßt, ob alle neben dem AntrSt berufenen Erbanwärter den Erbanfall erlebt haben (Scholz, LG Aachen JR **51**, 591, 733). Zuläss, wenn auch kein TeilErbSch ist ein ErbSch über das hoffreie Vermögen (Hamm JMBl NRW **53**, 42; Düss NJW **53**, 1870; str; s Steffen RdL **82** 164).

c) Zu gegenständlich beschränkten ErbSch s § 2369. Kein beschr ErbSch ist zu erteilen, wenn sich der Nachl eines Erbl mit Wohns in Bln-West (BRep) teils in Bln-West (BRep), teils in Bln-Ost (DDR) befindet (KG OLGZ **67**, 358); s im übr die Hinweise bei Anm 1a.

d) Einschränkende Geltungsvermerke fordert die Rspr in allg ErbSch nach einem deutsch Erbl, wenn zum Nachl auch Grundbesitz in **Österreich** gehört; es ist dann zum Ausdr zu bringen, daß der ErbSch sich nicht auf die in Österr gelegenen Grundstücke erstreckt (s BayObLG **59**, 390 mit Begründg zum früh österr R; dazu aber EG 25 Anm 1; KG NJW **84**, 2769 verneint insow die internat Zuständigk des deutsch NachlGerichts). Gg diese auch im Schriftt hM wendet sich mit Recht Weithase Rpfleger **85**, 267, weil die allg ErbSch nur die Erbfolge nach deutsch Recht, aber nicht in alle NachlGgstände bezeugt.

5) Erbscheinsverfahren. Das NachlG prüft als erstes, ob seine örtl, sachl, internat, interlokale u funktionelle Zuständigk (s Anm 1) gegeben ist. Die entspr Bestimmgen sind zwingender Natur. Sodann werden Zulässigk u Begründeth des Antrags geprüft. Das NachlG muß sich selbständ von der Richtigk der gemachten Angaben überzeugen (s §§ 2358, 2359). – Ein **Rechtsschutzbedürfnis** für die Erteilg (dazu § 2359 Anm 3) kann fehlen, wenn bereits ein ausländischer ErbSch vorliegt, der anerkannt wird (dazu Übbl 5 vor § 2353). Es wird jedoch stets angenommen, wenn der AntrSteller behauptet, der ausländ ErbSch sei unrichtig (KG OLGZ **85**, 179). – Wg der Pflicht zur u dem Umfang der Dchführg von Ermittlgen vAw s § 2358 Anm 1. Eine Vereinbg üb das ErbR od den Inhalt der Erbsch ist nicht mögl (s Anm 8). Die Beteil sind gehalten, dch Angabe von Tats u BewMitteln mitzuwirken (Köln Rpfleger **81**, 65). Der ASt hat notw Erkl abzugeben (bei ges Erbfolge gem § 2354, bei gewillk gem § 2355) sowie Nachweise dch öff Urk (§ 2356 I 1) u eid Vers (§ 2356 II, die aber erlassen werden kann, II 2) zu erbringen. Rechtl Gehör als GrundR jedes Beteil (GG 103 I; dazu § 2360 Anm 1) ist zu gewähren. Zur Beweisaufnahme s § 2358 Anm 2, 3; § 2359 Anm 1. – Dch **Zwischenverfügung** fordert das G zur Änderg des Antr od zur Beseitgg behebbarer Mängel auf. – Die **Aussetzung** des Verf kann nach pflichtgem Ermessen bis Anhängk (nicht vorher) eines vorgreifl RStreits über das ErbR (auch im Ausland, KG FamRZ **68**, 219) u Zumutbark der Verzögerg für die Beteil angeordnet werden, aber nicht schon bei bloßer Behauptg der ErbUnwürdgk (BayObLG Rpfleger **75**, 243). Aussetzg ist auch noch dch RBeschwGericht mögl (BayObLG **69**, 184). – **Unterbrechung** dch Tod des AntrSt od eines Beteil tritt im ErbSchVerf nicht ein. – Die **Entscheidung** ergeht dch Beschluß (ErteilgsBewilligg oder AntrAblehng), der zu begründen ist, wenn dem Antr eines od Beteil widersprochen od nur dem HilfsAntr stattgegeben wird; ü ist eine Begründg auch des stattgebenden Beschl oft angezeigt (BeweisWürdgg, TestAuslegg). Trotz Entscheidsreife kann sich das NachlG ausnahmsw nur mit einer Ankündigg begnügen, wenn von den Beteiligten ggsätzl Anträge gestellt werden u eine Vorklärg der schwierigen Sach- und RLage geboten erscheint, um die Erteilg eines möglicherw unrichtigen u wieder einzuziehenden ErbSch zu vermeiden. Es erläßt dann einen **Vorbescheid,** dch den es die Erteilg eines beantragten ErbSch (od TV-Zeugn) mit dem bezeichneten Inhalt ankündigt, sofern nicht binnen einer bestimmten Frist Beschwerde eingelegt werde (BGH Rpfleger **20**, 255; BayObLG **80**, 45 u st Rspr). Ist der RLage entspr Antrag noch nicht gestellt, aber zu erwarten, ist Vorbescheid schon zuläss (BayObLG **63**, 20; str; aA Hamm OLGZ **70**, 117). Unzulässig ist er dagg als Ankündigg der Abweisg eines ErbSchAntr (Hamm NJW **74**, 1827, Rpfleger **77**, 208, KG Rpfleger **74**, 398). S auch Anm 7e. Zur BegründsPfl s LG Mannh NJW **72**, 1429. Im Verfahren auf ErtSchein eines Heimstättenfolgezeugnisses ist Vorbescheid unzulässig (LG Düss Rpfleger **85**, 365). – Zur Bewilligg von **Prozeßkostenhilfe** s AG Olpe Rpfleger **87**, 373.

6) Die Erteilung setzt die Annahme der Erbsch voraus, die regelmäß im Antr liegt. Sie ist bei TestErbfolge grdsätzl erst nach Eröffng zulässig. Ist der Antr begründet, bewilligt das NachlG die Erteilg dch Beschluß. Tatsächl „erteilt" ist der ErbSch aber erst durch **Aushändigung** einer Urschr od Ausfertig an AntrSt (auch an einen von mehreren AntrStellern) od einen von ihm bestimmten Dritten; auch eine von ihm bestimmte Behörde (GBA). Eine Erteilg liegt auch in der auf seinen Antr erfolgten Übersendg der Nachl-Akten mit der Urschrift des den Wortlaut des Erbscheins enthaltenden Anordngsbeschlusses an das GBA zur Grdbuchberichtigg (BayObLG **60**, 501). Noch keine Erteilg ist also die Bekanntmachg nur der BewilliggsAnordng, auch wenn sie durch Zustellg einer Ausfertigg des Beschlusses erfolgt (BayObLG **60**, 192, 270ff; teilweise aM Staud/Firsching Rz 61), die Übersendg einer Abschr an die FinanzBeh nach § 12 ErbStDV (s BayObLG **60**, 270) od die Mitteilg an das GBA nach GBO 83. – Der ErbSch enthält keine Begründg. Für den BewilliggsBeschl s aber Anm 5.

a) Berichtigung od Ergänzg des erteilten ErbSch ist nur zur Beseitigg von Schreibversehen, Überflüssigem od von and offenbaren Unrichtigk iS von ZPO 319 mögl (Höver DFG **36**, 31; Einzelh s § 2361 Anm 1); der unricht ErbSch ist einzuziehen (§ 2361). – **Einsicht** od die Erteilg einer Ausfertig an sie od von Auskünften ist in FGG 78; 85 geregelt (dazu LG Köln Rpfleger **69**, 350; KG Rpfleger **78**, 140).

b) Gerichtsgebühren für die Erteilg fallen nach KostO 107; 49 an, u zwar mit Bekanntgabe der Bewilliggsanordng; Vorschuß kann verlangt werden (KostO 8 II; LG Düss Rpfleger **85**, 330). KostenSchu ist der AntrSteller (KostO 2 Nr 1), weiterer ua auch ein VollstrSchu (KostO 3 Nr 4). Zuvor können bereits

Gebühren für die TestEröffnung entstanden sein (KostO 102, 103 iVm 46 IV). – **Geschäftswert** ist der Reinnachlaß (KostO 107 II), auch wenn der ErbSch nur für Einzelnachweis benötigt wird (Düss Rpfleger **88**, 267). Bei der Wertermittlg ist Grundbesitz idR mit dem gemeinen Wert (KostO 19 II), land- u forstwirtsch Vermögen iS des BewG aber (wenn niedriger) mit dem 4-fachen des letzten Einheitswerts zu bewerten, falls zum Nachl ein land- od forstwirtsch Betrieb mit Hofstelle gehört (KostO 107 II 1 iVm KostO 19 IV, V nF); GesellschAnteile sind trotz Sondererbfolge zu berücksichtigen (BayObLG **87**, 149). PflichttAnspr sind stets abzuziehende Verbindlichk ohne Rücks darauf, ob sie auch geltend gemacht werden (Köln Rpfleger **88**, 25). Ausnahmsw wird der GeschWert nur aus einem Teil des Nachl berechnet, wenn der ErbSch **nur zum beschränkten Gebrauch** für Grundbuchzwecke (KostO 107 III; Glaubhaftmachg ist nachholbar, Ffm Rpfleger **89**, 157), für im Schiffsregister eingetragene Schiffe od Schiffbauwerke (KostO 107 IV), für Lastenausgleichszwecke (LAG 317 II) od für das EntschädiggsVerf (BEG 181 III) erteilt wird. Der mit einschränkendem Vermerk versehene ErbSch ist ein vollwertiger iS von § 2353, der nur dem AntrSt nicht ausgehändigt, sond direkt der Behörde (zB GBAmt) zur amtl Verwendg übersandt wird. Diese darf den Beteiligten weder eine Ausfertigg aushändigen noch eine Abschrift erteilen. Wird ein solcher ErbSch gleichwohl nicht nur für das vorgesehene Verf, sond auch für andere als die kostenrechtl begünstigten Zwecke verwendet, werden Gebühren nach dem vollen Geschäftswert fällig (KostO 107a); die Differenz wird nacherhoben (BayObLG **83**, 180). – Für die Berichtigg des **Grundbuchs** gewährt KostO 60 IV eine Kostenbefreiung, wenn binnen 2 Jahren seit Erbfall Berichtigg beantragt wird; str ist allerd, ob innerhalb der Frist auch Vollzugsfähig vorliegen muß (so Karls Rpfleger **88**, 19) od nicht (Köln JurBüro **88**, 1708) u ob die Befreig auch für die Eintragg des NachE-Vermerks gilt (abl Oldbg Rpfleger **88**, 20 mAv Meyer/Stolte; Düss Rpfleger **88**, 142; bejahend BayObLG Rpfleger **73**, 262; KG Rpfleger **87**, 15).

c) **Die Erstattung** der außergerichtl Kosten eines von mehreren Beteiligten mit unterschiedl Interessen beurteilt sich nach FGG 13a (dazu Mümmler JurBüro **85**, 961). Rechtsanwaltsgebühren berechnen sich grdsl nach dem Wert des vom Mandanten beanspruchten Erbteils (BGH JurBüro **69**, 45; **77**, 189 zum Einziehgs-Verf).

7) Rechtsmittel sind Erinnerg (RPflG 11) gg Entscheid des RPflegers, Beschw (FGG 19) u weit Beschw (FGG 27). NachlG ist zur Abhilfe befugt (FGG 18), auch wenn es Beschw dem LG bereits vorgelegt hat (Hamm JMBl NRW **59**, 176). Einzelheiten zur **Beschwerde:**

a) **Statthaft** (FGG 19) ist sie gg AntrAblehng; gg BewillggsBeschl, solange Erbsch noch nicht erteilt ist, wobei dch der Erteilg das RMittel nicht erledigt wird (Zweibr OLGZ **84**, 3); gg die erfolgte Erteilg nur mit dem Ziel der Einziehg (u zwar wahlw neben dem EinziehgsAntr an NachlG nach § 2361), aber nicht mehr nach Einziehg; gg ZwischenVfg; Aussetzg; gg Ankündigg der Erteilg eines best ErbSch (s Anm 5); gg den Vorbescheid, der aber keine die Instanz abschließende EndEntsch, sond eine bes ZwischenVfg ist, dch die abweichde Anträge nicht schon rechtskräftig abgewiesen werden (s unten e).

b) **Form:** FGG 21 II; Einlegg bei AG od LG mögl (FGG 21 I). Vertretg ist zulässig (FGG 13); kein Anwaltszwang (für weit Beschw s aber FGG 29 I). – **Frist:** keine.

c) **Beschwerdeberechtigt** ist nur der in seiner RStellg dch die Entsch beeinträchtigte Beteiligte (FGG 20 I). Zusätzl fordert FGG 20 II für AntrVerf die Abweisg des Antr; dies ist allerd weit auszulegen idS, daß die Abweisung jeden Beteiligten trifft, der den Antr hätte stellen können (hM, zB BayObLG **63**, 58). Gg die **Erteilung** des ErbSch kann sich somit gem FGG 20 I (BayObLG **73**, 224) beschweren: Jeder Erbprätendent, der das bezeugte ErbR selbst beanspr; der im ErbSch ausgewiesene Erbe, wenn er sich nicht (od nicht so) als Erbe betrachtet, auch der ASt selbst (KG NJW **60**, 1158); der NachE, wenn seine RStellg nicht ausgewiesen ist; TestVollstr (schon wg seines AntrR) gg Erteilg insges od wg fehldem Vermerk; NachlGläub (auch VermNehmer, PflichttBerecht) nur, wenn sie VollstrTitel besitzen (Hamm Rpfleger **84**, 273 mN). Gg die **Ablehnung** ist gem FGG 20 I u II beschwerecht der ASt u jeder in erster Instanz AntrBerecht; bei gemschaftl ErbSch jeder MitE. Bei Erbfall mit Auslandsberührg beurteilt sich die Beeinträchtigg nach dem Erbstatut (BayObLG NJW **88**, 2745). – Das Recht zur einf Beschw wird nicht dch Zeitablauf (**Verwirkung**) ausgeschlossen (BayObLG **63**, 26; s auch BGH **47**, 58).

d) **Rücknahme** der Beschw ist bis zum Erlaß der Entscheidg forml mögl.

e) **Entscheidung.** Das BeschwG kann bei begründeter Beschw einen ErbSch nicht selbst erteilen, sond nur Erteilg durch NachlG anordnen (BayObLG **54**, 71). Dieses wird dch die Entscheidg des LG gebunden. – Ist ein Vorbescheid angefochten, kann es diesen aufheben u das NachlG anweisen, den für richtig erachteten ErbSch zu erteilen. Die Anweisg setzt aber voraus, daß ein der RAuffassg des BeschwG entspr ErbSchAntrag beim AG bereits gestellt war; aus prozeßökonomischen Grden ist ausreichend, daß er dort jedenf bei der Entscheidg üb die Nichtabhilfe der Beschwerde vorgelegen hat. Verfahrensrechtl unzulässig ist es aber, ErbschAntr endgültig zurückzuweisen (Hamm OLGZ **70**, 117; BayObLG **81**, 69; FamRZ **86**, 604). Dch jede sachl Entscheid des LG üb die angefochtene Vorbescheid wird das NachlG gebunden, also nicht nur bei förml Zurückverweisg (Karlsr Rpfleger **88**, 315). – Das BeschwG darf sich nicht darauf beschränken, dem NachlG aufzutragen, unter Abstandnahme von seinen Bedenken gg den ErbSchAntr selbst über die ErbSchErteilg zu entscheiden (BayObLG **64**, 6; Hamm OLGZ **68**, 80). Zur PrüfgsPfl des BeschwGer bei Anfechtg der ErbSchBewilligg s BayObLG NJW **70**, 1424 mAv Jansen. Keine Änderg des ErbSchAntr im BeschwVerf (Hamm OLGZ **68**, 332; **70**, 119). Es gilt das Verbot der reformatio in peius (Hamm OLGZ **67**, 71). – Die entscheidenden Richter müssen nicht mit den beweiserhebenden identisch sein. Hat das Gericht allerd eine förml BeweisAufn dchgeführt, ist der dabei gewonnene persönl Eindruck von einem Zeugen bei Beweiswürdigg nicht verwertbar, wenn er in einem Prot niedergelegt wurde (BayObLG **82**, 384). Soll die Glaubwürdigk der vom NachlG förml vernommenen Zeugen abweichend gewürdigt werden, ist deren erneute Vernehmg erforderl (Zweibr OLGZ **89**, 295). – Zur Beauftragg eines Richters mit Zeugenvernehmg s Köln MDR **83**, 326. – Das BeschwVerf wird dch den Tod eines BeschwFührers nicht unterbrochen.

Erbschein　　　　　　　　　　　　　　　　　　　　　　　　　　　§§ 2353–2355

f) Kosten. Entscheidg über GerKosten ist stets entbehrl (keine Vorschr wie ZPO 91 im FGG); üb außergerichtl Kosten erfolgt sie nach FGG 13a, wenn am BeschwVerf mehrere Beteil in entggengesetztem Sinn mitgewirkt haben: bei erfolglosem RMittel muß BeschwFührer Kostenerstattg auferlegt werden (FGG 13a I 2), bei (Teil-) Erfolg kann Erstattg nach Billigk (FGG 13a I 1) angeordnet werden. Bei Zurückverweisg wird die Entscheidg der 1. Instanz überlassen. – Gebühren: KostO 131; BRAGO 118. S auch Anm 6b.

g) Weitere Beschwerde (FGG 27–29) ist als Rechtsbeschwerde zulässig.

8) Ein Vergleich ist auch im Verfahren der fG mögl, soweit die Beteiligten üb den Ggstand des Streits verfügen können, insbes also üb die Rücknahme von ErbSchAntr od RMitteln; od üb die Verteilg des Nachl (Stgt OLGZ 84, 131), nicht aber bezügl des Inhalts des ErbSch (vgl § 2358 Anm 1; § 2359 Anm 1). Allerd wird in der Praxis einverständl Erklärgen der Beteiligten üb die TestAuslegg besond Gewicht beigelegt. Dies ist legitim, solange die Interessen Dritter nicht berührt werden (BGH NJW 86, 1812). S ferner BayObLG 66, 233/236 mH; BGH bei Johannsen WM 77, 270. Wird ein abgeschlossener Vergleich als unwirks angefochten, ist darüb im ErbSchVerf selbst vom NachlG zu entscheiden (Stgt aaO). – Zum schuldrechtl formbedürft „**Auslegungsvertrag**" s § 2385 Anm 1.

2354 **Angaben des gesetzlichen Erben.** ¹ Wer die Erteilung des Erbscheins als gesetzlicher Erbe beantragt, hat anzugeben:
1. die Zeit des Todes des Erblassers;
2. das Verhältnis, auf dem sein Erbrecht beruht;
3. ob und welche Personen vorhanden sind oder vorhanden waren, durch die er von der Erbfolge ausgeschlossen oder sein Erbteil gemindert werden würde;
4. ob und welche Verfügungen des Erblassers von Todes wegen vorhanden sind;
5. ob ein Rechtsstreit über sein Erbrecht anhängig ist.

II Ist eine Person weggefallen, durch die der Antragsteller von der Erbfolge ausgeschlossen oder sein Erbteil gemindert werden würde, so hat der Antragsteller anzugeben, in welcher Weise die Person weggefallen ist.

1) Mitwirkungspflichten des AntrSt dch Angaben u Nachweise enthalten die §§ 2354–2356; zum sonstigen Inhalt des Antr s § 2353 Anm 3c. Bei mehreren Erben ist noch § 2357 III, IV zu beachten. Ohne die von **I** geforderten Angaben ist ein ErbschAntr unzulässig; dies gilt auch bei bloß pauschaler Bezugn auf die Angaben in einem and Verfahren (Bonn Rpfleger 85, 29). Eine bes Form für die Angaben ist nicht vorgeschrieben; sie können, sofern sie nicht zweckm in der ErbSchVerhandl gemacht sind (§ 2356 II), auf ZwischenVfg nachgeholt werden. **Erbschaftsannahme** liegt schon im Antr; wg der Miterben s § 2357 Anm 1c; s jedoch § 1948 Anm 1 aE. Ist AntrSt nicht Erbe (zB der nichterbende Eheg, § 2353 Anm 3b; Gläub; TV ua), muß er Annahme nachweisen.

2) Verhältnis (Nr 2) ist die Stellg zum Erbl: Verwandtsch, EhelichErkl (§ 1723), VaterschFeststellg (§ 1600a), Kindesannahme (§§ 1754ff). Zu den Angaben gehört bei Ehegatten auch der **Güterstand** (§ 2356 II); s dazu Grdz vor § 1363; zum Güterstand von Flüchtlingen s EG 15 Anh II, ferner Lehmann BB 77, 441 (DDR-Flüchtl). Der Fiskus hat die Voraussetzg des § 1936 anzugeben. Falls für Erbstatut erforderl (EG 25), ist auch die Staatsangehörigk des Erbl anzugeben, die im ErbSchVerf ggf aber vAw festzustellen ist (BayObLG 65, 380). – **Beruhen** macht idR weitere Darleggen erforderl, zB Wegfall vorgehender Verwandter.

3) Andere Personen (Nr 3, II), die vor od nach dem Erbfall (Köln MDR 59 585) durch Tod od gem §§ 1933, 1934e, 1938, 2346, 1953, 2344 weggefallen sind, müssen angegeben werden, mögen sie gesetzl od TestErben sein (s Celle JR 62, 101; KG OLGZ 75, 93; Bln, KG Rpfleger 76, 99; 77, 209 [Angaben bei Pr Verheiratg des Erbl]. Bei Angabe der Personen gem Nr 3 ist auch die Erbfolge zw dem nichtehel Kind u seinem Vater zu beachten (s Schramm BWNotZ 70, 10); über die Wirkgen des vorzeit Erbausgleichs s § 1934e Anm 2. Entfernt liegde Möglichk (Schwangersch, nichtehel Nachkommensch der Witwe) können außer Betr bleiben. Bedarf der **Nachlaßgläubiger** eines ErbSch, müssen im Falle gesetzl Erbfolge die nach I 3, II notwend Angaben idR datenmäß bekannt sein; sonst § 1961 (KG JFG 17, 106). Über AmtsermittlgsPfl des NachlG, wenn Gläub ErbSchAntr stellt, s LG Hildesheim MDR 62, 56, LG Flensburg Jur Büro 68, 558.

4) Verfüggen von Todes wegen (Nr 4), also auch ErbVertr müssen ohne Rücks auf ihren Inhalt u Gültigk angegeben u vorgelegt werden (§ 2356). Ist die Gültigk der Vfg streitig, der Erbe jedoch nach der Vfg wie nach dem G zum gleichen Erbteil berufen, so kann der Antr auf Erteilg des ErbSch dahingestellt lassen, ob er aGrd der Vfg od des G zu erteilen ist (KG JW 28, 118 u § 2353 Anm 3c).

2355 **Angaben des eingesetzten Erben.** Wer die Erteilung des Erbscheins auf Grund einer Verfügung von Todes wegen beantragt, hat die Verfügung zu bezeichnen, auf der sein Erbrecht beruht, anzugeben, ob und welche sonstigen Verfügungen des Erblassers von Todes wegen vorhanden sind, und die im § 2354 Abs. 1 Nr. 1, 5, Abs. 2 vorgeschriebenen Angaben zu machen.

1) Notwendige Angaben. Bei gewillkürter Erbfolge muß AntrSt außer der Angabe des Todestages des Erbl, der Erwähng etwaiger ErbRProzesse sowie der Art u Weise des Wegfalls anderer (§ 2354 I Nr 1, 5, II) auch die das ErbR begründende Vfg (Test, ErbVertr) vorlegen (§ 2356) u angeben, ob u welche sonstigen Vfgen vTw vorhanden sind. Ergibt die Vfg vTw die Erbfolge nur unter Berücksichtigg weiterer Umstände, sind diese vorzutragen.

2) Eröffnung (§§ 2260, 2300) der Vfg vTw ist Voraussetzg der Erteilg (s § 2353 Anm 6). Sie ist nachzuholen, wenn Antr schon vorher gestellt ist (Mü DFG 43, 147).

2147

§ 2356 Nachweis der Richtigkeit der Angaben.

I Der Antragsteller hat die Richtigkeit der in Gemäßheit des § 2354 Abs. 1 Nr. 1, 2, Abs. 2 gemachten Angaben durch öffentliche Urkunden nachzuweisen und im Falle des § 2355 die Urkunde vorzulegen, auf der sein Erbrecht beruht. Sind die Urkunden nicht oder nur mit unverhältnismäßigen Schwierigkeiten zu beschaffen, so genügt die Angabe anderer Beweismittel.

II Zum Nachweise, daß der Erblasser zur Zeit seines Todes im Güterstand der Zugewinngemeinschaft gelebt hat, und in Ansehung der übrigen nach den §§ 2354, 2355 erforderlichen Angaben hat der Antragsteller vor Gericht oder vor einem Notar an Eides Statt zu versichern, daß ihm nichts bekannt sei, was der Richtigkeit seiner Angaben entgegensteht. Das Nachlaßgericht kann die Versicherung erlassen, wenn es sie für nicht erforderlich erachtet.

III Diese Vorschriften finden keine Anwendung, soweit die Tatsachen bei dem Nachlaßgericht offenkundig sind.

1) Nachweise. Der AntragSt (nicht der Notar als „Behörde", Ffm OLGZ **87**, 159 mit abl Anm Vetter DNotZ **88**, 137) hat hinsichtl seiner notw Angaben (§§ 2354, 2355) **förmliche Nachweise** zu erbringen, soweit die Tats nicht offenkund sind (**III**, s Anm 5). BewMittel sind öff Urk **(I)**, Vorlage der Vfg vTw **(I)** u eidesstattl Vers **(II)**. Erleichtergen sind für bestimmte Fälle (I 2, II 2) vorgesehen. Bei mehreren Erben sind § 2357 III 2, IV zu beachten.

a) Öffentliche Urkunden. Der Begriff entspr ZPO 415; ihm können auch ausl Urk genügen (bei Zweifel an Echth Legalisation, dazu MüKo/Promberger Rz 17). Sie sind in Urschrift, Ausfertigg od begl Abschr beizubringen, auf Verlangen aber (nach Abschr für Akten) wieder zurückzugeben (KG RJA **15**, 283); zur BeweisKr von Ablichtgen s BayObLG Rpfleger **83**, 354. Statt Vorlage genügt Bezugn, wenn das Gericht (auch and Abteilg) die Urk bereits besitzt od ihren Inhalt in Akten festgehalten hat; dagg ersetzt Verweisg auf Akten eines fremden Gerichts Vorlage trotz Mögl der Beiziehg nicht (MüKo/Promberger Rz 5; aM Köln MDR **59**, 585). Urk aus der DDR bedürfen idR keines EchthBew (vgl aber BGH NJW **79**, 1506 mit krit Anm von Sachse StAZ **79**, 143). – Für die **Beweiskraft** gelten ZPO 415, 417, 418, 435.

b) Personenstandsurkunden (PStG 61a) als wichtigste öff Urk haben dieselbe Beweiskraft wie Personenstandsbücher (PStG 66). Das PStG vom 9. 8. 57 (BGBl 1125) ist die Neufassg des PStG 1937 (RGBl I 1146), das seinerseits das PStG 1875 (RGBl 23) abgelöst hat. Die in PStG 60, 66 angeordnete Beweiskraft kommt auch fast allen seit 1876 gefertigten Auszügen aus Standesregistern zu (Ausn s MüKo/Promberger Rz 20). – Für die Zeit vor dem PStG 1875 kommen in Frage Einträge in Kirchenbüchern, Standes- u Gerichtsregistern; für die Zeit nach dem Inkrafttr dieses Gesetzes Auszüge aus dem StandesReg über Geburten, Heiraten u Sterbefälle (über Beweiskraft s AVO PStG 61). Hins der Beweiskraft der alten FamStammbücher vgl KG JFG **15**, 52, der Geburts-, Heirats- u Todesscheine (§§ 15a–c PStG 1875 idF v 14. 2. 1924, RGBl 116) KG OLG **46**, 243, Hamm JMBlNRW **54**, 135. Auf jeden Fall können die alten FamStammbücher als „anderes Beweismittel", I 2, in Betr kommen. – **Unrichtigkeit:** Im ErbSchVerf kann auch der Beweis der Unrichtigk standesamtl beurkundeter Tatsachen nach PStG 60 geführt werden. Das Gericht muß bei ernsth Zweifel an der Richtigk standesamtl Urkunden dch eig Ermittlgen u BewErhebgen gem FGG 12 unter Beachtg der Beweisregeln der ZPO 415, 418 iVm PStG 60 I, 66 aufzuklären versuchen, wenn die Erteilg des ErbSch davon abhängig ist, ohne den AntrSt auf das Berichtiggsverf (PStG 47ff) verweisen zu können (Hamm MDR **53**, 747, BayObLG **81**, 38 u 173; s auch Sachse StAZ **80**, 179).

c) Die Zeit des Todes des Erblassers (§ 2354 I Nr 1) kann insb auch durch Todeserklärgs- od TodeszeitfeststellgsBeschl (VerschG 23, 44) nachgewiesen werden. Die hierdurch begründete Todeszeitvermutg kann jedoch im ErbSchVerf widerlegt werden (BayObLG **53**, 120; Hbg NJW **52**, 147); s auch zur Kommorientenvermutg (VerschG 11) Düss NJW **54**, 1654; JMBl NRW **66**, 141; KG FamRZ **67**, 514; Köln NJW **74**, 699. Ausl Todeserklärgen Deutscher sind grdsätzl anzuerkennen (LG Mönchen-Gladb DNotZ **72**, 50; bestr, s auch Staud/Coing/Weick EG 9 Rz 109–111). – Auch der für das RückerstattgsVerf benötigte ErbSch ist nur nach der Vorschr des BGB zu erwirken, das keinen ErbSch kennt, der nur auf RE-Anspr beschränkt ist (s aber BRüG 7a II *(AmZ)*, 43 *(BrZ)*, 44 *(Berl)* enthaltene Todesvermutg gilt nur für das RE-Verf (BGH **1**, 9; Ffm MDR **52**, 491). Desungeachtet muß aber ein ErbSch, der unzulässigerw auf die Todesvermutg des REG gestützt ist, nicht als unrichtig eingezogen werden (BayObLG **52**, 163). S aber die SonderVorschr in § 7a II 2 BRüG. – Anders ist die RLage nach dem **BEG:** nach § 181 II ist für die Erteilg des ErbSch die Todesvermutg des § 180 ausreichd (LG Hbg JR **57**, 266); vgl Pehe JR **54**, 57; Henrichs NJW **54**, 1715; Krohn RzW **64**, 12; Neust RzW **62**, 374: Maßgeblich der im Entschädiggsverf nach BEG 180 II getroffenen TodesZtpktFeststellg für ErbSchErteilg nach § 181 BEG.

d) Nachweise zu den Angaben nach § 2354 I Nr 2. Abstammg kann nicht dch Geburtsschein im Familienbuch nachgewiesen werden (Mainz Rpfleger **88**, 25). **Heiratsurkunden** (Heiratsschein) sind nötig für Eheg (KG FamRZ **71**, 432: SterbeUrk genügt nicht als Ersatz für HeiratsUrk, soweit das gesetzl ErbR des überlebenden Eheg in Frage steht), nicht für Erbfolge nach der Mutter, Vater u Geschwistern. Verheiratete Erbinnen haben nur GeburtsUrk, nicht HeiratsUrk vorzulegen, da ErbR nicht auf Verheiratg beruht (Mü JFG **21**, 120, Boos NJW **49**, 335, LG Brschw DRZ **49**, 89); bei Zweifeln über die richtige Namensbezeichng Erhebgen vAw (Oldbg DNotZ **56**, 566; aM AG Delmenhorst NJW **56**, 1443). Zum Nachw der Auflösg fr Ehen des Erbl dienen SterbeUrk, ScheidsUrt (Ausfertigg, Abschr), Auszug aus FamBuch (KG Rpfleger **77**, 209). – Zum Nachw, daß keine od keine weiteren Kinder, auch keine nichtehel Kinder des Vaters, vorhanden sind, wird das NachlG idR eine eidesstattl Vers zu verlangen haben; die Angaben des AntrStellers zus mit FamBuchAuszügen od -Abschriften reichen idR nicht aus (Neuschwander, BWNotZ **68**, 30). – Öffentl Urk zum Nachw der nichtehel Verwandtsch zw Vater u Kind sind Ausfertigungen od beglaubigte Abschr der Anerkenng, ZustimmgsErkl (§§ 1600c, d, e); des Urt eines ProzG od Beschl eines VormschG (§ 1600n); PersonenstandsUrk gem § 61a PStG, soweit sie den RandVerm über die nichtehel Verwandtsch enthalten (§ 29 PStG).

Erbschein §§ 2356, 2357

e) Wegfallnachweise (§ 2354 II): ErbverzichtsVertr (§ 2348); Urt über Erbunwürdigk (§ 2342); AusschlErkl (§ 1945); vorzeit ErbAusgl (§ 1934d, e); Scheidg od Aufhebg der Ehe (KG OLGZ **75**, 93, LG Bln Rpfleger **76**, 99).

f) Sonderfälle. Über die Beschaffg von Urk für frühere Bewohner der Gebiete östl der Oder, Neiße usw vgl Pehe JR **55**, 134. Vertriebene, die nicht über die erforderl standesamtl Urkunden verfügen, müssen zum Zweck des Erbberechtiggsnachweises idR Anlegg eines FamBuchs nach PStG 15a beantragen; sie können nicht mehr zur eidesstattl Versicherg, **II** 1, als Ersatz für PersStUrkunden zugelassen werden (Brem JR **60**, 422; KG Rpfleger **71**, 220; Lübeck SchlHA **71**, 93).

2) Vorlegung der Verfügung von Todes wegen in Urschrift ist zum Nachw des test ErbR grdsl erforderl, sofern sich nicht das angegangene Ger durch die Eröffng schon im Besitz der Urschrift befindet; dann Bezugn. Bei PrivTest kann über Echtheit Beweis erhoben werden. Eine letztw Vfg muß grdsätzl ihrem vollem Umfang nach feststehen, wenn Rechte aus ihr hergeleitet werden sollen (BayObLG **67**, 206). Über die Rechtslage bei mangelnder Feststellbark eines Teils des Tests s § 2255 Anm 4b.

3) Andere Beweismittel (I 2) wie zB Zeugenbeweis, eidesstattl Versicherg Dritter, wenn Zeugenvernehmg nicht durchführb (Düss MDR **61**, 242), Abschriften, FamStammbücher, FamStandszeugnisse, Schriftproben sind zugelassen, wenn zB bzgl der Echth eines eigenhänd Test Zweifel bestehen od das Test verlorengegangen (KG JW **19**, 586; Oldbg Rpfleger **67**, 416) od aus Kostengründen vernichtet ist (Flensbg JurBüro **76**, 532) od die Beschaffg ausländischer, älterer Urk bes kostspielig od schwierig wäre (s BayObLG **51**, 694; Hamm JMBl NRW **64**, 134). Die Abschr eines privatschriftl Test mag Beweis dafür liefern, daß der Erbl ein entspr Test errichtet hat (s KG OLGZ **75**, 355 zur Vorlage einer Ablichtg); daraus folgt indes noch nicht mit genügender Sicherh, daß er es auch bis zu seinem Tode aufrechterhalten wollte u aufrechterhalten hat (Oldbg aaO; s zur Beweislast § 2358 Anm 3). – Kenntnis **ausländischen Rechts** muß sich das Ger selbst verschaffen (s Einl 11 vor EG 3), evtl durch Gutachten der Universitätsinstitute (s die Zusammenstellg der verschied Sachverständ bei Hetger DNotZ **88**, 425); s auch G zur Ausf des Europ Übereinkommens vom 7. 6. 68 betr Auskünfte über ausländ R vom 5. 7. 74 (BGBl I 1433, II 937, 938; **75** I 698, II 300) u dazu Wolf NJW **75**, 1583; Bartsch Rpfleger **75**, 273.

4) Eidesstattliche Versicherungen (II 1). Ihre Abgabe obliegt grdsl dem AntrSt persönl (ggf seinem Pfleger, Bonn Rpfleger **85**, 30). Der Nachweis der ZugewinnGemsch ist wg des erhöhten gesetzl Erbteils des überlebenden Eheg (§ 1371 I) notw, aber durch öff Urk idR nicht zu erbringen; er erübrigt sich, wenn es sich nicht um gesetzl Erbfolge handelt, sond der Erbl dem überl Eheg „den gesetzl Erbteil" zugewendet hat, der Güterstd also im Rahmen des § 2358 ermittelt werden muß (KG FamRZ **61**, 447). – **a) Abzugeben** ist sie vor Notar od vor Gericht (jedes AG, Winkler Rpfleger **71**, 346; auch RechtshilfeG, Ffm Rpfleger **70**, 206; Celle MDR **70**, 930, SchlHOLG SchlHA **71**, 17; zust Rechtspfleger, RPflG 3 Nr 1f, Nr 2c). Zum Verf s BeurkG 1 II, 38; dazu Bonn aaO. – Sie braucht nur negativ ein Nichtwissen auszudrücken (BayObLG **61**, 23) u ist vom Antragsteller (auch vom TestVollstr, KG OLGZ **67**, 249, Kiel NJW **76**, 2351, Nachl- u NachlKonkVerw, Gläub) persönl od dch gesetzl Vertreter (bei Minderj über 16 Jahren auch durch diese selbst) abzugeben; nicht aber von gewillkürtem Vertr (KG OLGZ **67**, 249), auch nicht vom Bevollmächtigten des gesetzl Vertreters (BayObLG **61**, 10). Bei ErbSch für NachE bedarf es nicht unbedingt neuer Versicherg (KGJ **46**, 146). Das NachlG hat die Fassg der Erklärg an den tatsächl Verhältn anpassen (Staud/Firsching Rz 36, 39); zur Angabe des Güterstds s Wuppertal RhNK **73**, 265. – Bezugnahme auf Schriftstück, in dem die Angaben (§§ 2354, 2355) enthalten sind, ist gem BeurkG 38 mit 9 I zuläss, falls in der Niederschr auf das Schriftstück verwiesen u es dieser beigefügt wird; falls das in Bezug genommene Schriftstück eine notarielle Niederschr ist, gelten die Erleichtergen des BeurkG 13a. Es genügt auch Vorlage einer beglaubigten Abschr der die eidesstattl Vers enthaltnden notariellen ErbSchVerhandlg (LG Berl DNotZ **68**, 51, LG Düss RhNK **69**, 725). – **b) Verweigerung** der eidesstattl Vers od der Vorlegg anderer BewMittel rechtfertigt Abweisg des Antr nur, wenn sich das NachlG vAw die erforderl BewMittel verschaffen kann (§ 2358, FGG 12; Erman/Schlüter Rz 6; Flensbg JurBüro **76**, 532; aM MüKo/Promberger Rz 1). – Bei **Unrichtigkeit** der eidesstattl Vers kann eine neue nur verlangt werden, wenn sie für die Entscheidg wesentl ist (KG DR **43**, 1071; Köln MDR **59**, 585; s auch § 2361 Anm 2). Gibt AntrSteller im ErbSchVerf eine eidesstattl Vers nach §§ 2356 II 1, 2354 I Nr 4 ab, besteht idR kein Bedürfn, ihn nach § 2356 auch zu einer eidesstattl Vers nach FGG 83 II anzuhalten (BayObLG **77**, 59). – **c) Erlaß** der Versicherg liegt im pflichtgemäßen Erm des NachlG (II 2). Wird nach Wegfall der TestVollstrg die Erteilg eines der veränderten Sachlage entspr ErbSch beantragt, so wird es nur unter bes Umständen einer erneuten eidesstattl Versicherg bedürfen (KG OLGZ **67**, 247). – **d) Beschwerde** (Erinnerg) gg NachlG zul (KG OLGZ **67**, 248; aM RGRK Rz 15). Das Unterlassen der Prüfg, ob Erlaß geboten, begründet Gesetzesverletzg nach FGG 27 (Köln MDR **59**, 585). Beschw gg Ablehng des Antr auf Erteilg eines ErbSch ist auch zul, wenn das Ger sich über die Befugn, eine eidesstattl Versicherg zu erlassen, im klaren ist, von der Erlassg aber nicht abgesehen u den Antr deshalb abgelehnt hat, weil der AntrSteller keine eidesstattl Vers iS des § 2356 abgegeben hat (Celle NdsRpfl **68**, 131). – **e) Gebühr:** KostO 49, 107 I 2 (dazu BayObLG **72**, 98, Jur Büro **74**, 842, OLG Karlsr/Freibg Just **75**, 32).

5) Offenkundigkeit, III, ZPO 291, liegt vor bei Tatsachen, die nach allg Erfahrg feststehen od dem NachlG amtl bekannt sind, zB bei Ausschlagg, Anfecht ggü NachlG od wenn schon ein MitE die Versicherg abgegeben hatte. Hohe Wahrscheinlichk reicht nicht aus; daher ist durch zweite Eheschließg Wegfall (Tod) des ersten Gatten vor der Wiederverheirat nicht offenkundig, sond durch SterbeUrk nachzuweisen (KG JW **35**, 1885; auch Rpfleger **77**, 209; Soergel/Damrau Rz 24).

2357 *Gemeinschaftlicher Erbschein.* [1] Sind mehrere Erben vorhanden, so ist auf Antrag ein gemeinschaftlicher Erbschein zu erteilen. Der Antrag kann von jedem der Erben gestellt werden.

§§ 2357, 2358

II In dem Antrage sind die Erben und ihre Erbteile anzugeben.

III Wird der Antrag nicht von allen Erben gestellt, so hat er die Angabe zu enthalten, daß die übrigen Erben die Erbschaft angenommen haben. Die Vorschriften des § 2356 gelten auch für die sich auf die übrigen Erben beziehenden Angaben des Antragstellers.

IV Die Versicherung an Eides Statt ist von allen Erben abzugeben, sofern nicht das Nachlaßgericht die Versicherung eines oder einiger von ihnen für ausreichend erachtet.

1) Besonderheiten. Bei einer ErbenGemsch kann die Erbfolge in den ganzen Nachl dch gemeinsch ErbSch festgestellt werden (zum TeilErbSch s Übbl 1a vor § 2353). – **a) Das Antragsrecht** steht hier jedem Erben zu, sofern er Erteil an sich beantragt; dagg kann ein MitE ohne Bevollmächtigg nicht beantragen, daß einem and MitE ein gemeinsch ErbSch erteilt wird. Ein gemeinsch TeilErbSch kann auch von einem Erben beantragt werden, der nicht zu dem betreff Stamm gehört (Greiser DFG **36**, 192). – **b) Angaben.** In dem Antr sind sämtl **Erben** u ihre **Erbteile anzugeben** (Haupt- u Hilfsantrag zul; vgl § 2353 Anm 3 d; kennt AntrSt nicht alle Erben, kann nach § 2358 II geholfen werden). Erbteil ist auch hier Bruchteil des Erbrechts, nicht ein Geldbetrag. Erbteilsangabe fällt unter die eidesstatl Versicherg des § 2356 II; – **c) Erbschaftsannahme** liegt beim antragstellenden Erben idR schon im Antr (§ 2354 Anm 1). Bezügl der übr Miterben muß er sie nicht nur behaupten, sond auch beweisen, dh durch eigene Erkl der Miterben, Urk od eidesstattl Versicherg (§ 2356), bei Verschollenen durch Erkl des AbwesenhPflegers; Voraussetzg ist hierbei Bestehen einer Lebensvermutg (VerschG 10) zZ des Erbfalls od Nachweis, daß der Verschollene den Erbfall erlebte (RGRK Rz 7; Oldbg NdsRpfl **52**, 53). Diese BeweisPfl obliegt auch dem nicht erbenden AntrSt (TestVollstr, Gläub). – **d) Versicherung an Eides Statt (IV)** kann von allen Miterben verlangt werden, auch wenn sie nicht AntrSt sind (beim gemschaftl TeilErbSch nur von den Stammesangehörigen), wenn das NachlG gal Erkl der eingereichten eidesstattl Vers der AntrSt die zur Begründg des Antr erforderl Tats noch nicht für festgestellt erachtet (LG Kblz Rpfleger **70**, 170; Wuppt RhNK **77**, 57; KG JFG **12**, 207). Sie kann aber nicht von NachE verlangt werden (KGJ **33** A 98). AntrSt kann Mitwirkg der and nach § 2038 I 2 verlangen. – **e) Beschwerde** (Erinnerg) gem FGG 19, 20 steht gg Ablehng dem AntrSt, aber auch den and Miterben zu (s § 2353 Anm 7).

2) Zeitweilig unzulässig ist die Erteilg, wenn die Erbteile wg der zu erwartenden Geburt von Miterben od aus sonstigen Gründen (§ 2043 II) noch unbestimmt sind. Hier hilft nur Teilerbschein für die Witwe u auch für die Abkömmlinge, der nach der Geburt einzuziehen ist (KGJ **42**, 128). Stirbt der nichtehel Vater vor Feststellg der Vatersch ohne Hinterlassg einer Ehefr u ehel Abkömml sowie ohne Vfg vTw, kann das NachlG ErbSch für die sonstigen gesetzl Erben bis zur Feststellg od Nichtfeststellg der Vatersch des nehel Kindes nicht erteilen (s Knur Betr **70**, 1061). S auch § 2353 Anm 4 b.

3) Ungeklärte Quoten. Stößt die Feststellg der Größe der Erbteile auf unüberwindl BewSchwierigk, ist fragl, ob ein ErbSch erteilt werden kann, der die bestehenden Zweifel offen läßt; von BayObLG **62**, 54 im Einzelfall verneint. Lange/Kuchinke (§ 41 IV 3) erachtet Angabe der Bruchteile für entbehrl, wenn sämtl Erben feststehen (vorläufiger Erbschein). S auch Brox § 35 II 2c; Hamm Rpfleger **69**, 299 (ErbSch mit ungewisser Erbschaftsquote, Angabe eines Mindesterbteils; SchlHOLG SchlHA **78**, 37 (vorläuf ErbSch mit Hinw auf die zu errechnden Quoten). S auch Düss DNotZ **78**, 683.

2358 *Ermittlungen von Amts wegen.*

I Das Nachlaßgericht hat unter Benutzung der von dem Antragsteller angegebenen Beweismittel von Amts wegen die zur Feststellung der Tatsachen erforderlichen Ermittlungen zu veranstalten und die geeignet erscheinenden Beweise aufzunehmen.

II Das Nachlaßgericht kann eine öffentliche Aufforderung zur Anmeldung der anderen Personen zustehenden Erbrechte erlassen; die Art der Bekanntmachung und die Dauer der Anmeldungsfrist bestimmen sich nach den für das Aufgebotsverfahren geltenden Vorschriften.

1) Die Ermittlungspflicht des NachlG (FGG 12, 15) ist durch den ErbSchAntr bedingt u richtet sich stets nach dem Einzelfall. Das Ger ist dch den Grds der Amtsermittlg verpflichtet, sämtl zur Aufklärg des Sachverhalts dienlichen Beweise zu erheben. Die Beteiligten sind gehalten, dch Angabe von Tats u BewMitteln eine Aufklärg zu ermöglichen (Köln Rpfleger **81**, 65), ohne daß Ger an BewAntr od BewMittel gebunden ist. Ger muß aber nicht allen nur denkb Möglk nachgehen. Die Ermittlgen sind soweit auszudehnen, als bei sorgfältiger Überlegg des Vorbringens der Beteil u der festgestellte Sachverh dazu Anlaß geben; sie sind abzuschließen, wenn vollst aufgeklärt od von weiteren Nachforschgen ein entscheidserhebl Ergebn nicht mehr zu erwarten ist (BGH **40**, 57; BayObLG **79**, 261 mN). – **Umfang:** Die Ermittlgspflicht gilt zunächst für die VerfVorschr, insbes die örtl Zuständigk ohne Rücks auf die Angaben in der SterbeUrk über den Wohns des Erbl (KG Rpfleger **59**, 54). Sachl wird sie dch die jeweilgen TatbestVoraussetzgen des mat Rechts begrenzt (Köln OLGZ **89**, 144). Sie erstreckt sich zB auf die Staatsangehörigk des Erbl (s § 2353 Anm 1); bei Verheirateten auf den Güterstand (§ 2354 Anm 2); auf das Vorhandensein, die Echtheit, Wirksamk u den Sinn der Vfg vTw; auf die Testierfähigk (SachverstGutachten; s § 2229 Anm 3); auf die Anfechtg, jedoch grdsätzl nur auf den geltend gemachten AnfechtgsGrd (BayObLG **62**, 47, **73**, 257/258); auf die Ausschlagg (Düss MDR **78**, 142) u die Gebundenh durch ErbVertr u gmschaftl Test. – Die **Beteiligten** können die Prüfgspflicht des Gerichts nicht durch Erbrechtsanerkenng od Vergleiche beseitigen. Allerd wird übereinstimmd Erkl aller Beteiligten zur TestAuslegg besond Gewicht zugelegt werden können, wenn Interessen Dritter nicht berührt werden (BGH NJW **86**, 1812; s auch § 2353 Anm 8). – Feststellg der Erbunwürdigk ist nicht mögl. Die Behauptg der Vernichtg eines späteren Test dch den Bedachten ist nur unter dem GesichtsPkt der Aufhebg des vorgelegten Test zu prüfen (BayObLG aaO). Auch wenn der AntrSteller aus Kostengründen das Test vernichtet u die Abgabe einer eidesstattl Vers verweigert hat, ist das NachlG verpflichtet, sachentspr Ermittlgen zur Verbescheidg des ErbSchAntr durchzuführen (Flensbg

JurBüro **76**, 532). – Eine Verpfl des NachlG, ErbersatzBerecht zu ermitteln, besteht nicht (Schramm, BWNotZ **70**, 17). – Bei TestAnfechtg ist Verweisg auf den ordentl Rechtsweg unzulässig (KG NJW **63**, 767).

2) Beweisaufnahme. Dem pflichtgemäß Ermessen des NachlG ist es überlassen, ob es sich mit formlosen Ermittlgen begnügt (Freibeweis; FGG 12) od ob es eine förml Beweisaufnahme anordnet (Strengbeweis; FGG 15). Dies hängt im wesentl von der Bedeutg des Beweismittels für die Entscheidgg ab. Entschließt es sich zur förml Beweisaufnahme, gilt der Grds der Unmittelbark (ZPO 355) entspr mit den sich aus der Natur des FGG-Verf ergebenden Abweichgen (FGG 15; BayObLG FamRZ **88**, 422 mN). Die Anordg der Beweiserhebg ist grdsl nicht isoliert anfechtbar. Das Verfahren ist nichtöffentl. Nach dem Grds der Parteiöffentlichk haben jedoch die Beteiligten u ihre Bevollmächt das Recht, an einer förml Beweisaufnahme teilzunehmen (KG NJW **62**, 2114), nicht aber bei formloser Anhörg (KG NJW **60**, 486). Der Grdsatz des rechtl Gehörs (s § 2360 Anm 1) gebietet es, vor Erlaß einer Entscheid den Beteiligten das Ergebn (insbes formloser) Ermittlgen zur Kenntn zu bringen u ihnen Gelegenh zur Stellgnahme zu geben. Die Beteiligten können dch Anerkenntn od Nichtbestreiten das Gericht nicht von seiner PrüfgsPfl befreien; in der Praxis wird allerd übereinstimmenden Erklärgen aller Beteiligten üb die Auslegg einer Vfg vTw bes Gewicht beigelegt. Dies ist legitim, wenn Rechte Dritter nicht berührt werden (BGH NJW **86**, 1812). – **Beteiligte** können nicht als Zeugen vernommen werden (BayObLG **60**, 216; 272; 493), aber im Wege formloser Beweisaufnahme ebso wie and Auskunftspersonen angehört werden. Ihre Beeidigg wird von der Rspr für unzulässig erachtet, weil eine Ermächtigg zur entspr Anwendg von ZPO 448 fehlt (BayObLG FamRZ **86**, 1043 mN; str). Zum persönl Erscheinen der Beteiligten kann das Gericht dch Androhg u Verhängg von Zwangsgeld anhalten (KG JZ **60**, 446; Hamm Rpfleger **56**, 243). – **Zeugen** können im Wege der RHilfe vernommen werden, wenn es für die Würdigg ihrer Aussage nicht entscheidend auf den persönl Eindruck ankommt. Ihre Vereidigg erfolgt nach dem Ermessen des Gerichts (FGG 15 I 2); ZPO 391 ist nicht anwendbar. Ob eine eidstattl Versicherung von Zeugen verlangt werden kann, ist str, gegen sie BayObLG Rpfleger **59**, 33; Düss MDR **61**, 261; aA Celle Rpfleger **59**, 61). – Zum Beweis dch **Sachverständige** s § 2229 Anm 3.

3) Beweislast. Eine formelle gibt es nicht, abgesehen von den im G (§§ 2354, 2355, 2356) begründeten Ausnahmen (Hamm DNotZ **50**, 43; Neust FamRZ **61**, 541 mAv Lutter; BayObLG **76**, 151/164). Wohl aber eine **Feststellungslast** (materielle Beweislast) für die Voraussetzgen des Antrags u für die Einreden des AntrGegners (BayObLG **62**, 299; KG NJW **63**, 766; Hamm OLGZ **66**, 497; SchlHOLG SchlHA **70**, 138; Ffm Rpfleger **78**, 210). Nach ihren Grdsätzen regelt sich also die Frage, zu wessen Lasten es geht, wenn trotz Durchführg aller erforderl Ermittlgen (BayObLG FamRZ **85**, 837) eine erhebl rechtsbegründende Tatsache nicht erweisbar ist (Hamm OLGZ **67**, 79; KG NJW **63**, 766). – Aus diesen Grdsätzen ergibt sich noch, daß den ErbSchBewerber nicht die Feststellgslast für das Nichtvorhandensein eines **Ausnahmetatbestandes** trifft, der ein im übr nachgewiesenes ErbR ausschließen würde. Darunter fallen sowohl Tatsachen, die das zunächst begründete ErbR vernichten (zB Anfecht des Test; Ausschlag der Erbsch; Eintritt einer auflösden Bedingg; Erbverzicht) als auch solche Tatsachen, die schon von dem Erbfall die Gültigk einer letztw Vfg berühren (zB Testierunfähigk des Erbl; Vorhandensein eines WiderrufsTest; Gebundenh des Erbl an einen ErbVertr od an ein wechselbezügl Test, Stgt Just **67**, 150). – Zur Beweislast bei Beurteilg der Frage, ob ein Test sittenwidrig ist, s BGH **53**, 379; § 1937 Anm 5 e. – Zu den Beweisanfordergen bei nicht beizubringenden TestUrk s § 2255 Anm 4 c.

4) Zur öffentlichen Aufforderung (II; § 1965 I; ZPO 948–950), mit der keine Ausschlußwirkg verbunden ist, besteht Veranlassg, wenn der AntrSt selbst nicht weiß, ob er sämtl Miterben angegeben hat, od das Vorhandensein Besserberechtigter wahrscheinl ist (dazu Frohn Rpfleger **86**, 43). Ob das Ger davon Gebr macht, steht in seinem pflichtgem Ermessen. Es kann davon absehen, wenn es keine Zweifel an der Existenz der vorrangig erbberecht Person hat (Ffm Rpfleger **87**, 203). Die öff Aufforderg kommt grdsätzl erst in Betr, wenn das Ger seiner ErmittlgsPfl genügt hat. Sie ist rechtsgrdsätzl nicht ausgeschl, wenn das NachlG vorher eine öff Aufforderg iS des § 1965 erlassen hat (KG Rpfleger **70**, 339). Sie soll den Kreis der Erbanwärter begrenzen u die ErbSchErteilg aGrd dieser Begrenzg ermöglichen (bes bei Auslandserben anwendbar). Nicht angemeldete Erbrechte sind bis zu deren nachträgl Feststellg unberücksichtigt zu lassen (KG JFG **20**, 389; LG Bln DNotZ **51**, 525); die Anmeldg dch den AbwesenhPfleger des Vermißten reicht nicht ohne weiteres aus, diesem das ErbR zu erhalten (SchlHOLG SchlHA **65**, 279). Bei Verschollenh eines Berechtigten ist grdsl TodeserklVerfahren dchzuführen, wenn dies mögl ist (Frohn aaO mN; str). – Die Ablehng einer öff Aufforderg unterliegt nicht der Beschwerde (LG Ffm Rpfleger **84**, 191).

5) Zur Belehrungspflicht des Rechtspflegers anläßl einer ErbSchVerhandlg üb die kostengünstigere von mehreren Möglichk s Hamm JurBüro **73**, 1184.

2359 *Feststellung des Erbrechts.* Der Erbschein ist nur zu erteilen, wenn das Nachlaßgericht die zur Begründung des Antrags erforderlichen Tatsachen für festgestellt erachtet.

1) Nach freier Überzeugung entscheidet das NachlG im ErbSchVerf üb das Vorliegen der tatsächl u rechtl Voraussetzgen des Erbrechts, also ohne Bindg an Beweisregeln od an die übereinstimmende Test-Auslegg der Beteiligten (BayObLG FamRZ **89**, 99; sog AusleggsVertr haben nur schuldrechtl Wirkg, § 2385 Anm 1) od an Vergleiche (BayObLG **29**, 211; **66**, 236; Stgt OLGZ **84**, 131; dazu auch § 2353 Anm 8). Die Erbenstellg kann nicht dch Anerkenntn od Vergleich, sond nur dch Gesetz, rechtsgült Test od rechtswirks ErbVertr begründet werden. Umgekehrt sind auch die Voraussetzgen, unter denen ein Erbe wegfallen kann, im Gesetz erschöpfend geregelt. Die erlangte Erbenstellg kann nicht mehr nach § 242 angezweifelt werden (BayObLG **65**, 90). Auch die Einrede der unzulässi RAusübg hat im ErbSch-Verf keine Geltg.

§§ 2359–2361 5. Buch. 8. Abschnitt. *Edenhofer*

2) Selbständig hat das NachlG auch üb die Staatsangehörig des Erbl od üb den Güterstand zu entscheiden (s § 2354 Anm 2). Auch ausgestellte Vertriebenenausweise sind dabei nicht bindend (BayObLG **64**, 291). – Zweifel tatsächl od rechtl Natur hat das NachlG selbständig zu entscheiden, mag dies nun zur Erteilg od Ablehng des Erbscheins führen (s BGH FamRZ **74**, 645: Nachprüfg der Wirksk einer dch Erbl erfolgten Adoption; dazu auch BayObLG FamRZ **76**, 101). Bloße **Anfechtbarkeit** einer Vfg vTw hindert die Erteilg nicht (wg VerfAussetzg s § 2353 Anm 5); über die Wirksamk einer erfolgten TestAnfechtg ist aber im ErbSchVerf zu befinden (KG NJW **63**, 766); die materielle BewLast für die AnfGründe trifft den, der die Anfechtung geltd macht (BayObLG **62**, 299, KG NJW **63**, 766, s § 2358 Anm 3). – Zur Bindung des NachlG an rechtskr Urteile üb das ErbR s Übbl 2 vor § 2353.

3) Das Rechtsschutzbedürfnis für die Erteilg des beantragten ErbSch ist ggf zu prüfen. Es ist nur dann zu verneinen, wenn der ErbSch ohne jedes Bedürfn für irgend eine RFolge erlangt werden soll (BayObLG FamRZ **86**, 1151). Bei Vorliegen eines anzuerkennenden ausländ ErbSch s § 2353 Anm 5.

2360 *Anhörung des Gegners.* ^I Ist ein Rechtsstreit über das Erbrecht anhängig, so soll vor der Erteilung des Erbscheins der Gegner des Antragstellers gehört werden.

^{II} Ist die Verfügung, auf der das Erbrecht beruht, nicht in einer dem Nachlaßgerichte vorliegenden öffentlichen Urkunde enthalten, so soll vor der Erteilung des Erbscheins derjenige gehört werden, welcher im Falle der Unwirksamkeit der Verfügung Erbe sein würde.

^{III} Die Anhörung ist nicht erforderlich, wenn sie untunlich ist.

1) Rechtliches Gehör ist ein tragender, dch Verfassg garantierter Grundsatz (GG 103 I; *BayVerf* 91 I), der auch in allen VerfArten der freiw Gerichtsbark (BVerfG **19**, 49) als zwingendes Recht gilt, so daß § 2360 insow nicht mehr maßgebl ist. Es ist allen (parteifäh) Personen zu gewähren, deren Rechte dch die im Verf ergehende Entscheid unmittelbar beeinträchtigt werden können, also den mat u formell Beteiligten. Diese üben das Recht persönl aus, soweit sie verfahrensfäh sind, anderfnls dch ihre ges Vertr; fehlt ein solcher, ist er verhindert od besteht ein schwerwiegder InteressenGgsatz, ist Pflegerbestellg geboten (ausführl Keidel/Amelung FGG 12 Rz 104ff). Betroffen von der Entscheid im ErbSchVerf sind bei gewillkürter Erbfolge die ges Erben, iü der verdrängte Erbanwärter, der NachE hinsichtl des NErbenVermerks (§ 2363).

a) Inhalt. Das Vorbringen der Beteiligten, soweit es für die Entscheid möglw erhebl sein kann, muß vom Ger zunächst zur Kenntn genommen u in Erwägg gezogen werden (BVerfG NJW **83**, 2017 u st Rspr). Dies gilt stets, wenn es noch vor Erlaß (dh Hinausgabe) der Entscheidg bei Gericht eingeht, selbst wenn eine gesetzte ErklFrist abgelaufen war (BVerfG NJW **88**, 1963) und die Vorlage an den Richter unverschuldet unterblieben ist (BayObLG **89**, 116). Das Ger muß den Beteiligten von allen Tats (aus dem Vorbringen anderer, aus formlosen Ermittlgen dch Auskünfte, Akteneinsicht, schriftl Befragg usw) Kenntn geben u darf seiner Entscheidg zum Nachteil eines Beteiligten nur solche Tats u BeweisErgebn zugrunde legen, zu denen sich dieser vorher äußern konnte (BVerfG **6**, 12 u st Rspr). Bei förml BeweisAufn muß den Beteiligten ohnehin das Anwesenh- u FrageR ermögl werden (Grds der Parteiöffentlichk).

b) Ausübung. Außer Kenntn der wesentl Tats müssen die Beteil auch Gelegenh erhalten, eigene Anträge, Beweismittel, Einwendgen, Tatsachen u Rechtsmeingen vorbringen zu können. Ausreichend ist idR die Ermöglichg einer schriftl Äußerg innerh angemessner Frist; ein Anspr auf persönl Anhörg folgt aus dem rechtl Gehör nicht notw, es sei denn, daß VerfVorschr od bes Umstände (Unfähgk zu schriftl Äußerg) dies gebieten. Ob Beteil von dem gebotenen Recht auch Gebrauch macht, ist ihm überlassen.

c) Verstoß begründet VerfFehler (auch wenn Ger kein Verschulden trifft), der aber dch Nachholg im BeschwVerf (nicht im RBeschwVerf) geheilt wird. BeschwGer kann jedoch das Verf dann zurückverweisen, wenn die Behebg des VerfMangels dem Verlust einer Tatsacheninstanz gleichkäme. Ein ErbSch ist aber nicht schon wg Verletzg rechtl Gehörs einzuziehen (BGH NJW **63**, 1972).

2) Anhörung der Beteil dient sowohl der GehörGewährg als auch der SachAufklärg. Für das rechtl Gehör hat § 2360 wg der zwingenden höherrang Norm des GG 103 I selbst bei verfassgskonformer Auslegg keine eigenständ Bedeutg mehr. I verpfl aber das NachlG, bei Anhängk eines ErbRStreits (FeststellgsKlage, AnfKlage nach § 2342) den Gegner formell zu beteiligen. – **II** verschärft die ErmittlgsPfl bei PrivatTest (§§ 2247, 2250, 2251) ggü öff Vfgen vTw (MüKo/Promberger Rz 17). Daß aber auch bei ErbVertr od öff Test die gesetzl Erben rechtl Gehör erhalten müssen, gebietet GG 103 I (Köln NJW **62**, 1729; BayObLG **60**, 432; MüKo/Promberger Rz 11; Soergel/Damrau Rz 5). – Untunlich, **III**, ist, soweit die Vorschr mit dem GG überh in Einklang zu bringen ist, allein als „tatsächl unmögl" zu verstehen (Staud/Firsching Rz 16). Dies ist nicht der Fall, wenn zahlreiche od weit entfernt wohnende od schwierig zu ermittelnde Personen als gesetzl Erben in Betracht kommen (BayObLG **60**, 432). Ob für gesetzl Erben, die in der DDR wohnen, dch eine Anhörg Nachteile entstehen, die ein Unterlassen rechtfert, ist im Einzelf zu prüfen (vgl Welskop RhNK **65**, 279). – Keine Pflicht besteht zur Anhörg gesetzl Erben, die aus jedem RGrund ausgeschlagen haben; von Personen, denen nur ein ErbersatzAnspr (§ 1934a) zustehen würde (str; s § 1934a Anm 5).

2361 *Einziehung oder Kraftloserklärung des unrichtigen Erbscheins.* ^I Ergibt sich, daß der erteilte Erbschein unrichtig ist, so hat ihn das Nachlaßgericht einzuziehen. Mit der Einziehung wird der Erbschein kraftlos.

^{II} Kann der Erbschein nicht sofort erlangt werden, so hat ihn das Nachlaßgericht durch Beschluß für kraftlos zu erklären. Der Beschluß ist nach den für die öffentliche Zustellung einer Ladung geltenden Vorschriften der Zivilprozeßordnung bekannt zu machen. Mit dem Ablauf eines Monats nach der letzten Einrückung des Beschlusses in die öffentlichen Blätter wird die Kraftloserklärung wirksam.

Erbschein § 2361 1–3

III Das Nachlaßgericht kann von Amts wegen über die Richtigkeit eines erteilten Erbscheins Ermittlungen veranstalten.

1) Allgemeines. Der unrichtige Erbschein (und entspr das Zeugnis der GBO 36, 37, KG JFG **14**, 137) ist gefährl u muß alsbald aus dem Verkehr gezogen werden. Dazu dient die **Einziehung, I, Kraftloserklärung, II**, u das Verlangen auf Herausg (§ 2362). Die Einzieh setzt eine wirks Erteilg voraus (BayObLG **60**, 501/504); ist der ErbSch noch nicht ausgehändigt, kann nur die Aufhebg des Anordngsbeschlusses erfolgen. Für die Anregg, den ErbSch als unrichtig einzuziehen, besteht keine zeitl Grenze (BayObLG **66**, 49; 233). BGH **47**, 58 erachtet die Einzieh des ErbSch, den das NachlG nach erneuter Prüfg für unrichtig hält, auch dann für zulässig, wenn seit Erteilg des ErbSch ein langer Zeitraum verstrichen ist, zwischenzeitl keine neuen Tatsachen aufgetreten sind u die der Erteilg zugrundeliegende, von den Betroffenen widerspruchslos hingenommene TestAuslegg denkgesetzl mögl war (dazu Anm von Johannsen **LM** Nr 5; BayObLG **75**, 62/65; Rpfleger **76**, 421). Auch sonst kann der Einzieh nicht mit dem Hinweis auf Treu u Glauben entgg getreten werden. Der „Antrag" auf Einziehg eines ErbSch kann mit einem neuen ErbSchAntr verbunden werden. – Eine **Berichtigung** od **Ergänzung** eines ErbSch ist nur zuläss, wenn es sich um die Beseitigg unzulässiger od überflüssiger od um die Aufnahme vorgeschriebener Zusätze handelt, die den Sachverhalt des ErbSch unberührt lassen u die am öffentl Glauben des ErbSch nicht teilnehmen (KG OLG **40**, 155 Fußn f; OLZG **66**, 612 mAv Haegele Rpfleger **67**, 413; s auch LG Bln Rpfleger **76**, 182). Zuläss ist auch die Berichtigg offenbarer Unrichtigk (ZPO 319; s § 2353 Anm 6a). Im übrigen ist aber eine Änderg, Berichtigg od Ergänzg des ErbSch nicht statth (Ffm Rpfleger **78**, 310/311); Ausn s § 2363 Anm 1 b, bb. Desh kann auch ein vorl gemeinschaftl ErbSch, in dem die Erbteile noch nicht angegeben sind, nicht ergänzt werden; ist die Größe der Erbteile nachträgl festgestellt, muß ein solcher ErbSch eingezogen u ein endgültiger gemeinschaftl ErbSch erteilt werden (Hamm Rpfleger **69**, 298). Auch bei Erledigg der TestVollstr ist der Erbsch nicht zu berichtigen, sond einzuziehen (Hamm OLGZ **83**, 59). – Antr auf Änderg od Berichtigg ist, soweit diese Maßn unzuläss sind, als Antr auf Einziehg u Erteilg eines anderen ErbSch aufzufassen.

2) Voraussetzung der Einziehg ist die (ursprüngl od nachträgl) **Unrichtigkeit** des ErbSch. Sie ist gegeben, wenn die Voraussetzgen für die Erteilg entw schon ursprüngl nicht gegeben waren od nachträgl nicht mehr vorhanden sind. Da die Einziehg das Ggstück zur Erteilg bildet, muß sich das NachlG bei der Entscheidg hierüber in die Lage versetzen, als hätte es den ErbSch erstmals zu erteilen. Stellt es dabei fest, daß der ErbSch aus tatsächl od rechtl Gründen so nicht mehr erteilt werden dürfte, ist er einzuziehen (BGH **40**, 54; BayObLG **77**, 59).

a) Unrichtig ist ein erteilter ErbSch zB bei: falscher Bezeichng der Erben od der Erbteile; Übersehen von ErbBerecht od Test; wirks Anfechtg; wirks Ausschlagg nach Erteilg; Ausschlagg eines Nacherben od Wechsel in der Person der angegebenen NachE od Eintritt der NErbfolge (§ 2363 Anm 2; 3); TestNichtigk, zB inf Geisteskrankh (vgl Höver DFG **50**, 81); Nichtanführg von Beschränkgen (§§ 2363, 2364; Ffm Rpfleger **78**, 310) od Befreiungen (§ 2136); fehlendem Gültigkeitsvermerk (s § 2353 Anm 4d); Widersprüchlichk (s KG RJA **17**, 56); and rechtl Beurteilg (Ffm Rpfleger **53**, 37) od and Auslegg (BGH **47**, 48); nachträgl Feststellg der Voraussetzgen des § 2306 I 1 mit II (Schlesw NJW **61**, 1929); Erledigg der TestVollstr (Hamm OLGZ **83**, 59).

b) Verfahrensfehler im Erteilungsverfahren nötigen nur in gravierenden Fällen zur Einziehg, zB bei fehlender Verfahrensvoraussetzg, selbst wenn ErbSch inhaltl richtig ist (BGH NJW **63**, 1972, KG NJW **63**, 880). Dazu gehört auch die Erteilg durch ein **örtlich unzuständiges** Gericht (Hamm OLGZ **72**, 352/353; BayObLG Rpfleger **75**, 304, **81**, 112; s Weiß Rpfleger **84**, 389); von BGH (Rpfleger **76**, 174) aber verneint, wenn sich die örtl Unzuständigk des tätig gewordenen Gerichts aus einer erlangten Vorschr ergibt; durch einen nicht mit Rechtspflegeraufgaben betrauten Beamten des gehobenen Justizdienstes (Ffm NJW **68**, 1289); od dch einen **funktionell unzuständigen** Rpfleger (LG Kblz DNotZ **69**, 431; aA Weiß aaO). Bei Erteilg **ohne Antrag** oder auf Antr eines NichtBerecht od abweich vom Antrage eines Berecht ist die Einziehg nur geboten, wenn nicht der AntrBerecht die Erteilg nachträgl ausdrückl od stillschw genehmigt hat (BayObLG **67**, 9, **70**, 109 f); s auch Stgt Just **79**, 437 (Nachholg des Antr beim NachlG). – Auch die unricht Beurteilung des Erbstatuts des Erbl (EG 25) od die Nichtangabe des die Erbfolge bestimmden ausländ Rechts (od DDR-Rechts) od die unrichtige Beurteilg der Staatsangehörigk des Erbl (s zB BVerfG **23**, 98 zur Beibehaltg der deutsch StAngehörigk polit, rassisch u religiös Verfolgter trotz Entziehg) kann zur Unrichtigk des ErbSch führen (KG Rpfleger **77**, 307). – Dagg führen and Verstöße gg Verfahrensregeln wie zB die Verletzg des (nachholbaren) **rechtlichen Gehörs** für sich allein nicht zur Einziehg.

c) Keine Unrichtigkeit des ErbSch tritt ein dch Erbteilsübertragung (§ 2033), Erbschaftsverkauf od bei Wechsel in der Person des TV. Ebso nicht allein deswegen, weil der ErbSch auf die Todesvermutg des REG AmZ 51 gestützt ist, obwohl diese Vorschr im ErbSchVerf nicht anwendb ist (BayObLG **52**, 163). Eine im ErbSchVerf abgegebene falsche eidesstattl Versicherg (§ 2356 II) nötigt für sich allein nicht zur Einziehg des ErbSch (Hamm OLGZ **67**, 74). Die Einziehg des ErbSch kommt auch nicht in Betr, wenn sich nachträgl herausstellt, daß die letzw Vfg, von der das NachlG bei Erteilg ausgegangen ist, aus irgend einem Grd unwirks ist od sein könnte, sich das bezeugte ErbR im selben Umfang aber aus einer anderen letztw Vfg ergibt (Hamm aaO); wenn der ehemals unrichtige ErbSch sich später als richtig erweist (LG Kblz DNotZ **69**, 430).

3) Verfahren. Über die Richtigk des ErbSch hat das NachlG Ermittlgen **von Amts wegen** anzustellen (**III;** FGG 12). Ein Antrag hierfür ist weder vorgeschrieben noch erforderl. Die Anregg dazu kann von jedem Beeinträchtigten ausgehen od sich von Amts wg ergeben. Vor einer Entscheidg hat das NachlG die Sachlage abschließend aufzuklären u rechtl Gehör zu gewähren. Zu Feststellgslast bei verbleibenden Zweifeln s § 2358 Anm 3. Bloße Zweifel an der Richtigk rechtfertigen für sich allein noch nicht die Einziehg. Diese ist anzuordnen, wenn entw die Unrichtigk des ErbSch festgestellt wurde od wenn zumindest die Überzeugg des Gerichts von seiner Richtigk über einen bloßen Zweifel hinaus erschüttert ist. – Die Anhän-

§ 2361 3–5   5. Buch. 8. Abschnitt. *Edenhofer*

gigk eines für das ErbR vorgreiflichen Gerichtsverfahrens hindert die Einzieh nicht (Bln Rpfleger 71, 149 mAv Bonnet; gg Bonnet aber Gienke Rpfleger 73, 52). – Ist aGrd eines gemeinsch Test ErbSch nach dem Längerlebenden zu erteilen, kann dabei nachgeprüft werden, ob der nach dem Erstverstorbenen erteilte ErbSch richtig ist (Ffm Rpfleger 72, 56). – Auch bei Einzieh eines FremdrechtsErbSch (§ 2369) richten sich die verfahrensrechtl Voraussetzgen nach § 2361 (Hamm NJW 64, 554).

a) Zuständig für die Entscheidg ist nur dasjenige NachlG, das den ErbSch erteilt hatte (BayObLG 77, 59, Hamm OLGZ 72, 352/353, KG Rpfleger 66, 209; auch wenn ihm das AG Schöneberg gem ZuständErgG 7 I 2 das EinziehgsVerf übertragen hat) ohne Rücks darauf, ob dieses örtl (international) zuständig war (auch wenn die WohnsGem dem Bezirk eines and AG zugeordnet wurde, Ffm Rpfleger 81, 21). Richter entscheidet, wenn die Voraussetzgen des RPflG 16 I Nr 7 vorliegen. Ob zur Einzieh eines ErbSch, der von einem Staatl Notariat der DDR (Bln-Ost) erteilt worden ist, bei entspr Anknüpfg zum Gebiet der BRep (Bln-West) ein westdtsches Ger interlokal zust ist, verneint Karlsr OLGZ 81, 399, Wengler JZ 69, 666[6], ebso Broß RhNK 73, 465/483, Staud/Firsching Rz 45, bejaht dagg das KG OLGZ 67, 356 unter Annahme der örtl Zustdgk des AG Schöneberg (u zwar für einen von einem jetzt zum Gebiet der DDR gehörden Ger erteilten ErbSch); für Bejahg auch Kuchinke FS v d Heydte, 1977, II 1005/1016, der annimmt, daß die fr Erteilg eines ErbSch dch das Staatl Notariat der DDR die Erteilg eines ErbSch dch das NachlG der BRep nicht hindert.

b) Der Einziehungsbeschluß wird mit der Aufforderg an den (die) Besitzer verbunden, die erteilten Ausfertigungen binnen kurzer Frist bei Meidg von Zwangsgeld (FGG 33) abzuliefern. Eine gewaltsame Wegnahme ist mögl. Rechte Dritter stehen nicht entgg.

c) Durchgeführt ist die Einzieh erst mit Ablieferg aller erteilten Ausfertigungen (BayObLG 66, 233; 80, 72). Erst damit wird der eingezogene ErbSch **kraftlos** (I 2); bei unterlassener od unmöglicher Ablieferg s Anm 4. Nicht ausreichend ist also ein bloßer Vermerk auf der Urschrift (Oldbg DNotZ 58, 263). Dieser Vermerk u die Unbrauchbarmachg der Ausfertiggen (ähnl wie beim HypBrief) sind ledigl innerdienstl Bestätiggen der tatsächl erfolgten Einzieh (Keidel DNotZ 58, 263 Anm). Wenn, wie in *Bay,* die Urschrift des ErbSch an die Beteiligten hinausgegeben wird u bei den Gerichtsakten ledigl der Entwurf verbleibt, so müssen sämtl Urschriften, aber auch die nach FGG 85 erteilten Ausfertiggen an das NachlG abgeliefert werden, damit die Einziehg als erfolgt anzusehen ist (Keidel aaO). Ist eine Ausfertig od Urschrift hinausgegeben, zB nur der NachlAkt mit dem ErbSch dem GBA zur Umschreibg zugeleitet worden, so genügt Bek der EinziehgsVfg an ErbSchErben (BayObLG 60, 501). Verfügg der Rückg des ErbSch zu den Akten durch **einstweilige Anordnung** hat nicht die Wirkg der Einziehg, auch wenn dieser zurückgegeben wird; auch eine nur tatsächliche Einziehg ist unzulässig (KG NJW 63, 880; BGH NJW 63, 72; LG Stgt BWNotZ 79, 66; ebso Soergel/Damrau Rz 2; dagg für Wirksk vorläuf ErbSchEinziehg im Sinne der § 2365 bis 2367 Lindacher NJW 74, 20, s auch § 2366 Anm 2).

d) Kosten: KostO 108; FGG 13a. Wertberechg KostO 107 II (ReinNachl zum Zeitpkt des Erbfalls, BayObLG FamRZ 89, 99); geht es nur um die Beseitig einer Beschränkg des Erben, ist dessen Interesse maßgebl (BayObLG Rpfleger 89, 521). – Niederschlag der Gerichtskosten bei unrichtiger Sachbehandlg ist in KostO 16 geregelt. – Über RA-Gebühr s BGH BB 77, 69.

e) Neuerteilung. Sind schon bei Einziehg alle Voraussetzgen für die Erteilg eines neuen richtigen ErbSch gegeben, kann mit dem Einziehgsbeschluß zugleich die Erteilg des neuen ErbSch bewilligt werden (BGH 40, 54; KG NJW 63, 706; BayObLG 66, 233; Ffm Rpfleger 78, 310). Mit dessen Aushändigg soll aber zugewartet werden, bis der alte ErbSch abgeliefert od für kraftlos erklärt wurde, weil schon wg des fehlenden Gutglaubensschutzes (s § 2366 Anm 2) zu vermeiden ist, daß Erbscheine widersprechenden Inhalts in Umlauf sind.

4) Kraftloserklärung (vgl § 176 I, ZPO 204) ist geboten, wenn mind eine der Ausfertiggen nicht zu erlangen od Erfolglosigk der Einziehg von vorneherein feststeht (BayObLG OLG 40, 155). Sie erledigt die Einziehg. Keine **Beschwerde** findet gg die KraftlosErkl statt, wenn nach **II** vorschriftsgemäß durchgeführt (FGG 84); wohl aber ist die Beschw mit dem Ziel der Neuerteilg eines gleichlautenden Erbscheins zulässig (KG JFG 10, 79, Halle NJ 49, 21; aM Oldbg DNotZ 55, 158; dagg Keidel daselbst 162). Ist jedoch der KraftlosErklBeschl ledigl den Beteiligten zugestellt, aber nicht nach **II** 2 öffentl bekannt gemacht, so ist die Beschw zulässig (BayObLG 58, 364).

5) Rechtsmittel. Gegen die Anordnung der Einziehung wie deren Ablehnung ist **Beschwerde** u weitere Beschw gegeben (FGG 19, 20, 27). – **a)** Ist die vom NachlG angeordnete Einziehg dch Ablieferg od KraftlosErkl tatsächl bereits erfolgt, ist Beschw (weitere Beschw) nur mehr mit dem Ziel zuläss, das NachlG zur Erteilg eines neuen gleichlautenden ErbSch anzuweisen, da die durchgeführte Einzieh als solche nicht mehr rückgängig gemacht werden kann (BGH 40, 54; BayObLG 80, 72; FamRZ 89, 550). Hat NachlG dagg die Einziehg abgelehnt, kann Ziel der Beschw nur sein, das NachlG möge zur Einziehg angewiesen werden; das BeschwG kann nie selbst einen ErbSch einziehen, da dies (wie schon die Erteilg) stets dem NachlG vorbehalten ist (Ffm Rpfleger 73, 95). Will das NachlG der Beschw von sich aus abhelfen, weil es die erfolgte Einziehg nachträgl für ungerechtfertigt erachtet (FGG 18), kann es auch nur einen neuen ErbSch mit gleichem Inhalt erteilen. Über die Bindg des BeschwGerichts an seine Entsch vgl BGH NJW 55, 21; KG NJW 55, 1074; LM § 2353 Nr 2 Anm Johannsen. – **b) Beschwerdeberechtigt** (FGG 20 I) ist bei **Ablehnung** der Einziehg jeder erbrechtl Beeinträchtigte (s § 2353 Anm 7c; BGH, BayObLG FamRZ 74, 645/646; 77, 275): so der wirkl Erbe (neben § 2362), TestVollstr (Oldbg Rpfleger 65, 305), NachlGläub, wem er VollstrTitel besitzt (Hamm Rpfleger 77, 306); auch der im ErbSch als Erbe (NachE) Bezeichnete kann mit der Beschw geltend machen, daß er nicht Erbe sei (BGH 30, 263; BayObLG 77, 163); der ErsNachE, daß der ErbSch des VE unrichtige Angaben über die Nacherbfolge enthalte (BayObLG 60, 407). Am Einziehgs-Verf nicht beteiligt ist aber, wer von einer durch ErbSch ausgewiesenen Person einen NachlGgst erworben hat, wenn dieser ErbSch eingezogen werden soll (BayObLG 66, 49). – Bei **Anordnung der Einziehung**

sind beschwerdeberecht der urspr AntrSt, der den ErbSch beantragt hat; auch der einzelne MitE, der mit den anderen MitE den Antr gestellt hatte (KG OLG **40**, 155 Fußn c); ferner alle übrigen AntrBerechtigten, auch wenn sie die Erteilg des ErbSch nicht beantragt haben (BGH **30**, 220). Ein BeschwR gg die Einzieh kann aber nur aus der Entscheidgsformel, nicht aus den Gründen hergeleitet werden (KG OLGZ **66**, 74, s aber auch BayObLG **75**, 62). Über das BeschwR des NachE gg Einzieh des dem VorE erteilten ErbSch s § 2363 Anm 1a. – Verwirkg des BeschwerdeR kommt grdsätzl nicht in Betr (BayObLG Rpfleger **79**, 333).

2362 *Herausgabeanspruch des wirklichen Erben.* **I** Der wirkliche Erbe kann von dem Besitzer eines unrichtigen Erbscheins die Herausgabe an das Nachlaßgericht verlangen.
II Derjenige, welchem ein unrichtiger Erbschein erteilt worden ist, hat dem wirklichen Erben über den Bestand der Erbschaft und über den Verbleib der Erbschaftsgegenstände Auskunft zu erteilen.

1) Der wirkliche Erbe (auch der NachE, § 2363 II; der TV, § 2364 II; der unrichtigerw für tot Erklärte, § 2370 II) kann bei unricht ErbSch nicht nur das NachlG anrufen (§ 2361), sond auch dch eigenes Betreiben den ErbSch aus dem Verkehr ziehen. Das G gewährt ihm dazu einen materiellrechtl **Anspruch auf Herausgabe an das Nachlaßgericht,** der im Prozeßweg dchgesetzt werden kann. Gegner ist jeder Besitzer, mag er auch nicht als Erbe bezeichnet sein; auch ein MitE bei unrichtiger Erbteilsangabe. Beweispflichtig für ErbR u Besitz ist der Kläger. Jedoch gilt die Vermutg des § 2365 für den Gegner nicht, da der Kläger sonst schlechter gestellt wäre als bei dem Amtsverfahren des § 2361 (s auch § 2365 Anm 2). Dem Begehren kann uU eine peremtorische Einrede entgg gehalten werden (Johannsen WM **79**, 636f). Gerichtsstand der Erbsch (ZPO 27) gilt hier nicht, wenn nicht ErbschKlage verbunden wird (dazu MüKo/Promberger Rz 2). ZwVollstr nach ZPO 883. **Herausgabe** an NachlG (nicht schon an GVz) **wirkt als Einziehung** (§ 2361 I 2).

2) Auskunft (II, § 260) kann der wirkl Erbe von jedem verlangen, dem ein unrichtiger ErbSch erteilt wurde, also auch wenn er den ErbSch nicht besitzt od nicht mehr Erbschaftsbesitzer (§ 2027) ist.

2363 *Erbschein für den Vorerben.* **I** In dem Erbscheine, der einem Vorerben erteilt wird, ist anzugeben, daß eine Nacherbfolge angeordnet ist, unter welchen Voraussetzungen sie eintritt und wer der Nacherbe ist. Hat der Erblasser den Nacherben auf dasjenige eingesetzt, was von der Erbschaft bei dem Eintritte der Nacherbfolge übrig sein wird, oder hat er bestimmt, daß der Vorerbe zur freien Verfügung über die Erbschaft berechtigt sein soll, so ist auch dies anzugeben.
II Dem Nacherben steht das im § 2362 Abs. 1 bestimmte Recht zu.

Schrifttum: Backs, Testamentarische Beschränkgen des Erben im Erbschein, DFG **40**, 49; Guggumos, Ersatznacherbe u Erbschein, DFG **37**, 233; Bab, Erbschein nach dem erstverstorbenen, zugunsten des überlebden Ehegatten auf Grund eines gemeinschaftl Test, JR **52**, 468; Schmidt, Die Nachfolge in das Anwartschaftsrecht des Nacherben u die Erteilg des Erbscheins nach Eintritt des Nacherbfalls, BWNotZ **66**, 139.

1) Der für einen Vorerben ausgestellte Erbsch weist nur diesen als Erben aus. Die notw Angaben über die NachE (s unten b) haben nur für die VfgsBefugn des VorE Bedeutg. Eine angeordnete Nacherbfolge kann also vor Eintritt des Nacherbfalls im einzelnen ErbSch noch nicht bezeugt werden (BGH **84**, 196/200).
a) Antragsrecht: Nur der Vorerbe ist antragsberechtigt (Hamm Rpfleger **80**, 347). Dem NachE u dem Erben eines NachE kann vor Eintritt des Nacherbfalles kein ErbSch erteilt werden (BGH Rpfleger **80**, 182). Der NachE wird im ErbSch für den VorE ledigl als die Person bezeichnet, zu deren Gunsten der VorE beschränkt ist. Er kann aber Einziehg (§ 2361) beantragen u SchadErs geltd machen (RG **139**, 343), wenn er im ErbSch zu Unrecht nicht erwähnt war. Ebenso kann er die Einziehg anregen, wenn er zu Unrecht als NachE aufgeführt ist od die Nacherbfolge unrichtig bezeichnet ist (s LG Mannh MDR **61**, 58); gg Ablehng der Einziehg ist er beschwerdeberecht (FGG 20 I). Dagg steht ihm kein BeschwR zu, wenn der auf Antr des VorE erteilte, einen NachE-Vermerk enthaltende ErbSch eingezogen wird, da hierdurch ein Recht des NachE nicht beeinträchtigt wird (Oldbg DNotZ **58**, 263 m Anm Keidel, BayObLG **61**, 200). S aber auch Hamm OLGZ **68**, 80, wonach der NachE beschwerdeberechtigt ist, wenn nach der RAuffassg des BeschwG der ErbSch keinen NachE-Vermerk tragen soll (im Hinblick auf die Bindgswirkg für weitere Rechtszüge), BayObLG **75**, 62. – Der vom VorE mit Entgegnahme des ErbSch beauftragte UrkNotar hat inhaltl PrüfgsPfl bezügl Übereinstimmg des erteilten mit dem beantragten ErbSch auch ggü NachE (BGH NJW **88**, 63 mit krit Anm Bernhard DNotZ **88**, 375); einen erkennbar unrichtig erteilten ErbSch darf er VorE nicht aushändigen (BGH aaO).
b) Inhalt: Über den sonstigen Inhalt hinaus ist in dem ErbSch für den VorE anzugeben: **aa)** Die **Anordnung der Nacherbfolge** u ihre Voraussetzgen sowie der Ztpkt ihres Eintritts (BayObLG **65**, 86). Ist sie auf einen Bruchteil beschränkt, muß Quote angegeben werden. Auch Einsetzg des NachE unter Bedinggen ist zum Ausdruck zu bringen (LG Mannheim MDR **61**, 58). Zu Wiederverheiratgs- u Verwirkgsklauseln s § 2269 Anm 5 bzw § 2074 Anm 2. – **bb)** Die möglst genaue **Bezeichnung der Nacherben** (idR namentl, vgl BayObLG **83**, 252), nicht aber die Bruchteile, in denen sie nacherbberechtigt sind. Können die NachE zunächst nicht namentl aufgeführt werden (zB im Falle des § 2104), ist möglst genaue Umschreibg zu wählen (zB „die bei Eintritt der Nacherbfolge vorhandenen ehel Abkömmlinge des VorE"); werden ihre Namen später festgestellt, ist ausnahmsw Ergänzg zulässig (Planck Anm 2c). Anzugeben ist auch der **zweite** u weitere NachE sowie der **Ersatznacherbe,** auch wenn er stillschweigd (§ 2069) eingesetzt ist (RG **142**, 171; BayObLG **60**, 410; Hamm OLGZ **75**, 156; vgl auch GBO 51). Die NachE sind nach § 2358, FGG

§§ 2363–2365

12 vAw zu ermitteln (Ffm NJW **53**, 507, RGRK Rz 9); zu den Schwierigkeiten der Praxis vgl Höver DFG **36**, 30. Bei Vfgen des NachE über seine Anwartsch s c). – **cc)** Die **Vererblichkeit** der NachEAnwartsch (§ 2108 II 1). In der Praxis wird vielfach allerd nur die Nichtvererblk angegeben, so daß Fehlen des Vermerks die Vererblk bezeugt (RG **154**, 330, Köln NJW **55**, 635). – **dd)** **Befreiung** des VorE von Beschränkgen (§ 2136) sowie ein **Vorausvermächtnis** des alleinigen VorE (§ 2110 II), KG JFG **21**, 122, BayObLG **65**, 465 („Das R des NachE erstreckt sich nicht auf folgende Gegenstände: ...“). – **ee)** Einsetzg des NachE auf den **Überrest** (§ 2137). – **ff)** Bestellg eines **Testamentsvollstreckers** für den **Nacherben** (§ 2222).

c) Nicht angegeben im ErbSch wird die Nacherbfolge, wenn sie ggstandslos, der VorE also Vollerbe geworden ist (dch Vorversterben; Übertragg des AnwRs auf den VorE, § 2108 Anm 5, KG JFG **18**, 223, LG Bln DNotZ **76**, 569; Nichteintritt einer Bedingg, Celle NdsRpfl **55**, 189). Überträgt der NachE zwischen Erbfall u Nacherbfall seine Anw auf einen Dritten, wird im ErbSch gleichwohl der NachE angegeben u nicht der Erwerber (Düss MDR **81**, 143, RGRK Rz 8; aM KG JFG **20**, 21). Auch Erbteilserwerber (§ 2353 Anm 2) u ErbschKäufer (Übbl vor § 2371 Anm 1, 2) werden nicht erwähnt.

d) Der VormschRichter ist durch den ErbSch nicht gebunden, sond muß in einem **vormundschaftsgerichtlichen Verfahren** selbst nachprüfen, wer die NachE sind, wenn die Unrichtigk des ErbSch behauptet wird (KG JFG **15**, 303).

2) Unrichtig ist od wird der ErbSch beim Fehlen des vorgeschriebenen Inhalts; durch Eintritt des Nacherbfalls (§ 2139, Hamm Rpfleger **80**, 347), auch wenn nur einer von mehreren Vorerben weggefallen ist (KGJ **37**, 135, LG Bln WM **61**, 313, Planck-Greiff Anm 3 zu § 2361, dazu aber auch Schmidt aaO 139 u insb Becher, Rpfleger **78**, 87); durch Nichterwähng einzelner NachE; durch unrichtige Bezeichng der Nacherbfolge (BayObLG **60**, 407); durch Wechsel in der Person des NachE, sei es wg § 2108 II bei seinem Wegfall vor dem NErbfall (BayObLG FamRZ **88**, 542) od infolge Übertragg der NachERechte auf den VorE (Bln DNotZ **76**, 569). Der ErbSch ist dann kr GewohnheitsRs jeweils **einzuziehen** (Köln Rpfleger **84**, 102), ohne daß der NachE dadch in seinen Rechten beeinträchtigt wird (Köln aaO; Oldbg DNotZ **58**, 264). Ist ein ErbSch nach dem Tode des VorE wg Eintritts des NErbfolge eingezogen worden, kann im RSchutzBedürfn bestehen, den ErbSch noch einmal mit Wirkg von der Ausstellg ab als unrichtig einzuziehen, wenn in ihm die NErbfolge unrichtig aufgeführt war (AG Osterode NdsRpfl **69**, 154).

3) Bei Eintritt der Nacherbfolge kommt allein ein **Erbschein des Nacherben** in Betr (KG HRR **32** Nr 12); das gilt auch, wenn bei mehreren nur ein VorE verstorben ist, hinsichtl der eingetretenen Nacherbfolge (Hamm NJW **74**, 1827; dazu Schmidt aaO 139ff, der nach Eintritt des Nacherbfalls die Erteilg eines zeitl beschränkten ErbSch für den VE für zuläss erachtet). Im ErbSch des NE ist der Ztpkt des Nacherbfalls anzugeben (BayObLG **65**, 86; Stgt DNotZ **79**, 104/107), nicht aber unbedingt der Name des VorE (KGJ **50**, 85, vgl Hamm JMBl NRW **62**, 63). Eine neue eidesstattl Versicherg (§ 2356 II) ist nicht unbedingt erforderl (KGJ **46**, 146). Muster eines ErbSch bei eingetretener Nacherbfolge s Firsching Rz 138. Ein dem NachE vor Eintritt des Nacherbfalls auf seinen Antr erteilter ErbSch ist als unrichtig einzuziehen (LG Mannh MDR **61**, 58). Die Rechtsnachfolger des VorE haben ein RSchutzbedürfnis hins des Antrags auf Einziehg des dem NachE erteilten ErbSch, wenn dieser zB einen unrichtigen Ztpkt für den Eintritt der Nacherbfolge angibt (Hamm JMBl NRW **62**, 63). – Zur Umschreibg des GB ist der ErbSch als Nachweis erforderl (BGH **84**, 196).

4) Der Herausgabeanspruch, II, § 2362 I, steht dem NachE vor dem Nacherbfall auch gg den VorE zu, wenn der ErbSch Unrichtigk iS des Abs I enthielt. Auskberechtigt (§ 2362 II) ist er dagg erst vom Nacherbfall ab, vgl auch § 2130.

2364 Angabe des Testamentsvollstreckers.

I Hat der Erblasser einen Testamentsvollstrecker ernannt, so ist die Ernennung in dem Erbschein anzugeben.
II Dem Testamentsvollstrecker steht das im § 2362 Abs. 1 bestimmte Recht zu.

1) Die Angabe bezweckt, Dritten die Vfgsbeschränkg des Erben bekanntzumachen (vgl GBO 52). Auch die NachETestVollstr (§ 2222) ist anzugeben (KGJ **43**, 92). Als Ausweis dient das Zeugn des § 2368. Daher gehören der Name u der Umfang der Befugnisse in dieses, in den ErbSch dagg keinesf der Name u der Umfang der Befugnisse nur in bes gelagerten Fällen. Die Angabe der TestVollstreckg erfolgt bei aufschiebender Bedingg erst mit deren Eintritt (KG JFG **10**, 73). Sie muß auch erfolgen, wenn in den Fällen der §§ 2198, 2200 ein TestVollstr noch nicht ernannt ist. Sie erübrigt sich, wenn er abgelehnt hatte u ein Ersatzmann nicht ernannt war od er den Erben nicht beschwert (Backs DFG **40**, 50) od wenn zw Erbfall u ErbSchErteilg die TestVollstrg weggefallen ist (BayObLG Rpfleger **74**, 345). – Bei fehlender Angabe einer TestVollstreckg ist der ErbSch als unrichtig einzuziehen (§ 2361), BayObLG FamRZ **77**, 347/349. Durch **nachträgliche Erledigung** der **Testamentsvollstreckung** wird der ErbSch unrichtig (§ 2361), kann also nicht berichtigt werden (Hamm OLGZ **83**, 59). Ein Wechsel in der Person des TV berührt ihn dagg nicht.

2) Herausgabe, II, kann der TestVollstr insb verlangen, wenn die TestVollstrg im ErbSch nicht angegeben war. Er kann auch die Erteilg u die Einziehg des Erbscheins beantragen u gg Erteilg eines nach seiner Auffassg unricht ErbSch Beschwerde einlegen (Oldbg Rpfleger **65**, 305). Ein **Auskunftsanspruch** (§ 2362 II) steht ihm nach §§ 2205, 2209 zu.

3) Über Erteilg eines gegenständlich beschränkten ErbSch mit TestVollstrgsKlausel (trustee amerikan Rs) s Ffm DNotZ **72**, 543; H/Winkler Rz 36, 37.

2365 Vermutung der Richtigkeit des Erbscheins.

Es wird vermutet, daß demjenigen, welcher in dem Erbschein als Erbe bezeichnet ist, das in dem Erbschein angegebene Erbrecht zustehe und daß er nicht durch andere als die angegebenen Anordnungen beschränkt sei.

Erbschein **§§ 2365, 2366**

1) Rechtsvermutung. Der ErbSch ist weder ein Wertpapier noch eine rechtschaffende Urk, sond ein **Zeugnis** mit **Klarstellungsfunktion** (RG **154**, 330). Die Rechtsvermutung des § 2365 beginnt mit der Erteilg (§ 2353 Anm 6), nicht schon mit der Bekanntmachg des Bewilliggsbeschlusses u endet mit der Einziehg, KraftlosErkl od Herausg (§§ 2361, 2362). Bei mehreren einander widersprechenden Erbscheinen entfällt für jeden ErbSch, soweit ein Widerspr besteht, die Vermutg seiner Richtigk (BGH **33**, 314 = **LM** Nr 1 zu § 2366 mAv Piepenbrock; Schlüter § 33 V 6; aM Lange/Kuchinke § 41 II 5b[69], wonach derjenige geschützt sein soll, der als erster gestützt auf §§ 2365 ff erwirbt; s auch Lindacher DNotZ **70**, 93). – **a)** Die **Vermutung gilt positiv** nur für das bezeugte ErbR, bei MitE auch für die Größe der Erbteile u **negativ** dafür, daß andere als die angegebenen Beschränkgen nicht bestehen (**Vollständigkeitsvermutung**); als solche kommen nur NErbfolge, Ersatznacherbfolge und TVstrkg (§§ 2363, 2364) in Frage. In Ermangelg einer Angabe hierüber gilt der Erbe als nicht beschränkt. – **b)** Dagg besteht **keine Vermutung** dafür, daß die angegebenen Beschränkgen auch wirkl bestehen (MüKo/Promberger Rz 12, str). Der ErbSch bezeugt auch nicht den (oft angegebenen) BerufsgsGrd (str; s MüKo/Promberger Rz 7 mH). Ferner wird alles, was von Rechts wg nicht in den ErbSch gehört, zB Vermächtn, Teilgsanordnung, Fortbestehen des Rechts des VorE (vgl dazu § 2140), Erbteils- oder ErbVerkauf, NachlVerw u -Konk, auch von der Vermutung nicht gedeckt. Der ErbSchE ist noch kein ErbschBesitzer (§ 2018). Dafür, daß der Besitzer des Erbscheins der Erbe sei, spricht selbstverständl k e i n e Vermutg.

2) Für und gegen den ausgewiesenen Erben spricht die Vermutg. Sie bedeutet im Prozeß für den Kläger eine Erleichterg der ProzFührg u der BewLast. Der **klagende Erbscheinserbe** braucht nur die Rechtshauptg seines Erbrechts aufzustellen. Der Beklagte, der selbst Erbe zu sein behauptet, mag Tatsachen nachweisen, aus denen sich die Unrichtigk des ErbSch ergeben soll. Ein Zweifel an der Richtigk des ErbSch muß aber dem Inhaber des ErbSch zur Last fallen (Rosenberg, BewLast[5] § 16 II 4b, Staud/Firsching Rz 25). Der **beklagte Erbscheinserbe** hat, wenn der Kläger die Voraussetzgen des von ihm behaupteten Erbrechts dargetan hat, die zur Ausschließg dieses Erbrechts dienl Tatsachen, zB die Echth des ihm zugrunde liegenden Test, nachzuweisen (Warn **13** Nr 300, RG DR **44**, 339, LG Hagen NJW **66**, 1660, Rosenberg aaO, Staud/Firsching Rz 25; s aber auch MüKo/Promberger Rz 24). Die Vermutg des § 2365 ist mit allen BewMitteln (zB Bezugn auf die NachlAkten) **widerlegbar**, auch mit solchen, die bei Schaffg der Urk bereits vorgelegen haben (Nürnb WM **62**, 1200). Neue Tatsachen sind hierbei nicht erforderl (Warn **42** Nr 25). Der ProzRichter hat ggü dem ErbSch freie Hand; dies gilt insb, wenn es sich im Rechtsstreit nur um die Auslegg eines Test handelt (BGH **47**, 67).

3) Im formellen Grundbuchverkehr ist der Nachweis der Erbfolge grdsätzl durch ErbSch zu führen (GBO 35 I 1; s Übbl 3 vor § 2353). Guten Glauben kann das GBA nicht prüfen, da es nicht feststellen kann, ob der Erwerber eine etwaige Unrichtigk des Erbscheins kannte. – Soweit die dem § 891 entsprechende Vermutg des § 2365 reicht, genießt der ErbSch öff Glauben, falls nicht dem GBA neue UnrichtigkTats bekannt werden (KG JFG **18**, 44; vgl aber auch Übbl 1c vor § 2353). Der **öffentliche Glaube des Grundbuchs geht jedoch dem des Erbscheins vor.** Dem vom ErbSchErben A erwerbenden B nützt sein guter Glaube an die Richtigk des Erbscheins nichts, wenn ein anderer C im Grdbuch eingetragen war (Güthe/Triebel, GBO 35 Anm 12).

4) Wohnungsbehörden durften den als verfüggsberechtigt nach § 14 WBewG ansehen, der durch ErbSch ausgewiesen ist (BVerwG ZMR **59**, 114). – Die Vermutg des § 2365 gilt auch für **Steuerbehörden** (BFH DWW **63**, 29).

2366 *Öffentlicher Glaube des Erbscheins.* Erwirbt jemand von demjenigen, welcher in einem Erbschein als Erbe bezeichnet ist, durch Rechtsgeschäft einen Erbschaftsgegenstand, ein Recht an einem solchen Gegenstand oder die Befreiung von einem zur Erbschaft gehörenden Rechte, so gilt zu seinen Gunsten der Inhalt des Erbscheins, soweit die Vermutung des § 2365 reicht, als richtig, es sei denn, daß er die Unrichtigkeit kennt oder weiß, daß das Nachlaßgericht die Rückgabe des Erbscheins wegen Unrichtigkeit verlangt hat.

1) Die Verkehrssicherheit, der mit der widerlegbaren Vermutg des § 2365 nicht gedient ist, erfordert, daß der GeschPartner des ErbSchE sich unbedingt auf die Richtigk des Zeugnisses verlassen kann („RichtigkFunktion", s Wiegand JuS **75**, 283/284 f). Der Schutz des § 2366 reicht aber nicht weiter als die Vermutg des § 2365 (s dort Anm 1). Der **öffentliche Glaube** des Erbscheins bezieht sich deshalb nicht auf die Zugehörigk eines Ggst zum Nachl; das VfgR des Erben; insb nicht darauf, daß ein im ErbSch aufgeführter MitE nicht seinen Anteil veräußert hat (BGH WM **63**, 219). Er **schützt nur** den **rechtsgeschäftlichen Einzelerwerb durch dingliche Rechtsgeschäfte** (nicht den durch ZwVollstr, dingl unvollzogene Schuldgeschäfte, Erwerb der Erbschaft od eines Erbteils, §§ 2371, 2385, 2033, 2030, rechtsgeschäftl Gesamtnachfolge, Rechtserwerb kraft Gesetzes), u zwar an **Erbschaftsgegenständen** (Grdstücke, GrdstRechte, bewegl Sachen u Fdgen, auch Ersatzstücke, Mitgliedschafts- u sonstige Rechte, auch wenn sie außerh § 2366 gutgl erworben werden können, Wiegand JuS **75**, 284).

2) Nur der erteilte (§ 2353 Anm 6) und **in Kraft befindliche Erbschein** (nicht der bereits eingezogene od für kraftlos erklärte, § 2361; auch nicht die Ausfertigg eines ledigl die Erteilg anordnenden Beschl, BayObLG **60**, 192) genießt öff Glauben. Nicht nötig ist, daß er vorgelegt, erwähnt od dem Erwerber auch nur bekannt war (s BGH **33**, 317). Durch **einstweilige Anordnungen** im ErbSchVerf (FGG 24) kann aber die Gefahr gutgläubigen Dritterwerbs u befreiender Leistg an den ErbSchErben **nicht** ausgeschl werden (BayObLG **62**, 299, BGH **40**, 54 = **LM** § 2361 Nr 4 mAv Piepenbrock; aM Lindacher NJW **74**, 20). Nur der redl Erwerb wird geschützt; er setzt das Bewußtsein voraus, einen ErbSchGgst zu erwerben (Wiegand JuS **75**, 285 f). Kennenmüssen steht der Kenntn nicht gleich. Die Kenntn des Rückgabeverlangens des ErbSch dch das NachlG, der Verurteilg zur Herausg (§ 2362 I) od der Anfechtbark des Test (§ 142 II) macht aber

§§ 2366–2368　　　　　　　　　　5. Buch. 8. Abschnitt. *Edenhofer*

bösgläubig. Maßgebder Ztpkt ist die Vollendg des Erwerbs (s BGH WM **71**, 54), anders § 892 II. ErbSchErteilg nach Auflassg, aber vor Eintragg kann also noch gutgl Erwerb vermitteln (s aber Anm 3 b). – Bestehen gleichzeitig **mehrere Erbscheine** mit **widersprüchlichen** Inhalten nebeneinander, entfällt im Umfang des Widerspruchs nach hM für beide ErbSch sowohl die Vermutg der Richtigk (§ 2365) als auch die Wirkg des öff Glaubens, auch wenn dem sich auf einen ErbSch Berufenden der andere ErbSch nicht bekannt war (BGH **33**, 314 mAv Piepenbrock **LM** § 2366 Nr 1; **58**, 105). Dies wird als dem Interesse der Sicherh des RVerkehrs bzw dem System des Vertrauensschutzes widersprechend zunehmend kritisiert (Lindacher DNotZ **70**, 99; Klein Rpfleger **84**, 389; Parodi AcP **185**, 362; Herminghausen NJW **86**, 571). Sind in der DDR u in der BRep widersprüchl ErbSch erteilt, so ist den letzteren der Vorzug zu geben (Ferid/Firsching, Teil DDR Grdz E).

3) Erwerb vom Nichtberechtigten. Die §§ 892, 893, 932–936, 1032 S 2, 1207 gelten selbständig neben den §§ 2366, 2367; denn der ErbSch bietet dem Dritten nur Gewähr für das ErbR des in ihm Ausgewiesenen u das Fehlen von nicht angegebenen Beschrkgen des als Erbe Bezeichneten, nicht aber dafür, daß der VfgsGgst zur Erbsch u dem Erben gehört, insb nicht dafür, daß ein im ErbSch angeführter MitE nicht seinen Anteil veräußert hat (BGH WM **63**, 219; s Boehmer, AcP **154**, 61/62, Lange/Kuchinke § 41 VII 3 d; Wiegand JuS **78**, 150).

a) War zB im GB der **Erbe bereits eingetragen,** kommen für den Erwerb lediglich die Vorschriften über den öff Glauben des **Grundbuchs** (§§ 891 ff) in Betr. – **b)** War noch der **Erblasser** eingetragen, so gelten beide Arten von Vorschr. Der Erwerber ist bzgl des Mangels des VfgsR des Veräußerers durch den ErbSch geschützt (BGH **57**, 341 mAv Mattern **LM** Nr 2, RGRK Rz 12); daneben kommt ihm der öff Glaube des Grdbuchs insofern zustatten, als das Grdst of das Recht daran als zur Erbsch gehörend gilt (Kuntze JR **72**, 202, Wiegand JuS **75**, 286, § 2367 Anm 1). Andererseits nützt bei Eintragg eines Widerspr dem Erwerber der öff Glaube des Erbscheins nichts, wenn der Erwerber zw Antr u Eintragung bösgl wird (s Erman/Schlüter Rz 7). Der öff Glaube nach § 2366 wirkt nicht im Verhältn unter MitE, die sich auseinandersetzen wollen (Hamm FamRZ **75**, 510/513 f). – **c)** Bei **Veräußerung beweglicher Sachen** wird durch § 2366 der gute Gl ggü §§ 932 ff erhebl erweitert, da er nur durch positive Kenntn von der Unrichtigk des ErbSch od von der Anordng der Einziehg ausgeschl wird. Auch wenn die bewegl Sachen dem wahren Erben abhanden gekommen sind (§ 935), ist der Erwerber nach § 2366 geschützt (s § 857 Anm 2). Gehört die Sache nicht zum Nachl, so muß der Erwerber hins des Eigtums des Erbl gutgl sein (s Wiegand JuS **75**, 285); war sie schon dem Erbl abhanden gekommen, erwirbt der Erwerber trotz Gutgläubigk kein Eigt (Lange/Kuchinke § 41 VII 3 d).

4) Erlöschen. Die Einziehg des ErbSch, seine wirks Kraftloserklärg od die Herausg des Besitzers an das NachlG (§§ 2361, 2362) bewirken das Erlöschen des Gutglaubenschutzes.

2367 **Leistung an Erbscheinserben.** Die Vorschriften des § 2366 finden entsprechende Anwendung, wenn an denjenigen, welcher in einem Erbschein als Erbe bezeichnet ist, auf Grund eines zur Erbschaft gehörenden Rechtes eine Leistung bewirkt oder wenn zwischen ihm und einem anderen in Ansehung eines solchen Rechtes ein nicht unter die Vorschrift des § 2366 fallendes Rechtsgeschäft vorgenommen wird, das eine Verfügung über das Recht enthält.

1) Bei Leistungen an den Erbscheinserben (§§ 241, 893) wird der gutgläub NachlSchu auch dann befreit, wenn der Empfänger sich nicht als wirkl Erbe erweist od entgg dem ErbSch beschränkt war; Haftg des Scheinerben nach § 816 II. Hierher gehören auch **einseitige Verfügen** (Aufrechng, Künd; s Hoffmann, Wiegand JuS **68**, 228; **75**, 284; Verzicht fällt unter § 2366). Vfg ist auch die Eintr einer Vormerkg ins GrdB (BGH **57**, 341 mAv Kuntze JR **72**, 201 u Mattern **LM** § 2366 Nr 2). Durch bloße Schuldgeschäfte (Vermietg, Verpachtg von NachlGrdst) wird dagg der wahre Erbe nicht verpflichtet, auch nicht durch Prozesse über zur Erbsch gehörende Rechte. Das rechtskr Urt zG des Gutgläubigen wirkt nicht etwa so, als wäre der ScheinE prozeßführberechtigt gewesen. Der NachlSchu darf aber die Zahlg nicht bis zur Vorlegg eines ErbSch verweigern, wenn ihm das ErbR sonst ausreichend nachgewiesen wird (MüKo/Promberger § 2365 Rz 2).

2) Gesellschaftsrecht. § 2367 ist entspr anzuwenden, wenn der dch ErbSch ausgewiesene Scheinerbe eines Geschäftsanteils einer GmbH an den Beschlüssen der Gesellschafterversammlg der GmbH mitwirkt (s Däubler Rdsch GmbH **63**, 181; Die Vererbg des GeschAnteils bei der GmbH, 1965, § 10); s hiezu ferner Schreiner NJW **78**, 921 (dort auch zur Mitwirkg von Scheinerben bei OHG-(KG-) Beschlüssen).

2368 **Testamentsvollstreckerzeugnis.** ¹ Einem Testamentsvollstrecker hat das Nachlaßgericht auf Antrag ein Zeugnis über die Ernennung zu erteilen. Ist der Testamentsvollstrecker in der Verwaltung des Nachlasses beschränkt oder hat der Erblasser angeordnet, daß der Testamentsvollstrecker in der Eingehung von Verbindlichkeiten für den Nachlaß nicht beschränkt sein soll, so ist dies in dem Zeugnis anzugeben.

II Ist die Ernennung nicht in einer dem Nachlaßgerichte vorliegenden öffentlichen Urkunde enthalten, so soll vor der Erteilung des Zeugnisses der Erbe wenn tunlich über die Gültigkeit der Ernennung gehört werden.

III Die Vorschriften über den Erbschein finden auf das Zeugnis entsprechende Anwendung; mit der Beendigung des Amtes des Testamentsvollstreckers wird das Zeugnis kraftlos.

1) Das Testamentsvollstreckerzeugnis bestätigt, daß der darin Genannte wirks zum TV ernannt ist u daß keine weiteren als die in dem Zeugn angegebenen Beschränkgen od Erweitergen seiner Befugn bestehen (KG NJW **64**, 1905; Hamm OLGZ **77**, 422/423). Der TV kann aber den Beweis seiner Ernenng u Amtsan-

Erbschein § 2368 1–4

nahme auch durch Vorlegg des Test u der Ausfertigg der AnnahmeErkl führen (RG 100, 282). – Das Zeugnis wird dch die Bestätigg des NachlG üb die Annahme des Amts (s § 2202 Anm 2) nicht entbehrl (H/Winkler Rz 685). Es ist dem Erbschein verwandt, dient aber dem Schutz des öff Glaubens bei den vom TV kr gesetzl Befugnis vorgenommenen Vfgsgeschäften (BayObLG 84, 225).

2) Erteilung. Gem **III** gelten hierfür die Vorschr üb den ErbSch entspr (s § 2353). **Zuständig** ist das NachlG (Richter, RPflG 16 I Nr 6), selbst wenn ein Hof zum Nachl gehört (BGH 58, 105; bestr). Es prüft gem §§ 2358 ff die Voraussetzgen der Erteilg, vor allem die Wirksamk der Ernenng u ihren Wegfall nach § 2306; ferner ob etwa die Aufgaben des TV ggstandslos sind (BayObLG 56, 186; 65, 389; MDR 78, 142). Nach wirks gewordener Entlassg kommt eine Ausstellg nicht mehr in Betr (s aber auch Anm 4). – **Anhörung** der TestErben ist vorgeschrieben (GG 103; **II** hat keine selbstänt Bedeutg; s § 2360 Anm 1); ist ein ErbSch nicht vorhanden, idR auch der gesetzl Erben (vgl § 2360 Anm 2). – Im Falle einer aufschiebend bedingt angeordneten TVstrg kann ein Zeugn erst nach Eintritt der Bedingg erteilt werden (KG JFG 10, 73). – Vorbescheid (s 2353 Anm 5) ist zulässig.

a) **Antragsberechtigt** ist der TV (**I**; spätestens in der AntrStellg liegt die Annahme des Amts) od ein NachlGläubiger (ZPO 792; 896). Der Erbe ist als solcher dagg nicht antragsberecht. – Für den Inhalt des Antr gelten §§ 2354–2356 entspr. Das NachlG kann dem Antr nur entsprechen od ihn ablehnen; ein Zeugn mit abweichenden Inhalt darf es nicht erteilen (s § 2353 Anm 3); andernf ist es einzuziehen (Zweibr OLGZ 88, 155).

b) **Das Zeugnis** muß enthalten: die Bezeichng des Erbl; den Namen des TV, möglichst mit genauerer Bezeichng (auch Aufn der Berufsbezeichng ist zweckm, zB RA, Steuerberater; s LG Bln Rpfleger 76, 182), bei mehreren TV aller; die Abweichgen der gesetzl Vfgsbefugn (**I** 2 und §§ 2208–2210, 2222–2224 I 3). Nur im InnenVerh wirks Verwaltgsanordngen (§ 2216 II) sind nicht aufzunehmen. Es kann sich auf einen Bruchteil des Nachl beziehen (hier Angabe des Erben) od (bei Anwendg ausländ Rechts) ggständl beschränkt sein (§ 2369 mit Anm 5; KGJ 36 A 110; Staud/Firsching Rz 37 ff; s auch § 2369 Anm 2 b, 4; BGH ZfRV 77, 153 mAv Beitzke zur Aufn eines Vermerks, wenn TestVollstr auf ausländ, hier österr R beruht). – Mögl ist auch gemschaftl Zeugn od Teilzeugn od gemschaftl Teilzeugn (Übbl 1 a vor § 2353; H/Winkler Rz 694, 698), doch müssen die aus dem Vorhandensein von Mitvollstreckern sich ergebenden Beschränkgen angegeben werden. – Bei TestVollstr für Vor- u Nacherbfolge ist nur ein einheitl Zeugn zu erteilen (BayObLG NJW 59, 1920). – Gehört zum Nachl ein Kommanditanteil, kann ein unbeschr Zeugn nur erteilt werden, wenn sich die TVstrg darauf erstreckt (Stgt ZIP 88, 1335; s § 2205 Anm 2 d). – Enthält das Zeugn keine bes Angaben, so kommt damit zum Ausdruck, daß dem TV die Befugn nach §§ 2203–2206 zustehen, aber auch nur diese (H/Winkler Rz 692). – Die **Berichtigung** des erteilten Zeugn ist (außer entspr ZPO 319) unzulässig (Mannh MDR 60, 843; s § 2361 Anm 1).

c) **Über Fortführung eines Handelsgeschäfts,** das dch Erben-Vollmacht der Verwaltg des TV unterstellt ist, kann das NachlG kein Zeugn erteilen (auch wenn ihm die Vollm nachgewiesen wird); auch nicht in Ergänzg eines TV-Zeugn. Ein solches Zeugn müßte sofort zurückgefordert werden (BayObLG 69, 138).

d) **Beschwerde** gg Erteilg erfolgt wie beim ErbSch (§ 2353 Anm 7); wahlweise auch Antr auf Einziehg (KG JW 28, 1943). Über Beschwerdeberechtigg s 2353 Anm 7 c; die Behaupg eines unmittelb beeinträchtigten ErbR reicht aus (BayObLG FamRZ 88, 1321). – Gg die Verweigerg der ZeugnErteilg hat der TV, nicht aber der Erbe als solcher ein BeschwR (FGG 20 II).

e) **Ausfertigungen** und **Einsicht** vgl FGG 85, 78. – Mitteilg an **Finanzamt** ErbStDV 12. – **Gebühr:** KostO 109 I Nr 2 mit 30 II (BayObLG 69, 163).

3) Beweiskraft. Die entspr Anwendg der ErbSchVorschr (**III**) bezieht auch die §§ 2365–2367 mit ein. Die **Vermutung** des § 2365 geht hier dahin, daß der als TV im Zeugn Bezeichnete rechtsgültig TestVollstr geworden ist u daß ihm das Amt in seinem regelm Umfang zusteht od daß es nicht durch andere als die angegebenen Anordngen beschränkt ist. Nicht vermutet wird aber das Fortbestehen des Amtes über seinen Wegfall hinaus (s Anm 4; RG 83, 352 u BGH 41, 23) und auch nicht, daß eine angegebene Beschrkg seiner Befugnisse tatsächl besteht (Lange/Kuchinke § 41 VIII 3 a; Staud/Firsching Rz 11). Bei Erweiterg seiner Befugnisse besteht nur eine Vermutg für ihr Bestehen, nicht für das Fehlen nicht angegebener. – Der **öffentliche Glaube** (§§ 2366, 2367) reicht soweit wie die Vermutg; er gilt für Verfügungsgeschäfte. Der Dritte kann sich aber nicht darauf verlassen, daß die Ggstände, über die der durch das Zeugn Legitimierte verfügt, wirkl zum Nachl od zu dem der Verw des TestVollstr unterliegenden Nachl gehören (Staud/Firsching Rz 13; s auch § 2211 Anm 3). Der öff Glaube erstreckt sich aber auch auf Verpflichtgsgeschäfte des Legitimierten (MüKo/Promberger Rz 43). Der ScheinVollstr kann nach §§ 2206, 2207 Nachl-Verbindlichk eingehen, obwohl er in Wirklichk nicht Vollstr od nicht verpflichtungsbefugt ist (Staud/Firsching Rz 12). Der öff Glaube kommt dem Zeugn aber nicht ggü dem Erben zu (BGH 41, 23).

4) Bei Beendigung des Amts wird das Zeugn **von selbst** kraftlos (**III** Hs 2, im Ggsatz zum ErbSch). Damit werden auch die damit verbundene Vermutg (§ 2365) und gutgläub Erwerb gegenstandslos (s Wiegand JuS 75, 285). Eine Einziehg erübrigt sich daher u ist unzulässig (allg M). Das NachlG kann jedoch das Zeugnis zu den Akten zurückfordern, um einem mögl Mißbrauch zu begegnen (Köln Rpfleger 86, 261). Stellt sich nachträgl heraus, daß das Amt doch nicht beendet war, kann es wieder ausgehändigt werden. Die **Beendigung** kann eintreten nach §§ 2225–2227, durch Zeitablauf (§ 2210) od bei auflösender Bedingg u Endtermin. Wenn allerdings ein EntlassgsBeschl des NachlG durch die BeschwG aufgehoben wird, so gilt das Zeugn nicht als kraftlos geworden (BayObLG NJW 59, 1920). Die vom Erbl selbst verfügten Beschrkgen der Amtsdauer müssen aber im Zeugn angegeben sein, widrigenf es nicht sofort kraftlos wird (RG 83, 352). Auch bei bloß tatsächl Beendigg des Amtes durch Erledigg aller Aufgaben wird das Zeugn von selbst kraftlos (H/Winkler Rz 707); der Erbe od ein nachfolgender TV kann die Herausgabe des Zeugn an das NachlG verlangen (§ 2362 I entspr; von Lübtow II 978; für Zulass von Ein-

§§ 2368, 2369

ziehg u KraftlosErkl auch in diesem Fall Lange/Kuchinke § 41 VIII 5). – Die Ereilg eines Zeugn nach Amtsbeendigg ist nur mit entspr Vermerk hierüber zulässig (KG NJW 64, 1905; Stgt DNotZ 81, 294).

5) Durch Einziehung wg Unrichtigk (**III**; § 2361) od KraftlosErkl verliert das erteilte Zeugn noch vor Amtsbeendigg seine Wirkg (s BGH 40, 54; Köln NJW 62, 1727). Im RVerkehr wird daher der GeschGegner eines TestVollstr gut daran tun, sich außer dem Zeugn noch eine Bescheinigg des NachlG über Fortdauer des Amts vorlegen zu lassen (vgl H/Winkler Rz 706, 707). Von einem wg Verlassens der DDR dort entlassenen TV kann eine Bank zum Nachweis seiner VfgsBefugnis über ein NachlKonto Vorlage eines TestVollstrZeugnisses eines westdeutschen Gerichts verlangen (BGH WM 61, 479; 67, 25). – Gg Ablehng der Einziehg steht einem PflichttBer kein BeschwR zu (Hamm OLGZ 77, 422; s auch § 2361 Anm 5b).

6) Für das Grundbuch gelten GBO 35 II; 52. Das GBAmt hat im wesentl die gleiche PrüfgsPfl wie beim ErbSch (vgl Übbl 3 vor § 2353; LG Köln Rpfleger 77, 29; H/Winkler Rz 714). – Für das **Schiffsregister** gilt SchiffsRegO 41 II.

2369 Gegenständlich beschränkter Erbschein bei fremdem Erbrecht.

^I Gehören zu einer Erbschaft, für die es an einem zur Erteilung des Erbscheins zuständigen deutschen Nachlaßgerichte fehlt, Gegenstände, die sich im Inlande befinden, so kann die Erteilung eines Erbscheins für diese Gegenstände verlangt werden.

^{II} Ein Gegenstand, für den von einer deutschen Behörde ein zur Eintragung des Berechtigten bestimmtes Buch oder Register geführt wird, gilt als im Inlande befindlich. Ein Anspruch gilt als im Inlande befindlich, wenn für die Klage ein deutsches Gericht zuständig ist.

Schrifttum: Coester JA 79, 351; Dörner DNotZ 77, 324 (zum interlokalen Recht); Karle Just 66, 107 und BWNotZ 70, 78; Kuchinke, FS von der Heydte 1975, II, 1005ff (zum interlokalen Zuständigk); Pinckernelle/Spreen DNotZ 67, 195; Welskop RhNK 65, 262/273ff. – Zum ausländischen ErbR: Ferid/ Firsching, Internat ErbR.

1) Fremdrechtserbschein. Anwendgsbereich des § 2369 sind ausschließl Erbfälle, auf die materielles **ausländisches Erbrecht** ganz od teilweise anzuwenden ist; unerhebl ist dagg, ob der Erbl zZ seines Todes Wohnsitz od Aufenth im In- od Ausland hatte. Der besond ErbSch des § 2369 wird daher richtiger als FremdrechtsErbSch denn als ggständl beschränkter bezeichnet, weil auch der ErbSch nach § 2353 (EigenrechtsErbSch) ein beschränkter sein kann (Köln NJW 55, 755; BayObLG 64, 387; 67, 8; KG Rpfleger 77, 307). Der FremdrechtsErbSch ist **territorial** auf das Inland u **gegenständlich** auf die inländ NachlGgstände beschränkt.

a) Die Bedeutung der Vorschr erschließt sich nur indirekt über die verfahrensrechtl Formulierg, daß bezügl der Erbschaft ein für die ErbSchErteilg zuständ dtsch NachlG fehlen muß. Da nach dem StaatsangehörigkPrinzip (EG 25) die RNachfolge vTw dem Recht des Staates unterliegt, dem der Erbl im Zeitpkt seines Todes angehörte, bestünde ohne § 2369 für den nach seinem HeimatR beerbten ausländ Erbl selbst dann keine internat Zuständigk eines dtsch NachlG, wenn im Inland NachlGgstände vorhanden sind. Nach hM beurteilt sich näml die Befugnis eines dtsch NachlG zum Tätigwerden nach dem Grundsatz des Gleichlaufs von materiellem u VerfahrensR (s EG 25 Anm 4a), ist also von der Anwendg dtsch ErbRs abhängig. Um dem abzuhelfen u bei inländ Nachl die Erteilg eines ErbScheins unter allen Umständen zu gewährleisten, also selbst dann, wenn das HeimatR des Erbl keinen ErbSch kennt, eröffnet § 2369 als Ausnahme eine **internationale Zuständigkeit** zur Erteilg eines ErbSch nach ausländ ErbR, die aber immer nur auf das inländ Vermögen beschränkt ist (BayObLG 72, 383; 74, 460; 76, 151; Düss NJW 63, 2228; Ffm DNotZ 72, 543).

b) Zweck der Regelg ist, zum Schutze des inländ RVerkehrs die dtsch Einrichtg des ErbSch auch den einem fremden Recht unterliegenden NachlGgständen zugute kommen zu lassen, Vfgen hierüber zu erleichtern sowie eine Grundbuchberichtigg zu ermöglichen.

c) Andere gegenständlich beschränkte Erbscheine sind das Hoffolgezeugn u der ErbSch über hoffreies Vermögen (s Übbl 4 vor § 2353; bestr). Str ist auch, ob der ErbSch für das EntschädiggsVerf (s BEG 180; 181) ein ggständl od ein persönl für ein bestimmtes Verfahren beschränkter ist (s 45. Aufl Anm 2c). – Im übr gibt es keinen ggständl beschr ErbSch (BGH NJW 76, 480), auch nicht für LAG-Zwecke (Hamm Rpfleger 71, 219). Ein gleichwohl erteilter wäre aber nicht ungült u in seiner Wirkg nicht beschränkt (BayObLG 52, 69). – Zu ErbSch für einen beschränkten Gebrauch s § 2353 Anm 6b.

2) Voraussetzungen für die Erteilg eines FremdrechtsErbSch sind sowohl die Anwendg **ausländischen Erbrechts** als auch das Vorhandensein von **Nachlaßgegenständen im Inland** bei Antragstellg (KG OLGZ 75, 293).

a) Nach ausländischem Erbrecht beurteilt sich die Erbfolge nur nach einem zum Zeitpkt des Erbfalls ausländ Erbl u auch bei ihm nur dann, wenn das dch Staatsvertrag od nach EG 25 berufene fremde ErbR (s dazu Siehr IPrax 87, 4) zur Anwendg kommt, also das IPR des fremden Rechts nicht auf dtsches Recht zurückverweist. Eine **Rückverweisung** wird vom dtsch Recht stets angenommen (EG 4 I 2). Sie muß sich nicht auf den ganzen Nachl beziehen, kann also territorial beschränkt sein (nur für den in Deutschl befindl Nachl) od auch ggständl (zB nur für Immobilien). Gilt dann nur für einen Teil des Nachl dtsch Recht, ist insow ein territorial od ggständl beschränkter EigenrechtsErbSch (§ 2353) zu erteilen. Auch darf der ausländ Erbl nicht für inländ unbewegl Vermögen dtsch Recht dch Vfg vTw gewählt haben, wie dies nun EG 25 II gestattet; sogar eine nach seinem HeimatR zulässige weitergehende Erbrechtswahl ist nach dtsch IPR beachtl. Ist der Erbl **Doppelstaater** u besitzt er neben u auch die dtsche Staatsangehörigk, wird er im Inland stets nach dtsch Recht beerbt (EG 5 I 2); soweit darin wg effektiver ausländ Staatsangehörigk ein Wechsel des Erbstatuts liegt, ist dieser nach EG 220 I zu beurteilen (dazu Dörner DNotZ 88, 67). Staatenlose Erbl

Erbschein § 2369 2–5

werden gem EG 5 II dann nach dtsch Recht beerbt, wenn sie ihren gewöhnl Aufenth (mangels eines solchen ihren Aufenth) zum Zeitpkt des Todes im Inland hatten (s auch EG 5 Anh I). Zum Erbstatut der Flüchtlinge u Vertriebenen s EG 5 Anh II. – **Schrifttum:** Ferid/Firsching, Internationales ErbR; einen Überblick, bei welchen Ländern mit einer Rückverweisg zu rechnen ist, gibt Soergel/Damrau Rz 13.

b) Im Inland befinden sich nach der zwingenden Vorschr des **II** auch solche **Nachlaßgegenstände,** für die von einer dtsch Behörde ein zur Eintragg des Berecht bestimmtes Buch od Register geführt wird (Grundbuch, Handels-, Schiffs-, Musterregister; Patentrolle, Staatsschuldrolle ua). Für Anspr ist maßgebl, ob ein dtsch Gericht für die Klage zuständ (ZPO 21; 23–32) wäre; der Anspr muß nicht bereits in der Person des Erbl entstanden, sond kann auch unmittelb dem Erben erwachsen sein (KG JR **63**, 144; aA BayObLG **56**, 121). Welche Ggstände zum Nachl gehören, bestimmt sich nach der lex rei sitae (KG OLGZ **77**, 457). Zu Anspr nach dem LAG s § 2353 Anm 1 b, bb; KG OLGZ **78**, 156; Johannsen WM **77**, 309 f; zu Rückerstattgs-Anspr s KG RzW **61**, 479; § 2353 Anm 1 b, bb.

c) Nachlaßspaltung. Das dch StaatsVertr od EG 25 berufene ausländ Recht muß den Nachl nicht einheitl behandeln, sond kann verschiedene Teile des Nachl unterschiedl Recht unterstellen. Vielfach findet sich in fremden ROrdngen noch die kollisionsrechtl NachlSpaltg, daß für die RNachfolge in bewegl Vermögen das Personalstatut (Heimat- od Wohnsitz- bzw DomizilR) des Erbl, für die Erbfolge in unbewegl Vermögen BelegenheitsR gilt (zB im anglo-amerikanischen RKreis, s zum engl Recht BayObLG **84**, 47; in Frankreich; bis 1. 1. 79 auch in Österr). NachlSpaltg tritt auch bei Ausübg der nun gestatteten beschränkten **Rechtswahl** ein (EG 25 II; 4 II; dazu ausführl Dörner DNotZ **88**, 67). Das dtsche IPR folgt mittelb über die Vorschr der Rück- u Weiterverweis (EG 4 I) einer solchen NachlSpaltg, wenn das zunächst berufene fremde Recht sie selbst praktiziert, ferner auch der Sonderanknüpfg für bestimmte Vermögensteile (EG 3 III). – Verweist also das ausländ Recht bezügl bestimmter NachlTeile auf dtsch Recht zurück u unterliegt dann zB nur der inländ Grundbesitz einer gem EG 4 I 2 dtsch Recht, der inländ bewegl Nachl dagg ausländ Recht, wird für den Grundbesitz ein (ggständl u territorial beschränkter) EigenrechtsErbSch (§ 2353), für den bewegl Nachl ein FremdrechtsErbSch (§ 2369) erteilt (BayObLG **71**, 34; **75**, 86). Diese beiden ErbSch können als DoppelErbSch in einer Urkunde zusammengefaßt werden. Unterliegt dagg kr Rückverweis der ganze Nachl dtsch Recht, greift § 2369 nicht ein (BayObLG **67**, 1; **72**, 383).

d) Besonderheiten. Bei einem Erbl mit letztem Wohnsitz in der **DDR** fehlt einem NachlG in der BRep die interlokale Zuständigk, obwohl er die deutsche Staatsangehörigk besitzt (s § 2353 Anm 1 d). Angehörige der DDR, die dort ihren ständ Aufenth haben, können verfahrensrechtl nicht als Inländer angesehen werden (BGH **52**, 123). Sind in der BRep NachlGgstände vorhanden, wird in entspr Anwendg von FGG 73 III ein ggständl beschränkter ErbSch dch das NachlG erteilt, in dessen Bezirk sich NachlGgstände befinden; für LAG-Zwecke ein ggständl nicht beschränkter ErbSch entspr FGG 73 II vom AG Bln Schöneberg auch dann, wenn sich in der BRep keine NachlGgstände befinden (s EG 25 Anm 5 mN). – Bei Beerbg **Deutscher** nach ausländ Recht wird ein allg ErbSch nach § 2353 erteilt (BayObLG **61**, 176; **67**, 197; 347: Sudetendeutsche, die noch vor od währd der Vertreibg gestorben sind u nach ausländ Recht beerbt wurden; vertriebene Sudetendeutsche, die in der BRep sterben, werden nach dtsch ErbR beerbt, BayObLG **80**, 72). – Auch für Deutsche im Sinne des Art 116 GG (ohne dtsche Staatsangehörigk) wird ein gewöhnl ErbSch nach § 2353 erteilt; ebso nach Deutschen mit letztem Wohns in der BRep, die früher in der DDR wohnh waren u dort NachlVermögen hinterlassen haben (Notariat III Mannh Just **73**, 250); zur Anerkenng solcher ErbSch in der DDR s Übbl 5 vor § 2353.

3) Inhalt. Im FremdrechtsErbSch ist zunächst die territoriale u ggständl Beschränkg anzugeben („Unter Beschränkg auf den im Inland befindl Nachl; ...bewegl Nachl; ...unbewegl Nachl"), ohne daß aber die im Inland befindl NachlGgstände einzeln aufzuführen sind; auch nicht ein Vermächtn, selbst wenn es nach ausländ Recht dingl Wirkg hat (Köln NJW **83**, 525; BayObLG **74**, 460). Er ist aber nicht ungültig, wenn ein einzelner Ggstand aufgeführt ist. Da der ErbSch nach § 2369 sich vom gewöhnl nur dch den Umfang seiner Wirksamk unterscheidet, nicht aber sonst, bezeugt er nicht die Zugehörigk einzelner im ErbSch aufgeführter Vermögensstücke zum Nachl (Soergel/Damrau Rz 7). – Immer ist anzugeben, **nach welchem Recht** sich die Erbfolge richtet („... wird in Anwendg italienischen Rechts bezeugt"). Fehlt diese Angabe, ist der ErbSch unvollständig u damit als unrichtig einzuziehen (§ 2361; Düss NJW **63**, 2230; KG Rpfleger **77**, 307). RInstitutionen, die das dtsch Recht nicht kennt, sind im FremdrechtsErbSch als solche aufzuführen (Düss aaO betr NoterbR; Köln NJW **83**, 525; Soergel/Damrau Rz 7; Taupitz IPrax **88**, 207 am Bspl des schweiz PflichttR; aA Staud/Firsching Rz 36).

4) Das Verfahren für die Erteilg des FremdrechtsErbSch beurteilt sich stets nach dtsch Recht. Die Erteilg ist dem Richter vorbehalten (RPflG 16 I Nr 6). – Die internat Zuständigk ergibt sich aus § 2369 selbst (s Anm 1 a); sie ist nach KG OLGZ **84**, 428 bei österr NachlGrundstücken beschränkt (s dazu EG 25 Anm 1, dort auch zur RLage nach neuem österr IPR mN). – Die örtl Zuständigk bestimmt sich nach FGG 73 I; III. Für ErbSch zu LAG-Zwecken ist das AG zuständ, in dessen Bezirk das zuständ Ausgleichsamt seinen Sitz hat (KG OLGZ **78**, 156; BayObLG **81**, 145); für EntschädiggsAnspr nach BEG die AG für den Sitz der Entschädiggsbehörde. – Die Staatsangehörigk des Erbl ist von Amts wg festzustellen. Auch die Kenntn des ausländ Rechts muß sich das NachlG von Amts wg verschaffen (s § 2356 Anm 3; Einl 11 vor EG 3). – An einen schon vorhandenen ausländ ErbSch nach dem gleichen Erbl ist ein internat zuständ dtsch NachlG nicht gebunden (BayObLG **65**, 64; EG 25 Anm 4 b), es sei denn, daß staatsvertragl mit dem Heimatstaat die Anerkenng des ausländ Zeugnisses vereinbart ist; in diesem Fall kann uU sogar das RSchutzbedürfn für die Erteilg eines nochmaligen ErbSch fehlen (s § 2359 Anm 3). – Bei Anwendg österr Erbrechts sind die Erfordernisse der Annahme der Erbschaft nebst Erbserklärg und formll Einantwortg dch ein österr VerlassenschGericht zu beachten (BayObLG **71**, 34; Firsching IPrax **81**, 86; Hoyer IPrax **86**, 345).

5) Auch ein beschränktes Testamentsvollstreckerzeugnis ist bei anzuwendendem ausländ Recht zulässig (§ 2368 III; BayObLG **86**, 466). Die örtl Zuständigk des NachlG zur Erteilg ergibt sich aus FGG 73,

I, III, die internationale aus §§ 2368 III mit § 2369; letztere wird nicht etwa dadch beeinträcht od ausgeschl, daß nach dem ausländ ErbR im Ausland ein ErbSch erteilt worden ist (s BayObLG 65, 382). Aus § 2368 III ergibt sich aber nicht ohne weiteres die Befugn des deutschen NachlG zur Ernenng od Entlassg eines TV, wenn der ausländ Erbl nach seinem HeimatR beerbt wird (s § 2200 Anm 1; BayObLG 65, 383; auch Pinckernelle/Spreen aaO 208f); zur interlokalen Zuständigk s Hamm Rpfleger 73, 303. Über Einzelh bei Erteilg des TVZeugn unter Anwendg amerikanischen u engl Rechts s bei Firsching DNotZ 59, 354; Staud/ Firsching § 2368 Rz 37 ff; Firsching, Deutsch-amerikanische Erbfälle, 1965, S 136ff; unter Anwendg österr Rechts BGH ZfRV 77, 153. Das Verfahren bei der Erteilg eines TVZeugn richtet sich stets nach dtschem Recht als lex fori, BayObLG 65, 382, 386 (dort auch über Anwendg materiellen ungarischen Rechts bei der ZeugnErteilg).

6) Todeserklärung für fremde Staatsangehörige mit Wirkg für das inländ Vermögen s VerschG 12 II.

7) Kosten. Maßgebend ist der Wert der im Inland befindl NachlGgstände (KostO 107 II 3; BayObLG 54, 175). Über Gebührenfreih s § 2353 Anm 6b.

2370 *Öffentlicher Glaube bei Todeserklärung.* [I] Hat eine Person, die für tot erklärt oder deren Todeszeit nach den Vorschriften des Verschollenheitsgesetzes festgestellt ist, den Zeitpunkt überlebt, der als Zeitpunkt ihres Todes gilt, oder ist sie vor diesem Zeitpunkt gestorben, so gilt derjenige, welcher auf Grund der Todeserklärung oder der Feststellung der Todeszeit Erbe sein würde, in Ansehung der in den §§ 2366, 2367 bezeichneten Rechtsgeschäfte zugunsten des Dritten auch ohne Erteilung eines Erbscheins als Erbe, es sei denn, daß der Dritte die Unrichtigkeit der Todeserklärung oder der Feststellung der Todeszeit kennt oder weiß, daß sie aufgehoben worden sind.

[II] Ist ein Erbschein erteilt worden, so stehen demjenigen, der für tot erklärt oder dessen Todeszeit nach den Vorschriften des Verschollenheitsgesetzes festgestellt ist, wenn er noch lebt, die im § 2362 bestimmten Rechte zu. Die gleichen Rechte hat eine Person, deren Tod ohne Todeserklärung oder Feststellung der Todeszeit mit Unrecht angenommen worden ist.

1) Todeserklärung (VerschG 29) u TodeszeitErkl (VerschG 40) fingieren über die TodesVermutg (VerschG 9 I) bzw TodeszeitVermutg (VerschG 44 II) hinaus, daß die mit Bezug auf die Erbenstellg vorgenommenen Vfgen desjenigen als wirks gelten, der im Fall des tatsächl Todes des Erbl zu dem (unrichtig) festgestellten Ztpkt Erbe wäre. – Positive **Kenntnis** der Unrichtigk schließt öff Glauben aus. – **Aufhebung** der TodesErkl (TodeszeitFeststellg) läßt Vermutg u öff Glauben entfallen, entgg dem GesWortlaut ohne Rücks auf ihre Kenntn (MüKo/Promberger Rz 5). – Rechtl **Interesse** an einer TodesErkl kann iü auch aus einer RBeziehg hergeleitet werden, die erst nach Eintritt der Verschollenh begründet worden ist (BGH 82, 83).

2) Herausgabe- und Auskunftsansprüche gewährt II dem fälschl für tot gehaltenen Erbl bei ErbSchErteilg in gleicher Weise wie dem wirkl Erben nach § 2362. Ist der angebl Erbl zu einem späteren Ztpkt gestorben, stehen die Anspr seinem Erben u NachE (§ 2363 II) sowie dem TestVollstr (§ 2364 II) zu.

Neunter Abschnitt. Erbschaftskauf
Überblick

1) Rechtsnatur. ErbschKauf ist der schuldr KaufVertr (iS der §§ 433 ff) über die angefallene Erbsch, also die Gesamth des dem Erben zugefallenen NachlVermögens (nicht über das ErbR u nicht über einzelne oder alle Gegenstände). – **a) Gegenstand** des Vertr ist also beim AlleinE der Inbegriff des Nachl, beim MitE dessen quotenmäß Anteil (§ 1922 II), beim NachE dessen AnwR (s § 2100 Anm 4a). Zuläss ist auch, den Vertr zu beschränken auf den **Bruchteil** einer Erbsch, der kein Erbteil ist, od den Bruchteil eines Erbteils (BGH WM 79, 592, dazu Neusser RhNK 79, 143, dort auch üb SichergsProbleme beim ErbtKauf). Der Käufer eines **einzelnen** Ggst aus einer Erbsch ist nur dann als ErbschKäufer anzusehen, wenn er weiß, daß es sich um die ganze od nahezu die ganze Erbsch od den ganzen od nahezu den ganzen Erbteil des Veräußerers handelt, od zumindest den Erbsch kennt, aus denen sich dies ergibt (BGH FamRZ 66, 267). – **b)** Als **schuldrechtlicher Vertrag** ändert er nicht die Erbenstellg des Verkäufers, sond verpflichtet diesen zur Übertragg der zur Erbsch gehörenden Gegenstände (bzw des MitEAnteils, des NachEAnwRs). Der AlleinE (u nach Teilg auch der MitE, RG 134, 299) **erfüllt** den KaufVertr dch Einzelübertragg der verkauften Sachen u Rechte (§ 2374), der MitE dch Übertragg seines Erbteils nach § 2033, der NachE dch Übertragg des AnwR entspr § 2033 (s § 2108 Anm 5 a); erfolgt zw Verkauf des MitEAnteils u Erfüllg des KaufVertr die Auseinandersetzg des Nachl, tritt an die Stelle des Anspr auf Übertragg des Erbteils der Anspr auf Übertragg der dem Verkäufer bei der Auseinandersetzg zugefallenen NachlGgstände. – **c) Kaufrecht** gilt, soweit nicht die § 2371 ff Sonderregeln enthalten, u zwar gelten als Vorschr für KaufVertr, also auch die über Wiederkauf, §§ 497 ff (RG 101, 192), insbes aber die §§ 320 ff. Rücktr ist daher mögl, zB wg Nichterfüllg der Erbverbindlk dch Übernehmer (Warn 33 Nr 163). **Abdingbar** (in der Form des § 2371) sind die Vorschr über das Verh zw den VertrParteien (s § 2371 ff), insbes §§ 2372–2381), **zwingend** die Vorschr üb Form (§ 2371) u GläubSchutz (§§ 2382, 2383). – **d)** Die Veräußerg eines Erbanteils an einem andern u eine MitE unterliegt, wenn der Nachl im wesentl aus einem land- od forstwirtschaftl Betrieb besteht, der **Genehmigung** nach *GrdstVG 2 II Nr 2*. – **e)** Der Verkauf einer Erbsch od des Bruchteils einer solchen u die entspr ErfüllgsGesch können unter § 1365 fallen, wenn sie das ganze Vermögen des Erben im Sinn dieser Vorschr darstellen. S auch § 1822 Nr 1, 10; § 2205 Anm 3 d. – **f)** Vertrag über den Nachl eines Lebenden s § 312.

2) Wirkung. a) Der ErbschKauf macht den **Käufer nicht zum Erben** (keine GesRNachfolge), sond gibt ihm nur den Anspr, wirtschaftl so gestellt zu werden, als ob er an Stelle des Verkäufers Erbe sei. Dafür haftet er neben dem Verkäufer als GesamtSchu für die NachlVerbindlk (§§ 2382, 2383). – **b) Verfahrensrecht:** Dch den Verk wird ein dem Erben erteilter ErbSch nicht unricht. Der Käufer kann einen ErbSch nicht für sich, sond nur auf den Namen des Erben beantragen. – Umschreibg der VollstrKlausel nach ZPO 729 ermögl ZwVollstr gg Käufer aus einem gg Erbl od Verk ergangenen u vor dem Verkauf rkr gewordenen Urteil (MüKo/Musielak § 2382 Rz 9).

2371 Form.
Ein Vertrag, durch den der Erbe die ihm angefallene Erbschaft verkauft, bedarf der notariellen Beurkundung.

1) Der Erbe kann nach dem Erbfall seine Erbsch veräußern, sowohl der AlleinE als auch der MitE, NachE, ErsatzE. Der Verkauf unterliegt der not Beurk, um einers den Erben vor übereiltem Abschluß zu warnen, andrers die RVerh auch im Interesse der NachlGl klarzustellen und eindeut Beweis zu ermögl. Verpfl- u ErfüllgsGesch können in einer Urk zusammengefaßt werden. Es ist Ausleggsfrage, ob bloßer Erbteilverkauf od zugleich dingl Erbteilsübertragg vorliegt (letzteres bei sofortiger KaufprZahlg anzunehmen, Warn **15** Nr 264). Das dingl ErfüllgsGesch kann kraft Parteivereinbg von der rechtl Wirksamk des SchuldGrdes abhäng gemacht werden (BGH FamRZ **67**, 465). Die Anteilsübertragg kann in uU formlose Erbauseinand$ od Auflassg des zur Erbmasse gehörigen Grdst umgedeutet werden (RG **129**, 123, dazu aber Kipp/Coing § 111 II⁸). Überträgt ein MitE seinen Erbanteil an einen Dritten zur Sicherg für ein von diesem gewährtes Darl, dessen Höhe etwa dem Wert des Erbteils entspricht, ist das der Übertragg zugrunde liegende schuldrechtl Verhältn in Wirklichk ein ErbschKauf, wenn die Rückzahlg des Darlehens einers u die Rückübertragg des Erbanteils anderers durch die Abmachgen praktisch für immer ausgeschl sind (BGH NJW **57**, 1515).

2). – a) Der **Formzwang** (§§ 128, 125, 152) erstreckt sich auf alle VertrAbreden, auch Nebenabreden (zB wg der ErbschSteuer, § 2379) u deren Änderg (BGH FamRZ **67**, 465). Nebenabreden, die nicht in der Form des § 2371 vereinb wurden, sind nichtig; ggf ist gem § 139 auch das Gesamtabkommen nichtig (BGH aaO, s aber auch BGH WM **69**, 592). Einwand der Nichtigk kann uU durch Einrede der Argl zurückgeschlagen werden (Warn **25** Nr 162; § 125 Anm 6; auch BGH FamRZ 67, 465/469). Keine Einrede der Argl hat dagg der vorkaufsberecht MitE, wenn sich der verkaufende MitE u der Käufer auf die Formungültigk des Vertrages berufen (RG **170**, 203). Eine nachträgl Änderg od die **Aufhebung** des noch nicht erfüllten ErbschKaufs ist gleichfalls formbedürftig (Schlesw SchlHA **57**, 181; aM Lange/Kuchinke § 47 II 1, Zarnekow RhNK **69**, 624). – Prozeßvergleich wahrt die Form, § 127a (s dort). – **b) Keine Heilung.** Dch gleichzeit od nachfolgende Erfüllg wird ein formnichtiger (§ 125) ErbschKauf nicht geheilt (BGH NJW **67**, 1128; str; nach dem Stand der Meingen, beachtl zum Erbteilskauf, s MüKo/Musielak Rz 8). – **c) Genehmigung** des VormschG nach §§ 1643, 1822 Nr 1.

3) Ein bindendes notarielles **Angebot** eines MitE zum Verkauf u zur Übertragg seines MitEAnteils kann, auch wenn der Nachl nur aus einem Grdst besteht, **nicht** durch **Vormerkung** gesichert werden (Jahr, Michaelis, JuS **63**, 229, 231). – Zur Ausleg eines in einem Vertr über die Verpflichtg zur Übertr von ErbAnt enthaltenen Auftr an den Bevollmächtigten, die ErbAnt auf sich selbst zu übertr, s Karlsr BWNotZ **70**, 22.

2372 Umfang des Kaufgegenstandes.
Die Vorteile, welche sich aus dem Wegfall eines Vermächtnisses oder einer Auflage oder aus der Ausgleichungspflicht eines Miterben ergeben, gebühren dem Käufer.

1) Vermögenswerte Vorteile, die sich aus dem nachträgl Wegfall von Verm u Aufl od aus der AusgleichungsPfl bei Miterben (§§ 2050ff, 2376) ergeben, gebühren dem Käufer. Entsprechendes muß für den Wegfall von NachE, TestVollstr od einer TeilgsAnordng nach VertrAbschluß gelten. Wegfall vor Kaufabschluß kann Verk zur Anfechtg berect (§ 119 II).

2) Abweichende Vereinbarungen sind mögl (s Übbl 1c).

2373 Dem Verkäufer verbleibender Anfall.
Ein Erbteil, der dem Verkäufer nach dem Abschlusse des Kaufes durch Nacherbfolge oder infolge des Wegfalls eines Miterben anfällt, sowie ein dem Verkäufer zugewendetes Vorausvermächtnis ist im Zweifel nicht als mitverkauft anzusehen. Das gleiche gilt von Familienpapieren und Familienbildern.

1) Der zusätzliche Anfall eines ErbR nach Verkauf (§§ 2139, 1935, 2094–2096; anders 2110) verbleibt nach der **Auslegungsregel** des S 1 dem Verk, da es auf seinem nicht übertragb ErbR beruht. Auch ein VorausVerm (§ 2150), zu dem auch der Voraus nach § 1932 gehört, gilt iZw als nicht mitverkauft. Rechte u Pflichten aus einer TeilgsAnordng gehen auf den Käufer über (Benk RhNK **79**, 53/57).

2) Der Anwendg der AusleggRegel des **S 2** steht es nicht entgg, wenn die Familienpapiere u -bilder erhebl Vermögenswert haben (Staud/Ferid/Cieslar Rz 8).

2374 Herausgabepflicht.
Der Verkäufer ist verpflichtet, dem Käufer die zur Zeit des Verkaufs vorhandenen Erbschaftsgegenstände mit Einschluß dessen herauszugeben, was er vor dem Verkauf auf Grund eines zur Erbschaft gehörenden Rechtes oder als Ersatz für die Zerstörung, Beschädigung oder Entziehung eines Erbschaftsgegenstandes oder durch ein Rechtsgeschäft erlangt hat, das sich auf die Erbschaft bezog.

§§ 2374-2378

1) Die Herausgabepflicht (s auch § 260) des Verk erstreckt sich bereits nach § 433 I auf die verkauften NachlGgstände, die der AlleinE (der MitE nach Auseinandersetzg) nach den jeweil Vorschr (§§ 929 ff; 873, 925 ff; 398 ff), der MitE bei Verkauf seines Erbteils nach § 2033 I zu übertragen hat (s Übbl 1 b). Ergänzend regelt § 2374, daß zu den ErbschGegenständen auch die vor Verkauf erlangten Surrogate gehören (ähnl § 2041, s dort), auch vom Verk kraft der Erbenstellg erlangte Ansprüche (RGRK Rz 2). Auch Surrogate sind jedoch nur herauszugeben, wenn sie zZt des Verkaufs noch vorhanden waren. Bei NachlVerwaltg ist Genehmigg des Verw erforderl (§ 1984). – Nutzungen s § 2379. – **Guter Glaube** des Käufers wird geschützt, wenn einzelne Sachen nicht dem Erben gehören. Bei Übertragg seitens eines Scheinerben (§§ 2031, 944) kann der ErbschKäufer aber kein Recht auf Kosten des wahren Erben erwerben (s § 2030 Anm 1, § 2366 Anm 1). – § 2374 ist abdingb (s Übbl 1 c).

2) Verkauft ein **Ehegatte**, der in **Zugewinngemeinschaft** gelebt hat, sein **Erbrecht** nach dem erstverstorbenen Eheg, so gilt § 1371 I; es entsteht kein Anspr auf ZugewAusgl, auf den sich der Verkauf erstrecken könnte (Staud/Ferid/Cieslar Rz 15).

2375 *Ersatzpflicht.* ^I Hat der Verkäufer vor dem Verkauf einen Erbschaftsgegenstand verbraucht, unentgeltlich veräußert oder unentgeltlich belastet, so ist er verpflichtet, dem Käufer den Wert des verbrauchten oder veräußerten Gegenstandes, im Falle der Belastung die Wertminderung zu ersetzen. Die Ersatzpflicht tritt nicht ein, wenn der Käufer den Verbrauch oder die unentgeltliche Verfügung bei dem Abschlusse des Kaufes kennt.

^{II} Im übrigen kann der Käufer wegen Verschlechterung, Unterganges oder einer aus einem anderen Grunde eingetretenen Unmöglichkeit der Herausgabe eines Erbschaftsgegenstandes nicht Ersatz verlangen.

1) Wertersatz, I 1, hat der Verk zu leisten, wenn er ohne Kenntn des Käufers (I 2) **vor** dem Verkauf einen ErbschGgst verbraucht, veräußert od belastet hat, **ohne** daß das Nachl dafür ein Gegenwert zugeflossen ist; bei Surrogation greift § 2374 ein. Ab KaufVertr gelten §§ 433 ff. Zu ersetzen ist der obj Wert im Ztpkt des Verbrauchs od der Veräußerg. – Abweichende Vereinbargen sind zuläss (s Übbl 1 c).

2) Freistellung von der Haftung, II, bezieht sich auf die Zeit vor VertrAbschluß u gilt unabhäng von einem Verschulden des Verkäufers. Ist wie I abdingb.

2376 *Beschränkte Haftung des Verkäufers.* ^I Die Verpflichtung des Verkäufers zur Gewährleistung wegen eines Mangels im Rechte beschränkt sich auf die Haftung dafür, daß ihm das Erbrecht zusteht, daß es nicht durch das Recht eines Nacherben oder durch die Ernennung eines Testamentsvollstreckers beschränkt ist, daß nicht Vermächtnisse, Auflagen, Pflichtteilslasten, Ausgleichungspflichten oder Teilungsanordnungen bestehen und daß nicht unbeschränkte Haftung gegenüber den Nachlaßgläubigern oder einzelnen von ihnen eingetreten ist.

^{II} Fehler einer zur Erbschaft gehörenden Sache hat der Verkäufer nicht zu vertreten.

1) Die Gewährleistung des Verkäufers ist beim ErbschKauf eingeschränkt. Für **Rechtsmängel, I,** ist die Haftg auf die aufgezählten Fälle beschränkt, zu denen aber als weitere Belastgen erbr Ursprungs ErbersatzAnspr (§ 1934 a) u ZugewAuslAnspr (§ 1371, II, III) hinzukommen (Staud/Ferid/Cieslar Rz 15, 16; MüKo/Musielak Rdz 5). Beim Erbteilskauf haftet Verk auch dafür, daß keine AusglPflichten (§§ 2050 ff) od Teilgsanordngen (§ 2048) bestehen. – Kenntn des Käufers bei KaufAbschluß schließt Haftg aus, § 439 I. – Die Rechte des Käufers bestimmen sich nach §§ 440, 441. – Abweichende Vereinbgen sind mögl (s Übbl 1 c); § 443 gilt dabei. – Beweislast: § 442.

2) Haftung für Sachmängel, II, ist ausgeschl, aber nicht bei Arglist des Verk od Zusicherg einer Eigensch (§§ 459 II, 463).

2377 *Wiederaufleben erloschener Rechtsverhältnisse.* Die infolge des Erbfalls durch Vereinigung von Recht und Verbindlichkeit oder von Recht und Belastung erloschenen Rechtsverhältnisse gelten im Verhältnisse zwischen dem Käufer und dem Verkäufer als nicht erloschen. Erforderlichen Falles ist ein solches Rechtsverhältnis wiederherzustellen.

1) Die Fiktion, daß dch Konfusion od Konsolidation erloschene RVerh (s Übbl 2 or § 1942) weiterbestehen, gilt nur im Verh zw Verk u Käufer, um die Benachteiligg einer VertrPartei zu vermeiden. Diese müssen sich das gewähren, was bei weiterbestehendem RVerh verlangt werden kann. Da bei Miterben vor Auseinandersetzg keine Vereinigg eintritt, ist § 2377 beim Verkauf eines Erbteils (s Übbl 1) ggstandslos.

2378 *Nachlaßverbindlichkeiten.* ^I Der Käufer ist dem Verkäufer gegenüber verpflichtet, die Nachlaßverbindlichkeiten zu erfüllen, soweit nicht der Verkäufer nach § 2376 dafür haftet, daß sie nicht bestehen.

^{II} Hat der Verkäufer vor dem Verkauf eine Nachlaßverbindlichkeit erfüllt, so kann er von dem Käufer Ersatz verlangen.

1) Im Innenverhältnis ist der Käufer zur Erfüllg der NachlVerbindlk verpflichtet, soweit nicht der Verkäufer nach § 2376 dafür haftet; bei Kenntn (§ 439 I) ist er demnach ggü dem Verk auch zur Befriedigg von VermAnspr usw verpflichtet. Sonderregel für bestimmte Lasten enthält § 2379. Die Pflicht kann im Ggsatz zu der Haftg nach außen (§§ 2382, 2383) abbedungen werden.

2) Ersatzpflicht, II, wird wie die Erfüllgspflicht nach I dch § 2376 eingeschränkt.

Erbschaftskauf §§ 2379–2383

2379 *Nutzungen, Lasten.* Dem Verkäufer verbleiben die auf die Zeit vor dem Verkaufe fallenden Nutzungen. Er trägt für diese Zeit die Lasten, mit Einschluß der Zinsen der Nachlaßverbindlichkeiten. Den Käufer treffen jedoch die von der Erbschaft zu entrichtenden Abgaben sowie die außerordentlichen Lasten, welche als auf den Stammwert der Erbschaftsgegenstände gelegt anzusehen sind.

1) Bis zum Verkauf gebühren die seit dem Erbf angefallenen Nutzgen (vgl § 100) dem Verkäufer, danach dem Käufer (§ 2380 S 2). Bis dahin trägt Verk auch die Lasten (vgl § 103), ausgenommen die von der Erbsch zu entrichtenden Abgaben (zB ErbschSteuer) u die außerordentl Lasten (vgl § 2126), **S 3.** Abweichende Vereinbg ist zuläss (s Übbl 1 c). Beim **Erbteilskauf** gilt nicht § 2379, sond § 2038 II 2 (Staud/Ferid/ Cieslar Rz 6). Schon verteilte Reinerträge (§ 2038 II 3) behält jedoch der Verk.

2380 *Gefahrübergang.* Der Käufer trägt von dem Abschlusse des Kaufes an die Gefahr des zufälligen Unterganges und einer zufälligen Verschlechterung der Erbschaftsgegenstände. Von diesem Zeitpunkt an gebühren ihm die Nutzungen und trägt er die Lasten.

1) Schon mit Kaufabschluß geht die Gefahr (abw von § 446) auf den Käufer über, da Ggstand des ErbschKaufs der Inbegriff des Nachl und nicht ein best EinzelGgstand ist (s Übbl 1 a). Gleichzeitig verteilen sich Nutzen u Lasten neu, **S 2;** bis dahin gilt § 2379.

2381 *Ersatz von Verwendungen.* ¹ Der Käufer hat dem Verkäufer die notwendigen Verwendungen zu ersetzen, die der Verkäufer vor dem Verkauf auf die Erbschaft gemacht hat.

ᴵᴵ Für andere vor dem Verkaufe gemachte Aufwendungen hat der Käufer insoweit Ersatz zu leisten, als durch sie der Wert der Erbschaft zur Zeit des Verkaufs erhöht ist.

1) Notwendige Verwendungen des Verkäufers (vgl § 994) vor Verkauf hat der Käufer zu ersetzen, **I,** da sie Substanz u Nutzbark der Erbsch erhalten; abw von § 994 I 2 gilt dies auch für gewöhnl Erhaltgskosten, die keine Lasten iSd § 2379 sind (str, s MüKo/Musielak Rz 2). Sonstige Verwendgen (vgl §§ 996, 2022) sind VerkRisiko. – Bei Erbteilskauf vor Auseinandersetzg gilt § 2038. – Nach Verkauf gilt § 450. – Abweichende Vereinbgen sind zuläss (s Übbl 1 c).

2) Andere Aufwendungen, II, (s BGH 59, 328) sind nur zu ersetzen, soweit sie Werterhöhg bewirkten, die beim Verkauf noch besteht.

2382 *Haftung gegenüber Nachlaßgläubigern.* ¹ Der Käufer haftet von dem Abschlusse des Kaufes an den Nachlaßgläubigern, unbeschadet der Fortdauer der Haftung des Verkäufers. Dies gilt auch von den Verbindlichkeiten, zu deren Erfüllung der Käufer dem Verkäufer gegenüber nach den §§ 2378, 2379 nicht verpflichtet ist.

ᴵᴵ Die Haftung des Käufers den Gläubigern gegenüber kann nicht durch Vereinbarung zwischen dem Käufer und dem Verkäufer ausgeschlossen oder beschränkt werden.

Schrifttum: Zarnekow, Neusser, RhNK **69**, 620/631 ff; **79**, 143.

1) Haftung des Käufers. Von dem wirks (BGH NJW **67**, 1128) KaufVertrAbschluß mit dem (wirkl) Erben an haftet der Käufer dem Verkäufer neben dem Verkäufer (GesamtSchu, §§ 421 ff) wie ein Vermögensübernehmer (§ 419), allerd beschränkb (§ 2383); § 2378 regelt nur das InnenVerh. Bei Verk des NachE-AnwR tritt die Haftg erst mit dem NachErbf ein, da Verkäufer vorher auch nicht verpfl ist (Heilbronn NJW **56**, 513). **Kenntnis** des Käufers von den NachlVerbindlk ist nicht erforderl. Er muß aber wissen, daß es sich bei dem VertrGgstand um die ganze od nahezu ganze Erbsch od den ganzen oder nahezu ganzen Erbteil des Verk handelt, od zumindest die Verh kennen, aus denen sich dies ergibt (BGH **43**, 174). – **Ausschluß** der Haftg, **II,** kann zw den VertrParteien nicht vereinb werden, wohl aber mit den NachlGläub (auch dch Verkäufer, vgl § 414).

2) Der Umfang der Haftg richtet sich nach der des Erben (§ 1967) ohne Rücksicht auf das InnenVerh (§§ 2378, 2376). – **a)** Sie erstreckt sich daher auf alle NachlVerbindlk (RG **112**, 129), also auch auf Anspr aus Pflichtt, Verm, Auflagen, ZugewAusgl (§ 1371 II, III), auch auf die vom Erben in ordngsmäß Verwaltg des Nachl eingegangenen Verbindlk (NachlErbenschulden, s § 1967 Anm 2). – Aufhebg des KaufVertr vor Vollzug und Anzeige an NachlG (§ 2384) lassen die Haftg **erlöschen.** – ZwangsVollstreckg s Übbl 2 b. – **b)** Beim **Erbteilskauf** bestimmt sich die Haftg nach der des MitE nach §§ 2058–2063 (RG **60**, 131); der Käufer muß auch mit der Geltendmachg des VorkaufsR der MitE nach § 2034 rechnen (BGH **LM** Nr 2), dazu auch §§ 2035, 2036, 2046 I. Der Käufer des Erbteils haftet auch für die Ansprüche eines anderen MitE gg die ErbenGemsch aus einem zw den MitE vor dem Erbteilskauf abgeschlossenen ErbauseinandSVertr (BGH **38**, 187).

2383 *Beschränkte Haftung des Käufers.* ¹ Für die Haftung des Käufers gelten die Vorschriften über die Beschränkung der Haftung des Erben. Er haftet unbeschränkt, soweit der Verkäufer zur Zeit des Verkaufs unbeschränkt haftet. Beschränkt sich die Haftung des Käufers auf die Erbschaft, so gelten seine Ansprüche aus dem Kaufe als zur Erbschaft gehörend.

ᴵᴵ Die Errichtung des Inventars durch den Verkäufer oder den Käufer kommt auch dem anderen Teile zustatten, es sei denn, daß dieser unbeschränkt haftet.

2165

§§ 2383–2385   5. Buch. 9. Abschnitt. *Edenhofer*

1) Haftungsbeschränkung kann der Käufer selbstd für sich herbeiführen, sofern Verk bei VertrAbschluß sein BeschränkgsR (dazu Einf 1 vor § 1967) noch nicht verloren hat; andernfalls haftet er unbeschränkt (**I 2**; hiergg als Fehlkonstruktion Siber 132; Kipp/Coing § 112 I 3; Lange/Kuchinke § 53 III 2a). Er kann deshalb das Aufgebot gem §§ 1970ff verlangen (ZPO 1000), NachlKonk (§ 1975; KO 232) u NachlVerw (§ 1981) sowie VerglVerf (VerglO 113 I Nr 1) beantragen u hat die Einreden der §§ 1990 bis 1992, 2014, 2015; ZPO 782. Verk kann entspr KO 232 II nach § 1981 II noch NachlVerw beantragen. Im **Nachlaßkonkurs** gehören zur Masse nicht nur der Nachl, sond auch die sonstigen Ansprüche aus dem KaufVertr, zB auf Übertragg von ErbschGgständen, Wertvergütg oder SchadErs. Trotz des nur verfahrensrechtl KO 232 I kann KonkVerw nach KO 7, 8, 43 auch die Aussonderg der vom Verk noch nicht übertragenen NachlGgstände aus dem etw ErbenKonk verlangen (vgl Jaeger/Weber KO 232, 233 Rz 16).

2) Inventarerrichtung (§§ 1993 ff) erhält die Mögl der HaftgsBeschränkg (Vorb 1 vor § 1993) u kommt (abw von I) auch dem VertrPartner zustatten, sofern dieser nicht bereits unbeschr haftet, **II**.

2384 **Anzeigepflicht des Verkäufers.** **I** Der Verkäufer ist den Nachlaßgläubigern gegenüber verpflichtet, den Verkauf der Erbschaft und den Namen des Käufers unverzüglich dem Nachlaßgericht anzuzeigen. Die Anzeige des Verkäufers wird durch die Anzeige des Käufers ersetzt.

II Das Nachlaßgericht hat die Einsicht der Anzeige jedem zu gestatten, der ein rechtliches Interesse glaubhaft macht.

1) Anzeigepflicht des Verk dient der Unterrichtg der NachlGläub u entspr der des Vorerben (§ 2146). Sie umfaßt sowohl den schuldrechtl ErbschKauf als auch die dingl ErbtÜbertr (Haegele BWNotZ **72**, 6; Staud/Ferid/Cieslar Rz 2), gilt auch für Erbteilskauf u ist auf VertrAufhebg vor Erfüllg entspr anzuwenden (MüKo/Musielak Rz 2). NachlGericht: FGG 72 ff. Gebühr: KostO 112 I Nr 7. – Einsicht, **II,** setzt rechtl (nicht nur berecht) Interesse voraus.

2) Pflichtverletzung begründet bei Verschulden SchadErsAnspr des NachlGl gg Verk (§ 823 II, MüKo/Musielak Rz 3), sofern nicht Anzeige des Käufers (I 2) od unmittelb Information des NachlGläub Kausalität der Unterlassg beseitigt.

2385 **Anwendung auf ähnliche Verträge.** **I** Die Vorschriften über den Erbschaftskauf finden entsprechende Anwendung auf den Kauf einer von dem Verkäufer durch Vertrag erworbenen Erbschaft sowie auf andere Verträge, die auf die Veräußerung einer dem Veräußerer angefallenen oder anderweit von ihm erworbenen Erbschaft gerichtet sind.

II Im Falle einer Schenkung ist der Schenker nicht verpflichtet, für die vor der Schenkung verbrauchten oder unentgeltlich veräußerten Erbschaftsgegenstände oder für eine vor der Schenkung unentgeltlich vorgenommene Belastung dieser Gegenstände Ersatz zu leisten. Die im § 2376 bestimmte Verpflichtung zur Gewährleistung wegen eines Mangels im Rechte trifft den Schenker nicht; hat der Schenker den Mangel arglistig verschwiegen, so ist er verpflichtet, dem Beschenkten den daraus entstehenden Schaden zu ersetzen.

1) Andere Veräußerungsverträge (vgl dazu ZPO 1000 II, KO 233) sind Rückkauf; Weiterverkauf; Tausch; Schenkg (Sonderregeln in **II**); Belastg der Erbsch seitens des Erben mittels Nießbr (§§ 1089, 1068; bestr, aM Staud/Ferid/Cieslar Rz 160, 161 vor § 2371); auch ein Vertr, durch den ein ErbschVerkauf rückgäng gemacht wird (SchlHOLG SchlHA **57**, 181; Staud/Ferid/Cieslar § 2371 Rz 12; str; s § 2371 Anm 2a); Verpflichtg zur Hingabe der Erbsch an Zahlgs Statt (Lange/Kuchinke § 47 I 3); in Verträgen über die Verpfl zur Übertr von Erbanteilen enthaltene Auftr an den Bevollm, die Erbanteile an sich selbst zu übertr (Karlsr BWNotZ **70**, 22). – Weiter fallen unter § 2385: **Außergerichtliche Vergleiche** zw ErbschPrätendenten über die Verteilg der Erbsch ohne Rücks auf den Anfall. Ferner ein „**Auslegungsvertrag**", dch den die Beteiligten für ihr Verhältn untereinander verbindl festlegen, wie ein Test auszulegen ist mit der Folge, daß sie schuldrechtl verpflichtet sind, sich so zu stellen, als sei die vereinbarte Auslegg zutreffend (BGH NJW **86**, 1812 mAv Damrau JR **86**, 375 u Cieslar DNotZ **87**, 113); od ein Vertrag über die Anerkennung eines zweifelhaften Test (RG **72**, 209; OLG Nürnb WM **58**, 81). Dingl kann dann die Stellg der Beteiligten mittels Erbteilsübertragg (§ 2033) der vereinbarten RLage angenähert werden (BGH aaO). Schließl auch ein Vertr, der zum Verzicht auf das NacherbenanwartschR verpflichtet (RG DNotZ **42**, 140; s auch Zarnekow RhNK **69**, 637). – Auch für die Erfüllg eines Vermächtn, das den VermNehmer berecht, den gesamten Nachl (zB ein Unternehmen) gg ein bestimmtes Entgelt zu kaufen, gelten gem § 2385 I (od II) die Bestimmgn ab dem ErbschKauf entspr; der VermNehmer haftet nach §§ 2378, 2382, 2383 für die Verbindlichk des GesamtNachl (Dobroschke Betr **67**, 803/805, auch Lange/Kuchinke § 27 II 2a). – **Nicht** unter § 2385 fallen ErbAuseinandersetzgsVertr (§ 2042); Verpflichtg zur Erbausschlagg; SichergsVertr (s aber § 2371 Anm 1). – Die von einem MitE einem Dritten unter Freistellg von § 181 unwiderrufl erteilte Vollm zur Vfg über seinen Erbteil kann nicht in einen ErbschVerkauf umgedeutet werden (BGH WM **60**, 551).

2) Rechtsfolge ist die entspr Anwendg der §§ 2371 ff. Die and Vertr unterliegen insbes dem **Formzwang** des § 2371. Für die Haftg gelten §§ 2382, 2383.

3) Sonderregeln bei Schenkung einer Erbsch, II. Der Schenker hat keine ErsatzPfl nach § 2375 u ist von Gewährleistg wg Rechtsmängeln (§ 2376) frei, ausgenommen bei argl Verschweigen. Der Beschenkte hat im InnenVerh alle NachlVerbindlk zu tragen (§ 2378), von denen ihn Schenker bei RückFdg Zug um Zug befreien muß. SchenkVertr ist formbedürft, § 2371. Im übr gelten die allg SchenkgsVorschr.

Einführungsgesetz zum Bürgerlichen Gesetzbuch

Vom 18. August 1896
(RGBl S 604/BGBl III 400–1)
mit späteren Änderungen u ohne überholte Bestimmungen

Bearbeiter:

Dr. Bassenge:	Art 52–54, 59–63, 65–69, 73, 74, 89–91, 96, 109–133, 142, 143, 179–197
Dr. Diederichsen:	Art 51
W. Edenhofer:	Art 64, 137–140, 147–152, 213–217
Dr. Heinrichs:	Art 1, 2, 50, 55, 56, 82, 83, 85, 86, 88, 163–170, 218
Dr. Heldrich:	Art 3–38, 198–203, 207–210, 212, 220
Dr. Putzo:	Art 93, 94, 171, 172, 219
Dr. Thomas:	Art 75–81, 97–108, 173–178

Erster Teil. Allgemeine Vorschriften

Erstes Kapitel. Inkrafttreten. Vorbehalt für Landesrecht. Gesetzesbegriff

EG 1 *Inkrafttreten des BGB; Vorbehalt für Landesrecht.* ¹ Das Bürgerliche Gesetzbuch tritt am 1. Januar 1900 gleichzeitig mit einem Gesetze, betreffend Änderungen des Gerichtsverfassungsgesetzes, der Zivilprozeßordnung und der Konkursordnung, einem Gesetz über die Zwangsversteigerung und die Zwangsverwaltung, einer Grundbuchordnung und einem Gesetz über die Angelegenheiten der freiwilligen Gerichtsbarkeit in Kraft.

II Soweit in dem Bürgerlichen Gesetzbuch oder in diesem Gesetze die Regelung den Landesgesetzen vorbehalten oder bestimmt ist, daß landesgesetzliche Vorschriften unberührt bleiben oder erlassen werden können, bleiben die bestehenden landesgesetzlichen Vorschriften in Kraft und können neue landesgesetzliche Vorschriften erlassen werden.

1) I regelt das Inkrafttreten des BGB. II war ursprüngl Art 3. Er ist dch das IPRG I Nr 3 als Abs 2 an den Art 1 angefügt worden. Die Vorbeh des BGB u EG für das LandesR sind zT dch spätere Reichs- od BundesG überholt (s bei den einz Vorschr). II stellt klar, daß der Vorbeh unabhängig von der gebrauchten Formulierg neben dem Weiterbestehen des geltden LandesR auch die Befugn zum Erlaß neuen LandesR umfaßt. Er ist Ausdr eines allg RGedankens, kann also auf spätere Vorbeh zG des LandesGesGebers entspr angewandt w (BVerfG **7**, 124 zu BetrVerfG 88).

EG 2 *Begriff des Gesetzes.* Gesetz im Sinne des Bürgerlichen Gesetzbuchs und dieses Gesetzes ist jede Rechtsnorm.

1) RNormen iSd Art 2 sind a) Gesetze im formellen Sinn einschl Staatsverträge, b) Rechtsverordnungen, c) autonome Satzgen u Tarifverträge, d) GewohnhR; keine RNormen sind dagg Handelsbrauch, Verkehrssitte, Vereinssatzgen u AGB (s näher Einl V v § 1). EGZPO 12, EGKO 2 u EGStPO 7 enthalten eine inhaltl übereinstimmende Vorschr.

Zweites Kapitel. Internationales Privatrecht

(Die Überschriften der Art 3–37 sind amtlich.)

Schrifttum

Gesamtdarstellungen: Aretz/Korth, Internat Priv u VerfR, 1989; v Bar, IPR Bd I (Allg Lehren), 1987; Ferid, IPR, 3. Aufl 1986; Firsching, Einführg in das IPR, 3. Aufl 1987; Henrich, Internat FamR, 1989; Kegel, 6. Aufl 1987; Koch/Magnus/Winkler v Mohrenfels, IPR u RVergleichg, 1989; Kunz, IPR, 2. Aufl 1988; Lüderitz, IPR, 1987; Neuhaus, GrdBegriffe des IPR, 2. Aufl 1976; Pirrung, Internat Privat- und VerfR, 1987; Raape-Sturm, IPR Bd I, 6. Aufl 1977 (nur allg Lehren); Reithmann/Martiny, Int VertragsR, 4. Aufl 1988; Schlosshauer-Selbach, IPR, 1989.

Kommentare: Staud-Blumenwitz, 12. Aufl 1988 Art 5–6 nF EGBGB; Staud-Kropholler/Henrich, 12. Aufl 1988 Art 20–24 nF EGBGB; Staud-Firsching, 12. Aufl 1987 Vorbem zu Art 27–37 nF EGBGB.

Textsammlung: Jayme/Hausmann, Internat Priv- u VerfR, 4. Aufl 1988.

Zeitschriften: RabelsZ (seit 1927), IPRax (seit 1981).

Rechtsprechungssammlungen: Die dtsche Rspr auf dem Gebiet des IPR, 1926–1934, 1935–1944 (2 Bd), 1945 ff (zuletzt 1986), derzeit bearbeitet v Kropholler; Sammlg der dtschen Entsch zum interzonalen PrivR, 1945 ff (zuletzt 1967), bearbeitet v Drobnig.

Hilfsmittel bei der Anwendung fremden Rechts: Bergmann-Ferid, Internat Ehe- u KindschR, 6. Aufl 1983 (bish 100 Liefergen); Ferid-Firsching, Internat ErbR, 1955 ff (bish 29 Liefergen); Ferid-Kegel-Zweigert, Gutachten z internat u ausl PrivR, 1965 ff (zuletzt 1984); Brandhuber-Zeyringer, StA u Ausl (bish 4 Liefergen); Schönhofer-Böhner, Haus- u GrdBes im Ausland, 1982 ff; Wengler, Gutachten z internat u ausl Fam- u ErbR, 2 Bde 1971.

Einleitung

1) Begriff und Aufgabe des IPR
2) Quellen des IPR
3) Grundgesetz und IPR
4) Entstehungsgeschichte der Neuregelung des IPR
5) Grundzüge des geltenden IPR
6) Anknüpfung
7) Gesetzesumgehung
8) Qualifikation
9) Vorfragen
10) Angleichung
11) Anwendung ausländischen Rechts in der Praxis

1) Begriff und Aufgabe des IPR. a) Wesen der Kollisionsnormen. Das IPR best die maßg PrivRO bei **Sachverhalten mit Auslandsberührung** (zB ausl Staatsangehörig od ausl Wohns eines Beteil, Vornahme eines RGesch oder einer unerl Hdlg im Ausland). Es besteht aus sog Kollisionsnormen, die mit Hilfe best Anknüpfungspunkte das in der Sache anzuwendende Recht bezeichnen. Dabei soll diej RO ausgewählt werden, mit der der Sachverhalt die engste Berührg hat (internatpriv Gerechtigk); in der Wahl dieses örtlich besten Rechts liegt die soziale Funktion des IPR, Hessler, Sachrechtl Generalklausel u internat FamilienR, 1985 S 75. Der Inhalt der z Auswahl stehden Sachnormen bleibt bei der Anknüpfg grdsl unberücks. – Das dtsche IPR ist vom Richter **von Amts wegen anzuwenden,** nicht nur wenn die Part sich darauf berufen, vgl Begründg z IPRG BT-Drucksache 10/504 S 26, v Bar IPR Rz 541, aM bish Flessner RabelsZ 70, 547, Sturm Fschr f Zweigert (1981) 329, die f ein fakultatives KollisionsR, dh f grdsl Anwendg des dtschen SachR, eintreten, vgl dazu auch Müller-Graff RabelsZ 84, 289. – Die Vorschr des dtschen IPR berufen im allg nicht nur die Sachnormen, sond auch die Kollisionsnormen einer ausl RO z Anwendg (Grds der Gesamtverweis). Ein abw kollisionsrechtl Standpunkt des betr fremden R wird daher dch Befolgg einer Rück- od Weiterverweisg idR beachtet, vgl dazu Art 4 I. – Die dch eine Kollisionsnorm auf einen best Fragenkomplex z Anwendg berufenen Sachnormen bilden das sog **Sachstatut** (zB Schuldstatut, GüterRStatut, Erbstatut). – Von den Verweisregeln des IPR zu unterscheiden sind die **selbstbegrenzten Sachnormen,** deren Tatbestand ihre Anwendbk unmittelb regelt, die also einen kollisionsr u einen matrechtl Bestandt haben, vgl dazu Kegel, GedächtnSchr f Ehrenzweig (1976) 51, ders in: Internat PrivR, internat WirtschR (1985) 8; Neuhaus, GrdBegre § 11 V (krit z Bezeichng); Mann, Fschr f Raiser (1974) 499; Siehr, RabelsZ 82, 357. Zur Einbeziehg ausl R als „datum" bei der Anwendg dtscher Generalklauseln vgl Hessler, Sachrechtl Generalklausel u internat FamR, 1985 § 5.

b) Nationaler Charakter. Das IPR trifft eine Regelg für internat Sachverhalte, ist aber grdsl **staatliches,** dh von Land zu Land versch R. Eine Vereinheitlg des IPR ist in Teilbereichen dch Staatsverträge erfolgt, vgl dazu Anm 2, z den Vor- u Nachteilen Neuhaus/Kropholler RabelsZ 81, 85, Kropholler Fschr f Müller-Freienfels (1986) 409; Kötz RabelsZ 86, 1. Bei Vereinheitlg des mat R wird das IPR grdsl überflüss, vgl zB EKG 2 u dazu einschränkd Kropholler RabelsZ 74, 372; Hartwieg ZHR 74, 457; Mann Fschr f Vischer (1983) 207; über transnat R u lex mercatoria vgl Siehr in: Internat PrivR, internat WirtschR (1985) 103. Obwohl das IPR z innerstaatl R gehört, ist bei der Anwendg u Fortbildg seiner Kollisionsnormen RVergleichg vielf unerläßl, zB f Qualifikation, Anm 8, od Angleichg, Anm 10; vgl dazu näher Jayme Festschr f Schwind (1978) 103; Kropholler ZvglRW 78, 1; Reichelt FamRZ 78, 312; Beitzke RabelsZ 84, 623; Drobnig RabelsZ 86, 613. Soweit dch das IPR **ausländisches Recht** berufen wird, setzt seine Verwirklg Kenntnisse des betr fremden R voraus; wichtige Hilfsmittel in der Praxis sind dabei Bergmann-Ferid, Internat Ehe- u KindschR u Ferid-Firsching, Internat ErbR.

c) Nachbargebiete. Während dch das IPR das in der Sache maßg Recht best wird, erfolgt die Abgrenzg zw der Zustdgk inl u ausl Zivilgerichte dch die Regeln des internat VerfahrensR über die **internationale Zuständigkeit,** BGH (GrZS) 44, 46. Diese ist lückenh in einigen SonderVorschr der ZPO (zB § 606 a) u des FGG (zB §§ 35 a, 43 b) sowie in Staatsverträgen, insb im MSA (vgl Anh 1 zu Art 24) sowie im EG-Übk über die gerichtl Zustdgk u die Vollstr gerichtl Entsch in Zivil- u Handelssachen v 27. 9. 68, BGBl 72 II 774 geregelt. Zu unterscheiden ist zw sog **Befolgungsregeln** über die internat Zustdgk der **inländischen** Gerichte in Fällen mit Auslandsberührg, wie sie auch in dem erwähnten Übk enth sind, u sog **Beurteilungsregeln** über die internat Zustdgk **ausländischer** Gerichte, die vor allem im Zushang mit der Anerkeng ausl Entsch anzuwenden sind, zB n ZPO 328 I Z 1 od FGG 16 a Z 1. – Vom IPR z unterscheiden ist auch das **Fremdenrecht,** dh die Gesamth v SonderVorschr des inl mat R f Ausl, zB im AuslG v 28. 4. 65, BGBl 353, vgl dazu Kanein, AuslG, 4. Aufl 1988, Kimminich, Der Aufenth v Ausländern in der BRep Dtschland, 1980, Huber, Ausländer- und AsylR, 1983, Hailbronner, AusländerR, 1984, Kloesel/Christ, Dtsches AusländerR, 2. Aufl 1984 ff; Schiedermair/Wollenschläger, Handbuch des AusländerR der BRep Deutschland, 1985 ff. Zur fremdenrechtl Sonderstellg der Angeh der Stationierungsstreitkräfte im Bereich des NATO-Truppenstatuts vgl Beitzke Fschr f Kegel (1987) 33.

d) Interlokales Privatrecht. Zahlr Staaten besitzen kein einheitl PrivatR, sond zerfallen in versch Teilrechtsgebiete. Eine solche **territoriale Rechtsspaltung** ist bes häufig bei Bundesstaaten (zB USA, Kanada, Australien, Mexiko, Jugoslawien, UdSSR), findet sich aber auch sonst (zB Großbritannien, Spanien). Die intern jeweils maßgebl Teilrechtsordnung wird durch die Kollisionsnormen des **interlokalen Privatrechts**

(ILR) best. Sie haben innerh eines Mehrrechtsstaates die gleiche Funktion wie das IPR im Verh mehrerer Staaten zueinander. Verweist das dtsche IPR auf das Recht eines Mehrrechtsstaates, so ist die maßg TeilROrdnung grdsl mit dessen ILR zu bestimmen, vgl dazu Art 4 III.

Auch die Teilg Dtschlands hat eine Rechtsspaltg z Folge. Da die DDR im Verh z BRep nicht Ausland ist, wird die maßgebl dtsche Teilrechtsordng nicht unmittelb dch die Kollisionsnormen der Art 3ff best, vgl Art 3 I 1. Das **innerdeutsche Kollisionsrecht** ist aber in enger Anlehng an diese Regeln z entwickeln, vgl dazu Anh z Art 3.

Neben der territorialen findet sich auch eine **personale Rechtsspaltung**, insb in Staaten, die das Personalstatut ihrer Bürger dem Recht der jew ReligionsGemsch unterstellen (so vor allem islam Staaten, zB Indonesien, Pakistan, Ägypten), vgl BGH FamRZ **80**, 237. Hier wird das anwendb Recht in 1. Linie dch das **interreligiöse Recht** des betr Staates best, vgl dazu näher Art 4 Anm 3a. Personale u territoriale RSpaltg können auch zus auftreten, vgl zB Richter, Die RSpaltg im malays FamR, 1978.

2) Quellen des deutschen IPR; vgl dazu **Textsammlung** von Jayme/Hausmann, Internat Priv- u VerfR, 4. Aufl 1988. **a) Autonomes deutsches Kollisionsrecht.** Eine Kodifikation des dtschen IPR enth Art 3–38. Die Neuregelg des Rechts der außervertragl SchuldVerh u des SachenR steht noch aus. Insow bleibt es im wesentl bei der Maßgeblichk gewohnheitsr Anknüpfgsregeln (vgl dazu Art 38 mit Anh). Weitere Vorschr des dtschen IPR finden sich verstreut in verschiedenen SpezialG, wie zB WechselG 91ff, ScheckG 60ff, BörsenG 61, AGBG 12. Eine Ergänzg für außervertragl SchadErsAnspr enthält VO v 7. 12. 42, RGBl 706 (abgedr Anh I z Art 38).

b) Staatsverträge. Eine weitere wicht Rechtsquelle sind die **Staatsverträge;** vgl dazu grdsl Kropholler, Internat EinhR (1975), Jayme/Meessen, StaatsVertr z IPR, 1975. **aa)** Zu den **multilateralen** StaatsVertr gehören vor allem die **Haager Abkommen** (z deren Stand vgl Übersicht IPRax **87**, 65), so das EheschlAbk v 12. 6. 02, vgl Anh 2 z Art 13, das VormschAbk v 12. 6. 02, vgl Anh 2 zu Art 24, das EntmAbk v 17. 7. 05, vgl Anh z Art 8, das MSA v 5. 10. 61, vgl Anh 1 zu Art 24, die UnterhAbk v 24. 10. 56 u 2. 10. 73, vgl Anh 1 u 2 zu Art 18, das TestamentsformAbk v 5. 10. 61, vgl Anh zu Art 26. Von den übr multinationalen Abk seien etwa das UNÜbk über die RStellg der Staatenlosen v 28. 9. 54 u das Genfer Abk u Protokoll über die RStellg der Flüchtlinge v 28. 7. 51 bzw 31. 1. 67, vgl Anh I u II z Art 5, u das EG-SchuldVertrÜbk v 19. 6. 1980 genannt, vgl Vorbem vor Art 27. Zum Stand der Vereinheitlichg des IPR in der EG Jayme/Kohler IPRax **85**, 65, **88**, 133. Neben den multilateralen spielen auch **bilaterale** StaatsVertr mit einzelnen Staaten eine Rolle, vgl zB Art 17 Anm 1d u Art 25 Anm 1d. **bb)** Eine staatsvertragl Regelg, welche innerstaatl in Kraft gesetzt ist, geht dem autonomen dtschen IPR im **Rang** vor, vgl Art 3 II. Bei der **Auslegung** von StaatsVertr kann nicht ohne weiteres die BegrBedeutg des innerstaatl Rechts zugrundegelegt w, BGH **52**, 216, NJW **76**, 1583; vielm ist eine **einheitliche** Auslegg u Anwendg in den VertrStaaten anzustreben, vgl Art 36. Bei der Auslegg sind desh auch der Wortlaut des Abkommens in den übr VertrSprachen u seine Bedeutg vor dem Hintergrund der jew fremden ROrdng sowie die RPraxis in den ar VertrStaaten z berücksichtigen. Geboten ist also eine autonome Qualifikation der VerweisgsBegriffe auf rechtsvergleichender Grdl unter Berücksicht der Entstehgsgeschichte u des Zwecks der staatsvertragl Regelg, vgl dazu Kropholler, Internat EinhR § 22 I, Beitzke RabelsZ **84**, 636 u unten Anm 8b; zur unselbstd Anknüpfg von Vorfragen vgl Anm 9b, zum Ausschluß von Rück- u Weiterverweisg vgl Art 4 Anm 2f. **cc)** Die Kodifikation des IPR in Art 3–38 hat im Interesse der Überschaubark des dtschen KollisionsR u der Erleichterg seiner Anwendg einige von der BRep ratifizierte multilaterale StaatsVertr in ihrem wesentl Inhalt unmittelb in das EG übern. Dies gilt f das Haager UnterhÜbk v 2. 10. 73 (Art 18), das Haager TestamentsformÜbk v 5. 10. 61 (Art 26) u das EGSchuldVertrÜbk v 19. 6. 80 (Art 27–37). Bei der Anwendg dieser **inkorporierten** staatsvertragl Best sind die zu bb) erläuterten Grds zu beachten, vgl dazu unten Anm 6a u 8b. Daraus ergeben sich **unterschiedliche Auslegungsregeln** f die einzelnen Teile der Kodifikation des dtschen IPR. Der mit der Inkorporation angestrebte Vorteil der RKlarheit u RVereinfachg geht dadch zT verloren. Dies gilt bes f diejenigen Artikel, die teils staatsvertragl u teils autonomen Charakter haben, zB Art 4 III, 6 u 12, bei deren Anwendg je nach Sachgebiet eine unterschiedl Qualifikationsmethode zu befolgen ist; für einheitl Auslegg Pirrung IPR S 110. **Vorfragen** sind im Bereich der Kollisionsnormen mit staatsvertragl Charakter grdsl unselbst anzuknüpfen, vgl Anm 9b, **Rück-** od **Weiterverweisung** sind nicht zu beachten, vgl Art 4 Anm 2e und f. **dd)** Im Ausland geltde StaatsVertr sind bei Rück- od Weiterverweisg z beachten, vgl dazu Fschr f Beitzke (1979) 541; Kropholler Berichte der dtsch Gesellsch f VölkerR Heft 28 (1988) 109. – Zur Einwirkg des VölkerR auf das IPR vgl Meessen Fschr f Mann (1977) 227, Neuhaus JbIntR **78**, 60, Bleckmann DÖV **79**, 309; zu den Austrahlgen der EuropMRK vgl Engel RabelsZ **89**, 3.

c) Recht der DDR. In der DDR ist das EGBGB dch § 15 Abs 2 I Z 2 EGZGB v 19. 6. 75, GBl I 517 mit Wirkg z 1. 1. 76 aufgeh worden; zum gleichem Ztpkt sind auch die famr Kollisionsnormen der §§ 15–25 EGFGB v 20. 12. 65 außer Kraft getreten, § 15 Abs 1 II Z 37 EGZGB. Eine umfassende Neuregelg des IPR brachte das **RechtsanwendungsG** v 5. 12. 75, GBl I 748; vgl dazu Espig NJ **76**, 360; Lübchen/Posch, ZivilVerhältnisse mit Auslandsberühr, 1979; Rudolph/Strohbach, Die rechtl Regelg der intersystemaren WirtschBeziehgen der DDR, 1982; ferner Mampel NJW **76**, 1521; Wehser JZ **77**, 449; Kittke JbOstR **76** II 7, DAVorm **77**, 545; Seiffert RabelsZ **77**, 515; Maskow/Rudolph AWD **80**, 19. Das IPR der sozialistischen Staaten untereinander regeln im wesentl Staatsverträge; dazu Neuhaus RabelsZ **67**, 543. Das RAnwendgsG betrifft daher vor allem die Beziehgen zu den übr Staaten, Espig aaO, Lübchen/Posch aaO 14. Eine matr Regelg enth das G über internat WirtschVertr v 5. 2. 76, GBl I 61, dazu eingehd Enderlein ZHR **76**, 442, Seiffert aaO, ders, AußenwirtschaftsR der DDR, 1983, Ackermann ua AWD **77**, 600, sowie Maskow/Rudolph AWD **78**, 701 (z Regelg der VertrVerletzg), Lieser-Triebnigg JbOstR **85**, 9 (z innerdtschen Handel). Zum KollisionsR ggü der DDR vgl Anh z Art 3.

3) Grundgesetz und IPR. Die Bestimmgen des dtschen IPR u eines dch sie im Einzelfall z Anwendg berufenen ausl Rechts sind am GG z messen, BVerfG **31**, 58, NJW **83**, 1968. Danach ist insb die Auswahl der **kollisionsrechtlichen Anknüpfungspunkte** auf Vereinbk mit den GrdRechten z prüfen, BVerfG **31**, 73;

dies gilt auch für die innerstaatl Anwendg staatsvertragl Kollisionsnormen, BGH FamRZ **86**, 1200, **87**, 679, vgl dazu Jayme/Meessen, StaatsVertr z IPR (1975).

Mit der Neuregelg des IPR dch G v 25. 7. 86, BGBl 1142, sind die früheren verfassgswidr familienrechtl Kollisionsnormen, vgl dazu Anm 4, dch verfassgskonforme Anknüpfgen ersetzt worden. Das Problem der Verfmäßigk des dtschen IPR dürfte damit vorerst erledigt sein, ebso grdsl v Bar IPR Rz 238. Problematisch ist allerd die Verfassgsmäßigk der ÜbergVorschr in Art 220 III S 1 Z 3, vgl dazu EG 15 Anm 1 d. Dagg sind bei **Anwendung** eines nach dem dtschen IPR maßg **ausländischen Rechts** die dtschen **Grundrechte** nach GG 1 III **zu beachten,** BVerfG **31**, 72. Kollisionsrechtl wird der GrdRSchutz dch die VorbehKlausel des ordre public verwirklicht, Art 6 S 2. Dabei sind andere Maßst anzulegen als bei der RAnwendg in einem reinen Inlandsfall: bei ganz od überwiegd auslandsbezogenen Sachverhalten ist eine differenzierde Anwendg der GrdR im Rahmen ihrer aus der Verf selbst zu entwickelnden Reichweite geboten, BVerfG **31**, 77, BGH **60**, 78, vgl dazu Art 6 Anm 2 d.

4) **Entstehungsgeschichte der Neuregelung des IPR. a)** Das EG enthielt in seiner ursprüngl Fassg eine lückenh Regelg des IPR in Art 7–31. Sie war im wesentl auf das internationale Personen-, Familien- u ErbR beschränkt. Allseitige Kollisionsnormen, die das anwendb Recht generell best, waren die Ausn. Vor allem die familienrechtl Kollisionsnormen bestimmten überw nur den AnwendbsBereich des dtschen Rechts (unvollkommene od einseit Kollisionsnormen). Die Anknüpfg stellte dabei vielf auf die Staatsangehörigk des Mannes ab, die der übr Familienmitglieder wurde nicht ausr berücksichtigt. Zentrale Vorschr des früheren internat FamR wurden desh vom BVerfG wg Verstoßes gg Art 3 II GG f nichtig erkl, vgl BVerfG **63**, 181 zu EG 15 aF u BVerfG **68**, 384 z EG 17 I aF. Die Fortgeltg and derartiger Vorschr war umstr, eine gleichheitskonforme Neuregelg unerläßl. Auch die fortschreitde Überlagerg des autonomen dtschen KollisionsR dch StaatsVertr erschwerte die prakt Handhabg.

b) **Umfassende Reformvorschläge** wurden zuerst vom **Deutschen Rat für IPR** vorgelegt; vgl Vorschläge u Gutachten (jew herausgegeben v Lauterbach) z Reform des dtschen internat EheR (1962), des dtschen internat Kindsch-, Vormundsch- u PflegschR (1966), des dtschen internat ErbR (1969) u des dtschen internat Personen- u SachenR (1972), sowie die überarbeiteten Vorschläge u Gutachten (herausgegeben von Beitzke) z Reform des dtschen internat Personen-, Familien- u ErbR (1981) u die Vorschläge u Gutachten (herausgegeben von v. Caemmerer) z Reform des dtschen internat privR der außervertragl SchuldVerh (1983). Hinzu kam ein im Auftrag des BMJ erstellter **Gesetzesentwurf** von **Kühne** (IPR-GesetzEntwurf, 1980, vgl dazu Baer ZBlJugR **80**, 676, FamRZ **81**, 117, Wengler JR **81**, 268, E. Lorenz ZRP **82**, 148, sowie StellgN des Dtschen Instituts f VormschWesen DAVorm **80**, 585 u des Bundesverbandes der Dtschen Standesbeamten StAZ **81**, 165), ferner ein GegenEntw des **Max-Planck-Instituts** f ausl u internat PrivatR RabelsZ **80**, 326, vgl dazu auch Dopffel/Drobnig/Siehr, Reform des dtschen IPR, 1980.

c) Die **Bundesregierung** leitete dem BT am 20. 10. 83 den **Entwurf eines Gesetzes zur Neuregelung des IPR** mit einer StellgN des BR vom 1. 7. 83 u einer Gegenäußerg der BReg zu (**BT-Drucksache 10/504**). Der Entw hat eine lebhafte **Diskussion** in Wissensch u Praxis ausgelöst, vgl die StellgN des Max-Planck-Instituts für ausl u internat PrivatR RabelsZ **83**, 595; ferner Beitzke DAVorm **83**, 163; StellgN des Bundesverbandes der Dtschen Standesbeamten StAZ **84**, 97; Kühne StAZ **84**, 3; Otto StAZ **84**, 29; Schwimann JuS **84**, 14; Sturm FamRZ **84**, 744; Lausanner Kolloquium über den dtschen u den schweizerischen GesetzEntw z Neuregelg des IPR, 1984; Henrich in: Internat PrivR, internat WirtschR (1985) 339; Geimer Sonderheft DNotZ **85**, 102; Grasmann Fschr Neumayer (1985) 249.

Unter dem Eindruck dieser Diskussion wurde der RegEntw in den Beratgen des **Rechtsausschusses** des BT in nicht unerhebl Umfang **abgeändert** (vgl dazu BeschlEmpfehlg u Bericht v 9. 6. 86, BT-Drucks 10/5632) und in dieser Fassg vom BT dch Gesetz vom 25. 7. 86, BGBl 1142, verabschiedet. Zur Entstehg des G vgl Böhmer RabelsZ **86**, 647; Pirrung IPR S 82; z seiner Bewährg Hohloch JuS **89**, 81.

d) Ebenfalls dch Gesetz v 25. 7. 86 hat der BT die **Vertragsgesetze** z EG-SchuldVertrÜbk v 19. 6. 80 (BT-Drucks 10/503), BGBl **86** II 809, u zu den beiden Haager Übk v 2. 10. 73 über die Anerkenng u Vollstreckg von UnterhEntscheidgen sowie über das auf UnterhPflichten anzuwendde Recht (BT-Drucks 10/258), BGBl **86** II 825, u das UnterhVollstr-Übk-AusführgsG (BT-Drucks 10/241) verabschiedet (BGBl **86** I 1156). Der kollisionsr Inhalt des EG-SchuldVertrÜbk v 19. 6. 80 (gg eine Empfehlg der EG-Kommission vom 15. 1. 85, IPRax **85**, 178) u des Haager Übk über das auf UnterhPflichten anzuwendde Recht v 2. 10. 73 ist in die Neuregelg des IPR in Art 3–38 eingearbeitet; zur Problematik dieser Inkorporation vgl Max-Planck-Institut RabelsZ **83**, 595, 602; v Hoffmann IPRax **84**, 10; Beitzke RabelsZ **84**, 637; Kohler EuR **84**, 155; Nolte IPRax **85**, 71; Matscher/Siehr/Delbrück, Multilaterale StaatsVertr erga omnes u deren Inkorporation in nationale IPR-Kodifikationen (1986).

5) **Grundzüge des geltenden IPR.** Literatur: Basedow NJW **86**, 2971; Bernhardt Betr **86**, 2009; Lichtenberger DNotZ **86**, 644; Kegel RPfl **87**, 1; Koch JZ **86**, 1102; Lüderitz Fschr f Kegel (1987) 343, ders FS Rwiss Fakultät Köln (1988) 272; Hohloch JuS **89**, 81; Wengler RabelsZ **89**, 409. **a)** Die Kodifikation des IPR ist **unvollständig.** Die noch fehlde Regelg des Rechts der außervertragl SchuldVerh u des SachenR ist in Vorbereitg; ein entspr ReferentenEntw eines Gesetzes z Erg des IPR liegt bereits vor (Stand: 15. 5. 84); vgl dazu StellgN des Max-Planck-Instituts f ausl u internat Patent-, Urheber- u WettbewerbsR GRUR Int **85**, 104; Spickhoff VersR **85**, 124; Basedow NJW **86**, 2972. Bislang nicht berücksichtigt sind auch die jur Personen; mit Recht krit Stoll IPRax **84**, 4, vgl dazu Anh z Art 12. Auch die allg Anknüpfgs-Regeln sind lückenh; eine Regelg von Vorfragen, Qualifikation u Angleichg (vgl Anm 8–10) fehlt. Auch das innerdtsche KollisionsR ist nicht geregelt (vgl Anh z Art 3). Der **Standort** des IPR im EG ist beibehalten; die neuen Vorschr entspr ziffernmäß möglichst weitgeh dem alten Recht. **b)** Das Gesetz beruht im Ggs z EG 7 ff aF auf einem System **allseitiger Kollisionsnormen,** regelt also nicht nur die Anwendbark des dtschen, sond jedes beliebigen ausl Rechts; es geht von der Gleichwertigk u Austauschbark der nationalen PrivatROrdngen aus. **Staatsvertragliche** Kollisionsnormen, welche ohne Rücksicht auf Gegenseitigk anzuwend sind, wurden inhaltl in das Gesetz **übernommen,** um der Praxis eine einheitl RGrdl des

gesamten kodifizierten KollisionsR zu bieten. Auf diese Weise wurden in das Gesetz inkorporiert das Haager TestamentsformÜbk v 5. 10. 61, das Haager UnterhÜbk v 2. 10. 73 u das EG-SchuldVertrÜbk v 19. 6. 80. **c)** Bei der Anknüpf des **Personalstatuts** im Bereich des Personen-, Familien- u ErbR folgt das Gesetz grdsätzl dem **Staatsangehörigkeitsprinzip.** Damit werden Grundfragen der persönlichen Existenz der Regelg des Heimatstaates unterstellt, weil die Betroffenen diesem Staat und seinem Recht idR eng verbunden sind; ggü Wohns od gewöhnl Aufenth als Anknüpfungspunkten hat die Staatsangehörigk zudem den Vorteil der Stabilität, der sicheren Feststellbark u des einheitl Charakters. Wo das StaatsangehörigkPrinzip versagt, dh vor allem bei RVerh, an denen mehrere Personen mit verschiedener Staatsangehörigk beteiligt sind, wird auf den **gewöhnlichen Aufenthalt** als **Auffanganknüpfung** abgestellt. Dies gilt insb f allg Ehewirkgen, Güterstand u Ehescheidg (Art 14–17) sowie grdsätzl auch f eheliche Abstammg, Eltern-Kind-Verh u Legitimation dch nachfolgde Ehe (Art 19 u 21). Dabei schreitet das Gesetz über eine sog **Anknüpfungsleiter** von der Anknüpf an die gemeins bzw letzte gemeins Staatsangehörigk zur ersatzweisen Anknüpfg an den gemeins bzw letzten gemeins gewöhnl Aufenth u schließl zur Anknüpfg aGrd gemeins engster Verbindg fort (vgl Art 14 I). Für die **primäre** Anknüpfg an den gewöhnl Aufenth des Hauptbeteiligten entscheidet sich das Gesetz bei den **Wirkungen** familiärer RVerh, insb f das UnterhR u das Eltern-Kind-Verhältn außerh vollständ Familien (vgl Art 18 I, 19 II 2 u 20 II). Im ganzen stellt die gesetzl Regelg also einen Kompromiß zw StaatsangehörigkPrinzip u AufenthPrinzip dar. Das StaatsangehörigkPrinzip wird vor allem im internat KindschR durch das **Günstigkeitsprinzip** ergänzt. Dieses sieht im Interesse gewünschter Erg, zB der ehel Abstammg od der Feststellg der Vatersch, **alternative** Anknüpfgen an versch ROrdngen vor (vgl Art 19 I u 20 I). **d)** Das Gesetz trägt bei der Bestimmg des anwendb Rechts auch dem **Parteiwillen** Rechnung. Die Möglichk einer **Rechtswahl** wird nicht nur wie bish f das SchuldVertrR (vgl Art 27), sond auch im NamensR (Art 10), für die allg Ehewirkgen (Art 14 III), die güterrechtl Ehewirkgen (Art 15 II) u die RNachfolge vTw (Art 25 II) eröffnet; vgl dazu Kühne IPRax **87**, 69.

6) **Anknüpfung. a) Allgemeines.** Die Kollisionsnormen des IPR best das anwendb Recht aGrd typischer Merkmale der zu beurteilenden LebensSachverh, die auf eine enge Verbindg zu einer ROrdng hindeuten (**Anknüpfungspunkte** od -momente). Die Auswahl dieser Anknüpfungspunkte hängt mit der Eigenart der von den verschiedenen Kollisionsnormen erfaßten RBereiche (**Anknüpfungsgegenstände**) zus, zB Lageort einer Sache im internat SachenR, Staatsangehörig einer Pers im internat NamensR. Die Anknüpfungspunkte variieren also mit dem AnknüpfungsGgst. Sie können in der **Person** der Beteiligten liegen (zB Staatsangehörigk, gewöhnl Aufenth, Verwaltgssitz einer jur Person), in ihren Willenserklärgen (zB RWahl soweit zugelassen) od Handlgen (zB AbschlOrt eines RGesch, Gebrauchsort einer Vollm, Tatort einer unerlaubten Handlg) od in den Eigensch einer **Sache** (zB Lageort eines Grdst). Eine Reihe von Kollisionsnormen stellen mehrere Anknüpfgspunkte alternativ nebeneinand, ermögl also iS des GünstigkPrinzips eine **Alternativanknüpfung** an versch ROrdngen, vgl Art 11 I, 26 I, vgl dazu Baum, Alternativanknüpfungen, 1985. Soweit es sich bei den Anknüpfungspunkten um RBegriffe handelt (zB gewöhnl Aufenth, Tatort), braucht sich deren Bedeutg nach den versch ROrdngen nicht notw zu decken. Ihre **Auslegung** kann grdsätzl nur iS der ROrdng erfolgen, der die betreffende Kollisionsnorm angehört, bei Anwendg des dtschen IPR insb n dtschen Recht. Bei Anwendg ausl IPR im Rahmen der Prüfg einer Rück- od Weiterverweisg, Art 4 I, nach dem betreffden ausl Recht, vgl zB BayObLG **67**, 423 zum Domizilbegriff n anglo-amerikanischem Recht. Dagg sind Anknüpfungspunkte in staatsvertragl Kollisionsnormen iS einer einheitl Auslegg in allen VertrStaaten zu qualifizieren, vgl näher Anm 2b bb.

Der wichtigste persönl Anknüpfungspunkt, die **Staatsangehörigkeit** (vgl dazu Art 5 Anm 1), wird internat im wesentl einheitl verstanden; ihr Vorliegen ist stets n dem Recht des Staates zu beurteilen, um dessen Staatsangehörigk es sich handelt; dabei auftretde **Vorfragen**, zB eheliche Abstammg od Eheschließg, sind also unselbständ anzuknüpfen, vgl Anm 9 b. Zum Begriff des gewöhnl Aufenth vgl Art 5 Anm 4 a.

b) Tatsächliche Veränderung der Anknüpfungspunkte. Viele Anknüpfungspunkte sind **wandelbar**, zB dch Wechsel der Staatsangehörigk, Verlegg des gewöhnlichen Aufenth od Verwaltgssitzes, Verlagerg einer bewegl Sache. Sofern die Anknüpfg nicht auf einen best Ztpkt fixiert ist, zB auf die Staatsangehörigk zZ der Eheschließg, Art 13 I, od zZ des Erbfalles abgestellt wird, Art 25 I, ändert sich das anwendb Recht grdsätzl ex nunc mit der Änderg des maßgebden Anknüpfungspunkts (**Statutenwechsel**), zB das RVerh zw Eltern u nichtehel Kind mit dem jew gewöhnl Aufenth des Kindes, Art 20 II. Ob u inwieweit dch Wandel der Anknüpfungspunkte auch ein Statutenwechsel eintritt, hängt also von der Formulierg der einzelnen Kollisionsnorm ab. Auch iF eines Statutenwechsels besteht aber im Zweifel ein nach dem früheren Statut entstandenes subjektives Recht weiter, gleichgültig, ob es auch nach dem neuen Statut entstanden wäre, vgl zB BGH **63**, 107 (Ehename), ferner Anh II z Art 38 Anm 4. Zur Frage der Heilg eines RVerh dch Statutenwechsel Siehr Gedächtnisschrift f Ehrenzweig (1976) 129.

c) Inhaltsänderung des anwendbaren Rechts. Vom Fall der tatsächl Veränderg des maßg Anknüpfungspunkts z unterscheiden ist der Eintritt einer **inhaltlichen Änderung** des maßg **Rechts**. Ob altes oder neues Recht maßg ist, beurteilt sich nach den Vorschr des **intertemporalen Rechts**. Dies gilt insb bei Änderg des anzuwendenden **IPR**. Zur **Übergangsregelung** anläßl der **Neuregelung** des dtschen IPR dch Gesetz vom 25. 7. 86, BGBl 1142, vgl Art. 220. Bei Änderg eines ausländ IPR sind dessen Übergangs-Vorschr maßg (zB bei Prüfg einer Rückverweisg), bei deren Fehlen ersatzw die allg Regeln des intertemporalen Rechts (zB Grds der Nichtrückwirkg, Bestandsschutz für die unter dem alten Recht vorgenommenen RGesch, vgl Dörner DNotZ **82**, 56, KG StAZ **88**, 326) unter Berücksichtigg des Interessenlage im IPR, vgl auch Siemer-Krantz, Das intertemporale Recht im internat FamilienR Dtschlands, Frankreichs u der Schweiz, 1984. Bei einer Änderg des anwendb **materiellen Rechts** erstreckt sich die kollisionsr Verweisg auch auf die ÜbergangsVorschr des Sachstatuts, die über die Anwendbark der früheren od späteren Bestimmungen entscheiden.

7) Gesetzesumgehung. Das IPR eröffnet den Parteien gewisse Möglichk, auf das anwendb R Einfluß zu nehmen, zB dch RWahl, soweit diese zuläss ist, dch Formenmißbrauch bei Vermögensgeschäften, dch Manipulierg von Anknüpfungspunkten (zB Wechsel des gewöhnl Aufenth, Verlegg des Abschluß- oder Lageorts) od dch Erschleichg der internat Zuständigkeit in einem Staat mit and Kollisions- u Sachnormen (zB Scheidgsparadiese). Eine ges Regelg dieser Problematik fehlt. Sie kann auch nicht allein mit dem ordre public gelöst werden, wie der Fall des arglist Einschleichens in die inl ROrdng zeigt, Neuhaus, GrdBegr § 25 II 2, Schurig Fschr Ferid (1988) 386.

Grdsl ist auch die zweckorientierte Herstellg der Tatbestandsmerkmale inl od ausl Kollisionsnormen wirks. Dies gilt insbes bei einem StaatsangehörigkWechsel, gleichgült auf welchen Motiven er beruht, BGH NJW **71**, 2124, Raape-Sturm IPR § 18 IV, Schurig Fschr Ferid (1988) 402. Verlegen die Part den AbschlOrt eines RGesch ins Ausland, um die dtsche FormVorschr zu umgehen, so ist die Gesetzesumgehg wg Art 11 I ebenf grdsl nicht z beanstanden, vgl Art 11 Anm 2 d dd. Die Ortsform genügt auch f die Eheschl im Ausland ohne Rücksicht auf das HeimatR der Verlobten, vgl dazu Art 13 Anm 4 a. Eine von den Part im Rahmen der Parteiautonomie des internat SchuldR getr RWahl ist regelm anzuerkennen; bei einem reinen InlandsGesch kann aber die Anwendg zwingender Vorschr des dtschen Rechts dch Wahl eines ausl Rechts nicht ausgeschl werden, Art 27 III, vgl ferner Art 29 I u 30 I. Wegen des Schutzes der Verkehrsinteressen wirks ist auch die Verbringg einer bewegl Sache in ein and Land z Herbeiführg der Anwendbk einer günstigeren lex rei sitae, Ferid IPR Rdz 3–187. Im üb ist bei einer in fraudulöser Absicht vorgen Beeinflussg der Anknüpfungstatsachen zunächst zu prüfen, ob die jeweilige Kollisionsnorm diese überh genügen läßt, zB ob dch Kindesentführg gewöhnl Aufenth begründet werden kann, vgl dazu MSA Art 1 Anm 2. Wäre die Anknüpfg an sich zu beachten, so kann sie weiter mit Rücks auf den Schutzzweck der umgangenen Sachnormen ausgeschaltet werden, zB wenn ein Erwerbsvorgang nur zum Zweck der Umgehg der dtschen AnfVorschr ins Ausland verlegt wird, BGH **78**, 318, krit dazu Hanisch ZIP **81**, 569.

8) Qualifikation. Neues Schrifttum: Weber, Die Theorie der Qualifikation, 1986; Heyn, Die Doppel- u Mehrfachqualifikation im IPR, 1986. **a) Grundsatz.** Die dtschen Kollisionsnormen umschreiben ihren jew Anwendgsbereich (AnknüpfgsGgst) mit Begriffen, die dem dtschen materiellen Recht entlehnt sind, zB Rechtsfähigk, GeschFgk, Form von RGesch, Güterstd, Scheidg, Unterh usw. Die **Auslegung** dieser Begr entsch über Reichweite u Abgrenzg der versch Kollisionsnormen. Die Frage des dafür maßg Rechts ist ges nicht geregelt. Grdsätzl ist von der **lex fori** auszugehen, vgl BGH **29**, 139 (Zulassg einer Handschuhehe als FormVorschr), **44**, 124 (FamName der verheirateten Frau als pers Ehewirkg), **47**, 324 (Trenng v Tisch u Bett als Scheidg), Hamm NJW **70**, 390, Düss FamRZ **75**, 42 (ProzKostenVorschußPfl als Folge der UnterhPfl); ebso die überw RLehre, vgl Raape-Sturm IPR § 15 II, Ferid IPR Rdz 4–16, Neuhaus, GrdBegre § 15 I, Dörner StAZ **88**, 350, aM vor allem Wolff IPR 3. Aufl 1954 S 54 ff (für Anwendg der lex causae) u Rabel RabelsZ **31**, 24 (für autonome rechtsvergleichde Qualifikation). Die grdsätzl Maßgeblichk der lex fori bedeutet jedoch nicht, daß die RBegr der dtschen Kollisionsnormen notw mit denen des dtschen mat R übereinstimmen; sie müssen vielm entspr ihrer kollisionsr Funktion oft weit ausgelegt werden, um auch ausl Regelgen z erfassen, BGH **47**, 336 (insow autonome Qualifikation), vgl dazu Grundmann, Qualifikation gg die Sachnorm, 1985. Dabei ist auch der matrechtl Gehalt der in Betr kommden ausl Sachnormen zu prüfen, insb dann, wenn in dem dtschen Recht unbekanntes RInstitut subsumiert ("qualifiziert") werden muß, zB die Morgengabe n islam Recht, vgl dazu Art 13 Anm 2 b aa. Insow sind die ausl Sachnormen vom Standpkt des ausl R z würdigen u mit den dtschen RInstituten zu vergleichen, BGH **29**, 139. Entsch ist, ob das ausl RInstitut dem Verweisgs-Begr der dtschen Kollisionsnorm funktionell adäquat ist, Schwimann ÖsterrJZ **80**, 7; als Prüfstein kann dabei dienen, in welchem systemat ZusHang das dtsche mat Recht die betr Frage regeln würde. Unerhebl ist, ob das ausl Recht selbst das RInstitut an einer and Stelle systemat einordnet, zB die Folgen des VerlöbnBruchs delikt, Art 13 Anm 6, od die Verj prozeßr qualifiziert, RG **145**, 126, BGH NJW **60**, 1720 (angloamerikan R) od ein dem dtschen Recht überh unbekanntes RInstitut ausgebildet h, BGH **55**, 188 (Anerkenng v VerwandtschVerh).

b) Ausnahmen. Voraussetzgen u Umfang einer Rück- od Weiterverweisg dch ein ausl KollisionsR beurteilen sich nach dieser fremden ROrdng; ihr unterliegt daher auch die Qualifikation, s zB BGH FamRZ **80**, 673, vgl auch oben Anm 6 a, sofern sie nicht selbst eine Qualifikationsverweisg auf ein ad R enth, vgl dazu Jayme ZfRV **76**, 93. Qualifikationsfragen bei **staatsvertraglichen** Kollisionsnormen sind ebenf nicht nach der lex fori, sond aGrd der Entstehgsgeschichte u des Zwecks des Vertr unter vergleichder Heranziehung der ROrdngen der VertrStaaten z beantworten, vgl oben Anm 2 b bb u cc, Soergel-Kegel vor EG 7 Rdz 74, Kropholler, Internat EinhR § 22 I; zur Auslegg internat EinhR ebso BGH NJW **76**, 1583.

9) Vorfragen. Neues Schrifttum: Schurig Fschr f Kegel (1987) 549; Winkler v. Mohrenfels RabelsZ **87**, 20; Samtleben RabelsZ **88**, 466. **a) Grundsatz.** Enth der Tatbestd einer vom dtschen IPR zur Anwendg berufenen Sachnorm einen RBegr, für welchen das dtsche IPR eine spezielle Kollisionsnorm bereithält, macht also zB ein ausl Deliktsstatut den SchadErsAnspr vom Eigt des Kl abhäng od stellt ein ausl Unterh-Statut auf die Ehelk des Kindes ab, so ergibt sich das Problem, ob solche präjudiziellen RVerh (Vorfragen) nach dem f die Hauptfrage (SchadErsAnspr od UnterhAnspr) maßg R z beurteilen od das für sie maßg R gesondert anzuknüpfen ist. Eine gesetzl Regelg dieser Frage fehlt. Grdsätzl ist das f die Vorfrage maßgebde R gesondert zu best; dabei ist vom IPR der lex fori, dh von den dtschen Kollisionsnormen, auszugehen (**selbständige Anknüpfung**), hM, vgl zB BGH NJW **81**, 1901, Hamm FamRZ **82**, 167, Schurig aaO 591, Kegel IPR § 9 II, Raape-Sturm IPR § 16 III. Danach beurteilt sich etwa die Frage der Gültigk einer Ehe (Vorfrage) bei der Entsch über den ErbAnspr des überlebden Eheg (Hauptfrage) nicht nach dem IPR des HeimatR des Erbl als dem nach Art 25 berufenen Erbstatut, sond nach dem von Art 13 od Art 17 berufenen Recht, vgl BGH NJW **81**, 1901. Diese Lösg gewährleistet die einheitl Beurteilg der Gültigk der Ehe für alle im Inland zu entsch Fälle, wahrt also den **inneren Entscheidungseinklang**. Dagg wollen Wengler RabelsZ **34**, 148, ders NJW **81**, 2617, Wolff IPR 3. Aufl 1954 S 80, MüKo-Sonnenberger Einl IPR Rz 323, Neuhaus, GrdBegre § 46 II, Jayme ZBlJugR **76**, 393, Neumayer Fschr f Aubin (1979) 93, Hausmann StAZ **82**, 127, van Venrooy, Die Anknüpfg der Kaufmannseigenschaft im dtschen IPR (1985) 14 Vorfragen grdsl unter

Einschaltg der Kollisionsnormen des f die Hauptfrage maßg R beurteilen (sog unselbstd Anknüpfg), für die Vorfrage nach der Wirksamk der Eheschließg ebso Böhmer Fschr f Firsching (1985) 41. Diese Lösg sichert die Übereinstimmg mit dem in der Sache in 1. Linie anwendb Recht, wahrt also den **äußeren Entscheidungseinklang.** Keine „unselbständige" Anknüpfg, sond Verz auf gesonderte Anknüpfg überh ist die Beantwortg von Vorfragen in unmittelb Anwendg der einschläggn Sachnormen des Statuts der Hauptfrage (dh ohne Einschaltg von dessen Kollisionsnormen), so etwa bei Mü IPRax **88**, 356. Für ein matrechtl Lösg bei hinkden RVerhen Winkler v. Mohrenfels RabelsZ **87**, 20, ders IPRax **88**, 341. **b) Ausnahmen.** Die **unselbständige Anknüpfung** von Vorfragen nach dem IPR des für die Hauptfrage anwendb Rechts ist ausnahmsw dann geboten, wenn der äußere EntschEinklang mit diesem Recht aus besonderen Grdn dem Interesse am inneren EntschEinklang vorgeht. Dies gilt insbes für Vorfragen im **Staatsangehörigkeitsrecht;** Eheschließg, ehel od nichtehel Abstammg, Adoption od Legitimation als Voraussetzgen für den Erwerb od Verlust einer Staatsangehörigk sind daher nach dem IPR des Staates zu beurteilen, um dessen Staatsangehörigk es geht, Kegel IPR § 13 II 4. Unselbstd anzuknüpfen sind im Interesse des EntschEinklangs mit dem nach Art 10 I anwendb Recht grdsätzl auch Vorfragen (zB ehel Abstammg) im Bereich des **Namensrechts,** vgl BGH **90**, 140 (and jetzt BGH FamRZ **86**, 984) u Art 10 Anm 1 b. Auch bei **staatsvertraglichem** KollisionsR ist eine unselbstd Anknüpfg von Vorfragen zur Sicherg des internat EntschEinklangs grdsl geboten, vgl Kropholler, Internat EinhR § 22 IV, Wienke, Zur Anknüpfg der Vorfrage bei internatprivatr Staatsverträgen, 1977; dies gilt auch für die in das EG inkorporierten staatsvertragl Best, vgl Anm 2 b cc. – Zur Behandlg internatprivatr Vorfragen im öffR, insb im SozialR vgl Behn Vierteljahresschrift f SozR **79**, 315, Samtleben RabelsZ **88**, 466. **c) Substitution.** Soweit im Tatbestd einer anzuwendden Sachnorm Rechtsbegriffe verwendet werden, zB Auflassg, notarielle Beurkundg, entsteht das Problem, ob die betr TatbestdElemente auch im Ausland erfüllt werden können, zB kann im dtsches Grdst auch im Ausland aufgelassen, § 925 BGB od ein GeschAnteil an einer dtschen GmbH auch vor einem ausl Notar übertr werden kann, § 15 III GmbHG. Über die Wirksamk einer solchen Substitution ist dch Auslegg der jew Sachnorm zu entsch; dabei kommt es entsch auf die Gleichwertigk des ausl Rechtsvorgangs an, vgl dazu Art 11 Anm 2 c bb, ferner Hug, Die Substitution im IPR, 1983. Ein ähnl Problem stellt sich bei der Berücksichtigg von nach ausl R gebildeten Familiennamen in Anwendg dtscher Vorschr, zB Art 220 V 3, vgl dazu BayObLG StAZ **88**, 199.

10) Angleichung (Anpassung). Dch die unterschiedl Anknüpfungspunkte der einz Kollisionsnormen werden oft mehrere ROrdngen in einem Fall nebeneinander zur Anwendg berufen. Dabei kann eine Harmonisierg erforderl werden, wenn diese ROrdngen sich widersprechen (Normenhäufg) od eine Lücke lassen (Normenmangel), so etwa wenn das nach Art 15 maßg GüterRStatut keine güterrechtl, sond nur eine erbrechtl u das nach Art 25 maßg Erbstatut keine erbrechtl, sond nur eine güterrechtl Beteiligg des überl Eheg am Verm des Verst vorsieht, vgl Art 15 Anm 4 c. Die notw Harmonisierg der versch RSysteme ist dch **Anpassung** der **Kollisionsnormen** (Einschränkg od Erweiterg des Verweisgsumfangs) oder der **Sachnormen** unter Berücksichtigg der Interessenlage zu erreichen, vgl dazu Kropholler Fschr f Ferid (1978) 279, Raape-Sturm IPR § 14 C.

11) Anwendung ausländischen Rechts in der Praxis. a) Das dtsche Gericht hat grdsätzl nur sein **eigenes Verfahrensrecht** anzuwenden, vgl zB BGH **78**, 108, BGH NJW **85**, 552, **88**, 647, BayObLG FamRZ **88**, 1101, Schütze, Dtsches Internat ZivilprozeßR, 1985 S 13, einschränkd Grunsky ZZP **76**, 241, differenzierend Geimer, Internat ZivilprozeßR, 1987 S 67; dies gilt insb f das BewVerf, BGH WPM **77**, 793 (z ZPO 286), KG IPRspr **77** Nr 19, Neumeyer RabelsZ **79**, 225 u damit auch für das ZeugnVerweigersR, Nagel DRiZ **77**, 33; die Regelg der BewLast ist aber grdsl dem Sachstatut zu entnehmen, BGH **3**, 342, vgl dazu Art 32 III 1, ebso die DarleggsLast, BGH WPM **77**, 793; für eine alternative Anwendg von lex fori u lex causae in beweisrechtl Fragen Coester-Waltjen, Internat BewR, 1983 (grundlegend). Die Maßgeblk der lex fori für das Verf schließt die Anwendg ausl VerfVorschr nicht aus, soweit diese vom Standpkt des dtschen IPR matrechtl zu qualifizieren sind, vgl oben Anm 8 a u Art 11 Anm 2 b.

b) Nach dem inl VerfR, insb ZPO 293, FGG 12, ist auch die **Ermittlung ausländischen Rechts** vorzunehmen, vgl dazu Müller, Materialien z ausl u internat PrivR Bd 10 (1968) 66, Geisler ZZP **78**, 176, Buchholz Fschr für Hauß (1978) 15, Schnyder, Die Anwendg des zust fremden SachR im IPR, 1981, Fastrich ZZP **84**, 423, Otto Fschr f Firsching (1985) 209, Schütze, Dtsches Internat ZivilprozeßR, 1985 S 115. Der dtsche Ri hat die für die Entsch maßg ausl RVorschr **von Amts wegen festzustellen,** BGH **36**, 348, 353, **77**, 32, NJW **81**, 1606, **87**, 591, **88**, 647, RIW **87**, 545, insow besteht also auch keine BewLast, BGH NJW **61**, 410, **82**, 1216, BGH IPRax **83**, 178, abweg LG Köln VersR **78**, 957; dies gilt nicht für BewAngebot bzgl ausl Handelsbrauch (TatsBehauptg), BGH JZ **63**, 167. Zu ermitteln ist der wirkl RZust unter Heranziehg von RLehre u Rspr, BGH IPRspr **74** Nr 4, NJW **88**, 648 (Höhe des Schmerzensgelds); dies schließt eine Fortbildg des ausl R für die von ihm nicht bedachten Sonderfallgestaltgen nicht aus, vgl AG Charl IPRax **88**, 128 u dazu Rumpf ebda 114, Jayme/Bissias IPRax **88**, 94. Verpflichtg zur Ermittlg ausl R gilt auch für die SchlüssigkPrüfg im VersäumnVerf, Küppers NJW **76**, 489 gg Mü ebda; bei Erlaß einer einstw Vfg kann sich das Gericht mit den präsenten ErkenntnQuellen begnügen, Ffm NJW **69**, 991, Schütze WPM **80**, 1438. Der Richter kann sich bei der Ermittlg ausl R aller ihm zugängl ErkenntnQuellen bedienen (prakt **Hilfsmittel** Schönhofer-Böhner, Haus- u GrdBes im Ausland (1982ff); Bergmann-Ferid, Internat Ehe- u KindschR; Mergenthaler-Reichard (jetzt Brandhuber/Zeyringer), StA u Ausländer; Ferid-Firsching, Internat ErbR; Ferid-Kegel-Zweigert, Gutachten z internat u ausl PrivR, 1965ff); die Part müssen ihn dabei nach Kräften unterstützen, BGH NJW **76**, 1581, vgl dazu Fastrich ZZP **84**, 426, and im FGG-Verf, Kln WM **88**, 1749. Übereinstimmden PartVortrag über Inhalt des ausl R darf Ger idR als richt zugrdelegen, BAG AWD **75**, 521, krit Birk Sammlg ArbE **79**, 125. In der Praxis ist vor allem die Einholg v RGutachten dch wissensch Institute übl, vgl die Übers zu den in Betr kommenden Sachverständigen in DNotZ **88**, 425, ferner Bendref MDR **83**, 892; krit zu diesem Verf Simitis StAZ **76**, 6, vgl dazu Jayme StAZ **76**, 358, Heldrich Fschr Ferid (1978) 213, Sturm RabelsZ **83**, 386, Kegel Fschr f Hübner (1984) 515, Otto Fschr f

Einl v EGBGB 3, Vorbem v EGBGB 3 (IPR)

Firsching (1985) 219; im FGG-Verf darf die Einholg solcher GA nicht von einem Kostenvorschuß abhäng gemacht werden, Mannh IPRspr **76** Nr 1; zu der beweisverfr Behandlg von RAuskünften s BGH IPRspr **74** Nr 1 b, SchlH SchlHA **84**, 16 (Beweisgebühr), zur Höhe der Entschädigg nach ZSEG 16 SG Münst WGO **84**/85, 187, zur Kostenerstattg für Privatgutachten Köln AWD **85**, 330, Ffm IPRspr **86** Nr 196, zur Ladg des Sachverst zur mdl Verhandlg BGH NJW **75**, 2142, Arens Fschr f Zajtay (1982) 7, Fastrich ZZP **84**, 434; zur Verpflichtung zur Zuziehg eines Sachverst bei der Ausleg einer fremdsprach Vertragsklausel BGH NJW **87**, 591; zur Einholg u Bewertg von RAuskünften in der not BeurkPraxis s Sturm Fschr f Ferid (1978) 428.

Daneben besteht die Möglk, fremdes R nach dem **Europäischen Übereinkommen betreffend Auskünfte über ausländisches Recht** vom 7. 6. 68, BGBl **74** II 937, mit Zusatzprotokoll vom 15. 3. 78, BGBl **87** II 60 u 593 (betr Erstreckg auf StrafR, vgl dazu Geimer NJW **87**, 2131) und dem hierzu ergangenen AusfG vom 5. 7. 74, BGBl I 1433, geändert dch G vom 21. 1. 87, BGBl **87** II 58, zu ermitteln. Das Abk ist für die BRep am 19. 3. 75 in Kraft getreten, vgl Bek v 4. 3. 75, BGBl II 300. Es gilt ferner für Belgien, Costa Rica, Dänemark, Frankreich (einschl überseeischer Gebiete), Griechenland, Großbritannien (mit Jersey), Island, Italien, Liechtenstein, Luxemburg, Malta, Niederlande (einschl Aruba), Norwegen, Österreich, Portugal, Schweden, Schweiz, Spanien, Türkei, Zypern, vgl BGBl **75** II 300, **76** II 1016, **77** II 80, **78** II 788 u 1295, **87** II 385. Zur Verpflichtg der Gerichte, eine solche Ausk bei Zweifeln über den Inhalt des anwendb Rechts einzuholen, vgl BGH RIW **83**, 617. AuskErsuchen (zum Inhalt vgl Art 4 des Übk) sind mit SachverhDarstellg u Übersetzg in die Amtssprache des ersuchten Staates der dtschen Übermittlgsstelle vorzulegen, § 1 AusfG, die das Ersuchen unmittelbar der ausl Empfangsstelle zuleitet. Dtsche Übermittlgsstellen sind für die Gerichte des Bundes der BMJ, für die Gerichte der Länder die von den Landesregiergen best Stellen, § 9 II AusfG. Vgl dazu im einz Wolf NJW **75**, 1583, Wieczorek-Schütze ZPO 2. Aufl Bd 5 Internat ZivilprozR C V, Otto Fschr f Firsching (1985) 220 (auch z prakt Erfahrgen). – Im Verh zu Marokko s Vertr v 29. 10. 1985, BGBl **88** II 1054 (noch nicht in Kraft).

Läßt sich der **Inhalt des anwendbaren Rechts nicht** zweifelsfrei **feststellen**, so ist in erster Linie eine größtmögliche Annäherg an den unbekannten tats RZustd zu suchen, Heldrich Fschr f Ferid (1978) 216, Wohlgemuth StAZ **81**, 41, Ebke RabelsZ **84**, 337, insb auf die Regelg verwandter ROrdngen aus dem gleichen RKreis abzustellen, Erm-Arndt Rdz 5 vor EG 7, Schütze, Dtsches Internat Zivilprozeßr, 1985 S 121, vgl zB LG Hbg IPRspr **76** Nr 160; sollte auch dies mißlingen, gilt ersatzw dtsches R, Kegel IPR § 15 V 2, **str**; nach BGH **69**, 387, NJW **82**, 1215 gilt als ErsatzR grdsl dtsches R, nur wenn dies äußerst unbefriedigt u Übersetzg in die Amtssprache der nächstverwandte od wahrscheinl geltde R, ähnl Stgt DAVorm **84**, 423, zustd Sturm StAZ **78**, 323, Buchholz Fschr f Hauß (1978) 27, krit Heldrich Fschr f Ferid (1978) 209, Dilger StAZ **79**, 37, Wengler JR **83**, 221, Siehr in: Albert A Ehrenzweig u das IPR, 1986 S 118; für kollisionsrechtl Ersatzanknüpfg wie iF von Art 5 II Müller NJW **81**, 481, ähnl Kreuzer NJW **83**, 1943, den hilfsw auch die Anwendg internat EinheitsR vorschlägt. Im Verf nach ZPO 620 wird in der Praxis dtsches R auch dann angewandt, wenn das an sich maßg ausl R nicht schnell genug festgestellt werden kann, Düss FamRZ **74**, 456.

c) Das vom dtschen Richter angewandte **ausländische Recht** ist grdsl **nicht revisibel**, RG **95**, 268, BGH **45**, 351, BGH AWD **81**, 194, NJW **88**, 647, vgl dazu Gottwald IPRax **88**, 210; zur Abgrenzg von revisiblen Verfahrensfehlern bei der Ermittlg ausl R Fastrich ZZP **84**, 435; nicht revisibel ist auch die Auslegung von ausl AGB, BGH WM **86**, 461, sowie das Recht der DDR, BGH NJW-RR **87**, 43; dies gilt auch dann, wenn das ausl R mit dem dtschen übereinstimmt, RG **159**, 50, BGH IPRspr **80** Nr 3, od es sich um Beurteilg der Parteifähigk handelt, BGH NJW **65**, 1666. Dagg ist ausl R revisibel, soweit es sich um eine Voraussetzg für die Anwendg dtschen Rechts wie in der Falle der Rückverweisg, RG **136**, 362, BGH **LM** EGBGB 27 Nr 3, BGH FamRZ **79**, 474, krit dazu Buchholz Fschr f Hauß (1978) 30 (nicht dagg auch der Weiterverweisg, BGH **45**, 351), od der Verbürgg der Gegenseitigk nach ZPO 328 I Nr 5 handelt, BGH **42**, 194, **49**, 50. Auch auf die nicht vollst Anwendg ausl R kann die Rev nicht gestützt werden, BGH NJW **63**, 252, IPRspr **74** Nr 2, anders aber wenn der Inhalt des ausl R überhaupt nicht ermittelt wurde, BGH NJW **88**, 647, vgl dazu Gottwald IPRax **88**, 212. Das RevGer kann aber eine dem BerufsgGer unbekannte, BGH **40**, 197, od erst nach Erlaß des BerufsgsUrt in Kraft getretene ausl RVorschr anwenden, BGH **36**, 348. Eine überraschde Anwendg ausl R in der BerufsgsInst ohne vorher Hinw an die Part verletzt Anspr auf rechtl Gehör, BGH NJW **87**, 474. Da das ausl R im Ggs zum dtschen grdsätzl nicht revisibel ist, kann in der TatsInst (im Ggs z RevInst, BGH NJW **78**, 1159, BGH **78**, 318, FamRZ **81**, 651) grdsl nicht dahingestellt bleiben, ob ausl oder dtsches R anzuwenden ist, BGH NJW **56**, 1155, **63**, 252, RIW **88**, 736, aM Soergel-Kegel Rdz 118; Verstöße sind jedoch unschädl, wenn beide ROrdngen im Erg keine entscheidgserhebl Unterschiede aufweisen, BGH **78**, 321; s auch Steindorff JZ **63**, 200. Revisibel ist selbstverständl das dtsche IPR u das dtsche ILR, das ausl IPR dagg nur iF der Rückverweisg, BGH **45**, 351. – Im arbgerichtl Verf ist auch ausl R revisibel, BAG AWD **75**, 521. – Eine Vorlage an den BGH nach FGG 28 II wg Abw, die ausschl die Anwendg ausl R betrifft, ist unzul, BGH FamRZ **79**, 474.

Erster Abschnitt. Verweisung

Vorbemerkung

Das IPR ist derzeit in Art 3–38 geregelt; eine Ergänzg dch Vorschren über das Recht der außervertragl SchuldVerh u das SachenR ist in Vorbereitg; sie soll in die jetzt zw Art 38 u Art 50 bestehde Lücke eingestellt werden. Die Gliederg des Gesetzes entspr nicht der Systematik des BGB. Der 1. Abschn „Verweisung" enth einige Grds aus den allg Regeln des IPR (Art 3–6), der 2. bringt Kollisionsnormen zum „Recht der natürl Pers u der RGesch", mithin z Fragen aus dem Allg Teil des BGB (Art 7–12); das gesetzl nicht geregelte Recht der jur Pers ist im Anh z Art 12 dargestellt. Der folgde 3. Abschn betrifft das „FamilienR" (Art 13–24), der 4. das „ErbR" (Art 25 u 26) u der 5. das „SchuldR" (Art 27–38). Das gesetzl noch nicht geregelte SachenR ist im Anh zu Art 38 dargestellt.

EG 3 *Allgemeine Verweisungsvorschriften.* **¹** Bei Sachverhalten mit einer Verbindung zum Recht eines ausländischen Staates bestimmen die folgenden Vorschriften, welche Rechtsordnungen anzuwenden sind (Internationales Privatrecht). Verweisungen auf Sachvorschriften beziehen sich auf die Rechtsnormen der maßgebenden Rechtsordnung unter Ausschluß derjenigen des Internationalen Privatrechts.

II Regelungen in völkerrechtlichen Vereinbarungen gehen, soweit sie unmittelbar anwendbares innerstaatliches Recht geworden sind, den Vorschriften dieses Gesetzes vor. Regelungen in Rechtsakten der Europäischen Gemeinschaften bleiben unberührt.

III Soweit Verweisungen im Dritten und Vierten Abschnitt das Vermögen einer Person dem Recht eines Staates unterstellen, beziehen sie sich nicht auf Gegenstände, die sich nicht in diesem Staat befinden und nach dem Recht des Staates, in dem sie sich befinden, besonderen Vorschriften unterliegen.

1) Allgemeines. Art 3 enth Regelgen unterschiedl Art. Abs 1 beschreibt die Aufgabe des IPR u seiner VerweisgsVorschr (Kollisionsnormen); er hat den Charakter einer Definitionsnorm. Abs 2 regelt das Verh zw den Kollisionsnormen des EG u StaatsVertr sowie Europäischem GemeinschR. Abs 3 normiert den wichtigen kollisionsr Grds der Näherberechtigg; er schränkt den Verweisgsumfang best Kollisionsnormen ein.

2) Funktion des IPR (Absatz 1). a) Entspr seiner Aufgabe, Einleitg 1 vor Art 3, best das IPR das anwendb Recht bei SachVerh mit **Auslandsberührung (Satz 1).** Daraus folgt zunächst, daß die Kollisionsnormen auf reine Inlandsfälle nicht anzuwenden sind; bei diesen bedarf die Anwendg dtschen Rechts keiner Begründg. Ein ausreichder Auslandsbezug liegt aber bei SchuldVertr bereits in der Wahl eines ausl Rechts, vgl Art 27 I u III, aM Kindler RIW **87**, 661. Im übrigen läßt das Gesetz die Art der Auslandsbeziehg offen. **b)** Gefordert wird aber eine Verbindg z Recht eines **ausländischen Staates.** Dch Art 3 ff **nicht** geregelt wird daher das **innerdeutsche Kollisionsrecht,** vgl Begründg des Entw BT-Drucks 10/504 S 30 u dazu Anh. **c)** Nach Abs 1 S 1 best die kollisionsr VerweisgsVorschr, welche „ROrdnungen" anzuwenden sind. Daß es sich dabei nur um PrivatR handeln dürfe, sagt das Gesetz nicht. Das IPR ist zwar das KollisionsR f das PrivatR. Unter Umst werden aber auch Vorschr des **öffentlichen Rechts** von ihm z Anwendg berufen, soweit sie vom Verweisgsumfang einer dtschen Kollisionsnorm erfaßt werden, dh aus der Sicht des dtschen Rechts, vgl dazu Einleitg 8a vor Art 3, entspr z qualifizieren sind, zB das HeimfallR des Staates bei einem erblosen Nachl als erbr, vgl Art 25 Anm 3a. Ein allg Grds der Nichtanwendg ausl öffentl Rechts besteht nicht, vgl Zweigert Fschr f Kieler Inst f internat Recht (1965) 124, Neuhaus, GrdBegre § 23 II, Linder ZHR **78**, 360, Erman-Arndt Rz 12, Siehr RabelsZ **88**, 75, aM BGH **31**, 367, **64**, 183, Sandrock/Steinschulte Hdb der internat VertrGestaltg (1980) Abschn A Rdz 184, grdsl auch Schulze, Das öff Recht im IPR (1972) 206, Kegel/Seidl-Hohenveldern Fschr f Ferid (1978) 239; dies zeigt auch die Anwendg ausl StaatsangehörigkG, Art 5 Anm 1 b od ausl VerkVorschr, Art 38 Anm 2b; zum TerritorialitätsGrds im internat EnteigngsR vgl Anh II z Art 38 Anm 5 a. Zur Anwendbark v Eingriffsnormen eines ausl Schuldstatuts vgl Art 34 Anm 3b. **d)** Verweisgen der Kollisionsnormen eines anderen Staates sind wie bish grdsätzl **Gesamtverweisungen,** die auch dessen IPR umfassen u daher auch z einer Rück- od Weiterverweisg führen können, Art 4 I. Eine Ausn gilt f Verweisgen auf **Sachvorschriften** (zB Art 4 II, 12, 18 I, III, 35 I); diese beziehen sich nach **Satz 2** unmittelb auf die Sachnormen des betr Rechts unter Ausschl seiner Kollisionsnormen; eine Rück- od Weiterverweisg kommt hier nicht in Betr. Dies gilt insb iF einer RWahl, Art 4 II, soweit diese zugel ist, zB nach Art 10 III S 1, V Nr 1, 14 II, III, 15 II, 25 II. SachnormVerweisgen sind ferner dann gegeben, wenn eine Kollisionsnorm ausdrückl auf **deutsches** Recht (vgl Art 8, 9 S 2, 10 II Nr 2, V Nr 2, 13 II, III S 1, 17 I S 2, III S 2, 18 II, V, 23 S 2, 24 I S 2, 25 II, 38) od unmittelb auf Sacherfordernisse des maßg Rechts verweist (vgl zB 11 I, II, IV, V, 14 IV, 15 III, 19 III, 23 S 1, 24 III). SachnormVerweisgen sind schließl alle für SchuldVertr in Art 27–34 vorgesehenen Anknüpfgen, Art 35 I; Rück- u Weiterverweisgen sind daher hier generell ausgeschl.

3) Vorrang von Staatsverträgen (Absatz 2). a) Das dtsche IPR beruht z einem erhebl Teil auf Staatsverträgen, vgl Einleitg 2b vor Art 3. Abs 2 **Satz 1** stellt klar, daß diese den Vorrang vor dem in Art 3 ff geregelten autonomen dtschen KollisionsR besitzen. **Voraussetzung** dafür ist, daß die betr Vereinbg **völkerrechtlich in Kraft** getreten ist, insb die erforderl Zahl v Ratifikationsurkunden hinterlegt ist, **und** in unmittelb anwendb innerstaatl Recht **transformiert** worden ist; das letztere ist bei den Kollisionsnormen in Art 1–21 des EG-SchuldVertrÜbk **nicht** geschehen, vgl Art 1 II des ZustimmgsG vom 25. 7. 86, BGBl II 809. Die Umsetzg in unmittelb anwendb innerstaatl Recht kommt bei solchen VertrBestimmgen nicht in Betr, die nur Rechte u Pflichten der vertragschließden Staaten begründen, zB Art 22–33 des EG-SchuldVertrÜbk v 19. 6. 80, vgl Vorbem vor Art 27. – **b)** Der Vorrang völkerr Vereinbgen vor dem autonomen dtschen Recht ergibt sich nicht bereits aus dem GG, insb nicht aus dessen Art 25, vgl Maunz-Dürig Rz 29 (sofern das Abk nicht allg Regeln des VölkerR enth); staatsvertragl Kollisionsnormen unterliegen daher bei ihrer innerstaatl Anwendg der Nachprüfg auf ihre Verfassgsmäßigk, BGH FamRZ **86**, 1200, **87**, 679, KG IPRax **87**, 117, Rauscher NJW **87**, 531. Die innerstaatl Geltg eines Gesetzes wird so dch eine Verstoß gg völkerr VertrR grdsätzl nicht berührt. Die in innerstaatl Recht transformierten StaatsVertr stehen vielm dem einfachen BundesR gleich, Maunz-Dürig aaO, Jayme-Meessen, StaatsVertre zum IPR, 1975 S 25, Hannappel, Staatsangehörigk und VölkerR, 1986 S 22. Ihr Verh z dem autonomen BundesR beurteilt sich daher nach den allg Regeln z Vorrang des späteren bzw des spezielleren Rechts. Danach geht ein früherer StaatsVertr einem späteren autonomen BundesG nicht notw im Rang vor; der in Art 3 II angeordnete unbedingte Vorrang des völkervertragl KollisionsR hat desh nicht nur klarstelln, sond teilw **konstitutiven** Charakter, aM Begründg BT-Drucks 10/504 S 36. Er beschr sich auf die in Art 3 ff selbst getroffenen Regelgen („Vorschriften dieses Gesetzes"), gilt also zB derzeit nicht f das internat DeliktsR (Ausn: Art 38) od das internat SachenR. **c)** Dagg bezieht sich der in Abs 2 angeordnete **Vorrang** v Staatsverträgen gerade auch auf die in das EG **inkorporierten** Kollisionsnormen staatsvertragl Ursprungs, soweit der betr StaatsVertr unmittelb anwendb innerstaatl Recht gew ist, wie die Haager Übk über das auf UnterhVerpflichtgen ggü Kindern anzuwendde Recht vom 24. 10. 56 u über das auf UnterhPflichten anwendb Recht v 2. 10. 73 im Verh zu Art 18, sowie das Haager Übk über das auf die Form letztw Verfügen anzuwendde Recht vom 5. 10. 61 im Verh z Art 26, nicht dagg auch das EG-Übk über das auf vertragl SchuldVerh anzuwendde Recht v 19. 6. 80 im Verh z Art 27–37, vgl oben a. Die staatsvertragl Kollisionsnorm hat insow Vorrang vor ihrem Abbild im EG; dies erlangt prakt Bedeutg bei der in Art 4 III vorgesehenen Unteranknüpfg bei MehrRStaaten, vgl dort Anm 3 c. Sofern der Inh der in das EG eingearbeiteten staatsvertragl Kollisionsnormen mit dem Inh des StaatsVertr vollst übereinstimmt, wird aber der Vorrang des StaatsVertr dch die Anwendg der entspr Kollisionsnorm des EG **nicht verletzt.** Art 3 Abs 2 gebietet daher nicht, im Geltgsbereich eines StaatsVertr stets dessen Kollisionsnormen an Stelle derjenigen des EG anzuwenden, ebso v Bar IPR Rz 203, Schurig JZ **87**, 764, Pirrung IPR S 110, aM Jayme IPRax **86**, 266, Basedow NJW **86**, 2975, Mansel StAZ **86**, 316, Breuer in Rahm/Künkel Hdb VIII Rz 55, Hohloch JuS **89**, 87. Die inkorporierten Kollisionsnormen staatsvertragl Ursprungs sind aber im Geltgsbereich des StaatsVertr anders **auszulegen** als die autonomen Kollisionsnormen des dtschen Rechts. Währd bei diesen die VerweisgsBegre grdsätzl iS der dtschen ROrdnung als lex fori z verstehen sind, vgl Einleitg 8a vor Art 3, ist bei jenen eine einheitl Auslegg anzustreben, bei welcher der Wortlaut des StaatsVertr in den verschiedenen VertrSprachen, die Entstehgsgeschichte u der Zweck des Abk sowie die RPraxis in den übr VertrStaaten zu berücks sind, vgl Einleitg 2b bb vor Art 3. **d)** Nach Abs 2 **Satz 2** bleiben Regelgn in **Rechtsakten der Europäischen Gemeinschaften** unberührt, gehen also Art 3 ff vor. Die Vorschr ist erst v RAusschuß in Anlehnung an Art 20 des EG-SchuldVertrÜbk eingefügt worden, um Aufmerksamk auf die spezialgesetzl Rechtsetzg dch GemschOrgane z richten, BT-Drucks 10/ 5632 S 39, zB eine geplante VO über Kollisionsnormen f ArbVertre. Nationales, aGrd von EG-Richtlinien harmonisiertes Recht fällt nicht unter S 2. Sein Verh z Art 3 ff wäre n den allg Regeln z Vorrang des späteren bzw spezielleren Rechts zu beurteilen. **e)** Die **Kollision mehrerer Staatsverträge** ist in Art 3 II nicht geregelt, vgl dazu Volken, Konventionskonflikte im IPR, 1977; Majoros RabelsZ **82**, 84. Sofern der Konflikt nicht in den betreffden Verträgen selbst geregelt ist, wie etwa in Art 21 des EG-SchuldVertrÜbk v 19. 6. 80 (Vorrang anderer internat Übk), ist auf allg Prinzipien zurückzugreifen. Danach wird in 1. Linie eine generelle staatsvertragl Regelg dch eine speziellere verdrängt; in 2. Linie geht, soweit sich die VertrPart decken, in ihrem Verh zueinander das jüngere Abk vor, im übr gilt dasj Abk, dem beide Staaten als VertrPart angehören, vgl Art 30 III u IV des Wiener Übk v 23. 5. 69 über das Recht der Verträge, BGBl **85** II 926.

4) Vorrang des Einzelstatuts (Absatz 3); vgl dazu Wochner Fschr f Wahl (1973) 161; Stöcker WPM **80**, 1134; Reichelt, Gesamtstatut und Einzelstatut im IPR, 1985. **a)** Die Kollisionsnormen des Familien- u ErbR unterstellen die RVerh einer Pers, zB ihren Güterstd od ihre Beerbg, grdsätzl einer einzigen ROrdng als „Gesamtstatut", ohne dabei auf den Lageort ihrer VermögensGgstände Rücks z nehmen. In sachl Übereinstimmg mit Art 28 aF ordnet Abs 3 den Vorrang eines von diesem Gesamtstatut verschied BelegenhStatuts (lex rei sitae) an, soweit dieses für die in seinem Gebiet befindl VermögensGgste „besondere Vorschriften" aufstellt. **b)** Diese Regelg bezieht sich auf alle Verweisgn im 3. u 4. Abschnitt, die das **Vermögen** einer Person einem best Recht unterstellen, insbes also das Ehewirkgsstatut, Art 14, das GüterRStatut, Art 15, das Scheidgsstatut (zB bezügl Hausratsteilg), Art 17, das KindschStatut, Art 19 II, 20 II, das VormundschStatut, Art 24, u das Erbstatut, Art 25. Die Art der VermögensGgste ist gleichgültg; der Vorrang des BelegenhStatuts gem Abs 3 gilt nicht nur für Grdst u bewegl Sachen, sond uU auch f Rechte, vgl Piltz FamRZ **79**, 991. Eine Abs 3 entspr SonderVorschr enth Art 11 IV f die Form v GrdstVerträgen. **c) Besondere Vorschriften** des BelegenhStaates sind zunächst besondere Vorschriften über **Sondervermögen** (Fideikommisse, Lehen usw), im dtschen Recht zB f Vererbg des GesellschAnteils eines pers haftden Gesellschafters, od f landwirtsch Höfe (SonderNachf des Hoferben), BGH MDR **65**, 818, Oldenbg IPRspr **79** Nr 135, Stöcker WPM **80**, 1134, nicht dagg über die GenBedürftigk v RGesch über Grdst, BGH NJW **69**, 369, od über VersorggsAnwartsch, die auch im Hinbl auf §§ 1587 ff n dtschem Recht kein SonderVerm bilden, wie hier Soergel/Schurig, Nachträge EG 17 Rdz 141, aM AG Charl NJW **84**, 2043, Piltz FamRZ **79**, 991, ebensowenig der Grds des numerus clausus der dingl Rechte im dtschen SachenR, dessen Anwendbk der lex rei sitae, nicht aber Abs 3 z entnehmen ist, Staud-Graue EG 28 aF Rdz 23, aM BayObLG **61**, 4, 19. - Darü hinaus fallen unter Abs 3 aber auch **kollisionsrechtliche Vorschriften,** die eine **Vermögensspaltung** vorsehen, zB dch unterschiedl Anknüpfg f bewegl u unbewegl Verm, vor allem im Falle einer Spaltg des GüterRStatuts od der **Nachlaßspaltung,** wenn also zB nach der lex rei sitae f Grdst eine and ErbOrdng gilt als für das übr Verm, Art 25 Anm 1 b, wie in den USA, in Frankreich, BayObLG **82**, 288, Zweibr OLGZ **85**, 413, od Belgien, Köln Rpfleger **86**, 224, u in Österreich, BGH **45**, 352, **50**, 63, BayObLG **71**, 34, **82**, 245, vgl dazu Art 25 Anm 1b, Reichelt aaO 81, sowie in der DDR, RAnwendgsG 25 II, vgl KG ROW **86**, 379, Wähler Fschr f Mampel (1983) 192; v Bedeutg ist dies, wenn die lex rei sitae nicht von den allg dtschen Kollisionsnormen als Gesamtstatut z Anwendg berufen wird. Die Erbfolge ist dann f jeden TeilNachl nach den dafür geltden Vorschr gesondert z beurteilen, teilw abw Staud-Graue EG 28 aF Rdz 6, der f Ausgl aus dem verdrängten Gesamtstatut eintritt; z Haftg f NachlVerbindlichken vgl Art 25 Anm 2c, z Testamentsform Art 26. Die gg die Anwendg v Art 28 aF bei kollisionsrechtl Vermögensspaltg geltend gemachten Gründe, vgl zB Wochner aaO, dürften mit der ausdrückl Beibehaltg der Vorschr in Art 3 Abs 3, vgl dazu BT-Drucks 10/3 S 36, erledigt sein. **Keine** besonderen Vorschren iSv Abs 3 sind gegeben, wenn der BelegenhStaat eine andere Anknüpfg des Gesamtstatuts vorsieht, zB das Erbstatut f den gesamten Nachl mH des Wohns statt mit der Staatsangehörigk des Erblassers best, wie etwa bei einem z Nachl eines Dtschen gehörden Grdst in Dänemark, Staud-Graue Art 28 aF Rdz 3.

Anhang zu Art 3
Innerdeutsches Kollisionsrecht

Neueres Schrifttum: Drobnig RabelsZ 73, 485; Heldrich NJW 78, 2169, ders ZfRV 78, 292; Knoke, Dtsches interlokales Priv- u PrivVerfR n dem GrdVertr, 1980; Wengler NJW 81, 903; Göppinger UnterhR 5. Aufl (1987) Rdz 1852 ff; Jacobsen ROW 83, 97, ders IPRax 84, 79; Seiffert ROW 84, 49; Scholz/Pitschas NJW 84, 2721; Wohlgemuth ROW 85, 162; Mansel, Personalstatut, Staatsangehörigk u Effektivität (1988) § 13.

1) Allgemeines. Welches Recht bei Sachverhalten mit einer Verbindg z Recht der DDR anzuwenden ist, läßt die Kodifikation des IPR in Art 3 ff offen, vgl Art 3 Anm 2b. Die Entwicklg entspr Kollisionsnormen des dtschen interlokalen PrivatR, vgl Einleitg 1d, wird damit weiterhin der RPraxis überlassen, vgl Begründg BT-Drucks 10/504 S 30. Diese hat schon bish die Regeln des **IPR** grdsätzl auch im innerdtschen KollisionsR **entsprechend** angewandt, BGH **40**, 32, 85, 16, 22 (nicht f Scheidgsfolgen), Mü OLGZ **86**, 188. Seit dem Abschluß des **Grundlagenvertrages** mit der DDR v 21. 12. 72 (BGBl 1973 II 423) u der dadch eingeleiteten weltweiten Anerkennung des Bestehens zweier dtscher Staaten ist ein bes innerdtsches KollisionsR grdsl entbehrl (z Parallelentwicklg im interlokalen StrafR vgl Düss NJW **79**, 59, dazu Krey JR **80**, 45), zust Erm-Arndt Rdz 4 vor EG 7, MüKo-Sonnenberger Einl IPR Rdz 124, Breuer in Rahm/ Künkel Hdb VIII Rdz 125, ablehnd Erm-Marquordt Rdz 43 vor EG 7, Staud-Sturm Einl z EG 7 Rdz 352, Soergel-Kegel vor EG 7 Rdz 180 ff, Seiffert ROW **84**, 59, Scholz/Pitschas NJW **84**, 2728; Modifikationen des IPR im Hinblick auf die Besonderhen des dtsch-dtschen Verh sind allerd nicht ausgeschl, Mansel § 13 Rz 547. Die Notwendgk eigener interlokalr Anknüpfgsregeln kann jedoch nicht mit dem Fortbestehen einer einheitl dtschen Staatsangehörigk, vgl dazu Art 5 Anh II 1 Anm 1b, begründet werden, aM BGH **85**, 22, **91**, 196, Düss FamRZ **81**, 270, Drobnig ROW **83**, 85, v Bar IPRax **85**, 20. Der RStandpunkt der BRep in der StaatsangehörigkFrage schließt nicht aus, auch die daneben bestehde Staatsbürgersch der DDR zur Kenntn zu nehmen, vgl BGH FamRZ **79**, 793, SchlH OLGZ **80**, 49 (Prüfg einer Rückverweisg), VG Stuttgart DÖV **78**, 657, OVG Münst JZ **79**, 136, BVerwG NJW **83**, 585, BVerfG NJW **88**, 1313 (dazu Gusseck NJW **88**, 1305, Fiedler JZ **88**, 133, ferner Anh II 1 zu Art 5 Anm 1b), Heldrich NJW **78**, 2169, ZfRV **78**, 299, Scheuner Europa-Archiv **79**, 353, Bernhardt, Veröff der Vereinigg dtscher StaatsRLehrer **38** (1980) 31, Doehring, StaatsR der BRep Deutschland, 3. Aufl (1984) 96, Kimminich, Der Aufenth v Ausländern in der BRep Dtschland (1980) 46, Böhmer/Siehr FamR II IPR Allg Teil I.4.4, Knoke aaO 76, 99 ff, Breuer in Rahm/Künkel, Hdb VIII Rdz 125, Wyduckel DVBl **83**, 459, u die Bewohner der DDR kollisionsr wie Doppelstaater z behandeln, vgl Anm 2a.

2) Anknüpfung des Personalstatuts. a) Art 16 u 116 I GG gehen vom Fortbestehen einer einheitl dtschen Staatsangehörigk aus, die auch die Bewohner der DDR umfaßt, BVerfG **36**, 31, **40**, 163, vgl auch BVerfG NJW **88**, 1313 u dazu Anh II 1 zu Art 5 Anm 1b. Währd die Bürger der BRep regelm nur diese gesamtdtsche Staatsangehörigk besitzen, haben die Bewohner der DDR daneben zusätzl die Staatsbürgersch der DDR, sind also fakt **Doppelstaater,** Maunz/Dürig/Randelzhofer, GG Art 16 Rdz 77 u 83, Doehring, StaatsR der BRep Deutschland 3. Aufl (1984) 97, Frowein Fschr f Mann (1977) 367, Scheuner Europa-Archiv **79**, 352, Bernhardt, Veröff der Vereinigg dtscher StaatsRLehrer **38** (1980) 31 f (zust Rottmann DVBl **81**, 439), Hailbronner JuS **81**, 717, Hoffmann ArchVR **81**, 257, 282, Hecker ROW **87**, 294, Gusseck NJW **88**, 1305; zur Ablehng dieser staatsangehörigkrechtl Betrachtg dch die DDR vgl Riege, Die Staatsbürgersch der DDR (1982) 242. Danach läßt sich auch in den zwdtschen RBeziehgen die Staatsangehörigk bei der Anknüpfg des Personalstatuts verwenden, vgl Heldrich NJW **78**, 2169, ZfRV **78**, 292, zust Scheuner aaO 353, Firsching DNotZ **80**, 715, Staud-Firsching EG 24 Rz 95, Bernhardt aaO 33, Erm-Arndt Rdz 4 vor EG 7, MüKo-Sonnenberger Einl IPR Rdz 124, Sonnenberger, Berichte der dtschen Gesellsch für VölkerR Heft 29 (1988) 26, Mansel § 13 Rz 532, Breuer in Rahm/Künkel Hdb VIII Rdz 125, Beitzke JZ **83**, 214, Jacobsen ROW **83**, 103, **aM** Begründg BT-Drucks 10/504 S 31, ferner BGH **85**, 22, BGH **91**, 196, Wengler NJW **81**, 903, Erm-Marquordt Rdz 42 vor EG 7, Stern DVBl **82**, 173, Drobnig RabelsZ **82**, 466, ders ROW **83**, 85, Staud-v Bar Vorbem 203 z EG 13, MüKo-Lorenz EG 17 Rdz 395, Staud-Sturm Einl z EG 7 Rdz 356, Soergel-Kegel vor EG 7 Rdz 189, Wähler in: Ziegler, Das FamR in beiden dtschen Staaten (1983) 169, Seiffert ROW **84**, 60, v Bar JZ **84**, 127, IPRax **85**, 20, IPR Rz 288, Göppinger UnterhR Rz 1852, Ferid IPR Rz 2–39, Scholz/Pitschas NJW **84**, 2729, Blumenwitz Fschr f Firsching (1985) 38, Staud-Blumenwitz Art 5 Rz 157, zweifelnd Jacobsen IPRax **84**, 81. Soweit Dtsche nur die gesamtdtsche Staatsangehörigk n dem RuStAG besitzen, ist ihr Personalstatut das R der BRep, die allein v dieser Staatsangehörigk ausgeht. Soweit Dtsche neben der gesamtdtschen Staatsangehörigk noch die Staatsbürgersch der DDR besitzen, ist kollisionsr diejenige der beiden **Staatsangehörigkeiten** maßg, welcher der Betroffene objektiv u subjektiv **enger verbunden** ist (effektivere Staatsangehörigk), bei gewöhnl Aufenth in der DDR also regelm die der DDR, ebenso Dortm IPRspr **80** Nr 128, LG Bln IPRspr **80** Nr 15a, Böhmer/Siehr FamR II IPR Allg Teil 1.4.4, Knoke, aaO 89, Breuer in Rahm/Künkel, Hdb VIII Rdz 126, MüKo-Sonnenberger Einl IPR Rdz 125, Staud-Firsching EG 24 Rz 95, vgl auch SchlH OLGZ **80**, 49, SchlHA **83**, 13, KG IPRspr **79** Nr 13 A, ROW **86**, 379, Mansel NJW **86**, 626. Art 5 I 2 steht nicht entgg, da diese Vorschr im innerdtschen KollisionsR nicht direkt anwendb ist, vgl Art 3 Anm 2b. **b)** Die hier vertretene Auffassg berührt sich iErg weitgehend mit der Anknüpfg des innerdtschen Personalstatuts mH des **gewöhnlichen Aufenthalts** (z Begr s Art 5 Anm 4a), so Soergel-Kegel vor EG 7 Rdz 191 mwN, Erm-Marquordt vor EG 7 Rdz 42, Raape-Sturm IPR § 20 II 4b, v Bar IPR Rz 290, BGH **40**, 32, FamRZ **76**, 612, BGH **91**, 196, KG FamRZ **57**, 383, Köln FamRZ **59**, 220, Hamm StAZ **59**, 294, Brem FamRZ **60**, 158, Karlsr OLGZ **77**, 399, Mü FamRZ **80**, 374, RPfl **87**, 109, Düss FamRZ **81**, 270, LG Hbg ROW **85**, 172; Drobnig RabelsZ **73**, 495 will de lege ferenda auf „Zugehörig" abstellen, ebenso Seiffert ROW **81**, 193. Die Anknüpfg an die effektivere dtsche Staatsangehörigk gestattet es aber, auch den **erklärten Willen** der Betroffenen zu berücksichtigen, soweit dieser zum tatsächl Verhalten nicht in Widerspr steht, Heldrich NJW **78**, 2172, Mansel IPRax **85**, 211, ders NJW **86**,

630; dies verkennen Scholz/Pitschas NJW **84**, 2730. Auch versagt die Anknüpfg an den gewöhnl Aufenth jedenf bei Dtschen, die in einem **Drittstaat** leben. Hier führt die Anknüpfg an die effektivere Staatsangehörigk iErg z Anwendg derj dtschen ROrdng, z welcher der Betreffde die engere Verbindg hat, quelle dafür schon Heldrich FamRZ **59**, 46, Geimer DNotZ **70**, 682, Blumenwitz Jahrbuch f OstR **67**, 196, ebso Wähler in: Zieger aaO 181, im Erg jetzt auch v Bar IPR Rz 292, aM Raape-Sturm IPR § 20 II 4a u grdsl auch Staud-Gamillscheg Rdz 387 vor EG 13, die bei AuslandsDtschen das R derBRep anwenden wollen; abw auch Kegel IPR 273, Erm-Marquordt Rdz 42 vor EG 7, Ferid IPR Rz 2–39, die primär an den letzten gewöhnl Aufenth in Dtschland anknüpfen.

EG 4 Rück- und Weiterverweisung; Rechtsspaltung.

I Wird auf das Recht eines anderen Staates verwiesen, so ist auch dessen Internationales Privatrecht anzuwenden, sofern dies nicht dem Sinn der Verweisung widerspricht. Verweist das Recht des anderen Staates auf deutsches Recht zurück, so sind die deutschen Sachvorschriften anzuwenden.

II Soweit die Parteien das Recht eines Staates wählen können, können sie nur auf die Sachvorschriften verweisen.

III Wird auf das Recht eines Staates mit mehreren Teilrechtsordnungen verwiesen, ohne die maßgebende zu bezeichnen, so bestimmt das Recht dieses Staates, welche Teilrechtsordnung anzuwenden ist. Fehlt eine solche Regelung, so ist die Teilrechtsordnung anzuwenden, mit welcher der Sachverhalt am engsten verbunden ist.

1) Grundsatz der Gesamtverweisung (Absatz 1). a) Das IPR ist nationales, von Land zu Land versch Recht; die Anknüpfpunkte der Kollisionsnormen der einz Staaten können voneinander abw (zB Staatsangehörigk od Wohns bei der Bestimmg des Personalstatuts, vgl Art 5 Anm 1). Das auf einen konkreten Fall anzuwendende Recht kann also variieren je nachdem, wo er zur Entscheidg gelangt. Daraus ergibt sich das Problem, ob ein abweichender kollisionsrechtl Standpunkt einer and beteiligten ROrdng bei der Bestimmg des maßg Rechts zu berücks ist. Nach Abs 1 S 1 erfaßt die Verweisg der dtschen Kollisionsnormen auf ein ausl Recht grdsätzl nicht nur dessen Sachnormen, sond auch seine Kollisionsnormen (Gesamtverweisg). Der dtsche Richter hat also im Interesse des äußeren Entscheidseinklangs grdsätzl aus IPR der zur Anwendg berufenen fremden ROrdng z beachten. Will dieses das dtsche Recht angewandt sehen (**Rückverweisung** oder „renvoi") od erkl es eine dritte ROrdng f maßg (**Weiterverweisung**), so ist dem z folgen. Die Auslegg (Qualifikation) der fremden Kollisionsnormen erfolgt dabei allein auf der Grdl der betr ausl ROrdng, RG **145**, 85, BGH **24**, 352, NJW **80**, 2016. Das fremde IPR unterliegt aber der Kontrolle des Art 6, wenn dieser auch selten eingreifen wird, vgl dort Anm 3 a.

b) Vor allem im angloamerikanischen Recht existieren auf manchen RGebieten, zB im Ehe- u KindschR, keine echten Kollisionsnormen iSv VerweisgsVorschr; statt dessen wird lediglich die internat Zuständigk („jurisdiction") der eigenen Gerichte geregelt, die ihr eigenes materielles Recht als lex fori anwenden. Ist danach die internat Zuständigk der Gerichte eines fremden Staates gegeben, so bleibt diesen stillschweigend die Anwendg ihrer eigenen SachVorschren überlassen. Die darin liegde **versteckte Rückverweisung** bzw Weiterverweisg ist n Abs 1 wie schon bish ebenf z beachten, vgl KG NJW **60**, 248, **80**, 535, BayObLG **62**, 39, **65**, 245, LG Hbg IPRspr **73** Nr 52, Bambg FamRZ **79**, 930, Hanisch NJW **66**, 2085, v Bar IPR Rz 544, krit z Konstruktion Schwimann NJW **76**, 1000, Fschr f Bosch (1977) 909, der unter Verzicht auf Prüfg der „jurisdiction" der inl Ger z gleichen Erg gelangt; vgl ferner Beitzke RabelsZ **84**, 627; Adam IPRax **87**, 100.

c) Um ein endloses Hin u Her z vermeid, muß die Rück- od Weiterverweisg einmal **abgebrochen** werden. Nach Abs 1 S 2 ist daher die **Rückverweisung** dch das fremde IPR selbst dann unmittelb auf die dtschen **Sachvorschriften** (unter Ausschluß des dtschen IPR, vgl Art 3 I 2) z beziehen, wenn das fremde IPR an sich ebenf eine Gesamtverweisg ausspricht, also seinerseits von einer Rückverweisg dch das dtsche IPR ausgehen würde. Bei einer Rückverweisg auf das dtsche Recht bleibt es also entgg dem Interesse am äußeren Entscheidseinklang in jedem Fall bei der Anwendg der dtschen Sachnormen („Heimwärtsstreben"). Die maßg dtsche TeilROrdng ist mH des innerdtschen KollisionsR z best, vgl dazu Anh z Art 3. Im Fall einer **Weiterverweisung** bleibt es jedenf dann bei der Anwendg der Sachnormen der berufenen dritten ROrdng, wenn die Weiterverweisg sich von vornherein nicht als Gesamtverweisg versteht. Geht das vom dtschen IPR berufene fremde IPR dagg ebenf vom Grds der Gesamtverweisg aus, so führt seine Weiterverweisg n Abs 1 S 1 grdsätzl auch z IPR des dritten Staates; eine Rück- oder Weiterverweisg dieses Kollisionsnormen ist daher grdsl ebenf anzuerkennen. Führt dies z dtschen Recht, so wird die **Verweisungskette** hier abgebrochen, Abs 1 S 2, sonst bei derj fremden ROrdng, die erstmals erneut in der Verweisgskette erscheint (Analogie z Rückverweisg), abw Vorauf. **d)** Rück- od Weiterverweisg sind auch im **innerdeutschen Kollisionsrecht** z beachten, wenn die Kollisionsnormen der BRep auf das R der DDR verweisen u dieses das R der BRep oder eines 3. Staats f anwendb erklärt, vgl BGH FamRZ **79**, 793, KG FamRZ **68**, 91, ROW **86**, 379, Wohlgemuth ROW **85**, 162.

2) Ausnahmen (Sachnormverweisung). Der Grds der Gesamtverweisg wird v zahlr Ausn durchbrochen. **a)** Soweit das dtsche IPR **deutsches** Recht f anwendb erklärt, zB Art 8, 9 S 2, 10 II Nr 2, V Nr 2, 13 II, III S 1, 16, 17 III S 2, 18 II, V, 24 I S 2, so bezieht sich dies stets ohne weitere kollisionsr Prüfg unmittelb auf die dtschen SachVorschren. **b)** Bei Verweisg auf ein fremdes Recht ist dessen IPR **nicht** zu beachten, sofern dies dem **Sinn der Verweisung** widerspricht, Abs 1 S 1. Bei dieser erst im Rechtsausschuß eingefügten Einschränkg, vgl BT-Drucks 10/5632 S 39, handelt es sich um eine Ausnahme vom Prinzip der Gesamtverweisg, die eng auszulegen ist. Maßgebend sind dabei die rechtspolit Ziele der dtschen Verweisgsnormen. Die Anwendg von Art 4 I S 1 HS 2 kommt danach vor allem bei **alternativen Anknüpfungen** aGrd des GünstigkPrinzips in Betr, vgl Einleitg 5c vor Art 3, zB Art 10 VI, 19 I S 2 u 4, 20 I S 3, 21 I S 2. Soweit dch Rück- od Weiterverweisg der Sinn einer solchen alternativen Anknüpfg, dh das Erreichen eines günstigen Ergebn (zB Ehelichk, Feststellg der Vatersch) verfehlt werden würde, ist sie nicht z beachten. Im Ergebn

1. Teil. 2. Kap. Internationales Privatrecht (IPR) EGBGB 4 2, 3

bedeutet dies, daß insoweit dch Rück- od Weiterverweis das Spektrum der anwendb ROrdngen nur erweitert, nicht aber verengt werden darf; es sind daher jedenf **auch** die Sachnormen der vom dtschen IPR alternativ berufenen ROrdngen z prüfen; sollte dies z einem negativen Ergebn führen, kann jedoch auch hier unbedenkl dch Rück- od Weiterverweis die Anwendbk weiterer ROrdngen erschlossen werden, zust Kartzke IPRax **88**, 9, aM Kühne Fschr Ferid (1988) 258, Rauscher NJW **88**, 2153. Die Beachtg einer Rück- od Weiterverweis ist n dem Sinn der Verweisg ferner bei Maßgeblk des Rechts der **gemeinsamen engsten Verbindung** ausgeschl, Art 14 I Nr 3. Diese Anknüpfg beruht auf einer Würdigg aller Umst des Einzelfalles, beruft also unabhäng von typisierenden Kriterien wie Staatsangehörigk od gewöhnl Aufenth das für den **konkreten** Fall sachnächste Recht; dch eine Beachtg der Kollisionsnormen dieser ROrdng würde die vom dtschen IPR vorgesehene Wertg für den Einzelfall uU verfehlt. Dch die Anknüpfg aGrd der engsten Verbindg werden daher unmittelb die Sachnormen der betr fremden ROrdng f anwendb erkl, ebso Böhmer/Siehr FamR II 1.8.1.3, Siehr Fschr Ferid (1988) 441, Piltz, Internat ScheidgsR (1988) 58, Johannsen/Henrich, EheR Art 17 Rz 17, grdsl auch Stoll FS Keller (1989) 521, vgl auch Dopffel FamRZ **87**, 1212, aM v Bar IPR Rz 622, Pirrung IPR S 110, Kartzke IPRax **88**, 9, Kühne Fschr Ferid (1988) 262, Ebenroth/Eyles IPRax **89**, 11, Massfeller/Hoffmann/Hepting, PStG, Vorbem vor EheG 11, Rz 24, für Abwägg im Einzelfall Breuer in Rahm/Künkel Hdb VIII Rz 76. Dagg widerspricht bei der Anknüpfg an den Tatort die Beachtg einer Rück- od Weiterverweis nicht dem Sinn der Verweisg, vgl Art 38 Anm 2a, ebsowenig bei den akzessorischen Anknüpfgen im internat FamR, Kartzke IPRax **88**, 10, auch soweit diese auf Art 14 I Nr 2 beruhen. Auch die Anwendg **gleichberechtigungswidriger** ausl **Kollisionsnormen** im Rahmen einer Rück- od Weiterverweis widerspr nicht notw dem Sinn der dtschen Verweisg, and für einen Sonderfall BGH FamRZ **87**, 681; die Ausschaltg solcher Vorschr kann nur über EG 6 erfolgen, vgl dort Anm 3a, wie hier Kartzke IPRax **88**, 11, Schurig IPRax **88**, 93, Ebenroth/Eyles IPRax **89**, 11, abw Kühne Fschr Ferid (1988) 259, Böhmer/Siehr FamR II 1.8.1.3. **c) Verweisungen** des dtschen IPR auf **Sachvorschriften** einer best ROrdng, zB Art 11, 12 u 18 schließen n Art 3 I 2 die Prüfg einer Rück- od Weiterverweisg v vornherein aus; vgl dazu näher Art 3 Anm 2d. **d)** Derartige Sachnormverweisgen liegen n **Absatz 2** in allen Fällen einer vom Gesetz zugelassenen **Rechtswahl** vor, zB bei Art 10 II Nr 1, III, V, 14 II u III, 15 II, 25 II. Maßg sind hier nur die SachVorschr des gewählten Rechts unter Ausschluß seiner Kollisionsnormen; dies gilt auch soweit die getr RWahl sich mittelb kraft akzessorischer Anknüpfg auf and Sachgebiete auswirkt, zB nach Art 15 I, 17 I S 1, Kartzke IPrax **88**, 10, teilw abw Kühne Fschr Ferid (1988) 263. Die Wahl eines KollisionsR ist nicht möglich, aM Schröder IPRax **87**, 92 (im SchuldVertrR). **e)** Aus ähnl Erwäggen ist eine Rück- od Weiterverweisg f den Bereich der **vertraglichen Schuldverhältnisse** überhaupt ausgeschlossen, Art 35 I. **f)** Auch bei **staatsvertraglichen** Kollisionsnormen ist Rück- od Weiterverweisg grdsl unbeachtl, vgl Kropholler, Internat EinhR § 22 III; v Bar IPR Rz 212. Dies gilt insb f die in den neueren Haager Konventionen ausgespr Anwendbk des innerstaatl Rechts ("loi interne"), vgl zB MSA Art 2—4 u dazu Anh 1 z u Art 24; desh ist auch bei Art 18, vgl dort Anm 1b, u Art 26, vgl dort Anm 1b, eine Rück- od Weiterverweisg grdsl ausgeschl. Soweit nach einem StaatsVertr Rück- od Weiterverweisg ausnahmsw z beachten sind, wird dies zT auf die Fälle ausdr AO beschr, zB Haager EheschlAbk Art 1, vgl Anh z Art 13 Anm 2c.

3) Unteranknüpfung bei Mehrrechtsstaaten (Absatz 3). a) Führt eine kollisionsr Verweisg z Recht eines Staates ohne einheitl PrivatR (MehrRStaat), vgl dazu Einleitg 1d vor Art 3, so muß die maßg TeilROrdng dch eine Unteranknüpfg best werden. Diese ergibt sich nach Abs 3 S 1 1. HS ("ohne der maßgebde zu bezeichnen") unmittelb aus den Anknüpfgspunkten der dtschen VerweisgsVorschr, soweit diese auf einen best Ort abstellen (zB Tatort, Lageort, gewöhnl Aufenth). Hier wird das anzuwendende TeilR bereits dch die Präzisierg der vom dtschen IPR ausgesprochenen Verweisg direkt best; für eine Befragg des interlokalen PrivatR des betr MehrRStaates ist insow kein Raum, Ferid IPR Rz 2—38, Stoll FS Keller (1989) 515, Ebenroth/Eyles IPRax **89**, 6, aM Rauscher IPRax **87**, 206, der dies entgg dem Wortlaut des Abs 3 S 1 1. HS nur für Sachnormverweisgen, nicht auch für Gesamtverweisgen des dtschen IPR gelten lassen will, u v Bar IPR Rz 281, der die in Abs 3 S 1 1. HS vorgesehene Präzisierg der Verweisg nur im Rahmen von Abs 3 S 2 anwenden will. Läßt sich die maßgebde TeilROrdng nicht unmittelb mit einem vom dtschen IPR verwendten räuml Anknüpfgspunkt bestimmen, wie bei der Anknüpfg an die Staatsangehörigk od bei einer personalen RSpaltg, so bleibt die erforderl Unteranknüpfg n Abs 3 S 1 2. HS in zweiter Linie dem interlokalen od interreligiösen PrivatR des betr ausl Gesamtstaates überlassen, im Falle Jugoslawiens also zB dessen ILR-Gesetz vom 27. 2. 79; zur Lage in Mexiko Sachsen-Gessaphe, Das mexikanische internat ErbR, 1987, ders IPRax **89**, 112. Vor allem im angloamerikan RKreis haben Staaten ohne REinheit jedoch auch kein einheitl ILR entwickelt, sind also auch kollisionsr gespalten (zB USA, Kanada). Hier ist n Abs 3 S 2 das TeilR anwendb, mit welchem der Sachverh am engsten verbunden ist. Im Bereich des Personen-, Familien- u ErbR entsch danach meist der gewöhnl bzw letzte gewöhnl Aufenth derj Person in ihrem Heimatstaat, auf welche die dtsche Kollisionsnorm abstellt, krit Hay IPRax **88**, 266; im Rahmen v Art 14 I entsch die Verhältn beider Eheg, vgl dazu Stoll FS Keller (1989) 523. **b)** Bei der Prüfg einer **Rück- oder Weiterverweisung** n Abs 1 S 1 kommt es auf die Kollisionsnormen der dch Unteranküpfg nach den eben erläuterten Reg best TeilROrdng an, wenn der betr MehrRStaat auch kollisionsr im Verh zur Außenwelt gespalten ist, also jedes RGebiet sein eigenes IPR besitzt (zB USA). Verfügt der Gesamtstaat dagg über ein einheitl IPR (zB Jugoslawien), so entsch dessen Kollisionsnormen (als die für alle TeilROrdnungen geltende Regel) über das Vorliegen einer Rück- od Weiterverweisg nach dem Anm 1 erläuterten Regeln. Auch bei Unteranknüpfg aGrd engster Verbindg gem Abs 3 S 2 ist die Beachtg einer Rück- od Weiterverweisg nicht ausgeschl, Stoll FS Keller (1989) 521. **c)** Im Bereich der vertragl SchuldVerhe trifft Art 35 II eine **Sonderregelung** der Unteranknüpfg bei MehrRStaaten. Eine mit Abs 3 nicht durchwegs übereinstimmde Regelg enth die in den Haager Abk verwandte interlokalr Formel, vgl dazu Ferid IPR Rz 2—35, 5, Rauscher IPRax **87**, 207, Stoll FS Keller (1989) 518, etwa Art 14 MSA, vgl Anh 1 z Art 24, Art 1 II des Haager TestamentsformÜbk vom 5. 10. 61, vgl Anh z Art 26, u Art 16 des Haager UnterhÜbk vom 2. 10. 73, vgl Anh 2 z Art 18. Die Abweichg dieser Vorschr von Abs 3 erkl sich überwiegd aus der Anknüpfg an die Staatsangehörigk, bei der eine unmittelb Bezeichng der maßg TeilROrdng nicht in Frage kommt, zutr Stoll aaO. Ein

EGBGB 4, 5 (IPR) *Heldrich*

sachl Unterschied zu Abs 3 besteht ledigl bei Art 16 Haager UnterhÜbk, aM Stoll aaO; diese Vorschr geht Abs 3 vor, EG 3 II; im Anwendgsbereich des UnterhÜbk ist also das anwendb TeilR allein mit Hilfe des fremden ILR bzw des Grds der engsten Verbindg zu bestimmen. **d)** Soweit das anwendb R durch **Rechtswahl** best wird, richtet sich diese gem Abs 2 unmittelb nach den Sachnormen einer wählbaren TeilROrdng; die Unteranknüpfg ergibt sich also aus dem Parteiwillen, vgl Stoll FS Keller (1989) 526.

EG 5 *Personalstatut.* [I] Wird auf das Recht des Staates verwiesen, dem eine Person angehört, und gehört sie mehreren Staaten an, so ist das Recht desjenigen dieser Staaten anzuwenden, mit dem die Person am engsten verbunden ist, insbesondere durch ihren gewöhnlichen Aufenthalt oder durch den Verlauf ihres Lebens. Ist die Person auch Deutscher, so geht diese Rechtsstellung vor.

[II] Ist eine Person staatenlos oder kann ihre Staatsangehörigkeit nicht festgestellt werden, so ist das Recht des Staates anzuwenden, in dem sie ihren gewöhnlichen Aufenthalt oder, mangels eines solchen, ihren Aufenthalt hat.

[III] Wird auf das Recht des Staates verwiesen, in dem eine Person ihren Aufenthalt oder ihren gewöhnlichen Aufenthalt hat, und ändert eine nicht voll geschäftsfähige Person den Aufenthalt ohne den Willen des gesetzlichen Vertreters, so führt diese Änderung allein nicht zur Anwendung eines anderen Rechts.

Schrifttum: Mansel, Personalstatut, Staatsangehörig u Effektivität (1988); Sonnenberger, Berichte der dtschen Gesellsch f VölkerR Heft 29 (1988).

1) Staatsangehörigkeitsprinzip. a) Das dtsche IPR geht bei der Anknüpfg des Personalstatuts, dh des auf die pers LebensVerhe anwendb Rechts im Bereich des Personen-, Familien- u ErbR, vom Staatsangehörig-Grds aus: Personalstatut ist danach grdsätzl das HeimatR des Betroffenen. Nur wo das StaatsangehörigPrinzip versagt, w ersatzw an den gewöhnl Aufenth angeknüpft; vgl dazu Einleitg 5 c v Art 3. Das StaatsangehörigkPrinzip liegt auch dem IPR der meisten kontinentaleurop ROrdngen zugrunde; dagg w vor allem im angloamerikan RKreis an den Wohns („domicile") angeknüpft. **b)** Welche Staatsangehörigk jmd besitzt, entsch allein das **Staatsangehörigkeitsrecht** des betr Staates; soweit danach Erwerb od Verlust der Staatsangehörig von privatr Vorgängen abhängen, zB Eheschließg, ehel Abstammung od Adoption, ist deren Wirksamk daher n dem IPR des Staates zu beurteilen, um dessen Staatsangehörig es geht (unselbständ Anknüpfg einer Vorfrage), vgl Einleitg 9b v Art 3. Zum geltden dtschen StaatsangehörigR vgl Anh II 1; z ausl StaatsangehörigkR vgl etwa Bergmann-Ferid, Internat Ehe- u KindschR; Schleser StAZ **79**, 234. **c)** Das StaatsangehörigkPrinzip bedarf einer Ergänzg, wenn eine Person eine mehrf od überhaupt keine Staatsangehörigk besitzt; diese enth Abs 1 u 2. Abs 3 regelt die Beachtlichk eines unfreiwilligen AufenthWechsels, soweit das dtsche IPR auf das AufenthR verweist.

2) Personalstatut von Doppel- oder Mehrstaatern (Absatz 1). a) Durch Anknüpfg an die Staatsangehörigk kann das Personalstatut allein nicht best werden, wenn der Betroffene mehrere Staatsangehörigken besitzt. Handelt es sich dabei **nur** um **ausländische** Staatsangehörigken, so ist f die Anknüpfg n Abs 1 **Satz 1** diejenige maßg, mit welcher er am engsten verbunden ist. Bei der Feststellg dieser sog **effektiven Staatsangehörigkeit** ist in erster Linie, aber nicht notw allein, auf den gewöhnl Aufenth, vgl dazu Anm 4a, z maßgden Ztpkt abzustellen, sofern sich dieser in einem der **Heimatstaaten** befindet. Daneben sind aber auch and Umst aus dem vergangenen, gegenwärt u f die Zukunft geplanten Verlauf seines Lebens z berücksichtigen, zB Inspruchn staatsbürgerl Rechte u Erfüllg staatsbürgerl Pflichten, kulturelle Prägg, Sprache, wirtschaftl, berufl u private Verbindgen, Zukunftspläne, vgl dazu Mansel § 7 Rz 304. Unter Umst kann daher trotz gewöhnl Aufenth in einem Heimatstaat die Staatsangehörigk eines and und die effektive sein. Dabei ist auch der erkl Wille des Betroffenen zu beachten, soweit er den tats Verh nicht offenkundig widerspricht. Bei gewöhnl Aufenth in einem **Drittstaat** kommt es bei der Ermittlg der effektiven Staatsangehörigk auf die sonstigen Umst des Lebensverlaufs an, insb auf die offenkund Präferenz des Betroffenen, hilfsw die größere Ähnlkeit der Lebensformen des AufenthStaates mit einem der beiden Heimatstaaten, BayObLG **84**, 164, krit Mansel IPRax **85**, 212; eine schemat Anknüpfg an den letzten gewöhnl Aufenth ist verfehlt, and Mansel § 7 Rz 380. Zur Problematik der Nichtfeststellbark einer effektiven Staatsangehörigk Mansel § 8.

b) Besitzt der Betroffene neben einer ausl **auch** die **deutsche Staatsangehörigkeit** od ist er auch Dtscher iS des GG vgl Anh II 1, so ist diese RStellg n Abs 1 **Satz 2** bei der Anknüpfg allein maßg. Dies gilt im Ggs z bish Rspr, vgl zB BGH **75**, 32, BGH NJW **80**, 2016, **81**, 520, selbst dann, wenn die Bezieg zu einem ausl Heimatstaat wesentl enger ist. Das Gesetz stellt insow das Interesse an RKlarh u Praktikabilität über das Interesse an der Maßgeblkeit der sachnäheren ROrdng; für Einzelfallkorrektur Sonnenberger, Berichte der dtschen Gesellsch f VölkerR Heft 29 (1988) 21, vgl dazu auch Mansel § 6 Rz 270. Für die Anknüpfg des Personalstatuts im **innerdeutschen** KollisionsR gilt diese Regelg nicht, vgl Begründg BT-Drucks 10/504 S 41 u dazu Anh z Art 3 Anm 2b. **c) Ausnahmen** vom Vorrang der effektiven (S 1) bzw dtschen (S 2) Staatsangehörig sieht das Gesetz bei den RWahlMöglichk in Art 10 II u 14 II vor. Hier wird ausdrückl auch die Anknüpfg an die nicht effektive bzw nicht dtsche von mehreren Staatsangehörigken gestattet. Eine analoge Anwendg dieser AusnVorschr auf die in Art 15 II eröffnete RWahlMöglk ist geboten. Darü hinaus kann eine nicht effektive bzw nicht dtsche Staatsangehörigk in Abweich v Art 5 I auch bei den im Gesetz vorgesehenen alternativen Anknüpfgen an versch HeimatRe im Interesse günstiger Ergebnisse, insbes bei Art 19 I, 20 I, 21 I, berücksichtigt werden, aM Pirrung IPR S 121, Mansel § 9 Rz 416; vgl dazu für einen Sonderfall Art 26 I Nr 1. Im **internationalen Verfahrensrecht** gilt Art 5 I nicht. Soweit die (internat) Zustdgk dtscher Ger v der RStellg als Dtscher abhängt, zB n §§ 606a I, 640a II, 648 II, 648a I ZPO, §§ 35a I, 36 II, 43a I, III, 43b I, III, IV FGG, bleibt aber wie bish eine daneben bestehde ausl Staatsangehörigk außer Betr, vgl zB BayObLG **82**, 32, Karls FamRZ **84**, 819.

1. Teil. 2. Kap. Internationales Privatrecht **(IPR) EGBGB 5** 3, 4

3) Personalstatut von Staatenlosen (Absatz 2). a) Die Anknüpfg an die Staatsangehörigk versagt bei Personen, die keine Staatsangehörigk besitzen (Staatenlosen). Nach Abs 2 tritt bei diesen ebso wie n Art 29 aF an die Stelle der Staatsangehörigk ihr **gewöhnlicher Aufenthalt,** vgl dazu Anm 4 a, bei Fehlen eines solchen ihr schlichter Aufenth, als Anknüpfgspunkt ihres Personalstatuts. Das gleiche gilt bei Personen, deren Staatsangehörigk **nicht festgestellt** werden kann, AG Neumünster RPfl 87, 311 mit abl Anm v Deumeland (betr Palästinenser, vgl dazu BVerwG InfAuslR 87, 278, VG Berlin InfAuslR 87, 118, **88**, 174, 225, OVG NRW ZAR **88**, 38, VGH BaWü NJW 87, 3094), zB Asylbewerbern, die ihren Paß weggeworfen haben. Ob eine Person staatenlos ist, beurteilt sich nach allen in Betr kommden StaatsangehörigkGesetzen, vgl Anm 1 b. Der Richter hat die Staatsangehörigk vAw festzustellen, soweit es kollisionsr darauf ankommt, abw BGH WM 87, 218, Erm-Arndt Art 29 aF Rdz 8. Eine Bindg an Feststellgen ausl Behörden besteht nicht, BGH IPRspr 77 Nr 110. **b)** Abs 2 wird weitgehend von **vorrangige völkervertragliche Regelungen verdrängt.** Dies gilt insbes f das New Yorker **Übereinkommen über die Rechtsstellung der Staatenlosen** vom 28. 9. 54, BGBl 76 II 473, vgl Anh I; nur soweit dieses Abk nicht eingreift, dh insbes bei Palästinaflüchtlingen, die unter der Obhut der UNRWA stehen, ist Abs 2 anzuwenden, vgl Begründg BT-Drucks 10/504 S 41. Ein sachl Widerspr der beiden Regelgen besteht jedoch nicht, da auch das Abk iS einer Anknüpfg an den gewöhnl Aufenth auszulegen ist, vgl Anh I Vorbem vor Art 1. Soweit Staatenlose unter den Anwendgsbereich der **Sonderregelungen f Verschleppte und Flüchtlinge** fallen, vgl dazu Anh II, gehen diese dem Abs 2 als SpezialGe ebenf vor. **c)** Personalstatut eines Staatenlosen ist n Abs 2 in erster Linie das Recht seines gewöhnl Aufenth. **Rück- oder Weiterverweisung** dch die Kollisionsnormen dieser ROrdng sind aber n den allg Grdsätzen z beachten, vgl zB KG IPRax 86, 41. **d)** Staatenlose mit gewöhnl Aufenth im Inl besitzen n Abs 2 ebso wie n Art 12 des im Anh I abgedruckten Abk **deutsches Personalstatut.** Die Frage, ob sie desh auch als **Deutsche** iS aller derj Kollisionsnormen z behandeln sind, die an diese Rechtsstellung anknüpfen, zB Art 7 II, 10 III–V, 13 II, III, 17 I, 18 V, ist n dem Sinn u Zweck der einz VerweisgsVorschren z beantworten. Die volle Gleichstellg mit Dtschen ist immer dann geboten, wenn die betr Kollisionsnorm nicht als Exklusivnorm zG od z Schutz Dtscher z verstehen ist.

4) Anknüpfung an den gewöhnlichen Aufenthalt. a) Der Begr des gewöhnl Aufenth als Auffanganknüpfg des Personalstatuts, vgl Einleitg 5 c vor Art 3, wird vom Gesetz nicht definiert. Gemeint ist der Ort eines nicht nur vorübergehenden Verweilens, an dem der Schwerpunkt der Bindgen einer Person insbes in familiärer od berufl Hins, ihr **Daseinsmittelpunkt,** liegt, BGH NJW 75, 1068. Entscnd sind in erster Linie die objektiven Merkmale der Dauer u Beständigk des Aufenth; der Wille, den AufenthOrt z Daseinsmittelpunkt z machen, ist nicht erforderl, BGH NJW 81, 520. Auch einen abgeleiteten gewöhnl Aufenth, zB f Kinder, entspr § 11 gibt es nicht, da allein die tats Verhe entschd; freil werden Kinder idR den gewöhnl Aufenth eines ElternT teilen. Der gewöhnl Aufenth ist also ein fakt Wohns, der auch dch zeitweil Abwesenh bei Rückkehrwillen nicht aufgeh wird (zB Internatsbesuch), BGH NJW 75, 1068, sofern dadch der Schwerpunkt der Bindgen der Pers nicht verändert wird, vgl zB Düss FamRZ 80, 728, Stgt NJW 83, 1981; dagg begründet zwangsw Verbringg an einen Ort keinen gewöhnl Aufenth (Strafhaft, Kriegsgefangensch), Soergel-Kegel Art 29 aF Rdz 40, v Bar IPR Rz 529, str, aM zB Raape-Sturm § 9 A III 4, vgl auch Abs 3 u dazu unten b. Ein mehrf gewöhnl Aufenth ist ausgeschl, da der Daseinsmittelpunkt auf einen einz Ort verweist, Staud-Kropholler Rdz 61 vor EG 18, v Bar IPR Rz 528, str, aM BayObLG **80**, 52, KG FamRZ **87**, 603, Hohloch JR **84**, 64. Der gewöhnl Aufenth erfordert eine gewisse Eingliederg in die soziale Umwelt, welche dch die tats Dauer des Aufenth indiziert wird; als FaustReg wird in der Praxis häufig von 6 Monaten ausgegangen, Hamm NJW 74, 1053, Ffm IPRspr 74 Nr 93, Stgt NJW 78, 1746, Mü FamRZ 81, 389, Düss FamRZ **84**, 194 (jew z Art 1 MSA). Ist der Aufenth v vornherein auf längere Dauer angelegt, so kann er aber auch schon mit seinem Beginn als gewöhnl Aufenth angesehen werden, BGH NJW 81, 520, Hbg IPRax 87, 319; insof spielen bei der Feststellg des gewöhnl Aufenth auch subjektive Merkmale eine Rolle. Der auf Verweilen gerichtete Wille ist aber unbeachtl, wenn der längerfristige Aufenth n fremdenrechtl Bestimmgen ersichtl unzul ist, LG Bln DAVorm 78, 679 (betr offenbar unbegründeten AsylAntr). Ob die Voraussetzgen eines gewöhnl Aufenth erfüllt sind, ist n den Verhen z dem f den Anknüpfg maßg Ztpkt z beurteilen, bei einer SchutzMaßn n Art 1 MSA daher im Ztpkt der tatrichterl Entsch, BGH NJW 81, 520, abl Schlosshauer-Selbach FamRZ 81, 536. **b)** Nach Abs 2 wird das Personalstatut v Staatenlosen dch Anknüpfg an ihren gewöhnl, ersatzw an ihren schlichten Aufenth best. Darü hinaus wird in zahlr Kollisionsnormen des Ehe- u KindschR statt an die Staatsangehörigk an den gewöhnl Aufenth einer Person angeknüpft, vgl Einleitg 5 c vor Art 3. Der gewöhnl Aufenth kann jedenf nicht gg den Willen des Betroffenen begründet werden, vgl a. Ist er **nicht voll geschäftsfähig,** so kommt es n **Absatz 3** auf den Willen seines gesetzl Vertreters an. Dies gilt insbes in den Fällen einer **Kindesentführung.** Ob die GeschFgk fehlt, ist dabei n dem v Art 7 berufenen Recht z beurteilen. Wer der gesetzl Vertreter ist, beurteilt sich n den einschlägigen familienr Kollisionsnormen, vor allem Art 19 II u 20 II. Soweit darin an den gewöhnl Aufenth des Mj angeknüpft wird, sind f die Bestimmg des gesetzl Vertreters die Verhe **vor** dem AufenthWechsel maßg, Begründ BT-Drucks 10/504 S 42. Abs 3 stellt klar, daß eine AufenthÄndg einer nicht voll geschäftsfähigen Person **ohne** (dh nicht notwend gegen) den Willen ihres gesetzl Vertreters, bei gesetzl Vertretg dch beide Eltern also ohne den Willen beider Eltern, f sich **allein** keinen Statutenwechsel herbeiführt. Dies entspr der bish Praxis bei der Anwendg v Art 1 MSA, vgl dort Anm 2. Dch die Entführg eines Kindes dch einen nicht od nicht allein sorgeberecht ElternT ohne den Willen des (auch od allein) sorgeberecht anderen ElternT wird also ein neuer gewöhnl Aufenth nicht begründet. Der neue AufenthOrt kann aber bei Hinzutreten weiterer Umstände, dh insbes bei fester u dauerhafter Eingliederg in die neue soziale Umwelt, z gewöhnl Aufenth werden, vgl dazu Art 1 MSA Anm 2 mwN; dabei kann auch die oben a) genannte Faustregel f die Begründg eines neuen gewöhnl Aufenth nach 6 Monaten als Anhaltspunkt dienen; ands ist aber der entggsthde Wille des Sorgeberecht ein Indiz dafür, daß der neue Aufenth noch nicht auf Dauer angelegt ist, BGH NJW 81, 520, Düss FamRZ **84**, 194, Hamm FamRZ 89, 1110, Mansel IPRax 87, 302. – Die unmittelb prakt Bedeutg v Abs 3 ist gering, da er im **Bereich des MSA nicht** anwendb ist; dort haben sich aber bei der Beurteilg v Kindesentführgen entspr Grdse herausgebildet. Im übr gilt Abs 3 aber uneinge-

2181

schränkt bei Anknüpfgen an den gewöhnl Aufenth eines nicht voll geschfäh Volljähr sowie bei Anknüpfgen an den gewöhnl Aufenth eines Mj außerh des sachl od räuml Anwendgsbereichs des MSA.

Anhang zu Art 5

I. Übereinkommen über die Rechtsstellung der Staatenlosen

Vom 28. 9. 1954, BGBl 1976 II 474

Schrifttum: Kimminich, Der internat RStatus des Flüchtlings (1962) 336 ff; MüKo-Sonnenberger, Nach Art 29 Anh I.

Vorbemerkung

Art 5 II wird weitg verdrängt dch das Übk über die RStellg der Staatenlosen v 28. 9. 54. Es ist f die BRep am 24. 1. 77 in Kraft getr, vgl Bek v 10. 2. 77, BGBl II 235; zum Kreis der VertrStaaten vgl Fundstellen-Nachw B 1988 S 272 sowie Bek v 26. 6. 89, BGBl II 624. Die RStellg der Staatenlosen sollte ursprüngl zus mit der RStellg der Flüchtlinge in einer Konvention geregelt werden. Dementspr stimmt das Übk weitgehd mit der Genfer Flüchtlingskonvention überein; auf die Erläutergen hierzu kann verwiesen w, vgl Anh II 4.

Der Begr des Staatenlosen wird in Art 1 definiert. Der AusnKatalog in Art 1 II entspr im wesentl Art 1 D–F der Flüchtlingskonvention (Anh II 4), vgl dort Anm 2. Die Anwendbk des Übk entfällt n Art 1 II i) insb bei Palästinaflüchtlingen, die unter der Obhut der UNRWA stehen; ist dies nicht der Fall, kommt Anwendbk auch bei Palästinensern in Frage, OVG Münster NVwZ **89**, 790. In Art 12 I wird das **Personalstatut** der Staatenlosen, dh alle RVerhe, die n dtschem IPR dem HeimatR einer Pers unterstellt sind, an den Wohns angeknüpft; die n dem fr Personalstatut erworbenen Rechte bleiben bestehen, Art 12 II. Diese Regelg entspr Art 12 der Flüchtlingskonvention, vgl dort Anm 2; der Begr des **Wohnsitzes** ist auch hier iS des **gewöhnlichen Aufenthalts** z verstehen, vgl dazu dort Anm 1 z Art 12, zust MüKo-Sonnenberger Rdz 7, Ferid IPR Rz 1–32, sowie Begründg BT-Drucks 10/504 S 41, Staud-Blumenwitz Art 5 Rz 463. Im Erg stimmt damit die Anknüpfg des Personalstatuts in Art 12 mit Art 5 II EG bzw Art 29 EG aF überein; ein **Statutenwechsel** f Staatenlose wird also dch das Inkrafttr des Übk in Dtschland **nicht** bewirkt. Im pers Anwendungsbereich überschneidet sich das Übk weitgehend mit der Genfer Flüchtlingskonvention, da viele Flüchtlinge staatenl sind. Wg der ident Anknüpfg des Personalstatuts n beiden Abk braucht aber die Frage ihrer Abgrenzg, vgl dazu Kimminich 337 (f Anwendg der jeweils günst Regelg), kollisionsr nicht entsch z werden.

Art. 1 Definition des Begriffs „Staatenloser". (1) *Im Sinne dieses Übereinkommens ist ein „Staatenloser" eine Person, die kein Staat auf Grund seines Rechtes als Staatsangehörigen ansieht.*

(2) Dieses Übereinkommen findet keine Anwendung

i) auf Personen, denen gegenwärtig ein Organ oder eine Organisation der Vereinten Nationen mit Ausnahme des Hohen Flüchtlingskommissars der Vereinten Nationen Schutz oder Beistand gewährt, solange sie diesen Schutz oder Beistand genießen;

ii) auf Personen, denen die zuständigen Behörden des Landes, in dem sie ihren Aufenthalt genommen haben, die Rechte und Pflichten zuerkennen, die mit dem Besitz der Staatsangehörigkeit dieses Landes verknüpft sind;

iii) auf Personen, bei denen aus schwerwiegenden Gründen die Annahme gerechtfertigt ist,

   a) daß sie ein Verbrechen gegen den Frieden, ein Kriegsverbrechen oder ein Verbrechen gegen die Menschlichkeit im Sinne der internationalen Übereinkünfte begangen haben, die abgefaßt wurden, um Bestimmungen hinsichtlich derartiger Verbrechen zu treffen;

   b) daß sie ein schweres nichtpolitisches Verbrechen außerhalb ihres Aufenthaltslands begangen haben, bevor sie dort Aufnahme fanden;

   c) daß sie sich Handlungen zuschulden kommen ließen, die den Zielen und Grundsätzen der Vereinten Nationen zuwiderlaufen.

Art. 12 Personalstatut. (1) *Das Personalstatut eines Staatenlosen bestimmt sich nach den Gesetzen des Landes seines Wohnsitzes oder, wenn er keinen Wohnsitz hat, nach den Gesetzen seines Aufenthaltslands.*

(2) Die von einem Staatenlosen früher erworbenen, sich aus seinem Personalstatut ergebenden Rechte, insbesondere die aus der Eheschließung, werden von jedem Vertragsstaat vorbehaltlich der nach seinen Gesetzen gegebenenfalls zu erfüllenden Förmlichkeiten geachtet; hierbei wird vorausgesetzt, daß es sich um ein Recht handelt, das nach den Gesetzen dieses Staates anerkannt worden wäre, wenn der Berechtigte nicht staatenlos geworden wäre.

II. Sonderregelungen für Flüchtlinge, Verschleppte und Vertriebene

Vorbemerkung

Die jüngste Geschichte hat zahll Menschen genötigt, ihre Heimat z verlassen. Der Zustrom v Flüchtlingen hält auch in der Ggwart an. Um die rechtl Lebensumstände dieses PersKreises z erleichtern, sind seit dem Ende des 2. Weltkriegs eine Reihe v einander teils überschneidden kollisionsr Sonderregeln getroffen worden, die vor allem eine Neuordng des Personalstatuts betreffen. Diese SonderVorschr haben grdsl **keine Rückwirkung,** führen also z einer Änderg des Personalstatuts erst vom Ztpkt ihres Inkrafttr an, Soergel-Kegel Rdz 13, 55 im Anh z EG 29, str, aM zB Raape-Sturm § 10 A I (f Rückwirkg auf den Ztpkt der Flucht od Wohnsitznahme im Zufluchtsland); eine Besonderh gilt f FamRÄndG Art 9 II Z 5, vgl dazu unten 1. Die n dem früh Personalstatut erworbenen Rechte bleiben grdsl gewahrt, vgl G v 25. 4. 51 § 8 (unten 3) od FlüchtlKonv Art 12 II (unten 4).

Die **Flucht** dtscher Staatsangehör **aus der DDR** in die BRep ist kollisionsr nicht bes geregelt (Ausn:

1. Teil. 2. Kap. Internationales Privatrecht **(IPR) Anh zu EGBGB 5**

Anh II z EG 15); sie führt mit der Begründg des gewöhnl Aufenth in der BRep z einem **Statutenwechsel,** wobei es gleichgültig ist, ob das Personalstatut im innerdtschen KollisionsR mit Hilfe des gewöhnl Aufenth od der effektiven Staatsangehörig best wird (vgl dazu Anh z Art 3 Anm 2).

Für Flüchtlinge, die unter keine kollisionsr Sonderregel fallen, zB WirtschFlüchtlinge, die die Voraussetzgen v FlüchtlingsÜbk Art 1 nicht erfüllen od illegale Einwanderer, die einen unbegründeten AsylAntr gestellt haben, gelten die allg Regeln des IPR. Ihre pers RVerhe beurteilen sich also grdsl n ihrem HeimatR (Anknüpfg an die Staatsangehörig).

1. Volksdeutsche Flüchtlinge und Vertriebene (Art 9 II Z 5 FamRÄndG iVm Art 116 GG)

Art 9 Abschnitt II Nr 5 FamRÄndG vom 11. 8. 61: [1] *Soweit im deutschen bürgerlichen Recht oder im deutschen Verfahrensrecht die Staatsangehörigkeit einer Person maßgebend ist, stehen den deutschen Staatsangehörigen die Personen gleich, die, ohne die deutsche Staatsangehörigkeit zu besitzen, Deutsche im Sinne des Artikels 116 Abs. 1 des Grundgesetzes sind.* [2] *Rechtskräftige gerichtliche Entscheidungen bleiben unberührt.*

Art 116 GG: [1] *Deutscher im Sinne dieses Grundgesetzes ist vorbehaltlich anderweitiger gesetzlicher Regelung, wer die deutsche Staatsangehörigkeit besitzt oder als Flüchtling oder Vertriebener deutscher Volkszugehörigkeit oder als dessen Ehegatte oder Abkömmling in dem Gebiete des Deutschen Reiches nach dem Stande vom 31. Dezember 1937 Aufnahme gefunden hat.*

[II] *Frühere deutsche Staatsangehörige, denen zwischen dem 30. Januar 1933 und dem 8. Mai 1945 die Staatsangehörigkeit aus politischen, rassischen oder religiösen Gründen entzogen worden ist, und ihre Abkömmlinge sind auf Antrag wieder einzubürgern. Sie gelten als nicht ausgebürgert, sofern sie nach dem 8. Mai 1945 ihren Wohnsitz in Deutschland genommen haben und nicht einen entgegengesetzten Willen zum Ausdruck gebracht haben.*

1) Deutsche Staatsangehörigkeit als Anknüpfungspunkt. a) Das dtsche IPR geht bei der Bestimmg des Personalstatuts vom StaatsangehörigkPrinzip aus. Dtsche Staatsangehörige unterstehen desh in ihren persönl RVerhen grdsätzl dem dtschen Recht, auch wenn sie im Ausl leben. **Erwerb und Verlust der deutschen Staatsangehörigkeit,** vgl dazu Makarov-v. Mangoldt, Dtsche Staatsangehörig, 3. Aufl 1982ff, Schleser, Die dtsche Staatsangehörig, 4. Aufl 1980, Bergmann-Korth, Dtsches Staatsangehörig- u PaßR, 1985, Meyer NVwZ 87, 15, richten sich in erster Linie n dem **Reichs- u StaatsangehörigkG vom 22. 7. 13,** RGBl 583. Das Gesetz ist seit seinem Inkrafttr wiederholt geändert worden, zuletzt dch G v 18. 7. 79, BGBl 1061. Hinzu kamen zahlreiche SonderVorschr, die ihre prakt Bedeutg behalten, auch soweit sie inzw außer Kr getreten od ggstandsl gew sind. Über Erwerb u Verlust der Staatsangehörig entsch grdsl der RZust zZ der Erf des jew Tatbestd, zB Geburt, Heirat und Adoption. Bei der Beurteilg staatsangehörigkeitsr Fragen sind daher vielf früh RLagen maßg. **aa)** Gegenwärtig wird die dtsche Staatsangehörig **erworben** dch **Geburt** v ehel Kindern, wenn ein EltT Dtscher ist, v nehel Kindern, wenn die Mutter Dtsche ist, § 4 I. Für die in der Zeit zw dem 1. 4. 53 u dem 31. 12. 74 geborenen ehel Kinder dtscher Mütter bestand n Art 3 RuStAÄndG v 20. 12. 74, BGBl 3714 die Möglk, die dtsche Staatsangehörig dch Erkl zu erwerben; zur Verfassgsmäßigk dieser Regelg VGH BaWü StAZ 87, 226. Nehel Kinder dtscher Väter sind unter best Voraussetzungen einzubürgern, § 10; z Altfallregelg vgl Art 4 RuStAÄndG v 20. 12. 74. Die dtsche Staatsangehörig wird ferner erworben dch **Legitimation** dch einen Dtschen, § 5, u bei mj Kindern dch **Adoption** dch einen Dtschen, § 6, vgl dazu Art 21 Anm 5 u Art 22 Anm 5a. **Heirat** mit einem Dtschen ist als solche heute **kein** ErwerbsGrd mehr, hat aber Erleichterg der Einbürgerg z Folge, § 9. Zum Erwerb dch **Einbürgerung** vgl §§ 8ff, ferner VO z Regelg v StaatsangehörigkFragen v 20. 1. 42, RGBl 40 (betr Einbürgerg ohne dte Niederlassg), Gesetz z Regelg v Fragen der Staatsangehörigk v 22. 2. 55, BGBl 65 (vor allem z Einbürgerg dtscher Volkszugehör) u Gesetz z Verminderg der Staatenlosigk v 29. 6. 77, BGBl 1101 (betr im Inland geborene Staatenlose). Zur RWirksk v Sammeleinbürgergen in den Jahren 1938 bis 1945 vgl §§ 1ff StaatsangehörigkRegelgsG v 22. 2. 55. **bb) Verlust** der dtschen Staatsangehörigk tritt ein dch Entlassg, §§ 18ff, Erwerb einer ausl Staatsangehörigk auf Antr dch Dtsche ohne int Wohns (z Begr vgl BVerwG 71, 309; als Inland gilt dabei das Gebiet des Deutschen Reiches in den Grenzen v 31. 12. 37, vgl Schleser StAZ 79, 198 u 256, also einschließl der DDR, KG NJW 83, 2324), sofern keine Gen z Beibehaltg der dtschen Staatsangehörigk erteilt wird, § 25 (zur Erstreckg des Verlustgrundes auf mj Kinder BVerwG NJW 87, 1157), Verzicht bei Mehrstaatern, § 26, u dch Adoption dch einen Ausl, § 27, vgl dazu Art 22 Anm 5b. Heirat mit einem Ausl hat seit dem 1. 4. 53 den Verlust der dtschen Staatsangehörigk auch dann nicht z Folge, wenn damit ein Erwerb der ausl Staatsangehörigk kr Gesetzes verbunden ist.

b) Die **DDR** hat sich eine eigene Staatsangehörigk gegeben, vgl StaatsbürgerG v 20. 2. 67, GBl I 3 mit DVO v 3. 8. 67, GBl II 681, ferner Gesetz z Regelg v Fragen der Staatsbürgersch v 16. 10. 72, GBl I 265, sowie VO zur Fragen der Staatsbürgersch v 21. 6. 82, GBl I 418 (beide betr Ausbürger v Republikflüchtlingen); zur RLage aus dieser Sicht vgl Riege, Die Staatsbürgersch der DDR (1982) u dazu Mahnke RuP 83, 156; zur Geltg in OstBerlin vgl Silagi StAZ 84, 277. Das in der BRep geltde StaatsangehörigkR geht aber nach wie vor von einer einheitl dtschen Staatsangehörigk aus, die auch die Bewohner der DDR umfaßt, vgl BVerfG 36, 31, **40**, 141, 163, Zieger Fschr f Mann (1977) 505, Scheuner Europa-Archiv 79, 345, Hoffmann ArchVR 81, 257, Stern DVBl 82, 165, Blumenwitz Fschr f Firsching (1985) 27, Meyer NVwZ 87, 16, Klein JuS 87, 279, Hecker ROW 87, 294; kritisch dazu Rumpf ZRP 74, 201, Ridder GedächtnisSchr f F. Klein (1977) 437, v Morr, Der Bestand der dtschen Staatsangehörigk n dem GrdVertr (1977), Riege NJ 79, 68, vgl auch Seiffert Deutschland-Archiv 78, 1271, ders ROW 81, 193; dieser RStandpunkt schließt nicht aus, auch das StaatsangehörigkR der DDR bei der Anwendg der kollisionsr AnknüpfgsBegr zu berücksicht, vgl Anh z Art 3 Anm 2a. Differenziergen des mat Gehalts der Staatsangehörigk sind dadch ebenf nicht ausgeschl, Zieger, StaatsbürgerschG der DDR, 1969, Meessen JZ **72**, 673. Der Erwerb der Staatsbürgersch der DDR hat in den Grenzen des ordre public (vgl dazu BVerwG NJW **86**, 1506) auch den Erwerb der gesamtdtschen

2183

Anh zu EGBGB 5 (IPR)

Staatsangehörig zur Folge, BVerfG NJW 88, 1313 gg BVerwG NJW 83, 585 (auf OVG Münster JZ 79, 136), vgl dazu Gusseck NJW 88, 1302, Wengler ROW 88, 145, Blumenwitz JuS 88, 607, Fiedler JZ 88, 132, Silagi StAZ 88, 64, Wyduckel DVBl 88, 284, Kokott NVwZ 88, 799, v Mangoldt StAZ 88, 284. Dagg berührt ein Verlust der Staatsbürgersch der DDR den Besitz der gesamtdtschen Staatsangehörig grdsl nicht, KG NJW 83, 2324, VGH BaWü ROW 87, 373, Klein JuS 87, 282, Silagi StAZ 88, 71, grdsl auch Wengler ROW 88, 149, aM Schmitz NVwZ 87, 33. Dch den GrdVertr mit der DDR v 21. 12. 72 sind Fragen der Staatsangehörig nicht berührt worden, vgl Vorbeh im Zusatzprotokoll BGBl 1973 II 426, ferner BVerfG 36, 1, 29 ff, Hailbronner JuS 81, 712.

c) Die VOen vom 3. 7. 38, RGBl 790, u 30. 6. 39, RGBl 1072, über die dtsche Staatsangehörig im Lande **Österreich** sind dch das 2. Gesetz z Regelg v Fragen der Staatsangehörig v 17. 5. 56 ausdr aufgeh; zum automat Verlust der dtschen u Erwerb der österr Staatsangehörig mit Wiederherstellg der Republik Österreich am 27. 4. 45 vgl BVerwG DÖV 75, 533. – Dch den dtsch-tschechoslowak Vertr v 11. 12. 73, BGBl II 989 werden Fragen der Staatsangehörig nicht berührt, Art II Abs 2; **Sudetendeutsche** sind daher weiterhin dtsche StaatsAngeh, BVerfG 43, 203, BGH 75, 32, BayObLG 80, 72. – **Jenseits der Oder-Neiße-Linie ansässige Deutsche** haben die dtsche Staatsangehörig auch dann nicht verloren, wenn sie dch Maßn des poln GGebers die poln Staatsangehörig erworben haben, BVerfG 40, 141, 163, BayObLG 83, 29, Bay VGH StAZ 87, 22. Dch den dtsch-poln Vertr v 7. 12. 70, BGBl II 362 hat sich hieran nichts geändert, Meessen JZ 72, 674, Seeler NJW 78, 924, Klein DVBl 78, 876. Bei der Best des Personalstatuts der jens der Oder-Neiße-Linie wohnden Dtschen entsch nunmehr n Art 5 I 2 allein ihre dtsche Staatsangehörig; die in fr Aufl vertretene Anknüpfg an die effektive Staatsangehörig kommt nicht mehr in Betr. Der absolute Vorrang der dtschen Staatsangehörig bei der Anknüpfg des Personalstatuts ist aber gerade bei diesem Personenkreis verfehlt. Zur Frage des Fortbestandes der poln Staatsangehörig bei Spätaussiedlern vgl Stoll JBOstR 78 II 183.

2) Kollisionsrechtliche Gleichstellung volksdeutscher Flüchtlinge und Vertriebener. Neues Schrifttum: Silagi ROW 86, 160; Gaaz StAZ 89, 165. **a)** Nach **Art 116 I GG** sind dtschen Staatsangehörigen gleichgestellt („Deutsche im Sinne des GG" od „Statusdeutsche") Flüchtlinge od Vertriebene (z Begr vgl BVFG 1) dtscher Volkszugehörig (vgl dazu BVFG 6), die im Gebiet des Deutschen Reichs n dem Stand vom 31. 12. 37 Aufn gefunden haben, ohne die dtsche Staatsangehörig z besitzen. Die Gleichstellg erfaßt auch ihre Eheg und Abkömmlinge (z Begriff vgl BVerwG StAZ 84, 160, teilw abw VG Berlin StAZ 87, 142), auch wenn diese die Voraussetzgen der dtschen Volkszugehörig nicht erf; der Angehörigenstatus muß aber bereits bei ihrer Aufn vorliegen; erst n der Aufn geborene Abkömmlinge sind Dtsche iS des GG, wenn sie n dtschem StaatsangehörigkR die Staatsangehörig eines ElternT erwerben würden, der Statusdtscher iSv Art 116 I ist, BVerwG 71, 301. Der Ztpkt der Aufn im ehemal Reichsgebiet ist gleichgült; GG 116 I gilt auch f **Spätaussiedler**, die ihren Wohns in die BRep verlegen, vgl BVFG 1 II Z 3, LG Bln StAZ 83, 348, Schleser StAZ 79, 254, u zwar auch dann, wenn sie vorher nicht schon bish im ehemal Reichsgebiet gelebt haben, BVerwG 38, 224. Notwend ist aber eine „Aufnahme" in der BRep (od der DDR); Verbleiben in den ehemaligen dtschen Ostgebieten genügt nicht, BayObLG IPRspr 75 Nr 184, MüKo-Sonnenberger Nach Art 29 Anh II Rz 25. Zum Anspr auf Einbürgerg vgl StaatsangehörigkeitsregelgS vom 22. 2. 55 § 6. **b)** Die zunächst umstr Frage der **kollisionsrechtlichen Auswirkungen** v GG 116 I ist dch **FamRÄndG vom 11. 8. 61, Art 9 Abschnitt II Ziff 5** im bejahden Sinn entschieden; zu der wenig glückl Formulierg vgl Ferid IPR Rz 1–28. Diese Vorschrift enth eine bloße **Klarstellung,** die auf den Ztpkt des Inkrafttr v GG 116 I am 24. 5. 49 zurückwirkt, Soergel-Kegel Rdz 83 im Anh z EG 29 aF; daggg hat GG 116 I keine Rückwirkg. Der v GG 116 I umfaßte PersKreis erwirbt mit der Aufn im ehemal Reichsgebiet, frühestens aber am 24. 5. 49, ein dtsche Personalstatut auch soweit er nicht die dtsche Staatsangehörig besitzt; zum Wechsel des Güterstds siehe G vom 4. 8. 69 in Anh II z Art 15. Die kollisionsr Gleichstellg gilt f **sämtliche** Kollisionsnormen, die auf die RStellg als **Deutscher** abstellen, auch f Exklusivnormen z Schutz od zG Deutscher, zB Art 38. Sie gilt auch im VerfR. Ggü sonst Vorschr f Flüchtlinge, Verschleppte od Vertriebene enth GG 116 I iVm Art 9 II Z 5 FamRÄndG vom 11. 8. 61 eine **vorrangige Sonderregelung,** vgl Erm-Arndt Anh z EG 29 aF Rdz 14. Für die Zeit vor Inkrafttr v GG 116 I bzw vor Aufn der betr Pers im ehemal Reichsgebiet bleibt es bei der Anknüpfg an die nichtdtsche Staatsangehörig bzw bei Staatenlosen an den gewöhnl Aufenth; die Aufn im Inland hat also idR einen Statutenwechsel zur Folge, vgl Gaaz StAZ 89, 167 (zu den namensr Folgen).

3) Wiedererwerb der deutschen Staatsangehörigkeit durch Verfolgte. Art 116 II GG regelt den Wiedererwerb der dtschen Staatsangehörig dch Verfolgte, die währd der NS-Herrsch ausgebürgert worden waren. Zu den ebenf erfaßten Abkömmlingen gehören nicht auch nehel Kinder eines ehem dtschen Vaters, BVerwG StAZ 84, 160, wohl aber Kinder einer ausgebürgerten ehemals dtschen Mutter, VG Bln StAZ 87, 142. Die Ausbürgerg der dtschen Juden dch die 11. VO z ReichsbürgerG v. 25. 11. 41, RGBl 772 war v Anfang an nichtig, BVerfG 23, 98; die Betroffenen haben dadch die dtsche Staatsangehörig nicht verloren, sofern sie keinen entgegengesetzten Willen z Ausdr gebracht haben, was aus dem Erwerb einer ausl Staatsangehörig auf Antr vor Inkrafttr des GG nicht notw folgt, BVerfG 8, 87, BSG VersR 85, 1065; dennoch werden sie aber v dtschen Staat so lange nicht als Deutsche betrachtet, bis sie sich nicht dch WohnsBegr od Antr auf ihre dtsche Staatsangehörig berufen; sind sie vor dem 8. 5. 45 gestorben, ist z prüfen, ob sie ihre dtsche Staatsangehörig aufgeben wollten; bei Verlust der dtschen Staatsangehörig dch Erwerb einer fremden Wiedereinbürgerg n GG 116 II, BVerfG 23, 98, 54, 53 (krit dazu Mann Fschr f Coing [1982] 323). Der Wiedererwerb der dtschen Staatsangehörig ist grdsl auch für die kollisionsr Anknüpfg beachtl, einschränkd Staud-Blumenwitz Art 5 Rz 16; seine Rückwirkg gem GG 116 II läßt aber die Gültigk einer währd des Exils geschl Ehe mit einem Ausl unberührt; als EheschlStatut bleibt das zZt der Heirat anwendb Recht maßg, BGH 27, 375. Auch das GüterRStatut best sich weiterh n der Staatsangehörig zZ der Eheschließg, Düss IPRax 81, 219.

2. AHKGes 23 über die Rechtsverhältnisse verschleppter Personen und Flüchtlinge

Vom 17. 3. 1950, AHKABl 140 (SaBl 256) idF des ÄndG 48 v 1. 3. 51, AHKABl 808 (SaBl 322)

Schrifttum: Dölle StAZ **50**, 106; Makarov DRZ **50**, 318; Schwenn SJZ **50**, 652; v Stackelberg NJW **50**, 808; s auch Reithmann DNotZ **58**, 512; Brintzinger FamRZ **68**, 1; MüKo-Sonnenberger, Nach Art 29 Anh II D; Soergel-Kegel, Anh nach Art 29 Rz 1 ff.

Vorbemerkung

Das nur im Bundesgebiet geltde Gesetz (f West-Bln vgl G 9 v 28. 8. 50, VOBl 458, idF des ÄndG v 13. 4. 51, GVBl 332) will verschleppten Pers u Flüchtlingen (z Begr vgl Art 10) vor allem die Ordng ihrer FamVerhe ermögl. Ihre pers RVerhe werden daher, ebso wei bei Staatenlosen, dem Recht ihres gewöhnl Aufenth unterstellt, Art 1. Weitere Vorschr betr die prozessuale Gleichstellg mit Dtschen in Ehesachen, Art 3, die Befreig v EheFgkZeugn gem EheG 10, Art 4, u die Heilg nicht wirks zustande gekommener Ehen, Art 6–9. – Das Gesetz hat **keine rückwirkende** Kraft, bewirkte vielm f die Betroffenen mit seinem Inkrafttreten am 31. 3. 50 einen Statutenwechsel ex nunc, Freib JZ **52**, 481, Neustadt StAZ **60**, 289, Soergel-Kegel Rdz 13, str, aM zB Raape-Sturm § 10 A I 1; zum Schutz der n dem früh Personalstatut erworbenen Rechte vgl G v 25. 4. 51 § 8 (unten Anh II 3). – Volksdtsche Flüchtlinge u Vertriebene iSv GG 116 I erfaßt das Gesetz nicht; für sie gilt nur die Regelg in GG 116 I iVm FamRÄndG Art 9 II Z 5, vgl dazu oben Anh II 1. Dagg überschneidet sich sein Anwendsbereich teilw mit dem weiteren der Genfer Flüchtlingskonvention, vgl dazu unten Anh II 4; soweit diese eingreift, geht sie als spätere Regelg dem AHKG 23 vor, Raape-Sturm § 10 A II. – Kollisionsr relevant sind folgde Best:

Erster Teil. Allgemeine Vorschriften

Art. 1. *Soweit das Einführungsgesetz zum Bürgerlichen Gesetzbuch bestimmt, daß die Gesetze des Staates, dem eine Person angehört, maßgebend sind, werden die Rechtsverhältnisse einer verschleppten Person oder eines Flüchtlings nach dem Recht des Staates beurteilt, in welchem die Person oder der Flüchtling zu der maßgebenden Zeit den gewöhnlichen Aufenthalt hat oder gehabt hat, oder falls ein gewöhnlicher Aufenthalt fehlt, nach dem Recht des Staates, in welchem die Person oder der Flüchtling sich zu der maßgebenden Zeit befindet oder befunden hat.*

Art. 2. *Artikel 1 findet keine Anwendung auf die in den Artikeln 24 und 25 des Einführungsgesetzes zum Bürgerlichen Gesetzbuch geregelten Gegenstände.*

Dritter Teil. Schlußvorschriften

Art. 10. *Im Sinne dieses Gesetzes bedeutet:*

a) der Ausdruck „verschleppte Personen und Flüchtlinge" Personen, die nicht die deutsche Staatsangehörigkeit besitzen oder deren Staatsangehörigkeit nicht festgestellt werden kann, sofern sie ihren Aufenthalt im Gebiete der Bundesrepublik haben und eine amtliche Bescheinigung darüber besitzen, daß sie der Obhut der internationalen Organisation unterstehen, die von den Vereinten Nationen mit der Betreuung der verschleppten Personen und Flüchtlinge beauftragt ist;

1) Grundsatz. Ebso wie bei Staatenlosen n Art 5 II tritt auch bei verschleppten Pers u Flüchtlingen n Art 1 an die Stelle der Staatsangehörigk als Anknüpfgspkt der gewöhnl, hilfsw der schlichte Aufenth z jew maßg Ztpkt; zum Begr des gewöhnl Aufenth vgl Art 5 Anm 4 a. Bei Anwendbk des Gesetzes entfällt f den Zeitraum, in welchem der Betreffde sich im Ausl aufhält. Hinzukommen muß schließl der Besitz einer amtl Bescheinigg der zust UN-Hilfsorganisation, dh zunächst der IRO u n deren Auflösg des Hohen Kommissars der UN f das Flüchtlingswesen; daß diese Bescheinigg behördl verwahrt wird, ist unschädl, Hbg IPRspr **79** Nr 53. Volksdtsche Flüchtlinge u Vertriebene erf diese Voraussetzg nicht; für sie gilt nur GG 116 I iVm FamRÄndG Art 9 II Z 5, Soergel-Kegel Rdz 5, vgl dazu oben Anh II 1. Dagg fallen unter das Gesetz auch Pers, die kr Gesetzes die Staatsangehörigk od Staatenlosigk eines Verschleppten od Flüchtlings iSv Art 10 teilen, ohne selbst dessen Voraussetzgn z erf, BayObLG **83**, 4, Soergel-Kegel Rdz 8.

3. Gesetz über die Rechtsstellung heimatloser Ausländer im Bundesgebiet

Vom 25. 4. 1951, BGBl 269, für West-Bln vgl G v 28. 2. 52, GVBl 126.

Schrifttum: Maßfeller StAZ **51**, 130, 155; Jahn JZ **51**, 326; Makarov ZaöRV **51**/52, 431.

Vorbemerkung

Das am 28. 4. 51 in Kraft getretene Ges ergänzt die Regelg des AHKG 23, indem es den Status sog heimatl Ausl (z Begr vgl §§ 1, 2, 26) insb dch Gewähr best GrdRe u Gleichbehandlg im prozessualen Bereich der

RStellg dtscher Staatsangeh annähert. Es **enthält** eine **kollisionsrechtliche Regelung nur** in § 8; daß heimatl Ausl iS v §§ 1, 2 u 26 aGrd des Ges dtsches Personalstatut besitzen, läßt sich seinen Best nicht entnehmen, aM AG Aachen NJW **70**, 392, Celle FamRZ **87**, 838, ist also ggf mit AHKG 23 Art 1 (Anh II 2) bzw mit Genfer FlüchtlingsÜbk Art 12 (Anh II 4) zu begründen, vgl auch BayObLG RPfl **88**, 367. Wg der geringen Bedeutg f das IPR w auf den Abdr der Best über den pers Geltgsbereich des Gesetzes verzichtet (vgl dazu 39. Aufl); dieser deckt sich weitgehd mit dem des AHKG 23.

Kapitel II. Bürgerliches Recht

8. *Hat ein heimatloser Ausländer vor Inkrafttreten dieses Gesetzes nach anderen als den deutschen Vorschriften Rechte erworben, so behält er diese, sofern die Gesetze des Ortes beobachtet sind, an dem das Rechtsgeschäft vorgenommen ist. Dies gilt insbesondere für eine vor Inkrafttreten dieses Gesetzes geschlossene Ehe.*

1) Die Vorschr ist schlecht formuliert. Sie stellt klar, daß die Anknüpfg des Personalstatuts in AHKG 23 Art 1 u damit die Anwendg dtschen Rechts auf verschleppte Pers u Flüchtlinge (dh heimatl Ausl iS des § 8) mit Aufenth im Inl nur solche Tatbestde erfaßt, die n dem Inkrafttr des AHKG 23 verwirklicht wurden, vgl BayObLG **83**, 3. § 8 ergänzt damit AHKG 23 dch ein Rückwirkgsverbot in Form der Wahrg der n einem früh Personalstatut erworbenen Rechte, hM, vgl zB Soergel-Kegel Rdz 18, aM Brintzinger FamRZ **68**, 6 ff. Diese Regelg entspr den allg Grds über die kollisionsr Tragweite eines Statutenwechsels, vgl Einleitg 6 b vor Art 3; eine ParallelVorschr enthält Genfer Flüchtlingskonvention 12 II.

4. Abkommen über die Rechtsstellung der Flüchtlinge
(Genfer Flüchtlingskonvention)

Vom 28. 7. 1951, BGBl **195**3 II 559; vgl dazu auch Protokoll v 31. 1. 67, BGBl **1969** II 1294.

Schrifttum: Mezger JZ **54**, 663; Ferid DNotZ **54**, 350; Weis JblntR **54**, 53; Seidl-Hohenveldern, Fschr Schätzel (1960) 441; Weis/Jahn, Die Vereinten Nationen u die Flüchtlinge in: Schätzel/Veiter, Handbuch des internat FlüchtlingsR (1960) 245; Kimminich, Der internat RStatus des Flüchtlings (1962) 285; ders, Fschr f Menzel (1975) 307; Beitzke, Festschr f Fragistas (1966) 377; Hirschberg NJW **72**, 361; Brintzinger FamRZ **68**, 1; Marx ZRP **80**, 192; Beitz/Wollenschläger, Handbuch des AsylR (1981) Bd 2, 552 ff; MüKo-Sonnenberger, Nach Art 29 Anh II D; Soergel-Kegel, Anh nach Art 29 Rz 22 ff; Roth ZAR **88**, 164.

Vorbemerkung

Das Abk ist f die BRep **innerstaatlich** am 24. 12. 53 **in Kraft** getr, G v 1. 9. 53, BGBl II 559 (Art 2), völkerr am 22. 4. 54, Bek v 25. 5. 54, BGBl II 619. Es wird **ergänzt** dch das **Protokoll** v 31. 1. 67, BGBl **69** II 1294, in Kraft seit 5. 11. 69, Bek v 14. 4. 70, BGBl II 194. Zum Kreis der VertrStaaten vgl Fundstellen-Nachw B 1988 S 255 u 363, zuletzt ergänzt dch Bek v 30. 6. 89, BGBl II 636 u v 27. 7. 89, BGBl II 709. Die n dem Abk den Flüchtlingen verliehene RStellg w dch spätere **Bundesgesetze** auf **andere Personengruppen** ausgedehnt: Asylberechtigte, AsylVfG 3 I (vgl Anh II 5) u im Rahmen humanitärer Hilfsaktionen aufgenommene Flüchtlinge, G v 22. 7. 80, BGBl 1057 (vgl Anh II 6).

Das Abk enth im wesentl Best des FremdenR, welche die Flüchtlinge in best Bereichen den Angeh ihres WohnsLandes gleichstellen. Von **kollisionsrechtlicher** Bedeutg ist nur **Art 12**, der das WohnsR z **Personalstatut** der Flüchtlinge best. Der **Begriff des Flüchtlings** w in Art 1 definiert; eine wicht Erweiterg enth Art I des Prot v 31. 1. 67. Ob sich ein Flüchtling im Inl od Ausl aufh, ist f die Anwendg von Art 12 gleichgült. Für **volksdeutsche Flüchtlinge** u **DDR-Flüchtlinge** gilt das Abk nicht, vgl dazu Art 1 Anm 1 u 2. Dem AHKG 23 geht das Abk als spätere Regelg seit seinem Inkrafttr vor, Raape-Sturm § 10 A II. Zum Verhältn des Abk z dtsch-iranischen NiederlassgsAbk v 17. 2. 29, RGBl **30** II 1006 vgl BVerwG InfAuslR 84, 312, StAZ **89**, 152, Silagi ebda 272.

Art 1. Definition des Begriffs „Flüchtling"

A.

Im Sinne dieses Abkommens findet der Ausdruck „Flüchtling" auf jede Person Anwendung:

1. Die in Anwendung der Vereinbarungen vom 12. Mai 1926 und 30. Juni 1928 oder in Anwendung der Abkommen vom 28. Oktober 1933 und 10. Februar 1938 und des Protokolls vom 14. September 1939 oder in Anwendung der Verfassung der Internationalen Flüchtlingsorganisation als Flüchtling gilt.

Die von der Internationalen Flüchtlingsorganisation während der Dauer ihrer Tätigkeit getroffenen Entscheidungen darüber, daß jemand nicht als Flüchtling im Sinne ihres Statuts anzusehen ist, stehen dem Umstand nicht entgegen, daß die Flüchtlingseigenschaft Personen zuerkannt wird, die die Voraussetzungen der Ziffer 2 dieses Artikels erfüllen.

2. Die infolge von Ereignissen, die vor dem 1. Januar 1951 eingetreten sind, und aus der begründeten Furcht vor Verfolgung wegen ihrer Rasse, Religion, Nationalität, Zugehörigkeit zu einer bestimmten sozialen Gruppe oder wegen ihrer politischen Überzeugung sich außerhalb des Landes befindet, dessen Staatsangehörigkeit sie besitzt, und die den Schutz dieses Landes nicht in Anspruch nehmen kann oder wegen dieser Befürchtungen nicht in Anspruch nehmen will; oder die sich als staatenlose infolge solcher Ereignisse außerhalb des Landes befindet, in welchem sie ihren gewöhnlichen Aufenthalt hatte, und nicht dorthin zurückkehren kann oder wegen der erwähnten Befürchtungen nicht dorthin zurückkehren will.

Für den Fall, daß eine Person mehr als eine Staatsangehörigkeit hat, bezieht sich der Ausdruck „das Land, dessen Staatsangehörigkeit sie besitzt" auf jedes der Länder, dessen Staatsangehörigkeit diese Person hat. Als des Schutzes des Landes, dessen Staatsangehörigkeit sie hat, beraubt gilt nicht eine Person, die ohne einen stichhaltigen, auf eine begründete Befürchtung gestützten Grund den Schutz eines der Länder nicht in Anspruch genommen hat, deren Staatsangehörigkeit sie besitzt.

B.

1. Im Sinne dieses Abkommens können die im Artikel 1 Abschnitt A enthaltenen Worte „Ereignisse, die vor dem 1. Januar 1951 eingetreten sind" in dem Sinne verstanden werden, daß es sich entweder um
a) „Ereignisse, die vor dem 1. Januar 1951 in Europa eingetreten sind" oder
b) „Ereignisse, die vor dem 1. Januar 1951 in Europa oder anderswo eingetreten sind"
handelt. Jeder vertragschließende Staat wird zugleich mit der Unterzeichnung, der Ratifikation oder dem Beitritt eine Erklärung abgeben, welche Bedeutung er diesem Ausdruck vom Standpunkt der von ihm auf dieses Abkommen übernommenen Verpflichtungen zu geben beabsichtigt.

2. Jeder vertragschließende Staat, der die Formulierung zu a) angenommen hat, kann jederzeit durch eine an den Generalsekretär der Vereinten Nationen gerichtete Notifikation seine Verpflichtungen durch Annahme der Formulierung b) erweitern.

C.

Eine Person, auf die die Bestimmungen des Absatzes A zutreffen, fällt nicht mehr unter dieses Abkommen,
1. wenn sie sich freiwillig erneut dem Schutz des Landes, dessen Staatsangehörigkeit sie besitzt, unterstellt; oder
2. wenn sie nach dem Verlust ihrer Staatsangehörigkeit diese freiwillig wiedererlangt hat; oder
3. wenn sie eine neue Staatsangehörigkeit erworben hat und den Schutz des Landes, dessen Staatsangehörigkeit sie erworben hat, genießt; oder
4. wenn sie freiwillig in das Land, das sie aus Furcht vor Verfolgung verlassen hat oder außerhalb dessen sie sich befindet, zurückgekehrt ist und sich dort niedergelassen hat; oder
5. wenn nach Wegfall der Umstände, auf Grund deren sie als Flüchtling anerkannt worden ist, es nicht mehr ablehnen kann, den Schutz des Landes in Anspruch zu nehmen, dessen Staatsangehörigkeit sie besitzt.
Hierbei wird jedoch unterstellt, daß die Bestimmung dieser Ziffer auf keinen Flüchtling im Sinne der Ziffer 1 des Abschnittes A dieses Artikels Anwendung findet, der sich auf zwingende, auf früheren Verfolgungen beruhende Gründe berufen kann, um die Inanspruchnahme des Schutzes des Landes abzulehnen, dessen Staatsangehörigkeit er besitzt;
6. wenn es sich um eine Person handelt, die keine Staatsangehörigkeit besitzt, falls sie nach Wegfall der Umstände, auf Grund deren sie als Flüchtling anerkannt worden ist, in der Lage ist, in das Land zurückzukehren, in dem sie ihren gewöhnlichen Wohnsitz hat. Dabei wird jedoch unterstellt, daß die Bestimmung dieser Ziffer auf keinen Flüchtling im Sinne der Ziffer 1 des Abschnittes A dieses Artikels Anwendung findet, der sich auf zwingende, auf früheren Verfolgungen beruhende Gründe berufen kann, um die Rückkehr in das Land abzulehnen, in dem er seinen gewöhnlichen Aufenthalt hatte.

D.

Dieses Abkommen findet keine Anwendung auf Personen, die zur Zeit den Schutz oder Beistand einer Organisation oder einer Institution der Vereinten Nationen mit Ausnahme des Hohen Kommissars der Vereinten Nationen für Flüchtlinge genießen.
Ist dieser Schutz oder diese Unterstützung aus irgendeinem Grunde weggefallen, ohne daß das Schicksal dieser Personen endgültig gemäß den hierauf bezüglichen Entschließungen der Generalversammlung der Vereinten Nationen geregelt worden ist, so fallen diese Personen ipso facto unter die Bestimmungen dieses Abkommens.

E.

Dieses Abkommen findet keine Anwendung auf eine Person, die von den zuständigen Behörden des Landes, in dem sie ihren Aufenthalt genommen hat, als eine Person anerkannt wird, welche die Rechte und Pflichten hat, die mit dem Besitz der Staatsangehörigkeit dieses Landes verknüpft sind.

F.

Die Bestimmungen dieses Abkommens finden keine Anwendung auf Personen, in Bezug auf die aus schwerwiegenden Gründen die Annahme gerechtfertigt ist,
a) daß sie ein Verbrechen gegen den Frieden, ein Kriegsverbrechen oder ein Verbrechen gegen die Menschlichkeit im Sinne der internationalen Vertragswerke begangen haben, die ausgearbeitet worden sind, um Bestimmungen bezüglich dieser Verbrechen zu treffen;
b) daß sie ein schweres nichtpolitisches Verbrechen außerhalb des Aufnahmelandes begangen haben, bevor sie dort als Flüchtling aufgenommen wurden;
c) daß sie sich Handlungen zuschulden kommen ließen, die den Zielen und Grundsätzen der Vereinten Nationen zuwiderlaufen.

Art I des Protokolls über die Rechtsstellung der Flüchtlinge v 31. 1. 67, BGBl 69 II 1294

(1) *Die Vertragsstaaten dieses Protokolls verpflichten sich, die Artikel 2 bis 34 des Abkommens auf Flüchtlinge im Sinne der nachstehenden Begriffsbestimmung anzuwenden.*

(2) *Außer für die Anwendung des Absatzes 3 dieses Artikels bezeichnet der Ausdruck „Flüchtling" im Sinne dieses Protokolls jede unter die Begriffsbestimmung des Artikels 1 des Abkommens fallende Person, als seien die Worte „infolge von Ereignissen, die vor dem 1. Januar 1951 eingetreten sind, und . . ." sowie die Worte „. . . infolge solcher Ereignisse" in Artikel I Abschnitt A Absatz 2 nicht enthalten.*

(3) *Dieses Protokoll wird von seinen Vertragsstaaten ohne jede geographische Begrenzung angewendet; jedoch finden die bereits nach Artikel 1 Abschnitt B Absatz 1 Buchstabe a) des Abkommens abgegebenen Erklärungen von Staaten, die schon Vertragsstaaten des Abkommens sind, auch auf Grund dieses Protokolls Anwendung, sofern nicht die Verpflichtungen des betreffenden Staates nach Artikel 1 Abschnitt B Absatz 2 des Abkommens erweitert worden sind.*

Anh zu EGBGB 5 (IPR)

1) Der **persönliche Geltungsbereich** des Abk ergibt sich in erster Linie aus **Art 1 A;** vgl. dazu Gutachten des Amtes des Hohen Kommissars der UN f Flüchtlinge RzW **68**, 150. **Ziff 1** verweist auf den Flüchtlingsstatus n früh Vertr (sog Nansen-Flüchtlinge) bzw n der Verf der Internat Flüchtlingsorganisation (sog IRO-Flüchtlinge). Die zentrale Vorschr ist **Ziff 2**, ergänzt dch **Protokoll Art I Abs 2**. Nach der ursprüngl geltden Fassg mußte die Flucht auf Ereign im weitesten Sinn zurückgehen, die **vor dem 1. 1. 51** in Europa od anderswo (Art 1 B iVm Erkl der BRep BGBl **53** II 579) eingetreten sind. Art I Abs 2 des Prot v 31. 1. 67 hat diese **zeitliche Schranke beseitigt.** Diese Modifizierg hat klarstellden Charakter. Schon vorher war Art 1 Z 2 zB auf **Ungarnflüchtlinge** angewandt worden, die ihre Heimat n dem Aufstand im Oktober 56 verlassen hatten, Stgt FamRZ **62**, 160, JM NRW FamRZ **66**, 637, vgl ferner BayObLG **74**, 95. Die Interdependenz der weltpol Entwicklgen seit dem Ende des 2. Weltkriegs trotzt jedem Stichtag. Art I Abs 2 des Prot hat also die RLage nicht verändert. Zweifelsfrei findet das Abk danach auch auf die jüngsten Flüchtlingsbewegungen Anwendg, zB aus Afghanistan, Indochina, Iran (z Verhältn z dtsch-iranischen NiederlassgsAbk v 17. 2. 29 BVerwG InfAuslR **84**, 312). Grd des Exils muß aber stets die **begründete Furcht vor Verfolgung,** insbes aus rass, ethnischen, religiösen od pol Grden sein; bloße Unzufriedenh mit den wirtsch Verh im Heimatland (sog WirtschFlüchtlinge) genügt nicht; zum Verh z Begr des pol Verfolgten iSv GG 16 II 2 vgl Marx ZRP **80**, 192, Roth ZAR **88**, 164. Die Verfolgg, zB aus pol Grden, kann aber auch in der bloßen Bedrohg der wirtsch Existenz bestehen, Soergel-Kegel Rdz 35. Die Verfolgg muß nicht notwend unmittelb v staatl Organen ausgehen; es genügt, daß diese sie nicht verhindern, BGH MDR **65**, 985, RzW **66**, 367, **67**, 325, **68**, 571. Eine eigentl **Flucht** braucht die Furcht vor Verfolgg nicht ausgelöst z haben; es genügt, daß einer außerh des Heimatstaates befindl Pers die Heimkehr aus den genannten Grden nicht zugemutet werden kann, vgl Bamberg FamRZ **82**, 505. Der Erwerb des Flüchtlingsstatus u der damit verbundene Statutenwechsel, vgl Art 12 Anm 2, tritt in diesen Fällen in dem Ztpkt ein, in dem der Verzicht auf Rückkehr in den Heimatstaat eindeut manifestiert wird, zB dch Antr auf Anerkenng als pol Flüchtling, Bamberg aaO. Daß der Heimatstaat selbst z den VertrStaaten gehört, steht der Anwendg des Abk nicht entgg. Gleichgült ist auch, ob sich der Flüchtling innerh eines VertrStaates befindet. Er muß sich aber jedenf außerh seines Heimatstaates aufhalten; schon aus diesem Grd **entfällt** die Anwendg des Abk f **Deutsche** aus der **DDR,** die in die BRep geflohen sind; bei Flucht in ein Drittland ist das Abk auf DDR-Flüchtlinge unanwendb, weil sie in die BRep übersiedeln können, deren Staatsangehörigk sie besitzen, vgl Anh II 1 Anm 1 b u Anh z Art 3 Anm 2a sowie oben Z 2 Abs 2. Selbstverständl steht Staatenlosigk der Flüchtlingseigensch nicht entgg, Z 2; f Mehrstaater s Z 2 Abs 2.

2) Ausgeschlossen ist die Anwendg des Abk bei Pers, die v einer Sondereinrichtg der UN (mit Ausn des Hohen Kommissars f Flüchtlinge) betreut werden, **Art 1 D;** dies kommt heute prakt nur mehr bei **Palästinaflüchtlingen** in Frage, die v der UNRWA betreut werden, soweit sie sich im Nahen Osten aufhalten, vgl Weis/Jahn aaO 288, Kimminich, RStatus 279, Nicolaus/Saramo ZAR **88**, 67. Von der Konvention nicht erfaßt werden ferner Pers, die v den Beh der AufenthLandes den eigenen Staatsangehör gleichgestellt werden, **Art 1 E;** dies gilt insbes f **volksdeutsche Flüchtlinge** iSv GG 116 I, vgl dazu Anh II 1. Schließl entfällt die Anwendg des Abk bei Schwerverbrechern, vgl näher **Art 1 F.**

3) Die **Flüchtlingseigenschaft endet** nach **Art 1 C** mit der freiwill Unterstellg unter den Schutz des Heimatstaats, Z 1, zB dch Beantragg od Verlängerg eines Reisepasses dch die Auslandsvertretg dieses Staates, BGH RzW **66**, 140, mit der Wiedererlangg der früh od dem Erwerb einer neuen Staatsangehörigkeit, Z 2 u 3, mit Rückkehr u Niederlassg im Verfolggsstaat, Z 4, u mit dem Wegfall der Voraussetzgen f die Anerkenng als Flüchtling, vgl dazu näher Z 5 u 6.

4) Die Definition des Flüchtlingsbegriffs in Art I des Protokolls läßt die Frage offen, ob auch **Familienangehörige** eines Flüchtlings, die die dort genannten Voraussetzgen nicht erfüllen, ebenfalls die **Flüchtlingseigenschaft** erhalten, vgl dazu Jayme IPRax **81**, 74. Jedenfalls für die kollisionsr Beurteilg besteht einen solchen **abgeleiteten Flüchtlingsstatus** mj Kinder, die die Staatsangehörig eines Flüchtlings iS des Abk teilen, BayObLG **74**, 95, Bochum IPRspr **76** Nr 61, MüKo-Sonnenberger Rdz 61, Henrich StAZ **89**, 160, aM Düss StAZ **89**, 282, vgl dazu auch § 1 III HeimatlAuslG v 25. 4. 51, VG Darmst InfAuslR **84**, 207, od deshalb staatenlos sind, weil der Flüchtling staatenlos ist; das gleiche muß f Eheg eines Flüchtlings gelten, soweit sie mit der Heirat kr Gesetzes dessen Staatsangehörigk erwerben od dch die Heirat staatenl werden; bei mehrfacher Staatsangehörigk des Kindes od Eheg kommt es z einem abgeleiteten Flüchtlingsstatus u damit z Maßgeblk des AufenthR, wenn die effektive Staatsangehörigk mit der des Flüchtlings übereinstimmt. – Kr Gesetzes **ausgedehnt** wird der Flüchtlingsstatus auf anerkannte AsylBerecht, Anh II 5, u Flüchtlinge, die im Rahmen humanitärer Hilfsaktionen aufgen worden sind, Anh II 6.

5) Ob die Voraussetzgen der FlüchtlingsEigensch gegeben sind, hat das entscheidde Gericht zu **prüfen,** ohne an VerwAkte gebunden z sein, Stgt FamRZ **62**, 160, Soergel-Kegel Rdz 30; auch die Anerkenng als pol Flüchtling dch einen and VertrStaat ist rechtl nicht bindd, stellt aber wicht Indiz f FlüchtlingsEigensch dar, BVerfG NJW **80**, 516, BVerwG NVwZ **87**, 507. Mit der Anerkenng als AsylBerecht steht auch die Anwendbk des Abk n AsylVfG 3 I rechtsverbindl fest. Das gleiche gilt im Falle der Aufn im Rahmen humanitärer Hilfsaktionen unter den Voraussetzgen v § 1 G v 22. 7. 80, vgl Anh II 6. Im übrigen ist eine behördl Anerkenng als Flüchtling nicht Voraussetzg f die Anwendg des Abk. Flüchtlinge iSv Art 1 A Z 1 sind idR dch Vorlage entspr Ausweise legitimiert (Nansen-Paß, IRO-Ausweis).

Art. 12. Personalstatut. (1) *Das Personalstatut jedes Flüchtlings bestimmt sich nach dem Recht des Landes seines Wohnsitzes oder, in Ermangelung eines Wohnsitzes, nach dem Recht seines Aufenthaltslandes.*

(2) *Die von einem Flüchtling vorher erworbenen und sich aus seinem Personalstatut ergebenden Rechte, insbesondere die aus der Eheschließung, werden von jedem vertragschließenden Staat geachtet, gegebenenfalls vorbehaltlich der Formalitäten, die nach dem in diesem Staat geltenden Recht vorgesehen sind. Hierbei wird jedoch unterstellt, daß das betreffende Recht zu demjenigen gehört, das nach den Gesetzen dieses Staates anerkannt worden wäre, wenn die in Betracht kommende Person kein Flüchtling geworden wäre.*

1) Das Personalstatut eines Flüchtlings, dh alle RVerh, die n dtschem IPR grdsl dem HeimatR einer Pers unterstellt sind, unterliegt dem R seines Wohns, ersatzw seines Aufenth, **Absatz 1.** Dies gilt abw v AHKG 23 Art 2 auch f die Beerbg eines Flüchtlings (das sog Erbstatut). An die Stelle der Staatsangehörigk als **Anknüpfungspunkt** tritt also bei Flüchtlingen in erster Linie der **Wohnsitz.** Dieser Begr wird im Abk nicht definiert; seine Ausfüllg bleibt der jew lex fori überlassen. Maßg f die Anwendg des Abk im Inland ist deshalb grdsl der dtsche WohnsBegr. Dies schließt jedoch nicht aus, im Rahmen des dtschen IPR einen spezif kollisionsr WohnsBegr z entwickeln, welcher dem in den modernen Konventionen bevorzugten Begr des **gewöhnlichen Aufenthalts** entspricht, Neuhaus, GrdBegre § 29 II, Erm-Arndt Anh z EG 29 Rdz 19, v Bar IPR Rz 186, and Soergel-Kegel Anh z EG 29 Rdz 38, Raape-Sturm § 10 A I 3. Die Anknüpfg an den gewöhnl Aufenth ist z Herstellg internat EntschGleichh besser geeignet als die WohnsAnknüpfg, vgl Neuhaus, GrdBegre § 28 III 4, Kropholler, Internat EinhR § 22 II; zum Begr des gewöhnl Aufenth vgl Art 5 Anm 4a. Entsch ist der gewöhnl Aufenth z dem v der jew Kollisionsnorm bezeichneten Ztpkt, zB zZ der Heirat, Art 15, des ScheidsAntr, Art 17 od der Geburt, Art 20. Flüchtlinge mit gewöhnl Aufenth im Inland besitzen dtsches Personalstatut. Ob sie damit auch Dtschen iS derj Kollisionsnormen gleichstehen, die auf diese RStellg abstellen, ist n Sinn u Zweck der jew Vorschr z entsch; vgl dazu Hasselmann MDR **86,** 891 u EG 5 Anm 3 d. Das gleiche gilt f Vorschr über die internat Zustdgk, zB ZPO 606a I, vgl dazu Mü IPRax **89,** 238 (nein); zur Entbehrlichk der Urteilsanerkenng bei Ehescheidg n ZPO 606b aF vgl BGH NJW **82,** 2732, **85,** 1283. – **Rück-** od **Weiterverweisung** dch das KollisionsR des WohnsLandes sind grdsl **unbeachtlich;** Art 12 enth eine Sachnormverweisg, Soergel-Kegel Rdz 57, Staud-Graue Rdz 186 z EG 27. Dies gilt jedoch nur f die allg Anknüpfg des Personalstatuts; soweit das IPR des WohnsLandes best RFragen abw v dtschen IPR nicht dem Personalstatut sond einem and angeknüpften Sonderstatut unterwirft, zB Beerbg v Grdst der lex rei sitae, ist dies im Interesse der Integration des Flüchtlings in das R seines WohnsLandes z beachten, Raape-Sturm § 10 A I 3.

2) Mit dem Erwerb des Flüchtlingsstatus ist also n dtschen IPR idR ein **Statutenwechsel** verbunden (Übergang v Staatsangehörigk- z Domizilprinzip). Eine RStellg, die nach dem bish vom IPR der lex fori z Anwendg berufenen R erworben wurde, bleibt jedoch auch nach dem neuen Personalstatut des Flüchtlings gewahrt, **Absatz 2 Satz 1** (zB hinsichtl des FamNamens, BayObLG **68,** 71, 204, Hamm OLGZ **83,** 55), soweit nicht der ordre public dieser ROrdng entggsteht, **Absatz 2 Satz 2,** vgl dazu Hamm OLGZ **83,** 56 (nicht bei Unveränderlk des dch Geburt erworbenen FamNamens bei Heirat). Dies gilt auch f die vor Inkrafttr der Flüchtlingskonvention erworbenen Rechte. Das Abk **wirkt** also **nicht zurück,** Bamberg FamRZ **82,** 505, Soergel-Kegel Rdz 55, im Ergebn auch MüKo-Sonnenberger Rdz 66, str, aM zB Erm-Arndt Rdz 19, Beitz/Wollenschläger 562.

5. Asylverfahrensgesetz
Vom 16. 7. 1982, BGBl I 946

Vorbemerkung

Eine Erweiterg des Anwendgsbereichs von Art 12 Genfer FlüchtlingsÜbk enthält § 3 AsylVfG. Danach genießen **Asylberechtigte** die RStellg von Flüchtlingen iS des FlüchtlingsÜbk. Die entspr Regelg in §§ 28, 44 AuslG ist aufgeh, § 39 Z 4 AsylVfG. Asylberecht sind n GG 16 II 2 Ausl, die pol verfolgt sind, zum Begr vgl BVerfG **74,** 51, Marx ZRP **80,** 192, Kemper ZAR **86,** 3, Köfner/Nicolaus ZAR **86,** 11, Roth ZAR **88,** 164. Vom Anwendgsbereich der Regelg ausgen sind nach § 1 II AsylVfG heimatl Ausl iS des G v 25. 4. 51, vgl oben Anh II 3, sowie sog Kontingentflüchtlinge iS des G v 22. 7. 80, vgl unten Anh II 6. Nicht asylberechtigt sind ferner Ausl, die bereits in einem dritt Staat Schutz vor Verfolgg gefunden haben, § 2 AsylVfG (kein Zweitasyl, vgl dazu BVerfG NVwZ **86,** 459, BVerwG NVwZ **86,** 485, DVBl **88,** 1028, Maunz-Dürig GG 16 Rdz 49); dies schließt nicht aus, daß sie nach Art 12 der Genfer Flüchtlingskonvention dtsches Personalstatut besitzen, vgl Soergel-Kegel, Nachträge Anh z EG 29 Rdz 70. Daß dem AsylAntr bereits stattgegeben worden ist, verlangt § 3 AsylVfG im Gegensatz zu § 44 AuslG nicht. Dennoch wird auch die Neuregelg so zu verstehen sein, daß nur der **anerkannte** Asylsuchde die RStellg n der Flüchtlingskonvention besitzt, vgl GK-AsylVfg (1986) § 3 Rz 8, Marx/Strate/Pfaff, AsylVfG, 2. Aufl (1987) § 3 Rz 3, Jayme IPRax **84,** 115. Asylbewerber, über deren Antr noch nicht entschieden ist, werden aber vielfach di Voraussetzgen von Art 1 A FlüchtlingsÜbk iVm Art I des Prot, vgl oben Anh II 4, erfüllen, ebso BayObLG **86,** 193; sofern sie ihren gewöhnl Aufenth im Inl haben (verneinend BSozG DVBl **87,** 1123, InfAuslR **88,** 112, vgl dazu Art 5 Anm 4a), besitzen sie desh dtsches Personalstatut nach Art 12 FlüchtlingsÜbk, GK-AsylVfG § 3 Rz 8, § 3 I AsylVfG hat dann insow keine konstitutive Bedeutg. Die Vorschr erübrigt aber jedenf bei den behördl bereits anerkannten AsylBerecht die nochmalige Überprüfg der Flüchtlingseigensch. Eine Bindg der ZivilGer an einen abl Bescheid des zust Bundesamts besteht nicht, vgl Marx/Strate/Pfaff aaO § 3 Rz 26, aM Raape-Sturm § 10 A I 3; Asylbewerber, deren Antr abgelehnt worden ist, können also trotzdem die Flüchtlingseigensch iSv Art 1 A FlüchtlingsÜbk iVm Art I des Prot v 31. 1. 67 besitzen, vgl dazu OVG NRW InfAuslR **88,** 236. – Eheg u mj Kinder v Asylberecht, die deren Staatsangehörigk (bzw Staatenlosigk) kr Gesetzes teilen, besitzen einen **abgeleiteten Asylstatus** iSv § 3, vgl zB Bochum IPRspr **76** Nr 61, MüKo-Sonnenberger, Ergänzgsband, Nach Art 29 Rdz 76 (neu), aM Düss StAZ **89,** 282; ein eig AsylAnspr ist damit nicht verbunden, BVerwG NVwZ **83,** 38, JZ **87,** 508, BVerfG NVwZ **85,** 260, GK-AsylVfg § 3 Rz 12, Kemper ZAR **86,** 9. – Das GünstigkPrinzip n § 3 II rechtf uU eine ergänzde Anwendg des HeimatR n den allg kollisionsrechtl Anknüpfgsregeln, vgl Jayme IPRax **84,** 115, Düss StAZ **89,** 282, aM Soergel-Kegel, Nachträge Anh zu EG 29 Rdz 71 c.

Anh zu EGBGB 5, EGBGB 6 (IPR)

Erster Abschnitt. Grundsätze

§ 1. Geltungsbereich. (1) Dieses Gesetz gilt für Ausländer, die Schutz als politisch Verfolgte nach Artikel 16 Abs. 2 Satz 2 des Grundgesetzes beantragen.

(2) Dieses Gesetz gilt nicht
1. für heimatlose Ausländer im Sinne des Gesetzes über die Rechtsstellung heimatloser Ausländer im Bundesgebiet in der im Bundesgesetzblatt Teil III, Gliederungsnummer 243-1, veröffentlichten bereinigten Fassung, zuletzt geändert durch Artikel 4 Nr. 1 des Gesetzes vom 13. Juni 1980 (BGBl. I S. 677),
2. für Ausländer im Sinne des Gesetzes über Maßnahmen für im Rahmen humanitärer Hilfsaktionen aufgenommene Flüchtlinge vom 22. Juli 1980 (BGBl. I S. 1057).

§ 3. Rechtsstellung. (1) Asylberechtigte genießen im Geltungsbereich dieses Gesetzes die Rechtsstellung nach dem Abkommen über die Rechtsstellung der Flüchtlinge vom 28. Juli 1951 (BGBl. 1953 II S. 559).

(2) Unberührt bleiben die Vorschriften, die den Asylberechtigten eine günstigere Rechtsstellung einräumen.

6. Gesetz über Maßnahmen für im Rahmen humanitärer Hilfsaktionen aufgenommene Flüchtlinge
Vom 22. 7. 1980, BGBl I 1057

Schrifttum: Jayme, Zum Personalstatut der „Kontingentflüchtlinge", IPRax **81**, 73.

Vorbemerkung

Die BRep hat in den letzten Jahren iRv humanitären Hilfsaktionen Flüchtlinge aGrd Sichtvermerks der dtschen Auslandsvertretgen od aGrd v ÜbernErkl des BMI aufgenommen, zB aus Südostasien, Chile, Argentinien, Irak u Uganda. Eine Anerkenng als Asylberecht ist mit dieser Aufn nicht verbunden. Um die Eingliederg dieser sog Kontingentflüchtlinge z erleichtern, wird ihnen in § 1 I des Gesetzes v 22. 7. 80 die RStellg v Flüchtlingen iS des Genfer FlüchtlingsÜbk verliehen, ohne zuvor das AsylVerf dchlaufen z müssen. Das gleiche gilt f Ausl, die vor Vollendg des 16. LebensJ im Rahmen humanitärer Hilfsaktionen ohne AufenthErlaubn in Form des Sichtvermerks u ohne ÜbernErkl des BMI aufgenommen worden sind, § 1 II. Die Aufn eines Flüchtlings unter den genannten Voraussetzgen hat die gleichen Folgen wie die Anerkenng als AsylBerecht n § 3 AsylVfG; mit ihr ist insbes der **Erwerb des inländischen Personalstatuts** gem FlüchtlingsÜbk Art 12 verbunden; vgl dazu die Erläuter dort; zur Ausdehng dieser RStellg auf Familienangehörige (abgeleiteter Flüchtlingsstatus) s Anm 4 z Art 1 FlüchtlingsÜbk, sowie Jayme IPRax **81**, 74. Zum Nachw ihrer RStellg erh die betroffenen Flüchtlinge, § 2, deren Vorlage eine Überprüfg ihres Status erübrigt. Das Gesetz ist am 1. 8. 80 in Kr getr, § 6. Es erfaßt v diesem Ztpkt an den in § 1 umschriebenen PersKreis, besitzt also **keine Rückwirkung** bei bereits früh aufgenommenen Flüchtlingen. Da diese idR ohnehin unter FlüchtlingsÜbk Art 1 iVm Prot Art I fallen, ist dem Inkrafttr mit **Statutenwechsel** regelm nicht verbunden. Dagg bewirkt die Aufn als Flüchtling n dem 1. 8. 80 unter den in § 1 genannten Voraussetzgen den Übergang v Staatsangehörigk- z Domizilprinzip, hat also ebso wie bei unmittelb Anwendg v FlüchtlingsÜbk Art 12 einen Statutenwechsel z Folge.

§ 1. Rechtsstellung. (1) Wer als Ausländer im Rahmen humanitärer Hilfsaktionen der Bundesrepublik Deutschland auf Grund der Erteilung einer Aufenthaltserlaubnis vor der Einreise in der Form des Sichtvermerks oder auf Grund einer Übernahmeerklärung nach § 22 des Ausländergesetzes vom 28. April 1965 (BGBl. I S. 353) im Geltungsbereich dieses Gesetzes aufgenommen worden ist, genießt im Geltungsbereich dieses Gesetzes die Rechtsstellung nach den Artikeln 2 bis 34 des Abkommens über die Rechtsstellung der Flüchtlinge vom 28. Juli 1951 (BGBl. 1953 II S. 559).

(2) Auch ohne Aufenthaltserlaubnis oder Übernahmeerklärung genießt die Rechtsstellung nach Absatz 1, wer als Ausländer vor Vollendung des 16. Lebensjahres im Rahmen humanitärer Hilfsaktionen der Bundesrepublik Deutschland im Geltungsbereich dieses Gesetzes aufgenommen worden ist.

EG 6 Öffentliche Ordnung (ordre public).
Eine Rechtsnorm eines anderen Staates ist nicht anzuwenden, wenn ihre Anwendung zu einem Ergebnis führt, das mit wesentlichen Grundsätzen des deutschen Rechts offensichtlich unvereinbar ist. Sie ist insbesondere nicht anzuwenden, wenn die Anwendung mit den Grundrechten unvereinbar ist.

Schrifttum: Jayme, Methoden der Konkretisierg des ordre public im IPR, 1989; Spickhoff, Der ordre public im IPR, 1989.

1) Allgemeines. a) Ausgangspkt eines entwickelten IPR ist es, einen RFall nach der ROrdng zu entsch, zu welcher er die engsten Beziehgen hat. Der GesGeber nimmt dabei im Interesse der internatprivatr Gerechtigk, vgl Einleitg 1a vor Art 3, bewußt Entsch in Kauf, die von den nach dem eig R zu fällenden abw. Dch die kollisionsr Verweisg auf fremdes R dürfen die inl Ger aber nicht zu Entsch genötigt werden, die im Ergebn grdlegden dtschen RAnschauungen krass widerstreiten. Für solche AusnFälle schließt Art 6 (der in seinem sachl Gehalt Art 30 aF entspr, BGH **104**, 243) zum Schutz der inl öffentl Ordng **(ordre public)** die Anwendg ausl Rechts f den konkreten Sachverhalt aus. Eine solche **Vorbehaltsklausel** findet sich im IPR aller Staaten ebso wie in allen neueren StaatsVertren. Art 6 gilt nur f das KollisionsR; entsprechde Vorschren enth aber auch das internat VerfahrensR, insbes ZPO 328 I Nr 4, 1041 II Nr 2, 1044 II Nr 2, FGG 16a Nr 4; zum verfahrensr ordre public BGH FamRZ **87**, 581 mwN. **b)** In Art 6 inkorporiert sind die ordre public-Klauseln der in das EG eingearbeiteten Staatsverträge, vgl Einleitg 5b vor Art 3. Dies gilt insbes f Art 7 des Haager TestamentsformÜbk vom 5. 10. 61, vgl dazu Art 26 Anm 1a, f Art 16 des EG-SchuldVertrÜbk vom 19. 6. 80, vgl dazu Vorbem vor Art 27, u Art 11 I des Haager UnterhÜbk vom 2. 10. 73, vgl dazu

Art 18 Anm 1a. Bei der Anwendg des Art 6 im staatsvertragl Bereich sind die dafür geltden bes **Auslegungsregeln** z beachten, vgl Einleitg 2 b bb u cc vor Art 3, ebso Jayme, Methoden S 13. Auch die staatsvertragl VorbehKlauseln verweisen auf den ordre public des Staates des angerufenen Gerichts. Maßg ist also auch hier die dtsche öffentl Ordng, nicht etwa die and VertrStaaten. Gerade im staatsvertragl Bereich ist aber mit Rücks auf die angestrebte RVereinheitlg v Art 6 besonders zurückhaltend Gebrauch z machen, aM v Bar IPR Rz 637.

c) Durch Art 6 werden ausl RNormen, die dch die dtschen Kollisionsnormen f anwendb erkl werden, in seltenen AusnFällen v der Anwendg im Inland **ausgeschlossen;** der ordre public hat also insow nur eine **negative Funktion**. Dagg wird dch Art 6 nicht die unbedingte Anwendg best zwingder Vorschren des dtschen od eines and Rechts gesichert (positive Funktion des ordre public), Triebel/Peglow ZIP **87**, 618, vgl aber die AusnVorschr des Art 34 im SchuldVertrR. Die im Entw des IPR-Gesetzes ursprüngl vorgesehene **Sonderanknüpfung zwingender Eingriffsnormen** ist in der parlamentar Beratg gestrichen worden; vgl dazu Art 34 Anm 1 a. Zur Anwendg dtschen Rechts als ErsatzR vgl Anm 4.

2) Voraussetzungen der Anwendung. a) Die VorbehKlausel des Art 6 ist eine die regelmäß Anknüpfg dchbrechde **Ausnahmevorschrift,** die eng auszulegen ist. Ihre Anwendg setzt voraus, daß das an sich maßg ausl Recht „mit **wesentlichen Grundsätzen** des dtschen Rechts offensichtlich unvereinbar ist", also im konkreten Fall z einem Erg führen würde, das den KernBest der inl ROrdng antasten würde, Begr BT-Drucks 10/504 S 42. In den wesentl Grdsen des dtschen Rechts sind die in Art 30 aF enth Begre der guten Sitten u des Zwecks eines dtschen Gesetzes zusammengefaßt. Maßg f den Verstoß gg den ordre public ist daher nach wie vor, „ob das Ergebn der Anwendg des ausl Rechts zu den GrdGedanken der dtschen Regel u der in ihnen liegden GerechtigkVorstellgen in so starkem Widerspr steht, daß es von uns für untragbar gehalten wird", BGH **50**, 376, **75**, 32, **104**, 243, vgl auch BVerfG NJW **89**, 1275, weitergehd aber BGH NJW **79**, 488, der z Anwendg der VorbehKlausel „die Dchsetzg v Wertvorstellgen des GGebers über die innerstaatl Sozialordng" genügen läßt, vgl dazu die berecht Kritik v Lüer JZ **79**, 174 u Wengler JZ **79**, 177. Der Ausnahmecharakter der VorbehKlausel wird in der Formulierg des Art 6 im Anschl an die darin inkorporierten staatsvertragl ordre public-Klauseln nunmehr auch dadch hervorgehoben, daß die Anwendg der ausl RVorschr **„offensichtlich"** (manifestly, manifestement) mit der dtschen öffentl Ordng **unvereinbar** sein muß; der Verstoß gg den ordre public muß also eklatant sein. Als Prüfgsmaßstab sind die RAnschauungen zZ der richterl Entsch maßgebd, RG **114**, 171, BGH **51**, 290; desh schließt die Übereinstimmg ausl Rechts mit dem früheren dtschen RZust einen Verstoß gg den ordre public nicht aus, Jayme, Methoden S 33. Die Anwendg der VorbehKlausel ist aber grdsätzl nicht schon desh gerechtfert, weil das fremde R v zwingden dtschen Vorschr abweicht, BGH MDR **61**, 496, Düss DAVorm **80**, 762. Eine **Sonderanknüpfung** inl zwingder RNormen gilt aber n **Art 34** bei **Schuldverträgen.**

b) Abzustellen ist immer darauf, ob das **Ergebnis** der RAnwendg im **konkreten Fall** in untragb Widerspr z grdlegden dtschen GerechtigkVorstellgen stünde. Voraussetzg dafür ist, daß der Inhalt des anwendb ausl R ermittelt werden kann; ist dies ausgeschl, kommt Anwendg der lex fori als ErsatzR in Betr, vgl Einleitg 11 b vor Art 3, Heldrich Fschr Ferid (1978) 218 (keine Anwendg v Art 6 „auf Verdacht"), and BGH **69**, 387, wo beide Fragen verquickt werden, vgl dazu Jayme StAZ **80**, 304. Wo eine **Anpassung** z Auflösg v NormWiderspr erfolgen kann, vgl Einleitg 10 vor Art 3, hat diese Vorrang vor Prüfg des ordre public, Kropholler Fschr Ferid (1978) 288. Art 6 kann im üb nicht nur dann anwendb sein, wenn der pos Gehalt einer ausl Vorschr den dtschen RAnschauungen widerspricht, sond ebso, wenn sich aus dem Fehlen einer ges Regelg (zB über Legitimation nehel Kinder) ein Verstoß gg den dtschen ordre public ergibt, Hann FamRZ **69**, 669 gg Hamm FamRZ **59**, 28; zur ersatzw Anwendg dtschen Rechts vgl Anm 4.

c) Bei der Anwendg v Art 6 ist große **Zurückhaltung** geboten. Der dtsche Richter darf sich nicht zum Sittenrichter über fremdes Recht aufwerfen, BayObLG **69**, 70; daß eine Norm im Ursprungsland selbst als reformbedürft gilt, erleichtert die Heranziehg von Art 6, Jayme, Methoden S 43. Die Anwendg der VorbehKlausel setzt voraus, daß der z beurteilde Tatbest eine **genügende Inlandsbeziehung** aufweist; die internat Zustdgk der dtschen Ger genügt allein hierfür nicht, Hamm StAZ **82**, 136. Als Anhaltspkt kann dabei ua die Staatsangehörigk der Beteil dienen, vgl zB RG JW **38**, 1518 (Inlandsbeziehg verneint bei Scheidg v Sowjetrussen im Heimatstaat), BGH **28**, 375 (Inlandsbeziehg bejaht bei dtscher Staatsangehörigk der verlassenen Braut). Die jeweils erfdl Intensität der Inlandsbeziehg steht auch in Relation z dem jew Gehalt der z prüfden Norm: je krasser der Verstoß gg die dtschen GerechtigkVorstellgen, desto schwächer kann die f die Anwendg v Art 6 notw Inlandsbeziehg sein, Neuhaus GrdBegre § 49 I 2, Müller-Gindullis, IPR in der Rspr des BGH 16, abl Raape-Sturm IPR § 13 VI 4, vgl auch Hbg IPRspr **79** Nr 2 A, Oldenb IPRax **81**, 136. Vor allem bei Beurteil v **Vorfragen** kann die Inlandsbeziehg fehlen, zB bei Feststellg der Ehelichk von Kindern aus einer im Ausland nach dem HeimatR der Eheg wirks geschl Mehrehe, LG Ffm FamRZ **76**, 217; dagg würde die Eingehg der polygamen Ehe im Inland gg Art 6 verstoßen.

d) Ein wesentl Bestandt der dtschen öffentl Ordng sind die GrdRe. Der ordre public dient daher, wie **Satz 2** nunm ausdrückl klarstellt, auch, aber keinesw nur als **Einbruchstelle der Grundrechte in das IPR,** so schon BGH **60**, 68, vgl dazu Einleitg 3 vor Art 3. Dies gilt auch im SchuldVertrR, obwohl der in Art 6 eingearbeitete Art 16 des EG-SchuldVertrÜbk diese an sich überflüss Klarstellg nicht enth. Dem ordre public widerspricht aber nicht jede RAnwendg, die bei einem reinen Inlandsfall grundrechtswidr wäre, Begr BT-Drucks 10/504 S 44. Entsch ist vielm, ob das jew GrdR f den **konkreten** Sachverhalt Geltg beansprucht, was wesentl v den Inlandsbeziehgen des Einzelfalles abhängt, vgl BGH **63**, 219; keine unnöt Aufoktroyierg des GleichberechtiggsGrds gem GG 3 II bei ausl Staatsangehörigk aller Beteil, BGH **60**, 68. Bei gleichzeit Verstoß gg die internat Konventionen zum Schutz der Menschenrechte genügt aber auch eine schwache Inlandsbeziehg für die Anwendg von Art 6, Staud-Blumenwitz Rz 99 u 113. Soweit der GeltgsAnspr der GrdRechte reicht, verbieten sie die Anwendg ausl R nur dann, wenn es im konkr Fall z einem verfwidr **Ergebnis** führt, vgl BVerfG NJW **89**, 1275. Verweist das ausl IPR unter Verletzg von GG 3 II dch Anknüpfg an die Staatsangehörigk des Mannes auf dtsches Recht zurück, so ist dem grdsl zu folgen, weil die Anwendg dtschen SachR die Ehefr mat idR nicht benachteil. – Unter „Grundrechten" sind nicht nur die des GG, sond auch die der LänderVerfassgen u der menschenr Übk, insbes der EurMRK vom 4. 11. 50, z verstehen, vgl Begründg aaO; ferner Stöcker StAZ **81**, 16, v Bar IPR Rz 635.

e) Den **ordre public einer ausländischen Rechtsordnung** hat der deutsche Richter nicht zu wahren, außer wenn das R, auf das verwiesen wird, die Rück- oder Weiterverweis verbietet, weil das von seinen Kollisionsnormen berufene R seinem ordre public widerspricht, vgl AG Duisb StAZ **80**, 335, Raape- Sturm IPR § 13 IX, Kegel IPR § 10 VI. Wg Verstoßes gg ein ausl VerbotsG vgl Art 34 Anm 3a; die in Art 34 I des RegEntw vorgesehene begrenzte Anerkenng eines ausl ordre public im Inland ist in der parlamentar Beratg gestrichen worden. Zum Verh v ordre public u Europ GemschR vgl Steindorff EuR **82**, 426. Für die Anerkenng eines internat ordre public im WirtschaftsR Horn RabelsZ **80**, 423, vgl auch Meessen NJW **81**, 1131, Jayme, Methoden S 51.

3) Anwendungsbereich. a) Art 6 enthält einen **allgemeinen Grundsatz,** der die gesamte Anwendg ausl Rechts in Deutschland beherrscht, zB auch des **ausländischen Kollisionsrechts** bei Prüfg einer Rückod Weiterverweis, vgl Siehr ZBlJugR **80**, 674 (betr GG 3 II, vgl dazu aber auch Anm 2 d), Wolfsteiner DNotZ **87**, 85. Die Ausschaltg gleichberechtiggswidr fremder Kollisionsnormen wg Verstoßes gg den dtschen ordre public setzt aber wie immer voraus, daß ihre Anwendg im konkreten Fall zu einem untragb Erg führt, v Bar IPR Rz 634 u 636, Kartzke IPRax **88**, 11, vgl dazu Anm 2 a u b; die bloße Verweisg auf MannesR reicht also für die Anwendg von EG 6 nicht aus; erfdl wäre, daß die zur Anwendg berufene ROrdng die Frau mat unterträgl benachteil; prakt kommt dies nur bei Weiterverweis in Betr. **b)** In versch Kollisionsnormen wird dtsches Recht in best Umfang unbedingt, insbes Art 13 III u 34, od bei Vorliegen gewisser Voraussetzgen ergänzd f anwendb erkl, insbes Art 13 II, 17 III, 18 II, 23, 24 I, 38, AGBG 12 u BörsenG 61. Im Rahmen dieser bes VorbehKlauseln ist f die Anwendg des Art 6 kein Raum, wa die dtsche öffentl Ordng bereits dch die Verweisg auf dtsches Recht gewahrt ist; für AGBG 12 aM Landfermann AWD **77**, 445, Kropholler RabelsZ **78**, 651, Otto, AGB u IPR (1984) 218, Wolf/Horn/Lindacher AGBG 12 Rz 21; wenn die genannten SonderVorschren tatbestandsmäß nicht erfüllt sind, bleibt Art 6 jedoch anwendb, vgl zB Wolf/Horn/Lindacher aaO, Reithmann/Martiny Rz 454. **c)** Soweit das dtsche IPR auf **Staatsverträgen** beruht, müssen diese selbst einen Vorbehalt zG des ordre public enth; nur soweit dieser reicht, kann das z Anwendg berufene ausl Recht wegen Unvereinbark mit der dtschen öffentl Ordng im Einzelfall ausgeschl werden, vgl RG 147, 385, Hamm FamRZ **73**, 143, **74**, 457. Wegen der in Art 6 inkorporierten staatsvertragl ordre public-Klauseln s Anm 1 b. **d)** Die VorbehKlausel ist auch im **innerdeutschen** KollisionsR z beachten, vgl BGH NJW **89**, 1352, KG FamRZ **75**, 54. Bei ihrer Anwendg ist hier aber die gleiche Zurückhaltg geboten wie im Verh z ausl ROrdngen, vgl Anm 2. Eine darüber hinausgehde Einschränkg des Rückgr auf den ordre public erscheint n Beseitigg der sachl RZustandes auf dem Gebiet des ZivilR mit Inkrafttr des ZGB nicht mehr geboten, zust MüKo-Kreuzer Art 30 aF Rdz 43, and Soergel-Kegel vor EG 7 Rdz 188. Auch f die Anwendg der bes VorbehKlauseln gelten keine Besonderh.

4) Folge der Anwendung; vgl dazu Schwung RabelsZ **85**, 407, Spickhoff aaO 105. Dch Art 6 wird idR ein ausl RSatz im Einzelfall v der Anwendg im Inland ausgeschl; das ausl Recht bleibt jedoch im übr anwendb. Entsteht dch die Ausschaltg der ordre public-widr Vorschr eine regelgsfäh Lücke, so ist auch diese n Mögk aus dem anzuwendenden ausl Recht z schließen, RG **106**, 82; finden sich darin keine passenden Vorschren, so ist hilfsw **deutsches** Recht als **Ersatzrecht** anzuwenden, Ferid IPR Rz 3–34; dies gilt insbes bei Anwendg von Art 6 wg Fehlens einer Regelg, vgl Anm 2b; für stärkere Berücksichtigg der lex fori v Bar IPR Rz 641.

5) Einzelfälle aus der gerichtlichen Praxis. Dch die Neufassg der VorbehKlausel in Art 6 ist keine Ändrg des sachl RZustandes ggü Art 30 aF eingetreten. Die frühere Rspr, wonach ausl Recht nicht schlechthin wg Verstoßes gg GG 3 II unanwendb sei, BGH **42**, 7, **54**, 132, BayObLG **69**, 70, ist aber dch die Entsch des BVerfG **31**, 58 überholt, vgl dazu Einl 3 vor Art 3 u zu den erforderl InlBeziehgen oben Anm 2 d. Mit diesem Vorbeh ist die Aussagekraft der bish Judikatur erhalten geblieben; Eingreifen von Art 6 (Verstoß gg dtschen ordre public) bejaht = ja, verneint = nein.

a) Allgemeiner Teil des IPR. Beseitigg der **Adelsprädikate** nach ausl Recht, auch wenn sie sich im wesentl gg dtsche Minderh richtet: nein, BVerfG NJW **60**, 452, BayObLG **60**, 418 (Deutsch-Balten), BVerwG StAZ **81**, 277, vgl aber ErgG z NamensÄndG v 29. 8. 61, BGBl 1621; Ann eines Adelsnamens dch Namensänderg: nein, Hdlbg IPRax **89**, 52; Fortführg des **Firmennamens** des in der DDR enteigneten Betriebes, dem Firma wiederverliehen ist, falls Unternehmen in BRep vom bisherigen Inh unter dem alten Namen fortgeführt wird: ja, BGH **LM** § 12 Nr 18; **Selbstkontrahierungsrecht** in weiterem Umfang als § 181: nein, RG JW **28**, 2013; Fristunterschiede bei **Verjährung**: nein, RG **151**, 201; Unverjährbark nach schweiz Recht: ja, RG **106**, 82.

b) Internationales Schuldrecht. Abweichg v SchutzBest des **Abzahlungsgesetzes:** ja, RG JW **32**, 592, vgl auch EKG 5 II, v Hoffmann RabelsZ **74**, 396; Fehlen einer dem § 817 S 2 entspr **bereicherungsrechtlichen** Vorschr: nein, BGH NJW **66**, 730; Inanspruchn eines **Bürgen** gem § 765 nach entschädiggsloser Enteigng seiner Anteile am Hauptschuldner dch ausl Staat, welcher den BürgschGläubiger beherrscht: ja, BGH **104**, 240, krit Sonnenberger EWiR Art 6 EG 1/**88** 675, Behrens IPRax **89**, 217, Schwung RIW **89**, 482; **Devisenbestimmungen** der DDR od CSSR: nein, Celle FamRZ **81**, 200, Ffm IPRspr **86** Nr 119, aM Hildebrand ROW **81**, 123; fristloses KündR hins **Dienstvertrag** ohne wicht Grd: nein, BAG AWD **75**, 521; Vereinbg eines Erfolgshonorars mit ausl Anw: nein, BGH **22**, 162, Zweibr IPRspr **77** Nr 174, vgl aber auch BGH **44**, 183; bei Vereinbg mit einem in EntschSachen zu Vertretg berecht früheren dtschen Anw: ja, BGH **51**, 290; g der Durchsetzg v § 2 I 1 VO z § 34c **Gewerbeordnung**: ja, Hamm NJW **77**, 1594 (abzulehnen, da Inhalt des anwendb ausl Rechts überh nicht geprüft, vgl dazu Dörner NJW **77**, 2032, Ahrens AWD **77**, 782, Reithmann Fschr Ferid (1988) 368); formloser InlandsKaufvertr über ausl **Grundstück:** nein, RG **63**, 18; umgekehrt: nein, RG **121**, 154; Abweichg von SchutzBest des **HaustürwiderrufsG:** nein, Hamm NJW-

1. Teil. 2. Kap. Internationales Privatrecht   (IPR) EGBGB 6   5b–d

RR **89**, 496; Nichtzulassg des Einw des **Rechtsmißbrauchs** nach ausl Recht: ja, LG Ffm NJW **81**, 56; bei pauschaliertem **Schadensersatz** aGrd von gerichtl Schätzg: nein, BGH **75**, 167; Vereinbg einer **Vertragsstrafe** für den Fall des Unterbleibens einer Eheschl: ja, Waldshut-Tiengen IPRspr **79** Nr 17; zG der Herabsetzg übermäßiger VertrStrafen: ja, Hbg OLG **6**, 231, vgl dazu Rau AWD **78**, 23.

c) Internationales Sachenrecht. Enteignung: ohne Entschädigg: grdsl ja, BGH **104**, 244 (vgl dazu oben b); die Überprüfg der entschädiggslosen Enteignung dtschen Verm im Ausl währd u nach dem 2. Weltkrieg gem Art 30 aF ist aber dch AHKG 63 u dch Teil VI Art 3 ÜberleitgsVertr ausgeschl, vgl BGH NJW **57**, 217; zur Frage der Anerkenng völkerrechtswidr Enteignen vgl Anh II zu Art 38 Anm 5a aE; bei Hinnahme derart EnteigngsMaßn fremder Staaten im Rahmen dtschen LastenAusgl: nein, BVerwG MDR **79**, 166; Steuerpfändg u Verwertg n ZwangsvollstR der DDR: nein, BGH NJW **89**, 1352 (gg KG NJW **88**, 341); zG des dtschen **Faustpfandprinzips** (ggü franz RegisterPfandR): nein, BGH **39**, 177; zG der Publizität der dtschen Vorschr über das **Schiffspfandrecht:** ja, RG **80**, 129.

d) Internationales Familienrecht. Vgl dazu Wuppermann, Die dtsche Rspr z Vorbeh des ordre public im IPR seit 1945 vornehml auf dem Gebiet des FamR, 1977; Jayme, Wandlgen des ordre public im internat KindschR, StAZ **80**, 301; Weitz, InlBeziehg u ordre public in der dtschen Rspr z internat FamR, 1981; Griesbeck, Nachehel UnterhPflicht u ordre public, FamRZ **83**, 961.

aa) Verlöbnis. Versagg des **Kranzgeldanspruchs** für verlassene Braut: ja, BGH **28**, 385 (abzulehnen), nunmehr aufgegeben dch BGH **62**, 282.

bb) Ehe. Wenn als Grd einer **Eheanfechtung** nur Irrtum über die Identität der Pers zul ist: nein, RG HRR **30**, 1736; **Ehehindernis** der Religionsverschiedenh (israel R) bei starker Inlandsbeziehg: ja, BGH **56**, 180, Hamm NJW **77**, 1596; span **Eheverbot** der höheren Weihen: ja, Hamm OLGZ **74**, 103; bei Eheverbot n malaysischem Recht trotz einer im Inl vollz Geschlechtsumwandlg: ja, AG Hbg StAZ **84**, 42; Vertr über **Morgengabe** n iran Recht: ja, LG Kln IPRspr **80** Nr 83 (abwegig); wenn die Ehefr n dem maßg HeimatR dch Heirat nicht den **Namen** des Mannes erwerben kann: nein, KG NJW **63**, 52, Hbg StAZ **70**, 53, Ffm OLGZ **76**, 286, Hamm StAZ **79**, 170; wenn die Eheg sonst unterschiedl Ehenamen führen: nein, Hamm OLGZ **81**, 187; **Nichtigerklärung** einer lange bestehden Ehe wg Eheschl vor einem örtl unzust StBeamten: nein, Celle NJW **63**, 2235 (abzulehnen); **Unauflöslichkeit** der Ehe: nein, BGH **41**, 147, 42, 11, Karlsr NJW **73**, 425, Hamm FamRZ **75**, 630; im Ausland geschlossene **Vielehe,** die n dem HeimatR der Eheg gestattet ist: nein, VG Gelsenkirchen FamRZ **75**, 338, LG Ffm FamRZ **76**, 217, BVerwG **71**, 228, BFH Betr **86**, 1262, OVG NRW IPRax **85**, 351, Hamm StAZ **86**, 352, vgl dazu Cullmann FamRZ **76**, 313.

cc) Ehescheidung. Zulassg eines Antr auf ger **Ehetrennung,** bevor die Eheg ein Jahr getrennt leben: nein, Bambg FamRZ **79**, 514; Zuweisg der **Ehewohnung** an den gesch Ehemann, KG FamRZ **89**, 74; **Fortbestand** einer in Dtschland gesch Ehe n dem HeimatR eines Verl, der in Dtschland eine neue Ehe schließen will: ja, BGH NJW **72**, 1619, **77**, 1014, Hbg IPRspr **77** Nr 54, nein, Mü IPRax **88**, 356 (vgl dazu jetzt Art 13 II); **Privatscheidung/Talaq-Scheidung** einer talaq-Scheidg n pakistan od iranischem Recht: ja, AG Mü IPRax **82**, 250 (aM Jayme ebda), Ffm IPRax **89**, 237, nein, Mü IPRax **89**, 241 (wenn Scheidg nach dtschem Recht mögl), zust Jayme IPRax **89**, 223; Verstoß einer dtschen Frau gg ihren Willen dch PrivScheidg im Ausland nach ägypt Recht: ja, BayObLG IPRax **82**, 104; wenn diese einverst ist: nein, Ffm NJW **85**, 1293, zust Henrich IPRax **85**, 48, Krzywon StAZ **89**, 104; einverständl thailänd PrivScheidg eines dtschen Mannes mit Wohns im Inl: ja, JM NRW IPRax **82**, 25; einseit Scheidg zweier Pakistani nach islam Recht: nein, Stgt NJW **71**, 994; Mißbrauch einer Vollm z Dchführg einer PrivScheidg: ja, BayObLG **77**, 180; (z Frage der Wirksk v PrivScheidgen vgl Art 17 Anm 7 b cc, ferner Beule StAZ **79**, 29); **Scheidungsstrafen:** ja, KG JW **38**, 2750; **Verschuldensgrundsatz** nach ausl ScheidgsR: nein, BGH NJW **82**, 1940; fehlender **Versorgungsausgleich** nach schweiz Recht: nein, Ffm FamRZ **83**, 728.

dd) Kindschaft. Adoption: generelle Unzulässigk der **Adoption** nach iran Recht: ja, AG Hagen IPRax **84**, 279; Unzulässigk einer Volladoption: nein, Göttingen FamRZ **81**, 207; Kinderlosigk als Voraussetzg einer Adoption: nein, AG Weilheim IPRax **82**, 161, ja, AG Recklinghausen IPRax **82**, 205; Adoption mit schwacher Wirkg: ja, AG St. Ingbert StAZ **83**, 317, zust Jayme IPRax **84**, 43 (zu weitgehd, wie hier Wohlgemuth ROW **88**, 90, vgl auch BayVGH StAZ **89**, 289); wenn leibl Mutter bei Stiefkindadoption die elterl Sorge verliert: ja, AG Wolfsburg IPRax **84**, 44; Fehlen einer der **Ehelicherklärung** auf Antr des Kindes nach §§ 1740 ff entspr Regelg: nein, KG FamRZ **87**, 859; Versagg des Status der **Ehelichkeit** des Kindes einer verh Mutter aGrd der tats Verhältn: nein, BGH FamRZ **86**, 984, vgl auch Hamm StAZ **82**, 136 (frz Recht); Begr der ehel Abstammg dch Registrierg (türk R): nein, BGH NJW-RR **87**, 147; **Ehelichkeitsanfechtung:** Geltendmachg ohne bes Verf: nein, AG Bielefeld FamRZ **63**, 458; Versagg od Einschränkg eines EhelichkAnfechtgsR zG des Kindes: nein, AG Regensb DAVorm **76**, 143, KG DAVorm **77**, 525, OLGZ **77**, 452, Düss DAVorm **79**, 142, Ffm StAZ **81**, 112; ja: LG Stgt DAVorm **76**, 146, Mü DAVorm **79**, 859, AG Hbg DAVorm **85**, 423, Nürnb NJW-RR **86**, 301 (bei starker Inlandsbeziehg), vgl dazu Rauscher DAVorm **85**, 619; das Problem hat sich nunm weitgehd erledigt dch Art 19 I S 4, vgl Jayme, Methoden S 21; kürzere Frist für die EhelichkAnf: nein, Ffm BGH **75**, 32 (Tschechoslowakei), Düss FamRZ **73**, 311 (Italien), Mü DAVorm **84**, 328 (Ägypten), AG Waldkirch IPRspr **85** Nr 81, Karlsr IPRspr **86** Nr 72 (Griechenland), AG Mannheim IPRax **89**, 311 (Jugoslawien); Unmöglk der **Einbenennung:** nein, AG Hbg FamRZ **71**, 48; Verlangen der **Herausgabe** eines Kindes dch seinen Vater n italien Recht: nein, BGH **54**, 123, **88**, 113, BayObLG **70**, 70; Unzulk einer **Legitimanerkennung** nach islam Recht z einem scheinehel Kind: nein, AG Flensb StAZ **81**, 199; **Legitimation:** wenn ausl Recht Legitimation dch nachf Ehe überh nicht kennt: ja, BGH **69**, 387, Karlsr FamRZ **70**, 251, Hann StAZ **74**, 273, Kln StAZ **77**, 106, **79**, 241, ZBlJugR **77**, 93, StAZ **78**, 244, AG Bochum DAVorm **78**, 815, AG Freib StAZ **81**, 149, AG Hann StAZ **82**, 72, Zweibr IPRax **83**, 43, vgl dazu Wengler ebda 28, Ffm OLGZ **84**, 138 (anders wenn Legitimation im Einzelfall nicht dem Kindeswohl entspr, Ffm OLGZ **85**, 5, was nicht gg GG 6 verstößt, BVerfG NJW **89**, 1275, oder wenn Legitimationswirkgen auf und Weg erreichb, BGH **55**, 188, LG Bielefeld StAZ **79**, 16, KG NJW **82**, 528, BayObLG **87**, 210, AG Hbg DAVorm **87**, 286 m Av Klinkhardt; z weitgehd AG Hbg DAVorm **77**, 775, das EG 30 aF schon dann anwendet, wenn Legitimationsstatut VaterschAnerk vor od bei der Eheschl verlangt); bei

2193

Ablehng der Legitimation von Ehebruchskindern dch nachf Ehe, sofern die Familie seit langem in Dtschland wohnt (starke Inlandsbeziehg): ja, BGH **50**, 375, Hbg StAZ **73**, 72, Celle NJW **72**, 397, Karlsr FamRZ **72**, 651, Bonn StAZ **77**, 314, **78**, 245, Aach StAZ **83**, 347 (wenn Mutter u Kind Dtsche sind, das Kind in Dtschland geboren wurde u Amtspflegsch eines dtschen JA weiterbesteht), s auch Beitzke Fschr Kegel (1977) 100; Ausschl der Legitimation bei Offenleg der illegitimen Abstammg: ja, LG Freib Just **82**, 294, vgl auch Ffm IPRax **84**, 220; bewußt wahrheitsw VaterschAnerkenng u dadch bewirkte Legitimation dch nachf Eheschl ohne Zust des Kindes: ja, Düss FamRZ **73**, 213, vgl auch BGH **64**, 19, Celle OLGZ **72**, 93, Ffm FamRZ **73**, 468, aM noch LG Freib JZ **56**, 253, FamRZ **65**, 622; wenn **Sorgerecht** für Knaben ab 3., für Mädchen ab 8. LebensJ allein dem Vater zusteht (iran Recht): ja, Neust FamRZ **63**, 51, im Einzelfall and Ffm FamRZ **80**, 79; bei insof fast gleichem irak Recht: ja, KG NJW **68**, 361; bei syr Recht: ja, LG Hann NJW **72**, 1625 (dagg enth die ähnl Regelg des hanefit Rechts in Ägypten nach BGH **54**, 132 als solche keinen Verstoß gg den dtschen ordre public, ebso AG Solingen FamRZ **82**, 738, Stgt DAVorm **86**, 556; ähnl erblickt Saarbrücken NJW **66**, 308 in der Belassg der elterl Gew beim Vater nach Ehescheidg keinen Anwendgsfall von EG 30 aF; diese Auffassg ist dch BVerfG **31**, 58 überholt, vgl dazu Einl 3 vor Art 3; Verstoß gg ordre public bei der entspr Regelg des tunes Rechts daher mit Recht bejaht von Ffm IPRspr **81** Nr 110); zum Stichentscheid des Vaters nach türk R Henrich IPRax **89**, 312; zG der Unverzichtbark des Rechts der Eltern auf pers **Umgang** mit dem Kind: ja, KG DJZ **31**, 365; ausschl Übertragg des AnfR hins rechtskr **Vaterschaftsfeststellung** auf den Staatsanwalt n dem Recht der DDR: ja, KG FamRZ **75**, 54; Unzulässigk der Feststellg der nehel Vatersch n dem HeimatR des Mannes bei ausl UnterhStatut u geringen Inlandsbeziehgen: nein, BGH **63**, 219; Feststellg eines Zahlvaters: ja, AG Hbg-Wandsbek DAVorm **82**, 706; alleiniges Recht des Vaters, den **Vornamen** des Kindes z bestimmen: nein, LG Wuppt StAZ **73**, 305, Krüger StAZ **82**, 39; Koppelg der Vornamensgebg mit der kirchl Taufe: ja, LG Kln StAZ **76**, 82; Einschränkgen der Namenswahl dch ausl HeimatR: nein, LG Bln StAZ **83**, 348; Statthaftigkeit eines geschlechtsneutralen Vornamens: nein, Düss StAZ **89**, 280 (zur Anwendg v EG 30 aF bei der Wahl des Vornamens vgl Dörner IPRax **83**, 287).

ee) **Unterhalt.** Zulassg eines Verzichts auf **Kindesunterhalt** f die Zukunft: ja, Koblenz IPRax **86**, 40; Verneing des UnterhAnspr des nehel Kindes gg den Erzeuger: ja, LG Stgt JW **32**, 1415, nein, LG Düss MDR **54**, 615 (nicht überzeugd); Herabsetzg des UnterhBedarfs eines Kindes auf die Hälfte: ja, AG Stgt DAVorm **86**, 737; Fehlen einer **Prozeßkostenvorschußpflicht:** nein, Düss FamRZ **78**, 908, AG Düss IPRspr **79** Nr 41; Verpfl z **rückwirkender** UnterhLeistg: nein, Düss DAVorm **80**, 762; Verneing eines UnterhAnspr der Ehefr nach **Scheidung:** nein, Ffm FamRZ **81**, 1191, Karlsr IPRspr **85** Nr 69b, FamRZ **89**, 749, vgl dazu Griesbeck FamRZ **83**, 961, Henrich IPRax **87**, 123; zeitl Befristg seiner Geltendmachg: nein, Brschw NJW-RR **89**, 1097; UnterhPfl des ehel Vaters ohne **Selbstbehalt:** ja, AG Hbg IPRax **86**, 178; Abhängigmachen des Anspr der Ehefr auf **Trennungsunterhalt** v einem TrenngsUrt (Italien): uU ja, LG Darmstadt NJW **62**, 1162, nein, SchlHOLG SchlHA **79**, 38; oder v sehr viel engeren Voraussetzgen als n § 1361: ja, Oldenb IPRax **81**, 136 (bei starker Inlandsbeziehg), AG Altena IPRax **81**, 182, vgl dazu Griesbeck FamRZ **83**, 961; Verneing v UnterhAnspr des getrennt lebden Ehem: nein, Bremen FamRZ **80**, 570, vgl dazu Kotzur, Kollisionsr Probleme christl-islam Ehen (1988) 151.

ff) **Sonstiges.** Verpfl der Ehefr zur **Abtreibung:** ja, Stgt FamRZ **87**, 700; Anerkeng der **Geschlechtsumwandlung** nach ausl Recht: ja, Präs Hamm StAZ **74**, 69 (überholt dch TranssexuellenG v 10. 9. 80, BGBl 1654).

e) **Internationales Erbrecht.** Ges ErbR der **Lebensgefährtin:** nein, BayObLG NJW **76**, 2076; Versagg des **Pflichtteilsanspruchs:** nein, RG JW **12**, 22, Kln FamRZ **76**, 170; Schlechterstellg eines naziverfolgten Beteil ggü dtschem ErbR dch Anwendg allgemeinen ausl ErbR in **Rückerstattungsfällen:** nein, Hamm NJW **54**, 1731; **rückwirkende** Anwendg neuen ErbR: nein, BayObLG **81**, 145; Notwendigk der Zust des **Testamentsvollstreckers** zu VerpflGeschäften über NachlGgstände: nein, BGH NJW **63**, 46.

f) **Internationales Handels-, Wettbewerbs-, Arbeits- und Wirtschaftsrecht.** Fehlen v dem dtschen Standard entspr **Arbeitsschutzvorschriften:** nein, BGH GRUR **80**, 858 (im Rahmen von § 1 UWG), vgl dazu Katzenberger IPRax **81**, 7; falls ausl Recht den **Differenzeinwand** des § 764 nicht kennt: ja, BGH NJW **79**, 488, **81**, 1898, WPM **87**, 1154, Kln IPRspr **79** Nr 12, Ffm WPM **86**, 701 (überholt dch Neufassg von § 61 BörsG, vgl dazu Art 28 Anm 4n); **Frauenbeschäftigungsverbot:** nein, LAG Kln IPRspr **82** Nr 40; Anerkenng einer englischen **Handelsgesellschaft** (Limited) mit geringem Haftgkapital: nein, Hbg RIW **88**, 816 (LG Hbg IPRspr **86** Nr 17); Ausschl des AusgleichsAnspr des **Handelsvertreters,** HGB 89b: nein, BGH NJW **61**, 1061, LG Ffm IPRax **81**, 134, dazu Martiny ebda 118, Hepting RIW **89**, 342; **Mitbestimmungsregelung** anläßl grenzüberschreiter Fusion: nein, BGH AWD **82**, 353; bei Verstoß gg Vorschr des GWB z Nichtigk v **Preisbindungsklauseln:** ja, LG Ffm AWD **74**, 629; Abhängigk eines **Provisionsanspruchs** vom Fortbestehen eines ArbeitsVerh: nein, BAG NJW **85**, 2910; Verpfl z **Schmiergeldzahlung** z Erlangg eines Löschplatzes in ausl Hafen: nein, Hbg IPRspr **79** Nr 2 A; Gründg einer JP n liechtenstein Recht zZw der **Steuerhinterziehung:** nein, BGH WPM **79**, 692; Verstoß ausl RVorschr gg die zwingden Verpfl des **Verfrachters** n HGB 662: nein, Hbg IPRspr **78** Nr 36 A; Beschränkg der Höchsthaftg des Verfrachters: nein, Hbg VersR **82**, 1097; Verstoß gg Vorschr des **Warenzeichengesetzes** z Bindg der Marke an den GeschBetr: ja, BGH **100**, 26; ausl **Wettbewerbsvorschriften,** die auf milderen Maßstäben beruhen als die dtschen: grdsl nein, BGH **35**, 329, Sack GRUR Int **88**, 330.

Zweiter Abschnitt. Recht der natürlichen Personen und der Rechtsgeschäfte

Vorbemerkung

Der 2. Abschn. (Art 7–12) enth eine lückenh Regelg v Rechtsanwendgsproblemen aus dem Allgemeinen Teil des Bürgerlichen Rechts. Sie beschr sich auf das Recht der natürl Personen u der RGesche. Eine Kollisionsnorm über juristische Personen fehlt, vgl dazu Anh z Art 12. Aus dem Bereich der RGeschLehre

1. Teil. 2. Kap. Intern. Privatrecht **(IPR) Vorbem v EGBGB 7, EGBGB 7**

wird neben der GeschFgk nur die Form behandelt; die weiteren hier auftretden Sachfragen, zB VertrSchluß, Stellvertretg, Willensmängel, sind gesetzl nicht geregelt; sie werden im Rahmen des internat SchuldVertrR angesprochen, vgl dazu Art 31 Anm 2b u Art 32 Anm 2a aa.

EG 7 *Rechtsfähigkeit und Geschäftsfähigkeit.* [I] **Die Rechtsfähigkeit und die Geschäftsfähigkeit einer Person unterliegen dem Recht des Staates, dem die Person angehört. Dies gilt auch, soweit die Geschäftsfähigkeit durch Eheschließung erweitert wird.**

[II] **Eine einmal erlangte Rechtsfähigkeit oder Geschäftsfähigkeit wird durch Erwerb oder Verlust der Rechtsstellung als Deutscher nicht beeinträchtigt.**

1) Allgemeines. a) RFähigk u GeschFähig natürl Personen sind n ihrem **Personalstatut,** grdsätzl also n ihrem HeimatR z beurteilen, **Absatz 1** S 1, nicht etwa n dem Wirkgsstatut, n welchem das bzw RVerh im übrigen z beurteilen ist. Rechts- u GeschFähigk sind also n dtschem IPR grdsätzl **Vorfragen,** die selbstd anzuknüpfen sind, vgl Einl 9a vor Art 3; eine **Ausnahme** davon gilt aber für die **besonderen** Rechts- u GeschFähigken f best Sachbereiche, zB Erbfähigk, Deliktsfähigk, die n dem Wirkgsstatut z beurteilen sind, vgl Anm 2a u b. Zur Anknüpfg bei Mehrstaatern, Staatenlosen, Flüchtlingen vgl Art 5 mit Anh. Rück- u Weiterverweis dch die Kollisionsnormen des HeimatR sind z beachten; vgl dazu Art 4 I; im Erg kann dadch statt des HeimatR das WohnsR des Betreffden maßg sein. Zur Anknüpfg des Personalstatuts im innerdtschen KollisionsR vgl Anh z Art 3 Anm 2, ferner Wohlgemuth ROW **85,** 162. **b)** Rechts- u GeschFähigk juristischer Personen sind in Art 7 nicht geregelt; vgl dazu Anh z Art 12 Anm 3. **c)** Eine **Ausnahme** v der grdsätzl Maßgeblichk des HeimatR gilt im Interesse des **Verkehrsschutzes** beim VertrSchluß n **Art 12;** krit dazu Goldschmidt Fschr f Kegel, 1987 S 163.

2) Anwendungsbereich (Qualifikation). **a) Rechtsfähigkeit.** Nach Art 7 beurteilen sich Beginn u Ende der **Rechtsfähigkeit;** eine Sonderregelg enth Art 9 f die TodesErkl. Die **besonderen** RFähigken, zB Erbfähigk od Fähigk z Erwerb v Grdsten in einem fremden Staat, sind dagg n dem Wirkgsstatut z beurteilen, MüKo-Birk Rdz 15 v Art 7. Die Parteifähigk beurteilt sich aGrd einer prozessualen Kollisionsnorm ebenf n dem Personalstatut. **b) Geschäftsfähigkeit. aa)** Art 7 regelt ferner die **Voraussetzungen** der vollen od beschr Geschäftsfähigk, zB Altersstufen, geistige Gebrechen, sowie ihre Erweiterg dch Heirat, Abs 1 **Satz 2** (Heirat macht mündig), währd Beschrkgen der GeschFgk dch Heirat n Art 14 u 15 u gegebenenf n Art 6 z beurteilen sind. Auch die Voraussetzgen u Wirkgen einer **Entmündigung** sind n Abs 1 grdsätzl n dem **Heimatrecht** (Personalstatut) des Betroffenen z beurteilen; eine Ausn gilt aber insoweit n Art 8. **Nicht** n Art 7 sond n dem jew Wirkgsstatut z beurteilen sind die **besonderen** GeschFgken, zB DeliktsFgk, EheFgk od TestierFgk, vgl dazu Art 38, 13 u 25; das gleiche gilt f familienrechtl Handlgsbefugnisse, zB die gesetzl Vertretg v Kindern dch ihre Eltern (insoweit gelten Art 19 od 20), od Beschrkgen v Eheg z Eingehg best RGesche, insb VerfüggsBeschrkgen aGrd GüterR (wie n § 1365) od sog Interzessionsbeschrkgen, BGH NJW **77,** 1011 mAv Jochem (ZustErfordern bei Bürgsch), Kühne JZ **77,** 439 (insow gelten Art 14 od 15). Nicht hierher gehört auch eine SonderGeschFgk f die VaterschAnerkenng, abw Siehr StAZ **76,** 356. Zur Wechsel- u ScheckFgk vgl WechselG 91 u ScheckG 60. – Auch die **Prozeßfähigkeit** ist nicht in Art 7 geregelt, aM BGH JZ **56,** 535, sond aGrd einer bes verfahrensr Kollisionsnorm n dem HeimatR zu beurt, Pagenstecher Fschr Raape (1948) 249ff, Neuhaus JZ **57,** 407; AusnRegelg in ZPO 55; z interlokalen Prozeßfähigk vgl LG Hbg ROW **85,** 172 (wo irrig an den Wohns angeknüpft w) u Wohlgemuth ebda 162. Entspr gilt f das FGGVerf, Staud-Beitzke Rdz 69, aM BayObLG **63,** 35, das auf Art 7 abstellt. Bei der Beurteilg der verwaltgsr HdlgsFähigk n VwVfG 12 ist Art 7 maßg, BayObLG DÖV **79,** 62, BVerwG NJW **82,** 81; vgl dazu auch KG OLGZ **82,** 175 (Fürsorgebedürfn z Einleitg einer ErgänzgsPflegsch n Art 1 u 2 MSA); zur HdlgsFähigk im AsylVerf vgl AsylVfG 6; zur Vertretg Mj im VerfassgsbeschwerdeVerf BVerfG **72,** 122. **bb) Nicht** n Art 7 z beurteilen ist auch die **Notwendigkeit** der GeschFgk. Ob u welcher Grad der GeschFgk zum Abschl eines gültigen RGesch, aber auch zu Rechtshdlgen (Wohns, Besitzerwerb) erforderl ist, entscheidet das Wirkgsstatut, AG Hildesheim IPRspr **73** Nr 94, vgl Anm 1. **cc)** Dagg sind die **Folgen mangelnder Geschäftsfähigkeit** nicht n dem Wirkgsstatut, sond n Art 7 z beurt, Staud-Beitzke Rdz 47, str, aM MüKo-Birk Rdz 14, soweit es sich nicht um bes GeschFgken handelt, die auch insow dem dafür berufenen Sonderstatut (Wirkgsstatut) folgen. Das HeimatR best also, ob das Gesch unwirks, schwebd unwirks od anfechtb ist, aber auch, ob u wie der Mangel geheilt werden kann, zB dch Zustimmg des ges Vertreters, uU unter Mitwirkg des VormschG, KG IPRspr **29** Nr 88. Wer der ges Vertreter ist u welche Befugnisse er hat, insbes ob die von ihm vorgen RGesch f u gg den Vertretenen wirken, richtet sich aber nicht nach Art 7, sond nach Art 19, 20, 22, 24. **c) Geschlechtszugehörigkeit** in vollz Geschlechtsumwandl beurteilt sich analog Art 7 I ebenf n dem Personalstatut, vgl AG Hbg StAZ **84,** 42. **d) Kaufmannseigenschaft** beurt sich nach dem Recht am Ort der gewerbl Niederlassg, Ebenroth JZ **88,** 19.

3) Statutenwechsel (Absatz 2). Rechts- u GeschFgk unterliegen n Abs 1 dem jew HeimatR (dh Personalstatut) im Ztpkt des RErwerbs bzw der Vornahme der Handlg. Bei Wechsel der Staatsangehörigk (bzw des gewöhnl Aufenth od Wohns, soweit dieser entsch, vgl Anm 1a) sind fortan auch Rechts- u GeschFgk n dem neuen Personalstatut zu beurteilen. Eine Ausnahme hiervon enth Abs 2. Danach wird der bereits erlangte Status der RFgk od der vollen od beschränkten GeschFgk dch Erwerb od Verlust der RStellg als Dtscher, vgl dazu Anh II 1 z Art 5 Anm 1 u 2, nicht beeinträchtigt. Obwohl Abs 2 dies nur f Erwerb od Verlust der RStellg als Dtscher best, um den Eindruck eines Eingriffs in fremde ROrdngen z vermeiden, vgl BT-Drucks 10/504 S 45, muß das gleiche analog in jedem u Fall eines Wechsels des Personalstatuts gelten, zust Pirrung IPR S 127, vgl z Art 7 II aF bereits Soergel-Kegel Rdz 12, Erm-Arndt Rdz 4, MüKo-Birk Rdz 55, Staud-Beitzke Rdz 63, aM Hepting FamRZ **75,** 455. Eine Abs 2 vergleichb Regelg enth Art 26 V 2 f die TestierFgk.

4) Internationales Verfahrensrecht. Soweit die GeschFgk dch Gestaltgsakte ausl Ger begründet od erweitert w, zB VolljErkl od Emanzipation, hängt deren Wirksamk v den Regeln über die Anerkenng ausl

EGBGB 7, 8, Anh zu EGBGB 8 (IPR)

Entscheidgen ab, insbes FGG 16a; vgl dazu Ferid IPR Rz 5–31, 2. Zur Anerkenng ausl Entmündiggen vgl Art 8 Anm 3 b. Zur Partei- u ProzeßFgk vgl Anm 2 a u b.

EG 8 *Entmündigung.* **Ein Angehöriger eines fremden Staates, der seinen gewöhnlichen Aufenthalt oder, mangels eines solchen, seinen Aufenthalt im Inland hat, kann nach deutschem Recht entmündigt werden.**

1) Allgemeines. Nach dem Grds des Art 7 I unterliegt auch die Entmündigg dem HeimatR (Personalstatut) des z Entmündigenden. Art 8 ermöglicht aber bei Ausländern mit gewöhnl (in dessen Ermangelg: schlichtem) Aufenth im Inland eine Entmündigg n dtschem Recht. Diese Regelg entspr sachl Art 8 aF; diese Vorschr enthielt aber darü hinaus eine Regelg der dtschen internat Zustdgk, die nunm in ZPO 648 a getroffen ist. Für das EntmVerf im Inland gelten ZPO 645ff als lex fori. Der Verkehrsschutz bei einer Entmündigg best sich n Art 12, vgl BT-Drucks 10/504 S 45. Im Verh z Italien geht das **Haager Entmündigungsabkommen** vom 17. 7. 05 Art 8 vor, vgl Anh.

2) Anwendbares Recht. a) Grdsl beurteilen sich nach Art 7 I Voraussetzgen u RWirkgen der Entmündigg eines **Ausländers** nach seinem HeimatR (dh seinem Personalstatut iS des Art 5); Rück- od Weiterverweisg sind dabei nach Art 4 I zu beachten. Art 8 gestattet dem dtschen Richter aber bei Vornahme der Entm eines Ausl nach seinem Ermessen („kann") statt der Anwendg des ausl HeimatR auch die Anwendg dtschen Rechts, um auf diese Weise einen Gleichlauf zw der Inanspruchn der internat Zustdgk nach ZPO 648 a I Nr 2 u der Anwendbark dtschen SachR herstellen zu können. **Voraussetzung** dafür ist aber, daß der Betroffene entweder seinen gewöhnl Aufenth (zum Begr Art 5 Anm 4) im Inland hat od einen gewöhnl Aufenth überh nicht besitzt (wie uU bei Flüchtlingen od Asylbewerbern), sich aber zZ der Eröffng des Verf im Inland aufhält; nur unter diesen Voraussetzgen ist nach ZPO 648 a I Nr 2 auch die dtsche internat Zustdgk zur Entm eines Ausl begründet. Bei der Entsch, ob von der Möglichk der Anwendg dtschen SachR Gebr gemacht wird, ist dem Schutz des inl GeschVerkehrs, aber auch dem EntschEinklang mit dem Heimatstaat Rechng zu tragen. Auch das Interesse an der Vermeidg verfahrenstechn Komplikationen beim Zusammenspiel von ZPO 645ff mit einem ausl EntmR verdient Berücksichtigg. Im Erg wird desh die Vornahme einer Entm dch ein dtsches Ger fast immer nach dtschem EntmR erfolgen. Dies folgt bei der Entm eines Deutschen aus Art 7 I, bei der Entm eines Ausl aus Art 8. **b)** Macht ein dtsches Gericht von der Ermächtigg des Art 8 Gebrauch, so kann n Art 24 I 2 auch eine **Vormundschaft** n dtschem Recht angeordnet werden; an Stelle einer Entmündigg u der nachfolgden Anordng einer Vormundsch kann auch eine GebrechlkPflegsch n § 1910 angeordnet werden.

3) Internationales Verfahrensrecht. a) Die **internationale Zuständigkeit** dtscher Gerichte in Entmündiggssachen beurteilt sich n ZPO 648a. **b)** Für die **Anerkennung** ausl Entmündiggen gilt FGG 16a, weil es sich der Sache nach um eine Maßn der fürsorgden Gerichtsbark handelt, Zöller-Geimer, ZPO 328 Rz 90, aM Massfeller/Hoffmann/Hepting, vor §§ 3ff PStG EheG § 2 Rz 18. Voraussetzg der Anerkennng ist danach insbes die internat Zustdgk des erkennden Ger nach ZPO 648a I 1 Nr 1 u 2 in spiegelbildl Anwendg; eine konkurrierende dtsche internat Zustdgk nach der gleichen Vorschr steht nicht entgg, ZPO 648a I 2. Die Entm eines **Ausländers** in seinem Heimatstaat od im Staat seines gewöhnl Aufenth ist desh grdsl in Deutschland anzuerkennen; ebso die Entm eines **Deutschen** im Staat seines gewöhnl Aufenth (bzw bei dessen Fehlen: seines schlichten Aufenth). Die Anerkenng ist jedoch ausgeschl, wenn ein Verstoß gg den dtschen ordre public vorliegt; bei Entm eines Deutschen dch ein ausl Ger ist also weiterhin zu fordern, daß ein EntmGrd auch nach dtschem Recht vorliegt, die Entm aGrd eines rechtsstaatl Verf ausgesprochen worden ist u die RWirkgen nicht zum Nachteil des Entmündigten wesentl vom dtschen Recht abweichen, vgl dazu BGH **19**, 240.

Anhang zu Art 8

Haager Entmündigungsabkommen v 17. 7. 05

a) Allgemeines. Deutschland war seit dem 23. 8. 1912 VertrStaat des Haager EntmAbk, RGBl **12**, 463. Das Abk gilt heute nur mehr im Verhältn zu **Italien**, Bek v 14. 2. 55, BGBl II 188; Schweden ist am 23. 8. 62, Bek v 4. 5. 60, BGBl II 1532, ausgeschieden. Ungarn u die Niederlande haben das Abk mit Wirkg z 23. 8. 1977 gekünd, Bek v 19. 8. 74, BGBl II 1211 u v 28. 4. 77, BGBl II 445. **Personell** findet das Abk nur auf Angeh eines VertrStaates Anwendg, wenn sie ihren gewöhnl Aufenth im Gebiete eines der VertrStaaten haben, Art 14 II. Gilt das Abk, so entfällt die Anwendbark von Art 8.

b) Kurze Erläuterung. Grdsätzl ist für die Entm das **Heimatrecht des zu Entmündigenden maßgebend**, Art 1; das gleiche gilt für ähnl Maßregeln, soweit sie eine Beschrkg der GeschFgk zur Folge haben, Art 13. Nur ausnahmsw kann der Aufenthaltsstaat eingreifen, Art 3, 6; denn grdsätzl ist die Heimatbehörde ausschl zust, Art 2. Sind die Behörden des gewöhnl Aufenthaltsstaates aGrd von Art 6 zust, so darf dem EntmAntr nur stattgegeben werden, wenn AntrBerechtigg u EntmGründe sowohl nach dem HeimatR wie dem gewöhnl Aufenthaltsstaates gegeben sind, Art 7. Die Wirkgen der Entm sowie die Verw in Ansehg der Pers u des Verm richten sich dann ebenf nach den Gesetzen des Aufenthaltsstaates, Art 8; jedoch ist dem Heimatstaat unbenommen, dann auch seiners eine Vormsch einzuleiten, Art 10 I. Sind die ZustdkVorschr befolgt, so wird die Entm in allen VertrStaaten anerkannt, Art 9. Wg der sich aus Art 9 ergebenden Unanwendbark von Art 12 vgl dort Anm 2 c.

c) Amtliche Übersetzung des Abkommens (ohne Art 15–19):

Art. 1. Staatsangehörigkeitsgrundsatz. Für die Entmündigung ist das Gesetz des Staates, dem der zu Entmündigende angehört (Gesetz des Heimatstaats), maßgebend, unbeschadet der in den folgenden Artikeln enthaltenen Abweichungen.

1. Teil. 2. Kap. Internationales Privatrecht　　　　　　　　**(IPR) Anh zu EGBGB 8**

Art. 2. Zuständigkeit für Entmündigung und Anordnung der Vormundschaft. Die Entmündigung kann nur durch die zuständigen Behörden des Staates, dem der zu Entmündigende angehört, ausgesprochen und die Vormundschaft gemäß dem Gesetze dieses Staates angeordnet werden, abgesehen von den in den folgenden Artikeln vorgesehenen Fällen.

Art. 3. Vorläufige Maßregeln. Befindet sich in einem Vertragsstaat der Angehörige eines anderen Vertragsstaats in einem Zustand, für den das Gesetz seines Heimatstaats die Entmündigung vorsieht, so können alle erforderlichen vorläufigen Maßregeln zum Schutze seiner Person und seines Vermögens durch die örtlich zuständigen Behörden getroffen werden.

Hiervon ist der Regierung des Staates, dem er angehört, Mitteilung zu machen.

Die Maßregeln fallen weg, sobald die örtlich zuständigen Behörden von den Behörden des Heimatstaats die Mitteilung erhalten, daß vorläufige Maßregeln getroffen seien oder daß die Rechtslage der Person, um die es sich handelt, durch eine Entscheidung geregelt sei.

Art. 4. Mitteilungspflicht. Die Behörden des Staates, in dessen Gebiet ein zu entmündigender Ausländer seinen gewöhnlichen Aufenthalt hat, haben von diesem Sachverhalte, sobald er ihnen bekanntgeworden ist, den Behörden des Staates, dem der Ausländer angehört, Nachricht zu geben; hierbei haben sie den Antrag auf Entmündigung, falls sie mit einem solchen Antrag befaßt worden sind, und die etwa getroffenen vorläufigen Maßregeln mitzuteilen.

Art. 5. Bewirkung der Mitteilungen. Die in den Artikeln 3, 4 vorgesehenen Mitteilungen werden auf diplomatischem Wege bewirkt, sofern nicht der unmittelbare Verkehr zwischen den beiderseitigen Behörden zugelassen ist.

Art. 6. Entmündigung im Aufenthaltsstaat. a) Zuständigkeitsvoraussetzungen. Solange nicht die Behörden des Heimatstaats auf die im Artikel 4 vorgesehene Mitteilung geantwortet haben, ist in dem Lande des gewöhnlichen Aufenthalts von jeder endgültigen Maßregel Abstand zu nehmen. Erklären die Behörden des Heimatstaats, daß sie nicht einschreiten wollen, oder antworten sie nicht innerhalb einer Frist von sechs Monaten, so haben die Behörden des gewöhnlichen Aufenthalts über die Entmündigung zu befinden; sie haben hierbei die Hindernisse zu berücksichtigen, die nach der Antwort der Behörden des Heimatstaats eine Entmündigung im Heimatland ausschließen würden.

Art. 7. b) Für die Entmündigung maßgebendes Recht. Falls die Behörden des gewöhnlichen Aufenthalts auf Grund des vorstehenden Artikels zuständig sind, kann der Antrag auf Entmündigung von den Personen und aus den Gründen gestellt werden, die zugleich von dem Gesetze des Heimatstaats und dem Gesetze des Aufenthalts des Ausländers zugelassen sind.

Art. 8. c) Für die Verwaltung hinsichtlich der Person und des Vermögens sowie die Entmündigungswirkungen maßgebendes Recht. Ist die Entmündigung durch die Behörden des gewöhnlichen Aufenthalts ausgesprochen, so wird die Verwaltung in Ansehung der Person und des Vermögens des Entmündigten gemäß dem Gesetze des Ortes angeordnet; für die Wirkungen der Entmündigung ist dasselbe Gesetz maßgebend.

Schreibt jedoch das Gesetz des Heimatstaats des Entmündigten vor, daß die Fürsorge von Rechts wegen einer bestimmten Person zukommt, so ist diese Vorschrift tunlichst zu beachten.

Art. 9. Anerkennung der Entmündigung. Eine Entmündigung, die nach vorstehenden Bestimmungen von den zuständigen Behörden ausgesprochen wird, ist, soweit es sich um die Geschäftsfähigkeit des Entmündigten und die Vormundschaft über ihn handelt, in allen Vertragsstaaten wirksam, ohne daß es einer Vollstreckbarkeitserklärung bedarf.

Jedoch können Maßregeln zum Zwecke der Veröffentlichung, die das Gesetz des Ortes für eine durch die Behörden des Landes ausgesprochene Entmündigung vorschreibt, von diesem Gesetze gleicherweise auf die durch eine ausländische Behörde etwa ausgesprochene Entmündigung für anwendbar erklärt oder durch gleichartige Maßregeln ersetzt werden. Die Vertragsstaaten haben sich gegenseitig durch Vermittlung der Niederländischen Regierung die Vorschriften mitzuteilen, die sie in dieser Hinsicht erlassen haben.

Art. 10. Zusammentreffen der Entmündigung im Heimat- und Aufenthaltsstaat. Ist eine Vormundschaft gemäß Artikel 8 eingeleitet, so steht dies der Anordnung einer neuen Vormundschaft gemäß dem Gesetze des Heimatstaats nicht entgegen.

Von dieser Anordnung ist sobald wie möglich den Behörden des Staates Mitteilung zu machen, in dessen Gebiete die Entmündigung ausgesprochen worden ist.

Das Gesetz dieses Staates entscheidet darüber, in welchem Zeitpunkt die Vormundschaft, die dort eingeleitet ist, endigt. Von diesem Zeitpunkt an ist für die Wirkungen der durch die ausländischen Behörden ausgesprochenen Entmündigung das Gesetz des Heimatstaats des Entmündigten maßgebend.

Art. 11. Aufhebung der Entmündigung im Aufenthaltsstaat. Eine Entmündigung, die durch die Behörden des gewöhnlichen Aufenthalts ausgesprochen ist, kann von den Behörden des Heimatstaats gemäß ihren Gesetzen aufgehoben werden.

Die örtlich zuständigen Behörden, welche die Entmündigung ausgesprochen haben, können sie ebenfalls aufheben, und zwar aus allen den Gründen, die in dem Gesetze des Heimatstaats oder in dem Gesetze des Ortes vorgesehen sind. Der Antrag kann von jedem gestellt werden, der hierzu nach dem einen oder dem anderen dieser Gesetze ermächtigt ist.

Die Entscheidungen, welche eine Entmündigung aufheben, sind ohne weiteres und ohne daß es einer Vollstreckbarkeitserklärung bedarf, in allen Vertragsstaaten wirksam.

Anh zu EGBGB 8, EGBGB 9, 10 (IPR) *Heldrich*

Art. 12. Gesamtstatut und Grundstücksstatut. Die vorstehenden Bestimmungen finden Anwendung, ohne daß zwischen beweglichem und unbeweglichem Vermögen des Entmündigten zu unterscheiden ist; ausgenommen sind Grundstücke, die nach dem Gesetze der belegenen Sache einer besonderen Güterordnung unterliegen.

Art. 13. Sachliches Anwendungsgebiet. Die in diesem Abkommen enthaltenen Regeln gelten in gleicher Weise für die Entmündigung im eigentlichen Sinne, für die Anordnung einer Kuratel, für die Bestellung eines gerichtlichen Beistandes sowie für alle anderen Maßregeln gleicher Art, soweit sie eine Beschränkung der Geschäftsfähigkeit zur Folge haben.

Art. 14. Persönliches und räumliches Anwendungsgebiet. Dieses Abkommen findet nur Anwendung auf die Entmündigung von solchen Angehörigen eines Vertragsstaats, welche ihren gewöhnlichen Aufenthalt im Gebiet eines der Vertragsstaaten haben.

Jedoch findet der Artikel 3 dieses Abkommens auf alle Angehörigen der Vertragsstaaten Anwendung.

EG 9 Todeserklärung.
Die Todeserklärung, die Feststellung des Todes und des Todeszeitpunkts sowie Lebens- und Todesvermutungen unterliegen dem Recht des Staates, dem der Verschollene in dem letzten Zeitpunkt angehörte, in dem er nach den vorhandenen Nachrichten noch gelebt hat. War der Verschollene in diesem Zeitpunkt Angehöriger eines fremden Staates, so kann er nach deutschem Recht für tot erklärt werden, wenn hierfür ein berechtigtes Interesse besteht.

1) Allgemeines. Art 9 best das anwendb Recht bei Ungewißh, ob die RFähigk eines Menschen dch den Tod erloschen ist; eine ergänzde Sonderregelg enth VerschÄndG Art 2 § 1 IV. Art 9 tritt an die Stelle v VerschG 12 aF in dessen kollisionsr Gehalt; diese Vorschr regelt in ihrer Neufassg nurmehr die internat Zustdgk. Anknüpfgspunkt für die Bestimmg des anwendb Rechts ist nach Art 9 grdsl die Staatsangehörigk des Betroffenen; z Anknüpfg bei Mehrstaatern, Staatenlosen u Flüchtlingen vgl Art 5 mit Anh; z Anknüpfg im innerdtschen KollisionsR vgl Anh z Art 3 Anm 2.

2) Maßgeblichkeit des Personalstatuts (Satz 1). TodesErkl, Feststellg des Todes u des TodesZtpkts sowie Lebens- u Todesvermutgen unterliegen grdsätzl dem HeimatR (dh dem Personalstatut iS des Art 5) des Verschollenen zZ des Eintritts der Verschollenh, nicht dagg dem Recht, dem eine RBeziehg untersteht, an welcher der Verschollene beteiligt ist (Wirkgsstatut), zB die Ehe oder ein Vertr; die selbst Anknüpfg n Art 9 gilt insbes auch im Verh z Erbstatut, vgl Art 25 Anm 3a aa. Rück- u Weiterverweisg dch das IPR des HeimatR sind z beachten, Art 4 I. Das jew Personalstatut gilt grdsätzl auch f Kommorientenvermutgen; bei unterschiedl Staatsangehörigk der Verstorbenen ist das für ihre familienrechtl Beziehg maßg Recht entsch, vgl Jayme/Haack ZVglRWiss **85**, 81.

3) Ausnahmen. a) Soweit die internat Zustdgk der dtschen Ger nach VerschG 12 vorliegt, ist ein Ausl im Inland grdsl gem S 1 nach seinem ausl HeimatR für tot zu erkl, Pirrung IPR S 128. Die TodesErkl eines Ausl ist aber nach **Satz 2** nach **deutschem** Recht vorzunehmen, wenn an der Anwendg dieses Rechts ein **berechtigtes Interesse** besteht. Entscheidend dafür sind die Umst des Einzelfalles, etwa ob der Verschollene im Inland seinen letzten gewöhnl Aufenth hatte od Vermögen besaß, ob sein Eheg od and nahe Angeh Deutsche sind od ob im Inland ihren gewöhnl Aufenth haben und ob die TodesErkl für nach dtschem Recht zu beurteilende RVerhältnisse von Bedeutg ist; ein berecht Interesse an der Anwendg des dtschen VerschR kann sich auch daraus ergeben, daß das HeimatR des Verschollenen die TodesErkl od ein entspr RInstitut nicht kennt. Im Erg wird damit der Bejahg der internat Zustdgk nach VerschG 12 I Z 2 u II, vgl dazu dort Anm 2 u 3, idR auch die Anwendbark des dtschen SachR ermögl; ein striktes Gleichlaufsprinzip besteht jedoch nicht. **b)** Die TodesErkl eines Ausl nach dtschem Recht ermögl unter best Voraussetzgn auch VerschÄndG Art 2 § 1 IV, vgl dazu dort Anm 4.

4) Internationales Verfahrensrecht. Zur internat Zustdgk der dtschen Ger für TodesErkl vgl VerschG 12 mit Erläutergen; zur Anerkenng ausl TodesErklen u verwandter Entschgen vgl VerschG 12 Anm 4.

EG 10 Name.
^I **Der Name einer Person unterliegt dem Recht des Staates, dem die Person angehört.**

^{II} **Ehegatten können bei der Eheschließung im Inland durch Erklärung gegenüber dem Standesbeamten ihren nach der Eheschließung zu führenden Namen wählen**

1. nach dem Recht eines Staates, dem einer der Ehegatten angehört, ungeachtet des Artikels 5 Abs. 1, oder

2. nach deutschem Recht, wenn einer von ihnen seinen gewöhnlichen Aufenthalt im Inland hat.

^{III} **Ist die Ehe zwischen einem deutschen und einem ausländischen Ehegatten nicht im Inland geschlossen worden und haben die Ehegatten bei der Eheschließung keine Erklärung über ihre Namensführung in der Ehe abgegeben, so kann der deutsche Ehegatte erklären, daß er seinen Familiennamen nach dem Recht des Staates führen will, dem der andere Ehegatte angehört. Die Erklärung ist abzugeben, wenn die Eintragung des Familiennamens in ein deutsches Personenstandsbuch erforderlich wird, spätestens jedoch vor Ablauf eines Jahres nach Rückkehr in das Inland; § 13a Abs. 3 des Ehegesetzes und § 1617 Abs. 2 Satz 2 und 3 des Bürgerlichen Gesetzbuchs sind sinngemäß anzuwenden. Gibt der deutsche Ehegatte keine Erklärung ab, so führt er in der Ehe den Familiennamen, den er zur Zeit der Eheschließung geführt hat.**

^{IV} **Führen Ehegatten, welche die Ehe nicht im Inland geschlossen haben und von denen mindestens einer nicht Deutscher ist, keinen gemeinsamen Familiennamen, so können sie eine Erklärung über den Ehenamen entsprechend § 1355 Abs. 2 Satz 1 des Bürgerlichen Gesetzbuchs abgeben,**

1. wenn einer von ihnen seinen gewöhnlichen Aufenthalt im Inland hat oder
2. wenn deutsches Recht für die allgemeinen Wirkungen der Ehe maßgebend wird.
Absatz 3 Satz 2 gilt entsprechend.

^V Ist kein Elternteil Deutscher, so kann vor der Beurkundung der Geburt eines gemeinsamen ehelichen Kindes dessen gesetzlicher Vertreter gegenüber dem Standesbeamten bestimmen, daß das Kind den Familiennamen erhalten soll
1. nach dem Recht eines Staates, dem ein Elternteil angehört, ungeachtet des Artikels 5 Abs. 1, oder
2. nach deutschem Recht, wenn ein Elternteil seinen gewöhnlichen Aufenthalt im Inland hat.

^{VI} Ein nichteheliches Kind kann den Namen auch nach dem Recht des Staates erhalten, dem ein Elternteil oder ein den Namen Erteilender angehört.

Schrifttum: Reichard StAZ **86**, 1 u 242, **87**, 64; Henrich IPRax **86**, 333; Wengler IPRax **87**, 164, StAZ **88**, 93; Massfeller/Hoffmann/Hepting vor §§ 3ff PStG EheG § 13a Rz 105ff; Simader/Diepold, Dtsches NamensR C/413; Grasmann StAZ **88**, 185, **89**, 126; Henrich StAZ **89**, 159; Gaaz StAZ **89**, 165.

1) Allgemeines. a) Art 10 trifft erstmalig im dtschen IPR eine gesetzl Regelg des internat NamensR. Dabei wird in Übereinstimmg mit der bish Praxis, vgl BGH **56**, 193, **73**, 370, NJW **78**, 1107, BayObLG IPRax **87**, 242, grdsätzl an die **Staatsangehörigkeit des Namensträgers** angeknüpft; Erwerb, Führg u Verlust des Namens sind also in 1. Linie n dem HeimatR des Betroffenen (bzw sonst n dessen Personalstatut, vgl dazu Art 5 mit Anh) z beurteilen, Abs 1. Dch diese Anknüpfg wird der Name als Attribut der Persönlichk dem f die persönl RVerhe auch sonst maßg Personalstatut unterstellt. Sie führt z einer einheitl Beurteilg der privatr mit den öffentlich-rechtl Namensfragen, die gleichfalls dem HeimatR des Namensträgers unterstehen (Ausstellg von Ausweispapieren dch den Heimatstaat). Sie dient damit der RSicherh u RKlarh. Art 10 läßt von der Maßgeblichk des HeimatR des Namensträgers daher grdsätzl auch dann **keine Ausnahme** zu, wenn Erwerb od Verlust eines Namens auf einem **familienrechtlichen** Verh beruhen, zB Ehe, Adoption od Legitimation, vgl Anm 2d. Eine ergänzde **Sonderregelung**, die teils kollisionsr teils sachr Charakter hat, gilt n Abs 2–4 für den Ehenamen u nach Abs 5 u 6 für den Kindesnamen. Weitere Sachnormen f das NamensR in Fällen mit Auslandsberührg enth die „Übergangsvorschrift" des Art 220 IV u V. Die **intertemporale** Anwendbark von Art 10 ist in Art 220 I geregelt, vgl dazu dort Anm 2c. Die auf diese Weise zustandegekommene Gesamtregelg ist unübersichtl u schwer zu verstehen (Flickschusterei). **b)** Bei der Beurteilg v Namensfragen auftretde **Vorfragen**, zB ehel Abstammg od Eintritt einer Legitimation, sind im Interesse des EntschEinklangs mit dem v Art 10 berufenen Recht (dh in 1. Linie dem HeimatR des Namensträgers) ausnahmsw **unselbständig** anzuknüpfen, vgl BGH **90**, 140 (and aber nunm f die Beurteilg der ehel Abstammg, BGH FamRZ **86**, 984), BayObLG **86**, 155, Zfl **89**, 432 (aber offen gelassen bei RWahl), KG StAZ **88**, 327 (abl Hepting ebda), Edlbacher StAZ **79**, 5, Hausmann StAZ **82**, 128, MüKo-Birk Rdz 10 n Art 7, Wengler IPRax **87**, 164, Pirrung IPR S 130, aM Massfeller/Hoffmann/Hepting, PStG § 21 Rz 231, vgl dazu Einleitg vor Art 3 Anm 9b; auf diese Weise kann die Übereinstimmg der standesamtl Beurkundgen mit den Eintren in Reisepässen od sonstigen Identitätspapieren gefördert werden. **c) Rück- u Weiterverweisung** sind n Art 4 I zu beachten, soweit der Name n Abs 1 unmittelb dem HeimatR (bzw sonst dem Personalstatut) unterstellt wird; dem Sinn der Verweisg widerspricht dies trotz der öffentl-rechtl Bezüge des NamensR nicht. Dagg bezieht sich die in Abs 2 Nr 1, Abs 3 S 1 u Abs 5 Nr 1 eröffnete kollisionsr Option f ein best ausl NamensR n Art 4 II unmittelb auf die namensr Sachnormen dieses Rechts unter Ausschluß des IPR; das gleiche gilt bei der in Art 10 Abs 6 vorgesehenen alternativen Anknüpfg, vgl Art 4 Anm b u d. **d)** Im **innerdeutschen Kollisionsrecht** wurde bei der Beurteilg v Namensfragen bish an den gewöhnl Aufenth angeknüpft, AG Ulm StAZ **77**, 50, vgl dazu Anh z Art 3 Anm 2a. **e)** Für den Namen einer **juristischen Person** gilt Art 10 nicht; maßg ist aber auch für sie das Personalstatut, dh das Recht am Sitz der Hauptverwaltg, vgl Anh z Art 12 Anm 3. Die **Firma** als Handelsname beurt sich n dem R des Sitzes des Untern bzw der betr Zweigniederlassg, gleichgült ob es sich um eine natürl od JP handelt, Kegel IPR § 17 IV 3; bei dauernder GeschTätigk im Inland Firmenschutz f ausl Untern n dtschem R, BGH **75**, 172.

2) Grundsatz (Absatz 1). a) Maßgeblichkeit des Personalstatuts. Der Name einer Pers unterliegt ihrem HeimatR; bei Mehrstaatern entsch die effektive bzw die dtsche Staatsangehörigk, vgl Art 5 I; bei Staatenlosen, Flüchtlingen usw tritt an Stelle der Staatsangehörigk der gewöhnl Aufenth als Anknüpfgspkt, vgl Art 5 II u Anh I u II z Art 5, zur Namensführg von Aussiedlern Gaaz StAZ **89**, 165; z Beachtg einer Rück- od Weiterverweisg vgl oben Anm 1c. **b) Reichweite.** Die Maßgeblichk des Personalstatuts erstreckt sich auf die **Namensführung insgesamt**, dh Familiennamen, Vornamen, vgl dazu Anm 4a, Schreibweise, Zwischennamen, die Statthaftigk priv Namenszusätze, AG Trier StAZ **77**, 169, Sonderformen f weibl Familiennamen, Hamm OLGZ **82**, 34, vgl aber auch Hamm StAZ **82**, 34 z Führg eines Adelsprädikats, BayObLG **71**, 90 u 204, **89**, 150; Adelsabschaffg dch HeimatR also auch im Inland z beachten, BVerwG StAZ **81**, 277, hM, abw Kegel IPR § 17 IV 2 (f entspr Anwendg d Grds des EnteigngsR); vgl dazu auch unten e. Zur Behandlg v **Zwischennamen** (Vatersnamen) u Namenszusätzen nach ausl Recht in dtschen PersStBüchern vgl BGH NJW **71**, 1521 (f Zuordng z Familiennamen), BayObLG StAZ **87**, 168, ferner Hamm StAZ **78**, 65, Köln StAZ **80**, 92, AG Köln StAZ **81**, 275 (f Zuordng z Vornamen), dahingestellt Hamm StAZ **81**, 190, z Problematik vgl ferner AG Bochum StAZ **81**, 197, Bonn StAZ **84**, 38, Will StAZ **74**, 291, Gaaz StAZ **89**, 172; z Behandlg weibl Namensformen in ausl Recht in dtschen PersStBüchern vgl KG IPRspr 79 Nr 105, Hamm OLGZ **82**, 34, Gaaz aaO 171. **c) Namensänderung.** Nach dem Personalstatut des Namensträgers beurteilen sich auch die Voraussetzgen einer rückwirkden Namenswahl, Bonn StAZ **84**, 343, sowie einer behördl Namensänderung, Hamm OLGZ **75**, 275, AG Augsb IPRspr 77 Nr 180, VGH BaWü StAZ **85**, 254, vgl dazu AllgVerwVorschr v 11. 8. 80, StAZ **80**, 291 sowie RdErl MdI Nds StAZ **81**, 100, u das Übk v 4. 9. 58 über die Änderg v Namen u Vornamen, BGBl **61** II 1055, 1076, **62** II 45, Liste der VertrStaaten in Beilage z BGBl

FundstellenNachw B (1988) 309 (z Möglk der behördl Abänderg eines n dtschem Recht gebildeten Ehenamens eines ausl Eheg vgl Henrich FamRZ **86**, 844, ferner OVG Hbg StAZ **85**, 45, vgl dazu auch BVerwG NJW **86**, 601) od einer Namensänderg dch Erklärg des Namensträgers, Hbg StAZ **80**, 285, Hdlbg IPRax **89**, 52, Luther StAZ **80**, 61; ausl Behörden od Ger können den FamNamen eines Dtschen nicht wirks ändern, Henrich aaO, Gaaz StAZ **89**, 168; dagg sind Namensänderungen dch die Behörden des Heimatstaates grdsl anzuerkennen, vgl Brem StAZ **86**, 9. **d) Einfluß familienrechtlicher Verhältnisse.** Nach dem Personalstatut des Namensträgers beurteilen sich Erwerb u Verlust des Namens grdsätzl auch dann, wenn es sich um die Auswirkung familienr Verhe handelt. Art 10 I bricht insow mit der bish verbreiteten Meing, n welcher der Namen in diesen Fällen n dem f die betreffde familienrechtl Beziehg maßg Recht z beurteilen war, also zB dem Ehewirkgs-, Kindsch-, Legitimations- od Adoptionsstatut, vgl dazu 45. Aufl Anh z Art 7 Anm 2a. Eine **Auflockerung** des Grds v der Maßgeblichk des Personalstatuts ergibt sich jedoch f den Ehenamen aus Abs 2–4 sowie Art 220 IV, f den Kindesnamen aus Abs 5 u 6 sowie Art 220 V. **e) Statutenwechsel.** Bei **Wechsel des Personalstatuts** unterliegt die Namensführ fortan dem jetzt maßg R; iZw bleibt aber der bish Name weiter bestehen, der Statutenwechsel läßt also den Namen grdsl unberührt, BGH **63**, 107, BGH FamRZ **83**, 881, LG Mü StAZ **74**, 154, KG StAZ **77**, 222, Celle StAZ **81**, 57, Hamm OLGZ **82**, 34, StAZ **85**, 205, BayObLG **83**, 168, **89**, 147 (keine Eindeutschg ausl Adelsbezeichn), Krefeld StAZ **83**, 281, LG Bln StAZ **83**, 348 (keine automat Eindeutschg ausl Vornamen bei Einbürgerg), Bay VGH StAZ **87**, 24, Gaaz StAZ **89**, 167, 169 (Aussiedler dtscher Volkszugehörigk), sof keine behördl NamensÄnd erfolgt, Hamm OLGZ **75**, 275, AG Augsb IPRspr **77** Nr 180, od sonstige ÄndGrde eintreten, zB weil das neue Personalstatut das R z namensm Anpassg an die Umwelt gewährt, Hbg StAZ **77**, 224. Der Verlust eines Adelsprädikats n dem bish HeimatR bleibt also auch n Erwerb des dtschen Personalstatuts rechtswirks, BayObLG **64**, 377, **71**, 204, BVerwG StAZ **84**, 103, OVG RhPf StAZ **84**, 105; z Frage eines Verstoßes gegen Art 6 vgl dort Anm 5a; nach § 3a NamensändG idF des ErgG v 29. 8. 61, BGBl 1621, kommt aber uU Namensänderg in Betr, vgl dazu BayVGH StAZ **89**, 77. Grdsätzl keine Übersetzg ausl Adelsprädikate, vgl BayObLG **89**, 147, Ausn vgl Brem OLGZ **67**, 229. **f) Namensschutz.** Der Namensschutz beurteilt sich grdsätzl ebenf n dem Personalstatut des Namensträgers, vgl Heldrich Fschr f Zajtay (1982) 216f, aM MüKo-Birk Rdz 6 n Art 7 (Deliktsstatut), wohl auch Begründg BT-Drucks 10/504 S 46; ein Ausl kann jedoch im Inland keinen weitergehen Schutz als n dtschem Recht beanspr, RG **100**, 182, **117**, 215, BGH **8**, 318, Erm-Arndt Art 7 Rdz 9.

3) Sonderregelung für die Namensführung von Ehegatten (Absätze 2–4). a) Grundsatz: aa) Auch die Namensführg v Eheg beurteilt sich n **Abs 1** grdsätzl n ihrem jew HeimatR; dabei bleibt eine dch Heirat erworbene Staatsangehörigk außer Betr, vgl BGH **72**, 163, Hamm StAZ **79**, 147, KG StAZ **82**, 135, BayObLG IPRax **87**, 242. Die alternative Anwendg des Ehewirkgsstatuts im Wege einer Doppelqualifikation ist mit der Neuregelg dch das IPRG entfallen, vgl aber auch unten d bb. Soweit das **gemeinsame** HeimatR wie im romanischen RKreis häufig eine Namensänderg der Eheschließg nicht kennt, führen die Eheg im Rechtssinn getrennte Familiennamen, was den tats Gebrauch eines Ehenamens als Pseudonym nicht ausschließt. Bei **gemischtnationalen** Ehen ist f den Namen jedes Eheg sein Personalstatut maßg; führen diese im konkreten Fall, vgl dazu Henrich IPRax **86**, 334, zu unterschiedl namensr Folgen der Eheschließg, so lautet der Name der Eheg entspr verschieden. Bei der grdsätzl Maßgeblichk des Personalstatuts der Eheg bleibt es im Prinzip auch dann, wenn die Eheg von der im Abs 2–4 sowie in Art 220 IV eröffneten Möglichk einer RWahl od einer Namenswahl Gebrauch machen. Diese erstreckt sich nur auf die Befugn, einen best Namen zu führen, einschl der damit zusammenhängenden Fragen, vgl dazu Anm 2b, damit insbes auch auf die Befugn, diesen Namen trotz Auflösg od Nichtigk der Ehe fortzuführen, teilw abw Henrich IPRax **86**, 336 (f kollisionsr Option zG des Personalstatuts), Lüderitz IPRax **87**, 77 (soweit Anpassg wg Normenmangels erfdl, vgl Einl 10 vor Art 3). Dagg gelten f die Zulässigk einer späteren Namensänderg, vgl dazu LG Hagen IPRax **85**, 294, Henrich ebda 273, die Auswirkgen eines Statutenwechsels u den Namensschutz die oben Anm 2c–f erläuterten allgemeinen Regeln. **bb)** Diese Regeln gelten auch in gemischtnationalen Ehen, an denen ein **Deutscher** beteiligt ist. Der Familienname des dtschen Eheg beurteilt sich grdsätzl n dtschem Recht, dh n § 1355 II. Die Wahl eines Ehenamens n § 1355 II 1 setzt jedoch voraus, daß **beide** Eheg n dem für sie maßg Recht eine entspr Wahlmöglichk haben. Für den Fall, daß das HeimatR des ausl Partners ein solches BestimmgsR nicht kennt, gestattet die **ergänzende** namensr **Sachnorm** des **Art 220 IV** dem dtschen Eheg dch Erklärg ggü dem Standesbeamten, den Familiennamen des and Eheg z seinem Ehenamen z best, wenn dadch ein gemeins Familienname zustandekommt; als Familienname des and Eheg ist dabei der Name anzusehen, den dieser nach seinem Personalstatut als Folge der Eheschl führt, Henrich IPRax **86**, 334. Dabei ist gleichgültig, ob die Ehe im Inland od im Ausland geschl wird. Bei Heirat im Inland ist die Erklärg bei der Eheschließg abzugeben; bei Heirat im Ausland darf der dtsche Eheg keine Erklärg n Art 10 III abgegeben haben; die Bestimmg des Ehenamens n Art 220 IV kann hier nachträgl dch öffentl beglaubigte Erklärg erfolgen, vgl dazu unten c dd; das gleiche gilt bei einer im Inland vor dem 1. 9. 86 geschl Ehe. Gibt der dtsche Eheg keine Erklärg ab, dch die er den Familiennamen seines Eheg z seinem Ehenamen best, so behält er den Familiennamen, den er zZ der Eheschließg geführt hat; der Erwerb des Geburtsnamens des Mannes gem § 1355 II 2 ist also für die dtsche Frau ausgeschl.

b) Rechtswahl durch beide Ehegatten (Absatz 2). Um den Eheg den Erwerb eines gemeins Familiennamens z ermögl, sieht Abs 2 eine gemeins RWahlbefugn hins der Namensführg vor. **aa) Voraussetzung** dieser kollisionsr Option ist, daß die Ehe **im Inland** geschlossen wird (bei Heirat im Ausland gelten Abs 3 u 4, aM Henrich IPRax **86**, 335, Reichard StAZ **87**, 64, Pirrung IPR S 130, Massfeller/Hoffmann/Hepting vor §§ 3ff PStG EheG § 13a Rz 258, die Abs 2 auch bei Heirat im Ausland entspr anwenden wollen), daß die Erkl durch **beide** Eheg **bei der Eheschließung** zu dem **gegenüber** dem **Standesbeamten** abgegeben wird. Die Erkl ist im übr abweich v der in Art 14 u 15 vorgesehenen RWahl, vgl Art 14 IV u 15 III, an keine Form gebunden; eine nachfolgde Beurkundg dch den Standesbeamten ist f die Gültigk der RWahl ebsowenig vorgeschr wie eine vorausgehde Belehrg, wenn auch beides unbedingt zweckmäß ist. Welche Staatsangehörigk die Eheg besitzen, ist f die Maßgeblichk der RWahl an sich gleichgültig. Beide Eheg können daher

Ausl der gleichen od verschiedener Staatsangehörigk sein, ein Eheg kann Dtscher, der and Ausl sein. Besitzen beide Eheg nur die dtsche Staatsangehörigk, so scheidet eine RWahl im Erg aus, da sie nur z dtschen Recht führen könnte. **bb) Zur Wahl gestellt** werden den Eheg ihre beiderseitigen **Heimatrechte,** wobei abweichd von Art 5 I bei mehrfacher Staatsangehörigk jedes der HeimatRe gewählt werden kann, sowie gegebenenf zusätzl das **deutsche** Recht, sofern einer der Eheg bei Abgabe der Erkl, dh im Zeitpkt der Eheschließg, seinen gewöhnl Aufenth im Inland hat. **cc) Folge** einer wirks RWahl ist, daß die Eheg den Namen führen, der ihnen n dem gewählten Recht zukommt. In der Regel wird es sich dabei um einen gemeins Familiennamen handeln; Voraussetzg f die Wirksamk der RWahl ist dies jedoch nicht; zur Verfassgsmäßigk dieser Regelg vgl BVerfG NJW 88, 1578, Henrich StAZ 89, 161. Im Erg können die Eheg dch die von ihnen getroffene RWahl also mittelb auch den von ihnen zu führden Familiennamen wählen. Aus diesem Grd spricht Abs 2 verkürzend v einer Wahl des nach der Eheschließg zu führden Namens. Der Sache nach gewährt Abs 2 den Eheg jedoch nur eine kollisionsr, nicht auch eine materiell-namensr Wahlfreiheit. Soweit allerdings n dem gewählten Recht auch materiellr ein gemeins Familiennamen gewählt werden kann, besitzen die Eheg als Folge der RWahl auch eine namensr Option. Beide Erklen können selbstverständl auch miteinand verbunden werden. Zur Wahl eines von mehreren gleichberecht Eigennamen eines Pakistani Kln StAZ 88, 296. **dd)** Die v den Eheg getroffene RWahl erstreckt sich entgg dem RegiersgsEntw nicht automat auch auf die aus der Ehe hervorgehden **Kinder,** vgl Anm 4b; anders iF der einseit nachträgl RWahl n Abs 3, vgl c cc.

c) Einseitige nachträgliche Rechtswahl durch einen deutschen Ehegatten (Absatz 3). Die in Abs 2 vorgesehene RWahl setzt eine Eheschließg im Inland voraus, vgl Begründ BT-Drucks 10/504 S 48. Erfolgt die Heirat **im Ausland,** so beurteilt sich der Name der Eheg n ihrem beiderseitigen HeimatR, Abs 1. Können beide Eheg n dem f sie maßg Recht einen Ehenamen wählen (wie n § 1355 II 1), so können sie diese namensr Option selbstverständl auch bei der Eheschließg im Ausland ausüben. Der erst bei den Rechtsausschuß mit höchst mißverständl Begründg, vgl BT-Drucks 10/5632 S 40, eingefügte Abs 3 gewährt in Abweichg v Abs 2 einem **deutschen** Eheg bei Heirat im Ausland auch eine **kollisionsrechtliche** Option zG einer ausl ROrdng; z Begr des Dtschen vgl Anh II 1 z Art 5; die analoge Anwendg v Abs 3 auf Staatenlose u Flüchtlinge mit dtschem Personalstatut ist unbedenkl, vgl dazu Art 5 Anm 3 d u Anh II 4 z Art 5 bei Art 12 Flüchtlingskonvention. **aa) Voraussetzung** dieser einseitigen RWahlbefugn dch einen dtschen Eheg ist, daß dieser **im Ausland** einen **Ausländer,** gleich welcher Staatsangehörigk, geheiratet hat, der nicht zugleich die dtsche Staatsangehörigk besitzt, Art 5 I 2. Die Eheg dürfen ferner bei der Eheschließg keine Erkl über ihre Namensführg in der Ehe abgegeben haben, dh n dem für sie maßg Personalstatut nicht bereits einen Ehenamen dch namensr Option gewählt haben. Die RWahl ist ggü dem Standesbeamten z erkl, PStG 15d II; sie ist im übr an keine Form (vgl aber PStG 15d I 3), jedoch an eine Ausschlußfrist gebunden, die in Anlehng an § 13a II EheG formuliert ist. Danach ist die Erkl abzugeben, wenn die Eintragg des Familiennamens in ein dtsches Personenstandsbuch erfdl wird, also zB bei Geburt eines Kindes im Inland, spätestens jedoch vor Ablauf eines Jahres n Rückkehr ins Inland; die bloß vorübergehde Wiedereinreise genügt dafür nicht; ands setzt „Rückkehr" nicht voraus, daß der dtsche Eheg zu einem früheren Ztpkt bereits seinen (gewöhnl) Aufenth im Inland hatte, Henrich IPRax 89, 335; zur intertemporalen Anwendbark des Abs 3 bei Rückkehr vor Inkrafttreten des IPRG am 1. 9. 86 vgl Reichard StAZ 87, 65. **bb) Zur Wahl** freigestellt wird dem dtschen Eheg an Stelle des f ihn geltden dtschen Rechts nur das **ausländische Heimatrecht** seines Partners; ist dieser Doppelstaater, so kommt nur das Recht seiner effektiven Staatsangehörigk in Betr, Art 5 I 1; f Wahlmöglichk auch zG des AufenthR Reichard StAZ 87, 65, vgl dazu oben Anm 3 b aa. **cc) Folge** einer wirks RWahl ist, daß sich der Familienname des dtschen Eheg fortan, dh ex nunc, nach dem ausl HeimatR seines Partners beurteilt; sieht dieses eine namensr Wahl eines Ehenamens vor, so kann der dtsche Eheg n den einschlägigen Vorschre des fremden Rechts auch den Ehenamen wählen. Zur Erstreckg auf Abkömmlinge vgl §§ 13a III EheG u 1617 II 2 u 3, die entspr gelten. **dd)** Macht der dtsche Eheg n Eheschließg mit einem Ausl im Ausland, bei welcher keine Erkl über die Namensführg in der Ehe abgegeben wurde, von der in Abs 3 eingeräumten Befugnis z RWahl **keinen Gebrauch,** so bleibt es für ihn n Abs 1 bei der Maßgeblichk seines **deutschen Heimatrechts,** dh an sich bei der Anwendg v § 1355 II. Diese Vorschr wird jedoch dch die namensrechtl **Sachnorm** des Abs 3 Satz 3 verdrängt, wonach der dtsche Eheg in diesem Fall den Familiennamen behält, den er zZ der Eheschließg geführt hat; der Erwerb des Geburtsnamens des Mannes n § 1355 II 2 ist also f die dtsche Frau ausgeschl. Um auch in diesen Fällen den Erwerb eines gemeins Familiennamens z ermögl, gewährt die **ergänzende** namensrechtl **Sachnorm** des **Art 220 IV** dem dtschen Eheg das Recht, dch Erkl ggü dem Standesbeamten, vgl dazu PStG 15d II, den Familiennamen des and Eheg z seinem Ehenamen zu best, wenn dadch ein gemeins Familiennamen zustandekommt; die Erkl bedarf der öffentl Beglaubigg, vgl dazu PStG 15d I 3. Voraussetzg dieser namensrechtl Option ist, daß das f die Namensführg des ausl Eheg maßg HeimatR eine Bestimmg des Ehenamens im Sinne des § 1355 II 1 **nicht** zuläßt, den Eheg also eine entspr WahlFreih nicht eröffnet; daß einer od beide Eheg ihren gewöhnl Aufenth im Inland haben, ist nicht erforderl, vgl Begründ BT-Drucks 10/504 S 86. Macht der dtsche Eheg auch v seinem WahlR gem Art 220 IV keinen Gebr, so behält er den Familiennamen, den er zZ der Eheschließg geführt h, Art 220 IV 4; zur Verfassgsmäßigk dieser Regelg vgl BVerfG NJW 88, 1578, Henrich StAZ 89, 161.

d) Nachträgliche Wahl eines Ehenamens nach § 1355 II 1 (Absatz 4). aa) Nach § 13a II EheG können **deutsche** Eheg bei im Ausland geschl Ehen die in § 1355 II 1 vorgesehene Wahl eines Ehenamens nachholen. Abs 4 dehnt diese Möglichk z nachträgl Abgabe einer Erkl n § 1355 II 1 auch auf Eheg aus, von denen einer od beide **ausländische** Staatsangehörigk besitzen. Dabei wird **nicht** vorausgesetzt, daß die Namensführg der Eheg etwa dch Wahl des dtschen Rechts n Abs 2 Nr 2 dem **deutschen** Recht unterliegt. Abs 4 ist eine **selbstbegrenzte Sachnorm,** vgl dazu Einleitg 1a vor Art 3, die bei Vorliegen ihrer tatbestandsmäß Voraussetzgen ohne besondere kollisionsrechtl Anknüpfg unmittelb anzuwenden ist. **bb) Voraussetzung** der nachträgl Wahl eines Ehenamens n § 1355 II 1 ist, (1) daß die Ehe im Ausland geschl wurde, (2) daß mind einer der Eheg nicht Dtscher ist, (3) daß die Eheg n dem für sie maßg Recht (vgl dazu oben a–c) bisher keinen gemeins Familiennamen führen u (4) daß ein ausreichder **Inlandsbezug** vorliegt. Dieser ist n Abs 4 gegeben, wenn **entweder** wenigstens einer der Eheg seinen gewöhnl Aufenth, vgl dazu Art 5 Anm 4a, bei Abgabe der Erkl, vgl Henrich IPRax **86**, 335, im Inland hat **oder** dtsches Recht gem Art 14 für die allg Wirkgen der Ehe maßg wird; die zuletzt genannte Voraussetzg ist erst recht erfüllt, wenn dtsches Recht v Anfang an Ehewirkgsstatut war. Die Bezugnahme auf das Ehewirkgsstatut in Abs 4 ist offenb dadch z erkl, daß dieses zZ der Vorbereitg des RegEntw in der Praxis im Wege einer Doppelqualifikation bei der Beurteilg des Ehenamens mitherangezogen wurde, vgl 45. Aufl Art 14 Anm 4c. Grundgedanke der Neuregelg war anscheinend ursprüngl, den Eheg im Falle eines Wechsels des Ehewirkgsstatuts in Form eines Statutenwechsels z dtschen Recht die Möglichk z Namensänderg z geben. In seiner jetzigen Fassg u vor dem HinterGrd der allg Anknüpfg des Ehenamens ist der Gesichtspunkt des Statutenwechsels jedoch entfallen. Im VorderGrd steht nunmehr der Zweck, den Eheg die Möglichk zur namensmäß Anpassg an ihre dtsche Umwelt z geben, ähnl Begründg BT-Drucks 10/504 S 48. Nach dem Tod eines Eheg kommt die nachträgl Wahl eines Ehenamens nach Abs 4 nicht mehr in Betr, aM Bonn StAZ **88**, 328. **cc)** Für **Form** und **Frist** der Erkl gilt Abs 3 S 2 entspr, vgl dazu oben c aa, offenb verkannt von Bonn StAZ **88**, 328.

4) Sonderregelung für den Namen ehelicher Kinder. a) Grundsatz: Die Frage, welchen **Familiennamen** ein eheliches Kind mit der Geburt erwirbt, ist n seinem HeimatR bzw sonstigen Personalstatut zu beurteilen, bei (auch) dtscher Staatsangehörigk des Kindes also n dtschem Recht, Abs 1 iVm Art 5 I 2, mithin n § 1616 (zur Unzulässigk von Doppelnamen Würzbg StAZ **87**, 140, Hbg IPRax **87**, 187 u 244, BayObLG StAZ **88**, 200, Stgt StAZ **88**, 45, aM Grasmann StAZ **88**, 187, **89**, 141, vgl § 1616 Anm 2a), bei nur ausl Staatsangehörigk (zu deren Feststellg Henrich StAZ **89**, 159) nach dem jew fremden Recht; z Familiennamen des Kindes n ausl Recht vgl Rundschreiben des BMI StAZ **84**, 356 u Bekanntmachg des Innenministeriums v BaWü StAZ **85**, 57, ferner Henrich, Der Erwerb u die Änderg des Familiennamens (1983) 84. Auch die Berechtigg z Erteilg eines **Vornamens** u ihre Wirksamk sind n dem Personalstatut des Kindes z beurteilen, da es unzweckm wäre, versch ROrdngen über die einz Namensbestandteile entsch zu lassen, Hamm OLGZ **83**, 42, StAZ **85**, 131, Düss StAZ **89**, 282, Stenz StAZ **80**, 174, AlternK-Finger Art 19 aF Rdz 8, Dörner IPRax **83**, 287, Coester in: Internat Handbuch der Vornamen, 1986 S XV, Gaaz StAZ **89**, 168, aM AG Duisburg StAZ **87**, 283 (f Anwendg v Art 19), ebso bish LG Wuppert StAZ **73**, 305, AG Hbg StAZ **80**, 196, Lüb StAZ **81**, 146, LG Bln StAZ **83**, 348, Karlsr StAZ **86**, 286 (offen gelassen StAZ **89**, 284), Krüger StAZ **82**, 33; z Erteilg eines Vornamens n türk vgl Ffm OLGZ **78**, 411, AG Duisburg StAZ **87**, 283, AG Bln-Schöneberg StAZ **88**, 297, Düss StAZ **89**, 281, Krüger aaO, u n tunes Recht vgl Lüb StAZ **81**, 146.

b) Rechtswahl durch den gesetzlichen Vertreter (Absatz 5). Ähnlich wie für die Namensführg v Eheg n Abs 2 ermöglicht der erst im Rechtsausschuß eingefügte Abs 5 dem gesetzl Vertreter eines ehel Kindes ine RWahl bezügl des Familiennamens. Die im RegEntw ursprüngl vorgesehene automatische Erstreckg der RWahl v Eheg bezügl des Ehenamens gem Abs 2 auf ihre Kinder ist nicht Gesetz gew (krit dazu Grasmann StAZ **89**, 135); anders iF der einseitigen nachträgl RWahl dch einen dtschen Eheg n Abs 3, vgl Anm 3 c cc. **aa) Voraussetzung** der RWahl n Abs 5 ist, daß **kein** Elternteil Dtscher, das Kind also Ausl ist. Bei dtschen ehel Kindern gilt ausschließl dtsches NamensR, insb § 1616 u Art 220 V als selbstbegrenzte Sachnorm, vgl BT-Drucks 10/5632 S 40, aM Grasmann StAZ **89**, 134; daggs gilt Abs 5 auch bei Flüchtlingen mit ausl Staatsangehörigk, die dtsches Personalstatut besitzen, Massfeller/Hoffmann/Hepting PStG 21 Rz 260. Die RWahl muß vor der Beurkundg der Geburt erfolgen (also in sehr knapper Frist, vgl PStG 16); dabei ist gleichgült, ob das Kind im Inland od im Ausland geboren wird; bei Geburt im Ausland uU nachträgl Bestimmg des Familiennamens n Art 220 V 2, vgl dazu unten c. Die Erkl muß vom gesetzl Vertreter (z dessen Bestimmg vgl Art 19 II) ggü dem Standesbeamten abgegeben werden; sie ist im übr an keine Form gebunden. **bb)** Zur **Wahl gestellt** werden an Stelle des Personalstatuts des Kindes die HeimatRe beider Elternteile (bei Mehrstaatern abweichend v Art 5 I 1 sämtliche) sowie zusätzl das dtsche Recht, wenn ein Elternteil seinen gewöhnl Aufenth im Inland hat. **cc) Folge** der wirks getroffenen RWahl ist, daß das Kind den Familiennamen erhält, der ihm n dem gewählten Recht zukommt; zusätzl gilt in jedem Fall Art 220 V, vgl dazu c.

c) Befugnis zur Wahl eines Familiennamens (Art 220 V). aa) Führen die Eltern eines ehel Kindes keinen gemeins Familiennamen, so kann der gesetzl Vertreter, idR also beide Eltern, n Art 220 V dch Erkl ggü dem Standesbeamten den Familiennamen eines der beiden Elternteile z Familiennamen des Kindes best. Dabei ist gleichgült, welche Staatsangehörigk bzw welches Personalstatut das Kind hat; die Vorschr gilt sowohl f dtsche wie f ausl Kinder. Art 220 V ist ebso wie Art 10 IV eine **selbstbegrenzte Sachnorm**, vgl dazu Einleit 1a vor Art 3, die bei Vorliegen ihrer tatbestandsmäß Voraussetzgen ohne bes kollisionsr Anknüpfg unmittelb anzuwenden ist, ebso Simader/Diepold, Dtsches NamensR C/438, aM Henrich StAZ **89**, 161 (der Art 220 V sei eine gewöhnl Sachnorm des dtschen Rechts hält, die bei ausl Kindern nicht anwendb sei); Massfeller/Hoffmann/Hepting PStG 21 Rz 272 (auch bei ausl Kindern, deren Namensstatut gemeins Namen der Eltern voraussetzt). **bb)** Die Erklärg ist vor der Beurkundg der Geburt des Kindes abzugeben; ist das Kind im Ausland geboren und seine Geburt nicht n PStG 41 beurkundet worden, so kann sie nachgeholt werden, vgl dazu Art 220 V u PStG 31a I 3. Wer der gesetzl Vertreter ist, ist eine Vorfrage, die selbständ n Art 19 II anzuknüpfen ist. **cc)** Macht der gesetzl Vertreter v der Befugn z Wahl eines Familiennamens **keinen Gebrauch** od ist die getroffene Wahl unwirks, BayObLG StAZ **88**, 200, abl Grasmann ebda 187, so erhält das Kind n Art 220 V 3 unabhäng v seinem Personalstatut den Familiennamen des **Vaters;** zur Problematik der Substitution von nach ausl Recht gebildeten Familiennamen BayObLG aaO. Die Kontroverse um die entspr Anwendg v § 1355 II 2 bei dtschen Kindern aus gemischtnat Ehen, deren Eltern keinen gemeins Familiennamen führen, vgl dazu 45. Aufl Art 19 Anm 4b, Stgt NJW **88**, 3099, ist damit ggstandslos geworden; verfassgsr Bedenken gg Art 220 V 3 erhebt Grasmann StAZ **88**, 190, ähnl Henrich StAZ **89**, 161, Massfeller/Hoffmann/Hepting PStG 21 Rz 247.

5) Sonderregelung für den Namen nichtehelicher Kinder (Absatz 6). a) Nach Abs 1 beurteilt sich auch der Familienname des nichtehel Kindes n seinem HeimatR bzw Personalstatut; dies gilt insb f die Frage, welchen Namen es mit der Geburt erwirbt sowie f die Befugn z Erteilg eines Vornamens u deren Wirksamk. **b)** Nach Abs 6 sind aber neben dem Personalstatut des Kindes **alternativ** auch die HeimatRe beider Eltern u eines den Namen Erteilden anzuwenden, vgl dazu Henrich StAZ **89**, 162. **aa)** Sinn dieser dunklen Vorschr ist offenb, die „namensr Eingliederg" des Kindes z fördern, vgl Begründg BT-Drucks 10/504 S 47. Sie ist deshalb auf den **Familiennamen** des Kindes z beschränken; der Vorname beurteilt sich nur n dem Personalstatut des Kindes. Im übrigen erfaßt Abs 6 jedoch neben den Fällen der Namensertelg dch den nichtehel Vater od der Einbenenng dch der Muttergatten auch die Fälle eines **gesetzlichen** Namenserwerbs, insb die namensrechtl Folgen einer VaterschAnerkenng mit Standesfolge u der Legitimation. **bb)** Abs 6 läßt offen, welche namensrechtl Regelg anzuwenden ist, wenn die in Frage kommden ROrdgen z unterschiedl Ergen führen, zB das HeimatR des Kindes den Erwerb des Geburtsnamens der Mutter, das HeimatR des anerkennden Vaters den Erwerb des Namens des Vaters u das HeimatR des einbenennden Muttergatten den Erwerb des Namens des Ehemannes vorsieht. Nach dem Zweck der Vorschr verdient hier diejenige ROrdng den Vorrang, welche dem Kind unter Berücksichtigg seiner persönl LebensVerhe den **günstigeren** namensrechtl Status verleiht, AG Rottweil DAVorm **89**, 625, es also einem ehel Kind möglichst gleichstellt, im Beispielsfall also das HeimatR des Vaters (od der Muttergatten; z Beachtlichk einer Rück- od Weiterverweisg vgl Art 4 Anm 2b, BayObLG ZfJ **89**, 432. Die Wahl des günstigeren Rechts obliegt zunächst analog Art 10 V u 220 V dem gesetzl Vertreter des Kindes (zu dessen Bestimmg vgl Art 20 II), ebso Mansel StAZ **86**, 315, Henrich StAZ **89**, 163; ist dtsches Recht Vertretgsstatut, also dem Pfleger, § 1706 Nr 1; die Wahl unterliegt im Rahmen des Berichtiggsverfahrens u PStG 47 auf Antrag eines Beteiligten der gerichtl Nachprüfg. Wird keine Wahl getroffen od ist die getroffene Wahl unwirks, so bleibt es bei der GrdRegel nach Abs 1. **cc) Zustimmungserfordernisse** z AbstammgsErkl, Namensteilg u Legitimation unterliegen n Art 23 **zusätzlich** dem HeimatR bzw Personalstatut des Kindes od statt dessen dem dtschen Recht, soweit es zum Wohl des Kindes erforderl ist, vgl dazu Art 23 Anm 3. Damit werden die Interessen des Kindes bei der Anwendg einer ihm günst ROrdng zusätzl geschützt.

EG 11 *Form von Rechtsgeschäften.* [I] Ein Rechtsgeschäft ist formgültig, wenn es die Formerfordernisse des Rechts, das auf das seinen Gegenstand bildende Rechtsverhältnis anzuwenden ist, oder des Rechts des Staates erfüllt, in dem es vorgenommen wird.

[II] Wird ein Vertrag zwischen Personen geschlossen, die sich in verschiedenen Staaten befinden, so ist er formgültig, wenn er die Formerfordernisse des Rechts, das auf das seinen Gegenstand bildende Rechtsverhältnis anzuwenden ist, oder des Rechts eines dieser Staaten erfüllt.

[III] Wird der Vertrag durch einen Vertreter geschlossen, so ist bei Anwendung der Absätze 1 und 2 der Staat maßgebend, in dem sich der Vertreter befindet.

[IV] Verträge, die ein dingliches Recht an einem Grundstück oder ein Recht zur Nutzung eines Grundstücks zum Gegenstand haben, unterliegen den zwingenden Formvorschriften des Staates, in dem das Grundstück belegen ist, sofern diese nach dem Recht dieses Staates ohne Rücksicht auf den Ort des Abschlusses des Vertrages und auf das Recht, dem er unterliegt, anzuwenden sind.

[V] Ein Rechtsgeschäft, durch das ein Recht an einer Sache begründet oder über ein solches Recht verfügt wird, ist nur formgültig, wenn es die Formerfordernisse des Rechts erfüllt, das auf das seinen Gegenstand bildende Rechtsverhältnis anzuwenden ist.

Neues Schrifttum: Stauch, Die Geltg ausl not Urk in der BRepDtschland, 1983.

1) Allgemeines. a) Die Neufassg des Art 11 dch das IPRG entspr inhaltl weitgehend Art 11 aF; dies gilt insb f die alternative Maßgeblichk v GeschR u OrtsR, Abs 1. In die Neufassg inhaltl eingearbeitet ist **Art 9 des EG-Schuldvertragsübereinkommens** vom 19. 6. 80, vgl dazu Einleitg 2b cc vor Art 3; Abs 1 entspr sachl Art 9 I u IV, Abs 2–4 stimmen im wesentl mit Art 9 II, III u VI überein; Art 9 V entspr EG 29 III. Der Anwendgsbereich des Art 11 erstreckt sich aber auf RechtsGesche aller Art, beschränkt sich also **nicht** auf SchuldVertre. **b) Sondervorschriften** f die Anknüpfg der Form best RechtsGesche gelten f die Eheschließg im Inland, Art 13 III, Verfügen vTw, Art 26, VerbraucherVertre, Art 29 III, sowie f die Form der RWahl, Art 14 IV, 15 III, 27 IV. **c)** Nach der Begründg des RegEntw des IPRG ist in Art 11 auch die Form v Vorgängen nicht geregelt, die sich auf die Verf von Gesellschaften u **juristischen Personen** beziehen, BR-Drucks 10/504 S 49. Im Gesetz kommt diese Einschränkg nicht z Ausdr; z einer Änderg der bish Anwendg des Art 11 aF auch auf gesellschaftsrechtl Geschäfte besteht daher keine Veranlassg, aM Lichtenberger DNotZ **86**, 653. **d)** Die Beachtg v **Rück- oder Weiterverweisung** ist im ganzen Bereich des Art 11 **ausgeschlossen;** die Vorschr verweist unmittelb auf die Formerfordernisse des in der Sachvorschriften des maßg Rechts, vgl Art 4 Anm 2c u BT-Drucks 10/504 S 48; soweit bei der Bestimmg des GeschR eine Rück- od Weiterverweisg z beachten ist (nicht also bei Schuldvertren, Art 35 I), wirkt dies mittelb auf die Anknüpfg der Form zurück. **e)** Die Anwendg v Art 6 ggü ausl FormVorschr kommt prakt kaum in Betr, vgl Ffm Betr **81**, 1456, weitergehd Stauch 67. So ist zB auch ein in Dtschland formlos abgeschl KaufVertr über ein ausl Grdst wirks, wenn das GeschR, dh regelm das BelegenhR, eine Form nicht erfordert, RG **63**, 18. **f)** Art 11 gilt entspr auch im innerdtschen KollisionsR.

2) Grundsatz (Absatz 1). a) Alternative Anknüpfung. Die Formgültigk eines RGesch beurteilt sich n Abs 1 alternativ n dem dafür inhaltl maßg Recht („das auf das seinen Ggst bildende RVerh anzuwenden ist"), dem sog **Geschäftsrecht** (Wirkungsstatut) od n dem Recht am Ort der Vornahme, dem sog **Ortsrecht** (Ortsform). Abs 1 enth **kein zwingendes Recht**. Soweit die Part aGrd der im SchuldR herrschden VertrFreih das maßg GeschR selbst best können, vgl Art 27 ff, ist ihnen auch gestattet, die alternative Anwendg des OrtsR od eines and Rechts n Abs 1 auszuschließen, vgl BGH **57**, 337, od die Geltg des GeschR zG der alleinigen Geltg des OrtsR abzubedingen, MüKo-Spellenberg Rdz 7; eine Ausn gilt f die Form v VerbraucherVertren, Art 29 III, u ArbVertren, Art 30 I.

b) Anwendungsbereich. Abs 1 erfaßt RechtsGesche aller Art, also Vertre ebso wie einseitige RGesche, auf allen Gebieten des bürgerl Rechts, vgl aber oben 1 b u c. Der Verweisgsumfang der Vorschr bezieht sich auf die **Formerfordernisse** des Gesch- od OrtsR. Was darunter z verstehen ist, beurteilt sich n den allg Regeln der Qualifikation, vgl Einleitg 8 vor Art 3, grdsätzl n dtschem Recht, BGH **29**, 137; im staatsvertragl Anwendgsbereich der Vorschr, dh insb bei SchuldVertren, ist aber auch der Vereinheitlichgszweck z berücksichtigen u damit eine vergleichde Heranziehg der ROrdngen der übr VertrStaaten, vgl dazu Vorbem vor Art 27, einschließl der dortigen Handhabung der Vorschr geboten. Danach ist zu entsch, ob eine ausl Best als FormVorschr od als sachlrechtl Voraussetzg eines RGesch anzusehen ist, welche allein dem Wirkgsstatut z entnehmen ist. Zur Form gehört daher etwa das Erfordern der religiösen Eheschl, Ffm FamRZ **71**, 179, Neuhaus, GrdBegre § 17 IV; die Zulässigk einer Handschuhehe, BGH **29**, 137, Hamm StAZ **86**, 134, vgl dazu Art 13 Anm 2 b bb; das Verbot der Errichtg privatschriftl Testaments im Ausland n niederl Recht, BGH NJW **67**, 1177. Die Frage, auf welche Weise ein RGesch im Prozeß **bewiesen** werden kann, beurteilt sich grdsätzl n der lex fori, BGH **LM** Nr 2; anders wenn eine ausl BeweisVorschr als FormVorschr z qualif ist, zB Unklagbk v KaufVertr über mehr als 500 $ bei mangelnder Beurk u Nichtvorliegen einer Teilleistg n amerikan Recht; Ausschl des ZeugenBew bei Geschen v mehr als 5000 frs n frz Recht, cc 1341 iVm Dekret Nr 80 – 533 vom 15. 7. 80, aM BGH JZ **55**, 702 mit abl Anm v Gamillscheg, v Marschall Fschr f Beitzke (1979) 625, wie hier zB Soergel-Kegel Rdz 28; BeweismittelVorschr des ital Rechts über Urk- u Zeugen-Bew, LG Mannh NJW **71**, 2129, nicht dagg auch Vorschren über Untaugl k v Zeugen aus pers Grden, KG IPRspr **77** Nr 19; bei SchuldVertren sind f den Nachw eines RGesch innerh der Grenzen der lex fori auch die Beweismittel des Formstatuts zugel, **Art 32 III 2,** vgl dort Anm 3 b. Zur Form iwS gehören auch die **Zuständigkeit** v Behörden u UrkPersonen (insb Notaren) z Vornahme einer Beurk, vgl Zweibrücken StAZ **79**, 242, u das dabei z beachtde **Verfahren,** Soergel-Kegel Rdz 30.

c) Geschäftsrecht. aa) Die Einhaltg der Formerfordernisse des GeschR (Wirkgsstatuts) ist f die Formgültigk grdsätzl ausreichd; eine Ausnahme gilt f die Eheschließg im Inland n Art 13 III 1. Abgrenzg v FormVorschren u sachl-rechtl Vorschren vgl oben b, ist dabei im Erg ohne Bedeutg, da auch die letzteren grdsätzl dem GeschR z entnehmen sind, Staud-Firsching Rdz 36. Welches Recht f das betreffde RGesch inhaltl maßg ist, beurteilt sich n den dafür geltden Anknüpfgsregeln, bei der Eheschließg also n Art 13, bei einem EheVertr n Art 15, bei einem SchuldVertr n Art 27 ff; sind danach wie bei Art 13 l mehrere ROrdngen maßg, so bilden diese in kumulativer Anwendg die Formerfordernisse des GeschR. Soweit bei SchuldVertren das GeschR dch den Parteiwillen best wird, ist die Wirksamk der RWahl unabhängig v der Formgültigk des matr Vertr n dem gewählten R, BGH **73**, 391. Ist daher der **Verkauf** eines **ausländischen Grundstücks** vertragl dem dtschen R unterstellt, so kommt bei der Anwendg des GeschR auch § 313 z Anwendg, BGH **52**, 239, **53**, 194, **57**, 337, NJW **72**, 715, BGH **73**, 391, Düss NJW **81**, 529, Mü NJW-RR **89**, 665, aM Wengler NJW **69**, 2237; bei Nichtbeachtg dieser Form besteht Heilgsmöglk entspr § 313 S 2 dch EigtÜbertragg n dem R des Lageorts, auch wenn dieses weder Auflassg noch Eintragg ins GrdBuch kennt, Mü OLGZ **74**, 19 (ital R), od die RegEintr in das Belieben der Part stellt, BGH **73**, 391 (krit dazu Löber NJW **80**, 496), abw (für Notwendigkeit der RegEintr) Köln OLGZ **77**, 201 (span R, aufgehoben dch BGH **73**, 391), LG Hbg IPRspr **78** Nr 14; Düss NJW **81**, 529 lehnt Heilg n § 313 S 2 bei privatschriftl Kauf einer span EigtWohng wg unvollständ Erfüllg n dem span R des Lageorts ab. Zur Beachtg der zwingden FormVorschr der lex rei sitae vgl aber unten Anm 5. **bb)** Soll die Form des Wirkgsstatuts dch eine **Beurkundung** außerh seines räuml Geltgsbereichs **im Ausland** erfüllt werden, so ist dafür **Gleichwertigkeit** der UrkPers u des BeurkdgsVorgangs erforderl, BGH **80**, 76 (krit dazu Geimer DNotZ **81**, 406), Hbg IPRspr **79** Nr 40, Düss RIW **88**, 225, Winkler NJW **72**, 985, Mann ZHR **74**, 453 ff, Bokelmann NJW **75**, 1626, Kropholler ZHR **76**, 405, Wolfsteiner DNotZ **78**, 532, aM Brambring NJW **75**, 1255, der statt auf die Gleichwertigk auf den Zweck der dtschen Vorschr, dh des BGB 128 abstellen will; zur Gleichwertigk des spanischen Notars Löber RIW **89**, 94. Davon unabhäng kann sich aber selbstverständl die Formgültigk der ausl Beurk auch aus der Einhaltg der Ortsform ergeben; vgl dazu unten d. Die Gleichwertigk einer ausl Beurk wurde fr aus der Sicht des dtschen Rechts als Wirkgsstatut bei **gesellschaftsrechtlichen Geschäften** wg unzureichder jur Beratg vielf verneint, vor allem bei Übertragg v Geschäftsanteilen n GmbHG 15 III u IV, so LG Mü DNotZ **76**, 501, zust Schmidt Betr **76**, 2202, dahingestellt BayObLG NJW **78**, 500, differenzierd Wolfsteiner DNotZ **78**, 532, od bei SatzgsÄndergsBeschl einer GmbH mit Sitz in der BRep, Hamm NJW **74**, 1057 (vgl dazu Kuntze NJW **74**, 2167), Karlsr AWD **79**, 567, vgl auch Ulm RPfl **88**, 108, zust Schmidt Betr **74**, 1216, Winkler NJW **74**, 1032, ders Rpfleger **78**, 44, Hachenburg-Behrens GmbHG I Einl Rdz 101; BGH **80**, 76 (krit dazu Geimer DNotZ **81**, 406, Firsching IPrax **83**, 79), ebso BGH RIW **89**, 649 ist dem mit Recht entgegengetreten, da die Prüfgs- u Belehrgsfunktion der not Beurk verzichtb ist u dieser Verz auch konkludent erkl werden kann (insb dch Zuziehg eines ausl Notars, vgl Düss RIW **88**, 226); auch sonst besteht kein Grd, die Gleichwertigk ausl Beurk bei gesellschafts Gesch generell z verneinen, zutr LG Stgt IPRspr **76** Nr 5 A, Kln WM **88**, 1750, Stephan NJW **74**, 1596, Müller-Gindullis, RabelsZ **74**, 645, Bokelmann NJW **75**, 1626, Neuhaus, GrdBegre § 46 IV, Kropholler ZHR **76**, 411, Scholz-Westermann GmbHG Einl Rdz 94, Stauch aaO 99, Bredthauer BB **86**, 1864 (zur Gleichwertigk der Beurk in Zürich). Dagg kann ein **deutsches Grundstück** nur vor einem dtschen Not aufgelassen werden, Köln OLGZ **72**, 321, KG DNotZ **87**, 44, Riedel DNotZ **55**, 521, Kropholler ZHR **76**, 410, aM Mann NJW **55**, 1177, Stauch aaO 119; n KonsG 12 Z 1 sind aber z Entggnahme der Auflassg auch dtsche Konsularbeamte befugt.

cc) Ist die vom GeschR erforderte **Form verletzt,** so fragt sich zunächst, ob wenigstens die Ortsform eingehalten ist, vgl d; ist auch das nicht der Fall, so richten sich die Folgen nach dem mildern G; denn Zweck der alternativen Anknüpfg in Art 11 I ist, das RGesch möglichst bestehen zu lassen, MüKo-Spellenberg Rdz 23.

d) Ortsrecht. aa) Gleichrang neben dem GeschR ist auch die Einhaltg der Formerfordernisse des OrtsR f die Formgültigk grdsätzl ausr; **Ausnahmen** v der Maßgeblk der Ortsform ergeben sich aus Abs 4 u 5, vgl dazu Anm 5 u 6. Die Beobachtg der Ortsform ist also auch dann ausr, wenn das Wirkgsstatut sie nicht genügen läßt, RG **88**, 191, BGH NJW **67**, 1177. Für **Schuldverträge kann** die Maßgeblk der Ortsform

ausgeschlossen werden, BGH **57**, 337, dagg Jayme NJW **72**, 1618, Frank BWNotZ **78**, 95, vgl oben a. Bei der alleinigen Maßgeblk des GeschR bleibt es ferner auch dann, wenn das Recht des Vornahmeorts ein derartiges RGesch überhaupt **nicht kennt,** RG **160,** 225, Bokelmann NJW **72,** 1731, ders NJW **75,** 1625, aM Erm-Arndt Rdz 2, also eine Ortsform überh nicht bereit. Dies ist aber nicht schon dann der Fall, wenn die jur Ausgestaltgen des RGesch in der n dem AbschlOrt u dem Wirkgsstatut z Anwendg kommden Form sich, wie sehr häufig, nicht völlig decken. Die Übereinstimmg in den wesentl geschtypischen Merkmalen genügt, Begründg BT-Drucks 10/504 S 49, Düss RIW **88,** 226. **bb)** Im übr genügt die Einhaltg der Ortsform grdsätzl bei **allen Rechtsgeschäften,** also zB auch der Eheschl (für die Eheschl v Ausl im Inland gilt zusätzl Art 13 III 2), EheVertren sowie der Verpflichtg z **Veräußerung eines inländischen Grundstücks,** BayObLG DNotZ **78,** 58 (demgem kann im Ausland, wenn es das R des AbschlOrtes zuläßt, auch forml KaufVertr über in Dtschland gelegene Grdst abgeschl werden, vgl RG **121,** 154, KG OLG **44,** 150; z Auflassg dtscher Grdst vgl aber Anm c bb u 6). Auch die Formgültk der Beurk **gesellschaftsrechtlicher Vorgänge** beurteilt sich nicht ausschl n dem Personalstatut der JP als dem Wirkgsstatut; die Einhaltg der Ortsform genügt, BayObLG NJW **78,** 500, Ffm Betr **81,** 1456 (betr Übertr v GeschAnteil einer GmbH), Stgt NJW **81,** 1176 (VorlBeschl, vgl dazu zust BGH **80,** 76), Düss RIW **88,** 225 betr Satzgsänderg bei dtscher GmbH, ebso Bokelmann NJW **72,** 1729, Müller- Gindullis RabelsZ **74,** 643, Mann ZHR **74,** 452, Hachenburg-Behrens GmbHG I Einl Rdz 98, Bernstein ZHR **76,** 414, Wiedemann GesellschR I § 14 IV 2, MüKo-Spellenberg Rdz 19; **aM** Hamm NJW **74,** 1057, Karlsr AWD **79,** 567, Winkler NJW **72,** 981, ders NJW **74,** 1032, ders RPfl **78,** 44, Brambring NJW **75,** 1255, Wolfsteiner DNotZ **78,** 532, Staud-Großfeld Rdz 300 u 310, Firsching IPRax **83,** 80, Lichtenberger DNotZ **86,** 653, f eintraggspfl VerfassgsAkte auch Kropholler ZHR **76,** 402, Scholz-Westermann GmbHG Einl Rz 93, Bredthauer BB **86,** 1864, die insow Art 11 II aF (dh nunmehr Abs 5) analog anwenden; differenzierd Rothoeft Fschr f Esser (1975) 113. Vgl dazu auch Anm 1 c. Daher ist insb auch die Beurk v GesellschBeschl dch ausl Not unter Beobachtg der Ortsform grdsätzl wirks, sofern n dem Personalstatut der gesellschaftsr Vorgang nicht im Inland stattfinden muß, wie n allerd umstr Ans die Hauptversammlg der AG, Baumbach-Hueck, AktG 121 Rn 9; z Gesellschafterversammlg der GmbH vgl Düss RIW **88,** 226, Scholz-K. Schmidt GmbHG § 48 Rn 7 ff. Dagg will Hachenburg-Behrens GmbHG I Einl Rdz 99 f das Erfordern der not Beurk bei SatzgsBeschl als InhaltsVorschr qualifizieren, die nur dem Wirkgsstatut z entnehmen ist. **cc)** Die **Gleichwertigkeit** der UrkPers u des BeurkVorgangs aus der Sicht des GeschR ist bei der Einhaltg der Ortsform **entbehrlich** (und wenn etwa die Form des dtschen Rechts als Wirkgsstatut beachtet werden soll, vgl dazu oben c bb), Bokelmann NJW **72,** 1731, ders NJW **75,** 1625, teilw aM Rothoeft Fschr f Esser (1975) 113, offenb mißverstanden v AG Hbg IPRspr **80** Nr 193. **dd)** Maßg sind die Formerfordernisse des **Vornahmeorts.** Für deren Einhaltg spricht auch bei Zuziehg eines Notars kein Erfahrgssatz, aM Wiesbaden RPfl **88,** 17. Vornahmeort ist bei einseit fGeschen der Ort, an dem die Erkl abgegeben wird, da die Empfangsbedürftigk nicht z Form gehört, KG HRR **31,** 1051; bei VertrAbschl unter Abwesenden grdsätzl der Ort, an dem die Ann erkl wird, RG **62,** 381; befinden sich die VertrSchließden beim VertrSchluß in verschiedenen Staaten, so genügt n Abs 2 jedoch die Einhaltg der Form eines dieser Staaten, bei VertrSchluß dch einen StellVertr ist Vornahmeort der AufenthOrt des Vertr, Abs 3. – Die Dauer des Aufenth am Vornahmeort ist belanglos. Da der Gesetzgeber selbst die Ortsform genügen läßt, kommt eine Nichtanerkenng dieser Form wg **Gesetzesumgehung** auch dann nicht in Betr, wenn der AbschlOrt gerade wg der Formerleichterg, vgl Ffm OLGZ **67,** 377, od um Kosten zu ersparen, ins Ausland verlegt wurden ist, RG **62,** 381, Stgt Rpfl **78,** 137, Düss RIW **88,** 225, ebso Erm-Arndt Rdz 12, Soergel-Kegel Rdz 38, Müller-Gindullis RabelsZ **74,** 644, Maier-Reimer BB **74,** 1234, grdsl auch Kropholler ZHR **76,** 399, Bredthauer BB **86,** 1864, aM Neuhaus, Grdbegriffe § 25 I, Reithmann DNotZ **56,** 476, Winkler NJW **72,** 984, ders NJW **74,** 1033, Wolfsteiner DNotZ **78,** 536, Geimer DNotZ **81,** 410; vgl auch Einl 7 v Art 3. Der Anreiz z Ersparn der dtschen Notariatsgebühren dürfte allerd dch den Änd der KostO dch Gesetz v 20. 8. 75, BGBl 2189, weitgehd weggefallen sein. **ee)** Sind die Formerfordernisse am Vornahmeort nicht eingehalten, so beurteilen sich die RFolgen f die Formgültigk des RGesch zunächst n dem jew OrtsR; ist das Gesch danach nichtig, so bleibt es gleichwohl gültig, wenn es bei einem DistanzVertr iSv Abs 2 der Ortsform des Staates genügt od wenn es der Form des GeschR entspr. Sind die Formerfordernisse sowohl des Vornahmeorts (bzw der Vornahmeorte, Abs 2) als auch des GeschR verletzt, so beurteilt sich die Frage der Formgültigk n dem milderen Recht, vgl oben c cc.

3) Distanzverträge (Absatz 2). Eine Ergänzg bezügl der maßg Ortsform enth Abs 2 für DistanzVertr, bei deren Abschl sich die Part in verschied Staaten befinden. Hier genügt f die Formgültigk des Vertr neben der Einhaltg der Formerfordernisse des GeschR, vgl Anm 2 c, die der Formerfordernisse derjenigen Staaten, in welchen sich die VertrSchließenden aufhalten, vgl dazu Anm 2 d dd u ee.

4) Vertragsschluß durch Stellvertreter (Absatz 3). Bei VertrSchluß dch einen StellVertr wird die einzuhaltde Ortsform iSv Abs 1 u 2 dch den AufenthOrt des Vertreters, nicht denjenigen des Vertretenen, best. Dies gilt auch bei einer sog Handschuhehe, vgl oben Anm 2 b.

5) Grundstücksverträge (Absatz 4). In Abweichg v Abs 1–3 unterliegen Vertre über ein dingl Recht an einem Grdst od ein Recht z GrdstNutzg den zwingden FormVorschren des Staates der belegenen Sache, wenn diese ohne Rücks auf den AbschlOrt u das maßg GeschR Anwendg fordern. Ob die jew lex rei sitae ausschließl Geltg beansprucht, ist dem betr fremden Recht z entnehmen. Das dtsche Recht erhebt f schuldrechtl Vertre über inl Grdste diesen Anspruch nicht, vgl Anm 2 d bb, Begründg BT-Drucks 10/504 S 49, krit Reithmann Fschr Ferid (1988) 371 (wg Belehrg bei Bauherrnmodellen); z Auflassg dtscher Grdste vgl dagg Anm 2 c bb. Abs 4 bezieht sich **nicht** auf GrdstVertre mit **dinglicher** Wirkg; insow gilt Abs 5.

6) Sachenrechtliche Rechtsgeschäfte (Absatz 5). In sachl Übereinstimmg mit Art 11 II aF sieht Abs 5 die ausschließl Maßgeblk der Formerfordernisse des GeschR bei dingl RGeschen vor; prakt bedeutet dies, daß bei solchen Geschäften über die Formgültigk die lex rei sitae entsch, vgl Anh II z Art 38 Anm 2 u 3; die Einhaltg der Ortsform genügt dafür nicht. Abs 5 gilt f bewegl Sachen u Grdste. Die Vorschr bezieht sich jedoch nur auf Verfügen, nicht auch auf die schuldr VerpflichtgsGesche, die diesen zugrundeliegen; dies gilt auch dann, wenn ein bes sachenrechtl VollzugsGesch z Bewirkg des EigtÜbergangs nicht erfdl ist (roman Rechte), Köln OLGZ **77**, 201, Küppers DNotZ **73**, 666, Staud-Firsching Rdz 157, aM Soergel-Kegel Rdz 15. Nicht hierher gehört auch die Erteilg einer Vollm, Stgt MDR **81**, 405 (AuflVollm), Kegel IPR § 17 V 3, aM Ludwig NJW **83**, 495 (f die unwiderrufl AuflVollm). Für die **Auflassung** eines **deutschen** Grdst gilt n Abs 5 ausschließ die vom dtschen Recht vorgeschriebene Form, dh § 925; danach ist die Auflassg vor einem ausl Notar nicht wirks, vgl Anm 2 c bb. Auf die Übertragg eines Erbteils ist Abs 5 auch nicht entspr anzuwenden, aM Ludwig NJW **83**, 496, Staud-Firsching Rdz 159, ebsowenig auf Satzgsänderg einer GmbH, Düss RIW **88**, 225.

EG 12 Schutz des anderen Vertragsteils.
Wird ein Vertrag zwischen Personen geschlossen, die sich in demselben Staat befinden, so kann sich eine natürliche Person, die nach den Sachvorschriften des Rechts dieses Staates rechts-, geschäfts- und handlungsfähig wäre, nur dann auf ihre aus den Sachvorschriften des Rechts eines anderen Staates abgeleitete Rechts-, Geschäfts- und Handlungsunfähigkeit berufen, wenn der andere Vertragsteil bei Vertragsabschluß diese Rechts-, Geschäfts- und Handlungsunfähigkeit kannte oder kennen mußte. Dies gilt nicht für familienrechtliche und erbrechtliche Rechtsgeschäfte sowie für Verfügungen über ein in einem anderen Staat belegenes Grundstück.

1) Allgemeines. Rechts-, Geschäfts- u HdlgsFähigk beurteilen sich n Art 7 I n dem Personalstatut des Betroffenen. Dies gilt insb auch f Voraussetzgen u Wirkgen einer Entmündigg, vgl dazu Art 7 Anm 2 b aa. Art 12 enth eine **Ausnahme** von dieser Regel im Interesse des **Verkehrsschutzes**. Satz 1 entspr inhaltl **Art 11 des EG-Schuldvertragsübereinkommens** vom 19. 6. 80, vgl dazu Einleitg 2 b cc vor Art 3. Satz 2 übernimmt die bisher in Art 7 III 2 aF getroffene Regelg. Die noch im RegEntw in Art 12 II vorgesehene analoge Anwendg auf die fehlde Vertretgmacht eines Elternteils, Vormunds od Pflegers ist im Rechtsausschuß gestrichen worden. Eine Art 12 ergänzde Sonderregelg f das ehel GüterR enth Art 16.

2) Grundsatz (Satz 1). Art 12 schützt das Vertrauen auf eine n dem Recht des Abschlußortes bestehde Rechts-, Geschäfts- u HdlgsFähigk, z Begriff vgl Art 7 Anm 2 a und b, einer natürl Person, deren Personalstatut einem and Recht unterliegt; z entspr Anwendg auf ausl jurist Personen vgl Anh z Art 12 Anm 3. **a) Voraussetzung** ist (1) ein VertrSchluß zw Personen, die sich im selben Staat befinden (ein einseitiges RGesch genügt nicht, aM Lichtenberger DNotZ **86**, 652); bei VertrSchl dch StellVertr gilt Art 11 III entspr, Liessem NJW **89**, 501; (2) eine nach dem Recht des Abschlußortes bestehde Rechts-, Geschäfts- u HdlgsFähigk eines VertrSchließden, die n seinem Personalstatut nicht besteht und (3) eine nicht auf Fahrlässigk beruhde Unkenntn des VertrGegners v dieser fehlden Rechts-, Geschäfts- u HdlgsFähigk; die bloße Kenntn des VertrGegners, daß er es mit einem Ausl zu tun hatte, rechtfertigt den Vorwurf der fahrläss Unkenntn nicht, vgl dazu Liessem NJW **89**, 501; zur Beweislast Wolfsteiner DNotZ **87**, 82. **b)** Sind diese Voraussetzgen erfüllt, so kann sich der n seinem Personalstatut Rechts-, Geschäfts- od HdlgsUnfähige nicht auf die daraus resultierden Folgen für die Wirksamk des Vertrages berufen, bei VertrSchluß eines 18-jährigen Ausl in der BRep also nicht auf eine n seinem HeimatR noch nicht eingetretene Volljährigk einschließl ihrer RFolgen, vgl dazu Hepting FamRZ **75**, 452. Der Vertr ist also wirks, wenn er bei Abschl dch einen Inländer wirks wäre. Bei Kenntn od fahrl Unkenntn des VertrPart von der mangelnden Rechts-, Gesch- od HdlgsFähigk beurt sich dagg die Wirksamk des Vertrages nach dem an sich maßg ausl Recht, and Liessem aaO 501. **c)** Art 12 gilt grdsätzl auch bei einer **Entmündigung** eines Ausl dch seinen Heimatstaat, die im Inland anzuerkennen ist, vgl Art 8 Anm 3 b; sie hat unter den Voraussetzgen des Art 12 nur die im dtschen Recht vorgesehenen Wirkgen, wenn diese weniger weit gehen als n dem HeimatR, vgl Soergel-Kegel Art 7 Rdz 15. Im Anwendgs-Bereich des Haager EntmündiggsAbk, vgl Anh zu Art 8, ist EG 12 dch dessen Art 9 I ausgeschl.

d) Art 12 S 1 gilt nicht nur wie Art 7 I f die Rechts- u GeschFähigk, sond ausdrückl auch f die allg **Handlungsfähigkeit**. Trotz der Streichg des Abs 2 des RegEntw, vgl Anm 1, ist der Grds desh auch auf **familienrechtliche Handlungsbeschränkungen** anzuwenden, wie den Umfang der gesetzl Vertretgsmacht der Eltern, des Vormundes od Pflegers, vgl BT-Drucks 10/5632 S 40 f, od Beschränkgen v Eheg bei der Eingehg best RGesche, zB Verfüggsbeschränkgen od Interzessionsbeschränkgen, Hanisch IPRax **87**, 51; z Anwendg v § 1357 bei InlandsGeschen vgl Art 16.

3) Ausnahme (Satz 2). Die Anwendg des in S 1 vorgesehenen Verkehrsschutzes ist wegen der abweichden Interessenlage ausgeschl bei familien- u erbrechtl RGeschen, zB Verlöbnis, EheVertr, Kindesannahme, unrichtig AG Korbach StAZ **81**, 203, vgl dazu v Mangoldt ebda, Errichtg od Aufhebg einer Verfügg vTw, Erbausschlagg, Erbverzicht. Das gleiche gilt f Verfüggen über ein in einem and Staat belegenes Grdst; der Begr der Verfügg ist dabei nicht im dtschen Recht z qualifizieren, da es sich um eine Vorschr des autonomen dtschen IPR handelt, vgl Anm 1; VerpflichtgsGesche, wie GrdstKauf, -miete od -pacht fallen nicht darunter. Soweit S 2 eingreift, hat es bei der selbständ Anknüpfg der Vorfrage n Art 7 I sein Bewenden; Rechts-, Geschäfts- u HdlgsFähigk beurteilen sich also ausschließl n dem Personalstatut der Vertrschließden.

Anhang zu Art 12
Juristische Personen und Gesellschaften

Abgekürzt zitierte **Literatur:** Hachenburg-Behrens, GmbHG, 7. Aufl Bd I (1975); MüKo-Ebenroth, IPR (1983) Nach Art 10 EGBGB; Scholz-Westermann, GmbHG, 7. Aufl (1986); Staud-Großfeld, Internat GesellschR (1981); Wiedemann, GesellschR Bd I (1980).

1) Allgemeines. Auch die Neuregelg des IPR dch das IPRG enth keine Kollisionsnorm über **juristische Personen,** vgl Einl 5 a vor Art 3; vom Anwendgsbereich der Art 27 ff werden Fragen betr das GesellschR, das VereinsR u das Recht der jur Pers ausdrückl ausgenommen, Art 37 Nr 2. Motiv dieser Enthaltsamk war ua das v der BRep bereits ratifizierte, aber noch nicht in Kraft getretene EG-Übk über die ggseitige Anerkenng v Gesellschaften u jur Pers vom 29. 2. 68, BGBl 72 II 369, vgl dazu Anm 6. Die Best der RO, die f die RVerh der JP maßg ist (dh ihr **Personalstatut**), bleibt daher weiterhin Rspr u RLehre überlassen. Auf die Anknüpfgspkte f das Personalstatut natürl Pers, wie Staatsangehörigk, Wohns od gewöhnl Aufenth, kann dabei nicht zurückgegriffen werden. In Betr kommt vor allem die Unterstellg vor RO, n der die JP gegründet worden ist (**Gründungstheorie**) od die Anwendg der RO, in deren Bereich ihr Sitz liegt (**Sitztheorie**). Die Gründgstheorie ist im anglo-amerikan RKreis herrschd. Sie läßt dem PartWillen Spielraum u birgt das Risiko der Manipulation. Demggü beruft die Sitztheorie die RO z Anwendg, in deren Geltgsgebiet der Schwerpkt der tats geschäftl Aktivitäten der JP liegt. Sie hat den Vorzug der Sachnähe u erleichtert die wirks Kontrolle dch den hauptbeteil Staat. Im dtschen IPR wurde bish überw die Sitztheorie vertreten; sie beherrscht bis heute die Rspr. In der Literatur hat dagg neuerd die Gründgstheorie in versch Varianten erhebl Einfluß gewonnen. Vgl dazu die krit Würdigg v Ebenroth/Sura RabelsZ **79**, 315.

2) Personalstatut juristischer Personen. a) Anknüpfgspkt für das Personalstatut der JP ist der **tatsächliche Sitz der Hauptverwaltung**, RG **117**, 215, 217; BGH **53**, 181, 183, **78**, 318, 334 (wohl auch BGH WPM **79**, 692), BGH **97**, 269; Hamm NJW **74**, 1057; Celle WPM **84**, 500; Ffm IPRspr **84** Nr 21; Koblenz RIW 86, 137; BayObLG **85**, 279; Hbg NJW **86**, 2199, RIW **88**, 816; LG Köln RIW **87**, 54; Saarbr JZ **89**, 904; Staud-Großfeld Rdz 61; Erm-Arndt EG 10 Rdz 1; Ferid IPR Rdz 5–63; Ebenroth, KonzernkollisionsR im Wandel (1978); ders JZ **88**, 22; MüKo-Ebenroth Rdz 153 ff; Scholz-Westermann GmbHG Einl Rdz 85; Kölner Komm-Zöllner, AktG Einl Rz 190; Kaligin Betr **85**, 1450; Wessel/Ziegenhain GmbHR **88**, 425; grdsl auch Soergel-Lüderitz Rdz 204 vor EG 7 (aber Vermutg f Sitz im Staat, nach dessen R die Gründg erfolgt ist); **abw** (f Gründgstheorie) Beitzke ZHR **64**, 1, Hachenburg-Behrens GmbHG I Einl Rdz 87 (vgl auch Behrens RabelsZ **88**, 498), Ansay Fschr f Ferid (1978) 3 (f Gastarbeitergesellschaften), Neumayer ZVglRWiss **84**, 139 u grdsl auch Grasmann, System des internat GesellschR, 1970 (der unterschiedl Behandlg v Außen- u InnenVerh verlangt); f grdsl Anwendg des Gründgstatuts, das aber in best Umfang vom Sitzstatut verdrängt w (Überlagergstheorie) Sandrock RabelsZ **78**, 227, ders, Berichte der dtschen Gesellsch f VölkerR Heft 18 (1978) 191, ders, Fschr f Beitzke (1979) 669, ders RIW **89**, 249, 505; f eine vermittelnde Lösg auch Wiedemann Fschr f Kegel (1977) 194, der n Fallgruppen unterscheidet. Zur Vereinbark der Sitztheorie mit dem europ GemeinschR BayObLG **86**, 351; Großfeld IPRax **86**, 351, Großfeld/Jasper RabelsZ **89**, 55; Ebke ZGR **87**, 245; Ebenroth JZ **88**, 24; Ebenroth/Eyles Betr Beil Nr 2/88 S 10; Behrens RabelsZ **88**, 498; Sandrock RIW **89**, 508; Wessel/Ziegenhain GmbHR **88**, 427.

Maßg ist das R am effektiven VerwSitz, v dem aus die JP tats gelenkt wird, dh am **Schwerpunkt des körperschaftlichen Lebens.** Dabei sind die Umst des Einzelfalles z berücksicht, zB Sitz der Generaldirektion, Taggsort v Vorstd, AufsRat u HauptVers, Ort der GeschLeitg, vgl dazu Ebenroth/Bippus JZ **88**, 677, FG Düss IPRspr **86** Nr 23; die bloße nominelle Festsetzg eines VerwSitzes in der Satzg (Briefkastengesellsch) ist unerhebl, vgl BayObLG **85**, 280, differenziert v Falkenhausen RIW **87**, 818; iZw befindet sich aber der effektive VerwSitz einer jur Pers in dem Staat, n dessen Recht sie erkennb organisiert ist, Mü NJW **86**, 2197, LG Rottweil IPRax **86**, 110, v. der Seipen ebda 93, abl Ebenroth/Bippus JZ **88**, 681. Der effektive VerwSitz ist f jede einz JP selbstd z best; auch wenn sie als TochterG in einen **Konzern** eingebunden ist, kann sie einen v der MutterG versch Sitz haben, Ebenroth JZ **88**, 23; f die RVerhe zw der herrschden u der abhäng Gesellsch gilt das Statut der letzteren, Wiedemann GesellschR I § 14 III, Kölner Komm-Zöllner, AktG Einl Rz 200. – Die gleichen Grdse gelten auch im **innerdeutschen** KollisionsR. Zur Anwendg gelangt auch hier das Recht des Ortes, an dem die Verwaltg tats geführt wird, vgl Soergel-Lüderitz vor EG 7 Rdz 276, Staud-Großfeld Rdz 116. Zu den bei einer Enteigng der JP auftauchenden Fragen vgl Anh II z Art 38 Anm 5.

b) Ausnahmen. Rück- od Weiterverweisg (vor allem wenn Sitzstaat der Gründgstheorie folgt) sind zu beachten, Art 4 I, Hbg RIW **88**, 816, Ebenroth/Eyles IPRax **89**, 9, vgl ferner Staud-Großfeld Rdz 103, Kaligin Betr **85**, 1451, einschränkd Soergel-Lüderitz Rdz 267 vor EG 7. Die Anwendg ausl SitzR kann n Art 6 ausgeschl sein; die Abs, unter Ausnutzg der GesellschForm Steuern z sparen, genügt dafür nicht, BGH WPM **79**, 692. – Nach §§ 23, 80 S 2 kann BMI einem Verein od einer Stiftg mit Sitz im Ausland die RFgk in Anwendg dtschen R verleihen, zB dtschen Schulvereinen im Ausland. – **Sitzverlegung** in ein anderes Land hat einen **Statutenwechsel** z Folge, BGH **97**, 269, Mü NJW **86**, 2197; die JP besteht aber unter Wahrg ihrer Identität fort, wenn dies n dem R sowohl des alten wie des neuen Sitzes statth ist, BGH **97**, 269, Kegel IPR § 17 II 2, Ferid IPR Rdz 5–67, 6, Behrens RIW **86**, 590. Ist dies nicht der Fall (wie bei Sitzverlegg in die BRep), kommt nur Auflösg u Neugründg in Betr, vgl BGH **97**, 269, Nürnb AWD **85**, 494 u dazu Rehbinder IPRax **85**, 324, ferner MüKo-Ebenroth Rdz 171 ff, aM Wessel/Ziegenhain GmbHR **88**, 427, Großfeld/Jasper RabelsZ **89**, 52. Die gilt grdsl auch dann, wenn das GesellschR des alten u des neuen Sitzstaats übereinstimmt, Scholz-Westermann GmbHG Einl Rdz 123, einschränkd Großfeld/Jasper RabelsZ **89**, 52 (auch zu grenzüberschreiter Fusion); Besonderh galten aber bei Rückwanderg dtscher Gesellsch aus abgetrennten Gebieten, vgl RG **107**, 94, OLG **43**, 201, BGH **25**, 134. Zu den RProblemen der Spaltgesellsch bei Enteigng vgl Anh II z Art 38 Anm 5. Zur Beurteilg transnationaler Unternehmen Großfeld ZGR **87**, 504; Ebenroth JZ **88**, 75; Kaiser RIW **88**, 589; zur privatr RFähigk internat Organisationen Kunz-Hallstein GRUR Int **87**, 819, 824; Ebenroth JZ **88**, 83, Ebenroth/Fuhrmann JZ **89**, 211; Mann ZHR **88**, 311.

3) Anwendungsgebiet des Personalstatuts. Das Recht des Verwaltgssitzes entsch über das Vorhandensein einer JP, RG **92**, 74, dh zunächst ihre **Gründung** (einschl RLage der GründgsGesellsch, Staud-Großfeld Rdz 186, während der GründgsVorvertr n dem Schuldstatut zu beurt ist, Kaligin Betr **85**, 1453), sowie Beginn u Umfang der **Rechtsfähigkeit** im allg, Hbg IPRspr **77** Nr 5, LG Rottw IPRax **86**, 110 (wg der sog bes RFgk vgl Art 7 Anm 2 a u EG 86, 88, z bes RFähigk z Erwerb einer Beteiligg an einer inl Gesellsch vgl BayObLG **86**, 61 u dazu Ebke ZGR **87**, 265, Saarbr JZ **89**, 904 u dem Ebenroth/Hopp ebda 883); bei Beschrkg der RFgk auf den satzgsmäß Zw, zB n der engl ultra vires-Lehre, ist inländ GeschVerk entspr Art 12 z schützen, Staud-Großfeld Rdz 192, MüKo-Ebenroth Rdz 231 ff, abw Soergel-Lüderitz

Anh zu EGBGB 12 (IPR) 3, 4

Rdz 234 vor EG 7. Nach dem Personalstatut beurteilen sich weiter der **Name** der JP, BayObLG **86**, 61, Rowedder-Rittner GmbHG (1985) Einl Rdz 282 sowie die **körperschaftliche Verfassung** einschl der **Mitbestimmung** der ArbNehmer in den GesellschOrganen, vgl Däubler RabelsZ **75**, 444, Birk AWD **75**, 589, Müffelmann BB **77**, 628, Lutter Fschr f Zweigert (1981) 256, Schubert, Unternehmensmitbestimmg u internat WirtschVerflechtg, 1984; daher keine Anwendg der dtschen MitBestVorschr auf unselbstd inl Zweigniederlassg eines ausl Unternehmens, Staud-Großfeld Rdz 315, aM Ebenroth/Sura ZHR **80**, 619, wohl aber auf die in einen ausl Konzern eingebundene rechtl selbstd InlandsGesellsch, Lutter Fschr f Zweigert (1981) 262. Die dtschen MitBestVorschr beanspruchen grdsl keine Anwendg im Ausland, vgl LAG Berlin AWD **77**, 1302, LG Düss Betr **79**, 1451 (kein WahlR der ArbN ausl TochterGft z AufsR der dtschen Konzernspitze), Duden ZHR **77**, 182, Pipkorn ZHR **77**, 339, Bellstedt BB **77**, 1326, Ebenroth/Sura ZHR **80**, 610, Lutter Fschr f Zweigert (1981) 260; eine Ausn gilt n BPersVG 90 f die Dienststellen der BRep im Ausland; ebso bei AuslMitArb eines EntwicklgsHilfeUntern, LG Ffm Betr **82**, 1312, vgl dazu Richardi IPRax **83**, 217; z Berücksichtigg der dtschen MitBestVorschr bei der Unterstellg einer dtschen Gesellsch unter ein ausl Untern im Rahmen eines BeherrschgsVertr vgl Bernstein/Koch ZHR **79**, 522, Ebenroth/Sura ZHR **80**, 620, Hanau/Ulmer MitbestG (1981) § 5 Rdz 56. Das Personalstatut gilt ferner f die **Geschäftsführung,** insb die Vertretgsmacht der Organe, vgl BGH **40**, 197 (aber auch Gesichtspkt der AnscheinsVollm z berücksicht, BGH aaO 204), BGH IPRax **85**, 221, Hamm AWD **84**, 653 (auch im Konkurs), Ffm IPRspr **84** Nr 21, Kneip, GeschFgsVertr im IPR (1983) 198, währd f die Vertretgsmacht sonst MitArb das jew VollmStatut gilt, vgl dazu Anh zu Art 32. Das Personalstatut der Gesellsch regelt auch die **Haftung** der Gesellschafter, insb aGrd Dchgriffshaftg, BGH IPRspr **56/57** Nr 34, BGH **78**, 318, 334 (auch f den umgekehrten Fall des Durchgriffs gg die JP wg Schulden der Gesellschafter), vgl dazu Hanisch ZIP **81**, 575, differenziert Bernstein Fschr f Zweigert (1981) 37, Staud-Großfeld Rdz 257, MüKo-Ebenroth Rdz 293 ff, Khadjavi-Gontard/Hausmann AWD **83**, 1; z HaftgsDurchgriff auf die MutterGesellsch vgl Behrens RabelsZ **82**, 308, 341, Lorenz IPRax **83**, 85 (grdsl maßgebd Statut der abhängigen Gft), ferner Fischer IPRax **89**, 215; z HaftgsDurchgriff bei Staatsunternehmen auf den Staat vgl v Hoffmann, Berichte der dtschen Gft f VölkerR 25 (1984) 69. Das gleiche gilt f Form u RWirksk der **Satzung** u ihrer Abänderngen sowie die rechtl Folgen dieser Abänderngen, RG **73**, 367 (Formerfordern der Satzgsänderg einer GmbH mit Sitz in der BRep ist aber bei Vornahme im Ausl nicht ausschließl nach dtschem R zu beurteilen; Beobachtg der Ortsform gem Art 11 I genügt, vgl dazu Art 11 Anm 2 d bb, aM Hamm NJW **74**, 1057, Winkler NJW **72**, 981, Staud-Großfeld Rdz 296), Fassg u Anf eines **Beschlusses** der Mitgliederversammlg, Zulässigk u Wirkgen v StimmbindgsVertr, Overrath ZGR **74**, 86, Wiedemann GesellschR I § 14 IV 1 b, Kaligin Betr **85**, 1453, Voraussetzg der **Übertragung** von Anteilsrechten, Karlsr IPRspr **83** Nr 20, Celle WPM **84**, 500, währd f das schuldr GrdGesch grdsl das VertrStatut gilt, vgl dazu Art 27 u 28 II (soweit die ÜbertraggsPfl nicht gesellschaftsr Ursprungs ist, Scholz-Westermann GmbHG Einl Rdz 116) u über die Form EG 11 entsch, vgl dort Anm 2–4 (dies gilt auch für die Form der Übertr von GmbH-Anteilen, die bei Vornahme im Ausl gem Art 11 I alternativ nach GmbHG 15 III als Wirkgsstatut u dem R des Vornahmeortes zu beurteilen ist, BayObLG NJW **74**, 500, Ffm Betr **81**, 1456, Maier-Reimer BB **74**, 1230, Hachenburg- Behrens GmbHG I Einl Rdz 100, Bernstein ZHR **76**, 414; aM Staud-Firsching EG 11 Rdz 97, Staud- Großfeld Rdz 310, Winkler NJW **72**, 982, ders Rpfleger **78**, 44, differenziert MüKo-Ebenroth Rdz 278); Zulässigk des Erwerbs v AnteilsR dch eine JP an einer ausl Gesellsch ist n den Personalstatuten beider Gesellschen z beurteilen, BayObLG **86**, 61. Nach dem Personalstatut beurteilt sich auch die **Beendigung** der RFgk, Ffm OLG **16**, 100, BGH **51**, 27, also auch deren Entziehg, RG **129**, 98; jedoch ist bis z Beendigg der Liquidation des inl Vermögens vom Fortbestand einer ausl JP auszugehen, die nach ihrem Personalstatut die RFgk verloren hat, Stgt NJW **74**, 1627. Das Personalstatut der abhäng Gesellsch (nicht das des herrschden Untern) entsch grdsl auch über Voraussetzgen u RFolgen **grenzüberschreitender Beherrschungsverträge,** Ffm EWiR **1/88**, 587 (Ebenroth), vgl ferner Wiedemann GesellschR I § 14 III 2, f Maßgeblk des VertrStatuts dagg Neumayer ZVglRWiss **84**, 149; insow findet das WeisgsR des herrschden ausl Untern bei den inl MitBestVorschr seine Grenze; für Unzulässigk derart WeisgsR v Ebenroth JZ **88**, 77. Eine **Enteignung** dch den Sitzstaat erfaßt grdsl nicht auch das im Ausland belegene Verm, BGH **25**, 127, stRspr. Hat die enteignete JP Verm im Inland, so besteht sie selbst, die Vertretgsmacht ihrer Organe u die Mitgliedsch an ihr in der BRep weiter, BGH **43**, 51. Vgl dazu näher Anh II z Art 38 Anm 5 a. Eine Enteigng des AuslVerm ist auch nicht auf dem Umweg der Enteigng aller od nahezu aller MitgliedschR mögl, BGH **32**, 256. Wg des **ILR,** insb der Enteigngen in der DDR Anh II z Art 38 Anm 5 b.

4) Anerkennung ausländischer juristischer Personen; vgl dazu Staud-Großfeld Rdz 123; Behrens ZGR **78**, 499; Drobnig Fschr f v Caemmerer (1978) 688; Ebenroth/Sura RabelsZ **79**, 315; Wiedemann GesellschR I § 14 I. Die Frage, ob eine JP besteht u rechtsfäh ist, dh als solche „anzuerkennen" ist, beurteilt sich n ihrem Personalstatut, befindet sich der effektive VerwSitz im Inland also nach dtschem Recht (auch bei Gründg im Ausland nach ausl Recht), vgl v Falkenhausen RIW **87**, 820, Ebenroth/Bippus JZ **88**, 679. Ausl JP, die nach ihrem Personalstatut wirks gegründet sind, besitzen die RFgk daher auch im Inland, ohne daß es dafür einer bes Anerkenng bedarf, RG **83**, 367, BayObLG **86**, 61 (vgl dazu Großfeld IPRax **86**, 351, Ebke ZGR **87**, 245), Saarbr JZ **89**, 904 (auch zur bes RFähigk zur Beteiligg an dtscher KG, vgl dazu Ebenroth/Hopp ebda 883), st Praxis; diese ergibt sich viel aus der Anwendg der einschläg Vorschr des allg GesellschStatuts, Behrens ZGR **78**, 510, Staud-Großfeld Rdz 128, dh des R des VerwSitzes, vgl oben 2 a. Das gleiche gilt auch f ausl JP öffr Charakters; sie unterliegen der inl Gerichtsbk, BGH **18**, 1, sofern es sich nicht um hoheitl Betätigg eines ausl Staates handelt, vgl BVerfG **15**, 25; **16**, 27, **46**, 342; Koblenz OLGZ **75**, 379; Ffm AWD **77**, 721, **85**, 484 (krit dazu Gramlich NJW **81**, 2618); der ZwVollstr in Ggste dieses Staates, die hoheitl Zwecken dienen, bedarf seiner Zust, BVerfG **46**, 342 (betr Bankkonto einer ausl Botsch), vgl auch LG Hbg AWD **81**, 712, z Immunität v Zentralbanken s Gramlich RabelsZ **81**, 545, od sonstigen Staatsunternehmen BVerfG **64**, 1 auf Ffm IPRax **83**, 68 u dazu Albert ebda 55, v Hoffmann, Berichte der dtschen Gft f VölkerR 25 (1984) 47, Esser AWD **84**, 577, v Schönfeld NJW **86**, 2980, Mann RIW **87**, 186. Immunität bei hoheitl Tätigk umfaßt auch die handelnden Organe, BGH NJW **79**, 1101. Zur kollisionsr

Beurteilg von jur Personen des VölkerR Mann ZHR **88**, 310. – Die Anerkenng der JP schließt nicht ohne weiteres die Zulassg zur geschäftl Tätigk in sich ein. Diese unterliegt vielm im allg der bes fremdenr Genehmigg des anerkennenden Staates, vgl dazu Ebenroth JZ **88**, 84.

5) Entspr Reg gelten auch für **handelsrechtliche Gesellschaften ohne Rechtsfähigkeit,** zB OHG od KG, BGH NJW **67**, 36, Ffm IPRax **86**, 373, Ahrens ebda 357, Staud-Großfeld Rdz 531 ff, grdsl auch Soergel- Lüderitz Rdz 257 vor EG 7, vgl auch RG **36**, 393, Hbg HansGZ **32** B 265 (engl partnership), sowie allg f **Personenvereinigungen** mit eigener Organisation, die n ihrem Personalstatut **nicht rechtsfäh** sind, insb nichtrechtsfäh Vereine. Auch die RVerhe solcher Vereiniggen sind n ihrem Personalstatut u damit n der RO an ihrem Sitz z beurteilen, Staud-Großfeld Rdz 534, Ebenroth JZ **88**, 23; dies gilt insb f die Haftg der Gesellsch u grdsl auch der Gter, RG **124**, 146, BGH **LM** HGB 105 Nr 7, LG Hbg IPRspr **76** Nr 210, u zwar auch dann, wenn f die Fdg ein and R maßg ist. Im allg gilt die RO des Sitzstaates auch f das InnenVerh der Gter, RG JW **11**, 718. Wg Gesellsch des bürgerl R ohne eig Organisation vgl Art 28 Anm 4 l.

6) **Staatsverträge.** Die Anerkenng jur Personen u anderer Handelsgesellschaften ist vielf staatsvertragl sichergestellt; vgl dazu Beitzke Fschr Luther (1976) 1, Ebenroth/Bippus Betr **88**, 842, RIW **88**, 336, NJW **88**, 2137. Der EWG-Vertrag selbst enth keine dahingehende Verpflichtg, Staud-Großfeld Rdz 92, vgl ferner BayVerfGH NJW **85**, 2894, BayObLG **85**, 280 u dazu Großfeld IPRax **86**, 145. Das ÜbK üb die gegenseitige Anerkenng von Gesellsch u jur Personen der EWG-Staaten v 29. 2. 68 u das zugehör G v 18. 5. 72, BGBl II 369, sowie das G v 14. 8. 72, BGBl II 857 z Protokoll v 3. 6. 71 betr die Auslegg des ÜbK sind noch nicht in Kraft getreten; vgl dazu Staud-Großfeld Rdz 98, Ebenroth/Sura RabelsZ **79**, 319, sowie ZIP **86**, 677.

Dritter Abschnitt. Familienrecht

Vorbemerkung

Schrifttum: Jayme, Internat FamR heute, Fschr f Müller-Freienfels (1986) 341; Henrich, Das internat EheR nach der Reform, FamRZ **86**, 841; Beitzke, Neuerungen im internat KindschR, ZfJ **86**, 477 u 537; Rauscher, Neues internat KindschR – Schwerpunkte der Reform, StAZ **87**, 121; Wegmann, RWahlmöglichkeiten im internat FamR, NJW **87**, 1740; Sturm, Das neue internat KindschR, IPRax **87**, 1; Kotzur, Kollisionsr Probleme christl-islam Ehen, 1988; Henrich, Ehe- u FamSachen mit Ausländerbeteiligg, 4. Aufl 1988, ders, Internat FamR, 1989.

Auf der Neuregelg des internat FamR in Art 13–24 liegt neben der des internat SchuldVertrR der Schwerpkt der Reform dch das IPRG. Von grdlegder Bedeutg ist dabei Art 14, der über seinen unmittelb Anwendungsbereich der persönl Ehewirkgen hinaus eine GrdsKollisionsnorm f die RBeziehungen zw Eheg untereinand u z ihren Kindern enth (vgl die Verweisgn in 15 I, 17 I, 19 I, II, 21 I u 22). Auf diese Weise wird ein **einheitliches Familienstatut** geschaffen, das freil im einz nicht ohne Modifikationen bei der Anknüpfg der Einzelstatuten dchgehalten wird. Die Neuregelg geht vom Vorrang der Staatsangehörigk als Anknüpfgspkt aus, die dch den gewöhnl Aufenth als Auffangsanknüpfg ergänzt wird. Eine wesentl Änderg ggü dem bish RZustand bringt die Zulassg einer **Rechtswahl** dch die **Ehegatten,** vgl Art 14 II u III, 15 II, die aber auf deren RBeziehgen beschr bleibt u keine Auswirkgen auf den Status eines Kindes hat, vgl die Einschränkg der Verweisg in Art 14 I in Art 19 I 1, II 1, 21 I 1, 22 S 2. Damit soll es den Beteiligten angesichts der Vielfalt der in Betr kommden Interessen ermögl werden, selbst ein f ihre Bedürfn geeignetes Recht z best. Die RWahl wird allerdings in der GrdsKollisionsnorm des Art 14 auf die HeimatRe der Eheg beschränkt; f das ehel GüterR werden zusätzl die ROrdngen ihres gewöhnl Aufenth u f Grdste ihres Lageorts z Wahl gestellt.

EG 13 *Eheschließung.* ^I Die Voraussetzungen der Eheschließung unterliegen für jeden Verlobten dem Recht des Staates, dem er angehört.

^{II} Fehlt danach eine Voraussetzung, so ist insoweit deutsches Recht anzuwenden, wenn

1. ein Verlobter seinen gewöhnlichen Aufenthalt im Inland hat oder Deutscher ist,
2. die Verlobten die zumutbaren Schritte zur Erfüllung der Voraussetzung unternommen haben und
3. es mit der Eheschließungsfreiheit unvereinbar ist, die Eheschließung zu versagen; insbesondere steht die frühere Ehe eines Verlobten nicht entgegen, wenn ihr Bestand durch eine hier erlassene oder anerkannte Entscheidung beseitigt oder der Ehegatte des Verlobten für tot erklärt ist.

^{III} Eine Ehe kann im Inland nur in der hier vorgeschriebenen Form geschlossen werden. Eine Ehe zwischen Verlobten, von denen keiner Deutscher ist, kann jedoch vor einer von der Regierung des Staates, dem einer der Verlobten angehört, ordnungsgemäß ermächtigten Person in der nach dem Recht dieses Staates vorgeschriebenen Form geschlossen werden; eine beglaubigte Abschrift der Eintragung der so geschlossenen Ehe in das Standesregister, das von der dazu ordnungsgemäß ermächtigten Person geführt wird, erbringt vollen Beweis der Eheschließung.

1) **Allgemeines.** a) Art 13 regelt wie schon im bish Recht die materiellen **Voraussetzungen** einer Eheschl einschl der Folgen ihres Fehlens sowie die **Form** einer Eheschl im **Inland.** Soweit dabei in Abs 1 das **Heimatrecht** der Verlobten f anwendb erkl wird, sind **Rück- oder Weiterverweisung** z beachten, Art 4 I; z Anknüpfg bei Mehrstaatern, Staatenlosen, Flüchtlingen vgl Art 5 mit Anh. Art 13 gilt entspr auch im innerdtschen KollisionsR; dabei wurde bish an Stelle der Staatsangehörigk an den gewöhnl Aufenth der Verlobten angeknüpft, vgl dazu jetzt Anh z Art 3 Anm 2, ferner Wähler in: Zieger, Das FamR in beiden

dtschen Staaten (1983) 169. Die in der DDR geschl Ehe eines 18jähr, der dort seinen gewöhnl Aufenth hatte, war daher in der BRep auch vor Herabsetzg des VolljAlters nicht fehlerh, BGH **42**, 89. Über **staatsvertragliche Sonderregelungen,** die n Art 3 II 1 Art 13 vorgehen, vgl Anh. **b)** Abs 2 enth eine spezielle Vorbeh-Klausel aus ordre public-Erwäggen zG des dtschen Rechts, in deren Anwendungsbereich der Rückgr auf Art 6 überflüss ist, vgl dort Anm 3a. Sind die Voraussetzgen des Abs 2 nicht erf, so kann die Anwendg fremden Rechts auch dch **Art 6** ausgeschl sein, vgl dort Anm 5d bb u unten Anm 3a. Das Eheverbot der Religionsverschiedenh verstößt zwar nicht als solches, RG **132**, 416, wohl aber bei hinreichend starker Inlandsbeziehg des Falles gg Art 6, BGH **56**, 180 (dazu Strümpell StAZ **72**, 228), Hamm FamRZ **77**, 323. Mit Art 6 unvereinb wäre ein Verbot der Heirat vor Erfüllg der Wehrpfl, vgl Düss StAZ **80**, 308, ebso die Anwendg von Art 150 schweiz ZGB, da dem dtschen R Ehescheidgsstrafen fremd, KG JW **38**, 2750, Staud-v Bar Rdz 146; ebso das fr span Eheverbot der höheren Weihen, Hamm StAZ **74**, 66 (inzw aufgeh dch G v 7. 7. 81, StAZ **82**, 86); nicht dagg Anerkenng der Geschlechtsumwandlg dch operativen Eingriff nach ausl HeimatR, aM Präs Hamm StAZ **74**, 69 (überholt dch TranssexuellenG v 10. 9. 80, BGBl 1654). Nach Neuhaus Fschr f Schwind (1978) 236 soll auch eine nachträgl Heilg einer wg Formmangels nichtigen Ehe in AusnFällen auf Art 6 gestützt werden können, vgl dazu Anm 2a aa. **c) Die Form** der Eheschl im **Inland** ist nunmehr, v staatsvertragl Sonderregelgen abgesehen, **vollständig** in Abs 3 geregelt; der frühere § 15a EheG ist weitgehend in diese Vorschr übernommen.

2) Grundsatz (Absatz 1). a) Maßgeblichkeit des Personalstatuts der Verlobten. aa) Abs 1 unterstellt die materiellen **Gültigkeitsvoraussetzungen** einer Eheschl bei jedem Verlobten seinem HeimatR (bzw Personalstatut) im Ztpkt der Heirat. Anknüpfungspunkt f das EheschlStatut ist also die Staatsangehörigk der Verlobten unmittelb **vor** der Heirat; eine erst dch Heirat erworbene Staatsangehörigk bleibt außer Betr. Das EheschlStatut ist **unwandelbar,** dahingestellt BGH IPRspr **71** Nr 123, vgl auch Kblz IPRspr **73** Nr 33, **78** Nr 44 (z religiöser Eheschl jüd Auswanderer); dies gilt auch bei Eheschl dch einen ausgebürgerten Dtschen vor rückwirkdem Wiedererwerb der dtschen Staatsangehörigk gem GG 116 II 2, vgl BGH **27**, 375. Haben die Eheg aber nach der Eheschl eine and Staatsangehörigk erworben u ist die Ehe n ihrem neuen HeimatR trotz der Verletzg des HeimatR eines Eheg zZ der Eheschl gültig, so kommt es z einer Heilg dch Statutenwechsel, vgl KG FamRZ **86**, 680, ferner KG JW **38**, 855, ähnl auch RG **132**, 416, ebso Bayer/Knörzer/Wandt FamRZ **83**, 773, grdsl auch Staud-v Bar Rdz 46, eingeschränkt MüKo-Schwimann Rdz 18, aM Soergel-Kegel Rdz 41, Henrich FamRZ **87**, 950; f weitergehde Möglk der Heilg unwirks Eheschl dch Statutenwechsel Siehr, GedächtnSchr f Ehrenzweig (1976) 163f. **bb)** Für jeden Verlobten ist also n seinem HeimatR zZ der Heirat z prüfen, ob in seiner Pers alle Voraussetzgen f das wirks Zustandekommen einer Ehe vorliegen. Jeder Verlobte muß den Vorschriften seines HeimatR genügen, um in einer rechtsgült Ehe z leben; diese Regelg ist mit GG 6 I vereinb, obwohl sie uU die EheschlFreih eines Dtschen bei Heirat mit einem Ausl über das bei einer Heirat mit einem Dtschen bestehde Maß einschränkt, vgl BVerfG **31**, 58, NJW **83**, 511, BT-Drucks 10/504 S 52 (auch im Hinbl auf Abs 2). Nach dem Personalstatut jedes Verl ist insb über das Vorliegen v Ehehindern in seiner Pers zu entsch. UU gestattet das anzuwendde R aber nur die Eheschl mit einem Partner, in dessen Pers best Voraussetzgen erf bzw nicht erf sind **(zweiseitige Ehehindernisse);** dann sind auch solche Ausstrahlgen des Personalstatuts des einen Verl auf die Pers des and zu beachten. Ob ein zweiseit Ehehindern vorliegt, ist eine Frage der Auslegg des jew Personalstatuts. Beispiele aus dem deutschen R EheG 5, vgl zB AG Paderborn StAZ **86**, 45, Hbg StAZ **88**, 132, EheG 7, wohl auch 18 I, KG JW **37**, 2039 für den entspr § 1325 I, nicht dagg auch EheG 8, aM Scholl StAZ **74**, 169 mit beachtl rechtspolit Grden, die aber mit dem klaren Wortlaut der Vorschr nicht vereinb sind.

b) Anwendungsgebiet. aa) Zu den materiellen **Voraussetzungen** der Eheschl iSv Abs 1 gehören **Ehemündigkeit** (soweit zusätzl GeschFgk verlangt wird, beurteilt sich diese n Art 7 I, Kegel IPR § 20 III 1), Erfordern der **Zustimmung** Dritter, Ffm MDR **51**, 299 (ob ein Verlobter minderj ist, ist dabei wiederum n Art 7 I z entsch, Staud-v Bar Rdz 76), Einfluß v **Willensmängeln,** LG Hbg FamRZ **74**, 96, Vorliegen v **Ehehindernissen,** insb der **Doppelehe;** dabei ist das gült Bestehen einer and Ehe eine Vorfrage, die selbständ anzuknüpfen, dh n den HeimatRen der daran beteiligten Gatten z beurteilen ist, vgl BGH FamRZ **76**, 336, aM Mü IPRax **88**, 356 (krit Winkler v Mohrenfels ebda 341, zust dagg Hausmann in: JbItalR 2 [1989] 25), Schwimann StAZ **88**, 37 (unter Hinw auf Abs 2 Nr 3, der jedoch nur klarstellde Bedeutg hat). Ist danach die frühere Ehe wirks geschl, so hängt die Wirksk ihrer späteren Auflösg, insb dch **Scheidung,** v deren Gültig ab; handelt es sich um ein **deutsches** ScheidgsUrt, das n dem HeimatR eines der beiden Verlobten nicht anerkannt wird, so steht die frühere (geschiedene) Ehe der neuen Heirat unter den Voraussetzgen v Abs 2 nicht entgg, vgl dort Nr 3; die bish heftig umstr Frage, vgl 45. Aufl Anm 5a, ist dch diese Vorschr nunm gesetzl geregelt; handelt es sich um ein **ausländisches** ScheidgsUrt, so kommt es auf dessen **Anerkennung** im Inland n Art 7 § 1 FamRÄndG bzw ZPO 328 an, Abs 2 Nr 3, ebso schon AG Flensburg StAZ **82**, 47 mAv Zimmermann; ist die Feststellg des Vorliegens der Anerkenngsvoraussetzgen erfolgt, so ist das ausl ScheidgsUrteil in seinen RWirkgen dem dtschen gleichgestellt; ist die Feststellg noch nicht herbeigeführt worden, so ist das Verf z Befreiung v der BeibringG des EhefähigkZeugn auszusetzen, bis die Feststellg getroffen ist; wird das Nichtvorliegen der Anerkenngsvoraussetzgen festgestellt, so hat das ausl ScheidgsUrt im Inland keine Wirkg u ist die Ehe daher als fortbestehd anzusehen, BSozG FamRZ **77**, 636, abw LG Hbg IPRspr **76** Nr 32 (das die Wirksk der Scheidg n dem v EG 13 berufenen R beurteilt), ebso Hausmann, Kollisionsr Schranken v ScheidgsUrt (1980) § 30. Dch bloße Scheidg (Trenng) v Tisch u Bett wird die Ehe dem Bande nach nicht aufgelöst, RG **151**, 313, Karlsr NJW **73**, 425; z Wirksk v Privatscheidgen vgl Art 17 Anm 7b cc. Unter Art 13 I fallen ferner die **übrigen Ehehindernisse,** zB der Verwandtsch od Schwägersch, des Ehebruchs od der Ann als Kind, ebso das Ehehindern der Wartezeit, vgl dazu Scholl StAZ **74**, 169, u des Auseinandersetzgszeugn, KG FamRZ **61**, 477. Ehehindernisse aus rassischen Gründen, Verbot der Eheschl mit fremden Staatsangehörigen sind n Art 6 unbeachtl, vgl Staud-Gamillscheg Rdz 452 ff, Wähler StAZ **89**, 182; dies gilt auch, soweit eine solche Eheschl einer bes Gen bedarf, ebso Ferid StAZ **54**, 19, vgl auch MenschenRKonv Art 14; es trifft aber dann nicht zu, wenn AuslandsR nur Genehmigg bei Ausländerehen seiner Beamten u Offiziere fordert (früh Iran), KG NJW **61**, 2209, Wähler StAZ **89**,

186. Auch Eheverbote aus rel Grden, vgl dazu Elwan IPRax **86**, 124 (Iran), sind bei genügd intensiver Inlandsbeziehg wg Art 6 unbeachtl, BGH **56**, 180, Hamm FamRZ **77**, 323, Krüger StAZ **84**, 337. Auch das Erfordern einer **Morgengabe** ist n Art 13 zu beurteilen, soweit davon die Wirksk der Eheschließg abhängt, vgl dazu Köln IPRspr **82** Nr 43, Krüger FamRZ **77**, 114, Heldrich IPRax **83**, 64, Heßler IPRax **88**, 95; soweit die Brautgabe noch nicht geleistet ist, gilt f den Anspr der Ehefr währd des Bestehens der Ehe Art 14, im Zushg mit einer Scheidg Art 18 IV, KG FamRZ **88**, 296, AG Hbg IPRax **83**, 74, AG Memmg IPRax **85**, 230, ferner KG FamRZ **80**, 470 (z unterhaltssichernden Funktion der Brautgabe), ferner Hamm FamRZ **81**, 875 (betr Hausratsteilg), Kotzur, Kollisionsr Probleme christl-islam Ehen (1988) 156, sowie im Zushg mit dem Tod des Mannes Art 25, Heldrich IPRax **83**, 64; f güterr Qualifikation des Anspr auf Morgengabe n Ehescheidg Brem FamRZ **80**, 606, Kln IPRspr **80** Nr 73, grdsl auch Staud-Gamillscheg EG 15 Rdz 254, Koch EzFamR EG 13 Nr 1, MüKo-Siehr EG 15 Rdz 91; die Qualifikation der Morgengabe bleibt offen in BGH FamRZ **87**, 463 (vgl dazu Heßler IPRax **88**, 95), ferner LG Kln IPRspr **80** Nr 83, Hbg IPRax **83**, 76, Zweibrücken IPRax **84**, 329, Hamm FamRZ **88**, 516, Mü IPRspr **85** Nr 67.

bb) Dagg ist die Zulässigk des Auftretens eines StellVertr od Boten bei der Eheschl (**Handschuhehe**), dh das Erfordern der persönl u gleichzeit Anwesnh beider Verlobter, n dem f die **Form** maßg Recht z beurteilen, hM, vgl BGH **29**, 137, MüKo-Schwimann Rdz 112, Staud-v Bar Rdz 348, teilw abw Soergel-Kegel Rdz 62, der die Handschuhehe dch StellVertr n Art 13 I beurteilt, ebso anscheinend Begr BT-Drucks 10/504 S 52. Als Vornahmeort ist dabei der Ort der Heiratszeremonie anzusehen. Für die v einem Dtschen dch einen StellVertr in der Erkl vor einem ausl EheschlOrgan mit einem Ausl geschl Ehe ist also auch dann die ausl Ortsform maßg, wenn die entspr Vollm in Dtschland erteilt worden ist, BGH **29**, 137 (Italien), Bremen FamRZ **75**, 209 (Kolumbien, eingeh dazu Dieckmann StAZ **76**, 33), Soergel-Kegel Rdz 59, Dieckmann, Die Handschuhehe dcher StaatsAngeh nach dtschem IPR (1959), Rauscher StAZ **85**, 102, aM LG Hbg StAZ **55**, 61. Dagg ist die Frage der Zulässigk einer StellVertr im Willen als sachlichr Ehevorausssetzg zu qualifizieren u n dem Grds des Art 13 I anzuknüpfen, Staud-v Bar Rdz 343.

cc) Abs 1 regelt nicht nur die sachl Voraussetzgen einer Eheschl, sond auch die **Folgen** ihres Nichtvorliegens, LG Hbg IPRspr **73** Nr 37, **75** Nr 38, Hbg StAZ **88**, 132, Mü IPRax **88**, 354. Das jeweilige HeimatR entsch also, ob die Ehe nichtig vorliegt, es also keines gerichtl Ausspruchs der Nichtigk bedarf, Hbg StAZ **88**, 134, ob die Ehe nichtig ist oder nur ein die Wirksamk der Ehe nicht berührendes Eheverbot vorliegt, RG **120**, 37, sowie ob der Staatsanwalt ein selbstd KlageR hat, vgl zB AG Hdlbg IPRax **86**, 165, Karlsr IPRax **86**, 166 u dazu Heßler ebda 146. Die **Nichtigkeit** kann jeder Ehe geltd machen, gleichgült ob die Gründe in seinem oder dem HeimatR des and liegen, RG **136**, 142. Nach dem HeimatR jedes Verl beurteilt sich auch, ob die Ehe **aufhebbar** od anfechtb ist; die Anf nach HeimatR erfolgt aber im Inland in Form der AufhebgsKl. Das Aufhebgs(Anf-)R hat nur der Verl, dessen HeimatR es vorsieht, RG Warn **28**, 25. Nach diesem R beurteilen sich die Aufhebgs- (Anf-)gründe, KG JW **38**, 855, insb die Bedeutg von Willensmängeln, LG Hbg FamRZ **74**, 96. Behandelt das fremde R Aufhebgs- als Scheidgsgründe, so w auch diese RFolgen einer fehlerh Ehe v Art 13, nicht v Art 17 erfaßt, Soergel-Kegel Rdz 5. Den vom dtschen EheaufhebgsR abweichenden AnfWirkgen ist auch im UrtAusspr Rechng zu tragen, vgl RG **151**, 226. Das nach Abs 1 der Eheschl kommde R regelt ferner, ob, von einem Eheverbot **Befreiung** gewährt w kann, RG JW **35**, 1403, u deren Wirkg, wobei für die Befreiung die HeimatBeh des Verlobten zust bleibt, ein Ehehindern des HeimatR also nicht dch Befreiung v der Beibringg eines EhefähigkZeugn, EheG 10 Anm 3, beiseite geschoben w kann, Hamm FamRZ **69**, 336, NJW **74**, 1626, Düss FamRZ **69**, 654 (and bei begründeten Zw über den ggwärt ausl RZust, Zweibr StAZ **77**, 16), ferner ob Nichtigk od Aufhebg dch Zeitablauf entfällt, dch nachträgl Bestätigg geheilt w kann, sowie deren Wirkgen, KG JW **37**, 2039. Auch UnterhAnspr der Scheinehegatten, vgl Art 18 IV, u die **vermögensrechtlichen Wirkungen** einer Nichtehe od nichtigen Ehe sind nach dem Recht zu beurteilen, das über die Gültigk der Ehe entsch, Soergel-Kegel Rdz 95. Auch die RStellg der aus ungült Ehe hervorgegangenen **Kinder** beurteilt sich grdsl in dem EheschlStatut, Soergel-Kegel Rdz 97, vgl dazu Art 19 Anm 2 d aa. Bei Verschiedenh der Wirkgen eines Eheverbots od des Fehlens einer sachl Ehevoraussetzg in den in Betr kommden Rechten **entscheidet** das **ärgere Recht**, RG **136**, 142, LG Hbg IPRspr **74** Nr 50, **75** Nr 38, Hbg StAZ **87**, 311, **88**, 134, Staud-v Bar Rdz 187, Henrich FamRZ **87**, 950; so wäre die Ehe von einem Dtschen mit einem verheirateten Engländer als Nichtehe anzusehen, LG Hbg FamRZ **73**, 602, Raape FamRZ **59**, 478, Soergel-Kegel Rdz 96. Sind die Folgen n beiden Rechten ihrem sachl Gehalt nach gleich, gibt LG Hbg IPRspr **75** Nr 38 dem R des verletzten Eheg den Vorzug; es besteht aber kein Bedürfn, hier vom Grds der kumulativen Anwendg abzugehen.

3) Ausnahmsweise Anwendung deutschen Rechts (Absatz 2). Ist n den gem Abs 1 z Anwendg berufenen ROrdngen eine materielle Voraussetzg f eine wirks Eheschl nicht gegeben, so kann sie n Abs 2 dch partielle Anwendg des dtschen Rechts erfüllt werden. Dabei handelt es sich um eine auf **ordre public**-Erwäggen beruhde bes VorbehKlausel, vgl dazu Anm 1 b, Hausmann in: JbItalR 2 (1989) 27. **a) Voraussetzung** ihrer Anwendg ist neben dem Fehlen einer EheschlVoraussetzg n einem od beiden Personalstatuten der Verlobten, (1) daß wenigstens ein Verlobter zZ der Heirat seinen gewöhnl Aufenth im Inland hat od Dtscher iSv GG 116 I ist, vgl dazu Anh II 1 z Art 5 (entspr Anwendg bei Staatenlosen u Flüchtlingen mit dtschem Personalstatut, vgl dazu Art 5 Anm 3 d u Anh II 4 z Art 5 aE, ist unbedenkl, ebso Schwimann StAZ **88**, 36), also ein ausr Inlandsbezug vorliegt; (2) daß die Verlobten alles ihnen Zumutbare getan haben, um das Ehehindern z beheben, zB daß sie etwa die Anerkennung eines ScheidgsUrt dch den Heimatstaat und ersatzw eine Zweitscheidg im Heimatstaat betrieben haben od bei dessen Behörden Befreiung v einem Ehehindern beantragt haben, wenn diese Schritte nicht v vornherein aussichtslos sind, vgl Celle StAZ **88**, 261, ferner Kln StAZ **89**, 260, **und** (3) die Versagg der Heirat mit dem GrdR der EheschlFreih gem GG 6 I unvereinb wäre, zB bei Verbot der Ehe mit Ausländern, nicht aber bei beabsichtigter Scheinehe, vgl Celle StAZ **88**, 261. Die Voraussetzgen (1)–(3) müssen **kumulativ** erfüllt sein; liegen sie nicht vor, so kommt die Ausschaltg des Ehehindernisses nur über Art 6 in Betr; prakt bleibt aber f die Anwendg des allg ordre public-Vorbeh neben Abs 2 nur geringer Spielraum, da dessen Nr 1 den auch f Art 6 erfdl Inlandsbezug, vgl dort Anm 2 c, konkretisiert u dessen Nr 3 den „wesentl Grds" des dtschen Rechts nennt, mit welchem die Versagg der Heirat in Konflikt geraten kann, zT and Schwimann StAZ **88**, 38. **b)** Das Fehlen einer EheschlVoraussetzg kann sich insb daraus ergeben, daß das HeimatR (bzw Personalstatut) eines od beider Verlobten eine früher geschl Ehe als fortbestehd ansieht, obwohl sie inzw dch (gerichtl) **Entscheidung** beseitigt worden ist, od der Eheg des betreffden Verlobten f tot erkl worden ist, vgl Anm 2b aa. Handelt es sich um eine rechtskräftige **deutsche** gerichtl Entscheidg, dch welche die Ehe f nichtig erkl, aufgeh od gesch, od ihr Nichtbestehen festgestellt worden ist, od eine dtsche TodesErkl (bzw gerichtl Feststellg der Todeszeit, vgl Begr BT-Drucks 10/504 S 53), die n dem HeimatR eines Verlobten nicht anerkannt wird, so ist n Nr 3 **Halbsatz 2** ein **Verstoß** gg das GrdR der **Eheschließungsfreiheit** stets gegeben (was aber die Prüfg der Voraussetzgen gem Nr 1 und Nr 2 nicht erübrigt, vgl Kln StAZ **89**, 260); eine im Inland vollzogene Privatscheid genügt dafür nicht, Art 17 II. Handelt es sich um eine im Ausland ergangene Entscheidg dieser Art, die n dem HeimatR eines Verlobten nicht anerkannt wird, so liegt Unvereinbk mit der EheschlFreih vor, wenn die betreffde Entsch im Inland n den dafür geltden Vorschren, insb Art 7 § 1 FamRÄndG, ZPO 328 sowie FGG 16a, anerkannt wird. Wird sie danach hier nicht anerkannt, so entfaltet sie im Inland keine Wirkgen; es bleibt also bei der sich aus Abs 1 ergebden RFolge, sofern sie nicht im konkreten Fall gg Art 6 verstößt.

c) Sind die Voraussetzgen des Abs 2 Nr 1–3 erfüllt, so ist hins des n dem EheschlStatut gem Abs 1 fehlden GültigkErfordernisses partiell **deutsches Recht** anzuwenden, also z prüfen, ob der Ehe auch n dtschem Recht ein entspr Ehehindern entggsteht; dabei beurteilt sich die Wirksk der Auflösg einer früheren Ehe n den zu b genannten Regeln. Besteht n dtschem Recht kein Ehehindern, so ist die Eheschließg n Abs 2 wirks, sofern die übr materiellen GültigkVoraussetzgen n dem Personalstatut der Verlobten (Abs 1) vorliegen.

4) Formstatut. a) Bei Heirat im Ausland. aa) Die Form der Eheschl beurteilt sich **grundsätzlich** n Art 11 I; alternativ maßg ist also das GeschR (Wirkgsstatut), dh das Personalstatut beider Verlobter, Abs 1, od das Recht des Ortes, an dem die Eheschl vollzogen w. Ob nach dem Ortsrecht die Form des HeimatR des Verlobten zur Wirksamk ihrer Eheschl nicht ausreicht (zB HeimatR verlangt kirchl Trauung, während das OrtsR die Eheschl vor dem Standesbeamten fordert), ist für die Anerkenng einer solchen Ehe in Deutschland unerhebl, da die Gültigk dann aus dem HeimatR folgt. Umgekehrt genügt die **Ortsform** auch dann, wenn das HeimatR diese für eine wirks Eheschl nicht ausreichen läßt, zB bei Nevada-Ehen dtscher Touristen, Jayme StAZ **82**, 208 (auch z Möglk der Aufhebg). Ein Dtscher kann im Ausland also eine gült Ehe auch kirchl schließen, vorausgesetzt, daß das der Ortsform entspricht (zB in Kalifornien, Hamm NJW **88**, 3097, nicht aber in Thailand, LG Hbg StAZ **77**, 342), aber auch wenn das G des EheschlOrtes die kirchl Eheschl nur fakultativ gestattet. Da Art 11 I ausdr die Ortsform zuläßt, kann der Gesichtspkt der Gesetzesumgehg für die FormVorschr nicht durchgreifen, hM. Dch die Anerkenng der Ortsform ist eine Berufg auf Art 6 insow ausgeschl, Celle MDR **58**, 101 (ägypt Recht). Als in Dtschland wirks Eheschl eines Dtschen ist mithin auch anerkannt worden die Common-law-Ehe des nordam R (Eheschl nudo consensu), RG **138**, 214, vgl dazu auch Balogh DJZ **33**, 1424, mit Einschränk die registrierte Sowjetehe, RG JW **31**, 1334, wohl auch die fakt Ehe, RG **157**, 257; Henrich Fschr f Beitzke (1979) 513 will auch hier Eheschl gemsch als Ehen iS dtscher Kollisionsnormen anerkennen, wenn sie n einer RO zumindest eheähnl Wirkgen h. Eine Frage der Form ist auch die Zulässigk einer Handschuhehe, vgl Anm 2b bb, ebso die Zustdgk des Standesbeamten, Celle NJW **63**, 2235, od Geistlichen, RG **133**, 161. Wahlw n dem Personalstatut beider Verlobter od der Ortsform ist auch z beurteilen, welche Folgen sich an die Verletzg seiner FormVorschr f die Gültigk der Ehe knüpfen, RG **133**, 161, Brem FamRZ **75**, 209 (unwirks Vollm bei Handschuhehe), Dieckmann StAZ **76**, 40; ist sowohl die Ortsform wie die Form des Wirkgsstatuts verletzt, beurteilen sich die Folgen n dem **milderen** Recht, vgl Art 11 Anm 2c cc. **bb)** Bei **Eheschließung von Deutschen im Ausland** besteht neben der Heirat entspr der Ortsform gem EG 11 I 2 in den v Auswärt Amt im Benehmen mit dem BMI bes bezeichneten KonsBezirken auch die Möglk der Eheschl **vor dem deutschen Konsularbeamten;** Voraussetzg dafür ist, daß mind einer der Verlobten Dtscher u keiner v ihnen Angeh des Empfangsstaates ist, § 8 I KonsG v 11. 9. 74, BGBl 2317, vgl dazu Ausf-Vorschr v 11. 12. 74, StAZ **75**, 109 u v 22. 6. 76, StAZ **76**, 348. Verzeichn der in Betr kommden KonsBezirke in RdErl des Auswärt Amts v 11. 12. 74, StAZ **75**, 81, zuletzt ergänzt dch RdErl v 1. 3. 85, StAZ **85**, 180. Der KonsBeamte gilt nach § 8 I KonsG als StBeamter iSd EheG, des PStG u der dazu ergangenen AusfVorschr. Aufgeb, Prüfg der Ehefgk, Vornahme u Beurk der Eheschl u die Ausstellg v PersStUrk hierü beurt sich nach diesen Vorschr.

b) Bei Heirat im Inland (Absatz 3). aa) Eine Ausn v der alternativen Maßgeblk v GeschR u OrtsR gem Art 11 I gilt f die Form einer im Inland geschl Ehe. Sie **muß** n Abs 3 S 1 den FormVorschren des dtschen OrtsR genügen, also grdsätzl (vgl aber S 2) vor dem dtschen Standesbeamten in gehöriger Form geschl sein, EheG 11, 13; die Einhaltg der Form des EheschlStatuts n Abs 1, also des Personalstatuts beider Verlobter, genügt nicht. Ist die vom dtschen Recht geforderte Form nicht eingehalten, so liegt je nach der Art des Verstoßes eine Nichtehe bzw Nichtigk vor, BSozG FamRZ **81**, 767 (vgl dazu Behn ZBlJugR **82**, 177, Schmidt-Räntsch IPRax **83**, 112), Müller-Freienfels JZ **83**, 231, Bayer/Knörzer/Wandt FamRZ **83**, 770, die aber bei Wirksk n dem HeimatR der Verlobten dennoch den Schutz v GG 6 I genießen b, BVerfG NJW **83**, 511 (z berecht Kritik an der Begründg dieser Entscheidg s Müller-Freienfels JZ **83**, 230, v Bar NJW **83**, 1930, Bayer/Knörzer/Wandt FamRZ **83**, 770, zust dagg Bosch FamRZ **83**, 253, Samtleben RabelsZ **88**, 490) gg BSozG aaO (betr Anspr auf Witwenrente), ebso Karlsr FamRZ **83**, 757 (betr KindesUnterh), LSG Hbg FamRZ **86**, 994 (Witwenrente); f Heilg bei langjähr ehel LebensGemsch Hbg FamRZ **81**, 356, vgl dazu aber Köln IPRax **85**, 352. Zur gesamten Problematik Steding, Der rechtl Schutz nichtstandesamtl geschl Ehen, 1985. Die ausschließl Maßgeblk des dtschen OrtsR schließt aber die Anerkenng einer ausl Entscheidg nicht notw aus, dch die das Bestehen einer Ehe festgestellt w, die unter Verletzg der dtschen FormVorschren im Inland geschl w ist, vgl dazu Bayer/Knörzer/Wandt FamRZ **83**, 774; das gleiche gilt umgekehrt f die Anerkenng eines ausl Urt, das eine n dtschem Recht formgült im Inland geschl Ehe f nichtig erkl, aM KG FamRZ **76**, 353, krit dazu Görgens StAZ **77**, 79.

bb) Abs 3 S 1 gilt f Inländer wie f Ausl; letztere haben dem StBeamten ein **Ehefähigkeitszeugnis** vorzulegen, EheG 10, vgl Erläuterg dort; z Möglk der Befreig vgl Zimmermann StAZ **80**, 137, Dilger StAZ **81**, 229; trotz Vorlage eines EhefähigkZeugnisses hat der Standesbeamte die Pflicht, den Ledigenstand des ausl Verlobten selbstd nachzuprüfen, vgl dazu Böhmer StAZ 86, 273. Zur Möglk der Ablehng des Aufgebots u der Eheschl **bei beabsichtigter Scheinehe** z Zweck des Erwerbs der AufenthErlaubn vgl AG Kempten StAZ 81, 298, AG Lübeck IPRax 82, 29 mit abl Anm v Jayme, BayObLG 82, 179, StAZ 84, 200, 341, 85, 70, Celle StAZ 82, 308, Hamm StAZ 82, 309, LG Nürnbg IPRax 82, 251, Hbg StAZ 83, 130, Karlsr StAZ 83, 14, Stgt StAZ 84, 99, vgl dazu auch Finger StAZ 84, 89, Spellenberg StAZ 87, 41; z Versagg des EhefähigkZeugnisses bei einer im Ausl geplanten Scheinehe AG Bonn IPRax 84, 42.

cc) Abs 3 S 1 gilt grdsl auch, wenn die Gültigk der in Deutschland geschlossenen Ehe als **Vorfrage** zu beurteilen ist, vgl Henrich StAZ 66, 219, Bayer/Knörzer/Wandt FamRZ 83, 772, zB bei Befreiung v EhefähigkZeugn, KG FamRZ 76, 353 (die Entsch verkennt freil, daß im konkr Fall vorgreifl über die Anerkenng eines ausl NichtigkUrt z befinden war, vgl die berecht Kritik v Görgens StAZ 77, 79), bei Entsch über UnterhAnspr eines Eheg n Art 18, vgl Hamm FamRZ 82, 166, od über die ehel Abstammg, Art 19 I, vgl aber dort Anm 2d aa.

dd) Haben die Ehel im Inland entspr Abs 3 die Ehe formgült vor dem StBeamten geschl, macht aber das HeimatR eines v ihnen die Gültigk v der religiösen Trauung abhäng, so liegt eine Ehe mit beschr Wirkgskreis **(hinkende Ehe)** vor, RG 105, 365; so früher bei nur standesamtl Eheschl eines kath Spaniers, LG Bln JR 55, 60, Tribunal Supremo Madrid FamRZ 74, 376 mit Anm v Jochem (nur nichtige Ehe, keine Nichtehe), auch bei Eheschl m einem Nichtspanier, Audiencia Territorial Madrid StAZ 60, 82 (überholt dch fakultative Einführg der Zivilehe dch G v 7. 7. 81, StAZ 82, 86, vgl dazu Rau IPRax 81, 189), ebso früher bei nur standesamtl Eheschl eines orthodoxen Griechen, BayObLG 63, 265, Stgt FamRZ 80, 783, dazu Krispi StAZ 67, 117 (überh dch fakultative Einführg der Zivilehe u rückw Gültigk hinkder Ehen aGrd des griech G Nr 1250 v 3. 3. 82, vgl dazu Chiotellis IPRax 82, 81, Siehr Fschr f Müller-Freienfels (1986) 559). Eine solche Ehe ist aber in den dtschen PersStBüchern entspr den dtschen Gesetzen einzutragen, BayObLG 63, 269. Demgem richtet sich dann die Möglichk einer NichtigErkl, Mü IPRspr 50/51 Nr 59, ebso der Scheidg einer solchen Ehe nur nach dtschem Recht, da die Scheidgsmöglichk im Heimatland mangels Anerkenng der Eheschl entfällt, Nachw bei Art 17 Anm 3 b, vgl auch RG JW 26, 375, KG FamRZ 76, 353; f die Ehewirkgn gilt das v Art 14 berufene R, vgl dort Anm 4a. Umgekehrt ist es auch denkb, daß eine in Dtschland nur kirchl geschl Ehe, mithin also n Abs 3 iVm EheG 11 eine Nichtehe, vgl zB BSozG FamRZ 78, 240, 81, 767 (die allerd trotzdem den Schutz v GG 6 I genießen kann, BVerfG NJW 83, 511, Karlsr FamRZ 83, 757, vgl oben aa), außerh der dtschen Grenzen als gült angesehen wird, wenn näml HeimatR die kirchl Eheschl für ausr ansieht. Haben die Eheg unter Verletzg v Abs 3 in Dtschland in religiöser Form geheiratet u erwerben sie später beide die Staatsangehörigk eines Landes, in dessen R die Ehe gült ist, so wird der Formmangel n dtschem IPR geheilt, Kblz IPRspr 75 Nr 39, Staud-v Bar Rdz 248, einschränkd MüKo-Schwimann Rdz 95, aM mit beachtl Grden Bayer/Knörzer/Wandt FamRZ 83, 773, Böhmer Fschr f Firsching (1985) 41; der bloße gemeins Aufenth in einem solchen Land läßt die Heilg nicht eintreten, BSozG FamRZ 78, 240, vgl auch Anm 2a aa.

**5) Besondere Formvorschrift bei Eheschließung von Ausländern im Inland (Absatz 3 Satz 2).
a)** Die ausschließl Maßgeblk der dtschen FormVorschren gilt bei Eheschl im Inland n Abs 3 S 1 unabhäng v der Staatsangehörigk der Verlobten, also insb auch dann, wenn beide Ausl sind; auch f die Angehörigen der Stationiergsstreitkräfte im Bundesgebiet gilt keine Ausn, BSozG FamRZ 59, 278, Breidenbach StAZ 85, 22. S 2 ergänzt aber die anzuwendden dtschen Vorschren um eine bes **Sachnorm** f Eheschl v Verlobten, v denen keiner Dtscher ist. Die Regelg entspr inhaltl dem bish **EheG 15a I aF**, der dch das IPRG aufgehoben worden ist, vgl Art 6 § 1 u für Bln GVBl 86, 1656. Sie ermögl Ausl die Eheschl vor einer v der Reg des Heimatstaates ordngsgem ermächtigten Trauungsperson in der n dem Recht dieses Staates vorgeschr Form. Über staatsvertragl Sonderregelgn, die nach Art 3 II 1 vorgehen, vgl Anh.

b) Voraussetzung einer n Abs 3 S 2 wirks geschl Ehe ist zunächst, **aa)** daß **keiner** der Verlobten (sei es nur auch, vgl Art 5 I 2) **Deutscher** iSv GG 116 I ist, vgl dazu Anh II 1 z Art 5; beide müssen also Ausl gleich welcher Staatsangehörigk oder einer Ausl, der and Staatenloser sein; sind beide staatenlos, so fehlt es an den Voraussetzgen z bb u cc. Ist an der in der Form des Abs 3 S 2 geschl Ehe ein Dtscher beteiligt, so liegt eine Nichtehe iSv EheG 11 vor, Celle FamRZ 65, 43, abw LG Kleve FamRZ 64, 365. **bb)** Die Ehe muß ferner vor einer v der **Regierung** des Heimatstaates eines Verlobten **ordnungsgemäß ermächtigten Person** geschl w, vgl dazu Hepting StAZ 87, 154. In Betr kommen dafür in 1. Linie diplomatische od konsularische Vertr des Heimatstaates (vgl dazu Art 5 lit f) des Wiener Übk üb konsular Beziehgen vom 24. 4. 1963, BGBl 69 II 1587, 71 II 1285), aber auch Militärgeistl od Truppenoffiziere der Stationiergsstreitkräfte, vgl Hamm OLGZ 86, 135 (betr belgische Offiziere), krit Beitzke Fschr f Kegel (1987) 54, ders IPRax 87, 17; eine Benenng best Personen ist nicht erforderl, Henrich FamRZ 86, 842. Das Vorliegen dieser Ermächtigg ist n dem **staatlichen** Recht des Entsendestaates z beurteilen; eine bloße Mitwirkgsbefugn n kirchl Recht genügt dafür nicht. Daher **keine** ausreichde Ermächtigg eines Geistlichen der römisch-kathol Kirche aGrd seiner kirchl Trauungsbefugn, Celle FamRZ 64, 209, BayObLG FamRZ 66, 147 (jew betr Heirat kathol Spanier v dtschem kathol Pfarrer), vgl dazu Jayme Fschr Ferid (1988) 203, ders in: JbItalR 2 (1989) 13 (betr Heirat von Italienern), ebsowenig eines griech-orthodoxen Priesters z Trauung griech Staatsangehöriger, BGH 43, 213, LG Brem StAZ 76, 172, Ffm OLGZ 78, 2, sofern sie nicht v der jew Reg (dch Verbalnote) ggü der BRep als ermächtigt benannt w sind, BGH 43, 213 (keine Rückwirkg) Kln FamRZ 81, 868; z Frage der Ermächtigg eines Shia Shariat-Priesters Kln StAZ 81, 326, eines alger Mufti AG Bonn StAZ 82, 249. Daß die Trauungs-Pers die Staatsangehörigk des ermächtigden Staates besitzt, ist nicht erfdl; sie k auch Dtscher sein. Bei Zweifeln über das Vorliegen einer Ermächtigg ist Anfrage beim Bundesverwaltgsamt in Kln, hilfsw auch bei der diplomat od konsular Vertretg des Heimatstaates geboten. Fehlt die Ermächtigg, so ist die Ehe in Dtschland eine Nichtehe, vgl Kln FamRZ 81, 868, was aber einen Anspr auf Witwenrente nicht ausschließt, wenn sie standesamtl registriert w ist, BSozG FamRZ 78, 587 (ebso schon LSozG BaWü StAZ 78, 335), vgl dazu nunm auch BVerfG NJW 83, 511, sowie Rauscher NJW 83, 2474, NJW 84, 1014, Wengler IPRax 84, 68, Müller-Freienfels, Sozialversichergs-, Familien- u IPR u das BVerfG, 1984, ferner Neuhaus Fschr f

Schwind (1978) 223, Schrembs StAZ **78**, 328, Behn Vierteljahresschrift f SozR **79**, 322, Schmidt-Räntsch JR **81**, 104, ders IPRax **83**, 112. **cc)** Mind einer der Verlobten muß die Staatsangehörigk des Landes besitzen, dessen Reg die TrauungsPers ermächtigt hat. **dd)** Die Eheschl muß in der vom Recht des ermächtigten Staates vorgeschr Form erfolgen; dieses best auch über die RFolgen v Formfehlern. Im übr liegt bei Fehlen der zu aa–cc genannten Voraussetzgen eine Nichtehe vor, EheG 11 I.

c) Der **Beweis** einer solchen Eheschl kann n Abs 3 S 2 2. HS dch eine beglaubigte Abschr der Eintragg der Ehe in das v der ermächtigten Pers geführte Standesregister erbracht werden; bei Vorlage darf StBeamter keine weiteren Ermittlgen anstellen, BayObLG **88**, 91. Die Eintragg in ein solches Register ist aber f die Wirksk der Eheschl nicht erfdl, BayObLG **88**, 86, and wohl BGH **43**, 226; sie hat keine konstitutive Bedeutg, BGH aaO, Kln StAZ **81**, 868; sie kann deshalb bei Fehlen einer der in b aufgeführten Voraussetzgen die Ehe nicht nachträgl heilen, vgl Kln aaO.

6) Verlöbnis. Auf die Eingehg eines Verlöbnisses ist Art 13 I entspr anzuwenden, BGH **28**, 375, Soergel-Kegel vor EG 13 Rdz 14. Das Verlöbn kommt also nur dann gült zustande, wenn es den Erfordernissen des HeimatR der Verlobten genügt. Die GeschFgk richtet sich nach Art 7, die Form n Art 11. Die **Wirkungen des Verlöbnisbruchs,** insb etw SchadErsAnspr, sind nach dem Recht des Verpflichteten zu beurteilen, BGH **28**, 379, Düss FamRZ **83**, 1229 (krit dazu Fudickar IPRax **84**, 253), Zweibr FamRZ **86**, 354, Henrich FamRZ **86**, 842 (aM Staud-v Bar Anh z EG 13 Rdz 14: R des AnsprStellers, Soergel-Kegel vor EG 13 Rdz 16: Grds des schwächeren Rechts, krit dazu Staud-Gamillscheg Anh n EG 13 Rdz 21). Ob das HeimatR den Anspr als bes Folge des Verlöbnisbruchs oder zB als Deliktsfolge ansieht, ist unerhebl. Für Anspr, die über den Rahmen der dch das dtsche Recht gegebenen VerlöbnisAnspr hinausgehen u auf unerl Hdlg beruhen, gilt jedoch Art 38. Rück- u Weiterverweisg sind dch Art 4 I, vgl BGH **28**, 380. Die Anwendg ausl Rechts kann dch Art 6 eingeschränkt w, insb wenn dieses einen Zwang zur Eheschl unmittelb oder mittelb zuläßt, nicht aber schon deshalb, weil das ausl Recht weitergehende Anspr als §§ 1298 ff überh zuläßt oder solche Anspr überh ablehnt, insb wenn nur dem § 1300 entspr Vorschr fehlt, Düss NJW **67**, 2121, aM noch BGH **28**, 385, aufgegeben in BGH **62**, 282. – Zu den Anspr bei Beendigg einer **eheähnlichen Lebensgemeinschaft** vgl Art 17 Anm 5 a.

Anhang zu Art 13

1) Konsularverträge. Bes Vorschriften über die Eheschl enthält der KonsularVertr mit der Türkei v 28. 5. 1929, RGBl 30 II 748, wieder in Kraft, Bek v 29. 5. 52, BGBl II 608, Art 18, vgl dazu BayObLG **88**, 86, Bornhofen StAZ **81**, 269, ferner die dtsch-schwed Vereinbg über diplomat u konsular Eheschl, in Kraft seit 26. 7. 33, RGBl II 530 (da jedoch dt Konsularbeamte in Schweden zur Eheschl nicht zugel sind, fehlt es an der Ggseitigk, Böhmer StAZ **69**, 230), das Abk mit Japan betr Erteilg standesamtl Befugnisse v 27. 6. 57, BAnz v 11. 9. 57 u StAZ **57**, 314, vgl dazu Sakurada StAZ **75**, 85 u mit der UdSSR, Art 23 KonsVertr v 25. 4. 58, BGBl **59** II 232, 469. Die in diesen Verträgen den Konsuln übertragenen Befugnisse zur Vornahme von Eheschl können, soweit die Ggseitigk gegeben ist, auch Konsuln and Länder haben, wenn die Handelsverträge mit diesen Ländern hins der Befugnisse der Konsuln die Meistbegünstiggsklausel enthalten.

2) Abk z Regelg des Geltgsbereichs der Gesetze auf dem Gebiet der Eheschl **(Haager Eheschließungsabkommen)** v 12. 6. 02, RGBl **04**, 221.

a) Allgemeines. Das Abk ist f Deutschland in Kraft getreten am 1. 8. 04; es galt vor dem 2. Weltkrieg im Verhältn zu Italien, Luxemburg, Niederlande, Polen, Rumänien, Schweden, Schweiz u Ungarn. Schweden hat das Abk mit Wirkg v 1. 6. 59 gekündigt, Bek v 15. 5. 59, BGBl II 582, ebso die Schweiz, Bek v 16. 7. 73, BGBl II 1028, Ungarn u Polen, Bek v 21. 12. 73, BGBl **74** II 42, sämtl mit Wirkg v 1. 6. 74, sowie die Niederlande, Bek v 2. 5. 77, BGBl II 448 mit Wirkg z 1. 6. 79 u Luxemburg mit Wirkg zum 1. 6. 89, Bek v 23. 12. 88, BGBl **89** II 69. Das Abk **gilt** daher **gegenwärtig** nur noch im Verh z **Italien,** Bek v 14. 2. 55, BGBl II 188, vgl Jayme in: JbItalR 2 (1989) 13. DDR wendet Abk mit Wirkg v 19. 1. 58 wieder an; Abk ist aber im Verh der beiden dtschen Staaten unanwendb, Bek v 25. 6. 76, BGBl II 1349. – Das neue Haager Abk über die Schließg u Anerkenng der Gültigk v Ehen v 23. 10. 76, welches zw den VertrStaaten aSt des Haager EheschlAbk v 1902 treten soll, ist noch nicht in Kraft getreten; vgl dazu Kegel IPR § 20 III 5, Böhmer StAZ **77**, 185.

b) Anwendungsgebiet. Das Abk findet nur auf Ehen Anwendg, die **(a)** zeitl nach dem Inkrafttr, RG JW **12**, 642, **(b)** räuml im europ Gebiet der VertrStaaten, Art 9 u **(c)** persönl unter Beteiligg mindestens eines Angeh eines VertrStaates geschl w, Art 8 I; daß einer der Eheschließden Dtscher ist, während der andere keinem VertrStaat angehört, ist also grdsl ausreichd, AG Memmingen IPRax **83**, 300 (Formgültigk einer konsularischen Ehe), aM Soergel-Kegel EG 13 Rdz 130, Müller-Freienfels, Fschr Ficker (1967) 308 ff; jedoch wird dch das Abk kein Staat zur Anwendg eines Rechts verpflichtet, das nicht dasjenige eines VertrStaates ist, Art 8 II. **Soweit das Abkommen eingreift, tritt es an Stelle von EG 13 u 11 I.**

c) Kurze Erläuterung. EG 6 kann im Rahmen des Abk nur Anwendg finden, soweit es dieses ausdr zuläßt, vgl Art 2, 3 II, Hamm FamRZ **74**, 457. Mit den sich aus dem Abk ergebenden Ausnahmen sind also die Ehen, die dem Abk unterstehen, Anm 2 b, u ihm entsprechen, auch in jedem and VertrStaat anzuerkennen. Sachlichrechtl bestimmt sich wie in EG 13 I, dort Anm 2, das Recht zur Eingehg der Ehe in Ansehg eines jeden der Verlobten nach dem HeimatR. Diese Regelg bezieht sich auch auf WillMängel. Eine Verweisg des HeimatR auf ein anderes ist nur zu beachten, wenn sie ausdr geschieht, Art 1. Dem nach Art 1 anzuwendn HeimatR sind ferner die Folgen einer fehlerh Ehe zu entnehmen, KG JW **36**, 1949. Wg der sachlrechtl Vorschr im übr vgl Art 2 u 3, EhefähigkZeugn Art 4, der formellen Voraussetzgen Art 5–7; z Auslegg des Art 5 II vgl Stgt FamRZ **76**, 359. An EG 13 III ändert das Abk nichts.

d) Auszug aus der amtlichen Übersetzung des Abkommens (offizieller Text franz):

Art 1. Recht zur Eingehung der Ehe. Das Recht zur Eingehung der Ehe bestimmt sich in Ansehung eines jeden der Verlobten nach dem Gesetze des Staates, dem er angehört (Gesetz des Heimatstaats), soweit nicht eine Vorschrift dieses Gesetzes ausdrücklich auf ein anderes Gesetz verweist.

Art. 2. Ehehindernisse. Das Gesetz des Ortes der Eheschließung kann die Ehe von Ausländern untersagen, wenn sie verstoßen würde gegen seine Vorschriften über
1. die Grade der Verwandtschaft und Schwägerschaft, für die ein absolutes Eheverbot besteht;
2. das absolute Verbot der Eheschließung zwischen den des Ehebruchs Schuldigen, wenn auf Grund dieses Ehebruchs die Ehe eines von ihnen aufgelöst worden ist;
3. das absolute Verbot der Eheschließung zwischen Personen, die wegen gemeinsamer Nachstellung nach dem Leben des Ehegatten eines von ihnen verurteilt worden sind.

Ist die Ehe ungeachtet eines der vorstehend aufgeführten Verbote geschlossen, so kann sie nicht als nichtig behandelt werden, falls sie nach dem im Artikel 1 bezeichneten Gesetze gültig ist.

Unbeschadet der Bestimmungen des Artikel 6 Abs. 1 dieses Abkommens ist kein Vertragsstaat verpflichtet, eine Ehe schließen zu lassen, die mit Rücksicht auf eine vormalige Ehe oder ein Hindernis religiöser Natur gegen seine Gesetze verstoßen würde. Die Verletzung eines derartigen Ehehindernisses kann jedoch die Nichtigkeit der Ehe in einem anderen Lande als in dem, wo die Ehe geschlossen wurde, nicht zur Folge haben.

Art. 3. Ehehindernisse religiöser Natur. Das Gesetz des Ortes der Eheschließung kann ungeachtet der Verbote des im Artikel 1 bezeichneten Gesetzes die Ehe von Ausländern gestatten, wenn diese Verbote ausschließlich auf Gründen religiöser Natur beruhen.

Die anderen Staaten sind berechtigt, einer unter solchen Umständen geschlossenen Ehe die Anerkennung als einer gültigen Ehe zu versagen.

Art. 4. Ehefähigkeitszeugnis. Die Ausländer müssen zum Zwecke ihrer Eheschließung nachweisen, daß sie den Bedingungen genügen, die nach dem im Artikel 1 bezeichneten Gesetz erforderlich sind.

Dieser Nachweis kann durch ein Zeugnis der diplomatischen oder konsularischen Vertreter des Staates, dem die Verlobten angehören, oder durch irgendein anderes Beweismittel geführt werden, je nachdem die Staatsverträge oder die Behörden des Landes, in welchem die Ehe geschlossen wird, den Nachweis als genügend anerkennen.

Art. 5. Form der Eheschließung. In Ansehung der Form ist die Ehe überall als gültig anzuerkennen, wenn die Eheschließung dem Gesetze des Landes, in welchem sie erfolgt ist, entspricht.

Doch brauchen die Länder, deren Gesetzgebung eine religiöse Trauung vorschreibt, die von ihren Angehörigen unter Nichtbeachtung dieser Vorschrift im Ausland eingegangenen Ehen als gültig anzuerkennen.

Die Vorschriften des Gesetzes des Heimatstaats über das Aufgebot müssen beachtet werden; doch kann das Unterlassen dieses Aufgebots die Nichtigkeit der Ehe nur in dem Lande zur Folge haben, dessen Gesetz übertreten worden ist.

Eine beglaubigte Abschrift der Eheschließungsurkunde ist den Behörden des Heimatlandes eines jeden der Ehegatten zu übersenden.

Art. 6. Diplomatische und konsularische Ehe. In Ansehung der Form ist die Ehe überall als gültig anzuerkennen, wenn sie vor einem diplomatischen oder konsularischen Vertreter gemäß seiner Gesetzgebung geschlossen wird, vorausgesetzt, daß keiner der Verlobten dem Staate, wo die Ehe geschlossen wird, angehört und dieser Staat der Eheschließung nicht widerspricht. Ein solcher Widerspruch kann nicht erhoben werden, wenn es sich um eine Ehe handelt, die mit Rücksicht auf eine vormalige Ehe oder ein Hindernis religiöser Natur gegen seine Gesetze verstoßen würde.

Der Vorbehalt des Artikel 5 Abs. 2 findet auf die diplomatischen oder konsularischen Eheschließungen Anwendung.

Art. 7. Nichtbeachtung der Ortsform. Eine Ehe, die in dem Lande, in welchem sie geschlossen wurde, in Ansehung der Form nichtig ist, kann gleichwohl in den anderen Ländern als gültig anerkannt werden, wenn die durch das Gesetz des Heimatstaats eines jeden der Verlobten vorgeschriebene Form beobachtet worden ist.

Art. 8. Anwendungsgebiet in persönlicher Beziehung. Dieses Abkommen findet nur auf solche Ehen Anwendung, welche im Gebiete der Vertragsstaaten zwischen Personen geschlossen sind, von denen mindestens eine Angehöriger eines dieser Staaten ist.

Kein Staat verpflichtet sich durch dieses Abkommen zur Anwendung eines Gesetzes, welches nicht dasjenige eines Vertragsstaats ist.

3) CIEC-Übereinkommen zur Erleichterung der Eheschließung im Ausland vom 10. 9. 1964 (BGBl **69** II 451).

a) Allgemeines. ZustimmgsG der BRep v 3. 3. 69, BGBl II 445, 588, in Kraft seit 25. 7. 69, Bek v 22. 9. 69, BGBl II 2054. Vertragsstaaten Niederlande u Türkei, Bek v 22. 9. 69, BGBl II 2054, Spanien, Bek v 26. 1. 77, BGBl II 105, sowie Griechenland, Bek v 11. 6. 87, BGBl II 364.

b) Kurze Erläuterung. Die BRep hat Titel I des Übk, der die Befreiung ausl Verlobter von Ehehindernissen ihres HeimatR dch Behörden des EheschlStaates vorsieht, von der Geltg ausgeschl. Bei Eheschl gem der Ortsform in einem VertrStaat sind dessen Vorschr auch f die Form des Aufgebots ausschl maßgebd, Art 4. Ist in einem VertrStaat religiöse Eheschl vorgeschrieben, so kann statt dieser die Trauung von einem diplomat od konsular Vertreter der od VertrStaaten vorgen w, vorausgesetzt, daß a) dieser dazu nach seinem HeimatR ermächtigt ist, b) wenigstens ein Verlobter dem Entsendestaat dieses Vertreters angehört, c) kein Verlobter Angehör des EheschlStaates ist od das Recht dieses Staates sonstwie, zB als Flüchtling od Staatenloser, als Personalstatut h, Art 5 I u 6. In einem solchen Fall richtet sich auch das Aufgebot nach dem Recht des Entsendestaates, Art 5 II.

c) **Text des Übereinkommens** (Auszug):

Titel II

Art. 4. *Das Aufgebot für eine Eheschließung, die im Hoheitsgebiet eines Vertragsstaates in der Form des Ortsrechts vorgenommen wird, beurteilt sich ausschließlich nach dem innerstaatlichen Recht dieses Staates.*

Titel III

Art. 5. *Schreibt das Recht eines Vertragsstaates die religiöse Eheschließung vor, so können in diesem Staat die diplomatischen oder konsularischen Vertreter der anderen Vertragsstaaten Eheschließungen vornehmen, wenn sie nach ihrem Heimatrecht hierzu ermächtigt sind, wenn wenigstens einer der Verlobten dem Staat angehört, der den diplomatischen oder konsularischen Vertreter entsandt hat, und wenn keiner der Verlobten die Staatsangehörigkeit des Eheschließungsstaates besitzt.*

Das Aufgebot beurteilt sich in diesen Fällen ausschließlich nach dem innerstaatlichen Recht des Staates, der den diplomatischen oder konsularischen Vertreter entsandt hat.

Titel IV

Art. 6. *Im Sinne dieses Übereinkommens umfaßt der Begriff „Angehöriger eines Staates" die Personen, welche die Staatsangehörigkeit dieses Staates besitzen, sowie diejenigen, deren Personalstatut durch das Recht dieses Staates bestimmt wird.*

4) Das Übk v 10. 12. 62 über die Erkl des Ehewillens, das Heiratsmindestalter u die Registrierg v Eheschl, BGBl 69 II 161, in der BRep in Kraft seit 7. 10. 69, Bek v 17. 2. 70, BGBl II 110, betrifft materielles Recht, dem die dt Verlöbnis- u EheRBest genügen; Abdruck des Übk u Verzeichn der VertrStaaten Soergel-Kegel EG 13 Rdz 139ff, vgl dazu zuletzt Bek v 9. 2. 89, BGBl II 186. Zum Beitritt der DDR s Bek v 3. 10. 75, BGBl II 1493.

EG 14 *Allgemeine Ehewirkungen.* ^I Die allgemeinen Wirkungen der Ehe unterliegen

1. dem Recht des Staates, dem beide Ehegatten angehören oder während der Ehe zuletzt angehörten, wenn einer von ihnen diesem Staat noch angehört, sonst
2. dem Recht des Staates, in dem beide Ehegatten ihren gewöhnlichen Aufenthalt haben oder während der Ehe zuletzt hatten, wenn einer von ihnen dort noch seinen gewöhnlichen Aufenthalt hat, hilfsweise
3. dem Recht des Staates, mit dem die Ehegatten auf andere Weise gemeinsam am engsten verbunden sind.

^{II} Gehört ein Ehegatte mehreren Staaten an, so können die Ehegatten ungeachtet des Artikels 5 Abs. 1 das Recht eines dieser Staaten wählen, falls ihm auch der andere Ehegatte angehört.

^{III} Ehegatten können das Recht des Staates wählen, dem ein Ehegatte angehört, wenn die Voraussetzungen des Absatzes 1 Nr. 1 nicht vorliegen und

1. kein Ehegatte dem Staat angehört, in dem beide Ehegatten ihren gewöhnlichen Aufenthalt haben, oder
2. die Ehegatten ihren gewöhnlichen Aufenthalt nicht in demselben Staat haben.

Die Wirkungen der Rechtswahl enden, wenn die Ehegatten eine gemeinsame Staatsangehörigkeit erlangen.

^{IV} Die Rechtswahl muß notariell beurkundet werden. Wird sie nicht im Inland vorgenommen, so genügt es, wenn sie den Formerfordernissen für einen Ehevertrag nach dem gewählten Recht oder am Ort der Rechtswahl entspricht.

1) **Allgemeines. a)** Art 14 best das f die allg Ehewirkgen, dh mit Ausn vor allem der güterr Beziehgen u der Scheidgsfolgen, anwendb Recht. Über diesen unmittelb Anwendgsbereich hinaus strahlt die Vorschr als **Grundsatzkollisionsnorm** auf die Anknüpfg anderer Teilbereiche des Ehe- u KindschR aus, die das EG dch Verweisg auf Art 14 geregelt hat, insb das GüterRStatut, Art 15 I, das Scheidgsstatut, Art 17 I, das Abstammgs- u KindschStatut, Art 19 I u II, das Legitimations- u Adoptionsstatut, Art 21 I u 22. In dieser mittelb Anwendg auf die Verhe in einer Ehe überhaupt einschl der Beziehgen z den ehel Kindern führt Art 14 in gewissem Umfang z einem einheitl **Familienstatut**. Die Vorschr ist daher f das internat Ehe- u KindschR v zentraler Bedeutg. **b)** HauptanknüpfgsPkt f das Ehewirkgsstatut ist die **Staatsangehörigkeit** der Eheg; bei Mehrstaatern vgl Art 5 Anm 2, bei Staatenlosen Art 5 Anm 3 u Anh I z Art 5, bei Flüchtlingen Anh II z Art 5.

c) Rück- und Weiterverweisung sind grdsätzl z beachten, Art 4 I; dies gilt auch, soweit in Art 14 I Nr 2 an den gewöhnl Aufenth angeknüpft wird, **nicht** aber bei Maßgeblk des Rechts der gemeins engsten Verbindg, Art 14 I Nr 3, da hier die Prüfg einer Rück- od Weiterverweisg n dessen IPR dem Sinn der Verweisg widerspr würde, vgl Art 4 Anm 2b; auch Art 14 IV 2 enth Sachnormverweisgen, vgl Art 4 Anm 2 d. Soweit das Ehewirkgsstatut dch RWahl best wird, Art 14 II u III, sind Rück- od Weiterverweisg überh ausgeschl, Art 4 II. Zum Vorrang des BelegenhStatuts s Art 3 III u dort Anm 4.

d) Art 14 gilt entspr auch im **innerdeutschen Kollisionsrecht**; an Stelle der Staatsangehörigk der Eheg wurde dabei bish auf ihren gewöhnl Aufenth abgestellt, vgl BGH FamRZ **61**, 261, bei unterschiedl gewöhnl Aufenth auf den letzten gemeins gewöhnl Aufenth, vgl KG FamRZ **58**, 464, BSozG FamRZ **77**, 251; z Anknüpfg an die Staatsangehörigk vgl nunmehr Anh z Art 3 Anm 2.

e) Eine **staatsvertragliche** Sonderregelg enthielt das Haager Ehewirkgsabkommen; es ist aber v der BRep z 23. 8. 87 gekündigt worden, vgl dazu Anh I z EG 15.

2) Grundsatzanknüpfung (Absatz 1). a) Das Gesetz best das Ehewirkgsstatut in Abs 1 in erster Linie dch objektive Anknüpfgspkte in Form einer Anknüpfgsleiter; dabei wird primär auf die Staatsangehörigk der Eheg, ersatzw auf ihren gewöhnl Aufenth u hilfsw auf ihre gemeins engste Beziehg zu einer ROrdng abgestellt. Diese Anknüpfgspkte sind zeitl nicht fixiert; z Anwendg auf die allg Ehewirkgen gelangt grdsätzl das **jeweilige** Heimat- bzw AufenthR. Das Ehewirkgsstatut ist also **wandelbar.** Dagg wird bei der mittelb Verwendg der Anknüpfgsleiter des Abs 1 in and familienrechtl Teilbereichen überw auf das Ehewirkgsstatut z einem best Ztpkt abgestellt, etwa der Eheschl, Art 15 I, 21 I, der RHängigk, Art 17 I, der Geburt des Kindes, Art 19 I (and bei Art 19 II) od der Vornahme einer Adoption, Art 22. Dort wird das betr Statut also unwandelb festgeschrieben. **b)** Als Ehewirkgsstatut ist n Abs 1 **Nr 1** vorbehaltl einer Rück- od Weiterverweisg in erster Linie das derzeitige **gemeinsame HeimatR** der Eheg berufen. Bei Mehrstaatern ist dabei nur diejenige Staatsangehörigk z berücks, mit welcher der betr Eheg am engsten verbunden ist, Art 5 I 1; eine erst dch Heirat erworbene zusätzl Staatsangehörigk wird diese Voraussetzg z Beginn der Ehe meist nicht erfüllen. Besitzt ein Eheg neben einer ausl Staatsangehörigk auch die dtsche, so kommt bei der Anwendg v Nr 1 nur diese in Betr, Art 5 I 2. Die Anknüpfg an die derzeitige gemeins Staatsangehörigk versagt also, wenn diese f einen Eheg nicht effektiv ist od er auch Dtscher iSv GG 116 I ist; die Eheg können aber n n Nr 1 nicht anwendb gemeins HeimatR dch RWahl z Ehewirkgsstatut best, vgl Abs 2 u dazu unten Anm 3 a. Haben die Eheg währd der Ehe zunächst eine gemeins Staatsangehörigk besessen, die gem Art 5 I bei der Anknüpfg zu berücks ist, hat aber ein Eheg diese Staatsangehörigk später verloren, während der and sie beibehalten hat, so gilt das **frühere gemeinsame HeimatR** n Nr 1 im Interesse der Kontinuität als Ehewirkgsstatut so lange weiter, wie der and Eheg diese Staatsangehörigk beibehält. Bei Staatenl od Flüchtlingen ist an Stelle der Staatsangehörigk ihr dch den gewöhnl Aufenth best Personalstatut maßg, vgl Art 5 II u Anh z Art 5. **c)** Versagt die Anknüpfg an die gemeins bzw letzte gemeins Staatsangehörigk n den zu b) dargestellten Regeln, etwa weil die Eheg währd der Ehe niemals eine gemeins Staatsangehörigk besaßen od beide eine gemeins Staatsangehörigk später verloren haben, so ist n Abs 1 **Nr 2** als Ehewirkgsstatut vorbehaltl einer Rück- od Weiterverweisg das Recht des Staates berufen, in dem **beide** Eheg derzeit ihren **gewöhnlichen Aufenthalt** haben; daß dieser innerhalb des betr Staates am selben Ort liegt, ist nicht erfdl; z Begr des gewöhnl Aufenth vgl Art 5 Anm 4. Haben die Eheg ihren gewöhnl Aufenth derzeit in versch Staaten, so ist ersatzw ihr beiderseit **letzter gewöhnlicher Aufenthalt** im selben Staat maßg, solange ein Eheg seinen gewöhnl Aufenth in diesem Staat ununterbrochen beibehält („noch ... hat"). **d)** Versagt auch die Anknüpfg an den gemeins bzw letzten gemeins gewöhnl Aufenth n den zu c) dargestellten Regeln, so ist n Abs 1 **Nr 3** als Ehewirkgsstatut das Recht des Staates berufen, mit dem die Eheg auf andere Weise **gemeinsam** am **engsten verbunden** sind; die Beachtg einer Rück- od Weiterverweisg ist dabei ausgeschl, da sie dem Sinn einer solchen **generalklauselartigen** Anknüpfg an die stärkste Beziehg widersprechen würde, die auf einer umfassden Würdigg aller Umst des Einzelfalls beruht, vgl Art 4 Anm 2 b u oben Anm 1 c. Als Anhaltspkte f die engste Verbundenh war im RegEntw beispielh auf „den Verlauf der ehel Lebensgemeinsch" od auf „den Ort der Eheschl" hingewiesen worden. Der RAusschuß hat diese Beispiele aus gutem Grd gestrichen, da sie teils neue Zweifel aufwerfen würden (Verlauf der Lebensgemeinsch), teils f die Anknüpfg des Ehewirkgsstatuts u ihre Ausstrahlgen auf and Bereiche des internat FamilienR, vgl Anm 1 a, zu schwach sind (Heiratsort). Zu prüfen ist also in jedem **Einzelfall**, z welchem Staat u damit z welcher ROrdng beide Eheg gemeins die stärkste Beziehg besitzen. Dabei können auch Staatsangehörigk u gewöhnl Aufenth berücks werden, soweit sie nicht bereits n Abs 1 Nr 1 u Nr 2 zu einer Anknüpfg führen, also etwa letzte gemeins Staatsangehörigk od letzter gemeins gewöhnl Aufenth in einem Staat, die keiner der Eheg beibehalten hat, sofern die Verbindgen z diesem Staat weiter gepflegt werden u nicht ganz abgerissen sind. In Betr kommen aber vor allem auch gemeins soziale Bindgen der Eheg an einen Staat dch Herkunft (im weiteren Sinne), Kultur, Sprache od berufl Tätigk, ferner gemeins (nicht nur ganz vorübergeher) Aufenth der Eheg in einem Staat u schließl gemeins objektiv feststellb Zukunftspläne der Eheg, zB beabsichtigter Erwerb einer gemeins Staatsangehörigk dch Einbürgerg od beabsichtigte Begründg eines gemeins gewöhnl Aufenth in einem Staat, insb als erster ehel Wohns, vgl BT-Drucks 10/5632 S 41. Als letzter Nothelfer kann auch der Ort der Eheschl berücks werden, sofern er dch and Indizien verstärkt wird u nicht rein zufäll Charakter hat. Der generalklauselart AuffangTatbestd des Abs 1 Nr 3 besitzt bes Bedeutg bei der Anknüpfg des GüterRStatuts gem Art 15 I, da dort wegen der Fixierg auf den Ztpkt der Eheschl die vergangenheitsbezogenen Stufen der Anknüpfgsleiter (letzte gemeins Staatsangehörigk, letzter gemeins gewöhnl Aufenth) nicht eingreifen können; gerade hier wird es vielfach auch auf die gemeins Zukunftspläne der Eheg entsch ankommen.

3) Berücksichtigung einer Rechtswahl (Absatz 2–4). Art 14 ermöglicht es den Eheg, innerh best Grenzen, das Ehewirkgsstatut dch RWahl z best, die auch auf die mittelb Anwendg dieses Statuts im GüterR u ScheidgsR ausstrahlt, vgl Art 15 I u 17 I, jedoch keine Auswirkgen auf den Status v Kindern hat, vgl Art 19 I u II, 21. Die Wirkgen der RWahl treten erst dann ein, wenn die Voraussetzgen ihrer Zulässigk erf sind, vgl dazu a) u b); die RWahl kann aber vorsorgl auch schon z einem **früheren Zeitpunkt** vorgenommen werden, insb dch Verlobte vor der Eheschl od dch Eheg vor dem geplanten Erwerb einer and Staatsangehörigk.

a) Wahl eines gemeinsamen Heimatrechts. Zur Wahl gestellt ist den Eheg nach **Absatz 2** ein gemeins HeimatR, das nicht bereits gesetzl Ehewirkgsstatut n Abs 1 Nr 1 geworden ist, weil ein Eheg neben der gemeins ausl Staatsangehörigk die dtsche Staatsangehörigk, Art 5 I 2, od eine weitere ausl Staatsangehörigk besitzt, z der eine stärkere Beziehg besteht, Art 5 I 1, vgl dazu Anm 2 b. Für Zulässigk einer RWahl zG eines gemeins HeimatR, das bereits gesetzl Ehewirkgsstatut ist Kühne IPRax 87, 70 (Zweck: Ausschl einer Rückverweisg nach Art 4 II), dagg mit Recht Lichtenberger Fschr Ferid (1988) 273.

b) Wahl des Heimatrechts eines Ehegatten. Die Eheg können nach **Absatz 3** auch das HeimatR eines von ihnen als Ehewirkgsstatut wählen, **sofern nicht** bereits n Abs 1 Nr 1 ein **gemeinsames** bzw letztes gemeins **Heimatrecht** kraft Gesetzes maßg ist. Zweck dieser RWahlBefugn ist es, unangemessene Erg z vermeiden, z welchen die ersatzw eingreife Anknüpfg an den gewöhnl Aufenth gem Abs 1 Nr 2 führen könnte. Das Gesetz macht desh die RWahl neben dem Nichtvorliegen der Voraussetzgen von Abs 1 Nr 1 **alternativ** v folgden zusätzl **Voraussetzungen** abhängig: (1) **kein** Eheg besitzt die Staatsangehörigk des Staates, in dem beide ihren gewöhnl Aufenth haben, die Verbindg z diesem Staat ist also relativ schwach, währd umgekehrt die Beziehg z einem der beiden HeimatRe verhältnismäß eng sein kann, zB bei gemeins gewöhnl Aufenth v Europäern versch Nationalität in einem Entwicklgsland; **oder** (2) die Eheg haben ihren gewöhnl Aufenth in **verschiedenen** Staaten, so daß allenfalls die relativ schwache Anknüpfg an ihren früheren gemeins gewöhnl Aufenth in Frage kommt. Zur Wahl gestellt wird den Eheg nur das HeimatR eines von ihnen. Ob bei **mehrfacher** Staatsangehörigk **jedes** beteiligte HeimatR od nur das Recht des Staates gewählt werden kann, welches n der allg Anknüpfgsregel f Mehrstaater gem Art 5 I maßg ist, läßt das Gesetz offen; ein Umkehrschluß aus Abs 2, wo die RWahl im Ggs z Abs 3 ausdrückl „ungeachtet des Art 5 I" eröffnet wird, verlangt dsh, da Abs 2 speziell die RWahl bei mehrfacher Staatsangehörigk regelt; n dem Zweck des Abs 3, die Interessen der Betroffenen z berücks, ist die Wahl jedes beteiligten HeimatR statthaft, zust Lichtenberger Fschr Ferid (1988) 273, aM Kühne IPRax **87**, 71, Wegmann NJW **87**, 1741, Pirrung IPR S 143. Für die Wahl eines den Eheg gemeins HeimatR, welches nicht die Voraussetzgen von Abs 1 Nr 1 erfüllt, vgl dazu Anm 2b, gilt die Sonderregelg des Abs 2, ebso Kühne IPRax **87**, 71.

c) **Form der Rechtswahl (Absatz 4).** Eine n Abs 2 od Abs 3 im Inland getroffene RWahl bedarf im Interesse der RKlarh u der jur Beratg n dem Vorbild des EheVertr im materiellen dtschen Recht, § 1410, der not Beurkundg, vgl dazu Wegmann NJW **87**, 1741; wird diese Form nicht eingehalten, ist die RWahl nichtig. Bei Vornahme im Ausland genügt die Einhaltg der Formerfordernisse f einen EheVertr n dem gewählten, dh v den Parteien als Ehewirkgsstatut vereinbarten Recht od n dem OrtsR; vgl dazu Lichtenberger Fschr Ferid (1988) 270.

d) **Erlöschen der Rechtswahl. aa)** Die n Abs 3 getroffene RWahl verliert n Abs 3 S 2 ihre Wirkg, wenn die Eheg eine **gemeinsame Staatsangehörigkeit** erlangen. Daß die gemeins Staatsangehörigk die Voraussetzgen f eine gesetzl Anknüpfg n Abs 1 Nr 1 erfüllt, dh bei einem Mehrstaater auch n Art 5 I die maßg ist, vgl dazu Anm 2b, verlangt das Gesetz nicht, aM Kühne IPRax **87**, 72; mit dem Erwerb einer gemeins Staatsangehörigk, der selbstverständl nicht gleichzeit erfolgen muß, tritt in jedem Fall eine neue Interessenlage ein, welche die Grdlage der früher getroffenen RWahl verändert. Diese tritt damit n Satz 2 automat außer Kraft; das Ehewirkgsstatut best sich ex nunc nach den gesetzl Anknüpfgsregeln, dh insb n Abs 1 Nr 1, soweit dessen Voraussetzgen vorliegen, ersatzw n Nr 2 u 3; damit wird ex nunc auch eine Rück- od Weiterverweig nach Art 4 I beachtl, abw Kühne IPRax **87**, 72. Bei einer n Abs 2 getroffenen RWahl gilt diese Regelg nicht, da bei ihr schon im Ztpkt ihrer Vornahme eine gemeins Staatsangehörigk der Eheg vorliegen muß; für analoge Anwendg des Abs 3 S 2 analog Kühne aaO. **bb)** Die im RegEntw vorgesehene **Aufhebung** der RWahl dch die Eheg (f den Fall des späteren Verlustes der Staatsangehörigk des gewählten Rechts) ist im RAusschuß gestrichen worden; dennoch ist die Aufhebg einer bereits getroffenen RWahl jederzeit mögl, Kühne IPRax **87**, 72, Wegmann NJW **87**, 1742, Lichtenberger Fschr Ferid (1988) 274; es gilt dann ex nunc die gesetzl Regelanknüpfg nach Abs 1. Die Eheg können auch jederzeit unter den Voraussetzgen v Abs 2 u 3 eine **neue** RWahl treffen, dch welche die frühere ersetzt wird.

4) Anwendungsbereich (Qualifikation). a) Art 14 regelt unmittelb nur das auf die **allgemeinen Wirkungen der Ehe** anzuwendde Recht. Dieser Begr ist n den allg Regeln der Qualifikation, vgl Einl 8a vor Art 3, n dtschem Recht z verstehen; er umfaßt etwa die in §§ 1353–1362 geregelten Sachbereiche, dh alle RBeziehgen, die auf der **Ehe als solcher** beruhen u weder z GüterR gehören, vgl dazu Art 15, noch Scheidgsfolge sind, vgl dazu Art 17. Die **Vorfrage** des Bestehens einer Ehe ist n dem einschläg Kollisionsnormen des dtschen IPR selbstd anzuknüpfen, vgl Einl 9a vor Art 3. Ist eine im Inland n Art 13 III formgült geschl Zivilehe n dem HeimatR eines Eheg eine Nichtehe, so best sich die Wirkgen einer solchen hinkden Ehe n dem v Art 14 berufenen Recht, KG NJW **63**, 51, Soergel-Kegel Rdz 63, Staud-Gamillscheg Rdz 115, Staud-v Bar Rdz 52, str, dahingestellt in BGH **78**, 292. – Auch die persönl Nachwirkgen aus einer bereits gesch Ehe fallen unter Art 14, BGH FamRZ **84**, 465 (AuskunftsAnspr).

b) Im einzelnen fallen unter Art 14 demnach das Recht, die **Herstellung** der **ehelichen** Lebensgemeinsch z verlangen od z verweigern, BGH NJW **76**, 1028, auch wenn die Klage der Vorbereitg einer Scheidgsklage dient, RG **147**, 385, damit auch die Berechtigg z Getrenntleben, aM Mü FamRZ **86**, 807; läßt anwendb Recht das Herstellgsverlangen nicht zu, verstößt dies nicht notwend gegen Art 6; dagg würde einer Durchsetzg des Anspr etwa iW mittelb od unmittelb Zwangs wegen ZPO 888 II Art 6 entggstehen. Unter Art 14 fällt auch die beiderseitige Verpflichtg der Eheg, sich bei der Verfolgg v RAngelegenhen z unterstützen, zB **Auskunft**, BGH FamRZ **84**, 465 (auch als Nachwirkg einer gesch Ehe); für den AuskAnspr im Zusammenhang mit güterr Auseinandersetzg gilt jedoch Art 15, vgl dort Anm 4b, mit UnterhAnspr nach Ehescheidg Art 18 IV, vgl Art 17 Anm 5b. Zu den allg Ehewirkgen gehören ferner **Entscheidungs- und Eingriffsrechte** eines Gatten, zB WohnsBest, KündiggsR; bei gleichheitswidr Befugn des Ehem kann Art 6 eingreifen. Nach Art 14 ist auch der ges Wohns der Ehefr z beurteilen, KG FamRZ **58**, 464 (interlokal). Die **Schlüsselgewalt** fällt ebenfalls unter Art 14; dies gilt insb f ihren Umfang u die Möglk ihrer Einschränkg (Zustdgk u Verfahren hierbei beurteilen sich n der lex fori); im Verh z gutgläubigen Dritten gilt aber bei InlandsGeschen § 1357 sinngemäß, falls dieser günstiger ist als das fremde Recht, Art 16 II; allg Vertretgsmacht der Eheg ist grdsätzl n Art 14 z beurteilen, sofern sie nicht Folge eines best Güterstandes ist, die v Art 15 erfaßt wird. Art 14 gilt auch f Zuweisv **Hausrat** u **Ehewohnung** währd bestehder Ehe, vgl AG Mü IPRax **81**, 60, Jayme ebda 50, Hamm FamRZ **81**, 875, AG Gelsenk IPRspr **83** Nr 55, Ffm FamRZ **89**, 84, Soergel-Kegel Rdz 19, Staud-v Bar Rdz 130, Henrich IPRax **85**, 89, aM Stgt FamRZ **78**, 686 (lex rei sitae), Karlsr IPRax **85**, 106 (bei Eilbedürftigk lex fori), Hamm FamRZ **89**, 621, Henrich Fschr Ferid (1988) 152 (f Anwendg von Art 18); im ScheidgsVerf gilt Art 17, vgl dort Anm 5b. Nach Art 14 beurteilt sich auch

1. Teil. 2. Kap. Internationales Privatrecht **(IPR) EGBGB 14, 15**

der Anspr auf eine noch nicht geleistete **Morgengabe** währd des Bestehens der Ehe, vgl Art 13 Anm 2b aa. Das gleiche gilt vorbehaltl des Art 16 II für **Eigentumsvermutungen** zw den Ehegatten od im Verhältn zu ihren Gläubigern, sofern sie, wie n § 1362, unabhäng vom jew Güterstd bestehen (andernf gilt Art 15, zB bei Vermutg der Zugehörigk z Gesamtgut, § 1416 Anm 2 aE). Die in manchen ROrdngen vorgesehene **Legalhypothek** am Vermögen des and Eheg ist ebenf als allg Ehewirkg iSv Art 14 zu qualifizieren; ihre Wirksamk setzt aber Verträglk mit der lex rei sitae voraus, was n dtschem Recht zu verneinen ist. Auch das **Verbot** best **Rechtsgeschäfte** unter Eheg, zB Kauf, Schenkg, od mit Dritten, zB Bürgsch (abw BGH NJW 71, 1011) fällt unter Art 14; Verkehrsinteressen werden aber n Art 12 geschützt, vgl dort Anm 2d, vgl dazu auch Art 16 Anm 3c. Dagg fällt das Verbot v **Gesellschaftsverträgen** unter Eheg regelm unter Art 15, vgl dort Anm 4b. Beschränkgen der **Geschäftsfähigkeit** eines Eheg sind als Folge der Ehe als solcher ebenf n Art 14, nicht n Art 7 z beurteilen, vgl dort Anm 2b aa; bei hinreichd Inlandsbeziehg wird Art 6 eingreifen; im übrigen Schutz des rechtsgeschäftl Verkehrs n Art 12. Dagg fällt die Erweiterg der GeschFgk dch Heirat unter Art 7 I 2.

c) **Nicht** n Art 14 z beurteilen sind die Auswirkgen der Ehe auf den **Namen** der Eheg; insow gilt Art 10; die alternative Anwendg des Ehewirkgsstatuts ist damit entfallen, vgl dort Art 10 Anm 3a. Für den **Unterhalt** insb v getrennt lebden Eheg gilt Art 18 u damit das Recht des gewöhnl Aufenth des UnterhBerechtigten; dies gilt insb auch f **Prozeßkostenvorschußpflicht,** die n § 1360a IV Ausfluß der UnterhPflicht ist u daher im Ggs z bish Recht, vgl 45. Aufl Anm 4e, nicht mehr als allg Ehewirkg zu qualifizieren ist, vgl auch Art 18 Anm 4b bb. Dch die Sonderregel des Ehenamens u des ehel Unterh ist der unmittelb Anwendgsbereich des Art 14 im Vergl mit dem bish RZustand stark reduziert worden. Für den Versorggsausgleich gilt weiterhin Art 17, vgl dort Anm 6.

EG 15 **Güterstand.** ^I Die güterrechtlichen Wirkungen der Ehe unterliegen dem bei der Eheschließung für die allgemeinen Wirkungen der Ehe maßgebenden Recht.

^{II} Die Ehegatten können für die güterrechtlichen Wirkungen ihrer Ehe wählen

1. das Recht des Staates, dem einer von ihnen angehört,
2. das Recht des Staates, in dem einer von ihnen seinen gewöhnlichen Aufenthalt hat, oder
3. für unbewegliches Vermögen das Recht des Lageorts.

^{III} Artikel 14 Abs. 4 gilt entsprechend.

^{IV} Die Vorschriften des Gesetzes über den ehelichen Güterstand von Vertriebenen und Flüchtlingen bleiben unberührt.

1) **Allgemeines. a) Gleichlauf von Güterrechtsstatut und Ehewirkungsstatut.** Art 15 I unterstellt die güterrechtl Wirkgen der Ehe im Interesse einer einheitl Anknüpfg aller RBeziehgen zw den Eheg u im Verh z ihren Kindern (Familienstatut) dem v der GrdsKollisionsnorm des Art 14 berufenen Recht, vgl dort Anm 1a. Dies gilt auch, soweit das Ehewirkgsstatut n Art 14 II u III v den Eheg vor der Eheschl dch RWahl best w. Zusätzl ermöglicht Art 15 II den Eheg auch eine auf ihre güterrechtl Beziehgen beschr RWahl. – Soweit bei der Anknüpfg des Ehewirkgsstatuts gem Art 14 **Rück- oder Weiterverweisung** z beachten sind (nicht also insb bei der Anknüpfg aGrd gemeins engster Verbindg), vgl dazu dort Anm 1c, gilt dies mittelb auch f die Anknüpfg des GüterRStatuts; soweit das GüterRStatut mittelb gem Art 14 II u III od unmittelb, Art 15 II, dch RWahl best w, sind Rück- od Weiterverweisg überhaupt ausgeschl, Art 4 II, wie hier Kartzke IPRax 88, 10, teilw aM Kühne IPRax 87, 73, Fschr Ferid (1988) 264, Rauscher NJW 88, 2154. – Zum Vorrang des **Belegenheitsstatuts** s Art 3 III u dort Anm 4. – Im **innerdeutschen** KollisionsR gilt Art 15 entspr; dabei wurde bish an Stelle der Staatsangehörigk an den gewöhnl Aufenth der Eheg angeknüpft, vgl dazu Anh z Art 3 Anm 2; im Ggs z internat EheGüterR wurde aber vielf auf den jeweiligen gewöhnl Aufenth abgestellt, das Statut also als wandelbar angesehen, vgl Hamm FamRZ 63, 253, Soergel-Kegel Rdz 62, Erm-Marquordt Rdz 21, Heldrich FamRZ 59, 49, Schurig JZ 85, 562, aM BGH 40, 32, FamRZ 76, 612, Brem FamRZ 60, 158. Dch Gesetz v 4. 8. 69, BGBl 1067 w der Güterstd v DDR-Flüchtl od v daher Zugezogenen mit Wirkg v 1. 10. 69 ausdrückl auf den in der BRep geltden Güterstd umgestellt, soweit ein Eheg dem nicht fristgerecht widersprochen h, vgl dazu Anh II; an der Geltg dieses Gesetzes h sich dch das IPRG nichts geändert, Art 15 IV. – Eine **staatsvertragliche** Sonderregel enthielt das Haager EhewirkgsAbk; es ist aber v der BRep nunmehr z 23. 8. 87 gekündigt worden, vgl dazu Anh I.

b) **Unwandelbarkeit des Güterrechtsstatuts.** In Übereinstimmg mit dem bish Recht stellt Art 15 I bei der Anknüpfg des GüterRStatuts auf die Verhe **bei der Eheschließung** ab; als GüterRStatut grdsätzl maßg ist das **in diesem Zeitpunkt** z Anwendg gelangde Ehewirkgsstatut. Eine spätere Veränderg der f die Anknüpfg des Ehewirkgsstatuts maßg Verhe, zB Staatsangehörigk- od AufenthWechsel, spätere RWahl, ist f die gesetzl Anknüpfg des GüterRStatuts unerhebl, dieses ist also, v der Möglk der besond güterr RWahl gem Abs 2 abgesehen, **unwandelbar.** Die materiellrechtl Weiterentwicklg des so fixierten GüterRStatuts ist jedoch selbstverständl z beachten; aus der Unwandelbk des Statuts folgt keine Unwandelbk des Güterstandes; die Verweisg des Art 15 bezieht sich auch auf die intertemporalen Vorschren des maßg fremden GüterR, Stgt NJW 58, 1972. Dies gilt auch, wenn die Beziehgen z Heimatstaat dch Emigration, Flucht od Vertreibg abgerissen sind; die f diesen Fall bish vielf vertretene materiellrechtl Fixierg des anwendb GüterR auf seinen Zustand im Ztpkt des Abbruchs der Beziehgen z alten Heimatstaat (**Versteinerung** des Güterstandes), vgl BayObLG 59, 89, 61, 123, Hamm NJW 77, 1591, ebso im Verh z DDR BGH 40, 32, BGH FamRZ 76, 612, Brem FamRZ 60, 158, führt z Anwendg antiquierter RSätze, die den Interessen der Part nicht gerecht werden, ebso Soergel-Kegel Rdz 4, MüKo-Siehr Rdz 46, grdsätzl auch Staud-v Bar Rdz 44, offen gelassen bei Düss FamRZ 79, 160. Bei **deutschen Flüchtlingen** ist der UnwandelbkGrds dch das Gesetz vom 4. 8. 69, vgl dazu Abs 4 u Anh II durchbrochen.

c) **Einheitlichkeit des Güterrechtsstatuts.** Das GüterRStatut gilt grdsätzl f alle VermögensGgste der

2219

Eheg, gleichgült wo sie sich befinden. Eine **Spaltung** des anwendb GüterR kann sich aber ausnahmsw aus dem Vorrang des Einzelstatuts gem Art 3 III ergeben, vgl dort Anm 4, insb bei kollisionsr Spaltg des GüterRStatuts f bewegl u unbewegl Sachen, BayObLG 71, 34, Staud-Gamillscheg Rdz 188, vgl auch KG NJW 73, 428 (güterrechtl Vereinbg rechtsgesch Veräußergsverbots inl VermGgste unterliegt § 137); ferner aus der in Abs 2 Nr 3 eröffneten RWahl zG der lex rei sitae f unbewegl Vermögen.

d) Anwendbarkeit auf früher geschlossene Ehen (Art 220 Absatz 3). Vgl dazu v Bar NJW 85, 2849, Taupitz NJW 86, 616, Henrich FamRZ 86, 848, Henrich IPRax 87, 93, Jayme IPRax 87, 95, Rauscher NJW 87, 531, Böhringer BWNotZ 87, 104, Puttfarken RIW 87, 834, Schurig IPRax 88, 88. Zur entspr Anwendg des Art 220 III auf die dch Verfassgswidrigk von Art 2 I Haager EhewirkgsAbk entstandenen Fragen vgl Anh I.

aa) Bei Heirat vor dem 1. 4. 53. Art 15 I aF hatte in seiner gewohnhrechtl Fortbildg z einer allseit Kollisionsnorm die güterrechtl Verhe dem HeimatR des Ehemannes zZ der Eheschl unterstellt. Das BVerfG hat diese Regelg dch Beschl vom 22. 2. 83, BGBl 525, NJW 83, 1968 wegen Verstoßes gg GG 3 II f nichtig erkl; sie war damit gem GG 117 I am 1. 4. 53 außer Kraft getreten. Für die **vor** dem 1. 4. 53 geschl Ehen bleibt es bei der Anwendg des aus Art 15 aF entwickelten allg Grds; die am 1. 4. 53 eingetretene Änderg des KollisionsR hat wegen der Unwandelbk des GüterRStatuts keinen Einfluß auf die damals bereits bestehden Ehen, vgl Art 220 III S 6, ebso schon MüKo-Siehr Rdz 16, Staud-v Bar Rdz 39, Lichtenberger DNotZ 83, 398; insow bleibt es also bei der grdsl Maßgeblk des HeimatR des Mannes; die Eheg können jedoch nunm n Art 220 III S 6 eine RWahl gem Art 15 II treffen. Diese Regelg ist verfassgsr unbedenkl, zweifelnd Schurig IPRax 88, 89.

bb) Bei Heirat nach dem 31. 3. 53 und vor dem 9. 4. 83. Die RPraxis ist bis z Beschl des BVerfG vom 22. 2. 83, BGBl 525, aus Grden der RSicherh u des Vertrauensschutzes überw v der Fortgeltg der aus EG 15 entwickelten Kollisionsnorm ausgegangen, vgl insb BGH NJW 80, 2643, BGH NJW 82, 1937. Das BVerfG hat diese Auffassg abgelehnt, NJW 83, 1970, mit Recht krit dazu Lichtenberger DNotZ 83, 394, Henrich IPRax 83, 209. Damit ist f die n dem 31. 3. 53 geschl Ehen rückw eine neue Lage entstanden. Das IPRG trägt dem dch eine komplizierte **Übergangsregelung** in **Art 220 III** S 1–4 Rechng. Danach sind bei der Beurteilg der güterr Wirkgen von Ehen, die **nach** dem 31. 3. 53 (dh dem Inkrafttreten von GG 3 II) und **vor** dem 9. 4. 83 (dh dem Bekanntwerden des Beschl des BVerfG vom 22. 2. 83) geschl wurden, zwei versch Zeiträume zu unterscheiden: **Ab** dem 9. 4. 83 gilt die Anknüpfgsregelg des Art 15 nF, Art 220 III S 2 (mit einer Modifikation gem S 3); **bis** zu diesem Ztpkt gilt für die betr Ehen die bes Anknüpfgsregelg des Art 220 III S 1, welche dem Gesichtspkt des Vertrauensschutzes in die sZt faktisch bestehde RLage Rechng trägt, vgl BGH FamRZ 87, 680.

(1) Die güterr Wirkgen solcher Ehen unterliegen danach **bis zum 9. 4. 83** in erster Linie (vorbehaltl einer Rück- od Weiterverweisg, Art 4 I) dem **gemeinsamen Heimatrecht** der Eheg zZ der Eheschl, S 1 **Nr 1**; der bloß beabsicht Erwerb der Staatsangehörigk des anderen Eheg in einem späteren Ztpkt genügt dafür nicht, BGH FamRZ 87, 681, aM Schurig IPRax 88, 90; bei Doppelstaatern gilt Art 5 I, BGH FamRZ 86, 1203, 87, 681, Lichtenberger MittBayNot 87, 258, aM Jayme IPRax 87, 96, Schurig IPRax 88, 90. (2) In Ermangelg einer gemeins (effektiven) Staatsangehörigk entsch in zweiter Linie das Recht, dem beide Eheg dch formfreie ausdrückl od stillschw RWahl sich **unterstellt** haben od von denen sie in ihrem Anwendg sie ohne einen entspr Willensakt tats gemeins **ausgegangen** sind, insb nach dem sie einen EheVertr geschl haben, S 1 **Nr 2**; Rückod Weiterverweisg dch dieses „gewählte" Recht sind nicht zu beachten, Art 4 II. Obwohl das bis zum 9. 4. 83 faktisch praktizierte KollisionsR eine derartige wirkl od fingierte Wahl des GüterRStatuts nicht kannte, verstößt diese Regelg nicht etwa gg das verfassgsr Rückwirkgsverbot, da sie die gemeins Vorstellgen der Part legalisiert, sich also nicht über deren Vertrauen in die Fortgeltg einer best RLage hinwegsetzt, BGH FamRZ 87, 680 (bestätigt dch BVerfG FamRZ 88, 920), aM Rauscher NJW 87, 533, IPRax 88, 348. Die Grenzen zw einer formlosen konkludenten RWahl u einer bloßen faktischen Hinnahme der gedachten Maßgeblichk einer ROrdng (iS einer fingierten RWahl, vgl BGH FamRZ 88, 41) sind fließend; bei der Ermittlg der Vorstellgen der Part sind alle Umst des Einzelfalls zu berücksichtigen, zB gewöhnl Aufenth u Erwerbstätigk der Eheg, Ort der Heirat, Belegenh ihres Vermögens, evtl auch Orientierg an der seinerzeitigen RPraxis, die von der Weitergeltg des Art 15 I aF ausging, vgl dazu FG Düss RIW 87, 644, Ffm FamRZ 87, 1147, KG IPRax 88, 106, Henrich IPRax 87, 94, Böhringer BWNotZ 87, 106. Ausreichd ist, daß die Eheg nach ihren gesamten LebensUmst unbewußt wie selbstverständl von der Maßgeblichk der ihnen nächstliegden ROrdng ausgegangen sind, vgl Ffm FamRZ 87, 1147, KG IPRax 88, 107, Puttfarken RIW 87, 840, krit Schurig IPRax 88, 91, Dörr NJW 89, 1964. Haben sich die Vorstellgen der Part im Verlauf der Ehe **geändert**, so entschd das Recht, dem die Eheg sich vor dem 9. 4. 83 **zuletzt** gemeins unterstellt haben od von welchem sie zuletzt übereinstimmend ausgegangen sind, BGH FamRZ 88, 41. (3) Kommt auch eine wirkl od fingierte RWahl nach Nr 2 nicht in Betr, so gilt in dritter Linie das **Heimatrecht des Ehemannes** zZ der Eheschl, S 1 **Nr 3**. Diese Auffanganknüpfg sanktioniert im Interesse der RSicherhh in den von Nr 1 od Nr 2 nicht erfaßten Fällen für eine ÜbergZeit den damals faktisch praktizierten RZustand; sie ist entspr rechtsstaatl GrdSätzen u ist desh **verfassungsmäßig**, BGH FamRZ 86, 1202 (bei weiter Ausslegg von Nr 2), BGH FamRZ 87, 680, Lichtenberger DNotZ 87, 297, Sonnenberger Fschr Ferid (1988) 460, aM Basedow NJW 86, 2974, Rauscher NJW 87, 534, Puttfarken RIW 87, 838, Siehr Fschr Ferid (1988) 441, Schurig IPRax 88, 93, grdsl auch Henrich IPRax 87, 94, 88, 367; vgl dazu die berect Kritik v Lüderitz FS Rwiss Fakultät Kln (1988) 275.

Auch die in der Zeit nach dem 31. 3. 53 u vor dem 9. 4. 83 geschl Ehen sind aber **ab dem 9. 4. 83** in ihren güterrechtl Wirkgen n Art 15 nF z beurteilen, Art 220 III **Satz 2**; zur Verfassgsmäßigk dieser Differenzierg BGH FamRZ 87, 680 (bestätigt dch BVerfG FamRZ 88, 920), aM Rauscher NJW 87, 534. Hieraus ergibt sich idR kein Statutenwechsel, soweit f die Ehe bish n Art 220 III S 1 Nr 1 das gemeins HeimatR der Eheg zZ der Heirat galt, Art 15 I iVm Art 14 I Nr 1. Das gleiche gilt, soweit f die betreffde Ehe bish das v den Eheg dch wirkl od fingierte RWahl best GüterR n Art 220 III S 1 Nr 2 maßg war; die bish RWahl behält unter den Voraussetzgen des Art 15 II, Lichtenberger DNotZ 87, 300, insow aM Henrich IPRax 87, 93, weiterhin ihre

Gültigk; dabei kann v der Einhaltg der Form des Art 15 III iVm Art 14 IV abgesehen w, BT-Drucks 10/5632 S 46, BGH FamRZ **86**, 1202, ebso Jayme IPRax **87**, 96, Lichtenberger DNotZ **87**, 299 u jetzt auch Henrich IPRax **87**, 93; dies gilt auch für den Fall, daß die Part von der Anwendg eines best Rechts lediglich „ausgegangen" sind, also keine echte RWahl getroffen haben, BGH FamRZ **87**, 681, **88**, 41, Lichtenberger MittBayNot **87**, 258, selbst wenn auf diese Weise iErg das HeimatR des Mannes über den 8. 4. 83 hinaus fortgilt, BGH FamRZ **87**, 681, aM Henrich IPRax **87**, 95. Verfassgsr Bedenken gg die Fortgeltg der wirkl od fingierten RWahl, vgl dazu Schurig IPRax **88**, 92, Siehr Fschr Ferid (1988) 440, sind nicht durchgreifd, da sie Vorstellgen der Part übernimmt, die sich zumeist unabhäng von jur Beratg gebildet haben. Dagg wird bei bish Maßgeblk des HeimatR des Mannes gem Art 220 III S 1 Nr 3 in der betreffden Ehe am 9. 4. 83 in Anwendg v Art 15 I nF regelm ein **Statutenwechsel** eintreten; dabei ist f die Anknüpfg von den Verh der Eheg am 9. 4. 83 auszugehen, Art 220 III **Satz 3,** also von der gemeins Staatsangehörigk (unter Beachtg von Art 5 I, BGH FamRZ **87**, 681), dem gemeins gewöhnl Aufenth od hilfsw der gemeins engsten Verbindg an diesem **Stichtag**, vgl Henrich FamRZ **86**, 848. Für güterrechtsrelevante Vorgänge, zB Scheidg, Tod eines Eheg, die vor dem 9. 4. 83 eintreten, gilt dann in der betr Ehe das bish GüterRStatut, für güterrechtsrelevante Vorgänge nach diesem Ztpkt gilt nach Art 15 I iVm Art 14 best GüterRStatut. Das jeweils maßg GüterR erfaßt das **gesamte** (beim Eintritt des Vorgangs vorh) Vermögen der Eheg, BGH FamRZ **86**, 1202, **87**, 680 (keine güterr Aufspaltg in zwei Vermögensmassen). Mit dem Eintritt des Statutenwechsels wird auch nicht notwendig eine AuseinandS am Stichtag vorh Vermögens erfdl, BGH FamRZ **87**, 680, aM Rauscher NJW **87**, 532, IPRax **88**, 347, Lichtenberger DNotZ **87**, 302, Schurig IPRax **88**, 93, wohl auch v Bar JZ **87**, 756. Galt zB in der betr Ehe bis zum 8. 4. 83 der ges Güterstd der ZugewinnGemsch nach dtschem Recht, nach diesem Ztpkt Gütertrenng nach ausl Recht u wird die Ehe nunm gesch, so kommt ein ZugewinnAusgl nicht in Frage; die Umwandlg in den neuen gesetzl Güterstd ergibt kraft G u löst desh keinen ZugewinnAusgl aus (§ 1372 wäre unanwendb) u zZ der Scheidg der Ehe gilt bereits Gütertrenng. Galt dagg umgekehrt zunächst Gütertrenng u seit dem 9. 4. 83 ZugewinnGemsch, so erfaßt der Zugewinn-Ausgl bei einer nunm erfolgden Scheidg das ges Verm der Eheg auch soweit es unter der Herrsch des früh ges Güterstands der Gütertrenng erworben wurde (AnfangsVerm wäre das Verm zZ des Eintritts des früheren gesetzl Güterstds, welcher in den Güterstd der ZugewinnGemsch umgewandelt worden ist, aM Lichtenberger MittBayNot **87**, 258: Berechng des AnfangsVerm zum 9. 4. 83, ebso Rauscher IPRax **88**, 348). Galt in der Ehe vor dem 9. 4. 83 der ges Güterstd der GüterGemsch nach ausl Recht, währd seit dem 9. 4. 83 Gütertrenng (mit od ohne ZugewinnAusgl) gilt, so verwandelt sich das bish GesamthandsEigt der Eheg am Stichtag automat in MitEigt nach Brucht, was ggf eine GB-Berichtig erfdl macht. Allerd sieht Art 220 III **Satz 4** ausdr eine Regelg für den Fall vor, daß sich „allein aus dem Wechsel des anzuwendd Rechts" zum Ablauf des 8. 4. 83 „Anspr wegen der Beendigg der früheren Güterstds ergeben würden"; solche Anspr gelten bis z Inkrafttr des IPRG am 1. 9. 86 als gestundet; die Frist f eine Verjährg derartiger Anspre kann also erst an diesem Tag z laufen beginnen. Diese Regelg bezieht sich jedoch nur auf Ehen, die in der Zeit zwischen dem 8. 4. 83 u dem 1. 9. 86 gesch worden sind u für die sich erst aGrd von Art 220 III S 2 u S 5 rückw ein güterr Anspr ergeben hat, BGH FamRZ **87**, 680, aM Rauscher IPRax **88**, 347.

cc) **Bei Heirat nach dem 8. 4. 83** ist Art 15 nF unbeschränkt anwendb, Art 220 III S 5. Das GüterRStatut ist in diesen Ehen vom Tag der Eheschl an (ggf also auch rückw auf die Zeit vor Inkrafttreten des IPRG am 1. 9. 86) nach den jetzt gelten Regeln (dh in Anwendg v Art 14 nF) z best; gg rückw Anwendg von Art 5 I 2 Schurig IPRax **88**, 89.

2) Grundsatzanknüpfung (Absatz 1). Das ehel GüterR unterliegt n Abs 1 grdsl dem f die allg Ehewirkgen bei der Eingeh der Ehe maßg Recht, dh dem in diesem Ztpkt n Art 14 z Anwendg berufenen Recht. Dabei sind sämtl Anknüpfgen des Art 14 einschließl der darin eröffneten RWahlmöglichkeiten zu berücksichtigen; wegen des Abstellens auf den Ztpkt der Eheschl können aber jew die vergangenhbezogenen Stufen der Anknüpfgsleiter in Art 14 I Nr 1 u 2 (frühere gemeins Staatsangehörigk u frühere gemeins gewöhnl Aufenth) nicht eingreifen, vgl BT-Drucks 10/5632 S 41. Im einz ergeben sich daraus folgde Konsequenzen: **a)** Das ehel GüterR ist in erster Linie n dem **gemeinsamen Heimatrecht** der Eheg zZ der Eheschl z beurteilen, Abs 1 iVm Art 14 I Nr 1; bei Mehrstaatern ist dabei nur die in Art 5 I bezeichnete (dh die effektivere bzw die dtsche) Staatsangehörigk z berücksichtigen; bei Staatenl od Flüchtlingen ist an Stelle der Staatsangehörigk ihr dch den gewöhnl Aufenth best Personalstatut maßg, vgl Art 5 II u Anh z Art 5; die Anknüpfg an eine frühere gemeins Staatsangehörigk kommt wegen des Abstellens auf den Ztpkt der Heirat nicht in Betr; aus dem gleichen Grd ist eine erst dch Heirat erworbene Staatsangehörigk nicht z berücksichtigen. **b)** Besitzen die Eheg bei ihrer Heirat keine gemeins (n Art 5 I z berücksichtigende) Staatsangehörigk, so kommt in zweiter Linie das GüterR des Staates z Anwendg, in dem **beide** Eheg zZ der Heirat ihren **gewöhnlichen Aufenthalt,** z Begriff vgl Art 5 Anm 4, haben (der sich selbstverständl nicht am selben Ort befinden muß), Abs 1 iVm Art 14 I Nr 2; die Anknüpfg an einen früheren gewöhnl Aufenth im selben Staat kommt wegen des Abstellens auf den Ztpkt der Heirat nicht in Betr. Daß einer der Eheg auch die Staatsangehörigk des Staates der beidseitigen gewöhnl Aufenthalts besitzt, ist n Art 14 I Nr 2 nicht erfdl. Ein erst im Anschluß an die Heirat begründeter gemeins gewöhnl Aufenth im selben Staat genügt f die Anknüpfg des GüterRstatuts n Abs 1 iVm Art 14 I Nr 2 nicht, vgl Begr BT-Drucks 10/504 S 58, spielt aber bei der Auffangankünpfg nach Art 14 I Nr 3, dazu c, eine Rolle. **c)** Besitzen die Eheg zZ der Heirat weder eine gemeins (n Art 5 I z berücksichtigende) Staatsangehörigk noch einen gewöhnl Aufenth im selben Staat, so beurteilen sich ihre güterr Verhe in dritter Linie n dem Recht des Staates, mit dem sie **zu diesem Zeitpunkt** auf and Weise **gemeinsam am engsten verbunden** sind, Abs 1 iVm Art 14 I Nr 3, vgl dazu dort Anm 2 d. Dabei sind sämtl Umst des Einzelfalls zZ der Heirat z berücksichtigen, insb gemeins soziale Bindungen der Eheg an einen Staat dch Herkunft, Kultur, Sprache od berufl Tätigk, gemeins schlichter Aufenth in einem Staat, sofern er nicht ganz vorübergehder Natur ist, Ort der Eheschl, sofern er nicht ganz zufäll gewählt ist u vor allem gemeins objektiv feststellb **Zukunftspläne,** insb die beabsichtigte Begr eines gemeins gewöhnl Aufenth in einem best Staat im Anschl an die Heirat (erster ehelicher Wohns) od uU auch erst z einem späteren Ztpkt. **d)** Haben die Eheg bereits vor der Heirat das Ehewirkgsstatut unter den Voraussetzgen des

Art 14 II–IV, vgl dort Anm 3, wirks gewählt, so ist diese **Rechtswahl** n Abs 1 mittelb auch f das GüterRStatut maßg. Sie geht der gesetzl Anknüpfg des GüterRStatuts gem Abs 1 iVm Art 14 I vor.

3) Bestimmung des Güterrechtsstatuts durch unmittelbare Rechtswahl (Absatz 2 und 3). a) Das Gesetz gestattet den Part in Abs 2 auch unabhäng v der Anknüpfg des Ehewirkgsstatuts eine besondere auf die güterrechtl Wirkgen ihrer Ehe beschr RWahl. Damit soll den Eheg insb die Möglk gegeben werden, das GüterRStatut ihren veränderten Lebens- u VermögensVerhen anzupassen. Die RWahl ist an **keine Voraussetzungen** geknüpft; lediglich aus dem Kreis der z Wahl gestellten ROrdngen ergeben sich Einschränkgen. Auch **deutsche** Eheg können desh ihre güterr Beziehgen einem ausl Recht unterstellen, sofern einer v ihnen in dem betr Staat seinen gewöhnl Aufenth hat (Abs 2 Nr 2) od dort unbewegl Vermögen besitzt (Abs 2 Nr 3). Auch der **Zeitpunkt** der RWahl ist nicht fixiert; sie kann als vorgezogene RWahl bereits vor der Heirat (aber erst mit Wirkg ab dieser) od zu einem beliebt Ztpkt währd der Ehe (mit Wirkg ex nunc) vorgenommen werden; dies gilt n Art 220 III S 6 insb auch f Ehen, die vor Inkrafttreten des GleichberechtiggsGrds am 1. 4. 53 geschl worden sind, vgl dazu Anm 1 d a. Daraus folgt zugleich, daß die Eheg eine einmal getroffene RWahl mit Wirkg f die Zukunft jederzeit aufheben od ändern können; dann gilt fortan das gesetzl od ein vereinbartes and GüterRStatut, das grdsl auch über die Abwicklg u Überleitg des bish Güterstandes best, aM Wegmann NJW **87**, 1744 (Abwicklg nach dem bish GüterRStatut); die Eheg können aber bei der von ihnen vorgenommenen RWahl auch ausdrückl das bereits vorhandene Vermögen dem neuen GüterRStatut unterstellen, vgl dazu Begr BT-Drucks 10/504 S 58. **b)** Zur **Wahl** freigestellt sind den Eheg als GüterRStatut (1) ihre jew **Heimatrechte,** Abs 2 Nr 1; bei mehrf Staatsangehörigk ist ebso wie in Art 14 III die Wahl **jedes** beteiligten (nicht nur eines n Art 5 I z berücksichtigten) HeimatR statth, vgl dazu Art 14 Anm 3 b, aM Lichtenberger DNotZ **86**, 659, Johannsen/Henrich, EheR Art 15 Rz 10; (2) das **Recht** des Staates des **gewöhnlichen Aufenthalts,** zum Begr vgl Art 5 Anm 4, mind eines der Eheg u (3) hins ihres **unbeweglichen** Vermögens auch das Recht des **Lageortes;** dabei ist der Begr des unbewegl Vermögens iS des dtschen Rechts z verstehen, vgl Einl 8a vor Art 3, Böhringer BWNotZ **87**, 109, Lichtenberger Fschr Ferid (1988) 284, aM Kühne IPRax **87**, 73, Johannsen/Henrich, EheR Art 15 Rz 12 (für Qualifikation nach dem Recht des Lageortes); er umfaßt Grdste samt ihren Bestandt nebst Zubehör, sowie Wohngs- bzw StockwerksEigt u ErbbauRe, vgl Übbl 3a vor § 90, ferner die sonst beschr dingl Rechte an Grdsten, Jayme IPRax **86**, 270, Lichtenberger DNotZ **86**, 659, nicht dagg auch bloße Fordergen, aM Wegmann NJW **87**, 1743, od GAnteile, Röll MittBayNot **89**, 3; dch diese erst im RAusschuß eingefügte zusätzl Wahlmöglk sollen insb die beim Erwerb **deutscher** Grdste durch **ausländische** Eheg sonst auftretden prakt Probleme gemindert w, vgl BT-Drucks 10/5632 S 42; sie bezieht sich aber selbstverständl auch auf ausl GrdBes dtscher od ausl Eheg; dabei muß nicht notw das gesamte in dem betreffden Staat belegene unbewegl Vermögen dem Recht des Lageorts unterstellt w; die RWahl k also auch auf ein **einzelnes** Grdst beschr w, um f die übr im selben Staat belegenen Grdste ein and GüterRStatut gelten z lassen, vgl Henrich FamRZ **86**, 847, Lichtenberger DNotZ **86**, 659, 87, 300, Fschr Ferid (1988) 275, Böhringer BWNotZ **87**, 109, Röll MittBayNot **89**, 3, aM Kühne IPRax **87**, 73, Langenfeld FamRZ **87**, 13, Wegmann NJW **87**, 1743. Währd die in Abs 2 Nr 1 u 2 eröffnete RWahl die gesamten güterrechtl Beziehgen der Eheg betrifft, beschränkt sich die RWahl n Abs 2 Nr 3 in ihren Wirkgen auf das von ihr erfaßte unbewegl Vermögen, führt also idR z einer **Spaltung des Güterrechtsstatuts,** vgl oben Anm 1c. Jede Vermögensmasse der Eheg ist dann nach dem dafür maßg güterrechtl Vorschren gesondert z beurteilen; so können etwa bezügl der einen VerfüggsBeschrkgen bestehen, bezügl der and nicht, bezügl der einen kann bei Beendigg des Güterstd ein ZugewinnAusgl erfdl w, bezügl der and nicht. **c)** Für die **Form** der RWahl gilt n Abs 3 Art 14 IV entspr, vgl dazu dort Anm 3c.

4) Anwendungsbereich. a) Art 15 best das maßg Recht f die Sonderordng des Vermögens der Eheg währd u aGrd der Ehe. Die **Vorfrage** des Bestehens einer Ehe ist selbstd anzuknüpfen, vgl Einl 9 a vor Art 3, hins der Formgültigk einer im Inland geschl Ehe vgl Art 13 III, vgl Stgt FamRZ **78**, 507 (Nichtanerkenng der Gültigk der Ehe n dem anwendb GüterRStatut ist unerhebl). Der **inländische Rechts- und Geschäftsverkehr** wird n **Art 16** in best Umfang dch Anwendg dtschen Rechts geschützt.

b) Der Begr der güterrechtl Wirkgen der Ehe ist iS des dtschen Rechts z **qualifizieren,** vgl Einl 8 a vor Art 3. Hierunter fallen alle RSätze, die eine Sonderordng f das Vermögen der Eheg währd der Ehe schaffen, v ihr absehen (Gütertrenng) od n Auflösg der Ehe f ihre Abwicklg sorgen, BT-Drucks 10/504 S 57. Art 15 erfaßt dabei sowohl das gesetzl wie das vertragl GüterR. Im **einzelnen** ist n Art 15 z beurteilen, welcher v den mehreren Güterstden einer ROrdng maßg ist, welche Gütermassen zu unterscheiden sind u zu welcher ein VermögensGgst eines Eheg gehört, ErwerbsBeschrkgen (zB im Zusammenhang mit Auflassgsvormerkg, vgl dazu BayObLG DNotZ **86**, 487, Rauscher RPfl **86**, 119 gegen Amann ebda 117) od VfgsBeschrkgen inf des Güterstandes, vgl §§ 1365, 1369, BayObLG JZ **54**, 441, die auch im inl GBVerk zu beachten sind, vgl dazu Lichtenberger MittBayNot **86**, 111, wobei für eingetr RInh die Vermutg des § 891 spricht, KG NJW **73**, 428, and Köln OLGZ **72**, 171 (doch kann gerade insof u bei der Klageberechtigg die Abgrenzg gg Art 14 zweifelh sein; zu Art 15 gehören also nicht die allg Ehefolgen, vgl die nach manchen Rechten verminderte GeschFgk der Frau, Art 14 Anm 4 b, hingg die vermögensrechtl Regelgen der beiderseit Güter, die dch die Ehe ermöglicht oder veranlaßt worden sind), GesellschVerbot zw Eheleuten nach frz u belg Recht, RG **163**, 367, Art 14 Anm 4 b (dagg beurt sich GesellschVertr zw Eheg im übr grdsl n dem GesellschStatut, bei Fehlen einer körperschähnl Organisation n dem Schuldstatut, aM Stgt NJW **58**, 1972), ob eine letztwill Zuwendg zu einem SonderVerm, vgl § 1418 II Z 2, mögl ist, währd sich das auf die Zuwendg zur Anwendg kommde Recht n Art 25 best, ferner die vom Güterstd abhäng Haftg eines Eheg für Verbindlichk des and, Staud-Gamillscheg Rdz 252, einschl der AusglPfl der Eheg untereinander, LG Hbg IPRspr **77** Nr 65; nach Art 15 regelt sich ferner die Auseinandersetzg u zwar auch gGrd einer Scheidg, einschl einer **Auskunftspflicht** der Eheg, vgl BGH FamRZ **79**, 690, **86**, 1200, Krefeld IPRspr **77** Nr 63, Bamberg FamRZ **83**, 1233, Hamm NJW-RR **87**, 1476 (vgl dazu Jayme/Bissias IPRax **88**, 94), Stgt FamRZ **89**, 622, AG Böblingen IPRax **89**, 52 (bei Fehlen eines matrechtl Anspr Anpassg) u der Verpflichtg z Rückzahlg einer Mitgift, vgl Karlsr IPRax **88**, 294, Jayme/Bissias ebda 280; dagg ist der VersorggsAusgl als Scheidgsfolge n

Art 17 z beurteilen, vgl dort Anm 6; güterrechtl z qualifizieren ist auch die fortgesetzte GütGemsch, Staud-Gamillscheg Rdz 311, od eine ehevertragl Teilsanordng, KG JW **38**, 1718. Dagg ist der Anspr auf die n islam Ren vorgesehene Morgengabe wg ihrer unterhsichernden Funktion als pers Ehewirkg iSv Art 14 bzw als Scheidgsfolge iSv Art 17 iVm Art 18 IV zu qualifizieren, vgl näher Art 13 Anm 2b aa, aM Bremen FamRZ **80**, 606, MüKo-Siehr Rdz 91, wohl auch Köln IPRax **83**, 73 (GüterRStatut).

c) Nach dem GüterRStatut ist insb der **Zugewinnausgleich** z beurteilen; das gilt auch, wenn die AusgleichsFdg mit dem Tod eines Eheg entsteht, wie n § 1371 II, BayObLG **80**, 276, od der Zugewinnausgleich pauschaliert dch eine **Erhöhung des gesetzlichen Erbteils** erfolgt, wie nach § **1371 I,** Memmg IPRax **85**, 41 (dazu Clausnitzer IPRax **87**, 102), Soergel-Kegel Rdz 9, Erm-Marquordt Rdz 13, Staud-v Bar Rdz 101f, Ferid FamRZ **57**, 72 (and nunmehr in IPR Rdz 8–130), Braga FamRZ **57**, 340, Müller-Freienfels JZ **57**, 690 Anm 33, Thiele FamRZ **58**, 397, Clausnitzer MittRhNotK **87**, 15; aM (erbrechtl Qualifikation) Raape IPR S 336. Dagg wollen Erm-Marquordt Rdz 13, Staud-Gamillscheg Rdz 335, Staud-Firsching Rdz 227 vor EG 24–26, Ferid IPR Rdz 8–130, MüKo-Siehr Rdz 101, MüKo-Birk Rdz 109 vor EG 24–26, Vékás IPRax **85**, 24, Schotten MittRhNotK **87**, 18 die Erhöhg des ges Erbteils n § 1371 I nur dann gelten lassen, wenn dtsches R auch als Erbstatut maßg ist; bei Zusammentreffen des dtschen GüterRStatuts mit einem ausl Erbstatut sei der ZugewinnAusgl nach § 1371 II durchzuführen. Indessen wird damit ohne Grund auf die praktikable erbrechtl Lög des § 1371 I verzichtet, Soergel-Kegel Rdz 11, ähnl Clausnitzer MittRhNotK **87**, 17, der aber Gleichwertigk des ausl mit dem dtschen ErbR fordert. Führt die Anwendg unterschiedl Güter- u ErbR zu unbilligen Ergebnissen, indem sie den überlebden Eheg schlechter (Normenmangel) od besser (Normenhäufg) stellt als er bei vollständ Anwendg jeder der beteiligten ROrdnungen stehen würde, so ist seine Beteiligg am Nachl dch **Angleichung** so z korrigieren, daß er mind bzw höchstens das erhält, was ihm n jedem der beiden Rechte für sich betrachtet zustünde, Staud-v Bar Rdz 111; z Normwiderspruch zw Güter- u Erbstatut ferner Clausnitzer ZRP **86**, 254, IPRax **87**, 102. – Ob u unter welchen Voraussetzgen dem überl Eheg ein Pflichtteil zusteht, entscheidet allein das Erbstatut; ist dieses ein ausl R, so bleiben § 1371 II HS 2 u III insoweit außer Betracht, Müller-Freienfels aaO, Staud-Gamillscheg Rdz 338; ob daneben ein Zugewinn-Ausgl stattfindet, entsch dagg das GüterRStatut, ggf also § 1371 II HS 1. – Die Erhöhg des EhegErbteils nach § **1931 IV** bei **Gütertrennung** ist dagg erbr z qualifizieren, Ferid IPR Rdz 8–134, Erm-Marquordt Rdz 13, Staud-v Bar Rdz 107, grdsl auch Jayme Fschr f Ferid (1978) 221, aM Soergel-Kegel Rdz 9; die Anwendg des § 1931 IV bei ausl GüterRStatut setzt jedoch voraus, daß die ausl Gütertrenng derjen des BGB entspr, Jayme aaO. – Wird ein **Erbvertrag** zus mit einem GüterVertr geschl, so bleibt f jenen das Erbstatut maßg, LG Mü I FamRZ **78**, 364, BayObLG **81**, 178, Soergel-Kegel Rdz 33, str, aM Raape IPR § 31 V 3, Staud-v Bar Rdz 97 u fr Aufl.

d) Das GüterRStatut best auch über Zulässigk, GültigkVoraussetzgen u mögl Inhalt eines **Ehevertrages,** zB ob ein EheVertr auch n der Heirat geschl od abgeändert w darf, hM, aM Grundmann FamRZ **84**, 447 (Ehewirkgsstatut), ob eine ger Gen od eine bes GeschFgk erfdl ist u welche Form als GeschR, Art 11 I, gewahrt w muß. Bei **deutschem** GüterRStatut ergeben sich Schranken der VertrFreih aus § **1409,** vgl dazu Anm dort.

Anhang zu Art 15

I. Staatsverträge

Als Staatsvertr auf dem Gebiet der pers Ehewirkgen u des GüterR kam bish das Haager Abk v 17. 7. 05 betr den Geltgsbereich der G in Ansehg der Wirkgen der Ehe u der Rechte u Pflichten der Ehegatten in Betr, RGBl **12**, 453 u 475 **(Haager Ehewirkungsabkommen).** Es galt zuletzt nur noch im Verh zu Italien, Bek v 14. 2. 55, BGBl II 188. Die BRep hat das Abk nunm mit Wirkg zum 23. 8. 87 **gekündigt,** Bek vom 26. 2. 86, BGBl II 505. **Art 2 I** des Abk unterstellte die güterr Wirkgen der Ehe dem Ehem zZ der Eheschl; diese Regel war wg Verstoßes gg GG 3 II ebso wie Art 15 I aF **verfassungswidrig,** BGH FamRZ **86**, 1200, **87**, 679, **88**, 40, KG IPRax **87**, 117, Ffm FamRZ **87**, 1147, vgl dazu Art 3 Anm 3b. Für ÜbergFragen, die sich aus der Verfassgswidrigk des Art 2 I des Abk ergeben, gilt **Art 220 III** entspr, BGH aaO, BT-Drucks 10/5632 S 46, vgl dazu Art 15 Anm 1d. Zum Text des Abk mit Erläutergen vgl Voraufl.

II. Gesetz über den ehelichen Güterstand von Vertriebenen und Flüchtlingen

Vom 4. 8. 1969, BGBl I 1067

Schrifttum: Herz DNotZ **70**, 134; Firsching FamRZ **70**, 452; Silagi IPRax **82**, 100; Henrich IPRax **83**, 25.

Vorbemerkung

Die Grdse der Unwandelbk u die bish vielf vertretene Versteinerg des GüterRStatuts n Art 15 I, vgl dort Anm 1b, führen bei Flüchtlingen, die ihr Verm in alten Heimat zurückgelassen u im Zufluchtsland v vorne angefangen haben, z unbefriedigend Erg. Auch wenn ihre pers RVerhe grdsl dem R ihres Aufenthaltslandes unterstellt werden, vgl näher Art 5 Anh II, bleibt f den ehel Güterstd uU in versteinerter Form das alte HeimatR maßg, mit dem die Ehel nichts mehr verbindet. Häuf gehen die Betroffenen irrtüml davon aus, daß auch f ihre güterr Bez des AufenthR gelte. Dies k namentl im Erbfall (Unanwendbk v § 1371 I 1) z unliebs Überraschgen führen. Vor allem bei **deutschen Flüchtlingen,** die seit dem Ende des 2. Weltkriegs im Gebiet der BRep Aufn gefunden h, entspr die volle rechtl Integration in die neue Heimat einer selbstverständl Erwartg. Die Rspr ist aber auch bei DDR-Flüchtlingen v der Unwandelbk des GüterRStatuts ausgegangen, vgl Art 15 Anm 1d. Aus diesem Grd ist dch Gesetz v 4. 8. 69 § **1** f Vertriebene u Sowjetzonenflüchtlinge iSv §§ 1, 3 u 4 BVFG (vgl zu diesen Voraussetzgen BGH NJW **82**, 1937, Henrich IPRax **83**, 26)

Anh zu EGBGB 15 (IPR)

mit Wirkg v 1. 10. 69, § 7, dh **ohne Rückwirkung**, Hamm NJW **77**, 1591, aM Sonnenberger Fschr Ferid (1988) 458, die grdsl Maßgeblk des ehel GüterR der BRep, dh des Güterstd der ZugewGemsch (z Berechng des Zugew vgl § 1 III), eingeführt worden. **Voraussetzung** dieser Überleitg n § 1 ist, daß **beide** Eheg z Ztpkt des Inkrafttr ihren gewöhnl Aufenth in der BRep hatten. Wird diese Voraussetzg erst z einem späteren Ztpkt erf, zB dch gemeins Flucht aus der DDR od dch Übersiedlg des zunächst dort allein zurückgebliebenen Eheg, so gilt f die Eheg das GüterR der BRep v Beginn des 4. Monats ihres beiders gewöhnl Aufenth in der BRep an, § 3. Die Überleitg setzt ferner voraus, daß die Eheg bish in einem **gesetzlichen** (dh nicht auch: in einem eheverträgl vereinb) Güterstd gelebt h, der außerh der BRep galt od gilt. Das ist auch bei Ehel der Fall, die in der DDR oder Ost-Bln nach dem 6. 10. 49 geheiratet haben, da in der DDR ab 7. 10. 49 (Ost-Bln dch VO v 12. 10. 50) Gütertrenng, ab 1. 4. 66 aGrd des FamGB (§ 15) ErrungenschGemsch gesetzl Güterstd ist. Dagg ist diese Voraussetzg nicht erf, wenn sich ein als dtsches PartikularR gelterd ges Güterstd n dem österr ABGB dch GG 3 II, 117 I in den Güterstd der Gütertrenng verwandelt h, BGH FamRZ **76**, 612 (Sudetendtsche). Die **Überleitung** greift **nicht** ein, wenn der bish Güterstd rechtzeit im GüterRReg eines AG der BRep **eingetragen** w ist, §§ 1 II u 2, od einer der Eheg sie dch not beurk Erkl, § 4 I, ggü einem AmtsGer **abgelehnt** hat, §§ 2 u 3. Die Geltg des G v 4. 8. 69 ist dch die Neufassg des Art 15 ausdrückl unberührt geblieben, Abs 4.

§ 1. [Überleitung (Personenkreis, Wirkung)] [I] Für Ehegatten, die Vertriebene oder Sowjetzonenflüchtlinge sind (§§ 1, 3 und 4 des Bundesvertriebenengesetzes), beide ihren gewöhnlichen Aufenthalt im Geltungsbereich dieses Gesetzes haben und im gesetzlichen Güterstand eines außerhalb des Geltungsbereichs dieses Gesetzes maßgebenden Rechts leben, gilt vom Inkrafttreten dieses Gesetzes an das eheliche Güterrecht des Bürgerlichen Gesetzbuchs. Das gleiche gilt für Ehegatten, die aus der sowjetischen Besatzungszone Deutschlands oder dem sowjetisch besetzten Sektor von Berlin zugezogen sind, sofern sie im Zeitpunkt des Zuzugs deutsche Staatsangehörige waren oder, ohne die deutsche Staatsangehörigkeit zu besitzen, als Deutsche im Sinne des Artikels 116 Abs. 1 des Grundgesetzes Aufnahme gefunden haben.

[II] Die Vorschriften des Absatzes 1 gelten nicht, wenn im Zeitpunkt des Inkrafttretens dieses Gesetzes der bisherige Güterstand im Güterrechtsregister eines Amtsgerichts im Geltungsbereich dieses Gesetzes eingetragen ist.

[III] Für die Berechnung des Zugewinns gilt, wenn die in Absatz 1 genannten Voraussetzungen für die Überleitung des gesetzlichen Güterstandes in das Güterrecht des Bürgerlichen Gesetzbuchs bereits damals vorlagen, als Anfangsvermögen das Vermögen, das einem Ehegatten am 1. Juli 1958 gehörte. Liegen die Voraussetzungen erst seit einem späteren Zeitpunkt vor, so gilt als Anfangsvermögen das Vermögen, das einem Ehegatten in diesem Zeitpunkt gehörte. Soweit es in den §§ 1374, 1376 des Bürgerlichen Gesetzbuchs auf den Zeitpunkt des Eintritts des Güterstandes ankommt, sind diese Vorschriften sinngemäß anzuwenden.

§ 2. [Ablehnung der Überleitung] [I] Jeder Ehegatte kann, sofern nicht vorher ein Ehevertrag geschlossen worden oder die Ehe aufgelöst ist, bis zum 31. Dezember 1970 dem Amtsgericht gegenüber erklären, daß für die Ehe der bisherige gesetzliche Güterstand fortgelten solle. § 1411 des Bürgerlichen Gesetzbuchs gilt entsprechend.

[II] Wird die Erklärung vor dem für die Überleitung in das Güterrecht des Bürgerlichen Gesetzbuchs vorgesehenen Zeitpunkt abgegeben, so findet die Überleitung nicht statt.

[III] Wird die Erklärung nach dem Zeitpunkt der Überleitung des Güterstandes abgegeben, so gilt die Überleitung als nicht erfolgt. Aus der Wiederherstellung des ursprünglichen Güterstandes können die Ehegatten untereinander und gegenüber einem Dritten Einwendungen gegen ein Rechtsgeschäft, das nach der Überleitung zwischen den Ehegatten oder zwischen einem von ihnen und dem Dritten vorgenommen worden ist, nicht herleiten.

§ 3. [Späterer Eintritt der Voraussetzungen] Tritt von den in § 1 Abs. 1 genannten Voraussetzungen für die Überleitung des Güterstandes die Voraussetzung, daß beide Ehegatten ihren gewöhnlichen Aufenthalt im Geltungsbereich dieses Gesetzes haben, erst nach dem Inkrafttreten dieses Gesetzes ein, so gilt für sie das Güterrecht des Bürgerlichen Gesetzbuchs vom Anfang des nach Eintritt dieser Voraussetzung folgenden vierten Monats an. § 1 Abs. 2, 3 Satz 2, 3 ist entsprechend anzuwenden. Die Vorschriften des § 2 gelten mit der Maßgabe, daß die Erklärung binnen Jahresfrist nach dem Zeitpunkt der Überleitung abgegeben werden kann.

§ 4. [Verfahren] [I] Für die Entgegennahme der in den §§ 2, 3 vorgesehenen Erklärung ist jedes Amtsgericht zuständig. Die Erklärung muß notariell beurkundet werden.

[II] Haben die Ehegatten die Erklärung nicht gemeinsam abgegeben, so hat das Amtsgericht sie dem anderen Ehegatten nach den für Zustellungen von Amts wegen geltenden Vorschriften der Zivilprozeßordnung bekanntzumachen. Für die Zustellung werden Auslagen nach § 137 Nr. 2 der Kostenordnung nicht erhoben.

[III] Wird mit der Erklärung ein Antrag auf Eintragung in das Güterrechtsregister verbunden, so hat das Amtsgericht den Antrag mit der Erklärung an das Registergericht weiterzuleiten.

[IV] Der auf Grund der Erklärung fortgeltende gesetzliche Güterstand ist, wenn einer der Ehegatten dies beantragt, in das Güterrechtsregister einzutragen. Wird der Antrag nur von einem der Ehegatten gestellt, so soll das Registergericht vor der Eintragung den anderen Ehegatten hören. Besteht nach Lage des Falles begründeter Anlaß zu Zweifeln an der Richtigkeit der Angaben über den bestehenden Güterstand, so hat das Registergericht die erforderlichen Ermittlungen vorzunehmen.

§ 5. [Geschäftswert] Für die Beurkundung der Erklärung nach § 2 Abs. 1, für die Aufnahme der Anmeldung zum Güterrechtsregister und für die Eintragung in das Güterrechtsregister beträgt der Geschäftswert 3000 Deutsche Mark.

§ 6. [Berlinklausel] Dieses Gesetz gilt nach Maßgabe des § 13 des Dritten Überleitungsgesetzes vom 4. Januar 1952 (Bundesgesetzbl. I S. 1) auch im Land Berlin.

§ 7. [Inkrafttreten] *Dieses Gesetz tritt am 1. Oktober 1969 in Kraft; die §§ 2, 4 und 5 treten jedoch am Tage nach der Verkündung in Kraft.*

* Verkündung: 5. 8. 1969.

EG 16 **Schutz Dritter.** [I] Unterliegen die güterrechtlichen Wirkungen einer Ehe dem Recht eines anderen Staates und hat einer der Ehegatten seinen gewöhnlichen Aufenthalt im Inland oder betreibt er hier ein Gewerbe, so ist § 1412 des Bürgerlichen Gesetzbuchs entsprechend anzuwenden; der fremde gesetzliche Güterstand steht einem vertragsmäßigen gleich.

[II] Auf im Inland vorgenommene Rechtsgeschäfte ist § 1357, auf hier befindliche bewegliche Sachen § 1362, auf ein hier betriebenes Erwerbsgeschäft sind die §§ 1431, 1456 des Bürgerlichen Gesetzbuchs sinngemäß anzuwenden, soweit diese Vorschriften für gutgläubige Dritte günstiger sind als das fremde Recht.

1) Allgemeines. Art 16 erkl z Schutz des inl RVerk best Vorschr des dtschen EheR auch dann f anwendb, wenn die Eheg n Art 14 u 15 einem ausl Ehewirkgs- od GüterRStatut unterworfen sind. Die Regelg entspr inhaltl Art 16 aF. Eine weitere SchutzVorschr zG der Verkehrsinteressen enth Art 12; zum Verh der beiden Vorschr Liessem NJW **89**, 500.

2) Wirkung eines fremden Güterstandes gegenüber Dritten (Absatz 1). Vgl dazu Amann MittBayNot **86**, 222. Gilt f die güterrechtl Wirkgen einer Ehe gem Art 15 fremdes Recht, so können sich die Eheg n Abs 1 entspr § 1412 ggü Dritten bei einem RGesch od im RStreit auf ihren fremden gesetzl od vertragl Güterstd nur dann berufen, wenn dieser im dtschen GüterRRegister eingetragen ist **oder** der Dritte ihn kennt, dh positiv weiß, daß ein best ausl Güterstd zur Anwendg kommt; bloße Kenntn von der Anwendbark ausl GüterR genügt nicht, aM Liessem NJW **89**, 500. Zur örtl u internat Zustdgk des RegGer vgl § 1558 I. **Voraussetzung** der entspr Anwendg des § 1412 ist neben der Maßgeblk eines fremden GüterRStatuts (einschließl des Rechts der DDR), daß wenigstens einer der Ehegatten seinen gewöhnl Aufenth, z Begr vgl Art 5 Anm 4, im Inland hat od im Inland ein Gewerbe betreibt. Aus Art 16 I folgt, daß Dritte bei fehler Eintragg darauf vertrauen können, daß Eheg im dtschen gesetzl Güterstd leben, sofern einer v ihnen sich gewöhnl im Inland aufhält.

3) Zusätzlicher Schutz des inländischen Rechts- und Geschäftsverkehrs (Absatz 2). a) Bei Vorliegen eines ausr Inlandsbezugs werden **gutgläubige** Dritte, welche das Maßgeblk fremden Rechts als Ehewirkgs- bzw GüterRStatuts weder kennen noch infolge grober Fahrlässigk nicht kennen, zusätzl im Rahmen v Abs 2 dch Anwendg best Vorschren des dtschen FamR geschützt. Allg Voraussetzg dafür ist, daß diese Vorschren dem Dr günstiger sind als ein n Art 14 od Art 15 an sich maßg ausl Recht. Entsch sind dabei die Umst des Einzelfalls, zB ob sich der Dr auf der Gültigk od Ungültigk eines RGesch beruft. Im internen Verh der Eheg bleibt es bei der Anwendg des ausl Rechts. **b)** Im einz handelt es sich um die Regelg der **Schlüsselgewalt** gem § 1357 (einschl deren Beschränkgen od Ausschließg u ihrer Aufhebg), sofern das betr RGesch im Inland vorgenommen wird; Anwesenh eines VertrPart bzw dessen StellVertr im Inland ist ausr, Art 11 II u III entspr; ferner um die **Eigentumsvermutungen** gem § 1362 beim im Inland befindl bewegl Sachen sowie um die **Zustimmungserfordernisse** seitens des and Eheg beim selbstd Betrieb eines **Erwerbsgeschäfts** im Inland gem §§ 1431, 1456; dieser Schutz entfällt, wenn der Dritte schon dch Abs 1 iVm § 1412 geschützt w; §§ 1431, 1456 greifen also nur ein, wenn der fremde Güterstd im GüterRReg eingetragen od dem Dritten bekannt ist, Reithmann-Martiny-Hausmann, Internat VertrR Rz 1089. **c)** Eine **analoge** Anwendg des Abs 2 ist nicht ausgeschl; sie kommt etwa bei Beschränkgen v Eheg hins des Abschl best RGesche, zB einer Bürgsch, n dem an sich maßg fremden Recht in Betr, vgl Begr BT-Drucks 10/504 S 59.

EG 17 **Scheidung.** [I] Die Scheidung unterliegt dem Recht, das im Zeitpunkt des Eintritts der Rechtshängigkeit des Scheidungsantrags für die allgemeinen Wirkungen der Ehe maßgebend ist. Kann die Ehe hiernach nicht geschieden werden, so unterliegt die Scheidung dem deutschen Recht, wenn der die Scheidung begehrende Ehegatte in diesem Zeitpunkt Deutscher ist oder dies bei der Eheschließung war.

[II] Eine Ehe kann im Inland nur durch ein Gericht geschieden werden.

[III] Der Versorgungsausgleich unterliegt dem nach Absatz 1 Satz 1 anzuwendenden Recht; er ist nur durchzuführen, wenn ihn das Recht eines der Staaten kennt, denen die Ehegatten im Zeitpunkt des Eintritts der Rechtshängigkeit des Scheidungsantrags angehören. Kann ein Versorgungsausgleich danach nicht stattfinden, so ist er auf Antrag eines Ehegatten nach deutschem Recht durchzuführen,

1. wenn der andere Ehegatte in der Ehezeit eine inländische Versorgungsanwartschaft erworben hat oder
2. wenn die allgemeinen Wirkungen der Ehe während eines Teils der Ehezeit einem Recht unterlagen, das den Versorgungsausgleich kennt,

soweit seine Durchführung im Hinblick auf die beiderseitigen wirtschaftlichen Verhältnisse auch während der im Inland verbrachten Zeit der Billigkeit nicht widerspricht.

Schrifttum: Lüderitz IPRax **87**, 74; Reinhardt ZVglRWiss **88**, 92; Piltz, Internat ScheidgsR, 1988; Beule IPRax **88**, 150; Hepting IPRax **88**, 153.

1) Allgemeines. a) Art 17 I unterstellt Voraussetzgen u Folgen einer Ehescheidg im Interesse einer einheitl Anknüpfg aller RBeziehgen zw den Eheg u im Verh z ihren Kindern (FamStatut) dem v der GrdsKollisionsnorm des Art 14 z Anwendg berufenen Recht, vgl dort Anm 1a. Die einheitl Anknüpfg v allgemeinen Ehewirkgen u Ehescheidg ist auch wegen des inhaltl Zusammenhangs der aus der Ehe erwachsden Pflichten mit den scheidgsrechtl Folgen ihrer Verletzg zweckmäß.

b) Soweit bei der Anknüpfg des Ehewirkgsstatuts gem Art 14 **Rück- oder Weiterverweisung** zu beachten sind (**nicht** also insb bei der Anknüpfg aGrd gemeins engster Verbindg, Art 14 I Nr 3, u bei der Bestimmg des anwendb Rechts dch RWahl, Art 14 II u III), vgl Art 14 Anm 1 c, gilt dies mittelb auch f die Anknüpfg des Scheidgsstatuts, ebso Johannsen/Henrich, EheR Art 17 Rz 17 u 24, Piltz, IntScheidgsR 58, zT auch Kartzke IPRax **88**, 10; maßgebd ist dabei die ausl Kollisionsnorm f die Ehescheidg, Henrich FamRZ **86**, 850, vgl auch Ebenroth/Eyles IPRax **89**, 12. Die Rückverweisg kommt insb bei Staaten mit Domizilprinzip in Betr, also zB bei England, LG Ffm FamRZ **76**, 640, USA, Bambg FamRZ **79**, 930, AG Miesbach IPRspr **79** Nr 80, AG Hdlbg IPRax **88**, 113, vgl dazu Hay IPRax **88**, 265, Norwegen, Celle JW **26**, 388, Dänemark u Island, RG **151**, 103, SchlH SchlHA **82**, 27, Peru, AG Hbg NJW-RR **86**, 374, Argentinien, AG Fbg u AG Bonn IPRax **89**, 108, in gemischtnat Ehen auch bei Polen, Stgt FamRZ **79**, 1022, Frankreich, BGH NJW **82**, 1940 u Österreich, Mü FamRZ **86**, 806. Die Rückverweisg kann auf den VersorggsAusgl grdsl auch dann erstreckt werden, wenn dem betr ausl Recht dieses RInstitut nicht bekannt ist, Stgt FamRZ **86**, 687 (krit dazu Adam IPRax **87**, 98), MüKo-Lorenz Rdz 336, grdsl auch Jayme u Lardschneider in: Zacher, VersorggsAusgl S 105 u 116, Soergel-Kegel/Schurig Nachträge Rdz 140, Samtleben IPRax **87**, 98, Lüderitz IPRax **87**, 80, aM Bambg FamRZ **79**, 930, Oldenbg FamRZ **84**, 715, AG Pforzh IPRax **83**, 81, krit dazu Henrich ebda, AG Hbg NJW-RR **86**, 374, vgl auch AG Landstuhl IPRax **85**, 231; zum Ausschl von Rück- od Weiterverweisg bei Abs 3 S 1 HS 2 vgl Anm 6 b. – Zum Vorrang des **Belegenheitsstatuts** s Art 3 III u dort Anm 4. **c)** Für die Anwendg des **ordre public** ist seit dem Wegfall des bes VorbehKlausel des Art 17 IV aF etwas mehr Raum, vgl dazu Art 6 Anm 5 d cc, Dopffel FamRZ **87**, 1213; mit Art 6 unvereinb ist insb eine PrivScheidg Dtscher im Ausland, vgl dazu Anm 7 c; eine gewisse „Entlastung" der allg VorbehKlausel wird aber dch die regelwidr Anwendg dtschen Rechts nach Art 17 I 2 u III 2 bewirkt, Basedow NJW **86**, 2975. **d)** Eine **staatsvertragliche Kollisionsnorm** (Maßgeblk des HeimatR) enth das dtsch-iran NiederlassgsAbk v 17. 2. 29, RGBl **30** II 1002, noch in Kraft, vgl Bek v 15. 8. 55, BGBl II 829, dessen Art 8 III iVm Z I Abs 3 des Schlußprotokolls auch f Scheidgssachen gilt, vgl dazu Hamm FamRZ **76**, 29, BayObLG FamRZ **78**, 243, Mü IPRax **89**, 240 (z Unanwendbk des Abk in gemischtnat Ehen), Kln IPRspr **82** Nr 43, AG Hdlbg IPRax **88**, 367 mAv Jayme. Über staatsvertragl Bindgen dch Anerkennungs- u VollstrAbk vgl Anm 7 b. Dem Haager EhescheidsAbk v 12. 6. 02 gehört Dtschland seit dem 1. 6. 34 als VertrStaat nicht mehr an, RGBl. **34** II 26. **e)** Im **innerdeutschen** KollisionsR gilt Art 17 entspr, vgl dazu näher Anm 8 a.

f) Die am 1. 9. 86 in Kr getretene **Neuregelung** des Scheidgsstatuts ist auf die z diesem Ztpkt bereits rechtshäng Scheidgsverfahren n **Art 220 Absatz 1** ohne Einfluß, dh das Scheidgsstatut gem Art 17 I 1 unwandelb angeknüpft wird, vgl Anm 2a, es sich also aus der Sicht des neuen IPR u der von ihm getroffenen ÜbergRegelg kollisionsr um einen „abgeschl Tatbestd" handelt, BGH FamRZ **87**, 793 (offen gelassen aber jetzt FamRZ **89**, 1060), Zweibr IPRax **88**, 624 (krit dazu Rauscher IPRax **88**, 344), grdsl wohl auch Mü IPRax **89**, 243 (krit dazu Rauscher ebda 224), Basedow NJW **86**, 2973, Piltz, Int ScheidgsR 49, Sonnenberger Fschr Ferid (1988) 455, aM Celle FamRZ **87**, 160, Karlsr FamRZ **88**, 296 (vgl auch FamRZ **88**, 71), Mü IPRax **89**, 238 u für VersorggsAusgl nach Abs 3 S 2 auch Mü IPRax **89**, 242 (krit dazu Rauscher ebda 224), Rauscher IPRax **87**, 137, Hepting IPRax **88**, 153, Johannsen/Henrich, EheR Art 17 Rz 35, Breuer in Rahm/Künkel Hdb VIII Rz 212.5, zweifelnd Dörr NJW **89**, 493, vgl dazu Art 220 Anm 2a; ist der ScheidgsAntrag bereits vor dem 1. 9. 86 zugestellt worden, so best sich das Scheidgsstatut n den bisherigen verfassungskonform weiterentwickelten Kollisionsnormen, BGH FamRZ **87**, 794, vgl dazu 45. Aufl Art 17 Anm 2; dies gilt insb auch f die Durchführg des VersorggsAusgl, ebso Piltz, Int ScheidgsR 83, aM Mü IPRax **89**, 242; bei einer vor Inkrafttreten des IPRG bereits rechtskräft gesch Ehe kommt daher selbstverständl auch keine nachträgl Durchf eines VersorggsAusgl aGrd v Art 17 III nF in Frage, AG Hdlbg IPRax **87**, 251, so iErg auch Karlsr FamRZ **88**, 296, Hepting IPRax **88**, 159, aM Ffm IPRax **88**, 175.

2) Regelmäßige Anknüpfung des Scheidungsstatuts (Absatz 1 Satz 1). a) Die Scheidg unterliegt n Abs 1 dem Recht, das im **Zeitpunkt** des Eintritts der **RHängigk** des ScheidgsAntr, in Dtschland also im Ztpkt der Zustellg der AntrSchrift, ZPO 261, gem Art 14 für die betr Ehe als Ehewirkgsstatut maßg ist. Wird die Scheidg im Ausland durchgeführt, so kommt es auf den Ztpkt derjenigen Maßn an, welche der RHängigk des Antr funktionell vergleichb ist, bei der PrivScheidg also auf den Ztpkt, in dem der Scheidgsgegner mit der Scheidg erstmals förml befaßt wird, Begr BT-Drucks 10/504 S 60. Verändern sich die f die Anknüpfg des Ehewirkgsstatuts gem Art 14 maßg Umst n diesem Ztpkt, so ist dies im Ggs zu dem bish RZustand, vgl 45. Aufl Anm 3, f das Scheidgsstatut ohne Bedeutg; dieses ist also währd des ScheidgsVerf **nicht** mehr **wandelbar;** vgl aber Anm 1 f. **b)** Für die Anknüpfg des Scheidgsstatuts sind sämtl Anknüpfgen des Ehewirkgsstatuts einschl der in Art 14 II u III eröffneten Möglken einer RWahl z berücksichtigen; das f die allg Ehewirkgen gewählte Recht ist auch f die Scheidg maßg. Im einz ergeben sich aus der Verweisg des Art 17 I auf Art 14 folgde Konsequenzen: **aa)** Die Scheidg unterliegt in erster Linie dem **gemeinsamen Heimatrecht** der Eheg z maßg Ztpkt, Abs 1 S 1 iVm Art 14 I Nr 1; bei Mehrstaatern ist dabei nur die in Art 5 I bezeichnete (dh die effektivere bzw die dtsche) Staatsangehörigk zu berücksichtigen, Stgt FamRZ **89**, 760, abw Düss FamRZ **87**, 198 mAv Henrich. Bei Staatenlosen od Flüchtlingen tritt an Stelle der Staatsangehörigk ihr dch den gewöhnl Aufenth best Personalstatut maßg, vgl Art 5 II u Anh z Art 5; bei Fehlen eines derzeitigen gemeins HeimatR in dem genannten Sinn entscheidet hilfsw das **letzte** gemeins HeimatR (bzw PersonalStatut), sofern ein Eheg dem betr Staat nicht mehr angehört (bzw als Staatenloser od Flüchtling sich dort noch gewöhnl aufhält); auch bei dieser Hilfsanknüpfg Art 5 mit Anh z beachten. **bb)** Besitzen die Eheg z maßg Ztpkt keine gemeins (n Art 5 I z berücksichtigde) Staatsangehörigk (bzw bei Staatenlosen od Flüchtlingen kein gemeins Personalstatut u haben sie auch früher keine gemeins (n Art 5 I z berücksichtigde) Staatsangehörigk (bzw bei Staatenlosen od Flüchtlingen kein gemeins Personalstatut) besessen od diese beide verloren, so unterliegt die Scheidg n Abs 1 S 1 iVm Art 14 I Nr 2 in zweiter Linie dem **Recht** des

Staates, in dem **beide** Eheg zZ der RHängigk des ScheidgsAntr ihren **gewöhnlichen Aufenthalt** haben, z Begr vgl Art 5 Anm 4; haben die Eheg zu diesem Ztpkt ihren gewöhnl Aufenth in versch Staaten, so ist hilfsw das Recht des Staates maßg, in dem **beide** Eheg zuletzt ihren gewöhnl Aufenth hatten, sofern er v einem Eheg beibehalten worden ist; daß ein Eheg auch die Staatsangehörig dieses AufenthLandes besitzt oder besaß, verlangt Abs 1 iVm Art 14 I Nr 2 nicht. **cc)** Versagt auch die Anknüpfg an den gewöhnl Aufenth, so unterliegt die Scheidg in dritter Linie dem **Recht** des Staates, dem die Eheg z maßg Ztpkt auf und Weise **gemeinsam am engsten verbunden** sind, Abs 1 S 1 iVm Art 14 I Nr 3. Dabei sind sämtl Umst des Einzelfalls z berücksichtigen, vgl dazu Art 14 Anm 2 d. **dd)** Haben die Eheg bereits vor RHängigk des ScheidgsAntr das Ehewirkgsstatut unter den Voraussetzgen des Art 14 II–IV wirks gewählt, so ist diese **Rechtswahl** mittelb auch f das Scheidgsstatut maßg. Sie geht der gesetzl Anknüpfg des Scheidgsstatuts gem Abs 1 S 1 iVm Art 14 I vor.

3) Regelwidrige Anwendung deutschen Rechts. a) Ist die Scheidg n dem v Abs 1 S 1 iVm Art 14 z Anwendg berufenen Recht **nicht möglich**, so unterliegt die Scheidg n **Absatz 1 Satz 2** dem dtschen Recht, wenn der die Scheidg begehrde Eheg bei Eintritt der RHängigk des ScheidgsAntr Dtscher iSv GG 116 I ist (späterer Erwerb der dtschen Staatsangehörigk genügt nicht, aM Lüderitz IPRax **87**, 76) od es bei der Eheschl war; die entspr Anwendg bei Staatenlosen od Flüchtlingen mit dtschem Personalstat, vgl dazu Art 5 Anm 3 d u Anh II 4 zu Art 5 (Art 12 Anm 1), ist statth, ebso Breuer in Rahm/Künkel Hdb VIII Rz 207. Die regelwidr Anwendg des dtschen ScheidgsR setzt voraus, daß die Scheidg n dem an sich maßg Scheidgsstatut wenigstens **derzeit** nicht mögl ist, zB weil eine längere Trenngsfrist als n § 1566 vorgesehen noch nicht abgelaufen ist; daß das maßg Recht eine Scheidg überhaupt nicht zuläßt, verlangt Abs 1 S 2 nicht, Celle FamRZ **87**, 160, Henrich FamRZ **86**, 850, Jayme IPRax **86**, 267, **87**, 168, Dopffel FamRZ **87**, 1213, and AG BergischGladbach IPRax **89**, 310. Die Undurchführbk der Scheidg n dem gem Abs 1 S 1 anwendb Recht muß festgestellt werden; eine entspr Anwendg von Abs 1 S 2 kommt aber in Betr, wenn sich der Inhalt des maßg Rechts nicht ermitteln läßt. Die subsidiäre Geltg des dtschen Rechts kann im Ggs z bish RZustand, vgl 45. Aufl Anm 2 d, nicht allein damit begründet werden, daß der die Scheidg begehrde Eheg Dtscher ist od war. Sind die Voraussetzgen des Abs 1 S 2 erfüllt, so ist auf die Scheidg grdsl nicht nur hins der ScheidgsGrde, sond auch hins der Scheidgsfolgen, dtsches Recht anzuwenden, für Hausratsteilg aM Piltz Int ScheidgsR 101; eine Ausn gilt aber f die Dchführg eines VersorggsAusgl, vgl Anm 6 a. **b)** Die Scheidg einer **Ehe mit auf Deutschland beschränktem Wirkungskreis** (hinkde Ehe, vgl dazu Art 13 Anm 4 b dd) erfolgt n dtschem Recht, soweit sie n dem maßg Scheidgsstatut nicht als Ehe angesehen wird, Düss FamRZ **66**, 451, LG Hbg IPRspr **74** Nr 66, Stgt FamRZ **80**, 783 (das allerd die Scheidgsfolge des VersorggsAusgl ausnimmt), vgl ferner BT-Drucks 10/504 S 60, Erm-Marquordt Rdz 52, Staud-v Bar Rdz 51, Samtleben IPRax **87**, 96, Breuer in Rahm/Künkel Hdb VIII Rz 209, dahingestellt BGH DAVorm **82**, 925; abw Soergel-Kegel Rdz 22, Johannsen/Henrich, EheR Art 17 Rz 34 (grdsl f Anwendg des Scheidgsstatuts), Galster StAZ **88**, 160 (f Ersatzanknüpfgen); wird die Ehe später auch von dem als Scheidgsstatut maßg R als wirks angesehen, so bleibt es bei der Anwendg seiner Vorschr, AG Hbg-Altona IPRspr **82** Nr 72.

4) Besonderheiten für das inländische Scheidungsverfahren nach ausländischem Recht (Absatz 2). a) Das Verf richtet sich n der lex fori; dies gilt auch f die Notwendigk eines **Antrags** u die Zulässigk eines gemeins Antr der Eheg, Henrich Fschr f Bosch (1976) 413ff. In der Sache ist grdsl das n den oben erläuterten Anknüpfgsregeln, vgl Anm 2, best Scheidgsstatut maßg. Danach ist zunächst zu prüfen, ob die Scheidg der Ehe dem Bande nach überh zul ist; Unzulässigk verstößt nicht etwa gg den ordre public, Hamm FamRZ **75**, 630 (ggf kann aber Abs 1 S 2 eingreifen), und wenn nur dem Mann, nicht der Frau ein ScheidgsR gegeben ist, vgl Soergel-Kegel EG 17 Rdz 145 u Art 6 Anm 2 d cc. Nach dem gleichen R beurteilen sich ferner die ScheidgsGrde u deren Entkräftg, zB dch Verzeih oder Verwirkg, vgl Ffm FamRZ **78**, 510; enger gefaßte ScheidgsGrde als im dtschen R begründen den Scheidgsantr nicht Anwendg v Art 6; ggf kann aber Abs 1 S 2 eingreifen. Das ausl Scheidgsstatut k die Scheidg auch v keinerlei Grden abhängig machen, KG JW **36**, 3579. **b)** Nach Abs 2 kann eine Ehe im Inland aber auch bei Maßgeblk ausl ScheidgsR im Interesse der RKlarh u z Wahrg der Interessen mittelb Beteiligter, insb der Kinder, nur dch **gerichtliches Urteil** gesch werden. Eine im **Inland** mit od ohne Mitwirkg einer fremden Behörde (zB auch in einer ausl Botsch) vollz **Privatscheidung** ist daher auch dann **unwirksam**, wenn sie den Voraussetzgen eines fremden Scheidgsstatuts genügt (zB bei rechtsgeschäftl Scheidg n islam od jüd Recht), vgl BGH **82**, 45, Stgt IPRax **88**, 172; das gleiche gilt f eine Inlandsscheidg dch ein geistl Ger, vgl AG Hbg StAZ **81**, 83, Krzywon StAZ **89**, 105. Die Unwirksk tritt auch dann ein, wenn bei einem mehraktigen Geschehen der konstitutive **Teilakt**, dh die eheauflösde RHandlg im Inland vorgenommen wird, vgl Düss FamRZ **74**, 528, Beule IPRax **88**, 151; die Abgabe der VerstoßgsErkl (talaq) im Inland ist dafür ausr, auch wenn sie einer Registrierg im Heimatstaat bedarf, BayObLG FamRZ **85**, 75, Düss IPRax **86**, 305, Stgt IPRax **88**, 172, krit Beule ebda 150; vgl dazu auch Krzywon StAZ **89**, 105, sowie unten Anm 7 b cc. Unwirks ist eine im Inland vollz PrivScheidg n Abs 2 insb auch dann, wenn an ihr **nur Ausländer** beteil sind u deren HeimatR die Scheidg anerkennt, vgl schon BGH **82**, 34; die Ehe kann daher grdsl v einem dtschen Ger „erneut" gesch werden, vgl zB LG Hbg IPRspr **77** Nr 66; Nichtanerkenng der dtschen Urt dch den Heimatstaat, der die PrivScheidg als wirks ansieht, steht der internat Zustdgk trotz ZPO 606 a I Nr 4 nicht entgg, vgl BGH **82**, 34, 50, Stgt IPRax **88**, 172. Die Unwirksk einer ganz od teilw im Inland vollz PrivScheidg ist entspr FamRÄndG Art 7 § 1 in dem danach vorgesehenen Verf festzustellen, wenn bei der Scheidg eine ausl Beh mitgewirkt hat, BGH **82**, 34, BayObLG FamRZ **85**, 1258, Krzywon StAZ **89**, 94; die Unwirksk einer reinen PrivScheidg ohne behördl Mitwirkg ist ohne förml Verf v den mit der Sache befaßten Ger oder Beh inzidenter festzustellen.

5) Anwendungsbereich. a) Art 17 setzt den Bestand einer **Ehe** voraus. Die **Vorfrage** des Bestehens der Ehe ist selbstd anzuknüpfen, Einl 9 a vor Art 3, die Wirksk der Eheschl zB nach Art 11, 13; z Scheidg einer hinkden Ehe n dtschem Recht vgl Anm 3 b; die Wirksk eines ausl ScheidgsUrt hängt v dessen Anerkenng im Inland ab, vgl dazu Anm 7 b, BGH FamRZ **83**, 357; ein inl ScheidgsVerf ist z Klärg dieser Frage ggf auszusetzen, BGH FamRZ **82**, 1203, dazu Basedow IPRax **83**, 278, Bürgle IPRax **83**, 281, dies IPRax **84**, 84, vgl Anm 7b aa. Für die Auflösg v **eheähnlichen Gemeinschaften,** vgl dazu Henrich Fschr f Beitzke (1979) 507, Šarčević ZVglRWiss **85**, 274, Striewe, Ausl u IPR der nehel Lebensgemeinsch, 1986, gelten die Vorschr des jew Schuldstatuts (zB f BereicherungsAnspr, vertragl UnterhAnspr, Widerruf v Schenkgen) od Deliktsstatuts, aM Staud-v Bar Anh z EG 13 Rdz 26 ff (f famrechtl Qualifikation u damit Anwendbark des (letzten) gemeins HeimatR, ersatzw des R am (letzten) gemeins gewöhnl Aufenth), ebso Striewe IPRax **83**, 248. – Dagg gilt Art 17 nicht nur f die Scheidg, sond auch f **andere Arten** der **Eheauflösung** ex nunc, zB dch Tod, TodesErkl, Wiederheirat n TodesErkl, Religionswechsel, Kln IPRspr **82** Nr 43, Soergel-Kegel Rdz 9. Art 17 gilt ferner entspr f die Lockerg des Ehebandes dch **Trenng v Tisch u Bett,** BGH **47**, 324, BGH FamRZ **87**, 793, Stgt NJW-RR **89**, 261; auch in Form der gerichtl Bestätig einer einverständl Trenng, AG Offenbach FamRZ **82**, 509 m Anm v Jayme, AG Ffm IPRax **82**, 79; auf sie kann auch in Dtschland in Anwendg ausl Rechts dch Urt, Abs 2, erkannt werden, BGH **47**, 324 (dazu Heldrich JZ **67**, 675, Jayme RabelsZ **68**, 323), Karlsr FamRZ **73**, 546, Kln NJW **75**, 497, Düss FamRZ **78**, 418, **81**, 146, Koblenz FamRZ **80**, 713, SchlH DAVorm **82**, 709, Karlsr IPRax **82**, 75, aA RG **167**, 193 u fr allg M; zust ist das FamG, AG Offenbach FamRZ **78**, 509, unzutr AG Darmst FamRZ **77**, 649; ZPO 606a ist anzuwenden, BGH FamRZ **87**, 793, Düss FamRZ **81**, 146, Stgt NJW-RR **89**, 261; ZPO 623 (EntschVerbund) ist unanwendb, Koblenz FamRZ **80**, 713, Bremen IPRax **85**, 46, aM AG Rüsselsheim IPRax **86**, 115, AG Köln IPRax **88**, 115, Johannsen/Henrich, EheR Art 17 Rz 44. Die Aufhebg oder Anfechtg der Ehe wg Mängeln, die zZt der Eheschl vorlagen, ist n Art 13 z beurt, vgl dort Anm 2b cc.

b) Nach dem v Art 17 I berufenen Scheidgsstatut beurteilen sich die **Voraussetzungen** der Scheidg, also insb Scheidgs- u ggf EhetrenngsGrde, einschl Schuldvoraussetzgen, BGH NJW **82**, 1940, vgl c, Trenngsfristen, Statthaftigk einer einverständl Scheidg; dagg ist die Berechtigg z Getrenntleben währd der Ehe n Art 14 z beurteilen, vgl dort Anm 4a; Notwendigk eines Sühneversuchs ist regelm prozr z qualif, also n der lex fori z beurteilen, vgl Bambg IPRspr **79** Nr 61, Johannsen/Henrich, EheR Art 17 Rz 38. Dem Scheidgsstatut unterliegen ferner grdsl auch die **Wirkungen** der Scheidg, insb die Auflösg bzw Lockerg des Ehebandes; die Mögik der **Wiederverheiratung** ist aber n Art 13 z beurteilen, vgl dort Anm 2b aa. Art 17 regelt mittelb über Art 18 IV S 1, vgl dazu näher dort Anm 3b, auch die **Unterhaltspflichten,** einschl eines AuskunftsAnspr, Düss FamRZ **81**, 42, KG NJW-RR **86**, 306, sowie einer bereits getroffenen Entsch über den EhegUnterh, Art 18 IV S 1, vgl dazu bish AG Emmendingen IPRspr **82** Nr 54, Zweibr IPRax **84**, 102, AG Hbg IPRax **85**, 297, ferner BGH FamRZ **83**, 806 u dazu Spellenberg IPRax **84**, 304; der UnterhAnspr bei einer nur n dtschem Recht gültigen u n diesem wieder gesch hinkden Ehe, vgl Anm 3b, richtet sich also n dtschem Recht; n Art 17 ist auch die Schadensersatzpflicht des schuldigen Eheg, vgl AG Karlsr FamRZ **88**, 837, sowie der Anspr auf eine noch nicht geleistete **Morgengabe** im Zusammenhang mit der Scheidg der Ehe z beurteilen, vgl Art 13 Anm 2b aa, ebso das **Widerrufsrecht bei Schenkungen,** dazu eingehd Kühne FamRZ **69**, 371. Dagg sind die **namensrechtlichen** Scheidgsfolgen n Art 10, vgl dort Anm 3a aa, die **güterrechtlichen** (insb ZugewinnAusgl) n Art 15 z beurteilen, vgl dort Anm 4c; die Zuteilg v **Hausrat** u **Ehewohnung** beurteilt sich aber grdsl n Art 17, vgl Hamm FamRZ **74**, 25, **80**, 901, **81**, 875, Mü FRES **80** Nr 0413, Ffm FamRZ **89**, 77, Lüderitz IPRax **87**, 77, Piltz, Int ScheidgsR 101, str, aM Stgt FamRZ **78**, 686, KG FamRZ **89**, 74 (Recht des Lageorts), Hamm FamRZ **89**, 621, Henrich Fschr Ferid (1988) 158 (Art 15 bzw Art 18 IV), offengelassen in Kln NJW-RR **89**, 646; Voraussezgen u Wirkgen des EigtErwerbs kr richterl Gestaltg unterliegen jedoch der lex rei sitae, vgl Jayme IPRax **81**, 50; bei Eilbedürftigk einstweil Anordng n HausrVO § 13 IV (abgedr Anh z § 1587p), Ffm FamRZ **80**, 174; stets f Anwendg der lex fori Staud-Gamillscheg Rdz 612, Ferid-Böhmer IPR Bd 8–159; für Zuweisg von Hausrat u Ehewohng währd des Getrenntlebens der Eheg gilt Art 14, vgl dort Anm 4b. Für die Verteilg des **Sorgerechts** f die gemeins **Kinder** gilt Art 19 II, zust Pirrung IPR S 149 (abweichd Begr BT-Drucks 10/504 S 60, wo Art 17 I angewandt w, ebso Piltz, Int ScheidgsR 108), soweit keine vorrangige staatsvertragl Sonderregel eingreift, insb das MSA, vgl Anh I z Art 24.

c) Ob ein **Schuldausspruch** z erfolgen hat, ist ebenf nach dem Scheidgstatut z beurteilen, BGH NJW **82**, 1940, BGH FamRZ **87**, 793, Staud-Gamillscheg ZPO 606b Rdz 598, Erm-Marquordt Rdz 31, da es sich um eine sachlr Frage handelt, Köln NJW **75**, 497, str, aM LG Mü FamRZ **77**, 332 mit unklarer Begr, Soergel-Kegel Rdz 65 (f prozeßr Qualifikation). Ein SchuldAusspr kommt deshalb auch nach der Reform des dtschen ScheidgsR dch das 1. EheRG v 14. 6. 76, BGBl 1421, noch in Betr, wenn das in der Sache maßg ausl Scheidgsstatut es ausdrückl vorsieht, Düss FamRZ **78**, 418, Mü NJW **78**, 1117, Hamm FamRZ **78**, 511, NJW **78**, 2452, Bambg FamRZ **79**, 514, Ffm FamRZ **79**, 587 (betr MitschuldAntr) u 813, Karls FamRZ **80**, 682, SchlH DAVorm **82**, 709, auf Henrich Fschr f Bosch (1976) 417 (and nunm in IPRax **82**, 10). Eine n dem ScheidgsStatut gebotene Schuldfeststellg kann trotz der Beseitig der Verschuldensscheidg in dtschen R **auch im Tenor** eines dtschen ScheidgsUrt erscheinen u braucht nicht lediglich in dessen Gründen ausgewiesen zu werden, BGH FamRZ **87**, 795, Hamm FamRZ **89**, 625, Celle FamRZ **89**, 623, Lüderitz IPRax **87**, 77, Johannsen/Henrich, EheR Art 17 Rz 39, ebso schon die ältere Rspr, vgl Mü NJW **78**, 1117, IPRspr **79** Nr 50, Hamm FamRZ **78**, 511, NJW **78**, 2452, AG Stgt IPRspr **77** Nr 69, Ffm IPRax **82**, 22, SchlH DAVorm **82**, 709, zust Henrich IPRax **82**, 10, and noch BGH NJW **82**, 1940 (nach der lex fori zu beurt VerfFrage), Düss IPRspr **86** Nr 63, Staud-Gamillscheg ZPO 606b Rdz 590, Jayme NJW **77**, 1382 u fr Aufl, differenzd Henrich IPRax **83**, 163. Zum Erfordern eines SchuldAusspr bei Scheidg oder Trenng n ital Recht BGH FamRZ **87**, 793, Köln NJW **75**, 497, LG Mainz FamRZ **75**, 500, SchlH DAVorm **82**, 709, Jayme FamRZ **75**, 463, 499, Luther StAZ **76**, 190, n griech R Mü IPRspr **79** Nr 50, Ffm IPRax **82**, 22, nach poln Recht Hamm FamRZ **89**, 625, Celle FamRZ **89**, 623.

6) Sonderregelung für den Versorgungsausgleich (Absatz 3). Schrifttum: Adam, Internat VersorggsAusgl, 1985; E. Lorenz FamRZ **87**, 645. **a) Grundsätzliche Maßgeblichkeit des Scheidungsstatuts.** Auch der VersorggsAusgl unterliegt als Scheidgsfolge grdsl dem als Scheidgsstatut berufenen Ehewirkgstatut gem Art 14 Abs 3 **Satz 1 Halbsatz 1,** vgl dazu Anm 2; bei der Maßgeblk des von Art 14 berufenen R bleibt es auch bei der regelwidr Anwendg dtschen R als Scheidgsstatut gem Abs 1 S 2, vgl Abs 3 S 1, Jayme IPRax **87**, 168, Lüderitz IPRax **87**, 78. Auch die Wirksk eines vertragl Ausschl des VersorggsAusgl (z Form vgl Art 11) ist n dem als Scheidgsstatut maßgebden Ehewirkgsstatut z beurteilen; da dieses bei VertrSchluß nicht immer vorhersehb ist, genügt aber Wirksk auch n derj ROrdng, die z damaligen Ztpkt f die Scheidg maßg gewesen wäre; die güterrechtl Wirkgen einer solchen Vereinbg, zB Eintritt der Gütertrenng n § 1414 S 2, unterliegen dem GüterRStatut. Ist ausl Recht Scheidgsstatut, so ist der VersorggsAusgl dchzuführen, wenn das betr Recht dies vorsieht; z Durchführg n spanischem Recht vgl AG Gütersloh IPRax **84**, 214, Piltz ebda 193. Nach dtschem Recht ist der VersorggsAusgl n Abs 1 iVm Art 14, vgl dazu oben Anm 2b, dchzuführen, wenn entweder (1) beide Eheg z maßg Ztpkt, vgl Anm 2a, wenigstens auch die dtsche Staatsangehörig besitzen oder zuletzt besessen haben (sofern einer noch Dtscher ist), Abs 1 iVm Art 14 I Nr 1; od (2) beide Eheg keine gemeins (n Art 5 I z berücksichtigde) Staatsangehörig (bzw Personalstatut) besitzen od besessen haben od diese beide verloren haben und beide ihren gewöhnl Aufenth im Inland haben oder währd der Ehe zuletzt gehabt haben (sofern einer der Eheg hier noch lebt), Abs 1 iVm Art 14 I Nr 2; od (3) bei Nichtvorliegen der Voraussetzgen des Art 14 I Nr 1 u 2 n maßg Ztpkt dem dtschen Recht auf und Weise gemeins am engsten verbunden sind, Abs 1 iVm Art 14 I Nr 3; od (4) unter den Voraussetzgen des Art 14 III dtsches Recht als Ehewirkgsstatut u damit n Abs 1 auch als Scheidgsstatut gewählt haben.

b) Einschränkung durch zusätzliche Anwendung des Heimatrechts. Ein n dem ausl od dtschen Scheidgsstatut an sich dchzuführder VersorggsAusgl ist n Abs 3 **Satz 1 Halbsatz 2** ausgeschl, wenn ihn das Recht keines der Staaten kennt, denen die Eheg im Ztpkt der RHängigk des Scheidgsantr angehören; bei Mehrstaatern ist nur das in Art 5 I bezeichnete HeimatR z berücksichtigen; bei Staatenlosen u Flüchtlingen tritt an Stelle ihres HeimatR das dch den gewöhnl Aufenth best Personalstatut, Art 5 II u Anh z Art 5. Die Durchführg eines vom Scheidgsstatut vorgesehenen VersorggsAusgl setzt also **zusätzlich** voraus, daß ihn mind das HeimatR **eines** Eheg kennt, sowie dieses nicht ohnehin als Scheidgsstatut berufen ist (dann erübrigt sich die in HS 2 vorgeschriebene Überprüfg); dabei kommt es allein auf das mat Recht des Heimatstaates an, Rück- od Weiterverweis sind also insow nicht z beacht, Samtleben IPRax **87**, 98, Kartzke IPRax **88**, 13, grdsl auch Piltz, Int ScheidgsR 93, aM Lüderitz IPRax **87**, 80. Ausreichd ist, daß das betr HeimatR einen VersorggsAusgl im Grds kennt, vgl dazu Lüderitz IPRax **87**, 79; daß seine Ausgestaltg im einz derj des Scheidgsstatuts (dh idR der §§ 1587 ff) entspr, verlangt HS 2 nicht. Zweck dieser Zusatzanforderg dch ggf alternative Anwendg der HeimatRe ist es, den Eheg vor allem bei Anwendg des AufenthR als Scheidgsstatut Überraschgen z ersparen, die sich aus der den meisten ROrdngen unbekannten Einrichtg eines VersorggsAusgl ergeben können. Auf welche Weise das Scheidgsstatut bestimmt worden ist, ist aber für die Anwendg von HS 2 gleichgült, abw Kartzke IPRax **88**, 13. Ist die Voraussetzg des HS 2 erfüllt, so richtet sich die Durchführg des VersorggsAusgl allein nach dem Scheidgsstatut, aM Lüderitz IPRax **87**, 79 (f kumulative Anwendg von HS 1 u 2). Praktische Bedeutg h die in HS 2 vorgesehene Einschränkg vor allem bei der Scheidg v Ausländern verschiedener Staatsangehörig mit gewöhnl Aufenth im Inland; zu den prakt Problemen bei ihrer Anwendg E. Lorenz FamRZ **87**, 649.

c) Regelwidrige Durchführung nach deutschem Recht. aa) In einem vor einem dtschen FamGer anhäng ScheidgsVerf kommt es daher grdsl nicht z einem VersorggsAusgl, wenn dieser bereits dem Scheidgsstatut unbekannt ist (S 1 HS 1) od zwar dem Scheidgsstatut bekannt, den HeimatRen (Personalstatuten) der Eheg jedoch unbekannt ist (S 1 HS 2). Die Versagg des VersorggsAusgl kann jedoch unbill sein, weil sie einem Eheg (häufig der Frau) einen Anspruch gegen den and vorenthält, der ihm unter vergleichb Umst bei einem reinen Inlandsfall selbstverständl zustünde. Die erst in den Beratgen des RAusschusses entworfene Sonderregelg f Abs 3 **Satz 2** ermögl daher ausnahmsw die Durchführg eines VersorggsAusgl n **deutschem** Recht, obwohl dieses nicht Scheidgsstatut ist oder zwar als Scheidgsstatut an sich maßg ist, die Anwendg der §§ 1587 ff aber an S 1 HS 2 scheitert. **bb) Voraussetzung** dieser regelwidr Anwendg der dtschen Vorschren über den VersorggsAusgl ist, (1) daß ein VersorggsAusgl n S 1 an sich **nicht möglich** ist, vgl dazu aa, wobei es nicht ausreicht, daß er nach Art u Umfang hinter dem dtschen Recht zurückbleibt, aM Lüderitz IPRax **87**, 79 (keine Ausschaltg für ein Linsengericht), Johannsen/Henrich, EheR Art 17 Rz 60, (2) daß ein Eheg die Durchführg eines VersorggsAusgl **beantragt** u (3) daß entweder der and Eheg in der Ehezeit eine **inländische Versorgungsanwartschaft** erworben hat (**Nr 1**) od **Ehewirkungsstatut** (FamStatut) gem Art 14, vgl dort Anm 2 u 3, wenigstens währd eines Teils der Ehezeit eine ROrdng nun, welche den VersorggsAusgl kennt (**Nr 2**); für analoge Anwendg von Nr 1 bei Erwerb ausl VersorggsAnwartschen in einem Staat, dessen Recht VersorggsAusgl kennt, E. Lorenz FamRZ **87**, 653. Die Voraussetzgen (1)–(3) müssen kumulativ erfüllt sein; dabei genügt bei (3) das Vorliegen einer der beiden Alternativen. Der VersorggsAusgl beschr sich auf die inl bzw währd der Maßgeblichk des betr Ehewirkgsstatuts erworbenen Anwartschaften. **cc)** Auch bei Vorliegen der genannten Voraussetzgen ist der VersorggsAusgl n der **Billigkeitsklausel** am Ende des Satz 2 eingeschränkt od ausgeschl, soweit seine Durchführg im Hinblick auf die beiderseitigen wirtschaftl Verhältnisse auch währd der nicht im Inland verbrachten Zeit nicht angemessen wäre. Ob die Durchführg der Billigk widerspricht, hat das Ger unter Berücksichtigg der Umst des Einzelfalls z prüfen, ohne dabei auf die in der BilligkKlausel genannten Anhaltspkte (wirtschaftl Verhe, AufenthDauer im Inland) beschr zu sein; die Frage der Schuld an der Zerrüttg der Ehe spielt dabei jedoch grdsl keine Rolle. In Betr kommt die Einschränkg od der Ausschluß des VersorggsAusgl etwa dann, wenn nur ein Eheg eine inl Altersversorgg aufgebaut hat, die z Ausgl herangezogen werden kann, währd der and Eheg ausr Vermögenswerte im Ausland besitzt, die f eine VersorggsAusgl nicht in Betr kommen od nicht z ermitteln sind, BT-Drucks 10/5632 S 42, krit dazu Lüderitz IPRax **87**, 79. Aus der negativen Formulierg („soweit nicht widerspricht") ergibt sich, daß der VersorggsAusgl bei Vorliegen der zu bb genannten Voraussetzgen grdsl durchgeführt werden muß, sofern dies wegen der bes Umst des Einzelfalls nicht **ausnahmsweise** unbill wäre, vgl dazu Karlsr FamRZ **89**, 399. **dd)** Sind die Voraussetzgen der Sonderregelg n Abs 3 S 2 erfüllt, so ist der VersorggsAusgl (beschr auf die inl bzw währd der Maßgeblichk des betr Ehewirkgsstatuts erworbenen Versorggsanwartschaften, vgl bb) nach dtschem Recht, dh n §§ 1587 ff, durchzuführen; dabei ist materiellrechtl auch die Härteklausel des § 1587 c z berücksichtigen, vgl dazu E. Lorenz FamRZ **87**, 650.

d) Praktische Durchführung eines Versorgungsausgleichs. aa) Daß der AusglBerecht seinen Wohns im Ausl hat, schließt die Durchführg eines VersorggsAusgl nicht aus, BGH FamRZ **83**, 264, NJW **86**, 1932. Auch Art 3 III ist nicht anwendb, str, vgl dort Anm. 4c. **Ausländische Versorgungsanwartschaften** können v dtschen Gerichten weder dch Splitting noch dch Quasisplitting, § 1587b I u II, aufgeteilt werden, BGH **75**, 246f, BGH NJW **89**, 1997, Bamberg NJW **79**, 497, FamRZ **86**, 691, Ffm FRES **80** Nr 0483, Stgt FamRZ **89**, 761, v Bar in: Zacher, VersorggsAusgl S 382; insow bleibt grdsl nur der schuldrechtl Versorggs-Ausgl, vgl VAHRG § 2 u § 3aff, BGH NJW **89**, 1997, Stgt FamRZ **89**, 761, v Bar aaO, vgl ferner BGH FamRZ **82**, 473, AG Landstuhl IPRax **85**, 231; z praktischen Durchführg Rahm/Paetzold Hdb VIII Rdz 608ff (eingehend), Johannsen/Henrich, EheR Art 17 Rz 74, Bergner IPRax **82**, 231, Nolte-Schwarting aaO 185f, Lardschneider, Maier u v Bar in: Zacher, VersorggsAusgl S 117, 143 u 379; vgl ferner Bamberg FamRZ **80**, 62 (schwed RentenVers), AG Kaufbeuren FamRZ **82**, 76 (österr PensionsAnw), AG Hbg FamRZ **82**, 717, Stgt FamRZ **89**, 760 (frz SozialVers), Karlsr IPRax **82**, 245 (schweiz RentenAnw), Kln FamRZ **86**, 689 (ital VersorggsAnwartsch), AG Hbg FamRZ **78**, 421, **79**, 54 (Ausschl des VersorggsAusgl bei Nichtvollstreckbk dtschen Urt im WohnsLand eines Ehg), AG Düss IPRspr **77** Nr 77, AG Lüneburg NdsRPfl **79**, 120 u 200, AG Hbg FamRZ **81**, 292 z Undchführbk ggü Polen (vgl aber dazu nunm BGH FamRZ **83**, 263, NJW **89**, 1997, Karlsr FamRZ **89**, 399, sowie Bergner IPRax **84**, 189), Rumänien u Schweden; z Durchführg ggü der DDR vgl Anm 8. **bb)** Bei einer im Inland anzuerkennden Auslandsscheidg kann dtsches Ger einen **nachträglichen Versorgungsausgleich** dchführen, wenn Scheidgsfolgenstatut aus der Sicht des dtschen IPR das dtsche R ist, vgl BGH NJW **83**, 1270, KG NJW **79**, 1107, Düss FamRZ **80**, 698, **84**, 714, Karlsr IPRax **85**, 36, AG Charl FamRZ **89**, 515, Schäfer, Die SozVers **77**, 318 (gg Bürkle ebda 181), Hannemann/Kinzel DAngVers **78**, 369, Bergner, Die SozGerichtsbk **78**, 139, Jayme FamRZ **79**, 557, Bürgle in: Zacher, VersorggsAusgl S 402, aM Ffm FamRZ **82**, 77 (falls der AuslScheidg n ausl R erfolgt ist, sei damit das Scheidgsfolgenstatut festgelegt); z internat Zustdgk der dtschen Ger vgl Rahm/Paetzold Hdb VIII Rdz 514ff.

7) Internationales Verfahrensrecht. a) Internationale Zuständigkeit. Vgl dazu Spellenberg IPRax **88**, 1. **aa)** Die internat Zustdgk der dtschen Ger in Ehes ist nunm in dem dch das IPRG neu gefaßten ZPO 606a geregelt; die Neuregelg erfaßt auch die im Ztpkt ihres Inkrafttretens bereits anhäng Verf, BGH FamRZ **87**, 580, NJW **88**, 636, KG FamRZ **88**, 168, Zweibr FamRZ **88**, 624, Siehr IPRax **89**, 93, differenzierd Spellenberg aaO. Der Beschl des BVerfG vom 3. 12. 85, BGBl **86** I 242 = NJW **86**, 658, vgl dazu Henrich IPRax **86**, 139, Rauscher JZ **86**, 319, Winkler v Mohrenfels NJW **86**, 639, Grundmann NJW **86**, 2165, z teilw Unvereinbk des früheren ZPO 606b mit GG 3 II hatte den letzten Anstoß z Verabschiedg des ReformGes gegeben. Die dtsche internat Zustdgk z Scheidg einer Ehe ist n ZPO 606a I nunm gegeben, wenn im Ztpkt der Verkündg der Entsch alternativ (1) **ein** Ehg (wenigstens auch, einschränkd Spellenberg IPRax **88**, 4) Dtscher ist od bei der Heirat war, od (2) **beide** Ehg ihren gewöhnl Aufenth im Inland haben, od (3) ein Ehg Staatenloser mit gewöhnl Aufenth im Inland ist (dh mit dtschem Personalstatut, Art 5 II) ist; dem muß ein Flüchtling mit dtschem Personalstatut gleichstehen, vgl dazu Anh II z Art 5, Celle FamRZ **89**, 623 (f Anwendg v Nr 1) od (4) wenigstens **ein** Ehg seinen gewöhnl Aufenth im Inland hat, es sei denn, daß die z fällde Entsch offensichtlich n keinem der HeimatRe der Eheg anerkannt werden wird; bei Mehrstaatern genügt die Anerkenng in einem der beteiligten Heimatstaaten; Art 5 I gilt hier nicht, aM Henrich FamRZ **86**, 849, Spellenberg IPRax **88**, 5. Damit ist das bish n ZPO 606b Nr 1 bestehde **Anerkennungserfordernis** bei reinen Ausländerehen **erheblich eingeschränkt** worden; es entfällt überhaupt bei gewöhnl Aufenth beider Ehg im Inland; besitzt nur ein Ehg seinen gewöhnl Aufenth im Inland, so ist die dtsche internat Zustdgk im Interesse der Vermeidg einer hinkden Scheidg nur dann z verneinen, wenn mit der Anerkenng des Urt **offensichtlich**, dh schon ohne intensive Nachforschgen, BT-Drucks 10/5632 S 47 in keinem der beteiligten Heimatstaaten z rechnen ist. Selbst eine geringe Wahrscheinlk der Anerkenng würde also z Bejahg der internat Zustdgk genügen; diese ist nur dann z verneinen, wenn aus den jedermann zugängl Erläutergsbüchern die Nichtanerkenng klar ersichtl ist, Hamm IPRax **87**, 250, vgl aber auch Dopffel FamRZ **87**, 1210, Spellenberg IPRax **88**, 6. Auf die Dokumentation der Rspr z Frage der voraussichtl Anerkenng wird desh wegen der verhältnismäß geringen prakt Bedeutg hier verzichtet, vgl dazu 45. Aufl Anm 6a, ferner Jayme IPRax **86**, 267, **87**, 187, Basedow NJW **86**, 2979. **bb)** Die dch ZPO 606a I 1 begründete internat Zustdgk ist gem S 2 **nicht ausschließlich**, schließt also die Anerkenng einer ausl Ehescheidg nicht schlecht aus; vgl dazu b. § 606a I gilt wg des **Verbundprinzips**, ZPO 623, soweit keine staatsvertragl Sonderregelg besteht (zB MSA, EuGVÜ, vgl dazu Jayme FS Keller [1989] 451), auch f die **Folgesachen**, vgl Jayme IPRax **84**, 121, Graf, Die internat Verbundszuständigk, 1984, f das Verf über den VersorggsAusgl, BGH **75**, 241, FamRZ **84**, 674 (f die interlokale Zustdgk), die Übertragg der elterl Sorge (soweit nicht Art 1 MSA eingreift, BGH **89**, 336), Düss FamRZ **81**, 1005, Mü FamRZ **82**, 315, Ffm IPRax **83**, 294, Nürnberg IPRax **84**, 330 mit zust Anm v Jayme (abw AG Kelheim ebda 329) od die Zuweisg der Ehewohng, Mü FRES **80** Nr 0413; bei Anhängigk des ScheidgsVerf im Ausl können dtsche Gerichte aber trotzdem über die Folgesachen entsch (keine internat Verbundzuständig), Düss IPRax **83**, 129. Im EhetrennsgVerf gilt das Verbundprinzip nicht, vgl Anm 5a.

b) Anerkennung ausländischer Scheidungen. Literatur: Basedow, Die Anerkenng v Auslandsscheidgen, 1980; Martiny in Hdb des Internat ZivilVerfR III/1 u III/2, 1984; Richter JR **87**, 98; Böhmer Fschr Ferid (1988) 49, Krzywon StAZ **89**, 93. Das AnerkenngsVerf ist in **FamRÄndG Art 7 § 1** geregelt, vgl dazu bb; die Anerkenngsvoraussetzungen ergeben sich aus ZPO 328 iVm ZPO 606a, soweit keine staatsvertragl Regelg besteht. Dch die Neufassg von ZPO 606a wurde die Anerkenng wesentl erleichtert. Die Voraussetzgen der Anerkenng sind aber grdsl nach den zZ des Erlasses der ausl Entscheidg geltden Vorschr zu beurt, KG NJW **88**, 649, Geimer ebda 651; für Prüfg der Anerkenngsfähigk nach der Vorschr im Ztpkt der Anerkenng, wenn diese dadch erleichtert wird BayObLG **87**, 439, krit dazu Geimer NJW **88**, 2180, vgl auch Krzywon StAZ **89**, 102. Die Anerkenng eines ausl ScheidgsUrt schließt seine nachträgl Abänderg im Inland gem ZPO 328 nicht aus, vgl Ffm IPRax **81**, 136 u dazu Schlosser ebda 120, ferner BGH FamRZ **83**, 806.

1. Teil. 2. Kap. Internationales Privatrecht	(IPR) EGBGB 17 7b

aa) Staatsverträge. Das CIEC-Übk über die Anerkenng von Entsch in Ehesachen v 8. 9. 67, Text StAZ 67, 320, dazu Böhmer StAZ 67, 313, u das Haager Abk über die Anerkenng v Scheidgen sowie Trenngen v Tisch u Bett v 1. 6. 70, vgl Kegel IPR § 22 V 5, sind f die BRep noch nicht in Kraft. Staatsvertragliche Bindgen bestehen dch das dtsch-schweiz Anerk- u VollstrAbk (Art 3) v 2. 11. 29, RGBl **30** II 1066, vgl dazu BGH NJW **86**, 1440 (VollstreckbarErkl einer Ehescheidungskonvention), Stürner/Münch JZ **87**, 178, BGH FamRZ **87**, 580 (Rhängigk); das dtsch-ital Abk in Zivil- u Handelssachen (Art 1, 3, 4) v 9. 3. 36, RGBl **37** II 145, wieder in Kraft seit 1. 10. 52, BGBl **59** II 766, in Kraft seit 27. 1. 61, BGBl **60** II 2408; das dtsch-brit Abk (Art 1 VIII, 3, 4 I c, Unterzeichngsprotokoll) v 14. 7. 60, BGBl **61** II 302, in Kraft seit 15. 7. 61, BGBl II 1025; das dtsch-griech Anerkenngs- u VollstrAbk (Art 2–4) v 4. 11. 61, BGBl **63** II 110, in Kraft seit 18. 9. 63, BGBl II 1278, vgl dazu Pouliadis IPRax **85**, 357; das dtsch-tunes Abk (Art 27–30, 32) v 19. 7. 66, BGBl **69** II 890, in Kraft seit 13. 3. 70, BGBl II 125; das dtsch-spanische Abk v 14. 11. 83, BGBl **87** II 34, in Kraft seit 18. 4. 88, BGBl II 375. Text der Abk auszugsw in Baumb-Lauterbach ZPO SchlußAnh V B. Der dtsch-österr Anerkenngs- u VollstrVertr v 6. 6. 59, BGBl **60** II 1246, Art 14 I Z 1, sowie der dtsch-niederländ Anerkenngs- u VollstrVertr v 30. 8. 62, BGBl **65** II 27, Art 1 III b, nehmen Ehesachen aus. Auch das Übk der Europ Gemsch über die gerichtl Zustdgk u die Vollstreckg gerichtl Entsch in Zivil- u Handelssachen v 27. 9. 68, BGBl **72** II 774, erstreckt sich nicht auf Scheidgssachen (Art 1 Z 1); dies gilt nicht f die im Rahmen eines Scheidgsverf erlassnen unter UnterhAnordngen od die in einem ScheidgsUrt getr UnterhRegelg, EuGH NJW **80**, 1218; Ffm IPRax **81**, 136, Hausmann IPRax **81**, 5.

bb) Autonomes Recht. Das AnerkenngsVerf richtet sich bei **Scheidung Deutscher im Ausland** nach FamRÄndG Art 7 § 1 idF dch 1. EheRG v 14. 6. 76, BGBl 1421, Art 11 Z 5, vgl dazu Baumb-Lauterbach ZPO § 328 Anm 7, Kleinrahm-Partikel, Anerkenng ausl Entsch in Ehesachen (2. Aufl 1970), Beule StAZ **82**, 154 (Statistik), Krzywon StAZ **89**, 93; z Verfmäßigk dieser Regelg BGH **82**, 34. Anerkenngsfäh sind nur Entsch, dch die n dem R des GerStaates die Ehe aufgelöst worden ist, BayObLG **77**, 71 (betr fehlde Registrierg des ScheidgsUrt); die Entsch muß also formell rechtskräft sein, Düss FamRZ **76**, 355. Zur Anerkenng v PrivScheidgen vgl unten cc. Ein ausl EhetrenngsUrt ohne Auflösg des Ehebandes kann in der BRep selbstverständl nicht als Ehescheidg anerkannt werden, Hbg IPRspr **83** Nr 184. Die Entsch ergeht auf Antr, der nicht fristgebunden ist, BayObLG FamRZ **79**, 1014; z Möglk einer Verwirkg vgl Düss IPRspr **77** Nr 162; z Antragsberechtigg Krzywon IPRax **88**, 349. Bei WiederAufn der ehel Gemeinsch kann Antr rechtsmißbräuchl sein, JM BaWü FamRZ **79**, 811. Anerkenng erfolgt nur, wenn der LJustizVerw festgestellt hat, daß ihre Voraussetzgen vorliegen, was dann auf Ztpkt der Entsch zurückwirkt, BGH JZ **62**, 446, BayObLG **76**, 147, and bei Prüfg der Anerkenngsfähigk nach neuem Recht BayObLG **87**, 439. Die Anerkenng umfaßt auch den SchuldAusspr, BGH FamRZ **76**, 614, aM Krzywon StAZ **89**, 96. Stellt sich die Anerkenng in einem gerichtl Verf als Vorfrage, erfolgt Aussetzg nach ZPO 148, vgl BGH FamRZ **82**, 1203, Ffm IPRspr **80** Nr 159, Basedow StAZ **77**, 6. Die Entsch ist für Gerichte u VerwBehörden bindd, vgl dazu BGH **82**, 39, FamRZ **83**, 358; wird die Entsch des OLG beantragt, FamRÄndG Art 7 § 1 IV, so bindet diese, Mü NJW **62**, 2013; z Antragsberechtigg Koblenz IPRax **88**, 359, Krzywon ebda 350. Für die Anerkenng der mit dem Scheidgsausspruch verbundenen **Nebenfolgen**, zB Regelg der UnterhPfl ggü gemeinschl ehel Kind, ist Dchführg des Verf n FamRÄndG Art 7 § 1 grdsl nicht erfdl, Köln DAVorm **69**, 454, Karlsr DAVorm **81**, 165, Mü DAVorm **82**, 490; z Anerkenng ausl SorgeRRegelg s Art 19 Anm 4 b. Die Anerkenng hängt sachl v Vorliegen der **Voraussetzungen** des **ZPO 328** ab; diese Vorschr ist dch Art 4 Nr 1 IPRG teilw neu gefaßt worden. Die Anerkenng ist also ua dann z versagen, wenn die Ger des UrtStaates nach den dtschen Beurteilgsregeln keine internat Zustdgk besaßen, ZPO 328 I Z 1, zB weil eine ausschl internat Zustdgk der dtschen Ger besteht, BayObLG **80**, 52; dch ZPO 606 a I S 1 wird eine solche aber nicht begründet, S 2. Bei der n ZPO 328 I Nr 1 gebotenen spiegelbildl Anwendg der dtschen ZustdgkVorschren wird ZPO 606 a I S 1 dch II stark eingeschränkt; zur Bedeutg dieser Vorschr vgl Mansel StAZ **86**, 317, Lüderitz IPRax **87**, 81. Auch die weiteren Voraussetzgen einer UrtAnerkenng n ZPO 328 I Nr 2–4 sind dch das IPRG erhebl verändert worden; insb ist die Abweichg v Art 17 z Nachteil einer dtschen Part im Ggs z bish Recht kein Anerkenngshindern mehr. Zur Anerkenng von Scheinscheidgen vgl JM NRW IPRax **86**, 167, Schmidt-Räntsch ebda 148. – Bei **Scheidung von Ausländern im Heimatstaat** hängt die Anerkenng gerichtl Entscheidgen nicht von der Feststellg dch die Landesjustizverwaltg ab, Art 7 § 1 I S 3 FamRÄndG. Dies gilt jedoch nicht, wenn einer der gesch Eheg auch die dtsche Staatsangehörigk hatte, Celle FamRZ **63**, 365, JM NRW IPRspr **74** Nr 186, **77** Nr 159, IPRax **86**, 167, Düss FamRZ **80**, 698, od wenn Zweifel bestehen, ob beide Eheg zZ des Urteils die Staatsangehörigk des Urteilsstaates besessen haben, Hbg IPRspr **82** Nr 181, bei Mehrstaatern entsch entspr Art 5 I S 1 die gemeins effektive Staatsangehörigk, and Krzywon StAZ **89**, 95. Die Anerkenngsvoraussetzgen beurteilen sich auch hier n ZPO 328, vgl dazu oben; dies gilt auch f Anerkenng ausl Scheidgsfolgenregelg n wirks PrivScheidg, vgl cc, AG Hbg IPRax **86**, 114. Bei Scheidg dch VerwBehörde od PrivScheidg gilt Art 7 § 1 I S 3 FamRÄndG nicht, Hamm IPRax **89**, 107, Krzywon aaO. – Bei **Scheidung von Ausländern in einem Drittstaat** gilt f das AnerkenngsVerf FamRÄndG Art 7 § 1, vgl zB BayObLG **73**, 251. Die Anerkenngsvoraussetzungen ergeben sich aus ZPO 328. Die Anerkenng hängt n ZPO 328 I Z 1 zunächst davon ab, ob die Ger des UrtStaats nach den dtschen Beurteilgsregeln über die internat Zustdgk zust waren, Bürgle NJW **74**, 2163, Otto StAZ **75**, 183, einschränkd Geimer NJW **74**, 1026, ders NJW **75**, 1079. Dabei ist die Anerkenng der Entsch im Heimatstaat der Eheg nicht erfdl, kann aber die sonst fehlde internat Zustdgk des ausl Ger ersetzen, vgl ZPO 606 a II.

cc) Wirksamkeit von Privatscheidungen. Das n Art 17 z Anwendg berufene Scheidgsstatut entsch grdsl auch darüber, wie eine Scheidg zustandekommt, etwa nur dch gerichtl Urt wie n § 1564 S 1 od auf sonst Weise, zB dch priv RGesch (Übergb eines Scheidebriefes, Verstoßg) od dch einen Rabbiner. Eine **im Ausland** ohne Mitwirkg staatl Ger **vollzogene Privatscheidung** ist daher grdsl auch im Inland anzuerkennen, sofern die Voraussetzgen des n Art 17 maßg R eingehalten sind, vgl AG Hbg IPRspr **82** Nr 66 A, JM NRW IPRspr **83** Nr 2, AG Hbg IPRax **86**, 114, Beule StAZ **79**, 35, **nicht** daher auch, wenn danach dtsches R anzuwenden war, Düss FamRZ **76**, 277 mit abl Anm v Otto, JM Bay StAZ **77**, 201, Hbg IPRspr

78 Nr 171, Düss IPRspr 81 Nr 190b, JM NRW IPRax 82, 25, BayObLG 82, 394, Krzywon StAZ 89, 103, zweifelnd Henrich IPRax 84, 218, aM Koblenz IPRax 88, 178 (VorlageBeschl). War Scheidsstatut ausl R, das eine PrivScheidg ermögl, so kann bei Beteiligg eines Dtschen Art 6 eingreifen, vgl dazu BayObLG 77, 180, IPRax 82, 104, FRES 82 Nr 0830, JM NRW IPRax 82, 25, Ffm NJW 85, 1293, Henrich IPRax 85, 48, nicht dagg bei PrivScheidg v Ausländern im Heimatstaat, vgl JM NRW IPRspr 83 Nr 2. Über die Anerkenng einer **im Ausland** vollzogenen PrivScheidg ist im **Verfahren** n FamRÄndG Art 7 § 1 z entsch, sofern dabei eine ausl Beh zB dch Registrierg mitgewirkt hat, BGH 82, 34, ebso Düss FamRZ 74, 528, IPRspr 76 Nr 180, BayObLG 77, 180, 82, 391, FRES 82 Nr 0830, Hbg IPRspr 78 Nr 171, AG Hbg IPRspr 82 Nr 66 A, JM NRW IPRax 82, 25, IPRspr 83 Nr 2, Düss IPRspr 83 Nr 183, Ffm NJW 85, 1293. Voraussetzg der Anerkenng ist aber, daß die Ehe zweifelsfrei geschieden, BayObLG 82, 259, u jedenf der konstitutive RAkt der Scheidg im Ausland vollzogen wurde, Düss FamRZ 74, 528 (Vollz des wesentl Teils im Ausland genügt), KG StAZ 84, 309 (Beglaubigg der Unterschr unter der VerstoßgsErkl im Inland zuläss), vgl dazu Anm 4b. Die Wirksk einer reinen PrivScheidg, die ohne jede behördl Mitwirkg vollzogen worden ist, ist ohne förml AnerkenngsVerf inzidenter z beurteilen, Soergel-Kegel Rdz 79, Rahm/Breuer Hdb VIII Rdz 171, str, aM Otto FamRZ 76, 279, Lüderitz IPRax 87, 76, Richter JR 87, 102, Krzywon StAZ 89, 94; auch eine Feststellsklage ist zuläss, AG Hbg IPRspr 82 Nr 66 A. Die Voraussetzgen der „Anerkenng" ergeben sich in beiden Fällen aus dem v Art 17 z Anwendg berufenen ausl R (vorbehaltl Art 6), nicht aus ZPO 328, vgl Düss FamRZ 74, 528, Stgt StAZ 79, 152, Ffm NJW 85, 1293, Beule StAZ 79, 35, Richter JR 87, 102.

Eine im **Inland** mit od ohne Mitwirkg einer fremden Beh (zB auch in einer ausl Botschaft) **vollzogene Privatscheidung** ist auch dann unwirks, wenn sie den Voraussetzgen eines ausl Scheidsstatuts genügt, Abs 2, vgl Anm 4b.

8) Innerdeutsches Kollisionsrecht. a) Im Verh z DDR, vgl dazu v Bar IPRax 85, 18, Drobnig ROW 85, 53, ist Art 17 entspr anzuwenden, LG Hbg FamRZ 73, 263, AG Lünebg NJW 78, 379, Hbg FamRZ 83, 512, Beitzke JZ 61, 653, Drobnig FamRZ 61, 341, Soergel-Kegel EG 17 Rdz 170 f, **aM BGH 85**, 22, **91**, 191 (weil EG 17 den Besonderh des Verh zw beiden dtschen Staaten nicht genügend Rechng trage), SchlHOLG IPRax 84, 210, vgl dazu Beitzke JZ 83, 214, Drobnig ROW 83, 84, v Bar IPRax 83, 163, gg Anwendg v Art 17 auch schon BGH 34, 134, 42, 99, da im Gericht der BRep nicht die EheBestimmgen der DDR anwenden könne; zw der ROrdng der BRep u derj der DDR bestehe keine Parität, die DDR habe ggü der BRep grdsätzl kein R auf Beachtg ihrer ROrdng. Diese Ans ist nach Inkrafttr des **Grundlagenvertrags** v 21. 12. 72, BGBl 1973 II 421, **nicht** mehr aufrechtzuerhalten, vgl Art 1 u 2 des Vertr, u dazu jetzt BGH 85, 24, 91, 195 (dazu v Bar IPRax 85, 18), zust Düss FamRZ 81, 270, das aber die entspr Anwendg v Art 17 ebenf ablehnt, da sie mit dem Gebot der Gleichbehandlg aller dtschen Bürger, die sich in der BRep aufhalten, unvereinb sei; entspr Anwendg v Art 17 offengelassen bei Celle IPRspr 79 Nr 51 b. Die Voraussetzgen der Ehescheidg wurden bish entspr Art 17 nach dem R des gewöhnl Aufenth des Mannes beurteilt, Mü FamRZ 80, 374, Erm-Marquordt EG 17 Rdz 56; z Anknüpfg an die Staatsangehörigk vgl jetzt Anh z Art 3 Anm 2. Maßg ist in 1. Linie die gemeins effektive bzw letzte gemeins Staatsangehörigk, sofern diese v einem Eheg beibehalten worden ist. Danach wird auch bei Übersiedlg eines Eheg in den and Teil Dtschlands das Scheidgsstatut idR zu bestimmen sein, zust Beitzke JZ 83, 214, aM v Bar IPRax 83, 163, Drobnig ROW 83, 85. Die Scheidgsfolgen beurteilen sich n dem R des jew gemeins gewöhnl Aufenth beider Eheg im selben dtschen Staat, BGH 85, 25, im Ergebn auch Düss FamRZ 81, 270, sonst n dem R des letzten gemeins gewöhnl Aufenth, wenn ein Eheg diesen beibehalten hat, BGH 91, 196, zust Drobnig ROW 85, 55, krit v Bar IPRax 85, 22, ebso schon Arnsbg FamRZ 66, 311, BSozG MDR 76, 699, FamRZ 76, 626, FRES 79 Nr 0042, wohl auch SchlHOLG IPRax 84, 210 (auch z Transfer von UnterhZahlgen, vgl dazu Art 18 Anm 6c); solange ein Eheg den letzten gemeins gewöhnl Aufenth in der DDR beibehält, kommt desh ein **Versorgungsausgleich** n dem maßgebden R der DDR nicht in Betracht, BGH 91, 197, KG IPRspr 84 Nr 71, vgl dazu über die beachtl Kritik bei v Bar IPRax 85, 22. Übersiedeln beide Eheg in die BRep, so beurteilen sich die Scheidgsfolgen fortan n deren R; das Statut ist also wandelb, vgl BGH 85, 25, 91, 196, zust Drobnig ROW 85, 55, v Bar IPRax 85, 20, Düss FamRZ 81, 270, Ffm FamRZ 83, 188 mAv Henrich IPRax 83, 245, Staud-Gamillscheg Rdz 663, Drobnig ROW 83, 85, Beitzke JZ 83, 215, aM MüKo-Lorenz 412. Dies gilt insbes für den VersorggsAusgl, der ggf vom Ztpkt der Übersiedlg auch des and Eheg in die BRep an nachträgl mit Wirkg f die Zukunft durchzuführen ist, BGH 91, 197.

b) Die DDR ist nicht Inland iS v ZPO 606 I 2; f Zustdgk der Gerichte der BRep genügt also hiesiger gewöhnl Aufenth eines Eheg, BGH 7, 218, NJW 56, 1031, FamRZ 84, 674. – **Scheidungsurteile der DDR** sind grdsl in der BRep wirks, ohne daß es eines förml AnerkenngsVerf gem Art 7 § 1 FamRÄndG bedarf, vgl zB BGH 85, 18, dagg mit beachtl Grden Knoke, Dtsches interdtsches Priv- u PrivVerfR n dem GrdVertr (1980) 203ff. Die Unwirksk ist vielm im Wege einer EhefeststellgsKl gem ZPO 606ff geltd z machen, Oldenbg FamRZ 83, 94. KlErhebg innerh angemessener Fr, BGH 34, 148, NJW 63, 1981, FamRZ 65, 37. Prüfgsmaßstab: ZPO 328 I Nr 1–4 analog. Ger der DDR müssen also interlokal zustd gewesen sein, BGH 34, 139, FamRZ 61, 203. Rechtsstaatl VerfGrdse müssen beachtet worden sein, zB Grds des rechtl Gehörs; pers Anwesenh des Bekl ist aber nicht erfdl, BGH FamRZ 61, 210. Vom Vorbeh des ZPO 328 I Nr 4 ist nur in krassen Fällen Gebr z machen, vgl BGH 20, 323, FamRZ 61, 210.

EG 18 **Unterhalt.** I Auf Unterhaltspflichten sind die Sachvorschriften des am jeweiligen gewöhnlichen Aufenthalt des Unterhaltsberechtigten geltenden Rechts anzuwenden. Kann der Berechtigte nach diesem Recht vom Verpflichteten keinen Unterhalt erhalten, so sind die Sachvorschriften des Rechts des Staates anzuwenden, dem sie gemeinsam angehören.

II Kann der Berechtigte nach dem gemäß Absatz 1 Satz 1 oder 2 anzuwendenden Recht vom Verpflichteten keinen Unterhalt erhalten, so ist deutsches Recht anzuwenden.

III Bei Unterhaltspflichten zwischen Verwandten in der Seitenlinie oder Verschwägerten kann

1. Teil. 2. Kap. Internationales Privatrecht (IPR) EGBGB 18 1a, b

der Verpflichtete dem Anspruch des Berechtigten entgegenhalten, daß nach den Sachvorschriften des Rechts des Staates, dem sie gemeinsam angehören, oder, mangels einer gemeinsamen Staatsangehörigkeit, des am gewöhnlichen Aufenthalt des Verpflichteten geltenden Rechts eine solche Pflicht nicht besteht.

IV Wenn eine Ehescheidung hier ausgesprochen oder anerkannt worden ist, so ist für die Unterhaltspflichten zwischen den geschiedenen Ehegatten und die Änderung von Entscheidungen über diese Pflichten das auf die Ehescheidung angewandte Recht maßgebend. Dies gilt auch im Fall einer Trennung ohne Auflösung des Ehebandes und im Fall einer für nichtig oder als ungültig erklärten Ehe.

V Deutsches Recht ist anzuwenden, wenn sowohl der Berechtigte als auch der Verpflichtete Deutsche sind und der Verpflichtete seinen gewöhnlichen Aufenthalt im Inland hat.

VI Das auf eine Unterhaltspflicht anzuwendende Recht bestimmt insbesondere,
1. ob, in welchem Ausmaß und von wem der Berechtigte Unterhalt verlangen kann,
2. wer zur Einleitung des Unterhaltsverfahrens berechtigt ist und welche Fristen für die Einleitung gelten,
3. das Ausmaß der Erstattungspflicht des Unterhaltsverpflichteten, wenn eine öffentliche Aufgaben wahrnehmende Einrichtung den ihr nach dem Recht, dem sie untersteht, zustehenden Erstattungsanspruch für die Leistungen geltend macht, die sie dem Berechtigten erbracht hat.

VII Bei der Bemessung des Unterhaltsbetrags sind die Bedürfnisse des Berechtigten und die wirtschaftlichen Verhältnisse des Unterhaltsverpflichteten zu berücksichtigen, selbst wenn das anzuwendende Recht etwas anderes bestimmt.

1) **Allgemeines. a)** Zugleich mit der Verabschiedg des IPRG hat der BT dch G vom 25. 7. 86, BGBl II 825, neben dem Haager Übk über die Anerkenng u Vollstreckg v UnterhEntschen vom 2. 10. 73, vgl dazu Anh 3c, auch dem **Haager Übereinkommen über das auf Unterhaltspflichten anwendbare Recht** (UntPflÜbk) vom 2. 10. 73 zugestimmt, vgl dazu Denkschr BR-Drucks 10/258 S 24 u Anh 2. Das Abk ist für die BRep am 1. 4. 87 in Kraft getreten, Bek v 26. 3. 87, BGBl II 225 (mit Vorbeh aus Art 15). Es ersetzt nach Art 18 im Verh z den and VertrStaaten das alte Haager Übk über das auf UnterhPflichten ggü **Kindern** anwendb Recht vom 24. 10. 56, vgl dazu Anh 1; im Ggs z diesem Abk ist es n Art 3 unter Verzicht auf das GegenseitigkErfordern ohne Beschrkg des PersKreises auch bei gewöhnl Aufenth des Berecht in einem NichtVertrStaat anwendb (loi uniforme). Mit dem Inkrafttreten des UntPflÜbk f die BRep ist daher f eine autonome kollisionsrechtl Regelg des Unterh kein Raum mehr; die kollisionsrechtl Vorschr des UntPflÜbk, dh dessen Art 4–10 u 11 II, sind desh im Interesse der Übersichtlk des gelten dtschen IPR, vgl dazu Einl 5b vor Art 3, mit geringen Abweichgen unmittelb in den **Wortlaut** des Art 18 **eingestellt.** Trotz des Vorrangs der staatsvertragl Regel vor dem autonomen dtschen KollisionsR gem Art 3 II 1 **genügt** desh grdsl die Anwendg des **Art 18** bei der Bestimmg des UnterhStatuts, vgl Art 3 Anm 3c, zust Pirrung IPR S 155, Kartzke NJW 88, 105, ähnl Johannsen/Henrich, EheR Art 18 Rz 2, wie hier auch BayObLG 87, 444; die Vorschr hat, obgleich in das IPRG aufgenommen, **staatsvertraglichen Charakter;** der Rückgr auf die entspr Regelg des UntPflÜbk ist damit zwar keineswegs ausgeschl, vgl Denkschrift BT-Drucks 10/258 S 27, jedoch überflüss, vgl dazu zB Brschw NJW-RR **89**, 1097, aM Hamm FamRZ **87**, 1307, **88**, 517, **89**, 1085 (and aber Hamm FamRZ **89**, 1095), KG FamRZ **88**, 169, Jayme IPRax **86**, 266, Mansel StAZ **86**, 316, Basedow NJW **86**, 2975, Rauscher StAZ **87**, 129, IPRax **88**, 349, Piltz, Int ScheidgsR (1988) 63 u 111; eine Ausn gilt bei der Unteranknüpfg in MehrRStaaten gem Art 16 UntPflÜbk, vgl dazu Art 4 Anm 3c. Das gleiche gilt f die Regelg des alten Haager Übk über das auf UnterhPflten ggü Kindern anwendb Recht vom 24. 10. 56, die im Verh z denjenigen Staaten weitergilt, die nicht z den VertrPartnern des neuen UntPflÜbk gehören, vgl dazu Anh 1a; zwar besitzt auch das alte Übk vom 24. 10. 56 gem Art 3 II 1 Vorrang vor dem autonomen dtschen IPR; die Regelg des Art 18 steht jedoch nicht in Widersprch z den Vorschren des alten Übk einschl des in dessen Art 2 eröffneten Vorbeh, v welchem die BRep bei der Ratifizierg Gebrauch gemacht hat, vgl dazu Anh 1b; auch insoweit ist deshalb die Beschränkg auf die Anwendg des Art 18 unbedenkl, vgl Art 3 Anm 3c. Bei der **Auslegung** des Art 18 gelten jedoch zT and Regeln als bei der Anwendg des autonomen dtschen IPR; bei ihr ist der staatsvertragl Charakter der Vorschr zu berücksichtigen, vgl Einl 2b bb u cc vor Art 3.

b) Art 18 enth eine **umfassende** Anknüpfgsregelg f familienrechtl UnterhPflten, die bish verstreut in versch einz Kollisionsnormen, zB Art 17, 19, 21 aF sowie dem erwähnten alten Haager Übk vom 24. 10. 56 enthalten war. Dabei wird entspr dem staatsvertragl Hintergrd der allg Anknüpfgsregel jeweils auf **Sachvorschriften** od dtsches Recht als lex fori verwiesen; die Beachtg einer **Rück- oder Weiterverweisung** dch das IPR des z Anwendg berufenen Rechts scheidet aus, Art 3 I 2, vgl dazu Art 4 Anm 2; im Rahmen v Abs 4 wird aber das UnterhStatut mittelb dch das Scheidgsstatut best; soweit bei diesem eine Rück- od Weiterverweisg z beachten ist, Art 17 Anm 1b, wirkt sich dies i Erg auch hier aus; auch dch Abs 4 werden aber nur die Sachnormen des ScheidgsStatuts berufen, Johannsen/Henrich, EheR Art 18 Rz 17. Der Vorbeh des **ordre public** gilt grdsl auch bei der Anwendg v Art 18, vgl Art 4 des Übk vom 24. 10. 56, abgedruckt Anh 1, u Art 11 UntPflÜbk, abgedruckt Anh 2; wegen der weitgehenden Sicherstellg des UnterhBerecht dch Vorbehalte zG der Anwendg des ausländ Rechts, Abs 2 u 5, sowie der dch Abs 7 zwingend vorgeschr Berücksichtigg der Bedürfnisse des Berecht u der wirtsch Verhe des Verpflichteten wird aber f die Anwendg v Art 6 kaum ein Bedürfn bestehen. Zur Anwendg v Art 18 im **innerdeutschen** KollisionsR vgl Anm 6. **c)** Eine ggü Art 18 u den beiden Haager Übk vom 24. 10. 56 u 2. 10. 73 vorrangige **staatsvertragliche Sonderregelung,** vgl dazu Art 3 Anm 3 e, enth das dtsch-iranische NiederlassgsAbk vom 17. 2. 29, RGBl **30** II 1006 (noch in Kraft, vgl Bek vom 15. 8. 55, BGBl II 829); UnterhAnspre iran Kinder gegen einen iran EltT unterliegen daher weiterhin iran Recht, vgl BGH FamRZ **86**, 345, Krüger FamRZ **73**, 10; bei versch Staatsangehörigen der Beteiligten entfällt die Anwendbk des dtsch-iran Abk, BGH FamRZ **86**, 345, LG Karlsr FamRZ **82**, 536, Bremen IPRax **85**, 296 (bei Doppelstaatern entsch die effektive Staatsangehörigk).

2233

d) Der Erleichterg der Geltendmachg von UnterhAnspr im Ausland, insb in den Staaten des angloamerikan RKreises, dient das **Auslandsunterhaltsgesetz** vom 19. 12. 86, BGBl 2563, das am 1. 1. 87 in Kraft getreten ist. Vgl dazu Böhmer IPRax **87**, 139, Uhlig/Berard NJW **87**, 1521. Das G regelt die Zusammenarbeit mit ausl Ger u Behörden ähnl wie das UNÜbk über die Geltendmachg von UnterhAnspr im Ausland, vgl dazu Anh 3 a. Es enth keine kollisionsr od materiellr Regelg. Zur Verbürgg der Gegenseitigk nach AUG § 1 II vgl zuletzt Bek v 24. 2. 89, BGBl I 372. Zu den versch Abk über die Durchsetzg v UnterhAnspren u -entscheidgen vgl Anh 3.

e) Die Neuregelg in Art 18 gilt gem **Art 220 II**, vgl dort Anm 2 e, für alle **nach dem 1. 9. 86** fällig gewordenen UnterhAnspr, vgl dazu BGH FamRZ **87**, 682, KG FamRZ **88**, 169, u damit auch für die Abänderg einer vor dem 1. 9. 86 erlassenen UnterhEntscheidg, vgl Kartzke NJW **88**, 107. Die intertemporale Regelg in Art 12 UntPflÜbk, vgl Anh 2, stimmt (zeitl versetzt zum 1. 4. 87) mit diesen Grdsen überein. Art 220 II gilt auch für den ScheidsgsUnterhalt, zweifelnd Zweibr FamRZ **88**, 624; wg Abs 4 kam es aber insow am 1. 9. 86 nicht zu einem Statutenwechsel.

2) Grundsätzliche Anknüpfung des Unterhaltsstatuts (Absätze 1 und 2). Art 18 verfolgt bei der Bestimmg des UnterhStatuts das Ziel, eine dem UnterhBerecht günstige ROrdng z berufen. Die Anknüpfg nimmt desh entgg den GrdPrinzipien des IPR, vgl Einl 1 a vor Art 3, auch auf den Inhalt der in Betr kommden Sachnormen Rücks. Die so entstandene abgestufte Regelg entspr Art 4–6 UntPflÜbk; allerd wird dabei an Stelle der v Art 6 UntPflÜbk berufenen lex fori in Abs 2 dtsches Recht gesetzt, vgl dazu Böhmer JA **86**, 238; dies ist jedoch bei der Anwendg des Übk im Inland unbedenkl; die GrdsAnknüpfg des UnterhStatuts ist auch mit dem alten Übk vom 24. 10. 56 in dessen sachl AnwendgsBereich vereinb, vgl dessen Art 1 I u II, 3. **a) Grundsatz.** UnterhAnspre sind n **Absatz 1 Satz 1** grdsl n dem materiellen Recht am jew **gewöhnlichen Aufenthalt**, z Begr vgl Art 5 Anm 4, des UnterhBerecht z beurteilen. Das Statut ist **wandelbar;** mit Verlegg des gewöhnl Aufenth in einen and Staat unterliegt die UnterhPflicht ex nunc einem and Recht. Eine Ausn v der primären Anknüpfg an den gewöhnl Aufenth des Berecht gilt n Abs 5, vgl Anm 3 c. **b) Durchbrechung.** Gewährt das Recht seines jew gewöhnl Aufenth dem UnterhBerecht keinen UnterhAnspr, so ist die UnterhPflicht **nach Absatz 1 Satz 2** subsidiär n dem materiellen **gemeinsamen Heimatrecht** der Part z beurteilen; ob ein solches vorhanden ist, beurteilt sich bei Mehrstaatern n Art 5 I (ausschl Berücksichtigg der effektiven bzw dtschen Staatsangehörigk). Voraussetzg der subsidiären Anwendg eines gemeins HeimatR ist, daß der UnterhBerecht an seinem jew gewöhnl Aufenth vom Verpflichteten überh **keinen** Unterh erhält, etwa wg Ablaufs einer Klagefrist gegen den nehel Vater, vgl Karlsr DAVorm **79**, 537; daß ein Anspr gegen eine and Person besteht, zB die Mutter, ist dabei unerhebl. Dagg ist f die Anwendg v S 2 **nicht** ausr, daß das UnterhStatut gem Abs 1 S 1 dem Berecht gegen den Verpflichteten Anspre in geringerer Höhe od mit kürzerer Laufzeit einräumt als das gemeins HeimatR, zB zwar Unterhalt, aber keinen Prozeßkostenvorschuß, KG FamRZ **88**, 169, zust v. Bar IPRax **88**, 222. Ist die Voraussetzg der Anwendbk v S 2 erfüllt, so ist der Anspr in vollem Umfang, dh n Grd u Höhe n dem gemeins HeimatR z beurteilen, vgl Anm 4 b bb. **c) Ersatzweise Heranziehung deutschen Rechts.** Gewährt das Recht des jew gewöhnl Aufenth dem Berecht keinen UnterhAnspr, vgl dazu b, u ist ein gemeins HeimatR der Part nicht vorhanden od versagt auch dieses den Anspr, so ist die UnterhPflicht in letzter Linie n dtschem Recht z beurteilen, **Absatz 2.** Gewährt auch dieses keinen Anspruch, so hat es damit sein Bewenden. Ist der Anspr n dtschem Recht begründet, so entsch dieses auch über seinen Umfang, vgl Anm 4 b bb.

3) Ausnahmen. a) Einschränkung bei entfernter Beziehung (Absatz 3). Die Anknüpfg des UnterhStatuts n Abs 1 u 2 berücksichtigt vor allem die Verhe des Berecht, der dch Verlegg seines gewöhnl Aufenth das anwendb Recht grdsl frei manipulieren kann, vgl Einl 7 vor Art 3. Dies erscheint unbill bei ihrer Art n ungewöhnl UnterhPflichten, die nur relativ wenige ROrdngen aufstellen. Aus diesem Grd gewährt Abs 3 dem v einem **Verwandten in der Seitenlinie** od einem **Verschwägerten** in Anspr genommenen UnterhSchuldner eine Einwendg gegen die n dem UnterhStatut gem Abs 1 an sich bestehde UnterhPflicht, wenn das gemeins HeimatR der Part (bei Mehrstaatern vgl Art 5 I) od in dessen Ermangelg das Recht am gewöhnl Aufenth des Verpflichteten eine solche Pflicht nicht kennt. – Diese Regelg entspr Art 7 UntPflÜbk; sie ist auch mit dem alten Übk vom 24. 10. 56 in dessen auf Kinder unter 21 Jahre beschr AnwendgsBereich vereinb, vgl dessen Art 5 I u z Anerkenng einer UnterhPflicht eines Verschwägerten dessen Art 4. **b) Maßgeblichkeit des tatsächlichen Eheauflösungsstatuts (Absatz 4).** Die UnterhPflicht zw gesch Eheg unterliegt n Abs 4 dem auf die Ehescheidg angewandten Recht, dh demjenigen Recht, n welchem die Ehe tats gesch worden ist, BGH FamRZ **87**, 682 (auch zur Verfassgsmäßigk dieser Regelg), Kartzke NJW **88**, 105, bei Scheidg im Inland also dem gem Art 17 zugrundegelegten Scheidgsstatut, bei einer im Inland anzuerkennden Auslandsscheidg, vgl Art 17 Anm 7 b, dem vom ausl Ger angewandten Recht, vgl Oldenburg FamRZ **87**, 170, Kln FamRZ **88**, 1177, das nicht notw dem v Art 17 berufenen z entsprechen braucht. Das gleiche gilt bei einer Ehetrenng ohne Auflösg des Ehebandes, bei NichtigErkl od Aufhebg der Ehe. Versagt das Scheidgsstatut den UnterhAnspruch, so k nicht auf Abs 2 zurückgegriffen w, Karlsr FamRZ **89**, 748. Dem tats Eheauflösgsstatut unterliegt n Abs 4 S 1 auch die **Änderung** einer **Entscheidung** über die UnterhPflicht. Die Abänderg ausl UnterhTitel ist völkerrechtl zul, BGH FamRZ **83**, 806, Hbg DAVorm **85**, 509; sie unterliegt n Abs 4 sachl dem vom ErstGer angewandten Eheauflösgsstatut; vgl dazu auch Anm 4 b bb. – Abs 4 entspr Art 8 UntPflÜbk; das alte Übk v 24. 10. 56 ist sachl nicht einschläg.

c) Anwendung deutschen Rechts bei starkem Inlandsbezug (Absatz 5). Eine Ausn v der Anwendg des Rechts am gewöhnl Aufenth des Berecht gilt n Abs 5, wenn beide Part Dtsche iSv GG 116 I sind **und** der Verpflichtete seinen gewöhnl Aufenth im Inland hat; die Gleichstellg von Staatenlosen u Flüchtlingen mit dtschem Personalstatut ist unbedenkl, vgl Art 5 Anm 3 d u Anh II 4 z Art 5 aE. Bei so weitgehdem Inlandsbezug gilt n Abs 5 **deutsches** Recht auch dann, wenn der Berecht seinen gewöhnl Aufenth im Ausland hat u UnterhStatut n Abs 1 S 1 desh an sich ausl Recht wäre. – Die Regelg entspr Art 15 UntPflÜbk; die BRep hat einen entspr Vorbeh bei der Ratifizierg des Abk erkl, vgl Bek v 26. 3. 87, BGBl II 225; die Regelg ist auch mit dem alten Übk vom 24. 10. 56 vereinb, vgl dessen Art 2 u dazu Art 1 a des ZustG v 24. 10. 56 idF des ErgG v 2. 6. 72, BGBl II 589.

4) Anwendungsbereich. a) Bei der Beurteilg einer UnterhPflicht auftretde Vorfragen, zB Gültigk einer Ehe, ehel od nehel Abstammg, Zustandekommen einer Adoption, sind wg des staatsvertragl Charakters des Art 18 ausnahmsw **unselbständig** anzuknüpfen, vgl Einl 9b vor Art 3, dh n dem vom IPR des UnterhStatuts z Anwendg berufenen Recht z beurteilen, aM Piltz, Int ScheidsR (1988) 118 (f Beurteilg nach dem mat UnterhStatut), differenziernd Johannsen/Henrich, EheR Art 18 Rz 18–23. Dies gilt insb bei der **Feststellung der Vaterschaft** im Zusammenhang mit der Beurteilg des UnterhAnspruchs eines nehel Kindes, vgl BGH NJW **76**, 1028. Ist **deutsches** Recht n Abs 1, 2 od 5 UnterhStatut, so beurteilt sich die VaterschFeststellg also n dem v **Art 20 I** bezeichneten Recht, ebso Sturm IPRax **87**, 3. Danach wird alternativ neben dem HeimatR der Mutter auch das des Vaters sowie das Recht am gewöhnl Aufenth des Kindes berufen, also im Interesse des Kindes im Erg auch eine VaterschFeststellg n dtschem Recht ermögl, die Sperrwirkg des § 1600a somit überwunden; die bish akzessor Anknüpfg der VaterschFeststellg bei dtschem UnterhStatut, vgl dazu 45. Aufl Art 21 Anm 4b u Anh 1 z Art 21 Art 1 Anm 3b, ist damit überflüss geworden.

b) Sachlich best Art 18 das auf **Unterhaltspflichten** aller Art anwendb Recht. **aa)** Wie sich aus Art 1 UntPflÜbk ergibt, sind damit nur UnterhPflichten gemeint, die sich aus Beziehgen der Familie, Verwandtsch, Ehe od Schwägersch ergeben, einschl der UnterhPflicht ggü einem nehel Kind, vgl Begr BT-Drucks 10/504 S 63, sowie dessen Mutter, vgl dazu Staud-Kropholler Art 20 nF Rz 24, vgl aber auch UnterhAnspr bei Beendigg einer nehel LebensGemsch, aM Henrich FamRZ **86**, 843. Nicht hierher gehören ferner etwa UnterhZahlgen aGrd deliktischer od vertragl Schadensersatzpflicht, wohl aber das Bestehen einer familiaren UnterhPflicht als Vorfrage eines deliktischen SchadensersatzAnspr wg eingangenen Unterh, vgl dazu Art 38 Anm 3c; daß ein UnterhAnspr selbst als SchadensersatzAnspr konstruiert ist, steht der Anwendg v Art 18 ebenf nicht entgg, Stgt IPRspr **86** Nr 71 A, AG Hbg FamRZ **89**, 749 u 752 (GeschiedenenUnterh nach türk R). **bb)** Das n Art 18 z bestimmde UnterhStatut entsch n **Absatz 6 Nr 1** nicht nur über das **Bestehen** (also insb Beginn und Beendigg einschl Verjährg u Verwirkg) des Anspr, sond auch über dessen **Ausmaß**, also Art u Höhe der UnterhLeistgen, insb über die Währg, in der z zahlen ist (Erfüllg daher grdsl in der Währg am gewöhnl Aufenth des Berecht, sofern dem Verpflichteten die Zahlg in dieser Währg nicht unmögl od dem Berecht wg der an seinem gewöhnl Aufenth herrschden Inflation, Rottweil DAVorm **88**, 195, od der f ihn geltend DevisenVorschr unzumutb ist, vgl BGH FamRZ **87**, 370 (eine Erfüllg dch einen in einem AufenthStaat des Berecht lebenden Dritten in dortiger Währg), **87**, 682, ferner Frankenthal DAVorm **77**, 62, Nürnb IPRax **85**, 353, Düss FamRZ **87**, 195, Ffm IPRspr **86** Nr 119, FamRZ **87**, 623, AG Friedberg IPRax **87**, 39, KG FamRZ **88**, 296, Köln IPRax **88**, 31, LG Düss DAVorm **89**, 626); leben UnterhBerecht u UnterhPflichtiger in Ländern mit unterschiedl Lebensstandard, so ist der UnterhBedarf zwar grdsl n den tats Verhen am AufenthOrt des Berecht z best, vgl zB Hamm FamRZ **89**, 626, darü hinaus jedoch uU auch eine Teilhabe an den besseren Lebensbedinggen am AufenthOrt des Verpflichteten z gewähren, vgl BGH FamRZ **87**, 683, Düss FamRZ **86**, 587, **87**, 195 (krit dazu Bytomski FamRZ **87**, 511), **87**, 1183, **89**, 97 mAv Henrich, Hbg FamRZ **86**, 813, Koblz IPRax **86**, 40, Henrich ebda 24, Ffm DAVorm **86**, 458, Karlsr FamRZ **87**, 1149, Hamm FamRZ **87**, 1302 u 1307, **89**, 785, Brschw FamRZ **88**, 427, AG Dortm DAVorm **88**, 843, Hbg DAVorm **89**, 334, and bei EhegUnterh, wenn die ehel LebensGemsch nur im Ausland bestand, Hamm FamRZ **89**, 626; bei der Bemessg der Höhe des Unterh eines im Inland lebden UnterhBerecht können trotz Anwendbk ausl UnterhR auch die dtschen UnterhTabellen berücksichtigt werden, vgl AG Solingen IPRax **84**, 102, Henrich FamRZ **86**, 845, MüKo-Siehr Art 14 Rdz 85, sowie BGH FamRZ **83**, 808f; praktisch spielt dies wg der grdsl Anknüpfg der UnterhPflicht an den gewöhnl Aufenth in Abs 1 u der ergänzenden Anwendg des dtschen Rechts n Abs 2 u 5 nur bei UnterhAnspren in Eheauflösg eine Rolle, die n Abs 4 n dem tats angewandten Eheauflösgsstatut z beurteilen sind, vgl Anm 3 b). Das UnterhStatut best auch über einen **Auskunftsanspruch** sowie die **Prozeßkostenvorschußpflicht** als Ausfluß der UnterhPflicht, Düss DAVorm **83**, 964, Henrich FamRZ **86**, 843, etwa bei Getrenntleben der Eheg od im Zusammenhang mit einer Ehescheidg, KG FamRZ **88**, 167, conrt vBar IPRax **88**, 220, vgl ferner Düss FamRZ **75**, 42, OLGZ **75**, 458, NJW **77**, 2034, FamRZ **81**, 146, Mü FamRZ **80**, 448, Oldbg FamRZ **81**, 1176, Zweibr IPRax **84**, 329, aM Stgt NJW **56**, 1404, Just **79**, 229, Köln MDR **73**, 674, Karlsr Just **86**, 48, IPRax **87**, 38, Schwoerer FamRZ **59**, 449 (f Anwendg der lex fori); zur Qualifikation der Morgengabe vgl Art 13 Anm 2b aa, zur Zuteilg von Hausrat u Ehewohng Art 17 Anm 5 b. Auch die **Person** des UnterhSchuldners ist n dem UnterhStatut z best; z Anknüpfg der Vorfrage der ehel od nehel Abstammg vgl oben a. Das von Art 18 berufene Recht entsch auch über die Voraussetzgen einer **Abänderung** einer **Unterhaltsentscheidung** aGrd von Veränderngen in der Lage des Berecht od Verpflichteten, vgl Denkschrift BT-Drucks 10/258 S 65, BGH NJW-RR **87**, 770, Koblenz NJW **87**, 2167, Kartzke NJW **88**, 105, abw Leipold Fschr Nagel, 1987 S 189 (lex fori des AbänderngsStaats); auch Art u Ausmaß der Abänderg unterliegen dem UnterhStatut, Kartzke NJW **88**, 107; vgl dazu auch Spellenberg IPRax **84**, 304, Henrich IPRax **88**, 21; zur Sonderregelg nach Abs 4 bei Ehescheidg vgl Anm 3 b. **cc)** Nach **Absatz 6 Nr 2** regelt das UnterhStatut auch die KlageBerechtigg einschl der **Vertretung** eines Kindes im Verfahren, vgl dazu BGH FamRZ **86**, 345, Karlsr FamRZ **86**, 1226, Rauscher StAZ **87**, 130, sowie etwaige Klagefristen; z Verjährg vgl bb. **dd)** Das UnterhStatut entsch n **Absatz 6 Nr 3** ferner über eine **Erstattungspflicht** des UnterhSchuldners ggü einer in Vorleistg getretenen öffentl Einrichtg, zB UnterhVorschußkasse of Jugend- u Sozialbehörde. **Ob** der betr Einrichtg überhaupt ein ErstattgsAnspr zusteht, sei es aus originärem Recht od aus gesetzl FordergsÜbergang, regelt die f sie geltde ROrdng, n der sie tätig geworden ist. Lediglich das **Ausmaß** der ErstattgsPflicht des UnterhSchuldners unterliegt dem UnterhStatut; auf einen etwa kraft G übergegangenen Anspruch ist also weiterhin das vor dem AnsprÜbergang maßg Recht anzuwenden; dies gilt auch für die Verj, aM Wandt ZVglRWiss **87**, 296. **c)** Die Regelg des Abs 6 entspr inhaltl Art 9 u 10 UnterhPflichtÜbk, sowie Art 1 I u III des alten Übk vom 24. 10. 56.

5) Ergänzende Sachnorm zur Bemessung des Unterhalts (Absatz 7). Unabhäng v dem z Anwendg berufenen UnterhStatut sind bei der Bemessg des UnterhBetrags n Abs 7, der Art 11 II UntPflÜbk entspricht, in jedem Fall die Bedürfnisse des Berecht u die wirtschaftl Verhe des Verpflichteten zu berücksichtigen. Die Vorschr ist eine Konkretisierg des ordre public-Vorbeh, vgl Beitzke ZfJ **86**, 480 u steht desh auch mit Art 4 des alten Übk vom 24. 10. 56 in Einklang. Abs 7 enth eine **Sachnorm** mit internat zwingdem Charakter, die nicht anzuwenden ist, wenn das maßg UnterhStatut **beide** Gesichtspkte in irgendeiner Art berücksichtigt; die praktische Bedeutg der Regelg ist demnach sehr gering; für restriktive Anwendg AG Paderborn IPRax **89**, 248, vgl auch Hamm FamRZ **89**, 1084, 1086.

6) **Innerdeutsches Kollisionsrecht.** Vgl dazu Kittke NJW **87**, 1529. **a)** Art 18 gilt ebso wie das Unt-PflÜbk u das alte Übk vom 24. 10. 56 auch im Verh z DDR; Art 17 UntPflÜbk steht nicht entgg. Wg der GrdsAnknüpfg an den gewöhnl Aufenth des UnterhBerecht, Abs 1 S 1, bereitet die Bestimmg des UnterhStatuts grdsl keine Schwierigk; hieraus ergibt sich auch dessen Wandelbk; die Anwendg eines gemeins HeimatR n Abs 1 S 2 u Abs 3 setzt voraus, daß die Beteiligten dasselbe dtsche Personalstatut besitzen; z dessen Bestimmg vgl Anh z Art 3 Anm 2; bei Anwendg v Abs 5 genügt es, wenn beide Dtsche iSv GG 116 I sind u der Verpflichtete seinen gewöhnl Aufenth in der BRep hat. **b)** Das auf die Vorfrage der **Vaterschaftsfeststellung** anwendb Recht ist entspr Art 20 I z best; f die akzessorische Anknüpfg an das UnterhStatut, vgl dazu 45. Aufl Art 21 Anm 7, besteht kein Bedürfnis, da Art 20 I hier im Erg praktisch immer die VaterschFeststellg n §§ 1600a ff ermögl. **c)** Befindet sich das Kind in der DDR, der UnterhPfl in der BRep, so ist der UnterhBedarf weiterhin n den dort, die LeistgsFgk des Schuldn n den hies Verhältn zu beurteilen, vgl Ffm FamRZ **78**, 934, Celle FamRZ **81**, 200, ferner Hbg FamRZ **86**, 813 (betr EhegattenUnterh im Verh z Polen), im Ergebn zust Hirschberg ROW **82**, 23, krit Adler/Alich ROW **80**, 142, abw auch Soergel-Kegel v EG 8 Rdz 947, wonach der westl UnterhPfl dem OstBerecht n dem WarenkorbVergl denj Betr in DM-West zahlen muß, der nöt ist, um den UnterhBedarf im Westen z decken, and auch fr Aufl. UnterhZahlgen im Rahmen des TransferAbk v 25. 4. 74, BGBl II 622 (vgl Hirschberg, in: Zieger, Das FamR in beiden dtschen Staaten (1983) 191ff) sind ohne Rücks auf innere Kaufkraft im Verh 1 : 1 umzurechnen, Ffm FamRZ **78**, 934, Celle FamRZ **81**, 200, SchlHOLG IPRax **84**, 210, vgl auch Adler/Alich ROW **81**, 95. Es kann (je nach ErfMöglk, vgl Hirschberg, Interzonales Währgs- u DevisenR der UnterhVerbindlichk [1968] 52 ff) auf DM od DDR-Mark geklagt werden. Zahlg in DDR-Mark muß f OstGl zumutb (kein Verstoß gg dort Gesetze) sein, KG IPRax **86**, 306, Soergel-Kegel vor EG 7 Rdz 658. Das ist der Fall bei Zahlg v SperrKto in der DDR od dch Dritte, die ebenf in der DDR leben, AG Wiesb IPRspr **79** Nr 106, Kittke NJW **87**, 1531. Übersendg von DDR-Mark aus dem Westen dagg verboten.

Anhang zu Art 18

1) Haager Übereinkommen über das auf Unterhaltsverpflichtungen gegenüber Kindern anzuwendende Recht vom 24. 10. 56, BGBl **61** II 1012, nebst ErgG vom 2. 6. 72, BGBl II 589 (Art 1a).

a) Allgemeines. Das Übk gilt seit 1. 1. 62 f Österr, Italien, Luxemburg u die BRep, Bek v 27. 12. 61, BGBl **62** II 16, seit 14. 12. 62 auch für die Niederlande, Bek v 11. 12. 62, BGBl **63** II 42 (einschl Aruba, Bek v 6. 4. 87, BGBl II 249), ab 1. 7. 63 für Frankreich, Bek v 11. 6. 63, BGBl II 911 (ab 1. 12. 66 für dessen gesamtes HoheitsGeb, Bek v 14. 6. 67, BGBl II 2001), ab 17. 1. 65 für die Schweiz, Bek v 6. 1. 65, BGBl II 40, ab 3. 2. 69 für Portugal u ab 3. 9. 69 für die portugies Überseeprovinzen, Bek v 19. 4. 70, BGBl II 205, ab 25. 10. 70 für Belgien, Bek v 14. 10. 70, BGBl **71** II 23, für die Türkei ab 25. 4. 72, Bek v 15. 9. 72, BGBl II 1460, für Liechtenstein ab 18. 2. 73, Bek v 6. 6. 73, BGBl II 716, für Spanien ab 25. 5. 74, Bek v 1. 8. 74, BGBl II 1109, f Japan ab 19. 9. 77, Bek v 23. 9. 77, BGBl II 1157. Das Übk ist im Verh z dessen VertrPartnern dch das **Haager Übereinkommen über das auf Unterhaltspflichten anwendbare Recht** vom 2. 10. 73, BGBl **86** II 837, ersetzt worden; es gilt jedoch im Verh z denjenigen VertrPart fort, die dem Übk vom 2. 10. 73 noch nicht beigetreten sind, dh ggü Belgien, Liechtenstein u Österreich; eine Kündigg des Übk ist daher derzeit nicht beabsichtigt, vgl Denkschrift BT-Drucks 10/258 S 28. Das Übk steht in seinem auf UnterhAnspre v Kindern beschr Anwendungsbereich inhaltl mit **EG 18** im Einklang; mit der Anwendg v EG 18 wird also zugleich den Bestimmgen des Übk entsprochen, ohne daß deren Vorrang, der in Art 3 II 1, vgl dort Anm 3c, dadurch verletzt wird. Auf eine gesonderte Kommentierg wird desh nunm verzichtet. Zum Verh z dtsch-iran Niederlassgs-Abk vom 17. 2. 29 vgl EG 18 Anm 1c.

b) Anwendungsbereich. Das Übk regelt das anwendb R auf dem Gebiet der UnterhPfl, enthält also **nur** eine **kollisionsrechtliche**, nicht auch eine zustdgkrechtl Regelg, vgl Düss FamRZ **79**, 313, Nürnb FRES **80** Nr 0511. Es gilt sachl nur f **Unterhaltsansprüche** v **Kindern**, z Begr s Art 1 IV. In **persönlicher** Hins ist das Übk auf Kinder anwendb, die ihren gewöhnl Aufenth in einem **Vertragsstaat** haben, Art 6 iVm Art 1 I (eine Ausn kann sich aus Art 2 ergeben, vgl dazu Art 1a des dtschen ZustG, abgedr unten d); gleichgült ist dabei, ob der Heimatstaat des Kindes oder der UnterhSchu zu den VertrStaaten gehören, BGH FamRZ **73**, 185, NJW **75**, 1068, VersR **73**, 346, SchlHOLG SchlHA **79**, 39, Karlsr DAVorm **79**, 444, KG DAVorm **80**, 660, Müller NJW **67**, 141.

c) Wortlaut des Abkommens (in der amtl dtschen Übersetzg des frz Originaltextes) ohne Art 7–10 u 12.

Art. 1. (1) *Ob, in welchem Ausmaß und von wem ein Kind Unterhalt verlangen kann, bestimmt sich nach dem Recht des Staates, in dem das Kind seinen gewöhnlichen Aufenthalt hat.*

(2) Wechselt das Kind seinen gewöhnlichen Aufenthalt, so wird vom Zeitpunkt des Aufenthaltswechsels an das Recht des Staates angewendet, in dem das Kind seinen neuen gewöhnlichen Aufenthalt hat.

(3) Das in den Absätzen 1 und 2 bezeichnete Recht gilt auch für die Frage, wer die Unterhaltsklage erheben kann und welche Fristen für die Klageerhebung gelten.

(4) „Kind" im Sinne dieses Übereinkommens ist jedes eheliche, uneheliche oder an Kindes Statt angenommene Kind, das unverheiratet ist und das 21. Lebensjahr noch nicht vollendet hat.

Art. 2. *Abweichend von den Bestimmungen des Artikels 1 kann jeder Vertragsstaat sein eigenes Recht für anwendbar erklären,*

a) wenn der Unterhaltsanspruch vor einer Behörde dieses Staates erhoben wird,

b) wenn die Person, gegen die der Anspruch erhoben wird, und das Kind die Staatsangehörigkeit dieses Staates besitzen und

c) wenn die Person, gegen die der Anspruch erhoben wird, ihren gewöhnlichen Aufenthalt in diesem Staate hat.

Art. 3. *Versagt das Recht des Staates, in dem das Kind seinen gewöhnlichen Aufenthalt hat, ihm jeden Anspruch auf Unterhalt, so findet entgegen den vorstehenden Bestimmungen das Recht Anwendung, das nach den innerstaatlichen Kollisionsnormen der angerufenen Behörde maßgebend ist.*

Art. 4. *Von der Anwendung des in diesem Übereinkommen für anwendbar erklärten Rechts kann nur abgesehen werden, wenn seine Anwendung mit der öffentlichen Ordnung des Staates, dem die angerufene Behörde angehört, offensichtlich unvereinbar ist.*

Art. 5. *(1) Dieses Übereinkommen findet auf die unterhaltsrechtlichen Beziehungen zwischen Verwandten in der Seitenlinie keine Anwendung.*
(2) Das Übereinkommen regelt das Kollisionsrecht nur auf dem Gebiet der Unterhaltspflicht. Der Frage der sonstigen familienrechtlichen Beziehungen zwischen Schuldner und Gläubiger und der Frage der Abstammung kann durch Entscheidungen, die auf Grund dieses Übereinkommens ergehen, nicht vorgegriffen werden.

Art. 6. *Dieses Übereinkommen findet nur auf die Fälle Anwendung, in denen das in Artikel 1 bezeichnete Recht das Recht eines Vertragsstaates ist.*

Art. 7–10. (nicht abgedruckt)

Art. 11. *Jeder Vertragsstaat kann sich bei Unterzeichnung oder Ratifizierung dieses Übereinkommens oder bei seinem Beitritt vorbehalten, es nicht auf die an Kindes Statt angenommenen Kinder anzuwenden.*

d) Deutsches Zustimmungsgesetz vom 24. 10. 56 idF des ErgänzgsG vom 2. 6. 72, BGBl II 589.

Art. 1a. *Auf Unterhaltsansprüche deutscher Kinder findet deutsches Recht Anwendung, wenn die Voraussetzungen des Artikel 2 des Übereinkommens vorliegen.*

2) Haager Übereinkommen über das auf Unterhaltspflichten anwendbare Recht vom 2. 10. 73, BGBl **86** II 837; vgl dazu Denkschrift BT-Drucks 10/258 S 24.
a) Allgemeines. Das Übk ist für die **Bundesrepublik** am **1. 4. 1987** in Kraft getreten, Bek v 26. 3. 87, BGBl II 225; es gilt ferner seit 1. 10. 77 f Frankreich, Portugal u die Schweiz, seit 1. 3. 81 f die Niederlande, seit 1. 1. 82 f Italien u Luxemburg, seit 1. 11. 83 f die Türkei, seit dem 1. 9. 86 für Japan u seit 1. 10. 86 für Spanien, Bek v 26. 3. 87, BGBl II 225. Es ersetzt gem Art 18 I im Verh der VertrStaaten das bish Haager Übk vom 24. 10. 56, vgl dazu Anh 1.
b) Anwendungsbereich. Das Übk regelt umfassend das auf familienrechtl UnterhPflichten anwendb Recht, beschr sich also nicht auf die UnterhAnspr v Kindern, Art 1. Es enth nur eine kollisionsrechtl, nicht auch eine zuständigkeitsrechtl Regelg, Art 2 I. Das Übk gilt n Art 3 nicht nur im Verh zu den VertrStaaten, sond best das UnterhStatut unabhängig davon, ob es sich um das Recht eines VertrStaates od eines Nicht-VertrStaates handelt (loi uniforme). Wg seines allseitigen GeltgsAnspr läßt es desh f ein **abweichendes autonomes** KollisionsR auf dem Gebiet der UnterhPflicht **keinen** Raum. Die kollisionsrechtl Vorschren des Übk, dh dessen Art 4–10 u 11 II, sind deshalb unmittelb in den Wortlaut des EG 18 eingearbeitet, vgl dort Anm 1a. Mit der Anwendg des EG 18 wird daher zugleich die kollisionsr Regelg des Übk angewandt; auf eine gesonderte Erläuterg seiner Vorschr wird desh verzichtet.
c) Wortlaut des Abkommens (in der amtl dtschen Übersetzg) ohne Art 20–23, 24 II–27.

Kapitel I. Anwendungsbereich des Übereinkommens

Art. 1. *Dieses Übereinkommen ist auf Unterhaltspflichten anzuwenden, die sich aus Beziehungen der Familie, Verwandtschaft, Ehe oder Schwägerschaft ergeben, einschließlich der Unterhaltspflicht gegenüber einem nichtehelichen Kind.*

Art. 2. *Dieses Übereinkommen regelt das Kollisionsrecht nur auf dem Gebiet der Unterhaltspflicht.*
Die in Anwendung dieses Übereinkommens ergangenen Entscheidungen greifen dem Bestehen einer der in Artikel 1 genannten Beziehungen nicht vor.

Art. 3. *Das von diesem Übereinkommen bestimmte Recht ist unabhängig vom Erfordernis der Gegenseitigkeit anzuwenden, auch wenn es das Recht eines Nichtvertragsstaats ist.*

Kapitel II. Anzuwendendes Recht

Art. 4. *Für die in Artikel 1 genannten Unterhaltspflichten ist das am gewöhnlichen Aufenthalt des Unterhaltsberechtigten geltende innerstaatliche Recht maßgebend.*
Wechselt der Unterhaltsberechtigte seinen gewöhnlichen Aufenthalt, so ist vom Zeitpunkt des Aufenthaltswechsels an das innerstaatliche Recht des neuen gewöhnlichen Aufenthalts anzuwenden.

Art. 5. Kann der Berechtigte nach dem in Artikel 4 vorgesehenen Recht vom Verpflichteten keinen Unterhalt erhalten, so ist das Recht des Staates, dem sie gemeinsam angehören, anzuwenden.

Art. 6. Kann der Berechtigte nach den in den Artikeln 4 und 5 vorgesehenen Rechten vom Verpflichteten keinen Unterhalt erhalten, so ist das innerstaatliche Recht der angerufenen Behörde anzuwenden.

Art. 7. Bei Unterhaltspflichten zwischen Verwandten in der Seitenlinie oder Verschwägerten kann der Verpflichtete dem Anspruch des Berechtigten entgegenhalten, daß nach dem Recht des Staates, dem sie gemeinsam angehören, oder, mangels einer gemeinsamen Staatsangehörigkeit, nach dem innerstaatlichen Recht am gewöhnlichen Aufenthalt des Verpflichteten eine solche Pflicht nicht besteht.

Art. 8. Abweichend von den Artikeln 4 bis 6 ist in einem Vertragsstaat, in dem eine Ehescheidung ausgesprochen oder anerkannt worden ist, für die Unterhaltspflichten zwischen den geschiedenen Ehegatten und die Änderung von Entscheidungen über diese Pflichten das auf die Ehescheidung angewandte Recht maßgebend.

Absatz 1 ist auch im Fall einer Trennung ohne Auflösung des Ehebandes und im Fall einer für nichtig oder als ungültig erklärten Ehe anzuwenden.

Art. 9. Für das Recht einer öffentliche Aufgaben wahrnehmenden Einrichtung auf Erstattung der dem Unterhaltsberechtigten erbrachten Leistungen ist das Recht maßgebend, dem die Einrichtung untersteht.

Art. 10. Das auf eine Unterhaltspflicht anzuwendende Recht bestimmt insbesondere,
1. ob, in welchem Ausmaß und von wem der Berechtigte Unterhalt verlangen kann;
2. wer zur Einleitung des Unterhaltsverfahrens berechtigt ist und welche Fristen für die Einleitung gelten;
3. das Ausmaß der Erstattungspflicht des Unterhaltsverpflichteten, wenn eine öffentliche Aufgaben wahrnehmende Einrichtung die Erstattung der dem Berechtigten erbrachten Leistungen verlangt.

Art. 11. Von der Anwendung des durch dieses Übereinkommen bestimmten Rechtes darf nur abgesehen werden, wenn sie mit der öffentlichen Ordnung offensichtlich unvereinbar ist.

Jedoch sind bei der Bemessung des Unterhaltsbetrags die Bedürfnisse des Berechtigten und die wirtschaftlichen Verhältnisse des Unterhaltsverpflichteten zu berücksichtigen, selbst wenn das anzuwendende Recht etwas anderes bestimmt.

Kapitel III. Verschiedene Bestimmungen

Art. 12. Dieses Übereinkommen ist nicht auf Unterhalt anzuwenden, der in einem Vertragsstaat für eine vor dem Inkrafttreten des Übereinkommens in diesem Staat liegende Zeit verlangt wird.

Art. 13. Jeder Vertragsstaat kann sich gemäß Artikel 24 das Recht vorbehalten, dieses Übereinkommen nur anzuwenden auf Unterhaltspflichten
1. zwischen Ehegatten und zwischen früheren Ehegatten;
2. gegenüber einer Person, die das einundzwanzigste Lebensjahr noch nicht vollendet hat und unverheiratet ist.

Art. 14. Jeder Vertragsstaat kann sich gemäß Artikel 24 das Recht vorbehalten, dieses Übereinkommen nicht anzuwenden auf Unterhaltspflichten
1. zwischen Verwandten in der Seitenlinie;
2. zwischen Verschwägerten;
3. zwischen geschiedenen oder ohne Auflösung des Ehebandes getrennten Ehegatten oder zwischen Ehegatten, deren Ehe für nichtig oder als ungültig erklärt worden ist, wenn das Erkenntnis auf Scheidung, Trennung, Nichtigkeit oder Ungültigkeit der Ehe in einem Versäumnisverfahren in einem Staat ergangen ist, in dem die säumige Partei nicht ihren gewöhnlichen Aufenthalt hatte.

Art. 15. Jeder Vertragsstaat kann gemäß Artikel 24 einen Vorbehalt machen, daß seine Behörden sein innerstaatliches Recht anwenden werden, wenn sowohl der Berechtigte als auch der Verpflichtete Staatsangehörige dieses Staates sind und der Verpflichtete dort seinen gewöhnlichen Aufenthalt hat.

Art. 16. Kommt das Recht eines Staates mit zwei oder mehr Rechtsordnungen mit räumlicher oder personeller Anwendung auf dem Gebiet der Unterhaltspflicht in Betracht – beispielsweise, wenn auf das Recht des gewöhnlichen Aufenthalts des Berechtigten oder des Verpflichteten oder auf das Recht des Staates, dem sie gemeinsam angehören, verwiesen wird –, so ist die Rechtsordnung anzuwenden, die durch die in diesem Staat geltenden Vorschriften bestimmt wird, oder mangels solcher Vorschriften die Rechtsordnung, zu der die Beteiligten die engsten Bindungen haben.

Art. 17. Ein Vertragsstaat, in dem verschiedene Gebietseinheiten ihre eigenen Rechtsvorschriften über die Unterhaltspflicht haben, ist nicht verpflichtet, dieses Übereinkommen auf Kollisionsfälle anzuwenden, die nur seine Gebietseinheiten betreffen.

Art. 18. Dieses Übereinkommen ersetzt in den Beziehungen zwischen den Staaten, die Vertragsparteien sind, das Haager Übereinkommen vom 24. Oktober 1956 über das auf Unterhaltsverpflichtungen gegenüber Kindern anzuwendende Recht.

Jedoch ist Absatz 1 nicht auf einen Staat anzuwenden, der durch einen Vorbehalt nach Artikel 13 die Anwendung dieses Übereinkommens auf Unterhaltspflichten gegenüber Personen ausgeschlossen hat, die das einundzwanzigste Lebensjahr noch nicht vollendet haben und unverheiratet sind.

Art. 19. Dieses Übereinkommen berührt nicht andere internationale Übereinkünfte, deren Vertragspartei ein Vertragsstaat des Übereinkommens ist oder wird und die Bestimmungen über die durch dieses Übereinkommen geregelten Angelegenheiten enthalten.

Kapitel IV. Schlußbestimmungen

Art. 24. Jeder Staat kann spätestens bei der Ratifikation, der Annahme, der Genehmigung oder dem Beitritt einen oder mehrere der in den Artikeln 13 bis 15 vorgesehenen Vorbehalte machen. Andere Vorbehalte sind nicht zulässig.

3) Weitere multilaterale Abkommen über die Durchsetzung von Unterhaltsansprüchen. a) UN-Übk über die **Geltendmachung von Unterhaltsansprüchen im Ausland** v 20. 6. 56, BGBl **59** II 149. Es ist ein RechtshilfeAbk, das im administrativen Wege die Durchsetzg des Anspr erleichtern soll, indem dieser auf Veranlassg einer staatl Stelle des Staates, in dem sich der Berecht befindet (Übermittlgsstelle), unter Mithilfe einer Stelle im AufenthStaat des Verpflichteten (Empfangsstelle) geltend gemacht wird, Art 3 I Übk; keine Gewährg von Prozeßkostenhilfe, Ffm FamRZ **87**, 302. Die Erwirkg von Unterh kann auf diese Weise auch aGrd von Titeln geschehen, die anderwärts gg den Verpflichteten erwirkt sind, Art 5. Auf UnterhAnspr für mj Kinder ist das Übk nicht beschränkt. Text u Erläut bei Baumb-Lauterbach, ZPO im Anh zu GVG 168. Das Übk gilt nicht im Verh zu den USA; vgl dazu jetzt AuslandsUnterhG vom 19. 12. 86, Art 18 Anm 1d.

b) Haager Übereinkommen über die Anerkennung und Vollstreckung von Entscheidungen auf dem Gebiet der Unterhaltspflicht gegenüber Kindern v 15. 4. 58, BGBl **61** II 1005, ist für die BRep in Kraft getreten am 1. 1. 62; vgl dazu AusführgS v 18. 7. 61, BGBl 1033; in Kraft ferner für Belgien, Italien, Österr, Bek v 15. 12. 61, BGBl **62** II 15, Niederlande, Bek v 9. 6. 64, BGBl II 784 (vgl dazu Bek v 17. 2. 81, BGBl II 118), niederl Antillen und Suriname, Bek v 26. 10. 64, BGBl II 1407 u v 13. 5. 77, BGBl II 467 (vgl dazu Bek v 29. 10. 80, BGBl II 1416), Ungarn, Bek v 21. 1. 65, BGBl II 123, Schweiz, Bek v 17. 8. 65, BGBl II 1164, Norwegen, Bek v 19. 10. 65, BGBl II 1584, Dänemark, Bek v 18. 1. 66, BGBl II 56, Schweden, Bek v 23. 2. 66, BGBl II 156, Frankreich, Bek v 17. 5. 67, BGBl II 1810, nebst seinen überseeischen Departements u überseeischen HohGebieten, Bek v 16. 10. 69, BGBl II 2124, Finnland, Bek v 9. 8. 67, BGBl II 2311, CSSR, Bek v 12. 7. 71, BGBl II 988, Liechtenstein, Bek v 18. 1. 73, BGBl II 74, Türkei, Bek v 14. 8. 73, BGBl II 1280, Spanien, Bek v 13. 11. 73, BGBl II 1592, Portugal, Bek v 22. 7. 74, BGBl II 1123. Es dient der Erleichtg der Vollstr von Entsch internat oder innerstaatl Charakters, die den UnterhAnspr eines ehel, nehel od an Kindes Statt angen Kindes zum Ggst haben, sofern es unverheiratet ist u das 21. LebensJ noch nicht vollendet hat, umfaßt also die gleichen Anspr wie das zu 1 genannte Haager Übk. Im Verh zur DDR gilt das Abk nicht, vgl Düss FamRZ **79**, 313. Die internat Zustdgk der dtschen Gerichte in UnterhSachen wird dch das Abk unmittelb nicht geregelt, ab aber BGH NJW **85**, 552, vgl dazu richtig Henrich IPRax **85**, 207. Wg Text u Erläut Baumb-Lauterbach ZPO SchlußAnh V A 2. – Zur VollstreckbErklärg ausl UnterhTitel mit gesetzl Indexierg s Hbg FamRZ **83**, 1157, Dopffel DAVorm **84**, 217, Gross DAVorm **84**, 549.

c) Haager Übereinkommen über die Anerkennung und Vollstreckung von Unterhaltsentscheidungen vom 2. 10. 73, BGBl **86** II 826; vgl dazu AusführgsG vom 25. 7. 86, BGBl 1156, sowie BGH NJW **89**, 1356, Beitzke ZfJ **86**, 480, Baumann, Die Anerkenng u Vollstreckg ausl Entscheidgen in Unterhaltssachen, 1989. Das Übk ist für die BRep am 1. 4. 87 in Kraft getreten, Bek v 16. 3. 87, BGBl 944; in Kraft ferner seit 1. 8. 76 f Portugal, Schweiz, Tschechoslowakei, seit 1. 5. 77 f Schweden, seit 1. 10. 77 f Frankreich, seit 1. 7. 78 f Norwegen, seit 1. 3. 80 f Großbritannien, seit 1. 3. 81 f die Niederlande, seit 1. 6. 81 f Luxemburg, seit 1. 1. 82 f Italien, seit 1. 7. 83 f Finnland, seit 1. 11. 83 für die Türkei, Bek v 25. 3. 87, BGBl II 220, seit 1. 9. 87 für Spanien, Bek v 14. 7. 87, BGBl II 404, seit 1. 1. 88 für Dänemark, Bek v 6. 1. 88, BGBl II 98. Das Übk betrifft UnterhEntsch v Gerichten od VerwBehörden (einschl Vergleiche) aGrd familiärer UnterhPflicht, beschr sich also im Ggs z dem zu b genannten Übk nicht auf die UnterhPflicht ggü Kindern. Es ersetzt n Art 29 im Verh zw den VertrPart das Übk vom 15. 4. 58; dieses gilt also weiterhin im Verh z Belgien, Österreich, Suriname, Ungarn, Dänemark, Liechtenstein; eine Kündigg ist derzeit nicht beabsichtigt, vgl Denkschrift BT-Drucks 10/258 S 28.

d) Das **Übereinkommen** der Europ Gemsch über die **gerichtliche Zuständigkeit und die Vollstreckung gerichtlicher Entscheidungen in Zivil- und Handelssachen** v 27. 9. 68, BGBl **72** II 774, das am 1. 2. 73 zw den 6 ursprüngl EWG-Staaten in Kraft getreten ist, betr auch die internat Zustdgk f UnterhKlagen, vgl insb Art 5 Nr 2, ferner Karlsr FamRZ **86**, 1226, Henrich IPRax **85**, 207, sowie die Anerkenng u Vollstreckg v UnterhTiteln, vgl Wolf DAVorm **73**, 329. IdF des 1. BeitrittsÜbk v 9. 10. 78 (BGBl **83** II 803) ist das EuGVÜ am 1. 11. 86 zw den 6 ursprüngl EWG-Staaten u Dänemark (Bek v 14. 11. 86, BGBl II 1020), am 1. 1. 1987 im Verh zu Großbritannien (Bek v 12. 12. 86, BGBl II 1146) sowie am 1. 6. 88 auch im Verh zu Irland (Bek v 20. 6. 88, BGBl II 610) in Kraft getreten; zu der mit dem 1. BeitrittsÜbk zushängenden Revision des EuGVÜ vgl Kohler IPRax **87**, 201, Jayme FS Keller (1989) 452 (zur Neufassg v Art 5 Nr 2). Seit dem 1. 4. 89 gilt das EuGVÜ idF des 2. BeitrittsÜbk v 25. 10. 82 (BGBl **88** II 454) zw den 6 ursprüngl EWG-Staaten, Dänemark, Irland u Griechenland (Bek v 15. 2. 89, BGBl II 214). Text des Übk bei Baumb-Lauterbach SchlußAnh V C. Zu den Vorteilen dieses Übk im Vergl mit dem oben b genannten Haager Abk v 15. 4. 58 vgl Linke FamRZ **78**, 924.

4) Übereinkommen über die Erweiterung der Zuständigkeit der Behörden, vor denen nichteheliche Kinder anerkannt werden können v 14. 9. 61. Das Übk ist f die BRep aGrd des ZustG v 15. 1. 65, BGBl II 17, am 24. 7. 65 in Kraft getr. Es gilt derzeit im Verhältn zu Frankreich, Niederlande, Schweiz, Türkei, BGBl **65** II 1162, Belgien, Bek v 11. 10. 67, BGBl II 2376, Griechenland, Bek. v. 28. 8. 79, BGBl II 1024, Italien, Bek v 5. 8. 81, BGBl II 625, Portugal, Bek v 4. 9. 84, BGBl II 875 u Spanien, Bek v 29. 7. 87,

Anh zu EGBGB 18, EGBGB 19 (IPR)

BGBl II 448. Es handelt sich um ein bloßes ZustdgkAbk ohne unmittelb kollisionsr Bedeutg. Da das R aller VertrStaaten nunmehr die „Anerkenng mit Standesfolge" vorsieht, ist das Übk derzeit ohne prakt Bedeutg. Wg der Einzelh vgl Böhmer/Siehr FamR II 7.2.

EG 19 *Eheliche Kindschaft.* ^I Die eheliche Abstammung eines Kindes unterliegt dem Recht, das nach Artikel 14 Abs. 1 für die allgemeinen Wirkungen der Ehe der Mutter bei der Geburt des Kindes maßgebend ist. Gehören in diesem Zeitpunkt die Ehegatten verschiedenen Staaten an, so ist das Kind auch dann ehelich, wenn es nach dem Recht eines dieser Staaten ehelich ist. Ist die Ehe vor der Geburt aufgelöst worden, so ist der Zeitpunkt der Auflösung maßgebend. Das Kind kann die Ehelichkeit auch nach dem Recht des Staates anfechten, in dem es seinen gewöhnlichen Aufenthalt hat.

^{II} Das Rechtsverhältnis zwischen den Eltern und einem ehelichen Kind unterliegt dem Recht, das nach Artikel 14 Abs. 1 für die allgemeinen Wirkungen der Ehe maßgebend ist. Besteht eine Ehe nicht, so ist das Recht des Staates anzuwenden, in dem das Kind seinen gewöhnlichen Aufenthalt hat.

^{III} Ist das Wohl des Kindes gefährdet, so können Schutzmaßnahmen auch nach dem Recht des Staates ergriffen werden, in dem das Kind seinen gewöhnlichen Aufenthalt hat.

1) Allgemeines. a) Art 19 regelt die Anknüpfg der ehel Abstammg, Abs 1 (vgl dazu bish EG 18), u des RVerh zw Eltern u ehel Kindern, Abs 2 (vgl dazu bish EG 19). Die Vorschr hat wg der Verschiedenartigk der erfaßten Sachgebiete keinen einheitl Charakter. Im Interesse einer gleichmäß Anknüpfg aller RBeziehgen in einer Familie werden auch die ehel Abstammg u das Eltern-Kind-Verh grdsl dem v Art 14 I berufenen Recht als **Familienstatut** unterstellt, vgl dort Anm 1 a; dabei wird die Berücksichtigg einer RWahl n Art 14 II–IV ausdrückl ausgeschl; die grdsl Anwendg des Ehewirkgsstatuts wird dch vielfältige **Ausnahmen** im Interesse des Kindes durchbrochen, Abs 1 S 2 u 4, Abs 2 S 2, Abs 3. **b) Rück- und Weiterverweisung** sind n Art 4 I z beachten, sofern dies nicht dem Sinn der Verweisg widerspr, nicht also bei der Anknüpfg n Art 14 I Nr 3; Einschränkgen bestehen bei den in Abs 1 S 2 u 4 vorgesehenen **alternativen** Anknüpfgen, bei welchen der Kreis der anwendb ROrdnungen dch Rück- u Weiterverweisg nur erweitert, nicht aber verengt werden darf, vgl dazu Art 4 Anm 2b; n dem Sinn der Verweisg **nicht** ausgeschl ist eine Rück- od Weiterverweisg bei den Anknüpfgen an den gewöhnl Aufenth der Eltern, Art 14 I Nr 2 od des Kindes, Abs 2 S 2; dagg enth Abs 3 eine Sachnormverweisg, vgl Art 3 Anm 2d. – Zum Vorrang des BelegenhStatuts s Art 3 III u dort Anm 4. **c) Staatsvertragliche Regelungen,** die n Art 3 II 1 Art 19 vorgehen, betreffen vor allem dessen Abs 2 u 3; zu nennen ist hier in erster Linie das Haager MinderjSchutzAbk, vgl dazu Anh 1 z Art 24; über weitere StaatsVertre vgl dort Anh 2–4. **d)** Zum **innerdeutschen Kollisionsrecht** vgl Anm 5.

2) Eheliche Abstammung (Absatz 1). a) Grundsatz. Die ehel Abstammg eines Kindes unterliegt n Abs 1 S 1 unwandelb dem n Art 14 I in der Ehe der Mutter zZ der Geburt als **gesetzliches** Ehewirkgsstatut geltden Recht; ist die Ehe vor der Geburt dch Scheidg od Tod aufgelöst worden, so entsch n Abs 1 S 3 der Ztpkt der Auflösg. Maß ist also gem Art 14 I Nr 1 in erster Linie das gemeins HeimatR (bzw bei Staatenlosen u Flüchtlingen das gemeins Personalstatut) der Eheg z maßg Ztpkt, in dessen Ermangelg das letzte gemeins HeimatR (bzw Personalstatut), sofern es v einem der Eheg beibehalten worden ist; bei Mehrstaatern ist dabei nur die in Art 5 I bezeichnete (dh effektivere bzw dtsche) Staatsangehörigk zu berücksichtigen. In zweiter Linie entsch gem Art 14 I Nr 2 das Recht des Staates, in dem beide Eheg z maßg Ztpkt ihren gewöhnl Aufenth, z Begr vgl Art 5 Anm 4, haben bzw bei dessen Fehlen zuletzt gehabt haben, sofern einer der Eheg diesen gewöhnl Aufenth beibehalten hat. Bei Versagen auch dieser Anknüpfg beurteilt sich die ehel Abstammg n Art 14 I Nr 3 in dritter Linie n dem Recht des Staates, dem die Eheg z maßg Ztpkt auf and Weise gemeins am engsten verbunden sind, vgl dazu Art 14 Anm 2d. Ein v den Eheg dch **Rechtswahl** gem Art 14 II–IV best Ehewirkgsstatut ist bei der Anknüpfg der ehel Abstammg nicht z berücksichtigen.

b) Erweiterung. Gehören die Eheg z maßg Ztpkt **verschiedenen** Staaten an, so kann sich die Ehelichk des Kindes n Abs 1 S 2 **zusätzlich** auch aus einem dieser HeimatRe ergeben; bei Mehrstaatern ist dabei nur die v Art 5 I bezeichnete (dh effektivere bzw dtsche) Staatsangehörigk z berücksichtigen. Voraussetzg der alternativen Anwendg der HeimatRe der Eheg ist, daß das Kind n dem in der Ehe der Mutter z maßg Ztpkt geltden Ehewirkgsstatut nicht ehel wäre; die Anknüpfg n Abs 1 S 2 ist also ggü derjenigen n Abs 1 S 1 **subsidiär;** sie dient nur der Förderg der Ehelichk des Kindes, soweit diese angezeigt ist. Aus diesem Grd bleibt es bei der Ehelichk des Kindes gem Abs 1 S 1 iVm dem z Anwendg gelangden gesetzl Ehewirkgsstatut, wenn dieses im Ggs z dem od den HeimatRen der Eheg eine **Anfechtung** der Ehelichk im konkreten Fall ausschließt; ergibt sich dagg die Ehelichk eines Kindes erst aus der subsidiären Anwendg des od der HeimatRe der Eheg n Abs 1 S 2, so entsch auch dieses Recht vorbehaltl des S 4 über die Anfechtg der Ehelichk, Begr BT-Drucks 10/504 S 65.

c) Sonderregelung für die Anfechtung der Ehelichkeit. Grdsl sind auch die Voraussetzgen einer Anfechtg der Ehelichk n dem f die ehel Abstammg maßg Statut z beurteilen, vgl dazu a u b. Nach Abs 1 S 4 gilt f das Recht des Kindes (nicht also auch eines sonstigen Beteiligten) z Anfechtg der Ehelichk **zusätzlich** auch das Recht des Staates, in dem das Kind seinen jew gewöhnl Aufenth hat, z Begr vgl Art 5 Anm 4; das Statut ist dch Verlegg des gewöhnl Aufenth wandelb. Diese Regelg soll ähnl wie S 2 die Interessen des Kindes an einer ihm günstigen Klärg der Abstammg fördern; versagt das n Abs 1 S 1 od S 2 berufene Abstammgsstatut dem Kind unter den gegebenen Umst das AnfR, so kann dieses auf das AufenthR des Kindes gestützt werden; die Anwendg dieses Rechts setzt jedoch nicht voraus, daß die Anf n dem v Abs 1 S 1 od S 2 berufenen Recht nicht zulässig wäre; diese Statuten brauchen also nicht notw durchgeprüft z werden, um eine EhelichkAnf n dem Recht des gewöhnl Aufenth des Kindes durchf z können. Ist das Kind nach dem Recht des gewöhnl Aufenth ohnehin nichtehel, kommt Feststellgsklage in Frage, Beitzke ZfJ **86,** 483.

d) Anwendungsbereich. aa) Die Anwendg v Abs 1 setzt grdsl das Bestehen einer **wirksamen Ehe** der Mutter voraus, vgl BGH **43**, 213, 218. Die Vorschr greift also nicht ein, wenn die Mutter unverh war, aM Klinkhardt StAZ **89**, 182 (betr Kinder aus nichtehel LebensGemschen), selbst wenn das Kind aus einem and Grd mit der Geburt eine der ehel Abstammg vergleichb RStellg erlangt, zB weil das HeimatR der Eltern zw ehel u nehel Kindern nicht unterscheidet, vgl dazu Art 21 Anm 1a, od n dem HeimatR des Vaters eine sog Legitimanerkenng zul ist, vgl dazu Art 21 Anm 3a; Abs 1 ist auch unanwendb, wenn die Ehe der Mutter zZ der Geburt nichtig od aufgeh war; die irrtüml spätere Scheidg einer solchen Nichtehe ändert daran nichts, Bonn IPRax **85**, 353; ob die Kinder trotzdem ehel sind, best sich n dem EheschlStatut n Art 13, vgl dort Anm 2b cc. Auch die Frage, ob eine gült Ehe der Mutter zustande gekommen ist, beurteilt sich grdsl n Art 13, BGH **43**, 213, BayObLG **66**, 1, Zweibr FamRZ **74**, 153, Köln StAZ **72**, 140, KG FamRZ **73**, 313. Ist eine im Inland n Art 13 III formgült geschl Ehe n dem HeimatR der Eheg wg Formmangels nichtig, so ist sie bei Beurteilg ihres wirks Zustandekommens als Vorfrage f die ehel Abstammg daher als gült anzusehen, hM, BayObLG **63**, 265, Soergel-Kegel Art 18 Rdz 5; die hinkde Ehe der Eltern hat also auch eine hinkde Ehelk der Kinder z Folge. Ist die Ehe wg Art 13 III in Dtschland eine Nichtehe, so müssen die Kinder in Dtschland aber trotzdem als ehel angesehen werden, falls die Ehe n dem HeimatR beider Ehegatten gült zustande gekommen ist (alternative Anknüpfg der Vorfrage in favorem legitimitatis, vgl Siehr StAZ **71**, 205 u dazu Beitzke Fschr f Kegel (1977) 102), ders ZfJ **86**, 482, im Erg ebso KG JW **37**, 2526, Karlsr FamRZ **83**, 757, Raape MDR **48**, 98, Neuhaus FamRZ **73**, 583, Rauscher StAZ **85**, 101, **86**, 89, aM BGH **43**, 213, Celle FamRZ **64**, 209, BayObLG **66**, 1, Karlsr StAZ **68**, 103, Hamm NJW **73**, 1554, Ffm OLGZ **78**, 2, Soergel-Kegel Art 18 Rdz 5, Bayer/Knörzer/Wandt FamRZ **83**, 772. Ob die Ehe der Mutter dch Scheidg aufgelöst war, ist ebenf eine selbstd anzuknüpfde Vorfrage, AG u LG Bonn StAZ **88**, 354 (ScheidgsUrt eines dtschen Ger trotz fehlder Anerkenng im Heimatstaat zu beachten). **bb)** Die Anknüpfg n Abs 1 betrifft zunächst die in §§ 1591–1600 geregelten Fragen, also Beiwohngs- u VaterschVermutgen, Empfängniszeit, EhelichkAnf, insb AnfFrist u AnfBerechtigg; Verstöße gegen Art 6 wg Versagg des AnfR, vgl dort Anm 5d, sind wg der alternativen Anknüpfg an den gewöhnl Aufenth des Kindes n Abs 1 S 4 kaum mehr denkb; Anordng einer Pflegsch f die Vertretg des Kindes beurteilt sich in erster Linie n dem Vorschr des MSA, vgl dort Art 1 Anm 3, sonst n dem v Abs 2 u 3 berufenen Recht, vgl dazu BayObLG **82**, 32; die Erteilg einer vormundschaftsgerichtl Genehmigg z EhelichkAnf dch einen Pfleger beurteilt sich n Art 24, vgl LG Bln StAZ **80**, 23. Nach Abs 1 sind auch die Auswirkgen eines VaterschAnerkenntnisses dch einen Dritten auf die Ehelichk eines Kindes z beurteilen, vgl BGH **90**, 129, Stgt StAZ **85**, 106, ferner Beitzke StAZ **84**, 198, Rauscher StAZ **84**, 306, **85**, 194, Macke LM Nr 4, Klinkhardt IPRax **86**, 21; soweit es sich um die Feststellg der nehel Vatersch handelt, gilt Art 20 I.

3) Rechtsverhältnis zwischen Eltern und Kind (Absätze 2 und 3). a) Grundsatz. Auch das RVerh zw Eltern u ihrem ehel Kind wird n Abs 2 **Satz 1** im Interesse der **Familieneinheit**, vgl Anm 1a, dem jew gesetzl Ehewirkgsstatut n Art 14 I unterstellt; das Statut ist also im Ggs z Abs 1 **wandelbar**. Maßg ist in erster Linie das **jeweilige** gemeins HeimatR (bzw Personalstatut) der Eheg, ersatzw das letzte gemeins HeimatR (bzw Personalstatut), sofern es v einem Eheg beibehalten worden ist; in zweiter Linie das Recht des Staates, in dem beide Eheg jeweils ihren gewöhnl Aufenth haben oder ersatzw zuletzt gehabt haben, sofern er v einem Ehe beibehalten worden ist; in dritter Linie das Recht des Staates, dem die Eheg jeweils auf und Weise gemeins am engsten verbunden sind; vgl dazu oben 2a. Ein v den Eheg dch RWahl gem Art 14 II–IV best Ehewirkgsstatut ist bei der Anknüpfg n Abs 2 S 1 nicht z berücksichtigen. **b) Ausnahme bei nicht mehr bestehender Ehe.** Ist die Ehe der Eltern **aufgelöst**, etwa dch den Tod, dch NichtigErkl od Aufhebg (z deren Konsequenzen f den Status der Ehelichk vgl Anm 2d aa u Art 13 Anm 2b cc), so tritt f das RVerh des Kindes z seinen Eltern an die Stelle des gesetzl Ehewirkgsstatuts gem Art 14 I n Abs 2 **Satz 2** das Recht am jew **gewöhnlichen Aufenthalt** des Kindes, z Begr vgl Art 5 Anm 4. Diese Anknüpfg ist **ausschließlich,** ersetzt also das n Abs 2 S 1 währd der Dauer der Ehe berufene KindschStatut; krit dazu Rauscher StAZ **87**, 127. Die Anwendg v Abs 2 S 2 setzt nicht unbedingt voraus, daß eine Ehe der Eltern jemals bestanden hat; die Vorschr gilt auch dann, wenn das Kind auf and Weise den Status eines ehel Kindes erlangt h, zB dch EhelichkErkl od Legitimanerkenng iSv Art 21 II. Das Recht des gewöhnl Aufenth des Kindes ist auch dann maßg, wenn die Ehe der Eltern dch **Scheidung** aufgelöst wurde, insb für die damit in Zusammenhang stehde Verteilg des SorgeR, Henrich FamRZ **86**, 852, Lüderitz IPRax **87**, 76, aM Begr BT-Drucks 10/504 S 60 u 66, Piltz, Internat ScheidgsR 108 (Scheidgsstatut gem Art 17 I), soweit nicht ohnehin die damit im Grds übereinstimmde vorrangige Sonderregelg des MSA eingreift, vgl dort Art 1 Anm 3. **c) Schutzmaßnahmen bei Gefährdung des Kindeswohls** können n **Absatz 3** auch währd des Bestehens der Ehe der Eltern zusätzl auch n dem Recht am gewöhnl Aufenth des Kindes getroffen werden. Die Anwendg des AufenthR tritt fakultativ neben das grdsl maßg KindschStatut n Abs 2 S 1. Die Vorschr stimmt sachl weitg mit dem vorrangigen **Art 8 MSA** überein, setzt aber im Ggs z diesem nicht voraus, daß das Kind seinen gewöhnl Aufenth in einem VertrStaat hat. In Betr kommen etwa Maßn n §§ 1666 u 1666a.

d) Anwendungsbereich. aa) Die Anwendg des Abs 2 setzt voraus, daß es sich um ein **eheliches** Kind handelt. Die **Vorfrage** der ehel Abstammg ist selbständ n Abs 1 anzuknüpfen; Abs 2 gilt grdsl auch f legitimierte od adoptierte Kinder, soweit die Legitimations- od Adoptionsstatut keine Sonderregelg enth; das Zustandekommen einer wirks Legitimation od Adoption beurteilt sich n Art 21–23. **bb)** Sachl fällt unter Abs 2 die **elterliche Sorge** (Entstehg, Trägerschaft, Beschränkg, Ruhen, Entziehg, Verwirkg u Inhalt im einz), soweit nicht die **vorrangige** staatsvertragl **Sonderregelung des MSA** eingreift, vgl dazu Anh 1 z Art 24; Art 3 MSA, vgl dort Anm 1 b, ist aber keine selbstd Kollisionsnorm, die Art 19 II ausschaltet, Sturm StAZ **87**, 186, Heldrich Fschr Ferid (1988) 134, grdsl auch Pirrung IPR S 159, aM Rauscher StAZ **87**, 128, Siehr IPRax **87**, 302. Hierher gehören zB die gesetzl Vertretgsmacht der Eltern, vgl aber auch Art 12 Anm 2d, Entscheidg über religiöse Kindererziehg, vgl dazu Henrich Fschr f Kegel, 1987 S 197, Regelg des SorgeR im Zusammenhang mit Ehescheidg, vgl oben b, Anspr auf Herausgabe des Kindes gegen den and EltT oder einen Dritten, VerkehrsR der Eltern, Notwendigk u Wirksamwerden einer Genehmigg des VormschGer, Entziehg der elterl Sorge u and vormschaftsgerichtl SchutzMaßn (insow wird zumeist Abs 3 erfüllt sein). Abs 2 gilt **nicht** f den **Namen** des Kindes, vgl dazu Art 10 Anm 4, aM AG Duisbg StAZ **87**, 283 (Vorname), u f den **Unterhalt** des Kindes, vgl dazu Art 18 mit Anh, unzutr Hamm FamRZ **87**, 1305. Wg der weitgehenden Verdrängg dch die vorrang Sonderregelg durch das MSA ist der verbleibde prakt Anwendgsbereich v Abs 2 u 3 gering.

4) Internationales Verfahrensrecht. a) Die **internationale Zuständigkeit** f eine **Ehelichkeitsanfechtungsklage** od eine Klage auf Feststellg des Bestehens od Nichtbestehens eines Eltern-Kind-Verh ist in **ZPO 640a II** geregelt; ausr ist, daß eine der Part Dtscher iSv GG 116 I ist od ihren gewöhnl Aufenth im Inland hat; daß das Urt im Heimatstaat der Part anerkannt wird, ist nicht erfdl; uU kann aber bei Nichtanerkenng das Rechtsschutzbedürfn fehlen, vgl LG Hbg IPRspr **81** Nr 90b. Die dch ZPO 640a II begründete internat Zustdgk ist nicht ausschl; z **Anerkennung** ausl Entschen vgl ZPO 328. **b)** Die internat Zustdgk der dtschen **Vormundschaftsgerichte** best sich in erster Linie n den Vorschren des MSA, vgl Anh 1 z Art 24, od eines and StaatsVertr, zB des dtsch-österr VormschAbk, Anh 3 z Art 24. Soweit eine staatsvertragl Regelg fehlt, gilt nunmehr **FGG 35a** iVm FGG 43 I; danach ist ausr, daß das Kind Dtscher ist od seinen gewöhnl Aufenth im Inland hat od der Fürsorge dch ein dtsches Ger bedarf; diese Zustdgk ist nicht ausschl, FGG 35a III. Die **Anerkennung** ausl **Akte der freiwilligen Gerichtsbarkeit**, zB SorgeRRegelgen od Entschen über die Herausgabe eines Kindes an einen EltT, vgl BGH FamRZ **83**, 1008, ist in **FGG 16a** geregelt, vgl dazu BGH FamRZ **89**, 378, Hamm FamRZ **87**, 506, BayVGH StAZ **89**, 289, Geimer Fschr Ferid (1988) 89, zur Anerkenng ausl UmgangsRegelgen Dörner IPRax **87**, 155; im Anwendungsbereich des MSA sind nur dessen Vorschr maßg. Ein besond AnerkenngsVerf ist in FGG 16a nicht vorgesehen; bei SorgeRRegelg im Zushang mit einem ausl ScheidgsUrt ist aber vorher Durchf des Verf n FamRÄndG Art 7 § 1 erfdl, soweit es sich nicht um eine HeimatstaatsEntsch handelt, BGH **64**, 19, Ffm OLGZ **77**, 141, SchlH SchlHA **78**, 54, Mansel IPRax **87**, 300. **Voraussetzungen** der Anerkenng sind: (1) internat Zustdgk des ausl Ger (bzw Behörde) in spiegelbildl Anwendg dtschen Rechts, (2) Gewährg des rechtl Gehörs, (3) keine Unvereinbk mit einer bereits vorliegden gültigen Entsch (zur Anwendbk auf eintsw AO Hbg ZfJ **88**, 94) od mit int RHängigk u (4) Vereinbk mit dem dtschen ordre public, insb den GrdRen (dabei entschn der Ztpkt der Anerkenng, BGH FamRZ **89**, 381). Die Anwendg des aus dtscher Sicht „richtigen" Rechts setzt die Anerkenng im Inland nicht voraus, ebsowenig die Anerkenng auch in demjenigen Staat, dessen Recht n Art 19 maßg ist. Die Abänderbk der Entsch schließt ihre Anerkenng nicht aus, vgl BGH **88**, 123, Karlsr FamRZ **84**, 819. Mit der Anerkenng entfaltet die Entsch im Inland grdsl die Wirkg, die ihr der EntschStaat beilegt. Eine **Abänderung** einer anerkenngsfähigen ausl SorgeREntsch dch dtsches VormschG ist zuläss, soweit internat Zustdgk besteht u Abänderg nach dem v dtschen IPR berufenen SachR statth ist, vgl dazu BGH **64**, 19, BGH IPRax **87**, 317, KG OLGZ **75**, 119, Hamm IPRspr **80** Nr 96, Karlsr Just **86**, 496, Keidel/Kuntze/Winkler FGG, Teil A, § 16a Rz 10, Beitzke IPRax **84**, 314 (auch Ersetzg dch neue SorgeRRegelg), Mansel IPRax **87**, 298 (eingehend).

5) Innerdeutsches Kollisionsrecht. a) Im innerdtschen KollisionsR ist Art 19 entspr anwendb; bei der Beurteilg der ehel Abstammg entsch n Abs 1 S 1 in erster Linie das gemeins (bzw letzte gemeins u v einem beibehaltenen) Personalstatut der Eheg zZ der Geburt; z dessen Bestimmg vgl Anh z Art 3 Anm 2; die Anf der Ehelichk dch das Kind beurteilt sich zusätzl n dem Recht an seinem gewöhnl Aufenth, Abs 1 S 4. **b)** Das RVerh zw Eltern u Kind unterliegt n Abs 2 S 1 grdsl dem jew gemeins (bzw letzten gemeins u v einem beibehaltenen) Personalstatut der Eheg. SorgeRRegelgen dch Ger der DDR sind in der BRep auch ohne bes AnerkenngsVerf grdsl wirks, Oldbg FamRZ **83**, 94.

EG 20 *Nichteheliche Kindschaft.* **I** Die Abstammung eines nichtehelichen Kindes unterliegt dem Recht des Staates, dem die Mutter bei der Geburt des Kindes angehört. Dies gilt auch für Verpflichtungen des Vaters gegenüber der Mutter auf Grund der Schwangerschaft. Die Vaterschaft kann auch nach dem Recht des Staates, dem der Vater im Zeitpunkt der Geburt des Kindes angehört, oder nach dem Recht des Staates festgestellt werden, in dem das Kind seinen gewöhnlichen Aufenthalt hat.

II Das Rechtsverhältnis zwischen den Eltern und einem nichtehelichen Kind unterliegt dem Recht des Staates, in dem das Kind seinen gewöhnlichen Aufenthalt hat.

1) Allgemeines. a) Art 20 best das anwendb Recht bei nehel Kindern; die Regelg ersetzt EG 20 u 21 aF; der Aufbau der Vorschr ähnelt der Parallelregelg f die ehel Kindsch in Art 19. Abs 1 regelt die Abstammg des nehel Kindes, dh die Begr des RVerh der nehel Kindsch (einschl der Verpflichtgen des Vaters ggü der Mutter aGrd der Schwangersch), Abs 2 betr die Wirkgen dieses RVerh; f den Namen des Kindes gilt Art 10, vgl dort Anm 5, f die UnterhPflicht Art 18. Art 20 gilt nur f nehel Kinder; die **Vorfrage**, ob das Kind im Hinblick auf eine bestehde Ehe der Mutter ehel od nehel ist, ist selbstd anzuknüpfen, vgl Einl 9a v Art 3, dh n dem v Art 19 I berufenen Recht z beurteilen, krit Hepting Fschr Ferid (1988) 163; ist die Ehe, aus der das Kind stammt, nichtig, so entsch über die Ehelk das n Art 13 maßg Recht, vgl Art 19 Anm 2 d aa; ob das Kind dch Legitimation od Adoption den Status eines ehel Kindes erlangt hat, ist n dem v Art 21 u 22 berufenen Recht z beurteilen. **b) Rück- oder Weiterverweisung** sind n Art 4 I grdsl z beachten; Einschränkgen gelten f die in Abs 1 vorgesehenen alternativen Anknüpfgen im Interesse des Kindes, vgl dazu Art 4 Anm 2 b. **c)** Art 20 gilt entspr im **innerdeutschen** KollisionsR; HeimatR der Beteiligten ist ihr dtsches Personalstatut; z dessen Bestimmg vgl Anh z Art 3 Anm 2; f die RWirkgen der Eltern-Kind-Beziehg, insb die elterl Sorge, gilt das Recht am jew gewöhnl Aufenth des Kindes. **d)** Eine vorrangige **staatsvertragliche** Sonderregelg enth vor allem das MSA, vgl Anh 1 z Art 24; über weitere StaatsVertre vgl dort Anh 2–4.

2) Feststellung der Abstammung des Kindes (Absatz 1). a) Grundsatz. Die Abstammg eines nehel Kindes ist n Abs 1 **S 1** grdsl n dem HeimatR der Mutter zZ der Geburt z beurteilen; z Anknüpfg bei Mehrstaatern, Staatenlosen u Flüchtlingen vgl Art 5 mit Anh; das Statut ist unwandelb; bei vor dem 1. 9. 86 geborenen Kindern gilt übergangsr nach Art 220 I das bish IPR, BGH FamRZ **87**, 583, vgl dazu Art 220

Anm 2b. b) Anwendungsbereich. Nach dem so best Abstammgsstatut beurteilt sich, ob die Begründg des RVerh der nehel Kindsch, insb im Verh z Vater, eine gerichtl Abstammgsfeststellg erfordert (Abstammgssystem) od eine bloße Anerkenng genügt (Anerkenngssystem), diese aber etwa wie in den meisten roman Rechten auch v der Mutter erkl werden muß (MutterschAnerkenntn); z Beurkundg u Beischreibg vgl PStG 29b. Für die VertrStaaten des **Übereinkommens über die Feststellung der mütterlichen Abstammung nichtehelicher Kinder** v 12. 9. 62, BGBl **65** II 23, BRep, Niederlande (vgl dazu auch BGBl **86** II 934), Schweiz, Bek v 17. 8. 65, BGBl II 1163, Türkei, Bek v 3. 2. 66, BGBl II 105, Griechenland, Bek v 28. 8. 79, BGBl II 1024, Luxemburg, Bek v 2. 7. 81, BGBl II 457 u Spanien, Bek v 1. 3. 84, BGBl II 229, kann die Anerkenng vor der zust Behörde jedes VertrStaates erfolgen (vgl dazu Böhmer/Siehr FamR II 7. 3); auch dch Angehörige eines NichtVertrStaates, vgl dazu BayObLG **78**, 333, Simitis RabelsZ **69**, 40. Das n Abs 1 S 1 berufene Abstammgsstatut regelt insb die WirkskVoraussetzgen der Anerkenng, zu der Form gilt Art 11 I) u ihre Anf; die Erfdlk u die Erteilg einer Zustimmgs des Kindes od eines EltT z einer Anerkenng ist n Art 23 zusätzl n dem HeimatR des Kindes u ggf auch n dtschem Recht z beurteilen. Nach dem Abstammgsstatut n Abs 1 S 1 beurteilen sich auch die **Wirkungen** der Anerkenng auf den Status des Kindes (f den Namen des Kindes gilt jedoch Art 10, vgl dort Anm 5); Voraussetzungen u Wirkgen einer **Legitimationsanerkenng,** welche dem Kind die RStellg eines ehel Kindes verschafft, sind jedoch n dem Art 21 berufenen Recht z beurteilen, vgl dort Anm 3 a.

c) Erstreckung auf die Verpflichtungen des Vaters gegenüber der Mutter. Auch die aus der Schwangersch erwachsden Verpflichtgen des Vaters ggü der Mutter z Erstattg der damit verbundenen Kosten sowie z UnterhLeistg unterliegen n Abs 1 **Satz 2** dem allg Abstammgsstatut, dh dem HeimatR (bzw Personalstatut) der Mutter zZ der Geburt, Abs 1 S 1. Über etwaige delikt ErsatzAnspr der Mutter entsch das Deliktsstatut, vgl dazu Art 38 Anm 2; für einen etwaigen UnterhAnspr gilt Art 18, vgl dazu Staud-Kropholler Art 20 nF Rz 24; z den Anspren aus Verlöbn vgl Art 13 Anm 6.

d) Alternative Zusatzanknüpfungen für die Vaterschaftsfeststellung. aa) Die Feststellg der Vatersch unterliegt wie die Abstammg überhaupt grdsl dem HeimatR (bzw Personalstatut) der Mutter zZ der Geburt, Abs 1 S 1. Daneben kann die VaterschFeststellg, sei es dch gerichtl Entsch od sei es dch AnerkenngsErkl n Abs 1 **Satz 3** alternativ auch unwandelb n dem HeimatR (bzw Personalstatut) des Vaters zZ der Geburt od wandelb n dem Recht am jew gewöhnl Aufenth des Kindes festgestellt werden. Prakt wird damit eine VaterschFeststellg n dtschem Recht ermögl, wenn entweder die Mutter od der Vater zZ der Geburt des Kindes dtsches Personalstatut besitzen, od das Kind derzeit seinen gewöhnl Aufenth im Inland h. **bb)** Es ist daher nur bei ausl Staatsangehörigk aller Beteil u gewöhnl Aufenth des Kindes im Ausland denkb, daß sich die **Unterhaltsansprüche** des Kindes gem Art 18 II ersatzw n **deutschem** Recht beurteilen, ohne daß dtsches Recht n Abs 1 S 3 wenigstens alternativ auch f die VaterschFeststellg maßg wäre. In allen übr Fällen der Anwendbk dtschen Rechts als UnterhStatut gem Art 18 I 1 od 2 u V kann auch die VaterschFeststellg n Abs 1 S 3 alternativ n dtschem Recht erfolgen. Damit ist das Bedürfn f eine akzessorische Anknüpfg der VaterschFeststellg an dtsches Recht als UnterhStatut, die mit der Sperrwirkg v § 1600a begründet wurde, vgl dazu 45. Aufl Art 21 Anm 4b, entfallen. Die VaterschFeststellg beurteilt sich nunm auch dann ausschl n den v Abs 1 S 1 u S 3 z Wahl gestellten ROrdngen, wenn sie als Vorfrage bei der Geltendmachg v UnterhAnspr z beurteilen ist, ebso Sturm IPRax **87**, 3, grdsl auch Staud-Kropholler Rz 66, abw AG Duisburg DAVorm **87**, 925. **cc)** Welche der in Betr kommden ROrdngen im konkreten Fall f die VaterschFeststellg maßg ist, ist n dem **Kindeswohl** z entsch, vgl BT-Drucks 10/5632 S 43. Dabei wird es praktisch vor allem darauf ankommen, die UnterhAnspr des Kindes gegen seinen Erzeuger z sichern, bei Anwendbk dtschen UnterhR also insb die Erfüllg der Voraussetzgen des § 1600a sicherzustellen. **dd)** Die alternativen Zusatzanknüpfgen gem Abs 1 S 3 an die Staatsangehörigk des Vaters u den gewöhnl Aufenth des Kindes gelten **nur** f die **Vaterschaftsfeststellung;** f ein MutterschAnerkenntn u f die Verpflichtgen des Vaters ggü der Mutter z Erstattg der Kosten der Schwangersch u der Geburt sowie z UnterhLeistg bleibt allein das Abstammgsstatut gem Abs 1 S 1 u 2 maßg. Das jeweils f die VaterschFeststellg angewandte Statut entsch auch über die WirksamkVoraussetzgen u RWirkgen der VaterschAnerkenntnisses (z Form vgl Art 11 I, z ZustimmgsErfordernissen vgl zusätzl Art 23) u über dessen Anf dch den Vater; ist zweifelh, n welchem Recht die Vatersch anerkannt worden ist, so ist die Anf ausgeschl, wenn sie auch nur n einer der n Abs 1 S 1 u S 3 in Betr kommden ROrdng nicht statth ist, weil diese ROrdng als dem Kind günstiger maßg ist.

3) Rechtsverhältnis zwischen Eltern und Kind (Absatz 2). Abs 2 unterstellt das RVerh eines nehel Kindes z seinen **beiden** Eltern, dh also die **Wirkungen** der nehel Kindsch, insb die Frage ihrer Unterschiede u ihrer Übereinstimmg mit der Stellg ehel Kinder, einheitl dem Recht am jew **gewöhnlichen Aufenthalt** (zum Begr vgl Art 5 Anm 4) des **Kindes;** das Statut ist dch Veränderg des gewöhnl Aufenth ex nunc **wandelbar.** Zur Anknüpfg der Vorfrage der Nichtehelichk vgl Anm 1a. Sachl betrifft Abs 2 ebso wie Art 19 II die **elterliche Sorge,** insb der Mutter, u deren Entziehg. Ein **ausländisches** nehel Kind mit gewöhnl Aufenth im **Inland** steht daher unter der elterl Sorge seiner ausl Mutter n Maßg des **deutschen** Rechts, §§ 1705ff; das **Jugendamt** wird desh nunm n § 1709 iVm **JWG 40 I** kraft Gesetzes mit der Geburt Amtspfleger eines solchen Kindes z Wahrnehmg der in § 1706 umschriebenen Aufgaben, Hbg DAVorm **87,** 707 (vgl auch AG u LG ebda 449 u 451), LG Hbg DAVorm **88,** 325, ZfJ **88,** 290, Hbg DAVorm **88,** 928, Celle ZfF **87,** 86 mAv Binschus, FamRZ **88,** 648, BayObLG **88,** 76 (vgl ferner ebda 13 u 93), DAVorm **88,** 550, RPfl **89,** 368, Düss DAVorm **88,** 193, LG Ffm DAVorm **88,** 468 (offengelassen Ffm StAZ **89,** 115), LG Kln FamRZ **88,** 430, LG Bln FamRZ **89,** 894, Stgt FamRZ **89,** 896, grdsl auch Kln DAVorm **88,** 470, Stgt FamRZ **88,** 431 (vgl dazu Dörner JR **88,** 266), Ferid-Böhmer IPR Rz 8–401, 1, Sturm StAZ **87,** 184, Dörner JR **88,** 265, Heldrich Fschr Ferid (1988) 131, sehr str; diese Lösg steht in **Einklang** mit **Art 18 VI Nr 2,** der für die Geltendmachg von UnterhAnspr solcher Kinder ebenf zur Anwendg von § 1709 iVm JWG 40 I führt. Der Inh der gesetzl AmtsPflegsch ist also hier abweichd v Art 24 I 1 nicht n dem HeimatR des Schützlings z beurteilen, vgl dort Anm 2a bb; **Art 3 MSA** ist ebenf **nicht** z berücksichtigen, da es sich nicht um eine Schutzmaßn handelt, vgl Art 1 MSA Anm 3 u Art 3 MSA Anm 1b, **aM** KG OLGZ **87,** 145, Heilbronn

DAVorm **87**, 834, AG Stgt DAVorm **87**, 835 (unklar), Ravbg BWNotZ **87**, 150, AG Freibg DAVorm **87**, 1014, AG Darmst DAVorm **88**, 551, Paderb ZfJ **88**, 236, Karlsr FamRZ **89**, 896 (VorlageBeschl), Dortm DAVorm **89**, 523, Darmst DAVorm **89**, 434, u 524, DIV DAVorm **86**, 669, **87**, 380, Böhmer RabelsZ **86**, 659, Oberloskamp DAVorm **87**, 489, Rauscher StAZ **87**, 129, Krzywon BWNotZ **87**, 37, Siehr IPRax **87**, 302, Klinkhardt ZfJ **87**, 455, **88**, 62, Staud-Kropholler Rz 72, Kropholler IPRax **88**, 285, Rauscher DAVorm **88**, 757, unentschieden Beitzke ZfJ **86**, 541, differenzierd Henrich, Internat FamR S 244; der BGH hat zu dieser Streitfrage bish nicht Stellg gen, vgl dazu BGH NJW **89**, 668 u StAZ **89**, 7 (betr unzul VorlageBeschle) mAv Otto ebda u Binschus DAVorm **89**, 435, ZfF **89**, 82, offen gelassen BGH NJW **89**, 2543. Ist das Kind bereits vor dem Inkrafttreten des IPRG am 1. 9. 86 geboren od verlegt es erst später seinen gewöhnl Aufenth ins Inland, so tritt die gesetzl AmtsPflegsch des Jugendamtes erst am 1. 9. 86 bzw z dem betreffden späteren Ztpkt ein, BayObLG **88**, 13, DAVorm **88**, 548, LG Köln FamRZ **88**, 430, LG Hbg DAVorm **88**, 325, ZfJ **88**, 290, vgl JWG 40 IV (krit DIV-StellgN DAVorm **87**, 382: „Geisterexistenz" unerkannter PflegschVerh), Karlsr FamRZ **89**, 898. Zum Erlöschen der gesetzl Amtspflegsch bei Übersiedlg des Kindes ins Ausland vgl LG Bln DAVorm **89**, 330 (bejaht), LG Stgt DAVorm **89**, 521, Memmingen DAVorm **89**, 796 (verneint); zur Aufhebg der Amtspflegsch vgl Bochum DAVorm **89**, 519. Das dtsch-österr VormAbk, vgl Anh 3 zu Art 24, enth eine vorrangige Sonderregelg, vgl Paderb ZfJ **88**, 98; ebso Art 13 ZusatzAbk zum Nato-Truppenstatut, Zweibr DAVorm **89**, 721.

Im übr wird Abs 2 in weitem Umfang dch die **vorrangige staatsvertragliche** Sonderregelg des **MSA** überlagert, vgl dazu Anh 1 z Art 24; Schutzmaßn zG des Kindes, z Begr vgl Art 1 MSA Anm 3, beurteilen sich ausschl n diesem Abk, wenn das Kind seinen gewöhnl Aufenth in einem Vertragsstaat hat, insb im Inland lebt. Für die **Unterhaltsansprüche** des Kindes gilt allein Art 18 mit Anhang, f den **Namen** Art 10, vgl dort Anm 5. In dem verbleibdnen Rahmen regelt Abs 2 etwa den Umfang der gesetzl Vertretgsmacht der Mutter, Wohns des Kindes, VerkehrsR des Vaters, Notwendigk u Wirksamwerden einer Genehmigg des VormundschGer, MitarbeitsPfl u AusstattgsAnspr (f den vorzeitigen ErbAusgl gilt jedoch das Erbstatut, vgl Art 25 Anm 3 a aa). Welche Auswirkgen die Einwilligg der Mutter in die Adoption des Kindes auf ihre elterl Sorge hat, ist n dem Adoptionsstatut z beurteilen, vgl Art 22 Anm 2 b.

EG 21 Legitimation.

[I] Die Legitimation durch nachfolgende Ehe unterliegt dem nach Artikel 14 Abs. 1 für die allgemeinen Wirkungen der Ehe bei der Eheschließung maßgebenden Recht. Gehören die Ehegatten verschiedenen Staaten an, so wird das Kind auch dann legitimiert, wenn es nach dem Recht eines dieser Staaten legitimiert wird.

[II] Die Legitimation in anderer Weise als durch nachfolgende Ehe unterliegt dem Recht des Staates, dem der Elternteil, für dessen eheliches Kind das Kind erklärt werden soll, bei der Legitimation angehört oder, falls er vor dieser gestorben ist, zuletzt angehörte.

1) Allgemeines. a) Art 21 regelt die Anknüpfg der Legitimation eines nehel Kindes. Abs 1 betrifft die Legitimation dch nachfolgde Ehe, Abs 2 alle übr Legitimationsarten; wg der unterschiedl Interessenlage wird dabei auf unterschiedl Anknüpfgspkte abgestellt. Für die erfdl **Zustimmung** des Kindes und eines Dritten z Legitimation enth Art 23 zusätzl eine Sonderanknüpfg. Die **Vorfrage**, ob das Kind nehel ist, also überh legitimiert werden kann, ist selbstd n Art 19 anzuknüpfen, vgl dazu Art 20 Anm 1 a, Henrich StAZ **88**, 31, and Hepting Fschr Ferid (1988) 163. Dabei kommt es nur auf den Status der Ehelk bzw Nichtehelk an, eine Legitimation ist also auch möglich, wenn das v Art 19 I berufene Abstammungsstatut bei der **Wirkungen** v einer völligen Gleichstellg v ehel u nehel Kindern ausgeht, vgl AG Fbg StAZ **81**, 326 (vgl aber auch StAZ **86**, 14), Brem StAZ **84**, 342 (jugosl Recht, insow and LG Bonn StAZ **84**, 279); dagg wird dch eine n dem maßg Recht wirks Legitimationsanerkennung, vgl unten Anm 3, der Status der Ehelk begründet, so daß eine Legitimation dch nachf Eheschl entfällt, vgl Köln IPRax **86**, 181, AG Fbg StAZ **88**, 169, Beitzke StAZ **80**, 26. Zur Legitimation dch nachf Eheschl bei vorangegangener hinkder Scheidg der Kindesmutter AG Bonn IPRax **83**, 131. Für die **Folgen** einer wirks zustandegekommenen Legitimation f das Eltern-Kind-Verh gilt grdsl das v Art 19 II berufene Recht, dh das jew gesetzl Ehewirkgsstatut gem Art 14 I, wenn die Eltern verheiratet sind (dh insb im Fall des Abs 1), bzw das Recht am gewöhnl Aufenth des Kindes (insb im Fall des Abs 2). **b) Rück- und Weiterverweisung** sind n Art 4 I z beachten, sofern dies nicht dem Sinn der Verweisg widerspricht, nicht also bei der Anknüpfg aGrd engster Verbindg n Abs 1 iVm Art 14 I Nr 3; Einschränkgen bestehen bei den in Abs 1 S 2 vorgesehenen alternativen Anknüpfgen, bei welchen der Kreis der anwendb ROrdngen dch Rück- od Weiterverweisg nur verengt, nicht aber verengt werden darf, vgl dazu Art 4 Anm 2 b, zust Staud-Henrich Rz 19. Zur Rückverweisg in dtsch-portugiesischen Legitimationsfällen Bogler StAZ **87**, 160. **c)** Im **innerdeutschen** KollisionsR ist Art 21 entspr anzuwenden; soweit danach auf das HeimatR der Beteiligten verwiesen wird, entsch ihr jew dtsches Personalstatut; z dessen Bestimmg vgl Anhang z Art 3 Anm 2.

2) Legitimation durch nachfolgende Ehe (Absatz 1). a) Grundsatz. Nach Abs 1 Satz 1 unterliegen die Voraussetzgen des Eintritts einer Legitimation dch nachfolgde Eheschl u ihre Wirkgen auf den Status des Kindes (nicht dagg auch ihre Folgen f das Eltern-Kind-Verh, vgl Anm 1 a) dem **gesetzlichen** Ehewirkgsstatut zZ der Heirat; entsch ist nur das in diesem Ztpkt berufene Recht; das Legitimationsstatut ist also **unwandelbar.** Wg des Abstellens auf den Ztpkt der Eheschl können die jeweils vergangenheitsbezogenen Stufen der Anknüpfgsleiter in Art 14 I Nr 1 u 2 (frühere gemeins Staatsangehörigk u früherer gemeins gewöhnl Aufenth) nicht eingreifen, vgl Art 15 Anm 2. Maßg ist also gem Art 14 I Nr 1 in erster Linie das gemeins HeimatR (bzw bei Staatenlosen u Flüchtlingen das gemeins Personalstatut, vgl Art 5 mit Anh) zZ der Eheschl; bei Mehrstaatern ist nur die in Art 5 I bezeichnete (dh effektivere bzw dtsche) Staatsangehörigk z berücksichtigen, vgl BGH NJW **88**, 1472. In zweiter Linie entsch gem Art 14 I Nr 2 das Recht des Staates, in dem beide Eheg zZ der Heirat ihren gewöhnl Aufenth haben, z Begr vgl Art 5 Anm 4. Bei Versagen auch dieser Anknüpfg beurteilt sich die Legitimation n Art 14 I Nr 3 in dritter Linie n dem Recht des Staates, dem die Eheg zZ der Heirat auf and Weise gemeins am engsten verbunden sind; vgl dazu Art 14 Anm 2 d. Ein v den Eheg dch **Rechtswahl** gem Art 14 II–IV best Ehewirkgsstatut ist bei der Anknüpfg des Legitimationsstatuts nicht z berücksichtigen. **b) Alternative Zusatzanknüpfung.** Gehören die Eheg zZ der Heirat verschiedenen Staaten an, so kann sich die Legitimation n Abs 1 Satz 2 ähnl wie n Art 19 I 2 zusätzl auch aus einem dieser HeimatRe ergeben; bei Mehrstaatern ist dabei nur die v Art 5 I bezeichnete (dh effektivere bzw dtsche) Staatsangehörigk z berücksichtigen. Die Durchbrechg der Regelanknüpfg n Abs 1 S 1 dient der Förderg der Legitimation; Abs 1 S 2 ist aber im Ggs z Art 19 I 2 im Verh z Regelanknüpfg nicht subsidiär. Es genügt also, wenn der Eintritt der Legitimation n einer der in Betr kommden ROrdngen festgestellt werden kann, vgl auch AG Tüb StAZ **87**, 141, LG Ffm StAZ **87**, 349, Dörner IPRax **89**, 30; sie brauchen nicht alle od in einer best Reihenfolge geprüft zu werden, zust Gaaz StAZ **88**, 61.

c) Anwendungsbereich. aa) Abs 1 regelt die Legitimation dch nachf Ehe; die Eheschl der Eltern muß also eine der Tatbestandsvoraussetzgen z Herbeiführg der Ehelk des Kindes sein; bei Legitimation unabhängig v einer Heirat gilt Abs 2. Über die **Vorfrage**, ob das Kind nehel ist, entsch Art 19 I, vgl Anm 1 a; über die Wirksk der Eheschl Art 13. Ist eine in Dtschland standesamtl geschl **Ehe** n dem HeimatR der Eheg wg Formmangels **ungültig**, so kommt ihr dah v Standpkt des dtschen R LegitimationsWirkg zu, da über die Formgültigk der Ehe Art 13 III entsch, Hamm StAZ **56**, 62, Saarbr FamRZ **70**, 327, Bonn StAZ **77**, 18, BGH NJW **78**, 1107 (betr Spanier, jetzt überholt, vgl Art 13 Anm 4 b dd), Celle NJW **72**, 401, AG Münst IPRspr **76** Nr 100 (betr Griechen, jetzt überholt, vgl Art 13 Anm 4 b dd); aus der hinkden Ehe ergibt sich dann eine hinkde Legitimation, vgl dazu Beitzke Fschr f Kegel (1977) 106. Ist eine im Inland geschl Ehe wg Art 13 III eine Nichtehe, währd sie n dem HeimatR der Eheschließden gült ist, so hat sie ebenf Legitimationswirkg, wenn dies dem Standpkt des n Art 21 I berufenen R entspr (alternative Anknüpfg der Vorfrage in favorem legitimitatis, vgl KG NJW Art 19 Anm 2 d aa), im Erg ebso LG Köln MDR **53**, 488; MüKo-Klinkhardt Art 22 Rdz 55, aM Soergel-Kegel Art 22 Rdz 30, Beitzke Fschr f Kegel (1977) 109. **bb)** Sachl betrifft das v Abs 1 berufene Statut die **Voraussetzungen** der Legitimation dch nachf Ehe (vgl §§ 1719 ff), etwa ob dafür neben der Heirat zusätzl eine Feststellg der väterl u mütterl Abstammg, insow aM Sturm IPRax **87**, 4, Henrich StAZ **88**, 32 (für selbstd anzuknüpfde Vorfrage), insb eine Anerkenng od eine gerichtl Bestätigg od Feststellg der Legitimation od eine Eintragg in das ZivilstandsReg, vgl LG Bonn StAZ **84**, 344, erfdl ist; ein vom Legitimationsstatut etwa verlangtes VaterschAnerkenntn braucht dabei nicht notwendig den Tats z entspr, vgl BGH **64**, 24, Beitzke Fschr f Schwind (1978) 15, zB die GefälligkLegitimation dch einen Nichtvater n franz Recht, VG Fbg FamRZ **74**, 474. Für das Erfordern der Zustimmung des Kindes od eines Dritten gilt zusätzl Art 23. Abs 1 regelt auch das Bestehen v Legitimationshindernissen, zB Verbot der Legitimation v Ehebruchskindern, wobei Art 6 z beachten ist, vgl dort Anm 5 d dd. Nach dem Legitimationsstatut z beurteilen ist schließl auch, ob die Heirat über **Legitimationswirkung** hat, den Status des Kindes verändert u ob diese Wirkg ex nunc od ex tunc eintritt; verneint das anwendb Recht den Eintritt einer Legitimation, so kann Art 6 verletzt sein, vgl dort Anm 5 d dd; der ordre public ist aber nicht verl, wenn die Legitimation v and Voraussetzgen abhängt als n dtschem R, vgl KG NJW **82**, 528, od ihre Wirkgen auf and Weg erreichb sind, BGH **55**, 188, z weitgehd daher AG Hbg DAVorm **77**, 775, od die Legitimation im Einzelfall nicht dem Kindeswohl entspr, Ffm OLGZ **85**, 5. Dagg unterliegen die **Folgen** der Legitimation f das RVerh zw Eltern u Kind dem v Art 19 II berufenen Recht, soweit das Legitimationsstatut nicht ausnahmsw dafür materiellrechtl Sonderregeln aufstellt; f den Namen des Kindes gilt Art 10, vgl dort Anm 5 b; f die UnterhPflicht Art 18. Zur grdsl Entbehrlichk eines Beschl nach PStG 31 bei Legitimation nach dtschem Recht AG Kempten StAZ **87**, 105, AG Tübingen StAZ **87**, 141, LG Ffm StAZ **87**, 349, AG Mü StAZ **87**, 350, Stgt StAZ **88**, 206; Vorlagepflicht des StBeamten aber schon dann, wenn Zweifel an der ausschl Anwendbark dtschen Rechts (auch im Hinblick auf Vorfragen od auf Art 23) bestehen, Ffm NJW **88**, 1472, BayObLG **88**, 6, Staud-Henrich Rz 66, aM LG Mü StAZ **88**, 14, Gaaz StAZ **88**, 61, differenzierd Dörner IPRax **89**, 28.

3) Legitimation in sonstiger Weise (Absatz 2). a) Eine Legitimation, die unabh v einer späteren Eheschl der Eltern eintritt, unterliegt n Abs 2 dem **Heimatrecht** des **Legitimierenden** zZ des Eintritts der Legitimationswirkg bzw, falls er vorher gestorben ist, seinem letzten HeimatR; das Statut ist **unwandelbar**; z Anknüpfg bei Mehrstaatern, Staatenlosen u Flüchtlingen vgl Art 5 mit Anhang. Die Vorschr betrifft etwa die Legitimation dch staatl Akt, insb die EhelErkl (wie n §§ 1723 ff od n §§ 1740 a ff), KG FamRZ **87**, 859, aM Dörner IPRax **88**, 222 (f analoge Anwend v Abs 1 S 2), aber auch dem dtschen Recht unbekannte and Legitimationsarten wie eine **Vaterschaftsanerkennung**, dch welche das Kind die rechtl Stellg eines **ehelichen** Kindes erlangt, wie dies insb in sozialist ROrdngen der Fall ist, vgl zB AG Fbg StAZ **86**, 14, AG Lüb StAZ **88**, 209, Staud-Henrich Rz 105 u die Übers bei Reichard StAZ **86**, 197, od das **Legitimanerkenntnis** des **islamischen Rechts** (Iqrar), LG Bln FamRZ **88**, 208, Staud-Henrich Rz 91, vgl dazu auch BayObLG **87**, 203, Hamm FamRZ **88**, 314, Klinkhardt IPRax **87**, 360 (zweifelnd an der Anwendbark v Abs 2). Legitimierender ist dabei jew der ElT, bei dem die alleinigen od stärkeren Legitimationswirkgen eintreten, KG FamRZ **87**, 859, LG Bln FamRZ **88**, 209, krit Dörner IPRax **88**, 223. Im Geburtenbuch erfolgt Beischreibg n PStG 30, nicht n PStG 31; regelm ist aber Entsch des Ri n PStG 45 II herbeizuführen, vgl BGH **55**, 188, ferner Köln StAZ **78**, 244 u BGH FamRZ **79**, 474 (unzul VorlageBeschl), BayObLG RPfl **82**, 421, BayObLG **87**, 208. **b)** Das Personalstatut des Legitimierden regelt die TatbestdVoraussetzgen u die statusverändernden Wirkgen einer derartigen Legitimation; handelt es sich um eine rechtsgeschäftl Erkl (nicht um einen Staatsakt), so beurteilt sich deren Form n Art 11 I. Zur selbstd Anknüpfg der **Vorfrage** der Nichtehelk vgl Anm 1 a. Die GeschFgk der Beteil ist als solche n Art 7 z beurteilen; SonderVorschren über die Mitwirkg v geschäftsunfäh od geschäftsbeschr Pers (wie n §§ 1728 II, 1729, 1740 c) sind dagg dem Legitimationsstatut z entnehmen, vgl RG **125**, 265, aM AG Münster IPRspr **77** Nr 93, das eine SonderGeschFgk auch hier n EG 7 beurteilt, vgl dazu auch Siehr StAZ **76**, 356. Die Pers des ges Vertr best sich n EG 19, 20, 24, vgl BayObLG **87**, 205, Magnus/Münzel StAZ **77**, 69. Nach dem Legitimationsstatut ist grdsl auch die Notwendigk v **Zustimmungen** der Beteiligten sowie deren Ersetzg u das Erfordernis einer vormundschgerichtl Genehmigg einschl der RFolgen des Fehlens derartiger Voraussetzgen z beurteilen; dabei ist zusätzl Art 23 z beachten. Auch die unmittelb Legitimationswirkg unterliegt dem v Abs 2 berufenen Recht; dies gilt auch f die Auswirkgen auf das SorgeR des bish Inhabers, vgl Begr BT-Drucks 10/504 S 70. Dagg sind die **Folgen**

der Legitimation f das Eltern-Kind-Verh im übr, insb zum legitimierden ElternT, n dem Recht am gewöhnl Aufenth des Kindes z beurteilen, Art 19 II 2. Für den Namen des Kindes gilt Art 10, vgl dort Anm 5b, für die UnterhPflicht gilt Art 18.

4) Internationales Verfahrensrecht. Die **internationale Zuständigkeit** der dtschen VormschGer f eine EhelErkl ist in FGG 43a I geregelt; sie ist gegeben, wenn entweder der Vater od das Kind Dtscher ist od seinen gewöhnl Aufenth im Inland hat. Diese Zustdgk ist nicht ausschließl, schließt also die **Anerkennung** eines entspr ausl Staatsakts nicht aus; deren Voraussetzgen ergeben sich aus FGG 16a, vgl dazu Art 19 Anm 4b.

5) Legitimation als **Vorfrage** im dtschen **StaatsangehörigkR;** vgl dazu v Mangoldt JZ **84**, 821. Erwerb der dtschen Staatsangehörigk dch Legitimation n RuStAG 5 setzt eine n dtschem R wirks Legitimation voraus; diese Frage ist unter Einbeziehg des dtschen KollisionsR zu beurteilen, BVerwG StAZ **84**, 160 gg OVG Hbg StAZ **81**, 205 mit Anm v Silagi (betr Legitimation dch einen dtsch-israel Doppelstaater), vgl dazu auch Wengler IPRax **85**, 79; erforderl ist aber jedenf, daß ein danach anwendb ausl R das RInstitut der Legitimation kennt, BVerwG aaO, krit dazu v Mangoldt JZ **84**, 821.

EG 22 **Annahme als Kind.** Die Annahme als Kind unterliegt dem Recht des Staates, dem der Annehmende bei der Annahme angehört. Die Annahme durch einen oder beide Ehegatten unterliegt dem Recht, das nach Artikel 14 Abs. 1 für die allgemeinen Wirkungen der Ehe maßgebend ist.

Schrifttum: Wohlgemuth ROW **88**, 75.

1) Allgemeines. a) Art 22 regelt die Anknüpfg der Adoption u vergleichbarer REinrichtgen, dch die eine Eltern-Kind-Beziehg od sonstige VerwandtschBeziehg außerh der Legitimation begründet wird, zB PflegeKindsch, Annahme an Enkels od an Bruders Statt. Für die erfdl Zustimmg des Adoptivkindes u eines Dritten enth Art 23 zusätzl ein Sonderanknüpfg. **b) Rück- und Weiterverweisung** sind n Art 4 I z beachten, sofern dies nicht dem Sinn der Verweisg widerspr, nicht also bei der Anknüpfg der EhegAdoption aGrd engster Verbindg n S 2 iVm Art 14 I Nr 3. Maßg sind die ausl Kollisionsnormen über Adoption; dies gilt auch im Rahmen der akzessorischen Anknüpfg nach S 2, Staud-Henrich Rz 14. Zu einer versteckten Rückverweisg kann es insb bei einer Verweisg auf angloamerikan Recht kommen, welches auf die „jurisdiction" des Domizilstaates abstellt, vgl Art 4 Anm 1b, ferner BayObLG **68**, 331, KG FamRZ **60**, 245 (betr USA), LG Freibg DAVorm **77**, 60 (Kanada), Wuppertal FamRZ **76**, 714, KG OLGZ **83**, 129, AG Darmst ZfJ **88**, 152 (England), Staud-Henrich Rz 18, Jayme Fschr f Lipstein (1980) 65, aM Wengler NJW **59**, 127, der die dtsche Zustdgk u die versteckte Rückverweisg, sowie Beitzke RabelsZ **73**, 380, ders RabelsZ **84**, 627, der die letztere bezweifelt; keine offene od versteckte Rückverweisg dch niederl R, Lüderitz RabelsZ **81**, 612. **c)** Im **innerdeutschen** KollisionsR ist Art 22 entspr anzuwenden; soweit auf das HeimatR verwiesen wird, entsch das jew dtsche Personalstatut; z dessen Bestimmg vgl Anh z Art 3 Anm 2.

2) Grundsatz. a) Die Annahme als Kind unterliegt n **Satz 1** dem HeimatR des Annehmden im Ztpkt der Annahme, dh der Erfüllg der letzten f ihre Wirksk erfdl Voraussetzg; das so best Adoptionsstatut ist **unwandelbar;** z Anknüpfg bei Mehrstaatern, Staatenlosen u Flüchtlingen vgl Art 5 mit Anh sowie zB AG Lübbecke ROW **88**, 379. **b)** Das Personalstatut des Annehmden zZ der Annahme regelt die **Voraussetzungen** der Adoption (bzw der adoptionsähnl Einrichtg), insb Altersgrenzen u Altersunterschiede, Erfordern der Kinderlosigk, Voraussetzgen u Wirkgen einer Irrtumsanfechtg, sowie die Rückgängigmachg u **Aufhebung** einer Adoption. Bei dtschem Adoptionsstatut sind §§ 1759ff auch dann maßg, wenn es sich um eine im Ausland vorgen u im Inland anzuerkende Adoption handelt. Soll eine fr Adoption im Zushang mit einer neuen aufgeh werden, so entscheidet darü das neue Adoptionsstatut, Jayme IPRax **81**, 182. Nach dem Adoptionsstatut z beurteilen ist auch die Art u Weise des **Zustandekommens** einer Adoption, insb ob dazu ein Vertr od ein GerBeschl erfdl ist, welche Pers dabei mitwirken, welche Erkl sie abgeben müssen (insow gilt aber zusätzl Art 23, z Form vgl Art 11 I, vgl AG Hagen IPrax **89**, 312) u welche Folgen diese haben, Celle FamRZ **79**, 861, LG Bonn FamRZ **79**, 1078 (z den Auswirkgen der Einwillig auf die elterl Sorge), AG Altötting StAZ **79**, 204 mit zust Anm v Jayme, abw LG Stgt DAVorm **79**, 193 (z Eintritt der Amts-Vormsch des JA), ob die Einwillig des Kindes der Genehmigg des VormschGer bedarf (wie n § 1746 I 4), schließl auch, ob u unter welchen Voraussetzgen diese Erkl ausnahmsw entbehrl sind, AG Ibbenbüren IPRax **88**, 368, od ersetzt werden können, BayObLG **67**, 443, **78**, 105, FamRZ **84**, 937, **88**, 868 (z elterl Einwillig), vgl auch AG Hattingen IPRax **83**, 300. Seit dem Übergang des AdoptionsR v Vertrags- z **Dekretsystem** bereitet die Vorn v Adoptionen n ausl Rechten, die ein GerDekret erfordern, keine Schwierigk mehr. Folgt das ausl Adoptionsstatut dem VertrSystem, so hat das dtsche VormschG n Prüfg des wirks Zustandekommens der Vertr (auf der GrdLage des fremden R, ggf unter Beachtg der Einwilligserfordern n Art 23) dennoch die Ann auf Antr, BayObLG **82**, 318, dch **Beschluß** auszusprechen; § 1752 I hat insow auch verfahrensr Charakter, aM Beitzke, Einbindg fremder Normen in das dtsche PersonenstandsR (1985) 7. Nach dem Adoptionsstatut beurteilen sich weiter die statuslösden u statusbegründden **Wirkungen,** insb ob die bish VerwandtschVerh erlöschen u das angen Kind des Annehmden in jeder Hins gleichsteht, also eine Volladoption eintritt, vgl Klinkhardt IPRax **87**, 158; dies gilt insbes für die mit der Adoption verbundenen **erbrechtlichen** Konsequenzen im Verh zur natürl Familie u zur Adoptivfamilie: dem Adoptionsstatut ist zu entnehmen, ob es zw Erbl u Adoptivkind zu einer so starken RBeziehg kommt, wie sie das Erbstatut f die gesetzl Erbf voraussetzt, BGH FamRZ **89**, 379, vgl ferner Müller NJW **85**, 2056, str, f grdsl Maßgeblichk des Erbstatuts noch KG FamRZ **83**, 98, grdsl auch **88**, 434 (and wenn Adoptionsstatut gesetzl ErbR versagt, krit Gottwald ebda), Beitzke Fschr f Firsching (1985) 19, ähnl Staud-Henrich Rz 70. Wird das angenommene Kind einem ehel gleichgestellt, so gilt f das RVerh z den AdoptivElt, v den unmittelb Statuswirkgen der Adoption abgesehen, das KindschStatut gem Art 19 II, hier also grdsl das Recht am jew gewöhnl Aufenth des Kindes (bei EhegAdoption, vgl dazu 3, gilt n Art 19 II 1 insow das jew gesetzl EhewirkgsStatut); die Anknüpfg der Folgen der Adoption im Eltern-Kind-Verhältn ist also wandelb.

3) Sonderregelung bei Ehegattenadoptionen. a) Die Adoption dch einen Eheg oder gemeins dch beide Eheg unterliegt im Interesse der FamilienEinh n **Satz 2** dem gesetzl Ehewirkgsstatut zZ ihrer Vorn. Zur Anwendg gelangt also n Art 14 I Nr 1 in 1. Linie das gemeins HeimatR (bzw bei Staatenl u Flüchtlingen das gemeins Personalstatut) der Eheg zu diesem Ztpkt, in dessen Ermangelg das letzte gemeins HeimatR (bzw Personalstatut), sofern es von einem der Eheg beibehalten worden ist; bei Mehrstaatern ist dabei nur die in Art 5 I bezeichnete (dh effektivere bzw dtsche) Staatsangehörig z berücksichtigen. In 2. Linie ist als Adoptionsstatut gem Art 14 I Nr 2 das Recht des Staates berufen, in dem beide Eheg zZ der Adoption ihren gewöhnl Aufenth haben, z Begr vgl Art 5 Anm 4, bzw bei dessen Fehlen zuletzt gehabt haben, sofern einer der Eheg diesen gewöhnl Aufenth beibehalten hat. Bei Versagen auch dieser Anknüpfg beurteilt sich die EhegAdoption n S 2 iVm Art 14 I Nr 3 in 3. Linie n dem Recht des Staates, dem die Eheg z maßg Ztpkt auf and Weise gemeins am engsten verbunden sind, vgl dazu Art 14 Anm 2 d. Ein v den Eheg dch **Rechtswahl** gem Art 14 II–IV best Ehewirkgsstatut ist bei der Anknüpfg des Adoptionsstatuts n S 2 **nicht** z berücksichtigen. **b)** Für den **Anwendungsbereich** des Adoptionsstatuts gelten grdsl keine Besonderheiten, vgl dazu Anm 2 b. Zu den Voraussetzgen der Adoption, welche n dem v S 2 berufenen Recht z beurteilen sind, gehört auch die Frage, ob Eheg grdsl nur gemeinschaftl adoptieren können u welche Ausnahmen hiervon ggf bei einer Stiefkindadoption gelten (wie n § 1741 II). Die Folgen der Adoption in der Eltern-Kind-Beziehg (abgesehen v den n dem Adoptionsstatut z beurteilden Statuswirkgen) unterliegen bei der Ehegattenadoption n Art 19 II 1 dem jew gesetzl Ehewirkgsstatut, das häufig, aber nicht immer mit dem als Adoptionsstatut unwandelb festgeschriebenen gesetzl Ehewirkgsstatut n S 2 iVm Art 14 I zusfallen wird.

4) Internationales Verfahrensrecht. a) Die **internationale Zuständigkeit** der dtschen Gerichte in Adoptionsangelegenh ist n **FGG 43 b I** gegeben, wenn der Annehmde, einer der annehmden Eheg od das Kind entweder Dtscher iSv GG 116 I ist od seinen gewöhnl Aufenth im Inland hat; voraussichtl Anerkenng einer im Inland vollzogenen Adoption in dem Staat, dessen Recht als Adoptionsstatut maßg ist, ist nicht erfdl, vgl dazu Ordelheide DAVorm **87**, 589; bei RückkehrAbs aller Beteil in den betr Staat kann die mit Sicherh z erwartde Nichtanerkenng aber das RSchutzbedürfn entfallen lassen. Die in FGG 43 b I begründete internat Zustdgk der dtschen Ger ist nicht ausschl; dies gilt auch f die Adoption eines dtschen Kindes. Das Problem der sog wesenseigenen Zustdgk, wenn ein ausl Adoptionsstatut eine weitergehde Prüfg verlangt als § 1754 II aF, hat sich dch die Reform des AdoptionsR dch Ges vom 2. 7. 76 erledigt, vgl § 1741. Folgt das maßg fremde Adoptionsstatut dem sog VertrSystem, verlangt aber eine gerichtl Bestätigg des AdoptionsVertr, so kann das zust dtsche Ger in analoger Anwendg der f den Beschl iSv § 1752 I geltden VerfVorschren in FGG 56 d, 56 e u 56 f auch die Bestätigg vornehmen, vgl BT-Drucks 10/504 S 105 u BT-Drucks 10/5632 S 44. Zur Vornahme einer Minderadoption dch dtsche Gerichte Wohlgemuth ROW **88**, 90. **b)** Bei der **Anerkennung** einer im **Ausland** vorgenommenen Adoption, vgl dazu Hepting StAZ **86**, 305, Klinkhardt IPRax **87**, 157, ist zu unterscheiden, ob es sich um ein bloßes RGesch (wie n dem reinen VertrSystem) handelt, od ob die Adoption dch einen gerichtl od behördl Staatsakt vollz wurde (wie insb n dem Dekretsystem). **aa)** Die Wirksk einer im Ausland dch **Rechtsgeschäft** vorgenommenen Adoption setzt die Einhaltg der WirkskVoraussetzgen des n Art 22 z Anwendg berufenen Rechts voraus; bei dtschem Adoptionsstatut ist eine solche Adoption also unwirks, § 1752, wie hier Hepting StAZ **86**, 307, vgl auch LG Bln StAZ **86**, 70, aM Beitzke, Einbindg aaO 6, Sturm StAZ **87**, 181; das im Ausland vorgenommene RGesch kann aber ggf die n dtschem Recht vorgeschr Einwilliggen enth. Eine im Inland dch RGesch vorgenommene Adoption ist wg des auch verfahrensr Charakters des § 1752, vgl oben Anm 2 b, auch dann unwirks, wenn das n Art 22 z Anwendg berufene Recht auf dem VertrSystem beruht; z Wirksk im dtschen RBereich ist ein entspr Beschl der VormschG erfdl, der auch den Charakter einer Bestätigg des AdoptionsVertr haben kann, vgl oben Anm 4 a. **bb)** Stellt die im Ausland vollzogene Adoption eine **ausländische Entscheidung** eines Ger od einer Behörde dar, wie im Fall eines Adoptionsdekrets aber auch einer gerichtl Bestätigg des AdoptionsVertr, so hängt ihre Anerkenng v der Erfüllg der Voraussetzgen des **FGG 16 a** ab; vgl dazu Art 19 Anm 4 b; ein förmliches **Anerkennungsverfahren** wie bei ausl ScheidgsUrt n FamRÄndG Art 7 § 1, vgl Art 17 Anm 7 b, ist nicht vorgesehen, vgl dazu BGH FamRZ **89**, 378, krit Schurig IPRax **86**, 221, ferner Hepting StAZ **86**, 313, Geimer Fschr Ferid (1988) 110, bei Eintragen in das FamBuch kann der Standesbeamte in Zweifelsfällen n PStG 45 II die Entsch des Ger einholen. Die Anerkenng setzt insb die internat Zustdgk der Ger (bzw Behörden) des ausl Staates aGrd spiegelbildl Anwendg der entspr dtschen Vorschren zZ der ausl Entscheidg bzw, soweit diese anerkenngsfreundlicher, zZ der Anerkenng, Klinkhardt IPRax **87**, 160, Hepting IPRax **87**, 162, voraus, jetzt also FGG 16 a Nr 1 iVm 43 b I; ausr ist also, daß der Annehmde, einer der annehmden Eheg od das Kind zZ der Adoption entweder die Staatsangehörig des EntschStaates besitzt od seinen gewöhnl Aufenth in diesem Staat hat. Erfdl ist ua ferner, daß die Anerkenng der Entsch nicht gegen den dtschen ordre public verstößt, FGG 16 a Nr 4, zB ausschl dem Zweck dient, dem Kind ein AufenthBerechtigg im Inland zu verschaffen, vgl BVerwG StAZ **87**, 20, zur ordre public-Widrigk ausl Scheinadoptionen auch Sturm Fschr f Firsching, 1985 S 316; unter dem Blickwinkel des ordre public ist vorbehaltl des FGG 16 a Nr 2 auch z prüfen, ob das ausl AdoptionsVerf rechtsstaatl Grdsen entspr, Beitzke, Einbindg aaO 3, vgl auch Zweibr StAZ **85**, 132, BVerwG StAZ **87**, 20, zB Zust der leibl Eltern od des Eheg des Annehmden vorliegt, abw LG Nürnb IPRax **87**, 179, Klinkhardt ebda 161. Dagg setzt die Anerkenng **nicht** voraus, daß die Adoption n dem v Art 22 berufenen Adoptionsstatut vorgenommen wurde; dies gilt auch dann, wenn danach dtsches Recht anzuwenden war; jedoch ist eine unter Verletzg v Art 23 im Ausland vollzogene Adoption eines dtschen Kindes n FGG 16 a Nr 4 nicht anzuerkennen, aM LG Offenbg StAZ **88**, 355, Klinkhardt IPRax **87**, 160; die versäumte Einwilligg des Kindes od deren vormundschgerichtl Genehmigg kann jedoch nachgeholt werden, vgl BayObLG **57**, 25, Celle NJW **65**, 44, Jayme StAZ **76**, 4. Die Anerkenng erstreckt die im ausl Adoptionsdekret ausgesprochenen Wirkgen auf das Inland, BayVGH StAZ **89**, 289; daher keine Transformation ausl schwacher Adoption in dtsche Volladoption, AG Schöneberg IPRax **83**, 190 (dazu Jayme ebda 169), AG St. Ingbert StAZ **83**, 317, Zweibrücken StAZ

85, 132, Hepting StAZ **86**, 308; eine solche Adoption verstößt auch nicht gg den dtschen ordre public, Zweibrücken StAZ **85**, 132, Voss StAZ **84**, 95, Hepting StAZ **86**, 308, Klinkhardt IPRax **87**, 158, aM AG St. Ingbert aaO, zust Jayme IPRax **84**, 43, ebsowenig eine ausl Volladoption, die vor der Reform des dtschen AdoptionsR dch das G vom 2. 7. 76 vorgenommen wurde, BGH FamRZ **89**, 380. Zur Problematik der Anerkenng ausl Inkognito-Adoptionen Hepting IPRax **87**, 161. **cc)** Ist zweifelh, ob die Voraussetzgen der Anerkenng einer im Ausland vorgenommenen Adoption erfüllt sind, so kann die Adoption mit Wirkung ex nunc **im Inland wiederholt** werden, AG Miesbach IPRspr **79** Nr 130, LG Köln NJW **83**, 1982, Ravbg StAZ **84**, 39, AG Ibbenbüren IPRax **84**, 221, AG Hagen IPRax **84**, 279, AG Höxter IPRax **87**, 124, Lüderitz Fschr f Beitzke (1979) 602, Jayme StAZ **79**, 205, Kronke IPRax **81**, 184, MüKo-Klinkhardt Rdz 215, Staud-Henrich Rz 101, Schurig IPRax **84**, 25, Voss StAZ **84**, 94, abl Beitzke StAZ **80**, 37.

5) Adoption als Vorfrage im deutschen Staatsangehörigkeitsrecht; vgl dazu v Mangoldt StAZ **81**, 313, **85**, 301, Hepting StAZ **86**, 310, Hecker StAZ **88**, 98. **a)** Nach RuStAG 6 erwirbt ein Kind, das im Ztpkt des AnnahmeAntr das 18. LebensJ noch nicht vollendet hat, mit einem n dtschem Recht wirks Adoption dch einen Dtschen die dtsche Staatsangehörigk; bei gemeinschaftl Annahme dch ein Ehepaar genügt die dtsche Staatsangehörigk eines Eheg. Daß die Adoption selbst n dtschem Recht vorgenommen wird, verlangt RuStAG 6 nicht; es genügt, daß es sich um eine Volladoption handelt, vgl Hepting StAZ **86**, 310, Klinkhardt IPRax **87**, 159, die n dem v Art 22 berufenen Adoptionsstatut wirks ist bzw gem FGG 16a anzuerkennen ist, BayVGH StAZ **89**, 287, vgl dazu oben 4b.

b) Ein Dtscher gleich welchen Lebensalters **verliert** dch wirks (nicht also bei Fehlen der n Art 23 erfdl Einwillig, vgl Anm 4bbb) Adoption dch einen Ausl die dtsche Staatsangehörigk, sofern er dadch die Staatsangehörigk des Annehmden erwirbt; der Verlust tritt nicht ein, wenn der Angenommene mit einem dtschen EltT verwandt bleibt, RuStAG 27; diese Voraussetzg ist auch bei gemeinschaftl Annahme dch einen ausl u einen dtschen Eheg erfüllt, vgl Begr des RegEntw BT-Drucks 7/3061 S 67.

EG 23 **Zustimmung.** Die Erforderlichkeit und die Erteilung der Zustimmung des Kindes und einer Person, zu der das Kind in einem familienrechtlichen Verhältnis steht, zu einer Abstammungserklärung, Namenserteilung, Legitimation oder Annahme als Kind unterliegen zusätzlich dem Recht des Staates, dem das Kind angehört. Soweit es zum Wohl des Kindes erforderlich ist, ist statt dessen das deutsche Recht anzuwenden.

1) Allgemeines. a) Art 23 enth eine **ergänzende** kollisionsr **Sonderregelung** f best RVorgänge, die den Status eines Kindes verändern (VaterschAnerkenntn, Legitimation, Adoption) od eine solche Veränderg zumind vorspiegeln (Einbenenng). Wg der großen Bedeutg, die derartige **statusverändernde** Vorgänge f das Kind als Hauptbetroffenen haben, werden die **Zustimmungserfordernisse** zusätzl auch dem HeimatR des Kindes (S 1) od, wenn dies dem Interesse des Kindes besser entspr, stattdessen auch dem dtschen Recht unterstellt (S 2). Art 23 ist eine Weiterentwicklg der in EG 22 II aF getroffenen Regelg z einer allseitigen Kollisionsnorm mit erweitertem Anwendungsbereich. Sie läßt die elternbezogenen Anknüpfgen unberührt, welche die f die betr RVorgänge anzuwendenen Kollisionsnormen der Art 10 I u VI, 20 I, 21 u 22 verwenden. Die Voraussetzgen der Einbenenng, AbstammgsErkl, Legitimation od Adoption sind also dem jew Namens-, Abstammgs-, Legitimations- od Adoptionsstatut z entnehmen; dies gilt **auch** f die ZustErfordernisse in der Pers des Kindes od eines Dritten. Art 23 beruft diese ZustErfordernisse **zusätzlich** auch das HeimatR des Kindes (bzw das dtsche Recht); diese ROrdngen sind also insow **kumulativ** neben dem an sich maßg GrdStatut der Art 10 I u VI, 20 I, 21 u 22 anzuwenden. Durch diese Kumulation v ZustErfordernissen sollen die Interessen des Kindes wenigstens in ihrem Kernbereich geschützt w, auch wenn das f die Statusänderg maßg familienrechtl GrdStatut an Anknüpfgen fest, die elternbezogene Anknüpfgen verwenden. Die Zusatzanknüpfg in Art 23 S 1 läuft leer, wenn das HeimatR des Kindes im konkreten Fall mit dem f die Statusänderg geltden Statut zusfällt. Dagg behält die in S 2 vorgesehene Anwendg dtschen Rechts auch in diesem Fall ihre Bedeutg, vgl dazu Anm 3. **b)** Soweit Art 23 S 1 auf das HeimatR des Kindes verweist, sind **Rück-** und **Weiterverweisung** dch dieses Recht gem Art 3 I 2 **nicht** zu beachten (Sachnormverweisg, vgl Art 3 Anm 2d), BayObLG FamRZ **88**, 868, aM AG Bielefeld IPRax **89**, 172, Staud-Henrich Rz 6, Jayme IPRax **89**, 157 u fr Aufl. Bei Mehrstaatern, Staatenlosen u Flüchtlingen gilt Art 5 mit Anhang. **c)** Im **innerdeutschen** KollisionsR gilt Art 23 entspr; an Stelle des HeimatR ist das jew dtsche Personalstatut des Kindes maßg; z dessen Bestimmg vgl Anh z Art 3 Anm 2. Dtsches Recht iSv Art 23 S 2 ist nur das Recht der BRep.

2) Grundsatz. a) Art 23 Satz 1 beruft das HeimatR (Personalstatut) des Kindes bei Statusverändergen ergänzend z Anwendg f die Notwendigk u die Erteilg der **Zustimmung** (Einwilligg od Genehmigg) des Kindes od eines Dritten, z welchem es in einem familiär Verh steht, insb eines EltT; dabei ist auf die Staatsangehörigk des Kindes im Ztpkt der Erteilg der Zustimmg abzustellen; eine dch die Statusveränderg erworbene Staatsangehörigk bleibt außer Betr, Ffm NJW **88**, 1472. Hierher gehören neben der Erfdlk überh auch die WirkskVoraussetzgen der Zust (soweit sie nicht, wie die GeschFgk od Form, als Vorfragen selbstd anzuknüpfen sind, verworren Rottw DAVorm **89**, 717) einschl ihrer Ersetzbk u ggf ihrer gerichtl od behördl Genehmiggsbedürftigk, sowie des Ztpkts, in welchem diese Voraussetzgen vorliegen müssen. Verlangt das HeimatR (Personalstatut) des Kindes die Mitwirkg seines gesetzl Vertreters, so ist auch dies z beachten; wer der gesetzl Vertreter ist, ist eine n Art 19 II, 20 II u 24 I selbstd anzuknüpfde Vorfrage, zweifelnd Dörner JR **88**, 271, aM Staud-Henrich Rz 10 (Maßgeblichk des HeimatR des Kindes); Zust eines EltT als gesetzl Vertr schließt die pers Zust dieses EltT ein, Ffm StAZ **89**, 115. Nach dem HeimatR (Personalstatut) des Kindes beurteilen sich auch die RFolgen des Fehlens od eines Mangels der Zust, vgl LG Nürnb IPRax **87**, 180. Ist danach die betr Statusveränderg unwirks, so h es damit sein Bewenden, auch wenn sie n dem im übr berufenen GrdStatut (Namens-, Abstammgs-, Legitimations- od Adoptionsstatut) an sich wirks zustandegekommen wäre. **b)** Art 23 betrifft **Abstammungserklärungen,** dh v allem das VaterschAnerkenntn, aber auch das MutterschAnerkenntn, deren Wirksk im übr kumulativ n dem v Art

20 I berufenen Recht z beurteilen ist, vgl dort Anm 2; ferner **Namenserteilungen,** insb dch Einbenenng eines nehel Kindes dch die Mutter u deren Ehemann, aber auch die Namenserteilg dch den nehel Vater (z dem im übr kumulativ anwendb Namensstatut vgl Art 10 Anm 5); sowie **Legitimation,** einschl VaterschAnerkenng mit Standesfolge u Legitimanerkenng (z anwendb Recht vgl Art 21 Anm 2 u 3) u **Adoption** (z anwendb Recht vgl Art 22 Anm 2 u 3); f analoge Anwendg bei Aufhebg einer Adoption Jayme IPRax **88,** 251. **c)** Ist das Kind **Dtscher** iSv GG 116 I od besitzt es sonst dtsches Personalstatut, so sind f die Zust z **Vaterschaftsanerkennung** also neben den Voraussetzgen des n Art 20 I berufenen Abstammgsstatuts etwa auch §§ 1600 c–1600 f anzuwenden, f die Zust z **Einbenennung** neben den Voraussetzgen des v Art 10 I u VI berufenen Rechts auch § 1618, f die Zust z **Legitimation** neben dem Legitimationsstatut gem Art 21 auch §§ 1726–1729 u 1740 b (dies gilt entspr auch bei den im dtschen Recht unbekannten Legitimationsarten der VaterschAnerkennung mit Standesfolge u der Legitimanerkenng, vgl dazu Art 21 Anm 3a, die wg der erhebl statusr Auswirkgen aGrd rechtsanaloger Anwendg v §§ 1723, 1740a I, 1746 I der Mitwirkg des VormschG dch vormschgerichtl Gen bedürfen, BGH FamRZ **82,** 52, vgl ferner Ffm NJW **76,** 1592, Düss StAZ **76,** 361, AG Duisburg StAZ **80,** 335, LG Bln DAVorm **84,** 939, Winkler v Mohrenfels RabelsZ **84,** 362, aM Kln OLGZ **76,** 300, DAVorm **79,** 446 [aufgegeben IPRspr **82** Nr 98], Jayme/Goussous IPRax **82,** 179 [mit Erwiderg v Kohler IPRax **83,** 171], Voss StAZ **85,** 62 [außer bei einer isolierten Legitimanerkenng ohne Ehe der Kindseltern], ebso Klinkhardt IPRax **85,** 197, ders DAVorm **87,** 289; dabei ist z prüfen, ob die Statusänderg dem Wohl des Kindes entspricht) u f die Zust z **Adoption** neben dem n Art 22 berufenen Recht auch §§ 1746, 1747 u 1750 (dabei ist insb auch das Erfordern der vormschgerichtl Genehmigung gem § 1746 I 4 z beachten, welches bish in der Sachnorm des EG 22 II 2 enth war, vgl dazu Krzywon BWNotZ **87,** 58; sie kann aber dch ein ausl Adoptionsdekret ersetzt werden, wenn dieses nach Prüfg des Kindeswohls ergangen ist u auch insow die Voraussetzgen für eine Anerkennung vorliegen, BGH FamRZ **89,** 380).

3) Ausnahme. Nach **Satz 2** sind die ZustErfordernisse ausnahmsw statt n dem HeimatR (Personalstatut) des Kindes n **deutschem** Recht, vgl dazu Anm 2c, zu beurteilen, soweit es z Wohl des Kindes erfdl ist. Die Heranziehg dtschen Rechts kommt insb (aber nicht allein) bei **Inlandsadoptionen** v AuslKindern aus der 3. Welt (etwa auch in Form der Wiederholg einer Auslandsadoption, deren AnerkenngsFgk zweifelh ist, vgl Art 22 Anm 4 b cc) in Betr, wenn die ZustErfordernisse des HeimatR nicht od nur mit unverhältnismäß großen Schwierigkeiten erfüllt werden können; dabei ist insb an die Ersetzg der Einwillig eines EltT n § 1748 z denken, BayObLG FamRZ **88,** 868. Voraussetzg f die Anwendg der einschlägigen dtschen Vorschren ist aber, daß dies z **Wohl des Kindes** erfdl ist, insb um ihm die Eingliederg in eine Pflegefamilie z ermögl, in deren Obhut es sich bereits befindet, vgl dazu BayObLG FamRZ **88,** 870, auch AG Lübbecke mAv Jayme IPRax **87,** 327, Wohlgemuth ROW **88,** 380. Bei der Prüfg des Vorliegens dieser Voraussetzg sind strenge Maßstäbe anzulegen; S 2 ist eine AusnVorschr, die eng auszulegen ist, Celle StAZ **89,** 9. Im übr kommt die Anwendg dieser Vorschr jedoch auch dann in Frage, wenn das HeimatR (Personalstatut) des Kindes mit dem f die Statusänderg maßg familienr GrdStatut zufällt, vgl dazu Anm 1 a.

EG 24 **Vormundschaft und Pflegschaft.** [I] Die Entstehung, die Änderung und das Ende der Vormundschaft und Pflegschaft sowie der Inhalt der gesetzlichen Vormundschaft und Pflegschaft unterliegen dem Recht des Staates, dem der Mündel oder Pflegling angehört. Im Fall einer Entmündigung nach Artikel 8 kann die Vormundschaft nach deutschem Recht angeordnet werden; anstelle dieser Maßnahmen kann auch eine Pflegschaft nach § 1910 des Bürgerlichen Gesetzbuchs angeordnet werden.

[II] Ist eine Pflegschaft erforderlich, weil nicht feststeht, wer an einer Angelegenheit beteiligt ist, oder weil ein Beteiligter sich in einem anderen Staat befindet, so ist das Recht anzuwenden, das für die Angelegenheit maßgebend ist.

[III] Vorläufige Maßregeln sowie der Inhalt der angeordneten Vormundschaft und Pflegschaft unterliegen dem Recht des anordnenden Staates.

1) Allgemeines. a) Im Ggs z EG 23 aF, der unmittelb nur die internat Zustdgk der dtschen VormschGe in Vormsch- u PflegschSachen betraf, vgl dazu Anm 3a, best Art 24 das auf Vormsch u Pflegsch anwendb Recht. **b)** Soweit dabei auf das HeimatR des Schützlings verwiesen wird, Abs 1 S 1, sind **Rück- und Weiterverweisung** gem Art 4 I z beachten; mittelb kann eine Rück- od Weiterverweisg auch bei der Anwendg des f die Sache maßg Rechts eine Rolle spielen, Abs 2. Auch der Vorrang der Einzelstatuts gem Art 3 III ist z beachten, vgl dort Anm 4 b. **c)** Art 24 gilt entspr auch im **innerdeutschen** KollisionsR; an Stelle seines HeimatR ist das dtsche Personalstatut des Schützlings maßg; z dessen Bestimmg vgl Anh z Art 3 Anm 2; unter dem dtschen Recht iSv Abs 1 S 2 ist nur das Recht der BRep z verstehen. **d)** Art 24 wird in weitem Umfang dch **staatsvertragliche** Sonderregelgen verdrängt. Zu beachten sind insb das **deutsch-österreichische Vormundschaftsabkommen,** das **Haager Abkommen zur Regelung der Vormundschaft über Minderjährige** u das **Haager Minderjährigenschutzabkommen,** vgl Anh 1–3. Da die Anordng einer Vormsch, Pflegsch od Beistandsch SchutzMaßn iS des zuletzt genannten Übk sind, vgl dessen Art 1 Anm 3, **entfällt** insow die **Anwendbkeit** v Art 24 bei Minderjährigen mit **gewöhnlichem Aufenthalt** im **Inland.** Der Anwendungsbereich der Vorschr beschr sich daher im wesentl auf Vormschen u Pflegschen über Volljährige, sowie auf kraft Ges eintretde Vormschen u Pflegschen über Minderjährige, soweit diese nicht nach Art 20 II zu beurt sind, vgl Anm 2 b bb.

2) Anknüpfung. a) Nach **Absatz 1 Satz 1** unterliegen die Voraussetzgen des Eintritts, der Inhalt, die Änderg u das Ende (insb Beendiggsgründe u Aufhebg) einer Vormsch od Pflegsch dem HeimatR des Schützlings; z Anknüpfg bei Mehrstaatern, Staatenl u Flüchtlingen vgl Art 5 mit Anh; z Ermittlgspfl bei konkreten Anhaltspkten f eine ausl Staatsangehörigk des Betroffenen vgl BayObLG IPRax **85,** 354. Diese Regelg gilt grdsl f Vormschen u Pflegschen aller Art, gleichgült, ob sie auf Anordng beruhen od kraft Gesetzes eintreten; sie gilt darüber hinaus auch f verwandte RInstitute wie die Beistandsch, nicht dagg auch f öffentlrechtl Maßn wie die Fürsorgeerziehg, vgl Hamm ZBlJR **65**, 111; im Verh z Österreich ist hier das Abk über Fürs u JWPflege vom 17. 1. 66, BGBl **69** II 2 nebst DurchfVereinbarg vom 28. 5. 69, BGBl II 1285 z beachten; beides in Kr seit 1. 1. 70, Bek vom 11. 8. 69, BGBl II 1550. **b)** Im einz ergeben sich aber bei den versch Arten der Vormsch od Pflegsch gewisse Besonderheiten: **aa)** Eine **angeordnete** Vormsch, Pflegsch od Beistandsch unterliegt in Entstehg, Änderg u Beendigg n Abs 1 S 1 dem HeimatR (Personalstatut) des Schützlings, soweit keine staatsvertragl Sonderregelg eingreift, vgl Anm 1 d; eine **Ausnahme** gilt n Abs 1 **Satz 2** im Falle der **Entmündigung** eines **Ausländers** n dtschem Recht gem Art 8; hier kann als Folge-Maßn auch eine Vormsch n dtschem Recht (§§ 1896 ff) angeordnet werden; an Stelle einer Entmündigg n Art 8 u der Anordng einer Vormsch kann als mildere Maßn auch eine **Gebrechlichkeitspflegschaft** n § 1910 angeordnet werden. Der **Inhalt** einer angeordneten Vormsch od Pflegsch, dh ihre Fähigk, Auswahl u Bestellg des Vormunds od Pflegers, seine Pflichten u Befugnisse, insb der Umfang seiner Vertretgsmacht, sowie seine Kontrolle dch das VormschGer, zB Erfordernis der Genehmigg z EhelkAnfechtg, LG Bln StAZ **80**, 23 (keine SchutzMaßn iS des MSA, vgl dort Art 1 Anm 3), unterliegt n **Absatz 3** dem Recht des anordnenden Staates, bei Anordng im Inland also dtschem Recht, sonst dem jew fremden lex fori. **bb)** Eine **kraft Gesetzes** eintretde Vormsch od Pflegsch unterliegt grdsl in vollem Umfang dem HeimatR (Personalstatut) des Schützlings gem Abs 1 S 1. Eine **Sonderregelung** gilt aber f ausl **nichteheliche Kinder** mit gewöhnl Aufenth im Inland, insow ebso Staud-Kropholler Rz 42; n Art 20 II unterliegen sie hinsichtl der elterl Sorge u deren Einschränkgen dem dtschen Recht, insb § 1706; sie stehen daher unter der ges Amtspflegsch bzw Amtsvormsch des Jugendamts, JWG 40 I, IV, 41; Entstehg, Inhalt, Änderg u Beendigg dieser ges Amtspflegsch od AmtsVormsch unterliegen daher in Abweichg v Abs 1 S 1 nicht dem HeimatR des Kindes, sond gem Art 20 II iVm JWG 40 f dem **deutschen** Recht, ebso Hbg DAVorm **87**, 707, **88**, 928, Stgt FamRZ **88**, 431, BayObLG **88**, 76, Celle FamRZ **88**, 646, LG Bln FamRZ **89**, 894, DAVorm **89**, 332, Stgt FamRZ **89**, 896, LG Stgt DAVorm **89**, 521, Heldrich Fschr Ferid (1988) 133, sehr str, vgl dazu näher Art 20 Anm 3. **c)** Ist f einen **unbekannten** od wg **Auslandsaufenthalts** an der Besorgg seiner Angelegenheiten verhinderten Beteil eine Pflegsch z bestellen (wie n §§ 1911 II, 1913), so unterliegt diese n **Absatz 2** dem f die betr Angelegenh maßg Recht, zB Erbstatut. **d)** Für **vorläufige Maßregeln**, zB Hinterlegg v Geld u Wertpapieren, Inventarerrichtg, gilt n **Absatz 3** ausschl das Recht des anordnenden Staates; Vormsch u Pflegsch sind keine vorläuf Maßregeln; dies gilt auch f die vorl Vormsch, vgl Hamm FamRZ **73**, 316, BayObLG IPRspr **71** Nr 112; f sie gelten die Regeln zu b aa.

3) Internationales Verfahrensrecht. a) Die **internationale Zuständigkeit** f Verrichtgen, die eine Vormsch, Pflegsch od Beistandsch betreffen, ist nunmehr in **FGG 35a** geregelt; danach sind die dtschen Ger zust, wenn der Schützling entw Dtscher ist od seinen gewöhnl Aufenth im Inland hat (Abs 1), unabh v diesen Voraussetzgen ferner auch insow als der Schützling der Fürsorge dch ein dtsches Ger bedarf (Abs 2); diese Zustdgken sind nicht ausschl (Abs 3). **b)** Die **Anerkennung** einer im Ausland erfolgten Anordng od Aufhebg einer Vormsch od Pflegsch ist n FGG 16a z beurteilen, vgl dazu Art 19 Anm 4 b.

Anhang zu Art 24
(Staatsverträge)

1) Übereinkommen über die Zuständigkeit der Behörden und das anzuwendende Recht auf dem Gebiet des Schutzes von Minderjährigen v. 5. 10. 1961, BGBl **71** II 217 **(MSA)**.

a) Vorbemerkungen

Schrifttum: Ferid RabelsZ **62/63**, 428; Kropholler, Das Haager Abk üb den Schutz Mj, 2. Aufl 1977; ders NJW **71**, 1721 u **72**, 371, ZfRV **75**, 207; Wuppermann FamRZ **72**, 247; ders FamRZ **74**, 414; Firsching RPfleger **71**, 383; Siehr DAVorm **73**, 253, **77**, 219; Luther FamRZ **73**, 406; Jayme JR **73**, 177; Schurig FamRZ **75**, 459; Sturm NJW **75**, 2121; Stöcker DAVorm **75**, 507; Ahrens FamRZ **76**, 305; Schwimann JurBl (österr) **76**, 233; Goerke StAZ **76**, 267; Henrich Fschr f Schwind (1978) 79; Schwimann FamRZ **78**, 303; Jayme FamRZ **79**, 21; Böhmer/Siehr, FamR II 7.5; Staud-Kropholler Vorbem D z EG 18; Rahm/Paetzold Hdb VIII Rdz 280ff; Schwimann, Internat ZivilVerfR (1979) 82ff; Greif-Bartovics DAVorm **80**, 520; Siehr, IPRax **82**, 85; MüKo-Siehr, Nach Art 19 Anh II; Oberloskamp, Haager MSA, 1983, dieselbe ZfJ **85**, 221, **86**, 184 u 250; Soergel-Kegel Rdz 3 ff vor EG 18; Allinger, Das Haager MSA, 1988.

aa) Allgemeines. Das Abk ist f die BRep am 17. 9. 71 in Kraft getreten, Bek v 11. 10. 71, BGBl II 1150. Es gilt seit 4. 2. 69 ferner für die Schweiz (mit Vorbeh aus Art 15 I), Portugal, Luxemburg (mit Vorbeh aus Art 13 III u 15 I), seit 18. 9. 71 für die Niederlande und die niederländ Antillen, Bek v 22. 12. 71, BGBl **72** II 15 u 19. 3. 82, BGBl II 410 (betr Rückn v Vorbeh aus Art 13 III u 15 I, vgl dazu Sumampouw IPRax **84**, 170), seit 10. 11. 72 f Frankreich, Bek v 9. 11. 72, BGBl II 1558 (mit Vorbeh aus Art 15 I, Bek v 10. 10. 75, BGBl II 1495, zurückgenommen mit Wirkg v 28. 4. 84, Bek v 4. 4. 84, BGBl II 460), seit 11. 5. 75 f Österreich (mit Vorbeh aus Art 13 III), Bek v 22. 4. 75, BGBl II 699, seit 16. 4. 84 f die Türkei, Bek v 4. 4. 84, BGBl II 460, seit 21. 7. 87 auch für Spanien (mit Vorbeh aus Art 13 III), Bek v 29. 7. 87, BGBl II 449 u v 6. 9. 88, BGBl II 860. Das Inkrafttreten f Italien steht noch immer bevor, vgl Luther FamRZ **81**, 317. Die Reform des dtschen IPR dch das IPRG vom 25. 7. 86, BGBl 1142, hat die Geltg des Übk nicht berührt; im Ggs z and multilateralen StaatsVertren, vgl dazu Einleitg 5 b vor Art 3, wurden seine Vorschrn auch nicht in das EG eingearbeitet.

bb) Anwendungsbereich. Das Übk gilt **sachlich** f Maßn z Schutz der Pers u des Verm v Mj; z Begr derart Maßn vgl Art 1 Anm 3. In **persönlicher** Hins ist das Übk auf Mj (z Begr Art 12 mit Anm) anwendb, die ihren gewöhnl Aufenth, vgl dazu Art 1 Anm 2, in einem VertrStaat haben, Art 13; ob der Heimatstaat des Mj z den VertrStaaten gehört, ist gleichgült, da die BRep einen Vorbeh n Art 13 III nicht erkl hat; das

Übk ist desh auch im Verh z DDR anwendb, Art 13 Anm 1. **Zeitlich** ist das Übk auf die nach seinem Inkrafttr getroffenen Maßn anzuwenden, Art 17 I; es war aber auch noch in der RBeschwInst z berücksicht, BGH **60**, 68, BayObLG **72**, 292. Die Best des Übk gehen n Art 3 II 1 den allg Vorschr des EG vor; vor allem EG 19, 20 u 24 sind teilw dch das Übk ersetzt. Zum Verh z and StaatsVertren s MSA 18 mit Anm.

cc) **Grundregeln.** Das Übk trifft eine Regelg der internat Zustdgk u des anwendb R auf dem Gebiet des MjSchutzes. Dabei geht es vom sog **Gleichlaufsgrundsatz** aus: sachl maßg ist das innerstaatl R der zust Ger od Beh, Art 2. Eine wesentl Einschränkg der Anwendbk der lex fori ergibt sich aber aus der in Art 3 vorgesehenen Anerkenng ges GewVerhe. Da die internat Zustdgk n Art 1 in erster Linie den Beh des AufenthStaates zukommt, ist grdsl das **Recht des gewöhnlichen Aufenthalts** des Mj maßg, also nicht sein HeimatR wie n EG 24 u Haager VormschAbk Art 1; dieser Grds gilt auch f Maßn aGrd der Gefährdgs- od EilZustdgk n Art 8 u 9, vgl Erläut dort. Eine **Ausnahme** zG der Anwendbk des HeimatR des Mj schafft Art 3. – **Rück-** od **Weiterverweisung** sind im Anwendgsbereich des Übk nicht zu beachten, da seine Vorschr unmittelb auf das innerstaatl R verweisen, Zweibr FamRZ **74**, 153, Karlsr NJW **76**, 485, Kropholler, Haager Abk 24, vgl Art 3 Anm 1. **Vorfragen**, die nicht in unmittelb Zushang mit dem sachl Anwendgsbereich des Übk stehen, zB Bestehen einer Adopt, Ehelk des Kindes, sind selbstd anzuknüpfen, Zweibr aaO, Stgt FamRZ **76**, 359, NJW **80**, 1229; iü ist im Interesse der internat EntschEinklangs unselbstd Anknüpf geboten, vgl Einleit 9b vor EG 3; dies gilt zB f die Vorfrage n dem Bestehen elterl Sorge bei Anwendg v Art 3, Karlsr NJW **76**, 485; dahingestellt bei KG OLGZ **76**, 281. Soweit das Übk auf die Staatsangehörigk des Kindes abstellt, zB Art 3, 4, 12, entsch bei **Mehrstaatern** grdsl die effektivere Staatsangehörigk, EG 5 I 1, wenn eine der Staatsangehörigken die dtsche ist, entsch nur diese, EG 5 I 2, str, vgl Art 3 Anm 1a. Ist der Heimatstaat ein Mehrrechtsstaat, gilt Art 14 MSA. Zum Vorbeh des ordre public s Art 16 MSA.

b) **Text des Übereinkommens** (in der amtl dtschen Übersetzg des frz Originaltextes) mit **Erläuterungen:**

1 *[Internationale Zuständigkeit]* Die Behörden, seien es Gerichte oder Verwaltungsbehörden, des Staates, in dem ein Minderjähriger seinen gewöhnlichen Aufenthalt hat, sind, vorbehaltlich der Bestimmungen der Artikel 3, 4 und 5 Absatz 3, dafür zuständig, Maßnahmen zum Schutz der Person und des Vermögens des Minderjährigen zu treffen.

1) Allgemeines. Die Vorschr begründet die **internationale Zuständigkeit** der Ger od VerwaltgsBeh des **Aufenthaltsstaates** eines Mj f best SchutzMaßn. In Betr kommen in Dtschland vor allem das VormschG, das FamG u das JugAmt; z örtl Zustdgk s zB FGG 36ff, 43, ZPO 606, 621 II, JWG 11. Die Zustdgk ist nicht ausschließl, schließt also die Anerkenng einer Entsch des Heimatstaats des Mj nicht aus, selbst wenn dieser kein VertrStaat ist, KG OLGZ **75**, 172, BGH FamRZ **79**, 577. Die Zustdgk der Beh des AufenthStaates **entfällt** bei Bestehen eines **gesetzlichen Gewaltverhältnisses** iS des **Art 3**, soweit darin keine ausfüllgsfäh Lücke, vgl Art 3 Anm 2, u soweit keine Kompetenz wg ernstl Gefährdg des Mj n Art 8 od kr EilZustdgk in dringden Fällen n Art 9 besteht (sog HeimatRTheorie), BGH **60**, 68, FamRZ **84**, 686, Zweibr FamRZ **75**, 172, Stgt FamRZ **76**, 359, BayObLG IPRspr **78** Nr 87, **79** Nr 85, KG OLGZ **79**, 183, Düss FamRZ **80**, 728, Hbg DAVorm **83**, 151, Wuppermann FamRZ **74**, 418, Ahrens FamRZ **76**, 305, Kropholler ZfRV **75**, 213, **strittig**, aM Stgt NJW **85**, 566, Ferid IPR Rdz 8–231, Stöcker DAVorm **75**, 507, Sturm NJW **75**, 2121, jetzt auch Staud-Kropholler Vorbem z EG 18 Rdz 408f, Henrich Fschr f Schwind (1978) 82, Böhmer/Siehr Rdz 105, Siehr IPRax **82**, 88, MüKo-Siehr Rdz 109, Oberloskamp Rdz 167, ZfJ **85**, 225, Allinger MSA S 124, die die internat Zustdgk des AufenthStaates auch bei Bestehen eines ges GewVerh n dem HeimatR des Mj bejahen, soweit trotz Anerkenng dieses RVerh n dem AufenthR ein Bedürfn n einer SchutzMaßn besteht (sog Anerkenngstheorie). Die HeimatBeh des Mj können das im AufenthStaat anhäng Verf an sich ziehen, wenn das Wohl des Kindes ihrer Auffassg n das erfordert, Art 1 iVm **Art 4**; damit entfällt die Zustdgk des AufenthStaates, vgl Art 4 Anm 2; bei Verlegg seines gewöhnl Aufenth vom Heimatstaat in einen and VertrStaat bleiben die HeimatBeh f die Durchf der bish Maßn solange zust, bis die Beh des neuen AufenthStaates das Verf übernehmen, Art 1 iVm **Art 5 III**, vgl dort Anm 1. – Iü läßt **Aufenthaltswechsel** währd eines anhäng Verf zunächst gegebene internat Zustdgk entfallen u begründet neue, Hamm NJW **74**, 1053, FamRZ **89**, 1110, Düss FamRZ **74**, 641, Stgt NJW **78**, 1746, FamRZ **89**, 1111, KG Bingen IPRspr **85** Nr 73, aM KG NJW **74**, 424, Mü FamRZ **81**, 390; aber keine Aufhebg der SchutzMaßn eines TatsGer in der BeschwInst, wenn die internat Zustdgk bei Erl der AO noch gegeben u erst später dch AufenthWechsel weggefallen ist, BayObLG **76**, 25, vgl auch Hbg IPRax **86**, 386; bei Verlegg des gewöhnl Aufenth in einen NichtVertrStaat entfällt die Anwendbk des Abk, vgl Art 5 Anm 1. Dagg kann Begründg des gewöhnl Aufenth im Inland, Hamm FamRZ **88**, 864, od Erwerb der dtschen Staatsangehörigk dch den Mj u Entfallen eines bish bestehden GewVerh n dem fr HeimatR die dtsche internat Zustdgk noch in der BeschwInst begründen, BayObLG FamRZ **76**, 49, Düss NJW **76**, 1596. – Zum anwendb R s Art 2; z Begr des Mj Art 12.

2) Gewöhnlicher Aufenthalt. Die Zustdgk ist an den gewöhnl Aufenth des Mj geknüpft; dieser ist grdsl ebso z verstehen wie im autonomen dtschen KollisionsR, vgl dazu EG 5 Anm 4, mithin als der Ort des tatsächl Mittelpktes der Lebensführg des Mj, des Schwerpunkts seiner sozialen Bindgen, insb in familiärer u berufl Hins, BGH NJW **75**, 1068, **81**, 520 („Daseinsmittelpkt"), BayObLG **73**, 345, Kropholler NJW **71**, 1724; ein dahingehder Wille ist nicht erforderl („faktischer Wohns"), BGH NJW **81**, 520; auch der entggstehde Wille des Mj od eines EltT ist unbeachtl, Hbg FamRZ **72**, 514, LG Zweibr FamRZ **74**, 140, Kleve FamRZ **77**, 335, AG Bonn IPRspr **79** Nr 86, BayObLG DAVorm **84**, 931; jedoch wird dch zwangsw Unterbringg als solche, zB Strafhaft, gewöhnl Aufenth nicht begründet, Kropholler, Haager Abk 61. Zeitweil Unterbrechgen beenden den gewöhnl Aufenth nicht, wenn der Schwerpkt der Bindgen der Pers dadch nicht verändert wird, vgl zB Saarbr IPRspr **76** Nr. 76, Düss FamRZ **80**, 728, Stgt NJW **83**, 1981. Gewöhnl Aufenth erfordert eine gewisse Eingliederg in die soz Umwelt; als Indiz kann dabei die tats Dauer

Anh zu EGBGB 24 (IPR)

des Aufenth dienen (als Faustregel werden häuf etwa 6 Mo genannt, Hamm NJW **74**, 1053, Ffm IPRspr **74** Nr 93, Stgt NJW **78**, 1746, Mü FamRZ **81**, 389, Düss FamRZ **84**, 194), die im Zeitpkt der richterl Entsch z beurteilen ist, BGH NJW **81**, 520, abl Schlosshauer-Selbach FamRZ **81**, 536; ist der Aufenth v vornherein auf längere Dauer angelegt, so kann er aber auch schon mit seinem Beginn als gewöhnl Aufenth angesehen werden, BGH NJW **81**, 520, Bambg IPRspr **83** Nr 86, Hbg IPRax **86**, 386, **87**, 319, Hamm FamRZ **88**, 1198, Kropholler, Haager Abk 62; dies gilt nicht, wenn ein längerfrist Aufenth n fremdenr Best ersichtl unzul ist, LG Bln DAVorm **78**, 679 (betr offenb unbegründeten Asylantrag), vgl auch AG Duisbg ZfJ **89**, 433, offengelassen von Duisbg DAVorm **89**, 719. Zum Problem des Aufenth bei Internatsbesuch BGH NJW **75**, 1068, bei **Kindesentführung** vgl Siehr DAVorm **73**, 259, **77**, 219, IPRax **84**, 309, Böhmer/Siehr Rdz 8, Wuppermann FamRZ **74**, 416, Stöcker DAVorm **75**, 522, Henrich IPRax **81**, 125; Hüßtege, Der Uniform Child Custody Jurisdiction Act, 1982; Böhmer IPRax **84**, 242, Sturm Fschr Nagel (1987) 457 u Müller-Freienfels JZ **88**, 120 (betr in Vorbereit befindl internat Übk), Allinger MSA S 124ff. Dch eine Entführg des Kindes ohne od gg den Willen seines ges Vertr als solche wird der gewöhnl Aufenth nicht verändert, vgl auch ParallelVorschr in EG 5 III; da der Begr des gewöhnl Aufenth fakt, nicht rechtl geprägt ist, schließt eine Verlegg des gewöhnl Aufenth gg den Willen des Sorgeberecht jedoch nicht aus, daß der neue AufenthOrt des Kindes dch Eingliederg in die soz Umwelt z gewöhnl Aufenth wird, BGH NJW **81**, 520 mit abl Anm v Schlosshauer-Selbach FamRZ **81**, 536, BayObLG **81**, 246 (vgl dazu BayVerfGH IPRax **82**, 110 u Hüßtege ebda 95), DAVorm **84**, 931, Düss FamRZ **84**, 194, Oldbg IPRspr **82** Nr 89, Ffm IPRax **86**, 384, Karlsr IPRspr **86** Nr 83, Hbg ZfJ **88**, 94, Hamm FamRZ **88**, 1198, **89**, 1110, vgl dazu ferner Henrich IPRax **81**, 125, Hohloch JuS **81**, 460, Christian DAVorm **83**, 435, MüKo-Siehr Rdz 25, Oberloskamp Rdz 131, im gleichen Sinn bereits Stgt NJW **76**, 483, BayObLG IPRspr **76** Nr 67, SchlH SchlHA **78**, 54, IPRspr **80** Nr 93, Düss FamRZ **79**, 1066, AG Bonn IPRspr **79** Nr 86, Köln IPRspr **80** Nr 96 A, abw Karlsr NJW **76**, 485, FamRZ **79**, 840, offengelassen in BGH FamRZ **79**, 577, KG NJW **80**, 1226; an die Begr des neuen gewöhnl Aufenth sind jedoch strenge Anforderdgen z stellen, Hamm IPRax **86**, 45, FamRZ **89**, 1110; insb ist der entggstehde Wille des Sorgeberecht ein Indiz dafür, daß der neue Aufenth noch nicht auf Dauer angelegt ist, BGH NJW **81**, 520, Bambg IPRspr **83** Nr 86, Düss FamRZ **84**, 194.

3) Schutzmaßnahmen. Die Zustdgk erstreckt sich auf Maßn z Schutz der Pers u des Verm des Mj, die dch behördl od gerichtl Einzelakt zum Schutz eines best Kindes getroffen werden können. Der Begr ist weit z fassen; er umfaßt alle Maßn, die im Interesse des Kindes erfdl sind, BGH **60**, 68, u umschließt sowohl privr wie öffr Maßn, Jayme JR **73**, 177, nicht aber auch kr Ges eintretde RFolgen. In Betr kommen insb Entsch n § 1632 über die Herausg des Kindes v and Elternteil, Ffm FamRZ **72**, 266, Hbg FamRZ **72**, 514, Karlsr NJW **76**, 485, Düss FamRZ **80**, 728, Stgt NJW **85**, 566, od v einem Dritten, Zweibr OLGZ **81**, 146, BayObLG DAVorm **81**, 691, **84**, 931, FamRZ **85**, 737, Hamm DAVorm **81**, 921, Hbg FamRZ **83**, 1271, abw Staud-Kropholler Vorbem z EG 18 Rdz 279 u fr Aufl; über die Verkehrsregelg, §§ 1634 II, 1711, Stgt NJW **78**, 1746; Maßregeln n §§ 1666–1667, BayObLG **73**, 331 u 345, StAZ **77**, 137, IPRspr **78** Nr 88, Zweibr FamRZ **74**, 153, Hamm NJW **78**, 1747, Stgt FamRZ **80**, 1152, LG Hbg FamRZ **81**, 309; Übertr der elterl Sorge n Scheidg, § 1671, BGH **60**, 68, BayObLG **74**, 106, **78**, 115, KG FamRZ **74**, 144, u ihre Abänderg, § 1696, BayObLG IPRspr **78** Nr 87, **79** Nr 85 (auch in Abänd ausl SorgeREntsch, BGH IPRax **87**, 317, KG OLGZ **75**, 119, BayObLG **75**, 218, Ffm FamRZ **80**, 730, Karlsr Just **86**, 496) od bei Getrenntleben, § 1672, BGH NJW **81**, 520, FamRZ **84**, 686, BayObLG **74**, 186, BayObLG NJW **74**, 1053, FamRZ **88**, 864, KG FamRZ **77**, 475 (hier ist aber stets z prüfen, ob n dem HeimatR des Mj das SorgeR kr Gesetzes auf einen EltT übergeht, Art 3); einstw AOen gem ZPO 620 nF, SchlH SchlHA **78**, 54, Karlsr FamRZ **79**, 840, Düss FamRZ **84**, 194 (auch bei entggstehder einstw AO eines ausl Gerichts); Feststellg des Ruhens der elterl Sorge n § 1674, BayObLG **74**, 491 (and bei § 1673, BayObLG **76**, 198, da ledigl deklarator Bedeutg); Bestellg eines Beistands n § 1685, AO einer Pflegsch u Bestellg eines Pflegers, zB n § 1708, Stgt FamRZ **77**, 208, BayObLG StAZ **78**, 208, AO einer Vormsch u Bestellg eines Vormds, §§ 1773 ff, Entlassg eines Vormds, §§ 1886 ff, BayObLG DAVorm **88**, 277, AO einer ErgPflegsch, § 1909, BayObLG DAVorm **78**, 251, KG OLGZ **78**, 159, **82**, 175, LG Hbg IPRspr **81** Nr 90b, LG Stgt DAVorm **87**, 147, u Bestellg eines ErgPflegers; Entscheidg über religiöse Kindererziehg, vgl dazu Henrich Fschr f Kegel, 1987 S 197; ferner AO der ErzBeistandsch od der FürsErz, JWG 57, 65, 67, AG Ingolstadt DAVorm **76**, 596, vgl dazu Oberloskamp ZfJ **85**, 275, sowie Erziehgshilfen während der Berufsvorbereitg n JWG 5 u 6, VG Bln DAVorm **84**, 720, VGH BaWü FamRZ **85**, 1158; vormschger Gen z Unterbringg eines Kindes n § 1631b, AG Glückstadt FamRZ **80**, 824 mit Anm v Kropholler.

Keine Schutzmaßnahmen sind dagg grdsl Einzelmaßn z Überwachg v Eltern od z Durchf einer Vormsch od Pflegsch (insow best sich internat Zustdgk u anwendb R n den allg Regeln, zB EG 19 II, 20 II, 24 u FGG 35a, 43 I), so die vormschger Gen v RGesch, Staud-Kropholler Vorbem z EG 18 Rdz 308, Siehr DAVorm **73**, 263, grdsl auch Schwimann FamRZ **78**, 303, aM BayObLG IPRspr **85** Nr 87, Stöcker DAVorm **75**, 507, Böhmer/Siehr Rdz 38, MüKo-Siehr Rdz 50, Siehr IPRax **82**, 90 (aber AnnexZustdgk n Art 1 bei Gen, die als Folge einer vom AufenthStaat getroffenen SchutzMaßn notw wird, Staud-Kropholler aaO Rdz 310, noch weitergeh Schwimann aaO u Staud-Kropholler Rdz 313 ff, die dem Übk eine allg Zustdgk f DchführgsMaßn iRv ges GewVerhen entnehmen wollen, vgl dazu Oberloskamp Rdz 102 ff), ferner nicht vormschger Befreiungen v SchutzVorschr wie Befreiung v Erfordern der Ehemündigk, EheG 1 II, Erteilg des AuseinandSZeugn, EheG 9, aM Böhmer/Siehr Rdz 40, MüKo-Siehr Rdz 53, Zuweisg der Ehewohng an die Mutter, aM Karlsr IPRax **85**, 106, vgl dazu Henrich ebda 89. Ebsowenig gehören hierher die kraft Gesetzes (dh nicht dch behördl od gerichtl Einzelakt) eintretde Amtspflegsch des JugA, § 1709 iVm JWG 40, BayObLG **78**, 325, **88**, 76, LG Saarbr DAVorm **81**, 411, vgl dazu Kropholler IPRax **84**, 82, Düss DAVorm **88**, 193, LG Ffm DAVorm **88**, 468, Celle FamRZ **88**, 647, Kln DAVorm **88**, 470, sowie Traunst DAVorm **84**, 732 (unklar), offengelassen Kln DAVorm **88**, 470. AO der NachlPflegsch bei mj Erben, § 1960, Feststellg der Legitimation, PStG 31, Ffm FamRZ **73**, 468, EhelichErkl, § 1723, Entsch über die Anfechtg der Ehelk eines Kindes, KG OLGZ **77**, 452, Ausspr der Adopt, § 1752 I u Ersetzg der Einwilligg eines EltT dabei, § 1748, Berichtigg des Namenseintrags, LG Bochum IPRspr **76** Nr 85 A, Gen z Entlassg eines Mj aus der dtschen u zum Erwerb einer ausl Staatsangehörigkeit (RuStAG 19, 25), Art 3 ZustimmgsG, KG FamRZ **80**, 625.

4) Benachrichtigungspflicht ggü Beh des Heimatstaates n Art 11.

2 *[Anwendung des Aufenthaltsrechts]* **Die nach Artikel 1 zuständigen Behörden haben die nach ihrem innerstaatlichen Recht vorgesehenen Maßnahmen zu treffen.**
Dieses Recht bestimmt die Voraussetzungen für die Anordnung, die Änderung und die Beendigung dieser Maßnahmen. Es regelt auch deren Wirkungen sowohl im Verhältnis zwischen dem Minderjährigen und den Personen oder den Einrichtungen, denen er anvertraut ist, als auch im Verhältnis zu Dritten.

1) Sachl maßg ist das innerstaatl R der n Art 1 zust Beh **(Gleichlaufgrundsatz),** dh prakt das AufenthR. Die lex fori best über die **Voraussetzungen** einer SchutzMaßn, zB über die Zulässigk von Gewaltanwendg gg das sich der Herausgabe widersetzde Kind, BayObLG **85**, 145 (das dabei zu Recht auch die GrdRechte des grundrechtsmünd Kindes n dem dtschen AufenthR beachtet, krit dazu Knöpfel FamRZ **85**, 1211, Schütz FamRZ **86**, 528) od die Zulässigk der AO der FürsErz, einschl ihrer Abänderg od Aufhebg; sie entsch ferner über die **Wirkungen,** u zwar sowohl im InnenVerh, zB Haftg des Vormds ggü Mj, als auch im Verh z Dr, zB Vertretgsmacht des Vormds od Notwendigk einer vormschger Gen, II, vgl Kropholler, Haager Abk 111 f.

2) Sieht das innerstaatl R des AufenthStaates **keine Schutzmaßnahme** vor, da es v einem kr Gesetzes eintretden RZust ausgeht, zB der elterl Sorge der Mutter od der gesetzl Amtspflegsch des JA, so hat eine SchutzMaßn grdsl zu unterbleiben. Eine Ausn gilt, wenn das Kind nach dem maßg KindschStatut, vgl dazu Art 3 Anm 1 b, ohne SorgeBerecht, insb ohne gesetzl Vertr, ist. Da EG 20 II nunm ebenf auf das v Art 2 berufene Recht verweist, ist eine solche Diskrepanz allerd nur bei ehel Kindern aGrd der Regelanknüpfg gem EG 19 II 1 in seltenen Fällen denkb, vgl Heldrich Fschr Ferid (1988) 142. Der dtsche Richter hat dann in Anpassg die dtschen SachR den nach dtschem Recht kraft Gesetzes bestehenden Zustand dch eine entspr AO herzustellen, zB dem überlebden EltT nach dem Tod des and die elterl Sorge zu übertr; vgl dazu Hamm NJW **78**, 1749, BayObLG **78**, 332, FamRZ **83**, 948, Oldbg DAVorm **80**, 62, Kropholler ZfRV **75**, 212, Sturm NJW **75**, 2125, Oberloskamp ZfJ **85**, 225 (jeweils zum Problem der Übertragg der elterl Sorge auf die nehel Mutter, das nach der Neufassg von EG 20 II nicht mehr relevant ist), and Jayme StAZ **76**, 199, der z automat Eintritt des dtschen GewaltVerh dch unselbstd Anknüpfg einer Vorfrage im Rahmen von Art 2 II gelangt, im Erg ebso Kropholler IPRax **84**, 81, Staud-Kropholler Art 20 nF Rz 74; gg die Gleichsetzg eines gesetzl GewaltVerh mit einer SchutzMaßn vgl Karlsr NJW **76**, 485. Sollte das HeimatR des Kindes in Übereinstimmg mit dem Recht des AufenthStaates ein gesetzl GewaltVerh vorsehen, so wäre dies trotz Art 3 nicht zu beachten, da das Kind wg Fehlens eines SorgeBerecht nach dem KindschStatut in seiner Pers od in seinem Verm ernstl gefährdet ist, Art 8, vgl dazu Heldrich Fschr Ferid (1988) 140. – Z Anknüpfg v Vorfragen vgl oben Anh 1 a cc.

3 *[Nach Heimatrecht bestehende Gewaltverhältnisse]* **Ein Gewaltverhältnis, das nach dem innerstaatlichen Recht des Staates, dem der Minderjährige angehört, kraft Gesetzes besteht, ist in allen Vertragsstaaten anzuerkennen.**

1) Allgemeines. a) Die Vorschr begründet eine Verpfl aller VertrStaaten z Anerkenng v **Gewaltverhältnissen,** die n dem HeimatR des Mj **kraft Gesetzes** bestehen, zB elterl Sorge, AmtsVormsch. Es muß sich dabei um eine RBeziehg handeln, die ohne gerichtl od behördl Eingreifn unmittelb ex lege aus der ROrdng des Heimatstaates ergibt. Die Pflicht z Anerkenng erstreckt sich auch auf die den Inh des ges GewVerh konkretisierenden ausl RVorstellgen, LG Bln FamRZ **83**, 943, vgl dazu John FamRZ **83**, 1274. In Durchbrechg des GleichlaufsGrds wird das f die Beurteilg des Bestehens eines solchen RVerh anwendb R dch **Anknüpfung** an die **Staatsangehörigkeit** best. Die Staatsangehörig des Mj ist festzustellen (Ausn: Art 8, vgl dort Anm 1); die dabei auftretden Vorfragen sind n dem IPR des Staates selbst anzuknüpfen, um dessen Staatsangehörig es geht, Stgt FamRZ **76**, 359, vgl Art 5 Anm 1 b; die Feststellg der Staatsangehörigk ist allenf dann entbehrl, wenn n allen in Betr kommden HeimatRen kein ges GewVerh besteht, BayObLG IPRspr **76** Nr 70. Eine bes Regelg f die Anknüpfg bei **Mehrstaatern** enth das MSA nicht, f analoge Anwendg von Art 14 aber Mü IPRax **88**, 32, zust Mansel ebda 22; insow gelten ergänzd die Vorschrn des autonomen dtschen KollisionsR; maßg ist also grdsl n EG 5 I 1 diejenige Staatsangehörigk, mit welcher der Mj am engsten verbunden ist; dabei kommt es nur auf die Verhe des Kindes, nur mittelb auch die seiner Eltern an, Mansel IPRax **85**, 210 (keine abgeleitete Effektivität); sollte eine effektivere Staatsangehörigk nicht festgestellt sein, so sind die beteiligten HeimatRe kumulativ anzuwenden, Mü IPRax **88**, 32, Mansel ebda 23; besitzt der Mj **auch die deutsche** Staatsangehörigk, so entsch n EG 5 I 2 nur diese, vgl dazu Hamm FamRZ **88**, 1199, aM Mansel IPRax **88**, 23, Jayme IPRax **89**, 107, Henrich, Internat FamR S 233. Bei Staatenlosen, Flüchtlingen usw ist auf das dch den gewöhnl Aufenth best Personalstatut, s EG 5 mit Anh, abzustellen, BayObLG **74**, 95, 345, LG Bochum IPRspr **76** Nr 61, Kropholler aaO 116. Bei einem StaatsangehörigkWechsel entsch das neue HeimatR; das Statut ist also wandelb; StaatsangehörigkWechsel ist auch in der BeschwInst z berücksicht, BGH NJW **81**, 520, BayObLG FamRZ **76**, 49, Düss NJW **81**, 1596. Bei MehrRStaaten ist die maßg TeilROrdng n Art 14 z best.

b) Das HeimatR des Mj wird v Art 3 nur bei der Beurteilg der Vorfrage z Anwendg berufen, ob die internat Zustdgk des AufenthStaates z Anordng einer Schutzmaßn n Art 1 dch ein ges GewVerh eingeschränkt wird. Art 3 ist also **keine selbständige Kollisionsnorm,** die auch unabhäng v einer Schutzmaßn das Bestehen eines ges GewVerh, insb der elterl Sorge, dem HeimatR des Betr unterstellt, BayObLG **83**, 125, **88**, 76 (ebso **88**, 13 u **88**, 92), DAVorm **88**, 550, RPfl **89**, 368, Hbg DAVorm **87**, 707, **88**, 928, Celle

Ahn zu EGBGB 24 (IPR)

ZfF **87**, 86, FamRZ **88**, 646, Stgt FamRZ **88**, 431, **89**, 896, Düss DAVorm **88**, 193, LG Ffm DAVorm **88**, 468, LG Bln FamRZ **89**, 894, Ferid RabelsZ **62**, 443, Rahm/Paetzold Hdb VIII Rdz 365, Beitzke ZfJ **86**, 540, Sturm StAZ **87**, 183, Pirrung IPR S 159, Dörner JR **88**, 265, IPRax **89**, 31, Heldrich Fschr Ferid (1988) 134, Otto FamRZ **88**, 1135, **aM** (im räuml u pers Anwendsgbereich des Abk) KG OLGZ **87**, 145, Heilbronn DAVorm **87**, 834, AG Fbg DAVorm **87**, 1014, LG Ravbg BWNotZ **87**, 150, AG Darmst DAVorm **88**, 551, Paderb ZfJ **88**, 236, Karlsr FamRZ **89**, 896, Dortm DAVorm **89**, 523, Darmst DAVorm **89**, 434 u 524, Staud-Kropholler EG 20 nF Rz 31, Kropholler IPRax **88**, 285, Böhmer/Siehr Rdz 1, Henrich Fschr f Schwind (1978) 86 (differenzierd aber Internat FamR S 244), Hausmann StAZ **82**, 126, Klinkhardt ZfJ **87**, 116 u 455, ZfJ **88**, 62, DIV-StellgN DAVorm **87**, 380, Oberloskamp DAVorm **87**, 492, Krzywon BWNotZ **87**, 37, Rauscher StAZ **87**, 129, DAVorm **88**, 757, Siehr IPRax **87**, 302, Allinger, MSA S 70, offen gelassen in BGH NJW **89**, 2543; insow bleiben die autonomen Kollisionsnormen des EG maßgebd, insb EG 19 II, vgl dort Anm 3 dbb, u 20 II, vgl dort Anm 3, and zB Rauscher StAZ **87**, 129, der beide Vorschr bei Mj mit gewöhnl Aufenth im Inland für nahezu bedeutgslos hält. Die Beschrkg des AnwendgsBer v Art 3 auf die Vornahme von SchutzMaßn hat eine **gespaltene** kollisionsr Beurteilg gesetzl GewaltVerhe zur Folge. Solange **keine** SchutzMaßn getroffen werden soll, ist über Bestehen u Umfang etwa der elterl Sorge nach dem von EG 19 II u EG 20 II berufenen Recht zu entsch. Erst wenn sich aGrd der Umst des Einzelfalles das Bedürfn nach einer SchutzMaßn ergibt, zB anläßl Ehescheidg, ist das MSA anzuwend. Spanngen zw dem von EG 19 II u EG 20 II berufenen KindschStatut u dem von Art 3 berufenen HeimatR lassen sich mit Hilfe von Art 8 I lösen, vgl dort Anm 1a, sowie Heldrich Fschr Ferid (1988) 137.

c) Die Verpfl z Anerkenng eines ges GewVerh besteht **unabhängig** davon, ob der **Heimatstaat** des Mj z den **Vertragsstaaten** gehört, Hamm NJW **78**, 1747, Düss FamRZ **79**, 1066, **80**, 728, Ahrens FamRZ **76**, 312, aM Ferid-Böhmer IPR Rdz 8–240; und bei Anwendg des Art 5 III, vgl Anm dort. Die AnerkenngsPfl reicht nur soweit, als das HeimatR des Mj sie fordert; **Rück- od Weiterverweisung** dch das HeimatR sind im Rahmen v Art 3 wg des klaren Wortlauts der Vorschr (n dem „innerstaatl" R des Heimatstaates) jedoch nicht z beachten, ebso Kropholler NJW **72**, 371, Siehr DAVorm **73**, 267, MüKo-Siehr Rdz 159, Jayme JR **73**, 181f, Henrich Fschr f Schwind (1978) 79, 85, aM Ferid-Böhmer IPR Rdz 8–239, vgl auch AG Hbg DAVorm **74**, 684 u oben Anh 1acc; z Anknüpfg v **Vorfragen** vgl ebda. – Die n Art 3 gebotene Anwendg des ausl HeimatR steht unter dem Vorbeh des **ordre public**, Art 16; insow auch GeltgsAnspr der dtschen **Grundrechte** z berücksichtigen, vgl dazu BGH **60**, 68, Wuppermann FamRZ **74**, 419. Verstößt die ges Reglg des GewVerh n dem HeimatR des Mj offensichtl gg die dtsche öff Ordng, so entfällt die AnerkenngsPfl in Art 3; die dtschen Beh des AufenthLandes sind dann n Art 1 zust u wenden n Art 2 dtsches R an, Zweibr FamRZ **75**, 172. Ein solcher Verstoß ist aber nicht bei jeder mit dem Grds des GG 3 II unvereinb Ausgestaltg des ausl HeimatR gegeben, es kommt entsch auf die Inlandsbeziehgen des Falles an, BGH **60**, 68, vgl auch LG Nürnb FamRZ **73**, 380 u EG 6 Anm 2d.

2) Einschränkug der Zuständigkeit des Aufenthaltsstaates. a) Die internat Zustdgk der Beh des AufenthStaates n Art 1 steht unter dem Vorbeh der Verpfl z Anerkenng ges GewVerhe n Art 3. Hierin liegt eine wesentl Einschränkg der AufenthZustdgk u der Maßgeblk des AufenthR. Soweit die AnerkenngsPfl reicht, entfällt die dch Art 1 begründete Zustdgk, str, vgl dort Anm 1. Eingr n AufenthR in kr Gesetzes bestehdes GewVerh n ausl R können die Ger des AufenthStaates nur bei ernstl Gefährdg n Art 8 u in dringden Fällen n Art 9 vornehmen, BGH NJW **73**, 417, BayObLG **74**, 126, 322, Hamm NJW **75**, 1083, Ffm IPRax **82**, 22, krit dazu Schurig FamRZ **75**, 459. Ist das Kind n dem vom IPR des AufenthStaates berufenen Recht, vgl dazu oben Anm 1b, ohne gesetzl Vertr, währd das von Art 3 berufene HeimatR ein umfassdes gesetzl GewaltVerh vorsieht, so liegt ernstl Gefährdg iSv Art 8 vor; die Bestellg eines gesetzl Vertr nach AufenthR scheitert also nicht an Art 3, vgl Heldrich Fschr Ferid (1988) 137. KG NJW **85**, 68 hält weitergehde Eingriffe f denkbar, wenn das gesetzl GewaltVerh die Freiheit des Mj unzumutb einschränkt, vgl dazu Wengler IPRax **85**, 334; z Lösg derartiger Konflikte zw Eltern u Kind sind aber im Rahmen v Art 2 auch die inl GrdRechte des Kindes aus GG 1 I u 2 I zu beachten, vgl BayObLG DAVorm **84**, 931 u FamRZ **85**, 737, krit dazu Knöpfel FamRZ **85**, 1211, Schütz FamRZ **86**, 528.

b) Ein Eingr in das gesetzl GewaltVerh liegt jedoch nur vor, wenn das ausl HeimatR des Mj eine solche Maßn nicht zuläßt. Zum Begr des Eingr vgl Zweibr FamRZ **72**, 649, Kropholler NJW **72**, 371. Läßt das HeimatR innerh eines an sich bestehden GewVerh gerichtl od behördl Eingr zu, zB Reglg der Ausübg der elterl Sorge n Scheidg, enthält es also eine **regelungsfähige Lücke**, so entfällt in diesem Umfang die AnerkenngsPfl n Art 3 u tritt die grdsl Zustdgk des AufenthStaates z Vorn v SchutzMaßn n seinem eig R gem Art 1 u 2 wieder in Kraft, BGH FamRZ **84**, 686, Hamm IPRspr **78** Nr 90, Düss FamRZ **80**, 728, so im Erg auch Schurig FamRZ **75**, 459, Rahm/Paetzold Hdb VIII Rdz 317ff, Jayme IPRax **85**, 23, abl Ahrens FamRZ **76**, 305. Das ausl HeimatR des Mj best dabei nur den äußeren Rahmen, innerh dessen **Schutzmaßnahmen nach Aufenthaltsrecht** z treffen sind; dagg sind diese Maßn dch die Ger des AufenthStaates nicht selbst n dem ausl HeimatR vorzunehmen, and LG Nürnb FamRZ **73**, 380, vgl dazu Kropholler, Haager Abk 73.

c) Besteht n dem dtschen R als AufenthR ein ges GewVerh (zB der nehel Mutter n § 1705), währd das ausl HeimatR des Mj ein ges GewVerh überh nicht vorsieht od innerh eines solchen GewVerh eine Ausübgsregelg zuläßt, so hat eine SchutzMaßn gem Art 1 u 2 grdsl zu unterbleiben; eine Ausn gilt aber, wenn auch das vom autonomen dtschen IPR (insb EG 19 II) berufene KindschStatut ein solches GewaltVerh überh nicht oder nur in beschr Umfang vorsieht; der dtsche Ri hat dann den n dtschem R kr Gesetzes bestehden RZust in Anpassg seines SachR dch eine entspr AO herzustellen, vgl dazu Art 2 Anm 2.

3) Einzelfälle. a) Ein n Art 3 anzuerkennendes **gesetzliches Gewaltverhältnis** wurde in der Rspr **bejaht** zB **aa)** bei **ehelichen** Kindern währd des **Bestehens der Ehe** n **belgischem** R, BayObLG **74**, 491, n bish **iranischem** R, Ffm FamRZ **80**, 79, n früh, BayObLG **74**, 126, u ggwärt geltdem **italienischem** R, Düss FamRZ **79**, 1066, vgl aber auch BayObLG DAVorm **83**, 78, ebso n **marokkanischem**, Koblenz IPRspr **79** Nr 89 (Regelg der PersSorge statth), **südkoreanischem**, KG IPRax **85**, 110 u n **türkischem** R, BayObLG FamRZ **76**, 163, StAZ **77**, 137, IPRspr **78** Nr 88, DAVorm **84**, 931, Köln IPRax **89**, 311, abw IPRspr **85**

1. Teil. 2. Kap. Internationales Privatrecht **(IPR) Anh zu EGBGB 24**

Nr 85, KG OLGZ 79, 183, SchlH SchlHA 81, 147, Hamm DAVorm 81, 921, KG IPRspr 81 Nr 91, Nbg IPRax 84, 220 mit abl Anm v Henrich, Celle ZBlJugR 84, 96, KG NJW 85, 68, AG Kitzingen IPRax 85, 298, Stgt NJW 85, 566, sowie **nach Elternscheidung** n **ägyptischem** R, BayObLG 74, 322, Zweibr FamRZ 75, 172, AG Solingen FamRZ 82, 738, Stgt DAVorm 86, 566, grdsl auch n **französischem** R (aber Ausübgsregelg mögl), AG Hameln FamRZ 73, 662, vgl auch LG Saarbr DAVorm 77, 214, n **griechischem** R (Regelg der PersSorge statth), Hamm FamRZ 72, 381, Stgt FamRZ 76, 359 m Anm Jayme, Ffm FamRZ 79, 743, IPRax 82, 22, Stgt NJW 80, 1229, 83, 1981, im Grds nicht abw Düss FamRZ 80, 728, 729, n bish **iranischem** R hins der VermSorge, BGH 60, 68, BayObLG 74, 355 (nicht auch hins der PersSorge, AG Hbg IPRspr 74 Nr 90), vorbehaltl Ausübgsregelg auch n dem fr **italienschem** R, KG NJW 74, 423, Hamm NJW 74, 1053, dch das ReformG v 19. 5. 75 h sich hieran nichts geändert, Düss FamRZ 79, 1066, Ffm IPRax 82, 30, Stgt NJW-RR 89, 262 (z Ausübgsregelg bei Ehetrenng), sowie n fr **österreichischem** R, BayObLG 74, 106, Stgt NJW 76, 483, Ffm OLGZ 77, 416 (nach § 177 ABGB nF erfolgt nunm idR Zuteilg der elterl Gew dch das Gericht); **bb) bei nichtehelichen** Kindern n **englischem**, KG DAVorm 74, 283, Darmst DAVorm 89, 524, n **französischem**, Karlsr FamRZ 89, 896, n **griechischem**, Hamm IPRspr 78 Nr 90, n **jugoslawischem**, Osnabr ZBlJugR 74, 446, Traunst DAVorm 84, 732, KG OLGZ 87, 145 u nach **philippinischem** R, Darmst DAVorm 89, 434.

b) Kein bzw kein unbeschränktes ges GewVerh wurde dagg angenommen **aa) bei ehelichen** Kindern währd **des Bestehens** der Ehe der Eltern n **australischem** R, BayObLG DAVorm 80, 758, n **ghanaisch-englischem** R, Hbg FamRZ 83, 1271, n **griechischem** R, Bamfg IPRspr 83 Nr 86, n **spanischem** R, AG Hbg IPRspr 74 Nr 84, n **tunesischem** R, BGH FamRZ 84, 686, vgl dazu Jayme IPRax 85, 23, bei einem Kind in AdoptionsPfl auch n **jugoslawischem** R, LG Stgt DAVorm 79, 867, n **Elternscheidung** n dem R v **Angola**, Celle FamRZ 82, 813, BGH 89, 325, n **belgischem** R, AG Cloppenburg IPRspr 73 Nr 58, n **indonesischem** R, Hbg IPRspr 83 Nr 153, n bish **iranischem** R hins der PersSorge, KG OLGZ 79, 187, n **israelischem** staatl R, Hann IPRspr 73 Nr 60, n **jugoslawischem**, AG Ingolstadt DAVorm 75, 270, Mü IPRspr 79 Nr 97, AG Bremervörde IPRspr 81 Nr 87, Karlsr FamRZ 84, 57, n **peruanischem** R, AG Hbg NJW-RR 86, 374, n **schweizerischem** R (auch nicht bei Tod des EltT, dem die elterl Gew zugeteilt w, Karlsr NJW 76, 485), n **sowjetrussischem** R, Celle FamRZ 82, 813, BGH 89, 325, n **türkischem** R, KG OLGZ 75, 119, Ffm DAVorm 80, 730, LG Hbg IPRspr 81 Nr 90b, n **tunesischem** R, BGH FamRZ 84, 686, IPRax 87, 317, n dem R des Staates Georgia (**USA**) hins der VermSorge, AG Ingolstadt DAVorm 75, 120, z amerik R vgl auch Wiesb FamRZ 77, 60; **bb) bei nichtehelichen** Kindern n **griechischem** R, LG Stgt DAVorm 75, 485, n **schweizerischem** R, Hann DAVorm 73, 499, n **türkischem** R, AG Brem ZBlJugR 73, 445 (vgl dazu Jayme aaO 438), BayObLG StAZ 78, 208, FamRZ 83, 948, Oldenbg DAVorm 80, 62.

4 *[Eingreifen der Heimatbehörden]* Sind die Behörden des Staates, dem der Minderjährige angehört, der Auffassung, daß das Wohl des Minderjährigen es erfordert, so können sie nach ihrem innerstaatlichen Recht zum Schutz der Person oder des Vermögens des Minderjährigen Maßnahmen treffen, nachdem sie die Behörden des Staates verständigt haben, in dem der Minderjährige seinen gewöhnlichen Aufenthalt hat.

Dieses Recht bestimmt die Voraussetzungen für die Anordnung, die Änderung und die Beendigung dieser Maßnahmen. Es regelt auch deren Wirkungen sowohl im Verhältnis zwischen dem Minderjährigen und den Personen oder den Einrichtungen, denen er anvertraut ist, als auch im Verhältnis zu Dritten.

Für die Durchführung der getroffenen Maßnahmen haben die Behörden des Staates zu sorgen, dem der Minderjährige angehört.

Die nach den Absätzen 1 bis 3 getroffenen Maßnahmen treten an die Stelle von Maßnahmen, welche die Behörden des Staates getroffen haben, in dem der Minderjährige seinen gewöhnlichen Aufenthalt hat.

1) Allgemeines. Die Vorschr begründet eine konkurrierde Zustdgk der Beh des Heimatstaats z Schutz-Maßn iS v Art 1, falls sie dies im Kindeswohl f erfdl halten, etwa weil die AufenthBeh z SchutzMaßn nicht bereit od in der Lage sind od weil die HeimatBeh rascher u sachnäher handeln k, Stgt NJW 78, 1746, vgl auch Karlsr NJW 79, 500. Es handelt sich um eine AusnRegelg, die zurückhaltd anzuwenden ist, MüKo-Siehr Rdz 190; die bloße Anhängigk eines ScheidgsVerf im Heimatstaat, in dessen Rahmen auch eine SorgeRRegelg z treffen ist, reicht z Begr der HeimatZustdgk n Art 4 I nicht aus, Jayme IPRax 79, 21, f großzüg Anwendg von Art 4 dagg BayObLG 78, 113, zust Böhmer/Siehr Rdz 1; Düss FamRZ 79, 75 erörtert die Frage nicht. Bei Doppelstaatern begründet nur die effektive Staatsangehörigk die Zustdgk n Art 4, Rauscher IPRax 85, 214, aM Beitzke IPRax 84, 313; besitzt das Kind auch die dtsche Staatsangehörigk, so ist n EG 5 I 2 nur diese maßg. Die HeimatZustdgk gilt nur zG v VertrStaaten, Art 13 II; ggü NichtVertrStaaten gilt allein AufenthZustdgk gem Art 1. Umgekehrt gilt auch die Pfl z Verständigg der Beh des AufenthStaates n I nur ggü einem VertrStaat, Kropholler, Haager Abk 84. Erf der VerständiggsPfl ist Voraussetzg der Zustdgk n Art 4 I, vgl KG NJW 74, 425, BayObLG 76, 31, dahingestellt Stgt NJW 78, 1746. – Sachl maßg ist auch hier die lex fori, II. Z Durchf vgl III u Art 6 I mit Anm; z Zustdgk f die Mitteilgen n I s ZustG Art 2. Die v den HeimatBeh getroffenen Maßn ersetzen automat bereits getroffene SchutzMaßn des AufenthStaates, sofern die Voraussetzgen n Abs 1 erf sind, insb die dort vorgesehene Mitteilg erfolgt ist, Abs 4, Kropholler aaO 85. Zum Inkraftbleiben der Maßn des Heimatstaates bei AufenthWechsel Art 5 III.

2) Verhältnis zu Art 1. Die AufenthZustdgk n Art 1 steht unter dem Vorbeh der HeimatZustdgk n Art 4. Sie entfällt also, soweit die HeimatBeh SchutzMaßn gem Art 4 getroffen h; daher auch keine Zustdgk z Abänderg od Aufhebg solcher Maßn, Kropholler aaO 81; Ausn: Art 8 u 9.

3) Benachrichtigungspflicht ggü den Beh des gewöhnl AufenthLandes n Art 11 w idR dch die n I erfdl vorher Verständigg erf, vgl Kropholler aaO 100.

2255

5 *[Verlegung des Aufenthalts in einen anderen Vertragsstaat]* Wird der gewöhnliche Aufenthalt eines Minderjährigen aus einem Vertragsstaat in einen anderen verlegt, so bleiben die von den Behörden des Staates des früheren gewöhnlichen Aufenthalts getroffenen Maßnahmen so lange in Kraft, bis die Behörden des neuen gewöhnlichen Aufenthalts sie aufheben oder ersetzen.

Die von den Behörden des Staates des früheren gewöhnlichen Aufenthalts getroffenen Maßnahmen dürfen erst nach vorheriger Verständigung dieser Behörden aufgehoben oder ersetzt werden.

Wird der gewöhnliche Aufenthalt eines Minderjährigen, der unter dem Schutz der Behörden des Staates gestanden hat, dem er angehört, verlegt, so bleiben die von diesen nach ihrem innerstaatlichen Recht getroffenen Maßnahmen im Staate des neuen gewöhnlichen Aufenthaltes in Kraft.

1) Mit der Verlegg des gewöhnl Aufenth, z Begr Art 1 Anm 3, v einem VertrStaat in einen anderen ist auch ein Wechsel der internat Zustdgk des AufenthStaates n Art 1 verbunden; z den Konsequenzen f ein schwebdes Verf s Art 1 Anm 1. Nach Art 5 I bleiben aber die v **früheren Aufenthaltsstaat** getroffenen SchutzMaßn (daher nicht auch eine ges Amtspflegsch des JugA, LG Saarbr DAVorm **81**, 411) vorläuf in Kraft; dies gilt auch für wirks erstinstanzl Entschen vor abschließder tatrichterl Behandlg des Falles, Hbg IPRax **86**, 386, differenziend Henrich ebda 366; sie dürfen erst n Verständigg seiner Beh aufgeh w, II; z Zustdgk f diese Mitteilg s ZustG Art 2. – Mit der Verlegg des gewöhnl Aufenth in einen NichtVertrStaat entfällt die Anwendbk des Übk, Art 13 I, vgl Stgt FamRZ **80**, 1152, Düss FamRZ **81**, 1005, Ffm IPRax **83**, 294 (dazu Schlosser ebda 285), Hbg IPRax **87**, 319, Henrich IPRax **86**, 366, Mansel IPRax **87**, 301 (jeweils auch z Zustdgkfortdauer n dtschem R). – Auch SchutzMaßn des **Heimatstaats,** sei es aGrd v Art 1 od sei es aGrd v Art 4, überdauern im Wirks den AufenthWechsel, III. Voraussetzg dafür ist selbstverständl, daß der Heimatstaat z den VertrStaaten gehört, Hamm NJW **75**, 1083, u daß der Aufenth in einen and VertrStaat verlegt w, BayObLG **76**, 25. Die AufenthZustdgk steht n Art 1 unter dem Vorbeh des Fortbestandes solcher Maßn; vgl dazu Art 4 Anm 2 entspr; ihre Aufhebg od Abänderg kommt grdsl nur aGrd v Art 8 u 9 in Frage, Hamm NJW **75**, 1083, BayObLG **81**, 246. Gebietet das R des neuen AufenthStaates zwingd den Erl einer neuen widerspr SchutzMaßn, so ist eine Aufhebg der bish Maßn dch den Heimatstaat einvernehml z erwirken, vgl Greif-Bartovics DAVorm **80**, 520 (betr dtsch-niederländ Adoptionsfälle).

6 *[Übertragung der Durchführung von Maßnahmen]* Die Behörden des Staates, dem der Minderjährige angehört, können im Einvernehmen mit den Behörden des Staates, in dem er seinen gewöhnlichen Aufenthalt hat oder Vermögen besitzt, diesen die Durchführung der getroffenen Maßnahmen übertragen.

Die gleiche Befugnis haben die Behörden des Staates, in dem der Minderjährige seinen gewöhnlichen Aufenthalt hat, gegenüber den Behörden des Staates, in dem der Minderjährige Vermögen besitzt.

1) Grdsl h die Beh des Heimatstaates die v ihnen getroffenen SchutzMaßn selbst dchzuführen, Art 4 III. Art 6 I begründet die Möglk einer ZustdgkÜbertr im Einvernehmen zw ersuchden u ersuchten Beh. Eine entspr Möglk besteht f den AufenthStaat, II.

7 *[Anerkennung der Maßnahmen, nicht ohne weiteres bei Vollstreckung]* Die Maßnahmen, welche die nach den vorstehenden Artikeln zuständigen Behörden getroffen haben, sind in allen Vertragsstaaten anzuerkennen. Erfordern diese Maßnahmen jedoch Vollstreckungshandlungen in einem anderen Staat als in dem, in welchem sie getroffen worden sind, so bestimmen sich ihre Anerkennung und ihre Vollstreckung entweder nach dem innerstaatlichen Recht des Staates, in dem die Vollstreckung beantragt wird, oder nach zwischenstaatlichen Übereinkünften.

1) Voraussetzg der **Anerkennungspflicht** ist die Einhaltg der ZustdgkVorschr des Übk. Nach dem Wortlaut der Best („nach den vorstehden Artikeln") besteht keine AnerkennungsPfl f Maßn aGrd v Art 9; insow entsch die allg Anerkennungsregeln, vgl zB EG 19 Anm 4b, aM Kropholler, Haager Abk 104; z Anerkenng v Maßn n Art 8 vgl desson II; z Anerkenng vormschgerichtl Maßn aGrd v Schwimann FamRZ **78**, 306. Bei Anerkenng v SchutzMaßn in einem ScheidsgsUrt ist Verf n FamRÄndG Art 7 § 1 dchzuführen, soweit es sich nicht um eine HeimatstaatEntsch handelt, BGH **64**, 19, Kropholler aaO 106, abl Böhmer/Siehr Rdz 27, Siehr IPRax **82**, 90; vgl dazu EG 17 Anm 7 bbb u EG 19 Anm 4b; zur Anerkenng u Vollstreckg v Umgangsregelgn vgl Dörner IPRax **87**, 155. Die AnerkenngsPfl steht unter dem Vorbeh des ordre public, Art 16. Für die Anerkenng v ger Entsch eines Heimatstaates, der nicht (od noch nicht, vgl Art 17) VertrStaat ist, gilt Art 7 S 1 nicht, vgl Art 13 II (verkannt bei KG DAVorm **80**, 210); auch insow gelten die allg Reg, BGH FamRZ **79**, 577, Beitzke IPRax **84**, 313, vgl auch Art 1 Anm 1; z Anerkenng ausl Akte der FG s EG 19 Anm 4b. – Für die **Vollstreckung** v SchutzMaßn in einem and Staat trifft das Übk keine Regelg; insow gilt das jew innerstaatl R bzw bes StaatsVertr, S 2, vgl BGH FamRZ **77**, 126, DAVorm **83**, 840, BayObLG **81**, 246, vgl dazu BayVerfGH IPRax **82**, 110, Hüßtege ebda 95.

8 *[Maßnahmen des Aufenthaltsstaates bei Gefährdung des Minderjährigen]* Die Artikel 3, 4 und 5 Absatz 3 schließen nicht aus, daß die Behörden des Staates, in dem der Minderjährige seinen gewöhnlichen Aufenthalt hat, Maßnahmen zum Schutz des Minderjährigen treffen, soweit er in seiner Person oder in seinem Vermögen ernstlich gefährdet ist.

Die Behörden der anderen Vertragsstaaten sind nicht verpflichtet, diese Maßnahmen anzuerkennen.

1) a) Die Einschränkgen der AufenthZustdgk n Art 1 aGrd v Art 3, 4 u 5 III gelten nicht bei **ernstlicher Gefährdung** des Kindeswohls; eine solche liegt idR vor, wenn die Voraussetzgen der §§ 1666–1667 u 1680

1. Teil. 2. Kap. Internationales Privatrecht **(IPR) Anh zu EGBGB 24**

erf sind, BGH **60**, 68, BayObLG **73**, 331, DAVorm **83**, 78, Ffm FRES **79** Nr 0014, Nürnb FamRZ **81**, 707, LG Bln FamRZ **83**, 943 (vgl dazu John FamRZ **83**, 1274), KG OLGZ **86**, 324; zur Entziehg des SorgeR bei geplanter Rückführg eines GastArbKindes in die Türkei vgl Celle InfAuslR **84**, 291, Düss NJW **85**, 1291, KG NJW **85**, 68, vgl dazu ferner BayObLG DAVorm **84**, 931 u FamRZ **85**, 737, Wengler IPRax **85**, 334; ernstl Gefährdg des Kindeswohls idR ferner gegeben bei vorläuf od einstw AOen in einem Verf n §§ 1671, 1672 od 1696, BayObLG **75**, 291, Hbg DAVorm **83**, 151, Karlsr IPRspr **86** Nr 83, sowie bei Feststellg des Ruhens der elterl Sorge n § 1674, BayObLG **74**, 491, Duisbg DAVorm **89**, 719. Art 8 ist ferner anzuwenden, wenn das Kind nach dem von EG 19 II bzw EG 20 II berufenen Recht ohne gesetzl Vertr ist, währd das von Art 3 berufene HeimatR ein umfassdes gesetzl GewaltVerh vorsieht, vgl Art 3 Anm 1 b u 2 c, krit Rauscher DAVorm **88**, 760, Kropholler IPRax **88**, 286, Dörner IPRax **89**, 33. Bei Vorliegen einer ernstl Gefährdg kann notf auf die Feststellg der Staatsangehörigk des Kindes u eines n dem HeimatR bestehden ges GewVerh iS des Art 3 verzichtet werden, BayObLG **75**, 291, KG FamRZ **77**, 475, Ffm FRES **79** Nr 0014. **b)** Die SchutzMaßn aGrd der GefährdgsZustdgk n Art 8 sind n der lex fori z treffen, BayObLG Rpfleger **88**, 258, Kropholler Haager Abk 110, Böhmer/Siehr Rdz 21; sie können endgült Art sein, zB Zuweisg der elterl Sorge, Hbg FamRZ **83**, 1271, Celle ZBlJugR **84**, 96, Kropholler aaO 88. Eine AnerkenngsPfl der übr VertrStaaten besteht nicht, II.

2) Benachrichtigungspflicht ggü Beh des Heimatstaats n Art 11.

9 **[Eilzuständigkeit]** In allen dringenden Fällen haben die Behörden jedes Vertragsstaates, in dessen Hoheitsgebiet sich der Minderjährige oder ihm gehörendes Vermögen befindet, die notwendigen Schutzmaßnahmen zu treffen.
Die nach Absatz 1 getroffenen Maßnahmen treten, soweit sie keine endgültigen Wirkungen hervorgebracht haben, außer Kraft, sobald die nach diesem Übereinkommen zuständigen Behörden die durch die Umstände gebotenen Maßnahmen getroffen haben.

1) Die Vorschr begründet die internat Zustdgk der Beh im Staat eines auch nur vorübergehd **einfachen Aufenthalts** des Mj od des Lageortes seines Verm f die in **dringenden Fällen** notw SchutzMaßn, zB bei Eilmaßn n § 1666, LG Bln FamRZ **82**, 841; diese Voraussetzg ist nicht erf, falls die Beh am gewöhnl AufenthOrt ohne ernsth Gefährdg des Mj rechtzeit v ihrer RegelZustdgk n Art 1 Gebrauch machen k, vgl Düss IPRspr **74** Nr 93; befindet sich der gewöhnl Aufenth des Mj nicht in einem VertrStaat, so entfällt die Anwendbk des Übk, Kropholler, Haager Abk 90. Die Beh des gewöhnl AufenthLandes können eine Maßn ebenf auf Art 9 stützen, zB bei Eingr in ein ges GewVerh iS v Art 3, vgl dort Anm 2. Die EilMaßn ist n der lex fori z treffen, BayObLG StAZ **77**, 137, LG Bln FamRZ **82**, 841, Kropholler aaO 113 mN, abw Kegel IPR § 20 VIII 4, der das jew IPR des VertrStaates einschalten will, f fakultative Anwendg des HeimatR des Mj Böhmer/Siehr Rdz 9. Die Maßn ist auf das unbdgt Erforderl z beschränken; sie tritt regelm außer Kraft, wenn die n Art 1 od Art 4 zust Beh gehandelt haben, II, vgl BayObLG IPRspr **76** Nr 69.

2) Benachrichtigungspflicht ggü Beh des Heimatstaates u des gewöhnl AufenthStaates n Art. 11.

10 **[Meinungsaustausch mit den Behörden des anderen Vertragsstaates]** Um die Fortdauer der dem Minderjährigen zuteil gewordenen Betreuung zu sichern, haben die Behörden eines Vertragsstaates nach Möglichkeit Maßnahmen erst dann zu treffen, nachdem sie einen Meinungsaustausch mit den Behörden der anderen Vertragsstaaten gepflogen haben, deren Entscheidungen noch wirksam sind.

1) Die Vorschr h empfehldn Charakter („nach Möglichkeit"); ein Unterbleiben des MeingsAustausches berührt die Wirksk der getroffenen Maßn nicht. Z Durchführg vgl ZustG Art 2; unmittelb BehVerk ist statth, Kropholler, Haager Abk 99.

11 **[Anzeige an die Behörden des Heimatstaates]** Die Behörden, die auf Grund dieses Übereinkommens Maßnahmen getroffen haben, haben dies unverzüglich den Behörden des Staates, dem der Minderjährige angehört, und gegebenenfalls den Behörden des Staates seines gewöhnlichen Aufenthalts mitzuteilen.
Jeder Vertragsstaat bezeichnet die Behörden, welche die in Absatz 1 erwähnten Mitteilungen unmittelbar geben und empfangen können. Er notifiziert diese Bezeichnung dem Ministerium für Auswärtige Angelegenheiten der Niederlande.

1) Die Vorschr begründet eine BenachrichtiggsPfl, deren Verletzg die Wirksk der Maßn jedoch nicht berührt, Kropholler, Haager Abk 101. Unmittelb BehVerk, II; z Zustdgk der dtschen Ger u Beh ZustG Art 2; z Zustdgk der Beh and VertrStaaten f den Empfang der Mitteilgen s BAnz 1974 Nr 195, 1977 Nr 51 = DAVorm **77**, 422, vgl auch Böhmer/Siehr Rdz 15ff.

12 **[Begriff des Minderjährigen]** Als „Minderjähriger" im Sinne dieses Übereinkommens ist anzusehen, wer sowohl nach dem innerstaatlichen Recht des Staates, dem er angehört, als auch nach dem innerstaatlichen Recht des Staates seines gewöhnlichen Aufenthalts minderjährig ist.

1) Der pers Anwendgsbereich des Übk beschränkt sich auf **Minderjährige**, vgl oben Anh 1 a bb. Die Mjk muß sowohl n dem HeimatR als auch n dem R des gewöhnl Aufenth gegeben sein. Rück- od Weiterverweisg sind hier wie stets unbeachtl; bei Mehrstaatern entsch die effektivere bzw dtsche Staatsangehörigk, vgl EG 5 I u dazu Art 3 Anm 1 b, aM Böhmer/Siehr Rdz 20, der die Mjk n allen HeimatRen fordert. Die Anwendbk des Übk entfällt bei VolljErkl od Emanzipation, nicht dagg bei beschr voller GeschFgk n §§ 112, 113, vgl Kropholler, Haager Abk 45 f.

2257

13 *[Anwendungsgebiet]* Dieses Übereinkommen ist auf alle Minderjährigen anzuwenden, die ihren gewöhnlichen Aufenthalt in einem der Vertragsstaaten haben.
Die Zuständigkeiten, die nach diesem Übereinkommen den Behörden des Staates zukommen, dem der Minderjährige angehört, bleiben jedoch den Vertragsstaaten vorbehalten.
Jeder Vertragsstaat kann sich vorbehalten, die Anwendung dieses Übereinkommens auf Minderjährige zu beschränken, die einem der Vertragsstaaten angehören.

1) Die Anwendbk des Übk setzt den gewöhnl Aufenth des Mj in einem VertrStaat voraus; ist dies nicht der Fall, so gelten die allg Regeln über die internat Zustdgk der dtschen Ger, Bamberg NJW **82**, 527, vgl zB EG 19 Anm 4b, sowie über das anzuwendde R, insb EG 19, Stgt NJW **80**, 1227. Dagg ist unerhebl, ob der Mj auch die Staatsangehörigk dieses, Düss FamRZ **79**, 75, od überh eines VertrStaates besitzt, BGH **60**, 68, FamRZ **79**, 577, NJW **81**, 520, Hamm NJW **78**, 1747. Die BRep h v dem Vorbeh n III (im Ggs z Luxemburg u Österreich, vgl oben Anh 1 a aa) keinen Gebrauch gemacht. Das Übk ist daher f die dtschen Beh auf jeden Mj mit gewöhnl Aufenth im Inland (bzw einem and VertrStaat) anwendb; es gilt daher auch f einen Mj aus der DDR, der seinen gewöhnl Aufenth in der BRep h, Kleve FamRZ **77**, 335. – Die Zustdgk der HeimatBeh aGrd des Art 4 u damit auch die Einschränkg der AufenthZustdgk n Art 1 gilt jedoch nur f VertrStaaten, II.

14 *[Uneinheitlichkeit des Heimatrechts des Minderjährigen]* Stellt das innerstaatliche Recht des Staates, dem der Minderjährige angehört, keine einheitliche Rechtsordnung dar, so sind im Sinne dieses Übereinkommens als „innerstaatliches Recht des Staates, dem der Minderjährige angehört" und als „Behörden des Staates, dem der Minderjährige angehört" das Recht und die Behörden zu verstehen, die durch die im betreffenden Staat geltenden Vorschriften und, mangels solcher Vorschriften, durch die engste Bindung bestimmt werden, die der Minderjährige mit einer der Rechtsordnungen dieses Staates hat.

1) Die Vorschr regelt die Unteranknüpfg bei Verweisen auf **Mehrrechtsstaaten**, vgl auch EG 4 III u dort Anm 3. Sie ist prakt v Bedeutung vor allem f die in Art 3 u 12 vorgeschriebene Anwendg des HeimatR des Mj. Das maßg TeilRGebiet w in 1. Linie dch das einheitl ILR des betr Gesamtstaats best; bei dessen Fehlen entsch die engste Bindg, dh regelm der gewöhnl Aufenth. – Art 14 gilt entspr auch im **Verhältnis zur DDR** f die Best der anwendb dtschen TeilROrdng, Betz FamRZ **77**, 337, Staud-Kropholler Vorbem z EG 18 Rdz 730, aM Böhmer/Siehr Rdz 2. Eine AnknüpfgsRegelg f Mehrstaater läßt sich der Vorschr nicht entnehmen, aM Mü IPRax **88**, 32, zust Mansel ebda 22.

15 *[Vorbehalt zugunsten der Ehegerichte]* Jeder Vertragsstaat, dessen Behörden dazu berufen sind, über ein Begehren auf Nichtigerklärung, Auflösung oder Lockerung des zwischen den Eltern eines Minderjährigen bestehenden Ehebandes zu entscheiden, kann sich die Zuständigkeit dieser Behörden für Maßnahmen zum Schutz der Person oder des Vermögens des Minderjährigen vorbehalten.
Die Behörden der anderen Vertragsstaaten sind nicht verpflichtet, diese Maßnahmen anzuerkennen.

1) Die BRep hat im Ggs z Frankreich, Luxemburg u Schweiz einen entspr Vorbeh nicht erkl; f dtsche Ger daher nur bei Prüfg der Anerkenng ausl Maßn v Bedeutg, vgl dazu BGH FamRZ **77**, 126, ferner Jayme FS Keller (1989) 455. Die ScheidgsZustdgk n Art 15 greift nur ein, wenn keine AufenthZustdgk n Art 1 u keine HeimatZustdgk n Art 4 besteht, Staud-Kropholler Rdz 748, str. Eine SchutzMaßn, die von einem VertrStaat getroffen wurde, der einen Vorbeh n Art 15 I erklärt hat, ist desh als in Anwendg v Art 1 erfolgt anzusehen u genießt in and VertrStaaten Bestandsschutz zB n Art 5 I, vgl KG NJW **80**, 1226, od Art 7; abw Staud-Kropholler Rdz 757, der auf die RGrdLage abstellt, welche der AufenthStaat gewählt hat, wie hier Siehr IPRax **82**, 89. Über die Anerkenng einer n Art 15 I getroffenen Maßn entsch die Regeln des allg VerfR, vgl dazu EG 19 Anm 4 b.

16 *[Ordre public]* Die Bestimmungen dieses Übereinkommens dürfen in den Vertragsstaaten nur dann unbeachtet bleiben, wenn ihre Anwendung mit der öffentlichen Ordnung offensichtlich unvereinbar ist.

1) Die Vorschr enth den Vorbeh des ordre public; sie entspr inhaltl EG 6, dem sie als Spezialregelg vorgeht, KG IPRspr **81** Nr 91. Die sprachl Fassg ist mißglückt; selbstverständl ist der ordre public nicht gg die Vorschr des Übk als solche anwendb, insow abweg Zweibr FamRZ **75**, 172; an der VorbehKlausel z messen ist nur das Erg der RAnwendg im Einzelfall. Prakt Bedeutg besitzt Art 16 vor allem bei der Prüfg von ges GewVerhen im Rahmen v Art 3, vgl dort Anm 1, vgl zB AG Mü IPRax **83**, 131 (Stichentsch des türk Vaters); daneben auch bei der Anerkenng ausl SchutzMaßn, Art 7. Die Vorschr muß sehr zurückhaltd angewandt w („offensichtlich unvereinbar"); dies gilt auch f die Aktualisierg der **Grundrechte**, als deren Einbruchstelle auch Art 16 anzusehen ist, BGH **60**, 68; entsch ist, ob das GrdR f den konkreten Sachverh unter Berücksichtigg der Gleichstellg von Staaten u der Eigenständigk ihrer ROrdngen Geltg beansprucht, BGH aaO (zB nicht wenn alle Beteil Ausl mit gleicher Staatsangehörigk sind), ebso KG IPRax **85**, 110; vgl auch Kropholler, Haager Abk 29 u EG 6 Anm 2 d.

17 *[Zeitpunkt der Anwendung]* Dieses Übereinkommen ist nur auf Maßnahmen anzuwenden, die nach seinem Inkrafttreten getroffen worden sind.
Gewaltverhältnisse, die nach dem innerstaatlichen Recht des Staates, dem der Minderjährige angehört, kraft Gesetzes bestehen, sind vom Inkrafttreten des Übereinkommens an anzuerkennen.

1. Teil. 2. Kap. Internationales Privatrecht **(IPR) Anh zu EGBGB 24**

1) Die Vorschr regelt den zeitl Anwendgsbereich des Übk; vgl dazu oben Anh 1 a aa u bb. Bei der Vorn einer SchutzMaßn kommt es auf das Inkrafttr f denj Staat an, dessen Beh tät w sollen; bei der Anerkenng einer v einem and Staat getroffenen Maßn ist zusätzl Inkrafttr f den anerkennden Staat erforderl. Die BRep ist also aGrd des MSA nicht z Anerkenng v vor dem 17. 9. 71 getroffenen Maßn verpflichtet, Staud-Kropholler Rdz 772, aM KG FamRZ **74**, 146.

18 *[Inkrafttreten]* Dieses Übereinkommen tritt im Verhältnis der Vertragsstaaten zueinander an die Stelle des am 12. Juni 1902 im Haag unterzeichneten Abkommens zur Regelung der Vormundschaft über Minderjährige.
Es läßt die Bestimmungen anderer zwischenstaatlicher Übereinkünfte unberührt, die im Zeitpunkt seines Inkrafttretens zwischen den Vertragsstaaten gelten.

1) Die Vorschr regelt das Verh des Übk z and StaatsVertr. Nach Abs 1 wird das Haager **Vormundschaftsabkommen** v 12. 6. 02, vgl unten Anh 2, im Verh der VertrStaaten aufgeh, nicht also auch im Verh zu Belgien u Italien, vgl Stgt FamRZ **80**, 1152. Das Übk läßt n II auch **andere zwischenstaatliche Übereinkünfte** „zw den VertrStaaten" unberührt; dies gilt insb f das **deutsch-österreichische Vormundschaftsabkommen** v 15. 2. 27, Ferid-Böhmer IPR Rdz 8–227, vgl dazu auch BayObLG **81**, 246 (keine Anwendg bei dtsch-österr Doppelstaatern), AG Kamen DAVorm **83**, 157 u unten Anh 3. Wie der maßg frz Text ergibt, ist die dtsche Übersetzg insow z eng. Das Übk berührt Abk der VertrStaaten mit Drittländern ebenf nicht, Kropholler NJW **72**, 371. Dies gilt insb f das **deutsch-iranische Niederlassungsabkommen** v 17. 2. 29, RGBl **30** II 1006, noch in Kraft, vgl Bek v 15. 8. 55, BGBl II 829, vgl dazu BGH **60**, 68, welches in Art 8 III eine kollisionsr (nicht aber auch eine zuständigkeitsr) Regelg enth, vgl BayObLG **87**, 205, Krüger FamRZ **73**, 5, Dilger FamRZ **73**, 530, Böhmer/Siehr Rdz 26, Jayme IPRax **88**, 367; die Anwendbk dieser Regelg entfällt, wenn die (ggf: effektive) Staatsangehörigk eines Beteil nicht die iran ist, KG OLGZ **79**, 187, Bremen IPRax **85**, 296. Zweifelh aber wohl z verneinen ist ledigl, ob sich ein Vorrang des MSA aus dem in Art 8 III S 2 des dtsch-iran Niederlassgs-Abk enth Vorbeh ableiten läßt, dafür jedoch Kropholler NJW **72**, 371, wie hier mit eingeheh Begr Krüger FamRZ **73**, 6, ebso nunmehr Staud-Kropholler Vorbem z EG 18 Rdz 784. Auch das Europäische Fürsorgeabkommen v 11. 12. 53, BGBl **56** II 563 bleibt unberührt, VG Bln DAVorm **84**, 720, Oberloskamp Rdz 14, ZfJ **85**, 275.

(Art 19–25 nicht abgedr)

c) **Deutsches Zustimmungsgesetz** vom 30. 4. 71, BGBl II 217.

Art. 1 (nicht abgedruckt)

Art. 2. **[Ausführungsbestimmungen]** ^I *Für die in Artikel 4 Abs. 1, Artikel 5 Abs. 2, Artikel 10 und Artikel 11 Abs. 1 des Übereinkommens vorgesehenen Mitteilungen sind die deutschen Gerichte und Behörden zuständig, bei denen ein Verfahren nach dem Übereinkommen anhängig ist oder, in den Fällen des Artikels 5 Abs. 2, zur Zeit des Aufenthaltswechsels des Minderjährigen anhängig war.*

^{II} *Ist ein Verfahren im Geltungsbereich dieses Gesetzes nicht anhängig, so ist für den Empfang der Mitteilungen nach Artikel 4 Abs. 1 und Artikel 11 Abs. 1 das Jugendamt zuständig, in dessen Bezirk der Minderjährige seinen gewöhnlichen Aufenthalt hat. Für den Empfang der Mitteilungen, die nach Artikel 11 Abs. 1 des Übereinkommens an die Behörden des Staates zu richten sind, dem der Minderjährige angehört, ist, wenn im Geltungsbereich dieses Gesetzes weder ein Verfahren anhängig ist noch der Minderjährige seinen gewöhnlichen Aufenthalt hat, das Landesjugendamt Berlin zuständig.*

^{III} *Die Mitteilungen können unmittelbar gegeben und empfangen werden.*

^{IV} *Die in den anderen Vertragsstaaten für die Mitteilungen nach dem Übereinkommen zuständigen Behörden sind im Bundesanzeiger bekanntzugeben.*

Art. 3. **[Keine Einwirkung auf RuStAG]** *Die Vorschriften der §§ 19, 25 Abs. 1 des Reichs- und Staatsangehörigkeitsgesetzes vom 22. Juli 1913 (Reichsgesetzbl. S. 583), zuletzt geändert durch das Gesetz zur Änderung des Reichs- und Staatsangehörigkeitsgesetzes vom 8. September 1969 (Bundesgesetzbl. I S. 1581), bleiben unberührt.*

(Art. 4 u 5 nicht abgedruckt)

2) **Haager Abkommen zur Regelung der Vormundschaft über Minderjährige** v 12. 6. 02, RGBl **1904**, 240.

a) **Allgemeines.** Für Dtschland in Kraft getreten am 31. 7. 04. Mit Inkrafttreten des **MSA** ist das VormschAbk **im Verhältnis der Vertragsstaaten** zueinander **nicht mehr anzuwenden,** Art 18 I MSA. Das VormschAbk gilt deshalb heute noch im Verhältn zu **Belgien und Italien,** Bek v 14. 2. 55, BGBl II 188. Schweden hat das Abk mit Wirkg v 1. 6. 59 gekündigt, Bek v 15. 5. 59, BGBl II 582, ebso Ungarn mit Wirkg v 1. 6. 74, Bek v 21. 12. 73, BGBl **74** II 42.

b) **Anwendungsbereich.** Das Abk findet, soweit es sich nicht um vorl Maßregeln, Art 7, od die Benachrichtig von der in Aussicht genommenen Einleitg der Vormsch handelt, Art 8, in persönl Hinsicht nur auf die Vormsch über Mj Anwendg, die Angeh eines VertrStaats sind u ihren gewöhnl Aufenth im Gebiet eines dieser Staaten haben, Art 9. Nicht anwendb ist es bei Staatenlosen. Räuml findet Abk nur auf die europ Gebiete der VertrStaaten Anwendg. Sachl behandelt es nur die Vormsch über Mj, also nicht anwendb auf Pflegsch (diese aber als vorl Maßregel – abw v EG 24 III, vgl dort Anm 2 d –

mögl, KG **35**, 15), Beistandsch, KG JR **27** Rspr 1030, Vormsch für Vollj (vgl insof HaagerEntmAbk Art 8, 10), Sorgerechtsverteilg zw gesch Eltern, Knöpfel FamRZ **59**, 483, sowie sonstige Maßnahmen, die das 4. Buch des BGB dem VormschG überträgt, KGJ **45**, 18.

c) **Kurze Erläuterung.** Soweit das Abk gilt, scheidet EG 6 aus, da das Abk keine Vorbehalte enthält. Der **Staatsangehörigkeitsgrundsatz** ist scharf durchgeführt; demgem bestimmt sich die Vormsch (Zustdgk der Behörden, Umfang ihrer Tätig, Rechte u Pflichten des Vormundes usw, vgl EG 24 Anm 2 b aa; jedoch erstreckt sich die Vertretgsmacht des Vormds auch auf das ausl Verm des Mündels, soweit nicht etwa im Ausland liegende Grdst dort einer bes Güterordng unterliegen, Art 6) nach den Gesetzen des Staates, dem der Mj angehört, Art 1. An deren Stelle tritt allerd für den Fall, daß nach jenem eine Vormsch nicht angeordnet w kann od eine Übern dch den diplomat od konsular Vertreter des Heimatstaates nicht erfolgt, Art 2, für die Anordng u Führg der Vormsch das Recht des AufenthStaates, wenn von dessen Behörden die Vormsch angeordnet w, Art 3. Auch dann richten sich aber Grund u Dauer der Vormsch nach dem HeimatR des Mj, Art 5. Stets bleibt also zu prüfen, ob das HeimatR den Mj etwa unter elterl Sorge stehen läßt od eine gesetzl Vormsch vorsieht, so daß die Anordng einer Vormsch nicht mehr in Betr kommt. In diesen Fällen kann auch die Anordnung einer vorl Maßregel, hins deren sonst größere Freiheit besteht, Art 7, wenn auch das Kindeswohl od der Schutz der öff Belange sie dringend erfordern mögen, RG **162**, 329, nicht erfolgen, KG JR **27** Rspr 1030. Von der Notwendigk der Anordng einer Vormsch ist von den Behörden des AufenthStaates denen des Heimatstaats auf diplomat Wege, KGJ **41**, 27, Nachricht zu geben; diese haben sich dann zu äußern, ob ihrerseits eine Vormsch angeordnet ist od wird, Art 8.

d) **Amtliche Übersetzung des Abkommens** (Offiz Text französisch):

Art. 1. Staatsangehörigkeitsgrundsatz. Die Vormundschaft über einen Minderjährigen bestimmt sich nach dem Gesetze des Staates, dem er angehört (Gesetz des Heimatstaats).

Art. 2. Übernahme der Fürsorge durch den diplomatischen oder konsularischen Vertreter. Sieht das Gesetz des Heimatstaates für den Fall, daß der Minderjährige seinen gewöhnlichen Aufenthalt im Auslande hat, die Anordnung einer Vormundschaft im Heimatlande nicht vor, so kann der von dem Heimatstaate des Minderjährigen ermächtigte diplomatische oder konsularische Vertreter gemäß dem Gesetze dieses Staates die Fürsorge übernehmen, sofern der Staat, in dessen Gebiete der Minderjährige seinen gewöhnlichen Aufenthalt hat, dem nicht widerspricht.

Art. 3. Hilfsweise Aufenthaltsrecht maßgebend. Falls eine Vormundschaft gemäß den Bestimmungen des Artikel 1 oder des Artikel 2 nicht angeordnet ist oder nicht angeordnet werden kann, so ist für die Anordnung und die Führung der Vormundschaft über einen Minderjährigen, der seinen gewöhnlichen Aufenthalt im Auslande hat, das Gesetz des Aufenthaltsorts maßgebend.

Art. 4. Spätere Vormundschaftsanordnung durch den Heimatstaat. Ist die Vormundschaft gemäß der Bestimmung des Artikel 3 angeordnet, so kann gleichwohl eine neue Vormundschaft auf Grund des Artikel 1 oder des Artikel 2 angeordnet werden.

Hiervon ist der Regierung des Staates, in welchem die Vormundschaft zuerst angeordnet wurde, sobald wie möglich Nachricht zu geben. Diese Regierung hat davon entweder die Behörde, welche die Vormundschaft angeordnet hat, oder in Ermangelung einer solchen Behörde den Vormund selbst zu benachrichtigen.

In dem Falle, den dieser Artikel vorsieht, bestimmt sich der Zeitpunkt, in welchem die ältere Vormundschaft endigt, nach der Gesetzgebung des Staates, in dessen Gebiete diese Vormundschaft angeordnet war.

Art. 5. Zeitpunkt und Gründe für Beginn und Beendigung der Vormundschaft. In allen Fällen bestimmen sich der Zeitpunkt und die Gründe für den Beginn sowie für die Beendigung der Vormundschaft nach dem Gesetze des Heimatstaats des Minderjährigen.

Art. 6. Umfang der vormundschaftlichen Verwaltung. Die vormundschaftliche Verwaltung erstreckt sich auf die Person sowie auf das gesamte Vermögen des Minderjährigen, gleichviel an welchem Orte sich die Vermögensgegenstände befinden.

Von dieser Regel sind Ausnahmen zulässig in Ansehung solcher Grundstücke, welche nach dem Gesetze der belegenen Sache einer besonderen Güterordnung unterliegen.

Art. 7. Vorläufige Maßregel. Solange die Vormundschaft nicht angeordnet ist, sowie in allen dringenden Fällen können die zuständigen Ortsbehörden die Maßregeln treffen, die zum Schutze der Person und der Interessen eines minderjährigen Ausländers erforderlich sind.

Art. 8. Gegenseitige Mitteilungspflicht. Liegt Anlaß vor, für einen minderjährigen Ausländer die Vormundschaft anzuordnen, so haben die Behörden des Staates, in dessen Gebiet er sich befindet, von dem Sachverhalte, sobald dieser ihnen bekannt wird, die Behörden des Staates zu benachrichtigen, dem der Minderjährige angehört.

Die in solcher Art benachrichtigten Behörden sollen den Behörden, die ihnen die Mitteilung gemacht haben, sobald wie möglich Kenntnis geben, ob die Vormundschaft angeordnet ist oder angeordnet werden wird.

Art. 9. Persönliches und räumliches Anwendungsgebiet. Dieses Abkommen findet nur Anwendung auf die Vormundschaft über Minderjährige, die Angehörige einer der Vertragsstaaten sind und ihren gewöhnlichen Aufenthalt im Gebiete eines dieser Staaten haben.

Die Artikel 7 und 8 dieses Abkommens finden jedoch auf alle Minderjährige Anwendung, die Angehörige eines Vertragsstaats sind.

3) Bilaterale Abk mit **Österreich.** Im Verh z Österreich ist die Vereinbg über Pflegekinderschutz (Ziehkinderschutz) u über den GeschVerk in Jugendsachen vom 4. 6. 32, RGBl II 197, in Kr, Bek vom 13. 3. 52, BGBl II 436, sowie seit 1. 10. 59 wieder das **deutsch-österreichische Vormundschaftsabkommen,** Bek vom 21. 10. 59, BGBl II 1250 (betr nur Vormsch selbst, nicht die Tätig des VormschG in FamSachen); letzteres w dch das in EG 24 Anm 2a genannte Abk über Fürs u JWPflege nicht berührt, es geht dem MSA vor, vgl dessen Art 18 II, AG Kamen DAVorm **83**, 157, LG Paderb ZfJ **88**, 98, Karlsr FamRZ **89**, 898, zweifelnd LG Graz DAVorm **82**, 845.

4) Konsularverträge. Nach Art 5 lit h des Wiener Abk über konsular Beziehgen v 24. 4. 63, BGBl **69** II 1587, f die BRep in Kr getreten am 7. 10. 71, BGBl II 1285, gehört z den konsular Aufgaben die Wahrg der Interessen mj u and nicht voll geschäfgfiger Angehöriger des Entsendestaates, insb wenn f sie eine Vormsch od Pflegsch erfdl ist; diese Aufgabe beschr sich auf die Interessenwahrnehmg u besteht nur im Rahmen der ROrdng des Empfangsstaates. Darü hinaus finden sich bes Bestimmgen über **konsularische Befugnisse** in Vormsch- u PflegschSachen in KonsularVertr u über Meistbegünstiggsklauseln auch in HandelsVertr; vgl dazu Soergel-Kegel EG 23 Rdz 53, zT abw Erm-Marquordt EG 23 Rdz 38.

Vierter Abschnitt. Erbrecht

Vorbemerkung

Art 25 u 26 regeln das internat ErbR; sie ersetzen die Vorschren der bish EG 24–26 aF. Das Erbstatut wird grdsl dch die Staatsangehörigk des Erblassers best, Art 25 I. Die kasuistische Durchbrechung dieser GrdsAnknüpfg, die in EG 24 II aF u EG 25 S 2 aF vorgesehen waren, hat das IPRG nicht übernommen. Dagg hat es den Grds der NachlEinheit dch die Möglichk einer RWahl f im Inland belegenes unbewegliches Vermögen teilweise preisgegeben, Art 25 II. Für die Testamentsform werden in Art 26 die Vorschren des Haager Übk über das auf die Form letztwilliger Verfüggen anzuwendende Recht v 5. 10. 1961, BGBl **65** II 1145, übernommen; vgl dazu Einl 2 b cc u 5 b vor Art 3.

EG 25 *Rechtsnachfolge von Todes wegen.* ᴵ **Die Rechtsnachfolge von Todes wegen unterliegt dem Recht des Staates, dem der Erblasser im Zeitpunkt seines Todes angehörte.**

ᴵᴵ **Der Erblasser kann für im Inland belegenes unbewegliches Vermögen in der Form einer Verfügung von Todes wegen deutsches Recht wählen.**

Schrifttum: Siehr IPRax **87**, 4; Reinhart BWNotZ **87**, 97; Dörner DNotZ **88**, 67.

1) Allgemeines. a) Abs 1 enth die GrdsAnknüpfg des Erbstatuts; Abs 2 sieht hiervon eine Ausn dch Einräumg einer begrenzten RWahl vor. Ergänzde Sonderregeln f Verfüggen vTw enth Art 26. Erbstatut f den ges Nachl **(Nachlaßeinheit)** ist grdsl das **Heimatrecht** des Erblassers zZ seines Todes; zur Anknüpfg bei Mehrstaatern, Staatenlosen u Flüchtlingen vgl Art 5 mit Anh. **b) Rück- oder Weiterverweisung** dch die Kollisionsnormen des HeimatR (Personalstatut) des Erblassers sind n Art 4 I z beachten. So entsch kr Rück- od Weiterverweis des R des Erbl n dem Recht v Dänemark, Norwegen, vgl Staud-Graue Rdz 146 z EG 27, Schweiz (f Ausl in der Schweiz), BGH FamRZ **61**, 364, f den **beweglichen** Nachl auch nach dem Recht von Argentinien, Großbritannien, BayObLG **82**, 336, vgl Gottheiner RabelsZ **56**, 36, Staud-Graue aaO Rdz 141, USA, vgl Firsching, Dtsch-amerikan Erbfälle, 1965, Staud-Graue aaO Rdz 142 (vgl zur dem DomizilBest n engl R vgl BayObLG **67**, 1, u dem R der USA BayObLG **75**, 86), Frankreich, Batiffol-Lagarde, Droit internat privé, 7. Aufl, Bd II (1983) Nr 636 ff, währd f die Erbf hins des **unbeweglichen** Nachl n dem IPR dieser Länder das R des Lageortes gilt **(Nachlaßspaltung),** Ffm NJW **54**, 111, BayObLG **82**, 336, FamRZ **88**, 1100 (Großbritannien), Saarbr NJW **67**, 732 (Frankreich, vgl dazu Veelken RabelsZ **85**, 7), Köln NJW **86**, 2199 (Belgien), BayObLG **74**, 223, **75**, 86, **80**, 42, RPfl **84**, 66 (USA); dem Prinzip der NachlSpaltg folgt weiterhin auch das österr IPR: der unbewegl Nachl wird nach der lex rei sitae vererbt, OGH ZfRV **87**, 278, BayObLG **82**, 245, v Bar IPR Rz 535, abw noch BayObLG **80**, 276, Firsching IPRax **83**, 168, Jayme IPRax **83**, 167 u Vorauf, offengelassen v KG OLGZ **84**, 428; zum fr RZust BGH **50**, 63, ZfRV **77**, 133 mit abl Anm v Beitzke, KG OLGZ **77**, 309, BayObLG **77**, 34, **75**, 153, vgl dazu auch BGH NJW **80**, 2016; zu dtsch-österr Erbfällen Hoyer IPRax **86**, 345. Zur REntwicklg in den Niederlanden vgl Ebke RabelsZ **84**, 319. Die Rückverweis kann sich auch aus einer abw RWahl dch den Erbl ergeben, soweit diese n seinem HeimatR zul ist, zB n Art 22 II des schweiz NAG; vgl Coester JA **79**, 353. Bei der in Abs 2 eröffneten RWahl können selbstverständl nur die dtschen Sachvorschren gewählt werden, Art 4 II. **c)** Sieht das IPR am Lageort v NachlGgstden eine unterschiedl Anknüpfg f die Erbfolge in bewegl u unbewegl Vermögen vor, so besitzen diese **besonderen** Vorschren des **Belegenheitsstaates** n Art 3 III **Vorrang** vor der Anknüpfg des Erbstatuts n Abs 1, vgl dazu Art 3 Anm 4 c; es kommt dann ebenf zu einer **Nachlaßspaltung. d)** Eine **staatsvertragliche** Sonderregelung enth das Haager Übk über das auf die Form letztw Verfüggen anwendb Recht v 5. 10. 1961, vgl Anh z Art 26, dessen Inhalt in Art 26 eingearbeitet ist. Als Sonderregelg z beachten sind ferner das dtsch-iran Niederlassgsabk v 17. 2. 29, RGBl **30** II 1006, wieder in Kraft, vgl Bek v 15. 8. 55, BGBl II 829, das in Art 8 III für die Erbf ebso wie grdsl n Abs 1 die Anwendg des HeimatR vorsieht, der dtsch-türkische KonsularVertr v 28. 5. 29, RGBl **30** II 758 (Anlage zu Art 20), wieder in Kraft gem Bek v 29. 5. 52, BGBl II 608 (grdsl HeimatR, f Grdst lex rei sitae, vgl dazu Kremer IPRax **81**, 205, z den Befugn der Konsuln LG Augsbg u Mü ebda 215, Reinhart BWNotZ **87**, 98, z Anwendg bei Doppelstaatern AG Bad Hombg IPRspr **77** Nr 103), ferner der dtsch-amerikanische Freundsch-, Handels- u KonsularVertr v 29. 10. 54, BGBl **56** II 488, nebst Protokoll, BGBl **56** II 502 (Art 9

Z 3: Inländerbehandlg bei der Erbf) u der dtsch-sowj KonsularVertr v 25. 4. 58, BGBl 59 II 232, dessen Art 28 III die Erbf in das unbewegl Verm der lex rei sitae unterstellt, vgl Hamm OLGZ 73, 388. Der StaatsVertr zw dem Großherzogtum Baden u der Schweiz Eidgenossensch betr die ggs Bedingen der Freizügk u weitere nachbarl Verhältnisse v 6. 12. 1856, der in Art 6 eine erbr Kollisionsnorm enthielt (grds lex rei sitae), vgl dazu H. Müller Fschr f Raape (1948) 229, ist am 28. 2. 79 außer Kraft getreten, Bek v 15. 1. 79, GBlBaWü 79, 76, Wochner RIW 86, 134. Zum Entwurf eines Haager Abk über die internat Abwicklg v Nachl, abgedr in RabelsZ 75, 104, vgl Lipstein RabelsZ 75, 29; z Entw eines Übk über das auf Erbfälle anzuwendne R vgl van Loon MittRhNotK 89, 9. e) Zum innerdtschen KollisionsR vgl Anm 5.

2) **Bestimmung des Erbstatuts. a) Grundsatz (Absatz 1).** Nach Abs 1 unterliegt die RNachf vTw dem HeimatR (Personalstatut) des Erbl zZ seines Todes; dieses Erbstatut gilt grdsl f den gesamten Nachl unabh v Art u Lage der einz NachlGgst (NachlEinheit); Ausn können sich aber aus einer partiellen Rück- od Weiterverweisg, Anm 1b, od aus abweichenden Anknüpfgsregeln des BelegenhStaates ergeben, Anm 1c. Wohns od gewöhnl Aufenth des Erbl sind f die Anknüpfg des Erbstatuts grdsl belanglos; Ausn gelten bei Staatenl u Flüchtlingen, vgl Art 5 mit Anh, sowie im Fall einer Rück- od Weiterverweisg auf den Domizilstaat, vgl Anm 1b. **b) Rechtswahl (Absatz 2).** Eine RWahl ist bei der Bestimmg des Erbstatuts grdsl unbeacht; auch aus der matrechtl Testierfreih ergibt sich keine Befugn zur testamentarischen Bestimmg des Erbstatuts, vgl BGH NJW 72, 1001; Verweisg auf eine best ROrdng als Ausleggshilfe eines Testaments ist jedoch statth, vgl BGH NJW 72, 1001, Dopffel DNotZ 76, 347. Nach dem erst im RAusschuß eingefügten Abs 2 kann der Erbl aber nunmehr f im **Inland** belegenes unbewegl Vermögen in der Form einer Verfügg vTw **deutsches** Recht wählen; der Inhalt der Verfügg kann sich auf die isolierte RWahl beschr. Dabei ist der Begr des unbewegl Vermögens iS des dtschen Rechts z verstehen, der nach Einl 8a vor Art 3; er umfaßt Grdst samt ihren Bestandten nebst Zubeh, sowie Wohngs- bzw StockwerksEigt u ErbbauRe, vgl Überblick 3a vor § 90, ferner die sonst beschr dingl Rechte an Grdsten, Jayme IPRax 86, 270, vgl dazu Krzywon BWNotZ 86, 154, 87, 4, nicht aber auch GesellschAnteile od Miterbenanteile, Reinhart BWNotZ 87, 101, aM Dörner DNotZ 88, 95, Pünder MittRhNotK 89, 4, od Anspre aus Grdstkauf, -miete od -pacht, aM Dörner ebda 96, Pünder aaO. Die RWahl ist nur f das in der BRep belegene unbewegl Vermögen u nur zG des dtschen Rechts zugelassen; sofern der Erbl nicht ohnehin n Abs 1 evtl iVm einer Rückverweisung n dtschem Recht beerbt wird, hat die Wahl des dtschen Rechts eine kollisionsrechtl **Nachlaßspaltung** zur Folge; der im Inland belegene GrdBesitz wird n einem und Recht vererbt als der übrige Nachl (sofern es nicht auch f diesen noch n Art 3 III od 4 I z einer NachlSpaltg kommt, vgl oben a). Die RWahl kann ebso wie bei Art 15 II Nr 3, vgl dort Anm 3b, auch auf ein **einzelnes** hier belegenes Grdst beschr werden, währd f das übrige im Inland belegene unbewegl Vermögen das HeimatR des Erbl in Geltg belassen wird, Lichtenberger DNotZ 86, 665, Fschr Ferid (1988) 285, Ferid IPR Rz 9–12, 12, Siehr IPRax 87, 7, Pirrung IPR S 171, Reinhart BWNotZ 87, 102, Dörner DNotZ 88, 86, aM Kühne IPRax 87, 73; vgl dazu auch Art 15 Anm 3b; für die Beurteilg der Formgültigk der RWahl gilt Art 26, abw Dörner DNotZ 88, 87. Der Erbl kann die RWahl jederzeit in Form einer VvTw widerrufen, auch wenn sie in einem ErbVertr getroffen wurde, ebso Dörner DNotZ 88, 91, aM Lichtenberger DNotZ 86, 665, Fschr Ferid (1988) 286, Siehr IPRax 87, 7; der Widerruf läßt aber Gültigk u Bindgswirkg einer früher errichteten VvTw n dem bish gewählten R unberührt, Art 26 V 1, zust Kühne IPRax 87, 74, Dörner DNotZ 88, 48. **c) Nachlaßspaltung.** Auch das neue dtsche IPR behandelt den Nachl im Ggs zu vielen ausl KollisionsRen ebso wie im mat dtschen ErbR als geschl Einheit. Dennoch kann es aGrd staatsvertragl Sonderregelg, vgl Anm 1d, abw Anknüpfgsregeln des BelegenhStaates, Art 3 III, partieller Rück- od Weiterverweisg, Art 4 I, od aGrd beschr RWahl, Art 25 II, z einer unterschiedl erbr Behandlg einz NachlTeile kommen (NachlSpaltg). Der durch Aufspaltg entstandene Nachlaßteil ist grdsl als selbstd Nachl anzusehen, dh n dem jew maßg Erbstatut so abzuhandeln, als ob er der gesamte Nachl wäre, BGH 24, 355, BayObLG NJW 60, 775; selbstd Erbeinsetzg auf den dem dtschen R unterstehden Teil ist also mögl u nicht als Einsetzg z einem Bruchteil mit Teilgsanordng aufzufassen, Karlsr JFG 7, 139; f jeden NachlTeil n dem f ihn geltden R selbstd sind auch Ausleggs u Gültigk eines Testaments z beurteilen, vgl BayObLG 80, 42, Firsching IPRax 82, 98 (z TestAnf); dasselbe Testament kann also f den einen Teil wirks, f den and unwirks sein, Erm-Marquordt Rdz 39. Auch die Haftg f NachlVerbindlk ist f jeden TeilNachl n dem dafür maßg Erbstatut selbstd z prüfen; haftet danach jeder Nachl, so kann der Gläub wählen, gg welchen er vorgehen will; der n Anspr genommenen NachlMasse ist das Geleistete im Verh des Wertes der NachlTeile z ersetzen, vgl Staud-Raape 687f, differenziert Dörner DNotZ 88, 106. – Der dtschen ErbschSteuer können auch Nachl unterliegen, die n ausl Erbstatut abzuwickeln sind, vgl dazu BFH IPRspr 77 Nr 102.

3) **Anwendungsgebiet des Erbstatuts. a) Qualifikation. aa)** Nach dem Erbstatut, Anm 2, werden grdsätzl alle erbr Fragen beurteilt, also Eintritt u Ztpkt eines Erbfalls (aber Eintritt des Todes sowie Kommorientenvermutg n Personalstatut, bei unterschiedl Staatsangehörigk der Verst Familienstatut, vgl dazu Jayme/Haack ZVglRWiss 85, 81, f Todesvermutg gilt Art 9), Erbfähigk (vgl aber auch b) u Berufg z Erben, insb der **Kreis der gesetzlichen Erben** u ihre Erbquoten, zB das ges ErbR des Eheg (z Abgrenzg v Erb- u GüterRStatut Art 15 Anm 4c), des nehel Kindes auch in der Form des ErbersatzAnspr od des Anspr auf vorzeit ErbAusgl, BGH 96, 262 (maßg hypothet Erbstatut zZ der Durchführg), Kegel IPRax 86, 229, sowie das ges ErbR des Fiskus (auch als AneignsR, Soergel-Kegel vor EG 24 Rdz 13ff, str, aM KG OLGZ 85, 280 (zust Firsching IPRax 86, 25), Stgt IPRax 87, 125, Ferid IPR Rdz 9–48, MüKo-Birk Rdz 126f, die dem AneignsR nur territoriale Geltg einräumen, ähnl Graupner/Dreyling ZVglRWiss 83, 200). Das Erbstatut ist maßg f das **Pflichtteilsrecht**, BGH 9, 154, auch in Form eines mat NotErbR od eines PflichttErgänzgsAnspr, Staud-Ferid/Cieslar Einl zu §§ 2303ff Rdz 185 (selbst wenn er sich gg Dritte richtet, vgl RG 58, 128). Es entscheidet weiter üb die mit dem **Erwerb der Erbschaft** zushängden Fragen, insb über Ann u Ausschlagg, LG Hbg ROW 85, 172, Staud-Firsching Vorbem z EG 24–26 Rdz 295, Rauscher DNotZ 85, 204, Erbunwürdigk, Staud-Firsching Vorbem z EG 24–26 Rdz 43, Ferid Fschr f Beitzke (1979) 482 (auch z Bedeutg ausl ErbunwürdigkUrteile bei dtschem Erbstatut) u Erbverzicht, Staud-Ferid/Cieslar Einl z

§§ 2346 ff Rdz 110, ferner über den Umfang des Nachlasses, BGH NJW **59**, 1317, Gestaltg der ErbenGemsch (Gesamthands- oder BruchteilsGemsch), AusgleichsPfl, Erbenhaftg, BGH **9**, 154, ErbschAnspr, Nürnb OLGZ **81**, 115, LG Hbg ROW **85**, 172 (auch seine Abtr, KG IPRspr **72** Nr 6), AusgleichsAnspr n HöfeO 13, Oldenbg IPRspr **79** Nr 135, sowie die Erbauseinandersetzg, BGH NJW **59**, 1317, BGH **87**, 19, u den ErbschKauf, Staud-Ferid/Cieslar Einl z § 2371 Rdz 169 ff. **bb)** Nach dem Erbstatut beurteilen sich grdsl die Voraussetzgen u Wirkgen der **Verfügungen von Todes wegen,** insb der statth Inhalt des Testaments, zB hins der Möglk v Erbeinsetzg od VermächtnAO, BayObLG **74**, 460 (Vindikationslegat an inl Grdst n ausl Erbstatut aber n dem insow als lex rei sitae maßgebden dtschen R als Damnationslegat zu behandeln, vgl Art 3 Anm 4c, BayObLG **61**, 4, 19, Ferid IPR Rdz 7–33, auch keine Aufn in dtschen ErbSch, Köln NJW **83**, 525, aM van Venrooy ZVglRWiss **86**, 205), der Zulässigk v Vor- u Nacherbsch, Celle FamRZ **57**, 273 od TestVollstreckg, BayObLG **65**, 377, **86**, 475, die Befugn zur Ernenng u Entlassg des TestVollstr, Hamm NJW **73**, 289 (interlokal) u Umfang seiner RStellg, BGH NJW **63**, 46. Das Erbstatut ist auch f die **Testamentsauslegung,** BGH WPM **76**, 811, Köln NJW **86**, 2199, BayObLG **86**, 473, RPfl **88**, 366, sowie die TestAnf maßg, BGH FamRZ **77**, 786; bei der Ermittlg des ErblWillens können aber auch RGrdse einer and ROrdng berücksicht werden, unter deren Einfluß der Erbl bei der TestErrichtg stand **(Handeln unter falschem Recht),** BayObLG **80**, 42, vgl dazu Firsching IPRax **82**, 98, Heßler, Sachrecht Generalklausel u internat FamR, 1985 S 155, zB über die Funktion eines TestVollstr, vgl LG Hbg IPRspr **80** Nr 190; zur Umdeutg der Anordng einer n dem Erbstatut unzulässigen Vor- u Nacherbsch vgl Veelken RabelsZ 85, 1; zur Qualifikation einer testamentarischen joint tenancy vgl Czermak ZVglRWiss **88**, 72. **cc)** Nach dem Erbstatut beurteilen sich grdsl auch die **Zulässigkeit** der Errichtg einer best Art v Verfüggen vTw u deren **Bindungswirkung;** dies gilt insb für **gemeinschaftliche Testamente** u Erbverträge; bei versch Erbstatuten der Eheg bzw der VertrSchließenden müssen sie den GültigkAnforderngen beider Erbstatute entspr, sofern sie nicht nur Verfügungen eines der Beteil enth (also nicht bei einem einseitigen ErbVertr). Das gleiche gilt f Zulässig u Verzichtswirkg eines **Erbverzichts** sowie f Zulässigk u Bindgswirkg v **Testierverträgen,** MüKo-Birk Rdz 341, abw van Venrooy JZ **85**, 609 (grdsl f schuldr Qualifikation), deren Zulässigk grdsl auch nicht gg Art 6 verstößt, van Venrooy JZ **85**, 610, MüKo-Birk Rdz 342. Im Falle eines **Statutenwechsels** gelangt n **Art 26 V** jedoch nicht das tats Erbstatut, dh das HeimatR (Personalstatut) des Erbl zZ seines Todes, sond das **hypothetische Erbstatut** zZ der Errichtg z Anwendg, vgl näher Art 26 Anm 3a. Für die **Form** gilt Art 26 I–IV. Sofern das Verbot der Errichtg eines gemschaftl Testaments in dem n Abs 1 berufenen Erbstatut als Formerfordern z qualifizieren ist, wie im franz od niederl Recht, vgl Ferid IPR Rdz 9–63, ist ein solches Testament also gült, wenn es den Anforderngen eines der n Art 26 I berufenen Rechte genügt, abw Düss NJW **63**, 2227, Hamm NJW **64**, 553 (z niederl Recht). Ist das Verbot dagg matrechtl Art, wie n ital Recht, so ist das gemschaftl Test nichtig, BayObLG **57**, 376, Ffm IPRax **86**, 111, Grundmann ebda 94, teilw aM Neuhaus/Gündisch RabelsZ **56**, 563. Ähnl Fragen treten bei einem gemschaftl Test v Schweizern in Dtschland auf, vgl BayObLG IPRspr **75** Nr 114 (Umdeutg in Einzeltestament); z Problematik gemschaftl Testamente im dtsch-engl RVerkehr vgl Dopffel DNotZ **76**, 335, sowie allg Umstätter DNotZ **84**, 532. Entspr Regeln gelten f den ErbVertr. **dd)** **Schenkungen von Todes wegen** unterliegen dem Erbstatut, soweit sie beim Tod des Schenkers noch nicht vollz sind (andernf Schenkgsstatut, vgl dazu Art 28 Anm 4c), BGH NJW **59**, 1317, MüKo-Birk Rdz 343, Staud-Firsching Rdz 48; die Frage, ob u wann die Schenkg vollz ist, entsch das f den Rechtsübergang, zB EigtÜbertragg od Abtretg, maßg Statut, vgl Henrich Fschr f Firsching (1985) 118; damit dürfte sich die umstrittene Qualifikationsfrage (lex fori, Erbstatut od Schenkgsstatut, vgl Henrich aaO, offengelassen bei BGH **87**, 19) weitgehd erledigen.

b) Vorfragen. Die **Erbfähigkeit** des z Erbsch Berufenen, zB der Leibesfrucht, beurteilt sich grdsl ebenf n dem Erbstatut; soweit danach RFähigk erfdl ist, handelt es sich um eine selbstd anzuknüpfde Vorfrage, maßg also das HeimatR bzw bei JP das Recht des Sitzes, vgl Art 7 I u Anh z Art 12 Anm 2, str, f unselbstd Anknüpfg Ebke RabelsZ **84**, 320. Über die **Testierfähigkeit** entsch ebenf Art 7 I, soweit sie v der GeschFgk abhäng gemacht ist; soweit es sich um eine bes, nur auf das Testieren abgestellte Fähigk handelt, Art 25, Soergel-Kegel vor EG 24 Rdz 35, and Staud-Firsching Rdz 17, MüKo-Birk Rdz 209 (stets Erbstatut), van Venrooy JR **88**, 485 (stets Art 7 I); ebso wie die GeschFgk n Art 7 II wird auch die einmal erlangte TestierFgk dch Erwerb od Verlust der RStellg als Dtscher iSv GG 116 I u entspr in jedem Fall eines Wechsels des Personalstatuts nicht beeinträchtigt, Art 26 V 2, vgl dort Anm 3b. Ob eine Pers die z **Berufung erhebliche Rechtsstellung** hat, zB Ehefr, ehel od nehel Kind od dch Adoption einem ehel Kind in jed Hins gleichgestellt ist, richtet sich n dem dafür in Betr kommden Statut, also Art 13, 19 I, 20 I, 21, 22, Aurich FamRZ **73**, 54, BayObLG **80**, 72, Müller NJW **85**, 2059, vgl Art 22 Anm 2b; selbstd anzuknüpfen ist also insb die Vorfrage des gült Bestehens einer Ehe, BGH NJW **81**, 1900; n Art 17 I ist z beurt, ob ein Eheg als schuld an der Scheidg anzusehen wäre, sofern davon sein ErbR abhängt, BayObLG **80**, 276 (bei Zutreffen v dtschem Scheidgsstatut mit ausl Erbstatut, das auf die Schuldfrage abstellt, kann Anpass erfdl sein, vgl dazu Firsching IPRax **81**, 86 u Coester IPRax **82**, 206). Welche **Gegenstände zum Nachlaß** gehören, ist ebenf eine selbstd anzuknüpfde Vorfrage, BGH BB **69**, 197 (Bankguthaben), Kln OLGZ **75**, 1 (VersichergsAnspr), KG DNotZ **77**, 749 (lex rei sitae f TrHdEigt). Für die Beurteilg der **Formgültigkeit** einer Verfügg vTw gilt Art 26.

4) Internationales Verfahrensrecht. Schrifttum: Firsching, NachlR, 6. Aufl (1986) 53 ff. **a)** Das IPRG hat auf eine Neuregelg der **internationalen Zuständigkeit** in NachlAngelegenh wg Fehlens eines zwingden Bedürfnisses u wg der bestehenden Zweifel bei den GrdsFragen verzichtet, Begr BT-Drucks 10/504 S 92 (Armutszeugnis!). Die internat Zustdgk der dtschen NachlGere setzt nach der bish stRspr für Fehlen einer staatsvertragl ZustdgkRegelg grdsl voraus, daß dtsches ErbR anzuwenden ist **(Gleichlaufsgrundsatz),** KGJ **47**, 238, JFG **15**, 78, BayObLG **56**, 119, **58**, 34, **67**, 1, **76**, 151, BayObLG DAVorm **83**, 757, KG OLGZ **77**, 309, Zweibr OLGZ **85**, 413; dch das Inkrafttr des IPRG hat sich hieran nichts geändert, BayObLG **86**, 469. Die internat Zustdgk ist damit abhäng v dem n dtschem IPR zu bestimmden HerrschBereich des dtschen mat R, wobei Rückverweisg u NachlSpaltg zu beachten sind, vgl oben Anm 2. Eine Ausnahme gilt f vorl sichernde Maßn u Erteilg v ggstdl beschr Erbscheinen u TestVollstrZeugnissen, §§ 2369, 2368 III. Diese Praxis ist im Schrifttt auf zunehmde **Kritik** gestoßen, vgl Heldrich, Internat Zustdgk u anwendb Recht, 1969 § 10 IV,

Kegel IPR § 21 IV, Wiethölter in: Vorschläge u Gutachten z Reform des dtschen internat ErbR (1969) 141. Danach soll die dtsche internat Zustdgk in NachlSachen bei Vorliegen einer örtl Zustdgk, FGG 73, grdsl auch bei Anwendbk ausl R bestehen, sofern dieses mit dem id VerfR verträgl ist, also keine wesensfremde Tätigk erfordert, Soergel-Kegel vor EG 24 Rdz 62; zT wird zusätzl die Billigg der Mitwirkg der dtschen NachlGe dch das ausl Erbstatut verlangt, Erm-Marquordt EG 24 Rdz 49. Die Rspr hat sich neuerd dieser Auffassg angenähert, soweit Ablehng der internat Zstdgk zu RVerweigerg führen würde, BayObLG **65**, 423 (Mitwirkg bei ErbschAnn u InvErrichtg nach ital Recht), dazu Heldrich NJW **67**, 417, Neuhaus NJW **67**, 1167; Hamm OLGZ **73**, 289 (interlokal) u Ffm OLGZ **77**, 180 lassen Durchbrechg des GleichlaufsGrds auch aus Grden des FürsBedürfn od der Not zu (Entlassg eines Testvollstr); SchlHOLG SchlHA **78**, 37 leitet nunmehr (allerd bei Anwendg v EG 25 S 2 aF) internat Zustdgk schlechthin aus der örtl Zustdgk ab. Ohne Einschränkg zuläss sind **vorläufige sichernde Maßregeln,** da es der internat Übg entspricht, daß die inländ Gerichte im BedürfnFalle bei der Sicherg des inländ Nachl eines Ausländers mitzuwirken haben, KGJ **53**, 79. Demgem auch in diesem weiteren Rahmen NachlPflegsch nach § 1960, BayObLG **82**, 288 (vgl dazu Firsching IPRax **83**, 83), aber auch § 1961 mögl, KG JW **34**, 909, Mü JFG **16**, 98, selbst wenn das ausl Recht eine solche nicht kennt; die Vertretgsbefugn hängt auch nicht davon ab, ob der NachlPfleger zweck- u pflichtm handelt, BGH **49**, 1; hierher gehört auch die TestEröffng, sofern der Sicherungszweck die Eröffng verlangt, vgl Firsching NachlR S 177. Die dtsche internat Zustdgk zur Erteilg eines ggstdl beschr **Erbscheins** in Anwendg ausl R (FremdRErbSch) ergibt sich aus § 2369, vgl dort Anm 1 a. Ein allg ErbSch nach § 2353 wird nach der bish Praxis nur erteilt, wenn dtsches ErbR anwendb ist (EigenRErbSch); soweit n Art 3 III, 4 I od 25 II NachlSpaltg eintritt, vgl Anm 2c, ist für den dtschem Recht unterliegden NachlTeil ein allg ErbSch nach § 2353 auszustellen, BayObLG **64**, 387, **67**, 8, **80**, 42, Saarbr NJW **67**, 732. Eingeschr Geltg eines solchen EigenRErbSch ist in ihm zu vermerken, BayObLG **67**, 8 u 430. Nach einer im Schrifttt vertr Auffassg soll dagg die Ausstellg eines allg ErbSch gem § 2353 unabhäng von der Anwendbk dtschen R erfolgen, Soergel-Kegel vor EG 24 Rdz 71. Bei Beerbg **Deutscher** nach ausl R wird auch nach ggwärt Praxis der NachlGe allg ErbSch nach § 2353 erteilt, BayObLG **61**, 176, **67**, 197 (Sudetdtsche, die vor od während der Vertreibg gestorben sind), vgl auch BayObLG **64**, 292; ähnl Zweibr OLGZ **85**, 413 (bei im Ausland belegenem GrdBes eines dtschen Erbl, der n Art 3 III n dem Recht des Lageortes vererbt wird, wenn die Gefahr einer RVerweigerg besteht; vgl dazu Witz/Bopp IPRax **87**, 83). Für das **Testamentsvollstreckerzeugnis** gelten die genannten Grdse entspr, vgl § 2368 III u dazu § 2369 Anm 5, abw LG Hbg IPRspr **80** Nr 190; z FremdRZeugn n § 1507 vgl Dörner DNotZ **80**, 662.

b) Für die **Anerkennung** eines v einem ausl Ger erteilten Erbscheins gilt grdsl FGG 16a; vgl dazu Art 19 Anm 4b, Geimer Fschr Ferid (1988) 117 (grdsl keine Anerkenng wg fehlder RKraftwirkg). Trotz Vorliegens der Anerkennungsvoraussetzgen besteht aber bei internat Zustdgk auch der dtschen NachlGer z Erteilg eines Erbscheins **keine Bindung** an einen bereits im Ausland erteilten Erbschein, BayObLG **65**, 377; das gleiche gilt, wenn der ausl Erbschein inhaltl nicht der n den dtschen Kollisionsnormen gegebenen RLage entspr, KG IPRspr **73** Nr 105.

5) Innerdeutsches Kollisionsrecht. Im Verh z DDR gilt Art 25 entspr; vgl dazu im einz Dörner DNotZ **77**, 324, Lange/Kuchinke, ErbR S 48, Kringe NJW **83**, 2292, Wähler Fschr f Mampel (1983) 191, Wohlgemuth ROW **85**, 162. HeimatR des Erbl ist sein dtsches Personalstatut; z dessen Best vgl Anh z Art 3 Anm 2; z Anknüpfg an die Staatsangehörigk LG Dortm IPRspr **80** Nr 128, abl Wähler aaO 196, offengelassen in KG ROW **86**, 379. Ein in OstBln lebdes, vor dem 1. 7. 49 geb nehel Kind, NEhelG Art 12 § 10 II 1, hat keinen Anspr auf ErbAusgl, § 1934d, gg seinen in WestBln lebden Vater, KG NJW **72**, 1005. Ist ein Erbl mit gewöhnl Aufenth in der DDR schon vor Inkrafttr der dort ggs Neuordng verstorben, so ist nicht die früh, sond die jetz Regelg maßg, da auch das intertemporale Recht der DDR entsch, KG FamRZ **67**, 53. Zur Auslegg v Testamenten eines Erbl aus der DDR, der auch Verm in der BRep besitzt, vgl Johannsen WPM **79**, 602. Für die Beurteilg der Formgültigk v Testamenten gilt das in **Art 26** eingearbeitete **Haager Testamentsabkommen.** Feste Regeln f die Anknüpfg der **interlokalen Zuständigkeit** des NachlGe der BRep haben sich bish nicht herausgebildet; KG OLGZ **76**, 167 wendet GleichlaufsGrds, vgl Anm 4a, entspr, mit Recht abl Hamm OLGZ **73**, 289, das auf FürsBedürfn abstellt; Kuchinke Fschr f v d Heydte 1011ff; BGH **65**, 311, FamRZ **77**, 786, läßt die Frage dahingestellt. Bei Erbl mit letztem Wohns in der DDR u NachlGgsten in der BRep wird in entspr Anwendg v FGG 73 III ein ggständl beschr ErbSch dch jedes Ger der BRep, in dessen Bez sich NachlGgste befinden, erteilt, vgl BGH **52**, 123, insow dch BGH **65**, 311 nicht in Frage gestellt, LG Berlin ROW **83**, 86, KG ROW **86**, 379, offengelassen v BayObLG RPfl **79**, 104; z gleichen Erg gelangt Kuchinke aaO 1012f dch Anwendg v § 2369; befinden sich keine NachlGgstde im Gebiet der BRep, benöt der Erbe jedoch einen ErbSch z GeltdmachsgensV LastenausgleichsAnspr, dessen Erteilg dch die NachlBeh der DDR abgelehnt wird, so besteht interlokale u örtl Zustdgk des AG Bln-Schönebg entspr FGG 73 II z Erteilg eines ggständl nicht beschr ErbSch, BGH **65**, 311, BayObLG RPfl **79**, 104, KG OLGZ **78**, 156, LG Dortm IPRspr **80**, Nr 128, Karlsr OLGZ **81**, 399 (aber keine Einziehg eines zuvor in der DDR erteilten Erbscheins in der BRep), ebso schon bish KG NJW **69**, 2101, **70**, 390, OLGZ **75**, 287, Mannheim BWNotZ **80**, 4, and noch Hamm OLGZ **72**, 352, BayObLG **72**, 86, auch BayObLG IPRspr **76** Nr 208; vgl dazu § 2353 Anm 1a. Über das Verf in der DDR vgl §§ 413ff ZGB u NotG v 5. 2. 76, GBl I 93, z Anerkennung dort ausgestellter ErbSch Kuchinke aaO 1019ff, Wähler aaO 200, LG Nürnbg BWNotZ **77**, 25, KG ROW **86**, 379. In der BRep eröffnetes Test eines in der DDR wohnt Erbl ist, falls im Einzelfall nicht überw Belange entggstehen, z endgült Verwahrg an das zust staatl Notariat in der DDR zu schicken, KG OLGZ **70**, 223, Celle ROW **80**, 264, BayObLG IPRspr **82** Nr 201.

EG 26 *Verfügungen von Todes wegen.* [1] Eine letztwillige Verfügung ist, auch wenn sie von mehreren Personen in derselben Urkunde errichtet wird, hinsichtlich ihrer Form gültig, wenn diese den Formerfordernissen entspricht

1. des Rechts eines Staates, dem der Erblasser ungeachtet des Artikels 5 Abs. 1 im Zeitpunkt, in dem er letztwillig verfügt hat, oder im Zeitpunkt seines Todes angehörte,

2. des Rechts des Ortes, an dem der Erblasser letztwillig verfügt hat,
3. des Rechts eines Ortes, an dem der Erblasser im Zeitpunkt, in dem er letztwillig verfügt hat, oder im Zeitpunkt seines Todes seinen Wohnsitz oder gewöhnlichen Aufenthalt hatte,
4. des Rechts des Ortes, an dem sich unbewegliches Vermögen befindet, soweit es sich um dieses handelt, oder
5. des Rechts, das auf die Rechtsnachfolge von Todes wegen anzuwenden ist oder im Zeitpunkt der Verfügung anzuwenden wäre.

Ob der Erblasser an einem bestimmten Ort einen Wohnsitz hatte, regelt das an diesem Ort geltende Recht.

II Absatz 1 ist auch auf letztwillige Verfügungen anzuwenden, durch die eine frühere letztwillige Verfügung widerrufen wird. Der Widerruf ist hinsichtlich seiner Form auch dann gültig, wenn diese einer der Rechtsordnungen entspricht, nach denen die widerrufene letztwillige Verfügung gemäß Absatz 1 gültig war.

III Die Vorschriften, welche die für letztwillige Verfügungen zugelassenen Formen mit Beziehung auf das Alter, die Staatsangehörigkeit oder andere persönliche Eigenschaften des Erblassers beschränken, werden als zur Form gehörend angesehen. Das gleiche gilt für Eigenschaften, welche die für die Gültigkeit einer letztwilligen Verfügung erforderlichen Zeugen besitzen müssen.

IV Die Absätze 1 bis 3 gelten für andere Verfügungen von Todes wegen entsprechend.

V Im übrigen unterliegen die Gültigkeit der Errichtung einer Verfügung von Todes wegen und die Bindung an sie dem Recht, das im Zeitpunkt der Verfügung auf die Rechtsnachfolge von Todes wegen anzuwenden wäre. Die einmal erlangte Testierfähigkeit wird durch Erwerb oder Verlust der Rechtsstellung als Deutscher nicht beeinträchtigt.

1) Allgemeines. a) Art 26 Abs 1–3 übernimmt im Interesse der Übersichtlk des geltden dtschen IPR, vgl dazu Einl 2b cc u 5b vor Art 3, den wesentl kollisionsr Inh des f die BRep am 1. 1. 1966 in Kraft getretenen **Haager Übereinkommens** über das auf die Form letztw Verfüggen anzuwendende Recht v 5. 10. 61, BGBl **65** II 1145, **66** II 11. Zum Kreis der übr VertrStaaten vgl Beilage z BGBl FundstellenNachw B 1988 S 334, zuletzt ergänzt BGBl **88** II 971. Da das Übk n Art 6 **allseitig** anzuwenden ist, auch wenn die Beteil keinem VertrStaat angehören u das maßgebl Recht nicht das eines VertrStaates ist (loi uniforme), läßt es f eine autonome Regel des internat Rechts der Testamentsform im dtschen Recht keinen Raum. Trotz des Vorrangs der staatsvertragl Regel gem Art 3 II 1 **genügt** die Anwendg des **Art 26** bei der Beurteilg der Testamentsform, soweit dieser n v den Vorschren des Haager Übk abweicht; **Art 26 Abs 1–3** hat ebso wie Art 18 trotz seines Standorts im EGBGB **staatsvertragl** Charakter; der Rückgr auf die entspr Anknüpfgsregeln im Haager Übk, vgl Anh, ist damit grdsl überflüss, im Erg ebso Schurig JZ **87**, 764, Pirrung IPR S 110 u 172, aM Jayme IPRax **86**, 266, Mansel StAZ **86**, 316, Basedow NJW **86**, 2975, Siehr IPRax **87**, 6, Reinhart BWNotZ **87**, 98. In Art 26 **nicht** aufgenommen wurde die in Art 1 II des Übk vorgesehene Unteranknüpfg bei MehrRStaaten, die mit EG 4 III nicht ganz übereinstimmt, vgl dazu dort Anm 3c, ebsowenig der ordre public-Vorbeh in Art 7, der EG 6 entspr. Von den in Art 3 des Übk vorbehaltenen weiteren Anknüpfgen hat der Gesetzgeber dch Einfügg v Abs 1 Nr 5 Gebr gemacht. Eine **Abweichung** vom Haager Übk stellen die Abs 4 u 5 dar. **Absatz 4** dehnt die Anknüpfgsregeln der Abs 1–3 (u damit das Haager Übk) auf and Arten v Verfüggen vTw, insb ErbVertr, aus; das Haager Übk steht dem nicht entgg. **Absatz 5** trifft eine kollisionsrechtl Regelg f die Auswirkgen eines Statutenwechsels auf die Gültigk u Bindgswirkg v Verfüggen vTw, die sachl z Bestimmg der Gültigk u ihren Platz daher besser in Art 25 gefunden hätte; diese Sonderregel hat mit der Form letztw Verfüggen u damit mit dem Inhalt des Haager Übk ebenf nichts z tun. **b)** Die Beachtg einer **Rück- oder Weiterverweisung** ist im Anwendgsbereich v Abs 1–4 grdsl ausgeschl, weil damit unmittelb auf die sachrechtl Formerfordernisse der betr ROrdng verwiesen wird; eine Ausn gilt aber mittelb f die Anknüpfg v Abs 1 Nr 5, die sicherstellen soll, daß auch die Erfüllg der Formerfordernisse eines dch Rück- od Weiterverweisg berufenen Erbstatuts ausr ist, vgl BT-Drucks 10/5632 S 44. Auch bei der Bestimmg des hypothet Erbstatuts gem Abs 5 S 1, vgl dazu Art 25 Anm 3a cc, u des f die TestierFgk maßg Rechts, vgl Art 25 Anm 3b, sind Rück- od Weiterverweisg n Art 4 I z beachten.

2) Anknüpfung des Formstatuts (Abs 1–4). a) Grundsatz. Nach Abs 1 ist die Form einer Verfügg vTw im Interesse ihrer Gültigk **alternativ** n einer Reihe v ROrdngen zu beurteilen; diese Regelg stimmt inhaltl mit Art 1 I u III u Art 4 des Haager Übk überein; das in Abs 1 Nr 5 zusätzl z Verfügg gestellte Formstatut wird v Art 3 des Haager Übk gedeckt. Die jeweils z Anwendg berufene ROrdng entsch grdsl über die Gültigk des ganzen Testaments in Bezug auf den gesamten Nachl; eine auf den unbewegl Nachl beschr Formgültigk kann sich aber aus der Anknüpfg an das Recht des Lageorts n Abs 1 Nr 4 ergeben; auch bei der Prüfg der Formgültigk n dem tats od hypothet Erbstatut n Abs 1 Nr 5 können im Falle einer NachlSpaltg, vgl Art 25 Anm 2c, unterschiedl Erg f die verschiedenen TeilNachl herauskommen. **b) Anknüpfungen.** Die Formgültigk einer Verfügg vTw kann sich **nach Absatz 1** im einz alternativ ergeben aus: (1) dem HeimatR des Erbl (bzw bei gemschaftl Testamenten: eines der beiden Testierden) im Ztpkt der Verfügg **oder** im Ztpkt seines Todes; bei Mehrstaatern kommen sämtl HeimatRe in Betr ("ungeachtet des Art 5 Abs 1"); bei MehrRStaaten gilt Art 1 II Haager Übk an Stelle von EG 4 III, vgl dort Anm 3c; (2) dem Recht am Ort der Errichtg der Verfügg, vgl dazu Art 11 Anm 2d dd; (3) dem Recht am Wohns **oder** gewöhnl Aufenth des Erbl im Ztpkt der Verfügg **oder** im Ztpkt seines Todes; der Begr des Wohns best sich n den an diesem Ort geltden Vorschren; z Begr des gewöhnl Aufenth vgl Art 5 Anm 4; (4) dem Recht des Lageorts hins unbewegl Vermögens, S 2; der Begr des unbewegl Vermögens ist n der lex rei sitae z beurt; das Recht des Lageorts entsch nur über die Formgültigk des in seinem Gebiet befindl unbewegl Vermögens; hins des übr Nachl kann die Beurteilg der Formgültigk n dem dafür gem Abs 1 Nr 1–3 u 5 maßgl Recht z abw Erg führen; (5) dem tats Erbstatut od dem hypothet Erbstatut im Ztpkt der Errichtg, z dessen Bestimmg vgl Art 25 Anm 2; insow sind auch Art 3 III u 4 I zu beachten. **Sämtliche** nach Nr 1–5 in Betr kommden ROrdngen sind nur bei einem im EndErg ungült Testament durchzuprüfen; Formgültig n einem der anwendb Rechte ist grdsl ausr (sofern sich nicht wie bei Nr 4 u uU auch bei Nr 5 auf einen NachlTeil beschr); im übr werden die in Nr 1–5 verwendeten Anknüpfgen häuf z selben Recht führen.

c) Anwendungsbereich. aa) Art 26 regelt über das Haager Übk hinausgehd die Form v **Verfügungen von Todes wegen** aller Art, also Testamente, gemschaftl Testamente, vgl Abs 1, u ErbVertre, **Absatz 4**; das gleiche gilt f Schenkgen vTw, soweit diese n dem Erbstatut z beurt sind, vgl Art 25 Anm 3a dd, u danach der Form einer Verfügg vTw bedürfen (wie n § 2301 I); die Form and erbrechtl RGesch, zB Annahme u Ausschlagg der Erbsch, Testiervereinbg, Erbverzicht od ErbschKauf regelt Art 11. Die Anknüpfgsregelg des Abs 1 gilt n **Absatz 2** auch f den **Widerruf** einer letztw Verfügg (dh nur einer einseit Verfügg vTw, vgl § 1937, nicht auch eines ErbVertr) dch eine neue letztw Verfügg (dh nicht auch dch sonstige Handlgen od Tats, zB Vernichtg der Urkunde, Rücknahme aus amtl Verwahrg, Eheauflösg, deren Voraussetzgen u Wirkgen n dem Erbstatut z beurteilen sind). Die Formgültigk eines solchen WiderrufsTestaments od späteren widersprechden Testaments kann sich aber zusätzl auch aus einem der Formstatute ergeben, n denen das widerrufene Testament gem Abs 1 gült war, Abs 2 S 2. Enth das widerrufde Testament aber auch eine **neue** letztw Verfügg, so beurteilt sich deren Formgültigk allein n Abs 1. **bb)** Art 26 betr nur die **Formerfordernisse** einer Verfügg vTw; die Ausfülllg dieses Begr bleibt dem jeweils berufenen Recht überlassen; uU kann danach auch ein mündl Testament formgült sein, vgl dazu Art 10 des Haager Übk im Anh; die Frage des Nachweises einer ernstl WillensErkl beurteilt sich aber n der f das Verf geltden lex fori, Ffm OLGZ **77**, 385. Eine ergänzde Legaldefinition des Begr der Formerfordernisse im Hinbl auf bestimmte Regelgen enth **Absatz 3. Nicht** darunter fallen Best über die **Testierfähigkeit** als solche, deren Vorliegen grdsl n dem Erbstatut z beurteilen ist, vgl dazu EG 25 Anm 3b, aM Erm-Marquordt EG 17 Rdz 21, wie hier Soergel-Kegel vor EG 24 Rdz 120. Abs 3 bezieht sich nur auf Regelgen, welche Einschränkgen der zul Testamentsformen aGrd v Alter, Staatsangehörigk od and pers Eigensch des Erbl vorsehen, zB ein Verbot des eigenhänd Testaments f Mj, § 2247 IV, od f Niederländer, die im Ausland testieren, Art 992 BWB; ob die betr ROrdng dies als Formfrage ansieht, ist gleichgült. Auch die RFolgen einer Verl solcher Vorschr fallen unter den Anwendungsbereich v Art 26. Ein dtscher Mj, der über 16 Jahre ist, kann also trotz §§ 2233 I, 2247 IV auch privatschriftl od dch verschlossene Schrift ein Test gült errichten, wenn das der Ortsform zZ der Errichtg entspricht. – Als Formfrage behandelt Abs 3 auch die pers Qualifikationen der v einer Testamentsform geforderten **Zeugen**, zB §§ 26f BeurkG. Hierher gehören auch Vorschr, nach denen ein Zeuge nicht im Testament bedacht od zum TestVollstr ernannt werden darf, Soergel-Kegel Rdz 121 vor EG 24.

3) Statutenwechsel (Absatz 5). a) Zwischen der Errichtg einer Verfügg vTw u dem Erbfall liegt häuf ein längerer Zeitraum, in welchem sich die f die Anknüpfg des Erbstatuts n Art 25 maßg Umst (Staatsangehörigk des Erbl, bzw bei Staatenl u Flüchtlingen sein gewöhnl Aufenth, im Falle einer Rück- od Weiterverweisg auf den Domizilstaat auch Wohns des Erbl, vgl Art 25 Anm 1b, im Falle einer NachlSpaltg, vgl Art 25 Anm 2c, auch Erwerb v unbewegl Vermögen an einem best Lageort) ändern können. Der Erbl kann also im Ztpkt der Errichtg einer Verfügg nicht immer vorhersehen, n welchem Recht er beerbt wird. Um ihm dennoch die gewünschte bestandskräft Verfügg mit den beabsichtigten RWirkgen z ermöglg, sind Gültigk u Bindswirkg einer Verfügg vTw (Testament, gemschaftl Testament, ErbVertr) n Abs 5 **Satz 1** n dem im Ztpkt ihrer Errichtg maßg Erbstatut z beurteilen, dh n dem Recht, das f die Erbfolge anzuwenden wäre, wenn der Erbfall im Ztpkt der Verfügg eingetreten wäre. Diese Regeln gelten entspr auch f Zulässigk u Verzichtswirkg eines Erbverzichts, vgl Staud-Firsching EG 24 Rdz 135 u 140, sowie f Gültigk u Bindswirkg v TestierVertren (Erbstatut des Verpflichteten zZ des VertrSchlusses, vgl Scheuermann, Statutenwechsel im int ErbR (1969) 111, MüKo-Birk EG 24 Rdz 341) u f die Wirksamk u die RFolgen des vorzeit Erbausgleichs, BGH **96**, 269 f. Unter **Gültigkeit** sind sämtl WirksamkVoraussetzgen der ganzen Verfügg od einz in ihr getroffener Anordngen z verstehen, welche n dem Erbstatut z beurteilen sind, vgl Art 25 Anm 3a, insb die Zulässigk der Errichtg v gemschaftl Testamenten u ErbVertren, soweit es sich nicht um eine Formfrage handelt, vgl dazu Art 25 Anm 3a cc; f die **Formgültigkeit** der Verfügg gelten allein die oben Anm 2 dargestellten Anknüpfgsregeln, die einem etwaigen Statutenwechsel ebenf Rechng tragen, vgl zB Abs 5 Nr 1 u 3. Abs 5 S 1 dient auch dem Bestandschutz einer zunächst gültig errichteten VvTw; ob eine nach dem sZt maßg fiktiven Erbstatut zunächst **ungültige** Verfügg dch Veränderg der für die Anknüpfg maßg Umst später wirks gew ist, best sich nach dem von Art 25 berufenen Recht; daher kann auch eine vor dem 1. 9. 86 getroffene RWahl wirks sein, wenn der Erbfall nach diesem Ztpkt eingetreten ist, aM Dörner DNotZ **88**, 84, wie hier Reinhart BWNotZ **87**, 104, Pünder MittRhNotK **89**, 6. Unter **Bindungswirkung** sind die Zulässigk u die Voraussetzgen eines Widerrufs (z dessen Form vgl Anm 2c aa) od einer Aufhebg der Verfügg z verstehen; die Möglk einer Anfechtg wg eines Willensmangels ist n dem tats maßg Erbstatut z beurteilen. **b)** Unabh davon, ob der Erblasser bereits eine Verfügg vTw errichtet hat od nicht, wird der Status der einmal erlangten **Testierfähigkeit** n Abs 5 **Satz 2** dch den Erwerb od Verlust der Rechtssttellg als Dtscher iSv GG 116 I nicht beeinträchtigt. Diese Regel entspr Art 7 II hins der GeschFgk. Hier wie dort muß das gleiche analog in jedem and Fall eines Wechsels des Personalstatuts gelten, vgl Art 7 Anm 3, aM Siehr IPRax **87**, 6. Die einmal erlangte TestierFgk geht also nicht allein desh wieder verloren, weil der Erblasser ein neues Personalstatut erwirbt, welches and Anforderungen an die TestierFgk stellt; sie kann aber selbstverständl dch davon unabhängige and Umst in der Pers des Erbl, insb geistige Gebrechen, verlorengehen.

Anhang zu Art 26
Übereinkommen über das auf die Form letztwilliger Verfügungen anzuwendende Recht
Vom 5. 10. 1961 (BGBl **65** II 1145)

Auszug

Art. 1. [Anknüpfung] ¹ Eine letztwillige Verfügung ist hinsichtlich ihrer Form gültig, wenn diese dem innerstaatlichen Recht entspricht:

a) des Ortes, an dem der Erblasser letztwillig verfügt hat, oder
b) eines Staates, dessen Staatsangehörigkeit der Erblasser im Zeitpunkt, in dem er letztwillig verfügt hat, oder im Zeitpunkt seines Todes besessen hat, oder
c) eines Ortes, an dem der Erblasser im Zeitpunkt, in dem er letztwillig verfügt hat, oder im Zeitpunkt seines Todes seinen Wohnsitz gehabt hat, oder
d) des Ortes, an dem der Erblasser im Zeitpunkt, in dem er letztwillig verfügt hat, oder im Zeitpunkt seines Todes seinen gewöhnlichen Aufenthalt gehabt hat, oder
e) soweit es sich um unbewegliches Vermögen handelt, des Ortes, an dem sich dieses befindet.

II Ist die Rechtsordnung, die auf Grund der Staatsangehörigkeit anzuwenden ist, nicht vereinheitlicht, so wird für den Bereich dieses Übereinkommens das anzuwendende Recht durch die innerhalb dieser Rechtsordnung geltenden Vorschriften, mangels solcher Vorschriften durch die engste Bindung bestimmt, die der Erblasser zu einer der Teilrechtsordnungen gehabt hat, aus denen sich die Rechtsordnung zusammensetzt.

III Die Frage, ob der Erblasser an einem bestimmten Ort einen Wohnsitz gehabt hat, wird durch das an diesem Orte geltende Recht geregelt.

Art. 2. [Widerruf letztwilliger Verfügungen] ¹ Artikel 1 ist auch auf letztwillige Verfügungen anzuwenden, durch die eine frühere letztwillige Verfügung widerrufen wird.

II Der Widerruf ist hinsichtlich seiner Form auch dann gültig, wenn diese einer der Rechtsordnungen entspricht, nach denen die widerrufene letztwillige Verfügung gemäß Artikel 1 gültig gewesen ist.

Art. 3. [Bestehende Formvorschriften der Vertragsstaaten] Dieses Übereinkommen berührt bestehende oder künftige Vorschriften der Vertragsstaaten nicht, wodurch letztwillige Verfügungen anerkannt werden, die der Form nach entsprechend einer in den vorangehenden Artikeln nicht vorgesehenen Rechtsordnung errichtet worden sind.

Art. 4. [Anwendung auf gemeinschaftliche Testamente] Dieses Übereinkommen ist auch auf die Form letztwilliger Verfügungen anzuwenden, die zwei oder mehrere Personen in derselben Urkunde errichtet haben.

Art. 5. [Zur Form gehörig] Für den Bereich dieses Übereinkommens werden die Vorschriften, welche die für letztwillige Verfügungen zugelassenen Formen mit Beziehung auf das Alter, die Staatsangehörigkeit oder andere persönliche Eigenschaften des Erblassers beschränken, als zur Form gehörend angesehen. Das gleiche gilt für Eigenschaften, welche die für die Gültigkeit einer letztwilligen Verfügung erforderlichen Zeugen besitzen müssen.

Art. 6. [Allseitige Anwendung des Übereinkommens] Die Anwendung der in diesem Übereinkommen aufgestellten Regeln über das anzuwendende Recht hängt nicht von der Gegenseitigkeit ab. Das Übereinkommen ist auch dann anzuwenden, wenn die Beteiligten nicht Staatsangehörige eines Vertragsstaates sind oder das auf Grund der vorangehenden Artikel anzuwendende Recht nicht das eines Vertragsstaates ist.

Art. 7. [Ordre public-Klausel] Die Anwendung eines durch dieses Übereinkommen für maßgebend erklärten Rechtes darf nur abgelehnt werden, wenn sie mit der öffentlichen Ordnung offensichtlich unvereinbar ist.

Art. 8. [Intertemporale Regelung] Dieses Übereinkommen ist in allen Fällen anzuwenden, in denen der Erblasser nach dem Inkrafttreten des Übereinkommens gestorben ist.

Art. 9. [Vorbehalt bezüglich der Bestimmung des Wohnsitzrechtes] Jeder Vertragsstaat kann sich, abweichend von Artikel 1 Abs. 3, das Recht vorbehalten, den Ort, an dem der Erblasser seinen Wohnsitz gehabt hat, nach dem am Gerichtsort geltenden Rechte zu bestimmen.

Art. 10. [Vorbehalt bezüglich mündlicher Testamente] Jeder Vertragsstaat kann sich das Recht vorbehalten, letztwillige Verfügungen nicht anzuerkennen, die einer seiner Staatsangehörigen, der keine andere Staatsangehörigkeit besaß, ausgenommen den Fall außergewöhnlicher Umstände, in mündlicher Form errichtet hat.

Art. 11. [Vorbehalt bezüglich bestimmter Formen] ¹ Jeder Vertragsstaat kann sich das Recht vorbehalten, bestimmte Formen im Ausland errichteter letztwilliger Verfügungen auf Grund der einschlägigen Vorschriften seines Rechtes nicht anzuerkennen, wenn sämtliche der folgenden Voraussetzungen erfüllt sind:

a) Die letztwillige Verfügung ist hinsichtlich ihrer Form nur nach einem Rechte gültig, das ausschließlich auf Grund des Ortes anzuwenden ist, an dem der Erblasser sie errichtet hat,
b) der Erblasser war Staatsangehöriger des Staates, der den Vorbehalt erklärt hat,
c) der Erblasser hatte in diesem Staate seinen Wohnsitz oder seinen gewöhnlichen Aufenthalt und
d) der Erblasser ist in einem anderen Staate gestorben als in dem, wo er letztwillig verfügt hatte.

II Dieser Vorbehalt ist nur für das Vermögen wirksam, das sich in dem Staate befindet, der den Vorbehalt erklärt hat.

Art. 12. [Vorbehalt bezüglich Anordnungen nicht erbrechtlicher Art] *Jeder Vertragsstaat kann sich das Recht vorbehalten, die Anwendung dieses Übereinkommens auf Anordnungen in einer letztwilligen Verfügung auszuschließen, die nach seinem Rechte nicht erbrechtlicher Art sind.*

Art. 13. [Zeitlicher Vorbehalt] *Jeder Vertragsstaat kann sich, abweichend von Artikel 8, das Recht vorbehalten, dieses Übereinkommen nur auf letztwillige Verfügungen anzuwenden, die nach dessen Inkrafttreten errichtet worden sind.*

Fünfter Abschnitt. Schuldrecht
Erster Unterabschnitt. Vertragliche Schuldverhältnisse
Vorbemerkung

Zugleich mit der Verabschiedg des IPRG h der Bundestag dch G v 25. 7. 86, BGBl II 809, dem EG-Übk v 19. 6. 80 über das auf vertragl SchuldVerhe anwendb Recht zugestimmt (BGBl **86** II 810), vgl dazu BT-Drucks 10/503 mit Denkschrift z Übk u Bericht v Giuliano u Lagarde. Das Übk schafft in seinen Art 1–21 einheitl **Kollisionsregeln** f vertragl SchuldVerhe, die **allseitig** gelten sollen u daher in ihrem sachl Anwendsbereich keinen Raum f abw Vorschren des autonomen dtschen IPR lassen. Das IPRG hat deshalb entgg einer Empfehlg der EG-Kommission v 15. 1. 85, IPRax **85**, 178, die einheitl Kollisionsregeln des Übk im Interesse der Überschaubk des geltden dtschen IPR u der Verhinderg einer RZersplitterg mit gewissen Anpassgen in Art 27–37 EGBGB eingestellt, vgl dazu Einl 2 b cc u 5 b vor Art 3; krit z dieser Eingliederg StellgN des Max-Planck-Instituts RabelsZ **83**, 665, v Hoffmann IPRax **84**, 10, Beitzke RabelsZ **84**, 637, Nolte IPRax **85**, 71; vgl dazu sorgfält abwägd Sandrock RIW **86**, 841. Die über das SchuldVertrR hinausgreifden einheitl KollisionsReg des EG-Übk sind in der Formulierg der entspr allg dtschen Kollisionsnormen berücksichtigt worden, vgl insb Art 3 I 1, 6 S 1, 11 I–IV u 12 S 1. Das Inkrafttr des EG-Übk selbst steht noch aus, da die dafür n Art 29 I des Übk erfdl Anzahl v RatifikationsUrken noch nicht hinterlegt worden ist (Ratifikation bish dch Belgien, BRep, Dänemark, Frankreich, Italien u Luxemburg, vgl dazu Jayme/Kohler IPRax **88**, 137); zum Beitritt Griechenlands (noch nicht in Kraft) vgl Gesetz v 6. 6. 88, BGBl II 562. Auch n dem völkerrechtl Inkrafttr des Übk kann sich aber ein Konflikt mit dem in das EGBGB eingearbeiteten Kollisionsnormen nicht ergeben, da Art 1 II des ZustG v 25. 7. 86 die in Art 1–21 des EG-Übk enthaltenen einheitl KollisionsReg ausdrückl v der unmittelb **innerstaatlichen** Anwendg **ausgenommen** hat; diese besitzen daher auch nicht gem Art 3 II 1 den Vorrang vor dem autonomen dtschen IPR, vgl Art 3 Anm 3 a. Im Ggs z Haager Übk über das auf UnterhPflichten anwendb Recht v 2. 10. 73, Anh z Art 18, u z Haager Übk über das auf die Form letztw Verfüggen anzuwendende Recht v 5. 10. 61, Anh z Art 26, ist bei der innerstaatl RAnwendg der Rückgr auf die kollisionsr Vorschren des EG-SchuldVertrÜbk nicht nur überflüss, sond **ausgeschlossen**. Auf den Abdruck des Übk wird deshalb verzichtet. Bei der **Auslegung** u Anwendg der Art 27–37 ist aber deren staatsvertragl Hintergrd z berücksichtigen, dh insb die mit dem EG-SchuldVertrÜbk angestrebte **Rechtsvereinheitlichung** z fördern, vgl dazu Einl vor Art 3 2 b cc; darauf weist **Art 36** (in Anlehng an Art 18 des EG-Übk) ausdrückl hin.

Schrifttum: Reithmann/Martiny, Int VertragsR, 4. Aufl 1988.

EG 27 ***Freie Rechtswahl.*** ^I **Der Vertrag unterliegt dem von den Parteien gewählten Recht. Die Rechtswahl muß ausdrücklich sein oder sich mit hinreichender Sicherheit aus den Bestimmungen des Vertrages oder aus den Umständen des Falles ergeben. Die Parteien können die Rechtswahl für den ganzen Vertrag oder nur für einen Teil treffen.**

^{II} **Die Parteien können jederzeit vereinbaren, daß der Vertrag einem anderen Recht unterliegen soll als dem, das zuvor auf Grund einer früheren Rechtswahl oder auf Grund anderer Vorschriften dieses Unterabschnitts für ihn maßgebend war. Die Formgültigkeit des Vertrages nach Artikel 11 und Rechte Dritter werden durch eine Änderung der Bestimmung des anzuwendenden Rechts nach Vertragsabschluß nicht berührt.**

^{III} **Ist der sonstige Sachverhalt im Zeitpunkt der Rechtswahl nur mit einem Staat verbunden, so kann die Wahl des Rechts eines anderen Staates – auch wenn sie durch die Vereinbarung der Zuständigkeit eines Gerichts eines anderen Staates ergänzt ist – die Bestimmungen nicht berühren, von denen nach dem Recht jenes Staates durch Vertrag nicht abgewichen werden kann (zwingende Bestimmungen).**

^{IV} **Auf das Zustandekommen und die Wirksamkeit der Einigung der Parteien über das anzuwendende Recht sind die Artikel 11, 12, 29 Abs. 3 und Artikel 31 anzuwenden.**

1. Allgemeines. a) Art 27 entspr Art 3 des EG-Übk, vgl Vorbem vor Art 27. Abs 1 kodifiziert den bish gewohnheitsrechtl geltden Grds der **Parteiautonomie**. Danach können die Part das f einen SchuldVertr maßg Recht (das VertrStatut) dch RWahl selbst best; z Anwendungsbereich des VertrStatuts vgl Art 31 u 32. Die RWahl wird dch einen **kollisionsrechtlichen Verweisungsvertrag** vorgenommen, dessen Zustandekommen Abs 4 regelt; z den logischen Einwänden gg diese Konstruktion vgl Mincke IPRax **85**, 313 (f Einräumg einer bloßen Ortswahl). Von der kollisionsrechtl ist die matrechtl Verweisg z unterscheiden, dch welche Vorschr einer best ROrdng z VertrInh gemacht werden. Sie ist nur insow wirks, als die kollisionsrechtl maßgebde ROrdng es gestattet, dh ihre Vorschr dispositiv sind, Kegel IPR § 18 I 1 b.

b) Die RWahl bezieht sich nur auf die **Sachvorschriften** des gewählten Rechts, vgl Art 4 II, für Zulässigk auch einer KollisionsRWahl Schröder IPRax **87**, 92, vgl dazu Pirrung IPR S 184, W. Lorenz IPRax **87**, 276; die Beachtg einer Rück- od Weiterverweisg ist ausgeschl, Art 35 I; z Unteranknüpfg in MehrRStaaten vgl Art 35 II. Im **innerdeutschen** KollisionsR gilt Art 27 entspr. Ist das Recht der BRep VertrStatut, so sind DDR-Gesetze nicht dch § 134 geschützt, BGH **69**, 295 (Fluchthilfe), können aber tats Unmöglichk der Leistg begründen, vgl Schulze ROW **78**, 162.

2) Rechtswahl. a) Grundsatz. Die Part sind n **Absatz 1 Satz 1** in ihrer RWahl grdsl **frei**; sie können den Vertr wirks auch einem Recht unterstellen, z dem er sonst keine Beziehung aufweist, zB einem neutralen Recht, vgl dazu E. Lorenz RIW **87**, 569; auch ein reines InlandsGesch kann einem ausl Recht unterstellt werden, ebso Meyer-Sparenberg RIW **89**, 347, aM Kindler RIW **87**, 661, was aber faktisch kaum vorkommen wird, vgl W. Lorenz IPRax **87**, 271. Einschränkgen der RWahlfreih bestehen aber n Abs 3, vgl dazu b, sowie bei **Verbraucherverträgen**, Art 29 I, u **Arbeitsverträgen**, Art 30 I; eine analoge Anwendg dieser Vorschr auf and Fälle ist wg ihres AusnCharakters nicht statth, vgl Hamm NJW-RR **89**, 496, aM E. Lorenz RIW **87**, 572; ergänzd sind AGBG 12 u FernUSG 11 z beachten. Eine Entnationalisierg des Vertr dch Abwahl aller nationalen Rechte ist nicht mögl, aM E. Lorenz RIW **87**, 573; zur Wahl außerstaatl R Siehr FS Keller (1989) 500.

b) Geltung zwingender Vorschriften. Unabh v der v den Part getroffenen RWahl gelten aber kr **Sonderanknüpfung** n **Art 34** in jedem Fall die zwingden Vorschren des **deutschen** Rechts, die den Sachverhalt ohne Rücks auf das VertrStatut regeln, vgl dort Anm 2. Nach **Absatz 3** gelten zusätzl auch die zwingden Vorschren einer **anderen** ROrdng, wenn der Sachverhalt, abgesehen v der RWahl u ggf einer flankierden GerStandsvereinbarg, nur z dieser ROrdng Beziehung aufweist, vgl dazu Ffm NJW-RR **89**, 1019. Aus dieser Sonderregelg ergibt sich mittelb eine Einschränkg der RWahlfreih; die **zwingenden** Vorschren des Staates, in dem alle and Elemente des Sachverhalts liegen, **müssen** ohne Rücks auf das v den Part gewählte VertrStatut weiterh angewandt werden; im übr hat es aber bei der Maßgeblk des gewählten Rechts einschl seiner zwingden Vorschren sein Bewenden. Abs 3 gilt keineswegs nur für reine InlVerträge, mißverständl E. Lorenz RIW **87**, 574. Bei einem **Konflikt** zw den verschiedenen auf einen Vertr z Anwendg kommden zwingden Vorschren gehen die des dtschen Rechts n Art 34 allen übr vor; im Konflikt zw den zwingden Vorschren des „normalen" VertrStatuts, Abs 3, u des gewählten VertrStatuts setzen sich n Abs 3 die ersteren dch. Vgl zum Ganzen Art 34 Anm 3.

c) Zustandekommen. aa) Die RWahl braucht **nicht ausdrücklich,** zB dch RWahlklausel in AGB, vgl dazu Meyer-Sparenberg RIW **89**, 347, getroffen z werden; sie kann n **Absatz 1 Satz 2** auch konkludent erklärt werden, sofern sich ein entspr **realer** Parteiwille mit hinreichder Sicherh aus den Bestimmgen des Vertr od den Umständen des Falles ergibt; die Kriterien der früheren Rspr zur Ermittlg des sog hypothetischen Parteiwillens dürfen dabei nicht unbesehen übern werden, Thode ZfBR **89**, 45. Bei Fehlen hinreichder Anhaltspkte f eine schlüssige RWahl ist das VertrStatut n Art 28 z best. **Indizien** f eine **konkludente** RWahl sind zB die Vereinbg eines einheitl GerStands, BGH WPM **64**, 1023, AWD **76**, 447, Hbg AWD **82**, 205, Ffm MDR **83**, 578, Hbg RIW **86**, 462 (nicht aber ein formularmäß GerStandsvermerk auf einer Rechng, BGH **LM** Art 7 ff Nr 33), od eines einheitl ErfOrts (bes wenn er v tats Leistgsort abw), RG **58**, 367, **81**, 275, die Vereinbg eines institutionellen SchiedsGer mit ständ Sitz, vgl zB BGH AWD **64**, 395, **70**, 31, Dtsches SeeschiedsGer IPRspr **76** Nr 26, Hbg AWD **79**, 482, die Vereinbg der Geltg von AGB einer Partei, BGH AWD **76**, 447, Karlsr AWD **79**, 642, Mü AWD **83**, 957, Hbg RIW **86**, 462, Schleswig NJW-RR **88**, 283, eingeschränkd Meyer-Sparenberg RIW **89**, 348, die Verwendg v Formularen, die auf einer ROrdng aufbauen, BGH JZ **63**, 167, Hbg IPRspr **62**/63 Nr 28, Karlsr AWD **79**, 642 (and wenn ihr Gebr wie im SeefrachtVerk internat übl ist, Hbg MDR **54**, 422, **55**, 109), Hinweis auf ausl RVorschr in VertrUrkunde, Waldshut-Tiengen IPRax **84**, 100, insbes Vereinbarg der Auslegg des Vertr n ausl R, LG Mü IPRax **84**, 318 (krit dazu Schröder IPRax **85**, 131, der ausdrückl RWahl annimmt), Orientierg des VertrInhalts an den bes Bedürfn der einen Part (Angeh der Stationierungsstreitkräfte), Zweibr AWD **83**, 454, als Indiz für eine nachträgl RWahl, vgl dazu unten e, ferner das **Verhalten** der **Parteien im Prozeß** (vgl dazu Buchta, Die nachträgl Best des Schuldstatuts dch RWahl, 1986), insb die beiderseit Behandlg der Sache nach ausl, Köln JurBüro **75**, 778, vgl auch BGH NJW **76**, 1581, od nach dtschem Recht, BGH NJW **62**, 1005 (abl Maier ebda 1345), **74**, 410, BGH **40**, 320, **50**, 32, WPM **77**, 478, VersR **78**, 177, IPRax **81**, 93, NJW **81**, 1606, WPM **82**, 1249, **84**, 432, NJW-RR **86**, 456 (sehr weitgehd, krit dazu Schack IPRax **86**, 272, Mansel ZVglRWiss **87**, 11), WM **87**, 1501, NJW **88**, 1592, BAG NJW-RR **88**, 482, Hbg VersR **78**, 918, Bremen IPRspr **78** Nr 35, BayObLG IPRspr **79** Nr 154, Düss NJW **82**, 1231, FamRZ **83**, 1229, AWD **84**, 234, Hamm NJW **83**, 523, Nürnb NJW **85**, 1296, Hbg IPRspr **86** Nr 44, Düss NJW **87**, 483, Koblenz IPRax **89**, 175, Mü RIW **89**, 651; irrtüml Anführen deutscher Vorschr reicht dafür nicht aus, LG Hbg AWD **77**, 787, AG Hdlbg IPRax **87**, 25, Köln NJW **87**, 1151; vielmehr müssen beide Parteien das ErklBewußtsein f eine RWahl haben, Sandrock RIW **86**, 848, Mansel ZVglRWiss **87**, 12, Thode ZfBR **89**, 45, vgl auch W. Lorenz IPRax **87**, 273; sind die Part dch Anwälte vertreten, so hängt die Wirksk einer solchen stillschw RWahl auch v deren Vertretgsmacht ab, vgl dazu Schack NJW **84**, 2739, Mansel ZVglRWiss **87**, 13. Auch eine enge Verknüpfung zweier RGesch kann ein Indiz f eine stillschweigde RWahl zG des Statuts des HauptVertr sein, vgl zB BGH IPRspr **56**/57 Nr 55, LG Hbg IPRspr **73** Nr 9. Hingg genügt die Sprache eines Vertr allein nicht, RG JW **11**, 225, BGH **19**, 110; ähnl Vorsicht ist bei der Währg geboten, Reithmann/Martiny Rz 100, vgl dazu zB BGH Betr **81**, 1279. **bb)** Im übr unterliegen das **Zustandekommen** u die **Wirksamkeit** der RWahlvereinbarg dem v den Part gewählten Recht, **Absatz 4** iVm Art 31 I, nicht also etwa der lex fori; dies gilt insb für RWahlklauseln in AGB, vgl dazu Limburg NJW-RR **89**, 119, Hamm NJW-RR **89**, 496, Wolf ZHR **89**, 302, Meyer-Sparenberg RIW **89**, 347 (dabei sind auch die Sonderanknüpfgen gem Art 29 I u AGBG 12 z berücksicht); f die Kriterien einer konkludenten RWahl gilt dies nicht; diese sind in Abs 1 S 2 selbst geregelt. Bei der Prüfg des Zustandekommens der Willenseinigg, dh des Vorliegens eines entspr Konsenses ist n Abs 4 iVm Art 31 II **neben** dem VertrStatut **auch** das Recht am gewöhnl Aufenth einer Part anzuwenden, wenn diese sich darauf beruft, daß sie dem Vertr nicht zugestimmt habe u es n den Umst des Falles unbill wäre, die RWirkgen ihres Verhaltens (insb die Bedeutg ihres Schweigens als Zustimmg, vgl dazu Sandrock RIW **86**, 849) allein n dem VertrStatut z beurteilen; das Recht des gewöhnl Aufenth ist dann insow als zusätzl Voraussetzg f das Zustandekommen einer RWahl z berücksichtigen. Die **Form** der RWahl beurteilt sich n Art 11 (bei Verbraucherverträgen mit den Einschränkgen des Art 29 III); die Vereinbarg bedarf also nicht notw der Form des abgeschl Vertr, vgl BGH **57**, 337, **73**, 391. Der PartWille kann auch z Maßgeblk einer ROrdng führen, n der der matr Vertr formnicht wäre, BGH NJW **69**, 1760; Marsch, Favor Negotii (1976) 57; dies ist auch bei Kenntn der Part v NichtigkGrd nicht ausgeschl, wenn sie auf die Einhaltg der Verpfl vertraut haben, BGH **53**, 189, **73**, 391; die Wirksk der RWahl ist also unabhängig v der Wirksk des matr Vertr, BGH JZ **63**, 167, Meyer-Sparenberg RIW **89**, 349. Die GeschFgk der Part beurteilt sich n Art 7 mit den Einschränkgen des Art 12 zG des Verkehrsschutzes, Abs 4.

d) Spaltung des Vertragsstatuts. Die Part können n **Absatz 1 Satz 3** die RWahl auch auf einen **Teil** des Vertr beschr (z Bestimmg des VertrStatuts im übr vgl Art 28) od f verschiedene Teile des Vertr eine jeweils unterschiedl RWahl treffen, zB über formelles Zustandekommen des Vertr einerseits u über seine materielle Wirksamk ands, vgl Aurich AWD **74**, 282, Frank BWNotZ **78**, 95 (GrdstKauf); auch eine v der GerStandsregelg abw RWahl ist selbstverständl mögl, vgl Hbg AWD **74**, 278. Dagg gestattet Abs 1 S 3 nicht, die jew Pflichten der VertrPart versch Recht zu unterstellen, Jayme Fschr f Kegel, 1987 S 263, and W. Lorenz IPRax **87**, 272. **e) Nachträgliche Rechtswahl.** Die RWahl braucht nicht notw bei VertrSchluß getroffen z werden; sie kann n **Absatz 2** auch z einen **späteren** Ztpkt vorgenommen werden; auch kann eine bereits getroffene RWahl jederzeit dch eine neue ersetzt werden. Im innerdtschen KollisionsR kann eine solche nachträgl Abänderg des VertrStatuts nicht schon aus Verstoß des Vertr gg DDR-Vorschr u Übersiedlg aller Beteiligten in die BRep gefolgert werden, aM KG IPRspr **79** Nr 13 A, vgl auch LG Bln u KG IPRspr **80** Nr 15. Soweit die nach der späteren RWahl ein Wechsel des VertrStatuts ergibt, wirkt dieser im Zweifel ex nunc, W. Lorenz IPRax **87**, 273, aM Lüderitz FS Keller (1989) 462; Siehr ebda 496; er läßt jedenf eine n dem alten Statut gem Art 11 bestehde Formgültigk des Vertr u die n dem bish maßg Recht begründeten Rechte Dritter (zB bei Bürgsch od echtem Vertr zG Dritter) unberührt, Abs 2 **Satz 2**.

EG 28 *Mangels Rechtswahl anzuwendendes Recht.* ¹ Soweit das auf den Vertrag anzuwendende Recht nicht nach Artikel 27 vereinbart worden ist, unterliegt der Vertrag dem Recht des Staates, mit dem er die engsten Verbindungen aufweist. Läßt sich jedoch ein Teil des Vertrages von dem Rest des Vertrages trennen und weist dieser Teil eine engere Verbindung mit einem anderen Staat auf, so kann auf ihn ausnahmsweise das Recht dieses anderen Staates angewandt werden.

II Es wird vermutet, daß der Vertrag die engsten Verbindungen mit dem Staat aufweist, in dem die Partei, welche die charakteristische Leistung zu erbringen hat, im Zeitpunkt des Vertragsabschlusses ihren gewöhnlichen Aufenthalt oder, wenn es sich um eine Gesellschaft, einen Verein oder eine juristische Person handelt, ihre Hauptverwaltung hat. Ist der Vertrag jedoch in Ausübung einer beruflichen oder gewerblichen Tätigkeit dieser Partei geschlossen worden, so wird vermutet, daß er die engsten Verbindungen zu dem Staat aufweist, in dem sich deren Hauptniederlassung befindet oder in dem, wenn die Leistung nach dem Vertrag von einer anderen als der Hauptniederlassung zu erbringen ist, sich die andere Niederlassung befindet. Dieser Absatz ist nicht anzuwenden, wenn sich die charakteristische Leistung nicht bestimmen läßt.

III Soweit der Vertrag ein dingliches Recht an einem Grundstück oder ein Recht zur Nutzung eines Grundstücks zum Gegenstand hat, wird vermutet, daß er die engsten Verbindungen zu dem Staat aufweist, in dem das Grundstück belegen ist.

IV Bei Güterbeförderungsverträgen wird vermutet, daß sie mit dem Staat die engsten Verbindungen aufweisen, in dem der Beförderer im Zeitpunkt des Vertragsabschlusses seine Hauptniederlassung hat, sofern sich in diesem Staat auch der Verladeort oder der Entladeort oder die Hauptniederlassung des Absenders befindet. Als Güterbeförderungsverträge gelten für die Anwendung dieses Absatzes auch Charterverträge für eine einzige Reise und andere Verträge, die in der Hauptsache der Güterbeförderung dienen.

V Die Vermutungen nach den Absätzen 2, 3 und 4 gelten nicht, wenn sich aus der Gesamtheit der Umstände ergibt, daß der Vertrag engere Verbindungen mit einem anderen Staat aufweist.

1) Allgemeines. a) Art 28 entspr Art 4 des EG-Übk, vgl Vorbem vor Art 27. Die Vorschr best das anwendb Recht (VertrStatut), wenn die Part **keine** wirks ausdrückl od stillschw **Rechtswahl** n Art 27 getroffen haben; z Anwendungsbereich des VertrStatuts vgl Art 31 u 32. Allg Anknüpfungskriterium ist n der Generalklausel des Abs 1 die **engste Verbindung** des Vertr z einem best Staat. Der Begr der engsten Verbindg wird in den folgden Absätzen 2–4 n best Merkmalen (insb Erbringg der charakteristischen Leistg, Abs 2) od f best VertrTypen (best Grdst- u GüterbeförderungsVertre, Abs 3 u 4) **konkretisiert**. Grdsl gilt die in Art 28 getroffene Anknüpfungsregel f SchuldVertre **aller** Art; das G hat auf die Aufstellg bes Kollisionsnormen f die Vielzahl v VertrTypen verzichtet. Eine **Sonderregelung** gilt jedoch n Art 29 II f Verbraucher-Vertre u n Art 30 II f ArbeitsVertre. Zur Möglichk eines Statutenwechsels bei Veränderg der anknüpfgsrelevanten Umste Lüderitz FS Keller (1989) 459. **b)** Auch bei der Anknüpfg v SchuldVertren aGrd engster Verbindg sind nur die **Sachnormen** des VertrStatuts z Anwendg berufen; eine Rück- od Weiterverweisg ist n Art 35 I ausgeschl; f die erfdl Unteranknüpfg bei MehrRStaaten gilt Art 35 II. Im **innerdeutschen** KollisionsR ist Art 28 entspr anzuwenden, vgl dazu Art 27 Anm 1b u 2e.

2) Grundsatzanknüpfung. a) Bei Fehlen einer v den Part getroffenen RWahl unterliegt der Vertr n der Generalklausel des **Absatz 1 Satz 1** dem Recht des Staates, mit dem er die **engsten Verbindungen** aufweist, in dem er also bei Würdigg aller Umst des Einzelfalls seinen räuml **Schwerpunkt** hat. Die Grenzen dieser objektiven Anknüpfg z den Kriterien f eine konkludente RWahl, vgl dazu Art 27 Anm 2c aa, sind fließend. Der Inhalt der z Auswahl stehden Sachnormen ist auch hier bei der Anknüpfg nicht z berücksicht, vgl Einl 1 a vor Art 3; daher keine Bevorzugg derj ROrdnung, n welcher der Vertr wirks wäre, aM Marsch, Favor Negotii (1976) 77f. Das aGrd engster Verbindg best VertrStatut ist regelmäß f den **gesamten** Vertr

1. Teil. 2. Kap. Internationales Privatrecht **(IPR) EGBGB 28** 2–4

maßg. Bei Abtrennbark eines VertrTeils mit eigenem vom Rest des Vertr abw Schwerpkt kann ausnahmsw auf diesen VertrTeil ein bes abgespaltenes VertrStatut angewandt werden, **Satz 2.** – Vorbehaltl des Abs 2, vgl dazu b, ist ein **Anhaltspunkt** f die engste Verbindg eines Vertr z einem best Staat etwa die gemeins Staatsangehörigk der Part, BGH WPM 77, 793 (and bei gemeins gewöhnl Aufenth im Ausland – Gastarbeiter –, LG Hbg IPRspr 73 Nr 16, Düss FamRZ 83, 1229, vgl dazu Bendref MDR 80, 639), uU auch AbschlOrt des Vertr u VertrSprache; bei Vertren mit dem Staat od and öffentl-rechtl Körperschen besteht iZw die engste Verbindg z Recht des betr Staates, vgl Koblenz IPRspr 74 Nr 1a, Kegel IPR § 18 I 1c, aM v Hoffmann, Berichte der dtschen Gesellsch f VölkerR 25 (1984) 57.

b) Der wichtigste Anhaltspkt f die engsten Verbindgen eines Vertr mit einem Staat ist n **Absatz 2** die Erbringg der **charakteristischen Leistung,** dh derj Leistg, welche dem betr VertrTyp seine Eigenart verleiht u seine Unterscheidg v and VertrTypen ermögl, beim Kauf zB die Lieferg der Sache, bei der Miete die Überlassg der Mietsache, beim DienstVertr die ArbLeistg, beim WerkVertr die Herstellg des Werkes, beim VerwahrgsVertr die Leistg des Verwahrers usw. Läßt sich f den jew Vertr eine solche charakteristische Leistg ausmachen (was zB beim Tausch, uU auch bei atypischen Vertren Schwierigk bereitet), so wird **vermutet,** daß der Vertr die engsten Verbindgen z demjenigen Recht besitzt, dem der Schuldner dieser charakteristischen Leistung zZ des VertrSchlusses unterworfen ist, bei einer natürlichen Pers also dem Recht an ihrem gewöhnl Aufenth, bei einer Gesellsch od jur Pers dem Recht an ihrer Hauptverwaltg, Abs 2 S 1. Wird der Vertr in Ausübg einer **beruflichen** od **gewerblichen** Tätigk des Schuldners der charakteristischen Leistg geschl, so ist im Zweifel kr engster Verbindg das Recht der Ort ihrer Hauptniederlassung und, falls die Leistg v einer and Niederlassg z erbringen ist, am Ort dieser Niederlass maßg, Abs 2 S 2. Bei Vorliegen einer charakteristischen Leistg treten and Anhaltspkte f die engste Verbindg, vgl oben a, hinter der f den Regelfall in Abs 2 aufgestellten Vermut zurück, sofern sich nicht ausnahmsw aus der Gesamth der Umst ergibt, daß der Vertr engere Verbindgen mit einem and Staat aufweist, Abs 5. Läßt sich eine charakteristische Leistg nicht bestimmen, so bewendet es bei der Anknüpfg gem Abs 1 S 1, vgl Abs 2 S 3, aM Dortm IPRax **89**, 51, wo auf Art 32 II abgestellt wird, krit Jayme ebda.

3) Sonderregelung für Grundstücksverträge und Güterbeförderungsverträge (Abs 3 u 4). **a)** SchuldVertre, die ein dingl Recht an einem **Grundstück** (zB Kauf, Schenkg) od ein Recht z Nutzg eines Grdst (zB Miete, Pacht) z Ggst haben, unterliegen bei Fehlen einer RWahl n der Vermutg des **Absatzes 3** kr engster Verbindg dem Recht am Lageort des Grdst, sofern sich nicht aus der Gesamth der Umst ergibt, daß der Vertr engere Verbindgen mit einem and Staat aufweist, Abs 5; bei KaufVertren über ausl Grdste, die im Inland zw dtschen Part abgeschl werden, wird häufig bereits konkludent die Geltg dtschen Rechts vereinbart sein, vgl BGH **52**, 239, **53**, 189, **73**, 391 (krit dazu Löber NJW **80**, 496), Köln OLGZ **77**, 201, LG Hbg IPRspr **78** Nr 14, Mü NJW-RR **89**, 665. Zur Beurteilg v KaufVertr über span Immobilien vgl BGH **73**, 391, Köln AWD **75**, 350, OLGZ **77**, 201, LG Hbg AWD **75**, 351, Düss NJW **81**, 529, LG Oldbg AWD **85**, 576, Celle RIW **88**, 137, Mü NJW-RR **89**, 663, Löber NJW **80**, 496, Meyer ZVglRWiss **84**, 72, Bendref AnwBl **86**, 11. Für **dingliche** RGesche, die in Erfüllg eines solchen Vertr geschl werden, gilt stets die lex rei sitae, vgl Anh II z Art 38 Anm 2. **b) Güterbeförderungsverträge** (einschl CharterVertre f eine einzige Reise) unterliegen bei Fehlen einer RWahl aGrd der Vermutg des **Absatzes 4** kr engster Verbindg dem Recht der Hauptniederlassg des Beförderers im Ztpkt des VertrSchlusses, **sofern** sich im gleichen Staat (aber nicht notw am gleichen Ort) auch der Verladeort od der Entladeort od die Hauptniederlassg des Absenders befindet; liegen diese zusätzl Voraussetzgen nicht vor, zB bei Güterbeförderg dch eine Reederei in einem Billigflaggenstaat, so ist das VertrStatut n Abs 1 mit Hilfe der engsten Verbindgen z best, **nicht** dagg auch mit Hilfe der Vermut n Abs 2, denn Anwendbark dch die Sonderregelg in Abs 4 ausgeschl wird, vgl Begr BT-Drucks 10/504 S 79. Auch bei Vorliegen aller Voraussetzgen f das Eingreifen der Vermutg n Abs 4 S 1 bleibt es ferner bei der Bestimmg des anwendb VertrStatuts n der Generalklausel des Abs 1, wenn sich aus der Gesamth der Umst ergibt, daß der Vertr engere Verbindgen mit einem and Staat aufweist, Abs 5. Die Anwendbk v Abs 4 setzt nicht voraus, daß der Beförderer die Beförderg der Güter selbst durchführt; es genügt, daß er sich zur Beförderg verpflichtet, diese aber v einem Dritten durchführen läßt, vgl Bericht BT-Drucks 10/503 S 54; die Vorschr gilt desh auch f den **Speditionsvertrag.** Die Frage n dem Schuldstatut stellt sich nur, soweit das Übk über den BeförderungsVertr im internat Straßengüterverk (**CMR**) v 19. 5. 56, BGBl **61** II 1119, f die BRep in Kr seit 5. 2. 62, BGBl **62** II 12, nicht maßg; das dch das Übk geschaffene EinhR geht im Rahmen seines Geltgsbereichs, vgl dazu CMR Art 1, dem IPR vor, Art 3 II, vgl Reithmann/Martiny-van Dieken Rz 597. Für Vertre über **Personenbeförderung** gilt Abs 4 nicht; sie beurteilen sich allein n Abs 1 u 2 sowie ggf Abs 5; Art 29 gilt dafür nicht, vgl dessen Abs 4 Nr 1.

4) Einzelne Vertragstypen

a) Warenkauf. aa) Für den internat Warenkauf ist nunmehr in erster Linie das mat EinhR der **Einheitlichen Gesetze** über den **internationalen Kauf beweglicher Sachen** u **Abschluß von internationalen Kaufverträgen** über bewegl Sachen v 17. 7. 73, BGBl I 856 u 868, z beachten, die am 16. 4. 74 in Kraft getreten sind, BGBl I 358, vgl dazu näher Vorbem 5b vor § 433. Innerh ihres Anwendgsbereichs, dazu Landfermann NJW **74**, 385, ist die Anwendg des IPR grdsl ausgeschl, vgl EKG 2, BGH **96**, 316, Hamm IPRax **86**, 104, Duisbg RIW **86**, 903, eingeschränkt Kropholler RabelsZ **74**, 372, Hartwieg ZHR **74**, 457, Mann JZ **75**, 14 (krit dazu Cohn JZ **75**, 246), Hellner GedächtnSchrift f Ehrenzweig (1976) 21; die Part können aber n Art 3 EKG u Art 1 EKAG die Anwendg der Einheitl Gesetze ganz od teilw dch ausdrückl od stillschweigde Vereinbg ausschließen; ein hypothetischer PartWille genügt dafür nicht, BGH **96**, 320, Dölle-Herber, Komm z Einheitl KaufR Art 3 EKG Rdz 6, Reinhart IPRax **85**, 3, aM Kegel IPR § 18 I 4b, von der Seipen IPRax **84**, 245 (im Ergebn ebso LG Bamberg ebda 266); ein stillschweigder Ausschl kann nicht in einer AGB-Verweisg auf dtsches R, Hbg AWD **81**, 262, od ein and R gefunden werden, dessen Bestandt auch die Einheitl Gesetze sind, Celle AWD **85**, 571; Vereinbg der Anwendg dtschen R erfaßt vielm idR auch die Einheitl Gesetze, BGH **96**, 322, Hamm NJW **84**, 1307, Hannover IPRax **85**, 103, Piltz NJW **86**, 1405, aM Koblenz IPRax **82**, 20, zweifelnd Mü NJW **78**, 499, mißverständl Düss WPM **81**, 1237; die Auslegg des

2271

Parteiwillens kann aber im Einzelfall auch z Ausschl der Einheitl KaufGe führen, insb bei ausdr Verweisg auf die Vorschr des BGB, vgl BGH NJW **81**, 2640, AWD **84**, 151, Kleve IPRax **84**, 41, Hbg IPRspr **82** Nr 21; ein stillschw Ausschl kann auch nachträgl dch konkludentes Verhalten im Prozeß erfolgen, BGH NJW **81**, 1156, AWD **84**, 151 (Argumentation der Part mit Vorschr des BGB), von der Seipen IPRax **84**, 246, krit dazu Schack NJW **84**, 2738. Eine vollständ Abbeddingg der Gesetze macht Best des maßg VertrStatuts n dem IPR der lex fori notw; z den RFolgen eines teilw Ausschl der Gesetze dch AGB vgl Hausmann WPM **80**, 726. Soweit die Gesetze keine Regelg enthalten, zB Verj, gilt das vom IPR berufene VertrStatut, vgl zB LG Karlsr NJW-RR **87**, 1145, Stoll Fschr Ferid (1988) 503. – Das UN-Übk über Verträge über den internat Warenkauf v 11. 4. 80, BGBl **89** II 588, ist noch nicht in Kraft getreten, vgl dazu Siehr RabelsZ **88**, 587; Kindler RIW **88**, 776; Schlechtriem JZ **88**, 1037; Piltz NJW **89**, 615; Holthausen RIW **89**, 513.

bb) Bei Fehlen einer RWahl ist im übr n Abs 2 S 1 idR das Recht am gewöhnl Aufenth bzw der Hauptverwaltg des **Verkäufers** maßg; erfolgt der VertrSchluß im Rahmen der gewerbl Tätigk des Verkäufers, so entsch das Recht am Ort seiner Hauptniederlassg bzw Zweigniederlassg, Abs 2 S 2. Bei **Verbraucherverträgen** gilt eine Sonderregelg n Art 29. Die hilfsw Anknüpfg an den Erfüllungsort u die damit verbundene Aufspaltg des Vertr, vgl 45. Aufl Vorbem 6a bb vor EG 12, ist aufgegeben. Bei mehreren Verkäufern mit Sitz in versch Staaten Anknüpfg aGrd der engsten Verbindg, vgl Dörner JR **87**, 201. Zum Grdst-Kauf vgl Anm 3a.

b) Tausch. Das anwendb Recht ist grdsl aGrd der engsten Verbindg n Abs 1 z best; Abs 2 scheidet aus, da keine charakteristische Leistg gegeben, Abs 2 S 3. Beim GrdstTausch Schwerpkt iZw beim beurkundden Notar, LG Amberg IPRax **82**, 29, vgl auch Jayme IPRax **84**, 53. Abs 3 ist nicht anwendb, da kein Vertr über dingl Recht **an** einem Grdst.

c) Schenkung. Bei Grdst grdsl Recht des Lageorts n Abs 3, bei bewegl Sachen Recht am gewöhnl Aufenth des Schenkers, Abs 2 S 1, vgl Düss FamRZ **83**, 1229; bei Schenkg vTw vgl Art 25 Anm 3a dd.

d) Miete, Pacht. Bei GrdstMiete u -pacht gilt idR n Abs 3 das Recht des Lageortes, sofern der Vertr n der Gesamth der Umst nicht engere Verbindgen mit einem and Staat aufweist (zB bei MietVertr zw Inländern über Ferienwohng im Ausland); bei bewegl Sachen n Abs 2 das Recht am gewöhnl Aufenth bzw der Hauptverwaltg des Vermieters, bei gewerbl Vermietg das Recht seiner (Haupt-)Niederlassg.

e) Darlehen. Charakteristische Leistg iSv Abs 2 erbringt der Darlehensgeber; bei Bankdarlehen ist n Abs 2 S 2 das Recht der (Haupt-)Niederlassung der Bank maßg, sofern nicht Art 29 II eingreift (VerbraucherVertr).

f) Dienstvertrag. Charakteristische Leistung iSv Abs 2 erbringt der Dienstverpflichtete; bei freiberufl Dienstleistung, zB v Arzt, Anwalt (Zuck NJW **87**, 3033), Notar, Architekt (vgl Klautern NJW **88**, 652), ist deshalb idR Recht an der Niederlassg (Praxis) des Dienstverpflichteten maßg, Abs 2 S 2, sofern nicht die Sonderregelg des Art 29 II f VerbraucherVertre eingreift, vgl dazu auch Art 29 IV Nr 2. Für **Arbeitsverträge** gilt Art 30.

g) Werkvertrag. Bei Fehlen einer RWahl entsch n Abs 2 grdsl die charakteristische Leistung; diese wird vom Untern erbracht; maßg ist daher idR das Recht am Ort seiner (Haupt-)Niederlassg, Abs 2 S 2. Das gleiche gilt für die Anknüpfg des SubUnternVertr, vgl dazu Vetter NJW **87**, 2124, ZVglRWiss **88**, 248, aM Jayme Fschr f Pleyer, 1986 S 377 (akzessorische Anknüpfg an das Recht des HauptVertr). Die genannten Regeln gelten insb f BauVertre, vgl dazu Thode ZfBR **89**, 47, f PersonenbefördergsVertre, zB in der Passagierschiffahrt, vgl Basedow IPRax **87**, 341, od für den LuftbefördergsVertr; Art 29 gilt nicht, vgl dessen Abs 4 Nr 1; bei ausl Schuldstatut ist AGBG 12 z beachten, vgl Böckstiegel Fschr f A. Mayer (1975) 57. Zur Haftg bei internat Luftbeförderg nach § 51 LuftVG, iher das Warschauer Abk verweist, vgl weiter Böckstiegel NJW **74**, 1017, Frings ZLW **77**, 8; Müller-Rostin Betr **77**, 1173, ders VersR **79**, 594, Giesen ZVglRWiss **83**, 31; z Wirksk des HaftgsAusschl LG Mü I AWD **78**, 473 mit Anm v Dopatka; f SchadErsAnspr wg Nichtabschluß einer FluggastunfallVers, LG Köln VersR **79**, 461, od wg Nichtbeförderg inf Überbuchg gilt das Abk nicht, BGH NJW **79**, 495; Anspre aus §§ 651d, LG Ffm NJW-RR **86**, 216, od 651e, LG Hann NJW **85**, 2903, werden dch das Abk nicht ausgeschl; f § 50 LuftVG (VersZwang) gilt eine v Statut des BefördergsVertr unabh Sonderanknüpfg, BGH VersR **80**, 129; zur akzessor Anknüpfg delikt ErsAnspr s Art 38 Anm 2c. Für **Güterbeförderung** gilt Abs 4, vgl dazu Anm 3b. Bei ReiseveranstaltgsVertren ist die Sonderregelg f VerbraucherVertre gem Art 29 z beachten, Art 29 IV S 2, vgl dazu Ebenroth/Fischer/Sorek ZVglRWiss **89**, 136.

h) Handelsvertretervertrag, Vertragshändlervertrag; vgl dazu Stumpf, Int HandelsVertreterR, Teil 1, 6. Aufl 1987, Kindler RIW **87**, 660, Klima RIW **87**, 796 (z HGB 92c), Hepting RIW **89**, 337. Charakteristische Leistg iSv Abs 2 erbringt der HandelsVertr bzw VertrHändler (z Anwendbk des EKG auf die einz LieferVertre im Rahmen des HändlerVertr Koblenz IPRax **86**, 105); maßg ist desh n Abs 2 S 2 idR das Recht am Ort ihrer Niederlassg, sofern sich nicht aus der Gesamth der Umst ergibt, daß der Vertr engere Verbindgen mit einem and Staat aufweist, Abs 5; das gleiche gilt f den Vertr mit dem Handelsmakler.

i) Auftrag. Charakteristische Leistg iSv Abs 2 erbringt der Beauftragte; maßg ist daher idR das Recht an seinem gewöhnl Aufenth, Abs 2 S 1. Bei **Geschäftsführung ohne Auftrag,** vgl dazu Degner AWD **83**, 825, ders, Kollisionsrechtl Probleme zum Quasikontrakt, 1984 S 218, v Hoffmann in: Vorschläge u Gutachten z Reform des dtschen IPR der außervertragl Schuldverhältnisse, vorgelegt v v. Caemmerer (1983) 80, Wandt, Die GoA im IPR, 1988, gilt wg der vor allem z berücksicht Interessen des GeschHerrn idR das an seinem gewöhnl Aufenth geltde R, so insb f zur AufwendgersatzAnspr RG SeuffA **82**, 205, Hbg IPRspr **74** Nr 18, stillschweigd auch AG Bln-Charlottenbg VersR **80**, 101 (interlokal, str, aM Soergel-Kegel vor EG 7 Rdz 535, MüKo-Martiny Rdz 322 (R des GeschFgOrts); f Anknüpfg an gemeins Personalstatut der Parteien Düss AWD **84**, 481 (auch f schuldrechtl Anspr aus Fund); f Anwendg der schuldvertragl Anknüpfgsregeln bei berecht, des Deliktsstatuts bei unberecht GoA Degner AWD **83**, 827; zum Rückgriff eines freiw Drittleistden vgl Art 34 Anm 3. Die Haftg des Kapitäns n HGB 511ff ist n Hbg EuropTransportR 79, 737 mit Anm v Basedow als auftragsähnl ges SchuldVerh z qualifizieren, f welches R der Flagge maßg ist.

j) Verwahrung. Charakteristische Leistg iSv Abs 2 erbringt der Verwahrer; sofern kein Verbraucher-Vertr n Art 29 I u II vorliegt, ist daher idR Recht am Sitz des Verwahrers maßg.

k) Beherbergungsvertrag. Charakteristische Leistg iSv Abs 2 erbringt der Gastwirt; maßg ist daher idR Recht der Niederlassg des Gastwirts. Bei BeherbgsVertren mit ausl Hotels gilt Art 29 nicht, vgl dessen Abs 4 Nr 2.

l) Gesellschaft. Bei GelegenhGesellschen ohne körperschaftl Organisation wird das anwendb Recht meist dch zumindest konkludente RWahl best; bei deren Fehlen ist das VertrStatut n Abs 1 aGrd der engsten Verbindg z best; Abs 2 scheidet aus; bei GrdstGesellschen gilt n Abs 3 die lex rei sitae. Über JP u HandelsGesellschen vgl Anh z Art 12 Anm 3 u 5; Art 27ff gelten f sie nicht, Art 37 Nr 2.

m) Bürgschaft. Das BürgschStatut ist unabh vom Statut der Hauptschuld anzuknüpfen; maßg ist in erster Linie die v den Part getroffene RWahl, Art 27, vgl BGH NJW 77, 1011; bei deren Fehlen ist n Abs 2 S 1 idR das Recht am gewöhnl Aufenth des Bürgen maßg, da dieser die f den Vertr charakteristische Leistg erbringt; bei Bankgarantie gilt n Abs 2 S 2 idR das Recht der Niederlassg der Bank, vgl dazu Mülbert ZIP 85, 1113, Heldrich Fschr f Kegel, 1987 S 184; die gleichen Grdse gelten f PatronatsErklen, vgl dazu Ffm IPRspr 79 Nr 10. Das BürgschStatut entsch vor allem, ob der Bü zu leisten hat (Art der Haftg, Einr der VorausKl, Wirkg der Tilgg der Hauptschuld auf die BürgschSchuld), RG 54, 311, BGH NJW 77, 1011, währd das Recht, dem die Hauptschuld untersteht, besagt, was der Bü zu leisten hat, RG aaO; z Inanspruchn dtscher Bürgen bei Devisensperre am Wohns des Schu Kühn/Rotthege NJW 83, 1233, Rüßmann WPM 83, 1126. Erfordern der Zust des Eheg für die BürgschErkl unterliegt nicht dem BürgschStatut sond dem Ehewirkgsstatut, Art 14, od dem GüterRStatut, Art 15, so mit Recht Kühne JZ 77, 439, Jochem NJW 77, 1012 gg BGH ebda, vgl auch Graue Fschr f Schnitzer (1979) 139.

n) Bank- und Börsengeschäfte. aa) Die Beziehgen zw Bank und Kunden unterliegen idR dem Recht am Sitz der kontoführden Bank; dies folgt bei dtschen Banken aus der RWahl gem Nr 26 I AGB-Banken, vgl BGH NJW 87, 1825, die mit AGBG 9 vereinbar ist, Canaris BankVertrR, 2. Aufl Rdz 2721; hat der Kunde seinen gewöhnl Aufenth im Ausl, so gilt für das Vorliegen seiner Zust gem Art 27 IV iVm 31 II zusätzl dessen AufenthR, vgl EG 31 Anm 3, Heldrich Fschr f Kegel, 1987 S 184. In Ermangelg einer wirks RWahl führt die obj Anknüpfg aGrd engster Verbindg nach Art 28 I u II ebenf zum Recht an der Niederlassg der Bank, da diese die charakteristische Leistg erbringt. Im Verk zw mehreren Banken gilt mangels RWahl gem Art 28 I u II das Recht der Part, welche die charakteristische bankmäß Leistg erbringt, Pleyer/Wallach RIW 88, 174, zB für die Rückgarantie das Recht der garantierden Erstbank, Heldrich aaO 189. Zu AkkreditivGeschen vgl v Bar ZHR 88, 38, Schütze RIW 88, 343; für das RVerh zw Begünstigtem u Akkreditivbank gilt mangels RWahl das Recht am Sitz dieser Bank, Schütze EWiR § 365 HGB 1/88, 81, abw Ffm WM 88, 254 (Recht am Sitz der inl Zahlstelle). Zur kollisionsr Beurteilg von Finanzinnovationen Ebenroth FS Keller (1989) 391. **bb)** Bei Börsengeschäften, insb Termingeschäften, gilt mangels RWahl kraft obj Anknüpfg gem Art 28 I das Recht des Börsenplatzes, Roth IPRax 87, 149. Aus einem aus Recht unterliegden Börsentermin-Gesch können aber nach der **besonderen Vorbehaltsklausel** in der Neufassg des **§ 61 BörsG** keine weitergehen Anspre als nach dtschem Recht geltend gemacht werden, wenn (1) das Gesch für den in Anspr Genommenen mangels BörsenterminGeschFgk nach § 53 BörsG nicht verbindl ist, (2) dieser seinen gewöhnl Aufenth zZ des GeschAbschl im Inland hat **und** (3) im Inland die für den Abschl des Gesch erfdl WillensErkl abgegeben hat. Liegen diese nach dtschem Recht zu beurteilden Voraussetzgen vor, so kann der Schu insb auch den Differenzeinwand nach § 764 erheben, sofern das ausl Recht diesen Einwand nicht gewährt; des Rückgriffs auf Art 6 bedarf es nicht mehr, vgl dazu Vorauf1; zur Rückforderg der geleisteten Sicherh BGH WPM 87, 1155, LG Ffm RIW 87, 221, Düss WM 87, 969, Triebel/Peglow ZIP 87, 613; zur SchadErsPfl eines Anlberaters wg VertrVerl bei Abwicklg eines Börsentermingeschäfts BAG NJW 86, 2663, BGH WPM 87, 1156, z Haftg ausl Brokers für unseriösen Vermittler Düss WM 89, 45. Die Vereinbarg der ausschließl Zustdgk ausl Gerichte ist unwirks, wenn diese den Termineinwand zum Nachteil einer dtschen Partei nicht beachten würden, BGH NJW 84, 2037, zust Roth IPRax 85, 198; das gleiche gilt für die Vereinbg eines ausl SchiedsGer iVm einer RWahl, BGH IPRax 89, 163, Samtleben ebda 152.

EG 29 *Verbraucherverträge.* ¹ Bei Verträgen über die Lieferung beweglicher Sachen oder die Erbringung von Dienstleistungen zu einem Zweck, der nicht der beruflichen oder gewerblichen Tätigkeit des Berechtigten (Verbrauchers) zugerechnet werden kann, sowie bei Verträgen zur Finanzierung eines solchen Geschäfts darf eine Rechtswahl der Parteien nicht dazu führen, daß dem Verbraucher der durch die zwingenden Bestimmungen des Rechts des Staates, in dem er seinen gewöhnlichen Aufenthalt hat, gewährte Schutz entzogen wird,

1. wenn dem Vertragsabschluß ein ausdrückliches Angebot oder eine Werbung in diesem Staat vorausgegangen ist und wenn der Verbraucher in diesem Staat die zum Abschluß des Vertrages erforderlichen Rechtshandlungen vorgenommen hat,
2. wenn der Vertragspartner des Verbrauchers oder sein Vertreter die Bestellung des Verbrauchers in diesem Staat entgegengenommen hat oder
3. wenn der Vertrag den Verkauf von Waren betrifft und der Verbraucher von diesem Staat in einen anderen Staat gereist ist und dort seine Bestellung aufgegeben hat, sofern diese Reise vom Verkäufer mit dem Ziel herbeigeführt worden ist, den Verbraucher zum Vertragsabschluß zu veranlassen.

II Mangels einer Rechtswahl unterliegen Verbraucherverträge, die unter den in Absatz 1 bezeichneten Umständen zustande gekommen sind, dem Recht des Staates, in dem der Verbraucher seinen gewöhnlichen Aufenthalt hat.

EGBGB 29 (IPR) 1-3

III Auf Verbraucherverträge, die unter den in Absatz 1 bezeichneten Umständen geschlossen worden sind, ist Artikel 11 Abs. 1 bis 3 nicht anzuwenden. Die Form dieser Verträge unterliegt dem Recht des Staates, in dem der Verbraucher seinen gewöhnlichen Aufenthalt hat.

IV Die vorstehenden Absätze gelten nicht für
1. Beförderungsverträge,
2. Verträge über die Erbringung von Dienstleistungen, wenn die dem Verbraucher geschuldeten Dienstleistungen ausschließlich in einem anderen als dem Staat erbracht werden müssen, in dem der Verbraucher seinen gewöhnlichen Aufenthalt hat.

Sie gelten jedoch für Reiseverträge, die für einen Pauschalpreis kombinierte Beförderungs- und Unterbringungsleistungen vorsehen.

1) Allgemeines. a) Art 29 Abs 1, 2 u 4 entspr Art 5 des EG-Übk, Abs 3 entspr Art 9 V des EG-Übk, vgl Vorbem v Art 27. Die Vorschr enth eine **Sonderregelung** f VerbraucherVertre, welche im Interesse der schwächeren Partei die in Art 27 eröffnete RWahlfreih einschr, Abs 1, vgl Art 27 Anm 2a, u bei Fehlen einer RWahl eine v Art 28 abweichde objektive Anknüpfg an den gewöhnl Aufenth des Verbr vorsieht, Abs 2. Ergänzd gilt neben Art 29 auch AGBG 12; v der ursprüngl beabsichtigten Streichg dieser Vorschr hat das IPRG abgesehen; sie behält prakt Bedeutg f die in Abs 4 aus dem Anwendsbereich v Art 29 ausgenommenen Vertre. **b)** Soweit Art 29 das anwendb Recht selbst best, ist die Beachtg einer Rück- od Weiterverweisg, wie im ges UnterAbschn, ausgeschl, Art 35 I; z Unteranknüpfg in MehrRStaaten vgl Art 35 II. Im innerdtschen KollisionsR gilt Art 29 entspr.

2) Begriff des Verbrauchervertrages (Abs 1 u 4). Art 29 trifft eine kollisionsrechtl Sonderregelg f VerbraucherVertre. **a)** Darunter können n Abs 1 nur Vertre über die **Lieferung** bewegl **Sachen** (dh Warenkauf, nicht etwa auch Miete, vgl E. Lorenz RIW 87, 576, wohl aber Leasing, vgl Reithmann/Martiny Rz 437) od die Erbringg v **Dienstleistungen** aller Art sowie Vertre z **Finanzierung** solcher Gesche (insb beim Kreditkauf, nicht aber beim normalen Verbraucherdarlehen, vgl dazu v Hoffmann IPrax **89**, 269) fallen; **ausgenommen** sind n Abs 4 S 1 jedoch sämtl **Beförderungsverträge**, vgl dazu Art 28 Anm 3b u 4g, sowie Vertre über **Dienstleistungen**, die ausschl in einem **anderen** Staat erbracht werden müssen als demjenigen, in welchem der Berecht seinen gewöhnl Aufenth hat, zB bei BeherberggsVertren mit ausl Hotels od UnterrichtsVertren, die im Ausland erfüllt werden sollen, etwa Ski- od Segelkurs; insow kommt jedoch AGBG 12 in Betr. Dagg fallen Vertre über **Pauschalreisen** n Abs 4 S 2 uneingeschr unter den Begr des VerbraucherVertr, sofern dessen zusätzl Voraussetzgen erfüllt sind. **b)** Liefer-, Dienstleistgs- u zugehörige FinanziergsVertre der genannten Art sind jedoch nur dann VerbrVertre iSd Art 29, wenn der Zweck der Lieferg od Dienstleistg überh nicht od nur z geringeren Teil, vgl Begr BT-Drucks 10/504 S 79, der (selbst ausgeübten, vgl E. Lorenz RIW 87, 576) berufl od gewerbl Tätig des **Berechtigten**, dh des Verbrauchers, zugerechnet werden kann, vgl Abs 1. Bei der Zurechg der Leistg z berufl/gewerbl od z priv Lebensbereich entsch die dem Schuldner objektiv erkennb Umste des Gesch, nicht der innere Wille des Leistgsempfängers, vgl Begr aaO; z Anwendg auf WarenterminGesch vgl BGH WPM **87**, 1154. Für das Vorliegen eines VerbrVertr belangl ist, ob der **Schuldner** die Leistg im Rahmen einer berufl od gewerbl Tätig des PrivPers erbringen soll; Art 29 gilt grdsl auch bei reinen PrivGeschen zw Nichtgewerbetreibden, zB beim Verkauf eines gebrauchten Pkw v Priv an Priv, ebso Reithmann/Martiny Rz 435, aM E. Lorenz RIW **87**, 576.

3) Einschränkung der freien Rechtswahl (Absatz 1). a) Grdsl können die Part auch bei einem VerbrVertr das VertrStatut dch ausdrückl od konkludente RWahl frei best, Art 27 I (z Zustandekommen einer wirks RWahl vgl Art 27 Anm 2c), wobei aber die Sonderanknüpfg zwingder Vorschren des „normalen" VertrStatuts n Art 27 III sowie des dtschen Rechts n Art 34 z beachten ist, vgl dazu Art 27 Anm 2b. Unabh davon stellt Abs 1 darü hinaus bei Vorliegen best Voraussetzgen zusätzl auch die Anwendg der zwingden Vorschren z Schutz des **Verbrauchers** n dem an seinem **gewöhnlichen Aufenthalt** geltden Recht sicher, wenn das VertrStatut im konkreten Fall dahinter zurückbleibt, vgl dazu E. Lorenz RIW **87**, 577. **b)** Diese Sonderanknüpfg zwingder VerbraucherschutzVorschr ist n Abs 1 **alternativ** davon abhängig, daß entweder (1) dem VertrSchluß ein ausdrückl Angebot od eine Werbg, zB dch Zeitgsanzeige, im AufenthStaat des Verbrauchers vorausgegangen ist **und** derVerbr dort auch die zum Abschl des Vertr erfdl RHandlgen, zB dch Annahme des Angebots, vorgenommen hat; bei VertrSchluß dch einen Vertreter gilt Art 11 III entspr, zust Reithmann/Martiny Rz 441; **oder** (2) der VertrPartner des Verbrauchers od sein Vertreter auch ohne vorherige Werbg od ein ausdrückl Angebot in diesem Staat die Bestellg des Verbr im Staat v dessen gewöhnl Aufenth entgegengenommen hat, zB auf einer Messe, vgl dazu Ffm NJW-RR **89**, 1019 (für Gleichstellg von Ann des Angeb mit Entgegennahme der Bestellg); **oder** (3) der Verbr bei einem Warenkauf die Bestellg auf einer vom Verk z diesem Zweck herbeigeführten Reise (Kaffeefahrt) im Ausland aufgegeben hat, sofern der Verbr die Reise vom Staat seines gewöhnl Aufenth aus angetreten hat; f Reisen aus Drittstaaten bleibt es bei der Anwendg v Art 27 u 28, Reithmann/Martiny Rz 443. Die Alternativen (1) u (2) betreffen einen VertrAbschl, der ganz od z Teil im AufenthStaat des Verbr erfolgte, aus dessen Sicht also ein InlandsGesch darstellt, bei welchem er den Schutz seines AufenthR erwarten darf; die Alternative (3) betr VertrAbschle, die zwar ihren Schwerpkt im Ausland haben, bei welchen der Verk die Auslandsreise des Verbr jedoch selbst z diesem Zweck veranlaßt hat; gerade in dieser Alternative geht die Sonderanknüpfg zwingder VerbrSchutz-Vorschr n Abs 1 über den v AGBG 12 gewährten Schutz hinaus, vgl dort Anm 2. Bei Nichtvorliegen der Voraussetzgen einer der drei Alternativen scheidet eine analoge Anwendg unzul, Hamm NJW-RR **89**, 496. **c)** Erfüllt ein VerbrVertr iSv Anm 2 die Voraussetzgen einer der in Abs 1 aufgezählten Alternativen, so unterliegt der Vertr den zwingden Vorschren z Schutz des Verbr n dem Recht seines gewöhnl Aufenth; im übr bleibt es bei der Anwendg des v den Part gewählten Rechts; dies gilt insb f die Wirksk der RWahl selbst, die n Art 27 IV iVm Art 31 I, v ihrer Formgültigk abgesehen (vgl dazu Art 27 IV iVm 29 III) n dem gewählten Recht z beurteilen ist; das Recht am gewöhnl Aufenth des Verbr ist dabei jedoch bei der Prüfg des Vorliegens seiner

ZustErkl im Rahmen v Art 31 II z berücksichtigen. **d)** Hat der Verbr seinen gewöhnl Aufenth im **Inland,** so kommen über die Sonderanknüpfg gem Abs 1 also etwa die zwingden Vorschr der §§ 651 a ff, AG Waldshut-Tiengen NJW-RR **88**, 953, des AbzG, des HausTWG od des AGBG z Anwendg; liegen zusätzl auch die Voraussetzgen v AGBG 12 vor, so hat es bei der v Abs 1 vorgeschr **unmittelbaren** Anwendg der zwingden Vorschr des AGBG sein Bewenden, da diese den Verbr stärker schützt als die v AGBG 12 vorgesehene „Berücksichtigg" dieser Bestimmgen, vgl dort Anm 3, zust Reithmann/Martiny Rz 456.

4) Ersatzanknüpfung bei fehlender Rechtswahl (Absatz 2). Haben die Part v der Möglk einer RWahl gem Art 27 keinen Gebrauch gemacht od ist die v ihnen getroffene RWahl n dem dafür maßg Recht (Art 27 IV iVm Art 31 bzw 29 III) unwirks, so unterliegt ein VerbrVertr bei Vorliegen einer der in Abs 1 genannten Alternativen, vgl Anm 3b, in Abweichg v Art 28 nicht dem Recht des Staates, mit dem er die engsten Verbindgen aufweist, sond dem Recht des Staates, in dem der **Verbraucher** seinen **gewöhnlichen Aufenthalt; Absatz 2.** Nach diesem Recht als **Vertragsstatut** beurteilen sich alle mit Abschl, Wirksk, Inhalt u Abwicklg des Vertr zushängden Fragen, vgl dazu Art 31 u 32; diesem Recht ist insb auch der dem Verbraucher gewährte Schutz z entnehmen. Hat der Verbr seinen gewöhnl Aufenth im Ausland, ist also VertrStatut ein ausl Recht, so kommt daneben eine Sonderanknüpfg zwingder Vorschren des dtschen Rechts gem Art 34 in Betr; diese haben ggf den Vorrang auch vor den zwingden Vorschr des VertrStatuts.

5) Sonderanknüpfung der Formgültigkeit (Absatz 3). Die Formgültigkeit eines VerbrVertr ist bei Vorliegen einer der in Abs 1 genannten Alternativen, vgl Anm 3b, n Abs 3 in Abweichg v Art 11 I–III **ausschließlich** n dem Recht am gewöhnl Aufenth des Verbr z beurteilen. Dies gilt auch f die Formgültigk einer auf einen VerbrVertr bezogenen RWahl, Art 27 IV.

EG 30 *Arbeitsverträge und Arbeitsverhältnisse von Einzelpersonen.* **I** Bei Arbeitsverträgen und Arbeitsverhältnissen darf die Rechtswahl der Parteien nicht dazu führen, daß dem Arbeitnehmer der Schutz entzogen wird, der ihm durch die zwingenden Bestimmungen des Rechts gewährt wird, das nach Absatz 2 mangels einer Rechtswahl anzuwenden wäre.

II Mangels einer Rechtswahl unterliegen Arbeitsverträge und Arbeitsverhältnisse dem Recht des Staates,

1. in dem der Arbeitnehmer in Erfüllung des Vertrages gewöhnlich seine Arbeit verrichtet, selbst wenn er vorübergehend in einen anderen Staat entsandt ist, oder

2. in dem sich die Niederlassung befindet, die den Arbeitnehmer eingestellt hat, sofern dieser seine Arbeit gewöhnlich nicht in ein und demselben Staat verrichtet,

es sei denn, daß sich aus der Gesamtheit der Umstände ergibt, daß der Arbeitsvertrag oder das Arbeitsverhältnis engere Verbindungen zu einem anderen Staat aufweist; in diesem Fall ist das Recht dieses anderen Staates anzuwenden.

Schrifttum: Däubler RIW **87**, 249; Hönsch NZA **88**, 113; Schmidt-Hermesdorf RIW **88**, 938; Junker IPRax **89**, 69; Ebenroth/Fischer/Sorek ZVglRWiss **89**, 137; Behr IPRax **89**, 319; Mankowski RabelsZ **89**, 487.

1) Allgemeines. a) Art 30 entspr Art 6 des EG-Übk, vgl Vorbem vor Art 27. Die Vorschr enth eine Sonderregelg f ArbVertr im Interesse der schwächeren Part; sie schränkt in Abs 1 die in Art 27 gewährte RWahlfreih ein, vgl dort Anm 2a; bei Fehlen einer RWahl sieht sie eine v Art 28 abw objektive Anknüpfg vor. **b)** Die Beachtg einer Rück- od Weiterverweisg ist, wie im ges UnterAbschn, ausgeschl, Art 35 I; z Unteranknüpfg in MehrRStaaten vgl Art 35 II. Im innerdtschen KollisionsR gilt Art 30 entspr.

2) Anwendungsbereich. a) Art 30 betr **Arbeitsverträge,** dh DienstVertre zw ArbG u ArbN, die eine abhängige, weisgsgebundene Tätigk z Ggst haben; bei Vertren über Dienstleistgen in wirtschaftl u sozialer Selbständigk u Unabhängigk gilt Art 30 nicht, vgl dazu Art 28 Anm 4f. Art 30 gilt auch f **Arbeitsverhältnisse,** dh auch f nichtige, aber in Vollzug gesetzte ArbVertre u f faktische ArbVerhe ohne vertragl Grdlage, vgl Bericht BT-Drucks 10/503 S 58. **b)** Das von den Part gewählte od dch obj Anknüpfg nach Art 30 II maßg ArbeitsVertrStatut regelt vorbehaltl der Sonderanknüpfg zwingder Besten, vgl dazu Anm 3 sowie Art 34, ferner Däubler RIW **87**, 255, grdsl alle mit Begründg, Inhalt, Erf u Beendigg eines ArbVerh zushängden Fragen, vgl Art 31 u 32, also insb Lohnzahlgspflicht, Hohloch RIW **87**, 353 (einschl Mehrarbeitsvergütg), Urlaub, Schadensersatzpflicht, privatr Kündiggsschutz, vgl BAG NJW **87**, 211, BAG IPRspr **85** Nr 49, LAG Ffm RIW **88**, 59 (nicht aber auch dessen Überlagerg dch öffentl Vorschr, BAG NJW **87**, 2767); nachvertragl Wettbewerbsverbote, ArbNErfindgen u betriebl Altersversorgg, Däubler RIW **87**, 254, vgl auch Schwerdtner ZfA **87**, 163. Dtsches BetrVerfR gilt n dem Territorialitätsprinzip nur f die im Inl gelegenen Betr, BAG NJW **87**, 2766 (sofern keine Ausstrahlg eines inl Betr bei vorübergehder AuslBeschäftigg vorliegt), für inl Betr ausl Untern daher auch dann, wenn das ArbVerh ausl R untersteht worden ist, BAG NJW **78**, 1124; z AnwendgsBereich des MitbestimmgsG Schmidt-Hermesdorf RIW **88**, 943. Zur kollisionsr Beurteilg von ArbKämpfen vgl Hergenröder, Der ArbKampf mit Auslandsberührg, 1987, Birk IPRax **87**, 16; z KollisionsR der TarifVertre Ebenroth/Fischer/Sorek ZVglRWiss **89**, 144.

3) Einschränkung der Rechtswahl (Absatz 1). a) Die Part können grdsl auch bei einem ArbVertr od ArbVerh gem Art 27 I das anzuwendde Recht ausdrückl od konkludent wählen (auch nachträgl im Prozeß, vgl BAG NJW-RR **88**, 483), wobei aber die Sonderanknüpfg zG zwingder Vorschren dtschen Rechts, Art 34, sowie zG der zwingden Vorschren des „normalen" VertrStatuts gem Art 27 III z beachten ist, vgl dazu Junker IPRax **89**, 72; zur Zulässigk einer formularmäßigen RWahl Mook Betr **87**, 2252; die Vereinbg ausl R setzt keine Auslandsberührg voraus, vgl Art 27 Anm 2a, aM Schmidt-Hermesdorf RIW **88**, 939. Unabh davon versagt Abs 1 einer v den Part getroffenen RWahl insoweit die Wirksk, als dadch dem ArbN der Schutz entzogen wird, den ihm die zwingden Vorschren der ROrdng gewähren, die ohne die RWahl maßg gewesen wäre. Mit dieser Regelg soll verhindert werden, daß dch eine RWahlklausel im ArbVertr die an sich maßg zwingden arbeitsr SchutzVorschr umgangen werden; der AusgleichsAnspr des Handelsvertreters gehört nicht hierher, vgl dazu Klima RIW **87**, 796. Welches Recht bei Fehlen einer RWahl an sich maßg ist, regelt Abs 2, vgl dazu Anm 4; neben der dort vorgesehenen objektiven Anknüpfg besteht f eine ergänzde Sonderanknüpfg zG der zwingden Vorschren des „normalen" VertrStatuts gem Art 27 III kein Bedürfnis, da sie z keinem and Recht führen kann. **b)** Ob dem ArbN dch das gewählte Recht der **Schutz** der zwingden arbeitsrechtl Bestimmgen des n Abs 2 maßg Rechts **entzogen** wird, ist dch Vergleich der beiden ROrdngen z ermitteln; dabei ist jeweils auf die **Ergebnisse** abzustellen, z denen diese Rechte im Einzelfall gelangen; vgl dazu Hönsch NZA **88**, 116, Reithmann/Martiny Rz 718, Junker IPRax **89**, 71. Soweit das gewählte Recht mit seinen zwingden Vorschren den ArbN im Erg genauso od besser schützt als das bei Fehlen einer RWahl berufene Recht, hat es bei der Anwendg jener Vorschren sein Bewenden; soweit es hinter dem Schutz des n Abs 2 maßg Rechts zurückbleibt, finden stattdessen die dem ArbN günstigeren zwingden Vorschren dieser ROrdng Anwendg. Auf diese Weise kann ein ArbVerh uU einem zwingder SchutzVorschr versch staatl Herkunft unterliegen, zB den Kündiggsfristen des gewählten Rechts u der Lohnfortzahlg im KrankhFall n dem an sich maßg Recht, einschränkd Hohloch RIW **87**, 358. **c) Zwingende** Bestimmgen, die n Abs 1 dch RWahl nicht ausgeschaltet werden können, finden sich verstreut im ges ArbR. In Betr kommen etwa Vorschren über Kündiggsschutz, JugendArbSchutz, Mutterschutz, ArbZeit. Dabei ist gleichgült, ob sie dem priv od öffentl Recht angehören; sie können auch in einem TarifVertr enth sein, dem die Part unterworfen sind, vgl Bericht BT-Drucks 10/503 S 57.

4) Bestimmung des Arbeitsvertragsstatuts bei fehlender Rechtswahl (Absatz 2). a) Haben die Part v der Möglk einer RWahl gem Art 27 keinen Gebrauch gemacht (was angesichts der damit verbundenen Probleme dringend anzuraten ist, vgl Anm 3b) od ist die v ihnen getroffene RWahl n dem dafür maßg Recht (Art 27 IV iVm Art 31) unwirks, so ist aGrd objektiver Anknüpfg n **Absatz 2 Nr 1** grdsl das Recht des Staates maßg, in dem der ArbN in Erfüllg des Vertr (od des ArbVerh, vgl Anm 2) **gewöhnlich** seine Arb verrichtet, dh das **Recht** des normalen **Arbeitsortes**, vgl dazu Behr IPRax **89**, 322; bei der Anwendg dieses Rechts bleibt es auch dann, wenn der ArbN vorübergeh in einen and Staat entsand wird, zB auf eine ausl Montagebaustelle; Vorschr des Rechts am ArbOrt über ArbSicherh, ArbZeit od Feiertage sind aber entspr Art 32 II zu berücksichtigen, vgl Däubler RIW **87**, 251; bei einer Versetzg an einen Arbeitsort in einem and Staat kommt es zu einem Statutenwechsel, vgl Schmidt-Hermesdorf RIW **88**, 940. Verrichtet der ArbN seine Arb gewöhnl nicht in ein u demselben Staat, so ist n **Absatz 2 Nr 2** grdsl das Recht der **Niederlassung** des ArbG maßg, die den ArbN eingestellt hat; diese Regel gilt grdsl auch f das fliegde Personal v LuftfahrtUnternehmen u f die Besatzg v Hochseeschiffen; die Anknüpfg an die Nationalität des Flugzeugs, vgl LAG Bln RIW **75**, 303, od an die Flagge des Schiffes, vgl BAG NJW **79**, 1791, ist damit hinfäll, ebso Ebenroth/Fischer/Sorek ZVglRWiss **89**, 134, aM Däubler RIW **87**, 251, Reithmann/Martiny Rz 733, Mankowski RabelsZ **89**, 504, vgl dazu nunm auch § 21 IV FlaggenrechtsG idF des G v 23. 3. 89, BGBl I 550 (ArbVerh unterliegt nicht schon desh dtschem R, weil in Internat SeeschiffahrtsReg eingetragenes Schiff die Bundesflagge führt). **b)** Die in Abs 2 Nr 1 u 2 vorgesehenen Anknüpfgen an den ArbOrt bzw die AnstellgsNiederlassg sind allerdings **keine starren Regeln.** Sofern sich aus der Gesamth der Umst ergibt, daß der Vertr engere Verbindgen z einem and Staat aufweist, ist n der **Ausnahmeklausel** in Abs 2 an Stelle des Rechts des ArbOrtes bzw der Anstellniederlassg das Recht jenes and Staates maßg, vgl dazu ArbG Klautern IPRax **88**, 250 mAv Jayme, Hönsch NZA **88**, 114, zB das dtsche Recht f dtsche Ortskräfte dtscher Auslandsvertretgen, vgl BAG **AP** IPR (ArbR) Nr 6, od dtscher Fernsehanstalten, vgl LAG RhPf IPRspr **81** Nr 44; ebso bei nicht nur vorübergehder Entsendg dtscher ArbN zu einer ausl Zweigstelle od TochterGesellsch ihres ArbG, Däubler RIW **87**, 252.

EG 31 *Einigung und materielle Wirksamkeit.* [I] Das Zustandekommen und die Wirksamkeit des Vertrages oder einer seiner Bestimmungen beurteilen sich nach dem Recht, das anzuwenden wäre, wenn der Vertrag oder die Bestimmung wirksam wäre.

[II] Ergibt sich jedoch aus den Umständen, daß es nicht gerechtfertigt wäre, die Wirkung des Verhaltens einer Partei nach dem in Absatz 1 bezeichneten Recht zu bestimmen, so kann sich diese Partei für die Behauptung, sie habe dem Vertrag nicht zugestimmt, auf das Recht des Staates ihres gewöhnlichen Aufenthaltsorts berufen.

1) Allgemeines. Art 31 entspr Art 8 des EG-Übk, vgl Vorbem vor Art 27. Die Vorschr regelt das Zustandekommen u die materielle Wirksk od einer seiner Best, zB die Unterwerfg unter AGB; sie gilt n Art 27 IV auch f eine f diesen HauptVertr geschl **Rechtswahlvereinbarung**, gleichgült ob sie innerh des HauptVertr (als eine seiner Bestimmgen) od isoliert geschl wird, vgl dazu Art 27 Anm 2 c bb. Für die **Form** des Vertr gilt Art 11 u ggf Art 29 III; dies gilt auch f die Form der RWahlVereinbarg, Art 27 IV. Die GeschFgk der Part beurteilt sich n Art 7.

2) Grundsatz (Absatz 1). a) Das Zustandekommen der erfdl Willenseinigg u ihre mat WirkskVoraussetzgen beurteilen sich n Abs 1 grdsl n dem f den **Hauptvertrag** maßg **Vertragsstatut**, das n Art 27–30 z best ist; internat zwingde Vorschren des dtschen Rechts iSv Art 34 gehen aber einem ausl VertrStatut vor; im Fall einer RWahl ist auch die Sonderanknüpfg zG zwinger Vorschren des an sich maßg Rechts gem Art 27 III, 29 I u 30 I z beachten, sofern diese Vorschr überh das Zustandekommen u die mat Wirksk des Vertr betr. Für die Verbindlk v AGB gilt bei ausl VertrStatut ergänzd AGBG 12, vgl dazu auch Art 29 Anm 3 d. **b)** Das Zustandekommen u die Wirksk des Vertr od seiner Bestimmungen iSv Abs 1 betr etwa Fragen über die Voraussetzgen des VertrSchlusses dch Angebot u Annahme, über Dissens, Bedinggen, Willensmängel u deren Folgen, Eintritt der Nichtigk wg Gesetzes- od Sittenverstoß od wg anfängl Unmöglk (f die Folgen der Nichtigk, insb die Erstattg einer erbrachten Leistg gilt das VertrStatut gem Art 32 I Nr 5), Folgen der Teilnichtigk, Möglk einer Umdeutg. Auch die Einbeziehg v **AGB** u deren Wirksk gehört hierher; bei der

Best des anwendb Rechts ist Art 29 bes z beachten; bei Maßgeblk ausl Rechts gilt ergänzd AGBG 12. Verbindlk v AGB setzt n deutschem R grdsl nicht voraus, daß Kunde die Sprache versteht, in der sie abgefaßt sind, Mü AWD **76**, 447, aM Koblenz IPRspr **74** Nr 159; Verschaffg der Mögl der Kenntnisn in zumutb Weise n AGBG 2 I Nr 2 erfordert nicht Übersetzg, vgl dort Anm 3 d, ebso BGH AWD **83**, 454 (krit dazu Schubert JR **83**, 459), abw MüKo-Martiny vor EG 12 Rdz 97; dies gilt nicht, wenn die VertrVerhandlgen in fremder Sprache geführt worden sind, Hbg NJW **80**, 1232, Stgt IPRax **88**, 293, Schwarz ebda **278**; z Verbindlk v AGB, die nicht in der VertrSprache abgefaßt sind, vgl ferner Mü NJW **74**, 2181, Ffm EWiR § 2 AGBG 1/**87**, 631, Jayme ZHR **78**, 110, Schütze Betr **78**, 2305; z Bedeutg der VertrSprache allg Beckmann AWD **81**, 79, Reithmann/Martiny Rz 146.

3) Ergänzende Sonderanknüpfung für das Zustandekommen der Einigung (Absatz 2). a) Nach dem Statut des HauptVertr beurt sich grdsl auch die Frage, ob die Part sich überh über den Abschl des Vertr geeinigt haben, vgl Anm 2b. Nach Abs 2 kann sich aber jede Part f den Einwand, sie habe dem Vertr nicht zugest, auf die Vorschren des Rechts an ihrem gewöhnl Aufenth berufen. **Voraussetzung** dieser ergänzden Sonderanknüpfg f den z VertrSchluß erfdl Konsens ist, (1) daß das v Art 27-30 best VertrStatut ein and Recht ist als das des gewöhnl Aufenth der betr Part, (2) daß der Vertr n dem VertrStatut sowie den ggf kr Sonderanknüpfg z beachtenden weiteren Vorschren, vgl Anm 2a, wirks geschl ist, **und** (3) daß es n den ges Umsten des Einzelfalls, insb den bish Gepflogenhen der Part, unbill wäre, das Vorliegen einer Zust der betr Part ausschl an dem ihr fremden VertrStatut z messen. Sind diese Voraussetzgen erfüllt, so ist bei der Prüfg des VertrSchlusses neben dem VertrStatut iS eines zusätzl AusschlußGrds auch das Recht am gewöhnl Aufenth derj Part z berücksicht, die das Zustandekommen der Einigg bestreitet; daß diese Part sich ausdrückl auf ihr AufenthR beruft, ist f die Anwendg dieses Rechts nicht erfdl; es genügt, daß sie den Vertr f sich nicht gelten lassen will. Ist der Vertr bereits n dem VertrStatut **nicht** wirks geschl, so besteht f die Anwendg v Abs 2 kein Bedürfnis; die Anwendg des AufenthR kann insb nicht z dem Erg führen, daß der Vertr in Widerspr z dem f ihn maßg VertrStatut zustandegekommen sei, vgl Bericht BT-Drucks 10/503 S 60. **b)** Prakt Bedeutg hat Abs 2 vor allem f die Entsch, ob das bloße **Schweigen** einer Part, etwa auf ein kaufm Bestätiggsschreiben od bei der Bezugnahme der and Part auf ihre AGB, als Zust z werten ist, vgl dazu Sandrock RIW **86**, 849, Schwenzer IPRax **88**, 86, Schwarz IPRax **88**, 278; Abs 2 gilt aber darü hinaus auch f die Wirkgen eines aktiven Verhaltens einer Part auf den VertrSchluß, insb f die Bedeutg v Willensmängeln; zur Bedeutg für die Anknüpfg der RScheinhaftg vgl Fischer IPRax **89**, 216. **c)** Die ergänzde Anwendg des AufenthR n Abs 2 beschr sich auf die Frage, ob zw den Part der z VertrSchluß erfdl Konsens besteht; im übr bleibt es bei der Maßgeblk des VertrStatuts n Abs 1 u ggf der Sonderanknüpfg zG zwingder Vorschren des dtschen Rechts, Art 34, od des an sich maßg Rechts, Art 27 III, 29 I u 30 I.

EG 32 *Geltungsbereich des auf den Vertrag anzuwendenden Rechts.* [I] Das nach den Artikeln 27 bis 30 und nach Artikel 33 Abs. 1 und 2 auf einen Vertrag anzuwendende Recht ist insbesondere maßgebend für

1. seine Auslegung,
2. die Erfüllung der durch ihn begründeten Verpflichtungen,
3. die Folgen der vollständigen oder teilweisen Nichterfüllung dieser Verpflichtungen einschließlich der Schadensbemessung, soweit sie nach Rechtsvorschriften erfolgt, innerhalb der durch das deutsche Verfahrensrecht gezogenen Grenzen,
4. die verschiedenen Arten des Erlöschens der Verpflichtungen sowie die Verjährung und die Rechtsverluste, die sich aus dem Ablauf einer Frist ergeben,
5. die Folgen der Nichtigkeit des Vertrages.

[II] In bezug auf die Art und Weise der Erfüllung und die vom Gläubiger im Fall mangelhafter Erfüllung zu treffenden Maßnahmen ist das Recht des Staates, in dem die Erfüllung erfolgt, zu berücksichtigen.

[III] Das für den Vertrag maßgebende Recht ist insoweit anzuwenden, als es für vertragliche Schuldverhältnisse gesetzliche Vermutungen aufstellt oder die Beweislast verteilt. Zum Beweis eines Rechtsgeschäfts sind alle Beweismittel des deutschen Verfahrensrechts und, sofern dieses nicht entgegensteht, eines der nach Artikel 11 und 29 Abs. 3 maßgeblichen Rechte, nach denen das Rechtsgeschäft formgültig ist, zulässig.

1) Allgemeines. a) Art 32 entspr den Art 10 u 14 des EG-Übk, vgl Vorbem vor Art 27. Die Vorschr best den Anwendgsbereich des f einen SchuldVertr als VertrStatut maßg Rechts; die Anknüpfg dieses VertrStatuts selbst ergibt sich aus Art 27-30, sowie im Fall einer Zession aus Art 33 I u II. Regelmäßig unterliegt der Vertr einem einheitl VertrStatut; eine **Vertragsspaltung** kann sich ausnahmsw aus einer entspr RWahl, Art 27 I S 3, vgl dort Anm 2d, od gespalteter objektiver Anknüpfg, Art 28 I S 2, vgl dort Anm 2a, ergeben; dann entsch das jew VertrStatut nur über den seiner Herrsch unterworfenen Teilkomplex des Vertr. Das VertrStatut wird ggf überlagert durch eine Sonderanknüpfg zG **zwingender** Vorschren des dtschen Rechts, Art 34, od des an sich maßg Rechts, Art 27 III, 29 I u 30 I; diese setzen sich auch in dem v Art 32 umschriebenen Anwendgsbereich des VertrStatuts als vorrangige Sonderregel dch. **b)** Im Art 32 **nicht** geregelt ist das **Zustandekommen** u die materielle Wirksk eines SchuldVertr; insow gilt Art 31, bzw hins der GeschFgk Art 7, hins der Form Art 11 u ggf Art 29 III. **c)** Anzuwenden ist das VertrStatut in seiner jew Gestalt; GesÄndergen n VertrSchluß sind also im Rahmen der intertemporalen Vorschr des betr R z beachten, RG JW **28**, 1447. Die Part können aber die Anwendg des gewählten R in seinem Zust zZ der RWahl vereinbaren (Versteinergsklausel), Sandrock, Fschr f Riesenfeld (1983) 211.

2) Anwendungsbereich des Vertragsstatuts. a) Nach dem VertrStatut beurt sich Inhalt u Umfang der Rechte u Pflichten der Part sowie ihre Erfüllg u Nichterfüllg u deren Konsequenzen. Eine **beispielhafte**

Aufzählg einz n dem VertrStatut z beurt Fragen enth **Absatz 1. aa)** Das f den Vertr maßg Recht entsch über seine **Auslegung, Nr 1** (z Auslegg v AGB Wolf ZHR **89**, 300); f die Berücksichtigg v Willensmängeln u die Möglk einer Umdeutg gilt Art 31, vgl dort Anm 2b u 3b. **bb)** Nach dem VertrStatut beurt sich ferner die Voraussetzgen der **Erfüllung, Nr 2,** zB Zeit u Ort, Zulässigk v Teilleistgen, Leistg dch Dritte; soweit die Erfüll ein **Rechtsgeschäft** voraussetzt, gelten f dieses die dafür maßg Vorschr, zB der lex rei sitae f die Übereigng einer Sache; die GeschFgk der Part beurt sich n Art 7; die Form des ErfüllsGesch n Art 11. Für die **Art und Weise** der Erfüllg, zB Feiertagsregelg, u die vom Gläubiger bei mangelh Erfüllg z treffden Maßn, zB Untersuchgs- u Rügepflicht, Aufbewahrungsfrist, schreibt **Absatz 2** die „Berücksichtigg" der am Erfüllgsort geltden Vorschr vor; das VertrStatut ist also um diese Vorschr z **ergänzen,** soweit sich aus ihnen Einschränkgen od Erweitergen der die Part im Zushang mit der Erfüllg treffden Pflichten ergeben. **cc)** Das VertrStatut regelt weiter die Folgen der vollständigen od teilweisen **Nichterfüllung, Nr 3,** insb Voraussetzgen u Folgen v **Leistungsstörungen,** zB Verzug (einschl Erfordern v Mahng u Fristsetzg), Unmöglk (soweit kein NichtigkGrd, vgl Art 31 Anm 2b), positive VertrVerletzg, VerschuldensBegr, Haftg f Erfüllgsgehilfen, Einrede des nichterfüllten Vertr, Rücktritt vom Vertr u Schadensersatzpflicht einschl der Schadensbemessg (jedoch innerh der dch das dtsche VerfahrensR als lex fori gezogenen Grenzen, insb ZPO 287, vgl dazu Einl 11a vor Art 3), sowie Wegfall der GeschGrdl, Reithmann/Martiny Rz 177. **dd)** Das VertrStatut regelt n Abs 1 **Nr 4** ferner die verschiedenen Arten des **Erlöschens** der Verpflichtgen der Part, insb dch Erfüllgssurrogate, vor allem die **Aufrechnung,** deren Wirkg also n dem Statut der Forderg z beurt, gg die aufgerechnet wird (dies gilt entspr auch für ZurückbehaltgsR, Reithmann/ Martiny Rz 189); vom Standpkt des dtschen IPR ist die Aufrechng auch dann matrechtl z qualif, wenn sie n dem VertrStatut prozeßr geregelt ist, wie im angloamerikan Recht, vgl Einl 8a vor Art 3. Nach dem VertrStatut ist n Abs 1 Nr 4 ferner z beurt der RVerlust dch Fristablauf u die **Verjährung** einer vertragl Forderg, insb die maßg Verjährgsfrist, deren Hemmg od Unterbrechg, etwa dch Klageerhebg (bei dtschem Schuldstatut hängt Unterbrechg der Verj dch eine im Ausland erhobene Klage v der z erwartden Anerkenng des aul Urt ab, RG **129**, 385, 389, Deggendorf IPRax **83**, 125, Duisbg IPRspr **85** Nr 43, aM Schack AWD **81**, 301, Frank IPRax **83**, 108, Geimer IPRax **84**, 83, Linke Fschr f Nagel (1987) 209; das gleiche gilt umgekehrt f die Unterbrechg dch eine im Inland erhobene Klage bei ausl Schuldstatut, abw Schack aaO; bei der Klage gleichgestellten ProzHdlgen wie n § 209 II hängt die UnterbrechgsWirkg von der Gleichwertigk ab, Köln AWD **80**, 877, Düss RIW **83**, 743). Ist die Verj n dem VertrStatut prozeßr geregelt, wie im angloamerikan Recht, so ist sie im dtschen Verfahren aGrd materiellr Qualifikation, vgl Einl 8a vor Art 3, dennoch z beachten, BGH NJW **60**, 1720, vgl dazu Kegel, Grenze v Qualifikation u Renvoi im internat VerjährgsR, 1962. Dem VertrStatut unterliegt auch die **Verwirkung** einer vertragl Forderg, vgl Ffm RIW **82**, 914, f Berücksichtigg auch des UmweltR Will RabelsZ **78**, 211. **ee)** Nach dem VertrStatut sind schließl n Abs 1 **Nr 5** auch die **Folgen** der **Nichtigkeit** des Vertr z beurt, dh insb die Rückgewähr der erbrachten Leistgen; dabei ist gleichgült, ob die Folgen der Nichtigk vertragl od außervertragl Art sind, vgl Begründg BT-Drucks 10/504 S 82; auch die Rückabwicklg aGrd **Leistungskondiktion** gehört also hierher.

b) Nach dem Statut des angebahnten Vertr beurt sich entspr Art 31 I u 32 I Nr 3 u 5 grdsl auch die Haftg aus **culpa in contrahendo,** vgl Mü AWD **56**, 127, Ffm IPRax **86**, 377, Kegel IPR § 18 I 2, Degner, Kollisionsr Probleme z Quasikontrakt, 1984, S 260, krit dazu Dörner JR **87**, 203 (für analoge Anwendg von Art 31 II), zT abw Bernstein RabelsZ **77**, 281, der mit beachtl Grden die Verletzg v Aufklärgs- u BeratgsPfl (VertrStatut) u v Obhuts- u ErhaltgsPfl (Deliktsstatut) unterscheidet, zust Stoll Fschr Ferid (1988) 505, Kreuzer IPRax **88**, 17, f Anwendg des Deliktsstatuts auch Mü WPM **83**, 1094, Canaris Fschr f Larenz (1983) 109 (z Anwendbk der RAnwendgsVO auf SchadErsAnspr aus c. i. c. vgl Anh I z Art 38 Anm 3a). Die Eigenhaftg eines vertragsfremden Dritten aus c. i. c. unterliegt dem Recht seines gewöhnl Aufenth, Dörner JR **87**, 202, Reithmann/Martiny Rz 191, aM Ffm IPRax **86**, 378, Kreuzer IPRax **88**, 20 (für Deliktsstatut), krit dazu Ahrens ebda 359 (auch insow VertrStatut).

3) Beweisfragen (Absatz 3). a) Auch f gesetzl Vermutgen sowie f die Verteilg der Beweislast ist entspr den allg Grdsen des internat VerfahrensR, vgl Einl 11a vor Art 3, das VertrStatut maßg, Abs 3 S 1; allerd muß es sich dabei um materiellrechtl Beweisregeln handeln, die das VertrStatut speziell f vertragl Schuld-Verhe aufstellt; BeweisVorschr verfahrensrechtl Art, zB nichtbestrittenes Vorbringen als zugestanden gilt, sind allein der lex fori z entnehmen, vgl Bericht BT-Drucks 10/503 S 68. **b)** Welche **Beweismittel** f den Nachweis eines RGesch zugel sind, zB welche Anforderen an den Urkunden- od Zeugenbeweis z stellen sind, ist grdsl n **deutschem** Recht als der f das Verfahren maßg **lex fori** z beurt. Darü hinaus sind n Abs 3 S 2 auch die Beweismittel einer der n Art 11 u Art 29 III als **Formstatut** berufenen ROrdngen zuläss, sofern das RGesch n diesem Recht formgült ist u das dtsche BeweisVerfR der Zulassg des betr Beweismittels nicht entggsteht, wie etwa bei der Vernehmg einer Part als Zeuge. Die alternative Anwendg der Beweisregeln des Formstatuts soll den Part die Beweisbk des Vertr n dem Recht ermögl, dessen FormVorschr sie beim VertrSchluß eingehalten haben.

4) Währungsstatut: Literatur: Roth, Aufwertg u Abwertg im IPR, Berichte der dtschen Gesellsch f VölkerR 20 (1979) 87; v Hoffmann Fschr f Firsching (1985) 125. **a)** Das VertrStatut best grdsl auch, in welcher Währg geschuldet wird, vgl BGH FamRZ **87**, 370 (einschl DevisenVorschr), Soergel-Kegel vor EG 7 Rdz 893ff, Maier-Reimer NJW **85**, 2055, Remien RabelsZ **89**, 248. Die betr Währg unterliegt dem f sie maßg WährgsR; dies gilt grdsl auch f eine Währgsumstellg od eine Aufwertg, vgl RG **118**, 370, aM Mann SchweizJblntR **80**, 102; ein neues Währgsstatut ist aber z ermitteln, wenn das alte Währgsstatut einen grdlegden WährgsEingr vornimmt u die Beteil z Ztpkt dieses Eingr jede Beziehg z dem betr Land verloren haben, BGH **43**, 162, abl Mann JZ **65**, 450. Zur innerstaatl u internat Zulässigk v Fremdwährgsschulden u -klauseln Seetzen AWD **69**, 253; z Umrechngsbefugn bei Fremdwährgsschulden vgl Birk AWD **73**, 425, Maier-Reimer NJW **85**, 2050; z UmrechngsZtpkt LG Hbg AWD **80**, 64; vgl ferner Zehetner, Geldwertklauseln im grenzüberschreitden WirtschVerk, 1976.

1. Teil. 2. Kap. Internationales Privatrecht **EGBGB 32, Anh zu EGBGB 32**

b) Interlokales Währungsstatut: In welcher Währg der Schu eine vor der dtschen Währgsspaltg entstandene Verbindlk z erf h u wie diese umzustellen ist, best sich grdsl n seinem Wohns zZt der Währgsspaltg, BGH **1**, 109, **5**, 302, **8**, 288, **14**, 212. PensionsVerpfl in RM v in DDR erloschener AG, die schon vor Währgsspaltg u Enteign WestVerm besaß, sind ohne Rücks auf Gl-Wohns in DM-West zu zahlen, BGH **29**, 320. Hingg w Anspr in DM-Ost dch Herüberwechseln der Berecht nicht ohne weiteres zu solchen auf DM-West, BGH **LM** EG 7 (IzPR) Nr 43. Z Umstellg von hyp gesicherten Fdgen vgl Anh II z Art 38 Anm 2. Handelt es sich um vertragl Vereinbgen nach der Währgsspaltg, so können die Part im Rahmen von § 3 WährgsG frei best, in welcher Währg das SchuldVerh abgewickelt w soll. Ist die Schuld im Inland z zahlen, so gilt ErsetzgsR n § 244 entspr, vgl Henn NJW **58**, 733. Bei Geldwertschulden ieS, deren Höhe nicht dch währgsr Faktoren best w (vgl dazu § 245 Anm 2), hängt Art u Umfang der Zahlg v Zweck der geschuldeten Leistg ab, zB Ermöglichg des Ankaufs eines ErsGegenstandes bei SchadErsSchuld.

Für den **Zahlungsverkehr** z beachten: Nach MRG 52 Art I 1 f u 53 sowie 3. DVO z MRG 53, die im Verh z DDR weitergelten (z Problem der verfassgsr Zulässigk dieser Regelg BVerfG NJW **83**, 2309 gg BVerwG NJW **79**, 1840, vgl ferner SchlußAnh IV bei Baumb-Lauterbach ZPO, VG Ffm WPM **82**, 932, Peltzer AWD **77**, 383, Kringe NJW **83**, 2295, ders, ROW **85**, 109, Kittke DÖV **84**, 278, v Wedel NJW **84**, 713, ders, ROW **85**, 68 u 276) unterliegen insb Verfüggen über Fdgen (auch ZwVollstr) dch od zG v in der DDR wohnh Pers der Gen der dtschen BBank (vgl allg Gen Nr 6001/78, BAnz 68 v 11. 4. 78, zuletzt geänd dch Mitt Nr 6001/86, BAnz 154 v 22. 8. 86). Bei der Erteilg dieser Gen im nichtkommerziellen ZahlgsVerk darf das GegenseitigkPrinzip im Verh z DDR keine Rolle spielen, BVerfG NJW **83**, 2309 (PrivEigt darf nicht als ‚Faustpfand' dienen, vgl dazu Kittke DÖV **84**, 283, v Wedel ROW **85**, 71 u 276, Kringe ROW **85**, 114); keine EinzelGen f Auszahlg eines SchmerzG an einen in der BRep verletzten Bürger der DDR od seiner hier wohnh Bevollm, Münster VersR **77**, 143, AG Charl VersR **85**, 554. Frei ist Zahlg auf SperrKto. Einwand des Schu, Zahlg auf SperrKto käme dem Gl nicht zugute, vgl RG **165**, 219, trifft hier nicht zu. H Schu im Währgsgebiet des Berecht Sachwerte, so Rückgr zunächst auf diese, Hinterlegg im and Währgsgebiet h dann keine befreiende Wirkg, KG JR **49**, 177. Das DevisenR der DDR, dazu Kringe ROW **85**, 110, v Wedel ROW **85**, 276, Zieger AWD **75**, 1, hindert Ger der BRep nicht, den in DDR wohnh Schu z Barzahlg zu verurteilen, BGH **7**, 397. Die f ihn geltden devisenr VerfüggsBeschrkgen sind in BRep nicht zu beachten, BGH **31**, 367 u Anh II z Art 38 Anm 5b. UnterhZahlgen z Erf familienr begründeter Verpflichtgen, SchadErsZahlgen aGrd ges Haftpflicht sowie Guthaben v mj Vollwaisen sowie Pers, deren Einkünfte vorwiegd aus Alters- bzw Invaliditätsrente od SozHilfe bestehen, sind nach Maßg der Transferabkomen v 25. 4. 74, BGBl II 621 ff, transferierbar; vgl dazu Protokoll v 16. 11. 78, BGBl **79** II 45, ferner Merkbl BFM DAVorm **79**, 488. – Bei auf DDR-Mark lautden Fdgen ist z berücksicht, daß inf des Reimportverbots v DDR-Mark die einem im Ausland gelten, dem Wechselstubenkurs unterliegden (Außenwährg) u einem inneren Währgssystem (Binnenwährg) mit offiziell festgesetztem Kurs unterschieden w muß. Es ist dch Auslegg z ermitteln, in welcher Währg jeweils z zahlen ist. Dies gilt auch bei Verurteilg z DDR-Mark in der BRep (z Zulässigk BGH **7**, 231, 397). Lautet eine Fdg auf DDR-Mark der Binnenwährg (Regelfall), k nicht mit Außenwährg z NennBetr od DM-Zahlg z Wechselstubenkurs erf w. Umrechng dann regelm im Verh 1 : 1, ggf KaufkraftVergl („Warenkorb"), vgl Hirschberg, Das interzonale Währgs- u DevisenR der Unterh-Verbindlken (1968) 97 ff, Neumann Rpfl **76**, 118 ff, unzutr Mannh RPfl **76**, 370 mit abl Anm v Neumann, LG Bln ROW **82**, 185. DDR-Titel lauten stets auf Binnenwährg. Bei Zahlgen im Rahmen der genannten TransferAbk (insb v Unterh, vgl LG Bln Rpfl **76**, 144, Wuppt IPRspr **76** Nr 185, Ffm FamRZ **78**, 934) in jedem Fall Umrechng im Verh 1 : 1, vgl Neumann aaO).

Anhang zu Art 32
Vollmacht

Schrifttum: v Caemmerer RabelsZ **59**, 201; Kropholler NJW **65**, 1641; Luther RabelsZ **74**, 421; Klinke AWD **78**, 642; Spellenberg, GeschStatut u Vollm im IPR (1979); Müller AWD **79**, 377; Lüderitz Fschr f Coing (1982) 305; Ebenroth JZ **83**, 821; Steding ZVglRWiss **87**, 25.

1) Grundsatz. Das f die Vollm maßg Recht ist gesetzl nicht geregelt, vgl Art 37 Nr 3. Die Vollm ist im Interesse des VerkSchutzes **selbständig anzuknüpfen**, unterliegt also nicht automat dem R des v Vertreter vorgenommenen RGesch (GeschStatut); als VollmStatut maßg ist vielm grdsl das R des Landes, in dem das Gesch vorgenommen werden soll, also des **Wirkungslandes,** BGH **64**, 183, NJW **82**, 2733, BFH RIW **87**, 635, Mü IPRspr **74** Nr 10, LG Hbg AWD **76**, 590, Ffm IPRax **86**, 375, Mü NJW-RR **89**, 664, grdsl auch Steding ZVglRWiss **87**, 43, **aM** Müller AWD **79**, 377, Ebenroth JZ **83**, 821 (f grdsl Anknüpfg an Aufenth des Vollmachtgebers), Ferid IPR Rdz 5–147 ff, Luther RabelsZ **74**, 421 (kumulative Anwendg des R des Wirkgslandes u des AufenthR des VollmGebers), MüKo-Spellenberg Rdz 18 ff n EG 11 (f Anwendg des GeschStatuts), Soergel-Lüderitz Rdz 302 vor EG 7 (Anwendg des R, unter dem der Vertr auftritt); f begrenzte Zulassg einer RWahl Reithmann/Martiny-Hausmann Rdz 931. Bei **kaufmännischen Bevollmächtigten,** zB HandelsVertr, mit fester Niederlassg ist VollmStatut das R der Niederlassg, BGH JZ **63**, 168, LG Hbg AWD **78**, 124, auch wenn sie in einem and Land tät werden, Staud-Firsching Rdz 228 vor EG 12, Reithmann/Martiny-Hausmann Rz 936, str, aM zB Steding ZVglRWiss **87**, 45, Sandrock/Müller, Hdb Abschn D Rdz 31 (Gebrauchsort), Ebenroth JZ **83**, 821 (Niederlassg des Vertretenen); bei Fehlen einer festen Niederlassg entsch dagg das R des Gebrauchsortes, Erm-Arndt Rdz 13 v EG 12, str, abw zB Klinke AWD **78**, 642, der auf die Initiative z VertrSchluß abstellt. Bei GrdstVfgen gilt das R der belegenen Sache, RG **149**, 93. Das R des Wirkgslandes gilt auch f die ProzVollm; wird sie f das Auftreten vor dtschen Ger erteilt, ist sie desh n dtschem R z beurteilen, BGH MDR **58**, 319; Zweibr AWD **75**, 347; LG Ffm MDR **79**, 411. Ausnahmsw beurteilt sich dagg die Vollm des Kapitäns n dem R der Flagge, Raape IPR § 46 IV.

2) Reichweite: Das R des Wirkgslandes entsch als VollmStatut über das Bestehen, insb die wirks Erteilg einer Vollm, BGH NJW **82**, 2733, Staud-Firsching Rdz 247 vor EG 12. Das VollmStatut gilt ferner f

Anh zu EGBGB 32, EGBGB 33 (IPR)

Auslegg u Umfang einer Vollm, Zulässigk des Selbstkontrahierens u die Beendigg der Vertretgsmacht, zB dch Widerruf, Staud-Firsching Rdz 243 vor EG 12. Duldgs- u AnscheinsVollm beurteilen sich grdsl nach dem Recht des Ortes, wo Vertrauen geweckt, also der RSchein gesetzt worden ist, vgl BGHZ **43**, 27 (dazu Kropholler NJW **65**, 1641), Reithmann/Martiny-Hausmann Rz 960, also dem Recht des tats Wirkgslandes; der Vertretene kann sich aber analog Art 31 II auf das Recht an seinem gewöhnl Aufenth berufen, wenn dieses eine RScheinhaftg nicht vorsieht u er mit der Anwendg eines und Rechts nicht rechnen mußte, vgl Fischer IPRax **89**, 216 (z Koblenz IPRax **89**, 232). Bei Vertretg ohne Vertretgsmacht gilt f die RWirkgen f den Vertretenen, insb dessen GenR das GeschStatut, BGH IPRspr **64/65** Nr 34, Celle WPM **84**, 500, f die Haftg des vollmachtl Vertr dagg das VollmStatut, Hbg VersR **87**, 1216, Soergel-Lüderitz Rdz 306 vor EG 7, Steding ZVglRWiss **87**, 47, str, aM zB Sandrock/Müller, Hdb Abschn D Rdz 87 (Geschäftsstatut). Die Zulässigk der Stellvertretg beurteilt sich n dem GeschStatut. Über die Form entsch Art 11, also alternativ das VollmStatut od die Ortsform, Stgt MDR **81**, 405, Mü NJW-RR **89**, 663 (AuflVollm), SchlHOLG SchlHA **62**, 173 (Erbteils-Übertr); die Einhaltg der Ortsform genügt auch dann, wenn die Vollm wg ihrer inhaltl Reichweite od der Gebundenh des VollmGebers n dem R des Wirkgslandes einer and Form bedarf, Stgt MDR **81**, 405, Soergel-Kegel EG 11 Rdz 15, aM Ludwig NJW **83**, 495. – Zum Entw einer Haager Konvention über das auf die Stellvertretg anwendb R vgl Müller-Freienfels RabelsZ **79**, 80 (Text des Entw ebda 176), Basedow RabelsZ **81**, 196, z Vereinheitlg des matR der internat Stellvertretg vgl Stöcker WPM **83**, 778.

EG 33 *Übertragung der Forderung; gesetzlicher Forderungsübergang.* [I] Bei Abtretung einer Forderung ist für die Verpflichtungen zwischen dem bisherigen und dem neuen Gläubiger das Recht maßgebend, dem der Vertrag zwischen ihnen unterliegt.

[II] Das Recht, dem die übertragene Forderung unterliegt, bestimmt ihre Übertragbarkeit, das Verhältnis zwischen neuem Gläubiger und Schuldner, die Voraussetzungen, unter denen die Übertragung dem Schuldner entgegengehalten werden kann, und die befreiende Wirkung einer Leistung durch den Schuldner.

[III] Hat ein Dritter die Verpflichtung, den Gläubiger einer Forderung zu befriedigen, so bestimmt das für die Verpflichtung des Dritten maßgebende Recht, ob er die Forderung des Gläubigers gegen den Schuldner gemäß dem für deren Beziehungen maßgebenden Recht ganz oder zu einem Teil geltend zu machen berechtigt ist. Dies gilt auch, wenn mehrere Personen dieselbe Forderung zu erfüllen haben und der Gläubiger von einer dieser Personen befriedigt worden ist.

Schrifttum: Stoll Fschr f Müller-Freienfels (1986) 631; Wandt ZVglRWiss **87**, 272; v Bar RabelsZ **89**, 462.

1) Art 33 best das anwendb Recht im Falle einer **Zession**. Abs 1 u 2 regeln die **rechtsgeschäftliche** Forderungsabtretg; sie entspr Art 12 des EG-Übk; Abs 3 regelt den **gesetzlichen** Forderungsübergang; er entspr Art 13 des EG-Übk, vgl dazu Vorbem vor Art 27.

2) **Forderungsabtretung (Absatz 1 u 2). a)** Bei der rechtsgeschäftl Übertragg einer Forderg unterliegt die kausale VertrBeziehg zw dem alten u dem neuen Gläubiger, insb die daraus erwachsden Verpflichtgen, dem f diesen Vertr maßg VertrStatut, Abs 1; z dessen Best vgl Art 27 u 28, uU auch 29 u 30. **b)** Dagg sind die Voraussetzgen einer wirks Abtretg, insb die Übertragbk der Forderg u die Art u Weise ihrer Vornahme, etwa die Notwendigk einer SchuldnerBenachrichtigg, vgl dazu Aubin Fschr Neumayer (1985) 44, sowie das RVerh zw dem neuen Gläubiger u dem Schuldner u die Frage, an wen unter welchen Umsten der Schuldner mit befreiender Wirkg leisten kann, n dem Recht der **abgetretenen Forderung** z beurt, Abs 2, dh n dem Schuldstatut des RVerh, dem diese Forderg entstammt, bei einer vertragl Forderg also dem der VertrStatut (zB Kauf, Darlehen), bei einer kr G entstandenen Forderg dem f ihre Entstehg maßg Recht (zB Deliktsstatut), vgl auch BGH **104**, 149, NJW **88**, 3095, v Bar RabelsZ **89**, 469; insow haben Alt- u Neugläubiger also nicht die Möglichk einer RWahl, vgl dazu Köln NJW **87**, 1151. Die gleichen Grdse gelten für eine Subrogation, vgl dazu Sonnenberger IPRax **87**, 222.

3) **Gesetzlicher Forderungsübergang (Absatz 3).** Der Eintritt eines gesetzl Fordersübergangs bei Verpflichtg eines Dritten z Befriedigg des Gläubigers, zB als Bürge od Versicherer, beurteilt sich n Abs 3 S 1 n dem Recht, auf dem die Verpflichtg des Dritten beruht, zB dem f den BürgschVertr od VersichergsVertr maßg VertrStatut; dieses Recht entsch auch über die Höhe des Fordergsübergangs, Wandt ZVglRWiss **87**, 281. Dagg entscheidet das f die übergegangene Forderg maßg Fordergsstatut, welche Anspr der Dritte als neuer Gläubiger gg den Schuldner geltd machen kann, zB ob die Forderg verjährt ist. Ob die übergegangene Forderg vertragl od gesetzl Ursprungs ist, ist f die Anwendg v Abs 3 S 1 (in systemwidr Abweichg v Art 13 I des EG-Übk, vgl dazu v Bar RabelsZ **89**, 481) gleichgültig, ebso, ob die Verpfl des Dritten ggü dem Gläub od ggü dem Schuldn besteht, aM Wandt ZVglRWiss **87**, 290. Die gleichen Regeln gelten n Abs 3 S 2 bei Befriedigg des Gläubigers dch einen v mehreren **Gesamtschuldnern**, welche dieselbe (dh dem gleichen Recht unterliegde, Wandt ZVglRWiss **87**, 293, aM Reithmann/Martiny Rz 227, v Bar aaO 484) Fdg zu erf haben; der Rückgr des leistden Schu gg einen MitSchu unterliegt dem Schuldstatut des Leistden im Außen-Verh zum Gläub, Stoll aaO 659. Für den Rückgr eines freiw Drittleistden gilt das Statut der getilgten Fdg, Wandt ZVglRWiss **87**, 301, vgl auch Vorbem 2 vor Art 38; eine Ausn gilt für die Erstattgspflicht des UnterhSchuldn nach Art 18 VI Nr 3, vgl dort Anm 4b dd.

4) **Schuldübernahme.** Das auf eine SchuldÜbern anwendb Recht ist gesetzl nicht geregelt. Die Voraussetzgen einer wirks befreienden SchuldÜbern, dh die Ersetzg des alten Schuldners dch einen neuen, sind n dem f die übernommene Schuld maßg Recht (VertrStatut, Deliktsstatut usw) z beurt, vgl RG JW **32**, 3810, aM Girsberger ZVglRWiss **89**, 37 (für selbstd Anknüpfg wie Bürgsch, vgl Art 28 Anm 4m). Die kausale Vereinbarg zw dem Übernehmer u dem Gläubiger bzw zw dem Übernehmer u dem alten Schuldner unterliegt dem dafür maßg bes VertrStatut. Die Verpflichtg des Beitretenden aus kumulativer SchuldÜbern unterliegt dem Recht seines gewöhnl Aufenth bzw Niederlassg, Reithmann/Martiny Rz 233, vgl ferner

Fischer IPRax **89**, 217. Zur Haftg bei VermögensÜbern u Firmenfortführg vgl Koblenz IPRax **89**, 175 mAv von Hoffmann, Girsberger aaO 42.

EG 34 *Zwingende Vorschriften.* Dieser Unterabschnitt berührt nicht die Anwendung der Bestimmungen des deutschen Rechts, die ohne Rücksicht auf das auf den Vertrag anzuwendende Recht den Sachverhalt zwingend regeln.

Schrifttum: Kleinschmidt, Zur Anwendbk zwingden R im int VertrR, 1985; Radtke ZVglRWiss **85**, 325; Kreuzer, Ausl WirtschR vor dtschen Gerichten, 1986; E. Lorenz RIW **87**, 578; Martiny IPRax **87**, 277; Lehmann ZRP **87**, 319; Schubert RIW **87**, 729; Hentzen RIW **88**, 508; Weber IPRax **88**, 82; Mann NJW **88**, 3074; Piehl RIW **88**, 841; Junker IPRax **89**, 69; v Hoffmann IPRax **89**, 261; Sonnenberger Fschr Rebmann (1989) 819.

1) Allgemeines. a) Art 34 regelt einen Ausschnitt aus dem Problemkreis der Sonderanknüpfg zwingder Vorschr wirtsch- od sozialpolitischen Gehalts (sog **Eingriffsnormen**), zB Ausfuhrverbote, Preis- u Devisen-Vorschr, KartellBest, Mieter- u VerbraucherschutzVorschr. Die Best entspr in ihrer nunmehrigen Fassg Art 7 II des EG-Übk, vgl dazu Vorbem vor Art 27. Die noch im RegEntw vorgesehene Übern auch des **Art 7 I des EG-Übereinkommens** ist in der parlamentar Beratg des IPRG aGrd des entspr Vorbeh in Art 22 I des EG-Übk gestrichen worden; Art 7 I ermögl eine weitgehde in das Ermessen des Richters gestellte Anwendg der internat zwingden RVorschr einer **jeden ROrdng**, z welcher der Sachverh eine enge Verbindg aufweist; diese weite Regelg birgt die Gefahr einer erhebl RUnsicherh u führt im Erg z Wahrg des ordre public einer ausl ROrdng, vgl dazu Art 6 Anm 2 e; der Bundesrat hat dagg mit Recht Einwände erhoben, BT-Drucks 10/504 S 100, denen sich der RAusschuß des Bundestages angeschl hat, BT-Drucks 10/5632 S 45; krit dazu v Westphalen ZIP **86**, 1504, Däubler RIW **87**, 256, Lehmann ZRP **87**, 319, Hentzen RIW **88**, 509, vgl auch v Bar Fschr Ferid (1988) 30. **b)** Eine Sonderanknüpfg zwingder Vorschr einer ROrdng, die nicht VertrStatut ist, ergibt sich im Falle einer RWahl ferner aus Art 27 III, vgl dort Anm 2 b, 29 I, vgl dort Anm 3, u Art 30 I, vgl dort Anm 3. **c)** Für das **Devisenrecht** gilt eine Sonderregelg gem Art VIII Abschn 2 b des Abk über den Internat Währgsfond (Abk v Bretton Woods) BGBl **52** II 637 (Unklagbk v Vertr, die gg DevisenBest eines und Mitgliedstaates verstoßen), dazu BGH **LM** Internat Währgsfond Nr 1–4, NJW **80**, 520, **88**, 3095, KG IPRspr **74** Nr 138, LG Hbg IPRspr **78** Nr 126, Bamberg IPRspr **78** Nr 127, Düss ZIP **83**, 1188, LG Karlsr RIW **86**, 385, LG Aach IPRax **88**, 113, Mü NJW-RR **89**, 1139, Mann JZ **81**, 327, Gränicher, Die kollisionsrechtl Anknüpfg ausl DevisenMaßn, 1984 S 76, Fürnrohr, Das DevisenIm dtsch-italienischen WirtschaftsVerk, 1984 S 211. **d)** Zur Entwicklg eines eigenständ **Wirtschaftskollisionsrechts** vgl Drobnig RabelsZ **88**, 1, Basedow RabelsZ **88**, 8, Siehr RabelsZ **88**, 41, Mestmäcker RabelsZ **88**, 205 u Diskussionsberichte ebda 256. Zur Anwendg von EingriffsNormen im schiedsgerichtl Verf vgl Drobnig Fschr f Kegel, 1987 S 95.

2) Sonderanknüpfung zwingender deutscher Vorschriften. Unabh v dem f einen SchuldVertr n Art 27–30 geltden VertrStatut sind n Art 34 in jedem Fall die vertragl nicht abdingb Vorschr des dtschen Rechts anzuwenden, die den Sachverhalt ohne Rücks auf das auf den Vertr anzuwendende Recht **international** zwingend regeln. Die Vorschr ist eng auszulegen, Mann NJW **88**, 3075; die bloße Unabdingbk n dtsch mat R genügt nicht, und v Hoffmann IPRax **89**, 266 für zwingde Vorschr des SonderPrivR. In Betr kommen dafür privatrechtl od öffentlrechtl Vorschr, die im öffentl Interesse od z Schutz einer VertrPart in SchuldVerhe eingreifen, zB AußenwirtschVO 52 I, BGH RIW **81**, 194, GewO 34 c u MaBV 12, Reithmann Fschr Ferid (1988) 368, die Anwendg des GWB auf im Ausland veranlaßte WettbewBeschrkgen n § 98 II, insb den Zusammenschluß zweier ausl Unternehmen n ausl R, BGH **74**, 322, vgl auch KG AWD **81**, 403 u 406, Karlsr AWD **81**, 124, KG WPM **84**, 1195, v Gamm NJW **77**, 1553, Mann Fschr f Beitzke (1979) 614, Meessen ZHR **79**, 273, ders, KollisionsR der Zusammenschlußkontrolle, 1984, Autenrieth AWD **80**, 820, Ebenroth/Autenrieth BB **81**, 16, Huber ZRG **81**, 510, Roth RabelsZ **81**, 501, Rehbinder in Immenga/Mestmäcker GWB § 98 II, Martinek, Das internat KartellprivatR (1987), v Bar Fschr Ferid (1988) 13, sowie das dtsche WohnraummietR, vgl Begr BT-Drucks 10/504 S 84, das HaustürwiderrufsG, v Hoffmann IPRax **89**, 268, aM Hamm NJW-RR **89**, 496, u BGB 609 a, v Hoffmann aaO 271; zu EGHGB 6 vgl Mann NJW **88**, 3074, Mankowski TransportR **88**, 414, Ebenroth/Sorek RIW **89**, 165; zu SeemannsG 1 vgl Mankowski RabelsZ **89**, 511. Vorschr dieser Art gehen, soweit sie einen vom VertrStatut unabh GeltgsAnspr erheben, den f den Vertr im übr geltden Best eines ausl Rechts vor, gleichgült, ob dieses kr RWahl gem Art 27, od kr objektiver Anknüpfg, Art 28, 29 II o 30 II berufen sind; sie setzen sich als vorrangige Sonderregel auch gegen zwingden Best eines fremden Rechts durch, die ebenf unabh vom VertrStatut kr Sonderanknüpfg gem Art 27 III, 29 I u 30 I anwendb sind.

3) Allgemeine Grundsätze zur Anwendung zwingender Vorschriften wirtschafts- oder sozialpolitischer Art (Eingriffsnormen). Vgl dazu Siehr RabelsZ **88**, 41; Piehl RIW **88**, 841; Baum RabelsZ **89**, 152. **a)** Ist **deutsches** Recht kr RWahl VertrStatut, so kommt eine Anwendg zwingder Vorschr eines **ausländischen** Rechts nur unter den Voraussetzgen der Art 27 III, 29 I u 30 I in Betr; bei Maßgeblk dtschen Rechts kr objektiver Anknüpfg gem Art 28, 29 II u 30 II scheidet die Anwendg zwingder Vorschr eines fremden Rechts aus; eine Ausn gilt f ausl DevisenVorschr n Art VIII des Abk v Bretton Woods, vgl Anm 1 c. Anstelle einer unmittelb Anwendg kommt aber bei entspr tats Beziehgen zu einer ausl ROrdng stets eine **faktische Berücksichtigung** ihrer Eingriffsnormen zwar nicht im Rahmen v § 134, RG **108**, 241, BGH **59**, 85, **69**, 295 (betr DDR-Gesetz), Düss WPM **77**, 546, wohl aber über § 138 in Betr, BGH **59**, 85, **69**, 295, vgl auch BGH **94**, 268 (Sittenwidrigk des Verstoßes gg ausl StrafVorschr betr Zahlg von Schmiergeldern, dazu auch Fikentscher/Waibl IPRax **87**, 86), ferner RG **115**, 97, **161**, 296, Heini Berichte der dtsch Gft f VölkerR **82**, 38, 50 (keine Berücksichtigg ausl Embargo Vorschr), Reichelt IPRax **86**, 73 (Vorschr z Schutz ausl Kulturguts), Piehl RIW **88**, 842, Lüderitz IPRax **89**, 26; auch können solche Gesetze z einer tats ursprüngl od nachträgl **Unmöglichkeit** der Leistg, RG **91**, 260, vgl Mann Schweiz JbIntR **80**, 104, z Wegfall der GeschGrdlage, vgl BGH NJW **84**, 1746 (dazu Baum RabelsZ **89**, 152), Heini aaO 47, od zum fakt Ausschl best Erfüllgsweisen führen, zB dch ausl DevisenVorschr, vgl dazu Celle FamRZ **81**, 200, Hildebrand ROW **81**, 123 (die insow unzutr die Vereinbk der devisenr Best der DDR mit Art 6 prüfen); z Einbeziehg ausl R als „datum" bei der Anwendg dtscher Generalklauseln Hessler, Sachrechtl Generalklausel u internat FamR, 1985 § 5, Mülbert IPRax **86**, 140, Martiny IPRax **87**, 280. Gegen die bloße Berücksichtigg ausl EingriffsGe auf der Ebene des anwendb SachR Schubert RIW **87**, 729 (für bes WirtschKollisionsR), Hentzen RIW **88**, 508 (f Sonderanknüpfg).

b) Ist **ausländisches** Recht kr RWahl od obj Anknüpfg VertrStatut, so sind auch dessen Eingriffsnormen anzuwenden, soweit sie nicht gg den dtschen ordre public verstoßen, Art 6, Mann Fschr f Wahl (1973) 139, Stoll Fschr f Kegel (1987) 628, teilw abw Soergel-Kegel Rdz 397 vor EG 7, der zusätzl Durchsetzbk dch den ausl Staat fordert, grdsl gg die Anwendg fremden AußenwirtschaftsR auf Grd einer RWahl Kreuzer in: Schlechtriem, Zum Dtschen und Internat SchuldR, 1983 S 89. Auch ein allg Grds der Nichtanwendg ausl öff Rechts (Territorialitätsprinzip) besteht nicht, vgl dazu Art 3 Anm 2c. Trotz der Maßgeblk ausl Rechts setzen sich aber aGrd Sonderanknüpfg n Art 34 die internat zwingden Vorschr des **deutschen** Rechts dch; auch AGBG 12 kommt in Betr, vgl aber Art 29 Anm 3d. Beruht die Maßgeblk des betr ausl Rechts auf einer RWahl, so sind außerdem aGrd Sonderanknüpfg gem Art 27 III, 29 I u 30 I unter den dort genannten Voraussetzgn zwingde Vorschr des dtschen (zB des AGBG, vgl Ffm NJW-RR **89**, 1018, Wolf ZHR **89**, 317) od eines and ausl Rechts anzuwenden. Im üb können EingrNormen eines dritten Staates auch im Rahmen der Sachnormen des ausl VertrStatuts faktisch berücksichtigt werden, vgl dazu a). Im **Konfliktsfall** setzen sich die n Art 34 od AGBG 12 berufenen zwingden Vorschr **deutschen** Vorschr ggü den zwingden Vorschr eines ausl VertrStatuts **und** ggü den kr Sonderanknüpfg gem Art 27 III, 29 I u 30 I z Anwendg gelangden zwingden Vorschr eines and ausl Rechts dch; die kr Sonderanknüpfg gem Art 27 III, 29 I u 30 I berufenen zwingden Vorschr des dtschen od eines and ausl Rechts besitzen den Vorrang auch vor den zwingden Vorschr des ausl VertrStatuts.

EG 35 *Rück- und Weiterverweisung; Rechtsspaltung.* ¹ Unter dem nach diesem Unterabschnitt anzuwendenden Recht eines Staates sind die in diesem Staat geltenden Sachvorschriften zu verstehen.

ᴵᴵ Umfaßt ein Staat mehrere Gebietseinheiten, von denen jede für vertragliche Schuldverhältnisse ihre eigenen Rechtsvorschriften hat, so gilt für die Bestimmung des nach diesem Unterabschnitt anzuwendenden Rechts jede Gebietseinheit als Staat.

1) **Allgemeines.** Abs 1 entspr Art 15 des EG-Übk, Abs 2 entspr Art 19 I des EG-Übk, vgl dazu Vorbem vor Art 27.

2) **Rück- oder Weiterverweisung** sind n Abs 1 f den Bereich der vertragl SchuldVerhe insges ausgeschl, gleichgült ob das VertrStatut dch RWahl (insow übereinstimmd mit Art 4 II), aM wohl Rauscher NJW **88**, 2153, od dch objektive Anknüpfg best wird (insow abw v Art 4 I).

3) **Verweisungen auf Mehrrechtsstaaten** beziehen sich ohne Einschaltg des interlokalen Rechts des Gesamtstaats (insow abw v Art 4 III) unmittelb auf die betr TeilROrdng, vgl dazu Art 4 Anm 3.

EG 36 *Einheitliche Auslegung.* Bei der Auslegung und Anwendung der für vertragliche Schuldverhältnisse geltenden Vorschriften dieses Kapitels ist zu berücksichtigen, daß die ihnen zugrunde liegenden Regelungen des Übereinkommens vom 19. Juni 1980 über das auf vertragliche Schuldverhältnisse anzuwendende Recht (BGBl. 1986 II S. 809) in den Vertragsstaaten einheitlich ausgelegt und angewandt werden sollen.

1) Art 36 beruht auf Art 18 des EG-Übk, vgl Vorbem vor Art 27. Die Vorschr will die **einheitliche** Auslegg der Kollisionsnormen f vertragl SchuldVerhe in den VertrStaaten des EG-Übk sicherstellen, vgl dazu Einl 2b cc vor Art 3 u Vorbem vor Art 27. Bei der Auslegg der Art 27–37 ist daher neben dem Wortlaut des EG-Übk in den Sprachen der übr VertrStaaten vor allem auch der Bericht über die Entstehg u Zielsetzg des Übk v Giuliano u Lagarde, vgl BT-Drucks 10/503 S 33, z beachten. Auch die gerichtl Praxis bei der Anwendg der einheitl Kollisionsnormen in den and VertrStaaten ist z berücksichtigen; vgl dazu Thode ZfBR **89**, 43 u die Kritik von Däubler RIW **87**, 249, Weber IPRax **88**, 82; das Gebot einheitl Auslegg gilt grdsl auch für die Sonderanknüpfg zwinger Vorschr gem Art 27 III, 29 I, 30 I u 34, vgl dazu Junker IPRax **89**, 74 gg Weber aaO 84. Der **Europäische Gerichtshof** besitzt zZ noch keine Zuständigk z Entscheidg v Auslegungsfragen des EG-Übk; Auslegsprotokolle in dem Vorbild des Protokolls v 3. 6. 71 betr die Auslegg des EuGVÜ, vgl Baumbach/Lauterbach, ZPO SchlußAnh V C 3, sind noch nicht ratifiziert, vgl dazu AblEG v 20. 2. 89, Nr L 48.

EG 37 *Ausnahmen.* Die Vorschriften dieses Unterabschnitts sind nicht anzuwenden auf

1. Verpflichtungen aus Wechseln, Schecks und anderen Inhaber- oder Orderpapieren, sofern die Verpflichtungen aus diesen anderen Wertpapieren aus deren Handelbarkeit entstehen;
2. Fragen betreffend das Gesellschaftsrecht, das Vereinsrecht und das Recht der juristischen Personen, wie zum Beispiel die Errichtung, die Rechts- und Handlungsfähigkeit, die innere Verfassung und die Auflösung von Gesellschaften, Vereinen und juristischen Personen sowie die persönliche gesetzliche Haftung der Gesellschafter und der Organe für die Schulden der Gesellschaft, des Vereins oder der juristischen Person;
3. die Frage, ob ein Vertreter die Person, für deren Rechnung er zu handeln vorgibt, Dritten gegenüber verpflichten kann, oder ob das Organ einer Gesellschaft, eines Vereins oder einer juristischen Person diese Gesellschaft, diesen Verein oder diese juristische Person gegenüber Dritten verpflichten kann;

4. Versicherungsverträge, die in dem Geltungsbereich des Vertrages zur Gründung der Europäischen Wirtschaftsgemeinschaft belegene Risiken decken, mit Ausnahme von Rückversicherungsverträgen. Ist zu entscheiden, ob ein Risiko in diesem Gebiet belegen ist, so wendet das Gericht sein Recht an.

1) Art 37 nimmt in Anlehng an Art 1 II–IV des EG-Übk best Sachgebiete aus dem Anwendgsbereich der Kollisionsnormen f vertragl SchuldVerhe in Art 27 ff aus; insow gelten die bish Anknüpfgsregeln, Jayme IPRax **86**, 266, ggf unter Heranziehg der allg RGedanken der Neuregelg, vgl BGH NJW **87**, 1145 (Beurteilg einer RWahlklausel entspr EG 27 IV), Mankowski TransportR **88**, 413 (betr Konnossement). Dazu gehören (1) **wertpapierrechtliche** Verpflichtgen, Nr 1, dh alle schuldr Verpflichtgen aus dem Wertpapier, die im Interesse seiner Verkehrsfähigk bes ausgestaltet sind, BGH NJW **87**, 1145 (betr Orderkonnossement), nicht auch die Verpflichtgen aus dem zugrundeliegden Vertr, and Basedow IPRax **87**, 340 betr SeefrachtVertr, (2) ferner die RVerhe v Vereinen, Gesellschen u **juristischen Personen,** Nr 2, vgl dazu Anh z Art 12 u Art 28 Anm 4 l (betr die bloße GelegenhGesellsch, die wg ihrer schuldvertragl Natur unter Art 27 ff fällt); (3) die **Vertretungsmacht** von StellVertr einer natürl Pers u Organen einer Gesellsch od jur Pers, Nr 3, vgl dazu Anh z Art 12 Anm 3 u Art 32 Anm 2, währd f die vertragl Beziehgen der Beteil (zB DienstVertr) die Anknüpfgsregeln der Art 27 ff gelten; (4) ferner **Versicherungsverträge** z Abdeckg v Risiken im räuml Geltgsbereich des EWGV mit Ausn v RückVersicherungsVertren, Nr 4, vgl dazu E. Lorenz Fschr f Kegel, 1987 S 303.

Zweiter Unterabschnitt. Außervertragliche Schuldverhältnisse

Vorbemerkung

1) Geltende Regelung. Das IPRG v 25. 7. 86, BGBl 1142, enth keine Vorschren über außervertragl SchuldVerhe. Sie sollen zus mit Kollisionsnormen z Sachenrecht dch ein weiteres G in Art 38 ff eingestellt w. Ein ReferentenEntw eines G z Ergänzg des IPR liegt bereits vor (Stand: 15. 5. 84); vgl dazu StellgN des Max-Planck-Instituts f ausl u internat Patent-, Urheber- u WettbewerbsR GRUR Int **85**, 104 (krit dazu Schack GRUR Int **85**, 523); Spickhoff VersR **85**, 124. Zur Reform vgl ferner Vorschläge u Gutachten z Reform des dtschen IPR der außervertragl Schuldverhältnisse, vorgelegt v v Caemmerer (1983) mit Beiträgen von W. Lorenz, Stoll, Firsching, v Marschall, Deutsch, Kreuzer, Drobnig, Sturm, Heldrich, Sandrock, E. Lorenz u Sonnenberger (z DeliktsR); Hohloch, Das Deliktsstatut, 1984 S 221; Lorenz IPRax **85**, 87. Als einz das außervertragl SchuldR betr Kollisionsnorm ist wie ein Fossil aus einer untergegangenen Epoche des dtschen IPR der frühere Art 12 übr geblieben, der zu Art 38 geworden ist. Diese Vorschr ist rechtspolit verfehlt u wäre besser gestrichen w; sie dient hier immerhin als Ausgangspkt f die Erläuterg des DeliktsR. Dagg besteht f die übr gesetzl SchuldVerhe, insb GeschFührg ohne Auftrag, vgl dazu Art 28 Anm 4 i, und ungerechtfertigte Bereicherg eine **Lücke.**

2) Ungerechtfertigte Bereicherung, vgl dazu Hay, Ungerechtf Ber im IPR, 1978; Lorenz Fschr f Zweigert (1981) 199, ders IPRax **85**, 328; Schlechtriem in Vorschläge u Gutachten z Reform des dtschen IPR der außervertragl Schuldverhältnisse, vorgelegt von v Caemmerer (1983) 29; Degner AWD **83**, 825, ders, Kollisionsrechtl Probleme zum Quasikontrakt, 1984 S 226; Reuter/Martinek, Ungerechtfertigte Bereicherg (1983) § 26. Bei einer **Leistungskondiktion** entsch das R, welches f die Leistungsbeziehg zw den Part maßg ist, dh also regelm das jew VertrStatut, Art 32 I Nr 5, vgl dort Anm 2 a ee, ferner BGH NJW **59**, 1317, WPM **76**, 792, **77**, 398, NJW **87**, 1825, Köln OLGZ **77**, 201, Ffm MDR **79**, 503, Düss NJW **81**, 529, FamRZ **83**, 1229, WM **89**, 55, Soergel-Kegel Rdz 546 vor EG 7, Triebel/Peglow ZIP **87**, 616, Schlechtriem IPRax **87**, 356 (z Maßgeblichk des Statuts des Deckgsverhältnisses für die Rückabwicklg fehlerh Banküberweisgen); das f die VermVerschieb selbst geltde R bleibt außer Betr; zur Anknüpfg einer Direktkondiktion der zuviel überweisden Bank an das ValutaVerh Jayme IPRax **87**, 186 gg BGH NJW **87**, 185; bei fehldem Einverständn über einen RGrd der Leistg entscheidet das R am Ort der Verwirklg des ErwerbsTatbestd, LG Hbg IPRax **85**, 343, vgl dazu Lorenz ebda 328. Bei einer VermVerschiebg **in sonstiger Weise,** insb einer EingrKond, entscheidet das R, in dessen Bereich die VermVerschiebg eingetreten ist, Hbg IPRspr **82** Nr 24, bei einem sachenr RVorgang, zB bei Vfg eines NichtBerecht od bei EigtErwerb dch Verbindg, Vermischg u Verarbeitg, also die lex rei sitae, BGH **35**, 267 (der aber im konkreten Fall eine EingrKond n den Regeln f die LeistgsKond anknüpfen will), LG Hbg AWD **80**, 517, Raape IPR § 51 I, Soergel-Kegel Rdz 546 vor EG 7, zT auch Lorenz Fschr f Zweigert 227, bei einem schuldr RVorgang, zB wirks Leistg an einen NichtBerecht od Zahlg fremder Schuld, das f die getilgte Schuld maßg Statut, Hay aaO 32, Lorenz aaO 216, MüKo-Martiny Rz 312, Wohlgemuth ROW **85**, 165 (gg LG Hbg ebda 172, das auf den Ort des Bereichergseintritts abstellt), vgl auch Art 33 Anm 3; z Anknüpfg v BereichergsAnspr bei ausl ZwVollstrMaßn trotz inl Konkurs vgl Canaris ZIP **83**, 651 (z Bestehen derartiger Anspr s BGH **88**, 147); z Beachtlichk einer Rückverweisg Ebenroth/Eyles IPRax **89**, 9. Zur Anknüpfg der Gläubigeranfechtg außerh des KonkursVerf vgl die gleichnamige Schrift v Schmidt-Räntsch, 1984.

EG 38 Aus einer im Auslande begangenen unerlaubten Handlung können gegen einen Deutschen nicht weitergehende Ansprüche geltend gemacht werden, als nach den deutschen Gesetzen begründet sind.

Neues Schrifttum: Hohloch IPRax **84**, 14; Weick NJW **84**, 1993; Hohloch, Das Deliktsstatut, 1984; Lorenz IPRax **85**, 85; v Bar JZ **85**, 961; Müller JZ **86**, 212; v Hoffmann IPRax **86**, 90; Wagner MDR **87**, 195; Hohloch NZV **88**, 161; Dörner VersR **89**, 557; Stoll IPRax **89**, 89.

1) Allgemeines. Art 38 enth an sich nur eine **Begrenzung** der Deliktshaftg dtscher Staatsangehöriger bei im Ausland begangenen unerl Hdlgen, vgl dazu Anm 4. Dieser Regelg liegt unausgesprochen der allg Grds zugrde, daß die RFolgen eines Delikts nach dem R des Tatorts z beurt sind, vgl Anm 2. Sind Schädiger u Geschädigter **deutsche Staatsangehörige** mit gewöhnl Aufenth im Inland, so gilt auch bei Delikten im Ausland nach der im **Anhang I abgedruckten Verordnung** dtsches Recht. – Das Haager Abk über das auf StraßenVerkUnfälle anwendb Recht v 4. 5. 71, abgedr in RabelsZ **69**, 343, ist bish nicht ratifiziert, vgl dazu Beitzke RabelsZ **69**, 204, Stoll Fschr f Kegel (1977) 123. Eine Übersicht über die Schadensabwicklg bei VerkUnfällen im europ Ausl bietet Neidhart/Zwerger, Unfall im Ausl, 2. Ausgabe 1987; vgl ferner Zwerger/Heirich DAR **83**, 102.

2) Grundsatz. a) Allgemeines. aa) Die delikt Haftg beurteilt sich grdsl n dem **Recht des Tatorts**, RG **96**, 96, BGH **57**, 265, **87**, 97, st Rspr. **Rück- u Weiterverweisung** sind dabei entspr Art 4 I, vgl dort Anm 2 b, zu beachten, AG Köln VersR **78**, 56, Darmst IPRspr **75** Nr 24, Hamm VersR **79**, 926, Köln NJW **80**, 2646, LG Nürnb-Fürth VersR **80**, 955 mit zust Anm v Dörner, Schweinfurt IPRax **81**, 26, LG Mü I VersR **83**, 645, Mü VersR **84**, 745, Jayme Fschr f Beitzke (1979) 547, Hohloch NZV **88**, 166, JuS **89**, 88, grdsl auch Staud-Graue Rdz 58 z EG 27, MüKo-Kreuzer Rdz 28, Soergel-Lüderitz Rdz 78, Dessauer ZVglRW **82**, 215, **str**, aM Saarbr NJW **58**, 752, Karlsr IPRspr **78** Nr 29, Erm-Arndt EG 27 Rdz 6, Raape-Sturm IPR § 11 II 6, Beitzke Fschr f Wilburg (1975) 31, Nanz VersR **81**, 212, einschränkd Mansel VersR **84**, 747, ZVglRWiss **86**, 19 (nicht bei akzessorischer Anknüpfg, vgl Anm 2 b ii), Sack GRUR Int **88**, 329 (nicht f WettbewerbsR), Lorenz JZ **85**, 444, Hohloch JR **85**, 24, offengelassen BGH WM **89**, 294, vgl dazu Weick NJW **84**, 1997, vgl ferner v Hoffmann IPRax **84**, 328; prakt spielt dies vor allem im Verh z Staaten eine Rolle, die das Haager Abk über das auf StraßenVerkUnfälle anwendb R bereits ratifiziert h, zB Jugoslawien u Österreich (uU Anknüpfg an das R des Zulassgsstaats). – Ob ein Geschehen als unerl Hdlg zu **qualifizieren** ist, entsch sich n dtschem R, RG **138**, 243. Der in der Art 38 vorausgesetzte Grds gilt auch bei Gefährdgshaftg, BGH **23**, 65, **80**, 1, NJW **76**, 1588, vgl dazu Stoll Fschr f Ferid (1978) 397, Mansel VersR **84**, 97. **bb) Tatort** ist sowohl der Handlgsort als auch der Erfolgsort. Liegen diese Orte in versch Staaten, so entsch das dem **Verletzten günstigere Recht,** BGH NJW **64**, 2012, **81**, 1606, BAG **15**, 79, Karlsr IPRspr **76** Nr 13, AWD **77**, 718, Mü IPRspr **75** Nr 23, Ffm IPRspr **79** Nr 10, offen gelassen BGH WM **89**, 1049, krit Lorenz Fschr f Coing II 257, wobei die Begrenzg dch Art 38 zu beachten ist. Welches R das günstigere ist, h der Ri grdsl vAw zu ermitteln, BGH NJW **81**, 1606, sofern der Geschädigte nicht selbst eine Wahl getroffen hat, MüKo-Kreuzer Rdz 51, Müller JZ **86**, 212. **cc) Handlungsort** ist der Ort, wo die schadensursächl Handlg ausgeführt wird, wo also das geschützte RGut konkr gefährdet wird, Stoll IPRax **89**, 90; die bloße Vorbereitg bleibt außer Betr, BGH MDR **57**, 31. Bei einer Unterlassg entsch der Ort, an dem zu handeln war, Soergel-Lüderitz Rdz 10. Bei Gefährdgshaftg ist an den Ort des schadenstiftenden Ereign anzuknüpfen, BGH **23**, 65, Mansel VersR **84**, 101; dieser w zwar häuf aber nicht immer (zB Grenzdelikte) mit dem Erfolgsort zusfallen, vgl dazu Stoll Fschr f Ferid (1978) 397. Sind mehrere Handlgsorte in versch Staaten gegeben, so entsch wiederum das dem Verletzten günstigere R, hM, abw Soergel-Lüderitz Rdz 16. **dd) Erfolgsort** ist der Ort des Eintritts der Rechtsgutsverletzg, dh der tatbestandsmäßigen Deliktsvollendg, zB Körperverletzg; der Ort des Eintritts weiterer Schäden ist nicht z berücksicht, vgl BGH **52**, 108, NJW **77**, 1590 (z ZPO 32), BGH **98**, 275 (zu Art 5 Nr 3 EuGVÜ, vgl dazu auch BGH RIW **87**, 623); dies gilt auch bei einer Gefährdgshaftg, vgl Hillgenberg, Das IPR der Gefährdgshaftg f Atomschäden, 1963, 148 ff; z Haftg f Reaktorschiffe vgl Beemelmans RabelsZ **77**, 1.

b) Auflockerung des Deliktsstatuts. aa) Lassen **engere gemeinsame Beziehungen** der Beteil zu einer and ROrdng, insb eine gemeins Staatsangehörigk u ein gemeins gewöhnl Aufenth, die Anknüpfg an den Tatort als unangemessen erscheinen, so kommen Ausn v dem in Art 38 vorausgesetzten Grds in Frage, vgl BGH **87**, 98, **90**, 294, **93**, 214. In solchen Fällen verdrängt die „Gemeinsamk der RUmwelt" der Beteiligten den Tatort als Anknüpfgspunkt des Deliktsstatuts, BGH **93**, 216. **bb) Bei gemeinsamer deutscher Staatsangehörigkeit** der Beteil gilt n der in Anh I abgedr VO grdsl dtsches R, sofern beide Beteiligte auch ihren gewöhnl Aufenth im Inland haben, Stoll Fschr f Kegel (1977) 116, Lorenz Fschr f Coing II (1982) 278, MüKo-Kreuzer Rdz 81, hM, abw fr Aufl; es bleibt daher insb dann bei der Anwendg des TatortR, wenn einer oder beide Beteiligten ihren gewöhnl Aufenth im Tatortland h u die Beziehgen zum TatortR daher wesentl enger sind als z dtschen ROrdng, BGH **87**, 102, NJW **83**, 2771 (z Begriff des gewöhnl Aufenth, vgl dazu Hohloch JR **84**, 63, v Hoffmann IPRax **84**, 328). **cc) Bei gemeinsamer ausländischer Staatsangehörigkeit und gemeinsamem gewöhnlichem Aufenthalt im Heimatstaat** gilt ebenf das gemeins HeimatR v Schädiger u Geschädigten, vgl BGH **90**, 294; dies gilt insb, wenn ihr Aufenth im Tatortland nur vorübergehd ist (zB Url- oder GeschReise) u die Beziehg z Tatort daher zufäll erscheint, vgl BGH **57**, 265, NJW **77**, 496, Hamm VersR **79**, 926, Karlsr IPRspr **78** Nr 29, Kln NJW-RR **88**, 30, aM Mummenhoff NJW **75**, 479, Peuster VersR **77**, 797, Koziol Fschr f Beitzke (1979) 581, Lorenz Fschr f Coing II 276. Bei gewöhnl Aufenth der ausl Beteil im Lande des Tatorts (zB bei Unfällen v Gastarbeitern im Inland) entsch dagg auch bei gemeins Staatsangehörigk das R des Tatorts, BGH **57**, 265, **90**, 299, vgl dazu Weick NJW **84**, 1995; das HeimatR tritt in diesen Fällen zurück, vgl dazu auch Seetzen NJW **72**, 1643. **dd)** Der bloße **gemeinsame gewöhnliche Aufenthalt** in einem Drittland genügt grdsl nicht, um v der Anknüpfg an das TatortR abzugehen, vgl BGH NJW **77**, 496 (jedenf dann, wenn einer der Beteil die Staatsangehörigk des Tatortlandes besitzt), Darmstadt IPRspr **75** Nr 24, Dortm VersR **80**, Nr 20, LG Köln VersR **79**, 20, Köln NJW **80**, 2646, KG VersR **83**, 495, AG Charl VersR **84**, 1159, wohl auch Aach DAR **85**, 84, Kegel IPR § 18 IV 1 b, offengelassen BGH **90**, 299, zurückhaltder BGH **93**, 214, BGH NJW-RR **88**, 535; abw v der hier vertretenen Ans w aber in der neueren Rspr bei **Verkehrsunfällen** v in der BRep lebdn **Gastarbeitern** u deren in Drittland häuf ebds R angewandt, so LG Ffm IPRspr **79** Nr 20, LG Köln VersR **77**, 831, LG Bln VersR **79**, 750, LG VerkMitt **79**, 80, NJW **81**, 1162, AG Charlottenb VersR **81**, 362, LG Mü I VersR **83**, 645, ebso Ahrens NJW **78**, 467, Hohloch JuS **80**, 18, ders JR **85**, 24, Kropholler NJW **80**, 2646, v Hoffmann IPRax **83**, 244, Hepting DAR **83**, 97, Mansel VersR **84**, 747; auch der BGH hat sich dieser Auffassg nunmehr jedenf dann angeschl, wenn zw Schädiger u Geschädigtem zZ des Unfalls bereits ein enger sozialer Kontakt bestand (ReiseG, familienähnl Gemeinsch), BGH **90**, 294, vgl dazu v Bar JZ **84**, 671,

1. Teil. 2. Kap. Internationales Privatrecht **(IPR) EGBGB 38** 2b, c

Weick NJW **84**, 1996, Hohloch JR **85**, 23, Lorenz IPRax **85**, 87 (der bei dieser Fallkonstellation an eine stillschw RWahl zG des gemeins AufenthR denkt, vgl unten hh), ähnl BGH NJW-RR **88**, 535 (vgl dazu BvH IPRax **88**, 306), od wenn Schädiger u Geschädigter mit im gemeins AufenthLand zugel u versicherten Kfz in den Unfall verwickelt waren u keiner v ihnen die Staatsangehörig des Tatortlandes besitzt, BGH **93**, 214, VersR **89**, 948, BayObLG NJW **88**, 2184, ebso Lorenz JZ **85**, 443, Hohloch JR **85**, 372, v Hoffmann IPRax **86**, 90 (Staatsangehörig d Eheg eines Unfallbeteil unerhebl, aM Mü VersR **84**, 745 mit abl Anm v Mansel). **ee)** Ebsowenig ist die **gemeinsame Registrierung** der an einem Unfall beteil Kfze u damit das gemeins VersStatut f sich allein ausr, um eine Ausn vom TatortGrds zu rechtfert, BGH NJW **77**, 496, Darmstadt IPRspr **75** Nr 24, Hamm IPRspr **78** Nr 22, KG VersR **83**, 495, Celle VersR **83**, 642, and AG Ulm AWD **75**, 109, wohl aber dann, wenn Schädiger u Geschädigter im Registriergsland ihren gemeins gewöhnl Aufenth haben u keiner von ihnen die Staatsangehörig des Tatortlands besitzt, BGH **93**, 214; f weitergehde Sonderanknüpfg an den gemeins Registriergsstaat Lorenz JZ **85**, 444, ähnl Stoll Fschr f Kegel (1977) 139. **ff)** Die zahlr u verwickelten Ausn z Anknüpfg an den Tatort in der neueren Rspr h eine erhebl RUnsicherh bei der Feststellg des Deliktsstatuts zur Folge; eine als Orientiergshilfe nützl **Zusammenfassg** der in der Praxis nunm befolgten Anknüpfgsregeln bei VerkUnfällen entwickelt Dörner VersR **89**, 557: Bei der Anwendg des TatortR bleibt es immer dann, wenn mind einer der Unfallbeteiligten die Staatsangehörig des Tatortlandes besitzt od dort seinen gewöhnl Aufenth hat; im übr kann TatortR nur dch das Recht eines gemeins gewöhnl Aufenth beider Beteiligten verdrängt werden, u dies nur dann, wenn beide entweder zusätzl auch die Staatsangehörig des AufenthLandes besitzen od schon vor dem Unfall in diesem Land soz Kontakte unterhielten od die unfallbeteiligten Kfze in diesem Land zugel u versichert sind; zu Formeln dieser Art vgl weiter v Bar JZ **84**, 671, ähnl Weick NJW **84**, 1998 (krit Lorenz IPRax **85**, 87, JZ **85**, 444, Dörner VersR **89**, 557), Wagner MDR **87**, 195 (zust Dörner aaO); vgl auch unten c dd. **gg) Verkehrsrechtliche Verhaltensnormen** sind stets (also auch bei abw RWahl, BGH **42**, 388) dem R des HdlgsOrts zu entnehmen, BGH **57**, 265, **87**, 97, Mü NJW **77**, 502, KG VerkMitt **79**, 71 (z Bew des ersten Anscheins), LG Nürnb-Fürth VersR **80**, 955, Deutsch NJW **62**, 1680, Stoll Fschr f Lipstein (1980) 259, IPRax **89**, 92 (Berücksichtigg als „local data"); ob ein VerkVerstoß den Vorwurf grober Fahrlk begründet, entsch das f den ErsAnspr geltde R, BGH VersR **78**, 541, Weber DAR **79**, 119, ebso ob mitw Versch vorliegt, zB bei Nichtanlegen des SicherhGurts, vgl Karlsr VersR **85**, 788, v Bar JZ **86**, 967. **hh)** Für die Anknüpfg maßg sind die Umstände zZ des Tatgeschehens; das **Deliktsstatut** ist grdsl **unwandelbar,** aM Hohloch IPRax **84**, 14. AGrd der im SchuldR herrschden **Parteiautonomie** ist aber eine v den Beteil vor od nach Begeh der unerl Handlg getr Vereinbg über das maßg Recht grdsl z beachten, vgl BGH **42**, 389, **87**, 103, **98**, 274, NJW **74**, 410, IPRspr **76** Nr 23, NJW **81**, 1606 (vgl dazu Kreuzer IPRax **82**, 4), LG Hbg IPRspr **73** Nr 18, LG Aachen VersR **74**, 1092, Erm-Arndt Rdz 11, Mummenhoff NJW **75**, 479, Lorenz Fschr f Coing II 272, ders IPRax **85**, 87 (auch stillschw zG des R am gemeins gewöhnl Aufenth der Unfallbeteil), Hohloch NZV **88**, 161, f WettbewerbsR aM Sack GRUR Int **88**, 329. Auf diese Weise kann eine vom TatortR abw **Rechtswahl** getr werden; diese kann grdsl auch stillschw dch Parteiverhalten im Proz erfolgen, BGH NJW **74**, 410, **81**, 1607, BGH **98**, 274, BGH NJW-RR **88**, 535, WM **89**, 1049, setzt aber ihr Bewußtsein voraus, daß eine RWahlmöglichk besteht, vgl Art 27 Anm 2 caa, Mansel ZVglRWiss **86**, 12, Schlosser JR **87**, 161, Schack ZZP **87**, 450, Hohloch NZV **88**, 167, aM BvH IPRax **88**, 307. Dagg beurt sich die Wirksk eines matr Verzichts auf den entstanenen Anspr ebso wie seine Übertragg n dem Deliktsstatut, vgl Art 33 Anm 2 b. **ii)** Bei Delikten im Rahmen bestehder VertrVerhältn, zB Beförderngs- od ArbVertr, kommt auch eine **akzessorische Anknüpfung** des Deliktsstatuts an das jew VertrStatut in Betr, um eine einheitl Beurteilg sämtl Anspr aus demselben Lebenssachverhalt zu erreichen, vgl MüKo-Kreuzer Rdz 65f, Lorenz IPRax **85**, 88, Müller JZ **86**, 216, Mansel ZVglRWiss **86**, 15, Stoll Fschr Ferid (1988) 510, IPRax **89**, 89 (der in der Abgrenzg des VertrStatuts vom Deliktsstatut ein Qualifikationsproblem sieht, das unter Berücksichtigg der Erwartgen der Part zu lösen ist); u unten c cc u ee, abl Soergel-Lüderitz Rdz 45.

c) Einzelfälle. aa) Ansprüche aus Verletzg des **allgemeinen Persönlichkeitsrechts** beurt sich n dem Deliktsstatut, Kln OLGZ **73**, 330, Oldbg NJW **89**, 400, Heldrich Fschr f Zajtay (1982) 215, Hohloch ZUM **86**, 176, vgl auch BGH NJW **77**, 1590. Für den **Datenschutz** gilt das R am Ort der Datenverarbeitg, Bergmann, Grenzüberschreitender Datenschutz (1985) 245. – Für **Immaterialgüterrechte** gilt das Territorialitätsprinzip, sie werden von einem Staate mit Wirkg für sein Gebiet verliehen; in einem anderen Staat wirken sie nur soweit, als dieser sie anerkennt, was zT dch multilaterale Verträge gesichert ist (Anknüpfg an das Recht des **Schutzlandes,** vgl dazu Ulmer, Die ImmaterialgüterRe im IPR, 1975, ders RabelsZ **77**, 479, sowie in: Internat PrivR, internat WirtschR (1985) 257; Neuhaus, Drobnig, v Hoffmann, Martiny RabelsZ **76**, 189 ff, Max-Planck-Institut GRUR Int **85**, 106; grdsl f Anknüpfg an das R des Ursprungslandes Schack, Zur Anknüpfg des UrheberR im IPR, 1979; z Anknüpfg v ArbNehmerUrhR Birk Fschr f Hubmann (1985) 1. Der Warenzeicheninhaber kann aber der Vertrieb seiner auf seine Veranlassg im Ausland registrierten u von dort ins Inland unverändert eingeführten Ware nicht aGrd der auch im Inland erfolgten Registrierg entggtreten, BGH **41**, 84, NJW **83**, 1974. Zum TerritorialitätsGrdsatz im WarenzeichenR auch Birk NJW **64**, 1596.

bb) Auch f **Wettbewerbsverstöße** ist im allg das TatortR maßgebd, BGH **40**, 391. Der Tatort (Begehgsort) eines Wettbewerbsverstoßes liegt aber nur dort, wo die wettbewerbl Interessen der Konkurrenten aufeinanderstoßen, BGH **35**, 329, **40**, 391, NJW **88**, 645, Ffm Betr **78**, 1535, Celle IPRspr **77** Nr 119, grdsl auch Sack GRUR Int **88**, 322, vgl ferner Hbg IPRspr **86** Nr 115. Für den Wettbewerb zw inl Unternehmen auf einem ausl Markt gilt also grdsl das R des ausl Marktes, auch wenn die Wettbewerbshandlg v Inland gesteuert wird; eine allg Verpfl inl Untern, auch ihren im Ausland stattfindenden Wettbewerb im Verh z inl Mitbewerbern n dtschem WettbewerbsR einzurichten, besteht nicht, BGH **40**, 391, GRUR **84**, 495 (keine Anwendg der im Anh abgedr VO); das gemeins dtsche HeimatR gilt aber dann, wenn sich der Wettbewerb auf dem Auslandsmarkt ausschl zw inl Untern abspielt od die Wettbewerbshandlg sich gezielt gg den inl Mitbewerber richtet, BGH aaO, Ffm Betr **78**, 1535, LG Weiden IPRax **83**, 192, Nürnb IPRspr **83** Nr 123. Vgl im übr Joerges RabelsZ **72**, 421, Spätgens GRUR **80**, 473, Weber, Die kollisionsr Behandlg v Wettbewerbsverletzgen mit AuslBezug (1982), ders GRUR Int **83**, 26; Schricker GRUR Int **82**, 720, ders IPRax **83**,

2285

103; Sandrock Gedächtnschr f Constantinesco (1983) 619, ders GRUR Int **85**, 507; z Reform vgl Max-Planck-Institut GRUR Int **85**, 107. – Bei unberecht SchutzRVerwarng ist Erfolgsort der Sitz des betr Betriebs, LG Mannheim GRUR **80**, 935.

cc) Zur **Produzentenhaftung** vgl Lorenz Fschr f Wahl (1973) 186ff, RabelsZ **73**, 317, IPRax **83**, 85, Siehr AWD **72**, 373, Sack MitarbeiterFschr f Ulmer (1973) 495, Stoll Fschr f Kegel (1977) 127, Kreuzer IPRax **82**, 1. Das Haager Übk über das auf Produktenhaftpfl anwendb R v 2. 10. 1973 ist f die BRep bish nicht in Kraft getreten; z den kollisionsr Auswirkgen der bevorstehden Umsetzg der ProduktaftgsRichtl der EG v 25. 7. 85 in das dtsche Recht vgl Sack VersR **88**, 440, Hohloch FS Keller (1989) 433. Soweit vertragl Beziehgen zw Geschäd u Produzenten bestehen, empfiehlt sich eine akzessor Anknüpfg delikt ErsAnspr an das VertrStatut, vgl Lorenz RabelsZ **73**, 330; iü gilt f Benutzerschäden das R des Marktortes (abw Düss NJW **80**, 533 mit Anm v Kropholler: Unfallort), f Schädigg Dr das R des Unfallortes, vgl Sack aaO 502, Stoll aaO 130; gg diese Unterscheidg MüKo-Kreuzer Rdz 203; vgl ferner BGH NJW **81**, 1606, WM **87**, 176, Zweibr NJW **87**, 2684 (zur Produktbeobachtgspflicht in der inl Vertriebsgesellschaft), Kullmann WM **81**, 1328.

dd) Haftg aus **Straßenverkehrsunfällen**, vgl näher oben 2b, beurteilt sich grdsl n dem R des **Unfallortes**, BGH **57**, 265, **87**, 95, **90**, 294, VersR **89**, 54 (krit dazu Wandt ebda 266), Brschw IPRspr **85** Nr 39. **Ausnahmen:** (1) Das gemeins HeimatR der UnfallBeteil ist anzuwenden, wenn diese im gemeins Heimatstaat auch ihren gewöhnl Aufenth h, BGH **87**, 101, **90**, 298. (2) Das R des gemeins gewöhnl Aufenth der Unfallbeteil ist maßg, wenn keiner v ihnen die Staatsangehörig des Unfallandes hat, vgl BGH NJW **77**, 496, BGH **93**, 214, and nunm BGH NJW-RR **88**, 535, **und** zw ihnen entweder bereits zZ des Unfalls ein enger soz Kontakt bestand, BGH **90**, 294 (zB familienähnl Gemeinsch) od die am Unfall beteil Kfze in gemeins AufenthLand zugel u versichert waren, BGH **93**, 214, VersR **89**, 948, BayObLG NJW **88**, 2184. Die Regelg des StraßenVerkR ist auch bei Vorliegen dieser Ausn stets dem R des Unfallortes zu entnehmen, BGH **87**, 97, **90**, 298; f die Voraussetzgen eines mitwirkden Verschuldens (zB Nichtanlegen des Sicherheitsgurts) gilt jedoch das f die Haftg maßgebde R (Deliktsstatut), vgl dazu Karlsr VersR **85**, 788, v Bar JZ **86**, 967. Nach dem so best Deliktsstatut ist auch der DirektAnspr gg die HaftpflichtVers eines Unfallbeteil zu beurteilen, BGH **57**, 265, BGH NJW **74**, 495, **77**, 496, VersR **89**, 948, vgl unten 3d. Zur Anknüpfg der RegreßAnspre mehrer gleichrangiger Schu Wandt VersR **89**, 267; z Legalzessionsregreß vgl Art 33 Anm 3.

ee) Delikt ErsatzAnspr aus **internationaler Luftbeförderung** unterliegen kr akzessor Anknüpfg dem maßg VertrStatut (vgl dazu Art 28 Anm 4g), BGH IPRspr **85** Nr 44, Frings ZLW **77**, 18, Urwantschky, Flugzeugunfälle mit Auslandsberührg, 1986; bei GefälligkBeförderg gilt Deliktsstatut, BGH **76**, 32; grdsl f Anknüpfg an das R des Hoheitszeichens des Flugzeugs Lukoscheck, Das anwendb DeliktsR bei Flugzeugunglücken, 1984. Die Haftg ggü Dritten beurteilt sich n den allg Grdsen der Anknüpfg des Deliktsstatuts, vgl dazu Giemulla ZLW **80**, 119.

ff) Bei **Schiffszusammenstoß auf hoher See** sind beide Schiffe Begehgsort, RG **138**, 243, bei gleicher Flagge entsch Recht dieser Flagge, RG **49**, 187, sonst R der Flagge des Bekl, ebso E. Lorenz, Fschr f Duden (1977) 229 (aber nur in den Grenzen des KlägerR), and RG **138**, 243, Hbg VersR **75**, 761, die das dem Kl günstigere R anwenden (ebso fr Aufl), grdsl f Anwendg der lex fori Roth/Plett RabelsZ **78**, 662, Soergel-Lüderitz Rdz 40; w von beiden Part Anspr erhoben, entsch jeweils R des in Anspr Genommenen; dies gilt entspr f Einwdg mitw Versch (R des Kl), vgl auch Raape IPR § 55 VII. In dtschen **Hoheitsgewässern** ist dtsches Recht ohne Rücks auf Nationalität der Schiffe anwendb, BGH **3**, 321, VersR **62**, 514, IPRax **81**, 99, OGH MDR **50**, 729, Hbg IPRspr **77** Nr 38 u 39, Brem IPRspr **83** Nr 45, Beitzke MDR **59**, 881. In ausl Hoheitsgewässern entsch das Recht dieses Ortes (vorbehaltl Art 38), auch hins der HaftgsBeschrkg der beteiligten Reeder, BGH **29**, 237, Hbg MDR **64**, 421 (dän Hoheitsgewässer); bei ZusStößen dtscher Schiffe in ausl Hoheitsgewässern gilt dtsches R n § 1 der in Anh I abgedr VO, BGH **34**, 222. Z Haftg in Rheinschiffahrtssachen vgl BGH **42**, 385, MDR **73**, 743. Im Anwendungsbereich des Internat Übk z einheitl Feststellg v Regeln über den Zusammenstoß v Schiffen v 23. 9. 1910, RGBl **13**, 57, beurteilt sich die ErsatzPfl nach dessen Vorschr, BGH MDR **74**, 743, VersR **76**, 681, IPRax **81**, 99. Zur Haftg f Schäden beim **Transport gefährlicher Stoffe** auf See vgl das Internat Übk über die zivr Haftg f Ölverschmutzgsschäden v 29. 11. 69 mit ZustG v 18. 3. 75, BGBl II 301, in Kraft getr am 18. 8. 75, Bek v 10. 7. 75, BGBl II 1106 (mit Liste der VertrStaaten, zuletzt ergänzt dch Bek v 17. 5. 89, BGBl II 511; vgl dazu ferner Protokoll v 19. 11. 76, BGBl **80** II 721, 724, zuletzt ergänzt dch Bek v 17. 5. 89, BGBl II 510) idF des Protokolls v 25. 5. 84, BGBl **88** II 707, Bek v 8. 9. 88, BGBl II 824, vgl dazu Blaschczok AWD **80**, 552, Stutz VersR **81**, 897, Sieg AWD **84**, 346. Über die zivilr Haftg bei der Beförderg v Kernmaterial auf See s Übk v 17. 12. 71, BGBl **75** II 957, in Kraft getr am 30. 12. 75, Bek v 4. 2. 76, BGBl II 307; z Haftg f Reaktorschiffe vgl Beemelmans RabelsZ **77**, 1; z Kapitänshaftg vgl ferner Basedow Europ TransportR **79**, 744.

gg) Zum **grenzüberschreitenden Umweltschutz** vgl Siehr RabelsZ **81**, 377, Kloepfer/Kohler, Kernkraftwerk u Staatsgrenze (1981) 156, Lummert Natur+R **82**, 241, ders in: Bothe ua, RFragen grenzüberschreitder Umweltbelastgen, 1984 S 183, Kloepfer DVBl **84**, 245, Wolfrum DVBl **84**, 493, Kohler in: v Moltke ua, Grenzüberschreitder Umweltschutz in Europa, 1984 S 78, Rest UPR **87**, 363, Peter, Umweltschutz am Hochrhein, 1987, Roßbach NJW **88**, 590, Hager RabelsZ **89**, 293, Rest NJW **89**, 2153. Der SchadErsAnspr wg grenzüberschreitder Gewässerverunreinigg beurteilt sich n Wahl des Geschäd n dem R des Handlgs- od Erfolgsorts, Saarbr IPRspr **62/63** Nr 38, krit dazu Roßbach ZfW **79**, 16, NJW **88**, 590; f den AbwehrAnspr des Eigentümers gilt das R des Lageorts, vgl Anh II z Art 38 Anm 3; grdsl f Anknüpfg sämtl Ersatz- u AbwehrAnspr aus grenzüberschreitder Umweltbeeinträchtigg an den Erfolgsort Kohler aaO S 81, Roßbach NJW **88**, 590, ähnl Rest NJW **89**, 2159. Zur Berücksichtigg behördl Genehmiggen Roßbach NJW **88**, 592, Hager RabelsZ **89**, 293, Rest aaO; z Entschädigg bei staatsvertr gestatteten grenzüberschreitden Immissionen BGH **87**, 321. Zur Haftg ggü Dritten auf dem Gebiet der Kernenergie vgl Pariser Übk v 29. 7. 60 mit ZusatzÜbk v 31. 3. 63, jeweils nebst ZusatzProt v 28. 1. 64, BGBl **76** II 310 (Liste der VertrStaaten FundstellenNachw B 1988 S 320), sowie Prot v 16. 11. 82 zur Änderg des Übk v 29. 7. 60, BGBl **85** II 690, für die BRep in Kraft seit 7. 10. 88, Bek v 18. 1. 89,

BGBl II 144 (mit Liste der VertrStaaten, ergänzt dch Bek v 9. 6. 89, BGBl II 557). Zur Haftg bei grenzüberschreitden Schäden aus Kernreaktorunfällen vgl AG Bonn NJW **88**, 1393, LG Bonn NJW **89**, 1225, Pelzer NJW **86**, 1664, DVBl **86**, 875, Rest VersR **86**, 609 u 933, Kühne NJW **86**, 2139, Schneider/Stoll BB **86**, 1233, Gornig JZ **86**, 979, Mansel IPRax **87**, 214, Gündling IPRax **88**, 338, Däubler, Haftg für gefährl Technologien (1988) 93; bei Chemie-Unfällen Rest VersR **87** A 6, Ladeur NJW **87**, 1326.

3) Anwendungsbereich des Deliktsstatuts. a) Nach dem Deliktsstatut beurteilen sich die **Voraussetzungen** einer Haftg aus unerl Hdlg n Tatbestd, Kausalität, RWidrigk u Versch (insb also auch Deliktsfgk u notw VerschGrad); die z beachtden Verhaltensnormen, insb des StraßenVerkR sind jedoch auch dann dem R des Hdlgsorts zu entnehmen, wenn dieses ausnahmsw nicht Deliktsstatut ist, vgl Anm 2b gg; dies gilt nicht für GurtanlegePfl als Voraussetzg mitw Versch. Das Deliktsstatut regelt ferner das Einstehen f Verrichtungsgehilfen, BAG **15**, 79, od f aufsichtsbedürft Pers, Stoll Fschr f Lipstein (1980) 268, sowie die Deliktshaftg v JPers, Beitzke Fschr f Mann (1977) 107, Stoll aaO 267; dies gilt auch f die Haftg v JPers des öff R aus Teiln am PrivRVerk. Nicht n Art 38 z beurteilen ist dagg die **Staatshaftung** bei pflichtwidr Verhalten hoheitl Natur; f sie gilt stets das R des Amtsstaates, auch wenn die AmtsPflVerl im Ausland begangen wurde, Ferid IPR Rdz 6–192, Beitzke ZfRV **77**, 136, Schurig JZ **82**, 385, MüKo-Kreuzer Rdz 247, abw Grasmann JZ **69**, 454; das gleiche gilt f die persönl Haftg des Amtsträgers, Soergel-Kegel Rdz 23; z den fremdenr Beschrkgen der dtschen Staatshaftg ggü Ausl gü § 839 Anm 2 A a bb, ferner Gramlich AWD **81**, 811, NVwZ **86**, 448, Berkemann IPRax **82**, 196. Für die allg Deliktshaftg des Staates u seiner Bediensteten aus Teiln am PrivatRVerk gilt dagg das TatortR, dh das jew Deliktsstatut; die privative HaftgsÜbern wie n GG 34 unterliegt dem R des Amtsstaates, Schurig JZ **82**, 389. Das Deliktsstatut entsch auch über das Bestehen einer **Gefährdungshaftung**, BGH **23**, 67, u deren Voraussetzgen, zB Haltereigenschaft, LG Mü I IPRax **84**, 101, Mansel VersR **84**, 102. **b)** Nach ihm beurteilen sich ferner Art u **Umfang** der SchadErsPfl, zB der Anspr auf Schmerzensgeld, Celle IPRax **82**, 203, zweifelnd v Bar JZ **84**, 672 (bei der Bemessg der Höhe des Schmerzensgelds sind aber die Richtsätze am gewöhnl Aufenth des Verletzten zu berücksichtigen, Mü VersR **84**, 745, zustimmd Mansel ebda 747, vgl dazu auch BGH **93**, 218, v Bar JZ **86**, 968), wie auch die Berücksichtigg mitw Versch, KG JW **38**, 1715, sowie die Vorteilsausgleichg, Celle VersR **67**, 164; über den Eintritt eines ges FdgsÜbergangs vgl Art 33 Anm 3, nicht aber auch über Haftgsausschluß nach RVO 636, vgl SchlHOLG SchlHA **86**, 164 u dazu Mummenhoff IPRax **88**, 215; z den währgsrechtl Problemen der SchadErsSchuld vgl v Hoffmann Fschr f Firsching (1985) 125, Remien RabelsZ **89**, 245, Alberts NJW **89**, 609, ferner BGH VersR **89**, 56. **c)** Nach Art 38 beurteilt sich ferner die Pers des ErsBerecht, RG JW **06**, 297, sowie die Vererblk des Anspr des Verletzten, MüKo-Kreuzer Rdz 258; die Frage des Bestehens v UnterhAnspr gg den Getöteten od der Verpfl z Tragg der BeerdiggsKosten ist jedoch selbstd anzuknüpfn, vgl LG Ffm VersR **75**, 354, BGH VersR **78**, 346, Celle VersR **80**, 169 (Anpassg, wenn das n Art 18 maßg R UnterhAnspr verneint, jedoch den Angehör SchadErsAnspr aus eigenem R gewährt), LG Mü I IPRax **82**, 78, Weber DAR **79**, 119 (z § 844), BGH NJW **76**, 1588 (z HaftpflG 3 II), BGH NJW-RR **87**, 147, offenb verkannt bei Hamm NZV **89**, 271, vgl dazu ferner Stoll Fschr f Lipstein (1980) 270. Das Deliktsstatut regelt auch die Verj, BGH WPM **78**, 733. Die Frage, ob der ErsAnspr auch gg die Erben des Verpfl geltd gemacht werden kann, beurt sich n dem Erbstatut, aM MüKo-Kreuzer Rdz 258.

d) Mit Ausg der internat grünen VersKarte übernimmt **Versicherer** Deckgsschutz mind n den in Besuchsland geltden VersBedinggen u VersSummen, BGH **57**, 265, NJW **74**, 495, vgl dazu ferner Wezel VersR **86**, 952. Unmittelb Anspr des Geschädigten gg HaftpflVers ist überw deliktsr Natur u unterliegt daher ebenf dem Deliktsstatut, BGH **57**, 265, Stgt AWD **74**, 696, Hamm VersR **79**, 926; f alternative Anknüpfg an Deliktsstatut od VersVertrStatut n dem GünstigkPrinzip dagg Hübner VersR **77**, 1069. Der **Direktanspruch** gg den dtschen Versicherer eines im Inland zugelassenen Kfz beurteilt sich desh bei Unfall im Ausland grdsl n TatortR (bzw dem an seiner Stelle maßg Recht, vgl Anm 2b), BGH NJW **74**, 495, 77, 496, Celle VersR **77**, 1056, KG NJW **74**, 1055, grdsl auch Mansel, Direktansprüche gg den Haftpflichtversicherer, 1986 (aber isolierte RWahl zu beachten), aM Köln NJW **73**, 426; bei Versagg des DirektAnspr kann Art 6 anwendb sein, Trenk-Hinterberger NJW **74**, 1048.

4) Die Ausnahme des Art 38. Ist n den in Anm 2 dargestellten Anknüpfgsregeln eine v einem Dtschen im Ausl begangene unerl Hdlg n ausl R zu beurteilen, so bleibt seine Haftg n Art 38 auf das n dtschem R vorgesehene Höchstmaß beschr; ein ErsAnspr besteht also nur insow, als er auch n dtschem R begründet wäre; dies gilt auch im Regreßprozeß, Schack VersR **84**, 424. Soweit dies zur Diskriminierg anderer EG-Angeh führt, verstößt diese Regelg gg Art 7 EWGV, vgl dazu Sack GRUR Int **88**, 331, Roßbach NJW **88**, 591. Bleiben die v ausl R gewährten Anspr hinter dem dtschen R zurück, so entsch allein das ausl R. Art 38 erfordert also einen **Vergleich** des als Deliktsstatut maßgebden ausl R mit dem dtschen R. Dabei sind nicht nur die dtschen DeliktsVorschr, sond auch alle and Best heranzuziehen, auf die der Anspruch gestützt werden könnte, zB wg VertrVerletzg od ungerechtf Ber, RG **118**, 141, BGH **71**, 175, Soergel-Kegel Rdz 74, Graf v Westphalen AWD **81**, 141 (z den punitive damages n amerik R). Bei dieser Prüfg sind insb auch die VerjVorschr z beachten, vgl KG JW **38**, 1715, BGH FamRZ **78**, 492. Die Anwendg der HaftgsBeschrkg n RVO 898f setzt voraus, daß der Unfallgeschäd in der dtschen ges UnfallVers versichert ist, BAG **15**, 79. Bei Verletzg einer internat registrierten Marke in einem Verbandsland des Madrider Abk ist der Anspr begründet, der bei Verletzg eines entspr Zeichens in Deutschland gegeben wäre, BGH **22**, 1. Art 38 gilt auch für Haftg der Gründer einer ausl AG, Düss AWD **76**, 452, sowie die Haftg des Reeders n HGB 485, BGH **86**, 238, vgl dazu v Hoffmann IPRax **83**, 276. – Die in Art 38 getroffene Ausn ist ein **Sonderfall des Art 6**, f dessen Anwend daneben kein Raum bleibt. – Die Anerkenng eines ausl Urt, in welchem der dtsche Schädiger zu weitergehenden Leistgen als n dtschem R verurteilt w, ist dch Art 38 nicht ausgeschlossen, BGH **88**, 17, Stiefel VersR **87**, A 832, aM Schack VersR **84**, 422.

5) Im **innerdeutschen** KollisionsR ist ebenf das Recht des Begehgsortes maßg, BGH FamRZ **61**, 261, Düss VersR **75**, 1124. Besitzen Schädiger u Geschäd nur die dtsche Staatsangehörigk n dem Reichs- u StaatsangehörigkG v 22. 7. 1913, od ist diese Staatsangehörigk bei beiden die effektive, vgl Anh z Art 3

Anm 2, so gilt auch bei Unfall in der DDR das Recht der BRep, vgl Anh I Anm 4; dagg reicht der bloße gemeins gewöhnl Aufenth im Bundesgebiet od West-Bln nicht aus, um v der Anknüpfg an den Tatort abzugehen, aM KG VerkMitt 79, 80 (VerkUnfall zw Dtschem u türk GastArb in der DDR). – **Währungsrechtlich** sind delikt SchadErsFdgen nicht solche Anspr, die v vornherein auf eine bestimmte Währg lauten, so daß im allg der im Westen wohnde Schu auch auf die Kl eines OstGl zu DM-West verurteilt w kann, BGH **14**, 212. Es ist der Betr zu zahlen, der erforderl ist, um den früh Zust wiederherzustellen, vgl §§ 249 ff BGB u 336 ff ZGB, ferner BGH **5**, 143. Bei einer Rente, die Schad ausgleichen soll, muß ermittelt w, welcher Betr notw ist, damit Geschäd sich das Erforderl kaufen kann, BGH **14**, 218. SchadErsZahlgen a Grd ges HaftPflBest sind nach Maßg des TransferAbk v 25. 4. 74, BGBl II 621, transferabel; Umrechng erfolgt dabei im Verh 1:1; vgl dazu Art 32 Anm 4.

Anhang I zu Art 38
VO über die Rechtsanwendung bei Schädigungen deutscher Staatsangehöriger außerhalb des Reichsgebiets
Vom 7. 12. 1942 (RGBl I 706/BGBl III 400–1–1)

§ 1. (1) *Für außervertragliche Schadenersatzansprüche wegen einer Handlung oder Unterlassung, die ein deutscher Staatsangehöriger außerhalb des Reichsgebiets begangen hat, gilt, soweit ein deutscher Staatsangehöriger geschädigt worden ist, deutsches Recht. Es ist das im Altreich geltende Recht anzuwenden.*

(2) *Absatz 1 ist auch anzuwenden auf:*
1. das Reich, die Länder, Gemeinden und andere Körperschaften des öffentlichen Rechts;
2. Handelsgesellschaften, Personenvereinigungen und juristische Personen, die im Reichsgebiet ihren Sitz haben.

§ 2. *Der Reichsminister der Justiz erläßt die Vorschriften zur Durchführung und Ergänzung dieser Verordnung durch Rechtsverordnung oder im Verwaltungsweg.*

§ 3. (1) *Diese Verordnung tritt am siebenten Tage nach ihrer Verkündung in Kraft.*

(2) *Die Verordnung ist auch anzuwenden auf außervertragliche Schadenersatzansprüche wegen Handlungen oder Unterlassungen, die in der Zeit vom 1. September 1939 bis zum Inkrafttreten dieser Verordnung begangen worden sind. Soweit jedoch über die Schadenersatzansprüche ein rechtskräftiges Urteil ergangen oder ein Vergleich abgeschlossen ist, behält es hierbei sein Bewenden.*

(3) *Der Reichsminister der Justiz bestimmt den Zeitpunkt des Außerkrafttretens dieser Verordnung.*

1) Allgemeines. Die VO ist v Ministerrat f die Reichsverteidigg aus Anlaß der bes Verhe der Kriegszeit erl w; sie ist aber nicht aufgeh w u gilt daher fort, BGH **34**, 222, **87**, 95, st Rspr, MüKo-Kreuzer Rdz 72, Hohloch, Das Deliktsstatut, 1984 S 205, aM Beitzke JuS **66**, 144, zweifelnd Ballerstedt JZ **51**, 223. Die VO ist auch bei Zusstoß **deutscher Schiffe** in ausl Hoheitsgewässern anzuwenden, BGH **34**, 222, aM Wengler JZ **61**, 422, Beitzke NJW **61**, 1993; in einem solchen Fall gilt dtsches R auch f die Anspr der LadgsBeteil, BGH **34**, 227, aM Beitzke NJW **61**, 1998. – Zu Wettbewerbsverstößen zw dtschen Untern auf ausl Märkten s Art 38 Anm 2 c bb.

2) Grundsatz. In Abw v der Maßgeblk des TatortR ist n VO 1 I an die gemeins dtsche Staatsangehörigk v Schädiger u Geschädigtem anzuknüpfen. Dieser Grds ist im Zuge der neueren Tendenzen einer Auflokkerg des Deliktsstatuts nunmehr z einer alls Reg weiterentwickelt w, vgl Art 38 Anm 2 b. Die Anwendg dtschen R n VO 1 I erstreckt sich auf alle HaftgsVorschr. Bei der Beurteilung der Schuldfrage bei Unfällen sind aber die örtl VerhaltensReg, insb des StrVerkR, anzuwenden, Düss VersR **73**, 946, KG IPRspr **75** Nr 21, VersR **82**, 1199 (and bei mitw Versch dch Nichtanlegen des SicherhGurts), AG Köln VersR **79**, 728 u Art 38 Anm 2 b gg.

3) Anwendungsbereich. a) Sachlich. Die VO bezieht sich, über Art 38 hinausgehend, auf alle außervertragl SchadErsAnspr bürgerl-rechtl Art, zB auch aus GeschFührg ohne Auftr, culpa in contrahendo, LG Hbg IPRspr **77** Nr 28; z Anwendg bei Skiunfällen vgl Karlsr NJW **64**, 55, Köln OLGZ **69**, 152, Mü NJW **77**, 502, Oldbg VersR **79**, 386; bei VerkUnfällen BGH **87**, 95, Düss VersR **73**, 946, Köln VersR **78**, 972, AG Krefeld VersR **79**, 168, AG Köln VersR **79**, 723, KG VersR **82**, 1199, Psolka VersR **74**, 412; bei Flugzeugunglück Köln ZLW **78**, 134; z Anwendg bei Schiffszusstößen vgl Anm 1 aE. UnterhAnspr gg außerehel Erzeuger beurteilen sich nach Art 18. Auf vertragl SchadErsAnspr ist die VO auch nicht entspr anzuwenden; ebsowen trifft die VO eine Regelg für öffrechtl EntschädiggsAnspr.

b) Persönlich. Beide, Schädiger u Verletzter, müssen zZ der Entstehg des Schadens die dtsche Staatsangehörigk, Anh II 1 z Art 5, gehabt h; z Anknüpfg an eine gemeins ausl Staatsangehörigk vgl Art 38 Anm 2 b cc. Voraussetzg einer Anwendg der VO ist aber ferner, daß beide Parteien zZ des Unfalls ihren gewöhnl Aufenth im Inland haben, Peuster VersR **77**, 795, Stoll Fschr f Kegel (1977) 116, Lorenz Fschr f Coing II (1982) 278, MüKo-Kreuzer Rdz 81, Hohloch IPRax **84**, 14, hM, abw fr Aufl. Deshalb bleibt es bei gewöhnl Aufenth eines Beteiligten im Tatortland zZ des Unfalls bei der Anwendg des TatortR; die VO tritt hier zurück, BGH **87**, 95, NJW **83**, 2771, vgl dazu Hohloch JR **84**, 63, IPRax **84**, 14, Weick NJW **84**, 1994. Im **innerdeutschen** KollisionsR ist gemeins **effektive** Staatsangehörigk n dem Reichs- u StaatsangehörigkG v 22. 7. 1913 erfdl, eine zusätzl bestehde Staatsbürgersch der DDR k in diesem Fall unberücksicht bleiben, vgl Anh z Art 3 Anm 2; Unfälle zw Bundesbürgern in DDR sind daher grdsl n dem R der BRep zu beurteilen, KG IPRspr **75** Nr 21, MüKo-Kreuzer Rdz 76; bei versch Personalstatut v Schädiger u Geschädigtem gilt TatortR. Auf Staatenlose, mag auf sie auch n Art 5 II dtsches Recht zur Anwendg kommen, bezieht sich die VO nicht. Ands schadet spätere Abtretg des Anspr an Nichtdeutsche nicht, also auch nicht sein Übergang auf eine nichtdeutsche Versicherungsgesellsch, amtl Begr. Bei Unfällen, an denen neben Dtschen auch Ausl beteil sind (zB dtscher Halter, ausl Fahrer), beurteilen sich nur die Anspr der dtschen Geschädigten gg dtsche Haftpflichtige n dtschem R (also im Beispiel nur die Halterhaftg); f Anspr ausl Geschädigter od gg ausl Schädiger gelten die allg Reg, Art 38 Anm 2, AG Bonn VersR **75**, 528. Die VO ist auch anzuwenden, wenn dtsche jur Personen des öff od priv Rechts als Schädiger od Geschädigter, BayObLG AWD **82**, 199, VersR **86**, 299, nicht etwa nur als Versicherer, KG NJW **74**, 1055, beteiligt sind, VO 1 II. Die weite Fassg von VO 1 II Z 2 ergibt, daß auch nichtrechtsf Handelsgesellsch u Personenvereiniggen beteiligt sein können, vorausgesetzt allerd, daß sie im RechtsVerk ähnl wie jur Personen behandelt w (OHG, KG, nichtrechtsf Vereine), Däubler DJ **43**, 37.

c) Örtlich. Die anspruchsbegründde Hdlg od Unterlassg muß außerh der BRep begangen sein; entsch dafür, ob der Begehgsort im Ausland lag, ist der Ztpkt der Tat.

Anhang II zu Art 38
Sachenrecht

Neues Schrifttum: Stoll, Der Schutz der SachenRe n IPR, RabelsZ **73**, 357; ders, RKollisionen bei Gebietswechsel bewegl Sachen, RabelsZ **74**, 450; Drobnig, Mobiliarsicherheiten im internat WirtschVerkehr, RabelsZ **74**, 468; ders, Entwicklgstendenzen des dtschen internat SachenR, Fschr f Kegel (1977) 141; Staud-Stoll, Internat SachenR, 1985; Drobnig/Kronke, Die Anerkenng ausl MobiliarSichgsRe n dtschem IPR, Dtsche Landesreferate z 10. Internat Kongreß f RVergl (1978) 91; Weber, PartAutonomie im internat SachenR, RabelsZ **80**, 510; Müller, Kollisionsr Behandlg v Reisegepäck u individuellem Verkmittel auf der AuslReise, AWD **82**, 461; Eickmann, Die Beteiligg v Ausländern am GBVerf, RPfl **83**, 465; Siehr, Das LösgsR des gutgläubigen Käufers im IPR, ZVglRWiss **84**, 100; Kremer, Das LiegenschaftsR der kanadischen Provinzen im dtsch-kanadischen RVerk, 1984; Schilling, Besitzlose Mobiliarsicherheiten im nationalen u internat PrivatR, 1985; Rauscher, SichgsÜbereign im dtsch-österr RechtsVerk, AWD **85**, 265; Martiny, Nichtanerkenng dtscher Sichersübereignung in Österreich, IPRax **85**, 168; Seeliger, Konkursfestigk dingl Mobiliarsicherh im dtsch-frz WarenVerk, 1985.

1) Allgemeines. Das IPRG v 25. 7. 86, BGBl 1142 enth keine Vorschriften über das internat SachenR. Sie sollen zus mit Kollisionsnormen über außervertragl SchuldVerhe dch ein weiteres Gesetz in Art 38 ff eingestellt werden, vgl dazu Vorbem 1 vor Art 38. Einstweilen gelten die von Rspr u RLehre entwickelten Anknüpfgsregeln. Rück- od Weiterverweis sind zu beachten, KG NJW **88**, 341, MüKo-Kreuzer, Nach Art 12 Anh I Rz 21.

2) Grundsatz. a) Im internat SachenR gilt kraft GewohnR grdsl das **Recht des Lageorts** (lex rei sitae), u zwar sowohl für Grdst, BGH **52**, 239, Düss NJW **81**, 529, Mü NJW-RR **89**, 664, wie für bewegl Sachen, BGH **39**, 173, WPM **80**, 410, BGH **100**, 324, BGH NJW **89**, 2543, Hamm RPRspr **85** Nr 143; ebso für das Recht am Papier bei WertPap, BFH IPRspr **86** Nr 39. Für die Anknüpfg maßg ist der **Zeitpunkt** des Eintritts der in Frage stehden RFolge, zB Entstehg od Verlust eines dingl Rechts, BGH **39**, 174, **45**, 99, NJW **89**, 1352. Die Möglk einer RWahl ist, and als im internat SchuldVertrR, auch bei bewegl Sachen mit Rücks auf die VerkSicherh grdsl ausgeschl, Kegel IPR § 19 I, MüKo-Kreuzer n EG 12 Anh I Rdz 35 u 67, str, aM zB Drobnig Fschr f Kegel (1977) 150, Staud-Stoll Rdz 195ff nach EG 12, Weber RabelsZ **80**, 510, Siehr ZVglRWiss **84**, 100. **b)** Für **Transportmittel** u **-güter** gelten Sonderregeln, vgl Anm 4 d. Der EigtErwerb u -verlust an **Schiffen**, die im SchiffsReg eines dtschen Ger eingetr sind, richtet sich n dtschem Recht, SchiffsRG 1 II. Sonst ist das R des Heimathafens maßg, vgl Kegel IPR § 19 V. Das Entstehen v SchiffsGläub-Ren unterliegt dem Schuldstatut der gesicherten Fdg, Hbg VersR **75**, 826, **79**, 933 im Anschl an Prüßmann, SeehandelsR, vor HGB 754 Anm II B 3, Zweigert/Drobnig VersR **71**, 581, ebso Hbg VersR **87**, 1088, aA (lex rei sitae) Soergel-Kegel vor EG 7 Rdz 579, vgl auch BGH **35**, 267 (anscheind f R der Flagge). Über die Rangfolge entsch bei Anwendbk versch ROrdngen die lex fori, Oldenbg VersR **75**, 271, Prüßmann, SeehandelsR, vor HGB 754 Anm II B 4b bb, Soergel-Kegel vor EG 7 Rdz 360, aA LG Hbg MDR **63**, 765. Die BRep ist dem Abk üb die internat Anerkenng von Rechten an Luftfahrzeugen v 19. 6. 48 dch Gesetz v 26. 2. 59, BGBl II 129, beigetreten. **c)** Auch im innerdtschen KollisionsR ist die lex rei sitae maßg, BGH NJW **89**, 1352, KG NJW **88**, 341. Bei GrdPfdR ist Fdg idR derselben Währgsumstellg wie das sie sichernde GrdPfdR unterworfen, Ffm NJW **60**, 1304, vgl auch Art 32 Anm 4b. Bei HöchstBetrHyp ist jedoch grdsl für die Fdg das Schuldstatut maßg. GBA darf keine Eintrags betr in der DDR belegenes Grdst vornehmen, Gött NdsRPfl **83**, 118. Wg der sich aus den Enteigngen in der DDR für das HypR ergebden Fragen s unten 5.

3) Anwendungsbereich. Die lex rei sitae gilt **für alle sachenrechtlichen Tatbestände.** Sie entsch, ob eine Sache iS des SachenR überh vorliegt, also auch, ob es sich um einen wesentl Bestandt handelt, über die Voraussetzgen der Entstehg, Ändg od Übertr eines dingl Rechts, insbes auch über die WirkskVoraussetzgen v Verfügen, zB ob sie abstrakt od kausal ausgestaltet sind, vgl BGH IPRspr **80** Nr 3, über die Modalitäten der Übereigng, zB dch Besitzkonstitut od Abtr des HerausgabeAnspr (wobei aber die zugrdeliegdn schuldr Vorgänge n dem Schuldstatut z beurteilen sind, Kegel IPR § 19 II), damit insbes auch über Zulässigk u Voraussetzgen v EigtVorbeh u SichgsÜbereign, Rauscher AWD **85**, 267, über die Möglichk des Erwerbs einer Sache v NichtBerecht, Celle JZ **79**, 608, KG NJW **88**, 341, MüKo-Kreuzer, Nach Art 12 Anh I Rdz 70, für gestohlene Sachen aM Mansel IPRax **88**, 268 (mit beachtl Gründen), u damit auch, ob f Besitzer bewegl Sachen EigtVermutg besteht, BGH NJW **60**, 774, sowie über ein LösgsR des gutgl Käufers, BGH **100**, 324, vgl Siehr ZVglRWiss **84**, 100, Schütze EWiR § 549 ZPO 1/87, Stoll IPRax **87**, 357. Das R des Lageorts entsch auch, welche Rechte überh an einer Sache errichtet werden können, RG HRR **30**, 2066, damit auch über Entstehg ges PfdRe (FdgsStatut insow unerhebl), aM anscheind Düss VersR **77**, 1047, teilw abw Staud-Stoll Rdz 210ff, über Time- Sharing v Wohngen auf sachenr Grdl, Schober Betr **85**, 1513, Kohlhepp RIW **86**, 176, ferner über den Inhalt der Rechte, insb die Anspre aus Eigt u Bes, LG Hbg IPRspr **78** Nr 42, KG NJW **88**, 341, MüKo-Kreuzer n EG 12 Anh I Rdz 31 (aM Stoll RabelsZ **73**, 357: Rechtsverfolgg außerh des BelegenhStaates nach lex fori), dh insb über die AbwehrAnspr des Eigentümers, Traunst u Mü IPRspr **76** Nr 29, BGH DVBl **79**, 226, Waldshut- Tiengen UPR **83**, 14 (betr dtsche Anlieger eines ausl Flughafens, vgl dazu BVerfG **72**, 66); auch Verlust u Untergang dingl Rechte beurteilen sich n der lex rei sitae, zB auch Eigentumserwerb des Finders, Düss AWD **84**, 481. Das gleiche gilt f die Unterscheidg zw bewegl u unbewegl Sachen, soweit sie matrechtl v Bedeutg ist; w sie in einer Kollisionsnorm getroffen, so entsch die ROrdng, welcher diese angehört, iF einer Rückverweisg also das betr ausl IPR, RG **145**, 85 u Einl 8b vor Art 3. Das R des Lageorts entsch auch über die Form eines RGesch, dch das ein Recht an einer Sache begründet od über ein solches Recht verfügt w, Art 11 V. Hins der Einwirkg der lex rei sitae auf die Form des GrdstKaufVertr vgl Art 11 Anm 2c. Hingegen entscheidet die lex rei sitae nicht über die einem GrundpfandR zugrdeliegde Fdg, die ihrem eigenen R folgt, BGH NJW **51**, 400, Staud-Stoll Rdz 179, MüKo-Kreuzer n EG 12 Anh I Rdz 46. Über das Vorliegen eines WertP entsch das Statut des verbrieften R; dagg besst sich das R am Papier, insb seine Übertr, n dem R des Lageortes, RG IPRspr **34** Nr 11, Kegel IPR § 19 II; z grenzüberschreitden GiroÜbertragg v Inhaberaktien aus verbundenen Sammelbeständen vgl Drobnig Fschr f Zweigert (1981) 91. Für die GeschFgk der VertrParteien bei dingl RGeschäften gilt Art 7 u Art 12 S 2. Soweit fam- u erbrechtl Vorgänge sachenrechtl Verhältnisse beeinflussen, entsch das dafür maßg Statut, vgl Art 15, 19, 25; eine Ausn gilt allerd n Art 3 III.

4) Statutenwechsel. a) Wird eine bewegl Sache aus dem Machtbereich einer Rechtsordng in den einer anderen verbracht, so bestehen die dingl Rechte an dieser Sache in ihrer v der bish lex rei sitae empfangenen sachenr Prägg grdsl im Rahmen der neuen lex rei sitae weiter; diese RO entsch fortan über den Inhalt der Rechte u Pfl, die sich aus der dingl RLage an der Sache ergeben, BGH **39**, 173, **45**, 95, BGH **100**, 326, KG NJW **88**, 341, Kegel IPR § 19 III, einschränkd Stoll RabelsZ **74**, 458; vgl auch Drobnig RabelsZ **74**, 468, Hübner JuS **74**, 151, Schilling, Besitzlose Mobiliarsicherheiten S 199ff. Voraussetzg f die Anerkenng der bereits wirks entstandenen Rechte an der Sache ist aber ihre Verträglk mit der sachenr GrdStruktur des neuen BelegenhStaates, zB dem geschl Katalog dingl Rechte in dtschem SachenR, einschränkd MüKo-Kreuzer n EG 12 Anh I Rdz 63; diese Voraussetzg ist bei der Verbringg einer mit einem besitzl PfdR belasteten Sache (frz RegPfdR an Kfz) ins Inland wg der Einschränkgen des FaustPfdPrinzips in der dtschen REntwicklg erfüllt, BGH **39**, 173, vgl dazu Drobnig Fschr f Kegel (1977) 142, ebso grdsl bei einem nur relativ wirks EigtVorbeh n ital R, BGH **45**, 97, sowie beim LösgsR des gutgl Käufers n dtschem R, BGH **100**, 326 (aber Untergang dch Weiterveräußerg im Inland nach dtscher lex rei sitae), Siehr ZVglRWiss **84**, 110, Stoll IPRax **87**, 359, nicht aber bei der Verbringg eines in Dtschland dch Besitzkonstitut wirks sichsübereigneten PKW nach Österreich, OGH IPRax **85**, 165, vgl dazu die berecht Kritik v Rauscher AWD **85**, 265, Martiny IPRax **85**, 168, Schwind Fschr f Kegel (1987) 599. Zur Anerkenng ausl UnternehmenspfandRe vgl Hübner Fschr f Pleyer (1986) 41. **b)** War ein **abgeschlossener** Tatbestd n der bish lex rei sitae z Begr einer dingl R nicht ausreichd (zB gutgl Erwerb einer gestohlenen Sache), so gelangt dieses auch dch Verbringg der Sache in das Gebiet einer and RO nicht von selbst z Entstehg, vgl Ferid IPR Rdz 7– 61. War umgekehrt das dingl R im bish BelegenhStaat bereits entstanden, zB EigtErwerb dch Ersitzg, so bleibt es bestehen, auch wenn die neue lex rei sitae dafür weitere Voraussetzgen aufstellen würde, zB eine längere ErsitzgsFr verlangt. Ist der Tatbestd einer RÄnderg noch **nicht abgeschlossen,** zB bei Wechsel des BelegenhStaates währd des Laufs der ErsitzgsFr, so entsch über die dingl RLage allein die neue lex rei sitae. **c)** Wird beim **Versendungskauf** n dem R des Absendelandes bereits dch die Versendg Eigt übertr, so hat der Käufer schon damit Eigt erworben, auch wenn das n dem R des Empfangsstaates erst mit der Überg der Fall ist. Wird umgekehrt aus einem Land versandt, nach dessen Recht die Übereigne eine Überg voraussetzt, so geht das Eigt erst mit der Überquer der Grenze z einem BestLand über, n dessen R das Eigt bereits mit der Versendg übergeht, vgl KG NJW **88**, 341, MüKo-Kreuzer, Nach Art 12 Anh I Rz 72. – Voraussetzgen u dingl Wirkgen eines **Eigentumsvorbehalts** im Rahmen eines internat Versendgskaufes beurteilen sich vom Grenzübertritt im BestLand an n dessen Vorschr, bis zu diesem Ztpkt entsch das R des Absendestaates, Koblenz RIW **89**, 384, Soergel-Kegel Rdz 569 v EG 7, Ferid IPR Rdz 7–77, hM, teilw abw (f stärkere Berücksichtigg des PartWillens dch Zulassg einer RWahl) Drobnig RabelsZ **68**, 469, ders Fschr f Kegel (1977) 147, Drobnig/Kronke, Dtsche Landesreferate aaO 101, Stoll RabelsZ **74**, 450, Staud-Stoll Rdz 277ff. Zum R der Mobiliarsicherh im Ausland vgl Stumpf, EigtVorbeh u SichergsÜbertragg im Ausland (1980); Witz NJW **82**, 1897 u Depser AWD **84**, 177 (z neuen frz RZustd); Schilling, Besitzlose Mobiliarsicherheiten S 79ff. Ist der EigtVorbeh nur n der R des BestLandes zul, so ist die Vereinbg des EigtVorbeh iZw auf das Recht des BestLandes z beziehen; der EigtVorbeh erlangt dann mit Grenzübertritt im BestLand Wirksk n diesem Recht, vgl BGH **45**, 95 (wonach diese RWirkg erst mit Eintreffen beim Käufer entsteht; dies könnte im konkreten Fall allenfalls damit begründet werden, daß wg der sachenr Vorprägg dch das früh BelegenhStatut eine Rückübereigng dch den Käufer erfdl ist, vgl BGH aaO 101, LG Hbg IPRspr **78** Nr 42; vgl auch Behr AWD **78**, 495). Die Wirksamk eines verlängerten EigtVorbeh dch SichergsAbtretg richtet sich n dem VertrStatut, das f die RBeziehgen zw VorbehVerk u VorbehKäufer gilt, abw LG Hbg IPRspr **80** Nr 53, Staud-Stoll Rdz 292, MüKo-Kreuzer n EG 12 Anh I Rdz 93 (R am Sitz des VorbehKäufers). **d)** Bei **Sachen,** die sich **im Transport** befinden (res in transitu), bleibt das R bloßer Dchgangsländer grdsl unberücksicht, sofern es sich nicht um ges PfdRechte, zB der TransportUntern, od um örtl VollstrAkte handelt; Verfügen über die im Transport befindl Sache sind grdsl n dem R des BestLandes z beurteilen, Ferid IPR Rdz 7–83, Kegel IPR § 19 IV, MüKo-Kreuzer n EG 12 Anh I Rdz 127, sehr str, aM zB Staud-Stoll Rdz 309f (f RWahl zw Absende- u BestLand), Raape IPR § 60 III (f alternative Anwendg des R v Absende-, Dchgangs- u Empfangsland). – Gewerbl **Transportmittel** sind grdsl n dem R des Ortes z beurteilen, v dem aus sie eingesetzt werden, Soergel-Kegel Rdz 574 v EG 7, Drobnig Fschr f Kegel (1977) 144; abw MüKo-Kreuzer n EG 12 Anh I Rdz 131 ff, der n der Art des VerkMittels unterscheidet. Bei dtschen Reg eingetragenen Schiff richtet sich Erwerb u Verlust des Eigt n dtschem Recht, § 1 II SchiffsRG v. 15. 11. 40, vgl Anm 2. Für die Entstehg ges PfdRe u f VollstrAkte gilt auch bei Transportmitteln das R des jew Lageorts, Soergel-Kegel Rdz 360 v EG 7. – Für **Reisegepäck** u individuelle **Verkehrsmittel** gilt grdsl das R des Heimatorts, soweit nicht am Reiseort Tatbestände mit Binnenbezug verwirklicht w, Müller AWD **82**, 461, aM MüKo-Kreuzer n EG 12 Anh I Rdz 178.

5) Enteignung

Schrifttum: Seidl-Hohenveldern, Internat Konfiskations- u EnteigngsR, 1952; Wuppermann, Internat Enteigng im Brennpkt richterl Nachprüfg, AWD **73**, 505; Behrens, RFragen im chilenischen Kupferstreit, RabelsZ **73**, 394; Fickel, EnteigngsR u IPR, AWD **74**, 69; ders, Z Entwicklg des EnteigngskollisionsR, AWD **74**, 584; Seidl-Hohenveldern, Spaltgstheorie u BVerfG, JZ **75**, 80; ders, Die RBeständgk der Spaltgstheorie, AWD **76**, 133; Teich, Die Spaltgstheorie ist hM in der dtschen Rspr u Literatur, WPM **76**, 1322; Flume, JP u Enteigng im IPR, Fschr f Mann (1977) 143; Seidl-Hohenveldern, Internat EnteigngsR, Fschr f Kegel (1977) 265; Kegel/Seidl-Hohenveldern, Z Territorialitätsprinzip im internat öff R, Fschr f Ferid (1978) 233; Wiedemann, Entwicklg u Ergebn der RSpr z den Spaltgesellsch, Fschr f Beitzke (1979) 811; ders, GesellschR I (1980) § 15 II; Hahn, Konfiskation v MitgliedschRen, Fschr f Beitzke (1979) 491; Behrens, Multinat Untern im Internat EnteigngsR der BRep Deutschland, 1980; Mann, Der konfiszierende Staat als GesamtRNachfolger, Fschr f Zweigert (1981) 275; Coing, Z Nationalisierg in Frankreich, WPM **82**, 378; Einsele, Rest- bzw Spaltgesellsch auch bei Entschädigg? RabelsZ **87**, 603.

a) Eine im **Ausland** erfolgte Enteigng ist zwar grdsl als wirks anzuerkennen, sie entfaltet aber keine Wirkgen über die Staatsgrenzen hinaus u ergreift nur Verm, das zum Ztpkt der Enteigng der GebietsHoh des enteigndn Staates unterliegt **(Territorialitätsprinzip)**, BGH **25**, 134, **32**, 99, 256, **39**, 220, LG Hbg AWD **73**, 163, Einsele RabelsZ **87**, 614, einschränkd Behrens (1980) 86f, Coing WPM **82**, 378 (nur bei entschädiggsloser Konfiskation); für differenziertere AnerkenngsVoraussetzgen MüKo-Kreuzer, Nach Art 12 Anh III Rdz 16ff. Für die Belegenh einer Fdg ist der Wohns des Schu maßg, BGH **5**, 35, **25**, 139, eine hyp gesicherte Fdg kann aber auch am Ort des belasteten Grdst belegen sein, BGH **LM** EG 7ff (Enteigng) Nr 23 (typ Realkredit); zu den Auswirkgen einer Enteigng im HypR vgl im übr unten b. Die Beschlagn der Fdg eines dtschen Gl gg ausländ Schu führt nicht zum Erlöschen der Fdg gg inländ Bürgen, BGH **31**, 168, **32**, 97. Auch ein MitSchu wird dch enteigngsbedgt Verlust der RückgrMöglk nicht ohne weiteres frei, BGH MDR **58**, 88. Bestehen bei der Enteigng irgndw Anhaltspkte für eine Gefahr doppelter Inanspruchn des inländ Schu, kann diesem ein LeistgsVerweigersR aus § 242 zustehen, BGH **23**, 333, **25**, 152, NJW **53**, 861, MDR **55**, 404. Eine Enteigng des Schu befreit diesen nicht von seinen Verbindlk, BGH Betr **62**, 768, Hilfe allenf über § 242 (Wegf der GeschGrdl, VertrHilfe) mögl, Soergel-Kegel vor EG 7 Rdz 861. Eine JP, die in ihrem Heimatstaat enteignet wird, besteht in der BRep hins des hier belegenen Verm als selbstd JP in Form einer sog Rest- od **Spaltgesellschaft** (zu den Begr vgl BGH **33**, 199) fort, BGH **20**, 4, **25**, 134, **33**, 199, **43**, 55, WPM **84**, 1372 (einen RsprÜberblick gibt Wiedemann Fschr f Beitzke (1979) 811), vgl ferner Ebenroth JZ **88**, 86, Einsele RabelsZ **87**, 603; krit Koppensteiner, Berichte der dtschen Gesellsch f VölkerR 13 (1974) 65, Czapski AWD **75**, 697, Flume Fschr f Mann (1977) 143, einschränkd Coing WPM **82**, 378 (grdsl nur bei entschädiggsloser Enteigng). Sie kann auch solche VermWerte beanspr, die erst nach der Enteigng in die BRep gelangt sind, LG Hbg AWD **74**, 411, abl Meessen AWD **73**, 177. Macht der enteigndne Staat eine gg die enteignete Gesellsch begründete Fdg nunmehr gg die SpaltG geltd, so kann dies rechtsmißbräuchl sein, BGH **56**, 66. Auch die Enteigng aller od fast aller MitglschRe an einer JP od die Absetzg ihrer Organe dch HohAkt wirkt nicht über den Enteignerstaat hinaus, BGH **25**, 134, **32**, 256 m Anm Seidl-Hohenveldern JZ **60**, 705, BAG AP IPR Nr 2, dazu auch Beitzke JZ **56**, 673, Hahn Fschr f Beitzke (1979) 491; eine SpaltG entsteht jedoch nur, wenn der enteignde Staat so viele MitglschRe besitzt, daß er das Untern vermögens- u verwaltgsm beherrscht, BGH WPM **71**, 1502; dies ist nicht der Fall, wenn nahezu die Hälfte der Anteile im PrivBes bleiben, BGH AWD **77**, 779, krit dazu Teich AWD **78**, 11, Hahn Fschr Beitzke (1979) 498. Bei völl Enteigng geht Sitz im Enteigngsstaat verloren, zur Neubegründg eines inländ Sitzes ist konstitutiver Akt (zB Beschl der zust Organe) erforderl, BGH **33**, 204, BGH **LM** UWG 16 Nr 40a, vgl auch BGH JZ **63**, 360; Rechte der Mitgl aber überall dort belegen, wo Gesellsch Verm besitzt, vgl BGH **20**, 13, LG Hbg AWD **74**, 410, Serick JZ **56**, 200. Auch die Beschlagn von in dtscher Hand befindl JP im Ausland in u nach dem 2. Weltkrieg erstreckt sich nicht auf im VermWerte, sofern eine solche Erstreckg nicht dch AO der BesatzgsBeh od StaatsVertr erfolgt ist, BGH **25**, 127, BGH **LM** ÜberleitVertr Nr 3, WPM **76**, 1268, ferner Kuhn WPM **56**, 2. Dch Art 3 des VI. Teils des ÜberleitVertr, BGH **25**, 127, u Art 1 I (a), 2 I (a) AHKG 63, BGH **62**, 340, dazu Seidl-Hohenveldern JZ **75**, 80, wird die nachträgl Wirksk v Beschlagn, die bis zum Inkrafttr der Best noch nicht vollzogen waren, jedoch nicht begründet. Zur Haftg des enteigndn Staates für die Verbindlk des betr Untern vgl Mann Fschr f Zweigert (1981) 275. — Eine entschädiggslose Enteigng verstößt bei Vorliegen der erfdl Inlandbeziehg gg den dtschen **ordre public**, Art 6 S 2 iVm GG 14, BGH **104**, 244 (vgl dazu Art 6 Anm 5b), KG NJW **88**, 343, vgl dazu Einsele RabelsZ **87**, 618. Dagg genügt nach LG u OLG Brem AWD **59**, 105, 207 (indones Tabakstreit) u LG Hbg AWD **73**, 163 (chilen Kuperferstreit) Völkerrechtswidrigk nicht, um Verstoß gg ordre public zu bejahen, Voraussetzg ist vielm auch eine enge Beziehg zu dtschen Interessen, vgl zur letzten Entsch Meessen AWD **73**, 177 u **74**, 494, Wuppermann AWD **73**, 505, Fickel AWD **74**, 69 u 584, krit Seidl-Hohenveldern AWD **74**, 421, ders Fschr f Kegel (1977) 265, Behrens RabelsZ **73**, 428. Zur völkerrechtswidr Enteigng Mann NJW **61**, 705 u Fschr f Duden (1977) 287, Wehser JZ **74**, 117.

b) Diese Regeln gelten auch im **innerdeutschen** KollisionsR. Zum Grds, daß Enteigngen u Beschlagn dch die DDR nicht über ihr Territorium hinaus wirken, BGH **5**, 37, **20**, 4 (betr Enteigng v MitglschRen an einer GmbH), **23**, 336, **31**, 168, vgl jetzt auch Art 6 GrdVertr u dazu Drobnig RabelsZ **73**, 493; zum Verstoß einer entschädiggslosen Enteigng gg den ordre public, vgl BGH NJW **89**, 1352 gg KG NJW **88**, 341. Ist ein Firmenname einem volkseigenen Betr in der DDR verliehen, so verstößt sein Gebr in der BRep gg Art 6, wenn hier das Unternehmen v seinem bish Inh unter demselben Namen weitergeführt w (Zeiß-Jena), BGH MDR **58**, 154. Setzen dann beide Unternehmen ihre Produktion unter der Bezeichnung fort, die schon vor der Enteigng VerkGeltg hat, so hat diese nur Bedeutg f den Betr des rechtmäß Inh in der BRep, BGH NJW **61**, 1919. Zur Erhaltg des Kennzeichnungsschutzes muß ein in der DDR enteignetes Unternehmen seine GeschTätgk in der BRep innerh eines solchen ZtRaums wieder aufnehmen, daß Stillegg noch als vorübergehde Unterbrechg angesehen w kann, BGH **LM** UWG 16 Nr 40a. Der in der DDR übernehmde Betr kann nicht Verwirkg geltd machen, BGH **34**, 345 m Anm Bock **LM** EG 7ff (IzPR) Nr 44, u ohne Einwilligg des

EGBGB 39–53a *Art. 38 Heldr.; Art. 50 Heinr.; Art. 51 Diederichsen; Art. 52–53a Bassenge*

Inh auch die KennzeichngsRe in der BRep nicht verwenden, BGH **LM** UWG 16 Nr 41/42. Verlegen zwei in der DDR enteignete Unternehmen ihren Sitz in die BRep, so kann zZ der Enteigng bestehde Fdg des einen Unternehmens gg das and im Westen geltd gemacht w, wenn Schu damals WestVerm besaß, BGH MDR **72**, 494. Vorstehde Grdse gelten auch für Eingr, die zwar nicht als Enteigng bezeichnet werden, nach Tendenz u Wirkg aber einer solchen gleichzuachten sind, BGH **LM** RTAG Nr 1, KG NJW **88**, 341, ebso f öffr VfgBeschrkgen (zB devisenr Art), die ledigl staatl Interessen dienen, BGH **31**, 367, aA Ffm NJW **72**, 398 m krit Anm Kohler, sowie Hirschberg ROW **72**, 55. Zum DevisenR der DDR Zieger AWD **75**, 1. – Zur Rest- u Spaltgesellsch bei DDR-Enteigngn vgl BGH **LM** RTAG Nr 1, IPRspr **81** Nr 8, WPM **84**, 491, 698 u 1372, **85**, 126, BayObLG **85**, 208, **87**, 29, Serick RabelsZ **55**, 99, Flume Fschr f Mann (1977) 154, Großfeld/Lohmann IPRax **85**, 324.

EG 39–EG 49 (Vom Abdruck dieser ÄndVorschriften wurde abgesehen.)

Zweiter Teil. Verhältnis des Bürgerlichen Gesetzbuchs zu den Reichsgesetzen

EG 50 *Grundsatz.* Die Vorschriften der Reichsgesetze bleiben in Kraft. Sie treten jedoch insoweit außer Kraft, als sich aus dem Bürgerlichen Gesetzbuch oder aus diesem Gesetze die Aufhebung ergibt.

1) Die Vorschr, die fr Art 32 war u dch das IPRG Art 1 Nr 6 ihren neuen Standort erhalten hat, hat kaum noch prakt Bedeutg. Welche ReichsGes das BGB aufgeh hat u welche nicht, ist inzw geklärt. Weitergeltde Ges aus der Zeit vor dem 1. 1. 1900 sind grdsl so zu behandeln, wie wenn sie mit dem BGB u dem EG in einem Ges enthalten wären (RG **63**, 349, KG NJW **58**, 28).

EG 51 *Verwandtschaft und Schwägerschaft.* Soweit in dem Gerichtsverfassungsgesetze, der Zivilprozeßordnung, der Strafprozeßordnung, der Konkursordnung und in dem Gesetze, betreffend die Anfechtung von Rechtshandlungen eines Schuldners außerhalb des Konkursverfahrens, vom 21. Juli 1879 (Reichsgesetzbl S. 277) an die Verwandtschaft oder die Schwägerschaft rechtliche Folgen geknüpft sind, finden die Vorschriften des Bürgerlichen Gesetzbuchs über Verwandtschaft oder Schwägerschaft Anwendung.

1) Art 51, bish Art 33, ist **Sondervorschrift** und bezieht sich nur auf die in ihm genannten Gesetze. Aus diesen kommen in Frage: GVG 155 I 3 und II 3, ZPO 41 Nr 3, 49, 383 I 3, 408, StPO 22 Nr 3, 31, 52 I 3, 61 Nr 2, 72, 361 II, KO 31 Nr 2, 40 II Nr 2, AnfG 3 I 2. – Wg der Begriffe Verwandtsch u Schwägersch vgl §§ 1589, 1590, 1719, 1754ff, 1767 II, 1770. Zum Begriff des **Angehörigen** vgl StGB 11, DepotG 36, RVO 508, 1277, 1289. Auf and, **vor dem BGB erlassene Reichs- und Landesgesetze** kann Art 51 nicht, auch nicht sinngem angewendet w. Dies betrifft namentl das StGB (RGSt **60**, 246 stRspr), obwohl auch hier die Begriffe im wesentl entsprechd dem BGB ausgelegt w (Schönke-Schröder-Eser, StGB 11 Rz 6ff). Für die **nach dem BGB erlassenen** Reichs- u Landesgesetze gelten grdsl die Begr des BGB (Staud-Winkler Anm 24, 26); beachte aber zB BKGG 2 I u HöfeO BrZ 5, 6.

EG 52 *Rechte Dritter bei Enteignungsentschädigung.* Ist auf Grund eines Reichsgesetzes dem Eigentümer einer Sache wegen der im öffentlichen Interesse erfolgenden Entziehung, Beschädigung oder Benutzung der Sache oder wegen Beschränkung des Eigentums eine Entschädigung zu gewähren und steht einem Dritten ein Recht an der Sache zu, für welches nicht eine besondere Entschädigung gewährt wird, so hat der Dritte, soweit sein Recht beeinträchtigt wird, an dem Entschädigungsansprüche dieselben Rechte, die ihm im Falle des Erlöschens seines Rechtes durch Zwangsversteigerung an dem Erlöse zustehen.

EG 53 [I] Ist in einem Falle des Artikel 52 die Entschädigung dem Eigentümer eines Grundstücks zu gewähren, so finden auf den Entschädigungsanspruch die Vorschriften des § 1128 des Bürgerlichen Gesetzbuchs entsprechende Anwendung. Erhebt ein Berechtigter innerhalb der im § 1128 bestimmten Frist Widerspruch gegen die Zahlung der Entschädigung an den Eigentümer, so kann der Eigentümer und der Berechtigte die Eröffnung eines Verteilungsverfahrens nach den für die Verteilung des Erlöses im Falle der Zangsversteigerung geltenden Vorschriften beantragen. Die Zahlung hat in diesem Falle an das für das Verteilungsverfahren zuständige Gericht zu erfolgen.

[II] Ist das Recht des Dritten eine Reallast, eine Hypothek, eine Grundschuld oder eine Rentenschuld, so erlischt die Haftung des Entschädigungsanspruchs, wenn der beschädigte Gegenstand wiederhergestellt oder für die entzogene bewegliche Sache Ersatz beschafft ist. Ist die Entschädigung wegen Benutzung des Grundstücks oder wegen Entziehung oder Beschädigung von Früchten oder von Zubehörstücken zu gewähren, so finden die Vorschriften des § 1123 Abs. 2 Satz 1 und des § 1124 Abs. 1, 3 des Bürgerlichen Gesetzbuchs entsprechende Anwendung.

EG 53a [I] Ist in einem Falle des Artikels 52 die Entschädigung dem Eigentümer eines eingetragenen Schiffs oder Schiffsbauwerks zu gewähren, so sind auf den Entschädigungsanspruch die Vorschriften der §§ 32, 33 des Gesetzes über Rechte an eingetragenen Schiffen und Schiffsbauwerken vom 15. November 1940 (Reichsgesetzbl. I S. 1499) entsprechend anzuwenden.

II Artikel 53 Abs. 1 Satz 2, 3 gilt entsprechend.

1) EG 52–53a enthalten keinen allg. RSatz, der auch bei Enteignung nach LandesR gilt (RG **94**, 20). – SonderVorschr (zB BauGB 97 IV, FlurBG 72) gehen vor.

EG 54 (Gegenstandslos; vgl jetzt SchBG 12, 14).

Dritter Teil. Verhältnis des Bürgerlichen Gesetzbuchs zu den Landesgesetzen

Vorbem. Die Anpassg des LandesR an das BGB (u FGG) ist meist in AusfGes der Länder zum BGB (zT zum FGG gesondert) erfolgt. Die Änderg der Ländergrenzen führten zu einer gewissen Gemengelage, die jedoch in der Mehrzahl der Länder dch Erlaß neuer AusfGes bereinigt ist. Es gelten heute im wesentl: **1. Bayern:** AGBGB v 20. 9. 82 BayRS 400-1-J. – **2. Baden-Württemberg:** AGBGB v 26. 11. 74 GBl 498 zuletzt geänd dch G vom 30. 11. 87 GBl S 534 u FGG 12. 2. 75 GBl 116 zuletzt geänd dch G vom 30. 11. 87 GBl S 534. – **3. Berlin:** Pr AGBGB 20. 9. 99 GVBl Sb I 400–1, zuletzt geändert dch G vom 30. 10. 84 GVBl 1541; pr FGG 21. 9. 99 Sb I 3212-1 mit Ändergen. – **4. Bremen:** AGBGB 18. 7. 99 Sgl 400–a–1. – AGFGG 12. 5. 64 Slg 315–a–1. – **5. Hamburg:** AGBGB idF 1. 7. 58 GVBl 195. – **6. Hessen:** AGBGB vom 18. 12. 84 GVBl 344, FGG 12. 4. 54 GVBl II 250–1. – **7. Niedersachsen:** AGBGB 4. 3. 71 GVBl 73 idF des ÄndG 14. 7. 72 GVBl 387, FGG 24. 2. 71 GVBl 44 idF des G v 1. 6. 82 GVBl 137. – **8. Nordrhein-Westfalen:** Pr AGBGB 20. 9. 99 GS 176, Pr FGG 21. 9. 99 GS 249. – **9. Rheinland-Pfalz:** AGBGB 18. 11. 76 GVBl 259. – **10. Schleswig-Holstein:** AGBGB 27. 9. 74 GVBl 357. – **11. Saarland:** Pr AGBGB 20. 9. 99 GS 176, Pr FGG 21. 9. 99 GS 249 idF des G v 13. 11. 74 ABl 1011.
Zu den einz Vorbehalten der Art 56–152, dem diesbezügl LandesR u dessen Entwicklg vgl die eingehden Darstellgen in der 10./11. Auflage des Staudinger.

EG 55 *Grundsatz.* **Die privatrechtlichen Vorschriften der Landesgesetze treten außer Kraft, soweit nicht in dem Bürgerlichen Gesetzbuch oder in diesem Gesetz ein anderes bestimmt ist.**

1) Grundsatz. Das BGB enthält im Verh zum LandesR eine grdsl abschließde Kodifikation des PrivR. Sow nicht Vorbehalte zG des LandesR bestehen, sind alle privatrechtl LandesGes außer Kraft getreten; neue privatrechtl Vorschr konnten u können die Länder nur im Rahmen der bestehden Vorbehalte erlassen. Unberührt bleibt das LandesR, sow es dem öffR angehört. Das LandesR kann daher öff Eigt vorsehen (BVerwG **27**, 131). Für die Abgrenzg von PrivR u öffR (Einl I 2 vor § 1) kommt es im Rahmen des Art 55 darauf an, was bei Erlaß des BGB als öff od PrivR angesehen worden ist (Soergel-Hartmann Rdn 2). Das ArbR w von Art 55 nicht mehr erfaßt, da es sich zu einem Sonderrechtsgebiet verselbständigt hat (BVerfG **7**, 350, NJW **88**, 1899, str, aA MüKo/Säcker Rdn 1 Fn 3).

2) Nicht aufgeh ist das LandesR, sow das BGB (§§ 44, 85, 907, 919, 1784, 1807, 1808, 1888, 2194, 2249) od das EG (Art 56–152) **Vorbehalte** enthalten. Die Vorbehalte betreffen zT ganze RMaterien, zT auch nur einz Fragen. Einige Vorbehalte sind dch spätere Reichs- oder BundesGes überholt (s bei den einz Vorschr).

EG 56 *Staatsverträge.* **Unberührt bleiben die Bestimmungen der Staatsverträge, die ein Bundesstaat mit einem ausländischen Staate vor dem Inkrafttreten des Bürgerlichen Gesetzbuchs geschlossen hat.**

1) Die dch EG 56 aufrecht erhaltenen Vertr gelten weiter. Sie sind nicht dch das Ges vom 30. 1. 34 (Übergang der LandesHoh auf das Reich) aufgeh worden, da gült VölkerVertrR dch innerstaatl R nicht einseit beseitigt w kann (Soergel-Hartmann Rdn 3, aA RG JW **36**, 3198).

EG 57, 58 (Betrafen SonderR der landesherrl Häuser und des hohen Adels; ggstandslos.)

EG 59–63 (aufgeh dch Nichtaufnahme in BGBl III)

1) Familienfideikommisse u sonstige gebundene Vermögen sind seit dem 1. 1. 1939 erloschen: G v 6. 7. 38 (BGBl III 7811–2) mit DVO v 20. 3. 39 (BGBl III 7811–2–1) u ÄndG v 28. 12. 50 (BGBl III 7811–4) idF des G v 3. 8. 67 (BGBl I 839). Dadch wurden sie freies Vermögen des letzten FideikBesitzers, der aber bis zur Erteilg des FideikAuflösgsscheins nach Maßg des § 11 G v 6. 7. 38 vfgsbeschränkt ist, sofern das FideikGericht keine Befreiung od Gen erteilt (§ 24 aaO). Diese VfgsBeschränkg ist heute noch zu beachten (vgl Zweibr OLGZ **81**, 139). – Formelles AuflösgsR: G v. 26. 6. 35 (BGBl 7811–1) mit DVO v 24. 8. 35 (BGBl III 7811–1–1). – Zur Auflösg vgl v Bar/Striewe, Zeitschr für neuere RGeschichte **81**, 184.

2) Aufhebung des Auflösungsrechts: *BaWü* G v. 21. 11. 83 (GBl 693).

EG 64 **Anerbenrecht.** I Unberührt bleiben die landesgesetzlichen Vorschriften über das Anerbenrecht in Ansehung landwirtschaftlicher und forstwirtschaftlicher Grundstücke nebst deren Zubehör.

II Die Landesgesetze können das Recht des Erblassers, über das dem Anerbenrecht unterliegende Grundstück von Todes wegen zu verfügen, nicht beschränken.

1) Bedeutung des Vorbehalts. Das in den Ländern historisch, aber uneinheitl gewachsene bäuerl ErbR, dessen Ziel es ist, daß ein landwirtschaftl Hof nebst Zubehör u Bestandteilen zur Erhaltg der wirtschaftl Einheit stets nur einem Erben (dem Anerben) zufällt, soll erhalten werden, I; die Landesrechte können aber nicht mehr das R des Erbl zur Vfg vTw über das dem AnerbenR unterliegende Grdst beschränken, II. Der Vorbehalt wird also dch die Gewährleistg der TestierFreih wesentl eingeschränkt (s Anm 3) u ist iü unanwendb, soweit das AnerbenR heute dch BundesR (GrdstVG, HöfeO) geregelt ist (s Anm 2). – **Anerbenrecht** ist hier weit zu verstehen u umfaßt jede rechtl Ausgestaltg der Hofnachfolge, also sowohl die unmittelbare dch Sondererbfolge außerh des BGB (HöfeR i. e. S) als auch die mittels eines ÜbernahmeRs ggü den Miterben bei der Erbteilg (AnerbenR i. w. S). – Die Vorschr ist weder dch das RErbhofG noch dch KRG 45 außer Kraft gesetzt worden, also nach wie vor geltendes R (str).

2) Die Anerbenrechte der Länder waren dch das RErbhofG vom 29. 3. 33 (RGBl I 685) u die dazu erlassenen VOen (mit geringen Ausn) vorübergehend außer Kraft gesetzt worden. An ihre Stelle trat zwangsweise für alle „Erbhöfe" im ganzen Reichsgebiet ein einheitl AnerbenR, das die TestierFreih des Erbl weitgehend beseitigte u die Rechte der weichenden Erben zugunsten des Hoferben stark einschränkte. Der Vorbehalt des I war damit weitgehend überholt. Durch **Kontrollratsgesetz Nr 45** vom 20. 7. 47 (ABl KR 256) Art I wurde die gesamte Erbhofgesetzgebg aufgehoben u das am 1. 1. 33 geltende LandesR wieder in Kraft gesetzt, soweit es nicht gesetzl Vorschr des Kontrollrats widersprach (Art II, III); gleichzeit wurden die Zonenbefehlshaber ermächtigt, Abänderg- u Durchführgsbestimmgen zu erlassen. Von dieser Befugn wurde in der *amerik u franz Zone* kein Gebrauch gemacht, so daß dort entw das alte LandesR (soweit vorhanden) wieder galt od neue LandesGe erlassen werden konnten. In der *brit Zone* erging dagg dch VO Nr 84 vom 24. 4. 47 der Brit Militärregierg eine *HöfeO* (VOBl BRZ 33). – Das KRG 45 hat seine Wirksamk (mit Ausn der ÜbergangsVorschr in Art XII 2) am 1. 1. 62 aGrd des GrdstVG v 28. 7. 61 (BGBl 1091) verloren. Die Fortgeltg der aGrd KRG 45 II wieder in Kraft gesetzten Vorschr blieb jedoch unberührt (GrdstVG 39 III).

a) Die Höfeordnung der *brit Zone* wurde mit dem am 1. 7. 76 in Kr getretenen 2. G zur Änderg der HöfeO (BGBl I 881) novelliert, wobei die Zuständigk des Bundes aus GG 74 Nr 1 hergeleitet wurde. Das damit eingeführte fakultative HöfeR gilt seit 1. 7. 76 als partielles BundesR (GG 72 II Nr 3) in den Ländern der früh *brit Zone* **Hamburg, Niedersachsen, Schleswig-Holstein** und **Nordrhein-Westfalen.** Der Anerbenfolge unterliegen danach alle Höfe, sofern sie einen WirtschWert von 20000 DM aufwärts haben (§ 1). Eine landwirtsch od forstwirtsch Besitzg von weniger als 20000 DM, mind jed 10000 DM WirtschWert wird Hof, wenn der Eigtümer erklärt, daß sie Hof sein soll u der Hofvermerk im GrdBuch eingetragen wird (§ 1 I, III, VI, VII, §§ 2ff HöfeVfO). Eine partielle HofErkl in dem Sinn, daß einzelne Grdst ausgenommen werden können, ist nicht mögl (BGH **106**, 245; bestr). Eine Höferolle gibt es nicht. Über Bestandteile des Hofes s § 2 (dazu Nordalm, AgrarR **77**, 108), über Hofzubehör § 3. – **Erbfolge:** Die HofErkl ist nicht als Vfg vTw anzusehen (BGH AgrarR **76**, 350). Zur gesetzl HoferbenO s §§ 4; 5 Nr 3; 6; 9 I. Zu § 6 I 1 Nr 3 s NRW-VO zur Feststellg des Erbbrauchs vom 7. 12. 76 (GVNW 426). Zur Bestimmg des HofE dch den Eigentümer auf Vfg v Tw od ÜbergabeVertr s §§ 7; 8 II. Die sog formlose Hoferbenbestimmg regelt § 7 II; ist sie nach einem ErbVertr mögl, ist zur Umschreibg des Grundbesitzes nach GBO 35 Hoffolgezeugn erforderl (Oldbg Rpfleger **89**, 95). Zur Vererbg nach BGB s § 10 u dazu Herminghausen, Testierfreih für hoffreies Verm, RdL **79**, 57, 113. – **Verlust** der Hofeigensch tritt dch „negative" HofErkl u Löschg des Hofvermerks im GB ein (§ 1 IV–VII). Er führt zum Ausschluß der Sondererbfolge, und wenn zuvor der Eigentümer den HofE bindend bestimmt hatte (BGH FamRZ **88**, 497; NJW **88**, 710 mAv Otte 672). Welche Rechte sich für den Begünstigten dann ergeben, hängt von der Art der jeweils eingegangenen Bindg ab (ÜbergabeVertr od -VorVertr; ErbV; vgl BGH aaO). – Die HöfeO gehört zu den bes Vorschr iS von EG 3 III (BGH **LM** Nr 1 zu EG 28 aF; EG 3 Anm 4c; Steffen RdL **80**, 257; Stöcker WM **80**, 1134). – **Übergangsvorschriften** s 2. HöfeOÄndG Art 3 §§ 1–5; BGH NJW **80**, 2782.

b) Landesrechtliche Sonderregelungen gibt es nur in 4 Bundesländern. Kein AnerbenR kennen *Bayern* (dazu Mü Rpfleger **81**, 103), *Berlin* und das *Saarland.* Landesgesetze gelten dagg: In **Bremen** das HöfeG idF vom 19. 7. 48 (GBl 124) mit 2 VOen vom 19. 7. 48 (GBl 128, 129), geändert dch G vom 19. 10. 65 (GBl 134) u vom 23. 2. 71 (GBl 14). – In **Hessen** die Hess LandgüterO idF vom 13. 8. 70 (GVBl 548); dazu Weimann AgrarR **78**, 188. – In **Rheinland-Pfalz** die HöfeO vom 7. 10. 53 idF vom 18. 4. 67 (GVBl 138) mit DVO idF vom 27. 4. 67 (GVBl 147) u LVO üb die Höferolle idF vom 14. 3. 67 (GVBl 144) mit Änd vom 29. 10. 68 (GVBl 246). – Die 3 Landesteile von **Baden-Württemberg** haben jeweils eigene Vorschriften. Im *früh Land Baden* gilt das G, die geschlossenen Hofgüter betreffend vom 20. 8. 1898 (GVBl 405) idF des WiedereinführgsG vom 12. 7. 49 (GVBl 288), geändert dch GrdstVG 39 II Nr 24; G vom 7. 12. 65 (GBl BaWü 301) u vom 30. 6. 70 (GBl BaWü 289); im *früh Land Württemberg-Baden* das AnerbenrechtsG vom 2. 12. 30 (RegBl 5) idF vom 30. 7. 48 (RegBl 165), geändert dch G vom 7. 12. 65 (GBl BaWü 301) u vom 30. 6. 70 (GBl BaWü 289), in Nordwürttemberg wieder in Kraft seit 24. 4. 47, auf Nordbaden ausgedehnt am 1. 8. 48; im *früh Land Württemberg-Hohenzollern* das AnerbenG vom 14. 2. 30, gleichfalls wieder eingeführt dch G vom 13. 6. 50 (RegBl 249), damals allerd noch mit Ausn des Art 6 und neu gefaßt dch G vom 8. 12. 50 (RegBl 279), geändert dch G vom 30. 1. 56 (GBl BaWü 6), vom 7. 12. 65 (GBl BaWü 301), vom 30. 6. 70 (GBl BaWü 289) u vom 25. 11. 85 (GBl BaWü 385); mit den weiteren Änd dch das letzte G (insbes Art 6) stimmt die RLage in Süd- u Nord-Württemberg wieder überein.

c) Verfassungsmäßigkeit. Die geltenden Anerbenrechte sind mit GG 14 vereinbar (Staud/Promberger/ Schreiber Rz 157). Ein Vorrang des männl Geschlechts bei der Anerbfolge ist allerd verfwidrig (BVerfG **15**, 339 für die HöfeO aF). S jü zu AnerbR u Verfassg Staud/Promberger/Schreiber Rz 153ff; Wöhrmann/ Stöcker Einl Rz 15ff; auch BGH NJW **77**, 1923.

d) Für das Verfahren in Landwirtschaftssachen gelten das LwVG sowie landesrechtl Vorschriften.

3) Gewährleistung der Testierfreiheit (II). Ist landesrechtl eine Hoferbenordng aufgestellt, kann der Erbl gleichwohl den ungeteilten Übergang des Hofes ausschließen (str), aber auch nur einen anderen als den gesetzl Anwärter zum Hoferben bestimmen (Staud/Promberger/Schreiber Rz 34ff). Auch das in *BaWü*, früh Land *Wü-Hohenzollern* geltende AnerbenG (s Anm 2b) gestattet nunmehr in dem dch G vom 25. 11. 85 geänderten Art 6 II dem Erbl den Ausschluß des AnerbenRs od abweichende Bestimmungen dch Vfg vTw. Der Landesgesetzgeber kann aber nach eigenem Ermessen bestimmen, ob, unter welchen Voraussetzgen, nach welcher Berechngsart u in welcher Höhe etwas auszugleichen ist, wobei allerd GG 3 zu beachten ist (Herminghausen NJW **62**, 1381).

EG 65 *Wasserrecht.* Unberührt bleiben die landesgesetzlichen Vorschriften, welche dem Wasserrecht angehören, mit Einschluß des Mühlenrechts, des Flötzrechts und des Flößereirechts sowie der Vorschriften zur Beförderung der Bewässerung und Entwässerung der Grundstücke und der Vorschriften über Anlandungen, entstehende Inseln und verlassene Flußbetten.

Schrifttum: Breuer, Öff u priv WasserR, 2. Aufl 1987. – Lersner-Roth, Handb des dtsch WasserR. – Salzwedel in: v Münch, BesVerwR, 4. Aufl 1976. – Sievers, WasserR, 1964. – Wüstenhoff-Kumpf, Handb des dtsch WasserR, 1958ff. – Gröpper, RVerh des Meeresstrandes u der Territorialgewässer, SchlHA **66**, 49. – Vgl weiter Anm 2.

1) Das **Wasserrecht** ist teils Bundes- u teils LandesR. Es regelt für Gewässer ua das Eigt, die Benutzg (auch GemeinGebr), die Unterhaltg u die Haftg für Verschmutzg. Subsidiär gilt das BGB (vgl für GrdWasser § 905 Anm 1b; für VerkSichgPfl § 823 Anm 14).

2) Wichtigste Rechtsgrundlagen.

a) Bundesrecht: GG 89 mit G v 21. 5. 51 (BGBl I 352). – **BWasserstraßenG** v 2. 4. 68 (BGBl II 173); Komm: Mintzel, 1969; Friesecke, 2. Aufl 1981. – **WHG;** Komm: Gässler, 1977; Gieseke-Wiedemann-Cychowski, 4. Aufl 1985; Sieder-Zeitler-Dahme, 2. Aufl 1988. – **WasserverbandsG** v 10. 3. 37 (BGBl III Nr 753-2) mit **WasserverbandsO** v 3. 9. 37 (BGBl III Nr 753-1); Komm: Bochalli, 4. Aufl 1972. – **Wassersicherstellungs G** v 24. 8. 65 (BGBl I 1225). – **AbwasserabgabenG** v 5. 3. 87 (BGBl I 881).

b) Landesrecht. – **aa) Wassergesetze:** *BaWü* G idF v 1. 7. 88 (GBl 269); Komm: Habel-Kuckuck, 1982. – *Bay* G idF v 2. 2. 88 (GVBl 34); Komm: Sieder-Zeitler-Dahme 1969ff; Fritsche-Knopp-Manner-Zitzelsberger 1965ff; Zimniok, 2. Aufl 1971. – *Bln* G idF v 3. 3. 89 (GVBl 605). – *Brem* G v 1. 9. 83 (GBl 473) zuletzt geändert dch G v 9. 9. 86 (GBl 191). – *Hbg* G v 20. 6. 60 (GVBl 335) zuletzt geändert dch G v 29. 11. 77 (GVBl 363). – *Hess* G idF v 12. 5. 81 (GVBl 154). – *Nds* G idF v 28. 10. 82 (GVBl 426), zuletzt geändert dch Art 22 G v 30. 7. 85 (GVBl 246); Komm: Rehder, 4. Aufl 1971. – *NRW* G idF v 9. 6. 89 (GV 384). – *RhPf* G v 4. 3. 83 (GVBl 31). – *Saarl* G v 25. 1. 82 (ABl 129) zuletzt geändert dch G v 23. 1. 85 (ABl 229). – *SchlH* G idF v 17. 1. 83 (GVOBl 24); Komm: Thiem, 1. Aufl 1985. – **bb) Nachbarrechtsgesetze** (EG 124 Anm 2a); *Hess* 20ff. – *Nds* 38ff. – *SchlH* 27.

3) Rechtsprechung. – a) Eigentum: BWasserstraßen (BGH **28**, 37: Rhein; BGH **102**, 1: Schlei; BGH **49**, 68: Trave; BGH **27**, 152; **69**, 284: Weser); Meeresstrand (BGH **44**, 27; LG Kiel SchlHA **75**, 84); Seewasserstraßen u Küstenmeer (Schlesw SchlHA **80**, 147 u Nachw in BGH **47**, 117); Hafenbecken (BGH **93**, 113; SchleswHA **80**, 148); Sporthafen (Schlesw SchlHA **86**, 138); Gewässerbett bei Verlandg (Hamm Rpfleger **85**, 396). – **b) Anlandung:** BGH **27**, 291; **92**, 326 (Mosel); RG **131**, 60; BayObLG **80**, 141. – **c) Landverlust:** Celle MittBayNot **84**, 29; Bauch MittBayNot **84**, 1. – **d) Benutzung:** Verankern von Wohnbooten u Herstellg ortsfester Anlagen (Nachw bei Breuer Rdn 449); Kühlwasserentnahme (OVG Münst DÖV **73**, 792); Befahren priv Seen (Schlesw SchlHA **75**, 130); GemeinGebr (BGH **28**, 37; Brem VersR **77**, 327) u Jagdausübg (BGH **LM** WaStrVermG Nr 1, 2) an BWasserstraßen; Surfen (BayVGH VerwRspr **79**, 519); Motorboot (OVG Lüneb RdL **86**, 136).

EG 66 *Deich- und Sielrecht.* Unberührt bleiben die landesgesetzlichen Vorschriften, welche dem Deich- und Sielrecht angehören.

1) Bundesrecht: WHG 31; WasserVerbandsO v 3. 9. 37 (BGBl III 753-2-1) § 102. – **Landesrecht:** LWasserGe (EG 65 Anm 2b aa). – *Brem* VO v 15. 7. 39 (GBl 158), 3. 3. 49 (GBl 44), 26. 4. 41 (GBl 38). – *Hbg* DeichO v 4. 7. 78 (GVBl 317). – *Nds* DeichG idF v 16. 7. 74 (GVBl 387), zuletzt geändert dch Art 23 G v 5. 12. 83 (GVBl 281). – *SchH* VO v 19. 12. 80 (GVOBl 81, 2), zuletzt geändert dch VO v 19. 5. 83 (GVOBl 178); Schlesw SchlHA **64**, 93 (DeichnutzgsR).

EG 67 *Bergrecht.* **I** Unberührt bleiben die landesgesetzlichen Vorschriften, welche dem Bergrecht angehören.

II Ist nach landesgesetzlicher Vorschrift wegen Beschädigung eines Grundstücks durch Bergbau eine Entschädigung zu gewähren, so finden die Vorschriften der Artikel 52, 53 Anwendung, soweit nicht die Landesgesetze ein anderes bestimmen.

EGBGB 67–75 *Art. 67–69, 73, 74 Bassenge; Art. 75 Thomas*

Schrifttum: Piens/Schulte/Graf Vietzthum, BBergG, 1983. – Dapprich/Römermann, BBergG, 1983. – Boldt/Weller, BBergG, 1984.

1) Bundesrecht: BBergG v 18. 8. 80 (BGBl I 1310). VO über bergbaul Unterlagen, Einwirkgsbereiche u die Bergbauversuchsstrecke v 11. 11. 82 (BGBl I 1553). Festlandsockel-BergVO v 21. 3. 89 (BGBl I 554). G zur vorläuf Regelg des Tiefseebergbaus v 16. 8. 1980 (BGBl I 1457); geänd dch G v 12. 2. 82 (BGBl I 136). – **Landesrecht:** vgl BBergG 176. Ab 1. 1. 82 weitgehd aufgehoben dch BBergG aaO.

2) Bergschaden: BBergG 114 ff (dazu Schulte ZRP **79**, 169; BB **80**, 76; Nölscher NJW **81**, 2039). – Zur dingl Sicherg der Verpfl, Bergschäden ersatzlos zu dulden: § 1018 Anm 7, 1090 Anm 4 c.

3) Bergwerkseigentum ist ein dch staatl Verleihg entstehdes dingl NutzgsR, das zum Abbau von Bodenschätzen auf einem Grdst u zu ihrer Aneigng berect (BBergG 9 I). Es ist ein grdstgleiches R (BBergG 9 I) u beschr das R des GrdstEigtümers aus §§ 903, 905, nicht aber aus § 906 (RG **161**, 205).

EG 68 *Nichtbergrechtliche Mineralien.* Unberührt bleiben die landesgesetzlichen Vorschriften, welche die Belastung eines Grundstücks mit dem vererblichen und veräußerlichen Rechte zur Gewinnung eines den bergrechtlichen Vorschriften nicht unterliegenden Minerals gestatten und den Inhalt dieses Rechtes näher bestimmen. **Die Vorschriften der §§ 874, 875, 876, *1015, 1017 des Bürgerlichen Gesetzbuchs* finden entsprechende Anwendung.**

1) Statt §§ 1015, 1017 jetzt ErbbRVO 11. Salzabbau in *Nds* (G v 4. 8. 04, GVBl Sb III S 359; zuletzt geändert dch G v 6. 10. 81, GVBl 259).

EG 69 *Jagd und Fischerei.* Unberührt bleiben die landesgesetzlichen Vorschriften über Jagd und Fischerei, unbeschadet der Vorschrift des § 958 Abs. 2 des Bürgerlichen Gesetzbuchs und der Vorschriften des Bürgerlichen Gesetzbuchs über den Ersatz des Wildschadens.

Schrifttum: Bergmann, FischereiR (Bd VI ErgBd der VerwGesetze von Brauchitsch-Ule). – Lorz, BJagdG mit LandesR u FischereischeinG, 1980. – Mitzschke-Schäfer, BJagdG, 4. Aufl 1982. – Prützel, jagdr Entscheidgn, 2 Bde. – Lorz, NuR **84**, 41 (FischereiR). – Karremann AgrarR **86**, 157 (FischereiR).

1) Jagdrecht. – a) Bundesrecht: BJagdG, JagdzeitenVO v 2. 4. 77 (BGBl I 581). – **b) Landesrecht:** *BaWü* G v 20. 12. 78 (GVBl 79, 12), zuletzt geändert dch G v 4. 7. 83 (GBl 256). Komm: Kraft, 14. Aufl 1983. – *Bay* G v 13. 10. 78 (BayRS 792-1-E), zuletzt geändert dch G v 30. 7. 87 (GVBl 246). – *Bln* RJagdG v 3. 7. 34 (RGBl 549) iVm G 12. 10. 76 (GVBl 2452). – *Brem* G v 26. 10. 81 (GBl 171). Lit: Kleinschmitt, 3. Aufl 1979. – *Hbg* G v 22. 5. 78 (GVBl 162), zuletzt geändert dch G v 11. 7. 89 (GVBl 132). – *Hess* G v 24. 5. 78 (GVBl 286). Komm: Kopp, 6. Aufl 1980. – *Nds* G v 24. 2. 78 (GVBl 81), zuletzt geändert dch Art 27 G v 5. 12. 83 (GVBl 281). Komm: Schandau, 2. Aufl 1978; Tesmer, 14. Aufl 1979. – *NRW* G v 11. 7. 78 (GV 318), zuletzt geändert dch G v 18. 12. 84 (GV 806). – *RhPf* G v 5. 2. 79 (GVBl 23), zuletzt geändert dch Art 17 G v 7. 2. 83 (GVBl 17). – *Saarl* G idF v 2. 4. 82 (ABl 309). – *SchlH* G v 13. 4. 78 (GVBl 129), zuletzt geändert dch G v 22. 12. 82 (GVBl 308). – Weitere VO zum LandesR bei Lorz aaO.

2) Fischereirecht. – a) Bundesrecht: SeefischereiG v 12. 7. 84 (BGBl 876). – **b) Landesrecht:** *BaWü* G v 14. 11. 79 (GBl 466), zuletzt geändert dch Art 1 G v 25. 11. 85 (GBl 385). Komm: Karremann-Laiblin, 2. Aufl 1984; zum GBRecht: Schmid BWNotZ **86**, 117; Böhringer BWNotZ **86**, 126. – *Bay* G v 15. 8. 08 (BayRS 793-1-E), zuletzt geändert dch G v 10. 8. 82 (GVBl 682). Lit: Altmöber, 1976. – *Bln* G v 11. 5. 16 (GVBl Sb I 793-1), zuletzt geändert dch G v 26. 11. 74 (GVBl 2746). – *Brem* G v 27. 5. 1888 (GBl 137), zuletzt geändert dch G v 8. 9. 70 (GBl 94). – *Hbg* G v 22. 5. 86 (GVBl 95). – *Hess* G v 11. 11. 50 (GVBl 255), zuletzt geändert dch G v 31. 1. 78 (GVBl 106). – *Nds* G v 1. 2. 78 (GVBl 81), zuletzt geändert dch Art 28 G v 5. 12. 83 (GVBl 281). Lit: Tesmer AgrarR **78**, 300. – *NRW* G v 11. 7. 72 (GV 226), zuletzt geändert dch G v 6. 11. 84 (GV 663). – *RhPf* G v 9. 12. 74 (GVBl 601), zuletzt geändert dch G v 134 G v 4. 3. 83 (GVBl 31). Komm: Jens-Gehendges, 1980. – *Saarl* G v. 23. 1. 85 (ABl 229), zuletzt geändert dch G v 25. 3. 87 (ABl 297). – *SchlH* G v 11. 5. 16 (GSSchlH II 793), zuletzt geändert dch G v 22. 12. 82 (GVBl 308). Komm: Hoffmeister, 1976. – **c)** Über **Fischereigerechtigkeiten** nach *Pr*FischereiG 7, 8 II, 11 vgl BGH **LM** § 1024 BGB Nr 1, nach 18, 19 vgl KG OLGZ **75**, 138, nach *Bay*FischereiG 13 vgl LG Landsh MittBayNot **77**, 24.

EG 70–72 *Wildschaden.* (Betr Wildschaden, dch § 46 Abs 2 Z 1 BJagdG v 29. 11. 52 idF v 30. 3. 61, BGBl I 304, auch für *Bay, Brem, Hess* u *BaWü* aufgeh. Vgl Anm 1 EG 69 und § 835).

EG 73 *Regalien.* Unberührt bleiben die landesgesetzlichen Vorschriften über Regalien.

1) EG 73 bezieht sich nur auf die sog Finanzregale; in Frage kommen, soweit nicht ggstandsl geworden, ua Salz-, Bernstein-(*Pr*G v 11. 2. 24), Perlfischerei- (zB *Bay*WasserG 23), Schatz- (zB *BaWü* DenkmalSchG 23), Flößerei-, Fährregal (vgl BGH NJW **86**, 991).

EG 74 *Zwangs- und Bannrechte.* Unberührt bleiben die landesgesetzlichen Vorschriften über Zwangsrechte, Bannrechte und Realgewerbeberechtigungen.

EG 75 *Versicherungsrecht.* Unberührt bleiben die landesgesetzlichen Vorschriften, welche dem Versicherungsrecht angehören, soweit nicht in dem Bürgerlichen Gesetzbuche besondere Bestimmungen getroffen sind.

1) Der Vorbeh ist durch G über die Beaufsichtigg der VersUnternehmen idF v 13. 10. 83 (BGBl 1262) (öffrechtl Seite) u das G über den VersVertr v 30. 5. 08 (privatrechtl Seite) im wesentl überholt. Landesgesetze haben jetzt nur noch Bedeutg, soweit sie in jenen Gesetzen aufrechterhalten sind, vgl VVG §§ 192 ff u EG VVG Art 2.

EG 76 *Verlagsrecht.* Unberührt bleiben die landesgesetzlichen Vorschriften, welche dem Verlagsrecht angehören.

1) Weitgehd überholt dch G über das VerlagsR v 19. 6. 01 (RGBl 127). In *Bay* gilt noch Art 68 G zum Schutz der UrhR an literar Erzeugn u Werken der Kunst v 28. 6. 1865 (BayRS 2240-1-K).

EG 77 *Staatshaftung für Beamte.* **Unberührt bleiben die landesgesetzlichen Vorschriften über die Haftung des Staates, der Gemeinden und anderer Kommunalverbände (Provinzial-, Kreis-, Amtsverbände) für den von ihren Beamten in Ausübung der diesen anvertrauten öffentlichen Gewalt zugefügten Schaden sowie die landesgesetzlichen Vorschriften, welche das Recht des Beschädigten, von dem Beamten den Ersatz eines solchen Schadens zu verlangen, insoweit ausschließen, als der Staat oder der Kommunalverband haftet.**

1) Nach Art 34 GG, der unmittelb geltdes Recht, nicht nur einen Programmsatz enthält, trifft, wenn jemand in Ausübg eines ihm anvertrauten öff Amtes die ihm einem Dr ggü obliegden AmtsPfl verletzt, die Verantwortlichk grdsätzl den Staat od die Körpersch, in deren Dienst er steht. Die früh Landesgesetze sind dadch im wesentl überholt. Sie sind nur noch insow von Bedeutg, als sie eine nähere Regelg der Amtshaftg bringen. Wegen der Einzelhaftg, auch hins der LandesG, vgl § 839 Anm 2. – Rückgr des Staats gg den Beamten Art 34 S 2 GG, § 78 II BBG nur bei Vors od grober Fahrlässigk. Nach § 46 II BRRG sind die Länder verpfl, eine entspr Bestimmg in ihr BeamtenR aufzunehmen.

EG 78 *Haftung des Beamten für Hilfspersonen.* **Unberührt bleiben die landesgesetzlichen Vorschriften, nach welchen die Beamten für die von ihnen angenommenen Stellvertreter und Gehilfen in weiterem Umfang als nach dem Bürgerlichen Gesetzbuch haften.**

1) Der Vorbeh bezieht sich nur auf die von Beamten selbst angenommenen Vertr od Gehilfen, nicht auf amtl bestellte od beigegebene.

EG 79 *Haftung von Grundstücksschätzern.* **Unberührt bleiben die landesgesetzlichen Vorschriften, nach welchen die zur amtlichen Feststellung des Wertes von Grundstücken bestellten Sachverständigen für den aus einer Verletzung ihrer Berufspflicht entstandenen Schaden in weiterem Umfange als nach dem Bürgerlichen Gesetzbuche haften.**

1) Der Vorbehalt hat nur für nichtbeamtete Sachverständ Bedeutg. Für Beamte gilt § 839, vgl auch Art 77.

EG 80 *Vermögensrechtliche Ansprüche von Beamten, Pfründenrecht.* **I Unberührt bleiben, soweit nicht in dem Bürgerlichen Gesetzbuch eine besondere Bestimmung getroffen ist, die landesgesetzlichen Vorschriften über die vermögensrechtlichen Ansprüche und Verbindlichkeiten der Beamten, der Geistlichen und der Lehrer an öffentlichen Unterrichtsanstalten aus dem Amts- oder Dienstverhältnisse, mit Einschluß der Ansprüche der Hinterbliebenen.**
II Unberührt bleiben die landesgesetzlichen Vorschriften über das Pfründenrecht.

1) **Abs I.** Die dort genannten vermögensrechtl Anspr sind geregelt im BBG u den LandesbeamtenG. Geistliche iS der Vorschr sind nur solche, die zugl staatsr Beamte sind (MüKo/Säcker/Papier Anm 1). Das SelbstbestimmgsR der Kirchen ist dch Art 140 GG garantiert u damit auch ihr Recht, über vermögensrechtl Anspr ihrer Amtsträger dch eig Gerichte entsch zu lassen (BGH **46**, 96 [98]).

2) **Abs II.** Für das **Pfründenrecht**, das seiner Natur nach privatrechtl NutzgsR des Pfarrers od sonstigen kirchl Stelleninhabers ist, gilt LandesR. Insoweit, wie überh hins der Beamten u Geistl der öffrechtl Religionsgesellsch u ihrer Verbände sind die Länder von den bundesrechtl RahmenVorsch befreit, § 135 BRRG.

EG 81 *Übertragung und Aufrechnung von Gehaltsansprüchen.* **Unberührt bleiben die landesgesetzlichen Vorschriften, welche die Übertragbarkeit der Ansprüche der in Artikel 80 Abs. 1 bezeichneten Personen auf Besoldung, Wartegeld, Ruhegehalt, Witwen- und Waisengeld beschränken, sowie die landesgesetzlichen Vorschriften, welche die Aufrechnung gegen solche Ansprüche abweichend von der Vorschrift des § 394 des Bürgerlichen Gesetzbuchs zulassen.**

1) Im wesentl überholt dch BBG u die LandesbeamtenG. Für Abtretg u Aufrechng gilt BBG § 84. – Art 81 hat noch Bedeutg für Geistl u nichtbeamtete Lehrer an öff UnterrichtsAnst.

EG 82 *Vereine.* **Unberührt bleiben die Vorschriften der Landesgesetze über die Verfassung solcher Vereine, deren Rechtsfähigkeit auf staatlicher Verleihung beruht.**

1) Für wirtschaftl Vereine, deren Rfgk auf staatl Verleihg beruht (vgl BGB 22), bleiben die landesrechtl Vorschriften über die Verfassg bestehen, vgl RG HRR **36**, 1100. Aufrechterhalten sind aber nur die bes VerfassgsVorschr, die sich ausschl auf die Vereine beziehen, deren Rfgk auf staatl Verleihg beruht; allge-

meine die Vereinsverfassg betreffende Vorschriften gelten auch für diese Vereine nicht mehr, RG 81, 244. – Art 82 hat den Vorrang vor Art 163, RG **81**, 244. Näher vgl Soergel-Hartmann Anm 1.

2) Wegen der landesrechtl Zustdgk für die Verleihg vgl § 22 Anm 1. In *BaWü* müssen Altvereine sich eine dem BGB entspr Satzg geben (vgl AGBGB § 49).

EG 83 **Waldgenossenschaften.** Unberührt bleiben die landesgesetzlichen Vorschriften über Waldgenossenschaften.

1) Vgl für ehem *Pr* G v 6. 7. 1875, §§ 23 ff, v 14. 3. 1881, § 6. – *Bay* WaldG idF v 25. 8. 82, Art 19 VII. – *BaWü* LWaldG v 10. 2. 76, GBl 99, §§ 56 ff. – *Hess* ForstG idF v 4. 7. 78, GVBl 424, §§ 51 ff. – *Nds* LWaldG v 12. 7. 73, GVBl 233 idF v 19. 7. 78, GVBl 596. – *Nordrh-Westf* ForstG idF v 24. 4. 80, GVBl 546, §§ 14 ff. – *RhPf* LForstG v 16. 11. 50, GVBl 299 = BS 790–1, 2. DVO v 10. 1. 52. GVBl 37, §§ 40 ff.

EG 84 (Betraf Religionsgesellschaften: gegenstandslos).

EG 85 **Vermögen aufgelöster Vereine u. ä.** Unberührt bleiben die landesgesetzlichen Vorschriften, nach welchen im Falle des § 45 Abs. 3 des Bürgerlichen Gesetzbuchs das Vermögen des aufgelösten Vereins an Stelle des Fiskus einer Körperschaft, Stiftung oder Anstalt des öffentlichen Rechtes anfällt.

1) Der Vorbeh ist in keinem Land ausgenutzt.

EG 86 **Erwerb durch juristische Personen mit Sitz im Ausland.** Unberührt bleiben die landesgesetzlichen Vorschriften, welche den Erwerb von Rechten durch juristische Personen beschränken oder von staatlicher Genehmigung abhängig machen, soweit diese Vorschriften Gegenstände im Werte von mehr als fünftausend Deutsche Mark betreffen. Wird die nach dem Landesgesetze zu einem Erwerbe von Todes wegen erforderliche Genehmigung erteilt, so gilt sie als vor dem Erbfall erteilt; wird sie verweigert, so gilt die juristische Person in Ansehung des Anfalls als nicht vorhanden; die Vorschrift des § 2043 des Bürgerlichen Gesetzbuchs findet entsprechende Anwendung.

1) EG 86 gilt nur noch mit zwei Einschränkgen. Dch das GesEinhG Teil II Art 2 ist EG 86 u das aGrd von EG 86 erlassene LandesR aufgeh, soweit sie jur Pers mit Sitz im Inland betreffen. Nach dem Ges v 2. 4. 64 (BGBl 248) dürfen die aGrd des EG 86 erlassenen Ges nicht mehr auf Gesellsch nach dem Recht eines EG-Staates mit Sitz innerh der EG angewendet w.

2) Landesgesetze. GenPflten (zT stark eingeschränkt) bestehen noch in *NRW* (Art 6 *pr* AGBGB u G v 9. 4. 56, GVBl 134), *SchlH* (§ 20 AGBGB), *Saarl* u *Bln* (beide Art 6 u 7 *pr* AGBGB).

EG 87 (Betraf Erwerb durch Ordensangehörige; aufgeh d GesEinhG Teil II Art 2 Abs 3).

EG 88 **Erwerb durch Ausländer.** Unberührt bleiben die landesgesetzlichen Vorschriften, welche den Erwerb von Grundstücken durch Ausländer von staatlicher Genehmigung abhängig machen.

1) Art 88 ist ohne prakt Bedeutg; zZ besteht in keinem Land eine GenPfl für den Erwerb von Grdst dch natürl ausl Pers. Für ausl jur Pers s Art 86. Auf StaatsAngeh der EG-Staaten ist Art 88 nicht mehr anzuwenden (Ges v 2. 4. 64, BGBl 248).

EG 89 **Privatpfändung.** Unberührt bleiben die landesgesetzlichen Vorschriften über die zum Schutze der Grundstücke und der Erzeugnisse von Grundstücken gestattete Pfändung von Sachen, mit Einschluß der Vorschriften über die Entrichtung von Pfandgeld oder Ersatzgeld.

1) Landesrecht. – a) *Bay*: FischereiG v 15. 8. 08 (BayRS 793-1-E) 87. – *Brem*: FeldordngsG v 13. 4. 65 (Slg Nr 45-b-1) 9 ff. – *Nds*: Feld- u ForstordngsG idF v 30. 8. 84 (GVBl 216) 17 ff. – **b)** *Pr* Feld- u ForstPolG idF v 21. 1. 26 (GS 83) 63 ff aufgeh in: *BaWü* (§ 90 Nr 21 G v 10. 2. 76; GBl 99), *Bln* (§ 3 Nr 2 G v 22. 2. 79; GVBl 418), *NRW* (§ 22 Nr 1 G v 14. 1. 75; GVNW 125), *Hess* (§ 40 Nr 2 G v 30. 3. 54; GVBl 39), *SchlH* (§ 78 Nr 4 G v 16. 4. 73; GVOBl 122), *Saarl* (Art 53 Nr 9 G v 13. 11. 74; Amtsbl 1011).

EG 90 **Sicherheitsleistung für Amtsführung.** Unberührt bleiben die landesgesetzlichen Vorschriften über die Rechtsverhältnisse, welche sich aus einer auf Grund des öffentlichen Rechtes wegen der Führung eines Amtes oder wegen eines Gewerbebetriebs erfolgten Sicherheitsleistung ergeben.

EG 91 **Sicherungshypothek für öffentlich-rechtliche Körperschaften.** Unberührt bleiben die landesgesetzlichen Vorschriften, nach welchen der Fiskus, eine Körperschaft, Stiftung oder Anstalt des öffentlichen Rechtes oder eine unter der Verwaltung einer öffentlichen Behörde stehende Stiftung berechtigt ist, zur Sicherung gewisser Forderungen die Eintragung einer Hypothek an Grundstücken des Schuldners zu verlangen, und nach welchen die Eintragung der Hypothek auf Ersuchen einer bestimmten Behörde zu erfolgen hat. Die Hypothek kann nur als Sicherungshypothek eingetragen werden; sie entsteht mit der Eintragung.

EG 92 (betr Zahlg aus öff Kassen; aufgeh dch G v 21. 12. 38, RGBl 1899).

EG 93 **Räumungsfristen.** Unberührt bleiben die landesgesetzlichen Vorschriften über die Fristen, bis zu deren Ablaufe gemietete Räume bei Beendigung des Mietverhältnisses zu räumen sind.

Es gelten für *Brem* § 13 AGBGB mit VO v 10. 3. 38, für *Hbg* § 25 AGBGB idF v 1. 7. 58.

EG 94 **Pfandleihgewerbe.** [I] Unberührt bleiben die landesgesetzlichen Vorschriften, welche den Geschäftsbetrieb *der gewerblichen Pfandleiher und* der Pfandleihanstalten betreffen.

[II] Unberührt bleiben die landesgesetzlichen Vorschriften, nach welchen öffentlichen Pfandleihanstalten das Recht zusteht, die ihnen verpfändeten Sachen dem Berechtigten nur gegen Bezahlung des auf die Sache gewährten Darlehens herauszugeben.

1) **Geschäftsbetrieb** der Pfandleihanstalten (Abs I). Nachdem die VO 1. 2. 61 idF v 1. 6. 76 (BGBl I 1335) den GeschBetr der gewerbl PfdLeiher einheitl für das Bundesgebiet geregelt hat, ist insow der Vorbeh des Art 94 entfallen; die Landesgesetze, die den GeschBetr der gewerbl PfdLeiher regeln, sind außer Kraft getreten. Sow sich diese Gesetze auch mit den PfdLeihAnstalten befassen, sind sie nur noch insow anzuwenden (§ 13 VO v 1. 2. 61).

2) **Lösungsanspruch** (Abs II). Er gibt ein ZbR u ist für die Fälle von Bedeutg, in denen ein gutgl Erwerb des PfandR nach §§ 1207, 935 nicht mögl ist. Der LösgsAnspr darf nur öff Anstalten verliehen w. LandesG ist hierfür nur noch in Geltg: *Bay:* Art 66 AGBGB.

EG 95 **Gesinderecht.** Gegenstandslos. – Die bish landesrechtl Gesindeordngen sind aufgeh. Es gelten für das ArbVerh die §§ 611 ff.

EG 96 **Altenteilsverträge.** Unberührt bleiben die landesgesetzlichen Vorschriften über einen mit der Überlassung eines Grundstücks in Verbindung stehenden Leibgedings-, Leibzuchts-, Altenteils- oder Auszugsvertrag, soweit sie das sich aus dem Vertrag ergebende Schuldverhältnis für den Fall regeln, daß nicht besondere Vereinbarungen getroffen werden.

1) Das **Altenteil** usw ist gesetzl nicht definiert; der Begriff wird zB in EG 96, GBO 49, EGZVG 9, ZPO 850b, GVG 23 Nr 2g vorausgesetzt. **Einzelheiten** (vgl auch Böhringer MittBayNot 88, 103): – **a)** Es ist ein vertragl od dch letztwill Vfg (RG JW 35, 3040) zugewandter **Inbegriff von Nutzungen u Leistungen** an einen Berecht (der nicht VertrPart sein muß; BGH NJW 62, 2249) iVm einem Nachrücken des Verpflichteten dch GrdstÜbern in eine die Existenz zumind teilw begründe WirtschEinh (BGH DNotZ 82, 697; NJW 89, 451). Eine einzige Nutzg/Leistg (zB WohngsR) kann ausreichen (Hamm Rpfleger 86, 270; LG Frankth Rpfleger 89, 324). – **b)** Die Nutzgen/Leistgen müssen der langfrist **persönlichen Versorgung** des Berecht dienen (Hamm Rpfleger 86, 270). Dafür ist de idR eine (nicht notw verwandtsch) Beziehgen der Beteil geprägte soziale Motivation maßg (BGH RdL 81, 163; BayObLG 75, 132; Schlesw Rpfleger 80, 348; LG Kiel SchlHA 86, 87). Kein Altenteil idR bei ggseit Vertr mit beiderseits gleichwert Leistgen (BGH DNotZ 82, 45; NJW 89, 451); zB Verrentg des wertangem GrdstKaufpr im Ggs zu Leistg entspr dem Bedarf (KG MDR 60, 234). Versorggszweck fehlt auch, wenn dem Berecht die eigenwirtsch Tätigk gestattet werden soll; zB TotalNießbr am GrdVermögen des Verpflichteten (BayObLG 75, 132). – **c)** Die Versorgg muß aus u auf einem Grdst (bzw MitEAnt; Düss JMBl NRW 61, 232) zu gewähren sein u eine **Verknüpfung des Berechtigten mit dem Grundstück** bezwecken (RG 162, 52; KG MDR 60, 234; Hamm OLGZ 70, 49; Rpfleger 86, 270). Daran fehlt es, wenn Nießbr alleiniges Recht u nicht nur Bestandt (Hamm OLGZ 69, 380; BayObLG 75, 132). Grdst kann städtisch sein (BGH DNotZ 82, 45). – **d) Überlassung des Grundstücks** an Verpflichteten nicht notw (RG 162, 52); vgl aber Anm 2. – **e)** Rein **schuldrechtliches Altenteil** ohne dingl Sicherg (vgl Anm 3) mögl (BGH 53, 41; BayObLG 75, 132). – **f)** Änderung wg Wegfalls der GeschGrdLage vgl § 1105 Anm 6.

2) Der **Schuldrechtliche Altenteilsvertrag** unterliegt der VertrFreih. Das LandesR kann ergänzde schuldrechtl Bestimmgen für den Fall vorsehen, daß das Grdst dem Verpflichteten überlassen wird. – **Landesrecht:** *BaWü:* AGBGB 6–17; *Bay:* AGBGB 7–23; *Bln* PrAGBGB 15; *Brem:* AGBGB 27; *Hbg:* keine Vorschr; *Hess:* AGBGB 4–18; *Nds:* AGBGB 5–17; *NRW* PrAGBGB 15, lippAGBGB 23; *RhPf:* AGBGB 2–18; *Saarl:* PrAGBGB 15, BayAGBGB 32–48; *SchlH:* AGBGB 1–12. Vgl auch HöfeO 14 II.

3) Die **dingliche Sicherung** unterliegt nur dem BGB (dazu Nieder BWNotZ 75, 3); es gibt kein einheitl dingl AltenteilsR. So kann zB ein NutzgsR am Garten dch Nießbr (BayObLG 75, 132), ein Anspr auf Geldrente u Versorgg dch Reallast (Ffm OLGZ 72, 175), ein WohngsR dch Dbk nach BGB 1090–1092 od 1093 od Reallast (vgl Übbl 2b vor BGB 1105; Hartung Rpfleger 78, 48; Böhringer BWNotZ 87, 129) u ein Anspr auf Geldabfindg dch GrdPfdR (KGJ 53, 166) gesichert werden. Über Mehrh von Berecht vgl Meder BWNotZ 82, 36. – **a)** Im **Grundbuch** können nach GBO 49 in Erweiterg von BGB 874 die dingl Re (auch wenn nur eins bestellt) als Altenteil usw zusassend eingetr werden, wenn zu ihrer näheren Bezeichng auf die EintrBew Bezug gen wird. Die zugefaßten EinzelRe können unterschiedl Rang haben (LG Traunst Mitt-BayNot 80, 65). Für mehrere Berecht als GesamtGläub eintragb (BayObLG 75, 191); Angabe des Gemsch-Verh gem BGB 874 genügt (BGH 73, 211). Bei Eintr auf mehreren Grdst ausreichd u erforderl, daß

2299

EintrBew ergibt, welche EinzelRe auf welchen Grdst lasten (Hamm DNotZ **76**, 229). Ein Altenteil, das einheitl für mehrere in ihm zusgefaßte Re auf mehreren Grdst eingetr werden soll, darf bzgl der in ihm enthaltenen Dbk nicht für solche Grdst bewilligt werden, auf denen sich keine für die Benutzg infrage kommden Einrichtgen befinden (Hamm DNotZ **76**, 229; für WohngsR vgl BGB 1093 Anm 2). Erleichterg der Löschg gem GBO 23, 24 (vgl dazu BayObLG Rpfleger **83**, 308); Rückstände iSv GBO 23 hier auch bei WohngsR mögl, wenn zB LandesR (vgl Anm 2) bei Wegzug Geldrente gibt (Gantzer MittBayNot **72**, 6) od bei NutzgsR an Garten u PflegePfl (LG Bremen DNotZ **70**, 109; LG Köln RhNK **82**, 15). – **b)** In der **Zwangsversteigerung** erlöschen eingetr Altenteile usw nicht (EGZVG 9; dazu Hagena BWNotZ **75**, 73; Drischler Rpfleger **83**, 229); maßg ist nicht wörtl Bezeichg als Altenteil usw, sond sachl Inhalt von Eintr u EintrBew (Hamm Rpfleger **86**, 270). Erlöschen uU als VerstBdgg beantragb (dazu Hagena Rpfleger **75**, 73).

EG 97 *Staatsschuldbuch.* ^I Unberührt bleiben die landesgesetzlichen Vorschriften, welche die Eintragung von Gläubigern des *Bundesstaats* in ein Staatsschuldbuch und die aus der Eintragung sich ergebenden Rechtsverhältnisse, insbesondere die Übertragung und Belastung einer Buchforderung, regeln.

^{II} Soweit nach diesen Vorschriften eine *Ehefrau* berechtigt ist, selbständig Anträge zu stellen, ist dieses Recht ausgeschlossen, wenn ein Vermerk zugunsten des *Ehemanns* im Schuldbuch eingetragen ist. Ein solcher Vermerk ist einzutragen, wenn die *Ehefrau* oder mit ihrer Zustimmung der *Ehemann* die Eintragung beantragt. Die *Ehefrau* ist dem *Ehemann* gegenüber zur Erteilung der Zustimmung verpflichtet, wenn sie nach dem unter ihnen bestehenden Güterstand über die Buchforderung nur mit Zustimmung des *Ehemanns* verfügen kann.

1) Das StaatsschuldbuchR ist nach seiner privrechtl Seite nicht allg, sond nur in dem engen Rahmen des Art 97 den Ländern überlassen. Vgl auch § 236 Anm 1. – Abs II ist unter Berücksichtigg des GleichberG u des geltden ehel GüterR anwendb. – Der LandesGesGeber ist dch § 10 II des Auslandsbonds-EntschädiggsG v 10. 3. 60, BGBl 177, ermächtigt worden, zu bestimmen, daß EntschAnspr gg ein Land als Schuldbuchfdg einzutragen sind.

2) Landesgesetze: *BaWü* v 11. 5. 53, GBl 65 = BS 82 – *Bay* G v 8. 11. 54 (BayRS 650-4-F) – *Bln* G idF v 28. 2. 63 (GVBl 353), DVO v 21. 7. 53 (GVBl 721) mit Änderg v 3. 5. 63 (GVBl 477) – *Br* G v 2. 7. 54 (GBl 73) – *Hbg* G v 29. 3. 57 (BS 650-a) – *Hess* G v 4. 7. 49 (GVBl 93) – *RhPf* G v 20. 11. 78 (GVBl 709) – *SchlH* G v 4. 7. 49 (GVBl 165; **50**, 16); DVO (GVBl **49**, 195, **50**, 166).

EG 98 Unberührt bleiben die landesgesetzlichen Vorschriften über die Rückzahlung oder Umwandlung verzinslicher Staatsschulden, für die Inhaberpapiere ausgegeben oder die im Staatsschuldbuch eingetragen sind.

EG 99 *Sparkassen.* Unberührt bleiben die landesgesetzlichen Vorschriften über die öffentlichen Sparkassen, unbeschadet der Vorschriften des § 808 des Bürgerlichen Gesetzbuchs und der Vorschriften des Bürgerlichen Gesetzbuchs über die Anlegung von Mündelgeld.

1) Der Begriff der öff Sparkasse bestimmt sich nach LandesR (RG **117**, 259). Dieses kann nicht nur ihre Organisation u Beaufsichtigg, sond vorbehaltl der Einschränkgen des Art 99 auch die privrechtl Seite des SparkassenR regeln. Wg der Vorschr über die Anlegg von Mündelgeld vgl §§ 1807 I 5, 1809, 1812, 1813. – Der Vorbeh ist dch BGesetze eingeschränkt. Das G über das Kreditwesen idF v 3. 5. 76 (BGBl 1122) läßt die Bezeichng „Sparkasse" nur noch zu für öffrechtl Sparkassen, die eine Erlaubn des BundesaufsAmtes erhalten haben, od für andere Unternehmen, die bei Inkrafttr des G eine solche Bezeichng nach den bish Vorschr befugt geführt haben, § 40 I. Über Bausparkassen u Spar- u Darlehenskassen § 40 II aaO. Es unterstellt alle Kreditinstitute der staatl Aufs, § 6, u gibt in den §§ 21, 22 Vorschr über den SparVerk. Landesrechtl Vorschr auf dem Gebiet des Kredit- u insb auch Sparkassenwesens bleiben nur insow aufrechterhalten, als sie dem G nicht entggstehen, § 62. Die Aufs obliegt dem BAufsAmt für das Kreditwesen, § 6; eine etwa bestehde und staatl Aufs bleibt unberührt, § 52. Rspr: BGH WPM **77**, 834 (ÄndergsKünd), BFH WPM **74**, 25 u BVerfG WPM **75**, 554 (SparkPrivileg in § 11 IV Ziff 1 GewStG), BayObLG Betr **75**, 1936 (EigenUrk für Anmeldg zum HandelsReg), BayObLG NJW **75**, 1365 (EintrFähigk eines gleitden Zinssatzes für Hyp), BayVGH BayVBl **74**, 278 (Schulsparen).

2) Landesgesetze: *BaWü* G v 4. 4. 75 (GBl 270). – *Bay* Art 31 ff AG v 20. 9. 82 (BayRS 400-1-J), SparkassenG idF v 1. 10. 56, BayRS 2025-1-J, SparkassenO idF v 14. 10. 70 (BayRS 2025-1-1-J), zuletzt geändert dch VO v 24. 4. 85 (GVBl 111); VO über die BeleihungsGrdsätze für Spark v 10. 5. 73 (BayRS 2025-1-2-J); VO über die SchiffsbeleihgsGrdsätze für Spark v 6. 12. 56 (BayRS 2025-1-3-J). – *Bln* G v 22. 3. 67 (GVBl 521), G v 28. 6. 73 (GVBl 970). – *Br* G v 22. 4. 55, geändert dch G v 3. 7. 73 (GBl 174). – *Hess* G v 2. 1. 73 (GVBl 16). – *Nds* G v 6. 7. 62 (GVBl 77), geändert dch Art III des G v 19. 3. 70 (GVBl 66), § 24 des G v 14. 5. 70 (GVBl 186), Art 13 des G v 24. 6. 70 (GVBl 237), Art II Nr 3 des G v 20. 3. 72 (GVBl 145), Art XI des G v 28. 6. 77 (GVBl 233), Art 2 des G v 5. 12. 83 (GVBl 281). – *NRW* G v 2. 7. 75 (GVBl 498). – *RhPf* G v 17. 7. 70 (GVBl 316). – *Saarl* G v 14. 7. 75 (ABl 930). – *SchlH* SparkG idF v 13. 2. 86 (GVBl 46).

EG 100 *Öffentliche Schuldverschreibungen.* Unberührt bleiben die landesgesetzlichen Vorschriften, nach welchen bei Schuldverschreibungen auf den Inhaber, die der *Bundesstaat* oder eine ihm angehörende Körperschaft, Stiftung oder Anstalt des öffentlichen Rechtes ausstellt:

1. die Gültigkeit der Unterzeichnung von der Beobachtung einer besonderen Form abhängt, auch wenn eine solche Bestimmung in die Urkunde nicht aufgenommen ist;

2. der im § 804 Abs. 1 des Bürgerlichen Gesetzbuchs bezeichnete Anspruch ausgeschlossen ist, auch wenn die Ausschließung in dem Zins- oder Rentenscheine nicht bestimmt ist.

1) Nr 1 läßt eine Ausn von § 793 II 1 zu. Art 100 will den öff Schuldverschreibgen Erleichtergen im GeschVerk gewähren. Vgl auch § 804 Anm 4.

2) Landesgesetze: *Bay* G v 18. 8. 23, BayBS III 541. – *Bln* Art 17 PrAG v 20. 9. 1899. – *Hess* wie Bln, G v 14. 1. 05 (GVBl II 330-1). – *NRW* wie Bln. – *Saarl* wie Bln. – *SchlH* AGBGB § 13 v 27. 9. 74 (GVBl 357).

EG 101 *Umschreibung auf den Namen.*
Unberührt bleiben die landesgesetzlichen Vorschriften, welche den *Bundesstaat* oder ihm angehörende Körperschaften, Stiftungen und Anstalten des öffentlichen Rechtes abweichend von der Vorschrift des § 806 Satz 2 des Bürgerlichen Gesetzbuchs verpflichten, die von ihnen ausgestellten, auf den Inhaber lautenden Schuldverschreibungen auf den Namen eines bestimmten Berechtigten umzuschreiben, sowie die landesgesetzlichen Vorschriften, welche die sich aus der Umschreibung einer solchen Schuldverschreibung ergebenden Rechtsverhältnisse, mit Einschluß der Kraftloserklärung, regeln.

1) Vgl § 806 Anm 1. – **Landesgesetze:** *Bay* Art 24 AG v 20. 9. 82 (GVBl 803). – *Bln* Art 18 PrAG. – *Hbg* AGZPO § 7. – *NRW* wie Bln. – *Saarl* wie Bln.

EG 102 *Kraftloserklärung von Legitimationspapieren.*
[I] Unberührt bleiben die landesgesetzlichen Vorschriften über die Kraftloserklärung und die Zahlungssperre in Ansehung der im § 807 des Bürgerlichen Gesetzbuchs bezeichneten Urkunden.

[II] Unberührt bleiben die landesgesetzlichen Vorschriften, welche für die Kraftloserklärung der im § 808 des Bürgerlichen Gesetzbuchs bezeichneten Urkunden ein anderes Verfahren als das Aufgebotsverfahren bestimmen.

1) Das BGB kennt für die Urk des § 807 KraftlosErkl u Zahlgssperre nicht; vgl § 807 Anm 3b. Der Vorbeh des Abs I läßt sie landesrechtl zu, doch hat kein Land davon Gebr gemacht.

2) Abs II vgl § 808 Anm 3. – **Landesgesetze:** *BaWü* § 31 SparkG v 4. 4. 75 (GBl 270). – *Bay* AGBGB v 20. 9. 82 (BayRS 400-1-J), Art 33ff, 56 II Nr 2 AGGVG v 23. 6. 81 (GVBl 188). – *Bln* § 7 AGZPO v 24. 3. 1879 (BRV III 3210-1). – *Br* § 2 AGZPO vom v 19. 3. 63 (GBl 51), geändert dch G v 1. 2. 1979 (GBl 127). – *Hbg* § 4 AGZPO v 22. 12. 1899 (Bl 3210 b). – *Nds* § 2 G v 18. 12. 1959 (GVBl 149). – *NRW* § 7 AGZPO v 24. 3. 1879 (SGV 321). – *RhPf* § 2 AGZPO v 30. 8. 74 (GVBl 371). – *Saarl* § 7 AGZPO idF v 6. 10. 1899 (GS 325). – *SchlH* § 7 AGZPO v 24. 3. 1879 (GS SchlH 310).

EG 103 *Ersatz für öffentlichen Unterhalt.*
Gegenstandslos. – Für die Kosten bei Hilfen zur Erziehg von Minderjähr gelten §§ 80ff JWG. Für die ErsAnspr des Trägers der Sozialhilfe gelten §§ 92ff BSHG idF v 24. 3. 83 (BGBl 614); vgl hierü auch Einf 6d vor § 812. Für die ErstattgsPfl der Strafgefangenen vgl § 465 StPO u § 10 JVKostO.

EG 104 *Rückerstattung öffentlicher Abgaben.*
Unberührt bleiben die landesgesetzlichen Vorschriften über den Anspruch auf Rückerstattung mit Unrecht erhobener öffentlicher Abgaben oder Kosten eines Verfahrens.

1) Art 104 ist dch bundesrechtl Regelgen weitgehd bedeutgslos. Für SteuererstattgsAnspr gelten §§ 37, 38, 218 AO v 16. 3. 76 (BGBl 613), für ErstattgsAnspr im Bereich der Justiz §§ 8, 10 II GKG, §§ 9, 17 II KostO, § 14 JVKostO, § 12 II GVKostG. Vgl auch Einf 6b vor § 812.

EG 105 *Haftung für gefährliche Betriebe.*
Unberührt bleiben die landesgesetzlichen Vorschriften, nach welchen der Unternehmer eines *Eisenbahnbetriebs oder eines anderen* mit gemeiner Gefahr verbundenen Betriebs für den aus dem Betrieb entstehenden Schaden in weiterem Umfang als nach den Vorschriften des Bürgerlichen Gesetzbuchs verantwortlich ist.

1) Für den Betr von Schienen- u Schwebebahnen, EnergieAnl, Bergwerken, Steinbrüchen, Gruben u Fabriken gilt das HaftPflG. Die Länder haben von dem Vorbeh keinen Gebr gemacht.

EG 106 *Haftung bei Benutzung öffentlicher Grundstücke.*
Unberührt bleiben die landesgesetzlichen Vorschriften, nach welchen, wenn ein dem öffentlichen Gebrauche dienendes Grundstück zu einer Anlage oder zu einem Betriebe benutzt werden darf, der Unternehmer der Anlage oder des Betriebs für den Schaden verantwortlich ist, der bei dem öffentlichen Gebrauche des Grundstücks durch die Anlage oder den Betrieb verursacht wird.

1) Der Vorbeh betr, weiter als Art 105, Betriebe aller Art, setzt aber voraus, daß zu ihrer Ausübg ein öff Grdst benutzt wird u daß dessen Benutzg erlaubt ist. Bei unerl Benutzg gelten nur §§ 823ff, insb § 823 II. Bedeutgslos im GeltgsBereich des HaftPflG (vgl Art 105 Anm 1).

2) Landesgesetze: *Hess* Art 75 AG. – *RhPf* Art 75 AG, Art 59 AG (GBl 66 Nr 1a 400-1).

EG 107 *Haftung für Schäden an Grundstücken.*
Unberührt bleiben die landesgesetzlichen Vorschriften über die Verpflichtung zum Ersatze des Schadens, der durch das Zuwiderhandeln gegen ein zum Schutze von Grundstücken erlassenes Strafgesetz verursacht wird.

EGBGB 107–112

1) Art 107 gestattet eine Erweiterg der Haftg über § 823 II hinaus. Das StrafG kann ein BundesG oder LandesG sein; in Betr kommen namentl Feld- und ForstpolizeiG.

2) Landesgesetze: *BaWü* G v 28. 8. 74 (GVBl 251). – *Bay* Art 39 ff LStVG idF v 13. 12. 82 (GVBl 1099), Art 9, 46 WaldG idF v 25. 8. 82 (BayRS 7902-1-E). – *Bln* G v 22. 2. 79 (GVBl 418). – *Br* G v 13. 4. 65 (GVBl 71). – *Hbg* G v 3. 10. 61 (GVBl 313). – *Hess* G v 13. 3. 75 (GVBl 53). – *Nds* G v 30. 8. 84 (GVBl 215). – *NRW* G v 14. 1. 75 (GVBl 125). – *RhPf* G v 2. 2. 77 (GVBl 21), G v 13. 3. 72 (GVBl 169), G v 15. 12. 69 (GVBl **70**, 31). – *Saarl* G v 24. 3. 75 (ABl 525). – *SchlH* VO v 18. 3. 60 (GVBl 45).

EG 108 *Tumultschäden.* Unberührt bleiben die landesgesetzlichen Vorschriften über die Verpflichtung zum Ersatze des Schadens, der bei einer Zusammenrottung, einem Auflauf oder einem Aufruhr entsteht.

1) Das **Tumultschädengesetz** v 12. 5. 20 (RGBl 941) idF v 29. 3. 24 (RGBl 381) regelte den Ausgl der dch innere Unruhen verursachten Schäd an Pers u Sachen. Für PersSchäden erging dann gesondert **Personenschädengesetz** (§ 18) v 15. 7. 22 idF v 22. 12. 27 (RGBl 515, 533), das seiners gem BVG 84 II 2 c ab 1. 10. 50 außer Kraft trat, so daß BVG (allerd nur) auf damals schon zuerkannte PersTumultSchäden entspr Anwendg findet (BVG 82 I a). Heute ist das TumultschädenR LandesR (dch EGStGB Art 292 Ziff 9, 14, 22, 40, 47, 58, 66, 73 ist § 9 des G jeweils aufgeh in *Bay, Bln, Br, Nds, NRW, RhPf, Saarl, SchlH*). Dazu u wg des RWegs für ErsAnspr vgl eingeh Henrichs, NJW **68**, 973, 2230 u Häupke, NJW **68**, 2229; für PersSchäd SozGerichtsweg, für Sachschäd VerwRWg (vgl TumultschädG 6 II 1). **Verjährung:** § 852, BGH **57**, 170, 176; zur Haftg für Demonstrationsexzesse vgl Diederichsen-Marburger NJW **70**, 777, krit dazu zutr Merten NJW **70**, 1625, nunmehr klarstelld BGH **59**, 30. Vgl auch Brintzinger, TumultschädR u RBereinigg, DÖV **72**, 227.

EG 109 *Enteignung.* Unberührt bleiben die landesgesetzlichen Vorschriften über die im öffentlichen Interesse erfolgende Entziehung, Beschädigung oder Benutzung einer Sache, Beschränkung des Eigentums und Entziehung oder Beschränkung von Rechten. Auf die nach landesgesetzlicher Vorschrift wegen eines solchen Eingriffs zu gewährende Entschädigung finden die Vorschriften der Artikel 52, 53 Anwendung, soweit nicht die Landesgesetze ein anderes bestimmen. Die landesgesetzlichen Vorschriften können nicht bestimmen, daß für ein Rechtsgeschäft, für das notarielle Beurkundung vorgeschrieben ist, eine andere Form genügt.

1) Landesgesetze: *BaWü:* EnteigngsG v 6. 4. 82 (GBl 97), letztes ÄndergsG v 18. 7. 83 (GBl 369). – *Bay* EnteigngsG v 11. 11. 74 (BayRS 2141-1-J), ÄndG v 27. 6. 78 (GVBl 338). – *Bln* EnteigngsG v 14. 7. 64 (GVBl 737), letztes ÄndergsG v 30. 11. 84 (GVBl 1664). – *Brem* G v 5. 10. 65 (Slg 214-a-1); letztes ÄndG v 12. 6. 73 (GBl 22). – *Hbg* G v 11. 11. 80 (GVBl 305). – *Hess* EnteigngsG v 4. 4. 73 (GVBl 107). – *Nds:* EnteigngsG v 6. 4. 81 (GVBl 83). – *NRW:* Enteigns- u EntschG v 20. 6. 89 (GV 366). – *RhPf:* EnteigngsG v 22. 4. 66 (GVBl 103), letztes ÄndergsG v 27. 6. 74 (GVBl 290). – *Saarl:* BayZwangsabtretgsG v 17. 11. 1837 (GBl 109); PrG über Enteign v GrdEigt v 11. 6. 1874 (GS 221). – *SchlH:* PrG über Enteign v GrdEigt v 11. 6. 1874 (GSSchlH II 214-1); PrG über vereinfachtes EnteignsVerf v 26. 7. 22 (GSSchlH II 214-2).

2) Daneben enthalten enteigngsrechtl Normen vielf die LandesG zB über Denkmalsschutz, Naturschutz u Landschaftspflege, Straßen- u WegeR, WasserR ua.

EG 110 *Wiederherstellung zerstörter Gebäude.* Unberührt bleiben die landesgesetzlichen Vorschriften, welche für den Fall, daß zerstörte Gebäude in anderer Lage wiederhergestellt werden, die Rechte an den beteiligten Grundstücken regeln.

1) Vgl §§ 1127 ff, VVG §§ 97, 193.

2) Landesgesetze: *BaWü:* Art 35 WüBrandVersichgsAnstaltG v 14. 3. 1853, § 45 BaGbdeVersichgsG v 30. 1. 34, ElementarschadenVersichgsG v 7. 3. 60 (alte Anlage 213 zu § 1 RBerG v 12. 2. 80; GBl 98). – *Hess:* BrandversichergsG idF v 30. 9. 1899 (GVBl II 55-7 Art 27). – *Nds:* G über die *oldbg* Landesbrandkasse v 28. 4. 10 (GVBl Sb III 377), zuletzt geänd dch G v 10. 4. 73 (GVBl 111).

EG 111 *Eigentumsbeschränkungen.* Unberührt bleiben die landesgesetzlichen Vorschriften, welche im öffentlichen Interesse das Eigentum in Ansehung tatsächlicher Verfügungen beschränken.

1) Währd EnteigngsNormen (EG 109) die RMacht betreffen, betrifft der Vorbeh des Art 111 die Einschränkg tatsächl Vfgen. Er bezieht sich damit auf den tatsächl Natur- u LandschSchutz, Kultur- u Denkmalpflege, Ausgrabgswesen, BauordngsR, Wald- u ForstR.

EG 112 *Bahneinheiten.* Unberührt bleiben die landesgesetzlichen Vorschriften über die Behandlung der einem Eisenbahn- oder Kleinbahnunternehmen gewidmeten Grundstücke und sonstiger Vermögensgegenstände als Einheit (Bahneinheit), über die Veräußerung und Belastung einer solchen Bahneinheit oder ihrer Bestandteile, insbesondere die Belastung im Falle der Ausstellung von Teilschuldverschreibungen auf den Inhaber, und die sich dabei ergebenden Rechtsverhältnisse sowie über die Liquidation zum Zwecke der Befriedigung der Gläubiger, denen ein Recht auf abgesonderte Befriedigung aus den Bestandteilen der Bahneinheit zusteht.

1) Bedeutg nur noch für Bahnen, die nicht dch StaatsVertr v 31. 3. 1920 (RGBl 774) vom Reich übernommen. Erstreckg von landesR auf Bahnen im Bereich mehrerer Länder gem G v 26. 9. 1934 (BGBl III 932-2).

2) Landesrecht. – a) *Pr*BahneinheitenG v 19. 8. 1895 gilt noch in *Bln* (GVBl Sb 1930-3), *Hess* (GVBl II 62-6), *NRW* (SGV NW 93), *SchlH* (GSSchlH II 930-1). Aufgehoben in *Nds* (Art 2 Nr 7 G v 1. 6. 82, GVBl 137), *RhPf* (§ 47 II G v 23. 3. 75; GVBl 142), *Saarl* (§ 49 II G v 26. 4. 67; AmtsBl 402). – **b)** Für *BaWü* vgl § 35 LFGG v 12. 2. 75 (GBl 116), § 9 GBVO v 21. 5. 75 (GBl 398).

EG 113 *Flurbereinigung.* Unberührt bleiben die landesgesetzlichen Vorschriften über die Zusammenlegung von Grundstücken, über die Gemeinheitsteilung, die Regulierung der Wege, die Ordnung der gutsherrlich-bäuerlichen Verhältnisse sowie über die Ablösung, Umwandlung oder Einschränkung von Dienstbarkeiten und Reallasten. Dies gilt insbesondere auch von den Vorschriften, welche die durch ein Verfahren dieser Art begründeten gemeinschaftlichen Angelegenheiten zum Gegenstande haben oder welche sich auf den Erwerb des Eigentums, auf die Begründung, Änderung und Aufhebung von anderen Rechten an Grundstücken und auf die Berichtigung des Grundbuchs beziehen.

1) Die Umlegg des ländl Grdbesitzes ist jetzt bundesrechtl dch das **FlurbereinigungsG** mit landesrechtl AusführgsG geregelt. Über GrdstVerkehr währd der Flurbereinigg vgl Tönnies RhNK **87**, 93/117. – Ausführliche ZusStellg des LandesR über GemeinhTeilg, Ablösg usw bei MüKo/Papier Rdn 7, Staud/Promberger Rdn 72ff, Soergel/Hartmann Rdn 3, Reallastablösg zB *Bay* AGBGB 63.

EG 114 *Staatliche Ablösungsrenten.* Unberührt bleiben die landesgesetzlichen Vorschriften, nach welchen die dem Staate oder einer öffentlichen Anstalt infolge der Ordnung der gutsherrlich-bäuerlichen Verhältnisse oder der Ablösung von Dienstbarkeiten, Reallasten oder der Oberlehnsherrlichkeit zustehenden Ablösungsrenten und sonstigen Reallasten zu ihrer Begründung und zur Wirksamkeit gegenüber dem öffentlichen Glauben des Grundbuchs nicht der Eintragung bedürfen.

1) Landesgesetze: *Pr* AGBGB 22, AGGBO 12, AGZVG 3 (idF G v 9. 8. 35, GS 111), 6 *Hess* AblösgsG v 24. 7. 99 (GVBl II 231-9) Art 17.

EG 115 *Dienstbarkeiten, Reallasten.* Unberührt bleiben die landesgesetzlichen Vorschriften, welche die Belastung eines Grundstücks mit gewissen Grunddienstbarkeiten oder beschränkten persönlichen Dienstbarkeiten oder mit Reallasten untersagen oder beschränken, sowie die landesgesetzlichen Vorschriften, welche den Inhalt und das Maß solcher Rechte näher bestimmen.

1) Beschrkg für Dienstbarkeiten: Oft dch FischereiG (EG 69 Anm 2b); zB *Bay* 15, *Hess* 15, *Nds* 1 II, *NRW* 4, *SchlH* 17. Vereinzelt noch dch Land- u ForstwirtschR; zB *Bay*AlmG 1 Nr 2, *Bay*WeideG 34, *Bay*ForstRG 2, *NRW*GemeinheitsteilgsG 22 I (GV 61, 319); vgl auch VO v 30. 7. 37 (RGBl 876) betr HolzNutzgsR.

2) Beschrkg für Reallasten: *BaWü*AGBGB 33; *Brem*AGBGB 26: *Hess*AGBGB 25; *NRW*PrAGBGB 30 (GemeinheitsteilgsG 22 II, GV 61, 319), vgl LG Köln/Duisbg Rpfleger **87**, 362; *RhPf*AGBGB 22; *Saarl* im Geltgsbereich BayAGBGB 85. – In *Bay, Bln, Hbg, Nds, SchlH* sowie dem übrigen *Saarl* keine Beschrkg.

EG 116 *Überbau und Notweg.* Die in den Artikeln 113 bis 115 bezeichneten landesgesetzlichen Vorschriften finden keine Anwendung auf die nach den §§ 912, 916, 917 des Bürgerlichen Gesetzbuchs zu entrichtenden Geldrenten und auf die in den §§ 1021, 1022 des Bürgerlichen Gesetzbuchs bestimmten Unterhaltungspflichten.

EG 117 *Belastungsgrenze, Kündbarkeit von Hypotheken.* **I** Unberührt bleiben die landesgesetzlichen Vorschriften, welche die Belastung eines Grundstücks über eine bestimmte Wertgrenze hinaus untersagen.

II Unberührt bleiben die landesgesetzlichen Vorschriften, welche die Belastung eines Grundstücks mit einer unkündbaren Hypothek oder Grundschuld untersagen oder den Ausschließung des Kündigungsrechts des Eigentümers bei Hypothekenforderungen und Grundschulden zeitlich beschränken und bei Rentenschulden nur für eine kürzere als die in § 1202 Abs. 2 des Bürgerlichen Gesetzbuchs bestimmte Zeit zulassen.

1) I zZ ohne Bedeutg. – IFv **II** hat die Vereinbg der längeren KündFrist idR nicht Nichtigk der ganzen Belastg zur Folge. Die gesetzl Bestimmg einer erlaubten längsten KündFrist soll, sofern nicht das LandesG ausdr anderes vorschreibt, die zuwiderlaufde KündAbrede nicht schlechthin vernichten, sond nur beschränken. Die Künd ist also für die Dauer der KündGrenze ausgeschl, nach deren Ablauf wird sie frei zul. LandesR zu **II**: *Pr* AGBGB 22 (20 Jahre); *BaWü* AGBGB 34 (20 Jahre); *Hess* AGBGB 26, 27 (30 Jahre); *Nds* AGBGB 21 (20 Jahre); *RhPf* AGBGB 23 (30 Jahre); *SchlH* AGBGB 22 (20 Jahre); dazu Schlesw SchlHA **60**, 57).

EG 118 *Verbesserungsdarlehen.* Unberührt bleiben die landesgesetzlichen Vorschriften, welche einer Geldrente, Hypothek, Grundschuld oder Rentenschuld, die dem Staate oder einer öffentlichen Anstalt wegen eines zur Verbesserung des belasteten Grundstücks gewährten Darlehens zusteht, den Vorrang vor anderen Belastungen des Grundstücks einräumen.

EGBGB 118–124 Bassenge

Zugunsten eines Dritten finden die Vorschriften der §§ 892, 893 des Bürgelrichen Gesetzbuchs Anwendung.

1) Einräumg des Vorrangs nur bei dem Grdst zul, zu dessen Verbesserg der Staat od die Anstalt das Darl hingegeben haben. Nach S 2 hängt die Wirksamk des Vorrangs ggü dem öff Glauben des GB von der Eintr ab; davon kann das LandesG keine Ausn machen, es sei denn, es behandle das Darl als öff Last. – Im übr ist der Vorbeh bedeutgslos.

EG 119 *Veräußerung und Teilung von Grundstücken.* Unberührt bleiben die landesgesetzlichen Vorschriften, welche

1. die Veräußerung eines Grundstücks beschränken;
2. die Teilung eines Grundstücks oder die getrennte Veräußerung von Grundstücken, die bisher zusammen bewirtschaftet worden sind, untersagen oder beschränken;
3. die nach § 890 Abs. 1 des Bürgerlichen Gesetzbuchs zulässige Vereinigung mehrerer Grundstücke oder die nach § 890 Abs. 2 des Bürgerlichen Gesetzbuchs zulässige Zuschreibung eines Grundstücks zu einem anderen Grundstück untersagen oder beschränken.

1) Zu **Nr 1**: *Bay* AlmG 1 Nr 1; Nr 1 deckt auch dingl VorkR (BGH WPM **69**, 1039). – Zu **Nr 2**: *BaWü* LWaldG 24, LBauO 9; *Bay* StiftgsG 31 Nr 3; *Hess* ForstG 15; *Nds* G über Körpersch- u GenossenschWald 2 IV, idF § 58 Nr 2 G v 4. 11. 69 (GVBl 187). – Zu **Nr 3**: *BaWü* AGBGB 30; *RhPf* AGBGB 19.

EG 120 *Unschädlichkeitszeugnis.* ¹ Unberührt bleiben die landesgesetzlichen Vorschriften, nach welchen im Falle der Veräußerung eines Teiles eines Grundstücks dieser Teil von den Belastungen des Grundstücks befreit wird, wenn von der zuständigen Behörde festgestellt wird, daß die Rechtsänderung für die Berechtigten unschädlich ist.

II Unberührt bleiben die landesgesetzlichen Vorschriften, nach welchen unter der gleichen Voraussetzung:

1. im Falle der Teilung eines mit einer Reallast belasteten Grundstücks die Reallast auf die einzelnen Teile des Grundstücks verteilt wird;
2. im Falle der Aufhebung eines dem jeweiligen Eigentümer eines Grundstücks an einem anderen Grundstücke zustehenden Rechtes die Zustimmung derjenigen nicht erforderlich ist, zu deren Gunsten das Grundstück des Berechtigten belastet ist;
3. in den Fällen des § 1128 des Bürgerlichen Gesetzbuchs und des Artikel 52 dieses Gesetzes der dem Eigentümer zustehende Entschädigungsanspruch von dem einem Dritten an dem Anspruche zustehenden Rechte befreit wird.

1) I deckt auch die Erteilg von UnschädlkZeugn, wenn eines von mehreren gesamtbelasteten Grdst veräußert wird (BGH **18**, 296). – Gilt auch bei ErbbR (BayObLG **62**, 396; LG Lüb SchlHA **65**, 216); auch bei MitEigtAnteilen (BayObLG **65**, 466) u WohngsEigt (BayObLG NJW-RR **88**, 592 [Einräumg von SondernutzgsR]; LG Mü I MittBayNot **83**, 174 [Umwandlg von GemschE in SE]). Belastgen iSv I sind: Überbauu Notwegrenten, GrdPfdRe, Dbk, Reallasten u Vormkgen für diese Rechte; nicht aber ErbbR, VfgsBeschrkg (LG Ffm Rpfleger **86**, 473), AuflVormkg. Formeller Vorbeh: GBO 117.

2) **Landesgesetze:** *BaWü* AGBGB 22–28. – *Bay* UnschädlichkZeugnG (BayRS 403-2-J); dazu BayObLG MittBayNot **81**, 136. – *Brem* AGBGB 23. – *Hbg* AGBGB 35–42. – *Hess* G v 14. 11. 57 (GVBl 145). – *Nds* G v 4. 7. 61 (GVBl 159). – *NRW* G v 29. 3. 66 (GV 136). – *RhPf* G v 24. 3. 65 (GVBl 53), zuletzt geändert dch AGBGB 26. – *Saarl* G v 25. 1. 67 (ABl 206). – *SchlH* AGBGB 14, 15.

EG 121 *Reallasten für den Staat.* Unberührt bleiben die landesgesetzlichen Vorschriften, nach welchen im Falle der Teilung eines für den Staat oder eine öffentliche Anstalt mit einer Reallast belasteten Grundstücks nur ein Teil des Grundstücks mit der Reallast belastet bleibt und dafür zugunsten des jeweiligen Eigentümers dieses Teiles die übrigen Teile mit gleichartigen Reallasten belastet werden.

1) Vgl § 1108 II. Vorbeh in keinem Land ausgenutzt.

EG 122 *Nachbarrecht, Obstbäume.* Unberührt bleiben die landesgesetzlichen Vorschriften, welche die Rechte des Eigentümers eines Grundstücks in Ansehung der auf der Grenze oder auf dem Nachbargrundstücke stehenden Obstbäume abweichend von den Vorschriften des § 910 und des § 923 Abs. 2 des Bürgerlichen Gesetzbuchs bestimmen.

1) *BaWü* NachbRG (EG 124 Anm 2a) 23–25, 35.

EG 123 *Notweg.* Unberührt bleiben die landesgesetzlichen Vorschriften, welche das Recht des Notwegs zum Zwecke der Verbindung eines Grundstücks mit einer Wasserstraße oder einer Eisenbahn gewähren.

1) Vgl § 917. – Vorbeh in keinem Land ausgenutzt.

EG 124 *Nachbarrecht, Eigentumsbeschränkungen.* Unberührt bleiben die landesgesetzlichen Vorschriften, welche das Eigentum an Grundstücken zugunsten der

Nachbarn noch anderen als den im Bürgerlichen Gesetzbuche bestimmten Beschränkungen unterwerfen. Dies gilt insbesondere auch von den Vorschriften, nach welchen Anlagen sowie Bäume und Sträucher nur in einem bestimmten Abstande von der Grenze gehalten werden dürfen.

Schrifttum: Dehner, NachbR in der BRep (ohne Bay) 6. Aufl 1982. – Foag, NachbR, 4. Aufl 1968. – Glaser, NachbR in der Rspr, 2. Aufl 1973. – Glaser/Dröschel, NachbR in der Praxis, 3. Aufl 1971. – Vgl weiter zu Anm 2a

1) Allgemeines. Das LandesR kann nur weitere Beschrkgen des Eigt od MitEigt (BGH **39**, 376) einführen, nicht aber das BGB ändern. Beseitiggs Anspr der LNachbRG schließen daher Anspr aus BGB 823 II bei gleichzeit Verletzg von SchutzG nicht aus (BGH **66**, 354); Geltdmachg kann entspr § 1004 Anm 8c RMißbr sein (BGH Betr **77**, 908).

2) Landesrecht. – a) Nachbarrechtsgesetze: *BaWü* G v 14. 12. 59 (GBl 171) zuletzt geändert dch § 114 G v 6. 4. 64 (GBl 151). Schrift: Birk, 1. Aufl 1982; Kühne/Vetter/Karremann, 15. Aufl 1983; Pelka, 14. Aufl 1988. – *Bay* AGBGB v 20. 9. 82 (BayRS 400-1-J) Art 43–54. Schrift: Bayer/Lindner, 1. Aufl 1986; Meisner/Ring/Götz, 7. Aufl 1986; Stadler, 4. Aufl 1986. – *Bln* G v 28. 9. 73 (GVBl 1654). – *Brem* AGBGB 24. – *Hbg* §§ 86–89 BauO v 10. 12. 69 (GVBl 249). – *Hess* G v 24. 9. 62 (GVBl 417). Schrift: Hodes/Dehner, 4. Aufl 1986; Hoof, 13. Aufl 1988. – *Nds* G v 31. 3. 67 (GVBl 91). Schrift: Hoof, 6. Aufl 1986; Lehmann, 3. Aufl 1978. – *NRW* G v 15. 4. 69 (GV 190). Schrift: Dröschel/Glaser, 5. Aufl 1984; Schäfer, 8. Aufl 1988; Zimmermann/Steinke, 1. Aufl 1969. – *RhPf* G v 15. 6. 70 (GVBl 198). Schrift: Hülbusch/Rottmüller, 3. Aufl 1985. – *Saarl* G v 28. 2. 73 (AmtsBl 210). Schrift: wie RhPf. – *SchlH* G v 24. 2. 71 (GVBl 54) zuletzt geändert dch G v 19. 11. 82 (GVOBl 256). Schrift: Bassenge/Olivet, 8. Aufl 1988. – **b)** *Waldgesetze* (§ 903 Anm 3d) enthalten zT Vorschr über WaldnotwegR (vgl § 917 Anm 1). – **c)** *Wassergesetze* (EG 65 Anm 2) enthalten zT Vorschr über Veränderg u Aufn wild abließenden Wassers (zB *BaWü* 81; *Bay* 63; *NRW* 78; *Rhpf* 82, *SchlH* 67, 68).

3) Regelungsgegenstände der NachbRG (Anm 2a) **Nachbarwand** (§ 921 Anm 2): – **Grenzwand** (§ 921 Anm 3). – **Hammerschlags- u Leiterrecht** (*BaWü*, *Bln*, *Hbg*, *Hess*, *Nds*, *NRW*, *RhPf*, *Saarl*, *SchlH*). – **Licht- u Fensterrecht** (*BaWü*, *Bay*, *Hbg*, *Hess*, *Nds*, *NRW*, *RhPf*, *Saarl*, *SchlH*). – **Bodenerhöhungen** (*BaWü*, *Bln*, *Nds*, *NRW*, *RhPf*, *Saarl*, *SchlH*). – **Aufschichtungen** an der Grenze (*BaWü*, *NRW*). – **Traufrecht** (*BaWü*, *Hess*, *Nds*, *NRW*, *RhPf*, *Saarl*, *SchlH*). – **Grundwasser** (*Hess*, *Nds*, *SchlH*). – **Wild abfließender Wasser** (*BaWü*, *Hess*, *Nds*, *Saarl*; vgl auch Anm 1c). – **Einfriedigung** (*BaWü*, *Bln*, *Hbg*, *Hess*, *Nds*, *NRW*, *RhPf*, *Saarl*, *SchlH*). – **Grenzabstand von Pflanzen** (*BaWü*, *Bay*, *Bln*, *Hess*, *Nds*, *NRW*, *RhPf*, *Saarl*, *SchlH*) u **Gebäuden** (*BaWü*, *Nds*, *NRW*, *SchlH*). – **Duldung von Versorgungsleitungen** (§ 917 Anm 1). – **Befestigung von Schornsteinen u Lüftungsleitungen** (*BaWü*, *Bln*, *Hbg*, *Hess*, *Nds*, *NRW*, *RhPf*, *Saarl*, *SchlH*) u **Antennen** (*Bln*, *NRW*, *RhPf*, *Saarl*, *SchlH*) am NachbGbde. – **Anwende-/Trepp-/ Schwengelrecht** (*BaWü* AGBGB 50, *Bay* [53], *Hess* [vgl 16 I], *Nds* [vgl 31 I], *NRW* [vgl 36 II]).

EG 125 Verkehrsunternehmungen.
Unberührt bleiben die landesgesetzlichen Vorschriften, welche die Vorschrift des *§ 26 der Gewerbeordnung* auf Eisenbahn-, Dampfschiffahrts- und ähnliche Verkehrsunternehmungen erstrecken.

1) Die Vorschr läßt eine landesrechtl Einschränkg des UnterlassgAnspruchs des § 1004 zu. BImSchG 14 (gilt anstelle GewO 26) abgedr bei § 906 Anm 5, vgl die Anm dort. – Vgl auch EG 105.

2) Landesgesetze *BaWü* NachbRG 30; *Hess* AGBGB 92; *Nds* AGBGB 24.

EG 126 Eigentumsübertragung durch Gesetz.
Durch Landesgesetz kann das dem Staate an einem Grundstücke zustehende Eigentum auf einen Kommunalverband und das einem Kommunalverband an einem Grundstücke zustehende Eigentum auf einen anderen Kommunalverband oder auf den Staat übertragen werden.

1) Die Vorschr trifft nur polit Gemeinden, nicht auch Kirchengemeinden ua (Hamm OLGZ **80**, 178). Unerhebl ist, ob das Grds buchgsfrei (vgl GBO 3 IIa, b) ist od nicht. Art 126 deckt auch Regelg der Folgekosten bei EigtÜbertr dch Landesgesetzgeber; vgl BGH **52**, 229, 233.

2) Ob der Vorbeh auch den Übergang von Eigt an eingetr Grdst im Zuge einer Auseinandersetzg bei Gebietsveränderngen von Kommunalverbänden deckt, ist str; gg die bejahde hM (deren Arg: „dch LandesG" = aGrd Landesgesetzes) beachtl Heydt DVBl **65**, 509 mwN.

EG 127 Eigentumsübertragung bei buchungsfreien Grundstücken.
Unberührt bleiben die landesgesetzlichen Vorschriften über die Übertragung des Eigentums an einem Grundstücke, das im Grundbuche nicht eingetragen ist und nach den Vorschriften der Grundbuchordnung auch nach der Übertragung nicht eingetragen zu werden braucht.

Schrifttum: Linde, Zum GrdstVerk mit kirchl genutzten Grds, BWNotZ **71**, 171.

1) Vgl GBO 3 IIa. – Der Vorbeh ermöglicht landesrechtl Regelg des EigtErwerb (nicht des VerpflichtgsGesch, § 313), aber nur, wenn Veräußerer u Erwerber von der Eintr befreit sind. (Dagg bedarf es zum Erwerb dch einen nicht Befreiten zunächst der Eintr des Veräußerers, GBO 39 (RG **164**, 385). Ebso muß Eintr erfolgen, wenn das buchgsfreie Grdst mit einem Recht – außer Dbk (EG 128) – belastet werden soll. Hat bei einem buchgsfreien Grdst mangels Eigt des Verkäufers die nach den landesrechtl

Vorschriften vorgenomme Einigg dem Käufer Eigt nicht verschafft, so kann eine nachfolge Auflassg u Umschreibg auf den Käufer die Wirkg des § 892 haben (RG **156**, 122). – Zum GBAnleggsVerf vgl Horber § 3 Anm 3.

2) **Landesgesetze:** *Preuß* AGGBO 27. – *BaWü* AGBGB 29. – *Bay* AGBGB 55. – *Brem* AGBGB 16. – *Hbg* AGBGB 29. – *Hess* AGBGB 24. – *Nds* AGBGB 19. – *RhPf* AGBGB 21. – *SchlH* AGBGB 21.

EG 128 *Dienstbarkeit bei buchungsfreien Grundstücken.* **Unberührt bleiben die landesgesetzlichen Vorschriften über die Begründung und Aufhebung einer Dienstbarkeit an einem Grundstücke, das im Grundbuche nicht eingetragen ist und nach den Vorschriften der Grundbuchordnung nicht eingetragen zu werden braucht.**

1) Vgl Art 127 Anm 1. – **Landesgesetze:** *Bay* AG 56. – *BaWü* AG 29. – *Hbg* AG 43. – *Nds* AG 20. – In den Ländern, die vom Vorbeh keinen Gebr gemacht, entsteht Dbk an buchgsfreien Grdst seit 1. 1. 1900 nach § 873, so daß VorEintr notw.

EG 129 *Aneignung von Grundstücken.* **Unberührt bleiben die landesgesetzlichen Vorschriften, nach welchen das Recht zur Aneignung eines nach § 928 des Bürgerlichen Gesetzbuchs aufgegebenen Grundstücks an Stelle des Fiskus einer bestimmten anderen Person zusteht.**

1) Vgl § 928 II und Art 190. Prakt ggstandslos; vgl 28. Aufl.

EG 130 *Aneignung von Tauben.* **Unberührt bleiben die landesgesetzlichen Vorschriften über das Recht zur Aneignung der einem anderen gehörenden, im Freien betroffenen Tauben.**

1) **Aneignungsrecht:** *Hess* § 2 G v 5. 10. 56 (GVBl 145) idF v 16. 3. 70 (GVBl 243), nicht Brieftauben (§ 3 II). *Nds* § 28 II G v 30. 8. 84 (GVBl 215), § 8 BrieftaubenG aufgehoben (§ 31 FFOG v 23. 12. 58). *NRW* § 23 II G v 14. 1. 75 (GV 125), § 8 BrieftaubenG aufgehoben (§ 35 Nr 3 FFSchG v 24. 3. 70). – *Pr* VO v 4. 3. 33/13. 12. 34 (GS 64/464) ersatzlos aufgehoben: *Brem* § 5 VO v 23. 9. 70 (BGBl 124); *Hbg* § 3 VO v 22. 2. 57 (GVBl 57); *RhPf* § 5 G v 9. 7. 57 (GVBl 113); *Saarl* § 24 G v 24. 3. 75 (Amtsbl 525); *SchlH* § 3 VO v 18. 3. 66 (GVBl 54).

EG 131 *Uneigentliches Stockwerkseigentum.* **Unberührt bleiben die landesgesetzlichen Vorschriften, welche für den Fall, daß jedem der Miteigentümer eines mit einem Gebäude versehenen Grundstücks die ausschließliche Benutzung eines Teiles des Gebäudes eingeräumt ist, das Gemeinschaftsverhältnis näher bestimmen, die Anwendung der §§ 749 bis 751 des Bürgerlichen Gesetzbuchs ausschließen und für den Fall des Konkurses über das Vermögen eines Miteigentümers dem Konkursverwalter das Recht, die Aufhebung der Gemeinschaft zu verlangen, versagen.**

1) Vorbeh von keinem Land ausgenutzt.

EG 132 *Kirchen- und Schulbaulast.* **Unberührt bleiben die landesgesetzlichen Vorschriften über die Kirchenbaulast und die Schulbaulast.**

1) Vgl *Pr* ALR II 11 §§ 710ff, G betr Kirchenverfassgen der ev Landeskirchen (GS 221) v 8. 4. 24 u f katholische Kirchen G v 24. 11. 25, GS 585 (dazu BGH **31**, 115). Über Kirchenbaulasttitel nach Bayreuther Recht BayObLG **52**, 218; **66**, 191; BayVGH BayVBl **73**, 584; Sperling BayVBl **74**, 337. Wg der RQuellen im einzelnen vgl Soergel-Hartmann Rdnr 4 u Staud-Leiß/Bolck Rdnr 9a. Dort Rdnr 11ff auch zur Schulbaulast. Zum PfründenR vgl Art 80.

EG 133 *Kirchenstühle, Begräbnisplätze.* **Unberührt bleiben die landesgesetzlichen Vorschriften über das Recht zur Benutzung eines Platzes in einem dem öffentlichen Gottesdienst gewidmeten Gebäude oder auf einer öffentlichen Begräbnisstätte.**

1) Nach neuerer Auffassg wird die Benutzg der Begräbnisplätze dch Anstaltsordngn kr Anstaltsautonomie geordnet, so daß die Benutzgsrechte grdsätzl dem **öffentlichen Recht** angehören. – Das an sich noch geltde Recht vor 1900 (vgl RG **106**, 188) ist weitgehd ersetzt dch vielfält Vorschr über das Bestattgs- bzw Leichenwesen; ZusStellg bei Gaedke, Hdb des Friedhofs- u BestattgsR, 5. Aufl 1983.

EG 134 (betr religiöse Kindererziehg; aufgeh dch G über die religiöse Kindererziehg).

EG 135, 136 (betr Zwangserziehg und Anstaltsvormund; aufgeh dch JWG).

EG 137 *Feststellung des Ertragswerts eines Landgutes.* **Unberührt bleiben die landesgesetzlichen Vorschriften über die Grundsätze, nach denen in den Fällen des § 1515 Abs. 2, 3 und der §§ 2049, 2312 des Bürgerlichen Gesetzbuchs der Ertragwert eines Landguts festzustellen ist.**

1) Bedeutung. Der Vorbehalt ist nicht unbeschränkt. Die Länder sind an die Regelg des § 2049 II gebunden, so daß ihnen bei einem Landgut (§ 2312 Anm 1a) dessen materielle Bewertgskriterien für die Festsetzg des Ertragswerts vorgegeben sind. § 2049 kann also landesrechtl nur dahin ergänzt werden, wie (u in welchem Verfahren) der maßgebl Reinertrag zu ermitteln u wie aus diesem Reinertrag der Ertragswert zu errechnen ist (BVerfG NJW **88**, 2723).

2) Der Ertragswert (dazu § 2049 Anm 2) wird landesrechtl idR dch einen Vervielfältiger des Reinertrags bestimmt. Meistens wird der 25-fache Betrag des jährl Reinertrags angenommen, gelegentl auch der 18-fache: *Pr* AGBGB Art 83 idF des SchätzgsamtsG v 8. 6. 18 § 23 (25fach), dazu Oldbg RdL **66**, 238 (zu Grdst VG 16); gilt in *Bln, NRW,* ferner in *Saarl,* soweit nicht *Bay* AGBGB 68 maßgebd ist. – *Bay* AGBGB 68 (18fach), dazu BGH *LM* § 2325 Nr 5 u Nürnbg MittBayNot **71**, 313. – *Ba-Wü* AG BGB 48 (18facher jährl Reinertrag), dazu LFGG 44, 45, Richter, Just **75**, 36/39. – *Hess (Darmstadt)* AG 106, 130. – Für *Nds* s § 28 AGBGB v 4. 3. 71 (GVBl 73) mit § 3 II, § 4 ReallastenG v 17. 5. 67 (GVBl 129). – Ehemal *Lippe* (NRW) AG 46. – *RhlPf* § 24 AG BGB v 18. 11. 76 GVBl 259 (25fach). – *SchlH* AG BGB 23 ist nichtig, da mit § 2049 II unvereinb (BVerfG aaO).

EG 138 *Erbrecht öffentlich-rechtlicher Körperschaften.* **Unberührt bleiben die landesgesetzlichen Vorschriften, nach welchen im Falle des § 1936 des Bürgerlichen Gesetzbuchs anstelle des Fiskus eine Körperschaft, Stiftung oder Anstalt des öffentlichen Rechtes gesetzlicher Erbe ist.**

1) Bedeutung des Vorbehalts. Für das Erbrecht gelten die allg Bestimmgen über den Erben, daneben die Sondervorschriften des BGB u anderer Bundesgesetze über das ErbR des Fiskus, zB §§ 1942 II, 1964–1966 (dazu FGG 78), 2011, 2104 S 2, VVG 167 III, ZPO 780 II. Die öffrechtl Körpersch dürfen nur an Stelle des Fiskus Erbe sein; eine Bestimmg, daß sie vor dem Fiskus erben, ist unzul. Auf Grd des Vorbehalts sind auch gesetzl Vermächtnisse zG öffrechtl Körperschaften zul (bestr; Staud/Winkler Rz 7).

2) Landesrecht: Für das ehem Land *Preußen* PrALR II 16 § 22, II 19 § 50 ff mit Art 89 Nr 1 c AG, weggefallen in *NRW,* in *Hess* (Geltgsbereich des PreußRechts). Das Land *Berlin* kann jetzt nach § 1936 Erbe werden (s auch KG JR **63**, 21).

EG 139 *Nachlaß eines Verpflegten.* **Unberührt bleiben die landesgesetzlichen Vorschriften, nach welchen dem Fiskus oder einer anderen juristischen Person in Ansehung des Nachlasses einer verpflegten oder unterstützten Person ein Erbrecht, ein Pflichtteilsanspruch oder ein Recht auf bestimmte Sachen zusteht.**

1) Bedeutung des Vorbehalts. Der Vorbeh ermöglicht die Aufrechterhaltg landesgesetzlicher Vorschr, dch die es gestattet wird, dem Fiskus od einer anderen jur Pers ein ErbR, PflichtteilsR (auch ein nur hilfsweises für den Fall, daß das ErbR der jur Pers dch letztw Vfg ausgeschl ist) od ein Recht auf bestimmte Sachen (auch Vindikationslegat) einzuräumen, wenn es sich um den Nachl von Personen handelt, die vom Fiskus od der betr jur Pers verpflegt od unterstützt worden sind. Der Fiskus od die jur Person kann vor od neben gesetzl od gewillkürten Erben zu ihrem Recht an der Erbsch kommen.

2) Fortgeltung der vorbehaltenen Vorschriften. Die FürsPflVO ist am 1. 6. 62 aGrd BSHG 153 I, II Nr 2 vom 30. 6. 61 (BGBl I 815) außer Kraft getreten. Träger der Sozialhilfe (BSHG 1 ff, jetzt idF v 13. 2. 76, BGBl 289) sind die kreisfreien Städte u die Landkreise sowie die von den Ländern bestimmten überörtl Träger (BSHG 96). BSHG 92a, c treffen Bestimmgen über den Ersatz der Sozialhilfekosten dch den Empf u den Übergang solcher Verpflichtungen auf die Erben. Auch ggüber diesen Vorschr sind die aGrd EG 139 erlassenen landesrechtl Vorschriften als fortgeltd anzusehen (Staud/Winkler Rz 17).

3) Landesgesetze: *Pr* ALR II 16 § 22, II 19 §§ 50ff mit Art 89 Nr 1c AG, weggefallen in *NRW, Hess* (PreußRechtskreis); *Bay* AG v 20. 9. 82 hat die früh Art 101, 102 ersatzlos aufgehob; *Hess* AG Art 127, 128; *Lübeck* früh § 142 AG aufgeh dch § 2 des 2. G über die Sammlg des SchlH LandesR v 5. 4. 71 (GVBl 182).

EG 140 *Fürsorge des Nachlaßgerichts.* **Unberührt bleiben die landesgesetzlichen Vorschriften, nach welchen das Nachlaßgericht auch unter anderen als den in § 1960 Abs. 1 des Bürgerlichen Gesetzbuchs bezeichneten Voraussetzungen die Anfertigung eines Nachlaßverzeichnisses sowie bis zu dessen Vollendung die erforderlichen Sicherungsmaßregeln, insbesondere die Anlegung von Siegeln, von Amts wegen anordnen kann oder soll.**

1) Der Vorbehalt ist in *Pr* und *Bay* nicht ausgenutzt; wohl aber in *Ba-Wü* LFGG 40, 41 IV, 42; 1. VVLFGG 9; *Hess* FGG 23 u § 16 OrtsgerichtsG idF v 2. 4. 80 (GVBl I 113); *Nds* FGG 10–13 (dazu Firsching NachlR Abschn IV C).

2) Sicherungsmaßnahmen nach dem Ableben von Bediensteten einer öffentlichen Behörde fallen in den Bereich des öff Rechts; s Art 23 *Hess* FGG.

EG 141 (Betraf Zuständigk für Beurkundgen, aufgeh dch BeurkG 57 IV Nr 2)

EG 142 (Betraf Vorbeh für Beurk von GrdstVeräußergsVertr)

1) Aufgehoben seit 1. 1. 70 (BeurkG 57 IV Nr 2); ebso Art 7 NotarRMaßnG (BeurkG 55 Nr 13) u Mehrzahl der landesr Vorschr (BeurkG 60 Nr 4, 11, 32, 34, 56 b, 62, 64). Unberührt geblieben sind die Vorschr über Beurk im RückerstattgsVerf (BeurkG 61 I Nr 10), zB § 2 *hessVO* v 28. 4. 50 (GVBl 65). – **Vorbehalt** noch für Ratsschreiber in *BaWü* (BeurkG 61 IV): §§ 3 III, 32 III LFGG v 12. 2. 75 (GBl 116).

EG 143 Auflassung. [I] (Betraf Vorbeh für AuflErkl)

[II] Unberührt bleiben die landesgesetzlichen Vorschriften, nach welchen es bei der Auflassung eines Grundstücks der gleichzeitigen Anwesenheit beider Teile nicht bedarf, wenn das Grundstück durch einen Notar versteigert worden ist und die Auflassung noch in dem Versteigerungstermine stattfindet.

1) Abs I aufgehoben seit 1. 1. 70 (BeurkG 57 IV Nr 3a). – **Abs II** geändert dch BeurkG 57 IV Nr 3b; vgl BeurkG § 61 I Nr 1 HS 2. Vgl *Pr* AG 26 § 2; *Brem* AG 18; *Hess* AG 23; *RhPf* AG 20.

EG 144–146 (Diese Vorschriften und die auf ihnen beruhenden landesgesetzl Vorschriften sind dch die HintO v 10. 3. 37 [RGBl 285] § 38 außer Kraft gesetzt.)

EG 147 Vormundschafts- und Nachlaßsachen.
Unberührt bleiben die landesgesetzlichen Vorschriften, nach welchen für die dem Vormundschaftsgericht oder dem Nachlaßgericht obliegenden Verrichtungen andere als gerichtliche Behörden zuständig sind.

1) Bedeutung des Vorbehalts. Art 147 gab der Landesgesetzgbg die Befugn, für alle den VormschG u den NachlG zugewiesenen Aufgaben od für einz von ihnen andere als gerichtl Behörden für zuständ zu erklären. Das bestehde LandesR gilt weiter; die Länder können von dem Vorbeh weiterhin Gebr machen (s Staud/Winkler Rz 5, 17). Die früh Ausn in II ist gestrichen, weil der NachlG nach Einführg der eidesstattl Vers nicht mehr berecht war. In *BaWü* ist zur Abn der eidesstattl Vers das NachlG (Notariat) berufen (LFGG 1 II, 38); über Zustdgk des Rechtspflegers s RpflG 3 Nr 2 c; 35 I, III.

2) Weitere Vorbehalte für die Bestimmg der Zuständigk anderer Behörden u für das Verfahren enthalten FGG 189, 194, 195 (Verf der landesgesetzl für zust erklärten Behörden) u FGG 193 (Auseinandersetzg des Nachl od einer GütGemsch, dazu BNotO 20 IV, der hins der Zustdgk der Notare zur Vermittlg von Nachlaß- u Gesamtgutauseinandersetzgn auf das LandesR verweist). Über das amtl Verwahrg u Eröffng von Vfgen von Todes wg u §§ 2258 a, 2258 b, 2260, 2300; hins der Regelg in *Ba-Wü* s § 2258 a Anm 2.

3) Rechtspflegergesetz. Für die Länder, die von dem Vorbeh des Art 147, FGG 192 Gebrauch gemacht haben, gilt die Sondervorschr des RPflG 35. S auch oben Anm 1.

4) Der Vorbeh des Art 147 gilt an sich jetzt auch für die vormschgerichtl Aufgaben bei der **Annahme als Kind** nach §§ 1741–1772, EG 23 u FGG 56 f II, da diese Verrichtgen aur Grd AdoptG dem VormschG übertr sind. Nach § 37 I Nr 18 *BaWü* LFGG idF v 14. 12. 76 (s Anm 5) sind diese Verrichtgen aber in *BaWü* dem AG als VG vorbehalten. – Der Vorbeh gilt dagg **nicht** für Verrichtgen, für die bisher das VG u jetzt das **Familiengericht** zuständ ist.

5) Landesrecht: *Pr* FGG Art 21–24; *Nds* FGG 14–20; *Ba-Wü* LFGG 1 I, II, 36, 37, 38–43, 50; *Hess* FGG 24–30 u § 16 *Hess* OrtsgerichtsG idF v 2. 4. 80 (GVBl I 113).

EG 148 Nachlaßinventar.
Die Landesgesetze können die Zuständigkeit des Nachlaßgerichts zur Aufnahme des Inventars ausschließen.

1) Bedeutung des Vorbehalts. Art 148 ermächtigt die Landesgesetzgbg, die eigene Zustdgk des NachlG zur Aufn des Inventars auszuschließen. Die Ermächtigg bezieht sich deshalb nur auf den Fall des § 2003, nicht auf den des § 2002. Ist die Zustdgk des NachlG ausgeschl, kann der Erbe trotzdem den Antr auf behördl InvAufnahme beim NachlG stellen u damit auch die InvFrist wahren, § 1994; dieses muß aber die Aufn der zust Beamten od Notar übertragen. § 20 IV BNotO hat den Vorbeh nicht berührt. – S auch § 61 I Nr 2, II BeurkG.

2) Landesrecht: *Bay* AGGVG 8; *Ba-Wü* LFGG 40 III, 41 V; *Hbg* AGBGB § 78; *Brem* AGBGB 63 II. In diesen Ländern ist die Zustdgk des NachlG für die InvAufn ausgeschl; dasselbe gilt für die ehem bayer Gebietsteile von *RhPf* (*Bay* AVGVG v 23. 2. 1879 Art 63, GVBl Rh-Pf SonderNr 1a/66, Nr 311). Über *Preuß* R s Staud/Winkler Rz 7–10, 16, 17, 18, ferner *Nds* FGG Art 13.

EG 149, 150 (aufgeh dch TestG 50)

EG 151 Errichtung gerichtlicher oder notarischer Urkunden.
Durch die Vorschriften der §§ 2234 bis 2245, 2276 des Bürgerlichen Gesetzbuchs und des Artikel 149 dieses Gesetzes werden die allgemeinen Vorschriften der Landesgesetze über die Errichtung gerichtlicher oder notarieller Urkunden nicht berührt. Ein Verstoß gegen eine solche Vorschrift ist, unbeschadet der Vorschriften über die Folgen des Mangels der sachlichen Zuständigkeit, ohne Einfluß auf die Gültigkeit der Verfügung von Todes wegen.

(die Vorschr ist mit Wirkg vom 1. 1. 70 dch das BeurkG **aufgehoben**)

EG 152 *Eintritt der Rechtshängigkeit.* Unberührt bleiben die landesgesetzlichen Vorschriften, welche für die nicht nach den Vorschriften der Zivilprozeßordnung zu erledigenden Rechtsstreitigkeiten die Vorgänge bestimmen, mit denen die nach den Vorschriften des Bürgerlichen Gesetzbuchs an die Klageerhebung und an die Rechtshängigkeit geknüpften Wirkungen eintreten. Soweit solche Vorschriften fehlen, finden die Vorschriften der Zivilprozeßordnung entsprechende Anwendung.

1) Vgl EGZPO 3, GVG 13, 14 und BGB 209ff, 284, 291ff, 818 IV, 941, 987ff, 1002, 2023. Von dem Vorbeh ist wenig Gebrauch gemacht worden.

Viertel Teil. Übergangsvorschriften

Überblick

1) Die Vorschriften der Art 153ff gehen davon aus, daß die Bestimmungen des BGB grdsätzl nicht zurückwirken. Sie regeln die **Überleitung** des vormaligen landesgesetzl Rechtszustandes in das Recht des BGB. Sie finden keine Anwendg, soweit aGrd der Vorbehalte der Art 55–152 LandesR in Kraft geblieben ist. Schrifttum: Habicht, Die Einwirkg des BGB auf zuvor entstandene Rechtsverhältnisse.

2) Die Bestimmgen, namentl Art 153–162, sind dch Zeitablauf im wesentl ggstandslos geworden.

EG 153–162 zeitlich überholt

EG 163 *Juristische Personen.* Auf die zur Zeit des Inkrafttretens des Bürgerlichen Gesetzbuchs bestehenden juristischen Personen finden von dieser Zeit an die Vorschriften der §§ 25 bis 53, 85 bis 89 des bürgerlichen Gesetzbuchs Anwendung, soweit sich nicht aus den Artikeln 164 bis 166 ein anderes ergibt.

1) Abw von dem Grdsatz, daß das neue Recht keine Rückwirkg äußern soll (vgl Übbl v EG 153 Anm 1), unterstellt Art 163 die bei Inkrafttr des BGB vorhandenen **juristischen Personen** in den meisten Beziehgen dem neuen Recht, soweit sich nicht aus Art 164–166 u den landesrechtl Vorbehalten, zB Art 82, Ausnahmen ergeben. Dabei ist für den Begriff der bestehenden jur Person das bish LandesR maßg. Für die Beaufsichtigg von Stiftgen bleibt mangels Regelg dch BGB das früh Recht entscheidend, KGJ **25**, 37; im übr vgl für Stiftgen die in Vorbem 4a vor § 80 BGB erwähnten LandesG.

2) Bei bestehenden **Vereinen ohne Rechtsfähigkeit** bleibt für die Gestaltg nach innen das alte Recht anwendb, nach außen aber gilt § 52 S 2, RG **77**, 429.

EG 164 *Realgemeinden.* In Kraft bleiben die landesgesetzlichen Vorschriften über die zur Zeit des Inkrafttretens des Bürgerlichen Gesetzbuchs bestehenden Realgemeinden und ähnlichen Verbände, deren Mitglieder als solche zu Nutzungen an land- und forstwirtschaftlichen Grundstücken, an Mühlen, Brauhäusern und ähnlichen Anlagen berechtigt sind. Es macht keinen Unterschied, ob die Realgemeinden oder sonstigen Verbände juristische Personen sind oder nicht und ob die Berechtigung der Mitglieder an Grundbesitz geknüpft ist oder nicht.

1) Realgemeinden sind alle Arten agrar- und forstwirtschaftl Genossenschaften, auch solche, bei denen ein ZusHang zw Grdbesitz der Mitglieder u NutzgsR nicht besteht (Prot I 612, VI 491). Darunter fallen Markgenossenschaften, Hauberverbände, Alpengenossenschaften ua. **Landesgesetze:** Nds RealverbandsG 4. 11. 69, GVBl 187, zuletzt geändert dch G v 3. 6. 82, GVBl 157. In den and Bundesländern gilt überwieg GewohnhR (s Staud-Promberger Rdn 28ff). Für Waldgenossenschaften vgl Art 83.

EG 165 *Bayerische Vereine.* In Kraft bleiben die Vorschriften der bayerischen Gesetze, betreffend die privatrechtliche Stellung der Vereine sowie der Erwerbs- und Wirtschaftsgesellschaften, vom 29. April 1869 in Ansehung derjenigen Vereine und registrierten Gesellschaften, welche auf Grund dieser Gesetze zur Zeit des Inkrafttretens des Bürgerlichen Gesetzbuchs bestehen.

1) Der Vorbeh hat nur noch für die vor dem 1. 8. 1873 registrierten Gesellsch Bedeutg, im übr überholt dch *bay* ÜbergangsG v 9. 6. 99, BS III 101, Art 1 und das GenG.

EG 166 (Betraf sächsische Vereine, gegenstandslos)

EG 167 *Landschaftliche Kreditanstalten.* In Kraft bleiben die landesgesetzlichen Vorschriften, welche die zur Zeit des Inkrafttretens des Bürgerlichen Gesetzbuchs bestehenden landschaftlichen oder ritterschaftlichen Kreditanstalten betreffen.

1) Der Vorbeh erhält, beschränkt auf die zZ des Inkrafttretens des BGB bereits bestehenden Kreditanstalten, das LandesR für die gesamte Rechtsmaterie aufrecht, also nicht nur die Bestimmgen über die Satzungen, sond auch die hyprechtl Vorschriften über Aufn, Eintr u Löschg der Pfandbriefdarlehen. Die Anstalten (Zusammenstellg bei Staud-Promberger Rdn 2) sind im früheren *Pr* Korporationen des öff Rechts, KGJ **53**, 199. Vgl *Pr* GBO 83, *Pr* AGGBO 21, EGZVG 2, 10 Z 1, *Pr* AGZVG 9, 12, 34.

EG 168 **Verfügungsbeschränkungen.** Eine zur Zeit des Inkrafttretens des Bürgerlichen Gesetzbuchs bestehende Verfügungsbeschränkung bleibt wirksam, unbeschadet der Vorschriften des Bürgerlichen Gesetzbuchs zugunsten derjenigen, welche Rechte von einem Nichtberechtigten herleiten.

1) Die Vorschr gilt auch für nach BGB unzul VfgsBeschränkgen. Gleichgült ist, ob die Beschränkg auf Ges, behördl od gerichtl Vfg od RGesch beruht. Die Wirkg der Beschränkg ist nach fr Recht zu beurteilen. Die Bestimmg findet keine Anwendg, wenn die VfgsBeschränkg des fr Rechts mit dem geltenden öff Recht unvereinb ist, KGJ **40**, 227.

EG 169 **Verjährung.** ¹ Die Vorschriften des Bürgerlichen Gesetzbuchs über die Verjährung finden auf die vor dem Inkrafttreten des Bürgerlichen Gesetzbuchs entstandenen, noch nicht verjährten Ansprüche Anwendung. Der Beginn sowie die Hemmung und Unterbrechung der Verjährung bestimmen sich jedoch für die Zeit vor dem Inkrafttreten des Bürgerlichen Gesetzbuchs nach den bisherigen Gesetzen.

II Ist die Verjährungsfrist nach dem Bürgerlichen Gesetzbuche kürzer als nach den bisherigen Gesetzen, so wird die kürzere Frist von dem Inkrafttreten des Bürgerlichen Gesetzbuchs an berechnet. Läuft jedoch die in den bisherigen Gesetzen bestimmte längere Frist früher als die im Bürgerlichen Gesetzbuche bestimmte kürzere Frist ab, so ist die Verjährung mit dem Ablaufe der längeren Frist vollendet.

1) Art 169 hat dch Zeitablauf seine unmittelb Bedeutg verloren. Er ist aber entspr anzuwenden, wenn dch Ges die VerjFr abgekürzt (BGH **73**, 365, NJW **61**, 25) od unverjährb Anspr der Verj unterstellt w (BGH NJW **82**, 2385). Ersetzt das Ges den fr RZustand dch eine grdlegde Neuregelg mit geänderter VerjFr, verjährt der fr entstandene Anspr nach altem Recht (BGH NJW **74**, 237). Bejaht die Rspr in Änderg ihrer fr Praxis eine kürzere Verj, ist Art 169 II nicht entspr anwendb (BGH NJW **64**, 1023).

EG 170 **Schuldverhältnisse.** Für ein Schuldverhältnis, das vor dem Inkrafttreten des Bürgerlichen Gesetzbuchs entstanden ist, bleiben die bisherigen Gesetze maßgebend.

1) Allgemeines: Die Vorschr h dch Zeitablauf ihre unmittelb Bedeutg verloren. Auch soweit vor 1900 begründete DauerSchuldVerh weiterbestehen, ist heute neues Recht anwendb. Das folgt bei Miet-, Pacht- u DienstVertr aus Art 171; bei Gesellsch aus schlüss Unterwerfg unter das neue Recht, vgl RGZ **145**, 291. Art 170 gilt aber für spätere GesÄnderungen idR entspr. Er ist Ausdruck des **allgemeinen Rechtsgedankens**, daß Inhalt u Wirkg des SchuldVerh nach dem Recht zu beurteilen sind, das zZ der Verwirklichg des EntstehgTatbestd galt, BGH **10**, 394, VersR **71**, 180 (PflVG 3), Warn **71** Nr 53 (UrhG 97), Düss NJW **68**, 752 (AktG 131 nF), Hbg VersR **71**, 731 (GüKG 85), stRspr. Ein Ges kann seine zeitl Geltg zwar in den Grenzen des Art 14 GG u des verfassgsrechtl Rückwirkgsverbots (BVerfG **11**, 145, **13**, 271, **22**, 248, Bauer JuS **84**, 241) abw von dem Grds des Art 170 regeln, die Rückwirkg muß sich aber eindeut aus dem Wortlaut od Zweck des Ges ergeben (BGH **44**, 194, VersR **71**, 180).

2) Voraussetzg für die Anwendg fr Rechts ist, daß sich der gesamte EntstehgsTatbestd unter der Herrsch des fr Rechts vollzogen h (RG **76**, 396, Ffm NJW-RR **87**, 1256). Sind bedingte od befristete RGesch nach fr Recht abgeschl worden, gilt auch dann, wenn die Bedingg od Befristg erst unter neuem Recht eintritt (MüKo/Heinrichs Rdn 4). Für SchadErsAnspr bleibt fr Recht auch bei Weiterentwicklg des Schadesn anwendb, BGH VersR **71**, 180. Werden SchuldVerh, zB Gesellsch, nach Eintritt eines BeendiggsGrds ausdr od stillschw fortgesetzt, so gilt nunmehr neues Recht, die Fortsetzg ist Neubegründg. Ist fr Recht maßgebd, ist grdsätzl das gesamte SchuldVerh nach diesem zu beurteilen. Neues Recht gilt nur, soweit es sich um neue, an das SchuldVerh herantretde, nicht aus seiner inneren Entwicklg sich ergebde rechtserhebl Umst handelt (MüKo/Heinrichs Rdn 5).

EG 171 **Dienst-, Miet- und Pachtverhältnisse.** Ein zur Zeit des Inkrafttretens des Bürgerlichen Gesetzbuchs bestehendes Miet-, Pacht- oder Dienstverhältnis bestimmt sich, wenn nicht die Kündigung nach dem Inkrafttreten des Bürgerlichen Gesetzbuchs für den ersten Termin erfolgt, für den sie nach den bisherigen Gesetzen zulässig ist, von diesem Termin an nach den Vorschriften des Bürgerlichen Gesetzbuchs.

EG 172 Wird eine Sache, die zur Zeit des Inkrafttretens des Bürgerlichen Gesetzbuchs vermietet oder verpachtet war, nach dieser Zeit veräußert oder mit einem Rechte belastet, so hat der Mieter oder Pächter dem Erwerber der Sache oder des Rechtes gegenüber die im Bürgerlichen Gesetzbuche bestimmten Rechte. Weitergehende Rechte des Mieters oder Pächters, die sich aus den bisherigen Gesetzen ergeben, bleiben unberührt, unbeschadet der Vorschrift des Artikel 171.

EG 173 **Gemeinschaft nach Bruchteilen.** Auf eine zur Zeit des Inkrafttretens des Bürgerlichen Gesetzbuchs bestehende Gemeinschaft nach Bruchteilen finden von dieser Zeit an die Vorschriften des Bürgerlichen Gesetzbuchs Anwendung.

1) Vgl §§ 741 ff. – Ob eine Gemsch nach Bruchteilen vorliegt, bestimmt sich nach früh Recht; unerhebl ist, ob sie auf G od Vertr beruht. Für Gemsch and Art, namentl GesHandsGemsch, ist es bei dem früh Recht geblieben, Art 181 II; vgl auch für die ehel GütGemsch Art 200 u für die ErbenGemsch Art 213. Auch vertragsm VfgsBeschränkgen der Teilh bleiben bestehen, Art 168.

EG 174 *Inhaberschuldverschreibungen.* **I** Von dem Inkrafttreten des Bürgerlichen Gesetzbuchs an gelten für die vorher ausgestellten Schuldverschreibungen auf den Inhaber die Vorschriften der §§ 798 bis 800, 802, 804 und des § 806 Satz 1 des Bürgerlichen Gesetzbuchs. Bei den auf Sicht zahlbaren unverzinslichen Schuldverschreibungen sowie bei Zins-, Renten- und Gewinnanteilscheinen bleiben jedoch für die Kraftloserklärung und die Zahlungssperre die bisherigen Gesetze maßgebend.

II Die Verjährung der Ansprüche aus den vor dem Inkrafttreten des Bürgerlichen Gesetzbuchs ausgestellten Schuldverschreibungen auf den Inhaber bestimmt sich, unbeschadet der Vorschriften des § 802 des bürgerlichen Gesetzbuchs, nach den bisherigen Gesetzen.

1) Im allg gilt altes Recht, Art 170, u zwar selbst dann, wenn die InhSchuldverschreibg erst nach dem 1. 1. 1900 in Verk gebracht sind, wenn nur vorher. Neues Recht ist nur nach Art 174–178 anwendb. Für die Urk des § 807 gilt die Vorschr nicht.

2) **Abs II** ist Ausn von Art 169.

3) Wg der SchuldVerschr auf den Inh, die ein Land od eine ihm angehörende Körpersch ausstellt, vgl Art 100, 101.

4) **Landesgesetze:** Bay Art 29 AGBGB idF v 20. 9. 82 (BayRS 400-1-J), *Hess* AGBGB 136, 137.

EG 175 Für Zins-, Renten- und Gewinnanteilscheine, die nach dem Inkrafttreten des Bürgerlichen Gesetzbuchs für ein vor dieser Zeit ausgestelltes Inhaberpapier ausgegeben werden, sind die Gesetze maßgebend, welche für die vor dem Inkrafttreten des Bürgerlichen Gesetzbuchs ausgegebenen Scheine gleicher Art gelten.

1) Vgl Art 174.

EG 176 Die Außerkurssetzung von Schuldverschreibungen auf den Inhaber findet nach dem Inkrafttreten des Bürgerlichen Gesetzbuchs nicht mehr statt. Eine vorher erfolgte Außerkurssetzung verliert mit dem Inkrafttreten des Bürgerlichen Gesetzbuchs ihre Wirkung.

1) Außerkurssetzg war früher vielf in der Weise mögl, daß das InhPapier dch einen darauf gesetzten Vermerk aus dem Verk gezogen wurde. Das ist nicht mehr mögl; stattdessen Umschreibg auf den Namen nach § 806. – Auf Sparbücher u andere Papiere des § 808 bezieht sich die Vorschr nicht, insoweit bleibt es bei Art 170, Art 99.

EG 177 *Legitimationspapiere.* Von dem Inkrafttreten des Bürgerlichen Gesetzbuchs an gelten für vorher ausgegebene Urkunden der in § 808 des Bürgerlichen Gesetzbuchs bezeichneten Art, sofern der Schuldner nur gegen Aushändigung der Urkunde zur Leistung verpflichtet ist, die Vorschriften des § 808 Abs. 2 Satz 2, 3 des Bürgerlichen Gesetzbuchs und des Artikel 102 Abs. 2 dieses Gesetzes.

1) Die Bestimmg betrifft die Legitimations- (hinkenden Inh)Papiere des § 808. KraftlosErkl von vor dem 1. 1. 1900 ausgegebenen Pap nach BGB, Vorbeh für das Verf in Art 102.

EG 178 Ein zur Zeit des Inkrafttretens des Bürgerlichen Gesetzbuchs anhängiges Verfahren, das die Kraftloserklärung einer Schuldverschreibung auf den Inhaber oder einer Urkunde der in § 808 des Bürgerlichen Gesetzbuchs bezeichneten Art oder die Zahlungssperre für ein solches Papier zum Gegenstande hat, ist nach den bisherigen Gesetzen zu erledigen. Nach diesen Gesetzen bestimmen sich auch die Wirkungen des Verfahrens und der Entscheidung.

EG 179 *Eingetragene Ansprüche.* Hat ein Anspruch aus einem Schuldverhältnisse nach den bisherigen Gesetzen durch Eintragung in ein öffentliches Buch Wirksamkeit gegen Dritte erlangt, so behält er diese Wirksamkeit auch nach dem Inkrafttreten des Bürgerlichen Gesetzbuchs.

EG 180 *Besitz.* Auf ein zur Zeit des Inkrafttretens des Bürgerlichen Gesetzbuchs bestehendes Besitzverhältnis finden von dieser Zeit an, unbeschadet des Artikel 191, die Vorschriften des Bürgerlichen Gesetzbuchs Anwendung.

EG 181 *Inhalt des Eigentums.* **I** Auf das zur Zeit des Inkrafttretens des Bürgerlichen Gesetzbuchs bestehende Eigentum finden von dieser Zeit an die Vorschriften des Bürgerlichen Gesetzbuchs Anwendung.

II Steht zur Zeit des Inkrafttretens des Bürgerlichen Gesetzbuchs das Eigentum an einer Sache mehreren nicht nach Bruchteilen zu oder ist zu dieser Zeit ein Sondereigentum an stehenden Erzeugnissen eines Grundstücks, insbesondere an Bäumen, begründet, so bleiben diese Rechte bestehen.

1) **I.** Der Inhalt des Eigentums ist nach neuem Recht zu beurteilen. GemeinschEigt an Giebelmauer nach *Code civil* 653 *(mitoyenneté)* jetz MitEigt nach Bruchteilen (BGH **27**, 197). Über das Eigt an öff Wegen nach *Code civil* vgl (RG **131**, 267; über das öff Eigt an Wegen u die Zulässigk von landesrechtl Sondernormen zu dessen Schutz vgl BVerwG DVBl **68**, 343 Anm Schack; vgl auch Art 55 Anm 1. Zum Inhalt des Eigtums

gehört auch die Duldg eines Überbaus, so daß die §§ 912ff auch dann anzuwenden sind, wenn vor 1900 übergebaut ist (RG **169**, 187). Vgl § 890 Anm 4.

2) II hält nur besond RVerhältn aufrecht, nicht aber RBildgen aGrd der allg Vorschr der bish Gesetze wie zB das güterrechtl od erbrechtl GesamtEigt (KGJ **28** B 92; 33, 227). ZB Realgemeinden, EG 164; Körpersch-Waldgen iS v *bay* FortG 1852 Art 18 (BayObLG **71**, 125); *bad* gemeins Einfahrten u Hofräume (Karlsr BadRPrax **33**, 2). KellerEigt nach *Code civil* ist jetzt StockwerksEigt, ErbbR od Dbk (KG JW **33**, 1334); über *Nürnb* KellerR GrdDbk vgl BayObLG **67**, 397; **69**, 284; *bad* KellerR ist GrdDbk od StockwerksEigt (Karlsr Just **80**, 46; NJW-RR **87**, 138, dazu Thümmel BWNotZ **87**, 76).

EG 182 *Stockwerkseigentum.* Das zur Zeit des Inkrafttretens des Bürgerlichen Gesetzbuchs bestehende Stockwerkseigentum bleibt bestehen. Das Rechtsverhältnis der Beteiligten untereinander bestimmt sich nach den bisherigen Gesetzen.

1) Neues StockwerksEigt kann nicht begründet werden; über altes vgl Thümmel JZ **80**, 125 u BWNotZ **80**, 97 *(Württ)* **84**, 5 *(Baden);* Hammer BWNotZ **67**, 20; EG 181 Anm 2 aE. Zur Überleitg in WohngsEigt vgl Zipperer BWNotZ **85**, 49. – *BaWü* AGBGB 36ff.; *Bay* AGBGB 36ff.; *Bay*AGBGB 62.

EG 183 *Waldgrundstück.* Zugunsten eines Grundstücks, das zur Zeit des Inkrafttretens des Bürgerlichen Gesetzbuchs mit Wald bestanden ist, bleiben die landesgesetzlichen Vorschriften, welche die Rechte der Eigentümer eines Nachbargrundstücks in Ansehung der auf der Grenze oder auf dem Waldgrundstücke stehenden Bäume und Sträucher abweichend von den Vorschriften des § 910 und des § 923 Abs. 2, 3 des Bürgerlichen Gesetzbuchs bestimmen, bis zur nächsten Verjüngung des Waldes in Kraft.

1) *BaWü* NachbRG § 34.

EG 184 *Inhalt beschränkter dinglicher Rechte.* Rechte, mit denen eine Sache oder ein Recht zur Zeit des Inkrafttretens des Bürgerlichen Gesetzbuchs belastet ist, bleiben mit dem sich aus den bisherigen Gesetzen ergebenden Inhalt und Range bestehen, soweit sich nicht aus den Artikeln 192 bis 195 ein anderes ergibt. Von dem Inkrafttreten des Bürgerlichen Gesetzbuchs an gelten jedoch für ein Erbbaurecht die Vorschriften des § 1017, für eine Grunddienstbarkeit die Vorschriften der §§ 1020 bis 1028 des Bürgerlichen Gesetzbuchs.

1) Allgemeines. Art 184 gilt für beschr dingl Rechte einschl AnwR (RG **72**, 269) u dingl wirkder VfgsBeschrkgen (RG **132**, 145), die am 1. 1. 1900 bestanden; bei späterer Entstehg gilt EG 189 I.

2) Einzelheiten. – a) Der **Fortbestand** des Rechts **(S 1)** erfordert nicht die späte GBEintr. Eintr iW der GBBerichtigg (aGrd Bewilligg od UnrichtigkNachw) zul u zur Vermeidg des RVerlustes inf gutgl lastenfreien Erwerb (Ausn: EG 187 für GrdDbk) zweckmäß (BayObLG **62**, 341). Über Aufhebg vgl EG 189 Anm 2. – **b) Entstehung** u Auslegg des BestellgsGesch (BayObLG **70**, 226) richten sich nach altem Recht; wer sich auf Entstehg nichteingetr AltR beruft, muß sie beweisen (BayObLG **89**, 203). Die Entstehg kann beruhen auf RGesch (dazu Dehner § 36 I; BGH NJW **64**, 2016; BayObLG **70**, 226), Ersitzg (dazu Dehner § 36 II; BGH LM *Code civil* Nr 5; PrALR Nr 6; BWNotZ **63**, 301; BayObLG **62**, 70 u 341; Oldbg RdL **55**, 307; Hamm NJW-RR **87**, 137; LG Osnabr RdL **57**, 305; LG Stgt BWNotZ **79**, 68) od unvordenkl Verjährg (dazu Dehner § 36 III: BayObLG **62**, 70; Mü AgrarR **72**, 54; Rpfleger **84**, 461; LG Stgt aaO). – **c)** Der **Inhalt** des Rechts **(S 2)** richtet sich weiter nach altem Recht; zB ob Gemeindeservitut RNatur als GrdDbk od bpDbk (BayObLG **62**, 341; **70**, 226). Für GrdDbk (nicht bpDbk), die auch solche iS der BGB sind (BayObLG **62**, 351), gelten BGB 1020–1028 (S 2) 912ff (BGH LM *Code civil* Nr 5) für ErbR gilt BGB 1017 iVm ErbbRVO 35, 36, 38 (S 2). – Gesetzl Inhaltsändergen ab 1. 1. 1900 sind zu beachten; zB einer Dbk inf BedürfnÄnderg gem BGB 1018 Anm 4e (BayVerfGG ZMR **62**, 331; Karlsr OLGZ **78**, 81). Für Inhaltsänderg dch RGesch gilt EG 189 I. – **d)** Der **Rang** des Rechts **(S 2)** richtet sich weiter nach altem Recht. BGB 879 gilt auch nach GBAnlegg nicht (BayObLG **59**, 478). Gutgl Erwerb des Vorrangs vorbehaltl EG 187 mögl (RG **77**, 1); daher Eintr zweckmäß (vgl Anm 2a).

EG 185 *Ersitzung.* Ist zur Zeit des Inkrafttretens des Bürgerlichen Gesetzbuchs die Ersitzung des Eigentums oder Nießbrauchs an einer beweglichen Sache noch nicht vollendet, so finden auf die Ersitzung die Vorschriften des Artikel 169 entsprechende Anwendung.

EG 186 *Anlegung der Grundbücher.* I Das Verfahren, in welchem die Anlegung der Grundbücher erfolgt, sowie der Zeitpunkt, in welchem das Grundbuch für einen Bezirk als angelegt anzusehen ist, werden für jeden *Bundesstaat* durch *landesherrliche* Verordnung bestimmt.

II Ist das Grundbuch für einen Bezirk als angelegt anzusehen, so ist die Anlegung auch für solche zu dem Bezirke gehörende Grundstücke, die noch kein Blatt im Grundbuche haben, als erfolgt anzusehen, soweit nicht bestimmte Grundstücke durch besondere Anordnung ausgenommen sind.

1) I überholt, da Anlegg des GB beendet; vgl 30. Aufl. – II meint buchsfreie Grdst (GBO 3 II) und solche für die versehentl kein GB angelegt worden ist. Wirkg: EG 189; vgl auch Art 127.

EG 187 *Grunddienstbarkeiten.* I Eine Grunddienstbarkeit, die zu der Zeit besteht, zu welcher das Grundbuch als angelegt anzusehen ist, bedarf zur Erhaltung der Wirksamkeit gegenüber dem öffentlichen Glauben des Grundbuchs nicht der Eintragung. Die Eintragung hat jedoch zu erfolgen, wenn sie von dem Berechtigten oder von dem Eigentümer des belasteten Grundstücks verlangt wird; die Kosten sind von demjenigen zu tragen und vorzuschießen, welcher die Eintragung verlangt.

II Durch Landesgesetz kann bestimmt werden, daß die bestehenden Grunddienstbarkeiten oder einzelne Arten zur Erhaltung der Wirksamkeit gegenüber dem öffentlichen Glauben des Grundbuchs bei der Anlegung des Grundbuchs oder später in das Grundbuch eingetragen werden müssen. Die Bestimmung kann auf einzelne Grundbuchbezirke beschränkt werden.

1) Art 187 gilt nur für GrdDbk, die auch solche iS des BGB (BayObLG **86**, 89) u die in dem Ztpkt bestanden, in dem das GB als angelegt anzusehen (EG 186); sie können gem EG 189 I nach dem 1. 1. 1900 entstanden sein.

2) Nach I 1 (vorbehaltl II) kein lastenfreier Erwerb (BGB 891 ff) des belasteten Grdst bei nie erfolgter Eintr der GrdDbk (BGH **104**, 139); BGB 891 gelten aber ggü unricht Eintr od Löschg nach Eintr (BGH aaO). – Eintr nach I 2 ist GB-Berichtigg (BayObLG aaO); sie erfolgt auf Bewilligg (notf BGB 894) od UnrichtigkNachw (dazu BayObLG aaO) u ist gem BGB 899 sicherb (Kiel OLG **4**, 292). Anspr entspr BGB unverjährb (LG Osnabr RdL **57**, 305).

3) Soweit Bestimmg nach II ergangen, führt NichtEintr nicht zum Erlöschen, sond ermöglicht nur lastenfreien Erwerb nach BGB 891 ff. – Eintr notw gem *BaWü* AGBGB 31, *Brem* AGBGB 37; nicht in *Bay* u *Hess*, da in ÜbergangsG 10 (aufgeh dch *Bay* AGBGB 80 II Nr 2) 44 bzw AGBGB 141 II vorgesehene VO bisher nicht ergangen, u nicht in den übr Ländern. – Über Erlöschen vgl *Bay* AGBGB 57, *Hbg* AGBGB 44.

EG 188 *Gesetzliche Pfandrechte; dingliche Miet- und Pachtrechte.* I Durch *landesherrliche* Verordnung kann bestimmt werden, daß gesetzliche Pfandrechte, die zu der Zeit bestehen, zu welcher das Grundbuch als angelegt anzusehen ist, zur Erhaltung der Wirksamkeit gegenüber dem öffentlichen Glauben des Grundbuchs während einer nicht zehn Jahre nicht übersteigenden, von dem Inkrafttreten des Bürgerlichen Gesetzbuchs an zu berechnenden Frist nicht der Eintragung bedürfen.

II Durch *landesherrliche* Verordnung kann bestimmt werden, daß Mietrechte und Pachtrechte, welche zu der im Absatz 1 bezeichneten Zeit als Rechte an einem Grundstücke bestehen, zur Erhaltung der Wirksamkeit gegenüber dem öffentlichen Glauben des Grundbuchs nicht der Eintragung bedürfen.

EG 189 *Erwerb und Verlust von Grundstücksrechten.* I Der Erwerb und Verlust des Eigentums sowie die Begründung, Übertragung, Belastung und Aufhebung eines anderen Rechtes an einem Grundstück oder eines Rechtes an einem solchen Rechte erfolgen auch nach dem Inkrafttreten des Bürgerlichen Gesetzbuchs nach den bisherigen Gesetzen, bis das Grundbuch als angelegt anzusehen ist. Das gleiche gilt nach der Änderung des Inhalts und des Ranges der Rechte. Ein nach den Vorschriften des Bürgerlichen Gesetzbuchs unzulässiges Recht kann nach dem Inkrafttreten des Bürgerlichen Gesetzbuchs nicht mehr begründet werden.

II Ist zu der Zeit, zu welcher das Grundbuch als angelegt anzusehen ist, der Besitzer als der Berechtigte im Grundbuch eingetragen, so finden auf eine zu dieser Zeit noch nicht vollendete, nach § 900 des Bürgerlichen Gesetzbuchs zulässige Ersitzung die Vorschriften des Artikels 169 entsprechende Anwendung.

III Die Aufhebung eines Rechtes, mit dem ein Grundstück oder ein Recht an einem Grundstücke zu der Zeit belastet ist, zu welcher das Grundbuch als angelegt anzusehen ist, erfolgt auch nach dieser Zeit nach den bisherigen Gesetzen, bis das Recht in das Grundbuch eingetragen wird.

1) I betrifft RVorgänge in der Zeit zw 1. 1. 1900 u dem Ztpkt, in dem GB als angelegt anzusehen (vgl EG 186); bei späteren RVorgängen gilt neues Recht (Ausn: III), so daß Eintr notw. – Ersitzg u unvordenk. Verj von Rechten iSv I 3 mußte vor dem 1. 1. 1900 beendet sein (BayObLG **62**, 341).

2) Aufhebung. – a) **Nicht eingetragene Rechte** stets nach altem Recht (I 1, III), um Eintr zwecks nachfolgder Löschg zu vermeiden; Vormrkg zur Sicherg eines AufhebgsAnspr erfordert VorEintr des Rechts (LG Regb Rpfleger **76**, 361). Gilt für Aufhebg dch RGesch sowie alle and Erlöschensgründe (BGH NJW **88**, 2037; BayObLG **88**, 102). III erfaßt auch ZusTreffen von Recht u Eigt in einer Pers (RG Warn **16**, 19; LG Hdlbg BWNotZ **85**, 91). Vgl auch *Bay* AGBGB 57. – b) **Eingetragene Rechte** (auch gem EG 187 I 2) nach neuem Recht.

EG 190 *Aneignungsrecht des Fiskus.* Das nach § 928 Abs. 2 des Bürgerlichen Gesetzbuchs dem Fiskus zustehende Aneignungsrecht erstreckt sich auf alle Grundstücke, die zu der Zeit herrenlos sind, zu welcher das Grundbuch als angelegt anzusehen ist. Die Vorschrift des Artikel 129 findet entsprechende Anwendung.

1) Der Fiskus wird erst Eigtümer mit der Eintr (KG JFG **8**, 214).

EG 191 *Besitzschutz bei Dienstbarkeiten.* I Die bisherigen Gesetze über den Schutz im Besitz einer Grunddienstbarkeit oder einer beschränkten persönlichen Dienstbarkeit finden auch nach dem Inkrafttreten des Bürgerlichen Gesetzbuchs Anwendung, bis das Grundbuch für das belastete Grundstück als angelegt anzusehen ist.

II Von der Zeit an, zu welcher das Grundbuch als angelegt anzusehen ist, finden zum Schutze der Ausübung einer Grunddienstbarkeit, mit welcher das Halten einer dauernden Anlage verbunden ist, die für den Besitzschutz geltenden Vorschriften des Bürgerlichen Gesetzbuchs entsprechende Anwendung, solange Dienstbarkeiten dieser Art nach Artikel 128 oder Artikel 187 zur Erhaltung der Wirksamkeit gegenüber dem öffentlichen Glauben des Grundbuchs nicht der Eintragung bedürfen. Das gleiche gilt für Grunddienstbarkeiten anderer Art mit der Maßgabe, daß der Besitzschutz nur gewährt wird, wenn die Dienstbarkeit in jedem der drei letzten Jahre vor der Störung mindestens einmal ausgeübt worden ist.

1) I überholt. – Zu II vgl §§ 858ff, 1029; EG 180, 186.

EG 192 *Überleitung von Pfandrechten (Art. 192–195).* I Ein zu der Zeit, zu welcher das Grundbuch als angelegt anzusehen ist, an einem Grundstücke bestehendes Pfandrecht gilt von dieser Zeit an als eine Hypothek, für welche die Erteilung des Hypothekenbriefs ausgeschlossen ist. Ist der Betrag der Forderung, für die das Pfandrecht besteht, nicht bestimmt, so gilt das Pfandrecht als Sicherungshypothek.

II Ist das Pfandrecht dahin beschränkt, daß der Gläubiger Befriedigung aus dem Grundstücke nur im Wege der Zwangsverwaltung suchen kann, so bleibt diese Beschränkung bestehen.

EG 193 Durch Landesgesetz kann bestimmt werden, daß ein Pfandrecht, welches nach Artikel 192 nicht als Sicherungshypothek gilt, als Sicherungshypothek oder als eine Hypothek gelten soll, für welche die Erteilung des Hypothekenbriefs nicht ausgeschlossen ist, und daß eine über das Pfandrecht erteilte Urkunde als Hypothekenbrief gelten soll.

EG 194 Durch Landesgesetz kann bestimmt werden, daß ein Gläubiger, dessen Pfandrecht zu der in Artikel 192 bezeichneten Zeit besteht, die Löschung eines im Range vorgehenden oder gleichstehenden Pfandrechts, falls dieses sich mit dem Eigentum in einer Person vereinigt, in gleicher Weise zu verlangen berechtigt ist, wie wenn zur Sicherung des Rechtes auf Löschung eine Vormerkung im Grundbuch eingetragen wäre.

EG 195 I Eine zu der Zeit, zu welcher das Grundbuch als angelegt anzusehen ist, bestehende Grundschuld gilt von dieser Zeit an als Grundschuld im Sinne des Bürgerlichen Gesetzbuchs und eine über die Grundschuld erteilte Urkunde als Grundschuldbrief. Die Vorschrift des Artikel 192 Abs. 2 findet entsprechende Anwendung.

II Durch Landesgesetz kann bestimmt werden, daß eine zu der im Absatz 1 bezeichneten Zeit bestehende Grundschuld als eine Hypothek, für welche die Erteilung des Hypothekenbriefs nicht ausgeschlossen ist, oder als Sicherungshypothek gelten soll und daß eine über die Grundschuld erteilte Urkunde als Hypothekenbrief gelten soll.

EG 196 *Grundstücksgleiche Rechte.* Durch Landesgesetz kann bestimmt werden, daß auf ein an einem Grundstücke bestehendes vererbliches und übertragbares Nutzungsrecht die sich auf Grundstücke beziehenden Vorschriften und auf den Erwerb eines solchen Rechtes die für den Erwerb des Eigentums an einem Grundstücke geltenden Vorschriften des Bürgerlichen Gesetzbuchs Anwendung finden.

1) *Pr* AGBGB 40, AGGBO 22; *BaWü* AGBGB 32; *Hess* AG 154, 223; *Nds* AGBGB 18; *Wü* AG 232 (vgl dazu *BaWü* AGBGB 51 I Nr. 6, II). Wegen *Bay* vgl AGGVG 40.

EG 197 *Bäuerliche Nutzungsrechte.* In Kraft bleiben die landesgesetzlichen Vorschriften, nach welchen in Ansehung solcher Grundstücke, bezüglich deren zur Zeit des Inkrafttretens des Bürgerlichen Gesetzbuchs ein nicht unter den Artikel 63 fallendes bäuerliches Nutzungsrecht besteht, nach der Beendigung des Nutzungsrechts ein Recht gleicher Art neu begründet werden kann und der Gutsherr zu der Begründung verpflichtet ist.

Vorbemerkung

Erläuterungen zu Art 198–212. Die prakt Bedeutg dieser Vorschr ist heute sehr gering. Es w desh auf die Kommentierg in der 39. Aufl verwiesen.

EG 198 *Gültigkeit der Ehe.* I Die Gültigkeit einer vor dem Inkrafttreten des Bürgerlichen Gesetzbuchs geschlossenen Ehe bestimmt sich nach den bisherigen Gesetzen.

II Eine nach den bisherigen Gesetzen nichtige oder ungültige Ehe ist als von Anfang an gültig anzusehen, wenn die Ehegatten zur Zeit des Inkrafttretens des Bürgerlichen Gesetzbuchs noch als Ehegatten miteinander leben und der Grund, auf dem die Nichtigkeit oder die Ungültigkeit beruht, nach den Vorschriften des Bürgerlichen Gesetzbuchs die Nichtigkeit oder die Anfechtbarkeit der Ehe nicht zur Folge haben oder diese Wirkung verloren haben würde. Die für die Anfechtung im Bürgerlichen Gesetzbuche bestimmte Frist beginnt nicht vor dem Inkrafttreten des Bürgerlichen Gesetzbuchs.

III Die nach den bisherigen Gesetzen erfolgte Ungültigkeitserklärung einer Ehe steht der Nichtigkeitserklärung nach dem Bürgerlichen Gesetzbuche gleich.

EG 199 *Persönliche Rechtsbeziehungen der Ehegatten.* Die persönlichen Rechtsbeziehungen der Ehegatten zueinander, insbesondere die gegenseitige Unterhaltspflicht, bestimmen sich auch für die zur Zeit des Inkrafttretens des Bürgerlichen Gesetzbuchs bestehenden Ehen nach dessen Vorschriften.

EG 200 *Eheliches Güterrecht.* [I] Für den Güterstand einer zur Zeit des Inkrafttretens des Bürgerlichen Gesetzbuchs bestehenden Ehe bleiben die bisherigen Gesetze maßgebend. Dies gilt insbesondere auch von den Vorschriften über die erbrechtlichen Wirkungen des Güterstandes und von den Vorschriften der französischen und der badischen Gesetze über das Verfahren bei Vermögensabsonderungen unter Ehegatten.

[II] Eine nach den Vorschriften des Bürgerlichen Gesetzbuchs zulässige Regelung des Güterstandes kann durch Ehevertrag auch dann getroffen werden, wenn nach den bisherigen Gesetzen ein Ehevertrag unzulässig sein würde.

[III] Soweit die Ehefrau nach den für den bisherigen Güterstand maßgebenden Gesetzen infolge des Güterstandes oder der Ehe in der Geschäftsfähigkeit beschränkt ist, bleibt diese Beschränkung in Kraft, solange der bisherige Güterstand besteht.

EG 201 *Scheidung und Aufhebung der ehelichen Gemeinschaft.* [I] Die Scheidung und die Aufhebung der ehelichen Gemeinschaft erfolgen von dem Inkrafttreten des Bürgerlichen Gesetzbuchs an nach dessen Vorschriften.

[II] Hat sich ein Ehegatte vor dem Inkrafttreten des Bürgerlichen Gesetzbuchs einer Verfehlung der in den §§ 1565 bis 1568 des Bürgerlichen Gesetzbuchs bezeichneten Art schuldig gemacht, so kann auf Scheidung oder auf Aufhebung der ehelichen Gemeinschaft nur erkannt werden, wenn die Verfehlung auch nach den bisherigen Gesetzen ein Scheidungsgrund oder ein Trennungsgrund war.

EG 202 *Trennung von Tisch und Bett.* Für die Wirkungen einer beständigen oder zeitweiligen Trennung von Tisch und Bett, auf welche vor dem Inkrafttreten des Bürgerlichen Gesetzbuchs erkannt worden ist, bleiben die bisherigen Gesetze maßgebend. Dies gilt insbesondere auch von den Vorschriften, nach denen eine bis zu dem Tode eines der Ehegatten fortbestehende Trennung in allen oder einzelnen Beziehungen der Auflösung der Ehe gleichsteht.

EG 203 *Eltern und Kinder.* Das Rechtsverhältnis zwischen den Eltern und einem vor dem Inkrafttreten des Bürgerlichen Gesetzbuchs geborenen ehelichen Kinde bestimmt sich von dem Inkrafttreten des Bürgerlichen Gesetzbuchs an nach dessen Vorschriften. *Dies gilt insbesondere auch in Ansehung des Vermögens, welches das Kind vorher erworben hat.*

EG 204–206 (jetzt gegenstandslos)

EG 207 *Kinder aus nichtigen oder ungültigen Ehen.* Inwieweit die Kinder aus einer vor dem Inkrafttreten des Bürgerlichen Gesetzbuchs geschlossenen nichtigen oder ungültigen Ehe als eheliche Kinder anzusehen sind und inwieweit der Vater und die Mutter die Pflichten und Rechte ehelicher Eltern haben, bestimmt sich nach den bisherigen Gesetzen.

EG 208 *Nichteheliche Kinder.* [I] Die rechtliche Stellung eines vor dem Inkrafttreten des Bürgerlichen Gesetzbuchs geborenen nichtehelichen Kindes bestimmt sich von dem Inkrafttreten des Bürgerlichen Gesetzbuchs an nach dessen Vorschriften; für die Erforschung der Vaterschaft, für das Recht des Kindes, den Familiennamen des Vaters zu führen, sowie für die Unterhaltspflicht des Vaters bleiben jedoch die bisherigen Gesetze maßgebend.

[II] Inwieweit einem vor dem Inkrafttreten des Bürgerlichen Gesetzbuchs außerehelich erzeugten Kinde aus einem besonderen Grunde, insbesondere wegen Erzeugung im Brautstande, die rechtliche Stellung eines ehelichen Kindes zukommt und inwieweit der Vater und die Mutter eines solchen Kindes die Pflichten und Rechte ehelicher Eltern haben, bestimmt sich nach den bisherigen Gesetzen.

[III] Die Vorschriften des Absatzes 1 gelten auch für ein nach den französischen oder den badischen Gesetzen anerkanntes Kind.

EG 209 *Legitimation, Annahme an Kindes Statt.* Inwieweit ein vor dem Inkrafttreten des Bürgerlichen Gesetzbuchs legitimiertes oder an Kindes Statt angenommenes Kind die rechtliche Stellung eines ehelichen Kindes hat und inwieweit der Vater und die Mutter die Pflichten und Rechte ehelicher Eltern haben, bestimmt sich nach den bisherigen Gesetzen.

EG 210 *Vormundschaft: a) Allgemeines.* [I] Auf eine zur Zeit des Inkrafttretens des Bürgerlichen Gesetzbuchs bestehende Vormundschaft oder Pflegschaft finden von dieser Zeit an die Vorschriften des Bürgerlichen Gesetzbuchs Anwendung. Ist die Vormundschaft wegen eines körperlichen Gebrechens angeordnet, so gilt sie als eine nach § 1910 Abs. 1 des Bürgerlichen Gesetzbuchs angeordnete Pflegschaft. Ist die Vormundschaft wegen Geistesschwäche angeordnet, ohne daß eine Entmündigung erfolgt ist, so gilt sie als eine nach § 1910 Abs. 2 des Bürgerlichen Gesetzbuchs für die Vermögensangelegenheiten des Geistesschwachen angeordnete Pflegschaft.

II Die bisherigen Vormünder und Pfleger bleiben im Amte. Das gleiche gilt im Geltungsbereiche der preußischen Vormundschaftsordnung vom 5. Juli 1875 für den Familienrat und dessen Mitglieder. Ein Gegenvormund ist zu entlassen, wenn nach den Vorschriften des Bürgerlichen Gesetzbuchs ein Gegenvormund nicht zu bestellen sein würde.

EG 211 überholt

EG 212 *b) Mündelsicherheit von Wertpapieren.* In Kraft bleiben die landesgesetzlichen Vorschriften, nach welchen gewisse Wertpapiere zur Anlegung von Mündelgeld für geeignet erklärt sind.

EG 213 *Erbrechtliche Verhältnisse.* Für die erbrechtlichen Verhältnisse bleiben, wenn der Erblasser vor dem Inkrafttreten der Bürgerlichen Gesetzbuchs gestorben ist, die bisherigen Gesetze maßgebend. Dies gilt insbesondere auch von den Vorschriften über das erbschaftliche Liquidationsverfahren.

1) Grundsatz. Bei RÄndergen im ErbR ist grdsl das beim Erbfall geltende Recht anzuwenden. Früh Vorschr bleiben nur maßgebend, wenn der Erbl vor Inkrafttreten der neuen Vorschr gestorben ist (allg M; s zB BGH NJW 89, 2054; Karlsr NJW 89, 109). **Ausnahmen** von diesem auch in EG 213 kodifizierten Grdsatz macht das G nur in EG 200, 214, 215, 217. Enthält also ein neues G keine abweichenden ÜbergangsVorschr, gilt der Grdsatz für alle erbrechtl Verhältn im weitesten Sinne: zB zwischen Vor- u NachE (UnentgeltlichkBegriff des § 2113 II auch auf das früh Recht anzuwenden, RG DR 39, 635); Erben u TestVollstr (KG JR 26 Nr 2027; auch RG HRR 32 Nr 1452); ErbenGemsch (s BGH 55, 66 zu code civil mAv Mattern LM Nr 7); PflichttEntzieh (BGH NJW 89, 2054; Karlsr aaO). Er umfaßt auch das formelle ErbR (s Heldrich, Internationale Zuständigk u anwendb Recht, 1969, § 8[106]). Einschränken enthalten EG 214, 217, 200.

2) Besondere Übergangsregelungen. Für die erbrechtl Vorschr des **NEhelG**, dessen Art 12 § 10 nachstehend abgedruckt ist, s auch § 1924 Anm 3b u Vorb 3 vor § 1934a; für die des **1. EheRG** dessen Art 12 Nr 3; 5; 11; für die des **AdoptG** s § 1924 Anm 3c, cc; für **§§ 1933, 2077** s § 1933 Anm 1. – Der nach Übernahme der Vorschr des TestG in das BGB weiterhin für vor dem 4. 8. 38 errichtete Vfgen vTw maßgebl **§ 51 TestG** (s Einf 1 vor § 2229) war zuletzt abgedruckt in der 45. Aufl (Einf 3 vor § 2229). – Die ÜbergangsVorschr des **NEhelG** vom 19. 8. 69 (BGBl I 1242) lautet:

Art. 12 § 10 ¹ *Für die erbrechtlichen Verhältnisse bleiben, wenn der Erblasser vor dem Inkrafttreten dieses Gesetzes gestorben ist, die bisher geltenden Vorschriften maßgebend. Das gleiche gilt für den Anspruch des nichtehelichen Kindes gegen den Erben des Vaters auf Leistung von Unterhalt.*

II Für die erbrechtlichen Verhältnisse eines vor dem 1. Juli 1949 geborenen nichtehelichen Kindes und seiner Abkömmlinge zu dem Vater und dessen Verwandten bleiben die bisher geltenden Vorschriften auch dann maßgebend, wenn der Erblasser nach dem Inkrafttreten dieses Gesetzes stirbt. Ist der Vater der Erblasser und hatte er zur Zeit des Erbfalls dem Kinde Unterhalt zu gewähren, so ist der Erbe zur Gewährung des Unterhalts verpflichtet; der bisher geltende § 1712 Abs. 2 des Bürgerlichen Gesetzbuchs ist auf den Unterhaltsanspruch des Kindes anzuwenden.

EG 214 *Verfügungen von Todes wegen.* ¹ Die vor dem Inkrafttreten des Bürgerlichen Gesetzbuchs erfolgte Errichtung oder Aufhebung einer Verfügung von Todes wegen wird nach den bisherigen Gesetzen beurteilt, auch wenn der Erblasser nach dem Inkrafttreten des Bürgerlichen Gesetzbuchs stirbt.

II Das gleiche gilt für die Bindung des Erblassers bei einem Erbvertrag oder einem gemeinschaftlichen Testamente, sofern der Erbvertrag oder das Testament vor dem Inkrafttreten des Bürgerlichen Gesetzbuchs errichtet worden ist.

1) Nach altem Recht beurteilen sich Form u Fähigk für die Errichtg u Aufhebg einer Vfg vTw (mit einer Ausnahme: EG 215 I) sowie die Bindg (**II**; RG 77, 172), Widerruf u Lösbark der Bindg. Dagg sind bei temporaler Kollision **Inhalt und Wirkung** einer Vfg vTw sowie ihre **Auslegung** nach EG 213 zu beurteilen (BayObLG JFG 3, 153).

EG 215 *Testierfähigkeit.* ¹ Wer vor dem Inkrafttreten des Bürgerlichen Gesetzbuchs die Fähigkeit zur Errichtung einer Verfügung von Todes wegen erlangt und eine solche Verfügung errichtet hat, behält die Fähigkeit, auch wenn er das nach dem Bürgerlichen Gesetzbuch erforderliche Alter noch nicht erreicht hat.

II Die Vorschriften des § 2230 des Bürgerlichen Gesetzbuchs finden auf ein Testament Anwendung, das ein nach dem Inkrafttreten des Bürgerlichen Gesetzbuchs gestorbener Erblasser vor diesem Zeitpunkt errichtet hat.

EG 216 (Gegenstandslos)

EG 217 *Erbverzicht.* ¹ Die vor dem Inkrafttreten des Bürgerlichen Gesetzbuchs erfolgte Errichtung eines Erbverzichtsvertrags sowie die Wirkungen eines solchen Vertrags bestimmen sich nach den bisherigen Gesetzen.

II Das gleiche gilt von einem vor dem Inkrafttreten des Bürgerlichen Gesetzbuchs geschlossenen Vertrage, durch den ein Erbverzichtsvertrag aufgehoben worden ist.

1) Ob altes Recht noch anzuwenden ist, hängt nur vom Zeitpunkt der Errichtung des Vertrags ab. Auf den Eintritt des Erbfalls kommt es nicht an.

EG 218 *Befugnisse der Landesgesetzgebung.* Soweit nach den Vorschriften dieses Abschnitts die bisherigen Landesgesetze maßgebend bleiben, können sie nach dem Inkrafttreten des Bürgerlichen Gesetzbuchs durch Landesgesetze auch geändert werden.

1) Vgl EG 1 II mit Anm.

Fünfter Teil. Übergangsrecht
aus Anlaß jüngerer Änderungen des Bürgerlichen Gesetzbuchs und dieses Einführungsgesetzes

EG 219 *Übergangsvorschrift zum Gesetz vom 8. November 1985 zur Neuordnung des landwirtschaftlichen Pachtrechts.* I Pachtverhältnisse auf Grund von Verträgen, die vor dem 1. Juli 1986 geschlossen worden sind, richten sich von da an nach den neuen Fassung der §§ 581 bis 597 des Bürgerlichen Gesetzbuchs. Beruhen vertragliche Bestimmungen über das Inventar auf bis dahin geltendem Recht, so hat jeder Vertragsteil das Recht, bis zum 30. Juni 1986 zu erklären, daß für den Pachtvertrag insoweit das alte Recht fortgelten soll. Die Erklärung ist gegenüber dem anderen Vertragsteil abzugeben. Sie bedarf der schriftlichen Form.

II Absatz 1 gilt entsprechend für Rechtsverhältnisse, zu deren Regelung auf die bisher geltenden Vorschriften der §§ 587 bis 589 des Bürgerlichen Gesetzbuchs verwiesen wird. Auf einen vor dem in Absatz 1 Satz 1 genannten Tag bestellten Nießbrauch ist jedoch § 1048 Abs. 2 in Verbindung mit §§ 588, 589 des Bürgerlichen Gesetzbuchs in der bisher geltenden Fassung der Vorschriften weiterhin anzuwenden.

III In gerichtlichen Verfahren, die am Beginn des in Absatz 1 Satz 1 genannten Tag anhängig sind, ist über die Verlängerung von Pachtverträgen nach dem bisher geltenden Recht zu entscheiden.

1) Angefügt dch G v 8. 11. 85 (BGBl 2065), also im ZusHang mit der NeuRegelg des PachtRs u geänd dch das IPRG v 25. 7. 1986. **Zweck.** Die Pacht hat als DauerschuldVerh oft eine lange LaufZt. Daher soll Abs I gewährleisten, daß das neue R ab Inkrafttreten einheitl für alle PachtVerh gilt. **Pachtverhältnisse** (Abs I S 1). Die Regelg ist bewußt nicht auf LandpachtVertr beschränkt, sond gilt für alle PachtVerh. Eine geringfüg Einschränkg ergibt sich aus S 2. **Inventar** (Abs I S 2–4): Ist nur bei solchen PachtVertr anwendb, welche irgendeine Regelg enthalten, die auf den früheren §§ 586–590 beruht (also dieser frühere RZustd zugrdegelegt w). S 2 enthält eine AusschlFr. Die WillErkl ist empfbed. Schriftform: § 126. Wirkg: Die früheren §§ 586–590 sind anzuwenden. Gilt für jede GrdstPacht, insb auch für gewerbl Betr. **Andere Rechtsverhältnisse** (Abs II): Betrifft insb den Nießbr (§ 1048). Dch S 2 sollen Unklarh bezgl des Grdbuchs vermied w (BT-Drucks 10/509 S 27). **Gerichtliche Verfahren** (Abs III) üb die Verlängerg v Landpacht-Vertr, die aGrd des § 8 LandPG am 1. 7. 86 bei LandwGer anhängig waren, unterliegen dem bis dahin geltden Recht, nicht dem neuen § 595.

EG 220 *Übergangsvorschrift zum Gesetz vom 25. Juli 1986 zur Neuregelung des Internationalen Privatrechts.* I Auf vor dem 1. September 1986 abgeschlossene Vorgänge bleibt das bisherige Internationale Privatrecht anwendbar.

II Die Wirkungen familienrechtlicher Rechtsverhältnisse unterliegen von dem in Absatz 1 genannten Tag an den Vorschriften des Zweiten Kapitels des Ersten Teils.

III Die güterrechtlichen Wirkungen von Ehen, die nach dem 31. März 1953 und vor dem 9. April 1983 geschlossen worden sind, unterliegen bis zum 8. April 1983
1. dem Recht des Staates, dem beide Ehegatten bei der Eheschließung angehörten, sonst
2. dem Recht, dem die Ehegatten sich unterstellt haben oder von dessen Anwendung sie ausgegangen sind, insbesondere nach dem sie einen Ehevertrag geschlossen haben, hilfsweise
3. dem Recht des Staates, dem der Ehemann bei der Eheschließung angehörte.

Für die Zeit nach dem 8. April 1983 ist Artikel 15 anzuwenden. Dabei tritt für Ehen, auf die vorher Satz 1 Nr. 3 anzuwenden war, an die Stelle des Zeitpunkts der Eheschließung der 9. April 1983. Soweit sich allein aus einem Wechsel des anzuwendenden Rechts zum Ablauf des 8. April 1983 Ansprüche wegen der Beendigung des früheren Güterstandes ergeben würden, gelten sie bis zu dem in Absatz 1 genannten Tag als gestundet. Auf die güterrechtlichen Wirkungen von Ehen, die nach dem 8. April 1983 geschlossen worden sind, ist Artikel 15 anzuwenden. Die güterrechtlichen Wirkungen von Ehen, die vor dem 1. April 1953 geschlossen worden sind, bleiben unberührt; die Ehegatten können jedoch eine Rechtswahl nach Artikel 15 Abs. 2, 3 treffen.

IV Ist ein Ehegatte Deutscher und der andere Ehegatte ausländischer Staatsangehöriger und unterliegt die Namensführung des ausländischen Ehegatten einem Recht, das eine Bestimmung des Ehenamens im Sinn des § 1355 Abs. 2 Satz 1 des Bürgerlichen Gesetzbuchs nicht zuläßt, so kann der deutsche Ehegatte, der eine Erklärung nach Artikel 10 Abs. 3 nicht abgegeben hat, durch

Erklärung gegenüber dem Standesbeamten den Familiennamen des anderen Ehegatten zu seinem Ehenamen bestimmen, wenn dadurch ein gemeinsamer Familienname zustande kommt. Die Erklärung ist, wenn die Ehe im Inland geschlossen wird, bei der Eheschließung abzugeben. Ist die Ehe im Inland vor dem in Absatz 1 genannten Tag oder nicht im Inland geschlossen worden, so bedarf die Erklärung der öffentlichen Beglaubigung. Gibt der Ehegatte keine Erklärung ab, so führt er in der Ehe den Familiennamen, den er zur Zeit der Eheschließung geführt hat.

V Führen die Eltern eines ehelichen Kindes keinen gemeinsamen Ehenamen, so kann vor der Beurkundung der Geburt des Kindes dessen gesetzlicher Vertreter gegenüber dem Standesbeamten bestimmen, welchen Familiennamen, den ein Elternteil führt, das Kind erhalten soll. Ist das Kind nicht im Inland geboren und seine Geburt nicht nach § 41 des Personenstandsgesetzes beurkundet worden, so kann die Bestimmung des Familiennamens nachgeholt werden; sie ist vorzunehmen, wenn die Eintragung des Familiennamens in ein deutsches Personenstandsbuch oder in ein amtliches deutsches Identitätspapier erforderlich wird; die Erklärung ist gegenüber dem Standesbeamten abzugeben und bedarf der öffentlichen Beglaubigung. Trifft der gesetzliche Vertreter keine Bestimmung, so erhält das Kind den Familiennamen des Vaters.

1) **Allgemeines.** Art 220 enth Normen von ganz unterschiedl Charakter. Abs 1–3 treffen eine **Übergangsregelung** anläßl der Reform des dtschen Internat PrivR dch das am 1. 9. 86 in Kr getretene IPRG v 25. 7. 86, BGBl 1142. Abs 4 u 5 enth **Sachnormen** z dtschen internat NamensR, die der GesGeber offenb als VerlegenhLösg an dieser Stelle „geparkt" hat, krit Ferid IPR Rz 5–42, 6; vgl dazu die Erläutergen z Art 10 Anm 3 u 4.

2) **Übergangsvorschriften (Absatz 1–3). a)** Vor dem Inkraftttr des IPRG am 1. 9. 86 **abgeschlossene Vorgänge** sind n **Absatz 1** weiterhn n den Kollisionsnormen des bish dtschen IPR in ihrer verfassungskonformen Weiterentw z beurteilen; z diesen vgl 45. Aufl. Der Begr des abgeschl Vorgangs ist dch Auslegg des Abs 1 zu präzisieren, ebso Rauscher StAZ **87**, 137. Maßg ist also das BegrVerständn des **neuen** dtschen IPR, welches über die intertemporale Anwendbark seiner Vorschren selbst entscheidet. Da es sich um eine ÜbergangsRegel für das KollisionsR (nicht etwa für das mat Recht) handelt, ist der Begr **kollisionsrechtlich**, nicht sachr zu verstehen, Hohloch JuS **89**, 84, aM Hepting StAZ **87**, 189, IPRax **88**, 153, Rauscher IPRax **87**, 138, **89**, 224, Kaum IPRax **87**, 285, Dörner IPRax **88**, 224, DNotZ **88**, 69. Ein matrechtl Verständn würde die Best des anwendb R voraussetzen, nach welchem ein Vorgang als abgeschl gelten kann, impliziert also bereits die Entscheidg für das intertemporal anwendb KollisionsR, die mH des Begr erst getroffen werden soll. Aus kollisionsr Sicht ist ein Vorgang abgeschl, für den das anwendbare SachR bereits abschließd best, dh unwandelb fixiert worden ist, zB das EheschlStatut mit dem Ztpkt der Heirat od das Erbstatut mit dem Eintritt des Erbfalls. Vor dem 1. 9. 86 „abgeschlossene Vorgänge", für welche nach Art 220 I weiterhin altes IPR gilt, sind deshalb alle **unwandelbar angeknüpften** RVerhältnisse, deren AnknüpfgsTatbestd sich vor diesem Stichtag verwirklicht hat, vgl Begr BT-Drucks 10/504 S 85, BGH FamRZ **87**, 583, **87**, 793, BayObLG **86**, 470, KG FamRZ **87**, 860, vgl auch Hamm FamRZ **88**, 317, Hohloch JuS **89**, 84. Dabei ist über die Unwandelbark der Anknüpfg aGrd der Wertgen des neuen IPR zu entsch, da dieses bei der Best seines zeitl Anwendungsbereichs hierauf abstellt, mithin auch selbst entscheidet, in welchen Fällen es das Vertrauen der Beteil auf eine best RLage schützen will, aM Kaum IPRax **87**, 284, Dörner IPRax **88**, 225, DNotZ **88**, 70. Die sachl Unterschiede zw neuem u altem IPR in der Frage der Unwandelbark von Anknüpfgen sind jedoch gering; die Wahl des neuen od des alten IPR als Ausggspunkt für die Beurteilg der Unwandelbark ist also idR nicht entscheidserhebl.

b) Im einzelnen gilt danach **altes** IPR für die Beurteilg der Wirksamk einer vor dem 1. 9. 86 geschlossenen **Ehe**, Art 13, vgl Hamm StAZ **86**, 353, Hbg StAZ **87**, 311, Mü IPRax **88**, 356, für Voraussetzgen u Folgen einer **Ehescheidung,** wenn die RHängigk des ScheidgsAntr vor dem 1. 9. 86 eingetreten ist, Art 17 I, vgl dort Anm 1 f, ebso BGH FamRZ **87**, 793 (offen gelassen aber FamRZ **89**, 1060), Zweibr FamRZ **88**, 624 (auch f VersorggsAusgl), Mü IPRax **89**, 243 (aber nicht f Art 17 III S 2), Basedow NJW **86**, 2973, Piltz, Int ScheidgsR (1988) 49, Sonnenberger Fschr Ferid (1988) 455, aM Celle FamRZ **87**, 159 (das die Scheidg als „Wirkg eines familienr RVerh" – offenb der Ehe – auffaßt u Abs 2 anwendet, ebso Hamm FamRZ **89**, 992), Karlsr FamRZ **88**, 296, Mü IPRax **89**, 238 u 242 (für regelwidr Durchf eines VersAusgl, krit dazu Rauscher ebda 224), Rauscher IPRax **87**, 138, Johannsen/Henrich, EheR Art 17 Rz 35, Hepting IPRax **88**, 153, Breuer in Rahm/Künkel Hdb VIII Rz 212.5, vgl auch Dörr NJW **89**, 493, u für die **Abstammung** eines vor diesem Stichtag geborenen nichtehel Kindes, vgl die GrdsAnknüpfg in Art 20 I, ebso BGH FamRZ **87**, 583, BayObLG **88**, 11, Henrich IPRax **87**, 251, Künkel DAVorm **87**, 364, teilw auch Beitzke ZfJ **87**, 478 (für VaterschFeststellg nach neuem IPR ab dessen Inkrafttreten). Für die **Legitimation** dch nachfolge Ehe gilt altes IPR, wenn Anerkenng u Eheschl vor dem 1. 9. 86 erfolgt sind, vgl Art 21 I, ebso Zweibr StAZ **87**, 225, LG Bln FamRZ **88**, 208, Henrich StAZ **88**, 33, abw AG Düss IPRax **87**, 188, das auf Feststellg nach PStG 30 abstellt, dagg zu Recht Henrich ebda; für die Legitimation in and Weise ist auf den Ztpkt des endgült Vollzugs des für sie maßg RVorgangs abzustellen, Art 21 II, zB den Ausspruch der vormundschgrichtl Verfügg bei einer EhelichErkl, KG FamRZ **87**, 860 (krit dazu Dörner IPRax **88**, 224), od das Vorliegen aller erfdl Einwilliggen, LG Bln FamRZ **88**, 209 (Legitimanerkenng nach islam Recht), vgl auch Henrich StAZ **88**, 34; für eine Aufspaltg des Legitimationsstatuts dagg Hamm FamRZ **88**, 318 im Anschl an Hepting StAZ **87**, 192. Altes IPR gilt ferner für die Beurteilg des Zustandekommens u der Statuswirkgen einer vor dem 1. 9. 86 dchgeführten **Adoption,** Art 22, vgl dazu Wohlgemuth ROW **88**, 87; soweit die Adoption dch Beschl erfolgt, ist dieser maßg, nicht etwa der Ztpkt der AntrStellg, vgl AG Höxter IPRax **87**, 124, zweifelnd Jayme IPRax **87**, 188. Das gleiche gilt für die Entstehg einer **Vormundschaft** od Pflegsch vor diesem Zeitpunkt, Art 24 (im Ggs z ihrem Inhalt, ihrer Änderg u Beendigg) sowie f vor dem 1. 9. 86 eingetretene **Erbfälle,** BGH FamRZ **89**, 379, BayObLG **86**, 470, RPfl **88**, 366, KG FamRZ **88**, 434, Dörner DNotZ **88**, 80; zur Wirksamk einer vor dem 1. 9. 86 getroffenen RWahl vgl Art 26 Anm 3a. Auch die Best des ursprüngl VertrStatuts bei einem aus der Sicht des dtschen Rechts, vgl Sandrock RIW **86**, 854, vor dem

1. 9. 86 abgeschl **Schuldvertrag** ist n den bish Anknüpfgsregeln z treffen, Koblenz RIW **87**, 630, Bamberg RIW **89**, 221, Rottweil IPRax **89**, 45, Karlsr NJW-RR **89**, 367, Mü RIW **89**, 745, Dörner JR **87**, 201, Kindler RIW **87**, 665, Sandrock aaO (auch bei DauerschuldVerhen), Hönsch NZA **88**, 119 aM Däubler RIW **87**, 256, Sonnenberger Fschr Ferid (1988) 457 (für nach dem 1. 9. 86 fortdauernde ArbVerhe), Reithmann/Martiny Rz 135 (DauerschuldVerhe); die Möglk einer nach diesem Zeitpkt getr abw RWahl ergibt sich aus Art 27 II. **c)** Erwerb u Verlust eines **Familiennamens** sind n dem bish IPR z beurt, wenn sie auf einem familienr Vorgang, zB Eheschl, Geburt, Adoption, beruhen, der vor dem 1. 9. 86 eingetreten ist, BayObLG **87**, 105, StAZ **87**, 74, Bay VGH StAZ **87**, 24, KG StAZ **87**, 75, **88**, 325, Kln StAZ **88**, 296, für weitergehde Anwendg des neuen IPR Grasmann StAZ **89**, 129; eine spätere **Änderung** des FamNamens aGrd neuer Umst ist dagg n Art 10 sowie n den namensr Sachnormen in Art 220 Abs 4 u 5 z beurt, vgl dazu Art 10 Anm 3 u 4 (für Einbenenng offen gelassen von BayObLG ZfJ **89**, 432); bei einer vor dem 1. 9. 86 geschl Ehe k die Erkl z Best des Ehenamens gem Abs 4 S 2 nachträgl in öffentl beglaubigter Form ggü dem Standesbeamten abgegeben w, vgl Art 10 Anm 3a, ferner Hepting StAZ **87**, 195, Bonn StAZ **88**, 328. **d)** Gem Art 15 I w auch das **Güterrechtsstatut**, in der Möglk der bes güterrechtl RWahl gem Art 15 II abgesehen, unwandelb angeknüpft, vgl Art 15 Anm 1 b. Wg der bes Probleme, die sich aus der Entsch des BVerfG z Nichtigk des Art 15 I aF ergeben h, sieht **Absatz 3** eine bes Übergssregel f die güterr Wirkgen v Ehen vor, die vor dem Inkrafttreten des IPRG am 1. 9. 86 geschl wurden, vgl dazu die Erläuterg bei Art 15 Anm 1 d. **e)** Im übr unterliegen die **Wirkungen** familienr RVerhe **nach Absatz 2** vom Inkrafttr des IPRG am 1. 9. 86 an den neuen Vorschr. Dies gilt zB für die allg Ehewirkgen gem Art 14, vgl BGH FamRZ **87**, 464 (betr Morgengabe), Bestehen u Ausmaß einer UnterhPflicht gem Art 18 hins der nach diesem Ztpkt fällig gew Anspre, BGH FamRZ **87**, 682, Karlsr FamRZ **87**, 1149, KG FamRZ **88**, 167, Oldbg FamRZ **88**, 170, Hamm FamRZ **89**, 1085, Brschw NJW-RR **89**, 1097, sowie das Eltern-Kind-Verh gem Art 19 II u 20 II, vgl KG OLGZ **87**, 148, BayObLG **88**, 13, LG Hbg DAVorm **88**, 325, Hbg DAVorm **88**, 928; v diesem Ztpkt an beurt sich insb die elterl Sorge f ein nehel Kind n dem Recht am gewöhnl Aufenth des Kindes; z den sich daraus ergebden Konsequenzen vgl Art 20 Anm 3. **f)** Der n dem früher maßgebl Recht bereits erlangte **Status** der Rechts-, Gesch- od TestierFgk w dch die am 1. 9. 86 in Kr getretene Neuregelg des IPR nicht berührt, Art 7 II u 26 V S 2 entspr, vgl Begr BT-Drucks 10/504 S 85; das IPRG h aber die bisherigen Anknüpfgsregeln im wesentl beibehalten.

3) Namensrechtliche Sachnormen (Absatz 4 u 5). Vgl dazu die Erläutergen bei Art 10 Anm 3 u 4.

Verschollenheitsgesetz

Vom 15. Januar 1951 (BGBl I S 63 / BGBl III 401–6),
zuletzt geändert durch das Gesetz zur Neuregelung des Internationalen Privatrechts vom 25. Juli 1986
(BGBl I S 1142)

– Auszug –

Bearbeiter: § 12 Professor Dr. Heldrich, im übrigen Professor Dr. Heinrichs, Präsident des Oberlandesgerichts Bremen

Einführung

1) Zweck des Gesetzes. Der Tod eines Menschen löst eine Vielzahl von RFolgen aus. Seine RFähigk endet, seine Rechte u Pflten gehen auf seine Erben über od fallen weg, seine Ehe ist aufgelöst. Zugl kann der Tod auch Entstehgs- od EndiggsGrd für Rechte Dritter (VersorggsAnspr, Anspr aus LebensVers) sein. Die danach in vielf Beziehg rechtserhebl Tats des Todes kann idR dch das Sterbebuch od die standesamtl Sterbe-Urk bewiesen w (PStG 60, 66). Bei Pers, deren Aufenthalt unbekannt ist u über die seit längerer Zeit Nachrichten fehlen, gibt es diese BewMöglichk aber nicht. Um RUnsicherh zu vermeiden muß der GesGeber daher regeln, wie in diesen Fällen zu verfahren ist. Diese Regelg enthält das VerschG. Es sieht zwei in den Voraussetzgen u RFolgen unterschiedl Maßn vor: die **Todeserklärung** u die **Feststellung des Todes und der Todeszeit.**

2) Rechtsentwicklung. – **a)** Das materielle VerschollenhR war zunächst in den §§ 13–20 BGB geregelt, das VerfR in den §§ 960–976 ZPO. Diese Vorschr wurden dch das **Verschollenheitsgesetz** vom 4. 7. 1939 ersetzt, das die materiellen u formellen Vorschr weiterentwickelte u zusaßte. Das währd der Kriegs- u Nachkriegszeit dch eine Vielzahl von Änd u Ergänzgen unübersichtl gewordene Ges vom 4. 7. 1939 wurde dch das Ges zur Änderg von Vorschr des VerschollenhR vom 15. 1. 1951 (BGBl I S 59) neugefaßt u mit dem Datum des ÄndGes neu bekanntgemacht. Sein § 12 hat dch das IPRG eine Neufassg erhalten. – **b)** Für die **Kriegsverschollenheit im Zusammenhang mit dem 2. Weltkrieg** gelten als SonderVorschr Art 2 ff des VerschÄndG (unten S 2327). Dagg ist die Konvention der Vereinten Nationen über die TodesErkl Verschollener vom 6. 4. 1950 dch Ablauf ihrer Geltgsdauer am 24. 1. 1967 in der BRep außer Kraft getreten.

3) Rechtstatsachen. Während in den ersten Nachkriegsjahren von dem AmtsG Millionen von VerschollenhVerf zu bearbeiten waren, spielt das VerschollenhR in der ggwärt GerPraxis eine vergleichsw bescheidene Rolle. Die Nachrichtenübermittlg, die verkehrsmäß Erschließg u die Ermittlgsmethoden haben sich verbessert, Unglücksfälle u Katastrophen können wirkgsvoller beherrscht u aufgeklärt w. Verschollenh ist daher ein nur noch selten auftretder Tatbestd. 1988 sind gleichwohl 3074 Antr auf TodesErkl gestellt worden, davon aber mehr als ¾ wg Verschollenh im Zushang mit dem 2. Weltkrieg.

Abschnitt I. Voraussetzungen der Todeserklärung.
Lebens- und Todesvermutungen

VerschG 1 *Verschollenheit, Begriff.* ᴵVerschollen ist, wessen Aufenthalt während längerer Zeit unbekannt ist, ohne daß Nachrichten darüber vorliegen, ob er in dieser Zeit noch gelebt hat oder gestorben ist, sofern nach den Umständen hierdurch ernstliche Zweifel an seinem Fortleben begründet werden.

ᴵᴵVerschollen ist nicht, wessen Tod nach den Umständen nicht zweifelhaft ist.

1) Allgemeines. § 1 definiert den Begriff der Verschollenh als allg Voraussetzg einer jeden TodesErkl. Die Begriffsbestimmg gilt für das gesamte bürgerl Recht. Auch die TodesErkl gem VerschÄndG 2 wg Verschollenh im Zushang mit dem 2. Weltkrieg setzt Verschollenh iSd § 1 voraus (BGH **3**, 233).

2) Voraussetzungen. Nach der Legaldefinition des § 1 hat der Tatbestd der Verschollenh folge Voraussetzgen (s BGH **3**, 234): – **a) Unbekannter Aufenthalt.** Der Aufenth muß allgemein unbekannt sein. Das ist der Fall, wenn weder die Angeh, noch sonst Nahestehde, noch die zuständ Behörden den Aufenth kennen. Nicht erforderl ist, daß sich der Verschollene von seinem Wohn- od AufenthOrt entfernt hat. Auch wer seit einem Unglück (Brand, Flugzeugabsturz) vermißt w od in einer Großstadt untergetaucht ist, kann verschollen im RSinne sein. – **b) Fehlen von Nachrichten.** Als Nachrichten kommen Informationen jeder Art, mdl, schriftl, gedruckte, aber auch Bilder in Frage. Gleichgült ist, ob sie vom Verschollenen od einem Dr stammt. Ebso ist unerhebl, an welchem Ort die Nachricht vorliegt. Erforderl ist aber, daß sie sich auf das Schicksal des Vermißten bezieht u ihr eine gewisse Wahrscheinlichk der Richtigk innewohnt (Hamm JMBlNRW **51**, 126). – **c) „Während längerer Zeit".** § 1 legt im Ggs zu §§ 3 ff keine starren Fr fest, sond stellt hinsichtl der Zeitdauer auf die Umst des Einzelfalls ab. Bei Pers, die seit einem Brand- od Grubenunglück vermißt werden, genügt uU eine Fr von wenigen Tagen, bei einem flücht Straftäter od einem Weltumsegler kann ein wesentl längerer Zeitraum erforderl sein (BayObLG **64**, 20). – **d) Ernstliche Zweifel am Fortleben.** Sie sind zu bejahen, wenn bei vernünft Abwägg Leben u Tod gleich ungewiß sind u *eine weitere Aufklärg nicht mögl erscheint* (Freiburg NJW **51**, 661, BayObLG **64**, 20). Die Zweifel müssen sich idR aus dem Fehlen von Nachrichten ergeben („hierdurch"). Waren Nachrichten von Vermißten nicht zu erwarten, etwa bei einem flücht Straftäter od einem möglwise in einem Schweigelager Inhaf-

Abschn. I. Todeserklärung. Lebens- u. Todesvermutungen   **VerschG 1–4**

tierten, darf Verschollenh nur angenommen w, wenn and, bes Umst ernstl Zweifel an seinem Fortleben rechtf (BGH **3**, 236, BayObLG **64**, 20). Diese Voraussetzg kann bei einem flücht Straftäter mittleren Alters auch 12 Jahre nach seinem Untertauchen nicht ohne weiteres bejaht w (BayObLG aaO).

3) Wenn der **Tod feststeht,** ist eine TodesErkl unzul, § 1 II. Mögl ist aber das Verf gem §§ 39ff zur Feststell des Todes u des TodesZtpktes. Eine starke Wahrscheinlichk des Todes genügt nicht. Erforderl, aber auch ausr ist ein Tatbestd, bei dem nach allg Lebenserfahrg u menschl Ermessen ein Weiterleben ausgeschl erscheint (Stgt Rpfleger **65**, 372). Bsp: Geburt vor 150 Jahren, Zerschellen eines Flugzeugs, Verglühen eines Raumschiffs.

VerschG 2 *Todeserklärung, Allgemeines.* **Ein Verschollener kann unter den Voraussetzungen der §§ 3 bis 7 im Aufgebotsverfahren für tot erklärt werden.**

1) Jede TodesErkl setzt zwingd voraus, daß der Betroffene Verschollener iSd § 1 ist (BayObLG **64**, 19). Zusätzl müssen die Voraussetzgen der §§ 3–7 erfüllt sein. Die TodesErkl ist nur zul, wenn die Identität des Verschollenen feststeht (BayObLG aaO). Trotz der GesFassg („kann") steht die TodesErkl nicht im Ermessen des Ger; sie muß erfolgen, wenn die gesetzl Voraussetzgen vorliegen (Freiburg NJW **51**, 661).

VerschG 3 *Allgemeine Verschollenheit.* ¹**Die Todeserklärung ist zulässig, wenn seit dem Ende des Jahres, in dem der Verschollene nach den vorhandenen Nachrichten noch gelebt hat, zehn Jahre oder, wenn der Verschollene zur Zeit der Todeserklärung das achtzigste Lebensjahr vollendet hätte, fünf Jahre verstrichen sind.**

II Vor dem Ende des Jahres, in dem der Verschollene das fünfundzwanzigste Lebensjahr vollendet hätte, darf er nach Absatz 1 nicht für tot erklärt werden.

1) Die **allgemeine Verschollenheit** ist der Grd- u Regelfall des VerschollenhR. Die TodesErkl ist zul, wenn die Voraussetzgen des § 1 vorliegen u die Fr des § 3 abgelaufen ist; eine qualifizierte Gefahrenlage (§§ 4–7) ist nicht erforderl.

2) Die **Frist** beginnt mit dem Ablauf des Jahres aus dem das letzte Lebenszeichen vorliegt. Sie beträgt idR 10 Jahre, bei Betroffenen, die im Ztpkt der TodesErkl (nicht der AntrStellg) das 80. Lebensjahr vollendet hätten, 5 Jahre. Für die FrBerechng gelten BGB 187, 188. Die Fr kann, etwa bei einem untergetauchten Straftäter (§ 1 Anm 2c u d), beginnen u abgelaufen sein, bevor der Tatbestd des § 1 erfüllt ist. Zul ist die TodesErkl frühestens mit Ablauf des Jahres, in dem der Verschollene das 25. Lebensjahr vollendet hätte. Bsp: Der Verschollene hat nach einer im November 1975 aufgefundenen Nachricht am 1. 3. 1972 noch gelebt. Die Fr beginnt am 1. 1. 1973 u endet am 31. 12. 1982. Ist der Verschollene am 1. 2. 1898 geboren, ist die TodesErkl ab 1. 2. 1978 zul, da er an diesem Tag das 80. Lebensjahr vollendet hätte u die 5 JahresFr bereits am 31. 12. 1977 abgelaufen war.

3) Die Voraussetzgen der §§ 1, 3 müssen bereits im **Zeitpunkt der Antragstellung** vorliegen; nur für die Vollendg des 80. Lebensjahres ist auf den Ztpkt der TodesErkl abzustellen.

VerschG 4 *Kriegsverschollenheit.* ¹**Wer als Angehöriger einer bewaffneten Macht an einem Kriege oder einem kriegsähnlichen Unternehmen teilgenommen hat, während dieser Zeit im Gefahrgebiet vermißt worden und seitdem verschollen ist, kann für tot erklärt werden, wenn seit dem Ende des Jahres, in dem der Friede geschlossen oder der Krieg oder das kriegsähnliche Unternehmen ohne Friedensschluß tatsächlich beendigt ist, ein Jahr verstrichen ist.**

II Ist der Verschollene unter Umständen vermißt, die eine hohe Wahrscheinlichkeit seines Todes begründen, so wird die in Absatz 1 bestimmte Jahresfrist von dem Zeitpunkt ab berechnet, in dem er vermißt worden ist.

III Den Angehörigen einer bewaffneten Macht steht gleich, wer sich bei ihr aufgehalten hat.

1) Auf die Kriegsverschollenh im Zushang mit dem **2. Weltkrieg** ist **nicht** § 4, sond die SonderVorsch im VerschÄndG Art 2 anzuwenden. § 4 gilt lediglich für VerschollenhFälle im Zushang mit and Kriegen u hat daher nur geringe prakt Bedeutg.

2) Voraussetzungen. a) Krieg u kriegsähnl Unternehmen umfassen auch Bürgerkriege u die Niederwerfg von Aufständen, nicht aber örtl u zeitl begrenzte Polizeiaktionen. Teiln erfordert eine aktive Mitwirkg, wenn auch nur zur Betreuung od Fürsorge. Auf den Deserteur ist § 4 nicht anwendb (s aber § 7). – **b)** Der Verschollene muß der **bewaffneten Macht** angehört od sich bei ihr aufgehalten h, III. Erfaßt werden auch Hilfspersonen, wie Ärzte, Geistl od Techniker. Aufständische können bei einer entspr Organisation als bewaffnete Macht anerkannt w. – **c)** Der Verschollene muß **vermißt** sein. Das ist der Fall, wenn über seinen Verbleib an den Stellen keine Nachrichten vorliegen, bei denen sie nach dem gewöhnl Lauf der Dinge vorliegen müßten. Eine förml Vermißtenmeldg ist nicht erforderl (BGH NJW **51**, 188). – **d)** Das Vermißtsein muß **im Gefahrgebiet** eingetreten sein, dh an einem Ort, an dem sich eine mit dem Krieg zushänge Gefahr auswirken konnte. Der zweifelsfrei in Gefangensch Geratene fällt daher nicht unter § 4, sond unter § 7. – **e)** Der Vermißte muß **verschollen** iSd § 1 sein. § 4 gilt daher nicht, wenn von dem Vermißten später Nachrichten eingegangen sind (BGH NJW **51**, 188).

3) Die **Verschollenheitsfrist** beträgt ein Jahr, gerechnet vom Ende des Jahres, in dem der Frieden geschlossen od der Krieg tatsächl beendet ist. Besteht die hohe Wahrscheinlichk des Todes, etwa bei Absturz eines brennden Flugzeugs hinter den feindl Linien, beginnt die JahresFr bereits mit dem Vermißtsein. Die

Anfordergen an den Nachw hoher Wahrscheinlichk dürfen nicht überspannt w, da, wenn der Tod mit an Sicherh grenzder Wahrscheinlichk feststeht, eine TodesErkl wg § 1 II nicht in Betracht kommt (s OLG Hamm DRZ **48**, 254, LG Siegen NJW **49**, 509).

VerschG 5 *Seeverschollenheit.* [I]Wer bei einer Fahrt auf See, insbesondere infolge Untergangs des Schiffes, verschollen ist, kann für tot erklärt werden, wenn seit dem Untergang des Schiffes oder dem sonstigen die Verschollenheit begründenden Ereignis sechs Monate verstrichen sind.

[II]Ist der Untergang des Schiffes, der die Verschollenheit begründet haben soll, nicht feststellbar, so beginnt die Frist von sechs Monaten (Absatz 1) erst ein Jahr nach dem letzten Zeitpunkt, zu dem das Schiff nach den vorhandenen Nachrichten noch nicht untergegangen war; das Gericht kann diesen Zeitraum von einem Jahr bis auf drei Monate verkürzen, wenn nach anerkannter seemännischer Erfahrung wegen der Beschaffenheit und Ausrüstung des Schiffes, im Hinblick auf die Gewässer, durch welche die Fahrt führen sollte, oder aus sonstigen Gründen anzunehmen ist, daß das Schiff schon früher untergegangen ist.

1) § 5 erfaßt die Fälle, in denen der Verschollene den Gefahren des Meeres ausgesetzt war. Voraussetzg ist eine Fahrt auf **See**, dh auf dem offenen Meer. Eine Fahrt auf einem Fluß od einem Binnensee, etwa dem Bodensee, fällt nicht unter § 5 (BayObLG **86**, 303), wohl aber die Fahrt in Küstengewässern. Wo bei Flußmündgen die Grenze zw Fluß u offener See zu ziehen ist, entscheidet die in seemännischen Kreisen herrschde Anschauung. Erforderl ist eine **Fahrt** auf See. Der verschollne Sportschwimmer fällt daher nicht unter § 5, sond unter § 7. Gleichgült ist, ob das Schiff für eine Fahrt auf See geeignet war. Erfaßt werden auch Schlauchboote, Surfbretter u Flöße sowie der ruhende Verk, etwa ankernde Schiffe, Bagger u Feuerschiffe (str).

2) Auf welchem **Ereignis** die Verschollenh beruht, ist gleichgült. In Betracht kommen etwa ein Untergang, ZusStoß od Brand des Schiffes od das Überbordgehen eines Menschen. Es genügt die Feststellg, daß der Betroffene bei Fahrtbeginn an Bord war u währd der Fahrt auf See verschwunden ist.

3) **Verschollenheitsfrist. – a)** Sie beträgt 6 Mo u beginnt idR mit dem Ereign, das die Verschollenh begründet. Steht dessen Ztpkt nicht fest od läßt sich die Verschollenh keinem best Ereign zuordnen, ist darauf abzustellen, wann das Verschwinden des Betroffenen bemerkt worden ist. – **b)** II. Ist das **ganze Schiff** verschollen, läuft vor der SechsmonatsFr eine Fr von 1 Jahr, dch die eine Untergangsvermutg begründet w. Das Ger kann die Fr unter Berücksichtigg anerkannter seemänn Erfahrg bis auf 3 Mo abkürzen. FrBerechng s §§ 187, 188.

VerschG 6 *Luftverschollenheit.* Wer bei einem Fluge, insbesondere infolge Zerstörung des Luftfahrzeugs, verschollen ist, kann für tot erklärt werden, wenn seit der Zerstörung des Luftfahrzeugs oder dem sonstigen die Verschollenheit begründenden Ereignis oder, wenn diese Ereignisse nicht feststellbar sind, seit dem letzten Zeitpunkt, zu dem der Verschollene nach den vorhandenen Nachrichten noch gelebt hat, drei Monate verstrichen sind.

1) Die Luftverschollenh des § 6 erfordert Verschollenh bei einem **Flug**. Gleichgült ist die Art des Flugmittels. Auch Freiballone, Drachen, Fallschirme u Raketen fallen unter § 6. Die Verschollenh (§ 1) muß mit der Fluggefahr in Zushang stehen. Bsp sind: Zerstörg des Luftfahrzeugs in der Luft od beim Absturz, Verschollenh des ganzen Flugzeugs, Verschwinden eines Fahrgasts währd des Flugs. Dagg ist nicht § 6, sond § 7 od § 5 anwendb, wenn die Verschollenh nicht „bei", sond erst nach dem Flug eintritt. Das ist etwa der Fall, wenn der Betroffene nach einem gelungenen Fallschirmabsprung od nach einer Notlandg u dem Umsteigen in ein Rettgsboot noch gelebt hat.

2) Die **Verschollenheitsfrist** beträgt 3 Mo u beginnt mit dem Ereign, das die Verschollenh begründet. Steht dessen Ztpkt nicht fest od läßt sich die Verschollenh keinem krit Ereign zuordnen (Verschwinden eines Fluggastes), beginnt die Fr mit dem Ztpkt, über den die letzte Lebensnachricht vorliegt. Bestehen trotz des Ablaufs der DreimonatsFr noch keine ernstl Zweifel am Fortleben des Betroffenen (Verschollenh eines Sportflugzeugs in Tibet), ist die TodesErkl unzul, da auch die Voraussetzgen des § 1 erfüllt sein müssen (s BayObLG **64**, 19). Das Ger hat auch die Möglichk, in Zweifelsfällen die AufgebotsFr zu verlängern, § 21. FrBerechng s §§ 187, 188.

VerschG 7 *Allgemeine Gefahrverschollenheit.* Wer unter anderen als den in den §§ 4 bis 6 bezeichneten Umständen in eine Lebensgefahr gekommen und seitdem verschollen ist, kann für tot erklärt werden, wenn seit dem Zeitpunkt, in dem die Lebensgefahr beendigt ist oder ihr Ende nach den Umständen erwartet werden konnte, ein Jahr verstrichen ist.

1) § 7 regelt in Form einer Generalklausel die **allgemeine Gefahrverschollenheit**. Er ist ggü den auf besondere Gefahrlagen abstelldn SpezialVorschr der §§ 4–6 subsidiär. **Lebensgefahr** ist jeder Zustand u jedes Ereign, dch die das Leben eines Menschen in ungewöhnl Maße bedroht w (BayObLG **86**, 304). Bsp sind Eisenbahn- od Grubenunfälle, Brände, Explosionen, Erdbeben, Hochwasserkatastrophen, nicht unter § 4 falle KriegsHdlgen, Verbringg in ein KZ, Schiffsunfälle auf einem Binnengewässer. Zu berücksichtigen sind alle Umst des Einzelfalls. Eine gefährl Bergbesteigg kann für einen Ungeübten mit Lebensgefahr verbunden sein, für einen erfahrenen Bergführer dagg nicht. Die die Gefährdg begründdn Umst müssen bewiesen w; eine bloße Wahrscheinlichk genügt nicht. Nicht erforderl ist aber der Nachw einer konkreten unmittelb Gefährdg des Verschollenen. Die Lebensgefahr kann sich uU auch aus einer ernstl Selbstmordab-

Abschn. I. Todeserklärung. Lebens- u. Todesvermutungen **VerschG 7–10**

sicht ergeben. Wird ein vom Eigner verlassenes völlig intaktes Motorboot treibd auf einem Binnengewässer angefunden, ist § 7 nicht anwendb (BayObLG **86**, 304).

2) Die **Verschollenheitsfrist** von 1 Jahr beginnt mit dem tatsächl od mutmaßl Ende der Gefahr. Die Gefahr ist beendigt, wenn die Umstände, die die Gefahrenlage begründet haben, nicht mehr gegeben sind (Köln NJW **50**, 753). FrBerechng s §§ 187, 188.

VerschG 8 *Zusammentreffen von Kriegs- mit See- oder Luftverschollenheit.* Liegen bei einem Verschollenen die Voraussetzungen sowohl des § 4 als auch der §§ 5 oder 6 vor, so ist nur der § 4 anzuwenden.

1) Die allg Verschollenh (§ 3) ist ggü den §§ 4–7 subsidiär, die allg Gefahrverschollenh (§ 7) ggü den §§ 4–6. Dagg können die §§ 5 (Seeverschollenh) u 6 (Luftverschollenh) mit § 4 (Kriegsverschollenh) tatbestandl konkurrieren. § 8 bestimmt, daß iF einer solchen Konkurrenz allein § 4 anzuwenden ist. Die Sonderregel für die **Verschollenen des letzten Krieges** geht sämtl Sondertatbestdn des VerschG vor, VerschÄndG Art 2 § 1 III.

VerschG 9 *Wirkung der Todeserklärung. Todesvermutung.* ¹Die Todeserklärung begründet die Vermutung, daß der Verschollene in dem im Beschluß festgestellten Zeitpunkt gestorben ist. Dies gilt auch, wenn vor der Todeserklärung ein anderer Zeitpunkt im Sterbebuch eingetragen ist.
ᴵᴵ Als Zeitpunkt des Todes ist der Zeitpunkt festzustellen, der nach dem Ergebnis der Ermittlungen der wahrscheinlichste ist.
ᴵᴵᴵ Läßt sich ein solcher Zeitpunkt nicht angeben, so ist als Zeitpunkt des Todes festzustellen:
a) in den Fällen des § 3 das Ende des fünften Jahres oder, wenn der Verschollene das achtzigste Lebensjahr vollendet hätte, des dritten Jahres nach dem letzten Jahre, in dem der Verschollene den vorhandenen Nachrichten zufolge noch gelebt hat;
b) in den Fällen des § 4 der Zeitpunkt, in dem der Verschollene vermißt worden ist;
c) in den Fällen der §§ 5 und 6 der Zeitpunkt, in dem das Schiff untergegangen, das Luftfahrzeug zerstört oder das sonstige die Verschollenheit begründende Ereignis eingetreten oder – falls dies nicht feststellbar ist – der Verschollene zuerst vermißt worden ist;
d) in den Fällen des § 7 der Beginn der Lebensgefahr.
ᴵⱽ Ist die Todeszeit nur dem Tage nach festgestellt, so gilt das Ende des Tages als Zeitpunkt des Todes.

1) Wirkung der Todeserklärung. I. – a) Die TodesErkl, dh der gem § 29 wirks gewordene Beschluß, begründet die **Vermutung**, daß der für tot Erklärte in dem festgestellten Ztpkt gestorben ist. Die Vermutg wirkt für u gg alle (BGH **LM** VerschG 11 Nr 2). Sie gilt für alle privaten u öffentl RVerh: Das Vermögen des für tot Erklärten fällt an seine Erben; seine Ehe gilt als aufgelöst (LG MöGladb MDR **52**, 549); seine elterl Sorge endet (§ 1677); die nach der festgestellten Todeszeit empfangenen Kinder gelten als nichtehel, ohne daß es einer AnfKlage bedarf (BVerfG NJW **59**, 1028; Neust NJW **52**, 940, § 1593 Anm 1b); die Gesellsch, der er angehört, ist aufgelöst; der an seinem Tod abstellde LebensVers wird fäll. Auch das SozialVersR anerkennt die Vermutg des § 9 (BSozG NJW **60**, 2213). Zu weiteren RFolgen der Todeserkl s §§ 1494 II, 1884, 1921 III, 2252 IV. Die Vermutg des § 9 I geht einer fr Eintragg im Sterbebuch vor, I 2. Dagg entkräftet eine spätere Eintragg im Sterbebuch die Vermutgswirkg des § 9 I (Bechthold NJW **52**, 211). Die TodesErkl begründet zugl die unselbständ Vermutg, daß der Verschollene bis zu dem im Beschl festgesetzten Ztpkt gelebt hat (s auch die selbständ Vermutg des § 10). Dagg begründet die Ablehng der TodesErkl keine Vermutg dahin, daß der Verschollene noch lebt (Staud-Coing Rdn 35). – **b)** Die Vermutg des § 9 I ist **widerleglich.** Sie kann in der AufhebgsVerf gem §§ 30ff mit Wirkg für u gg alle beseitigt w. Mögl ist aber auch, daß die Vermutg, insbes hinsichtl des TodesZtpktes, im Einzelfall widerlegt w. Das gilt vor allem für das Erbscheinsverf (BayObLG **53**, 120, **62**, 378). Erforderl ist der volle GgBew. Bloße Wahrscheinlichk genügt nicht; es gilt aber der Grds freier BewWürdigg. Zur Konkurrenz mit der Vermutg des § 11 s dort Anm 2. – **c)** Hat der Verschollene die TodesErkl **überlebt,** kann er sein Vermögen gem § 2031 herausverlangen (s aber § 2370). Die Ehe bleibt aufgelöst, wenn der zurückgebliebene Eheg erneut geheiratet hat (s EheG 38, 39). Die elterl Gewalt lebt wieder auf (§ 1681).

2) Feststellung der Todeszeit. – a) Der Ztpkt des Todes ist im Beschl über die TodesErkl (§ 23) od die Feststellg des Todes (§ 44) nach Maßg der II und III festzustellen. Für die VerschollenhFälle im ZusHang mit dem **2. Weltkrieg** gilt die Sonderregel des VerschÄndG Art 2 § 2. Festzustellen ist der Tag des Todes u möglichst auch die Todesstunde, hilfsw gilt insow IV. Die erforderl Ermittlgen sind vAw zu führen. Ihr Ergebn hat auch dann vor den schematischen Regeln des III den Vorrang, wenn es den TodesZtpkt ledigl wahrscheinl macht (BayObLG **56**, 343). Ergibt sich die Wahrscheinlichk des Todes innerh eines gewissen Zeitraums, so ist dessen Ende als TodesZtpkt festzustellen (BGH **9**, 137). Die Anwendg des III, der zu wirklichkfremden Ergebn führen kann, ist auf AusnFälle zu beschränken. So ist es vielfach angebracht, iF der Gefahrverschollenh (Bsp: Grubenunglück) entgg III d nicht auf den Beginn des Gefahrzustandes, sond auf einen späteren Ztpkt (letztes Klopfzeichen) abzustellen.

VerschG 10 *Lebensvermutung.* Solange ein Verschollener nicht für tot erklärt ist, wird vermutet, daß er bis zu dem in § 9 Abs. 3, 4 genannten Zeitpunkt weiter lebt oder gelebt hat.

1) Die **Lebensvermutung** des § 10 setzt voraus, daß Verschollenh iSd § 1 vorliegt u noch keine TodesErkl erfolgt ist. Die Vermutg geht dahin, daß der Verschollene bis zu dem in § 9 III, IV genannten Ztpkt gelebt hat. Diese Bezugnahme hat die Folge, daß die Lebensvermutg in den Fällen der Gefahrverschollenh (§§ 4–7) leerlaufd ist: Nach § 9 III ist als Ztpkt des Todes der des Vermißtseins, des Untergangs des Schiffes usw, dh jeweils der Beginn der Verschollenh anzunehmen. Für eine Vermutg des Fortlebens währd der Verschollenh ist daher im Anwendgsbereich der §§ 4–7 kein Raum. § 10 gilt, da eine Sonderregelg fehlt, auch für die Verschollenh anläßl des 2. Weltkrieges. Die Lebensvermutg endet gem VerschÄndG Art 2 § 2 III am 31. 12. 45 (BayObLG **52**, 133, Ffm OLGZ **77**, 407). Sie ist ebso wie die des § 9 widerlegb.

2) § 10 begründet ausschließl eine Lebensvermutg. Für die Zeit nach den in § 9 III, IV genannten Ztpkten besteht bis zur TodesErkl **weder eine Lebens- noch eine Todesvermutung.** Es gelten die allg BewLastGrds: Wer aus dem Versterben Rechte ableiten will, muß den Tod beweisen; wer aus dem Fortleben Rechte herleitet, muß das Fortleben nachweisen. Erbe kann der Verschollene gem § 1923 nur werden, wenn bewiesen w, daß er im Ztpkt des Erbfalls gelebt hat (Karlsr NJW **53**, 1303, § 1923 Anm 1b). Eine **Abwesenheitspflegschaft** kann auch nach Ablauf der Lebensvermutg eingerichtet w (BayObLG **52**, 129). Geht es um eine Erbsch, die dem Verschollenen wg § 1923 nicht angefallen ist, besteht aber für eine AbwesenhPflegsch kein Bedürfn; anzuordnen ist vielmehr eine NachlPflegsch (BayObLG aaO).

VerschG 11 *Vermutung gleichzeitigen Todes.* Kann nicht bewiesen werden, daß von mehreren gestorbenen oder für tot erklärten Menschen der eine den anderen überlebt hat, so wird vermutet, daß sie gleichzeitig gestorben sind.

1) Die sog **Kommorientenvermutung** hat vor allem für das ErbR prakt Bedeutg. Sie greift ein, wenn mehrere Pers verstorben od für tot erklärt sind u das zeitl Verhältn der Todesfälle zueinand nicht geklärt w kann. Es wird alsdann vermutet, daß sie gleichzeit verstorben sind. Im Ggs zum fr Recht ist nicht erforderl, daß die Beteiligten in gemeins Gefahr umgekommen sind. Die Vermutg hat wg § 1923 I die Folge, daß keine der Pers die and beerbt; betrifft sie ein Ehepaar, das im gesetzl Güterstand gelebt hat, findet kein ZugewinnAusgl statt (BGH **72**, 85). Zur Widerlegg der Vermutg bedarf es des vollen Beweises, daß eine der Pers die and überlebt hat.

2) **Verhältnis von § 11 zu § 9.** Die Vermutg des § 11 hat vor denen der §§ 9 u 44 den Vorrang. Sie gilt auch dann, wenn zwei Pers mit unterschiedl Festsetzgen der Todeszeit für tot erklärt worden sind (BGH **62**, 118, **LM** Nr 2, fr sehr str). Steht für eine Pers der TodesZtpkt fest u besteht für die and eine Festsetzg gem § 9 od § 44, ist ebenfalls § 11 anzuwenden, es sei denn, es wird der volle Beweis erbracht, daß ein Beteiligter den and überlebt hat. Der Vorrang des § 11 führt dazu, daß die auf §§ 9 u 44 beruhde Festsetzg der Todeszeit für das ErbR prakt bedeutgslos ist.

Abschnitt II. Zwischenstaatliches Recht

VerschG 12
I Für Todeserklärungen und Verfahren bei Feststellung der Todeszeit sind die deutschen Gerichte zuständig, wenn der Verschollene oder der Verstorbene in dem letzten Zeitpunkt, in dem er nach den vorhandenen Nachrichten noch gelebt hat,
1. Deutscher war oder
2. seinen gewöhnlichen Aufenthalt im Inland hatte.

II Die deutschen Gerichte sind auch dann zuständig, wenn ein berechtigtes Interesse an einer Todeserklärung oder Feststellung der Todeszeit durch sie besteht.

III Die Zuständigkeit nach den Absätzen 1 und 2 ist nicht ausschließlich.

1) Die Vorschr ist dch das IPRG v 25. 7. 1986, BGBl 1142, neu gefaßt worden. Sie beschr sich nunmehr auf die Regelg der **internationalen Zuständigkeit** der dtschen Gerichte für Todeserklärgen (od diesen funktionell entsprechde Maßn nach ausl R, zB VerschollenhErklen) u Verfahren bei Feststellg der Todeszeit. Das dabei in der Sache anwendb mat R best EG 9, ergänzt dch VerschÄndG Art 2 § 1 IV; für das gerichtl Verf gilt dtsches R als lex fori, vgl Einl vor EG 3 Anm 11a.

2) Die Regelg der dtschen internat Zustdgk gem **Absatz 1** entspr derj in anderen nichtvermögensrechtl Verf, vgl zB ZPO 640a II, 648a I, FGG 35a I, 43a I, 43b I. Bei **deutscher** Staatsangehörigk des Verschollenen od Verstorbenen zum maßgebden Ztpkt ist die internat Zustdgk der dtschen Gerichte nach **Ziffer 1** stets gegeben, gleichgült ob sich der Betroffene zuletzt gewöhnl im Inland od im Ausland aufgehalten hat. In der Sache ist dabei nach EG 9 S 1 dtsches R maßg. Bei **ausländischer** Staatsangehörigk des Verschollenen od Verstorbenen sind die dtschen Gerichte nach **Ziffer 2** internat zust, wenn der Betroffene seinen letzten gewöhnl Aufenth (z Begriff vgl EG 5 Anm 4) im **Inland** hatte. In der Sache ist dabei nach EG 9 S 1 grdsätzl das ausl HeimatR anzuwenden; eine TodesErkl dch dtsche Gerichte nach ausl R ist also im Ggs zum bish Rechtszustand nicht ausgeschl (kein strikter Gleichlauf von internat Zustdgk u Anwendbark des eigenen SachR). EG 9 S 2 eröffnet aber den dtschen Gerichten die Anwendg des mat dtschen VerschollenhR, wenn dafür ein berecht Interesse besteht; diese Voraussetzg wird bei Vorliegen der internat Zustdgk nach Ziff 2 häuf erfüllt sein, vgl dazu EG 9 Anm 3.

3) Die dtsche internat Zustdgk ist nach **Absatz 2** ferner auch dann gegeben, wenn aus sonstigen Gründen ein **berechtigtes Interesse** an der Anrufg der dtschen Gerichte besteht. Voraussetzg dafür ist ein im Inland bestehdes Fürsorgebedürfn, zB bei dtscher Staatsangehörigk od inl gewöhnl Aufenth eines nahen Angehörigen, insb des Eheg des Verschollenen, Belegenh von Vermögensgegenständen des Verschollenen im Inland,

Rentenansprüchen eines Hinterbliebenen gg dtschen SozialVersTräger; bei der Prüfg ist auch zu berücksichtigen, ob gleichwertiger RSchutz im Heimat- od AufenthStaat des Verschollenen unschwer zu erreichen ist. Der AuffangTatbestd des Abs 2 kommt nur in Betracht, wenn der Verschollene weder dtscher Staatsangehöriger war noch seinen letzten gewöhnl Aufenth im Inland hatte. Die matrechtl Voraussetzgen u RWirkgen der gerichtl Entschdg beurteilen sich dann nach EG 9 S 1 grdsätzl nach dem ausl HeimatR; in der Regel ist aber bei berecht Interesse an der Anrufg der dtschen Gerichte auch ein berecht Interesse an der Anwendg des mat dtschen VerschollenhR gem EG 9 S 2 gegeben. Im Erg kann dadurch ein Gleichlauf zw dtscher internat Zuständgk u Anwendbark dtschen SachR hergestellt werden.

4) Die Inanspruchnahme der internat Zuständgk für die dtschen Gerichte nach Abs 1 u 2 hat konkurrierden, nicht ausschließl Charakter **(Absatz 3);** sie schließt desh die **Anerkennung** einer **ausländischen** gerichtl Entscheidg in VerschollenhSachen nicht aus. Da es sich aus dtscher Sicht um eine Maßn der freiwill Gerichtsbark handelt, sind die AnerkenngsVoraussetzgen FGG 16 a zu entnehmen; dies gilt auch dann, wenn die ausl Entscheidg in Form eines Urteils ergangen ist, Massfeller/Hoffmann/Gaaz PStG § 40 Rz 35, Beitzke StAZ **88,** 119. Zur Anerkenng ausl TodesErklen nach dem früheren RZustand vgl BGH Rpfleger **81,** 141, BayObLG **81,** 145, vgl dazu Vékás IPRax **82,** 142; zur Anerkenng von TodesErklgen der DDR vgl Celle StAZ **85,** 244 u BSozG NJW **62,** 1542.

Abschnitt III. Verfahren bei Todeserklärungen

Überblick

1) Die §§ 13–38, die das Verf bei TodesErkl regeln, werden aus Platzgründen weder abgedruckt noch erläutert. Der Schönfelder, Deutsche Gesetze, Nr 22, enthält den Text der Vorschriften. Eine Kommentierg bringt die 11. Aufl des Soergel Bd I S 138 ff (Stand 1978).

2) Das Verf bei TodesErkl ist eine Angelegenh der **freiwilligen Gerichtsbarkeit.** Sachl zuständ ist das AmtsG (§ 14), funktionell der RPfleger (RPflG 3 I g). Örtl **zuständig** ist das AmtsG, in dessen Bezirk der Verschollene vor der Verschollenh seinen letzten inländ Wohns (gewöhnl Aufenth) hatte, § 15 I (Ffm Rpfleger **78,** 417), bei Untergang eines Schiffes das AmtsG des Heimathafens, § 15 II. Ist ein GerStand nach § 15 nicht begründet, ist das AmtsG am Wohns des ersten AntrStellers zuständ, hilfsw das AmtsG Bln-Schöneberg, §§ 15 a u b. Sind mehrere Pers infolge desselben Ereign verschollen, kann das BMJ ein AmtsG für ausschließl zuständ erklären, § 15 d.

3) **Antragsberechtigt** sind der StaatsAnw, der gesetzl Vertreter des Verschollenen, sein Eheg, seine Abkömmlinge u jeder, der ein **rechtliches Interesse** an der TodesErkl hat, § 16. Ein rechtl Interesse kann auch aus einer RBeziehg hergeleitet w, die erst nach Eintritt der Verschollenh begründet worden ist (BGH **82,** 83, KG OLGZ **85,** 62, aA noch BGH **4,** 323, **44,** 83). Wer geltd macht, er sei anstelle des Verschollenen Erbe od Erbeserbe eines nach Beginn der Verschollenh Verstorbenen geworden, ist daher antragsberecht (BGH u KG aaO). Antragsberecht sind aber auch: der AbwesenhPfleger (BGH **18,** 393), der NachlPfleger (BayObLG NJW **59,** 725), der ArbGeb (Hamm DRZ **52,** 1030), der Dienstherr (Brschwg DRZ **52,** 766), der Versicherer (Freiburg Rpfleger **52,** 592), der TestVollstr (Ffm OLGZ **77,** 407) u vor allem der Erbe, der Erbeserbe u der ErsErbe des Verschollenen (KG OLGZ **85,** 62).

4) **Verfahren.** Der AntrSt muß sein AntrR, die Verschollenh u den TodesErklTatbestd (§§ 3–7) glaubh machen, § 18. Hängt das rechtl Interesse an der TodesErkl von der Beurteilg erbrechtl Vorfragen (Bsp: Auslegg eines Test) ab, genügt es, daß der AntrSt zum Kreis der Erbprätendenten gehört u für sein ErbR beachtl Grde sprechen (KG OLGZ **85,** 62). Ist der Antrag zuläss erhebt das AmtsG das Aufgebot mit einer AufgebotsFr von 6 Wo bis zu 1 Jahr; das Aufgebot muß in einer Tageszeitg öffentl bekannt gemacht w, §§ 19–21. Ob u inwieweit weitere Ermittlgen erforderl sind (FGG 12), hängt von den Umst des Falles ab. Ergibt sich, daß der Tod des Verschollenen sicher ist, ist das Verf gem § 45 als Verf zur Feststellg der Todeszeit fortzusetzen.

5) Die TodesErkl erfolgt dch **Beschluß,** in dem der TodesZtpkt nach § 9 II, III festzustellen ist, § 23. Er ist öffentl bekanntzumachen u dem AntrSteller u der StaatsAnw zuzustellen, § 24. Der Beschluß wird mit formeller RKraft wirks, § 29. Als RMittel ist die sofortige Beschw binnen einer Fr von 1 Mo statthaft, § 26. Gg die BeschwEntscheidg ist die sofortige weitere Beschw zulässig, §§ 26, 27, FGG 27.

6) **Aufhebung und Änderung.** Lebt der für tot Erklärte noch, so kann er od die StaatsAnw, die Aufhebg der TodesErkl beantragen, §§ 30 ff. Ist der TodesZtpkt unricht festgestellt, kann jeder, der ein rechtl Interesse daran hat, die Änderg beantragen, § 33 a. Die Fr für den ÄndergsAntrag beträgt 1 Mo ab Kenntn der maßg Tats; außerdem besteht eine AusschlFr von 5 Jahren ab RKraft des Beschl.

7) Die **Kosten** fallen grdsl dem Nachl des Verschollenen zur Last, § 34 II. Besonderes gilt für die Kosten unbegründeter Beschw u für Kosten, die ein Beteiligter dch grobes Verschulden veranlaßt hat, §§ 34 ff.

Abschnitt IV. Verfahren bei der Feststellung der Todeszeit

1) Die §§ 39–45, die das Verf bei der Feststellg der Todeszeit regeln, werden aus Platzgründen weder abgedruckt noch erläutert. Der Schönfelder, Deutsche Gesetze, Nr 22, enthält den Text der Vorschriften. Eine Kommentierung bringt die 11. Aufl des Soergel Bd I S 151 ff (Stand 1978).

2) Voraussetzungen des Feststellungsverfahrens. Das aus dem österreichischen Recht übernommene Verf betrifft die Fälle, in denen eine TodesErkl gem § 1 II nicht zuläss ist, weil der Tod des Betroffenen gewiß ist. Es setzt voraus: – **a)** Der Tod der Pers ist den Umst nach nicht zweifelh. – **b)** Der Ztpkt des Todes ist unsicher. – **c)** Der Tod darf nicht im Sterbebuch beurkundet sein, § 39. Der Eheg kann den Antr auch stellen, wenn der Tod standesamtl beurk ist. Diese AusnRegel hat ihren Grd darin, daß das EheR eine neue Ehe, die im Vertrauen auf den Tod des fr Eheg geschlossen w, nur schützt, wenn eine gerichtl Feststellg der Todeszeit erfolgt ist, VerschÄndG Art 3, EheG §§ 38, 39. Die nach einer unricht standesamtl Beurk geschlossene neue Ehe ist auch bei Gutgläubigk der Part eine nichtige Doppelehe.

3) Für das **Verfahren,** die Zuständigk u die RMittel gelten mit unerhebl Modifikationen die gleichen Grds wie im TodesErklVerf, §§ 40–45. Vgl daher oben den Überblick zu Abschnitt III.

Abschnitt V. Inkrafttreten, Übergangs- und Schlußvorschriften

Das VerschG ist am 15. 7. 39 in Kraft getreten, die Ändergen des VerschÄndG am 30. 1. 51. Die übrigen Vorschr dieses Abschnitts sind ggstlos od wg Zeitablaufs ohne prakt Bedeutg.

Gesetz zur Änderung von Vorschriften des Verschollenheitsrechts

Vom 15. Januar 1951 (BGBl I S 59 BGBl III 401–7)

– Auszug –

Bearbeiter: Professor Dr. Heinrichs, Präsident des Oberlandesgerichts Bremen

Einführung

1) Die Millionen von VerschollenhFällen, die im ZusHang mit dem 2. Weltkrieg auftraten, ließen sich – auch mit dem dch das VerschÄndG Art 1 vereinfachte – allg VerschollenhR nicht in angem Zeit rechtl bewältigen. Erforderl war vielmehr eine vereinfachde **Sonderregelung.** Sie ist im VerschÄndG Art 2 §§ 1ff enthalten.

2) Auch jetzt noch wird aGrd des VerschÄndG Art 2 eine Vielzahl von TodesErkl dchgeführt, im Jahre 1988 1644 TodesErkl. Sie laufen aber routinemäß ab, ohne daß neue rechtl Zweifelsfragen auftreten. Die Kommentierg des VerschÄndG Art 2 erfolgt daher in **bündiger Kürze** unter Beschränkg auf die Fragen, die noch heute wesentl sind.

3) VerschÄndG Art 3 u 4 sind nicht abgedruckt und erläutert. Ihr Text ist im Schönfelder, Deutsche Gesetze, Nr 22 wiedergegeben. Art 3 ergänzt die Vorschr des Eherechts (EheG 38, 39) über die Wiederverheiratg im Falle der TodesErkl. Vgl zu seinem Inhalt u Zweck oben VerschG Abschn IV Anm 2. Art 4 enthält Übergangs- u Schlußbestimmgen, die ggstlos od wg Zeitablaufs ohne prakt Bedeutg sind.

VerschÄndG Art 2 § 1

I Wer vor dem 1. Juli 1948 im Zusammenhang mit Ereignissen oder Zuständen des letzten Krieges vermißt worden und seitdem unter Umständen, die ernstliche Zweifel an seinem Fortleben begründen, verschollen ist, kann für tot erklärt werden.

II Wer in dem letzten Zeitpunkt, in dem er nach den vorhandenen Nachrichten noch gelebt hat, infolge Gefangennahme oder infolge einer gegen ihn gerichteten Zwangsmaßnahme seinen Aufenthalt nicht frei bestimmen konnte und seit diesem Zeitpunkt unter Umständen, die ernstliche Zweifel an seinem Fortleben begründen, verschollen ist, kann jedoch erst für tot erklärt werden, wenn nach dem Ende des Jahres, in dem er noch gelebt hat, fünf Jahre verstrichen sind. War der Verschollene in dem bezeichneten Zeitpunkt in Lebensgefahr, so tritt an die Stelle der Frist von fünf Jahren eine solche von einem Jahr.

III §§ 4 bis 8 des Verschollenheitsgesetzes sind nicht anzuwenden.

IV Die Absätze 1 bis 3 gelten auch für einen Verschollenen, der in dem letzten Zeitpunkt, in dem er nach den vorhandenen Nachrichten noch gelebt hat, Angehöriger eines fremden Staates oder staatenlos war,
a) wenn er in diesem Zeitpunkt seinen Wohnsitz oder seinen Aufenthalt im Geltungsbereich dieses Gesetzes hatte oder als Angehöriger der ehemaligen deutschen Wehrmacht am letzten Kriege teilgenommen hat, oder
b) wenn der Ehegatte, ein ehelicher oder ein diesem rechtlich gleichgestellter Abkömmling oder ein anderer nach § 16 des Verschollenheitsgesetzes antragsberechtigter Verwandter des Verschollenen seinen Wohnsitz oder seinen gewöhnlichen Aufenthalt im Geltungsbereich dieses Gesetzes hat und die Todeserklärung beantragt.
§ 12 Abs. 2 und 3 des Verschollenheitsgesetzes bleiben unberührt.

1) Die Vorschr enthält für VerschollenhFälle im Zushang mit dem 2. Weltkrieg eine abschließde, die §§ 2–8 VerschG verdrängde **Sonderregelung,** III. Für den **persönlichen Anwendungsbereich** der Vorschr bestehen keine Einschrkgen. Sie erfaßt nicht nur, wie VerschG 4, Angeh der bewaffneten Macht, sond auch die gesamte Zivilbevölkerg, sofern die ibrigen Voraussetzgen der Vorschr vorliegen. Auch die Einbeziehg nichtdtscher Verschollener ist ggü den allg Regeln erweitert (Anm 4).

2) Voraussetzungen. Art 2 § 1 erfordert: – **a) Vermißtsein.** Der Begriff ist nicht nach dem militärischen, sond nach dem natürl Sprachgebrauch auszulegen. Vermißt ist danach eine Pers, über deren Verbleib an den Stellen keine Nachrichten vorliegen, bei denen sie nach dem gewöhnl Lauf der Dinge vorhanden sein müßten. – **b)** Das Vermißtsein muß mit Ereign od Zuständen des **2. Weltkrieges** zushängen, etwa mit Kriegshandlgen, Luftangriffen, Kriegsgefangensch, Flucht, Vertreibg, Hdlgen der Besatzgsmacht, Internierg. Erfaßt werden auch VerfolggsMaßn der NatSoz (BayObLG NJW **53**, 1788, KG NJW **56**, 1075, str, für Anwendg von VerschG 7 Staud-Coing Rdn 22). An den Nachw des KausalZushangs zw Ereign u Zuständen des Krieges u des Vermißtseins dürfen keine zu hohen Anfordergen gestellt w. Es genügt, wenn zur Zeit des Vermißtwerdens am vermuteten Aufenth des Betroffenen od in dem Umgebg gefährl Ereign od Zustände auftraten. Das war von 1944–1946 überall in Dtschland der Fall. – **c)** Der Betroffene muß **vor dem 1. 7. 1948** vermißt worden sein. Eine spätere Verhaftg u Verschleppg fällt unter VerschG 7. – **d)** Auch die TodesErkl aGrd von VerschÄndG 2 § 1 setzt **Verschollenheit** iSd VerschG 1 voraus (BGH **3,** 234, KG NJW **53**, 947). Ernstl Zweifel am Fortleben waren bei Pers, die in russ Kriegsgefangensch geraten od auf dem östl Kriegsschauplatz vermißt waren, spätestens 1954 gegeben (Staud-Coing § 4 VerschG Rdn 17).

3) Eine **Verschollenheitsfrist** braucht grdsl nicht abgewartet zu werden. Die Regelg des II, die für Gefangene u Inhaftierte eine 5-JahresFr seit dem letzten Lebenszeichen vorsieht, ist inzw leerlaufn. Die Fr ist, wenn das letzte Lebenszeichen aus der Zeit vor dem 1. 7. 1948 stammt, spätestens am 31. 12. 1953 abgelaufen. Stammt das letzte Lebenszeichen aus der Zeit nach dem 1. 7. 1948 gilt das allg VerschollenR.

4) IV ergänzt EGBGB 9. Währd sich die TodesErkl grdsl nach dem HeimatR des Verschollenen richtet, gilt VerschÄndG 2 § 1 in einigen Fällen auch für **nichtdeutsche Verschollene**, näml **a)** für Verschollene mit letztem Wohns od Aufenth in der BRep; – **b)** für ehemalige WehrmachtsAngeh (s § 21 WehrG v 21. 5. 1935, RGBl 609); – **c)** für Verschollene, bei denen ein Eheg, Abkömml od Verwandter mit Wohns od gewöhnl Aufenth in der BRep den Antr stellt. Soweit danach dtsches Recht anzuwenden ist, ist nach VerschG 12 II u dem Gleichlaufprinzip (EGBGB 9 Anm 3) auch die dtsche internationale Zuständigk gegeben.

VerschÄndG Art 2 § 2

I In den Fällen des § 1 sind Ermittlungen über den Zeitpunkt des Todes nur auf Antrag anzustellen. Den Antrag kann jede Person stellen, die das Aufgebotsverfahren beantragen kann. Das Gericht soll den Antragsteller des Aufgebotsverfahrens sowie einen Antragsberechtigten, der neben dem Antragsteller oder an dessen Stelle in das Verfahren eintritt, befragen, ob er diesen Antrag stellen will.

II Wird der Antrag gestellt, so ist als Zeitpunkt des Todes der Zeitpunkt festzustellen, der nach dem Ergebnis der Ermittlungen der wahrscheinlichste ist.

III Läßt sich ein solcher Zeitpunkt nicht angeben oder wird der Antrag nach Absatz 1 nicht gestellt, so ist als Zeitpunkt des Todes das Ende des Jahres 1945 festzustellen. Hat der Verschollene diesen Zeitpunkt überlebt, so ist als Zeitpunkt des Todes das Ende des dritten Jahres, in den Fällen des § 1 Abs. 2 Satz 2 des ersten Jahres nach dem letzten Jahre festzustellen, in dem er nach den vorhandenen Nachrichten noch gelebt hat.

1) Währd nach allg VerschollenhR der **wahrscheinliche Todeszeitpunkt** vAwg ermittelt w muß, braucht das Ger nach VerschÄndG 2 § 2 derartige Ermittlgen nur auf Antr eines AntrBerecht anzustellen. Derartige Antr kommen in der Praxis kaum noch vor. Sie sind auch wenig sinnvoll, da eine verläßl Aufklärg meist nicht mögl u die Festsetzg erbrechtl ohne Wirkg ist (VerschG 11 Anm 2).

2) Wird der Antr, wie idR, nicht gestellt od führen die Ermittlgen zu keinem Ergebn, ist der **31. 12. 1945** als TodesZtpkt festzustellen, III. Hat der Verschollene diesen Ztpkt nachweisl überlebt, gilt die Regeln des III S 2.

VerschÄndG Art 2 §§ 3–8

1) Die Vorschr werden aus Platzgründen weder abgedruckt noch erläutert. Ihr Text wird im Schönfelder, Deutsche Gesetze, Nr 22 wiedergegeben. Er ist aus sich heraus verständl u hat in Rspr u Lit zu keinen Ausleggsproblemen geführt.

2) Überblick. Es gelten grdsl die allg VerfVorschr des VerschG, Art 2 § 8. Es bestehen jedoch folge Abweichgen: – **a)** Sind hinsichtl der Todeszeit keine Ermittlgen angestellt worden, gibt Art 2 §§ 3, 4 die Möglichk, insoweit eine **Abänderung** zu beantragen. Das AntrR endet aber 5 Jahre nach RKraft des Beschlusses. – **b)** Die **öffentliche Bekanntmachung** erfolgt in der VerschollenhListe des BMJ, Art 2 § 5. Für diese gilt die AV v 6. 6. 1978 (BAnz Nr 121). – **c)** Das Verf ist **gebührenfrei**, Art 2 § 6. – **d)** Hat der Verschollene seinen letzten inländ Wohns in der DDR od ostwärts der Oder-Neiße-Linie gehabt u wohnen seine Angeh nunmehr in der BRep, sieht Art 2 § 7 einen **Ersatzgerichtsstand** vor. Im Ergebn ist das AmtsG zuständ, in dem der 1. AntrSt seinen Wohns hat.

Beurkundungsgesetz

Vom 28. August 1969 (BGBl I S 1513),

geändert durch Gesetze vom 27. Juni 1970 (BGBl I S 911), vom 17. Dezember 1974 (BGBl I S 3602), vom 2. Juli 1976 (BGBl I S 1749) u vom 20. Februar 1980 (BGBl I S 157).

– Auszug –

Bearbeiter: Professor Dr. Heinrichs, Präsident des Oberlandesgerichts Bremen §§ 1–26; W. Edenhofer, Vizepräsident des Amtsgerichts München §§ 27–35; im übrigen wurde vom Abdruck abgesehen.

(In Verweisungen bedeuten §§ 1–71 solche des BeurkG, andere §§ ohne Zusatz solche des BGB)

Schrifttum: Arnold, BeurkG, 2. Aufl 1970; Haegele, BeurkG, 1969; Huhn-von Schuckmann, BeurkG, 2. Aufl 1987; Jansen, FGG, 2. Aufl, 1971, Bd 3; Keidel-Winkler, FGG, Teil B, 12. Aufl, 1987; Mecke, BeurkG, 1970; Reithmann, Allg UrkR, 1972; Riedel-Feil, BeurkG, 1970.

Einführung

1) Das BeurkR war fr auf eine Vielzahl von Bundes- u LandesGes verstreut u daher wenig übersichtl. Das am 1. 1. 1970 in Kraft getretene BeurkG hat diesen Zustand beendet u für öffentl Beurk weitgehd **Rechtseinheit** hergestellt. Seine wesentl GrdGedanken sind:
a) Das BeurkG versteht sich als eine **Kodifikation** des BeurkVerfR. Es hat daher die fr auf verschiedene Ges verteilten Vorschr auch dann übernommen, wenn sie sachl unverändert geblieben sind. Das fr LandesR wird grdsl aufgehoben (§§ 60, 61), das fr BundesR gleichf (§§ 55 ff). Der scheinb entggstehde § 59 betrifft im wesentl nur das BeurkVerf bei Versammlgsbeschlüssen (AktG 130, 278 III; VAG 36) u bei der Aufn von Wechsel- u Scheckprotesten (WG 80, ScheckG 55). – **b)** Das BeurkG konzentriert die **Beurkundungszuständigkeit** auf die Notare. Ger u VerwBeh sind nur noch in best Sonderfällen für öffentl Beurk zuständ (§ 1 Anm 4). – **c)** Das BeurkG hat das BeurkVerf **vereinfacht.** Es hat die Förmlichk, von deren Beachtg die Wirksamk der Beurk abhängt, auf das notw Maß beschränkt. – **d)** Für die Unterscheidg von WirksamkVoraussetzgen u OrdngsVorschr bringt das Ges eine einheitl **Terminologie.** Es gebraucht bei WirksamkVoraussetzgen die Formulierg „muß" od „ist unwirks", bei OrdngsVorschr das Wort „soll". Die Befolgg von **Sollvorschriften** ist aber nicht etwa dem Ermessen des Notars überlassen, sond unbedingte **Amtspflicht.** Ihre Verletzg kann gem BNotO 19 erhebl SchadErsAnspr der Beteiligten begründen.

2) Beurkundungsänderungsgesetz. Der BGH hat 1979 abweichend von einer jahrzehntelangen Praxis der Ger u Notare entschieden, daß bei der Beurk von RGesch die Verweisg auf öffentl Urk, Karten u Zeichnungen nur zul sei, wenn die Urk (Karte) der Niederschr beigefügt u mit vorgelesen od erörtert w (BGH **74**, 351, NJW **79**, 1495, 1498). Infolge dieser Änderg der höchstrichterl Rspr wurde eine Vielzahl notariell beurkundeter Vertr **notleidend** u das BeurkVerf **unzumutbar erschwert.** Diese Unzuträglichk hat das BeurkÄndG vom 20. 2. 1980 beseitigt. Sein § 13 hat das BeurkVerf für Verweisgen so vereinfacht, daß die MitBeurk von TeilgsErkl, GemeinschOrdngen, Bauplänen u ähnl keine bes Schwierigk mehr bereitet (s bei §§ 9, 13 u 13a). Seine §§ 1 u 2 gewährleisten die Wirksamk der dch die BGH-Rspr notleidd gewordenen Vertr; die in ihnen vorgesehene unechte Rückwirkg ist verfassgsrechtl nicht zu beanstanden (BVerfG NJW **86**, 2817). Beide Vorschr, die zuletzt in der 44. Aufl ausführl erläutert worden sind, spielen inzw in der Praxis keine Rolle mehr. Von ihrem Abdruck wird daher abgesehen. Vgl im Bedarfsfall die 44. Aufl S 2263.

3) Überblick. Das BeurkG enthält **Verfahrensrecht.** Es regelt, wie die UrkPers bei der Beurk zu verfahren hat; was zu beurkunden ist, bestimmt dagg das materielle Recht. Der erste Abschnitt (§§ 1–5) enthält die für alle Beurk geltden allg Vorschr; der zweite (§§ 6–35) regelt das Verf bei der Beurk von WillErkl u enthält in §§ 22–35 bes Vorschr für letztw Vfgen; der dritte Abschnitt (§§ 36–43) betrifft sonst Beurk; der vierte (§§ 44–54) enthält Ordngsvorschriften über die Behandlg der Urk.

4) Bei der **Kommentierung** des BeurkG haben sich die Verfasser darauf **beschränkt,** die materiellrechtl Bedeutg der einzelnen Vorschr darzustellen, insbes die Auswirkgen auf die Wirksamk der Beurk u des RGesch. Rein verfahrensrechtl Probleme ohne materiell-rechtl Bezug werden idR nicht behandelt. Deshalb wird auch von der Kommentierg der §§ 36 ff abgesehen.

Erster Abschnitt. Allgemeine Vorschriften

BeurkG 1 *Geltungsbereich.* ^IDieses Gesetz gilt für öffentliche Beurkundungen durch den Notar.

^{II}Soweit für öffentliche Beurkundungen neben dem Notar auch andere Urkundspersonen oder sonstige Stellen zuständig sind, gelten die Vorschriften dieses Gesetzes, ausgenommen § 5 Abs. 2, entsprechend.

BeurkG 1–3

1) § 1 legt den **Anwendungsbereich** des Ges fest. Das BeurkG gilt für öffentl Beurk (Anm 2), dch Notare (Anm 3) u and UrkPers (Anm 4).

2) Öffentliche Beurkundungen. – a) Beurkunden bedeutet das Errichten eines Schriftstücks über Tats od Vorgänge, die die UrkPers wahrgenommen hat. Ggst des BeurkG sind ausschließl ZeugnisUrk, in denen der Aussteller von ihm wahrgenommene Tats urkundl bezeugt. **Eigen- oder Dispositivurkunden,** die eine WillErkl od Entscheid des Ausstellers selbst verkörpern, fallen nicht unter das Ges (Anm 3). **– b) Öffentlich** ist die Beurk, wenn sie von einem öff Amtsträger in den Grenzen seiner Amtsbefugn vorgenommen wird. Auf ZeugnisUrk von PrivPers (Bsp: Niederschr gem VerstV § 19) findet das BeurkG keine Anwendg, ebsowenig auf Beurk von Tats, die die UrkPers nicht in amtl Eigensch wahrgenommen hat. Öffentl Urk begründen nach ZPO 415, 418 vollen Beweis für die beurkundeten Tats, jedoch ist der GgBew unricht Beurk zul. **– c) Verhältnis zu §§ 128, 129 BGB.** Das BeurkG versteht den Begriff der Beurk in einem weiteren Sinn als § 128 BGB. Es unterscheidet die Beurk von WillErkl (§§ 6 ff) u sonstige Beurk (§§ 36 ff), die nicht rechtsgeschäftl Erkl sowie und Tats od Vorgänge betreffen können. Auch die öffentl Beglaubigg (§ 129) ist iS des BeurkG – abweichd vom BGB – ein Fall öffentl Beurk; öffentl beurkundet wird jedoch ledigl die Tats, daß die Unterschrift von einer best Pers herrührt (§ 40). **– d) Zweck** der öffentl Beurk: (1) Warnfunktion. Die Beteiligten sollen vor einer übereilten Abgabe der Erkl bewahrt w. (2) Beweisfunktion. Der Abschluß u der Inh des RGesch sollen zuverläss festgehalten w. (3) Beratsfunktion. Durch Beratg u Belehrg der Beteiligten soll gewährleistet w, daß diese ihre Entscheidg in vollem Wissen um die Folgen der RGestaltg treffen (§ 17).

3) Die **Beurkundungszuständigkeit der Notare** wird vom BeurkG nicht begründet, sond als gegeben vorausgesetzt. Sie ergibt sich vor allem aus BNotO 20 u erstreckt sich auf Beurk jeder Art. Sie gilt auch für sog EigenUrk des Notars (BGH 78, 38), etwa die Berichtigg od Ergänzg von grundbuchrechtl Erkl (BGH aaO, BayObLG DNotZ 83, 434) u IdentitätsErkl gem GBO 28 (LG Bielef DNotZ 79, 630), jedoch findet das BeurkG in diesen Fällen keine Anwendg (Anm 2a). Soweit in einem gerichtl od behördl Verf Beurk vorzunehmen sind, sind die Notare dagg unzuständ.

4) II. – a) Nach II ist das Ges auch auf **andere Urkundspersonen** anwendb, soweit diese „neben dem Notar" für die Errichtg von ZeugnUrk im Rahmen vorsorgder Rpflege zuständ sind. Die prakt wichtigsten Fälle sind: BeurkZustdgk der AmtsG (§ 62) u Jugendämter (JWG 49) für VaterschAnerkenntn; Aufn eidesstattl Versichergen durch die Ger gem §§ 2356, 2368, 1507; Beglaubigg dch VerwBehörden gem dem in § 63 aufrecht erhaltenen LandesR (s Stoltenberg JurBüro **89,** 307). **– b) Unanwendbar** ist II, soweit es sich um eine UrkTätigk außerh des Bereichs vorsorgder Rpflege handelt od soweit Sonderregelgen bestehen. II gilt daher nicht für behördl EigenUrk (BayObLG **75,** 227), für Beurk im Rahmen eines gerichtl od behördl Verf (Jansen Rdn 20 ff, Winkler Rpfleger **71,** 344, Haegele Rpfleger **72,** 295, Hornung Rpfleger **72,** 203), für gerichtl Vergl (BGB 127 a), für amtl Beglaubiggen, etwa gem VwVfG 33, 34 (Keidel-Winkler Rdn 26). Sonderregeln gelten für die Beurk dch Standesbeamte (§ 58), zT auch für die Errichtg von Nottestamenten vor dem Bürgermeister (§ 2249) u die Beurk dch Konsul (§§ 10 f KonsularG, Anhang zu § 2231).

BeurkG 2 *Überschreiten des Amtsbezirks.* **Eine Beurkundung ist nicht deshalb unwirksam, weil der Notar sie außerhalb seines Amtsbezirks oder außerhalb des Landes vorgenommen hat, in dem er zum Notar bestellt ist.**

1) Der Notar darf AmtsHdlgen außerh seines Amtsbezirks (OLG-Bezirk) nur vornehmen, wenn Gefahr im Verzug ist od die AufsBeh es genehmigt (BNotO 11 II). Standesrechtl ist der TätigkKreis des Notars grdsl auf seinen Amtssitz (AG-Bezirk) beschränkt (Keidel-Winkler Rdn 6). Ein Verstoß gg diese Beschränkg läßt aber die Wirksamk der Beurk unberührt, u zwar auch dann, wenn die Beurk in einem and Bundesland erfolgt (ebso BNotO § 11 III). § 2 gilt gem § 1 II auch für and UrkPers. Die von einem dtschen Notar im Ausl dchgeführte Beurk ist dagg unwirks (Jansen Rdn 6, allgM). Wirks ist aber die im Inland vorgenommene Beglaubigg einer im Ausl vollzogenen od anerkannten Unterschr (Jansen Rdn 7). Im Inland darf der Notar auch dann beurkunden, wenn es sich persönl od sachl um ein internationales RGesch handelt (Vertr über ein ausl Grdst zw Ausl). Eine and Frage ist jedoch, ob die maßgebl ausl ROrdng die Beurk als wirks anerkennt. Zum umgekehrten Fall, daß ein nach dtsch Recht formbedürft RGesch dch einen ausl Notar beurkundet wird, vgl EGBGB 11 Anm 2 d.

BeurkG 3 *Verbot der Mitwirkung als Notar.* [I]**Ein Notar soll an einer Beurkundung nicht mitwirken, wenn es sich handelt um**

1. **eigene Angelegenheiten, auch wenn der Notar nur mitberechtigt oder mitverpflichtet ist,**
2. **Angelegenheiten seines Ehegatten, früheren Ehegatten oder seines Verlobten,**
3. **Angelegenheiten einer Person, die mit dem Notar in gerader Linie verwandt oder verschwägert oder in der Seitenlinie bis zum dritten Grade verwandt oder bis zum zweiten Grade verschwägert ist oder war,**
4. **Angelegenheiten einer Person, deren gesetzlicher Vertreter der Notar ist oder deren vertretungsberechtigtem Organ er angehört, oder**
5. **Angelegenheiten einer Person, die den Notar in derselben Angelegenheit bevollmächtigt hat oder zu der er in einem ständigen Dienst- oder ähnlichen ständigen Geschäftsverhältnis steht.**

[II]**Handelt es sich um eine Angelegenheit mehrerer Personen und ist der Notar früher in dieser Angelegenheit als gesetzlicher Vertreter oder Bevollmächtigter tätig gewesen oder ist er für eine dieser Personen in anderer Sache als Bevollmächtigter tätig, so soll er vor der Beurkundung darauf hinweisen und fragen, ob er die Beurkundung gleichwohl vornehmen soll. In der Urkunde soll er vermerken, daß dies geschehen ist.**

1. Abschn. Allg. Vorschriften   **BeurkG 3–5**

III Absatz 2 gilt entsprechend, wenn es sich handelt um
1. Angelegenheiten einer Person, deren nicht zur Vertretung berechtigtem Organ der Notar angehört,
2. Angelegenheiten einer Gemeinde oder eines Kreises, sofern der Notar Mitglied der Gemeinde- oder Kreisvertretung ist, der die gesetzliche Vertretung der Gemeinde oder des Kreises obliegt, oder
3. Angelegenheiten einer als Körperschaft des öffentlichen Rechts anerkannten Religions- oder Weltanschauungsgemeinschaft oder einer als Körperschaft des öffentlichen Rechts anerkannten Teilorganisation einer solchen Gemeinschaft, sofern der Notar einem durch Wahlen gebildeten Organ angehört, dem die gesetzliche Vertretung der Körperschaft obliegt.
In den Fällen der Nummern 2 und 3 ist Absatz 1 Nr. 4 nicht anwendbar.

1) Allgemeines. – a) § 3 ist eine **Sollvorschrift.** Seine Befolg ist unbedingte AmtsPfl der Notare u der gem § 1 II einbezogenen UrkPers (Einf 1d v § 1). Seine Verletzg führt aber nicht zur Unwirksamk der Beurk. Die Vorschr hat den **Zweck,** der Gefährdg der Unparteilichk der Amtsführg des Notars entggzuwirken. Verletzt der Notar § 3 I, ist bei der Beurteilg der SchadErsPfl darauf abzustellen, wie der Vertr bei einem and Notar geschlossen worden wäre (BGH NJW **85**, 2027). – **b)** Strengere **Sondervorschriften** enthalten für WillErkl die §§ 6 u 7; für Vfgen vTw wird § 7 dch § 27 ergänzt. Im Anwendgsbereich der §§ 6, 7 und 27 stellen die Mitwirkgsverbote absolute Ausschlußgründe dar. Für Beurk des JugAmtes enthält JWG 49 I S 2 eine den I Z 5 verdrängde Sonderregelg (KG OLGZ **73**, 116). – **c)** Der **Notarvertreter** soll sich der Amtsausübg enthalten, soweit § 3 auf ihn selbst od auf den Notar zutrifft (BNotO 41 II). Für den hinzugezogenen Zeugen oder 2. Notar gilt § 26.

2) Mitwirkungsverbote (I). – a) § 3 geht im Ggs zu § 6 von einem materiellen Begriff des Beteiligten aus. Er spricht aber zur Vermeidg von Unklarh nicht von Beteiligg, sond stellt darauf ab, ob die Beurk eine **Angelegenheit** des Notars od best ihm nahe stehder Pers betrifft. Das ist der Fall, wenn die Pers dch eig Hdlgen an der Beurk mitwirkt od wenn dch den UrkVorgang ihre Rechte u Pflten unmittelb betroffen w (Keidel-Winkler Rdn 11). Es genügt, wenn der Notar als Makler am Ergebn des zu beurkunddden Vertr beteiligt ist (BGH NJW **85**, 2027). Bezieht sich die Beurk auf das vom Verwalter kr Amtes (TestVollstr, Konk- od Zwangsverwalter) zu verwaltde Vermögen, handelt es sich iS des § 3 um eine eig Angelegenh des Verwalters (Keidel-Winkler Rdn 18). – **b)** I Nr 1–3 betreffen den Notar u nahe Angeh. Sie gelten auch dann, wenn die Beurk eine nichtrechtsf Gesellsch (OHG, KG, BGB-Gesellsch) od einen nichtrechtsf Verein betrifft, in dem der Notar od sein Angeh Gesellschafter (Mitgl) ist. – **c)** I Nr 4 verbietet die Mitwirkg, wenn es um die Angelegenh einer natürl od jur Person geht, deren gesetzl Vertreter der Notar ist od deren vertretgsberecht Organ er angehört. Nach III Nr 2 u 3 gilt das jedoch nicht, wenn der Notar einer Gemeinde- od Kreisvertretg od dem vertretgsberecht Organ einer Kirche od Kirchengemeinde angehört. Auch die Mitglsch in einem nicht zur Vertretg berecht Organ (Bsp: AufsRat) begründet grdsl kein MitwirkgsVerbot (arg III Nr 1). – **d)** I Nr 5 schließt den Notar aus, wenn er bevollmächt Vertreter eines Beteiligten ist od zu einem Beteiligten in einem ständ Dienst- od GeschVerhältn steht. Es genügt das Bestehen der Vollm, ein Handeln als Bevollmächtigter ist nicht erforderl. Nr 5 gilt auch für Notare, die als Syndikus, Justitiar od Prokurist für ein Unternehmen tät sind. Der freie, nicht weisgsgebundene Anw darf aber für den Mandanten, den er ständ berät u vertritt, als Notar Beurk vornehmen, hat dann aber II zu beachten (Keidel-Winkler Rdn 54, krit Stürner JZ **74**, 159).

3) II u III betreffen Fälle, in denen Zweifel an der **Unparteilichkeit** des Notars bestehen können. Der Notar soll hierauf hinweisen u die Beteiligten darüber belehren, daß sie seine Tätigk ablehnen können. Der Hinw soll in der Urk vermerkt werden. Die Verletzg von II u III läßt die Wirksamk der Beurk unberührt, kann aber eine SchadErsPfl begründen (Einf 1d v § 1).

BeurkG 4 *Ablehnung der Beurkundung.* Der Notar soll die Beurkundung ablehnen, wenn sie mit seinen Amtspflichten nicht vereinbar wäre, insbesondere wenn seine Mitwirkung bei Handlungen verlangt wird, mit denen erkennbar unerlaubte oder unredliche Zwecke verfolgt werden.

1) Der Notar hat die Beurk als mit seinen AmtsPflten unvereinb **abzulehnen: – a)** wenn das zu beurkundde RGesch ganz od teilw nichtig ist, etwa wg Verstoßes gg §§ 134, 138, od gg AGBG 9ff; – **b)** wenn mit dem Gesch erkennb unerlaubte od unredl Zwecke verfolgt werden, so etwa wenn die erforderl behördl Gen dch Täuschg erlangt w soll (BGH DNotZ **87**, 559); – **c)** wenn die Beurk dienstrechtl od standesrechtl Regeln entggstehen, etwa der Runderlaß der Notarkammer, der eine ausr Belehrg des Bauherrn sicherstellen soll (BayObLG DNotZ **84**, 250). Hat der Notar lediglich Zweifel, daß die Beurk gg AmtsPflten verstoßen könnte, hat er diese mit den Beteiligten zu erörtern u einen entspr Vermerk ins Protokoll aufzunehmen (§§ 10 II 2, 11 I 2 u II, 17 II); wenn die Beteiligten auf Beurk bestehen, darf er aber nicht ablehnen. Handelt es sich um Beglaubigg einer Unterschrift, erstreckt sich das PrüfgsR des Notars nicht auf den Inh der Erkl, da allein der Beglaubiggsvermerk die öffentl Urk darstellt (LG Mü Rpfleger **72**, 255). Gg die Ablehng der Beurk steht den Beteiligten gem BNotO 15 die Beschw zum LG zu. Gemäß BNotO 16 II ist der Notar unabhäng von der Regelg des § 4 berecht, die Beurk wg Befangenh abzulehnen.

BeurkG 5 *Urkundensprache.* **I** Urkunden werden in deutscher Sprache errichtet.
II Der Notar kann auf Verlangen Urkunden auch in einer anderen Sprache errichten. Er soll dem Verlangen nur entsprechen, wenn er der fremden Sprache hinreichend kundig ist.

BeurkG 5, 6 Beurkundungsgesetz. *Heinrichs*

1) Die **Urkundensprache,** dh die Sprache, in der die Urk abgefaßt w, ist nach I grdsl dtsch. Nach II, der die zunehmende internationale Verflechtg berücksichtigt, kann die Urk aber abweichd vom fr Recht auch in einer and lebden od toten Sprache errichtet werden. Voraussetzgen sind: **a)** ein entspr Verlangen aller Beteiligten (Hagena DNotZ **78,** 396), **b)** hinreichde Sprachkenntnisse des Notars. Da es sich um Soll-Vorschr handelt, ist die Beurk aber auch dann wirks, wenn beide Voraussetzgen nicht vorliegen. Der Notar darf die Urk in fremder Sprache errichten, ist hierzu jedoch nicht verpflichtet (BNotO 15 II). Zuläss ist auch die Verwendg fremder Schriftzeichen (Höfer JurA **70,** 745) sowie die Errichtg von Urk teils in dtscher u teils in fremder Sprache od die Verwendg verschiedener fremder Sprachen (allgM). § 5 II gilt nur für Notare u Konsuln (KonsG 16 II), nicht aber für and UrkPers (§ 1 II).

2) Über die **Sprache der Verhandlung** enthält das BeurkG keine Vorschr. Der Notar kann insow nach pflichtmäß Ermessen verfahren, muß jedoch die §§ 16 u 32 beachten.

Zweiter Abschnitt. Beurkundung von Willenserklärungen

Überblick

1) Der 2. Abschnitt enthält mit den Vorschr über die Beurk von WillErkl den **wichtigsten Teil** des Gesetzes. Er regelt in 5 Unterabschnitten – **a)** die Ausschließg des Notars (§§ 6, 7), – **b)** die Protokollierg der WillErkl (§§ 8–16), – **c)** die Prüfgs- u BelehrgsPflten des Notars (§§ 17–21), – **d)** die Beteiligg von behinderten Pers (§§ 22–26), – **e)** die Besonderh für Vfgen vTw (§§ 27–35).

2) Der Begriff der Willenserklärung entspr dem des BGB (Einf 1 a v § 116 BGB). Soweit ausnw ProzHdlgen (Bsp: Unterwerfg unter die ZwVollstr, s Übbl 5 v § 104 BGB), geschäftsähnl Hdlgen (Mahngen, FrSetzgen) od Erkl des öffentl Rechts (Einwilliggen in einen mitwirkgsbedürft VerwAkt, öffr Vertr) beurkundet w, sind die §§ 6 ff analog anwendb (Jansen Rdn 4 ff).

1. Ausschließung des Notars

BeurkG 6 *Ausschließungsgründe.* [I]Die Beurkundung von Willenserklärungen ist unwirksam, wenn
1. der Notar selbst,
2. sein Ehegatte,
3. eine Person, die mit ihm in gerader Linie verwandt ist oder war

oder

4. ein Vertreter, der für eine der in den Nummern 1 bis 3 bezeichneten Personen handelt,

an der Beurkundung beteiligt ist.

[II] An der Beurkundung beteiligt sind die Erschienenen, deren im eigenen oder fremden Namen abgegebene Erklärungen beurkundet werden sollen.

1) Allgemeines. – **a)** Das weit gefaßte Mitwirkgsverbot des § 3 hat der GesGeber als Sollvorschr ausgestaltet. § 6 verschärft das Verbot für die in I Nr 1–4 angeführten Fälle zu einer **Mußvorschrift;** ihre Verletzg macht die Beurk unwirks. § 6 soll ebso wie § 3 der Gefährdg der Unparteilichk des Notars entggwirken. – **b) Anwendungsbereich.** § 6 gilt für die Beurk von WillErkl. Er ist auf die Abn von Eiden u eidesstattl Versichergen entspr anzuwenden (§ 38), gilt aber nicht für Beglaubiggen u für EigenUrk des Notars (§ 1 Anm 2a). Die Vorschr gilt auch für den Notarvertreter (BNotO 39 IV), für and UrkPers (§ 1 II) u den Dolmetscher (§ 16 III 2), nicht aber für den 2. Notar u den Zeugen (§ 26).

2) Der Begriff der **Beteiligung** ist (and als in § 3) im formellen Sinn zu verstehen. Beteiligt sind die vor dem Notar erschienenen natürl Pers, deren WillErkl beurkundet w sollen, gleichgült ob der Erschienene im eig od fremden Namen handelt, II. Der dch einen Erschienenen Vertretene ist kein Beteiligter (BGH **56,** 31, NJW-RR **88,** 1207). Soweit ein Erschienener für den Notar od dessen Angehörigen eine WillErkl abgibt, ist aber die über den formellen Beteiligtenbegriff hinausgehende Ausschließregel des I Nr 4 anwendb (Anm 3 d). Bei empfangsbedürft Erkl ist nur der Erklärde (VollmGeb, Anbietde) Beteiligter, nicht aber der ErklEmpfänger (Bevollmächtigte, Angebotsempfänger). Die Beurk von Erkl, die an den Notar od seine Angeh gerichtet sind, kann aber gg § 7 verstoßen. Für Versteigergen enthält § 15 eine SonderVorschr.

3) Die einzelnen Ausschlußgründe, I. – a) Nr 1. Der Notar ist von der Beurk ausgeschl, wenn er die Erkl selbst abgibt, gleichgült, ob er im eig od fremden Namen handelt. Dagg ist Nr 1 unanwendb, wenn der Notar ErklEmpfänger ist (Anm 2). Auf EigenUrk des Notars findet Nr 1 keine Anwendg (§ 1 Anm 2a). Um eine solche EigenUrk handelt es sich auch, wenn der Notar für den Vormd die Mitteilg der Gen des VormschG (§ 1829 I 2) an den and Teil übernehmen muß u für diese Mitteilg beurkundet (Keidel-Winkler Rdn 14, str). – **b) Nr 2** betrifft ausschließl Erkl des Eheg des Notars; auf Erkl des früheren Eheg od des Verlobten ist Nr 2 unanwendb. – **c) Nr 3** gilt für Verwandte auf- u absteigder Linie, auch wenn das VerwandtschVerhältn dch Adoption erloschen ist (§ 1755). Ehel u nichtehel Geburt stehen gleich. Bei Seitenverwandten u Verschwägerten hat es dagg bei der SollVorschr des § 3 Nr 3 sein Bewenden. – **d) Nr 4.** Obwohl der Vertretene kein Beteiligter iSd II ist, ist der Notar von der Beurk ausgeschl, wenn ein Erschie-

2. Abschn. Beurkundung von Willenserklärungen   **BeurkG 6–8**

nener als Vertreter des Notars od dessen Angeh eine Erkl abgibt. Das Bestehen eines Vertretgsverhältn genügt nicht; der Erschienene muß auch als Vertreter handeln. Der Verwalter kr Amtes (TestVollstr usw) steht dem Vertreter gleich. Wird die Erkl von einem Unterbevollmächtigten abgegeben, darf der Notar od sein Angeh Hauptbevollmächtigter, nicht aber Vertreter sein (Mecke Rdn 10). Tritt der Vertreter für einen nicht rechtsfäh Verein od eine nicht rechtsfäh Gesellsch auf, deren Mitgl der Notar od dessen Angeh ist, gilt Nr 4, da die WillErkl im Namen aller VereinsMitgl od Gesellschafter abgegeben w. Dagg ist Nr 4 nicht anwendb, wenn die Erkl des Vertreters einer jur Pers beurk w, deren Mitgl der Notar selbst od einer seiner Angehörigen ist. Das gilt auch für die Einmann-GmbH od AG.

4) Rechtsfolgen. Die Beurk ist unwirks. Ob auch die abgegebene WillErkl unwirks ist, richtet sich nach materiellem Recht. Verlangt das Ges notarielle Beurk, ist die Erkl gem § 125 nichtig. Beruht die Beurk auf PartVereinbg, ist es Ausleggsfrage, ob die WillErkl trotz des Formmangels gült ist (§ 125 Anm 4). Da § 925 für die Auflassg keine Beurk, sond nur die Erklärg vor dem Notar vorschreibt, ist sie auch bei Verstoß gg § 6 wirks (LG Oldenbg Rpfleger **80**, 224, u zum fr Recht BGH **22**, 315).

5) Geistige od körperl Gebrechen des Notars, wie **Geisteskrankheit** od Blindh, rechtf eine Amtsenthebg (BNotO 50), berühren aber die Wirksamk einer im übr ordngsmäß Beurk nicht (Jansen Rdn 13, str, aA möglicherw BGH **38**, 352).

BeurkG 7 *Beurkundungen zugunsten des Notars oder seiner Angehörigen.* Die Beurkundung von Willenserklärungen ist insoweit unwirksam, als diese darauf gerichtet sind,
1. dem Notar,
2. seinem Ehegatten oder früheren Ehegatten oder
3. einer Person, die mit ihm in gerader Linie verwandt oder verschwägert oder in der Seitenlinie bis zum dritten Grade verwandt oder bis zum zweiten Grade verschwägert ist oder war,
einen rechtlichen Vorteil zu verschaffen.

1) Allgemeines. a) § 7 **ergänzt** den auf die formelle Beteiligg abstellden § 6 dch eine Regelg, die die Verschaffg eines Vorteils u damit ein **materielles** Kriterium zum AusschließgsGrd macht. Die Vorschr hat ebso wie §§ 3 u 6 den Zweck, Gefährdgen der Unparteilichk des Notars entggzuwirken. – **b)** Für den **Anwendungs**bereich von § 7 gilt § 6 Anm 1 b entsprechend.

2) Unter **rechtlichem Vorteil** ist jede Erweiterg von Rechten od Verminderg von Pflten zu verstehen. And als nach fr Recht (FGG 171) werden nicht nur Vfgen, sond auch VerpflGesch erfaßt. Bsp sind daher Abtr, Erlaß, VertrAngebot, Schuldanerkenntn, Bestellg von dingl Rechten, Vertr zGDr, soweit der Notar od einer seiner Angeh begünstigt w. Die Ernenng zum Schiedsrichter od TestVollstr ist unzul, die zum Vormd, GgVormd, Pfleger od Beistand dagg unbedenkl (§ 27 Anm 4). Die Beurk von **Vollmachten** fällt idR nicht unter § 7, da die Macht, WillErkl für einen und abzugeben, keinen rechtl Vorteil iSd § 7 darstellt (RG **121**, 34, **155**, 178, OGH NJW **49**, 64, LG Bielef DNotZ **79**, 632, str). Unbedenkl ist die Beurk der Vollm jedenfalls dann, wenn sie der Förderg u Abwicklg des beurk RGesch dient (Jansen Rdn 7). And liegt es dagg, wenn die Vollm im Hinblick auf einen den Notar inhaltl begünstigden Vertr erteilt w. Der rechtl Vorteil muß **unmittelbar** dch das beurk RGesch begründet w; auf eine wirtschaftl Besserstellg kommt es nicht an. Der Notar, der Schu einer Fdg ist, kann daher eine Bürgsch für die Fdg od deren Abtr beurk; er ist dagg in beiden Fällen ausgeschl, wenn er Gläub der Fdg ist. Wird eine jur Pers begünstigt, deren Mitgl od AlleinGesellsch der Notar (sein Angeh) ist, greift § 7 ein. Entspr gilt, wenn der Vorteil einer Vermögensmasse zugute kommt, die der Notar (sein Angeh) als Verw kr Amtes verwaltet (Keidel-Winkler Rdn 10). Begünstiggen von nicht rechtsf Verein od Gesellsch, deren Mitgl der Notar (sein Angeh) ist, werden dagg von § 7 erfaßt (§ 6 Anm 3 d).

3) Der **Personenkreis**, auf den der AusschließgsGrd abstellt, entspr wörtl dem § 3 I Nr 3. Erfaßt werden neben dem Notar sein Eheg u fr Eheg, Verwandte u Verschwägerte grader Linie (§§ 1589, 1590), Verwandte in der Seitenlinie bis zum 3. Grad sowie Verschwägerte in der Seitenlinie bis zum 2. Grad. Ehel u nichtehel Geburt stehen gleich. Der AusschließgsGrd gilt auch dann, wenn das Verwandtsch- od SchwägerschVerhältn dch Adoption (§ 1755) erloschen ist. Auf Partner einer nichtehel LebensGemeinsch od Verlobte ist § 7 weder direkt noch analog anwendb.

4) Rechtsfolgen. Die Beurk ist nur insoweit unwirks, als dem Notar od seinem Angeh ein rechtl Vorteil verschafft w. Sind noch and WillErkl beurkundet, gilt § 139. Ob die Unwirksamk der Beurk auch die Nichtigk der WillErkl begründet, beurteilt sich nach den in § 6 Anm 4 dargestellten Grds.

2. Niederschrift

BeurkG 8 *Grundsatz.* Bei der Beurkundung von Willenserklärungen muß eine Niederschrift über die Verhandlung aufgenommen werden.

1) Soll eine WillErkl (Übbl 2 v § 6) beurk werden, hat der Notar mit den Beteiligten eine **Verhandlung** dchzuführen. Diese besteht aus den erforderl Feststellgen u Prüfgen (§§ 10 ff), der Erörterg mit den Beteiligten, den nach Sachlage gebotenen Belehrgen (§§ 17 ff), der Formulierg der abzugebden Erkl u dem Vorlesen, Genehmigen u Unterschreiben der Niederschr (§ 13). Die Verwendg eines vorbereiteten Textes ist zul u im Interesse einer sachgerechten Abwicklg prakt unentbehrl. Die Vhdlg kann unterbrochen u an einem and Tag u Ort fortgesetzt w.

2) a) Der Verlauf der Vhdlg muß in einer **Niederschrift** festgehalten w. Die Form des Vermerks, die bei einf Zeugn ausreicht (§ 39), genügt nicht (Düss NJW **77**, 2216). Ein Verstoß macht die Beurk unwirks. – **b)** Die Niederschr muß in übl **Schriftzeichen** hergestellt w. Wird die Urk gem § 5 II in fremder Sprache errichtet, ist auch die Verwendg fremder Schriftzeichen zul. Ob die Niederschr in Kurzschrift od in einem Verf analog ZPO 160a hergestellt werden darf, ist str (s BayObLG Rpfleger **79**, 458). Da der Notar den sichersten Weg zu wählen hat, hat er die Verwendg von Kurzschr zu unterlassen, ein Verstoß läßt aber die Wirksamk der Beurk unberührt (Jansen Rdn 2, hM).

3) Änderungen der Niederschrift. a) Sie sind **vor Abschluß** der Niederschr unbedenkl. Wie der Notar verfahren soll, regelt DONot 30 III. – **b) Nach Abschluß** der Beurk sind Ändergen od Ergänzgen grdsl nur noch in der Weise mögl, daß unter Hinzuziehg aller Beteiligten eine NachtrUrk errichtet w (BGH **56**, 161, Hamm OLGZ **88**, 228, DONot 30 IV). Es gelten jedoch zwei Ausn: (1) Die Berichtigg offensichtl Schreibfehler ist zul (DONot 30 IV 1). (2) Fehlen in der Urk Feststellgen, deren Mangel nicht die Wirksamk, sond den Vollzug der Beurk beeinträchtigen (Bsp: ungenaue Bezeichng eines Beteiligten, fehldes Datum), darf der Notar gem §§ 36, 39 ein selbständ ErgänzgZeugn ausstellen (Keidel-Winkler Rdn 18). Er darf sich dabei auf Wahrnehmgen währd der Vhdlg, aber auch auf spätere Wahrnehmgen stützen.

BeurkG 9 Inhalt der Niederschrift. ¹Die Niederschrift muß enthalten
1. die Bezeichnung des Notars und der Beteiligten sowie
2. die Erklärungen der Beteiligten.
Erklärungen in einem Schriftstück, auf das in der Niederschrift verwiesen und das dieser beigefügt wird, gelten als in der Niederschrift selbst enthalten. Satz 2 gilt entsprechend, wenn die Beteiligten unter Verwendung von Karten, Zeichnungen oder Abbildungen Erklärungen abgeben.
II Die Niederschrift soll Ort und Tag der Verhandlung enthalten.

1) Allgemeines. – a) Das BeurkÄndG (Einf 2 v § 1) hat in § 9 den I 3 **neu eingefügt**. Die neue Vorschr legt im Anschluß an die Rspr des BGH (BGH **74**, 351) fest, daß neben Schriftstücken auch Karten, Zeichnungen u ähnl Protokollanlagen sein können. – **b)** § 9 **ergänzt** § 8. Er regelt den Inhalt der notariellen Niederschr. I enthält insow MußVorschr, II eine SollVorschr (Einf 1 d v § 1).

2) Die Niederschrift muß gem **I Nr 1** die **Bezeichnung** des Notars u der Beteiligten (§ 6 Anm 2) enthalten. Die Unterschr genügt nicht, sie kann aber im ZusHang mit dem UrkInh ausreich sein (BGH **38**, 132, LG Nürnb DNotZ **71**, 764, LG Oldenbg Rpfleger **87**, 104). Zweifel können auch dch Auslegg od dch einen Vermerk gem § 8 Anm 3b ausgeräumt w (s auch § 10 Anm 2). Die Beurk ist aber unwirks, wenn ein u als der in der Niederschr bezeichnete Notar od Notarvertreter unterschrieben hat (Hamm OLGZ **73**, 178, **88**, 228, krit Reithmann DNotZ **88**, 567). Die Bezeichnung der sonst mitwirkden Pers (Zeugen, 2. Notar, Dolmetscher) ist AmtsPfl des Notars, aber nicht WirksamkVoraussetzg der Beurk.

3) Die Niederschr muß gem **I Nr 2** die **Erklärung** der Beteiligten wiedergeben. Der Notar hat den wirkl Willen der Beteiligten zu erforschen u die zur Herbeiführg des beabsichtigten rechtl Erfolges erforderl Erkl klar u vollständ auszuformulieren (§ 17). Unklarh berühren aber die formelle Wirksamk der Beurk nicht. Sie führen zur Anwendg der §§ 133, 157, können aber auch einen Dissens (§ 155), ein AnfR (§ 119) u eine SchadErsPfl des Notars begründen.

4) Anlagen zur Niederschrift. – a) Nach § 9 I 2 u 3 iVm §§ 13 u 13a können Schriftstücke, Karten, Zeichngen od Abbildgen dch **Verweisung** zum Bestandteil der notariellen Urk gemacht w. Eine an die Förmlichkt der BeurkG gebundene Verweisg ist erforderl, wenn sich der BeurkZwang auch auf den Inh der Protokollanlage erstreckt. Ob das der Fall ist, entscheidet nicht das BeurkG, sond das materielle Recht (BayObLG DNotZ **84**, 255). Danach erfaßt der BeurkZwang den gesamten Inh des RGesch, dh alle Erkl, die RWirkgen erzeugen sollen (§ 313 Anm 8a). Eine Verweisg iSd BeurkG ist daher nötig, wenn die rechtsgeschäftl Inh der abgegebenen Erkl dch die Protokollanlage mitbestimmt w (BGH **74**, 351, NJW **79**, 1495, 1498, 1984, Brambring DNotZ **80**, 282). Eine nicht an die Förmlichk des BeurkG gebundene **Bezugnahme** (unechte Verweisg) liegt dagg vor, wenn in der Niederschr auf Erkl, RVerhältn od tatsächl Umst hingewiesen w, die nicht zum beurkbedürft Inh des RGesch gehören, sond die getroffene Regelg ledigl verdeutl od erläutern. Die bloße Bezugnahme ist in folgden Fallgruppen ausr: – **aa)** Wenn es ausschließl darum geht, das vom beurkundeten RGesch betroffene Recht od RVerhältn zu **identifizieren**, ohne die in der Niederschr getroffene Regelg zu erweitern. Bsp sind die Bezugnahme bei der Beurk der Übertr eines ErbbR od sonst dingl Rechts, eines GmbHAnteils, eines VertrVerh, einer Fdg od Schuld, bei Beurk der Gen eines RGesch (BGH NJW **89**, 165), der Ann eines VertrAngebots (BayObLG DNotZ **84**, 255) od eines ÄndVertr (Düss JurBüro **80**, 1563, Lichtenberger NJW **80**, 866). Auch die im GrdBuch vollzogene TeilgsErkl kann Ggst einer Bezugnahme sein. Anders liegt es aber, wenn die TeilgsErkl Rechte u Pflten festlegt, die über den Inh des WoEigt hinausgehen (BGH NJW **79**, 1495, 1498). – **bb)** Die beiderseitigen Rechte u Pflten sind in der Niederschr hinreichd festgelegt. Die in Bezug genommene Urk od Zeichng hat ledigl **erläuternde** Bedeutg (BGH NJW **79**, 1498). Bsp: Bezugnahme auf Baupläne nach Fertigstellg des Objekts. Vor Fertigstellg des Bauvorhabens müssen Baupläne dagg dch Verweisg in die Beurk einbezogen w (BGH **74**, 351). – **cc)** Auch Bezug auf **Vollmachten**, Bestallgen od Legitimationspapiere, sind nicht an die Förmlichk des I 2 gebunden, da sie nicht Urk betreffen, die Inh der Erkl w sollen (BayObLG DNotZ **81**, 321). – **dd)** Zul ist auch die Bezug auf **Rechtsvorschriften**. Auch wenn Regelgen der im BAnz veröffentlichten **VOB** übernommen werden sollen, genügt eine einf Bezugnahme (Düss DNotZ **85**, 627, Schmidt BB **83**, 1309, Lichtenberger NJW **84**, 159, aA Batsch BB **82**, 1701). Dagg gelten für Verweisgen auf notarielle Urk, soweit nicht aa) vorliegt, die FormVorschr des BeurkG, jedoch mit den sich aus § 13a ergebden Vergünstiggen (s dort).

b) Schriftstück iSv I 2 können Erkl der Beteiligten od auch von Dr sein. Die Niederschr muß auf das Schriftstück **verweisen.** Das Wort „verweisen" braucht nicht verwandt zu werden. Die Niederschr muß aber den Willen der Beteiligten erkennen lassen, das Schriftstück in die Beurk einzubeziehen (Köln OLGZ 84, 409, Stoy Rpfleger 85, 59). Bloßes Beifügen genügt auch bei Verbindg dch Schnur u Siegel nicht (Hamm OLGZ 81, 274). Das Schriftstück muß vorgelesen, genehmigt u beigefügt w, jedoch können die Beteiligten unter den Voraussetzgen des § 13a auf das Vorlesen u das Beifügen verzichten. Maßgebl Ztpkt für die Beifügg ist die Unterzeichng der Niederschr; es genügt, daß sich die Anlage in diesem Ztpkt lose bei der Niederschr befindet (Keidel-Winkler Rdn 51). Die Anlage braucht nicht besonders unterzeichnet zu werden. Sie wird **Teil der öffentlichen Urkunde** u nimmt an deren Beweiskraft teil. Hauptanwendgsfälle sind TeilgsErkl (BGH NJW 79, 1495, 1498) u Baubeschreibgen (BGH 69, 268, NJW 79, 1984).

c) Nach dem dch das BeurkÄndG eingefügten I 3 können nunmehr auch **Karten,** Zeichngen u Pläne zur Protokollanlage u damit zum Teil der notariellen Urk gemacht werden (so auch schon BGH 74, 351, and fr BGH 59, 11). Unter den Begriff der Karte, Zeichng od Abbildg fallen manuell-zeichnerisch od mit Mitteln der Technik, etwa der Fotografie, angefertigte Darstellgen u Pläne jeder Art (BT-Drs 8/3594 S 3). Dagg w BandAufn u sonst Ton- od Datenträger nicht erfaßt (Arnold DNotZ 80, 270). Für die Förmlichk der MitBeurk gilt oben b) entspr, jedoch tritt an die Stelle des Vorlesens die Vorlage zur Durchsicht (§ 13 Anm 2). HauptBsp sind Lage- u Baupläne (BGH 74, 351). Da die Karte, Zeichng od Abbildg Bestandt der not Urk ist, erstreckt sich die BelehrgsPfl (§ 17) auch auf sie.

5) Die Angabe von **Ort und Tag** der Vhdlg ist AmtsPfl des Notars, aber nicht WirksamkVoraussetzg der Beurk, II. Zur Behebg etwaiger Mängel s § 8 Anm 3.

BeurkG 10 *Feststellung der Beteiligten.* ¹In der Niederschrift soll die Person der Beteiligten so genau bezeichnet werden, daß Zweifel und Verwechslungen ausgeschlossen sind.

II Aus der Niederschrift soll sich ergeben, ob der Notar die Beteiligten kennt oder wie er sich Gewißheit über ihre Person verschafft hat. Kann sich der Notar diese Gewißheit nicht verschaffen, wird aber gleichwohl die Aufnahme der Niederschrift verlangt, so soll der Notar dies in der Niederschrift unter Anführung des Sachverhalts angeben.

1) Allgemeines. Die Einhaltg der SollVorschr des § 10 ist unbedingte AmtsPfl des Notars. Verstöße verpflichten gem BNotO 19 zum Ersatz des etwa entstehden Schadens, machen aber die Beurk nicht unwirks. Ergänzd gilt DONot 25.

2) Die Beteiligten (§ 6 II) sind in der Niederschr so genau zu **bezeichnen,** daß Zweifel u Verwechslgen ausgeschl sind, I. Zu einer genauen Bezeichng gehören idR Vor- u Zunamen, Beruf, Wohnort u ggf Geburtsname. Der Geburtstag ist bei Beurk anzugeben, die zur Eintragg im GrdBuch, im Vereins- od Güterrechtsregister führen sollen, ferner immer dann, wenn es zur Vermeidg von Verwechselg angebracht erscheint (DONot 25).

3) Personenfeststellung, II. – **a)** Der Notar ist nicht an gesetzl BewRegeln gebunden. Er kann nach pflichtmäß Ermessen verfahren, ist aber zu **besonderer Sorgfalt** verpflichtet. Die Niederschr bezeugt mit der BewKraft öffentl Urk auch die Tats, daß die WillErkl von dem in der Urk Genannten abgegeben worden ist. Der Notar hat sich daher von ihm unbekannten Beteiligten idR einen amtl mit Lichtbild versehenen Ausweis vorlegen zu lassen (RG 156, 87, BGH DNotZ 56, 502). Es genügt aber auch die Vorstellg dch einen zuverläss Erkennzeugen. Sachkunde kann zwar nicht allein (s RG 81, 129), in AusnFällen aber zusammen mit and BewMitteln ausr sein. Die Niederschr soll angeben, wie der Notar die Identität festgestellt hat. – **b)** Bleiben **Zweifel** an der Identität, hat der Notar idR von der Beurk abzuraten. Er ist aber vorbehaltl § 4 zur Beurk verpflichtet, wenn die Beteiligten dies verlangen, II 2. Die Zweifel über die Identität u das BeurkVerlangen sind in der Urk zu vermerken. Verschafft sich der Notar nachträgl Gewißh über die Identität eines Beteiligten, kann er hierüber einen Vermerk gem § 39 aufnehmen (LG Würzburg DNotZ 75, 680).

BeurkG 11 *Feststellungen über die Geschäftsfähigkeit.* ¹Fehlt einem Beteiligten nach der Überzeugung des Notars die erforderliche Geschäftsfähigkeit, so soll die Beurkundung abgelehnt werden. Zweifel an der erforderlichen Geschäftsfähigkeit eines Beteiligten soll der Notar in der Niederschrift feststellen.

II Ist ein Beteiligter schwer krank, so soll dies in der Niederschrift vermerkt und angegeben werden, welche Feststellungen der Notar über die Geschäftsfähigkeit getroffen hat.

1) Allgemeines. Auch § 11 ist eine Sollvorschrift (Einf 1 d v § 1). Für Vfgen vTw enthält § 28 eine ergänzende SonderRegelg.

2) Prüfung der Gechäftsfähigkeit. Der Notar kann idR davon ausgehen, daß die Beteiligten die erforderl GeschFgk besitzen (Ffm DNotZ 78, 506, Karlsr Justiz 80, 18). Zu einer Erörterg u konkreter Prüfg ist er verpflichtet, wenn ein Beteiligter schwer krank ist (II) od wenn sonst Anhaltspunkte für Bedenken bestehen. Bei jüngeren Beteiligten hat er die nach § 10 gebotene Vorlage des Ausweises zur Überprüfg der Volljährigk zu benutzen (Stgt DNotZ 76, 426).

3) Folgerungen. – **a)** Kommt der Notar bei der Prüfg zu dem Ergebn, daß dem Beteiligten die erforderl **Geschäftsfähigkeit fehlt,** soll er die Beurk ablehnen, I 1. Er hat zugl aufzuzeigen, auf welchem Weg die Beteiligten den erstrebten Erfolg erreichen können. Gg die Ablehng ist die Beschwerde gem BNotO 15 I zul. – **b)** Bleiben **Zweifel** an der GeschFgk, muß er diese in der Niederschr feststellen, I 2. Er hat die

Beteiligten auf seine Bedenken u deren RFolgen hinzuweisen (§ 17). IdR hat er von der Beurk abzuraten. Wenn die Beteiligten die Beurk verlangen, darf er sie aber nicht verweigern (Jansen Rdn 6). – **c)** Beim **Schwerkranken** (II) soll der Notar die Krankh u das Ergebn seiner Prüfg auch dann in der Urk festhalten, wenn er gg die GeschFgk keine Bedenken hat.

BeurkG 12 *Nachweise für die Vertretungsberechtigung.* **Vorgelegte Vollmachten und Ausweise über die Berechtigung eines gesetzlichen Vertreters sollen der Niederschrift in Urschrift oder in beglaubigter Abschrift beigefügt werden. Ergibt sich die Vertretungsberechtigung aus einer Eintragung im Handelsregister oder in einem ähnlichen Register, so genügt die Bescheinigung eines Notars nach § 21 der Bundesnotarordnung.**

1) **Allgemeines.** § 12 enthält ebso wie §§ 10 u 11 SollVorschr (Einf 1 d v § 1).

2) **Prüfung der Geschäftsfähigkeit. – a)** Wird die WillErkl von einem Vertreter abgegeben, hat der Notar dessen **Vertretungsbefugnis zu überprüfen,** § 17. Vollm, Bestallgen u sonst Ausweise hat er sich in Urschrift od Ausfertigg vorlegen zu lassen. Einf od beglaubigte Abschriften sind nicht ausr, da ihr Besitz auch nach dem Widerr od dem Erlöschen der Vertretgsmacht mögl ist. Ergibt sich die Vertretgsbefugn aus einer Eintragg in einem Register, so genügt eine Bescheinigg gem BNotO 21, S 2. Für welche Zeitspanne die Bescheinigg die genügendes BewMittel ist, richtet sich nach den Umst des Einzelfalles; idR sollte sie nicht älter als 6 Wo sein (s auch § 21 Anm 2). – **b)** Die vorgelegten Vollm u Ausweise sind der Niederschr in Urschr od, wenn der Beteiligte sie noch anderweit benötigt, in beglaubigter Abschrift, **beizufügen,** S 1. Sie werden aber keine Protokollanlagen iSd § 9 I 2 u nehmen daher nicht an der BewKraft der Niederschr teil (BayObLG DNotZ **81**, 321). – **c)** Ergibt sich, daß die Voraussetzgen für eine wirks Vertretg nicht vorliegen, oder bleiben insow **Zweifel,** gilt § 11 Anm 3 entspr.

BeurkG 13 *Vorlesen, Genehmigen, Unterschreiben.* **¹Die Niederschrift muß in Gegenwart des Notars den Beteiligten vorgelesen, von ihnen genehmigt und eigenhändig unterschrieben werden; soweit die Niederschrift auf Karten, Zeichnungen oder Abbildungen verweist, müssen diese den Beteiligten anstelle des Vorlesens zur Durchsicht vorgelegt werden. In der Niederschrift soll festgestellt werden, daß dies geschehen ist. Haben die Beteiligten die Niederschrift eigenhändig unterschrieben, so wird vermutet, daß sie in Gegenwart des Notars vorgelesen oder, soweit nach Satz 1 erforderlich, zur Durchsicht vorgelegt wurde und von den Beteiligten genehmigt ist. Die Niederschrift soll den Beteiligten auf Verlangen vor der Genehmigung auch zur Durchsicht vorgelegt werden.**

II Werden mehrere Niederschriften aufgenommen, die ganz oder teilweise übereinstimmen, so genügt es, wenn der übereinstimmende Inhalt den Beteiligten einmal nach Absatz 1 Satz 1 vorgelesen oder anstelle des Vorlesens zur Durchsicht vorgelegt wird. § 18 der Bundesnotarordnung bleibt unberührt.

III Die Niederschrift muß von dem Notar eigenhändig unterschrieben werden. Der Notar soll der Unterschrift seine Amtsbezeichnung beifügen.

1) **Allgemeines. – a)** Das BeurkÄndG (Einf 2 v § 1) hat § 13 dch eine Regelg **ergänzt,** wonach Karten, Zeichngen od Abbildngn, die gem § 9 I 3 Bestandteil der Niederschr werden sollen, den Beteiligten zur Dchsicht vorzulegen sind. – **b)** § 13 enthält überwieg MußVorschr: Das Vorlesen (Vorlegen zur Dchsicht), Genehmigen u eigenhänd Unterschreiben in Ggwart des Notars sind **Wirksamkeitserfordernisse** der Beurk. I 2, der den Notar zu entspr Feststellgen im Protokoll verpflichtet, ist nur OrdngsVorschr (Einf 1 d v § 1). Auch wenn I 2 nicht befolgt w, gilt für die eigenhänd unterschriebene Urk die Vermutg des I 3.

2) **Vorlesen. – a)** Die **ganze** Niederschr einschließl der Feststellgen gem §§ 10–12 muß vorgelesen w, nicht etwa nur der Teil, der die Formbedürftigk begründet (BayObLG NDotZ **74**, 51). **Anlagen,** die Bestandteile der Urk sind (§ 9 Anm 4a), müssen vorbehaltl der Sonderregelgen in §§ 13a, 14 mitverlesen w. Erkl, die bei Aufn in eine Anlage unter die Vergünstigg der §§ 13a, 14 fallen würden, sind vorlesgsbedürft, wenn sie in die Niederschr selbst aufgenommen w (s BayObLG aaO). Werden Angaben, die nur dch SollVorschr vorgeschrieben sind (zB §§ 9 II, 10, 11), nicht vorgelesen, so berührt dies die Wirksamk der Beurk nicht (Keidel-Winkler Rdn 13). **Abschnittsweises** Vorlesen ist unbedenkl (RG **108**, 403). – **b)** Der Notar braucht **nicht selbst** vorzulesen, sond kann sich einer Hilfsperson bedienen. Er muß aber zugegen sein u zwar so, daß er u die Beteiligten sich ggseitig sehen u hören können (BGH NJW **75**, 940). Abspielen eines Tonbandes genügt nicht (Hamm NJW **78**, 2604, Jansen Rdn 10, hM). Eigenes Lesen dch die Beteiligten ersetzt das Vorlesen nicht, ebsowenig ein lautes Diktat (BayObLG **79**, 236). – **c) Vorlegen zur Durchsicht:** Sie ist erforderl, wenn gem § 9 I 3 auf Karten, Zeichngen od Abbildngn verwiesen w. Die Beteiligten müssen in Ggwart des Notars die Möglichk erhalten, die Karte in Augenschein zu nehmen. Dauer u Intensität der Dchsicht bestimmen der Beteiligte selbst. Ist ein Beteiligter blind, muß der Notar diesem gem § 17 die notw Erläutergen geben. Enthält die Karte auch Textteile mit einem selbstd Aussagegehalt, so sind diese zu verlesen (Arnold DNotZ **80**, 270). Auch die Niederschr ist zur Dchsicht vorzulegen, wenn dies ein Beteiligter verlangt, I 4. Die Verletzg dieser SollVorschr läßt aber die Gültigk der Beurk unberührt.

3) Die **Genehmigung** muß zeitl nach dem Vorlesen in Ggwart des Notars erklärt w. Sie ist an keine bestimmte Form gebunden u kann daher auch dch Gebärden (Kopfnicken) od widerspruchslose Unterzeichnung zum Ausdr gebracht w. Bei öff Test ist jedoch eine ausdr mündl Erkl erforderl (§ 2232 Anm 2a). Genehmiggsbedürft sind nur die Erkl der Beteiligten, nicht auch die Feststellgen des Notars.

4) Unterschrift. – a) Die Beteiligten müssen **eigenhändig** unterschreiben. Schreibhilfe ist zul, sofern der Unterschreibde ledigl unterstützt u der Schriftzug von seinem Willen bestimmt w (BGH **47**, 71, **LM** TestG 16 Nr 1, NJW **81**, 1900). – **b)** Die **Unterschrift** braucht nicht leserl zu sein. Sie muß aber erkennen lassen, daß es sich um einen aus Buchstaben zugesetzten Schriftzug handelt (BGH DNotZ **70**, 595). Die Verwendg der Anfangsbuchstaben (Paraphe) reicht nicht aus (BGH NJW **67**, 2310). Der Schriftzug muß individuell u einmalig sein, entspr charakterist Merkmale aufweisen u die Identität des Unterschreibden ausr kennzeichnen (BGH NJW **59**, 734, **82**, 1467). Bei Ausl ist die Verwendg ausl Schriftzeichen unbedenkl. – **c)** Der Beteiligte muß mit seinem **Namen** unterschreiben. IdR empfiehlt sich eine Unterschrift mit Vor- (Ruf)- u FamNamen. Zul ist aber auch die Verwendg des tatsächl geführten Namens (Künstlername, Pseudonym), sofern über die Identität des Beteiligten kein Zweifel besteht. Der Kaufm kann mit seiner Firma, der Vertreter mit dem Namen des Vertretenen unterschreiben. Vgl dazu u zu weiteren Einzelfragen § 126 Anm 3e. – **d)** Die Unterschrift muß die Niederschr **räumlich** abschließen. Nachträge erfordern eine weitere Unterschrift. Fehlt die Unterschrift eines Beteiligten, muß eine NachtrUrk aufgenommen w. – **e)** Die **Unterschrift des Notars** macht die Niederschr zur öff Urk. Er soll zuletzt unterzeichn u seine Amtsbezeichng (III 2) hinzufügen. Unterzeichnet der Notar versehentl mit einem and Namen, so ist das unschädl, wenn der richtige Name aus der Urk hervorgeht (BayObLG NJW **56**, 24). Die Beurk ist aber unwirks, wenn ein and Notar als der gem § 9 I Nr 1 bezeichnete unterschreibt (Hamm OLGZ **73**, 177). Die Unterschr des Notars muß so angeordnet w, daß sie den ProtokollInh nach der VerkAuffassg deckt. Die Unterschr auf einer Anlage od unter der Kostenrechng genügt daher nicht (BayObLG **76**, 275). Hat der Notar versehentl nicht unterschrieben, kann er seine Unterschr ohne Hinzuziehg der Beteiligten in einer NachtrVhdlg **nachholen** (LG Aachen DNotZ **76**, 428, 432). Das gilt auch dann, wenn bereits (unrichtig) Ausfertiggen erteilt worden sind (LG Aachen aaO). Der Tod eines Beteiligten hindert bei RGesch unter Lebden die Nachholg der Unterschr nicht, wohl aber bei Vfgen vTw (Keidel-Winkler Rdn 53). – **f)** Zur Unterzeichng dch die weiter **mitwirkenden Personen** s §§ 16 III 5, 22 II, 24 I 3, 25 S 3, 29 S 2.

5) Anwesenheit der Beteiligten (§ 6 II). Sie ist zwingd erforderl, soweit ihre Erkl vorgelesen, genehmigt u unterzeichnet w. Abgesehen von den Sonderfällen, für die das Ges die gleichzeit Anwesenh beider VertrTeile vorschreibt (§§ 925, 1410, 2276, 2290), ist es aber nicht notw, daß der Beteiligte bei der Beurk der Erkl der übr Beteiligten zugegen ist. Es ist daher unschädl, wenn sich ein Beteiligter nach dem Vorlesen, Genehmigen u Unterzeichnen seiner Erkl entfernt (Keidel-Winkler Rdn 15).

6) Sammelbeurkundungen, II. Sind mehrere Niederschr aufzunehmen, deren Wortlaut ganz od teilw übereinstimmt, so genügt ein einmaliges Verlesen der gleichlautden Teile. Die voneinand abweichden Textteile (zB Personalien der Beteiligten, KaufGgst u Kaufpreis) sind wg der VerschwiegenhPfl des Notars (BNotO 18) in Abwesenh der nicht betroffenen Beteiligten vorzulesen. Hierauf können die Beteiligten aber verzichten.

BeurkG 13a   *Eingeschränkte Beifügungs- und Vorlesungspflicht.*

^I Wird in der Niederschrift auf eine andere notarielle Niederschrift verwiesen, die nach den Vorschriften über die Beurkundung von Willenserklärungen errichtet worden ist, so braucht diese nicht vorgelesen zu werden, wenn die Beteiligten erklären, daß ihnen der Inhalt der anderen Niederschrift bekannt ist, und sie auf das Vorlesen verzichten. Dies soll in der Niederschrift festgestellt werden. Der Notar soll nur beurkunden, wenn den Beteiligten die andere Niederschrift zumindest in beglaubigter Abschrift bei der Beurkundung vorliegt. Für die Vorlage zur Durchsicht anstelle des Vorlesens von Karten, Zeichnungen oder Abbildungen gelten die Sätze 1 bis 3 entsprechend.

^{II} Die andere Niederschrift braucht der Niederschrift nicht beigefügt zu werden, wenn die Beteiligten darauf verzichten. In der Niederschrift soll festgestellt werden, daß die Beteiligten auf das Beifügen verzichtet haben.

^{III} Kann die andere Niederschrift bei dem Notar oder einer anderen Stelle rechtzeitig vor der Beurkundung eingesehen werden, so soll der Notar dies den Beteiligten vor der Verhandlung mitteilen; befindet sich die andere Niederschrift bei dem Notar, so soll er diese dem Beteiligten auf Verlangen übermitteln. Unbeschadet des § 17 soll der Notar die Beteiligten auch über die Bedeutung des Verweisens auf die andere Niederschrift belehren.

^{IV} Wird in der Niederschrift auf Karten oder Zeichnungen verwiesen, die von einer öffentlichen Behörde innerhalb der Grenzen ihrer Amtsbefugnisse oder von einer mit öffentlichem Glauben versehenen Person innerhalb des ihr zugewiesenen Geschäftskreises mit Unterschrift und Siegel oder Stempel versehen worden sind, so gelten die Absätze 1 bis 3 entsprechend.

1) Allgemeines. S zunächst Einf 2 v § 1. Der 1980 in das BeurkG eingefügte § 13a ist das Kernstück der Neuregelg, die das BeurkÄndG gebracht hat. Er stellt zwar die bis 1979 geübte Praxis, die Verweisen auf öff Urk ohne Einhaltg irgendwelcher Förmlichk als zul ansah, nicht wieder her. Er bringt aber für die Verweisg auf not Urk sowie öff Karten u Zeichnungen erhebl Vereinfachgen u sichert damit die dch die BGHRspr gefährdet Praktikabilität des BeurkVerf. § 13a gilt nur für die ersetzde Verweisg, die Bezugnahme (sog unechte Verweisg, § 9 Anm 4a) ist an keine Förmlichk gebunden.

2) Anwendungsbereich. – a) Gegenstand der erleichterten Verweisg können nach I u II nur **notarielle Niederschriften** sein, nicht aber öff beglaubigte Erkl, konsular Urk, Urk gem § 1 II od gerichtl Vergl (Lichtenberger NJW **80**, 867). Die BezugsUrk muß nach den Vorschr über die Beurk von WillErkl errichtet worden sein, braucht aber selbst keine WillErkl zu enthalten (Fischer DNotZ **82**, 153). Gleichgült ist, ob sie Erkl der Beteil od Dritter zum Ggst hat. Der BezugsUrk können Karten, Zeichnungen od Abbildgen beigefügt sein, I 4. Zul ist etwa die Verweisg auf notariell beurkundete TeilgsErkl oder Baubeschreibgen. Mögl ist auch die Verweis auf den Teil einer Urk oder auf eine Niederschr, die ihrerseits auf eine and Niederschr Bezug nimmt (Kettenverweisg). Die BezUrk muß formell ordngsmäß errichtet sein; dagg stehen mat Mängel der Wirksamk der erleichterten Verweis nicht entgg (Winkler Rpfleger 80, 172). Die Beurk unter Verwendg von sog MutterUrk ist danach grdsl mögl; ein solches Verf ist aber standesrechtl bedenkl u kann eine AmtsPflVerletzg darstellen (Lichtenberger NJW 80, 870, Ludwig AcP 180, 389). – **b)** Objekt der erleichterten Verweis können gem IV auch **behördliche Karten** od Zeichngen sein. Die Vorschr gilt für Karten u Zeichngen, die von einer iSd § 415 ZPO qualifizierten Stelle im Rahmen ihrer Amtsbefugn entweder selbst angefertigt od bei ihr eingereicht u dort mit Unterschr u Stempel od Siegel versehen worden sind (Brambring DNotZ 80, 303). Bsp sind VermessgsUrk, Aufteilgspläne gem WEG 7 VI Nr 1 u behördl genehmigte Baupläne.

3) **Beschränkung der Vorlesungspflicht** bzw der Pfl zur Vorlage zur Dchsicht (I). Die Verlesg der BezugsUrk bzw ihre Vorlage zur Dchsicht darf nur unterbleiben, wenn sämtl Beteil (§ 6 Anm 2) erklären, daß ihnen der Inh der BezugsUrk bekannt sei u sie auf die Vorlesg (Vorlage) verzichten. Bei einer Kettenverweis (Anm 2) muß die Erkl auch für die Urk abgegeben w, auf die die BezugsUrk ihrerseits verweist. Die Abgabe einer entspr Erkl aller Beteil ist zwingdes WirksamkErfordern. Dagg w die Wirksamk der Beurk nicht dadch berührt, daß ein Beteil die behauptete Kenntn von der BezugsUrk tatsächl nicht hat. Der Notar hat weiter zwei SollVorschr zu beachten: Er soll die VerzErkl in die Urk aufnehmen, I 2 (in § 14 III ist das entspr Erfordern als MußVorschr ausgestaltet), u soll die Beurk nur dann dchführen, wenn die Bezugs-Urk bei der Beurk zumindest in beglaubigter Abschrift vorliegt (I 3). Die Beteil können auf die Einhaltg von I 3 nicht wirks verzichten (Keidel-Winkler Rdn 35). Er gilt auch in Eilfällen; der GesGeber hat bewußt davon abgesehen, eine dem § 21 I 2 entspr Vorschr in den § 13a aufzunehmen (BT-Drs 8/3594 S 5). Bei Abweichen zw der OriginalUrk u der bei der Beurk vorliegenden beglaubigten Abschrift ist letztere maßgebd (Lichtenberger NJW 80, 868).

4) **Beschränkung der Beifügungspflicht** (II). Die Beifügg der BezugsUrk (Anm 1) ist entbehrl, wenn die Beteil (§ 6 Anm 2) verzichten. Der Verz soll in die Niederschr aufgenommen w. Er ist in dem Verz auf Vorlesen nicht ow enthalten.

5) **Mitteilungs-, Übermittlungs- u Belehrungspflicht** (III). Um die Beteil vor Nachteilen zu bewahren, legt die SollVorschr des III dem Notar in dreifacher Beziehg Pflten auf. Wenn ein Verf nach § 13a in Betracht kommt, soll der Notar den Beteil rechtzeit mitteilen, wo sie die BezugsUrk einsehen können. Hat er die BezugsUrk selbst in Besitz, soll er auf Verlangen eine Abschrift übermitteln. Zu belehren hat der Notar nicht nur über die Bedeutg des Verweisens, sond auch über den Inh der in Bezug genommenen Urk (Keidel-Winkler Rdn 47, Bellinger, Bezugn in not Urk, 1987, 274, str).

BeurkG 14 *Eingeschränkte Vorlesungspflicht.* [I] Werden bei der Bestellung einer Hypothek, Grundschuld, Rentenschuld, Schiffshypothek oder eines Registerpfandrechts an Luftfahrzeugen Erklärungen, die nicht im Grundbuch, Schiffsregister, Schiffsbauregister oder im Register für Pfandrechte an Luftfahrzeugen selbst angegeben zu werden brauchen, in ein Schriftstück aufgenommen, auf das in der Niederschrift verwiesen und das dieser beigefügt wird, so braucht es nicht vorgelesen zu werden, wenn die Beteiligten auf das Vorlesen verzichten; eine Erklärung, sich der sofortigen Zwangsvollstreckung zu unterwerfen, muß in die Niederschrift selbst aufgenommen werden.

[II] Wird nach Absatz 1 das beigefügte Schriftstück nicht vorgelesen, so soll es den Beteiligten zur Kenntnisnahme vorgelegt und von ihnen unterschrieben werden. § 17 bleibt unberührt.

[III] In der Niederschrift muß festgestellt werden, daß die Beteiligten auf das Vorlesen verzichtet haben; es soll festgestellt werden, daß ihnen das beigefügte Schriftstück zur Kenntnisnahme vorgelegt worden ist.

1) **Beschränkung der Vorlesungspflicht.** – **a)** § 14 **erleichtert** für die Bestellg von GrdPfandR das BeurkVerf, indem er die Möglichkeit eröffnet, bei weniger wichtigen Teilen der Erkl vom Vorlesen abzusehen. Die Vorschr gilt nur für die in I 1 aufgeführten Rechte. Gleichgült ist, ob die Bestellg Haupt- oder NebenGesch ist (Kanzleiter DNotZ 74, 381, str). Die nicht verlesen Erkl müssen einen unmittelb Bezug auf das GrdPfandR haben, auf sonst bei Gelegenh der Bestellg abgegebene Erkl ist § 14 unanwendb (BayObLG DNotZ 74, 376). Vorzulesen sind auf jeden Fall der Erkl, die im GrdBuch od im Register einzutragen sind (vgl §§ 1115, 874), ferner die Unterwerfg unter die ZwVollstr (I letzter Halbsatz). Die nicht verlesen Erkl muß räuml getrennt in einer Anlage aufgenommen w; die Niederschr selbst muß auch insoweit verlesen werden, als sie nicht eintragsbedürft Erkl enthält (BayObLG DNotZ 74, 52). – **b)** Erforderl ist ein **Verzicht** sämtl Beteiligter (§ 6 II). Der Verz muß in die Urk aufgenommen w, III, andf ist die Beurk unwirks. Dagg enthält II (Vorlage zur Kenntn, Unterschreiben der Anlage) nur SollVorschr (Einf 1 d v § 1).

2) **Rechtsfolgen.** Verstöße gg die MußVorschr des § 14 machen die Beurk unwirks; materiellrechtl ist die Bestellg idR gleichwohl wirks, da sie gem § 873 nicht formbedürft ist.

BeurkG 15 *Versteigerungen.* Bei der Beurkundung von Versteigerungen gelten nur solche Bieter als beteiligt, die an ihr Gebot gebunden bleiben. Entfernt sich ein solcher Bieter vor dem Schluß der Verhandlung, so gilt § 13 Abs. 1 insoweit nicht; in der Niederschrift muß festgestellt werden, daß sich der Bieter vor dem Schluß der Verhandlung entfernt hat.

2. Abschn. Beurkundung von Willenserklärungen

1) § 15 gilt für **freiwillige Versteigerungen,** soweit sie von einem Notar (BNotO 20 III, WEG 53 I) od einem nach LandesR zuständ Ger dchgeführt w. Gleichgültig ist, ob es sich um eine öff Versteigerg (§§ 383, 461, 966 II, 1219, 1235) od um eine nicht öff handelt. Wenn die Versteigerg von einem GerVollzieher (ZPO 817) od einem gewerbl Versteigerer (VerstV 19) dchgeführt w, ist das BeurkG einschließl des § 15 dagg unanwendb.

2) § 15 bringt für die Beurk von Versteigergen ggü den allg Vorschr zwei **Erleichterungen: a)** Bieter, deren Gebot zurückgewiesen od überboten ist u die daher nicht an ihren Antr gebunden bleiben (§ 156 Anm 1), gelten als **nicht beteiligt.** Sie brauchen nicht in der Niederschr bezeichnet zu werden; § 13 I (Vorlesen, Genehmigen, Unterschreiben) ist auf sie nicht anzuwenden. – **b)** Der **Meistbietende** ist dagg Beteiligter (§ 6 II). Ihm ggü ist § 13 I aber insoweit unanwendb, als er sich vor Schluß der Vhdlg entfernt u diese Tats in der Niederschr festgestellt w (MußVorschr). Unterschreibt er aus and Grden nicht, ist die Beurk unwirks.

3) Rechtsfolgen. Verstöße gg § 15 machen die Beurk unwirks. Materiellrechtl ist der Vertr idR wg der bestehden FormFreih gleichwohl wirks. And ist es jedoch, wenn ein Grdst od eine EigtWo Ggst der Versteigerg ist (§ 313, WEG 4 III).

BeurkG 16 **Übersetzung der Niederschrift.** ¹Ist ein Beteiligter nach seinen Angaben oder nach der Überzeugung des Notars der deutschen Sprache oder, wenn die Niederschrift in einer anderen als der deutschen Sprache aufgenommen wird, dieser Sprache nicht hinreichend kundig, so soll dies in der Niederschrift festgestellt werden.

II Eine Niederschrift, die eine derartige Feststellung enthält, muß dem Beteiligten anstelle des Vorlesens übersetzt werden. Wenn der Beteiligte es verlangt, soll die Übersetzung außerdem schriftlich angefertigt und ihm zur Durchsicht vorgelegt werden; die Übersetzung soll der Niederschrift beigefügt werden. Der Notar soll den Beteiligten darauf hinweisen, daß dieser eine schriftliche Übersetzung verlangen kann. Diese Tatsachen sollen in der Niederschrift festgestellt werden.

III Für die Übersetzung muß, falls der Notar nicht selbst übersetzt, ein Dolmetscher zugezogen werden. Für den Dolmetscher gelten die §§ 6, 7 entsprechend. Ist der Dolmetscher nicht allgemein vereidigt, so soll ihn der Notar vereidigen, es sei denn, daß alle Beteiligten darauf verzichten. Diese Tatsachen sollen in der Niederschrift festgestellt werden. Die Niederschrift soll auch von dem Dolmetscher unterschrieben werden.

1) Allgemeines. § 16 regelt, wie zu verfahren ist, wenn ein Beteiligter (§ 6 II) der UrkSprache (§ 5) nicht hinreichd kundig ist. Er bringt ggü dem fr Recht wesentl Vereinfachgen. WirksamkErfordern sind nur noch II 1 u III 1 u 2. Im übrigen enthält § 16 SollVorschr (Einf 1 d v § 1). Für Vfgen vTw bringt § 32 eine strengere Sonderregelg.

2) Notwendigkeit der Übersetzung. – a) Sie ist erforderl, wenn ein Beteiligter (§ 6 II) nach **seinen Angaben oder der Überzeugung des Notars** der UrkSprache (§ 5) nicht hinreichd kundig ist. An die Erkl des Beteiligten, er sei der UrkSprache nicht mächt, ist der Notar, von Fällen offensichtl Mißbr abgesehen, gebunden, auch wenn er sie für unricht hält (BGH NJW 63, 1777). Die ggteil Erkl des Beteiligten, er beherrsche die UrkSprache, bindet den Notar dagg nicht. Der Notar muß vielmehr von der Verständiggsmöglichk voll überzeugt sein; andf ist er verpflichtet, nach II u III zu verfahren. – **b)** Der UrkSprache **hinreichend kundig** ist ein Beteiligter, wenn er den Inhalt der Niederschr u der Belehrgen des Notars verstehn u sein Einverständn zum Ausdr bringen kann. Es genügt also grdsl passive Sprachkenntn; nicht erforderl ist, daß er sich in der UrkSprache geläuf ausdrücken kann (Keidel/Winkler Rdn 7, sehr str, aA BGH DNotZ **64**, 174, Jansen Rdn 3). – **c)** Der Notar soll die Erkl des Beteiligten od seine Überzeugg über die Sprachunkunde in der Urk **feststellen,** I. Nur wenn die Niederschr diese Feststellg enthält, ist die Übersetzg (II u III) ein WirksamkErfordern der Beurk. Fehlt eine derart Feststellg, kann der Verzicht auf eine Übersetzg die von dem sprachunkund Beteiligten abgegebene Erkl aber gem § 119 I anfechtb machen.

3) Übersetzung. – a) Die ganze Niederschr einschließl der gesetzl vorgeschriebenen Feststellgen muß **übersetzt,** dh mündl in der and Sprache vorgetragen w. Sind Beteiligte vorhanden, die die UrkSprache beherrschen, muß die Niederschr für diese vorgelesen w. Auf Verlangen soll eine schriftl Übersetzg angefertigt, zur Dchsicht vorgelegt u der Niederschr beigefügt w, II 2. Der Notar soll den Beteiligten darauf hinweisen, daß er eine schriftl Übersetzg verlangen kann, II 3. All das soll in der Niederschr festgestellt w, II 4. Auch wenn eine schriftl Übersetzg angefertigt w, muß eine mündl Übersetzg erfolgen. – **b)** Der **Notar** kann **selbst** übersetzen, wenn er sich nach seinem pflichtgemäß Ermessen für hinreichend sprachkund hält. Er darf von der Zuziehg eines Dolmetschers aber dann absehen, wenn ihm eine zuverläss Übersetzg vorliegt u seine Sprachkenntn ausreichen, die Übersetzg zu verlesen u bei Bedarf zu erläutern (s Hagena DNotZ **78**, 392). – **c)** Übersetzt der Notar nicht selbst, muß ein **Dolmetscher** zugezogen w. In der Wahl der Pers des Dolmetschers ist der Notar frei. Für den Dolmetscher gelten aber die Ausschluß-Grde der §§ 6 u 7, III 2. Die bei der Beurk mitwirkenden Pers (2. Notar, Schreibzeuge) können nicht Dolmetscher sein (Jansen Rdn 18). Der Dolmetscher ist idR zu vereidigen. Die Vereidigg geschieht entspr GVG 189. Sie ist entbehrl, wenn der Dolmetscher allg vereidigt ist od alle Beteiligten, nicht nur der Sprachunkundige, verzichten. Die Beeidigg ist ebso wie die Unterzeichng der Urk dch den Dolmetscher nur SollVorschr (Einf 1 d v § 1). Es genügt, wenn der Dolmetscher während der Übersetzg u der Genehmigg anwesd ist (Jansen Rdn 25).

3. Prüfungs- und Belehrungspflichten

BeurkG 17 *Grundsatz.* ^IDer Notar soll den Willen der Beteiligten erforschen, den Sachverhalt klären, die Beteiligten über die rechtliche Tragweite des Geschäfts belehren und ihre Erklärungen klar und unzweideutig in der Niederschrift wiedergeben. Dabei soll er darauf achten, daß Irrtümer und Zweifel vermieden sowie unerfahrene und ungewandte Beteiligte nicht benachteiligt werden.

^{II} Bestehen Zweifel, ob das Geschäft dem Gesetz oder dem wahren Willen der Beteiligten entspricht, so sollen die Bedenken mit den Beteiligten erörtert werden. Zweifelt der Notar an der Wirksamkeit des Geschäfts und bestehen die Beteiligten auf der Beurkundung, so soll er die Belehrung und die dazu abgegebenen Erklärungen der Beteiligten in der Niederschrift vermerken.

^{III} Kommt ausländisches Recht zur Anwendung oder bestehen darüber Zweifel, so soll der Notar die Beteiligten darauf hinweisen und dies in der Niederschrift vermerken. Zur Belehrung über den Inhalt ausländischer Rechtsordnungen ist er nicht verpflichtet.

1) Allgemeines. – a) Die notarielle Beurk hat vor allem den Zweck, eine ausreichende Beratg u Belehrg der Beteiligten sicherzustellen. Die sich aus dieser Zweckbestimmg ergebden **Pflichten des Notars** legt § 17 im einz fest. Die Vorschr unterscheidet die Pfl zur Erforschg des wahren Willens der Beteiligten (Anm 2), zur Klärg des Sachverhalts (Anm 3), die BelehrgsPfl (Anm 4) u die FormuliergsPfl (Anm 5). Diese Pflten obliegen gem § 1 II auch and UrkPers. Ihre Verletzg begründet SchadErsAnspr (BNotO 19), läßt aber die Wirksamk der Beurk unberührt (BGH **80**, 79), jedoch können formularmäß Freizeichngsklauseln wg fehler Belehrg gem § 242 unwirks sein (Vorb 2 d v § 8 AGBG). – **b)** Die sich aus § 17 ergebden Pflten bestehen nur ggü den formell an der Beurk **Beteiligten** (§ 6 II), nicht ggü and Pers, auf deren RStellg sich die beurkundeten Erkl auswirken. Nicht in den Schutz des § 17 einbezogen sind daher bei der Beurk eines Angebots der Annehmde (BGH NJW **81**, 2705, BayObLG DNotZ **84**, 255), bei der Beurk von Erkl des DarlNeh der DarlGeb (BGH DNotZ **82**, 384). Als Organ der vorsorgden RPflege obliegt dem Notar aber neben den Pflichten aus § 17 eine **allgemeine Betreuungspflicht.** Diese besteht auch ggü mittelb Beteiligten, so ggü dem Vertretenen (BGH NJW-RR **88**, 1207), aber auch ggü Pers, die sich im ZusHang mit der Beurk an den Notar gewandt haben (BGH **58**, 353) oder im eig Interesse bei der Beurk anwesnd waren (BGH DNotZ **82**, 385). Sie kann je nach Lage des Falles auch BelehrgsPflten umfassen. Auch ggü sonst Dritten, deren Interessen dch die Beurk berührt w, kann der Notar AmtsPflten zu erfüllen haben; BelehrgsPflten bestehen aber hins dieses PersKreises grdsl nicht (BGH NJW **81**, 2705). Weitere Einzelfälle: § 839 Anm 15d.

2) Der Notar hat den **wahren Willen** der Beteiligten zu erforschen. Er hat darauf hinzuwirken, daß die Beteiligten ihren wirkl Willen richtig, vollständ u eindeut äußern. Seine Mitwirkg soll gewährleisten, daß Wille u Erkl übereinstimmen u Irrtümer u Zweifel vermieden w.

3) Klärung des Sachverhalts. Der Notar hat den TatsKern des zu beurk Gesch aufzuklären (BGH NJW **87**, 1266). Das bedeutet allerdings nicht, daß ihm eine dem FGG 12 vergleichb Pfl zur Amtsermittlg obliegt. Der Notar darf sich grdsl auf die Angaben der Beteiligten verlassen (Ffm DNotZ **85**, 245). Er muß aber bestehde Sonderregeln (§ 21 I) beachten, Zweifeln nachgehen u dch Befragen sicherstellen, daß die Beteiligten sich über den maßgebden Sachverhalt vollständ erklären (Jansen Rdn 6). Seine **Prüfung** hat sich auch auf die Identität der Beteiligten (§ 10), die erforderl RechtsFähigk (§ 11), Vertretgsmacht, § 12 (BGH NJW-RR **88**, 1207), VfgsBefugn u etwaige Genehmiggserfordern (§ 18) zu erstrecken. Bei verheirateten Beteiligten hat er auch die sich aus dem ehel Güterrecht ergebden VfgsBeschrkgen (§ 1365) in seine Prüfg einzubeziehen (s BGH **64**, 246).

4) Belehrungspflicht. – a) Sie besteht nur ggü den Beteiligten (Anm 1b). Der Notar hat über die **rechtliche Tragweite des Geschäfts** zu belehren, dh er hat aufzuzeigen, von welchen Voraussetzgen der beabsicht rechtl Erfolg abhäng ist u welche unmittelb RWirkgen sich an ihn knüpfen. Er darf GrdBegriffe des RVerk, wie etwa der Vollm als bekannt voraussetzen (Celle DNotZ **83**, 59). Inhalt u Umfang der Belehrg richten sich nach der Persönlichk der Beteiligten u den sonst Umst des Einzelfalles. Über weitergehde ("mittelbare") rechtl Folgen des Gesch (Bsp: Haftg aus § 419, Haftg des GmbH-GeschFü aus GmbHG 11) hat der Notar zu belehren, soweit greifb Anhaltspkte dafür bestehen, daß einem Beteiligten insoweit Gefahren drohen (s BGH DNotZ **54**, 329). – **b)** Auf **wirtschaftliche Folgen** u Risiken erstreckt sich die BelehrgsPfl des Notars grdsl nicht (BGH NJW **75**, 2016, KG DNotZ **87**, 56). Eine erweiterte **betreuende Belehrungspflicht** besteht aber dann, wenn für einen Beteiligten aus der gewählten RKonstruktion Gefahren drohen, die er inf RUnkenntn nicht erkennt (BGH **58**, 348). Grdl für diese erweiterte BelehrgsPfl ist im Verhältn zu den Beteiligten nunmehr § 17 I 2 (BGH DNotZ **79**, 231, **84**, 637, str). Sie greift ein, wenn der GrdstKäufer eine nicht gesicherte Vorleistg erbringen soll (BGH VersR **61**, 352, **69**, 423, **76**, 731, Ffm DNotZ **78**, 565, Düss NDotZ **83**, 55), wenn für den Erwerber keine AuflVormerkg eingetragen w soll (BGH NJW **89**, 103), wenn der Käufer eine nur teilvalutierte (als EigtGrdschuld möglicherw abgetretene od gepfändete) BauHyp übernehmen soll (BGH NJW **78**, 219), wenn das Risiko einer nachfolgden Vfg od VollstrMaßn besteht (Ganter NJW **86**, 1017), wenn der Käufer dch Bestellg einer GrdSchuld vor Zahlg des Kaufpreises in die Lage versetzt w, den GrdstWert teilweise zu verwerten (BGH NJW-RR **87**, 86, Köln DNotZ **85**, 774), wenn der Käufer zur Ablösg einer ArrestHyp nach § 1614 II wirksglose Zahlgen erbringen soll (Düss DNotZ **85**, 521), wenn an den Verkäufer eine ungesicherte Vorleistg (Bestellg einer GrdSchuld) erbracht w soll (BGH WPM **89**, 822), wenn der Verkäufer dch Abschluß eines AufhebgsVertr den SchadErsAnspr aus § 326 verliert (Brem DNotZ **85**, 769), wenn dch die Umwandlg einer Gesellsch eine persönl Haftg begründet w (Karlsr VersR **82**, 197), wenn der Käufer nach dem VertrInh nach Rücktr die Rückzahlg des KaufPr ohne Löschg der AuflVormerkung verlangen kann (BGH NJW **88**, 1143). Der Notar hat in derart Fällen aufzuzeigen, welche Sichergen übl u mögl sind (KG VersR **79**, 442). Wg der Verpflichtg zur Unparteilichk darf er aber keine im Widerspr zu dem Willen od überwiegden Interessen des and Beteiligten stehde Sichergen vorschlagen (BGH NJW-RR **87**, 85, Brem DNotZ **89**, 457). Den Käufer von Bauerwartgsland hat er darüber zu belehren, wie er sich gg das Risiko des Fehlschlagens der Bauerwartg schützen kann (BGH NJW **81**, 451). Der Notar hat die Beteiligten auch dann zu belehren, wenn die in Aussicht genommene VerjRegelg möglicherw unwirks ist (Hamm DNotZ **87**, 696), wenn möglicherweise ein AnfTatBestd nach der KO od dem AnfG vorliegen könnte (Röll DNotZ **76**, 453) od wenn erkennb Beschränk nach dem WoBindG bestehen (Köln DNotZ **87**, 695, Derleder JZ **84**, 449). Bei einem eingetragenen VorkaufsR braucht der Notar idR nur über dessen Bedeutg, nicht aber über die Pers des Berecht zu belehren (BGH DNotZ **84**, 636). Er braucht nicht darauf hinzuweisen, daß der Eigtümer die Anspr auf Rückgewähr vorrangig eingetragener GrdSch abgetreten haben könnte (BGH NJW-RR **88**, 972). – **c)** Bei entspr Fragen der Beteiligten erstreckt sich die BelehrgsPfl auch auf die **Kosten** der Beurk (Zweibr DNotZ **77**, 58). Gibt es verschiedene gleich sichere Gestaltgsmöglichk, muß der Notar iZw auf die kostengünstigste hinweisen (Saarbr DNotZ **82**, 451, BayObLG DNotZ **84**, 112). – **d)** § 17 begründet keine Pfl zur Belehrg über **steuerliche Folgen** (BGH NJW **85**, 1225, stRspr). Auch über die GrdErwSteuer braucht der Notar, abgesehen von dem Hinw gem § 19 grdsl nicht zu belehren (§ 19 Anm 1 b); auch über bevorstehde Steuersenkgen braucht er nicht zu informieren (LG Aachen VersR **89**, 50). Wenn ein Beteiligter erkennb nicht darüber informiert ist, daß für ihn eine bes SteuerPfl entsteht, muß der Notar aber aufgrd seiner betreuden BelehrgsPfl (oben b) einen Hinw geben od die Hinzuziehg eines Steuerberaters empfehlen (BGH aaO). Auf das Risiko der Besteuerg eines Spekulationsgewinns muß der Notar hinweisen, wenn er weiß od aus einer ihm vorliegenden Urk ersichtl ist, daß der Verkäufer das Grdst vor weniger als 2 Jahren erworben hat (BGH NJW **89**, 586). Hat der Notar unricht belehrt, haftet er auch dann, wenn an sich keine BelehrgsPfl bestand (BGH DNotZ **81**, 776, VersR **83**, 181, Ffm DNotZ **78**, 748). – **e) Ausländisches Recht, III.** Der Notar hat ledigl auf die Anwendbark des ausl Rechtes hinzuweisen u dies im Protokoll zu vermerken. Zur Belehrg über den Inhalt des ausl Rechts ist er auch dann nicht verpflichtet, wenn die Part gem EG 14 II, 15 II die Anwendg ausl Rechts wählen (Lichtenberger DNotZ **86**, 676). Er kann aber gem oben b) gehalten sein, die Einholg eines Gutachtens zu empfehlen (Sturm FS Ferid S 429). Unter III fällt auch das Recht der DDR (aA Jansen Rdn 22).

5) Formulierungspflicht. Der Notar hat den von ihm ermittelten Willen der Beteiligten klar u unzweideut wiederzugeben. Bestehen mehrere rechtl Gestaltgsmöglichk, muß er die sicherste mit den geringsten rechtl Risiken aufzeigen (BGH **27**, 276, **70**, 375, VersR **76**, 730).

6) Bestehen **Zweifel**, ob das Gesch dem Ges od dem wahren Willen der Beteiligten entspricht, hat der Notar gem II zu verfahren. Er hat sich gewissenh über den Stand der Rspr zu informieren u muß bei offenen Fragen auch die Lit berücksichtigen (Köhler FS Bay Notariat, 1989, 197). Er muß, soweit mögl, einen sicheren, die Zweifel ausräumden Weg aufzeigen. Die Verletzg von II begründet entspr Einf 1 d v § 1 eine SchadErsPfl (Ffm DNotZ **86**, 244). Ist der Notar von der Nichtigk od Anfechtbark des Gesch überzeugt, hat er die Beurk abzulehnen. Gg die Ablehng steht den Beteiligten die Beschwerde gem BNotO 15 offen.

7) Beweislast. Verlangt ein Beteiligter SchadErs wg Verletzg der BelehrgsPfl (BNotO 19), muß er die NichtErf der BelehrgsPfl beweisen (BGH DNotZ **84**, 637). Fehlen vom Ges vorgeschriebene od in der notariellen Praxis übl Belehrgsvermerke, so hat aber der Notar die gleichwohl erteilte Belehrg zu beweisen (BGH aaO, der allerdings das Fehlen eines übl Vermerks nur als Indiz wertet).

BeurkG 18 **Genehmigungserfordernisse.** **Auf die erforderlichen gerichtlichen oder behördlichen Genehmigungen oder Bestätigungen oder etwa darüber bestehende Zweifel soll der Notar die Beteiligten hinweisen und dies in der Niederschrift vermerken.**

1) a) § 18 ist eine Konkretisierg der allg BelehrgsPfl. Er ist ebso wie § 17 SollVorschr (Einf 1 d v § 1). Der Notar hat alle in Betracht kommden GenErfordern **im einzelnen** anzuführen u über die Folgen der Gen u ihrer Versagg zu belehren. – **b)** Die **Einholung** der Gen ist nur Sache des Notars, wenn er sie übernommen hat (Jansen Rdn 50). – **c)** Die wichtigsten **Genehmigungserfordernisse** sind zZ: die vormsch- u nachlaßgerichtl Gen des BGB (§§ 1821, 1822, 1643, 1962); Gen nach BauGB 19, 51 u GrdstVG (Übbl 4 v § 873); Gen für Wertsichergsklauseln nach WährG 3 (§ 245 Anm 5); Gen nach MRG 53 für den Interzonenhandel.

BeurkG 19 **Unbedenklichkeitsbescheinigung.** **Darf nach dem Grunderwerbsteuerrecht oder dem Kapitalverkehrsteuerrecht eine Eintragung im Grundbuch oder im Handelsregister erst vorgenommen werden, wenn die Unbedenklichkeitsbescheinigung des Finanzamts vorliegt, so soll der Notar die Beteiligten darauf hinweisen und dies in der Niederschrift vermerken.**

1) a) Auch § 19 ist Ausfluß der allg Prüfgs- u BelehrgsPfl (§ 17) u SollVorschr (Einf 1 d v § 1). Der **Hinweis** kann sich auf das Erfordern der UnbedenklichkBescheinigg (EGAO 1977 Art 79 § 3) beschränken (BGH DNotZ **79**, 232). Entspr HinwPflten bestehen bei der Gründg od Kapitalerhöhg von KapitalGesellsch gem KVStDV 7 u bei der Beurk von Schenkgen auf die mögl SchenkgsSteuerPfl gem ErbStDV 13. – **b)** Eine Pfl zur **Belehrung über steuerliche Folgen** besteht weder nach § 19 noch nach § 17 (BGH DNotZ **79**, 230, NJW **80**, 2472, § 17 Anm 4d). Auch wenn der Notar in die Niederschrift einen Antr auf GrdErwStBefreiung aufnimmt, trifft ihn keine Pfl zur steuerl Beratg (BGH NJW **80**, 2472, Schlesw DNotZ **80**, 569, Düss DNotZ **81**, 138). Er muß den Antr aber entspr den Erfordern des SteuerR formulieren (BayObLG DNotZ **80**, 567). Gehen die Parteien erkennb davon aus, ihnen werde GrdErwStBefreiung gewährt, u bestehen insoweit Zweifel, muß der Notar einen Hinw geben od die Hinzuziehg eines Steuerberaters empfehlen (BGH NJW **80**, 2472).

BeurkG 20 *Gesetzliches Vorkaufsrecht.* **Beurkundet der Notar die Veräußerung eines Grundstücks, so soll er, wenn ein gesetzliches Vorkaufsrecht in Betracht kommen könnte, darauf hinweisen und dies in der Niederschrift vermerken.**

1) § 20 ist neben §§ 18 u 19 eine weitere Konkretisierg der allg Prüfgs- u BelehrgsPfl (§ 17) u SollVorschr (Einf 1 d v § 1). – **a)** Der Notar hat in seinem **Hinweis** alle gesetzl VorkaufR im einzelnen anzuführen, die möglweise bestehen könnten (Brschw DNotZ **77**, 438). Ob das VorkaufsR im Einzelfall konkret gegeben ist u ausgeübt w, weiß der Notar nicht u braucht er nicht mitzuteilen. Da die Frist für die Ausübg des VorkaufsR, die idR 2 Mo beträgt, erst nach der vollständ Mitteilg des Vertr zu laufen beginnt, ist es empfehlenswert, sofort nach der Beurk von der zuständ Stelle ein Negativattest od eine VerzichtsErkl einzuholen (s KG VersR **82**, 374). Bleibt die Ausübg des VorkaufsR in der Schwebe, muß der Notar Vorschläge machen, wie dem Risiko vorzeitiger Auszahlg des Kaufpreises begegnet werden kann (s BGH DNotZ **84**, 637). – **b) Hauptfälle** des gesetzl VorkaufsR sind BauGB 24 ff, RSiedlG 4, HeimstG 11, BGB 2034. Vgl näher Übbl 3 v § 1094.

BeurkG 21 *Grundbucheinsicht, Briefvorlage.* ¹**Bei Geschäften, die im Grundbuch eingetragene oder einzutragende Rechte zum Gegenstand haben, soll sich der Notar über den Grundbuchinhalt unterrichten. Sonst soll er nur beurkunden, wenn die Beteiligten trotz Belehrung über die damit verbundenen Gefahren auf einer sofortigen Beurkundung bestehen; dies soll er in der Niederschrift vermerken.**

^{II}**Bei der Abtretung oder Belastung eines Briefpfandrechts soll der Notar in der Niederschrift vermerken, ob der Brief vorgelegen hat.**

1) **Grundbucheinsicht, I.** – **a)** § 21 ist Ausfluß der dem Notar obliegden AufklPfl (§ 17 Anm 3). Er gilt für alle **Geschäfte,** die ein im GrdBuch eingetragenes od einzutragdes Recht zum Ggst haben (Übbl 1 b v § 873), gleichgült, ob es sich um dingl od obligatorische Gesch handelt. Auf and Register (Schiffsregister, Schiffsbauregister) ist § 21 weder direkt noch analog anzuwenden. Da § 21 im 2. Abschnitt eingeordnet ist, gilt er für Beglaubiggen (§ 40 II) nicht. – **b)** Der Notar hat sich über den **Grundbuchinhalt** zu unterrichten. Eine Pfl, die GrdAkten einzusehen, besteht grdsl nicht (Köln DNotZ **89**, 455). Etwas and gilt dann, wenn eine Eintragg auf die Eintraggsbewilligg verweist u es gerade auf deren Inh ankommt. Auch wenn greifb Anhaltspunkte dafür bestehen, daß beim GrdBAmt unerledigte Antr vorliegen, kann der Notar zu weiteren Erkundiggen verpflichtet sein. – **c)** Wie sich der Notar über den GrdBuchInh **unterrichtet,** ist seine Sache. Er kann die Einsicht einer sachkund u zuverläss HilfsPers übertragen. Es genügt eine Einsicht in jüngster Zeit (Ffm DNotZ **85**, 244); sie darf idR nicht länger als 6 Wo zurückliegen (Ffm aaO). – **d) Beurkundung ohne Kenntnis des Grundbuchstandes.** Sie erfordert ein entspr Verlangen aller Beteiligten, eine sorgfält u eingehde Belehrg über die damit verbundenen Gefahren (Hamm VersR **79**, 676) u die Aufn eines entspr Vermerks in die Niederschr. Die Beurk ist aber auch bei Nichteinhaltg dieser SollVorschr wirks.

2) **Briefvorlage, II.** GrdPfandR, über die ein Brief erteilt worden ist, können außerh des GrdBuchs dch schriftl Erkl u Übergabe des Briefes übertragen od belastet w (§§ 1069, 1080, 1154, 1274, 1291). Zum Nachw der VfgsBefugn ist daher neben einer Kette von öffentl beglaubigten AbtrErkl (§ 1155) idR der Besitz des Briefes erforderl; und liegt es nur, wenn die Übergabe dch die Abtr des HerausgAnspr ersetzt worden ist. Wg der Bedeutg des Briefbesitzes für die VfgsBefugn soll der Notar in der Niederschr vermerken, ob der Brief vorgelegen hat od nicht. Auf öffentl Beglaubiggen findet II keine Anwendung (Anm 1a).

4. Beteiligung behinderter Personen

Vorbemerkung

1) Die §§ 22–26 enthalten **Schutzvorschriften** für den Fall, daß an der Beurk ein Behinderter beteiligt ist. Sie betreffen Taube, Stumme u Blinde, beziehen in § 25 aber auch Schreibunfähige ein. Die Vorschr sollen gewährleisten, daß auch bei der Beteiligg von Behinderten der wirkl Wille der Beteiligten beurkundet w. Sie gelten nur für die Beurk von WillErkl (Übbl 2 v § 8), nicht für öffentl Beglaubiggen (§ 40). Für die Beurk von Vfgen vTw enthalten § 31 u BGB 2233 strengere SonderVorschr.

2) Für die **Feststellung** der Behinderg enthalten die §§ 22 ff inhaltl übereinstimmde Regeln (§§ 22 I, 24 I, 25 I): Erklärt ein Beteiligter ausdr od dch Gesten, er sei taub (stumm, blind, schreibunfähig), so ist diese Angabe für den Notar abgesehen vom Fall offenb Mißbrauchs bindd, auch wenn er sie für unrichtig hält. Dagg hat die umgekehrte Erkl, die eine Behinderg verneint, keine Bindgswirkg. Der Notar hat nach pflichtmäß Ermessen darüber zu befinden, ob die Behinderg besteht od nicht. Kommt er zu dem Ergebn, der Beteiligte sei möglicherw behindert, muß er gem §§ 22 ff verfahren. Irrt sich der Notar, wird die Wirksamk der Beurk aber nicht berührt.

BeurkG 22 *Taube, Stumme, Blinde.* ¹**Vermag ein Beteiligter nach seinen Angaben oder nach der Überzeugung des Notars nicht hinreichend zu hören, zu sprechen oder zu sehen, so soll zu der Beurkundung ein Zeuge oder ein zweiter Notar zugezogen werden, es sei denn, daß alle Beteiligten darauf verzichten. Diese Tatsachen sollen in der Niederschrift festgestellt werden.**

^{II}**Die Niederschrift soll auch von dem Zeugen oder dem zweiten Notar unterschrieben werden.**

2. Abschn. Beurkundung von Willenserklärungen **BeurkG 22–25**

1) Allgemeines. Vgl zunächst Vorbem. § 22 ist SollVorschr. Ihre Verletzg kann SchadErsAnspr begründen (BNotO 19), läßt aber die Wirksamk der Beurk unberührt. Für Taube gilt ergänzd § 23. Bei Tauben u Stummen, mit denen eine schriftl Verständigg ausgeschl ist, enthält § 24 eine ergänzde Sonderregel.

2) Voraussetzungen. § 22 ist anwendb, wenn ein Beteiligter **nicht hinreichend** zu hören, zu sprechen od zu sehen vermag. Gleichgült ist, ob es sich um eine dauernde od vorübergehde Behinderg handelt. Neben dem völlig Tauben, Stummen u Blinden werden auch solche Personen erfaßt, die einem derart Behinderten so nahe kommen, daß sie diesem bei der Beurk gleichgestellt werden müssen. § 22 ist anwendb, wenn das Hör- od Sehvermögen so stark herabgesetzt ist, daß der Beteiligte den BeurkVorgang mit dem Hör- od Gesichtssinn nicht hinlängl wahrnehmen kann. Nicht hinreichd sprechen kann, wer Sprachlaute nicht od nur derart unvollkommen hervorzubringen vermag, daß sie nicht eindeut zu verstehen sind. Es genügt aber, wenn der Beteiligte sich dch ein deutl JaWort verständl machen kann (BayObLG DNotZ **69**, 301 zum fr Recht). Unter § 22 fallen auch der Schwerhörige, der seinen Hörapparat vergessen hat, u der Operierte, der eine Augenbinde trägt od nicht sprechen darf. **Feststellung** der Behinderg s Vorbem 2.

3) Der Notar hat einen Zeugen od 2. Notar **hinzuzuziehen.** Er hat bei der Auswahl § 26 zu beachten, ist aber im übrigen frei. Die bloße Anwesenh des Zeugen od 2. Notars genügt nicht. Der Hinzugezogene muß das Bewußtsein haben, bei der Errichtg der öff Urk mitzuwirken (BayObLG **84**, 141). Er soll mitunterschreiben (II). Auch wenn mehrere Behinderte beteiligt sind, ist nur eine KontrollPers erforderl. Die Beteiligten können, allerdings nur gemeins, auf die Hinzuzieh eines Zeugen od 2. Notars **verzichten.** Die Beurk ist aber auch dann wirks, wenn die Hinzuzieh des Zeugen od 2. Notars ohne eine VerzErkl der Beteiligten unterbleibt.

BeurkG 23 *Besonderheiten für Taube.* Eine Niederschrift, in der nach § 22 Abs. 1 festgestellt ist, daß ein Beteiligter nicht hinreichend zu hören vermag, muß diesem Beteiligten anstelle des Vorlesens zur Durchsicht vorgelegt werden; in der Niederschrift soll festgestellt werden, daß dies geschehen ist. Hat der Beteiligte die Niederschrift eigenhändig unterschrieben, so wird vermutet, daß sie ihm zur Durchsicht vorgelegt und von ihm genehmigt worden ist.

1) a) Das Vorlesen der Niederschr (§ 13) hat bei Tauben keinen Sinn. Es wird daher dch die **Vorlage zur Durchsicht** ersetzt, die unabhäng von einem entspr Verlangen zu erfolgen hat. Beherrscht der Taube die Sprache der Niederschr nicht, muß ihm eine schriftl Übersetzg erteilt w (Mecke Rdn 6). § 23 gilt nur, wenn die Niederschr die Feststellg enthält, daß der Beteiligte nicht hinreichend hören kann. Ob die Behinderg tatsächl besteht od nicht, ist unerhebl. Unverzichtb sind die Gen u die Unterschrift des Tauben; die Frage, ob er dem UrkInh zustimmt, muß schriftl gestellt w (Hamm DNotZ **89**, 587). Sind neben dem Tauben weitere Personen beteiligt, so muß auch vorgelesen werden. – **b)** Die Vorlage zur Dchsicht, nicht ihre Feststellg im Protokoll, ist **Wirksamkeitsvoraussetzung** der Beurk. Hat der Taube unterschrieben, so wird gem S 2 widerlegl vermutet, daß die Vorlage erfolgt ist. Für Taube, die nicht schreiben u lesen können, tritt § 24 an die Stelle von § 23.

BeurkG 24 *Besonderheiten für Taube und Stumme, mit denen eine schriftliche Verständigung nicht möglich ist.* ¹Vermag ein Beteiligter nach seinen Angaben oder nach der Überzeugung des Notars nicht hinreichend zu hören oder zu sprechen und sich auch nicht schriftlich zu verständigen, so soll der Notar dies in der Niederschrift feststellen. Wird in der Niederschrift eine solche Feststellung getroffen, so muß zu der Beurkundung eine Vertrauensperson zugezogen werden, die sich mit dem behinderten Beteiligten zu verständigen vermag; in der Niederschrift soll festgestellt werden, daß dies geschehen ist. Die Niederschrift soll auch von der Vertrauensperson unterschrieben werden.

IIDie Beurkundung von Willenserklärungen ist insoweit unwirksam, als diese darauf gerichtet sind, der Vertrauensperson einen rechtlichen Vorteil zu verschaffen.

IIIDas Erfordernis, nach § 22 einen Zeugen oder zweiten Notar zuzuziehen, bleibt unberührt.

1) a) § 24 regelt den Fall, daß mit einem stummen od tauben Beteiligten eine **schriftliche Verständigung ausgeschlossen** ist. Das trifft zu, wenn der Taube nicht lesen od der Stumme nicht schreiben kann. Für die Feststellg der Behinderg gilt Vorbem 2 v § 22. – **b)** Ist die Behinderg, gleichgült ob zu Recht od zu Unrecht im Protokoll festgestellt, so **muß** eine **Vertrauensperson** zugezogen w u währd des gesamten BeurkVorgangs anwesd sein (BGH NJW **70**, 1602). Die Feststellg der Zuziehg in der Niederschr u die Unterschr der Vertrauensperson sind dagg bloße SollVorschr. Die Vertrauensperson muß sich mit dem Behinderten verständigen können. AusschlGrde gibt es für sie nicht, da uU gerade die nächsten Angeh die einzigen sind, denen eine Verständigg mit dem Behinderten mögl ist. WillErkl, die die Vertrauensperson begünstigen, sind unwirks, II (vgl dazu § 7 Anm 2). Die Zuziehg der Vertrauensperson ersetzt nicht die Zuziehg eines Zeugen od 2. Notars nach § 22 od eines Schreibzeugen nach § 25. Die Vertrauensperson kann zugl Dolmetscher (§ 16), nicht aber zugl Notar, 2. Notar od Zeuge sein.

BeurkG 25 *Schreibunfähige.* Vermag ein Beteiligter nach seinen Angaben oder nach der Überzeugung des Notars seinen Namen nicht zu schreiben, so muß bei dem Vorlesen und der Genehmigung ein Zeuge oder ein zweiter Notar zugezogen werden, wenn nicht bereits nach § 22 ein Zeuge oder ein zweiter Notar zugezogen worden ist. Diese Tatsachen sollen in der Niederschrift festgestellt werden. Die Niederschrift muß von dem Zeugen oder dem zweiten Notar unterschrieben werden.

1) a) § 25 regelt den Fall, daß ein Beteiligter **nicht** seinen **Namen schreiben** kann. Er gilt auch dann, wenn die Schreibunfähigk auf vorübergehder Krankh beruht. Wer nur mit einem Handzeichen unterschreiben kann, ist schreibunfäh. Entspr gilt für den, der einer über den Rahmen zulässigen Schreibhilfe hinausgehde Unterstütz bedarf od der nur mit einem Schnörkel unterzeichnen kann, der keine Unterschrift im RSinne darstellt (§ 13 Anm 4b). Wer mit fremden Schriftzeichen unterschreiben kann, ist dagg auch dann schreibfäh, wenn der Notar die fremden Schriftzeichen nicht zu lesen vermag (Jansen § 13 Fn 42, str). Unbedenkl ist die nicht lesb Unterschr zumindest dann, wenn der Notar ihre Übereinstimmg mit der Unterschr im Ausweis feststellen kann. Für die Feststellg der Behinderg gilt Vorbem 2 v § 22. – **b)** Ist ein Schreibunfähiger beteiligt, so **muß** ein Zeuge od 2. Notar zugezogen werden. Dieser muß beim Vorlesen u bei der Genehmiggg anwesd sein u das Protokoll unterzeichnen. Bloße Anwesenh genügt nicht. Der Hinzugezogene muß ebso wie im Fall des § 22 mit dem Bewußtsein handeln, an der Errichtg einer öff Urk mitzuwirken (BayObLG **84**, 141). Anders als §§ 23, 24 u 32 gilt § 25 auch, wenn die Behinderg nicht im Protokoll festgestellt ist. Sind mehrere Beteiligte schreibunfäh, genügt ein Schreibzeuge (Jansen Rdn 6). Ist bereits gem § 22 od 29 ein Zeuge od 2. Notar zugezogen worden, ist es bes Schreibzeuge nicht enberhrl, jedoch muß der Zugezogene das Protokoll entspr der Regelg in § 25 unterschreiben. Der Dolmetscher (§ 16) od die Vertrauensperson (§ 24) können dagg nicht gleichzeit Schreibzeuge sein.

BeurkG 26 *Verbot der Mitwirkung als Zeuge oder zweiter Notar.* ¹ Als Zeuge oder zweiter Notar soll bei der Beurkundung nicht zugezogen werden, wer
1. selbst beteiligt ist oder durch einen Beteiligten vertreten wird,
2. aus einer zu beurkundenden Willenserklärung einen rechtlichen Vorteil erlangt,
3. mit dem Notar verheiratet ist oder
4. mit ihm in gerader Linie verwandt ist oder war.

² Als Zeuge soll bei der Beurkundung ferner nicht zugezogen werden, wer
1. zu dem Notar in einem ständigen Dienstverhältnis steht,
2. minderjährig ist,
3. geisteskrank oder geistesschwach ist,
4. nicht hinreichend zu hören, zu sprechen oder zu sehen vermag,
5. nicht schreiben kann oder
6. der deutschen Sprache nicht hinreichend kundig ist; dies gilt nicht im Falle des § 5 Abs. 2, wenn der Zeuge der Sprache der Niederschrift hinreichend kundig ist.

1) Allgemeines. § 26 regelt, wer nicht als Zeuge od 2. Notar mitwirken soll. Die entspr Regelg für den Notar ist in §§ 3, 6 u 7 enthalten. Für den Dolmetscher gilt § 16 III 2, für die Vertrauensperson § 24 II. Für den Erkenngszeugen (§ 10 Anm 3b) u den Schreibhelfer (§ 13 Anm 4a) enthält das Ges keine AusschlGrde. § 26 ist SollVorschr (Einf 1 d v § 1), seine Verletzg läßt die Wirksamk der Beurk unberührt.

2) Mitwirkungsverbote für den Zeugen und den 2. Notar, I. Die Mitwirkgsverbote des I entsprechen in der Sache denjenigen, die gem §§ 6, 7 für den Notar selbst gelten; vgl daher dort.

3) Weitere Mitwirkungsverbote für den Zeugen, II. a) Nr 1 erfaßt auch Angestellte, die im nicht dienstl Bereich (Haushalt) für den Notar tätig sind. Notariatsassessoren u Referandare stehen in keinem Dienstverhältnis zum Notar, können also Zeugen sein. – **b) Nr 2** findet auf Pers, die wg Trunksucht, Verschwendg od Rauschgiftsucht entmündigt sind, keine Anwendg, obwohl sie gem BGB 114 Mj gleichstehen. – **c) Nr 3:** Zur Geisteskrankheit u Geistesschwäche s BGB § 104 Anm 3a. Entmündigg ist nicht entscheidd. – **d) Nr 4** vgl § 22. – **e) Nr 5** vgl § 25. – **f) Nr 6** vgl § 16.

5. Besonderheiten für Verfügungen von Todes wegen

BeurkG 27 *Begünstigte Personen.* Die §§ 7, 16 Abs. 3 Satz 2, § 24 Abs. 2, § 26 Abs. 1 Nr. 2 gelten entsprechend für Personen, die in einer Verfügung von Todes wegen bedacht oder zum Testamentsvollstrecker ernannt werden.

1) Bedeutung. § 27 stellt klar, daß die in einem öff Test od ErbV bedachten od als TV eingesetzten Personen solchen gleich stehen, die aus einer zu beurk WillErkl einen rechtl Vorteil erlangen (s Ffm DNotZ **71**, 500). Dies gilt auch bei Übergabe einer verschlossenen Schrift sdch den Erbl, obwohl hier der Notar nicht erkennen kann, ob diese Vorschr beachtet sind (Mecke § 27 Rz 7). – Zum fr R s 39. Aufl Anm 1b.

2) Ausschließung des Notars. Der AusschließgsGrd der §§ 7, 27 erstreckt sich auf den UrkNotar selbst. Dieser ist aber nicht nur bei Zuwendg an ihn selbst ausgeschlossen, sond auch, wenn in dem zu beurk Test Personen bedacht (dazu Anm 4) od als TV ernannt werden sollen, bei denen es sich um seinen (auch früh) Ehegatten handelt od um Personen, die mit ihm in gerader Linie verwandt od verschwägert od in der Seitenlinie bis zum 3. Grad verwandt od bis zum 2. Grad verschwägert sind. Der PersKreis ist also weiter als der in § 6. – Über den Notarvertreter s BNotO 39 IV; 41 II; den Notariatsverweser BNotO 57 I; für die Notare im Landesdienst in *Ba-Wü* s BeurkG 64 mit LFGG 3 I.

3) Ausschließung sonstiger mitwirkender Personen. Für den **Dolmetscher** gelten die Grdsätze in Anm 2 entspr (s § 16 III 2 mit §§ 7, 27). Für den **Zeugen** od **zweiten Notar** ist der in § 26 I Nr 2 geregelte AusschließgsGrd im wesentl derselbe wie für den Notar nach § 7 Nr 1 (s § 26 Anm 2); ebso für die Vertrauensperson (s § 24 II). – Über die unterschiedl Regelg der Rechtsfolgen eines Verstoßes s Anm 5.

4) Bedacht sind Erben (auch VorE; NachE; ErsatzE; ErsatznachE) und VermächtnNehmer (auch Nachod ErsatzvermächtnNehmer), dagg nicht der Auflagebegünstigte (§§ 2192 ff; Erman/Hense Rz 3; bestr; aM Huhn/von Schuckmann Rz 5; Lange/Kuchinke § 18 II 4c). Die Benenng als Vormd, GgVormd, Pfleger, Beistand od Mitgl eines Familienrats (§§ 1776, 1777, 1792 IV, 1915, 1917, 1881, 1868) sowie die Anordng von Befreiungen für den Vormd, Pfleger (§§ 1852–1856, 1917 II) sind nicht als Willenserklärg anzusehen, die auf einen rechtl Vorteil gerichtet sind (Jansen[2] Rz 8; RGRK Rz 3; aM Soergel/Harder Rz 3). – Die **Ernenng** des UrkNotars zum TV (§ 2197) kann ohne Verstoß gg § 27 dadch erfolgen, daß ihn der Erbl in einem gesonderten Test ernennt, das er entw eigenhänd od vor einem andern Notar (der Sozius des UrkNotars sein kann, BGH NJW-RR **87**, 1090) errichtet. Ebenso bleibt die Ernenng des mitwirkenden Notars gültig, wenn eine übergebene Schrift als eigenhänd Test aufrecht erhalten werden kann. Es ist nicht ausgeschl, daß das NachlG gem § 2200 den Notar, der das Ernennungsersuchen beurkundet hat, zum TV ernennt (Jansen Rz 9). – Da auch die VollmErteilg grdsätzl darauf gerichtet ist, dem Bevollmächt einen rechtl Vorteil zu verschaffen, kann der Erbl dem UrkNotar zu dessen Niederschr auch keine Vollm über den Tod hinaus zur Verwaltg u Verteilg des Nachl erteilen (Jansen aaO; Soergel/Harder Rz 4).

5) Rechtswirkungen. Bei Notar, Dolmetscher, Vertrauensperson führt eine entgg §§ 7, 16 III 2, 24 II und 27 in der Vfg vTw angeordnete Bedenkg od Ernenng zum TestVollstr zur Unwirksamk der Beurk dieser Vfg (TestErrichtg daher zweckm dch and Notar!). Diese bewirkt idR nicht die Unwirksamk des ganzen Tests (§ 2085; AusleggsFrage); für ErbVertr ist § 2298 maßgebd. Die Unwirksamk seiner Erbeinsetzg kann als fehlende Bestimmg des Erben iSv §§ 2104, 2105 angesehen werden (§ 2104 Anm 1; Jansen Rz 11), nicht aber als Wegfall iS des § 2094 (dazu Anm 2; bestr), wohl aber als Wegfall gem § 2096 (s auch Jansen Rz 11 aE). Über Unwirksamk s § 6 Anm 4. – Dagg macht bei Zeugen und zweitem Notar, da der AusschließgsGrd nach § 26 I Nr 2 mit § 27 als SollVorschr ausgestaltet ist, eine entgg dieser Vorschr in der Vfg vTw getroffene Anordng die Beurk nicht unwirks (s Ffm DNotZ **71**, 500).

6) Weitere Anwendungsfälle. §§ 27 mit 7, 16 III 2, 24 II gelten auch für die Errichtg des NotTest vor dem Bürgermstr (§ 2249 I, auch § 2250 I). – Auf das DreizeugenTest (§ 2250 III) finden §§ 27 mit 7, 26 II Nr 2 entspr Anwendg (Ffm Rpfleger **81**, 303); s auch § 2251 (SeeTest). – Nach KonsG 11 mit 10 III richtet sich das bei der Errichtg von Test u ErbVertr vor einem Konsularbeamten zu beachtende Verf nach dem BeurkG (s dazu Geimer DNotZ **78**, 3/18 ff). Es gilt § 27 mit den dort angeführten Bestimmgen.

BeurkG 28 *Feststellungen über die Geschäftsfähigkeit.* Der Notar soll seine Wahrnehmungen über die erforderliche Geschäftsfähigkeit des Erblassers in der Niederschrift vermerken.

1) Beweismittel. Das BeurkG hat die Prüfg der GeschFgk der Beteiligten u das Verhalten des Notars bei Zweifeln hieran u bei deren Fehlen allgemein in § 11 geregelt. Diese Vorsch ersetzt BNotO 28 und gilt auch für die Beurk von Test u ErbVertr. Dabei wird auf die „erforderliche" Gschfgk abgestellt; damit wird die Testierfähig bei der Beurk von Test (§ 2229) u die GeschFgk beim ErbVertr (§ 2275) erfaßt. § 28 ergänzt für die Beurk von Vfgen vTw als SonderVorschr § 11; er entspricht dem fr § 2241 a III 2 und soll sicherstellen, daß dann, wenn nach dem Tod des Erbl über seine GeschFgk (TestierFgk) Streit entsteht, die Wahrnehmgen des Notars als Beweismittel zur Vfg stehen (vgl zur Feststellg der Volljährk Karlsr Just **80**, 18). – Über Feststellg der **Beteiligten** s § 10 mit Anm hiezu. Auf die Feststellg über die Person des Erbl (Beteiligten) hat der Notar äußerste Sorgf zu verwenden (BGH LM § 36 DONot aF Nr 1). Kennt er den Beteiligten nicht, muß er sich idR Ausweispapiere, möglichst amtl Lichtbildausweis, vorlegen lassen (BGH DNotZ **56**, 503; Stgt DNotZ **76**, 426). Zur Identitätsfeststellg kann er sich auch einer Auskunftsperson bedienen (DONot 25 I 2); nicht ausgeschlossen sind hierzu auch and Beteiligte od mit einem Beteiligten Verwandte (DONot 25 I 3). – Auch wenn sich der Notar nicht die erforderl Gewißh über die Person des Beteiligten verschaffen kann, darf er die Beurk nicht ablehnen, wenn dieser die Aufnahme der Niederschr verlangt. Nur wenn er zu der Überzeug gelangt, daß der Erschienene seine Persönlich absichtl zur Verfolgg unredl Zwecke verdunkelt, darf er die Beurk ablehnen (Jansen[2] Rz 8; Keidel/Winkler Rz 12 je zu Beurk 10). – Über den Feststellgsvermerk s BeurkG 10 I 2; § 10 enthält aber nur SollVorschr (s Keidel/Winkler Rz 18 hiezu).

2) Vermerk in der Niederschrift. Nach § 11 soll der Notar eine Feststellg über die erforderl GeschFgk eines Beteiligten nur treffen, wenn deren Vorhandensein bei einem Beteiligten zweifelh od ein Beteiligter schwer krank ist. Bei Beurk einer Vfg vTw soll er nach § 28 jedenf vemerken, welche Wahrnehmgen er über die erforderl GeschFgk des Erbl gemacht hat. Als **Wahrnehmungen**, die dieser Feststellg dienen, kommen in Betr: der persönl Eindruck, der den Grd für einen Unterhaltg mit dem Erbl gewonnen wird; ggf ein Gespräch mit dessen Angehörigen od dem behandelnden Arzt. Das **Ergebnis** dieser Wahrnehmungen soll in der Niederschr festgehalten werden wie zB: aus dem persönl Eindruck u der Unterhaltg mit dem Erbl habe ich die Überzeugg gewonnen, daß dieser testierfäh ist (s Künzel/Bühling, Formularbuch u Praxis der FreiwG, S 797; Haegele Rpfleger **69**, 414; Mecke Rz 2; Riedel/Feil § 11 Rz 6). Für den and VertrSchließden beim ErbVertr gilt § 28 entspr.

3) Prüfungspflicht des Notars. Dieser ist verpflichtet, sich vor der Beurk von Test von der TestierFgk des Erbl (§§ 2229; auch 2230, 2233 I, 2253 II; EG 26) u vor der Beurk eines ErbVertr von der GeschFgk der VertrSchließden zu überzeugen (s zu letzterer § 2275 mit der SonderVorschr über Ehegatten u Verlobte; für den VertrGegner, der nicht Erbl ist, § 2275 Anm 3). Es kann auch Anlaß bestehen, die **Staatsangehörigkeit** des Erbl zu prüfen, wenn an die Möglichk von Auslandsbeziehgen zu denken ist (BGH DNotZ **63**, 315; s auch Grader DNotZ **59**, 563; Jansen Rz 1; Huhn/von Schuckmann Rz 10 je zu BeurkG 11; insb Sturm FS Ferid 1978, 417). – Beschränkgen der **Testierfreiheit** infolge Bindg dch gemeinschaftl Test od ErbVertr fallen nicht unter § 28, sind aber gem § 17 II mit dem Testierenden zu erörtern u evtl ein Vermerk darüber in die Niederschr aufzunehmen (Jansen Rz 5 zu BeurkG 28; s auch BGH DNotZ **74**, 296 mit Anm von Haug).

4) Ablehnung der Beurkundung. Kommt der Notar bei der Prüfg zu dem Ergebn, daß dem Erbl od einem VertrSchließden beim ErbVertr die erforderl GeschFgk fehlt, soll er die Beurk ablehnen (s § 11 I 1). Jedoch ist im allg Zurückhaltg mit der Ablehng geboten. Gg die Ablehng der Beurk findet Beschwerde nach BNotO 15 I statt.

5) Zweifel an der Geschäftsfähigkeit. Bleibt der Notar auf Grd seiner Prüfg im Zweifel über das Vorliegen der erforderl GeschFgk, soll er seine Zweifel in der Niederschr feststellen (§ 11 I 2; § 28). Er kann die Beteiligten auf seine Bedenken u deren Rechtsfolgen hinweisen u ihnen raten, von ihrem Verlangen auf Beurk Abstand zu nehmen. Er darf aber in diesem Fall die Beurk nicht ablehnen (s Jansen § 11 Rz 6).

6) Schwere Erkrankung. Ist der Erbl od beim ErbVertr der and VertrSchließde schwer krank, soll der Notar dies in der Niederschr vermerken u angeben, welche Feststellgn er über die GeschFgk getroffen hat (§ 11 II, § 28; s auch Höfer JurA **70**, 749f).

7) Weitere Anwendungsfälle. § 11 I 2, II u § 28 gelten auch für die Errichtg von NotTest vor dem Bürgermstr, das DreizeugenTest und das SeeTest (§§ 2249 I, 2250, 2251) sowie für die Errichtg von Test u ErbVertr vor dem Konsularbeamten (KonsG 11 I mit 10 III).

BeurkG 29 *Zeugen, zweiter Notar.* **Auf Verlangen der Beteiligten soll der Notar bei der Beurkundung bis zu zwei Zeugen oder einen zweiten Notar zuziehen und dies in der Niederschrift vermerken. Die Niederschrift soll auch von diesen Personen unterschrieben werden.**

1) Die Zuziehung von **Zeugen** od von einem **zweiten Notar** steht entgg §§ 2233 II aF, der dch § 29 ersetzt ist, nun nicht mehr im freien Ermessen des Notars. Vielm ist dazu das Verlangen aller Beteiligten bzw des Erbl erforderl. Über Sonderfälle s Anm 2, 3.

a) Voraussetzungen. Ohne Vorliegen der Voraussetzgn der §§ 22, 24 od 25 soll der Notar nur auf Verlangen der Beteiligten bei Beurk von Vfgen vTw bis zu zwei Zeugen od einen zweiten Notar zuziehen. Er kann anregen, daß die Beteiligten ein solches Verlangen äußern, kann die Zuziehg aber nicht mehr nach Belieben vornehmen. Eine solche Anregg empfiehlt sich uU im Hinbl auf ein Erfordern des ausländ Rechts (s Huhn/von Schuckmann Rz 6). Sind mehrere Beteiligte (zB beim ErbVertr) vorhanden, müssen alle Beteiligten das Verlangen äußern; der Wunsch eines von ihnen genügt nicht. – Dolmetscher od Vertrauensperson können nicht gleichzeit Zeugen sein.

b) Verfahren. Die Zeugen od der zweite Notar sollen währd der Beurk zugegen sein; sie sollen auch die Niederschr unterschreiben (§ 29 Satz 2). Das Verlangen der Beteiligten u die Zuziehg von Zeugen od einem zweiten Notar soll in der Niederschr vermerkt werden (§ 29 S 1). Das Fehlen der Unterschr berührt aber die Wirksamk der Beurk nicht (Riedel/Feil § 29 Rz 5; Keidel/Winkler Rz 11).

c) Bei Auswahl der Zeugen od des zweiten Notars sind die Ausschließgsgründe des § 26 (insb § 27 mit § 26 I Nr 2) zu beachten.

d) Verstoß. Da § 29 eine SollVorschr ist, wird die Wirksamk die Beurk nicht dadch beeinträchtigt, daß der Notar ohne Verlangen der Beteiligten Zeugen od einen zweiten Notar zuzieht od dies gg ihren Wunsch unterläßt. Das gleiche ist der Fall bei Verletzg der FormVorschr, zB bei Verstoß gg § 26 (Keidel/Winkler Rz 11).

2) Beteiligung Tauber, Stummer, Blinder (§ 22). Nach § 2233 I aF mußte der Notar einen zweiten Notar od zwei Zeugen bei der Beurk eines Test od ErbVertr (§ 2276 I aF) zuziehen, wenn der Erbl (anderer VertrSchließder beim ErbVertr) nach seiner Überzeugg taub, blind, stumm od sonst am Sprechen verhindert war. In diesen Fällen bestand also ein Zuziehgszwang. § 22 I ersetzt § 2233 I aF (u fr FGG 169). Er schränkt die Vorschr über die Zuziehg insofern ein, als eine Zeuge od ein zweiter Notar zuzuziehen, die Wirksamkeit der Beurk nicht mehr von der Anwesenh dieser Personen abhängt (Ausnahme § 25) u die Beteiligten auf die Zuziehg überhaupt verzichten können.

a) Voraussetzungen. § 22 gilt, wenn ein Beteiligter (also bei Beurk eines gemschaftl Test einer der Eheg; beim ErbVertr einer der VertrSchließden) nach seiner Überzeugg nicht hinreichd zu hören, zu sprechen od zu sehen vermag. Über letztere Voraussetzgn s § 22 Anm 2; auch § 2233 Anm 2, 3; BayObLG **68**, 268 (stumm), SchlHOLG SchlHA **70**, 138 (blind). – Ob ein Beteiligter als taub, stumm od blind iS des § 22 anzusehen ist, richtet sich in erster Linie danach, ob er sich selbst als behindert erklärt. Ist dies der Fall, dann ist der Notar daran gebunden u hat das vorgesehene Verf einzuhalten (Mecke § 22 Rz 3). Daneben wird auf die Überzeugg des Notars abgestellt für den Fall, daß ein Beteiligter seine vom Notar erkannte Behinderg nicht zugeben will.

b) Verfahren. Der Notar soll einen Zeugen od einen zweiten Notar bei der Beurk (§§ 8, 13) zuziehen. Auf die Zuziehg können die Beteiligten – bei mehreren nur alle gemeins (§ 22 Anm 3) – verzichten. In der Niederschr sollen die unter den der Anwendg des § 22 I 2 ergebenden Tats festgestellt werden. Vermerkt werden soll also, daß ein Beteiligter nicht hinreichd zu hören, zu sprechen od zu sehen vermag; ob dies auf seinen eigenen Angaben od auf der Überzeugg des Notars beruht; ferner die Tats der Zuziehg des Zeugen od zweiten Notars (mit Namen u Anschr) oder die Erklärg der Beteiligten, auf die Zuziehg zu verzichten. – Wird ein Zeuge od ein zweiter Notar bei der Beurk zugg sein, soll er währd der Beurk zugg sein. Er soll die Niederschr unterschreiben (§ 22 II). – Verstöße gg § 22 machen die Beurk nicht unwirks.

c) Durchsicht. Ist in der Niederschr gem § 22 I festgestellt, daß ein Beteiligter **nicht hinreichend zu hören** vermag, muß diesem Beteiligten die Niederschr an Stelle des Vorlesens (§ 13 I) vor der Genehmigg zur Durchsicht vorgelegt werden, (s § 23 mit Anm 1). Dies muß in Ggwart des Notars geschehen (s § 13 I 1; Mecke § 23 Rz 3). Feststellg in der NiederSchr ist SollVorschr (§ 23 S 1 Halbs 2); gesetzl Vermutg bei

Unterzeichng dch tauben Beteiligten (s § 23 S 2). – § 23 gilt aber **nur** für taube Beteiligte, die sich schriftl zu verständigen vermögen. Sind neben dem tauben Erbl (zB bei einem ErbVertr) and Beteiligte vorhanden, muß die Niederschr auch vorgelesen werden (§ 13 I; § 23 Anm 1a).

d) Zuziehung einer Vertrauensperson. Bei Beteiligg Tauber od Stummer, mit denen nach ihrer Angabe od nach der Überzeugg des Notars (s oben a) eine schriftl Verständigg nicht mögl ist, muß § 24 beachtet werden (s dort Anm 1b). – Die **Vertrauensperson** muß sich mit dem behinderten Beteiligten verständigen können; dieser muß ihre Zuziehg billigen. Sie braucht kein beeidigter Dolmetscher zu sein. Es genügt jede geeignete Person; meist kommen nahe Angehörige in Betr. Die Ausschließgsgründe des § 26 finden keine Anwendg; jed ist § 24 II zu beachten. – **Ausgeschlossen** ist eine schriftl Verständigg zB, wenn ein Tauber nicht lesen, ein Stummer nicht schreiben kann (s Mecke § 24 Rz 3). – Die nach § 24 I 2 (Feststell in der Niederschr) **zwingend** vorgeschriebene Zuziehg einer Vertrauensperson läßt das Erfordern, nach § 22 einen Zeugen od zweiten Notar zuzuziehen, unberührt (§ 24 III). Ein Zeuge od zweiter Notar nach §§ 22, 29 od ein Schreibzeuge nach § 25 können also nicht gleichzeit Vertrauensperson sein; ebsowenig der UrkNotar selbst (Keidel/Winkler § 24 Rz 12). – Ein **Verzicht** aller Beteiligten auf Zuziehg des Zeugen oder zweiten Notars ist aber auch in diesem Fall zulässig.

e) Bei der Auswahl des Zeugen od zweiten Notars sind die Ausschließgsgründe des § 26 (insb § 27 mit § 26 I Nr 2) zu beachten. Es handelt sich aber nur um Sollvorschriften. – Gebühr für zweiten Notar regelt KostO 151; Auslagen für Zeugen KostO 137 Nr 4.

3) Beteiligung Schreibunfähiger (§ 25). – a) Voraussetzungen. Die Zuziehg eines Zeugen od zweiten Notars ist beim Vorlesen u bei der Genehmigg der Niederscher (§ 13 I) zwingd vorgeschrieben, wenn ein Beteiligter nach seinen Angaben od nach der Überzeugg des Notars (s dazu oben 2a) **seinen Namen** nicht zu schreiben vermag bzw nicht bereits ein Zeuge od zweiter Notar zugezogen worden ist. S § 25 Anm 1. Es kommt also nur auf die NamensUnterschr an. Die **Ursache** für die Unfähigk ist ohne Bedeutg; sie kann in einer Erkrankg, Verletzg liegen od darin, daß der Beteiligte Analphabet ist. In der Niederschr (§ 25 S 2) ist die Angabe des Grundes der Schreibunfähigkeit nicht erforderl (Keidel/Winkler § 25 Rz 13). – Als **schreibunfähig** ist auch zu erachten, wer nur mit einem Handzeichen zu unterschreiben vermag; dies gilt auch dann, wenn er nur mit einem Schnörkel unterschreiben kann, der nicht als Unterschr anzusehen ist od wenn seine Hand geführt u nicht nur gestützt werden muß (Keidel/Winkler § 25 Rz 3; s auch BayObLG **51**, 598; BGH **27**, 274; § 2247 Anm 2a). Ein Amputierter od Körperbeschädigter, der mit dem Mund od einem Fuß zu unterschreiben vermag, ist dagg nicht schreibunfäh. Analphabet, der seinen Namen schreiben kann, ist aber kein SchreibUnf (Höfer JurA **70**, 745). – **Ausländer,** die ihren Namen nur in fremder SchriftSpr schreiben können, sind sicher dann als schreibfäh anzusehen, wenn der Notar die Schriftzeichen (zB neugriechische) beherrscht (Keidel/Winkler § 25 Rz 4); weitergehd Jansen § 25 Rz 2, der auf das letztere Erfordern verzichtet. – Auch **Blinde,** die schreibkund sind, sind nicht unfähig, ihre NamensUnterschr zu leisten, müssen also die Niederschr unterzeichnen (Jansen § 25 Rz 2); desh enthält auch die Erkl, blind zu sein, nicht ohne weiteres die Angabe, nicht schreiben zu können (vgl BGH **31**, 136).

b) Verfahren. Sind die Voraussetzgen des § 25 S 1 gegeben, soll diese Tats in der Niederschr festgestellt werden. Vemerkt werden soll der Umst, daß ein Beteiligter seinen Namen nicht zu schreiben vermag; ob dies auf seinen Angaben od auf der Überzeugg des Notars beruht; ferner die Tats der Zuziehg des Zeugen od zweiten Notars. Von der Feststell der Voraussetzgen in der Niederschr ist aber die zwingd vorgeschr Zuziehg eines Zeugen od zweiten Notars hier nicht abhäng (Riedel/Feil § 25 Rz 5; Mecke § 25 Rz 2). – Die Feststellg braucht auch nicht verlesen zu werden; sie bedarf lediglich der Bestätigg dch die Unterschr der mitwirkenden Personen. Erkennt ein Beteiligter erst nachträgl die Unfähigk, seinen Namen zu schreiben, muß die Vorlesg u Genehmigg in Ggwart eines Schreibzeugen od zweiten Notars wiederholt werden (Jansen[2] § 25 Rz 5); die Zuziehg eines Schreibzeugen genügt, auch wenn mehrere Beteiligte (zB beim gemschaftl Test) schreibunfäh sind (Jansen aaO Rz 6). – Der Zeuge oder zweite Notar (mag er nach § 22 od erst auf Grd § 25 zugezogen sein) **muß** beim Vorlesen u der Genehmigg der Niederschr anwesend sein und die Niederschr unterschreiben. Hierauf kann nicht verzichtet werden, weil die Unterschr des „Schreibzeugen" ein wesentl Merkmal einer echten Urk, näml die Unterschr des Beteiligten (Erbl, anderer VertrSchließder beim ErbVertr) ersetzt. Für die nach § 25 zugezogenen Zeugen od für den zweiten Notar bildet § 26 kein Hindernis (Lange/Kuchinke § 18 VI 2 d[73]).

c) Mitwirkende Personen. § 25 bezieht sich nicht auf die Schreibunfähigk mitwirkder Personen, deren Unterschr vorgeschrieben ist wie zB Dolmetscher (§ 16 III 5); VertrauensPers (§ 24 I 3) od Zeugen (§§ 22 II; 25 S 3; 29 S 2). Erklärt einer von ihnen, seinen Namen nicht schreiben zu können, muß die Beurk unter Hinzuziehg einer and geeigneten Person wiederholt werden (s Jansen[2] § 25 Rz 9).

4) Weitere Anwendungsfälle. §§ 22, 24, 25 und 29 gelten auch für Beurk von Test u ErbVertr dch den Konsularbeamten (KonsG 11 I mit 10 III). – Beim NotTest vor dem Bürgermstr hat dieser zur Beurk zwei Zeugen zuzuziehen (zwingde Vorschr); über Ausschließg der Zeugen s § 2249 Anm 4; 5. Die Unterzeichng der Niederschr dch die Zeugen ist MußVorschr (§ 2249 I 5 mit Anm 5b). Über Anwendg des §§ 2249 im Fall des § 2250 s dessen I. – Über das Verfahren beim DreizeugenTest s § 2250 Anm 3, 4.

BeurkG 30 *Übergabe einer Schrift.* **Wird eine Verfügung von Todes wegen durch Übergabe einer Schrift errichtet, so muß die Niederschrift auch die Feststellung enthalten, daß die Schrift übergeben worden ist. Die Schrift soll derart gekennzeichnet werden, daß eine Verwechslung ausgeschlossen ist. In der Niederschrift soll vermerkt werden, ob die Schrift offen oder verschlossen übergeben worden ist. Von dem Inhalt einer offen übergebenen Schrift soll der Notar Kenntnis nehmen, sofern er der Sprache, in der die Schrift verfaßt ist, hinreichend kundig ist; § 17 ist anzuwenden. Die Schrift soll der Niederschrift beigefügt werden; einer Verlesung der Schrift bedarf es nicht.**

a) Materielle Rechtsgrundlage für die Errichtg eines öff Test zur Niederschr eines Notars dch **Übergabe** einer Schrift ist § 2232. Diese Vorschr gilt auch für die Errichtg eines ErbVertr gem § 2276 I. § 30 stellt eine Ergänzg hierzu dar u regelt iVm den allg Vorschr des BeurkG über die Beurk von Willenserklärgen das dabei einzuhaltende Verfahren. – Zum fr R s 39. Aufl Anm 1 a.

2) Verfahren. – a) Übergabeerklärung. Die Überg einer Schrift bei der TestErrichtg (s § 2232 Anm 4) muß mit der Erkl des Erbl verbunden sein, daß die Schrift seinen letzten Willen enthalte. Die Erkl muß nicht gerade mit den in § 2232 S 1 vorgeschriebenen Worten abgegeben werden (RG 82, 154). Sie kann auch Antwort auf eine Frage sein (RG 108, 400). Notfalls kann sie in der Feststellg des § 30 S 1 u der GenErkl gem § 13 I gefunden werden, da der sachl Wille des Erbl in diesem Fall schon schriftl vorliegt, hier also eine bes Sicherg gg Undeutlichk der ErblErkl nicht notw ist (RG 92, 32/33; Haegele Rpfleger 69, 416[16]). Dazu wird es aber aus Beweisgründen erforderl sein, daß die Genehmigg in der Niederschr festgestellt ist (Soll-Vorschr!), § 13 I 2; bezügl der ÜbergErkl nach § 9 I 2 zu verfahren (Verweisg auf ein diese Erkl enthaltdes SchriftSt), wie es Mecke Rz 5 für zuläss erachtet, wird kaum prakt werden.

b) Die Niederschrift muß außer dem sich allg aus §§ 9–11 ergebenden Inhalt die Feststellg sowohl der Schriftübergabe als auch der Erkl, die übergebene Schrift enthalte den letzten Willen des Erbl, enthalten (§ 9 I Nr 2; Mecke § 30 Rz 4). Fehlt die Feststellg der Übergabe, ist die Beurk unwirks, auch wenn die Übergabe tatsächl erfolgt ist. Die Beifügg der Schrift u die Aufn der Erklärg des Erbl in die Niederschr allein genügen nicht (Jansen Rz 2). – Der Notar soll vermerken, ob die Schrift offen od verschlossen übergeben worden ist (§ 30 S 3). Für die Niederschr gilt § 13.

c) Behandlung der Schrift. Der Notar soll die übergebene Schrift derart kennzeichnen, daß eine Verwechslg ausgeschlossen ist, etwa dch genaue Beschreibg in der Niederschr (zB verschlossener brauner Briefumschlag) od dch Anbringg eines Merkmals, auf das in der Niederschr hingewiesen ist. S auch § 34 I. Zweckmäßig ist der Vermerkvorschlag von Jansen[2] Rz 3: „Zu UrkRolle Nr ... übergebene Schrift ...". – Die Schrift muß nicht nach § 13 I vorgelesen werden. Sie soll der Niederschr beigefügt werden; von der Erfüllg dieser AmtsPfl des Notars hängt aber die Wirksamk der Beurk nicht ab (§ 30 S 5). Eine Verbindg der Schrift mit der Niederschr nach § 44 ist nicht vorgeschrieben. Der Notar soll beides in einem Umschlag verschließen u in die bes amtl Verwahrg bringen (Keidel/Winkler Rz 18). S auch § 2232 Anm 4.

d) Die Prüfungs- und Belehrungspflicht des Notars umfaßt in diesem Fall auch den Inh der offen übergebenen Schrift (s Mecke Rz 7; BGH DNotZ 74, 298 zum fr § 2241b; Haug DNotZ 72, 388; Lange/ Kuchinke § 18 III 3b). Um dieser PrüfgsPfl gem § 17 (s Anm 2 hierzu) nachkommen u den Erbl ggf auf Bedenken hinweisen zu können, soll der Notar von den Inh einer **offen** übergebenen Schrift Kenntn nehmen, sofern er der Sprache, in der sie abgefaßt ist, hinreich kund ist (§ 30 S 4). Ist die Schrift nur schwer lesb, wird der Notar den Erbl veranlassen, sie deutl zu schreiben od schreiben zu lassen (s Riedel/Feil Rz 4). – Bei Überg einer **verschlossenen** Schrift od einer offenen, die in einer dem Notar nicht verwiesenen Fremdsprache abgefaßt ist, ist er berecht (wenn auch nicht verpflichtet), den Erbl über deren Inh zu befragen u ihn auf mögl Bedenken hinzuweisen (s Reimann Rz 10; RGRK Rz 5).

3) Erbvertrag. Auch beim ErbVertr kann die Erkl des letzten Willens dch Überg einer offenen od verschlossenen Schrift nach Maßg des § 2233 u des § 30 erfolgen (§ 2276 I). Auch der and VertrSchließde kann die Annahme der Erkl des Erbl in einer übergebenen Schrift ausdrücken (s § 2276 Anm 2b).

4) Sonderfälle. – a) Minderjährige (§ 2229 I mit Anm 1b) können ein Test, abgesehen von der Errichtg dch mündl Test, nur dch Überg einer offenen Schrift errichten (§ 2233 I mit Anm 1). Die Überg einer verschlossenen Schrift ist ihnen verwehrt (s § 2247 IV). Über Errichtg eines ErbVertr dch beschr GeschFähige s § 2275 II, III. – **b) Lesensunfähige** können ein Test nur dch mündl Erklärg errichten; die Errichtg dch Überg einer Schrift ist ausgeschlossen (§ 2233 II). Dies gilt auch für die Beurk eines ErbVertr (§ 2276 I). – **c) Stumme** Personen, die nicht hinreichd zu sprechen vermögen, können ein Test nur dch Überg einer Schrift errichten (§ 2233 III mit Anm 3). S hiezu auch die SonderVorschr der §§ 22, 23; auch § 31 mit Anm 2.

5) Weitere Anwendungsfälle. § 2232 mit BeurkG 30 gelten auch für die Errichtg des NotTest vor dem Bürgermstr (§ 2249 I; s auch § 2250 I). – Beim DreizeugenTest (§ 2250) ist die Errichtg eines Test dch Überg einer Schrift ausgeschlossen; das gilt auch für das SeeTest nach § 2251. – Für die von dem Konsularbeamten zu errichtenden Test u ErbVertr gelten § 30, § 2232 auch (KonsG 11 I mit 10 III).

BeurkG 31 *Übergabe einer Schrift durch Stumme.*

Ein Erblasser, der nach seinen Angaben oder nach der Überzeugung des Notars nicht hinreichend zu sprechen vermag (§ 2233 Abs. 3 des Bürgerlichen Gesetzbuchs), muß die Erklärung, daß die übergebene Schrift seinen letzten Willen enthalte, bei der Verhandlung eigenhändig in die Niederschrift oder auf ein besonderes Blatt schreiben, das der Niederschrift beigefügt werden soll. Das eigenhändige Niederschreiben der Erklärung soll in der Niederschrift festgestellt werden. Die Niederschrift braucht von dem behinderten Beteiligten nicht besonders genehmigt zu werden.

1) Materielle Rechtsgrundlage für die Errichtg eines öff Test dch **Stumme** ist § 2233 III. Danach kann der Stumme ein öff Test nur dch Überg einer Schrift errichten. § 31 enthält die im BeurkundgsVerf dabei zu beachtenden Besonderh (s auch § 30). Der Zuziehgszwang ist in Form einer SollVorschr in § 22 geregelt. Es soll also zu der Beurkundg ein Zeuge od ein zweiter Notar zugezogen werden, es sei denn, daß die Beteiligten darauf verzichten; die Zuziehg od der Verzicht soll in der Niederschr festgestellt werden.

2) Übergabe einer Schrift. § 31 gilt für Personen, die sich infolge eines natürl Fehlers dch die Sprache in keiner Weise verständl machen können. Am Sprechen verhindert ist somit ein Beteiligter (Erbl od anderer VertrSchließder beim ErbVertr) nur, wenn er seine Sprache überh nicht gebrauchen od nur unartikuliert lallen kann; dieser Umst ist aber nicht gegeben, wenn er das Sprechen zu einzelnen Punkten dch Zeichen u Gebärden unterstützen od ersetzen muß (BayObLG **68**, 272; § 2233 Anm 3a). – Für die Feststellg, ob der Beteiligte nicht hinreichd zu sprechen vermag, genügt seine Angabe (s § 29 Anm 2a); maßgebd ist außerdem die Überzeugg des Notars; auf diese wird abgestellt für den Fall, daß er seine vom Notar erkannte Unfähigk zu sprechen, nicht zugeben will od sie nicht entspr ausdrücken kann (s § 2233 Anm 2, 3).

3) Verfahren. Der Erbl muß mit der Überg der Schrift (s § 2232 Anm 4) die **Erklärung** verbinden, daß sie seinen letzten Willen enthalte (§ 2232; BeurkG 30 Anm 2a). Diese Erkl muß er bei der Verhandlg in Gegenwart des Notars (u des zugezogenen Zeugen od zweiten Notars; SollVorschr), also nicht schon vorher, **eigenhändig** in die Niederschr (s §§ 8, 9) od auf ein bes Blatt schreiben. Die Erkl wird nicht Bestandteil der Niederschr iS des § 9 I 2 (Soergel/Harder Rz 3; bestr; aM Reimann Rz 10). Sie braucht desh, wenn die Niederschr gem § 13 I vorgelesen od einem Taubstummen gem § 23 zur Durchsicht vorgelegt wird, nicht mit vorgelesen od zur Durchsicht vorgelegt zu werden (Mecke § 31 Rz 5; aM Jansen Rz 4). Sie braucht auch nicht bes unterschrieben zu werden (Keidel/Winkler Rz 6). – **a)** Die **Niederschrift** über die Verhandlg muß aber gem § 13 I vorgelesen od im Fall des § 23 dem Erbl zur Durchsicht vorgelegt u auch von ihm unterschrieben werden (Mecke § 31 Rz 6). Das bes Blatt soll der Niederschr beigefügt werden. S auch RGRK Rz 5. – **b) Inhalt.** Die Niederschr soll außer dem sich allg aus §§ 9–11 ergebnden Inh die Feststellg enthalten, daß der Erbl nach seinen Angaben od nach der Überzeugg des Notars nicht hinreichd zu sprechen vermag (s § 22 u die weiter dort aufgestellten Erfordern; auch § 29 Anm 2 b, 3b). Ferner muß § 30 S 1 beachtet werden. – Auch das eigenhänd Niederschreiben der Erkl in die Niederschr od auf ein bes Blatt soll vermerkt werden (§ 31 S 2). – **c)** Über die **Behandlung** der Schrift s § 30 Anm 2c, auch § 34 I.

4) Erbvertrag. Wird ein ErbVertr beurkundet u ist der Erbl stumm (§ 2233 III), müssen für die Erkl, daß die übergebene Schrift seinen letzten Willen enthalte, §§ 31 mit 30 beachten werden (§ 2276 I; s auch § 30 Anm 3). Das gilt auch für die AnnahmeErkl des und VertrSchließden, wenn dieser stumm ist (§ 33).

5) Stumme Beteiligte. – a) Bei Unmöglichk **schriftlicher Verständigung** (§ 24), dh wenn ein Beteiligter (Erbl, anderer VertrSchließder beim ErbVertr) nach seinen Angaben od nach der Überzeugg des Notars (s dazu oben Anm 2) nicht hinreichd zu sprechen und sich auch nicht schriftl zu verständigen (s § 29 Anm 2d) vermag, kann er weder ein Test errichten noch einen ErbVertr schließen, da er die zwingde FormVorschr des § 31 S 1 nicht einhalten kann (s für den ErbVertr § 33; für das eigenhändige Test § 2247 IV). § 24 kann wg der SonderVorschr des § 31 S 1 nicht Platz greifen (s auch § 2229 Anm 2d; Haegele RPfleger **69**, 417; Mecke Rz 4; Erman/Hense Rz 4). – **b)** Für **stumme schreibunfähige** Beteiligte gilt das gleiche. Vermag ein Stummer iS des § 25 seinen Namen nicht zu schreiben, ist er auch nicht in der Lage, den Erfordern des § 31 S 1 zu genügen. Diese können aber nicht dch Anwendg des § 25 ersetzt werden. – **c) Sprachunkundige stumme Beteiligte** (§ 16). Bei stummen Beteiligten iS des § 31, die nach ihren Angaben od nach der Überzeugg des Notars (s oben Anm 2) der dtschen Sprache od, wenn die Niederschr in einer od als der dtschen Sprache aufgenommen wird, dieser Sprache nicht hinreichd kund sind, ist § 16 zu beachten. § 32 greift nicht Platz, denn er gilt nur für den Fall, daß der Erbl seinen letzten Willen mündl erklärt. Siehe im übr Anm zu § 16; auch Jansen § 31 Rz 7.

6) Weitere Anwendungsfälle. § 2233 III mit BeurkG 31 gilt auch für die Errichtg des NotTest vor dem Bürgermeist (§ 2249 I; auch § 2250 I). – Beim DreizeugenTest (§ 2250) ist die Errichtg eines Test dch Überg einer Schrift ausgeschlossen; dies gilt auch für ein SeeTest (§ 2251). – Für die vor einem Konsularbeamten zu errichtend Test u ErbVertr richtet sich das Verf nach dem BeurkG (KonsG 11 I mit 10 III).

BeurkG 32 *Sprachunkundige.* **Ist ein Erblasser, der dem Notar seinen letzten Willen mündlich erklärt, der Sprache, in der die Niederschrift aufgenommen wird, nicht hinreichend kundig und ist dies in der Niederschrift festgestellt, so muß eine schriftliche Übersetzung angefertigt werden, die der Niederschrift beigefügt werden soll. Der Erblasser kann hierauf verzichten; der Verzicht muß in der Niederschrift festgestellt werden.**

Schrifttum: Hagena, Die Bestimmgen über Errichtg einer Urk in einer fremden Sprache u die Übersetzg von Niederschr, DNotZ **78**, 387.

1) Bei mündlicher Erklärung des letzten Willens dch einen der für die Niederschrift verwendeten Sprache nicht hinreichend kundigen Erbl greift, wenn die Voraussetzgen des § 16 I gegeben sind (s Anm 2, 3 hiezu; auch unten Anm 2a) u in der Niederschr eine entspr Feststellg (SollVorschr) aufgenommen wird, ergänzend § 32 ein. Für den Regelfall muß hier eine schriftl Übersetzg angefertigt werden als WirksamkErfordern für die Beurk. Diese soll der Niederschr beigefügt werden. Die schriftl Übersetzg soll den Beteiligten zur Durchsicht vorgelegt werden (§ 16 II 2). Diese Tats sollen in der Niederschr festgestellt werden (§ 16 II 4).

a) Verzicht. Auf die Anfertigg einer schriftl Übersetzg kann der Erbl verzichten. Ein solcher Verzicht muß in der Niederschr festgestellt werden, denn er ersetzt ein wesentl Erfordern (§ 32 S 2). Die Anwendg dieser Vorschr kommt in Frage, wenn etwa bei einem schwerkranken Erbl nicht mehr genügd Zeit verbleibt, eine schriftl Übersetzg anzufertigen. In diesem Fall muß aber die Niederschr an Stelle des Vorlesens mündl übersetzt werden (s § 16 Anm 3). Diese Tats sollen in der Niederschr festgestellt werden (§ 16 II 4).

b) Für die Übersetzung gilt § 16 III (auch II), so daß ein Dolmetscher zugezogen werden muß, falls der Notar nicht selbst übersetzt (s § 5 II). Bei der Auswahl des Dolmetschers sind gem § 16 III die §§ 6, 7 mit 27 zu beachten. Ist der Dolmetscher nicht allg vereidigt, soll ihn der Notar vereidigen (s GVG 189), es sei denn, daß alle Beteiligten darauf verzichten. Die vorgenannten Tats sollen in der Niederschr festgestellt, die Niederschr soll auch vom Dolmetscher unterschrieben werden (§ 16 III 4). Der Dolmetscher muß so lange anwesend sein, als Grd u Zweck seiner Beiziehg es erfordern (Jansen § 16 Rz 25). – Die Niederschr muß –

gleichgült, ob eine schriftl Übersetzg angefertigt od vom Erbl (den Beteiligten) darauf verzichtet wurde – auch mündl übersetzt werden (Mecke Rz 3; Keidel/Winkler Rz 4). Übersetzg u Niederschr soll der Notar in einem Umschlag verschließen u in die bes amtl Verwahrg bringen (§ 34).

2) Übergabe einer Schrift. Bei dieser Art der Errichtg eines Test od ErbVertr gilt § 32 nicht, denn diese Vorschr ist nur anwendb, wenn der Erbl seinen letzten Willen mündl erklärt (s §§ 2232, 2276 I; BeurkG 33). Es ist vielmehr nach § 16 zu verfahren.

a) Voraussetzungen. § 16 ist anzuwenden, wenn ein Beteiligter (Erbl od and VertrSchließder beim ErbVertr) nach seinen Angaben (§ 29 Anm 2a) od nach der Überzeugg des Notars (dazu BGH NJW **63**, 1777; § 31 Anm 2) der dtschen Sprache od, wenn die Niederschr in einer und als der dtschen Sprache aufgenommen wird (s § 5), dieser Sprache nicht hinreichd kund ist (§ 16 I mit Anm 2). Der Ausdr „kundig" bedeutet dasselbe wie das im fr § 2244 I verwendete Wort „mächtig". Mit dem Zusatz hinreichd wird klar gestellt, daß es auf die im Einzelfall erforderl Sprachkenntn ankommt. Rechng getragen ist dem Umstand, daß nach § 5 II unter den dort angeführten Voraussetzgen die Urk auch in einer und Sprache als der deutschen errichtet werden kann. Über nicht hinreichde Sprachkenntn verfügt ein Beteiligter, wenn er die Sprache der Niederschr nicht so gut versteht, daß er dem Vorlesen der Schrift folgen kann.

b) Verfahren. In der Niederschr soll festgestellt werden, daß die Voraussetzgen des § 16 I gegeben sind. Ist dies geschehen, muß die Niederschr, hier vor allem auch die mit der Überg der Schrift verbundene Erkl (§ 2232; auch § 30) dem Beteiligten an Stelle des Vorlesens **übersetzt** werden. Sie muß ihm also mündl in der and von ihm beherrschten Sprache vorgetragen werden (s § 16 Anm 3a). Auf **Verlangen** des Beteiligten soll die Übersetzg außerdem schriftl angefertigt, ihm zur Durchsicht vorgelegt u diese Übersetzg der Niederschr beigefügt werden; sie ist aber nicht Bestandteil der Niederschr (Mecke § 16 Rz 5). – Auf die Möglichk, eine schriftl Übersetzg zu verlangen, soll der Notar hinweisen. Diese Tats sollen in der Niederschr festgestellt werden. Die mündl od ev die schriftl Übersetzg kann der Notar, falls er die erforderl Sprachkennt besitzt (s § 5 II S 2), selbst vornehmen; andernf muß er einen Dolmetscher zuziehen (s § 16 II, III 1). Bei dessen Auswahl sind die Ausschließgsgründe der §§ 6, 7 mit § 27 zu beachten. S dazu oben Anm 1 b; auch Höfer JurA **70**, 748.

3) Erbvertrag. Für die Beurk eines ErbVertr (§ 2276 I) sind §§ 16, 32 anzuwenden, wenn einer der Beteiligten sprachunkund iS des § 16 I ist (s auch § 33).

4) Weitere Anwendungsfälle. §§ 16, 32 gelten auch für Errichtg eines NotTest dch den Bürgermstr (§ 2249 I; auch § 2250 I). – Für das DreizeugenTest ist eine Anwendg dieser Bestimmgen nicht vorgesehen; jedoch kann gem § 2250 III 2, 3 die Niederschr außer in der deutschen auch in einer and Sprache aufgenommen werden. Der Erbl u die Zeugen müssen aber der Sprache, in der die Niederschr aufgenommen wird, hinreichd kundig sein; diese Tats sollen in der Niederschr festgestellt werden, wenn sie in einer und als der deutschen Sprache aufgenommen wird. – Entspr gilt für das SeeTest (§ 2251). – Für die vor einem Konsularbeamten errichteten Test u ErbVertr gelten §§ 16, 32 (KonsG 11 I mit 10 III).

BeurkG 33 *Besonderheiten beim Erbvertrag.* Bei einem Erbvertrag gelten die §§ 30 bis 32 entsprechend auch für die Erklärung des anderen Vertragschließenden.

1) Die Beurkundung eines ErbVertr ist nur zur Niederschr eines Notars zulässig; wenn allerd Konsularbeamte beurkunden, gilt § 33 gleichfalls (KonsG 11 I; 10 III), ebso § 2276 (s dort Vorbem). Auf die Niederschr sind § 2231 Nr 1, §§ 2232, 2233 anzuwenden (§ 2276 I). Was nach diesen Vorschr für den Erbl gilt, gilt für jeden der VertrSchließenden. Für das Verfahren schließt § 33 an die materiell-rechtl Vorschr des § 2276 I 2 Hs 2 an.

2) Anwendung der §§ 30–32. Diese Vorschr gelten bereits **unmittelbar** für die Erklärg des Erbl, also desjen VertrTeils, der in einem einseit ErbVertr vertrmäß Vfgen vTw trifft (§ 2278). Für den and VertrTeil, der diese Erkl ledigl annimmt, gelten sie gem § 33 **entsprechend.** – Treten beide VertrTeile als Erbl auf (zweiseit ErbVertr), gelten §§ 30–32 für die VertrTeile unmittelb, soweit sie als Erbl verfügen u entspr, soweit sie die vertragsmäß Vfgen des and Teils annehmen. Die §§ 30–32 sind auch entspr anwendb, wenn bei einem ErbVertr zwischen mehr als zwei Beteiligten mehrere VertrSchließde ledigl die Annahme der letztw Vfg des (der) and VertrTeils (e) erklären (vgl Reithmann DNotZ **57**, 527).

3) Verfahren. Für die Beurkdg des ErbVertr gelten die allg Bestimmgen der §§ 2–5 und die über die Beurkdg von Willenserklärgen (§§ 6–13a; §§ 16–18; 22–26) sowie die Besonderh für Vfgen vTw (§§ 27–35). – **Zu § 30:** Der VertrGegner (als Erbl vertr, s § 2274 Anm 2) kann seine Annahme dem Notar mündl erklären (§§ 2276 I 2, 2232). Seine WillErklärg kann auch in einem offenen od verschlossenen Schrift enthalten sein, die er dem Notar mit der Erklärg übergibt, sie enthalte die Annahme der vertrmäß Vfg des and Teils. Im übr ist in den letzteren Fällen nach § 30 zu verfahren. – **Zu § 31:** Ist der VertrGegner od sein Vertr stumm (§ 2233 III), muß er seine Erklärg, daß die übergebene Schrift seinen Willen (od den des Vertretenen) enthalte, bei der Verhandlg eigenhänd in die Niederschr od auf ein Blatt schreiben, das der Niederschr beigefügt werden soll; auch § 31 S 2, 3 sind zu beachten. – **Zu § 32:** Ist der VertrGegner (od sein Vertr) der UrkSprache nicht hinreichd kund u ist dies in der Niederschr festgestellt, muß bei mündl Abgabe der AnnahmeErklärg nach § 32 verfahren werden. Es muß eine schriftl Übersetzg angefügt werden, sofern der VertrGegner od sein Vertr nicht darauf verzichtet. Bei Überg einer Schrift gilt § 32 nicht; es ist nach § 16 zu verfahren (s § 32 Anm 2, 3).

4) Weitere Vorschriften. Hinsichtl der Anwendbark der übr BeurkVorschr auf den and VertrSchließden s § 2276 Anm 2. § 28 ist nicht anwendb (Keidel/Winkler Rz 4; s aber auch Reimann Rz 4).

5) Ehevertrag. Bei Verbindg mit ErbVertr s zur Beurkdg § 2276 Anm 4b; auch Reimann Rz 5.

BeurkG 34 *Verschließung, Verwahrung.* ⁱDie Niederschrift über die Errichtung eines Testaments soll der Notar in einen Umschlag nehmen und diesen mit dem Prägesiegel verschließen. In den Umschlag sollen auch die nach den §§ 30 bis 32 beigefügten Schriften genommen werden. Auf dem Umschlag soll der Notar den Erblasser seiner Person nach näher bezeichnen und angeben, wann das Testament errichtet worden ist; diese Aufschrift soll der Notar unterschreiben. Der Notar soll veranlassen, daß das Testament unverzüglich in besondere amtliche Verwahrung gebracht wird.

ⁱⁱBeim Abschluß eines Erbvertrages gilt Absatz 1 entsprechend, sofern nicht die Vertragschließenden die besondere amtliche Verwahrung ausschließen; dies ist im Zweifel anzunehmen, wenn der Erbvertrag mit einem anderen Vertrag in derselben Urkunde verbunden wird.

1) Rechtsgrundlage für die Verschließ u die bes amtl Verwahrg öff Test u ErbVertr sind BeurkG 34; §§ 2258a, b; 2277; 2300; BNotO 25 II; DONot 16; s auch AktO 27. Über die bes Regelg in *Ba-Wü* s LFGG 1 II, 46 III mit 1. VO 11–19.

2) Testamentsverschließung. Nach § 34 I 1–3, der den fr § 2246 ersetzt hat, soll der Notar die Niederschr über die Errichtg eines Test in einen **Umschlag** nehmen. In den Umschlag sollen auch die nach §§ 30–32 der Niederschr beigefügten Schriften genommen werden, also die offen od verschlossen übergebene Schrift, die den letzten Willen des Erbl enthält (§ 2233; § 30); das be Blatt mit der Erkl des stummen Erbl, die übergebene Schrift enthalte seinen letzten Willen (§ 31); die schriftl Übersetzg der Niederschr (§§ 16 II, 32) sowie ein Schriftstück, dessen Inhalt als in der Niederschr selbst enthalten gilt (s §§ 9 I 2 u 3 von Karten usw; 44). Nicht mit in Bezug genommen werden müssen Schriftstücke, auf deren Beifügg gem § 13a verzichtet wird (s § 13a Anm 4). – Den Umschlag soll der Notar mit seinem Prägesiegel (BNotO 2; DONot 2) verschließen. – Die **Anwesenheit** der mitwirkenden Personen u des Erbl bei diesen Maßnahmen ist nicht mehr vorgeschrieben. Dem Notar ist damit die Möglichk gegeben, die Niederschr noch einmal zu prüfen u Formfehler, die etwa unterlaufen sind, zu entdecken. Er kann ggf eine Ergänzg der Niederschr veranlassen (s Keidel DNotZ **52**, 573; Mecke § 13 Rz 18; auch DONot 30). – **Auf dem Umschlag** soll der Notar den Erbl seiner Person nach näher bezeichnen u angeben, wann das Test errichtet worden ist (s das Umschlagmuster Anl 1 mit dem bundeseinheitl AV über Benachrichtigg in NachlSachen, unten Anm 7). – Für ein **gemeinschaftliches Testament** kann ein zweiter Umschl, der die Personalien des zweiten Erbl enthält, dem ersten beigefügt od ein Umschl mit den Personalien beider Erbl verwendet werden (vgl Kersten/Bühling/Appel/Kanzleiter, Formularbuch u Praxis der FreiwG S 844; Haegele § 34 Anm V 5, dort auch weiteres über die einzuhaltden Formalien). – Die Aufschr auf dem Umschlag soll der Notar **unterschreiben** (s auch § 35). Datum ist nicht vorgeschrieben, aber zweckm (Riedel/Feil Rz 5). – Er soll veranlassen, daß das Test ohne schuldh Zögern (§ 121) in besondere amtliche **Verwahrung** gebracht wird, auch Test von Ausländern (Kiefer RhNK **77**, 65/75). – Über Anfertigg eines Vermerkblattes u Zurückbehaltg einer begl Abschr s DONot 16 I; Dumoulin DNotZ **66**, 70ff; Kanzleiter DNotZ **70**, 583f.

3) Verwahrung des Testaments. Zustdgk u Verf für die bes amtl Verwahrg regeln §§ 2258a, b. Das verwahrende Ger kann der Erbl bestimmen (s § 2258a III). Er kann aber den Notar nicht von der öffentl-rechtl VerwahrgsPfl befreien (Huhn/von Schuckmann Rz 10; Reimann Rz 5). Die Abliefg des Test darf nur unterbleiben, wenn der Erbl sich vor der Ablieferg zum Widerruf entschließt u das Test in Gegenwart des Notars vernichtet (Huhn/von Schuckmann Rz 12; Jansen Rz 2). Die Rückgabe eines noch nicht zur bes amtl Verwahrg gelangten öffentl Test an den Erbl gilt nicht als Widerruf (BGH NJW **59**, 2113). – Erklärgen, die den Widerruf wechselbezügl Vfgen eines gemeinschaftl Test enthalten (§ 2271 I), sind nicht in bes amtl Verwahrg zu bringen (Keidel/Winkler Rz 10). – Über die Zuständigk der NachlG (Notariate in *Ba-Wü*) s § 2258a Anm 2.

4) Erbverträge. Für ihre **Verschließung** gelten nach II Hs 1 die in I enth Bestimmgen entspr (s § 2277 Anm 1 und oben Anm 2).

a) Verwahrung. Die bes amtl Verwahrg des ErbVertr bildet die Regel; über ihre Dchführg s § 2277 Anm 2. Außer den nach Anm 2 in den Umschl zu nehmenden Schriftstücken sind auch eine etwaige Vollm des VertrGegners für seinen Vertr, die etwa beigebrachte Zustimmung des gesetzl Vertr u die etwa eingeholte Genehmigg des VormschG (§ 2275 II 3) in dem Umschlag mit zu verwahren. – Die Verwahrg unterbleibt, wenn die VertrSchließden sie ausschließen (§ 34 II; s § 2277 Anm 2a). Wird der ErbVertr mit einem andern Vertr in derselben Urk, also in ders Niederschr verbunden (zB mit einem EheVertr, § 2276 II; § 2277 Anm 5), ist nach § 34 II Halbs 2 iZw anzunehmen, daß die bes amtl Verwahrg ausgeschlossen sein soll. Verschließg u bes amtl Verwahrg sind in diesem Fall nur auf Antr eines VertrSchließden vorzunehmen. – Güterrechtl Vereinbargen, die lediglich erbrechtl Folgen haben, gehören nicht in die bes amtl Verwahrg (Mümmler JurBüro **76**, 1616).

b) Bei Ausschließung der bes amtl Verwahrg (s § 2277 Anm 2a) bleibt die Niederschr über den ErbVertr in der Verwahrg des Notars (BNotO 25 II), also nach DONot 19 in seiner UrkSammlg. Über ErbVertr, die der Notar in seine Verwahrg nimmt, hat er nach Maßg von DONot 16 III ein Verzeichnis zu führen (s Dumoulin DNotZ **66**, 75). Ihm obliegt es, das Standesamt des Geburtsorts des Erbl od der Hauptkartei für Test beim AG Schöneberg in Bln zu benachrichtigen (s AV über Benachrichtigg in NachlSachen, Anm 7) u dies auf dem Umschlag zu vermerken. Nach Eintritt des Erbfalls hat er die Urk an das zust NachlGer abzuliefern, in dessen Verwahrg sie bleibt (BNotO 25 II 2; ferner DONot 16 II; § 2300).

c) Aufhebung der bes amtl Verwahrg s § 2277 Anm 2b; Hamm Rpfleger **74**, 257.

5) Weitere Anwendungsfälle. § 34 I gilt auch für das NotTest vor dem Bürgermstr, wobei der Bürgermstr an die Stelle des Notars tritt (s § 2249 I; auch § 2250 I; § 2258a II Nr 2). – Dagg nicht für das DreizeugenTest (§ 2250); über dessen Verwahrg s § 2250 Anm 4, über die des SeeTest § 2251 Anm. 2. – Für Verschließg u Verwahrg der vor einem Konsularbeamten errichteten Test u ErbVertr gilt § 34 (KonsG 11 I mit 10 III); über die bes amtl Verwahrg s ferner KonsG 11 II. Wird die bes amtl Verwahrg eines ErbVertr ausgeschl, bleibt die Niederschr in der Verwahrg des Konsularbeamten.

6) Einsicht, Abschriften. Von der zu verwahrenden Urk kann sich der Erbl eine einf od begl Abschr aushändigen lassen. Auch währd der bes amtl Verwahrg kann er Einsicht od eine Abschr verlangen, wobei aber das Test dem Erbl nicht zurückgegeben werden darf (s insb KG JFG **4**, 159); die Identität des Erbl ist hierbei genau zu prüfen. Beim gemschaftl Test ist die Einwilligg des and Eheg nicht erforderl. – Über Einsicht nach Eröffng s § 2264. Über Einsicht des amtl verwahrten ErbVertr s § 2277 Anm 2.

7) Das Standesamt ist von der erfolgten Verwahrg zu **benachrichtigen.** Es verständigt seiners vom Tod des Erbl das Gericht (Notar). Bundeseinheitliche Bek der Länder üb Benachrichtigg in NachlSachen idF v 30. 11. 79: *Ba-Wü* Just **80**, 2; **81**, 352; *Bay* JMBl **79**, 228 (s auch JMBl **81**, 12, 150; Art 35 AGGVG); *Bln* ABl **80**, 29; *Brem* Anl **80**, 18; *Hamb* JVBl **80**, 1; *Hess* JMBl **80**, 9; *Nds* Rpfl **79**, 283; **81**, 188; *NRW* JMBl **80**, 2; *RhPf* JBl **79**, 222; *Saarl* GMBl **80**, 33; *SchlH* SchlAnz **80**, 6. – S dazu die bundeseinheitl Anordng über Mitteilgen in Zivilsachen vom 1. 10. 67 2. Teil Nr XVII/1 (Text mit Änderungen bei Piller-Hermann Abschn 3c); Neu-Bek *Hess* JMBl **78**, 373. – S rechtspolit Hillermeier, Überleggen üb Neuordnung der Registrierg von Test, StAZ **79**, 137.

BeurkG 35 *Niederschrift ohne Unterschrift des Notars.* **Hat der Notar die Niederschrift über die Errichtung einer Verfügung von Todes wegen nicht unterschrieben, so ist die Beurkundung aus diesem Grunde nicht unwirksam, wenn er die Aufschrift auf dem verschlossenen Umschlag unterschrieben hat.**

1) Zweck. Der Notar muß nach § 13 III die Niederschr über die Beurk eines öffTest od ErbVertr unterschreiben. § 35 geht von diesem zwingden Grdsatz aus, läßt aber bei der Niederschr üb die Errichtg einer Vfg vTw eine Ersetzg der fehldnen Unterschr des Notars dch die Unterzeichn der Aufschr auf dem Umschl zu. Unterschr der Kostenrechng genügt grdsätzl nicht (BayObLG **76**, 275; auch **55**, 206). § 35 soll eine Fehlerquelle beseitigen, die zur Nichtigk von Vfgen vTw führen kann. Die Vorschr geht davon aus, daß der verschlossene Umschlag als Zubehör der Niederschr über Errichtg einer Vfg vTw angesehen werden kann u deshalb die nach § 34 als SollVorschr angeordnete Unterzeichn der Aufschr auf dem Umschlag auch die darin eingeschlossene Niederschr deckt.

2) Voraussetzung ist, daß die Niederschr über die Vfg vTw gem § 34 in den Umschl genommen, dieser mit der vorgeschriebenen Aufschrift versehen wird u daß diese der Notar unterschrieben hat (Siegelg wird nicht gefordert, Riedel/Feil Rz 3). Mit Recht fordert aber Reimann Rz 5, daß die Unterschr auf dem Umschlag von der Person stammt, welche die Beurk vorgenommen hat; die Unterschr des NotarVertr od NotVerwesers kann also nicht diejenige des Notars ersetzen, der beurkundet hat.

3) Anwendungsbereich. § 35 ist anwendb bei Beurkundg eines öffentl Test, das stets in einen Umschlag zu nehmen, zu verschließen u in bes amtl Verwahrg zu bringen ist. Darauf, ob das Test in amtl Verwahrg gebracht worden ist, kommt es nicht an (ebso RGRK Rz 2). – Für die Beurk eines **Erbvertrags** kann § 35 nur gelten, wenn der ErbVertr verschlossen wird; nicht dagegen, wenn die Urk beim Notar verbleibt, da in diesem Fall die Urk ledigl offen in der Urkundssammlg aufbewahrt wird (s DNotO Rz 2; BayObLG **76**, 275/ 278). Wird sie aber nachträgl auf Antr der Beteiligten verschlossen u in bes amtl Verwahrg gebracht, gilt § 34 I; die etwa fehlende Unterzeichn der Niederschr kann sodann dch die Unterzeichn der Aufschrift auf dem verschlossenen Umschlag, in den der ErbVertr nachträgl genommen wird, seitens des Notars als ersetzt gelten (Reimann Rz 6; s auch Keidel/Winkler Rz 4; aM Haegele Rpfleger **69**, 417: unheilb Nichtigk). – **Nachholbar** ist die Unterschr des Notars auf dem Umschlag nur, solange der Erbl lebt (Erman/Hense Rz 3; weitergehend Riedel/Feil Rz 3). – Auch bei Verbindg von Ehe- u ErbVertr (§ 2276 II) gilt § 35 (Keidel/ Winkler Rz 5; Dumoulin DNotZ **73**, 56; bestr; aA Mecke § 33 Rz 5).

4) Wirkung. Sind bei einem öff beurk Test od einem ErbVertr die Voraussetzgen des § 35 gegeben, ist die Beurk nicht unwirks. Es handelt sich also trotz Fehlens der Unterschr der UrkPers unter der Niederschr um eine vollwirks Beurk. Sie ist mit der unterschriebenen Aufschr auf dem Umschlag kraft Ges zu einer Einh zusammengefaßt. Die Urk ist also nicht mit einem Mangel behaftet (s LG Stade NdsRpfl **75**, 121); für sie gelten somit ZPO 415ff uneingeschränkt (aM Soergel/Harder Rz 4, der eine solche Urk als fehlerh u der freien Beweiswürdigg gem ZPO 286 unterliegend ansieht).

5) Weitere Anwendungsfälle. § 35 gilt auch für das NotTest vor dem Bürgermstr (§ 2249 I, auch § 2250 I) und für die vor einem Konsularbeamten errichteten Test u ErbVertr (KonsG 11 I mit 10 III). – Dagg **nicht** für das DreizeugenTest (§ 2250) od für das SeeTest (§ 2251).

Dritter Abschnitt. Sonstige Beurkundungen

BeurkG 36–43[1] (Abdruck unterbleibt)

Vierter Abschnitt. Behandlung der Urkunden

BeurkG 44–54[1] (Abdruck unterbleibt)

---

[1] §§ 37, 44 geänd dch § 3 Nr 4, 5 des G zur Ändg u Ergänzg beurkrechtl Vorschr v 20. 2. 80 (BGBl 157).

Fünfter Abschnitt. Schlußvorschriften

1. Verhältnis zu anderen Gesetzen

BeurkG 55–69 (Abdruck unterbleibt)

2. Geltung in Berlin[1]

BeurkG 70 Dieses Gesetz gilt nach Maßgabe des § 13 Abs. 1 des Dritten Überleitungsgesetzes vom 4. Januar 1952 (Bundesgesetzblatt I Seite 1) auch im Land Berlin.

3. Inkrafttreten

BeurkG 71 Dieses Gesetz tritt am 1. Januar 1970 in Kraft.

---

[1] S. für Berlin ÜbernahmeG vom 9. 9. 69 (GVBl 1860).

Gesetz zur Regelung des Rechts der Allgemeinen Geschäftsbedingungen (AGB-Gesetz)

Vom 9. Dezember 1976 (BGBl I S 3317), zuletzt geändert durch Gesetz zur Neuregelung des Internationalen Privatrechts vom 25. Juli 1986 (BGBl I S 1142) und Poststrukturgesetz vom 8. Juni 1989 (BGBl I S 1026)

Bearbeiter der §§ 1–11 und §§ 13–30: Professor Dr. Heinrichs, Präsident des Oberlandesgerichts Bremen, des § 12: Professor Dr. Heldrich

Schrifttum: Von den Veröffentlichgen aus der Zeit vor dem Inkrafttreten des AGBG hat im wesentl nur noch Raiser, R der AGB, 1935/1961 Bedeutg. Neuere Literatur: **a) Kommentare:** Dietlein/Rebmann, 1976; Dittmann/Stahl, 1977; Koch/Stübing, 1977; Löwe/Graf v Westphalen/Trinkner, 2. Aufl, Bd II (§§ 10–30) 1983, III (Einzelklauseln) 1985, im übrigen noch 1. Aufl 1977; MüKo/Kötz (matrechtl Teil), Gerlach (VerfVorschr), 2. Aufl 1984; Ulmer/Brandner/Hensen, 5. Aufl 1987; Schlosser/Coester-Waltjen/Graba, 1977; Soergel-Stein 11. Aufl 1987; Staudinger-Schlosser 12. Aufl 1980; Stein, 1977; Wolf/Horn/Lindacher, 2. Aufl 1988. – **b) Systematische Darstellungen, Handbücher und Monographien:** Bunte, Handbuch der AGB, 1982; Fehl, Systematik des Rechts der AGB, 1979; Korbion/Locher, AGBG u BauerrichtgsVertr, 1987; Locher, Recht der AGB, 1980 (JuS-Schriftenreihe); Niedenführ, Informationsgebote des AGBG, 1986. – **c) Entscheidungssammlungen und Erfahrungsberichte:** Entscheidgssammlg, herausgegeben von Bunte Bd I, 1977–80, Bd II, 1981, Bd III, 1982, Bd IV, 1983, Bd V, 1984, Bd VI, 1985 (AGBE); Heinrichs/Löwe/Ulmer RWS-Forum 2 „10 Jahre AGBG", 1987; Bunte NJW **87**, 921; Schlosser JR **88**, 1. – **d) Materialien** zum AGBG s Einf 2b.

Einführung

1) Entstehung und Bedeutung der AGB. Dem BGB liegt unausgesprochen die Vorstellg zugrde, daß der VertrInh von den Part gemeins in rgeschäftl PrivAutonomie best wird u daß ergänzd das ausgewogene GesRecht gilt. Diese Vorstellg hat mit der „RichtigkGewähr" des Vertr keine Schwierigk. Sie entspr aber schon bald nach dem Inkrafttreten des BGB nicht mehr der Wirklichk des R- u WirtschVerk. Die Massenproduktion u der Massenkonsum von standardisierten Waren u Dienstleistgen führt zur Aufstellg u gleichförm Anwendg von AGB. Diese verdrängen als „selbstgeschaffenes Recht der Wirtsch" (Großmann-Doerth) weitgehend das dispositive GesRecht; der VertrInh wird nicht mehr von den VertrPart gemeins u dem Ges festgelegt, sond er wird im wesentl allein von dem AGB-Verwder best. Dieser verfolgt vor allem folge Ziele: **a) Rationalisierung.** Die Verwendg von AGB vereinfacht den GeschAblauf. Die AGB berücksichtigen die Besonderh der angebotenen Leistg u klären Zweifelsfragen, die bei Anwendg des GesRecht auftreten können. Der Zeitbedarf, der beim Aushandeln aller Einzelfragen des Vertr entstehen würde, wird erhebl gesenkt. – **b) Lückenausfüllung.** Im BGB nicht geregelte, für den R- u WirtschVerk wicht VertrTypen (GiroVertr, Leasing, Factoring, AutomatenaufstellVertr, BauträgerVertr) w dch AGB entwickelt u ausgestaltet. – **c) Rechtsfortbildung.** Unzweckmäß Regelgen des BGB werden in AGB dch Neuregelgen fortentwickelt, so etwa das GewlR des KaufVertr dch Einf eines NachbesserungsAnspr. – **d) Risikoabwälzung.** Sie wird auf Dauer der wichtigste Zweck der Verwendg von AGB. Prakt alle AGB sind von dem Bestreben geprägt, die RStellung der Untern erhebl zu stärken u die Rechte des Kunden zu schmälern. Trotz dieser unausgewogenen Risikoverteilg hat der Verwder idR keine Schwierigk, seine AGB zum VertrInh zu machen. Der Kunde **akzeptiert** die AGB, ohne von ihrem Inh Kenntn zu nehmen. Er erkennt ihre Tragweite u Bedeutg nicht od scheut die Mühe u Kosten, die mit dem Aushandeln von Änderungen verbunden wären (Lektüre der AGB, Einholg von Rechtsrat, Formulierg von GgVorschlägen). Auch der **Wettbewerb** ist, selbst bei einer Intensivierg der VerbraucherAufkl, nicht in der Lage, für angem AGB zu sorgen (s Adams BB **89**, 781). Der Kunde orientiert sich am Preis u der Qualität des Produkts, verzichtet aber darauf, die für ihn ohne rechtl Beratg kaum transparenten AGB miteinand zu vergleichen.

2) Notwendigkeit u Entstehung des AGB-Gesetzes. – a) Eine sozialstaatl Ordng (GG 20 u 28) kann die mit dem Gebr von AGB verbundenen Mißstände nicht hinnehmen. Sie muß auch für Vertr, deren Inh dch AGB best w, ein ausr Maß an VertrGerechtigk sicherstellen. Da der GesGeber lange Zeit untät blieb, hat die Rspr iW der RFortbildg Grds über eine richterl **Inhaltskontrolle** von AGB herausgebildet (BGH **22**, 94, **41**, 154, **60**, 380). Damit war ein erster Schritt in die richt Richtg getan. Die auf die Generalklauseln des BGB gestützte Rspr reichte aber nicht aus, um die entstandenen Mißstände zu beseitigen. Ihr fehlten vor allem Breitenwirkg u hinreichd konkretisierte Beurteilungsmaßstäbe. In der Reformdiskussion hat sich daher seit 1972 mit Recht fast allg die Ans dchgesetzt, daß ein wirks Schutz vor unangem AGB nur dch **Maßnahmen des Gesetzgebers** erreicht w kann. In diesem Sinne hat auch 1974 der 50. DJT mit großer Mehrh votiert (NJW **74**, 1987).

b) Entstehung: Das Ges ist der vorläuf Abschl der Reformdiskussion, die Raiser (aaO) bereits 1935 eröffnet hat. Die Ergebn dieser Diskussion u der Rspr sind in einer 1972 vom BMJ eingesetzten ArbGruppe aufgearbeitet u in Vorschläge für gesetzgeb Maßn umgesetzt worden. Die ArbGruppe legte 1974 den 1. TBericht (mat Recht) u 1975 den 2. (VerfR) vor (vgl dazu Dietlein NJW **74**, 969 u 1065, Schlosser ZRP **75**, 148). Der aus dem 1. TBericht entwickelte RefEntw wurde im Juni 1974 veröffentlicht (Betr **74** Beil 18) u anschließd mit geringen Änderungen als RegEntw (ohne VerfVorschr) im BT eingebracht (BT-Drs 7/3919). Der Entw u ein entspr CDU-Entw (BT-Drs 7/3200) wurden in der 97., 98., 99. u 100. Sitzg des BT-

RAussch beraten, dch VerfVorschr ergänzt (BT-Drs 5412 u 5422) u anschließd vom BT einstimm verabschiedet. Wg Bedenken gg einz VerfVorschr rief der BR den VermittlgsAussch an. Dessen Vorschlägen (BT-Drs 7/5636) stimmten BT u BR am 10. u 12. 11. 1976 zu.

3) Inhalt. a) Das Ges knüpft an die Ergebn der richterl RFortbildg an u übernimmt diese zT mit Ändergen als gesetzl Vorschr (zB §§ 3–6). Es bringt zugleich ggü dem fr Recht wesentl **Verbesserungen** u Ergänzgen. Es ändert das allg Vertr- u SchuldR derart einschneidd wie kein and Ges seit Inkrafttr des BGB. Es greift in den berecht Kern der PrivAutonomie (Übbl 1a vor § 104) nicht ein, sond zieht die überfäll Konsequenz daraus, daß der Untern dch die Verwendg von AGB die VertrFreih allein in Anspr nimmt (BGH **51**, 53, **70**, 310) u idR zur Stärkg seiner RPosition u einer unangem Verkürzg der Rechte des Kunden mißbr. Es will gewährleisten, daß für den dch AGB ausgeformten Vertr das „Diktat der marktstärkeren Part" (Hefermehl) beseitigt u VertrGerechtigk wiederhergestellt w. Das AGBG gilt unabhäng davon, ob im Einzelfall zw den VertrPart ein wirtschaftl od intellektuelles Machtgefälle besteht (Rabe NJW **87**, 1978, aA LG Köln NJW-RR **87**, 1001). Sein **Zweck** ist, die einseit Ausnutzg der vom Verwder allein in Anspr genommenen VertrGestaltgsFreih zu verhindern. Es ist daher, wie auch die Einbez des HandelsVerk zeigt, im techn Sinn kein VerbraucherschutzGes (Ul-Br-He Rdn 23); prakt dient es aber vor allem dem Schutz des Verbrauchers (Damm JZ **78**, 178).

b) Im **materiellen Recht** hat das Ges im wesentl folge Neuergen gebracht: **aa)** Schwerpkt sind die Vorschr über die InhKontrolle. Sie bestehen aus einer Generalklausel (§ 9) u einem umfangreichen Katalog **unzulässiger Klauseln** (§§ 10, 11). Diese Vorschr u ihre Anwendg u Fortbildg in der Rspr haben die InhKontrolle zu einem der wicht RInstitute des ZivilR gemacht (Heinrichs RWS-Forum 2 S 23). – **bb)** Das Ges stellt für die **Einbeziehung** von AGB zusätzl Voraussetzgen auf (§ 2); der Verwder ist gehalten, ausdr auf die AGB hinzuweisen. – **cc)** Das Ges enthält eine weit gefaßte **Begriffsbestimmung** der AGB (§ 1). Seine Vorschr gelten danach auch für kurze (ledigl aus einem Satz bestehde) AGB sowie für FormularVertr, u zwar auch für den not beurk FormularVertr.

c) Zur Intensivierg der GerKontrolle sieht das Ges im **Verfahrensrecht** eine UnterlKl gg den Verwder (Empfehler) unwirks Klauseln vor (§ 13). Klagbefugt sind Verbraucher- u WirtschVerbände, ferner Handels- u Handwerkskammern (§ 13 II). Die in der Reformdiskussion gelegentl erhobene Fdg nach Einf einer Anmelde- u GenPfl für AGB hat das Ges dagg mit Recht nicht übernommen.

d) Anwendungsbereich: aa) Zeitlich gilt das Ges für Vertr, die nach dem 1. 4. 1977 geschl w (§ 28, über Ausn vgl dort). – **bb) Persönliche** u sachl Ausn vom Geltgsbereich des Ges ergeben sich aus §§ 23, 24. Werden AGB ggü einem **Kaufmann** für ein HandelsGesch verwendet, gelten wesentl SchutzVorschr des Ges (§§ 2, 10 u 11) nicht (§ 24 Anm 3). Unanwendb ist das Ges ferner auf Untern **öffentlichrechtlicher Körperschaften,** sow deren Benutzg dch RNormen geregelt ist (§ 1 Anm 1).

4) Zur **Rechtsvergleichung** u Vereinheitlichg innerh der EG s v Hippel RabelsZ **81**, 356 u Wo/Ho/Li Einl V.

Erster Abschnitt. Sachlich-rechtliche Vorschriften

1. Unterabschnitt. Allgemeine Vorschriften

AGBG 1 *Begriffsbestimmung.* ^I Allgemeine Geschäftsbedingungen sind alle für eine Vielzahl von Verträgen vorformulierten Vertragsbedingungen, die eine Vertragspartei (Verwender) der anderen Vertragspartei bei Abschluß eines Vertrages stellt. Gleichgültig ist, ob die Bestimmungen einen äußerlich gesonderten Bestandteil des Vertrages bilden oder in die Vertragsurkunde selbst aufgenommen werden, welchen Umfang sie haben, in welcher Schriftart sie verfaßt sind und welche Form der Vertrag hat.

^{II} Allgemeine Geschäftsbedingungen liegen nicht vor, soweit die Vertragsbedingungen zwischen den Vertragsparteien im einzelnen ausgehandelt sind.

1) Allgemeines: Die in I enthaltene BegrBest legt den Anwendgsbereich des Ges fest, wird insow aber dch die sachl u persönl Ausn in §§ 23 u 24 eingeschr. Die Definition ist weitgefaßt u bezieht auch Formular-Vertr u kurze aus einer einz Klausel bestehde Bdggen ein (Anm 3). Daß individuell ausgehandelte Bdggen keine AGB sind, folgt bereits aus der BegrBest, wird aber in II ausdr wiederholt. Die Geltg der AGB beruht auf vertragl Einbeziehg (§ 2). Trotz ihres generell-abstrakten Charakters sind sie **keine Rechtsnormen** (BGH **9**, 3; **17**, 2), da dem AGB-Verwder keine RSetzgsbefugn zusteht (krit E. Schmidt JuS **88**, 931, NJW **89**, 1193). Umgekehrt gilt, daß RNormen keine AGB sind. Ist die Benutzg von Unternehmgen der **öffentlichen Hand** od von priv Unternehmen dch Gesetz, VO od Satzg geregelt, liegen begriffl keine AGB vor (BT-Drs 7/5422 S 4, Dietlein NJW **74**, 973). Auch die SchutzVorschr der §§ 9ff finden keine Anwendg (Vorbem 2c vor § 8). Uneingeschr anwendb ist das Ges dagg auf AGB, die behördl Gen bedürfen, arg § 16 (BGH **86**, 291), insb also auch auf AVB (BGH **83**, 172, s auch Vorbem 5 v § 8). Der Anwendg des Ges steht auch nicht entgg, daß die AGB auf der Empfehlg einer internationalen Organisation beruhen u wie die „ABB-Flugpassage" in einer Vielzahl von Ländern einheitl angewandt w (BGH **86**, 288).

2) Begriff der AGB (I S 1). **a)** Es muß sich um **Vertragsbedingungen** handeln, dh um Regelgen, die den VertrInh gestalten sollen. Nicht erforderl ist, daß sie wirkl VertrInh w; § 1 erfaßt auch Regelgen, die unwirks sind od deren Einbez typw an § 2 scheitert (s BGH **99**, 381, aA LG Lübeck AGBE III Nr 12). – **aa) Art** u RNatur des Vertr sind gleichgült. Hauptanwendungsbereich der AGB sind ggs SchuldVertr. Erfaßt werden aber auch: TeilnBdggen für Gewinnspiele (Karlsr NJW-RR **88**, 303); der Inh von AuftrBestätiggen (BGH **99**, 381) od AbfindgsErkl (BGH NJW **85**, 970); Vertr des **Sachenrechts** (BayObLG **79**, 439), die

Bestimmg des Sichergszwecks einer GrdSch (BGH **99**, 205); Regelgen verfahrens- od vollstreckgsrechtl Inh, wie die Unterwerfg unter die ZwVollstr (BGH NJW **87**, 907). Auf TeilgsErkl gem WEG 8 u GemeinschOrdngen (WEG 10) ist das AGBG zumindest entspr anwendb (BayObLG Betr **79**, 545, Ulmer FS Weitnauer 1980, S 205, sehr str, aA Karlsr NJW-RR **87**, 652, Bassenge WEG 8 Anm 1, in der Tendenz auch BGH **99**, 94 u BayObLG DNotZ **89**, 429), nicht aber auf Beschl der EigtVersammlg (BayObLG NJW-RR **88**, 848). Auf Vertr des Arb-, Erb-, Fam- u GesellschR findet das AGBG keine Anwendg, § 23 I. –
bb) Inhalt der VertrBdgg können Regelgen jegl Art sein. Unter § 1 fallen auch Bestimmgen über die HauptleistgsPfl (Düss WPM **84**, 83), so etwa HonorarVereinbgen mit Ärzten (Düss VersR **84**, 371, AG Homburg NJW **84**, 2638). Erfaßt werden auch Regelgen über den **Vertragsschluß** (Grunewald ZIP **87**, 353, Ul-Br-He Rdn 13, s BGH NJW **88**, 1909) u die vorformulierte Erkl des Kunden, daß der Geltg der AGB zustimme (BGH NJW **82**, 1388). Da der Vertr GeltgsGrd der AGB ist, kann sein Zustandekommen zwar nicht wirks dch AGB geregelt w (KG NJW **81**, 2822); auch Regelgen, die typw unwirks sind, erfüllen aber den AGB-Begriff (oben vor aa). – **cc) Einseitige Rechtsgeschäfte des Kunden,** die auf einer Vorformulierg des Verwenders beruhen, fallen gleichf unter § 1 (BGH **98**, 28, NJW **87**, 2011). Das zeigen §§ 10 Nr 1 u 11 Nr 15, die vom Verwder vorformulierte KundenErkl betreffen od miterfassen, u rechtfertigt sich aus dem Schutzzweck des AGBG: Der Verwder, der eine einseitige Erkl des Kunden vorformuliert, greift in dessen rgeschäftl GestaltgsFreih sogar noch stärker ein als bei der Vorformulierg der VertrBdgen. Das AGBG gilt daher für Vollm u Ermächtiggen (BGH aaO), EintrBewilliggen (BayObLG NJW **80**, 2818); Überweisgsformulare (BGH NJW **86**, 2429), Entbindgen von der SchweigePfl (Hollmann NJW **78**, 2332, **79**, 1923, aA Schütte NJW **79**, 592), Einwilliggen in Operationen (Hbg ZIP **83**, 1345) od zur Weitergabe von Daten (§ 9 Anm 7d), Erkl über die ärztl Aufkl (Niebling MDR **82**, 193), Quittgen u Bestätiggen (§ 11 Anm 15c), immer vorausgesetzt, es handelt sich um vom Verwder vorformulierte Erkl des Verwdsgegners.

b) Vorformuliert sind die VertrBdgen, wenn sie für eine mehrfache Verwendg schriftl aufgezeichnet od in sonst Weise (Programm eines Schreibautomaten, Tonband) fixiert sind (s auch Anm 3c). Nicht ausr ein Speichern im Kopf des Verwders (Staud-Schlosser Rdn 16, Wolfsteiner DNotZ **87**, 691, aA BGH NJW **88**, 410, Hamm NJW-RR **87**, 244, Karlsr DNotZ **87**, 688). Einfügen ohne Regelgsgehalt (zB Bezeichng des Objekts) ändern am AGB-Charakter nichts (BGH **99**, 205, **102**, 158). § 1 bleibt aber auch dann anwendb, wenn zw mehreren vorformulierten Fassgen zu wählen ist (BGH WPM **86**, 389) od wenn eine (scheinb) Regelgslücke in einem vorher festgelegten Sinn ausgefüllt w (BGH NJW-RR **87**, 145, Mü NJW-RR **88**, 86). IdR w die AGB sprachl unverändert in den Vertr einbezogen; § 1 ist aber auch dann erf, wenn die VertrBdgen sprachl variiert w, sofern sie in der Sache unverändert bleiben (Heinrichs NJW **77**, 1506, Schippel/Brambring DNotZ **77**, 142).

c) Die VertrBdggen müssen für eine **Vielzahl** von Vertr aufgestellt worden sein; der für einen best Vertr ausgearbeitete Text fällt nicht unter § 1 (BGH NJW-RR **88**, 57). Nicht erforderl ist eine „unbest" Vielzahl von Verwendgsfällen (and BGH **33**, 218 für das fr Recht). AGB sind auch die für eine best Zahl von Kauf- od Mietobjekten entworfenen VertrBdgen. Die untere Grenze liegt bei 3–5 Verwendgen (BGH NJW **81**, 2344, DNotZ **85**, 288, Sonnenschein NJW **80**, 1491, str), das Ges gilt aber bereits im 1. Verwendgsfall. Benutzt eine VertrPart die von einem and vorformulierten VertrBdggen (zB VOB, MietVertrFormular eines Hausbesitzervereins), ergibt sich bereits aus deren abstrakt-genereller Charakter bereits aus der Zweckbestimmg des Aufstellers (Hamm NJW **81**, 1049); es ist nicht erforderl, daß die Partei selbst eine mehrfache Verwendg plant. KlauselVerwder ist daher auch, wer ohne Wiederholgsabsicht ein gebräuchl VertrMuster benutzt (Heinrichs NJW **77**, 1506; Lö-vW-Tr Rdn 8) od einen Teil eines MusterVertr verwendet (Pawlowski BB **78**, 161). Gleichgült ist, ob die Verwendg im geschäftl od nichtgeschäftl Bereich erfolgt.

d) Der Verwder muß dem und VertrPartn die Bdggen „**stellen**". Dieses Merkmal ist erf, wenn eine Part die Einbez der vorformulierten Bdggen in den Vertr verlangt, also ein konkretes EinbezAngebot macht (Jaeger NJW **79**, 1572, Ul-Br-He Rdn 26). Ein wirtschaftl od intellektuelles Übergewicht braucht nicht zu bestehen; Verwder kann auch der wirtschaftl Schwächere sein (s Rabe NJW **87**, 1978, aA LG Köln NJW-RR **87**, 1001). Das „Stellen" entfällt nicht schon dann, wenn der Formulartext die Aufforderg zu Ändergen od Streichgen enthält (BGH NJW **87**, 2011) od wenn der Verwder sich bei seinem EinbezAngebot zu Vhdlgen bereit erklärt u der Kunde die reale Möglichk zum Aushandeln hatte (Timm BB **87**, 88); die Anwendg des AGBG kann aber in einem solchen Fall aGrd von § 1 II ausgeschl sein (Anm 4). Die Bdggen müssen von einer **Vertragspartei** gestellt worden sein. Werden sie von einem unbeteiligten Dr (Notar) vorgeschlagen, ist § 1 I nicht erf. Das gilt auch dann, wenn in den VertrKlauseln aus einem vom **Notar** benutzten VertrMuster aufgen w (Brambring/Schippel NJW **79**, 1802, Ulmer DNotZ **81**, 95, Medicus Jur StuGesellsch Regensbg Heft 2, aA BGH **74**, 210, Mü NJW **81**, 2472). And liegt es, wenn der Notar im Auftr einer Part ein Formular entwickelt od eine der Part sich der vorformulierten Klausel „gleichsam mittelb" bedient (s MüKo/Kötz Rdn 8). Das ist idR anzunehmen, wenn der Notar zG einer Part eine nicht ausgehandelte, vom AGBG mißbilligte Klausel verwendet (s BGH NJW **82**, 2243 einschränkd zu BGH **74**, 210; krit Medicus aaO). Die auf Vorschlag des Notars in den Vertr übernommenen formularmäß Klauseln unterliegen nach der BGH-Rspr allerdings nicht einer an § 242 gestützten InhKontrolle, weil sie keine AGB iSd § 1 sind (s Vorbem 2d v § 8). Beim **Bauherrnmodell** werden die VertrBdggen iZw vom Initiator gestellt (Bartsch NJW **86**, 28), auch wenn der spätere TrHänder an der Formulierg mitgewirkt hat (BGH NJW **85**, 2477). And kann es liegen, wenn der TrHänder bereits beim Ausformulieren der Vertr ein Mandat der Bauherrn hatte (BGH aaO). CharterVertr können FormularVertr iSd AGBG, aber nach Lage des Einzelfalles auch IndVereinbgen sein (Fischer-Zernin VersR **86**, 418).

e) Verlangen beide Vertragsparteien unabhäng voneinand die Einbez ders AGB (Bsp: VOB), ist das AGBG unanwendb (Locher NJW **77**, 1801; Recken BauR **78**, 418; Ul-Br-He Rdn 29; aA Staud-Schlosser Rdn 22, Sonnenschein NJW **80**, 1492). Sein Wortlaut trifft nicht zu, weil es RBeziehgen zw einem Verwder u einer and VertrPart betrifft, nicht aber RBeziehgen zw zwei Verwdern. Sein Zweck trifft nicht zu, weil keine der Part in die VertrGestaltgsFreih der and eingreift. Wer seinem VertrPart aufgibt, seinem VertrAn-

Erster Abschn. Sachl.-rechtl. Vorschr. 1. Allg. Vorschr. **AGBG 1, 2**

gebot best AGB zGrde zu legen, ist dagg (zumindest in Anwendg des § 7) Verwder. Das gilt ebso, wenn ein marktstarker Wiederverkäufer die Gewährleistgsrisiken aus dem Weiterverkauf für eine Vielzahl von Fällen auf seinen Lieferanten überwälzt (Beise Betr **78**, 286).

3) Der (sachl überflüssige) I S 2 bringt zum Begr der AGB ergänzde **Klarstellungen;** er soll Zw über den Anwendgsbereich des Ges ausräumen. – **a)** Unerhebl ist, ob die Bdggen einen gesonderten Bestandt des Vertr bilden od in den VertrText eingearbeitet sind. Soweit **Formularverträge** die Merkmale von I 1 erf, stehen sie daher AGB in jeder Hins gleich (ebso für das fr Recht BGH **62**, 251, **63**, 239, **75**, 20). – **b)** Gleichgült ist der **Umfang** des Klauselwerks. Auch einz Klauseln (Freizeichng, EigtVorb), etwa ein Stempelaufdruck (LG Stgt AGBE I Nr 13), eine GerStKlausel im Briefkopf (BGH **101**, 273) od die Übern einer Mithaftg (BGH **104**, 236), sind unter den Voraussetzgen von I 1 AGB. Mögl ist auch, daß in einem individuell gestalteten Vertr eine einz Klausel AGB ist (BGH **75**, 21). – **c)** Unerhebl ist auch die verwandte **Schriftart** (Druck, Maschine, Handschrift). Das Ges verwirft damit eine gelegentl vertretene Ans (Schmidt-Salzer), daß AGB gedruckt sein müssen. Auch wenn die VertrBdggen für jeden VertrSchl dch Schreibautomat, Schreibmaschine od von Hand neu geschrieben w, sind sie AGB, sofern sie inhaltl unverändert verwandt w (Anm 2b). – **d)** Gleichgült ist auch die Form des Vertr. Das Ges gilt daher auch für **notariell beurkundete** Vertr, soweit diese AGB enthalten (FormularVertr) od in Bezug nehmen (BGH **74**, 209, NJW **84**, 172, zur Abgrenzg s Anm 2d). Es trägt damit der Erfahrg Rechng, daß auch der Inh von not beurk Vertr vielf allein von der marktstärkeren Part best w u ausschließl auf deren Interessen Rücks nimmt. Das AGBG iVm BNotO 14 II, BeurkG 4 begründet eine notarielle InhKontrolle von FormularVertr. Der Notar muß seine Amtstätig versagen, wenn ein FormularVertr unwirks Klauseln enthält (Heinrichs NJW **77**, 1507, Stürner BWNotZ **77**, 106); bei Zw hat er die Beteiligten umfassd zu belehren (BeurkG 17).

4) Sow die VertrBdggen zw den Part im einz ausgehandelt sind, also eine **Individualvereinbarung** vorliegt, ist das Ges unanwendb. **Kollektives Aushandeln** auf Verbandsebene rechtf die Anwendg des § 1 II nicht (s BGH NJW **82**, 1821 zur ADSp u BGH **86**, 141 zur VOB), ist aber im Rahmen der Angemessenh-Prüfg zu berücksichtigen (§ 9 Anm 2e). – **a)** Für eine IndVereinbg genügt nicht, daß der and Teil über Bedeutg u Tragweite der vorformulierten Klauseln **belehrt** worden ist (BGH **74**, 209, NJW **84**, 171, Heinrichs NJW **77**, 1507, allg M). Unerhebl auch eine vom Kunden bes unterschriebene Erkl, der VertrInh sei in allen Einzelh ausgehandelt; sie kann wirkl Aushandeln nicht ersetzen (BGH NJW **77**, 432, 624) u ist gem § 11 Nr 15 b unwirks (BGH **99**, 378). Für eine IndVereinbg genügt es nicht, daß der Formulartext zu Ändergen od Streichgen auffordert (BGH **98**, 28, NJW **87**, 2011), daß der Kunde (etwa dch Ankreuzen) zw versch vorformulierten Bdggen wählen kann (Sonnenschein NJW **80**, 1492) od daß einige Lücken im Formular (Pr, Laufzeit) individuell auszufüllen sind (Stgt WPM **87**, 114). – **b)** Der Verwder muß zu Vhdlgen über den VertrInh bereit sein. Seine **Verhandlungsbereitschaft** muß dem Kunden ggü unzweideut erklärt w u ernsth sein (BGH NJW **77**, 624, Heinrichs aaO). Letzteres kann vielf nach seinem Verhalten bei fr VertrSchl beurteilt w. Wer angebl immer vdhlgsbereit ist, tatsächl aber nie etwas ändert, kann sich idR nicht auf § 1 II berufen. – **c)** **Aushandeln** bedeutet mehr als bloßes Verhandeln (BGH NJW-RR **87**, 145). Der Verwder muß den gesetzesfremden Kerngehalt seiner AGB inhaltl ernsth zur Disposition stellen u dem and Teil GestaltgsFreih zur Wahrg eig Interessen einräumen; der Kunde muß die reale Möglichk erhalten, den Inh der VertrBdggen zu beeinflussen (BGH **85**, 306, **104**, 236, NJW-RR **86**, 54, **87**, 145, NJW **88**, 410). Zu berücksichtigen sind alle Umst des Einzelfalls, vor allem die intellektuellen Fähigk u die berufl Position der Vhdlgspartner sowie das Bestehen u Fehlen eines wirtschaftl Machtgefälles (Rabe NJW **87**, 1980). Im kaufm Verk kann ein Aushandeln uU auch dann zu bejahen sein, wenn der Verwder eine best Klausel zur conditio sine qua non erklärt (Rabe aaO). Sind AGB bei einem fr VertrSchl individuell vereinb worden, aber inhaltl unverändert geblieben, so reicht das bei einer erneuten Verwendg nicht für eine Bejahg von § 1 II aus (BGH NJW **79**, 367). IdR schlägt sich das Aushandeln in Änd des vorformulierten Textes nieder. Auch wenn der Text unverändert bleibt, kann aber ausnwse § 1 II anwendb sein, wenn der and Teil nach gründl Erörterg von der Sachgerechtigk der Regelg überzeugt w (s BGH **84**, 111, NJW-RR **87**, 145, Düss BauR **85**, 344, Canaris JZ **87**, 1003, aA wohl BGH NJW **88**, 410). Bsp: gg § 11 Nr 10 verstoßender HaftgsAusschl bei Verkauf aus Konkursmasse (str, aA Jaeger NJW **79**, 1574; für eine teleologische Reduktion Kanzleiter DNotZ **87**, 662). – **d)** Ein Aushandeln **einzelner Klauseln** ändert grdsl nichts daran, daß die übr AGB bleiben (BGH DNotZ **85**, 287, *arg* „soweit"). Der formularmäß Ausschl des KündR aus § 649 wird daher dch das Aushandeln einer vertragl Laufzeit nicht zur IndVereinbg (BGH WPM **82**, 872). Aus den Umst kann sich aber etwas and ergeben, etwa wenn Klauseln von zentraler Bedeutg Ggst des Aushandelns waren. Das Aushandeln kann sich je nach Lage des Falls auch auf den Teil einer Klausel beschränken (BGH NJW **83**, 1603, DAR **85**, 379). Mögl auch, daß die in den Vertr einbez AGB dch Vhdlgen nach VertrSchl **nachträglich** IndVereinbgen w (s Hamm NJW **81**, 1049).

5) **Beweislast:** Wer sich auf den Schutz des Ges beruft, muß im Streitfall beweisen, daß die zum VertrBestandt gemachten Klauseln AGB iSv § 1 I sind. Dazu genügt idR der Nachw, daß ein gedrucktes od sonst vervielfältigtes Klauselwerk od Muster des and Teils verwandt worden ist (RegEntw S 17). Macht der Verwder geltd, seine AGB seien im konkr Fall nicht bloß einbez, sond ausgehandelt worden (§ 1 II), trifft ihn die BewLast (BGH **83**, 58, NJW-RR **87**, 144). Das gilt auch bei einem notariell beurkundeten Vertr (Heinrichs NJW **77**, 1509, aA Schippel/Brambring DNotZ **77**, 131, 159). Wg der Schutzzwecks des Ges sind an diesen Bew strenge Anfordergen zu stellen. Er kann keinesf dch schriftl Bestätiggen des Kunden erbracht w, die Bdggen seien im einz ausgehandelt w (BGH NJW **77**, 624, Heinrichs aaO). Sind in dem vorformulierten Text nachträgl Änd eingefügt worden, so ist das jedoch ein Indiz dafür, daß insow eine IndVereinbg vorliegt (Ul-Br-He Rdn 63).

AGBG 2 *Einbeziehung in den Vertrag.* ¹ Allgemeine Geschäftsbedingungen werden nur dann Bestandteil eines Vertrages, wenn der Verwender bei Vertragsabschluß
1. die andere Vertragspartei ausdrücklich oder, wenn ein ausdrücklicher Hinweis wegen der Art

des Vertragsabschlusses nur unter unverhältnismäßigen Schwierigkeiten möglich ist, durch deutlich sichtbaren Aushang am Ort des Vertragsabschlusses auf sie hinweist und
2. der anderen Vertragspartei die Möglichkeit verschafft, in zumutbarer Weise von ihrem Inhalt Kenntnis zu nehmen,
und wenn die andere Vertragspartei mit ihrer Geltung einverstanden ist.

II Die Vertragsparteien können für eine bestimmte Art von Rechtsgeschäften die Geltung bestimmter Allgemeiner Geschäftsbedingungen unter Beachtung der in Absatz 1 bezeichneten Erfordernisse im voraus vereinbaren.

1) **Allgemeines: a)** Zur Einbez von AGB in den EinzVertr bedarf es einer vertragl Abrede. Deren Eigenart besteht darin, daß die AGB nicht inhaltl ausgehandelt w, sond ledigl ihre Geltg vereinb w (§ 1 Anm 2 d). Für die Abrede hat sich die Bezeichng **Einbeziehungsvereinbarung** dchgesetzt. Sie ist kein bes RGesch, sond Teil des jeweiligen Vertr, der sich iF der Verwdg von AGB aus dem individuell ausgehandelten VertrKern u den global einbez AGB zussetzt. Bei FormularVertr fällt die EinbezAbrede prakt ununterscheidb mit dem übr VertrInh zus. – **b)** Die fr Rspr bejahte eine EinbezVereinbg bereits dann, wenn der Kunde vom Vorhandensein der AGB wußte od bei Anwendg gehöriger Sorgf hätte wissen müssen u wenn für ihn erkennb war, daß der Untern den Vertr nur unter Einbez seiner AGB abschl wollte (BGH **3**, 203, **18**, 99, stRspr, sog Wissenmüssen-Formel, „Unterwerfg" unter die AGB). In bewußter Abkehr von dieser Rspr will § 2 sicherstellen, daß die Einbez von AGB vom **rechtsgeschäftlichen Vertragswillen** beider Part getragen w (BT-Drs 7/3919 S 13). Eine EinbezVereinbg setzt nunmehr voraus: einen deutl Hinw des Verwders auf seine AGB (Anm 2); die Möglichk für den Kunden, vom Inh der AGB Kenntn zu nehmen (Anm 3); den EinverständnErkl des Kunden (Anm 4). Da sich die Vereinbg nur auf die Geltg der AGB bezieht, fehlt ihr die klassische VertrFunktion der „RichtigkGewähr" u der „Legitimation dch Verf" (Schmidt ZIP **87**, 1506). Gleichwohl fällt sie ebso wie die vertragl RWahl im IPR (EG 27) unter die VertrKategorie. Fehlt eines der EinbezErfordern, gilt der Vertr ohne die AGB (§ 6 I). – **c)** § 2 ist eine SonderVorschr zu §§ 133, 157; nur wenn seine Förmlichk eingehalten w, liegt eine wirks Einbez vor (BGH NJW-RR **87**, 113). § 2 ist **zwingendes Recht**, jedoch kann der Kunde dch IndVereinbg auf die Einhaltg von I Nr 2 verzichten (vgl Anm 3 b). Zweifelh ist, ob § 2 eine rechtspolit sinnvolle Regel ist: Die Erf der dem Verwder auferlegten Obliegenh nützt dem Kunden wenig. Wenn er sich auf Verhdlgen über den Inh der AGB einläßt, w er idR nichts verneinen, um dch die Erhebg, gem § 1 II den Schutz des AGBG zu verlieren. – **d) Anwendungsbereich.** § 2 gilt auch für ÄndersVereinbgen (Anm 5) u die Einbeziehg von AGB in einseit RGesch u gesetzl SchuldVerh. Er ist auch anzuwenden, wenn bei der Begebg eines Wertpapiers AGB einbezogen w sollen, nicht aber bei deren Übertragg, weil dann der Inh der Rechte aus dem Papier bereits feststeht (Ul-Br-He Rdn 13). Unanwendb sind die Grds des § 2 auf den kaufm Verk u die Verwdg von AGB ggü jur Pers des öffR (§ 24 u unten Anm 6). Sonderregelgen bestehen auch für behördl gen od erlassene Tarife u Bdggen von VerkUntern (§ 23 II Nr 1), ferner für AGB von Bausparkassen, Versicherern u KapitalanlageGesellsch (§ 23 III, s dort).

2) Der Verwder muß **ausdrücklich** darauf **hinweisen,** daß der Vertr unter Zugrundelegg seiner AGB abgeschlossen w soll, I Nr 1. – **a)** Der **Hinweis** kann schriftl od mdl erfolgen (BGH NJW **83**, 817). Er ist auch dann erforderl, wenn das VertrAngebot vom Verwendungsgegner ausgeht (BGH NJW **88**, 2108). Er ist vielfach in dem von Verwder vorformulierten AntrFormular enthalten, muß aber wg der geforderten Ausdrücklichk so angeordnet u gestaltet sein, daß er von einem Dchschnittskunden auch bei flüchtiger Betrachtg nicht übersehen werden kann. Nicht ausr ist ein an versteckter Stelle in kleiner Schrift angebrachter Hinw (Düss VersR **82**, 872) od der bloße Abdruck der AGB auf der Rückseite des Vertr od in einem Katalog (LG Münst VersR **80**, 100, LG Bln MDR **80**, 404). Der Hinw muß klar erkennen lassen, welche Klauseln VertrInh w sollen. Die Bezugn auf „umseit" AGB erfaßt nicht die von den AGB räuml abgesetzte Vorbem (BGH Betr **87**, 1350) od den Teil der AGB, der auf einem bes, nicht mitausgehändigten Blatt abgedruckt ist (Ffm NJW **89**, 1096). Auch bei einem fernmündl VertrSchl ist ein ausdr Hinw zwingd erforderl. Er ist auch dann unentbehrl, wenn die Verwendg von AGB verkehrs- od branchenübl ist. Ein Hinweis in Deutsch genügt auch ggü Ausländern, wenn die Vhdlgssprache Deutsch ist (Anm 3 d). – **b)** Der Hinw muß bei **Vertragsschluß** gegeben w, dh im ZusHang mit den Erkl, die zum Abschl des konkreten Vertr geführt haben. Hinw bei fr Gesch genügen auch bei einer laufden GeschVerbindg nicht (BGH NJW-RR **87**, 113). Der Hinw auf einen vor dem Zustandekommen des Vertr zu ziehden Parkschein kann ausr sein (LG Köln VersR **83**, 69, LG Ffm NJW-RR **88**, 955). Nicht genügd ist dagg der Abdruck auf einer **Eintrittskarte,** einem Fahrschein, Flugticket od ähnl, weil sie erst nach dem VertrSchl ausgehändigt w (Ul-Br-He Rdn 34, Wo-Ho-Li Rdn 16, wohl auch LG Bln NJW **82**, 344, str, aA MüKo/Kötz Rdn 7, 10); im übrigen läßt sich in diesen Fällen idR auch nicht das erforderl Einverständn des Kunden feststellen (BGH NJW **84**, 802). Auch der Hinw in der AuftrBestätig ist uU zu spät (Anm 4), erst recht der Hinw in einem Lieferschein, einer Empfangsbestätig od einer Quittg. – **c) Aushang.** Ist ein ausdr Hinw wg der Art des VertrSchl nur unter unverhältnismäß Schwierigk mögl, genügt ausnw ein deutl sichtb Aushang am Ort des VertrSchl. Hauptanwendgsfall sind die konkludent geschl MassenVertr, bei denen ein Hinw schon wg des Fehlens eines persönl Kontakts unmögl ist. Beispiele sind die Benutzg automat Schließfächer u Kleiderablagen, die Parkhausbenutzg (LG Ffm NJW-RR **88**, 955), der Erwerb von Waren od Eintrittskarten aus Automaten sowie Befördergs- u ähnl Vertr, die konkludent dch Inanspruchn der Leistg zustandekommen. Die Ausn gilt darüber hinaus auch für sonst Gesch des MassenVerk, bei denen ein ausdr Hinw an sich mögl wäre, aber eine unverhältnismäß u im Grd überflüss Erschwerg der Massenabfertigg darstellen würde (BGH NJW **85**, 850, str), so etwa bei Vertr mit Kinos, Theatern, Sportveranstaltern, Lottoannahmestellen, Kfz-Waschanlagen (Hbg DAR **84**, 260) u Chemischreiniggen (Schmidt VersR **78**, 594), aber auch bei Versteigergen (BGH NJW **85**, 850). In Selbstbedienungsläden u Kaufhäusern genügt ein Aushang, wenn es sich um den Verkauf von typ Massenartikeln handelt, in allen and Fällen ist dagg ein ausdr Hinw erforderl (Ul-Br-He Rdn 40, aA für kurze AGB

Muscheler BB **86**, 2279). Der Aushang muß so angeordnet w, daß er nicht übersehen w kann; dem Kunden ist nicht zuzumuten, die Wände nach ausgehängten AGB abzusuchen. Der Aushang muß sich am Ort des VertrSchlusses befinden; der Ort einer ErfHdlg (Hotelzimmer) reicht nicht (Staud-Schlosser Rdn 21). Er kann sich darauf beschr, auf die AGB hinzuweisen, ohne ihren Inh mitzuteilen, sofern dem I Nr 2 anderweit genügt ist (Ul-Br-He Rdn 42; Wo/Ho/Li Rdn 21, str). Ausr daher Schild: „Für alle Vertr gelten unsere AGB. Diese liegen für Sie an der Kasse zur Einsicht bereit". Werden ausgehängte AGB geändert, muß Verwder Stammkunden auf diese Änd bes hinweisen (Hamm MDR 79, 937). – **d**) Bei **Formularverträgen** sind § 2 I Nr 1 (u ebso Nr 2) idR *ipso facto* erf; der ausdr Hinw ergibt sich daraus, daß die AGB in dem dem Kunden zur Durchsicht u Unterschr vorgelegten VertrText enthalten sind. Der Verwder braucht den Kunden nicht darauf hinzuweisen, daß die VertrBedinggen teilw den Charakter von AGB haben (Ffm NJW **86**, 2712).

3) Der Verwder muß dem Kunden die **Möglichkeit** verschaffen, in zumutb Weise vom **Inhalt der AGB Kenntnis** zu nehmen, I Nr 2. – **a**) Diese Obliegenh besteht auch bei gebräuchl od veröffentlichten AGB, so etwa, wenn die VOB/B in einen Vertr mit einer PrivPers einbezogen werden soll (Hamm NJW-RR **88**, 1366). Handelt es sich um einen VertrPart, der berufl häuf mit dem VertrMuster zu tun hat (Bsp: Bauhandwerker u VOB), darf Verwder aber davon ausgehen, daß dieser sich selbst ow die notw Kenntn verschaffen kann (BGH **86**, 138, **105**, 292). Abgesehen von diesem Sonderfall ist der Hinweis, die AGB könnten im Buchhandel erworben werden, aber nicht ausr (aA Merz BauR **85**, 47). Bei einem VertrSchl unter Anwesden kann I Nr 2 dch Vorlage der AGB erf w. Es reicht aber auch, daß die AGB zur Einsicht aushängen od ausliegen. Etwas and gilt jedoch bei bes umfangreichen AGB, deren Lektüre längere Zeit erfordert. Bei ihnen kann der Kunde mit Rücks auf das ZumutbarkErfordern Aushändigg verlangen (Hbg VersR **89**, 202). Bei einem VertrSchl unter Abwesden kann dem Erfordern idR nur dch Übersendg der AGB genügt w. Die Aufforderg, sie im GeschLokal des Verwders einzusehen, genügt wg des ZumutbarkKriterium idR nicht (AG Ffm BB **78**, 524). Ist dem Kunden zur Information ein Katalog mit einem Auszug aus den AGB überlassen worden, darf er darauf vertrauen, daß der Auszug alle ihn treffden Obliegenh vollständ wiedergibt (LG Ffm NJW **84**, 1626). Für Vorverkaufs- u AnnStellen hat I Nr 2 die Folge, daß sie die AGB sämtl Untern vorrät haben müssen, deren Wk- od Dienstleistg sie vermitteln. **Verweisen** die AGB auf weitere Regelgen od und Klauselwerke, w diese nur VertrInh, wenn die Obliegenh des I Nr 2 auch hins der in Bezug genommenen Bdggen erf w (BGH **86**, 138, Ffm NJW **84**, 1626).

b) Problemat ist die Einhaltg von I Nr 2 beim **fernmündlichen Vertragsschluß**. Der Verwder ist idR außerstande, dem Kunden vor dem fernmdl VertrSchl die Möglichk zu verschaffen, vom Inh der AGB Kenntn zu nehmen. Das Vorlesen der AGB ist keine praktikable Lösg. Das Angebot des Verwders, die AGB zu übersenden, genügt den Anfordergen von I Nr 2 nicht, da es die Möglichk der Kenntnisnahme erst für einen Ztpkt nach VertrSchl eröffnet. Unproblemat sind daher allein die Fälle, in denen die AGB dem Kunden währd der VorVhdlgen od bei einem fr Gesch übermittelt worden sind. Auch sonst sind die Part aber in der Lage, fernmdl einen Vertr unter sofort Einb der AGB abzuschließen. Der Kunde kann dch IndVereinbg (nicht dch formularmäß Erkl) auf die Einhaltg von I Nr 2 verzichten (Mü AGBE II § 9 Nr 23, Ul-Br-He Rdn 49, Lö-vW-Tr Rdn 16, Ko-Stü Rdn 34, str). Für diese Ans sprechen die Erfordern des R- u WirtschVerk u der unter dem Gesichtspkt des Kundenschutzes geringe Wert der Vorschr (Anm 1). Hinzukommt: Der Kunde braucht die Möglichk, vom Inh der AGB Kenntn zu nehmen, nicht auszunutzen. Die insow bestehde EntschFreih muß – bei zweckentspr Ausleg – die Befugn mitumfassen, den Verwder von der Obliegenh des I Nr 2 freizustellen. Es wäre widersinn, die Obliegenh zur KenntnVerschaffg auch ggü einem Kunden zu bejahen, der erklärtermaßen vom Inh der AGB keine Kenntn nehmen will. – Ist der Kunde nicht bereit, auf die Einhaltg von I Nr 2 zu verzichten, kann der Vertr unter der aufschiebden Bdgg geschl w, daß der Kunde die ihm zu übermittelnden AGB dch NichtWiderspr genehmigt. Außerdem bleibt der Weg, die AGB nachträgl dch ÄndVereinbg zum VertrInh zu machen (Anm 5 b). Ähnl Probleme ergeben sich beim VertrSchluß mittels Bildschirmtext (s Bartl Betr **82**, 1101).

c) Der Kunde muß in **zumutbarer Weise** von dem Inh der AGB Kenntn nehmen können. Dazu gehört auch, daß die AGB für einen Dchschnittskunden mühelos lesb sind (BGH NJW **83**, 2773, NJW-RR **86**, 1311, Hbg BB **87**, 1703, Saarbr NJW-RR **88**, 858, Thamm/Detzer BB **89**, 1133), ferner ein Mindestmaß an Übersichtlk u ein im Verhältn zur Bedeutg des Gesch vertretb Umfang. Ausgeschl ist nunmehr im Anwendgsbereich von § 2 auch, daß die auf eine and VertrGestaltg zugeschnittenen AGB VertrInh w können (BGH ZIP **81**, 1220); die Feststellg, welche Klausel gilt u welche nicht, setzt in diesen Fällen ein rechtl *know how* voraus, das der Dchschnittskunde nicht besitzt. Der Verwder genügt seinen Obliegenheiten, wenn er seine Vorkehrgen auf den Durchschnittskunden abstellt. Er braucht für Analphabeten keine Tonbandkassetten vorrät zu halten (Karlsr VersR **83**, 169 läßt offen) u für Blinde keine AGB in Blindenschrift (vgl auch d aE).

d) Aus I Nr 2 ergibt sich das Gebot, daß die AGB für den Durchschnittskunden **verständlich** sein müssen (Ul-Br-He Rdn 5). Klauseln, die nicht nur in den Randzonen, sond auch in ihrem Kernbereich unklar sind, sind unwirks (Hbg NJW-RR **86**, 1440). Beispiele: Klausel, der Mieter habe „die Nebenkosten" zu tragen (Sonnenschein NJW **80**, 1493); Bestimmg, daß die VOB u das BGB anzuwenden seien u „bei unterschiedl Auffassgen" das dem Bauherrn günstigere gelte" (BGH NJW **86**, 924), Klausel, daß für „nicht ausdr geregelte Fragen" die VOB gelte (Stgt NJW-RR **88**, 787). Unwirks sind auch Klauseln, deren Tragweite nur der Jurist versteht, soweit eine klare u unzweideut Fassg mögl u zumutb ist (Stgt NJW **81**, 1106; Hamm NJW-RR **87**, 313; Nürnb NJW **77**, 1402: Unwirksamk der Klausel „§ 537 ist anwendb"). Aus dem gleichen Grd können auch sog salvator Klauseln unwirks sein (vgl Vorbem 3 e vor § 8). Mit I Nr 2 vereinb ist dagg die Klausel, die dem Mieter die gem WEG 16 II vom Vermieter zu tragden Kosten überbürdet, da die Abrechnges des Verwalters dch diesen Verweis nicht AGB-Bestandt w (aA LG Brschw NJW-RR **86**, 639). Werden die VertrVhdlgen in dtsch Sprache geführt, ist der Verwder bei einem in der BRep geschl, dtsch Recht unterstehden Vertr aber nicht verpfl, für **Ausländer** Übersetzgen der AGB bereit zu halten

(BGH **87**, 115, s auch c aE). Eine solche Pfl besteht nicht einmal bei RMittelBelehrgen der Ger (BVerfG **42**, 120, 125).

4) Einverständnis des Kunden. – **a)** Weitere EinbezVoraussetzg ist das Einverständn des Kunden. Es kann, soweit für die Vertr keine FormVorschr bestehen, auch schlüss erklärt w; es ist idR zu bejahen, wenn es nach vorheriger Erf von I Nr 1 u 2 zum VertrSchl kommt. Auch wenn die EinverständnErkl vom Verwder vorformuliert ist, hat sie individuellen Charakter u unterliegt nicht der InhKontrolle (BGH NJW **82**, 1388). Nimmt der Verwder erstmals in der **Auftragsbestätigung** (§ 148 Anm 3 cbb) auf beigefügte AGB Bezug, so bedeutet das Schweigen des Kunden idR keine Zust (BGH **18**, 212, **61**, 287, Betr **77**, 1311). Auch die Entggn der Leistg drückt im nichtkaufm Verk idR kein wirkl rgeschäftl Einverständn (Anm 1 b) mit den erstmals in der AuftrBestätig mitgeteilten AGB aus; sie kann daher im Anwendgsbereich des § 2 nur ausnw als Einverständn gewertet w. Die Fälle, in denen die Rspr ein Einverständn bejaht hat (BGH **61**, 287, NJW **63**, 1248, Betr **71**, 2106), betr überwiegd den kaufm Verk. Sind am Kinderspielplatz (Köln VersR **70**, 577), Trimm-Dich-Pfad (Karlsr VersR **75**, 381) od in einer Reithalle (BGH NJW-RR **88**, 657) Schilder mit HaftgsAusschlKlauseln angebracht, so bedeutet Schweigen idR gleich Ablehng. – **b)** Die Einbez setzt weiter voraus, daß zw Verwder u Kunden ein **wirksamer Vertrag** zustande gekommen ist (Staud-Schlosser Rdn 39). Auch bei einem offenen od versteckten Dissens über die Einbeziehg der AGB kommt der Vertr grdsl nicht zustande; und aber, wenn die Part den Vertr trotz des Dissenses einverständl dchführen (§ 6 Anm 2 d). Die AGB können den VertrSchl nicht abw vom Ges regeln, da der Vertr der GeltgsGrd der AGB ist (KG NJW **81**, 2822). Scheitert der VertrSchl, richten sich die RBeziehgn der Part nach den gesetzl Vorschr; mögl ist es aber auch, die Geltg der AGB schon für die Phase der VertrAnbahng zu vereinbaren (Celle NJW-RR **86**, 833: LottoGesellsch).

5) Sonderformen der Einbeziehung, Beweislast. a) Im voraus getroffene EinbezAbreden (II), sog **Rahmenvereinbarungen** (BGH NJW-RR **87**, 112), müssen den Anfordergn von I (Anm 2–4) genügen. Sie sind nur wirks, wenn die Art der betroffenen RGesch best bezeichnet ist. Die wiederholte Einbez im Rahmen einer ständ GeschVerbindg genügt nicht. Erforderl ist ein über die Einbez im Einzelfall hinausgehder Wille (BGH NJW-RR **87**, 112). Vereinbgen, daß AGB in ihrer jeweiligen Fassg gelten sollen, sind unzul (BT-Drs 7/3919 S 18). Die damit für best Branchen (Banken) verbundene Schwierigk sind in Kauf zu nehmen. – **b)** Obwohl vom Ges nicht bes erwähnt, ist auch die nachträgl Einbez von AGB dch **Änderungsvereinbarung** mögl. Für sie gelten die Anfordergen des I sinngem (BGH NJW **83**, 817, WPM **84**, 239), jedoch kann das Einverständn des Kunden idR nur bei entspr ausdr Erkl angen w. Werden dem Kunden nach VertrSchl vom Verwder AGB zugängl gemacht (dch Aufdruck auf Rechngen, Versandanzeigen, Maklerexposés, Warenbegleitpapieren, Lieferscheinen usw), so kann aus seinem Schweigen nicht auf Abschl einer ÄndergsVereinbg geschl w (RG **133**, 338, Zweibr OLGZ **68**, 389, LG Mü AGBE I Nr 12a u 19), ebsowenig aus Entggn der ihm ohnehin gebührden Leistg. Auch wenn der Kunde die nachträgl übersandten AGB unterzeichnet, liegt darin nicht in jedem Fall eine stillschw EinbezVereinbg (KG MDR **81**, 933). Hat der Verwder bei einem fernmdl VertrSchl (Anm 3 b) auf seine AGB hingewiesen u diese anschließd unverzügl übersandt, bedeutet ein Schweigen des Kunden dagg idR Zust mit der nachträgl Einbez der AGB. Wird der **Vertrag** unter Aufrechterhaltg seiner Identität **geändert** od erweitert, bedarf es keiner neuen EinbezVereinbg. – **c) Neufassungen** von AGB w nur dann VertrInh, wenn sie unter Wahrg von I in den Vertr einbezogen w (Saarbr NJW-RR **89**, 92). Eine Klausel, wonach der Verwder zur einseit Änderg der AGB berecht ist, ist unwirks (Staud-Schlosser Rdn 48). Hat der Verwder seine AGB zG der Kunden geändert, muß er Altkunden bei Vhdlgen über VertrVerlängergen hierauf hinweisen; geschieht das nicht, muß er sich uU was c.i.c. so behandeln lassen als wäre die nF VertrInh (BGH NJW **82**, 926). – **d)** Kommt der Vertr aGrd einer entspr Vollm des Kunden dch ein **Insichgeschäft** des Verwders zustande, ist die Einbeziehg von AGB nach dem Schutzzweck des § 2 nur wirks, wenn der Verwder die Obliegenh des § 2 vor dem VertrSchl ggü dem VollmGeb erfüllt hat (BGH Betr **84**, 2294 läßt offen). – **e)** Die **Beweislast** für die Erf der EinbezVoraussetzgen des § 2 trifft denjenigen, der sich auf die AGB beruft, idR also den Verwder.

6) Für den HandelsVerk zw **Kaufleuten** gilt § 2 nicht (§ 24 Nr 1). Die Beurteilg hat daher von der bish Rspr auszugehen. Diese bejaht eine EinbezVereinbg bereits dann, wenn der Kunde vom Vorhandensein der AGB wußte od bei Beobachtg gehöriger Sorgf hätte wissen müssen u wenn für ihn erkennb war, daß der Untern den Vertr nur unter Einbez seiner AGB abschl wollte (BGH **3**, 203, **9**, 3, **12**, 142, **18**, 99). Sie benutzt damit eine wenig glückl Formulierg („fahrl WillErkl"), die aber auch in der Sache meist zu billigenswerten Ergebn kommt. Entscheidd ist in Wahrh, ob die vertragl Einigg der Part sich auch auf die Einbez der AGB des einen Teils erstreckt. Das ist, soweit erforderl, dch Ausleg (§§ 133, 157, HGB 346) festzustellen. – **a)** Unproblemat ist die **ausdrückliche** Einbez. Sie ist auch dann wirks, wenn die AGB dem für den VertrSchl maßgebl Schreiben nicht beigefügt waren, u der Kunde den Inh der AGB nicht kennt (BGH **1**, 86, **33**, 219, NJW **76**, 1887, vgl aber unten d). **Rahmenvereinbarungen** können abw von § 2 II auch auf die jeweilige AGB-Fassg abstellen (aA wohl Ebel BB **80**, 479); der Verwder muß den and Teil aber unverzügl über Neufassgen seiner AGB informieren (MüKo/Kötz Rdn 27).

b) Für die Einbez dch **schlüssiges Verhalten** ist erforderl, daß der Verwder erkennb auf seine AGB verweist u das Verhalten des and Teils bei Würdigg aller Umst als Einverständn gewertet w kann (Ul-Br-He Rdn 80); das ist nicht der Fall, wenn der and dch eine Abwehrklausel seinen Widerspr zu erkennen gibt. Die Verweisg muß das Klauselwerk klar u unzweideut bezeichnen, damit der and Teil in der Lage ist, sich vom Inh der AGB Kenntn zu verschaffen (BGH **102**, 304). Sie muß grdsl währd der Verhandlg über den konkr Vertr erfolgen. Der Hinw bei fr Gesch, auf fr Rechngen od in fr Korrespondenz genügt nicht, ebsowenig Hinw auf Schriftstücke, die nach VertrSchl eingehen (oben Anm 5 b). Bei ständ GeschVerbindg, die aber eine gewisse Häufigk von Vertr voraussetzt (BGH Betr **73**, 1393, Hbg NJW **80**, 1233), können AGB dch wiederholte, auch für den flücht Leser ow erkennb Hinw in Rechngen od ähnl zum VertrBestandt w (BGH **42**, 55, Celle WPM **87**, 1570, krit Philipowski Betr **79**, 248), nicht aber dch Hinw auf der Rücks der Rechng

(Hbg ZIP **84**, 1241), auch nicht dch Hinw in Lieferscheinen, da diese den für die Vertretg des GeschPart zust Pers idR nicht bekannt w (BGH NJW **78**, 2243).

c) Bestätigungsschreiben sind wg ihrer rechtserzeugden Wirkg (§ 148 Anm 3 f bb) ein ausr EinbezTatbestd (Coester Betr **82**, 1551, krit Lindacher WPM **81**, 702). Verweisen sie auf AGB, so w diese mangels Widerspr auch dann VertrInh, wenn sie nicht Ggst der VertrVhdlgen (BGH NJW **78**, 2244, Wo/Ho/Li Rdn 71) od nicht beigefügt waren (BGH **7**, 190, **18**, 216). Auch hier gilt aber der Grds, daß erhebl Abw vom mdl Vereinbarten nicht gedeckt sind (§ 148 Anm 3 d). Das ergibt sich auch aus dem Vorrang der IndVereinbg (§ 4). Abdruck auf der Rücks od bloße Beifügg der AGB ist nicht ausr (RG JW **25**, 779, Düss NJW **65**, 762).

d) Auch im kaufm Verkehr gilt der Grds, daß der Verwder dem and Teil ermöglichen muß, vom Inh der AGB in **zumutbarer Weise Kenntnis** zu nehmen (BGH **102**, 304). Zwar brauchen die AGB dem für den VertrSchl maßgebl Schreiben nicht beigefügt zu w (BGH NJW **76**, 1886, **82**, 1750, Hbg Betr **81**, 470). Der and Teil hat aber, sow es sich nicht um gebräuchl, ihm leicht zugängl Klauselwerke handelt, einen Anspr auf Überlassg od Einsicht in die AGB. Übersendet der Verwder die AGB trotz Aufforderg nicht u sich gem § 242 (Verwirkg dch pflichtwidr Verhalten) nicht mehr auf die AGB berufen (Hamm Betr **83**, 2619). Die AGB müssen für den Dchschnittskunden verständl sein (Anm 3 d). Kaum lesb u drucktechn verwirrd angeordnete AGB w nicht VertrBestand (BGH NJW **78**, 978, 979, Hamm NJW-RR **88**, 944). Das gilt auch für KonnossementsBdggen (BGH VersR **86**, 679), jedoch sind im kaufm Verk insow keine überzogenen Anfordergen zu stellen (Hbg AGBE V Nr 6, Rabe RIW **84**, 589 u TranspR **85**, 83 gg BGH NJW **83**, 2722).

e) Verweisen beide Part auf ihre **widersprechenden** AGB, hielt die fr Rspr idR die letzte Verweisg für entscheidd, da den and Teil diese dch Erbringg der Leistg od Empfang der GgLeistg stillschw gebilligt habe (BGH **LM** § 150 Nr 3 u 6, Köln MDR **71**, 762, sog Theorie des letzten Wortes). Diese Ans vermag nicht zu überzeugen, da den Part auch bei Dchführg des Vertr nicht unterstellt w kann, daß sie mit den AGB des and Teils einverstanden sind. Das gilt insbes dann, wenn beide Teile Abwehrklauseln verwenden (BGH NJW **85**, 1839). IdR ist anzunehmen, daß die AGB beider Teile nur insow VertrBestandt w, als sie übereinstimmen (sog Prinzip der Kongruenzgeltg, iü liegt an sich Dissens (§§ 154, 155) vor; dieser hindert aber nach dem RGedanken des § 6 die Wirksamk des Vertr nicht, sofern die Part den Vertr einverständl dchführen (Ul-Br-He Rdn 98 ff, Staud-Schlosser Rdn 83, ebso die neuere Rspr BGH **61**, 282, Betr **74**, 2466, **77**, 1311, NJW **85**, 1839, Köln Betr **80**, 924, Hamm Betr **83**, 1814, Kblz BB **84**, 1319, krit Ebel NJW **78**, 1033). Bes gilt für den in Verkäufer-AGB vorgesehenen einfachen **Eigentumsvorbehalt:** Da der EigtÜbergang dch einseit Erkl ausgeschl w kann u bei der Auslegg der Erkl des Verkäufers der GesInh seiner AGB berücksichtigt w muß, setzt sich der EigtVorbeh grdsl auch dann dch, wenn die Verkäufer-AGB wg Kollision mit den AGB des Käufers nicht Bestandt des schuldrechtl Vertr w (BGH **104**, 137, Ulmer/Schmidt JuS **84**, 18, v Westphalen ZIP **87**, 1361). Der erweiterte u verlängerte EigtVorbeh wird dagg bei einer Abwehrklausel in den Käufer-AGB nicht VertrInh (BGH NJW **85**, 1839, NJW-RR **86**, 984, de Lousanoff NJW **85**, 2921); unwirks ist aber auch die Ermächtigg zur Weiterveräußerg (BGH NJW-RR **86**, 1379, v Lambsdorff ZIP **87**, 1370).

f) Im kaufm Verk werden AGB ohne bes Hinw VertrInh, sofern die Verwendg von AGB **branchenüblich** ist. Das wird anerkannt für AGB der Banken (BGH NJW **71**, 2127, WPM **73**, 636, Hamm WPM **84**, 1602), KonnossementsBdggen (Rabe RIW **84**, 590, TranspR **85**, 87), kommunale HafenBetr (BGH **LM** AGB Nr 21a), Krankenhäuser (Karlsr NJW **75**, 598), FlughafenUntern (Karlsr VersR **71**, 159) u die ADSp (BGH **LM** HGB 436 Nr 1 Bl 2 R, Mü VersR **68**, 360). Dieser Rspr ist wg der starken VerkGeltg der in Frage stehden AGB auch nach Inkrafttreten der AGBG weiterhin zuzustimmen (so auch BT-Drs 7/3919 S 43). Eine Ausdehng über den Bereich der kommunalen Betr, Versicherer u Kreditinstitute sowie der ADSp ist aber abzulehnen. Keine stillschw Einbez der ADSp, wenn das übertr Gesch nicht zum typ TätigkKreis des Spediteurs gehört (BGH Betr **76**, 382) od wenn eine ins einzelne gehde IndVereinbg getroffen worden ist (BGH NJW **80**, 1275, BB **81**, 1817). Eine Sonderstellg haben die zu **Handelsbrauch** erstarkten AGB. Sie w, ohne daß es einer Einbez bedarf, gem § 346 HGB VertrInh. Als Handelsbrauch anerkannt sind die ADS (Ul-Br-He Rdn 89) u die Tegernseer Gebräuche im Holzhandel (BGH NJW-RR **87**, 94, Kblz BB **88**, 1138), nicht aber die ADSp (RGRK-HGB § 346 Anm 215).

g) Bei **Verträgen mit Auslandsberührung** ist zunächst zu prüfen, ob der Vertr dtschem Recht untersteht (EG 27 ff). Ist das der Fall, gelten für die Einbez grdsl die allg Regeln; erforderl ist ein für den ausl VertrPartner verständl Hinw auf die AGB (Kronke NJW **87**, 992). Er muß in der Vhdlgssprache od in einer Weltsprache erfolgen (s Hbg NJW **80**, 1233, Hamm NJW **83**, 524). GerStandsVereinbgen müssen, soweit einschlg, dem SchriftlichkErfordern des EuGVÜ 17 (EuGH NJW **77**, 494) entspr, SchiedsGerVereinbg ggf Art 2 II UN-Übereinkommen (Lindacher FS Habscheid, 1989, S 167).

AGBG 3 *Überraschende Klauseln.* **Bestimmungen in Allgemeinen Geschäftsbedingungen, die nach den Umständen, insbesondere nach dem äußeren Erscheinungsbild des Vertrags, so ungewöhnlich sind, daß der Vertragspartner des Verwenders mit ihnen nicht zu rechnen braucht, werden nicht Vertragsbestandteil.**

1) Allgemeines. Die Eigenart der EinbezAbrede (§ 2) besteht darin, daß die vorformulierten Klauseln nicht im einz ausgehandelt, sond global zum VertrBestandt gemacht w (§ 2 Anm 1). Der in § 2 normierten EinverständnErkl des Kunden kann daher nicht die gleiche Tragweite beigemessen werden wie einer IndVereinbg. Der Kunde muß vielm darauf vertrauen dürfen, daß sich die AGB im Rahmen dessen halten, was bei Würdigg aller Umst bei Vertr dieser Art zu erwarten ist. Gehen AGB über diese Grenzen hinaus, w sie als überraschde Klauseln von der Einbez nicht erfaßt u nicht VertrInhalt. § 3 enthält damit eine **negative**

Einbeziehungsvoraussetzung. Er entspr im wesentl der bish Rspr: diese gebrauchte jedoch idR das Merkmal „überraschd" ununterscheidb neben dem Kriterium „unangemessen" od „unbillig" (BGH **17**, 3, **33**, 219, **38**, 185, **54**, 109). Infdessen waren die Grenzen zw dem Ausschl überraschder Klauseln (Restriktion der Einbez) u der richterl InhKontrolle nicht mehr zu erkennen. Dies will § 3 ändern (BT-Drs 7/3919 S 19). Für den Schutz vor unbill Klauseln sind die §§ 9ff maßgebd, nicht § 3. Gleichwohl gibt es Überschneidgen zw § 3 u den Klauselverboten der §§ 9ff. So betrifft etwa § 11 Nr 13 u 14 Klauseln, deren Einbez idR schon an § 3 scheitert. § 3 u §§ 9–11 sind nebeneinand anwendb (Vorbem 4d v § 8, str).

2) Voraussetzungen: a) Die Vorschr ist nur bei Klauseln mit einem **starken Überraschungsmoment** anwendb. Die Klausel muß nach den Umst so ungewöhnl sein, daß der Kunde mit ihr keinesf zu rechnen brauchte; ihr muß ein Überrumpelgs- od Übertölpelgseffekt innewohnen (BGH **84**, 113, **100**, 85). Es genügt daher nicht, daß die Klausel unübl ist (BT-Drs 7/3919 S 19). Inhaltl Unangemessenh, die bei AGB weit verbreitet ist, ist gleichf nicht ausr (Karlsr VersR **80**, 432), ands aber auch nicht erforderl. Zw den dch die Umst bei VertrSchl begründeten Erwartgen u dem tatsächl Inh der AGB muß ein deutl Widerspr bestehen. Dabei sind alle Umst zu berücksichtigen, insb das äußere Erscheingsbild des Vertr (BGH **101**, 33), sein dch IndVereinbg festgelegter VertrKern (§ 2 Anm 1), die Höhe des zu leistden Entgelts (Hbg VersR **79**, 154) u die Fassg der VertrUrk, ferner die Werbg des Verwders (BGH **61**, 275) u die dem VertrSchl vorangegangenen Verhdlgen.

b) Ob § 3 anwendb ist, beurteilt sich nach den VerständnMöglichk des regelmäß zu erwartden **Durchschnittskunden** (BGH NJW **81**, 117, **85**, 851). Eine für eine Hausfrau überraschde Klausel kann daher bei Verwendg im HandelsVerk unbedenkl sein. Wußte der Kunde von der Klausel, ist § 3 unanwendb. Das kann angesichts des geringen rechtl „know how" typ Kunden aber nicht ow dann angen w, wenn der Kunde die AGB dchgelesen hat (BGH NJW **78**, 1519, 1520). Bei not Vertr kommt dagg eine Berufg auf § 3 wg BeurkG 13, 17 idR nicht in Frage. And aber, wenn in der not Niederschr auf eine nicht verlesene Urk Bezug gen w (BGH **75**, 21, NJW **89**, 2131). Überraschgseffekt kann dch einen Hinw entfallen (BGH Betr **86**, 2377); er ist auch dann ausgeschl, wenn eine ow zu verstehde Klausel drucktechn so angeordnet ist, daß Kenntnisn dch den Kunden zu erwarten ist (BGH **47**, 210, NJW **81**, 118, krit Lindacher JR **81**, 158). Auch behördl genehmigte AGB können überraschde Klauseln enthalten, wenn das auch nur in AusnFällen zutreffen w.

c) Beispiele (wg der Überschneidg mit der InhKontrolle s auch § 9 Anm 7): Aushöhlg des zugesagten VersSchutzes dch weitgehde Risikoausschlüsse (LG Ffm VersR **77**, 351, LG Bln NJW-RR **89**, 990 krit Schaefer VersR **78**, 4); Wegfall des Krankentagegeldes nach 3-monat ArbLosigk (LG Brem NJW **85**, 868); Mindergr der VersSumme wg fr Entschädiggszahlgen (BGH NJW **85**, 971); im AbfindgsVergl enthaltener Verzicht zGDr (BGH NJW **85**, 970), Aushöhlg der Herstellergarantie dch erhebl Einschränkgen (Hamm MDR **84**, 53, Schünemann NJW **88**, 1946); Kauf einer Sache mit (nicht bes kenntl gemachten) DauerAuftr zur Wartg od Verpfl zum Warenbezug (Kaffeemaschine u Kaffee); Wiederholgsklausel beim befristeten AnzeigenAuftr (BGH NJW **89**, 2255); Klausel, wonach für Leergut neben dem „Pfand" Miete zu entrichten ist (LG Köln MDR **87**, 672); Miete einer Sache mit ErwerbsPfl bei Beendigg der Mietzeit (Sonnenschein NJW **80**, 1493); Klausel, wonach beim Bauherrenmodell die Mieteinnahmen teilw dem TrHänder zustehen (Düss NJW-RR **87**, 48, Hamm BB **86**, 1465); ProvZusage für FolgeGesch in MaklerAGB (BGH **60**, 243); in einem Objektnachw enthaltene ProvRegelg (Hamm NJW-RR **88**, 687); der Werbg u dem Auftreten widerspr VermittlerKlausel in AGB eines Reiseveranstalters (BGH **61**, 275; vgl jetzt § 651a II); Klausel in DarlVorVertr, die BierbezugsPfl auch bei Nichtinanspruchn des Darl begründet (BGH NJW **78**, 1519); Klausel, wonach iF der NichtAbn eines Darl eine Bearbeitgsgebühr zu bezahlen ist (Köln ZIP **80**, 981); Klausel in AGB einer Detektei, wonach neben dem Honorar eine Umlage zu zahlen ist (BGH BB **78**, 637); Klausel, wonach das Höchsthonorar ohne Rücks auf die Schwierigk der Angelegenh berechnet w darf (Düss VersR **84**, 370); Klausel, wonach Chefarzt bis zum 3fachen Höchstsatz der Adgo liquidieren darf (LG Mü NJW **82**, 2130; Einwilligg, daß Operation statt dch Chef-, dch Assistenzarzt dchgeführt w kann (Karlsr NJW **87**, 1489); Regelg, wonach der LeasingNeh bei VertrEnde eine den Restwert der Sache erhebl übersteigde Zahlg zu leisten hat (Karlsr NJW-RR **86**, 1112); Regelg in GrdstKaufVertr, wonach der KaufPr von einem vor VertrSchl liegden Ztpkt ab zu verzinsen ist (BGH Betr **86**, 1519); Gehaltsabtretgsklausel in MöbelkaufVertr (Celle AGBE I Nr 9, Hamm BB **83**, 1305); od in MietVertr (LG Lübeck NJW **85**, 2958); formularmäß Zusicherg des Kunden, er sei Kaufm (BGH **84**, 113); Klausel, wonach sich AntrSt u MitAntrSt zur Aufn weiterer Kredite bevollmächtigen (Ffm NJW **82**, 583); betragsmäß unbegrenzte SichgZweckErkl bei Bürgsch (Düss Betr **84**, 975, und Köln WPM **89**, 1500); Vereinbg eines ausl GerStandes, wenn materiell dtsches Recht angewandt w soll (Düss NJW-RR **88**, 1261). Zur Anwendg von § 3 auf SichergszweckErkl von **Grundschulden** s § 1192 Anm 3k. **Keine** überraschden Klauseln sind: Erstreckg der Bürgsch auf künft Anspr dch eine drucktechn hervorgehobene Klausel (BGH NJW **85**, 848), aber and, wenn die Hervorhebg fehlt (Hamm WPM **85**, 1221); Unterwerfg unter die ZwVollstr dch den Schu der GrdSch (BGH NJW **87**, 904, § 9 Anm 7g); AbtrVerbote (BGH NJW **81**, 117); Verlängerg der 2jähr VOB-Verj auf 5 Jahre (BGH NJW **87**, 852); Beschränkgen des VersSchutzes in der ReisegepäckVers währd der Nachtzeit (Mü NJW **83**, 53); die Pfand- u SichgKlausel in AGB der Banken § 19 II (BGH NJW **83**, 2701). Die Mehrzahl der fr mit dem Überraschgskriterium gelösten Fälle (zB BGH NJW **77**, 195, LeasingVertr, Freizeichng von einer HauptPfl) ist nunmehr der InhKontrolle (§§ 8 ff) zuzuordnen.

d) Die **Beweislast** obliegt dem, der sich auf § 3 beruft, idR also dem Kunden. Behauptet der Verwder, er habe den Kunden auf eine Klausel bes hingewiesen, so ist er hierfür bewpflichtig (BGH NJW **78**, 1519, 1520).

AGBG 4 **Vorrang der Individualabrede.** Individuelle Vertragsabreden haben Vorrang vor Allgemeinen Geschäftsbedingungen.

Erster Abschn. Sachl.-rechtl. Vorschr. 1. Allg. Vorschr. **AGBG 5** 1–3

AGBG 5 *Unklarheitenregel.* Zweifel bei der Auslegung Allgemeiner Geschäftsbedingungen gehen zu Lasten des Verwenders.

1) Allgemeines: Die **Auslegung** von AGB richtet sich grdsl nach den für RGesch geltden allg Regeln der §§ 133, 157 (Wo/Ho/Li u MüKo/Kötz jeweils § 5 Rdn 1). Auch bei Anwendg der §§ 133, 157 können die einseit festgelegten AGB aber nicht schemat mit IndVereinbgn gleichgestellt w; Rspr u Lehre haben vielm für AGB bes Ausleggsregeln herausgebildet, die deren Eigenart Rechng tragen (Anm 2–5). Das Ges übernimmt zwei dieser Grds in die §§ 4 (Vorrang der IndAbrede) u 5 (Unklarheitenregel) u läßt die übr von der Rspr entwickelten Ausleggsregeln unberührt (BT-Drs 7/5422 S 5).

2) Vorrang der Individualabrede (§ 4). Er war schon im fr Recht allg anerkannt (BGH VersR **82**, 490) u ist Ausdr des funktionellen RangVerh zw IndVereinbg u AGB (Trinkner FS Cohn, 1975, S 191, str, aA Ul-Br-He Rdn 7). AGB sollen als vorformulierte generelle Regeln (als Ers des abbedungenen dispositiven R) die von den Part getroffene IndAbrede ausfüllen u ergänzen. Sie dürfen aber die im EinzFall ausgehandelte rgeschäftl Einigg nicht zunichte machen od aushöhlen. Sie können sich aus mdl Abreden, aber auch aus handschriftl od maschinenschriftl Einfüggen ergeben (BGH NJW **87**, 2011). Mögl ist auch, daß sie konkludent getroffen w (BGH NJW **86**, 1807). Zw § 4 u den KlauselVerboten der §§ 9ff bestehen Überschneidgen. So betreffen die §§ 10 Nr 4, 11 Nr 1, 11 u 14 Klauseln, die idR schon wg § 4 nicht VertrBestandt w. –
a) Klauseln, die in **direktem Widerspruch** zur IndVereinbg stehen, sind unwirks. Das gilt auch bei einem Konflikt mit handschriftl Zusätzen (BGH NJW **69**, 1626). Ggü der beim Kauf gegebenen RepZusage ist der GewlAusschl in AGB ohne Wirkg (BGH Betr **71**, 2208). Bestellt Kunde ausdr eine ganz best Ware, w die zG des Verwders vorgesehene formularmäß Ersetzgsbefugn nicht VertrInhalt (BGH NJW **70**, 992 u jetzt § 10 Nr 4). Behandeln die Part zwei Konten als Einh, ist Trenngsklausel in AGB unbeachtl (BGH LM HGB 355 Nr 3 Bl 2 R). Soll AuftrGeb zum DirektVerk des Grdst berecht bleiben, ist AlleinAuftrKlausel in MaklerAGB ggstlos (BGH **49**, 87).

b) Auch bei einem nur **mittelbaren Widerspruch** hat die IndAbrede Vorrang (Karlsr VersR **84**, 830). Vertragl Zusichergen von best Eigensch können daher nicht dch formularmäß GewlAusschlKlauseln zunichte gemacht w (BGH **50**, 206 u § 9 Anm 4), die Vereinbg einer best Lieferzeit nicht dch eine Klausel, wonach Liefertermine unverbindl seien (BGH WPM **84**, 1317, Saarbr BB **79**, 1064, Stgt ZIP **81**, 976), eine PrVereinbg nicht dch Klausel, wonach zusätzl MWSteuer zu entrichten ist (Sonnenschein NJW **80**, 1494), eine Festpreisabrede nicht dch eine in AGB enthaltene Lohngleitklausel (Celle NJW **66**, 507) od dch einen in den AGB in Bezug genommenen Kostenanschlag (Nürnb MDR **77**, 77). Eine spezielle Haftgsregelg im IndVertr hat Vorrang vor der HaftgsBeschrkg gem ADSp (BGH VersR **77**, 516); die Abrede über Behandlg in der 3. Pflegeklasse zum übl Pflegesatz geht formularmäß Klausel über LiquidationsR des Klinikchefs vor (LG Saarbr NJW **77**, 1496). Wird Sicherh für best Fdg gegeben, kann Haftg nicht dch formularmäß Klausel auf and Anspr ausgedehnt w (Kümpel WPM **77**, 704, aA BGH WPM **58**, 722). Gibt Kunde Scheck ausdr nur zum Einzug u zur Gutschr, kann Bank aGrd ihrer AGB nicht Eigt an dem Scheck beanspruchen (aA BGH **69**, 29). Hat die Bank einen Kredit dch Übereign eines Kfz sichern lassen, kann sie nicht aufgrund einer formularmäß Klausel ein PfandR am Kontoguthaben ihres Kunden beanspruchen (aA Mü WPM **82**, 550). Unzul ist es auch, wenn den von den Part abgegebenen WillErkl dch AGB eine Bedeutg beigelegt w, die sich in Widerspr zu dem geäußerten Willen setzt. Wer als Vertreter eines and auftritt, also nicht sich, sond den Vertretenen verpfl will, kann daher nicht dch AGB mit einer persönl Haftg belastet w (LG Bln NJW **69**, 141 mAv Schmidt-Salzer, für den entschiedenen Fall vgl aber jetzt § 1357 nF); § 11 Nr 14 hat daher nur klarstellde Bedeutg. Formularmäß Klauseln können der tatsächl erteilten BankAusk nicht den Charakter einer solchen nehmen (BGH **49**, 171). Dagg soll zw einer Skontoabrede u einer Vorschußklausel kein Widerspr bestehen (BGH NJW **81**, 1959).

c) Der Vorrang der IndVereinbg gilt auch ggü der **Schriftformklausel;** diese kann an der RVerbindlichk der höherrang individuellen mdl Absprachen nichts ändern (BGH NJW **86**, 3132, Karlsr OLGZ **79**, 434, KG Betr **80**, 2033, Karlsr NJW **81**, 405, str, aA BGH NJW **80**, 235, s aber auch BGH NJW **83**, 1853). Die Entstehgsgeschichte des Ges steht dieser Beurteilg nicht entgg. Der BT hat weder den Vorschlag des RegEntw (BT-Drs 7/3919 § 9 Nr 17), ausdr der mdl Abrede den Vorrang zu geben, noch den ggteil Vorschlag der CDU (BT-Drs 7/3200 § 3 II) übernommen, sond die Frage der Rspr überlassen. Die Unwirksamk der Schriftformklausel ergibt sich zugl auch aus § 9 (Ffm WPM **81**, 599, Karlsr NJW **81**, 406, Köln MDR **83**, 1025, aA BGH NJW **82**, 333). Das erkennt für die Mehrzahl der Fälle auch der BGH an, so etwa wenn der Verwder ein EinmannBetr ist (BGH NJW **83**, 1853), wenn die Verbindlichk von Zusagen hins der Reparaturzeit von einer schriftl Bestätigg abhäng gemacht w (BGH NJW **82**, 1389), wenn nach der Klausel entgg § 125 Anm 4d auch nachträgl Ändergen unwirks sein sollen, obwohl die Part übereinstimmd die Maßgeblichk des mdl Vereinbarten wollen (BGH NJW **85**, 322, **86**, 1809).

d) Hat der **Vertreter** eine dem Umfang nach beschränkte Vertretgsmacht u ist ihm jegl Abw vom VertrMuster untersagt, steht der RWirksamk der mdl Abrede zwar nicht § 125, uU aber die fehlde Vertretgsmacht entgg (Karlsr NJW **81**, 405). Die Vollm kann sich jedoch aus HGB 54ff (BGH NJW **82**, 1390) od den Grds über die Duldgs- od AnschVollm (§ 173 Anm 4) ergeben. Fehlt Vollm, gelten für den ganzen Vertr die §§ 177ff (Lindacher JR **82**, 1). Der Kunde wird an den schriftl Text nicht gebunden; er kann iF der NichtGen vom Vertreter VertrErf zu den von den AGB abw Bdggen fordern. Unberührt bleibt der Grds, daß VertrUrk die Vermutg der Vollständigk u Richtigk für sich h (§ 125 Anm 5).

3) Objektive Auslegung. AGB sind eine generelle Regelg für eine Vielzahl von Vertr (§ 1). Für ihre Auslegg sind daher nicht die Abs der Part des EinzVertr entscheidd, es sei denn, daß sich der Vorrang der IndAbrede auswirkt (Anm 2). Maßgebd ist vielm der obj Inh u der typ Sinn der Klausel; AGB sind ausgehd von den VerständnMöglichk eines rechtl nicht vorgebildeten Dchschnittskunden **einheitlich** so auszulegen, wie sie von verständ u redl VertrPart unter Abwägg der Interessen der normalerw beteil Kreise verstanden w (BGH **7**, 368, **77**, 118, **79**, 119, NJW **87**, 2867, hM, stRspr, str, für die Berücksichtigg von einzelfallbezogenen Umst Wo/Ho/Li § 5 Rdn 6 mwN). Ausleggsmittel, die sich dem typweise an

2363

Gesch dieser Art beteil Dchschnittskunden verschließen, dürfen (and als bei der Ausleg von RNormen) nicht herangezogen w (BGH 60, 177, Betr 78, 629). Bei der Ausleg von AVB ist daher auf einen dchschnittl VersNeh ohne versicherungsrechtl Spezialkenntn abzustellen (BGH 84, 273). Für die Ausleg einer Mietkautionsabrede kann (entgg BGH 84, 350) nicht ausschlaggebd sein, wie das jurist Schrifft die Verzinslichk der Kaution im Ztpkt des VertrSchl beurteilt hat. And als bei der IndVereinbg kommt es nicht auf das Ergebn im EinzelFall, sond darauf an, daß das AusleggsErgebn als allg Lösg des stets wiederkehrden InteressenGgs angem ist (BGH 60, 380). In AGB verwendete RBegr sind idR entspr ihrer jur Fachbedeutg zu verstehen (BGH 5, 367, Betr 69, 1146, Stgt VersR 83, 745); iü kommt es auf den allg Sprachgebrauch an, bei FachBegr außerh des allg Sprachgebrauchs auf die fachwissenschaftl Bedeutung (MüKo/Kötz Rdn 3).

4) Unklarheitenregel (§ 5). – a) Die schon im fr Recht allg anerkannte UnklarhRegel (BGH 5, 115, 62, 89) beruht auf dem Gedanken, daß es Sache des Verwders ist, sich klar u unmißverständl auszudrücken. § 5 gilt auch für kollektiv ausgehandelte sowie behördl empfohlene od genehmigte AGB (Wo/Ho/Li Rdn 21; er ist auch im kaufm Verk anzuwenden (BGH NJW-RR 88, 114). Es genügt für seine Anwendg nicht, daß Streit über die Ausleg besteht (BGH Betr 78, 629, 79, 540, 542). Vorausetzg ist vielm, daß nach Ausschöpfg der in Betr kommden Ausleggsmethoden ein nicht behebb Zw bleibt u mindestens zwei Ausleggen rechtl vertretb sind (BGH **LM** § 157 A Nr 14, NJW **84**, 1818). Die fr geübte Praxis, die UnklarhRegel außerh ihres eigentl Anwendungsbereichs als ein Mittel verdeckter InhKontr einzusetzen, ist nicht mehr zu rechtf. So kann etwa die Klausel „gekauft wie besichtigt u unter Ausschl jeder Gewährleistg" nicht als unklar, sond allenf gem §§ 9ff beanstandet w (BGH 74, 385, NJW 77, 1055). Ausleggsmöglichk dürfen nur dann als entfernt liegd unberücksichtigt bleiben, wenn sie ggü einem Dchschnittskunden nicht dchsetzb sind (Bunte NJW **85**, 600 in krit Auseinandersetzg mit BGH **93**, 29). Ist die Klausel nicht nur in den Randzonen, sond in ihrem Kernbereich unklar, ist sie sowohl nach § 9 (dort Anm 2i) als auch gem § 2 I Nr 2 **unwirksam** (§ 2 Anm 3d, im Ergebn auch BGH NJW **85**, 53, 56, der zu Unrecht § 5 als UnwirksamkGrd ansieht). Einzelne **Anwendungsfälle:** Nebeneinand von GewLRegelg u Herstellergarantie (BGH 79, 119, § 11 Anm 10 vor a cc); von VOB/B u ZVB (LG Ffm NJW-RR 88, 917); Hinweis auf ein gesetzl WiderrufsR (BGH NJW **82**, 2314); Sicherg künft Fdgen „aus jedem RGrd" (BGH **101**, 34); Regelg von „Nebenkosten" in einem MietVertr (LG Braunschweig AGBE III Nr 8); Leistgsbeschreibg in AVB (BGH NJW **86**, 431, AG Bln VersR **83**, 51): Mietgarantie beim Bauherrnmodell (Celle NJW-RR **88**, 119); Umfang der Mithaftg bei Verwendg einer FamZusatzkreditkarte (LG Wiesb WPM **84**, 994). – **b)** Im **Verbandsprozeß** (AGBG 13) ist die UnklarhRegel **umgekehrt** anzuwenden. Sow Zw verbleiben, ist von der Ausleg auszugehen, die zur Unwirksamk der Klausel führt. Maßgebd ist also die scheinb kundenfeindlichste Ausleg (BGH 91, 61, 95, 353, NJW **85**, 1705, 2330, stRspr); für Berücksichtig dieser AnwendgsAlt auch im IndProz Wo/Ho/Li Rdn 26. Auch im VerbandsProz ist § 5 aber eine nachrang Ausleggsmaxime; sie darf erst angewandt w, wenn die Ausleg gem §§ 133, 157, die neben dem Wortlaut auch die Systematik u den Zweck der Regelg zu berücksichtigen hat, zu keinem eindeut Ergebn führt (Heinrichs RWS-Skript 157 S 36). – **c)** Eine **ergänzende Auslegung** ist auch bei AGB mögl (BGH **54**, 115, **92**, 363, Hbg GRUR **89**, 591, aA Rüßmann BB **87**, 843). Auch sie darf aber nicht mehr iS einer verdeckten InhKontrolle angewandt w. Sie tritt außerdem hinter § 6 zurück. Ist eine Lücke dch NichtEinbez od Unwirksamk von AGB entstanden, gilt § 6, der nur ausnahmsw Raum für eine ergänzde Ausleg läßt (§ 6 Anm 3). Diese hat in allen Fällen auf die Interessen beider Part Rücks zu nehmen (Düss AGBE II Nr 3). Unzul ist eine ergänzde Ausleg, die unbill Klauseln soweit entschärft, daß sie der InhKontrolle gerade noch standhalten (BGH **62**, 89, **72**, 208, Vorbem 3 b v § 8).

5) Prinzip der dem Kunden günstigsten Auslegung. Einschrkgen von gesetzl normierten Rechten sind iZw eng auszulegen (Heinrichs RWS-Skript 157 S 32, krit Sambuc NJW **81**, 313). Dieser sog RestriktionsGrds (Erm-Hefermehl Rdn 6) u die UnklarhRegel ergänzen sich zu dem Prinzip, daß iZw die dem Kunden günstigere Ausleg der Vorzug zu geben ist (Schlesw WPM **85**, 86). Dieses ist bei der Ausleg von Freizeichnungsklauseln anerkannt (§ 276 Anm 5 B a a), gilt aber auch sonst, so etwa für versicherungsvertragl AusschlKlauseln (BGH AGBE V Nr 8).

6) Revisibilität. Die Ausleg von AGB ist in der RevInstanz voll nachprüfb, sofern ihr Anwendgsbereich über den Bezirk eines OLG hinausreicht (BGH **22**, 112, **47**, 220, **98**, 258, stRspr). Das gilt ebso, wenn die zu beurteilde Klausel mit denen in and OLG-Bezirken übereinstimmt (BGH NJW **74**, 1136, **85**, 1220), nicht aber für ausl AGB (BGH **49**, 362, Betr **86**, 1063) od für AGB der DDR (BGH NJW-RR **87**, 43).

AGBG 6 Rechtsfolgen bei Nichteinbeziehung und Unwirksamkeit.

I Sind Allgemeine Geschäftsbedingungen ganz oder teilweise nicht Vertragsbestandteil geworden oder unwirksam, so bleibt der Vertrag im übrigen wirksam.

II Soweit die Bestimmungen nicht Vertragsbestandteil geworden oder unwirksam sind, richtet sich der Inhalt des Vertrages nach den gesetzlichen Vorschriften.

III Der Vertrag ist unwirksam, wenn das Festhalten an ihm auch unter Berücksichtigung der nach Absatz 2 vorgesehenen Änderung eine unzumutbare Härte für eine Vertragspartei darstellen würde.

Schrifttum: Neumann, Geltgserhalde Reduktion u ergänzde Ausleg von AGB, 1988; Medicus RWS-Forum 2, 1987, S 83; Schmidt, VertrFolgen der Nichteinbiehg u Unwirksamk von AGB, 1986; Witte, InhKontrolle u deren RFolgen, 1983.

1) Allgemeines: Nach § 139 hat die Nichtigk eines Teils eines RGesch die GesNichtigk zur Folge, wenn nicht ausnw anzunehmen ist, daß es auch ohne den nichtigen Teil vorgen worden wäre. Diese Regel paßt für AGB nicht. Sie berücksichtigt das Schutzbedürfn des Kunden nicht, der idR an Aufrechterhaltg des Vertr *interessiert ist, nach § 139 aber bereits bei Unwirksamk einer einz Klausel die Rückgängigmachg des Vertr* befürchten müßte. § 6 best daher, daß der Vertr wirks bleibt, wenn AGB ganz od teilw nicht VertrBestandt geworden od unwirks sind.

Erster Abschn. Sachl.-rechtl. Vorschr. 1. Allg. Vorschr. **AGBG 6, 7**

2) Wirksamkeit des Vertrages. Sie bleibt nach I in zwei Fallgruppen unberührt: **a) Nichteinbeziehung** der AGB in den Vertr. Dabei ist gleichgült, ob die EinbezVereinbg nicht zustande kommt (§ 2), dch § 3 beschr w od unwirks ist. § 6 I ist daher auch bei formrichtl EinbezVereinbg anwendb, ebso iF der Anf (Vorbem 4f vor § 8). Ist eine AGB-Klausel wg des Vorrangs der IndVereinbg (§ 4) ohne Wirkg, ist § 6 unanwendb. Es gilt die IndVereinbg mit dem sie ergänzden dispositiven Recht. – **b) Unwirksamkeit** der AGB. Sie ergibt sich idR aus §§ 9–11 u betrifft grdsl die **Klausel im ganzen,** nicht nur den gg das Klauselverbot verstoßenden Teil (Einf 3b v § 8). Das bedeutet idR, daß anstelle der unwirks (nichteinbez) Klausel das dispositive Recht tritt, vielf in der Weise, daß die Klausel ersatzlos entfällt (s BGH NJW **85**, 852). Zu den gesetzl Vorschr iSd II gehören auch die von Rspr u Lehre herausgebildeten ungeschriebenen RGrds. Fehlen für eine Ergänzg des VertrInh geeignete Vorschr u ist die ersatzlose Streichg keine interessengerechte Lösg, etwa bei einem im Ges nicht geregelten VertrTyp, so bleibt der Vertr vorbehaltl III gleichwohl wirks. Die Lückenausfüllg erfolgt gem § 157 (sow erforderl unter Heranziehg von §§ 242, 315) nach den Grds der **ergänzenden Vertragsauslegung** (BGH **90**, 74, NJW **85**, 621, 2587, Schmidt aaO S 178, Schlachter JuS **89**, 813, aA Rüßmann BB **87**, 843, E. Schmidt JuS **87**, 935). Dabei ist auf den Willen u die Interessen der typw am VertrSchl Beteiligten abzustellen. Beispiele: Unwirks KündAusschluß in einem InternatsVertr (BGH NJW **85**, 2585); unwirks KündFr in einem atyp Vertr (BGH ZIP **89**, 940); unwirks Bindgsdauer in einem DirektunterrichtsVertr (Karlsr AGBE V Nr 13); unwirks GarantieErkl (BGH NJW **88**, 1728); unwirks Vergütgsregelg (Düss NJW-RR **87**, 49); unwirks PrAnpassgsklausel in MietVertr über Fernmeldeanlagen (BGH ZIP **89**, 1196); unwirks Regelg der Abschlußzahlg in einem LeasingVertr (BGH **82**, 131). Dch ergänzde VertrAuslegg ist auch die dch die NichtigErkl der Tagespreisklausel im KfzNeuwagenGesch entstandene Regelgslücke zu schließen, u zwar iS eines ErhöhgsR des Verwders u eines RücktrittsR des Kunden (BGH **90**, 78, NJW **85**, 621, weitere Nw 43. Aufl). Ist die eine FestPrVereinbg ergänzde Erhöhgsklausel unwirks, verbleibt es aber grdsl beim FestPr (BGH **94**, 342). Auch wenn die Freizeichnungsklausel für einen Gefahrentrainingskurs unwirks ist, gilt das dispositive Recht (BGH **96**, 26). Sind zusätzl Bdggen zu einem VOB-Vertr unwirks, ist auf die VOB als Reserveordng zurückzugreifen (Lenzen BauR **85**, 261). Ist die formularmäß Entgeltsregelg nicht wirks einbezogen, wird das ortsübl od angem Entgelt geschuldet (Hamm BB **86**, 1465). Sog **salvatorische** Klauseln, wonach iF der Unwirksamk nicht das dispositive Recht, sond eine Regelg maßgebd sein soll, deren wirtschaftl Erfolg dem der unwirks sow wie mögl entspr, sind wg Verstoßes gg II nichtig (LG Dortm AGBE I Nr 11, LG Köln NJW-RR **87**, 886, Heinrichs RWS-Skript 157 S 46, aA Garrn JA **81**, 151). Gleichf unwirks sind ErsatzAGB, die bei Unwirksamk der ErstRegelg hilfsw gelten sollen (Mü NJW-RR **88**, 796, s Fell ZIP **87**, 690). II kann nur dch IndVereinbg, **nicht durch formularmäßige Klauseln abbedungen** w (§ 7 Anm 1, differenzierd Witte aaO S 287 ff). Vgl auch Vorbem 3c v § 8.

4) Gesamtnichtigkeit tritt ein, wenn das Festhalten an dem gem II geänderten Vertr für eine der VertrPart eine unzumutb Härte darstellen würde (III). Das w nur in seltenen AusnFällen zutreffen. Bei DauerSchuldVerh ist vorweg zu prüfen, ob die KündR aus wicht Grd (Einf 5b v § 241) ausr, um Härten auszugleichen. – **a)** Auf seiten des **Verwenders** führt die Unwirksamk (NichtEinbez) der AGB dchweg zu einer Verschlechterg seiner RStellg. Das ist aber sein Risiko u rechtf grdsl nicht die Anwendg von III. Auch wenn die Einbeziehg von AVB scheitert, tritt iZw keine GesNichtigk ein (BGH NJW **82**, 824). Für den Verwder kann eine unbill Härte idR nur dann angen w, wenn dch den Wegfall der AGB ein derart auffäll Mißverhältn zw Leistg u GgLeistg entsteht, daß ihm das Festhalten am Vertr nicht mehr zugemutet w kann. – **b)** Für den **Kunden** bedeutet die Nichtanwendbark der AGB prakt immer eine Verbesserg seiner RPosition. Eine unbill Härte kann sich aber daraus ergeben, daß der nach Wegfall der AGB maßgebde VertrInh aus der Sicht des Kunden unklar ist u Ungewißh u Streit über die beiderseit Rechte u Pflten droht. Das kann zutr, wenn bei einem gesetzl nicht geregelten VertrTyp alle od die Mehrzahl der AGB entfallen (insow gelten die Grds von BGH **51**, 55, NJW **83**, 160 weiter, s BGH NJW **85**, 54). – **c)** Enthalten die nichteinbez AGB die Festlegg des **Entgelts** od die Leistgsbeschreibg (§ 8), kann die Lücke uU dch Abstellen auf das übl od angem Entgelt (den entspr Leistgsumfang) geschl w (§§ 157, 316). Ist dies nicht mögl, tritt GesNichtigk ein. – **d)** Ist der Vertr gem § 6 III nichtig, steht dem Kunden idR ein **Schadensersatzanspruch** wg c. i. c. zu (Vorbem 3c vor § 8).

AGBG 7 **Umgehungsverbot.** Dieses Gesetz findet auch Anwendung, wenn seine Vorschriften durch anderweitige Gestaltungen umgangen werden.

1) Allgemeines: Wie insb die Erfahrg mit dem AbzG zeigt, sind SchutzVorschr zG des wirtschaftl Schwächeren häuf Umgehgsversuchen ausgesetzt. Im bürgerl R gibt es keines geschriebenen allg Grds, der derart Versuchen enttgwirkt (vgl aber § 134 Anm 4). Der GesGeber hat daher (abw vom RegEntw) im § 7 ausdr ein Umgehgsverbot aufgen. Aus ihm ergibt sich zugl, daß die Vorschr des Ges **zwingendes Recht** sind (Müller-Graff JZ **77**, 248). Sie sind einer Änd dch formularmäß Klauseln entzogen, können aber uU (je nach dem Schutzzweck der Norm) dch IndVereinbg abgeändert werden (*arg* § 1 II).

2) Anwendungsbereich: Wg der weiten Fassg des Ges, insbes der §§ 1 u 9, u seines Schutzzweckes kann UmgehgsVersuchen idR schon dch Auslegg begegnet w. Diese hat den Vorrang vor einer Anwendg des

2365

§ 7. Ob eine Umgeh vorliegt, entscheidet eine vom Zweck des Ges ausgehde wirtschaftl Betrachtg. Eine Umgeh ist zu bejahen, wenn eine vom Ges verbotene Regelg bei gleicher Interessenlage dch eine and rechtl Gestaltg erreicht w soll, die obj nur den Sinn haben kann, dem gesetzl Verbot zu entgehen (Stgt AGBE II Nr 1). Es genügt das Vorliegen der obj Voraussetzgen, eine UmgehsAbs ist nicht erforderlich (Ul-Br-He Rdn 5, AbzG § 6 Anm 2aaa). Gleichgült ist, ob der UmgehgsVersuch das Ges im ganzen betrifft od eine einz Vorschr. Eine Umgeh kann vorliegen, wenn ein GroßBetr seine Abnehmer veranlaßt, ihm die von ihm selbst entworfenen AGB „zu stellen". Sie ist auch dch Benutzg von Gestaltgsmöglichk des Vereins- od GesellschR (Ausn in § 23 I) denkb (Warenabsatz auf gesellschr Grdlage), ferner iF des § 12 dch einen VertrSchl währd einer Kaffeefahrt ins Ausl. Die Umgeh einz Vorschr kommt insb bei den Klauselverboten der §§ 10, 11 in Betracht, so etwa bei § 11 Nr 2a (BGH NJW 85, 852, ZIP 86, 831).

2. Unterabschnitt. Unwirksame Klauseln

Vorbemerkung

1) Allgemeines. Für AGB sind schärfere InhSchranken notw als die allg Grenzen der VertrFreih (§§ 134, 138), weil der Verwder für die vorformulierten Klauseln allein die Freih inhaltl Gestaltg (Einf 3c vor § 145) in Anspr nimmt u den Kunden auf die AbschlFreih (Einf 3b vor § 145) beschr (BGH NJW 76, 2346). In einer sozialstaatl Ordng muß gewährleistet sein, daß der Kunde dch AGB nicht unangem benachteiligt w (Einf 1 vor § 1). Zur Erreichg dieses Zieles sieht das Ges einen umfangreichen Katalog verbotener Klauseln vor (§§ 10, 11). Eine kasuistische Regelg dieser Art ist notw lückenh. Der Verbotskatalog w daher dch eine Generalklausel (§ 9) ergänzt. Sie bildet das Kernstück des Ges: Sie legt den Maßstab der InhKontrolle fest u ist zugl allg Auffangtatbestd. Für die **Reihenfolge der Prüfung** gilt, daß zunächst die Verbote des § 11 (keine Wertgsmöglichk) heranzuziehen sind, dann die des § 10 (mit Wertgsmöglichk), dann § 9 II, u erst zuletzt § 9 I (Hbg WPM 78, 1360). Die InhKontrolle setzt begriffl voraus, daß die AGB VertrInh geworden sind. Die §§ 2–4ff sind daher vor den §§ 9ff zu prüfen, der Richter kann aber die mit §§ 2ff zushängden Fragen offen lassen u die Klausel gem §§ 9ff für unwirks erklären (unten Anm 4d).

2) Anwendungsbereich. a) Er ergibt sich aus der in § 1 enthaltenen weitgefaßten BegrBestimmg. Er geht dch die ausdr Einbez von FormularVertr jeder Art u kurzen (ledigl aus einer Klausel bestehenden) AGB erhebl über die Grenzen hinaus, in denen die Ger fr InhKontrolle ausgeübt haben. Vorformulierte GrdstKaufVertr, MietVertr, BauträgerVertr, KreditVertr unterliegen ebso der InhKontrolle wie AGB ieS (vgl jü Anm zu § 1). Wg der SchutzVorschr des § 9ff stehen die VertrPart von KlauselVerwdern viel besser als bei Abschl einer IndVereinbg, für die ledigl die InhSchranken der §§ 134, 138 gelten. – **b) Ausnahmen** vom sachl Anwendgsbereich ergeben sich aus §§ 8 u 23 (vgl dort). Werden AGB ggü **Kaufleuten** für HandelsGesch od ggü jur Pers des öffR verwandt, ist nach § 24 allein die Generalklausel des § 9 Grdl der InhKontrolle, die Verbotskataloge der §§ 10 u 11 finden keine Anwendg (vgl näher § 9 Anm 5). – **c) Unanwendbar** sind die §§ 9ff, soweit vertragl od verträhnl SchuldVerh dch **Rechtsnormen** (Ges, VO, Satzg) geregelt sind. RSätze, auch rangniedere, sind begriffl keine AGB (§ 1 Anm 1). Eine InhKontrolle ist daher nicht statth ggü den in AGB erlassenen AVersorgB (BGH NJW 87, 1623, § 27 Anm 1), ABefördB für den LinienVerk vom 27. 2. 1970, BGBl I S 230 (VO gem PersBefördG 58 I Nr 3, Loh BB 70, 1017 u § 23 Anm 2bcc), KVO (VO gem GüKG 20a BVerfG VRS 23, 321, BGH VersR 59, 502). Bei Anstalten u Betr der **öffentlichen Hand** ist zu unterscheiden: Ist ihre Benutzg öffr ausgestaltet, ist das AGBG grdsl unanwendb; die für das RVerh maßgebden Bdggen des öffR müssen aber den Grds der Erforderlichk u Verhältnismäßigk genügen (BGH 61, 13, Götz JuS 71, 349, Rüfner DÖV 73, 809). Kommt das BenutzgsVerhältn nicht dch VerwAkt, sond dch einen öffr Vertr zustande (Einf 7 vor § 305), gelten aber über VwVfG 62 die Vorschr des AGBG entspr (Stober DÖV 77, 398, Baur FS Mallmann, 1978 S 33). Handelt es sich um privrechtl ausgestaltete BenutzgsVerh, ist das AGBG anwendb, wenn das RVerh nicht dch Ges od aGrd gesetzl Ermächtigg dch VO od Satzg geregelt ist (§ 1 Anm 1, aA AG Cuxhaven NJW-RR 89, 990). Die öff Hand, die den sonst KlauselVerwdern in der mißbräuchl Überwälzg von Risiken um nichts nachsteht, ist damit von den SchutzVorschr der §§ 9ff weitgehd freigestellt. Da sie idR zw einer privr u öffr Ausgestaltg des BenutzgsVerh wählen u eine Regelg der RVerh dch VerwAkt vorsehen kann (Einf 7 vor § 305), kann sie auch die Einrichtgen dem AGBG entziehen, deren Benutzg bish dch AGB geregelt ist. Das ist eine bedauerl Lücke im Schutz ggü mißbräuchl Klauseln. Der für Unternehmgen der öff Hand vom DJT gefaßte Beschl (NJW 74, 1988) ist daher bislang nicht erf. – **d)** Das Schrifttt tritt zT dafür ein, den Anwendgsbereich der richterl InhKontrolle auf **alle Fälle typischer Ungleichgewichtslagen** auszudehnen, auch wenn die Voraussetzgen der AGB-Definition nicht erf sind (Kramer ZHR 146, 175, Wiedemann FS Kummer, 1980, 175). Eine solche Ausdehng entspr nicht der *lex lata* u läßt sich ggü der gesetzl Neuregelg auch nicht als RFortbildg rechtfertigen (Ulmer DNotZ 81, 96). Unangem formelhafte Bdggen in **notariellen Verträgen,** die nicht ausgehandelt worden u ohne ausr Erörterg u Belehrg zustande gekommen sind, können aber nach der Rspr des BGH gem § 242 beanstandet w (BGH 101, 352, NJW 84, 2094, 86, 2824, Walchshöfer RWS-Forum 2 S 167, aA Roth BB 87, 977, Kanzleiter DNotZ 89, 301, Brambring DNotZ 88, 296, Medicus Jur StuGesellsch Regensbg Heft 2, Tönnies VersR 89, 1025). Der BGH beschränkt die auf § 242 gestützte InhKontrolle auf GewLRegelgen in Vertr über neu errichtete Häuser u EigtWo (BGH 101, 352) sowie auf Vertr über die Umwandlg von Altbauten in EigtWo (BGH NJW 88, 1972, 89, 2748); das KG (ZIP 89, 924) will aber nunmehr auch formelhafte VertrStrafVerspr einbeziehen. Beim Verkauf von Altbauten ist ein formelhafter GewLAusschluß dagg nicht zu beanstanden (BGH 98, 108, NJW 89, 2536). Weiterhin zul ist die auf § 242 gestützte InhKontrolle auch bei ArbVertrBdggen u GesellschVertr mit Publikum-KGs (§ 24 Anm 2).

3) Rechtsfolgen: a) Verstößt eine Klausel gg § 9 od eines der Verbote der §§ 10, 11, ist die Klausel unwirks, der Vertr iü dagg grdsl wirks (§ 6). Die **Unwirksamkeit** (= Nichtigk vgl Übbl 4a vor § 104) ist vAw zu beachten. Zu ihrer Heilg bedarf es entspr § 141 einer Bestätigg dch eine IndVereinbg (BGH Betr **84**, 1673). Das Versprechen, den Anspr aus der unwirks Klausel zu erfüllen, genügt nicht (BGH WPM **82**, 113). Stillschw Bestätigg kann nur bei Kenntn von der Unwirksamk angen w (BGH Betr **77**, 158). Auch das **Grundbuchamt** muß die Nichtigk beachten (Celle Rpfleger **79**, 261, LG Stgt JZ **77**, 760, Schmid BB **79**, 1663, Staud-Schlosser Rdn 11; im Ergebn auch BayObLG NJW **80**, 2818; stark einschränkd Köln NJW-RR **89**, 780; aA Hamm OLGZ **80**, 92, differenzierd Schmidt Rpfleger **87**, 133, offen gelassen v BGH NJW **80**, 1625, Karlsr Rpfleger **87**, 412). Eine PrüfgsPfl besteht aber nur im Rahmen der allg VerfGrds der GBO, dh nur dann, wenn sich anhand der eingereichten Unterlagen der Verdacht aufdrängt, die in einer EintrBewilligg in bezug genommenen AGB könnten unwirks sein (s BayObLG, Schmid u Staud aaO).

b) Verstößt der Inhalt einer AGB-Klausel teilw gg die §§ 9ff, so ist die Klausel grdsl **im ganzen unwirksam** (BGH **84**, 114, **96**, 25, **106**, 267, stRspr, jetzt allgM). Das gilt für den Individual- u den VerbandsProz in gleicher Weise. Eine geltgserhaltde Reduktion ist unzul (BGH **86**, 297, **96**, 25, NJW **85**, 319, Heinrichs RWS-Skript 157 S 38), u zwar auch im kaufm Verk (BGH **92**, 315, krit Rabe NJW **87**, 1984); allerdings gibt es einz BGH-Entscheidgen, die mit dieser Rspr kaum zu vereinbaren sind (s BGH **79**, 20 zur einschränkden Auslegg von AbtrKlauseln u BGH **97**, 217 zur geltgserhaltden Reduktion von Zinsklauseln). Die GesUnwirksamk der Klausel ergibt sich aus dem Schutzzweck des AGBG. Dieses wertet die Verwendg von verbotswidr Klauseln als eine obj zur Täuschg geeignete Störg des RVerk (§ 13 Anm 1), u zwar vor allem deshalb, weil der rechtsunkund Verwendgsgegner idR nicht auf einen Proz ankommen läßt, sond eine VertrAbwicklg nach Maßg der AGB ertragsgemäß hinnimmt. Ein solches Verhalten darf die ROrdng nicht dadch risikolos machen u fördern, daß sie eine verbotswidr Klausel dch Reduktion auf das gesetzl gerade noch zul Maß teilw aufrechterhält.

c) Besteht der Verstoß gg die §§ 9ff allein darin, daß die in ihrem eigentl Anwendgsbereich unbedenkl Klausel **untypische Ausnahmefälle** nicht berücksichtigt, ist die dem GesZweck entspr RFolge dagg die Reduktion der Klausel auf den zul Inh (Lindacher BB **83**, 159, aA hM). Das gilt vor allem, wenn eine im kaufm Verk gebräuchl u akzeptierte Klausel zu weit gefaßt ist (s Rabe NJW **87**, 1984). Ein Bsp dafür ist die geringfüg zu weit gefaßte sog Landschadensklausel im SeefrachtR (Rabe TranspR **87**, 127).

d) Enthält die Klausel neben der unwirks auch inhaltl unbedenkl, aus sich heraus verständl sprachl u inhaltl **teilbare** Bestimmgen, bleiben diese auch dann wirks, wenn sie den gleichen Sachkomplex betreffen (BGH NJW **82**, 179, 2312, **83**, 1320, **89**, 833, stRspr). Voraussetzg für die Zerlegg ist, daß die unwirks Bestimmg einf weggestrichen w kann, sog „blue-pencil test" (LG Brem NJW-RR **89**, 1088). Teilb sind daher die Festlegg von FrLänge u FrBeginn (BGH NJW **88**, 2106). Bei einer zu kurzen Fr kann die GesRegelg unter Wegfall der Befristg aufrecht erhalten w (BGH WPM **89**, 742). Dagg kann eine zu lange Fr nicht abgekürzt w (BGH NJW **84**, 2817, Walchshöfer WPM **86**, 1046); eine aufeinand abgestimmte FrRegelg ist bei Unangemessenh einer Fr im ganzen unwirks (BayObLG NJW-RR **87**, 1299). Soll nach der Klausel eine Abtr Zug-um-Zug gg eine Leistg des Kunden erfolgen, erstreckt sich die Unwirksamk der GgLeistgsPfl auch auf die Abtr (BGH NJW **84**, 2688); dagg soll ein „unwiderrufl" Überweisgsauftr als widerrufl bestehen bleiben können (BGH NJW **84**, 2817). Die mit einer unwirks KündKlausel verbundene, den Gegner begünstigde VerfRegelg kann wirks bleiben (BGH NJW **87**, 2507), die hinsichtl künft Fdgen unwirks SichergsZweckErkl kann hinsichtl ggwärt wirks sein (BGH **106**, 25). Die KündRegelg ist nicht desh unwirks, weil die Folgenregel unangem ist (BGH Betr **87**, 2453), der Ausschluß der Aufr nicht desh, weil der Ausschl des ZbR gg § 11 Nr 2 verstößt (BGH ZIP **89**, 784), der Haftgsausschluß für einfache Fahrlässigk nicht desh, weil der für grobe wg § 11 Nr 7 unwirks ist (Wo-Ho-Li Rdn 151, Sonnenschein NJW **80**, 1720).

e) Ähnl Grds gelten, wenn der Verwder seinen AGB **salvatorische Klauseln** hinzufügt („SchadErsAnspr sind ausgeschl, soweit dies gesetzl zul ist".) Derart gg das VerständlichkGebot des § 2 (dort Anm 3d) verstoßde Zusätze ändern an der Totalnichtigk der verbotswidr Klausel nichts (BGH NJW **85**, 627, **87**, 1818), wenn es dem Verwder mögl u zumutb ist, den Anwendgsbereich der Klausel klar u unzweideut anzugeben (Witte, wie § 6 Anm 3, S 305ff). Ist rechtl zweifelh, inwieweit das AGBG eine Beschrkg von KundenR zuläßt, sind weit gefaßte Klauseln mit salvator Zusätzen dagg zul (Stgt NJW **81**, 1106, ähnl Schlosser WPM **78**, 568, Lindacher BB **83**, 157, Hamm BB **83**, 1307, aA Thümmel/Oldenburg BB **79**, 1067; zu einer und Art von salvator Klauseln vgl § 6 Anm 3). Verantwortl für die entstehde Unklarh ist in diesem Fall nicht der Verwder, sond das AGBG. GesNichtigk wohl auch dann, wenn die in einer Klausel (scheinb) für beide Part getroffene Regelg (zB VertrStrafe) im Verhältn zum Verwendgsgegner gg ein Klauselverbot verstößt (Feiber NJW **80**, 1148).

f) Die Verwendg von unzul Klauseln verstößt gg die bei VertrVerhandlgen bestehde Pfl zur ggs Rücksichtn u Loyalität; sie begründet daher eine **Schadensersatzpflicht** nach den Grds über c. i. c. (BGH NJW **84**, 2816, **87**, 640, § 276 Anm 6Bb, krit Brandner RWS-Forum 2, 1987, S 50). Der SchadErsAnspr tritt (abgesehen vom Fall des § 6 III) neben den ErfAnspr. Er kann auf Ers von RBeratgskosten od auf RückFdg von Leistgen aGrd unwirks Klauseln gerichtet sein (dann Konkurrenz mit Anspr aus § 812).

g) Die Verwendg von unwirks Klauseln begründet gem § 13 einen **Unterlassungsanspruch.** Dieser Anspr, der von Verbraucher- u WirtschVerbänden geltd gemacht w kann, soll gewährleisten, daß die Verbote der §§ 9ff in der Praxis des WirtschLebens dchgesetzt w.

4) Verhältnis zu anderen Vorschriften: a) Wie die eigenständ Regelg der UnwirksamkFolgen in § 6 zeigt, enthalten die §§ 9ff keine ges Verbote iSv **§ 134.** Verstößt eine Klausel zugl gg § 134, bestehen beide UnwirksamkGrde nebeneinand (s BGH **87**, 197 zum Verstoß gg §§ 651h II, 651k BGB u gg § 9), prakt w aber der Prüfg nach § 134 der Vorrang einzuräumen sein. – **b)** Ggü **§ 138** sind die §§ 9ff *lex specialis.* Soweit es um den Schutz vor unbill Klauseln in AGB geht, w § 138 dch den spezielleren Schutzzweck der §§ 9ff verdrängt (vgl den entspr Vorrang des KündSchG u der gesetzl Beschr von WettbewVerboten, § 138 Anm 5m uw). Eine Anwendg des § 138 kommt idR nur in Betr, wenn die IndVereinbg sittenw ist, ferner dann, wenn die AGB nicht wg Benachteiligg des Kunden, sond aus sonst Grden (Benachteiligg Dr, § 9

Vorbem v AGBG 8, AGBG 8   G. z. Regelg. d. Rechts d. Allg. Geschäftsbed. *Heinrichs*

Anm 2b, Förderg der Unzucht) anstöß ist (MüKo/Kötz Rdn 7). Bei einem MißVerh von Leistg u GgLeistg kann aber die Verwendg von unangem AGB den Ausschlag für eine Bejahg des § 138 I geben (BGH **80**, 171, NJW **83**, 160). – **c)** Auch ggü § **242** sind die §§ 9 ff die spezielleren Vorschr. Sie legen ggü § 242 abschließd fest, unter welchen Voraussetzgen AGB unwirks sind. Für die Frage, ob die Berufg auf eine gült Klausel wg der EinzelfallUmst gg Treu u Glauben verstößt („**Ausübungskontrolle**"), ist dagg weiter § 242 die maßgbde Norm (BGH **105**, 88, NJW-RR **86**, 272, Bunte RWS-Skript 157 S 82). Außerdem bleibt § 242 in den RGebieten Grdl der richterl InhKontrolle von formularmäß Klauseln, für die das AGBG gem § 23 I nicht gilt. – **d)** Die InhKontrolle setzt voraus, daß die AGB VertrBestandt gew sind. Scheitert die Einbez bereits an **AGBG 2, 3 oder 4**, sind die §§ 9 ff daher unanwendb. Der Ri kann jedoch die Frage der Einbez offen lassen u die Klausel gem §§ 9 ff für unwirks erklären. – **e)** Vor Prüfg der Unwirksamk gem §§ 9 ff muß der Inhalt der Klausel dch **Auslegung** (§ 157) ermittelt w. Ergibt diese, daß eine Klausel entgg dem ersten Anschein keine unangem Benachteiligg enthält, sind die §§ 9 ff unanwendb. Doch dürfen Klauseln, die nach ihrem Wortlaut u Zweck unzul sind, nicht dch Ausleg so weit gemildert w, daß sie gerade noch tragb sind (§§ 4, 5 Anm 4 b). – **f)** Bei argl Täuschg über den Inh der AGB ist das **Anfechtungsrecht** (§ 123) dch die Sonderregeln der §§ 9 ff nicht berührt. Anf kann auf die EinbezVereinbg beschr w (vgl zur TeilAnf § 142 Anm 1) u läßt dann gem § 6 den Vertr iü bestehen. Hat sich der Kunde über die Einbez od den Inh der AGB geirrt, kann er gem § 119 anfechten (Loewenheim AcP **180**, 433, aA mit beachtl Grden E. Schmidt JuS **87**, 932), muß jedoch iF des Irrt über den Inh der AGB nachweisen, daß er insow best Vorstellgen hatte (§ 119 Anm 3 c). Das AnfR des Verwders wg versehentl Nichteinbeziehg seiner AGB w dagg dch § 6 ausgeschl (aA Loewenheim aaO).

5) Kontrolle durch Verwaltungsbehörden: a) Zahlreiche AGB bedürfen einer **Genehmigung** dch eine VerwBeh, so etwa AVB (VAG 5, 8), AGB der Bausparkassen, KapitalanlageGesellsch, HypBanken u Schiffspfandbriefbanken (§ 16 Anm 1), Bdggen gemeinnütz WoBauUntern (BGH NJW **83**, 1324, WoGemeinnützigkG 7), Bdggen des FluglinienVerk (LuftVG); weitere Fälle s Lö-vW-Tr Rdn 44. Prüfgsmaßstab für diese GenVerf ist nunmehr auch das AGBG (BVerwG VersR **81**, 223 zu VAG 8). Die Erteilg od Nichterteilg der Gen ist aber privatrechtl unerhebl. Auch nicht genehmigte AGB können wirks in einen Vertr einbezogen w; umgekehrt können die ZivilGer Klauseln in genehmigten AGB als unwirks beanstanden (allgM, *arg* § 16). – **b) Konditionenkartelle** (GWB 2) u **Konditionenempfehlungen** (GWB 38 II Nr 3) unterliegen keiner GenPfl, sind aber der KartellBeh zu melden, die iF des Mißbrauchs einschreiten kann (GWB 12, 38 III). Kontrollmaßstab ist das AGBG in der Ausleg durch die höchstrichterl Rspr (Löwe RWS-Forum 2, 1987 S 102). Ist die RFrage noch nicht obergerichtl geklärt, entfällt aber ein mißbräuchl Verhalten, wenn sich die Empfehlg auf seriöse, interessenmäß nicht gebundene Ans im Schriftt stützen kann (Staud-Schlosser Einl v § 1 Rdn 27). Zur Praxis der KartellBeh s Löwe aaO.

AGBG 8   *Schranken der Inhaltskontrolle.* Die §§ 9 bis 11 gelten nur für Bestimmungen in Allgemeinen Geschäftsbedingungen, durch die von Rechtsvorschriften abweichende oder diese ergänzende Regelungen vereinbart werden.

1) Allgemeines: Leistgsangebot u Entgelt w idR auch bei Verwendg von AGB dch IndVereinbg festgelegt. Das ist aber nicht notw so; uU w auch die beiders zu erbringden Leistgen dch AGB iS des § 1 best. Klauseln dieser Art müssen von einer Anwendg der §§ 9 ff ausgenommen w, da das AGBG eine gerichtl Kontrolle von Leistgsangeboten u Preisen nicht ermöglichen will u (aus verfassgsrechtl Grden) wohl auch nicht darf. Die richterl Kontr von AGB muß außerdem dort ihre Grenze finden, wo AGB ledigl den Inh der einschläg gesetzl Vorschr wiederholen. § 8 beschr die InhKontr daher auf Klauseln, die von RVorschr abweichen od diese ergänzde Regelgen enthalten. Leistgsfestlegde AGB scheiden damit als Ggst der InhKontrolle aus, jedoch bleibt dem Kunden der Schutz des §§ 3, 4.

2) Fallgruppen: Der InhKontr entzogen sind: **a) Leistungsbeschreibungen,** die Art, Umfang u Güte der geschuldeten Leistg festlegen, aber die für die Leistg gelten gesetzlichen Vorschr unberührt lassen (BGH **LM** AGBG Nr 35). Beispiele sind Baubeschreibgen, Kataloge, Prospekte, VOB/C (Heiermann Betr **77**, 1735) DIN- u and techn Normen, ZuteilgsBdggen der Bausparkasse, Klauseln über den BürgschUmfang (BGH NJW **85**, 849). Der Ausschl der InhKontrolle beschr sich aber auf die Klauseln, die den Ggst der Hauptleistg best (Brandner FS Hauß, 1978, S 7). Er greift nicht ein, wenn die Regelg (Herstellergarantie) den Anschein erweckt, die sich aus dem dispositiven R ergebden Rechte des Verwendgsgegners würden eingeschränkt (BGH **104**, 82). Wie § 9 II Nr 2 zeigt, sind Klauseln auch dann kontrollfäh, wenn sie das eigentl Hauptleistgsversprechen verändern od aushöhlen (BGH **100**, 173, krit Westermann RWS-Forum 2, 1987, S 135). Entspr gilt für Klauseln, die dem and Teil NebenPflten auferlegen, die der RNatur des Vertr widersprechen (s Mü NJW-RR **87**, 662) u umgekehrt für Regelgen, dch die der Verwder die sich aus Art u Zweck des Vertr ergebden NebenPflten abbedingt. Bei **Risikobeschreibungen** in AVB ist ebso zu differenzieren. Sie sind nicht kontrollfäh, sow sie die Art des versicherten Risikos best. Sie unterliegen dagg der InhKontrolle, sow sie Risikoausschlüsse od -Beschränkgen vorsehen, die mit dem VertrZweck od der berecht Erwartg des Kunden unvereinb sind (Brandner aaO S 12, LG Mü NJW **83**, 1685, Schlesw VersR **83**, 1184, weitergehd Werber VersR **86**, 3, enger Sieg VersR **77**, 491, Schaefer VersR **78**, 4, s auch BGH VersR **83**, 821). – **b) Preisvereinbarungen** (BGH NJW **84**, 172, **87**, 1829). Sie können aber bei einem Monopol Untern einer Kontrolle gem § 315 III unterliegen (BGH NJW **87**, 1829). Auch für den Ausschluß der InhKontrolle gelten (ähnl wie bei a) erhebl Einschränkgen. Besteht eine gesetzl Vergütgsregelg (Bsp: HOAI), ist eine InhKontrolle zul (BGH **81**, 232, Locher BauR **86**, 643). Auch formularmäß Überschreitgen der GOÄ-Sätze unterliegen der InhKontrolle (LG Duisbg NJW **86**, 2807, LG Hannover NdsRpfl **88**, 121, Dörner NJW **87**, 699). Entspr gilt für **Preisnebenabreden** (BGH NJW **84**, 172) u Preisberechngsabreden (BGH **93**, 360, **106**, 46). Kontrollmaßstab ist in diesen Fällen vor allem der Grdsatz von Treu u Glauben u der VertrGerechtigk (BGH aaO). Der InhKontrolle unterliegen danach: Klauseln, die die Voraussetzgen des VergütgsAnspr abw vom Ges regeln (BGH **60**, 381, BB **78**, 637), PrÄndergsKlauseln (BGH **93**, 255, *arg*

§ 11 Nr 1), Wertstellgsklauseln (BGH **106**, 263), die Überwälzg von Reparaturkosten auf den Mieter (BGH NJW **89**, 2247), Tilggsverrechnungsklauseln (BGH **106**, 45), Klauseln, die die PauschalPrVereinbg aushöhlen (BGH NJW **84**, 171), Regelgen, wonach „Zusatzwasserbezieher" Zahlgen nach Maßg eines fiktiven Verbrauchs zu leisten haben (BGH **93**, 358), Klausel „Fahrtzeit = ArbZeit" (BGH **91**, 317), FälligkKlauseln (BGH **81**, 242), Klauseln über Verspätgszuschläge (Stgt AGBE I Nr 5), den Wegfall des Rabatts (Kblz Betr **88**, 1692) od über Stundgszinsen u -gebühren (BGH **95**, 370), Klauseln über die Bemessg des Entgelts dch einen VertrBeteil oder Dr (BGH **81**, 236, **82**, 26, WPM **83**, 732, Stgt NJW **80**, 1584), Klauseln über einen Ausschl von PrErhöhgen sowie alle Regelgen über die iF einer Leistgsstörg zu erbringden Aufwendgen, Entschädiggen u ErsLeistgen (§§ 10 Nr 7, 11 Nr 5, 6 u 10c), auch über die Höhe von VerzZinsen. Bei den RVorschr, die abgeändert od ergänzt w, kann es sich selbstverständl um ungeschriebene RGrds handeln, etwa den Grds *pacta sunt servanda* (BGH NJW **84**, 1182). – **c) Mit normativen Regelungen übereinstimmende AGB** („deklaratorische Klauseln"). Sie sind AGB iSd § 1 (Zoller BB **87**, 424), können aber wg der Bindg des Ri an das Ges nicht Ggst der InhKontr sein. Diese wäre leerlaufd, weil an die Stelle der unwirks Klausel gem § 6 die inhaltsgleichen gesetzl Vorschr treten würden. Zul ist die InhKontrolle aber, wenn die korrespondierde gesetzl Vorschr unwirks ist (BGH NJW **88**, 2951). – **aa) Rechtsvorschriften** iSd § 8 sind alle Ges im mat Sinne also auch VO u Satzgen. Erfaßt werden auch ungeschriebene RGrds u RichterR. – **bb) Ein Abweichen** liegt vor, wenn der Regelgsgehalt der AGB mit dem Inh der einschläg RVorschr nicht übereinstimmen (Zoller BB **87**, 421). Werden dch AGB die für einen und VertrTyp od eine und Fallgestaltg geltden gesetzl Vorschr für anwendb erklärt, so besteht keine Regelgsidentität. Bsp: Sachmängelhaftg nach KaufR bei WkVertr (BGH **65**, 359), Anwendg des § 367 auf *pro rata* mitgetilgte Kreditgebühren (BGH **91**, 57). Klauseln in EinkaufsBdggen, die den EigtVorbeh ausschließen, betreffen eine Frage, die das Ges der privatautonomen Gestaltg überläßt, für sie gelten die §§ 9ff (BGH **78**, 307, krit Honsell JuS **81**, 806). Aus den gleichen Grden unterliegt der Versicherer der InhKontrolle, soweit er die Laufzeit des VersVertr festlegt (BGH NJW **83**, 2632). – **cc)** Setzen gesetzl Vorschr eine Ausfüllg dch AGB voraus (Bsp: VVG 6 III [Hansen VersR **88**, 1110] 40 II 3, 89 II, 174 IV, 176 IV, aber auch §§ 276 II, 278 S 2, AbzG 4 II, HypBkG 20 II), handelt es sich um **rechtsergänzende** AGB, die der richterl InhKontrolle unterliegen (BGH **100**, 179, **106**, 45, Karlsr NJW **88**, 75, Zoller BB **87**, 421, Löwe NJW **87**, 938, aA Canaris NJW **87**, 609, 2407, wohl auch BGH **76**, 374). Eine Würdigg der ausfüllgsbedürft Norm als „Erlaubnisnorm" kommt nur in AusnFällen in Betracht, wenn sich ein entspr GesZweck eindeut feststellen läßt.

AGBG 9 *Generalklausel.*
I Bestimmungen in Allgemeinen Geschäftsbedingungen sind unwirksam, wenn sie den Vertragspartner des Verwenders entgegen den Geboten von Treu und Glauben unangemessen benachteiligen.

II Eine unangemessene Benachteiligung ist im Zweifel anzunehmen, wenn eine Bestimmung
1. mit wesentlichen Grundgedanken der gesetzlichen Regelung, von der abgewichen wird, nicht zu vereinbaren ist, oder
2. wesentliche Rechte oder Pflichten, die sich aus der Natur des Vertrages ergeben, so einschränkt, daß die Erreichung des Vertragszwecks gefährdet ist.

1) Allgemeines. Vgl zunächst Vorbem v § 8. – **a)** Die **Generalklausel** des § 9 I legt den grundlegden Wertmaßstab für die richterl InhKontrolle von AGB fest. § 9 II versucht, die Generalklausel zu **konkretisieren**, indem er typ rechtl Kriterien angibt, die idR die Unwirksamk der Klausel begründen. Er bringt aber im Ergebn keinen großen Gewinn an inhaltl Bestimmth, da seine beiden Tatbestd wenig klare Konturen haben (Anm 3 u 4). Auch die Klauselverbote der §§ 10 u 11 sind Konkretisiergen des § 9, wobei einz Verbote an § 9 II, andere unmittelb an § 1 anknüpfen. Sie haben einen höheren BestimmthGrad u sind ggü § 9 verselbständigt. Ein Verstoß gg §§ 10 od 11 macht die Klausel auch dann unwirks, wenn die Voraussetzgen des § 9 nicht erfüllt sind (BayObLG BB **80**, 285). – **b)** Rtechnisch ist § 9 **Auffangtatbestand**, der erst nach den §§ 10 u 11 zu prüfen ist (Vorbem 1 v § 8). Stellt man auf Wertgsgesichtspunkte u die Bedeutg für die Praxis ab, ist § 9 dagg das **Kernstück des AGBG** (Heinrichs RWS Forum 2 S 23). Das Schwergewicht der Entscheidgspraxis liegt bei dieser Vorschr; von den zum AGBG veröffentlichten Entsch behandeln mehr als ⅔ Probleme des § 9. Fällt eine Klausel in den Regelgsbereich der §§ 10 od 11 u ist sie nach diesen Vorschr nicht zu beanstanden, kann sie gleichwohl nach § 9 unwirks sein. Vgl zu § 11 Nr 1 BGH **82**, 23, NJW **80**, 2518, zu § 11 Nr 7 Heinrichs RWS-Skript 157 S 55, zu § 11 Nr 12 BGH **90**, 283. – **c) Gegenstand der Inhaltskontrolle** ist der ggf dch Auslegg zu ermittelnde obj Inh der Klausel. Eine unangem Klausel kann nicht deshalb aufrechterhalten w, weil der Verwder von ihr nur in dem Umfang Gebrauch machen will, der rechtl unbedenkl wäre (BGH **82**, 182, NJW **83**, 161). – **d) Genereller Prüfungsmaßstab.** Auszugehen ist ebso wie bei der Auslegg (§ 5 Anm 3) von einer überindividuellen – generalisierden Betrachtg (BGH **22**, 80, **105**, 31). Abzuwägen sind die Interessen des Verwders ggü den der typw beteiligten Kunden. Werden AGB ggü versch Kundenkreisen verwandt, kann die rechtl Bewertg unterschiedl ausfallen. So kann etwa eine Klausel, die im kaufm Verk unbedenkl ist, bei einem Vertr mit einem Verbraucher gg § 9 verstoßen. – **e)** Ob eine Klausel gg § 9 verstößt, ist eine **revisible** RFrage, keine Tatfrage (Ul-Br-He Rdn 53). Die **Beweislast** spielt in der Praxis der InhKontrolle kaum eine Rolle, da idR allein rechtl Wertgen, nicht aber tatsächl Umst str sind (BGH NJW **85**, 2587). Ist sie ausnw doch relevant, gelten die allg Grds: Wer geltd macht, eine Klausel sei gem § 9 I unwirks, trägt dafür die BewLast. In den Fällen des § 9 II wird dagg die unangem Benachteiligg vermutet („iZw"). Wer sich auf diese Vermutg beruft, muß deren Voraussetzgen beweisen; alsdann ist es Sache des and (idR des Verwders), die Vermutg zu entkräften (Ul-Br-He Rdn 117, für eine Begründgslast des Verwders E. Schmidt FS Keller, 1989, 661).

2) Verbot unangemessener Benachteiligung (I). – a) Für die **Fassung** der Generalklausel war in der Reformdiskussion eine Vielzahl von sachl weitgehd übereinstimmden Formuliergen vorgeschlagen worden (Kötz Gutachten f den 50. DJT A 64). Der RegEntw wollte das Merkmal eines „angem InteressenAusgl" zum Maßstab der InhKontrolle machen. Das Ges erklärt dagg AGB für unwirks, wenn sie den VertrPart entgg den Geboten von Treu u Glauben unangem benachteiligt. Er hat damit eine tragfäh Formulierg gefunden, die allerdings, wie alle Generalklauseln, einer Präsisierg dch Rspr u Lehre bedarf. – **b)** Eine nach Treu u Glauben unangem Benachteiligg setzt voraus, daß es sich um **Nachteile von einigem Gewicht** handelt (Hamm NJW **81**, 1050). Unbequeme od nur geringfüg nachteilige Regelgen rechtf keine Anwendg des § 9. – **c)** § 9 bezweckt den **Schutz des Vertragspartners** („Kunden"). Eine InhKontrolle zG des Verwders ist unzul (BGH NJW **87**, 837). Auch die Benachteiligg Dr erfüllt die Voraussetzgen des § 9 nicht (BGH NJW **82**, 180), es sei denn, daß sie mittelb auch den Kunden trifft (Verhinderg weiterer KreditAufn, Ausschl der Schutzwirkg zum Nachteil von Nahestehden). Der Begünstigte kann dagg ein vom Verwder versch Dr sein (BGH NJW **104**, 93, NJW **84**, 2816). – **d)** Auch eine erhebl Benachteiligg ist zul, sofern sie nicht **unangemessen** ist. Zur Beurteilg bedarf es einer umfassden Würdigg, in die die Interessen beider Part u die Anschauungen der beteil VerkKreise einzubeziehen sind. Auszugehen ist von Ggst, Zweck u **Eigenart des Vertrages** (BGH NJW **86**, 2102, NJW **87**, 2576). Die zu überprüfde Klausel ist vor dem HinterGrd des ges Vertr auszulegen u zu werten (BGH **106**, 263). Unterschiedl Fallgestaltgen (gebrauchte/nicht gebrauchte Sachen; renovierte/nicht renovierte Wo) können bei gleichem Klauseltext zu unterschiedl Ergebn führen (BGH aaO). Zu berücksichtigen sind auch Rationalisiergsinteressen des Verwders u sein Interesse an einer Vereinfachg von ArbAbläufen (BGH NJW **81**, 118), wenn diese auch ggü höherrang Interessen des Kunden zurücktreten müssen. Ein zu berücksichtiger Umst kann auch darin liegen, daß der Verwder kollektive GesInteressen wahrzunehmen hat (Wo-Ho-Li Rdn 103, aA MüKo/Kötz Rdn 11), etwa als Versicherer, Bausparkasse od VersorggsUntern (BGH **64**, 355). Soweit es sich um versicherb Schäden handelt, kann der Verwder eine Freizeichng aber grdsl nicht mit dem Interesse seiner Kunden an einem niedrigen Preisniveau rechtf (unten g). – **e)** Bei der AngemessenhPrüfg ist es nicht ausgeschlossen, **andere Vertragsbestimmungen** in die Beurteilg einzubeziehen. Die Benachteiligg dch eine für sich allein gesehen noch hinnehmb Klausel kann dch eine and derart verstärkt w, daß beide unwirks sind (BGH NJW **83**, 160, Betr **86**, 1064). Umgekehrt können die in der Klausel begründeten Nachteile dch Vorteile und VertrBestimmgen **ausgeglichen** werden. Dabei ist jedoch zu unterscheiden: – **aa)** Eine Kompensation von Vor- u Nachteilen ist grdsl nur dann zul, wenn es sich um sachl **zusammengehörende Regelungen** handelt, die zueinander in einem WechselVerhältn stehen (Ul-Br-He Rdn 76, Bunte RWS-Skript 157 S 88, in der Sache ebso BGH **82**, 240, **101**, 366). Diese Wechselbeziehg ist gegeben bei einer umfassden SortimentsPfl einerseits u einem RemissionsR ands (BGH aaO), bei einem PrErhöhgsR einerseits u einem RücktrR ands (BGH **90**, 78, bei Vereinbg der Kostenmiete u der Regelg der SchönhReparaturen (BayObLG NJW-RR **87**, 1300). Dagg kann die Unangemessenh einer Freizeichngsklausel nicht etwa dch eine kurze AusschlFr für den VergütgsAnspr des Verwders gerechtf werden. – **bb)** Ein weiteres Privileg liegt es bei **kollektiv ausgehandelten**, von den beteiligten Kreisen als ausgewogen anerkannten AGB, wie die VOB u die ADSp (BGH **86**, 141, NJW **82**, 1821). Hier ist auf eine Gesamtbilanz der beiderseit Interessen abzustellen; die Nachteile einer Einzelklausel können dch die Vorteile und nicht kongruente VertrBestimmgen kompensiert w (BGH **86**, 141, Bunte FS Korbion, 1986, 17). Dieses Privileg gilt aber nur für die Prüfg gem § 9, nicht für die Verbote der §§ 10f. Es setzt Aushandeln u allg Anerkenng voraus; eine bloße Beteiligg der MarktGgSeite an einer Verbandsempfehlg genügt nicht (BGH **100**, 314 zu den KfzReparaturBdggen). – **f)** Obwohl § 9 die **Verkehrssitte** nicht ausdr erwähnt, ist auch sie im Rahmen der InteressenAbwägg zu berücksichtigen (BGH NJW **92**, 368, NJW **87**, 2576). Eine mißbräuchl VerkÜbg schließt aber die Unangemessenh nicht aus (BGH NJW **91**, 319, **106**, 267). Soweit **Standesrichtlinien** SchutzVorschr zG von Mandanten enthalten, sind sie idR als rechtl Minimum des Drittschutzes zu werten. Haftgsbeschränkgen, die im Widerspr zu den einschläg Standesrichtlinien stehen, sind daher gem § 9 I unwirks (Hbg NJW **68**, 303, Bunte RWS- Skript 157 S 95). – **g)** **Preisargument**. Die geringe Höhe des Entgelts ist grdsl keine Rechtfertigg für unangem AGB (BGH **22**, 98, **77**, 131). Das Preisargument verdient schon deshalb keine Anerkenng, weil der angem Preis nicht feststellb u der angebl PreisVort idR nicht zu quantifizieren ist. Außerdem stehen die dem einz Kunden drohden Nachteile dchweg außer Verhältn zu dem geringfüg PreisVort. Besonders liegt es in den Fällen der **Tarifwahl**, in denen der Kunde zw billigem Preis bei reduzierter Haftg u einem höheren Preis bei voller Haftg od vollem Versichergsschutz wählen kann. Eine derartige VertrGestaltg ist mit § 9 vereinb, wenn die Alternative mit voller Haftg wirks angeboten w u nicht übermäß verteuert ist (BGH **77**, 134, MüKo/Kötz Rdn 9). – **h) Versicherbarkeit.** Bei der AngemessenhPrüfg von Freizeichngsklauseln ist von wesentl Bedeutg, ob das Risiko besser vom Verwder oder vom Kunden unter VersSchutz gebracht werden kann. Kann der Verwder das Risiko dch Abschluß einer HaftPflVers abdecken u besteht beim Kunden üblicherw kein VersSchutz, ist die Freizeichng idR unangem (Anm 6 c ee). Umgekehrt ist eine Freizeichnung idR nicht gem § 9 zu beanstanden, wenn sie Vermögensschäden betrifft, die beim Kunden üblicherw unter VersSchutz stehen (Anm 6 c ee). – **i)** Die unangem Benachteiligg kann sich auch aus der Unklarh od fehlder **Transparenz** der Klausel ergeben (BGH **97**, 73). Zwar wird der Kunde insow schon dch §§ 2 I Nr 2, 3 u 5 geschützt; das schließt aber die Anwendg von § 9 nicht aus. Unwirks sind daher: Klauseln, die die RLage unricht od unklar darstellen (BGH NJW **88**, 1728), unklare u schwer verständl AGB (BGH NJW **83**, 162), unredl versteckte Klauseln (BGH NJW **84**, 171), undchschaub Regelgen (BGH **97**, 73). Mangelnde Transparenz kann auch für Zinsberechngs- u Wertstellgsklauseln ein UnwirksamkGrd sein (BGH **106**, 47, 264, Köndgen u Reifner NJW **89**, 943, 952, Taupitz JuS **89**, 525, krit Bruchner, Wagner-Wieduwilt u Hunecke WPM **88**, 1875, **89**, 37, 553, s auch unten Anm 7g).

3) II Nr 1. a) Die beiden Tatbestde des § 9 II sollen den § 9 I inhaltl konkretisieren. Sie stellen **gesetzliche Regelbeispiele** einer unangem Benachteiligg dar (Becker, Die Auslegg des § 9 II AGBG, 1986, S 47). Die dch § 9 II begründete Vermutg der Unwirksamk ist aber widerlegl („imZw"). Sie entfällt, wenn eine GesWürdigg aller Umst ergibt, daß die Klausel den Kunden nicht unangem benachteiligt. Die Überprüfg der Vermutg hat der Ri auf der Grdl des PartVortrages vAwg dchzuführen. Zur BewLast s Anm 1e). – **b)** II Nr 1 knüpft an den von der Rspr entwickelten Grds an, daß den Vorschr des dispositiven Rechts bei der InhKontrolle von AGB eine **Ordnungs- und Leitbildfunktion** zukommt (BGH **41**, 154, **54**, 110, **89**, 211).

Grdl für die rechtl Prüfg ist aber nicht mehr diese Rspr, sond der Tatbestd des II Nr 1. – **c)** Das Merkmal **gesetzliche Regelung** erfaßt alle Gesetze im mat Sinn, also auch GewohnhR u VO. Unter II Nr 1 fallen auch die von Rspr u Lehre dch Analogie u RFortbildg herausgebildeten RGrds (BGH **89**, 211, **96**, 109, **100**, 163). Nicht einbezogen ist dagg das zwingde Recht (Becker, wie oben a, S 103, aA BGH **87**, 17, NJW **83**, 1322). Seine Verbindlichk ggü AGB u IndVereinbg ergibt sich bereits aus § 134. Nr II 1 hat ausschließl die Funktion, auch Normen des dispositiven Rechts einer Änderg dch AGB zu entziehen. – **d) Wesentlicher Grundgedanke** der gesetzl Regelg. Die dem II Nr 1 zugrde liegde Rspr hat zw frei abänderb ZweckmäßigkRegeln einerseits u formularmäß nicht abdingb GerechtigkGeboten ands unterschieden (BGH **41**, 154, **54**, 110, **89**, 211). Diese Unterscheidg wird von der Lit mit Recht als undchführb abgelehnt (Ul-Br-He Rdn 96, Wo-Ho-Li Rdn 65). Sie berücksichtigt auch nicht, daß auch ZweckmäßigkNormen über einen wesentl GerechtigkGehalt verfügen können. Entscheidd ist, ob die abbedungene Norm des dispositiven Rechts einem wesentl **Schutzbedürfnis** des VertrPart dient (Ul-Br-He Rdn 96, Wo-Ho-Li Rdn 65). Damit zeigt sich zugl, daß die Formulierg des RegEntw, die von „wesentl Grds" sprach, präziser war (Staud-Schlosser Rdn 22). Unabdingb sind nicht hinter dem dispositiven Recht stehde Grdgedanken, sond die im dispositiven Recht enthaltenen wichtigen Schutzvorschriften. – **e) Unvereinbarkeit.** Nicht jede, sond nur die mit den wesentl GrdGedanken nicht zu vereinbare Abweichg erfüllt die Voraussetzgen des II Nr 1. Erforderl ist daher, daß in die rechtl geschützten Interessen des VertrPartners in nicht unerhebl Maß eingegriffen w. – **f) Einzelfälle.** Bei **Maklerverträgen** sind gem II Nr 1 alle Klauseln unwirks, die einen ProvAnspr unabhäng vom Zustandekommen des Gesch begründen sollen (BGH **88**, 370, **99**, 382), so Hinzuziehgsklauseln (BGH **88**, 371, NJW **85**, 2478), AlleinAuftrKlauseln (BGH **60**, 377, NJW **77**, 624), VorkenntnKlauseln (BGH NJW **71**, 1135, Betr **76**, 1711), EntgeltsPfl für Aufn in den Computer (AG Tettnang NJW-RR **88**, 1141), ProvPfl für FolgeGesch (BGH **60**, 243); Klauseln über den Ers von Aufwendgen sind nur zul, soweit sie auf den bei dem konkreten Gesch entstandenen Aufwand abstellen (BGH **99**, 383). Als wesentl GrdGedanken hat die Rspr weiter **anerkannt:** § 242 (BGH **83**, 307); die Vorschr über Willensmängel (BGH NJW **83**, 1671); die Zugangsbedürftigk der AnnErkl (NJW-RR **86**, 928); eine zur Dchsetzg des Anspr typw ausr Dauer der VerjFr (BGH WPM **86**, 941); das KündR aus wicht Grd (BGH ZIP **86**, 920); die Grds der VortAusgl (BGH **54**, 109, Karlsr NJW-RR **88**, 372); § 254 (BGH NJW **87**, 2821, Hbg NJW-RR **89**, 882), § 285 (BGH NJW **89**, 1674), die Abhängigk von Leistg u GgLeistg gem §§ 320ff (BGH **82**, 12, NJW **86**, 109); der Grds, daß die VertrStrafe auf den SchadErsAnspr anzurechnen ist (BGH **63**, 256, NJW **85**, 56); die Haftg für anfängl Unvermögen (Ffm BB **84**, 300); die Regelg des § 275 (Saarbr WPM **81**, 1212); die Nachfristsetzg in § 326 (BGH NJW **86**, 843); das Verbot Rücktr u SchadErs zu kumulieren (Hamm NJW-RR **87**, 313); § 554 (BGH NJW **87**, 2576), die AnzeigePfl gem § 777 I (Köln NJW **85**, 2723); § 818 (BGH **102**, 47). Dagg hat die Rspr in folgden Fällen einen Verstoß gg II Nr 1 **verneint:** Überwälzg der SchönhReparaturen auf den Mieter (BGH **92**, 368), Abbedingg der Rechte aus §§ 776 u 770 (BGH **95**, 357); Abbedingen des § 568 (Hamm NJW **83**, 826). Weitere Einzelfälle s Anm 7.

4) II Nr 2. Verhältnis zu I s Anm 3a. – **a) Bedeutung.** Währd nach II Nr 1 die Grdgedanken des disposit Rechts Prüfgsmaßstab sind, stellt II Nr 2 auf die Natur des Vertr ab. Er erfaßt damit die Vertr, für die eine gesetzl Regelg im dispositiven Recht fehlt (Einf 4 v § 305). Darin erschöpft sich seine Bedeutg aber nicht. II Nr 2 knüpft an die Rspr an, die formularmäß Aushöhlg von KardinalPfl für unzul erklärt hat (BGH **50**, 206, **72**, 208, NJW **73**, 1878). Er erstreckt sich wie diese Rspr auch auf die im dispositiven Recht normierten Vertr (Ul-Br-He Rdn 77, Wo-Ho-Li Rdn 102, sehr str, aA Becker wie Anm 3a S 151 mwNw). Er ist insow eine Konkretisierg von II Nr 1. Klauseln, die wesentl Rechte od Pflten in einem den VertrZweck gefährdden Umfang einschränken, verstoßen bei gesetzl normierten Vertr zugl auch gg wesentl Grdgedanken des dispositiven Rechts. Diesen Sonderfall hat der GesGeber in II Nr 2 aus prakt Grden tatbestandl verselbständigt; Nr 2 ist insoweit ggü Nr 1 nicht subsidiär, sond *lex specialis* (sehr str). – **b) Natur des Vertrages.** Sie wird dch den Zweck u Inhalt des Vertr bestimmt, bei normierten Vertr zugl dch die wesentl gesetzl Schutznormen. Bei nicht normierten Vertr ist von dem dch die VerkAuffassg geprägten Leitbild des Vertr auszugehen. Die verkehrsübl VertrGestaltg ist aber nur insow maßgebd, als sie mit den GrdWerten der ROrdng übereinstimmt. Soweit einschläg Normen fehlen, muß der Ri auf die vertragstyp GerechtigkErwartgen des rechtl GeschVerk abstellen, dh er muß im Ergebn in Anlehng an die Grds der ergänzden VertrAusleg (bei normierten Vertr nach angem Regelgen hinausarbeiten (Schlo-Coe-Gra Rdn 31). – **c) Wesentliche Rechte oder Pflichten.** Der Begriff knüpft an die KardinalPflten (oben a) an (RegEntw S 28). Er ist aber weiter u umfaßt auch GestaltgsR. Wesentl Rechte u Pfl sind bei ggs Vertr vor allem die, die zueinand im GgseitigkVerhältn stehen (Einf 1c cc v § 320). Erfaßt w aber auch NebenPflten, die für den Schutz des Kunden von grdlegder Bedeutg sind (BGH NJW **85**, 915, Wo-Ho-Li Rdn 83). II Nr 2 betrifft vor allem die Pflten, deren Erf die ordngsmäß Dchführg des Vertr überhaupt erst ermöglicht, auf deren Erf der VertrPart daher **vertraut** u auch vertrauen darf (BGH **103**, 324, NJW **85**, 3017, NJW-RR **86**, 272, Mü WRP **87**, 329). – **d)** Die Einschränkg der Rechte u Pflten muß den **Vertragszweck gefährden.** Unter VertrZweck sind die mit der VertrDchführg angestrebten wirtschaftl Ziele zu verstehen. Eine Zweckvereitelg ist nicht erforderl, eine Gefährdg genügt. Ausr ist daher die naheliegde Möglichk, daß der VertrZweck ganz od teilw nicht erreicht w. – **e) Einzelfälle. aa)** II Nr 2 ist vor allem für die InhKontrolle von **Freizeichnungsklauseln** (Anm 6) von Bedeutg. Aus ihr ergibt sich der Grds, daß bei der Verletzg von wesentl VertrPflten („KardinalPflten") die Haftg für (einf) Fahrlässig idR nicht ausgeschl werden darf (Roussos JZ **88**, 1003, aA Schlosser RWS-Forum 2, 1987, S 121). Ursprüngl hat die Rspr das Freizeichnungsverbot auf die grdlegde Organisation der betriebl Arbeitsabläufe u die Schaffg der wesentl Voraussetzgen für eine ordngsmäß VertrErf beschränkt (BGH **49**, 363, **71**, 228 uö). Sie erstreckt den Schutz des II Nr 2 aber jetzt auch auf NebenPflten (BGH NJW **85**, 914) u auf AusführgsVerschulden (BGH **89**, 368), hält aber mit Recht daran fest, daß für untergeordnete NebenPflten (ObhutsPfl des Krankenhauses hins eingebrachter Sachen) ein Haftgsausschluß für einfache Fahrlässigk zul ist (Düss NJW-RR **88**, 887). Die Grenze zw wesentl u nicht wesentl Pflten ist inzw fast unkalkulierb geworden (Schlosser aaO S 121ff). Die Rspr hat als unwirks angesehen: HaftgsAusschl für Konstruktionsfehler (BGH NJW **71**, 1797); für unsachgem Einfüllen von

Heizöl (BGH NJW 71, 1036); für grdlegde Mängel der betriebl Organisation (BGH NJW 73, 2154); für grdlegde Mängel bei der Verlegg von Versorggsleitgen (BGH NJW **71**, 228); für die Fahr- u Ladgstüchtigk im SchiffsR (BGH **49**, 363, 71, 179); für die Eigng des Lagerraums (BGH VersR **79**, 902) u die sachgem Behandlg von Kühlgut (BGH **89**, 363); für die ordngsgem Erf bei einem VeredelgsVertr (BGH NJW **85**, 3017); für Pflten bei der Pkw-Abliefergsinspektion (BGH NJW **69**, 1708); für die Pfl zur ordngsmäß Abrechng des Betreibers eines Tankscheckssystems (BGH NJW **85**, 915); für die Pfl der Bank zur ordngsmäß Ausführg des ÜberweisgsAuftr (LG Essen NJW-RR **86**, 139); für Plangsfehler, wenn der Verwder als Fachfirma Vertrauen in Anspr genommen hat (BGH NJW-RR **86**, 272); für die Pfl, die Güter nur an den legitimierten Inh des Konnossements (Lagerscheins) auszuliefern (BGH VersR **74**, 590, Rabe TranspR **87**, 126); für Verzögergen beim Scheckinkasso (BGH NJW-RR **88**, 561) für grdlegde InformationsPflten der Auskunfteien (Ffm BB **84**, 145), Banken (Oldbg WPM **87**, 837) od Reiseveranstalter (BGH NJW **85**, 1165); für die Vermittlgstätigk des Reisebüros (Mü NJW-RR **87**, 494), für die Haftg des Sachverständigen (Hübner NJW **88**, 443). Handelt es sich um eine Tätigk, die der Verwder typw Dr überträgt (Bsp: Bewachg) u besteht für den Verwendgsgegner typw eig VersSchutz (Bsp: TransportVers), kann der HaftgsAusschl im kaufm Verk aber wirks sein (Brem VersR **87**, 773). Unbedenkl ist auch der branchenübl HaftgsAusschl der Werften für grobes Verschulden einf ErfGeh (BGH **103**, 316). Zur Frage, inwieweit Haftgsbegrenzgen zul sind, s Anm 6c. – **bb)** Gg II Nr 2 verstößt außerdem: bei ÜberweisgsAuftr der Vorrang der KontenNr vor dem Empfängernamen (Ffm NJW **83**, 1682) u die sog Fakultativklausel (BGH NJW **88**, 2429); Auferlegg einer über § 254 hinausgehden SchadMindergPfl (Ffm NJW-RR **86**, 1172). Weitere Einzelfälle s Anm 7.

5) Kaufmännischer Verkehr. – a) § 9 gilt auch im kaufm Verk u die Verwendg von AGB ggü jur Pers des öffR u öffr Sondervermögen (*arg* § 24). Er ist in diesem Bereich (zur Abgrenzg s § 24 Anm 3) **alleinige Grundlage** der InhKontrolle, da die Klauselverbote der §§ 10 u 11 nach § 24 S 1 insow unanwendb sind. Sie können aber über § 9 im kaufm Verk zu beachten sein; dabei ist auf die geltden Gewohnh u Gebräuche angem Rücks zu nehmen (§ 24 S 2). Mit der Einbeziehg des HandelsVerk in den Anwendungsbereich der richterl InhKontrolle folgt das AGBG der Rspr aus der Zeit vor dem 1. 4. 1977 (BGH NJW **76**, 2346). Diese hatte die Grds der InhKontrolle vor allem in Entsch entwickelt, die RStreitigk zw Kaufl betrafen. – **b) Maßstäbe der Angemessenheit.** Auch im kaufm Verk ist bei der InhKontrolle nicht auf die Schutzbedürftigk im Einzelfall, sond auf eine überindividuelle – generalisierde Betrachtg abzustellen (MüKo/Kötz Rdn 20). Zu berücksichtigen ist, daß der geschäftserfahrene Kaufm nicht in gleichem Maß schutzbedürft ist wie der Verbraucher. Besonderh können sich auch daraus ergeben, daß der Kaufm Gesch der betreffden Art häufiger abschließt. Er ist daher mit den Risiken des Gesch vielf besser vertraut u zu einer entspr Vorsorge in der Lage. Mit dem Ges unvereinb ist aber die Ans (so Ohlendorf-v Hertel, Kontrolle von AGB im kaufm GeschVerk, 1988), daß im HandelsVerk nur „erhebl" u „offensichtl" Verstöße zu beanstanden seien. Unterschiedl Interessenlagen u GeschErfahrg können zu Untergruppierungen führen, deren jeweilige Besonderh angem zu berücksichtigen sind (zB Voll- u Minderkaufleute, Hersteller, Groß- u Einzelhändler). Bei der Beurteilg etwa von Pauschaliergsklausel od AufrVerboten kann auch das gemeins Interesse an einer raschen Abwicklg des Vertr von Bedeutg sein. Für Handelsbräuche gilt Anm 2 e entspr. Sie sind, soweit sie gg Treu u Glauben verstoßen, unbeachtl (BGH **91**, 319). Eine InhKontrolle ist aber ausgeschl, wenn eine Regelg nicht als AGB, sond gem HGB 346 als Handelsbrauch den VertrInh bestimmt (BGH BB **86**, 1395). Werden AGB ggü Kaufleuten u Verbrauchern in identischer Fassg verwandt, wird der Kaufm im Ergebn ebso geschützt wie der Verbraucher: Die Unwirksamk im Verbraucherbereich erstreckt sich gem Vorbem 3 b v § 8 auch auf die Anwendg ggü Kaufleuten. – **c) Berücksichtigung der §§ 10 und 11.** Trotz des scheinb entggstehden § 24 können die Verbote des § 10 auch im kaufm Verk angewandt w. Die in ihnen verwandten unbest RBegriffe ermöglichen es, den besonderh Bedürfn des kaufm Verk Rechng zu tragen (MüKo-Kötz Rdn 19 Fußn 28). Dagg ist bei den Verboten des § 11 eine derart pauschale Lösg nicht mögl; der Verstoß gg § 11 ist aber ein Indiz für die Unwirksamk der Klausel auch im kaufm Verk (BGH NJW **90**, 278, 103, 328, aA Rabe NJW **87**, 1980, Wolf ZIP **87**, 342, Ohlendorf-v Hertel wie oben b). Zu berücksichtigen ist, daß § 9 II auch im HandelsVerk gilt. Formularmäß Beschrkgen von wesentl SchutzVorschr sind idR unzul, ebso die den VertrZweck gefährdde Beschrkg von wesentl Rechten od Pflten. Die Verbote des § 11, die Konkretisiergen des § 9 II Nr 1 u 2 sind, sind daher auch im HandelsVerk zu beachten (s BGH **90**, 278). Wg der bes Gegebenh des HandelsVerk sind aber die Interessen der Beteiligten eigenständ zu beurteilen (s BGH **103**, 326f). Aus den Verhältn des kaufm Verk kann sich aber ergeben, daß RGedanken od Rechte, die bei VerbraucherGesch wesentl sind, im kaufm Verk einen and Stellenwert haben. Überdies kann der Verwder dartun, daß im Ergebn keine unangem Benachteiligg des and Teils vorliegt. Handelt es sich um Einzelhändler, die ggü ihren Abnehmern den Verboten des § 11 unterliegen, sind die Voraussetzgen des § 9 eher zu bejahen als bei VertrPartnern, die die ihnen formularmäß angelasteten Risiken ebso formularmäß auf ihre Abnehmer abwälzen können. Vgl im übrigen bei §§ 10 u 11. Dort wird bei der Erläuterg der Klauselverbote jeweils auch (kurz) zur Anwendg im kaufm Verk Stellg genommen.

6) Freizeichnungsklauseln

Schrifttum: Bunte/Heinrichs RWS-Skript 157, 1985; Koller ZIP **86**, 1089; Roussos Freizeichng im Recht der AGB, 1982; Schlosser RWS-Forum 2, 1987, S 121; Schmidt-Salzer Freizeichngsklauseln, 1985.

a) Freizeichnungsklauseln haben das Ziel, die gesetzl od vertragl Haftg des Verwders auszuschließen od zu begrenzen. Sie bilden in fast allen AGB einen Regelgsschwerpunkt. Kontrollmaßstab sind die Klauselverbote des § 11 Nr 7–11, daneben aber auch die Generalklausel des § 9. Dabei ist zu unterscheiden (Heinrichs RWS-Skript 157 S 2ff): – **aa) Haftungsausschluß:** Er betrifft den AnsprGrd u hindert die Entstehg des Anspr. Beispiele sind die Abbeding best Anspr od der Ausschl der Haftg für best Pflten, Schuldarten od Pers. Wird nicht die ErsPfl des Verwders, sond dch Beschränkg des PflUmfangs bereits eine Voraussetzg des Anspr abbedungen, handelt es sich um einen sog verhüllten HaftgsAusschluß = **„Quasi-Freizeichnung";** für diese gelten die gleichen WirksamkSchranken wie für eine normale AusschlKlausel (BGH NJW **83**, 1322, Karlsr AGBE III Nr 15, Heinrichs aaO S 6). – **bb) Haftungsbegrenzung:** Sie beschränkt den

Umfang der Haftung u läßt die Entstehg des Anspr dem Grunde nach unberührt. Beispiele sind summenmäß Haftungsbeschränkgen, Haftgsbegrenzgen auf Pers- od Sachschäden, Abbedingen der Haftg für entgangenen Gewinn, nicht vorhersehb Schäden od Mangelfolgeschäden. Zur Haftgsbegrenzg gehören auch Klauseln, dch die der Verwder seine Haftg subsidiär ausgestaltet od zeitl beschränkt (Heinrichs aaO S 18). Die Einordng bedarf jedoch einer Überprüfg nach Maßgabe der Umst des einzelnen Vertr od VertrTyps. Beschränkt der Verwder seine Haftg auf Schäden, die prakt nicht vorkommen, handelt es sich in Wahrh um einen Haftgsausschluß. – **cc) Gegenstand** der Freizeichng können SchadErs- u GewährleistgsAnspr des Verwdgsgegners jeglicher Art sein. Die AnsprGrdl (Unmöglichk, Verzug, pVV, Gewährleistg) ist gleichgült. Auch **deliktische Ansprüche** des Verwdgsgegners können ausgeschl oder beschränkt w, soweit für den konkurrierden vertragl Anspr gleich eine Freizeichng zul ist (BGH NJW **79**, 2148, VersR **85**, 595). Die in § 651h I für den ReiseVertr vorgesehene Freizeichngsmöglichk gilt aber nur für vertragl Anspr (BGH **100**, 180). Freizeichnungsfest sind Anspr Dr, etwa von Angehörigen, ArbNeh, Mietern od Abnehmern des Verwdgsgegners. Sie können nur insoweit abbedungen werden, als sie auf der **Schutzwirkung** des Vertr zw Verwder u Verwdgsgegner beruhen (BGH **56**, 272; § 328 Anm 3e bb). Zur **Auslegung** von Freizeichnungsklauseln u ihrer **Wirkung zugunsten Dritter** s § 276 Anm 5 B.

b) Haftungsausschlußverbote des § 11. Der Ausschl der Haftg ist gem § 11 unwirks: **aa)** bei **grobem Verschulden** des Verwders od eines ErfGeh, gleichgült, welche AnsprGrdl im Einzelfall in Betracht kommt, § 11 Nr 7 (dort Anm 7); – **bb)** bei Fehlen einer **zugesicherten Eigenschaft,** § 11 Nr 11 (dort Anm 11); – **cc)** bei **Verzug** des Verwders od von diesem zu vertretder **Unmöglichkeit,** § 11 Nr 8 (dort Anm 8). In den Fällen aa) u bb) sind zugl auch Haftgsbegrenzgen jeglicher Art unzul. Für GewährleistgsR gelten die Klauselverbote des § 11 Nr 10 (s dort).

c) Haftungsausschlußverbote aus § 9. Haftgsausschlüsse für **einfache Fahrlässigkeit** sind gem § 9 unwirks, wenn sie den Verwendgsgegner unangem benachteiligen. Die Beurteilg erfordert eine umfassde Würdigg der beiderseit Interessen (oben Anm 2b–h), bei der u g gen die Haftgsausschluß sprechden Gesichtspkte gegeinander abzuwägen sind (Bunte aaO; Koller ZIP **86**, 1089). Unwirks ist der Haftgsausschluß in folgden Fällen: – **aa)** wenn es um die Verletzg von **Kardinalpflichten** (wesentl VertrPflten) geht, deren Einhaltg zur Erreichg des VertrZweckes geboten ist (s näher Anm 4e); – **bb)** wenn der Verwder als Fachmann od in sonst Umfang in bes Weise **Vertrauen** für sich in Anspr genommen hat (BGH NJW-RR **86**, 272; AGBE V Nr 49); – **cc)** wenn der Verwder kraft seines Berufes eine **qualifizierte Vertrauensstellung** einnimmt (Bunte aaO S 147). Beispiele sind Ärzte, Rechtsanwälte Steuerberater und Wirtschaftsprüfer (s näher Anm 7 bei den einzelnen Schlagworten), aber auch der TrHänder beim Bauherrnmodell (Celle NJW **86**, 260); – **dd)** soweit es um die Verletzg von **Gesundheit** od Leben des Verwendgsgegners geht (Stgt NJW-RR **88**, 1082, Wolf NJW **80**, 2437, v Westphalen WPM **83**, 980). And liegt es, wenn auf seiten des Verwdgsgegners eine Risikoübernahme bejaht w kann (Kblz VersR **84**, 1003, motorsportl Veranstaltg); – **ee)** soweit der Verwder dch ihn aufgrund PflVerletzg treffde SchadErsHaftg dch eine **Haftpflichtversicherung** abdecken kann (Wolf NJW **80**, 2438, v Westphalen WPM **83**, 979, Hbg DAR **84**, 260, Kfz-Waschanlage). Das gilt jedoch nicht, wenn das Risiko typweise beim Verwdgsgegner unter VersSchutz steht (s BGH **33**, 220, **103**, 326, Schiff; Brem VersR **87**, 773, Transportgut; Karlsr VersR **71**, 159, Flugzeug); – **ff)** wenn der Haftgsausschl für Fahrlässigk aus **sonstigen Gründen** eine unangemessene Benachteiligg des Verwders darstellt. Das kann anzunehmen sein, wenn der VertrGgst dem Verwder anvertraut ist u der Verwdgsgegner keine eigenen Vorsorgemöglichk hat (Hbg DAR **84**, 260, Kfz-Waschanlage; Hamm AGBE IV Nr 35, Vermittlg eines Kfz-Verkaufs) od wenn es sich um ein allein vom Verwder zu beherrschdes Risiko handelt (BGH NJW **85**, 915, Tankschecksystem). Besteht für WertGgst eine sichere u zumutb Aufbewahrgsmöglk, kann sich der Krankenhausträger von der Haftg für den Verlust nicht hinterlegter Ggst freizeichnen (Karlsr NJW **75**, 597).

d) Rechtswirksamkeitsgrenzen von Haftungsbegrenzungsklauseln. Unproblemat sind zwei Fallgruppen: Im Anwendgsbereich des § 11 Nr 7 u 11 sind neben Haftgsausschlüssen auch Haftgsbegrenzgen jegl Art unwirks (§ 11 Anm 7 u 11). Unbedenkl sind Haftgsbegrenzgen dagg dann, wenn der Verwder seine Haftg sogar ausschließen könnte. Für die dazwischen liegden unter b) cc) u) fallden Sachverhalte, in denen Haftgsausschlüsse unzul, Haftgsbegrenzgen aber mögl sind, lassen sich nur beschränkt allg Regeln festlegen: – **aa) Nicht vorhersehbare** Schäden können bei vermögensrechtl Gesch von der Haftg ausgenommen w (Schmidt-Salzer aaO Rdn 3.255). Für das internationale KaufR enthält EKG 82 eine entspr Regelg. Haftgsbegrenzgen, die der GesGeber für vergleichb Fälle selbst vorsieht, darf der Verwder in seine AGB übernehmen. Grdsl zul ist auch eine Freizeichng hins entfernt liegder Schäden (str, s BGH **89**, 363, 369). – **bb) Summenmäßige Haftungsbegrenzungen** sind zul, wenn sie in einem angem Verhältn zum Vertragstyp Schadensrisiko stehen (Bunte aaO S 149). Diese Voraussetzg trifft auf Betragsklauseln, die als Haftgshöchstsumme ein Mehrfaches des vom Verwendgsgegner zu zahlden Entgelts vorsehen, idR nicht zu (BGH **77**, 130, Chemischreiniger; **89**, 368, Kaltlagerg). Derartige Regelgen können aber ausnahmsw wirks sein, wenn der Verwder auf die Notwendigk einer Versicherg hinweist u diese zu angem Bdggen anbietet (BGH **77**, 133). – **cc) Haftungsbegrenzungen** auf die Leistungen der **Betriebshaftpflichtversicherung** sind grdsl zul, wenn folgde Voraussetzgen erfüllt sind: (1) Die Deckgssumme muß das vertragstyp Schadensrisiko abdecken. (2) Soweit der Versicherer leistgsfrei ist (Selbstbehalt, Serienschaden, Jahresmaximierg, Risikoausschlüsse usw), muß der Verwder mit eig ErsLeistgen eintreten. (3) Im nichtkaufm Bereich müssen die Anforderungen des § 2 Nr 2 erfüllt w. Vgl näher Bunte aaO S 135 ff, Schmidt-Salzer Rdn 3.401 ff, sehr str.

e) Formulierung. Umfassde Freizeichngsklauseln, die auch die Haftg für grobes Verschulden (§ 11 Nr 7) od für das Fehlen zugesicherter Eigensch (§ 11 Nr 11) ausschließen, sind wg des Verbots geltgserhaltder Reduktion **im ganzen unwirksam** (BGH **86**, 297, Vorbem 3c v § 8). Entspr gilt, wenn die Freizeichnungsklausel die sich aus § 9 ergebden WirksamkSchranken (oben c) nicht berücksichtigt (BGH **93**, 48, Mü NJW-RR **87**, 494, Hamm NJW-RR **87**, 316). **Einzelfälle** s Anm 7.

7) Einzelne Klauselwerke, einzelne Klausel- und Vertragstypen. Die nachfolgde ZusStellg ergänzt die Kommentierg der §§ 9–11. Sie faßt ohne Anspr auf Vollständigk Rspr u Literatur zur InhKontrolle für best AGB, best Klausel- u VertrTypen zusammen, berücksichtigt aber nicht die in §§ 10 u 11 enthaltenen Klauselverbote; vgl daher zunächst dort. – **a)** Ein formularmäß **abstraktes Schuldanerkenntnis** verstößt nicht gg § 11 Nr 15 (s dort). Es ist, soweit ein berecht Bedürfn vorliegt, auch mit § 9 vereinb. Ein solches ist insbesondere bei DarlVertr der Banken idR zu bejahen. – **Abtretungsklauseln** s 1) LohnAbtr u r) RAnw. – **Abtretungsverbote** in AGB sind wg des berecht Interesses des Verwders an der Vereinfachg der VertrAbwicklg grdsl wirks (s § 399 Anm 3b). – **Abwehrklauseln** („Für den Vertr gelten ausschließl unsere AGB; and Bdggen werden nicht VertrInh, auch wenn wir ihnen nicht ausdr widersprechen"). Sie sind zul u verhindern im kaufm Verk die Einbez der gegnerischen AGB (BGH NJW **85**, 1839, WPM **86**, 644, Bunte AGB-Handbuch 64), ausgenommen aber uU den einf EigtVorbeh des and Teils (§ 2 Anm 6e). – **Abzahlungsgeschäft:** Der Ausschluß des EinwendgsDchgriffs ist unzul (BGH **83**, 307), ebso die sog Trenngsklausel (BGH **95**, 353). – **ADSp.** Sie gelten nur noch im Verhältn zu Kaufl (§ 2a). Auch bei grober Fahrlässigk wird die Haftg des Spediteurs dch einen Anspr gg seinen Versicherer ersetzt. Diese Abweichg von § 11 Nr 7 wird als eine branchentyp Freizeichng von den Verladern hingenommen u ist daher nicht zu beanstanden (BGH VersR **86**, 278). Tritt die Vers nicht ein, ist der Spediteur aber bei eig grobem Verschulden od dem von leitden Angest haftb (BGH NJW-RR **88**, 1438). Gg die jetzt 8-monatige VerjFr des § 64 bestehen keine Bedenken (BGH NJW-RR **88**, 1374). Sie ist aber unanwendb, wenn dem Spediteur od seinem leitden Angestellten grobes Verschulden zur Last fällt (BGH VersR **87**, 1131, Hbg VersR **88**, 798). Unwirks wg Verstoßes gg § 11 Nr 15a ist ADSp § 21 S 2 (Düss VersR **87**, 459). Einzeln vWestphalen ZIP **81**, 119, Ul-Br-He § 11 Anh Rdn 22; Wo-Ho-Li § 9 Rdn A 21ff. – **Altenheimverträge:** Eine Künd ist nur bei einem verschuldeten Zahlgsrückstand zul (BGH NJW **89**, 1674, Düss NJW-RR **89**, 500). Zu den Anfordergen an eine PrErhöhgsklausel s Düss aaO. – **Anpassungsklauseln:** Klauseln über eine automatische Anpassg sind in den Grenzen von § 11 Nr 1, § 9 u WährG 3 zul (Horn NJW **85**, 1120). Auch Neuverhandlgsklauseln sind unbedenkl (Horn aaO). Zu LeistgsbestimmgsR s unten l. – **Anzahlungsklauseln:** Der Verwder kann aufgrd der AGB es auch für ihn geltden Abschluß-Freih den VertrSchluß von einer Anzahlg abhäng machen; eine InhKontrolle findet insow nicht statt (Teichmann JZ **85**, 321). Wenn die Anzahlg aufgrd des Vertr zu leisten ist, ist die Klausel dagg nur im Rahmen des § 9 zul (s § 11 Anm 2a). – **Anzeigenverträge.** Die 1979 neugefaßten AGB sind im wesentl mit dem AGBG vereinb; die für den kaufm Verk vorgesehene HaftgsBeschrkg verstößt aber gg § 11 Nr 7. Einzeln Wronka AGB-Anzeigenwesen, Ul-Br-He § 11 Anh Rdn 80ff. – **Arbeitskampfklauseln.** Leistgsstörgen dch einen rechtmäß ArbKampf hat der Schu grdsl nicht zu vertreten (§ 278 Anm 3a). Entspr Freizeichngsklauseln bestätigen daher nur die ohnehin bestehde RLage. Soweit eine Haftg in Frage kommt (rechtsw ArbKampf; Übern-, Vorsorge- od Abwendgsverschulden), kann sich der Verwder freizeichnen, sofern er die Schranken der §§ 11 Nr 7 u 8 beachtet. Auch der Grds des § 323, daß mit der LeistgsPfl des Verwders zugl die EntgeltsPfl des and Teils entfällt, kann nicht dch AGB geändert w (Schmidt NJW **79**, 15, 19, Zeitgsabonnement). Als vorübergehde Leistgsstörg rechtfertigt der ArbKampf idR kein RücktrR des Verwders, § 10 Nr 3 (BGH NJW **85**, 857). – **Architektenverträge.** Die Architekten verwden häufig den EinhArchitektenVertr u die zugehörigen Allgemeinen Vertragsbestimmgen (AVA). Text bei Bunte AGB-Handbuch S 301ff. Die Haftgsregelg in AVA Nr 5 verstößt in mehrf Hins gg das AGBG: Sie bezieht die GewLeistg nach §§ 633ff ein u macht diese in Verletzg von § 11 Nr 10a von einem Verschulden des Architekten abhängig. Die Beschrkg der Haftg für einf Fahrlässigk auf „nachweisl schuldh verursachten Schaden" verstößt gg §§ 11 Nr 15, 9 II Nr 2. Unwirks ist auch die für den Fall gesamtschuld Haftg vorgesehene Subsidiaritätsklausel (Mü NJW-RR **88**, 338). Die HaftgsBeschrkg für nicht versicherb Schäden auf die Honorarhöhe ist unangemessen. AVA 8 I 3, wonach in der Ingebrauchnahme die Abn des Architektenwerkes liegt, verletzt § 10 Nr 5. Eine Haftgsbegrenzg für Nichtpersonenschäden auf 150000 DM kann dagg bei einem Honorar von 60000 DM u einem Bauvolumen von 1,1 Mio DM zul sein (BGH VersR **86**, 37). Einzeln: Lö-vW-Tr III 32.1; Ul-Br-He Anh § 11 Rdn 110ff; Wo-Ho-Li § 23 Rdn 307ff. Vorformulierte Vertr, die den Architekten von ihren AuftrGeb auferlegt w, bedürfen der InhKontrolle zum Schutz der Architekten. Unwirks sind AGB, die zum Nachteil des Architekten von der HOAI abweichen (BGH **81**, 232). – **Ärzte** s Krankenhaus. – **Aufrechnungsverbote** s § 11 Nr 3. – **Automatenaufstellverträge:** Wirks sind: längere Laufzeit, uU bis zu 10 Jahren (BGH NJW **83**, 161, **85**, 55, für nur 3 Jahre Lö/vW/Tr III 32.2 Rdn 7); AusschließlichkBindg (Ul-Br-He § 11 Anh Rdn 141); AustauschR (BGH NJW **85**, 55). Unwirks: NachfKlausel, wenn sie einem Pächter auferlegt w, der hins des Nachfolgers kein BestimmgsR hat (BGH WPM **79**, 918); soweit sie auch für den Fall einer unverschuldeten BetrAufg gilt (BGH NJW **83**, 160, **85**, 54) od die Mithaftg des fr BetrInhabers vorsieht (BGH NJW **85**, 54); die Befugn, die Rechte u Pflten aus dem Vertr ohne Zustimmg des Wirts auf einen Dr zu übertragen (BGH NJW **85**, 54, 56); Erweitergsklauseln (BGH NJW **82**, 1693, **85**, 160); KündFr von 2 Jahren (BGH aaO); Fiktion, daß die Aufstellg eines neuen Geräts auf Wunsch des Wirts hins der Laufzeit als Neuabschluß gilt (BGH NJW **85**, 55); Rentabilitäts- u Abräumklauseln (BGH aaO); Überwälzg der Instandsetzgskosten auf den Wirt (BGH NJW **83**, 162); Einnahmegarantie des Wirts (Hbg NJW **83**, 1502); Schadenspauschale von 70% des Bruttoerlöses (BGH NJW **83**, 159); überhöhte od schuldunabhäng VertrStrafe (Celle NJW-RR **88**, 947, LG Aachen NJW-RR **87**, 948). – **Autowaschanlagen:** Ein uneingeschränkter, auch Vorsatz u grobe Fahrlässigk mitumfassder HaftgsAusschl ist gem § 11 Nr 7 im ganzen unwirks (Düss BB **80**, 388, § 11 Anm 7d). Aber auch bei leichter Fahrlässigk ist ein völliger Haftgsausschluß gem § 9 II Nr 2 unzul, ebso ein auf Lackschäden, Scheibenwischer od ähnl Einrichtgen beschränkter Haftgsausschluß (Hbg DAR **84**, 422, LG Bayreuth NJW **82**, 1766, LG Essen NJW-RR **87**, 949, LG Mü DAR **87**, 386, Padeck VersR **89**, 552, str, aA Karlsr NJW-RR **86**, 153, differenzierd Bambg NJW **84**, 929). Wirks ist aber der Haftgsausschluß bei unterl Schadensmeldg (LG Hann u Ambg DAR **88**, 423, aA Padeck aaO).

b) Die AGB der **Banken** u Sparkassen entspr in der jetzt geltden Fassg vom 1. 1. 1986 im wesentl den Anfordergen des AGBG (Bunte/Schröter WM-Skript 101). Kritische Klauseln: Nr 1 (1): Schriftformerfordern für den VollmWiderr u Beschrkg des § 173 auf den Fall grober Fahrlässigk. Angesichts des Massen-Gesch der Banken nicht zu beanstanden (Bunte AGB-Handbuch S 208). Nr 1 (2): Die Absendervermutg, die

1. Abschn. Sachl.-rechtl. Vorschr. 2. Unw. Klauseln **AGBG 9** 7b

an den Besitz eines abgezeichneten Dchschlags geknüpft ist, ist unbedenkl, da sie ledigl Ausdr der ohnehin gelten prima-facie-Vermutg ist (Wo-Ho-Li § 23 Rdn 625). Nr 4, StornoR: Es ist unbedenkl; es besteht aber nur dann, wenn der Bank nach materiellem Recht ein RückgewährAnspr zusteht (BGH **87**, 251, Hamm WPM **85**, 1065, Terpitz NJW **84**, 1330). Ausschl der Befugn des Kunden, der Gutschrift auf einem debitor od gepfändeten Konto zu widersprechen. Er verstößt gg § 9 II Nr 2 (AG Marbach NJW **87**, 72). Nr 7, Haftgsbeschränkg für Verzögergen od Fehlleitgen im ÜberweisgsVerk. Sie verstößt gg § 11 Nr 8 (s dort). Nr 9, Substitutionsklausel: Sie ist wg Verstoßes gg §§ 9 II Nr 2 u 11 Nr 13 unwirks (Bunte aaO S 209, Koller ZIP **85**, 1243, § 11 Anm 7). Nr 10, Kreditauskünfte: Sie ist in ihrer ab 1. 1. 86 gelten nF unbedenkl. Nr 13, Zahlg auf erstes Anfordern bei Bürgsch. Sie ist wirks, entbindet die Bank aber nicht von der Pfl zur Anhörg des Kunden (BGH **BB 86**, 219, aA Tiedtke BB **86**, 541). Nr 17 (KündR) ist wirks (BGH WPM **85**, 1136). Nr 19(1), VerstärkgsAnspr. Sie ist in den sich aus § 4 ergebden Grenzen wirks (Pleyer/Weisner Betr **85**, 2233, aA LG Essen NJW-RR **88**, 1390). Nr 19(2) Pfandklausel: Sie ist zul (BGH NJW **83**, 2702), auch soweit sie künft Fdgen einbezieht (BGH NJW **81**, 756), gilt aber nur für Fdgen aus der bankmäß GeschVerbindg u für bankmäß erworbene Fdgen (BGH NJW **81**, 756, **85**, 849). Für Fdgen, die nur deshalb von einem Dr erworben worden sind, um ihm bankmäß Sicherh zu verschaffen, darf das PfandR nicht ausgeübt werden (BGH NJW **81**, 1600). Es erstreckt sich nicht auf Werte, die die Bank ausdr mit einer bes Zweckbestimmg erhalten hat (BGH NJW **85**, 1955). Nr 23, Überwälzg des Risikos einer nachträgl unerkennb GeschUnfähigk des Kunden: Sie ist wirks (BGH **52**, 61, LG Hbg WPM **87**, 555). Nr 43, Stornierg der Scheckgutschrift, wenn die bezogene Bank den Scheck wg angebl Fälschg nicht einlöst; wirks (Hbg WPM **89**, 772). Einzelh Bunte/Schröter aaO, Ul-Br-He § 11 Anh Rdn 151 ff; Wo-Ho-Li § 23 Rdn 620 ff. Außerdem werden von den Banken eine Vielzahl von **Sonderbedingungen** u VertrFormularen verwendet. Kritische Regelgen: Zur Überwälzg des Risikos von Scheckfälschgen u des Mißbr von Bankautomatenkarten s unten h. Die Bank haftet bei Vorlage eines gefälschten Schecks auch für einf Fahrlässigk (BGH NJW **84**, 2530, Düss Betr **85**, 2192). Grdsl wirks ist die Klausel, daß der Inhaber einer Codekarte für deren mißbräuchl Verwendg (Abhebg vom Geldautomaten) einzustehen hat (s unten h). Zinserhöhgsklauseln sind nur wirks, wenn die Voraussetzgen u der Umfang der Änderugsbefugn hinr tatbestandl konkretisiert sind (LG Ffm WPM **85**, 316, sehr str, s § 11 Anm 1 d). Zur nachträgl Tilggsverrechng s unten g. Unzul sind folge Klauseln: Unbedingter Vorrang der KontenNr bei einer Divergenz mit der EmpfängerzeichngFfm NJW **83**, 1682, Köhler AcP **182**, 163, s auch BGH NJW **87**, 1825); die sog Fakultativklausel in ÜberweisgsAuftr (BGH WM **98**, 29); Ausschluß des WiderrufsR bei Überweisg (BGH NJW **84**, 2816); Hinausschieben des Zinsbeginns bei Habenzinsen (LG Bln Betr **88**, 2044); Wertstellgsklausel „Einzahlgen ein Tag nach Einzahlg" (BGH **106**, 264, oben Anm 2i); Haftgsausschluß für Verzögergen beim Scheckeinzug (BGH NJW-RR **88**, 561); Abbedingen der Pfl zur Beachtg einer Schutzsperre (BGH **104**, 380); Bearbeitgsgebühr von 1% bei Ablehng des Kreditantrags (Celle VersR **84**, 68; Köln AGBE I § 3 Nr 10, dort 28370 DM). Vgl auch unten SichergsVertr u Teilzahlgsbanken. – **Baubetreuer** ist, wer gewerbsmäß Bauvorhaben im fremden Namen u für fremde Rechng wirtschaftl vorbereitet od dchführt (BGH NJW **81**, 757, § 675 Anm 6). Auch wenn ein FestPr vereinbart worden ist, ist der Baubetreuer ohne eine summenmäß Begrenzg erteilte Vollm wirks (BGH **67**, 336, **76**, 94, Mü NJW **84**, 63). Unwirks sind dagg: Abweichgen von der MaBV (Ul-Br-He § 11 Anh Rdn 191); Beschrkg der Haftg auf nachweisl schuldh verursachte Schäden (oben a „ArchitektenVertr"); Abkürzg der VerjFr des § 638 (§ 11 Nr 10f); § 23 II Nr 5 ist unanwendb, weil der Betreuer keine Bauleistg iSd VOB erbringt (Wo-Ho-Li § 23 Rdn 294). Weitere unwirks Klauseln: ÄndersVorbeh, die über den Rahmen des § 10 Nr 4 hinausgehen; höhere Pauschalen für den Anspr aus § 649 als 5%, soweit die Künd vor dem Beginn der Betreuungstätigk erfolgt (Ul-Br-He § 11 Anh Rdn 193); Verpflichtg zur Zahlg einer Finanziergsprovision u eines Entgelts für eine Mietgarantie, obwohl die Finanzierg und die Garantie nicht in Anspr genommen w (BGH NJW **82**, 2163); Haftgsausschluß des Betreuers (TrHänders) für einf Fahrlässigk (Vollhardt BB **82**, 2142); VergütgsAnspr des Betreuers für eine vorbereitde Tätigk (aA LG Stgt AGBE II Nr 29, s aber BGH NJW **82**, 765 zum Kostenvoranschlag). Vgl zum **Bauherrenmodell** Celle NJW **86**, 260, Wagner BB **84**, 1757, Brych BB **85**, 159, Fehl Finanzierngsleasing u Bauherrnmodell, 1986, S 158 ff. – **Bausparkassen** s LG Bln ZIP **88**, 1311. – **Bauträger** ist, wer in Bauvorhaben im eig Namen für eig od fremde Rechng vorbereitet u dchführt (BGH NJW **81**, 757, § 675 Anm 6). Die GewlRegelg muß den Anfordergen des § 11 Nr 10 entspr (s dort). Sie kann in der Übernahme des § 13 VOB/B einschließl der 2jährigen VerjFr bestehen (§ 11 Anm 10 f dd, sehr str). Unwirks sind dagg: Abweichgen von der MaBV; Vollm, wonach der Bauträger im Namen des Baukunden Auftr vergeben darf (Nürnb NJW **82**, 2326, and beim Baubetreuer, s dort); Erhöhg des vereinbarten FestPr dch versteckte Überwälzg von „Aufschließgskosten" (BGH NJW **84**, 171). – **Bauverträge:** Neben der VOB/B (s unten) werden im Baugewerbe eine Vielzahl von weiteren AGB verwandt. Vgl zunächst unten „WerkVertr". Unwirks sind: Klausel, die dem Besteller eine ZahlgsFr von einem Mo einräumt (Mü NJW-RR **89**, 276); Klausel, wonach Überzahlgen mit 4% zu verzinsen sind (BGH **102**, 47, Hahn BauR **87**, 269, aA Mü Betr **86**, 1565); Ausschluß aller Rechte wg eines Preis- od KalkulationsIrrt (BGH NJW **83**, 1671); unangem Hinausschieben des Ztpkts der Abnahme (BGH NJW **89**, 1603); Aufmaß nicht nach tats Leistg, sond einem abstrakten Maß (Karlsr NJW-RR **89**, 52); Regelg, daß 5% der Vergütg erst 60 Mo nach Abn fäll w (Hamm NJW-RR **88**, 726); 2jähr Einbehalt einer unverzinsl Barsicherh ohne Ablösgsmöglichk dch Bürgsch (Karlsr BB **89**, 1643); Ausschluß der PrAnpassg bei erhebl Mengenabweichgen (Heiermann NJW **86**, 2682); Abwälzg der dch Anordngen des Prüfingenieurs entstehen Mehrkosten auf den AuftrNeh (Heiermann BauR **89**, 543); Regelg, wonach der Handw zunächst nur einen der mehr als 40 Bauherrn als TeilSchu in Anspr nehmen darf (BGH **92**, 15; sog MusterProzKlausel); FreistellgVerpfl hins aller gg den AuftrGeb geltd gemachter Anspr (Ffm AGBE V Nr 39); Klausel, die dem Handw die Verantwortg für die vom AuftrGeb gefertigte Plang überbürdet (Karlsr AGBE III Nr 15 S 191, Mü NJW-RR **86**, 382); Begründg einer schuldunabhäng Haftg der Handw für Baustellenschäden (Karlsr aaO S 193, Düss AGBE III Nr 16 S 215); Verzicht auf Nachforderg bei lange dauernden Unterbrechgen (Karlsr aaO S 197); Verpfl, das Gerüst bis zum endgült Abschluß der Arbeiten and Untern vorzuhalten (Mü NJW-RR **86**, 382, **87**, 662); Hinausschieben des VerjBeginns bis zur „mangelfreien" Abnahme (Karlsr aaO S 201) od bis zur Abnahme dch einen Dr (Mü AGBE IV Nr 23 S 275); Übernahme von ReinigsPflten hins and Gewerke (Mü NJW-RR **87**, 661). Wirks ist die Kombination der

2375

VerjFr des BGB mit der Unterbrechsregelg der VOB (BGH NJW **89**, 1604). Vgl auch Frikell/Glatzel/ Hofmann BauVertrKlauseln u AGBG, 1979. – **Bewachungsverträge:** Nach der VO über das Bewachsgewerbe v 1. 6. 76 (BGBl 1341) ist der AuftrGeb dch den Abschl einer Versicherg zu schützen. Der Untern kann seine Haftg abweichd von § 11 Nr 7 auch bei grobem Verschulden von ErfGeh auf die Versicherssumme beschränken (Ul-Br-He § 11 Anh Rdn 240), jedoch gilt für die in § 3 I der VO zugelassene AusschlFr nunmehr § 11 Nr 10e u f (aA LG Hann NJW-RR **88**, 505). Der nicht unter die VO fallde Bewacher kann die Haftg bei einf Fahrlässigk auf die Leistgen seines Versicherers beschränken, sofern er Vertr mit angem Bdggen abgeschlossen hat (Düss VersR **80**, 1073). Die Überlassg eines Parkplatzes in einer Hotelgarage kann als MietVertr ohne BewachgsPfl ausgestaltet w (LG Köln VersR **83**, 69). – **Beweislastklauseln** s § 11 Nr 15. – **Bierlieferungsverträge:** Wird die Laufzeit, wie idR, dch IndVereinbg festgelegt, liegt die dul Höchstdauer bei 15, äußerstenfalls bei 20 Jahren (BGH **74**, 293, NJW **85**, 2693, § 138 Anm 5 c). Bei formularmäß Festleggen ist wg § 24 nicht § 11 Nr 12, sond § 9 PrüfgsMaßstab. Dabei kommt den in der VO Nr 1984/83 der EG-Kommission vom 22. 6. 83 (ABl L 173/5 ff) festgesetzten Laufzeiten von 10 Jahren (Art 8 I d) bzw 5 Jahren (Art 8 I c) Leitbildfunktion zu. Wirks sind: AusschließlichkBindg u die Sicherg dieser Bindg dch eine VertrStrafe (BGH WPM **80**, 1309); Tagespreisklauseln (Hbg AGBE IV Nr 92 S 432); unwirks: Weiterbestehen der AbnVerpflichtg, obwohl die Brauerei das zur Vfg gestellte Inventar wg Zahlgsverzugs zurückgenommen hat (BGH NJW **85**, 2693). Begründg einer AbnVerpflichtg in einem DarlVorvertrag, auch wenn das Darl nicht in Anspr genommen wird (BGH NJW **78**, 1519). – **Bürgschaft** (v Westphalen WPM **84**, 1589, Stötter Betr **87**, 1621): Hat sich der Bürge für eine bestimmte HauptFdg verbürgt, kann die Bürgsch nicht formularmäß auf and Fdgen erstreckt w (Stgt BB **77**, 415, Hamm WPM **85**, 1221). Bezieht sich die Bürgsch ausdr auch auf künft, betragsmäß unbeschränkte Verbindlichk des HauptSchu kann sie dagg nach dem AGBG nicht beanstandet w (BGH NJW **85**, 848, **86**, 929, **87**, 3127, krit Derleder NJW **86**, 100, Reinicke/Tiedtke JZ **86**, 426). Wirks sind: Klausel, daß für Nebenleistgen (Zinsen, Kosten) über den Höchstbetrag hinaus gehaftet w (BGH AGBE IV Nr 4); Abbedingg der Rechte aus §§ 776 u 770 (BGH **95**, 357, **78**, 141, str, einschränkd Hamm WPM **88**, 1809). Hinausschiebg des FdgÜbergangs bis zur vollen Befriedig des Gläub, sofern sich die Bürgsch auf die GesVerbindlichk des Schu bezieht (BGH **92**, 382, NJW **87**, 375, aA Tiedtke JZ **87**, 491). Unwirks: Aufhebg od Einschränkg der Akzessorietät der Bürgsch (BGH **95**, 356, AG Lahnstein NJW-RR **88**, 1270); Abbedingg der Rechte des Bürgen aus §§ 768, 770, sofern die Einr od die GgFdg des HauptSchu unbestritten od rechtskr festgestellt ist (BGH NJW **81**, 762); Abbedingen der AnzeigePfl des § 777 I (Köln NJW **85**, 2723, aA Hamm WPM **89**, 1016); Verpflichtg des Bürgen zur SicherhLeistg (BGH **92**, 299); Umgestaltg der Bürgsch in eine Garantie (LG Köln NJW **83**, 892).

   c) Chemischreiniger. Der Text der AGB ist bei Bunte (AGB-Handbuch S 348f) abgedruckt. Unwirks ist die Haftgsbegrenzg auf das Fünfzehnfache des Entgelts, da eine sachgerechte Relation zur Schadenshöhe fehlt (Köln ZIP **81**, 1104, LG Ansbach NJW **79**, 769, LG Mü MDR **81**, 405, AG Memmingen NJW-RR **88**, 380, AG Düss NJW-RR **89**, 498, aA KG VersR **78**, 1170). Sie ist aber dann wirks, wenn der Reiniger auf die Notwendigk einer Versicherg hinweist u diese zu angem Bdggen anbietet (BGH **77**, 133). Unwirks ist auch Nr 5 III der AGB, wonach der Verwder nach Ablauf eines Jahres wie ein Eigtümer über die nicht abgeholte Sache verfügen darf (Köln aaO).

   d) Datenschutz: Die fr Fassg der Schufa-Klausel war unwirks (BGH **95**, 362); dagg ist die mit den Verbraucherschutzverbänden ausgehandelte nF unbedenkl (Dannemann/Stange ZIP **86**, 488, Weber WPM **86**, 845). Unwirks ist die Einwilligg zur Datenspeicherg u Weitergabe in einem LeasingVertr (Hamm NJW-RR **86**, 931); ebso die Einwilligg zur Veröffentlichg eines Bildes u der Personaldaten bei einem Gewinnspiel (Karlsr NJW-RR **88**, 302). – **Detektivverträge:** Der Text der gebräuchl AGB ist bei Bunte (AGB-Handbuch S 319) abgedruckt. Unwirks: Klausel, daß neben dem vereinbarten Honorar eine Umlage zu zahlen ist (BGH **LM** AGB Nr 84); Regelg, daß ein Eilzuschlag auch für nicht eilige Dienste verlangt werden kann (BGH aaO).

   e) EDV-Verträge: H. Schmidt in RSchutz u Verwertg von Computerprogrammen, 1988, S 433, Lauer BB **83**, 1760, Löwenstein BB **85**, 1696. – **Ehe- und Partnerschaftsvermittlung:** Die Ausgestaltg als DienstVertr mit erfolgsunabhäng VergütgsPfl ist wirks (BGH **87**, 313). Bedenkl ist aber die Beschränkg der Leistg auf die einmalige Herstellg eines Adressendepots (LG Hildesheim FamRZ **89**, 387). Das KündR des Kunden aus §§ 627, 626 kann nicht abbedungen w (BGH **106**, 346, Düss NJW-RR **87**, 691, Peters NJW **86**, 2680, Stgt NJW-RR **88**, 1515), ebsowenig das bei einem EhemaklerVertr bestehde WiderrufsR (Karlsr OLGZ **79**, 68). Für die Rückabwicklg gilt § 10 Nr 7. Der Vermittler muß neben den vorausgezahlten Monatsbeiträgen auch einen angem Teil des Grd- od AufnBeitrags erstatten (Hbg MDR **79**, 314, Ffm MDR **84**, 228, s auch BGH **87**, 319). Zul ist die allg übl Vorleistgsklausel (BGH **87**, 318, aA Wo-Ho-Li Rdn M 18) u die Klausel, daß der Ehemakler erst nach Zahlg des Entgelts tätig zu werden braucht (BGH NJW **86**, 928). Wird die Ausarbeitg eines Partnerschaftsvorschlages scheinb zum Ggst eines WkVertr gemacht, handelt es sich dagg um eine angem § 9 I unzul VertrGestaltg (Hbg NJW **86**, 325, aA Peters NJW **86**, 2681, s § 656 Anm 1 e). – **Eigentumsvorbehalt:** Der einfache EV (§ 455 Anm 2 a) ist als das angem Sichergsmittel des Warenkredit-Geb grdsl unbedenkl (allgM). Er setzt sich idR auch ggü Abwehrklauseln des Käufers dch (§ 2 Anm 6 e). Er gibt dem Verkäufer jedoch nicht das Recht, die Sache vor Ablauf der NachFr des § 326 herauszuverlangen (BGH **54**, 214). Eine solche Befugn kann aber dch eine entspr ausdr Klausel begründet w (Schlesw NJW-RR **88**, 1460, Wo-Ho-Li Rdn E 27). Der erweiterte EV („KontokorrentVorbeh" § 455 Anm 2b dd) ist im kaufm Verkehr grdsl zul (BGH **94**, 111, **98**, 307, aA Weber BB **89**, 1771). Dagg ist er im Verhältn zum Letztverbraucher gem § 9 unwirks (Ffm NJW **81**, 130, LG Brschw AGBE II Nr 20, Kblz WPM **89**, 894). Der noch weitergehde KonzernVorbeh (§ 455 Anm 2b ee) ist auch im kaufm Verk als überrasch Klausel (§ 3) unverbindl (Lambsdorff/Hübner EV u AGBG 1982, Rdn 93, Ul-Br-He § 11 Anh Rdn 656). Der verlängerte EV (§ 455 Anm 2b cc) wird ausschließl im kaufm Verk verwendet u ist dort grdsl zul (BGH **94**, 111). Er muß aber dem Erfordern der Bestimmbark genügen (§ 398 Anm 4d cc) u für den Fall der Übersicherg mit einer FreigKlausel verbunden sein. Ein Verstoß gg § 9 liegt nicht vor, wenn der Betrag der vorausabgetretenen Fdg den des gesicherten Anspr um nicht mehr als 20% übersteigt (BGH **94**, 112, für eine Grenzziehg bei

10% v Westphalen Betr **85**, 430). Es genügt, wenn für den Fall einer weitergehenden Übersicherg eine schuldrechtl FreigVerpfl besteht (BGH aaO). Zum Konflikt mit der Globalzession s § 398 Anm 6c. – **Einbeziehungsklauseln:** Klauseln, dch die der Verwder auf seine AGB hinweist, entsprechen dem § 2 u sind daher zul (KG ZIP **82**, 188). Sie können im Verf gem §§ 13ff nicht mit der Begründg angegriffen w, der Hinw erfolge erst nach VertrSchl (BGH NJW **83**, 2026). Die formularmäß Erkl des Kunden, er anerkenne die AGB, ist unbedenkl wirks, *arg* § 2 (BGH NJW **82**, 1388). Sie verstößt aber gg § 11 Nr 15b, wenn der Kunde zugl (zu Unrecht) bescheinigt, er habe von den AGB Kenntn genommen (Hbg Betr **84**, 2504, Bohle BB **83**, 16, aA BGH aaO). Wird in einer Klausel die Geltg von AGB unabhäng vom Vorliegen der Voraussetzgen des § 2 postuliert, ist sie gem § 9 II Nr 1 unwirks (LG Stgt AGBE I Nr 25, Bunte AGB-Handbuch S 59 f). – **Einkaufsbedingungen.** Unwirks sind: Begründg einer schuldunabhäng SchadErsPfl außerhalb des Anwendgsbereichs der §§ 463, 480 II (Wo-Ho-Li Rdn E 73); Klausel, wonach alle Angaben als zugesicherte Eigensch gelten (Thamm-Hesse BB **79**, 1587); GarantieVerspr des Kunden zG des Verwders (BGH NJW **88**, 2537); Abbedingg der §§ 377, 378 HGB (Bunte AGB-Handbuch S 191, aA Quittnat BB **89**, 571); Meistbegünstiggsklauseln, wonach dem Käufer sämtl günstigeren Konditionen und Abnehmer eingeräumt werden (BGH NJW **81**, 2052, Bunte aaO S 183); idR Selbstnachbesserungsklauseln (Schmidt Betr **87**, 2623); Regelg, daß die VerjFr mit jeder Nachbesserg von neuem beginnt (Ul-Br-He § 11 Anh Rdn 298). Wirks sind dagg: AbtrVerbote (§ 399 Anm 3b); Ausschl des EigtVorbeh in den AGB eines Supermarktes (BGH NJW **81**, 281); maßvolle Verlängerg der VerjFr des § 477 (Thamm-Hesse BB **79**, 1586). – Der dem Schu bei finanzierten Kauf- u WerkVertr nach Treu u Glauben zustehde **Einwendungsdurchgriff** (Einf 5 a v § 305) kann nicht dch AGB abbedungen w (BGH **83**, 307, **95**, 350). – **Erfüllungsortklauseln** sind im nichtkaufm Verk für die Bestimmg des GerStands ohne Bedeutg (ZPO 29 II). Materiellrechtl verstoßen sie gg § 269 u sind daher unwirks (Kblz WPM **89**, 894). § 269 sieht zwar auch eine Festlegg des Leistgsortes dch Vereinbg vor, meint damit aber ausschließl IndVereinbgen.

f) Fahrschulen. Der Text der als Verbandsempfehlg angemeldeten AGB ist bei Bunte (AGB-Handbuch S 352 f) abgedruckt. Unwirks sind: VorleistgsPfl des Schu nicht nur für die GrdGebühr, sond auch für das Fahrstundenentgelt, § 9 II Nr 1 iVm § 614 (Ul-Br-He § 11 Anh Rdn 350); Ausschl od Beschrkg der Erstattg der Grdgebühr iF der Künd, § 10 Nr 7 iVm § 628 (Bunte aaO S 357); ErsPfl des Schülers für „dch ihn verschuldete Schäden". Der Fahrlehrer ist aufgrd seiner FürsorgePfl gehalten, den Schüler dch eine Vollkaskoversicherg abzusichern (Wo-Ho-Li Rdn U 9). – **Fitness-Verträge:** BGH NJW-RR **89**, 817, Stgt NJW-RR **88**, 1082, Karlsr u Ffm NJW-RR **89**, 243, 633. – **Fluchthilfeverträge:** Unwirks sind: Haftgsausschluß für grobes Verschulden des Fluchthelfers u seiner ErfGeh, § 11 Nr 7 (BGH **69**, 309); Fälligk der gesamten Vergütg sofort nach dem Eintreffen in der BRep (BGH NJW **77**, 2385; Frage des Einzelfalls). – **Flugbeförderungsbedingungen.** Unwirks sind: Vollständiger Ausschluß der Haftg für Verspätgsschäden, § 11 Nr 7 u 8 (BGH NJW **83**, 1324); Recht zur einseitign Änderg des Flugplans, § 10 Nr 4 (BGH aaO); zur Absage von Flügen, § 10 Nr 3 (BGH aaO); Haftgsausschluß für Schäden dch eine vom Luftfrachtführer zur Vfg gestellte Unterkunft, § 11 Nr 7 (BGH aaO); Beweislastklausel zum Nachteil des Fluggastes, § 11 Nr 15 (BGH aaO); Verpflichtg zur Zahlg des vollen Flugpreises bei Rücktritt nach „Anmeldeschluß", § 10 Nr 7 (BGH NJW **85**, 633). – **Freibleibend-Klauseln:** Sie sind zul, wenn sie klar zum Ausdr bringen, daß sie nur die Bindg des Verwders an sein Angebot ausschließen (§ 145 Anm 2b). Sie verstoßen gg §§ 9, 10 Nr 1, 3 u 4, 11 Nr 1, soweit sie den geschlossenen Vertr betreffen (Bunte, AGB-Handbuch S 71).

g) Gerichtsstandklauseln: Sie verstoßen im nichtkaufm Verk gg ZPO 38, 689 II u sind daher unwirks. Der Verwder einer nach der ZPO unzul GerStandsklausel kann im VerbandsklageVerf (§ 13) auf Unterlassg in Anspr genommen w (BGH NJW **83**, 1322, **85**, 322, § 13 Anm 2b). Im Verk zw Vollkaufleuten sind GerStandsKlauseln grdsl zul (Lö-vW-Tr Rdn 95, Köln VersR **76**, 537, s auch BGH BB **83**, 278, der von der grdsätzl Wirksamk formularmäß GerStandsKlauseln ausgeht; aA Schiller NJW **79**, 636, Ul-Br-He § 11 Anh Rdn 401, Wo-Ho-Li Rdn G 140, LG Karlsr JZ **89**, 691). ADSp 65a ist daher unbedenkl (Vorbem NJW-RR **86**, 808). GerStandsKlauseln verstoßen aber gg § 9, wenn für Verwder u Gegner ein gemeins GerStand besteht (Köln ZIP **89**, 1068) od wenn ein GerStand best wird, der weder mit dem VertrInh noch mit dem GeschSitz des Verwders in ZusHang steht (LG Konstanz BB **83**, 1372). Die Zustdgk eines ausl Ger kann in entspr Anwendg des fr § 10 Nr 8 nur bei einem anerkennenswerten Interesse des Verwders begründet w (Landfermann BB/AWD **77**, 448). – **Gläubigerverzug:** Unwirks: Übergang der PrGefahr auf den Käufer „mit Ablauf der vereinbarten Liefertermins", § 9 II Nr 1 iVm § 294, 299 (BGH NJW **85**, 323). – **Grundpfandrechte:** Wirks: KündR iF eines Eigtümerwechsels (BGH **76**, 372, BayObLG DNotZ **81**, 128, aA Löwe BB **80**, 1241), Unterwerfg unter die ZwVollstr (BGH NJW **87**, 906), formularmäß Schuldanerkenntn (§ 11 Anm 15 b); Erstreckg des Sicherzwecks auf künft Fdgen (BGH NJW **81**, 756). Unwirks: Klausel, wonach die GrdSchuld eines Dr zur Sicherg weiterer Kredite in Anspr genommen werden kann (§ 1191 Anm 3 k); Begründg einer persönl Haftg des Dr (Oldenbg NJW **85**, 152, NJW-RR **88**, 1101, Stgt NJW **87**, 71, aA Düss WPM **87**, 719); Ausschluß des ÜbertraggsAnspr bei Nichtentstehg der persönl Fdg (BGH **106**, 375); Zugangsfiktion für KündErkl, § 10 Nr 6 (BayObLG NJW **80**, 2818); uU Verzugszinsklauseln (§ 11 Anm 5). Die nachträgl Tilggsverrechng bei **Annuitätendarlehn** verstößt nicht gg wesentl Grdgedanken der gesetzl Regelg; sie ist aber wg Verletzg des Transparenzgebots unwirks, wenn ihre zinssteigernde Wirkg nicht hinreichd erkennb gemacht ist (BGH **106**, 47, NJW **89**, 530, Köndgen u Reifner NJW **89**, 943, 952, Taupitz JuS **89**, 520, Baums ZIP **89**, 7, krit Bruchner, Wagner-Wieduwilt u Hunecke WPM **88**, 1873, **89**, 37, 553). Viele der bisher verwandten Regelgen genügen dem Transparenzgebot (Düss NJW **89**, 2269, Kblz NJW **89**, 2268, LG Bielefeld Betr **89**, 1279, LG Mö-Gladb WPM **89**, 1563), and dagg nicht (Celle NJW **89**, 2267, Ffm NJW **89**, 2265, Taupitz NJW **89**, 2242).

h) Haftungserweiterungen. Der Grds, daß der Schu nur haftet, wenn er den Schaden zu vertreten hat, ist ein wesentl Grundgedanke des bürgerl Rechts. Die formularmäß Begründg einer schuldunabhäng Haftg ist daher gem § 9 II Nr 1 unwirks (BGH NJW **83**, 162, Celle EWiR **87**, 735). Das gilt insbes für Haftgsklauseln in Einkaufsbedingen (oben e), in FormularmietVertr (unten m), in Vertr zw öffentl Verk-Betr u Kartenverkaufsstellen (AG Groß-Gerau NJW-RR **89**, 502), in AGB, die von Banken ggü Kreditvermittlern verwandt w (Ffm BB **85**, 955). Unwirks ist auch die Abbedingg von gesetzl Haftgsmilderngen, etwa des § 300. Bei mißbräuchl Verwendg von Code-, Kredit- od **Scheckkarten** kann dem KartenInh aber eine auf den Gedanken der Risikobeherrschg abstellde schuldunabhäng Haftg auferlegt w (LG Saarbr NJW **87**, 2381, LG Köln NJW-RR **88**, 368, 430, LG Duisbg WPM **89**, 181, Blaurock RWS-Forum 1 S 46, Bieber WPM **87**, Beilage 6 S 12, aA Koller NJW **81**, 2431, LG Essen NJW **88**, 76). Die Bank muß die Haftg aber der Höhe nach angem begrenzen (s LG Mü WPM **87**, 1453, Reiser WPM **89**, Beil 3 S 13), wie das inzw dch die nF der EuroscheckBdggen auch geschehen ist (Joost Betr **89**, 1657). Außerdem muß dem Kunden der Bew offenstehen, daß die Ursache für den Mißbr nicht aus seiner Sphäre stammt (weitergehd Lange BB **87**, 167). Auch im kaufm Verk kann es aus bes Grden ausnweise zul sein, für SchadensUrs aus dem Gefahrenkreis des Schu eine schuldunabhängige Haftg zu begründen (s BGH **72**, 178, **LM** § 138 (Bb) Nr 1). – **Handelsvertreterverträge:** vWestphalen Betr **84**, 2335, 2392, Ul-Br-He § 11 Anh Rdn 410ff.

i) Die dem Kunden iF eines **Irrtums** zustehden Rechte können dch AGB nicht ausgeschlossen w (BGH NJW **83**, 1671). Ebsowenig kann sich der Verwder Rechte für den Fall eines MotivIrrt od eines sonst nach der gesetzl Regelg unerhebl Irrt vorbehalten (§ 9 II Nr 1).

k) **Kaufverträge. aa) Allgemeines.** Die GewLRegelg der §§ 459ff ist nur in den Grenzen des § 11 Nr 10 abänderb (s dort). Die RMängelhaftg ist Ausdr eines wesentl GrdGedankens des bürgerl Rechts (§ 9 II Nr 1) u daher grdsl formularmäß Änderugen entzogen. Im kaufm Verk kann jedoch, soweit es um die Verletzg von PatentR geht, eine HaftgBeschrkg auf Vors u grobe Fahrlässigk vertretb sein (s Link BB **83**, 1885). Der Käufer kann verpflichtet w, Transportschäden in einer TatbestdAufn feststellen zu lassen (BGH NJW-RR **87**, 742). Zu Einkaufsbedinggen s oben e. Zu LiefergsBdggen für Flüssiggas s LG Köln NJW-RR **87**, 885 (Unwirksamk von 11 Klauseln). – **bb) Gebrauchtwagen.** Der Text der Konditionenempfehlg angemeldeten AGB ist abgedruckt bei Bunte (AGB-Handbuch S 248). Wirks sind: BindgsFr von 10 Tagen für das VertrAngebot des Käufers, § 10 Nr 1 (Eggert BB **80**, 1827); Verzugszinsen von 2% über Bundesbankdiskont, § 11 Nr 5 (BGH NJW **82**, 331); Pauschalierg des NichtErfSchadens auf 15% (§ 11 Anm 5b bb); EigtVorbeh einschließl RücknKlausel (oben e). Auch die GewlRegelg, nach der Nachbesserg nach Maßg eines schriftl Zustandsbericht geschuldet w, ist wirks (Wo-Ho-Li Rdn G 17ff), da sogar ein völliger Haftgsausschluß zul wäre (§ 11 Anm 10g). Unwirks ist dagg die Schriftformklausel für einen verbindl Liefertermin u für EigenschZusicherugen (§§ 4, 5 Anm 2c). Zur InhKontrolle von AGB über einen GebrauchtwagenvermittlgsAuftr s Stgt NJW-RR **88**, 891. – **cc) Neuwagen.** Der Text der AGB ist bei Bunte (AGB-Handbuch S 237) abgedruckt. Die in den AGB vorgesehene Tagespreisklausel ist unwirks (BGH **82**, 24, § 11 Anm 1d aa). Dagg hat der BGH in derselben Entscheidg (NJW **82**, 331) folgde Regelgen als wirks anerkannt: Verzugszinsen von 2% über dem Bundesbankdiskont; Schriftformklausel für verbindl Liefertermine; „unechte" NachFr von 6 Wo (§ 10 Anm 1). Auch die Pauschalierg des NichtErfSchadens auf 15% ist wirks, § 11 Nr 5 (BGH NJW **82**, 2316). – **dd) Möbeleinzelhandel:** Unwirks: Klausel, wonach Teillieferungen zul sind (Hamm NJW-RR **87**, 316, zugl zu 18 weiteren Klauseln). Vgl ferner BGH NJW **85**, 320. – **Konnossemente:** Zu den Anforderugen an die drucktechnische Gestaltg s BGH NJW **83**, 2772, NJW-RR **86**, 1311, Hbg VersR **86**, 1022, Mü NJW-RR **89**, 805, Rabe TransportR **85**, 83; zur InhKontrolle: Brem VersR **86**, 680, Rabe TranspR **87**, 128, Fischer-Zernin VersR **86**, 418. – **Kostenvoranschlag:** Die formularmäß Begründg einer VergütgsPfl ist unwirks (BGH NJW **82**, 765). Unwirks ist dagg die Kostenübernahme in einer besonders unterzeichneten Erkl (KG ZIP **82**, 1333). Das dem Kunden bei Überschreitg des Anschlags zustehde KündR aus § 650 kann nicht abbedungen w, ebsowenig sein SchadErsAnspr aus pVV (Ul-Br-He § 11 Anh Rdn 449). – **Krankenhausverträge.** Vgl die Konditionenempfehlg im BAnz **86**, 415 u dazu Düss NJW-RR **88**, 885 sowie Bunte NJW **86**, 2351. Unwirks sind ua Haftgsfreizeichungen für einf Fahrlässigk, soweit es um SorgfAnforderugen für Gesundh u Leben geht, § 9 II Nr 2 (Stgt NJW **79**, 2355, aA Deutsch NJW **83**, 1353 für kosmetische Operationen); NachzahlgsPfl wg einer erst nach Beendigg der Behandlg genehmigten rückwirkden Pflegesatzerhöhg; der dies scheinb gestattde § 19 II BPfVO ist unwirks (BGH **105**, 160); Verpfl zur Zahlg des 3fachen Höchstsatzes der Adgo (Mü WPM **82**, 2637, aA Kölsch NJW **85**, 2172); hilfsw Kostenübernahme dch Kassenpatienten (Köln VersR **87**, 792); KündR ohne wicht Grd u Bindg an eine unbekannte Hausordng (Stgt NJW-RR **88**, 891); Erklärg des Patienten, er sei umfassd u ordngsmäß aufgeklärt worden, § 11 Nr 15 (Wo-Ho-Li Rdn K 28); Verzicht auf das Recht zur Einsichtn in die Krankenunterlagen, § 9 II Nr 2; Einwilliggen in die Obduktion (LG Mainz VersR **88**, 725). – **Kreditkartensystem:** Wirks: Beschrkg der EintrittsPfl auf 600 DM pro Karteninhaber u Tag (LG Düss NJW **84**, 2475); RückzahlgsPfl, wenn KartenInh die Leistg beanstandet (LG Heidelbg WPM **88**, 773); Mithaftg des ArbN bei Firmenkarte (Mü NJW-RR **88**, 1076); Haftg bei nicht rechtzeit Diebstahlsanzeige (Hbg WPM **86**, 353, s auch oben h). Unwirks: Abwälzg des Risikos, daß Belastgsbelege dch Bedienstete von VertrUnternehmen gefälscht werden, auf den Kunden (BGH **91**, 224). Einzelh: Hadding FS Pleyer, 1986, 17, Lö/vW/Tr III 45.3, Eckert WPM **87**, 161.

l) **Lagergeschäft:** Unwirks sind: Haftgsfreizeichng für das Abhandenkommen od die Beschädigg von Lagergut, §§ 11 Nr 7 u 8, 9 II Nr 2 (KG VersR **82**, 372, Hbg VersR **82**, 1104); Beweislastregelgen, wonach der Einlagerer die Beweislast für Umstände aus dem Bereich des Lagerhalters trägt, § 11 Nr 15 (KG aaO). – **Leasingverträge:** Die sich aus dem AGBG ergbden Probleme sind in der Einf 4 vor § 535 mitberücksichtigt. Zur GewlRegelg s auch § 11 Anm 10 vor a dd; zu Schadenspauschalierugen § 11 Anm 5b bb. – Ein **Leistungsbestimmungsrecht** kann für den Verwder nur vorbehalten, wenn dafür ein berechtigtes Interesse besteht. Eine Befugn zur einseit Änderg wesentl VertrBdggen (Gebiet des VertrHändlers) kann nur dann formularmäß begründet w, wenn schwerwiegde Grde dies rechtfertigen (BGH **89**, 211). Erforderl ist weiter, daß die Voraussetzgen u der Umfang des LeistgsbestimmgsR hinreichd tatbestandl konkretisiert sind (BGH **82**, 26, **93**, 47, NJW **85**, 856, 2271). Vgl zu **Preisänderungsklauseln** (Zinsändergsklauseln) § 11 Anm 1d. Im kaufm Verk können LeistgsbestimmgsR (ÄndergsVorbeh) ausnwise zul sein auch ohne eine solche Konkretisierg zul sein, vorausgesetzt, daß die berecht Belange des and Teils ausr gewahrt sind. Das kann anzunehmen sein, wenn die Part im wesentl gleichgerichtete Interessen vertreten (BGH **93**, 259) od wenn die PrÄnderg auf den am Markt dchgesetzten Pr beschränkt w (BGH **92**, 203). Vgl zu Schiedsgutachten unten s. – **Leistungsverweigerungsrechte** s § 11 Anm 2. – **Lohn-** u **Gehaltsabtretungen** in den Beding-

1. Abschn. Sachl.-rechtl. Vorschr. 2. Unw. Klauseln **AGBG 9** 71–r

gen eines KreditkaufVertr verstoßen gg § 3, zugl aber auch gg § 9, da idR der EigtVorbeh zur Sicherg des Verkäufers ausr (Karlsr NJW **81**, 405, Hamm BB **83**, 1307). Entspr gilt für AbtrKlauseln in MietVertr (LG Lübeck NJW **85**, 2958) u in Bürgsch (SG Düss NJW-RR **89**, 756). In KreditVertr sind AbtrKlauseln grdsl zul; sie müssen aber dem BestimmthErfordern genügen u dürfen nicht gg das Verbot der Übersicherg verstoßen (BGH NJW **89**, 2383). Sie sind auch unwirks, wenn sie zu Lasten eines Mithaftenden vereinb w (Ffm WPM **87**, 131, krit Hensen EWiR **87**, 205), od wenn der Kredit dch SichergsÜbereignung od in sonst Weise ausr gesichert ist (Ffm NJW **86**, 2712). – **Lotto- u Toto-Teilnahmebedingungen:** AusschlFr von 3 Mo für die Geltdmachg von Anspr sind zul (Celle NJW-RR **86**, 833). Vgl Ul-Br-He § 11 Anh Rdn 479 ff.

m) Maklerverträge: Unwirks: Alle Klauseln, die einen ProvAnspr unabhäng vom Zustandekommen des Vertr begründen sollen (oben Anm 3 f); Klauseln über den Ers von Aufwendgen ohne Bezug zu dem im konkreten Fall entstandenen Aufwand (aaO); unkündb Maklerbindg für Vermietgen bei Kauf einer FerienWo (BGH NJW **86**, 1173). Zum Leitbild s § 652. – **Mietverträge. aa) Wohnraummiete** (Schultz ZMR **87**, 41). Die formularmäß Abwälzg der Schönheitsreparatur auf den Mieter ist wirks (BGH **92**, 367, **101**, 261, BayObLG **87**, 243, hM), bei unrenoviert übernommenen Wo aber nur, sofern der Mieter die anfallden Kosten ledigl *pro rata temporis* zu tragen hat (BGH **101**, 261, **105**, 79), dagg nicht bei voller Überwälzg der Kosten (Stgt NJW-RR **89**, 520). Der Mieter muß das Recht haben, die Arbeiten selbst auszuführen (BGH **105**, 77). Er kann auch nicht verpflichtet w, Schönheitsreparaturen bei Ende der Mietzeit unabhäng davon auszuführen, wann diese zuletzt vorgenommen worden sind (Hamm NJW **81**, 1049). **Wirksam** sind: Verpfl, die Miete im LastschriftVerf zu zahlen (Weimar Betr **77**, 667); Verbot der Tierhaltg (AG Hbg WM **79**, 241); ggs Bevollmächtigg der Mieter zur Entggn von Erkl des Vermieters (Schlesw NJW **83**, 1862); Abbedingen des § 568 (Hamm NJW **83**, 826); Abbedingg des Konkurrenzschutzes für den Mieter/Zahnarzt (Hbg NJW-RR **87**, 403); Haftgsausschluß für FeuchtigkSchäden (Stgt NJW **84**, 2226); Überwälzg der Gehsteigreinigg auf den Erdgeschoßmieter (Ffm NJW **89**, 41, aA LG Ffm NJW-RR **88**, 782). **Unwirksam**: Verzicht auf das Erfordern der Mahng u NachFr hins des Anspr auf Vornahme von Schönheitsreparaturen (Karlsr NJW **82**, 2829); die Verpflichtg den Teppichboden bei Mietende dch Fachfirma reinigen zu lassen (LG Stgt NJW-RR **89**, 1170); schuldunabhäng Haftg des Mieters für Verschlechtergen der Sache (Karlsr NJW-RR **86**, 1343) od Schäden dch Haushaltsgeräte (LG Saarbr NJW-RR **87**, 1496); Begründg einer Gesamthaftg der Mieter bei Verstopfg der Kanalisation od bei sonst Schäden ungeklärter Ursache (Hamm NJW **82**, 2005, LG Karlsr MDR **80**, 230); Überwälzg von Kleinreparaturen; sie ist nur zul bei ggständl Beschränkg auf die Teile der Mietsache, die häufig dem Zugriff des Mieters ausgesetzt sind, u bei Festlegg einer Jahreshöchstgrenze (BGH aaO); Ausschluß des ordentl KündR bei MietVertr von unbest Dauer (LG Karlsr WM **79**, 192); Klausel, die der Künd eines Mieters GesWirkg verleiht (LG Bln MDR **83**, 757); freie Widerruflichk der Erlaubn zur Untervermietg (BGH NJW **87**, 1693); Änd des § 554 (BGH NJW **87**, 2506); Überwälzg der BetrKosten leerstehder Wohngen (Sonnenschein NJW **80**, 1718). – **bb) Geschäftsräume, Werbeflächen:** Unwirks: Überwälzg des Risikos des Fehlens einer behördl Gen (BGH NJW **88**, 2664). Laufzeitverlängerg um 3 Jahre bei NichtKünd (LG Ffm NJW-RR **89**, 176). Bei Werbeflächen eine längere as 2jähr Laufzeit (BGH NJW-RR **89**, 898). – **cc) Kraftfahrzeugmiete:** Ist gg Zahlg eines zusätzl Entgelts zG des Mieters eine Haftgsfreistellg vereinbart worden, muß diese dem Leitbild der Kaskoversicherg entsprechen (BGH **70**, 309, NJW **81**, 1211). Das gilt auch bei einem entgegesetzten formularmäß Hinw (BGH VersR **85**, 1067). Unwirks sind daher: Ausschluß der Haftgsfreistellg bei Überlassg der Pkw-Führg an einen Dr (BGH NJW **81**, 1211) od bei Nichtbeachtg der Dchfahrtshöhe einer Unterführg (Köln OLGZ **82**, 372). Der Fahrer kann ebso wie der Mieter nur bei grober Fahrlässigk in Anspr genommen w (BGH NJW **82**, 987, AGBE IV Nr 72). Die insow dem Vermieter obliegde Beweislast kann nicht auf den Mieter überwälzt w, § 11 Nr 15 (BGH **65**, 118). Zulässig ist dagg eine Klausel, wonach der Verzicht auf eine polizeil UnfallAufn zum Verlust der Haftgsfreistellg führt (BGH NJW **82**, 167, Stgt VersR **88**, 98). Wird kein Versichergsschutz vereinbart, richtet sich die Haftg des Vermieters nach den allg Grds. Unwirks sind: Begründg einer schuldunabhäng Haftg (Hbg NJW-RR **89**, 882); Verpflichtg, den Vermieter von allen Anspr Dr freizustellen (Ffm Betr **82**, 948); Regelg, die den Beginn der VerjFr des § 558 hinausschiebt (BGH NJW **84**, 289); Verpflichtg, während der Reparaturzeit die volle Miete weiterzuentrichten (Ul-Br-He § 11 Anh Rdn 513, aA Zweibr VersR **81**, 962); formularmäß Bestätigg der gefahrenen km (Hbg NJW-RR **89**, 882). – **dd) Fernsprechnebenstellenanlagen:** Wirks: die Pauschalierg des NichtErfSchadens auf 50% (§ 11 Anm 5 b bb); Festlegg der Laufzeit auf 10 Jahre (BGH NJW **85**, 2328; *arg* FernmeldeO 22 II 2); und bei Mietvertr über Anrufbeantworter im nichtkaufm Verk (LG Hildesheim NJW-RR **89**, 56). Unwirks sind dagg: Ausschluß des ZbR (§ 11 Nr 2); Begründg einer schuldunabhäng Haftg des Mieters (oben aa).

p) Parkplatz s oben b „BewachgsVertr". – **Pfandrechte:** Die formularmäß Bestellg in den AGB der Banken ist wirks (BGH NJW **83**, 2702, oben b). Das gilt ebso für die Pfandklausel in den ADSp (BGH **17**, 1, NJW **63**, 2222) u in WkVertr (BGH **68**, 323, NJW **81**, 226). Mögl ist auch die Vereinbg eines „verlängerten" PfandR für fr Fdgen (BGH **87**, 279, **101**, 315). Unwirks sind aber: Verwertgsbefugn ohne vorherige VerkAndrohg, § 9 II Nr 1 iVm § 1234 (Celle AGBE I Nr 138); Zugangsfiktion hins der VerkAndrohg, § 10 Nr 6 (LG Stgt AGBE I § 10 Nr 56). – **Pfandleihe:** Die HaftgsBeschrkg für den Fall eines Diebstahls auf den doppelten DarlBetrag ist wirks (LG Düss AGBE I Nr 51), jedoch muß unter den Voraussetzgen des § 11 Nr 7 eine volle Haftg gegeben sein. – **Preisänderungsklauseln** s § 11 Anm 1.

r) Rechtsanwälte: Angesichts der besonderen Vertrauensstellg des RA ist ein formularmäß Haftgsausschluß für einf Fahrlässigk gem § 9 I u II Nr 2 unwirks (Hbg NJW **68**, 302, Bunte NJW **81**, 2659, allgM). Zul sind in den Grenzen des § 11 Nr 7 summenmäß Haftgsbeschrkgen, jedoch muß die Haftgssumme wg § 9 II Nr 2 in einem angem Verhältn zum vertragstyp Schadensrisiko stehen. Die Untergrenze liegt entspr den Standesrichtlinien bei 100000 DM (Hartstange AnwBl **82**, 509). Bei höheren Risiken kann der RA verpflichtet sein, eine ExzedentenVersicherg abzuschließen, wenigstens muß er den Mandanten auf die Möglichk hinweisen, eine Einzelobjektversicherg abzuschließen (Bunte NJW **81**, 2659). Unwirks sind: Haftgsausschluß für fernmündliche Ausk u Erkl, soweit diese ggü einem Mandanten abgegeben werden, § 11 Nr 7 (Bunte AGB-Handbuch S 310); Abkürzg der ohnehin recht kurzen 3jährigen VerjFr des § 51 BRAO auf 2 Jahre

2379

(Bunte NJW **81**, 2660); Abkürzg der AufbewahrgsFr des BRAO 50 auf 1 Jahr (LG Kblz BB **87**, 1490); AbtrKlausel in VollmUrk (OVG Münst NJW **87**, 3029). – **Rechtsverfolgungskosten:** Die Belastg mit Kosten der RVerfolgg, für deren Ers weder das materielle Recht noch die Vorschr der ZPO eine RGrdlage bieten, ist gem § 9 II Nr 1 unwirks (BGH NJW **85**, 324, LG Verden NJW-RR **87**, 430). Unbedenkl ist aber die Abwälzg der Kosten einer DrittwiderspruchsKl, soweit diese zur Verteidigg des Sichergs- od VorbehEigt des Verwders notw war (Ul-Br-He § 11 Anh Rdn 573). – **Reiseverträge:** Die Verbandsklage (§ 13) ist auch zul, wenn die Klausel bereits wg Verstoßes gg die §§ 651 a ff unwirks ist (BGH **87**, 197). Der Veranstalter, der die zu erbringden Leistgen als eigene angeboten hat, kann sich auch dann nicht auf eine Vermittlerklausel berufen, wenn § 651 a II nicht anwendb ist (BGH NJW **85**, 906). Unwirks nach dem AGBG sind: Preisändergsklauseln (§ 11 Anm 1), Vorbeh zum Rücktr od zur LeistgsÄnderg, ohne die Beschrkgen des § 10 Nr 3 und 4 nicht beachten (s dort); Beschränkg des Leistgsumfangs dch Verweis auf die Landesüblichk (BGH **100**, 173); die Fiktion, daß eine Umbuchg als Rücktr verbunden mit einem neuen VertrAngebot aufzufassen ist, § 10 Nr 5 (Ffm NJW **82**, 2199, Hbg NJW **85**, 3030); Haftgsausschluß für die Verletzg der Pfl, den Reisden ungefragt über die Einreisebestimmungen des Ziellandes zu unterrichten (BGH NJW **85**, 1165; LG Ffm NJW-RR **87**, 175); AbtrVerbot bei ausschließl AnsprBerechtigg des Anmelders (BGH NJW **89**, 2750); Regelg, daß Mängelanzeigen u Abhilfeverlangen bei Fehlen einer örtl Reiseleitg nur an die Zentrale zu richten sind (BGH aaO); in einer Rückzahlgsquittg enthaltener umfassder Verzicht auf GewlAnspr (LG Ffm NJW **83**, 234), Klauseln, die die Empfangszuständigk des Reisebüros für AnsprAnmeldgen, RücktrErkl u ähnl ausschließen od beschränken (LG Ffm NJW-RR **87**, 745, Mü NJW-RR **87**, 493), HaftgsAusschl od Beschränkgen, die die Schranken des § 651h nicht einhalten (Düss NJW-RR **87**, 888, Mü aaO). Dagg sind grdsl wirks: Begründg einer VorleistgsPfl des Reisden (§ 11 Anm 2a), HaftgsBeschrkgen auf den dreifachen Reisepreis in den Grenzen des § 651h, jedoch darf die Haftg für delikt Anspr nicht beschränkt w (BGH **100**, 179); Entschädiggsregelgen für den Fall des Rücktr gem § 651 i II u III (§ 10 Anm 7), Ausdehng der 6monatigen VerjFr des § 651 g II auf alle vertragl Anspr (LG Ffm NJW **82**, 1538, aA Mü NJW-RR **87**, 493). – **Reparaturverträge** (BGH **101**, 308, Köln NJW **86**, 2579). Unwirks sind: Vorleistgsklauseln, idR auch beschr VorPflichtgen zur Leistg von Abschlagszahlgen, § 9 II Nr 1 iVm § 641 (Ul-Br-He § 11 Anh Rdn 601); ZahlgsPfl für eine erfolglose Fehlersuche, § 9 II Nr 1 iVm § 631 (Ul-Br-He aaO); Erweiterg des Auftr auf Arbeiten, die der Handw für notw hält (BGH **101**, 311, Köln NJW **86**, 2579); GewlRegelgen, soweit sie mit § 11 Nr 10 unvereinb sind (s dort); Haftgsausschluß für einf Fahrlässigk, § 9 II Nr 1 u 2 (Ul-Br-He aaO Rdn 602). Wirks sind dagg: Haftgsbegrenzgen für einf Fahrlässigk, soweit sie in einem angem Verhältn zum vertragstyp Schadensrisiko stehen (Wo-Ho-Li Rdn R 139), AusschlußFr für die Beanstandg von Rechngen (Wo-Ho-Li Rdn R 129). Vgl auch bei den Schlagworten „Kostenvoranschlag", „PfandR" u „WerkVertr". – **Rücktrittsrecht** des Verwendgsgegners iF der Schlecht- od NichtErf: Unwirks ist die Befristg auf 1 Wo u das Erfordern einer schriftl RücktrErkl (Köln Betr **88**, 1488). – **Rundfunkanstalten.** Zur Honorarordng für freie Mitarbeiter s BGH **LM** (Cb) Nr 5.

s) Schiedsgerichtsklauseln: Sie bedürfen im nichtkaufm Verk der Form des ZPO 1027 I. Überdies besteht für die wirtschaftl od intellektuell Unterlegenen die SchutzVorschr des ZPO 1025 II, die auch auf IndVereinbgen anwendb ist. Das schließt aber bei formulamäß Vereinbgen eine InhKontrolle gem § 9 nicht aus (str). Im kaufm Verk verstoßen SchiedsGerKlauseln wg des gemeins Interesses an einer raschen Streiterledigg idR nicht gg § 9 (Schwab, SchiedsGerichtsbark, S 35). Auch im nichtkaufm Verkehr sind sie zul, wenn die Objektivität des SchiedsGer gewährleistet ist u es um einen StreitGgst geht, dessen Beurteilg vor allem technisches od handwerkl Fachwissen erfordert (str). – **Schiedsgutachten** (§ 317 Anm 2b) können dazu beitragen, bestehden Streit zu vereinfachen u seine Beilegg zu beschleunigen. Schiedsgutachtenklauseln verstoßen nicht gg § 11 Nr 15, aus § 9 ergeben sich aber folgde Anforderngen: (1) die Unparteilichk des Schiedsgutachters muß sichergestellt sein, entweder dch Auswahl einer auch aus der Sicht des Verwendgsgegners vertrauenswürd Stelle od dch Einräumg eines AblehngsR (ähnl Ul-Br-He § 11 Anh 615); (2) im SchiedsgutachtenVerf muß ein Anspr auf rechtl Gehör bestehen (LG Ffm NJW-RR **88**, 1133, Wo-Ho-Li § 9 Anh Rdn S 24, aA Ffm Betr **87**, 2195); (3) das Recht, das Schiedsgutachten wg offenb Unrichtigk anzufechten (§ 319 Anm 2b u c), darf nicht eingeschränkt w (BGH **101**, 317, Köln NJW **86**, 2580). Entspr die Regelg nicht diesen Erfordern, ist sie bei einem LeasingVertr auch dann unwirks, wenn der LeasingNeh ein Recht zum Selbstverkauf hat (aA Ffm NJW-RR **89**, 435). Die Klausel, wonach ein Gebrauchtwagen zum DAT-SchätzPr – x% in Zahlg genommen w, ist nur wirks, wenn der Kunde darüber aufgeklärt w, daß die DAT nicht den VerkWert, sond den HändlereinkaufsPr ermittelt (s BGH NJW **83**, 1854). – Die Probleme der **Schriftformklauseln** sind, auch soweit es um die Anwendg von § 9 geht, in §§ 4, 5 Anm 2c dargestellt. – **Sicherungsübertragungen:** Es ist mit § 9 vereinb, wenn die SichgÜbereignung (SichgAbtr) nicht auflösd bedingt ausgestaltet w (BGH NJW **84**, 1184; Künzel BB **85**, 1884). Eine umfassde alle ggwärt u zukünft Fdgen aus der GeschVerbindg einbeziehde Zweckbestimmgsklausel ist zul, wenn der Schu SichgGeb ist. Dagg kann die sicherngsübereignete Sache eines Dr nicht formulamäß für weitere Kredite in Anspr genommen w (s oben g „GrundpfandR"). – **Skontoregelung:** Sie ist unwirks, wenn sie vom Schu vorformuliert ist u die FrLänge von seinem ErfGeh mitbest w (Ffm NJW-RR **88**, 1485). – **Sportcenter** s Fitness-Center. – **Steuerberater:** Summenmäß Haftgsbegrenzgen für einf Fahrlässigk sind nicht zu beanstanden. Die Haftgssumme muß zu § 9 II Nr 2 in angem Relation zum vertragstyp Risiko stehen. Die Untergrenze liegt entspr den Standesrichtlinien bei 100000 DM. Bei höheren Risiken muß der Steuerberater – ebso wie der RA (oben r) – auf die Möglichk zum Abschluß einer Einzelobjektversicherg hinweisen. Das KündR aus § 627 kann nicht abbedungen w (LG Hbg MDR **79**, 1025). Auch Abkürzgen der ohnehin recht kurzen 3jährigen VerjFr des § 68 StBerG sind nicht zul (BGH NJW **79**, 1551).

t) Teilzahlungsbanken: Die Höhe ihrer Kreditgebühren unterliegt nicht der InhKontrolle (§ 8), sond kann nur gem § 138 (dort Anm 2b) beanstandet w. Alle übrigen Regelgen können dagg nach §§ 9ff überprüft w. KündRegelgen, die dem § 554I od AbzG 4 II nachgebildet sind, sind wirks, VorfälligkRegelgen dagg nur dann, wenn sie einen Zahlgsverzug mit mindestens zwei vollen aufeinandfolgden Raten verlangen (BGH **95**, 371). Wird das Darlehn vorzeitig fällig gestellt, muß eine Rückrechng der Kreditgebühren erfolgen (Ffm NJW **78**, 1928, näher § 246 Anm 2b). Die Belastg mit RVerfolggskosten, für deren Ers weder das materielle Recht, noch die ZPO eine RGrdlage bieten, ist gem § 9 II Nr 1 unwirks (BGH NJW **85**, 324). Das gilt etwa für die Regelg, wonach bei Abgabe der Sache an die RAbteilg eine Bearbeitgsgebühr fäll wird (Karlsr ZIP **85**, 607, KG WPM **85**, 716). Klauseln über Stundgszinsen von 21% sollen wirks sein (BGH **95**, 370). Dagg gelten für Klauseln über Verzugszinsen u Mahngebühren die Schranken des § 11 Nr 5. Zu LohnAbtrKlauseln s oben l, zu Stornoklauseln Beise BB **86**, 1175.

u) Unterrichtsverträge: aa) Für den **Fernunterricht** gilt das FernUSchG (Einf 2a ff v § 611), das weder dch IndVereinbg noch dch AGB zum Nachteil des Teilnehmers geändert w kann. Verstoßen die AGB des Veranstalters gg das FernUSchG, ist die Klage nach § 13 zul (dort Anm 2b). Auch materiell-rechtl ist das AGBG anwendb, soweit die AGB Ggst regeln, für die das FernUSchG keine SchutzVorschr enthält. Die prakt Bedeutg der AGB-InhKontrolle ist aber angesichts der umfassden Regelg im FernUSchG gering. – **bb)** Beim **Direktunterricht** ist die Vorauszahlg des Entgelts nach dem Vorbild des § 2 II FernUSchG nur für 3 Mo zul (Ul-Br-He Rdn 764). PrÄndergsKlauseln sind unwirks, wenn der Erhöhgsbetrag bereits bei VertrSchl in dn Pr hätte einkalkuliert w können (Dörner NJW **79**, 248). Außerdem gelten die Grds von BGH NJW **85**, 856: Die Klausel muß die Vorauszetgen u das Ausmaß der PrÄnderg konkret bezeichnen u dem Schüler für den Fall der Erhöhg ein KündR einräumen. Das KündR aus wichtigem Grd (§ 626) kann nicht abbedungen w. Entspr gilt für das KündR aus § 627, dessen Voraussetzgen beim Direktunterrichtsvertrag aber idR nicht erfüllt sind (BGH **90**, 281, Celle NJW **81**, 2762, Köln NJW **83**, 1002). Das ordentl KündR kann dch Bestimmg einer festen Laufzeit ausgeschlossen w. FernUSchG 5, der eine unabdingb Kündiggsmöglichk erstmals zum 1. Halbjahrschluß vorsieht, ist weder direkt noch entspr anwendb (BGH **90**, 284). Andererseits steht § 11 Nr 12a der Anwendg von § 9 auf kürzere als 2jährige Laufzeiten nicht entgg (Ul-Br-He § 11 Anh Rdn 288a). Bei Vollzeitunterricht wird die zul Höchstlaufzeit bei 1 Jahr liegen (BGH **90**, 285, auf den Einzelfall abstellnd), bei einer Ausbildg zum Heilpraktiker ist eine Bindg von 20 od 24 Mo zu lang (Karlsr AGBE V Nr 82, LG Bln NJW-RR **86**, 989, **89**, 765, und KG NJW-RR **89**, 1075: 2 Jahre bei Ausbildg zur Krankengymnastin zul). Bei InternatsVertr muß jeweils zum Ende des Schulhalbjahres eine KündMöglichk bestehen (BGH NJW **85**, 2586). Bei Vertr über Body-Building od Körperertüchtigg ist eine BindgsFr von 18 Mo zu lang (LG Ffm NJW **85**, 1717, LG Hbg NJW-RR **87**, 687); ebso eine formularmäß Verlängerg der Laufzeit um 12 Mo (AG Dülmen NJW **85**,1718). Die Vergütgsregelg für den Fall vorzeitiger VertrAuflösg muß den Anfordergen des § 10 Nr 7 genügen (s dort). – Eine Klausel, wonach sich die Druckerei bei Zahlgsverzugs ihres Kunden dch Verwertg seines **Urheberrechts** befriedigen kann, ist unwirks (Ffm GRUR **84**, 515).

v) Verjährung: Die Verj von GewlAnspr kann im Anwendgsbereich von § 11 Nr 10 nicht abgekürzt w (§ 11 Anm 10f). Im übrigen ist § 9 PrüfgsMaßstab. Unwirks sind: Regelgen, die den VerjBeginn vom Ermessen des Gläub abhäng machen (BGH NJW **86**, 1609), Kombination der VerjFr des BGB mit der Unterbrechgsregel der VOB (Mü NJW-RR **86**, 382), Abkürzg der Fr des HGB 88 auf 6 Mo (Celle NJW-RR **88**, 1064). Die übermäß lange VerjFr des § 195 kann, abgesehen vom Fall der Argl, angem verkürzt w, zB für VergütgsAnspr der freien Mitarbeiter der Rundfunkanstalten auf 3 Jahre (BGH **LM** (Cb) Nr 5 Bl 5). Die VerjFr für den tarifl NachFdgsAnspr des GüterVerkUntern kann auf 1 Jahr, nicht aber auf 3 Mo abgekürzt w (BGH **104**, 294), die für Anspr aus dem GiroVertr auf 2 Jahre (BGH NJW-RR **88**, 561). Unbedenkl ist es auch, die VerjFr für konkurrierde od korrespondierde vertragl Anspr zu vereinheitlichen, etwa dch Ausdehng der 6 MonatsFr des § 651g auf alle vertragl Anspr (Mü EWiR **85**, 431, LG Ffm NJW **82**, 1538, s aber BGH **97**, 263, aA Mü NJW-RR **87**, 493) od durch Erstreckg des § 638 auf Anspr aus pVV. Die VerjFr für Anspr aus Delikt (§ 852) darf weder direkt noch mittelb abgekürzt w (§ 9 II Nr 1 u 2), auch nicht die Fr des § 196 (Düss NJW-RR **88**, 147). Die VerjFr für vertragl SchadErsAnspr muß so bemessen sein, daß die berecht Belange des Geschädigten gewahrt sind. Unwirks daher die Abkürzg der VerjFr für SchadErsAnspr der Gesellschaft einer PublikumsKG (BGH **64**, 244) u der VerjFr des StBerG 68 (BGH **97**, 25, WPM **85**, 941). Für Anspr gg den TrHänder einer BauherrenGemsch darf die VerjFr nicht auf 1 Jahr abgekürzt w (BGH **97**, 25). Die VerjFr für Anspr gg den Frachtführer kann auf 6 Mo verkürzt w, nicht aber auf 3 Mo (BGH VersR **80**, 40, **81**, 230, **87**, 283). Vgl auch oben ADSp. – **Verkehrsbetriebe:** Wirks: Datenverarbeitgsklausel u Forderg einer Einzugsermächtigg für Jahresabonnements (Celle VRS **76** Nr 99). – **Versicherungsbedingungen** AVB unterliegen unbeschadet ihrer aufsichtsbehördl Gen der AGB-InhKontrolle (BGH **83**, 173). Risikobeschreibgen sind aber nur mit den sich aus § 8 ergebden Beschrkgen kontrollfähig (§ 8 Anm 2a). Aus den Klauselkatalogen der §§ 10 u 11 sind für AVB vor allem § 10 Nr 1, Nr 4 u Nr 6 sowie § 11 Nr 15 u 16 von Bedeutg (Hansen VersR **88**, 1110). Wenn § 9 anzuwenden ist, ist zur Konkretisierg der PrüfgsMaßstäbe in erster Linie auf das VVG zurückzugreifen. Soweit das VVG keine Vorschr enthält, ist gem § 9 II Nr 2 auf den Zweck des VersVertr, notf auf § 242 zurückzugreifen (Helm NJW **78**, 132, Bauer BB **87**, 480, Martin VersR **84**, 1107). Einzelfälle: Unwirks sind: Begründg eines zeitl unbeschränkten KündR in der KrankenVers (BGH **88**, 78); and jedoch in der KrankentagegeldVers (BGH NJW **86**, 2369, Mü BB **87**, 510); Abbedingg des VVG 6 für den Fall einer ObliegenhVerletzg (BGH NJW **85**, 559); Belastg des Versicherten mit Kosten eines SachverstVerf, das der Versicherer beantragt hat (BGH **83**, 169). Wirks: RisikoAusschl für vorhersehb Schäden in der BauwesenVers (BGH NJW **84**, 47); Klausel, daß der BezugsBerecht nach dem Tod des VersNeh zur Entggnahme von WillErkl ermächtigt ist (BGH NJW **82**, 2314). Vgl auch Wo-Ho-Li § 23 Rdn 453–519. – **Vertragshändler:** Zu den MusterVertr der Ford- u Opelwerke s BGH **89**, 206, **93**, 29, Pfeffer NJW **85**, 1241, krit Bunte NJW **85**, 600; zu denen der Peugeotwerke BGH NJW-RR **88**, 1077. – **Verzichtsklauseln,** die vor allem in vorgedruckten Quittgen enthalten sein können, sind gem §§ 3 u 9 unwirks (LG Ffm NJW **83**, 234). Mindestvoraussetzg für einen zul Verzicht ist eine ausdr u gesonderte Erkl des Kunden. Der in einer AbfindgsErkl enthaltene Verzicht ist unwirks, soweit er Anspr gg Dr betrifft (BGH NJW **85**, 970, VersR **86**, 468). – Die **VOB/B** erfüllt die Merkmale des AGB-Begriffs (allgM). Auch § 23 II Nr 5 geht davon aus, daß die Vorschr der VOB/B AGB sind. Verwder kann sowohl der AuftrNeh als auch der AuftrGeb sein; verlangen beide die Einbeziehg der VOB/B ist das AGBG unanwendb (§ 1 Anm 2d, str). Die in der VOB/B vorgesehenen ErklFiktionen (§§ 12 Nr 5 u 15 Nr 3 S 5) u die Abkürzg der GewlFr auf 2 Jahre (§ 13 Nr 4) sind gem § 23 II Nr 5 einer InhKontrolle entzogen, sofern die VOB/B als Ganzes ohne ins Gewicht fallde Einschränkgen einbezogen worden ist (BGH **96**, 133,

§ 11 Anm 10 f cc). Die übrigen Vorschr der VOB/B halten richterl InhKontrolle stand. Sie verstoßen nicht gg die Klauselverbote der §§ 10 u 11: Die Pauschaliergn des Verzugsschadens in VOB 16 Nr 5 III 2 ist mit § 11 Nr 5 vereinb (Ul-Br-He § 11 Anh Rdn 906). Der Anspr auf Abschlagszahlgen (VOB/B 16 Nr 1) mildert ledigl die VorleistgsPfl des AuftrNeh u ist daher auch gem § 11 Nr 2 unbedenkl (BGH NJW **85**, 852). Die ursprüngl gg VOB/B 6 Nr 6 wg § 11 Nr 7 u 8b bestehden Bedenken sind dch die Neufassg der VOB/B von 1979 ausgeräumt worden. Zweifelh ist jedoch, ob VOB/B 13 Nr 7 mit § 11 Nr 11 vereinb ist (s Nürnb NJW-RR **86**, 1347). Die übrigen Vorschr der VOB/B könnten, wenn überhaupt, nur gem § 9 beanstandet w. Zu berücksichtigen ist aber, daß die VOB/B eine kollektiv ausgehandelte u im ganzen ausgewogene Regelg ist (BGH **86**, 141). Diese Ausgewogenh schließt es aus, einzelne Vorschr der VOB/B einer InhKontrolle nach § 9 zu unterziehen (BGH aaO, Bunte BB **83**, 735, aA Flach NJW **84**, 156). Wenn die VOB/B insgesamt VertrBestandt wird, sind daher unbedenkl: VOB/B 16 Nr 3 II 1, wonach der AuftrNeh bei vorbehaltloser Ann der Schlußzahlg mit seiner MehrFdg präkludiert w (BGH **86**, 141, Heiermann NJW **84**, 2493); § 2 Nr 6 I 2, wonach der AuftrNeh für zusätzl Leistgen abweichd von § 632 I nur bei rechtzeitiger Ankündigg eine Vergütg verlangen kann; die zT von § 644 abweichde Gefahrtragsregel des § 7; § 12 Nr 3, wonach der AuftrGeb die Abnahme abweichd von § 640 nur bei wesentl Mängeln verweigern darf. Ist die VOB/B **nicht als Ganzes** VertrInh geworden, ist dagg § 16 Nr 3 II 1 unwirks (BGH **101**, 357, Stgt NJW-RR **88**, 1364), u auch die übr aufgelisteten Regelgen sind bedenkl (Weyer BauR **84**, 553). **Zusatzregelungen** zur VOB/B können unwirks sein, so die Klausel, daß zusätzl Leistg entgg VOB/B 2 Nr 6 nur bei schriftl Vereinbg zu vergüten sind (Düss BauR **89**, 335), die Klausel, daß der SicherhEinbehalt nicht auf Sperrkonto eingezahlt zu werden braucht (KG BauR **89**, 207) u die Regelg, daß die nicht in die Schlußrechng aufgenommenen Fdgsbeträge (sofort) erlöschen (BGH NJW **89**, 2124). Zu den sonstigen AGB im Bauwesen s oben b. – **VOL:** Der VOB/B 16 Nr 5 III 2 nachgebildete § 17 Nr 5 ist wirks (Querfeld BB **85**, 490, aA Wahl BB **84**, 644). Bedenkl sind dagg: § 7 Nr 2 u 3; § 10 u § 17 (s näher Johannson BB **81**, 210, Ul-Br-He § 11 Anh Rdn 915). – **Vollmachtklauseln:** Die Klausel, daß sich Mieter ggseit zur Entggn von Erkl bevollmächtigen ist wirks (Schleswig NJW **83**, 1862), nicht aber die gg § 425 II verstoßde Regelg, daß die Kündig eines Mieters Gesamtwirkg hat (LG Bln MDR **83**, 757). Der Baubetreuer kann sich formularmäß eine unbegrenzte Vollm ausbedingen (BGH **67**, 336, oben b), nicht aber der im eig Namen tätige Bauträger (Nürnb NJW **82**, 2326). Geht es dem Verwder ledigl darum, sich einen zusätzl Schu zu verschaffen, ist die VollmKlausel unwirks, so etwa die Vollm in einem KreditVertr, dch die sich die AntrSt ggseit zur weiteren KreditAufn bevollmächtigen (Ffm NJW **82**, 583). Entspr gilt, wenn die VollmKlausel in einem Ratenkredit-Vertr § 425 II unterläuft (BGH NJW **89**, 2383, Nürnbg NJW **88**, 1221). Die TeilgsErkl kann die Vertretg auf Eheg, den Verwalter u and Eigtümer beschränken (BGH DNotZ **88**, 24). Sie kann auch vorsehen, daß nicht erschienene WoEigtümer dch den Verw vertreten w (Ffm OLGZ **86**, 45). Die Vollm, die dem Angestellten des Verwders gem HGB 56 zusteht, kann nicht dch AGB ausgeschlossen w (BGH NJW **82**, 1390, Stgt BB **84**, 2218), ebsowenig die Duldgs- od AnschVollm, wohl aber die InkassoVollm, arg HGB 55 III (Hamm ZIP **82**, 590). – **Vorfälligkeitsklauseln**, wonach das RatenzahlgsR bei Zahlgsverzug des Kunden entfällt, haben keinen VertrStrafCharakter; Grdl der InhKontrolle ist vielm § 9 (BGH **95**, 372). Aus der Fassg der Klausel muß sich ergeben, daß sie unanwendb ist, wenn der Schu den Rückstand nicht zu vertreten hat (BGH NJW **85**, 1705, 2330). Das gilt auch im kaufm Verk (BGH **96**, 191). Inhaltl ist die Klausel idR unbedenkl, wenn sie AbzG 4 II od § 554 nachgebildet ist (Bunte AGB- Handbuch S 90). Bei Ratenkrediten kann die Vorfälligk nur an den Verzug mit 2 aufeinandfolgden Raten geknüpft w (BGH **95**, 371). Dagg können bei KaufVertr auch Regelgen zul sein, die diesem strengen Standard nicht voll entsprechen (BGH NJW **85**, 324). – **Vorleistungspflicht** s § 11 Anm 2a.

w) Wartungsverträge: Die in DauerWartgsVertr enthaltenen PrÄndergsklauseln fallen nicht unter § 11 Nr 1, müssen aber den Anfordergen von BGH NJW **85**, 856 entspr: Die Klausel muß die Voraussetzgen u das Ausmaß der PrErhöhg konkret angeben u dem Kunden für den Fall der Erhöhg ein KündR einräumen (Celle AGBE V Nr 153). Die Klausel „Fahrtzeit = Arbeitszeit" ist wirks (Thamm Betr **85**, 375, aA BGH **91**, 316), da die im Interesse des Kunden für die Fahrt aufgewandte Zeit gleich hohe Kosten verursacht wie die Arbeitszeit. Unwirks sind dagg: Klausel „Angefangene Stunden werden als volle berechnet" (Wo-Ho-Li Rdn W 2, aA Ffm AGBE IV Nr 123 S 488); Verpfl zur Zahlg einer Auflösgspauschale (Celle AGBE V Nr 153). Das BestimmgsR, ob Neu- od Austauschteile eingebaut w, kann nicht formularmäß auf den Untern übertragen w (Ffm aaO). Die GewlRegelg muß § 11 Nr 10 entspr. Zu einem WartgsVertr, der in Wahrh als VersVertr einzustufen ist, s BGH NJW-RR **88**, 820. – **Werkverträge:** Vgl auch „Architekten-Vertr", „BauVertr", „Kostenvoranschlag", „PfandR", „ReparaturVertr" u „WartgsVertr". Unwirks sind: Formularmäß Begründg einer VergütgsPfl für Kostenvoranschläge (BGH NJW **82**, 765) od für sonst Vorarbeiten (BKartA AGBE III Nr 98), es sei denn, daß der Kunde die VergütgsPfl in einer bes unterschriebenen Erkl ausdr übernimmt (KG aaO Nr 99); Klausel, daß Zusagen über die Fertigstellg von Reparaturarbeiten nur bei schriftl Bestätigg verbindl sind (BGH NJW **82**, 1389); Abbedingen des VergütgsAnspr aus § 649 S 2 (BGH NJW **92**, 249, Mü BB **84**, 246); Abbedingen des Anspr aus § 648 auf Eintr einer SichergsHyp ohne anderweit Sicherstellg des Untern (BGH **91**, 143); Änd des § 645 (Köln OLGZ **75**, 323); Hinausschieben des VerjBeginns bis zur „mängelfreien" Abnahme (Karlsr BB **83**, 727) od bis zur Abnahme dch einen Dr (Mü AGBE IV Nr 23 S 275); drückde Bdggen in SubUnternVertr (Mü NJW-RR **87**, 662). Dagg sind wirks: Verlängerg der VerjFr für verdeckte Mängel auf 30 Jahre (LG Hanau NJW-RR **87**, 1104); Klausel, daß der Rechngsbetrag sofort ohne Abzug zu zahlen ist, da sie weder die Aufr noch GewlAnspr ausschließt (aA LG Ffm NJW-RR **87**, 1003). Zu HaftgsAusschl in WerftBdggen s BGH **103**, 316, NJW-RR **89**, 955. – **Wirtschaftsprüfer.** Sie verwenden idR die vom IdW-Verlag herausgegebenen, in ZIP **84**, 1289 abgedruckten Allgemeinen Auftragsbedingungen (AAB). Die summenmäß Haftgsbegrenzg auf 500000 DM in Nr 9 I AAB verstößt, soweit sie die Fälle groben Verschuldens einbezieht, gg §§ 11 Nr 7, 24 Satz 2 u ist daher unwirks (§ 11 Anm 7e); AktG 168 II steht dieser Beurteilg nicht entgg, da er auf freiw Prüfgen weder direkt noch analog angewandt w kann (Brandner ZIP **84**, 1190, aA Schlechtriem BB **84**, 1182). Soweit Nr 9 AAB in einer sachl u sprachl abtrennb Regelg die Haftg für einf Fahrlässigk begrenzt, ist die Vorschr unbedenkl, jedoch muß der WirtschPrüfer den Mandanten bei höheren Risiken auf die Möglichk hinweisen, eine Einzelobjektversicherg abzuschließen (s oben „RAnwälte", and Schlechtriem aaO). Unwirks sind: Nr 9 III AAB, der die 5jährige VerjFr des § 51a WPO dch eine AusschlFr von 6 Monaten ab Kenntn vom Schaden wesentl verkürzt (Ul-Br-He § 11 Anh Rdn 954); Nr 2 III AAB, soweit er die Pfl, Buchfälschgen u Unregelmäßigk aufzudecken, von einem ausdr Auftr abhäng macht (Wo-Ho-Li Rdn R 12); Nr 2 IV AAB, soweit er den Prüfer auch bei DauerVertr von der Pfl freistellt, auf nachträgl Ändergen der RLage hinzuweisen (Ul-Br-He aaO Rdn 953); Nr 13 AAB, soweit der Prüfer bei einer Künd gem § 627 abweicht von § 628 I 1 die volle Vergütg abzügl der ersparten Aufwendgen verlangen kann (Bunte aaO S 319). – **Wohnungseigentumsgemeinschaft** s WEG 10 Anm 5.

z) Zeitungen und Zeitschriften: Der Großhändler kann in seinen AGB bestimmen, daß der Händler das volle vom Verwder festgelegte Sortiment zu führen hat, jedoch muß dem Einzelhändler ein RemissionsR zustehen (BGH **82**, 240). Im AbonnementsVertr sind PrErhöhgsklauseln nur wirks, wenn sie Voraussetzgen u Ausmaß der Erhöhg konkret bestimmen u dem Kunden ein KündR einräumen (BGH NJW **80**, 2518, **86**, 3134). Unzul ist die Klausel, daß die Vergütg auch zu zahlen ist, wenn die Zeitg wg höherer Gewalt nicht geliefert w (Schmidt NJW **79**, 19). – **Zinsänderungsklauseln** s § 11 Anm 1 d bb. – **Zufallshaftung** s oben HaftgsErweiterg. – **Zurückbehaltungsrecht:** Ausschluß des ZbR des Kunden s § 11 Anm 2; Erweiterg des ZbR des Verwders s § 11 Anm 10 d.

AGBG 10 *Klauselverbote mit Wertungsmöglichkeit.* In Allgemeinen Geschäftsbedingungen ist insbesondere unwirksam

1. **(Annahme- und Leistungsfrist)**
eine Bestimmung, durch die sich der Verwender unangemessen lange oder nicht hinreichend bestimmte Fristen für die Annahme oder Ablehnung eines Angebots oder die Erbringung einer Leistung vorbehält;

2. **(Nachfrist)**
eine Bestimmung, durch die sich der Verwender für die von ihm zu bewirkende Leistung entgegen § 326 Abs. 1 des Bürgerlichen Gesetzbuchs eine unangemessen lange oder nicht hinreichend bestimmte Nachfrist vorbehält;

3. **(Rücktrittsvorbehalt)**
die Vereinbarung eines Rechts des Verwenders, sich ohne sachlich gerechtfertigten und im Vertrag angegebenen Grund von seiner Leistungspflicht zu lösen; dies gilt nicht für Dauerschuldverhältnisse;

4. **(Änderungsvorbehalt)**
die Vereinbarung eines Rechts des Verwenders, die versprochene Leistung zu ändern oder von ihr abzuweichen, wenn nicht die Vereinbarung der Änderung oder Abweichung unter Berücksichtigung der Interessen des Verwenders für den anderen Vertragsteil zumutbar ist;

5. **(Fingierte Erklärungen)**
eine Bestimmung, wonach eine Erklärung des Vertragspartners des Verwenders bei Vornahme oder Unterlassung einer bestimmten Handlung als von ihm abgegeben oder nicht abgegeben gilt, es sei denn, daß
  a) dem Vertragspartner eine angemessene Frist zur Abgabe einer ausdrücklichen Erklärung eingeräumt ist und
  b) der Verwender sich verpflichtet, den Vertragspartner bei Beginn der Frist auf die vorgesehene Bedeutung seines Verhaltens besonders hinzuweisen;

6. **(Fiktion des Zugangs)**
eine Bestimmung, die vorsieht, daß eine Erklärung des Verwenders von besonderer Bedeutung dem anderen Vertragsteil als zugegangen gilt;

7. **(Abwicklung von Verträgen)**
eine Bestimmung, nach der der Verwender für den Fall, daß eine Vertragspartei vom Vertrage zurücktritt oder den Vertrag kündigt,
  a) eine unangemessen hohe Vergütung für die Nutzung oder den Gebrauch einer Sache oder eines Rechts oder für erbrachte Leistungen oder
  b) einen unangemessen hohen Ersatz von Aufwendungen verlangen kann;

8. *(Rechtswahl)*
die Vereinbarung der Geltung ausländischen Rechts oder des Rechts der Deutschen Demokratischen Republik in Fällen, in denen hierfür kein anerkennenswertes Interesse besteht.

Vorbemerkung: Vgl zunächst Vorbem vor § 8 u § 9 Anm 1. Für die Verbote des § 10 ist kennzeichnd, daß sie unbest RBegr verwenden, die Feststellg der Unwirksamk also eine richterl Wertg erfordert. Sie sind idR Konkretisiergen des § 9 I, einz Verbote knüpfen aber auch an die in § 9 II enthaltenen RGedanken an. Verstößt der Inhalt einer AGB-Klausel teilw gg ein Klauselverbot, so ist die Klausel grdsätzl **im ganzen unwirksam** (Vorbem 3b zu § 8). Anwend im kaufm Verk: Vgl § 9 Anm 5 u bei den einz Klauselverboten.

1) Annahme- und Leistungsfrist (Nr 1). a) Nr 1 soll gewährleisten, daß der Kunde dch die formulärmäß Ausgestaltg der Fr zur Ann des VertrAngebots (1. HalbS) u der LeistgsFr (2. HalbS) nicht unangem benachteiligt w. Sie gilt für **Verträge aller Art,** HalbS 1 ggf auch für dingl Vertr. Dogmat stellen Klauseln über die Dauer der AnnFr keine VertrBdggen dar, da der Vertr vor Ann rechtl noch nicht existiert. Es handelt sich vielmehr um VertrAbschlKlauseln, die das Ges aber hinsichtl der InhKontrolle den eigentl VertrBdggen gleichstellt.

b) Annahmefrist: Nr 1 gilt nur, wenn die AnnFr abweichd vom dispositiven § 148 vom Verwder als

AntrEmpfänger gesetzt w. Die FrBestimmg dch den Verwder als Antragden wird von Nr 1 nicht erfaßt (Walchshöfer WPM **86**, 1042). Die Vorschr ist entspr anwendb, wenn das Zustandekommen des Vertr von einer aufschiebden Bdgg abhäng gemacht w, etwa von einer Bestätigg des Zulieferers des Verwders (Wo-Ho-Li Rdn 8). – **aa)** Die AnnFr darf nicht **unangemessen** lang sein. Wann das zutrifft, ist nach Inh u wirtschaftl Bedeutg des Vertr unter Berücksichtigg der beiderseit Interessen u der VerkAnschauung zu entscheiden. Bei AlltagsGesch ist die HöchstFr 14 Tage (Walchshöfer WPM **86**, 1044), bei DarlAntr 1 Mo (BGH NJW **88**, 2106), im MöbelVersandHandel 1 Mo (Celle AGBE I Nr 4), ebso bei Fenstern u Rolläden (LG Trier AGBE II Nr 8), bei Lebensversichergen 6 Wo (Hamm NJW-RR **86**, 388). Zu lang sind im Kfz-NeuGesch 4 Wo (LG Hbg NJW **88**, 1150), bei Ausschreibg von Bauleistgen 8 Wo (Nürnb AGBE I Nr 5) u bei LeasingVertr 2 Mo (Hamm NJW-RR **86**, 928). – **bb)** Die Fr muß **hinreichend bestimmt** sein. Ein Dchschnittskunde muß ohne Schwierigk u ohne rechtl Beratg feststellen können, wann die Bindg an sein Angebot endet (s BGH NJW **85**, 856 zur LeistgsFr). Das BestimmthErfordern bezieht sich auf den Beginn u die Dauer der Fr, außerdem aber auch auf etwaige VerlängergsTatbestde. Unzul sind Klauseln, die den FrBeginn von Ereign außerhm der KenntnSphäre des Kunden abhäng machen, etwa vom Eingang von Erkl beim Verwder od von Hdlgen des Verwders (BGH NJW **88**, 2106), Bsp s c bb.

c) Leistungsfrist. Die Vorschr soll verhindern, daß der Verwder den Schutz des § 11 Nr 8 (RücktrR u SchadErsAnspr bei Verzug) unterläuft (BGH **92**, 28). Sie gilt für Leistgen jeder Art. Miterfaßt sind daher auch FrRegelgen hins der AbnPfl (§ 640) des Verwders (BGH NJW **89**, 1603, Walchshöfer WPM **86**, 1542). Unter Nr 1 fallen auch Klauseln, die im Anschluß an einen unverbindl Liefertermin (der Fr des § 326 vorgeschaltete) „unechte" NachFr vorsehen (BGH NJW **82**, 333, **83**, 1320) od die beim Eintritt bestimmter Ereign (höhere Gewalt, ArbKampf) die LeistgFr verlängern (Stgt NJW **81**, 1105, aA Karlsr AGBE II Nr 5). – **aa) Unangemessene Länge:** Entscheidd sind die Umst des Einzelfalls, insbes die Art der zu erbringden Leistg u die VerkAnschauung. Bei der Abwägg sind die Interessen beider Part zu berücksichtigen. Im Kfz-NeuGesch ist eine Fr von 6 Wo zul (BGH NJW **82**, 333). Bei Möbeln sind 3 Wo unbedenkl (Bambg AGBE IV Nr 4), dagg sind 6 Wo zu lang (Hamm NJW-RR **87**, 315), erst recht 3 Mo (BGH NJW **83**, 1321). Bei Fertighäusern kann 6 Wo vertretb (Ffm BB **83**, 2075), und aber bei einem individuell festgelegten Liefertermin (BGH **92**, 28). Zu LeistgsFr im VersR s Hansen VersR **88**, 1116. – **bb) Bestimmtheitsgebot:** Der Kunde muß (ebso wie bei b bb) in der Lage sein, das FrEnde selbst zu bestimmen od zu errechnen (BGH NJW **85**, 856, **89**, 1603). Unzul sind daher Klauseln, die auf die branchenübl Fr abstellen (Köln BB **82**, 638) od die den FrBeginn von einem Ereign im Bereich des Verwders abhäng machen (BGH NJW **85**, 856), etwa vom Vorliegen der Maße im Lieferwerk (BGH aaO), vom Eingang des Aufmaßes (Stgt NJW **81**, 1105) od der NachkontrollAnforderg (Celle AGBE IV Nr 2). Unzul sind aber auch Klauseln, wonach die individuell festgelegte Lieferzeit unverbindl od nur bei Liefermöglichk des Verwders verbindl ist (Saarbr BB **79**, 1064, Kblz WPM **83**, 1274); der Best, die eine hins ihres Endes ungewisse NachFr vorsieht (Hamm OLGZ **84**, 125); die ohne nähere Konkretisierg bei nicht zu vertretden Leistgshindern einen Leistgsaufschub zuläßt (Stgt NJW **81**, 1105, Karlsr BB **83**, 726). Wirks sind dagg „ca-Fristen". In AVB sind unbest LeistgsFr zul, sow sie mit VVG 11 I übereinstimmen (arg § 8).

d) Im **kaufmännischen Verkehr** müssen sich AGB über Ann- u LeistgsFr gleichf im Rahmen des Angem halten (§§ 9 I, 24). Es ist aber zu berücksichtigen, daß dem Verwder ein in der Wahrnehmg eig Interessen geübter Partner ggüsteht. Was im Verk mit Nichtkaufleuten gg Nr 1 verstößt, kann daher bei RGesch zw Kaufleuten noch zul sein.

2) Nachfrist (Nr 2). a) Nr 2 soll – ebso wie Nr 1 – verhindern, daß der Verwder dch unangem lange Fr den Schutz des § 11 Nr 8 aushöhlt. Sie gilt nur, wenn die NachFr abweichd vom dispositiven § 326 vom Verwder als Schu gesetzt wird. Auf die Fr der §§ 634, 651c III, 651e II, 283 ist Nr 2 entspr anwendb. Erfaßt werden aber nur echte NachFr; die in AGB vielfach vorgeschalteten unechten NachFr fallen in den Anwendgsbereich von Nr 1 (Lö-vW-Tr Rdn 3). – **b) Unangemessene Länge:** Ausgangspkt der Prüfg ist die NachFr, die ohne die Klausel maßgebd wäre (§ 326 Anm 5 b bb). Diese darf im Zuge der Vereinheitlichg überschritten w; zul sind aber ledigl maßvolle Abw. Keinesfalls darf die für Sonderfälle (Großauftr, Zulieferg aus dem Ausl) gerade noch vertretb Fr generell festgelegt w (BGH NJW **85**, 323, 857). Die Höchstgrenze liegt bei übl VerbraucherGesch bei 2 Wo (Staud-Schlosser Rdn 7, wohl auch BGH NJW **85**, 323, krit Thamm BB **82**, 2020); wenn eine unechte NachFr (Anm 1c) vorgeschaltet war, ist sie noch kürzer. 4 Wo sind bei einem Möbelkauf zu lang (BGH NJW **85**, 323), ebso bei der Lieferg von Fenstern (BGH NJW **85**, 857), Fassadenverkleidgen (Stgt NJW-RR **88**, 788) od Rolläden (Schlesw AGBE III § 9 Nr 100 S 461); bei Lieferg einer Zaunanlage sollen 4 Wo dagg zul sein (Ffm Betr **81**, 884), im KfzGesch sogar eine (unechte) NachFr von 6 Wo (BGH NJW **82**, 333). – **c) Bestimmtheitsgebot:** Es gelten die gleichen Kriterien wie bei Nr 1. Der Kunde muß in der Lage sein, das FrEnde zu errechnen (Anm 1 b bb u c bb). – **d)** Nr 2 kann gem §§ 9 II Nr 1, 24 S 2 auch im **kaufmännischen Verkehr** angewandt w (Lö-vW-Tr Rdn 20).

3) Rücktrittsvorbehalt (Nr 3). a) Nr 3 soll gewährleisten, daß der RGrds „pacta sunt servanda" auch ggü dem Verwder dchgesetzt w. Sie gilt (vorbehaltl e) für **Verträge jeder Art.** Der dem BGB unbekannte Begriff „LösgsR" ist im umfassden Sinn zu verstehen (Mü BB **84**, 1387). Unter ihn fallen Rücktr-, Künd-, Widerr- u AnfR. Nr 3 ist aber auch anwendb, wenn die Klausel als aufschiebde Bdgg ausgestaltet od sonst ein ipso-facto-Wegfall der LeistgsPfl des Verwders vorgesehen ist (MüKo/Kötz Rdn 17). Auch LösgsR, die sich auf einen Teil des Vertr beschränken, werden erfaßt (Düss AGBE III § 9 Nr 16 S 208). – **b)** Der LösgsGrd muß in den AGB **angegeben** w, u zwar so **konkret,** daß der Dchschnittskunde beurteilen kann, wann der Verwder sich vom Vertr lösen darf (BGH NJW **83**, 1321). Die Formulierg „wenn die Umst es erfordern" genügt daher nicht (BGH NJW **83**, 1325, Kblz WPM **89**, 894), ebsowenig ein Abstellen auf „BetrStörgen" (BGH NJW **83**, 1321, KG AGBE II Nr 35), eine „zu geringe Beteiligg" (LG Bln AGBE II Nr 40a) od auf „Erkrankgen" (Hamm BB **83**, 1306). Das BestimmthGebot darf aber nicht überspannt w. Die RBegriffe Unmöglichk, Verzug u pVV dürfen verwandt w, ebso Begriffe wie „höhere Gewalt", Streik u Naturkatastrophen (Wo-Ho-Li Rdn 40). – **c) Sachlich gerechtfertigter Grund:** Der Rücktr muß dch ein überwiegdes, zumindest aber dch ein anerkennenswertes Interesse des Verwders gerechtf sein (BGH **99**, 193). Er darf sich nicht auf Umst erstrecken, die schon bei VertrSchl erkennb waren (BGH aaO). RücktrGrd kann ein vertrwidr **Verhalten des Kunden** sein. Die Voraussetzgen des gesetzl RücktrR brauchen nicht vorzuliegen. Abweichgen zG des Verwders sind aber nur zul, soweit sie dch überwiegde Interessen des Verwders gerechtfertigt w u § 11 Nr 4 nicht entggsteht. Der Rücktr kann für den Fall vorbehalten w, daß der Kunde seine SorgfPflten hins der unter EigtVorbeh gelieferten Ware verletzt (BGH NJW **85**, 325). Der bloße Verdacht der PflVerletzg reicht dagg nicht aus (Hamm BB **79**, 1425), ebsowenig eine falsche SelbstAusk, wenn sie weniger bedeuts Pkte betrifft (BGH NJW **85**, 325, 2271). Falsche Angaben über die **Kreditwürdigkeit** des Kunden sind ein zul RücktrGrd (BGH NJW **85**, 325). Ein RücktrR kann aber auch für den Fall obj fehlder Kreditwürdigk vorgesehen w (Kblz ZIP **81**, 510, aA Karlsr WRP **81**, 477, Hamm BB **83**, 1306, Lö-vW-Tr Rdn 18ff). Die Regelg des § 321 ist zu eng u daher für AGB keine starre Schranke (s aber BGH NJW **85**, 1221). Nicht zul ist jedoch das Abstellen auf eine ungünst KreditAusk od and bloße VerdachtsGrde. Dagg kann ein VollstrVersuch ein RücktrGrd sein, sofern der EntgeltsAnspr des Verwders erhebl gefährdet erscheint (BGH NJW **84**, 872, Düss WPM **84**, 1134). – **d)** Auch **Leistungshindernisse** im Bereich des Verwders können einen RücktrGrd darstellen. Unwirks sind aber Klauseln, die die Bindg des Verwders ganz od zu weitgehd einschränken, wie die Klausel „freibleibend" (§ 9 Anm 7 f) od „Liefergsmöglichk vorbehalten" (Stgt ZIP **81**, 875). Vorratsklauseln sind nur zul, wenn individualvertragl eine beschränkte Gattgsschuld (§ 243 Anm 1c) vereinbart worden ist (Lö-vW-Tr Rdn 48). Zul ist dagg der Vorbeh der **Selbstbelieferung;** das LösgsR muß aber im nichtkaufm Verk ausdr auf den Fall beschränkt w, daß der Verwder ein konkretes DeckgsGesch abgeschlossen hat u von den Part dieses Vertr im Stich gelassen w (BGH **92**, 397, NJW **83**, 1321, **85**, 857). Wirks sind höhere Gewaltklauseln, grdsl auch Regelgen, die auf nicht vorhersehb, dch unzumutb Aufwendgen nicht zu überwindde LeistgsHindern abstellen. Die Klausel muß aber klarstellen, daß ein vom Verwder zu vertretdes Hindern nicht zum Rücktr berecht (BGH NJW **83**, 1321, Kblz WPM **83**, 1272). Eine AGB, wonach der Verwder bei BetrStörgen ohne Rücksicht auf die Entstehgsursache zurücktreten kann, ist daher unwirks (BGH u Kblz aaO). Unzul sind auch Klauseln, die bei vorübergehden Leistgsstörgen ein RücktrR begründen (BGH NJW **85**, 857, Kblz WPM **89**, 894). Das gilt bei Vertr ohne Fix-Charakter vor allem für **Arbeitskampfklauseln** (BGH aaO). – **e)** Nr 3 gilt nicht für **Dauerschuldverhältnisse** (Einl 5 vor § 241), einen Begriff, den das AGBG erstmals in die GesSprache übernommen hat. Unter DauerschuldVerh fallen auch Sukzessivlieferungsvertr, soweit sie als BezugsVertr ausgestaltet sind (Einf 6a v § 305), nicht aber RatenlieferungsVertr über eine von vornherein fest bestimmte Liefermenge (Ul-Br-He Rdn 14, str). – **f)** **Rechtsfolge.** Das Verbot geltgserhalter Reduktion (Vorbem 8b v § 8) gilt auch hier. Klauseln, die notw Einschrkgen nicht enthalten, sind im ganzen unwirks (s BGH NJW **85**, 857, 2271). Ist von mehreren in der Klausel angeführten Gründen nur einer unzul, tritt nur lediglich Teilunwirksamk ein, sofern die Klausel sachl u sprachl teilb ist (BGH NJW **85**, 325). – **g)** Nr 3 kann gem §§ 9 II Nr 1, 24 S 2 grdsl auch im **kaufmännischen Verkehr** angewandt w. Der Begriff „sachl gerechtfertigter Grd" ist aber unter Berücksichtigg der kaufm Gepflogenh weiter auszulegen als bei Verbraucher-Gesch. Auch das Erfordern der konkreten Angabe des LösgsGrdes ist unter Kaufl großzügiger zu handhaben (s zum SelbstbeliefergsVorbeh BGH **92**, 398). Einzelh Lö-vW-Tr Rdn 75–89.

4) Änderungsvorbehalt (Nr 4). a) Nr 4 ergänzt Nr 3: Währd Nr 3 die Befugn des Verwders einschränkt, sich von seiner LeistgsPfl zu lösen, begrenzt Nr 4 die Möglichk des Verwders, die versprochene Leistg zu ändern od von ihr abzuweichen. Die Vorschr gilt für **Verträge jeder Art;** anders als bei Nr 3 sind auch DauerschuldVerh einbezogen. Gleichgült ist die Art der geschuldeten Leistg. Auch Geldschulden u Nebenpflten werden erfaßt. Nr 4 ist auch anwendb, wenn der ÄndersVorbeh Leistgsmodalitäten, wie Ort u Zeit der Leistg, betrifft (Ul-Br-He Rdn 4, str). Das Verbot gilt auch für **verdeckte** ÄndergsVorbeh, die in IrrtKlauseln, GewlAusschl od in der Fiktion, die Abweichg gelte nicht als Mangel, enthalten sein können (Bambg AGBE IV Nr 4). – **b)** Die Klausel ist nur wirks, wenn die Änderg unter Berücksichtigg der Interessen des Verwders für den Kunden **zumutbar** ist. Unzul sind daher ÄndergsVorbeh, die dieses Kriterium ersatzlos wegfallen lassen, wie der Vorbeh, den Fahrplan jederzeit zu ändern (BGH **86**, 294), der Vorbeh technischer od Maßändergen (LG Hannover u LG Mü AGBE III Nr 19 u 20), die Klausel, daß der Verwder seine ZahlgsPfl dch Abtr von Anspr gg Dr erfüllen kann (Ffm NJW **76**, 1662), die sog Fakultativklausel im GiroVerk (BGH **98**, 28, Canaris ZIP **86**, 1021); die Befugn, die selbst zu erbringde Dienstleistg auf einen ErfGeh zu delegieren (Kubis NJW **89**, 1515); die Befugn zur Änd der FlugGesellsch im ReiseVertr (Schmid BB **86**, 1455), aber auch die AGB, wonach der Verwder nicht ausdr in Auftr gegebene Arbeiten zusätzl ausführen u berechnen darf (BGH **101**, 311). Die Merkmale **handelsüblich** u zumutb sind nach Voraussetzgen u Inhalt nicht deckgsgleich. Der Vorbeh handelsübl Ändergen ist daher unzul (Köln NJW **85**, 501, Ffm BB **88**, 1489, aA BGH NJW **87**, 1886), ebso der Vorbeh „kleiner" Abweichgen (Ffm Betr **81**, 884). Das gilt insbes dann, wenn die Abweichg auch bei zugesicherter Eigensch zul sein soll (BGH NJW-RR **89**, 626). Dagg ist die Verwendg des ZumutbarkKriteriums unbedenkl (Lö-vW-Tr Rdn 31, aA BGH **86**, 295); ebso das Abstellen auf „unwesentl" Ändergen (Bambg AGBE IV Nr 4 S 600). Unwirks sind auch AGB, die die ZumutbarkPrüfg dadch einengen, daß sie ausschließl auf die Nichtbeeinträchtigg des „Bauwerts" (Schlesw AGBE II Nr 45) od der „Gebrauchsfähigk" (Bambg AGBE IV Nr 4) abstellen. Klauseln, nach denen statt des bestellten das NachfModell geliefert w darf, sind unzul, da Modelländergen in jedem Fall eine Verbesserg darstellen (Kblz ZIP **81**, 509). Die **Beweislast** für die Zumutbark der Änderg trägt nach der Fassg der Vorschr („wenn nicht") der Verwder. – **c)** Nr 4 ist gem §§ 9 II Nr 1, 24 S 2 grdsl auch im Verk zw **Kaufleuten** anzuwenden (Lö-vW-Tr Rdn 26). ÄndergsVorbeh sind aber and als im Verbraucherbereich zul, soweit es sich um handelsübl Mengen- od Qualitätstoleranzen handelt. Sie sind auch bei Dauerrechts-Verh, wie zB VertrhändlerVertr, zur Anpassg an sich ändernde Verhältn notw, müssen sich aber dort im Rahmen des Angemessenen halten (BGH **89**, 206, **93**, 47).

5) Fingierte Erklärungen (Nr 5). a) Nr 5 beruht auf § 9 II Nr 1. Der Grds, daß Schweigen idR keine WillErkl ist (Einf 3b v § 116), gehört zu den wesentl Prinzipien des PrivR u ist daher dch AGB nur in engen

Grenzen änderb. Nr 5 betrifft ausschließl fingierte Erkl des Kunden. Eig Schweigen darf der Verwder stets als Zust fingieren (Düss MDR 78, 144). Nr 5 gilt nur für Erkl im Rahmen der **Vertragsdurchführung** (Ul-Br-He Rdn 8). Wie Schweigen im Stadium des VertrSchl zu werten ist, etwa das Schweigen auf ein Angebot od eine AuftrBestätigg des Verwders, richtet sich nach den gesetzl Vorschr u ist dch AGB nicht regelb. **Tatsachenfiktionen** fallen nicht unter Nr 5, sond unter § 11 Nr 15. Das gilt, wie sich aus § 11 Nr 15b ergibt, auch für TatsBestätigen. Nr 5 erfaßt daher ausschließl **Erklärungen von materiell-rechtlicher Bedeutung** (Wo-Ho-Li Rdn 10). Gleichgült ist, ob die Erkl fingiert od unwiderlegl vermutet w. Da die Abn (§ 640) ein RGesch ist, fallen AbnFiktionen – im Ggs zu AnnFiktionen (§ 363) – unter Nr 5 (BGH NJW **84**, 726, Schlesw AGBE III § 9 Nr 100, S 462). Weitere **Einzelfälle**: Fiktion, daß die vom Kunden beantragte Umbuchg als Rücktr u ein neues VertrAngebot aufzufassen ist (Ffm NJW **82**, 2199, KG NJW **85**, 151); Fiktion eines Fdgs- od Einwendungsverzichts (Karlsr AGBE III § 9 Nr 15, S 194 u 200); Fiktion einer VertrVerlängerg, wenn auf Wunsch des Wirts ein and Automat aufgestellt w (BGH NJW **85**, 55); Fiktion der Zustimmg zu einer Konditionenanpassg (BGH NJW **85**, 617, LG Dortm NJW-RR **86**, 1170). Unanwendb ist Nr 5 dagg: auf § 16 Nr 3 II VOB/B, da der Ausschluß der Nachfdg nicht auf einer fingierten Erkl beruht (BGH NJW **88**, 57); auf AGB der Sparkassen Nr 10, da die Nichtbeanstandg von Tagesauszügen eine rein tatsächl Erkl ist (BGH **73**, 209). – **b) Wirksamkeitsvoraussetzungen nach Nr 5:** – **aa)** Dem Kunden muß eine **angemessene Erklärungsfrist** eingeräumt w. Was angem ist, richtet sich nach den Umst des Einzelfalles. Da das Schreiben dem Kunden ohne seine Veranlassg zugeht u die ErklWirkg allein den Interessen des Verwders dient, ist die Fr geräumig zu bemessen. Die untere Grenze liegt bei 1–2 Wo; bei Zinsanpassgen ist eine Fr von 2 Wo zu kurz (LG Dortm NJW-RR **86**, 1170). AGB, die eine sofortige od unverzügl Erkl verlangen, sind unwirks. – **bb)** Der Verwder muß sich in der Klausel verpflichten, den Kunden auf die **Bedeutung** seines Verhaltens **besonders hinzuweisen.** Der Hinw muß auch tatsächl erfolgen, wobei der Zugang grdsl vom Verwder zu beweisen ist (Anm 6). Er muß in einer Form geschehen, die unter normalen Umst Kenntnisnahme verbürgt (BGH NJW **85**, 617, 619). Erfolgt der Hinw ohne eine entspr Verpflichtg in den AGB, wird die Fiktion nicht wirks (Lö-vW-Tr Rdn 17, BGH aaO später). Ausnahmsweise kann aber eine konkludente Zustimmg des Kunden anzunehmen sein. – **c) Weitere Wirksamkeitsvoraussetzungen.** Auch wenn die Voraussetzgen von Nr 5 erfüllt sind, sind ErklFiktionen uU unwirks. – **aa)** Gem § 9 sind ErklFiktionen nur zul, wenn für sie ein **berechtigtes Interesse** gegeben ist (Lö-vW-Tr Rdn 11, hM). Dieses kann idR nur aus der organisator Bedürfn des MassenVerk hergeleitet w (Banken, Versicher gen); im übrigen muß es bei dem Grds bleiben, daß der Wille des Kunden wirkl erklärt u nicht fingiert w. Eine Klausel, die Schweigen auf ein VertrAngebot als Ann fingiert, ist unwirksams (AG Bergisch Gladbach NJW-RR **88**, 956). – **bb)** Die fingierte Erkl muß ihrem **Inhalt** nach mit den §§ 9ff vereinb sein (Stübing NJW **78**, 1609). So kann etwa wg § 11 Nr 10 kein Verzicht auf GewlAnspr fingiert w. Aber auch aus den übrigen Klauselverboten ergeben sich InhSchranken. – **cc)** Auf die fingierte ZustimmgsErkl sind die Vorschr über die GeschFgk u **Willensmängel** entspr anzuwenden (Einf 3 c cc v § 116). – **d)** Auf die ErklFiktionen der **VOB** findet Nr 5 nach § 23 II Nr 5 keine Anwendung. Der RAusschuß des BT wollte damit die AbnFiktion des § 12 Nr 5 II VOB/B privilegieren. Die Freistellg erfaßt aber auch die vom BT übernehmen Fiktionen der §§ 12 Nr 5 I (Abn) u 15 Nr 3 S 5 (Anerkenng von Stundenzettel) VOB/B (Lö-vW-Tr § 23 II Nr 5 Rdn 4, str). Voraussetzg für die Anwendg von § 23 II Nr 5 auf ErklFiktionen ist, daß die VOB/B als ganzes VertrBestandt ist (Ffm BauR **86**, 225). Änderngen od Einschränkg der VOB-Regelgen können dazu führen, daß § 23 II Nr 5 unanwendb w (s BGH **86**, 142 u § 11 Anm 10f cc). – **e)** Im **kaufmännischen Verkehr** bleiben die Grds über das Schweigen auf ein kaufm Bestätiggsschreiben (§ 148 Anm 2) unberührt, ebso die Regel, daß Schweigen als Zustimmg gewertet werden darf, wenn nach Treu u Glauben eine RPfl zum Widerspr bestand (Einf 3 c bb v § 116). ErklFiktionen aufgrd von formularmäß Klauseln sind aber gem §§ 9 II Nr 1, 24 S 2 nur wirks, wenn eine angem ErklFr bestand. Auch der besondere Hinw ist ein grdsl unverzichtb Erfordern (Lö-vW-Tr Rdn 26, str, s auch BGH NJW **88**, 57).

6) **Fiktion des Zugangs (Nr 6). a)** Nach § 11 Nr 15 sind die Grds der BewLastVerteilg jeder formularmäß Änderg entzogen. Da die BewLast für den Zugang einer WillErkl beim Absender liegt (§ 130 Anm 8), würde aus § 11 Nr 15 an sich folgen, daß dch AGB für das Zugangserfordern keine BewErleichtergen geschaffen w können. Die vom BT eingefügte Nr 6 enthält aber insow eine Sonderregel. Nr 6 betrifft ausschließl Zugangsfiktionen; für ErklFiktionen gilt Nr 5, für sonst TatsFiktionen § 11 Nr 15. Sie erfaßt aber auch den Verzicht auf den Zugang, uU auch die Begründ einer EmpfVollm (BGH NJW **89**, 2383) u die einer widerlegl Vermutg (Kanzleiter DNotZ **88**, 498). Die Klausel darf im Rahmen des Angemessenen auch den Ztpkt des Zugangs festlegen. Den Bew der **Absendung** hat aber der Verwder zu erbringen (Stübing NJW **78**, 1611). Die zT vertretene Ans, die Absendervermutg sei als Minus ggü der Zugangsfiktion gem Nr 6 zul (Staud-Schlosser Rdn 7), überzeugt nicht. – **b)** Das Verbot gilt für **Erklärungen von besonderer Bedeutung.** Unter diesen Begriff fallen alle Erkl, die für den Empfänger mit nachteiligen RFolgen verbunden sind (Ul-Br-He Rdn 7). Zugangsfiktionen sind daher unzul für Künd (BayObLG NJW **80**, 2818), Mahng (Stgt BB **79**, 909, Hbg VersR **81**, 125), Fr- u NachFrSetzgen, gen (LG Kblz DNotZ **88**, 496, str), Hinw gem Nr 5 (str), Androhg des Pfandverkaufs (LG Stgt AGBE I Nr 56). Tagesauszüge der Banken sind Erkl ohne bes Bedeutg (s BGH **73**, 209); die mit einem Angebot auf Abschl eines FeststellgsVertr verbundenen Rechngsabschlüsse haben dagg bes Bedeutg (BGH NJW **85**, 2699, Düss NJW-RR **88**, 105, aA Hbg WPM **86**, 385). Der Anwendungsbereich für Zugangsfiktionen ist danach außerordentl begrenzt; die Freistellg betrifft im Ergebn ledigl Anzeigen u Mitteilg, die sich auf die RStellg des Empfängers nicht nachteilig auswirken. – **c)** Für den **kaufmännischen Verkehr** ist Nr 6 – ebso wie § 11 Nr 15 – gem §§ 9, 24 S 2 zu übernehmen (Hbg WPM **86**, 385, Lö-vW-Tr Rdn 14).

7) **Abwicklung von Verträgen (Nr 7). a)** Nach § 11 Nr 5 ist die Pauschalierg von Anspr auf SchadErs u WertErs nur in bestimmten Grenzen zul. Nr 7 bringt eine entspr Regelg für die im Fall des Rücktr od der Künd bestehden Anspr. Gleichgült ist, wer die Künd od den Rücktr erklärt hat. Nr 7 gilt für die Anfechtg, die Wandlg u den Widerr entspr (Lö-vW-Tr Rdn 8). Sie ist auch dann anwendb, wenn die AGB für das

LösgsR eine and Bezeichng (Annullierg, Stornierg) verwenden. Nr 7 betrifft Anspr auf **aa)** Vergüt für die Nutzg od den Gebrauch einer Sache od eines Rechts (Köln NJW-RR 86, 1435), etwa aus § 347 (Hamm NJW-RR **87**, 314); – **bb)** Vergüt für erbrachte Leistgen; – **cc)** Ers von Aufwendgen. Unter Nr 7 fallen auch die Anspr aus § 628, aus § 649 (BGH NJW **83**, 1492, **85**, 632), aus § 645 (BGH NJW **85**, 633) u aus § 651i II, es sei denn, daß der Anspr wie ein SchadErsAnspr ausgestaltet worden ist (LG Hann NJW-RR **87**, 1079, § 11 Anm 5a, aA LG Brschw NJW-RR **86**, 144). Die Vorschr ist damit im Ergebn auf **alle Entgeltsansprüche** anzuwenden, die dem Verwder nach gesetzl od vertragl Regelg bei vorzeit Beendigg des Vertr zustehen (LG Köln NJW-RR **87**, 1531). Ausgenommen sind lediglich SchadErsAnspr u VertrStrafen (einschließl Verfallklauseln), für die § 11 Nr 5 u 6 gelten (Köln NJW-RR **86**, 1435). Etwaige Zweifel, ob der pauschalierte Anspr in den Anwendungsbereich von § 11 Nr 5 od von § 10 Nr 7 gehört, können idR offenbleiben, da die Anwendg beider Vorschr dchweg zu identischen Ergebn führt (Lö-vW-Tr Rdn 5).

b) Die Pauschalierg ist unwirks, wenn die **Pauschale unangemessen** hoch ist. – **aa)** Ausgangspkt für die Prüfg ist der Betrag, der ohne die Klausel kr Ges geschuldet worden wäre. Bei der Beurteilg ist nicht auf die besonderen Umst des Einzelfalls, sond auf die typ Sachlage abzustellen (BGH NJW **83**, 1492). Analog § 11 Nr 5b muß dem Kunden der **Gegenbeweis** offenstehen, daß der im konkreten Fall angemessene Betrag wesentl niedriger ist als die Pauschale (BGH NJW **85**, 632, 643). Die Klausel ist unwirks, wenn sie dch ihre Fassg den Eindruck einer endgült, einenGgBeweis ausschließden Festlegg erweckt (BGH aaO; Einzelh s § 11 Anm 5c). Entspr gilt, wenn die Klausel keine Ausn für den Fall vorsieht, daß der Verwder die Beendigg des VertrVerhältn zu vertreten hat (Ffm WPM 81, 599, Lö-vW-Tr Rdn 13, aA BGH NJW **83**, 1492, Celle BB **84**, 808, s aber auch BGH NJW **83**, 1321 – zu weite Fassg einer RücktrKlausel –, NJW **85**, 324 – fehlde Ausn für Erstmahng). Anspr aus der Rückabwicklg eines AbzGesch sind dch den zwingden AbzG 2 der Höhe nach abschließd bestimmt; Pauschaliergen sind daher unzul. – **bb)** Einzelfälle (ja = wirks; nein = unwirks): Aufrechterhaltg der vollen ZahlgsPfl bei vorzeitiger Beendigg eines Ehemäkler- od PartnerschVertrag nein (BGH **87**, 319, Hamm NJW-RR **87**, 244, § 9 Anm 7e); ebso bei Rücktr von Flugreise (BGH NJW **85**, 633); Nichtrückzahlg der bei Übernahme einer Agentur zu zahldn Vergüt iF vorzeit Künd nein (Kblz NJW **87**, 74); 5% der AuftrSumme bei Künd eines BauVertr vor Baubeginn ja (BGH **87**, 120, NJW **78**, 1055); 18% bei gleicher Sachlage offen (BGH NJW **85**, 632); Pauschale von 40% für die ersparten Aufwendgen des Architekten bei Anspr aus § 649 ja (BGH NJW **69**, 879); Bearbeitgsgebühr von 3% bei NichtAbn eines Darl nein (Hamm NJW **83**, 1503); sofortige Zahlg aller weiteren Raten bei vorzeitiger Beendigg eines LeasingVertr u Anrechng der anderweit Erlöses aus der Wiederverwendg der Leasingsache nur zu 90% nein (BGH **82**, 126, NJW **82**, 1747); Pauschalierg des Anspr des ReiseVeranstalters aus § 651i II je nach dem RücktrZtpkt auf 4% – 50% offen (Ffm NJW **82**, 2198, LG Hann NJW-RR **87**, 1079). Weitere Rspr in § 11 Anm 5b bb. – **cc)** Für die **Beweislast** gilt § 11 Anm 5b cc entspr. Der Verwder muß im Streitfall die BemessgsGrdl der Pauschale (übl Sätze, Kalkulation) darlegen u beweisen; alsdann steht dem Kunden der GgBew offen, daß der im konkreten Fall angem Betrag geringer war als die Pauschale. – **c)** Nr 7 gilt ebso wie die ParallelVorschr des § 11 Nr 5 gem §§ 9, 24 S 2 auch im **kaufmännischen Verkehr** (Lö-vW-Tr Rdn 14, § 11 Anm 5d).

8) Rechtswahl (Nr 8). Das IPRG hat die Nr 8 mit Wirkg zum 1. 9. 86 aufgehoben. Es gelten nunmehr EG 27, 29 (s dort). Auf die vor dem 1. 9. 86 abgeschlossenen Vorgänge bleibt Nr 8 weiter anwendb (EG 220 I). Vgl im Bedarfsfall die 45. Aufl (S 2350), die dem neuesten Stand von Rspr u Lit entspricht.

AGBG 11 Klauselverbote ohne Wertungsmöglichkeit.
In Allgemeinen Geschäftsbedingungen ist unwirksam

1. (Kurzfristige Preiserhöhungen)
   eine Bestimmung, welche die Erhöhung des Entgelts für Waren oder Leistungen vorsieht, die innerhalb von vier Monaten nach Vertragsabschluß geliefert und erbracht werden sollen; dies gilt nicht bei Waren oder Leistungen, die im Rahmen von Dauerschuldverhältnissen geliefert oder erbracht werden, sowie bei Leistungen, auf deren Preise § 99 Abs. 1 oder 2 Nr. 1 des Gesetzes gegen Wettbewerbsbeschränkungen Anwendung findet;

2. (Leistungsverweigerungsrechte)
   eine Bestimmung, durch die
   a) das Leistungsverweigerungsrecht, das dem Vertragspartner des Verwenders nach § 320 des Bürgerlichen Gesetzbuchs zusteht, ausgeschlossen oder eingeschränkt wird, oder
   b) ein dem Vertragspartner des Verwenders zustehendes Zurückbehaltungsrecht, soweit es auf demselben Vertragsverhältnis beruht, ausgeschlossen oder eingeschränkt, insbesondere von der Anerkennung von Mängeln durch den Verwender abhängig gemacht wird;

3. (Aufrechnungsverbot)
   eine Bestimmung, durch die dem Vertragspartner des Verwenders die Befugnis genommen wird, mit einer unbestrittenen oder rechtskräftig festgestellten Forderung aufzurechnen;

4. (Mahnung, Fristsetzung)
   eine Bestimmung, durch die der Verwender von der gesetzlichen Obliegenheit freigestellt wird, den anderen Vertragsteil zu mahnen oder ihm eine Nachfrist zu setzen;

5. (Pauschalierung von Schadensersatzansprüchen)
   die Vereinbarung eines pauschalierten Anspruchs des Verwenders auf Schadensersatz oder Ersatz einer Wertminderung, wenn
   a) die Pauschale den in den geregelten Fällen nach dem gewöhnlichen Lauf der Dinge zu erwartenden Schaden oder die gewöhnlich eintretende Wertminderung übersteigt, oder
   b) dem anderen Vertragsteil der Nachweis abgeschnitten wird, ein Schaden oder eine Wertminderung sei überhaupt nicht entstanden oder wesentlich niedriger als die Pauschale;

6. (Vertragsstrafe)
    eine Bestimmung, durch die dem Verwender für den Fall der Nichtabnahme oder verspäteten Abnahme der Leistung, des Zahlungsverzugs oder für den Fall, daß der andere Vertragsteil sich vom Vertrag löst, Zahlung einer Vertragsstrafe versprochen wird;
7. (Haftung bei grobem Verschulden)
    ein Ausschluß oder eine Begrenzung der Haftung für einen Schaden, der auf einer grob fahrlässigen Vertragsverletzung des Verwenders oder auf einer vorsätzlichen oder grob fahrlässigen Vertragsverletzung eines gesetzlichen Vertreters oder Erfüllungsgehilfen des Verwenders beruht; dies gilt auch für Schäden aus der Verletzung von Pflichten bei den Vertragsverhandlungen;
8. (Verzug, Unmöglichkeit)
    eine Bestimmung, durch die für den Fall des Leistungsverzugs des Verwenders oder der von ihm zu vertretenden Unmöglichkeit der Leistung
    a) das Recht des anderen Vertragsteils, sich vom Vertrag zu lösen, ausgeschlossen oder eingeschränkt oder
    b) das Recht des anderen Vertragsteils, Schadensersatz zu verlangen, ausgeschlossen oder entgegen Nummer 7 eingeschränkt wird;
9. (Teilverzug, Teilunmöglichkeit)
    eine Bestimmung, die für den Fall des teilweisen Leistungsverzugs des Verwenders oder bei von ihm zu vertretender teilweiser Unmöglichkeit der Leistung das Recht der anderen Vertragspartei ausschließt, Schadensersatz wegen Nichterfüllung der ganzen Verbindlichkeit zu verlangen oder von dem ganzen Vertrag zurückzutreten, wenn die teilweise Erfüllung des Vertrages für ihn kein Interesse hat;
10. (Gewährleistung)
    eine Bestimmung, durch die bei Verträgen über Lieferungen neu hergestellter Sachen und Leistungen
    a) (Ausschluß und Verweisung auf Dritte)
        die Gewährleistungsansprüche gegen den Verwender einschließlich etwaiger Nachbesserungs- und Ersatzlieferungsansprüche insgesamt oder bezüglich einzelner Teile ausgeschlossen, auf die Einräumung von Ansprüchen gegen Dritte beschränkt oder von der vorherigen gerichtlichen Inanspruchnahme Dritter abhängig gemacht werden;
    b) (Beschränkung auf Nachbesserung)
        die Gewährleistungsansprüche gegen den Verwender insgesamt oder bezüglich einzelner Teile auf ein Recht auf Nachbesserung oder Ersatzlieferung beschränkt werden, sofern dem anderen Vertragsteil nicht ausdrücklich das Recht vorbehalten wird, bei Fehlschlagen der Nachbesserung oder Ersatzlieferung Herabsetzung der Vergütung oder, wenn nicht eine Bauleistung Gegenstand der Gewährleistung ist, nach seiner Wahl Rückgängigmachung des Vertrags zu verlangen;
    c) (Aufwendungen bei Nachbesserung)
        die Verpflichtung des gewährleistungspflichtigen Verwenders ausgeschlossen oder beschränkt wird, die Aufwendungen zu tragen, die zum Zweck der Nachbesserung erforderlich werden, insbesondere Transport-, Wege-, Arbeits- und Materialkosten;
    d) (Vorenthalten der Mängelbeseitigung)
        der Verwender die Beseitigung eines Mangels oder die Ersatzlieferung einer mangelfreien Sache von der vorherigen Zahlung des vollständigen Entgelts oder eines unter Berücksichtigung des Mangels unverhältnismäßig hohen Teils des Entgelts abhängig macht;
    e) (Ausschlußfrist für Mängelanzeige)
        der Verwender dem anderen Vertragsteil für die Anzeige nicht offensichtlicher Mängel eine Ausschlußfrist setzt, die kürzer ist als die Verjährungsfrist für den gesetzlichen Gewährleistungsanspruch;
    f) (Verkürzung von Gewährleistungsfristen)
        die gesetzlichen Gewährleistungsfristen verkürzt werden;
11. (Haftung für zugesicherte Eigenschaften)
    eine Bestimmung, durch die bei einem Kauf-, Werk- oder Werklieferungsvertrag Schadensersatzansprüche gegen den Verwender nach den §§ 463, 480 Abs. 2, § 635 des Bürgerlichen Gesetzbuchs wegen Fehlens zugesicherter Eigenschaften ausgeschlossen oder eingeschränkt werden;
12. (Laufzeit bei Dauerschuldverhältnissen)
    bei einem Vertragsverhältnis, das die regelmäßige Lieferung von Waren oder die regelmäßige Erbringung von Dienst- oder Werkleistungen durch den Verwender zum Gegenstand hat,
    a) eine den anderen Vertragsteil länger als zwei Jahre bindende Laufzeit des Vertrags,
    b) eine den anderen Vertragsteil bindende stillschweigende Verlängerung des Vertragsverhältnisses um jeweils mehr als ein Jahr oder
    c) zu Lasten des anderen Vertragsteils eine längere Kündigungsfrist als drei Monate vor Ablauf der zunächst vorgesehenen oder stillschweigend verlängerten Vertragsdauer;
13. (Wechsel des Vertragspartners)
    eine Bestimmung, wonach bei Kauf-, Dienst- oder Werkverträgen ein Dritter an Stelle des Verwenders in die sich aus dem Vertrag ergebenden Rechte und Pflichten eintritt oder eintreten kann, es sei denn, in der Bestimmung wird
    a) der Dritte namentlich bezeichnet, oder
    b) dem anderen Vertragsteil das Recht eingeräumt, sich vom Vertrag zu lösen;

14. **(Haftung des Abschlußvertreters)**
eine Bestimmung, durch die der Verwender einem Vertreter, der den Vertrag für den anderen Vertragsteil abschließt,
a) ohne hierauf gerichtete ausdrückliche und gesonderte Erklärung eine eigene Haftung oder Einstandspflicht oder
b) im Falle vollmachtsloser Vertretung eine über § 179 des Bürgerlichen Gesetzbuchs hinausgehende Haftung
auferlegt;

15. **(Beweislast)**
eine Bestimmung, durch die der Verwender die Beweislast zum Nachteil des anderen Vertragsteils ändert, insbesondere indem er
a) diesem die Beweislast für Umstände auferlegt, die im Verantwortungsbereich des Verwenders liegen;
b) den anderen Vertragsteil bestimmte Tatsachen bestätigen läßt.
Buchstabe b gilt nicht für gesondert unterschriebene Empfangsbekenntnisse;

16. **(Form von Anzeigen und Erklärungen)**
eine Bestimmung, durch die Anzeigen oder Erklärungen, die dem Verwender oder einem Dritten gegenüber abzugeben sind, an eine strengere Form als die Schriftform oder an besondere Zugangserfordernisse gebunden werden.

Vorbemerkung: Vgl zunächst Vorbem vor § 8 u § 9 Anm 1. Die in § 11 zugefaßten Klauselverbote sollen sich von denen des § 10 dadch unterscheiden, daß sie keine unbest RBegriffe verwenden, die Klausel also unabhäng von einer richterl Wertg unwirks ist (vgl aber Nr 5 b „wesentl" u 10 d „unverhältnismäß"). Die Verbote stellen in ihrer Mehrzahl Konkretisierg der in § 9 II enthaltenen RGedanken dar, dh sie betreffen Klauseln, die mit wesentl GrdGedanken der PrivROrdng nicht zu vereinbaren sind od auf eine Aushöhlg von KardinalPflten od -Rechten hinauslaufen. ZT geht es aber darum, vor überraschden Klauseln zu schützen (§ 3) od den Vorrang der IndVereinbg (§ 4) zu sichern (Nr 1, 11, 13 u 14). Verstößt der Inhalt einer Klausel teilw gg ein Klauselverbot, so ist die Klausel grdsätzl **im ganzen unwirksam** (Vorbem 3 b vor § 8). Anwendg im kaufm Verk: Vgl § 9 Anm 5 u bei den einz Klauselverboten.

1) Kurzfristige Preiserhöhungen (Nr 1). a) Das Verbot knüpft an die Formulierg des § 1 I u V der PrAngabenVO an, die jetzt idF vom 14. 3. 85 (BGBl 580) gilt. – **aa)** Nr 1 gilt (vorbehaltl unten b) für **alle entgeltlichen Verträge**. Das Wort „Ware" ist dem umfassden Begriff „Leistg" entbehrl. Die Vorschr ist auch anwendb, wenn der Pr nicht betragsmäß festgelegt ist, sond die taxmäß od übl Vergütg geschuldet w (Ul-Br-He Rdn 4). Sie gilt auch dann, wenn das Entgelt nicht in Geld, sond in einer Sachleistg (zB Diensten) besteht (Wo-Ho-Li Rdn 3). Auf Tagespreisklauseln („VerkaufsPr ist der am Liefertag gült ListenPr") ist Nr 1 nach seinem Schutzzweck entspr anzuwenden (Ul-Br-He Rdn 4, str). – **bb)** Die Vorschr setzt voraus, daß die Leistg innerhalb von **vier Monaten nach Vertragsschluß** erbracht w soll. Die Vereinbg eines festen Liefertermins iS einer kalendermäß Bestimmg ist nicht erforderl. Die Angabe eines ca-Liefertermins genügt. Selbstverständl ist Nr 1 auch dann anwendb, wenn die Leistgszeit nicht bestimmt u die Leistg daher gem § 271 sofort fällig ist. Die Fr rechnet ab Zustandekommen des Vertr (Einl 1 b v § 145), das Datum der Unterzeichnung des VertrAngebots ist nicht entscheidd (Ffm Betr **81**, 884). Die tatsächl spätere Leistg macht die Klausel nicht wirks (MüKo/Kötz Rdn 8); der Verwender kann sich aber für den Fall ein ErhöhgsR vorbehalten, daß die Leistg aus Grden, die er dem Kunde zu vertreten hat, erst nach Ablauf der 4-MonatsFr erfolgen kann. Wird die Erhöhungsklausel unterschiedslos für Vertr mit kürzerer u längerer Lieferzeit als 4 Monate verwandt, muß sie im Verf gem § 13 insges untersagt w (BGH NJW **85**, 856). – **cc)** Nr 1 verbietet **Erhöhungsklauseln jeder Art.** Sie erfaßt auch ÄnderungsVorbeh, die auf Kosten- od Lohnerhöhgen aus dem Bereich des Verwders abstellen (BGH NJW **85**, 856). Auch eine PrAnpassg iF der Erhöhg der MwSt ist untersagt, da diese zum Entgelt iSd Nr 1 gehört (BGH **77**, 82, jetzt allgM). Eine formularmäß Klausel, wonach der Pr „zuzügl MwSt" zu zahlen ist, ist gem § 7 als Umgehg der Nr 1 nichtig (BGH NJW **81**, 979). Verboten sind auch verdeckte Erhöhgsklauseln, so etwa IrrtKlauseln, soweit sie dem Verwder weitergehde Befugn einräumen als die sich aus dem Ges ergebden Rechte. Behält sich der Verwder ein RücktrR vor, gilt § 10 Nr 3.

b) Das Verbot gilt nicht für **Dauerschuldverhältnisse,** ein Begriff, den das AGBG erstmals in die Ges-Sprache übernommen hat (s bereits § 10 Nr 3). DauerschuldVerh (Einf 5 v § 241) iSd § 11 Nr 1 sind auch AbonnementsVertr (BGH NJW **80**, 2518), SukzessivliefergsVertr (BGH NJW-RR **86**, 212), sonstige BezugsVertr (BGH **93**, 258, Einf 6 v § 305) u WiederkehrSchuldVerh (BT-Drs 7/5422 S 8). Miet- u VersVertr werden vom Verbot des Nr 1 nur erfaßt, wenn sie auf eine Abwicklg in kurzer Zeit angelegt sind (Miete eines Hotelzimmers od eines Kfz, Vers für einen einz Transport, s Hansen VersR **88**, 1112). Unanwendb ist Nr 1 auf die Entgelte der in GWB 99 I u II Nr 1 angeführten **Verkehrsträger,** nicht aber die der Reiseveranstalter, auch wenn diese in ihrem PauschalPr Beförderungsleistgen mitumfassen (Ffm NJW **82**, 2199, Mü AGBE II Nr 6). Inwieweit PrErhöhgsklauseln als Wertsichergsklauseln einer Gen bedürfen, richtet sich nach WährG 3 (s § 245 Anm 5). Vgl auch MHRG 10, der bei MietVertr über WoRaum Gleitklauseln untersagt.

c) Für den **kaufmännischen Verkehr** kann das starre Verbot der Nr 1 nicht übernommen w (Wolf ZIP **87**, 344). Umsatzsteuergleitklauseln sind daher im kaufm Bereich grdsl zul (Ul-Br-He Rdn 14).

d) Für **Preisanpassungsklauseln** u **Preisvorbehalte**, die nicht in den Anwendungsbereich des § 11 Nr 1 fallen, ist die **Generalklausel** des § 9 Prüfgsmaßstab (Wolf ZIP **87**, 342, Paulusch RWS-Forum 2, 1987, S 55). – **aa)** Im **nichtkaufmännischen Verkehr** sind an die Ausgewogenh u Klarh der Erhöhgsklausel strenge Anfordergen zu stellen. Klauseln, die dem Verwder eine PrErhöhg nach freiem Belieben gestatten, sind unwirks (BGH **82**, 24, NJW **83**, 1604, **85**, 856, Ffm NJW-RR **87**, 1463); die Möglichk, die PrÄnderg im Einzelfall gem § 315 III überprüfen zu lassen, steht der Anwendg von § 9 nicht entgg (BGH NJW **80**, 2518).

Die Klausel muß die Erhöhgsvoraussetzgen konkret bezeichnen (BGH aaO, NJW **86**, 3135, Paulusch aaO S 74), ist das nicht mögl, muß dem auf Teil ein VertrAuflösgsR zustehen, wenn der Pr nicht unwesentl stärker erhöht w als die allg Lebenshaltgskosten steigen (BGH **90**, 69, NJW **86**, 3135, Paulusch aaO S 76). Die im Kfz-Neuwagengeschäft bei längeren LieferFr fr übl **Tagespreisklausel** verstößt daher gg das AGBG (BGH **82**, 24, § 6 Anm 3). Sie ist nur wirks, wenn die PrErhöhg sich in den Grenzen billigen Ermessens hält u der Kunde zum Rücktr berecht ist, falls der ListenPr deutl stärker steigt als die Lebenshaltgskosten (BGH **90**, 78, NJW **85**, 622). Den Kunden muß bei Sinken der Kosten spiegelbildl ein Anspr auf PrHerabsetzg zustehen (Hamm NJW-RR **87**, 1141). Unvereinb mit § 9 ist die Erhöhgsklausel, wenn sie keine nachvollziehb Begrenzg enthält u eine Ausweitg des Gewinns zuläßt (BGH ZIP **89**, 1197), wenn der in einem BauVertr vereinbarte FestPr bei Überschreiten des Fertigstellgstermins auf den ListenPr erhöht w darf (BGH **94**, 338), wenn die Klausel auf die Erhöhg der Kostenansätze einer nicht offen gelegten Kalkulation abstellt (Düss Betr **82**, 537, Celle BB **84**, 808), wenn sie die PrErhöhg vom Belieben eines Dr (Herstellers) abhängig macht (Düss WPM **84**, 1135), insb dann, wenn der Dr zur selben Firmengruppe gehört wie der Verwder (BGH NJW **86**, 3135), wenn der Erhöhgsbetrag bereits bei VertrSchl in den Pr hätte einkalkuliert w können (LG Ffm BB **84**, 942, Dörner NJW **79**, 248), wenn sie das von den Part festgelegte Äquivalenzverhältn verletzt (Ffm NJW **82**, 2198), wenn der Reiseveranstalter sich PrErhöhgen bis zu 10% vorbehält (Mü NJW-RR **89**, 46). Der Grds, daß die Ändergskriterien konkret bezeichnet u die Interessen des and Teils angemessen berücksichtigt w müssen, gilt auch für WartgsVertr (LG Kiel AGBE III § 2 Nr 13) u für EnergieliefergsVertr (Ebel Betr **82**, 2607, Kunth/Wollburg BB **85**, 230). Auch Vertr zw Krankenhausträgern u Patienten haben insow keine Sonderstellg. Klauseln, wonach der Patient wg einer erst nach Beendigg der Behandlg genehmigten rückwirkden Pflegesatzerhöhg Nachzahlgen zu leisten hat, sind unwirks (LG Ffm NJW **85**, 686, aA BGH NJW **79**, 2353). In SukzessivliefergsVertr können Klauseln, die eine PrErhöhg im Rahmen der Kostensteigerg gestatten, ausnw zul sein (BGH NJW-RR **86**, 211, einschränkd BGH NJW **86**, 3135). Unbedenkl sind **Zinsklauseln**, die eine Anpassg an kapitalmarktbedingte Ändergen der Refinanziergskonditionen ermöglichen, sofern sie bei Sinken des Zinsniveaus zur Herabsetzg verpfl (BGH **97**, 212). Entspr gilt für Erhöhgsklauseln in LeasingVertr (Ffm NJW **86**, 1355, Hamm NJW-RR **86**, 929). Die ÄndergsVoraussetzgen müssen aber in den AGB ausformuliert sein, eine einschränkde geltgserhalte Auslegg ist auch hier unzul (Ffm aaO, LG Köln MDR **86**, 1029, Schwarz NJW **87**, 626, aA BGH aaO im Widerspr zur stRspr des BGH). Darf die Bank die Zinsen für eine neue Festzinsperiode erst festlegen, muß dem Kunden ein KündR zustehen (BGH NJW **89**, 1797). Zu Zinserhöhgsklauseln bei ArbGDarl s LAG Saarl NJW-RR **88**, 1008.

bb) In Vertr unter **Kaufleuten** können PrErhöhgsklauseln auch dann zul sein, wenn die Erhöhgskriterien nicht angegeben sind u dem Kunden für den Fall einer erhebl PrSteigerg kein LösgsR eingeräumt ist, sofern seine Interessen in and Weise ausr gewahrt w (BGH **92**, 203, **93**, 256). Bei der nach § 9 erforderl umfassden Würdigg sind vor allem die Art des VertrVerh u die VertrDauer zu berücksichtigen (BGH aaO). Für die Zulässigk der Klausel kann sprechen, daß die Part im wesentl gleichgerichtete Interessen vertreten (BGH **93**, 259) od daß die PrErhöhg auf den am Markt dchgesetzten Pr beschränkt w (BGH **92**, 203).

2) Leistungsverweigerungsrechte (Nr 2). a) Das Ges geht davon aus, daß §§ 273, 320 RGrds von erhebl GerechtigkWert enthalten (Reg Entw S 28). Es bestimmt daher, daß **§ 320** jeder Änderg od Einschrkg dch AGB entzogen ist. Eine unzul Beschrkg liegt auch vor, wenn das LeistgVR auf die voraussichtl Nachbesserskosten begrenzt od von einer vorherigenden schriftl Anzeige od einem Anerkenntnis abhängig gemacht w. Unberührt bleiben die sich aus dem Ges ergebden Beschrkgen, so etwa der Grds, daß Fdg u GgFdg zueinand im GgseitigkVerh stehen müssen (§ 320 Anm 2a). Es gilt auch weiter der Grds, daß das LeistgVR gem § 320 I 1 letzter Halbs tatbestandl nicht gegeben ist, wenn der Pr dem Kunden eine VorleistgsPfl besteht (BGH NJW **85**, 851, hM). Wird dch AGB eine **Vorleistungspflicht** begründet, ist nicht § 11 Nr 2a, sond § 9 Grdl der InhKontrolle (BGH **100**, 161, hM, s aber auch Nr 10d). Vorleistgsklauseln sind zul, wenn für sie ein sachl berecht Grd gegeben ist u keine überwiegden Belange des Kunden entggstehen. Das ist der Fall bei Eintrittskarten, Nachnahmesendgen, Briefmarkenauktionen (BGH NJW **85**, 851), u beim EhemäklerVertr (BGH **87**, 318; aA Mü AGBE V Nr 8), nicht aber bei KaufVertr, etwa über Kaminbausätze (Stgt BB **87**, 2395). Beim **Reisevertrag** hat sich der BGH (**100**, 157) für eine mittlere Lösg entschieden: Bei VertrSchl darf der Veranstalter ledigl eine geringe Anzahlg fordern. Die Restzahlg darf er erst verlangen, wenn der Reisde dch Übertragg verbriefter Rechte gg die wichtigsten Leistgsträger od in and Weise gesichert ist. Ist eine solche Sicherg nicht mögl, muß dem Reisden mindestens gestattet w, den Pr erst unmittelb vor Antritt der Reise zu zahlen. Beim BauVertr sind Abschlagszahlgen nach Maßg des Baufortschritts zul, da sie keine VorleistgsPfl des Bestellers begründen, sond ledigl die des Untern mildern (BGH NJW **85**, 852). Unzul ist dagg die Verpflichtg zu übermäß hohen Abschlagszahlgen (Hamm NJW-RR **89**, 275), od eine Klausel, wonach der Besteller den WkLohn ohne Rücks auf etwaige Mängel zu zahlen od dch Hinterlegg sicherzustellen hat (BGH NJW **85**, 852, **86**, 3200). Unwirks ist auch die Regelg, die iF einer Fehllieferg eine Schecksperre untersagt (BGH NJW **85**, 857). Hat der AuftrGeb eine Bankgarantie zu stellen, die den Untern ohne Rücks auf GgAnspr zu Abhebgen berecht, ist die Regelg gem §§ 7, 11 Nr 2 unwirks (BGH NJW-RR **86**, 959).

b) **§ 273** kann, sow der GgAnspr auf demselben rechtl Verhältn beruht, dch AGB weder ausgeschl noch eingeschränkt w (Nr 2b). Als unzul Einschrkg wird im Ges überflüssigerw die Klausel ausdr angeführt, die das ZbR von der Anerkenng dch den Verwder abhäng macht. Der Käufer kann beim Rücktr vom EigenheimbewerberVertr trotz entggstehder AGB Zug um Zug gg Räumg die Erstattg seiner Eigenleistgen verlangen (BGH **63**, 238). Das ZbR steht nur insow zur Disposition, als es sich um GgAnspr handelt, die zwar aus demselben LebensVerh iSd § 273, aber nicht aus demselben VertrVerh stammen (§ 273 Anm 4).

c) Im GeschVerk zw **Kaufleuten** ist die formularmäß Abbedingg der §§ 273, 320 grdsl zul (Ffm NJW-RR **88**, 1458, Ul-Br-He Rdn 15, Wo-Ho-Li Rdn 24, u für das fr Recht BGH **62**, 327, BB **76**, 1281). Der Verwder kann aber aus der AusschlKlausel keine Rechte herleiten, wenn ihm eine grobe VertrVerletzg zur Last fällt (s BGH Betr **72**, 868), wenn er für seine mangelh Leistg bereits den Teil des Entgelts erhalten hat, der dem Wert seiner Leistg entspr (s BGH **48**, 264, NJW **70**, 386), wenn er selbst im Verhältn zu seinem SubUntern einen Teil der Vergütg zurückhält (BGH NJW **78**, 634), wenn der GgAnspr, auf den das LeistgsVR gestützt w, unbestritten, rkräft festgestellt od entscheidgsreif ist (BGH NJW **60**, 859, **70**, 386, **85**, 319, 320).

3) Aufrechnungsverbot (Nr 3). a) Das formularmäß AufrVerbot ist unwirks, soweit es unbestr od rkräft festgestellte GgFdgen betrifft. Entspr gilt, wenn die GgFdg zwar bestritten, aber entscheidgsreif ist (BGH WPM **78**, 620, Hamm NJW-RR **89**, 275). Ggü einer nicht substantiiert begründeten GgFdg kann sich der Verwder unter Verzicht auf eine spezifizierte Stellungnahme auf das AufrVerbot berufen (BGH NJW **86**, 1757). Als konkretisierte Ausformg des § 9 II Nr 1 gilt Nr 3 auch für den **kaufmännischen Verkehr** (BGH **92**, 316, NJW **84**, 2405). Ein Verstoß gg Nr 3 führt zur GesamtNichtigk der Klausel (BGH aaO u NJW-RR **86**, 1281). Läßt die Klausel die Aufr mit unbestr GgFdgen zu, kann sie aber iZw dahin ausgelegt w, daß auch die Aufr mit rkräft festgestellter GgFdg statthaft sein soll (BGH BB **89**, 1295). Wird die Aufr von einer vorherigen Anzeige (1 Mo vor Fälligk) abhängig gemacht, ist Nr 3 nicht anwendb (LG Bln MDR **86**, 852), bei einer unangem langen Fr ist aber § 9 verletzt. – **b)** Das AufrVerbot tritt zurück, wenn es wg **Konkurses,** Vermögensverfalls od aus sonst Grden die Dchsetzg der GgFdg des Kunden vereiteln würde (BGH NJW **75**, 442, **84**, 357, § 387 Anm 7 c). Die Klausel kann idR in diesem Sinn einschränkd ausgelegt w (BGH aaO, aA offenbar BGH **92**, 314), so daß sie im übrigen wirks bleibt. Auch dieser Grds gilt in gleicher Weise im nichtkaufm u kaufm Verk. – **c)** Sieht man von den in a) u b) behandelten Sonderfällen ab, führt die Regelg in Nr 2 u 3 bei **konnexen Gegenforderungen** zu fast schon abwegigen Ergebn. Bei GgAnspr, die nicht auf Geld gerichtet sind, steht dem Kunden ein dch AGB nicht entziehb LeistgVR zu (Anm 2). Bei GgAnspr auf Geld ist die LeistgV als Aufr zu werten (§ 273 Anm 5 c), deren formularmäß Ausschluß Nr 3 nur für prakt seltene Sonderfälle untersagt. Die RegEntw (S 29) hält diese unterschiedl Behandlg von Geld- u SachleistgsFdg für vertretb, kann aber mit seinen Argumenten offensichtl nicht überzeugen. Die Aufr ist kein auf bloßen ZweckmäßigkErwäggen beruhdes RInstitut; sie hat vielm zugleich eine Sichergs- u VollstrFunktion („PfandR an eig Schuld", § 387 Anm 1 a), der in Zeiten häufiger Insolvenzen bes Bedeutg zukommt. Nicht überzeugd ist auch der Hinw, daß der Schu wg seiner vom AufrVerbot betroffenen Fdg ja Widerklage erheben könne, da diese Möglichk beim Ausschl des LeistgVR gleichf besteht. Das AufrVerbot muß daher bei konnexen GgFdgen gem der Wertg in Nr 2 zumindest dann zurücktreten, wenn es sich um einen GgAnspr handelt, der aus einer zur LeistgV berecht SachleistgsFdg hervorgegangen ist (so auch MüKo/Kötz Rdn 26, Ul-Br-He Rdn 7, Lö-vW-Tr Rdn 27 zu § 11 Nr 2, and aber BGH NJW-RR **89**, 481). Das trifft insbes für Anspr aus §§ 633 III, 635 u 250 zu.

4) Mahnung, Fristsetzung (Nr 4). a) Dch das Verbot wird die Bestimmg des § 284 I, daß Verzug erst nach Mahng eintritt, einer Änderg dch AGB entzogen. Außerdem werden die Vorschr klauselfest, die GläubR von der Setzg einer NachFr abhäng machen. Erfaßt wird insoweit vor allem § 326 I, außerdem aber auch §§ 250, 283, 634 (Wo-Ho-Li Rdn 10). Dagg kann das rechtspolit fragwürd Erfordern einer Ablehnungsandroh dch AGB abbedungen w (Ffm NJW **83**, 2564, Ul-Br-He Rdn 2, ferner BGH **67**, 102, BB **69**, 383 zum fr Recht). Unberührt bleiben die gesetzl Ausn vom Erfordern der Mahng u FrSetzg. Sie können in den AGB wiederholt, dürfen aber nicht erweitert w. Das Verbot erfaßt auch Klauseln, die zwar Mahng u FrSetzg nicht ausdr für entbehrl erklären, deren RFolgen (RücktrR, SchadErsAnspr, Verzinsg) aber *ipso facto* eintreten lassen (BGH NJW **83**, 1322, **85**, 324, **88**, 258). – **b)** Das Erfordern der Mahng kann auch im **kaufmännischen Verkehr** grdsl nicht abbedungen w (Stgt AGBE III § 9 Nr 13, Lö-vW-Tr Rdn 23, str). Entspr gilt für das Erfordern der NachFrSetzg (BGH NJW **86**, 843, Köln WPM **89**, 526, aA Karlsr NJW-RR **89**, 331). Klauseln, wonach der Schu bei Überschreitg des Zahlzgiels auch ohne Mahng banküb Zinsen zu zahlen hat, sind aber wirks (Karlsr NJW-RR **87**, 498).

5) Pauschalierung von Schadensersatzansprüchen (Nr 5). a) Allgemeines. Das Ges geht in den Nr 5 u 6 als selbstverständl davon aus, daß Schadenspauschalen u VertrStrafe verschiedene RInstitute sind. Die Stimmen in der Lit, die das bezweifelten, sind damit überholt. Zur **Abgrenzung** von Schadenspauschalen u VertrStrafe s § 276 Anm 5 A b. Nr 5 erklärt Pauschaliergsklauseln in Übereinstimmg mit der bisher Rspr (BGH **67**, 312, NJW **77**, 382) grdsl für zul, legt aber fest, daß die Klausel inhaltl best Anforderungen genügen muß (unten b u c). Eine ähnl Regelg enthält § 10 Nr 7. Für die Abgrenzung der beiden Vorschr gilt: Unter Nr 5 fallen **Schadensersatzansprüche** aller Art, insb die aus §§ 326 u 286 (Ul-Br-He Rdn 10f; Lö-vW-Tr Rdn 9ff), nicht aber die Pauschalierg des Anspr aus § 818 I (BGH **102**, 45). Auf die Rückabwicklg iF der Künd od des Rücktr ist dagg § 10 Nr 7 anzuwenden. Soweit die Künd od der Rücktr (nach den in § 276 Anm 7 E c dargestellten Grds od gem vertragl Abrede) eine SchadErsPfl begründet, gilt aber Nr 5. Anwendgsfälle der Nr 5 sind daher auch der Anspr des LeasingGeb auf SchadErs bei vorzeit Künd (Gerth/Panner BB **84**, 813) u der Anspr des Reiseveranstalters aus § 651i, sofern dieser wie ein SchadErsAnspr ausgestaltet ist (Hbg NJW **81**, 2420, Ffm NJW **82**, 2199). Nr 5 erfaßt außerdem Anspr auf Ersatz einer **Wertminderung.** Darunter fallen MindergsAnspr gem §§ 462, 472, 634 I 3 (Wo-Ho-Li Rdn 11, str), nach der Entstehgsgeschichte auch Anspr aus AbzG 2. Beim Anspr aus AbzG 2 besteht aber in Wahrh keine Pauschaliergsmöglichk, da seine Höhe dch zwingdes Recht abschließd festgelegt ist (BGH NJW **85**, 326). Der Verwder kann sich trotz der Pauschalierg den Nachw eines höheren Schadens vorbehalten (Köln NJW-RR **86**, 1435).

b) Höhe der Pauschale. aa) Die Pauschale darf den nach dem **gewöhnlichen Lauf der Dinge** zu erwartden Schaden (Wertminderg) nicht übersteigen. Dieser § 252 S 2 nachgebildete Grds erfordert eine generalisierde Betrachtg. Abzustellen ist auf den branchentyp Dchschnittsgewinn (BGH NJW **83**, 331). Die Pauschale ist iZw brutto zu verstehen, umfaßt also die MwSt (Brschw BB **79**, 856). Sie muß sich am Schadensbegriff des BGB ausrichten. Die Einbez von nicht ersetzb Positionen, wie etwa Vorsorge- u Bearbeitgskosten (Vorbem 2 b u c vor § 249) macht die Klausel daher unwirks. Eine überhöhte Pauschale bleibt auch dann im ganzen unwirks, wenn der Verwder sie im Einzelfall auf eine angem Höhe reduzieren will (Ffm NJW **82**, 2564). – **bb) Einzelfälle** (ja = wirks; nein = unwirks): 15% im Kfz-NeuGesch ja (BGH

NJW **82**, 2316, Schlesw NJW **88**, 2247); 20% im Gebrauchtwagenhandel ja (BGH NJW **70**, 32, bedenkl, s Eggert BB **80**, 1826); 25% bei Kauf fabrikneuer Möbel ja (BAG NJW **67**, 751, BGH NJW **70**, 2017, NJW **85**, 322); 30% im Möbelversandhandel ja (Ffm NJW **82**, 2564); 35% im Möbelhandel nein (LG Bln AGBE I Nr 27); monatl Lagergebühr von 20% des Kaufpreises bei Möbelkauf nein (Stgt BB **79**, 1468); auch 2% sind zuviel (Karlsr BB **81**, 1168); 30% bei Vertr über den Einbau neuer Fenster ja (Brschw BB **79**, 856); 40% bei WkVertr ja (Nürnbg MDR **72**, 418, bedenkl s Reich NJW **78**, 1570); 50% der Restmiete bei Fernsprechnebenstellenanlage ja (s BGH **67**, 317, NJW **85**, 2328, NJW-RR **88**, 1491); Weiterzahlg des Mietzinses bei verspäteter Rückg des Pkw od bei Rückg in beschädigtem Zustand nein, da Mietwagen typw höchstens ⅔ der Zeit vermietet sind (Ul-Br-He Rdn 26); Neupreis für nicht zurückgegebenes Leergut, nein (Karlsr u Köln NJW-RR **88**, 371, 373, Martinek JuS **89**, 268); 5 DM für eine Mahng ja (Hbg Betr **84**, 2504, Köln WPM **87**, 1550, aA Bamberg AGBE III Nr 22, Ffm WPM **85**, 938, Karlsr ZIP **85**, 607: 2,50 DM), jedoch muß klargestellt w, daß für die Erstmahng keine ZahlgsPfl besteht (BGH NJW **85**, 324); 2 od 3% für den Nichtabruf eines Darl ja (BGH NJW **85**, 1832, ZIP **89**, 906), bei einem Disagio von 5% können auch 4½% zul sein (BGH NJW-RR **86**, 468); 2% über Bundesbankdiskont für Verzugszinsen ja (BGH NJW **82**, 332); 6% über Bundesbankdiskont nein (BGH NJW **84**, 2941); 12% Zinsen angebl ja (Hamm NJW-RR **87**, 312); Zinsaufschlag von 1% iF des Verzuges ja (BGH NJW **83**, 1542); 1,8% je Monat nein (Düss NJW **86**, 385); Pauschale von 2% iF der Künd wg Verzuges ja (BayObLG Betr **81**, 1615). Den Streit, wie der Zinsschaden bei vorzeitiger Fälligstellg eines **Ratenkredits** zu bemessen ist, hat der BGH inzw dch zwei GrdsEntsch beendet (BGH **104**, 341, NJW **88**, 1971); danach kann die Schadenspauschale auf den marktübl Zins abstellen, bis zum Ende der VertrZeit auch auf den VertrZins (§ 246 Anm 2c); neben der Zinspauschale dürfen aber keine Mahnkosten berechnet w (BGH NJW **88**, 1971, Hbg NJW-RR **89**, 883). – **cc) Beweislast.** Der Vorschlag der ArbGruppe beim BMJ (1. Teilbericht S 70) legte unzweideut dem Verwder die BewLast auf. Die Ges gewordene Fassg ist weniger eindeut, aber ebso zu verstehen (BGH **67**, 319, MüKo/Kötz Rdn 41, aA Ul-Br-He Rdn 14). Der Verwder muß daher nachweisen, daß seine Pauschale dem typ Schadensumfang entspr.

c) Die Klausel darf den **Nachweis** nicht abschneiden, der **Schaden** (die Wertminderg) sei überhaupt nicht entstanden od **wesentlich niedriger** (Nr 5b). Nicht erforderlich ist, daß die Klausel den GgBeweis ausdr für zul erklärt (BGH NJW **82**, 2316, **85**, 321). Nr 5b erfaßt aber andseits nicht nur Klauseln, die den GgBeweis *expressis verbis* verbieten. Es genügt, wenn die Klausel dch ihre Fassg für den rechtsungewandten Kunden den Eindruck einer endgült, einen GgBeweis ausschließden Festlegg erweckt (BGH NJW **82**, 2317, **83**, 1322). Das trifft zu, wenn die Klausel bestimmt, daß die Pauschale „auf jeden Fall" „mindestens" od „wenigstens" zu zahlen ist (BGH NJW **82**, 2317, **85**, 632, **88**, 1374) od wenn die Pauschale als „Abstandssumme" bezeichnet w (Ffm OLGZ **85**, 92). Auch die Formulierg „ist mit x% zu verzinsen" ist mit Nr 5b unvereinb (BGH NJW **84**, 2941), ebso die Formulierngen „ist zu zahlen" u „die Kosten betragen" (BGH NJW **85**, 634, Stgt BB **85**, 1420, Oldbg NJW-RR **87**, 1004). Dagg sollen folgde Formuliergen unbedenkl sein: „wird ein Aufschlag von x% erhoben" (BGH NJW **85**, 321); „wird mit 5 DM berechnet" (aaO 324, WPM **86**, 1467, aA Bamberg u Kblz AGBE III Nr 22 u 36); „ist eine Entschädig von 2% zu entrichten" (Hamm NJW-RR **86**, 273); „kann x% ohne Nachw als Entschädigg fordern" (BGH NJW **82**, 2317). Der Verstoß gg Nr 5b macht die Klausel im ganzen unwirks (BGH NJW **85**, 632). Beweispflichtig für den geringeren Schaden ist der Kunde (Frank/Werner Betr **77**, 2171). Das nach der Überschrift „ohne Wertmöglichk" systemwidr Merkmal „wesentl" ist bei Abweichgen von etwa 10% erfüllt (Ul-Br-He Rdn 20), bei höheren Pauschalen uU auch schon bei einem geringeren Prozentsatz. Der Nachw einer anderweit Verwertg des VertrGgst schließt den Anspr auf die Pauschale für entgangenen Gewinn nicht aus, wenn der Verwder den neuen Kunden ohnehin hätte beliefern können (BGH NJW **70**, 32).

d) Gem §§ 9, 24 S 2 ist Nr 5 grdsl auch im Verk unter **Kaufleuten** anzuwenden (BGH **67**, 312, NJW **84**, 2941, Karlsr NJW-RR **88**, 371). Das gilt auch für das in Nr 5b enthaltene Verbot (BGH NJW **84**, 2941, LövW-Tr Rdn 43, str).

6) **Vertragsstrafe (Nr 6). a) Allgemeines.** Das Ges wertet VertrStrafklauseln mit Recht als eine idR unangem Benachteiligg (§ 9 I), da sie dem Kunden erhebl Nachteile aufbürdet (LeistgsPfl ohne Schadens-Nachw, Herabsetzg gem § 343 mit erhebl Kostenrisiko), ohne dch ein überwiegdes Interesse des Verwders gerechtfertigt zu sein. Seine Belange werden idR dch die Festlegg von Schadenspauschalen (Nr 5) hinr gewahrt. Im Ggs zu dem im 1. TBericht (S 71) vorgeschlagenen völl Verbot bringt Nr 6 eine kasuistische Verbotsnorm, die (leider) weder an die Systematik der §§ 341 ff noch an die des Rechts der Leistgsstörgen anknüpft. Auf selbstnd Strafgedinge **Verfallklauseln** u Reugelder (Vorb 2 v § 339) ist Nr 6 entspr anzuwenden (Wo-Ho-Li Rdn 6ff, aA KG NJW-RR **89**, 1077). Abgrenzg zur Schadenspauschale § 276 Anm 5 A b. Gilt eine gg Nr 6 verstoßde Klausel für beide Teile, beschränkt sich die Nichtigk gem § 6 auf das StrafVerspr des Kunden (Wo-Ho-Li Rdn 21, aA Feiber NJW **80**, 1768).

b) **Fallgruppen unzulässiger Strafklauseln.** Nr 6 geht vom Normalfall aus, daß der Kunde eine **Geldleistung** u der Verwder eine Sachleistg zu erbringen hat. Für diese Fallgestaltg begründet sie für die meisten denkb VertrVerletzgen ein VertrStrafVerbot: **aa) Nichtabnahme** od verspätete Abnahme. Nr 6 erfaßt alle Fälle, in denen der Kunde die Leistg nicht od verspätet annimmt. Die Grde für die Nichtabnahme sind gleichgültig. – **bb) Zahlungsverzug**, dh Verzug mit einer Geldschuld. Das Verbot gilt erst recht, wenn die Strafe statt auf Verzug auf Nichtzahlg abstellt. Unwirks ist auch eine Regelg, nach der allg bei „Nichteinhaltg des Vertr" eine VertrStrafe zu zahlen ist (Hbg NJW-RR **88**, 651). Die VertrStrafe für **Schwarzfahrer** beruht auf gesetzl Vorschr (EVO 12, VO v 20. 2. 70, s Trittel BB **80**, 497, aA Daleki MDR **87**, 891) u wird daher von Nr 6 nicht erfaßt. Nr 6 ist aber auch deshalb unanwendb, weil Grd für die Strafe nicht der Zahlgsverzug, sond der Versuch ist, die Beförderungsleistg zu erschleichen (Hensen BB **79**, 499, Hennecke DÖV **80**, 884, LG Mü VRS **66** Nr 6). Ist die Strafe für die Nichtrückg eines Ggst zu entrichten, ist Nr 6 gleichf unanwendb (LG Lünebg NJW **88**, 2476). – **cc) Lösung vom Vertrag.** Erfaßt werden alle Fälle, in denen sich der Kunde ausdr (dch Rücktr, Künd od Widerruf) od konkludent (etwa dch Abschluß eines neuen Vertr) vom Vertr lossagt. Gleichgült ist, ob dem Kunden ein gesetzl od vertragl LösgsR zusteht od ob er eigenmächtig handelt (Ul-Br-He Rdn 10f). – **dd)** Schuldet der Kunde eine **Sachleistung** (Bsp: EinkaufsBdggen, AGB von Bauherrn) sind StrafKlauseln nach dem Wortlaut von Nr 6 nur verboten, wenn sie an die Lösg vom Vertr od die Nichtannahme des Entgelts (!) anknüpfen. Auch für den SachleistgsSchu müssen aber über § 9 die Wertgen der Nr 6 berücksichtigt w. StrafKlauseln sind daher unwirks, soweit der Verwder seine Interessen dch Schadenspauschalen hinreichd wahren kann; sie sind idR auch dann unangem, wenn dem Schu ledigl leicht Fahrlässigk zur Last fällt (Ul-Br-He Rdn 12).

c) Auf den **kaufmännischen Verkehr** kann die auf den Schutz des Verbrauchers zugeschnittene Nr 6 nicht übertragen werden (hM). Strafklauseln sind aber gem § 9 unwirks, wenn sie den Schu unangem benachteiligen. Stellen sie auf einen Vomhundertsatz pro Tag ab, halten sie der InhKontrolle nur bei Festlegg einer Obergrenze stand (BGH NJW-RR **88**, 146). Unwirks sind: StrafVerspr für den Fall einer einverständl VertrAufhebg (BGH NJW **85**, 57); StrafVerspr für den Fall verbotener PrAbspracheen, wenn der GesBetrag der forderb Strafe ein Vielfaches des Submissionsschadens erreicht od die Strafe auch bei Nichtvergabe eines Auftr gefordert w kann (BGH **105**, 30, Ffm NJW-RR **86**, 895); StrafVerspr, wonach der Bauuntern bei Überschreiten der FertigstellgsFr pro Tag 1,5% der AuftrSumme zu zahlen hat (BGH **85**, 310); ebso, wenn pro Kalendertag ohne zeitl Befristg 0,5% der AuftrSumme verfällt (BGH **85**, 312, näher § 343 Anm 2); wenn der Handelsvertreter für jede ZuwiderHdlg gg ein Konkurrenzverbot eine doppelte Monatsprovision zahlen soll (Hamm MDR **84**, 404); 3000 DM für jede Verletzg eines AutomatenAufstellVertr (Celle NJW-RR **88**, 947); 5000 DM für eine den Verwder nur geringfüg beeinträchtigede VertrVerletzg (Celle NdsRpfl **89**, 214). Das Verschuldenserfordern kann nur dann formularmäß abbedungen w, wenn bei dem betreffden VertrTyp gewichtige Grde für eine schuldunabhängige Haftg sprechen (BGH **72**, 173). Diese Voraussetzg ist bei PrBindgsVertr im Buchhandel nicht erfüllt (AG B'haven NJW-RR **86**, 276); ebsowenig bei AutomatenaufstellVertr (LG Aachen NJW-RR **87**, 948). **Nebenabreden** zu StrafKlauseln sind gem § 9 II 1 unwirks, soweit sie den SchutzVorschr der §§ 339ff widerspr. „Klauselfest" ist § 340, wonach die verwirkte Strafe auf den SchadErsAnspr wg NichtErf anzurechnen ist (BGH **63**, 256, NJW **85**, 56). Auch die „Einrede des FortsetzgsZushangs" kann nicht dch AGB abbedungen w (Lachmann BB **82**, 1634). § 341 III, wonach der VertrStrafe bei Annahme der Erf vorbehalten werden muß, darf dch AGB gemildert w (BGH **72**, 224), sein völliger Ausschluß ist aber unwirks (BGH **85**, 310, Mü BB **84**, 1387).

7) Haftung bei grobem Verschulden (Nr 7). a) Die in den Nr 7–11 enthaltenen, sachl zugehörden Klauselverbote beschränken die Zulässigk von Freizeichnungsklauseln. Sie sollen die Rechte des Kunden bei **Nicht- und Schlechterfüllung** sichern; ergänzd gilt auch in diesem Bereich die Generalklausel (s den Übbl in § 9 Anm 6). Nr 7 ist im Verhältn zu den folgden Vorschr der GrdTatbestd. Er legt für alle Arten von PflVerletzgen einen Mindesthaftgsmaßstab fest. – **b)** Nr 7 gilt für **Verträge jeder Art**. Sie ist auch auf unentgeltl Vertr anzuwenden, bei denen allerdings die Verwendg von AGB selten ist. Geschützt werden alle vertragl SchadErsAnspr, gleichgült, ob sie auf Unmöglichk, Verzug od pVV beruhen. Auch SchadErsAnspr aus dem GewlR, zB §§ 538, 635 BGB, § 13 Nr 7 VOB/B, werden mitterfaßt (Ul-Br-He Rdn 9, Lö-vW-Tr Rdn 12, hM), ebso der Anspr von Dr, soweit sie in den Schutzbereich des Vertr einbezogen sind (Düss WPM **82**, 575). Der Schutz der Nr 7 erstreckt sich ausdr auch auf Anspr aus c. i. c. Auf **deliktische Ansprüche** ist Nr 7 entspr anzuwenden (BGH **100**, 184, VersR **85**, 595). Geschützt ist aber nur der Anspr gg den Verwder; der Anspr gg den ErfGeh kann in den Grenzen des § 9 dch eine Haftgsfreistellg zGDr (§ 276 Anm 5 B a bb) abbedungen w (MüKo/Kötz Rdn 58, str). – **c) Voraussetzungen und Ausnahmen**. Der Begriff des Vorsatzes u der groben Fahrlässigk stimmen mit denen des BGB überein (§ 276 Anm 2 u § 277 Anm 2). Der Vorsatz des Schu wird nicht bes erwähnt, weil insow § 276 II gilt. Die Begriffe „gesetzl Vertreter" u „ErfGeh" sind ebso zu verstehen wie in § 278 (s dort). Gleichgült, ob als ErfGeh ein ArbNeh des Verwders od ein selbst Untern tätig geworden ist. Bei einer Kette von ErfGeh, etwa bei einer BankÜberweisg, gilt das Verbot der Nr 7 für die ganze Kette. Soweit sich der Verwder gem §§ 675, 664 I S 2 das Recht der **Substitution** vorbehalten hat, ist Nr 7 unanwendb. Die in den AGB der Banken enthaltene Substitutionsklausel verstößt aber gg § 9 II Nr 2 (Ul-Br-He Anh § 11 Rdn 159, str). Nach § 23 II Nr 3 u 4 findet Nr 7 auf genehmigte BeförderungsBdggen u LotterieVertr keine Anwendg. – **d) Verboten** ist nicht nur der HaftgsAusschl, sond auch jede **Haftungsbegrenzung**. Unzul sind daher Beschränkgen der Höhe des Anspr od der Ausschluß bestimmter Schäden, etwa mittelb, indirekter od nicht vorhersehb, jedoch gilt für ReiseVertr die SonderVorschr des § 651h (Ffm NJW **86**, 1621). Eine unzul Haftbegrenzg liegt auch vor, wenn die VerjFr abgekürzt od die Haftg dch eine Subsidiaritätsklausel eingeschränkt wird (Heinrichs RWS-Skript 157 S 10, Canaris JZ **87**, 1003). Nr 7 gilt nach ihrem Schutzzweck grdsl auch dann, wenn die Klausel nicht die ErsPfl, sond die SorgfPfl u damit die Voraussetzg des SchadErsAnspr abbedingt (Schlosser WPM **78**, 564). And ist es aber, wenn die scheinb abbedungene Pfl nach der RNatur des Vertr ohnehin nicht besteht (Hamm NJW-RR **89**, 668). Der Verstoß gg Nr 7 macht die Freizeichnungsklausel **im ganzen unwirksam** (BGH **86**, 296, **96**, 25). Etwas and gilt nur dann, wenn der wirks u der unwirks Teil der Klausel inhaltl u sprachl von einand trennb sind (Vorbem 3d v § 8). – **e) Kaufmännischer Verkehr**. Der BGH hat vor dem Inkrafttreten des AGBG aus §§ 242, 315 ein Freizeichnungsverbot für grobes Verschulden des Verwders, seiner gesetzl Vertreter u leitden Angestellten hergeleitet, Haftgsausschlüsse für „einfache" ErfGeh dagg anerkannt (BGH **20**, 164, **38**, 183, **70**, 364). Ein Teil der Rspr u Lit hält an diesem Grds für den kaufm Bereich weiter fest (Hbg VersR **85**, 57, Brem VersR **87**, 71, Bunte Hdb der AGB S 133, Ul-Br-He Rdn 30). Dagg will die hM das Freizeichnungsverbot der Nr 7 über §§ 24 S 2, 9 grdsl auch im kaufm Verk anwenden (Ffm NJW **83**, 1681, Karlsr BB **83**, 729, Wo-Ho-Li Rdn 45ff, Lö-vW-Tr Rdn 40ff, MüKo/Kötz Rdn 67). Der BGH hat die Streitfrage bisher offen gelassen (BGH **93**, 48, **95**, 182), er hat aber entschieden, daß sich der Verwder nicht vom groben Verschulden seiner ErfGeh freizeichnen kann, soweit es sich um die Verletzg von **Hauptpflichten** (§ 9 Anm 4) handelt (BGH **89**, 367, NJW **84**, 1350). Die besseren Argumente sprechen für die grdsl Anwendg der Nr 7 auch im kaufm Verk (Heinrichs RWS-Skript 157 S 59). Der Verwder, den Nutzen aus dem Einsatz von ErfGeh hat, muß auch das damit verbundene Risiko tragen u darf sich bei groben Fehlleistgen seiner Gehilfen nicht hinter Freizeichnungsklauseln zurückziehen. Bei der entsprechden Anwendg der Nr 7 im kaufm Bereich sind aber zwei Einschrkgen zu machen: **aa)** Haftungsbegrenzungen auf den typweise bei Gesch der fragl Art entstehden Schaden sind zul (BGH BB **80**, 1011, Lö-vW-Tr Rdn 46). – **bb) Branchentypische Freizeichnungen**, die allseits gebilligt u anerkannt w, sind wirks. Bsp: ADSp (BGH NJW **86**, 1435, WPM **88**, 1202); HaftgsAusschl der Werften für grobes Verschulden einf ErfGehilfen (BGH **103**, 320), nicht aber für leidte Angestellte (BGH NJW-RR **89**, 954).

8) Verzug, Unmöglichkeit (Nr 8). a) Die Vorschr sichert dem Kunden iF des Verzuges des Verwders od einer von diesem zu vertretden Unmöglichk einen dch AGB nicht abdingb Bestand an Rechten. Sie gilt für **Verträge jeder Art** (Wo-Ho-Li Rdn 9). Unter Verzug ist nur der SchuVerzug zu verstehen, nicht der AnnVerzug. Unter den Begriff der nachträgl Unmöglichk fallen die nachträgl obj Unmöglichk u das nachträgl Unvermögen. Nr 8 erfaßt aber auch die Haftg für anfängl Unvermögen (Wo-Ho-Li Rdn 5, aA Lö-vW-Tr Rdn 14, s § 306 Anm 4). Der Zweck der Nr 8, den Verwder zur ordngsmäß VertrErf anzuhalten, rechtfertigt es, Nr 8a analog auch auf die **positive Vertragsverletzung** anzuwenden (Wolf NJW **80**, 2436, ähnl Ul-Br-He Rdn 13). Dagg ist Nr 8b nicht auf die pVV anwendb. Die komplexen SchadErs- u Freizeichnungsprobleme, die bei den einz Fallgruppen der pVV bestehen, lassen sich nur mit der Generalklausel, nicht aber mit Nr 8b sachgerecht lösen (str). – **b)** Das **Recht, sich vom Vertrag zu lösen** (Nr 8a), darf weder ausgeschlossen noch eingeschränkt werden. Unzul sind daher auch Befristgen (BGH NJW-RR **89**, 625) od die Auferlegg von Abstandszahlen. Bei dem LösgsR kann es sich je nach dem VertrTyp um ein Rücktr-, Künd-, od WiderrufsR handeln. Es kann je nach der Art der Leistgsstörg auf §§ 325, 326, 440 od den für die pVV geltden Grds beruhen. Die LösgsR aus §§ 361, 636, 671 u den RGrds über die Künd von DauerschuldVerh sind mitgeschützt, soweit sie wg einer Leistgsstörg ausgeübt w sollen. – **c) Anspruch auf Schadensersatz (Nr 8b):** Nr 8b erfaßt nicht nur SchadErsAnspr wg NichtErf, sondern alle SchadErs-Anspr (Wo-Ho-Li Rdn 13, aA Ul-Br-He Rdn 11). Geschützt ist insbes auch der Anspr auf Ers von Verspätgsschaden aus § 286 (BGH **86**, 292). Da bei grobem Verschulden Nr 7 anwendb ist, geht es in Nr 8b im Ergebn um die Fälle einf Fahrlässigk u sonst Vertretenmüssen. Der SchadErsAnspr darf nicht **ausgeschlossen** w. Unzul ist daher auch ein stillschw Ausschl dch Beschrkg auf ein RücktrR (LG Bln AGBE III Nr 35) od dch Abbedingg der AnsprVoraussetzgen (Kblz WPM **83**, 1272). **Einschränkungen** sind dagg, abgesehen vom Fall groben Verschuldens (Nr 7), zul, etwa dch Festlegg einer Haftgshöchstsumme od den Ausschluß entfernterer Schäden. Der verbleibde Umfang der ErsPfl muß aber in einem vertretb Verh zur Schadenshöhe stehen (Stgt NJW **81**, 1106). Eine weitgehde Aushöhlg der ErsPfl, etwa die Beschränkg der ErsPfl auf Zinsnachteile (so AGB-Banken Nr 7), od gar eine nur symbol Entschädigg („1 DM") sind unzul. Eine Klausel, wonach bei einf Fahrlk kein SchadErs zu leisten ist, ist keine zul Einschränkg, sondern eine unzul TeilAusschl der SchadErsPfl (BGH NJW-RR **89**, 626). – **d)** Im **Verkehr zwischen Kaufleuten** ist Nr 8a gem §§ 24 S 2, 9 entspr anwendb (Lö-vW-Tr Rdn 34, allgM). Dagg kann die SchadErsPfl für einf Fahrlässigk (Nr 8b) im kaufm Bereich grdsl abbedungen w (Wo-Ho-Li Rdn 20). Etwas and gilt nur dann, wenn es sich um die Verletzg von KardinalPflten handelt (§ 9 Anm 4).

9) Teilverzug und Teilunmöglichkeit (Nr 9). a) Die Vorschr ergänzt Nr 8. Nach §§ 325 I S 2, 326 I S 3 kann der Gläub bei Teilunmöglichk (Teilverzug) vom **ganzen Vertrag** zurücktreten od SchadErs wg NichtErf des ganzen Vertr verlangen, wenn die TeilErf für ihn kein Interesse hat. Ähnl gilt gem § 280 II für nicht ggs Vertr. Diese Rechte dürfen dch AGB nicht ausgeschl w. Einschrkgen sind an Nr 8 zu messen; sie sind daher hinsichtl des Rücktr unzul, hinsichtl des SchadErs in den Grenzen von Anm 8c zul (Ul-Br-He Rdn 7). Unwirks ist daher eine Klausel, wonach der Möbelkäufer bei teilw Nichtbeliefrg nur hinsichtl der nicht gelieferten Ggst vom Vertr zurücktreten darf (BGH NJW **83**, 1322). Klausel über die Pfl zur Annahme von Teilleistgen läßt Nr 9 unberührt. Aus ihnen kann der Verwder aber keine Rechte mehr herleiten, wenn feststeht, daß die Restleistg nicht mehr erbracht werden kann u die TeilErf für den Kunden ohne Interesse ist. – **b)** Der Grds, daß der TeilErf der NichtErf gleichsteht, wenn der Gläub an der Teilleistg kein Interesse hat, ist ein wesentl RGedanke des PrivR, wenn seine prakt Bedeutg auch nicht sehr groß ist. Nr 9 ist daher gem §§ 9, 24 S 2 auch im **kaufmännischen Verkehr** anzuwenden (Lö-vW-Tr Rdn 14).

10) Gewährleistung (Nr 10). Allgemeines. – aa) Die aus zahlreichen EinzVerboten bestehde Vorschr soll den Kunden vor einer Aushöhlg gesetzl od vertragl GewlAnspr schützen u sicherstellen, daß das Äquivalenzverhältn von Leistg u GgLeistg auch bei mangelh Leistg des Verwders dchgesetzt werden kann. Der RegEntw (BT-Drs 7/3119) wollte Nr 10 auf Kauf-, Wk- u WkLiefergsVertr über neu hergestellte Sachen beschr. Der BT hat ihren **Anwendungsbereich** dch eine (sprachl nachläss) Neuformulierg des Einleitgssatzes wesentl erweitert. Als zweite Alternative sind „Vertr über Leistgen" hinzugekommen. Nr 10 gilt daher für alle VertrTypen mit GewlVorschr, vor allem für **Kauf-, Werk- u Werklieferungsverträge**, aber auch für MietVertr (unten dd). Einbezogen sind auch **Reiseverträge**. Für diese gilt aber die zG des Kunden als zwingdes Recht ausgestaltete GewlRegelung der §§ 651 c–k. AGB, die die GewlR des Reisdens beschränken, sind daher bereits gem §§ 651 k, 134 unwirks. – **bb)** Bei LiefergsVertr gilt Nr 10 nur, wenn eine **neu hergestellte Sache** VertrGgst ist. Zu dem Begriff der Sache ist umfassder zu verstehen als in § 90. Unter ihn fallen alle VermögensGgst, für die in direkter od entspr Anwendg der §§ 459 ff GewlR bestehen können. Einbezogen sind daher auch „Software" u „know-how" (Lauer BB **83**, 1760), nicht aber Fdgen u Rechte. „Neu hergestellt" sind auch pflanzl Produkte (Gemüse, Obst), nicht aber Tiere (Bsp: junge Dackel), auch wenn sie bald nach der Geburt verkauft w (aA BGH NJW-RR **86**, 52). Welche Sachen **neu** sind, richtet sich nach dem Schutzzweck der Vorschr u den Anschauungen des redl Verk. Die Veräußerg von Häusern u **Eigentumswohnungen** an den Ersterwerber fällt auch dann unter Nr 10, wenn sie kurzfristig leergestanden haben od vermietet waren (Mü NJW **81**, 2472, Kanzleiter DNotZ **87**, 658, str). Der Anwendg von Nr 10 auf den Ersterwerb einer EigtWo steht auch nicht entgg, daß das GemschEigt schon von and Erwerbern benutzt worden ist (Brambring NJW **87**, 102). EigtWo, die in einem Altbau im Zug umfassder Sanierg geschaffen worden sind, können „neu" iSd Nr 10 sein (Ffm NJW **84**, 2586), inbes dann, wenn der Veräußerer sie als „Neubau hinter einer historischen Fassade" bezeichnet (BGH **100**, 397). Ist das nicht der Fall, gilt Nr 10 für die Renovierg („Vertr über Leistg"), falls diese ein abtrennb TeilGgst des Vertr ist (Lö-vW-Tr Rdn 17, Kanzleiter DNotZ **87**, 668, aA Brambring NJW **87**, 103). Ist die verkaufte Sache zT neu, zT gebraucht (Gebrauchtwagen mit neuem Motor u Reifen), ist Nr 10 auf die Neuteile anzuwenden (MüKo/ Kötz Rdn 85). Auch **Schlußverkaufsware** u Sonderangebote fallen unter Nr 10 (Muscheler BB **86**, 2283). Für sie kann aber das UmtauschR wg Nichtgefallen ausgeschl w (Muscheler aaO). – **cc)** Auf die vom Hersteller, Verkäufer od Untern übernommene selbstd **Garantie** (§ 477 Anm 4b, Vorbem 3 d cc v § 633) ist Nr 10 nicht anzuwenden. Sie sind unbedenkl, wenn dem Kunden neben den Rechten aus der GarantieUrk die gesetzl GewlR zustehen. Sie verstoßen aber gg § 9, wenn die GarantieBdggen die gesetzl GewlR ausschließen od für den rechtl ungewandten Kunden den Eindruck eines Ausschl erwecken (BGH **79**, 119, **104**, 92). In diesem Fall muß die Garantie den Anfordergen der Nr 10 genügen. – **dd)** Wg der weiten Fassg des Einleitssatzes ("Vertr über Leistgen", s oben aa) fallen auch **Mietverträge** unter Nr 10 (Düss MDR **84**, 1025, Lö-vW-Tr Rdn 18, Sonnenschein NJW **80**, 1715, aA BGH **94**, 186, Ffm NJW-RR **87**, 656). Zwar sind bei Vertr über Wohnraum Einschränkgen der GewlR des Mieters schon gem § 537 III unwirks; bei Vertr über GeschRaum od bewegl Sachen ist der Schutz der Nr 10 aber dchaus von Bedeutg (s BGH **91**, 382). Besonders liegt es beim **Finanzierungsleasing**. Es kann, soweit es um die GewlR des LeasingNeh geht, weder schematisch mit der Miete noch mit dem Kauf gleichgestellt w. Der LeasingGeb darf seine eig GewlPfl abbedingen u dafür dem LeasingNeh seine GewlR gg den Hersteller abtreten (BGH **81**, 298, NJW **85**, 129); das gilt auch dann, wenn man Nr 10 (entgg BGH **94**, 186) auch auf MietVertr für anwendb hält. Die kaufrechtl Anspr gg den Hersteller müssen grdsl dem Standard der Nr 10 genügen (s BGH NJW **87**, 1073, ZIP **88**, 977); ein völliger GewLAusschl ist aber zul, wenn der LeasingNeh selbst Hersteller ist (BGH **106**, 311). Abgesehen von diesem Sonderfall muß dem LeasingNeh die Befugn zustehen, notf den Kauf-Vertr zu wandeln und damit dem LeasingVertr die GeschGrdl zu entziehen (BGH **81**, 298). Die Verpfl zur Zahlg der Leasingraten entfällt mit dem Vollzug der Wandlg mit Wirkg *ex tunc* (BGH **94**, 44, 180); bereits ab Erhebg der Wandlgsklage kann der LeasingNeh die Zahlg verweigern (BGH **97**, 141).

a) Ausschluß und Verweisung auf Dritte (a). Die Vorschr enthält mehrere Verbote: – **aa)** Unzul ist der **völlige Ausschluß** von GewlAnspr. Unwirks ist aber auch ein bedingter Ausschl, etwa für den Fall der Vornahme von Nachbessergsarbeiten dch einen Dr (Karlsr AGBE IV Nr 66), der Veränderg der Sache (LG Bln AGBE I Nr 87) od der Beschädigg od des Eingriffs eines Dr (BGH NJW **80**, 832). – **bb)** Unter Ausschl ist auch die **Beschränkung** von GewlR zu verstehen, sofern diese den zur Wahrg der Belange des Kunden erforderl Mindestbestand an GewlR schmälert (Wo-Ho-Li Rdn 7, str). Das Verbot von Beschränkgen kommt (leider) im Wortlaut der Vorschr nicht zum Ausdr, ergibt sich aber aus folgden Überleggen: Die Rspr hat schon vor dem Inkrafttreten des AGBG für den jetzigen Anwendgsbereich der Nr 10 den RGrds entwickelt, dem Kunden müsse mindestens ein Recht auf Nachbesserg, ErsLieferg, Wandlg od einen sonst wirtschaftl gleichwert Befugn verbleiben (BGH **22**, 90, **37**, 94 zum Kauf; **62**, 83, **74**, 270 zum WkVertr). Diesen Grds will das auf Verbesserg des Verbraucherschutzes angelegte AGBG nicht aufgeben: Nr 10b räumt dem Kunden für den Fall des Fehlschlagens der Nachbesserg eine über den NachbessergsAnspr hinausgehde unentziehb RStellg ein. Daraus ergibt sich zugl, daß das AGBG als **Mindeststandard** einen NachbessergsAnspr od ein wirtschaftl gleichwert GewlR mit den in Nr 10b festgelegten Ergänzgen verlangt (Wo-Ho-Li Rdn 9, ähnl Lö-vW-Tr Rdn 15). Grdsl zul ist die Beschrkg auf ein GewlR. Ist das eingeräumte Recht wg der Eigenart des VertrVerh od des Falles verlaufd, ist die Beschrkg aber unwirks (Staud-Schlosser Rdn 20, s auch BGH NJW **80**, 832). – **cc)** Unwirks sind Klauseln, dch die der Verwder die eig Haftg ausschließt u den Kunden auf **Ansprüche gegen Dritte** verweist. Die fr Praxis bei BauträgerVertr, die eig Haftg dch Abtr der Anspr gg den BauUntern u Architekten zu ersetzen, ist daher nicht mehr zul. Dem Verwder steht es selbstverständl frei, dem Kunden dch Abtr od Vertr zGDr Anspr gg Dritte zu verschaffen, etwa die Rechte aus einer Herstellergarantie (oben vor cc). Dadch wird aber die Eigenhaftg des Verwders nicht berührt. Ein Verstoß gg Nr 10a ist bereits dann gegeben, wenn die Klausel für den rechtsunkund VertrPart den Anschein eines Ausschl der Eigenhaftg erweckt (BGH **79**, 117). Zu den Besonderh beim **Leasingvertrag** s oben a dd. – **dd)** Unzul sind auch Subsidiaritätsklauseln, die die Haftg des Verwders von der vorherigen **gerichtlichen** Inanspruchn Dr abhäng machen. Unzul ist es auch, dem Kunden die Einleitg eines gerichtl Mahn- od SchiedsGerVerf vorzuschreiben. Dagg kann der Kunde verpflichtet w, sich zunächst außergerichtl an den mithaftden Dr zu wenden. Hieraus kann der Verwder aber nur Rechte herleiten, wenn er den Kunden bei der Dchsetzg der Anspr hinr unterstützt (BGH NJW-RR **89**, 467). Wenn der Dr trotz Aufforderg nicht in angem Fr leistet, kann der Kunde den Verwder in Anspr nehmen. Zu einer nochmaligen Aufforderg des Dr ist der Kunde nur verpflichtet, wenn der Verwder ihm Informationen übermittelt, die den Dr voraussichtl zu einer Änderg seines Verhaltens veranlassen. Eine Aufforderg ist **entbehrlich**, wenn der Dr die Leistg ernsth u endgült verweigert hat, offensichtl nicht leistgsfäh od unter der vom Verwder angegebenen Anschrift nicht zu erreichen ist (Ul-Br-He Rdn 23). Die Verj des Anspr gg den Verwder beginnt erst, wenn die Gewährleistg dch den Dr ausscheidet (BGH NJW **81**, 2343). – **ee)** Die Klauselverbote der Nr 10a gelten auch, wenn sich die Freizeichg auf **einzelne Teile** beschränkt. Hierunter sind nicht nur reale der Leistg zu verstehen; erfaßt werden auch Freizeichgsklauseln für bestimmte Arten od Ursachen von Mängeln (Karlsr ZIP **83**, 1091). Unzul ist daher die Beschrkg der Gewl auf Mängel, deren Beseitigg der Verwder von einem Dr verlangen kann (BGH **67**, 101), auf Schäden, für die handelsübl Garantie übernommen wird (Karlsr AGBE I Nr 83), auf Mängel, die auf einem Verschulden des Verwders beruhen (Wo-Ho-Li Rdn 11) od die im AbnProtokoll festgehalten worden sind. – **ff)** Das Verbot, GewlAnspr voll auszuschließen (aa) u das Gebot, ein Recht auf Nachbesserg od eine wirtschaftl gleichwert Befugn als Mindestschutz vorzusehen (bb), sind auch im **kaufmännischen Verkehr** anzuwenden (s BGH **62**, 254, **65**, 363, BB **78**, 1640 zum fr R). Entspr gilt für das Verbot, die Eigenhaftg dch die Einräumg von Anspr gg Dr zu ersetzen. Dritthaftgsklauseln sind auch bei RGesch zw Kaufleuten nur wirks, wenn sie ausdr eine subsidiäre Eigenhaftg des Verwders vorsehen (Lö-vW-Tr Rdn 47, Staud-Schlosser Rdn 39). Unbedenkl ist allerdings, die vorhergehde gerichtl Inanspruchn des Dr zu verlangen (Wo-Ho-Li Rdn 26), etwa entstehde, beim Dr nicht beitreibbare Kosten hat der Verwder zu ersetzen (BGH **92**, 123). Hat der LeasingNeh beim Finanziergsleasing den Lieferanten selbst ausgesucht, kann das Risiko einer Insolvenz des Lieferanten auf ihn abgewälzt w (Ffm VersR **87**, 417).

b) Beschränkung auf Nachbesserung (b). aa) Gleichgült ist, ob der NachbessergsAnspr auf Ges (§ 633 II) od auf Vertr beruht. Nr 10b gilt entgg seinem Wortlaut auch dann, wenn die AGB neben dem Anspr auf Nachbesserg od ErsLieferg einen weiteren RBehelf vorsieht, sofern dieser hinter dem gesetzl Standard an zusätzl Rechten (Wandlg od Minderg) zurückbleibt. – **bb) Fehlgeschlagen** ist die Nachbesserg (ErsLieferg), wenn sie unmögl ist (BGH NJW **81**, 1501), ernsth u endgült verweigert w (BGH **93**, 62), unzumutb verzögert w (BGH aaO) od vergebl versucht worden ist. Eine Verweigerg ist es auch, wenn der Verwder die Nachbesserg von der Unterzeichn eines ReparaturAuftr abhäng macht (Köln NJW-RR **86**, 151). Die Verzöger ist unzumutb, wenn der Verwder trotz Aufforderg nicht in angem Fr nachgebessert hat. Klauseln, die dem Verwder eine unangem lange Fr einräumen, sind unwirks (LG Dortmund AGBE III Nr 46). Aufforderg ohne FrSetzg od mit zu kurzer Fr setzt angem Fr in Lauf, eine Ablehnungsandrohg ist nicht erforderl (Nürnbg OLGZ **83**, 78, Ul-Br-He Rdn 47). Wieviele **Nachbesserungsversuche** der Kunde gestatten muß, hängt von der Art des Mangels u einer Abwägg der beiderseit Interessen ab (Karlsr DAR **77**, 323). Nur ein Versuch, wenn sich der Verwder als unzuverläss erwiesen hat, wenn der Kunde dringd auf die Benutzg der Sache angewiesen ist, wenn er den gekauften neuen Pkw für 6 Wo zur Nachbesserg zur Vfg gestellt hat (Hbg VersR **83**, 741) od wenn eine Einsendg an den Verwder erforderl ist (Ul-Br-He Rdn 39). Sonst sind idR zwei Versuche zumutb (Nürnbg DAR **80**, 345, Ffm Betr **83**, 637, Köln NJW **87**, 2520), bei aufwend, technisch komplizierten Geräten uU auch mehr. – **cc)** Die Klausel muß dem Kunden das Recht auf Wandlg u Minderg **ausdrücklich vorbehalten**. Sie muß den Inh der Nr 10b vollständ u richtig wiedergeben. Der Verwder braucht die denkb Fälle des Fehlschlagens der Nachbesserg nicht im einz aufzulisten (Ul-Br-He Rdn 35). Bringt er einen solchen Katalog, muß dieser aber vollständ sein. Trifft das nicht zu, od ist die verwandte generelle Formulierg zu eng, ist die Klausel im ganzen unwirks (BGH NJW **85**, 630, Köln NJW-RR **86**, 151). Wie sich aus dem Wortlaut von Nr 10b ergibt, muß der Vorbehalt statt der Begriffe Wandlg u Minderg dem Kunden verständl Umschreibgn benutzen, wie Rückgängigmachg des Vertr od Herabsetzg des Pr (BGH NJW **82**, 333, 2380, jetzt allgM). – **dd)** Dem Kunden muß nach seiner Wahl ein Recht auf **Wandlung od Minderung** vorbehalten sein. Nur bei Vertr über Bauleistgen kann er wg der dch Wandlg entstehden Schwierig auf ein MindergsR beschränkt werden. Bauleistgen (VOB/A § 1) sind Arbeiten, dch die ein Bauwerk (§ 638 Anm 2) geschaffen, erhalten od geändert w (BGH NJW **73**, 368). Auch der BauträgerVertr fällt unter diese Privilegierg (Lö-vW-Tr Rdn 25, Kanzleiter DNotZ **87**, 661, aA Köln NJW **86**, 330). – **ee)** Nr 10b gilt über §§ 24 S 2, 9 auch im **kaufmännischen Verkehr** (BGH NJW **93**, 62, NJW **81**, 1501). Auch der ausdr Vorbeh von Wandlg u Minderg ist erforderl, jedoch brauchen diese Begriffe nicht erläutert zu werden (Ul-Br-He Rdn 58).

c) Aufwendungen bei Nachbesserung (c). aa) Die Kosten der Nachbesserg treffen beim KaufVertr den Verkäufer (§ 476a) u beim WkVertr den Untern (§ 633 II 2). Diese dch das AGBG in das BGB eingefügten dispositiven Vorschr macht Nr 10c im Rahmen seines Anwendungsbereichs (oben vor a) „klauselfest". §§ 476a, 633 II 2 sind jeder Einschrkg od Änderg dch AGB entzogen. Die in § 476a S 2 vorgesehene Ausn von der Verpflichtg zur Kostentragg gelten auch für Nr 10c. Das AGBG will § 476 nicht erweitern, sond nur dessen Abbedingg untersagen. Wg der Einzelh s die Erläutergen zu § 476a. Wird mit dem Verwder für die Zeit ab Lieferg ein formularmäß WartgsVertr abgeschl, muß das Entgelt so bemessen w, daß es Nachbesserngskosten nicht mitumfaßt (Buse Betr **79**, 1214). Auf die vom Hersteller, Verkäufer od Untern übernommene selbstd **Garantie** (oben vor a cc) ist Nr 10c nicht anzuwenden, wenn dem Kunden neben den Rechten aus der Garantie die gesetzl GewlR zustehen (Reinel NJW **80**, 1610, Kornmeier NJW **82**, 793). – **bb)** Nr 10c gilt gem §§ 24 S 2, 9 grdsl auch für Gesch zw **Kaufleuten** (BGH NJW **81**, 1510). Hat der Händler nachgebessert, steht ihm gg den Hersteller (Lieferanten) ein ErstattgsAnspr zu (Wo-Ho-Li Rdn 9). Dieser Anspr kann aber unter Ausschl von kalkulatorischem Gewinn pauschaliert w (Nickel NJW **81**, 1490, v Westphalen NJW **80**, 2227, s auch BGH NJW **85**, 627).

d) Vorenthalten der Mängelbeseitigung (d). aa) Nr 10d betrifft Klauseln, die das LeistgVR des Verwders erweitern; das umgekehrte Problem der Beschrkg des LeistgVR des Kunden ist in § 11 Nr 2 geregelt. Nr 10d verbietet die formularmäß Begründg von **Vorleistungspflichten**, soweit von ihnen die Mängelbeseitigg oder ErsLieferg abhäng gemacht w. Sie gilt für Kauf- u WkVertr, außerdem aber auch für MietVertr (oben vor a dd). Gleichgült ist, ob der Anspr des Kunden auf Vertr od Ges (§§ 633 II, 480 I) beruht u ob er als ErfAnspr od als GewlAnspr ausgestaltet ist. Die VorleistgsPfl muß **gerade** die Nachbesserg od ErsLieferg betreffen. Hat der Kunde das gesamte Entgelt vorzuleisten, ist Nr 10d unanwendb (Ul-Br-He Rd 63, vgl aber oben Anm 2a). – **bb)** Die Klausel darf die Mängelbeseitigg nicht davon abhäng machen, daß das Entgelt vollst od zu einem unter Berücksichtigg des Mangels **unverhältnismäßig** hohem Teil entrichtet w. Nr 10d verwendet damit ein nach der Überschrift des § 11 („ohne Wertgsmöglichk") systemwidr Kriterium. Obergrenze für die Teilleistg, die die Klausel dem Kunden auferlegen darf, ist der Wert der mangelh Leistg. Sofern der Sichergszweck dies erfordert, muß die Klausel dem Kunden eine weitergehde Einbehaltg gestatten (s § 320 Anm 2e). Ist die Leistg für den Kunden wertlos, darf ihm keinerlei ZahlgsPfl auferlegt w. Klauseln, die einen **festen Maßstab** (zB Zahlg von 60% des Entgelts) als Nachbessergsvoraussetzg festlegen, sind notw unwirks (LG Rottweil AGBE I Nr 102). – **cc)** Anstelle der **unwirksamen** Klausel treten gem § 6 die §§ 273, 320. Hat der Verwder nachgebessert, kann er die Herausg der nunmehr vertragsgem Sache („Zug um Zug") von der Entrichtg des vollen Entgelts abhäng machen. – **dd)** Nr 10d ist gem §§ 24 S 2, 9 auch im Verk zw **Kaufleuten** anzuwenden (Ul-Br-He Rdn 69).

e) Ausschlußfrist für Mängelanzeige (e). Dch AGB können auch im nichtkaufm Verk für die Anzeige von Mängeln AusschlFr bestimmt w. Dabei ist jedoch zw offensichtl u nicht offensichtl Mängeln zu unterscheiden: – **aa)** Auf **offensichtliche** Mängel ist Nr 10e nicht anzuwenden. Offensichtl ist ein Mangel, wenn er so offen zutage liegt, daß er auch dem nicht fachkund Dchschnittskunden ohne bes Aufmerksamk auffällt (Ul-Br-He Rdn 72). Bloße Erkennbark (HGB 377 II) od Sichtbark reicht nicht aus (Stgt BB **79**, 908, Karlsr AGBE I Nr 107, LG Mü AGBE II Nr 120). Ein nicht offensichtl Mangel wird nicht dadch offensichtl, daß ihn der Kunde **erkannt** hat (Köln NJW **86**, 2581, aA Marly NJW **88**, 1184). Klauseln, die für die RügePfl unterschiedslos auf das Erkennen od die Feststellg des Mangels abstellen, sind daher unwirks (BGH

NJW **85**, 858, Köln aaO). Für die Dauer der RügeFr gilt § 9. Die untere Grenze liegt bei 1 Wo (Lö-vW-Tr Rdn 7), ist Schriftform vorgeschrieben (zul: *arg* Nr 16, str) bei 2 Wo; das Erfordern einer unverzügl Rüge ist unzul (LG Köln NJW **86**, 69). – **bb)** Für **nicht offensichtliche** Mängel darf die RügeFr nicht kürzer sein als die gesetzl VerjFr (§§ 477, 638). Auch Verlängergen der Verj dch Hemmg u Unterbrechg sind bei der Dauer der AusschlFr zu berücksichtigen. Die Befristg der GewlR hat daher neben der VerjRegelg kaum prakt Bedeutg; der Unterschied besteht ledigl darin, daß der Ablauf der AusschlFr vAw, die Verj aber nur auf Einr zu berücksichtigen ist. Klauseln, die unterschiedslos offensichtl u nicht offensichtl Mängel erfassen, dürfen keine kürzeren RügeFr als die gesetzl VerjFr vorsehen (Stgt AGBE I Nr 106). Für den ReiseVertr gilt die SonderVorschr des § 651g I. – **cc)** Nr 10e ist auf RGesch zw **Kaufleuten** nicht anzuwenden. Der Prüfgs-Maßst ergibt sich insow aus § 9 II Nr 1 iVm HGB 377, 378. Klausel, wonach auch verborgene Mängel bei Ablieferg zu rügen sind, sind unwirks (BGH NJW-RR **86**, 52).

f) Verkürzung von Gewährleistungsfristen (f). aa) Nr 10f soll sicherstellen, daß dem Kunden zur Geltdmachg seines GewlAnspr hinr Zeit bleibt. Sie verbietet daher, die – ohnehin recht kurzen – gesetzl GewlFr formularmäß abzukürzen. Unter „gesetzl GewlFr" sind die VerjFr für GewlAnspr zu verstehen, dh die §§ 477, 638. Das Verbot gilt für **alle Ansprüche**, die unter §§ 477, 638 fallen (s dort). Soweit SchadErs-Anspr wg Mangelfolgeschäden der 30-jährigen Verj des § 195 unterliegen, ist Nr 10f dagg unanwendb (BGH WPM **85**, 202). Zur Anwendg auf GarantieAnspr s oben vor a cc. – **bb)** Nr 10f verbietet **Abkürzungen jeder Art.** Unzul sind auch mittelb Verschlechtergen wie die Vorverlegg des VerjBeginns (BGH NJW-RR **87**, 145), die Nichtberücksichtigg von Hemmgs- od UnterbrechgsTatbeständen (s BGH NJW **81**, 867) od die Best, daß für WkVertr die VerjVorschr des KaufR gelten sollen (BGH **74**, 269). Da für **offensichtliche** Mängel eine AusschlFr bestimmt werden kann (Nr 10e), ist für sie auch eine Abkürzg der Verj mögl *(argumentum a maiore ad minus).* – **cc)** Eine Ausn von Nr 10f enthält § 23 II Nr 5. Auf **Bauleistungen**, für die die Geltg der VOB vereinb worden ist, findet Nr 10f keine Anwendg. Die 2jähr VerjFr der VOB/B 13 Nr 4 kann daher auch nicht gem § 9 beanstandet w (Locher NJW **77**, 1803, Recken BauR **78**, 423). Voraussetzg ist jedoch, daß die VOB/B als ganzes ohne ins Gewicht fallde Einschränkgen übernommen worden ist (BGH **96**, 133, **100**, 391, NJW-RR **89**, 85). Das ist bei BauträgerVertr nicht mögl, so daß auf sie § 23 II Nr 5 unanwendb ist (Brambring NJW **87**, 97, Kanzleiter DNotZ **87**, 700). Auch Architektenleistgen fallen nicht unter § 23 II Nr 5, weil sie keine Bauleistgen sind (BGH **101**, 378). Zul ist die isolierte Vereinbg der GewL nach VOB/B einschließl der 2jähr Verj, wenn der Bauherr Verwder ist (BGH **99**, 160). – **dd)** Nr 10f gilt über § 9 grdsl auch im Verk zw **Kaufleuten** (BGH **90**, 277, NJW **81**, 1510).

g) Beim Verkauf **gebrauchter Sachen** ist ein GewlAusschl grdsl zul (allgM). Nr 10 enthält insow kein Klauselverbot; auch § 9 steht dem GewlAusschl idR nicht entgg. Die §§ 459ff können daher beim Verkauf eines Hauses od einer EigtWo formularmäß abbedungen w (s BGH NJW **67**, 32, **89**, 2536). Entspr gilt für Vertr über **Gebrauchtwagen**, u zwar auch bei wesentl, die Fahrtüchtigk ausschließden Mängeln (BGH **74**, 389, Betr **84**, 1141, krit Mehnle DAR **86**, 102). Die Belange des Kunden werden dch eine kundenfreundl Anwendg der ArglVorschr (§§ 123, 476, s dort) u eine großzüg Bejahg von EigenschZusichergen (§ 459 Anm 4 u 5b) gewahrt. Auch im **Kunsthandel,** insb bei Auktionen, ist ein formularmäß GewlAusschl wirks (BGH NJW **80**, 1619, krit Heinbuch NJW **84**, 22, Schrader FS Kirchner, 1985, S 343). Der Versteigerer kann sich aber nicht auf den GewlAusschl berufen, wenn er seine PrüfgsPfl verletzt hat (BGH aaO).

11) Haftung für zugesicherte Eigenschaften (Nr 11). a) Nr 11 schützt das **Vertrauen** des Kunden in die ihm gegebenen EigenschZusichergen. Die Rechte, die sich aus einer solchen Zusicherg ergeben, können nicht dch formularmäß Freizeichngen beschränkt w (so schon BGH **50**, 207). Nr 11 gilt für Kauf-, Wk- u WkLifergsVertr sowie für ReiseVertr (BGH NJW **87**, 1935 läßt offen). Sie kann auf MietVertr (§ 538) u GarantieVertr entspr angewandt w (Ul-Br-He Rdn 2). SonderVorschr enthalten § 651h für den ReiseVertr u SaatgutVG 33 II (Dehmer Betr **84**, 1663). Zur Frage, wann eine **Eigenschaftszusicherung** u wann eine bloße Anpreisg od Beschreibg der Leistg vorliegt s § 459 Anm 4. – **b)** Der **Schadensersatzanspruch** aus §§ 463, 480 II, 635, 538 darf, soweit er auf der vertragl Zusicherg beruht, weder ausgeschlossen noch eingeschränkt w; gg VOB/B 13 Nr 7 bestehen daher Bedenken (Nürnb NJW-RR **86**, 1347). Auch Haftgsbegrenzgen für Mangelfolgeschäden sind unzul, soweit §§ 463, 480 II, 635, 538 AnsprGrdl ist; sie sind dagg mit der Einschrkg aus Nr 7 zul, soweit die ErsPfl auf pVV beruht (Ul-Br-He Rdn 20). Zur Abgrenzg der Anspr aus §§ 463, 635 u pVV s § 463 Anm 4 a u Vorbem 4e v § 633. Nr 11 ist auch dann verletzt, wenn der Verwder sich eine ÄndBefugn vorbehält (BGH NJW-RR **89**, 626) od wenn er nicht den SchadErsAnspr, sond die Verbindlichk seiner Zusicherg ausschließt (Hamm BB **83**, 21, Hbg Betr **86**, 2428). Eine in die Zusicherg selbst aufgenommene Begrenzg („wir sichern x zu, haften hierfür aber nur bis y") ist dagg wirks (str). Die sonst GewlAnspr des Kunden, insb die Anspr auf Nachbessergg, Wandlg u Mindergg, werden dch Nr 11 nicht geschützt. – **c)** Nr 11 ist von derart grdleger Bedeutg, daß es gem § 9, 24 S 2 auch im Verk zw **Kaufleuten** anwendb ist (MüKo/Kötz Rdn 130, s auch BGH **90**, 278; in Anlehng an die fr Rspr einschränkd Lö-vW- Tr Rdn 30ff). Bei der Bejahg einer konkludenten Zusicherg sind im kaufm Bereich aber strengere Anfordergen zu stellen als bei RGesch mit Verbrauchern.

12) Laufzeit bei Dauerschuldverhältnissen (12). a) Nr 12 ist entgg ihrer Überschrift auf typ Dauer-SchuldVerh (Einl 5 v § 241), wie Miete, Pacht, Leasing, u AutomatenaufstellVertr, nicht anzuwenden (s BGH NJW **85**, 2328). Sie erfaßt vielmehr nur **Kauf-, Werk- und Dienstverträge**, sofern diese auf **regelmäßige Erbringung** von Leistgen gerichtet sind. Der zeitl Abstand zw den einzelnen Leistgen u der Leistgsumfang kann unterschiedl sein. – **aa) Lieferung von Waren.** Die Waren (Begriff s § 196 Anm 3b aa) müssen period zu liefern sein. Bsp sind Zeitgs- od Zeitschriftenabonnements, Mitgliedsch in Buch- od Schallplattenclubs, Vertr über die Lieferg von Werbematerial (BGH **84**, 113), an sich auch BierliefergsVertr (Ffm NJW-RR **88**, 177), s aber § 24. – **bb) Dienstleistungen.** Bsp sind vor allem UnterrichtsVertr (Köln NJW **83**, 1002, Ffm NJW-RR **87**, 439), Vertr mit Ehevermittlgsinstituten, uU auch Vertr zw WoEigtümer u Verw (KG NJW-RR **89**, 839), SchlankhKurse, SteuerberatgsVertr, TrainingsVertr (LG Hbg Betr **87**, 1483), PflegeVertr, nicht aber der MakleralleinAuftr, da er nicht auf regelmäß zu erbringde Dienste gerichtet ist (BGH BB **81**, 756). – **cc) Werkleistungen**. Erfaßt werden insb WartgsVertr u Vertr über die Fenster- od Gehwegreinigg. Unter Nr 12 fallen aber auch GeschBesorggsVertr, wie etwa der GiroVertr. – **dd) Ausgenommen von Nr 12** sind Vertr über die Lieferg von Elektrizität u Gas (§ 23 II Nr 2), vorausgesetzt, sie stimmen mit den AVB überein (Martinek BB **89**, 1283), ArbVertr (§ 23 I) u die in § 23 II Nr 6 angeführten Vertr: (1) Vertr über die Lieferg als zugehör verkaufter Sachen. Der Begriff ist AbzG 1c Nr 1 entnommen u im AGBG ebso auszulegen wie in AbzG (s AbzG 1c Anm 2a). Er umfaßt daher auch Buchreihen, sofern diese nach obj Kriterien eine Einh bilden (s LG Saarbr NJW **88**, 347). (2) VersVertr. Die ausdr Freistellg dient lediglich der Klarstellg (BVerfG NJW **86**, 243). VersVertr fallen bereits tatbestandl nicht unter Nr 12. (3) Vertr mit urheberrechtl VerwertgsGesellsch. Für diesen dch Ges v 9. 5. 64 geregelten Vertr passen die strikten Verbote des Nr 12 nicht.

b) Laufzeit des Vertrages (Nr 12a). aa) Unzul ist eine erstmalige Laufzeit von **mehr als 2 Jahren**. Die Frist beginnt mit dem vertragl festgelegten Leistgsbeginn (Lö-vW-Tr Rdn 20, Wo-Ho-Li Rdn 10, aA Hamm AGBE V Nr 76). Dieser kann vor dem VertrSchl liegen (Bsp: rückwirkder Beitritt in einen Buchclub), ihm aber auch nachfolgen (Bsp: Vertr vom 15. 5. über einen am 1. 7. beginnden Kursus). Hat der Kunde vor Kursusbeginn bereits eine Leistg zu erbringen (Einschreibegebühr), rechnet die Vorlaufzeit aber mit (LG Bielefeld NJW-RR **89**, 246). Ist der Verwder bei einer Laufzeit von 22 Mo berecht, den VertrBeginn um 3 Mo hinauszuschieben, ist Nr 12 anwendb (Köln NJW **83**, 1002). Nr 12 gilt vorbehaltl § 1 II auch dann, wenn der Kunde dch Ankreuzen eine kürzere Laufzeit als 2 Jahre hätte wählen können (Ul-Br-He Rdn 9, Lö-vW-Tr Rdn 21). Das Verbot erfaßt auch Klauseln, die den Anschein einer zu langen Bindg hervorrufen (Ffm NJW-RR **89**, 958). – **bb)** Auch wenn die Laufzeitregelg mit der wenig verbraucherfreundl Nr 12a vereinb ist, kann sie nach der **Generalklausel** des § 9 unwirks sein (BGH **90**, 283, **100**, 375). Für Zeitgs- u Zeitschriftenabonnements sowie die Mitgliedsch in Buchclubs liegt die nach § 9 zul Höchstdauer entspr der bisherigen VertrPraxis bei 12 Mo (Lö-vW-Tr Rdn 22, Hbg NJW-RR **87**, 47, aA BGH **100**, 376, Ffm NJW-RR **89**, 958). Bei SportlehrgangsVertr muß dem Kunden aus gesundheitl Grden ein ordentl KündR eingeräumt w (LG Hbg NJW-RR **87**, 687). Auch bei UnterrichtsVertr u bei Vertr über Ehe- od PartnerschVermittlg ist eine Laufzeit von 2 Jahren mit § 9 nicht vereinb (§ 9 Anm 7e und u).

c) Nr 12b und c. aa) Verlängerung des Vertrages. Nr 12b gilt nicht nur, wenn die VertrVerlängerg *ipso jure* eintritt, sond auch dann, wenn sie von einer entspr Erkl des Verwders abhängt. Die Fr von 1 Jahr ist die äußerste Höchstgrenze. Bei den in b bb angeführten Vertr ist eine VertrVerlängerg um mehr als 6 Mo mit § 9 unvereinb (aA BGH **100**, 380); bei Fitnesslehrgängen beträgt die HöchstFr 6 Mo (LG Hbg NJW-RR **88**, 317). – **bb) Kündigungsfrist.** Für Nr 12c ist gleichgült, ob die Künd die eine od die stillschw verlängerte Laufzeit betrifft. Ein Verstoß gg Nr 12c liegt auch dann vor, wenn zwar die Fr von 3 Monaten beachtet, die Künd aber nur für ein od zwei Termine im Jahr zugelassen w (Scheffler MDR **82**, 55, aA AG Gütersloh MDR **84**, 404). Haben die Part eine Erstlaufzeit von 6 Mo vereinb, verstößt eine KündFr von 3 Mo gg § 9 (LG Hbg Betr **87**, 1482). Die KündR aus **wichtigem Grund** (§ 242 Anm 4 F) kann dch AGB nicht ausgeschl w, § 9 II 1 (BGH NJW **86**, 3134). Zur Form der Künd s Nr 16.

d) Rechtsfolgen. Die gg Nr 12 verstoßde Klausel ist im ganzen unwirks; an die Stelle der zu langen Fr tritt nicht etwa die gerade noch zul HöchstFr (BGH **84**, 115, Vorbem 3 v § 8). Die Lücke wird bei DienstVertr gem § 6 II dch §§ 620 II, 621 geschlossen. Beim Kauf- u WkVertr fehlen entspr Vorschr. Die Lücke muß daher iW ergänzder VertrAuslegg geschl w (§ 6 Anm 3). Dabei können die übl Fr, soweit sie sich im Rahmen des Angemessenen halten, einen Anhalt bieten (Ul-Br-He Rdn 17); in geeigneten Fällen kann aber auch auf §§ 620 II, 621 rekurriert w.

e) Auch im **kaufmännischen Verkehr** (§§ 9, 24 S 2) sind formularmäß Klauseln über eine längere VertrDauer nur im Rahmen des Angemessenen zul, wobei auf die Gebräuche u Gewohnh des HandelsVerk Rücks zu nehmen ist. Die auf den Schutz des Letztverbrauchers zugeschnittene Nr 12 kann aber auch für RGesch zw Kaufl nicht übernommen w (allgM).

13) Wechsel des Vertragspartners (Nr 13). a) Nr 13 soll verhindern, daß dem Kunden ein neuer unbekannter VertrPartner aufgezwungen w kann. Sie gilt für Kauf-, Dienst- u WkVertr jeder Art. Auf MietVertr ist Nr 13 dagg weder direkt noch entspr anwendb (*arg* § 571). Auch LeasingVertr fallen nicht unter das Verbot (Lö-vW-Tr Rdn 8). Gg Nr 13 verstoßde Klauseln sind idR auch mit dem Vorrang der Individual-Vereinbg (§ 4) unvereinb. – **b)** Nr 13 betrifft die Übertragg des Vertr im ganzen, also die **Vertragsübernahme** (§ 398 Anm 10). Sie ist auf die SchuldÜbern (§§ 414 ff) entspr anzuwenden (Ul-Br-He Rdn 5), nicht aber auf die Abtr (§ 398), da diese keine Zust des Schu voraussetzt (LG Trier AGBE II Nr 133). Der Dr muß an die Stelle des Verwders treten. Die Hinzuziehg von ErfGeh wird von Nr 13 nicht erfaßt. Entspr anwendb ist Nr 13 aber, wenn in einem GeschBesorggsVertr formularmäß die Substitution (§ 664) zugelassen w (Heinrichs RWS-Forum 1 S 128, aA Kubis NJW **89**, 1515). Ändergen in der RPersönlichk des Verwders (Umwandlg) fallen nach Wortlaut („Dritter") u Zweck nicht unter das Verbot, wenn die Identität gewahrt bleibt. – **c)** Der **Wechsel** ist **zulässig,** wenn alternativ folgde Voraussetzgen erfüllt sind: – **aa)** Der Dr muß mit **Name** u **Anschrift** in den AGB angegeben sein (BGH NJW **80**, 2518). – **bb)** Dem Kunden muß ein **Recht zur Lösung vom Vertrag** eingeräumt w, u zwar zur sofort Beendigg des Vertr (LG Köln NJW-RR **87**, 886). Dieses Künd- od RücktrR braucht nur in dem Fall zu bestehen, daß der Verwder von der Übertraggsmöglichk Gebrauch macht (Lö-vW-Tr Rdn 23). An die Ausübg des Rechts dürfen keine Nachteile geknüpft sein. – **d)** Im Verk zw **Kaufleuten** (§§ 9, 24 S 2) ist darauf abzustellen, ob der Wechsel des VertrPartners berecht Interessen des and Teils beeinträchtigt. Das ist idR zu bejahen, vor allem dann, wenn es auf Zuverlässigk u Solvenz des Partners ankommt (BGH NJW **85**, 54; AutomatenaufstellVertr) od wenn mit dem PartWechsel eine Änderg der VertrDchführg verbunden ist (BGH **LM** § 242 Bc Nr 23; BlieferfergsVertr).

14) Haftung des Abschlußvertreters (Nr 14). a) Wer als **Vertreter** eines and eine WillErkl abgibt, will nicht sich, sond den Vertretenen verpfl. AGB, die eine Mithaftg des Vertreters vorsehen, sind daher idR schon wg Verstoßes gg §§ 3 u 4 unwirks (Karlsr OLGZ **69**, 146, LG Essen NJW **72**, 1813, LG Bielef NJW **73**, 1797 zum fr R). Nr 14 hat demggü im wesentl nur **klarstellende** Bedeutg. Er gilt sowohl für den rgeschäftl als auch für den gesetzl Vertreter. – **b)** Eine **Mithaftung** des Vertreters kann wirks begründet w: – **aa)** Durch eine entspr ausdr u **gesonderte Erklärung**, Nr 14a. Einer völl Trenng dieser Erkl vom VertrFormular bedarf es nicht (BGH **104**, 237). Auch eine drucktechn Hervorhebg od eine bes EinbezVereinbg sind nicht erforderl (BGH aaO). Für den Vertreter muß aber auf den ersten Blick erkennb sein, daß er eine Eigenhaftg übernimmt (Ul-Br-He Rdn 5). Aus dem Schutzzweck der Norm, nicht aus ihrem Wortlaut ergibt sich als weiteres Erfordern eine bes Unterschr unter der Erkl (aA hM). – **bb)** Durch ein **Handeln im eigenen Namen.** Wenn der Vertreter zugl als „Mitbesteller", „Mitkäufer" oder „Mitmieter" auftritt, ergibt sich seine Mithaftg aus allg RGrds. Nr 14 ist in diesem Fall nicht anwendb (BGH **104**, 98). Eine formularmäß Klausel, daß der Vertreter zugl auch im eig Namen abschließe, kann aber an §§ 3, 5 scheitern (BGH aaO). Der Vertreter kann die Mithaftg auch dch eine mdl IndVereinbg übernehmen, ein Fall, der prakt allerdings kaum vorkommt. – **c) 14 b** spricht vom vollmachtlosen Vertreter, meint aber in Wahrh alle Vertreter ohne Vertretgsmacht. Er verdankt seine Entstehg einem Urt des LG Nürnbg (NJW **62**, 1513) u besagt etwas Selbstverständl: Eine weitergehde als die gesetzl Haftg (§ 179) kann nur dch eine IndVereinbg zw Verwder u dem Vertreter ohne Vertretgsmacht begründet w. – **d)** Als Ausprägg des § 4 gilt Nr 14 auch im **kaufmännischen Verkehr** (Lö-vW-Tr Rdn 37).

15) Beweislast (Nr 15). a) Nr 15 geht davon aus, daß die Beweislastregeln nicht auf bloßen ZweckmäßigkErwäggen beruhen, sond Ausdr von sachlogisch bedingten **Gerechtigkeitsgeboten** sind. Sie enthält daher ein **allgemeines Verbot** von Beweislaständerungen zum Nachteil des Kunden. Die SonderVorschr der Nr 15a hat ggü diesem generellen Verbot keine eigenständ Bedeutg. Sie erweitert die **Beweislastverteilung nach Verantwortungsbereichen** (§ 282 Anm 2) nicht etwa zu einem allg RPrinzip, sond schützt diese nur in dem von Ges u Rspr anerkannten Umfang (Lö-vW-Tr Rdn 24). Aufgenommen worden ist Nr 15a vor allem deshalb, weil das in ihm enthaltene Teilverbot bereits vor dem AGBG richterrechtl anerkannt war (BGH **41**, 153). – **b)** Umfang des Verbots. Nr 15 verbietet jegliche Änderg der Beweislast zum Nachteil des Kunden, gleichgült ob es sich um gesetzl od richterrechtl Beweislastregeln handelt. Geschützt wird auch die Vermutg der Vollständigk u Richtigk von Urk; die Regelg in den AGB der Sparkassen, daß die internen Eintraggen in den GeschBüchern den Vorrang vor den Eintraggen in den Sparbüchern haben, ist daher unwirks (AG Hbg NJW **87**, 2022). Verboten sind auch Erschwergen der Beweisführg dch Beweismittelbeschränkg od Änderg der Grds über den Beweis des ersten Anscheins (Lö-vW-Tr Rdn 13). Zul sind dagg formularmäß abstrakte Schuldanerkenntn, da das Ges die Verwendg dieses RInstituts nicht verbieten will (BGH NJW **87**, 907, 2015, Hamm DNotZ **87**, 500). Außerdem ist bei Nr 15 eine teleolog **Reduktion** notw: Soweit der Verwder für best Umst jede Haftg ausschl kann (Bsp: Haftg für einf Fahrlk von ErfGeh), darf er das weniger Belastde tun u seine Haftg unter Umkehr der Beweislast aufrechterhalten (Ul-Br-He Rdn 7, Staud-Schlosser Rdn 4, str). Sonderregeln bestehen für SchadErs- u Wertmindergspauschalen (§ 11 Nr 5) u Zugangsfiktionen (§ 10 Nr 6), dagg nicht für AVB. – **c) Tatsachenbestätigungen (Nr 15 b).** Sie sind nach dem Schutzzweck der Nr 15 b nicht nur in dem prakt seltenen Fall unzul, daß sie die Beweislast umkehren, sond auch dann, wenn sie die Beweislast faktisch zum Nachteil des Kunden verschieben (BGH **99**, 379, Stgt NJW-RR **86**, 275, **87**, 143). Unzul sind daher: die Erkl, die VertrBdggen seien im einzelnen ausgehandelt worden (BGH u Stgt aaO), mdl Nebenabreden seien nicht getroffen worden (Schlesw AGBE II Nr 142, aA BGH NJW **85**, 2330); der Verwendgsgegner habe die Sache in einwandfreiem Zustand übernommen (Mü AGBE II § 9 Nr 23); er habe genaue Kenntn von der Baustelle (Ffm NJW-RR **86**, 246); er habe eine Dchschrift des Vertr od der AGB erhalten (BGH **100**, 381, NJW **88**, 2106); er bestätige die Richtigk aller Maßangaben (BGH NJW **86**, 2574, Ffm NJW-RR **86**, 274); er habe das Obj besichtigt (LG Ffm NJW **88**, 499); Erkl über den GesundhZustand (BGH NJW-RR **89**, 817, Stgt NJW-RR **88**, 1082). Dagg unterliegt der formularmäß Bestätigg der Einbeziehgsvoraussetzgen nicht der InhKontrolle (BGH NJW **82**, 1388). Nr 15 b erfaßt auch formularmäß **Tatsachenfiktionen** (Lö-vW-Tr Rdn 6, Wo-Ho-Li Rdn 21): Wenn widerlegl TatsBestätiggen unzul sind, muß das „erst recht" für unwiderlegl gelten. – **d)** Wirks sind dagg gesondert unterschriebene **Empfangsbekenntnisse** (Quittg, § 368). Eine bes Urk ist nicht erforderl. Das Empfangsbekenntn muß aber vom übrigen VertrText deutl abgesetzt sein (Hbg ZIP **86**, 1260). Die Unterschrift darf sich nur auf das Empfangsbekenntn beziehen u muß den Anfordergen von § 126 Anm 3 genügen (BGH **100**, 382). – **e)** Das Verbot von Beweislastklauseln ist gem § 9 II Nr 1, 24 S 2 grdsl auch im **kaufmännischen Verkehr** anzuwenden (Lö-vW-Tr Rdn 39). Das gilt vor allem für den dch Nr 15a geschützten Grds (BGH **101**, 184). Dagg kann Nr 15 b nicht allg, sond nur nach Maßg der Umst des Einzelfalls für RGesch zw Kaufl übernommen w.

16) Form von Anzeigen und Erklärungen (Nr 16). a) Nr 16 soll verhindern, daß dem Kunden bei Ausübg seiner Rechte dch übersteigerte Form- od ZugangsformerfordernRNachteile entstehen. Sie betrifft ausschließl Anzeigen u Erkl des Kunden, nicht dagg vertragl Abreden od Erkl des Verwders. Gleichgült ist, ob es sich um geschäftsähnl Hdlgen (Mahng, FrSetzg, Aufforderg, Mitteilg, Mängelanzeigen, s Übbl 2 c v § 104) od um ein einseit RGesch (Anf, Rücktr, Künd) handelt. Aus Nr 16 ergibt sich, daß das Schriftformerfordern für RücktrErkl auch mit § 9 vereinb ist (BGH NJW-RR **89**, 626). – **b)** Der Verwder darf keine strengere **Form** als die Schriftform (§§ 126, 127) vorschreiben. Er ist daher nicht berecht, die Benutzg seiner Formulare zur WirksamkVoraussetzg für die Erkl zu machen (Dürr BB **78**, 1546, Ul-Br-He Rdn 5, aA RA-Bericht S 10), einen eingeschriebenen Brief (LG Hbg NJW **86**, 262) od eine telegrafische od fernschriftl Erkl zu verlangen. – **c)** Unzul sind Klauseln, die besondere, von der gesetzl Regelg (§ 130) abweichde **Zugangserfordernisse** festlegen. Der Verwder kann daher weder die Übermittlg dch eingeschriebenen Brief noch die Ablieferg gg Quittg vorschreiben (LG Mü AGBE I Nr 141 u 143). Unzul ist auch die Klausel, daß die Erkl einer best Stelle des Verwders (HauptVerw, Kundendienst) zugehen muß (LG Hann AGBE V § 9 Nr 160, Lö-vW-Tr Rdn 9). – **d)** Nr 16 kann gem §§ 9, 24 S 2 grdsl auch auf RGesch zw **Kaufleuten** angewandt w, soweit nicht Gewohnh des HandelsVerk entggstehen (str, aA Alisch JZ **82**, 708). Sie entspr der Tendenz des HandelsR, bestehde Rechte nicht an bloßen Förmlichk scheitern zu lassen. Zul sind Formerfordern aber dann, wenn für sie ein anerkennenswertes Bedürfn besteht.

Zweiter Abschnitt. Kollisionsrecht

AGBG 12 *Zwischenstaatlicher Geltungsbereich.* Unterliegt ein Vertrag ausländischem Recht oder dem Recht der Deutschen Demokratischen Republik, so sind die Vorschriften dieses Gesetzes gleichwohl zu berücksichtigen, wenn

1. der Vertrag auf Grund eines öffentlichen Angebots, einer öffentlichen Werbung oder einer ähnlichen im Geltungsbereich dieses Gesetzes entfalteten geschäftlichen Tätigkeit des Verwenders zustande kommt und
2. der andere Vertragsteil bei Abgabe seiner auf den Vertragsschluß gerichteten Erklärung seinen Wohnsitz oder gewöhnlichen Aufenthalt im Geltungsbereich dieses Gesetzes hat und seine Willenserklärung im Geltungsbereich dieses Gesetzes abgibt.

Neues Schrifttum: Stoll, Rechtl Inhaltskontrolle bei internat HandelsGeschen, FS Kegel, 1987 S 623; Meyer-Sparenberg, RWahlvereinbgen in AGB, RIW **89**, 347; Wolf, Auslegg u Inhaltskontrolle von AGB im int kaufm Verk, ZHR **89**, 300.

1) Allgemeines: a) Das IPRG h die Geltg der Vorschr unberührt gelassen; die im RegEntw vorgesehene Streichg ist nicht G geworden, vgl dazu BT-Drucks 10/5632 S 48. § 12 h sich aber dch EG 29 weitgehd erübrigt. Bei Vorliegen der Voraussetzgen des § 12 unterliegt ein **Verbrauchervertrag**, vgl dazu EG 29 Anm 2, trotz Maßgeblk ausl Rechts aGrd entspr RWahl n EG 29 I den zwingen Vorschren des dtschen Rechts z Schutz des Verbrauchers; z ihnen gehören auch die Best des AGBG. Diese sind im Rahmen v EG 29 I unmittelb anzuwenden, vgl dort Anm 3 c u d; soweit EG 29 I greift, ist deh die in § 12 vorgesehene Berücksichtigg, vgl Anm 3, ggstandslos. § 12 behält jedoch prakt Bedeutg außerh des Anwendbereichs v EG 29 I, insb bei den in EG 29 IV genannten Vertren, vgl dort Anm 2 a. **b)** Die Vorschr des AGBG sind in Fällen mit Auslandsberührg jedenf dann anzuwenden, wenn der Vertr dtschem Recht untersteht. Kraft der das internat SchuldR beherrschden Privatautonomie steht den Part jedoch grdsl frei, das anwendbe Recht dch ausdr od stillschweigde RWahl zu best, Art 27 I; bei Fehlen einer RWahl ist das maßg Recht aGrd objektiver Anknüpfgskriterien (engste Verbindg, charakteristische Leistg, gewöhnl Aufenth des Verbrauchers usw) z ermitteln, vgl Art 28 f. Dch zweckdienl RWahl oder Beeinflussg der objektiven Anknüpfgsmerkmale können gebundlich auch unliebs zwingde Vorschr des dtschen Rechts zG einer den Interessen einer Part besser entspr ROrdng ausgeschaltet werden. Die Gefahr unlauterer Manipulationen ist gerade bei der Verwendg von AGB wg der wirtschaftl u intellektuellen Überlegenh des Verwenders nicht gering. Aus diesem Grd schreibt § 12 die Berücksichtigg des AGBG auch bei Geltg ausl Schuldstatuts vor, wenn best Inlandsbeziehgen vorliegen; z Verh dieser Vorschr z den Einheitl KaufG vgl v Westphalen WPM **78**, 1314, Stoll Fschr f Beitzke (1979) 780, Staud-Schlosser Rdz 4; eine entspr Regelg enth FernUSG 11. Flugbefördsbedinggen, die lediglich das Warschauer Abk wiederholen, sind der AGB-Inhaltskontrolle zB n § 12 wg des Vorrangs des ratifizierten StaatsVertrR entzogen, Lindacher IPRax **84**, 301. § 12 setzt zwar das Maßgeblick ausl R voraus, ist aber gem EG 31 I auch auf das Zustandekommen einer RWahlklausel anwendb, vgl Meyer-Sparenberg RIW **89**, 350. Die Vorschr ist **unanwendbar** ggü **Kaufleuten** u JPers des öff R, vgl § 24 mit Erl; damit kommt insow bei Anwendbark ausl Rechts auch § 9 nicht in Betr, vgl Boll IPRax **87**, 12, Stoll Fschr f Kegel (1987) 634; eine Ausnahme kann sich aber in Einzelfall aus EG 27 III ergeben, vgl dort Anm 2 b, sowie Ul-Br-He Rdz 15, Wolf ZHR **89**, 317; die Kaufmannseigensch beurteilt sich dabei n HGB, Canaris, BankVertrR, 2. Aufl. 1981 Anm 2505, abw Hübner NJW **80**, 2606; z ausl HandelsVertretern s Hepting RIW **89**, 340.

2) Voraussetzungen: Die regelw Ausdehng des Anwendgsbereichs des AGBG bei Maßgeblk eines ausl Schuldstatuts greift aber nur dann ein, wenn die **räumlichen Beziehungen** des Gesch zum inl Markt den Schutz der inl Verbr gebieten. Diese Voraussetzg sieht § 12 als erf an, wenn (kumulativ) a) der Vertr zustandekommt aGrd (Kausalität, Wolf/Horn/Lindacher Rz 12) einer inl Werbg od einer ähnl geschäftl Initiative des Verwenders im Inland u b) der Kunde bei VertrAbschl seinen Wohns od gewöhnl Aufenth (vgl dazu EG 5 Anm 4) im Inland hat u seine WillensErkl (mündl oder dch Absendg eines Schriftstücks) im Inland abgibt. Bestellt ein im Inland wohnh Verbr bei einem Untern mit Sitz im Ausland, ohne dch eine im Inland erfolgte Werbg dazu veranlaßt worden zu sein, so ist § 12 ebsowen anwendb wie bei einem VertrAbschl währd eines AuslandsAufenth, selbst wenn er dch Werbg im Inland vorbereitet od die Auslandsreise vom Untern organisiert (Kaffeefahrt) worden ist, vgl Begr zu RegEntw BT-Drucks 7/3919 S 41, Hamm NJW-RR **89**, 497. Die BewLast für das Vorliegen dieser Voraussetzgen trägt nach allg Grds derj, der sich auf die Anwendbk der Vorschr beruft; f BewLastumkehr dagg Stein, AGBG Rdz 3.

3) Durchsetzung des AGBG: Sind die erfdl Inlandsbeziehgen gegeben, so sind die Vorschr des AGBG „zu berücksichtigen". § 12 schreibt also bei ausl VertrStatut nicht ausnahmslos die unmittelb Anwendg des AGBG vor, sond trägt der jew Ausgestaltg des ausl Rechts Rechng. Bietet dieses dem Verbr im Erg einen entspr Schutz, so besteht für die Anwendg des Gesetzes keine Veranlassg; ist dies nicht der Fall, so muß die Anwendg des AGBG die etwa bestehden Systemunterschiede zw dtschem u ausl Recht berücksicht, vgl Begr zum RegEntw aaO. Die Vorschr sichert also die Beachtg des **deutschen Rechts** als eines **Mindeststandards,** hinter dem das VertrStatut zum Nachteil des Verbr im Erg nicht zurückbleiben darf, ebso Jayme ZHR **78**, 119, v Westphalen WPM **78**, 1315, Hausmann WPM **80**, 737, Ul-Br-He Rdz 11, Wolf/Horn/Lindacher Rdz 15, Stoll Fschr f Kegel 633, wohl auch Sonnenberger Fschr f Ferid (1978) 393; abw

Kegel IPR § 1813, Schlosser AGBG Rdz 8, Staud-Schlosser Rdz 8, die auch ein Unterschreiten dieses Standards zulassen. Auf welchem rechtstechn Weg ein dem AGBG gleichwert Verbraucherschutz gewährleistet wird, ist unerhebl. Erfdl ist also ein Vergl der materiellen Lösgen, zu welchen das dtsche Recht u das ausl Schuldstatut im konkreten Fall gelangen, ebso Jayme Fschr f Schwind (1978) 110, ders ZHR **78**, 119, MüKo/Kötz Rdz 5, Wolf/Horn/Lindacher Rz 17, Hübner NJW **80**, 2604, Otto aaO 220. Nur wo diese Lösgen zu unterschiedl Ergebn führen, ist nach § 12 ein dem dtschen AGBG entspr VerbrSchutz gewährleisten, Ul-Br-He Rdz 11, aM Reichert-Facilides VersR **78**, 481 (f Sonderanknüpfg v §§ 1–7 AGBG); n dem klaren Wortlaut des § 12 sind dabei sämtl Vorschr des AGBG in Betr z ziehen, aM v Westphalen WPM **78**, 1316, Schlosser AGBG Rdz 1 (f Nichtanwendg v §§ 13ff), wie hier jetzt aber Staud-Schlosser Rdz 2, Reithmann/Martiny Rz 458, Wolf/Horn/Lindacher Rz 19. Die Vorschr ähnelt in ihrer Funktion somit einer bes **Vorbehaltsklausel**, vgl Kropholler RabelsZ **78**, 651, Schütze Betr **78**, 2304, abl Landfermann AWD **77**, 445; z Verh zu EG 6 vgl dort Anm 3. Wie bei jeder Anwendg des ordre public ist der Eingr in das in erster Linie zur Anwendg berufene ausl Schuldstatut auf das unbedingt erfdl Mindestmaß zu beschr, zust Ul-Br-He Rdz 12; es sind nur diej Korrekturen vorzunehmen, die notw sind, um mit den Best des AGBG zu vereinbarde Erg zu erzielen; z den prakt Schwierigk einer solchen Anpassg vgl Sonnenberger, Fschr f Ferid (1978) 394, Mühl, Fschr f Mühl (1981) 465. Bei Unwirksamk einz Klauseln ist die Lücke grdsl aus dem ausl VertrStatut zu schließen, Reithmann/Martiny Rz 459.

Dritter Abschnitt. Verfahren

Vorbemerkung

Schrifttum: Gilles ZZP **98**, 1; Göbel, Prozeßzweck der AGB-Klage, 1980 (s dazu Gottwald JZ **81**, 112); Lindacher FS 10 Jahre – RiAkademie, 1983, S 209; Reinel, Die Verbandsklage nach dem AGBG, 1979.

1) Notwendigkeit und Entstehung der Verfahrensvorschriften. Die Unzulänglichk der bish richterl InhKontrolle von AGB beruhte zu einem wesentl Teil auf ihrer **fehlenden Breitenwirkung**. Wenn ein Ger eine Klausel für unwirks erklärte, galt diese Feststellg nur für den EinzFall. Der Verwder war nicht gehindert, die mißbilligten Klauseln geringfüg umformuliert od unverändert weiterzubenutzen u sie gg rechtl unerfahrene Kunden auch dchzusetzen. In der Reformdiskussion bestand daher allg Einverständn darü, daß das AGBG auch Vorschr über ein KontrollVerf enthalten müsse. Erhebl Meingsverschiedenh herrschte aber darü, wie das KontrollVerf am zweckmäßigsten u wirksamsten auszugestalten sei. Neben einigen Modellen einer Präventivkontrolle dch VerwBeh wurden versch Vorschläge für eine nachträgl gerichtl Kontrolle entwickelt u zT als flankierende Maßn die Einf von Verbraucherbeauftragten u die kollektive Aufstellg von AGB empfohlen (BMJArbGr 2. TBericht). Um die Ergebn der Diskussion abzuwarten, enthielt der Reg-Entw (BT-Drs 7/3919) noch keine VerfVorschr. Sie sind erst vom BT in das Ges eingefügt worden. Der GesGeber h sich für eine nachträgl gerichtl Kontrolle entschieden u hierzu den Verbraucher- u WirtschVerbänden UnterlAnspr gg den Verwder u Empfehler unwirks Klauseln eingeräumt, die ggü dem Empfehler dch einen WiderrAnspr ergänzt w (§ 13). In den ersten Jahren nach Inkrafttreten des AGBG haben die Verbände von der KlagMöglichk des § 13 nur mit Zurückhaltg Gebrauch gemacht. Die anfängl vorgebrachten Bedenken wg der geringen **Effektivität** des AGB-KontrollVerf sind jetzt aber nicht mehr berecht. Es gibt inzw mehr als 2000 veröffentlichte Urt zur Auslegg u Dchsetzg des AGBG (Schlosser ZIP **85**, 450) u über 1000 Eintragen im AGB-Register (§ 20). Das Ziel der §§ 13ff, den RVerk von unzul Klauseln zu reinigen, ist allerdings immer noch nicht voll erreicht. Eine stärkere KlagTätigk der Verbände, die eine bessere finanzielle Ausstattg der Verbraucherschutzverbände voraussetzt, wäre daher erwünscht (Löwe RWS-Forum 2, 1987, S 113). Zur AGB-Kontrolle dch VerwBeh s Vorbem 5 v § 8.

2) Rechtsnatur der AGB-Kontrollklage: Der Unterl- u WiderrAnspr des § 13 soll gewährleisten, daß der RVerk von unwirks AGB freigehalten w (BGH NJW **83**, 1853, ZIP **87**, 1186). Er dient damit vor allem dem Schutz des Verbrauchers. Obwohl AGB keine RNormen sind (§ 1 Anm 1), hat das in §§ 13ff geregelte Verf Übereinstimmgen mit der abstr Normenkontrolle (E. Schmidt NJW **89**, 1192). Auch im Verf gem §§ 13ff geht es darum, eine abstrakt-generelle Regelg losgelöst von einem Einzelfall auf ihre Vereinbark mit einer (ranghöheren) Norm zu überprüfen. Die Entsch lautet aber nicht auf Feststellg der Unwirksamk der AGB, sond auf Unterlassg od Widerr. Der Anspr ist dem entspr wettbewr Anspr nachgebildet. Wie dieser ist er kein rein proz RBehelf, sond ein den Verbänden im öff Interesse zugewiesener mat-rechtl Anspr iS des § 241, arg § 13 IV (M. Wolf ZZP **94**, 100). Damit hat die GgAns, es handele sich in Wahrh um eine privrechtl Kontrollkompetenz (so od ähnl E. Schmidt, Gilles, Göbel, Lindacher, Reinel aaO) berücksichtigt, daß eine Kontrollkompetenz auch dch Zuweisg von Anspr begründet w kann. Der Anspr ist nicht abtretb (§ 13 iVm BGB 399).

AGBG 13   Unterlassungs- und Widerrufsanspruch.

[I] Wer in Allgemeinen Geschäftsbedingungen Bestimmungen, die nach §§ 9 bis 11 dieses Gesetzes unwirksam sind, verwendet oder für den rechtsgeschäftlichen Verkehr empfiehlt, kann auf Unterlassung und im Fall des Empfehlens auch auf Widerruf in Anspruch genommen werden.

[II] Die Ansprüche auf Unterlassung und auf Widerruf können nur geltend gemacht werden
1. von rechtsfähigen Verbänden, zu deren satzungsgemäßen Aufgaben es gehört, die Interessen

der Verbraucher durch Aufklärung und Beratung wahrzunehmen, wenn sie in diesem Aufgabenbereich tätige Verbände oder mindestens fünfundsiebzig natürliche Personen als Mitglieder haben,
2. von rechtsfähigen Verbänden zur Förderung gewerblicher Interessen oder
3. von den Industrie- und Handelskammern oder den Handwerkskammern.

III Die in Absatz 2 Nr. 1 bezeichneten Verbände können Ansprüche auf Unterlassung und auf Widerruf nicht geltend machen, wenn Allgemeine Geschäftsbedingungen gegenüber einem Kaufmann verwendet werden und der Vertrag zum Betriebe seines Handelsgewerbes gehört oder wenn Allgemeine Geschäftsbedingungen zur ausschließlichen Verwendung zwischen Kaufleuten empfohlen werden.

IV Die Ansprüche nach Absatz 1 verjähren in zwei Jahren von dem Zeitpunkt an, in welchem der Anspruchsberechtigte von der Verwendung oder Empfehlung der unwirksamen Allgemeinen Geschäftsbedingungen Kenntnis erlangt hat, ohne Rücksicht auf diese Kenntnis in vier Jahren von der jeweiligen Verwendung oder Empfehlung an.

1) Allgemeines: Vgl Vorbem. Der Anspr aus § 13 richtet sich gg die von der Verwendg od Empfehlg unwirks Klauseln ausgehde **Störung des Rechtsverkehrs** (BGH NJW **81**, 1511). Formularmäß Klauseln aus dem Bereich des Arb-, Erb-, Fam- u GesellschR (§ 23 I) sowie die unter § 8 fallden Klauseln können nicht zum Ggst einer Kl gem § 13 gemacht w. Alle übr AGB können dagg mit der Kl aus § 13 angegriffen w. §§ 23 II, 24 schließen die Kl nicht aus, beschr aber uU den Prüfgsmaßstab.

2) Ansprüche gegen den Verwender: Der UnterlAnspr setzt voraus: **a) Verwendung** von AGB. Nicht erforderl ist, daß die AGB (§ 1) bereits in einen Vertr einbez worden sind. Es genügt, daß sie mit Wiederholgsabsicht in dem rechtsgeschäftl Verk gebracht worden sind (BGH **101**, 275). Ausr ist daher die Bezugn od der Abdruck in einem Angebot od einer Aufforderg zur Abgabe eines Angebots, der Abdruck im Kopf eines GeschBriefes (BGH **101**, 273), der Abdruck auf Rechngen (LG Mü BB **79**, 1787, LG Bln AGBE III Nr 12) od die RVerteidigg mit AGB, die nicht VertrInh geworden sind (BGH WPM **81**, 1129). Ein UnterlAnspr besteht auch schon dann, wenn eine baldige Verwendg ernstl droht (Saarbr AGBE V § 9 Nr 36). – **b)** Die AGB müssen **unwirksame Bestimmungen** enthalten. Bei der Prüfg der Wirksamk ist die **Unklarheitenregel** „umgekehrt" anzuwenden; iZw ist also von der zur Unwirksamk führden kundenfeindlichsten Ausleg auszugehen (BGH **91**, 61, **95**, 353, § 5 Anm 4b, allgM), teilw unwirks Klauseln stehen völl unwirks gleich (allgM, Vorbem 3b v § 8). Nach dem GesWortlaut besteht der UnterlAnspr nur dann, wenn die Unwirksamk auf den §§ 9–11 beruht. Der Zweck des Ges, Störgen des RVerk dch die Verwdg unwirks Klauseln entggzuwirken u die Kunden vor mißbräuchl AGB zu schützen, rechtf aber eine erweiternde Ausleg: Ein UnterlAnspr ist auch dann gegeben, wenn die Klausel gg ein **gesetzliches Verbot** (§ 134) od gg eine FormVorschr (§ 125) verstößt, sofern die verletzte Norm die gleiche Schutzrichtg hat wie die §§ 9 ff (BGH NJW **83**, 1322, Becker AGBG 9 II, 1986, S 106, Lö-vW-Tr Rdn 20, 21). Die Zulässigk der Kl läßt sich in diesen Fällen auch damit begründen, daß die Klausel zugl gg AGBG 9 verstößt (Vorbem 4a v § 8). Auch wenn das VerständlichkGebot des § 2 verletzt ist, ist die Verbandsklage zul (Stgt NJW **81**, 1106, Hamm NJW-RR **87**, 313). Ein Verstoß gg § 3 od § 4 kann mit der Klage aus § 13 geltd gemacht w, wenn er sich unabhäng von den Umst des Einzelfalls aus einer abstrakt generellen Betrachtg ergibt (Stgt aaO, Hamm NJW-RR **86**, 930, aA BGH **LM** § 9 (Cb) Nr 5, NJW-RR **87**, 45); idR liegt zugl auch eine Verletzg des § 9 vor (BGH **92**, 26). **Einzelfälle:** Mit der Verbandsklage können angegriffen werden: gem ZPO 38 ff unwirks GerStandVereinbg (BGH NJW **83**, 1322, Stgt NJW **81**, 1105); gem § 313 unwirks Erwerbsverpflichtg in AGB eines Bauträgers od Maklers; gg die §§ 651 a–j BGB verstoßde Klauseln in den AGB eines Reiseveranstalters (BGH **87**, 197, Ffm OLGZ **89**, 65); gg HGB 89b verstoßde Regelg in einem VertrHändlerVertr (BGH NJW **85**, 630); gg § 225 verstoßde VerjährungsRegelg (Stgt BB **82**, 1753). Das Unangemessenh u Unwirksamk der Klausel nicht aus der Abweich von einer fr getroffenen vertragl Abrede hergeleitet w (BGH NJW **82**, 765). – **c)** **Passivlegitimiert** ist der Verwder, dh derjenige, in dessen Namen der dch AGB vorformulierte Vertr geschl w soll. Der Anspr besteht auch dann, wenn die AGB dch einen Angest od sonst Vertreter in den Verk gebracht worden sind (BGH **88**, 370). Zwar fehlt eine dem UWG 13 II entspr Vorschr. Für UnterlAnspr ist aber auch sonst anerkannt, daß sich der GeschInh die Hdlgen seiner HilfsPers ohne die Entlastgsmöglichk des § 831 I 2 als mittelb Störer zurechnen lassen muß (§ 1004 Anm 4 a). Verwder iSv § 13 kann auch der Vermittler (Vertreter) sein, sofern er den vermittelten Vertr AGB zGrde legt u dies auch in seinem Interesse geschieht (BGH **81**, 230, krit Bultmann BB **82**, 703). Bsp sind der ledigl vermittelnde Gebrauchtwagenhändler, der Architekt (aA Karlsr BB **83**, 726: Empfehler), das eine Ausschreibg dchführde IngBüro (Ffm NJW-RR **86**, 245), der im Namen der Bauherrn auftretde Baubetreuer. Bei empfohlenen AGB kann der Verband nach seiner Wahl gg den Verwder od Empfehler vorgehen (LG Ffm Betr **79**, 2075, krit Bunte Betr **80**, 483). – **d) Inhalt des Anspruchs.** Der Verwder hat alle Hdlgen zu unterlassen, die als Verwendg der unwirks Klausel aufzufassen sind (oben a). Bei der Abwicklg von bereits geschlossenen Vertr darf er sich nicht mehr auf die Klausel berufen (BGH NJW **81**, 1511, Ffm NJW **89**, 2265, str). Das Ger ist nicht befugt, dem Verwder eine AufbrauchFr einzuräumen (BGH NJW **80**, 2518). – **e) Wiederholungsgefahr:** Sie ist wie beim wettbewr UnterlAnspr ungeschriebenes Tatbestandsmerkmal (BGH **81**, 225). Sie ist keine ProzVoraussetzg, sond Element des mat-rechtl Anspr (§ 1004 Anm 6c, str). Sie ist gegeben, wenn eine Wiederholg ernsth u greifb zu besorgen ist. Da die AGB in einer Vielzahl von Fällen verwandt w sollen (§ 1), streitet für das Vorliegen einer Wiederholgsgefahr idR eine tatsächl Vermutg (BGH **81**, 225). Es ist Sache des Verwders, diese tatsächl Vermutg zu entkräften. Seine Zusage, die unwirks Klausel nicht mehr zu verwenden, ist nicht ausr (BGH WPM **83**, 596), insb dann nicht, wenn er die Ans vertritt, die Einwendgen gg die Wirksamk der Klausel seien an sich unberecht (BGH NJW **82**, 179), od wenn er eine AufbrauchFr beansprucht (BGH NJW **82**, 2311). Ausgeräumt ist die Wiederholgsgefahr dagg, wenn der Verwder eine ernsth UnterlErkl abgibt u sich bereit erkl, die UnterlPfl dch ein VertrStrafVerspre-

Dritter Abschnitt. Verfahren **AGBG 13** 2–4

chen zu sichern (Mü BB **81**, 74, Düss Betr **81**, 1663, Bunte Betr **80**, 484). Wird in der Abmahng eine übersetzte VertrStrafe gefordert, muß der Verwder einen angem Betr anbieten (BGH NJW **83**, 942). Ob die ggü einem und Verband abgegebene UnterlErkl die Wiederholgsgefahr allg beseitigt, hängt davon ab, ob der Gläub bereit u geeignet erscheint, die UnterlVerpfl notfalls auch zwangsweise dchzusetzen (BGH NJW **83**, 1060, WRP **87**, 557, Kues WRP **85**, 196). Die endgült Aufg des GeschBetr beseitigt die Wiederholgsgefahr (Wo-Ho-Li Rdn 34); ebso nach Maßg der Umst des Einzelfalles der Druck neuer u die Vernichtg der alten AGB (BGH **81**, 226, Saarbr BB **79**, 705, 1258, Hamm AGBE III Nr 14, aA Bultmann BB **82**, 703); uU auch eine GesÄnd (Ffm NJW **89**, 2434). – **f) Rechtsschutzbedürfnis:** Die UnterlKlage ist keine Kl auf künft Leistg (§ 259), sond richtet sich auf eine bereits ggwärt geschuldete Leistg (§ 1004 Anm 6 b). Das RSchutzbedürfn bedarf daher kaler keiner bes Darlegg. Es fehlt, wenn sich das Ziel auf einem einfacheren od billigeren Weg erreichen läßt (Vollstreckg aus einem bereits vorliegdn Titel). IdR besteht kein RSchutzInteresse, wenn sich der Verwder einer gg ihn erlassenen einstw Vfg vorbehaltlos unterworfen hat (BGH Betr **64**, 259).

3) Ansprüche gegen den Empfehler: a) Um den RVerk umfassd vor Störgen zu schützen, gibt das Ges einen UnterlAnspr auch gg den, der unwirks AGB für den rgeschäftl Verk **empfiehlt.** Als Empfehler kommen vor allem Verbände aller Art in Betracht. Empfehler ist aber auch, wer AGB-Formulare (etwa für MietVertr od den Verk von Gebrauchtwagen) lose od in Form von Abreißblocks vertreibt, der Herausgeber einer Zeitschr, die AGB als ein Bsp mögl VertrGestaltg vorstellt (LG Düss AGBE I Nr 36), der Verfasser von Formularbüchern (BT-Drs 7/5422 S 10, aA Pawlowski BB **78**, 164), nicht aber der Verleger (Ul-Br-He Rdn 19). Auch Körpersch des öffR können Empfehler sein (aA Sieg VersR **77**, 492). Dagg sind Meingsäußergen im rwissenschaftl Schrifttum keine „Empfehlgen für den rgeschäftl Verk" (BT-Drs aaO). Der RA, der einen Verwder intern beraten hat, fällt gleichf nicht unter § 13 (Ul-Br-He Rdn 21, Lö-vW-Tr Rdn 41), da seine „Empfehlg" keine selbstd Störgsquelle ist. Wg der weiteren Voraussetzgen des UnterlAnspr gilt Anm 2 entspr. – **b)** Neben dem UnterlAnspr kann gg den Empfehler auch ein **Widerrufsanspruch** gegeben sein. Er ist ein Fall des BeseitiggsAnspr, wie er auch in § 1004 (dort Anm 5), bei Störg delikt geschützter R u RGüter (Einf 9 vor § 823) u im WettbewR anerkannt ist. Er setzt neben der Empfehlg unwirks AGB voraus: **aa)** Es muß ein **fortdauernder Störungszustand** entstanden sein (Einf 9b vor § 823; Lö-vW-Tr Rdn 46). Dieser ist bei schriftl Empfehlgen idR bis zur Rückn zu bejahen. Er kann entfallen, wenn der Verband von seiner fr Erkl unzweideut abgerückt ist od wenn das Formularbuch inzw in berichtigter Aufl erschienen ist. – **bb)** Der Widerr muß **notwendig und geeignet** sein, den Störgszustand zu beseitigen (MüKo/Gerlach Rdn 49). Diese Voraussetzg ist idR gegeben. Sie kann entfallen, wenn die Unwirksamk der beanstandeten Klausel dch and Veröffentlichgen in der Branche bereits allg bekannt ist od wenn der Empfehler aGrd der Kl eines od Verbands bereits widerrufen hat. – **cc) Art des Widerrufs:** Sie ist im Urt zu bestimmen (§ 17 Nr 4). Da der Widerr der *„actus contrarius"* zur Empfehlg ist, ist er an den gleichen PersKreis zu richten u ebso vorzunehmen wie diese (Bsp: Schreiben an VerbandsMitgl, Veröffentlichg in Zeitg). Vollstr gem ZPO 888.

4) Klagbefugnis (II u III): Das Ges erkennt nur best Verbänden ein KlagR zu, nicht dagg dem Kunden od Mitbewerber. Für den Mitbewerber kann sich jedoch uU aus UWG 1 ein UnterlAnspr ergeben (Stgt BB **87**, 2394, WRP **89**, 201); der Kunde kann unter den Voraussetzgen des ZPO 256 auf Feststellg der Unwirksamk einer Klausel klagen (Karlsr AGBE I § 9 Nr 171). Die Regelg des § 13 ist dem wettbewr KlagR der Verbände (UWG 13) nachgebildet; sie stimmt mit UWG 13 zT wörtl überein. Klagberecht sind: **a) Verbraucherverbände** (II Nr 1): **aa)** Der Verband muß **rechtsfähig** sein, dh er muß im VereinsReg eingetragen sein (BGB 21). – **bb)** Er muß satzgsgem **Interessen der Verbraucher** wahrnehmen. Dabei muß es sich um allg Verbraucherinteressen handeln. Ein Verband, der lediglich Interessen seiner Mitgl vertritt, hat kein KlagR (B-Hefermehl UWG 13 Rdz 20). Die Verbraucherinteressen müssen dch **Aufklärung und Beratung** wahrgenommen w, etwa dch Vorträge, Versammlgen, Verbreitg von Schriften, Einrichtg von Beratgsstellen. Es genügt nicht, daß der Verband nur aufklärt od nur berät, er muß in beiden Bereichen tät sein (B-Hefermehl aaO, str). Keinesf klagberecht ist ein Verband, der Verbraucherinteressen nur dch RVerfolgg wahrnehmen will (Fricke GRUR **76**, 685). Der Schutz von Verbraucherinteressen muß der Hauptzweck sein (Lö/vW/Tr Rdn 70, str). Hausfrauenverbände, Gewerksch u ähnl, die neben ihren eigentl Aufgaben auch Verbraucherinteressen mitvertreten, fallen nicht unter II Nr 1. Der Verband kann sich auf die Vertretg best Verbraucherinteressen beschr (Mieter, AbzKäufer) od in der Satzg räuml Beschränkgen vorsehen; dann ist auch sein KlagR entspr eingeschr (BGH NJW **83**, 1320). Die satzgsgem Aufg muß der Verband auch **tatsächlich wahrnehmen** (BGH NJW **86**, 1613). Er muß dafür für eine Aufklärgs- u Beratgstätig erforderl personellen u sachl Voraussetzgen besitzen, braucht jedoch keine eig GeschStelle zu haben (BGH BB **86**, 1393). – **cc)** Mindestens 2 Verbraucherverbände od 75 natürl Pers müssen **Mitglieder** des Verbandes sein. Der Dach- u die MitglVerbände können auf verschiedenen Gebieten des Verbraucherschutzes tät sein (BGH NJW **86**, 1613). – **dd)** Das Ger muß **von Amts wegen prüfen**, ob der Verband klagberecht ist (Wo-Ho-Li Rdn 19, str). Es handelt sich um eine unverzichtb ProzVoraussetzg, die im Ztpkt der letzten mdl Vhdlg vorliegen muß (BGH NJW **72**, 1988). IdR w sich die Prüfg auf die Satzg u eine vom Vorstand vorzulegde Mitgliederliste beschr können. Bestehen Anhaltspkte dafür, daß die satzgsmäß Aufg in Wahrh nicht erf (sond nur Proz geführt) w, ist aber weitere Aufkl nöt. Die BewLast für die Voraussetzgen des II Nr 1 trägt der Verband. – **ee)** III beschrnkt das KlagR der Verbraucherverbände auf den **nichtkaufmännischen Verkehr** (Mü BB **78**, 1183). Betrifft die Verwendg von AGB od die Empfehlg ausschließl Vertr, die von Kaufl zum Betr ihres Handelsgewerbes abgeschl w, sind nur die in Nr 2 u 3 genannten Verbände klageberecht.

b) Verbände zur Förderung gewerblicher Interessen (II Nr 2). **aa)** Der Verband muß **rechtsfähig,** bei privrechtl Organisationen also im VereinsReg eingetragen sein. – **bb)** Er muß die Aufg h, **gewerbliche Interessen** zu fördern. Eine entspr ausdr satzgsmäß Festlegg ist (and als iFv II Nr 1) nicht erforderl. Es genügt, wenn die Satzg erkennen läßt, daß der Verband auch der Förderg gewerbl Zwecke dienen soll (BGH GRUR **65**, 485) u diese Tätigk auch tatsächl ausgeübt w (BGH NJW **72**, 1988). Daß der Verband von Wettbewerbern des Bekl finanziert w, schließt seine KlBefugn nicht aus (Düss Betr **88**, 1593). Die Förderg gewerbl Zwecke braucht nicht dch Aufklärg u Beratg zu geschehen; and als iFv II Nr 1 kann die Verfolgg von Verstößen gg das

2403

UWG u das AGBG das HaupttätigkFeld des Verbandes sein. Daß dem Verband Gewerbetreibde als Mitgl angehören, w vom Ges nicht gefordert (BGH GRUR **65**, 485). Der Verband muß aber wirkl den Zweck haben, gewerbl Interessen zu fördern u nicht etwa den, Beschäftiggsmöglichk für RA zu schaffen (BGH GRUR **89**, 918). – **cc)** Die Verwendg od Empfehlg der unwirks Klauseln muß in den **satzungsmäßigen Interessenbereich** des Verbandes eingreifen. Das ist weit auszulegen (B-Hefermehl UWG 13 Rdz 14). Das KlagR entfällt nur dann, wenn die VerletzgsHdlg zu den Aufg des Verbandes keinerlei Beziehg h (BGH GRUR **71**, 586). Daß der Verband mit seiner Klage im wesentl nur die Interessen eines Mitbewerbers od Kunden wahrnimmt, ist unschädl. Bei einem weit gefaßten satzgsmäß Aufgabengebiet (etwa „Verband zur Bekämpfg mißbräuchl AGB" nach dem Vorbild der Zentrale zur Bekämpfg unlauteren Wettbewerbs (B-Hefermehl Einl UWG Rdz 33) besteht ein prakt fast unbegrenztes KlagR. – **dd)** Unter II Nr 2 fallen auch **öffentlich-rechtliche Verbände** (BGH **81**, 230), wie zB Architektenkammern (BGH aaO) Inngen (Düss AGBE III § 9 Nr 16) u RA- u Ärztekammern. – **ee)** Auch die Voraussetzgen des II Nr 2 sind vAw zu prüfen (vgl a dd).

c) Industrie- und Handelskammern (Ges vom 18. 12. 56, BGBl I 926) u **Handwerkskammern** (HandwO 90ff). Die VerletzgsHdlg (Verwendg od Empfehlg unwirks Klauseln) muß zu dem AufgBereich der Körpersch in Beziehg stehen, wobei (entspr b bb) eine weite Auslegg geboten ist. Zul sind insb Kl gg Mitgl, gg Mitbewerber von Mitgl u gg Untern, die ggü Mitgl AGB verwenden.

d) Wg ders Verwdg (Empfehlg) von unwirks Klauseln können mehreren Verbänden Anspr auf Unterl (Widerr) zustehen. Diese Anspr sind rechtl selbstd u von einand unabhäng. **Mehrere Verbände** können daher gleichzeit u nebeneinander **klagen;** dem steht weder die Einr der RHängigk noch (nach Abschl des ErstProz) die der Rechtskr entgg (BGH GRUR **60**, 379). Eine rechtskr Verurteilg kann aber das RSchutzinteresse für eine weitere Klage ausschließen (BGH NJW **83**, 1060).

5) Verjährung (IV). Die Vorschr ist UWG 21 nachgebildet, bemißt die VerjFr aber auf 2 Jahre (statt 6 Mo), um dem Berecht hinr Zeit zur Prüfg zu lassen. – **a) Anwendungsbereich:** Die VerjRegelg gilt für den Unterl- u WiderrAnspr gem I, nicht aber für die Rechte, die dem Kunden wg der Verwendg unwirks Klauseln zustehen. – **b)** Die zweijähr VerjFr beginnt, wenn der Berecht von der Verwendg (Empfehlg) **Kenntnis** erlangt hat. Erforderl ist Kenntn des gesetzl Vertreters des Verbandes, die Kenntn von Mitgl od Angest reicht nicht aus (B-Hefermehl UWG 21 Rdz 15), jedoch muß sich der Verband gem §§ 166, 242 die Kenntn des mit der Tatermittlg Beauftragten anrechnen lassen (BGH NJW **68**, 988, § 166 Anm 3b). Bei GesVertretg genügt Kenntn eines GesVertreters. Der Berecht muß in der Lage sein, Klage zu erheben. Er muß daher von der Verwdg (Empfehlg) der unwirks Klausel u der Pers des Verwders (Empfehlers) Kenntn haben. Hinsichtl der UnwirksamkGrde genügt Kenntn der tatsächl Umst, nicht erforderl ist, daß der Berecht die TatUmst richt rechtl würdigt. – **c)** Die vierjähr Verj beginnt mit der **Verwendung** (Empfehlg). Dabei sind die Vorverhandlgen u der spätere VertrSchl als Einh anzusehen. Kommt es zum VertrSchl, beginnt die Verj daher mit der Einbez der AGB in den Vertr. Bei der Empfehlg kommt es auf den Zugang bei den Empfängern an. – **d)** Werden die unwirks AGB erneut verwendet (empfohlen), entsteht ein **neuer Anspruch;** die VerjFr beginnt erneut zu laufen. Die Verj des fr Anspr schließt die Geltdmachg des neuen nicht aus (BGH NJW **73**, 2285). – **e)** Der Anspr aus § 13 kann unter den Voraussetzgen von § 242 Anm 9 auch **verwirkt** werden; bloßer Zeitablauf (7 Mo ab Kenntn) reicht hierfür aber nicht aus (Ffm NJW **79**, 984).

AGBG 14 Zuständigkeit.

I Für Klagen nach § 13 dieses Gesetzes ist das Landgericht ausschließlich zuständig, in dessen Bezirk der Beklagte seine gewerbliche Niederlassung oder in Ermangelung einer solchen seinen Wohnsitz hat. Hat der Beklagte im Inland weder eine gewerbliche Niederlassung noch einen Wohnsitz, so ist das Gericht des inländischen Aufenthaltsorts zuständig, in Ermangelung eines solchen das Gericht, in dessen Bezirk die nach §§ 9 bis 11 dieses Gesetzes unwirksamen Bestimmungen in Allgemeinen Geschäftsbedingungen verwendet wurden.

II Die Landesregierungen werden ermächtigt, zur sachdienlichen Förderung oder schnelleren Erledigung der Verfahren durch Rechtsverordnung einem Landgericht für die Bezirke mehrerer Landgerichte Rechtsstreitigkeiten nach diesem Gesetz zuzuweisen. Die Landesregierungen können die Ermächtigung durch Rechtsverordnung auf die Landesjustizverwaltungen übertragen.

III Die Parteien können sich vor den nach Absatz 2 bestimmten Gerichten auch durch Rechtsanwälte vertreten lassen, die bei dem Gericht zugelassen sind, vor das der Rechtsstreit ohne die Regelung nach Absatz 2 gehören würde.

IV Die Mehrkosten, die einer Partei dadurch erwachsen, daß sie sich nach Absatz 3 durch einen nicht beim Prozeßgericht zugelassenen Rechtsanwalt vertreten läßt, sind nicht zu erstatten.

1) Allgemeines: Die Vorschr enthält für die sachl u örtl Zustdgk eine Sonderregelg; sie ist, sow sie die örtl Zustdgk betrifft, UWG 24 nachgebildet. – **a) Anwendungsbereich:** Die ZustdgkRegelg gilt für Unterl- u WiderrKl gem § 13. Sie erfaßt auch einstw VfgVerf (ZPO 937, vgl § 15 Anm 5) u Streitigk über Abmahnkosten (§ 15 Anm 3). Für RStreitigk zw Kunden u Verwder gelten die allg ZustdgkRegeln des GVG u der ZPO. – **b) Ausschließliche Zuständigkeit.** Sowohl die sachl als auch die örtl Zustdgk ist eine ausschl. GerStand-Vereinbgen sind daher unwirks (ZPO 40 II). Die Unzustdgk ist vAw zu beachten. Im höheren RZug greifen aber für die sachl Zustdgk ZPO 529 II, 566 u für die örtl ZPO 512a, 549 II ein.

2) Sachliche Zuständigkeit: Die LG sind ohne Rücks auf den Wert des StreitGgst zust. Da eine GVG 95 I Nr 5, UWG 27 I entspr Vorschr fehlt, sind die Zivilkammern zust u nicht die KfH. Das gilt auch dann, wenn es um die Verwendg von AGB im kaufm Verk geht, gem § 24 S 2 also die im HandelsVerk geltden Gewohnh u Gebräuche angem zu berücksichtigen sind (Ul-Br-He Rdn 12).

Dritter Abschnitt. Verfahren **AGBG 14, 15**

3) Örtliche Zuständigkeit: Zust ist das Ger der gewerbl Niederlassg des Bekl; hilfsw kommt es für den GerStand auf den Wohns des Bekl, seinen Aufenth od die Verwendg der AGB an. Aus der örtl Zustdgk ergibt sich zugl auch die **internationale Zuständigkeit** der dtsch Ger. Im Verh zu den VertrStaaten des EuG-Übk (BGBl 72 II 774) sind dessen Vorschr zu beachten. Danach ist das Abstellen auf die gewerbl Niederlassg (Art 5 Nr 5), auf den Wohns (Art 2 I) u den Verwendgsort (Art 5 Nr 3) unbedenkl. Ggü Pers, die in einem and VertrStaat ihren Wohns h, ist der GerStand des Aufenth gem EuG-Übk Art 2 I unanwendb (MüKo/Gerlach Rdn 8). – **a) Gewerbliche Niederlassung:** Erforderl ist ein auf die Erzielg dauernder Einn gerichteter GeschBetr. Hierunter fallen auch landwirtsch Betr, gewerbsmäß Vermieter, privwirtschaftl betriebene Lehreinrichtgen, Sanatorien, nicht dagg Angeh freier Berufe; in Zweifelsfällen kann die Rspr zum Gewerbe-Betr iSd § 196 (dort Anm 4 a) Anhaltspkte geben, obwohl sie von einer and Problemstellg ausgeht. Nöt ist eine Niederlassg. Der Begriff ist ebso auszulegen wie in ZPO 21 (Stgt AGBE I Nr 1): **aa)** Das Gesch muß an dem Ort, zumindest für einen TBereich, seinen Mittelpkt h. – **bb)** Es muß eine im wesentl selbstd, zu eigenem VertrSchl berecht Leitg h (BGH ZIP 87, 1167). – **cc)** Es muß über entspr äußere Einrichtgen verfügen. – **dd)** Die Beziehg zu dem Ort muß auf eine gewisse Dauer angelegt sein (bei ZPO 21 str). Wer den RSchein hervorruft, er habe an einem Ort eine gewerbl Niederlassg, ist hieran gebunden (BGH ZIP 87, 1167). Bestehen mehrere Niederlassgen, kommt es darauf an, von welcher die Verwendg (Empfehlg) der AGB ausgegangen ist. Trifft diese Voraussetzg auf mehrere Niederlassgen zu, hat der Kläger das WahlR gem ZPO 35. – **b) Wohnsitz:** Er ist den BGB 7–11 zu entnehmen. Bestehen mehrere Wohns, gilt ZPO 35. – **c) Aufenthalt** (ZPO 16): Auch ein vorübergehder od unfreiwilliger Aufenth genügt. Entscheid ist der Ztpkt der KlagErhebg (ZPO 253 I, 261 II Nr 2). Ein späterer Wechsel schadet nicht. – **d) Verwendung** der AGB. Sie ist nur dann maßgebd, wenn der Verwder (Empfehler) im Inland weder eine gewerbl Niederl noch Wohns od Aufenth h. Verwendet worden sind AGB überall dort, wo sie der Anbahng von geschäftl Kontakt, bei VertrVerhandlgen, VertrAbschl od der Dchführung des Vertr in Bezug genommen, vorgelegt od sonst zum Ggst des rgeschäftl Verk gemacht worden sind (§ 13 Anm 2 a). Unter mehreren Verwendgsorten hat der Kläger die Wahl (ZPO 35). Bei Klagen gg den Empfehler kommt es auf den Ort der Empfehlg an (im Ges versehentl nicht ausdr erwähnt); darunter ist sowohl der Ort der Abgabe als auch des Zugangs der Empfehlg zu verstehen.

4) Konzentration bei einem Landgericht (II–IV). **a)** Die Zustdgk für Verf gem § 13 kann dch VO der LRegierg (LJustizVerw) bei einem LG für den Bezirk mehrerer LG konzentriert w. Die Vorschr ist UWG 27 II–IV nachgebildet. Von ihr haben die Länder Bay, Hess u NRW Gebrauch gemacht (vgl die Nachw bei Ul-Br-He Rdn 10). Die Zustdgk kann auf LGBezirke ausgedehnt, nicht aber auf einen und OLGBezirk erstreckt, nicht aber auf das Gebiet eines and Landes (abw GWB 93 II). – **b)** Die Part können sich auch dch RA vertreten lassen, die bei dem LG zugelassen sind, an dessen Stelle das gem II best LG getreten ist (III). Die hierdch entstehden Mehrkosten braucht der Gegner nicht zu erstatten (IV). Eine ErstattgsPfl kommt aber insow in Betracht, als sie die Kosten einer andf notw Informationsreise der Part zu ihrem beim ProzGer zugelassenen RA nicht übersteigen (Wo/Ho/Li Rdn 14).

AGBG 15 **Verfahren.** **I** Auf das Verfahren sind die Vorschriften der Zivilprozeßordnung anzuwenden, soweit sich aus diesem Gesetz nicht etwas anderes ergibt.

II Der Klageantrag muß auch enthalten:
1. den Wortlaut der beanstandeten Bestimmungen in Allgemeinen Geschäftsbedingungen;
2. die Bezeichnung der Art der Rechtsgeschäfte, für die die Bestimmungen beanstandet werden.

1) Allgemeines: Die in § 13 I begründeten Rechte sind privrechtl ausgestaltete, im ZivilProz geltd zu machde Unterl- u WiderrAnspr. Es versteht sich daher von selbst, daß auf das Verf die Vorschr der ZPO (u das GVG) anzuwenden sind, sow das AGBG keine Sonderregelgen enthält. Für das VerbandsklageVerf gelten die Dispositions- u. Vhdlgsmaxime (Wo/Ho/Li Rdn 3, aA E. Schmidt NJW 89, 1196 uö). I hat nur klarstellde Bedeutg. II bringt ergänzde Best zum KlAntr. Im ZusHang des § 15 muß außerdem auf einige verfahrensrechtl Probleme eingegangen w, die sich typw bei Geltdmachg von Anspr aus § 13 ergeben (Anm 3 ff.).

2) Klagantrag: II ergänzt ZPO 253 II Nr 2, wonach die Klage einen best Antr enthalten muß. Die Vorschr gilt sowohl für die Unterl- als auch für die WiderrKlage. – **a)** Der KlAntr muß den Wortlaut der beanstandeten Klausel anführen. – **b)** Er muß den **Umfang des erstrebten Verwendungsverbots** (WiderrGebots) best bezeichnen. Dieses (teils aus ZPO 253 II Nr 2, teils aus § 15 II Nr 2 abzuleitde) Erfordern bedeutet: **aa)** Der Antr muß angeben, ob das Verwendgsverbot (WiderrGebot) nur für den **nichtkaufmännischen Verkehr** od auch für den HandelsVerk (§ 24) gelten soll. – **bb)** Er muß die **Art der Rechtsgeschäfte** bezeichnen, für die das Verwendgsverbot (WiderrGebot) ergehen soll. Damit w dem Gedanken Rechng getragen, daß dieselbe Klausel bei einer best VertrArt unwirks, bei einer and aber wirks sein kann. Wie die Substantiierg zu erfolgen hat, hängt von den Umst des EinzFalles ab. Sie kann auf den rechtl VertrTyp abstellen, uU aber auch auf best Produkte od Leistgen. Ist die Klausel nur für AbzGesch zu beanstanden, darf sie nicht allg für KaufVertr verboten w (BGH NJW 85, 326). – **cc)** Ist die Klausel nur **teilweise unwirksam**, braucht der Kl seinen Antr nicht entspr einzuschr (§ 13 Anm 2 b). Es ist Sache des Bekl, seine AGB so umzuformulieren, daß die teilw Unwirksamk u damit das Verwendgsverbot entfällt (Lö-vW-Tr Rdn 4). – **c)** Entspr der Antr nicht den vorstehden Erfordern, muß das Ger auf eine sachdienl Fassg des Antr hinwirken (ZPO 139). Werden die Mängel gleichwohl nicht behoben, ist die Klage als unzul abzuweisen. – **d)** Wird der KlAntr nachträgl auf ein and Klauselverbot gestützt, so ist das keine **Klagänderung**, sond fällt unter ZPO 264 Nr 1 (Hbg WPM 78, 1360).

3) Abmahnung: Für den Kläger ist es ein Gebot des eig Interesses, den Bekl vor Klagerhebg zu mahnen u zu verwarnen. Die Kosten einer berecht Abmahng kann er nach den Grds der GoA vom Verwder (Empfehler) ersetzt verlangen (Nürnb OLGZ 80, 219, Bunte Betr 80, 482 u zum UWG BGH 52, 393), AnwKosten aber

AGBG 15–17

nur, wenn wg der Schwierigk der Sache die Beauftragg eines Anw erforderl war (BGH NJW **84**, 2525 zu UWG). Unterbleibt die Abmahng, kann der Bekl die Kostenlast – ebso wie im WettbewerbsProz – idR dch ein sofort Anerkenntn abwenden (ZPO 93, s Stgt AGBE V § 13 Nr 5). Bei einer zuweitgehenden Abmahng gelten die zur Mahng entwickelten Grds (§ 284 Anm 3 b) entspr (aA Mü AGBE I Nr 3, das die Abmahng für unwirks hält). Ist die in der vorbereiteten UnterlErkl vorgesehene VertrStrafe übersetzt, muß der Verwder einen angem Betrag anbieten (BGH NJW **83**, 942). Ausnw kann auch ohne vorher Abmahng Veranlassg zur KlErhebg bestehen. Das ist der Fall, wenn der Kläger berecht Grd zu der Ann hatte, er w seinen Anspr ohne gerichtl Hilfe nicht dchsetzen können u wenn ihm die dch die Abmahng eintretde Verzöger nicht zugemutet w kann (MüKo/Gerlach Rdn 13), so etwa bei einem schweren vorsätzl Verstoß (Hamm BB **76**, 1191).

4) Einstweilige Verfügung: Eine dem UWG 25 entspr SonderVorschr fehlt. Es gelten daher die allg Best der ZPO 935, 940. Deren Voraussetzgen sind hins des WiderrAnspr idR nicht erf. Dagg sind einstw Vfgen zur DchSetzg von UnterlAnspr grdsl zul (KG OLGZ **80**, 400, Hbg NJW **81**, 2420, Düss u Ffm NJW **89**, 1487, 1489, aA Düss NJW **78**, 2512). Erforderl ist: **a) Verfügungsanspruch** (IndividualAnspr). Er ergibt sich aus § 13. Der AntrSt muß glaubh machen, daß der AntrGeg unwirks AGB verwendet (empfiehlt). – **b) Verfügungsgrund.** Er ist gegeben, wenn eine Veränderg des bestehden Zustands die Vereitelg od wesentl Erschwerg der RVerwirklichg befürchten läßt (ZPO 935) od wenn es zur Sicherg des RFriedens dringd erforderl erscheint, ein streitges RVerh einstw zu regeln (ZPO 940). Diese Voraussetzg ist bei Anspr aus AGBG 13 nicht *ipso facto* erf (Ffm NJW **89**, 1489, aA Marly NJW **89**, 1472). Wird glaubh gemacht, daß der AntrGeg unwirks AGB verwendet u handelt es sich um Verstöße von einigem Gewicht, trifft aber sowohl ZPO 935 als auch ZPO 940 zu (Ffm aaO, enger Düss NJW **89**, 1487). Ausgeschlossen ist das VfgsVerf, wenn der AntrSt trotz Kenntnis des Verstoßes längere Zeit untätig geblieben ist od die DchFührg des Verf verzögert h (MüKo/Gerlach Rdn 28).

5) Feststellungsklage: Hat ein Verband dch Erkl ggü der Öffentlichk od dch Verwarng od Abmahng best Klauseln als unwirks beanstandet, kann der Verwder (Empfehler) berecht sein, gem ZPO 256 FeststellgsKl zu erheben. Ein Feststellgsinteresse ist gegeben, wenn dch die Berühmg des Verbandes einen dem GeschBetr des Verwders (Empfehlers) störde Unsicherh über die Wirksamk der AGB entstanden ist (Ul-Br-He Rdn 26). Es kann aber idR erst dann bejaht w, wenn der Verwder (Empfehler) den Verband erfolglos zur Rückn seiner Erkl aufgefordert h. Das RVerh, dessen Nichtbestehen festzustellen ist, ist der Anspr des Verbandes aus § 13. Der Antr kann aber abgekürzt auf Feststellg der Wirksamk der str Klauseln gerichtet w. Obwohl die FeststellgsKl das Spiegelbild der Klage gem § 13 ist, gelten für sie die allg Vorschr der ZPO u nicht die §§ 13ff (str). Einz Best w aber wg ihres Schutzzwecks entspr anzuwenden sein, so insb § 22.

AGBG 16 *Anhörung.* Das Gericht hat vor der Entscheidung über eine Klage nach § 13 zu hören
1. die zuständige Aufsichtsbehörde für das Versicherungswesen, wenn Gegenstand der Klage Bestimmungen in Allgemeinen Geschäftsbedingungen sind, die von ihr nach Maßgabe des Versicherungsaufsichtsgesetzes zu genehmigen sind, oder
2. das Bundesaufsichtsamt für das Kreditwesen, wenn Gegenstand der Klage Bestimmungen in Allgemeinen Geschäftsbedingungen sind, die das Bundesaufsichtsamt für das Kreditwesen nach Maßgabe des Gesetzes über Bausparkassen, des Gesetzes über Kapitalanlagegesellschaften, des Hypothekenbankgesetzes oder des Gesetzes über Schiffspfandbriefbanken zu genehmigen hat.

1) Allgemeines: Nr 1 geänd dch 14. ÄndG zum VAG v 29. 3. 83, BGBl 377. Aus der Vorschr ergibt sich, daß auch die AGB der richterl InhKontrolle unterliegen, die mit behördl Gen erlassen worden sind (§ 1 Anm 1). Sie soll sicherstellen, daß die GenBeh in dem gerichtl Verf ihren Standpkt darlegen kann. § 16 ist eine abschließde Regelg (Wo-Ho-Li Rdn 11). Sie erfaßt nicht alle genehbedürft AGB, sondern nur die folgden: **a)** AVB, die gem VAG 5, 8 vom BAufsAmt f das Versicherungswesen (od der zust LBeh) zu genehmigen sind. – **b)** AGB der Bausparkassen (BausparkassenG v 16. 11. 1972 – BGBl 2097 – §§ 5, 8, 9), AGB der KapitalanlageGesellsch (Ges über KapitalanlageGesellsch idF vom 14. 1. 1970 – BGBl 127 – § 15), AGB der HypBanken (HypBankenG vom 5. 2. 1963 – BGBl I S 81 – § 15), AGB der Schiffspfandbriefbanken (SchiffsbankenG idF vom 8. 5. 1963 – BGBl 301 – § 15), die nach den angeführten Ges der Gen des BAufsAmtes für das Kreditwesen bedürfen. Zur AGB-Kontrolle dch VerwBeh s Vorbem 5 v § 8.

2) Das Ger hat die zust Beh **zu hören.** Das bedeutet: **a)** Die Beh muß dch abschriftl Übersendg der Kl, der KlBeantwortg u aller sonst wesentl Schriftsätze über den Ggst des Verf unterrichtet u über den ersten Termin informiert w. Spätere Termine brauchen nur auf ausdr Wunsch mitgeteilt zu werden. – **b)** Die Beh hat das Recht, sich schriftl u dch Vortrag in der mdl Verhandlg zur Sache zu äußern. – **c)** Nach Abschl der Inst ist der Beh eine Ausfertigg der Entsch zu übersenden. – **d)** Im nächsten RZug ist die Beh erneut zu hören. – **e)** Einstw Vfgen können ohne vorherige Anhörg der Beh ergehen. Sie ist aber nachträgl zu unterrichten, in geeigneten Fällen (Anberaumg eines VerhandlgsTermins) auch vorher.

AGBG 17 *Urteilsformel.* Erachtet das Gericht die Klage für begründet, so enthält die Urteilsformel auch:
1. die beanstandeten Bestimmungen der Allgemeinen Geschäftsbedingungen im Wortlaut;
2. die Bezeichnung der Art der Rechtsgeschäfte, für die die den Unterlassungsanspruch begründenden Bestimmungen der Allgemeinen Geschäftsbedingungen nicht verwendet werden dürfen;
3. das Gebot, die Verwendung inhaltsgleicher Bestimmungen in Allgemeinen Geschäftsbedingungen zu unterlassen;
4. für den Fall der Verurteilung zum Widerruf das Gebot, das Urteil in gleicher Weise bekanntzugeben, wie die Empfehlung verbreitet wurde.

Dritter Abschnitt. Verfahren **AGBG 17–19**

1) Allgemeines: Die Vorschr regelt die Fassg der UrtFormel. Sie enthält keine abschließde Regelg („auch"). Ergänzd gelten die zu ZPO 313 I Nr 4 herausgebildeten Grds.

2) Inhalt der Urteilsformel: Sie enthält neben der Entsch über die Kosten u die vorläuf Vollstreckbark: **a)** Den Wortlaut der unwirks Klausel u in seinem Umfang best bezeichnetes **Verwendungsverbot** (Nr 1 u 2). Insow gelten die Ausführgen zum KlAntr (§ 15 Anm 2b) entspr. Eine AufbrauchFr, wie sie im WettbewR übl ist, darf dem Verwder nicht zugebilligt w (BGH NJW **80**, 2518). – **b)** Das Gebot, die Verwendg od die Empfehlg (vom Ges versehentl nicht erwähnt) **inhaltsgleicher Klauseln** zu unterlassen (Nr 3). Es ist vAw in die UrtFormel aufzunehmen. Es soll gewährleisten, daß die ZwVollstr (ZPO 890) auch bei Verwendg umformulierter, aber sachl übereinstimmder Klauseln mögl ist. Es hat aber im Ergebn nur klarstellde Bedeutg. Nach der Rspr (BGH **5**, 193, sog „Kerntheorie") kann sich der Verletzer dch eine Änderg der Verletzgsform allg nicht dem VerbotsUrt entziehen, sofern die VerletzgsHdlg in ihrem Kern unverändert bleibt. – **c)** Bei WiderrUrt das Gebot, den Urt in gleicher Weise **bekannt zu geben**, wie die Empfehlg verbreitet wurde (Nr 4). Auch dieses Gebot ist vAw zu erlassen. Es muß die Art der Bekanntmachg konkret festlegen. Wie die Empfehlg verbreitet worden ist, hat das Gericht gem ZPO 139 aufzuklären. Vgl iü § 13 Anm 3b. – **d)** Die Androhg von Ordngsgeld od Ordngshaft (ZPO 890 II), dies aber nur bei einem entspr Antr des Klägers.

3) Für Beschlüsse im einstw VfgsVerf gilt § 17 entspr. Auch die Formulierg von Verwendgsverboten in gerichtl Vergl sollte sich an § 17 anlehnen.

AGBG 18 *Veröffentlichungsbefugnis.* **Wird der Klage stattgegeben, so kann dem Kläger auf Antrag die Befugnis zugesprochen werden, die Urteilsformel mit der Bezeichnung des verurteilten Verwenders oder Empfehlers auf Kosten des Beklagten im Bundesanzeiger, im übrigen auf eigene Kosten bekanntzumachen. Das Gericht kann die Befugnis zeitlich begrenzen.**

1) Das Ger kann den Kläger ermächtigen, die UrtFormel u die PartBezeichng des Bekl öffentl bekanntzumachen. Die Vorschr gilt auch für Urt, die der Klage nur zT stattgeben, nicht aber im einstw VfgVerf (Ul-Br-He Rdn 3, str). Die Entsch ist im Urt zu treffen, nicht in einem bes Beschl. Sie erfolgt nach pflmäß Ermessen. Das Ger hat abzuwäg, ob die Veröffentlichg zur Beseitig der eingetretenen Störg (§ 13 Anm 1) erforderl ist. Die UWG 23 II nachgebildete, wenig zweckmäß Vorschr unterscheidet: **a) Bekanntmachung im Bundesanzeiger.** Die Kosten gehen zu Lasten des Beklagten. Sie können als VollstrKosten gem ZPO 788 beigetrieben w. Da der BAnz von KlauselVerwder kaum u von Kunden nicht gelesen w, ist dieser Art der Bekanntmachg nur von geringem Nutzen. Die Ger sehen daher idR davon ab, dem Kläger die Veröffentlichg im BAnz zu gestatten (s LG Mü, Düss u Ffm AGBE I Nr 1–3). – **b) Sonstige Bekanntmachung** (insb in Tageszeitg). Sie kann sachgerecht sein, um das Publikum zu unterrichten u irrige Vorstellgen zu beseitigen. Sie w aber dadch entwertet, daß der Kl die Kosten tragen muß. – **c)** Das Ger kann die Befugn **zeitlich begrenzen** (S 2). – **d)** Die Veröffentlichg auf Kosten des Bekl setzt nicht voraus, daß das Urt rechtskr ist; es genügt, wenn die Voraussetzgen der **vorläufigen Vollstreckbarkeit** (uU gg SicherhLeistg) vorliegen (Lö-vW-Tr Rdn 11, str). Das wird für die Veröffentlichg auf Kosten des Klägers entspr anzunehmen sein, obwohl diese an sich keine Vollstreckg iSd ZPO 704 ff ist (MüKo/Gerlach Rdn 2). Wird das Urt aufgeh od abgeändert, hat der Verwder (Empfehler) gem ZPO 717 II Anspr auf eine berichtigde Bekanntmachg.

AGBG 19 *Einwendung bei abweichender Entscheidung.* **Der Verwender, dem die Verwendung einer Bestimmung untersagt worden ist, kann im Wege der Klage nach § 767 ZPO einwenden, daß nachträglich eine Entscheidung des Bundesgerichtshofs oder des Gemeinsamen Senats der Obersten Gerichtshöfe des Bundes ergangen ist, welche die Verwendung dieser Bestimmung für dieselbe Art von Rechtsgeschäften nicht untersagt, und daß die Zwangsvollstreckung aus dem Urteil gegen ihn in unzumutbarer Weise seinen Geschäftsbetrieb beeinträchtigen würde.**

1) Allgemeines: Es ist ein allg anerkannter RGrds, daß eine spätere Änderg der Rspr weder eine Klage aus ZPO 767, noch aus ZPO 323, noch eine RestitutionsKl rechtf. Von diesem RGrds macht § 19 eine Ausn. Die Vorschr soll ein Korrelat zu § 21 sein, wonach dem UnterlUrt uU im RStreit zw Kunden u Verwder Bindgswirkg zukommt. Wg ihres AusnCharakters u des ihr zGrde liegden eingeschr gesetzgeb Zweckes ist die Vorschr iZw eng auszulegen. Keinesf darf aus ihr gefolgert w, daß zur Begründg von VollstrAbwehrklagen nunmehr allg eine Änderg der Rspr genüge. Die Vorschr war im GesGebgsVerf lebh umstr. Ihre prakt Bedeutg ist denkb gering. Obwohl die Vorschr auf ZPO 767 verweist, handelt es sich in Wahrh nicht um eine VollstrAbwehrKl, sond um ein WiederAufnVerf eig Art (Wo-Ho-Li Rdn 3, str).

2) Voraussetzungen der Klage: a) Klageberechtigt ist allein der Verwder. Ein entspr KlagR für den (von § 21 nicht betroffenen) Empfehler besteht nicht (Ul-Br-He Rdn 4, aA MüKo/Gerlach Rdn 13). – **b)** Dem Verwder muß die Verwendg best Klauseln untersagt worden sein; gg ihn muß also ein **Unterlassungsurteil** gem §§ 17, 13 vorliegen. VersäumnUrt u AnerkUrt genügen. Gem ZPO 795, 767 w auch einstw Vfgen u gerichtl Vergl, soweit sie Verwendgsverbote gem §§ 17, 13 enthalten, einzubez sein, obwohl ihnen die Bindgswirkg des § 21 nicht zukommt (Ul-Br-He Rdn 14). Hat der Verwder außergerichtl eine UnterlVerpfl übernommen, steht ihm unter den Voraussetzgen des § 19 ein KündR aus wicht Grd zu (Einf 5b v § 241). Für Urt aus RStreitigk zw Kunden u Verwder gilt § 19 nicht. – **c) Nachträglich abweichende Entscheidung: aa)** Sie muß der BGH od dem GmS-OGB erlassen h. – **bb)** Die Entsch muß die Verwendg einer entspr Klausel „nicht untersagt" h. Es muß sich also an sich um eine Entsch in einem Verf gem § 13 handeln. Bei abw höchstrichterl Entsch in einem IndProz kann § 19 aber entspr angewandt w (MüKo/Gerlach Rdn 15, str). Die Entsch muß eine EndEntsch sein. Beschlüsse im ProzKostenhilfeVerf od gem ZPO 91a reichen nicht aus. –

2407

cc) Die Entsch muß eine entspr Klausel u dieselbe Art von RGesch betreffen. Wörtl Übereinstimmg ist nicht erforderl. Entscheidd ist, ob beide Klauseln in ihrem für die WirksamkPrüfg wesentl „Kern" (§ 17 Anm 2b) übereinstimmen. In diesem Sinn ist auch die vom Ges geforderte Übereinstimmg des Anwendsbereichs („dieselbe Art von RGesch") zu verstehen. – **dd)** Die Entsch muß nachträgl ergangen sein. Maßgebd ist insow ZPO 767 II. Danach muß die höchstrichterl Entsch nach Schluß der mdl Verhandlg im ErstProz verkündet worden sein, bei Beendigg des ErstProz dch VU nach Ablauf der EinsprFr. Auf den Ztpkt der Kenntniserlangung kommt es nicht an (str). – **d)** Die Vollstr des Verwendgsverbots muß den GeschBetr des Verwders **unzumutbar beeinträchtigen**. Das ist idR anzunehmen, wenn Mitbewerber die im ErstProz verbotene Klausel benutzen u sich daraus für den Verwder Nachteile im Wettbewerb ergeben. Hat der Verwder keinen GeschBetr (§ 1 Anm 2c), kommt es darauf an, ob er in seiner WirtschFü unzumutb beeinträchtigt w. – **e)** Im übr sind die für die Kl aus ZPO 767 geltden allg Regeln anzuwenden.

AGBG 20 *Register.* ^I Das Gericht teilt dem Bundeskartellamt von Amts wegen mit

1. **Klagen, die nach § 13 oder nach § 19 anhängig werden,**
2. **Urteile, die im Verfahren nach § 13 oder nach § 19 ergehen, sobald sie rechtskräftig sind,**
3. **die sonstige Erledigung der Klage.**

^{II} **Das Bundeskartellamt führt über die nach Absatz 1 eingehenden Mitteilungen ein Register.**

^{III} **Die Eintragung ist nach zwanzig Jahren seit dem Schluß des Jahres zu löschen, in dem die Eintragung in das Register erfolgt ist. Die Löschung erfolgt durch Eintragung eines Löschungsvermerks; mit der Löschung der Eintragung einer Klage ist die Löschung der Eintragung ihrer sonstigen Erledigung (Absatz 1 Nr. 3) zu verbinden.**

^{IV} **Über eine bestehende Eintragung ist jedermann auf Antrag Auskunft zu erteilen. Die Auskunft enthält folgende Angaben:**
1. **für Klagen nach Absatz 1 Nr. 1**
   a) **die beklagte Partei,**
   b) **das angerufene Gericht samt Geschäftsnummer,**
   c) **den Klageantrag;**
2. **für Urteile nach Absatz 1 Nr. 2**
   a) **die verurteilte Partei,**
   b) **das entscheidende Gericht samt Geschäftsnummer,**
   c) **die Urteilsformel;**
3. **für die sonstige Erledigung nach Absatz 1 Nr. 3 die Art der Erledigung.**

1) Allgemeines: Die Vorschr sieht vor, daß beim BKartellAmt alle Verf gem §§ 13 u 19 u die in diesen Verf ergehden rechtskr Entsch registriert w. Dadch soll für Verbraucherverbände, Verwder, Kunden u Ger eine umfassde u zuverläss Informationsquelle geschaffen w. Dieses Ziel wird schon wg der Art der RegisterFü u der Unvollständigk der gesammelten Informationen nicht erreicht (vgl die Kritik v Creutzig NJW **79**, 20 u Bunte AcP **181**, 57); Interessenten können u finden die erforderl Informationen in den jur Veröffentlichgn. Die Löschungsregelg (III) trägt dem Gedanken Rechng, daß die wirtschaftl Verh u die Anschauungen der am RVerk Beteiligten sich ändern. Nach Ablauf von 20 Jahren ist daher eine Löschg unbedenkl. Entsch, die auf Dauer wicht bleiben, w ohnehin andweit veröffentlicht. Für einstw Vfgen sieht das Ges keine MitteilgsPfl vor. Sie ist aber auch dem Zweck des Ges zu bejahen (KG OLGZ **80**, 394). Tatsächl waren Ende 1986 im Register auch 72 einstw Vfgen eingetragen (Löwe RWS-Forum 2, 1987, S 111).

2) Auskunftsanspruch: Er steht jedermann zu. Ein berecht Interesse braucht nicht dargelegt zu werden. Die AuskPfl beschr sich auf den Inh der Eintr. Zur Übersendg von UrtAbschr ist das Amt nicht verpflichtet. Der Berecht kann sich insow gem ZPO 299 II an den zust GerPräsidenten wenden. Soweit das BKartAmt über AuskErsuchen gem IV entscheidet, ist es als JustizBeh iSd EGGVG 23 anzusehen. Zul RBehelf daher der Antr auf gerichtl Entsch (KG OLGZ **80**, 394).

AGBG 21 *Wirkungen des Urteils.* **Handelt der verurteilte Verwender dem Unterlassungsgebot zuwider, so ist die Bestimmung in den Allgemeinen Geschäftsbedingungen als unwirksam anzusehen, soweit sich der betroffene Vertragsteil auf die Wirkung des Unterlassungsurteils beruft. Er kann sich jedoch auf die Wirkung des Unterlassungsurteils nicht berufen, wenn der verurteilte Verwender gegen das Urteil die Klage nach § 19 erheben könnte.**

1) Allgemeines: In RStreitigk, für die die PartMaxime gilt, erwachsen Urt nur für die ProzPart u ihre RNachfolger in Rechtskr. Wenn ein Verwder eine gem §§ 13, 17 verbotene Klausel weiter benutzt, begründet die ZuwiderHdlg nach der ZPO nur im Verh der ProzPart RFolgen. Der Verband kann den Verwder gem ZPO 890 zur Befolgg des Verbots anhalten. Dagg kann der Kunde in einem Proz mit dem Verwder aus dem Urt im UnterlProz nach allg prozeßr Grds keine Rechte herleiten. Bereits die ArbGr beim BMJ (2. TBericht S 47) hat die Ans vertreten, daß dieses Ergebn mit den Erfordern eines wirks Verbraucherschutzes unvereinb sei. Der GesGeber hat dem Kunden daher die Befugn eingeräumt, sich auf die Wirkg des UnterlUrt zu berufen. Geschieht dies, muß das Ger im IndividualProz ohne eig Sachprüfg von der Unwirksamk der Klausel ausgehen. Eine entspr Befugn des Verwders besteht nicht. Ist im Verf gem § 13 die Klage mit der Begr abgewiesen worden, die Klausel sei wirks, so bindet diese Entsch das für den IndividualProz zust Ger nicht. Da der Kunde im Verf gem § 13 nicht beteiligt war, wäre eine Bindg zu seinen Lasten auch mit GG 103 unvereinb.

2) Rechtsnatur: Die in § 21 geregelte UrtWirkg ist ein bes ausgestalteter Fall der RKraftErstreckg (MüKo/ Gerlach Rdn 4, str, aA Gaul, FS Beitzke, 1979, 997: eigenart prozessuale Bindgswirkg). – **a)** Das Urt im

Vierter Abschnitt. Anwendungsbereich **AGBG 21–23**

UnterlProz ist nicht vAw zu beachten, sond nur, wenn sich der Kunde darauf beruft. Es handelt sich somit um eine **Einrede**. Sie fällt nicht unter ZPO 282 III u kann bis zum Schluß der mdl Verhandlg geltd gemacht w. – **b)** Die Einr knüpft nicht an das UnterlGebot an, sond an ein tragdes Element des Urt, näml die in den Grden getroffene Feststellg, die Klausel sei unwirks. Diese Feststellg w aber von der RKraft des UnterlUrt miterfaßt (MüKo aaO). Dch die Erhebg der Einr w die RKraft dieser Entscheid auf den IndividualProz erstreckt. Bei einer RNachf auf Seiten des Verwders ist ZPO 325 entspr anwendb.

3) Voraussetzungen der Einrede: a) Es muß ein **Unterlassungsurteil** (§§ 13, 17) vorliegen. Ein VersäumnUrt od AnerkUrt reicht, eine einstw Vfg od ein Vergl nicht. Auch wenn die einstw Vfg dch ein bestätigt w ist, bleibt § 21 unanwendb. Die in einem summar Verf erlassene Entsch kann in einem auf volle Sachprüfg angelegten RStreit keine Bindgswirkg haben (Düss NJW **78**, 2512, aA Lö-vW-Tr Rdn 14). Bei Vergl läßt sich eine dem § 21 entspr Wirkg dch eine Ausgestaltg als Vertr zGDr (§ 328) erreichen. – **b)** Das Urt muß **rechtskräftig** sein. Zwar w das im Ges nicht ausdr gesagt, ergibt sich aber aus der Entstehgsgeschichte (BT-Drs 7/5422 S 13) u daraus, daß es sich dogmat um einen Fall der RKraftErstreckg handelt. – **c)** Der Verwder muß dem Urt (nach Eintr der Rechtskr) **zuwider gehandelt** h. Er muß also gleiche od inhgleiche Klauseln verwandt haben (vgl § 17 Anm 2b). Es genügt, wenn er sich bei Abwicklg eines fr abgeschlossenen Vertr auf eine verbotene Klausel beruft (BGH NJW **81**, 1511, Ul-Br-He Rdn 5, krit Basedow AcP **182**, 349), jedoch kann der Anwendg des UnterlUrt auf AltVertr der Gedanke des Vertrauensschutzes entggstehen (LG Ffm BB **88**, 1557, LG Bln Betr **88**, 2045, krit Löwe BB **88**, 1833). – **d)** Die Einr entfällt, wenn die Voraussetzgen für eine **Klage gem § 19** erf sind (vgl dort). KlErhebg ist nicht erforderl. Das Bestehen des KlRecht kann vom Verwder als GgEinr geltd gemacht w.

AGBG 22 **Streitwert.** Bei Rechtsstreitigkeiten auf Grund dieses Gesetzes darf der Streitwert nicht über 500000 Deutsche Mark angenommen werden.

1) Der Streitwert ist gem ZPO 3 nach **billigem Ermessen** festzusetzen. Abzustellen ist auf das Interesse des Klägers an der DchSetzg des UnterlAnspr. Klagt ein gemeinnütz Verband, der keine eig wirtschaftl Interessen verfolgt, ist Streitwert das Interesse der Allgemeinh an der Ausschaltg der gesetzwidr Klauseln (BGH NJW **67**, 2407, Hamm JurBüro **86**, 1558). Klagt ein wirtschaftl Interessenverband, ist auf die Summe der Interessen seiner Mitgl abzustellen; nimmt er zugleich Belange von NichtMitgl wahr, sind auch diese zu berücksichtigen (BGH aaO). NebenAnspr auf Einräumg einer Veröffentlichgsbefugn haben einen eig Streitwert (Hbg MDR **77**, 142), der auf etwa ¹⁄₁₀ des Wertes der Hauptsache anzusetzen ist. Im höheren RZug kommt es auf das Interesse des RMittelklägers an, bei einer Berufg des Verwders also auf sein Interesse an der weiteren Benutzg der beanstandeten Klausel. Mangelnde LeistgsFähigk des Verbandes darf nicht streitwertmindernd berücksichtigt w (B-Hefermehl Einl UWG Rdz 281). Um das Kostenrisiko der Verbände im Rahmen des Vertretb zu halten, darf der Streitwert aber nicht höher festgesetzt w als auf 500000 DM. Die Praxis bemißt den Streitwert bei Verwdern mittlerer Größe je Klausel auf etwa 3000–5000 DM (Hamm JurBüro **87**, 394). Einzelfälle MüKo/Gerlach Rdn 5.

Vierter Abschnitt. Anwendungsbereich

AGBG 23 **Sachlicher Anwendungsbereich.** [I] Dieses Gesetz findet keine Anwendung bei Verträgen auf dem Gebiet des Arbeits-, Erb-, Familien- und Gesellschaftsrechts.

[II] Keine Anwendung finden ferner

1. § 2 für die mit Genehmigung der zuständigen Verkehrsbehörde oder auf Grund von internationalen Übereinkommen erlassenen Tarife und Ausführungsbestimmungen der Eisenbahnen und die nach Maßgabe des Personenbeförderungsgesetzes genehmigten Beförderungsbedingungen der Straßenbahnen, Obusse und Kraftfahrzeuge im Linienverkehr;
1a. § 2 für die Geschäftsbedingungen und Leistungsentgelte der Deutschen Bundespost, sofern sie im Wortlaut amtlich veröffentlicht worden sind und bei den Ämtern des Post- und Fernmeldewesens zur Einsichtnahme bereitgehalten werden;
2. §§ 10 und 11 für Verträge der Elektrizitäts- und der Gasversorgungsunternehmen über die Versorgung von Sonderabnehmern mit elektrischer Energie und mit Gas aus dem Versorgungsnetz, soweit die Versorgungsbedingungen nicht zum Nachteil der Abnehmer von den auf Grund des § 7 des Energiewirtschaftsgesetzes erlassenen Allgemeinen Bedingungen für die Versorgung mit elektrischer Arbeit aus dem Niederspannungsnetz der Elektrizitätsversorgungsunternehmen und Allgemeinen Bedingungen für die Versorgung mit Gas aus dem Versorgungsnetz der Gasversorgungsunternehmen abweichen;
3. § 11 Nr. 7 und 8 für die nach Maßgabe des Personenbeförderungsgesetzes genehmigten Beförderungsbedingungen und Tarifvorschriften der Straßenbahnen, Obusse und Kraftfahrzeuge im Linienverkehr, soweit sie nicht zum Nachteil des Fahrgastes von der Verordnung über die Allgemeinen Beförderungsbedingungen für den Straßenbahn- und Obusverkehr sowie den Linienverkehr mit Kraftfahrzeugen vom 27. Februar 1970 abweichen;
4. § 11 Nr. 7 für staatlich genehmigte Lotterieverträge oder Ausspielverträge;
5. § 10 Nr. 5 und § 11 Nr. 10 Buchstabe f für Leistungen, für die die Verdingungsordnung für Bauleistungen (VOB) Vertragsgrundlage ist;
6. § 11 Nr. 12 für Verträge über die Lieferung als zusammengehörig verkaufter Sachen, für Versicherungsverträge sowie für Verträge zwischen den Inhabern urheberrechtlicher Rechte und

AGBG 23, 24

Ansprüche und Verwertungsgesellschaften im Sinne des Gesetzes über die Wahrnehmung von Urheberrechten und verwandten Schutzrechten.

III Ein Bausparvertrag, ein Versicherungsvertrag sowie das Rechtsverhältnis zwischen einer Kapitalanlagegesellschaft und einem Anteilinhaber unterliegen den von der zuständigen Behörde genehmigten Allgemeinen Geschäftsbedingungen der Bausparkasse, des Versicherers sowie der Kapitalanlagegesellschaft auch dann, wenn die in § 2 Abs. 1 Nr. 1 und 2 bezeichneten Erfordernisse nicht eingehalten sind.

AGBG 24 *Persönlicher Anwendungsbereich.* Die Vorschriften der §§ 2, 10, 11 und 12 finden keine Anwendung auf Allgemeine Geschäftsbedingungen,

1. die gegenüber einem Kaufmann verwendet werden, wenn der Vertrag zum Betriebe seines Handelsgewerbes gehört;
2. die gegenüber einer juristischen Person des öffentlichen Rechts oder einem öffentlich-rechtlichen Sondervermögen verwendet werden.

§ 9 ist in den Fällen des Satzes 1 auch insoweit anzuwenden, als dies zur Unwirksamkeit von in den §§ 10 und 11 genannten Vertragsbestimmungen führt; auf die im Handelsverkehr geltenden Gewohnheiten und Gebräuche ist angemessen Rücksicht zu nehmen.

1) Allgemeines: Entgg der AbschnÜberschr w der grdsl Anwendgsbereich des Ges nicht dch die §§ 23f, sond dch die BegrBest des § 1 festgelegt. § 23 bringt Beschrkgen des sachl Geltgsbereichs, § 24 des persönl. Eine prakt wicht Ausn w nicht bes erwähnt, da sie sich bereits aus dem Grds ergibt, daß RNormen begriffl keine AGB sind (§ 1 Anm 1): Soweit VertrBdggen dch VO, Satzg od Grds des öffR festgelegt sind, wie bei den meisten **Anstalten und Betrieben der öffentlichen Hand,** ist das Ges unanwendb (Vorbem 2c v § 8; best EinzFälle unten Anm 2b bb cc).

2) Ausnahmen vom sachlichen Anwendungsbereich (§ 23): a) Bereichsausnahmen (§ 23 I): Sie betreffen folgde RGebiete: **aa) Arbeitsrecht:** Trotz des Schutzes dch zwingde gesetzl Vorschr u kollektive Vereinbgen besteht auch im ArbR ein Bedürfn für eine richterl Kontrolle der einseit vom ArbG festgesetzten ArbBdggen; die Rspr hat daher iW der RFortbildg Grds über eine richterl **Billigkeitskontrolle** bei gestörter VertrParität herausgebildet (BAG **22**, 194, NJW **71**, 1149, Betr **72**, 2113, **74**, 294, Becker NJW **73**, 1913, Lieb Betr **73**, 69, Zöllner AcP **176**, 244, v Hoyningen-Huene, Billigk im ArbR 1978, S 127ff). Eine gesetzl Absicherg dieser Rspr wäre erwünscht, ist aber im AGBG nicht vorgesehen. Die im Wege richterl RFortbildg herausgebildeten Grds sind daher weiter anzuwenden. Dabei können im EinzFall über §§ 242, 315 auch Grds des AGBG (etwa § 11 Nr 15) herangezogen w (Walchshöfer RWS-Forum 2, 1987, S 159). Die Ausn gilt für ArbVertr jeder Art (Einf 1e vor § 611), nicht aber für selbstd Handelsvertreter (Nürnb NJW-RR **86**, 782) u nicht für Miet- od DarlVertr mit ArbNeh (LAG Saarl NJW-RR **88**, 1008). Bei arbeitnehmerähnl Pers (ArbGG 5 I S 1) dürfte mit Rücks auf den fehlend Zustdg der ordentl Ger abgestellten Vorschr der §§ 13 ff unanwendb (aA Friedrich MDR **79**, 190, offen gelassen von BGH **LM** AGBG Nr 35). Grdsl anwendb sind dagg die mat-rechtl Vorschr des AGBG (Walchshöfer aaO str), sie gelten aber nicht für TarifVertr. Auf DienstVertr mit selbstd Tätigen erstreckt sich § 23 I nicht. – **bb) Familien- und Erbrecht:** Sow hier ausnw FormularVertr benutzt w, besteht für eine Anwendg des Ges kein Bedürfn. Die Freistellg betrifft auch den ErbschKauf (§ 2371, vgl Ul-Br-He Rdn 14, str) u Vertr über einen vorzeit ErbAusgl (§ 312 II), die bei mehreren Betroffenen gelegentl standardisiert w. Vertr des FamR sind nur solche, die famrechtl RBeziehgen regeln (§§ 1372, 1408, 1585c, 1587o), nicht dagg schuldrechtl Vertr zw Eheg od Verwandten (Ul-Br-He Rdn 17). – **cc) Gesellschaftsrecht:** Es umfaßt das Recht der HandelsGesellsch einschl der stillen Gesellsch (Köln Betr **83**, 105), das GenossenschR, auch soweit es um korporationsrechtl Austausch- u BenutzgsVerh zw Genossensch u Mitgl geht (BGH **103**, 219), das Recht der BGB-Gesellsch u das VereinsR. Nicht freigestellt sind Vereinbgen über die Ausübg von GterR (DepotstimmR) sowie SatzgsBest eines Verbandes, die RBeziehgen zu Dr regeln (BGH **LM** § 25 Nr 10, Ffm NJW **73**, 2209). Werden gesellsch Gestaltgen zur Umgehg des Ges benutzt, ist § 7 anzuwenden. Im VereinsR unterliegt die Satzg gem §§ 242, 315 einer richterl InhKontr (§ 25 Anm 3 a). Entspr gilt für formularmäß Regelgen bei einer sog PublikumsKG (BGH **64**, 238, **84**, 13, **102**, 177, **104**, 53). Zur InhKontrolle von GesellschVertr vgl näher U. H. Schneider ZGR **78**, 1ff, Stimpel FS Fischer, 1979, 771ff, Loritz JZ **86**, 1077, Nassall BB **88**, 286.

b) Nach § 23 II u III finden **einzelne Vorschriften** des Ges auf best Arten von Vertr od AGB keine Anwendg: **aa) Nr 1:** Die angeführten Tarife u BeförderungsBdggen sind keine RNormen, w aber gem §§ 6 VI EVO, 39 VII PersBefG öff bekannt gemacht. Für sie kann daher auf eine förml Einbez verzichtet w (s BGH NJW **81**, 569). Auch nach § 157 bedeutet die Inanspruchn von BeförderungsLeistgen Einverständn mit den maßgebden Bdggen. Hins der EVO u der VO vom 27. 2. 1970 (cc) ist eine Einbez schon deshalb nicht erforderl, weil sie RNormen sind (Anm 1). – **bb) Nr 2:** Die 1942 gem EnergWG 7 für allg verbindl erkl Strom- u GasversorggsBdggen waren als RNormen (BGH **9**, 393, **23**, 179, **66**, 65) der Anwendg des Ges entzogen. Ihre weitgehden HaftgsBeschrkgen hat die Rspr als wirks angesehen, aber eng ausgelegt (BGH NJW **69**, 1903, BGH **64**, 359). Die inzwischen erlassenen neuen VersorggsBdggen (§ 27 Anm 1) sind als RNormen gleichfalls einer Kontrolle gem §§ 9–11 entzogen, können aber aGrd des richterl PrüfgsR auf Einhaltg der Ermächtigg u damit auf ihre Angemessenh überprüft w. Ggü Sonderabnehmern gelten die VersorggsBdggen dagg nur kr Einbez, unterliegen also der InhKontrolle (Ebel Betr **79**, 1829, s dazu die Lit in § 27 Anm 1). Um diese nicht besser zu stellen als die Tarifabnehmer, best Nr 2, daß die VersorggsBdggen auch bei vertragl Einbez von den Verboten der §§ 10 u 11 freigestellt sind. – **cc) Nr 3:** Die VO vom 27. 2. 1970 (BGBl 230), die dch eine summenmäß Haftgsbegrenzg von § 11 Nr 7 u 8 (Haftg bei grobem Versch, Verz u Unmöglichk) abw, fällt als VO gem PersBeförgG 58 I Nr 3 nicht unter das Ges (vgl Loh BB **70**, 1017). Nr 3 ermöglicht aus Grden der Gleichbehandlg, daß privatrechtl gestaltete Bdggen die Regeln der

Fünfter Abschnitt. Schluß- und Übergangsvorschriften **AGBG 24–27**

VO übernehmen. Sie ist auf die AGB von LuftVerkUntern weder direkt noch entspr anwendb (BGH NJW **83**, 1324). – **dd) Nr 4:** Bei staatl gen Lotterie- od AusspielVertr (§ 763) kann die Haftg für grobes Versch entgg § 11 Nr 7 ausgeschl w, da andf die Gefahr eines kollusiven Zuswirkens zw Kunden u einem Angest (ErfGeh) des Verwders bestehen würde. Der Wortlaut der AusnVorschr reicht weiter als der in der Entstehgsgeschichte hervorgehobene Zweck. Dem ist dch Anwendg des § 9 Rechng zu tragen. – **ee) Nr 5:** Die VOB (B) w hins ihrer „Fiktionen" u ihrer VerjRegelg (§ 11 Nr 10 f) vom Ges freigestellt; vgl § 10 Anm 5 a dd u § 11 Anm 10 f. Im übr findet das AGBG dagg auf die VOB Anwendg (vgl § 9 Anm 7 v). – **ff) Nr 6:** Sie gestattet, daß bei Verk zugehöriger Sachen, VersVertr u Vertr mit Inh von UrhR formularmäß weitergehende zeitl Bindgen begründet w, als § 11 Nr 12 für sonst DauerSchuldVerh zuläßt (vgl dort Anm 12 a). Die Vorschr ist, auch soweit sie VersVertr betrifft, verfassgsrechtl unbedenkl (BVerfG NJW **86**, 243). – **gg) III:** Auch bei Vertr mit Bausparkassen (BauspG 1 I), Versicherern (VVG 1) u KapitalanlageGesellsch (KAGG) gelten für die Einbez von AGB an sich die Erfordern des § 2 (Ul-Br-He Rdn 53, str). § 2 ist hier aber lex imperfecta. Die behördl genehmigten AGB w auch dann VertrInh, wenn der Verwder die Obliegenh des § 2 nicht erf. III hat somit nur klarstellde Bedeutg: Da des gesetzl Vorschr fehlen, würde auch ohne § 6 II iVm §§ 157, 242 die Lücke dch Heranziehg der genehmigten AGB zu schließen sein. Auf nicht genehmigte AGB ist III auch nicht entspr anwendb (BGH NJW **82**, 824).

3) Ausnahmen von persönlichem Anwendungsbereich (§ 24). a) § 24 bringt hins der Anwendg des Ges auf **Kaufleute** eine **mittlere Lösung.** Es hat dabei für eine Frage, die in der Reformdiskussion bes umstr war (vgl Ul-Br-He Rdn 2–12), einen brauchb Kompromiß gefunden. Nach § 24 gilt das Ges grdsl auch dann, wenn AGB ggü Kaufleuten, jur Pers des öffR u öffr Sondervermögen verwendet w. Es bestehen jedoch drei wesentl Einschrkgen: **aa)** Zur **Einbeziehung** von AGB in den Vertr genügt jede auch stillschw erklärte Willensübereinstimmg der Part; die Erfordern des § 2 brauchen nicht erfüllt zu sein (näher § 2 Anm 6). – **bb)** Für die **Inhaltskontrolle** ist allein § 9 mit der Ergänzg in § 24 S 2 maßgebl; die Klauselverbote der §§ 10 u 11 gelten nicht (näher § 9 Anm 5). – **cc)** Die SchutzVorschr des § 12 für Vertr, die ausl Recht unterstehen, ist unanwendb. – **b)** § 24 betrifft: **aa) Kaufleute.** Die Vorschr unterscheidet (and als AbzG 8 u ZPO 38) nicht zw Voll- u Minderkaufl. Sie gilt für HandelsGesellsch (HGB 6), alle im Handels-Reg Eingetragenen (HGB 2, 3 II) einschließl des Scheinkaufm (HGB 5, Hamm NJW **82**, 283, s auch BGH Betr **82**, 1821), für denjenigen, der ein GrdHandelsgewerbe (HGB 1) betreibt auch ohne Eintr. Sie ist unanwendb, wenn die Part die KaufmEigsch erst dch den VertrSchl erlangt (Kblz NJW **87**, 74, aA Oldenbg NJW-RR **89**, 1081) u gilt nicht für sonst Gewerbetreibde u Angeh freier Berufe. – **bb)** Der Vertr muß zum **Betrieb des Handelsgewerbes** gehören (HGB 343). Das trifft auf alle Vertr zu, die dem Interesse des Gesch, der Erhaltg seiner Substanz od der Erzielg von Gewinn dienen sollen (BGH **LM** HGB 406 Nr 1). Eingeschlossen sind auch Hilfs- u NebenGesch, ungewöhnl Vertr, vorbereitde u abwickelde Gesch (Einzeln bei Baumb-Duden zu HGB 343). Im Streitfall gilt die Vermutg des HGB 344 I, wonach die von einem Kaufm vorgn RGesch iZw zum Betr seines Handelsgewerbes gehören. – **cc) Juristische Personen des öffentlichen Rechts:** alle Körpersch, einschließl der Gebietskörpersch, sowie Anstalten u Stiftgen des öffR (näher Vorbem 1 vor § 89). – **dd) Sondervermögen des öffentlichen Rechts:** Bundesbahn, Bundespost, LAG-AusglFond (Diederichsen BB **74**, 379). Sie nehmen selbstd am RVerk teil, h aber keine eig RPersönlichk.

Fünfter Abschnitt. Schluß- und Übergangsvorschriften

AGBG 25 *(Die Vorschr hat in das BGB einen neuen § 476 a u § 633 II 2 eingefügt, vgl dort)*

AGBG 26 *Änderung des Energiewirtschaftsgesetzes.* § 7 des Energiewirtschaftsgesetzes vom 13. Dezember 1935 (Reichsgesetzbl. I S. 1451), zuletzt geändert durch Artikel 18 des Zuständigkeitslockerungsgesetzes vom 10. März 1975 (Bundesgesetzbl. I S. 685), wird wie folgt geändert:

1. In Satz 1 werden die Worte „allgemeine Bedingungen und" gestrichen.
2. Die Sätze 1 und 2 werden Absatz 1.
3. Es wird folgender Absatz 2 angefügt:

„II Der Bundesminister für Wirtschaft kann durch Rechtsverordnung mit Zustimmung des Bundesrates die allgemeinen Bedingungen der Energieversorgungsunternehmen (§ 6 Abs. 1) ausgewogen gestalten. Er kann dabei die Bestimmungen der Verträge einheitlich festsetzen und Regelungen über den Vertragsabschluß, den Gegenstand und die Beendigung der Verträge treffen sowie die Rechte und Pflichten der Vertragspartner festlegen; hierbei sind die beiderseitigen Interessen angemessen zu berücksichtigen. Die Sätze 1 und 2 gelten entsprechend für Bedingungen öffentlich-rechtlich gestalteter Versorgungsverhältnisse mit Ausnahme der Regelung des Verwaltungsverfahrens."

AGBG 27 *Ermächtigung zum Erlaß von Rechtsverordnungen.* Der Bundesminister für Wirtschaft kann durch Rechtsverordnung mit Zustimmung des Bundesrates die allgemeinen Bedingungen für die Versorgung mit Wasser und Fernwärme ausgewogen gestalten. Er kann dabei die Bestimmungen der Verträge einheitlich festsetzen und Regelungen über den Vertragsabschluß, den Gegenstand und die Beendigung der Verträge treffen sowie die Rechte und Pflichten der Vertragspartner festlegen; hierbei sind die beiderseitigen Interessen angemessen zu berücksichtigen. Die Sätze 1 und 2 gelten entsprechend für Bedingungen öffentlich-rechtlich gestalteter Versorgungsverhältnisse mit Ausnahme der Regelung des Verwaltungsverfahrens.

1) AGrd der Ermächtiggen im neugefaßten § 7 EnergieWG u im § 27 AGBG sind inzwischen die AVB-GasV u die AVBEltV vom 21. 6. 79 (BGBl 676) sowie die AVBFernwärmeV u AVBWasserV v. 20. 6. 80 (BGBl 742) erlassen worden. **Schrifttum:** Hermann/Recknagel/Schmidt-Salzer, AllgVersorggsBdggen Band I, 1980, Bd II, 1984; Wichmann, AGBG u E-Versorgg, 1981, Diss Clausthal; Börner Betr **78**, Beil 27; Danner BB **79**, 76; Ebel Betr **79**, 1829, BB **80**, 477, MDR **81**, 197; Knüppel NJW **80**, 212; Schmidt-Salzer BB **80**, 1701. Die Ermächtiggen sind iSd GG 80 hinr konkretisiert u auch mit dem SelbstverwaltgsR der Gemeinden vereinb (BVerfG NVwZ **82**, 306, BGH NVwZ **85**, 289). Die VO sind daher grdsl wirks. Das gilt auch für die mit Rückwirkg erlassenen AVBFernwärmeV u AVBWasserV (BGH **100**, 8). Die VO unterliegen dem richterl PrüfgsR, können also auf die Einhaltg der Ermächtigg u damit im Ergebn auf ihre Angemessenh geprüft w (BGH aaO, KG VersR **85**, 289). Vgl iü § 24 Anm 2 b bb.

AGBG 28 *Übergangsvorschrift.*

^I Dieses Gesetz gilt vorbehaltlich des Absatzes 2 nicht für Verträge, die vor seinem Inkrafttreten geschlossen worden sind.

^{II} § 9 gilt auch für vor Inkrafttreten dieses Gesetzes abgeschlossene Verträge über die regelmäßige Lieferung von Waren, die regelmäßige Erbringung von Dienst- oder Werkleistungen sowie die Gebrauchsüberlassung von Sachen, soweit diese Verträge noch nicht abgewickelt sind.

^{III} *Auf Verträge über die Versorgung mit Wasser und Fernwärme sind die Vorschriften dieses Gesetzes erst drei Jahre nach seinem Inkrafttreten anzuwenden.*

1) Das Ges gilt grdsl nur für Vertr, die nach dem 31. 3. 1977 (§ 30) abgeschl w. Entscheidd ist, ob die AnnErkl vor od nach dem 1. 4. 1977 0 Uhr zugegangen ist (BGH NJW **86**, 711). Für fr zustandegek Vertr ist weiterhin das bish Recht maßgebl (vgl 35. Aufl Einf 6 vor § 145). Das neue Recht w aber anwendbar, wenn ein dch Künd od Zeitablauf beendeter Vertr fortgesetzt w (Ffm NJW **87**, 1650). Es gilt ferner, wenn dch ÄndVereinbg der sachl od zeitl Anwendungsbereich des Vertr erweitert wird (BGH NJW **85**, 971) od wenn abgeänderte AGB in den Vertr einbezogen werden (Ul-Br-He Rdn 2). Dagg w das AGBG nicht schon dadch anwendb, daß ein Vertr infolge Nichtausüb des KündR um eine weitere Periode fortgesetzt w od daß der vereinbarte Pr aGrd einer entspr VertrKlausel an die veränderten Verhältn angepaßt w (Ffm NJW **87**, 1650).

2) II trifft für best **Dauerschuldverhältnisse** eine Sonderregel. Für sie gilt die Generalklausel des § 9 (nicht die §§ 10 u 11) auch dann, wenn der Vertr vor dem 1. 4. 1977 abgeschl worden ist. Die Vorschr verstößt nicht gg das verfassgsrechtl Rückwirkgsverbot, da sie ausschließl Rechte u Pflichten betrifft, die nach dem 31. 3. 1977 entstehen (BGH **91**, 385; Fall unechter Rückwirkg). Sie will den Fortbestand von Bdggen verhindern, die in unerträgl Widerspr zu grdlgden Wertgen des AGBG stehen (BGH aaO). Sie hat folgden Anwendungsbereich: **a)** Vertr über regelm Warenlieferg, Dienst- u WkLeistgen. Der Begr ist aus § 11 Nr 12 entnommen u genau so auszulegen wie dort (§ 11 Anm 12). VersVertr fallen nicht unter ihn (Ul-Br-He Rdn 6, str, aA Bauer BB **78**, 477, offengelassen von BGH VersR **82**, 483), wohl aber Maklerdienst-Vertr (BGH NJW **86**, 1173) u Vertr über die Versorgg mit Elektr, Gas, Fernwärme u Wasser. – **b)** Vertr über die Gebrauchsüberlassg von Sachen (nicht Rechte). Das sind Miete, einschließl des LeasingVertr (BGH **81**, 302), Pacht u Leihe, nicht dagg das Darl (offen gelassen von BGH NJW **85**, 618).

3) III ist seit dem 1. 4. 1980 dch Zeitablauf ggstlos. Für die Versorgg mit Wasser u Fernwärme gelten nunmehr die rückwirkd aber wirks in Kraft gesetzten AVBWasserV u AVBFernwärmeV (§ 27 Anm 1). Sow die VO keine abschließden Regelgen enthalten (s zB § 1 III der VO), gilt das AGBG.

AGBG 29 *Berlin-Klausel.*

Dieses Gesetz gilt nach Maßgabe des § 13 Abs. 1 des Dritten Überleitungsgesetzes vom 4. Januar 1952 (Bundesgesetzbl. I S. 1) auch im Land Berlin. Rechtsverordnungen, die auf Grund dieses Gesetzes erlassen werden, gelten im Land Berlin nach § 14 des Dritten Überleitungsgesetzes.

AGBG 30 *Inkrafttreten.*

Dieses Gesetz tritt vorbehaltlich des Satzes 2 am 1. April 1977 in Kraft. § 14 Abs. 2, §§ 26 und 27 treten am Tage nach der Verkündung* in Kraft.

* Verkündung: 15. 12. 1976.

Gesetz betr. die Abzahlungsgeschäfte

Vom 16. Mai 1894 (RGBl S 450/BGBl III 402–2), zuletzt geändert durch die Vereinfachungsnovelle vom 3. Dezember 1976 (BGBl I S 3281)

Bearbeiter: Prof. Dr. Putzo, Vizepräsident des Bayerischen Obersten Landesgerichts

Einleitung

1) Allgemeines. a) Schrifttum: Weitnauer-Klingsporn in Erman, BGB-Komm Bd 1; 1981; Hönn in Soergel BGB-Komm Bd 2/2, 11. Aufl, 1986; Kessler in RGRK 12. Aufl 1978, Anh nach § 455; Klauss-Ose, VerbrKredGesch Komm 2. Aufl 1988; Ostler-Weidner (fr Crisolli-Ostler), Komm 6. Aufl, 1971; Westermann in MüKo, BGB-Komm Anh nach § 515, 1980. **b)** Zweck des G ist Schutz des wirtschaftl u soz schwächeren AbzK. Dabei ist zu berücks: Wirtschaftspolit ist einers der AbzKauf unerwünscht, weil er eine (meist verdeckte) Verteuerg der Ware verurs u Einkommensschwache zu überflüss Anschaffgen verführt, ands notw, weil er den frühzeit od sonst unmögl Erwerb nützl WirtschaftGüter ermögl, Absatz u Produktion steigert. **c) Reformen** wurden erst dch die nach dem 2. Weltkrieg eingesetzten mod Absatzmethoden notw. Die Reformbestrebgen haben umständl gesetzl Regelgen hervorgebracht, deren prakt Wert (abgesehen von § 6a) bezweifelt werden muß. Die erhöhten Risiken des AbzV müssen sich im Preis niederschlagen, der Schutz des AbzK ist überzogen u zudem so kompliziert, daß der Dchschnittskonsument die vorgeschriebenen Belehrungen nicht od falsch verstehen wird. Es kam bisher zu 2 Novellen: **aa)** Schriftform mit offengelegter Verteuerg u Einschränkg der GerStandsVereinbg. Das ist dch §§ 1a, 6a (AbzGNov v 1. 9. 69, BGBl 1541) erfolgt. **bb)** Unverzichtb WiderrufsR des AbzK u Ausdehng auf Gesch, die wirtsch den AbzGesch entspr. Dch das G v 15. 5. 74 wurden § 1a ergänzt u die §§ 1b, 1c, 1d u 6b eingefügt. In Kr getreten am 1. 10. 74. **d) Anwendungsbereich:** Allg gilt das AbzG, wenn AbzGesch vorliegt (Anm 2) u der AbzK nicht eingetr Kaufmann ist (§ 8); zT gilt das AbzG bei Gesch des § 1c. Eine konkrete Schutzbedürftigk des AbzK ist nicht notw (BGH stRspr, zB *47*, 217 [222] u NJW *77*, 1632). Größe des Gesch u Höhe des KaufPr schließen die Anwendg des AbzG nicht aus (hM). **e) Verhältnis zum BGB.** Das AbzG ist materiell ein Teil des BGB (SchuldR) als SondRegelg des AbzGesch. Für dieses gilt iü, soweit nicht dch das AbzG geregelt, das BGB; insb sind die §§ 320 ff, 433 ff, 459 ff anzuwenden. **f) International.** Es gilt Art 29 EGBGB.

2) Begriff des Abzahlungsgeschäfts (TeilzahlgsGesch). Es ist iS der GÜberschrift eine Verbindg von Warenkauf u KreditGesch, stets ein ggseit Vertr (§§ 320 ff). **a) Entwicklung:** Bis zur AbzGNov v 1. 9. 69 (Einfügg von §§ 1a, 6a) wurde von der hM der Begr des AbzGesch aus § 1 abgeleitet u als wesentl, notw Merkmale herausgestellt: (1) Kauf od UmgehgsVertr gem § 6; (2) Bewegl Sache; (3) Teilzahlgsabrede; (4) Übergabe; (5) RücktrVorbeh des AbzV. Dch die §§ 1a, 6a ist von dem Zweck u Voraussetzgen her für jeden Fall die Überg als notw Bestandteil eines AbzGesch entfallen (Knippel NJW *71*, 1117 u JR *80*, 93; KG NJW *75*, 1327; MüKo-Westermann § 1 Rdn 11), weil §§ 1a, 6a RFolgen vorschreiben, die idR vor Überg der Sache eintreten. Der RücktrVorbeh u der Rücktr selbst sind nach ihr Auffassg (MüKo-Westermann § 1 Rdn 15; Ostler-Weidner § 1 Anm 60) von jeher nur Voraussetzgen für die Anspr u RFolgen der §§ 1, 2 gewesen, aber nicht notw BegrMerkmal des AbzGesch. Vereinbg eines EigtVorbeh ist nie für erforderl gehalten worden. **b) Neuer Begriff:** Das AbzG erfordert wg der Ändergen (§§ 1a–1d) für seine Anwendg einen v der Überg unabhäng Begr des AbzGesch. Hierzu sind noch folgde Voraussetzgen notw: **aa) Kaufvertrag** (§ 433) unter Einschl aller WerklieferVertr (§ 651; hM). Der typ FertighausVertr fällt idR als reiner WerkVertr nicht unter das AbzG (BGH *87*, 112). AbzGesch sind auch die UmgehgsVertr (§ 6 Anm 2). Auch beiders private Gesch (hierzu Peters JZ *86*, 409), da der AbzV nicht gewerbsm handeln muß (Celle NJW-RR *89*, 499); dies gilt, obwohl das AbzG darauf nicht zugeschnitten ist. **bb) Bewegliche Sachen** müssen Ggst des Vertr (Anm b aa) sein. Anwendg auf eingetr Seeschiff bejaht v KG NJW-RR *86*, 476. Eine entspr Anwendg auf immat Güter (Nürnb MDR *79*, 144 [Kundenkartei]), unbewegl Sachen u Re ist nicht mögl (allgM), insb nicht auf Verm u Nachl, auf gewerbl Untern (BGH *97*, 127 [131] u WM *85*, 32 mwN), erst recht nicht auf Teile davon (BGH NJW *80*, 445 [GüterfernVerkUntern]), ebswoen auch nicht auf Lizenzen (BGH *105*, 374), wohl aber auf ein Inv (BGH NJW *88*, 1668); darauf darf aber nicht geschlossen w, wenn nur vereinb w, daß ein Firmenwert nicht bestehe (BGH WM *89*, 1387). Bei gewerbl Untern können die RsprGrdsätze zum finanz AbzKauf (EinwendgsDchgriff, Anh zu § 6 Anm 5) angewendet w (BGH NJW *78*, 1427). Bei gemischten Vertr über Lieferg v Sachen verbunden mit werkvertrl Leistgen (BGH NJW *83*, 2200) kann grdsätzl das AbzG, wenn das einheitl Entgelt aufschlüsselb ist, nur auf den Teil des Vertr, der den Kauf betr, angewendet w (BGH aaO; vgl aber § 1b IV). Das gilt nicht, wenn bei einem WerkVertr auch eine Sache geliefert w (BGH NJW-RR *86*, 982 – Haarpflege). Iü ist bei verbundenen Vertr das AbzG nur auf den kaufrechtl Teil anwendb (BGH NJW *83*, 2027 für Kauf u Miete). Sachen, die wesentl Bestandteil sind (§ 93), können nicht Ggst eines AbzGesch sein, weil sie nicht sonderrechtsfäh sind; wohl aber können Zubeh (§ 97), Sachgesamth (zB Bücherei, Zimmereinrichtg) Ggstand eines einheitl SchuldVerh sein (Übbl 3 c vor § 90); daher ist auch bei mehreren Sachen AbzGesch mögl (hM), mit einheitl Preis u bei jede einzelne Sache isolierter RücktrFiktion (Gramm AcP *158*, 257; MüKo-Westermann § 1 Rdn 3); erst recht bei einer aus mehreren Teilen bestehden Sache (zB mehrbänd Buchwerk, auch wenn sukzessiv geliefert w (LG Hbg NJW *73*, 804; Mösenfechtel MDR *74*, 111). Beim Kauf mehrerer, nicht dch einheitl SachInbegr verbundener Sachen ist grdsätzl eine dementspr Mehrh von AbzGesch anzunehmen (vgl aber für sog Sammelbestellg § 1a Anm 7 u § 1c). Auch bei ZusFassg in einen Vertr sind sie als Einzelkäufe zu bewerten, Rücktr, Verrechng,

Einl z AbzG 1, AbzG 1 *Putzo*

Vergütg gem § 2 für jede Sache gesondert zu beurt. **cc) Teilzahlungsabrede** ist die Vereinbg der Vertr-Part, daß der KaufPr (§ 433 II) od die entspr Vergütg (§ 6) nicht auf einmal, sond in mind 2 Teilen (Raten) nach Überg der Sache zu leisten ist (vgl BGH **70**, 378 mwN, umstr), sodaß kein AbzGesch vorliegt, wenn bei einem Kfz-Kauf der Gebrauchtwagen in Zahlg gegeben u der Rest später in bar zu zahlen ist (BGH aaO), bei einer sog Anzahlg (BGH **70**, 378), ebsowen, wenn der KaufPrTeil des in Zahlg gegebenen Kfz bis zu dessen Verkauf gestundet (BGH NJW **79**, 874) od ein für den KaufPrRest gegebener Wechsel prolongiert wird (BGH NJW **80**, 1680). Es genügt, daß dem AbzK die Möglk eingeräumt w, in Raten zu zahlen (BGH NJW **88**, 1021). **(1) Zeitpunkt:** Die Teilzahlgsabrede muß nicht im urspr KaufVertr getroffen sein. Sie kann, wenn § 1a eingehalten w, nachträgl getroffen w (hM; MüKo-Westermann § 1 Rdn 10). Nicht unter das AbzG fällt, wenn der Verk nach ursprüngl Barzahlungsabrede später ohne Teilzahlgszuschlag gestattet, den RestkaufPr in Raten zu tilgen (hM; BGH BB **85**, 689 [693]). Die TeilzahlgsAbrede kann in einem and, wirtsch zushängden Vertr enthalten sein (SukzessivLiefer von Eispulver u Miete einer Eismaschine, BGH **62**, 42). **(2) Bestimmtheit:** Höhe u Fälligk der Anzahlg u Raten müssen (wg § 315), um den Begr des AbzGesch zu erf, nicht bestimmt sein (BGH NJW **54**, 185); jedoch besteht in § 1a I hierfür eine Form-Vorschr u Obliegenh des AbzV. **(3) Wechsel:** Die Teilzahlgsabrede kann dadch getroffen w, daß der AbzK (mind 2) Wechsel über den KaufPr akzeptiert (RG **136**, 137). Dadch wird der Charakter des AbzGesch nicht berührt, gleichgült ob die Wechsel gestückelt sind od ob nur ein sog Rahmenwechsel (zur Sicherg), ob er erfhalber (§ 364 I, dann § 6) begeben wird (das zuletzt Genannte ist str, vgl Ostler-Weidner § 1 Anm 56). **(4) Beweislast:** Der Verk muß nicht beweisen, daß ein Barkauf vorliegt (MüKo-Westermann § 1 Rdn 27; aA BGH NJW **75**, 206). Die BewLast dafür, daß ein AbzKauf vorliegt, hat ggü dem auf RestKaufPrZahlg klagden Verk wg § 271 I der verklagte Käufer (aA BGH aaO).

3) Verbraucherkreditgesetz. Auf Grd der Richtlinie vom 22. 12. 86 des Rats der Europ Gemeinsch (87/102/EWG) haben die MitglStaaten die erforderl RVorschr bis spät 1. 1. 90 in Kr zu setzen. Die BReg hat am 11. 8. 89 den Entwurf eines G üb VerbrKredite, zur Änd der ZPO u and Ge vorgelegt. Ob das G zum vorgeschriebenen Term in Kr treten kann, ist fragl. Der vorgesehene AnwendgsBer ist weit gefaßt u ergreift alle Formen des VerbrKredits sowie den KreditVermittlgsVertr. Der VerbrSchutz soll dch Formzwang, VertrInhaltsVorschr, WiderrR, EinwendgsDchgriff, KündBeschränkgen u bei der ZahlgsAnrechng verwirkl w. Das AbzG wird mit Inkrtreten des VerbrKreditG aufgehoben u gilt nur noch für die bis dahin abgeschl Vertr weiter.

AbzG 1 *Rückgewähransprüche bei Rücktritt.* **I** Hat bei dem Verkauf einer dem Käufer übergebenen beweglichen Sache, deren Kaufpreis in Teilzahlungen berichtigt werden soll, der Verkäufer sich das Recht vorbehalten, wegen Nichterfüllung der dem Käufer obliegenden Verpflichtungen von dem Vertrage zurückzutreten, so ist im Falle dieses Rücktritts jeder Teil verpflichtet, dem anderen Teil die empfangenen Leistungen zurückzugewähren. Eine entgegenstehende Vereinbarung ist nichtig.

II Dem Vorbehalte des Rücktrittsrechts steht es gleich, wenn der Verkäufer wegen Nichterfüllung der dem Käufer obliegenden Verpflichtungen kraft Gesetzes die Auflösung des Vertrages verlangen kann.

1) Allgemeines. a) Zweck: § 1 ist (vor allem iVm § 5) die wichtigste SchutzVorschr des AbzG. Es wird verhindert, daß der AbzK bei Rückg der Sache dch abweichde Vereinbg entgg § 346 seine bisher gezahlten KaufPrRaten verliert od dabei übervorteilt wird. **b) Abdingbarkeit:** I S 1 ist zwingd (I S 2). Die Nichtigk erfaßt nur die betr Vereinbg, nicht das übr RGesch (allgM); es gilt dann die gesetzl Regelg des § 1. Entggstehd sind zB Vereinbg, daß AbzV die Leistgen des AbzK nicht zurückgewähren muß, die KaufPrFdg trotz Rücktr nicht erlischt. Zuläss sind hingg abweichde Vereinbgen, die den AbzK günst stellen. Zuläss sind auch idR solche (insb Vergl, § 779), die nach dem Rücktr getroffen werden (hM; BGH NJW **79**, 872). **c) Anwendungsbereich:** Bei allen AbzGesch (Einl 2); nur beim Rücktr des AbzV (beim finanz Kauf dem der FinBank, BGH NJW **72**, 46; vgl Anh nach § 6); wg der Fiktion des § 5 in allen Fällen, bei denen der AbzV die Sache an sich nimmt, ohne Rücks darauf, wie das (statt Rücktr) bezeichnet w. Wg der Anwendg auf AbzGesch über mehrere Sachen vgl Einl 2b, bb.

2) Anspruchsvoraussetzungen des RückgewährAnspr sind: (1) Vorliegen eines AbzGesch (Einl 2); (2) Überg des KaufGgst (Anm 3); (3) RücktrR des AbzV (Anm 4); (4) RücktrErkl (Anm 5). Alle diese Voraussetzgen müssen erf sein, damit die RFolgen (Anm 6) eintreten. Fehlt es noch an der Überg (Anm 3), so gebietet der Schutzzweck des AbzG (Anm 1a), daß der AbzK nicht schlechter gestellt werden darf, als er nach § 1 im Falle des Rücktr gestellt wäre; insow ist eine entspr Anwendg des § 1 gerechtf. Das ist umstr u entspr im Ergebn der Ansicht v Knippel in JR **80**, 93 mwN.

3) Übergabe der Sache. **a) Begriff:** Entspr grdsätzl der Verpfl des Verk gem § 433 I (dort Anm 2a) u ist unabhäng von der Übereigng. Die Überg muß auch beim UmgehgsGesch (§ 6) in einer entspr Weise vorliegen. Dem Zweck des AbzG entspr muß wirtschaftl betrachtet zur Nutzg, insb zum Gebr od Verbrauch überlassen w. **b) Voraussetzungen:** Abweichd von dem für den Kauf allg geltden ÜbergBegr (Anm a) gelten beim AbzGesch folgde Besonderh: **aa) Mittelbarer Besitz:** Grdsätzl ist Verschaffg des unmittelb Bes erforderl. Daß dem AbzK der mittelb Bes (§ 868) eingeräumt od der HerausgAnspr (der dingl, § 985 od der schuldrechtl, zB § 556) abgetreten wird, genügt ausnahmsw dann (umstr), wenn dies vertragsgem ist u dadch dem AbzK wirtschaftl der Gebr od die bestimmungsgem Nutzg verschafft w (MüKo-Westermann 14 mwN), zB bei Verkauf eines aufgestellten, im unmittelb Bes eines Dr stehden Warenautomaten. **bb) Vertragliche Einigung** genügt (wie bei § 854 II), wenn der AbzK die Sache bereits (insb aus and RGrd) besitzt u die VertrPart (auch stillschw) vereinb, daß die Sache nunmehr aGrd des AbzGesch besessen w (RG JW **05**, 18; bestr). **cc) Traditionspapiere** (insb §§ 424, 450, 650 HGB) reichen als Überg

Gesetz betr. die Abzahlungsgeschäfte **AbzG 1** 3–6

Ers, weil dem AbzK dadch die Verfügg üb die Sache eingeräumt wird (RGRK-Kessler 2). **dd)** *Zeitpunkt:* Zeitl muß die Überg vor Fälligk des restl KaufPr geschehen, weil sonst der Begr des AbzGesch nicht erf wird (vgl Einl 2 b, cc). Daher fallen sog AnsparVertr, bei denen erst bei voll erfülltem KaufPr die Sache übergeben w, nicht unter das AbzG (Mü WM **84**, 344). **ee)** *Versendung:* Wird dem AbzK die Sache zugesandt, so ist zu unterscheiden: α) Beim echten Versendgskauf (§ 447) kommt die Überg erst zustande, wenn dem AbzK die Sache ausgeliefert ist; denn § 447 betr nur die Preisgefahr, bewirkt aber keinen Besitzübergang. β) Bei bloßer Zusendg der Sache nach Kauf u Konkretisierg in Anwesenh des AbzK im GeschRaum des AbzV kann die Überg schon bei VertrSchl im GeschRaum des AbzV stattgefunden haben (RGRK-Kessler 3).

4) Rücktrittsrecht. Es muß dem AbzV zustehen, damit der ausgeübte Rücktr (Anm 5) wirks ist. § 1 gilt für den Rücktr des AbzK nicht; es gelten die §§ 346 ff. Das gilt auch für den fingierten Rücktr (§ 5). Bei UmgehgsGesch (§ 6), sofern sie als DauerSchuldVerh ausgestaltet sind, steht dem RücktrR das KündR gleich.

a) Vertragliches RücktrR (Abs I). Seine Ausgestaltg u die von den Part festgelegten Voraussetzgen beschränkt das AbzG nicht. Für die Anwendg des § 1 bestehen 2 Voraussetzgen: **aa) Rücktrittsvorbehalt** im Vertr kann auch nachträgl über § 305 vereinb sein dch (1) Ausdrückl Vorbeh (§ 346), (2) Verwirkgsklausel (§ 360), (3) EigtVorbeh (§ 455), (4) die sog Selbsthilfeklausel (Pfl, die Abholg der Sache dch den AbzV zu dulden), die wg § 5 wie ein RücktrVorbeh wirkt (Ostler-Weidner 90). **bb) Nichterfüllung** der VertrPfl des AbzK. Das kann sich auf jede VertrPfl beziehen, nicht nur auf die HauptPfl (§§ 433 II, 326), sond auch (prakt wenig bedeuts) auf jede NebenPfl (hM), die auch erst dch den Vertr begründet w, zB Pfl zur Anz best Tats (Wechsel von ArbPlatz od Wohns, ZwVollstrMaßn), zur Versicherg der Sache, zur GebrBeschränkg u Obhut. Da die VertrPart bei der Ausgestaltg der RücktrVoraussetzgen (abgesehen von §§ 134, 138, § 10 Nr 3 AGBG) frei sind, muß zur NichtErf nicht Versch des AbzK (§§ 276, 278) od Verzug (§§ 284, 285) hinzutreten, wenn dies nicht im Vertr vorgeschrieben od in den Fällen der §§ 326, 360, 455 gesetzl notw ist. Hierzu wird in Schrifft u Rspr meist nicht genügd differenziert zw den vertragl Bestimmgen u den gesetzl Erfordern (Anm b). Entgg dem Wortlaut sind von § 1 auch die Fälle umfaßt, daß der Rücktr ohne od aGrd and Voraussetzgen als NichtErf von Pfl des AbzK zul ist, denn der Schutzzweck des AbzG umfaßt erst recht die Fälle, in denen der Rücktr in die Willkür des AbzV gestellt ist (Ostler-Weidner 74; bestr).

b) Gesetzliches RücktrR (Abs II) ist ausdr dem vertragl gleichgestellt, aber nur, wenn es wg NichtErf der VertrPfl besteht. Die Voraussetzgen richten sich nach BGB. Es kommen folgde Fälle in Betr: **aa) Verzug** mit der HauptLeistg (insb Zahlg des KaufPr, § 433 II) gem § 326 (daher idR NachFr notw). Bei KalTagFälligk ist aber Mahng entbehrl (§ 284 II 1); Versch ist wg § 285 notw; beruht der Verz aber bei Geldschuld auf Mittellosigk des AbzK, das Versch dadch nicht ausgeschl (vgl § 279 u § 285 Anm 1). Bei Verz mit einzelnen od mehreren Raten nach erbrachter Teilleistg ist § 326 I 3 zu beachten. **bb) Unmöglichkeit** die Hauptleistg (insb § 433 II) zu erf (§ 325 I). Nachträgl subj Unvermögen steht dem gleich (§ 275), bei Geldleistg wg § 279 stets zu vertreten. Bei Teilleistg ist § 325 I S 2 zu beachten. Die fingierte Unmöglichk des § 325 II ist wg § 326 prakt bedeutgsl. **cc) Positive Vertragsverletzung** kann unter bestimmten Voraussetzgen auch bei Verletzg (insb Verz, Unmöglk) von NebenPfl Rücktr od (bei UmgehgsGesch, § 6) Künd rechtf (vgl § 276 Anm 7 E, b). **dd) Störung der Geschäftsgrundlage** kann nur ausnahmsw zu Rücktr od Künd berecht (vgl § 242 Anm 6 B f).

c) Ausschluß des RücktrR führt dazu, daß der Rücktr (Anm 5) unwirks ist, der AbzK die Sache nicht herausgeben muß od ggf zurückverlangen kann, da der KaufVertr weiterbesteht; § 1 ist dann unanwendb. Es kommen in Betr: **aa) Verzicht** des AbzV auf vertragl u gesetzl RücktrR, im KaufVertr od nachträgl, dch Vertr (§ 397) od einseit WillErkl (§ 397 Anm 1 a); geht dann der AusleggsRegel des § 455 vor. Naheliegd für Sachen, die dem Gebr wertl w od im Verh zum Rückholgs Aufwand weniger wert sind. Verzicht ist aber bedeutgsl beim fingierten Rücktr des § 5. **bb) Erlöschen:** dch FrAblauf (§ 355) od in den Fällen des § 351 (Verschlechterg usw), § 354 (Verzug des Berecht) u § 356 S 2 (Mehrh v RücktrBerecht). **cc) Treu und Glauben,** wenn der Zahlgsrückstand nur geringfüg (RG [GS] **169**, 140 [143]) od wenn er für AbzK u AbzV unterschiedl bedeuts u daher zweckwidr ist, wg unzuläss RAusübg (§ 242 Anm 4), ferner wg Verwirkg (§ 242 Anm 5), insb wenn die RücktrErkl unangemessen verzögert wird, wofür aber ZtAblauf allein nicht genügt (vgl BGH NJW **79**, 2195). Verwirkt wird keinesf (etwa wg venire contra factum proprium) dch Erhebg der ZahlgsKl (hM; Wendt MDR **59**, 969 mwN). **dd) Stundung** des KaufPr gem § 454. Gilt also nicht, wenn sich, wie im Regelfall, der AbzV das Eigt vorbehalten hat. Daß das RücktrR dadch in den Fällen der §§ 325 II, 326 gehindert sei (so Ostler-Weidner 58 u 137; bestr), ist zu verneinen, weil die TeilzahlgsAbrede keine Stundg darstellt, sond die originäre Fälligk des KaufPr festlegt, § 454 als AusnVorschr eng auszulegen u beim AbzKauf als abbedungen anzusehen ist.

5) Rücktrittserklärung ist Ausübg eines GestaltgsR (Anm 4, Einf 1 c vor § 346), daher bedinggsfeindl (Einf 6 vor § 158) u unwiderrufl (allgM), ohne Abmahng dch formlose empfangsbed WillErkl (§ 349), auch im Proz mögl. Bei UmgehgsGesch gem § 6, die ein DauerSchuldVerh darstellen, entspr die Künd der RücktrErkl. Bei Mehrh v AbzK od AbzV ist § 356 zu beachten. Zeitl ist der Rücktr für die Anwendg des § 1 mögl vom Abschl des Vertr an, aber nicht vor der Überg, bis zur völl Erf (Abwicklg) des AbzGesch (MüKo-Westermann 12 mwN; bestr). Rücktr kann erkl werden: **a) Ausdrücklich:** Regelfall des § 349. **b) Schlüssig:** dch unbedingtes Verlangen, die Kaufsache herauszugeben, insb dch KlErhebg (RG **144**, 62); aber nicht wenn aGrd and Umstände der RücktrWille des AbzV ausgeschl erscheint (vgl § 133 Anm 5). **c) Fingiert:** dch Rückn der Sache u gleichstehde Tatbestände (§ 5; vgl dort).

6) Wirkungen: Sie gelten in allen Fällen des Rücktr od bei UmgehgsGesch (§ 6) der Künd. **a) Grundsatz:** Es erlöschen die ErfAnspr u die mit dem ErfInteresse zushängdn Anspr aus dem Vertr; das VertrVerh wandelt sich in ein AbwicklgsVerh (Einf 1 b vor § 346); aber nur zw den Part, nicht im Verh zu Dr, die den KaufGgst erworben haben. Bei der Rückabwicklg haben die VertrPart auf die Interessen des and Rücks zu

2415

nehmen u vermeidb SchadZufügg zu unterl (BGH WM 72, 970). **b) Rückgewähransprüche** (Abs I) sind nach den §§ 1–3 (Sonderregelg) zu beurt; die §§ 346ff gelten nur subsidiär, soweit das AbzG nichts bestimmt (allgM). Zurückzugewähren ist nur, was aGrd des AbzGesch geleistet wurde (BGH 44, 237). **aa) Verkäufer:** Anspr auf Rückg der betr Sache (gleichgült in welchem Zust), ggf RückÜbertr des Eigt. Ist das unmögl, kann das Surrogat (§ 281), SchadErs nur bei Versch (§ 280) od Verzug (§ 287) verlangt w. Weitere Anspr des AbzV (insb wg Gebr, Verschlechterg u Beschädigg der Sache) nur aus § 2. **bb) Käufer:** Anspr auf Rückzahlg (von Geld), RückÜbertr od WertErs (sonstige Leistgen), u zwar der gesamten v ihm geleisteten Vergütg, Hauptleistg u Nebenleistgen, insb Teilzahlungszuschlägen u -zinsen (allgM), VertrStrafen (allgM), ferner Anspr auf Rückg der für die erloschene KaufPrFdg bestellten Sicherh (allgM; MüKo-Westermann 24), sofern sie nicht vereinbgem für die Anspr aus dem AbwicklgsVerh haften sollen (BGH 66, 165 für § 6). Geld ist erst ab Rücktr zu verzinsen (allgM), da der RGrd für die strengere Haftg des § 347 S 3 nicht zutrifft (vgl § 347 Anm 2). Nicht dazu gehören: Die gewöhnl Erhaltgskosten, die stets der AbzK zu tragen hat (§§ 347 S 1 u 2, 994 I 2; BGH 44, 237); Vorteile, die der AbzV aus Verwendg der zurückgen Sache zieht (BGH WM 69, 1384). **c) Wechsel:** Werden sie vom AbzK (od einem Dr) für die KaufPrFdg akzeptiert, besteht wg § 364 II iZw die KaufPrFdg fort. Ihr Erlöschen dch Rücktr berührt den Bestand der WechselFdg nicht; jedoch kann der AbzK grdsätzl die Wechsel als empfangene Leistg (Anm b) aus § 1 vom AbzV herausverlangen. Sind sie vom AbzV weiterbegeben, so gilt, wenn der Dr den Wechsel geltd macht, Art 17 WG (beim finanz Kauf vgl aber § 6 Anh Anm 4), so daß nur bei Bösgläubigk dem Dr der Rückgewähranspr vom AbzK erfolgreich entgegesetzt werden kann. Umstr ist, ob als RGrd der Wechsel bei Rücktr an Stelle der KaufPrFdg die Anspr aus § 2 treten u der AbzV (od der Dr) dann soviel Wechsel behalten u geltd machen darf, wie es seinem Anspr gem § 2 entspr. Das wird von der hM grdsätzl verneint (BGH 51, 69; Zweibr NJW 67, 1472 mwN) u nur ausnahmsw zugelassen, wenn es vereinb ist (BGH aaO), auch stillschw insb, wenn der AbzV sich wg der Vermögenslosigk des AbzK Wechsel von einem zahlgsfäh Dr geben läßt (vgl BGH NJW 59, 1084). **d) Beseitigung** der RücktrWirkgen ist nur dch Vertr, ggf NeuAbschl des AbzGesch mögl (hM; MüKo-Westermann 21).

7) Verjährung. Hierfür ist zu unterscheiden: **a) Kaufpreisforderung** (bei UmgehgsGesch § 6, die entspr Vergütg). Die Fr beträgt bei priv AbzGesch 30 Jahre (§ 195), bei gewerbl 2 od 4 Jahre (§ 196 I Nr 1, II). Dem entspr die VerjFr der einz Raten. Der VerjBeginn ist aber bei einz Raten voneinander unabhäng, weil die Verj nicht vor Fällig beginnt (§ 198 Anm 1); nur über § 201 kann der Verj gleichzeit beginnen. Wird die gesamte Restschuld gem § 4 II fäll, läuft die Verj von diesem Ztpkt ab für die Restschuld; dies berührt die laufde Verj vorher fäll Raten nicht. Zahlg einer Rate unterbricht die Verj vorher fäll Raten (§ 208). Wechsel, die für die KaufPrFdg gegeben sind, verj selbstd (Art 70 WG). Verj beim finanz Kauf: § 6 Anh Anm 5e. **b) Rückgewähransprüche:** Beginn stets mit Zugang der RücktrErkl (Anm 5, § 198). **aa)** Des AbzK: 30 Jahre (§ 195); § 196 bleibt außer Betr, weil er nur für Anspr des Verk gilt. **bb)** Des AbzV: 2 od 4 od 30 Jahre (wie Anm a), weil § 196 I Nr 1, II nicht nur den VergütgsAnspr betrifft (vgl § 195 Anm 2b) u der Rücktr das AbzGesch nur in das AbwicklgsVerh (Einf 1c vor § 346) umwandelt (hM). HerausgAnspr aus Eigtum: 30 Jahre (BGH NJW 79, 2195). **c) Rücktritt:** Unterliegt als GestaltgsR der Verj nicht. **d) Sonstige Ansprüche** werden in der Verj dch das AbzG nicht beeinflußt. Das gilt insb für Wechsel (vgl Anm a), SchadErs u MängelGewlAnspr aus dem KaufVertr, für die allein die allg Regeln des BGB gelten. Für den finanz Kauf: § 6 Anh Anm 4d.

AbzG 1a *Formvorschrift.* [I] Die auf den Vertragsschluß gerichtete Willenserklärung des Käufers bedarf der schriftlichen Form. Die Urkunde muß insbesondere enthalten

1. den Barzahlungspreis,
2. den Teilzahlungspreis,
3. den Betrag, die Zahl und die Fälligkeit der einzelnen Teilzahlungen,
4. den effektiven Jahreszins.

Der Barzahlungspreis ist der Preis, den der Käufer zu entrichten hätte, wenn spätestens bei Übergabe der Sache der Preis in voller Höhe fällig wäre. Der Teilzahlungspreis besteht aus dem Gesamtbetrag von Anzahlung und allen vom Käufer zu entrichtenden Raten einschließlich Zinsen und sonstigen Kosten. Effektiver Jahreszins sind Zinsen und sonstige vom Käufer zu entrichtende Kosten (Differenz zwischen Teilzahlungs- und Barzahlungspreis), ausgedrückt als einheitlicher, auf das Jahr bezogener, Vom-Hundert-Satz vom Barzahlungspreis abzüglich Anzahlung, unter Berücksichtigung der Zahl, der Fälligkeit und des Betrages der Teilzahlungen.

[II] Der Verkäufer hat dem Käufer eine Abschrift der Urkunde auszuhändigen.

[III] Genügt die Willenserklärung des Käufers nicht den Anforderungen des Absatzes 1, so kommt der Vertrag erst zustande, wenn die Sache dem Käufer übergeben wird. Jedoch wird in diesem Falle eine Verbindlichkeit nur in Höhe des Barzahlungspreises begründet; der Käufer ist berechtigt, den Unterschied zwischen dem Barzahlungspreis und einer von ihm geleisteten Anzahlung in Teilbeträgen nach dem Verhältnis und in den Fälligkeitszeitpunkten der vereinbarten Raten zu entrichten. Ist ein Barzahlungspreis nicht genannt, so gilt im Zweifel der Marktpreis als Barzahlungspreis.

[IV] Die Absätze 1 und 2 finden keine Anwendung, wenn der Käufer ohne vorherige mündliche Verhandlung mit dem Verkäufer das auf den Vertragsabschluß gerichtete Angebot auf Grund eines Verkaufsprospektes abgibt, aus dem der Barzahlungspreis, der Teilzahlungspreis, der effektive Jahreszins sowie die Zahl und Fälligkeit der einzelnen Teilzahlungen ersichtlich sind.

[V] Der Angabe eines Barzahlungspreises (Absatz 1 Satz 2 Nr. 1) und eines effektiven Jahreszinses (Absatz 1 Satz 2 Nr. 4) bedarf es nicht, wenn der Verkäufer nur gegen Teilzahlungen verkauft und hierauf im Verkaufsprospekt deutlich erkennbar hinweist.

1) Allgemeines. a) Inkrafttreten: Einl 1c. **b) Zweck:** Warnfunktion dch Zwang zum Hinw auf den Umfang der zu übnehmden Belastg, der Finanziergsspesen sowie für u wider eines AbzKaufs. **c) Anwendungsbereich:** nur AbzGesch (Einl 2), also unabhäng davon, ob die Sache übergeben ist (BGH **62**, 42; Knippel NJW **71**, 1117; Weick BB **71**, 317). Ebso verdeckte AbzGesch (§ 6), so daß beim finanzierten AbzGesch auch der DarlVertr der Form des § 1a bedarf (§ 6 Anm 3a; BGH NJW **80**, 938 u **84**, 1755), ferner für priv (nichtgewerbsm) AbzGesch, obwohl das vom GGeber wohl nicht beabsichtigt war u zu unangemessenen Ergebnissen führt (vgl AG Künzelsau NJW **81**, 769). Nicht gilt § 1a, auch nicht entspr, bei reinen Ratenzahlgs(Personal)krediten (Celle NJW **78**, 1487; KG WM **85**, 714), schon gar nicht bei BarKreditGesch (Ffm WM **78**, 1218). Abs I u II gelten nicht für den Versandhandel (Abs IV, Anm 6). **d) Unabdingbarkeit:** Sie ist wg des Schutzzwecks u des Charakters von § 1a als FormVorschr zu bejahen, jedenf soweit der AbzK ungünstiger gestellt w würde.

2) Vertragsschluß. Es bestehen folgde Möglichk: **a) Durch schriftliche Kauferklärung** (Abs I). Zustandekommen des Vertr richtet sich nach § 151. Die WillErkl des Käufers kann je nach den tats Umst Angebot od Ann sein; sie muß aber stets den ges FormVorschr entspr (Abs I; vgl Anm 3a, b). **b) Durch Übergabe** der gekauften Sache (Abs III), wenn den Anfordergen des Abs I versehentl od bewußt nicht genügt wurde (vgl Anm 4). Übergabe: grdsätzl wie § 433 Anm 2a, soweit darin eine einverständl Mitwirkg des Käufers vorausgesetzt w. Dies ist wg der RFolge des VertrSchlusses erforderl (Annäherg zum Real-Vertr, MüKo-Westermann 23). Es genügt daher nicht die Abtretg des HerausgAnspr (§ 931); jedenf dann nicht, wenn sie bei VertrAbschl vorgesehen war u danach nicht dchgeführt w (BGH NJW **77**, 1632), beim Versendgskauf ebsowen die Auslieferg gem § 447 I. Die Überg ist erst vollzogen, wenn der AbzK seinen BesWillen (auch schlüss) äußert (insb den Ansichnehmen der Sache). Es steht ihm frei, die Übern zu verweigern, weil mangels VertrSchlusses die AbnahmePfl (§ 433 II) noch nicht besteht (BGH aaO). Bei teilb Sache, mehreren Sachen od einer Sachgesamth muß für die Wirksamk des Vertr grdsätzl restlos übergeben sein. Ist nur teilw übergeben, kann für das Zustandekommen des Kaufs § 469 S 2 entspr angewendet werden, weil die Interessenlage ähnl ist. **c) Durch formlose Einigung:** (gem § 151) nur beim Versandhandel (Anm 6) u wenn vorher keine mdl VertrVerh stattgefunden haben (Abs IV).

3) Urkunde (Abs I, II). **a) Form** (Abs I 1). Schriftform des § 126 I. Nur die Unterschr muß vom AbzK (od dessen Vertreter) stammen. Eine Blanko-Unterschrift genügt nicht (Ffm WM **84**, 771), ebsowen eine Bestellg auf Bildschirmtext (Köhler DSWR **86**, 621). Wer die Urk schreibt od das Formular ausfüllt, ist gleichgült. § 126 II gilt nicht, weil nicht der Vertr, sond nur die WillErkl des Käufers der Schriftform unterliegt. Auch Verpfl in einen VorVertr wäre formbedürft. **b) Inhalt:** Grdsätzl muß die Urk (beim finanz AbzKauf auch genügt in der KreditAntrUrk, BGH **91**, 338) alle für den Inhalt des KaufVertr maßgebden Angaben (zB Bezeichng der gekauften Sache, VertrBedinggen) aufweisen, u zwar zushängd, übersichtl u verständl (BGH **62**, 42). Auf jeden Fall: **aa) Barzahlungspreis (Nr 1).** Legal definiert in Abs I 3. Die MWSt muß darin enthalten sein (BGH **62**, 42). Der AbzV hat den Preis anzugeben, den er üblwese bei entspr BarGesch verlangt, sog ListenPr (Weidner NJW **70**, 1779). Bei Verstoß dch Angabe eines überhöhten BarzahlgsPr ist die Form nicht erf (MüKo-Westermann 11), uU kann § 123 erf sein; auf jeden Fall treten die RFolgen des Anm 5 ein. Da in Abs I 3 nur auf die Fälligk abgestellt ist, nicht auf die tats Zahlg, muß ein Barzahlgsrabatt (Skonto) nicht abgezogen w (hM; Knütel JR **85**, 353 mwN). Der Hinw darauf ist zul. **bb) Teilzahlungspreis (Nr 2):** Legal definiert in Abs I 4. Ist als Summe anzugeben, jedenf soweit u so genau der AbzV dazu in der Lage ist (Karlsr NJW **73**, 2067), kann zusätzl aufgeschlüsselt werden. Das darf aber keinesf zu einer Verschleierg führen. Der TZahlgsPr muß berechnet, nicht nur berechenb sein (Hamm NJW-RR **89**, 370). Anzahlg ist der erste, vor od bei Übergabe fäll, auf den KaufPr anzurechnde GeldBetr, gleich ob bar gezahlt od verrechnet (insb aus Inzahlgnahme einer and Sache). Zinsen sind nach der planmäß Laufzeit der Raten (Nr 3) zu errechnen. Sonstige Kosten: nur solche, die dadch verurs werden, daß statt in bar auf Raten bezahlt wird, also insb sog Bearbeitgsgebühren (für vermehrte Buchgen, Überwachg), Kreditbeschaffgsspesen, kalkuliertes Ausfallrisiko, Provision, VersKosten (MüKo-Westermann 13). Die MWSt gehört zum KaufPr; sie ist also darin enthalten (Karlsr NJW **73**, 2067). Nicht: Verpackg, Porto u Fracht. Außer diesen letztgenannten Posten muß der TeilzahlgsPr dem Betr entspr, den der AbzK zur Erfüllg des Vertr tats entrichten muß, sofern er rechtzeit zahlt; denn Verzugsschaden (§ 286) ist ggf unabhäng davon zu ersetzen. Sind Bar- u TZahlgsPr ident, genügt die Angabe eines Preises (Knütel ZIP **85**, 1122). **cc) Teilzahlungsplan (Nr 3):** Der Betr ist in Geld, nicht in Bruchteilen des TeilzahlgsPr (Anm bb) anzugeben. Zahlg: iZw ohne jede Anzahlg. Fälligk: sie muß auf einen nach dem Kalender best od bestimmb Tag bezogen sein. **dd) Effektiver Jahreszins (Nr 4):** Legal definiert in Abs I 5. Der DifferenzBetr ist dch Abzug des BarzahlgsPr (Anm aa) vom TeilzahlgsPr (Anm bb) festzustellen. Dieser Betr ist in der Urk nicht anzugeben. Der Prozentsatz ist von dem Betr zu errechnen, der tats kreditiert wird; daher sind Anzahlg u die planmäß TeilzahlgsR von BarzahlgsPr abzusetzen. BerechngsSchema: Löwe NJW **74**, 2257. **c) Aushändigung der Urkundenabschrift** (Abs II). Die Pfl trifft iF des § 6 neben dem AbzV auch den VertrPartner des UmgehgsGesch (Weidner NJW **70**, 1779). Statt der Abschr (Durchschlag od Kopie) kann das Original ausgehändigt werden. Die Abschr muß den nach Anm b erforderl Inhalt haben u mit dem Original übereinstimmen, braucht aber nicht solche Angaben zu enthalten, die nur für den GeschBetr des AbzV bedeuts sind. Der Anspr auf Aushändigg ist fäll nach Abgabe der WillErkl des AbzK gem Abs I. BewLast für Aushändigg: der AbzV. Für Bestätigg der Aushändigg sollte eine gesonderte (zweite) Unterschr verlangt werden, nicht die unter der KaufErkl genügen. RFolgen unterbliebener Aushändigg: Anm 4c.

4) Rechtsfolgen. a) Bei Fehlen der Schriftform: (Anm 3). Wg § 125 müßte dogmat die WillErkl des AbzK (unheilb) nichtig sein. Dem Ggeber, der eine Ausnahme v § 125 wollte, war dies bei der Formulierg der §§ 1a, 1b offenb gleichgült. Um zu prakt brauchb Ergebn zu gelangen, muß jedenfalls die BGB-Dogmatik hintangestellt werden (MüKo-Westermann 5). Die rechtl Folgen sind aber umstr (RGRK-Kessler 9). **aa)** Keine Bindg des AbzK bis zur Überg (Abs III), weil jedenf kein wirks Vertr zustdegekommen ist (allgM). Insb ist der AbzK nicht zur Abnahme (§ 433 II) verpfl (BGH **62**, 42). Mangels wirks Vertr ist aber auch der AbzV nicht gebunden u nicht verpfl, dch Überg (§ 433 I) den Vertr herbeizuführen. Es besteht keine Pfl, aber jederzeit die Möglk, den Vertr formgerecht neu zu schließen. **bb)** Der VertrSchluß dch Überg (Abs III, Anm 2b) tritt auch ein, wenn nur mdl Erkl vorlagen, weil Abs III 1 auf die Anfdgen des ganzen Abs I abstellt. **cc)** Die Überg (Anm 2b) stellt keine Heilg dar (vgl §§ 313, 518), beendet auch nicht eine schwebde Unwirksamk (wie zB § 177; hauptsächl aus dogmat Grden umstr), sond bewirkt erst das Zustandekommen des Vertr (Anm b) mit der gem Abs III 2, 3 (Anm 5) beschränkten Verbindlichk, also mit and Inhalt als bei Anm aa. **dd)** Bis zur Überg hat der Verk Zeit, die Erfordernisse des Abs I zu prüfen u die Wahl, ob er übergibt u die Sanktion der RFolgen des Abs III hinnehmen will. Der Käufer kann die Überg ablehnen, weil seine einverständl Mitwirkg erforderl ist (Anm 2b). Lehnt er ab, ist ein Zustdekommen des Vertr endgült ausgeschl (BGH NJW 77, 1632). **ee)** Mdl VertrSchluß, wenn der AbzK die Sache bereits besitzt, ist wirks, aber nur mit dem Inhalt des Abs III 2, 3 (MüKo-Westermann 6). **b) Bei Inhaltsmängeln:** Ist die Urk im Inhalt (Anm 3b) unvollständig od mit einem dch Ausleg nicht zu beseitigden Widerspr behaftet (zB inf Rechenfehler über erhebl Beträge), kommt der Vertr noch nicht zustande, sond erst dch Überg; auch dann nur mit beschr Verbindlichk. Im übr gilt Anm a, cc, dd. **c) Nichtaushändigung der Urkunde** (entgg Abs II). Solange die Urk nicht ausgehänd ist, beginnt die WiderrFr des § 1 b II S 2 nicht zu laufen. Hingg führt das Unterbleiben der Aushänd nicht zur Nichtigk des Vertr, auch nicht zu schweber Unwirksamk. Es besteht ein klagb Anspr auf Erf; ferner ein ZbR (insb mit der Zahlg) aus § 273, nicht aus § 320, weil der Anspr nicht im GgseitigkVerh steht (hM; RGRK-Kessler 8), sondern eine NebenPfl darstellt.

5) Beschränkte Verbindlichkeit (Abs III 2, 3) für den Käufer, wenn der Vertr erst dch Übergabe geschl wird (Anm 2b). Mit Ausn des Pr kommt der Vertr mit dem Inhalt zustande, den die Parteien in ihren früh Erkl zugrundegelegt haben. Als Sanktion gg den Verk ist lediglich der Pr auf den BarzahlgsPr herabgesetzt. Das gilt auch, wenn der Käufer den TeilzahlgsPr mühelos hätte selbst ermitteln können (Karlsr NJW 73, 2067). Hat der AbzK den BarzahlgsPr getilgt, so kann er sich darauf auch als Wechselakzeptant ggüb der Kreditierden Bank des AbzVerK berufen (BGH ZIP 86, 1174). **a) Barzahlungspreis:** wie Anm 3b, aa. Maßg ist der in der Urk od der beim formfehlerh Vertr mdl vom Verk genannte. Ist er nicht genannt, so wird nach der widerlegbaren Ausleggsregel des Abs III 3 der MarktPr als BarzahlgsPr fingiert, auch dann, wenn der AbzV nachträgl auf den Ztpkt des KaufAbschl bezogen einen BarPr errechnet (BGH NJW 79, 758). Aus den Umst kann sich insb die Ausleg ergeben, daß ein vom Hersteller empfohlener RichtPr als BarzahlgsPr gelten soll. Gibt es weder einen solchen Pr noch einen MarktPr, wird der übl od angemessene TeilzahlgsZuschl vom genannten TeilzahlgsPr abgezogen. MarktPr: vgl § 453; setzt nicht einen Markt ieS voraus. **b) Ratenzahlung** (Abs III 2, 2. Hs): Es steht dem Käufer frei, bar zu bezahlen (u hierfür einen weiteren PrNachl auszuhandeln) od auch ohne Zust des Verk Raten zu bezahlen, die aber nicht länger od länger hinausgeschoben werden dürfen, als Abs III 2, 2. Hs gestattet. Dies setzt voraus, daß entweder Zahl od Höhe der Raten u ihre Fälligk genannt waren. Fehlt es gerade daran, ist die für den KaufGgst übl u durchschnittl Ratenanzahl u FälligkPeriode (idR monatl) zugrundezulegen. Anzahlg: wie Anm 3b, bb. **Bsp** für Berechg: BarzahlgsPr 1000 + TeilzahlgsZuschl 250 = TeilzahlgsPr 1250 − Anzahlg 250 = Ratensumme 1000; 10 mtl Raten. Der Käufer braucht dann 10 mtl Raten in Höhe von nur je 75 zu zahlen (BarzahlgsPr 1000 − Anzahlg 250 = neue Ratensumme 750). Sind die Raten verschieden hoch vereinb, werden sie nach demselben System verhältnism herabgesetzt. Der AbzK kann wählen, ob er die Raten so zahlt, wie vereinb od nur nach Maßgabe des Abs III S 2 Hs 2. An seine Entsch, wie er zahlen will, ist der AbzK gebunden (Ostler-Weidner 19). **c) Wechsel.** Sind sie vom AbzK akzeptiert, so kann er die Einwendg, sie überstiegen den bereits gezahlten BarPr (Anm a), auch der FinBank ggü erheben, selbst wenn diese dem AbzK das Darl zwecks KaufPrTilgg gewährt hat (BGH NJW 86, 3197).

6) Versandhandel. Er ist wg des bes Vertriebssystems (Bestellg aGrd Katalogs) privilegiert dch Abs IV, aber nur dann, wenn der AbzK allein aGrd des VerkProspekts (Katalog, nicht Bildschirmtext, Köhler DSWR 86, 621) bestellt u keine mdl Verh mit dem AbzV (insb nicht dch seinen Vertr) vorangegangen ist. Bei dem sog Sammelbesteller kann eine solche mdl VerkVerh (Empfehlg der Ware, PreisVgl) vorangegangen sein, so daß dann Abs IV nicht anzuwenden ist. Die Vorschr über Schriftform, Inhalt u Aushändigg der Urk (Abs I, II; Anm 3) gelten nicht, wenn der VerkProspekt für die verkaufte Sache (Mängel der Angabe für auch Sachen sind unschädl) die in Abs IV verlangten Angaben enthält. Für diese gelten (trotz des Wortlauts am Anfang des Abs IV) die Legaldefinitionen des Abs I 3 u 4. BarzahlgsPr: Anm 3b, aa. TeilzahlgsPr: Anm 3b, bb. Effektiver Jahreszins: Anm 3b, dd. Teilzahlgen: umfaßt auch die Anzahlg (Anm 3b, bb). Fälligk: Im Ggsatz zu Anm 3b, cc kann hier nicht ein kalendern best od bestimmb Tag gemeint sein, sond nur die ZahlgsPeriode (idR mtl) u für die Anzahlg od 1. Rate ein nach einem Vorgang bestimmter Tag (zB bei Lieferg od 8 Tage nach Rechngsempfang). Man wird zulassen müssen, daß TeilzahlgsPr, effektiver Jahreszins sowie Zahl u Fälligk der Raten nach bestimmten Pr od PrGruppen für den ganzen VerkProspekt zusgefaßt dargestellt werden; andernf würde die Herstellg der Versandhauskataloge unnöt verteuert.

7) Kauf mehrerer Sachen dch einheitl Vertr zu gleichen VertrBdggen u einheitl TeilzahIg, einschl sog Sammelbestellg. Hierfür erscheint es zuläss, wenn die Angaben in der Urk (Abs I, Anm 3b) nicht für jede einzelne Sache getrennt, sond einheitl für die Summe aller Sachen gemacht w. Das entspr der Meing des BTRAussch (BTDrucks V/4521; Gerlach NJW 69, 1939). Im übr gelten für solche Vertr keine Besonderh.

8) Ausschließliche Teilzahlungsverkäufer (Abs V). Nach Abs V ist Angabe des BarzahlgsPr (Anm 3b, aa) u des effektiven Jahreszinses (Anm 3b, dd) entbehrl. Der Verkauf nur gg Teilzahlg muß ausschl, allg u mind für einen längeren ZtRaum vorgen werden u darf nicht nur als vorübergeh geplant sein. Der Hinw muß in einem VerkProspekt geschehen, der dem AbzK vor VertrSchluß mind zugängl zu machen, am besten auszuhänd ist. Mündl Hinw genügt nicht. BewLast für die Voraussetzgen des Abs V trägt der AbzV. Die Angabe des BarzahlgsPr, der in den Fällen des Abs V nur fiktiv sein kann od einen Kalkulationsposten darstellt, ist nicht verboten. Ist er angegeben, obwohl allg nur gg Teilzahlg verkauft wird, u ist er manipuliert, so kann ein WettbewVerstoß vorliegen, auch § 123 erf sein.

Gesetz betr. die Abzahlungsgeschäfte **AbzG 1b** 1–3

AbzG 1b *Widerrufs- und Rückgaberecht.* ᴵ Die auf den Vertragsschluß gerichtete Willenserklärung des Käufers wird erst wirksam, wenn der Käufer sie nicht dem Verkäufer gegenüber binnen einer Frist von einer Woche schriftlich widerruft.

ᴵᴵ Zur Wahrung der Frist genügt die rechtzeitige Absendung des Widerrufs. Der Lauf der Frist beginnt erst, wenn der Verkäufer dem Käufer die in § 1a Abs. 2 genannte Abschrift, welche in drucktechnisch deutlich gestalteter Weise eine schriftliche Belehrung über sein Recht zum Widerruf einschließlich Namen und Anschrift des Widerrufsempfängers sowie einschließlich der Bestimmung des Satzes 1 enthalten muß, ausgehändigt hat. Die Belehrung über das Widerrufsrecht ist vom Käufer gesondert zu unterschreiben. Ist streitig, ob oder zu welchem Zeitpunkt die Abschrift dem Käufer ausgehändigt worden ist, so trifft die Beweislast den Verkäufer. Unterbleibt die Aushändigung der in Satz 2 genannten Urkunde, so erlischt das Widerrufsrecht des Käufers zu dem Zeitpunkt, zu dem der Verkäufer die Sache geliefert und der Käufer den Kaufpreis vollständig entrichtet hat.

ᴵᴵᴵ Abweichend von Absatz 2 Satz 2 ist in den Fällen des § 1a Abs. 4 Voraussetzung für den Beginn des Laufs der Widerrufsfrist, daß
1. der Verkaufsprospekt bei den Preisangaben auch eine drucktechnisch deutlich gestaltete Belehrung über das Recht des Käufers zum Widerruf einschließlich Namen und Anschrift des Widerrufsempfängers sowie einschließlich der Bestimmung des Satzes 1 von Absatz 2 enthält und der Käufer das auf den Vertragsabschluß gerichtete Angebot mittels eines Bestellformulars des Verkäufers abgibt, das eine gleichlautende Belehrung enthält, oder
2. der Verkäufer dem Käufer in besonderer, drucktechnisch deutlich gestalteter Urkunde eine Belehrung des in Nummer 1 bezeichneten Inhalts ausgehändigt hat.

ᴵⱽ Hat sich der Verkäufer in Zusammenhang mit der Lieferung einer beweglichen Sache zu einer Dienst- oder Werkleistung verpflichtet, so kann der Käufer, falls diese Leistung ohne die Lieferung der Sache für ihn kein Interesse hat, seine Willenserklärung auch widerrufen, soweit sie die Dienst- oder Werkleistung zum Gegenstand hat.

ⱽ Räumt in den Fällen des § 1a Abs. 4 der Verkäufer dem Käufer schriftlich ein uneingeschränktes Rückgaberecht von mindestens einer Woche nach Erhalt der Ware ein, so entfällt das Widerrufsrecht. Die Ausübung des Rückgaberechts durch den Käufer geschieht durch Rücksendung der Sache, bei nicht postpaketversandfähigen Waren durch schriftliches Rücknahmeverlangen. Rücksendung und Rücknahme erfolgen auf Kosten und Gefahr des Verkäufers. Zur Wahrung der Frist genügt die rechtzeitige Absendung der Sache oder des Rückgabeverlangens. Für die Belehrung über das Rückgaberecht gelten Absatz 2 und Absatz 3 entsprechend.

ⱽᴵ Entgegenstehende Vereinbarungen, insbesondere über einen Ausschluß des Widerrufsrechts, sowie ein Verzicht auf das Widerrufsrecht sind unwirksam.

1) Allgemeines. a) Inkrafttreten: Einl 1c. **b) Zweck:** Der AbzK soll die RFolgen von übereilten u unüberlegten KaufVertr nachträgl beseit können. Das WiderrR hat bislang wenig prakt Bedeutg. **c) Unabdingbarkeit** ist für Voraussetzgen, Wirkg u RFolgen des gesamten § 1b vorgeschrieben (Abs VI). Daher kann insb auf das R zum Widerr nicht wirks verzichtet werden (Abs VI). Die Unabdingbk bezieht sich wg des Schutzzwecks nur auf Vereinbgen, die den AbzK ungünst stellen (allgM). **d) Anwendungsbereich:** Grdsätzl alle AbzGesch, auch die finanz (BGH **91**, 9 [14]), verdeckten (§ 6) u dch § 1c gleichgestellten Vertr; nicht nur HaustürGesch. Das RückgR (Abs V) gilt nur für den Versandhandel (§ 1a IV); es tritt an die Stelle des WiderrufsR.

2) Vertragsschluß. Die darauf gerichtete WillErkl des AbzK kann das VertrAngebot od die VertrAnn darstellen. Zur Entstehg des WiderrR: Anm 3b. **a) Wirkung des Widerrufsrechts** (Anm 3) auf den VertrSchluß: Es besteht zunächst (nach Abschl des KaufVertr) ein dem § 177 entspr SchwebeZustd (MüKo-Westermann 3; Holschbach NJW **75**, 1109). Das endgült Zustandekommen des Vertr w dch das WiderrufsR beeinflußt: **aa)** Dahingehd, daß der Vertr im Falle des Widerr überh nicht zustande kommt. **bb)** Daß der Vertr, wenn fristgem Widerr unterbleibt, erst später zustandekommt. **b) Wirkung des Rückgaberechts** (Anm 3) auf den VertrSchl ist dieselbe wie bei Widerr (Anm a). In V ist das nicht deutl zum Ausdruck gekommen, aber vom GGeber offenb gewollt (hM; MüKo-Westermann § 1d Anm 2). **c) Zeitpunkt:** Die WillErkl des AbzK, auch die bei VertrAbschl dch Überg (§ 1a Anm 2) u formlose Einigg (§ 1a Anm 2c) wird, wenn der Widerr od die Rückg unterbleibt, ex nunc wirks; nicht rückwirkd zum Ztpkt der Abgabe (im Fall der forml Einigg § 151, vgl dort Anm 1), zum Ztpkt des Zugangs (§ 130 I, im Fall der schriftl KaufErkl, § 1a Anm 2a) od zum Ztpkt der Überg (im Fall des § 1a Anm 2b). Es kommt daher auch der KaufVertr erst eine Woche nach diesen Vorgängen (Zugang od Abg der WillErkl sowie Überg) wirks zustande. Bis dahin besteht ein SchwebeZust wie vor Eintritt einer aufschiebden Bedingg (vgl Einf 3 vor § 158). **d) Verkäuferpflichten.** Schon weil der Vertr noch nicht wirks ist, wird man vor Ablauf der WiderrFr dem AbzV nicht die Erfüllg seiner Pfl aus § 433 I auferlegen können (MüKo-Westermann 4).

3) Widerrufs- und Rückgaberecht des AbzK (Abs I, V). Der AbzV hat kein WiderrR. **a) Rechtsnatur:** Es sind GestaltgsRe (vgl 3b vor § 346; Übbl 3d vor § 104), die nur vom AbzK (bei Mehrh v jedem einzelnen für sich) ausgeübt w können, auch v Mithaftden, insb Eheg (Düss WM **84**, 1220). In der Ausübg des WiderrR ist der AbzK völl frei u soll dch die RFolgen so gestellt w, daß er keine wirtsch Nachteile erleidet (vgl § 1d); deshalb ist das WiderrufsR auf zusätzlde D- u WerkLeistgen erstreckt (Abs IV; Anm 7). **b) Entstehung:** Bei allen AbzGesch schon ab dem Ztpkt, zu dem der AbzK die auf den VertrSchl gerichtete WillErkl abgegeben hat (Anm 2), selbst wenn sie nicht der Form des § 1a I entspr. Das bedeutet, daß das WiderrR schon vor FrBeginn (Anm 4e) entstehen u ausgeübt werden kann. Das WiderrR besteht auch, wenn der Vertr dch Übergabe gem § 1a III S 1 zustdgekommen ist (vgl Anm 2c; MüKo-Westermann 12).

2419

Ist das WiderrR dch ein RückgR ersetzt (Abs V S 1), kann dieses erst ausgeübt werden, sobald der AbzK die gekaufte Sache geliefert erhalten hat. Bis zu diesem Ztpkt besteht ein WiderrR nicht. **c) Erlöschen** von Widerr- u RückgR tritt ein (vgl Abs II S 2 u 5, III, V S 5): **aa)** Mit FrAblauf, wenn ordngsgem belehrt ist. Auch bei VertrSchluß gem § 1a III (BarzahlgsPr), wenn nachträgl belehrt w (vgl Anm 4 e, aa aE). **bb)** Ist nicht ordngem belehrt, erst mit totaler Abwicklg des AbzGesch, insb voller KaufPrZahlg od mit vollständ DarlRückzahlg beim finanz AbzK (BGH **91**, 9). Diese Tilgg des KaufPr muß mit eigenen Mitteln u darf nicht üb einen Kredit bewirkt w (BGH NJW **88**, 1021 mwN). **cc)** Für das RückgR ist das gleiche (gesetzestechn schlecht gelöst) dch Verweis in Abs V S 5 vorgesehen.

4) Widerruf (Abs I) der WillErkl, die auf den VertrSchl gerichtet ist (vgl Anm 2 u § 1a Anm 2).
a) Begriff: Widerr ist die Zurückn einer best WillErkl u stellt seinerseits eine empfangsbedürft WillErkl dar, die den allg dafür geltden Regeln unterliegt (§§ 105 ff). **b) Form:** Schriftl Erkl (Abs I), aber nicht die Schriftform des § 126 (allgM); auch Erkl zu gerichtl Protokoll (BGH **94**, 226). **c) Inhalt:** Bezeichng des Vertr in einer Weise, daß er identifiziert werden kann. Das Wort Widerr muß nicht ausdrückl gebraucht w; sinnentspr Ausdrücke genügen (§ 133). Die Pers desjenigen, der den Widerr erkl, muß erkennb sein.
d) Frist (Abs I): 1 Woche; zu berechnen gem §§ 187 I, 188, 193. **e) Fristbeginn durch Belehrung** (Abs II S 2–4): **aa) Fristbeginn.** Grdsätzl ist darauf abzustellen, wann die auf den VertrSchl gerichtete WillErkl gewöhnlweise wirks w. Beim finanz AbzKauf genügt es, wenn die Belehrg in der KreditUrk enthalten ist u deutl w, daß das WiderrR für AbzK u Darl besteht (BGH **91**, 9). Die Fr beginnt keinesf eher, auch nicht, wenn die schriftl Belehrg (Abs II S 2) schon vorher ausgehänd w. Andseits beginnt die Fr nie, bevor diese Belehrg dem AbzK ausgehänd ist. Fehlt die vorgeschriebene Form (§ 1a I S 1), so beginnt mangels wirks Vertr die Fr nicht zu laufen. Kommt der Vertr aber gem § 1a III zum BarzahlgsPr zustande, kann der Verk dch WiderrBelehrg die Fr in Lauf setzen (Soergel-Hönn 12; bestr). **bb) Belehrung.** Sie muß inhaltl richt sein. Beim finanz AbzK genügt es, wenn sie in der KreditAntrUrk enthalten ist (BGH **91**, 338), muß dann aber auch dem Käufer erkennb machen, daß Kauf- u KreditVertr widerr w können (BGH aaO). Da die Unterschr des AbzK dazu gehört (Abs II S 3), ist auch sie zum FrBeginn notw. Gesond Unterschr: eine zweite neben der des § 1a I 1, räuml von ihr getrennt, aber in derselben Urk mögl. Daher genügt eine auf der Bestellkarte gezeichnete Unterschr nicht (BGH NJW **87**, 124; dagg krit Knütel ZIP **87**, 273). **cc) Form und Inhalt** der Belehrg (Abs II S 2): Sie muß ggü dem normalen VertrText drucktechn unübersehb hervortreten, am besten dch Fettdruck od Einrahmg, bes deutl, wenn sie beim AbzK nur im DarlVertr enthalten ist (LG Bln NJW **77**, 254). Enthalten muß sie: **(1)** WiderrR gem Abs I einschl Bezeichng des FrBeginns. **(2)** Hinweis darauf, daß die Absendg des Widerr maßgebd ist (Abs II S 1). **(3)** Den WiderrEmpfänger: idR, aber nicht notw der AbzV, jedenf bindd hinsichtl Pers u Anschrift des Empfängers. Ist nur der AbzV als WiderrEmpfänger benannt, kann auch beim finanz od verdeckten AbzGesch (§ 6 Anm 2b, dd) dieses Gesch nicht nur dem AbzV, sond auch dem DarlG ggü widerrufen w. **(4)** Beim finanz AbzK muß die Belehrg die WiderrMöglk ggü beiden VertrPart (AbzVerk u DarlG) enthalten (BGH **91**, 338). Es muß darü belehrt w, daß sowohl Kauf als auch DarlVertr widerr w können (BGH NJW **87**, 1698 m Anm v Löwe in EWiR 1/87). **(5)** Es dürfte unbedenkl sein, von vorneherein 2 WiderrEmpfänger wahlweise anzugeben (zB Verlag u Buchhandlg). Für den Versandhandel gilt die SondRegel des Abs III (vgl Anm 5b). **f) Fristwahrung** (Abs II S 1): Es genügt dafür Absendg des Schreibens (Anm a, b) vor Ablauf der Fr (vgl Anm d). Wann es zugeht (§ 130 I), ist unerhebl. Der Widerr muß aber, um überh wirks zu werden, dem Empf (Anm e) gem § 130 I 1 zugehen; denn S 1 bezieht sich nur auf die FrWahrg. Einschreiben mit Rückschein ist zu empfehlen. **g) Beweislast** trägt der AbzVerk für Aushändigg der Belehrg, der AbzK (Abs II S 4) für rechtzeit Absendg u den Zugang des Widerr. **h) Wirkung:** Bei rechtzeit Widerr wird der Vertr nicht wirks u es findet Ausgleich nach § 1 d statt. Beim finanz AbzKauf erstreckt sich das WiderrR auch auf das Darl (BGH **91**, 338). Das gilt auch, wenn Kauf u DarlVertr nachträgl miteinander verbunden w (Hamm WM **85**, 1100). Der AbzKäufer ist nicht zur Rückzahlg des ihm nicht zugeflossenen Darl verpfl (BGH aaO). Liegt nur ein teilw finanz AbzK vor, erstreckt sich das WiderrR nur auf diesen Teil (BGH NJW **84**, 2292).

5) Sonderregelung für den Versandhandel (Abs III, V). Sie ist dem § 1a IV (dort Anm 6) angepaßt u gilt auch in den Fällen des § 1c (Zeitgs- u ZtschrBestellschein; KG NJW **88**, 376). Kennzeichen für den Versandhandel ist: (1) Keine mdl VertrVhdlg. (2) Bestellg aGrd VerkProspekts (insb Katalog); Bildschirmtext genügt nicht. Es muß das konkrete Gesch auf diese Weise abgeschl w, so daß der Kauf im Warenhaus eines Versandhandelsunternehmens nicht darunter fällt. **a) Wahlrecht** des AbzVerk, ob er dem AbzK das WiderrR beläßt od statt dessen ein RückgR einräumt (Abs V). Grdsätzl besteht auch im Versandhandel das WiderrR. **b) Fristbeginn** für den Widerr (Abs III). Die Belehrg (entspr dem Abs II S 2) kann alternat nach Nr 1 od Nr 2 geschehen. **aa) Nr 1:** Die Belehrg (Inhalt wie Anm 4e) muß nicht bei jeder PrAngabe sond nur bei der ZusFassg stehen (vgl § 1a Anm 6 aE). Außerdem muß die Belehrg auch auf dem Bestellschein stehen u hervorgehoben sein. **bb) Nr 2:** Aushändigg einer bes (dh einer eigenen), nur die Belehrg enthaltden Urk; mit Urk kann der GGeber wohl nur ein Formular gemeint haben, das den Aussteller, näml den AbzVerk erkennen läßt. Daß der AbzK auf diese Urk die Unterschr des Abs II S 3 setzen muß u das Formular behalten kann, ist daraus zu entnehmen, daß Abs III einleitd nur den S 2 aus Abs II nennt. Der AbzV muß sich zu BewZwecken eine DchSchrift verschaffen. Die gesonderte Unterschr auf dem Bestellschein (§ 1a I) ist selbstverständl von vorneherein notw.

6) Rückgabe und Rücknahmeverlangen (Abs V): Kann das WiderrR nur im Versandhandel (vgl Anm 5) ersetzen (vgl Anm 3). Die Auswirkg auf den VertrSchl entspr dem des Widerr (Anm 2b). **a) Begriffe:** Rückg ist die dch den AbzK vorgenommene Rücksendg (od Überg) der gekauften Sache an den AbzV. Sie ist Tathandlg (Übbl 2 vor § 104), an deren Vornahme die einem Widerr entspr RFolgen gebunden sind. Erfolgt rechtzeit Rückg, kommt der Vertr nicht zustande; unterbleibt sie, wird die zum KaufVertr führde WillErkl des AbzK wirks u der VertrSchl erfolgt. Das entspr dem Eintritt einer aufschiebden Bedingg (§ 158 I). Das RücknVerlangen ist eine einseit, empfangsbedürf WillErkl (Übbl 3a vor § 104) mit der der AbzK (unter Angabe des KaufVertr) den AbzVerk auffordert, den identifizierb bezeichneten

Gesetz betr. die Abzahlungsgeschäfte **AbzG 1b, 1c**

KaufGgst abzuholen. **b) Voraussetzungen** (Abs V S 1): Einräumg eines RückgRs an Stelle des WiderrRs. Es hat wie die Belehrg (Anm 5b) schriftl zu geschehen; keine Schriftform des § 126. Das RückgR muß uneingeschränkt sein; dh es muß dem AbzK völl frei zustehen, ohne Voraussetzgen u Bedinggen. Es muß mind mit WochenFr eingeräumt w, aber auch länger mögl. Das RücknVerlangen setzt voraus, daß die Ware, die es betr, nach der Vorschr der Post (§ 2 VI, § 25 V PostO) als Paket (wg Gewicht bis 20 kg zul) nicht angenommen w. **c) Form:** Nur für das RücknVerlangen, das schriftl erkl w muß, aber nicht in der Schriftform des § 126. Verlangt der AbzK die Rückn mdl, tritt mangels Voraussetzgen des Abs V S 2 nicht die Wirkg (Anm 2b) ein. **d) Frist:** Es ist diejenige, die der AbzVerk schriftl eingeräumt hat. Berechng: §§ 187 I, 188, 193. **e) Fristbeginn:** Er ist grdsätzl auf das Ende des Tags der Ab- od Auslieferg an den AbzK anzusetzen; iü gilt insb für die Belehrg Anm 4e entspr (Abs V S 5). **f) Fristwahrung:** Das RücknVerlangen ist entspr dem Widerr (Anm 4f) zu behandeln. Für die Rückg ist es nicht notw, daß die Kaufsache dem AbzVerk zugeht, weil Rücksendg u Rückn auf Gefahr des AbzVerk gehen (Abs V S 3). **g) Beweislast:** entspr Anm 4g. **h) Wirkung:** Anm 2b. Bei RücknVerlangen ist der AbzVerk zur Abholg verpfl. Bei Rücksendg hat der AbzVerk dem AbzK die Kosten zu erstatten (Abs V S 3); Rücksendg unfrei (§ 5 PostO) ist zul.

7) Verbundene Dienst- oder Werkleistung (Abs IV). Begr: Einf 2a vor § 611; Einf 1 vor 631. Bsp: Unterricht (Dörner NJW **79**, 241), MontageArb, Gerätewartg. Die Verbindg mit dem AbzGesch muß nicht im selben Vertr od in derselben Urk (§ 1a) bestehen. Der Widerr (Anm 4) kann von vorneherein auf die Dod WerkLeistg erstreckt, auch getrennt erkl werden, jedoch fristgem (Anm 4d-f). Wirkg: wie Anm 4h. Keine Anwendg, wenn die WerkLeistg im VorderGrd steht (BGH NJW-RR **86**, 982 für langfrist HaarpflegeVertr).

AbzG 1c *Anwendung auf ähnliche Geschäfte.* Die Vorschriften des § 1a Abs. 1 Satz 1, Absatz 2 und des § 1b gelten entsprechend, wenn die Willenserklärung des Käufers auf den Abschluß eines Geschäftes gerichtet ist, das
1. die Lieferung mehrerer als zusammengehörend verkaufter Sachen in Teilleistungen zum Gegenstand hat und bei dem das Entgelt für die Gesamtheit der Sachen in Teilleistungen zu entrichten ist;
2. die regelmäßige Lieferung von Sachen gleicher Art zum Gegenstand hat;
3. die Verpflichtung zum wiederkehrenden Erwerb oder Bezug von Sachen zum Gegenstand hat.

1) Allgemeines. Inkrafttreten: Einf 1c. **a) Anwendbar** sind die § 1a I S 1, II u § 1b entspr nur dann, wenn die Voraussetzgen (Anm 2) vorliegen (BGH NJW **78**, 1315; aA Stgt NJW **80**, 1798 für SparkaufVertr). Bezug v Gas u Wasser ist 1c (vgl § 1b Anm 7 aE). **b) Zweck:** Ein Teil der SchutzVorschr des AbzG soll auf Gesch erstreckt w, die nicht AbzGesch sind, bei denen aber der Schutzzweck des AbzG zutrifft. **c) Unabdingbarkeit:** Sie ist aus der entspr Anwendbk von § 1a I S 1, II u § 1b in gleicher Weise zu folgern (vgl § 1a Anm 1e, § 1b Anm 1c). **d) Auslegung** des § 1c. Sie muß eher eng gehalten werden.

2) Voraussetzungen u Anwendbk ist auf die WillErkl des Käufers (VertrAngebot od – Ann) bezogen. **a) Nr 1:** Verk v Sachgesamth, deren BestandT sukzessive geliefert w, wobei das jeweils auf die TeilLieferg entfallde (Teil)Entgelt bei (vor od nach) der Lieferg des betr Teils zu zahlen ist. Bsp: Buchreihen (BGH NJW **76**, 1354); mehrbänd Sammelwerke (insb Lexikon) fallen idR unter § 1 (MüKo-Westermann 3); BausatzVertr für den Eigenbau eines WoHauses, wenn Lieferg u Bezahlg des Entgelts in TeilBetr erfolgt (BGH NJW **78**, 375). **b) Nr 2:** Umfaßt KaufVertr üb eine regelm (dh auf best ZtAbschn od innerh best ZtRäume) zu erbringde Lieferg v Sachen in festliegder Menge od Mindestmenge, zB Kaffee, Kindernährmittel, Eispulver, Zeitgs- u Zeitschriftenabonnements (BGH NJW **87**, 124), aber nicht bei einem einmonat Probeabonnement (aA KG NJW-RR **87**, 116). Es muß eine WillErkl (Kaufentschluß) auf Abschl eines einzigen Gesch vorliegen (BGH **67**, 389 [Aussteuersortiment]). Unerhebl ist, ob auch das Entgelt in Teilleistgen zu erbringen ist; gilt auch bei einmal Zahlg (bestr; aA Scholz MDR **74**, 883). Es ist stets auf die Bezugsverbindlk abzustellen (MüKo-Westermann 5). **c) Nr 3:** Ist auf RahmenVertr zugeschnitten, bei denen nicht eine von vornherein festliegde Lieferg best Sachen vereinb wird, sond Erwerbs- u BestellPfl bestehen (kaufvertr Charakter, Martinek ZIP **86**, 1440); zB: sog BuchGemsch, Schallplattenring. Vom BGH (**78**, 248), Koblz (NJW **85**, 2721) u Karlsr (NJW **85**, 2722) auch auf Bierliefergs(bezugs)Vertr angewendet (hierzu krit Reinel BB **82**, 956); dabei ist aber § 8 zu beachten. Mü (NJW-RR **86**, 150) u Düss (NJW-RR **88**, 948) wenden § 1c auch auf die VertrÜbnahme mit BierbezugsVerpfl an, der BGH (**97**, 127 = JZ **86**, 763 m abl Anm v Weitnauer) auch auf den mit GrdstKaufVertr verbundenen BierliefergsVertr u auf die BezugsPfl aus einem FranchiseVertr (BGH **97**, 351; Hbg NJW-RR **87**, 179). Die Anwendg auf FranchiseVertr wird abgelehnt v Martinek aaO.

3) Wirkung. Die Verweisg des § 1c bewirkt: **a) Schriftform** der WillErkl des Käufers (VertrAngebot od Ann), wie § 1a Anm 2a, 3a. RFolge bei Verstoß: Nichtigk aus § 125 (MüKo-Westermann 7). **b) Pflicht zur Aushändigung** der KaufVertrUrk, des Bestellscheins od ähnl Bezeichnung; wie § 1a Anm 3c. RFolge: wie § 1a Anm 4c. **c) Widerrufs- od Rückgaberecht:** wie § 1b Anm 2–7. Für die Belehrg gilt auch § 1b III Nr 1 u 2 (KG NJW-RR **88**, 376). Diese Re bestehen nicht in bezug auf die EinzelLiefergen, sond nur in bezug auf den ganzen Vertr (im Einzelfall auch Abonnement, Beitritt od ähnl bezeichnet), nach dessen Abschl in den Fristen, wie sie sich aus § 1b Anm 4d, e, 6d ergeben. Ist mit dem unter § 1c falldden Vertr ein DarlVertr verbunden, so ist bei Widerr dessen Wirksk nach § 139 zu beurt (Düss WM **84**, 1220 mwN), ebso bei einem gleichzeit abgeschl MaklerVertr (Koblz WM **84**, 1238). Da § 1c das RückgR beim Versandhandel nicht ausschließt, muß die Rückg der ersten (Teil)Lieferg genügen, sofern der Verk ein RückgR eingeräumt hat. **d) Leistungsausgleich** nach Widerr od Rückg richtet sich nach § 1d.

AbzG 1d *Ausgleich nach Widerruf.*

I Im Falle des Widerrufs ist jeder Teil verpflichtet, dem anderen Teil die empfangenen Leistungen zurückzugewähren. Der Widerruf wird durch den Untergang oder eine Verschlechterung der Sache nicht ausgeschlossen. Hat der Käufer den Untergang oder die Verschlechterung der Sache zu vertreten, so hat er dem Verkäufer den Wert oder die Wertminderung zu ersetzen.

II Ist der Käufer nicht nach § 1b Abs. 2 Satz 2 oder Absatz 3 belehrt worden und hat er auch nicht anderweitig Kenntnis von seinem Recht zum Widerruf erlangt, so hat er den Untergang oder eine Verschlechterung der Sache nur dann zu vertreten, wenn er diejenige Sorgfalt nicht beachtet hat, die er in eigenen Angelegenheiten anzuwenden pflegt.

III Für die Überlassung des Gebrauchs oder der Benutzung bis zu dem Zeitpunkt der Ausübung des Widerrufs ist deren Wert zu vergüten; die durch die bestimmungsgemäße Ingebrauchnahme eingetretene Wertminderung hat außer Betracht zu bleiben.

IV Der Käufer kann für die auf die Sache gemachten notwendigen Aufwendungen vom Verkäufer Ersatz verlangen.

V Entgegenstehende Vereinbarungen sind nichtig.

1) Allgemeines. a) Inkrafttreten: Einl 1c. **b) Zweck:** Um dem AbzK die EntschlFreih für Widerr u Rückg zu erhalten, soll er dch die RFolgen vor jedem Nachteil bewahrt w. **c) Unabdingbarkeit** (Abs V): Sie besteht nach dem GZweck nur für solche Vereinbgen, die den AbzK ungünst stellen (wie § 2 Anm 1c). **d) Anwendungsbereich:** Alle Fälle des Widerr nach §§ 1b, 1c (entspr beim finanz AbzK, BGH 91, 9 [17]), aber auch auf die Rückg u das RücknVerlangen (§ 1b Anm 6), obwohl sie in § 1d nicht erwähnt sind (hM; vgl § 1a Anm 2b). Entspr anwendb bei Rücktr gem § 13a UWG. **e) Verjährung:** wie § 1 Anm 7b, aa (hM).

2) Rückgewährpflichten (Abs I S 1; ist den § 346 S 1 BGB nachgebildet). Zurückzugewähren bedeutet Rückleistg im vollen Umfang, in derselben Weise u auf demselben Weg; ggf an od üb Dr (vgl § 346 Anm 2). ErfüllgsOrt ist da, wo der AbzK die Leistg empfangen hat (hM; Löwe NJW **74**, 2257 [2263]). Die Erf hat Zug-um-Zug zu geschehen; § 3 gilt entspr (Scholz MDR **74**, 969; aA: § 273).

3) Wertersatz für Gebrauch und Benutzung (Abs III). **a) Sonderregelung** ggü § 2 u § 347 BGB sowie §§ 812ff. Sie sind weder subsidiär noch entspr anwendb. Es gilt ausschließl die SondRegelg des § 1d. Sie erstreckt sich auch auf verbundene u wg § 139 unwirks gewordene Vertr (Koblz WM **84**, 1238) u bewirkt eine Schlechterstellg des AbzV, der mit dem Widerr od RückgR von vornherein rechnen muß u der auch den Pr danach kalkulieren wird. Beim finanz AbzKauf steht der Anspr dem Verk, nicht der Bank zu (Ffm NJW **87**, 848); der AbzK muß jedenf nicht das Darl zurückzahlen, dessen Valuta der Verk v der Bank erhalten hat (BGH **91**, 9). Der AbzK hat jedenf nur den Gebr- od BenutzgsWert zu ersetzen, der auf den ZtRaum entfällt vom Empfang der Sache bis zur Ausübg des WiderrR (hier also ohne Rücks auf den Ztpkt der Rücksendg od Rückn) od bis zur Rückg (vgl § 1b Anm 6). Auf die tats Ingebrauchnahme kommt es nicht an (BGH NJW **85**, 1544). Für die Ermittlg des Gebr- od Benutzgswerts gilt grdsätzl § 2 Anm 5b (Wortlaut in Abs III Hs 1 ist dem § 2 I S 2 Hs 1 nachgebildet), also der übl od gedachte Mietzins (BGH aaO). Im Proz: § 287 ZPO. **b) Bestimmungsgemäße Ingebrauchnahme** (Abs III Hs 2). Diese erhöhte Wertminderg darf nicht berücksicht werden. Abs III Hs 2 hat geradezu Strafcharakter (ebenf krit Löwe NJW **74**, 2257 [2263]; Klauss-Ose Rdn 369; Scholz MDR **74**, 969). Die Regelg kann bei vielen GebrGütern mit fast Wertverlust bedeuten, den allein der AbzV zu tragen hat, insb bei Kfz, Kleidgstücken. Es sind höchst unbill, geradezu groteske Ergebn denkb. Es ist insb bei Kfz anzuraten, die Ausliefg erst nach Ablauf der WiderrFr vorzunehmen. Keine Regelg trifft das G für den ZtRaum, in dem der AbzK nach Widerr die Sache bis zur Rückn od verspäteten Rücksendg behält. Hierfür gelten dann die Vorschr des Eigt-Bes-Verh (§§ 987ff BGB).

4) Aufwendungsersatz (Abs IV). Er ist nur dem AbzK, nicht dem AbzV zugedacht, da die Anwendg von § 2 ausgeschl ist (vgl Anm 3). Notw Aufwendgen: der Begr deckt sich mit dem des § 994 BGB (dort Anm 1), weil Verwendgen u Aufwendgen dasselbe bedeuten (vgl § 256 Anm 1). Nur Aufwendgen hinsichtl der Sache, nicht solche für od im Zushang mit dem Vertr (zB Porto), sind zu ersetzen (and als bei § 2).

5) Untergang und Verschlechterung der Sache (Abs I S 2, 3; II). **a) Begriffe:** Unterg ist Vernichtg od völl Zerstörg der Sache. Dem ist die anderweit Unmöglk der Herausg (vgl § 351 S 1) gleichzustellen, obwohl sie vom GWortlaut nicht umfaßt ist (hM; Düss MDR **89**, 356). Offenb liegt ein Redaktionsversehen vor. In § 3 HausTWG ist das berücksicht worden (BT-Drucks 10/2876 S 13). Verschlechterg: Dazu gehört nicht der Umstand, daß die Sache gebraucht, nicht mehr neu ist; jedoch Substanzverletzen u Verlust v Bestandt u Zubehör; jede Beeinträchtigg der Funktionsfähigk. **b) Widerrufsrecht,** entspr das RückgR (vgl Anm 1d). Es wird dch Untergang, Verschlechterg sowie anderweit Unmöglk der Herausg nicht ausgeschl (vgl Anm a), wohl aber dch verschuldete Unmöglk, insb bei Veräußerg (hM; mit § 242 begrdet v RGRK-Kessler 5; LG Hbg MDR **83**, 938); Beck BB **86**, 2205 [2215]). Der Rücktr ist wg § 242 ausgeschl, wenn die Sache weiterveräußert w od wenn Gebr Vorteile mißbräuchl herbeigeführt w (Soergel-Hönn 3 mwN). **c) Wertersatz für die Sache** (Abs I S 3): Der Anspr setzt voraus, daß der AbzK den Unterg, die Verschlechterg od die anderweit Unmöglk der Herausgabe (Anm a) zu vertreten hat. Höhe des WertErs: Es ist nicht der VerkPr zugrdezulegen, da bei Widerr der Gewinn des AbzV entfällt, sond der Wert, den die Sache im unverkauften Zustd für den AbzV hätte, näml AnschaffgsPr zuzügl der mit der Anschaffg u Bereitstellg (nicht der Weiterveräußerg) verbundenen Kosten. Im Proz gilt § 287 ZPO. **d) Haftungsmaß** (Abs I S 3, II). Grdsätzl ist Vorsatz u Fahrlässigk zu vertreten (§ 276 BGB); nur im Fall des Abs II gilt § 277 BGB. Auch Haftg für ErfGehilfen (§ 278 BGB) ist denkb, da aGrd des AbzGesch schon wg EigtVorbeh für den AbzK ObhutsPfl bestehen, die unter § 278 BGB fallen (dort Anm 4b). Die Belehrg gem § 1b II S 2, III, auf die Abs II verweist, muß im Falle des RückgR (vgl Anm 1d) sich auf dieses

Gesetz betr. die Abzahlungsgeschäfte   **AbzG 1b, 2**

beziehen (§ 1 b V S 5). Die anderweit Kenntn des Widerr (Rückg)R kann dch Dr od dch eine nicht ordngsgem Belehrg des AbzV erlangt sein. Das erhöhte Haftgsmaß (§ 276 statt § 277 BGB) tritt aber erst ein, sobald der AbzK diese Kenntn erlangt. **e) Beweislast:** AbzV für Unterg u Verschlechterg, sowie für Belehrg u Kenntn im Rahmen des Abs II, AbzK für Fehlen v Vorsatz od Fahrlk sowie das SorgfMaß wie in eigenen Angelegenh (§ 282 u § 277 BGB Anm 3).

AbzG 2 *Ersatzansprüche des Verkäufers.* ¹ Der Käufer hat im Falle des Rücktritts dem Verkäufer für die infolge des Vertrages gemachten Aufwendungen, sowie für solche Beschädigungen der Sache Ersatz zu leisten, welche durch ein Verschulden des Käufers oder durch einen sonstigen von ihm zu vertretenden Umstand verursacht sind. Für die Überlassung des Gebrauchs oder der Benutzung ist deren Wert zu vergüten, wobei auf die inzwischen eingetretene Wertminderung der Sache Rücksicht zu nehmen ist. Eine entgegenstehende Vereinbarung, insbesondere die vor Ausübung des Rücktrittsrechts erfolgte vertragsmäßige Festsetzung einer höheren Vergütung, ist nichtig.

II Auf die Festsetzung der Höhe der Vergütung finden die Vorschriften des § 260 Abs. 1 [jetzt § 287 I] der Zivilprozeßordnung entsprechende Anwendung.

1) Allgemeines. a) Zweck: Ergänzt § 1 u soll dabei unter Schutz des AbzK gewährleisten, daß bei der Abwicklg des VertrVerh nach dem Rücktr der Umfang der RückgewährAnspr mögl gerecht festgelegt w. **b) Anwendungsbereich:** Er entspr dem § 1 Anm 1c; also nur beim Rücktr des AbzV (auch nach § 5), u zwar nur dann, wenn er nach Überg der Kaufsache erkl wird (vgl MüKo-Westermann 5); er gilt auch beim finanz AbzKauf (BGH NJW 79, 872). Für § 2 ist aber bes zu beachten, daß er nur für den Zeitraum bis zum Rücktr (§ 1 Anm 5) gilt; für den folgenden Zeitraum bemessen sich die Anspr nach den allg Vorschr des BGB (vgl Anm d). **c) Abdingbarkeit:** (Abs I 1 u 2 sind zwingd (Abs I 1 1)). Wirks sind aber abweichde Vereinbg, die den AbzK günst als die gesetzl Regelg stellen (allg M; BGH WM 72, 972), u solche Vereinbg, die nach dem Rücktr getroffen wurden (vgl hierzu MüKo-Westermann 7) mit Ausn solcher, die der AbzK in Unkenntn der für ihn günstigeren gesetzl Regelg getroffen hat (BGH NJW 79, 872). Nichtig sind insb: Abreden, daß AbzV berecht ist, nach Rücktr die Sache ohne Bindg an obj Wert u höchstmögl Pr anderweit zu verwerten u daß der Erlös anzurechnen ist (vgl BGH WM 66, 1174 u Anm 2c); höhere, insb pauschalierte ÜberlassgsVergütg (allgM); ErsPfl für unverschuldete Verschlechterg od Verlust. **d) Verhältnis zum BGB:** Im AnwendgsBer (Anm b) schließt § 2 die Anwendg des § 347 aus. Für die Zeit ab Wirksamk des Rücktr (Anm 5) gelten die allg Regeln des BGB (hM), für SchadErs, Nutzgen, ÜberlassgsVergütg, Verwendgen u Verzinsg (§§ 346 S 2, 347, 987 ff). Insb ist auch Verzug des AbzK mit der Rückg der Sache u damit verschärfte Haftg mögl (vgl §§ 286, 287, 990 II). **e) Verjährung:** Die Anspr aus § 2 verj wie der RückgewährAnspr (§ 1 Anm 7b). Ist der AbzV nach Verj der KaufPrFdg (§ 1 Anm 7a) zurückgetreten, kann er die Anspr aus § 2 nicht mehr geltd machen, weil sonst der AbzK dch das AbzGesch schlechter gestellt würde als beim gewöhnl Kauf (BGH 48, 249). Herausg der Sache kann der AbzV aber noch aus EigtVorbeh erwirken. Der AbzV kann auch den Anspr aus § 2 bis zur Höhe des vom AbzK geltd gemachten RückgewährAnspr mit den angezahlten KaufPr (§ 1 I 1) verrechnen (BGH NJW 79, 2195). **f) Rechte des Käufers** richten sich, da dch § 2 nicht geregelt, nach BGB (§ 1 Anm 6 b, bb).

2) Höhe der Ansprüche. a) Begrenzung. AufwendgsErs (Anm 3), SchadErs (Anm 4) u ÜberlassgsVergütg (Anm 5) sind für sich u insges begrenzt dch das ErfInteresse (Vorbem 2 g vor § 249) des AbzV; denn er darf dch das zum Schutz des AbzK erlassene AbzG nicht besser gestellt werden, als wenn der Vertr ordngsgem erf worden wäre (hM; BGH NJW 67, 1807; RG 138, 28; RGRK-Kessler 3). **b) Feststellung:** geschieht im Proz gem § 287 ZPO; der in II genannte § 260 stammt noch aus der alten Fassg der ZPO. **c) Anrechnung** eines bei Weiterverkauf dch den AbzV erzielten Mehrerlöses ist bei entspr vertr Vereinbg zG des AbzK zul (BGH WM 72, 970); vgl auch Anm 1 c.

3) Aufwendungsersatz (Abs I 1 Hs 1). **a) Aufwendungen** sind freiwill Auslagen u Aufopfergen von VermWerten für einen best Zweck (vgl § 256 Anm 1). Das zugrdeliegde AbzGesch muß hierfür ursächl sein („infolge"); das bedeutet: das konkrete AbzGesch für die best Aufwendg. Die Aufwendg darf nicht überflüss od unangebracht sein (BGH WM 72, 970). **b) Ersatz** ist stets auf Geld gerichtet, so daß § 249 (Naturalrestitution) anzuwenden ist, sond § 256 (vgl dort Anm 2). Besteht die Aufwendg nicht in Geld, ist der Betr zu zahlen, der zZ der Zahlg (im Proz zZ der letzten mdl Verhdlg) ausreicht, um die Aufwendg auszugleichen. Zinsen für den AufwendgsBetr können erst ab Rücktr verlangt w (hM; BGH WM 59, 1038; MüKo-Westermann 9). **c) Einzelheiten.** Es kommen als erstattgsfäh in Betr: **aa) Vertragskosten:** insb Porto u sonstige für das Zustandekommen des Vertr erforderl Kosten ohne die Gemeinkosten. **bb) Vertriebskosten,** vor allem Prov, insb für Handelsvertreter; aber nur zu erstatten, wenn sie nicht zu den allg GeschUnkosten gehören u der AbzV nicht Rückzahlg der Prov erlangen kann (BGH NJW 59, 2014; bestr). Aufwendg für Werbg (Reklame) fallen nicht darunter, weil sie vor dem VertrAbschl, nicht infd des Vertr erbracht w (allgM). **cc) Herstellungs- und Ausbesserungskosten** sind nicht erstattgsfäh, auch wenn sie auf bes Wünschen des AbzK beruhen, da sie ausschließl der Erf der VertrPfl (GgLeistg) dienen, den Preis mitbest u sich auf den Wert der zurückverlangten Sache auswirken (RGRK-Kessler 6). **dd) Transport:** Verpackg, Fracht, Spediteurkosten, eigene anteil Transportaufwendg des AbzV, die der Zusendg an den AbzK dienen, sind grdsätzl erstattgsfäh; ebso Kosten für Aufstellg u Montage (weitgehd hM); auch Kosten des Rücktransports (hM), weil der AbzK zur Rücksendg verpfl ist. Daher kann AufwendgsErs aus §§ 670, 683 verlangt werden (Karlsr MDR 70, 587 mwN); auch Anspr aus § 286 ist mögl. Darunter fallen nicht die dch den WeiterVerk entstandenen Kosten (zB Überführg eines Kfz, Köln NJW 64, 1966). **ee) Steuern:** Umsatz - u MWSt sind nur ausnahmsw zu erstatten, wenn der AbzV sie nicht zurückerhält (RGRK-Kessler 5 mwN) mit Ausn der MWSt aus der NutzgsVergütg, die in dieser enthalten ist. **ff) Versicherungsprämien,** die spez für das betr AbzGesch gezahlt wurden (insb Kasko, KreditVers), sind grdsätzl zu erstatten,

2423

auch wenn der AbzK die VersPfl nicht übernommen hat (hM; MüKo-Westermann 16). **gg) Finanzierung:** Diskontspesen sind zu erstatten, soweit es sich um Entgelt für die DLeistgen der Bank (zB Bearbeitgsgebühren, Prov) handelt (insow allgM). Nicht zu erstatten sind hingg die ZwZinsen, weil das eingesetzte Kap im Rahmen der GebrVergütg berücks w (Düss MDR **62**, 52; sehr bestr; aA insb BGH **19**, 330, wobei zum Ausgleich die KapVerzinsg bei der GebrWertVergütg außer Betr bleiben soll). Das gilt für die Finanzierg wie für die Refinanzierg, so daß die vom AbzV u der FinBank gezahlten DarlZinsen nicht zu erstatten sind, sond allein die Spesen u DLeistgEntgelte (Köln NJW **64**, 1966; sehr bestr). Gg Anrechng v FinanziergsKosten auch BGH NJW **73**, 1078. **hh) Inkasso:** Es sind nur zu erstatten, die Postgebühren u solche Spesen (Prov, Entgelte an Dr), die allein dch den betr Vertr entstanden sind, nicht aber das, was zu den allg GeschUnkosten zählt (zB Anteile an Buchgskosten od Gehälter). Sehr umstr ist die Anrechng v Kosten eines Inkassobüros. **ii) Rechtsverfolgung:** (1) Mahnkosten wurden nach den Grdsätzen der Anm hh) behandelt. (2) Bei ProzKosten (einschließl MahnVerf) aus RStreitigk zw AbzV u AbzK vor dem Rücktr ist das Verh zw proz u matrechtl KostenerstattgsAnspr (vgl Th-P IV vor § 91) zu beachten. Keinesf beschränkt § 2 den erlangten proz KostenerstattgsAnspr des AbzV. Die ihm auf dem gleichen Weg auferlegten Kosten kann er idR auch nicht über § 2 als materiellrechtl Kostenerstattg verlangen (vgl Th-P aaO 2 aE). (3) DrittwiderspruchsKl (§ 771 ZPO): Hat der AbzV obsiegt, kann er die Kosten vom AbzK verlangen (aber § 255 beachten), wenn er sie vom Bekl nicht beitreiben kann (hM). Hat er verloren, kann Erstattgsfähigk nur verneint werden bei Selbstverschulden, od wenn es an der Kausalität (Anm 3a) fehlt (im einzelnen umstr, vgl MüKo-Westermann 20 mwN).

4) Schadensersatz (Abs I 1 Hs 2). **a) Beschädigung** umfaßt die Vernichtg u völl Zerstörg (allgM), Verschlechterg dch Substanzverletzg od übermäß Gebr, Unmöglk der Rückg u Belastg mit dingl R (hM). Diese weite Auslegg des Begr beruht auf einer Analogie zu §§ 347, 989. Nicht: die Abnutzg dch den gewöhnl Gebr; diese wird bei der ÜberlassgsVergütg (Anm 5) berücks. **b) Verschulden** des AbzK gem §§ 276, 278 od zu vertretde Umstände sind erforderl. Dafür kommen in Betr: der SchuVerz Zufall (§ 287 S 2), Haftg gem §§ 827, 829, 833. **c) Umfang:** §§ 249 ff, insb entgangener Gewinn (§ 252); im Falle der Unmöglk auch das Surrogat (§ 281; allgM).

5) Überlassungsvergütung (Abs I 2). **a) Allgemeines: aa) Art:** stets in Geld. **bb) Zeitraum:** maßgebd ist der von Überg (§ 1 Anm 3) bis zum Wirkswerden der RücktrErkl (§ 1 Anm 5). Von da an bis zur Rückg ist über §§ 346 S 2, 347 S 2, 987 Vergütg für den tats Gebr zu leisten (J. Blomeyer MDR **68**, 6). Verzögerg der RücktrErkl kann im Einzelfall bes RücksNahme des AbzV (BGH NJW **73**, 1078), aber auch Verstoß gg Treu u Glauben darstellen (vgl J. Blomeyer aaO; Scholz MDR **68**, 631). **cc) Bemessungsgrundlagen:** Es ist zunächst die Höhe des Überlassgswerts (Anm b) festzustellen; danach erfolgt die Korrektur („Rücksicht") dch die Wertminderg (Anm c). Wird sie dch die Vergütg für den GebrWert voll umfaßt so abgegolten, bleibt sie ohne Einfluß (allgM; RG **169**, 141), weil die normale Abnutzg u Wertminderg mit der ÜberlassgsVergütg idR abgegolten w. Nur wenn die tats Wertminderg dch Abnutzg u Verlust der Neuheit die normale Wertminderg übersteigt, ist die ÜberlassgsVergütg höher als der GebrWert. Im umgekehrten Falle kann sie aber auch nieder sein; jedoch wird dies prakt nur noch selten zutreffen, da die moderne Volkswirtsch in erster Linie auf fabrikneue Massengüter abstellt u der Gebrauchtwarenmarkt (außer Kfz) für AbzGesch an Bedeutg verliert. Bei echten verbrauchb (tats verbrauchten) Sachen (insb Lebens- u Genußmittel, Brennstoffen) ist stets der Barpreis als Warenwert für die ÜberlassgsVergütg anzusetzen. **b) Überlassungswert.** Er ist am Wert der Nutzgen (§ 100) zu messen (hM), also der GebrVorteile u Früchte (diese aber nur soweit sie vertrgem dem AbzK verbleiben u nicht vom AbzV aus Eigt herausverlangt w können). Maßgebd ist der obj Verkehrswert der Nutzgen ohne Rücks darauf, ob sie tats gezogen wurden, die Sache also benutzt wurde od nicht (hM seit RG **138**, 28 [32]). Bei Sachen, die üblw vermietet od verpachtet werden, ist entspr der übl Miete od Pacht zu bemessen (vgl BGH **19**, 330). Dabei ist zu berücks: Abzuziehen ist der den Verm über § 536 treffde ErhaltgsAufwd, wenn er vom AbzK zu tragen war (BGH **44**, 237) u Minderg od Wegfall der MietzinsPfl wg Sachmangel (BGH NJW **72**, 581 = LM Nr 12). Miete od Pacht ermäß sich bei geringer Benutzg nur, wenn auch üblw die Höhe von Miete u Pacht davon beeinflußt w (Reinicke Betr **59**, 1106). Bei and Sachen ist der gewöhnl Wert der GebrÜberlassg zu ermitteln od zu schätzen (BGH **19**, 330). Zugrdezulegen sind: KapEinsatz, anteil GeschUnkosten, Risikoausgleich u angem UnternGewinn (vgl BGH WM **69**, 1384). Finanziergskosten dürfen in diesem Rahmen nicht angesetzt werden (BGH NJW **73**, 1078; bestr). **c) Wertminderung.** Sie ist zu ermitteln aus der gewöhnl, vertrgem vorausgesetzten Abnutzg, dem NeuhVerlust u dem Wertverlust, der dadch entsteht, daß die Sache regelm, dch schnell aufeinandfolgde Modelländerg veraltet (Erm-Weitnauer-Klinsporn 59; sehr bestr). Die Differenz ist aus dem Wert zZ der Überg u der Rückg zu entnehmen (hM; BGH **19**, 330 [336]). Außer Betr bleiben: allg Preisrückgänge (hM; BGH **5**, 373 [376]); verschuldete Beschädig, welche als Schaden zu ersetzen (Anm 4); der Versteigergs- od Veräußergsverlust (Differenz zw allg obj Veräußergswert u dem konkret erzielten Mindererlös), da dieser Erlös vom Zufall od der Willkür des AbzV abhängt (hM).

AbzG 3 **Erfüllung Zug um Zug.** Die nach den Bestimmungen der §§ 1, 2 begründeten gegenseitigen Verpflichtungen sind Zug um Zug zu erfüllen.

1) Allgemeines. a) Zweck: Schutz des AbzK; außerdem Folge der allg bürgerl-rechtl Grdsätze (§§ 348, 322, 274). **b) Abdingbarkeit** ist für beide Part zu verneinen; abweichde Vereinbg, auch nach Rücktr, sind nichtig (allgM), aber ohne Auswirkg auf die and VertrBest. **c) Anwendungsbereich:** Bei allen AbzGesch (Einl 2) einschl der UmgehgsGesch (§ 6) u der Gesch des § 1 c für die Anspr aus §§ 1, 2; ferner für die Anspr aus § 1 d (dort Anm 2) u für den Anspr aus § 985 BGB (MüKo-Westermann 1), demggü das ZurückbehaltgsR des § 3 ein R zum Bes gibt (§ 986). **d) Rechtsnatur:** § 3 gibt den Parteien lediglich eine Einrede u stellt keine AnsprBeschränkg dar (umstr). Die Argumente v Erm-Weitnauer-Klingsporn 2, 3 u MüKo-Westermann 2 (ebso LG Trier NJW **79**, 824) sind überzeugd. Die aA (Schaumbg JR **75**, 446 mwN), daß § 3 eine AnsprBeschränkg darstelle, läßt sich kaum noch aufrechterhalten. **e) Erfüllungsort** für die Rückgewähr ist der des Vertr (AbzGesch), da ein AbwicklgsVerh vorliegt (§ 346 Anm 2). Er ist somit gemeins (hM) u zwar der Ort, wo die Kaufsache zurückzugewähren ist, idR der Ort wo die Sache sich vertrgem befindet (hM; Erm-Weitnauer-Klingsporn 7 mwN). Wohnsitzwechsel des AbzK ändert den ErfOrt nicht (§ 269 I).

2) Wirkung. Grdsätzl ist zu beachten, daß dem AbzK aus § 1 regelm ein GeldAnspr zusteht, dem AbzV neben Rückgewähr der Kaufsache (§ 1) aus § 2 ebenf ein GeldAnspr. Solange nicht eine der Part aufrechnet (§ 388), kann das Gericht die ggs GeldzahlgsPfl nicht verrechnen. Jede der Part muß für die Schlüssigk ihrer Kl nur den eigenen Anspr darlegen, um ein VersäumnUrt (§ 331 ZPO) zu erwirken, weil § 3 lediglich eine Einrede gibt wie § 320 u § 273 BGB (Anm 1d).

3) Prozessuales. a) Zuständigkeit: Für die örtl gilt § 6a. Sachl §§ 23, 71 GVG. **b) Klageantrag:** AbzV kann nicht mit Erfolg Kl auf KaufPrZahlg mit Kl auf Herausg verbinden, weil darin Rücktr vom KaufVertr liegt (§ 1 Anm 5b), selbst wenn die HerausgKl auf § 985 BGB wg EigtVorbeh gestützt wird (hM). Unzul ist wg § 253 II Nr 2 ZPO ein KlAntr, der wahlw auf Zahlg od Herausg gerichtet ist (allgM). HilfsAntr auf Herausg ist nur sinnvoll, wenn dies keinen Rücktr darstellt, näml für den Fall, daß die KaufPrFdg wg Nichtigk des Vertr nicht besteht. HilfsAntr auf Zahlg des KaufPr ist nur zweckm, wenn die Wirksamk des Rücktr zweifelh ist u deshalb die HerausgKl unbegründet sein kann. **c) Urteil:** Verurteilg Zug-um-Zug ist kein aliud iS des § 308 I ZPO, sond ein weniger; daher Teilunterliegen, wenn unbedingte Verurteilg beantragt ist. **d) Prozeßvergleich** über Anspr aus dem AbzGesch ist materiell wie AbzGesch zu behandeln, daher insb Bindg an §§ 3, 4. **e) Vollstreckungsabwehrklage** (§ 767 ZPO) gg VollstrTitel über die KaufPrFdg ist u begründet, wenn nachträgl (§ 767 II ZPO) Rücktr, insb fingiert gem § 5 erfolgt. **f) Zwangsvollstreckung:** § 274 Anm 2.

AbzG 4 *Vertragsstrafe und Verfallklausel.* **I** Eine wegen Nichterfüllung der dem Käufer obliegenden Verpflichtungen verwirkte Vertragsstrafe kann, wenn sie unverhältnismäßig hoch ist, auf Antrag des Käufers durch Urteil auf den angemessenen Betrag herabgesetzt werden. Die Herabsetzung einer entrichteten Strafe ist ausgeschlossen.

II Die Abrede, daß die Nichterfüllung der dem Käufer obliegenden Verpflichtungen die Fälligkeit der Restschuld zur Folge haben solle, kann rechtsgültig nur für den Fall getroffen werden, daß der Käufer mit mindestens zwei aufeinander folgenden Teilzahlungen ganz oder teilweise im Verzug ist und der Betrag, mit dessen Zahlung er im Verzug ist, mindestens dem zehnten Teile des Kaufpreises der übergebenen Sache gleichkommt.

1) Allgemeines. a) Zweck: entspr § 1 Anm 1a. **b) Abdingbarkeit:** wie § 3 Anm 1b. Eine unzul Verfallklausel ist keinesf nichtig, sond wird auf das gesetzl zul Maß zurückgeführt (Erm-Weitnauer-Klingsporn 28). **c) Anwendungsbereich:** wie § 3 Anm 1c. **d) Verhältnis zum BGB:** Abs I ist SondRegelg ggü § 343 I, bei AbzGesch daher an Stelle des § 343 I S 1 u 3 anzuwenden, aber prakt bedeutgsl, weil die Vorschr inhaltl gleich sind. Iü gelten die dispositiven §§ 339–345. Die VerfallklauselVorschr (Abs II) schränkt lediglich die VertrFreih im Rahmen des § 271 ein. **e) Verhältnis zum AGBG.** Dch dessen § 11 Nr 6 sind VertrStrafen für den Fall des Zahlgsverzugs, Lösg v Vertr u Verletzg bestimmter VertrPfl unwirks. Dies gilt im Falle v Verwendg AllgGeschBedinggen bei allen AbzGesch u geht dem Abs I vor (MüKo-Westermann 1). Verfallklauseln (Anm 3) fallen nicht darunter.

2) Vertragsstrafe (Abs I). Der NichtErf steht die nicht vertrgem Erf gleich (allgM). Grdsätzl gilt das gleiche wie in den Anm zu § 343, mit der Abweichg, daß wg § 8 auch bei Vollkaufleuten, die nicht imHandelsregister eingetr sind, trotz §§ 348, 351 HGB die VertrStrafe herabgesetzt werden kann. Insb ist zu beachten: VertrStrafe ist auch für Anspr aus §§ 1, 2 mögl (Erm-Weitnauer-Klingsporn 16; bestr.) Verzug, daher idR Versch, ist erforderl (§ 339 S 1, § 285 u § 339 Anm 3). Ob ErfAnspr ausgeschl w, wenn VertrStrafe verlangt w, hängt davon ab, ob § 340 I od § 341 I vorliegt. Rücktr ist nach Erlöschen des ErfAnspr (§ 340 I) nicht mehr mögl. Mit Rücktr entfällt Grdlage für künft Verwirkg von VertrStrafe; eine bereits geleistete muß zurückgewährt w (§ 1 Anm 6b, bb).

3) Verfallklausel (Abs II). **a) Zulässigkeit.** Stets Vertr od VertrÄnderg gem § 305 notw („Abrede"). Soweit der Verfall auf ZahlgsVerz abgestellt wird, nur zul mit dem dch Abs II festgelegten Inhalt od günstiger für den AbzK. Dagg wird verstoßen, wenn für den ges KaufPr ein Wechsel begeben w, der bei geringerem ZahlgsVerz als § 4 vorgelegt w kann (RG **136**, 137; BGH WM **56**, 315); das kann gg Dr nur über Art 17 WG eingewendet werden. Restschuld ist der BarPr zuzügl aller Teilzahlgszuschläge (sog TeilzahlgsPr) abzügl aller bisherigen Zahlgen (hM; Mü NJW **69**, 53). **b) Voraussetzungen** einer zul Verfallklausel sind: **aa) Zahlungsverzug** (§ 284) mit mind 2 aufeinanderfolgden Raten, ganz od teilw. § 366 gilt nicht (hM; MüKo-Westermann 12). Jede Zahlg gilt nach stillschw Vereinbg für die älteste Rate (Ostler-Weidner 66). Der AbzK kann allein keine wirks Best treffen (hM). **bb) Zehntel des Kaufpreises** ist vom vereinb GesPr (einschl aller dch die Teilzahlg bedingten Zuschläge, sog TeilzahlgsPr) zu errechnen, nicht vom BarPr (hM; Erm-Weitnauer-Klingsporn 26). Der Verz (§ 284) muß sich auf das Zehntel erstrecken, wobei alle rückständ Raten zu berücks sind. Bei einheitl KaufPr für mehrere Sachen (zB Sammelwerk) kommt es auf den GesamtPr an, nicht nur auf den übergebenen Teil an (Mösenfechtel MDR **74**, 111; beim Fall aA Erm-Weitnauer-Klingsporn 26). **c) Wirkung.** Die Fälligk der ges Restschuld (Anm a) tritt bei zuläss Verfallklausel ohne weiteres ein (§ 158 I; hM). Eine verspätete Zahlg kann sie nicht mehr beseit; nur eine Vereinbg gem § 271; diese ist nicht mehr an § 4 gebunden. Eine Auswirkg auf das RücktrR (§ 1 Anm 4) ist mit dem WirksWerden der Verfallklausel nicht verbunden. Verstößt die Verfallklausel gg § 4, vgl Anm 1b.

AbzG 5 *Fingierter Rücktritt.* Hat der Verkäufer auf Grund des ihm vorbehaltenen Eigentums die verkaufte Sache wieder an sich genommen, so gilt dies als Ausübung des Rücktrittsrechts.

1) Allgemeines. a) Zweck. § 5 verhindert eine Umgeh der §§ 1–3. Der Rücktr wird fingiert, wenn der AbzV sich den Bes der Sache verschafft. Soll den AbzK davor schützen, den Bes der Sache zu verlieren u weiter den KaufPr zu schulden (BGH WM **66**, 1175). **b) Abdingbarkeit:** § 5 ist eine zwingde gesetzl Fiktion (allgM). **c) Anwendungsbereich:** Alle AbzGesch (Einl 2), auch die UmgehgsGesch (§ 6) u beim finanz AbzKauf, also insb, wenn die FinBank aGrd SichgEigt die Sache dem AbzK wegnimmt (BGH **57**, 112) od wenn im Einverständn zw DarlG u Käufer eine Ersatzsache (Surrogat) anstelle des KaufGgst getreten ist (BGH NJW **84**, 2294). Gilt auch, wenn der AbzV auf Rücktr verzichtet hat u wenn der AbzK mit der Rückn einverstanden ist (BGH **57**, 112). Gilt nicht, wenn das Gesch wg § 1b noch nicht wirks war (MüKo-Westermann 4) od wenn der AbzK vorher den Rücktr erkl hat (Karlsr OLGZ **69**, 316), ferner nicht bei den Gesch des § 1c.

2) Voraussetzung ist allein, daß der AbzV die Sache an sich genommen hat. Dies wurde v der hM entgg dem Wortlaut des § 5 ausgedehnt (Übersicht bei Müller-Laube JuS **82**, 797). Es ist nicht erforderl, daß der AbzV dies aGrd des EigtVorbeh (hierzu § 455 Anm 1, 2) getan hat; denn diese Fassg in § 5 sollte lediglich klarstellen, daß auch die Zurückn der Sache aGrd dingl Rechts, also auch außerh des gewöhnl schuldrechtl Weges über den Rücktr (§ 346) diese RFolge auslösen sollte. Daher ist weder erforderl, daß ein EigtVorbeh bestand noch, daß der AbzV die Rückn mit seinem Eigt begründet od rechtf, die Wegn ankünd od dem AbzK ggü erklärt; er muß nicht einmal Eigtümer sein. Wiederansichnehmen bedeutet, daß der AbzV dem AbzK die Nutzgsmögl der Sache entzieht u den Bes der Sache od ihren wirtschaftl Wert sich selbst zuführt. Diese ausdehne Tendenz der Rspr u hM wird teilweise wieder zurückgedrängt (vgl Erm-Weitnauer-Klingsporn 2, 15). Im einz gilt folgdes: **a) Besitzverschaffung** gem § 854 ist der Regelfall. Der mittelb Bes (§ 868) genügt, insb wenn der AbzK auf Verlangen des AbzV die Sache an einen Dr herausgibt, der dann dem AbzV den Bes vermittelt (MüKo-Westermann 5 mwN). Die BesÜbertr muß stets auf Verlangen des AbzV geschehen, so daß freiw BesAufgabe des AbzK mit zeitl getrennter, nachfolgder Inbesitznahme dch den AbzV nicht genügt (BGH **LM** Nr 9). Es genügt auch nicht, daß der AbzV einz Teile der Sache an sich nimmt, um den Gebr der Sache dch den AbzK zu unterbinden (Kiel BB **57**, 692, Celle BB **68**, 1308). **b) Wertverschaffung** genügt, insb wenn der AbzV die Sache an einen Dr weiterveräußert (BGH NJW **89**, 163) od auch die finanzierde Bank, wenn sie die Sache vom AbzV erlangt (Karlsr NJW-RR **89**, 179); selbst dann, wenn der AbzK vorher den Bes freiw aufgegeben hat (BGH **45**, 112). Es genügt auch, daß der AbzV auf Rechng des AbzK zur Begleigh der KaufPrSchuld handelt, die VerkBedinggen bestimmt u einen MindestPr ablehnt (Celle NJW-RR **87**, 821), jedoch nicht, wenn er den Weiterverkauf im Einverständn des AbzK zu best Preis unter Anrechng auf die Restschuld vornimmt (BGH WM **66**, 1174; ähnl Düss WM **85**, 1431), schon gar nicht, wenn der AbzK unter Zust des AbzV die Sache auf eig Interesse an einen Dr weiterveräußert (BGH NJW **74**, 187). **c) Klagen** auf Herausg, auch bei KonkAussonderg können, da ihre Erhebg (§ 253 ZPO) noch keine Bes- od GebrEntziegh beim AbzK bewirkt, nicht die Fiktion des § 5 auslösen (aA der hM); sie stellen aber idR eine schlüss RücktrErkl dar (§ 1 Anm 5b) u haben daher die gleiche Wirkg. Dasselbe gilt vom ernstl HerausgVerlangen, das BGH NJW **79**, 872 unter § 5 subsumiert. Keinesf gilt das für die VorzugsKl gem § 805 ZPO (BGH NJW **63**, 1200), die auch noch keinen schlüss erklärten Rücktr darstellt. **d) Herausgabevollstreckung** (§ 883 ZPO) führt, wenn sie erfolgreich ist, auf jeden Fall zur Fiktion des § 5; prakt bedeutgsl, da idR schon die Kl die schlüss RücktrErkl enthält (§ 1 Anm 5b). **e) Pfändung** der Kaufsache löst noch nicht die Wirkg des § 5 aus, gleichgültig ob die Sache gem § 808 ZPO beim AbzK verbleibt od vom GerVollz weggenommen wird, ob wg der KaufPrFdg od and Fdg, ob die Sache ohne Willen od im ausdrückl Auftr des AbzV gepfändet wird (hM: im einzelnen bestr, vgl MüKo-Westermann 10). **f) Pfandverwertung** dch öff Versteiger (§ 814 ZPO) od and Verwertg (§ 1233 BGB; mit Übergabe, Hadamus Rpfleger **80**, 420), die im Auftr des AbzV vorgenommen wird, führt in allen Fällen zur Fiktion des § 5; gleichgült ob wg KaufPrFdg od and Fdg, ob vom AbzV selbst od von einem Dr erworben (hM; BGH **55**, 59; MüKo-Westermann 8 mwN). Dasselbe gilt, wenn beim finanz AbzKauf der DarlG verwertet (LG Osnabr Rpfleger **79**, 263).

3) Wirkung. § 5 fingiert nur die RücktrErkl (§ 1 Anm 5). Zur Wirksamk des Rücktr muß stets das RücktrR (§ 1 Anm 4) gegeben sein (hM; BGH WM **76**, 583). Fehlt es, so bleibt die RücktrFiktion ohne Wirkg, das AbzGesch bestehen. Da die KaufPrFdg dch Rücktr erlischt, ist ggf die Kl aus § 767 ZPO begrdet. Darühinaus wirkt § 5 nicht, nimmt dem AbzK nicht das R aus § 3 (vgl Brehm JZ **72**, 153) u beschr grdsätzl nicht die Art u Weise der ZwVollstr (verbietet nur dem AbzV, die Sache ohne Angebot der Rückgewähr od SicherhLeistg versteigern zu lassen, Brehm aaO, verbietet insb dem AbzV nicht, nacheingeleiteter ZwVollstr, die Sache wieder an sich zu nehmen.

AbzG 6 **Umgehungsgeschäfte.** Die Vorschriften der §§ 1 bis 5 finden auf Verträge, welche darauf abzielen, die Zwecke eines Abzahlungsgeschäfts (§ 1) in einer anderen Rechtsform, insbesondere durch mietweise Überlassung der Sache zu erreichen, entsprechende Anwendung, gleichviel ob dem Empfänger der Sache ein Recht, später deren Eigentum zu erwerben, eingeräumt ist oder nicht.

1) Allgemeines. a) Zweck. Der Schutz des AbzG soll nicht auf den Kauf beschr sein. Die SchutzVorschr könnten dch die Wahl eines and RGesch, das fakt denselben Zweck wie ein AbzGesch erreicht, leicht zu umgehen sein. Alle Vertr, die wirtschaftl auf dasselbe Ergebn gerichtet sind wie ein offenes AbzGesch, werden daher ohne Rücks auf ihre rechtl Ausgestaltg der entspr Anwendg des AbzG unterworfen. **b) Bedeutung.** Im Hinbl auf die Masse der vom GGeber schon befürchteten Umgehgsversuche des AbzG hat § 6 große Bedeutg erlangt. Aus § 6 wird über den eigentl AnwendgsBer hinaus der Grds der wirtschaftl Betrachtgsw abgeleitet. Das spielt insb für die rechtl Behandlg des weit verbreiteten finanz Kaufs eine entscheide Rolle (vgl Anh Anm 3). **c) Unabdingbarkeit** ist aus dem Zweck (Anm a), der verdeckte Umgehen des AbzG verhindern soll, zu bejahen (allgM). Erst recht sind unabdingb die Anwendg des AbzG im ganzen u ihm entggstehde EinzelVereinbgen.

2) Anwendungsbereich. a) Allgemeines. Vgl Anm 1a. Es muß ein verdecktes AbzGesch vorliegen. Wg des Schutzzwecks der Vorschr ist diese Frage nach wirtschaftl Betrachtgsweise zu beurt (allgM; BGH **3**, 257). Entscheid ist, ob dabei „die Zwecke eines AbzGesch (§ 1) erreicht" werden sollen. Es müssen die Beteil sich darüber einigen, dch das abgeschl RGesch letztl den Erwerb von Waren gg Teilzahlg zu erreichen. Voraussetzg ist immer, daß das RGesch als unverhülltes unter den Begr des AbzGesch iS des § 1 fallen würde (vgl Einl 2). Ggst muß daher eine bewegl Sache sein, deren endgült Austausch gewollt ist, währd die GgLeistg des Erwerbers in Teilzahlgen bewirkt werden soll. Der Austausch braucht nach dem Wortlaut des § 6 nicht in einer Übereign zu bestehen, es genügt auch eine längerfr GebrÜberlassg, die dem Erwerber tatsächl die Stellg eines Eigtümers einräumt. Dies gilt bes bei Überlassg von Sachen, die sich innerh eines überschaub Zeitraums bis zur Wertlosigk abnützen (Ostler-Weidner, Anm 16ff). Ausdrückl Abreden der Part über eine endgült u dauernde Überlassg der Sache sind jedoch nicht erforderl; es genügt eine stillschw beiderseit Absicht. Hingg ist eine auf § 6 zielde UmgehgsAbsicht nicht erforderl (hM; RG **131**, 225), auch wenn es UmgehgsGesch genannt wird (zB BGH NJW **80**, 234). Liegt ein ScheinGesch (§ 117 BGB) vor, ist § 6 unanwendb, denn es gilt das verdeckte Gesch, für das dann, wenn es ein AbzGesch ist, die Vorschr des AbzG unmittelb gelten. Die Rspr wendet § 6 über den Wortlaut hinaus an, weil der Zweck eines AbzGesch nicht nur in and RForm, sond ebso dch eine Aufspaltg des wirtschaftl einheitl Vorgangs in mindestens 2 selbständ Gesch (Kauf u Darl), also dch eine Aufspaltg der Funktionen, erreicht wird (BGHZ **47**, 253 mwN), sog Kundenfinanzierg, bei der Kauf u DarlVertr verbunden sind.

b) Einzelfälle. Wann ein Vertr unter § 6 fällt, kann nur anhand der Verhältn des Einzelfalles entschieden w. Nach seinem wirtschaftl Endzweck muß der Vertr den Empfänger so stellen, als hätte er die Sache vom VertrPartner auf Abzahlg erworben. **aa) Miete:** MietkaufVertr (Einf 3a vor § 535) fallen grdsätzl unter § 6 (auch bei WartgsGarantie, Hambg MDR **79**, 144), weil ein ErwerbsR vertragl eingeräumt w. Ausnahmen sind mögl (im Einzelfall v BGH **94**, 226 verneint). Dasselbe gilt bei Vertr, die dem Benutzer kein vertragl ErwerbsR geben, die EigtÜbertr aber Endziel des Gesch ist u die erbrachten Leistgn wirtschaftl die Zahlg eines Kaufpr darstellen (BGH **62**, 42). Hierfür ist maßgebd, ob angesichts der Höhe der Mietzinsraten, der vereinb Überlassgsdauer sowie des Anfangs- u Restwertes der überlassenen Sache eine GebrÜberlassg bis zur Entwertg der Sache vorliegt u der Benutzer mit dem Mietzins den Gesamtwert bezahlt (vgl BGH NJW **86**, 3197). **bb) Leasing-Verträge** (Einf 4d, dd vor § 535; Scholz ZIP **84**, 914; Peters NJW **85**, 1498 mit Tendenz zu weitergehder Anwendg des AbzG). Sie fallen unter § 6, wenn dem LeasNehmer ein ErwerbsR (insb dch Kaufoption, 4d vor § 504) eingeräumt u die EigtÜbertr wie die Wirkg eines Kaufs Endziel des Vertr ist (BGH st Rspr zB **62**, 42 [45], **68**, 118, **94**, 180), auch im Sale- u Leas-Back-Verf (Kblz NJW-RR **89**, 112). Wesentl Indiz ist ein mind schw vereinb Erwerbs- od BehaltensR des LeasN (BGH **94**, 195 u **104**, 392) od wenn der LeasN beauftragt ist, entweder die Sache zu veräußern od selbst zu erwerben (BGH NJW **89**, 2132). Dasselbe gilt grdsätzl, wenn nach Ablauf der FestmietZt od der GrdMietZt die Sache gebrauchsunfäh od für beide VertrPart wertlos geworden ist u dies bei VertrAbschl feststeht (BGH NJW **85**, 1546 mwN u NJW-RR **89**, 1140), wobei auf den GebrWert, nicht auf den Markt- od VerkWert abzustellen ist (BGH NJW-RR **86**, 472); Köln (NJW-RR **86**, 671) läßt für die Anwendbk des § 6 einen RestwertPr v 10% des AnschaffgsPr genügen. Auch das sog Null-Leasing (4c, ee vor § 535) fällt unter § 6. Ob darübhinaus § 6 anwendb ist, wenn der LeasNehmer währd der GrdMietZt soviel an Zahlgen erbringt, daß dadch Sachwert, Zinsanteil u Gewinn beglichen werden u die Zahlgen insges dem Teilzahlgs Pr bei einem Kauf gleichkommen, ist umstr, vom BGH verneint (st Rspr; zB NJW **85**, 1546 mwN; vgl Berger ZIP **84**, 1440). Maßg ist, ob der LeasNehmer sich in der VertrZt den Wert zueignen od aGrd eigenen Entschlusses die Sache nach Ablauf der VertrZt erwerben kann (BGH NJW **80**, 234), auch iW eines sog SelbstbenennsgsRs (BGH NJW-RR **86**, 594). Nicht darauf kommt es an, wenn dem LeasN ein Käuferbenennungs R nur für den Fall eingeräumt ist, daß der LeasG wg VertrStörg den Vertr vorzeit auflöst (BGH NJW-RR **88**, 241) od wenn der LeasN verpfl ist, die Sache zu erwerben, sofern sie ihm v LeasG nach Ablauf des Vertr angeboten w, sog AndiengsR (BGH NJW **87**, 2082). Nur das sog FinanziergsLeas (4c, aa vor § 535) kann unter § 6 fallen. Das gleiche gilt, wenn der laufde Service des LeasG u die Zweitverwertg dch ihn VertrZweck sind (BGH **68**, 118). Jedenf reicht nicht aus die theoret Mögk, der LeasN werde währd der VertrZt ord künd u die LeasSache werde zu diesem Ztpkt gebruntaugl sein (BGH NJW **87**, 842). Ein UmgehgsGesch liegt auch vor, wenn das ErwerbsR v Lieferanten eingeräumt w u der LeasN erwarten konnte, daß dieser aGrd Vereinbg mit dem LeasG zur Veräußerg berecht sein w (Düss NJW **88**, 1332), insbes wenn der Lieferant den LeasVertr vermittelt u der LeasG dem Lieferanten ein RückKaufR einräumt (BGH **104**, 392). **cc) Sonstige gemischte Gebrauchsüberlassungsverträge** (zB Nießbr, Verwahrg, TreuhandVertr), sowie auch DarlVertr, wenn die Zinshöhe für vertretb Sachen erkennen läßt, daß es sich in Wahrh um KaufPrRaten handelt (zB LG Brschw MDR **75**, 229), AutomatenaufstellgsVertr, der mit einem zeitl u umfangsmäß festgelegten Warenbezug verbunden ist (MüKo-Westermann 7). **dd) Finanzierter Abzahlungskauf** liegt vor, wenn ein KaufVertr in der Weise mit einem DarlVertr verbunden wird, daß das in Raten zurückzuzahlde Darl zur Bezahlg des KaufPr verwendet wird u der eine Vertr nicht ohne den and geschl worden wäre. Der wirtschaftl einheitl Vorgang (Stgt NJW-RR **89**, 887) wird in 2 RGesch aufgespalten, bei denen der Käufer zugleich DarlNehmer ist, Verk u DarlGeber jedoch 2 verschiedene Pers (sog DreiecksVerh). Davon zu untersch ist das RVerh zw Verk und DarlGeber, bei dem vor allem der Rückzahlgs Anspr (§ 607) gesichert w, entw dch Bürgsch (§ 765), Schuldmitübnahme (2a vor § 414) od Garantie (BGH NJW **87**, 2076). Das trifft für alle Formen des finanz Kaufs zu, bei denen die beiden Vertr rechtl selbst, aber wirtschaftl miteinander verbunden sind (BGH **83**, 301, NJW **83**, 2251 u **89**, 163). Dafür ist eine Sichergsübereign nicht erforderl (BGH NJW **80**, 938). Die rechtl Behandlg dieser Vertr hat zu umfangreicher Rspr des BGH u vielfält Schrifttum geführt. Als hM hat sich herausgestellt, daß diese Gesch jedenf unter § 6 fallen, soweit es der Schutz des Käufers u der Zweck des AbzG gebietet, insb wenn beim Käufer subj der Eindruck erweckt w, Verk u DarlG stünden ihm als einheitl VertrPart ggü (BGH NJW **83**, 2250), zB wenn der Verk den Kreditmittler benennt u Kfz-Brief auf Verlangen des KreditG Zug-um-Zug gg die DarlValuta auszuhänd sind (BGH aaO). Dem entspr auch die stRspr des BGH (**47**, 217, 224, 233, 241, 246, 248, 253; **66**, 165 sowie NJW **71**, 2303 u **80**, 938). Die

Probleme sind: Umfang der Anwendg des § 6 u die Behandlg v Einwendgen, die das AbzG nicht berühren. Der finanz Kauf ist im Anh zu § 6 dargestellt. **ee) Finanzierter Verkauf** liegt vor, wenn der DarlG (FinBank) das Darl dem AbzV gewährt u sich den KaufPrAnspr abtreten läßt. Hier bleiben die Einwendgen wg § 404 dem AbzK erhalten. Bei GewlAusschl gelten dann die Regeln in Vorbem 4a vor § 459.

3) Rechtsfolgen: a) Allgemeines. Liegt ein UmgehgsGesch nach § 6 vor, so gelten die Vorschr des AbzG entspr, ohne daß die RNatur des Vertr sonst berührt wird; insb die Form (§ 1a Anm 1c), das Widerr- u RückgR (§ 1b), der Gerichtsstand (§ 6a Anm 1a; Löwe NJW **71**, 1825), nicht aber die Angabe eines BarzahlgsPr u effektiven Jahreszinses gem § 1a I S 2 Nr 1 u 4 (Dylla-Krebs Betr **89**, 1173). Sind einz VertrBedinggen desh nichtig, weil gg das AbzG verstoßen w (§ 134), ist der Vertr nicht unwirks, sond gilt mit gesetzl Inhalt weiter. Die urspr HauptleistgsPfl des Erwerbers entfällt wenn die Sache zurückgen wird, sowie in allen and Fällen des § 5, der hier ebenf gilt. Der Schutz des AbzG greift also in vollem Umfang ein, sodaß der Erwerber, Mieter, DarlNehmer usw dagg geschützt ist, die Sache zu verlieren u die urspr vereinb GgLeistg ohne Rücks hierauf weiter erbringen zu müssen. Im Rahmen des AbwicklgsVerh nach § 2 kommen im UmgehgsGesch etwa enthaltene Vereinbgen über die Höhe der Nutzgsvergütg wg § 2 I S 3 nicht zum Zuge; ebso gilt § 4. Andseits enthebt die Anwendbk des AbzG einen MinderKfm nicht seiner sonst Pfl, insb nicht der Mängelrüge des § 377 HGB (BGH NJW **80**, 782).

b) Besonderheiten bei Abwicklung des Darlehens zw AbzK u FinBank bei § 2: Zu den Aufwendgen der FinBank, für die der DarlNehmer Ers zu leisten hat, gehören weder die DarlSumme noch die Kosten, die dem DarlGeber dch die Verwertg des KaufGgst erwachsen sind (BGH **47**, 246); dagg ist von der FinBank eine Anzahlg zu berücks, die der Käufer dem Verk geleistet hat (BGH **47**, 241). Die FinBank muß sich also wie der Verk behandeln lassen u bildet mit ihm (jedenf im Rahmen der Anwendg des AbzG) eine Einh im Verh zum Käufer. Dagg bleibt die Rückn der Sache dch die FinBank auf deren Verh zum Verk, der auch für die Rückzahlg des Darl haftet, ohne Einfluß (BGH **47**, 248), sodaß diese Haftg weiterbesteht (§ 425; § 356 gilt nicht od ist als abbedungen anzusehen).

Anhang zu § 6

Der finanzierte Kauf

Literatur: Daum NJW **68**, 372ff; Emmerich JuS **71**, 273ff; Esser Festschr für Eduard Kern, 1968, S 87ff; Larenz Festschr f Michaelis, S 193; Pagendarm WM **67**, 434; Thomas Raiser, RabelsZ **33** (1969), 457ff; Reiss, Die RStellg des Kreditgebers ggü dem AbzK bei der Finanzierg von AbzGesch, 1970; Vollkommer Festschr f Larenz, 1973, S 703ff; Weitnauer JZ **68**, 201; Wolf WM **80**, 998 (BGH-Rspr); v. Westphalen WM **83**, 1230.

1) Finanzierung. Zur Abgrenzg zw finanz Kauf u finanz AbzKauf vgl zunächst § 6 Anm 2b, dd. Von dem RVerh zw Verk u DarlG zum Käufer ist das RVerh des Verk zum DarlG (idR eine Bank) zu untersch. In der Finanzierg haben sich mehrere verschiedene Formen entwickelt. Es ist zu unterscheiden: **a) Selbständige Finanzierungskredite.** Hier sind Darl u Kauf völl getrennt. Im Verh DarlGeber zu AbzK gelten weder das AbzG noch die nachstehnden Ausführgen. **aa) Echter Personalkredit** (vgl Einf 3a vor § 607); sog AnschaffgsDarl. Ihn gewährt eine vom AbzV völl unabhäng Bank ohne Bezug auf den AbzKauf, wobei das Darl an den DarlN zur freien Vfg ausgereicht wird. **bb) Kreditkartensystem.** Hier wird der KaufPr nicht vom Käufer an den Verk bezahlt, sond zw dem Verk u Kreditkartenausgeber sowie zw diesem u dem Käufer abgerechnet. Ein finanz AbzKauf kann nur dann vorliegen, wenn zw Kreditkartenausgeber u Käufer eine Teilzahlgsabrede (Einl 2b, cc) bestehen sollte. **cc) A-Geschäft** (Anweisg- od Scheck-System). Zw DarlG (idR eine Bank) u einem Kreis v Verk besteht ein RahmenVertr, der die Verk verpfl, die v DarlG ausgestellten Kundenschecks anzunehmen u das Gesch wie einen Barkauf abzuwickeln. Die Rückzahlg des Darl ist völl getrennt. Nach hM ist das AbzG nicht anwendb (MüKo-Westermann § 6 Anm 21, 22).
b) Abzahlungskredite. Auf sie findet grdsätzl über § 6 das AbzG Anwendg (§ 6 Anm 2b, dd). Problemat u umstr ist darüberhinaus, ob u inwieweit der AbzK dem DarlG diejen Einwendgen entggsetzen kann, die er dem AbzVerk od dem unter § 6 fallden VertrPartner ggü verwenden kann (hierzu Anm 2–5). **aa) Kreditvermittlung** dch den Verk in der Weise, daß dieser Kredit in Raten zurückzuzahlen ist. Hier gilt § 6 u damit gelten auch §§ 1a, 1b. Widerruft der AbzK u vereinb die Part nachträgl einen Barkauf (auch indem der AbzK sich den Kredit selbst verschafft) liegt kein finanz AbzKauf mehr vor (BGH WM **85**, 358). Auch dann, wenn der Verk sich verpfl „notfalls" einen solchen Kredit zu vermitteln u dem Käufer eine and Finanzierg freisteht (BGH NJW **81**, 1960). **bb) Unechter Personalkredit** liegt vor, wenn zw dem DarlG (Bank) u dem AbzV eine wirtschaftl Identität besteht (vgl § 6 Anm 2b, dd) od das Darl von der Bank für den Kauf bei bestimmten, der Bank bekannten Verk (also nicht zur freien Vfg des DarlN) gewährt wird, bar, dch Überweisg od dch Ausg v Gutscheinen. **cc) B-Geschäft** liegt vor, wenn eine FinBank dem AbzK den KaufPr in Gestalt eines Darl kreditiert u an den AbzV unmittelb auszahlt. Die volkswirtsch Bedeutg u der Umfang des B-Gesch sind umstr. Die Anwendbk des § 6 AbzG steht hier nur insow in Frage, als es um Störgen in der Abwicklg des DarlVerh geht. Dabei handelt es sich idR um ZahlgsVerzug des DarlN. Diesem drohen dch die Rückholg der inzw meist im SichergsEigt der FinBank stehden Sache dieselben Gefahren wie einem AbzK, dem ein Verk selbst den KaufPr kreditiert hat, näml: Verlust der Sache bei weiterbestehder ZahlgsVerpfl aufgr der Bank od eine Verfallklausel. Der Schutz des AbzG über § 6 wird in Fällen dieser Art auch im Verh DarlN zu FinBank gewährt (allgM; RG **131**, 213; BGH **47**, 241 u 253). Voraussetzg ist, daß KaufVertr u DarlVertr wirtschaftl eine auf ein Ziel ausgerichtete Einh bilden od sich zu einer solchen Einh ergänzen, daß keiner der beiden Verträge ohne das Zustdekommen des and geschl worden wäre. Wg der tats Anhaltspunkte, die für eine solche Einh sprechen vgl BGH **47**, 253 [255] mwN.

Gesetz betr. die Abzahlungsgeschäfte **Anh zu AbzG 6** 1–4

Es ist ein Indiz für eine solche Einh, daß FinBank u Verk in einer dauernden GeschVerbindg stehen. Die Einschaltg eines Maklers, der das Darl vermittelt, steht der Ann einer solchen Einh von KaufVertr u DarlVertr nicht entgg (Mü MDR **76**, 225), grdsätzl auch nicht eine mehrwöch zeitl Trenng v dem VertrAbschl (Saarbr ZIP **81**, 54). Jedoch wird v der hM verlangt, daß der KaufGgst dem Kreditgeber zur Sicherg übereignet wurde. Das ist bedenkl, weil die FinBank auch dch ZwVollstr die dem Käufer (DarlNehmer) gehörde Sache verwerten könnte, wodch dieser sie schließl ebso verlieren kann, wie bei einem sonst Vorgehen der Bank nach § 5. Deshalb entspr sein Schutzbedürfn dem des AbzK, bei dem der Verk in die dem Käufer gehörde Sache vollstreckt. Gewährt die Bank den Kredit für den Kauf eines bestimmten Ggst, so ist § 6 anwendb, wenn zusätzl die Übereigng des Ggst zur Sicherg der Bank erfolgt (BGH **47**, 253). Es ist zu beachten, daß zunehmd PersKredite gewährt werden, die von einem Kauf bestimmter Ggst losgelöst sind. **dd) C-Geschäft** liegt vor, wenn der Käufer zur Sicherg des DarlGebers Wechsel akzeptiert hat. Das C-Gesch ist eine Sonderform des B-Gesch (MüKo-Westermann § 6 Rdn 23). Dies ändert an der Anwendbk des AbzG über § 6 jedenf dann nichts, wenn die Bank od deren ReFinBank die Rechte aus dem Wechsel geltd macht, weil der Schutz des AbzG auch besteht, wenn Wechsel gegeben sind (BGH **15**, 241). Dies gilt auch, wenn ein Dr die Rechte aus dem Wechsel geltd macht u weiß, daß dieser im Rahmen eines fin AbzKaufs begeben wurde (vgl BGH **43**, 258 u **51**, 69). Dies gilt insb, wenn die Bank wirtschaftl betrachtet gar kein Dr ist, sond nur eine selbstd RPers, die aber wirtschaftl od organisator in den Ber des AbzVerk eingegliedert ist, wie das häuf bei den FinBanken der großen Kauf- u Versandhäuser der Fall ist. Hier ist in Wahrh gar kein Dr eingeschaltet, vielm liegt wirtschaftl Identität zw AbzVerk u FinBank vor, sodaß die Probleme des DreiecksVerh gar nicht auftreten (RG **131**, 213; Ostler-Weidner, Anm 109), auch wenn in derart Fällen der Kredit aus Umgehgsgründen als PersKredit (unechter PersKredit, Anm b, bb) ausgestaltet ist. **c) Fremdfinanzierte Geschäfte anderer Art.** Sie unterliegen den gleichen Grdsätzen wie Abzahlgskredite (Anm b), wenn die gleiche Interessenlage gegeben ist (BGH NJW **87**, 1813 mwN); insb gilt der EinwendgsDchgriff (Anm 4). Anwendb auch bei Kauf v Sach- u RGesamth, zB PrivSchulBetr (BGH aaO).

2) Problematik bei Abzahlungskrediten (Anm 1b). Der Zusammenhang zw AbzGesch u KreditGesch führt üb § 6 zur Anwendg der im AbzG geregelten RMaterie (insb Form, Gerichtsstand, Widerr- u Rücktr- Folgen) auch auf das KreditGesch. Hingg regelt das AbzG nicht die allg bürgerl-rechtl Einwdgen, die dem AbzK aus dem KaufVertr zustehen können (insb Nichtigk, Anfechtg, Unmöglk, NichtErf, MängelGewl), weil das AbzG davon ausgeht, daß der AbzV auch den Kredit gewährt, AbzV u AbzK damit alleinige VertrPart aus ein u demselben RVerh w. Das entspr nicht den wirkl Verh, denn heute wird dch die modernen Absatzmethoden idR eine FinBank als DarlG eingeschaltet. Dadch entsteht dch aufgespaltene Funktionen das DreiecksVerh AbzK (DarlN), AbzV (od dessen Zessionar, vgl BGH NJW **76**, 1093) u FinBank (DarlG). Hierfür ist das zentrale Problem, ob der AbzK in seiner Eigensch als DarlN der FinBank als DarlG die Einwdgen aus dem KaufVertr entggsetzen kann (sog EinwendgsDchgriff). Dabei geht es nicht um die entspr Anwendg des AbzG, da diese Materie im BGB enthalten ist u das AbzG sie nicht regelt; denn das AbzG geht davon aus, daß AbzKauf u Kredit in einem eins RGesch verbunden sind u der AbzK seinem VertrPart diese Einwdgen aus dem KaufVertr sowieso entggsetzen kann.

3) Lösungswege. a) Einheits- und Trennungstheorie. Entscheid ist, ob die beiden Vertr als ein RGesch od als zwei rechtl selbstd RGesch anzusehen sind. Die Einheitstheorie (Einh v Kauf u DarlVertr) hat nur wenige Anhänger gefunden. Daher bildet die Trenngstheorie (grdsätzl Trenng von Kauf- u DarlVertr) den Ausgangspunkt der Lösgsversuche. Die erzielten Ergebn laufen auf eine Behandlg der beiden Vertr als Einh hinaus, aber auch in der Weise, daß das Zustdekommen des AbzGesch davon abhäng ist, ob der DarlVertr zustdekommt (Ffm BB **77**, 1573) u umgekehrt (Köln OLGZ **77**, 313). Auch bei Anwendg der TrenngsTheorie wird auf verschiedene Weise versucht, den EinwdgsDchgriff ggüber der FinBank zuzulassen. **b) Herrschende Rechtsprechung.** Die Praxis orientiert sich vorrangig an der Rspr des BGH. Aus ihr ist das Bestreben erkennb, den AbzK bei Einwendungen nicht schlechter zu stellen als den Käufer, dem der AbzV selbst den Kredit gewährt hat. In neuerer Zt bejaht der BGH (**91**, 37 [43]; WM **83**, 786) ein einheitl RGesch bei wirtschaftl Einh, näml wenn die RGesch derart innerl verbunden sind, daß keines ohne das and abgeschlossen worden wäre. Dann gelten die Regeln des AbzG auch für das Darl. Grdlagen der neueren BGH-Rspr sind: Schon in BGH **37**, 94 ist ausgesprochen, daß es dem AbzK nicht zum Nachteil gereichen dürfe, wenn der wirtschaftl einheitl Vorgang des AbzGesch in ein Darl u einen KaufVertr aufgespalten w. In derselben Entsch verlangt der BGH für den Dchgriff der Sachmängeleinwendgen aus dem KaufVertr ggü dem DarlRückzahlgsAnspr der FinBank, daß zw ihr und dem AbzV eine auf Dauer angelegte GeschVerbindg bestehe (meist ein RahmenVertr), wenn der Verk wg Konk keine Gewl mehr erbringt. In **47**, 233 stellt der BGH dem Konk des Verk den Fall gleich, daß die Ware überh nicht geliefert wurde u der Käufer den KaufVertr wg § 123 wirks angefochten hat, der Verk aber unbekannten Aufenth ist, sodaß der Käufer ihn nicht heranziehen kann. In NJW **71**, 2303 mit Anm v Löwe gibt der BGH ausdrückl das Erfordern der dauernden GeschVerbindg auf u ersetzt sie dch die dem AbzK sich darstellde (subj) wirtschl Einh des Kauf- u DarlGesch. Diese Einh besteht insb, wenn der AbzK die beiden Vertr währd desselben Vorgangs, Besuch u Vorlage dch den Vertreter des AbzV, unterschreibt (BGH NJW **80**, 782) od kurz danach, wenn der AbzV seinen AbzK dem DarlG als Kunden zuführt (BGH NJW **80**, 938) od dieser ihm den Kredit verschafft (BGH **83**, 301). Diese Einh setzt keine SichergsÜbereignung an den DarlG voraus (BGH aaO). Der EinwendgsDchGriff kann nicht dch AGB ausgeschlossen w (BGH aaO), insb nicht dch eine TrenngsKlausel (BGH NJW **86**, 43) u wird versagt, wenn der AbzK sich an den leistgsfähigen AbzV halten kann (BGH NJW **76**, 452; hierzu krit Weick JZ **74**, 13), aber zugelassen, wenn der KaufVertr wg § 138 nichtig ist (BGH NJW **80**, 1155). Dch die neuere BGH-Rspr ist die früher auch benutzte Konstruktion eines SchadErsAnspr wg c. i. c. (vgl 46. Aufl Anm b, bb) prakt überholt.

4) Einwendungsdurchgriff. Dieses rechtspol erwünschte Ergebn wird bei AbzKrediten (Anm 1b) u PersKrediten (Anm 1a; vgl BGH NJW **87**, 1813) auf folge Weise erzielt:KaufVertr u Darl bilden bei unechten PersKrediten u AbzKrediten (Anm 1a, bb, cc) stets eine Einh. Der funktionelle Zusammenhang

Anh zu AbzG 6, AbzG 6a *Putzo*

wird nur dch die AGB od den FormularVertr in zwei Vertr aufgespalten, währd wirtschaftl ein einheitl RGesch vorliegt, bei dem AbzV, FinBank u (bei Hing von Wechseln, sog C-Gesch) ReFinBank zuswirken. Das rechtf, den uneingeschränkten EinwdgsDchgriff über § 9 AGBG anzunehmen (vgl dort Anm 7 EinwendgsDchgriff). Diejenigen Teile der AGB, die AbzKauf u Darl nicht nur funktionell, sond rechtl trennen, sind unwirks, weil sie das vom BGB beim ggs Vertr festgelegte Synallagma von Leistg u GgLeistg zerreißen, damit §§ 320, 322 verletzen u einseit die Interessen desjen wahren, der diese AGB aufgestellt hat. Zudem gibt das AbzG auch im Ber der UmgehgsGesch (§ 6) dem Schutz des AbzK Vorrang. Das Ergebn (voller EinwdgsDchgriff) führt zu klaren Entsch u gewährleistet RSicherh. Es wird prakt der gesamte Ber der TeilzahlgsFin erfaßt, weil so gut wie ausnahmsl mit AGB od FormularVertr gearb wird.

5) Rechtsfolgen bei AbzKrediten (Anm 1b). Sie decken sich (vgl Anm 4) weitgehd mit der BGH-Rspr (Anm 3b), in den entschiedenen Einzelfällen, weil der BGH im Ergebn den AbzK so behandelt, als habe der AbzV den KaufPr selbst kreditiert (EinhTheorie). Soweit Ehegatten od nahe Angehör des AbzK für das Darl mithaften, genießen sie den Schutz des AbzG in gleichem Umfang wie der AbzK selbst (BGH **66**, 165 [170]), auch solche Pers, die die DarlVerpflichtg zusammen mit dem AbzK eingegangen sind, um dem AbzK in dessen Interesse den Abschl des AbzKaufs zu ermögl (BGH **91**, 37 [44]). Diese Pers schulden od haften nur im selben Umfange wie der AbzK selbst. **a) Anspruchsgrundlagen:** Ihre rechtl Qualifikation als KaufPrFdg (§ 433 I), DarlRückzahlgsAnspr (§ 607 I) u (beim C-Gesch) WechselFdg (Art 28 WG) bleibt unberührt. Die KaufPrFdg erlischt dch Erf (§ 362 I), wenn die dch das Darl ausgereichten Geldmittel dem AbzV zufließen. Alle and Re u Pfl aus dem AbzKauf behalten ihre Grdlage u RNatur aus dem KaufVertr. Das AbwicklgsVerh besteht, wenn der Verk zurücktritt, grdsätzl zw ihm u dem AbzK (BGH NJW **76**, 1093). **b) Einwendungen** des AbzK, die den KaufVertr betreffen, können von ihm dem DarlRückzahlgsAnspr (§ 607) mit der Wirkg entgegensetzt w, daß er ebso die Zahlg verweigern od bezahlte Beträge zurückfordern kann, wie er nach dem KaufVertr dem Verk ggü berecht wäre (insb gem §§ 320ff; § 478; §§ 467, 346; § 812), ohne daß der AbzK besser gestellt w darf, als wenn die Bank als DarlG nicht eingeschaltet worden wäre. Insow tritt der DarlRückzahlgsAnspr an die Stelle der erloschenen KaufPrFdg. Der AbzK ist dabei weder besser noch schlechter zu stellen als ggü dem AbzV (Stgt NJW **77**, 1244); jedenf, wenn sich der AbzV weigert, die Anspr des AbzK zu erf, u es desh für diesen unzumutb ist, den AbzV in Anspr zu nehmen, insb die Befriedigg dch den AbzV in absehb Zt nicht dchzusetzen ist (BGH NJW **79**, 2194). Bei RücktrFiktion (§ 5), die von der FinBank ausgelöst wird, besteht das AbwicklgsVerh (§§ 1, 2, 3) nur im Verh zw ihr u dem AbzK (BGH **57**, 112), so daß zB ein Verzicht des AbzK auf eine Abrechng gem § 2 nichtig ist (BGH NJW **79**, 872). Es sind ggü dem DarlG nur solche KaufPrZahlgen zu berücksicht, die der Käufer aus eigenen Mitteln od aus Krediten und DarlG bewirkt hat (BGH NJW **89**, 163). **c) Wechsel** (beim sog C- Gesch). Der EinwdgsDchgriff besteht im gleichen Umfang wie ggü den DarlRückzahlgsAnspr (Anm b), soweit die WechselFdgen von der FinBank geltd gemacht werden. Art 17 WG steht diesem EinwdgsDchgriff nicht entgg, weil die dem Wechsel zugrundeliegde RBeziehg zum AbzK sich auch noch im Verh zur FinBank erstreckt. Erwirbt ein gutgläub Dr den Wechsel, sind diesem ggü die Einwdgen dch Art 17 WG abgeschnitten. **d) Andere Sicherungsmittel** als EigtVorbeh od Wechsel unterliegen dem EinwdgsDchgriff grdsätzl wie Anm c u e, bb; zB eine später bestellte SichergsGrdSch, jedenf dann, wenn Inh der AbzV od die FinBank ist od der Zessionar von vorneherein am AbzGesch beteil war (BGH NJW **76**, 1093). **e) Verjährung** der KaufPrFdg kommt nicht in Betr, da sie dch Erf erloschen ist (§ 362). Aus diesem Grd scheidet auch der EinwdgsDchgriff (Anm b) aus. Es ist daher lediglich zu unterscheiden: **aa) Darlehensrückzahlung** (§ 607 I). Für diese Fdg würde regelm § 195 (30 Jahre) gelten (hierfür: BGH **60**, 108 mwN; dazu krit Weick JZ **74**, 13). Die kurzen Fr des § 196 I Nr 1, II (2 od 4 Jahre) erscheinen jedoch deshalb gerechtf, weil für die Einwdgen (zu denen die Verj gehört) der DarlRückzahlgsAnspr an die Stelle der KaufPrFdg tritt (Anm b) u wirtschaftl inf der funktionellen Aufspaltg eine modifizierte KaufPrFdg darstellt. Das gilt auch für Anspr des DarlG, die er aus § 2 ableitet (BGH **71**, 322). **bb) Wechselforderung:** Sie tritt wg § 364 II idR neben den fortbestehenden DarlRückzahlgsAnspr. Die Frist dch die Verj nicht der Anspr beseit w (§ 222), könnte deshalb auch bei verj Kaufpr- od DarlRückzahlgsFdg gg die dafür begebenen Wechsel nicht das Fehlen der zugrdeliegden Fdg (§ 812) eingewendet werden. Die WechselFdg verj selbstd (Art 70 WG). Dabei verbleibt es ebso beim finanz Kauf, weil auch beim normalen AbzK die Wechselbegebg mögl ist u daher diese konkrete RFolge keine Auswirkg der funktionellen Aufspaltg darstellt. Dies ergibt sich auch daraus, daß beim Wechsel als Umlaufpapier der Übergang auf Gutgläub von vorneherein mögl u vorhersehb ist.

AbzG 6a *Gerichtsstand.* ^I Für Klagen aus Abzahlungsgeschäften ist das Gericht ausschließlich zuständig, in dessen Bezirk der Käufer zur Zeit der Klageerhebung seinen Wohnsitz, in Ermangelung eines solchen seinen gewöhnlichen Aufenthaltsort hat.
^{II} Eine abweichende Vereinbarung ist jedoch zulässig für den Fall, daß der Käufer nach Vertragsschluß seinen Wohnsitz oder gewöhnlichen Aufenthaltsort aus dem Geltungsbereich dieses Gesetzes verlegt oder sein Wohnsitz oder gewöhnlicher Aufenthaltsort im Zeitpunkt der Klageerhebung nicht bekannt ist.

1) Allgemeines. a) Inkrafttreten: Einl 1c. Abs II ist neu gefaßt, Abs III aufgeh dch die Vereinfachgsnovelle mit Wirkg seit 1. 7. 77. **b) Zweck:** Schutz des wirtsch schwachen, oft ungewandten AbzK. Er soll davor geschützt w, den Proz vor einem oft weit entfernten Ger zu führen u hierfür erhöhte Aufwendgen leisten zu müssen. Die hieraus sich ergebe Gefahr falscher VersäumnUrt soll vermieden w. Prakt ist die Wirkg des § 6a dch § 38 ZPO überlagert. **c) Mahnverfahren:** Die ausschließl Zustdgk des MahnGer geht dem § 6a vor (§ 689 II ZPO).

2) Anwendungsbereich. a) Abzahlungsgeschäft: grdsätzl wie Einl 2, also nur bei Kauf bewegl Sachen u mind 2 Teilzahlgen. Auf RücktrR des Verk kommt es hier nicht an (Einl 2a vor § 1). Auch ist nicht

Gesetz betr. die Abzahlungsgeschäfte **AbzG 6a, 6b**

erforderl, daß die Sache übergeben ist, weil § 6a im Ggsatz zu § 6 nicht auf § 1 verweist u der Schutzzweck bei § 6a sich auch auf den Fall erstreckt, daß der Verk Anspr (insb auf SchadErs) ohne od vor Übergabe der Kaufsache geltd macht und § 1 sich nur auf die spez RFolgen nach Übergabe (insb Gebr) der Sache bezieht. Gilt nicht nur bei sog HaustürGesch, sond in allen Fällen, auch bei AbzKauf im Laden (insow gesetzgeberisch verfehlt, Gerlach NJW **69**, 1939). § 6a gilt auch für die verdeckten AbzGesch des § 6 u damit auch für das UmgehgsGesch (Erm-Weitnauer-Klingsporn 19). Ferner für priv (nichtgewerbsm) AbzKäufe (wofür die Anwendbark des § 6a wohl nicht beabsichtigt war, auch nicht angebracht ist). § 6a ist nicht entspr anwendb auf Vertr, die unter § 6b fallen, aber vor dessen Inkrafttr (1. 10. 74) abgeschl w (BGH NJW **76**, 1354). **b) Parteistellung:** Es ist gleich, wer klagt: ob Käufer (BGH NJW **72**, 1861; zB wg Gewährleistg) od Verk. Gilt auch für Widerkl (§ 33 II ZPO) u wenn ein wg § 6 beteiligter Dr klagt od verklagt w, aber nur im Verh zum AbzK. Bei mehreren AbzKäufern mit versch allg GerStand gilt § 36 Nr 3 ZPO. **c) Ansprüche:** Es fallen alle Anspr (auf Leistg od Feststellg) darunter, die aus einem AbzGesch (näml dem KaufVertr) erwachsen können: Erfüll (Zahlg, Übereigng); SchadErs (wg Unmögl, Verzug, pos VertrVerletzg), aus Rücktr, insb auf Rückg der Kaufsache (LG Düss NJW **73**, 1047); aus Gewährleistg, ungerechtfert Bereicherg, insb nach Anfechtg (hM; LG Oldbg NJW **75**, 172), ferner aus Wechseln od Schecks, die für die KaufPrFdg, beim finanz Kauf (vgl § 6 Anm 3a u Anh zu § 6 Anm 5c) für die DarlFdg begeben w, sofern der Wechsel vom AbzV (BGH **62**, 110), von der FinBank od einem gem Art 17 WG bösgl Dr geltd gemacht w (Löwe NJW **71**, 1825; gg Anwendg des § 6a im WechselProz: Evans-v Krbek NJW **75**, 861). Beim finanz Kauf auch der Anspr aus ungerechtf Bereicherg wg Nichtigk des DarlVertr (Hamm ZIP **83**, 152). **Nicht:** aus unerl Hdlg, insb § 823 II u § 263 StGB (Erm-Weitnauer- Klingsporn 10 mwN), keinesf aus Bürgsch (hM; aA LG Ffm Rpfleger **74**, 364 m abl Anm v Vollkommer) u Kl aus § 767 ZPO gg Titel aus AbzGeschFdgen. **d) Verfahrensart.** Nur UrtVerfahren, nicht MahnVerf; denn § 689 II S 1 ZPO geht dem § 6a vor.

3) Feststellung des Gerichtsstands. a) Zeitpunkt. Im RStreit vAw in jeder Lage des Verf bis zum Urt. **b) Sachlich:** Je nach Streitwert (od Prorogation, § 38 II, III ZPO) ist das AG oder LG zust. **c) Örtlich:** Ausschließl u grdsätzl das WohnsGer des Käufers (Abs I). **d) Wohnsitz:** §§ 8–11 BGB. **e) Gewöhnlicher Aufenthaltsort** (nur hilfsw; Anm 4c): das ist nach ges Terminologie (vgl § 606 ZPO) nur ein Ort (Stadt, Gemeinde), wo sich jemand stand ni länger Zeit, nicht nur vorübergehd, aufhält (Th-P § 606 Anm 3a). Das bedeutet, daß für Käufer, die zZ der KlErhebg weder Wohns noch gewöhnl AufenthOrt haben, kein ausschl GerStand nach Abs I gilt. Sie können im GerStand des § 16 ZPO, der auch vorübergehden Aufenth umfaßt, verklagt w, auch in denen gem §§ 23, 29 ZPO. Insow wäre auch eine GerStandsvereinbg von vorneherein zul (§ 40 II ZPO). **f) Maßgebender Zeitpunkt:** allein der der KlErhebg; das ist nach § 253 I ZPO (Zustellg der KlSchrift) zu beurt. Nachträgl Wohns- od AufenthOrtsVerlegg ist unerhebl (§ 261 III Nr 2 ZPO). Ist der RStreit dch ein MahnVerf eingeleitet worden, ist der Ztpkt der Abg maßgebd (§§ 696 I, 700 III ZPO). **g) Rückbeziehung** (§§ 696 III, 700 II ZPO) u andauernde Zustdgk (§ 261 III Nr 2 ZPO) entspr nicht dem Zweck des § 6a u dem neugeregelten MahnVerf.

4) Gerichtsstandvereinbarung ist nur im Rahmen der Zulässgk (Anm 3) wirks. **a) Inhalt:** Es gelten §§ 38–40 ZPO. Sie darf nicht allg gehalten sein (zB für „RStreitigk aus diesem Vertr"). Folge: Anm b. Kann auch nicht teilw als für die zul Fälle (Anm c) vereinb aufrechterhalten werden. Zweifelh ist, ob es zul u wirks ist, wenn vereinb wird: „soweit es gesetzl (od nach § 6a AbzG) zul ist". Der Schutzzweck des § 6a u die Formulierg „für den Fall" sprechen dagg, soweit es sich um die Ausn nach II handelt. Zweckm ist es jedenf für den Verk, die Ausn des Abs II u die sonstigen zul Fälle (Anm c, cc) ausdrückl in das Formular aufzunehmen; damit wäre jedenf für die Fälle der Anm c, cc dem § 40 I ZPO entsprochen. **b) Nichtigkeit:** ist wg § 40 II ZPO, § 134 BGB nach Abs I für das Klage(Urt)Verf grdsätzl gegeben. Ausn: Abs II (Anm c, aa). Nichtigk kann sich auch in diesen AusnFällen ergeben aus § 40 I ZPO u aus sonstigen allg bei § 38 ZPO behandelten Grden ergeben. **c) Zulässigkeit: aa)** Abs II: Wohns u gewöhnl AufenthOrt: Anm 3d. 1. Alt: insb auf GastArbN zugeschnitten. Grd: RVerfolgg vor ausl Ger wäre wg des größeren finanziellen Aufwands unzumutb u, weil dtsches R anzuwenden ist, auch für die ausl Ger unzweckm. VertrSchluß: § 151. 2. Alt: KlErhebgt: wie Anm 3f. Nicht bekannt bedeutet, daß der Verk w seine HilfsPers trotz zumutb Nachforschgen die Anschrift des Käufers nicht kennen. Im Rahmen des bei ProzVoraussetzgen zul FreiBew wird es im allg genügen, wenn eine Ausk der Stadt od Gemeinde, insb des Einwohnermeldeamts vorgelegt wird, daß der Käufer, der im KaufVertr den betr Wohnort angegeben hat, dort nicht bekannt od unbekannt verzogen ist; nur unter bes Umst kann auch der Nachw verlangt werden, daß die Käufer später keine neue Anschrift mitgeteilt hat. **bb)** Für sonstige Anspr, die aus Anlaß eines AbzGesch entstehen, aber nicht auf ihm selbst beruhen (zB aus unerl Hdlg, vgl Anm 2c), kann auch im Rahmen eines Vertr über ein AbzGesch zul der GerStand vereinb w. **cc)** Sachl Zustdgk ist nicht ausschl; AG od LG kann daher prorogiert werden (Anm 3b).

5) Verweisung und Abgabe. Das Gericht des Abs I wird vom verweisden Ger ggf iW des FreiBew festgestellt. Entschieden w dch Beschl. **a) Klageverfahren:** auch nach Abgabe (§ 696 V ZPO) erfolgt Verweisg gem § 281 ZPO nur auf Antr des Kl. Stellt er ihn nicht, ist, falls Abs I zutrifft, die Kl als unzul abzuweisen. Das gilt auch, wenn der AbzK klagt. **b) Mahnverfahren:** Das MahnGer (§ 689 ZPO) gibt ab an das im Mahngesuch bezeichnete Ger (§ 690 I Nr 5 ZPO), sowohl bei Widerspr (§§ 696 I, 698 ZPO) als auch bei Einspr (§ 700 III ZPO). Ist das Ger, an das abgegeben wird, nicht gem § 6a AbzG zuständ, verweist es (§ 281 ZPO) an das ausschließl zuständ Ger (Anm 3), weil die Abgabe nicht bindet (§ 696 V ZPO).

AbzG 6b Gerichtsstand bei ähnlichen Geschäften.
§ 6a gilt entsprechend für Klagen aus Geschäften im Sinne des § 1c.

1) Inkrafttreten: Einl 1c, bb. **Anwendbarkeit.** Es kommt nicht auf den Ztpkt der KlErhebg an, sond darauf, daß der Vertr, aus dem geklagt oder gerichtl gemahnt wird, bei KlErhebg in Kr ist (RGRK-Kessler

1; Erm-Weitnauer-Klingsporn 2). **Geltung.** Die Gesch, die in § 1c Anm 2 aufgeführt sind, für alle Kl u MahnVerf, auch wenn sie sich nicht auf einen Widerr beziehen. § 6a gilt in gleicher Weise wie bei AbzGesch.

AbzG 7 *Lotterielose und Inhaberpapiere.* ¹ **Ordnungswidrig handelt, wer Lotterielose, Inhaberpapiere mit Prämien (Gesetz vom 8. Juni 1871, Reichsgesetzbl. S. 210) oder Bezugs- oder Anteilscheine auf solche Lose oder Inhaberpapiere gegen Teilzahlungen verkauft oder durch sonstige auf die gleichen Zwecke abzielende Verträge veräußert.**

ⁱⁱ **Es begründet keinen Unterschied, ob die Übergabe des Papiers vor oder nach der Zahlung des Preises erfolgt.**

ⁱⁱⁱ **Die Ordnungswidrigkeit kann mit einer Geldbuße bis zu zehntausend Deutsche Mark geahndet werden.**

1) Fassg gilt seit 1. 1. 75. Das RGesch ist bürgerl-rechtl wirks, da sich das Verbot nur gg eine VertrPart (AbzV) richtet u der Zweck des § 134 (dort Anm 2a) daher nicht zutrifft (hM).

AbzG 8 *Kaufmannseigenschaft des Käufers.* **Die Bestimmungen dieses Gesetzes finden keine Anwendung, wenn der Empfänger der Ware als Kaufmann in das Handelsregister eingetragen ist.**

1) **Voraussetzungen** für die Unanwendbk des AbzG. Die eindeut Fassg des § 8 bringt Unbilligk für den noch eingetragenen Minderkaufmann mit sich. Die Geltg des AbzG für priv Verk steht fast außer Zweifel, ist aber unpassd (Peters JZ **86**, 409). **a) Eintragung** als Kaufm in das Handelsregister; also zB auch die oHG u ihre Gesellsch (hM; MüKo-Westermann 3). Das gilt auch für die sog VorGmbH (BGH NJW **87**, 1698 m Anm v Löwe § 1 EWiR 87/1). Allein auf die Eintr kommt es an, sodaß der eingetr ScheinKaufm (§ 5 HGB) nicht dch das AbzG geschützt wird. Anderers gilt das AbzG für den nicht eingetr VollKaufm (bestr; aA Soergel-Hönn 4 mwN); auch für RAe (BGH NJW **77**, 1632). Maßgebender Ztpkt ist der der Abgabe der VertrErkl des AbzK (umstr; aA VertrAbschl). **b) Empfänger** der Kaufsache muß dieser Kaufm sein. Bei Vertretg kommt es auf den Vertretenen an (hM), bei MitUnterzeichn auf den VertrPart (Köln NJW-RR **89**, 49), denn Empfänger ist stets der Käufer od der Schuldner des Entgelts aus dem UmgehgsGesch (§ 6).

2) **Wirkung.** Der Schutz des AbzG entfällt insges. Beim finanz Kauf (Anh zu § 6) scheidet daher auch der EinwdgsDchgriff aus (BGH **37**, 94).

AbzG 9 *Übergangsrecht.* **Verträge, welche vor dem Inkrafttreten dieses Gesetzes abgeschlossen worden sind, unterliegen den Vorschriften desselben nicht.**

1) Ist ggstandslos.

Gesetz über den Widerruf von Haustürgeschäften und ähnlichen Geschäften

Vom 16. Januar 1986 (BGBl I S 122)

Bearbeiter: Prof. Dr. Putzo, Vizepräsident des Bayerischen Obersten Landesgerichts

1) Schrifttum: Klauss/Ose VerbrKredGesch Komm 2. Aufl 1988; MüKo-Ulmer 2. Aufl 1988; Soergel-Wolf 12. Aufl 1988.

2) Zweck. Zur Entstehg des G vgl 48. Aufl Anm 1. Das G dient dem Verbraucherschutz gg die mit dem sog Direktvertrieb verbundenen Gefahren. Die Kunden sollen sich von Vertr lösen können, die inf einer Überrumpelg auf einem übereilten Entschl beruhen u ihnen Leistgen verschaffen, für die oft kein echter Bedarf besteht u deren Entgelt ihren finanziellen Mitteln nicht entspricht. Vor allem sollen soz schwächere PersKreise geschützt w, die einem seit langem beobachteten, weit verbreiteten Mißbrauch unterliegen. Er besteht darin, daß Verbraucher mit geringer GeschGewandth als Kunden bei der GeschAnbahng überraschd u unseriös beeinflußt w, dabei ohne ausreichde Überlegg, gedrängt u beeinträcht in der EntschFreih Vertr abschließen, oft mit weitreichden und bedrückden finanziellen Folgen.

3) Begriffe. Die Begrenzg des AnwendgsBereichs (Anm 4) hat neue Begriffe erfordert: **a) Kunde** (legal definiert, § 1 I) ist derjen, der zu einer WillErkl bestimmt wird, die ihn dch Abschl eines Vertr zu einer entgeltl Leistg verpfl, sofern einer der in § 1 I Nr 1–3 aufgeführten äußeren Umstde erfüllt ist. Kunde kann nur eine natürl Pers sein (Teske BB **88**, 869; aA 47. Aufl). Nur Kunden iS des G (idR Verbraucher) gehören zum geschützten PersKreis. Kunde kann auswn auch Verk sein (vgl Löwe BB **86**, 821 [823]). **b) Andere Vertragspartei** (vgl § 1 I, § 5 III, § 6 Nr 1) ist stets der VertrPartner des Kunden (Anm a), bei Handeln dch Vertreter (§ 164 I) die vertretene Partei, insb auch GmbH, KG, Verein. **c) Vertrag über eine entgeltliche Leistung** (nicht notw ggseit Vertr). Der Rahmen ist bewußt weit gesteckt. KaufVertr (§ 433, soweit kein AbzahlgsGesch vorliegt, insb gem § 1c AbzG) vgl § 5 II u Anm 4b), Werk- u WerklfergsVertr (§§ 631, 651), GeschBesorggsVertr (§ 675), FranchiseVertr (4 vor § 581), MaklerVertr (§ 652), ReiseVertr (§ 651a), Miete bewegl Sachen (§ 535), Pacht (§ 581 I) u Leasing (4 vor § 535), BausparVertr, verzinsl Darl (vgl § 134 2c), auch and BankGesch (Knauth WM **87**, 515); Vertr über LeitgsRe für Wasser-, Energie- u WärmeVersorgg (BT-Drucks 10/4210 S 10); Beitritt zur stillen Ges (LG Rottw NJW-RR **89**, 373). Zweifelh ist, ob TauschVertr (§ 515) darunterfallen. Nicht: WoMietVertr generell (LG Ffm NJW-RR **89**, 824), jedenf Vertr üb MietErhöhg für die Wohng (LG Hbg WoM **88**, 169; aA Michaelis WoM **89**, 2); idR beitragspflicht Vereinsmitgliedsch (BT-Drucks 10/2876 S 9; vgl Löwe aaO mit Hinw auf § 5). Entgelt: Die Bezeichng ist gleichgült; insb Preis, Honorar, Beitrag, Gebühr.

4) Anwendungsbereich. Grdsätzl muß geprüft w: **a) Vertrag** üb eine entgeltl Leistg unter den Voraussetzgen des § 1, aber nicht zB eine Vereinbg üb MietErhöhg (LG Hbg WoM **88**, 169). **b) Keine Sonderregelung** (§ 5 II): Fällt der Vertr (Anm a) unter das AbzG, unter § 4 FernUSG od unter die von § 5 II genannten Vorschr betr Investment- od Kapitalanteile, gilt das HausTWG nicht. **c) Geschäftstätigkeit** (§ 6 Nr 1): Das G gilt nicht, wenn der Kunde aGrd selbst Erwerbsgesch abschließt od der and VertrT nicht (selbstd od unselbstd) geschäftsmäß handelt. **d) Versicherungsverträge** (§ 6 Nr 2). Der Abschl von V sind vom G generell ausgenommen. Dies ist auf Kritik gestoßen (vgl Löwe BB **86**, 821 [829]; Gilles NJW **86**, 1131 [1147] mwN). **d) International.** Es gilt Art 29 EGBGB.

HausTWG 1 (Kunde)

Widerrufsrecht. [I] Eine auf den Abschluß eines Vertrags über eine entgeltliche Leistung gerichtete Willenserklärung, zu der der Erklärende

1. durch mündliche Verhandlungen an seinem Arbeitsplatz oder im Bereich einer Privatwohnung,
2. anläßlich einer von der anderen Vertragspartei oder von einem Dritten zumindest auch in ihrem Interesse durchgeführten Freizeitveranstaltung, oder
3. im Anschluß an ein überraschendes Ansprechen in Verkehrsmitteln oder im Bereich öffentlich zugänglicher Verkehrswege

bestimmt worden ist, wird erst wirksam, wenn der Kunde sie nicht binnen einer Frist von einer Woche schriftlich widerruft.

[II] Ein Recht auf Widerruf besteht nicht, wenn

1. im Fall von Absatz 1 Nr. 1 die mündlichen Verhandlungen, auf denen der Abschluß des Vertrags beruht, auf vorhergehende Bestellung des Kunden geführt worden sind oder
2. die Leistung bei Abschluß der Verhandlungen sofort erbracht und bezahlt wird und das Entgelt achtzig Deutsche Mark nicht übersteigt oder
3. die Willenserklärung von einem Notar beurkundet worden ist.

1) Allgemeines. Das WiderrR ist dem § 1b AbzG nachgebildet. Es kann bei vertr eingeräumtem RückgR (wie im Versandhandel; § 1b V AbzG) ersetzt w (vgl Anm b). **a) Zweck.** Der Verbraucherschutz

HausTWG 1 1–6 Gesetz über den Widerruf von Haustürgeschäften. *Putzo*

liegt im öff Interesse. Der Kunde wird dch das ges WiderrR in einer Form geschützt, die den Direktvertrieb weder diskriminiert noch behindert, ihn auch nicht ggü and Vertriebsformen ohne Rechtfertigg ungleich behandelt (BT-Drucks 10/2876 S 8). **b) Unabdingbarkeit** ist ges vorgeschr (§ 5 III S 1). Das WiderrR kann aber unter bestimmten Voraussetzgen dch ein RückgR ersetzt werden (§ 5 III S 2). Die WiderrFr kann verlängert w, weil die Unabdingbark nur „zum Nachteil des Kunden" besteht. **c) Anwendungsbereich.** Alle RGesch gem Einf 4.

2) Vertragsschluß (Abs I). Es gilt § 151 S 1. Gleichgült ist, ob das VertrAngebot od die Ann vom Kunden erkl wird. Wie bei § 1b AbzG Anm 2a besteht nach Abschl des Vertr ein Schwebezustand (wie vor Eintritt einer aufschiebden Bedingg), bis dch Unterbleiben des Widerr der Vertr mit Ablauf der Fr (§ 2 Anm 1d) zustandekommt od inf Widerr endgült scheitert. Unterbleibt der Widerr, wird die WillErkl des Kunden mit Ablauf der Fr ex nunc wirks. Vor Ablauf der WiderrFr muß auch die and VertrPart ihre Leistg nicht erbringen.

3) Willenserklärung des Kunden (Einf 1a vor § 116). Sie muß (mündl od schriftl) ausdrückl od stillschweigd auf den VertrSchl gerichtet sein (vgl § 151 Anm 2). Der Kunde muß zu ihr unter den Voraussetzgen des Abs I Nr 1–3 in dieser Weise bestimmt worden sein. Daher muß er im entscheidden BewegGrd dch diese umschriebenen tats Umstände zur Abgabe der zum Vertr führden WillErkl veranlaßt werden (Ursächlichk wie § 123 Anm 4; vgl BT-Drucks 10/2876 S 11; Knauth WM **86**, 509 [513]). Dies spielt sich im Rahmen der VertrAnbahng ab. Eine relativ enge zeitl Abfolge ist erforderl (vgl Löwe BB **86**, 821 [824]); maßgebd ist, ob die ÜberrumpelgsWirkg noch fortdauert.

4) Situationsbedingte Voraussetzungen (Abs I). Die Aufzählg der Nr 1–3 ist enumerativ; eine entspr Anwendg ist ausgeschl. Die deutl Begrenzg ist vom GGeber gewollt (BT-Drucks 10/2876 S 9/10), um nur die typ Fälle zu erfassen, die der Kundenschutz erfordert. Entgeltl Vertr: Einf 3c. Kunde: Einf 3a. WillErkl: Anm 3. Darleggs- u BewLast trägt nach allg Grdsätzen der Kunde. **a) Nr 1. Arbeitsplatz und Privatwohnung. aa)** In beiden Fällen muß die mündl Vhdlg (eine od mehrere) mit dem Kunden geführt w, dch die and VertrPart, ihre Gehilfen od Dr. Sie muß die Ursache für den VertrSchl darstellen (vgl Anm 3). Daneben dürfen auch noch and Umst bestimmd sein (zB Werbegeschenke, Warenproben, Freiexemplare), so daß eine Mitursächlichk der mündl Vhdlgen genügt (Gilles NJW **86**, 1131 [1139]). Gleichgült ist, wer für die and VertrPart die Vhdlg führt. Es können mehrere Pers zugleich od nacheinander sein. Für die Gestaltg der mündl Vhdlg genügt, daß nur für die and VertrPart gesprochen wird. Auf Seiten des Kunden genügt, daß er aGrd dessen seine WillErkl abgibt. Der GZweck erfordert keine Wechselrede. Telef Vhdlg (Telemarketing) fallen nicht unter Nr 1, weil sie nicht am ArbPl unter der im PrivWohng stattfinden (Löwe aaO 824 f u Goller GewArch **86**, 73 [75]; aA Gilles NJW **88**, 2424 [2427]; MüKo-Ulmer 36); auch nicht das Teleshopping (aA Bultmann/Rahn NJW **88**, 2432 [2435]). Unerhebl ist, wo der Kunde seine WillErkl abgibt. **bb)** ArbPlatz: Es muß der des Kunden sein. Hier ist eine extensive Auslegg dahin geboten, daß jeder Ort im Betriebsgebäude od -gelände dazugehört, weil dort überall die überraschde Einflußnahme mögl ist. **cc)** PrivWohng: Einschließl Hausflur u Garten, auch von Mehrfamilienhäusern u an der Haustüre. Es muß irgendeine PrivWohng sein, nicht notw die des Kunden, weil gerade auch die sog PartyVerkäufe erfaßt werden sollen (BT-Drucks aaO). Es fällt auch die PrivWohng der and VertrPart od der für sie handelnden Pers darunter, nicht aber deren GeschRaum od die v Kunden zu mietde Wohng (Goller aaO). Die Eigensch als PrivWohng geht nicht dadch verloren, daß von ihr aus auch regelmäß Gesch abgeschlossen werden. **b) Nr 2. Freizeitveranstaltung.** Davon werden gewerbl oder gewerbl motivierte Veranstaltgen erfaßt, bei denen der gewerbl Charakter zunächst verschleiert od verdrängt w (Hamm NJW-RR **89**, 117), aber nicht VerkAusstellgen (LG Kleve NJW-RR **88**, 825 [Niederrheinschau]; LG Brem NJW-RR **88**, 1325; LG Heilbr NJW-RR **89**, 1145; aA Stgt NJW-RR **88**, 1323; Huff VuR **88**, 306). Anläßlich: Es muß ein zeitl, räuml od sachl Bezug zur WillErkl des Kunden bestehen. Kausalität muß nicht dargelegt werden; sie wird unwiderlegbar vermutet. Die Veranstaltg muß nicht notw von der and VertrPart organisiert od dchgeführt w; es genügt, wenn sie sich der Veranstaltg einer and Person anschließt (BT-Drucks aaO S 11). Bsp: Auch mehrtäg Reisen, Ausflugsfahrten zu Besichtiggen, Kultur- u Sportereignissen, sog Kaffee- od Butterfahrten (insb Schiffsreisen zu preisgünst Einkauf), Filmvorführgen, sog Wanderlagerveranstaltgen (Hamm NJW-RR **89**, 117), auch die tats gewährte Bewirtg nicht dch Werbg angeründ ist (aA Ffm NJW-RR **89**, 562); Bewirtg in Café (Stgt NJW-RR **89**, 1144): Kostenlose Weinprobe mit Abendessen (LG Brschw NJW-RR **89**, 1147). Tanzveranstaltgen, auch eine Modenschau, wenn and Leistgen od Waren als Kleidg angeboten w. Für eine zu extensive Auslegg: Kaiser NJW **89**, 1717. **c) Nr 3. Öffentliche Verkehrsmittel und -wege. aa)** Schiffe, Flugzeuge u Bahnen. Auch sie müssen (als öff) allg zugängl sein, nicht nur für geschlossene Gruppen (dafür gilt Nr 2). **bb)** Verkehrswege: Allg zugängl können neben Straßen u Plätzen auch öff Parks u Gärten, PrivWege, Bahnhöfe, Bahnsteige, Flughäfen, Autobahnraststätten und -plätze sein. Nicht: Priv Sport-, Park- u Campingplätze (Knauth WM **86**, 509 [516]; dagg krit Gilles aaO S 1141). **cc)** Im Anschluß: Ist rein zeitl zu sehen. Das Ansprechen muß von der and VertrPart od der für sie handelnden Pers ausgehen. Überraschd ist als subj unerwartet einzuordnen. Kausalität: wie Anm b zu anläßl.

5) Widerrufsrecht (Abs I) des Kunden. Die and VertrPart hat es nicht. **a) Rechtsnatur.** Es ist ein GestaltgsR (vgl 3b vor § 346), das vom Kunden (bei Mehrh, insb Eheg gemeins) frei ausgeübt w kann. Die RFolgen (§ 3) sind so gestaltet, daß der Kunde keine wirtsch Nachteile erwarten muß. **b) Entstehung.** Bei allen Vertr vom Ztpkt des VertrSchl an, auch schon vor FrBeginn (vgl § 2 Anm 1e, f) u auch dann, wenn die Leistgen schon erbracht sind. **c) Erlöschen** des WiderrR nur dch FrAblauf. **aa)** Wenn ordgem belehrt ist (Abs I, § 2 I S 1–3), 1 Woche ab Wirkswerden der WillErkl des Kunden. **bb)** Ohne ordngem Belehrg 1 Monat ab vollständ Erf des Vertr dch beide VertrPart (§ 2 I S 4). **d) Ausübung** des WiderrR: § 2 Anm 1. **e) Verjährung.** Als GestaltgsR unterliegt ihr das WiderrR nicht.

6) Ausschluß des Widerrufsrechts (Abs II). In diesen Fällen wird vom GGeber das Schutzbedürfn verneint. Darleggs- u BewLast trägt nach allg Grdsätzen der and VertrT (so insb für Nr 1 AG Schöneb

und ähnlichen Geschäften **HausTWG 1, 2**

NJW-RR **88**, 115). **a) Nr 1. Vorhergehende Bestellung.** Gilt nur für Abs I Nr 1. Entspr dem § 55 GewO wort- u sinngleich (BGH NJW **89**, 584). Sie ist keine WillErkl. Gilt nicht, wenn bereits eine ständ GeschVerbindg besteht (LG Hann MDR **88**, 583 mwN). Der Kunde muß die and VertrPart, insb aGrd seiner schriftl Auffordg ausdrückl, auch mündl od telefon, sogar stillschweigd, wenn eindeut erkl, zur VertrVhdlg mit einem konkreten VertrAngebot od zu einem Kostenvoranschlag (aA Stgt NJW **88**, 1986), nicht zur bloßen Warenpräsentation (Karlsr BB **88**, 1072) od zur Information (LG Aach BB **88**, 1143 m Anm v Gaul; LG Zweibr NJW-RR **88**, 823) an den ArbPl od in eine Wohng (wie Anm 4a) bestellt haben (mind den Besuch ausdrückl freigestellt). Die Initiative hierzu muß nicht v Kunden ausgehen (Gaul NJW **87**, 2852; umstr; aA Ffm NJW-RR **89**, 494). Die Bestellg muß zeitl vor Aufnahme der Vhdlg liegen, dem Kunden Zt zur Vorbereitg lassen (Bamberg BB **88**, 1072; Gaul aaO) u muß hinreichd ggstdl bestimmt sein (LG Hbg NJW-RR **88**, 824), damit der Kunde nicht mit einem überraschd Angebot und Art konfrontiert wird (Knauth WM **86**, 509 [515]). Die Bestellg darf auch nicht dch eine der Situationen des Abs I herbeigeführt (provoziert) werden (Löwe BB **86**, 821 [827]; Knauth aaO 516 mwN; LG Bielef NJW **87**, 2875; Stgt NJW-RR **88**, 1144), insb nicht dch eine telef Kontaktaufnahme der and Part (übwiegde Meing, vgl BGH NJW **89**, 584 mwN u krit Anm v Teske ZIP **89**, 356), vor allem, wenn sie unverlangt ist od zu and Zwecken erbeten (Hbg BB **88**, 1559). Eine Bestellg ist auch nicht die Antwort (zB KatalogAnfdg) auf eine WerbewurfSendg od -postkarte (Köln NJW **88**, 1985; AG u LG Dortm NJW-RR **88**, 314 u 316). Keinesf genügt bloßes Schweigen auf einen angeründ Besuch (Gilles NJW **86**, 1131 [1142]). Überzogen ist die Ansicht (Stgt NJW-RR **89**, 956), es liege keine vorhergehde Bestellg vor, wenn auf einem Messestand für Einbaufenster dem Kunden erkl w, ein Preis könne erst nach Besichtigg der Wohng genannt w. Zu Besonderh bei BankGesch Knauth WM **87**, 517 [526]. **b) Nr 2. Vollzogene Kleingeschäfte.** Die Grenze von genau 80 DM einschließl ist absolut u dient der RSicherh. Bei Abschl: Die vollständ Erf dch beide VertrPart muß wie bei einem BarGesch des tägl Lebens zeitl unmittelb dem VertrAbschl nachfolgen. Die Aufteilg eines an sich einheitl Gesch in mehrere Teile unter 80 DM ist jedenf eine Umgeh gem § 5 (Löwe aaO). **c) Nr 3. Notarielle Beurkundung.** Hier entfällt mit dem ÜberraschgMoment der GZweck, auch in Hinbl auf die BelehrgsPfl (§ 17 BeurkG); gilt insb, wenn der Vertr vorher in der PrivWohng ausgehandelt worden ist (BT-Drucks aaO S 12). Auf einen zeitl Zushang kommt es nicht an.

HausTWG 2 *Ausübung des Widerrufsrechts; Belehrung.* **¹Zur Wahrung der Frist genügt die rechtzeitige Absendung des Widerrufs. Der Lauf der Frist beginnt erst, wenn die andere Vertragspartei dem Kunden eine drucktechnisch deutlich gestaltete schriftliche Belehrung über sein Recht zum Widerruf einschließlich Namen und Anschrift des Widerrufsempfängers sowie einschließlich der Bestimmung des Satzes 1 ausgehändigt hat. Die Belehrung darf keine anderen Erklärungen enthalten und ist vom Kunden zu unterschreiben. Unterbleibt diese Belehrung, so erlischt das Widerrufsrecht des Kunden erst einen Monat nach beiderseits vollständiger Erbringung der Leistung.**

II Ist streitig, ob oder zu welchem Zeitpunkt die Belehrung dem Kunden ausgehändigt worden ist, so trifft die Beweislast die andere Vertragspartei.

1) Widerruf. § 2 ist dem § 1b II AbzG nachgebildet. Ein wirks Widerr setzt das Bestehen des WiderrR voraus (§ 1 Anm 5). **a) Begriff.** Widerr ist der Rückn der auf den VertrAbschl gerichteten WillErkl des Kunden. Ist als RGesch eine empfbed WillErkl, die ihrerseits den Regeln der §§ 105–144 unterliegt. **b) Form.** Schriftl Erkl, aber nicht die Schriftform des § 126 (wie § 1b Anm 4b AbzG); daher auch die Erkl zu gerichtl Protokoll (BGH NJW **85**, 1544 zu § 1b AbzG). **c) Inhalt.** Er entspr dem § 1b Anm 4c AbzG. **d) Fristen.** 1 Woche (§ 1 I) od 1 Monat (Abs I S 4). Berechng: §§ 187 I, 188, 193. **e) Regelmäßiger Fristbeginn:** Dch ordngem Belehrg üb das WiderrR (Abs I S 2; Anm 2). Die Fr beginnt mit Aushändigg der Belehrg an den Kunden, aber nicht vor Wirkswerden seiner auf den VertrSchl gerichteten WillErkl. **f) Fristbeginn ohne Belehrung** (Abs I S 4). Gilt, wenn die Belehrg unterblieben od wegen Fehlens von WirksamkVoraussetzg (vgl Anm 2) fehlerh ist. Damit die MonatsFr beginnt, müssen die vertrgem Leistgen beider VertrPart vollständ erbracht sein. Hiermit ist die Erfüllg (§ 362) gemeint. Beim Darl nur auf den DarlG abzustellen (so LG Kass NJW-RR **89**, 105), ist bedenkl. Mängel der Leistgen sind unerhebl. Maßgebd ist die Wirksamk der letzten ErfüllgsHdlg. Dch die MonatsFr soll dem Kunden ausreichd Gelegenh gegeben w, die Vor- u Nachteile des Vertr zu überdenken (BT-Drucks 10/2876 S 13). **g) Fristwahrung** (Abs I S 1). Wie § 1b AbzG Anm 4f. Bei rechtzeit u wirks Widerr treten die RFolgen des § 3 ein.

2) Belehrung (Abs I S 2, 3). Sie ist keine Pfl, sond eine Obliegenh der and VertrPart (aA Stgt NJW **88**, 1986). Im Verh zu Dr kann die Unterlassg wettbewerbswidr sein (Stgt NJW-RR **89**, 1144). **a) Form.** Sie ist gesondert zu erteil; stets schriftl. Sie darf auf demselben Schriftstück wie der Vertr untergebracht w (Köln NJW **87**, 1205; Teske NJW **87**, 1186 mwN), muß dann aber räuml getrennt bleiben, darf nicht mit and Erkl vermengt w (Löwe BB **86**, 821 [828]), darf nicht drucktechn in nicht zu übersehder Weise herausgehoben sein (Köln NJW **87**, 1206; Teske aaO). **b) Inhalt.** Notw ist die Belehrg üb das R zum beliebigen, voraussetzgslosen Widerr des Vertr innerh einer Woche seit der WillErkl des Kunden, das Erfordern der Schriftlichk, die FrWahrg dch bloße Absendg, sowie die Angabe, an wen der Widerr abzusenden ist. Mindestens wünschenswert ist die Angabe des Tages, an dem die WillErkl des Kunden gewöhnlicherweise wirks wäre (Zugang, § 130 od Ann gem § 151). Ein Vordruck der WiderrErkl kann nicht verlangt w. Andere Erkl als die Belehrg darf das Schriftstück nicht enthalten. Anderers ist ein tats Bezug auf den Vertr (Ggstd, Datum) notw. Es muß angegeben sein: Name (Firma) u PostAnschr der and VertrPart od einer and Pers (auch Firma), die für den Empf des Widerr genannt wird. Es können auch zwei WiderrEmpf (zB Verlag u Buchhandlg) angegeben w. Die Angabe ist stets bindd. **c) Unterschrift** des Kunden auf der Belehrg ist notw (Abs I S 3). Das führt prakt dazu, daß die and VertrPart (zwecks Nachweis) ein unterschriebenes Exemplar der Belehrg mit Bestätigg ihrer Aushändigg behält u dem Kunden ein auch von ihm unterschriebenes Exemplar belassen wird, weil eine

HausTWG 2–5   Gesetz über den Widerruf von Haustürgeschäften. *Putzo*

Aushändigg das Verbleiben beim Kunden voraussetzt. **d) Datum** der Aushändigg. Die schriftl Angabe ist wegen des FrBeginn (Anm 1e), für den Beweis u aus Grden der RSicherh geboten, für die Wirksamk der Belehrg aber nicht notw.

3) Beweislast (Abs II) trägt: **a) Andere Vertragspartei** für die Belehrg, ihren Ztpkt, Inhalt, für Aushändigg u Unterschr, sowie für alle Tats, aus denen das Versäumen der WiderrFr abgeleitet w. **b) Kunde** für den Widerr, Absendg u Zugang an den in der Belehrg genannten Empf.

HausTWG 3   *Rechtsfolgen des Widerrufs.*   [I]Im Falle des Widerrufs ist jeder Teil verpflichtet, dem anderen Teil die empfangenen Leistungen zurückzugewähren. Der Widerruf wird durch eine Verschlechterung, den Untergang oder die anderweitige Unmöglichkeit der Herausgabe des empfangenen Gegenstands nicht ausgeschlossen. Hat der Kunde die Verschlechterung, den Untergang oder die anderweitige Unmöglichkeit zu vertreten, so hat er der anderen Vertragspartei die Wertminderung oder den Wert zu ersetzen.

[II] Ist der Kunde nicht nach § 2 belehrt worden und hat er auch nicht anderweitig Kenntnis von seinem Recht zum Widerruf erlangt, so hat er eine Verschlechterung, den Untergang oder die anderweitige Unmöglichkeit nur dann zu vertreten, wenn er diejenige Sorgfalt nicht beachtet hat, die er in eigenen Angelegenheiten anzuwenden pflegt.

[III] Für die Überlassung des Gebrauchs oder die Benutzung einer Sache sowie für sonstige Leistungen bis zu dem Zeitpunkt der Ausübung des Widerrufs ist deren Wert zu vergüten; die durch die bestimmungsgemäße Ingebrauchnahme einer Sache oder Inanspruchnahme einer sonstigen Leistung eingetretene Wertminderung bleibt außer Betracht.

[IV] Der Kunde kann für die auf die Sache gemachten notwendigen Aufwendungen Ersatz von der anderen Vertragspartei verlangen.

1) Allgemeines. Die Regelg ist dem § 1d AbzG nachgebildet. **a) Zweck.** Der Kunde soll in seinem freien Entschl, das WiderrR auszuüben od davon abzusehen, nicht dadch beeinträcht w, daß RückgewährPfl u Haftg ihn vom Widerr abhalten (BT-Drucks 10/2876 S 13). **b) Unabdingbarkeit** ist für Vereinbgen gegeben, die für den Kunden nachteil sind (§ 5 III S 1). **c) Verjährung. aa)** Anspr des Kunden: 30 Jahre (§ 195; § 1 AbzG Anm 7b, aa). **bb)** Anspr der and VertrPart: 2, 4 od 30 Jahre, je nach dem, ob für den Anspr § 196 (insb Abs I Nr 1, 6, 7, 11, 13), § 197 od § 195 (insb § 985) gelten.

2) Rückgewährpflicht (Abs I S 1). Es gilt grdsätzl § 1d AbzG Anm 2. Für die Zug-um-Zug-Leistg ist § 4 anzuwenden. Anders als das auf den Kauf zugeschnittene AbzG sind im Bereich and entgelt Vertr (vgl Einf 3c) vonvorneherein oft Leistgen erbracht worden, die ihrer Art nach nicht zurückgewährt w können; hierfür gilt Abs III (Anm 4).

3) Untergang, Verschlechterung und Unmöglichkeit der Herausgabe des vom Kunden empf Ggstds (also nicht nur Sachen, vgl § 93) od einer Mehrh von Ggstden (Abs I S 2, II). Für empf unkörperl Leistgen gilt Abs III (Anm 4). **a) Begriffe.** Grdsätzl wie § 1d AbzG Anm 5a. Die anderweit Unmöglichk (vgl § 351 S 1) ist im Ggsatz zu § 1d AbzG ausdrückl in den GText aufgenommen. Bei verschuldeter Unmöglk der Herausg ist das WiderrufsR wie bei § 1d Anm 5 beschr. **b) Widerrufsrecht** (Abs I S 2), entspr das RückgR (§ 5 III S 2), ist nicht ausgeschl; wie § 1d AbzG Anm 5b. **c) Wertersatz für die Leistung** (Abs I S 3). § 1d AbzG Anm 5c gilt entspr. **d) Haftungsmaß** (Abs I S 3, II). § 1d AbzG Anm 5d gilt entspr. Für Abs II u damit § 277 muß die Belehrg ganz unterblieben od nicht ordgem erfolgt sein. **e) Beweislast.** § 1d AbzG Anm 5e gilt entspr.

4) Wertersatz für Gebr u Benutzg sowie für sonst Leistgen (Abs III). **a) Bis zum Widerruf:** Nur für diesen ZtRaum ist Empf der Leistg gilt Abs III ohne Rücks auf den ZtPkt der Rückgabe, Rücksendg od Rücknahme. Auf die tats Ingebrauchnahme kommt es nicht an (BGH NJW 85, 1544 für § 1d AbzG). Vergütg des Wertes (Abs III): Wg des gleichen Wortlauts mit § 2 I S 2 AbzG kann für Sachen auf diese Grdsätze zurückgegriffen w (§ 2 AbzG Anm 5a, cc u b), für sonst Leistgen auf § 818 II (BT-Drucks 10/2876 S 14). Für D- u WerkLeistgen wird es daher auf die übliche, hilfsw die angemessene Vergütg ankommen (vgl § 818 Anm 5b). Unberücks bleibt die WertMinderg dch bestimmgsgem Ingebrauch- od Inanspruchnahme (Abs III Hs 2); hierfür gilt § 1d AbzG Anm 3d entspr. **b) Ab Widerruf:** Von da an gelten die allg schuldrechtl Regeln, insb § 818 u die §§ 987ff (BT-Drucks aaO). Die von da an eingetretene WertMinderg ist zu berücksicht.

5) Aufwendungsersatz (Abs IV). Ist nur anwendb, wenn der Kunde aGrd des Vertr eine Sache (§ 90) zu Eigtum, Anwartsch od in Besitz erlangt hat. Notw Aufwendgen: wie § 994 (vgl § 1d AbzG Anm 4).

HausTWG 4   *Zug-um-Zug-Verpflichtung.*   Die sich nach § 3 ergebenden Verpflichtungen der Vertragsparteien sind Zug um Zug zu erfüllen.

1) Allgemeines: Ist auch im Wortlaut dem § 3 AbzG nachgebildet. **Zweck:** Schutz des Kunden u Folge der Grdsätze aus den §§ 348, 322, 274. **Unabdingbar** nur für den Kunden (§ 5 III S 1). **Anwendbar** nur auf die Pflichten, die sich aus den WiderrFolgen ergeben (§ 3). **Rechtsnatur:** Einr wie bei § 3 AbzG (vgl dort Anm 1d). **Erfüllungsort:** Ist VertrGgst eine Sache, so ist § 3 AbzG Anm 1e entspr anzuwenden. Für sonst Leistgen ist daher der Ort, wo sie vertrgem erbracht werden. Für Anspr aus §§ 812ff u § 987ff gilt § 269. **Aufrechnung** (bei ggseit GeldAnspr) muß erkl werden (§ 388); keine Verrechng von Amts wegen (§ 3 AbzG Anm 2).

HausTWG 5   *Umgehungsverbot; Unabdingbarkeit.*   [I]Dieses Gesetz findet auch Anwendung, wenn seine Vorschriften durch anderweitige Gestaltungen umgangen werden.

und ähnlichen Geschäften **HausTWG 5, 6**

^II^ Erfüllt ein Geschäft im Sinne des § 1 Abs. 1 zugleich die Voraussetzungen eines Geschäfts nach dem Gesetz betreffend die Abzahlungsgeschäfte, nach § 11 des Gesetzes über den Vertrieb ausländischer Investmentanteile und über die Besteuerung der Erträge aus ausländischen Investmentanteilen, nach § 23 des Gesetzes über Kapitalanlagegesellschaften oder nach § 4 des Gesetzes zum Schutz der Teilnehmer am Fernunterricht, so sind nur die Vorschriften dieser Gesetze anzuwenden.

^III^ Von den Vorschriften dieses Gesetzes zum Nachteil des Kunden abweichende Vereinbarungen sind unwirksam. Beim Abschluß eines Kaufvertrags aufgrund eines Verkaufsprospekts kann das Widerrufsrecht nach § 1 Abs. 1 durch ein schriftlich eingeräumtes, uneingeschränktes Rückgaberecht entsprechend § 1b Abs. 5 des Gesetzes betreffend die Abzahlungsgeschäfte ersetzt werden; Voraussetzung ist, daß der Kunde den Verkaufsprospekt in Abwesenheit der anderen Vertragspartei eingehend zur Kenntnis nehmen konnte und zwischen dem Kunden und der anderen Vertragspartei im Zusammenhang mit diesem oder einem späteren Geschäft eine ständige Verbindung aufrechterhalten werden soll.

1) Umgehungsverbot (Abs I). **a) Zweck.** Es soll der Gefahr begegnet werden, daß die Merkmale eines HaustürGesch nach außen verdeckt werden (BT-Drucks 10/2876 S 14) od ein AusnTatbestd (§ 1 II) herbeigeführt w (Goller GewArch **86**, 73 [78]). Typ Fälle hat der GGeber offenb nicht erblickt, weil solche sonst leicht dch eine entspr Fassg des Ges hätten erfaßt werden können. Der GesZweck entspr auch dem § 6 AbzG u § 7 AGBG. **b) Anwendbar** für alle entgeltl Vertr (Einf 3c) u alle Vorschr des HausTWG. **c) Umgehung.** Sie ist in wirtsch Betrachtgsweise zu bestimmen (§ 6 AbzG Anm 2a). UmgehgsAbsicht ist nicht erforderl. Ein Vereinsbeitritt kann darunterfallen (BT-Drucks aaO S 9, vgl Löwe BB **86**, 821 [823] mit Bsp). Auf Seiten der and VertrPart muß der Wille bestehen, bei dem betreffenden RGesch die Anwendg einer der od aller Vorschr des HausTWG zu vermeiden. **d) Anderweitige Gestaltungen.** Der Rahmen ist bewußt weit gesteckt. Es fallen nicht nur rechtsgeschäftl Vereinbargen, sond auch (von der and VertrPart herbeigeführte) tats Umst darunter. Auf jeden Fall muß der Schutzzweck des G zutreffen. Bsp: VerkAnbahng v Betten im UrlHotel (LG Limb NJW-RR 89, 119). Andseits darf der (enumerative) Katalog des § 1 nicht auf diesem Umweg ausgedehnt u auf solche Situationen erstreckt werden, die der GGeber eindeut od bewußt ausgelassen hat (daher bedenkl Gilles NJW **86**, 1131 [1145]). **e) Wirkung.** Das UmgehgsGesch unterliegt den Vorschr des G; insb besteht das WiderrR u es gilt § 7.

2) Vorrang der Sonderregelungen (Abs II). **a)** Für AbzGesch, insb auch die in § 1c AbzG aufgeführten, Kauf von ausländ Investmentanteilen u Anteilen an KapAnlagegesellsch, sowie für FernUnterr bestehen ähnl Regelgen über den Widerr, teils mit längerer Fr od und FrBeginn, außerdem inst od, auf diese Gesch zugeschnittener Rückabwicklg. Im AnwendgsBer dieser Ge wird das gesamte HausTWG verdrängt. **b)** Unberührt bleiben bei allen HausTGesch die Re der Kunden auf Anfechtg, Rücktr, Wandelg, Minderg, SchadErs u Künd aus den für den jeweil VertrTyp gelten Vorschr (wohl zu problemat gesehen von Gilles aaO 1146).

3) Unabdingbarkeit (Abs III S 1). Umfaßt insb den Verzicht auf Widerr, auch wenn er als einseit Erkl v and VertrT vorbereitet w (LG Fulda NJW-RR **87**, 1460). Trifft Formular- wie IndividualVereinbargen; gleichgült, ob getrennt od nachfolg vorgenommen. Abweichgen zum Vorteil des Kunden (zB längere WiderrFr) sind zul. Ausschl des WiderrR ist nur dch Vereinbg gem Abs III S 2 zul (Anm 4).

4) Rückgaberecht (Abs III S 2). **a) Zweck.** Das beim Versandhandel seit langem eingeführte RückgR (§ 1b V AbzG) auch bei KaufVertr, das nicht unter das AbzG fallen, schützt den Kunden prakt in gleicher Weise wie das WiderrR. **b) Anwendbar** nur auf SammelBestellgen einer Pers für mehrere Kunden im Versandhandel (vgl § 1a AbzG Anm 6), weil zwischen dem Sammelbesteller u dem Kunden mündl Vhdlgen stattfinden. Auf die Direktbestellg von Einzelkunden im Katalogversandhandel trifft das G sowieso nicht zu, weil die Situation des § 1 I fehlt. **c) Rückgaberecht und Rückgabeverlangen:** wie § 1b AbzG Anm 3 u 6. **d) Besondere Voraussetzungen** (Abs III S 2 Hs 2). Damit wird nur dem herkömml, eigentl Katalog-Gesch ein Privileg zugestanden (BT-Dr 10/4210 S 10).

HausTWG 6 Anwendungsbereich. Die Vorschriften dieses Gesetzes finden keine Anwendung,

1. wenn der Kunde den Vertrag in Ausübung einer selbständigen Erwerbstätigkeit abschließt oder die andere Vertragspartei nicht geschäftsmäßig handelt,
2. beim Abschluß von Versicherungsverträgen.

1) Personenkreise (Nr 1). **a) Zweck.** Das G will den Verbraucher als Kunden vor der meistens überlegenen Routine des gewerbl Handelnden schützen. Das trifft bei den von Nr 1 erfaßten Gesch nicht zu. **b) Selbständig erwerbstätiger Kunde.** Auch freiberufl Tätige (insb Ärzte, RAe). Es werden nur diejen Gesch ausgenommen, welche sich auf die ErwerbsTätigkeit beziehen. Als Verbraucher od für sonst priv Gesch genießen diese Pers den vollen Schutz des G (BT-Drucks 10/2876 S 14). **c) Nichtgeschäftsmäßig handelnde andere Vertragsparteien.** Hiervon werden in erster Linie die PrivVerk, insb von gebrauchten Sachen erfaßt. Geschäftsmäß handelt jedoch, wer ohne angemeldetes Gewerbe in der Absicht, regelmäß (auf eine gewisse Dauer angelegt) Gewinn zu erzielen, kauft u verk, Dienste leistet, WerkVertr abschließt, entgeltl Leistgen erbringt od vermittelt.

2) Versicherungsverträge (Nr 2). Vor allem soll wg der im Verkehr notw sofortigen od vorläufigen Deckg (die dem Kunden zugute kommt) ein Mißbr des WiderrR ausgeschl werden. Die generelle Ausdehng auf alle VersVertr hat der BT-RAusschuß mit mehreren Argumenten begründet (BT-Drucks 10/4210 S 15). Nr 2 umfaßt VersVertr jeder Art. Die Ausnahme der Nr 2 wird heftig kritisiert von Gilles NJW **86**, 1131 [1147] und dürfte nicht gerechtfert sein (Löwe BB **86**, 821 [829]).

HausTWG 7 *Ausschließlicher Gerichtsstand.* ¹Für Klagen aus Geschäften im Sinne des § 1 ist das Gericht ausschließlich zuständig, in dessen Bezirk der Kunde zur Zeit der Klageerhebung seinen Wohnsitz, in Ermangelung eines solchen seinen gewöhnlichen Aufenthaltsort hat.

ᴵᴵ Eine abweichende Vereinbarung ist jedoch zulässig für den Fall, daß der Kunde nach Vertragsschluß seinen Wohnsitz oder gewöhnlichen Aufenthaltsort aus dem Geltungsbereich dieses Gesetzes verlegt oder sein Wohnsitz oder gewöhnlicher Aufenthaltsort im Zeitpunkt der Klageerhebung nicht bekannt ist.

1) Allgemeines: Die Regelg entspr wörtl dem § 6a AbzG. Dessen Erläuterg gilt hier entspr. **Aus Geschäften** iS des § 1: Alle Gesch, für die das HausTWG anwendb ist, auch UmgehgsGesch (§ 5 I). Alle daraus folgden Anspr, auch wenn sie auf and Vorschr beruhen, als auf solchen des HausTWG.

HausTWG 8 *Berlin-Klausel.* Dieses Gesetz gilt nach Maßgabe des § 13 Abs. 1 des Dritten Überleitungsgesetzes auch im Land Berlin.

HausTWG 9 *Inkrafttreten; Übergangsbestimmung.* ¹Dieses Gesetz tritt am 1. Mai 1986 in Kraft.

ᴵᴵ Die Vorschriften dieses Gesetzes finden keine Anwendung auf Verträge, die vor seinem Inkrafttreten geschlossen worden sind. § 7 findet auch Anwendung auf Klagen aus Geschäften im Sinne des § 1, die vor dem Inkrafttreten dieses Gesetzes abgeschlossen worden sind.

1) Keine Anwendung auf Vertr, die bis einschl 30. 4. 86 abgeschl worden sind (zustandegekommen gem § 151). **Gerichtsstand:** § 7 gilt für alle auch vor dem 1. 5. 86 abgeschl Vertr; nur dann nicht, wenn der Anspr spätestens am 30. 4. 86 rechtshäng geworden ist (vgl § 261 III Nr 2 ZPO).

Gesetz gegen den unlauteren Wettbewerb – § 13a

Vom 7. Juni 1909 (RGBl S 499) zuletzt geändert durch Gesetz vom 25. Juli 1986 (BGBl I S 1169)

Bearbeiter: Prof. Dr. Putzo, Vizepräsident des Bayerischen Obersten Landesgerichts

Einführung

Das G zur Änderg wirtsch-, verbraucher-, arb- und sozrechtl Vorschr vom 25. 7. 1986 (BGBl S 1169), das sog ArtikelG hat in das UWG den § 13a eingefügt, der als VerbrSchutzVorschr in ZusHang mit dem AbzG und dem HausTWG steht. Die Vorschr wird wegen ihrer Auswirkg auf den priv und gewerbl GeschVerk im Rahmen vertragl SchuldVerh aufgenommen und kommentiert.

UWG 13a *Rücktrittsrecht bei unwahren und irreführenden Werbeangaben.* [I]Ist der Abnehmer durch eine unwahre und zur Irreführung geeignete Werbeangabe im Sinne von § 4, die für den Personenkreis, an den sie sich richtet, für den Abschluß von Verträgen wesentlich ist, zur Abnahme bestimmt worden, so kann er von dem Vertrag zurücktreten. Geht die Werbung mit der Angabe von einem Dritten aus, so steht dem Abnehmer das Rücktrittsrecht nur dann zu, wenn der andere Vertragsteil die Unwahrheit der Angabe und ihre Eignung zur Irreführung kannte oder kennen mußte oder sich die Werbung mit dieser Angabe durch eigene Maßnahmen zu eigen gemacht hat.
[II]Der Rücktritt muß dem anderen Vertragsteil gegenüber unverzüglich erklärt werden, nachdem der Abnehmer von den Umständen Kenntnis erlangt hat, die sein Rücktrittsrecht begründen. Das Rücktrittsrecht erlischt, wenn der Rücktritt nicht vor dem Ablauf von sechs Monaten nach dem Abschluß des Vertrages erklärt wird. Es kann nicht im voraus abbedungen werden.
[III]Die Folgen des Rücktritts bestimmen sich bei beweglichen Sachen nach § 1d Abs. 1, 3, 4 und 5 des Gesetzes betreffend die Abzahlungsgeschäfte. Die Geltendmachung eines weiteren Schadens ist nicht ausgeschlossen. Geht die Werbung von einem Dritten aus, so trägt im Verhältnis zwischen dem anderen Vertragsteil und dem Dritten dieser den durch den Rücktritt des Abnehmers entstandenen Schaden allein, es sei denn, daß der andere Vertragsteil die Zuwiderhandlung kannte.

1) Allgemeines. In Kr seit 1. 1. 87. Lit: Sack, BB Beil 2/87. H. Köhler JZ **89**, 262; Klauss/Ose Verbr-KredGesch 2. Aufl 1988. **a) Zweck.** Dch ein RücktrR soll der Schutz derjen Pers verbessert w, die inf einer best Form unlauteren Wettbew Vertr abgeschl haben. Die Regelg wird als unklar, ungenau und unzureichd krit (zB Sack S 3). Ein SchadErsAnspr wird für wirksamer gehalten v Lehmann GRUR **87**, 199 [211]. **b) Anwendungsbereich.** LeistgsAustauschVertr aller Art (vgl Anm 2a). Persönl: Priv und gewerbl Abnehmer. **c) Abdingbarkeit.** Das RücktrR kann nicht im voraus abbedungen w (Abs II S 3). Im voraus bedeutet vor Erlangen der Kenntn v tats bestehdem RücktrR (Köhler 168; aA 48. Aufl). Das RücktrR kann auch nicht eingeschr od an zusätzl Voraussetzgen geknüpft w. Die RücktrFolgen sind wg Abs III S 1, § 1d V AbzG unabding. **d) Anspruchskonkurrenzen.** § 13 beschr nicht von vornherein Anspr aus Vertr, unerl Hdlg u ungerechtf Bereicherg. Wenn der Rücktritt nicht erkl w od unwirks ist, kann SchadErs wg NichtErf, insb aus §§ 325, 463, 538, 635, 823 verlangt w, sofern deren Voraussetzgn vorliegen. § 123 bleibt anwendb (Medicus JuS **88**, 1 [7]). Versch bei VertrSchl (§ 276 Anm 6) dch unwahre und irrefühde Werbeangaben kann einen Anspr auf VertrAuflösg begrdn u unterliegt nicht den zeitl Schranken des Abs II (Medicus aaO). Wg SchadErsAnspr nach erkl Rücktr vgl Anm 5. **e) Verhältnis zu § 4 UWG.** Es muß inf der Verweisg in Abs I S 1 nicht der Tatbestd des § 4 erf sein, sond nur die Voraussetzg gem Anm 2d, also insb nicht die Absicht u Kenntn des Werbden (Köhler 263).

2) Voraussetzungen des Rücktritts bei EigenWerbg (Abs I S 1). **a) Vertrag.** Es muß wirks zustdgekommen sein (vgl § 151). Im persönl AnwendgsBer (Anm 1b) kommen alle Vertr in Betr, die im wirtschaftl Wettbew mit LeistgsAustausch abgeschl w (Köhler 262), insb Kauf, Miete (auch Leas), Dienst-, Werk-, WerkLiefer-, GeschBesorgg-, GesellschVertr. **b) Abnahme** des VertrGgst (zB Sache, Werk-Leistg, RÜbertragg). **aa) Begriff.** Er deckt sich nicht notw mit dem VertrSchl (Sack S 6). Es ist darunter jedenf die EntggNahme der dem Abnehmer geschuldeten Leistg zu verstehen, zB beim Kauf einer bewegl Sache die EntggNahme des Besitzes (vgl § 433 Anm 6), beim WerkVertr die körperl Hinnahme (§ 640 Anm 1a), beim MietVertr die Überlassg (§ 536 Anm 3), beim DVertr die Ann der Dienste (§ 615. **bb) Zeitpunkt.** Dem GWortlaut zufolge ist es zweifelh, ob der Rücktr auch schon vor Abnahme erkl w kann. Das ist zu bejahen, weil nach dem GZweck der Kunde, der nach VertrAbschl aber vor Ann die RücktrVoraussetzgn erkennt, nicht den Vertr erst erf muß, wenn er ihn ohnehin dch Rücktr beseit kann. Die Interessenlage entspricht der beim Kauf einer mangelh Sache vor GefahrÜbgang (vgl § 459 Anm 2d; ebso Sack S 7). Daher müßte bei einer GattgsSchuld feststehen, daß sich die unwahre und irrefühde Werbg auf die geschuldete Gattg allg beziehet. **c) Werbeangabe.** Sie entspr dem Begr, den § 4 UWG zugrdelegt. Sie muß sich daher an einen größeren PersKreis richten u kann dch jedes Werbemittel verbreitet w (zB Prospekt, Plakat, Rundfunk, ZeitgsAnz). Es ist nur auf das obj, nicht auf die subj Voraussetzgen abzustellen (Köhler 263 mwN). **d) Unwahr und irreführend** (zur Irreführg geeignet) muß die Werbeangabe sein und zwar kumulativ, so daß irrefühde Werbg mit wahren Angaben nicht genügt. Das ist vom GGeber gewollt, um das RücktrR nicht zu weit auszudehnen (BT-Dr 9/1707 S 23). Die Begr decken sich auch inf des gesetzl Bezugn in Abs I S 1 mit § 4 UWG. Die Eigng zur Irreführg muß wettbewerbsrechtl relevant sein (Sack S 6).

2439

Daß der Abnehmer wirkl irregeführt w, ist nicht erforderl; denn es genügt die Eigng zur Irreführg. Unwahr: Nicht den Tats entspr. Das ist danach zu beurt, wie die Behauptg von einem unbefangenen Abnehmer zu verstehen ist. Auch die übertreibde Darstellg kann unwahr sein, wenn sie eine wesentl Eigensch des GeschGgst falsch erscheinen läßt. **e) Wesentlichkeit** der Werbeangabe (Anm c) in Bezug auf: **aa) Personenkreis,** an den sie sich richtet. Damit soll der Kreis der RücktrBerecht auf die Adressaten der Werbg beschr w (umstr). Das ist insb erhebl, wenn sich die Werbg an Fachleute wendet, die Werbeangaben und verstehen als gewöhnl Abnehmer, insb Letztverbraucher. **bb) Vertragsabschluß.** Hierfür muß die Werbeangabe im PersKr (Anm aa) nach DchschnittsAuffassg (Köhler 264) wesentl sein, nicht notw für den rücktrwill Kunden; denn es ist nicht Voraussetzg, daß der Abnehmer getäuscht wurde od sich tats geirrt hat (Alt NJW **87,** 21 [27]). **f) Ursächlichkeit** der zu beanstandenden Werbeangabe für die Abnahme der Sache od der Leistg muß gegeben sein. Damit ist die Ursächlk für den VertrAbschluß gemeint (Köhler 266). Der Abnehmer, der die Sache od Leistg zurückweist, trägt für die WettbWidrigk die BewLast (Anm 6a). Die BewWürd (§ 286 ZPO) muß darauf abstellen, wie ein obj denkder Dr in der Lage des Abnehmers nach der Lebenserfahrg geurteilt hätte (Köhler 267).

3) Drittwerbung (Abs I S 2). Hier ist das RücktrR ggü der EigenWerbg eingeschr. **a) Begriff.** Dr ist eine Pers, die nicht VertrPartner des Abnehmers u auch sonst am Gesch nicht beteil ist. Nicht Dr sind daher Pers, die maßgebend am Zustandekommen des Vertr mitgewirkt haben (vgl § 123 Anm 2f). Insb sind nicht Dr (unechte DrWerbg): Vertreter, VerhandlgsGehilfen, ErklEmpf u and VertrauensPers (Sack 8 mwN). Dr ist auch nicht die beauftr Werbeagentur. Ebsowen der Kreditvermittler im Verh zur kreditgewährden Bank (Sack 9). Dr ist grdsätzl der Hersteller, sofern nicht im sog Direktvertrieb vorliegt. **b) Bestehendes Rücktrittsrecht** trotz DrWerbg ist zu bejahen bei: **aa)** BösGläubigk des and VertrT. Sie ist auf kennen od kennenmüssen zugeschnitten (wie § 123 Anm 2c) u muß sich sowohl auf Unwahrh wie Geeignetsein zur Irreführg erstrecken. **bb)** Zueigengemachte DrWerbg. Sie ist gegeben, wenn Werbemittel Dr übernommen u Abnehmern zugängl gemacht w, zB verwendet Plakate od Anz (Lehmann GRUR **87,** 199 [213]). Auch dch Unterl mögl (Köhler 266). Unerhebl ist, ob der and VertrT wußte od wissen mußte, daß die Werbg irreführd od unwahr ist.

4) Rücktritt vom schuldrechtl Vertr aGrd eines gesetzl RücktrR, das im voraus unabdingb ist. Bei DauerSchuVerh kann an Stelle des Rücktr die Künd treten. **a) Erklärung:** § 349. **b) Unverzüglich:** wie § 121 Anm 2b. **c) Kenntnis** von den rücktrbegrdden Umst: Der Abnehmer muß alle Tats kennen, die Voraussetzg (Anm 2) des RücktrR sind. **d) Ausschlußfrist** (Abs II S 2). Dem GWortlaut nach handelt es sich nicht um Verjährg, weil das RücktrR erlischt (hM; Köhler 267). Daß der FrBeginn auf den VertrAbschl bezogen w, ist eine gesetzgeber Fehlleistg, weil die unwahre od irreführde Werbg vom Abnehmer idR erst bei Übergg der Sache od Abnahme der Leistg festgestellt w kann. Unbillige Ergebn zu vermeiden wird Aufgabe der Rspr sein.

5) Rücktrittsfolgen (Abs III). Der GGeber hat sich dafür entschieden, nicht die §§ 346ff zu belassen, sond die RFolgen wie bei einem WiderR gem § 1d AbzG (daher unabdingb) eintreten zu lassen, obwohl diese Vorschr auf bewegl Sachen zugeschnitten ist u § 13a auch für and Leistg gilt. Die RegelgsLücken müssen dch analoge Anwendg der §§ 346ff od dch die §§ 812ff geschlossen w (Köhler 269). **a) Rückgewähr:** § 1d AbzG Anm 2. **b) Wertersatz** für Gebr u Benutzg: § 1d AbzG Anm 3. **c) Aufwendungsersatz:** § 1d AbzG Anm 4, VertrKosten sind nicht zu ersetzen (Köhler 269). **d) Untergang und Verschlechterung** von Sachen: § 1d AbzG Anm 5. Bei verbrauchb Sachen steht dem Rücktr auch insow nicht entgg (Köhler 268; bestr). **e) Weitergehender Schaden** (Abs III S 2). Nach deutscher ZivilRDogmatik können vertragl SchadErsAnspr wg NichtErf nach Rücktr v Vertr nicht entstehen (BGH NJW **84,** 42). Daher kommen als AnsprGrdLagen nur in Betr: c. i. c.; § 286; § 823. Liegen die Voraussetzgn des § 463 vor, kann der Abnehmer statt zurückzutreten SchadErs verlangen. **f) Rückgriffshaftung** des and VertrT zum Dr (Abs III S 3) setzt DrWerbg (Anm 3) voraus. Grdsätzl muß der Dr dem and VertrT den Schad ersetzen, der diesem dch den Rücktr (nicht dch Anf od Wandelg) des Abnehmers entsteht. Berechng gem §§ 249ff. § 254 ist unanwendb (Sack 27). Im Proz gilt § 287 ZPO. Ausgeschl ist der Anspr bei pos Kenntn der Zuwiderhandlg; damit sind die Voraussetzgn des § 13a gemeint.

6) Beweislast. a) Für die Tats, die eine unwahre und irreführde WerbeBehauptg begrdn, auch für die Kausalität, trägt die BewLast der Abnehmer. Daraus folgert Tonner NJW **87,** 1917 [1923], daß § 13a nur geringe prakt Bedeutg erlangen werde. Für BewLastUmkehr: Lehmann GRUR **87,** 199 [212]). **b)** Bei Abs III S 3 muß der Dr die Kenntn des and VertrT beweisen.

Gesetz zur Regelung der Miethöhe
(Art. 3 des Zweiten Gesetzes über den Kündigungsschutz für Mietverhältnisse über Wohnraum – 2. WKSchG –)

Vom 18. Dezember 1974 (BGBl I 3603), zuletzt geändert durch das Gesetz zur Erhöhung des Angebots an Mietwohnungen vom 20. Dezember 1982 (BGBl I 1912)

Bearbeiter: Prof. Dr. Putzo, Vizepräsident des Bayerischen Obersten Landesgerichts

Einführung

1) Allgemeines. Das MHG gilt als ein Teil des 2. WKSchG seit 1. 1. 75. **a) Anwendungsbereich.** Das MHG erfaßt grdsätzl alle MietVerh üb WoRaum (Einf 8b vor § 535), seit 1. 1. 88 bis 31. 12. 94 auch für die bislang preisgebundenen AltbauWo in Bln mit So- u ÜbergRegelgn (§§ 1–3, 5–7 G v 14. 7. 87, BGBl 1625). **aa) Altenheimvertrag.** Ist er im Kern MietVertr (BGH NJW **79**, 1288), so gilt das MHG dann, wenn der Heimbewohner Inh einer Wohng ist u dies ggü den DLeistgen (Verpflegg u Betreug) überwiegt (sog Altenwohnheime; BGH NJW **81**, 341; vgl Stober NJW **79**, 97 mwN). Für das Überwiegen ist nicht der kalkulierte od vereinb Entgeltanteil maßgebd, sond die tats konkrete Ausgestaltg. Überwiegen Dienst- u FürsLeistgen, gilt das MHG nicht (Karlsr MDR **88**, 316). **bb) Mischmietverhältnisse** (Einf 9 vor § 535). Das MHG ist nicht anwendb, wenn der wahre VertrZweck auf eine übwiegd gewerbl Nutzg gerichtet ist (BGH ZMR **86**, 278); auch nicht für MietVerh üb WoRaum wg eines Zuschlags für gewerbl Nutzg (BayObLG ZMR **86**, 193). And bei einheitl Vermietg v WoRaum mit Garage, weil da der Wohnzweck überwiegt (hM; Hummel ZMR **87**, 81 mwN); dann kann auch nur wg der Garage MietErhöhg verlangt w (Hummel aaO). **cc) Dingliche Wohnrechte.** Das MHG gilt nicht für WoRäume, die aGrd dingl WohnR überlassen sind (allgM). **dd) Ausnahmen** des § 10 III (vgl dort): preisgebundener WoRaum; nur zu vorübergehdem Gebr vermieteter WoRaum; mind überwiegd möbl, nicht dauernd für den Gebr einer Fam best WoRaum. **ee) Ordentliche Kündigung.** Nur hierfür gilt das MHG. **b) Unabdingbarkeit** gilt grdsätzl für Vereinbgen vor Beginn der Mietzeit (vgl § 10 I u § 2 Anm 1c). Das MHG ist zG des Mieters abdingb.

2) Inhalt. Das MHG regelt die MietErhöhg für folgende Fälle: **a)** Höheres Entgelt wg allg Änderg der wirtsch Verh (§ 2). **b)** Ausgleich für baul Änderg (§ 3). **c)** Erhöhg der Betriebskosten (§ 4). **d)** Erhöhg der KapKosten (§ 5). **e)** Öffl geförderte od steuerbegünst WoRaum im Saarland (§ 6). **f)** Bergmannswohngen (§ 7). **g)** Staffelmiete (§ 10 II).

3) Schrifttum. Emmerich-Sonnenschein, MietR 2. Aufl 1981, S 834–1031 u Miete, 1983, S 362–441; MüKo/Voelskow BGB 2. Aufl 1988 Anh zu § 564b; Soergel-Kummer BGB 11. Aufl, 1980, § 564b Anh, Nachtrag 1986; RGRK-Gelhaar 12. Aufl, 1978, § 564b Anh; Barthelmess 2. WKSchG, MHG, 3. Aufl, 1984; Beuermann, Miete u Mieterhöhg bei preisfreiem WoRaum, 1987; Schmidt-Futterer/Blank WoRaumSchGe 6. Aufl 1988 Teil C.

MHG 1 *Kündigungsverbot.* Die Kündigung eines Mietverhältnisses über Wohnraum zum Zwecke der Mieterhöhung ist ausgeschlossen. Der Vermieter kann eine Erhöhung des Mietzinses nach Maßgabe der §§ 2 bis 7 verlangen. Das Recht steht dem Vermieter nicht zu, soweit und solange eine Erhöhung durch Vereinbarung ausgeschlossen ist oder der Ausschluß sich aus den Umständen, insbesondere der Vereinbarung eines Mietverhältnisses auf bestimmte Zeit mit festem Mietzins ergibt.

1) Allgemeines. a) Anwendungsbereich: Für WoRaum: wie Einf 1a. MietVerh: Für unbest u für best Zt abgeschl (vgl § 564 Anm 2 u 564c) auch solche mit VerlängergsKlausel (§ 565a). S 1 betr nur die ord Künd (Einf 1 a, ee); insb die ÄndKünd. **b) Zweck:** MietErhöhg sollen nicht unter dem Druck drohder Künd zustandekommen. Statt dessen soll der Verm angemessene MietErhöhg auch gg den Willen des Mieters bei Fortbestd des MietVerh in dem Verf der §§ 2–7 dchsetzen können (S 2). Ausn: S 3. **c) Unabdingbarkeit:** wie Einf 1b.

2) Kündigungsverbot (S 1). Eine Künd zum Zweck der MietErhöhg ist dch S 1 verboten, auch wenn der Verm dafür ein berecht Interesse iS des § 564b I hätte. Eine dennoch erkl Künd zu diesem Zweck, insb ÄndKünd ist nichtig (§ 134). Voraussetzg: Der Zweck, den höheren Mietzins zu erzielen, muß das betr gekünd MietVerh gerichtet sein, mit dem VertrPartner oder einem Dr. Behauptgs- u BewLast für unzul Zweck trägt der Mieter.

3) Mietzinserhöhung (S 2). Neben der Möglk, die Miethöhe mit dem Mieter frei zu vereinb (§ 2 Anm 1c), kann der Verm folgde Mieterhöhgn auch gg den Willen des Mieters dchsetzen, u zwar unabhäng voneinander (Barthelmess 16): **a)** Ortsübliche Vergleichsmiete nach § 2 (Anspr auf Zust). **b) Durchgeführte Modernisierung** nach § 3 (einseit verträndernde Erkl). **c) Gestiegene Betriebskosten** nach § 4 (einseit verträndernde Erkl). **d) Gestiegene Kapitalkosten** nach § 5 (einseit verträndernde Erkl).

4) Vereinbarter Ausschluß der Mieterhöhung (S 3). **a) Voraussetzungen:** Der Ausschl der Mieterhöhg muß sich ergeben (alternat): **aa)** Ausdrückl (S 3 1. Alt); in gesondertem Vertr od die Vereinbg muß einen VertrBestdteil darstellen, nicht notw im Mietvertr enthalten od mit ihm verbunden sein; auch dch Vertr mit Dr mögl (allgM). **bb)** Aus den Umst zu entnehmen (S 3, 2. Alt): Derart Vereinbg liegen insb dann vor, wenn für best Zt, auch für LebensZt des Mieters (Emmerich-Sonnenschein 16 mwN) ein fester MietPr vereinb od bei vereinb MietPr ein KündR des Verm ausgeschl ist. Dies kann auch für die Dauer des VerrechngsZtRaums od Ausschl der ord Künd bejaht w, wenn der Mieter einen FinanziergsBeitrag (Vorauszahlg, Darl, Baukostenzuschuß) geleistet hat (LG Hann WoM **80**, 57) od die Zulässigk der Erhöhg v der Zust eines Dr abhängt, solange diese Zust fehlt. Auch die Vereinbg der Kostenmiete bewirkt diesen Ausschl, solange bei öff geförderten Wohngen das Darl nicht zurückbezahlt ist, selbst bei erloschenem WoBeleggsR (Hamm ZMR **86**, 287). BewLast: Mieter. Die Vereinbg einer MietPrGleitKlausel steht der Ann eines MietErhöhgsAusschlusses entgg (LG Bln MDR **85**, 58). **b) Wirkung:** Für den sich aus dem Vertr ergebnen ZtRaum („solange") ist das MietErhöhgsVerf (§§ 2–7) ausgeschl (hM; Zweibr WoM **81**, 273). Trotzdem abgegebene MieterhöhgsErkl sind unwirks. Diese Wirkg tritt bei MietVerh auf best Zt mit VerlängersKlausel nur für die ursprüngl vereinb, feste Mietzeit ein (Zweibr aaO). Vom Mieter währd der Mietzeit freiw hingenommene MietErhöhgen bleiben zul u wirks (§ 10 I). **c) Mietpreisgleitklauseln** sind als solche unwirks (vgl § 10 Anm 1 a). Erhöhgen finden nur nach §§ 2–7 statt (S 2). Sie schließen aber die Wirkg der Anm b (fester, nicht erhöhb MietPr) idR aus (Barthelmess 36), weil sich aus ihnen ergibt, daß die Miete nicht fest auf der ursprüngl vereinb Höhe bleiben soll. Dies wird auch bejaht, wenn der Vertr eine Bestimmg üb Änd des Mietzinses enthält (LG Ffm MDR **82**, 323).

MHG 2 Erhöhung bis zur ortsüblichen Vergleichsmiete.

I Der Vermieter kann die Zustimmung zu einer Erhöhung des Mietzinses verlangen, wenn

1. der Mietzins, von Erhöhungen nach den §§ 3 bis 5 abgesehen, seit einem Jahr unverändert ist,
2. der verlangte Mietzins die üblichen Entgelte nicht übersteigt, die in der Gemeinde oder in vergleichbaren Gemeinden für nicht preisgebundenen Wohnraum vergleichbarer Art, Größe, Ausstattung, Beschaffenheit und Lage in den letzten drei Jahren vereinbart oder, von Erhöhungen nach § 4 abgesehen, geändert worden sind, und
3. der Mietzins sich innerhalb eines Zeitraums von drei Jahren, von Erhöhungen nach den §§ 3 bis 5 abgesehen, nicht um mehr als 30 vom Hundert erhöht.

Von dem Jahresbetrag des verlangten Mietzinses sind die Kürzungsbeträge nach § 3 Abs. 1 Satz 3 bis 7 abzuziehen, im Fall des § 3 Abs. 1 Satz 6 mit elf vom Hundert des Zuschusses.

II Der Anspruch nach Absatz 1 ist dem Mieter gegenüber schriftlich geltend zu machen und zu begründen. Dabei kann insbesondere Bezug genommen werden auf eine Übersicht über die üblichen Entgelte nach Absatz 1 Satz 1 Nr. 2 in der Gemeinde oder in einer vergleichbaren Gemeinde, soweit die Übersicht von der Gemeinde oder von Interessenvertretern der Vermieter und der Mieter gemeinsam erstellt oder anerkannt worden ist (Mietspiegel); enthält die Übersicht Mietzinsspannen, so genügt es, wenn der verlangte Mietzins innerhalb der Spanne liegt. Ferner kann auf ein mit Gründen versehenes Gutachten eines öffentlich bestellten oder vereidigten Sachverständigen verwiesen werden. Begründet der Vermieter sein Erhöhungsverlangen mit dem Hinweis auf entsprechende Entgelte für einzelne vergleichbare Wohnungen, so genügt die Benennung von drei Wohnungen.

III Stimmt der Mieter dem Erhöhungsverlangen nicht bis zum Ablauf des zweiten Kalendermonats zu, der auf den Zugang des Verlangens folgt, so kann der Vermieter bis zum Ablauf von weiteren zwei Monaten auf Erteilung der Zustimmung klagen. Ist die Klage erhoben worden, jedoch kein wirksames Erhöhungsverlangen vorausgegangen, so kann der Vermieter das Erhöhungsverlangen im Rechtsstreit nachholen; dem Mieter steht auch in diesem Fall die Zustimmungsfrist nach Satz 1 zu.

IV Ist die Zustimmung erteilt, so schuldet der Mieter den erhöhten Mietzins von dem Beginn des dritten Kalendermonats ab, der auf den Zugang des Erhöhungsverlangens folgt.

V Gemeinden sollen, soweit hierfür ein Bedürfnis besteht und dies mit einem für sie vertretbaren Aufwand möglich ist, Mietspiegel erstellen. Bei der Aufstellung von Mietspiegeln sollen Entgelte, die auf Grund gesetzlicher Bestimmungen an Höchstbeträge gebunden sind, außer Betracht bleiben. Die Mietspiegel sollen im Abstand von zwei Jahren der Marktentwicklung angepaßt werden. Die Bundesregierung wird ermächtigt, durch Rechtsverordnung mit Zustimmung des Bundesrates Vorschriften über den näheren Inhalt und das Verfahren zur Aufstellung und Anpassung von Mietspiegeln zu erlassen. Die Mietspiegel und ihre Änderungen sollen öffentlich bekanntgemacht werden.

VI Liegt im Zeitpunkt des Erhöhungsverlangens kein Mietspiegel nach Absatz 5 vor, so führt die Verwendung anderer Mietspiegel, insbesondere auch die Verwendung veralteter Mietspiegel, nicht zur Unwirksamkeit des Mieterhöhungsverlangens.

1) Allgemeines. Die Abs II–IV sind geändert u die Abs V u VI angefügt dch Art 2 Nr 1 EAMWoG; in Kraft seit 1. 1. 83. **a) Anwendungsbereich:** wie Einf 1 a vor § 1. Nur für Miete, nicht für NutzgsEntschäd des § 557 (LG Stgt ZMR **87**, 153). **b) Zweck.** Mieterhöhgen sollen in angem Rahmen zur Erhaltg u Wiederherstellg der Wirtschaftlk des Hausbesitzes zugelassen werden u den Mieter nicht mehr als bis zur ortsübl VglMiete belasten, die ihrerseits von der jeweilg Marktmiete beinflußt w. Auslegg u Anwendg des *MHG* dürfen auch in den Verfahrensregeln nicht zu einem MietPrStop führen (BVerfG NJW **80**, 1617 mwN). **c) Unabdingbarkeit.** Vgl Einf 1 b vor § 1. Frei vereinb Erhöhg der Miete außerh des Verf gem § 2 u üb das darin zugelassene Maß hinaus ist daher jederzeit währd des MietVerh forml mögl u wirks, wenn der Mieter damit einverstanden ist (§ 10 I); dies stellt eine Änd des MietVertr gem § 305 im Rahmen der verbliebenen VertrFreih dar. Grenze: § 5 WiStG. Eine solche strafb MietPrÜberhöh hat die Rspr bejaht, wenn die Obergrenze der ortsübl VglsMiete um mehr als 20% überschritten ist (Hbg ZMR **83**, 100 mwN). **d) Mietzins** ist die sog Grundmiete ohne Entgelt für BetrKosten u Erhöhgen wg Modernisierg (§ 3) u KapKosten (§ 5). Wurde eine Inklusivmiete (einschl BetrKost) vereinb, ist eine Erhöh nach § 2 bis zur ortsübl Inklusivmiete mögl (hM; Stgt NJW **83**, 2329 mwN). Dem Verm steht es frei, unabhäng v § 2 eine Erhöhg wg dieser Kosten nach §§ 3–5 geltd zu machen. Eine Umgestaltg der MietzinsVereinbg kann aGrd des § 2 nicht verlangt werden (vgl LG Bln ZMR **88**, 61). **e) Fristen** des § 2. Es sind zu unterscheiden: WarteFr in Abs I S 1 Nr 1 (1 Jahr; Anm 3 a); ZustimmgsFr in Abs III S 1 (2–3 Monate; Anm 6 a); KlageFr in Abs III S 1 (2 Monate, Anm 7 b). Die SperrFr im früheren Abs III S 2 (9 Monate) ist seit 1. 1. 83 entfallen (Art 2 Nr 1 c EAMWoG). **f) Sonderregelung für Berlin.** Nur für die bis 31. 12. 87 preisgebundenen AltbauWo (vor dem 31. 12. 49 bezugsfert geworden) ist das zulässigs Erhöhgs Verlangen auf 5% innerh eines Jahres u bis 31. 12. 91 auf 10% beschr (§ 2 I G v 14. 7. 87 BGBl 1625). Die MietZErhöhg gem § 2 ist nicht vor Ablauf eines Jahres nach MietVertrAbschl zuläss (§ 3 II G v 14. 7. 87).

2) Begriffe. a) Erhöhungsanspruch (Abs I). § 2 gibt dem Verm unter gewissen materiellen (Anm 3, 4) u formellen (Anm 5) Voraussetzungen einen Anspr gg den Mieter auf Zust zu der verlangten MietErhöhg. Der Anspr richtet sich nicht auf Zahlg, sond auf Abgabe einer WillErkl dch den Mieter. Verweigert der Mieter die Zust, kann der Verm darauf klagen (Abs III). **b) Zustimmung** des Mieters (Anm 6) ist eine formfreie einseit, empfangsbed WillErkl (§ 130), dem Wesen nach die Ann (§ 151) einer angetragenen VertrÄnd (§ 305). Sie wird vielf in der einmaligen, vorbehaltlosen Zahlg der erhöhten Miete gesehen (AG Ffm ZMR **89**, 180 mwN). Sie fällt nicht unter §§ 182 ff, weil eine derart Zust von einem Dr ausgehen müßte. Einem begründeten Erhöhgs Verlangen ggü ist der Mieter zur Zust verpfl. Vor Abgabe der Zust od deren Fiktion gem § 894 ZPO besteht der Anspr auf Zahlg der erhöhten Miete nicht.

3) Materielle Voraussetzungen des Erhöhungsanspruchs (Abs I) sind kumulativ:
a) Nr 1: Einjährige Wartefrist. Der bisherige Mietzins (Anm 1 d) muß seit einem Jahr, rückgerechnet vom Ztpkt des ErklZugangs (Barthelmess 16; Erhöhungsverlangen, Abs II S 1, Anm 5) unveränd geblieben sein. Maßgebd für den Beginn der Fr ist der Ztpkt, seit dem dieser bisherige Mietzins erstmals zu zahlen war, auf Grd Vereinbg (Neu-Abschl des MietVertr, Änd gem § 305) od auf Grd eines früheren MieterhöhgsVerf gem § 2. Unberücks bleiben vorgenommene Erhöhgen nach §§ 3–5 u Mietzinssenkgen (Emmerich-Sonnenschein 16; Beuermann 12; bestr). Berechg: §§ 187, 188 II, 193. Ein vor Ablauf der WarteFr gestelltes ErhöhgsVerlangen ist wirks u so zu behandeln, als sei es zu Beginn der ÜbleggsFr des Abs III S 1 gestellt (hM; Ffm ZMR **88**, 230 mwN); nicht aber, wenn es 10 Monate vor Ablauf gestellt w (LG Bln ZMR **89**, 262). Es kann im RStreit nachgeholt w (Abs III S 2; Anm 5 e).

b) Nr 2: Vergleichsmiete. Der verlangte Mietzins ist an den VglKriterien zu orientieren. Oberste Grenze ist die ortsübl VglMiete („übl Entgelte"). Das ist ein repräsentativer Querschnitt der Mieten, die für nicht preisgebunden WoRaum des allg WoMarkts (Hamm OLGZ **83**, 242) vergleichb Art, Größe, Ausstattg, Beschaffenh u Lage bei bestehenden MietVerh tats u üblweise in den letzten 3 Jahren vereinb od auf Grd der §§ 2, 3 u 5 geänd worden sind (BT-Drucks 9/2079 S 16). Hierbei darf nicht eine zu große „Bandbreite" (zB +/− 10%) mit der Wirkg zugelassen w, daß in diesem Bereich nicht erhöht w dürfe (Gelhaar MDR **81**, 446; bestr). Die Erhöhg ist bis zur ortsübl VglMiete zuläss, u zwar auch dann, wenn die bisherige Miete unter der damaligen VglMiete lag (hM; Korff NJW **75**, 2281; MüKo-Voelskow 25). Das gilt auch bei solchen Wo, für die eine PrBindg (§ 10 III) entfallen ist (vgl Jung ZMR **86**, 427). Der Mietzins ist nach folgden Grdsätzen zu ermitteln: **aa) Gemeinden:** In erster Linie ist auf dieselbe Gemeinde abzustellen, nur wenn darin vergleichb WoRaum nicht vorhanden, ist auf vergleichb, möglichst nahegelegene Gemeinden zurückzugreifen. **bb) Vermieter.** Der vergleichb WoRaum darf auch vom selben Verm stammen (Wegfall des „and Verm" in Abs II 3; Karlsr WoM **84**, 188; einschränkd Sternel MDR **83**, 356 [359]), im selben Haus gelegen sein (Ffm WoM **84**, 123), auch in dem des Mieters (Karlsr WoM **84**, 188). **cc) Gesetzliche Vergleichsmerkmale.** Sie sind abschließd u auf den ggwärt Zustd des WoRaums zu beziehen. **(1) Art:** insb viel- u mehrstöck Mietshaus, Reihen-, Doppel- od Gartenhaus, Appartement, DachgeschoßWo, Wohnheim. Nicht: die Finanzierg. **(2) Größe:** Wohnfläche nach qm; zweckmäßig zu berechnen nach DIN 283 (Emmerich-Sonnenschein 31; Barthelmess 29; aA BObLG ZMR **84**, 66: nur nach den Umstden des Einzelfalls, zB Balkonflächen höchstens mit der Hälfte). Die qm-Zahl muß nicht gleich, sond nur vergleichb sein, mit Abweichgen, die jedoch nicht zu stark sein dürfen; unter 20% bedenkenfrei. Der MietPr wird üb den qm-Preis verglichen. **(3) Ausstattung,** insb sanitäre Einrichtgen, Bad, Dusche, Fußböden, Isoliergen, HeizgsArt. Ist eine Einrichtg v Mieter finanziert, bleibt sie für den Wohnwert grdsätzl außer Betr (umstr; BayObLG NJW **81**, 2259; vgl MüKo-Voelskow 16 mwN). **(4) Beschaffenheit:** Alter, Bauweise, Raumeinteilg, insb Zimmerzahl, BelichtgsZustd, Nebenräume, Garage. Unberücksicht bleiben Mängel iS des § 537 (hM; vgl Emmerich-Sonnenschein 34). **(5) Lage:** Zugehörig zu Ortsteil od Stadtviertel, Wohn- od Gewerbegebiet, UmgebgsCharakter, Umweltbelästig, Verkehrslage. **dd) Unerhebliche Merkmale** sind insb die Kosten der Herstellg u die Art der Finanzierg, die Pers des Mieters, so daß auch Ausländerzuschlag unzul ist (hM; Stgt MDR **82**, 495). **ee) Abzug** v KürzgsBetr für öff Zuschüsse zu Modernisiergen (§ 3 I) ist vom verlangten Mietzins vorzunehmen (Abs I S 2).

c) Nr 3: Kappungsgrenze. Gilt für alle Mieterhöhgen nach § 2 (nicht für NutzgsEntsch gem § 557 I, LG Stgt ZMR **87**, 225). Eine spezielle AnstiegsBegrenzg gilt für die bislang preisgebundenen AltbauWo in Bln (vgl Anm 1 f). Nr 3 gilt auch beim erstmal Übgang v der KostenM zur VglM (BObLG NJW **84**, 743 mwN; bestr; aA Vogel/Welter NJW **84**, 1220; Gather DWW **85**, 301). Die Vorschr ist nicht verfwidr (BVerfG NJW **86**, 1669). **aa) Zweck.** Soll zum Schutz des Mieters verhindern, daß im Einzelfall innerh eines kurzen Zeitraums die Mietsteigerg zu groß wird (BT-Drucks 9/2079 S 16). **bb) Wirkung:** Der Prozentsatz berührt nicht die VglMiete (Anm b); die Obergrenze bleibt, auch wenn die VglMiete höher ist (Scholz NJW **83**, 1822; bestr). Der Satz v 30% ist auf die jeweils zurückliegden 3 Jahre zu beziehen. Die

Rückrechng ist v Ztpkt der Wirksk der neu eintretden MietPrErhöhg an vorzunehmen (Barthelmess WoM 83, 63).

4) Ausschluß des Erhöhungsanspruchs (Anm 3) trotz Vorliegens der Voraussetzgen ist nur dch Vereinbg gem § 1 S 3 mögl; dort Anm 4; die SperrFr (früher Abs II 2) ist seit 1. 1. 83 aufgehoben.

5) Erhöhungsverlangen (Abs II) ist die Geltdmachg des ErhöhgsAnspr aus Abs I (Anm 2). Es stellt eine einseit empfangsbed WillErkl dar, für die § 130 gilt u die einem VertrAngebot entspr. Es muß v Verm ausgehen (für Unabtretbk: LG Hbg WoM 80, 59), insb im Falle des § 571. Der Erwerber kann grdsätzl die Mieterhöhg nicht vor Eintragg in GB verlangen; ob mit Zust des Verm, ist umstr (vgl Heller WoM 87, 137 mwN). Abs II betrifft nur die formalen Erfordern. Ihre Erf darf nicht unzumutb erschwert w (BVerfG NJW 89, 969 mwN). Es bleibt der Entscheidg des Richters überlassen, welche Miete er zuläßt. **a) Form:** schriftlich (Abs II 1) bedeutet Schriftform (§ 126); jedoch mit der Ausn des § 8 (ohne eigenhänd Unterschr), wenn die Erkl dch automat Einrichtgen gefert w. Die Schriftf umfaßt nicht die als Anlage beigefügte Aufstellg v VglWo (KG WoM 84, 101). **b) Inhalt:** Unbedingt notw wi, daß die Höhe des neu verlangten MietPr dch den verlangten EndBetr od dch den ErhöhgsBetr bezeichnet w (hM), nicht der Ztpkt, ab wann die Erhöhg gelten soll (Kblz NJW 83, 1861; aA 48. Aufl). Die KappgsGrenze (Anm 3c) muß nicht eingehalten sein (hM; BayObLG ZMR 88, 228 mwN). Bei sog Inklusivmiete müssen die Nebenentgelte (zB Heizg) nicht gesond rechner ausgewiesen w (Hamm NJW 85, 2034; bestr). Inhaltsmängel können noch im RStreit nachgebessert werden (vgl Abs III 2). Bei Inklusivmiete kann auch die Erhöhg eines TBetrags verlangt w (LG Ffm WoM 85, 315). Zur Begründg: **aa) Gesetzlicher Regelfall** ist die Angabe v identifizierb VglWo. Geschoß, qmZahl u Preis genügen (BVerfG NJW 79, 31 u NJW 80, 1617). Ausn sind mögl (BVerfG NJW 89, 969). Daß die Miete einer od zwei der angegebenen VglWo unter der verlangten Miete liegt, macht das Erhöhgs-Verlangen nicht unwirks (Karlsr WoM 84, 21; BayObLG WoM 84, 276). Sind die Wohngen so beschrieben, daß sie v Mieter identifizert w können (Hausanschrift, Stockwerk, links, mitte od rechts), brauchen die Namen v Mietern od Verm nicht angegeben zu w (BGH 84, 392). Mehr darf für die Zulässigk des Erhöhgsverlangens nicht gefordert werden (BVerfG aaO), insb nicht, daß die Mieter der VglWo deren Besichtigg gestatten (Schlesw NJW 84, 131; bestr; aA Kummer WoM 84, 39 mwN) od daß die VglWo mit der betr Wo eine vglb Größe haben (hM; Schlesw WoM 87, 140). Behebb Mängel der MietWo sind nicht zu berücksicht (Stgt NJW 81, 2365). Als Zahl dieser VglWo genügen stets 3, aus besond Grden auch weniger. Bei gemeinnütz WoUntern darf nicht verlangt werden, daß dargelegt wird, die Miete sei angemessen iS des § 7 II WoGemeinnützkG (Hamm ZMR 81, 345); bei ihnen darf auch mit VglWohngen des allg Wohngs-Markts begrdet w (Karlsr NJW 82, 890). Die Angabe v VglWo kann unterbleiben (Abs II S 2), wenn sie ersetzt wird dch die Mittel bb) u cc). **bb) Mietspiegel** (Legaldefinition in Abs II S 2; Anm 9), auf die Bezug zu nehmen ist. Vglbare Gemeinden: zB Nürnbg u Erlangen (LG Nürnb-Fürth NJW-RR 88, 400). Die Verwendg veralteter MSp u solcher, die nicht dem Abs V entspr, führt nicht zur Unwirksk des Erhöhgs-Verlangens (Abs VI). Die Bezugnahme reicht aus. Es genügt, daß der im ErhöhgsVerlangen begehrte Mietzins innerh der Spanne v Höchst- u Mindestwerten im MSp liegt (Abs II S 2 Hs 2). Bei älteren MSp genügt nicht ein pauschaler Zuschlag (Hbg NJW 83, 1803). Abweichgen vom Mittelwert müssen nicht begrdet w. Gemeinnütz WoUntern dürfen sich auf MSp beziehen, in die die Mieten v gemeinnütz Untern nicht eingegangen sind (Ffm NJW 82, 1822). Bei MSp, die auf NettoM abgestellt sind, kann bei InklusivM für die Mieterhöhg auf einen anteil Zuschlag aus den umzulegden BetrKosten abgestellt w (Stgt NJW 83, 2329). Auch bei einer Pfl zu SchönhReparaturen ist ein Zuschlag anzusetzen (Koblz NJW 85, 333). **cc) Gutachten** (schriftl) eines öff bestellten od vereid Sachverst. Für dessen Bestellg genügt, daß sie Grdst- u GebdeSchätzgen umfaßt (BGH 83, 366); die öff Bestellg kann für den Einzelfall erfolgen (vgl BGH WPM 84, 69); zB dch die Handelskammer (Hbg MDR 84, 317). Er muß nicht dch diejen IHK bestellt sein, in deren Bezirk die Wo liegt (BayObLG ZMR 87, 426). Umstr ist, in welchem Umfang der Sachverst das Gutachten begrden muß (vgl MüKo-Voelskow 47). Eine Besichtigg der Wohng ist nicht in jedem Fall erforderl (Celle WoM 82, 180). Einzelangaben üb VglWo dürfen nicht verlangt w (Oldbg OLGZ 81, 194 mwN; Ffm NJW 81, 2820; Karlsr NJW 83, 1863; bestr). Der Sachverst darf größere u kleinere VglWo heranziehen (BVerfG NJW 80, 1617) u muß die Wo in das örtl MietPrGefüge einordnen. Die Anfdgen dürfen nicht überspannt w; es muß nur gewährleistet sein, daß dem Mieter verständl u nachvollziehb dargelegt w, warum die begehrte Miete ortsübl sei (BVerfG NJW 87, 313). Das Gutachten muß in vollständ Abschrift dem ErhöhgsVerlangen beigefügt w, damit der Mieter Kenntn nehmen kann (hM). Hinw für den gesetzmäß Inhalt des Gutachtens: Langenberg ZMR 80, 162. Umstr ist insb, ob der Sachverst zu einem vorhandenen Mietspiegel Stellg nehmen muß (vgl Emmerich-Sonnenschein 74 mwN). **c) Zeitpunkt** (vgl Anm 3a): Der Verm muß für jedes ErhöhgsVerlangen die WarteFr des Abs I S 1 Nr 1 (Anm 3a) beachten, wobei nicht auf die Absendg, sond auf den Zugang (§ 130) abzustellen ist (Oldbg OLGZ 81, 197). Das ErhöhgsVerlangen ist nicht deshalb unwirks, weil es noch währd der Preisbindg zugeht (KG NJW 82, 2077; vgl § 10 Anm 3a), vor Ablauf der vertragl bestimmten Zt mit festem MietZ (Hamm NJW 83, 829) vor Ablauf der JahresFr des Abs I Nr 1 (Ffm NJW-RR 88, 722) od vor Ablauf des 3-Jahres-ZtRaums der KappgsGrenze in Abs I Nr 3 (hM; BayObLG ZMR 88, 228 mwN). **d) Mehrheit** v Verm od Mietern. Das ErhöhgsVerlangen muß von u ggü allen VertrPart ausgehen (Koblz NJW 84, 244, Celle OLGZ 82, 254), auch wenn Eheg gemeins gemietet haben (BayOLGZ 83, 30 = ZMR 83, 247). Das gleiche gilt für die Kl (KG ZMR 86, 117). Bei Mehrh v Mietern muß das Schreiben jedem in der entspr Form zugehen (allgM); das ist bei VollmErteilg unter den Mietern im MietVertr entbehrl (Schlesw NJW 83, 1862; Hamm ZMR 84, 284; umstr; vgl Emmerich-Sonnenschein 48a mwN). Abweiche Regelg dch FormularVollm ist zuläss (KG ZMR 85, 22); dafür gilt nach Hamm NJW 82, 2076 der § 174 S 1. **e) Nachholung im Prozeß** (Abs III S 2). Sie ist auch zuläss, wenn der Klage überh kein ErhöhgsVerlangen vorangegangen ist (Schmidt-Futterer/Blank C 139a; bestr; aA LG Dortm NJW-RR 88, 12). Ein unwirks ErhöhgsVerlangen kann jedenf bis zum Schluß der mdl Vhdlg (§ 296a ZPO) ergänzt od dch ein neues ersetzt w (Barthelmess WoM 83, 63 [65]; Scholz NJW 83, 1822 [1825]); aA AG Bonn NJW 84, 246), zB dch Berichtigen der falschen Adresse einer VglWo (Reichert in abl

G. zur Regelung der Miethöhe **MHG 2** 5–8

Anm zu LG Klautern ZMR **86**, 363). Es läuft dann eine neue Fr für Zust u Inkrafttr. **f) Rücknahme** des ErhöhgsVerlangens ist zul bis zum ÄndergsVertr (Anm 6 b) od bis zur Einreichg der Klage (Anm 7); danach bleibt KlageRückn (§ 269 ZPO) mögl. Eine Rückn kann auch teilw erkl w (MüKo-Voelskow 58).

6) Zustimmung des Mieters (Abs IV) Begr: Anm 2. **a) Überlegungsfrist** des Mieters (Abs III 1). **aa)** Sie beginnt mit dem Zugang (§ 130) des ErhöhgsVerlangens (Anm 5), das nach Form u Inhalt wirks sein muß, um die Fr in Lauf zu setzen (hM). Sie muß bei vorzeit KlErhebg spätestens am Tag der letzten mdl Vhdlg ablaufen (Anm 5 d). Sie gilt auch, wenn das ErhöhgsVerlangen im RStreit gem Abs III nachgeholt w (Abs III S 2). Vom Zugang des ErhöhgsVerlangens an kann die Zust erteilt, dh die angetragene VertrÄnd (§ 305) angenommen werden (§ 151). Die beiden Monate (MindestFr) laufen, wenn das ErhöhgsVerlangen bis 24 Uhr des letzten Tages im Monat zugeht (§ 130), vom 1. bis zum letzten Tag des übnächsten Monats. Geht das ErhöhgsVerlangen am 1. eines Monats zu, läuft die Fr also fast 3 Monate. **bb)** Der Ablauf der ÜberleggsFr ist eine bes ProzVoraussetzg (hM). Sie wird nur dch ein wirks ErhöhgsVerlangen (Anm 5) ausgelöst. **b) Erteilte Zustimmung:** Sie entspr rechtl der Ann des Angebots (Anm 5). Mit ihrem Zugang (§ 130) ist die MietErhöh vertragl vereinb (vgl Anm 8). Die Zust kann in der wiederholten vorbehaltsl Zahlg der verlangten höheren Miete liegen (zB 5 Monate lang, LG Bln NJW-RR **86**, 236). **c) Nicht erteilte Zustimmung:** Sie kann ausdrückl verweigert werden u bedeutet die Ablehng des Antr (vgl § 146). Der Mieter braucht überh nichts zu erkl. Erteilt w der Kl durch Urt zulässig (Anm 7). **d) Verspätet erteilte Zustimmung:** Da inf der SoRegelg des § 2 die allg Vorschr der §§ 148, 150 nicht gelten, kann die Zust auch später noch wirks erklärt w, auch währd des Proz u wirkt so, wie es Abs IV vorschreibt, gleichgült, ob sie vor od nach dem Beginn des 3. KalMonats erkl w; ggf wirkt sie zurück. Ist die Kl (Anm 7) bereits erhoben, erledigt sich die Haupts, wobei idR den Mieter die Kosten treffen (§ 91a ZPO). **e) Teilweise Zustimmung:** Der Mieter kann dem ErhöhgsVerlangen auch zu einem betrags- od quotenmäß best Teil zust (hM; als Ausn zu § 150 II sehr bedenkl). Hierfür gelten die Anm a–d sinngem (vgl Schmid BlGBW **82**, 83). Die Wirkg erteilter Zust treten dann nur für diesen Teil ein; insb ist Kl auf den restl Betr zuläss (hM), wenn der Verm nicht die Zust als neues Angebot (§ 150 II) annimmt.

7) Klage (Abs III S 1). Sie ist eine LeistgsKl auf Abgabe einer WillErkl (vgl Anm 2). Ihre Zulässigk erfordert idR nicht den Beweis der tats Angaben im Erhöhgsverlangen (BayObLG ZMR **85**, 100), sond nur Hinweise (vgl BVerfG NJW **87**, 313). Bei ParteienMehrh vgl Anm 5 d. Die Praxis der InstanzGer neigt dazu, MietErhöhgsKl als unzul abzuweisen u ist darin sehr erfinderisch (zB LG Mü I ZMR **86**, 169). **a) Klageantrag:** Um bestimmt zu sein, muß er enthalten: Identifizierb Angabe des MietVerh, Betrag der neuen Miethöhe, WirkskZtpkt. Bei teilw freiw Zust des Mieters (Anm 6e) ist der Antr auf den verweigerten Teil zu richten. Der KlAntr kann niedriger, darf aber nicht höher als der Betr des ErhöhgsVerlangens (Anm 2) sein (Barthelmess 151). Eine Verbindg (§ 260 ZPO) mit dem ZahlgsAntr auf den bereits erhöhten Mietzins ist verfrüht (vgl Anm 6 aE). **b) Klagefrist** (Abs III S 1). Sie ist (ebso wie die ÜberleggsFr, Anm 6 a, bb) eine bes ProzVoraussetzg, beträgt 2 Monate u schließt unmittelb an den Ablauf der ÜberleggsFr an (Anm 6a). Berechng nach §§ 187 II, 188 II, III. Es gilt auch § 193. Da der Beginn der ÜberleggsFr von einem nach Form u Inhalt wirks ErhöhgsVerlangen abhängt (vgl Anm 6a, bb), wirkt sich dies auch auf den Beginn der KlageFr aus. Es genügt eine ausreichd individualisierte, nicht notw schlüss Klage (LG Braunschw MDR **84**, 1026 mwN). Der FrBeginn ist unabhäng davon, ob der Mieter die Zust vor Ablauf der ÜberleggsFr ausdrückl verweigert. Die Klage ist jedenf ab Verweigerg zuläss (MüKo-Voelskow 63). FrWahrg: § 270 III ZPO gilt uneingeschr (LG Hagen NJW **77**, 440 für §§ 261b, 496 III ZPO aF). Eine verfrüht eingereichte Kl wird mit Ablauf der ÜberleggsFr zuläss (KG OLGZ **81**, 85; bestr; hierzu Wieck BlGBW **82**, 21). Eine verspätet eingereichte Klage ist wg Fehlens einer bes Prozeßvoraussetzg (Th-P III A 2 vor § 253) unzuläss. Neuvornahme des MietErhöhgsVerlangens ist dann notw (LG Frankenth NJW **85**, 273). Wenn der Verm verfrüht (ohne MieterhöhgsZust des Mieters) den einseit erhöhten Mietzins geltd macht, ist KlÄnd nur bis zum Ende der AusschlFr zul (vgl Hummel WoM **86**, 78). **c) Zuständigkeit:** die des § 29a ZPO ist ausschließl; obwohl das ErhöhgsVerlangen vom Wortlaut des § 29a ZPO nicht gedeckt ist, kann es unter dem Begr Erf eingeordnet w. **d) Doppelte Rechtshängigkeit** (§ 261 III Nr 1 ZPO) liegt nicht vor, wenn der Verm in 2 Verf auf eine Erhöhg um gleichen Betrag aGrd eines dch § 2 (Abs I Nr 1) gestellten ErhöhgsVerlangens klagt (LG Bln ZMR **85**, 130 m Anm v Schultz). **e) Sachentscheidung.** Die ortsübl VglMiete des Abs I S 1 wird dch das Gericht nach § 287 II ZPO ermittelt. Dabei sind alle BewMittel zugel. **f) Kosten:** Zu den Fällen des im Proz nachgeholten od ergänzten MietErhöhgs-Verlangens vgl Scholz NJW **83**, 1822 [1826]. Die Kosten des Mietwertgutachtens (Abs II S 3) sind nicht solche des RStreits (Wieck WoM **81**, 169; LG Bielefeld Rpfleger **81**, 70 mwN; jetzt auch LG Mü I MDR **84**, 57). **g) Streitwert:** nach § 16 V GKG höchstens der JahresBetr des zusätzl geforderten Mietzinses. Für die BerufgsSumme (§ 511a ZPO) gilt § 3 ZPO (umstr; vgl LG Hagen ZMR **87**, 97 mwN; LG Bln ZMR **89**, 24: 3facher JahresBetr).

8) Eintritt der Mieterhöhung (Abs IV). **a) Voraussetzung** ist stets die wirks Zust des Mieters (Anm 6 a, b, d), gleich ob sie erteilt od nach Urt gem § 894 ZPO fingiert ist. Mit der wirks Zust u dem Eintritt der VertrÄnd heilen auch Mängel an Form u Inhalt des ErhöhgsVerlangens (Anm 5; MüKo-Voelskow 52). **b) Zeitpunkt:** Der Mietzins ist erhöht ab Beginn (1. Tag) des 3. KalMonats nach Zugang (§ 130) des ErhöhgsVerlangens (Anm 5), so daß mind 2 Monate dazwischen liegen. Hierfür ist auch ein währd der WarteFr des Abs I S 1 gestelltes ErhöhgsVerlangen wirks, aber so, als wäre es erst unmittelb nach Ablauf der WarteFr gestellt (Oldb ZMR **83**, 243). Bedeutgsl ist, wann die Zust erteilt od gem § 894 ZPO fingiert wird. **c) Rechtsfolgen.** Die Fällk des erhöhten Mietzinses (Anm b) richtet sich nach dem jeweil Vertr. Sie wirkt ggf zurück (Abs IV). Bei Abschl des Proz ist bei Verurt der erhöhte Teil des Mietzinses als rückstand zu behandeln. Für Verzinsg greifen idR § 284 II oder § 286 ein (vgl RGRK-Gelhaar 27; aA Beuermann 124). Für Künd wg ZahlgsVerz ist in § 9 II eine Regelg getroffen. Dem Mieter bleibt das KündR des § 9 I 2. **d) Überzahlte Miete.** Der Anspr des Mieters aus § 812 (wg § 134) umfaßt nur diejen Betr, die die Grenze des § 5 WiStGB überschreiten (BGH NJW **84**, 722); seit 1. 1. 83 eingeschr dch § 5 I S 3 WiStGB.

9) Mietspiegel (Abs V; Anm 5b, bb). Der Begriff ist legal definiert in Abs II S 2. Die Soll-Vorschr stellt darauf ab, daß nur in einem Teil der Gemeinden ein Bedürfnis besteht. **a) Inhalt:** Es werden die übl Entgelte (Mieten) für nicht preisgebundenen WoRaum nach Art, Größe, Ausstattg, Beschaffenh (insb Alter) und Lage (vgl Anm 3b, cc) aufgegliedert und Mietzinsspannen (Höchst- u Mindestbetrag) angegeben. **b) Zuständig** ist primär die Gemeinde. Den Interessenverbänden (wie Anm 5b, bb) steht es frei, MietSp zu erstellen u anzuerkennen u damit die Gemeinde von dem (nicht unbeträchtl) Aufwand wirks zu entlasten. **c) Grundlagen.** Es darf nur WoRaum, der nicht preisgebunden ist, herangezogen, WoRaum, dem das WoBindG unterliegt, darf nicht berücksichtigt werden. Als Soll-Vorschr ausgestaltet, aber im Ergebn ebenso ausgeschl ist die Berücksichtigg v Mieten, die gesetzl an Höchstbeträge gebunden sind (Abs V S 2), insb nach dem WoGemeinnützigkG. **d) Fortschreibung** (Abs V S 3): Der zeitl Abstand v 2 Jahren dient der Anpassg an die aktuellen PreisVerh. Wird sie unterl, folgt daraus keine Unwirksk od Unabwendbark des MietSp. Die Gemeinde kann die Fortschreibg eines v Interessenverbänden aufgestellten Mietsp übernehmen. Fortgeschrieben w kann auch ohne neue statist Erhebg (LG Ffm NJW-RR **89**, 661). **e) Öffentliche Bekanntmachung** (Abs V S 5). Sie hat in der Weise zu erfolgen, wie die jeweilige Gemeinde ihre Bek-Machgen vornimmt (insb AmtsBl). Dies gilt auch für MietSp, die v Interessenverbänden erstellt u anerkannt werden. **f) Verordnungsermächtigung** (Abs V S 4). Die VO der BReg bedarf der Zust des BRats. MietSp der Gemeinden od Interessenverbände, die vorher erstellt w, sind dann, soweit erforderl, anzupassen. Für die Erstellg neuer MietSp empfiehlt es sich, die VO abzuwarten. **g) Falsche Verwendung** (Abs VI) v MietSp (unpassder oder veralteter) machen ein ErhöhgsVerlangen, das darauf gestützt ist (Anm 5), nicht unwirks. Solche MietSp dürfen aber in dem ErhöhgsVerf nicht angewendet w.

MHG 3 *Mieterhöhung bei baulichen Änderungen.*

^I Hat der Vermieter bauliche Maßnahmen durchgeführt, die den Gebrauchswert der Mietsache nachhaltig erhöhen, die allgemeinen Wohnverhältnisse auf die Dauer verbessern oder nachhaltig Einsparungen von Heizenergie bewirken (Modernisierung), oder hat er andere bauliche Änderungen auf Grund von Umständen, die er nicht zu vertreten hat, durchgeführt, so kann er eine Erhöhung der jährlichen Miete um elf vom Hundert der für die Wohnung aufgewendeten Kosten verlangen. Sind die baulichen Änderungen für mehrere Wohnungen durchgeführt worden, so sind die dafür aufgewendeten Kosten vom Vermieter angemessen auf die einzelnen Wohnungen aufzuteilen. Werden die Kosten für die baulichen Änderungen ganz oder teilweise durch zinsverbilligte oder zinslose Darlehen aus öffentlichen Haushalten gedeckt, so verringert sich der Erhöhungsbetrag nach Satz 1 um den Jahresbetrag der Zinsermäßigung, der sich für den Ursprungsbetrag des Darlehens aus dem Unterschied im Zinssatz gegenüber dem marktüblichen Zinssatz für erststellige Hypotheken zum Zeitpunkt der Beendigung der Maßnahmen ergibt; werden Zuschüsse oder Darlehen zur Deckung von laufenden Aufwendungen gewährt, so verringert sich der Erhöhungsbetrag um den Jahresbetrag des Zuschusses oder Darlehens. Ein Mieterdarlehen, eine Mietvorauszahlung oder eine von einem Dritten für den Mieter erbrachte Leistung für die baulichen Änderungen steht einem Darlehen aus öffentlichen Haushalten gleich. Kann nicht festgestellt werden, in welcher Höhe Zuschüsse oder Darlehen für die einzelnen Wohnungen gewährt worden sind, so sind sie nach dem Verhältnis der für die einzelnen Wohnungen aufgewendeten Kosten aufzuteilen. Kosten, die vom Mieter oder für diesen von einem Dritten übernommen oder die mit Zuschüssen aus öffentlichen Haushalten gedeckt werden, gehören nicht zu den aufgewendeten Kosten im Sinne des Satzes 1. Mittel der Finanzierungsinstitute des Bundes oder eines Landes gelten als Mittel aus öffentlichen Haushalten.

^{II} Der Vermieter soll den Mieter vor Durchführung der Maßnahmen nach Absatz 1 auf die voraussichtliche Höhe der entstehenden Kosten und die sich daraus ergebende Mieterhöhung hinweisen.

^{III} Der Anspruch nach Absatz 1 ist vom Vermieter durch schriftliche Erklärung gegenüber dem Mieter geltend zu machen. Die Erklärung ist nur wirksam, wenn in ihr die Erhöhung auf Grund der entstandenen Kosten berechnet und entsprechend den Voraussetzungen nach Absatz 1 erläutert wird.

^{IV} Die Erklärung des Vermieters hat die Wirkung, daß von dem Ersten des auf die Erklärung folgenden Monats an der erhöhte Mietzins an die Stelle des bisher zu entrichtenden Mietzinses tritt; wird die Erklärung erst nach dem Fünfzehnten eines Monats abgegeben, so tritt diese Wirkung erst vor dem Ersten des übernächsten Monats an ein. Diese Fristen verlängern sich um drei Monate, wenn der Vermieter dem Mieter die voraussichtliche Mieterhöhung nach Absatz 2 nicht mitgeteilt hat oder wenn die tatsächliche Mieterhöhung gegenüber dieser Mitteilung um mehr als zehn vom Hundert nach oben abweicht.

1) Allgemeines. a) Zweck: Die Regelg soll bewirken, daß der Verm sich nicht von Verbessergen des vermieteten WoRaums dadch abhalten läßt, daß dementspr Mieterhöhgen ausgeschl wären. Zudem ist das Verf ggü § 2 vereinfacht. **b) Anwendungsbereich:** Einf 1a vor § 1. **c) Unabdingbarkeit** wie § 2 Anm 1c. Der Verm kann wg § 10 I nicht von den Voraussetzgen (Anm 3), auch nicht v einzelnen freigestellt werden. Zuläss ist hingg die gem § 305 vereinb Erhöhg der Miete um einen festen Betr wg konkreter baul Maßn (§ 10 I Hs 2); dies gilt jedoch nicht, wenn der Verm öff Mittel in Anspr genommen hat (§ 14 I ModEnG). **d) Verhältnis zu anderen Mieterhöhungen.** MietErhöhg nach §§ 2 u 5 sind von der des § 3 unabhäng u wahlw mögl, auch kombiniert (Hamm NJW **83**, 289), jedoch nicht kumulativ (MüKo-Voelskow 16). Es kann eine Erhöhg gem § 3 für den Verm vorteilhafter sein, weil die dch die Verbesserg (insb Modernisierg) gestiegene Wohnwert meist nicht ausreicht, um eine Erhöhg der Miete auf das Maß zu rechtfert, das notw wäre, die erwachsenen ModernisierungsKosten zu decken; dies kann dann unabhäng vom Verf des § 2 allein dch § 3 geschehen. **e) Ausschluß der Erhöhung** dch Vertr hindert sie (§ 1 S 3; § 1 Anm 4); hierfür prakt

G. zur Regelung der Miethöhe **MHG 3, 4**

kaum noch bedeuts. Ein allg Ausschl der MietErhöhg bezieht sich iZw auf den Fall des § 2, nicht auf den des § 3. **f) Duldung** der Baumaßnahmen. Ob der Mieter hierzu verpfl ist, richtet sich nach § 541b; Zust des Mieters ist nicht nöt (Anm 2a). **g) Ankündigung** gem Abs II (formlos wirks) ist nur SollVorschr u nicht WirkskVoraussetzg. Bei Verletzg der Vorschr nachteil Wirkg in Abs IV S 2 (Anm 4c).

2) Verfahren. a) Im Ggsatz zu § 2 ist die MietErhöhg v einer Zust des Mieters zur Modernisierg unabhäng (hM; Hamm NJW **81**, 1622; Hbg OLGZ **81**, 340; KG ZMR **88**, 422 m Anm v Schultz 460 mwN; aA Emmerich-Sonnenschein 15). Sie erfordert zu ihrer Wirksk nur die nach Form u Inhalt vorgeschriebene Erkl sowie Berechng der verlangten Erhöhg (Abs III; Anm 3e), das obj Vorliegen der Voraussetzgen (Anm 3) u daß das MittVerf gem § 541b II dchgeführt w (KG aaO). **b)** Dem Mieter bleiben folge Möglk: **aa)** Nachprüfg der Berechng u ZahlgsVerweigerg. **bb)** Kl auf Herabsetzg des ErhöhgsBetr (LeistgsKl auf Abg einer WillErkl zur VertrÄnd gem § 305). **cc)** Künd (§ 9 I 2).

3) Voraussetzungen (Abs I). Behauptgs- u BewLast hierfür trägt der Verm; nur für Anm c der Mieter (Barthelmess 57). **a) Modernisierung.** Legaldefinition in Abs I S 1. Sie muß bereits dchgeführt sein. Unerhebl ist, ob der Mieter ihnen zugestimmt hat od nicht (vgl Anm 2a). **aa) Gebrauchswerterhöhung** der Mietsache (der WoRäume). Sie muß nachhalt, dh auf die Dauer bewirkt sein, zB moderne Badeinrichtgen, bessere Küchenherde, Lüftgen, ZentralHeizg, Isolierverglasg. Eine Veränderg der vorhandenen Bausubstanz ist nicht nöt; es fallen auch zusätzl Installationen darunter, zB Einbau sanitärer Anlagen, wie Toiletten, Bad. Sammelantenne, falls bis dahin keine Einzelantenne benutzt w (Meier DWW **84**, 190 mwN). Anschl an Breitbandnetz, sog Kabelfernsehen (Rottmann NJW **85**, 2009; Engelhard ZMR **88**, 282; noch zweifelnd 47. Aufl); ebso SattelitenEmpfAnlage (Engelhard aaO). Reine BauerhaltsgsMaßn genügen nicht (allgM; Emmerich-Sonnenschein 21). Ebensowen geringfüg, den Wohnwert nicht erhöhde Änderngen, zB Teppich- statt Filzboden, Auswechslg v Gasgeräten. Nicht: ErschließgsAufwand der Gemeinde (LG Hildesh WoM **85**, 340). **bb) Verbesserung** der allg WohnVerh. Auch sie muß auf Dauer wirken, kann sich auf das gesamte Haus beziehen, zB Zugänge, Treppe, Lift, Stell- und Spielplätze. **cc) Heizenergieeinsparung.** Muß auch nachhalt wirken, insb Wärmedämmg u -rückgewinng, kostensparde Energiequelle. Sie muß auch aus der Sicht des Mieters wirtschaftl sein (Karlsr ZMR **84**, 411), zB Thermostatventile (§ 7 III S 1 HeizgsAnlagenVO, BGBl 82 I 205), auch wenn sie gemietet sind (Schilling ZMR **87**, 406). **b) Andere bauliche Änderung** (Abs I S 1). Sie muß bereits dchgeführt sein u als Ursache einen Umstd haben, den der Verm nicht zu vertreten hat (§§ 276, 278).

4) Mieterhöhung. Es ist zu untersch: **a) Erhöhungsbetrag** (Abs I S 1). Er ist von der Summe der für die Modernisierg od and baul Maßn insges aufgewendeten Kosten zu berechnen. Jährl Miete: Die bei Beendigg geltde auf das Jahr umgelegte Miete. Aufgewendete Kosten: das ist am Begriff der Aufwendgen (§ 670 Anm 2a) zu orientieren. Umfaßt auch solche Kosten, die der Verm nicht selbst veranlaßt hat, die ihm aber auferlegt w, zB Kostenumlage einer Kanalisation (umstr; aA Hamm NJW **83**, 2331). KapBeschaffgsKosten zur Finanzierg v Modernisiergen (Anm 3a) fallen auch darunter (Hbg NJW **81**, 2820). Grenze der Mieterhöhg: § 5 WiStG (hM; Karlsr NJW **84**, 62). **b) Abzüge vom Erhöhungsbetrag** (Abs I S 3–7) vermindern den zuläss ErhöhgsBetrag krG, um ungerechtfertge Vorteile des Verm zu verhindern. Zu den einzelnen Begr: MieterDarl (Einf 11b, dd vor § 535); Mietvorauszahlg (Einf 11b, cc vor § 535); Leistg v Dr sind insb solche v ArbG, ferner solche aus Abs I S 7 u § 14 ModEnG. Nur tats ersparte, nicht fiktive (künft) Instandhaltgs-Einspargen dürfen abgezogen w (Hbg ZMR **83**, 309 mwN; bestr), bei neuer Isolierverglasg jedenf dann nicht, wenn Instandsetzgen an den Fenstern herkömml Art nicht fäll waren (Celle NJW **81**, 1625). **c) Aufteilung** (Abs I S 2). Die Aufteilg auf die mehreren Wohngen (entspr Mieter) erfolgt do den Verm; sie hat angemessen zu geschehen; iü gelten §§ 315, 316. **d) Erhöhungserklärung** des Verm (Abs III): Schriftform: § 126, bei automat Fertigg § 8. Sie ist empfangsbedürft WillErkl. Zugang: § 130. Inhalt: Angabe einer bestimmb Erhöhg, nicht notw des ausgerechneten ErhöhgsBetr (umstr), ferner die nach EinzelBerechng u Aufteilg bezügl der baul Änderg abgegeben werden. Zum Inhalt vgl Rupp ZMR **77**, 323. Wird gg diese Anfdgen verstoßen, ist die Erkl unwirks, aber ohne Rückwirkg jederzeit nachholb. **e) Eintritt** (Abs IV). Die Mieterhöhg ist Änd des MietVertr inf der einseit Erkl des Verm (Anm 4), also rechtsgestaltd u abweich von § 305. Sie muß wirks sein u es müssen die Voraussetzgen (Anm 3) vorliegen. Der Ztpkt ist unterschiedl: **aa)** Ab 1. des folgden Monats bei Abgabe (Zugang gem § 130 notw) bis einschl 15. des Monats 24 Uhr. **bb)** Ab 1. des übernächsten Monats bei Abgabe ab 16. des Monats 0 Uhr. **cc)** Verlängerg der Fr (Anm aa u bb) um 3 Monate (Berechng: § 188 II), wenn der Hinw gem Abs II (Anm 1g) unterblieben ist od die darin genannte voraussichtl MietErhöhg um 10% überschritten w (verglichen mit der in der Erkl [Anm 3d] tatsächl angegebenen Erhöhg).

MHG 4 *Erhöhung der Betriebskosten.* [I] Für Betriebskosten im Sinne des § 27 der Zweiten Berechnungsverordnung dürfen Vorauszahlungen nur in angemessener Höhe vereinbart werden. Über die Vorauszahlungen ist jährlich abzurechnen.

[II] Der Vermieter ist berechtigt, Erhöhungen der Betriebskosten durch schriftliche Erklärung anteilig auf den Mieter umzulegen. Die Erklärung ist nur wirksam, wenn in ihr der Grund für die Umlage bezeichnet und erläutert wird.

[III] Der Mieter schuldet den auf ihn entfallenden Teil der Umlage vom Ersten des auf die Erklärung folgenden Monats oder, wenn die Erklärung erst nach dem Fünfzehnten eines Monats abgegeben worden ist, vom Ersten des übernächsten Monats an. Soweit die Erklärung darauf beruht, daß sich die Betriebskosten rückwirkend erhöht haben, wirkt sie auf den Zeitpunkt der Erhöhung der Betriebskosten, höchstens jedoch auf den Beginn des der Erklärung vorausgehenden Kalenderjahres zurück, sofern der Vermieter die Erklärung innerhalb von drei Monaten nach Kenntnis von der Erhöhung abgibt.

MHG 4, 5

IV Ermäßigen sich die Betriebskosten, so ist der Mietzins vom Zeitpunkt der Ermäßigung ab entsprechend herabzusetzen. Die Ermäßigung ist dem Mieter unverzüglich mitzuteilen.

1) Allgemeines. a) Zweck. Für solche außerh der Einflußsphäre des Verm eintretde Kostensteigergen soll ein ggü § 2 vereinfachtes Verf gelten u verhindert werden, daß sich der Verm dch unangem hohe Vorauszahlg ungerechtfert Liquidität u Zinseszinsen verschafft. **b) Anwendungsbereich:** wie Einf 1a vor § 1. **c) Unabdingbarkeit:** wie § 2 Anm 1c. Sie trifft für solche BetrKosten zu, die nicht unter Anl 3 § 27 II. BerVO fallen (Anm 3a), die monatl im voraus zu zahlen, jährl abzurechnen sind u die vereinbarggem erhöht w könnten (hM; Karlsr ZMR **88**, 262; Koblz NJW **86**, 995 mwN). **d) Verhältnis zu Mieterhöhungen:** § 4 ist unabhängig von den MieterhöhgsVerf der §§ 2, 3, 5; jedoch entfällt § 4, wenn bei der VglMiete (§ 2) die BetrKosten enthalten sind. § 4 gilt nur, wenn die BetrKosten als Nebenentgelt bes ausgewiesen sind; bei vorbehaltsl vereinb sog Warmmiete muß sich der Verm nicht auf § 4 verweisen lassen, sond kann nach § 2 vorgehen (hM; Zweibr NJW **81**, 1622 mwN: Hamm NJW **85**, 2034; bestr). Für das Verf gem § 4 müßten diese Beträge dann dch Aufschlüsselg aus dem GesBetr herausgezogen werden (LG Landsh MDR **79**, 584; bestr). **e) Ausschluß durch Vereinbarung:** wie § 1 Anm 4. Nachfdgen des Verm sind nicht deshalb ausgeschlossen, weil sie den VorauszahlgsBetr wesentl übersteigen (Stgt NJW **82**, 2507).

2) Vorauszahlungen (Abs I). **a) Höhe:** Sie muß angem sein, dh die Vorauszahlgen sind an der Höhe der zu erwartenden BetrKosten auszurichten (umstr; vgl Stgt WoM **82**, 272 u Lechner WoM **83**, 5), dürfen sie auch leicht übersteigen u müssen nicht dem jahreszeitl Ablauf angepaßt werden (zB bei Heizg). **b) Zeitraum:** Der BemessgsZtRaum darf nicht länger als ein Jahr sein; kürzer (zB halb- od vierteljährl) darf er sein. Die ZahlgsZtRäume sind nicht ausdrückl vorgeschrieben. Angemessen wird sein, sie auf die MietZahlgsFälligk zu legen od höchstens vierteljährl Vorauszahlg zu vereinb. **c) Abrechnung** (Abs I 2): nur dch schriftl Darstellg, nicht notw Schriftform des § 126. Jährl: nicht notw das KalJahr od das Jahr gerechnet vom Beginn des MietVertr, sond ein einmal festgelegtes u dann einzuhaltedes GeschJahr, zweckmäß an den Heizperioden orientiert.

3) Voraussetzungen. Zust des Mieters ist nicht erforderl. **a) Betriebskosten** sind ausschließl die unter Anl 3 zu § 27 II. BerVO fallden (hierzu Volkening ZMR **81**, 353); im einzelnen: laufde öff Lasten des Grdst, Kosten der Wasserversorgg u Entwässerg, des Betr der zentralen Heizgsanlage, der zentralen Brennstoffversorggsanlage, Versorgg mit Fernwärme, Reinigg u Wartg v Etagenheizgen, der zentralen Warmwasserversorggsanlage, der Versorgg mit Fernwarmwasser, der Reinigg u Wartg v Warmwassergeräten, Kosten verbundener Heizgs- u WarmwasserVersorggsAnlagen, des Betr eines Pers- od Lastenaufzuges, der Straßenreinigg u Müllabfuhr, der Entwässerg, der Hausreinigg u Ungezieferbekämpfg, der Gartenpflege, der Beleuchtg, der Schornsteinreinigg, der Sach- u HaftpflVers, des Betr der Hauswart, des Betr der GemschAntenne u der mit einem Breitbandkabel verbundenen Verteileranlage, des Betr der maschinellen Wascheinrichtg u sonst BetrKosten iS der Anl 3. Nicht darunter fallen insb InstandsetzgsKosten. Nur BetrKosten, die tats entstehen u einer ordngsgem Bewirtschaftg entspr, dürfen zugrdegelegt w. **b) Erhöhung** (Abs II). Es dürfen nur die Beträge zugrde gelegt werden, die sich erhöhen, seitdem letztmals der betr Posten (nicht ein and) vereinb od dch Umlage erhöht worden ist. Gleichgült ist, aus welchem Grd die Erhöhg eingetreten ist. Erhöhg ist auch der Wegfall der 10jähr GrdSteuerermäßigg, wenn der Verm nach dem Inhalt des MietVertr die BetrKosten neben dem MietPr fordern kann (Karlsr NJW **81**, 1051). Zweifelh u umstr ist, ob die Erhöhg bei einer Neueinrichtg entstehden Kosten dazugehören (vgl Pfeilschifter WoM **87**, 279). **c) Erhöhungserklärung** (Abs II). Grdsätzl wie § 3 Anm 3e. Anteil: Dabei ist v gleichmäß Berechngs-Grdlagen auszugehen, insb Wohngsgröße u -zahl, uU nach Lage der Wohng (zB bei Lift) od Verursachg. Grdsätzl gilt § 315. Inhalt: Der Betr der Umlage u ein bestimmb, den Mieter treffder GeldBetr, der nicht ausgerechnet sein muß (Emmerich-Sonnenschein 24). Angabe der dem Verm entstandenen Erhöhg nach Betrag u Angabe, nach welchem Grds aufgeschlüsselt ist. Verstöße bewirken Nichtigk, jedoch kann die Erkl jederzeit (ohne Rückwirkg) wiederholt w. Auch bei FormularVertr kann der Verm wirks auf die in Anl 3 zu § 27 der II. BerVO enthaltenen BetrKosten Bezug nehmen (BayObLG NJW **84**, 1761; bestr), auf jeden Fall, wenn sie beispielh aufgeführt sind (Karlsr NJW-RR **86**, 91).

4) Wirkung (Abs III). Nur eine der Voraussetzgen (Anm 3) entspr schriftl Erkl bewirkt rechtsgestaltd, daß der Mieter die erhöhten BetrKosten schuldet. Hier ist zu unterscheiden: **a) Künftige Erhöhung** (Abs III 1): wie § 3 Anm 4a, b. **b) Rückwirkende Erhöhung** (Abs III 2): Die rückwirkde Erhöhg der dem Verm erwachsenen u v ihm in der Erkl (Anm 3) umgelegten BetrKosten muß aus der Erkl hervorgehen u verlangt werden. Rückwirkg für den Mieter ist begrenzt u stets v Kenntn des Verm abhäng, weil sich der letzte Hs nicht auf den vorangehden Hs (mit der absoluten ZtGrenze), sond die allg Rückwirkg zum Ztpkt der für den Verm eingetretenen Erhöhg bezieht. Kenntn erlangt Verm auch bei RMitteln gg einen behördl Bescheid erst mit Zugang des Bescheids, der die Erhöhg endgült feststellt (LG Mü I DWW **78**, 99 m Anm v Glock/ Bub). BewLast für Kenntn u Ztpkt der Abgabe der Erkl trägt der Verm. **c) Rechte des Mieters.** Nachprüfg der Kostenberechng, ZahlgsVerweigerg, Verlangen, notf Klage auf Herabsetzg der Umlage; nicht Künd gem § 9 I 1. Hat der Mieter auf ein ungerechtf ErhöhgsVerlangen gezahlt, besteht Anspr aus § 812.

5) Ermäßigung der BetrKosten (Abs IV). Es gelten die Grdsätze der Anm 3b sinngem; jedoch muß sich der Gesamtsatz der BetrKosten ermäß haben (hM; Emmerich-Sonnenschein 35). Die Mitt ist forml wirks, aber zweckmäß ist eine schriftl Darstellg. Unverzügl: wie § 121. Bsp: Wegfall eines Hausmeisters. Wirkg: entspr Anm 4.

MHG 5 *Erhöhung der Kapitalkosten.* **I** Der Vermieter ist berechtigt, Erhöhungen der Kapitalkosten, die nach Inkrafttreten dieses Gesetzes infolge einer Erhöhung des Zinssatzes aus einem dinglich gesicherten Darlehen fällig werden, durch schriftliche Erklärung anteilig auf den Mieter umzulegen, wenn

G. zur Regelung der Miethöhe **MHG 5–7**

1. der Zinssatz sich
    a) bei Mietverhältnissen, die vor dem 1. Januar 1973 begründet worden sind, gegenüber dem am 1. Januar 1973 maßgebenden Zinssatz,
    b) bei Mietverhältnissen, die nach dem 31. Dezember 1972 begründet worden sind, gegenüber dem bei Begründung maßgebenden Zinssatz
    erhöht hat,
2. die Erhöhung auf Umständen beruht, die der Vermieter nicht zu vertreten hat,
3. das Darlehen der Finanzierung des Neubaues, des Wiederaufbaues, der Wiederherstellung, des Ausbaues, der Erweiterung oder des Erwerbs des Gebäudes oder des Wohnraums oder von baulichen Maßnahmen im Sinne des § 3 Abs. 1 gedient hat.

II § 4 Abs. 2 Satz 2 und Absatz 3 Satz 1 gilt entsprechend.

III Ermäßigt sich der Zinssatz nach einer Erhöhung des Mietzinses nach Absatz 1, so ist der Mietzins vom Zeitpunkt der Ermäßigung ab entsprechend, höchstens aber um die Erhöhung nach Absatz 1, herabzusetzen. Ist das Darlehen getilgt, so ist der Mietzins um den Erhöhungsbetrag herabzusetzen. Die Herabsetzung ist dem Mieter unverzüglich mitzuteilen.

IV Das Recht nach Absatz 1 steht dem Vermieter nicht zu, wenn er die Höhe der dinglich gesicherten Darlehen, für die sich der Zinssatz erhöhen kann, auf eine Anfrage des Mieters nicht offengelegt hat.

V Geht das Eigentum an dem vermieteten Wohnraum von dem Vermieter auf einen Dritten über und tritt dieser anstelle des Vermieters in das Mietverhältnis ein, so darf der Mieter durch die Ausübung des Rechts nach Absatz 1 nicht höher belastet werden, als dies ohne den Eigentumsübergang möglich gewesen wäre.

1) **Allgemeines.** Abs V ist angefügt dch das EAMWoG (vgl Einf 1 vor Art 1 2. WoKSchG). **a) Zweck:** Es soll die Wirtschaftlichk des HausBes trotz starker Schwankgen u Erhöhg der KapKosten gewahrt bleiben. **b) Anwendungsbereich:** Einf 1a vor § 1. **c) Unabdingbarkeit:** wie § 2 Anm 1c. **d) Verhältnis zu anderen Mieterhöhungen:** § 5 steht selbstd u unabhäng neben den §§ 2, 3 u 4 (vgl § 3 Anm 1d). Auch § 5 gestattet wie § 3 Erhöhg über die ortsübl VglMiete hinaus (Emmerich-Sonnenschein 4).

2) **Voraussetzungen.** Zust des Mieters ist nicht erforderl. **a) Für Erhöhung** (Abs I). Die Nr 1–3 müssen kumulativ vorliegen. Nur Zinserhöhgen auf das Darl, nicht eine Erhöhg der Tilgg dürfen umgelegt werden (problemat; vgl MüKo-Voelskow 8), weil TilggLeistgen keine KapKostenErhöhg sind (Hbg NJW 84, 2895). Ein Disagio ist eine KapKostenErhöhg (Stgt NJW 84, 1903 mwN; sehr bestr); ebenf eine ZinsErhöhg, auch dann, wenn sie an dem Ztpkt der Begrdg des MietVerh gemessen w (Hbg aaO). Nicht zu vertreten (Nr 2) sind die Erhöhgen grdsätzl dann, wenn sie der DarlG vertrgem verlangen kann. Eine Umschuldg mit höherem Zinssatz (ohne VermWechsel, Abs V) ist grdsätzl nicht schuldh (Karlsr WoM 82, 273). Stand die KapKostenErhöhg bei Abschl des MietVertr fest, so sind die Umstde grdsätzl zu vertr u der Verm ist auf den Rahmen des § 2 angewiesen (Karlsr NJW 82, 893 für Wegfall einer Zinsverbilligg; umstr). Das gilt aGrd des neuen Abs V (vgl Anm 3c) insb dann, wenn infolge Veräußerg ein VermWechsel eintritt u dch die Ankaufsfinanzierung höhere KapKosten eintreten (so bereits Hamm NJW 82, 891). Zu vertreten (§ 276) sind die Umstde insb auch, wenn der Verm mit dem DarlG eine Zinserhöhg ohne Zwang vereinb würde, um sie auf die Mieter abzuwälzen od eine Umfinanzierg vorgenommen wird, die rechtl u wirtsch nicht notw ist. **b) Für Erhöhungserklärung:** § 4 Anm 3c sinngem. Die Verweisg (Abs II) auf § 4 II S 2 bedeutet, daß die Erkl unwirks ist, wenn die Angaben zur Zinserhöhg u die Berechng der anteil MietErhöhg nebst notw Erläutergen unterbleiben. **c) Für Ermäßigung** (Abs III). Sie kommt nur nach vorangegangener Mieterhöhg gem a in Betracht u darf die Miete, die vor der Erhöhg galt, nicht unterschreiten.

3) **Ausschluß der Erhöhung** kommt in Betracht: **a) Durch Vereinbarung** gem § 1 S 3 (§ 1 Anm 3); diese Vereinbg kann sich auf den MietPr allg, muß sich nicht spez auf die Erhöhg der KapZinsen beziehen. **b) Unterbliebene Offenlegung** (Abs IV): Die Anfrage ist formlos, jederzeit mögl (aber bei erteilter Ausk nicht wiederholt). Nach dem G muß nur die Höhe des Darl mit erhöhb Zinssatz, nicht der Zinssatz selbst offengelegt werden. **c) Eigentumsübergang** (Abs V) mit VermWechsel aGrd des § 571. Die Einfügg des Abs V dch Art 2 Nr 2 EAMWoG hat klarstellde Funktion (BT-Drucks 9/2079 S 17). Die zusätzl Kosten, die sich aus dem EigtErwerb ergeben (insb eine höhere od teurere Verschuldg dch die Ankaufsfinanzierg), dürfen nicht zu einer MietErhöhg führen, die eine solche übersteigt, welche ohne den Verkauf aGrd des § 5 eingetreten wäre.

4) **Wirkung. a)** Der Eintritt der Mieterhöhg hängt nur v Vorliegen der Voraussetzgen u wirks Erhöhgs-Erkl ab (rechtsgestaltd). Keine Begrenzg dch § 5 WiStG (Hamm NJW 83, 1915). Weil nur auf S 1 des § 4 III, nicht auf dessen S 2 verwiesen ist, gibt es nur eine künft Erhöhg (wie § 3 Anm 4a, b), keine rückwirkde. **b)** Rechte des Mieters: wie § 4 Anm 4c u Künd gem § 9 I S 2.

MHG 6 *Sonderregelung für das Saarland.* (Betrifft die Kostenmiete; abgedruckt bis zur 40. Aufl)

MHG 7 *Sonderregelung für Bergmannswohnungen.* I Für Bergmannswohnungen, die von Bergbauunternehmen entsprechend dem Vertrag über Bergmannswohnungen, Anlage 8 zum Grundvertrag zwischen der Bundesrepublik Deutschland, den vertrag-schließenden Bergbauunternehmen und der Ruhrkohle Aktiengesellschaft vom 18. Juli 1969 (Bundesanzeiger Nr. 174 vom 18. September 1974), bewirtschaftet werden, kann die Miete bei einer Erhöhung der Verwaltungskosten und der Instandhaltungskosten in entsprechender Anwendung des § 30 Abs. 1 der Zweiten Berechnungsverordnung und des § 5 Abs. 3 Buchstabe c des Vertrages über Bergmannswohnungen erhöht werden. Eine Erhöhung des Mietzinses nach § 2 ist ausgeschlossen.

MHG 7–10

^{II} Der Anspruch nach Absatz 1 ist vom Vermieter durch schriftliche Erklärung gegenüber dem Mieter geltend zu machen. Die Erklärung ist nur wirksam, wenn in ihr die Erhöhung berechnet und erläutert wird.

^{III} Die Erklärung des Vermieters hat die Wirkung, daß von dem Ersten des auf die Erklärung folgenden Monats an der erhöhte Mietzins an die Stelle des bisher zu entrichtenden Mietzinses tritt; wird die Erklärung erst nach dem Fünfzehnten eines Monats abgegeben, so tritt diese Wirkung erst von dem Ersten des übernächsten Monats an ein.

^{IV} Im übrigen gelten die §§ 3 bis 5.

1) Dch diese Vorschr sollen die Mieten für diese ca. 80000 Wohngen der RuhrkohleAG niedr gehalten w, indem die allg Erhöhg gem § 2 unterbunden u dch die SondRegelg des Abs I S 1 ersetzt werden. Hierzu näher Schopp ZMR **82**, 1. Für BergmannsWo, die nicht v der Ruhrkohle AG bewirtsch w, gilt § 7 nicht, sond das Verfahren nach § 2 (vgl Eickhoff/Wuttig ZMR **83**, 147).

MHG 8 *Ausnahme von der Schriftform.* Hat der Vermieter seine Erklärungen nach den §§ 2 bis 7 mit Hilfe automatischer Einrichtungen gefertigt, so bedarf es nicht seiner eigenhändigen Unterschrift.

1) **Zweck:** Soll den Erfordern neuzeitl Bürotechnik entgegenkommen. Ausn v § 126. **Anwendbar** auf alle schriftl Erkl gem §§ 2–7. Gilt nur für die betr schriftl Erkl, die dch automat Einrichtg gefert, nicht nur vorbereitet wird (umstr, vgl Schmid DWW **85**, 38 mwN). **Inhalt:** Die handelnde Pers muß erkennb sein (hM; LG Essen MDR **79**, 57).

MHG 9 *Kündigungsrecht und Kündigungsschutz des Mieters.* ^I Verlangt der Vermieter eine Mieterhöhung nach § 2, so ist der Mieter berechtigt, bis zum Ablauf des zweiten Monats, der auf den Zugang des Erhöhungsverlangens folgt, für den Ablauf des übernächsten Monats zu kündigen. Verlangt der Vermieter eine Mieterhöhung nach den §§ 3, 5 bis 7, so ist der Mieter berechtigt, das Mietverhältnis spätestens am dritten Werktag des Kalendermonats, von dem an der Mietzins erhöht werden soll, für den Ablauf des übernächsten Monats zu kündigen. Kündigt der Mieter, so tritt die Mieterhöhung nicht ein.

^{II} Ist der Mieter rechtskräftig zur Zahlung eines erhöhten Mietzinses nach den §§ 2 bis 7 verurteilt worden, so kann der Vermieter das Mietverhältnis wegen Zahlungsverzugs des Mieters nicht vor Ablauf von zwei Monaten nach rechtskräftiger Verurteilung kündigen, wenn nicht die Voraussetzungen des § 554 des Bürgerlichen Gesetzbuchs schon wegen des bisher geschuldeten Mietzinses erfüllt sind.

1) **Kündigungsrecht des Mieters** (Abs I). Entspr der Regelg bei einseit Mieterhöhgen nach § 11 WoBindG. Das KündR hat nur geringe prakt Bedeutg. Es besteht unabhäng davon das R zur ord Künd gem § 564 II. **a) Anwendungsbereich:** Alle Mieterhöhgen des MHG mit Ausn des § 4; auch MietVerh, die auf best Zt abgeschl sind. **b) Voraussetzung:** Ein Mieterhöhgsverlangen (§ 2 Anm 5) od eine ErhöhgsErkl bei den §§ 3, 5–7 (vgl § 3 Anm 3 d). Das KündR entsteht ohne Rücks darauf, ob diese Erkl des Verm wirks sind od nicht, weil eine Nachprüfg bei Ungewißh darüber unsicher u unzumutbar ist (hM). **c) Zustimmungsfrist** für den Mieter entsteht dch § 2 dadch, daß er nach Zugang der Erkl des Verm noch mind 2 Monate Zt hat, die Künd zu erkl (Abs I S 1). Diese ÜberleggsFr ist kürzer in den and Fällen (Abs I S 2); keine Verlänger um 3 Monate, wenn der Hinw gem § 3 II unterblieben ist (RGRK-Gelhaar 1; bestr). Stimmt der Mieter innerh dieser Fr der Mieterhöhg zu, entfällt sein KündR (allgM). Schweigen bedeutet keine Zust. **d) Kündigungsfrist.** Da Endtermin der Ablauf des übernächsten Monats ist (Berechng § 188 III), ist die KündFr 2 Monate. Die Künd muß spätestens am letzten Tag des Monats an dem die ZustFr (Anm c) abläuft, erkl w, wg § 193 uU am ersten Werktag des nächsten Monats. **e) Wirkung:** Das MietVerh endet zu dem Ztpkt, den I S 2 bestimmt, ohne daß die Mieterhöhg eintritt. Wird die Wohng nicht geräumt, gilt § 557. **f) Kündigung.** Sie ist außerord u befristet, unabhäng v den allg KündFr. Es gelten die allg Vorschr: wie § 564 Anm 3.

2) **Kündigungsbeschränkung des Vermieters** (Abs II). **a) Zweck:** Der Mieter soll ausreichd Zeit haben, die aufgelaufenen ErhöhgsBetr zu zahlen, um eine außerord Künd aus § 554 vermeiden zu können. **b) Anwendbar:** auf alle Fälle des MHG, auch § 4, obwohl BetrKosten nicht Mietzins darstellen müssen. Entspr anwendb, wenn der Mieter sich im ProzVgl zur Zahlg verpfl hat (Schmid WoM **82**, 199). **c) Kündigungsverbot** für 2 Monate ab formeller RKraft des Urt (§ 19 EGZPO) auf Mieterhöhg hin, auch wenn die Erhöhg nicht auf den §§ 2–7, sond auf and RGrden beruht (LG Bln ZMR **89**, 305). Sofern der Verm aus § 554 (allein od teilw wg der aufgelaufenen ErhöhgsBetr) außerord künd könnte. Eine trotzdem erkl Künd ist nichtig (§ 134). § 554 II Nr 2 bleibt anwendb, auch wenn die Künd erst nach Ablauf der 2 Monate erfolgt u der Mieter bis dahin nicht gezahlt hat.

MHG 10 *Unabdingbarkeit; Staffelmiete; Anwendungsbereich.* ^I Vereinbarungen, die zum Nachteil des Mieters von den Vorschriften der §§ 1 bis 9 abweichen, sind unwirksam, es sei denn, daß der Mieter während des Bestehens des Mietverhältnisses einer Mieterhöhung um einen bestimmten Betrag zugestimmt hat.

^{II} Abweichend von Absatz 1 kann der Mietzins für bestimmte Zeiträume in unterschiedlicher Höhe schriftlich vereinbart werden. Die Vereinbarung eines gestaffelten Mietzinses darf nur einen Zeitraum bis zu jeweils zehn Jahren umfassen. Während dieser Zeit ist eine Erhöhung des Mietzinses nach den §§ 2, 3 und 5 ausgeschlossen. Der Mietzins muß jeweils mindestens ein Jahr unverändert bleiben und betragsmäßig ausgewiesen sein. Eine Beschränkung des Kündigungsrechts des Mieters ist unwirksam, soweit sie sich auf einen Zeitraum von mehr als vier Jahren seit Abschluß der Vereinbarung erstreckt.

G. zur Regelung der Miethöhe   **MHG 10** 1–3

III Die Vorschriften der §§ 1 bis 9 gelten nicht für Mietverhältnisse
1. über preisgebundenen Wohnraum,
2. über Wohnraum, der zu nur vorübergehendem Gebrauch vermietet ist,
3. über Wohnraum, der Teil der vom Vermieter selbst bewohnten Wohnung ist und den der Vermieter ganz oder überwiegend mit Einrichtungsgegenständen auszustatten hat, sofern der Wohnraum nicht zum dauernden Gebrauch für eine Familie überlassen ist,
4. über Wohnraum, der Teil eines Studenten- oder Jugendwohnheims ist.

1) Unabdingbarkeit (Abs I). **a) Grundsatz:** Nichtig (§ 134) sind alle Vereinbgen, die die Re des Mieters auf gleichbleibde od nur gesetzmäß erhöhten MietPr aufheben od beschränken, sofern sie vor dem Abschl des MietVerh vereinb werden. Dazu gehören auch alle VerfVorschr, die den Mieter schützen sollen, zB Warte- u KlageFr (allgM). Das gleiche gilt für sog MietPrGleitklauseln (WertsichergsKlauseln), soweit sie den Mieter verpfl würden, über die ges zuläss Erhöhg des MietPr hinaus Miete zu bezahlen. Derart Klauseln wurden seit 1. 1. 75 bis zum Inkrafttreten des neuen Abs II (Anm 2) beim MietVerh, die auf unbest u best Zt abgeschl waren, unwirks u gestatteten aus sich keine Mieterhöhg (allgM; BGH NJW **81**, 341). Sie entfalten nur noch die in § 1 Anm 4c dargestellte Wirkg. Staffelmieten waren bis zum Inkrafttreten des Abs II (Anm 2) nur dann zuläss, wenn sie sich im Rahmen der ortsübl VglMiete (§ 2) hielten (umstr; vgl Jenisch ZMR **80**, 33 mwN). § 10 gilt nicht, wenn für WoRaum im MietVertr ein Zuschlag für gewerbl Nutzg vorgesehen ist (BayObLG ZMR **86**, 193). Mietzins, der aGrd einer wg Abs I unwirks Vereinbg bezahlt w, kann grdsätzl nur aus § 812 zurückverlangt w (Karlsr ZMR **86**, 239). **b) Ausnahme** (Abs I letzter Hs): Freie Vereinbg (§ 305) zw Mieter u Verm währd der MietZt über MietErhöhgen ist od ohne Rücks auf Eintritt der Voraussetzgen hierfür, sind zuläss, auch wenn der bestimmte Betrag üb dem liegt, worauf der Verm nach dem MHG Anspr hätte (allgM). Das gilt auch bei MietVerh auf best Zeit (Lutz DWW **74**, 272 [281]). Die Zust des Mieters bedeutet seine Mitwirkg zur VertrÄnd (§ 305); die vorbehaltlose Zahlg des geforderten erhöhten Mietzinses allein genügt nicht. Form u Anlaß der Vereinbg sind gleichgült (Freund/Barthelmess ZMR **75**, 33 [37]). Jedoch muß sich die Zust des Mieters auf einen bestimmten Betrag beziehen (allgM), so daß eine Schiedsgutachterklausel unwirks ist (LG Hbg MDR **81**, 848 mwN). Es besteht auch VertrFreih für den ZtPkt, unabhäng v den Voraussetzgen des § 2 (allgM). BewLast für Vereinbg: wer sich auf sie beruft.

2) Staffelmiete (Abs II). Eingefügt dch Art 2 Nr 3a EAMWoG. In Kraft getreten am 1. 1. 83, für Wohnraum, der nach dem 31. 12. 80 bezugsfert geworden ist, rückwirkd mit dem 1. 1. 81 (Art 4 Nr 3 EAMWoG). **a) Begriff:** StaffelM ist eine Vereinbg zw Verm u Mieter, wonach sich der Mietzins für von vorneherein bestimmte Zeiträume verändert. Prakt kommt nur eine Erhöhg in Betracht. Ist als Ausn zu Abs I ausgestaltet u gestattet eine Erhöhg der Miete unabhäng v der Entwicklg der VglMiete (§ 2). **b) Zweck:** Für Verm soll die Investitionsentscheid erleichtert w, indem er die Steigerg v Mieteinnahmen sicher kalkulieren kann. Der Mieter soll Umfang u Zeitpkt künft MietErhöhg frühzeit beurt u sich darauf einrichten können. **c) Anwendbar.** Auf jeden nicht preisgebunden WoRaum, Alt- wie Neubauten. Bei Neuabschluß von MietVertr u im Wege der VertrÄnd (§ 305) bei bestehdem MietVerh (BT-Drucks 9/2079 S 9). **d) Form:** Es ist Schriftform wie in § 566 vorgeschrieben u gewollt (BT-Drucks aaO S 17). **e) Zulässiger Zeitraum:** höchstens 10 Jahre (S 2) ab Beginn der Vereinbg. Verstoß: §§ 134, 139. Das MietVerh kann auf kürzere (§ 564c) od unbestimmte Zeit abgeschl w. **f) Ausschluß anderer Mieterhöhungen** (S 3). Solche nach §§ 2, 3 u 5 sind unzuläss, weil dieses Risiko dch die StaffelM bewußt verteilt werden soll, zT auch kalkulierb ist. Nur der BetrKostenVeränderg (§ 4) wird hiervon nicht erfaßt. **g) Inhalt** (S 4): StaffelM setzt den Abschl des MietVerh auf bestimmte Zeit (§ 564c) nicht zwingd voraus. Die Erhöhg darf nicht nach Prozentzahlen, sond muß betragsmäß (Sternel MDR **83**, 356 [361]) ausgewiesen w. Hierfür genügt der Anfangsmietzins u die Angabe der jährl SteigergsBeträge (aA Brschw ZMR **85**, 299). Die Vereinb der StaffelM ist über Abs I u § 134 im ganzen nichtig. Dasselbe gilt für die VerändergsZeiträume v mind einem Jahr. **g) Wirkung:** Die Miete verändert sich zum vereinb Zeitraum ohne weitere Erkl v selbst. Nach Ablauf des StaffelMZtRaums gilt die am Ende erreichte Miete auf unbestimmte Zeit weiter, bis nach § 2 erhöht oder eine neue (Staffel)Miete vereinb w (BT-Drucks 9/2079 S 17). **h) Kündigungsrecht. aa)** Für Verm gilt bei unbestimmter MietZt § 564b; im Fall des § 564c ist die ord Künd ausgeschl. **bb)** Für Mieter: Er kann bei unbest MietZt belieb ord Künd erkl (§ 565). Auch bei bestimmter MietZt (§ 564c) darf die ord Künd höchstens für 4 Jahre ausgeschl w (S 5). Eine vertrwidr ausgesprochene Künd ist unwirks.

3) Anwendungsbereich des MHG (Abs III) dch negat Abgrenzg. Einliegerwohngen iS des § 564b sind davon nicht ausgenommen. Das MHG gilt nicht für: **a) Nr 1** (preisgebunder WoRaum): Damit ist insb WoRaum gemeint, der Bindg an Kostenmiete unterliegt (insb SozWohngen). Das Erlöschen des MieterBenenngsRs steht nicht entgg (Hamm ZMR **86**, 287). Mieterhöhg nach MHG kann erst für den ZtRaum nach Ablauf der PrBindg verlangt, die ErhöhgsErkl aber schon vor Ablauf der PrBindg abgegeben werden (Hamm NJW **81**, 234 mwN; KG NJW **82**, 2077; sehr bestr). **b) Nr 2:** Vorübgder Gebr: wie § 564b Anm 3c. **c) Nr 3:** Möblierter WoRaum wie § 564b Anm 3d; daher ist für möblierten WoRaum außerh der VermWohng das MHG anzuwenden, wenn er nicht zum vorübergehenden Gebr vermietet ist. **d) Nr 4:** Angefügt dch Art 2 Nr 3c EAMWoG. In Kraft seit 1. 1. 83. Die Anfügg hat nach richt Auffassg nur klarstelldde Funktion, da dieser WoRaum schon unter Nr 2 fiele. GemschEinrichtgen sind für ein Stud- od JugdWoheim nicht erforderl (hM).

Art. 4–8 2. WKSchG

Art 4, 5 u 6 sind überholt, Art 7 enthält die Berlin-Klausel, Art 8 das Inkrafttreten (1. 1. 75). Vgl hierzu 39. Aufl.

Gesetz über die Haftung für fehlerhafte Produkte (Produkthaftungsgesetz – ProdHaftG)

Bearbeiter: Prof. Dr. Thomas, Vorsitzender Richter am Oberlandesgericht München i. R.

Vorbemerkung

Das Ges war bei Redaktionsschluß für die 49. Aufl noch nicht verkündet. Der Ges-Text wurde deswg kursiv gesetzt. Die Kommentierg beruht mit Stand vom 1. 11. 1989 auf dem Entw der BReg vom 9. 6. 1989 (BT-Drucks 11/2447) unter Berücksichtigg der Stellungnahme des BR (Anl 2 zur BT-Drucks) und der GgÄußerg der BReg dazu (Anl 3), und der Beschlüsse des Rechtsausschusses des Bundestags. Die Verabschiedung ist noch im Jahr 1989 geplant. Voraussichtliches Inkrafttreten: 1. 1. 1990.

Einführung

Übersicht

1) Begriff
2) Grund der Neuregelung
   a) EG-Richtlinie Produkthaftung
   b) Vorteile der Neuregelung
3) Aufbau des Gesetzes, Inhaltsübersicht

4) Die wesentlichen Neuregelungen
5) Anwendungsbereich
   a) Sachlich
   b) Zeitlich
6) Konkurrenz mit anderen Ansprüchen

1) Begriff. Unter ProdHaftg versteht man die Haftg des Herst für FolgeSchäd aus der Benutzg seiner Prod, u zwar für Pers- u SachSchäd grdsätzl außerh der Fehlerhaftigk des Prod, die der bestimmgsgem Verbr od sonstige Pers inf eines Fehlers des Erzeugn erleiden. In Abgrenzg zur vertragl Gwl (vgl § 3 Anm 1) geht es um das Einstehen des Herst für Gef für Pers u Eigt inf fehlder Sicherh des Prod, also um das Integritätsinteresse.

2) Grund der Neuregelung.

a) Die EG-Richtlinie Produkthaftung vom 25. 7. 85, basierend auf einer 20-jähr Diskussion der MitglStaaten der EG und einer Reihe von VorArb, schreibt in Art 19 zur Verbesserung des VerbrSchutzes u zur Harmonisierg der ProdHaftPfl bindend vor, spätestens 3 Jahre nach Bekanntgabe (30. 7. 85) die Rechts- und VerwVorschr zu erlassen, die zur Umsetzg der in der Richtlinie enthaltenen Regel in nat Recht erforderl sind. Dies soll dch den Erlaß des ProdHaftG geschehen. Damit sollen auch Unterschiede im Schutz des Verbr und WettbewVerzerrgen im Interesse eines freien WarenVerk innerhalb der EG beseitigt werden.

b) Die Vorteile der Neuregelung sieht der GesGeber (vgl BT-Drucks 11/2447 – amtl Begründg A III 1) darühinaus in folgden Umst: Anstelle einer schwer überschaub EinzFallRspr mit deliktsrechtl außerordentl hohen SorgfAnfordergen orientiert sich die Haftg im Interesse der RSicherh an obj Kriterien; der deliktsrechtl Vorwurf des Unrechts, der den Beziehgen zw Herst u Abnehmer unter Berücksichtigg der modernen Produktionsmethoden nicht gerecht wird, wird dch die Einf der GefährdgsHaftg beseitigt; an die Stelle der bisher praktizierten BewErleichtergen, die im EinzFall eine verlässl Aussage über das HaftgsRisiko nicht zulassen, treten ges BewLastVorschr.

3) Aufbau des Gesetzes, Inhaltsübersicht. § 1 normiert in Abs I die Haftg des Herst für Pers- u Sachschäden beif eines ProdFehlers, in Abs II u III Ausschluß-Tatbestde, in Abs IV die BewLast. §§ 2, 3, 4 geben Legaldefinitionen über die Begr Produkt, Fehler u Herst. § 5 regelt die Verantwortlichk mehrerer erspflichtiger Herst u den Ausgl im InnenVerh, § 6 die HaftgsMinderg bei MitVersch des Geschädigten u Dritter. §§ 7–9 bestimmen Umfang u Art der ErsPfl bei Tötg u KörperVerl. § 10 beschränkt die Haftg bei Tod und KörperVerl auf einen HöchstBetr, § 11 legt dch Haftg für Sachschäden eine SelbstBeteil fest. § 12 regelt die Verj, § 13 das Erlöschen des Anspr dch ZtAblauf. § 14 erklärt die ErsPfl für im voraus unabdingb u unbeschränkb. § 15 stellt das Verh zu anderen RVorschr klar. § 16 enthält eine ÜbergangsRegelg, § 17 eine Ermächtigg zum Erl von RVOen. § 18 Berlinklausel, § 19 Inkrafttr.

4) Die wesentlichen Neuerungen ggü der bisher nur dem DeliktsR zugeordneten ProdHaftg: GefährdgsHaftg (§ 1 I) mit HöchstBetr bei Tod od KörperVerl (§ 10) u SelbstBeteil bei SachSchad (§ 11). Da Versch nicht mehr Voraussz der Haftg ist, hat der Herst keine ExculpationsMöglichk mehr, auch nicht bei nicht vermeidb Fehlern an einem EinzStück („Ausreißer"). Die prakt Auswirkg wird im Hinbl auf die BewLastumkehr und die sehr hohen SorgfAnfordergen, wie bisher praktiziert, nicht sehr erhebl sein. Kodifizierg der HaftgsAusschlTatbestde in § 1 II, III. Die ges BewLastRegelg (§ 1 IV) entspricht der bisher Rspr. Unter den Begr Produkt fällt auch die Elektrizität (§ 2). Für sog EntwicklgsGef begründet das Ges in § 3 keine GefährdgsHaftg. § 3 I, II zieht den Kreis der Herst weit, Abs III begründet eine subsidiäre Haftg des Lieferanten. Keine Haftg für Schäden an der gelieferten Sache selbst u für Sachschaden im gewerbl GeschVerk (§ 1 I 2). Anspr erlischt 10 Jhre nach InVerkBringen des Prod (§ 13).

5) Anwendungsbereich.

a) Sachlich regelt das Ges die Haftg des Herst für Körper-, Gesundh- u SachSchad, die dch den Fehler eines Prod verursacht worden sind, für SachSchäd nur, wenn eine and Sache als das fehlrh Prod selbst beschädigt wird u diese and Sache ihrer Art nach gewöhnl für den priv Ge- od Verbr best ist u auch

Produkthaftungsgesetz (Entwurf) **ProdHaftG 1** 1, 2

hauptsächl verwendet wird (§ 1 I 2). Nicht unter die ErsPfl nach dem ProdHaftG fallen EntwicklgsGef (§ 3), der Ers von Vermögens- u immat Schäd, von ArzneimittelSchäd (§ 15 I) und von NuklearSchäd (Art 14 EG-Richtlinie).

b) Zeitlich gilt das Ges nicht für fehlerh Prod, die vor seinem Inkrafttr in Verk gebracht worden sind (§ 16).

6) Konkurrenz mit anderen Ansprüchen. Weitergehende ErsAnspr gg den Herst u ErsAnspr gg sonstige Pers aGrd and RVorschr bleiben vom ProdHaftG grdsätzl unberührt (§ 15).

ProdHaftG 1 **Haftung.** ^{I} Wird durch den Fehler eines Produkts jemand getötet, sein Körper oder seine Gesundheit verletzt oder eine Sache beschädigt, so ist der Hersteller des Produkts verpflichtet, dem Geschädigten den daraus entstehenden Schaden zu ersetzen. Im Falle der Sachbeschädigung gilt dies nur, wenn eine andere Sache als das fehlerhafte Produkt beschädigt wird und diese andere Sache ihrer Art nach gewöhnlich für den privaten Ge- oder Verbrauch bestimmt und hierzu von dem Geschädigten hauptsächlich verwendet worden ist.

^{II} Die Ersatzpflicht des Herstellers ist ausgeschlossen, wenn
1. er das Produkt nicht in den Verkehr gebracht hat,
2. nach den Umständen davon auszugehen ist, daß das Produkt den Fehler, der den Schaden verursacht hat, noch nicht hatte, als der Hersteller es in den Verkehr brachte,
3. er das Produkt weder für den Verkauf oder eine andere Form des Vertriebs mit wirtschaftlichem Zweck hergestellt noch im Rahmen seiner beruflichen Tätigkeit hergestellt oder vertrieben hat,
4. der Fehler darauf beruht, daß das Produkt in dem Zeitpunkt, in dem der Hersteller es in den Verkehr brachte, dazu zwingenden Rechtsvorschriften entsprochen hat, oder
5. der Fehler nach dem Stand der Wissenschaft und Technik in dem Zeitpunkt, in dem der Hersteller das Produkt in den Verkehr brachte, nicht erkannt werden konnte.

^{III} Die Ersatzpflicht des Herstellers eines Teilprodukts ist ferner ausgeschlossen, wenn der Fehler durch die Konstruktion des Produkts, in welches das Teilprodukt eingearbeitet wurde, oder durch die Anleitungen des Herstellers des Produkts verursacht worden ist. Satz 1 ist auf den Hersteller eines Grundstoffs entsprechend anzuwenden.

^{IV} Für den Fehler, den Schaden und den ursächlichen Zusammenhang zwischen Fehler und Schaden trägt der Geschädigte die Beweislast. Ist streitig, ob die Ersatzpflicht gemäß Absatz 2 oder 3 ausgeschlossen ist, so trägt der Hersteller die Beweislast.

Übersicht

1) Allgemeines
2) Anspruchsvoraussetzungen
   A) Produktfehler
   B) Verletzung
      a) Tötung
      b) Körper-, Gesundheitsverletzung
      c) Sachschaden
      d) Vermögens- und immaterieller Schaden
3) Ursächlichkeit
4) Anspruchsberechtigt
   a) Unmittelbar
   b) Mittelbar
5) Ersatzpflichtig
6) Haftungsausschluß nach Absatz II
   a) Nr 1, Nicht-Inverkehrbringen
   b) Nr 2, Fehlerfreiheit im Zeitpunkt des Inverkehrbringens
   c) Nr 3, nicht kommerzieller Zweck der Herstellung
   d) Nr 4, Herstellung entsprechend dazu zwingenden Rechtsvorschriften
   e) Nr 5, Entwicklungsfehler
7) Haftungsausschluß für Zulieferer nach Absatz III
8) Beweislast
   a) Des Verletzten
   b) Des Herstellers

1) Regelungsgehalt. Vgl zunächst die Einf. Abs I begründet eine verschunabhäng GefährdgsHaftg (Amtl Begründg A VI 1, Taschner EG-Richtlinie ProdHaftg Art 1 Rdn 1 unter Hinw auf die amtl Überschrift der vergleichb § 84 AMG). Die Bezeichng der Haftg ist – ohne prakt Folgen – allerd unterschiedl (Nachw bei Schmidt-Salzer BB **86**, 1103 [1107] Nr 28 u Fußn 8 bis 13). Abs II, III enthalten Tatbestde, die die Haftg ausschließen, Abs IV regelt die BewLast. Die Haftg ist im voraus unabdingb gem § 14, eine ggf nach and Vorschr begründete Haftg bleibt gem § 15 unberührt.

2) Anspruchsvoraussetzungen.
A) Produktfehler. Legaldefinition für Prod in § 2, für Fehler in § 3. Vgl die Anm dort.
B) Verletzung eines der in Abs I 1 geschützten RGüter.
a) Tötung eines Menschen. Vgl BGB 823 Anm 3a. HöchstBetr § 10.
b) Körper-, Gesundheitsverletzung. Vgl BGB 823 Anm 3b. HöchstBetr § 10.
c) Sachschaden. Sache wie BGB 90. Die Beschädigg liegt in der Zerstörg oder einer and nachteil Beeinträchtigg der Sache. SelbstBeteiligg § 11. Der SachSchad ist gem Abs I 2 nur beschr ersetzb.
aa) Eine andere Sache als das fehlerh Prod selbst muß beschädigt worden sein. Die Abgrenzg bereitet Schwierigk bei einem ansonsten fehlerfreien EndProd, das dch ein fehlerh, funktionell abgrenzb TeilProd beschädigt wird, sog weiterfressder Fehler. Wenn das EndProd in diesem Fall nicht als „andere" Sache einzustufen ist (so Kullmann/Pfister, ProdHaftg Bd 1 Nr 3600 B IV 1, Büchner Betr **88**, 32 [36]; zweifelnd Sack VersR **88**, 439 unter Hinweis darauf, daß gemäß § 2 I 1 Prod auch eine Sache ist, die einen Tl einer and Sache bildet), dann ist der SachSchad nach dem ProdHaftG nicht ersetzb. Unberührt bleibt auch in diesen Fällen ggf die Haftg des Herst des fehlerh EinzTls, wenn er vom Herst des EndProd verschieden ist, u die Haftg des Herst des EndProd unter dem GesichtsPkt der Gewl od der EigtVerl (vgl BGB 823 Anm 15c dd).

2453

bb) Für den privaten Ge- oder Verbrauch muß die beschädigte and Sache ihrer Art nach gewöhnl best u hierzu von dem Geschädigten auch hauptsächl verwendet worden sein. Geschützt ist also nur der priv (End-)Verbr, SachSchäd im berufl-, geschäftl-, gewerbl Bereich fallen nicht unter § 1, sind aber ggf nach BGB 823 ersetzb. Die obj u die subj Komponente (allg ZweckBest u pers Verwendg im priv Bereich) müssen kumulativ erfüllt sein. Das TatbestdMerkm gewöhnl bedeutet, daß eine Sache von der Art der beschädigten im allg für Erwerbszwecke hergestellt wird. Zusätzl muß der Geschädigte die beschädigte Sache subj hauptsächl, dh ganz überwiegend zur Befriedigg pers Bedürfn od Interessen verwenden. Die Abgrenzg kann im EinzFall schwier sein.

d) Vermögens- und immaterieller Schaden fallen nicht unter das ProdHaftG. Das Verm als solches ist hier wie in BGB 823 I kein geschütztes RGut. Es gibt kein SchmerzG.

3) Ursächlichkeit. Durch den ProdFehler muß der entstandene Schad verursacht sein. Es muß also ein ZurechngsZushang, adäquate Kausalität zwischen dem ProdFehler u dem entstandenen Schad bestehen. Vgl Vorb 5 vor BGB 249.

4) Anspruchsberechtigt ist der Geschädigte.

a) Unmittelbar geschädigt (vgl BGB 823 Anm 10a) kann insb jeder Benützer, Verwender des fehlerh Prod, aber auch jeder unbeteil Dr sein, der mit ihm in Berührg kommt. Wg nicht ersetzb SachSchäd vgl oben Anm 2 Bc.

b) Mittelbar geschädigt mit eig ErsAnspr iF der Tötg u KörperVerl ist der in §§ 7, 8 genannte Pers-Kreis.

5) Ersatzpflichtig ist unbeschadet des HaftgsAusschl gem Abs II, III, des HöchstBetr gem § 10 u der SelbstBeteil gem § 11 der Herst – Legaldefinition in § 4 I, II –, der Herst eines TeilProd mit der aus § 1 III ersichtl Einschränkg; subsidär der Lieferant gem § 4 III. Mehrere ErsPflichtige haften als GesamtSchu gem § 5.

6) Haftungsausschluß nach Absatz II. Trotz Vorliegens der Vorauss gem Abs I haftet der in Anspr Genommene nicht, wenn er einen der in Nrn 1 bis 5 umschriebenen Tatbestd beweist.

a) Nr 1 stellt auf das **Nicht-In-Verkehr-Bringen** des Prod ab. Dabei ist zu unterscheiden:

aa) Der **Hersteller,** auch der QuasiHerst, bringt in Verk, sobald er sich willentl der tatsächl HerrschGewalt über das Prod begibt. Dies geschieht dadch, daß er es ausliefert, in den Vertrieb, in die Verteilerkette, in den WirtschKreislauf gibt. Das tut auch der Herst eines TeilProd od GrdStoffes mit der Lieferg an den End- od einen and TeilHerst. Nicht in Verk gebracht hat der Herst ein Prod, das ohne seinen Willen seiner VfgsMacht entzogen wurde, zB dch Diebstahl, Unterschlagg.

bb) Der **Importeur** aus einem nicht der EG angehör Land (§ 4 II) gilt vom Ztpkt des Imports an als Herst. Er kann also begriffl vor diesem Ztpkt nicht in Verk bringen, der dafür maßgebl Vorgang (vorstehend a) kann sich erst ab dem Import in ein EG-Land zutragen.

cc) Lieferant (§ 4 III) kann jmd, der ein Prod bezogen hat, erst dch die Weitergabe iS der vorstehden Anm a werden, das InkVerkBringen macht ihn zum Lieferanten.

b) Nr 2 stellt auf die **Fehlerfreiheit im Zeitpunkt des In-Verkehr-Bringens** des Prod ab. Der Herst u wer ihm gleichsteht (§ 4) haftet nicht, wenn das Prod den schadensurs Fehler zum Ztpkt des InVerkBringens (vorstehd Anm a) noch nicht aufwies. Von prakt Bedeutg ist dies nur für Fabrikationsfehler (vgl § 3 Anm 2b), weil ein Konstruktionsfehler (vgl § 3 Anm 2a) begrnotw einem Prod von der Entstehg an auf Dauer anhaftet und weil auch ein Instruktionsfehler (vgl § 3 Anm 2c) das Prod vom Ztpkt des InVerkBringens an begleitet, bis er nachträgl behoben wird (ebso amtl Begrdg B zu § 1, Taschner EG-Richtlinie Art 7 Rdn 10). dem Herst obliegde Nachw (Abs IV) ist, am besten dch eine zuverläss Dokumentation der Ausgangskontrolle (BGH **104**, 323, Karlsr VersR **89**, 375), dadch zu führen, daß entw das Prod bei InVerk-Bringen den schadursächl Fabrikationsfehler noch nicht gehabt haben kann, woraus sich notw ergibt, daß er erst später entstanden sein muß, oder daß der Fehler tatsächl erst danach entstanden ist, zB dch unsachgm Benützg, Verwendg, Aufbewahrg. Bei der BewFührg sind alle Umst des EinzFalles zu berücksichtigen, insbes die Art des Prod, die Intensität des Gebr, vor allem auch die ZtSpanne zwischen InVerkBringen u SchadEintritt.

c) Nr 3 stellt auf den **nicht kommerziellen Zweck der Herstellung** bzw des Vertriebs ab. Die Haftg des Herst od wer ihm gleich steht (§ 4) entfällt nur, wenn er die beiden im Text genannten Vorauss kumulativ beweist.

aa) Herstellung nicht zum Vertrieb mit wirtschaftlichem Zweck bedeutet, daß das Prod nicht in der Abs fabriziert ist, dch seinen irgdwie gearteten entgeltl Vertrieb, zB dch Verkauf, Vermietg, Verpachtg, Verleasen unmittelb od mittelb Gewinn zu erzielen. Jede auf GewinnErzielg gerichtete auch priv Herstellg, erfüllt die Vorauss nicht. Nach dem GesWortlaut scheint es auf die Abs im Ztpkt der Herstellg anzukommen. Danach würde ein Herst, der außerh seiner berufl Tätigk (vgl nachstehd b) für sich priv od zum Verschenken herstellt, nicht haften, wenn er nach der FertStellg seine Abs ändert u das Prod doch entgeltl vertreibt. Die rein subj Abs bei der Herstellg kann nach dem Zweck der ProdHaftg nicht dazu führen, daß der Geschädigte ohne Ers bleibt, wenn der Herst das fehlerh Prod dann doch kommerzialisiert hat (Taschner EG-Richtlinie Art 7 Rdn 22). Zumindest ist iR der BewWürdigg die spätere Kommerzialisierung ein starkes Indiz gg die bei Herstellg fehlde Abs dazu.

bb) Herstellung oder Vertrieb nicht im Rahmen beruflicher Tätigkeit. Hier kommt es nicht auf die fehlde Abs der GewinnErzielg wie vorstehd Anm a, sondern darauf an, daß der Herst das Prod außerh seiner berufl Tätigk hergestellt od (alternat) vertrieben hat. Jede Herstellg oder jeder auch unentgeltl Vertrieb des Prod iR der berufl Tätigk des Herst erfüllt die Vorauss nicht.

d) Nr 4 stellt auf die **Herstellung entsprechend dazu zwingenden Rechtsvorschriften** ab, um den Herst nicht in die Zwangslage zw Ungehorsam od Haftg zu bringen. Er ist von der Haftg frei, wenn der Fehler darauf beruht (Kausalität erforderl), daß das Prod in dem Ztpkt, in dem der Herst es in Verk brachte, einer in einem Ges od einer VO selbst enthaltenen verbindl DetailRegelg, so u nicht anders herzustellen, od einer techn Norm entsprach, auf die im Ges oder einer VO verbindl verwiesen ist. And Vorschr genügen dieser Vorauss nicht wie DIN-(BGH VersR **84**, 270, Köhler BB Beilage 4/85) u VDE-Normen, ges festgelegte Schutzziele u die Generalklauseln zu ihrer Erreichg, nationale Sicherh-Normen zur Erreichg eines MindStandards, die grundlegden SicherhAnfdgen der EG-Kommission. Sie alle zwingen nicht zu einer genau festgelegten Produktionsweise, können aber für die Frage der Fehlerhaftigk des Prod (§ 3) eine Rolle spielen. Von prakt Bedeutg ist die Best nur für Konstruktionsfehler. Auf sie berufen können sich, je nach dem Ztpkt des InVerkBringens, alle Herst iS des § 4. Je nach Sachlage kann StaatsHaftg wegen des Erlasses von Ges od VOen mit verbindl HerstellgsVorschr, die zu Fehlern führen, infrage kommen.

e) Nr 5 betrifft **Entwicklungsfehler.** Das sind solche, die in dem Ztpkt, in dem der Herst das Prod in Verk brachte, nach dem Stand der Wissensch u Technik noch nicht erkannt werden konnten. Abw Regelg in § 84 Nr 1 AMG. Entscheidd für den HaftgsAusschl ist die Nichterkennbark des Fehlers, zu beurteilen nicht aus der Sicht des Herst, sondern obj nach dem Stand der Wissensch u Technik. Danach ist der Fehler nicht erkennb, wenn die potentielle Gefährlich des Prod nach der Summe an Wissen und Technik, die allg, nicht nur in der betr Branche u national, anerkannt ist u zur Vfg steht, von niemandem erkannt werden konnte, weil diese ErkenntnMöglichk noch nicht vorh war. Das ist ggf mit Hilfe eines Sachverständ festzustellen. Maßg Ztpkt ist der, in dem der Herst das schadursächl Prod in Verk gebracht hat. Dieser Ztpkt kann bei den versch HerstTypen in § 4 unterschiedl sein. Die WeiterEntwicklg von Wissensch u Techn als solche nach diesem Ztpkt kann nicht zur Haftg des Herst führen (vgl auch § 3 II), kann aber für seine ProdBeobachtgsPfl (vgl BGB 823 Anm 15 caa) eine Rolle spielen. Prakt Bedeutg hat die Vorschr nur für Konstruktionsfehler.

7) Haftungsausschluß für Zulieferer nach Absatz III.

Der Herst eines TlProd haftet für dessen Fehler ab InVerkBringen, das ist Lieferg an den Herst des EndProd, neben diesem (§ 5) dem Verl. Ihm steht zusätzl zu Abs II die EntlastgsMöglichk offen, wenn er die tats Vorauss einer der beiden Alternat in Abs III beweisen kann, die sich beide nur auf Konstruktionsfehler beziehen. Gleiches gilt für den Herst eines GrdStoffs (§ 4 Anm 2c) bei Lieferg an den Herst eines Tl- od EndProd.

a) Konstruktion des Endprodukts. In der 1. Alternat ist das TlProd bzw der GrdStoff selbst bei Lieferg fehlerfrei. Schon desh haftet dessen Herst nicht. Der Fehler liegt darin, daß das TlProd bzw der GrdStoff für den Einbau nicht geeignet ist; er ist dch die Konstruktion des EndProd, in das es eingearbeitet wurde, verurs. Fabrikationsfehler des TlProd fallen nicht unter die Vorschr.

b) Anleitungen. Hier beruht der Fehler nur auf Anleitgen, dh bindden konstrukt Weisgen, die der Herst des EndProd aGrd seiner Gesamtkonzeption dem Zulieferer des TlProd bzw GrdStoffs für dessen Herstellg erteilt hat. Der aus der Weisg entstandene Fehler betrifft entw die Konstruktion des TlProd bzw GrdStoffs selbst od (sicher häufiger) die des EndProd, weil für seine gefahrl Funktion das TlProd bzw der GrdStoff nicht geeignet ist. Andere Fehler des TlProd, auch solche Konstruktionsfehler, die nicht auf einer Anleitg beruhen, fallen nicht unter die Vorschr.

8) Beweislast, Abs IV.

a) Der Verletzte muß nach allg Regel die ansprbegründden Vorauss (vgl vorstehd Anm 2, 3) u die HerstEigensch (§ 4) des als Schädiger in Anspr Genommenen darlegen u beweisen, wobei ihm ggf der Bew des ersten Anscheins bei der Ursächlichk zugute kommen kann. Vgl auch BGB 823 Anm 15 f.

b) Der **Hersteller** muß die Tats darlegen u bew, die einen der AusschlTatbest in Abs II u III ausfüllen.

ProdHaftG 2 **Produkt. Produkt im Sinne dieses Gesetzes ist jede bewegliche Sache, auch wenn sie einen Teil einer anderen beweglichen Sache oder einer unbeweglichen Sache bildet sowie Elektrizität. Ausgenommen sind landwirtschaftliche Erzeugnisse des Bodens, der Tierhaltung, der Imkerei und der Fischerei (landwirtschaftliche Naturprodukte), die nicht einer ersten Verarbeitung unterzogen worden sind; gleiches gilt für Jagderzeugnisse.**

1) Produkt ist nach der ges BegrBest jede bewegl Sache und Elektrizität, ausgen die noch nicht verarbeiteten NaturErzeugn. Unerhebl ist, ob Produktionsmittel od VerbrGut, ob an sich gefährl od nicht.

a) Bewegliche Sache vgl BGB 90. Auch wenn sie Tl einer and bewegl Sache ist. Die ProdEigensch geht dch Einbau einer bewegl Sache in eine unbewegl als deren fester Bestandt nach ausdr Vorschr in Satz 1 nicht verloren. Da der AggregatsZustd keine Rolle spielt (vgl BGB 90 Anm 1), sind auch Wasser, Dampf und Gas als Energieträger körperl Sachen. Menschl Körperteile wie Haare, Blut, Organe werden mit der Trenng vom Körper bewegl Sachen (BGB 90 Anm 2). Ein Fehler an ihnen kann zur ProdHaftg aber erst nach Verarbeitg in einer Blut- od Organbank mit dem InVerkBringen (vgl § 1 Anm 6a) führen. Der Abfall ist als solcher nicht hergestellt (§ 4; Taschner EG-Richtlinie Rdn 6, amtl Begründg zu § 2); handelt es sich zB um einen GrdStoff, so beginnt iF der Fehlerhaftigk mit dem InVerkBringen, zB dch den Schrotthändler, ProdHaftg nach diesem Ges. Weitergehde Haftg vgl BGB 823 Anm 8 B unter Industrieabfälle. Unbewegl Sachen (vgl Übbl 3a vor BGB 90) sind keine Prod.

b) Elektrizität ist, obwohl nicht körperl u desh nicht Sache, nach ausdr Vorschr in S 1 Prod. Da and Energien (nicht zu verwechseln mit Energieträgern, vgl vorstehd a) nicht genannt sind, sind sie als solche nicht Prod.

2) Naturprodukte sind in S 2 bezeichnet als landwirtsch Erzeugn des Bodens, der Tierzucht, der Imkerei, der Fischerei u Jagderzeugn. BodenErzeugn sind land-, garten- u forstwirtsch gewonnene u wildwachsde Pflanzen samt ihren Tlen, ferner BodenBestandt wie Torf (Hamm BB **73**, 325). Erzeugn der Tierzucht sind alle Haustiere u ihre Prod, Erzeugn der Jagd sind alle wildlebden Tiere u ihre Prod.

a) Ohne erste Verarbeitung, dh so wie sie gewonnen wurden, sind NaturErzeugn keine Prod iS dieses G, ihre Fehlerhaftigk kann also in Ausn von der Regel in § 1 keine Haftg auslösen.

b) Erste Verarbeitung führt zur UnterAusn, die die Regel (Haftg) wieder herstellt. Darunter ist jede menschl Tätigk zu verstehen, die das naturreine Prod dch irgdeine Veränderg zum Ge- od Verbr vorbereitet. Eine Umformg wie Keltern von Trauben, Mahlen von Getreide ist dazu nicht erforderl, es genügt zB Konservierg. Im Einzelfall kann zweifelh sein, was erste Verarbeitung ist. Kriterium ist, ob von Natur aus nicht vorh Risikofaktoren geschaffen werden (Amtl Begründg zu § 2).

ProdHaftG 3 Fehler.
^{I}**Ein Produkt hat einen Fehler, wenn es nicht die Sicherheit bietet, die unter Berücksichtigung aller Umstände, insbesondere**

a) seiner Darbietung,
b) des Gebrauchs, mit dem billigerweise gerechnet werden kann,
c) des Zeitpunkts, in dem es in den Verkehr gebracht wurde,

berechtigterweise erwartet werden kann.

^{II}**Ein Produkt hat nicht allein deshalb einen Fehler, weil später ein verbessertes Produkt in den Verkehr gebracht wurde.**

Übersicht

1) Fehlerbegriff in Abgrenzung zur Gewährleistung
2) Fehlerkategorien
   a) Konstruktionsfehler
   b) Fabrikationsfehler
   c) Instruktionsfehler
   d) Entwicklungsgefahren
3) Produktfehler, Absatz I
   a) Sicherheit, Maßstab

b) Berechtigte Erwartung
c) Berücksichtigung aller Umstände
d) Darbietung
e) Mit billigerweise zu rechnendem Gebrauch
f) Maßgeblicher Zeitpunkt
g) Beispiele

4) Spätere Produktverbesserung, Absatz II

1) Fehlerbegriff in Abgrenzung zum Gewährleistungsrecht. Die vertragl Gewl betrifft die Gebr-, FunktionsFähigk u den Wert einer Sache, wie sie der Erwerber aGrd eines abgeschl Vertr erwarten darf. Die ges ProdHaftg betrifft die Sicherh des Prod, wie sie die Allgemeinh erwarten darf. Die GewlVorschr schützen also das **wirtschaftliche Nutzungs- und Äquivalenzinteresse des Vertragspartners** daran, daß die Sache keine Mängel aufweist, die im Hinbl auf die erbrachte GgLeistg ihren Wert u/od ihre vertragl vorgesehene GebrFähigk beeinträchtigen. Die ProdHaftg schützt das **Integritätsinteresse jedes Benutzers und Dritten** daran, daß die Sache die Sicherh für Leben, Gesundh u Sachwerte bietet, die allg berechtigterw erwartet werden kann (BGH NJW **85**, 2420, BGH **86**, 256, Schmidt-Salzer BB **83**, 534). Vgl auch § 823 Anm 15 cdd.

2) Fehlerkategorien. Rspr u Schriftt unterscheiden deren 3. Für die Haftg ist diese Einteilg unerhebl, einz Vorschr passen allerd nur für best Kategorien (vgl zB § 1 Anm 6 b, d).

a) Konstruktionsfehler machen das Prod inf fehlerh techn Konzeption, Plang für eine gefahrl Benützg ungeeignet. Sie haften der ganzen Serie an. Sie beruhen auf einem Verstoß gg techn Erkenntn schon bei der Herstellg (BGH BB **84**, 2150). Bsp unten 3 g aa.

b) Fabrikationsfehler entstehen währd der Herstellg. Sie haften nur einz Stücken an. Zu ihnen gehören auch die sog Ausreißer, näml Fabrikationsfehler, die trotz aller zumutb Vorkehrgen unvermeidb sind (BGH VersR **56**, 410, VersR **60**, 855). Bsp für Fabrikationsfehler unten 3 g bb.

c) Instruktionsfehler fallen unter den Begr Darbietg in Abs I Buchst a (vgl Anm 3 d). Sie bestehen in mangelh GebrAnw u/od nicht ausr Warng vor gefahrbringden Eigensch, die in der Wesensart der als solcher fehlerfreien Sache begründet sind. Aus diesem Grd muß der Benützer auf die korrekte Handhabg u auf best Gef, die entstehen können, hingewiesen werden (BGH NJW **75**, 1827). Die Instruktionen müssen deutl u ausr sein, dh ggf dem Prod selbst beigegeben werden, u sie müssen vollst sein, dh ggf muß außer dem Hinw auf Gef auch angegeben werden, wie das Prod gefahrlos zu verwenden ist, welche VorsorgeMaßn zu treffen u welche VerwendgsArt zu unterlassen ist (BGH NJW **72**, 2217 „Estil", Hamm VersR **84**, 243). Dabei ist nicht nur auf den bestimmsgem Gebr, sond darüberhinaus auf den naheliegden Gebr, also auch auf eine nicht ganz fernliegde versehentl Fehlanwendg (BGH aaO) u naheliegden Mißbr (BGH NJW **89**, 1542) abzustellen. Was auf dem Gebiet allg ErfahrgsWissens liegt, braucht nicht zum Inhalt einer GebrAnw od Warng gemacht zu werden; gilt auch für MontageAnw (BGH NJW **86**, 1863). Auf die Gef einer mißbräuchl, völl zweckfremden Anwendg muß nicht hingewiesen werden (BGH NJW **81**, 2514: techn LösgsMittel als Inhaliergs-Rauschgift). Eine Warn- u HinwPfl kann schon dann bestehen, wenn ein zur Abwendg von Gef best Produkt nicht gefährl, sond unter best Vorauss nur wirkgsl ist, der Benützer aber im Vertrauen auf die Wirksamk der Verwendg eines and, wirks Produkts zur GefAbwendg absieht (BGH **80**, 186, Schmidt-Salzer BB **81**, 1041, v. Westphalen WM **81**, 1154 [1162]). Ursächl ist die Verl der HinwPfl nur, wenn pflgem Handeln den eingetretenen Schad mit Sicherh verhindert hätte; eine gewisse Wahrscheinlk genügt nicht (BGH NJW **75**, 1827). Bsp unten 3 g cc.

d) Entwicklungsgefahren sind von der Haftg nach diesem G nicht erfaßt (vgl § 1 Anm 6 e).

3) Produktfehler, Absatz I gibt die ges BegriffsBest.

a) Sicherheit, Maßstab. Das Prod muß, will es iS dieses G fehlerfrei sein, hins Konstruktion, Fabrikation u ggf beizugebder Instruktion (vgl Anm 2) so beschaffen sein, daß es die körperl Unversehrth des

Benutzers od eines Dr nicht beeintr u sein sonstiges priv Eigt nicht beschädigt (§ 1 I). Maßst hierfür ist die berecht Erwartg (unten b) hins aller Umst (unten c), Darbietg (unten d), Gebr (unten e) im maßg Zeitpkt (unten f).

b) Berechtigte Erwartung. Abzustellen ist nicht auf die subj SicherhErwartg des jeweil Benutzers, sondern, wie sich aus der Formulierg als Passivsatz „erwartet werden kann" ergibt, **objektiv** darauf, ob das Prod diejen Sicherh bietet, die die Allgemeinh nach der VerkAuffassg in dem entspr Bereich für erforderl hält (ähnl schon BGH VersR **72**, 559). Die SicherhErwartg muß **berechtigt** sein, dh die Allgemeinh kann nicht von jedem Prod in jeder Situation totale Sicherh erwarten. Es handelt sich vielm um eine dch den Ri zu entsch WertgsFrage, für die Abs I die maßgebl Kriterien aufstellt.

c) Berücksichtigung aller Umstände. Die berecht SicherhErwartgen der Allgemeinh sind „insb" an den in Abs I Buchst a bis c bezeichneten, darühinaus an den gesamten obj Umst des konkr SchadFalles zu messen. **Beispiele: Die Natur der Sache** läßt Rückschlüsse auf den ErwartgsHorizont zu. So ist allg bekannt, daß Alkohol u Nikotin schädl Nebenwirkgen haben können, sie werden trotzdem konsumiert. Benutzer eines Klein- od Mittelwagens wissen, daß sie nicht die höhere Sicherh des teureren Komfortwagens mit ABS zu erwarten haben. Bei Elektrizität (vgl § 2 S 1) stellt sich die Frage, ob die Allgemeinh berechtigterw Belieferg in konstanter Stärke u Spanng erwarten darf, falls es dch Schwankgen zu Schäd kommt. Das Prod muß hins Konstruktion, Fabrikation, Instruktion dem aktuellen **Stand von Wissenschaft und Technik,** soweit obj erkennb u ermittelb, u den anerk Regeln des Faches entsprechen (BGH NJW **68**, 248, BGH **80**, 186). **Technische Normen, DIN-Vorschriften, VDE-Bestimmungen** sind zwar keine SchutzGes, halten aber den übl, jedenf den MindStandard an Sicherh fest, dessen Einhaltg die Allgemeinh berechtigterw erwartet. Ihre NichtEinhaltg ist ein Konstruktionsfehler. Ihre Einhaltg spricht dafür, daß das Prod den SicherhErwartgen entspricht, schließt aber nicht in jedem Fall eine abw Beurt aus. Vielm sind die genannten Regeln im EinzFall ergänzgsbedürft (BGH NJW **87**, 372) nach dem obj erkennb od ermittelb Stand von Wissensch u Technik (BGH **80**, 186). **Produktbeobachtung.** Die Allgemeinh erwartet, dass der Herst aus berecht Reklamationen Konsequenzen für die künft Herstellg zieht.

d) Darbietung (Abs I Buchst a) ist jede Tätigk, dch die der Herst od mit seiner Billigg ein Dr das Prod der Allgemeinh, darunter auch dem jeweil Benutzer vorstellt. Darunter fallen zB ProdBeschreibg, GebrAnw, Verpackg, Ausstattg, Gütezeichen, Hinw auf bes, auch gefährl Eigensch. Fehlt die notw Aufklärg, ist sie lückenh od unricht, so liegt darin ein Instruktionsfehler (vgl Anm 2c). Auch die Werbg, allerd unter Berücksichtigg gewisser Übertreibgen, mit denen die Allgemeinh rechnet, kann den ErwargsHorizont hins der ProdSicherh, um die es hier allein geht, beeinflussen.

e) Der Gebrauch, mit dem billigerweise gerechnet werden kann, ist ein weiterer Umst für die Beurt der Frage, ob das Prod fehlerh sein kann, weil es nicht die Sicherh bietet, mit der berechtigterw gerechnet werden kann. Gemeint ist der bestimmgsmäß Gebr (BGH **51**, 91). Er ergibt sich aus Art u Wesen des Prod u aus der ZweckBest, die ihm der Herst in Beschreibgen u GebrAnwen gegeben hat. Herstellg u Instruktion müssen aber darühinaus auch auf einen über die ZweckBest hinausgehen übl Gebr u eine nicht ganz fernliegde versehentl Fehlanwendg abstellen (BGH NJW **72**, 2217). Mit einem mißbräuchl, völl zweckfremden Gebr ist billigerw nicht zu rechnen (BGH NJW **81**, 2514: techn Lösgmittel als InhaliergsRauschgift).

f) Maßgebender Zeitpunkt (Abs I Buchst c), in dem das Prod den berecht SicherhErwartgen entsprechen muß, ist das InVerkBringen (vgl § 1 Anm 6a).

g) Beispiele: aa) Konstruktionsfehler: Fehlerh BremsAnl bei Kfz (RG **163**, 21, DR **40**, 1293). Mangelh Befestigg eines Ölablaufrohrs (Nürnb NJW-RR **88**, 378). BediengsErschwerg bei Rungenverschluss (BGH VersR **72**, 357). Typhusbazillen in Trinkmilch (BGH VersR **54**, 100). Gefährl Gerät ohne ausreichde Schutzvorrichtg (BGH VersR **57**, 584). Betriebsunsichere Kühlmaschine (BGH VersR **60**, 1095). Maschine, die den UnfallVerhütgsVorschr nicht entspr (Hamm MDR **71**, 488, BGH BB **72**, 13). Seilriß bei Förderkorb (BGH VersR **72**, 559). Explodierde Einwegflasche (BGH NJW **88**, 2611). **bb) Fabrikationsfehler:** Verunreinigg von Brunnensalz (RG **87**, 1). Fehlerh Montage von Lenkvorrichtg bei Motorroller (BGH VersR **56**, 259). Materialschwäche bei Fahrradgabel (BGH VersR **56**, 410). Materialriß in Seilschloß (BGH VersR **59**, 104). Gußfehler bei Kondenstopf (BGH VersR **60**, 855). Materialfehler bei Schubstrebe (BGH NJW **68**, 247). Verunreinigg von Impfstoff (BGH **51**, 91). Antibiotika im Fischfutter (BGH **105**, 346). Bruch des Operationsinstruments wg Materialfehlers (Düss NJW **78**, 1693). Gaszug im Auto rastet nicht zurück (BGH **86**, 256). Gastwirt verabreicht mit Salmonellen behaftete Speise (Ffm VersR **82**, 151). Fehlerh DosiergsAnw für Medikament in medizin Druckwerk (BGH NJW **70**, 1963 verneint Deliktshaftg des Verlegers); allg zur Frage der Haftg bei Fehlern in Druckwerken Röhl JZ **79**, 369, für Fehlleistgen in der Forschg Heldrich, Freih der Wissensch – Freih zum Irrt?, 1987. **cc) Instruktionsfehler:** InsektenvertilggsMittel (BGH VersR **55**, 765). Unterbliebener Hinw auf die Unverträglichk gleichzeit Anwendg zweier Pflanzenschutzmittel (BGH Betr **77**, 1695). MontageAnw bei Fensterkran (BGH VersR **59**, 523, Fehler verneint). Feuergefährlk von Rostschutzmittel (BGH NJW **59**, 1676), von Klebemittel (BGH VersR **60**, 342), von Grundiermittel (BGH VersR **62**, 372), von Auftautransformator (BGH VersR **63**, 860). Unzureichende BediengsAnleitg von BetonbereitgsAnl (BGH VersR **47**, 312). Säurehalt ReiniggsMittel (Celle VersR **85**, 949). Fehlder Hinw auf Arterienunverträglichk eines Narkosemittels (BGH VersR **59**, 172), auf Gef des Berstens einer Spannhülse bei der Schalg von BetonTln (BGH BB **75**, 1031). Fehlder Hinw auf sichere Befestigg eines Sportgerätes (Mü u BGH VersR **88**, 235).

4) Spätere Produktverbesserung (Abs II) führt als solche nicht zur Fehlerhaftigk des früher in Verk gebrachten Prod. Der Umst allein, daß ein Prod gleicher od vergleichb Art desselben od eines and Herst später in verbesserter Ausführg auf den Markt kommt, kann nicht dazu führen, früher fehlerfrei in Verk gebracht Prod nunmehr als mit einem Konstruktionsfehler behaftet anzusehen. Verboten ist also der Schluß auf die frühere Fehlerhaftigk allein aus der Tats der späteren Verbesserg. Die Feststellg, daß das schadstiftde Prod bereits zur Zeit des InVerkBringens nicht den berecht SicherhErwartgen entsprach, bleibt auch bei späterer Verbesserg mögl. Auch kann sich eine Haftg des Herst nach InVerkBringen wg Verl der ProdBeobachtgsPfl ergeben (vgl BGB 823 Anm 15c aa). Außerd gehört es zu den berecht Erwartgen (Abs I), daß der Herst aus zutr Reklamationen Konsequenzen für die künft Herstellg seiner Prod zieht.

ProdHaftG 4 **Hersteller.** [I] Hersteller im Sinne dieses Gesetzes ist, wer das Endprodukt, einen Grundstoff oder ein Teilprodukt hergestellt hat. Als Hersteller gilt auch jeder, der sich durch das Anbringen seines Namens, seines Warenzeichens oder eines anderen unterscheidungskräftigen Kennzeichens als Hersteller ausgibt.

[II] *Als Hersteller gilt ferner, wer ein Produkt zum Zweck des Verkaufs, der Vermietung, des Mietkaufs oder einer anderen Form des Vertriebs mit wirtschaftlichem Zweck im Rahmen seiner geschäftlichen Tätigkeit in den Geltungsbereich des Vertrages zur Gründung der Europäischen Wirtschaftsgemeinschaft einführt oder verbringt.*

[III] *Kann der Hersteller des Produkts nicht festgestellt werden, so gilt jeder Lieferant als dessen Hersteller, es sei denn, daß er dem Geschädigten innerhalb eines Monats, nachdem ihm dessen diesbezügliche Aufforderung zugegangen ist, den Hersteller oder diejenige Person benennt, die ihm das Produkt geliefert hat. Dies gilt auch für ein eingeführtes Produkt, wenn sich bei diesem die in Absatz 2 genannte Person nicht feststellen läßt, selbst wenn der Name des Herstellers bekannt ist.*

1) Verpflichtet zum Schadensersatz ist nach § 1 I der Herst. Für ihn gibt § 4 die BegrBest und weitet dabei den HerstBegr im Interesse eines wirks VerbrSchutzes erhebl aus.

2) Tatsächlicher Hersteller (Abs I 1) ist, wer industriell od handwerkl als Untern (Ggs: Mitarbeiter) das EndProd, einen GrdStoff od ein TLProd tatsächl hergestellt hat. Eine Abgrenzg zwischen diesen ist nicht erforderl, weil die Haftg des jeweil Herst ggü dem Geschädigten gleich ist.

a) Endprodukt ist das fert Erzeugn, wie es für den Verbraucher best ist. Herst des EndProd ist auch, wer vorgefertigte EinbauTle verwendet (BGH NJW **75**, 1827), wer es ohne eig Fertigg aus von and Herst vorgefertigten Tln ledigl zusammensetzt (Celle VersR **78**, 258) od wer ledigl die Endmontage des Prod besorgt, dessen Tle ihm ein and Untern mit den Montageplänen geliefert hat (BGH BB **77**, 1117; die dort gemachte Einschränkg betrifft nicht den HerstBegr). Fehlerh GrdStoff u fehlerh TlProd machen auch das EndProd fehlerh. Ist das EndProd aGrd einer Lizenz hergestellt, die einen Konstruktionsfehler enthält, so ist Herst nur der Lizenznehmer, sein Rückgr ggn den Lizenzgeber richtet sich nicht nach diesem G.

b) Teilprodukt ist das für den Einbau in ein and Prod, nicht direkt für die Benützg durch den priv Verbraucher best Erzeugn. Sein Herst haftet nur für den Schad, der dch einen Fehler dieses TlProd verurs worden ist, weil er nur insoweit Herst (§ 1 I 1) ist (ähnl schon Mü BB **80**, 1297, allerd unter dem Blickwinkel der VerkSichgsPfl). Seine Haftg tritt neben diejen des Herst des EndProd als GesSchu (§ 5 S 1). Ausgl im Innenverh (§ 5 S 2). HaftgsAusschl in § 1 III.

c) Grundstoffe sind Materialien, die für die Herstellg eines Tl- od EndProd vorgesehen sind. Ihr Herst haftet nur für den Schad, der dch einen Fehler dieses GrdStoffes verurs ist, weil er nur insoweit Herst (§ 1 I 1) ist. Seine Haftg tritt neben diejen des Herst des Tl- u/od EndProd als GesSchu (§ 5 S 1). Ausgl im InnenVerh § 5 S 2. HaftgsAusschl in § 1 III. Handelt es sich bei dem GrdStoff um ein NaturErzeugn ohne erste Verarbeitg (§ 2 S 2), so ist es nicht „hergestellt" (§ 4 I 1), sein Lieferant ist nicht Herst, er haftet dem Geschädigten nicht.

3) Quasihersteller. Abs I 2 erweitert den Begr des Herst auf denjen, der sich als Herst ausgibt, dh nach außen hin den Eindruck erweckt, er sei der tats Herst. Dies geschieht dadch, daß er auf dem Prod, der Verpackg od Begleitpapierstden seinen Namen, sein Warenzeichen od ein and unterscheidgskräft Kennzeichen anbringt. Die Aufzählg ist weit auszulegen. Die Vorschr hat Bedeutg insbes für Versandhäuser, Handelsketten, die für sich, vielf in Billigländern, herstellen lassen und das Prod als eig anbieten. Die Haftg kann neben die aus Abs I 1 treten. Der Lizenzgeber ist nicht QuasiHerst. Ebso nicht, wer ein fremdes Prod ledigl vertreibt (so grds schon BGH NJW **87**, 1009 für Konstruktions- u Fabrikationsfehler), auch wer nur eine Handelsmarke anbringt, weil sie nicht auf die Herstellg dch ihn hinweist und hinweisen soll; er haftet ggf nach Abs III od nach DeliktsR (vgl BGB 823 Anm 15).

4) Importeur (Abs II). Die Einfuhr od Verbringg muß iR der geschäftl (Ggs: priv) Tätigk des Importeurs zum Vertrieb mit wirtsch Zweck (OberBegr), zB Verk, Vermietg, Verleasen (Ggs: EigBedarf, auch gewerbl) geschehen u zwar in ein der EG angehördes Land aus einem der EG. Damit soll der Verbraucher vor der Notwendigk geschützt werden, Proz in einem Drittland führen zu müssen. Innerh der EG bedarf er wg des einheitl geltden ProdHaftR u wg der günstigeren Zuständigk- u VollstrRegelg in Art 13 bis 15, 31 ff EuGVÜ in der vorgesehenen Fassg des BeitrÜbk (BGBl **83** II 802) dieses Schutzes nicht. War das Prod im Ztpkt der Einfuhr od Verbringg nicht zum Vertrieb, sondern für den – auch gewerbl – EigBedarf vorgesehen, so führt seine spätere Veräußerg nicht zur Haftg als Importeur, möglicherw aber zur Haftg als Lieferant. Die Haftg gem Abs I bleibt von Abs II unberührt.

5) Lieferant (Abs III)

a) Ersatzweise Haftung. Der Lieferant aus jedem RGrd, meist Verkäufer, gilt als Herst, haftet also wie der Herst (Abs I 1) u der QuasiHerst (Abs I 2) für den Fall, daß dieser nicht festgestellt werden kann, gleichgült aus welchem Grd. Das gleiche gilt für ein eingeführtes Prod, falls der Importeur aus einem nicht der EG angehör Land (Abs II) nicht festgestellt werden kann, sogar dann, wenn der Name des Herst bekannt ist. Die Vorschr schützt den Verbraucher u will der Anonymität der Prod dch Verschleierg des Herst entggwirken, zugl den Lieferanten im eig Interesse zur Aufklärg der Herkunft der Ware anregen. Der Dokumentation der Herkunft wird desh für den Händler u Importeur erhöhte Bedeutg zukommen.

Produkthaftungsgesetz (Entwurf) **ProdHaftG 4–7**

b) Entlastung. Die ersatzw Haftg des Lieferanten entfällt, wenn er dem Geschädigten den Herst (Abs I) od seinen eig Vorlieferanten benennt, bei eingeführten Waren den Importeur aus einem Nicht-EG-Land, auch wenn der Name des Herst bekannt ist. Der Verbraucher ist also davor geschützt, daß er sich an einen Herst außerh der EG halten muß. Die Benennung muß innerh eines Monats nach Zugang der Aufforderung dch den Geschädigten geschehen. Der Vorlieferant wird frei, wenn er seinerseits seinen Vorlieferanten od den Herst benennt.

ProdHaftG 5 **Mehrere Ersatzpflichtige.** *Sind für denselben Schaden mehrere Hersteller nebeneinander zum Schadensersatz verpflichtet, so haften sie als Gesamtschuldner. Im Verhältnis der Ersatzpflichtigen zueinander hängt, soweit nichts anderes bestimmt ist, die Verpflichtung zum Ersatz sowie der Umfang des zu leistenden Ersatzes von den Umständen, insbesondere davon ab, inwieweit der Schaden vorwiegend von dem einen oder dem anderen Teil verursacht worden ist; im übrigen gelten die §§ 421 bis 425 sowie § 426 Abs. 1 Satz 2 und Abs. 2 des Bürgerlichen Gesetzbuchs.*

1) Regelungsgehalt. Die Vorschr regelt den Fall, daß dem Geschädigten gegen mehrere Herst (tats Herst, QuasiHerst, Importeur, Lieferant, § 4) SchadErsAnspr gem § 1 zustehen. Satz 1 betrifft das AußenVerh zw dem Geschädigten u den mehreren Haftden, S 2 den AusglAnspr im InnenVerh zw den mehreren Haftden.

2) Außenverhältnis. Mehrere für den Schad Verantwortl haften dem Geschädigten als GesSchu. Vgl BGB 840, 421 bis 425 u die Anm dort.

3) Innenverhältnis.

a) Ausgleich. Vorrang hat eine anderweit Best. Sie kann sich im EinzFall aus vertragl od vertrhänl RBez zw den Beteil (vgl BGB 426 Anm 3b) od aus Ges (vgl BGB 426 Anm 3c) ergeben. Mangels anderweit Best ist die Regel des BGB 426 I 1 (gleiche Anteile) dch § 5 S 2 1. Halbs ersetzt, der sein Vorbild in StVG 17 I 1, LuftVG 41 I 1, HaftpflG 13 I 1 u in der VerteilgsRegelg des BGB 254 I (vgl sinngem dort Anm 4) hat.

b) Der Ausfall eines Beteiligten ist kraft der Verweisg in S 2 letzter Halbs gem BGB 426 I 2 von den übr zu tragen. Vgl BGB 426 Anm 2 d.

c) Gesetzlicher Forderungsübergang, falls einer der GesSchu den Gläub befriedigt. S 2 letzter Halbs verweist auf BGB 426 II. Vgl dort Anm 4. IPR vgl EG Art 33 III.

ProdHaftG 6 **Haftungsminderung.** *[I]Hat bei der Entstehung des Schadens ein Verschulden des Geschädigten mitgewirkt, so gilt § 254 des Bürgerlichen Gesetzbuchs; im Falle der Sachbeschädigung steht das Verschulden desjenigen, der die tatsächliche Gewalt über die Sache ausübt, dem Verschulden des Geschädigten gleich.*

[II]Die Haftung des Herstellers wird nicht gemindert, wenn der Schaden durch einen Fehler des Produkts und zugleich durch die Handlung eines Dritten verursacht worden ist. § 5 Satz 2 gilt entsprechend.

1) Mitverschulden des Geschädigten (Abs I) führt zu Minderg od Ausschl der Haftg des Herst. Es gilt BGB 254. Danach hat der Geschädigte iR des BGB 278 auch für das Versch Dritter, sonst entspr BGB 831 einzustehen (vgl BGB 254 Anm 5). Bei SachBeschädigg gem Abs I 2. Halbs außerdem für das Versch dessen, der die tats Gewalt über die Sache ausübt (BGB 854, 855), wie in StVG 9, LuftVG 34, HaftPflG 4. Bloß schuldl Mitverursachg ist dem Geschädigten nicht anzurechnen, weil von ihm keine Sach- od Betriebs-Gef ausgeht u die ProdHaftg eine GefährdgsHaftg ist (vgl BGB 254 Anm 1b). Hauptfälle mitwirkdn Versch sind Nichtbeachtg von GebrAnw od Warngen u versehentl FehlGebr (vgl § 3 Anm 3 e).

2) Mitverursachung durch Dritte (Abs II).

a) Im Außenverhältnis zw dem Geschädigten u dem Herst führt der Umst, daß sowohl ein Fehler des Prod wie die Hdlg eines außerh dieses G stehdn Dr denselben Schad verurs haben, nicht zu einer Minderg des SchadErsAnspr gg den Herst. Ob auch gg den Dr ein Anspr besteht, richtet sich nach den einschläg schuldr Vorschr.

b) Im Innenverhältnis zw dem Herst u dem außerh des ProdHaftG stehdn Dr gelten kraft der Verweisg in Abs II 2 die Vorschr üb den Ausgl zw mehreren als GesSchu haftden Herst (vgl § 5 Anm 3).

ProdHaftG 7 **Umfang der Ersatzpflicht bei Tötung.** *[I]Im Falle der Tötung ist Ersatz der Kosten einer versuchten Heilung sowie des Vermögensnachteils zu leisten, den der Getötete dadurch erlitten hat, daß während der Krankheit seine Erwerbsfähigkeit aufgehoben oder gemindert war oder seine Bedürfnisse vermehrt waren. Der Ersatzpflichtige hat außerdem die Kosten der Beerdigung demjenigen zu ersetzen, der diese Kosten zu tragen hat.*

[II] Stand der Getötete zur Zeit der Verletzung zu einem Dritten in einem Verhältnis, aus dem er diesem gegenüber kraft Gesetzes unterhaltspflichtig war oder unterhaltspflichtig werden konnte, und ist dem Dritten infolge der Tötung das Recht auf Unterhalt entzogen, so hat der Ersatzpflichtige dem Dritten insoweit Schadensersatz zu leisten, als der Getötete während der mutmaßlichen Dauer seines Lebens zur Gewährung des Unterhalts verpflichtet gewesen wäre. Die Ersatzpflicht tritt auch ein, wenn der Dritte zur Zeit der Verletzung gezeugt, aber noch nicht geboren war.

ProdHaftG 7–10

1) Inhalt. Die Vorschr umschreibt den Umfang der SchadErsPfl des Herst, wenn ein ProdFehler den Tod eines Menschen verursacht hat. Sie ist teilw überfl, iü hätte eine Verweisg auf bereits bestehde Vorschr gleichen Inhalts genügt.

2) Heilungskosten, Erwerbseinbußen, Vermehrung der Bedürfnisse. Abs I 1 hat nur klarstellde Funktion, es handelt sich um SchadErsAnspr noch in der Pers des Verl, die sich bereits aus §§ 1 I 1, 8 u aus BGB 249, 842, 843 I ergeben u die mit seinem Tod iW der RNachfolge auf seine Erben übergehen.

3) Beerdigungskosten, Abs I 2 entspricht BGB 844 I. Vgl dort Anm 1 bis 3.

4) Entziehung des Rechts auf Unterhalt. Abs II entspricht BGB 844 II. Vgl dort Anm 1, 2, 4, 5. Ein redaktioneller Unterschied besteht darin, daß die Art der ErsLeistg dch Rente nicht in den § 7 einbezogen ist wie in BGB 844 II, sondern in § 9 geregelt ist.

ProdHaftG 8 *Umfang der Ersatzpflicht bei Körperverletzung. Im Falle der Verletzung des Körpers oder der Gesundheit ist Ersatz der Kosten der Heilung sowie des Vermögensnachteils zu leisten, den der Verletzte dadurch erleidet, daß infolge der Verletzung zeitweise oder dauernd seine Erwerbsfähigkeit aufgehoben oder gemindert ist oder seine Bedürfnisse vermehrt sind.*

1) Inhalt. Die Vorschr umschreibt den Umfang der SchadErsPfl des Herst, wenn ein ProdFehler eine KörperVerl verursacht hat. Sie ist teilw überflüss, iü hätte eine Verweisg auf bereits bestehde Vorschr gleichen Inhalts genügt.

2) Heilungskosten. Die ErsPfl folgt schon aus § 1 I 1 u aus BGB 249.

3) Erwerbseinbußen, Vermehrung der Bedürfnisse. Entspricht BGB 842, 843. Vgl BGB 842 Anm 1, 2, 843 Anm 1 bis 3. Ein redaktioneller Unterschied besteht darin, daß die Art der ErsLeistg dch Rente nicht in § 8 einbezogen ist wie in BGB 843, sondern in § 9 geregelt ist.

ProdHaftG 9 *Schadensersatz durch Geldrente.* ^{I} *Der Schadensersatz wegen Aufhebung oder Minderung der Erwerbsfähigkeit und wegen vermehrter Bedürfnisse des Verletzten sowie der nach § 7 Abs. 2 einem Dritten zu gewährende Schadensersatz ist für die Zukunft durch eine Geldrente zu leisten.*

^{II} *§ 843 Abs. 2 bis 4 des Bürgerlichen Gesetzbuchs ist entsprechend anzuwenden.*

1) Schadensersatz durch Geldrente (Abs I). Zu leisten an den Verl iF des § 8, an die Hinterbliebenen des Getöteten iF des § 7 II. Die Regelg entspricht BGB 843 I, 844 II. Vgl BGB 843 Anm 4, 844 Anm 6.

2) Die Verweisungen in Abs II bedeuten:

a) BGB 843 II 1 verweist wegen der techn Einzelh der Rentenzahlg weiter auf BGB 760. Satz 2 gibt uU Anspr auf SicherhLeistg. Vgl die Anm zu BGB 760 u 843 Anm 5.

b) BGB 843 III läßt bei wicht Grd Kapitalabfindg statt Rente zu. Vgl BGB 843 Anm 6. Gilt auch für die UnterhRente iF des § 7 II.

c) BGB 843 IV läßt den Rentenanspruch bestehen, auch wenn ein and dem Verl (§ 8) bzw den Hinterbliebenen (§ 7 II) Unterh zu gewähren hat. Vgl BGB 843 Anm 7.

ProdHaftG 10 *Haftungshöchstbetrag.* ^{I} *Sind Personenschäden durch ein Produkt oder gleiche Produkte mit demselben Fehler verursacht worden, so haftet der Ersatzpflichtige nur bis zu einem Höchstbetrag von 160 Millionen Deutsche Mark.*

^{II} *Übersteigen die den mehreren Geschädigten zu leistenden Entschädigungen den in Absatz 1 vorgesehenen Höchstbetrag, so verringern sich die einzelnen Entschädigungen in dem Verhältnis, in dem ihr Gesamtbetrag zu dem Höchstbetrag steht.*

1) Der Haftungshöchstbetrag (Abs I) gilt nur iF des Todes (§§ 7, 9) od der KörperVerl (§§ 8, 9), nicht bei SachSchad; dafür § 11. Es spielt keine Rolle, ob der Schad dch ein einz fehlerh Prod od dch mehrere gleiche Prod mit demselben Fehler verursacht worden ist. Er gilt nicht für SchadErsAnspr aus uH (§ 15, BGB 823).

a) Beim Einzelschadensfall hat ein einz fehlerh Prod den Schad dch Verl od Tod eines od mehrerer Menschen verursacht. Der HöchstBetr kann nur in Extremfällen mit mehreren Verletzten, zB Unfall von Massenbeförderungsmittel, erreicht werden. Ob diese Alternative überhaupt dch Art 16 I EG-Richtlinie gedeckt ist, erscheint zweifelh.

b) Beim Serienschaden haben mehrere mit demselben Fehler behaftete gleiche Prod den Schad verurs. Hierbei kann es sich nur um den näml Konstruktionsfehler handeln, der einer best ganzen Serie anhaftet (vgl § 3 Anm 2a) u der in mehreren SchadFällen zu einem GesamtSchad führt. Die Abgrenzg, ob die Prod „gleich" sind, kann Schwierigk machen, wird sich aber anhand der Konzeption des Herst für eine best (fehlerh) Serie vornehmen lassen.

c) In den Höchstbetrag einzurechnen sind alle aGrd der Verl od des Todes eines Menschen entstandenen SchadPosten einschl der für diesen Zweck zu kapitalisierden Rente, nicht aber der SachSchad.

2) Anteilige Kürzung (Abs II) ist im Interesse der GleichBehandlg aller Geschädigten erforderl, wenn die Addition der den mehreren Geschädigten zu leistden ErsBeträge den HöchstBetr übersteigt. Gilt für Einzel- u SerienSchadFall (oben 1a, b). Die Vorschr entspricht inhaltl StVG 12 II 2, HaftPflichtG 10 II,

Produkthaftungsgesetz (Entwurf)

AMG 88 S 2. Ist der HöchstBetr erreicht, gehen später Geschädigte leer aus, falls sich die Haftg nicht auf uH stützen läßt.

ProdHaftG 11 *Selbstbeteiligung bei Sachbeschädigung. Im Falle der Sachbeschädigung hat der Geschädigte einen Schaden bis zu einer Höhe von 1125 Deutsche Mark selbst zu tragen.*

1) Selbstbeteiligung. Der nach § 1 I zu ersetzde Schad an and PrivSachen als dem fehlerh Prod selbst ist der Höhe nach nicht auf einen best Betr begrenzt, der Geschädigte hat aber die ersten 1125 DM selbst zu tragen. Der Herst hat also bis zu diesem Betr überhaupt keinen Ers zu leisten, bei höheren SachSchäd nur den DifferenzBetr. Voller ErsAnspr bleibt dem Geschädigten aus uH (§ 15, BGB 823).

ProdHaftG 12 *Verjährung.* ^I*Der Anspruch nach § 1 verjährt in drei Jahren von dem Zeitpunkt an, in dem der Ersatzberechtigte von dem Schaden, dem Fehler und von der Person des Ersatzpflichtigen Kenntnis erlangt hat oder hätte erlangen müssen.*

^{II} *Schweben zwischen dem Ersatzpflichtigen und dem Ersatzberechtigten Verhandlungen über den zu leistenden Schadensersatz, so ist die Verjährung gehemmt, bis die Fortsetzung der Verhandlungen verweigert wird.*

^{III}*Im übrigen sind die Vorschriften des Bürgerlichen Gesetzbuchs über die Verjährung anzuwenden.*

1) Beginn der 3jährigen Verjährungsfrist (Abs I) mit pos Kenntn der 3 im Text genannten Tats (nachstehd a bis c); vgl allg BGB 852 Anm 2. Die Verj beginnt abweichd von BGB 852 I zum Nachtl des Geschädigten aber auch schon mit dem Ztpkt des Kennenmüssens, also fahrl Unkenntn. Die 3 maßgebl kumulat Tats sind:

a) Schaden. Vgl BGB 852 Anm 2a.

b) Fehler. Seine Kenntn od fahrl Unkenntn wird idR mit der vom Schad zusammentreffen. Ggf muß der Geschädigte einen Sachverst zuziehen.

c) Person des Ersatzpflichtigen. Vgl BGB 852 Anm 2b. Der Ztpkt der Kenntn od fahrl Unkenntn kann je nach dem infrage kommden ErsPflichtigen (vgl § 4) unterschiedl sein.

d) Eine Ersatzfrist von 30 Jahren wie in BGB 852 I gibt es nicht, weil der SchadErsAnspr gem § 13 nach Ablauf von 10 Jahren seit InVerkBringen des fehlerh Prod erlischt.

2) Hemmung. Abs II entspricht BGB 852 II. Vgl dort Anm 4b. Außerdem gelten über Abs III BGB 202 bis 207.

3) Unterbrechung und Fristablauf. Abs III erklärt BGB 208 ff für anwendb. Vgl auch BGB 852 Anm 4a, c.

ProdHaftG 13 *Erlöschen von Ansprüchen.* ^I *Der Anspruch nach § 1 erlischt zehn Jahre nach dem Zeitpunkt, in dem der Hersteller das Produkt, das den Schaden verursacht hat, in den Verkehr gebracht hat. Dies gilt nicht, wenn über den Anspruch ein Rechtsstreit oder ein Mahnverfahren anhängig ist.*

^{II} *Auf den rechtskräftig festgestellten Anspruch oder auf den Anspruch aus einem anderen Vollstreckungstitel ist Absatz 1 Satz 1 nicht anzuwenden. Gleiches gilt für den Anspruch, der Gegenstand eines außergerichtlichen Vergleichs ist oder der durch rechtsgeschäftliche Erklärung anerkannt wurde.*

1) Erlöschen des Anspruchs. Der Grd liegt in der fortschreitden techn Entwicklg der Prod, vor allem in der mit dem ZtAblauf wachsenden Schwierigk für den Herst, die HaftgsAusschlTatbestde nach § 1 II bis IV zu beweisen. Das Erlöschen ist im Ggs zur Verj vAw zu beachten. Gilt nur für den Anspr aus § 1 I, nicht für solche mit and AnsprGrdlage (§ 15).

2) Regel: Erlöschen nach 10 Jahren (Abs I 1).

a) Beginn. Mit dem InVerkBringen (vgl § 1 Anm 6a) des konkr schadstiftden Prod, auch bei SerienSchäd (vgl § 10 Anm 1b). Der Beginn kann also unterschiedl sein, je nachdem, ob der Geschädigte den Herst, QuasiHerst, Importeur od Lieferanten (vgl § 4) in Anspr nimmt. Die BewLast für das InVerkBringen an dem best KalTag trägt der Herst, weil diese Tats eine für ihn günst RFolge auslöst.

b) Lauf. Es handelt sich um eine absolute Fr, für die es weder Hemmg noch Unterbrechg gibt.

c) Ablauf gemäß BGB 188 II 10 Jhre nach Beginn.

3) Ausnahmen: Kein Erlöschen nach 10 Jahren (Abs I 2, II).

a) Gerichtliches Verfahren. Ist der Anspr am Tage des FrAbl Ggst eines Kl- od MahnVerf, so erlischt er an diesem Tage nicht. RHängigk (ZPO 253 I, 261 II, 696 III), wobei für die FrWahrg ZPO 270 III, 693 II gelten, genügt jedenf. Da das G im Ggs zu BGB 847 I nicht auf die RHängigk abstellt, genügt bereits die Anhängigk eines Kl- od Mahn-, nicht eines ProzKostenhilfeVerf. Mit rkräft Entsch im ErkenntnVerf ist entw der bekl Herst zur SchadErsLeistg verurteilt od die Kl abgewiesen. In beiden Fällen ist die Frage nach dem FrEnde überholt.

b) Rechtskräftiger Titel verhindert Erlöschen des Anspr. Gleiches gilt für and VollstrTitel wie ProzVergl und not Urk mit UnterwerfgsKlausel, ferner für außerger Einigg über den SchadErsAnspr iW des Vergl (BGB 779) od des rgeschäftl Anerk (BGB 781) konstit od deklarat Natur.

ProdHaftG 14 *Unabdingbarkeit. Die Ersatzpflicht des Herstellers nach diesem Gesetz darf im voraus weder ausgeschlossen noch beschränkt werden. Entgegenstehende Vereinbarungen sind nichtig.*

1) Unabdingbarkeit. Die ErsPfl des Herst (§ 4) gem § 1 I kann im voraus nicht ausgeschl od beschr werden, weder dch Vertr, falls zw dem Herst u dem Benützer des Prod ein solcher besteht, noch dch anderweit Vereinbg, noch dch entspr Klauseln auf dem Prod selbst, auf der Verpackg, in GebrAnw, Warngen, Hinweisen u dergl. Soweit die Letztgenannten vor konkr Gef, insb dch Fehlanwendg warnen od best SicherhVorkehrgen empfehlen, kann ein Verstoß zur Anwendg des BGB 254 führen (vgl § 6 Anm 1). Ohne Hinw auf spezif gefährl Eigensch kann aber der Herst die Verwendg des Prod generell beschränken mit der Folge eines HaftgsAusschl bei Verstoß. Die Vorschr gilt nicht für Anspr aGrd und AnsprGrdl (§ 15). Zuläss sind Vereinbgen über Beschr od Ausschl der ErsPfl nach Eintritt des SchadFalls, etwa iW eines Vergl.

2) Verstoß führt zur Nichtigk der haftgsbeschränkden Vereinbg od Klausel.

ProdHaftG 15 *Arzneimittelhaftung; Haftung nach anderen Rechtsvorschriften.*
I Wird infolge der Anwendung eines zum Gebrauch bei Menschen bestimmten Arzneimittels, das im Geltungsbereich des Arzneimittelgesetzes an den Verbraucher abgegeben wurde und der Pflicht zur Zulassung unterliegt oder durch Rechtsverordnung von der Zulassung befreit worden ist, jemand getötet, sein Körper oder seine Gesundheit verletzt, so sind die Vorschriften des Produkthaftungsgesetzes nicht anzuwenden.

II Eine Haftung aufgrund anderer Vorschriften bleibt unberührt.

1) Das **Atomgesetz** ist zwar in § 15 nicht genannt, Art 14 der EG-Richtlinie ProdHaftg erklärt aber diese Richtlinie für unabwendb auf Schäd inf eines nuklearen ZwFalls, die in von den MitglStaaten ratifizierten internat Übk erfaßt sind. Das ist in dem von der BRep ratifizierten Pariser Übk der Fall. Daraus folgt, daß auf NuklearSchäd dieses G nicht, sondern als SpezialG das AtomG anwendb ist (Kullmann/Pfister Nr 3600 B II 3, Taschner Art 14 Rdn 1, 8).

2) Das **Arzneimittelgesetz** v 24. 8. 76 (BGBl I S 2445), zuletzt geändert dch G v 26. 11. 86 (BGBl I S 2089), enthält in §§ 84ff ebenf eine GefährdgsHaftg u hat als spezielle Regelg Vorrang. Für SchadEreign nach AMG gilt das ProdHaftG nicht (Abs I), selbst wenn seine Vorschr den Geschädigten besserstellen. Ob dies mit Art 13 der EG-Richtlinie vereinb ist, erscheint zweifelh (Buchner Betr **88**, 32 [36]). AMG 84 Nr 1 erfaßt bei bestimmungsgem Gebr des Mittels, weitergehd als § 3, auch die sog EntwicklgsGef. AMG 88 beschr die Haftg auf einen geringeren HöchstBetr als § 10. MitVersch, Umfang der ErsPfl bei Tötg u KörperVerl dch Geldrente (AMG 85–87) sind inhaltl übereinstimmd mit dem ProdHaftG geregelt. Verj 3 Jahre ab Kenntn (AMG 90). Haftg Mehrerer als GesSchu (AMG 93). Die Haftg ist unabdingb (AMG 92). DeckgsVorsorge (AMG 94). WahlGerStand am Wohns des Kl (AMG 94a). Bei Versch sind BGB 823ff neben dem AMG anwendb (AMG 91, BGH **106**, 273 GebrInformation).

§ 84. Gefährdungshaftung. *Wird infolge der Anwendung eines zum Gebrauch bei Menschen bestimmten Arzneimittels, das im Geltungsbereich dieses Gesetzes an den Verbraucher abgegeben wurde und der Pflicht zur Zulassung unterliegt oder durch Rechtsverordnung von der Zulassung befreit worden ist, ein Mensch getötet oder der Körper oder die Gesundheit eines Menschen nicht unerheblich verletzt, so ist der pharmazeutische Unternehmer, der das Arzneimittel im Geltungsbereich dieses Gesetzes in den Verkehr gebracht hat, verpflichtet, dem Verletzten den daraus entstandenen Schaden zu ersetzen. Die Ersatzpflicht besteht nur, wenn*

1. das Arzneimittel bei bestimmungsgemäßem Gebrauch schädliche Wirkungen hat, die über ein nach den Erkenntnissen der medizinischen Wissenschaft vertretbares Maß hinausgehen und ihre Ursache im Bereich der Entwicklung oder der Herstellung haben oder
2. der Schaden infolge einer nicht den Erkenntnissen der medizinischen Wissenschaft entsprechenden Kennzeichnung, Fachinformation oder Gebrauchsinformation eingetreten ist.

3) Weitergehende vertragliche Ersatzansprüche bleiben von diesem G unberührt (Abs II, EG-Richtlinie Art 13), falls im EinzFall zw dem Herst u dem Geschädigten vertragl abzuwickelnde Beziehgen bestehen. Als solche kommen in Frage:

a) Gewährleistungsansprüche (zur Abgrenzg vgl § 3 Anm 1), falls der Herst des Prod zugleich Partner des Kauf- bzw WkVertr mit dem geschädigten Käufer bzw Besteller (Verbr) ist.

b) Garantie- od Haftungsvertrag zw Herst u Verbr ist denkb, aber ohne prakt Wert, weil alles, was zur Darbietg des Prod gehört (§ 3 I Buchst a, dort Anm 3d) zur Haftg nach diesem G führen kann u idR keine rgeschäftl WillErkl enthält (BGH **48**, 122, **51**, 91); ebsowenig die bloße Herausg einer GebrAnweisg (BGH **89**, 20). Auch die Verwendg von Garantiekarten umfaßt idR nicht FolgeSchäd (BGH **50**, 200). Im EinzFall kann die individuelle GarantieErkl des Herst an den Kunden des Erstabnehmers gerichtet sein. Auf sie ist BGB 477 I entspr anwendb (BGH NJW **81**, 2248; Besprechg Bunte NJW **82**, 1629, Littbarski JuS **83**, 345). Der Kunde kann dann neben dem Anspr aus der Garantie gg den Herst einen GewlAnspr gegen seinen Verk haben. Denkb ist im EinzFall auch ein GarantieVertr zw Herst u Erstabnehmer zG des Letztabnehmers (Verbr) nach BGB 328 I (BGH NJW **79**, 2036; zust Lehmann BB **80**, 964, zusfassd v Westphalen NJW **80**, 2227; BGH WPM **81**, 548).

Produkthaftungsgesetz (Entwurf) **ProdHaftG 15–19**

c) **Vertrag mit Schutzwirkung zugunsten Dritter** (BGB 328 Anm 3). Als solcher scheidet der Kaufod WkVertr zw Herst u Erstabnehmer aus (weitergehd Steinmeyer Betr **88**, 1049: Schutzwirkg, wenn der Herst auf ein Prüfzeichen für das Prod hinweist). Eine Ausdehng von vertragl SchutzPfl ist aber zu bej, wenn das Prod im Betr des Käufers von dessen ArbN benutzt werden soll. Diesem stehen dann vertragl SchadErsAnspr gg den Herst zu (BGH VersR **56**, 419: Antriebsscheibe, BGH VersR **59**, 645: Rostschutz). Eine allg Erstreckg der SchutzPfl aus dem ersten KaufVertr auf die Endabnehmer des Prod ist aber abzulehnen, da dem Händler innerh der Absatzkette Schutz- u FürsorgePfl zG des Abnehmers nicht obliegen (BGH **51**, 91).

4) **Weitergehende außervertragliche Ersatzansprüche gegen den Hersteller** bleiben nach Abs II ebenf unberührt. Von Bedeutg ist dies insb für SchadErsAnspr aus uH (vgl BGB 823 Anm 15), die freil Versch voraussetzen u im wesentl folgde Komplexe betreffen: Anspr auf SchmerzG, ErsAnspr für SachSchad an gewerbl genutzten Sachen, an priv genutzten Sachen für die ersten 1125 DM (vgl § 11) u für SachSchad an dem Prod selbst wg eines Fehlers an einem EinzTl (vgl BGB 823 Anm 15 c dd), ErsAnspr wg verl ProdBeobachtgsPfl (vgl BGB 823 Anm 15 c aa).

5) **Weitergehende Ersatzansprüche gegen andere Verantwortliche** bleiben ebenf unberührt. Zu denken ist an delikt Anspr gg Händler u gg MitArb des HerstellgsBetr. Einzelh vgl BGB 823 Anm 15 c gg.

ProdHaftG 16 *Übergangsvorschrift. Dieses Gesetz ist nicht auf Produkte anwendbar, die vor seinem Inkrafttreten in den Verkehr gebracht worden sind.*

1) **Übergangsregelung.** Das G ist anwendb nur auf SchadFälle dch ein fehlerh Prod, das seit seinem Inkrafttreten (§ 19) in Verk gebracht worden ist (vgl § 1 Anm 6a), sei es dch den Herst, QuasiHerst, Importeur od Lieferanten (§ 4). Für die vorher in Verk gebrachten Prod bleibt es bei der ErsPfl nach BGB 823.

ProdHaftG 17 *Erlaß von Rechtsverordnungen. Der Bundesminister der Justiz wird ermächtigt, durch Rechtsverordnung die Beträge der §§ 10 und 11 zu ändern oder das Außerkrafttreten des § 10 anzuordnen, wenn und soweit dies zur Umsetzung einer Richtlinie des Rates der Europäischen Gemeinschaften auf der Grundlage der Artikel 16 Abs. 2 und Artikel 18 Abs. 2 der Richtlinie des Rates vom 25. Juli 1985 zur Angleichung der Rechts- und Verwaltungsvorschriften der Mitgliedstaaten über die Haftung für fehlerhafte Produkte erforderlich ist.*

ProdHaftG 18 Berlin-Klausel. *(nicht abgedruckt)*

ProdHaftG 19 Inkrafttreten. *Dieses Gesetz tritt am 1. Januar 1990 in Kraft.*

1) Das Gesetz war bei Redaktionsschluß noch nicht in Kraft getreten. Siehe Vorbem auf S. 2452.

Gesetz über das Wohnungseigentum und das Dauerwohnrecht (Wohnungseigentumsgesetz)

Vom 15. März 1951 (BGBl I S 175/BGBl III 403–1),

geändert durch Gesetze 26. Juli 1957 (BGBl 1 S 861), 30. Mai 1973 (BGBl I S 501), 30. Juli 1973 (BGBl I S 910), 8. Dezember 1982 (BGBl I S 1615) und 14. Dezember 1984 (BGBl I S 1493)

Bearbeiter: Dr. Bassenge, Vorsitzender Richter am Landgericht Lübeck

Schrifttum: a) Kommentare: Bärmann-Pick-Merle, 6. Aufl 1987; – Bärmann-Pick, 11. Aufl 1985. – Diester, WEG 1952. – Friese-Mai-Wienicke, WEG 1974. – Hubernagel, WEG 1952. – Weitnauer, 7. Aufl 1988. – **b) Sonstiges:** Bärmann-Seuß, Praxis des WE, 3. Aufl 1980. – Belz, Das WEG, 2. Aufl 1982. – Deckert, Die EigtWohng, 1981. – Merle, Bestellg u Abberufg des Verw nach § 26 WEG (Verw), 1977; Das WE im System des bürgerlR (System), 1979. – Müller, Prakt Fragen des WE, 1986. – Röll, TeilgsErkl u Entstehg des WE, 1975; Handbuch für WEigtümer u Verw, 4. Aufl 1986.

Überblick

1) Das **BGB** läßt Eigt an realen Teilen eines Gbdes nicht zu (BGB 93, 94). BruchtMitEigt am Grdst mit Verw- u Benutzgsregelg u Ausschl der Aufhebg mit Wirkg für u gg die SonderRNachf (BGB 746, 751, 1008, 1010) bietet gewissen Ers, setzte sich aber nicht dch. Das dingl WohngsR (BGB 1093) erfüllt wg der Unveräußerlich, der Unvererblich u der Beschrkg auf Wohnzwecke nicht die Wünsche nach eigner Wohng u scheidet für gewerbl Nutzg aus. StockwerksE (EG 182) ist nicht neu begründb. – Das **WEG** gibt mit dem Wohngs-/TeilEigt (Anm 2), dem Wohngs-/TeilErbbR (Anm 3) u dem Dauerwohn-/DauernutzgsR (Anm 4) neue RFormen. Amtl Begründg: BR-Drucks 75/51; abgedr bei Weitnauer Anh IV. Die Überschriften sind amtl. In West-Berlin gleichlautdes WEG v 2. 8. 51 (GVBl 547), nur Fassg des § 59 geändert. Im Saarland gilt WEG v 13. 6. 52 (ABl 686) weiter für vor Ende der Übergangszeit begründetes WE u DWR, die aber in entspr Rechte des WEG-BRep umgewandelt werden können; für neue Rechte gilt WEG-BRep (§ 3 II 1 G v 30. 6. 59; BGBl I 313). – Über **Auslandsrecht** vgl Hegemann RhNK 87, 1 Anh.

2) Wohnungs- und Teileigentum (§§ 1 ff).

a) WE/TeilE ist eine unauflösl Verbindg von BruchtMitE am GemschE (Grdst u bestimmte GbdeTeile) mit SE an Räumen, wobei es rechtl dch das BruchtMitE charakterisiert wird (BGH NJW **86**, 1811): dch SE in seinem HerrschBereich ggständl beschr u idS **besonders ausgestaltetes Miteigentum nach Bruchteilen** am Grdst iSv BGB 1008 ff, nicht grdstgleiches Recht (BayObLG NJW-RR **88**, 592); über Verh zu MitEAnt am Grdst vor Verbindg mit SE vgl Hamm OLGZ **83**, 386. UnterWE/TeilE nicht mögl (Köln Rpfleger **84**, 268). Es kann Ggst von RGesch sein (§ 6 Anm 2); auch herrschdes Grdst für subjdingl Recht (BGH WM **89**, 1066).

b) Rechtsinhaber können sein: Natürl od jur Pers, auch PersMehrh (GesHdsGemsch, BruchtGemsch). Bei PersMehrh besteht am MitEAnt eine UnterGemsch (BayObLG NJW-RR **88**, 271).

c) WE/TeilE **entsteht** dch dingl Vertr der GrdstMitEigtümer u Eintr (§ 4 Anm 1 a) od dch TeilgsErkl des GrdstEigtümers u Eintr (§ 8 Anm 2, 3). Es **erlischt** dch dingl Vertr aller WEigtümer u Eintr (§ 4 Anm 3) od AufhebgsErkl des Inh aller Rechte u Eintr (§ 8 Anm 4) sowie dch Schließg des WohngsGB (§ 9); dch Vereinigg aller Rechte in einer Hand endet es nicht (vgl § 8).

d) Die **Eigentümergemeinschaft** ist eine **nicht rechts- u partei-/beteiligtenfähige** (BGH NJW **77**, 1686) BruchtGemsch iSv BGB 1008, 741 ff (Weitnauer FS-Seuß **87**, 295; aA BPM/Bärmann Einl Rdn 651 a: quasi-körpersch PersVerband vergleichb mit nichteingetr Verein). Die aus dem MitEigt fließden Verpfl ggü Dritten (zB VerkSichgsPfl) obliegen den WEigtümern gemeins (BGH NJW **85**, 484; Celle WEZ **87**, 177; Hamm NJW **88**, 496). Die Gemsch bewirkt ggseit Schutz- u TreuePfl (BayObLG **70**, 75; **71**, 319; Karlsr OLGZ **85**, 133). Sie **entsteht** rechtl bei Begründg dch Vertr (§§ 3, 4) mit der Entstehg des WE/TeilE u bei Begründg dch Teilg (§ 8) mit dem dingl wirks Erwerb des ersten WE/TeilE dch einen Dritten. Sie **erlischt** mit dem WE/TeilE od der Vereinigg aller Rechte in einer Hand. Teilhabersch an der Gemsch wird dch dingl wirks Erwerb von WE/TeilE begründet u dch dingl wirks Veräußerg beendet.

aa) Schon vor rechtl Entstehg der Gemsch sind die Vorschr über die InnenVerh der Eigtümer (§ 10–29) u das Verf (§§ 43 ff) anwendb, sobald eine **werdende (faktische) Gemeinschaft** entstanden ist (BayObLG NJW-RR **86**, 178). Mindestvoraussetzg dafür ist, daß künft WEigtümer schon tats eine Gemsch gebildet haben. Das erfordert **Inbesitznahme** (nicht notw Bezug) des WE/TeilE (BGH NJW **74**, 1140; BayObLG **74**, 275; Stgt OLGZ **79**, 34); bei Begründg gem § 3 idR gegeben, bei Begründg nach § 8 genügt BesErgreifg dch ersten Dritterwerber eines WE/TeilE. Als weitere Voraussetzg ist jedenf eine Sicherg der Vormgk od bindde Einigg/Aufl mit EintrAntr des Erwerbers ausreichd (allgM). Da nur InnenVerh betroffen, reicht als weitere Voraussetzung aber auch wirks **schuldrechtlicher Anspruch** auf Begründg von WE/TeilE (§ 4 Anm 2) od Übertr des dch Teilg entstandenen WE/TeilE (§ 8 Anm 3 b, § 6 Anm 2 a bb) aus (Soergel/Baur § 10 Rdn 3, 4; Stgt OLGZ **79**, 34); auch ernsth gewollter noch nicht wirks (zB Formfehler, schwebd unwirks) Vertr auf Begründg/Übertr dürfte ausreichen (KG NJW **70**, 330; Köln MDR **81**, 408). Anlegg der WohngsGB notw (KG NJW-RR **86**, 1274; OLGZ **89**, 38).

bb) Von der werdden Gemsch ist der **werdende (faktische) Wohnungseigentümer** zu unterscheiden. Es handelt sich um einen NichtEigtümer, der agrd ErwerbsVertr ein WE besitzt, wobei eine Gemsch schon rechtl in Vollzug gesetzt ist (zB einige nach § 8 gebildete WE sind schon übereignet). Ein solcher Erwerber hat noch keine eigenen Rechte/Pfl aus dem WEG (BGH NJW **89**, 1087; aA 48. Aufl). Er kann aber vom Veräußerer ermächtigt werden, dessen Rechte im eigenen Namen geltd zu machen (zB bei Übergang von Bes, Nutzg, Lasten u Gefahr), soweit der Veräußerer sie nicht mehr ausübt (BGH aaO).

e) WE kann als **Heimstätte** (RHeimstG) ausgegeben u ein HeimstättenGrdst im WE umgewandelt werden. Dies gilt nicht nur bei Aufteil in Einfamilienhäuser (Ffm DNotZ **63**, 442; Neust Rpfleger **63**, 85) sond auch bei vertikaler od horizontaler Aufteil eines Gbdes (BayObLG **67**, 128).

3) Wohnungs- und Teilerbbaurecht (§ 30; Unterschied entspr § 1 Anm 1, 2) sind eine unauflösl Verbindg von BruchtMitErbbR u BruchtMitE an bestimmten GbdeTeilen mit SE an Räumen: bes ausgestaltetes MitErbbR nach Brucht iS der ErbbRVO u damit ebenf grdstgl Recht. Es kann wie gewöhnl BruchtMitErbbR Ggst von Verpflichtgs- u VfgsGesch sein, auch herrschdes Grdst für subj-dingl Rechte. Im übrigen wird es rechtl wie WE/TeilE behandelt (§ 30 III 3).

4) Dauerwohn- und Dauernutzungsrecht (§§ 31ff; Unterschied entspr § 1 Anm 1, 2) sind BGB 1093 nachgebildete veräußerl u vererbl Wohn- u NutzgsRe, mit denen ein Grdst od ErbbR (auch WE/TeilE u Wohngs-/TeilErbbR) dingl belastet wird.

I. Teil. Wohnungseigentum

WEG 1 *Begriffsbestimmungen.* ^INach Maßgabe dieses Gesetzes kann an Wohnungen das Wohnungseigentum, an nicht zu Wohnzwecken dienenden Räumen eines Gebäudes das Teileigentum begründet werden.

^{II}Wohnungseigentum ist das Sondereigentum an einer Wohnung in Verbindung mit dem Miteigentumsanteil an dem gemeinschaftlichen Eigentum, zu dem es gehört.

^{III}Teileigentum ist das Sondereigentum an nicht zu Wohnzwecken dienenden Räumen eines Gebäudes in Verbindung mit dem Miteigentumsanteil an dem gemeinschaftlichen Eigentum, zu dem es gehört.

^{IV}Wohnungseigentum und Teileigentum können nicht in der Weise begründet werden, daß das Sondereigentum mit Miteigentum an mehreren Grundstücken verbunden wird.

^VGemeinschaftliches Eigentum im Sinne dieses Gesetzes sind das Grundstück sowie die Teile, Anlagen und Einrichtungen des Gebäudes, die nicht im Sondereigentum oder im Eigentum eines Dritten stehen.

^{VI}Für das Teileigentum gelten die Vorschriften über das Wohnungseigentum entsprechend.

1) Begriff. WE u TeilE unterscheiden sich im Ggst des SE **(I)**, nicht in der rechtl Behandlg **(VI, § 7 V)**; wo das WEG von WEigtümern spricht, sind auch TeilEigtümer gemeint. Maßg ist die bei der Begründg festgelegte Zweckbestimmg; dauernd abw Gebr bewirkt keine Umwandlg (BayObLG **73**, 1). – **a) Wohnungseigentum** erfordert SE an einer Wohng **(II)**, was nicht gleichbedeutend mit „zu Wohnzwecken dienenden Räumen". Maßg ist die VerkAuffassg auf der GrdLage der baul Gestaltg. Anhalt gibt Nr 4 der VerwVorschr v 19. 3. 74 (BAnz Nr 58): Eine Wohng ist die Summe der Räume, welche die Führg eines Haush ermöglichen; das erfordert Kochgelegenh, Wasserversorgg u WC; Nebenräume (Garage, Keller, Boden) können dazugehören. Einzelzimmer sind es nicht; nicht aber WC-Raum (zB Düss NJW **76**, 1458) od Vorflur (Hamm Rpfleger **86**, 374). – **b) Teileigentum** erfordert SE an nicht zu Wohnzwecken dienden Räumen **(III)**; zB Büro, Laden, Garage; nicht aber Raum (zB WC, Vorflur), auf den WEigtümer zum Wohnen angewiesen (Düss aaO; Hamm aaO). – **c) Bei gemischter Zweckbestimmung** entscheidet die überwiegde; fehlt solche, wird weder WE u TeilE (WEGBVfg 2). – **d) Umwandlung** von WE in TeilE u umgekehrt erfolgt gem § 10 Anm 2e (BayObLG NJW-RR **89**, 652). Realteilg von WE/TeilE in WE u TeilE ohne Mitwirkg der and WEigtümer, wenn Zweckbestimmg der Räume unverändert (BGH NJW **79**, 870).

2) Nur ein Grundstück im RSinn (Übbl 1a vor BGB 873) als GemschE **(IV)**; eingefügt dch Art 1 Nr 1 G v 30. 7. 73 (BGBl 910) Unschädl, wenn Grdst aus örtl getrennten FlSt besteht (Demharter DNotZ **86**, 457). – **a)** IV verbietet nur, SE mit **Miteigentum an mehreren Grundstücken** zu verbinden; wo das vor 1. 10. 73 erfolgte, gibt Art 3 § 1 aaO ÜbergangsRegelg. – **b)** IV verbietet nicht, WE an einheitl **Gebäude auf mehreren Grundstücken** zu begründen (Demharter Rpfleger **83**, 133). **aa)** Ist das ganze Gbde wesentl Bestandt eines (Stamm-)Grdst u damit ihm einheitl eigtrechtl zugeordnet (zB als entschuldigter [BGB 912 Anm 3b] od rechtm [BGB 912 Anm 1b] Überbau, so kann SE im ganzen Gbde (auch wenn SE-Einh nur auf NachbGrdst gelegen) mit MitE am StammGrdst zu WE verbunden werden (Stgt Rpfleger **82**, 375; Hamm Rpfleger **84**, 98; Karlsr DNotZ **86**, 753; LG Stade Rpfleger **87**, 63). WE auch eintragb, wenn diese eigtrechtl Zuordng nicht aus GB ersichtl (Demharter aaO; aA Stgt aaO: GrdDbk notw); sie ist GBA, das Grenzüberschreitg kennt, gem GBO 29 nachzuweisen (vgl dazu Demharter aaO; Ludwig DNotZ **83**, 411; Hamm aaO; Karlsr aaO). **bb)** Ist GbdeTeil auf NachbGrdst nicht wesentl Bestandt des StammGrdst, so entsteht kein WE, wenn SE in ihm mit MitE am StammGrdst verbunden; Gesamtgründg gescheitert, wenn nach dch ein MitEAnt ohne SE (vgl § 3 Anm 1b). Über Heilg dch gutgl Erwerb vgl Demharter u Ludwig aaO. **cc)** Sind die GbdeTeile eigtrechtl den Grdst zugeordnet, auf denen sie stehen (zB unentschuldigter Überbau; BGB 912 Anm 5b), so kann SE in ihnen nur mit MitE am dazugehör Grdst zu WE verbunden werden (Ludwig aaO; vgl auch LG Bn RhNK **82**, 248 u LG Düss RhNK **85**, 126 u LG Mü MittBayNot **88**, 237, die abw von LG Nürnb DNotZ **88**, 321 wohl von vertikaler Teilg des

2465

TiefgaragenEigt an der Grenze ausgehen). – **c)** WE nicht dch Verbindg von MitE mit SE in **Gebäude, das ganz auf einem anderen Grundstück liegt,** begründb, auch wenn es diesem (zB gem BGB 95) eigtrechtl nicht zugeordnet ist.

3) Gemeinschaftliches Eigentum (V iVm § 5).

a) Grundstück (V, unabdingb), dh die überbaute u die außerh von Gbden liegde GrdstFläche; zB plattierte Terrasse (Köln Rpfleger 82, 278). Nichtwesentl GrdstBestandt (die nicht zugl GbdeTeile) teilen die RNatur der Hauptsache; an ihnen ist aber wg SonderRFähigk DrittEigt mögl (Merle, System § 4 II).

b) Gebäudeteile, die trotz Zugehörigk zu SE-Raum nicht SE sein können **(§ 5 I,** unabdingb), u bestands- od sicherhnotw GbdeTeile **(§ 5 II);** Zuordng zu § 5 I od II überscheidd. Auch dann notw GemschE, wenn unter Verstoß gg § 22 I angebracht (BayObLG WoM 85, 31) od nicht alle WEigtümer in dem Gbde SE haben (BGH 50, 56; Karlsr OLGZ 78, 175). – **Beispiele:** Fundament, Außenwand, Dach, Schornstein, Brandmauer (BayObLG 71, 279), Außenputz (Düss BauR 75, 61); Außenfenster einschl Innenseite (Brem DWE 87, 59; Oldbg WEZ 88, 281; LG Lüb Rpfleger 85, 490), Fensterbank (Ffm NJW 75, 2297) u -laden, Rolladenkasten; Außenwand, Abschlußgitter, Bodenplatte, Decke u Trennmauer von Balkon/Loggia/ Dachterrasse (BGH NJW 85, 1551; NJW-RR 87, 525); Wohngsabschlußtür zum Hausflur (LG Stgt Rpfleger 73, 401) u zum Freien (LG Flensbg DWE 89, 70) einschl Schloß (über Schlüssel vgl Schmid DWE 87, 37) u -wand, tragde Innenwand, Raumdecke; FeuchtigkIsoliergsschicht (BayObLG NJW-RR 87, 331; Ffm WEZ 87, 38), Schallschutz- (Mü Rpfleger 85, 437) u Wärmeisoliergsschicht mit Schutzwirkg für GemschE od and SE.

c) Anlagen und Einrichtungen, die dem gemschaftl Gebr dienen **(§ 5 II,** unabdingb), indem sie den Eigtümern den Gebr ihres WE ermöglichen u erhalten, wie zB: einziger Zugangsraum zum Ausgang (BayObLG Rpfleger 80, 477) od GemschE-Raum (BayObLG NJW-RR 89, 142) od mehreren SE (Oldbg Rpfleger 89, 365), Hebebühne in Doppelstockgarage (Hamm OLGZ 83, 1); nicht aber Schwimmbad/Sauna (BGH 78, 225). Zentralheizgsanlage (BGH 73, 302; BayObLG Rpfleger 80, 230; Zweibr ZMR 84, 33; Düss Rpfleger 86, 131) einschl des nur Heizzwecken dienden Aufstellgsraums (BGH aaO; BayObLG DWE 81, 27) u aller funktionsnotw Teile (zB Thermostatventile) notw GemschE; nach BGH NJW 75, 688 SE mögl, wenn sie Gbde auf and Grdst mitbeheizt u von einem WEigtümer in seinem SE betrieben wird (krit BPM/ Pick § 5 Rdn 33); dazu eingehd Hurst DNotZ 84, 66, 140. An nichtwesentl Bestandt ist wg SonderRFähigk DrittEigt mögl (Merle, System § 4 II).

d) Sondereigentumsfähige Räume und Gebäudeteile (§ 5 III) sind GemschE, wenn sie bei WE- Begründg nicht SE geworden (§ 5 Anm 1). Ist aber SE entstanden, so ist es dch Einigg (§ 4 I, II) u Eintr in GemschE umwandelb; ggf ist freiwerdder MitEAnt dch Vereinigg mit and MitEAnt aufzulösen. SEfäh GemschE dch Einigg (§ 4 I, II), Verbindg mit MitEAnt, dessen Größe nicht geändert werden muß (BGH NJW 86, 2759), u Eintr in SE umwandelb (BayObLG 76, 227; WE 89, 68). Für beide Umwandlgen gilt: Mitwirkg aller WEigtümer auch, wenn in Vbg/TErkl MehrhBeschl vorgesehen (Stgt NJW-RR 86, 815); beeinträchtigte RealBerecht müssen zustimmen (BGB 877); bloße Benutzgsänderg ändert RNatur nicht.

4) Verwaltungsvermögen. Dazu gehören bewegl Sachen (zB natürl Früchte u Zubehör des GemschE [BayObLG NJW 75, 2296: Waschmaschine], Bargeld in GemschKasse, VerwaltgsUnterlagen [BayObLG 78, 231]), Anspr gg Dritte aus dem MitEigt (BGB 1011 Anm 2) od aus VerwaltgsGesch (zB Bankguthaben, Anspr aus Vermietg des GemschE). An jedem einz VermGgst besteht nach wohl zutreffder Ansicht eine Gemsch der WEigtümer iSv BGB 741 ff (RGRK/Augustin Rdn 24; Weitnauer Rdn 4 g; BayObLG 84, 198) zu den Quoten des GemschE. Nach aA gehören sie zum GemschE (BPM/Pick Rdn 39; Soergel/Baur § 5 Rdn 2; KG NJW-RR 88, 844) mit der Folge, daß Anteil von Vfg/ZwVollstr bzgl des WE miterfaßt werden u nicht selbstd Vfg/ZwVollstr unterliegen u § 11 anwendb. – **a)** Bzgl der **Verwaltung** ist anzunehmen, daß die WEigtümer BGB 744, 745 dch §§ 23 ff ersetzt haben. – **b)** Für die rgesch **Übertragung** des Anteils gilt BGB 741 S 1, der nur mit schuldrechtl Wirkg abdingb (BGB 137). Schutz der WEigtümer gg GemschAufhebg dch Erwerber vgl Anm 4 d. Bei Übertragg des WE geht Anteil nicht krG mit über (BayObLG 84, 198 [Zuschlag]; aA KG NJW-RR 88, 844 [RGesch]); für Anteil am GemschEZubehör gelten BGB 314, 926, 1120 ff (Weitnauer Rdn 4 h). – **c)** Die **Zwangsvollstreckung** in das WE erfaßt den Anteil nur, wenn dieser zum Haftungsverband der GrdPfdR gehört (zB Anteil am GemschEZubehör), soweit dies nicht der Fall ist (zB Anteil an gemschaftl Geldern/Guthaben; BayObLG 84, 198), erwirbt Ersteher Anteil nicht dch Zuschlag (zum BereichsAusgl zw VorEigtümer u Erwerber vgl Weitnauer ZfBR 85, 183). Der Anteil unterliegt selbstd der ZwVollstr, soweit dies nicht dch ZPO 865 (zB für Anteil am GemschEZubehör) ausgeschl. Schutz der WEigtümer gg GemschAufhebg vgl Anm 4 d. Pfändb aber Anspr auf Auskehrg von Überschüssen, deren Verteilg beschlossen (RGRK/Augustin § 3 Rdn 30). – **d)** Bzgl der **Aufhebung** ist anzunehmen, daß die WEigtümer BGB 749 I ausgeschl haben u somit BGB 749 II 1 gilt. Zwecks Erhalt der Funktionsfähigk der Gemsch ist BGB 751 S 2 entspr dem Gedanken des § 11 nicht anwendb (KG NJW-RR 88, 844).

1. Abschnitt. Begründung des Wohnungseigentums

WEG 2 *Arten der Begründung.* **Wohnungseigentum wird durch die vertragliche Einräumung von Sondereigentum (§ 3) oder durch Teilung (§ 8) begründet.**

1) Begründung nur nach §§ 3, 8; nicht dch Vfg vTw. Keine Begründg dch TeilgsUrt zwecks AuseinandS einer Gemsch (Mü NJW 52, 1297) od im Verf nach der HausRVO. – Sie unterliegt der Genehmigg nach BauGB 22, nicht aber nach BauGB 19 (VG Regbg Rpfleger 74, 432; Hamm OLGZ 88, 404) u nicht dem VorkR nach BauGB 24; UnbedenklichkBescheinigg nach GrdEStG 22 iFv § 3 notw, nicht iFv § 8.

I. Teil. 1. Abschnitt. Begründung des Wohnungseigentums

2) Gründungsmängel. Lösg der Probleme zT stark umstritten.

a) Abschlußmängel (Schriftt: Bärmann AcP 155, 1/16; Däubler DNotZ 64, 216; Gaberdiel NJW 72, 847) betr das VfgsGesch zur Begründg von WE (Dingl Vertr nach § 3; TeilgsErkl nach § 8). – **aa)** Bei **Nichtigkeit** des VfgsGesch ist für keinen Beteil WE entstanden; bis zur Geltmachg der Nichtigk (§ 11 gilt nicht) müssen die Beteil sich so behandeln lassen, als ob Begründg wirks: fakt WEGemsch. Belastgen des WE können kr öff Gl des GB entstehen; WE gilt dann insow als bestehd u entsteht für Ersteher in der ZwVerst. Gutgl DrittErwerb von WE (u Erstehen in der ZwVerst) heilt BegründgsGesch u läßt WE für alle Beteil entstehen (Weitnauer § 3 Rdn 6e–g; aA Gaberdiel aaO). – **bb)** Ist **Nichtberechtigter** (BuchMitEigtümer) beteiligt, so entsteht iFv von § 3 bei Gutgläubigkeit eines Beteil WE; auch für NichtBerecht eingetr Recht ist WE (Weitnauer aaO; Gaberdiel aaO; aA Däubler aaO). Bei Begründg nach § 8 od bei NichtEigt aller iFv § 3 entsteht WE erst nach gutgl DrittErwerb eines WE.

b) Inhaltsmängel betr die rechtl Gestaltg des WE (Unvereinbark des Gewollten mit dem rechtl Mögl; zB SE-Fähigk); sie unterliegen der PrüfgsPfl der GBA. WohngsGB wird dch die inhaltl unzul Eintr (GBO 53 I 2; Hamm OLGZ 77, 264) unricht; Erwerb nach BGB 892 od ZVG 90 nicht mögl (Düss Rpfleger 86, 131). Bei teilw Unvereinbark BGB 139 maßg, ob WE überh entstanden (BayObLG 73, 267). Beseitigg dch neue Einigg u Eintr; ob Anspr darauf besteht, ist vor ProzGer zu klärde Frage des GrdGesch. Ist WE eingetr aber nicht entstanden, besteht fakt Gemsch, auf die WEG einschl § 11 anzuwenden (vgl § 11 Anm 2).

c) Nichtübereinstimmung von Aufteilungsplan u Baukörper (Schriftt: Lutter AcP 164, 122/141; Streblow RhNK 87, 141). – **aa)** Abw **Ausgestaltung des Sondereigentums** (zB Lage der Fenster, innere Aufteilg) läßt geplantes SE entstehen (BayObLG 67, 25; Köln Rpfleger 82, 374; Hamm Rpfleger 86, 374). Bei Aufteilg einer geplanten RaumEinh in mehrere entstehen iFv mit geplanter RaumEinh als SE (Düss DNotZ 70, 42). Bei ZusLegg mehrere geplanter RaumEinh zu einer entstehen die geplanten WE (BayObLG 81, 332), da unschädl Verstoß gg § 3 II 1. Wird ein gem Aufteilg dem WE 1 zugeteilter Raum teilw baul in der WE 2 einbezogen, so gehört der Raumteil nicht zum WE 2 (Düss NJW-RR 89, 590), sond zum WE 1 (Merle WE 89, 116). – **bb)** An **zusätzlich gebauten Räumen** (iü geplanter Grdriß) entsteht Gemsch (Stgt OLGZ 79, 21). Werden geplante Räume nicht gebaut (iü geplanter Grdriß), so besteht insow das AnwR (Anm 3) fort. – **cc)** Bei **Grundrißabweichung** ist zu unterscheiden: Bei unwesentl Abw entsteht gebautes SE u GB ist dch Plananpassg zu berichtigen (Stgt OLGZ 81, 106; BayObLG BWNotZ 87, 64). Bei wesentl Abw entsteht GemschE (Düss OLGZ 77, 467; Hamm Rpfleger 86, 374) u das AnwR (Anm 3) besteht fort (Karlsr Just 83, 307), so daß GB nicht unrichtig (Merle WE 89, 116); zur Anpassg Umbau od neue Einigg u Eintr (§ 4 I, II) notw (ob Anspr darauf besteht, ist vor ProzGer zu klärde Frage des GrdGesch); bei Eintr gem Bauzustand ohne Einigg haben Eigtümer Anspr aus BGB 894 (Karlsr aaO). Kein gutgl DrittErwerb von WE gem Bauzustand.

3) WE kann schon **vor Errichtung des Gebäudes** begründet werden (§§ 3 I, 8 I: „zu errichtdes Gbde"). Es besteht dann aus dem MitEAnt am Grdst u dem damit verbundenen AnwR auf den MitEAnt an den künft im GemschE stehdn GbdeTeilen u dem künft SE gem Aufteilgsplan (Hamm NJW-RR 87, 842; BayObLG NJW-RR 87, 1100); über Errichtg abw vom Aufteilgsplan vgl Anm 2 c. Der Inh hat RStellg eines WEigtümers u es besteht schon eine WEGemsch, für die auch §§ 11, 18 gelten. Dieses WE ist übertragb u belastb (LG Aach RhNK 83, 136). SE entsteht schrittw mit Errichtg der betr RaumEinh im Rohbau u wirkt erst mit Herstellg des GesamtGbdes (Streblow RhNK 87, 141; BGH NJW 86, 2759; aA Düss Rpfleger 86, 131). Streitig, ob diesem WE Recht u Pflicht zur Herstellg des Gbdes innewohnt (ja: BPM/Pick § 3 Rdn 26; nein: Röll NJW 78, 1507). Nach Konk des Bauträgers ist § 22 II entspr anwendb (Karlsr NJW 81, 466; BayObLG MittBayNot 83, 68; LG Bn ZMR 83, 63); für Fertigstellgskosten gilt § 16 II (BayObLG aaO), bei Nichtzahlg aber kein Ausschl vom MitGebr des GemschE (Hamm NJW 84, 2708). – **a)** Errichtg des Gbdes kann Ggst einer **Aufbauvereinbarung**/TeilgsErkl u damit SEInhalt nach § 5 IV (BayObLG 57, 95) od Ggst eines rein schuldrechtl **Aufbauvertrages** (zB BauherrenGemsch als GbR; Hbg DWE 84, 27) sein. – **b)** Aus mit BauUntern geschl **Bauvertrag haften die Wohnungseigentümer** mangels abweichder Vereinbg nur anteilig im Verh ihrer MitEAnt, wobei unerhebl, ob sich die Arbeiten auf das GemschE od SE beziehen (BGH 75, 26); zur Sicherg dieser Fdg besteht Anspr auf **BGB-648-Hypothek** als EinzelHyp an den betr WEren. IFv § 8 besteht Anpr auf BGB-648-Hyp als GesHyp (BGB 1132) an allen von der Werkleistg betroffenen (Celle NdsRpfl 76, 197) WEren in voller Höhe der Werklohnfdg, soweit nicht Eigt bereits auf Dr übergegangen, die nicht pers Schu des Werklohns (Ffm OLGZ 85, 193).

4) Von erstmaliger Begründg ist die **Vermehrung** von WERechten zu unterscheiden zB dch: reale Teilg von WERechten (§ 6 Anm 2b bb), Verkleinerg eines od mehrerer MitEAnt u Verbindg des/der freienMitE-Ant mit bish zum GemschE gehördn u in SE umgewandelten Raum (BayObLG 76, 227; LG Brem Rpfleger 85, 106) od mit freiem TeilSE nach Verkleinerg des SE eines od mehrerer and WERechte.

WEG 3 **Vertragliche Einräumung von Sondereigentum.** **I** Das Miteigentum (§ 1008 des Bürgerlichen Gesetzbuches) an einem Grundstück kann durch Vertrag der Miteigentümer in der Weise beschränkt werden, daß jedem der Miteigentümer abweichend von § 93 des Bürgerlichen Gesetzbuches das Sondereigentum an einer bestimmten Wohnung oder an nicht zu Wohnzwecken dienenden bestimmten Räumen in einem auf dem Grundstück errichteten oder zu errichtenden Gebäude eingeräumt wird.

II Sondereigentum soll nur eingeräumt werden, wenn die Wohnungen oder sonstigen Räume in sich abgeschlossen sind. Garagenstellplätze gelten als abgeschlossene Räume, wenn ihre Flächen durch dauerhafte Markierungen ersichtlich sind.

1) Vertragliche Begründung von Wohnungseigentum (I).

a) Vertragliche Teilungserklärung. Dch formbedürft (§ 4) dingl Vertr wird das MitEigt an einem Grdst in seinem ggständl HerrschBereich dch Einräumg von SE beschränkt. Der Ggst des aufzuteilden Eigt braucht erst bei Anlegg der WohngsGB ein selbstd GBGrdst zu werden (Saarbr OLGZ **72**, 129 [138]). – **Teilungsberechtigt** sind die GrdstMitEigtümer bzw die für sie VfgsBefugten (zB KonkVerw); alle müssen zustimmen. Über Anwendg von BGB 878 vgl dort Anm 2a, 3a. Über Teilg dch BuchEigtümer vgl § 2 Anm 2a.

b) Bruchteilsmiteigentum iSv BGB 1008 am Grdst; die MitEAnt können unterschiedl groß sein. Es muß schon bestehen od dch Umwandlg von Allein- od GesHdsEigt gebildet werden.

c) Bestimmung des Gegenstandes des Sondereigentums (vgl § 5 Anm 1) dch wörtl Beschreibg od (wie idR) Bezugn auf den Aufteilsplan. Der SE-Ggst braucht noch nicht dch GbdeErrichtg vorhanden zu sein (§ 2 Anm 3).

d) Verbindung von Miteigentum mit Sondereigentum. – aa) Jeder MitEAnt muß mit SE verbunden werden (Ffm OLGZ **69**, 387); kein Nebeneinand von WE u einf MitEigt an einem Grdst. Bei Verstoß entsteht kein WE (Stgt OLGZ **79**, 21); freier MitEAnt wächst den anderen nicht anteilig zu. Mit einem MitEAnt **Sondereigentum an allen Räumen eines Gebäudes** daher nur verbindb, wenn noch weitere Gbde auf dem Grdst. – **bb)** Mit einer SE-Einh kann nur ein MitEAnt verbunden werden (Ffm OLGZ **69**, 387). Daher kein **Mitsondereigentum** zuläss (BayObLG Rpfleger **88**, 103 u Düss Rpfleger **75**, 308 für Räume; aA Zweibr NJW-RR **87**, 332 u Sauren DNotZ **88**, 667 für GbdeTeile im SE). Sind mehr MitEAnt als SE-Einh vorhanden, so muß die Zahl ersterer auf die letzterer zurückgeführt werden; dies bedarf nicht der Eintr im GrdstGB, sond nur der Verlautbarg in den WohngsGB (BGH **86**, 393). – **cc)** Beliebiges **Größenverhältnis** zw MitEAnt u SE (BGH NJW **76**, 1976).

e) Regelungen für das Gemeinschaftsverhältnis (§ 10 Anm 2 c aa) zul (nicht notw). Sie wirken bei GBEintr als SE-Inhalt ggü SonderNachf (§§ 5 IV, 10 II); aber wie bei allstimm Beschl (§ 10 Anm 2 c bb) Auslegssfrage, ob alle Regelgen Vereinbgswirkg haben sollen (BayObLG **75**, 201; Stgt WEZ **87**, 51; Düss WEZ **88**, 191). Sie unterliegen mangels Vielzahl nicht dem **AGBG**, auch nicht (weil sie den VertrGgst gestalten) bei Drittwirkg nach § 10 II (Ertl DNotZ **81**, 149; Weitnauer § 7 Rdn 10d–f; aA Heinrichs AGBG 1 Anm 2a).

2) Abgeschlossenheit des Sondereigentums (II)

a) Raumeinheit. Sie soll in sich abgeschl sein **(II 1)**, also insb eigenen abschließb Zugang vom GemschE od NachbGrdst (vgl Düss NJW-RR **87**, 333) als haben; Anhalt gibt Nr 5 VerwVorschr v 19. 3. 74 (BAnz Nr 58); das SE kann aber aus mehreren in sich abgeschl RaumEinh bestehen, die nicht als Gesamth in sich abgeschl sein müssen (BayObLG **71**, 102; LG Aach RhNK **83**, 156). Wesentl ist die Abgrenzg zum SE der and WEigtümer (fehlt bei gemeins WC mit Zugang von jeder Wohng; BayObLG Rpfleger **84**, 407; vgl aber LG Landau Rpfleger **85**, 437) u zum GemschE; unschädl dagg als Hilfsweg vorgeschriebene Verbindgstür zw zwei Wohngen (KG OLGZ **85**, 129) u räuml ZusHang mit Räumen im NachbHaus (Düss NJW-RR **87**, 333). Einz Räume (zB Keller) können außerh der RaumEinh liegen, auch in NebenGbde (zB Garage). DchgangsR agrd GebrRegelgs unschädl (BayObLG NJW-RR **89**, 142). Bescheinigg nach § 7 IV Nr 2 bindet GBA nicht (BayObLG **83**, 266). Verstoß gg II 1 hindert Entsteng von WE nicht (BayObLG aaO), da Soll-Vorschr; für Herstellg der Abgeschlossenh gilt § 22 Anm 1 c (BayObLG **83**, 266).

b) Kfz-Stellplatz in Sammelgarage. Abgeschlossenh wird fingiert **(II 2)**. Dauerh Markierg ist jede sichtb u stets rekonstruierb baul od zeichnerische Festlegg in der Garage gem dem Aufteilsplan; nicht einfacher Farbanstrich. Kein SE mögl an: Stellplatz auf (BayObLG **74**, 466) od unter (Düss RhNK **78**, 85) Hebebühne, da Rauminhalt veränderl (aA Gleichmann Rpfleger **88**, 10 mwN); Stellplatz auf offenem Garagendach (LG Lüb Rpfleger **76**, 252; LG Aach Rpfleger **84**, 184; Ffm OLGZ **84**, 32 für ebenerd unabgegrenztes Tiefgaragendach; aA Ffm Rpfleger **77**, 312; Köln DNotZ **84**, 700; LG Brschw Rpfleger **81**, 298), da II 2 nicht Raum fingiert; Stellplatz auf freier GrdstFläche (BayObLG WEZ **88**, 194); seitenoffenem Carport (BayObLG NJW-RR **86**, 761).

WEG 4 *Formvorschriften.* [I] Zur Einräumung und zur Aufhebung des Sondereigentums ist die Einigung der Beteiligten über den Eintritt der Rechtsänderung und die Eintragung in das Grundbuch erforderlich.

[II] Die Einigung bedarf der für die Auflassung vorgeschriebenen Form. Sondereigentum kann nicht unter einer Bedingung oder Zeitbestimmung eingeräumt oder aufgehoben werden.

[III] Für einen Vertrag, durch den sich ein Teil verpflichtet, Sondereigentum einzuräumen, zu erwerben oder aufzuheben, gilt § 313 des Bürgerlichen Gesetzbuchs entsprechend.

1) I, II betr den **dinglichen Vertrag,** mit dem SE eingeräumt (§ 3 Anm 1) od aufgehoben (§ 9 Anm 2a) wird sowie die nachträgl Umwandlg von GemschE in SE (§ 1 Anm 4d) u umgekehrt (§ 5 Anm 1c). Über Änderg u Übertragg schon bestehden WE vgl § 6 Anm 1, 2.

a) Voraussetzungen der Einräumg/Aufhebg. – **aa) Einigung (I)** der TeilgsBerechtg über Einräumg von SE (§ 3 Anm 1) bzw der WEigtümer über Aufhebg des SE. Sie bedarf der Form von BGB 925 **(II 1)** u muß unbdgt u unbefristet sein **(II 2**; vgl BGB 925 Anm 5b), andernf ist sie nichtig. BGB 925a nicht anwendb (str). – **bb) Eintragung** im WohngsGB (vgl § 7). WE für jeden einz WEigtümer erst mit Anlegg aller WohnGB entstanden (vgl § 3 Anm 1 d aa).

b) Behördliche Genehmigung: § 2 Anm 1. Gen des VormGer nach BGB 1821 ff, 1643 erforderl (Haegele/Schöner/Stöber Rdn 2850).

c) Zustimmung der Realberechtigten (für Mieter gilt BGB 571). – **aa)** Die **Einräumung** von SE bedarf keiner Zust, wenn das Grdst als solches od alle MitEAnt in Form einer GesamtBelastg belastet sind, da HaftgsGgst unverändert (Ffm OLGZ **87**, 266; gilt auch nach Anordng der ZwVerst); vgl auch § 7 Anm 5a. Sind die MitEAnt selbstd belastet, so ist Zust entspr BGB 876, 877 notw, da das Recht dch Änderg des HaftgsGgst beeinträchtigt werden kann (Ffm aaO). – **bb)** Die **Aufhebung** von SE bedarf keiner Zust, wenn das Grdst als solches od alle WERechte in Form einer GesamtBelastg belastet sind, da HaftgsGgst unverändert (BayObLG NJW **58**, 2016). Sind die WERechte selbstd belastet, so ist Zust entspr BGB 876, 877 notw (BayObLG aaO; Düss OLGZ **70**, 72; Zweibr Rpfleger **86**, 93), da entw HaftgsGgst geändert od Belastg (weil nicht am MitEAnt mögl) erlischt; vgl auch § 9 Anm 3.

2) III betr den **schuldrechtlichen Vertrag,** der dem dingl Einräumungs-/AufhebgsVertr zugrde liegt; davon zu unterscheiden ist der AufbauVertr (§ 2 Anm 3a). Für das VerpflGesch zur Übertr schon bestehdn WE gilt BGB 313 unmittelb (§ 6 Anm 2a bb). – Der Anspr auf Einräumg von SE ist im GB des im einf MitE od noch im AlleinEigt eines zukünft MitEigtümers stehden Grdst dch **Vormerkung** sicherb; für die Bestimmth des WE gilt § 8 Anm 1c entspr. Der Anspr auf Aufhebg von SE ist dch Vormkg im WohngsGB sicherb.

WEG 5 *Gegenstand und Inhalt des Sondereigentums.* **I** Gegenstand des Sondereigentums sind die gemäß § 3 Abs. 1 bestimmten Räume sowie die zu diesen Räumen gehörenden Bestandteile des Gebäudes, die verändert, beseitigt oder eingefügt werden können, ohne daß dadurch das gemeinschaftliche Eigentum oder ein auf Sondereigentum beruhendes Recht eines anderen Wohnungseigentümers über das nach § 14 zulässige Maß hinaus beeinträchtigt oder die äußere Gestaltung des Gebäudes verändert wird.

II Teile des Gebäudes, die für dessen Bestand oder Sicherheit erforderlich sind, sowie Anlagen und Einrichtungen, die dem gemeinschaftlichen Gebrauch der Wohnungseigentümer dienen, sind nicht Gegenstand des Sondereigentums, selbst wenn sie sich im Bereich der im Sondereigentum stehenden Räume befinden.

III Die Wohnungseigentümer können vereinbaren, daß Bestandteile des Gebäudes, die Gegenstand des Sondereigentums sein können, zum gemeinschaftlichen Eigentum gehören.

IV Vereinbarungen über das Verhältnis der Wohnungseigentümer untereinander können nach den Vorschriften des 2. und 3. Abschnittes zum Inhalt des Sondereigentums gemacht werden.

1) Gegenstand des Sondereigentums (I–III).
a) Allgemeines. § 5 setzt zwingde Grenze des SE; was nicht bei WE-Begründg od nachträgl wirks zu SE erklärt u als solches zum § 7 eingetr ist, ist GemschE. Da SE nicht hinreichd beschrieben ist (BayObLG MittBayNot **88**, 236; Hamm OLGZ **77**, 264; Ffm OLGZ **78**, 290), besteht insow Widerspr zw wörtl Beschreibg u zeichnerischer Darstellg im Aufteilgsplan u sind beide GBInhalt (BayObLG Rpfleger **82**, 21; Ffm OLGZ **89**, 50) od sollte SE an nicht SE-fäh Ggst begründet werden, so entsteht insow nur GemschE; zur RLage, wenn dadch ein MitEAnt ohne SE, vgl § 3 Anm 1d aa.

b) Sondereigentum sind: – **aa)** Die **Räume (I)** der zum SE erklärten RaumEinh (§ 3 Anm 2) einschl ihrer nichtwesentl Bestandt, da sie die RNatur der Gesamtsache teilen (Merle, System § 2 IV 2; aA BGH NJW **75**, 688; BayObLG **69**, 29); nicht aber ihr dem WE nicht unterliegdes Zubeh (zB Alarmanlage; Mü MDR **79**, 934). Ebso Veranden, Loggien, Balkone u Dachterrassen, die mit SE-Räumen tats verbunden (BGH NJW **85**, 1551) u zu SE erklärt. – **bb) Gebäudeteile und Anlagen/Einrichtungen** dieser Räume **(I),** die nicht nach § 1 Anm 3b, 3c notw GemschE sind **(II),** werden ohne weiteres mit den Räumen SE, sofern sie nicht ausdrückl davon ausgenommen **(III).** Beispiele: nichttrage Innenwände, Innentüren, Fußbodenbelag (BayObLG DWE **80**, 60), Estrich als Gehschicht/Belagunterboden (vgl Oldbg DWE **84**, 28), Rolläden (LG Memmg Rpfleger **78**, 101), Einbauschränke, SanitärGgst, nicht für Funktion der Gesamtanlage notw Heizkörper/-teile, die nur diesem SE diendn Ver-/Entsorggsleitgen ab Hauptleitg (BayObLG WEZ **88**, 417; aA KG WE **89**, 97 [GemschE im Bereich fremden SE]).

c) Umwandlung in gemeinschaftliches Eigentum nur dch Einigg (§ 4 I, II) aller WEigtümer (vgl § 4 Anm 1) u GBEintr (BayObLG Rpfleger **88**, 102); GBEintr dch Abschreibg im BestandsVerzeichn. RealBerecht am WE müssen iRv BGB 876, 877 zustimmen.

2) Inhalt des Sondereigentums (IV) werden Regelgen über das GemschVerhältn in vertragl (§ 3 Anm 1e) od einseit (§ 8 Anm 1a dd) TeilgsErkl od nachträgl Vereinbgen (§ 10 Anm 2) dch Eintr im WohngsGB; sie wirken dann ohne weiteres für u gg SonderNachf im WE (§ 10 II).

WEG 6 *Unselbständigkeit des Sondereigentums.* **I** Das Sondereigentum kann ohne den Miteigentumsanteil, zu dem es gehört, nicht veräußert oder belastet werden.

II Rechte an dem Miteigentumsanteil erstrecken sich auf das zu ihm gehörende Sondereigentum.

1) Grundsatz. Über den MitEAnt am GemschE und das SE kann nicht getrennt verfügt werden **(I);** über nichtwesentl Bestandt des SE kann gesondert verfügt werden (da sonderrechtsfäh), über Anteil am VerwaltgsVerm vgl § 1 Anm 5b. – **a)** Zuläss ist die **Änderung von Miteigentumsanteilen** (Quotenänderg) auch ohne Änderg des SE (BGH NJW **76**, 1976) innerh der Gemsch. Das VfgGesch erfordert Aufl zw den beteiligten WEigtümern (bzw einseit Erkl ggü GBA bei Rechten desselben WEigtümers) u Eintr unter gleichzeit Zuschreibg des TeilMitEAnt entspr BGB 890 II. Zum GBVollzug vgl BayObLG NJW **58**, 2116; Haegele/Schöner/Stöber Rdn 2972. RealBerecht am verkleinerten WER müssen zustimmen, da TeilMitE-Ant lastenfrei übertragen werden muß (BayObLG aaO), nicht aber die am WEigtümer (wg § 12 vgl dort Anm 1b aa). Außerh von BGB 1131 ist wg § 6 Erstreckg der Belastgen am vergrößerten WER auf neuen Bestand notw (vgl Streblow RhNK **87**, 141). Für VerpflGesch gilt BGB 313; ÄndergsAnspr vormerkb. Zum QuotenändergsAnspr aus BGB 242 vgl BayObLG **85**, 47. – **b)** Zuläss ist die **Übertragung von Teilen des Sondereigentums** einschl vollständ Austauschs auch ohne Änderg der MitEAnt innerh der

WEG 6, 7 Wohnungseigentumsgesetz. *Bassenge*

Gemsch (BayObLG DNotZ **84**, 381); Anm 1 a gilt entspr (vgl Streblow RhNK **87**, 141). Zum GBVollzug vgl Celle DNotZ **75**, 42; Haegele/Schöner/Stöber Rdn 2969.

2) Verfügungen über das Wohnungseigentum. Vfg über noch nicht gebildetes WE nicht als Vfg über einf MitEAnt auslegb (Hamm OLGZ **83**, 386).

a) Übertragung. – aa) Dinglich wie Übertr eines MitEAnt am Grdst (BGB 1008 Anm 3 a); wg Anteil am VerwaltgsVerm vgl § 1 Anm 5 b. Über VeräußergsBeschrkg vgl § 12. VorkR nach BauGB 24 besteht nicht (BauGB 24 II). – **bb)** Für das **Verpflichtungsgeschäft** gilt BGB 313; ÜbertrAnspr ist vormerkb. – Ist dch Anlegg des WohngsGB **Wohnungseigentum schon entstanden,** so ist dieses in beurk Erkl hinreichd genau zu bezeichnen (idR nach GBO 28); zur näheren Erläuterg des VertrGgst kann nichtbeurk Erkl (zB TeilgsErkl) dienen (BGH NJW **79**, 1496, 1498). Bestimmungen der TeilgsErkl, die dch Eintr Inhalt des SE geworden, brauchen nicht beurk zu werden (BGH aaO); zu beurk sind aber alle weiteren Vereinbg, aus denen sich das VerpflGesch zusammensetzt (BGH NJW **79**, 1496). – Ist mangels Anlegg des WohngsGB **Wohnungseigentum noch nicht entstanden,** so ist Ggst von GemschE u SE in beurk Erkl zu bezeichnen; nicht mitbeurk TeilgsErkl darf VertrGgst nur veranschaulichen, nicht aber erst erkennb machen (BGH NJW **79**, 1496, 1498). Bestimmgen der TeilgsErkl, die das GemschVerh regeln, sind mitzubeurk (BGH NJW **79**, 1498; aA Lichtenberger NJW **79**, 1857). Zur Bestimmth des VertrGgst vgl KG DNotZ **85**, 305.

b) Teilung. – aa) Ideelle Teilung nur iVm Übertr eines Brucht auf eine and Pers mögl (BGH **49**, 250). Es entsteht BruchtGemsch am WE. Zust der and WEigtümer vgl § 25 II 2 nicht notw. – **bb) Reale Teilung** entspr § 8 iVm § 7 dch einseit Erkl des WEigtümers ggü GBA u Eintr mögl (BGH **49**, 250; BayObLG Rpfleger **88**, 102; LG Lüb Rpfleger **88**, 102 [auch zum GBVerf]): MitEAnteil u SE sind zu teilen; die neuen SE müssen § 3 II genügen. GenBedürftigk nach BauGB 22. Zust der and WEigtümer nicht notw (BayObLG NJW-RR **86**, 244). Mögl Stimmenvermehrg dch VorratsTeilg od durch Übertr abgeteilten WEs ist vorbehaltl RMißbr hinzunehmen (Weitnauer WE **88**, 3); weder entspr Anwendg von § 25 II 2 (aA BGH **73**, 150; Brschw MDR **76**, 1023) noch Stimmenteilg (aA Streblow RhNK **87**, 141).

c) Vereinigung mehrerer WERe, die auf demselben Grdst liegen, bzw **Bestandteilszuschreibung** entspr BGB 890 ohne Zust der and WEigtümer zul. Nicht notw, daß RaumEinh als Gesamth § 3 II 1 genügt (LG Ravbg Rpfleger **76**, 303; LG Wiesb Rpfleger **89**, 194; vgl auch § 3 Anm 2 a; aA Hbg NJW **65**, 1765). – WE nicht einem Grdst nach BGB 890 II zuschreibb (Düss JMBlNRW **63**, 189).

d) Ersitzung (BGB 900) mögl, nicht aber **Eigentumsaufgabe** (LG Kstz WoM **89**, 448; BGB 928 Anm 1).

e) Belastung wie die eines gewöhnl MitEAnteils am Grdst (vgl BGB 1008 Anm 3 b) mit GrdPfdR (erfaßt jeweil Bestand des SE; LG Köln RhNK **86**, 78), dingl VorkR, Reallast, Nießbr, DWR. Belastg mit Dbk, deren Ausübg auf das SE in seinem gesetzl HerrschBereich iSv § 13 I beschr, ist zuläss (BGH WM **89**, 1066); nicht aber mit Dbk, deren Ausübg auch GemschE erfaßt (KG OLGZ **76**, 257), selbst wenn insow SonderNutzgsR nach § 15 besteht (Düss Rpfleger **86**, 376). Zuläss Belastg mit Dbk, die Ausübg aus WE sich ergebden Rechts (BGB 1018 Anm 7) ausschließt (Hamm OLGZ **81**, 53; aA Zimmermann Rpfleger **81**, 333). Zur ausnahmsw gesonderten Belastg eines künft MitEAnteils am WE vgl BayObLG **74**, 466. Soweit MitEAnteil belastb (zB BGB 1095, 1106, 1114), ist auch BruchtAnteil am WE belastb (vgl LG Mü II MittBayNot **68**, 317 für BGB 1106). BelastgsAnspr vormerkb.

3) Zwangsvollstreckung in das WE wie bei gewöhnl MitEAnteil am Grdst (vgl BGB 1008 Anm 3 c); zur RStellg bei ZwVerw vgl KG NJW-RR **87**, 77. Pfändg des Anteils an der Gemsch unzul. ZustAnspr nach § 12 wird vom Gläub ausgeübt. Keine Klauselumschreibg bei inf Aufteilg des belasteten Grdst entstandenen GesamtGrdPfdR (LG Bln Rpfleger **85**, 159; LG Esn Rpfleger **86**, 101). – Wg Anteils am VerwaltgsVerm vgl § 1 Anm 4 c.

WEG 7 *Grundbuchvorschriften.* ^IIm Falle des § 3 Abs. 1 wird für jeden Miteigentumsanteil von Amts wegen ein besonderes Grundbuchblatt (Wohnungsgrundbuch, Teileigentumsgrundbuch) angelegt. Auf diesem ist das zu dem Miteigentumsanteil gehörende Sondereigentum und als Beschränkung des Miteigentums die Einräumung der zu den anderen Miteigentumsanteilen gehörenden Sondereigentumsrechte einzutragen. Das Grundbuchblatt des Grundstücks wird von Amts wegen geschlossen.

^{II}Von der Anlegung besonderer Grundbuchblätter kann abgesehen werden, wenn hiervon Verwirrung nicht zu besorgen ist. In diesem Falle ist das Grundbuchblatt als gemeinschaftliches Wohnungsgrundbuch (Teileigentumsgrundbuch) zu bezeichnen.

^{III}Zur näheren Bezeichnung des Gegenstandes und des Inhalts des Sondereigentums kann auf die Eintragungsbewilligung Bezug genommen werden.

^{IV}Der Eintragungsbewilligung sind als Anlagen beizufügen:
1. eine von der Baubehörde mit Unterschrift und Siegel oder Stempel versehene Bauzeichnung, aus der die Aufteilung des Gebäudes sowie die Lage und Größe der im Sondereigentum und der im gemeinschaftlichen Eigentum stehenden Gebäudeteile ersichtlich ist (Aufteilungsplan); alle zu demselben Wohnungseigentum gehörenden Einzelräume sind mit der jeweils gleichen Nummer zu kennzeichnen;
2. eine Bescheinigung der Baubehörde, daß die Voraussetzungen des § 3 Abs. 2 vorliegen.

Wenn in der Eintragungsbewilligung für die einzelnen Sondereigentumsrechte Nummern angegeben werden, sollen sie mit denen des Aufteilungsplanes übereinstimmen.

^VFür Teileigentumsgrundbücher gelten die Vorschriften über Wohnungsgrundbücher entsprechend.

I. Teil. 1. Abschnitt. Begründung des Wohnungseigentums **WEG 7, 8**

Vorbemerkung: Vgl WEGBVfg v 1. 8. 51 (BAnz Nr 152) mit Ändergen v 15. 7. 59 (BAnz Nr 137), 21. 3. 74 (BGBl I 771), 1. 12. 77 (BGBl I 2313) u 23. 7. 84 (BGBl I 1025).

1) Grundsatz: Für jeden MitEAnt (dh jedes WE/TeilE) ist ein GBBl anzulegen **(I 1)**; zur Bezeichng vgl WEGBVfg 2. MitEAnt an einem Grdst od WE/TeilE gem GBO 3 III zuschreibb (BayObLG **74**, 466). – **Ausnahmen:** Gemschaftl GBBl für alle WE/TeilE der Gemsch **(II)** od mehrere WE/TeilE desselben Eigtümers (GBO 4). Verwirrg zu besorgen bei vielen Eigtümern od unterschiedl Belastgen. – **Grundbucheinsicht** dch jeden WEigtümer (Düss NJW **87**, 1651).

2) Eintragungsvoraussetzungen. – a) Antrag mind eines MitEigtümers (GBO 13). – **b) Bewilligung** aller MitEigtümer (GBO 19, 29); idR in TeilgsERkl enthalten (Hamm Rpfleger **85**, 109). GBO 20 gilt nur, wenn Beteil noch nicht als MitEigtümer eingetr (Zweibr OLGZ **82**, 263; str). EintrBew muß enthalten: SE-Ggst (§ 3 Anm 1c) in Übereinstimmg mit Aufteilsplan; Verbindg von MitEAnt u SE (§ 3 Anm 1d) u einzutragden SE-Inhalt (§ 3 Anm 1e). Ihr sind beizufügen **(IV)**: **aa) Aufteilungsplan (Nr. 1)**; hat gleiche Funktion für WE wie amtl Verzeichn nach GBO 2 II für Grdst. Er muß die Aufteilg des ganzen Gbdes nach Größe u Lage des GemschE u SE ergeben (BayObLG Rpfleger **80**, 435); Angabe der Einzelausgestaltg (zB Lage der Fenster) nicht erforderl (BayObLG **67**, 25). Lage des Gbdes auf Grdst anzugeben, wenn nur so Zuordng von SE u MitEAnt mit notw Bestimmth gesichert (Demharter Rpfleger **83**, 133; aA Hamm OLGZ **77**, 264: stets). Für Halbs 2 ausreichd, daß zugehörige Räume farb umrandet u mit einer Nr versehen werden (BayObLG Rpfleger **82**, 21); Verstoß hindert Entstehg von WE bei Eintr nur, wenn dadch Abgrenzg unklar. Über gleiche Nr für WE u TeilE vgl Zweibr OLGZ **82**, 263; über mangelh Kennzeichng des SE vgl § 5 Anm 1a; über Abweichg des Gbdes vom Plan vgl § 2 Anm 2c. **bb) Abgeschlossenheitsbescheinigung (Nr 2)**; wg Bindg des GBA vgl § 3 Anm 2a. Über Erteilg vgl § 59 Anm 1. – **c) Voreintragung** der MitEigtümer (GBO 39). Für die Aufl zu MitEigt unter gleichzeit Begründg von WE ist Zwischenbuch von MitE auf GBBlatt des Grdst nicht notw. – **d)** Wg behördl **Genehmigung/Zustimmung** RealBerecht vgl § 4 Anm 1b, 1c aa.

3) Das Grundbuchamt prüft neben den EintrVoraussetzgen (Anm 2), ob Inhaltsmängel iSv § 2 Anm 2b vorliegen. Vbg/TErkl prüft GBA nur auf Nichtigk nach BGB 134, 138 (vgl dazu BayObLG **71**, 102; Düss DNotZ **73**, 552; LG Traunst MittBayNot **78**, 218) u nur, soweit sie dch GBEintr Inhalt des SE werden sollen (Köln Rpfleger **82**, 61). Unwirksamk nur einer Bestimmg hindert Eintr (BayObLG WE **86**, 144). Zur Amtslösch bei Eintr unwirks Regelg vgl Köln NJW-RR **89**, 780.

4) Der Eintragungsvermerk muß die MitEAnt (GBO 47) u die Angaben nach I 2 enthalten. Bezugn auf EintrBewilligg gem **III** erfaßt auch in ihr in Bezug gen Aufteilgsplan, so daß auch er GBInhalt wird (zul auch wörtl Beschreibg des SE) u beide am öff Glauben des GB teilnehmen (BayObLGRpfleger **82**, 21); für dch Vbg/TErkl gestalteten Inhalt des SE genügt bloße Bezug (Hamm/Köln Rpfleger **85**, 109). Wg Einzelh vgl WEGBVfg 3. – Welche GbdeTeile/Räume zum GemschE gehören, wird nicht eingetr; das ergibt sich nur mittelb aus der Summe des eingetr SE (LG Lüb Rpfleger **88**, 102).

5) Grundbuchschließung (I 3) gem GBVfg 36. – **a) Belastungen.** VfgsBeschrkgen u GrdstRe, die das Grdst als ganzes belasten, sind in allen WohngsGB einzutragen; dabei ist bei GrdPfdRen u Reallasten (die zu GesBelastgen aller WE werden, BGB NJW **76**, 2132) Mithaft zu vermerken (GBO 48) u iü Belastg des ganzen Grdst erkennb zu machen (WEGBVfg 4). Dbk/DWR mit Beschrkg auf best GbdeTeil ist nur bei betr WE einzutragen, währd die and WE entspr BGB 1026 frei werden (Oldenbg NJW-RR **89**, 273). Selbstd Belastgen von MitEAnt sind in das WohngsGB einzutragen. GesBelastgen von MitEAnt mit Mithaftvermerk (GBO 48) einzutragen. – **b) Schließung unterbleibt**, wenn iFv II das GrdstGB als gemsch WohngsGB verwendet wird (vgl WEGBVfg 7) od wenn auf GBBlatt von Abschreibg nicht betroffene Grdst eingetr (WEGBVfg 6 S 2).

6) Das Grundstück besteht trotz § 7 I rechtl fort u kann herrschds Grdst für GrdDbk sein (Düss RhNK **88**, 175). Über das Grdst als ganzes od reale Teile können nur alle WEigtümer gemeinschaftl verfügen (BGB 747 S 2; Schlesw SchlHA **74**, 85; aA Merle, System § 8 VI 4). – Über **Abveräußerung** eines GrdstTeils vgl Nieder BWNotZ **84**, 49 zu 2; Saarbr Rpfleger **88**, 479; LG Düss RhNK **80**, 77. AuflAnspr nur in allen WohngsGB vormerkb (BayObLG **74**, 118). – Bei **Belastung** mit einem GrdPfdR entsteht GesGrdPfdR an allen WEren (BGB 1114 Anm 1b); in allen WohnungsGB mit Mithaftvermerk einzutragen. Dbk, zur Benutzg des GemschE berecht, erfordert Belastg des ganzen Grdst (Eintr gem WEGBVfg 4); Gefahr des Erlöschens bei ZwVerst eines WE (vgl LG Freibg BWNotZ **80**, 61). – **Bestandteilszuschreibung** eines Grdst od **Vereinigung** mit einem Grdst, das zu entspr Anteilen im MitE der WEigtümer, mögl nach Einigg (§§ 3, 4) od Erkl (§ 8), daß Anteile nach Zuschreibg WEAnteile werden (Saarbr Rpfleger **88**, 479).

WEG 8 *Teilung durch den Eigentümer.* [I]**Der Eigentümer eines Grundstücks kann durch Erklärung gegenüber dem Grundbuchamt das Eigentum an dem Grundstück in Miteigentumsanteile in der Weise teilen, daß mit jedem Anteil das Sondereigentum an einer bestimmten Wohnung oder an nicht zu Wohnzwecken dienenden bestimmten Räumen in einem auf dem Grundstück errichteten oder zu errichtenden Gebäude verbunden ist.**

[II]**Im Falle des Absatzes 1 gelten die Vorschriften des § 3 Abs. 2 und der §§ 5, 6, § 7 Abs. 1, 3 bis 5 entsprechend. Die Teilung wird mit der Anlegung der Wohnungsgrundbücher wirksam.**

1) Einseitige Begründung von Wohnungseigentum (Vorratsteilg).

a) Einseitige Teilungserklärung. Dch einseit formfreie Vfg wird MitEigt an einem Grdst gebildet u in seinem ggständl HerrschBereich dch Einräumg von SE beschränkt. Der Ggst des aufzuteilden Eigt braucht erst bei Anlegg der WohngsGB ein selbstd GBGrdst zu werden (Saarbr OLGZ **72**, 129 [138]). Für die TeilgsBerechtigg gilt § 3 Anm 1a entspr. – **aa) Bildung von Bruchteilsmiteigentum** am Grdst (§ 3

WEG 8, 9 Wohnungseigentumsgesetz. *Bassenge*

Anm 1b). Gehört das Grdst einer Brucht- od GesHdsGemsch, so sind MitEAnt zu bilden, an denen ein GemschVerh wie zuvor am Grdst besteht (UnterGemsch). – **bb) Bestimmung des Gegenstandes des Sondereigtums** entspr § 3 Anm 1 c. – **cc) Verbindung von Miteigentum mit Sondereigentum** entspr § 3 Anm 1 d. – **dd) Regelungen für das Gemeinschaftsverhältnis** (§ 10 Anm 2 c aa) zul (nicht notw). Sie wirken bei GBEintr als SE-Inhalt gem II iVm §§ 5 IV, 10 II ggü SonderNachf u damit wie eine Vereinbg (BayObLG NJW-RR 87, 1357); aber wie bei allstimm Beschl (§ 10 Anm 2 cbb) Ausleggsfrage, ob alle Regelgen Vereinbgswirkg haben sollen (BayObLG 75, 201; Stgt WEZ 87, 51; Düss WEZ 88, 191). Sie unterliegen mangels Vertr nicht dem **AGBG**, auch nicht bei Drittwirkg nach § 10 II (§ 3 Anm 1 e; vgl auch BGH NJW 87, 650 u Karlsr NJW-RR 87, 651).

b) Behördl **Genehmigung/Zustimmung** RealBerecht entspr § 4 Anm 1 b, 1 c aa.

c) Wirksamwerden der Teilg mit Anlegg sämtl WohngsGB (II 2). Der GrdstEigtümer wird Inhaber sämtl WE; gehört das Grdst einer PersMehrh, so setzt sich das GemschVerh am Grdst (zB MitEigt zu best Bruchteilen) an jedem WE fort (BayObLG 69, 82). Mit GrdstEigt verbundene subj-dingl Rechte (zB GrdDbk) bestehen als Gesamtberechtigg fort (BayObLG Rpfleger 83, 434); über Fortbestand von VfgsBeschrkgen/Belastgen vgl § 7 Anm 5 a. – Über jedes WE kann einz verfügt werden (§ 6 Anm 2). Der Anspr auf Übertragg/Belastg des WE ist schon vor Anlegg der Wohnungs-GB im GrdstGB dch Vormkg sicherb, wenn der MitEAnt ziffernmäß (LG Hbg Rpfleger 82, 272) od in and Weise (LG Ravbg BWNotZ 88, 38) u das SE dch Bezug auf einen Bau-/Aufteilsplan od dch wörtl Beschreibg (Ffm DNotZ 72, 180; BayObLG 77, 155) bestimmt bezeichnet sind; zum FormErfordern eines VeräußergsVertr vgl BGB 313 Anm 8 b. Veräußert der Eigtümer vor Anlegg, so sichert die Vormk den Anspr auf Verschaffg von MitEigt (BayObLG Rpfleger 76, 13).

2) Anlegung der Wohnungsgrundbücher (II iVm § 7). Für das AnleggsVerf gilt § 7 Anm 1 bis 4 entspr; auch EintrBew erforderl (Hamm Rpfleger 85, 109; aA Zweibr OLGZ 82, 263), die zusätzl zu § 7 Anm 2 b die zu bildden MitEAnt (Anm 1 a aa) angeben muß. Kein gemschaftl GBBlatt zuläss; Verstoß unschädl (str), da OrdngsVorschr. Bei Veräußerg des Grdst vor Anlegg ZwBuchg des Erwerbers notw. – **Schließung des Grundstücksgrundbuchs** (II iVm § 7 I 3) entspr § 7 Anm 5.

3) Änderung/Aufhebung. Bis zur dingl wirks Übertragg eines WE (über Beschrkg bei Vormkg für Erwerber vgl BayObLG 74, 217; BWNotZ 89, 64), können die MitEAnt sowie Ggst u Inhalt des SE dch einseit Erkl des Eigtümers u GBEintr geändert werden; beeinträchtigte RealBerecht müssen zustimmen (vgl § 1 Anm 4 d, § 5 Anm 1 c, § 6 Anm 1, § 10 Anm 2 e bb). Entspr gilt für die Aufhebg von SE, wodch sich mit Schließg der WohngsGB u Wiederanlegg des GrdstGB das WE in das vor Anlegg der WohngsGB bestehde GrdstEigt umwandelt (vgl BayObLG 57, 116).

WEG 9 *Schließung der Wohnungsgrundbücher.* ¹Die Wohnungsgrundbücher werden geschlossen:
1. **von Amts wegen, wenn die Sondereigentumsrechte gemäß § 4 aufgehoben werden;**
2. **auf Antrag sämtlicher Wohnungseigentümer, wenn alle Sondereigentumsrechte durch völlige Zerstörung des Gebäudes gegenstandslos geworden sind und der Nachweis hierfür durch eine Bescheinigung der Baubehörde erbracht ist;**
3. **auf Antrag des Eigentümers, wenn sich sämtliche Wohnungseigentumsrechte in einer Person vereinigen.**

II Ist ein Wohnungseigentum selbständig mit dem Rechte eines Dritten belastet, so werden die allgemeinen Vorschriften, nach denen zur Aufhebung des Sondereigentums die Zustimmung des Dritten erforderlich ist, durch Absatz 1 nicht berührt.

III Werden die Wohnungsgrundbücher geschlossen, so wird für das Grundstück ein Grundbuchblatt nach den allgemeinen Vorschriften angelegt; die Sondereigentumsrechte erlöschen, soweit sie nicht bereits aufgehoben sind, mit der Anlegung des Grundbuchblatts.

1) I ordnet in 3 Fällen Schließg des WGrdbuches an. Daneben § 34 GBVfg. Schließg erfolgt dch Durchkreuzg sämtl beschriebener Seiten mit roter Tinte u Eintr des Schließgsvermerks in Aufschrift, GBVfg 36. § 9 gilt für gemschaftl WohngsGB (§ 7 II) entspr.

2) Das **Erlöschen des Wohnungseigentums** hat zur Folge, daß gewöhnl MitE entsteht (BGB 1008, 741) u Auflösgsverbot des § 11 entfällt (BGB 749). – **a)** Bei Aufhebg des SE **(Nr 1)** erlischt das WE mit Eintr der Aufhebg. – **b)** Bei Totalzerstörg des Gbdes **(Nr 1)** erlischt das WE erst mit Anlegg des gewöhnl GBBlatts (III). Trotz Zerstörg ist das MitE am Grd u Boden noch vorhanden u die bes Gemsch der WEigtümer noch nicht erloschen. Es bleibt ihr noch ein beschr Wirkgskreis. RLage ähnelt der, daß WE vor Errichtg des Gebäudes begründet wurde (vgl § 2 Anm 3). I 2 sieht von vertragl Aufhebg nach § 4 ab. Wenn alle WEigtümer den Wiederaufbau nicht wollen, so können sie die Schließg der WGrdbücher beantragen (Form: GBO 29). – **c)** Bei Vereinigg sämtl WERechte in einer Person **(Nr 3)** besteht zunächst ein der RLage des § 8 entspr Zustand. Auf Antr Schließg des WGrdbuches mit der materiellen Wirkg des Erlöschens bei Anlegg des gewöhnl GBBlatts (III).

3) II: Schließg des GB läßt Belastgen des gemsch Grdst unberührt. Solche des bish WE werden Belastgen des jew MitEigtAnt. Können sie ihrer Art nach an MitEigtAnt nicht bestehen (Dbkt, DWR), so erlöschen sie dch NichtÜbertr (Horber/Demharter § 3 Anh 14b). Wg Zust der RealBerecht vgl § 4 Anm 1 c bb.

2. Abschnitt. Gemeinschaft der Wohnungseigentümer

WEG 10 *Allgemeine Grundsätze.* ^IDas Verhältnis der Wohnungseigentümer untereinander bestimmt sich nach den Vorschriften dieses Gesetzes und, soweit dieses Gesetz keine besonderen Bestimmungen enthält, nach den Vorschriften des Bürgerlichen Gesetzbuches über die Gemeinschaft. Die Wohnungseigentümer können von den Vorschriften dieses Gesetzes abweichende Vereinbarungen treffen, soweit nicht etwas anderes ausdrücklich bestimmt ist.

^{II}Vereinbarungen, durch die die Wohnungseigentümer ihr Verhältnis untereinander in Ergänzung oder Abweichung von Vorschriften dieses Gesetzes regeln, sowie die Abänderung oder Aufhebung solcher Vereinbarungen wirken gegen den Sondernachfolger eines Wohnungseigentümers nur, wenn sie als Inhalt des Sondereigentums im Grundbuch eingetragen sind.

^{III}Beschlüsse der Wohnungseigentümer gemäß § 23 und Entscheidungen des Richters gemäß § 43 bedürfen zu ihrer Wirksamkeit gegen den Sondernachfolger eines Wohnungseigentümers nicht der Eintragung in das Grundbuch.

^{IV}Rechtshandlungen in Angelegenheiten, über die nach diesem Gesetz oder nach einer Vereinbarung der Wohnungseigentümer durch Stimmenmehrheit beschlossen werden kann, wirken, wenn sie auf Grund eines mit solcher Mehrheit gefaßten Beschlusses vorgenommen werden, auch für und gegen die Wohnungseigentümer, die gegen den Beschluß gestimmt oder an der Beschlußfassung nicht mitgewirkt haben.

1) Rechtsgrundlagen für das Verhältnis der Wohnungseigentümer (I). Es gelten in folgder Reihenfolge: – **a) Zwingende Vorschriften** des WEG: §§ 11 (Ausn in I 3), 12 II 1, 18 I iVm IV, 20 II, 26 I 4, 27 III; vgl weiter § 23 Anm 1c, 5a, 5e § 24 Anm 1a. Ferner die nach I 1 anwendb zwingden Vorschr des BGB: BGB 747. – **b) Vereinbarungen** der WEigentümer (Anm 2) wie Ergänzgen u Abweichgen zu abdingbaren Vorschr des WEG u zu den nach I 1 anwendb abdingbaren Vorschr des BGB. – **c) Beschlüsse** der WEigtümer, obwohl in I nicht genannt (vgl aber § 21 III). – **d) Gerichtliche Entscheidungen** wie Anm 1c. – **e) Abdingbare Vorschriften** des WEG u der nach I anwendb BGB 741ff, 1008ff (zu letzteren vgl BPM/Pick Rdn 3–23; RGRK/Augustin Rdn 5–11; Weitnauer Rdn 2–7a).

2) Vereinbarungen über das Verhältnis der Wohnungseigentümer (II).

a) Rechtsnatur. Vereinbgen sind Verträge; sie unterliegen nicht dem AGBG (Ertl DNotZ **81**, 149; str; vgl auch § 3 Anm 1e, § 8 Anm 1 a dd). Ohne GBEintr als SE-Inhalt sind sie schuldrechtl Natur. Dch GBEintr als SE-Inhalt werden sie nicht zu einem selbstd dingl Recht, aber die dch sie begründeten Rechte u Pfl erweitern bzw beschränken den gesetzl Inhalt des WE (BGH **73**, 145; BayObLG **74**, 217; aA Ertl DNotZ **88**, 4) mit Wirkg auch ggü SonderNachf; die Vereinbg hat in diesem Fall den RNatur einer dingl Einigg iSv BGB 873 über die Veränderg des gesetzl EigtInhalts (RGRK/Augustin Rdn 23; aA BPM/Pick Rdn 25). Dch die Eintr als SE-Inhalt wird aber keine dingl Haftg des WE für die vereinb Pfl begründet.

b) Zustandekommen. – aa) Abschluß nur dch alle WEigtümer; bei Mehrhausanlagen keine Begrenzg auf die Betroffenen (Hamm OLGZ **85**, 12). Vereinbgen sind materiellrechtl formfrei (BGH DNotZ **84**, 238); sie können auöerh einer WEigtümerVersammlg, sukzessive (KG OLGZ **89**, 43) od stillschw (vgl auch KG NJW-RR **89**, 976) getroffen werden. Es gelten die allg Vorschr (zB BGB 104ff, 119ff, 134, 138); Berufg auf Unwirksamk bedarf keiner UngültErkl nach § 23 IV. – **bb) Zeitpunkt.** Anfängl in der vertragl (§ 3 Anm 1e) od einseit (§ 8 Anm 1 a dd) TeilgsErkl u nachträgl nach Anlegg der WohngsGB. – **cc) Gläubigerzustimmung.** Sollen nachträgl Vereinbgen dch GBEintr zum SE-Inhalt werden, bedarf es wg Änderg des gesetzl EigtInhalts gem BGB 877 der Zust der RealBerecht am WE, soweit ihre rechtl Benachteiligg nicht ausgeschl (BGH **91**, 343). So müssen insb GrdPfdRGläub Vereinbgen zustimmen, die den Wert des WE als HaftgsGgst mindern: BenutzgsBeschrkg für GemschE (zB SondernutzgsR für and WEigtümer) od SE (BGH NJW **84**, 2409), stärker belastete Kostenbeteiligg (BayObLG **84**, 257), nachteil StimmRÄnderg (LG Aach Rpfleger **86**, 258), VeräußergsBeschrkg (§ 12). – **dd) Grundbucheintragung** erfordert EintrBew (GBO 19, 29) aller WEigtümer (BayObLG **78**, 377) sowie der RealBerecht, deren Zust nach Anm 2 b cc notw (BayObLG **74**, 220). Sie erfolgt im BestandsVerz des WohngsGB u zwar idR gem § 7 III.

c) Gegenstand. – aa) Regelungsbereich. Die Vereinbg muß Verhältn der WEigtümer an dem Grdst betreffen, das mit MitEAnt mit dem SE verbunden sind, zu dessen Inhalt sie werden sollen (Ffm Rpfleger **75**, 179). Außenstehe erlangen keine unmittelb Anspr dch sie (Ffm MDR **83**, 580). Vereinbgen sind es zugelassen in §§ 12 I, 15 I, 21 I, III. Nach I 2 können zu allen nicht zwingden WEG-Vorschr (u den hilfsw anwendb BGB-Vorschr) ergänzde od abweichde Regelgen getroffen werden; zB Geldstrafe bei Verletzg von GemschPfl (für Verhängg reicht dann MehrhBeschl; BayObLG NJW-RR **86**, 179), Kosten der GebäudeErrichtg (BayObLG **74**, 281), Einführg des MehrhBeschl statt gesetzl vorgesehener Vereinbg (IV, § 23 I; vgl BGH **95**, 137), ferner die Beisp in den Anm zu den WEG-Vorschr; nicht aber VorkR der WEigtümer (Brem Rpfleger **77**, 313; aA Alsdorf BlGBW **78**, 92). Die Vereinbg kann trotz Eintr als SE-Inhalt nur das GemschE betreffen. – **bb) Abgrenzung zum allstimmigen Beschluß.** Ein mit Zust aller WEigtümer (bei Anwesenh aller in der Versammlg od iFv § 23 III) gefaßter Beschl ist nur dann eine Vereinbg, wenn er erkennb die GrdOrdng der Gemsch ergänzd od abweichd vom WEG mit rgestalter Wirkg für die Zukunft regeln soll (Tasche DNotZ **73**, 457; BayObLG **78**, 377; Karlsr MDR **83**, 672). Ein solcher Beschluß ist iZw materiell ein MehrhBeschl, wenn er einen Ggst regelt, der einem MehrhBeschl zugängl ist; zB Regelg des ordngsmäß Gebr des GemschE (BayObLG **73**, 83; **75**, 201), WirtschPlan/Jahresabrechng mit von WEG/Vereinbg abw Kostenverteilg (BayObLG **74**, 172), VerwBestellg (BayObLG **74**, 275), nicht vereinbgbedürft HausordngsVorschr (Oldbg ZMR **78**, 245; LG Mannh MDR **76**, 582), Festlegg von Abrechnungsperioden (Düss

WEG 10 2–4   Wohnungseigentumsgesetz. *Bassenge*

WEZ **88**, 191). Die Abgrenzg hat insb Bedeutg für die EintrFähigk, die Wirkg nach § 10 II, III u die Abänderbark (BayObLG NJW-RR **87**, 1364).

d) **Auslegung** gem BGB 133, 157, 242 (über ergänzde Auslegg vgl Grebe DNotZ **88**, 275). Nach GBEintr ist nur auf Wortlaut u Sinn des im GB (auch gem § 7 III) Eingetragenen, wie es sich für unbefangenen Beobachter als nächstliegde Bedeutg ergibt, abzustellen. Baupläne/beschreibgen (Stgt WEZ **87**, 49), nicht zum GBInhalt gewordene Vorstellgen (BayObLG BlGBW **85**, 214) u Erkl bei Weiterveräußerg (insb dch teilden Eigtümer; Karlsr NJW-RR **87**, 651) bleiben unberücksichtigt. Streichg der BeiratsKl in FormularVereinbg bedeutet nicht Abdingg von § 29 (Köln Rpfleger **72**, 261). Bloßer Hinweis auf WEG-Vorschr macht diese noch nicht zum VereinbgsInhalt (BayObLG **72**, 150).

e) **Änderung (Aufhebung)** nur dch Vereinbg. – aa) **Abschluß** nur dch alle WEigtümer; Anm 2 b aa gilt entspr. Wg FormFreih kann längere von einer Vereinbg abw Handhabg dch alle WEigtümer genügen (vgl BayObLG ZMR **83**, 391; NJW **86**, 385). Nichteingetr Änderg/Aufhebg einer eingetr Vereinbg wirkt nur schuldrechtl unter dem VereinbgsBeteil. Über Anspr auf Mitwirkg an Änderg vgl Anm 5. – bb) **Gläubigerzustimmung**. Bei eingetr Vereinbg wird der SE-Inhalt verändert. Das bedarf nach BGB 876, 877 der Eintr u der Zust der RealBerecht am WE, soweit ihre rechtl Benachteiligg nicht ausgeschl (vgl Anm 2 b cc); soweit ein ZustAnspr besteht (Anm 5), entfällt ZustErfordern wg Belastg des WE mit ÄndergsPfl (BayObLG NJW-RR **87**, 714). Bei nicht eingetr Vereinbg keine Zust erforderl, weil sie nicht gg Erwerber in der ZwVerst wirkt. – cc) **Grundbucheintragung**: Anm 2 b dd gilt entspr.

f) **Wirkung gegenüber Sondernachfolgern** (Erwerber dch RGesch od in ZwVerst; BayObLG NJW-RR **88**, 1163); ggü GesamtNachf (zB Erben) wirken sie stets. – aa) **Nichteingetragene Vereinbarungen** wirken nur unter den VereinbgsBeteil; Wirkg ggü SonderNachf auch nicht bei Kenntn (Düss OLGZ **78**, 349). Soweit die Verbindlichk einer Regelg des GemschVerh ggü allen WEigtümern einheitl beurteilt werden muß (vgl BGH NJW **87**, 650), wird die Vereinbg (zB Kostenverteilgg; aA BayObLG NJW **85**, 385) mit der SonderNachf hinfäll. Nur iRv BGB 746 wirken sie (nicht gg) einen SonderNachf (LG Kölln ZMR **77**, 377; BPM/Pick Rdn 60; RGRK/Augustin Rdn 33; aA neuerdings Rdn 7a). Mögl ist rgesch Beitritt (Düss aaO; Hbg WEZ **87**, 217). – bb) **Eingetragene Vereinbarungen** wirken für u gg SonderNachf (II). War die Vereinbg unwirks, so kann das WE mit dem eingetr SE-Inhalt gutgl erworben werden (Stgt NJW-RR **86**, 318; Weitnauer Rdn 13b); soweit die Verbindlichk einer Regelg des GemschVerh ggü allen WEigtümern einheitl beurteilt werden muß (vgl BGH NJW **87**, 650), wird die Vereinbg dann auch für alle WEigtümer verbindl. – cc) **Erzwungene Vereinbarungen** vgl Anm 5 b aa.

3) Beschlüsse der Wohnungseigentümer.

a) **Rechtsnatur.** Beschlüsse sind mehrseit RGesch in Form eines aus den abgegebenen gleichlaufden Stimmen zugesetzten Gesamtakts (BayObLG Rpfleger **82**, 100; Stgt OLGZ **85**, 259).

b) **Zustandekommen.** – aa) **Beschlußfassung** erfolgt nach Maßg §§ 23–25. Die AbstimmgsErkl ist eine empfangsbedürft WillErkl u unterliegt der allg Vorschr (zB BGB 104 [Stgt OLGZ **85**, 259], 119 [Ffm OLGZ **79**, 144], 123, 134, 138). Unwirksamk einer Stimmabgabe berührt die Beschl nicht, sond nur die Zahl der abgegebenen Stimmen. Über BeschlMängel vgl § 23 Anm 4, 5. – bb) **Zeitpunkt.** Vor Anlegg der WohngsGB (Hamm OLGZ **68**, 81) bzw solange alle WE noch in einer Hand (Ffm OLGZ **86**, 40), besteht keine WEGemsch, die Beschl mit Wirkg nach III, § 23 fassen kann. – cc) **Gläubigerzustimmung** nicht erforderl; vgl aber Anm 4a, 4b. – dd) **Grundbucheintragung.** Beschl sind nicht eintraggsfäh (Ffm OLGZ **80**, 160; aA BPM/Pick Rdn 64); vgl auch Anm 4a, 4b.

c) **Gegenstand.** – a) **Regelungsbereich** insb §§ 15 II, 18 III, 21 III, 26 I, 27 II Nr 5, 28 IV, V, 29 I. Ferner vereinbgbedürft Angelegenh, für die Vbg/TErkl MehrhBeschl vorsieht (IV, § 23 I; vgl Anm 4a). – bb) **Abgrenzung allstimmigen Beschlusses zur Vereinbarung** vgl Anm 2 c bb.

d) **Auslegung** gem BGB 133, 157, 242. Weg Drittwirkg nach III, IV subj Vorstellgen nicht maßg (BayObLG WoM **88**, 410; Hamm NJW-RR **89**, 1161), sond Auslegg entspr Anm 2d (RGRK/Augustin Rdn 46).

e) **Änderung (Aufhebung)** dch MehrhBeschl (BayObLG **85**, 57) entspr Anm 3b zuläss; über Anspr auf Mitwirkg an Änderg vgl Anm 5. Ferner UngültErkl nach § 23 IV. – Wird ein Antr auf Änderg eines bestandkräft Beschl abgelehnt, so handelt es sich um einen NegativBeschl, dem ggü nur unter den Voraussetzgen von Anm 5 begründeter Antr nach § 21 III zuläss ist (§ 23 Anm 5 d, § 43 Anm 3 a; vgl Stgt OLGZ **88**, 437). Ein inhaltsgl od bestätigder **Zweitbeschluß** ersetzt idR (über Ausn vgl BayObLG **75**, 284) den bestandkräft ErstBeschl (BayObLG NJW-RR **87**, 9; WE **89**, 58; aA Stgt aaO); bei seiner UngültErkl entfällt aber auch die in ihm enthaltene Aufhebg des ErstBeschl (vgl BGH NJW **89**, 1087), sofern Auslegg nicht unbdgte Aufhebg ergibt, denn sonst würde schon mit dem ZweitBeschl das RSchutzInt für die Anfechtg des ErstBeschl entfallen (vgl dazu § 43 Anm 2d).

f) **Wirkung.** – aa) **Innenverhältnis/Rechtsnachfolge (III).** Ein MehrhBeschl wirkt ggü der überstimmten Minderh sowie ggü den Gesamt- u SonderNachf (Erwerb dch RGesch od in ZwVerst; BayObLG NJW-RR **88**, 1163) jedes WEigtümers; GBEintr nicht notw. Kein GutglSchutz; vgl auch Anm 4a, 4b. – bb) **Außenverhältnis (IV).** In MehrhBeschl liegt zugl Vollm an die Mehrh, die Minderh bei der BeschlAusführg zu vertreten. Zur BeschlDchführg ist der Verw nach Maßg von § 27 berechtigt (schließt er aGrd MehrhBeschl einen Vertr, so sind alle WEigtümer VertrPart); ist er verhindert (zB BGB 181), so müssen die WEigtümer selbst handeln, wobei die Mehrh die Minderh vertritt. Die Mehrh kann sich auch dch einen Bevollm vertreten lassen. Entspr MehrhBeschl berechtigt nach Wortlaut von IV („RHdlg") auch zu Vfg namens aller WEigtümer (zB VertrKünd). Vertr (zB VerwVertr) aGrd MehrhBeschl wirkt ggü SonderNachf ohne bes Eintritt (BayObLG NJW-RR **87**, 80).

4) Vereinbarungsersetzende Mehrheitsbeschlüsse.

a) **Vereinbarungsgemäßer Beschluß.** Eine vereinbgsbedürft Regelg kann dch MehrhBeschl erfolgen, wenn dies in Vbg/TErkl für zuläss erklärt ist (IV, § 23 I) u die Regelg sachl begründet u ohne unbill

I. Teil. 2. Abschnitt. Gemeinschaft der Wohnungseigentümer **WEG 10, 11**

Nachteile für die Widersprechenden ist (BGH 95, 137). Auch allstimm Beschl behält dann RNatur eines MehrhBeschl (BPM/Pick Rdn 57; Weitnauer Rdn 12). – Der Beschl ist **nicht eintragungsfähig und wirkt gegen Sondernachfolger** gem III ohne Eintr (aA Grebe DNotZ **87**, 5 [16]); Erwerber aussde Vbg/TErkl gewarnt. – **Zustimmungserfordernis bei Realberechtigten** (Anm 2 b cc, 2 e bb) entfällt nicht. Dies gilt auch, wenn die Belastg in Kenntn der den MehrhBeschl zulassden Vbg/TErkl erfolgte od einer Vbg zugestimmt wurde, die ihre Abänderbark dch MehrhBeschl vorsieht (aA BPM/Pick Rdn 56), denn damit ist nicht einer benachteiligden Regelg sond allenf einem RegelgsVerf zugestimmt. Vorausertelte Zust wohl nicht schon dadch, daß die Belastg in Kenntn einer Vbg/TErkl erfolgte, die Zust der RealBerecht für nicht notw erklärt (vgl BayObLG **84**, 257).

b) Nicht für ungültig erklärter Mehrheitsbeschluß. MehrhBeschl, der vereinbsbedürft Regelg trifft, ist wirks, wenn er nicht für ungült erklärt wird (§ 23 Anm 4 b cc). Änderb dch MehrhBeschl (Ffm OLGZ **80**, 160); aber nur sofern dadch ganz od teilw Aufhebg, denn Abweichg von Gesetz kann bzw Vbg/TErkl darf nicht dch neuen MehrhBeschl weiter verstärkt werden. – Nach hM ist der Beschl **nicht eintragungsfähig und wirkt gegen Sondernachfolger** gem III ohne Eintr (BayObLG DWE **87**, 126; Rpfleger **83**, 348; NJW-RR **87**, 714; RGRK/Augustin Rdn 42). Erwerberschutz würde für Anwendg von II u desh für Eintragsfähigk sprechen (BPM/Pick Rdn 64; Müller Rdn 382). – **Zustimmungserfordernis bei Realberechtigten** (Anm 2 b cc, 2 e bb) entfällt nicht (Röll PiG **18**, 145; WE **87**, 3); es könnte umgangen werden, indem Eigtümer des belasteten WE MehrhBeschl gg sich ergehen läßt u diesen dch Nichtanfechtg (RealBerecht hat kein AnfR) rbeständ werden läßt.

5) Anspruch auf Änderung einer Vereinbarung oder eines Eigentümerbeschlusses.

a) Voraussetzungen. Nicht schon wenn eine Vereinbg od ein bestandskräft MehrhBeschl unbill ist od nicht ordnungsgemäß Verwaltg entspricht, sond erst wenn ein Festhalten daran grob unbill ist u damit gg BGB 242 verstößt, besteht ein ÄndersgAnspr, wobei im Interesse der RSicherh/Beständigk in der Gemsch ein strenger Maßstab anzulegen ist (Ffm OLGZ **82**, 269; BayObLG NJW-RR **87**, 714; WEZ **88**, 411; WoM **89**, 36; Karlsr NJW-RR **87**, 975). – **aa) Änderungsanspruch kann bestehen:** Wenn eine erhebl belastde Regelg im Hinblick auf eine geplante Änderg der tats/rechtl Verhältn getroffen wurde u diese ausbleibt (BayObLG NJW-RR **87**, 714: Abweichg von Kostenverteilg nach MitEAnt kann verlangt werden, wenn MitEAnt inf Unterbleibens geplanter Baumaßn außer Verhältn zur Größe des SE). Wenn sich eine Regelg inf nicht vorsehb Änderg der tats Verhältn als erhebl benachteiligd erweist (Änderg der Kostenverteilg wg ständ Überbelegg einz WE [Düss NJW **85**, 2837] od Nichtmehrbeheizg einer Garage [Hbg WEZ **87**, 217]). Wenn die Änderg einem lange geduldeten tats Zustand entspricht (LG Wuppt NJW-RR **86**, 1074: Umwandlg von TeilE in WE). – **bb) Änderungsanspruch besteht grundsätzlich nicht:** Wenn sich bei Vereinbg/BeschlFassg gehegte einseit Erwartg nicht erfüllt (BayObLG **84**, 50: kein Anspr auf Änderg der Kostenverteilg im Hinblick auf nicht realisierb Dachausbau zugestimmt wurde). Infolge von Umständen u Entwicklgen, die bei Vereinb/BeschlFassg (BayObLG **84**, 50) od Erwerb des WE (BayObLG NJW-RR **87**, 714; Karlsr NJW-RR **87**, 975) erkennb waren od im Risikobereich des WEigtümers liegen (BayObLG Rpfleger **76**, 422; Hamm OLGZ **82**, 409: Leerstehen von Räumen; BayObLG ZMR **86**, 319: dch Älterwerden rbedgte Schwierigk bei pers Erf der SchneeräumPfl).

b) Durchführung. – **aa) Änderungsvereinbarung.** Es besteht ein nach § 43 I Nr 1 dchsetzb Anspr auf Zust zur ÄndersgVereinbg einschl EintrBew (Düss NJW **85**, 2837), die mit RKraft der Entscheidg als abgegeben gilt (§ 45 II, ZPO 894); die Eintr bewirkt dann die Wirkg gg SonderNachf (II). Nach aA trifft das Gericht die neue Vereinbg, die dann gem III wirken soll (BayObLG NJW-RR **87**, 714), was aber III auf im WEG nicht vorgesehene vereinbsgl Entscheid erweitert u Erwerberschutz dch II aushöhlt. Anfechtg eines MehrhBeschl, der Vereinbg ändert od widerspricht, kann ZustAnspr nicht entgegengehalten werden (Ffm OLGZ **84**, 146; BayObLG DWE **85**, 56; Düss aaO), denn Vereinbg gilt bis zu ihrer Änderg. Wg Zust der RealBerecht vgl Anm 2 e bb. – **bb) Änderungsbeschluß.** Hier kann entspr §§ 15 III, 21 IV das Gericht die Neuregelg treffen mit der Wirkg nach III.

c) Rückwirkung. Neue Kostenverteilg aGrd ÄndersgAnspr wirkt nicht für bereits entstandene Kosten (BayObLG NJW-RR **86**, 1463), sond erst ab Wirksamwerden der Änderg (BayObLG WoM **89**, 36).

WEG 11 **Unauflöslichkeit der Gemeinschaft.** [I]**Kein Wohnungseigentümer kann die Aufhebung der Gemeinschaft verlangen. Dies gilt auch für eine Aufhebung aus wichtigem Grund. Eine abweichende Vereinbarung ist nur für den Fall zulässig, daß das Gebäude ganz oder teilweise zerstört wird und eine Verpflichtung zum Wiederaufbau nicht besteht.**
[II]**Das Recht eines Pfändungsgläubigers (§ 751 des Bürgerlichen Gesetzbuches) sowie das Recht des Konkursverwalters (§ 16 Abs. 2 der Konkursordnung), die Aufhebung der Gemeinschaft zu verlangen, ist ausgeschlossen.**

1) Aufhebung der Gemeinschaft. – a) WEigtümer können die WEGemsch grdsl nur dch gemeins Vereinbg aufheben, die die Begr einfachen MitEigt od gleichzeit dessen Auflösg zum Inhalt haben kann (§ 4 Anm 1); Formbedürftig, wenn Tatbestd des § 313 erfüllt. Eins Sprengg der WGemsch dch einen WEigtümer wäre unerträgl u würde das WE entwerten; wer nicht in der WEGemsch bleiben will, muß sein WE veräußern. Aufhebg der WE auch nicht dch MehrhBeschl, weil VfgsHdlg (§ 10 Anm 4; BayObLG **73**, 82); schuldr Verpfl der WEigtümer zum Abschl einer AufhebgsVereinbg zul (BayObLG **79**, 414).

b) Auch VollstrGläub u KonkVerwalter können (außer im Falle I 3) nicht Aufhebg verlangen (II), was sie bei gewöhnl Gemsch auch bei enggstehender Vereinbg dürfen, § 751, KO 16 II; KO 17, 19 helfen dem KonkVerw nicht, Düss NJW **70**, 1137. Gläub des WEigtümers können nicht dch Pfändg des MitEigtAnt vollstrecken, sond nur nach ImmobiliarR, ZPO 864 II (vgl § 6 Anm 3). Das in II vorsorgl ausgespr Verbot für den PfändgsGläub kann mithin Bedeutg nur für den Fall haben, daß ausnahmsw (Anm 2) der WEigtü-

2475

mer Anspr auf Aufhebg der Gemsch hat. – KonkVerwalter kann das WE freihänd veräußern od dch ZwVerst verwerten (ZVG 172 ff); er hat aber nicht die Möglichk, den Anteil an Fonds u Rücklagen getrennt zur Masse zu ziehen u zu verwerten (Pick JR **72**, 102).

2) Ist die WGemsch entstanden, erschwert I die Berufg auf **Gründungsmängel**. Grundsätzl entsteht bei ihnen faktische Gemsch wie bei in Vollzug gesetztem nichtigem GesellschVertr. Hierfür gelten die Regeln des WEG (auch § 11) entspr, sow der Schutzzweck des G nichts GgTeiliges verlangt. Dah zu unterscheiden iSv § 2 Anm 2: – **a**) Bei **Inhaltsmängeln** des WE gilt § 11 unter Ausschl von BGB 749, denn eine unauflösb Gemeinsch war wirks gewollt u der InhMangel ist – notf mit HerstellgsAnspr aus GrdGesch – behebb. – **b**) Anders bei **Willensmängeln** des VfgsGesch: Der Schutz des GeschUnfäh geht vor, sow nicht BGB 892 zG Dritterwerbers eingreift. So grds auch bei Anfechtg (BGB 142). Abhilfe dch Umdeutg (BGB 140) od Gen (BGB 185). Ob dem RückabwicklgsAnspr des Anfechtden die Möglichk des SchadErsAnspr (BGB 823 II, 826) od der Weiterveräußerg (darin läge Gen nach BGB 185) enggegengesetzt w kann, ist fragl. In idR w dem AnfGegner die Übernahme des Ant u damit Behebg des Mangels eher zumutb sein. Zu allem § 2 Anm 2.

3) **Ausnahme**. – **a**) I 3. Einseit kann Aufheb nur kraft ausdrückl Vereinbg verlangt werden, wenn Gebäude ganz od teilw zerstört u keine Verpflichtg zum Wiederaufbau besteht. Da eine solche grdsätzl besteht (§ 22 II), Ausschl ausdrückl zu vereinbaren. – **b**) Entspr I 3 abw Vereinbg auch für den Fall zul, daß iF § 2 Anm 3 das Gebäude etwa inf BauBeschränkg nicht erstellt werden kann (str).

WEG 12 *Veräußerungsbeschränkung.* [1]Als Inhalt des Sondereigentums kann vereinbart werden, daß ein Wohnungseigentümer zur Veräußerung seines Wohnungseigentums der Zustimmung anderer Wohnungseigentümer oder eines Dritten bedarf.

[II]Die Zustimmung darf nur aus einem wichtigen Grunde versagt werden. Durch Vereinbarung gemäß Absatz 1 kann dem Wohnungseigentümer darüber hinaus für bestimmte Fälle ein Anspruch auf Erteilung der Zustimmung eingeräumt werden.

[III]Ist eine Vereinbarung gemäß Absatz 1 getroffen, so ist eine Veräußerung des Wohnungseigentums und ein Vertrag, durch den sich der Wohnungseigentümer zu einer solchen Veräußerung verpflichtet, unwirksam, solange nicht die erforderliche Zustimmung erteilt ist. Einer rechtsgeschäftlichen Veräußerung steht eine Veräußerung im Wege der Zwangsvollstreckung oder durch den Konkursverwalter gleich.

Schrifttum: Sohn, Die VeräußergsBeschrkg im WERecht, 1982. – Hallmann, RhNK **85**, 1.

1) **Veräußerungsbeschränkung.**

a) Allgemeines. Das WE ist frei veräußerl (§ 6 Anm 2 a). Eine **Veräußerungsbeschränkung** zum Schutz vor Eindringen od Ausdehnen persönl od wirtschaftl unzuverlässiger GemschMitgl (BayObLG **77**, 40) aber vereinb; wg Abweichg von BGB 137 enge Auslegg der Vereinbg (BayObLG NJW-RR **88**, 1425). Beschränkg nur dch ZustErfordern. Veräußerungsverbot od Gebot der Veräußerg nur an best Pers unzul (BayObLG MittBayNot **84**, 88); dies kann dch Vbg/TErkl SEinhalt (§ 5 IV) sein, Verstoß macht Veräußerg dann aber nicht unwirks (BayObLG aaO). – Eine die Belastg hindernde **Belastungsbeschränkung** ist nicht vereinb (LG Köln RhNK **83**, 221). Als GebrRegelg iSv § 15 ist Vbg/TErkl zul, die Belastg mit den Gebr gestattenden dingl Recht (zB DWR, BGB 1093) beschränkt (BGH **37**, 203); Verstoß macht Belastg aber nicht unwirks (Ertl DNotZ **79**, 274).

b) Geltungsbereich. Die Geltg auf einzelne VeräußergsFälle od WERechte zu beschränken bzw Ausnahmen vorzusehen, ist zul; nicht aber, sie auf RGesch zu erweitern, die keine Veräußerg (unten bb), da Ausnahme von BGB 137 (Hamm OLGZ **79**, 419; aA BGH **49**, 250 für Vorratsteil des WE).

aa) Veräußerung ist die vollständ od teilw Übertr von WE dch RGesch unter Lebden auf neuen RInh, selbst wenn dieser schon GemschMitgl (KG OLGZ **78**, 296); daher nicht schon Bestellg einer AuflVormkg (BayObLG **64**, 237). – **Zustimmung notwendig** auch bei: Übertr eines MitEAnt am WE (Celle Rpfleger **74**, 438; LG Nürnb-Fürth MittBayNot **80**, 75). RückÜbertr nach frei vereinbarter Aufhebg der Veräußerg (BayObLG **76**, 328). Übertr agrd BGB 2048, 2147 (BayObLG **82**, 46, aA 48. Aufl). Übertr auf GesHd-Gemsch/jur Pers, bei der Veräußerer Mitgl/Anteilseigner (BayObLG **82**, 46). Quotenänderg am GemschE unter verschied WEigtümern, wenn § 16 II gilt od StimmR nach MitEAnt (and wenn ohne Auswirkg auf BeitrPfl u StimmR). Übertr von Teilen des SE (aA Celle DNotZ **75**, 42), sofern nicht Tausch etwa gleichgroßer Teile. – **Zustimmung entbehrlich** (kein Schutzzweck berührt) bei: Erstveräußerg dch teilden Eigtümer iFv § 8, auch bei späterem Eingliederg in Gemsch (Ffm NJW-RR **89**, 207; aA LG Köln RhNK **88**, 209; 48. Aufl); nicht aber iFv § 3 (BayObLG NJW-RR **87**, 270). Gleichzeit Veräußerg aller WE. Übertr von GesHdGemsch auf persgleiche and GesHdGemsch/BruchtGemsch u umgekehrt. Änderg der MitEQuoten am WE. – **Rückübertragung** nach Wandlg (od and ges RücktrR) od Anfechtg gem BGB 119 ff des KausalGesch zustbedürft (aA 48. Aufl), weil Voraussetzgen nicht gem GBO 29 nachweisb; aber idR ZustAnspr, weil gesetzl Folge einer zuläss Veräußerg. Nach KG NJW-RR **88**, 1426 danach keine zustfreie Erstveräußerg des teilden Eigtümers mehr.

bb) Keine Veräußerung (daher zustimmgsfrei): – **Kein Rechtsträgerwechsel:** Vorratsteil des WE (BGH **49**, 250). Vereinigg u BestandtZuschreibg. Quotenänderg am GemschE u Übertr von SE-Teilen unter WERechten desselben WEigtümers (Celle RhNK **81**, 196). RFormwechselnde Umwandlg einer PersGesellsch (vgl BGB 873 Anm 2 a bb). – **Kein Rechtsgeschäft über Wohnungseigentum:** Übertr eines Anteils am GsHdVermögen, wenn WE (auch als einziger Ggst) zum Vermögen gehört (vgl BGB 873 Anm 2 b; Hamm OLGZ **79**, 419 für BGB 2033). Erbeinsetzg dch Testament od ErbVertr. Vereinbg von GüterGemsch. – **Anfechtung des dinglichen Übertragungsgeschäfts** nach BGB 119 ff.

I. Teil. 2. Abschnitt. Gemeinschaft der Wohnungseigentümer **WEG 12, 13**

2) Begründung. – a) Vereinbarung/Teilungserklärung notw. Zustimmg der dch die Beschrkg in ihrer RStellg betroffenen RealGläub am WE notw (BGB 877); and bei Belastg des Grdst im ganzen bzw Gesamtbelastg, da Veräußerg/ZwVerst des ganzen Grdst von Beschrkg nicht betroffen. – **b) Eintragung** im WohngsGB zur Wirksamk (auch im Verh der WEigtümer) notw. Eintr dch Bezug auf EintrBew (§ 7 III) materiellrechtl wirks. Nur formellrechtl gilt WEGBVfg 3 II; der EintrVermerk braucht aber nicht alle Einzelh anzugeben, sond kann insow auf EintrBew Bezug nehmen. Ohne Eintr schuldrechtl Wirkg unter den WEigtümern. – **c) Änderung/Aufhebung** dch Vereinbg. Aufhebg u erleichternde Änderg ohne Zust der RealBerecht (LG Düss RhNK **83**, 221; LG Bielef Rpfleger **85**, 232).

3) Zustimmung zur Veräußerung.

a) Zustimmungsberechtigt können die WEigtümer (auch nur einige od qualifizierte Zahl) od Dritte sein; trotz BGB 1136 auch GrdPfdGläub (BPM/Pick Rdn 23; aA hM), da keine Verpfl ggü Gläub u Veräußerg iRv II weiter mögl. Ist es der Verw, so ist er idR (verdeckter) StellVertr der WEigtümer; diese können daher auch selbst zustimmen (Zweibr NJW-RR **87**, 269; Saarbr RhNK **89**, 58), insb wenn WEigtümer seine Zust ersetzen können und ohre ebenf mögl Entscheidg Vorrang hat; der WEigtümer seines eignen WE kann Verw ggü Erwerber zustimmen (Düss NJW **85**, 390; BayObLG NJW-RR **86**, 1077). Verw den WEigtümern über Erwerbsinteressenten auskunftspfl (Köln OLGZ **84**, 162). Zul auch ZustBefugn des Verw aus eigenem Recht als Dritter (BayObLG **80**, 29).

b) Wirksam wird die Zust mit Erkl ggü dem Veräußerer od Erwerber (BGB 182), auch wenn VeräußergsVertr nachfolgt (LG Wuppt RhNK **82**, 207). Für Widerruf gilt BGB 183; nach gem BGB 873 II binddar Aufl schadet Widerruf gem BGB 878 nicht mehr (BGH NJW **63**, 36). Bdgte Zust gilt als Versagg.

c) Zustimmungsanspruch (II); von WE untrennb, AusübgsErmächtigg aber zul (BGH **33**, 76). Unabdingb; auch keine bindde Festlegg der VersaggsGrd (LG Ffm NJW-RR **88**, 598). Der wicht Grd muß sich nach dem Zweck des § 12 (Anm 1a) aus der Pers des Erwerbers ergeben. Gesichtspkt der Nützlichk (BayObLG **72**, 348) od Wohngeldrückstand (BayObLG DWE **84**, 60) od Verhinderg unerwünschten ebenf nach §§ 14, 15 zul Gebr reichen nicht. SchadErsAnspr gg ZustBerecht, die schuldh Zust verweigern/verzögern (Karlsr OLGZ **85**, 133, 140; LG Ffm NJW-RR **89**, 15). – **Kein Zurückbehaltungsrecht** ggü ZustAnspr (BayObLG **77**, 40).

d) Verweigerung. Bei ZustVerweigerg ist der ZustAnspr ggü WEigtümern u Verw im Verf nach § 43 u gg Außenstehde dch Klage vor dem ProzGer geltd zu machen. ZustBerecht muß VerweigergsGrd darlegen (BayObLG NJW-RR **88**, 1425) u trägt FeststellgsLast. Gg II 1 verstoßder VersaggsBeschl der WEigtümer ist nichtig iSv § 23 Anm 4 (BayObLG **80**, 29). – **Aktivlegitimiert** ist nur der Veräußerer, nicht der Erwerber. – **Passivlegitimiert** sind die ZustBerecht. Verw auch dann, wenn er verdeckter StellVertr der WEigtümer ist (BayObLG NJW-RR **88**, 1425); ist aber Anrufg der WEigtümer gg Versagg vorgesehen, so besteht vor deren Entscheidg ein VerfHindern für Antr gg Verw (BayObLG **73**, 1). An rechtswirks Versagg dch WEigtümer ist sie nur vertretder Verw (u Ger im Verf gg ihn) gebunden (BayObLG **80**, 29). – **Entscheidung.** Keine Ersetzg der Zust, sond nach § 45 III, ZPO 894 vollstreckb ErteilgsVerpfl (BayObLG **77**, 40).

e) Form. Wg Nachw ggü GBA (auch der Wirksamk iSv Anm 3b) Anspr auf Zust in der Form GBO 29 (Hamm NJW-RR **89**, 974); GeschWert für Begl/Beurk: Kaufpr/VerkWert (Hamm Rpfleger **82**, 489). Formfreie Zust aber materiellrechtl wirks. Bei Zust dch WEigtümerversammlg Nachw dch Prot mit öff Beglaubigg der nach § 24 VI nöt Unterschriften (BayObLG **64**, 237); über Nachw der VerwEigensch vgl § 26 Anm 3. Bei fehlder Zust darf GBA nicht eintragen (BayObLG **81**, 202); es prüft Notwendigk der Zust, nicht aber Bestehen eines ZustAnspr (dafür gilt Anm 3d)

4) Verstoß gegen Veräußerungsbeschränkung (III). – a) Bei Veräußerg dch **Rechtsgeschäft** sind schuldrechtl u dingl Vertr (nicht nur relativ) schwebd unwirks (BGH **33**, 76); Gen heilt rückwirkd (str). Genehmigg gilt nach BGB 1366 III, 1829 II als verweigert (BPM/Pick Rdn 43; aA Weitnauer Rdn 6); dann entfällt Bindg an Vertr. III 1 gilt auch bei Versteigerg nach §§ 53 ff u bei der nach ZPO 894 zu erzwingen rechtsgeschäftl Übereignung. – **b)** Bei Veräußerg iW der **Zwangsvollstreckung** (nicht auch ZwVerwaltg od ZwHyp) od dch **Konkursverwalter** ebenf schwebd unwirks; wirks aber Veräußerg des ganzen Grdst aGrd Gesamtbelastg. Zustimmung muß bei Zuschlag vorliegen (vorher für ZustBerecht weder ZPO 766 noch 772, 771), nicht schon bei Anordnung der ZwVerst (BGH **33**, 76); rkräft Zuschlag in ZwVerst heilt Fehlen der Zust (LG Frankth Rpfleger **84**, 183). Bei Versagg muß VollstrGläub/KonkVerw den Anspr gem Anm 3d geltd machen (vgl dazu ErbbRVO 8 Anm 4). – **c)** Eintragg des neuen Eigtümers macht das **Grundbuch unrichtig;** uU GBO 53 I 1. Die and WEigtümer haben keinen eigenen Anspr aus BGB 894, sond nur Veräußerer selbst; Geltdmachg im Verf nach § 43 zu erzwingen, da keine BGB 1368 entspr Vorschr.

WEG 13 *Rechte des Wohnungseigentümers.* [I]Jeder Wohnungseigentümer kann, soweit nicht das Gesetz oder Rechte Dritter entgegenstehen, mit den im Sondereigentum stehenden Gebäudeteilen nach Belieben verfahren, insbesondere diese bewohnen, vermieten, verpachten oder in sonstiger Weise nutzen, und andere von Einwirkungen ausschließen.

[II]Jeder Wohnungseigentümer ist zum Mitgebrauch des gemeinschaftlichen Eigentums nach Maßgabe der §§ 14, 15 berechtigt. An den sonstigen Nutzungen des gemeinschaftlichen Eigentums gebührt jedem Wohnungseigentümer ein Anteil nach Maßgabe des § 16.

1) Inhalt des Sondereigentums (I). Das SE ist kein beschr dingl Recht sond **echtes Eigentum** iS des BGB, das den gemschaftsrechtl Bindgen des WEG (§§ 10, 14, 15), den allg nachbarrechtl Bindgen (BGB 906 ff, LandesNachbR) u der Sozialbindg (GG 14) unterliegt. – **a)** I umschreibt seinen **Inhalt entsprechend** **BGB 903.** Dieses HerrschR erstreckt sich auf die im SE stehden Räume (vgl BGH WM **89**, 1066: Fensteröff-

WEG 13, 14

nen) u GbdeTeile. Baul Verändergen zul, solange sie ohne Auswirkgen auf das GemschE u §§ 14, 15 nicht entggstehen (BayObLG NJW-RR **87**, 717; **88**, 587); Verbot der Entferng von Heizkörpern, die für Verbrauchsmessg notw, daher zul (BayObLG WoM **86**, 26). Bei Vermietg darf auch MitGebr am GemschE überlassen werden (BayObLG WE **88**, 32); WEigtümer ist der Gemsch für Beachtg der §§ 14, 15 dch Mieter verantwortl (BGB 278; BayObLG **70**, 76; vgl auch Weimar JR **75**, 184). NutzgsÄnderg zul, soweit nicht §§ 14, 15 entggstehen. – **b) Eigentumsschutz** genießt das SE nach BGB 985, 1004 u dch öffrechtl NachbKl (OVG Bln BauR **76**, 191; aber nicht innerh der Gemsch [BaWüVGH NJW **85**, 990]). **Besitzschutz** genießt der WEigtümer als Alleinbesitzer seines SE (TeilBes an GbdeTeil) nach BGB 859ff auch ggü and WEigtümer (BGB 865). – **c)** Für **Schaden** am SE dch unterl Instandsetzg des GemschE haftet der Verw bei Verschulden (Ffm OLGZ **85**, 144), die WEigtümer nur bei eigenem Verschulden (Ffm aaO; BayObLG DWE **85**, 58; NJW **86**, 3145; KG NJW-RR **86**, 1078) od entspr BGB 906 Anm 6 (vgl Celle MDR **85**, 236).

2) **Inhalt des gemeinschaftlichen Eigentums (II). – a) Mitgebrauch** (S 1) in den Grenzen der §§ 14, 15; über räuml Beschrkg bei Mehrhausanlagen vgl Hamm OLGZ **85**, 12. MitGebr ist Teiln am Gebr (idR) dch MitBes (BayObLG **73**, 267) u Mitbenutzg. Mangels abw GebrRegelg nach § 15 gleicher MitGebr auch bei ungleichen MitEAnteilen, da MitBes nicht an ideelle od reale Bruchteile aufteilb (BayObLG aaO). **Anteil an sonstigen Nutzungen** (S 2), also den mittelb (BGB 99 III: zB aus Vermietg von gemsch Eigt) u natürl (BGB 99 I: zB Erzeugn des gemsch Gartens) Früchten nach Maßg des § 16. – **b) Eigentumsschutz**: Bei Beeinträchtigg des gemsch Eigt ist jeder WEigtümer auch in seinem SE betroffen u kann die Anspr aus BGB 985, 1004 alleine nach Maßg von BGB 1011 geltd machen (BayObLG **75**, 177); ebso die öffrechtl NachbKl (OVG Bln BauR **76**, 191). **Besitzschutz:** Als Mitbesitzer kann jeder WEigtümer die Anspr aus BGB 859ff gg Dr allein geltd machen, Wiedereinräumg entzogenen Bes kann nur zu MitBes verlangt w; ggü Mitbesitzern Beschrkg dch BGB 866 (BGH **62**, 243).

3) **Rechtsgeschäftliche Verfügungen** über das WERecht: § 6 Anm 2.

WEG 14 *Pflichten des Wohnungseigentümers.* Jeder Wohnungseigentümer ist verpflichtet:

1. die im Sondereigentum stehenden Gebäudeteile so instand zu halten und von diesen sowie von dem gemeinschaftlichen Eigentum nur in solcher Weise Gebrauch zu machen, daß dadurch keinem der anderen Wohnungseigentümer über das bei einem geordneten Zusammenleben unvermeidliche Maß hinaus ein Nachteil erwächst;
2. für die Einhaltung der in Nr. 1 bezeichneten Pflichten durch Personen zu sorgen, die seinem Hausstand oder Geschäftsbetrieb angehören oder denen er sonst die Benutzung der im Sonder- oder Miteigentum stehenden Grundstücks- oder Gebäudeteile überläßt;
3. Einwirkungen auf die im Sondereigentum stehenden Gebäudeteile und das gemeinschaftliche Eigentum zu dulden, soweit sie auf einem nach Nrn. 1, 2 zulässigen Gebrauch beruhen;
4. das Betreten und die Benutzung der im Sondereigentum stehenden Gebäudeteile zu gestatten, soweit dies zur Instandhaltung und Instandsetzung des gemeinschaftlichen Eigentums erforderlich ist; der hierdurch entstehende Schaden ist zu ersetzen.

1) **Eigentümerpflichten.** Der (dch Vbg/TErkl abdingb) § 14 begrenzt die EigtümerBefugn aus § 13, soweit nicht GebrRegelgen nach § 15 bestehen; er gilt auch für Gebr iR eines SondernutzgsR (§ 15 Anm 2d aa). Bes Bedeutg erlangt § 14 dch § 22 I 2 (dort Anm 1f).

a) Nr 1: Anlagen/Einrichtgen im SE (§ 5 Anm 1b bb) stehen GbdeTeilen im SE gleich (BPM/Pick Rdn 28, 39). Nachteil ist jede nicht ganz unerhebl Beeinträchtigg (BayObLG WE **88**, 22); LNachbR kann Anhalt geben (Düss OLGZ **85**, 426; BayObLG NJW-RR **87**, 846). Aus Nr 1 folgt auch die Pfl, die NutzgsBerecht anderer WEigtümer nicht in der Benutzg zu stören (KG NJW-RR **88**, 586). – **Zulässig** idR: Arzt/Zahnarzt- (Karlsr OLGZ **76**, 145; BayObLG **73**, 1) od Krankengymnastikpraxis (BayObLG WoM **85**, 231) in Wohng, kurzfrist Abstellen der Haustürschließanlage (KG BlGBW **85**, 238), Gaststätte in Geschäftsraum (BayObLG **82**, 1), BüroBetr od Vermietg an Feriengäste (BayObLG **78**, 305), maßvolle Haustierhaltg (BayObLG **72**, 92), Waschküchenbenutzg für Berufstätige bis 19 Uhr (KG BlGBW **85**, 71), ortsübl u nicht verunstaltde Werbg im SE-Bereich (LG Aurich NJW **87**, 448), Benutzg von TeilE als Wohng (BayObLG NJW-RR **87**, 717), Hobbyraum/Werkstatt in Dachraum (BayObLG WoM **89**, 262). – **Unzulässig** idR: Bordell/Prostitution (KG NJW-RR **87**, 1160; BayObLG ZMR **87**, 100); Sexshop/kino (LG Pass NJW **83**, 1683); Ballettstudio in villenart Wohnanlage (BayObLG ZMR **85**, 307), Kindertagesstätte in Wohng (AG Hildesh WoM **86**, 25); lärmde Benutzg (KG NJW-RR **88**, 586; auch zu Beschimpfgen); Spruchbänder am GemschE (KG NJW-RR **88**, 846), Gartenzwerge auf GemschE (Hbg NJW **88**, 2052); dauernde KfZ-Aufstellg auf Gemsch (KG WEZ **88**, 444); Nichtheizen von SE mit Wasserleitg (BayObLG WoM **89**, 341).

b) Nr 2: Eigene Pflicht des WEigtümers, keine Haftg für Fremdverschulden (Schmid MDR **87**, 894). SchadErsAnspr also nur bei schuldh Verletzg der GemeinschPfl. Daneben Haftg ggü MitEigtürmern gem §§ 278, 831 (BayObLG **70**, 65; Kirchhoff ZMR **89**, 323).

c) Nr 3: Einwirkgen sind auch Eingriffe in die Sachsubstanz (Hamm DWE **84**, 126). DuldungsPfl zB für vorübergehde Störg des SE bei Einbau od Instandsetzg einer Etagenheizg (AG Hbg Rpfleger **69**, 132) od eines Anzugs, von Telefon od TV-Antenne (AG Starnbg MDR **70**, 679) od Breitbandkabelanschluß. Weitergehende Eingriffe sind nach BGB 862ff, 1004 im Verf nach §§ 43ff abzuwehren. Erhöhte DuldgsPfl: § 21 V Nr 6.

d) Nr 4: Zu dulden sind notf auch Eingr in SE (KG OLGZ **86**, 174). DuldgsAnspr steht der Gemsch zu (KG aaO). Haftg für Schäden (einschl entgangener Nutzg; BayObLG **87**, 50) unabhäng von Verschulden; bei zu erwartden Schäden kann DuldgsPflichtiger Gestattg von SicherhLeistg abhäng machen (KG aaO). Schaden muß DuldgsPflichtiger anteil mittragen (§ 16 IV). – DuldgsPfl bei Reparatur von SE eines and WEigtümers richtet sich nach allg Grds (zB LNachbR; § 13 Anm 1).

I. Teil. 2. Abschnitt. Gemeinschaft der Wohnungseigentümer **WEG 14, 15**

2) Folgen der Nichterfüllung. – a) Erfüllungsanspruch, der im Verf nach § 43 geltd zu machen; soweit GemschE betroffen, ist MehrhBeschl notw (str). Bei Störg seines Mieters kann vermieter WEigtümer den eigenen Anspr aus Nr 1 geltd machen; StreitVerkündg an Mieter zul (KG NJW-RR **88**, 586). Mieter muß seinen Anspruch aus BesStörg vor ProzGer geltd machen; ProzGer auch zuständ, wenn vermietder WEigtümer ihn in ProzStandsch geltd macht (KG aaO). Daneben UnterlAnspr aus BGB 823, 1004 im Verf nach § 43. – **b) Schadensersatz** bei schuldh (BGB 267) PflVerletzg (BayObLG ZMR **88**, 345). Daneben auch BGB 823 I (zB bei Verletzg von GemschE) od BGB 823 II, soweit § 14 SchutzG wie zB Nr 1 (KG aaO; aA RGRK/Augustin Rdn 1) u damit auch Nr 2 (aA BPM/Pick Rdn 54). Verf für alle SchadErsAnspr: § 43; soweit GemschE betroffen, ist MehrhBeschl notw (str). – **c) Entziehungsklage:** § 18 II Nr 1.

WEG 15 *Gebrauchsregelung.* ¹Die Wohnungseigentümer können den Gebrauch des Sondereigentums und des gemeinschaftlichen Eigentums durch Vereinbarung regeln.

IISoweit nicht eine Vereinbarung nach Absatz 1 entgegensteht, können die Wohnungseigentümer durch Stimmenmehrheit einen der Beschaffenheit der im Sondereigentum stehenden Gebäudeteile und des gemeinschaftlichen Eigentums entsprechenden ordnungsmäßigen Gebrauch beschließen.

IIIJeder Wohnungseigentümer kann einen Gebrauch der im Sondereigentum stehenden Gebäudeteile und des gemeinschaftlichen Eigentums verlangen, der dem Gesetz, den Vereinbarungen und Beschlüssen und, soweit sich die Regelung hieraus nicht ergibt, dem Interesse der Gesamtheit der Wohnungseigentümer nach billigem Ermessen entspricht.

1) Allgemeines. – a) Gebrauch ist die tatsächl Art der Alleinbenutzg des SE (§ 13 I) u der Mitbenutzg des GemschE (§ 13 II). Nicht dazu gehören baul Veränderungen iSv § 22 (BayObLG **71**, 273) sowie Verpfl- u VfgsGesch über das WE. – **b) Regelungsberechtigt** sind die WEigtümer bzw der teilde Eigtümer; bei Mehrhausanlagen u abgeschl Hausteilen vgl aber § 25 Anm 2a. Die RegelgsBefugn kann auf den Verw od VerwBeirat übertragen werden (vgl § 21 Anm 5 zu Nr 1). Eine nicht gem § 15 getroffene Regelg (zB im KaufVertr) ist im InnenVerh der WEigtümer nur verbindl (Ffm Rpfleger **80**, 391). – **c) Regelungsinhalt** kann sein: Begrenzg des Gebr nach Art, Umfang u Zeit; GebrPfl bzgl GemschEinrichtgen; GebrVerbot dch Ausschl bestimmter GebrArten od dch Festlegg auf solche; Abhängigk bestimmten Gebr von Zustimmg des Verw, VerwBeirats od anderer WEigtümer (zur Anwendg von § 12 II 1 vgl BayObLG NJW-RR **89**, 273). GebrRegelgen sind oft in Haus- (§ 21 Anm 5 zu Nr 1) od BenutzgsOrdngen (zB für Waschkücke) zusgefaßt. – **d) Mehrere Inhaber eines Wohnungseigentums** können untereinand keine GebrRegelg nach § 15 treffen (LG Düss RhNK **87**, 163; LG Stgt BWNotZ **79**, 91), da §§ 10ff nicht GemschVerh an einem WERecht meinen. Hier aber GebrRegelg nach jeweil GemschVerh (zB BGB 1010) mögl (BayObLG **74**, 466).

2) Vereinbarung/Teilungserklärung (I).

a) Grundsatz. Dch Vbg/TErkl (§ 3 Anm 1e, § 8 Anm 1 a dd, § 10 Anm 2) kann jede GebrRegelg getroffen werden. Zweckbestimmg in TeilgsErkl („Laden", „Wohng") ist GebrRegelg nach 1, wenn n Auslegg des Gesamtinhalts VereinbgsCharakter ergibt (BayObLG WoM **88**, 407; Hamm NJW-RR **86**, 1336; Stgt WEZ **87**, 51). Notw ist eine Vbg/TErkl, wenn mehr als nur der ordngsgem Gebr (Anm 3) geregelt wird (MehrhBeschl ohne UngültErkl aber wirks):

b) Beim Sondereigentum Vbg/TErkl notw für: **Gebot** bestimmter NutzgsArt unter Ausschl anderer; zB nur als Laden (BayObLG NJW-RR **89**, 718); Wohng (Ffm OLGZ **81**, 156), Hotel (BayObLG Rpfleger **82**, 63), Gaststätte (Karlsr OLGZ **85**, 292), Tagescafé (Karlsr OLGZ **85**, 292), Eis-Café (Hamm NJW-RR **86**, 1336), GeschRaum (KG NJW-RR **89**, 140), Hobbyraum (BayObLG BlGBW **85**, 214; LG Lüb DWE **88**, 29); Massageraum (BayObLG NJW-RR **88**, 140), WirtschKeller (Düss OLGZ **85**, 437), Büro (Stgt NJW **87**, 385; AG Passau Rpfleger **80**, 23), Schwimmbad (BayObLG WEZ **88**, 411), Kellerraum (BayObLG WEZ **88**, 420), unter Wahrg der GdeEigenart als „gutes Wohnhaus" (BayObLG WoM **85**, 231). Aber stets zu prüfen, ob jede and NutzgsArt od nur stärker störde verboten (Hamm NJW-RR **86**, 1336; Stgt WEZ **87**, 51; BayObLG NJW-RR **88**, 140). – **Verbot** bestimmter NutzgsArt; zB Vermiet (BayObLG **75**, 233; Riedler ZMR **78**, 161); Untervermietg (dazu AG Karlsr Rpfleger **69**, 131); Berufs-/Gewerbeausübg (BayObLG **75**, 233; steht Vermiet als Ferienwohng nicht entgg, BayObLG **78**, 305); Haustierhaltg (Stgt Rpfleger **82**, 220; Karlsr WEZ **88**, 139); Musizieren (Hamm NJW **81**, 465); Konkurrenzverbot (Hamm NJW-RR **87**, 1336). – Ausschluß bestimmter NutzgsArt gleichkommde **Beschränkung**; zB Reparatur nur dch Handwerker (Schmid BlGBW **80**, 99; aA Soergel/Baur Rdn 5); Musizieren nur in Zimmerlautstärke (Ffm OLGZ **84**, 407); Abhängigk von VerwZustimmg uä (Riedler ZMR **78**, 161; aA Ffm OLGZ **79**, 25); nur 1 Vogel als Haustier. – **Gestattung** nach BGB 906 von and WEigtümern nicht zu duldder Immission (LG Wuppt Rpfleger **77**, 445) od GbdeBeschaffenh widerspr Benutzg (BayObLG MDR **81**, 937).

c) Beim gemeinschaftlichen Eigentum Vbg/TErkl notw für Ausschl eines WEigtümers vom MitGebr; zB dch Vermietg an WEigtümer od Außenstehde (Zweibr OLGZ **85**, 418; NJW-RR **86**, 1338; aA Weitnauer WE **89**, 42), Einräumg eines SondernutzgsR (Anm 2d). Auch für räuml Aufteilg der Benutzg ist Vbg/TErkl notw (BayObLG **72**, 109; **73**, 267; KG NJW-RR **87**, 653); MehrhBeschl auch nicht ausreichd, wenn allen eine ausreichde Benutzg gewährleistet ist (aA Zweibr OLGZ **85**, 418) od Benutzg nur dch einen WEigtümer mögl (Stgt NJW-RR **87**, 330). Der Ausgeschlossene muß an späteren Regelgen des ihm nicht mehr zustehden Gebr nicht mitwirken (BayObLG Rpfleger **85**, 292; Düss Rpfleger **88**, 63), wohl aber an Vfgen über das GemschE (zB DbkBestellg). Ausschl aller WEigtümer vom MitGebr zul (aA BayObLG aaO), da sonstige Nutzg iSv § 13 II 2 (zB Vermietg) verbleibt (BayObLG Rpfleger **82**, 63).

d) Von Sondernutzungsrecht (SNR) spricht man, wenn einem WEigtümer das „alleinige/ausschließl Gebr/NutzgsR" an Teilen des GemschE (zB Garten, Kfz-Stellplatz, GemschERaum) eingeräumt wird,

2479

wodch zugleich die and vom MitGebr ausgeschl werden; sog „dogmat Zweiheit" aus zuweisder u entziehder Komponente (BayObLG NJW-RR 86, 93). Der Ggst des SNR bleibt GemschE. – **aa) Rechtsinhalt.** Beschrkg auf einz GebrArten nicht notw (BayObLG 81, 56; KG OLGZ 82, 436). Nennt das SNR GebrArt (zB Benutzg eines Gartenteils als Sitzplatz od eines Raumes zur Waschmaschinenaufstellg), so ist Ausleggsfrage, ob AlleinGebr (uU mit GebrBeschrkg) gewollt, od ob bzgl and GebrArten weiterhin MitGebr. Ein unbeschr SNR berecht zum Gebr iSv § 14 einschl GebrÜberlassg (zB Vermietg). Recht zur gärtnerischen Nutzg berecht zB zum Aufstellen einer Schaukel (Düss NJW-RR 89, 1167), aber nicht zum Bepflanzen mit stark wachsenden Bäumen (KG NJW-RR 87, 1360) od unter Verstoß gg AbstandsVorschr des LNachbR (BayObLG NJW-RR 87, 846); Stellplatz berecht nicht zur behindernden Absperrg (BayObLG DWE 82, 133); SNR an Fassade schließt Werbg and WEigtümer aus (aA Ffm Rpfleger 82, 64). SNR berecht nicht zu baul Veränderungen iSv § 22 I (Ffm OLGZ 89, 50); ihnen kann aber schon bei seiner Begründg zugestimmt werden (BayObLG WoM 89, 451; aA KG OLGZ 82, 436). Von SNR nicht betroffene Verwaltg obliegt der Gemsch (BayObLG 85, 164); für Nutzgen unter Überschreitg des SNR gilt § 16 I (Düss NJW-RR 87, 1163). – **bb) Begründung** dch Vbg/TErkl (Anm 2a, 2c); bei GBEintr BestimmthGrds für Ggst u Inhalt zu beachten (BayObLG Rpfleger 89, 194). – (1) Vbg/TErkl kann sich darauf beschränken, die jeweil Inh bestimmter WE vom MitGebr auszuschließen. Ist dies als SE-Inhalt im GB dieser WE eingetr, dann brauchen die jeweil Inh u RealBerecht dieser WE nicht mehr dch Zust/EintrBew mitzuwirken, wenn das SNR später zum SE-Inhalt eines bish vom MitGebr ausgeschl WE gemacht wird (BayObLG Rpfleger 85, 292; 86, 257); dies gilt auch nach Eintritt aufschieber Bdgg für eingetr MitGebrAusschl (BayObLG NJW-RR 86, 93; Düss NJW-RR 87, 1491). – (2) Vbg/TErkl kann sich darauf beschränken, einem WEigtümer od einem Dritten Vollm zur Begründg zu erteilen (BayObLG 74, 294). Das SNR entsteht dann erst mit späterer Begründg dch den Bevollm, der noch die RealBerecht der vom MitGebrAusschl betroffenen WE, aber nicht mehr deren Inh zustimmen müssen. – **cc) Aufhebung/Inhaltsänderung** dch Vereinbg (§ 10 Anm 2e). Einseit Aufhebg entspr BGB 875 zuläss (Streblow RhNK 87, 141 [157], sofern ohne Nachteil für die and WEigtümer (zB aGrd Kostenreglg). – **dd) Übertragung** nur innerh der Gemsch. Dch formlosen ÜbertrVertr nur der beteil WEigtümer (BGH 73, 145) bzw einseit Erkl, wenn beteil WE demselben Eigtümer gehören (Düss RhNK 81, 196). Zust der anderen WEigtümer nur bei entspr § 12 vereinb Erfordern notw (BGH aaO). Ohne GBEintr nur schuldrechtl Wirkg unter den beteil WEigtümern. Soll eingetr SNR zum SE-Inhalt des erwerbden WE werden, so ist Eintr nur im GB der beteil WE (BGH aaO; zum GBVerf vgl Ertl Rpfleger 79, 81) u Zust der RealBerecht an verlierden WE erforderl. Gutgl Erwerb eingetr SNR (zB bei unwirks Begründg) mögl (§ 10 Anm 2 fbb). ÜbertrAnspr vormerkb (BayObLG DNotZ 79, 307). – **ee) Belastung** mit beschr dingl Rechten (zB Dbk) nicht mögl (BayObLG NJW 75, 59; Düss DNotZ 88, 31). – **ff) Pfändung** nach ZPO 857 (LG Stgt DWE 89, 72).

3) Mehrheitsbeschluß (II).

a) Grundsatz. Dch MehrhBeschl kann, sofern nicht Vbg/TErkl entggstehen, nur der ordngsmäß Gebr geregelt werden; weitergehde Regelg erfordert Vbg/TErkl (Anm 2). Wirkg ggü SonderRNachf gem § 10 III; Änderg dch MehrhBeschl. Ordngsgem ist ein Gebr, der sich iRv § 14 Nr 1 hält (BayObLG NJW-RR 88, 1164) u nicht gg öffrechtl Vorschr verstößt (BayObLG WoM 88, 183). Unterschiedl Gebr kann ausnahmsw zul sein (Düss ZMR 84, 161: Rollstuhlbenutzer; vgl aber BayObLG 85, 104). – **Beschlußanfechtung** (§§ 23 IV; 43 I Nr 4). Gericht prüft, ob Vbg/TErkl notw (Anm 2), ob Verstoß gg §§ 14 Nr 1, 21 II (BayObLG WoM 89, 342) od gg BGB 138, 242. Bei UngültErkl ist anderweit GebrRegelg dch Gericht nur bei Antr nach III (Anm 4) mögl, der im gleichen Verf gestellt werden kann.

a) Beim Sondereigentum MehrhBeschl ausreich für: zahlenmäß Begrenzg der Haustiere (Ffm Rpfleger 78, 414); zeitl Begrenzg des Musizierens (BayObLG 85, 104; Ffm NJW 85, 2138; Hamm OLGZ 86, 167); sichtgeschützte Wäschetrockng auf Balkon (Oldbg ZMR 78, 245); Namhaftmachg künft Mieters (LG Mannh ZMR 79, 319); Verbot von Ablufttrocknern (Düss OLGZ 85, 437); angem Ruhezeiten (Brschw NJW-RR 87, 845); Werbg (LG Aurich NJW 87, 448); Überprüfg/Einstellg von Heizkörpern (BayObLG WoM 88, 94).

b) Beim gemeinschaftlichen Eigentum MehrhBeschl ausreich für: Betreten des Heizgsraums (BayObLG 72, 94); Öffnungszeit für Haustür (LG Wuppt Rpfleger 72, 451); turnusgemäß Benutzg der Waschküche (BayObLG 72, 113) od Reinigg des Hausflurs (LG Mannh MDR 78, 582); Kfz-Aufstellg auf Parkplatz (Köln OLGZ 78, 287; BayObLG DWE 85, 58); HaustürSichg (BayObLG 82, 90; KG ZMR 85, 345; LG Kiel WoM 88, 409); Heizgstemperatur (BayObLG DWE 84, 122); Spielplatzbenutzg (BayObLG DWE 82, 98); Gestattg des Ballspiels auf Rasen (aA Düss WE 86, 135) od gelegentl Schuhabstellens vor Wohngstür (Hamm ZMR 88, 270); Nachtstromnutzg (BayObLG NJW-RR 88, 1164).

4) Gerichtliche Entscheidung (III). Im Verf nach § 43 I Nr 1 kann nur eine GebrRegelg erfolgen, die die WEigtümer dch MehrhBeschl (Anm 3) treffen könnten (BayObLG NJW-RR 88, 1164); konkreter Sachantrag nicht notw (Hamm OLGZ 69, 278). Gericht ist an Vbg/TErkl u nicht nach § 23 IV für ungült erklärte MehrhBeschl gebunden (§ 43 Anm 3a); diese können noch währd des Verf nach III ergehen. – Wird vorgesehene VerwZustimmg versagt, so gilt § 12 Anm 3d entspr (vgl auch Riedler ZMR 87, 161). Enthält Vbg/TErkl keinen Maßstab für Zustimmg, so prüft Gericht an § 14 Nr 1 (BayObLG 72, 90; Zimmermann Rpfleger 78, 120).

5) Verstoß gegen Gebrauchsregelung. – a) Jeder WEigtümer kann aus § **15, BGB 1004** verlangen, daß gemäß Anm 2 bis 4 geregelter Gebr erfolgt. Kann nach Vbg/TErkl best Gebr unter best Voraussetzgen dch EigtümerBeschl untersagt werden, so Verf auf GebrUnterl erst nach entsprechenden EigtümerBeschl (BayObLG ZMR 87, 63). Grds kann vom Eigtümer auch verlangt werden, daß sein Mieter die GebrReglg befolgt (BayObLG NJW-RR 87, 463). Gericht spricht nach § 45 III vollstreckb Verpfl zur Vornahme od Unterlassg bestimmter Benutzg aus. Unterlassg der Beeinträchtigg von SE (LG Heilbr Just 74, 337) od SondernutzgsR (vgl BayObLG NJW-RR 87, 1040) kann nur gestörter WEigtümer verlangen. UnterlAnspr bei langer

Duldg verwirkb (BayObLG WoM **88**, 319; **89**, 36). – **b) Geldstrafe** wg Verstoßes gg GebrRegelg (auch iFv II; aA Ffm OLGZ **79**, 25) nur dch Vbg/ TErkl einführb; dann bei Verstoß aber dch MehrhBeschl festsetzb (§ 10 Anm 2c). – **c) Gebrauchsregelungswidriger Vertrag** mit Dritten (zB Vermietg) ist nicht nichtig (Stgt WoM **87**, 34); zum UnterlAnspr der WEigtümer gg den Dritten vgl Weitnauer WE **87**, 97.

WEG 16 *Nutzungen, Lasten und Kosten.* ^IJedem Wohnungseigentümer gebührt ein seinem Anteil entsprechender Bruchteil der Nutzungen des gemeinschaftlichen Eigentums. Der Anteil bestimmt sich nach dem gemäß § 47 der Grundbuchordnung im Grundbuch eingetragenen Verhältnis der Miteigentumsanteile.

^{II}Jeder Wohnungseigentümer ist den anderen Wohnungseigentümern gegenüber verpflichtet, die Lasten des gemeinschaftlichen Eigentums sowie die Kosten der Instandhaltung, Instandsetzung, sonstigen Verwaltung und eines gemeinschaftlichen Gebrauchs des gemeinschaftlichen Eigentums nach dem Verhältnis seines Anteils (Absatz 1 Satz 2) zu tragen.

^{III}Ein Wohnungseigentümer, der einer Maßnahme nach § 22 Abs. 1 nicht zugestimmt hat, ist nicht berechtigt, einen Anteil an Nutzungen, die auf einer solchen Maßnahme beruhen, zu beanspruchen; er ist nicht verpflichtet, Kosten, die durch eine solche Maßnahme verursacht sind, zu tragen.

^{IV}Zu den Kosten der Verwaltung im Sinne des Absatzes 2 gehören insbesondere Kosten eines Rechtsstreits gemäß § 18 und der Ersatz des Schadens im Falle des § 14 Nr. 4.

^VKosten eines Verfahrens nach § 43 gehören nicht zu den Kosten der Verwaltung im Sinne des Absatzes 2.

1) Der **Verteilungsschlüssel** nach § 16 gilt nur im InnenVerh der WEigtümer; im AußenVerh sind sie MitGläub iSv BGB 432 (zB Mietzins für GemschE) oder GesamtSchu iSv BGB 421 (zB Kauf von VerwaltgsVerm [BGH **67**, 232]; Verletzg der VerkSichgsPfl [BGH NJW **85**, 484; Hamm NJW **88**, 496]; GoA für GemschE [BayObLG NJW-RR **87**, 1038]).

a) Grundsatz: Maßg für Anteil an Nutzgen u Lasten/Kosten ist eingetr MitEAnt am Grdst (**I** 2, **II**). **Nichtbenutzung** des ganzen WE (BayObLG Rpfleger **76**, 422) oder von Kosten verursachen Teilen des GemschE (BGH **92**, 18; Düss NJW-RR **86**, 95; zB Fahrstuhl, Garage) befreit nur, wenn Vereinbg/Teilgs-Erkl Ausnahme vorsieht. Auch bei schrittw Fertigstellg vor SE wird die Eigtümer des noch nicht fertigen SE nicht befreit (BPM/Pick Rdn 112; aA teilw Röll NJW **76**, 1473). **Abweichende Verteilung** erfordert Vbg/ TErkl (BayObLG **84**, 257; Ffm WE **86**, 141), sofern dort nicht Änderg dch MehrhBeschl vorsehen (vgl § 10 Anm 2a); bloßer MehrhBeschl nur bei UngültErkl unwirks. Über ertragsmindernde Rücklagenbildg aber MehrhBeschl. Abweichg liegt zB in Einführg von **Verbrauchszählern** (für ungedeckten Kostenrest gilt allg Schlüssel; vgl auch Anm 4) od **Nutzungsentgelten** (zB für Sauna); bei letzteren Auslegsfrage, ob Entgelt für lfde Unterhaltg (für ungedeckten Kostenrest gilt dann allg Schlüssel) od ErsBeschaffg bestimmt (vgl BayObLG NJW **75**, 2296 Anm Amann NJW **76**, 1321). Abweichg liegt auch in **Sonderzahlung** für zul Nutzg, zB Umzugspauschale (Ffm WE **89**, 98). Nicht für ungült erklärter (auch wiederholter) **Beschluß nach § 28 V**, der gg maßg Schlüssel verstößt, ändert diesen nicht für die Zukunft (BayObLG NJW **86**, 385; WoM **89**, 41).

b) Ausnahme bei Nichtzustimmung nach § 22 I (III). – aa) Allgemeines. Nichtzustimmde einschl Sonder- u GesamtNachf sind an Nutzgen u Herstellgs-/Unterhaltskosten der Maßn nicht zu beteiligen; auch keine Haftg im AußenVerh (Demharter MDR **88**, 265). Kosten dürfen daher nicht aus Geldern der Gemsch bezahlt werden (Hbg MDR **77**, 230). Nichtzustimmde sind aber zu beteiligen, wenn ihre Zust nicht nach § 22 I 1 entbehrl, MehrhBeschl aber nicht für ungült erklärt ist (Demharter aaO; aA BayObLG **73**, 78; **47**. Aufl), od wenn gg III verstoßender Beschl über Kostenbeteiligg (zB § 28 V) nicht für ungült erklärt ist (BayObLG NJW **81**, 690; Brschw MDR **77**, 89). Zustimmtn auch beteiligt, wenn Zust nach § 22 I 2 entbehrl. Bei Zust mit Kostenbegrenzg keine Beteiligg an Mehrkosten (BayObLG WE **87**, 12). – **bb) Nachträgliche Beteiligung.** Mitbenutzg dch Nichtzustimmde nur mit Zust aller an Nutzgen/Kosten Beteiligten (Demharter aaO); führt zur Beteiligg an Herstellgs- u Unterhaltskosten (AG Wiesb MDR **67**, 126). – **cc) Unvermeidbare Mitbenutzung der baulichen Veränderung.** Bei Instandsetzg, die nur wg Vorzeitigk baul Veränderg ist, sind Nichtzustimmde im Ztpkt normalerw notw Instandsetzg an den Herstellgskosten unter Berücksichtigg der Abnutzg zu beteiligen (aA Demharter aaO), an Unterhaltskosten sogleich. – Bei Instandsetzg, die wg gleichzeit Verbesserg baul Veränderg ist (vgl § 22 Anm 1e), sind Nichtzustimmde nicht an den dadch bdgten Mehrkosten für Herstellg/Unterhaltg beteiligt (Demharter aaO; Merle WEZ **88**, 88). – Ist die baul Veränderg keine Instandsetzg, so sind Nichtzustimmde nicht nach § 16 zu beteiligen (BayObLG WEZ **87**, 84); soweit sie aber dch die unvermeidb Mitbenutzg einen Vermögensvorteil (zB ersparte Heizkosten) erlangen, haben sie diesen bis zur Höhe einer Beteiligg an den Herstellgs-/Unterhaltskosten nach § 16 iF ihrer Zust nach BGB 812ff herauszugeben (Demharter aaO; Merle aaO; vgl BayObLG WoM **89**, 41).

2) Nutzungen (I) sind die Früchte (BGB 99) des GemschE (zB Mietzins, GrdStErzeugn, Zinsen gemschaftl Gelder); für GebrVorteile gilt § 13 II 1. Fruchtziehg u Verteilg (idR gem § 28, da Lasten/Kosten abzuziehen) ist Verwaltg iSv § 21 u fällt nicht unter § 27. Wg RInhabersch u ZwVollstr vgl § 1 Anm 4.

3) Lasten und Kosten (II, IV, V); ohne Heizg u Warmwasser (vgl dazu Anm 4).

a) Begriff. – aa) Lasten sind schuldrechtl LeistgsPfl betr das GemschE (vgl BGB 103), nicht aber GrdSteuer (§ 61) u ErschließgsBeitr (BBauG 134 I 3); str für Zinsen u TilggsLeistgen von GesamtGrdPfdR (vgl Soergel/Baur Rdn 6 mwN); über Straßenreinigungs/StreuPfl vgl Hamm MDR **82**, 150. – **bb) Kosten;** Begriff weit zu verstehen. **Instandhaltung/-setzung** § 21 V Nr 2 einschl Rücklage u Sonderumlage (BayObLG **88**, 212). **Verwaltung:** zB VerwVergütg, Kosten der WEigtümerversammlung, AufwendgsErs

WEG 16 3, 4 Wohnungseigentumsgesetz. *Bassenge*

für Maßn nach §§ 21 II, 27, Kosten für VerbrErfassgsGeräte (BayObLG WE **86**, 74), Kosten einer baul Veränderg (vgl aber Anm 1 b), Versichergen, von der Gemsch zu tragde ProzKosten (Karlsr Just **83**, 416). ProzKosten aus Verf nach § 18 **(IV)**. Die von der Gemsch zu tragden Kosten sind auch auf die der Klage nicht zustimmden Eigtümer (Karlsr Just **83**, 416) u obsiegden Bekl (Stgt OLGZ **86**, 32) umlegb; unterliegt Bekl, so trägt er die Kosten alleine (§ 19 II; Stgt aaO). Auch bei ZweierGemsch anwendb (BayObLG aaO). IV gilt nicht für Kosten in Verf nach § 43 **(V)** einschl Vorschüssen (BayObLG **87**, 86); daher kein Mehrh-Beschl über von § 47 abw Kostentragg. V gilt aber nicht für VerfKosten, die die WEigtümer dem Verwalter als AufwendgsErs schulden (Hamm OLGZ **89**, 47). **Gebrauch:** zB zentrale Wasser- u Energieversorgg (BayObLG WE **88**, 204) sowie zentrale Abwasser- u Müllbeseitigg (BayObLG **72**, 150); Reinigg; Breitbandkabelgebühr (Celle NJW-RR **87**, 465).

b) Die **Beitragsschuld des einzelnen Wohnungseigentümers** ggü den and wird erst dch den Beschl nach § 28 V begründet, der über die konkrete BeitrSchuld (Einzelabrechng) ggü allen WEigtümern verbindl festlegen muß (BGH **104**, 197; DWE **89**, 130; BayObLG **88**, 368; **89**, 266). Beschl über Gesamtabrechng u Verteilgsschlüssel genügt für Einzelabrechng nur, wenn letzterer eindeut; zB MitEAnt (BayObLG **88**, 212), nicht aber Wohnfläche ohne Festlegg dch Vbg/TErkl. Erst danach Einziehg (auch dch Aufrechng; BayObLG WE **87**, 27). – Anspr auf regelm zahlb Vorschüsse **verjährt** gem BGB 197, Anspr aus genehmigter Jahresabrechng (BayObLG **83**, 289) gem BGB 195. – Vor **Konkurseröffnung** entstandene BeitrPfl ist nichtbevorrecht KonkFdg (BGH NJW **86**, 3206; LG Ffm Rpfleger **87**, 31); dch Umlegg des Ausfalls auf WirtschJ nach KonkEröffng wird auf GemSchu entfallder Anteil am Ausfall zur Masseverbindlichk (BGH DWE **89**, 130). Nach KonkEröffng (nach Karlsr WEZ **88**, 134 auch nach Sequestration) entstandene BeitrPfl sind Massekosten iSv KO 58 Nr 2 (BGH aaO). – Bei **Zwangsverwaltung** von WE sind aus den Nutzgen vorab die Beitr zu zahlen (LG Oldbg Rpfleger **87**, 326; vgl auch LG Köln Rpfleger **87**, 325); BeitrAnspr kann gg WEigtümer u/od ZwVerw geltd gemacht werden (Köln DWE **89**, 760).

c) Einziehung dch Verw (§ 27 II Nr 1, 5). – **aa) Gerichtlich** im Verf nach § 43 I Nr 1; auch gg pers haftden Gter einer WEigtümer-OHG/KG (BayObLG **88**, 368). Kein MahnVerf nach ZPO 688 ff (§ 43 Anm 1). Der (auf eine unteilb Leistg gerichtete) Anspr steht den übrigen WEigtümern als MitGläub iSv BGB 432 zu u geht auf Zahlg an alle (KG OLGZ **77**, 1; BayObLG NJW-RR **87**, 1039), wobei Zahlg an Verw verlangt werden kann. Dch Verw bei Ermächtigg (§ 27 Anm 3e) u auch dch jeden WEigtümer (KG u BayObLG aaO). – **bb) Zurückbehaltungsrecht und Aufrechnung** nur, wenn GgFdg anerkannt od rkräft festgestellt ist od auf NotGeschFührg (§ 21 II od BGB 680, 683) beruht (BayObLG **88**, 212; Stgt OLGZ **89**, 179); fehlt zB bei an WEigtümer abgetretener Fdg des Verw (BayObLG Rpfleger **76**, 422). Gilt auch für Überzahlg (BayObLG ZMR **88**, 349). – **cc) Zwangsvollstreckung** nach § 45 III; VollstrUnterwerfg in Vbg/TErkl zuläss (vgl Celle NJW **55**, 953). Zur GläubBezeichng im VollstrTit vgl BayObLG DWE **85**, 123; NJW-RR **86**, 564; LG Hann MDR **86**, 59; LG Kempt Rpfleger **86**, 93. Bei ZwHyp sind alle and WEigtümer als Gläub einzutragen (vgl BGB 1115 Anm 3 a) mit Zusatz „MitGläub gem BGB 432 in WEgemsch" (KG OLGZ **86**, 47). Lautet Tit bei VerfStandsch des Verw auf Zahlg an ihn, so sind gleichwohl die WEigtümer als ZwHypGläub einzutragen (Celle Rpfleger **86**, 484; Köln Rpfleger **88**, 526), u keine Umschreibg der VollstrKlausel bei VerwWechsel (LG Hann NJW **70**, 436).

d) Sonstiges. – **aa) Verzugsschaden** (zB Zinsen für notw Bankkredit; BayObLG DWE **86**, 23) ist zu ersetzen. – **bb) Ausfälle** inf Nichtbeitreibbark sind nach maßg Verteilgsschlüssel umzulegen (Stgt OLGZ **83**, 172). – **cc) Sanktionen** bei schuldh Säumn: Ruhen des StimmR (§ 25 Anm 4) od angem Verzinsg/MahnGeb als VerzugsSchadPauschale dch MehrhBeschl einführb (BayObLG NJW-RR **88**, 847; LG Düss WEZ **88**, 72; aA KG NJW-RR **89**, 329), nicht aber Vorenthaltg des MitGebr am GemschE zB dch Sperre der VersorggsLeitgen (Hamm NJW **84**, 2708) od MehrhBeschl über VerfKosten (Anm 3 a bb); § 18 II 2. – **dd) Verauslagte Kosten** kann ein WEigtümer ohne vorherigen Beschl nach § 28 unmittelb gg die and geltd machen (Stgt OLGZ **86**, 32; BayObLG NJW-RR **86**, 1463; vgl auch KG OLGZ **88**, 312).

4) Beiträge für Heiz- u Warmwasserkosten (Heizkosten V = HKV).

a) Geltungsbereich. – **aa) Sachlich:** BetrKosten (vgl HKV 7 II, 8 II) einer von den WEigtümern (nicht von Dritten; Stgt OLGZ **84**, 137) gemschaftl betriebenen zentralen Heizgs/WarmwasserversorggsAnlage. Lieferkosten (vgl HKV 7 IV, 8 IV) für Wärme u Warmwasser; Lieferant kann auch ein WEigtümer sein, der Anlage in seinem SE betreibt (vgl § 1 Anm 4 c), od ein Dritter, der sie auf dem Grdst betreibt (vgl BayObLG NJW-RR **89**, 843). – **bb) Persönlich:** Verteilg dieser Kosten des GemschE auf die WEigtümer. Der Verteilgsschlüssel der HKV gilt für die Gemsch nach Einführg dch Vbg/TErkl od MehrhBeschl (BayObLG ZMR **88**, 349). – **cc) Zeitlich:** Für WE, das nach 30. 6. 81 ausgeführt geworden, gilt die HKV sofort. Für vor dem 1. 7. 81 bezugsfert gewordenes WE können die WEigtümer den Ztpkt der Anbringg der Ausstattg beschließen (HKV 12 I Nr 2 S 2), einzelner WEigtümer hat nur Anspr auf Anbringg bis spätestens 30. 6. 84 (HKV 12 I Nr 2 S 3); verbrauchsabhäng Abrechng schon u erst ab Anbringg der Ausstattg (auch wenn verspätet, HKV 12 I Nr 4 S 2).

b) Ausstattung zur Verbrauchserfassung. Ausn für gemschaftl genutzte Räume in HKV 4 III 1; diese nicht erfaßten Kosten werden automat nach dem Anteil der erfaßten Kosten getragen. – **aa)** Über die Anbringg (einschl Art u Weise) u Auswahl (Zähler od Verteiler gem HKV 5 I, Fabrikat) **beschließen die Wohnungseigentümer** (§ 21 IVm HKV 3 S 2); Antr auf UngültErkl (§ 23 IV) zB auf HKV 11 I Nr 1 a stützb. Dchführg obliegt Verw (§ 27 I Nr 1). Jeder WEigtümer hat gg die and auch dch Vbg/TErkl unabdingb (HKV 2) **Anspruch auf Anbringung und Auswahl** als VerwMaßn iSv § 21 IV (HKV 4 III); auch über Anbringg MehrhBeschl, § 22 nicht anwendb. Anspr nach § 43 I Nr 1 dchsetzb, wobei GerBeschl zweckmäß Anordngen nach § 44 IV 1 enthält. MehrhBeschl, der von Anbringg absieht (ohne daß HKV 11 gegeben), ist nichtig iSv § 23 Anm 4. – **bb)** Beschlossene Anbringg müssen die WEigtümer in ihrem SE **dulden** (HKV 4 II 1); Dchsetzg nach §§ 43 I, 45 III, ZPO 890. – **cc)** Für die **Kosten** der Anbringg (einschl Anschaffg) gilt allg Verteilgsschlüssel iSv Anm 1 a (HKV 3 S 3); wird in Vbg/TErkl nach Kostenarten unterschieden, so gilt iZw InstandhaltgskostenRegelg (Demmer MDR **81**, 529; Schmid BlGBW **81**, 105). –

I. Teil. 2. Abschnitt. Gemeinschaft der Wohnungseigentümer **WEG 16–18**

dd) Vor Anbringung der Austattung gilt allg Verteilgsschlüssel iSv Anm 1a, ohne daß WEigtümer seinen Anteil pauschal kürzen kann. Dies gilt über HKV 12 I Nr 4 S 2 hinaus auch für WE, das ab 1. 7. 81 bezugsfert, da Verteilg iSv Anm 4c ohne Ausstattg nicht mögl u KürzgsVorschr nicht besteht (uU SchadErs gg WEigtümer od Verw; Demmer MDR **81**, 529).

c) Verbrauchabhängige Kostenverteilung. Für gemschaftl genutzte Räume iSv HKV 4 III 2 gilt HKV 6 III. – **aa)** Werden die Betr-/Lieferkosten nicht dch Vbg/TErkl verteilt, so können die WEigentümer über eine von § 16 II abw Verteilg nach Maßg von HKV 7–9 beschließen (HKV 3 S 2, 6 IV 1 iVm § 21); Vereinbg dafür nicht notw (Demmer MDR **81**, 529; Zimmermann DNotZ **81**, 532; aA Schmid BlGBW **81**, 105), wohl aber für Höchstsatzüberschreitg gem HKV 10 (Düss NJW **86**, 386). Jeder WEigtümer kann die Festlegg des Verteilgsmaßstabes iRv HKV 7–9 als VerwaltgsMaßn iSv § 21 IV verlangen u gem § 43 I Nr 1 erzwingen; dies nicht abdingb (HKV 2). – **bb)** Werden die Betr-/Lieferkosten dch Vbg/ TErkl in einem of HKV 7–10 nicht gedeckten Maßstab verteilt, so ist eine Änderg dch Beschl nach HKV 3 S 2, 6 IV 1 iVm § 21 zuläss; nicht aber wenn Maßstab dch HKV 7–10 gedeckt (BayObLG WoM **89**, 344). – **cc)** Werden die Betr-/Lieferkosten dch Vbg/TErkl zu mind 50% verbrauchsabhäng u der Rest nach einem von HKV 7 I 2, 8 I gedeckten Maßstab (zB § 16 II) verteilt, so gilt Anm 4c aa für den Rest (aA Schmid BlGBW **81**, 105; Zimmermann DNotZ **81**, 532). Werden weniger als 50% verbrauchsabhäng u der Rest nach einem von HKV 7 I 2, 8 I gedeckten Maßstab verteilt, so gilt Anm 4c aa nur für die Anhebg des verbrauchsabhäng Anteils. – **dd)** Gleicher Maßstab für alle WEigtümer geboten (KG BlGBW **85**, 141).

d) Für **Beschlußfassungen** iRv Anm 4a–c gelten §§ 21, 23–25. Von § 25 abw Regelg der Mehrh (zB qualifizierte) od des StimmR in Vbg/TErkl ist maßg (HKV 3 S 2). Einmalige **Änderung** dch Mehrh-Beschl (HKV 3 S 2, 6 III 2); vgl KG NJW-RR **88**, 1167.

e) Beschluß nach § 28 unter Verstoß gg HKV 7–10 ist bis zur UngültErkl (§ 23 IV) wirks (BayObLG ZMR **88**, 349). WEigtümer kann mit Antr auf UngültErkl ggf mit Antr auf Festlegg der VerteilgsMaßstäbe verbinden. – Für die **Einziehung** gilt Anm 3c.

f) Sonderfälle. – **aa)** Bei **Geräteausfall** uä (zB Nichtermöglichg der Ablesg) Verteilg nach HKV 9a. – **bb)** Bei **Eigentümerwechsel** im Abrechnungszeitraum Kostenverteilg nach HKV 9b.

5) Wohnungseigentümer iSv § 16 u HKV. – **a) Mehrere Rechtsinhaber** (§ 3 Anm 3) sind bzgl der Nutzgen MitGläub iSv BGB 432 u bzgl der Lasten/Kosten GesamtSchu iSv BGB 421 (Hamm NJW-RR **89**, 655). – **b)** Für **werdenden Eigentümer** gilt § 16 noch nicht (BGH Rpfleger **89**, 366; BayObLG **89**, 351). **Veräußernder WEigtümer** (insb teilder Eigtümer; BayObLG Rpfleger **78**, 444) haftet alleine für alle bis zur EigtUmschreibg fäll Beitr (BGH **87**, 138). – **c) Sondernachfolge.** Veräußerer haftet für alle bei EigtÜbergang im InnenVerh dch Beschl nach § 28 V begründeten u fällig. BeitrVerbindlichk; bei Nichtbeitreibbark sind sie als Deckgslücke in künft Jahresabrechng aufzunehmen u von allen WEigtümern einschl Erwerber zu tragen (Anm 3 d bb). Werden sie im InnenVerh erst nach EigtÜbergang begründet o fällig, so haftet nur der Erwerber, selbst wenn der Beschl Kosten aus der Zeit vor EigtÜbergang erfaßt (BGH **104**, 197; Köln WoM **89**, 17), für die VorschußPfl des Veräußerers bestand (Stgt NJW-RR **89**, 654; Sauren DWE **89**, 42; aA Hauger DWE **89**, 48); Veräußerer haftet nur zur Höhe der Jahresabrechng weiter für bei EigtÜbergang rückständ Vorschüsse nach § 28 II (Hauger aaO). ErwerberHaftg für Veräußererrückstände bei Erwerb dch RGesch aber, wenn dies in Vbg/TErkl vorgesehen (BayObLG Rpfleger **79**, 352; Ffm OLGZ **80**, 420) u diese ihm ggü wirkt (§ 10 II); bloßer EigtümerBeschl nichtig (BayObLG **84**, 198). Diese Haftg kann auch zu ZVG 56, 59, 90 nicht iF des Erwerbs in der ZwVerst (nicht als reine „Versteigerung"; BGH NJW **84**, 308) vorgesehen werden (BGH **99**, 358). – **d)** Für **dinglich Berechtigte** am WE (zB BGB 1093) gelten § 16 u HKV nicht (BGH **LM** Nr 2); auch nicht für schuldrechtl Berecht (zB Mieter).

WEG 17 *Anteil bei Aufhebung der Gemeinschaft.* Im Falle der Aufhebung der Gemeinschaft bestimmt sich der Anteil der Miteigentümer nach dem Verhältnis des Wertes ihrer Wohnungseigentumsrechte zur Zeit der Aufhebung der Gemeinschaft. Hat sich der Wert eines Miteigentumsanteils durch Maßnahmen verändert, denen der Wohnungseigentümer gemäß § 22 Abs. 1 nicht zugestimmt hat, so bleibt eine solche Veränderung bei der Berechnung des Wertes dieses Anteils außer Betracht.

1) Nach Aufhebg der WEGemsch (vgl § 11) erfolgt Teilg nach BGB 752ff. Erlös ist nach Wert der WERe aufzuteilen (S 1), so daß Wertverändergen aGrd Verbessergen oder Verschlechtergen des SE berücksichtigt werden. Wertverändergen am GemschE bleiben entspr § 16 III nach S 2 bei der Berechng einzelner Anteile unberücksicht. – § 17 entspr anwendb, wenn nach Umwandlg des WE in einf MitE WertAusgl erfolgt; nicht aber nach Aufhebg gem § 9 Abs 1 Nr 2 entstandener MitEGemsch.

WEG 18 *Entziehung des Wohnungseigentums.* [I]Hat ein Wohnungseigentümer sich einer so schweren Verletzung der ihm gegenüber anderen Wohnungseigentümern obliegenden Verpflichtungen schuldig gemacht, daß diesen die Fortsetzung der Gemeinschaft mit ihm nicht mehr zugemutet werden kann, so können die anderen Wohnungseigentümer von ihm die Veräußerung seines Wohnungseigentums verlangen.

[II]Die Voraussetzungen des Absatzes 1 liegen insbesondere vor, wenn
1. der Wohnungseigentümer trotz Abmahnung wiederholt gröblich gegen die ihm nach § 14 obliegenden Pflichten verstößt;
2. der Wohnungseigentümer sich mit der Erfüllung seiner Verpflichtungen zur Lasten- und Kostentragung (§ 16 Abs. 2) in Höhe eines Betrages, der drei vom Hundert des Einheitswertes seines Wohnungseigentums übersteigt, länger als drei Monate in Verzug befindet.

WEG 18, 19 Wohnungseigentumsgesetz. *Bassenge*

III Über das Verlangen nach Absatz 1 beschließen die Wohnungseigentümer durch Stimmenmehrheit. Der Beschluß bedarf einer Mehrheit von mehr als der Hälfte der stimmberechtigten Wohnungseigentümer. Die Vorschriften des § 25 Abs. 3, 4 sind in diesem Falle nicht anzuwenden.

IV Der in Absatz 1 bestimmte Anspruch kann durch Vereinbarung der Wohnungseigentümer nicht eingeschränkt oder ausgeschlossen werden.

1) Allgemeines. Der VeräußergsAnspr ist Ausgl für die Unauflöslichk der Gemsch gem § 11; er ist letztes Mittel, wenn and RBehelfe versagen. **Verwirkung** nach allg Grds mögl. – **a) Mehrheit von Rechten** in der Hand eines WEigtümers. Für jedes WE ist § 18 gesondert zu prüfen. – **b) Mehrheit von Berechtigten** an einem WE. Ist bei einer BruchtGemsch nicht bei allen MitEigtümern § 18 erfüllt, so kann nur von den Störern Veräußerg ihres Anteils (BGB 747 S 1) verlangt werden (Erm/Ganten Rdn 4). Bei einer GesHandsGemsch ist dies nicht mögl (vgl BGB 717, 2033 II); es muß daher genügen, daß § 18 bei einem GesHänder erfüllt (BPM/Pick Rdn 28; RGRK/Augustin Rdn 11; aA Soergel/Baur Rdn 2). – **c) Werdender Wohnungseigentümer:** § 18 gilt erst ab dingl RErwerb. – **d) Sicherung** gg Vereitelg dch Belastgen, die bei Versteigerg nicht erlöschen, dch BelastgsVerbot im Verf nach §§ 43 I Nr 1, 44 III (BPM/Pick Rdn 54).

2) Voraussetzungen. Nicht im Verf nach Anm 3c, sond im Verf nach Anm 4 zu prüfen. – **a) Generalklausel (I).** Die schwere PflVerletzg muß schuldh („schuldig") begangen sein (Weitnauer Rdn 4a; aA hM); bei Begehg in schuldunfäh Zustand reicht dessen schuldh Herbeiführg. Auch bei Störgen außerh § 14 ist bei Störgen Dritter nicht BGB 278 anwendb, sond eigene schuldh PflVerletzg entspr § 14 Nr 2 notw (BPM/Pick Rdn 29, 30; aA RGRK/Augustin Rdn 11). Sie braucht nicht ggü allen WEigtümern begangen zu sein; Begehg ggü Angehörigen/NutzgsBerecht kann ausreichen. Unzumutbark der GemschFortsetzg für betroffenen WEigtümer gerade wg PflVerletzg muß hinzukommen; ifV II stets gegeben. – **b) Verstöße gegen § 14 (II Nr 1).** Es müssen mind 3 grobe (nicht notw artgleich) schuldh Verstöße vorliegen: einer vor u zwei nach der Abmahng; bei weniger Verstößen uU I. Abmahng dch Verw od einen (auch nicht unmittelb verletzten) WEigtümer. Bei Störg dch Angehörige od NutzgsBerecht muß Verstoß gg § 14 Nr 2 vorliegen. – **c) Zahlungsverzug (II Nr 2).** Verschulden für Leistgsunvermögen nicht notw (BGB 279); kann aber bei unverschuldeten RIrrtum (zB über ZbR) entfallen. Über BeitragsPfl muß Beschl nach § 28 V vorliegen. EinhWert bei Fälligk maßg.

3) Eigentümerbeschluß (III) ist bes ProzVoraussetzg für Klage nach Anm 4. – **a) Absolute Mehrheit (III 2)** aller StimmBerecht (Störer zählt gem § 25 V mit; BGH 59, 104), nicht nur der Erschienenen; bei Mehrhausanlage keine StimmRBeschränkg auf wirkl Betroffene (BayObLG Rpfleger 72, 144). Allstimmigk bei BeschlFassg nach § 23 II. Bei ZweierGemSch ist BeschlFassg entbehrl. – **b) Beschlußfassung** nach § 23 I od III. Für Versammlg gelten §§ 23 II, 24. Wg III 2 ist § 25 III, IV nicht anwendb (III 3). – **c) Ungültigkeit** bei Nichtigk od UngültigErkl (§ 23 IV). Im Verf nach § 23 IV, 43 I Nr 4 werden nur formelle Mängel des EigtümerBeschl geprüft (KG OLGZ 67, 462), nicht die Voraussetzgen nach Anm 2.

4) Veräußerungsklage. – **a) Zuständigkeit:** § 51. SchiedsGer vereinb (BayObLG 73, 1). – **b) Prozeßvoraussetzung** ist EigtümerBeschl nach III. ProzGer prüft nur Nichtigk (sofern darüber nicht rkräft vom FG-Ger entschieden), es kann nicht ihr ungeteil erklären u ist an Entscheidg im Verf nach §§ 23 IV, 43 I Nr 4 gebunden (KG OLGZ 67, 462; aA Soergel/Baur Rdn 6). – **c) Klagebefugt** sind alle WEigtümer gemschaftl (Mehrh vertritt ggf die Überstimmten). Aber auch jeder einz WEigtümer entspr BGB 432 (MüKo/Röll § 19 Rdn 2; RGRK/Augustin Rdn 20). ProzVollm/Standsch nach allg Grds (Zweibr WE 87, 163). – **d) Verfahren nach ZPO;** geprüft werden die Voraussetzgen nach I, II. KlAntr/Urt: „Bekl wird verurteilt, sein (genau bezeichnetes) WE zu veräußern" (§ 19 I). Kostenentscheidg: ZPO 91 ff. Streitwert: § 51 Anm 1. Wirkg: § 19.

5) Abdingbarkeit (IV) dch Vbg/TErkl. – **a)** Der **Veräußerungsanspruch (I)** ist nicht einschränkb/ausschließb; zB dch abschließde Aufzähl der tats Voraussetzgen od Festlegg best Tats als nicht genügd, AusschlFr für Geltdmachg (str). Erweiterg zul; zB Festlegg best tats Voraussetzgen, Absehen von Verschulden. – **b)** Die **Voraussetzungen nach II** sind nicht einschränkb/ausschließb (BPM/Pick Rdn 50; aA RGRK/Augustin Rdn 26), denn II ergänzt I. Erweiterg zul; zB einmaliger Verstoß nach Abmahng, kürzere Verzugszeit, geringerer Rückstand. – **c)** Abweichung für **Beschlußverfahren nach III** zul, auch wenn sie Entziehg erschweren (RGRK/Augustin Rdn 27; aA MüKo/Röll Rdn 10); zB qualifizierte Mehrh (Celle NJW 55, 953), Allstimmigk oder Mehrh der Erschienenen (RGRK/Augustin Rdn 27), Mehrh nach MitEAnt od WERechten (aA Gross BlGBW 76, 171).

WEG 19 *Wirkung des Urteils.* I Das Urteil, durch das ein Wohnungseigentümer zur Veräußerung seines Wohnungseigentums verurteilt wird, ersetzt die für die freiwillige Versteigerung des Wohnungseigentums und für die Übertragung des Wohnungseigentums auf den Ersteher forderlichen Erklärungen. Aus dem Urteil findet zugunsten des Erstehers die Zwangsvollstreckung auf Räumung und Herausgabe statt. Die Vorschriften des § 93 Abs. 1 Satz 2 und 3 des Gesetzes über die Zwangsversteigerung und Zwangsverwaltung gelten entsprechend.

II Der Wohnungseigentümer kann im Falle des § 18 Abs. 2 Nr. 2 bis zur Erteilung des Zuschlags die in Absatz 1 bezeichnete Wirkung des Urteils dadurch abwenden, daß er die Verpflichtungen, wegen deren Nichterfüllung er verurteilt ist, einschließlich der Verpflichtung zum Ersatz der durch den Rechtsstreit und das Versteigerungsverfahren entstandenen Kosten sowie die fälligen weiteren Verpflichtungen zur Lasten- und Kostentragung erfüllt.

III Ein gerichtlicher oder vor einer Gütestelle geschlossener Vergleich, durch den sich der Wohnungseigentümer zur Veräußerung seines Wohnungseigentums verpflichtet, steht dem in Absatz 1 bezeichneten Urteil gleich.

I. Teil. 3. Abschnitt. Verwaltung WEG 19–21

1) Urteilswirkung (I). Vollstr nicht nach ZPO, sond dch Versteigerg nach §§ 53ff. – **a) Rechtskräftiges Urteil** (ZPO 894). Bevollmächtigg des Notars zum KaufVertrAbschl mit Ersteher dch Zuschlagserteilg gilt als erklärt. Ferner gelten alle zur Übereigng notw Erkl des Bekl als abgegeben (KG OLGZ **79**, 146), nicht aber die des Erstehers (verweigert dieser die Aufl, so ist er entspr § 18 auf Veräußerg der aus dem Zuschlag erlangten Rechte zu verklagen; BPM/Pick Rdn 7, 8; str). Nicht ersetzt werden sonstige notw Gen (zB des VormschG) od Zust nach § 12 (idR nicht in Beschl nach § 18 III enthalten, da Ersteher noch unbekannt). EigtÜbergang erst mit Aufl u GBEintr (wg RückÜbertr auf Veräußerer vgl § 56 Anm 1); bis dahin kann Bekl noch anderweit verfügen. Urt bildet ohne bes Ausspruch für Ersteher VollstrTitel gg Bekl (nicht gg and Besitzer) auf Räumg u Herausg; Klausel entspr ZPO 727ff aGrd rkräft ZuschlagBeschl. – **b) Vorläufig vollstreckbares Urteil** (ZPO 895). Eintr einer Vormkg zur Sicherg des Anspr der Kläger auf Übereigng an künft Ersteher gilt als bewilligt (KG OLGZ **79**, 146).

2) Zahlung von Rückständen. Vor letzter mdl Verhdlg: Klage aus § 18 ist unbegründet (bei Zahlg nach RHängigk: ZPO 91 a). Nach letzter mdl Verhdlg u vor Zuschlag: ZPO 767.

3. Abschnitt. Verwaltung

WEG 20 *Gliederung der Verwaltung.* ¹Die Verwaltung des gemeinschaftlichen Eigentums obliegt den Wohnungseigentümern nach Maßgabe der §§ 21 bis 25 und dem Verwalter nach Maßgabe der §§ 26 bis 28, im Falle der Bestellung eines Verwaltungsbeirats auch diesem nach Maßgabe des § 29.

II Die Bestellung eines Verwalters kann nicht ausgeschlossen werden.

1) Der 3. Abschnitt betrifft nur die Verwaltg des GemschE; sein SE verwaltet jeder WEigtümer alleine (BayObLG Rpfleger **79**, 216).

2) Bestellg eines Verwalters unabdingb, auch wenn nur 2 WEigtümer. Das schließt aber nicht aus, daß gleichw kein Verw bestellt wird (LG Köln RhNK **81**, 200), denn gerichtl Bestellg nur auf Antr (§ 26 II) u II verbietet nur den Ausschl dch Vbg/TErkl (LG Hann DWE **83**, 124); alle WEigtümer müssen dann die VerwMaßn nach § 26–28 gemeins vornehmen (LG Hann aaO). Unabdingb ges Inhalt der VerwBefugn: § 27 I–III. – Bestellg u Abberufg (§ 26) gehören zur ordngsgem Verwaltg iSv § 21 IV.

WEG 21 *Verwaltung durch die Wohnungseigentümer.* ¹Soweit nicht in diesem Gesetz oder durch Vereinbarung der Wohnungseigentümer etwas anderes bestimmt ist, steht die Verwaltung des gemeinschaftlichen Eigentums den Wohnungseigentümern gemeinschaftlich zu.

II Jeder Wohnungseigentümer ist berechtigt, ohne Zustimmung der anderen Wohnungseigentümer die Maßnahmen zu treffen, die zur Abwendung eines dem gemeinschaftlichen Eigentum unmittelbar drohenden Schadens notwendig sind.

III Soweit die Verwaltung des gemeinschaftlichen Eigentums nicht durch Vereinbarung der Wohnungseigentümer geregelt ist, können die Wohnungseigentümer eine der Beschaffenheit des gemeinschaftlichen Eigentums entsprechende ordnungsmäßige Verwaltung durch Stimmenmehrheit beschließen.

IV Jeder Wohnungseigentümer kann eine Verwaltung verlangen, die den Vereinbarungen und Beschlüssen und, soweit solche nicht bestehen, dem Interesse der Gesamtheit der Wohnungseigentümer nach billigem Ermessen entspricht.

V Zu einer ordnungsmäßigen, dem Interesse der Gesamtheit der Wohnungseigentümer entsprechenden Verwaltung gehört insbesondere:
1. die Aufstellung einer Hausordnung;
2. die ordnungsmäßige Instandhaltung und Instandsetzung des gemeinschaftlichen Eigentums;
3. die Feuerversicherung des gemeinschaftlichen Eigentums zum Neuwert sowie die angemessene Versicherung der Wohnungseigentümer gegen Haus- und Grundbesitzerhaftpflicht;
4. die Ansammlung einer angemessenen Instandhaltungsrückstellung;
5. die Aufstellung eines Wirtschaftsplans (§ 28);
6. die Duldung aller Maßnahmen, die zur Herstellung einer Fernsprechteilnehmereinrichtung, einer Rundfunkempfangsanlage oder eines Energieversorgungsanschlusses zugunsten eines Wohnungseigentümers erforderlich sind.

VI Der Wohnungseigentümer, zu dessen Gunsten eine Maßnahme der in Absatz 5 Nr. 6 bezeichneten Art getroffen wird, ist zum Ersatz des hierdurch entstehenden Schadens verpflichtet.

1) Verwaltung (I) ist (entspr BGB 744 I) der Inbegr aller über den Gebr hinausgehden Maßn zur Substanzerhaltg u Zweckwahrg hins des GemschE u zur Regelg des ZusLebens in der Gemsch; sie umfaßt unter Ausschl von VfgsHandlgen (§ 747), baul Veränd (§ 22) u Eingriff in SE bzw AnwR auf SE (BayObLG **73**, 78) sowohl tatsächl Handlgen (Abs V 2) als auch RHandlgen (Begründg u Geltmachg von Rechten u Pfl). Sie obliegt **allen Wohnungseigentümern**, denen nicht mangels Betroffenh StimmR fehlt (BayObLG DNotZ **85**, 414; vgl § 25 Anm 2a). Soweit Verw ProzFührg erfordert, sind die WEigtümer notw Streitgenossen; I schließt actio pro socio aus. Einschrkg dch die Aufgaben des Verwalters (§§ 26–28). – Der **einzelne Wohnungseigentümer** kann gg den Verw Anspr im ZusHang mit der GemschEVerw (zB SchadErs wg GemschEBeschädigg, Herausg von VerwUnterlagen, § 28 IV) nur mit Ermächtigg der Gemsch geltd

2485

machen (BGH NJW **89**, 1091); ebso Anspr gg Dritte (Düss NJW-RR **89**, 978). SchadErsAnspr des einz WEigtümers gg den Verw aus § 823 od pVV wg Verletzg pers RGüter u des SE fallen nicht unter I (BGH aaO; Zweibr BlGBW **83**, 136). Weitere Ausn von I dch Gesetz (II, III) od aGrd Vbg/TErkl (§ 10 I 2).

2) Notmaßnahmen (II). Die Beschrkg auf Notmaßn beruht auf § 27 I Nr 2. Notlage gegeben, wenn verständ Eigtümer nicht länger warten würde u weder Verw noch Gemsch zur Behebg heranziehen kann (Oldbg WEZ **88**, 281). Der WEigtümer kann Ers seiner Aufwendgen unter Abzug seines Anteils nach § 16 II verlangen (BayObLG **86**, 322 Anm Weitnauer WE **87**, 16); ist II nicht erfüllt, so AufwendgsErs aus BGB 677, 812 (BayObLG aaO; Ffm OLGZ **84**, 148).

3) Ordnungsmäßige Verwaltung (III) dch MehrhBeschl regelbt; Änderg/Aufhebg dch MehrhBeschl iRv III (BayObLG **85**, 87). Zur gerichtl Prüfg der Ordngsmäßigk vgl § 43 Anm 3 a. – **Dazu gehören** neben V zB Bestimmg des Mietzinses bei Vermietg von GemschE (BayObLG Rpfleger **79**, 265) u Umlage zur Beseitigg von Liquidtitätsschwierigk (BGH DWE **89**, 130; § 16 Anm 3 b gilt). Beseitigg lichtentziehden Baumes (LG Fbg NJW-RR **87**, 655), Künd vermieteten GemschE bei Eigenbedarf (Ffm OLGZ **87**, 50), Markieren von Kfz-Stellplätzen (BayObLG WEZ **88**, 52), Änderg der Abrechnungszeiten für Heizg (Düss WE **88**, 172), Anstellg von Hauspersonal (BayObLG ZMR **88**, 148), Einführg von VerzugsSchadPauschale für BeitrRückstand (§ 16 Anm 3 dcc), Fremdverwaltg bei größerer Gemsch (Hbg OLGZ **88**, 299: 10 WE). Zur DarlehnsAufn vgl Brych NJW **89**, 699. **Nicht aber** mehrdeut/unklarer Beschl (BayObLG WEZ **88**, 137; WE **88**, 198), Erlaubn schädiger Benutzg des GemschE dch Dritte (BayObLG **75**, 201) od den MitGebr hindernde Vermietg des GemschE (Zweibr OLGZ **85**, 418), unfachmänn Experimente an techn Anlagen (KG NJW-RR **87**, 265), Übertr des § 28 V-Beschl auf VerwBeirat (BayObLG NJW-RR **88**, 1168), Regelg von Angelegenh vor GemschEntstehg (KG WE **88**, 193), gg öffR verstoße MitGebrRegelg (BayObLG WE **88**, 200). – Dch MehrhBeschl, der nur bei KngültErkl unwirks, darf den WEigtümern grdsl nicht **tätige Mithilfe** (Eigenarbeit od Beauftragg Dritter) bei Maßn nach V Nr 2 auferlegt werden (Hamm OLGZ **80**, 261); und bei Arbeiten, die nach Art u Umfang von GrdstEigtümern pers erbracht werden, wie zB Gartenpflege (KG OLGZ **78**, 146), Treppenhausreinigg (Hamm DWE **87**, 63) od Schneefegen/Streuen (Stgt NJW-RR **87**, 976; aA Hamm MDR **82**, 150).

4) Verwaltungsanspruch (IV) gg die WEigtümer u/od den Verw (BayObLG **82**, 203); Verf nach § 43 I Nr 1, 2. Verlangt werden kann die Beachtg der Vbg/TErkl u EigtümerBeschl nach III. IV aber auch, wenn MehrhBeschl nicht zustande kam (§ 23 Anm 5 d); konkrete Maßn muß verlangt werden (BPM/Pick Rdn 71; Weitnauer Rdn 12). Bei Verlangen einer von Vbg/TErkl od EigtümerBeschl abw Verwaltg ist Ger an diese gebunden (§ 43 Anm 3 a).

5) Einzelfälle (V); nur beispielh („insb"). – **Nr 1:** Die **Hausordnung** ist eine ZusFassg der Gebr- (§ 15) u VerwaltgsRegelgen (I–IV). Die WEigtümer können sie dch Vbg/TErkl od MehrhBeschl aufstellen; sie können die Aufstellg auch dch MehrhBeschl od Vbg/TErkl dem Verw od VerwBeirat übertr (Hamm OLGZ **70**, 399; BayObLG **75**, 201; Stgt DWE **87**, 99); vom Gericht kann sie im Verf nach §§ 43 Nr. 1, 21 IV erlassen werden (Hamm OLGZ **69**, 278). Vom Verw/VerwBeirat aufgestellte HausOrdng unterliegt nicht der Anfechtg nach § 23 IV; Verbindlichk noch im Verf über ihre Dchsetzg zu prüfen (vgl KG NJW **56**, 1679). – Vbg/TErkl notw, soweit dies nach Inhalt der Regelg (zB iFv § 15 Anm 2a, 2b) geboten (Stgt DWE **87**, 99), dann aber auch nur so änderb. Iü hat einstimm aufgestellte HausOrdng idR nur RNatur eines MehrhBeschl (BayObLG **75**, 201; LG Mannh MDR **76**, 582) u ist dch MehrhBeschl änderb. Vom Verw/VerwBeirat aGrd MehrhBeschl aufgestellte HausOrdng darf nur enthalten, was dch MehrhBeschl regelb (Stgt DWE **87**, 99), u ist dch MehrhBeschl änderb. Ebso idR bei Aufstellg aGrd Vbg/TErkl (BayObLG **73**, 201); mögl hier aber Ermächtigg zu Regelg, die Vereinbg erfordert (zB zur Zuteilg von SondernutzgsR; BayObLG **74**, 294), u dann von WEigtümern nur einstimm änderb. Vom Gericht erlassene HausOrdng darf nur enthalten, was dch MehrhBeschl regelb, u ist dch MehrhBeschl änderb. – **Nr 2:** Unter **Instandhaltung/-setzung** fallen bzgl Gbde u Grdst die Wiederherstellg des urspr Zustandes (BayObLG **85**, 164) einschl die in § 22 Anm 1c genannten Maßn; über Abgrenzg zur baul Veränderg vgl § 22 Anm 1b, 1e. Ferner Wahrg der VerkSichgPfl einschl Streuen (Hamm MDR **82**, 150), deren Übertr auf Verw/einz WEigtümer nicht von ÜberwachgsPfl befreit (BGH NJW **85**, 484). – **Nr 3:** **Versicherungen.** HaftPfl umfaßt auch GewässerschutzVersicherg (MüKo/Röll § 16 Rdn 12). Auch and SachVersichergen (zB Wasser/Sturm/Glasschäden) gem III, IV beschließb (MüKo/Röll aaO). Zum Anspr der Gemsch gg einen WEigtümer auf Abschl einer Versichg für Schäden am GemschE od dem SE anderer vgl Brschw OLGZ **66**, 571. – **Nr 4:** Die **Instandhaltungsrücklage** (wg RInhabersch vgl § 1 Anm 5) kann gem IV verlangt werden; zu niedr od zu hohe Rückstellg widerspr IV (BayObLG **84**, 213); RepKosten sind ihr bei ausreichder Höhe zu entnehmen statt Umlegg, nicht aber Kaufpr für VerbrGüter (BayObLG DWE **84**, 108). Zur steuerl Behandlg vgl BFH NJW **88**, 2824. – **Nr 5:** Zum **Wirtschaftsplan** vgl § 28 Anm 1. – **Nr 5:** Über **Anschlüsse** vgl § 14 Anm 1c, § 27 II Nr 6.

WEG 22 **Besondere Aufwendungen, Wiederaufbau.** ¹Bauliche Veränderungen und Aufwendungen, die über die ordnungsmäßige Instandhaltung oder Instandsetzung des gemeinschaftlichen Eigentums hinausgehen, können nicht gemäß § 21 Abs. 3 beschlossen oder gemäß § 21 Abs. 4 verlangt werden. Die Zustimmung eines Wohnungseigentümers zu solchen Maßnahmen ist insoweit nicht erforderlich, als durch die Veränderung dessen Rechte über das in § 14 bestimmte Maß hinaus beeinträchtigt werden.

ⁱⁱIst das Gebäude zu mehr als der Hälfte seines Wertes zerstört und ist der Schaden nicht durch eine Versicherung oder in anderer Weise gedeckt, so kann der Wiederaufbau nicht gemäß § 21 Abs. 3 beschlossen oder gemäß § 21 Abs. 4 verlangt werden.

I. Teil. 3. Abschnitt. Verwaltung WEG 22 1a–e

1) Bauliche Veränderungen und Aufwendungen (I).

a) Zustimmung aller Wohnungseigentümer (I 1) zu den in I 1 genannten Maßn vorbehaltl I 2 notw, weil über § 21 V Nr 2 hinausgehd. Sie braucht nicht als Beschl iSv § 23 I zu ergehen (RGRK/Augustin Rdn 10; Weitnauer PiG **25**, 266; aA Merle WEZ **88**, 88). Nach Zust sind Einzelh dch MehrhBeschl regelb (BayObLG NJW-RR **88**, 1169). – **Abdingbar** dch Vbg/TErkl, Mehrbeschl daher nur bei UngültErkl unwirks (BayObLG NJW-RR **88**, 591); zB Übertr der ZustBefugn auf Verw (so daß bei Erteilg od Versagg Antr nach §§ 43 I Nr 2, 21 IV [BayObLG WuM **74**, 269; Ffm OLGZ **84**, 60]) od Vorauserteilg (BayObLG NJW-RR **86**, 761; Düss RhNK **86**, 169). – Bei **Verstoß** gg I Verf nach § 43 I Nr 1 für BeseitiggsAnspr aus BGB 1004 iVm § 15 III (BayObLG NJW-RR **88**, 587) od SchadErsAnspr aus BGB 823, 249 auf Wiederherstellg wg Verletzg der Pfl aus §§ 14 Nr 1, 15 (BayObLG NJW-RR **86**, 178); statt Beseitigg/Wiederherstellg iRv § 43 II auch Anordng and geeigneter Maßn (BayObLG WEM **82**, 3/109). Nach BayObLG NJW-RR **88**, 587 besteht dieser Anspr nicht gg WEigtümer, der sein WE mit der baul Veränderg erworben hat. – Über Anfechtg der BauGen dch WEigtümer vgl BVerwG WEZ **88**, 245

b) Bauliche Veränderung ist jede über die ordngsgem Instandhaltg/-setzg (Anm 1c) hinausgehde Umgestaltg des GemschE in Abweichg vom Aufteilgsplan (Hamm OLGZ **76**, 61) bzw (falls dort keine Angaben) vom Zustand bei Entstehg des WE (nach BayObLG **87**, 78 schon ab Entstehd werdder Gemsch) od nach Vornahme früherer zuläss baul Veränderg (KG NJW-RR **89**, 976). Dazu gehören:

aa) Umgestaltung des Grundstücks: Betonieren der Garagenzufahrt (Celle MDR **68**, 48); Errichtg/ Aufstellg/Beseitigg von Garagen (BayObLG **71**, 322), Zäunen (BayObLG ZMR **87**, 39), Gartenhütte (Ffm OLGZ **85**, 50; BayObLG NJW-RR **88**, 591) od Geräteschuppen (KG Rpfleger **77**, 374); Anlage einer Terrasse (KG OLGZ **71**, 492); Verlegg von Platten im Garten (BayObLG WEZ **88**, 425); Umwandlg einer Grünfläche in Park- (Stgt OLGZ **74**, 404), Spiel- (LG Mannh ZMR **76**, 51) od Müllbehälterplatz (Zweibr NJW-RR **87**, 1359) od Weg (Stgt DWE **80**, 62); Verlegg von Müllboxen (Hbg MDR **77**, 230) od Wäschepfählen (BayObLG DWE **87**, 56); Umwandlung von Parkplatz in Garage (BayOblG **73**, 81) od von Müllbehälter- in Parkplatz (Ffm OLGZ **80**, 78). – **Nicht** aber (§ 21): Anbringg (BayObLG WEZ **88**, 52) od Änderg (Köln OLGZ **78**, 287) von Farbmarkiergen auf Parkplatz; Erstbepflanzg mit Blumen/Sträuchern/ Bäumen/Rasen auf nicht für and Zwecke vorgesehener Fläche (BayObLG **82**, 69); Errichtg in TeilgsErkl vorgesehenen Zaunes (BayObLG OLGZ **82**, 131); Zurückschneiden einer Hecke (BayObLG **85**, 164); Herstellg notw HeckenDchgangs (BayObLG ZMR **89**, 192).

bb) Umgestaltung des Gebäudes oder anderer Bauwerke (wg Modernisier vgl Anm 1e): Einbau eines Hausanschlusses für Gas (AG Hann Rpfleger **69**, 132), Fahrstuhls od Müllschluckers; Dchbruch einer Brandmauer (BayObLG **71**, 273) od tragden Wand (Köln DWE **88**, 24); Anbau eines Balkons (BayObLG DWE **84**, 43) od einer Balkontreppe (BayObLG **74**, 269); LG Esn WEZ **87**, 112); Stillegg des Fahrstuhls (AG Mü ZMR **76**, 32) od der Gaszuleitg (BayObLG Rpfleger **76**, 291); Aufstockg (KG OLGZ **76**, 56); Terrassenunterkellerg (Hamm OLGZ **76**, 61); Umbau der Böschungsstützmauer zur Aufnahme von Mülltonnen (Karlsr OLGZ **78**, 172); Anbringg von Gartentor (BGH NJW **79**, 817), Amateurfunkantenne (Celle DWE **82**, 33; BayObLG NJW-RR **87**, 202), Werbeschild (BayObLG DWE **87**, 56; vgl aber Ffm Rpfleger **82**, 64), Leuchtreklame (Hamm OLGZ **80**, 274), Schaukasten (Stgt WEM **80**, 38), Fenster (BayObLG WEM **80**, 31; Stgt WEM **80**, 36) od Trockenstange (AG Stgt DWE **80**, 128) auf Balkon, Vortüren vor Wohngszugang (Stgt WEM **80**, 75), Markise (BayObLG NJW-RR **86**, 178; Ffm OLGZ **86**, 42), Fahnenstange, Blumenkasten, Pergola (BayObLG Rpfleger **81**, 284; Ffm DWE **89**, 70), Rolläden (LG Kreuzn DWE **84**, 127); Einbau von Dach- u Vergrößerg von Giebelfenstern (BayObLG Rpfleger **83**, 14) od von Sprossenverglasg (Ffm Rpfleger **83**, 64); Umbau eines Fensters in Tür (BayObLG WE **88**, 26); Abtrenng von Teilen des GemschE (BayObLG DWE **84**, 33); Balkon- od Loggiaverglasg (BayObLG NJW-RR **87**, 1357; Zweibr NJW-RR **87**, 1358); Umwandlg von Dachfläche in Dachterrasse (Hbg MDR **85**, 501); KaminAnschl an Leerschornsteinzug (Ffm OLGZ **86**, 43); Klimagerät in Außenfenster (Ffm DWE **86**, 64); DachDchbruch (Hbg WEZ **88**, 173); Einbau von Versorggsleitg unter Benutzg von GemschE (BayObLG NJW-RR **88**, 589; Zweibr WE **88**, 60); Dachausbau (BayObLG WoM **89**, 262).

c) Ordnungsmäßige Instandhaltung/-setzung (§ 21 V Nr 2) ist die Erhaltg u Wiederherstellg des ursprüngl Zustandes des GemschE. Dazu gehören auch: – **aa) Beseitigung anfänglicher Mängel** an Grdst u Gbde (BayObLG WEZ **88**, 425). – **bb) Ersatzbeschaffung** für gemschaftl Geräte (BayObLG NJW **75**, 2296). – **cc) Anpassung des vorhandenen Zustandes an rechtliche Erforderungen** zB des öffentl BauR (Einbau von SicherhTür in Fahrstuhl: LG Mü Betr **77**, 2231; Anlage eines Spielplatzes: BayObLG ZMR **80**, 381; LG Freibg ZMR **79**, 382) od des priv NachbR (Einfriedigg nach LandesNachbR; Sicherg nach BGB 909). Beachte jetzt HeizAnlV 7 III, 8 III idF v 19. 1. 89 (BGBl I 109). – **dd)** Über **Modernisierung** vgl Anm 1e.

d) Aufwendung ist jede nichtbaul Verwendg auf das GemschE, die über § 21 V Nr 2 hinausgeht (Düss MDR **86**, 677); zB Beauftragg von DienstleistgsUntern für gewöhnl Reinigungsarbeiten, Anstellg eines Hausmeisters, Anschaffg nicht notw VerwaltgsVermögens (BayObLG **77**, 89: Wäschetrockner).

e) Die Modernisierung (dazu Zimmermann ZMR **85**, 150) steht im Spanngsfeld zw § 22 I u § 21 V Nr 2. – **aa)** Unter § 22 fallen: Modernisierg ohne Funktionsverbesserg wie Ersetzen von Flügel- dch Kippfenster. Verbesserg der Bequemlichk wie Anschaffg eines Wäschetrockners (BayObLG **77**, 89) od Einbau von Fahrstuhl/Müllschlucker. Verändergen, die nicht als Verbesserg anzusehen sind, wie Einbau eines Wasserenthärters (BayObLG MDR **84**, 406) od Heizgsumstellg Öl/Gas (AG Hbg DWE **80**, 56) bzw Fern/ Eigenheizg (Ffm DWE **87**, 51) außerh ohnehin notw Erneuerg od GemschAnschl an Kabelfernsehen (Celle NJW-RR **86**, 1271; DWE **88**, 66; WoM **88**, 145; Oldbg WoM **89**, 346; Karlsr NJW-RR **89**, 1041; aA LG Kstz DWE **89**, 71; vgl auch Celle WoM **87**, 97). NachtstromVersorgg (BayObLG NJW-RR **88**, 1164), Verbessergen außerh vernünft Kosten-Nutzen-Verhältn. – **bb)** Unter § 21 fallen Verbessergen iR vernünft Kosten-Nutzen-Verhältn: Verwendg haltbarerer Materialien (Schlesw SchlHA **68**, 70; Düss MDR **86**, 677) od moderner Geräte (Celle DWE **88**, 66; BayObLG **88**, 271) od techn Verbesserg (KG NJW-RR **89**, 463) bei

2487

ohnehin notw Reparatur. Dauerh energiesparde Maßn wie Umstellg der Heizg von Handregelg auf Automatik (Hamm OLGZ 82, 260), Einbau einer Rauchgasklappe (vgl BayObLG NJW 81, 690), Ersetzg von Einfach- dch Thermopaneverglas (Oldbg WEZ 88, 281) od Erhöhg der Wärmedämmg (Ffm OLGZ 84, 129). Gefahrmindernde Maßn wie verkehrsberuhigde Einrichtg (KG OLGZ 85, 263). Derart Maßn kann wg Veränderg des äußeren Bildes noch unter § 22 fallen (Oldbg WEZ 88, 281).

f) Entbehrlichkeit der Zustimmung (I 2). – aa) Voraussetzungen. Zust eines WEigtümers (auch bei Zerstörg von GemschE; BayObLG NJW-RR 87, 1359) entbehrl, der nach § 14 Nr 3 zur Duldg der Maßn verpflichtet, weil sie für ihn **keine über § 14 Nr 1 hinausgehenden Nachteile** (vgl § 14 Anm 1 a) bewirken (BGH NJW 79, 817). Nachteile können sich ergeben aus: lästiger Immission (Karlsr OLGZ 78, 172); Beeinträchtigg des MitGebr (Ffm OLGZ 80, 78) od der konstruktiven Stabilität (Karlsr ZMR 85, 209); Vergrößerg der Belegbark (KG OLGZ 76, 56); intensivere Benutzbark (BayObLG NJW-RR 87, 717; WoM 89, 262); Veränderg des Bestimmgszwecks; Verschlechterg (nicht nur Änderg) des äußeren Bildes in ästhetischer Hinsicht (BayObLG NJW-RR 88, 588, 591; weitergeh Zweibr NJW-RR 87, 1358; OLGZ 89, 181 [jede Änderg des optischen Eindrucks]); erhöhte Reparaturanfällig (BayObLG WoM 88, 319); Beeinträchtigg der Sicherh (Celle NdsRpfl 81, 38); nicht dch § 16 III ausgeschl Kostenbelastg (Celle DWE 86, 54; Ffm WEZ 87, 40), nicht aber BereichsAnspr bei eigener Kostenersparn (§ 16 Anm 1 b cc); Dchfeuchtg/Brandgefahr (Hbg DWE 87, 98). Tritt Nachteil erst bei Nachahmg ein, so kann dies bei Güterabwägg herangezogen werden (Hbg DWE 87, 98; aA Karlsr DWE 85, 127). Rspr ist großzüg u berücksichtigt auch Interesse an Energieeinsparg (Köln NJW 81, 585); dadch oft sinnvolle Modernisierg (Anm 1 e aa) mögl. Ggü unentbehrl Zust Berufg auf BGB 226, 242 nicht ausgeschl (Zweibr NJW-RR 87, 1359; BayObLG NJW-RR 87, 1492; 88, 589); dafür reichen aber rwidr ähnl Änderg nicht (Ffm DWE 89, 70). – **bb) Rechtsfolgen.** Nur Einstimmig aller WEigtümer, deren Zust nicht entbehrl, notw (BGH NJW 79, 817); uU genügt eine Stimme (Köln DWE 88, 24). Wg Beteiligg der Nichtzustimmden an Nutzgen u Kosten der Maßn vgl § 16 Anm 1 b; vgl auch § 17 S 2.

2) Zerstörung des Gebäudes (II); vgl Alsdorf BlGBW 77, 88. II ist dch Vbg/TErkl abdingb. Über entspr Anwendg auf steckengebliebene Ersterstellg vgl § 2 Anm 3.

a) Pflicht zum Wiederaufbau. Schlechthin, wenn Schaden dch Versicherg od sonstwie (SchadErsAnspr Rücklage) gedeckt, Anderenf zu unterscheiden: – **aa)** Zerstörg des Gbdes zu mehr als der Hälfte seines Wertes: Gemschaftl Wiederaufbau nur aGrd einstimm Beschl aller WEigtümer. – **bb)** Zerstörg des Gbdes zu weniger als der Hälfte seines Wertes: Gemschaftl Wiederaufbau aGrd MehrBeschl od Entscheidg gem §§ 43 I Nr 1, 21 IV. Dies gilt auch, wenn von Zerstörg (zB nur einer Etage) nicht alle WEigtümer betroffen. Die Betroffenen müssen dazu die Kosten der Wiederherstellg ihres SE selbst tragen.

b) Bei **Unterbleiben des Wiederaufbaus:** §§ 11 I 3, 9 I 2.

WEG 23 *Wohnungseigentümerversammlung.* [I]Angelegenheiten, über die nach diesem Gesetz oder nach einer Vereinbarung der Wohnungseigentümer die Wohnungseigentümer durch Beschluß entscheiden können, werden durch Beschlußfassung in einer Versammlung der Wohnungseigentümer geordnet.

[II]Zur Gültigkeit eines Beschlusses ist erforderlich, daß der Gegenstand bei der Einberufung bezeichnet ist.

[III]Auch ohne Versammlung ist ein Beschluß gültig, wenn alle Wohnungseigentümer ihre Zustimmung zu diesem Beschluß schriftlich erklären.

[IV]Ein Beschluß ist nur ungültig, wenn er gemäß § 43 Abs. 1 Nr. 4 für ungültig erklärt ist. Der Antrag auf eine solche Entscheidung kann nur binnen eines Monats seit der Beschlußfassung gestellt werden, es sei denn, daß der Beschluß gegen eine Rechtsvorschrift verstößt, auf deren Einhaltung rechtswirksam nicht verzichtet werden kann.

Schrifttum: Keith, RFolgen ungültiger Beschlüsse der WEigentümer, 1983.

1) Beschlußfassung in der Wohnungseigentümerversammlung (I).
a) Eigentümerbeschlüsse, die nach WEG od Vbg/TErkl erforderl (vgl § 10 Anm 3), müssen vorbehaltl III in einer Versammlg ergehen; nicht aber Vereinbgen (§ 10 Anm 2 b aa) od Zust nach § 22 I (§ 22 Anm 1 a). I ist nicht abdingb (vgl Anm 3 c); dch mündl od konkludente Zust ausserh der Versammlg kann kein Beschl entstehen (Soergel/Baur Rdn 2; aA Ffm OLGZ 75, 100).

b) Versammlung; Aufspaltg in Teilversammlgen (zB bei Mehrhausanlagen) nur zul, wenn in Vbg/TErkl vorgesehen (Stgt DWE 80, 62) od nach BeschlGgst nur entspr Teil der WEigtümer stimmberecht (vgl § 25 Anm 2 a; BayObLG DNotZ 85, 414). – Von Versammlg nach §§ 23–25 zu unterscheiden die **Vollversammlung.** Hier müssen alle WEigtümer (bzw Vertreter) zusammentreten u in Kenntn des Einberufgsmangels mit BeschlFassg (für Beschl selbst genügt ggf Mehrh) einverstanden sein (BayObLG WE 88, 67). Für BeschlFassg gilt § 25 II, V.

c) Beschlußfassung mit letzter Stimmabgabe, nicht erst mit ErgebnVerkündg (Weitnauer Rdn 3h; aA Merle DWE 86, 98) od ProtAufn (BayObLG DWE 84, 62); abw Ztpkt in Vbg/TErkl festlegb.

2) Bezeichnung des Beschlußgegenstandes in der Einberufg (II): vgl § 24 Anm 1 d.

3) Schriftliche Beschlußfassung (III).
a) Schriftliche Zustimmung aller Wohnungseigentümer; stimmt nur einer nicht zu, so liegt kein Beschl vor (BayObLG 71, 313). StellVertr braucht keine schriftl Vollm (BGB 167 II; str). Ausreich mündl Zustimmg aller VersammlgsTeilnehmer u schriftl Zust aller Abwesden. Zustimmen müssen auch die, deren StimmR ruht (LG Dortm MDR 66, 843). Übereinstimmde Erkl im Verf nach § 43 keine BeschlFassg nach III (KG OLGZ 74, 399). BeschlAnregg kann von Verw od jedem WEigtümer ausgehen. Allstimmig alleine macht Beschl nicht zur Vereinbg (§ 10 Anm 3 c bb).

I. Teil. 3. Abschnitt. Verwaltung **WEG 23** 3–5

b) Beschlußfassung mit Zugang letzter ZustErkl bei Verw (BayObLG **71**, 313; Hbg MDR **71**, 1012; aA KG OLGZ **74**, 399: mit ErgebnBek); bei and Anreger Zugang bei diesem maßg. ZustErkl bis BeschlFassg widerrufl (Merle, Verw S 46 Fußn 124; str).

c) Nicht abdingbar dch Vbg/TErkl (MinderhSchutz). Daher kein schriftl MehrBeschl (Hamm OLGZ **78**, 292; BayObLG **80**, 331) u keine stillschw ZustErkl dch Schweigen (AG Königstein MDR **79**, 760) einführb.

4) Nichtige und anfechtbare Beschlüsse.

a) Allgemeines. Außer den gem IV anfechtb Beschl gibt es nichtige Beschl; Abgrenzg wg unterschiedl Wirkg (vgl Anm 4 c, 5 b) wichtig. Dabei ist davon auszugehen, daß IV im RSicherhInteresse klare RVerhältn unter den WEigtümern schaffen will, so daß Mängel idR nach IV geltd zu machen sind. Die Rspr wendet IV in weiterem Umfang an, als entspr Vorschr des GesellschR; zB bei Einberufg der Versammlg dch NichtBerecht (Ffm OLGZ **85**, 142 gg AktG 241 Nr 1 u BGH **18**, 334 zu GenG 51).

b) Einzelfälle. Formelle Mängel können dch bestätigdn Beschl grdsl nicht rückwirkd heilen (BGH NJW **89**, 1087). – **aa) Beschlußverfahren.** VerfMängel, die der BeschlFassg vorausgehen, sind gem IV geltd zu machen; insb Verstöße gg §§ 23 II u 24 (vgl § 24 Anm 1), § 25 III, IV (vgl § 25 Anm 3). GeschOrdngsBeschl (zB Wahl des Versammlgsvorsitzden, Redezeitbegrenzg, Diskussionsende, AbstimmgsVerf) sind nicht selbstd anfechtb; aus ihnen können sich aber Fehler der BeschlFassg ergeben, die zur UngültigErkl des SachBeschl führen (BayObLG NJW-RR **87**, 1363). – **bb) Mehrheitserfordernis.** Genügt für die Regelg des BeschlGgst ein MehrhBeschl, stellt Versammlgsvorsitzer einen solchen fest u geht Versammlg von positiver BeschlFassg aus (Schlesw DWE **87**, 133), so ist gem IV geltd zu machen: Mehrh aGrd falscher tatsächl Stimmenzählg nicht gegeben (RGRK/Augustin Rdn 20; vgl Hamm OLGZ **79**, 296). Mehrh aGrd falscher rechtl Stimmenzählg nicht gegeben (Brschw OLGZ **89**, 186); zB weil Ja-Stimmen dch ausgeschl Vertreter abgegeben wurden od StimmR ruhte od StimmRRegelg in § 25 II (oA KG NJW-RR **89**, 1162) bzw Vbg/TErkl falsch angewendet od bloß relative Mehrh als ausreichd angesehen (Schlesw DWE **87**, 133) od Stimmenthaltg falsch gewertet (Ffm WEZ **88**, 54). Gem Vbg/TErkl erforderl qualifizierte Mehrh nicht erreicht (Köln OLGZ **69**, 389); jederzeit Berufg auf AblehngsBeschl aber, wenn Ablehng wg bloß einf Mehrh festgestellt (BayObLG **84**, 213; Hbg DWE **84**, 123). Mehrh nicht gegeben, weil Ja-Stimmen wg GeschUnfgk unwirks od nach BGB 119, 123 angefochten (Merle PiG **18**, 125 [140]; aA Ffm OLGZ **79**, 144). – **cc) Einstimmigkeitserfordernis.** Ist nach Gesetz od Vbg/TErkl für die Regelg des BeschlGgst Einstimmigk erforderl, so ist fehlde Einstimmigk gem IV geltd zu machen (BGH NJW **81**, 282), sofern nicht Ablehng wg bloßer Mehrh festgestellt (vgl bb); gilt auch, wenn bloße Mehrh statt im Prot festgestellter Einstimmgk geltd gemacht wird (Köln OLGZ **79**, 282) od dies auf Anfechtg der Stimmabgabe nach BGB 119, 123 beruht (vgl bb). Keine anfängl Einstimmigk nach III bewirkt NichtBeschl (§ 23 Anm 3a). – **dd) Formerfordernis.** Mängel vereinbarter Form (zB Protokollierg) sind gem IV geltd zu machen (BayObLG DWE **84**, 125; Hamm OLGZ **85**, 147; Oldbg ZMR **85**, 30). – **ee) Beschlußinhalt.** Nichtig: BeschlInhalt verstößt gg BGB 134 (insb gg zwingde Vorschr des WEG [vgl § 10 Anm 1a]) od BGB 138 (über VerpachtgsVerpfl vgl BayObLG NJW-RR **88**, 1163) od and Gesetze (nicht aber BauordngsR; BayObLG WEZ **88**, 409), ist völlig unbestimmt (KG OLGZ **81**, 307), in sich widersprüchl od sachl undchführb. WEigtümerVersammlg war absolut unzuständ (zB Umwandlg von GemschE in SE bzw umgekehrt u Änderg der MitEAnt [BayObLG ZMR **86**, 448; NJW-RR **87**, 329]; Haftg des Erwerbers für Schulden des RVorgängers [BayObLG **84**, 198]; 36% Zinsen auf Wohngeldrückstand [BayObLG NJW-RR **86**, 179]). – Gem IV geltd zu machen: Sonstige Verstöße gg Gesetze, insb BGB 242 (BayObLG WE **88**, 26; Hamm OLGZ **82**, 260; Düss OLGZ **84**, 289) u §§ 15 II, 21 III, od gg Vbg/TErkl. And BeschlInhalt als im Prot festgestellt (Köln OLGZ **79**, 282; Ffm OLGZ **84**, 257; vgl auch Hamm OLGZ **85**, 147). Vgl auch Anm 5d. – **ff) Nichtbeschluß** zB: Fehlen einer WEigtümerGemsch (§ 10 Anm 3 b bb); nicht einberufene (Spontan-)Versammlg, an der nicht alle WEigtümer teilgen; bloße Feststellgen u Hinweise (BayObLG NJW-RR **87**, 1364); NegativBeschl (Anm 5d). Wirkg: Anm 4c.

c) Wirkung nichtiger Beschlüsse (gilt entspr für Nicht/ScheinBeschl). Beschl bedarf keiner UngültigErkl nach IV; jederzeit (auch inzident in and Verf) Berufg auf Nichtigk, dazu Feststellg in Verf nach § 43 nicht notw (BGH NJW **89**, 2059). Deklaratorische Feststellg der Nichtigk im Verf nach § 43 I Nr 4 (§ 43 Anm 2d), auch wenn nur UngültErkl beantragt (BayObLG **86**, 444), od auf ZwFeststellgsAntr; zur Beseitigg der RScheinwirkg auch UngültigErkl nach IV (Hamm OLGZ **79**, 296). Nach rechtskräft Verneing der Nichtigk od Bejahg der Gültigk gilt aber § 45 II (BayObLG **80**, 29).

5) Ungültigerklärung von Beschlüssen (IV).

a) Antrag nach IV, § 43 I Nr 4 zur Geltdmachg nicht zur Nichtigk führder Mängel (Anm 4) notw; Beanstandg ggü Verw od EWigtümern reicht nicht. Der Antr hat keine aufschiebde Wirkg (BayObLG **77**, 226); sie kann aber gem § 44 III angeordnet werden (KG DWE **87**, 27). Er muß innerh der AntrFrist den angefochtenen Beschl bezeichnen (Celle OLGZ **89**, 183). Begründg nicht notw (BayObLG **74**, 305; vgl aber § 43 Anm 4c); aber keine UngültErkl aus Grd, den die Beteil bewußt nicht geltd machen (BayObLG NJW-RR **89**, 1163). Verf über gleichlfde Antr mehrerer WEigtümer sind zu verbinden (BayObLG **77**, 226; LG Ffm NJW-RR **87**, 1423). – Die **Antragsfrist** beginnt (auch ggü RNachf u bei Anf im Wege der AntrÄnderg) mit BeschlFassg (wobei Tag des VersammlgsEndes maßg) ohne Rücks auf VersammlgsTeiln od Kenntn von Beschl zB dch ProtÜbersendg od notw Protollierg (Hamm OLGZ **85**, 147); keine FrWahrg dch AntrStellg bei unzuständ Ger (Brschw OLGZ **89**, 186). Dch Vbg/TErkl nicht verlängerb (BayObLG **81**, 21), aber verkürzb (vgl ZPO 224) Ausschlfr; Berechng: BGB 188 II, 193. Bei Antr im VerfStandsch ist diese innerh der Frist offenzulegen (BayObLG **81**, 50). Bei schuldloser FrVersäumg Wiedereinsetzg entspr FGG 22 II (BayObLG NJW-RR **89**, 656); Unkenntn von IV genügt nicht (Oldbg WoM **89**, 467), vgl aber § 24 Anm 3d. Für bestätigden od inhaltsgl ZweitBeschl (§ 10 Anm 3e) läuft neue AntrFr (BayObLG **75**, 284). **Antragsrücknahme** nach Ablauf der AntrFr bedarf wg Unmöglichk eines neuen Antr abw von § 43 Anm 4b keine

WEG 23, 24 Wohnungseigentumsgesetz. *Bassenge*

Zustimmg. AntrBerecht, die die AntrFr versäumt haben, können das Verf nicht fortführen (Zweibr NJW-RR **89**, 657; Ffm DWE **89**, 70; Bassenge Rpfleger **81**, 92). – Zum **Verfahren** vgl weiter § 43 Anm 2 d (AntrR, Erledigg der Hauptsache, RSchutzInt), § 43 Anm 4 b (AntrForm/Änderg), § 45 Anm 3 (RKraftwirkg).

b) Rückwirkende Ungültigkeit (BGH WM **89**, 306) mit RKraft der UngültErkl; bei schon vollzogenem Beschl hat überstimmte Minderh im Verf nach § 43 I Nr 1 dchsetzb Anspr auf Folgenbeseitig (BayObLG **75**, 201). Ohne UngültigErkl Wirkg auch ggü geschunfäh WEigtümer (Stgt OLGZ **85**, 259) u nicht GrdLage von SchadErsAnspr gg WEigtümer (Karlsr OLGZ **85**, 139). **Änderung** des WEigtümerBeschl dch Ger nicht zul, wenn die Anfechtg mit einem (auch stillschw) Antr nach §§ 15 III, 21 IV, 43 I Nr 1, 2 verbunden ist (BayObLG **85**, 171). Bei teilw Ungültigk des Beschl gem BGB 139 zu prüfen, ob er insgesamt für ungült zu erklären (BayObLG **82**, 90; **85**, 171; Hamm NJW-RR **86**, 500).

c) Entsprechende Anwendung. In der Frist nach IV sind weiter geltd zu machen: Antr auf Feststellg, daß Beschl mit and Inhalt gefaßt, als protokolliert (Köln OLGZ **79**, 282); Antr auf ProtBerichtigg, weil BeschlInhalt falsch protokolliert (Hamm OLGZ **85**, 147); vgl auch unten zu d.

d) Ablehnung eines Beschlußantrags (NegativBeschl). Keine UngültErkl mögl, sond nur unbefristeter Antr nach § 21 IV auf ordngsgem Verwaltg (Hamm OLGZ **88**, 37; Zweibr WE **88**, 60). Antr nach IV aber geboten, wenn geltd gemacht wird, daß Antr entgg Prot angen (zB: Annahme bei richt Stimmenzählg [vgl BGH NJW **86**, 2051]; falsches Prot), iVm Antr auf Feststellg wirkl BeschlInhalts (Hamm OLGZ **79**, 296).

e) Abdingbar, soweit nicht AnfechtgsR ganz abgeschafft (BPM/ Pick Rdn 3).

WEG 24 *Einberufung, Vorsitz, Niederschrift.* ¹Die Versammlung der Wohnungseigentümer wird von dem Verwalter mindestens einmal im Jahre einberufen.

II Die Versammlung der Wohnungseigentümer muß von dem Verwalter in den durch Vereinbarung der Wohnungseigentümer bestimmten Fällen, im übrigen dann einberufen werden, wenn dies schriftlich unter Angabe des Zweckes und der Gründe von mehr als einem Viertel der Wohnungseigentümer verlangt wird.

III Fehlt ein Verwalter oder weigert er sich pflichtwidrig, die Versammlung der Wohnungseigentümer einzuberufen, so kann die Versammlung auch, falls ein Verwaltungsbeirat bestellt ist, von dessen Vorsitzenden oder seinem Vertreter einberufen werden.

IV Die Einberufung erfolgt schriftlich. Die Frist der Einberufung soll, sofern nicht ein Fall besonderer Dringlichkeit vorliegt, mindestens eine Woche betragen.

V Den Vorsitz in der Wohnungseigentümerversammlung führt, sofern diese nichts anderes beschließt, der Verwalter.

VI Über die in der Versammlung gefaßten Beschlüsse ist eine Niederschrift aufzunehmen. Die Niederschrift ist von dem Vorsitzenden und einem Wohnungseigentümer und, falls ein Verwaltungsbeirat bestellt ist, auch von dessen Vorsitzenden oder seinem Vertreter zu unterschreiben. Jeder Wohnungseigentümer ist berechtigt, die Niederschriften einzusehen.

1) Einberufung der Wohnungseigentümerversammlung (I–IV, § 23 II).

a) Voraussetzungen. Einmal jährl (I) u in den dch Vbg/TErkl bestimmten Fällen (II Fall 1). – Iü auf schriftl begründetes Verlangen von mehr als 25% der WEigtümer (II Fall 2) nach Köpfen (Hamm OLGZ **73**, 423), nicht entspr Anwendg von § 25 II 2; Kopfprinzip gilt auch bei von § 25 II 1 abw StimmR. Abdingb dch Vbg/TErkl, sofern ein MinderhR erhalten bleibt (BayObLG **72**, 314).

b) Einberufungsrecht hat der Verw (I, II); spätere UngültErkl der VerwBestellg unschädl (LG Ffm MDR **82**, 497). Weigert sich Verw unter Verletzg von I od II od fehlt ein Verw (nach Amtsende darf ein Verw nur noch mit Zust aller WEigtümer einberufen; Stgt NJW-RR **86**, 315), so EinberufgsR aus **III**. Erfolgt keine Einberufg nach I–III, so keine eigenmächt Einberufg dch einen od mehrere (wohl aber dch alle) WEigtümer, sond Antr (§ 43) auf Verpfl des Verw zur Einberufg od auf Ermächtigg zur Einberufg entspr BGB 37 II u Vorsitzregelg (KG NJW **87**, 386); AntrR hat jeder WEigtümer (Hamm OLGZ **73**, 423), nicht nur die nach II erforderl Zahl (and BGB 37 II). Bei Ermächtigg Einberufg vorbehalt § 44 III erst nach RKraft (§ 45 II) u nicht mehr nach Ablauf gesetzter Frist (BayObLG **71**, 84). I–III dch Vbg/TErkl abdingb. Bei Einberufg dch Unbefugten sind Beschl nach § 23 IV anfechtb, nicht aber nichtig (Ffm OLGZ **85**, 142; BayObLG NJW-RR **87**, 204; KG NJW **87**, 386).

c) Einzuladen sind auch WEigtümer, die nach § 25 V kein StimmR haben; nicht aber Nichtbetroffene iSv § 25 Anm 2 a (BayObLG DNotZ **85**, 414) u VerwBeiratsMitgl, die nicht WEigtümer (BayObLG WoM **88**, 32). Bei Mehrh von Berecht sind alle getrennt einzuladen (Köln WE **89**, 30); abw Regelg dch Vbg/TErkl zul. Einberufg muß **schriftlich** erfolgen (**IV 1**) u iSv BGB 130 zugehen; abw Regelg dch Vbg/TErkl zul. Bei Nichteinladg (BayObLG **85**, 436; Ffm OLGZ **86**, 45) od unwirks Einladg (Stgt OLGZ **85**, 259) sind Beschl nach § 23 IV anfechtb, nicht aber nichtig; UngültErkl, wenn nicht feststeht, daß auch bei Einladg keine Teilnahme od bei Teilnahme gleiche BeschlFassg (BayObLG aaO; Ffm aaO; LG Lüb NJW-RR **86**, 813).

d) Inhalt (§ 23 II). BeschlGgst sind so konkret anzugeben, daß Vorbereitg mögl u Folgen des Nichterscheines erkennb (Köln DWE **88**, 24); nicht notw Überschaubark des BeratgsErgebn u seiner RFolgen (Stgt NJW **74**, 2137). VerwNeubestellg deckt Wiederbestellg (BayObLG WoM **87**, 237). Schlagwortart Bezeichg ausreichd, wenn Sache schon früher (zB in Rundschreiben) erörtert (BayObLG **73**, 68). GeschOrdgsFragen fallen nicht unter § 23 II. Bei Verweiger der Ankündigg von BeschlGgst gilt Anm 1 b entspr (BayObLG **88**, 287). § 23 II ist dch Vbg/TErkl abdingb. Bei Verstoß sind Beschl nach § 23 IV anfechtb, nicht aber nichtig (BayObLG ZMR **86**, 249); Anfechtg wg unwiderlegb vermuteter Kausalität des

I. Teil. 3. Abschnitt. Verwaltung **WEG 24, 25**

Verstoßes stets erfolgreich (Merle, Verw S 31). – An Versammlg nicht teilnehmder WEigtümer erhält gg Versäumg der AntrFr nach § 23 IV Wiedereinsetzg, wenn ihm Prot mit Beschl über nicht angekündigten Ggst nicht rechtzeit mitgeteilt (BayObLG NJW-RR **89**, 656).

e) **Sonstiges**. – **aa) Einberufungsfrist (IV 2)**; sie gilt für Bekanntgabe von Zeit/Ort der Versammlg u der BeschlGgst (auch nachgeschobener) u beginnt mit regelm Zugang (vgl BGH **100**, 264). IV 2 ist dch Vbg/TErkl abdingb. Verstoß alleine führt nicht zur UngültigErkl (Hamm DWE **87**, 54); and bei Beeinträchtigg der StimmRAusübg u dadch auch der Meingsbildg (BayObLG **73**, 68). – **bb) Versammlungszeit** muß verkehrsübl u zumutb sein; zB Sonntag ab 11 Uhr (BayObLG NJW-RR **87**, 1362), nicht aber Karfreitag (LG Lüb NJW-RR **86**, 813; aA Schlesw NJW-RR **87**, 1362 für nachmittags) od iFv § 25 IV Werktagvormittag (Ffm OLGZ **82**, 418). Bei Verstoß gilt Anm 1c. – **cc) Versammlungsort** muß verkehrsübl u zumutb sein, nicht notw in polit Gemeinde der Anlage (Ffm OLGZ **84**, 333). Bei Verstoß gilt Anm 1c.

2) **Absage oder Verlegung** der Versammlg dch Einberufden stets wirks (Hamm OLGZ **81**, 24); bei Verlegg gilt IV 2 für neue Versammlg (vgl BGH NJW **87**, 2580). Gilt entspr für eins angekündigten BeschlGgst. – Keine willkürl **Auflösung** dch Vorsitzden (KG NJW-RR **89**, 17; vgl and BayObLG **89**, 298).

3) **Durchführung der Versammlung**. – **a) Vorsitz (V)**; abdingb. Für Beschl nach V genügt Mehrh; er ist noch währd der Versammlg zul. – **b) Teilnahmebefugt** sind auch WEigtümer, deren StimmR ruht. Ferner Vertreter der WEigtümer, soweit Vertretg bei StimmRAusübg nicht dch Vbg/TErkl ausgeschl (LG Hbg Rpfleger **70**, 65). Ist schriftl Nachw der Vertretgsmacht vorgesehen, so ist Zurückweisg mangels Nachw zul (BayObLG **84**, 15). Begleit dch Benutzer des WE (Angehörige, Mieter) od Berater (Anwalt, Steuerberater) nur dch Vbg/TErkl ausschließb (Hamm DWE **86**, 31; Karlsr WoM **86**, 229; KG OLGZ **86**, 51: Auschl von „Besucher" erfaßt Berater). – **c) Äußerungen**. Redezeit beschränkb (Stgt NJW-RR **86**, 1277). RedeR von WEigtümer nicht dch VertretgsVerbot ausgeschl (BayObLG **81**, 161). – **d) Beschlußfähigkeit, Stimmrecht**: § 25. – **e) Die Stimmabgabe** ist einseit empfangsbedürft WillErkl (BayObLG **81**, 161). Sie ist nach BGB 119, 123 anfechtb (Ffm OLGZ **79**, 144; Celle DWE **84**, 126) u erfordert GeschFähigk (Stgt NJW **85**, 259). Über die Art u Weise entscheidet mangels Vbg/TErkl od MehrhBeschl der Vorsitzde (KG MDR **85**, 412).

4) **Niederschrift über Versammlungsbeschlüsse (VI)**; dch Vbg/TErkl abdingbar (BayObLG NJW-RR **89**, 1168). Dch Vbg/TErkl Niederschr u Form (zB best Unterschriften) zur GültigkVoraussetzg für EigtümerBeschl machb; bei Verstoß nur § 23 IV (§ 23 Anm 4bcc). – **a) Ergebnisprotokoll**; daneben AblaufProt nach Gestaltgsermessen des Verw iR ordngsmäß Verw zuläss (Hamm OLGZ **89**, 314). Verstoß berührt die Gültigk gefaßter Beschl nicht (Hamm DNotZ **67**, 38; BayObLG **73**, 68). Das Prot ist PrivUrk (ZPO 416) ohne bes Beweiskraft (Köln OLGZ **79**, 282; BayObLG **84**, 213). ÄndergsPfl aus § 21 IV, wenn rechtl bedeuts Inhalt falsch (Hamm OLGZ **89**, 314), u aus BGB 823, wenn PersönlichkR eines Beteil verletzt (BayObLG **82**, 445); vgl aber § 23 Anm 5c, 5d. – **b) Einsichtsrecht** am Verwaltgssitz; ausübb dch bevollm Dritte, die aber kein eigenes Recht haben. Es berechtigt zur Fertigg von Abschriften. Verw ist zur Aushändigg von Prot (BayObLG **72**, 246) u zur Herstellg von Abschriften (Karlsr MDR **76**, 758) nicht verpflichtet; Vbg/TErkl, MehrhBeschl, VerwVertr od längere Übg kann ÜbersendgsPfl begründen (BayObLG NJW-RR **89**, 656). Ist spätestens 1 Woche vor Ablauf der AntrFr gem § 23 IV zu ermöglichen (BayObLG **72**, 246); auf den FrAblauf sind aber ProtHerstellg, EinsichtGewährg u Unterl gebotener Mitteilg ohne Einfluß (BayObLG **80**, 29), uU Wiedereinsetzg (vgl Anm 1 d). Kein EinsichtsR in vorbereitde Notizen (KG NJW **89**, 532). – **c)** Über **Genehmigungsbeschluß** vgl BayObLG DWE **87**, 56; NJW-RR **87**, 1363.

WEG 25 *Mehrheitsbeschluß*. [I]Für die Beschlußfassung in Angelegenheiten, über die die Wohnungseigentümer durch Stimmenmehrheit beschließen, gelten die Vorschriften der Absätze 2 bis 5.

[II]Jeder Wohnungseigentümer hat eine Stimme. Steht ein Wohnungseigentum mehreren gemeinschaftlich zu, so können sie das Stimmrecht nur einheitlich ausüben.

[III]Die Versammlung ist nur beschlußfähig, wenn die erschienenen stimmberechtigten Wohnungseigentümer mehr als die Hälfte der Miteigentumsanteile, berechnet nach der im Grundbuch eingetragenen Größe dieser Anteile, vertreten.

[IV]Ist eine Versammlung nicht gemäß Absatz 3 beschlußfähig, so beruft der Verwalter eine neue Versammlung mit dem gleichen Gegenstand ein. Diese Versammlung ist ohne Rücksicht auf die Höhe der vertretenen Anteile beschlußfähig; hierauf ist bei der Einberufung hinzuweisen.

[V]Ein Wohnungseigentümer ist nicht stimmberechtigt, wenn die Beschlußfassung die Vornahme eines auf die Verwaltung des gemeinschaftlichen Eigentums bezüglichen Rechtsgeschäfts mit ihm oder die Einleitung oder Erledigung eines Rechtsstreits der anderen Wohnungseigentümer gegen ihn betrifft oder wenn er nach § 18 rechtskräftig verurteilt ist.

1) **Allgemeines**. § 25 enthält die formellen Voraussetzgen für einen MehrhBeschl; sie sind alle dch Vbg/ TErkl abdingb. Ein MehrhBeschl genügt dort, wo WEG od Vbg/TErkl nicht Einstimmgk verlangen (BayObLG **73**, 72).

2) **Mehrheitsbeschluß (I, II)**. Über Stimmabgabe vgl § 24 Anm 3e.

a) **Stimmberechtigt** sind auch bei sehr großer Zahl wie WEigtümer; bei Mehrhausanlage od in sich abgeschl Hausteil nur die wirkl Betroffenen (BayObLG DNotZ **85**, 414), wobei Betroffenh sich auch aus § 16 II ergeben kann (LG Mü Betr **77**, 2231). Werdder WEigtümer hat kein eigenes StimmR (vgl Übbl 2d bb vor § 1). – Das StimmR ist unübertragb, aber dch **Vertreter** ausübb (BGH **99**, 90); aber keine verdrängde Vollm für GruppenVertr (Weitnauer WE **88**, 3). BGB 181 gilt nicht. Vbg/TErkl (nicht Mehrh-

2491

Beschl; BayObLG DWE **88**, 140) kann Ausübg der Vertretg einschränken; zB auf best Pers (BGH **99**, 90); schriftl Nachw der Vertretgsmacht (mangels Zurückweis Stimmabgabe auch ohne Nachw wirks; BayObLG **84**, 15). – **Nutzungsberechtigte:** In Angelegenh nach §§ 15, 16, 21, 28 (nicht bei Vfgen) hat der Nießbraucher am WE entspr BGB 1066 das StimmR (Hbg NJW-RR **88**, 267); ebso WohngsRInh (BGB 1093) in Angelegenheiten nach § 15 II (BGH Rpfleger **77**, 55); Mieter haben kein StimmR. – **Verwaltungsbefugte** wie TestVollstr, Konk-/ZwVerw (Hamm DWE **87**, 54) üben es für den Eigtümer aus.

b) Stimmrecht. – aa) Kopfprinzip (II 1). Jeder WEigtümer hat ohne Rücks auf die Größe seines MitEAnt u die Zahl seiner WERechte nur eine Stimme (BayObLG **86**, 10). – **bb) Einheitliches Stimmrecht (II 2)** bei MitBerechtigg am WE (§ 3 Anm 3). Alle haben zu eine Stimme, keine Stimmquoten. Willensbildg intern nach jeweil GemschRegeln. Da einheitl Ausübg notw, kann einer alleine nur bei ges od rgesch VertrMacht stimmen. Divergierde Stimmen bedeuten Enthaltg (Köln NJW-RR **86**, 698). – **cc) Sonderfälle zu II 1, 2:** Nur eine Stimme, wenn ein WE *A* u eines *A/B* (KG OLGZ **88**, 434) od mehrere WE *A/B* gehören od bei teilw ZwVerw (KG NJW-RR **89**, 1162). Drei Einzelstimmen für *A, B* u *C*, wenn ein WE *A/B*, eines *A/C* u eines *C* gehören (Schlesw 2 W 44/86 v 8. 3. 88). – **dd) Abdingbar** dch Vbg/TErkl; zB StimmR nach MitEAnt od WERechten, gilt auch für ZweierGemsch (BayObLG **86**, 10) u MehrhBeschl nach § 26 I 1 (BayObLG **82**, 203); nicht aber vollständ Ausschl (BGH NJW **87**, 650). – **ee) Majorisierung** bei Ausübg von § 25 II abw StimmR mögl (vgl Jennißen/Schwermer WoM **88**, 285). Deswg aber keine generelle Begrenzg auf 25% (KG NJW-RR **87**, 268) u keine gerichtl verfügb Beschränkg für die Zukunft (KG NJW-RR **88**, 1173; aA Düss OLGZ **84**, 289), sond UngültErkl bei Mißbr im Einzelfall (Karlsr WoM **88**, 325, 327; KG NJW-RR **89**, 842), wenn ohne MißbrStimmen keine Mehrh mehr (Karlsr WoM **88**, 327; KG OLGZ **79**, 28).

c) Einfache Mehrheit (nicht bloß relative; Schlesw DWE **87**, 133) der in der Versammlg vertretenen Stimmen maßg; Vbg/TErkl kann qualif Mehrh vorsehen. Ein StimmBerecht kann bei BeschlFähigk (Anm 3) alleine beschließen; bei zwei Stimmen ist Einstimmigk notw (Köln Rpfleger **80**, 349). – **Enthaltungen** zählen bei den Nein-Stimmen nicht mit (BGH NJW **89**, 1090 gg bish hM).

3) Beschlußfähigkeit (III, IV). – a) Erstversammlung. Die erschienenen od vertretenen StimmBerecht (Nichtberecht nach V zählen nicht mit; BayObLG NJW-RR **87**, 595; aA KG OLGZ **89**, 38) müssen der Mehrh aller im GB eingetr MitEAnteile (KG OLGZ **74**, 419) halten **(III)**. Dch Vbg/TErkl abdingb (Hbg OLGZ **81**, 318); bei Verstoß daher nur § 23 IV. Maßg ist Ztpkt der einz BeschlFassg, so daß währd Versammlg BeschlUnfähigk mit Wirkg ex nunc eintreten kann (BayObLG WoM **89**, 459). – **b) Wiederholungsversammlung** nach anfängl od währd Versammlg eingetretener BeschlUnfähigk der ersten ist stets beschlfäh **(IV)**; IV gilt aber nicht für neuen BeschlGgst. Sie ist nach der ersten Versammlg (Celle NdsRpfl **78**, 149; Brem Rpfleger **80**, 295) wie diese einzuberufen; Vbg/TErkl kann and Einberufg (zB zugl mit Erstversammlg auf 1 Stunde später; vgl BayObLG WoM **89**, 459) vorsehen, da III u § 24 IV abdingb (BayObLG ZMR **79**, 213; str), abdingb auch IV 2 Halbs 2 (Ffm OLGZ **83**, 29). Bei Verstoß gg § 23 IV (LG Bn Rpfleger **82**, 100); Verstoß gg IV 2 Halbs 2 wird dch BeschlFähigk iSv III geheilt (Ffm OLGZ **83**, 29).

4) Stimmrechtsausschluß (V); SonderVorschr ggü BGB 181 (Karlsr OLGZ **76**, 145). Abdingb dch Vbg/TErkl (BayObLG DWE **84**, 125). Auch erweiterb; zB Ruhen bei schuldh gemschwidr Verhalten (BayObLG **65**, 34; LG Mü I DNotZ **78**, 630) od wenn iFv II 2 keine Vollm auf einen WEigtümer erteilt, nicht aber wg Beschl nach § 18 III (KG OLGZ **86**, 179). – **a) Voraussetzungen.** RGesch ist hier Vertr od einseit WillErkl, wie zB Beschl über Einräumg von SonderR (BayObLG WoM **87**, 101). Einleitg von RStreit zB GewlAnspr gg Eigtümer, der Bauträger (BayObLG ZMR **78**, 248). Genügd, daß WEigtümer mit Betroffenem wirtsch Einh bildet (BayObLG DWE **89**, 134). Nicht unter V fallen Beschl über mitgliedschaftl Angelegenh. Bei Abstimmg über Schaffg von Stellplätzen kein Ausschl für Eigtümer, denen sie dch weiteren Beschl zugewiesen werden sollen (Stgt OLGZ **74**, 404). – **b) Eigentümer, der zugleich Verwalter** hat StimmR in mitgliedschaftl Angelegenh; zB Bestellg u Abberufg als Verw (Zweibr ZMR **86**, 369; KG NJW-RR **87**, 268; aA [bei Abberufg aus wicht Grd] Merle WE **87**, 35; Gerauer ZMR **87**, 165), § 28 V-Beschl ohne Entlastg. Kein StimmR bei BeschlFassg über: Abschluß (RGRK/Augustin § 26 Rdn 9; aA Merle aaO), Änderg (zB VergütgsErhöhg; KG NJW-RR **86**, 642; aA Merle aaO) od Künd (BayObLG NJW-RR **87**, 79) des VerwVertr, auch wenn zus über Bestellg u Abschluß bzw Abberufg u Künd beschlossen wird (BPM/Pick Rdn 59; aA BayObLG aaO); Entlastg (BayObLG NJW-RR **87**, 595) ggf mit § 28 V-Beschl (BayObLG WoM **88**, 329); Geltdmachg von Anspr gg Verw (BGH NJW **89**, 1091). – **c) Wirkung.** Betroffener ist kein StimmBerecht iSv Anm 2, 3. IFv II 2 wirkt Ausschl nicht notw gg alle (aA AG Emmendingen ZMR **84**, 101; Müller Rdn 847); dies nur, wenn Betroffener mind 50% der Stimmen in der MitBerechtGemsch hat (Bassenge FS-Seuß **87**, 33 mwN; aA Ziege NJW **73**, 2185; RGRK/Augustin Rdn 12); andernf wächst seine Stimme den Nichtbetroffenen zu. Betroffener darf auch nicht bevollmächtigen (BPM/Pick Rdn 61) u ist nach Normzweck nicht in gesetzl (LG Ffm NJW-RR **88**, 596) od rgesch (BayObLG Rpfleger **83**, 15; Zweibr DWE **84**, 127) Vertretg and WEigtümer stimmberecht; ebso nicht Verw (der nicht selbst WEigtümer) in Vollm von WEigtümer bei BeschlFassg über seine Entlastg (LG Lüb DWE **85**, 93; KG NJW-RR **89**, 144). – **d) Verstoß.** Beschl nach § 23 IV anfechtb, aber nicht nichtig (BayObLG ZMR **86**, 249); UngültErkl aber nur, wenn bei Nichtberücksichtigg Mehrh entfällt (BayObLG ZMR **88**, 148).

WEG 26 *Bestellung und Abberufung des Verwalters.*

[I] Über die Bestellung und Abberufung des Verwalters beschließen die Wohnungseigentümer mit Stimmenmehrheit. Die Bestellung darf auf höchstens fünf Jahre vorgenommen werden. Die Abberufung des Verwalters kann auf das Vorliegen eines wichtigen Grundes beschränkt werden. Andere Beschränkungen der Bestellung oder Abberufung des Verwalters sind nicht zulässig.

[II] Die wiederholte Bestellung ist zulässig; sie bedarf eines erneuten Beschlusses der Wohnungseigentümer, der frühestens ein Jahr vor Ablauf der Bestellungszeit gefaßt werden kann.

III Fehlt ein Verwalter, so ist ein solcher in dringenden Fällen bis zur Behebung des Mangels auf Antrag eines Wohnungseigentümers oder eines Dritten, der ein berechtigtes Interesse an der Bestellung eines Verwalters hat, durch den Richter zu bestellen.

IV Soweit die Verwaltereigenschaft durch eine öffentlich beglaubigte Urkunde nachgewiesen werden muß, genügt die Vorlage einer Niederschrift über den Bestellungsbeschluß, bei der die Unterschriften der in § 24 Abs. 6 bezeichneten Personen öffentlich beglaubigt sind.

Schrifttum: Merle, Bestellg u Abberufg des Verw nach § 26 WEG, 1977.

1) Bestellung des Verwalters, unabdingb (§ 20 II). VerwAmt einer EinzPers geht nicht mit GeschÜberg od auf GesamtNachf über (BayObLG 87, 54), endet aber nicht mit Wechsel pershaftden Gters einer OHG/KG (BayObLG NJW-RR 88, 1170). BestellgsAkt u VerwVertr sind insow nichtig, als sie über I 2 hinausgehde Beschrkgen für die VerwBestell (zB Beschrkg auf best PersKreis [Brem Rpfleger 80, 68]; qualifizierte Mehr [Karlsr Just 83, 412]; Bestellg dch VerwaltgsBeirat od Dritte [LG Lüb Rpfleger 85, 232]; Zust eines GrdPfdGläub) od Ermächtigg des Verw zur Übertr der Verwaltg auf Dr ohne MitspracheR der WEigtümer (BayObLG 75, 327; vgl aber Ffm Rpfleger 76, 253) od aufschiebde Bdgg (KG OLGZ 76, 266) enthalten; über Abweichg von § 25 II 1 vgl § 25 Anm 2 b. – **Verwalter kann sein:** WEigtümer od Dritter, jurPers od OHG/KG (Hbg OLGZ 88, 299); nicht aber mehrere Pers in GbR (BGH NJW 89, 2059) od nebeneinand. – **Zu unterscheiden ist zwischen Bestellungsakt und Abschluß des Verwaltervertrages** (BayObLG 74, 305):

a) Bestellungsakt der im InnenVerh der WEigtümer bestimmt, wer Verw wird. Bestellg ohne Befristg od für über 5 Jahre ist nicht nichtig, sond endet 5 Jahre nach Beginn der Amtszeit **(I 2)**; nicht dch Vbg/TErkl abdingb. Amtszeit beginnt mit Wirksamwerden des BestellgsAkts; bei Bestellg in TErkl mit GBAnlegg u GemschEntstehg (KG DWE 87, 97; LG Brem Rpfleger 87, 199). Bestellg auf weniger als 5 Jahre mit Verlängerg mangels Abberufg endet spätestens nach 5 Jahren (LG Ffm Rpfleger 84, 14). Wiederbestellg (auch mehrf) zul, vor Ablauf der Fr in II aber nichtig; nach Merle S 70 Wiederbestellg mit sof Wirkg jederzeit mögl. Dch einen BestellgsAkt können mehrere Verw nacheinander (für jeden gilt I 2) bestellt werden, aber jeder nur einmal (LG Mü II MittBayNot 78, 59). – **aa) Mehrheitsbeschluß (I 1)**. So können auch die Bdggen der VerwTätigk (zB VergütgsErhöhg) geregelt werden (KG NJW 75, 318). Wg Rückwirkg der UngültErkl entfällt RSchutzInt für Anfechtg nicht dch Ausscheiden des Verw (BayObLG NJW-RR 88, 270); kein AnfR des zuvor abberufenen Verw (KG OLGZ 78, 178). I 3 gilt Maß für UngültErkl (Stgt NJW-RR 86, 315). Bei UngültErkl gilt für RGesch des Verw FGG 32 entspr (aA BayObLG 81, 50). – **bb) Gerichtsbeschluß** im Verf nach §§ 21 IV, 43 I Nr 1 (BayObLG NJW-RR 89, 461) od III, § 43 I Nr 3; er ist ifv **III** Hauptsacheentscheidg u keine einstw AO (LG Kblz DWE 86, 127). Nur auf Antr u wenn Verw fehlt od im Einzelfall verhindert (zB BGH 181). Er kann Bdggen der VerwTätigk (zB Vergütg, Bestellgszeit) regeln (BGH NJW 80, 2466; BayObLG NJW-RR 89, 461). Bestimmte Pers braucht im Antr nicht benannt zu werden; Ger nicht an Vorschlag gebunden. Bestellg wird mit RKraft wirks (vorher Bestellg dch einstw AO nach § 44 III zweckm; Düss ZMR 89, 315), wirkt wie Bestellg nach I 1 u endet wie diese (BayObLG NJW-RR 89, 461), nicht abr dch bloße Abberufg (KG WoM 89, 464). Zuvor abberufener Verw hat gg die Bestellg kein BeschwR (Köln OLGZ 69, 389). – **cc) Vereinbarung/Teilungserklärung** (BayObLG 74, 275/305); aber auch dann gilt I 2 bis 4. – **dd) Duldung der Verwaltertätigkeit** in irriger Annahme der VerwBestellg genügt nicht (BayObLG 87, 54).

b) Verwaltervertrag zw WEigtümern u Verw od AmtsÜbern neben BestellgsAkt notw, da niemand zur AmtsÜbern verpfl; erst dadch erlangt die bestellte Pers die RStellg als Verw (Hamm NJW 73, 2301; BayObLG 74, 305). – **aa) Vertragsschluß** nach BGB 145 ff. BestellgsAkt enthält zugl das VertrAngebot an den Verw (BGH NJW 80, 2466) od schon die Ann seines Angebots (BayObLG NJW-RR 87, 1039). VertretgsMacht, den Zugang der VertrErkl an den Verw herbeizuführen u ggf nähere VertrBdggen in dem im BestellgsAkt gezogenen Rahmen (zB Höhe der Vergütg) auszuhandeln, hat bei Bestellg nach I 1 od dch Vereinbg die Mehrh (Hbg OLGZ 88, 299), bei Bestellg nach III der AntrSteller (aA Merle S 84 f). Zur Wirkg ggü SonderNachf eines WEigtümers vgl § 10 Anm 3 f bb. Zum Fortwirken ggü ausgeschiedenem WEigtümer vgl BGH NJW 81, 282. BestellgsAkt kann auch Vollm zum VertrAbschluß enthalten. – **bb) Vertragsinhalt.** Auftr od idR GeschBesorggsVertr (BGB 662, 675), für den auch I 2 gilt; VerwVertr darf nicht als EigtInhalt verdinglicht werden (Karstädt BlGBW 66, 47; vgl LG Nürnb MittBayNot 75, 161). Verwaltg ist iZw entgeltl auch wenn WEigtümer Verw ist (und bei BGB 662); bis zum VertrSchluß uU VergütgsAnspr aus BGB 677 ff (vgl Hamm NJW 73, 2301; NJW-RR 89, 970). Anspr des gewerbsm Verw aus BGB 670 verj gem BGB 196 Nr 7 (Ffm OLGZ 80, 413). WEigtümer haften aus Vertr dem Verw als GesSchu (LG Ffm MDR 78, 936); ihre vertragl Anspr gg den Verw gehen auf Leistg an alle gem BGB 432 (Zweibr BlGBW 83, 136). Wg Laufzeit u AGBG 11 Nr 12 a vgl KG ZMR 87, 392; NJW-RR 89, 839.

2) Abberufung des Verwalters. Sie kann vom Vorliegen wicht Grde abhäng gemacht w **(I 3)**. Beschrkg der Abberufg aus wicht Grd (zB qualifizierte Mehrh, DrittZut [BayObLG 85, 57], Hinausschieben des Wirksamwerdens [KG OLGZ 78, 178], abschließde Aufzählg od Ausschl best Grde) in schuldr Vertr, Vbg/TErkl od MehrhBeschl sind nichtig; über Abweichg von § 25 II 1 vgl § 25 Anm 2b. Beschrkg jederzeit Abberufg zul (Merle S 97). – **Wichtige Gründe** sind zB: Mißachtg des Willens der WEigtümer od Verletzg der VerwPfl (BayObLG ZMR 86, 21; Ffm NJW-RR 88, 1169); nicht notw vom Verw versch Zerstörg des Vertrauens Verh (BayObLG aaO); Vermögensverfall (Stgt OLGZ 77, 433); auch Umst außerh des VerwVerh od vor Bestellg (KG OLGZ 74, 399); Fälsch u erhebl verspätete Übersendg des Prot (BayObLG WEM 80, 125); Häufg von kleinen Fehlern. BGB 626 II gilt nicht, aber Abberufg muß binnen angem Frist erfolgen (KG WE 86, 140). – **Abwicklung:** Unabhäng von Eigt sind VerwUnterlagen (BayObLG 75, 327) aus der ganzen Zeit u VerwGgst (BayObLG ZMR 85, 306: Schlüssel) an die WEigtümer herauszugeben (BGB 175, 667, 675); notf erst AuskunftsAnspr gem BGB 666 zur Konkretisierg des HerausAntr (Stgt BWNotZ 76, 270). Wg AbrechngsPfl vgl § 28 Anm 3 a. Über Herausg von Bauunterlagen, wenn Verw zugl Verkäufer/Bauträger vgl Köln ZMR 81, 89; Hamm NJW-RR 88, 268. – **Zu unterscheiden ist zwischen Abberufungsakt und Kündigung des Verwaltervertrages** (BayObLG 72, 139):

a) Abberufungsakt der im Innenverh der WEigtümer bestimmt, den Verw abzuberufen. VerwStellg endet erst mit Zugang der AbberufgsErkl bei Verw. – **aa) Mehrheitsbeschluß (I 1)**, auch bei Bestellg dch Vbg/TErkl; nicht dch einen WEigtümer nach § 21 II, dch VerwBeirat nur in Ausführg eines MehrhBeschl (BayObLG **65**, 34). Beschl verbindl, solange nicht nach § 23 IV für ungült erklärt (KG OLGZ **78**, 178); Abberufener hat AnfR aus § 43 I Nr 4 (BGH NJW **89**, 1087). – **bb) Gerichtsbeschluß** auf Antr nach § 21 IV (BayObLG NJW-RR **86**, 445); zul auch Antr auf Verpfl der WEigtümer zur Abberufg nach Anm 2 a aa. Antr nicht auf Grd stützb, der von Entlastg umfaßt od mit Anfechtg der Bestellg hätte geltd gemacht werden können (BayObLG NJW-RR **86**, 445).

b) Kündigung des Verwaltervertrages idR in der Abberufg enthalten; BGB 626 II gilt nicht, aber Künd muß binnen angem Frist erfolgen (BayObLG WEM **80**, 125; Ffm NJW-RR **88**, 1169). War die Künd unberecht, weil zB kein wicht Grd iS BGB 626 gegeben, so hat Verw vertragl (BGB 615) Erf- u SchadErs-Anspr (BayObLG **74**, 275; Köln OLGZ **69**, 389); eine nach I 2 wirks Abberufg (weil zB nicht auf wicht Grd beschr) bewirkt dann nur Erlöschen der RStellg als Verw sowie erteilter Vollm (BGB 168 S 2; BayObLG NJW **58**, 1824). Gekündigter Verw darf mit VergütgsAnspr gg Fdg auf Rückzahlg von GemschGeldern aufrechnen (BayObLG **76**, 165; Stgt ZMR **83**, 422). Abberufg ist kein Eingr in GewerbeBetr des Verw (Köln OLGZ **80**, 1). – Auch Verw kann gem BGB 622, 626, 671 kündigen, wodch VerwStellg endet; über isolierte Amtsniederlegg vgl Merle S 102.

3) Legitimation (IV) insb im GB-Verf (GBO 29), zB bei Zust nach § 12. Nachw der Eigensch iSv § 24 VI nicht notw (LG Wuppt RhNK **85**, 11; LG Aach RhNK **85**, 13). Bei Bestellg in TeilsgErkl genügt diese (Oldbg DNotZ **79**, 33), bei Bestellg gem § 23 III alle ZustErkl in der Form GBO 29 notw (BayObLG NJW-RR **86**, 564). VerwVertr weder ausreichd noch notw (LG Köln RhNK **84**, 121). § 27 V bleibt unberührt. EintrBew der WEigtümer od VerwVollm des Verw ggü GBA nicht gem IV nachweisb (BayObLG **78**, 377). Fortbestand der Bestellg nur bei begründeten Zweifeln nachzuweisen (Köln Rpfleger **86**, 298). GeschWert der Beglaubigg: Stgt WE **88**, 197 (5000 DM).

4) Entlastung des Verwalters gehört zur ordnsgem Verwaltg iSv § 21 III; Anspr des Verw auf BeschlFassg nur, wenn Vbg/TErkl od VerwVertr dies vorsieht. Sie bewirkt, daß Verw bzgl der GemschE-Verwaltg (BayObLG WE **88**, 76) von bekannten od bei sorgfält Prüfg seiner Vorlagen u Berichte erkennb ErsAnspr der WEigtümer freigestellt wird u wirkt daher wie negat SchuldAnerkenntn (BayObLG NJW-RR **89**, 840; Ffm OLGZ **89**, 60; Köln WoM **89**, 207). Verw hat danach auch keine AuskPfl mehr über die von der Entlastg erfaßten Vorgänge (BayObLG Rpfleger **79**, 66, 266; WoM **89**, 44; Celle OLGZ **83**, 177); auch keine Abberufg ihretwegen (BayObLG NJW-RR **86**, 445). Mangels ggteil Anhaltspkte enthält die Billigg der Jahresabrechng (§ 28 III, V) die Entlastg für die von ihr erfaßten Verwaltgshandlgen (KG ZMR **87**, 274; BayObLG **87**, 86); getrennte Anfechtg mögl (BayObLG ZMR **88**, 69). Entlastg ist einseit organschaftl WillErkl der WEigtümer, die mit Zugang beim Verw u nicht schon mit BeschlFassg ihm ggü wirksam wird (Schönle ZHR **126**, 199 [212]; str) u keiner Annahme bedarf (BayObLG **87**, 86).

WEG 27 Aufgaben und Befugnisse des Verwalters.

^{I}Der Verwalter ist berechtigt und verpflichtet:
1. Beschlüsse der Wohnungseigentümer durchzuführen und für die Durchführung der Hausordnung zu sorgen;
2. die für die ordnungsmäßige Instandhaltung und Instandsetzung des gemeinschaftlichen Eigentums erforderlichen Maßnahmen zu treffen;
3. in dringenden Fällen sonstige zur Erhaltung des gemeinschaftlichen Eigentums erforderliche Maßnahmen zu treffen;
4. gemeinschaftliche Gelder zu verwalten.

^{II}Der Verwalter ist berechtigt, im Namen aller Wohnungseigentümer und mit Wirkung für und gegen sie:
1. Lasten- und Kostenbeiträge, Tilgungsbeträge und Hypothekenzinsen anzufordern, in Empfang zu nehmen und abzuführen, soweit es sich um gemeinschaftliche Angelegenheiten der Wohnungseigentümer handelt;
2. alle Zahlungen und Leistungen zu bewirken und entgegenzunehmen, die mit der laufenden Verwaltung des gemeinschaftlichen Eigentums zusammenhängen;
3. Willenserklärungen und Zustellungen entgegenzunehmen, soweit sie an alle Wohnungseigentümer in dieser Eigenschaft gerichtet sind;
4. Maßnahmen zu treffen, die zur Wahrung einer Frist oder zur Abwendung eines sonstigen Rechtsnachteils erforderlich sind;
5. Ansprüche gerichtlich und außergerichtlich geltend zu machen, sofern er hierzu durch Beschluß der Wohnungseigentümer ermächtigt ist;
6. die Erklärungen abzugeben, die zur Vornahme der in § 21 Abs. 5 Nr. 6 bezeichneten Maßnahmen erforderlich sind.

^{III}Die dem Verwalter nach den Absätzen 1, 2 zustehenden Aufgaben und Befugnisse können durch Vereinbarung der Wohnungseigentümer nicht eingeschränkt werden.

^{IV}Der Verwalter ist verpflichtet, Gelder der Wohnungseigentümer von seinem Vermögen gesondert zu halten. Die Verfügung über solche Gelder kann von der Zustimmung eines Wohnungseigentümers oder eines Dritten abhängig gemacht werden.

^{V}Der Verwalter kann von den Wohnungseigentümern die Ausstellung einer Vollmachtsurkunde verlangen, aus der der Umfang seiner Vertretungsmacht ersichtlich ist.

I. Teil. 3. Abschnitt. Verwaltung **WEG 27** 1–3

1) Verwalter. – a) Rechtsstellung. Kein Organ der Gemsch iSv BGB 31, sond weisgsgebundener Beauftragter od GeschBesorger (Ffm NJW-RR **88**, 1169). Zur VerwEigensch iSv WoVermG 2 II Nr 2 vgl Breiholdt MDR **86**, 284. Über VertretgsMacht vgl Anm 2, 3. – **b) Haftung.** Der Verw haftet dem WEigtümern für PflVerletzg aGrd des VerwVertr od BGB 823 (BGH NJW-RR **89**, 394); zur AnsprBerechtigg vgl BGH NJW **72**, 1319. Die WEigtümer haften Dr für vom Verw zugefügten Schaden nach BGB 831 (BPM/ Pick § 26 Rdn 83; aA Weitnauer Rdn 25: BGB 31), bei vorvertragl u vertragl Versch nach BGB 278. Aus RGesch des Verw mit Dr iRv ges od rgesch VertretgsMacht haften die WEigtümer als GesSchu, soweit nichts and mit Dr vereinb (BGH MDR **78**, 134). Im Verh der WEigtümer untereinander ist der Verw nicht ErfGehilfe (Ffm OLGZ **85**, 144; KG NJW-RR **86**, 1078), auch BGB 31, 831 nicht anwendb (Ffm aaO). – **c) Gehilfen.** Der Verw darf sich zur Erf seiner Aufgaben Gehilfen bedienen. Soweit er rgesch Vertreter iRv I ist, darf er UnterVollm erteilen, wenn die eigene VertretgsMacht es erlaubt; soweit er ges Vertreter iRv II ist, darf er es auch (Beschl nach II Nr 5 gestattet idR Bestellg eines ProzBevollm), da WEG nicht entggsteht (vgl MüKo/Thiele § 167 Rdn 77). Zur Übertr der VerwStellg vgl § 26 Anm 1.

2) Aufgaben und Befugnisse nach I. Im Ggsatz zum Wortlaut von II keine VertretgsMacht (vgl Anm 2a, 2b, 2d; Ausn: Anm 2c).

a) Nr 1: Beschlußdurchführung. Wg Weisgsgebundenh des Verw keine MaßnBeanstand nach § 43 I Nr 2, wenn der Beschl nicht für ungült erklärt od nichtig ist (BayObLG **72**, 246). Verw hat auch vereinbgswidr Beschl auszuführen, wenn er nicht für ungült erklärt od nichtig ist (BayObLG **74**, 86). Aus Nr 1 folgt keine VertretgsMacht (RGRK/Augustin Rdn 10; Weitnauer Rdn 2); sie kann aber schlüss dch den auszuführden Beschl rgeschäftl erteilt sein.

b) Nr 2: Instandhaltung/setzung. Begriff wie § 21 V Nr 2. Wg § 21 V Nr 2 grdsl nur Verpfl, die Mängel iR regelm Überwachg festzustellen u BeschlFassg der WEigtümer herbeizuführen (BayObLG WEZ **88**, 127); selbstd Beseitigg nur iRv Nr 3. Wahrnehmg der VerkSichgPfl (Ffm Rpfleger **81**, 399) einschl Streuen, was WEigtümer nicht von ÜberwachgsPfl befreit (BGH NJW **85**, 484). Aufwendgen des Verw sind VerwKosten, die Verw aus der Rücklage entnehmen darf (BGH **67**, 232); auch Anspr gg WEigtümer auf Erstattg od SchuldÜbern aus VerwVertr/GoA (KG WoM **85**, 97). Aus Nr 2 folgt keine VertretgsMacht (BPM/Pick Rdn 6; RGRK/Augustin Rdn 10; BGH **67**, 232 für außergewöhnl nicht dringl Instandsetzg größeren Umfangs; Zweibr OLGZ **83**, 339 für langfrist FahrstuhlwartgsVertr; aA Weitnauer Rdn 3); vgl aber Anm 2c.

c) Nr 3: Notmaßnahmen. Dringder Fall setzt keine unmittelb drohde Gefahr voraus; ausreichd Notwendigk iSv § 21 III u Unzumutbark vorherigen EigtümerBeschl (zB Heizölnachbestellg; Mäusebekämpfg). AufwendgsErs wie Anm 2b. Entspr II Nr 4 ist hier ges VertretgsMacht anzunehmen (BPM/Pick Rdn 11; Weitnauer Rdn 4; Kahlen BlGBW **85**, 89; aA RGRK/Augustin Rdn 10), die dann auch für Maßn iSv Nr 3 bei Dringlichk gilt (Hamm NJW-RR **89**, 331; vgl auch BGH **67**, 232).

d) Nr 4: Geldverwaltung. Insb Beiträge nach §§ 16 II, 28 II; Rücklagen (§ 21 V Nr 4), Nutzgen des GemschE (zB Mietzins); Baugelder aus AufbauVereinbg (LG Bln JR **62**, 222). Sie sind Eigt der WEigtümer (§ 1 Anm 4) u nicht TrHdEigt des Verw (Hbg MDR **70**, 1008). Über Geldanlage vgl Anm 5. Aus Nr 4 folgt keine VertretgsMacht (RGRK/Augustin Rdn 10; aA BPM/Pick Rdn 11), insb nicht zur KreditAufn (Kblz Betr **79**, 788).

3) Aufgaben und Befugnisse nach II. In diesem Rahmen ist der Verw Vertreter der WEigtümer mit ges VertretgsMacht (BGH **78**, 166). Trotz von I abw Wortlauts ist Verw (auch aus VerwVertr) zur AufgErfüllg auch verpflichtet.

a) Nr 1: Lasten/Kostenbeiträge iSv § 16; über befreide Zahlg auf Eigenkonto des Verw vgl Saarbr OLGZ **88**, 45. Bei den Hyp- u GrdSchZinsen u TilggsBetr handelt es sich nur um die auf dem Grdst selbst od den sämtl Anteilen ruhenden GrdPfdRechte. Freilich kann jeder Eigtümer den Verwalter mit der Abführg der Zinsen u TilggsBetr der allein sein WE belastenden GrdPfdRechte beauftragen; auch bei Einzelbelastg iRv GesFinanzierg keine gemschaftl Angelegenh u nicht dch Vereinbg der WEigtümer zu solcher machb (KG NJW **75**, 318; aA Schlesw NJW **61**, 1870 abl Anm Karstädt; BayObLG Rpfleger **78**, 256). Auch Einziehg von ErbbZinsanteilen (Karlsr Justiz **62**, 89). WEigtümer hat die in II 1 genannten Leistgen zu Händen des Verwalters an die WEigtümerGemsch zu erbringen; unmittelb Abführg an Gläub befreit ihn ggü der Gemsch grdsätzl nicht (BayObLG NJW **58**, 1824 Anm Bärmann NJW **59**, 1277). – Befugn zur gerichtl Geltdmachg (§ 43 I Nr 1) nur nach Maßg II Nr 5 (Anm 3e).

b) Nr 2: Bewirkung/Entgegennahme von Zahlungen. Zahlgen aus dem gemsch Geld (I 4) im Rahmen ord Verw (I 1–3) nach Maßg des WirtsPlans (§ 28 I); sonst Erhebg von Sonderumlagen. Gläub ist zur Entggnahme von Teilzahlgen einz WEigtümer nicht verpfl, BGB 266; solche Zahlgen befreien, vorbeh Gen, den einz WEigtümer auch nicht von seiner BeitrPfl iSv § 16 II. – Entggnahme: auch Abnahme (BGB 640) u Mängelrüge/Fristsetzg (BGB 634), nicht aber Wandlg (BGB 462, 634). – Es muß sich um ErfHdlg iR gemschaftl Verpfl handeln (BGH **67**, 232).

c) Nr 3: Entgegennahme von Zustellungen. – aa) Geltungsbereich. ProzVerf (BGH **78**, 16). VerwaltgsVerf (OVG Lünebg SchlHA **88**, 14), § 43 – Verf (BGH WM **84**, 1254) u rgesch WillErkl (zB Künd, Mahng). In § 43 – Verf auch dann, wenn iFv Nr 1 (BGH aaO; BayObLG Rpfleger **78**, 320), Nr 2 (BayObLG **87**, 381; NJW-RR **89**, 1168) od Nr 4 (Hamm Rpfleger **85**, 257; BayObLG ZMR **88**, 148) nicht an alle WEigtümer zugestellt wird, weil zB einer AntrSteller. Förml Zustell u formlose Übersendg (BayObLG WEM **81**, 4/37). ZPO 189 I anwendb (BGH **78**, 166), so daß Überg eines Exemplars genügt (auch wenn Verw neben den Eigtümern Beteil). – **bb) Wirkung.** Zustellg wirkt ggü Eigtümern, wenn erkennb, daß sie an Verw als EigtümerVertr gerichtet (BayObLG **83**, 14; WE **89**, 55). Information der WEigtümer dch Verw unerhebl; Kosten (zB Vervielfältigg) trägt die Gemsch (BGH **78**, 166). Darüber hinaus wird Verw nicht VerfVertr der WEigtümer (BayObLG **75**, 23). – **cc) Ausnahme.** Verw von Vertretg ausgeschl bei Interessenkollison; zB wenn er selbst VerfGegner (§ 43 I Nr 2) od wenn seine RStellg betroffen (zB Anfechtg der VerwBestellg; LG Lüb DWE **86**, 63). Nach der Rspr genügt mittelb Betroffenh;

zB Anfechtg eines § 28-Beschl wg PflVerletzg des Verw (Stgt OLGZ **76**, 18; Hamm DWE **89**, 69), nicht aber wg Streits über Verteilgsschlüssel (BayObLG Rpfleger **78**, 320). Ernsth Befürchtg notw, daß Verw die Eigtümer nicht unterrichtet (BayObLG NJW-RR **89**, 1168).

d) Nr 4: Nachteilabwendung. FrWahrg zB dch Klageerhebg od RMitteleinlegg (BGH **78**, 166); RNachteilabwendg zB dch VerjUnterbrechg od BeweisSichg (BGH aaO). Verw ist VerfVertr mit beschr VerfVollm (BayObLG **76**, 211), nicht umfassder VerfVertr. Bei Erforderlichk darf er RAnwalt beauftragen. VertretgsAusschl wie Anm 3c cc.

e) Nr 5: Geltendmachung von Ansprüchen; zB auch dch Aufrechng mit ihnen (BayObLG WE **86**, 14). Bes Ermächtigg dch MehrhBeschl, Vbg/TErkl (BayObLG **70**, 290; **88**, 287) od VerwVertr (BGH NJW **88**, 1910; BayObLG NJW-RR **87**, 1039) notw. Sie kann allg od für Einzelfall erteilt werden; auch mit Beschrkg (zB unter ZustVorbeh des VerwBeirats; Zweibr NJW-RR **87**, 1366). Sie kann nachträgl beschränkt (BayObLG Rpfleger **80**, 23) od entzogen (Zweibr aaO) werden. Sie wirkt bei VerwWechsel fort, so daß kein neues Verf notw (KG NJW-RR **89**, 657; BayObLG **89**, 266). Sie befugt nicht zur Ausübg von GestaltgsR, das den Anspr erst begründet (LG Bambg NJW **72**, 1376). – **aa) Verfahrensvertretung** bei Ermächtigg zur Geltdmachg namens der WEigtümer; in Ermächtigg zur VerfStandsch enthalten (BayObLG **88**, 212). WEigtümer werden VerfBeteil; Verw ist VerfVertr iSv FGG 13 S 2 u darf idR RAnwalt beauftragen (BayObLG **88**, 287), der die WEigtümer vertritt. – **bb) Verfahrensstandschaft** bei Ermächtigg zur Geltdmachg im eigenen Namen (nur aktive VerfStandsch; BGH **78**, 166); in Ermächtigg zur VerfVertr nicht enthalten (aA BayObLG **69**, 209). Eigenes schutzwürd Interesse ergibt sich aus Notwendigk der AufgErfüllg (BGH NJW **88**, 1910). Verw wird VerfBeteil u kann stets RAnwalt beauftragen, den der Verw vertritt.

4) I u II nicht abdingbar (III), aber erweiterb. Daraus folgt aber nicht, daß Gesamthandeln aller WEigtümer auf diesen Gebieten unwirks (aA im Ergebn Merle, Verw S 14f).

5) Geldverwaltung (IV); dch Vbg/TErkl abdingb (RGRK/Augustin Rdn 25; aA Pick JR **72**, 101). Kein EigenKto des Verw (auch nicht als SonderKto), sond offenes FremdKto od offenes TreuHdKto (ggf auch als AnderKto) notw (KG NJW-RR **87**, 1160). Verzinsl Anlage nicht vorgeschrieben (LG Bn DWE **85**, 127). Bei offenem TrHdKto (zur Pfdg dch VerwGläub vgl LG Köln NJW-RR **87**, 1365) muß Verw Guthaben nach BGB 667 an die WEigtümer abführen u kann bei Negativsaldo von ihnen AufwendgsErs nach BGB 670 verlangen (Ffm OLGZ **80**, 413). Für mehrere Gemsch getrennte Konten notw; nicht aber bei einer Gemsch für lfdes Geld u Rücklagen (KG NJW-RR **87**, 1160). Der Konk des Verw erfaßt die gesondert gehaltenen Gelder nicht (Pick JR **72**, 101); bei Vermischg mit eigenem Geld gilt KO 46. VfgsBeschrkg (S 2) u deren Aufhebg nur dch Vbg/TErkl (RGRK/Augustin Rdn 26; aA Weitnauer Rdn 18b).

6) Weitere Rechte und Pflichten des Verw ggü den WEigtümern: – **a)** Aus **Gesetz:** §§ 24, 25 IV, 28. – **b)** Aus **Verwaltervertrag** (§ 26 Anm 1b): bei Übertr der Zust nach § 12 Benenng der Erwerbsinteressenten (Köln OLGZ **84**, 162) u unverzögerl RAusübg (BayObLG DWE **84**, 60); Auskunft über Mitgliederstand der Gemsch (Ffm OLGZ **84**, 258; BayObLG **84**, 113); ordngsgem Buchführg (BayObLG NJW-RR **88**, 18; allg zur Buchführg vgl Seuß PiG **27**, 17).

7) Vollmachtsurkunde (V) enthält nur eine Anerkenng der ges Vertretgsmacht, aber BGB 172, 173, 175 entspr anwendb. Inhaltl kann sich die Urk darauf beschränken, daß der Verwalter zur Wahrnehmg der ges Rechte nach dem WEG mit Wirkg für u gg die WEigtümer befugt ist. Will Verwalter aGrd eines MehrhBeschl tätig werden, so benötigt er für entspr RHdlgen nicht einer SonderVollm aller WEigtümer, er legitimiert sich dch die GeneralUrk u begl Abschr des MehrhBeschlusses (BayObLG NJW **64**, 1962; auch Diester DNotZ **64**, 724; Riedel Rpfleger **64**, 374). Zum Nachw der Vollm (GBO 29) vgl § 26 IV.

WEG 28 *Wirtschaftsplan, Rechnungslegung.* ¹Der Verwalter hat jeweils für ein Kalenderjahr einen Wirtschaftsplan aufzustellen. Der Wirtschaftsplan enthält:
1. die voraussichtlichen Einnahmen und Ausgaben bei der Verwaltung des gemeinschaftlichen Eigentums;
2. die anteilmäßige Verpflichtung der Wohnungseigentümer zur Lasten- und Kostentragung;
3. die Beitragsleistung der Wohnungseigentümer zu der in § 21 Abs. 5 Nr. 4 vorgesehenen Instandhaltungsrückstellung.

II Die Wohnungseigentümer sind verpflichtet, nach Abruf durch den Verwalter dem beschlossenen Wirtschaftplan entsprechende Vorschüsse zu leisten.

III Der Verwalter hat nach Ablauf des Kalenderjahres eine Abrechnung aufzustellen.

IV Die Wohnungseigentümer können durch Mehrheitsbeschluß jederzeit von dem Verwalter Rechnungslegung verlangen.

V Über den Wirtschaftsplan, die Abrechnung und die Rechnungslegung des Verwalters beschließen die Wohnungseigentümer durch Stimmenmehrheit.

Schrifttum: Bassenge PiG **21**, 93 (WirtschPlan). – Merle PiG **21**, 107 (Abrechng). – Jenißen, VerwAbrechng nach dem WEG, 1986.

1) Wirtschaftsplan (I). – a) Begriff. Auf ein WirtschJ (ist mangels abw Bestimmg das KalJ) bezogener Einnahme/Ausgabevoranschlag mit Aufteilg der zur Ausgabendeckg notw Beiträge auf die einz WEigtümer; keine Vermögensrechng od Bilanz, so daß nicht auszuschüttde NutzgsWerte des GemschE (BayObLG **73**, 78) u VermGgst der Gemsch (LG Fbg NJW **68**, 1973) nicht aufzunehmen. Keine Vorgreiflichk für Jahresabrechng (BayObLG **74**, 172). – **b) Aufstellung** dch Verw ohne bes Aufforderg od Verpfl im VerwVertr; nicht notw vor Beginn des WirtschJ (Hbg OLGZ **88**, 299). Von jedem WEigtümer nach §§ 43 I Nr 2, 45 III iVm ZPO 887 erzwingb, solange WirtschJ nicht abgelaufen (Hbg aaO). – **c) Inhalt.** Zu

I. Teil. 3. Abschnitt. Verwaltung WEG 28 1–6

erwartde Ausgaben (insb Lasten/Kosten, InstandhaltgsRückstellg, auszuschüttde Erträge) u Einnahmen (insb Erträge des GemschE [zB Mietzins], aufzulösde Rücklagen, DeckgsBeiträge der WEigtümer, Beiträge zur InstandhaltsRückstellg) in geschätzter Höhe; nicht aber Ausgabe, die nur bei Eintritt bes Umstände zu erwarten (Hamm OLGZ 71, 96), u unsichere Einnahmen (zB Außenstände, BayObLG 86, 263). Wirtsch-Plan, der zu wesentl überhöhten Vorschüssen (zur Vermeidg von Nachtragsfestsetzg großzüg Handhabg aber zul; BayObLG WoM 88, 329) od erhebl Nachzahlgen führt, verstößt gg § 21 III (BayObLG WE 89, 64). – **d) Form.** Entspr BGB 259 geordnete ZusStellg der einz Positionen (BayObLG 73, 78); keine Beschrkg auf globale Beträge (Weitnauer Rdn 24). Hinzutreten muß die Aufteilg der einz Positionen auf die WEigtümer nach Maßg des jeweils anwendb VerteilgsSchlüssels (Ffm OLGZ 84, 257; KG DWE 85, 126; zur Aufteilg vgl auch § 16 Anm 3b). Verständlichk u Nachprüfbark für jeden WEigtümer bei Anwendg zumutb Sorgfalt notw. – **e) Bedeutung.** Über die Festsetzg der Vorschüsse hinaus kann er bei entspr Positionen zB enthalten: Beschl nach §§ 21 V Nr 2 u 4, Zust nach § 22 I. Änderg iRv § 21 III zul. Bei bes Bedürfn kann auch über den WirtschPlan hinaus iRv § 21 III Sonderzahlg beschlossen werden (Hamm OLGZ 71, 96; BayObLG WEM 82, 112). – **f) Wirksamwerden** dch MehrhBeschl (Anm 5).

2) Vorschußpflicht (II). Sie endet nicht schon mit Ablauf des WirtschJ (Ffm OLGZ 84, 257), sond erst mit BeschlFassg über JahresAbrechng (BayObLG NJW-RR 88, 1170); bei deren UngültErkl od Aussetzg gem § 44 III lebt sie wieder auf. ZinsAnspr für rückständ Vorschüsse entfällt nicht (BayObLG 86, 128). Keine Fortgeltg für best WirtschJ beschlossenen Plans für künft WirtschJ, wenn dies nicht beschlossen (BayObLG WEZ 88, 215; Hamm NJW-RR 89, 1161); zT abw Riecke WoM 89, 319) od in Vbg/TErkl bzw WirtschPlan vorgesehen.

3) Abrechnung (III). – **a) Begriff.** Auf abgelaufenes WirtschJ (ist mangels abw Bestimmg das KalJ) bezogene Einnahmen/Ausgabenabrechng mit Aufteilg der Überschüsse od zur Ausgabendeckg notw Beiträge auf die einz WEigtümer, aber keine Vermögensrechng od Bilanz (BayObLG NJW-RR 89, 1163) mit Rechngsabgrenzg (Celle DWE 87, 104). Daher nicht aufzunehmen: Außenstände (BayObLG 86, 263), nicht auszuschüttder Nutzgswert (BayObLG 71, 313). Ausgabe ist auch der GgWert verbrauchter WirtschGüter, die schon früher bezahlt (BayObLG 87, 86). Keine Vorgreiflichk des WirtschPlans (Anm 1a) – **b) Aufstellung** dch Verw ohne bes Aufforderg od Verpfl im VerwVertr. Ende des VerwAmtes befreit von Verpfl nur, wenn Abrechng zu diesem Ztpkt noch nicht zu erstellen war (Köln NJW 86, 328; Ffm DWE 87, 30; Hbg OLGZ 87, 188). Von jedem WEigtümer nach § 43 I Nr 2 erzwingb, auch noch nach Ende des VerwAmtes bei fortbestehd AbrechngsPfl (BayObLG 75, 165). Bei Mängeln uU SchadErsPfl aus pos VertrVerletzg (BayObLG 75, 369). LeistgsOrt iS BGB 269 ist der Ort, an dem das Gbde belegen ist (Karlsr NJW 69, 1968). Vor Ablehng dch WEigtümer od UngültErkl eines Beschl nach V keine ÄndergsPfl (BayObLG 87, 381). – **c) Inhalt/Form.** Gesamtabrechng dch geordnete ZusStellg aller Einnahmen (zB gezahlte Vorschüsse) u Ausgaben unter Darlegg der KtoStände (BayObLG NJW-RR 89, 1163) sowie Einzelabrechng dch Aufteilg der Ergebn auf die einz WEigtümer nach Maßg des jeweils anwendb Verteilgsschlüssels (BayObLG WoM 89, 41); zur Einzelabrechng vgl auch § 16 Anm 3b); sie muß für die WEigtümer bei zumutb Sorgfalt verständl u nachpfüfb sein (BayObLG NJW-RR 88, 81). Geringe Fehler dch Beschl nach V behebb (KG NJW-RR 87, 1160). Belege sind zur Einsicht bereitzuhalten (Ffm OLGZ 84, 333). Zur steuerl Aufbereitg vgl Spiegelberger WE 88, 79. – **d) Wirksamwerden** dch MehrhBeschl (Anm 5). – **e) Einsichtsrecht** in Abrechng u Belege am Ort der VerwFührg (Schmid BlGBW 82, 45; BayObLG WoM 89, 419) hat jeder WEigtümer auch noch nach BeschlFassg gem Anm 5 (BayObLG WE 89, 145; vgl aber Hamm OLGZ 88, 37) u ohne Gestattg dch MehrhBeschl (BayObLG 72, 246); RGrdLage: § 28 III, BGB 675, 666, 259. Nicht dch MehrhBeschl abdingb (Hamm OLGZ 88, 37). Erzwingb nach § 43 I Nr 2. IRv BGB 242 auch Anspr gg Verw auf Erteilg von Abschriften gg Kostenerstattg (Hamm DWE 86, 24; AG Aach ZMR 88, 111); jedoch aber eigenes AnfertiggsR (Karlsr MDR 76, 758).

4) Rechnungslegung (IV). Sie dient der Überprüfg ordngsmäß Verwaltg währd des lfden WirtschJ; nach dessen Ablauf nur noch Verpfl nach III (KG WE 88, 17). Für Inhalt/Form gilt Anm 3c entspr; jedoch gem Zweck keine Einzelabrechng (KG OLGZ 81, 304). Anspr geht gem BGB 432 auf Ausk an die Versammlg (BayObLG 72, 166). „Jederzeit" dch BGB 242 begrenzt. Voraussetzg ist MehrhBeschl nach § 21 III; nur wenn die Gemsch unter Verstoß gg § 21 IV von IV keinen Gebr macht, hat jeder WEigtümer aus BGB 675, 666 einen RechngsleggsAnspr (KG WE 88, 17; Hamm OLGZ 88, 37; BayObLG WoM 88, 419). Keine RechngsleggAnspr mehr nach Entlastg (KG NJW-RR 87, 462).

5) Mehrheitsbeschluß (V) macht WirtschPlan/Jahresabrechng erst verbindl; er kann VerwVorlage ändern. In Gen der eigenen JEinzelabrechng liegt idR auch Gen der der und WirtschPlan, selbst wenn sie bei BeschlFassg nicht bekannt (LG Lüb WEZ 88, 108). Jeder WEigtümer hat nach §§ 21 IV, 43 I Nr 1 verfolgb Anspr auf BeschlFassg (BGH NJW 85, 912), der bei WirtschPlan aber mit Ablauf des WirtschJ erlischt (Hbg OLGZ 88, 299). Beschl nach §§ 23 IV, 43 I Nr 4 anfechtb (auch bzgl einz Positionen; BayObLG 88, 326); teilw UngültigErkl zul (BayObLG NJW-RR 88, 81). Bei Unvollständigk idR nur ErgänzgsAnspr aus § 21 IV (BayObLG NJW-RR 89, 1163). Nicht für ungült erklärter Beschl auch bei materieller Unrichtigk verbindl (BayObLG ZMR 88, 349); bei Verstoß gg VerteilgsSchlüssel aber dadch nicht dessen Änderg für Zukunft (BayObLG NJW 86, 385). Bloße Entlastg des Verw „für seine Tätigk" enthält idR noch keinen AbrechngsBeschl (KG NJW-RR 86, 1337), und ist bei Entlastg „für die Abrechng" (BayObLG 83, 314) od nach ihrer Erörterg (BayObLG 88, 287; LG Lüb WEZ 88, 108). Bdgter GenBeschl (zB vorbehaltl Beiratszust) zul (BayObLG WoM 88, 322). – Kein Anspr auf neue BeschlFassg, solange alter Beschl nicht rkräft für ungült erklärt (BayObLG WoM 88, 100).

6) Abdingbarkeit. § 28 ist dch Vbg/TErkl abdingb; zB Beschl nach V nur bei befristetem Widerspr gg VerwVorlage (Hamm OLGZ 82, 20; Ffm OLGZ 86, 45). Rechtl (LG Bln ZMR 84, 424) od prakt (BayObLG 88, 287) Ausschl der Überprüfbark dch WEigtümer aber unwirks.

WEG 29 *Verwaltungsbeirat.* [I]Die Wohnungseigentümer können durch Stimmenmehrheit die Bestellung eines Verwaltungsbeirats beschließen. Der Verwaltungsbeirat besteht aus einem Wohnungseigentümer als Vorsitzenden und zwei weiteren Wohnungseigentümern als Beisitzern.

[II]Der Verwaltungsbeirat unterstützt den Verwalter bei der Durchführung seiner Aufgaben.

[III]Der Wirtschaftsplan, die Abrechnung über den Wirtschaftsplan, Rechnungslegungen und Kostenanschläge sollen, bevor über sie die Wohnungseigentümerversammlung beschließt, vom Verwaltungsbeirat geprüft und mit dessen Stellungnahme versehen werden.

[IV]Der Verwaltungsbeirat wird von dem Vorsitzenden nach Bedarf einberufen.

1) Der **Verwaltungsbeirat** ist VerwOrgan der Gemsch (§ 20 I). Bestellg dch Vbg/TErkl abdingb; dazu genügt aber nicht, daß in TeilgsErklVordruck BestellgsVerpfl der (späteren) WEigtümer gestrichen (Köln Rpfleger **72**, 261). − a) **Zusammensetzung** abw von I 2 (zB weniger Mitgl; Wahl Außenstehder) bedarf Vbg/TErkl (KG NJW-RR **89**, 460; aA BayObLG **72**, 161: MehrhBeschl); ges Vertr jur Pers/PersGesellsch, die WEigtümer, ist nicht Außenstehder (Ffm OLGZ **86**, 432). Verw kann nicht Mitgl sein (Zweibr OLGZ **83**, 438: Wahl nichtig). − b) **Haftung** ggü den WEigtümern nur aus Auftr u §§ 823, 826; HaftgsBeschrkg (zB auf Vorsatz) dch MehrhBeschl einführb (Ffm OLGZ **88**, 188). Da Beirat kein Organ iSv BGB 31 (BayObLG aaO), Haftg der WEigtümer ggü Dr für BeiratsHdlgen nur aus BGB 278 od 831 (BPM/Pick Rdn 26; Weitnauer Rdn 3; aA Sauren ZMR **84**, 325; u zT Schmid aaO).

2) Aufgaben: II, III, § 24 III. Ohne Auftr keine Verpfl zur Überwachg (BayObLG **72**, 161) u kein Recht zur Künd (BayObLG **65**, 34) des Verw. Zur AuskPfl ggü den WEigtümern vgl BayObLG aaO (grdsl nur in der WEigtümerVersammlg). − Weitere Aufgaben können zugewiesen werden, soweit nicht zwingende Vorschr über die Aufgaben u Befugn and VerwOrgane entggstehen (vgl Schmid BlGBW **76**, 61; Ffm OLGZ **88**, 188 [Bauausschuß]). Übertr dch MehrhBeschl, soweit AufgabenBeschrkg and VerwOrgane nicht Vbg/TErkl erfordert. Zur Geltmachg von GewlAnspr der WEigtümer dch den Beirat vgl Ffm NJW **75**, 2297.

3) Rechtsweg bei Streit über Bestellg u Tätigk des Beirats (auch wenn Außenstehder Mitgl): § 43 I Nr. 1.

4. Abschnitt. Wohnungserbbaurecht

WEG 30 [I]Steht ein Erbbaurecht mehreren gemeinschaftlich nach Bruchteilen zu, so können die Anteile in der Weise beschränkt werden, daß jedem der Mitberechtigten das Sondereigentum an einer bestimmten Wohnung oder an nicht zu Wohnzwecken dienenden bestimmten Räumen in einem auf Grund des Erbbaurechts errichteten oder zu errichtenden Gebäude eingeräumt wird (Wohnungserbbaurecht, Teilerbbaurecht).

[II]Ein Erbbauberechtigter kann das Erbbaurecht in entsprechender Anwendung des § 8 teilen.

[III]Für jeden Anteil wird von Amts wegen ein besonderes Erbbaugrundbuchblatt angelegt (Wohnungserbbaugrundbuch, Teilerbbaugrundbuch). Im übrigen gelten für das Wohnungserbbaurecht (Teilerbbaurecht) die Vorschriften über das Wohnungseigentum (Teileigentum) entsprechend.

1) Begründung (auch an GesamtErbbR; LG Wiesb RhNK **86**, 25; Demharter DNotZ **86**, 457) dch Umwandlg von BruchtMitErbbR entspr § 3 (I) od dch Teilg eines ErbbR entspr § 8 (II). Beides wird anders als die Einräumg der MitBerecht am ErbbR von einer VbgBeschrkg nach ErbbRVO 5 nicht erfaßt (LG Augsbg MittBayNot **79**, 68 für § 3; BayObLG **78**, 157 für § 8); ZustErfordern nicht mit dgl Wirkg vereinb (Celle Rpfleger **81**, 22). Soweit bei alten ErbbR (vor 22. 1. 1919) der GrdstEigtümer noch GbdeEigtümer ist (BGB 1012 Anm 2a), kann kein SE entstehen; daher Umwandlg in neues ErbbR notw. − Einräumg u Aufhebg von SE bedarf der Aufl (III 2 iVm § 4 II), ErbbRVO 11 I nicht anwendb (str). Abgrenzg Wohngs-/TeilErbbR wie § 1 Anm 1.

2) Für das **Rechtsverhältnis zwischen Grundstückseigentümer und Wohnungserbbauberechtigten** gilt die ErbbRVO; WErbbR tritt an die Stelle des ErbbR. Für RStreit (zB über ErbbZins) gilt § 43 nicht. − **Verfügungen über das Wohnungserbbaurecht** sind in gleicher Weise wie über das ErbbR mögl (vgl ErbbRVO 11 Anm 2), soweit nicht das WEG Besonderh gebietet (vgl § 6 Anm 2); bei VfgsBeschrkgen für ErbbR daher ErbbRVO 5–8 auf Vfg über WErbbR anwendb (Hamm Rpfleger **79**, 24).

3) Für das **Rechtsverhältnis der Wohnungserbbauberechtigten untereinander** gilt das WEG (III 2); bei Streit gilt § 43. Zwischen WErbbBerecht kein dingl sicherb ErbbZins vereinb (Düss DNotZ **77**, 305).

II. Teil. Dauerwohnrecht

WEG 31 *Begriffsbestimmungen.* [I]Ein Grundstück kann in der Weise belastet werden, daß derjenige, zu dessen Gunsten die Belastung erfolgt, berechtigt ist, unter Ausschluß des Eigentümers eine bestimmte Wohnung in einem auf dem Grundstück errichteten oder zu errichtenden Gebäude zu bewohnen oder in anderer Weise zu nutzen (Dauerwohnrecht). Das Dauerwohnrecht kann auf einen außerhalb des Gebäudes liegenden Teil des Grundstücks erstreckt werden, sofern die Wohnung wirtschaftlich die Hauptsache bleibt.

II. Teil. Dauerwohnrecht **WEG 31, 32**

II Ein Grundstück kann in der Weise belastet werden, daß derjenige, zu dessen Gunsten die Belastung erfolgt, berechtigt ist, unter Ausschluß des Eigentümers nicht zu Wohnzwecken dienende bestimmte Räume in einem auf dem Grundstück errichteten oder zu errichtenden Gebäude zu nutzen (Dauernutzungsrecht).

III Für das Dauernutzungsrecht gelten die Vorschriften über das Dauerwohnrecht entsprechend.

1) Zwei Formen einer neuen **Art von Dienstbarkeit:** – **a) Dauerwohnrecht,** ist das Recht zum Bewohnen od zur sonstigen Benutzg einer best Wohng in einem fremden Gbde od eines ganzen Gbdes; über nur periodisches NutzgsR mehrerer Berecht vgl Stgt NJW 87, 2023; Gralka NJW 87, 1997; Schmid WEZ 87, 119; Hoffmann MittBayNot 87, 177. – **b) Dauernutzsrecht** ist das Recht zur Nutzg nicht zu Wohnzwecken dienender Räume in einem Gebäude (zB das Tankwartraum, LG Münster, DNotZ 53, 148; nach LG Ffm NJW 71, 759 auch U-Bahnhof); der Berecht kann, wie Mieter von GeschRäumen, die Außenfläche des genutzten Gebäudes für Reklamezwecke verwenden, Ffm BB 70, 731. Für beide Formen die gleichen Vorschr.– Vermischg beider Formen mögl; dann Eintr als „DWR u DauernutzgsR", BayObLG **60**, 237. Zur dingl Sicherg einer Bierbezugsverpflichtg dch DauernutzgsR für Brauerei, Andresen Betr **66**, 1759. – Über Umdeutg u Überleitg früh vereinb Wohngsrechte BGH **27**, 158; zur Konversion (§ 140) von WE in DWR vgl BGH NJW **63**, 339; keine Umdeutg des Antr auf Eintr einer beschr pers Dienstbk auf die eines DWR (Hamm Rpfleger **57**, 251 Anm Haegele); auch nicht umgekehrt, LG Münster DNotZ **53**, 148 Anm Hoche u Haegele Rpfleger **55**, 176.

2) **Bestellung:** Nach § 873 dch (formlose) Einigg u Eintr (in Abt II). Formellrechtl GBO 13, 19, 29 zeitl begrenzt od unbegrenzt, vgl § 33 I 2. Für Bestellg nicht Voraussetzg, daß das Gebäude schon errichtet ist, es muß aber mindestens schon Bauzeichng vorliegen (vgl § 32). Solange die Räume nicht errichtet sind, ruht das NutzgsR. Gebäude muß vom Besteller errichtet w. Soll DWBerecht Eigtümer des Gebäudes w, nur ErbbR mögl, vgl Hoche DNotZ **53**, 153. Pfl zur Errichtg kann zum dingl Inhalt des DWR gemacht w, vgl § 33 Anm 4. – Bestellg auf Grdst, ErbbR, § 42, WE (TeilE), auch auf WErbbR, Weitnauer DNotZ **53**, 124, nicht aber auf gewöhnl MitEigtAnt, BayObLG **57**, 110; uU auf mehreren Grdst, LG Hildesh NJW **60**, 49; Hampel Rpfleger **61**, 129. – Keine Bestellg entspr § 8. EigtümerDWR zul (Einf 2e bb vor BGB 854; Weitnauer DNotZ **58**, 352). Bei Ausübg des HeimfallAnspr (§ 36) od sonst Vereinigg in einer Hand, kein Erlöschen, § 889. Für die Bestellg eines DWR für mehrere Berecht gilt BGB § 1093 Anm 3, jedoch hält die hM (BPM/Pick Rdn 50; Soergel/Baur Rdn 3) ein DWR auch in Brucht-Gemsch für zul. – Schuldrechtl **Grundgeschäft** unterliegt nicht BGB 313 (BGH WPM **84**, 142).

3) **Veräußerlich u vererblich** § 33 I 1. Wg Veräußergsbeschrkg vgl § 35. Belastb gem § 1068 mit Nießbr (hM, vgl Soergel-Baur Rdnr 2; vgl § 1069 Anm 2), aber nicht mit WohngsR des § 1093, Reallast, Dbk od mit GrdPfdRechten. Verpfändb (§ 1274) n pfändb (ZPO 857); für beides Eintr nöt; Pfändg wie bei BuchHyp (Weitnauer DNotZ **51**, 497). Überweisg an Gläub zur Einziehg mit Recht der Verst od Veräußerg gem ZPO 857 V od (statt Überweisg) Verwertg nach ZPO 844, zB Übertragg auf Gläub zum Schätzgswert.

4) **Rechtsverhältnis zwischen Eigtümer und Berechtigtem:**

a) Grundgeschäft – aa) Bei Entgeltlichk ist es formfrei, da § 313 nicht eingreift. Umdeutg s Anm 1 aE. Doch kann das VerpflGesch auch Schenkg sein – dann § 518 – od Einbringg in Gesellsch. Meist liegt **Rechtskauf** vor (zust BGH NJW **69**, 1850; vgl aber auch Bettermann ZMR **52**, 29 Fußn 1, 11). Entgelt entw in der Form wiederkehrder, mietzinsähnl Leistgen oder als einmal Betr, insb zur Verwendg zum Aufbau; auch beide Formen gemischt. – **bb)** Anspruch auf Entgelt nicht dingl gesichert, kann auch nicht zum Inh des DWR gemacht w (vgl im Gegs dazu ErbbRVO 9). – **cc)** Bei Leistgsstörgen in GrdGesch: Grds gelten §§ 320ff u Vorschr über Rechtskauf. § 437 anwendb. Da KaufGgst ein Recht, das zum Sach-Bes berecht, gelten über § 451 die §§ 446–450, aber auch §§ 459ff (Weitnauer Rdn 8 vor § 31). – Bei Verzug des Berecht mit Entgeltzahlg: § 326, doch § 454 zu beachten: kein Rücktr mehr, wenn DWR bestellt u Entgelt entstundet (Weitnauer § 38 Rdn 4; aA BPM/Pick Rdn 85). – Wird die dem DWBerecht geschuldete Leistg nachträgl unmögl, trägt er die Preisgefahr insow nach KaufR selbst; anderes soll gelten, wenn Entgelt in mietzinsähnl wiederkehrden Leistgen besteht: dann §§ 323, 324 (so BPM/Pick Rdn 82); doch ist mit Bestellg des DWR u Besitzeinweisg die synallagmat Pflicht des Bestellers erbracht. Zur WiederaufbauPfl des GrdstEigtümers s § 33 Anm 3 aE. – **dd)** Wegen Verdinglichg des schuldrechtl Verhältn vgl § 38. – Wg Mieterschutz bei Heimfall § 36 Anm 2.

b) Gesetzliches Schuldverhältnis entspr dem zw Eigtümer u Nießbraucher, vgl Einf 1 vor § 1030. Vom WEG lückenh geregelt, in §§ 33 II, III, 34 I, 41. PartAbreden mögl u der ges Regelg vorgehd. Ergänzd Vorschr über Nießbr, sofern mit Natur des DWR vereinb; Anhaltspunkte gibt § 1093 I 2. Anwendb z B § 1034, wohl auch § 1051 (vgl § 33 Anm 5) u § 1031 (str). Grdsätzl nicht anwendb Mietvorschr, insb kein KündR bei Verzug des Berecht mit Entgeltzahlg, da es beim DWR als einem dingl R keine Künd gibt (Hoche NJW **54**, 960; BGH **27**, 161). Bei Erlöschen des DWR hat Berecht keinen Mieterschutz; s aber auch § 37 Anm 1c.

c) Die zum **Inhalt des DWR** gemachten Vereinbgen gem §§ 33 IV, 35, 36, 39.

5) DWR **endet** mit Fristablauf (falls vereinbart), dch Aufhebg gem § 875, die, iF des § 36 I der Zust des HeimfallBerecht bedarf (hM); **nicht** mit Heimfall (§ 36), nicht dch Zerstörg des Gebäudes, vgl § 33 Anm 3, BGB 1093 Anm 9. – Bei Erlöschen des DWR kein Mieterschutz für Berecht, vgl aber auch § 37 Anm 1c.

WEG 32 *Voraussetzungen der Eintragung.* **I** Das Dauerwohnrecht soll nur bestellt werden, wenn die Wohnung in sich abgeschlossen ist.

WEG 32, 33 Wohnungseigentumsgesetz. *Bassenge*

^{II} Zur näheren Bezeichnung des Gegenstandes und des Inhalts des Dauerwohnrechts kann auf die Eintragungsbewilligung Bezug genommen werden. Der Eintragungsbewilligung sind als Anlagen beizufügen:
1. eine von der Baubehörde mit Unterschrift und Siegel oder Stempel versehene Bauzeichnung, aus der die Aufteilung des Gebäudes sowie die Lage und Größe der dem Dauerwohnrecht unterliegenden Gebäude- und Grundstücksteile ersichtlich ist (Aufteilungsplan); alle zu demselben Dauerwohnrecht gehörenden Einzelräume sind mit der jeweils gleichen Nummer zu kennzeichnen;
2. eine Bescheinigung der Baubehörde, daß die Voraussetzungen des Absatzes 1 vorliegen.

Wenn in der Eintragungsbewilligung für die einzelnen Dauerwohnrechte Nummern angegeben werden, sollen sie mit denen des Aufteilungsplans übereinstimmen.

^{III} Das Grundbuchamt soll die Eintragung des Dauerwohnrechts ablehnen, wenn über die in § 33 Abs. 4 Nrn. 1 bis 4 bezeichneten Angelegenheiten, über die Voraussetzungen des Heimfallanspruchs (§ 36 Abs. 1) und über die Entschädigung beim Heimfall (§ 36 Abs. 4) keine Vereinbarungen getroffen sind.

1) I u II entsprechen § 3 II u § 7 III, IV. Abgeschlossenh der Wohng liegt auch vor, wenn die Räume mit Räumen auf den NachbGrdst eine geschl Einh bilden, LG Mü I Rpfleger **73**, 141 = DNotZ **73**, 417 m Anm Walberer. Über Aufteilgplan bei Belastg des ganzen Grdst vgl LG Münster DNotZ **53**, 151. – Wg der Bescheinigg vgl § 59 Anm 2, § 7 Anm 2.

2) III ist rein verfrechtl Vorschr. Da die genannten Vereinbgen nicht getroffen w müssen, ist DWR bei Eintr ohne diese sachlrechtl wirks. – Da materielles R keine Vereinbgen verlangt, darf GBA Eintr nicht ablehnen, wenn EintrBew weder Vereinbgen noch Negativklausel enthält u subsidiäre ges Regelg vorhanden (BayObLG **54**, 67). Enthält EintrBew aber solche Vereinbgen, so muß GBA (entspr GBO 20) wirks Zustandekommen prüfen (Düss DNotZ **78**, 354; sehr str).

WEG 33 *Inhalt des Dauerwohnrechts.* ^I Das Dauerwohnrecht ist veräußerlich und vererblich. Es kann nicht unter einer Bedingung bestellt werden.

^{II} Auf das Dauerwohnrecht sind, soweit nicht etwas anderes vereinbart ist, die Vorschriften des § 14 entsprechend anzuwenden.

^{III} Der Berechtigte kann die zum gemeinschaftlichen Gebrauch bestimmten Teile, Anlagen und Einrichtungen des Gebäudes und Grundstücks mitbenutzen, soweit nichts anderes vereinbart ist.

^{IV} Als Inhalt des Dauerwohnrechts können Vereinbarungen getroffen werden über:
1. Art und Umfang der Nutzungen;
2. Instandhaltung und Instandsetzung der dem Dauerwohnrecht unterliegenden Gebäudeteile;
3. die Pflicht des Berechtigten zur Tragung öffentlicher oder privatrechtlicher Lasten des Grundstücks;
4. die Versicherung des Gebäudes und seinen Wiederaufbau im Falle der Zerstörung;
5. das Recht des Eigentümers, bei Vorliegen bestimmter Voraussetzungen Sicherheitsleistung zu verlangen.

1) Veräußerung des DWR: Schuldrechtl formfrei; dingl: § 873. Veräußerg beschränkb nach § 35. Heimfall kann für Fall der Veräußerg vereinb w, § 36. Veräußerg kann, and als Bestellg, auch bdgt erfolgen. Aus Veräußerbark folgt Vererbbark und Pfändbark, § 31 Anm 3.

2) Unzulässig ist **bedingte Bestellung**. Daher auch solche auf die Dauer eines von den Beteiligten über die Räume abgeschl Mietvertrages, zumal dieser dch das dingl Recht ersetzt wird (vgl Hoche DNotZ **53**, 154). – Zuläss befristete Bestellg; auch **auf Tod** des Berecht (BPM/Pick Rdn 61; aA Böttcher RhNK **87**, 219). Dem ist zuzustimmen; Vererblichk ist die Regel bei veräußerl Rechten. § 31 I 1 betont den Ggsatz zum WohngsR nach BGB 1093. Damit ist aber Befristg mit unbestimmtem Endtermin nicht ausgeschl; Wortlaut des § 33 I verbietet nur bedingte Bestellg.

3) II, III enthalten ges Schuldverbindlichk des DWBerecht (vgl § 31 Anm 4b). Verweisg auf § 14 bedeutet eine solche Pfl zur Instandhaltg nur dem Eigtümer ggü, nicht and DWBerechtigten od Mietern ggü. Schon aus § 1041, der hier wie beim WohngsR, § 1093, anwendb, ergibt sich Pflicht des Berecht, die (seinem Recht unterliegenden) Räume instand zu halten u Erneuergen insow vorzunehmen, als zur gewöhnl Unterhalt gehört. Darüber hinaus können (u sollen, § 32 III) auch hierüber Vereinbgen getroffen w. Zweckm übernimmt DWBerecht die SchönhReparaturen. Lastentragg (§ 16 II) u Versicherg obliegt dem Berecht nicht schon kr G; §§ 1045, 1047 nicht anwendb (vgl § 1093 I 2). – Vereinbg (als Inhalt des DWR) aber nur über die dem DWR unterliegenden u die für gemeinschaftl Nutzg best Gebäudeteile, nicht für das ges Grdst (außer wenn DWR bzgl dieses), BayObLG **59**, 530. § 14 Nr 4, auch Halbs 2, gilt entspr auch für DWR. – Bei **Zerstörung** des Hauses Eigtümer zum Wiederaufbau bei Fehlen einer Vereinbg (die aber auch stillschw getroffen sein kann, zB in der Pfl zur Versicherg) nicht verpflichtet (MüKo/Röll § 31 Rdn 18; aA BPM/Pick § 31 Rdn 91). Ist der DWBerecht nicht zum Wiederaufbau verpfl, so entsteht das bisher ruhende DWR wieder, vgl § 1093 Anm 9. Da BereicherungsAnspr des Berecht wg der im voraus gezahlten Vergütg zweifelh, genaue Regelg für den Fall der Zerstörg anzuraten, s § 31 Anm 4a bb.

4) Vereinbarungen nach IV im GB (Bezugn auf EintrBewilligg genügt) zu verlautbaren, sie werden dadch Inhalt des DWR ("dingl" Wirkg: vgl § 10 Anm 2). Ohne Eintr nur schuldrechtl Wirkg. Mittelb Zwang zu den Vereinbgen IV 1–4 dch § 32 III. Aus IV 2, 4 folgt, daß auch Verpflichtg des Eigtümers zum Erst- u auch Wiederaufbau (Weitnauer Rdn 15) Inhalt des DWR sein kann, wenn dieses, was nach § 31 zul,

2500

II. Teil. Dauerwohnrecht **WEG 33–36**

an noch nicht (wieder) errichtetem Gebäude bestellt ist. Unter IV 1 fällt (u daher dingl dch Eintr sicherb) Vereinbg, daß für **Vermietung** od Wechsel der Nutzg Zust des Eigtümers nöt, BayObLG **60**, 239. Folgen eines Verstoßes wie zu § 15 Anm 5 dargelegt. Beachte, daß Vereinbg eines Entgelts nicht zum Inh des DauerR gemacht w, auch nicht, wie der ErbbZins (§ 9 ErbbRVO) durch Reallast gesichert w kann; hM. Ausgleich dch die eigenartige Verknüpfg des dingl Rechts mit dem GrdGesch gem § 38, s dort Anm 2.

5) a) Wird über IV 1–4 nichts od nichts Ausreichendes vereinb (was dch § 32 III verhindert w soll), aber trotzdem das DWR eingetr, so ist dieses wirks entstanden. Lücken des schuldrechtl Vertr sind nach dessen Natur (s § 31 Anm 4a) u §§ 157, 133, 242 auszufüllen. Liegt bloß schuldrechtl Abrede über IV 1–4 vor, so wirkt sie für u gg RNachf, § 38. DWBerecht hat, wenn nicht ausnahmsw NichtEintr beiders gewollt, klagb Anspr auf Abgabe der dingl EiniggsErkl u entspr EintrBewilligg. Vgl hierzu Dieser § 32 Anm 11 ff. Stimmt EintrBewilligg mit dingl Einigg (§ 873) nicht überein, für Wirksamk des DWR ohne Bedeutg, aber GB kann bzgl Inhalts des DWR unrichtig sein. – **b)** Wird über das Recht zur Sicherh nichts vereinb (IV 5), Anwendbark der §§ 1051 ff zweifelh, aber wohl zu bejahen. Der Ausschl dieser §§ in § 1093 I 2 steht hier nicht entgg, da DWR inhaltl umfassender als das WohngsR. Da es auch zur Nutzg berechtigt, kommt es einem Nießbr gleich. Bedürfn für Anwendg von §§ 1051 ff besteht (aA Weitnauer Rdn 16).

6) Für Streitigk nicht Weg des § 43, sond ProzWeg vor Streitgericht, § 52.

WEG 34 *Ansprüche des Eigentümers und der Dauerwohnberechtigten.* [I]Auf die Ersatzansprüche des Eigentümers wegen Veränderungen oder Verschlechterungen sowie auf die Ansprüche der Dauerwohnberechtigten auf Ersatz von Verwendungen oder auf Gestattung der Wegnahme einer Einrichtung sind die §§ 1049, 1057 des Bürgerlichen Gesetzbuches entsprechend anzuwenden.

[II]Wird das Dauerwohnrecht beeinträchtigt, so sind auf die Ansprüche des Berechtigten die für die Ansprüche aus dem Eigentum geltenden Vorschriften entsprechend anzuwenden.

1) I. a) Ersatzansprüche des Eigtümers wg Verändergen u Verschlechtergen. WEG geht davon aus, daß solche Anspr entstehen können. Sie können bei Benutzg der Räume u Mitbenutzg der sonst Teile des Anwesens (vgl § 33 III) über das gesetzl od vereinbargsgem erlaubte Maß hinaus entstehen, u zwar aus dem zugrunde liegenden schuldrechtl Vertr od Delikt. Für diese ErsAnspr wird lediglich die **Verjährung** geregelt: nach §§ 1057, 558 II in 6 Monaten seit Wiedererlangg des unmittelb Besitzes der Räume; gilt auch, soweit Anspr auf Delikt beruht (vgl § 1057 Anm 1; BPM/Pick Rdn 23; Soergel/Baur Rdnr 1).

b) ErsAnsprüche des Berechtigten wg **Verwendungen**. Hier Anwendbark des § 1049 ausdr bestimmt. Anspr auf Ers entspr GeschFührgsR; voller Ers zu leisten, wenn Voraussetzgen der §§ 683, 679, 670, 684 S 2, u zwar vom Eigtümer zZ der Verwendg. Sonst Bereichergsanspr, § 684 S 1, auch gg späteren Eigtümer. Verj nach §§ 1057, 558 II in 6 Monaten seit Beendigg des DWR.

c) Anspr des Berecht auf Gestattg der **Wegnahme** einer Einrichtg nach § 1049 II. Verjährg: 6 Monate ab Beendigg des DWR, §§ 1057, 558 II. Vor Auszug hat Berecht WegnR, §§ 1049 II, 258.

2) II. Der DWBerecht hat gg Beeinträchtigen seines Rechts die gleichen Rechte wie ein Nießbraucher (vgl § 1065 u Anm), insb §§ 1004, 985.

WEG 35 *Veräußerungsbeschränkung.* Als Inhalt des Dauerwohnrechts kann vereinbart werden, daß der Berechtigte zur Veräußerung des Dauerwohnrechts der Zustimmung des Eigentümers oder eines Dritten bedarf. Die Vorschriften des § 12 gelten in diesem Falle entsprechend.

1) Abweichg von § 137 wie in § 12; vgl Anm dort. Str, ob für Anspr auf Zust (vgl § 12 II) hier ProzWeg (§ 52) od Verf nach § 43; für ersteres die hM (BPM/Pick Rdn 10; Soergel/Baur Rdn 3; aA Weitnauer Rdn 3). Eintr der VeräußergsBeschrkg im GB selbst nicht vorgeschrieben (auch nicht in der sich nur auf das WE beziehenden WEGBVfg), daher Bezugn auf EintrBewilligg mögl, aber nicht rats. – Unzul Vereinb der Unveräußerlichk.

2) Zuläss hier (and als nach § 12) Vereinbg, daß Veräußerg des DWR von Zust eines GrdPfdGl abhäng; § 1136 betr nur Veräußerg des Eigtums. Jedoch von solcher Vereinbg abzuraten.

3) Zuläss u eintragb, daß gem BVersG 75 Veräußerg eines langfrist DWR (§ 41) auf 5 Jahre nur mit Zust der VersorggsBeh (BayObLG **56**, 278); absolute Wirkg.

WEG 36 *Heimfallanspruch.* [I]Als Inhalt des Dauerwohnrechts kann vereinbart werden, daß der Berechtigte verpflichtet ist, das Dauerwohnrecht beim Eintritt bestimmter Voraussetzungen auf den Grundstückseigentümer oder einen von diesem zu bezeichnenden Dritten zu übertragen (Heimfallanspruch). Der Heimfallanspruch kann nicht von dem Eigentum an dem Grundstück getrennt werden.

[II]Bezieht sich das Dauerwohnrecht auf Räume, die dem Mieterschutz unterliegen, so kann der Eigentümer von dem Heimfallanspruch nur Gebrauch machen, wenn ein Grund vorliegt, aus dem ein Vermieter die Aufhebung des Mietverhältnisses verlangen oder kündigen kann.

[III]Der Heimfallanspruch verjährt in sechs Monaten von dem Zeitpunkt an, in dem der Eigentümer von dem Eintritt der Voraussetzungen Kenntnis erlangt, ohne Rücksicht auf diese Kenntnis in zwei Jahren von dem Eintritt der Voraussetzungen an.

WEG 36, 37

IV Als Inhalt des Dauerwohnrechts kann vereinbart werden, daß der Eigentümer dem Berechtigten eine Entschädigung zu gewähren hat, wenn er von dem Heimfallanspruch Gebrauch macht. Als Inhalt des Dauerwohnrechts können Vereinbarungen über die Berechnung oder Höhe der Entschädigung oder die Art ihrer Zahlung getroffen werden.

1) Heimfallanspruch (vgl ErbbRVO § 2 Nr 4, §§ 3, 4) ist der Anspr des (jeweiligen) Eigtümers gg den DWBerecht, daß dieser ihm od einem Dr unter bestimmten, frei vereinb Voraussetzgen das DWR übertrage. Den DWBerecht schützt hierbei § 138; unwirks daher Vereinbg des Heimfalls für jeden Fall der Veräußerg des DWR; dies auch Umgeh von §§ 35, 12 II 2 (str; wie hier im Ergebn Weitnauer Rdn 4a; BPM/Pick Rdn 68; aA RGRK/Augustin Rdn 8). Für Vereinbg des Heimfalls bei Tod des DWBerecht gilt das zu § 33 Anm 2 Gesagte. Anspr geht bei GrdstVeräußerg auf den neuen Eigtümer über. **Begründung** dch Einigg u Eintr als Inhalt des DWR, wenn auch nur dch Bezugn auf die EintrBewilligg. HeimfallR ist subj-dingl Recht, eine Art dingl WiederkR. Nicht selbstd übertragb, pfänd-, verpfändb, I 2; doch kann Dritter iS von I 1 ermächtigt werden, Anspr geltd zu machen (ProzStandsch); konkursfest (Soergel/Baur Rdn 2). – Der erhobene HeimfallAnspr entfaltet ggü kollidierden ZwischenVfgen (auch solchen iW der ZwangsVollstr) Vormerkgswirkg (vgl § 883 Anm 5, 6; Soergel/Baur Rdn 2; BPM/Pick Rdn 8; Staak SchlHA **59**, 141). GBA soll Eintr des DWR ablehnen (vgl aber auch § 32 Anm 2 zu BayObLG NJW **54**, 959), wenn die Voraussetzgen, an die Heimfall nach der EintrBewilligg geknüpft, nicht hinreichd bestimmt od gesetzwz sind; unzul ist Abrede jederzeitiger Geltdmachg des HeimfallAnspr. – Bei Übertr des DWR auf Eigtümer entsteht DWR an eigenem Grdst, vgl § 31 Anm 2.

2) Für den HeimfallAnspr gelten BGB 556a–c, 564b–565e entspr (Weitnauer Rdn 3).

3) Macht Eigtümer vom HeimfallR Gebrauch, so muß er den Berecht angemessen **entschädigen,** wenn DWR zeitl unbegrenzt od auf länger als 10 Jahre eingeräumt, § 41 I, III (vgl ErbbRVO 32). Sonst nur nach bes Vereinbg, IV. Eine solche Vereinbg insb wichtig, wenn Berecht Entgelt sofort ganz od teilweise erbringt. Vereinbg nach IV entw bloß schuldrechtl od dingl als Inhalt des DWR (dann Eintr nötig, vgl BGH **27**, 161. Unter IV S 2 rechnet BayObLG **60**, 240 auch Vereinbg über Offenlegg des Aufwands für baul Änderg.

4) Ohne Vereinbg eines HeimfallAnspr kein Anspr des Eigtümers auf Rückübertr, auch nicht bei PflVerletzgen des DWBerecht; freilich kann bei extremer Sachlage § 242 (vgl Einl 2b Abs 2 vor § 854) zur richterl Zubilligg eines übervertragl HeimfallAnspr führen (BPM/Pick Rdn 77). Ist schuldrechtl Vertr nichtig, Anspr aus Bereicherg auf Löschg (nicht auf Übertragg).

5) Beruft sich der DWBerecht auf Verj (III), so muß er im Streitfall beweisen, wann der Eigtümer von Eintritt der Voraussetzgen erfahren. Ausn von § 902.

6) Über prozessuale Zustdgk vgl § 52. LeistgsKlage des HeimfallBerecht (ZPO 894).

WEG 37 *Vermietung.* **I** Hat der Dauerwohnberechtigte die dem Dauerwohnrecht unterliegenden Gebäude- oder Grundstücksteile vermietet oder verpachtet, so erlischt das Miet- oder Pachtverhältnis, wenn das Dauerwohnrecht erlischt.

II Macht der Eigentümer von seinem Heimfallanspruch Gebrauch, so tritt er oder derjenige, auf den das Dauerwohnrecht zu übertragen ist, in das Miet- oder Pachtverhältnis ein; die Vorschriften der §§ 571 bis 576 des Bürgerlichen Gesetzbuches gelten entsprechend.

III Absatz 2 gilt entsprechend, wenn das Dauerwohnrecht veräußert wird. Wird das Dauerwohnrecht im Wege der Zwangsvollstreckung veräußert, so steht dem Erwerber ein Kündigungsrecht in entsprechender Anwendung des § 57a des Gesetzes über die Zwangsversteigerung und Zwangsverwaltung zu.

1) Einfluß des Erlöschens u des Übergangs des DWR auf **Miet- u Pachtverträge,** die der DWBerecht über die Räume abgeschl hat.

a) DWR erlischt: Miet-(Pacht-)verhältn erlischt ebenf (and § 1056, ErbbVO 30). Eigtümer kann vom Mieter Herausg nach BGB 985ff (nicht aber entspr BGB 556 III) verlangen. Haftg des DWBerecht uU nach BGB 541.

b) DWR wird veräußert od aGrd HeimfallAnspr auf Eigtümer od Dr übertr: RNachf tritt in Miet-(Pacht-)verhältn ein, entspr §§ 571–576, also ist Besitzüberlassg an Mieter vorausgesetzt, Soergel-Baur Rdnr 2. Kein ges KündR des Erwerbers. Mietverhältn bleibt auch bestehen, wenn der Eigtümer das auf ihn übertragene DWR löschen läßt (Soergel-Baur Rdnr 3; Constantin NJW **69**, 1417 der zutr auf Schutzzweck des II hinweist, aM BPM/Pick Rdn 41; Weitnauer Rdn 4).

c) Veräußerg des DWR iW der ZwVollstr, also nach Pfändg u Überweisg u Verwertg dch Veräußerg, ZPO 857, 844: Eintritt des Erwerbers wie zu b, jedoch mit KündR des ZVG 57a (vgl aber auch die anwendb §§ 57c, d ZVG).

Zu b und c: Hatte der Veräußerer des DWR ohne Zust des Eigtümers vermietet, obwohl als Inhalt des DWR Unvermietbark od Abhängigk von Zust des Eigtümers vereinb war (vgl § 33 IV 1), so berührt dies die Wirksamk des MietVertr zw dem MietPart nicht, daher tritt auch der Erwerber in diesen Vertr ein (Constantin NJW **69**, 1417, der auch auf die Möglichk hinweist, daß sich der DWBerecht zum Verzicht auf das DWR für den Fall der Vermietg verpfl, wobei zwar der materielle Verz [875], nicht aber die Löschgsbewilligg [als VerfahrensErkl] bedingt abgegeben w kann). Eigtümer kann aber auch vom Erwerber Unterlassg verlangen, bei schon erfolgter Vermietg Aufhebg des Mietverhältn, soweit dies nach Mieterschutzbestimmgen mögl.

2) War Wohng bei Begr des DWR schon vermietet, Eintritt gem BGB 577.

II. Teil. Dauerwohnrecht **WEG 38, 39**

WEG 38 *Eintritt in das Rechtsverhältnis.* [I] Wird das Dauerwohnrecht veräußert, so tritt der Erwerber an Stelle des Veräußerers in die sich während der Dauer seiner Berechtigung aus dem Rechtsverhältnis zu dem Eigentümer ergebenden Verpflichtungen ein.

[II] Wird das Grundstück veräußert, so tritt der Erwerber an Stelle des Veräußerers in die sich während der Dauer seines Eigentums aus dem Rechtsverhältnis zu dem Dauerwohnberechtigten ergebenden Rechte ein. Das gleiche gilt für den Erwerb auf Grund Zuschlages in der Zwangsversteigerung, wenn das Dauerwohnrecht durch den Zuschlag nicht erlischt.

1) § 38 behandelt den Einfluß der Veräußer a) des DWR, b) des Grdst auf das RVerhältn zw DWBerecht u Eigtümer. – **Zu a):** **Erwerber des DWR** tritt kr G in die laufenden Verpflichtgen des insoweit freiwerdenden DWBerecht ein. Befreiende Schuldübern. Aber keine Haftg für Rückstände. – Bürgschaften u Pfandrechte erlöschen entspr § 418 (Weitnauer Rdn 8). I gilt auch für Verst des DWR. – **Zu b):** **Grundstückserwerber** tritt in die Rechte des Veräußerers ein. Ges Fordergsübergang wie in § 571 (ohne Geltg des § 571 II). Aber auch nur f die Zukunft u für die Dauer seines Eigt. Gilt auch bei mehrf Veräußerg. Ob die W dem DWBerecht schon überlassen war, ist (and als bei § 571) gleichgült. Auch bei Erwerb des Grdst iW der ZwVerst (sofern DWR bestehen bleibt, also in das geringste Gebot fällt, vgl auch § 39) od vom KonkVerw. Also nicht etwa ein KündR des Erwerbers entspr ZVG 57a. VorausVfgen über das Entgelt für das DWR sind dem Erwerber ggü schlechthin wirks. §§ 573, 574, ZVG 57, 57b gelten nicht; vgl § 40 Anm 1.

2) § 38 bezieht sich in beiden Fällen über Wortlaut hinaus auf die beiders (währd der Dauer der Berechtigg – I, bzw des Eigt – II, Weitnauer Rdn 7) sich ergebden Rechte u Pflichten aus dem schuldrechtl GrdVertr (im Anschl an den GesWortlaut einschränkd BPM/Pick Rdn 13 ff). Für die ges u die dch Einigg u Eintr zum Inhalt des DWR gemachten Rechte u Pfl ergibt sich Wirkg für u gg RNachf schon aus dem dingl Recht. § 38 betrifft sämtl Rechte u Pfl aus dem Vertr, zB Pfl zur Entrichtg wiederkehrden Entgelts, Tragg von Lasten, Errichtg des Gebäudes (§ 33 Anm 4), ua auch das bloß schuldrechtl vereinb Heimfall (Hoche NJW **54**, 960); nicht aber Anspr aus § 812, zB bei rechtsgrundloser Bestellg. Bestr, ob § 38 auch diejen Rechte u Pflichten aus dem GrdVertr trifft, die hätten verdinglicht w können (§§ 33 IV, 35, 36, 39, 40 II), es aber nicht worden sind; die Frage wird heute überw verneint (BPM/Pick Rdn 17; Weitnauer Rdn 5; aA Diester Rdnr 9, 10; vgl auch Staak SchlHA **58**, 140). § 38 hat zur Folge, daß auch ein gutgl Erwerber nicht geschützt w; denn auch ohne Eintr sind die obligator Rechte u Pfl verdinglicht, so daß hins der ab RNachfolge entstehenden prakt kein Unterschied zu den gesetzl od kr Vereinbg zum Inhalt des DWR gehörenden besteht.

WEG 39 *Zwangsversteigerung.* [I] Als Inhalt des Dauerwohnrechts kann vereinbart werden, daß das Dauerwohnrecht im Falle der Zwangsversteigerung des Grundstücks abweichend von § 44 des Gesetzes über die Zwangsversteigerung und Zwangsverwaltung auch dann bestehen bleiben soll, wenn der Gläubiger einer dem Dauerwohnrecht im Range vorgehenden oder gleichstehenden Hypothek, Grundschuld, Rentenschuld oder Reallast die Zwangsversteigerung in das Grundstück betreibt.

[II] Eine Vereinbarung gemäß Absatz 1 bedarf zu ihrer Wirksamkeit der Zustimmung derjenigen, denen eine dem Dauerwohnrecht im Range vorgehende oder gleichstehende Hypothek, Grundschuld, Rentenschuld oder Reallast zusteht.

[III] Eine Vereinbarung gemäß Absatz 1 ist nur wirksam für den Fall, daß der Dauerwohnberechtigte im Zeitpunkt der Feststellung der Versteigerungsbedingungen seine fälligen Zahlungsverpflichtungen gegenüber dem Eigentümer erfüllt hat; in Ergänzung einer Vereinbarung nach Absatz 1 kann vereinbart werden, daß das Fortbestehen des Dauerwohnrechts vom Vorliegen weiterer Voraussetzungen abhängig ist.

1) Bei ZwVerst des Grdst bleibt DWR nach ZVG 44, 52 bestehen, falls im geringsten Gebot, daher grdsätzl nur, wenn DWR Rang vor dem des betreibenden Gläub hat; andernf erlischt es grdsätzl mit Zuschlag (mit WertErsAnspr an VerstErlös, soweit dieser reicht), ZVG 91, 92. WEG 39 bezweckt nur: DWBerecht soll in der vom ranggleichen od vorgehenden GrdPfd- u Reallastgläub betriebenen ZwVerst keine schwächere Stellg haben als ein Mieter (dessen Recht bestehen bleibt u dem trotz ZVG 57a wg des Mieterschutzes vielleicht nicht gekündig w kann; beachte §§ 57c, d). Aber statt das Bestehenbleiben des DWR anzuordnen, macht § 39 dies von einer zum Inhalt des DWR (dch Einigg u Eintr) gemachten **Vereinbarung** abhäng. Erforderl Zust der gleich- u vorstehenden GrdPfdR- u ReallastGläub (sowie der Nießbraucher u PfandGläub an diesen Rechten). Hierdch wird die Regelg möglicherw praktisch ggstandslos bleiben. Aber ohne eine solche Vereinbg des DWBerecht bei Vorbelastg so stark gefährdet, daß von Bestellg ohne ausr Sichergen des Berecht abzuraten. Bedenkl ist Vereinbg, daß DWR nur bestehen bleibt, wenn Eigtümer seinen Zahlgspflichten ggü Realgläub nachkommt. Bedenkl auch die Vorschr, daß Bestehenbleiben von Entrichtg der fälligen Zahlgen abhängt. Erhebl tats u rechtl Schwierigkeiten bei Streit der Beteiligten im VerstTermin! Gefährdg des DWR in der ZwVerst entwertet das neue RInstitut u hat auch schon weitgehende Ablehng zur Folge gehabt (Diester Rpfleger **54**, 286).

2) *Eintr* beim DWR u den gleich- u vorstehenden Rechten des Abs II, da die Vereinbg eine Rangverschiebg bedeutet, GBVfg 18 (LG Hildesh Rpfleger **66**, 116 zust Riedel; Weitnauer Rdn 13; BPM/Pick 49; aA Soergel/Baur Rdnr 3). Bezugn auf EintrBewilligg mindestens unzweckm. Eintr beim DWR schon vor Zust dieser Gläub mögl, aber dann entspr Hinweis zweckm (Schlesw SchlHA **62**, 146). Für Zust GBO 29.

3) Vereinbg wirkt nicht ggü VollstrGläubigern des ZVG 10 Nr 1–3. Auch dies gefährdet die Stellg des DWBerecht. Schwacher Trost für ihn: § 268.

4) Haben nicht alle, sond nur einzelne der genannten Gläub zugestimmt, so hängt Bestehenbleiben des DWR davon ab, ob der Nichtzustimmende hierdch beeinträchtigt w. Dies wird er dann nicht, wenn sein eig

Recht auf alle Fälle in das geringste Gebot fällt, also bestehenbleibt, zB betreibender Gläub, der zugestimmt hat, steht an 2. Stelle nach einer Hyp (deren Gläub nicht zugestimmt h), aber vor dem DWR.

5) DWBerecht kann aus dem DWR nicht selbst die ZwVerst betreiben (BayObLG **57**, 111).

WEG 40 *Haftung des Entgelts.*
^IHypotheken, Grundschulden, Rentenschulden und Reallasten, die dem Dauerwohnrecht im Range vorgehen oder gleichstehen, sowie öffentliche Lasten, die in wiederkehrenden Leistungen bestehen, erstrecken sich auf den Anspruch auf das Entgelt für das Dauerwohnrecht in gleicher Weise wie auf eine Mietzinsforderung, soweit nicht in Absatz 2 etwas Abweichendes bestimmt ist. Im übrigen sind die für Mietzinsforderungen geltenden Vorschriften nicht entsprechend anzuwenden.

^{II} Als Inhalt des Dauerwohnrechts kann vereinbart werden, daß Verfügungen über den Anspruch auf das Entgelt, wenn es in wiederkehrenden Leistungen ausbedungen ist, gegenüber dem Gläubiger einer dem Dauerwohnrecht im Range vorgehenden oder gleichstehenden Hypothek, Grundschuld, Rentenschuld oder Reallast wirksam sind. Für eine solche Vereinbarung gilt § 39 Abs. 2 entsprechend.

1) Regel (I 2): Anspr auf das Entgelt für die Bestellg des DWR, auch wenn es mietzinsähnl in wiederkehrenden Leistgen zu erbringen, ist nicht wie eine MietzinsFdg zu behandeln. Daher wirkt jede Zahlg des DWBerecht an den Eigtümer, auch eine Vorauszahlg, befreiend auch ggü rechtsgeschäftl GrdstErwerber (vgl § 38 Anm 1 zu b), Ersteher in ZwVerst, KonkVerwalter, Zwangsverwalter (vgl aber Ausn Anm 2). Wirks auch sonst Verfüggen (Abtretg, Pfändg). §§ 573, 574, KO 21 gelten nicht, §§ 1123, 1124 nicht ggü nachstehenden GrdPfdGläub u Reallastberecht. ZVG 57b nicht anwendb, außer wenn DWR kr Vereinbg nach § 39 bestehen bleibt; VorausVfg muß dann auch dem betreibenden Gl ggü wirks sein (Weitnauer Rdn 12). Auf Vereinbg, daß Vorauszahlgen in bestimmtem Umfang unwirks sind, sollte sich kein DWBerecht einlassen; ihre Gültigk wird heute überw bejaht (Weitnauer Rdn 9a; Soergel/Baur Rdn 1).

2) Ausnahme (I 1): Erstreckg der vor- u gleichstehenden GrdPfdRechte u Reallasten u der wiederkehrenden öff Lasten auf die EntgeltsFdg wie auf eine MietzinsFdg. Also insow gelten §§ 1123 ff, ferner G über die Pfändg von Miet- u PachtzinsFdgen wg Anspr aus öff GrdstLasten v 9. 3. 34, RGBl 181. Auswirkg in ZwVerw, wenn diese wg der genannten Rechte angeordnet; EntgeltsFdg wird erfaßt, auch wenn sie auf einmalige Leistg gerichtet (Diester Anm 5a); ebso Anspr auf Lastenbeiträge (§ 33 IV 2, 3). Wg der Unwirksamk von VorausVfgen vgl § 1124 Anm 2.

3) Die in II vorgesehene weitergehende Vereinbg wird kaum prakt werden.

WEG 41 *Besondere Vorschriften für langfristige Dauerwohnrechte.*
^IFür Dauerwohnrechte, die zeitlich unbegrenzt oder für einen Zeitraum von mehr als zehn Jahren eingeräumt sind, gelten die besonderen Vorschriften der Absätze 2 und 3.

^{II} Der Eigentümer ist, sofern nicht etwas anderes vereinbart ist, dem Dauerwohnberechtigten gegenüber verpflichtet, eine dem Dauerwohnrecht im Range vorgehende oder gleichstehende Hypothek löschen zu lassen für den Fall, daß sie sich mit dem Eigentum in einer Person vereinigt, und die Eintragung einer entsprechenden Löschungsvormerkung in das Grundbuch zu bewilligen.

^{III} Der Eigentümer ist verpflichtet, dem Dauerwohnberechtigten eine angemessene Entschädigung zu gewähren, wenn er von dem Heimfallanspruch Gebrauch macht.

1) Bei langfristigem DWR ges Pfl des Eigtümers **a)** zur **Löschung** nachträgl EigtümerGrdSch u Bewilligg entspr LöschgsVormkg (II), **b)** zur **Entschädigg** bei Heimfall; zu a abdingb, zu b nicht. Pflichten des jeweiligen Eigtümers. 10-Jahres-Frist läuft ab Bestellg od nachträgl Verlängerg. Langfristigk eintraggsbedürftig (Staak SchlHA **59**, 142).

2) II: Gilt auch für GrdSch, wenn sie dch Ablösg (§ 1192 Anm 2) auf Eigtümer übergeht (hM). — Die aus II entspringen Rechte u Pfl der Beteiligten gehen – auch ohne entspr Vormerkg – auf **Rechtsnachfolger** im Eigt u im DWR über (§ 38; BPM/Pick Rdn 11); desh auch keine Eintr einer ced Abdingg im GB (Diester Rdz 9; aA BPM/Pick Rdn 11); ist der Anspr aus II nur teilw abbedungen, zeigt sich dies ohnehin in der einschränkden Fassg der Vormerkg. — Das DWR hat nicht schon kr G die Wirkg einer LöschgsVormerkg iSv II, da das Gesetz ausdrückl nur von Verpflichtg hierzu spricht. Desh muß sich der DWBerecht gg Vfgen des Eigtümers über EigtGrdPfdRechte (dazu § 1179 Anm 2c aa; zu eng dah BPM/Pick Rdn 13 der den Fall des § 1143 ausnehmen will) dch Erzwingg der ihm nach II zustehen **Vormerkung** sichern. — Kosten der Vormerkg trägt Eigtümer.

3) Für die Angemessenh der dem Grunde nach unabdingb (vgl BGH **27**, 158; Diester Rspr Teil II Nr 88 Anm b) **Entschädigung** (III) w insb die Höhe der geleisteten Entschädigg, Dauer der Benutzg, Verbesserngen u Verschlechtergen der W währd der Benutzg maßgebd sein. Vgl auch Staak aaO (s Anm 1). Entsch dch Gericht (nicht das des § 52). Vertragl Vereinbg über die Höhe mögl; Entschädigg muß aber angemessen sein, BGH **27**, 162; vgl auch in NJW **60**, 1621. Nach Celle NJW **60**, 2293 ist III schlechthin abdingb; abzulehnen, vgl Diester Rspr Teil I B II 3.

4) Vgl auch § 35 Anm 3.

WEG 42 *Belastung eines Erbbaurechts.* ¹Die Vorschriften der §§ 31 bis 41 gelten für die Belastung eines Erbbaurechts mit einem Dauerwohnrecht entsprechend.
ᴵᴵBeim Heimfall des Erbbaurechts bleibt das Dauerwohnrecht bestehen.

1) Wg ErbbRVO 33 I kann nach ErbbRVO 5 II als RInhalt vereinb werden, daß eine Belastg mit jenen bestehenbleibdn Rechten der Zustimmg des GrdEigtümers bedarf. Entspr Norm fehlt im WEG trotz § 42 II. Gesetzeslücke dahin auszufüllen, daß auch die Notwendigk der Zustimmg zur Belastg mit DWR zum Inh des ErbbR gemacht werden kann (ErbbRVO 5 Anm 3a; aA BPM/Pick Rdn 10; Weitnauer Rdn 4). – Ist bei Bestellg des ErbbR vor dem WEG eine Vereinbg gem ErbbRVO 5 II getroffen, wobei an die Belastg mit DWR nicht gedacht werden konnte, so ist Belastg mit DWR mangels Einigg u Eintr zustimmgsfrei. Aber der der Abrede zugrunde liegende schuldrechtl Vertr wird idR nach §§ 157, 242 dahin ergänzt werden müssen, daß auch eine Verpflichtg zu einer entspr dingl Einigg über das DWR besteht.

2) Bei Erlöschen des ErbbR erlischt auch das DWR. DWBerecht hat die gleichen Rechte wie bei Erlöschen eines gewöhnl DWR, also zB auch das WegnR (§ 34 Anm 1c).

III. Teil. Verfahrensvorschriften

1. Abschnitt. Verfahren der freiwilligen Gerichtsbarkeit in Wohnungseigentumssachen

WEG 43 *Entscheidung durch den Richter.* ¹Das Amtsgericht, in dessen Bezirk das Grundstück liegt, entscheidet im Verfahren der freiwilligen Gerichtsbarkeit:
1. auf Antrag eines Wohnungseigentümers über die sich aus der Gemeinschaft der Wohnungseigentümer und aus der Verwaltung des gemeinschaftlichen Eigentums ergebenden Rechte und Pflichten der Wohnungseigentümer untereinander mit Ausnahme der Ansprüche im Falle der Aufhebung der Gemeinschaft (§ 17) und auf Entziehung des Wohnungseigentums (§§ 18, 19);
2. auf Antrag eines Wohnungseigentümers oder des Verwalters über die Rechte und Pflichten des Verwalters bei der Verwaltung des gemeinschaftlichen Eigentums;
3. auf Antrag eines Wohnungseigentümers oder Dritten über die Bestellung eines Verwalters im Falle des § 26 Abs. 3;
4. auf Antrag eines Wohnungseigentümers oder des Verwalters über die Gültigkeit von Beschlüssen der Wohnungseigentümer.
ᴵᴵDer Richter entscheidet, soweit sich die Regelung nicht aus dem Gesetz, einer Vereinbarung oder einem Beschluß der Wohnungseigentümer ergibt, nach billigem Ermessen.
ᴵᴵᴵFür das Verfahren gelten die besonderen Vorschriften der §§ 44 bis 50.
ᴵⱽAn dem Verfahren Beteiligte sind:
1. in den Fällen des Absatzes 1 Nr. 1 sämtliche Wohnungseigentümer;
2. in den Fällen des Absatzes 1 Nrn. 2 und 4 die Wohnungseigentümer und der Verwalter;
3. im Falle des Absatzes 1 Nr. 3 die Wohnungseigentümer und der Dritte.

1) Antragsverfahren der freiwilligen Gerichtsbarkeit (I).

a) I weist die genannten AntrVerf (keine AmtsVerf in WEG-Sachen!) als **echte Streitverfahren der freiwilligen Gerichtsbarkeit** zwingd zu, wobei iZw das Verf nach §§ 43 ff stattfindet (BayObLG 72, 163), u begründet zugl eine ausschließl sachl u örtl Zuständigk. Dies gilt schon ab Bestehen einer werdenden Gemsch (Übbl 2 d aa vor § 1). Verf nach §§ 43 ff auch, wenn in ihm geltd zu machdr Anspr an NichtWEigtümer abgetreten (KG WoM 84, 308). – Ein **Mahnverfahren** (ZPO 688 ff) findet nicht statt, da dieses der fG unbekannt u mit FGG 12 unvereinb (Stgt OLGZ 79, 34; AG Mü WoM 87, 331; Brendel ZMR 88, 7; Riecke WEZ 88, 1; str). – Vbg/TErkl kann **Schieds-** (BayObLG 73, 1) od **Vorschaltverfahren** (zB Anrufg der Eigtümerversammlg vor Anfechtg von VerwEntscheidg; vgl § 12 Anm 3 d, § 15 Anm 4) vorsehen, ohne das Verf nach § 43 unzul (BayObLG Rpfleger 83, 14; Zweibr ZMR 86, 63).

b) Antragsrecht; dch Vbg/TErkl nicht allg abdingb (AG Mannh DWE 84, 29) aber im Einzelfall verwirkb u verzichtb (Celle DWE 84, 126). – **aa) Wohnungseigentümer:** AntrR hat jeder WEigtümer zZ der AntrStellg; bei Mehrh von Berecht (Übbl 2 b vor § 1) ist RForm maßg, ob jeder einzeln (zB BGB 1011; [BayObLG 75, 201]; 2038 I 2 Halbs [LG Brem DWE 89, 33]) od alle gemeinschaftl (zB BGB 709, 714, 2038 I 1). Verlust dieser RStellg nach AntrStellg für AntrR u VerfZuständigk unschädl (BayObLG 75, 55; Rpfleger 79, 446), kann aber Hauptsache erledigen. Bei Verlust dieser RStellg vor AntrStellg muß früherer WEigentümer seine Anspr vor ProzGer geltd machen; nur Verf nach I Nr 4 noch statth, sofern UngültigErkl noch Auswirkg auf ihn hat, da diese nicht dch ProzGer mögl (BayObLG NJW-RR 87, 270). – **bb) Verwalter** nur bei I Nr 2 u 4 (hier nur in Wahrnehmg der WEigtümerInteressen; KG NJW-RR 86, 642): AntrR hat, wer zZ der AntrStellg Verw ist. Verlust dieser RStellg nach AntrStellg für AntrR u VerfZuständigk unschädl, kann aber Hauptsache erledigen; Verlust vor AntrStellg läßt AntrR u VerfZuständigk unberührt, wenn iFv I Nr 2 Anspr aus VerwVerh VerfGgst ist (vgl Anm 2 b) od iFv I Nr 4 UngültigErkl noch Auswirkg auf RStellg hat (zB Anfechtg der Abberufg). – **cc) Verwaltungsbeirat** als solcher hat kein AntrR. – **dd) Dritte** nur iFv I Nr 3 u bei AnsprAbtretg (Anm 1 a).

2) Verfahrensarten.

a) Unter **I Nr 1** fallen alle Streitigk der WEigtümer untereinand aus Angelegenh der §§ 10–16, 20–30; auch Streit aus AufbauVereinbg iSv § 2 Anm 3a u AufhebgsVerpfl (BayObLG **79**, 414; DWE **84**, 124). Streit über Abgrenzg von SE u GemschE als Vorfrage für Streit aus GemschVerh (Ffm OLGZ **84**, 148). Streit über Bestehen von SonderNutzgsR (Köln NJW-RR **89**, 1040; vgl aber Stgt NJW-RR **86**, 318). Auf BGB zB 823, 862, 1004 gestützte Anspr fallen darunter, wenn zugl GemschPfl verletzt ist (BayObLG **70**, 65; Ffm OLGZ **84**, 120). Anspr aus GoA bzgl VerwMaßn (Ffm OLGZ **84**, 148). – **Nicht**: Streit über Wirksamk der Bestellg od aus Veräußerg von WE (BGH **62**, 388); über Teilg nach Aufhebg der Gemsch (BayObLG **79**, 414); über Abgrenzg SE/GemschE, die nicht bloß Vorfrage für Streit aus GemschVerh (Brem DWE **87**, 59); aus AufbauVertr iSv § 2 Anm 3a. Streit zw Eigtümern u ihren Mietern od Mietern and WEigtümer (Karlsr OLGZ **86**, 129). Streit mit vor AntrStellg ausgeschiedenem WEigtümer (BGH NJW **89**, 714; vgl auch Hamm OLGZ **82**, 20 [RWegspaltg bei teilw Veräußerg]); Streit zw MitBerecht eines WE (AG Mü BlGBW **84**, 94). Streit aus nur zw einz WEigtümern vereinb Wettbewerbsverbot (BGH NJW-RR **86**, 1335). Streit zw WEigtümer u Versicherer eines and WEigtümers (BayObLG NJW-RR **87**, 1099).

b) Unter **I Nr 2** fallen alle Streitigk zw WEigtümern u Verw (auch pers haftden Gter einer VerwGesellsch; BayObLG NJW-RR **87**, 1368) unabhäng davon, ob auf WEG, BGB od Vertr gestützt (BGH **59**, 58): Streit über **Verwaltungsführung**; zB Einberufg der Versammlg (§ 24 Anm 1b), Ausführg od Nichtausführg von Aufgaben nach §§ 27 (dort Anm 8), 28 (dort Anm 1, 3, 4), Zust zu Veräußerg (§ 12 Anm 3d) od Gebr (§ 15 Anm 4). Verlust der VerwStellg nach VerfEinleitg bewirkt idR BeteilWechsel (KG NJW-RR **89**, 657). Bei Verlust vor VerfEinleitg kein Verf nach § 43 mehr; and bei fortbestehder Verpfl (vgl § 28 Anm 3a). – Streit aus **Verwalterverhältnis**; zB Wirksamk der VerwBestellg u des VerwVertr (KG OLGZ **76**, 266); Streit über Vergütg, VertrErfüllg, SchadErs, Herausg von bzw Einsicht in VerwUnterlagen od Auskunft/Rechngslegg. Verlust der VerwStellg vor od nach VerfEinleitg läßt VerfZuständigk idR unberührt (BGH **78**, 57; BayObLG NJW-RR **88**, 18; Hamm NJW-RR **88**, 268). – **Nicht**: Streit über Gelder, die späterer Verw als Baubetreuer vor Bildg der WEGemsch empfing (BGH **65**, 264); Streit aus VermietgsAuftr für SE (BayObLG NJW-RR **89**, 1167); Streit zw WEigtümer u Versicherer des Verw (BayObLG NJW-RR **87**, 1099); Widerruf ehrverletzder Äußerg (BayObLG **89**, 67: des Eigtümers).

c) Unter **I Nr 3** fällt die gerichtl Bestellg des Verw nach § 26 III (vgl § 26 Anm 1a bb).

d) Unter **I Nr 4** fallen: UngültigErkl eines Beschl (§ 23 IV); Feststellg seiner Nichtigk (Hamm NJW **81**, 465), Gültigk (Celle NJW **58**, 307) od seines Inhalts (vgl § 23 Anm 5c, d). – **Antragsrecht** (Anm 1b); besteht auch bei StimmRAusschl nach § 25 V (vgl KG NJW-RR **86**, 642). Verwirkg od Verzicht idR nicht schon dch Zust zum Beschl (BayObLG NJW-RR **88**, 1168; Düss DWE **89**, 28). – **Rechtsschutzinteresse** besteht auch, wenn and Eigtümer schon angefochten hat (BayObLG **77**, 226). Für Anfechtg eines dch ZweitBeschl od Aufhebgs/ÄndergsBeschl ersetzten ErstBeschl besteht es, solange diese noch nicht bestandskräft (BGH NJW **89**, 1087). – **Erledigung der Hauptsache** zB bei Anfechtg eines ErstBeschl mit Bestandskr eines ersetzden ZweitBeschl od Aufhebgs/ÄndergsBeschl (BayObLG WE **89**, 58). – Zum Verf vgl weiter § 23 Anm 5.

3) Bindung des Richters (II). – **a)** An **Vereinbarung/Teilungserklärung und Eigentümerbeschlüsse** (die nicht nichtig od rkräft für ungült erklärt) auch, wenn unzweckmäß Gestaltg unbill Folgen bewirkt (Karlsr OLGZ **78**, 175; BayObLG **87**, 66); über Anspr aus BGB 242 auf Änderg vgl § 10 Anm 5. Sie äußert sich insb bei Antr nach §§ 15 III (BayObLG NJW-RR **87**, 655), 21 IV. Bei BeschlAnfechtg äußert sie sich darin, daß ein iRv § 21 III liegder Beschl nicht deshalb für ungült erklärt werden darf, weil and Regelg bloß zweckmäßiger (Hamm ZMR **89**, 269). – **b)** Nicht an **Sachanträge** der Beteil im Verf nach § 43 (BayObLG MDR **81**, 499); and bei BeschlAnfechtg (BayObLG **85**, 171). Zur Möglichk der BeschlÄnderg bei Antr nach I Nr 4 vgl § 23 Anm 5b.

4) Verfahrensvorschriften (III).

a) In erster Linie gelten §§ **44 bis 50**. Soweit dort keine SonderVorschr, gelten **FGG 2 bis 34** (BGH Rpfleger **85**, 24). Da echte StreitVerf, ist ergänz die **ZPO** heranziehb, soweit nicht Grdsätze der FG (zB FGG 12) entggstehen.

b) Antragsform: FGG 11 od schriftl; Schriftform erfordert keine Unterschrift, nur AntrSteller u AntrWille müssen erkennb sein (Ffm AnwBl **85**, 327; KG DWE **86**, 121). **Antragsänderung** wg materieller RKraft der Zurückweisg (§ 45 II 2) nur entspr ZPO 263, 264 zul (BayObLG WE **88**, 204; **89**, 59; Bassenge/Herbst FGG Einl I 2a cc mwN; str); iFv I Nr 4 muß Frist des § 23 IV gewahrt sein. Aus gleichem Grd **Antragsrücknahme** nur entspr ZPO 269 mit Zust des AntrGegners zul (Bassenge/Herbst FGG Einl VI 2a mwN; aA KG WE **88**, 62); Ausn iFv I Nr 4 (§ 23 Anm 5a). Eine noch nicht rkräft Entscheidg wird ohne Aufhebg wirkgslos. **Gegenantrag** entspr ZPO 33 zul, wenn Beteil ident u rechtl Zushang (KG OLGZ **76**, 271); nicht mehr in RBeschwInstanz (BayObLG WoM **85**, 31). Gg Verw auch, wenn er in VerfStandsch für WEigtümer handelt (BayObLG **71**, 313). **Stufenantrag** entspr ZPO 254 zul (Düss NJW-RR **87**, 1163). **Feststellungsantrag** (BayObLG NJW-RR **88**, 17; WE **88**, 97) entspr ZPO 256 zul. – **Anhängigkeit** mit AntrEingang (= VerfEinleitg); sie ist maßg zB für VerfZuständigk (vgl Anm 5a), nicht entspr ZPO 253 I, 261 I die (nach FGG nicht notw) Zustellg an Gegner (aA BayObLG **86**, 348), die aber zB erst Verzug begründen kann. – **Verfahrensstandschaft** (§ 27 Anm 3e), **Beteiligtenwechsel/erweiterung** entspr ZPO 263 (BayObLG **80**, 33; WE **88**, 97) sowie **Nebenintervention u Streitverkündung** entspr ZPO 72ff (BayObLG NJW-RR **87**, 1423 bzgl NichtEigtümer) zul. – **Rechtsschutzinteresse** erforderl (BayObLG DNotZ **85**, 414). **Trennung** (BayObLG DWE **82**, 136), **Verbindung** (BayObLG **77**, 226), **Aussetzung** (BayObLG **87**, 381) entspr ZPO 145, 147, 148 u **Ruhen des Verfahrens** (BayObLG NJW-RR **88**, 16) entspr ZPO 251 zul. – **Zwischenentscheidung** über Zulässigk des Verf entspr ZPO 280 (Celle NJW-RR **89**, 143) od über AnsprGrd entspr ZPO 304 (BayObLG DWE **82**, 137) sowie **Teilentscheidung** entspr ZPO 301 zul; nicht aber **Anerkenntnis- u Versäumnisentscheidung** (Bassenge/Herbst FGG Einl III 2a. – **Bekanntmachung** der Entscheidg nach FGG 16 (BayObLG WoM **88**, 421). **Richterablehnung** entspr FGG 6, ZPO 42ff (BayObLG WE **89**, 110).

III. Teil. 1. Abschnitt. Verfahren der freiw. Gerichtsbarkeit **WEG 43, 44**

c) Amtsermittlung (FGG 12). Das Ger hat ohne Bindg an Behauptgen u Antr der Beteil die entscheidgserhebl Tats im Frei- od StrengBewVerf (BayObLG **87**, 291; KG WoM **88**, 28; Bassenge/Herbst FGG § 12 Anm I 3) zu ermitteln. Diese Pfl endet aber dort, wo ein Beteil es allein od hauptsächl in der Hand hat, Tats u Beweise für eine ihm günst Entscheidg beizutragen u dies trotz Aufforderg unterläßt (BayObLG **84**, 102; NJW-RR **87**, 1363; **88**, 1170); daher kann oft ein Nichtbestreiten von weiteren Ermittlgen entbinden (BayObLG WE **89**, 58). Das Ger braucht nicht allen denkb Möglichk nachzugehen, sond darf die Ermittlgen einstellen, wenn ihre Fortsetzg keine Ergebn mehr erwarten läßt (BGH **40**, 54). – **Beweissicherung** vor Anhängigk der Hauptsache im Verf nach ZPO 485ff (LG Bln MDR **88**, 322).

5) Beteiligte (IV).

a) IV bestimmt (nicht abschließd) die **materiell Beteiligten**. – **aa)** Bei I Nr 1 bis 4 sind es **alle Wohnungseigentümer**, auch werdende iSv Übbl 2d bb vor § 1 u nach VerfEinleitg eingetretene; soweit bei Mehrhausanlagen uä StimmR eingeschränkt (§ 25 Anm 2a), gilt dies auch für Beteiligg (BayObLG **75**, 177). Verlust des WE/Anwärterstellg nach VerfEinleitg läßt BeteilEigensch unberührt, kann aber (ganz od bzgl des Ausgeschiedenen) die Hauptsache erledigen (Oldbg ZMR **80**, 63; vgl auch BayObLG **83**, 73); Entscheidg wirkt gem ZPO 265, 325 für u gg RNachf (BayObLG WE **87**, 51). Bei Verlust vor VerfEinleitg wird Ausgeschiedener nicht mehr Beteil (vgl Anm 2a), sofern nicht iFv I Nr 4 UngültigErkl noch Auswirkg auf ihn hat (vgl Anm 1baa). Über Sammelbezeichng vgl BayObLG NJW-RR **87**, 1039. – **bb)** Bei I Nr 2 u 4 ist es stets auch der **Verwalter** (auch bei Bestellg nach VerfEinleitg); bei I Nr 1 auch nicht, wenn Streit auf VerwMaßn beruht (aA BayObLG **72**, 90). Für die Auswirkg des Verlustes der VerwStellg nach od vor VerfEinltg auf die BeteilEigensch gilt Anm 1bbb entspr; Möglichk der Haftg macht früheren Verw aber nicht zum Beteil iFv I Nr 4 (Hamm OLGZ **71**, 96). – **cc) Sonstige.** Dritte iSv § 26 III. Bei Streit aus Beiratstätigk (§ 29 Anm 3) auch Mitgl, das nicht WEigtümer ist. Dingl Berecht am WE, soweit sie für VerfGgst StimmR haben (vgl § 25 Anm 2a).

b) Formelle Beteiligung (dazu Bassenge/Herbst FGG Einl II 1b). Das Ger hat vAw (kann AntrSteller Namhaftmachg aufgeben [BayObLG WEM **81**, 6/29] aber nicht erzwingen [BayObLG DWE **85**, 60]) die materiell Beteil festzustellen (Zweibr NJW-RR **87**, 1367) u ihnen Antr, Termine, BeteilVorbringen, ErmittlgsErgeb u Entscheidgen mitzuteilen (Stgt BWNotZ **76**, 18) sowie rechtl Gehör zu gewähren (§ 44 Anm 1d); Zustellgen an den Verw iRv § 27 Anm 3c reichen. Maß der aktiven Beteiligg steht im Belieben jedes Beteil; auch ohne aktive Beteiligg ist er weiter formell zu beteiligen, da sich Anlaß zu aktiver Beteiligg erst im Laufe des Verf ergeben kann (zu weitgehd Hamm OLGZ **71**, 101). ZPO 62 nicht anwendb (KG WoM **85**, 97). – Anhörg zur Sachaufklärg richtet sich nach FGG 12.

WEG 44 **Allgemeine Verfahrensgrundsätze.** ¹Der Richter soll mit den Beteiligten in der Regel mündlich verhandeln und hierbei darauf hinwirken, daß sie sich gütlich einigen.
ᴵᴵKommt eine Einigung zustande, so ist hierüber eine Niederschrift aufzunehmen, und zwar nach den Vorschriften, die für die Niederschrift über einen Vergleich im bürgerlichen Rechtsstreit gelten.
ᴵᴵᴵDer Richter kann für die Dauer des Verfahrens einstweilige Anordnungen treffen. Diese können selbständig nicht angefochten werden.
ᴵⱽIn der Entscheidung soll der Richter die Anordnungen treffen, die zu ihrer Durchführung erforderlich sind. Die Entscheidung ist zu begründen.

1) Mündliche Verhandlung (I). – **a) Erforderlichkeit.** Sie muß in allen TatsInst vor der Endentscheid in der Hauptsache (nicht zB vor selbstd Kostenentscheid od einstw AO od VerfAbgabe an ProzGer [BGH NJW **89**, 714]) stattfinden u darf nur bei bes Umständen entfallen (BayObLG NJW-RR **87**, 1492). In BeschwInst vor dem voll besetzten Kammer (BayObLG NJW-RR **88**, 1151). Sie dient der Sachaufklärg (FGG 12) u der gütl Einigg; hat aber nicht die Funktion von ZPO 128, so daß EntscheidgsGrdLage auch sein kann, was nicht VerhandlgsGgst war, u auch ZPO 309 gilt nicht (BayObLG **88**, 436). Sie ist öffentl (BayObLG aaO). – **b) Teilnahme.** Nichtteiln eines Beteil führt nicht zu VersäumnBeschl. Vertretg zuläss. Anordng des pers Erscheinens (FGG 13) steht im pflichtgem Ermessen (BayObLG WEM **80**, 125) u für Sachaufklärg (nicht nur für Einigg) gem FGG 33 erzwingb (KG Rpfleger **84**, 186). – **c) Protokoll** nach Ermessen des Ger; ZPO 159ff gelten nicht (BayObLG JurBüro **89**, 244); vgl aber II. – **d) Rechtliches Gehör** (GG 103 I), wonach Ger nur Tats verwerten darf, zu denen die Beteil (auch außerh mündl Verhandlg) Gelegenh zur Kenntn- u Stellgnahme hatten, von mündl Verhandlg zu unterscheiden (dazu Bassenge/Herbst FGG Einl III 3).

2) Einigung (II) erfordert kein ggseit Nachgeben. Niederschr gem ZPO 159–164 (vgl BayObLG WE **89**, 110).

3) Einstweilige Anordnung (III) erfordert anhäng HauptsacheVerf. Sie erfordert keinen bes Antr u ergeht ohne Bindg an solchen. Wirks mit Bek an Beteil (FGG 16 I) u sofort vollstreckb (§ 45 III); IV 1 anwendb. Anordng einschl Änderg/Aufhebg/Aussetzg der Vollziehg sowie Ablehng dieser Maßn nur zus mit Hauptsache anfechtb (BayObLG **77**, 44), selbst wenn ProzGer zuständ wäre (Hamm OLGZ **78**, 16); selbstd anfechtb aber, wenn nicht in anhäng HauptsacheVerf ergangen (BayObLG aaO) od greifb gesetzwidr (Hamm aaO). Kein VollstrGgAntr (KG WEZ **88**, 447). Bei Teilanfechtg der Hauptsacheentscheid muß Anordng den Ggst des BeschwVerf betreffen, um mit angefochten werden zu können. Erlaß wg § 45 II 1 noch mit Hauptsacheentscheidg zul. Anordng wird mit RKraft der Hauptsacheentscheidg od wenn solche (zB nach AntrRückn) nicht mehr ergehen kann ohne förml Aufhebg ggstlos (Düss ZMR **89**, 315).

WEG 44–46 Wohnungseigentumsgesetz. *Bassenge*

4) Durchführungsanordnung (IV 1) setzt entspr materiellrechtl Anspr voraus (Stgt NJW **70**, 102); zul zB Herausg von VerwUnterlagen bei Abberufg des Verw (BayObLG **65**, 34), KündErmächtigg an Verw bei unzul Vermietg (LG Lüb DWE **88**, 29). Sie ergeht auch noch im RMittelVerf unabhäng von Antr der Beteil u ohne Bindg an solche. Wo ZwVollstr in Betr kommt, muß sie vollstrfäh Inhalt haben.

5) Begründungspflicht (IV 2) betrifft nur Endentscheidgn (zB auch selbstd Kostenentscheidg) u mit ihnen anfechtb Zwischenentscheidgen (zB nach III). Fehlen der Begründg hindert Lauf der BeschwFrist u damit Wirksamwerden der Entscheidg (BayObLG **82**, 90; Bassenge/Herbst FGG Einl V 4d aa).

WEG 45 *Rechtsmittel, Rechtskraft.* ᴵGegen die Entscheidung ist die sofortige Beschwerde zulässig, wenn der Wert des Beschwerdegegenstandes zweihundert Deutsche Mark übersteigt.

ᴵᴵDie Entscheidung wird mit der Rechtskraft wirksam. Sie ist für alle Beteiligten bindend.

ᴵᴵᴵAus rechtskräftigen Entscheidungen, gerichtlichen Vergleichen und einstweiligen Anordnungen findet die Zwangsvollstreckung nach den Vorschriften der Zivilprozeßordnung statt.

ᴵⱽHaben sich die tatsächlichen Verhältnisse wesentlich geändert, so kann der Richter auf Antrag eines Beteiligten seine Entscheidung oder einen gerichtlichen Vergleich ändern, soweit dies zur Vermeidung einer unbilligen Härte notwendig ist.

1) Erstbeschwerde. – a) Zulässigkeit. I gilt nur für Endentscheidgn in der Hauptsache u gleichgestellte (zB entspr ZPO 280; Celle NJW-RR **89**, 143) ZwEntscheidgen; für Abhilfe, Einlegg, BeschwVerf u Entscheidg des BeschwGer gelten FGG 18 II, 19 II, 21–26; maßg Wert der Beschwer dch HauptsacheEntscheidg für den BeschwFührer u nicht der GeschWert des BeschwVerf (Hamm OLGZ **71**, 491). Sonstige ZwEntscheidgn sind mit der unbefristeten Beschw ohne Rücks auf BeschwWert nach FGG 19 I anfechtb (Köln ZMR **80**, 190; KG OLGZ **84**, 62), soweit nicht nach allg Grds unanfechtb (zB BewBeschl); es gelten FGG 18 I, 19 II, 21–26. BeschwBegründ nicht notw. – **b) Beschwerderecht** hat ein Beteil (§ 43 IV) nur, wenn er dch die Entscheidg iSv FGG 20 I beeinträchtigt ist (Ffm OLGZ **82**, 420; aA KG OLGZ **76**, 56). Bei AntrZurückweis gilt § 20 II (Bassenge Rpfleger **81**, 92; aA Düss DWE **80**, 131). Kein BeschwR haben nur wirtschaftl betr Dritte (zB HypGläub), die von Rechtskr (II) nicht erfaßt (BayObLG **74**, 13). – **c)** Unselbstde **Anschlußbeschwerde** bis zum Erlaß der RMittelEntscheidg mögl (BGH **71**, 314).

2) Weitere Beschwerde als sof weitere Beschw ohne Rücks auf BeschwWert (BGH NJW **85**, 913) statth. FGG 29 I 2, 3 gilt. Über sie entsch das OLG (in *Bayern* das ObLG, in *Rh-Pf* OLG Zweibr), iFv FGG 28 der BGH. Unselbstde **Anschlußbeschwerde** bis zum Erlaß der RMittelEntscheidg mögl (BGH Rpfleger **85**, 409).

3) Wirksamwerden (II 1) bedeutet Eintritt der Wirkgen, die herbeizuführen die Entscheidg nach ihrem Inhalt bestimmt u geeignet ist. Für Endentscheidgen in der Hauptsache mit formeller RKraft: Unanfechtbark für alle Beteil (Bassenge/Herbst FGG § 31 Anm 1 b), daher keine TeilRKraft hinsichtl einz Beteil. Für and Entscheidgen gilt FGG 16 I. – **Bindung (II 2)** aller Beteil iSv § 43 IV an wirks gewordene Entscheidg bedeutet materielle RKraft; tritt auch bei unterbleibender formeller Beteiligg ein, sofern die Entscheidg allen materiell Beteil zugestellt wurde (BayObLG WoM **89**, 350). Keine RKraftwirkg der UngültErkl eines EigtümerBeschl bei Verf über neuen Beschl gleichen Inhalts (BayObLG WoM **89**, 342).

4) Zwangsvollstreckung (III) nur aus Vergl u formell rkräft Entscheidgen, keine vorläuf Vollstreckbark. Vgl auch § 16 Anm 3 c dd. ZwVollstr nach ZPO, insb ZPO 724 (BayObLG NJW-RR **86**, 564: auch bei einstwAO), 750 (Stgt Rpfleger **73**, 311), 887 ff anwendb. Zur ZwVollstr bei notw Mitwirkg Dritter (zB Mieter) vgl BayObLG NJW-RR **89**, 462. Das Ger der FG ist zuständ, wenn nach ZPO das ProzG im VollstrVerf entscheidet; Verf, Kostenscheidg u RMittel richten sich nach ZPO (BayObLG NJW-RR **88**, 640), im ErkenntnVerf nach ZPO 767 ist aber WEG/FGG anwendb (BayObLG ZMR **82**, 127; LG Wuppt Rpfleger **80**, 197). Das AG ist als VollstrG nach ZPO 764 für die Aufgaben zuständ, die die ZPO ihm zuweist (zB ZPO 766), u das ProzG für Klagen nach ZPO 771; Verf u RMittel in beiden Fällen nach ZPO.

5) Abänderung (IV) formell rkräft Entscheidgn od Vergl nur auf Antr bei Veränd der tats Verh (so auch bei abw Vereinbg, vgl Celle NJW **64**, 1861), nicht bei geänd RAuffassg. Zuständ ist das AG auch bei BeschwEntscheidg (Ffm OLGZ **88**, 61). – Daneben ZPO 319–321 anwendb (vgl dazu Bassenge/Herbst FGG § 18 Anm II 2–4), ebso WiederAufn des Verf ZPO 578 ff bei schweren VerfMängel (BayObLG **74**, 9; hier BewLast des AntrStellers!).

WEG 46 *Verhältnis zu Rechtsstreitigkeiten.* ᴵWerden in einem Rechtsstreit Angelegenheiten anhängig gemacht, über die nach § 43 Abs. 1 im Verfahren der freiwilligen Gerichtsbarkeit zu entscheiden ist, so hat das Prozeßgericht die Sache insoweit an das nach § 43 Abs. 1 zuständige Amtsgericht zur Erledigung im Verfahren der freiwilligen Gerichtsbarkeit abzugeben. Der Abgabebeschluß kann nach Anhörung der Parteien ohne mündliche Verhandlung ergehen. Er ist für das in ihm bezeichnete Gericht bindend.

ᴵᴵHängt die Entscheidung eines Rechtsstreits vom Ausgang eines in § 43 Abs. 1 bezeichneten Verfahrens ab, so kann das Prozeßgericht anordnen, daß die Verhandlung bis zur Erledigung dieses Verfahrens ausgesetzt wird.

1) Abgabe an das FG-Gericht (I); stets vAw. – **a) Verfahren.** In erster Instanz dch unanfechtb (BGH **97**, 287) AbgabeBeschl, in höherer Instanz dch anfechtb (BGH aaO) Urt unter Aufhebg des ErstUrt; im MahnVerf gibt bis zum Widerspr/Einspr der Rpfleger u danach der Richter ab (Vollkommer Rpfleger **76**, 1). Keine Abgabe, wenn FGGer seine Zuständigk schon rkräft verneint hat (BGH **97**, 287). Verf vor FGGer

III. Teil. 1. Abschnitt. Verfahren der freiw. Gerichtsbarkeit **WEG 46–48**

setzt bish Verf nicht fort, vgl jedoch wg der Kosten § 50. – **b) Bindung** (I 3) auch bei fehlerh Abgabe; and bei offensichtl Unrichtigk (Karlsr OLGZ **75**, 285). FGGer darf AntrBefugn nach § 43 I Nr 1, deren Fehlen Unzulässigk des FGVerf ergeben würde, nicht mehr prüfen (BayObLG NJW **65**, 1484); er verfährt auch bei fehlerh Abgabe nach §§ 43 ff u FGG (Karlsr OLGZ **86**, 129). Bei (grds unzul) Rückverweis an ProzGer gilt ZPO 36 Nr 6 (BGH NJW **84**, 740). – **c) Unterlassene Abgabe** bewirkt nicht Nichtigk der Sachentscheid des ProzGer. Die RKraft des Urt steht in ihren obj Grenzen einem Verf nach § 43 entgg, wenn VerfBeteil nur die ProzPart od deren RNachf sind. Sind auch od Pers Beteil, so kann wg der weiterreichen RKraft-Wirkg (§ 45 II) eine neue u inhaltl abw Entscheid ggü den Beteil ergehen, die nicht ProzPart waren.

2) Abgabe an das Prozeßgericht entspr I auch vAw (BGH NJW **89**, 714). In BeschwInstanz unter Aufhebg des ErstBeschl; Kosten des BeschwVerf sind AntrSteller aufzuerlegen (BayObLG WE **88**, 63). Mit sof Beschw anfechtb (BayObLG **85**, 222). Bei Rückverweis an FG-Ger gilt ZPO 36 Nr 6 (Mü NJW-RR **89**, 272).

3) Aussetzung (II). An die Entscheidg des FGGer ist das ProzGer nur gebunden, wenn die ProzPart zu den Beteil des FGVerf od deren RNachf gehören. – Für Aussetzg des FGVerf gilt ZPO 148 entspr.

WEG 47 *Kostenentscheidung.* **Welche Beteiligten die Gerichtskosten zu tragen haben, bestimmt der Richter nach billigem Ermessen. Er kann dabei auch bestimmen, daß die außergerichtlichen Kosten ganz oder teilweise zu erstatten sind.**

1) Kostenentscheidung. – a) Als **unselbständige** vAw mit der Hauptsacheentscheidg; nachholb entspr ZPO 321 (Hamm Rpfleger **66**, 334). Anfechtb nach FGG 20a I nur mit Besch § 45 I zul Beschw in der Hauptsache. – **b)** Als **selbständige** vAw nach AntrRückn, Erledigg der Hauptsache (Anm 1a gilt aber, wenn Erledigg dch Hauptsacheentscheid festgestellt; BayObLG WE **88**, 198). Vergl od RMittelRückn. Anfechtb nach FGG 20a II, soweit Beschw in der Hauptsache nach § 45 I zul. wäre. – **c)** Verfrechtl **unzulässige** Kostenentscheidgen u solche, die einen NichtBeteil (vgl Anm 2c) belasten, sind ohne Rücks auf BeschwSumme u Anfechtbark der Hauptsacheentscheid anfechtb (Bassenge/Herbst FGG § 20a Anm 2b bb, 3 mwN). **d)** Für Verf nach **ZPO** gelten ZPO 91ff (vgl zB § 45 Anm 4).

2) Inhalt. – a) Gerichtskosten (S 1). Bill Erm ermöglicht, die Kosten dem Obsiegden aufzuerlegen (BayObLG **75**, 286, 369), zB weil er materiellr kostenerstattspfl ist. Bei selbstd Kostenentscheidg (Anm 1b) ist ohne abschließde Prüfg vermutl VerfAusgang zu berücksichtigen (BayObLG **75**, 234). Da VerfKosten keine VerwaltgsKosten (§ 16 V), trägt Verw Kosten pers idR nur, wenn er in Wahrnehmg eigener Interessen od aus pers Versch am Verf beteiligt (BayObLG WoM **88**, 408). Nach BayObLG **73**, 246 kann angeordnet w, daß abw von § 16 V Kostenschuld aller WEigtümer aus VerwaltgsVerm zu tilgen. – **b) Kostenerstattung (S 2)** für AnwKosten u notw Auslagen nur ausnahmsw bes Grd; grdsl trägt jede Beteil seine Kosten selbst (BGH WPM **84**, 1254). Gilt auch bei Antr-/RMittelRückn (KG OLGZ **88**, 317), doch wird dieser Grds hier vielf umgekehrt (Stgt OLGZ **83**, 171; BayObLG WoM **89**, 469), sofern Einleg nicht ausdrückl nur zur Fristwahrg (BayObLG WE **89**, 32); jedenf kann mutmaßl Erfolglosigk bes Grd für Erstattg sein (BayObLG DWE **89**, 134; Düss WEZ **88**, 253), ebso Rückn ohne Änderg der Sach- u RLage. Erstatt idR bei unzul Antr/RMitteln u offensichtl unbegründeter Nichtzahlg des Wohngeldes (Ffm **80**, 83; Düss DWE **87**, 101). Kostenfestsetzg nach FGG 13a II, ZPO 103–107 ohne weitere Beschw (BayObLG WE **88**, 64), RPflG 21 erst nach RKraft der ErstattgsAnordng (LG Düss Rpfleger **81**, 204). ErstattgsEntscheid regelt auch materiellrechtl ErstattgsAnspr abschließd (BayObLG **88**, 287). – **c) Beteiligte** sind nur die formell Beteil iSv § 43 Anm 5b (BayObLG **75**, 238) ohne Rücks auf aktive Beteiligg (Hamm OLGZ **71**, 105).

WEG 48 *Kosten des Verfahrens.* [I]**Für das gerichtliche Verfahren wird die volle Gebühr erhoben. Kommt es zur gerichtlichen Entscheidung, so erhöht sich die Gebühr auf das Dreifache der vollen Gebühr. Wird der Antrag zurückgenommen, bevor es zu einer Entscheidung oder einer vom Gericht vermittelten Einigung gekommen ist, so ermäßigt sich die Gebühr auf die Hälfte der vollen Gebühr.**

[II]**Der Richter setzt den Geschäftswert nach dem Interesse der Beteiligten an der Entscheidung von Amts wegen fest.**

[III]**Für das Beschwerdeverfahren werden die gleichen Gebühren wie im ersten Rechtszug erhoben.**

1) Allgemeines. Für die GerKosten (Gebühren u Auslagen) gilt die KostO ergänzt dch § 48. – **a) Vorschuß** nach Maßg KostO 8 forderb; gilt wg Nichtgeltg von KostO 131 I 2 auch für RMittelVerf (Köln OLGZ **87**, 407). Bei Nichtzahlg keine AntrZurückweisg, sond Ruhen des Verf (BayObLG **71**, 289). Nach Tätigwerden des Ger dürfen einz Beweiserhebgen wg fehl Vorschuß abhäng gemacht werden (Köln OLGZ **87**, 407). – **b) Kostenschuldner:** KostO 2 Nr 1 (AntrSteller, BeschwFührer), KostO 3 (Nr 1: EntscheidgsSchuldn gem § 47 S 1; Nr 3: zB bei Vergl). – **c) Auslagen.** KostO 136 gilt nicht für Schriftsatzabschriften für Beteil (Düss/Hamm Rpfleger **83**, 177; BayObLG **89**, 264). Nichterhebg von Zustellgsauslagen, wenn entgg § 27 II 3 an Beteil statt an Verw zugestellt (Hamm Rpfleger **85**, 257).

2) Gebühren. Höhe folgt aus KostO 32 iVm GeschWert. III erfaßt Erst- u weitere Beschw. – **a) Halbe Gebühr (I 3, III)** bei (nicht nur teilw) AntrRückn in allen RZügen u RMittelRückn vor gerichtl Entscheid od gerichtl vermittelter Einigg; gilt isolierte Kostenentscheidg ab. Gerichtl Entscheid hier weiter („eine") als in I 2; daher auch ZwEntscheidgen (zB einstwAO, RichtAblehng), nicht aber verfahrensleitde Anordng. – **b) Volle Gebühr (I 1, III)** in allen nicht von Anm 2a, 2c erfaßten Fällen wie zB gerichtl vermittelter Vergl, beiderseit ErleddigsErkl, AntrRückn nach einstw AO. Gilt isolierte Kostenentscheidg ab (LG

WEG 48–52

Wuppt JurBüro **88**, 656). – **c) Dreifache Gebühr (I 2, III).** Im ersten Rechtszug bei Endentscheid über die Hauptsache od gleichstehder ZwEntscheid (zB über AnsprGrd). Sie wird vom Ausgang des RMittel-Verf nicht berührt; nach Aufhebg u Zurückverweisg entsteht keine weitere Gebühr nach I. – Im RMittel-Verf bei Endentscheid über den VerfGgst (dazu zählt auch Aufhebg u Zurückverweisg; BayObLG **72**, 69); abw von KostO 131 auch bei Erfolg des RMittels (BayObLG aaO). Gilt auch bei RMittel gg Nebenent-scheidg (Köln JurBüro **80**, 1107; aA Düss Rpfleger **83**, 370), insb Beschw gg isolierte Kostenentscheidg (LG Wuppt JurBüro **88**, 656) od im ZwVollstr- bzw Kostenfestsetzgsverf; KostO 31 III 2 bleibt unberührt. – **d) Mischfälle.** Wird nur über einen Teil des VerfGgst entschieden u iü Rückn/Vergl/Erlediggs-Erkl, so eine Gebühr nach vollem GeschWert u zwei Gebühren nach GeschWert für entschiedenen Teil.

3) Geschäftswert (II). – **a) Grundsatz.** Festsetzg einheitl ggü allen Beteil unabhäng von EinzelVorschr der KostO, wobei wg umfaßder RKraftWirkg (§ 45 II) Interesse aller Beteil maßg (BayObLG JurBüro **89**, 1168), dem steht Kostenrisiko nicht entgg (Hbg MDR **88**, 55; vgl aber BayObLG WoM **89**, 469; aA KG NJW-RR **88**, 14). Bei verbundenen Verf ist einheitl Wert festzusetzen (vgl BayObLG **67**, 25; JurBüro **75**, 967); zB WohngeldAnspr gg mehrere WEigtümer (LG Mannh ZMR **73**, 215). II gilt auch in NebenVerf (BayObLG JurBüro **89**, 244); zB Beschw gg ZwEntscheidg. – **b) Verfahren:** KostO 31 I–III. Festsetzg für BeschwVerf mit ErstBeschw anfechtb (BayObLG **87**, 381; Düss MDR **87**, 244). BeschwR des Anwalts nach BRAGO 9 II. – **c) Einzelfälle.** Volle Anfechtg von Jahresabrechng/WirtschPlan aber Beanstandg nur einz Posten: beanstandete Posten zuzügl 25% des Restvolumens (Hbg MDR **88**, 55); bei teilw Anfechtg: beanstandete Posten (BayObLG **88**, 326). FeststellgsAntr bzgl künft BetrKostenAbrechng: 12½facher JahresBetr des umzuverteilden Betrages (BayObLG JurBüro **87**, 579). Vorschußherabsetzg: begehrte Minderg (KG Rpfleger **69**, 404). Wohngeldvorauszahlg: JahresBetr (Hbg DWE **87**, 139). Streit über Reparatur: deren Kosten, wenn sie unterbleiben soll; bloß Mehrkosten, wenn weitergehde Maßn verlangt werden (BayObLG WE **87**, 16). VerwAbberufg: Vergütg bis ordentl Bestellgsende (Köln NJW **73**, 765). UngültigErkl der VerwBestellg: Gesamtvergütg für vorgesehene Amtszeit (BayObLG WoM **87**, 257). VerwEntlastg: 10% der Jahresabrechng (AG Hildesh ZMR **86**, 23); Einzelfall maßg! Zust nach § 12: Kaufpr (BayObLG **81**, 202); WE **86**, 24; WoM **88**, 408); bei Unentgeltlichk VerkWert (aA Ffm DWE **88**, 141). Beschl nach § 18: 10% des VerkWerts. Beiratsbestellg: 2000 DM (Köln Rpfleger **72**, 261); Einzelfall maßg! Erhöhg des NutzgsEntgelts für GemschEBenutzg: ErhöhgsBetr für 1 Jahr (BayObLG ZMR **79**, 214).

WEG 49 *Rechtsanwaltsgebühren.* (Aufgehoben dch Art XI § 4 V Nr 15 KostRÄndG v 26. 7. 57, BGBl. 861; vgl jetzt BRAGO 63 I Nr 2, II).

1) Der RA erhält im **ersten Rechtszug** die Gebühren nach BRAGO 31ff (BRAGO 63 I Nr 2). Gebühr aus BRAGO 31 I Nr 2 entsteht auch, wenn Gegner zur mündl Verhandlg nicht erschienen (LG Lüb JurBüro **85**, 1202) od keine Anträge gestellt werden. Im **Beschwerdeverfahren** (Erst- u weitBeschw) oder bei Hauptsacheentscheid erhält er die gleichen Gebühren (BRAGO 63 II); bei sonstigen Beschw (zB gg ZwEntscheidgen; selbstd Kostenentscheidg) gilt BRAGO 61 I Nr 1. – **Einstweilige Anordnungen** (§ 44 III) gehören zum RZug u lösen keine zusätzl Gebühren aus (Karlsr Rpfleger **65**, 240).

2) BRAGO 6: Bei Vertretg einer WEgemsch handelt es sich um mehrere AuftrGeber, selbst wenn Verw die Eigtümer vertritt (BGH NJW **87**, 2240). Aber nur ein AuftrGeber bei Vertretg des Verw, der in VerfStandsch für mehrere WEigtümer handelt (Düss NJW-RR **88**, 16).

WEG 50 *Kosten des Verfahrens vor dem Prozeßgericht.* Gibt das Prozeßgericht die Sache nach § 46 an das Amtsgericht ab, so ist das bisherige Verfahren vor dem Prozeßgericht für die Erhebung der Gerichtskosten als Teil des Verfahrens vor dem übernehmenden Gericht zu behandeln.

1) Vorschr gilt nur für Gerichtskosten. Vor dem abgebden ProzGer entstandene GerKosten werden neben §§ 47, 48 nicht gesondert angesetzt; sie können aber (insb bei Abgabe dch BerufsGer) für die BilligkEntsch von Bedeutg sein (LG Stgt Justiz **71**, 356).

2. Abschnitt. Zuständigkeit für Rechtsstreitigkeiten

WEG 51 *Zuständigkeit für die Klage auf Entziehung des Wohnungseigentums.* Das Amtsgericht, in dessen Bezirk das Grundstück liegt, ist ohne Rücksicht auf den Wert des Streitgegenstandes für Rechtsstreitigkeiten zwischen Wohnungseigentümern wegen Entziehung des Wohnungseigentums (§ 18) zuständig.

1) Keine ausschließl Zustdgk (BGH **59**, 104). Streitwert: Verkehrswert des WE des Bekl (Karlsr Rpfleger **80**, 308). Für Streitigk aus Vollziehg vereinbarter Aufhebg der Gemsch (§ 17) gelten weder § 43 noch § 51 (BayObLG **79**, 414).

WEG 52 *Zuständigkeit für Rechtsstreitigkeiten über das Dauerwohnrecht.* Das Amtsgericht, in dessen Bezirk das Grundstück liegt, ist ohne Rücksicht auf den Wert des Streitgegenstandes zuständig für Streitigkeiten zwischen dem Eigentümer und dem Dauerwohnberechtigten über den in § 33 bezeichneten Inhalt und den Heimfall (§ 36 Abs. 1 bis 3) des Dauerwohnrechts.

1) Bei DWR immer ord StreitVerf. Keine ausschließl Zustdgk vorbehaltl von ZPO 24.

III. Teil. 3. Abschnitt. Verfahren bei der Versteigerung des WE **WEG 52–56**

2) Keine Ausdehng auf andere als die bezeichneten Streitigk über das DWR. Betrifft also zB nicht Streit über Gültigk der Bestellg od Zahlg des Entgelts, wohl aber Streit über Zustimmg (vgl § 35 Anm 1, str).

3. Abschnitt. Verfahren bei der Versteigerung des Wohnungseigentums

WEG 53 *Zuständigkeit, Verfahren.* ^IFür die freiwillige Versteigerung des Wohnungseigentums im Falle des § 19 ist jeder Notar zuständig, in dessen Amtsbezirk das Grundstück liegt.

^{II}Das Verfahren bestimmt sich nach den Vorschriften der §§ 54 bis 58. Für die durch die Versteigerung veranlaßten Beurkundungen gelten die allgemeinen Vorschriften. *Die Vorschriften der Verordnung über die Behandlung von Geboten in der Zwangsversteigerung vom 30. Juli (richtig: Juni) 1941 (Reichsgesetzbl. I S. 354, 370) in der Fassung der Verordnung vom 27. Januar 1944 (Reichsgesetzbl. I S. 47) sind sinngemäß anzuwenden.*

1) Die Vorschr über die freiw Verst lehnen sich an PrFGG 66ff an. – Kosten: KostO 47, 123, 144. – Die genannten Verordngen sind aufgeh dch G v 20. 8. 53, BGBl 952. Jetzt: ZVG.

WEG 54 *Antrag, Versteigerungsbedingungen.* ^IDie Versteigerung erfolgt auf Antrag eines jeden der Wohnungseigentümer, die das Urteil gemäß § 19 erwirkt haben.

^{II}In dem Antrag sollen das Grundstück, das zu versteigernde Wohnungseigentum und das Urteil, auf Grund dessen die Versteigerung erfolgt, bezeichnet sein. Dem Antrag soll eine beglaubigte Abschrift des Wohnungsgrundbuches und ein Auszug aus dem amtlichen Verzeichnis der Grundstücke beigefügt werden.

^{III}Die Versteigerungsbedingungen stellt der Notar nach billigem Ermessen fest; die Antragsteller und der verurteilte Wohnungseigentümer sind vor der Feststellung zu hören.

1) Antragsberechtigt ist jeder der Kläger für sich allein.

2) Amtl Verzeichn der Grdst (II 2): vgl GBO 2 II.

3) Feststellg der VerstBdggen (III) muß vor Terminsbestimmg erfolgen (vgl § 55 II 5). Sof Beschw, § 58. VerstBedinggen müssen angemessenem Kaufvertr entspr. Dingl Rechte bleiben alle bestehen.

WEG 55 *Terminsbestimmung.* ^IDer Zeitraum zwischen der Anberaumung des Termins und dem Termin soll nicht mehr als drei Monate betragen. Zwischen der Bekanntmachung der Terminsbestimmung und dem Termin soll in der Regel ein Zeitraum von sechs Wochen liegen.

^{II}Die Terminsbestimmung soll enthalten:
1. die Bezeichnung des Grundstücks und des zu versteigernden Wohnungseigentums;
2. Zeit und Ort der Versteigerung;
3. die Angabe, daß die Versteigerung eine freiwillige ist;
4. die Bezeichnung des verurteilten Wohnungseigentümers sowie die Angabe des Wohnungsgrundbuchblattes *und, soweit möglich, des von der Preisbehörde bestimmten Betrages des höchstzulässigen Gebots;*
5. die Angabe des Ortes, wo die festgestellten Versteigerungsbedingungen eingesehen werden können.

^{III}Die Terminsbestimmung ist öffentlich bekanntzugeben:
1. durch einmalige, auf Verlangen des verurteilten Wohnungseigentümers mehrmalige Einrückung in das Blatt, das für Bekanntmachungen des nach § 43 zuständigen Amtsgerichts bestimmt ist;
2. durch Anschlag der Terminsbestimmung in der Gemeinde, in deren Bezirk das Grundstück liegt, an die für amtliche Bekanntmachungen bestimmte Stelle;
3. durch Anschlag an die Gerichtstafel des nach § 43 zuständigen Amtsgerichts.

^{IV}Die Terminsbestimmung ist dem Antragsteller und dem verurteilten Wohnungseigentümer mitzuteilen.

^VDie Einsicht der Versteigerungsbedingungen und der in § 54 Abs. 2 bezeichneten Urkunden ist jedem gestattet.

1) Zu II 4: Keine Bestimmg des Höchstgebots mehr dch PreisBeh; vgl auch Anh zu § 313.

WEG 56 *Versteigerungstermin.* ^IIn dem Versteigerungstermin werden nach dem Aufruf der Sache die Versteigerungsbedingungen und die das zu versteigernde Wohnungseigentum betreffenden Nachweisungen bekanntgemacht. Hierauf fordert der Notar zur Abgabe von Geboten auf.

^{II}Der verurteilte Wohnungseigentümer ist zur Abgabe von Geboten weder persönlich noch durch einen Stellvertreter berechtigt. Ein gleichwohl erfolgtes Gebot gilt als nicht abgegeben. Die Abtretung des Rechtes aus dem Meistgebot an den verurteilten Wohnungseigentümer ist nichtig.

WEG 56–63 — Wohnungseigentumsgesetz. *Bassenge*

^{III}Hat nach den Versteigerungsbedingungen ein Bieter durch Hinterlegung von Geld oder Wertpapieren Sicherheit zu leisten, so gilt in dem Verhältnis zwischen den Beteiligten die Übergabe an den Notar als Hinterlegung.

1) Aus der Nichtigk der Abtretg der Rechte aus dem Meistgebot an den verurteilten Störenfried (II 3) folgt, daß idR auch die Rückübereigng dch den Ersteher u neuen WEigtümer an den Ausgewiesenen nichtig ist (BPM/Merle Rdn 25). Zeitablauf u Veränderg der Umst mögen im Einzelfall anderes Ergebn rechtfertigen. Nach aA (Soergel/Baur Rdn 4) soll Rückerwerb wirks sein, doch soll aus dem alten Titel die Vollstr wiederholt werden. BPM/Merle Rdn 26 u Weitnauer Rdn 2 weisen auf Schutz dch VeräußergsBeschrkg nach § 12 hin, BPM/Merle aaO aber auch auf §§ 134, 138, 826 BGB.

WEG 57 *Zuschlag.* [1]Zwischen der Aufforderung zur Abgabe von Geboten und dem Zeitpunkt, in welchem die Versteigerung geschlossen wird, soll unbeschadet des § 53 Abs. 2 Satz 3 mindestens eine Stunde liegen. Die Versteigerung soll solange fortgesetzt werden, bis ungeachtet der Aufforderung des Notars ein Gebot nicht mehr abgegeben wird.

^{II}Der Notar hat das letzte Gebot mittels dreimaligen Aufrufs zu verkünden und, soweit tunlich, den Antragsteller und den verurteilten Wohnungseigentümer über den Zuschlag zu hören.

^{III}Bleibt das abgegebene Meistgebot *hinter sieben Zehnteln des von der Preisbehörde bestimmten Betrages des höchstzulässigen Gebots oder in Ermangelung eines solchen hinter sieben Zehnteln des Einheitswertes des versteigerten Wohnungseigentums* zurück, so kann der verurteilte Wohnungseigentümer bis zum Schluß der Verhandlung über den Zuschlag (Absatz 2) die Versagung des Zuschlags verlangen.

^{IV}Wird der Zuschlag nach Absatz 3 versagt, so hat der Notar von Amts wegen einen neuen Versteigerungstermin zu bestimmen. Der Zeitraum zwischen den beiden Terminen soll sechs Wochen nicht übersteigen, sofern die Antragsteller nicht einer längeren Frist zustimmen.

^VIn dem neuen Termin kann der Zuschlag nicht nach Absatz 3 versagt werden.

1) Mit Rechtskr des Zuschlags (vgl § 58) Abschl des KaufVertr. Gebot ist Offerte. Zum EigtÜbergang nöt noch Ann der dch das Urteil ersetzten ÜbereignsErkl des Ausgewiesenen dch den Ersteher (einseitig, aber Form des § 925) u Eintr. Vgl auch Friese MDR **51**, 593. – Kein Erlöschen der auf dem WE ruhenden dingl Rechte dch den Zuschlag.

2) Wg I u III vgl § 53 Anm 3, § 55 Anm 1.

WEG 58 *Rechtsmittel.* [1]Gegen die Verfügung des Notars, durch die die Versteigerungsbedingungen festgesetzt werden, sowie gegen die Entscheidung des Notars über den Zuschlag findet das Rechtsmittel der sofortigen Beschwerde mit aufschiebender Wirkung statt. Über die sofortige Beschwerde entscheidet das Landgericht, in dessen Bezirk das Grundstück liegt. Eine weitere Beschwerde ist nicht zulässig.

^{II}Für die sofortige Beschwerde und das Verfahren des Beschwerdegerichts gelten die Vorschriften des Reichsgesetzes über die Angelegenheiten der freiwilligen Gerichtsbarkeit.

IV. Teil. Ergänzende Bestimmungen

WEG 59 *Ausführungsbestimmungen für die Baubehörden.* Der Bundesminister für Wohnungsbau erläßt im Einvernehmen mit dem Bundesminister der Justiz Richtlinien für die Baubehörden über die Bescheinigung gemäß § 7 Abs. 4 Nr. 2, § 32 Abs. 2 Nr. 2.

1) Fassg in Bln-West: WEG v 2. 8. 51 (GVBl 547). Richtl v 19. 3. 1974 (BAnz Nr 58). Zu den Erteilgs-Voraussetzgen vgl VG Schlesw NJW-RR **88**, 1162; BayVGH MittBayNot **89**, 229.

WEG 60 *Ehewohnung.* Die Vorschriften der Verordnung über die Behandlung der Ehewohnung und des Hausrats (Sechste Durchführungsverordnung zum Ehegesetz) vom 21. Oktober 1944 (Reichsgesetzbl. I S. 256) gelten entsprechend, wenn die Ehewohnung im Wohnungseigentum eines oder beider Ehegatten steht oder wenn einem oder beiden Ehegatten das Dauerwohnrecht an der Ehewohnung zusteht.

WEG 61 *Einheitsbewertung.* (Aufgehoben dch Art 28 SteuerbereiniggsG v 14. 12. 84, BGBl I 1493)

WEG 62 *Gleichstellung mit Eigenheim.* (Aufgehoben dch Art 28 SteuerbereiniggsG v 14. 12. 84, BGBl I 1493)

WEG 63 *Überleitung bestehender Rechtsverhältnisse.* [1]Werden Rechtsverhältnisse, mit denen ein Rechtserfolg bezweckt wird, der den durch dieses Gesetz geschaffenen Rechtsformen entspricht, in solche Rechtsformen umgewandelt, so ist als Geschäftswert für die Berechnung der hierdurch veranlaßten Gebühren der Gerichte und Notare im Falle des Wohnungseigentums ein Fünfundzwanzigstel des Einheitswertes des Grundstückes, im Falle des Dauerwohnrechtes ein Fünfundzwanzigstel des Wertes des Rechtes anzunehmen.

IV. Teil. Ergänzende Bestimmungen   WEG 63, 64

II Erfolgt die Umwandlung gemäß Absatz 1 binnen zweier Jahre seit dem Inkrafttreten dieses Gesetzes, so ermäßigen sich die Gebühren auf die Hälfte. Die Frist gilt als gewahrt, wenn der Antrag auf Eintragung in das Grundbuch rechtzeitig gestellt ist.

III Durch Landesgesetz können Vorschriften zur Überleitung bestehender, auf Landesrecht beruhender Rechtsverhältnisse in die durch dieses Gesetz geschaffenen Rechtsformen getroffen werden.

1) I, II beziehen sich zB auf Umwandlg von StockwerksE in WE, von dingl WohngsR in DWR, uU auch von Mietverhältn in solches (Hbg MDR **55**, 42), nicht aber von MitE in WE (BayObLG **57**, 172). – EGBGB 131 nicht aufgeh; auch noch bestehdes StockwerksEigt (EGBGB 182) bleibt unberührt. – Zu III vgl *Hess* G v 6. 2. 62 (GVBl 17).

WEG 64 *Inkrafttreten.*   Dieses Gesetz tritt am Tage nach seiner Verkündung in Kraft.

1) Inkrafttr: 20. 3. 1951.

Ehegesetz 1946

Kontrollratsgesetz Nr. 16

Vom 20. Februar 1946 (KRABl S 77/BGBl III 404–1), zuletzt geändert durch das Gesetz zur Neuregelung des Internationalen Privatrechts vom 25. Juli 1986 (BGBl. I S. 1142)

Bearbeiter: Prof. Dr. Diederichsen

Schrifttum: v Godin, EheG, 2. Aufl 1950; Hoffmann/Stephan, EheG, 2. Aufl 1968; Müller-Freienfels, Ehe u Recht; 1962, Bosch FamRZ **88**, 665; Coester StAZ **88**, 122. Vgl im übrigen die Lit-Hinweise zum 4. Buch des BGB.

Einleitung

1) Zur Entstehg u Fortentwicklg des Gesetzes vgl die 41. Aufl. Dort auch zu den Ergänzgen des EheG dch die sechs DVO; von diesen gelten weiter die 6. DVO = HausratsVO (abgedr u kommentiert im Anh II zum EheG) sowie die nicht aufgehobenen Bestimmgen der 1. DVO (vgl Anh I zum EheG). Wg weiterer Ergänzgen des EheG vgl ebenf die 41. Aufl. Die Überschriften der Paragraphen des EheG sind Bestandteile des Gesetzes mit Ausn der dch das 1. EheRG eingefügten Bestimmgen. **Reform:** Das **2. EheRG**, das urspr das EhescheidgsVerfR enthalten sollte (BT-Drucks VI/3453), soll nunmehr das EheschlR reformieren; ein Entw liegt noch nicht vor.

Erster Abschnitt. Recht der Eheschließung

Überblick

1) Der **1. Abschnitt** (EheG 1–40) enthält die Bestimmgen über die Ehefähigk (EheG 1–3), währd die Willensmängel ledigl in ihren Folgen bei der Fehlerhaftigk der Eheschließg dargestellt w (EheG 18, 30–34), weiterh die Eheverbote (EheG 4–10), beide Unterabschnitte ergänzt dch verfrechtl Vorschriften des FGG idF des FamRÄndG (FGG 44a). Es folgen die formellen EheschlBest (EheG 11–15) nebst § 15a, ergänzt dch PStG 3–8 sowie dessen 1. AVO 16–34 I mit den inzw ergangenen AbändVO (vgl Einl v § 1297 Anm 2). Weiterh sind die Nichtigk (EheG 16–27), die Aufhebg der Ehe (EheG 28–37) sowie die Wiederverheiratg im Falle der Todeserklärg (EheG 38–40). Das EhescheidgsR des **2. Abschnitts** ist dch die §§ 1565ff ersetzt w. Vgl Hinw v EheG 41 sowie Anm 1 v EheG 58 hins des nachehel Unterh bei AltScheidgen. Der **3. Abschnitt** (EheG 77) ist dch ZtAblauf ggstandsl geworden. Der **4. Abschnitt** enth zusätzl Bestimmgen. Zur RLage im Saarland vgl Art 9 I Abs 2 Nr 27 FamRÄndG 1961.

2) **Übergangsrecht** Einf 3 vor EheG 16; **internationales Privatrecht** EG 13, ergänzt dch EheG 15a (Eheschl v Ausländern i Deutschland).

A. Ehefähigkeit

EheG 1 *Ehemündigkeit.* [I]Eine Ehe soll nicht vor Eintritt der Volljährigkeit eingegangen werden.

[II]**Das Vormundschaftsgericht kann auf Antrag von dieser Vorschrift Befreiung erteilen, wenn der Antragsteller das 16. Lebensjahr vollendet hat und sein künftiger Ehegatte volljährig ist.**

1) Zur **Rechtsentwicklung** vgl 43. Aufl. FamRÄndG 1961 sah Eingeh einer Ehe dch den Mann nicht vor Vollendg des 21., der Frau des 16. LebJ vor; Befreiung beider war zul.

2) Das in EheG 1 I aF auf 21 J festgesetzte EhemündigkAlter des Mannes konnte nach Herabsetzg des VolljkAlters auf 18 J nicht mehr beibehalten w. Es erschien dem GesGeb nicht sachgerecht, den 18–21jähr für den Teilbereich der Eheschl die EntscheidgsFreih zu versagen (BT-Drucks 7/117 S 10). **Volljährigkeit und Ehemündigkeit entsprechen einander,** nachdem das VolljkG auch für die Frau die Eingeh der Ehe an den Eintr der Volljk bindet, **I**. Die Ehemündigk ist ledigl noch desh von Bedeutg, weil es zwar keine VolljkErkl mehr gibt (früher §§ 3ff), wohl aber eine Herabsetzg des AltersErfordern bei Eingeh einer Ehe. Befreiung von der Voraussetzg der Volljk kann einheitl für beide Geschlechter nach Vollendg des 16. LebJ erteilt w, **II**.

3) Währd die Nichtbeachtg der Ehemündigk als solche nach früherem R für den Bestand der Ehe keine Wirkgen hatte (LG Hbg FamRZ **64**, 565), bedeutet nach Inkrafttr des VolljkG ein Verstoß immer auch zugleich, daß mind ein Verlobter noch mj war; dann EheG 3, 30.

4) **Befreiung** vom Erfordern der Volljk einheitl für Mann u Frau unter drei **Voraussetzungen:**

a) Der künft Eheg muß seiners vollj, also mind 18 J alt sein. Ausgeschl danach Ehe zw Mj.

1. Abschnitt: Recht der Eheschließung. A. Ehefähigkeit

b) Der AntrSteller muß das 16. LebJ vollendet haben. Darin liegt f die Frau ggü dem früh RZustd eine Verschlechterg insofern, als sie Befreiung vom EhemündigkErfordern auch erlangen konnte, wenn sie noch nicht 16 J alt war. Für die Befreiung schadet nicht, daß AntrSteller noch unter elterl Sorge od unter Vormsch steht (vgl §§ 1633, 1793 Anm 2a). Infolgedessen kann auch der gesetzl Vertreter, dem die Sorge zusteht, den Antr stellen (Hamm OLGZ **65**, 363).

c) VormschG „kann" Befreiung erteilen, u zwar nicht allg, sond nur für die Eingeh der Ehe mit einem best Partner (Göppinger FamRZ **61**, 463; Kblz FamRZ **70**, 200). VormschG hat außer den bes Voraussetzgen des II zu prüfen, ob die Verlobten zus die erforderl charakterl Reife (LG Oldbg DAV **83**, 309), insb eine wechselseit Bindg haben u eine geordnete Erziehg des evtl erwarteten Kindes gewährleistet erscheint (BT-Drucks 7/1962; DRiZ **74**, 199; Bienwald NJW **75**, 959), ferner ob die Ehe Aussicht auf Bestand hat (Bökelmann StAZ **75**, 330), in AusnFällen auch, ob die notw ExistenzGrdl vorh ist. Ablehnung der Befreiung bei kindl Mutter (AG Ravbg DAV **76**, 433); ferner wenn Verlobter Inder ist, der SozHilfe bezieht u der Heirat uU nur zZw der Verlängerg seiner AufenthErlaubn anstrebt (AG St Ingbert StAZ **84**, 102). Auf ein öff Interesse kommt es nicht an, sond auf das Beste des Heiratswilligen, das bei Absicht zur Heirat der vom AntrSteller geschwängerten, entspr Anm 4a älteren Frau nur noch ausnahmsw zu bejahen s dürfte (vgl Landshut FamRZ **60**, 284). Befreiung eines Ausländers kommt nur in Betr, wenn dtsches R für die EheVoraussetzgen anzuw ist (EG 13), dh bei Staatenlosen mit gewöhnl Aufenth in Dtschl (vgl EG 29) od bei Rückverweisg (EG 13 Anm 4a).

5) Verfahren. Zuständigk f die Befreiung FGG 43, 36 I 1; es entsch Richter RPflG 14 Z 18; JA muß gehört w (JWG 48a II). Gg die Ablehng des Gesuchs Beschwerde der Verlobten (FGG 20 II) u des gesetzl Vertreters des Mj (FGG 57 I Z 9). Gg Erteilg der Befreiung Beschw der Elt (FGG 57 Z 9). Gebühren KostO 97a.

EheG 2 Geschäftsunfähigkeit. Wer geschäftsunfähig ist, kann eine Ehe nicht eingehen.

1) Verstoß gg EheG 2 hat Nichtigk zur Folge (EheG 18). Zur **Geschäftsunfähigkeit** vgl § 104. Bei noch bestehder Entmündigg wg Geisteskrankh (BGB 104 Z 3) unerhebl also, ob Grd für die Entmündigg weggefallen. Ergänzt wird EheG 2 dch EheG 18, das die Nichtigk nicht nur bei einem die freie Willensbestimmg ausschließdn Zustand krankh Störg der Geistestätigk eintreten läßt, sond auch bei Abgabe der EheschlErkl im Zustand der Bewußtlosigk od vorübergehder Störg der Geistestätigk (vgl 105 II). Zustimmg des gesetzl Vertr unerhebl. **Heilung nur durch Bestätigung** mögl, EheG 18 II, vgl aber auch EheG 30. Bei beschr GeschFähigk EheG 3.

EheG 3 Einwilligung des gesetzlichen Vertreters und des Personensorgeberechtigten.

^I Wer minderjährig oder aus anderen Gründen in der Geschäftsfähigkeit beschränkt ist, bedarf zur Eingehung einer Ehe der Einwilligung seines gesetzlichen Vertreters.

^II Steht der gesetzliche Vertreter eines Minderjährigen nicht zugleich die Personensorge für den Minderjährigen zu oder ist neben ihm noch ein anderer personensorgeberechtigt, so ist auch die Einwilligung des Personensorgeberechtigten erforderlich.

^III Verweigert der gesetzliche Vertreter oder der Personensorgeberechtigte die Einwilligung ohne triftige Gründe, so kann der Vormundschaftsrichter sie auf Antrag des Verlobten, der der Einwilligung bedarf, ersetzen.

Schrifttum: Kleinheyer, Festschr f Beitzke, Bln 1979, S 235 (histor).

1) Zum früh Recht 43. Aufl; zur Geschichte Kleinheyer, FS Beitzke 1979 S 235. **Zweck:** Vor Vollendg des 18. LebJ bedarf man zur Eingeh der Ehe der Befreiung vom Erfordern der Ehemündigk (EheG 1 II) u der Einwillig des SorgeBerecht, II, u der gesetzl Vertr, I, die aber nur aus triftigen Grden versagt w darf u sonst ersetzt wird, III. Nachdem das VolljG nicht mehr zw Mann u Frau unterscheidet, gilt die Vorschr nunmehr unterschiedsl für beide Geschlechter. Nach früh Recht konnte der Mann die Befreiung vom Mangel der Ehefähigk nicht erhalten, sond mußte für vollj erklärt w, so daß die Vorschr insof nur für die Frau Bedeutg hatte.

2) Die **Einwilligung ist erforderlich** bei Mj (§ 106) u solchen Pers, die aus and Grden in der GeschFähigk beschr s (§ 114). Maßgebl ist der Ztpkt der Eheschließg (Beitzke StAZ **58**, 197). Bei einem Wechsel im SorgeR od in der Vertretg ist eine neue Einwillig einzuholen.

3) Einwilligungsberechtigt sind

a) Der **gesetzliche Vertreter, I,** im allg also beide Elt (§ 1629 Anm 1), uU aber auch ein EltT allein (§§ 1671 I, 1672, 1678, 1681), iF des § 1705 die Mutter, des § 1736 nur der Vater, des § 1740 f der überl EltT, des § 1754 II der Annehmende, des § 1754 I das Ehepaar, nach Aufhebg der Annahme wieder die leibl Elt (§ 1764 III), ferner der Vormd (§ 1793), in der gesetzl Vertr, II, die aber nur aus triftigen Grden versagt w darf u sonst ersetzt wird, III. Das Recht zur Einwillig ist Ausfluß des SorgeR für die Person (§ 1626 I 2; BGH **21**, 345), ohne daß zugl die tatsächl Fürsorge vorhand zu sein braucht (*arg* II). Kein EinwilliggsR hat daher ein Beistand, wem nur die Vermögenssorge zusteht, ein auf die Vermögenssorge beschr MitVormd (§ 1797 Anm 2a) od ein GgVormd.

b) Der **für den Minderjährigen Personensorgeberechtigte, II,** sei er nun allein sorgeberecht od zusammen mit dem gesetzl Vertr. Im Falle der Nichtigk, EheAufhebg od Scheidg der Ehe der Elt kommt es darauf an, wem das FamG die PersSorge übertragen hat (§ 1671 I). Da diese Übertragg auch die des VertretgsR in Personensachen in sich schließt (§ 1629 I 2), ist die Einwilligg des and geschiedenen Eheg nicht erfdl. Bei gemeinschaftl SorgeR nach Scheidg bleiben beide Elt zustimmgsbefugt. Ist ein Pfleger bestellt

(§ 1671 V), so ist kein EltT einwilliggsberecht. Ebsowenig bedarf es der Einwilligg des EltT, dessen SorgeR ruht (§ 1675) od dem es gem § 1666 völlig entzogen w ist (BayObLG NJW **65**, 868). Ruht das elterl SorgeR wg beschr GeschFgk od Gebrechlichk, die die Bestellg eines Pfl erfdl macht (§ 1910 I), so behält der betroffene EltT die persönl Sorge neben dem gesetzl Vertr (§ 1673 II 2) u bleibt einwilliggsberecht. Liegt die Einwilligg der Elt nicht im Interesse des Kindes, so kann darauf die Entziehg des SorgeR gestützt w (KG DR **41**, 1601). Kein ZustimmgsR haben ErziehgsBeistand (JWG 58) u das LJA als FürsorgeErziehgsBehörde (JWG 69), da auf diese die Sorge nicht übergeht (Potrykus ZBlJR **68**, 100; aM Lukes StAZ **62**, 32; LG Duisbg StAZ **67**, 188).

4) Die **Einwilligung** ist einseit empfangsbedürft RGesch (§ 183 I); sie kann auch dem beschr GeschFähigen ggü erklärt w, ist aber immer für den bestimmten Fall, nicht allg zu erteilen. Nachweis ggü dem StBeamten dch **öffentliche oder öffentlich beglaubigte Urkunde,** der hierfür selbst zuständ ist (PStG 5 IV, BeurkG 58; Einzelheiten bei Lukes StAZ **62**, 58). Die Einwilligg kann auch bedingt od befristet abgegeben w, soweit mit dem Wesen der Ehe vereinb, u ist bis zur Eheschl **frei widerruflich** (BayObLG MDR **83**, 228). **Höchstpersönliches** Recht, daher Vertretg im Willen unzul; bei beschränkter GeschFgk des Einwilligden § 1728 III analog (Lukes StAZ **62**, 30).

5) Die **Verweigerung der Einwilligung und ihre Ersetzung, III.** Sowohl der gesetzl Vertreter, I, wie der Sorgeberecht, II, müssen ihre Einwilligg erteilen. Ersetzg dch VormschRichter bei Verweigerg ohne **triftige Gründe.** Diese Vorschr schränkt mithin das EntscheidsR der Elt ein, also auch wenn beide in der Ablehng einig sind (§ 1627 Anm 1, § 1673 II 3), kennzeichnet sich aber gerade desh als AusnVorschr (LG Aach ZBlJugR **66**, 167). Triftige Grde können sich aus der Person jedes Verlobten u dem wohlverstandenen FamInteresse ergeben, die beide zu berücksichtigen sind, insb also bei Mangel am nötigen Einkommen, Krankh, schlechtem Ruf (Tüb JR **49**, 386), ungünst Rechtsstellg der Ehefr (Neust FamRZ **63**, 443 Ehe mit Mohammedaner). Keine EinwilligsErsetzg bei entmündigter Mutter 2er ne Kinder, die zu einfacher HausfrTätigk schlechthin unfäh ist (BayObLG Rpfleger **82**, 145). Derartige Grde wird der VormschRichter zu beachten haben u damit eine obj begründete Einstellg der Berecht. Pflichtwidrigk od Mißbr braucht bei der Verweigerung nicht vorzuliegen (KG OLGZ **69**, 104). Ersetzg abzulehnen, wenn sich die Verweigerg obj rechtfertigen läßt (BGH **21**, 340; zu weitgeh Göppinger FamRZ **59**, 398, der Eingreifen des VormschG auf obj MißbR der EltRechte od Gefährdg des Kindeswohls beschränken will). **Ersetzungsgrund** kann aber zB die Legitimation des Ki der Braut dch die beabsicht Ehe sein (OLG **35**, 341), selbst unter Zurückstellg religiöser Bedenken (BGH **21**, 349; LG Kblz FamRZ **59**, 422). Verwandtenehe nicht ijF ein trift VersaggsGrd (Schlesw SchlHA **49**, 133). Ersetzg auch, wenn Verlobte 17 J, Verlobter Schreinerlehrling, Wohng vorh u nach reifl Überlegg (BayObLG FamRZ **83**, 66). **Antragsberechtigt** ist der Verlobte, der der Einwilligg bedarf (sa FGG 59 I 1).

6) Verfahren. Die **Zuständigkeit** des VormschG gem FGG 43, 36, 35; es entsch der **Richter** (RPflG 14 Z 12). **Ermittlungen** von Amts wg (FGG 12). Anhörg der Elt, des Ki, der PflegePers u weiterer Verwandter gem FGG 50 aff, § 1847 I; Nichtanhörg weiterer BeschwerdeGrde (FGG 27). Die Entscheidg des VormschG wird erst mit der Rechtskr wirks (FGG 53 I 1); demgem **sofortiges Beschwerderecht** der in I u II Genannten (FGG 60 I Z 6), auch die Mj selbst (FGG 59); PersSorgeBerechtigte haben gg Ersetzg der Einwilligg des gesetzl Vertr kein BeschwR (KG OLGZ **69**, 104). Kosten KostO 94 Z 6. Die **Ersetzung** der Einwilligg dch das VormschG hat dieselbe **Wirkung** wie die Einwilligg.

7) Bei den **Folgen des Verstoßes gegen EheG 3** zu unterscheiden, ob die Einwilligg des gesetzl Vertr od des daneben SorgeBerecht einzuholen war. **a) Fehlen der Einwilligung des gesetzlichen Vertreters,** gleichgült ob es ein EltT, der Vormd od Pfleger ist, hat zur Folge, daß die Aufhebg der Ehe von zZ der Eheschl beschränkt GeschFähigen bzw seinem gesetzl Vertr begehrt w kann (EheG 30 I, sa EheG 35 II). Nach Heilg des Mangels Aufhebg ausgeschl, also wenn der gesetzl Vertr (nachträgl) genehmigt, der VormschRichter seine Genehmigg ersetzt oder der unbeschr geschäftsfäh Gewordene die Ehe bestätigt hat (EheG 30 II u III). – **b)** Nach II ist **Einwilligung des Sorgeberechtigten** lediglich aufschiebdes EheHindern. Ihr Fehlen hat also keine Wirkgen u läßt insb die trotzdem geschlossene Ehe gült bleiben.

B. Eheverbote

Einführung

1) Das EheG stellt in den EheG 4–10, 39 II 1 neben die Ehevoraussetzgen die **Eheverbote** (krit Ramm JZ **63**, 47, 81). PStG bezeichnet beide zus als Ehehindernisse. **Einteilung:** EheG 4–6 enth **trennende** („darf nicht"), EheG 7–10 nur **aufschiebende** Eheverbote („soll nicht"). Ein trennds Eheverbot führt zur Nichtigk der Ehe, der Verstoß gg ein aufschiebdes Eheverbot beeinträchtigt die Gültigk der Ehe nicht. Nach der Möglk der Befreiung werden weiter **absolute und relative,** danach, ob sich das Verbot nur gg den einen od gg beide Eheg richtet, **einseitige und zweiseitige** Eheverbote unterschieden.

2) Die **Eheverbote sind abschließend aufgezählt.** Art 3 des 1. EheRG hat die Eheverbote der GeschlechtsGemsch (EheG 4 II aF), des Ehebruchs (EheG 6 aF) u der Namensehe (EheG 19 aF; vgl aber § 1353 Anm 2a) beseitigt. Unzul die **Ablehnung des Aufgebots** wg zu großen Altersunterschieds od wg mangelnder Ehetauglichk, wg Strafvollzugs, selbst bei lebenslängl Strafe (Nürnbg FamRZ **59**, 116 m Anm v Bosch; Celle FamRZ **61**, 119; Hamm FamRZ **68**, 387), so daß die StrafvollzugsBeh die Eheschl nicht untersagen kann (bestr). Ablehnung aber bei Absicht bloßer Namensehe (§ 1353 Anm 2a; aA MüKo/Müller-Gindullis Rn 2 v EheG 4), insb um dem Eheg die AufenthErlaubn zu erwirken (EheG 12 Anm 2). Zum Erfordern eines EheunbedenklichkZeugn bei Geschlechtskranken § 6 II des G zur Bekämpfg der Geschlechtskrankh v 23. 7. 53, BGBl 700).

1. Abschnitt: Recht der Eheschließung. B. Eheverbote **Einf v EheG 4, EheG 4, 5**

3) Ergänzt wird der Unterabschnitt dch EheG 16–26, ferner dch 1. DVO z EheG 13 u 15 (vgl EheG 5 Anm 4 u EheG 10 Anm 2a), PStG 5a, 7a sowie PStG AVO 14, FGG 44a und b, ferner hins des Ehefähigk-Zeugn für dtsch StaatsAngeh bei Auslandsheirat dch PStG 69b (Anh z EheG 10).

EheG 4 *Verwandtschaft und Schwägerschaft.* ¹**Eine Ehe darf nicht geschlossen werden zwischen Verwandten in gerader Linie, zwischen vollbürtigen und halbbürtigen Geschwistern sowie zwischen Verschwägerten in gerader Linie. Das gilt auch, wenn das Verwandtschaftsverhältnis durch Annahme als Kind erloschen ist.**

ᴵᴵ *(aufgehoben dch das 1. EheRG Art 3 Z 1)*

ᴵᴵᴵ **Das Vormundschaftsgericht kann von dem Eheverbot wegen Schwägerschaft Befreiung erteilen. Die Befreiung soll versagt werden, wenn wichtige Gründe der Eingehung der Ehe entgegenstehen.**

1) Zur Rechtsentwicklung 43. Aufl. Der **Zweck** des zweiseit Eheverbots ist vor allem (aus eugenischen Grden) die Verhinderg der Geschlechtskonkurrenz innerh der KernFam u der Zwang, außerfamiliäre Beziehgen einzugehen. Abgesehen v II (vgl Anm 2c) mit GG 2 u 6 vereinb (BVerwG FamRZ **60**, 435; Hamm FamRZ **63**, 248; Hbg FamRZ **70**, 27; krit Lüke NJW **62**, 2177; Ramm JZ **63**, 48).

2) Eheverbote werden begründet dch

a) Verwandtschaft. Sie ist grdsätzl Blutsverwandtsch. In gerader Linie verwandt sind Personen, deren eine von der and abstammt, gleichgült, ob die Verwandtsch auf ehel od nichtehel Geburt beruht (§ 1589); §§ 1600a S 2, 1593 hier ohne Bedeutg. Jede Eheschl ist ohne Unterschied des Grades der Verwandtsch verboten; desgl bei vollbürt Geschwistern, dh solchen, die dasselbe EltPaar, u halbbürt, dh solchen, die einen EltTeil gemeins haben. Kein Eheverbot bei von den Elt aus früheren Ehen „zusammengebrachten Kindern" od zw Vetter u Base od Onkel u Nichte. Der Blutsverwandtsch steht nach Einführg der Volladoption (Einf 1 v § 1741) die dch KindesAnn geschaffene gesetzl Verwandtsch gleich, u zwar auch nach Erlöschen, also nach Aufhebg des AnnVerhältn (§§ 1759ff), so daß Ehe zw leibl Tochter der Adoptivmutter u deren Adoptivsohn ausgeschl ist. Umgek bleibt Eheverbot zw leibl Verwandten trotz KiAnn vS Dritter bestehen, **I.**

b) Schwägerschaft (vgl § 1590 I u dort Anm 2). Ehe verboten zw Stiefvater u Stieftochter (gerade Linie), nicht zw Stiefmutter u Mann der verstorbenen Stieftochter (Seitenlinie). Voraussetzg des Eheverbots ist eine gült Ehe. Jede Ehe wird als gült angesehen, bis sie dch gerichtl Urt rechtskr für nichtig erkl ist (EheG 23). Nach NichtigErkl entfällt das Eheverbot der Schwägersch, bleibt aber nach Aufhebg od Scheidg der die Schwägersch begründden Ehe bestehen (§ 1590 II); jedoch kein Eheverbot hinsichtl der Ki aus der 2. Ehe des and Eheg.

c) Das Eheverbot der **Geschlechtsgemeinschaft** (II aF) ist mit Wirkg v 16. 6. 76 beseitigt w (1. EheRG Art 12 Z 13 Nr 2).

3) Die trennden Eheverbote von Verwandtsch u Schwägersch haben folgde **Wirkungen:** Der StBeamte kann Nachweis ihres Nichtvorhandenseins verlangen (PStG 5 II). Die dem Verbot zuwider geschlossene **Ehe** ist **nichtig** (EheG 21 I); Ki daraus sind allerd ehel (§ 1591 I 1). Strafrechtl Folgen StGB 173. Vom Eheverbot der Schwägersch kann Befreiung erteilt w (Anm 4); nachträgl Befreiung macht die Ehe von Anfang an gült (EheG 21 II).

4) Befreiung vom Eheverbot der Schwägerschaft, III, als Regel, Versagg ist Ausn unter strengen Anfdgen (Ffm FamRZ **84**, 582). Es entsch das VormschG dch den Richter (RPflG 14 Z 18). Zust FGG 44a I. Genaue Prüfg erforderl; die gesamten Umstände zu berücksichtigen. Ablehng, wenn **wichtige Gründe** entggstehen, die im inneren Zushg mit dem Zweck des Eheverbots stehen müssen, so ungünst Eheprognose nicht ausr (Hamm FamRZ **86**, 993). Frage des Einzelfalles, inwieweit die geplante Eheschließg als anstößige Störg des FamVerbandes empfunden w (Ffm FamRZ **84**, 582), wobei das allg sittl Empfinden bes zu berücksichtigen, so zB Ablehng einer Eheschl zw Mann mit wesentl jüngerem nehel Ki seiner geschiedenen Ehefr (Hamm FamRZ **63**, 248, aber auch Ramm JZ **63**, 49). Da zweiseit Eheverbot (Einf 1 v EheG 4), müssen beide Teile befreit w, also auch der Ausländer. Zu dessen Befreiung EG 13 Anm 3, zur Rückverweisg EG 27, bei Staatenlosen EG 29. Sonst nur Befreiung dch HeimatBeh. – Entsch des VormschG, die gem FGG 16 bekanntzumachen, unanfechtb. Kann nach Eheschl nicht mehr geändert w (FGG 44a II, vgl auch FGG 18). Gg Versagg der Befreiung Beschw (FGG 20); „wichtige Gründe" unbestimmter RBegriff (Hbg FamRZ **70**, 27). Gebühren KostO 97a.

EheG 5 *Doppelehe.* **Niemand darf eine Ehe eingehen, bevor seine frühere Ehe für nichtig erklärt oder aufgelöst worden ist.**

DVO § 13. Das Verbot der Doppelehe (§ 8 [jetzt: 5] des Ehegesetzes) steht einer Wiederholung der Eheschließung nicht entgegen, wenn die Ehegatten Zweifel an der Gültigkeit oder an dem Fortbestand ihrer Ehe hegen.

1) Zur Rechtsentwicklung vgl 43. Aufl.

2) Grundsatz der Einehe. Trotz der GesetzesFassg ist EheG 5 ein zweiseit Eheverbot, das also auch nicht in der Person des and Eheg vorliegen darf (RG **152**, 36).

a) Ein Verheirateter darf eine Ehe nur eingehen, wenn seine frühere Ehe

aa) für nichtig erklärt ist (EheG 23). Ist diese eine Nichtehe (EheG 11 Anm 5), so bleibt die „2." Ehe gült. Ebso, wenn vor Nichtigerklärg der 1. eine 2. Ehe geschlossen, dann aber die 1. für nichtig erkl wurde; denn dann lebte der Eheg zZ der 2. Eheschl mit einem Dr nicht in gült Ehe (EheG 20). Insof hat EheG 5 also nur den Charakter eines aufschiebden Eheverbots. Allerd auch dann StGB 171.

2517

EheG 5–8

bb) oder aufgelöst ist dch Tod, Wiederverheiratg eines Eheg, nachdem der and für tot erkl w (EheG 38 II), dch Scheidg (EheG 41) od Aufhebg (EheG 29).

b) Zu einer Doppelehe kann es vor allem dadch kommen, daß einem Eheg nach rechtskr Nichtigerklärg od Auflösg seiner Ehe **Wiedereinsetzung in den vorigen Stand** gg Versäumg einer RMittelFr gewährt w (ZPO 233) od daß das seine Ehe zerstörde Urt iW der **Wiederaufnahme des Verfahrens** (ZPO 578 ff) aufgeh w. Ausführl dazu mit Nachw die 43. Aufl. Wiedereinsetzg wie WiederAufn des Verf sind in Ehesachen unbeschr zul, auch wenn das Ergebn, daß eine Doppelehe entsteht, wenn die eine Partei zwischenzeitl wieder geheiratet hat, unerfreul ist (BGH **8**, 284; NJW **59**, 45; FamRZ **76**, 336). Das Bestehen der 2. Ehe läßt sich jedoch in dem Fall schützen, daß das 1. Urt bestätigt u nicht zunächst dch ZwischenUrt die Zulässigk u der Grd der WiederAufn festgestellt w (Zeuner MDR **60**, 87), wobei wg des Bestandsschutzes der 2. Ehe darüber hinweggesehen w kann, daß der „Bestätigung" tatsächl eine Aufhebg ex tunc mit Ersetzg ex nunc in sich schließt. Anders natürl, wenn die Scheidg der 1. Ehe aufgeh w. Zur NichtigErkl od Scheidg dch **Urteil im Ausland** EG 17 Anm 6b. Ist die Ehe nur desh Doppelehe, weil der jetzige NichtigkKl Antr auf Anerkenng des vor der 2. Eheschl ergangenen ausländ ScheidsUrt unterläßt, so ist die Erhebg der NichtigkKl RMißbr (BGH FamRZ **61**, 427). War die Ehe von **Ausländern im Inland** für nichtig erkl od geschieden w, so soll die Wiederverheiratg nur erfolgen, wenn das Urt auch im Heimatstaat anerkannt w (LG Kln FamRZ **62**, 158; Celle u Mü NJW **63**, 2223 u 2233). Vgl auch EG 13 Anm 5a.

3) Trennendes Eheverbot. Keine Befreiung mögl. Die 2. Ehe unheilb nichtig (EheG 20), auch dann, wenn die 1. Ehe nachträgl aufgelöst w; and bei nachträgl NichtigErkl der 1. Ehe (Anm 2a aa). Wg der **Rechtsfolgen** der Nichtigk EheG 26, StGB 171.

4) Wiederholung der Eheschließung, DurchfVO 13. Bei berecht Zweifeln der Eheg an der Gültigk od dem Fortbestand ihrer Ehe, also vor deren NichtigErkl, können sie die Eheschl wiederholen, ohne daß die bisherige der neuen entggstünde. Der StBeamte hat dann mitzuwirken, ohne die Gültigk der bisherigen Ehe zu prüfen. Soweit aber deren Bestätigg mögl ist (EheG 18 II, 30 II), Wiederholg unzweckmäß, da Bestätigg zurückwirkt, nicht aber Wiederholg. Neue Eheschl vollzieht sich unter denselben sachlrechtl u formellen Voraussetzgen wie eine Eheschl überh; lediglich das Eheverbot der WarteZt (EheG 8) besteht nicht, da hier ggstandslos.

EheG 6 *Eheverbot des Ehebruchs* *(Außer Wirksamk bzw aufgehoben dch das 1. EheRG Art 3 Z 1 u 3, I mit Wirkg vom 16. 6. 1976; 1. EheRG Art 12 Z 13c. Zum früh Recht 35. Aufl).*

EheG 7 **Annahme als Kind.** [I] Eine Ehe soll nicht geschlossen werden zwischen Personen, deren Verwandtschaft oder Schwägerschaft im Sinne von § 4 Abs. 1 durch Annahme als Kind begründet worden ist. Das gilt nicht, wenn das Annahmeverhältnis aufgelöst worden ist.

[II] Das Vormundschaftsgericht kann von dem Eheverbot wegen Verwandtschaft in der Seitenlinie und wegen Schwägerschaft Befreiung erteilen. Die Befreiung soll versagt werden, wenn wichtige Gründe der Eingehung der Ehe entgegenstehen.

1) Eheverbot auf Grund Adoption. Neufassg dch AdoptG Art 3 Z 7. Da das dch die Ann als Kind begründete VerwandtschVerhältn auf alle Mitglieder der neuen Fam ausgedehnt w (§ 1754), ist das Eheverbot des EheG 4 I zu übernehmen. Da dem Eheverbot der AdoptivVerwandtsch wie im bish Recht auch kftig kein NichtigkGrd entsprechen soll, handelt es sich bloß um ein aufschiebdes Eheverbot (BT-Drucks 7/5087 S 23); die entgg dem Verbot geschl Ehe ist also wirks (Soll-Vorschr). Dch die dem Verbot zuwider erfolgde Eheschl wird ggf das AnnVerhältn aufgeh (§ 1766). Gilt auch in Bln (ÜbernG v 29. 7. 76, GVBl Bln 1619; AnO der Alliierten Komm v 6. 8. 76, GVBl Bln 1638).

2) Die Adoption hindert die Eheschließg nicht, wenn das AnnVerhältn aufgelöst ist, **I 2**, was nur iFv §§ 1760, 1763 geschehen kann (§ 1759), u wenn das VormschG **Befreiung von dem Eheverbot** erteilt hat, **II 1.** Die Vorschr läßt die Befreiung in weiterem Umfang zu als bei leibl Verwandten. Eine Befreiung ist nur für Adoptionsverwandte in gerader Linie ausgeschl; ein EltT soll sein Kind u ein GroßEltT sein Enkelkind nicht heiraten können. Das VormschG kann aber die Ehe zw Geschwistern zulassen, deren Verwandtsch auf der Ann beruht (BT-Drucks 7/3061 S 57). Das VormschG soll ijF der Befreiung prüfen, ob **wichtige Gründe** der Eingehg der Ehe entggstehen, **II 2**; vgl EheG 4 Anm 4.

EheG 8 *Wartezeit.* [I] Eine Frau soll nicht vor Ablauf von zehn Monaten nach der Auflösung oder Nichtigkerklärung ihrer früheren Ehe eine neue Ehe eingehen, es sei denn, daß sie inzwischen geboren hat.

[II] Von dieser Vorschrift kann der Standesbeamte Befreiung erteilen.

PStG 7a. Die Befreiung vom Ehehindernis der Wartezeit erteilt der Standesbeamte, der das Aufgebot erläßt oder Befreiung vom Aufgebot bewilligt. Kann die Ehe wegen lebensgefährlicher Erkrankung eines Verlobten ohne Aufgebot geschlossen werden, so ist für die Befreiung der Standesbeamte zuständig, vor dem die Ehe geschlossen wird.

PStG AVO 14. Der Standesbeamte soll die Befreiung von dem Ehehindernis der Wartezeit nur versagen, wenn ihm bekannt ist, daß die Frau von ihrem früheren Mann schwanger ist.

1) Zur Rechtsentwicklg 43. Aufl. Das **aufschiebende Eheverbot der Wartezeit, I,** soll verhüten, daß ein nicht in die neue Ehe gehöriges Kind in dieser als ehel geboren w (§ 1600). Es gilt nur für verheiratet gewesene Frauen, nicht dagg bei Eheschl derselben Eheg nach Scheidg od NichtigErkl der 1. Ehe, bei deren Wiederholg (1. DVO z EheG 13, abgedr bei EheG 5) od bei zwischenzeitl Geburt. Die WarteZt beginnt mit der Rechtskr des Urt. Die entgg EheG 8 eingegangene Ehe ist gült.

1. Abschnitt: Recht der Eheschließung. B. Eheverbote   **EheG 8–10**

2) Befreiung, II. Zuständig der StBeamte, der das Aufgebot erläßt od Befreiung vom Aufgebot bewilligt (PStG 7a). **Befreiung soll nur versagt werden,** wenn StBeamten bekannt ist, daß die Frau von ihrem früh Mann schwanger ist (AVO PStG 14); der Wunsch, dem neuen Ehem die Vaterrolle zu erleichtern, reicht für die Befreiung nicht aus (AG Kstz StAZ 76, 311). Gg die Entscheidg des StBeamten Aufsichts-Beschw an seine vorgesetzte DienstBeh od Antr auf gerichtl Entsch (PStG 45). Gebühren: AVO PStG 68 Z 14.

EheG 9   *Auseinandersetzungszeugnis des Vormundschaftsrichters.* Wer ein Kind hat, für dessen Vermögen er zu sorgen hat oder das unter seiner Vormundschaft steht, oder wer mit einem minderjährigen oder bevormundeten Abkömmling in fortgesetzter Gütergemeinschaft lebt, soll eine Ehe nicht eingehen, bevor er ein Zeugnis des Vormundschaftsgerichts darüber beigebracht hat, daß er dem Kind oder dem Abkömmling gegenüber die ihm aus Anlaß der Eheschließung obliegenden Pflichten erfüllt hat oder daß ihm solche Pflichten nicht obliegen.

1) Zweck des aufschiebden Eheverbots ist der Schutz des Kindes vor vermögensrechtl Nachteilen dch Heirat des vermögenssorgeberecht EltT. Gilt also ggf auch bei Eingeh der 1. Ehe; bei Wiederheirat § 1683. Dem EheG 9 zuwider geschlossene Ehen sind gült. Das VormschG kann aber die Verw des KiVermögens entziehen od sonst Maßn treffen (§ 1667) bzw den Vormd entlassen (§ 1886). Dch die Wiedereinziehg des zu Unrecht erteilten Zeugn wird der Bestand der Ehe nicht erschüttert (Karlsr FamRZ 62, 197).

2) Voraussetzungen: a) Ein **Kind** der Heiratswilligen, ehel, nehel, für ehel erkl od adoptiert (§§ 1671, 1705, 1736, 1740 f, 1754), für dessen Verm er zu sorgen hat. – **b)** Ein unter seiner **Vormundschaft** od Pflegsch stehdes Kind (§§ 1773 ff, 1896 ff, 1903, 1915) od **c)** bei **fortgesetzter Gütergemeinschaft** mit einem mj od bevormundeten Abkömml (§ 1493). Gleichgült, ob das Kind aus einer früh od der letzten Ehe stammt (KG StAZ 25, 207).

3) Zeugnis des Vormundschaftsgerichts. Zuständigk FGG 43; es erteilt der RPfleger, da Richter nicht vorbehalten (RPflG 3 I Z 2a). Soweit das Zeugn sich ohne weiteres erteil w kann, weil dem EltT nicht die elterl Sorge zusteht od Aufschub für die Auseinandersetzg (§§ 1683, 1493 II) gewährt w, darf das VormschG die Erteilg nicht von der Erfüll und als der hier genannten Pflichten abhängig machen (KGJ 53, 18). Das Zeugn ist zu erteilen, wenn der überlebde Eheg Alleinerbe ist, eine Auseinandersetzg nach § 1683 nicht in Betr kommt (KGJ 44, 32). Unbeschränkte Geltg des Zeugn, aber nicht für 3. Ehe (KG StAZ 25, 207; Ströhm StAZ 62, 106). Dem AuseinandersetzgsZeugn muß wg § 1683 II eine Bescheinigg des VormschG gleichstehen, in der dem Verlobten die AuseinandSetzg nach der Eheschl gestattet wird. Vgl auch Peters RPfleger 59, 341. Der StBeamte hat lediglich die formell richtige Erteilg des Zeugn zu prüfen, nicht aber, ob es mit Recht ausgestellt ist (OLG 5, 404). Gebühren KostO 94 I Z 5.

EheG 10   *Ehefähigkeitszeugnis für Ausländer.*   ^I Ausländer sollen eine Ehe nicht eingehen, bevor sie ein Zeugnis der inneren Behörde ihres Heimatlandes darüber beigebracht haben, daß der Eheschließung ein in den Gesetzen des Heimatlandes begründetes Ehehindernis nicht entgegensteht.

^{II} Von dieser Vorschrift kann der Präsident des Oberlandesgerichts, in dessen Bezirk die Ehe geschlossen werden soll, Befreiung erteilen. Die Befreiung soll nur Staatenlosen und Angehörigen solcher Staaten erteilt werden, deren innere Behörden keine Ehefähigkeitszeugnisse ausstellen. In besonderen Fällen darf sie auch Angehörigen anderer Staaten erteilt werden. Die Befreiung gilt nur für die Dauer von sechs Monaten.

1. DVO § 15. Ausländer im Sinne des § 14 [jetzt: 10] *des Ehegesetzes sind Personen, die die deutsche Staatsangehörigkeit nicht besitzen.*

PStG 5a. (1) Das Ehefähigkeitszeugnis für ausländische Verlobte muß, falls durch Staatsvertrag nichts anderes vereinbart ist, mit der Bescheinigung des zuständigen deutschen Konsuls darüber versehen sein, daß die ausländische Behörde zur Ausstellung des Zeugnisses befugt ist. Das Zeugnis verliert seine Kraft, wenn die Ehe nicht binnen sechs Monaten seit der Ausstellung geschlossen wird; ist in dem Zeugnis eine kürzere Geltungsdauer angegeben, ist diese maßgebend.

(2) Will ein Verlobter von der Beibringung des Ehefähigkeitszeugnisses befreit werden, so hat der Standesbeamte den Antrag entgegenzunehmen und die Entscheidung vorzubereiten; hierbei hat er alle Nachweise zu fordern, die vor der Anordnung des Aufgebots erbracht werden müssen. Auch kann er eine eidesstattliche Versicherung über Tatsachen, die für die Befreiung von der Beibringung des Ehefähigkeitszeugnisses erheblich sind, verlangen.

Schrifttum: Gamillscheg bei Staudinger, Komm, EGBGB Teil 3, 10./11. Aufl 1973 Art 13 Rdn 692 ff; Zimmermann StAZ 80, 137 (Befreiung vom ausl EhefähigkZeugn); Lewenton StAZ 80, 225.

1) Zweck: Vermeidg von Ehen, die im Heimatland eines der Verlobten nicht anerkannt w (BGH 41, 139; 46, 92), u Erleichterung für den StBeamt bei der Prüfg, ob das HeimatR des Ausl die Eheschließg erlaubt (Hamm NJW 73, 2158). Aufschiebdes EheHindern; Nichtbeachtg beeinträchtigt aber die Gültigk der Ehe nicht. EhefähigkZeugn eines Dtschen für Heirat im Ausl PStG 69b.

2) Grundsatz, I. Der Ausländer kann in Deutschland eine Ehe nicht eingehen, bevor er nicht das in EheG 10 I näher bezeichnete **Ehefähigkeitszeugnis** beigebracht hat, was nicht MRK Art 14 widerspricht (KG NJW 61, 2209). Zum EhefähigkZeugn nach niederländ R: Breemhaar StAZ 84, 304.

a) Ausländer sind alle Nichtdeutschen (EheG DVO 15), also auch die Staatenlosen, nicht jedoch Deutsche iSv GG 116 I, die die dt Staatsangehörigk nicht haben, da diese insof dt StaatsAngeh gleichstehen,

2519

sowie heimatlose Ausländer, Vertriebene u Flüchtlinge gem FamRÄndG Art 9 II Nr 5 bzw AHK 23 (vgl Anh zu EG 5). Die Mitgl der ausl Streitkräfte in Deutschland unterstehen seit 5. 5. 55 den dtschen Gesetzen; Zeugn auch erfdl für Ehen von Ausländern, die im Inl geschl, aber vom Ausl nicht anerkannt w (KG FamRZ 76, 353) u wird auch auf Ehen ausgedehnt w müssen, die vor dtschen AuslVertretgen zw Deutschen u Personen, die nicht StaatsAngeh des Gastlandes sind, geschlossen w (Marquordt StAZ 62, 338).

b) **Eheschließung** vor dtschem StBeamten u der nach dem AuslPStG dazu ermächtigten Vertretgen (Liste StAZ 62, 163).

c) Nicht jedes **Zeugnis**, das Behörden ausl Staaten als EhefähigkZeugn bezeichnen, genügt (Beyer StAZ 57, 29). Inhaltl reicht eine allg EhefähigkBescheinigg nicht aus, das Zeugn muß sich vielm auf eine bestimmte Ehe u auf alle materiellrechtl EheVoraussetzgen beziehen (BGH 41, 142). Nicht ausreichd das Zeugn eines diplomat od konsular Vertr des AuslStaates, u zwar auch nicht für die Angeh der Vertragsstaaten des HaagEheschlAbk Art 4 (abgedr Anh z EG 13). Die wichtigsten Staaten, die ein EhefähigkZeugn ausstellen, u die dafür zuständ Behörden ergeben sich aus DA 166 IV (Übers auch bei Staudinger-Gamillscheg Art 13 EGBGB Rn 714f; vgl auch Palandt 43. Aufl Anm 3): Dänemark, Großbritannien, Holland, Italien, Polen, Portugal, Schweiz, Ungarn (vgl iü Anm 3a bb). Das Zeugn muß mit der Bescheinigg des zust dtschen Konsuls über die Befugn der AuslBehörden zu seiner Ausstellg versehen sein (PStG 5a I 1), falls sich nicht aus einem mit dem Heimatstaat des Ausl abgeschlossenen StaatsVertr ergibt, daß es einer solchen Vereinbg zur Anerk des Zeugn in Deutschland nicht bedarf, so bei Dänemark, Italien, Luxemburg, Österreich, Schweiz (vgl DA 167 II sowie ausführl Nachw 43. Aufl). Vgl ferner zur Befreiung ausl öffentl Urkunden von der Legalisation BGBl 65 II 876; Verzeichn der für die Erteilg der Apostille zust AuslBeh BAnz 71 Nr 67 v 7. 4. 71.

d) **Keine Bindung** an das Zeugn, das dem StBeamten lediglich die Nachprüfg erleichtern soll, ob ein Ehehindern nach dem HeimatR des Ausl vorliegt. Er wird sich im allg darauf verlassen können, wenn er nicht begründete Zweifel hat. Es hindert ihn nicht an der Nachprüfg u ggf Ablehng der Vornahme der Eheschl (BGH 46, 92f) steht auch einer spät NichtigErkl der Ehe nicht entgg (RG 152, 23; BayObLG StAZ 63, 329).

e) Das Zeugn **verliert seine Kraft**, wenn nicht das Aufgeb 6 Monate seit Ausstellg, falls eine kürzere GeltgsDauer im Zeugn angegeben ist, innerh dieser Frist, beantr ist (PStG 5a I 2).

3) Befreiung vom Erfordern des EhefähigkZeugn, **II, PStG 5a II** (ältere Lit: 43. Aufl; Otto StAZ 72, 157 Wiederverheiratg gesch Ausl; Arnold/Haecker, Befreiung v d Beibringg eines EhefähigkZeugn, Kln usw 1985).

a) **Subjektive Voraussetzungen.** Die Befreiung soll nur **aa) Staatenlosen** u **bb) Angehörigen solcher Staaten** erteilt w, deren innere Behörden **keine Ehefähigkeitszeugnisse** ausstellen, **II 2,** zB Argentinien, Belgien, Brasilien, Bulgarien, Frankreich, Griechenland, Indien, Iran, Mexiko, Rumänien, Sowjetunion, od deren Zeugn den Anfordergen nicht genügen. **cc) In besonderen Fällen** wird Befreiung **auch Angehörigen anderer Staaten** erteilt, **II 3.** Das darf nicht dazu dienen, den nach dem HeimatR des ausl Verlobten zur Erlangg des Zeugn grdsätzl erfdl zeitraubden (Karlsr Just 72, 317) Formalitäten zu umgehen od zu ersparen (KG NJW 69, 987). Befreiung eines Ausl vom Ehehindern seines HeimatR widerspricht EG 13 I (vgl dort Anm 3). Grdsl Voraussetzg für II 3 also, daß ein Ehehindern nach dem HeimatR des ausl Verlobten nicht besteht od nach dem ordre public unbeachtl ist (Hamm MDR 74, 933). Bei Befreiung nach II 3 zunächst festzustellen, um welche Art von Befreiung es sich handelt, da dann in aller Regel ganz od Zustdgk u RWeg (Hamm FamRZ 69, 338; Beitzke FamRZ 67, 596; Dieckmann StAZ 70, 8), so wenn das ausl Ehehindern hier nicht zu beachten wäre, wozu aber nicht das Verbot der Heirat der Tochter der verst Ehefr aus einer früh Ehe gehört (Düss FamRZ 69, 654).

b) Zu prüfen, ob der Verl nach seinem HeimatR die beabsichtigte Ehe eingehen kann; liegen nach dem HeimatR die sachl Voraussetzgen der Eheschl vor, so ist Befreiung zu erteilen (BGH 56, 183f); verbietet das ausl Recht die Ehe, muß gleichwohl Befreiung erteilt w, wenn das Verbot dem dtschen ordre public widerspricht. **Befreiung möglich,** wenn die Verweigerg des Zeugn dch die HeimatBeh erfolgt, weil AntrSt seiner MilitärPfl nicht nachgekommen ist (Kln FamRZ 69, 335; vgl aber auch Hbg StAZ 62, 216). Spanierin, auch ehem Priestern (Hamm OLGZ 74, 103), die in der BuRep gesch wurden od eine hier lebde gesch Frau heiraten wollen, ist die Befreiung zu gewähren (BVerfG NJW 71, 1509; BGH NJW 72, 1619 mAv Otto), entspr gesch Spanierin, wenn beide Verl von dt Gerichten gesch w u ihren gewöhnl Aufenth in der BuRep haben (BGH NJW 77, 1014). Auch wenn die Verl ein TraubereitschZeugn nicht vorlegen wollen, kann das Zeugn nicht verweigert w, da dem GG 4 I, 140 iVm Weim Verf Art 136 IV entggsteht. Der hier maßgebde GesichtsPkt des ordre public versagt aber wg Haager EheschlAbk bei Italienern, so daß bei ihnen Befreiung nicht erteilt w kann (Hamm FamRZ 73, 143 mAv Jayme) u ebso (wg der Möglichk, die Scheidg nach islam Recht herbeizuführen) bei einem in der BuRep gesch Iraker (Hamm NJW 73, 2158). Vgl iü EG 13 Anm 5. Dem ausl Eheverbot der Religionsverschiedenh ist die Beachtg zu versagen, wenn ein jüd Israeli in der BuRep eine dtsch Nichtjüdin heiratet (BGH 56, 180; Strümpell StAZ 72, 228); ebso bei Heirat zweier Israelis, der in Israel das Eheverbot der Religionsverschiedenh entggsteht (Hamm FamRZ 77, 323). Sind beide Verl Ausl u kann keiner ein EhefähigkZeugn beibringen, so müssen beide Befreiung erhalten. Keine Verweigerg bei Nichtanerkenng der in Dtschld geschlossenen Ehe wg der Form (KG NJW 61, 2212; Wengler NJW 62, 348).

c) **Inhalt der Befreiung.** Es handelt sich nur um Befreiung von dem I genannten Zeugn, nicht aber um eine solche von einem Eheverbot des ausl Rechts (Hamm NJW 69, 373), wofür die ausl Beh zust bleiben, auch, wenn nur aufschiebdes Ehehindern (BGH 56, 180).

d) **Rechtsnatur.** Die Befreiung ist nachprüfb JustizVerwAkt, kein Gnadenakt (BGH 41, 136). Sie steht nicht im freien Ermessen des OLGPräs. Also keine Ablehng aus sachfremden Grden, da das Vermehrg der Ehehindern wäre (KG NJW 61, 2212; Beyer StAZ 57, 32). Es sind die gesamten Verhältn der Verl zu berücks.

e) **Zuständigkeit.** Den BefreiungsAntr entggzunehmen u die Entscheidg dch Sammlg vorzubereiten, hat der **Standesbeamte.** Er kann dabei auch eidesstattl Versichergen über Tatsachen, die für die Befreiung erhebl sind, verlangen. Außerd hat er die sonstigen Nachw für ein Aufgebot einzufordern (PStG 5a). Zuständ für die

1. Abschn.: Recht der Eheschließung. C. Eheschließung   **EheG 10–11**

Erteil der Befreiung ist der **OLG-Präsident,** in dessen Bez die Ehe geschl w soll, **II 1.** Wird sie dann vor dem ermächtigten StBeamten eines and Bezirks geschl, so ist erteilte Befreiung auch dort wirks (Riechert StAZ **63**, 57).

f) Rechtsbehelfe. Gg die Erteilg der Befreiung ist kein RMittel gegeben. Gg ablehnde Entsch des OLGPräs Antr auf gerichtl Entsch, über den das OLG gem EGGVG 23 ff endgült entscheidet (BGH **41**, 128; NJW **72**, 1619), ohne daß OLGPräs mitwirken darf (BGH FamRZ **63**, 556). An befreiende Entsch des OLGPräs ist der **Standesbeamte nicht gebunden** (BGH **46**, 87).

g) Gebühren für Befreiung EheG 77a, für Entsch des OLG EGGVG 30, KostO 131.

h) Gültigkeitsdauer 6 Monate, **II 4,** innerh deren die Eheschl vorgenommen sein muß.

Anhang zu EheG 10

Ehefähigkeitszeugnis für deutsche Staatsangehörige

PStG 69b. (1) *Zur Ausstellung eines Ehefähigkeitszeugnisses, dessen ein Deutscher zur Eheschließung im Ausland bedarf, ist der Standesbeamte zuständig, in dessen Bezirk der Verlobte seinen Wohnsitz, beim Fehlen eines Wohnsitzes seinen Aufenthalt hat. Hat der Verlobte im Inland weder Wohnsitz noch Aufenthalt, so ist der Ort des letzten gewöhnlichen Aufenthalts maßgebend; hat er sich niemals oder nur vorübergehend im Inland aufgehalten, so ist der Standesbeamte des Standesamts I in Berlin (West) zuständig.*

(2) *Das Ehefähigkeitszeugnis darf nur ausgestellt werden, wenn der beabsichtigten Eheschließung kein Ehehindernis entgegensteht; der Standesbeamte kann vom Ehehindernis der Wartezeit befreien. Die Beibringung eines ausländischen Ehefähigkeitszeugnisses für den anderen Verlobten ist nicht erforderlich. Das Ehefähigkeitszeugnis gilt nur für die Dauer von sechs Monaten.*

(3) *Lehnt der Standesbeamte die Ausstellung des Ehefähigkeitszeugnisses ab, so kann der Antragsteller die Entscheidung des Gerichts anrufen. Die Vorschriften der §§ 45, 48 bis 50 sind entsprechend anzuwenden.*

1) Ob ein EhefähigkZeugn für die Eheschl **erforderlich** ist, richtet sich nach der Gesetzgebg des Eheschl-Staates. PStG 69b findet nur auf dtsche StaatsAngeh Anwendg; also nicht auf Staatenlose, auch wenn für sie dtsches Recht gilt, EG 29, mit Ausnahme der Flüchtlinge u Vertriebenen deutscher Volkszugehörigk sowie deren Eheg u Abkömml, sofern sie im Gebiet des dtschen Reiches nach dem Stand v 31. 12. 37 Aufn gefunden haben, GG 116 I; denn auch diese Personen sind als Deutsche iS des PStG anzusehen (PStG 69c, vgl auch FamRÄndG Art 9 II Z 5). Verlegen solche Personen Wohns ins Ausl u wollen dort die Ehe schließen, so erhalten sie auf Antr Zeugnis (RdErl MdI *NRW* v 31. 3. 51, StAZ 104, *Nds* v 10. 1. 51, StAZ 199). Zu prüfen hat der StBeamte lediglich, ob bei dem AntrSt ein **Ehehindernis,** auch ein zweiseit (EG 13 Anm 2 a bb), beim ausländ Verlobten auch EheG 5 (AG Paderb NJW-RR **86**, 1201), vorliegt. Ferner ist ihm die Persönlichk des ausl Verlobten durch Urk nachzuweisen; nicht zu prüfen, ob in dessen Person nach seinem Recht Ehehindernisse vorliegen, II, (AG Hbg StAZ **65**, 185). – Gebühren PStG AVO 68 Z 15.

C. Eheschließung

Schrifttum: Hans-Friedr C Thomas, Formlose Ehen, Bielef 1973 (Beitzke AcP **174**, 94); Spellenberg StAZ **87**, 33 (Scheinehen).

Einführung

1) Die **formellen Eheschließungsvorschriften** dieses Unterabschnitts enthalten den **Grundsatz der obligatorischen Zivilehe.** Unerläßl Voraussetzg einer Eheschl ist die Mitwirkg eines StBeamten (EheG 11). Man wird also die Eheschl nicht als einen reinen Vertr famrechtl Art ansprechen können, da gerade von der Mitwirkg eines Staatsorgans das Zustandekommen der Ehe überh abhängt (and die hM). **Voraussetzungen einer wirksamen Eheschließung:** Die Eheg müssen versch Geschlechts sein, bei der Eheschl noch leben u vor einem StBeamten (EheG 11) erkl, die Ehe miteinand eingehen zu wollen (EheG 13).

2) Der Unterabschnitt wird ergänzt dch das BundesG ü die Anerkenng von Nottrauungen, AHK 23 Art 6–9 (Heilg nicht wirks zustandegekommener Eheschl von verschleppten Personen u Flüchtlingen), BundesG ü die Anerkennung freier Ehen rassisch und pol Verfolgter u BundesG üb die Rechtswirkgen des Ausspruchs einer nachträgl Eheschließg, vgl Anh zu EheG 11 u 13; ferner dch die Vorschriften ü das Aufgebot, die Eheschließg u die Eintragg im Heirats- u FamBuch in PStG 3–15c, PStG AVO 10–23.

EheG 11 [1] **Eine Ehe kommt nur zustande, wenn die Eheschließung vor einem Standesbeamten stattgefunden hat.**

[II] **Als Standesbeamter im Sinne des Absatzes 1 gilt auch, wer, ohne Standesbeamter zu sein, das Amt eines Standesbeamten öffentlich ausgeübt und die Ehe in das Familienbuch eingetragen hat.**

1) Zweck der Mitwirkg des StBeamt ua die Publizität der Eheschl u ihre jederzeit Beweisbark. Vorrang auch vor der kirchl Eheschl (PStG 67).

2) Erfordernis der Mitwirkung des Standesbeamten, I. Die wechselseit Erkl der Verl, die Ehe miteinand eingehen zu wollen, führt zur Eheschl allein dann, wenn sie vor einem StBeamt abgegeben w (EheG 13, 11 I). Wird der EheschlWille vor einem NichtStBeamt, der auch nicht die Voraussetzgen des II erfüllt, erkl, so kommt eine **Nichtehe** zustande, auf die sich jeder berufen kann, ohne daß es einer Nichtig-Erkl bedürfte, auch wenn die Ehe ins FamBuch eingetragen w ist. Umgekehrt führen and formelle Fehler bei der Eheschl, wenn die Ehe vor einem StBeamt geschl w, ledigl zu einer **nichtigen Ehe,** auf deren Nichtigk sich niemand vor der Feststellg dch Urt berufen kann (EheG 11, 13, 17, 23). Die Mitwirkg des StBeamt gibt der Eheschl jedenf den „Keim formeller Gültigk".

3) Standesbeamter, ist, wer als solcher bestellt ist (PStG 51ff, 53, 56). Der StBeamt darf nur für einen StABez bestellt w, vorbehaltl der Befugn der unteren VerwBeh, die Wahrnehmg des StAGesch im Notfall vorübergehd einem benachbarten StBeamt zu übertr (PStG 56). Wird er also außerh seines Bez tät, so ist er nicht StBeamt; vgl aber auch Anm 4. Ist jemand zum StBeamt bestellt, der nicht hätte dazu bestellt w dürfen od sollen, so beeinflußt das die Wirksamk seiner Amtshandlgen nicht; and, wenn es am BestellgsAkt fehlt. Bestellg erfolgt dch die Gemeinde nach Zustimmg der höheren VerwBeh, die sie auch widerrufen kann (PStG 70a I Z 1), so daß der StBeamt zur weiteren Ausübg seines Amtes nicht befugt ist. Zustdgk des StBeamt EheG 15. Ist der **Standesbeamte nicht zur Mitwirkung bereit,** so hat die Eheschl auch nicht vor einem StBeamt stattgefunden (vgl RG **166,** 342). Die Folge ist eine Nichtehe (*arg:* „nur"). Jeder der Verl kann in einem solchen Falle das AG anrufen (PStG 45).

4) Scheinstandesbeamter, II. Eine gült Ehe kommt auch unter zwei Voraussetzgen, ohne daß es also auf die Gutgläubigk der Verl ankommt, zustande, wenn näml:

a) jemand das **Amt** eines StBeamt **öffentlich ausübt,** also insb selbst amtl Gesch vornimmt, zB der Stellvertr des Bürgerm, der aber nicht zu seinem Stellvertr als StBeamt bestellt ist, ferner eine noch nicht bzw nicht mehr zum StBeamt bestellte Pers od ein StBeamt außerh seines Bez. Zur StBeamtStellg der MilitärjustizBeamt währd des 2. Weltkrieges 43. Aufl;

b) u er anschließd die Ehe **in das Heiratsbuch** (EheG 14 Anm 2) **einträgt.** Die Eintragg macht die Ehe voll gült; EheG 17 II bezieht sich nur auf EheG 13. Eintragg doch den richtigen StBeamt nicht ausreich. Keine analoge Anwendg von II bei Eintragg einer nach EheG 15a wg fehler Ermächtigg des griech Geistl nicht formgerecht geschl Ehe, wohl aber Anspr auf WwenRente (BSG NJW **79,** 1792).

5) Die Nichtbeachtg zwingder EheschlVorschr (EheG 13) hat grdsl ledigl die Vernichtbark der Ehe zur Folge; auch sie entfällt aber uU dch ZtAblauf (EheG 17 I u II).

a) Demggü liegt eine **Nichtehe** (Anm 2 u Einf 1a v EheG 16) **in folgenden Fällen** vor: **aa)** Eheschl vor einer Pers, die nicht StBeamt, auch nicht iSv II ist, zB vor einem Geistl oder Rabbiner. Folge einer ausschließl Trauung dch kath Geistl ist die Versagg einer WwenRente (BSG FamRZ **78,** 240). Auch die iF lebensgefährl Erkrankg od schweren sittl Notstandes vor der standesamtl Eheschl vorgenommene kirchl Trauung (PStG 67) bleibt ohne bürgerlrechtl Wirkg, wenn ihr nicht die standesamtl folgt, auch nach längerer „Ehe"führg (Pinneberg FamRZ **78,** 893). Keine Ehe in FamBuch unerhebl. – **bb)** Eheschl vor einem zur Mitwirkg nicht bereiten StBeamt iSv I od II (Anm 3) bzw **cc)** vor einem ScheinStBeamt iSv II, der die Ehe jedoch entgg Anm 4b nicht ins FamBuch einträgt, bzw **dd)** von Gleichgeschlechtl (KG FamRZ **58,** 60; Ffm OLGZ **76,** 408). Zur Ehe von Transsexuellen MüKo/Müller-Gindullis Rn 17. – **ee)** wenn der Eheschl-Wille überh nicht erkl w ist.

b) Wg der **Wirkungen der Nichtehe** Einf 1 a vor EheG 16.

Anhang zu EheG 11

I. Bundesgesetz über die Anerkennung von Nottrauungen

Vom 2. 12. 1950 (BGBl 778) Amtl Begr BAnz Nr 237

Gilt nur im Bundesgebiet

(Für BerlinW entspr Ges v 28. 6. 51, VOBl 497)

1) Vom Abdruck des G u der Kommentierg wird wg mangelnder Akutalität abgesehen. Insofern wird auf die 39. Aufl verwiesen. Neuere Rspr wird allerd nachgetragen. Der Kommandant eines norweg Kriegsgefangenenlagers konnte 1945 keine wirks Eheschließg herbeiführen; der gute Glaube der Eheschließden wird aber jedenf dann geschützt, wenn die Eheg bis zum Tode der Fr 1978 im Glauben an die Wirksamk ihrer Eheschl zugelebt haben (AG Kass StAZ **80,** 155). Eine im Dez 1946 vor einem Geistl in Stettin geschl Ehe ist wg GG 6 auch ohne Mitwirkg eines StBeamt als gült anzuerk (Hbg FamRZ **81,** 356).

1. Abschn.: Recht der Eheschließung. C. Eheschließung   **EheG 12, 13**

II. AHKG 23 über die Rechtsverhältnisse verschleppter Personen und Flüchtlinge

Vom 17. 3. 1950, AHKABl 140 (SaBl 256): idF ÄndG v 1. 3. 51, AHKABl 808 (SaBl 322)

Gilt nur im Bundesgebiet

In BerlinW gleichlautendes G 9 v 28. 8. 50, VOBl 458, idF ÄndG 13. 4. 51, VOBl 322

1) Vom Abdruck des G u seiner Kommentierg wird mangels Aktualität abgesehen, Insof wird auf die 39. Aufl verwiesen. Gleichw ergehe Rspr wird an dieser Stelle nachgewiesen.

EheG 12 *Aufgebot.* ¹Der Eheschließung soll ein Aufgebot vorhergehen. Das Aufgebot verliert seine Kraft, wenn die Ehe nicht binnen sechs Monaten nach Vollziehung des Aufgebots geschlossen wird.

IIDie Ehe kann ohne Aufgebot geschlossen werden, wenn die lebensgefährliche Erkrankung eines der Verlobten den Aufschub der Eheschließung nicht gestattet.

IIIVon dem Aufgebot kann der Standesbeamte Befreiung erteilen.

PStG 3. Vor der Eheschließung erläßt der Standesbeamte das Aufgebot. Es wird eine Woche lang öffentlich ausgehängt. Der Standesbeamte kann die Aufgebotsfrist kürzen oder auf Antrag der Verlobten Befreiung vom Aufgebot bewilligen.

PStG 4. Zuständig für das Aufgebot ist jeder Standesbeamte, vor dem die Ehe geschlossen werden kann.

1) Das **Aufgebot** ist die öffentl Bekanntmachg, daß die Verl die Ehe miteinand eingehen wollen (DA 135 II). **Zweck:** Es dient der Überprüfg der Ehefähigk der Verl u der Ermittlg evtl Eheverbote. Der StBeamt hat, wenn ihm ein solches zur Kenntn kommt, bereits das **Aufgebot abzulehnen** (PStG 6 I), ebso wenn nur eine **Scheinehe** zZw der Erlangg einer AufenthErlaubn (Lit: Finger StAZ **84**, 89; Lüderitz, FS Oehler 1986 S 487 spouse leasing; Sturm FS Ferid 1988 S 519) beabsichtigt ist (BayObLG FamRZ **82**, 603; **84**, 1014; **85**, 475; Hbg FamRZ **83**, 64; Stgt StAZ **84**, 99; vgl auch EheG 13 Anm 3). Zum Beweisprobl, dh zu den tatsächl Vorauss der Annahme einer Scheinehe: LG Lüb StAZ **85**, 164; Otto StAZ **82**, 150f. Wird neben dem Erwerb der AufenthErlaubn auch echte ehel LebGemsch angestrebt, keine Versagg des Aufgebots (Hamm OLG **83**, 13). Absicht, nur Scheinehe einzugehen, nur beschr nachprüfb tatrichterl Feststellg (BayObLG FamRZ **84**, 477). Nur **Sollvorschrift:** Das Aufgebot gehört nicht zu den notw Förmlichk der Eheschl; die ohne Aufgebot geschl Ehe ist voll gült. Zu früh Ausn vom AufgebotsErfordernis insb bei Ferntrauung 43. Aufl. EheG 12 wird **ergänzt** dch PStG 3–5, PStGAVO 10–12, 16 Z 1.

2) **Aufgebot, I.** Die näheren Bestimmgen enthalten PStG 3, ferner PStGAVO 10 (Bestellg des Aufgebots dch die Verl), PStG 5, PStGAVO 11 (Urk zum Nachw, daß Eheverbote nicht entggstehen u Befreiung von der UrkBeibringg), PStG 5a, PStGAVO 11 (EhefähigkZeugn, vgl auch EheG 10, u Nachw der Staatsangehörigk), PStGAVO 12 (Bekanntmachg dch einwöchige öffentl Aushängg). StBeamt kann die **Aufgebotsfrist kürzen**, zB bei lebgefährl Erkrankg eines Verlobten, naher Geburt eines Ki usw. Bei Krebstod vor Trauung evtl SchadErsAnspr gg StBeamt (BGH FamRZ **89**, 1048 mAv Bosch: § 254!). Unzul Ablehng des Aufgebots wg zu großen Altersunterschieds od weil dieses nur zW der WohngsBeschaffg (Müller-Freienfels StAZ **62**, 145). Wg Besonderh betr der Urk vgl Breidenbach StAZ **75**, 136. **Zuständig** ist jeder StBeamt, vor dem gem EheG 15 die Ehe geschl w darf (PStG 4). Die 6-Mo-Frist, **I 2**, beginnt, wenn Wo-Frist f Bekanntmachg gem PStG 3 S 2 abgelaufen ist. Bei Vorn einer Eheschl ohne Aufgebot wg lebgefährl Erkrankg, **I 3**, muß der ärztl Zeugn od auf and Weise nachgewiesen w, daß Eheschl nicht aufschiebb, u glaubh gemacht w, daß kein Ehehindern besteht (PStG 7). Befugn zur Entsch darüber u zur Vorn der Eheschl hat nur der gem EheG 15 I–III zust, nicht der gem EheG 15 IV ermächtigte StBeamt.

3) **Befreiung, III.** Zust für die Befreiung vom Aufgebot ist der StBeamt, der für Aufgebot zust ist (PStG 7a), desgl für die Abkürzg der Aufgebotsfr (PStG 3 S 3 iVm **I**). DienstAufsBeschw an die untere VerwBeh PStG 59 (meistens Landrat od Oberbürgerm); bei Ablehng außerdem Antr auf gerichtl Entsch mögl (PStG 45). Verwaltgs-, nicht Gnadenakt. Gebühren PStGAVO 68 I Z 2.

EheG 13 *Form der Eheschließung.* ¹Die Ehe wird dadurch geschlossen, daß die Verlobten vor dem Standesbeamten persönlich und bei gleichzeitiger Anwesenheit erklären, die Ehe miteinander eingehen zu wollen.

IIDie Erklärungen können nicht unter einer Bedingung oder einer Zeitbestimmung abgegeben werden.

1) Im Ggsatz zu EheG 14 **zwingende Voraussetzungen für eine gültige Eheschließung**. Verstoß macht die Ehe vernichtb (EheG 17 I). Auch die Vernichtbark entf uU dch ZusLeben u ZtAblauf (EheG 17 II), währd die Eintragg im FamBuch nur noch für die Heilg der Mitwirkg eines NichtStBeamt wesentl ist (EheG 11 Anm 4b u 5).

2) **Die Eheschließung erfolgt**
   a) bei **gleichzeitiger Anwesenheit** beider Verlobten, wobei Gültigk des Verlöbn nicht vorausgesetzt w. Keine Mögl zur **Ferntrauung** mehr (vgl dazu die 41. Aufl).

EheG 13, 13a Ehegesetz. *Diederichsen*

b) Erklärung des Eheschließungswillens durch beide Verlobte. – aa) Abgesehen von der Sond-Vorschr von EheG 14 **formlos,** auch dch Zeichen; bei Tauben, Stummen u der dtschen Sprache nicht Mächtigen Zuziehg eines Dolmetschers (1. AVO PStG 5, 6). Die Erkl des EheschlWillens kann auch in einer (dch Antr auf Anlegg eines FamBuches schlüss zum Ausdr gebrachten) Bestätigg liegen, wodch die formmangelh Ehe n § 17 II geheilt w (BGH FamRZ **83,** 450). Wird der EheschlWillen nicht von beiden erkl, so Nichtehe, auch wenn StBeamt einträgt. Heiratete eine Person unter falschem Namen, so ist die Ehe trotzdem mit dieser Person zustande gekommen (Beitzke FS Dölle I 229), jedoch StandesRegBerichtigg (Beitzke StAZ **56,** 55). – **bb) Zufügung einer Bedingung oder Zeitbestimmung, II,** macht Eheschl nichtig (EheG 17 I), Mangel der Ernstlichk des EheschlWillens steht dem Zustandekommen einer gült Ehe nicht entgg (RG Recht **20,** 3396).

c) Persönliche Abgabe der Erklärung, Stellvertretg ausgeschlossen.

d) Unterschrift der Ehel gem PStG 11 II im Heiratsbuch. Deren Fehlen hindert Ausstellg einer Heirats-Urk nicht (BayObLG FamRZ **76,** 150).

3) Wg der **Eheschließung von Ausländern im Inlande** vgl EG 13 Anm 6a, 7 u Anh dazu sowie EheG 15a. Dient die Eheschl nur dazu, einem Ausl die AufenthErlaubn zu verschaffen, sog **Asylanten-Ehe,** liegt ein Mißbrauch der Ehe vor u hat der StBeamt seine Mitwirkg zu versagen (Karlsr FamRZ **82,** 1210; vgl auch Beitzke StAZ **83,** 2 mwNachw). Zur Lit u Ablehng bereits des Aufgebots EheG 12 Anm 1.

EheG 13 a *Erklärung über den Ehenamen.* [I] Der Standesbeamte soll die Verlobten vor der Eheschließung befragen, ob sie eine Erklärung darüber abgeben wollen, welchen Ehenamen sie führen werden.

[II] Haben die Ehegatten die Ehe außerhalb des Geltungsbereichs dieses Gesetzes geschlossen, ohne eine Erklärung nach § 1355 Abs. 2 Satz 1 des Bürgerlichen Gesetzbuchs abgegeben zu haben, so können sie diese Erklärung nachholen. Die Erklärung ist abzugeben, wenn die Eintragung des Ehenamens in ein deutsches Personenstandsbuch erforderlich wird, spätestens jedoch vor Ablauf eines Jahres nach Rückkehr in den Geltungsbereich dieses Gesetzes.

[III] Ergibt sich aus einer Erklärung nach Absatz 2 eine Änderung gegenüber dem bisher von den Ehegatten geführten Namen, so erstreckt sich die Namensänderung auf den Geburtsnamen eines Abkömmlings, welcher das vierzehnte Lebensjahr vollendet hat, nur dann, wenn er sich der Namensänderung anschließt. Ist der frühere Geburtsname zum Ehenamen eines Abkömmlings geworden, so erstreckt sich die Namensänderung auf den Ehenamen nur dann, wenn die Ehegatten die Erklärung nach Satz 1 gemeinsam abgeben. Die Erklärungen sind spätestens vor Ablauf eines Jahres nach Abgabe der Erklärung nach Absatz 2 abzugeben.

[IV] Auf die Erklärungen ist § 1617 Abs. 2 Satz 2 und 3 des Bürgerlichen Gesetzbuchs entsprechend anzuwenden.

1) Bestimmung des Ehenamens. Die Bestimmg ergänzt die in § 1355 nF getroffene namensrechtl Regelg, wonach die Eheg vor der Eheschl eine förml Erklärg über ihren künft gemeins FamNamen abgeben können, wenn nicht der Geburtsname des Mannes Ehename w soll. Der Mannesname kann also FamName aGrd ausdrückl Bestimmg dch die Verlobten od aGrd ihres Schweigens werden. IjF hat der StBeamte die Verlobten vor der Eheschl zu **befragen,** ob sie eine Erkl über den Ehenamen abgeben wollen, **I.** Unterbleibt die Befragg versehentl, hat dies auf die Wirksamk der Eheschl keinen Einfluß (Soll-Vorschr). Zur Befragg gehört eine entspr Unterrichtg (Maßfeller/Böhmer/Coester 3). Wg Einzelheiten vgl § 1355 Anm 2c.

2) Nachholung der Erklärung bei Auslandsehen, II. Haben die Eheg die Ehe außerh des Geltgsbereichs des EheG, also außerh der BRep Dtschl einschließl des Landes Bln, geschlossen, ohne daß sie eine Namenswahl getroffen haben, so können sie diese Erkl nachholen. Gleichgült, ob die Eheg die Wahl nicht treffen konnten od nicht treffen wollten, obw das ausländ Recht, unter dem die Eheschl erfolgte, eine entspr Möglk vorsah. Die Erkl ist nachzuholen bei Eintragg des Ehenamens in den dt PersStandsbuch, also zB bei der Geburt eines Kindes in Dtschl od auch – bei fortdauerndem AuslAufenth – wenn ein Legitimationsvermerk für ein in Dtschl geborenes vorehel Kind zum Geburtseintrag beizuschreiben ist (BT-Drucks 7/650 S 181). Spätestens ist die Namensbestimmg nachzuholen vor Ablauf von 1 J nach der Wiedereinreise in die BRep samt WestBln. Bei Fristversäumg verbleibt es bei dem bish geführten Namen. II 2 betrifft lediglich den Verlust der Wahlmöglk, so daß die Fristversäumg nicht dazu führen kann, daß rein dte Eheg verschiedene Namen führen; es gilt vielm § 1355 II 2, so daß nach Eheschl in Frkr der Name des frz Ehem FamName w (Zweibr StAZ **86,** 41; LG Krfd StAZ **83,** 133). Keine Anwendg von II, wenn die Erkl über den Namen bei einer Eheschl im Inland versehentl unterblieben ist. Zum Fristbeginn: EG 10 II 2, IV 2 (dort Anm 3c aa). Ist nach beiderseit HeimatR (frz, kanad) der Mannesname maßg, bedarf es keiner Namenswahl (BayObLG NJW **81,** 2647). Zur Kollision mit rumän R Hallwirth StAZ **79,** 99. Zum KollisionsR ausführl: Massfeller/Böhmer/Coester EheG 13a Rn 10ff.

3) Erstreckung auf Abkömmlinge, III und IV. Die Regelg entspricht derj in § 1617 mit der Einschränkg, daß sich die NamensÄnd der Elt auf Abkömmlinge bis zu deren 14. LebensJ automat erstreckt u es der AnschließgsErkl erst für ältere Kinder bedarf.

Anhang

I. Bundesgesetz über die Anerkennung freier Ehen rassisch und politisch Verfolgter

Vom 23. 6. 1950 (BGBl 226), Änderg v 7. 3. 56 (BGBl 104)

1) Vom Abdruck des GesTextes u seiner Kommentierg wird mit Rücks auf die mangelnde Aktualität abgesehen. Insof wird auf die 39. Aufl verwiesen. Trotzdem ergehde Rspr wird an dieser Stelle nachgewiesen.

II. Bundesgesetz über die Rechtswirkungen des Ausspruchs einer nachträglichen Eheschließung

Vom 29. 3. 1951 (BGBl 215/BGBl III 404–7)
(In BerlinW entspr Ges v 23. 1. 52, VOBl 75)

1) Mit Rücks auf die mangelnde Aktualität wird vom Abdruck des G u seiner Kommentierg abgesehen. Insof wird auf die 39. Aufl verwiesen. Zukünftige Rspr wird an dieser Stelle nachgewiesen.

EheG 14 *Trauung.*
^{I}Der Standesbeamte soll bei der Eheschließung in Gegenwart von zwei Zeugen an die Verlobten einzeln und nacheinander die Frage richten, ob sie die Ehe miteinander eingehen wollen und, nachdem die Verlobten die Frage bejaht haben, im Namen des Rechts aussprechen, daß sie nunmehr rechtmäßig verbundene Eheleute seien.

^{II}Der Standesbeamte soll die Eheschließung in das Familienbuch eintragen.

1) Verletzg der **nicht zwingenden** Bestimmg beeinflußt die Wirksamk der Eheschl nicht. Als **Zeugen** sollen nicht mitwirken Mj od Entmündigte (vgl auch StGB 45). Die **Frage** u Antwort erfolgt bei Tauben dch einen Dolmetscher (EheG 13 Anm 2b aa). Die Eheschl soll in einer der Bedeutg der Ehe entspr würd u feierl Weise vorgenommen w (PStG 8). Der **Ort** der Eheschl ist abgesehen von besond Grden (Krankh, Inhaftierg usw) das Dienstgebäude des StBeamt. Die Verl w dch den StBeamt als **kraft Gesetzes rechtmäßig verbundene Eheleute** erkl.

2) Eintragung im Heiratsbuch, II. Die Eheschl wird im Beisein der Eheg u der Zeugen im Heiratsbuch beurk (PStG 9). Der Ausdr „FamBuch" in EheG 11 II, 14 I ist bei der Reform des PStG 1957 versehentl nicht angeglichen worden. Das FamBuch soll von dem StBeamt, vor dem die Ehe geschl w, spätestens am folgdn WerkTg angelegt w (PStGAVO 19) u wandert mit den Eheg mit (PStGAVO 21, PStG 13). Die Eintragg im FamBuch ist für die Wirksamk der Ehe nicht wesentl (vgl EheG 13 Anm 2); Ausn: EheG 11 II. Die Eintragg im FamBuch regeln PStG 12ff, PStGAVO 19–23.

EheG 15 *Zuständigkeit des Standesbeamten.*
^{I}Die Ehe soll vor dem zuständigen Standesbeamten geschlossen werden.

^{II}Zuständig ist der Standesbeamte, in dessen Bezirk einer der Verlobten seinen Wohnsitz oder seinen gewöhnlichen Aufenthalt hat. Unter mehreren zuständigen Standesbeamten haben die Verlobten die Wahl.

^{III}Hat keiner der Verlobten seinen Wohnsitz oder seinen gewöhnlichen Aufenthalt im Inland, so ist für die Eheschließung im Inland vor dem Standesbeamten des Standesamts I in Berlin oder der Hauptstandesämter in München, Baden-Baden und Hamburg zuständig.

^{IV}Auf Grund einer schriftlichen Ermächtigung des zuständigen Standesbeamten kann die Ehe auch vor dem Standesbeamten eines anderen Bezirkes geschlossen werden.

1) Die Zuständigkeit des Standesbeamten für die Eheschl, I, folgt entsprechd EheG 11 Anm 3. Gem KonsG v 11. 9. 74 (BGBl 2317) § 8 gelten in best KonsBezirken als StBeamte iS des EheG die **Konsularbeamten,** die befugt sind, Eheschließgen vorzunehmen (einschl Aufgebot, Ausstellg der entspr Urk usw), sofern mind einer der Verl Dtscher u keiner v ihnen Angeh des Empfangsstaates ist. Die Zustdgk richtet sich in erster Linie nach dem **Wohnsitz** eines der beid Verl (§§ 7ff BGB) od ihrem **gewöhnlichen Aufenthalt** (EG 29 Anm 2), **II 1,** wobei bei mehrfacher Zustdgk die Verl die Wahl haben, **II 2.** AuslDtsche u selbst Ausl, die keinen Wohns od gewöhnl Aufenth in Dtschld haben, können hier eine Ehe eingehen, **III.** Vor Mißbräuchen schützt das Erfordern des EhefähigkZeugn (EheG 10). Lehnt ein StBeamt wg Unzustdgk ab, so Antr auf Entsch dch das AG (PStG 45, 50; FGG 69); gg dessen Entsch einf Beschw (FGG 19).

2) Die Ermächtigung eines anderen Standesbeamten, IV, soll schriftl u kann dch jeden nach II u III zust StBeamt erfolgen. Der ermächtigte StBeamte bleibt weiter zust („auch vor"). Auch der ermächtigte StBeamte hat eine Eheschl abzulehnen, wenn ihm der Ehe entggstehde Eheverbote zur Kenntnis kommen (PStG 6 I). Weiterermächtigg unzul.

3) Verstoß gegen EheG 15 ist ohne Wirkg für den Bestand der Ehe, dh also, wenn die Eheschl vor dem unzust StBeamt erfolgt ist oder ein solcher ermächtigt hat. Hat aber der StBeamte die Eheschl nicht in dem Bez, für den er bestellt ist, vorgenommen, so hat er als NichtStBeamter gehandelt (EheG 11 Anm 4); vor der Gefahr einer Nichtehe wird aber meist EheG 11 II schützen. Hat ein außerh seines Bez tätiger StBeamte ermächtigt, so liegt zwar keine Ermächtigg vor; aber Eheschl vor dem „ermächtigten" StBeamt trotzdem unschädl, soweit dieser innerh seines AmtsBez tätig geworden ist; andernf evtl Nichtehe (EheG 11 Anm 4 u 5 cc).

EheG 15a Besondere Zuständigkeit für Nichtdeutsche.

[I] Als Ausnahme von den Bestimmungen der §§ 11, 12, 13, 14, 15 und 17 dieses Gesetzes kann eine Ehe zwischen Verlobten, von denen keiner die deutsche Staatsangehörigkeit besitzt, vor einer von der Regierung des Landes, dessen Staatsangehörigkeit einer der Verlobten besitzt, ordnungsgemäß ermächtigten Person in der von den Gesetzen dieses Landes vorgeschriebenen Form geschlossen werden.

[II] Eine beglaubigte Abschrift der Eintragung der so geschlossenen Ehe in das Standesregister, das von der dazu ordnungsgemäß ermächtigten Person geführt wird, erbringt vollen Beweis der Eheschließung. Der deutsche Standesbeamte des Bezirkes, in dem die Eheschließung stattfand, hat auf Grund der Vorlage einer solchen beglaubigten Abschrift eine Eintragung in das Familienbuch zu machen und die Abschrift zu den Akten zu nehmen.

Schrifttum. Raape, FS Kiesselbach (1947) 141; Sonnenberger StAZ **64**, 289; Weyers FamRZ **64**, 169, 568; **65**, 1; Mergenthaler StAZ **67**, 175; Schrembs StAZ **78**, 328.

1) § 15a EheG hat auf Grund Art 6 § 1 IPRG v. 25. 7. 86 (BGBl I, 1142) außerhalb des Landes Berlin seine Wirksamkeit verloren. Die Vorschr gestattet (in Durchbrech von EGBGB 13 II, wonach sich die Form einer im Inland geschl Ehe auch für Ausl nach dtschem Recht bestimmt) Ausländern die Eheschl in Dtschld vor einer vom ausl Staat besonders ermächtigten Pers nach den FormVorschr dieses Staates. **Zweck** der dch KRG Nr 52 v 21. 4. 47 eingefügten Bestimmg war es, den Angeh der Besatzgs-Mächte die Mögkl zu geben, in Dtschld eine Ehe in der Form ihres HeimatR einzugehen. Die Bestimmg gilt aber für alle Ausl. Praktische Bedeutg vor allem für Gastarbeiter, denen ihr HeimatR auch im Ausl die kirchl Eheschl vorschreibt (früher: Griechenland, Spanien).

2) Voraussetzungen, I.

a) Die Verlobten müssen **beide Nichtdeutsche** sein, können verschiedene Staatsangehörigk haben, gleichgült welche. Es kann auch im Verl staatenlos sein, jedoch nicht beide, da es dann an der Voraussetzg zu b und c fehlt. Hat ein Verl außer der ausl Staatsangehörigk auch die dtsche, so findet EheG 15a nach dem eindeut Wortlt keine Anwendg (MüKo/Müller-Gindullis Rn 3; Schlesw StAZ **74**, 153 m abl Anm Bosch FamRZ **74**, 655; aA auch Raape S 147). Eheschl eines Ausl mit einem Dtschen bzw Doppelstaater in der Form des EheG 15a führt zur Nichtehe iSv EheG 11 (Celle FamRZ **65**, 43), nicht zur nichtigen Ehe (so Kleve FamRZ **64**, 365).

b) Die Ehe muß **vor einer** von der Regierung ihres Landes **ordnungsgemäß ermächtigten Person** geschl sein (BGH NJW **65**, 1129; Kln FamRZ **81** 868; LSG Rh-Pf FamRZ **74**, 375; aA AG Münster ZBlJugR **76**, 417: ausr Trauungszutdgk nach dem G des Entsendestaates). Die Ermächtigg, gerade auch in der BuRep bei Eheschl mitzuwirken, setzt eine ausdrückl gesetzl Vorschr des Entsenderlandes voraus, so daß kirchl MitwirkgsBefugn nicht ausreicht (BGH **43**, 222). Hauptsächl werden es diplomat Vertr u Konsuln, aber auch Militärgeistl bei Mitgl der Streitkräfte iS der Bonner Verträge sein wie zB ein belg Offizier (Hamm FamRZ **86**, 678 mA Bosch); nicht aber ein beliebiger kath Pfarrer, der auf Grd kanonischen Rechts mitwirkt (Celle FamRZ **64**, 209; BayObLG FamRZ **66**, 147; aM Weyers FamRZ **64**, 169). Demgem sind auch griech-orthodoxe Priester nicht schon aGrd ihrer Zustdgk zur Mitwirkg bei der Eheschl griech Staats-Angeh ermächtigt (Hamm NJW **70**, 1509), sondn nur die von der griech Reg dch Verbalnote benannten (vgl StAZ **65**, 15); aber nicht rückwirkd (BGH **43**, 222). Auch Spanien ist demgem Geistl ermächtigt, zB RdErl HessMdJ v 8. 5. u 2. 6. 64, StAZ 184, NdsMdJ v 7. 7. 64, StAZ 213. Geistl der röm-kath Kirche genügen aGrd ihrer kirchl Trauungsbefugnis nicht; ebsowenig die Eintragg der Trauung in das span Zivilregister; nachträgl Benenng ohne Rückwirkg (BSG NJW **72**, 1021). Da die Ermächtigg von einem dtschn StBeamt schwer zu erkennen ist, läßt sich beim Spaniern u Griechen Auszug aus ihrem Konsularregister, in das Eheschl eingetr w, vorlegen u Ermächtigg der Stelle, vor der Eheschl vorgenommen w, dch Konsulat bestätigen; andernf Nachfrage bei der diplomat Vertretg des Landes.

c) Ein Verlobter muß die **Staatsangehörigkeit der ermächtigten Person haben**; also falls einer staatenlos ist, vor dem Ermächtigten des Landes des and Verlobten.

d) Eheschl muß erfolgen **in der Form des Ermächtigungslandes**, nicht etwa in der des Landes, dem der andere angehört. Wirkgen von Formmängeln also auch nach dem betr AuslandsR zu beurteilen. Demgem mögl, daß Südkoreaner u Japaner in Dtschld ihre Eheschl ihrem ermächtigten diplomat Vertretrer anmelden u dieser die persönl vor ihm bekannte übereinstimmde WillensErkl enttgnimmt (Schurig StAZ **71**, 94; abw Beitzke StAZ **64**, 25 Eheschl sei nach diesen Rechten ein zweigeteiltes RGesch, so daß § 15a unanwendb).

3) Eintragung, II. Die ermächtigte Person od eine sonstige, die von ihrer Regierg zur Führg eines derart Registers ermächtigt ist, zB Konsul, trägt Eheschl in dieses ein. Begl Abschr der Eintragg ins konsular Standesregister erbringt vollen Bew der Eheschl. Der dtsche StBeamte, in dessen Bez Eheschl stattfand, hat seinerseits aGrd der Vorlage einer solchen begl Abschrift zu prüfen, ob die Voraussetzgen von I gegeben waren, dann aber ohne weitere Prüfg Eheschl in das FamBuch einzutragen. Vorlage einer Bescheinigg des ausl Geistl aus seinem Kirchenbuch genügt nicht (BGH **43**, 226). Eine nach I vor dem griech-orthodoxen Geistl geschl nichtige Ehe kann nicht dch insow konstitutiv wirkde Eintragg in ein dt Heiratsbuch wirks w (EheG 11 Anm 4b). Die Eintragg dient lediglich der Beurk u hat keine konstitutive Bedeutg (Kln FamRZ **81**, 868).

D. Nichtigkeit der Ehe

Einführung

1) Unterscheidung zwischen Nichtehe und nichtiger Ehe.

a) Die Nichtehe (matrimonium non existens) tritt aus formellen Grden nur beim **Fehlen der Mitwirkung eines Standesbeamten** ein, aus sachl Grden auch bei Eheschl dch Gleichgeschlechtl, auch wenn EheG 11 selbst erfüllt sein sollte, oder wenn überh keine Erkl, die Ehe schließen zu wollen abgegeben wurde (Einzelfälle der Nichtehe EheG 11 Anm 5). Eine Ehe liegt dann überh nicht vor (RG **133**, 166). Mithin **bedarf es auch keiner Nichtigerklärung** (RG **120**, 37), die Nichtigk kann vielmehr ohne weiteres von jedermann geltd gemacht w, ohne daß es eines besonderen FeststellgsUrt bedürfte. Mögl aber die **Klage auf Feststellung des Nichtbestehens** der Ehe (ZPO 256, 606ff, 631ff). Bigamische Ehe mit Engländer ow nichtig; RSchutzBedürfn für Kl auf Feststellg des Nichtbestehens aber wg der inter-omnes-Wirkung zu bejahen (LG Hbg FamRZ **73**, 602). Der StaatsAnw kann den RStreit betreiben (ZPO 634). Das FeststellgsUrt wirkt für u gg alle (ZPO 638 S 2). Geschieht die Berufg auf die Nichtexistenz der Ehe einredeweise, so Aussetzg nach ZPO 154 I. Die Scheidg einer Nichtehe ist ausgeschlossen (vgl Schwind RabelsZ **74**, 523). Wird ScheidgsKl erhoben u stellt das Gericht implicite das Nichtbestehen der Ehe fest, so ist die Kl abzuweisen. Jeder der Beteil kann sich mit einem Dr verheiraten, ohne daß dem das Ehehindern der bestehden Ehe od WartZten (EheG 5, 8) entggstünden. Ein EheVertr wäre rechtl bedeutgsl, Gesamtgut ist nicht entstanden. Rückabwicklg allenf nach auftragloser GeschFührg od ungerechtfertigter Bereicherg. Kinder sind, auch bei gutem Glauben der Elt, nehel (BayObLG FamRZ **66**, 639). Eine **Heilung** der Nichtehe ist ausgeschl. Eine nunmehr wirks vorgenommene Eheschl hat Wirkg nur ex nunc.

b) **Ehenichtigkeit** bedeutet abweichd vom NichtigkBegriff des Allg Teils nur **rückwirkende Vernichtbarkeit.** Die nichtige Ehe wird bis zur NichtigErkl wie eine gült Ehe behandelt (RG **120**, 37). HerstellgsVerlangen aber im allg RMißBr (§ 1353 Anm 3c). Eine vernichtb Ehe kann statt dessen auch geschieden w (RG HRR **29**, 1101). Auf die Nichtigk kann sich gem EheG 23 niemand berufen, wenn sie nicht **durch gerichtliches Urteil** rechtskr festgestellt ist (ZPO 636a). Zu den **Wirkungen des Nichtigkeitsurteils** EheG 23 Anm 3.

2) Verfahrensrecht bei der Nichtigkeitsklage EheG 23 Anm 2. Zum Schuldausspruch für Altfälle 43. Aufl.

3) Zum Übergangsrecht 43. Aufl. Zum **internationalen Privatrecht** EG 13 Anm 3.

I. Nichtigkeitsgründe

Vorbemerkung

1) Wegen der **trennenden und aufschiebenden Eheverbote** vgl Einf 1 vor EheG 4.

EheG 16 Eine Ehe ist nur in den Fällen nichtig, in denen dies in §§ 17 bis 22 dieses Gesetzes bestimmt ist.

1) Erschöpfende Aufzählung der Nichtigkeitsgründe. NichtigkGrde des Allg Teils (zB §§ 134, 138) unanwendb. Die früheren NichtigkGrde der **Namensehe** (EheG 19) u des **Ehebruchs** (EheG 22) sind dch das 1. EheRG ersatzl beseitigt (vgl aber zur Scheinehe EheG 12 Anm 1 u 13 Anm 4).

EheG 17 *Mangel der Form.* [I]Eine Ehe ist nichtig, wenn die Eheschließung nicht in der durch § 13 vorgeschriebenen Form stattgefunden hat.

[II]Die Ehe ist jedoch als von Anfang an gültig anzusehen, wenn die Ehegatten nach der Eheschließung fünf Jahre oder, falls einer von ihnen vorher verstorben ist, bis zu dessen Tode, jedoch mindestens drei Jahre, als Ehegatten miteinander gelebt haben, es sei denn, daß bei Ablauf der fünf Jahre oder zur Zeit des Todes des einen Ehegatten die Nichtigkeitsklage erhoben ist.

1) Formmängel bei der Eheschließung, I. Der Mangel der Mitwirkg eines StBeamt bei der Eheschl führt regelm zur Nichtehe (EheG 11 Anm 2); Mangel also unheilb außer dch Eintragg ins FamBuch iF von EheG 11 II. Ist dagg (nur) eins od mehrere der zwingden **Formerfordernisse von EheG 13**, also nicht persönl Eheschl od gleichzeit Anwesenh, Erkl unter Bedingg usw (vgl EheG 13 Anm 3a–c) **nicht erfüllt**, so ist, falls **ein Standesbeamter mitgewirkt** hat, die **Ehe nur nichtig**, so daß es also auf die Nichtehe (Einf 1a v EheG 16) eines mit Erfolg dchgeführten NichtigkVerf bedarf, ehe sich jmd auf die Nichtigk berufen kann (EheG 23). Verstöße gg EheG 12, 13a I, 14, 15 berühren den Bestand der Ehe nicht. Die Folgen von Fehlern in der WillensErkl w nicht dch EheG 17, sond dch EheG 18, 30–34 geregelt.

2) Für die Heilung, II, ist die Eintragg im FamBuch unwesentl. **a)** Vielm nur **durch fünfjähriges Miteinanderleben der Ehegatten** (vgl § 1567 sowie zur FrBerechng §§ 187 I, 188). Anzeichen hierfür die gemeins NamensFührg von Eheg u Ki. Vorübergehde Trenng (dch Krankh, Strafhaft, Expedition uä) steht nicht entgg. Gutgläubigk unerhebl. Heilg hat rückwirkde Kraft, es sei denn, es ist inzw eine im Ergebn erfolgreiche NichtigkKl erhoben w. Stirbt ein Eheg vor Ablauf der 5 J, so genügt 3-jähriges ZusLeben. Bei früher erfolgtem Tode nur Nichtigk, wenn sie auf Kl des Staatsanw ausgesprochen ist

(EheG 24 I 2). – **b)** Heilg auch dch **Wiederholung der Eheschließung** mögl (§ 13 der 1. DVO EheG), allerd ohne Rückwirkg (aA Kissel, Ehe u Ehescheidg 1977 I 68).

EheG 18 *Mangel der Geschäfts- oder Urteilsfähigkeit.* [I]Eine Ehe ist nichtig, wenn einer der Ehegatten zur Zeit der Eheschließung geschäftsunfähig war oder sich im Zustand der Bewußtlosigkeit oder vorübergehenden Störung der Geistestätigkeit befand.

[II]Die Ehe ist jedoch als von Anfang an gültig anzusehen, wenn der Ehegatte nach dem Wegfall der Geschäftsunfähigkeit, der Bewußtlosigkeit oder der Störung der Geistestätigkeit zu erkennen gibt, daß er die Ehe fortsetzen will.

1) Voraussetzungen, I. Nichtig (Einf 1b v EheG 16), wenn zZ der Eheschl ein Eheg entweder **a)** geschäftsunfäh war (vgl EheG 2 Anm 1) od **b)** wenn sich ein Eheg im Zustande der Bewußtlosigk od vorübergehden, die freie Willensbestimmg ausschließden (RG **103**, 400) Störg der Geistestätigk befand.

2) Voraussetzgen der **Heilung durch Bestätigung, II,** daß **a)** die GeschUnfähigk, Bewußtlosigk od Störg der Geistestätigk behoben ist u **b)** der bish unfäh Eheg zu erkennen gibt, daß er die Ehe fortsetzen will, zB dch weiteres ZusLeb, WiederAufn der ehel Gemsch, Eheverkehr, HerstellgsKl usw, nicht aber schon dch Mitleidsäußergen, kleine Aufmerksamkeiten uä. Bestätigg unter Vorbehalten od nur versuchsweise ist keine. Die Auffassg des and Teils unerhebl. Die Bestätigg ist eine **Rechtshandlung,** so daß GeschFgk zur Erreichg des Erfolgs wesentl ist; bei beschr GeschFähigk AufhebgsKl (EheG 30, 35 II). Es genügt der FortsetzgsWille als solcher, also der Wille, weiter mit dem and in einer Ehe zu zu leben, u das Bewußtsein, daß an seiner GeschFähigk u damit an der Gültigk der Ehe berecht Zweifel bestanden (RG **157**, 129). Keine Bestätigg dch einen Vertr. Wohl aber bedarf es dessen Einwilligg, wenn der Eheg zZ der Bestätigg in der GeschFähigk noch beschr war; andernf AufhebgsKl (EheG 30, 35 II). Keine Anfechtg der Bestätigg.

3) Die **Wirkung der Heilung** besteht darin, daß die Ehe als von Anfang an gült anzusehen ist; and § 141 u die Wiederholg der Eheschl (EheG 5 Anm 4). Die **Möglichkeit der Bestätigung entfällt,** wenn vorher die Ehe bereits rechtskr für nichtig erkl (EheG 23) od aufgelöst (EheG 5 Anm 2a bb) ist od wenn sie erst nach der letzten mündl Verhandlg vorgenommen wurde.

EheG 19 **Namensehe.** *(Außer Wirksamk aGrd des 1. EheRG Art 3 Z 1; vgl Einl 1 G vor EheG 1. Zum früh Recht 35. Aufl.)*

EheG 20 **Doppelehe.** [I]Eine Ehe ist nichtig, wenn einer der Ehegatten zur Zeit der Eheschließung mit einem Dritten in gültiger Ehe lebt.

[II]Ist vor der Eheschließung die Scheidung oder Aufhebung der früheren Ehe ausgesprochen worden, so ist, wenn das Urteil über die Scheidung oder Aufhebung der früheren Ehe nach Schließung der neuen Ehe rechtskräftig wird, die neue Ehe als von Anfang an gültig anzusehen.

1) Der Verstoß gg das Verbot der Doppelehe (EheG 5) führt zu einer **nichtigen Ehe** (Einf 1b v EheG 16). Die Nichtigk ist **unheilbar,** greift also auch dann ein, wenn die frühere Ehe nachträgl aufgelöst wird. In Betr kommt dann nur Wiederholg der Eheschl, aber nur mit Wirkg für die Zukft (EheG 5 Anm 4). Zur **Klagebefugnis** EheG 24. Die NichtigkKl kann außer von jedem Eheg u dem StaatsAnw auch von dem Dr, mit dem die früh Ehe geschl war, erhoben w u ist dann gg beide Eheg der späteren Ehe zu richten (ZPO 632). Der NichtigkKl des StaatsAnw fehlt idR auch bei inzw eingetretenem Tod des Doppel-Ehepartn weder das RSchBedürfn noch ist sie rechtsmißbräuchl (Mü FamRZ **80**, 565). Unzul RAusüb aber ggf bei vorzeit RkraftVermerk (KG FamRZ **86**, 355; vgl Anm 3). Das auf die NichtigkKl ergehde Urt wirkt für u gg alle (ZPO 636a). Strafe StGB 171.

2) Voraussetzung der Nichtigkeit ist das Bestehen einer gült u nicht für nichtig erkl (EheG 5 Anm 2a) Ehe zZ der Eheschl (vgl RG **120**, 37). Auf die Gutgläubigk über die Auflösg der früheren Ehe, zB Vertrauen auf eine unrichtige SterbeUrk (Ausn EheG 38), auf Anerkenng der im Ausl erfolgten Scheid usw kommt es nicht an. Nichtigk auch, wenn das ScheidgsUrt der früheren Ehe inf Wiedereinsetzg in den vorigen Stand od im WiederaufnVerf beseitigt w (EheG 5 Anm 2b). Wird die 1. Ehe nach Eingeh der 2. für nichtig erkl, so ist die 2. gültig (EheG 5 Anm 2a aa). Wird die Nichtigk der 1. Ehe erst im NichtigkProz über die 2. Ehe geltd gemacht, so Aussetzg (ZPO 149, 151).

3) Eheschließung vor rechtskräftiger Scheidung, II (eingef dch das G üb die ProzKostHilfe v 13. 6. 80, BGBl I, 677, 687f), war bis zum 1. EheRG kein Probl, da sich der StBeamte an dem RechtskrVermerk des ScheidgsUrt orientieren konnte. Dch den Verhdlgs- u EntschVerbund ist aber der Kreis der an dem ScheidgsVerbundVerf Beteiligten erhebl ausgedehnt w (vgl Heintzmann FamRZ **80**, 123), so daß es häufig zu einer hinkden Rechtskr des ScheidgsUrt kam, weil an einen der Beteiligten, insb ein über 14 J altes Kind od iR des VersorggsAusgl an einen VersorggsTräger das VerbundUrt nicht ordngsmäß zugestellt war. Die Eheg hielten sich in solchen Fällen für bereits geschieden, heirateten neu u gingen auf diese Weise idR ohne ihr Wissen eine Doppelehe ein. II hat keine rückwirkde Kraft, sond gilt erst ab 22. 6. 80, so daß dahingestellt bleiben kann, ob mRücks auf GG 6 I die Rückwirkg hätte angeordnet w dürfen. Die Best entfaltet daher im wesentl nur Bedeutg für zukünftige Verstöße gg die ZustellgsVorschr, wobei zusätzl die Rückänderg von ZPO 516, wonach die BerufgsFr spätestens u also unabh von evtl ZustellgsMängeln zu laufen beginnt, ein Korrektiv bildet. II gilt demnach nicht für Fälle, in denen die Zweitehe auf Kl des StaatsAnw nach Tod des bigamen Ehem für nichtig erkl w war (vgl Mü FamRZ **79**, 48; **80**, 565). II heilt allerd auch die Fälle, in denen der scheingeschiedene Eheg vor dem 22. 6. 80 wieder geheiratet hat u die Rechtskr der Scheidg ggf erst aGrd von ZPO 516 nF eingetreten ist. Die Vorschr hat ferner Vorrang vor EheG 23 ff; ihrer Intention nach darf

1. Abschn.: Recht d. Eheschließung. D. Nichtigkeit der Ehe   EheG 20–24

der RechtskrEintritt nicht be- oder verhindert w. Eine nichtige Doppelehe liegt auch vor, wenn jmd eine weitere Ehe schließt, nachdem seine bisherige Ehe zwar rechtskr, aber noch nicht wirks aufgelöst ist (Mü FamRZ **80**, 565). Bei Bigamie ohne NichtigErkl erhalten ggf beide Wwen Rente (BSG FamRZ **85**, 384).

EheG 21 **Verwandtschaft und Schwägerschaft.** ¹Eine Ehe ist nichtig, wenn sie zwischen Verwandten oder Verschwägerten dem Verbote des § 4 zuwider geschlossen worden ist.

²Die Ehe zwischen Verschwägerten ist jedoch als von Anfang an gültig anzusehen, wenn die Befreiung nach Maßgabe der Vorschrift des § 4 Abs. 3 nachträglich bewilligt wird.

1) Folge des Verstoßes gg die Eheverbote von EheG 4 ist **Nichtigkeit der Ehe** (Einf 1b v EheG 16).

2) **Heilung** mit rückwirkder Kraft dch nachträgl Befreiung (EheG 4 III) ist bei Verstoß gg das Eheverbot der Verwandtsch nicht mögl, wohl aber bei dem der Schwägersch. Befreiung nach Auflösg der Ehe mögl (43. Aufl).

EheG 22 **Ehebruch.** *(Außer Wirksamkeit ab 1. 7. 77 aGrd 1. EheRG Art 3 Z 1; vgl Einl 1 G vor EheG 1. Zum früh Recht vgl 35. Aufl)*

II. Berufung auf die Nichtigkeit

EheG 23 Niemand kann sich auf die Nichtigkeit einer Ehe berufen, solange nicht die Ehe durch gerichtliches Urteil für nichtig erklärt worden ist.

1) **Die Berufung auf die Nichtigkeit** setzt immer ein rechtskräftiges Nichtigkeitsurteil voraus. Solange die Ehe nicht rechtskr für nichtig erkl ist, wird sie als gült Ehe angesehen u hat auch deren Wirkgen (Einf 1 b v EheG 16).

2) **Verfahrensrecht der Nichtigkeitsklage.** Sie ist **Ehesache**; es gelten ZPO 606–621, 631–637. **Klagebefugnis** EheG 24. KlVerbindg nur mit der EhefeststellgsKl zul (ZPO 633 I). Die hilfsw im Eheaufhebgs-Proz geltd gemachte NichtigkKl wird abgewiesen (KG JW **38**, 1539). **Einstweilige Anordnungen** gem ZPO 620ff. Die Nichtigk kann auch nach Auflösg der Ehe nur dch Urt auf NichtigkKl hin festgestellt w. Über die Gültigk einer Ehe kann nie in einem and Verf als Vorfrage entschieden w. Hängt die Entsch eines RStreits (zB über die Erbenstellg) von der Nichtigk einer Ehe ab, Aussetzg des Verf (ZPO 151). Das schließt aber nicht aus, daß auch vor NichtigErkl der 2. bigamischen Ehe der and Eheg der 1. aus dieser Rechte geltd macht, zB auf Wiederherstellg klagt (Tüb NJW **50**, 389). Das auf die NichtigkKl ergehde **Nichtigkeitsurteil wirkt**, gleichgült, ob Klage der StaatsAnw od ein Eheg erhoben hat, **für und gegen alle** (ZPO 636a) u stellt damit den Bestand der Ehe ein für allemal klar. Erhebg einer NichtigkKl demgem auch noch nach Auflösg der Ehe mögl (EheG 24 I 2) u nur unstatth, wenn keiner der Eheg mehr am Leben ist (EheG 24 II), so daß dann die Ehe für immer als gült behandelt wird.

3) **Wirkungen der Nichtigerklärung.** Mit der Rechtskr des NichtigkUrt wird die Ehe von vornherein vernichtet. Das NichtigkUrt hat also **rückwirkende** Kraft (RG **88**, 328). Aber auch hier bei Wiederverheiratg Eheverbot der WarteZt (EheG 8). Die NichtigErkl ist vom StBeamt im FamBuch zu vermerken (PStG 14, PStGAVO 6), auch wenn die Ehe schon aufgelöst war (PStG 13 V). Für die **vermögensrechtliche Auseinandersetzung** gelten mit Einschränkgen dieselben Vorschr wie bei der Scheidg (EheG 26). Keine RückFdg von UnterhlLeistgen (KG JW **37**, 3231). Ist die Ehe eines verstorbenen BuBeamt für nichtig erkl, so gelten auch hins der unterhaltsrechtl Folgen diejenigen der Scheidg; das BeamtVG enth keine Sonderbestimmgen mehr. Eine dtsche Staatsangeh, die im Inl nur kirchl getraut w ist, hat nach dem Tode des Mannes keinen Anspr auf WwenRente (BSG NJW **78**, 2472); zur WwenRente, wenn die Ehe erst nach dem Tode des Versicherten für nichtig erkl w ist, BSG FamRZ **75**, 336. Für die Haftg der Eheg gilt nachträgl nicht § 1359, sond 276. Soweit die dtsche **Staatsangehörigkeit** dch die Eheschl verloren ging, erhält sie der Betreffde mit der NichtigErkl zurück. Der **Familienname** ist wieder der vor der nichtigen Ehe geführte. Die **Kinder aus nichtigen Ehen** sind ehel (§ 1591 I 1), auch wenn die Legitimation dch die nichtige Ehe erfolgte (§ 1719 S 1). Nach NichtigErkl **Sorgerechtsregelung** wie bei Scheidg (§ 1671 VI), vorher ggf § 1672. Im Ggsatz zu § 141 ist eine **Heilung der Nichtigkeit** nicht mit Rückwirkung in den Fällen von EheG 17 II, 18 II, 19 II, 21 II, 22 II mögl, 19 u 22 mit Wirkg v. 1. 7. 77 abgesehen von Altehen außer Wirksamk (1. EheRG Art 3 Z 1). Wg weiterer Folgen vgl Einf 1b v EheG 16, ferner EheG 26, 27.

4) Für die **Nichtehe** gilt EheG 23 nicht. Auf sie kann sich jeder berufen. Einzelh Einf 1a vor EheG 16.

EheG 24 **Klagebefugnis** ¹In den Fällen der Nichtigkeit kann der Staatsanwalt und jeder der Ehegatten, im Falle des § 20 auch der Ehegatte der früheren Ehe, die Nichtigkeitsklage erheben. Ist die Ehe aufgelöst, so kann nur der Staatsanwalt die Nichtigkeitsklage erheben.

²Sind beide Ehegatten verstorben, so kann eine Nichtigkeitsklage nicht mehr erhoben werden.

1) **Klagebefugnis bei bestehender Ehe, I 1**, hat außer dem StaatsAnw (dieser zur Dchsetzg des Grdsatzes der Einehe auch ohne bes öff Interesse; BGH NJW **86**, 3083) jeder der beiden Eheg u im Falle der Doppelehe auch der Eheg der früh Ehe. Gutgläubigk für die Klagebefugn grdsl unerhebl; aber unzul Rechtsausübg wenn 1. Ehe aufgelöst u bei Klageerhebg allein die 2. Ehe besteht, aus der sich der Kläger ledigl lösen will, um eine 3. Ehe einzugehen (BGH **30**, 140; einschränkend BGH **37**, 56; bestätigt NJW **64**,

2529

1853), auch bei Hinwendg zum Partner der 1. Ehe. **Unzulässig** ist Klage des StaatsAnw, wenn bigam Ehe intakt u 1. Ehe inzw gesch ist, wg GG 6 I (LG Ffm NJW **76**, 1096); ferner wenn NichtigkKläger sich weigert, das ausl ScheidgsUrt für seine 1. Ehe anerkennen zu lassen (BGH FamRZ **61**, 427). Im Falle von EheG 18 I hat Klagebefugn nicht nur der geschäfts- od urteilsunfähige, sond auch der and Eheg.

2) Klagebefugnis nach Auflösung der Ehe, I 2 und II. Die Zulassg der NichtigkKl nach Auflösg der Ehe ist erfdl, weil gem EheG 23 die Nichtigk nur noch dch NichtigkKl geltd gemacht w kann u die RFolgen unterschiedl sein können. Wg der Fälle der Auflösg EheG 5 Anm 2a bb. Nach Auflösg der Ehe Klagebefugn allein beim **Staatsanwalt**, I 2, aber wg Wegfalls des öffentl Interesses auch er nicht mehr klagebefugt, wenn beide Eheg gestorben sind, II. Die Ehe wird dann weiterh als gült angesehen (Warn **41**, 9), einschl erbrechtl Wirkgen. Auch keine Erzwingg der Kl dch leibl Sohn aus 1. Ehe (KG NJW **87**, 197).

3) Die **Nichtigkeitsklage des Staatsanwalts** ist zu LebZten beider Eheg gg beide als notw Streitgenossen zu richten (ZPO 632, 62). Lebt nur noch ein Eheg od stirbt ein Eheg währd des RStreits, Klage (ZPO 632) bzw Fortsetzg des RStreits gg den überlebden Eheg (ZPO 636), auch in der BerufgsInstanz (Fechner JW **38**, 2115). Stirbt auch der and Eheg, so II. Überläßt StaatsAnw die Klageerhebg einem Eheg, erhebt dieser Kl gg den anderen, im Falle der Doppelehe gg beide Eheg der 2. Ehe (ZPO 632). StaatsAnw kann auch hier im Verf mitwirken (ZPO 634). **Zuständig für die Klageerhebung** ist die Staatsanwaltsch am Sitz des FamG (GVG 143). Lehnt sie die Klageerhebg wg mangelnden Interesses ab, DienstaufsichtsBeschw (GVG 146, 147), aber nicht Antr auf gerichtl Entsch (EGGVG 23ff; aA Lüke JuS **61**, 210). Keine unzul RAusübg, wenn StaatsAnw NichtigkKl erst nach 25jähr ZusLeben der Beteiligten erhebt (BGH NJW **75**, 872 mAv Ruthe FamRZ **75**, 334).

III. Folgen der Nichtigkeit

EheG 25 *Rechtliche Stellung der Kinder.* I dch Art 9 I Abs I FamRÄndG außer Wirkg, II u III dch Art 8 II Nr 1 GleichberG, in *Berlin* I dch AO der AllKdtr v 21. 11. 61, GVBl 1672, II u III dch AO v 12. 8. 57, GVBl 1004.

EheG 26 *Vermögensrechtliche Folgen der Nichtigkeit.* ¹**Die vermögensrechtlichen Folgen der Nichtigkeit einer Ehe bestimmen sich nach den Vorschriften über die Folgen der Scheidung.**

IIHat ein Ehegatte die Nichtigkeit der Ehe bei der Eheschließung gekannt, so kann der andere Ehegatte binnen sechs Monaten, nachdem die Ehe rechtskräftig für nichtig erklärt ist, durch Erklärung gegenüber dem Ehegatten die für den Fall der Scheidung vorgesehenen vermögensrechtlichen Folgen für die Zukunft ausschließen. Gibt er eine solche Erklärung ab, ist insoweit die Vorschrift des Absatzes 1 nicht anzuwenden. Hat auch der andere Ehegatte die Nichtigkeit der Ehe bei der Eheschließung gekannt, so steht ihm das in Satz 1 vorgesehene Recht nicht zu.

IIIIm Falle des § 20 stehen dem Ehegatten, der die Nichtigkeit der Ehe bei der Eheschließung gekannt hat, Ansprüche auf Unterhalt und Versorgungsausgleich nicht zu, soweit diese Ansprüche entsprechende Ansprüche des Ehegatten der früheren Ehe beeinträchtigen würden.

1) Geregelt wird nur das **Verhältnis der Ehegatten in vermögensrechtlicher Beziehung** (Anm 2). Fassg gem 1. EheRG Art 3 Z 5. Für Ehen, die vor dem 1. 7. 77 für nichtig erkl wurden, gilt EheG 26 aF. Wird eine Ehe für nichtig erkl, so werden damit grdsl sämtl Ehewirkgen rückwirkd beseitigt. Die Anwendg dieses Grdsatzes würde bedeuten, daß die Beziehgen der Eheg zueinand so anzusehen sind, als ob die Ehe nie bestanden hätte. Ausgeschl wären danach nicht nur Folgergen für die Zukft, wie zB die ggseit UnterhPfl; auch für die zurückliegde Zeit wären alle wirtschaftl Vorgänge, die ihre Grdlage in der Ehe finden, der Rückabwicklg unterworfen. In Abweichg von diesem Grdsatz behandelte schon das bish Recht die nichtige Ehe weitgehd so, als hätten die Ehe bis zur NichtigErkl der Ehe in gült Ehe gelebt. EheG 26 nF weicht von der aF in folgden Pkten ab: Die vermögensrechtl Folgen der Nichtigk der Ehe sollen sich grdsl – also auch iF der beiderseit Bösgläubigk – nach den Folgen der Scheidg bestimmen, I. Ferner soll die Entsch des gutgläub Eheg für die NichtigkFolgen nur für die Zukft mögl sein, II 1 u 2. Schließl soll dieses Wahlrecht dem gutgläub Eheg auch dann zustehen, wenn der and Eheg bösgläub war, II 1 u 3 (BT-Drucks 7/650 S 182). EheG 26 gilt für sämtl NichtigkFälle, nicht aber für die Nichtehe (Einf 1a v EheG 16); für die Eheaufhebg gilt eine entspr Regelg (EheG 37 II nF). EheG 26 kommt nur zur Anwendg, wenn die Ehe dch rechtskr Urt für nichtig erkl ist (EheG 23). Bis dahin ist sie auch in vermögensrechtl Beziehg wie eine gült Ehe zu behandeln. Wg der **sonstigen Folgen der Nichtigkeit** einer Ehe Einf 1b v EheG 23 sowie vor allem EheG 23 Anm 3. Zur Nichtehe Einf 1a v EheG 16. Zum ÜbergangsR 43. Aufl Vorbem 1 v EheG 25.

2) Eintritt der vermögensrechtlichen Scheidungsfolgen, I. Ehenichtigk bedeutet danach vermögensrechtl das gleiche wie die Scheidg. Im Ggsatz zu EheG 26 aF gilt das nunmehr auch für den Fall, daß beide Eheg bei der Eheschließg die Nichtigk gekannt haben (BT-Drucks 7/650 S 182 mit ausführl Begründg). Einschränkg iF der Doppelehe (III). Vermögensrechtliche Folgen sind der nachehel Unterh (§§ 1569ff), der ZugewinnAusgl (§§ 1372ff) sowie der VersorggsAusgl (§ 1587ff). Der Unterh kann wg des NichtigkGrdes nicht nach § 1579 reduziert werden, da bei erhobener NichtigkKl § 26 II vorrangig ggü § 1579 ist (*Hamm* FamRZ **87**, 947 mAv *Henrich*). Ist eine Ehe nach dem 1. 7. 77 für nichtig erkl w, einer der Eheg aber bereits davor verstorben, so findet ein VA nicht statt, sond kommt eine Hinterbliebenenrente n RVO 1265 in Betr (BGH FamRZ **85**, 270).

3) Ausschluß der Scheidungsfolgen, II. Der gutgläub Eheg soll unter bestimmten Voraussetzgen die vermögensrechtl Folgen der Scheidg ausschließen dürfen.

a) Voraussetzungen: aa) Ein Eheg hat die **Nichtigkeit der Ehe zur Zeit der Eheschließung nicht gekannt**, dh ihm waren die die Nichtigk bedingden Tats unbekannt u daß sie einen NichtigkGrd abgeben (RG 109, 65); späteres Erkennen unerhebl. **bb)** Der **andere Ehegatte muß die Nichtigkeit der Ehe gekannt haben.** Kennenmüssen genügt nicht, ebsowenig, wenn der and Eheg die NichtigkGrde später erfährt. Die Bösgläubigk muß beweisen, wer sich darauf beruft (RG 78, 369); wg ihrer Feststellg im Urt Einf 2 vor EheG 16. **cc)** Die Erkl muß **binnen 6 Monaten** nach Eintritt der Rechtskr des NichtigkUrt abgegeben, dh hier: dem and Eheg zugegangen sein (§ 130). Zugang der Erkl danach ohne Wirkg.

b) Rechtsfolge der einseitigen Gutgläubigkeit ist, daß der gutgläub Eheg dch Erklärg ggü dem and Eheg die für den Fall der Scheidg vorgesehenen vermögensrechtl Folgen **für die Zukunft** ausschließen kann, nicht dagg für die Vergangenh, weil die Rückabwicklg der vermögensrechtl Beziehgen vielf prakt unausführb u hins des Zugewinns idR gar nicht wünschensw ist (BT-Drucks 7/650 S 183). Bei beiderseitiger Gut- wie Bösgläubigk verbleibt es bei I.

4) Scheidungsfolgen bei Doppelehe, III. Die Vorschr trägt dem Gedanken Rechng, daß es iF der Doppelehe unbill ist, demj Eheg, der die Nichtigk der Ehe bei der Eheschl gekannt hat, Ansprüche auf Unterh u VersorggsAusgl zuzugestehen, wenn hierdch entsprechde Anspr des Eheg der früheren Ehe beeinträchtigt würden (BT-Drucks 7/650 S 183).

EheG 27 *Schutz gutgläubiger Dritter.* (Außer Wirksamk ab 1. 7. 77 aGrd 1. EheRG Art 3 Z 1; vgl Einf 1 G vor EheG 1. Grund: Die Vorschr erübrigt sich, nachdem EheG 26 nF für den vermögensrechtl Bereich eine Rückwirkg der Ehenichtigk ausschließt; BT-Drucks 7/650 S 180. Obwohl in 1. EheRG Art 12 Z 5 nicht mit aufgeführt, muß die Vorschr für Altfälle fortgelten; vgl oben EheG 26 aF Anm 1 sowie iü die 35. Aufl.).

E. Aufhebung der Ehe

Einführung

Schrifttum: D. Schwab, FS Beitzke, 1979, S 357; Finger NJW **81**, 1534 (krit); Meyer JurBüro **86**, 1010.

1) Zweck: Währd die Nichtigk einer Ehe der Berücksichtigg öffentl Interessen dient, trägt die Aufhebg, die aSt der Anfechtg entsteht, den Belangen des einz Eheg Rechng. Das EheG berücks aber auch die Wirklichk, wenn es davon ausgeht, daß Willensmängel bei Eingehg der Ehe grdsl nicht die dch die Eheschließg begründete tatsächl LebGemsch der Eheg nachträgl aus der Welt schaffen, vielmehr nur dem Eheg, in dessen Pers sie vorlagen, das Recht geben, die Fortsetzg dieser Ehe zu verweigern. Demgem löst die Aufhebg die Ehe nur mit **Wirkung für die Zukunft** auf (EheG 29); ihre Wirkgen sind denen der Scheidg grdsl gleichgestellt; aber in gewissen Fällen können die vermögensrechtl Folgen f die Zukunft ausgeschl w (EheG 37). Trotz der Annäherg der Aufhebg an die **Scheidung** ist es dennoch nicht angäng, beide Rechtseinrichtgen zu verschmelzen. Die Aufhebg berücks Grde, die zZ der Eheschl vorgelegen haben (was internationalprivatrechtl die Anwendg von EG 13, nicht 17 bedingt), die später eingetretenen kommt nur Scheidg in Betr.

2) Verfahrensrechtlich gilt der Grds der Einheitlichk der Entscheidg: Mit Erhebg der AufhebgsKl w sämtl Grde, aus denen Aufhebg begehrt w kann, soweit sie dem Berecht bekannt sind, rechtshängg. Das auf die AufhebgsKl ergehde (auch abweisde) Urt erwächst auch in diesem Umfang in Rechtskr. Das Aufhebgs-Urt wirkt **rechtsgestaltend;** es hebt die Ehe nur für die Zukunft auf u wirkt für u gg alle. Die Aufhebg ist im FamBuch zu vermerken (PStG 14 Z 4). Eine dch die Aufhebg aufgelöste Ehe kann nicht dch spätere Grde nochmals aufgelöst od gesch w. Aufhebgs- u ScheidgsKl können miteinand **verbunden** w (ZPO 610 I). Vgl dazu 41. Aufl. Für das AufhebgsVerf gilt nicht, auch nicht analog, der Verhandlgs- u Entscheidgsverbund v ZPO 623 I, 629 (AG Kamen FamRZ **78**, 122; aA Darmst FamRZ **78**, 44). **Klagebefugt** ist grdsl nur der aufhebgsberecht Eheg (ZPO 607). Nach seinem Tod kommt eine Aufhebg nicht mehr in Betracht (ZPO 619). Aufhebgsgrde können aber auch noch nach dem Tod geltd gemacht w (§§ 1933, 2077 I, 2268 II, 2279). Wg Beschrkg in der GeschFähigk EheG 30 Anm 2, 35 Anm 5.

3) Übergangsrechtlich gelten nunmehr f sämtl Ehen EheG 28 ff. **IPR** EG 13 Anm 3.

I. Allgemeine Vorschriften

EheG 28 Die Aufhebung der Ehe kann nur in den Fällen der §§ 30 bis 34 und 39 dieses Gesetzes begehrt werden.

1) Die **Aufzählung** der Aufhebgsgrde ist **erschöpfend:** Keine entspr Anwendg mögl. Nach NichtigErkl einer Ehe auch keine Aufhebg mehr (RG **59**, 412).

EheG 29 Die Ehe wird durch gerichtliches Urteil aufgehoben. Sie ist mit der Rechtskraft des Urteils aufgelöst.

1) Die **Aufhebg** der Ehe kann nur dch Urt in einem AufhebgsRechtsstreit erfolgen; Aufhebgsgrde können also nicht inzidenter geltd gemacht w, dann vielmehr VerfAussetzg (ZPO 152). Zur Klagenverbindg und Urteilswirkg Einf 2 vor EheG 28.

II. Aufhebungsgründe

EheG 30 *Mangel der Einwilligung des gesetzlichen Vertreters.* [I]Ein Ehegatte kann Aufhebung der Ehe begehren, wenn er zur Zeit der Eheschließung oder im Falle des § 18 Abs. 2 zur Zeit der Bestätigung in der Geschäftsfähigkeit beschränkt war und sein gesetzlicher Vertreter nicht die Einwilligung zur Eheschließung oder zur Bestätigung erteilt hatte. Solange der Ehegatte in der Geschäftsfähigkeit beschränkt ist, kann nur sein gesetzlicher Vertreter die Aufhebung der Ehe begehren.

[II]Die Aufhebung ist ausgeschlossen, wenn der gesetzliche Vertreter die Ehe genehmigt oder der Ehegatte, nachdem er unbeschränkt geschäftsfähig geworden ist, zu erkennen gegeben hat, daß er die Ehe fortsetzen will.

[III]Verweigert der gesetzliche Vertreter die Genehmigung ohne triftige Gründe, so kann der Vormundschaftsrichter sie auf Antrag eines Ehegatten ersetzen.

1) Das Aufhebgsbegehren setzt sachl alternativ voraus, **I 1,** daß der Eheg bei Eheschließg od im Ztpkt der Bestätigg nach EheG 18 II **beschränkt geschäftsfähig** war u sein gesetzl Vertr die Einwilligg zur Eheschließg od Bestätigg nicht gegeben hatte.

2) **Klagebefugt** (vgl ZPO 607 I) ist grdsl nur der Eheg, der zZ der Eheschließg od Bestätigg noch mj war, nicht der andere. Doch kann nur der gesetzl Vertr AufhebgsKl erheben, solange der Eheg weiterhin nur beschränkt geschfäh ist, **I 2.** Gen des VormschG erforderl (RG **86,** 15). Die AufhebgsKl kann auch gg den Willen des Eheg erhoben w, wenn das sein Wohl erfordert. Klagefrist EheG 35 I, Fristbeginn EheG 35 II; läßt der gesetzl Vertr die Frist verstreichen, erlischt das Recht auf Aufhebg (arg EheG 36). Bei **Geschäftsunfähigkeit** hat der gesetzl Vertr die Klagebefugn; er braucht Gen des VormschG (§§ 1828, 1831; ZPO 607 II), die innerh der Klagefrist von EheG 35 (RG **118,** 145) noch nachträgl erfolgen kann (RG **86,** 15).

3) Die **Aufhebung ist ausgeschlossen, II,** wenn **a)** der **gesetzliche Vertreter die Ehe genehmigt** hat, wobei er vom AufhebgsGrd und -Recht Kenntn haben mußte (RG LZ **20,** 861). Gen auch stillschweigd, aber nicht schon dch Gestattg des weiteren ZusLebens (vgl RG BayZ **2,** 256). Gen auch noch währd des AufhebgsRechtsStr, insb dch Zurückn der Kl. Wird die Gen ohne trift Grd (EheG 3 Anm 5) **verweigert,** so kann sie dch der Richter (RPflG 14 Z 12) des VormschG gesetzt w, **III.** Antragsberecht ist jeder Eheg. Zum Verf EheG 3 Anm 5; **b)** der unbeschr geschäftsfäh gewordene Eheg zu erkennen gibt, daß er die **Ehe fortsetzen will** (vgl EheG 18 Anm 3 u 31 Anm 3), wofür es ausreicht, wenn vollj Gewordener briefl seine Liebe u Treue versichert (Dresden DR **42,** 81).

EheG 31 *Irrtum über die Eheschließung oder über die Person des anderen Ehegatten.* [I]Ein Ehegatte kann Aufhebung der Ehe begehren, wenn er bei der Eheschließung nicht gewußt hat, daß es sich um eine Eheschließung handelt, oder wenn er dies zwar gewußt hat, aber eine Erklärung, die Ehe eingehen zu wollen, nicht hat abgeben wollen. Das gleiche gilt, wenn der Ehegatte sich in der Person des anderen Ehegatten geirrt hat.

[II]Die Aufhebung ist ausgeschlossen, wenn der Ehegatte nach Entdeckung des Irrtums zu erkennen gegeben hat, daß er die Ehe fortsetzen will.

1) Entsprechd § 119 I unterscheidet EheG 31 drei Fälle des Irrtums (zum Begriff EheG 32 Anm 1): **a) Nichtwissen** des Eheg, daß es sich überh um eine Eheschließg handelt, dh um eine nach dtschem Recht gültige, zB wenn er die Wirkg einer kirchl Auslandstrauung i Deutschland nicht gekannt hat, selbst wenn er wußte, daß sie nach ausl od kirchl Recht gült ist (RG JW **25,** 1639). Bloße Zweifel u Unterlassg der Prüfg berecht nicht zur Aufhebg (Warn **31,** 165). **b) Nichtwollen.** Der Eheg wollte eine Erkl, die Ehe einzugehen, nicht abgeben. Der Irrt über die Dauer der Wirksamk der Erkl (zB bei der Ferntrauung Wehrmachts-Angeh) genügt nicht. **c) Personenirrtum,** dh Personenverwechselg zB dch einen Blinden.

2) **Klagebefugt** ist nur der Irrde, nicht der and. Der beschränkt geschfäh Eheg ist prozeßfäh, nicht dagg der geschunfäh, für den sein gesetzl Vertr (mit vormschaftl Gen) klagen muß (ZPO 607). Klagefrist EheG 35, 36.

3) **Ausschließung der Aufhebung** dch Bestätigg der Ehe **a)** nach EheG 18 II od **b)** dch Verlust derj AufhebgsGrde, die zZ der Bestätigg bekannt waren, **II.** In der Fortsetzg liegt ein Verzicht auf das AufhebgsR. Die Bestätigg kann nur dch den Eheg selbst erfolgen, ist also bei GeschUnfgk nicht mögl. Bestätigg nach II bei beschr GeschFgk (i Ggsatz zu EheG 18 II) wirks, da anders als EheG 30 die Gen der Bestätigg dch den gesetzl Vertr nicht gefordert w.

EheG 32 *Irrtum über die persönlichen Eigenschaften des anderen Ehegatten.* [I]Ein Ehegatte kann Aufhebung der Ehe begehren, wenn er sich bei der Eheschließung über solche persönlichen Eigenschaften des anderen Ehegatten geirrt hat, die ihn bei Kenntnis der Sachlage und bei verständiger Würdigung des Wesens der Ehe von der Eingehung der Ehe abgehalten haben würden.

[II]Die Aufhebung ist ausgeschlossen, wenn der Ehegatte nach Entdeckung des Irrtums zu erkennen gegeben hat, daß er die Ehe fortsetzen will, oder wenn sein Verlangen nach Aufhebung der Ehe mit Rücksicht auf die bisherige Gestaltung des ehelichen Lebens der Ehegatten als sittlich nicht gerechtfertigt erscheint.

1. Abschnitt: Recht der Eheschließung. E. Aufhebung der Ehe   **EheG 32** 1, 2

1) Irrtum (§ 119 Anm 2) ist die Vorstellg von etwas Falschem, aber auch Nichtkenntn einer Tats (RG 62, 205). Der Grd des Irrt ist unerhebl, also auch, ob er auf Fahrlk beruht (RG JW 29, 244) od der and Eheg geglaubt hat, der Irrende werde keinen Anstoß nehmen. Bloße Zweifel an pers Eigensch des and stellen keinen Irrt dar (RG 85, 324), ebso das Rechnen mit der Möglk der Unrichtigk der eig Annahme (RG JW 27, 2124). Der Irrtum muß für die Eheschließg **ursächl** gewesen sein (RG Rspr 27, 205).

2) Der Irrt muß sich entspr § 119 II auf **persönliche Eigenschaften des anderen Ehegatten** beziehen, das sind solche, die einer Pers nicht nur mehr od minder vorübergehd u zufäll, sond so wesentl zukommen, daß sie als Ausfluß u Betätigg ihres eigentl Wesens, als integrierder Bestandteil ihrer Identität erscheinen (RG 52, 310; 146, 241). AnfGrde bilden mithin nur die Eigensch körperl, geistiger u sittl Art, die persönl Verhältn dagg nur in sehr beschr Umfang (RG 104, 336), näml nur insow, als sie derartig in der Persönlichk begründet sind, daß sie nach allg Lebensauffassg persönl Eigensch gleichstehen. Mit Rücks auf die Mobilität der modernen Gesellsch u die Fluktuation der persönl Beziehgen auf der einen Seite u mit Rücks auf die erhöhten Belastgen des ScheidgsFolgenR nach dem 1. EheRG sollten die Voraussetzgen für eine EheAufhebg eher erleichtert w.

a) Als **Aufhebungsgründe** kommen danach in Betracht (vgl ausführl ZusStellg d Rspr 41. Aufl Anm 8): **Alter** (RG 13, 2092) u Altersunterschied (RG JW 28, 896); trotz ärztl Behandlg nicht behebb körperl od psych **Beiwohnungsunfähigkeit** (Hamm OLGZ 65, 31; Nürnb FamRZ 65, 611); unheilb **geistige Erkrankungen**, wenn der krankh Zust nach allg Erfahrg von vornherein mit dem Wesen der Ehe unvereinb ist, so daß Neurosen ud geringfüg Demenz nicht ausr (RG JW 33, 2764), ebsowenig vorübergehde Störgen (RG Gruch 65, 95); bei Epilepsie kommt es neben der Gefährdg der Nachkommensch auf Häufigk u Schwere der Anfälle an (Hbg FamRZ 82, 1211); auch die **Anlage** zu einer schweren geist Erkrankg reicht aus, wenn sie bereits bei Eheschließg die begründete Besorgn rechtfertige, daß sie schon nach dem gewöhnl Verlauf der Dinge, also auch ohne Hinzutreten bes widriger Verhältn zu einem Ausbruch der unheilb Krankh führen würde (BGH FamRZ 67, 372). Ausreichd auch die bloße Möglk der Vererbg auf die Nachkommensch (RG 148, 395; Hamm NJW 62, 1773), wobei die eig Anlage des Kl für einen beachtl Irrt herangezogen w kann (RG 158, 276; Rühl NJW 59, 1570). Beweis Anm 4; Fristbeginn EheG 35 Anm 3b. Bspe: Angeborener Schwachsinn, Schizophrenie, zirkuläres (manisch-depressives) Irresein, schwere Hysterie (Warn 31, 164), starke Anfälligk f hochgrad Nervenleiden (RG JW 22, 162), psychopath Anlage (RG HRR 29, 1010); bedingt dch die Häufigk u Schwere der Anfälle sowie die Gefährdg der Nachkommensch: Fallsucht (RG LZ 18, 913; RG HRR 33, 1191); dagg nicht mangelnde AnpassgsFähigk (RG Gruch 68, 324); unheilb **körperliche Erkrankungen** (RG 103, 323) wie HIV-Infektion u Aids (Tiedemann NJW 88, 732), chron Enzephalitis (BGH LM Nr 1), postenzephalit Parkinsonismus (Brschw NdsRpfl 60, 15); Narkolepsie (BGH 25, 78); multiple Sklerose (Warn 33, 81); dagg nicht Syphilis (RG DR 41, 1413), Knochen-, Lungen-, Unterleibstuberkulose, wenn eine einigermaß sicher ausheilb (RG 146, 243). Ebso keine Aufhebg sond ledigl uU Scheidg, wenn Eheg erfolgverspr Behandlg der Erkrankg ablehnt. Unheilb Vaginismus ist AufhebgsGrd (RG 67, 57), ebso heilb, wenn die Frau GeschlechtsVerk überh ablehnt (RG JW 30, 989). Aufhebg ferner, wenn die Krankh die Nachkommensch gefährdet (RG 146, 243) od sie verhind kann (RG 147, 211). Nicht behebb **Unfruchtbarkeit** kann AufhebgsGrd sein (RG 94, 123); gleichzustellen ist die inf Veranlagg, zB Gebärmutterverlagerg (RG 147, 213), bei jeder Schwangsch herbeigeführte übermäß LebGefahr (RG JW 22, 163); beim Mann die ärztl nicht behebb körperl od psych **Beiwohnungsunfähigkeit** (Hamm OLGZ 65, 31; Nürnb FamRZ 65, 611), auch die Unfähigk zur Vollendg des Beischlafs (Warn 31, 124). Beiwohngsunwillig auch bei 56- und 60-jähr (AG Kamen FamRZ 78, 122). **Geschlechtliche Anomalien:** Gleichgeschlechtlk (Kbg HRR 39, 142); Päderastie (Warn 17, 43); vorehel Verfehlgen des Mannes mit Kindern (RG JW 10, 475); übermäß Hang zur Selbstbefriedig (Warn 34, 189); geschlechtl Befriedig ledigl dch widernatürl Umgang mit Frauen (RG JW 35, 2714); Transsexualismus (Bochum FamRZ 75, 496); **voreheliches Verhalten** kann die Aufhebg begründen iF der Verwaltg eines Bordells (Hamm FamRZ 56, 383); **strafbare** Hdlgen nicht bei leichten Verfehlgen, wohl aber bei GewohnhVerbrechern. Aus dem vorehel **geschlechtlichen** Verhalten besteht unter Berücks der individuellen LebVerh der Eheg eine AufklärgsVerpfl über vorehel Kinder (Frau: RG 104, 335; Mann: Nürnb FamRZ 66, 104); ferner, daß die Frau von einem and Mann schwanger ist (BGH FamRZ 79, 470/71); Aufhebg auch, wenn der Mann geglaubt hat, die Frau sei von ihm schwanger (BGH NJW 86, 1689; wN 45. Aufl); dagg kein AufhebgsGrd Ehebruch in einer früh Ehe (RG JW 07, 3); Beruf; **Vermögensverhältnisse** (Kiel FamRZ 88, 60) u die FamVerh (Vorstrafen, unsittl LebWandel, der Elt und Geschwister der Verlobten sind keine AufhebgsGrde (Warn 33, 27), wohl aber uU Rasse, Religion (LG Bielef NJW 54, 1768), Staatsangehörigk, währd die Auffassg über das Wesen der Ehe bei ägypt Ehem kein relevanter Irrt ist (aA LG Hbg FamRZ 74, 96 m zutr krit Anm v Oberloskamp), ebsowenig wie die Unmöglk (etwa wg Priesterweihe) eine nach kath KirchenR gült Ehe eingehen zu können (Stgt NJW 59, 2121; Ffm FamRZ 64, 258), es sei denn, die Irrde ist streng kath. Aufhebg dagg bei **gewalttätigem Charakter** (RG LZ 21, 455) od **Unwahrhaftigkeit** als Charakterfehler (Oldbg MDR 55, 166), der sich regelmäß allerd nur aGrd mehrerer Handlgen feststellen läßt, zB aus unricht Angaben über die Zahl der früh Ehen (Kiel SchlHA 12, 12), falschen Angaben über die VermVerhältn (RG JW 31, 1340; Kln FamRZ 56, 382); Hang zu Betrügereien (RG JW 05, 532).

b) Die die Pers des and Eheg betreffden Umstde müssen **bei der Eheschließung** vorgelegen haben, was auch dann zu bejahen ist, wenn erst die späteren Auswirkgen das Ausmaß der damals schon vorhandenen Eigenschaften erkennen lassen (BGH FamRZ 57, 370). Es genügt, wenn die Anlage bekannt war, die begründete Besorgn rechtfertigte, daß die Krankh nach dem gewöhnl Lauf der Dinge künftig ausbrechen könne (BGH FamRZ 67, 372). Desh können Auswirkgen früh Umstde keinen AufhebgsGrd abgeben, wenn sie von vornherein zu erwarten waren od deren Bedeutg nicht wesentl vergrößerten (RG 164, 106). Ebso kommt es auf Wandlgen der Anschauungen des AufhebgsKl nicht an.

c) Die Aufhebg setzt ferner voraus, daß die Eigensch den irrden Eheg **bei Kenntnis der Sachlage und verständiger Würdigung des Wesens der Ehe** von der Eingeh der Ehe abgehalten hätten. Aus dem Wesen der Ehe folgt ein obj Maßstab, so daß bes Empfindlichk eines Eheg nicht berücksichtigt w (Hbg FamRZ **82**, 1211). Daß er von der Heirat abgehalten w wäre, fügt aber einen subj Maßstab hinzu, so daß auch zu prüfen ist, wie eine solche Eigensch gerade auf den irrenden Eheg unter Berücksichtigg von dessen LebVerhältn wirken mußte, wie etwa ein krankh Hang einer Kleinbäuerin zum Schlafen (BGH **25**, 78). Steht fest, daß der Eheg den and unter allen Umst geheiratet hätte, findet eine Aufhebg nicht statt. Ein Anzeichen dafür kann die eigene laxe Auffassg sein (RG JW **11**, 543).

3) Die Aufhebung ist ausgeschlossen, II bei **a) Bestätigung** dch den Eheg, der irrte (EheG 18 Anm 3 u 31 Anm 4). Wg Entdeckg des Irrt EheG 35 Anm 3b. Fehlen des GeschlechtsVerk braucht noch nicht gg den FortsetzgsWillen zu sprechen (DR **40**, 2001), wie auch nicht umgekehrt jeder GeschlechtsVerk als Bestätigg aufgefaßt w kann (Düss HRR **42**, 100). **b) Bewährung** seitens des Eheg, auf dessen persönl Umst sich der Irrt bezog, dh wenn das Aufhebgsverlangen mRücks auf die bish Gestaltg des ehel sittl Lebens nicht gerechtfertigt ist. Es ist also der Entwicklg der Ehe im gegebenen Fall Rechng zu tragen. Vorehel Verhalten kann desh im Laufe einer langjähr Ehe seine Bedeutg verloren haben. Eine Bewährg scheidet dagg aus, wenn die Bedrohg fortdauert, wie zB zw mehreren Schüben der Schizophrenie.

4) Wg des Verfahrens im allg Einf 2 v EheG 28. Klageberecht ist nur der irrde Eheg. Die Klagefrist beginnt mit der Entdeckg des Irrt (EheG 35 II). Die rechtskräft Abweisg der AufhebgsKl steht einer erneuten Klageerhebg nicht im Wege, wenn neue Tats auf eine stärkere Entwicklg der Eigensch hindeuten (RG JW **31**, 2493). Die **Beweislast** f das Vorhandensein, nicht bloß die Wahrscheinlichk (Warn **27**, 32) der Umst (RG **103**, 322) u des Irrt trägt der Kl, nicht etwa muß der Bekl dessen Kenntn beweisen (Warn **15**, 119). Beweis des ersten Anscheins für Ursächlk aus dem Irrt, wenn der Bekl mit einer persönl Eigensch belastet ist, deren Kenntn einen vernünft Menschen von der Eheschließg abgehalten hätte (RG LZ **21**, 143); dann hat Bekl bes Umst darzutun, die den Kl trotzdem zur Eheschließg bestimmten (BGH **LM** Nr 1; Rühl NJW **59**, 1570). Kommt es währd der Ehe zum Ausbruch einer Geisteskrankh, muß der Kl die Anlage zZ der Eheschließg, der Bekl beweisen, daß bes Umst die Erkrankg ausgelöst haben (Karlsr FamRZ **81**, 770). Bei AufhebgsKl wg geist Erkrankg sind strenge Beweisanfordergn zu stellen (RG **153**, 78). Zur Untersuch kann der Bekl nicht gezwungen w; jedoch kann aGrd der sonst BewAufn ein Gutachten eingeholt w (BGH NJW **52**, 1125). Verweigert der Bekl, der mehrjähr in einer Heilanstalt untergebracht war, die Ärzte von ihrer SchweigePfl zu entbinden u sich untersuchen zu lassen, so trifft ihn die BewLast f das Nichtvorhandensein einer Geisteskrankh (BGH NJW **72**, 1131; Zweibr FamRZ **82**, 373).

EheG 33 *Arglistige Täuschung.* ¹Ein Ehegatte kann Aufhebung der Ehe begehren, wenn er zur Eingehung der Ehe durch arglistige Täuschung über solche Umstände bestimmt worden ist, die ihn bei Kenntnis der Sachlage und bei richtiger Würdigung des Wesens der Ehe von der Eingehung der Ehe abgehalten hätten.

ⁿDie Aufhebung ist ausgeschlossen, wenn die Täuschung von einem Dritten ohne Wissen des anderen Ehegatten verübt worden ist, oder wenn der Ehegatte nach Entdeckung der Täuschung zu erkennen gegeben hat, daß er die Ehe fortsetzen will.

ⁿⁿAuf Grund einer Täuschung über Vermögensverhältnisse kann die Aufhebung der Ehe nicht begehrt werden.

1) Die arglistige Täuschung kann entspr § 123 I bestehen in der Vorspiegelg falscher od der Entstellg bzw Unterdrückg wahrer Tatsachen, zB Täuschg eines kaufm Angest, er sei FamRichter (AG Krfld FamRZ **87**, 815 mAv Bosch). Bloßes Verschweigen genügt im allg nicht (RG **52**, 306). Vielm muß dann im Einzelfall eine **Offenbarungspflicht** bestehen; sie besteht nicht allg (Warn **13**, 348), zB nicht bei Vergewaltigg dch den eigenen Vater (RG DRZ **28**, Nr 451); sie kann aber aus einer ausdrückl Nachfrage bei den Umst folgen, wenn also der and Eheg erkennb Wert auf die Mitteilg bestimmter Verhältnisse legt (Warn **26**, 91). Mit Rücks auf das Wesen der Ehe muß eine OffenbargsPfl ohne weiteres angenommen w bei BeiwohngsUnfähigk und erhbl Krankh, unheilb u ansteckenden Leiden, zB Tuberkulose (RG JW **31**, Nr 2), auch, ob und bereits verheiratet war, ein Kind hat u wg Verletzg seiner UnterhPfl bestraft w ist (Celle FamRZ **65**, 213). OffenbargsPfl auch hins starker gleichgeschlechtl Veranlagg (BGH NJW **58**, 1290). Zur **Erheblichkeit** der Täuschg EheG 32 Anm 2c. Ausdrückl ausgenommen ist die Täuschg über die VermVerhältn, **III**. Subjektiv genügt **Vorsatz.** Der Täuschde muß etwa das Wesen seiner Krankh erkannt haben (Warn **31**, 125). Iü reicht es aus, wenn er dch die Täuschg verhindern wollte, daß der and von der Eheschließg Abstand nimmt, od wenn er in berechnder Weise auf die Mögl hin, daß die Eheschließg sonst nicht zustande kommt, geflissentl von der Mitteilg einer Tats absieht (RG **111**, 5). Arglist wird nicht ausgeschl bei Verschweigen inf mangelnden Muts, Scheu vor Aufregg (RG JW **31**, 1363), Scham (RG Recht **19**, 1977), Hoffng auf glückl Eheverlauf (RG **111**, 5). Entscheid ist, ob er geglaubt hat, daß der and Eheg bei voller Kenntn der Tats die Ehe geschl hätte (BGH NJW **58**, 1290). SchädiggsAbs ist nicht erforderl (RG JW **31**, 1163), auch nicht Schuldfähigk (Hamm FamRZ **64**, 438 Schizophrenie). Fahrlk des Getäuschten steht EheG 33 nicht entgg. Die Täuschg muß ferner für die Eheschließg **ursächlich** gewesen sein, wobei sie nicht die einz Ursache zu sein braucht. Entscheidd ist der Ztpkt der Eheschließg. Auch Veranlassg zu einer zeitl früheren Eheschl kann uU genügen (RG JW **20**, 832).

2) Ausschließung der Aufhebung, II, bei **a) Täuschung durch einen Dritten,** von der der Eheg, zu dessen Gunsten sie erfolgte, zZ der Eheschließg nichts gewußt hat; mögl dann aber EheG 32; **b) Bestätigung** nach Entdeckg der Täuschg (vgl EheG 35 Anm 3b; 18 Anm 3 u 31 Anm 3). Sie liegt noch nicht vor, wenn der Getäuschte ohne Erfolg versucht, über die Täuschg hinwegzukommen (RG **163**, 139). **c)** Unzul Rechtsaus-

1. Abschnitt: Recht der Eheschließung. E. Aufhebung der Ehe **EheG 33–36**

übg, wenn der getäuschte Ehemann Aufhebg nur erstrebt, um sich einer and Frau zuzuwenden (BGH **5**, 186), aber nicht, wenn er sich eigener schwerer Eheverfehlgen schuldig gemacht hat u der and Eheg desh Scheidg begehrt (BGH NJW **58**, 1290).

3) Verfahrensrecht. Klageberecht ist allein der getäuschte Eheg, der auch die volle BewLast hat. Klagefrist EheG 35. Zu der für EheG 58ff aF maßgebden Schuldabwägg BGH **29**, 273.

EheG 34 **Drohung.** ¹Ein Ehegatte kann Aufhebung der Ehe begehren, wenn er zur Eingehung der Ehe widerrechtlich durch Drohung bestimmt worden ist.

II Die Aufhebung ist ausgeschlossen, wenn der Ehegatte nach Aufhören der durch die Drohung begründeten Zwangslage zu erkennen gegeben hat, daß er die Ehe fortsetzen will.

1) Vgl § 123 Anm 3; zu **II** EheG 18 Anm 3 u 31 Anm 2 b.

III. Erhebung der Aufhebungsklage

EheG 35 **Klagefrist.** ¹Die Aufhebungsklage kann nur binnen eines Jahres erhoben werden.

II Die Frist beginnt in den Fällen des § 30 mit dem Zeitpunkt, in welchem die Eingehung oder die Bestätigung der Ehe dem gesetzlichen Vertreter bekannt wird oder der Ehegatte die unbeschränkte Geschäftsfähigkeit erlangt; in den Fällen der §§ 31 bis 33 mit dem Zeitpunkt, in welchem der Ehegatte den Irrtum oder die Täuschung entdeckt; in dem Falle des § 34 in dem Zeitpunkt, in welchem die Zwangslage aufhört.

III Der Lauf der Frist ist gehemmt, solange der klageberechtigte Ehegatte innerhalb der letzten sechs Monate der Klagefrist durch einen unabwendbaren Zufall an der Erhebung der Aufhebungsklage gehindert ist.

IV Hat ein klageberechtigter Ehegatte, der geschäftsunfähig ist, keinen gesetzlichen Vertreter, so endet die Klagefrist nicht vor dem Ablauf von sechs Monaten nach dem Zeitpunkt, von dem an der Ehegatte die Aufhebungsklage selbständig erheben kann oder in dem der Mangel der Vertretung aufhört.

1) Wg der verfahrensrechtl Besonderh der AufhebgsKl Einf 2 v EheG 28 u die verfahrensrechtl Anm zu EheG 29ff.

2) **Klagefrist, I,** beträgt 1 Jahr. Die Berechng der vAw zu beachtden **Ausschlußfrist** erfolgt nach §§ 187 I, 188 II. Auf die Innehaltg kann also weder verzichtet, noch kann eine Verlängerg vereinb w (RG JW **06**, 355). Fristwahrg dch fristgerechte Erhebg der AufhebgsKl, evtl auch bei Nichtzustellg (BGH **25**, 72), bei unzust Gericht (KG JW **29**, 869). Die Klage wahrt auch die Frist f alle sonstigen noch vorhandenen AufhebgsGrde des Kl; ebso der ScheidgsAntr (RG **104**, 157). Keine Fristwahrg für den Bekl, der ggf WiderKl erheben muß (RG **104**, 157). Dch Klagerückn entfällt Fristwahrg. Beweislast f Ztpkt der Kenntn u Fristablauf beim AufhebgsGegner (RG **160**, 19).

3) **Fristbeginn, II.** Die Jahresfrist beginnt **a)** im Falle der mangelnden Einwilligg des gesetzl Vertr (EheG 30) mit seiner KenntnErlangg. Erlangt der Eheg die unbeschr GeschFgK, läuft die gg seinen bish gesetzl Vertr begonnene Frist geg ihn weiter; **b)** bei Irrt u Täuschg (EheG 31-33) mit der Entdeckg. Bloße Vermutg genügt nicht (RG JW **28**, 896), auch nicht Kennenmüssen (RG JW **39**, 636). Der Kl muß Kenntn haben von den die Aufhebg begründden Tats u ihrer Tragweite, also nicht nur von der Krankh, sond auch von ihrer Unheilbark u der Gefährlichk eines Geschlechtsleidens (RG JW **39**, 636; Warn **23/24**, 127), bei Anlage zu unheilb Geisteskrankh die Besorgn, daß sie auch ohne Hinzutreten bes widriger Umst zu einem Ausbruch führen kann (BGH FamRZ **67**, 375). Ergeben bes Tats eine erhebl schwerere Wertg, so läuft die Frist erst von deren Kenntn an (RG **128**, 74), zB genuine Epilepsie statt bish angenommener gewöhnl (Düss HRR **39**, 1396). Nicht erforderl die Kenntn des AufhebgsR selbst (Warn **34**, 105). **c)** Bei Drohg ist Ztpkt des Aufhörens der Zwangslage maßg.

4) **Fristhemmung, III,** vgl § 203. Keine Fristhemmg bei GetrLeben.

5) **Fristende.** Da der beschr GeschFäh selbst Kl erheben kann (Ausn EheG 30 I), gilt **IV** nur für den GeschUnfäh (vgl § 206, Einf 2 v EheG 28, 30 Anm 2). Die Geisteskrankh des AufhebgsGegners ist für den Ablauf der Frist ohne Bedeutg (OLG **32**, 1). Eine **Verjährung** des AufhebgsRechts ist nicht vorgesehen.

EheG 36 *Versäumung der Klagefrist durch den gesetzlichen Vertreter.* Hat der gesetzliche Vertreter eines geschäftsunfähigen Ehegatten die Aufhebungsklage nicht rechtzeitig erhoben, so kann der Ehegatte selbst innerhalb von sechs Monaten seit dem Wegfall der Geschäftsunfähigkeit die Aufhebungsklage erheben.

1) Wg der selbst Klagebefug des GeschBeschränkten (EheG 35 Anm 5) läuft gg ihn die Frist ab. Für den **Geschäftsunfähigen** führt die FristVersäumn des gesetzl Vertr zum Lauf einer neuen Frist von 6 Mo. Wird der AufhebgsBerecht währd des Fristlaufs gg den Vertr beschr geschfäh, so steht ihm nur noch der Rest der Frist zur Vfg (EheG 35 Anm 3a).

IV. Folgen der Aufhebung

Fassung bis 30. 6. 1977:

EheG 37 ⁱDie Folgen der Aufhebung einer Ehe bestimmen sich nach den Vorschriften über die Folgen der Scheidung.

ⁱⁱ In den Fällen der §§ 30 bis 32 ist der Ehegatte als schuldig anzusehen, der den Aufhebungsgrund bei Eingehung der Ehe kannte; in den Fällen der §§ 33 und 34 der Ehegatte, von dem oder mit dessen Wissen die Täuschung oder die Drohung verübt worden ist.

1) Die Vorschr des EheG 37 II in der obigen Fassg verliert mit dem 30. 6. 77 ihre Wirksamk aGrd des 1. EheRG Art 3 Z 1. An ihre Stelle tritt die unten abgedruckte Neufassg von EheG 37 II. Gem 1. EheRG Art 12 Z 5 gilt jedoch für Ehen, die nach den bisher (also vor dem 1. 7. 77) gelden Vorschriften aufgeh worden sind, EheG 37 II aF weiter. Vgl dazu die Kommentierg der 35. Aufl.

Fassung ab 1. 7. 1977:

EheG 37 ⁱDie Folgen der Aufhebung einer Ehe bestimmen sich nach den Vorschriften über die Folgen der Scheidung.

ⁱⁱ Hat ein Ehegatte in den Fällen der §§ 30 bis 32 die Aufhebbarkeit der Ehe bei der Eheschließung gekannt oder ist in den Fällen der §§ 33 und 34 die Täuschung oder Drohung von ihm oder mit seinem Wissen verübt worden, so kann der andere Ehegatte ihm binnen sechs Monaten nach der Rechtskraft des Aufhebungsurteils erklären, daß die für den Fall der Scheidung vorgesehenen vermögensrechtlichen Folgen für die Zukunft ausgeschlossen sein sollen. Gibt er eine solche Erklärung ab, findet insoweit die Vorschrift des Absatzes 1 keine Anwendung. Hat im Falle des § 30 auch der andere Ehegatte die Aufhebbarkeit der Ehe bei der Eheschließung gekannt, so steht ihm das in Satz 1 vorgesehene Recht nicht zu.

1) Wirkungen der Eheaufhebung im allgemeinen. Neufassg von II dch 1. EheRG Art 3 Z 6 als Folge der Aufgabe des Schuldprinzips bei der Scheidg (Einf 1 v § 1564). In Durchführg des Gedankens, daß dch die erfolgreiche Aufhebg die Ehe nicht rückw vernichtet, sond **nur für die Zukunft aufgelöst** wird (Einf 1 v EheG 28 u EheG 29 Anm 2), hat die Aufhebg auch nur die Folgen der Eheauflösg nach dem Urteilsspr, also die Scheidg, I. Der Bestand der Ehe kann also auch nicht im Wege des SchadErs für Leistgen währd der Ehe in Frage gestellt w (BGH 48, 88). Entspr dem ScheidgsUrt enthält heute auch das AufhebgsUrt keinen SchuldAusspr mehr. Geblieben ist, daß über II in drei Fällen für die vermögensrechtl Folgen das Verschulden Berücksichtigg findet, näml iF der Täuschg od Drohg u wenn iFv EheG 30–32 ein Eheg die Aufhebbark zZ der Eheschl gekannt hat.

2) Die Wirkungen im einzelnen. a) Hins des Namens § 1355 IV, ergänzt dch PStG 15c; **b)** hins des Unterh §§ 1569 ff mit der sich aus II ergebden Einschränkg; **c)** hins der Kinder §§ 1671, 1634. Die Kinder sind ebso wie die aus geschiedenen Ehen ehel. Über die Übertr der elterl Sorge entsch der Richter (RPflG 14 Z 15); **d)** ZugewinnAusgl gem §§ 1372 ff; **e)** VersorggsAusgl gem § 1587 ff; **f)** wg des Widerrufs von Schenkgen gilt nicht mehr EheG 73, sond die allg Vorschr (§§ 530 ff); **g)** wg Wiederverheiratg EheG 8, 9.

3) Ausschluß der vermögensrechtlichen Scheidungsfolgen, II. Die Vorschr entspricht EheG 26 II; vgl dort Anm 3. Ist ein Eheg für die Aufhebbark der Ehe verantwortl, so kann der and Eheg dch entspr Erkl die vermögensrechtl Scheidgsfolgen u damit auch Unterhaltspflichten (BGH NJW **82**, 40/41) für die Zukft ausschließen. **Zweck:** Es soll verhindert w, daß derj, der bei der Eheschl unlauter handelt, gerade aus seinem Fehlverhalten Vorteile zu Lasten seines Opfers zieht (BT-Drucks 7/650 S 184). **Die Ausschlußerklärung ist zulässig,** wenn **a)** der and Eheg den Mangel der Einwilligg des gesetzl Vertr (EheG 30) od dem Irrtum über die Eheschl, die Pers des and Eheg od dessen persönl Eigenschaften (EheG 31, 32) **gekannt** hat. Im Falle von EheG 30 genügt Kenntn vom äußeren Tatbestd, gleichgült, ob es sich um eine eigene beschränkte Geschäftsfähig od die des Ehepartners handelt; ferner muß Kenntn vom Fehlen der Einwilligg des gesetzl Vertr vorgelegen haben, währd es auf die Kenntn der Folgen nicht ankommt (Hbg NJW **65**, 872). Kein Ausschl des UnterhAnspr, wenn die Frau erst im 4. Mo ihrer Schwangersch u 3 Mo nach der Eheschl Klarh darüber erlangt, daß das Kind nicht von ihrem Ehem stammt (BGH FamRZ **79**, 470/1). Hat auch der and Eheg Kenntn von der fehlden Geschäftsfähig u Einwilligg des gesetzl Vertr gehabt, so steht ihm das AusschließgsR nicht zu, **S 3**; es bleibt dann bei den vermögensrechtl Folgen des I. In den Fällen EheG 31, 32 muß noch der innere Tatbestd hinzukommen, daß dem Bekl auch der Irrtum des Kl u dessen Ursächlichk für die Eheschl bekannt war, der Bekl also wußte, daß der Kl bei Kenntn von der Eheschl Abstand genommen hätte (BGH **25**, 83), was Kl beweisen muß. **b)** Ein Eheg kann die vermögensrechtl Folgen der Eheaufhebg ferner dann ausschließen, wenn der and Teil ihn dch **Täuschung oder Drohung** zur Eheschl veranlaßt hat (EheG 33, 34). Bei Täuschg oder Drohg dch einen Dritten reicht es aus, wenn der and Eheg darum gewußt hat (vgl EheG 33 Anm 3).

F. Wiederverheiratung im Falle der Todeserklärung

Einführung

1) Im Falle der **unrichtigen Todeserklärung** hat das AufhebgsRecht nur der Wiederverheiratete (EheG 39 I). Dieser kann von der neuen Ehe zurücktreten, folgerichtig bei Lebzeiten des 1. Eheg aber nur diesen heiraten (EheG 39 II 1).

2) Der **Tod des früheren Ehegatten** ist **bei Wiederverheiratung** des Überlebden im Regelfalle durch Sterbeurkunde nachzuweisen. Lebt der frühere Eheg trotzdem, war also die Urk unrichtig, so liegt Doppelehe vor (EheG 5, 20), da die früh Ehe zZ der neuen Ehescl nicht aufgelöst war. Auch Gutgläubigk verhindert nicht die Nichtigk der 2. Ehe. Dch VerschÄndG Art 3 ist dem EheG 38ff der Fall der gerichtl Feststellg der Todeszeit gleichgestellt, soweit nicht ein Berecht vor Inkrafttr des AbändG bereits NichtigkKl wg Doppelehe erhoben hatte.

EheG 38 ᴵGeht ein Ehegatte, nachdem der andere Ehegatte für tot erklärt worden ist, eine neue Ehe ein, so ist die neue Ehe nicht deshalb nichtig, weil der für tot erklärte Ehegatte noch lebt, es sei denn, daß beide Ehegatten bei der Eheschließung wissen, daß er die Todeserklärung überlebt hat.

ᴵᴵMit der Schließung der neuen Ehe wird die frühere Ehe aufgelöst. Sie bleibt auch dann aufgelöst, wenn die Todeserklärung aufgehoben wird.

1) Die **Todeserklärung** begründet die **Vermutung,** daß der Verschollene in dem im Beschluß festgestellten Ztpkt gestorben ist (VerschG 9 I 1). Von dieser Vermutg gibt EheG 38 nicht etwa eine Ausn dahingehd, daß die Ehe bis zur Wiederverheiratg fortbesteht (RG 60, 196), sond behandelt nur den Fall, daß der für tot Erklärte bei der neuen Eheschl noch lebt. Die Ehe mit einem Eheg, der für tot erkl ist u der den Ztpkt der neuen Eheschl nicht erlebt hat, ist im Ztpkt seines Todes aufgelöst.

2) Die **neue Ehe** ist in Abweichg von EheG 5, 20 **nicht nichtig,** obwohl der frühere Eheg zZ der 2. Eheschl noch lebt. **Ausnahme** aber, dh die 2. Ehe ist nichtig, wenn beide Eheg bei der Eheschl wissen, daß der frühere Eheg die TodesErkl überlebt hat, daß diese also falsch war (Warn **23/24,** 126). Fahrl Unkenntn steht nicht gleich. Weiß nur der Wiederverheiratete, daß der für tot Erkl noch lebt, so nur EheG 39. Nachträgl Kenntn schadet nicht. Späterer Tod des für tot Erkl ändert nichts an der Nichtigk der 2. Ehe. Stirbt der frühere Eheg nach der TodesErkl, aber vor der Wiederverheiratg, ist die Ehe voll gült (Anm 1).

3) Auflösung der früheren Ehe mit Schließung der neuen Ehe, II 1. Die Vorschr bezieht sich ausschließl auf den Tatbestand der TodesErkl, nicht etwa auch auf das im Ausl ergangene, im Inl unbekannt gebliebene ScheidgsUrt (*arg:* sonst Ausschaltg des den Schutz des dt Eheg bezweckden ZPO 328). Auch die **Aufhebung des** die **Todeserklärung** aussprechden **Beschlusses** ändert an der Auflösg der Ehe nichts, **II 2.** War Beschl allerd schon vor der Eheschl aufgeh, so gilt uneingeschränkt EheG 5, auf den guten Gl kommt es dann nicht mehr an.

4) Wirkung der Auflösung: Nicht nur die frühere Ehe ist aufgelöst, sond auch ihre Wirkgen (insb die erbrechtl die §§ 1931, 2077ff, 2281ff) fallen fort. Wg der Kinder § 1671. Die AufhebgsWirkgen bleiben bestehen, auch wenn die 2. Ehe ihrers aufgelöst w, auch bei Tod der 2. Ehefr vor Aufhebg der TodesErkl (Düss FamRZ **65,** 612). Ist die 2. Ehe nichtig, entfällt auch ihre eheauflösde Wirkg, die 1. Ehe hat dann ununterbrochen fortbestanden. Wirkgen unabhäng von Wohns der Ehel vor Verschollenh, Ztpkt der TodesErkl od Wiederverheiratg (LSozG Essen FamRZ **62,** 376).

5) Rechtsstellung des für tot erklärten Ehegatten. Er kann unter den in Anm 2 genannten von ihm zu beweisden Voraussetzgen **Nichtigkeitsklage** erheben; Klagebefugn gem EheG 24. Ist seine Ehe aber gem II 1 aufgelöst, kann auch er eine neue Ehe schließen, die allerd der Nichtigk verfällt, wenn die 2. Ehe seines früh Eheg für nichtig erkl wird (Anm 4). Solange er nicht wiederverheiratet ist, hat er einen UnterhAnspr entspr EheG 61 II (VG Hann FamRZ **65,** 146; Arnold FamRZ **60,** 222; Bosch FamRZ **61,** 379; Neumann-Duesberg JR **68,** 209; aA AG Bad Schwalbach NJW **78,** 1333) od jetzt §§ 1569ff analog.

EheG 39 ᴵLebt der für tot erklärte Ehegatte noch, so kann sein früherer Ehegatte die Aufhebung der neuen Ehe begehren, es sei denn, daß er bei der Eheschließung wußte, daß der für tot erklärte Ehegatte die Todeserklärung überlebt hat.

ᴵᴵMacht der frühere Ehegatte von dem ihm nach Absatz 1 zustehenden Recht Gebrauch und wird die neue Ehe aufgehoben, so kann er zu Lebzeiten seines Ehegatten aus der früheren Ehe eine neue Ehe nur mit diesem eingehen. Im übrigen bestimmen sich die Folgen der Aufhebung nach § 37 Abs. 1. Hat der beklagte Ehegatte bei der Eheschließung gewußt, daß der für tot erklärte Ehegatte die Todeserklärung überlebt hat, so findet § 37 Abs. 2 Satz 1, 2 entsprechende Anwendung.

1. DVO § 19. (1) In den Fällen des § 39 des Ehegesetzes kann die Aufhebung der Ehe nur binnen eines Jahres begehrt werden. Die Frist beginnt mit dem Zeitpunkt, in dem der Ehegatte aus der früheren Ehe Kenntnis davon erlangt, daß der für tot erklärte Ehegatte noch lebt.

(2) (Aufgehoben).

1) Zweck: Die Vorschr trägt dem seel Konflikt Rechng, den das Wiederauftauchen des für tot geglaubten früh Eheg beim zurückgebliebenen, inzw wiederverheirateten Eheg auslösen kann u gibt ihm neben EheG

EheG 39–57 Ehegesetz. *Diederichsen*

28 ein weiteres **Eheaufhebungsrecht,** um die Möglichk der Wiedervereinigg mit dem für tot erkl Eheg zu geben. Zum **Verfahren** Einf 2 v EheG 28. **Klagefrist:** 1 J seit Erlangg der Kenntn von dem Leben des für tot Erkl vS des AufhebgsBerecht (1. DVO EheG 19 I). Wg Erlangg der Kenntn EheG 35 Anm 3 b. Der für tot Erkl hat kein AufhebgsR.

2) Voraussetzungen der Aufhebung, I.

a) Der für tot Erkl muß zZ der Erhebg der AufhebgsKl (EheG 35 Anm 2) **noch leben.** Erleben der Eheschl des Zurückgebliebenen genügt also nicht. Beweispflichtig der AufhebgsKl.

b) **Aufhebungsberechtigt** ist nur der zurückgebliebene Eheg, der sich wiederverheiratet hat, wenn er an die Richtigk der TodesErklg geglaubt hat (EheG 38 Anm 3). Es gibt keine Bestätigg der 2. Ehe mit der Wirkg, daß das AufhebgsR ausgeschlossen wird (Oldbg FamRZ **58,** 321).

c) Die **2. Ehe** muß **noch bestehen.** Wird sie aufgelöst, erlischt das AufhebgsR.

d) Der Eingeh einer neuen Ehe mit dem 1. Eheg darf **kein Nichtigkeitsgrund** entggstehen; denn das AufhebgsR ist nur zur Ermöglichg der Wiedervereinigg mit dem für tot Erkl gegeben. Allerd keine Rückwirkgen, wenn es nicht zur Wiederverheiratg kommt.

3) Wirkungen der Aufhebung, II (Lit: Ramm JZ **63,** 50).

a) **Wiederverheiratung.** Da dch die Eingeh der 2. Ehe seitens des zurückgebliebenen Eheg die früh Ehe aufgelöst w ist (EheG 38 II), lebt dch die Aufhebg der 2. Ehe nicht etwa die 1. Ehe wieder auf, sond es bedarf einer **neuen Eheschließung,** deren Voraussetzgen selbständ zu prüfen sind, zB EheG 8. Entspr dem Gesetzeszweck kann der Wiederverheiratete nach Aufhebg seiner 2. Ehe eine neue Ehe **nur mit dem für tot Erklärten** eingehen, II 1. Aufschiebds Ehehindern für Ehen mit and Personen, so daß anderw Eheschl gült wäre *(arg:* EheG 16). Verweigert der für tot Erkl Eheschl mit dem zurückgebliebenen Eheg, so entfällt das Eheverbot (BayObLG NJW **61,** 1725).

b) Hinsichtl der **Wirkungen im übrigen** gilt das EheG 37 Anm 2 u 3 Gesagte, **II 2 und 3.** Wg der Kinder § 1671. Hat der bekl Eheg bei der Eheschl gewußt, daß der für tot erkl Eheg die TodesErkl überlebt hat, wäre es unbill, den klagden Eheg mit den ScheidgsfolgeAnspr auch künft zu belasten. Dem klagden Eheg steht daher das Recht zu, den Ausschluß der vermögensrechtl Scheidgsfolgen für die Zkft zu erkl (BT-Drucks 7/650 S 184).

EheG 40 (Hat seine Wirksamk verloren, GleichberG Art 8 II Z 1; s jetzt § 1671 – Scheidg ohne Schuldausspr).

Zweiter Abschnitt. Recht der Ehescheidung

Hinweis

Das Recht der Ehescheig ist dch das 1. EheRG unter Aufhebg der entspr Bestimmgen des EheG **mit Wirkung vom 1. 7. 1977** in das BGB zurückversetzt worden (vgl §§ 1564–1587p mit Einf u Anm). Gleichzeit wurden die ScheidgsVorschriften des EheG außer Wirksamk gesetzt (1. EheRG Art 3 Z 1); vgl dazu Einl 1 G vor EheG 1. Doch gelten die bisherigen ScheidgsBestimmgen für sog. **Altehen,** dh für solche, die vor dem 1. 7. 1977 nach altem R gesch w sind, wobei es auf den Eintr der Rechtskr nicht ankommt (Einf 6 v § 1569), dann auch noch hinsichtl der UnterhRegelg fort. Für die UnterhAnsprüche aus Ehen, die bis zum 30. 6. 1977 gesch wurden, kommt es also nach wie vor auf den **Schuldausspruch** an. **Art 12 Ziff 3 Abs 2 des 1. EheRG,** der keinen selbständ UnterhAnspr schafft (Stgt FamRZ **80,** 454), lautet:

„*Der Unterhaltsanspruch eines Ehegatten, dessen Ehe nach den bisher geltenden Vorschriften geschieden worden ist, bestimmt sich auch künftig nach bisherigem Recht. Unterhaltsvereinbarungen bleiben unberührt.*"

Aus diesem Grd werden die ScheidgsVorschr des EheG nicht mehr mit abgedruckt. Vgl zum Text 48. Aufl; Kommentierg der Vorschr bis zur 35. Aufl.

E. Folgen der Scheidung

I. Name der geschiedenen Frau

EheG 54–57 (*Außer Wirksamkeit gesetzt durch das 1. EheRG Art 3 Z 1 u Art 12 Z 13b mit Wirkung vom 1. 7. 1976).*

1) Berücks ein ScheidgsVergl zw den Ehel die Frage der Namensführg nicht, kann der Ehem die Namensführg dch die gesch Frau nicht mehr später iSv EheG 55 aF untersagen (BGH StAZ **78,** 154).

II. Unterhalt

Schrifttum: Engelhardt, Neues UnterhaltsR u frühere Scheidgen, JZ **76,** 576.

2. Abschnitt: Recht der Ehescheidung. E. Folgen der Scheidung **EheG 57, 58**

a) Unterhaltspflicht bei Scheidung wegen Verschuldens

1) Vgl den Hinw vor EheG 41. Auch die Geltdmachg v UnterhAnsprüchen nach den EheG 58 ff ist seit dem 1. 7. 77 FamSache u gehört vor die FamG (BGH FamRZ **78**, 102 m abl Anm Jauernig; Stgt FamRZ **78**, 249). **Auskunftsanspruch** wie jetzt §§ 1605, 1580 gem § 242 (BGH **85**, 16; Mü FamRZ **89**, 284). EheG 58 ff gelten auch für eine DDR-Scheidg vor 1. 7. 77, wenn beide Ehel in der BuRep wohnen (Düss FamRZ **81**, 270).

Fassung bis 30. 6. 1977:

EheG 58 ᴵDer allein oder überwiegend für schuldig erklärte Mann hat der geschiedenen Frau den nach den Lebensverhältnissen der Ehegatten angemessenen Unterhalt zu gewähren, soweit die Einkünfte aus dem Vermögen der Frau und die Erträgnisse einer Erwerbstätigkeit nicht ausreichen.

ᴵᴵDie allein oder überwiegend für schuldig erklärte Frau hat dem geschiedenen Mann angemessenen Unterhalt zu gewähren, soweit er außerstande ist, sich selbst zu unterhalten.

1) Vgl den Hinweis vor EheG 41. Unterschiedl Behandlg von Mann u Fr **nicht verfassungswidrig** (Stgt FamRZ **78**, 249). Geringes RentenEink ist bei beiderseit gleicher Bedürftigk im Verhältn 1:1 aufzuteilen (Kln FamRZ **79**, 133). Für den UnterhAnspr aus EheG 58 kommt es auf die EinsatzZtpkte (§ 1571 Anm 3) nicht an (Düss FamRZ **81**, 1080; Kln FamRZ **82**, 493). Der Maßstab der **ehelichen Lebensverhältnisse** ist kein anderer als in § 1578 [BGH NJW-RR **89**, 1154/5]. Anknüpfg an das **Verschulden** auch in den Zusatzversorggen des öff Dienstes bei der Gewährg einer GeschiedenenWwenRente verfassgsrechtl unbedenkl (BGH FamRZ **85**, 265). Die in **§ 1579** normierten AusschlGrde sind Ausfl der verschuldensunabhäng Scheidg u damit auf EheG 58 ff nicht übertragb (BGH NJW-RR **86**, 1386). Das gilt insb auch für die Härteklausel der kurzen Ehedauer (BGH FamRZ **85**, 1016). Wohl aber § 1582 (vgl dort Anm 1 b).

2) Die **Höhe des Unterhaltsbedarfs der Frau** richtet sich nach den **Lebensverhältnissen der Ehegatten** im Ztpkt der Scheidg (BGH NJW **80**, 2083).

a) Spätere Einkommenssteigerungen des Verpflichteten nur insow zu berücks, als ihre Erwartg bereits die ehel LebVerhältn geprägt hat (BGH FamRZ **82**, 895; Düss FamRZ **83**, 712: wenn wahrscheinl). Desh kann die gesch Fr nicht an einer außergewöhnl Verbesserg der nachehel LebVerhältn des Verpflichteten teilhaben (Düss FamRZ **79**, 1021), zB am Aufstieg vom Revier- zum Fahrsteiger (AG Herne FamRZ **88**, 508). Vgl § 1578 Anm 2.

b) Keine Berücksichtigg von **Wohngeld** als Eink (§ 1602 Anm 2 b; aA BGH NJW **80**, 2081). Ànd dagg Grund- u Unfallrenten unter Absetzg konkreter Mehraufwendgen (§ 1603 Anm 2 b).

3) Die **Bedürftigkeit der Frau** wird dch nach der Scheidg wieder auflebte (da subsidiäre) WwenRente nicht verringert (BGH NJW **79**, 815). Unterlassg zumutbarer Arbeit führt nicht zu automat Verkürzg des Unterh um entspr fiktive RentBetr, sond zu EheG 65 I (BGH FamRZ **83**, 803). Zur Deckg von Anstaltskosten Hbg FamRZ **84**, 905.

a) Trotz Wortlauts von EheG 58 **Anrechnung von** Erträgn aus einer **Erwerbstätigkeit der Frau** nach Zumutbark. § 1577 II findet entspr Anwendg (Hamm MDR **82**, 409). Zur UnterhBerechng, wenn beide Ehel Ärzte sind, Hbg FamRZ **84**, 59. Das Eink einer unterhberecht gesch Fr aus einer ganztäg Berufstätigk ist auf ihren UnterhAnspr anzurechnen, wenn zZ der Scheidg nicht berufstät zu sein brauchte u die 2 mj Ki in einer Ganztagsschule untergebracht sind (BGH FamRZ **79**, 210). Verdienstanrechng zu ½, wenn eine u sich nicht erwerbspflicht Mutter von zwei 9- und 10j Ki doch erwerbstät ist (Kln FamRZ **79**, 133).

b) Aufnahme einer Erwerbstätigkeit zumutbar bei Versorgg eines 10j Ki (BSG FamRZ **77**, 197). Kein UnterhAnspr auch der erwerbsfäh, schuldlos gesch Fr, wenn sie in ihrem Haush aGrd einer Absprache mit dem JugA die 4 mj Ki des Mannes aus dessen 1. Ehe betreut (Nbg FamRZ **79**, 132). Bei Betreuung von 11j Ki muß an **Teilzeitbeschäftigung** gedacht w (BGH FamRZ **79**, 571; **80**, 40; DAV **80**, 549); ebso bei normal entwickeltem 10j SchulKi (Hamm FamRZ **81**, 460). **Gibt** die schuldl gesch Fr ihre **Erwerbstätigkeit auf,** um ihre bettläger Mutter zu pflegen, schuldet ihr Ehem bei 1300 DM eig Rente keinen Unterh (Zweibr FamRZ **88**, 66).

c) Bei **eheähnlicher Gemeinschaft** der Fr mit einem Dr ist Vermutg von BSHG 122 S 2, 16 nicht anwendb (BGH NJW **80**, 124). Anzurechnen aber tatsächl Zuwendgen u fiktive Entgelte des Partn für VersorggsLeistgen für die Fr. Vgl ü EheG 66, 67 Anm. Der Einwand der Aufn einer nehel LebBeziehg unterliegt ggf der AbänderungsSperre n ZPO 323 II (Kblz FamRZ **84**, 395).

4) Bei der **Leistungsfähigkeit des Mannes** sind Einkfte aus einer auf Kosten seiner Gesundh ausgeübten ErwTätigk nicht zu berücks (BSG FamRZ **79**, 498). Zum **Selbstbehalt** EheG 60 Anm 1 u § 1603 Anm 2 b. Schulden aus der Zt des ZusLebens der Eheg trotz Scheidg mindern die Leistgsfähigk (Hamm FamRZ **84**, 283).

5) Sonderbedarf richtet sich nach § 1613 II (BGH NJW **83**, 224). Keine VorschußPfl für Proz zw gesch Ehel (BGH NJW **84**, 291). Dagg können Umzugskosten anläßl der Aufn einer ErwTätigk auch rückwirkd geltd gemacht w (BGH FamRZ **83**, 29).

6) Unterhaltsverzicht „ausgenommen den Fall des etwaigen Notbedarfs" bedarf der Auslegg (BGH NJW **81**, 51). Eine **Unterhaltsvereinbarung** kann dahin auszulegen sein, daß nicht nur ehebedingte Altersvorsorgenachteile ausgeglichen, sond eine eigenständ angem AltVersorgg aufgebaut w soll (BGH FamRZ **88**, 933).

EheG 59–61　　　　　　　　　　　　　　　　　　　　　Ehegesetz. *Diederichsen*

Fassung bis 30. 6. 1977:

EheG 59 [I] Würde der allein oder überwiegend für schuldig erklärte Ehegatte durch Gewährung des im § 58 bestimmten Unterhalts bei Berücksichtigung seiner sonstigen Verpflichtungen den eigenen angemessenen Unterhalt gefährden, so braucht er nur so viel zu leisten, als es mit Rücksicht auf die Bedürfnisse und die Vermögens- und Erwerbsverhältnisse der geschiedenen Ehegatten der Billigkeit entspricht. Hat der Verpflichtete einem minderjährigen unverheirateten Kinde oder bei Wiederverheiratung dem neuen Ehegatten Unterhalt zu gewähren, so sind auch die Bedürfnisse und die wirtschaftlichen Verhältnisse dieser Personen zu berücksichtigen.

[II] Der Mann ist unter den Voraussetzungen des Absatzes 1 von der Unterhaltspflicht ganz befreit, wenn die Frau den Unterhalt aus dem Stamm ihres Vermögens bestreiten kann.

1) Vgl den Hinweis vor EheG 41. Die Bemessg des UnterhAnspr gem EheG 58, 59 erfolgt **stufenweise**: (1) AusggsPkt ist der nach den Lebensverhältn der Eheg angem Unterh gem § 58; (2) dieser ist bei mangelnder **Leistungsfähigkeit** des Verpfl nach BilligkGrdsen zu beschränken (BGH NJW **79**, 1985). Beruft sich der UnterhSchu iR seiner Leistgsunfähigk auf sein steuerpflicht Eink aus seinem Gewerbe, so muß er seine Einnahmen u Aufwendgen im einzelnen so darstellen, daß die allein steuerl beachtl Aufwendgen v den nur unterhrechtl bedeutsamen abgegrenzt w können (BGH FamRZ **80**, 770). (3) Dem UnterhSchu verbleibt ein **Selbstbehalt** (§ 1603 Anm 2b). EheG 59 ist nicht auf den Fall der LeistgsUnfähigk wg sonstiger Verpfl beschrkt, sond betrifft auch sonstige Fälle der eingeschrktn Leistgsfähigk (BGH FamRZ **79**, 692), also inf anderweitiger UnterhVerpflichtgen (Oldbg FamRZ **80**, 53). Bei Berufstätigk beider geschied Eheg kann die Belassg des jew eig Eink zu ⅗ entspr des Düss Tab angem sein, nicht dagg v ¾ (BGH FamRZ **79**, 692). Bei der Bemessg des UnterhAnspr der gesch Ehefr sind anderweit UnterhPflichten des Mannes seiner 2. Ehefr u Kindern ggü zu berücks (Stgt FamRZ **78**, 249), u zwar unter Berücks der Mindestbedarfssätze (Düss FamRZ **84**, 904). Fahrläss Verlust der Arbeitsstelle (priv TrunkenhFahrt eines Busfahrers) führt nicht zur Einkommensfiktion aS des UnterhSchuldn (Kln FamRZ **80**, 362). Zum **Verhältnis von Altscheidungen und Neurechtsehen** § 1582 Anm 1.

Fassung bis 30. 6. 1977:

EheG 60 Sind beide Ehegatten schuld an der Scheidung, trägt aber keiner die überwiegende Schuld, so kann dem Ehegatten, der sich nicht selbst unterhalten kann, ein Beitrag zu seinem Unterhalt zugebilligt werden, wenn und soweit dies mit Rücksicht auf die Bedürfnisse und die Vermögens- und Erwerbsverhältnisse des anderen Ehegatten und der nach § 63 unterhaltspflichtigen Verwandten des Bedürftigen der Billigkeit entspricht. Die Beitragspflicht kann zeitlich beschränkt werden; § 59 Abs. 1 Satz 2 findet entsprechende Anwendung.

1) Vgl den Hinweis vor EheG 41. Die BilligkErwäggen haben sich auf die in dieser Vorschr ausdr gen Umst zu beschränken (BGH NJW **84**, 1816), nicht dagg auf sonstige wie zB die Ehedauer (BGH FamRZ **79**, 470) od ScheidgsNeurose (BGH NJW **84**, 1816) zu erstrecken. Wiederaufgelebte WwenRenten einer gesch Ehefr mindern nicht deren UnterhAnspr aus der geschiedenen Ehe (BGH FamRZ **79**, 470). Für die Bemessg des UnterhBeitr ist die Betreuungsbedürftigk von Kindern auch aus and Verbindgen der gesch Ehefr ggf ein wesentl Umst (BGH FamRZ **79**, 470). Zur Berücks der Hemmg, erwachsene Kinder auf Unterh in Anspr zu nehmen, iR der BilligkPrüfg Saarbr FamRZ **79**, 136. Anderers verbleiben SteuerVort f VermBildgsMaßn, hier: gem EStG 7b, ausschl dem UnterhVerpfl, sof u sow er Aufw f die Maßn dem UnterhBerecht auch nicht enttgehalten kann (Düss FamRZ **82**, 934). Der UnterhBeitr macht uU mehr als die Hälfte des Anspr aus EheG 58 (= Quote gem DüssTab) aus, damit notw Unterh des Berecht gesichert (Düss FamRZ **82**, 934). IjF muß UnterhSchu aber **Selbstbehalt** iHv 1000 DM f 1979 u 80, iHv 1050–1100 DM f 1981 verbleiben (Düss FamRZ **82**, 934), zuzügl krankhbedingter Mehrkosten (Düss FamRZ **78**, 695). – Die UnterhBeitrPfl n § 60 ist eine echte UnterhVerpfl (BGH NJW **83**, 2379), auch iSv RVO 1265 S 2 Z 1/AVG 42 S 2 Z 1 (BSG FRES **2**, 152). Zum Verhältn zu EheG 63 s dort Anm 1. Scheidgen aus beiderseit Verschulden vor Inkrafttr des EheG 1938 schaffen auch nach Art 12 § 3 II 1 des 1. EheRG keinen UnterhAnspr (Stgt FamRZ **80**, 454).

b) Unterhaltspflicht bei Scheidung aus anderen Gründen

Fassung bis 30. 6. 1977:

EheG 61 [I] Ist die Ehe allein aus einem der in den §§ 44 bis 46 und 48 bezeichneten Gründe geschieden und enthält das Urteil einen Schuldausspruch, so finden die Vorschriften der §§ 58 und 59 entsprechende Anwendung.

[II] Enthält das Urteil keinen Schuldausspruch, so hat der Ehegatte, der die Scheidung verlangt hat, dem anderen Unterhalt zu gewähren, wenn und soweit dies mit Rücksicht auf die Bedürfnisse und die Vermögens- und Einkommensverhältnisse der geschiedenen Ehegatten und der nach § 63 unterhaltspflichtigen Verwandten des Berechtigten der Billigkeit entspricht. § 59 Abs. 1 Satz 2 und Abs. 2 finden entsprechende Anwendung.

1) Vgl den Hinweis vor EheG 41. II verstößt nicht gg GG 3 I (BSG FamRZ **77**, 198). Der Anspr auf eine wiederauflebde WwenRente (BVersG) ist ggü dem UnterhAnspr aus II susidiär, so daß die UnterhBedürftigk der gesch Ehefr nicht unter Hinw auf diese WwenRente in Frage gestellt w kann (Düss FamRZ **78**, 597). II läßt nur die Berücksichtigg wirtschaftlicher Umstde zu (Hamm FamRZ **80**, 455), nicht dagg das Eheschicksal iü; Höhe des UnterhAnspr im Regelfall: etwa ³⁄₁₀ des verfügb Eink des pflichtigen Eheg (Hamm FRES **2**, 423).

2540

2. Abschnitt: Recht der Ehescheidung. E. Folgen der Scheidung   EheG 62–66

c) Art der Unterhaltsgewährung

Fassung bis 30. 6. 1977:

EheG 62 ᴵDer Unterhalt ist durch Zahlung einer Geldrente zu gewähren. Die Rente ist monatlich im voraus zu entrichten. Der Verpflichtete hat Sicherheit zu leisten, wenn die Gefahr besteht, daß er sich seiner Unterhaltspflicht zu entziehen sucht. Die Art der Sicherheitsleistung bestimmt sich nach den Umständen.

ᴵᴵStatt der Rente kann der Berechtigte eine Abfindung in Kapital verlangen, wenn ein wichtiger Grund vorliegt und der Verpflichtete dadurch nicht unbillig belastet wird.

ᴵᴵᴵDer Verpflichtete schuldet den vollen Monatsbetrag auch dann, wenn der Berechtigte im Laufe des Monats stirbt.

1) Vgl den Hinweis vor EheG 41.

Fassung bis 30. 6. 1977:

EheG 63 ᴵDer unterhaltspflichtige geschiedene Ehegatte haftet vor den Verwandten des Berechtigten. Soweit jedoch der Verpflichtete bei Berücksichtigung seiner sonstigen Verpflichtungen den eigenen angemessenen Unterhalt gefährden würde, haften die Verwandten vor dem geschiedenen Ehegatten. Soweit einem geschiedenen Ehegatten ein Unterhaltsanspruch gegen den anderen Ehegatten nicht zusteht, haben die Verwandten des Berechtigten nach den allgemeinen Vorschriften über die Unterhaltspflicht den Unterhalt zu gewähren.

ᴵᴵDie Verwandten haften auch, wenn die Rechtsverfolgung gegen den unterhaltspflichtigen Ehegatten im Inland ausgeschlossen oder erheblich erschwert ist. In diesem Falle geht der Anspruch gegen den Ehegatten auf den Verwandten über, der den Unterhalt gewährt hat. Der Übergang kann nicht zum Nachteil des Unterhaltsberechtigten geltend gemacht werden.

1) Vgl den Hinweis vor EheG 41. Beweislast f die mangelnde Leistungsfähigk des Eheg (Ffm FamRZ **84**, 395) sowie der Verwandten liegt beim unterhberecht Eheg (Kln FamRZ **83**, 714). Im Verhältn zu EheG 60 erfolgt die Verteilg der UnterhLast rein nach BilligkErwäggen, wobei ein Kriterium der Versorgg eines gemschaftl Kindes sein kann (BGH NJW **83**, 2379). Die Verwandten müssen also bei Gefährdg des eig angem Unterh des unterhpflicht gesch Eheg einspringen, **S 2**, wobei iR der Billigkabwägg jedoch sämtl Umst zu berücks sind (Kblz FamRZ **88**, 1173).

Fassung bis 30. 6. 1977:

EheG 64 Für die Vergangenheit kann der Berechtigte Erfüllung oder Schadenersatz wegen Nichterfüllung erst von der Zeit an fordern, in der der Unterhaltspflichtige in Verzug gekommen oder der Unterhaltsanspruch rechtshängig geworden ist, für eine länger als ein Jahr vor der Rechtshängigkeit liegende Zeit jedoch nur, soweit anzunehmen ist, daß der Verpflichtete sich der Leistung absichtlich entzogen hat.

1) Vgl den Hinweis vor EheG 41. Bei Täuschg über die Höhe des Einkommens des UnterhSchuldn kann Unterh für die Vergangenh unabh von der Verj verlangt w (Schlesw SchlHA **80**, 45). Iü ist EheG 64 wortgleich mit § 1585 b II u III. Vgl dort.

d) Begrenzung und Wegfall des Unterhaltsanspruchs

Fassung bis 30. 6. 1977:

EheG 65 *Selbstverschuldete Bedürftigkeit.* ᴵEin Unterhaltsberechtigter, der infolge sittlichen Verschuldens bedürftig ist, kann nur den notdürftigen Unterhalt verlangen.

ᴵᴵEin Mehrbedarf, der durch grobes Verschulden des Berechtigten herbeigeführt ist, begründet keinen Anspruch auf erhöhten Unterhalt.

1) Vgl den Hinweis vor EheG 41. EheG 65 I auch bei Unterlassg zumutbarer ErwTätigk, nicht etwa Kürzg des Unterh um fikt RentBetr (BGH FamRZ **83**, 803).

Fassung bis 30. 6. 1977:

EheG 66 *Verwirkung.* Der Berechtigte verwirkt den Unterhaltsanspruch, wenn er sich nach der Scheidung einer schweren Verfehlung gegen den Verpflichteten schuldig macht oder gegen dessen Willen einen ehrlosen oder unsittlichen Lebenswandel führt.

1) Vgl den Hinweis vor EheG 41. Vorschr anwendb, auch wenn Anspr gem EheG 58 ff dch UnterhVergl vertragl näher geregelt ist (BGH NJW **82**, 1997). Bl eheähnl ZusLeb des gesch Eheg mit and Partner begründet (im Ggsatz zur Rspr zu § 1379 Z 7; Düss NJW-RR **86**, 433) noch nicht Vorwurf des ehrl od unsittl LebWandel (BGH NJW **80**, 124). Schwere Verfehlg iSv EheG 66 jedoch anzunehmen, wenn der UnterhBerecht nur desh v Eheschl absieht, um UnterhAnspr aus gesch Ehe nicht zu verlieren (BGH NJW **80**, 124; **82**, 1997), auch wenn ledigl, zB Hausbau des neuen Partners mitzufinanzieren (BGH NJW **82**, 1997). Fortbestand u Vertiefg der neuen LebGemsch ohne Eheschl rechtf für sich allein noch nicht Schluß, einer der Partner wolle sich UnterhAnspr aus früh gesch Ehe erhalten (Düss FamRZ **82**, 932). Verwirkg zweifelh bei ZusLeb der gesch Ehefr mit (noch) verh Mann, Vater v 5 ehel Ki, von dem sie selbst Ki erwartet (vernei-

EheG 66–72

nend: Hamm FamRZ **82**, 496). Verwirkg z bej, wenn Ehefr dch Betreuung v 3 nach der Ehe geb nehel Ki an eig ErwTätigk gehindert ist (Schlesw SchlHA **79**, 20). Es reicht aus, wenn der ehrlose od unsittl LebWandel nach dem 1. 7. 77 geschieht; ein solcher liegt aber noch nicht in der Dchsetzg einer Verurt gem StGB 170b (Ffm FamRZ **79**, 237). An das Erfordern der schw Verfehlg sind strenge Maßst anzulegen, so Beschimpfg in einer Gastwirtsch nicht ausreichend, wenn der UnterhGl schuldl geschieden ist (Düss FamRZ **79**, 437). Eine falsche eidesstattl Erkl ü die eig Einkfte schadet nicht, wenn letztere iR einer unzumutb ErwTätigk ohnehin nur eingeschrkt anrechenb gewesen wären (BGH NJW **81**, 1609); wohl aber UnterhVerwirkg bei zu niedriger EinkAngabe mit dem Ziel, höhere UnterhLeistgen zugesprochen zu erhalten, wenn dadch dem UnterhSchuldn ein empfindl Schaden droht (BGH NJW **84**, 306). Ebso das Verschweigen höh Einkfte des UnterhBerecht (Kblz FamRZ **88**, 746; vgl § 1605 Anm 1). Dagg genügt nicht die bl illoyal verspätete Geltdmachg des UnterhAnspr (BGH NJW **82**, 1999). Zum Einfl v Betrug u Betrugsversuch Düss FamRZ **81**, 883. Neben EheG 66 ist f die Anw v § 242 i Hinbl auf das Verhalten des UnterhBerecht kein Raum (BGH NJW **80**, 124; **82**, 580). In Analogie zu § 1579 I ist auch eine nur **teilweise Verwirkung** des UnterhAnspr mögl (Karlsr FamRZ **83**, 1135).

Fassung bis 30. 6. 1977:

EheG 67 *Wiederverheiratung des Berechtigten.* Die Unterhaltspflicht erlischt mit der Wiederverheiratung des Berechtigten.

1) Vgl den Hinweis vor EheG 41. Keine analoge Anw f d F der Begründg einer eheähnl Gemsch dch den UnterhBerecht (BGH NJW **80**, 124).

Fassung bis 30. 6. 1977:

EheG 68 *Wiederverheiratung des Verpflichteten.* Bei Wiederverheiratung des Verpflichteten finden die Vorschriften des § 1604 des Bürgerlichen Gesetzbuchs über den Einfluß des Güterstandes auf die Unterhaltspflicht entsprechende Anwendung.

1) Vgl den Hinweis vor EheG 41.

Fassung bis 30. 6. 1977:

EheG 69 *Tod des Berechtigten.* ^IDer Unterhaltsanspruch erlischt mit dem Tode des Berechtigten. Nur soweit er auf Erfüllung oder Schadenersatz wegen Nichterfüllung für die Vergangenheit gerichtet ist oder sich auf Beträge bezieht, die beim Tode des Berechtigten fällig sind, bleibt er auch nachher bestehen.

^{II}Der Verpflichtete hat die Bestattungskosten zu tragen, soweit dies der Billigkeit entspricht und die Kosten nicht von den Erben zu erlangen sind.

1) Vgl den Hinweis vor EheG 41.

Fassung bis 30. 6. 1977:

EheG 70 *Tod des Verpflichteten.* ^IMit dem Tode des Verpflichteten geht die Unterhaltspflicht auf die Erben als Nachlaßverbindlichkeit über.

^{II}Der Erbe haftet ohne die Beschränkungen des § 59. Der Berechtigte muß sich jedoch die Herabsetzung der Rente auf einen Betrag gefallen lassen, der bei Berücksichtigung der Verhältnisse des Erben und der Ertragsfähigkeit des Nachlasses der Billigkeit entspricht.

^{III}Eine nach § 60 einem Ehegatten auferlegte Beitragspflicht erlischt mit dem Tode des Verpflichteten.

1) Vgl den Hinweis vor EheG 41. Übergg der UnterhVerpfl ggf auch auf den Erbeserben (BGH FamRZ **85**, 164; Kln FamRZ **83**, 1036). Im NachlaßVerglVerf keine UnterhHerabsetzg gem II 2 zG des beschrkt haftden Erben des UnterhSchu (Ffm FamRZ **85**, 938). Herabsetzg nach II 2 dagg mögl bei VorsorgeUnterh-Verspr (BGH FamRZ **88**, 933).

e) Beitrag zum Unterhalt der Kinder

EheG 71 (Vorschr hat Wirkg verloren, GleichberG Art 8 II Z 1; s auch Einl 1 C zu EheG).

f) Unterhaltsverträge

Fassung bis 30. 6. 1977:

EheG 72 Die Ehegatten können über die Unterhaltspflicht für die Zeit nach der Scheidung der Ehe Vereinbarungen treffen. Ist eine Vereinbarung dieser Art vor Rechtskraft des Scheidungsurteils getroffen worden, so ist sie nicht schon deshalb nichtig, weil sie die Scheidung erleichtert oder ermöglicht hat. Sie ist jedoch nichtig, wenn die Ehegatten im Zusammenhang mit der Vereinbarung einen nicht oder nicht mehr bestehenden Scheidungsgrund geltend gemacht hatten, oder wenn sich anderweitig aus dem Inhalt der Vereinbarung oder aus sonstigen Umständen des Falles ergibt, daß sie den guten Sitten widerspricht.

4. Abschnitt. Zusätzliche Bestimmungen **EheG 72–80**

1) Vgl den Hinweis vor EheG 41. Zul die ZwVollstr aus einem ScheidsVergl gg den and Eheg, soweit dieser sich verpfl hat, Unterh „für die Kinder" zu leisten (Mü FamRZ **76**, 639). Für die Abänderbark einer UnterhVereinbg ist die Verbesserg der wirtschaftl Lage des UnterhPflicht idR ohne Bedeutg (Stgt Just **78**, 411). Eheähnl Verhältn erfüllt den Tatbestd der die UnterhRente zum Erlöschen bringden Wiederverheirat nicht (Kln FamRZ **80**, 362 L). Ein UnterhVerzicht m Rücks auf die SozHilfe ist sittenwidr (Düss FamRZ **81**, 1080). Eine UnterhVereinbg findet dort ihre Grenze, wo der eig Unterh des UnterhVerpfl nicht mehr gesichert ist (Zweibr FamRZ **82**, 302).

g) Widerruf von Schenkungen

Fassung bis 30. 6. 1977:

EheG 73 ^I Ist ein Ehegatte für allein schuldig erklärt, so kann der andere Ehegatte Schenkungen, die er ihm während des Brautstandes oder während der Ehe gemacht hat, mit Ausnahme von solchen von unerheblichem Geld- oder Gefühlswert, widerrufen. Die Vorschriften des § 531 des Bürgerlichen Gesetzbuchs finden Anwendung.

^II Der Widerruf ist ausgeschlossen, wenn seit der Rechtskraft des Scheidungsurteils ein Jahr verstrichen ist oder wenn der Schenker oder der Beschenkte verstorben ist.

1) Vgl den Hinweis vor EheG 41.

III. Verhältnis zu den Kindern

EheG 74, 75 (Sorge für die Person des Kindes, persönl Verk mit den Kindern) ohne Wirkg, GleichberG Art 8 II Z 1, Einl 1 C zu EheG; s jetzt §§ 1671 u 1634.

F. Recht zum Getrenntleben nach Verlust des Scheidungsrechts

EheG 76 (Außer Wirksamkeit gem 1. EheG Art 3 Z 1; vgl Einl 1 G vor EheG 1).

Dritter Abschnitt. Härtemilderungsklage

EheG 77 (Da die Frist zur Erhebg der Klage am 29. 2. 48 abgelaufen ist, BGH **LM** Nr 1, heute bedeutungslos).

Vierter Abschnitt. Zusätzliche Bestimmungen

EheG 77a ^I Für die Befreiung von der Beibringung des Ehefähigkeitszeugnisses für Ausländer (§ 10 Abs. 2) wird eine Gebühr von 10 bis 500 Deutsche Mark erhoben.

^II Ein Zuschlag nach Artikel 4 des Gesetzes über Maßnahmen auf dem Gebiet des Kostenrechts vom 7. August 1952 (Bundesgesetzbl. I S. 401) wird nicht erhoben.

Bem. Hinzugefügt dch Art 2 Z 2 FamRÄndG

EheG 78 Die §§ 1303 bis 1352, 1564 bis 1587, 1608 Abs. 2 und die §§ 1635 bis 1637, 1699 bis 1704, 1771 Abs. 2 Satz 2 des Bürgerlichen Gesetzbuchs, Artikel II, §§ 1 und 2 des Gesetzes gegen Mißbräuche bei der Eheschließung und der Annahme an Kindes Statt vom 23. November 1933 (Reichsgesetzbl. I S. 979) und Artikel I des Gesetzes über die Änderung und Ergänzung familienrechtlicher Vorschriften und über die Rechtsstellung der Staatenlosen vom 12. April 1938 (RGBl. I S. 380) bleiben aufgehoben.

1) Entspr § 84 EheG 1938. EheG 1946 hat keine rückw Kraft, EheG 80. EheG 78 stellt klar, daß die genannten Vorschr, die bereits dch EheG 1938 aufgehoben wurden, nicht wieder in Kraft treten.

EheG 79 Das Gesetz zur Vereinheitlichung des Rechts der Eheschließung und Ehescheidung im Lande Österreich und im übrigen Reichsgebiet vom 6. Juli 1938 (Reichsgesetzbl. I S. 807) wird hiermit aufgehoben. Gleichermaßen aufgehoben sind alle Bestimmungen der zu seiner Durchführung ergangenen Gesetze, Verordnungen und Erlasse sowie diejenigen aller sonstigen Gesetze, welche mit dem gegenwärtigen Gesetz unvereinbar sind.

1) **Aufhebung des Ehegesetzes 1938.**

2) **Aufhebung der Durchführungsbestimmungen, 2.** Für die Aufhebg der DVO jetzt FamRÄndG Art 9 I, s Einl 3 vor EheG.

EheG 80 Dieses Gesetz tritt am 1. März 1946 in Kraft.

1) **Übergangsbestimmungen** fehlen; die des EheG 1938 sind aufgeh. Die Übergangsbestimmgen des BGB sind nicht anwendb. Es traten also die Bestimmgen des EheG 1946 sofort in Kraft u waren sofort zu

berücksichtigen. Vgl dazu die Bem bei den einz Abschnitten. Der nach dem EheG 1938 schuldig gesch Eheg schuldet Unterh nach § 58 EheG 1946 (Schlesw SchlHA **79**, 49).

Anhang I zum Ehegesetz
Verordnung zur Durchführung und Ergänzung des Gesetzes zur Vereinheitlichung des Rechts der Eheschließung und der Ehescheidung im Lande Österreich und im übrigen Reichsgebiet (Ehegesetz)

1. Durchführungsverordnung zum Ehegesetz
Vom 27. 7. 1938 (RGBl I S 923)

In den Ländern der früheren britischen Zone wurden die damals noch geltenden Bestimmgen der 1. DVO in der AVO z EheG v 12. 7. 48, VOBl BrZ 210, zT unter Anpassg des Textes u Aufhebg der entspr Bestimmgen der 1. DVO-EheG neu veröffentlicht, VO 1–27, im übr aufrechterhalten, VO 33 S 2. Entspr geschah in Art 5 Abschn VI des saarl Rechtsangleichgs G v 22. 12. 56, ABl 1667. Aufhebg verschiedener Vorschr dch 1. EheRG Art 11 Z 2 (vgl Einl 3 v EheG 1).

Von der 1. DVO gelten weiter §§ 13, 15, 18 S 1, 19 I, 87 I u die entspr Bestimmgen der AVO für die früh BrZ u des *saarl* RechtsangleichgsG. Vgl auch Einl 3 zum EheG.

Es sind abgedruckt und gegebenenfalls erläutert: DVO 13 bei EheG 5, DVO 15 bei EheG 10, DVO 16 bei EheG 26, DVO 17, 18 bei EheG 29, DVO 19 bei EheG 39. § 87 I betr das Inkrafttr der 1. DVO. Soweit die 1. DVO Bestimmgen des BGB, seines EG oder des PStG abgeändert hat, ist es dabei verblieben; vgl die jeweil Vorbem bei den Paragraphen. Vgl ggf die 35. Aufl.

Anhang II zum Ehegesetz
Verordnung über die Behandlung der Ehewohnung und des Hausrats
(6. Durchführungsverordnung zum Ehegesetz)
Vom 21. 10. 1944 (RGBl I 256/BGBl III 404-3)

Einleitung

Schrifttum: Hoffmann-Stephan, HausratsVO im Komm z EheG 2. Aufl 1968, S 795 ff; Kuhnt AcP **150**, 130 ff; Vogel, JR **49**, 430; Siegelmann, HausratsVO (Komm), Münster 1949; Lill, Ehewohng u Hausrat im FamR europäischer Staaten, Bielef 1974; H. P. Westermann, Rechtslage der FamWohng, Matz ausl u internat PrivR, Bd **29**, Beitr z X. Intern Kongr f RechtsVgl 1978, S 19; Vogel FamRZ **81**, 839 (Herausg eigmächtig entfernten Hausrats); A. Schulz, Ehewohng u Hausr in der ungestörten Ehe, Bln 1982; Vlassopoulos, Der ehel Hausr im Fam- u ErbR, Bln-Mü 1983; Lempp FamRZ **84**, 14 (Beteiligg Dritter); Vlassopoulos, Der ehel Hausr im Fam- u ErbR, 1983; Fehmel, HausrVO (Komm), Bln 1986; Brudermüller FamRZ **87**, 109; Dörr NJW **89**, 810.

1) Zweck: Die VO erging infolge der WohnrVerknappg anläßl des Krieges u der Schwierigk der Beschaffg von Mobiliar u sonstigem Hausrat (amtl Begründg DJ **44**, 278). Die gewöhnl zivilrechtl Möglk (§§ 753, 985) u der ProzWeg passen angesichts ihrer LebWichtigk auf die EheWohng u den Hausr nicht (MüKo/Müller-Gindullis Rn 1 f vor VO 1). Änderungen dch GleichberG u FamÄndG sowie zuletzt dch 1. EheRG Art 11 Z 3, wodch insb die Zustdgk der FamG begründet wurde (VO 11 I). – **Inhalt:** Die VO enth außer materiellrechtl Vorschr (VO 1–10) auch solche über das Verf (VO 2, 11–19) u die Kosten (VO 20–23). Die Überschriften sind amtl.

2) Das **Verfahren** ist wg der rechtsgestaltden Tätigk des Richters (VO 2) ein solches der **freiwilligen Gerichtsbarkeit** (VO 13 I, ZPO 621a I, 621 I Z 7). Vgl iü VO 1 Anm 2a, 3 u 4 sowie VO 2 Anm 1. Wg **einstweiliger Anordnungen** im EheVerf Einf 4c vor § 1564. – **Zuständig** ist das FamG (VO 11). – HausrTeilgsVerf iR v § 1361a endet mit rechtskr Scheidg; eine bereits ergangene Entsch wird wirkgsl (LG Oldbg FamRZ **79**, 43). – Im Ggsatz zu ZPO 301 sind **Teilentscheidungen** unzul (LG Siegen FamRZ **76**, 698).

3) Anwendbarkeit. a) Die VO ist nicht nur iF der **Scheidung,** sond sinngem auch nach **Nichtigerklärung und Aufhebung der Ehe** anzuwenden (VO 25; EheG 26 I, 37 I), nicht aber bei Auflösg der Ehe dch Tod (OGH NJW **50**, 593), so daß auch ein bereits eingeleitetes Verf nicht fortgesetzt w kann (LG Mü NJW **47/48**, 344; Hamm NJW **65**, 872).

b) Das EheWohngsVerf findet **nur hinsichtlich der künftigen Rechtsverhältnisse,** nicht wg der NutzgsEntschädigg für die Vergangenh statt (Hbg FamRZ **82**, 941).

c) Konkurrenzen: Nach dem AusschließlichkPrinzip unterliegt Hausr, u zwar ggf auch Ggste von hohem Wert einschl kostb KunstGgste, wenn sie ihrer Art nach als HausrGgste geeignet sind u dazu dienen, der HausrVO, nicht dem **Zugewinnausgleich** (BGH **89**, 137; = JZ **84**, 380 mAv Lange; NJW **84**, 1758; Karlsr FamRZ **82**, 277; Hamm FamRZ **82**, 937 u **83**, 72 L; aA mit sorgfält Begrdg Gernhuber FamRZ **84**, 1054; vgl auch Smid NJW **85**, 173; and auch Soergel/Heintzmann VO 1 Rdn 1: Unter die VO fällt nur der tatsächl verteilte Hausr). Keine Korrektur der im HausrVerf getroffenen Entsch im ZugewinnAusglVerf (Karlsr FamRZ **82**, 277). Andererseits kann nicht in einem GüterGemsch im HausrVerf hins des Grundbesitzes auseinandgesetzt (§ 1471), sond allenfalls die Besitz- u NutzgsVerhäln an den gemeins Räumlichk geregelt w (BayObLG FamRZ **71**, 34). Eine vollzogene **Einigung der Ehegatten** hat Vorrang vor dem HausrVerf (VO 1 Anm 2b) u wird vor den ordentl Gerichten dchgesetzt (LG Flensbg FamRZ **83**, 1025). Trennen sich

1. Abschnitt. Allgemeine Vorschriften **Anh II zum EheG**

die Eheg endgült u zieht einer von ihnen aus der beiden gehörden **Miteigentumswohnung** aus, so kann er eine neue Regelg von Verwaltg u Benutzg gem § 745, nicht nach VO 1 verlangen (BGH NJW 82, 1753); auch für eine sonst NutzgsEntschädigg ist kein Raum (LG Mü I FamRZ 85, 1256). Zu § 180 III ZVG § 1372 Anm 1 b gg. Dagg erfolgt eine gerichtl NutzgsRegelg für die **von beiden Ehegatten gemietete Wohnung** ausschließl nach der HausrVO (Hamm FamRZ 83, 911) u besteht kein Anspr gg den and Eheg auf Zustimmg zur Kündigg des MietVerhältn, sond, wenn sich die Eheg nicht außergerichtl einigen, kommt nur die Anrufg des FamG in Frage (Brühl FamRZ 83, 1025 mit den versch RGestaltgsMöglk). **Ersatzansprüche der Ehegatten untereinander** wg Verbrauchs Zerstörg, Veräußerg von Hausr usw sind iGgs zu Anspr gg Dritte (VO 1 Anm 2c aa) vor dem ProzGer geltd zu machen (Ffm NJW 63, 594; Hamm FamRZ 71, 31; KG FamRZ 74, 195), zB wenn ein Eheg eine ausgezahlte HausrEntschädigg zweckfremd verwendet (Celle MDR 60, 504) od vor der Trenng unbefugt Verfügen getroffen hat (Ffm NJW 63, 594; Hamm FamRZ 71, 31). Das FamG kann im HausrVerf dem verantwortl Eheg den Ggst aber auch anrechnen (KG FamRZ 74, 195). Eine vom Ehem abgeschloss **Hausratsversicherung** (Lit: Schütz VersR 85, 913) bezieht sich nach seinem endgült Auszug nur auf die HausrGgste in seiner neuen Wohng. Im ScheidgsVerf sollten sich die Eheg darüber verständ, wer von ihnen die HausrVers übernimmt (Hbg VersR 84, 431). Unzul ist es, unter Verzicht auf die Zuteilg v HausrGgst einen isolierten Anspr auf AusglZahlg (Abfindg) geltd zu machen (Zweibr FamRZ 85, 819).

d) Die VO enth in 1 I eine abschließde Aufzählg, so daß sie nicht entspr angewendet w kann u **keine Anwendung** findet ggstädl auf GrdStücke, landwirtschaftl od gewerbl Vermögen, Bargeld, Bankguth od Wertpapiere der Eheg (OGH NJW 49, 107; BayObLG 53, 47); ferner nicht auf die AuseinandS von Wohng u Hausr in and Fällen, nach Auflösg der Ehe durch Tod (Anm 3), bei eheähnl Partnerschaften od AuseinandS zw den Eheg u Dritten. Bei Anhängigk des HausrVerf keine Vindikation zw den Ehel (VO 8 Anm 5).

1. Abschnitt. Allgemeine Vorschriften

*§ 1. **Aufgabe des Richters.** (1) Können sich die Ehegatten anläßlich der Scheidung nicht darüber einigen, wer von ihnen die Ehewohnung künftig bewohnen und wer die Wohnungseinrichtung und den sonstigen Hausrat erhalten soll, so regelt auf Antrag der Richter die Rechtsverhältnisse an der Wohnung und am Hausrat.*

(2) Die in Absatz 1 genannten Streitigkeiten werden nach den Vorschriften dieser Verordnung und den Vorschriften des Zweiten und des Dritten Titels des Ersten Abschnitts im Sechsten Buch der Zivilprozeßordnung behandelt und entschieden.

1) VO 1 umschreibt die **Aufgaben des Hausratsrichters,** der bei nicht erfolgter Einigg für den Fall nach der Scheidg angeruen w kann, **I. Zweck:** die Befriedigg aktuellen Wohnbedarfs des AntrSt, nicht wirtschaftlicher Interessen anderer Art, wie die Befreiung von den vertragl Bindgen zum WohngsEigtümer (Kblz FamRZ 89, 640). Für die Zeit vor dem ScheidgsVerf gilt der MietVertr, hins der Möbel u des Hausr vgl Einf 1 u 3 vor § 1353, § 1353 Anm 2b bb sowie das ehel GüterR (§§ 1363ff); für die Zeit nach Trennung der Eheg s VO 18a sowie insb zum Hausr § 1361a; für die **Zuweisung der Ehewohnung vor Einleitung des Scheidungsverfahrens** Einf 4c vor § 1564. Das **Hausratsverfahren** bestimmt sich nach VO 11–19 sowie ZPO 621–630, **II.** Da die Zuweisg von Ggsten oft von deren Eigt abhängt (VO 8 II, 9), wird der Richter der freiw Gerichtsbark (Einl 2) über das Eigt häuf als **Vorfrage** mit entscheiden müssen, soweit nicht die Vermutg von VO 8 II hilft. Die EigtKlage für einzelne Ggste ist bei dann ausgezell, ebso eine FeststellgsKl. Umgekehrt ist der HausrRichter an eine rechtskr Verurteilg des Eheg zur Herausg eines Ggst an den and Eheg **gebunden** (LG Bonn FamRZ 63, 366). Zum **Auskunftsanspruch** im HausrTeilgsVerf: VO 8 Anm 1.

2) Voraussetzungen und Gegenstand der richterlichen Gestaltung, I: a) Zu einem HausrVerf kommt es **anläßlich der Scheidung,** u zwar entweder als **Scheidungsfolgesache** im VerbundVerf, über die auf Antrag auch nur eines Eheg (unten Anm 4) zus mit der Scheidg entschieden w soll (ZPO 621 I Z 7, 623 I, 629 I), od als selbstständ Verf in einer od FamSache im Anschl an die rechtskr Scheidg. Zur Anwendg der VO auch bei EhenichtigErkl u EheAufhebg Einl 3.

b) Nichteinigung der Ehegatten üb die Ehewohng, die WohngsEinrichtg u den sonstigen Hausr (vgl Einl 3 vor VO 1). Kommt der FamRichter zur Feststellg, daß eine Einigg vorliegt, so kann er sachl nicht entscheiden (Hamm FamRZ 59, 21); aber binddce Feststellg des EinigsInhalts (Brem FamRZ 63, 366). Eine Einigg ist insb für die einverständl Scheidg Voraussetzg (ZPO 630 I Z 3, §§ 1565, 1566 I). Einigg setzt voraus, daß eine Entscheidg des FamG überflüss ist. Desh liegt keine voll wirks Einigg vor, wenn sich nur die Eheg geeinigt haben, die Zustimmg des WohnEigt (Kln FamRZ 89, 640) od Vermieters aber fehlt (Mü FamRZ 86, 1019; Schlesw SchlHA 84, 116; AG Charl MDR 79, 583). Keine Einigg bei Teilg unter Vorbehalt (Schlesw SchlHA 52, 187). Ebsowenig eine schlüss Einigg, wenn ein Eheg unter Mitn einiger Ggste u Belassg der übrigen bei dem and Eheg auszieht; and bei Einverständn des and Eheg mit dieser DauerRegelg (Kln MDR 61, 242; BayObLG FamRZ 74, 22; 77, 467). Das HausrVerf greift ferner ein, wenn iRv eines HerausgabeStr Streit darüber besteht, ob binddce Feststellg des EinigsInhalts besteht, ob hierüber von einer früher getroffenen HausrVereinbg erfaßt w (Tüb FamRZ 79, 443). Von einem Vergl über die Benutzg der EheWohng können sich die Ehel nicht ohne weiteres lossagen; VO 1 greift aber dann ein, wenn der Vermieter nicht zustimmt (Celle NJW 64, 1861). Zul sind **Teileinigungen,** so daß eine Regelg nur über den Hausr zu erfolgen braucht, wenn sich die Eheg über die Wohng verständigt haben; nur über den RestHausr, wenn eine Einigg über einen Teil vorliegt usw. Bei der Entscheidg ist die TeilRegelg mit zu berücks (de la Motte MDR 50, 719); Keidel JZ 55, 708 hält sogar einen Eingriff in den TeilVergl für zul. Gegebenenfalls ist die TeilEinigg zu ergänzen, zB gem VO 10 I hins der mit dem bereits von den Eheg selbst verteilten Hausr verbundenen

2545

Anh II zum EheG

HausratsVO. *Diederichsen*

Schulden (Schmidt-Futterer MDR **71**, 453). Bei Wohnraum stellt nur die auch eine GerEntscheidg gem VO 5 überflüss machde, erschöpfde Regel eine Einigg dar, so daß die Überlassg der MietWohng an einen Eheg nicht ausreicht, wenn der Vermieter mit der Fortsetzg des MietVerhältn dch einen Eheg nicht einverstanden ist (Ffm FamRZ **80**, 170). Haben anderers die Eheg die Wohnräume verteilt u gewisse Räume zur gemeins Benutzg bestimmt, so kann der Richter nicht zu deren Verteilg angerufen w (Hamm FamRZ **59**, 21). Der **Streit, ob Einigung erfolgt** ist oder sich auf best Ggstde bezieht (Düss FamRZ **86**, 1132), ist Vorfrage im HausrVerf; keine Aussetzg u Verweisg auf den ProzWeg (Brem FamRZ **63**, 366; Celle NJW **64**, 1861; aA Hamm FamRZ **80**, 901: FeststellgsKl). Dagg sind **Ansprüche aus der Einigung der Ehegatten** (auf Räumg od Vergütg) vor dem ProzG einzuklagen (Celle NJW **47/48**, 591; Saarbr NJW **67**, 1616; Ffm FamRZ **74**, 197; Zweibr FamRZ **87**, 1054; aA LG Hbg NJW **60**, 391 m abl Anm Keidel).

c) Das HausrVerf wird nur eingeleitet, wenn sich die Nichteinigg der Eheg auf die zu regelnden Verhältn (entspr § 1932 Anm 3) an **folgenden Gegenständen** bezieht, wobei die eigt- u güterrechtl Verhältn für die Begriffsbestimmg außer Betracht bleiben:

aa) Ehewohnung (VO 3–6), unabhäng von den EigtVerhältn od einer genossenschaftl Bindg (KG FamRZ **84**, 1242) bzw von der Dauer der alleinigen Nutzg dch einen Eheg (Mü FamRZ **86**, 1019: 13 J). Nicht dazu gehört das nicht den LebensmittelPkt billde Wochenendhaus (Zweibr FamRZ **81**, 259; aA Ffm FamRZ **82**, 398); KG FamRZ **86**, 1010 bei nur zeitw Nutzg zusätzl zur Ehewohng); wohl aber die zum ständ zeitweiligen Aufenth bestimmte Ferienwohng (KG FamRZ **74**, 198), ferner Nebenräume (Boden, Keller, Garage usw) u der Hausgarten, nicht dagg ausschließl gewerbl od berufl (zB als Praxis) benutzte Räume.

bb) Wohnungseinrichtung und Hausrat (VO 8–10). Unerhebl sind AnschaffgsMotiv (Düss FamRZ **86**, 1132), Wert (BGH NJW **84**, 1758), EigtVerhältn (EigtVorbeh, SichergsEigt) u ferner, ob Verteilg des ganzen Hausr od nur Herausg einzelner Ggste verlangt w (LG Tüb FamRZ **79**, 443). Zum Hausr gehören (wie in §§ 1369, 1932) alle Ggste, die nach den Verm- u LebVerhältn der Eheg u Kinder für ihr ZusLeben sowie für die Wohn- u Hauswirtsch bestimmt sind, also: WohngsEinrichtg, Geschirr, Wäsche, Rundfunk- und Fernsehgerät (Düss MDR **60**, 850; BayObLG FamRZ **68**, 319), Klavier, sofern nicht für den Beruf eines Eheg bestimmt (BayObLG **52**, 279), Bücher die der Unterhaltg od allg Belehrg dienen, Gartenmöbel u dgl; dagg nicht Bestandteile wie eingebaute Badewanne, Öfen, Herde, Einbaumöbel, die bereits bei der Herstellg des Gebäudes als wesentl GrdstBestandteil gedacht waren, wie eine Einbauküche (Ffm FamRZ **82**, 938). Ein **PKW** ist Hausr, sofern er von od für die ges Fam zum Einkaufen, Schulbesuch, Betreuung der Kinder, Wochenendfahrten usw benutzt w (Kln FamRZ **80**, 249; BayObLG FamRZ **82**, 399); dagg nicht, wenn das Fahrzeug überwiegd den berufl Zwecken eines Eheg dient (Hamm FamRZ **83**, 72 mN). Zur Zustdgk bei HerausgStr BGH FamRZ **83**, 794. Ebenf zum Hausr zählen Wohnwagen (LG Stgt FamRZ **78**, 703) u Haustiere (Kuhnt AcP **150**, 133). **Nicht zum Hausrat gehört,** was zur BerufsAusüb notw, zur Kapitalanlage angeschafft (BGH NJW **84**, 484) od zum persönl Gebr eines Eheg bestimmt ist, wie Kleider, Schmucksachen, FamAndenken, Sammlgen (Hamm FamRZ **80**, 683 Briefmarkenalbum; Düss FamRZ **86**, 1134 Münzsammlg, kompl Schreinerwerkzg), Sparbücher. Zu Vorräten: Quambusch FamRZ **89**, 691. Bei HaushLuxusGgsten kommt es auf den LebZuschnitt der Eheg an, so daß uU auch kostb KunstGgste Hausr sein können. Vorräte an Nahrgsmitteln, Heizmaterialien usw gehören nicht zum Hausr der Eheg; auf sie wird aber die VO entspr angewendet. Insow danach die VO nicht gilt, ist ggf Klage erfdl (Fachinger MDR **49**, 75). Maßgebl **Zeitpunkt** für die HausrZugehörigk: Rkraft des ScheidgsUrt (Düss FamRZ **86**, 1132 u 1134). Für **untergegangene** Ggstde allenf EigtFeststellg, währd SchadErsAnspr im ProzWege dchzusetzen s (Düss aaO).

cc) Trotz des auf das Körperl abzielden Ausdrucks „Hausrat" gehören als Surrogate auch **auf Hausrat gerichtete Ansprüche** hierher, wie BenutzgsRechte, HerausgAnspr wg HausrGgsten gg Dritte, auch solche aus §§ 1368, 1369 (BayObLG FamRZ **65**, 331), aus VorbehKauf (BayObLG FamRZ **68**, 320); ferner **Ersatzansprüche** gg Dritte aus HausrVers, sonstigen Versichergen u vor allem SchadErsAnspr od LastenAusglEntschädigg (Ffm NJW **59**, 2267). Bei Zweifeln, welchem Eheg die Anspr zustehen, FeststellgsKl (BGH NJW **58**, 1293; anders KG FamRZ **60**, 239: HausrVerf). Nicht ins HausrVerf fallen **Ansprüche des einen Ehegatten gegen den anderen** (Einl 3 vor VO 1).

d) Hausratsumfang: Die richterl Regelg ergreift nur den Hausr, der entw beiden Eheg gemeins gehört (VO 8 I), für den gemeins Haush angeschafft ist (VO 8 II) od wenigstens währd der Ehe in der Benutzg des nicht eigtberecht Eheg bestanden hat (VO 9 I), wobei es auf den Umfang des Hausr im **Zeitpunkt der Trennung** ankommt, so daß das, was für die getrennte HaushFührg angeschafft w ist, nicht verteilt w (BGH NJW **84**, 484/86); ebsowenig, was nach rechtskr Scheidg angeschafft wurde. Wird das HausrVerf erst nach Scheidg anhäng gemacht, entscheidet der Tag des RkraftEintr (Zweibr FamRZ **85**, 819). Der FamRichter verteilt grdsl nur Hausr, der im Ztpkt seiner Entsch **vorhanden** ist. Vorhandensein sol anzunehmen, wie nicht das GgTeil nachgewiesen ist (Vogel JR **49**, 431). Vorhanden ist auch der Hausr, den ein Eheg für sich beiseite geschafft hat (Schlesw SchlHA **57**, 207; KG FamRZ **74**, 195).

e) Zum **Antragserfordernis** Anm 4.

3) Das **Familiengericht** ist **ausschließlich zuständig, II.** Werden Anspr gem I in einem RStreit geltd gemacht, so hat das ProzG die Sache an das FamG abzugeben (VO 18 I 1). Zust ist das FamG, bei dem das ScheidgsVerf anhäng ist (VO 11 I); andernf das FamG, in dessen Bezirk sich die gemeins Wohng der Eheg befindet (VO II 1). Da der HausrRichter eine teilw Einigg zu beachten hat (VO 8 Anm 5), ist das FamG zust für eine Verpfl zur Freistellg von Anspr des Möbelhändlers wg Lieferg von Ersatzmobiliar (Ffm FamRZ **74**, 197). Hingg ist das **Prozeßgericht** zust, wenn sich die Parteien über die Ausführg einer Vereinbg streiten (Celle NJW **47/48**, 591), zB über die Zahlg eines Betr, auf den sich die Eheg geeinigt haben (Saarbr NJW **67**, 1616); nicht aber, wenn die Einigg selbst bestr wird, da Vorfrage (BayObLG JZ **53**, 643; Brem FamRZ **63**, 366).

2. Abschnitt: Besondere Vorschr. für die Wohnung **Anh II zum EheG**

4) Um das Verf in Gang zu bringen, ist ein **Antrag** erfdl. Wg VO 2 braucht der Antr nicht iSv ZPO 253 bestimmt zu sein (Zweibr FamRZ **80**, 1143). Ist ein ScheidgsVerf anhäng, kommt das HausrVerf automat in den Verh- u EntschVerbund (Anm 2a). Liegt ein solcher Antr vor, so ist das FamG ungeachtet etwaiger EinzelAntr verpfl, die Verteilg aller HausrGgste zu regeln, über deren Verbleib die Parteien sich nicht geeinigt haben (Ffm FamRZ **77**, 400). Antragstellg auch dann noch zul, wenn der Vermieter der Einigg der Eheg nicht zustimmt, da diese sonst nicht zu verwirklichen (BayObLG NJW **53**, 1914). – **Antragsberechtigt** ist jeder Eheg, nicht aber die sonst Beteiligten (VO 7), etwa der Vermieter der EheWohng (BayObLG NJW **53**, 1914; Celle NJW **64**, 1861); ferner nicht die Erben, so daß auch ein anhäng Verf nach dem **Tode** eines Eheg, der ein schwebdes Verf beendet, nicht mit den Erben fortzusetzen ist (Hamm NJW **65**, 872). Demgem auch kein ÄndergsVerf (VO 17) nach dem Tode eines Eheg. Gg den Erben also nur HerausgKl. – Als Scheidgsfolgesache **Anwaltszwang** (ZPO 78 I 2, 623). – **Antragsfrist** unbeschränkt. Jedoch kann der Richter nach Ablauf eines Jahres nach RechtsKr der Scheidg nicht mehr in die Rechte des Vermieters (VO 5, 6 II) od eines Drittbeteiligten eingreifen (VO 12), was aber nicht ausschließt, daß er die Rechte der gesch Eheg im InnenVerh regelt, wenn deren Rechtsstellg zu Dritten dadch nicht berührt w (KG FamRZ **60**, 444). Wahrg der Jahresfrist auch dch KlageErhebg beim ProzG (VO 18 II). Wg der allg Fristenhemmg § 202 Anm 1. – Der Antr ist den Beteiligten **zuzustellen** (VO 7). – Die SachAntr der Parteien stellen nur Vorschläge dar, an die weder die Part noch das Ger gebunden sind (BGH **18**, 143; BayObLG FamRZ **71**, 34; Ffm FamRZ **77**, 400).

§ 2. Grundsätze für die rechtsgestaltende Entscheidung. *Soweit der Richter nach dieser Verordnung Rechtsverhältnisse zu gestalten hat, entscheidet er nach billigem Ermessen. Dabei hat er alle Umstände des Einzelfalls, insbesondere das Wohl der Kinder und die Erfordernisse des Gemeinschaftslebens, zu berücksichtigen.*

1) Das Verf ist Angelegenh der freiw Gerichtsbark (VO 13 I); der FamRichter trifft in einer Art richterl VertrHilfe eine **rechtsgestaltende Entscheidung**.

a) Er hat zunächst auf eine gütl Einigg hinzuwirken (VO 13 II). Die Entscheidg erfolgt **nach billigem Ermessen** (vgl VO 8 I), was jedoch für die Wohng dch VO 3–7 u für den Hausr dch VO 8–10 eingeschränkt wird u überh nicht für die Vorfrage der EigtFeststellg gilt (BayObLG **52**, 279; aM Vogel JR **49**, 433). Die Entscheidg ist für Gerichte u VerwBeh bindd (VO 16 I 2). Änderg u Begründg von MietVerh bedarf nicht der nach und Vorschr was notw Gen (VO 16 II), aber, wenn der Antr 1 Jahr nach RechtsKr des ScheidgsUrt gestellt w, der Zust des Vermieters (VO 6 II, 12).

b) Ausfluß der ErmessensFreih ist die Befugn, dem begünstigten Eheg zugunsten des ausziehden Eheg eine **Ausgleichszahlung** aufzuerlegen, um ihm das Finden einer ErsWohng zu erleichtern (Karlsr FamRZ **81**, 1087) od um den verbleibden Eheg die Umzugskosten des auf zwang des Cossen zu lassen (BayObLG FamRZ **65**, 513; **70**, 33; **74**, 22). Dem weichden Eheg kann dch AO gem VO 15 auch eine **Räumungsfrist** gewährt w (Karlsr NJW **59**, 342; Hamm FamRZ **69**, 217; BayObLG FamRZ **75**, 421), die bei wesentl Änderg der tatsächl Verhältn, soweit zur Vermeidg einer unbill Härte erfdl ist, verlängert od abgekürzt w kann. VO 17 I ggü ZPO 721 lex specialis (Schmidt-Futterer NJW **67**, 1308). Entscheidg erfolgt regelm nach **mündlicher Verhandlung**, bei der die Beteiligten nach Möglk anzuhören sind (VO 7, 13 II). Maßgebd für die zu berücksichtigden Umstde (Anm 2) ist der **Zeitpunkt** der BeschlFassg (BayObLG **56**, 370), wobei aber voraussehb Entwicklgen (Wiederheirat eines Eheg) zu berücks sind (BayObLG **56**, 375). **Teilentscheidungen** sind nicht zul (Zweibr FamRZ **83**, 1148; LG Siegen FamRZ **76**, 698). **Zurückbehaltungsrechte** (§ 273) aus auf Fdgen, wie zB ZugewAusglAnspr, sind mit dem Zweck der HausrVO nicht vereinb (Münster JMBlNRW **56**, 101; BayObLG FamRZ **75**, 421; Hamm FamRZ **81**, 875).

2) Es sind **alle Umstände des Einzelfalles zu berücksichtigen**, die in S 2 genannten sind nur Beispiele („insbes"). Nicht unberücksichtigt sollen übereinstimmde VerteilgsWünsche der Parteien bleiben; sie sind für das Ger aber nicht bindd (Schlesw SchlHA **52**, 187). Das **Wohl der Kinder** steht an erster Stelle, so daß dem sorgeberecht EltT meist auch die Wohng u der für die Kinder erfdl Hausr zuzuweisen sein w, um ihnen ihre Umwelt zu erhalten u weil dem alleinstehden Eheg nach den Verhältn des Wohngsmarkts ein Umzug eher zuzumuten ist (KG **67**, 631; Karlsr FamRZ **81**, 1087). Nach den **Erfordernissen des Gemeinschaftslebens,** worunter nicht das EheLeb zu verstehen ist, soll ein Eheg nicht der Möglk beraubt w, in der Nähe seiner ArbStelle zu wohnen; gemeint ist ferner die bessere Einfügg eines Eheg in die übr HausGemsch (Hbg NJW **54**, 1892; BayObLG **55**, 205; **56**, 159 u 376); ferner der Wohnraumbedarf inf Wiederheirat (Stgt OLG **68**, 125). Die **Ursachen der Eheauflösung** sollen nach der auf das 1. EheRG zurückgehden Neufassg nicht mehr berücksichtigt w (zur früh Fassg 35. Aufl). Trotzdem wird man auch heute noch ein eindeut FehlVerh mitberücks (KG FamRZ **88**, 182) u sagen dürfen, daß im allg der unschuld Eheg dem ehebrecherischen Eheg u dessen neuen Partner nicht zu weichen braucht (vgl BayObLG **50/51**, 449). Weitere zu berücks Umstde sind die **Eigentumsverhältnisse** (VO 3), insb bei Verteilg des Hausr (VO 8, 9); weniger dagg die **Herkunft der Mittel** für den Erw der HausrGgste (Erbsch), weil die Verteilg auch der Fortsetzg des bisher LebZuschnitts dient (Düss FamRZ **87**, 1055); Aufwendgen, die ein Eheg in die Wohng allein erbracht hat; Möglk zur Beschaffg einer geeigneten Ersatzwohng; die **wirtschaftlichen Verhältnisse** beider Ehel (BayObLG FamRZ **65**, 513); das Vorliegen einer Dienst- od Werkwohng (VO 4); die Notwendigk der Wohng für den LebUnterh (zB Wohng auf dem Pachthof); die Tats, daß ein Eheg die Wohng schon vor der Eheschl bewohnte; daß nahe Angeh des einen Eheg im selben Hause wohnen (Hbg NJW **54**, 1892); welchem der beiden Eheg die Wiederbeschaffg von Wohnraum od Hausgerät leichter fällt; ferner sind zu berücks Alter, GesundhZustand, Hilfsbedürftigk.

2. Abschnitt. Besondere Vorschriften für die Wohnung

Einführung

1) Bei der Ehewohng ist **danach zu unterscheiden,** ob sie sich in einem Haus befindet, das einem Eheg allein od gemeins mit einem Dritten gehört (VO 3); ob das Haus, in dem sich die Ehewohng befindet, im MitEigt beider Eheg steht (VO 3 Anm 3); ob es sich um eine Dienst- od Werkwohng (VO 4) od um eine Mietwohng (VO 5) handelt.

§ 3. Wohnung im eigenen Hause eines Ehegatten. *(1) Ist einer der Ehegatten allein oder gemeinsam mit einem Dritten Eigentümer des Hauses, in dem sich die Ehewohnung befindet, so soll der Richter die Wohnung dem anderen Ehegatten nur zuweisen, wenn dies notwendig ist, um eine unbillige Härte zu vermeiden.*

(2) Das gleiche gilt, wenn einem Ehegatten allein oder gemeinsam mit einem Dritten der Nießbrauch, das Erbbaurecht oder ein dingliches Wohnrecht an dem Grundstück zusteht, auf dem sich die Ehewohnung befindet.

1) Alleineigentum oder Miteigentum mit einem Dritten, I. Bis zur Scheidg hat der and Eheg ein Recht zum Besitz (§§ 986 I 1, 1353 Anm 2b bb). Danach aber soll grdsl das Eigt geachtet w. Zuweisg der Wohng einschl Nebenräumen u Garten (VO 1 Anm 2c aa) an den NichtEigtümer ist verfassgsrechtl unbedenkl (BayObLG FamRZ **74,** 17; **77,** 467), aber nur zur Vermeidg einer **unbilligen Härte** gerechtfertigt, zB bei SiedlgsHaus mit öffentl Zuschuß für Kinderreiche, wenn der NichtEigtümer sorgeberecht ist (Stgt OLG **68,** 126) od wenn die in der Wohng ausgeübte Praxis od ein GewerbeBetr nicht anderswohin verlegt w können. Keine unbillige Härte dagg bei bloßer Unbequemlichk. Für die Zuweisg unerhebl das Herkunft eines Wohngsaufbau- od Mieterdarlehens (BayObLG MDR **64,** 506). Entspr Anwendg von VO 3, wenn die Ehewohng im WohngsEigt eines Eheg steht od ein Eheg ein DauerwohnR hat (WEG 60). **Rechtsfolgen:** Bei Zuweisg an den Nichtberecht Begründg eines MietVerhältn (VO 5 II), dagg nicht von (Wohngs)Eigt (Hamm JMBlNRW **58,** 103) od von dingl Wohnrecht. Zur grundbuchmäß Sicherg dch Eintragg eines VeräußerungsVerbots Düss FamRZ **85,** 1153.

2) Bei beschränkt dinglichem Recht nur eines Eheg od zus mit einem Dritten, **II,** gilt das gleiche. Dingl Wohnrechte sind solche nach §§ 1090, 1093, dagg nicht schuldrechtl Anspr od die Mitgliedsch in einer WohngsBauGenossensch (KG NJW **55,** 185). Das Pachtrecht an einem Kleingarten mit Wohnlaube kann der gesch Ehefr, die nicht Mitgl des Vereins ist, nicht zugewiesen w, da Pacht nicht unter die HausrVO fällt, wohl aber das Wohnrecht an einer solchen Wohnlaube, wie auch an Wohngen u Behelfsheimen (BGH LM Nr 1). Zuziehg des Vereins u des WohngsEigtümers gem VO 7. Zuweisg an den nicht privilegierten Eheg nur zur Vermeidg ungewöhnl schwerer Beeinträchtiggen (Düss FamRZ **80,** 171).

3) Bei Miteigentum der Ehegatten ist der Richter frei. Er wird idR dem einen die Wohng zuweisen u eine dem MitEigtAnteil des and angemessene AusglZahlg festsetzen; wenn die Eheg bereits getrennt leben, verbunden bei Verbot an den and Eheg, die Ehewohng zu betreten (Ffm MDR **77,** 145). Die Zuweisg der MitEigtWohng erfolgt inhaltl nach VO 2 dch Begründg eines NutzgsVerhältn, nicht etwa dch Übereign (KG FamRZ **86,** 72). Zur **Nutzungsentschädigung** u Begründg eines MietVerhältn VO 5 Anm 2.

4) Wg des **Verfahrensrechts** VO 5 Anm 3.

§ 4. Dienst- und Werkwohnung. *Eine Wohnung, die die Ehegatten auf Grund eines Dienst- oder Arbeitsverhältnisses innehaben, das zwischen einem von ihnen und einem Dritten besteht, soll der Richter dem anderen Ehegatten nur zuweisen, wenn der Dritte einverstanden ist.*

1) Die Benutzg von Dienst- od Werkswohngen soll nur mit **Zustimmung des Dienstherrn oder der Werkleitung** geändert w. Deren Begünstigg kein Verstoß gg GG 3 II (BayObLG **72,** 216). EigtSituation unerhebl (BayObLG **59,** 403; **71,** 377). Dienst- od ArbeitsVerhältn muß im Ztpkt des HausrVerf bestehen (Schlesw SchlHA **55,** 281). Ist eine Frist verstrichen, nach deren Ablauf die Wohng nicht mehr als mit Rücks auf das ArbVerhältn überlassen gelten sollte, so gilt VO 5 II (Hbg FamRZ **82,** 939).

2) Zuweisung grdsl an den Dienstverpflichteten, mit Zustimmg des ArbGebers auch an den and Eheg. Ohne Zustimmg („Soll") auch dann, wenn Charakter als Dienst- od Werkwohng in absehb Zeit aufgeh w od zur Vermeidg einer ungewöhnl Härte, wenn die Fortsetzg des ArbVerhältn für den betriebsangehörigen Eheg nicht unmögl od unzumutb erschwert w (BayObLG NJW **70,** 329; BayObLG **72,** 216). Aber keine Überlassg einer Bergarbeiterwohng an den and Eheg (Hamm FamRZ **81,** 183). Bei **Dienst- und Arbeitsverhältnis mit beiden Ehegatten** wie einem Hausmeisterehepaar ist die Wohng demjenigen zu belassen, der das ArbVerhältn fortsetzt. Entspr Anwendg von VO 4 (aA MüKo/Müller-Gindullis Rdn 6) dann, wenn wohngsmäß Förderg bestimmter Berufsgruppe Aufgabe des Vermieters ist (Ffm ZMR **55,** 179) u bei sonst engem räuml Zusammenhang der Wohng mit dem ArbPlatz (LG Wuppt MDR **49,** 170).

§ 5. Gestaltung der Rechtsverhältnisse. *(1) Für eine Mietwohnung kann der Richter bestimmen, daß ein von beiden Ehegatten eingegangenes Mietverhältnis von einem Ehegatten allein fortgesetzt wird oder daß ein Ehegatte an Stelle des anderen in ein von diesem eingegangenes Mietverhältnis eintritt. Der Richter kann den Ehegatten gegenüber Anordnungen treffen, die geeignet sind, die aus dem Mietverhältnis herrührenden Ansprüche des Vermieters zu sichern.*

2. Abschnitt: Besondere Vorschr. für die Wohnung **Anh II zum EheG**

(2) Besteht kein Mietverhältnis an der Ehewohnung, so kann der Richter zugunsten eines Ehegatten ein Mietverhältnis an der Wohnung begründen. Hierbei setzt der Richter den Mietzins fest. Ist dieser neu zu bilden, so soll der Richter vorher die Preisbehörde hören.

1) Umgestaltung des Mietverhältnisses, I 1. Hat ein Eheg allein od haben beide zus (§ 535 Anm 1 d) gemietet, so kann der Richter (verfassgsrechtl unbedenkl; BayObLG NJW **61**, 317) nach billigem Ermessen unter Berücksichtigg der in VO 2 Anm 2 genannten GesichtsPkte bestimmen, daß der and Eheg od einer von ihnen das MietVerhältn fortsetzt, ohne daß es auf das Einverständn des Verm ankommt (KG FamRZ **84**, 1242). Daneben keine Nutzgsregeln n §§ 741 ff mögl (Hamm FamRZ **83**, 911). Ehewohng ist auch die vom Eheg gekündigte, wenn der and noch darin wohnt (BayObLG NJW **57**, 62). Nach billigem Ermessen **Ausgleichszahlung** an den weichenden Eheg (ausführl: Brudermüller FamRZ **89**, 7), der am Hausbau beteiligt war (BayObLG NJW **60**, 102; aA Hbg FamRZ **88**, 80 mN). Keine Nachholg der AusglZahlg iRd HausrTeilg (Mannh Just **76**, 515). Zum Wirksamwerden Anm 3. Der Eheg, der bish Mit- od Alleinmieter war, wird von diesem Ztpkt an von seinen vertragl Verpflichtgen als Mieter frei; das VermieterPfandR an den Möbeln geschieht erlischt. Der Richter kann aber zur **Sicherung der Ansprüche des Vermieters** die Mithaftg des ausziehenden unterhpflichtigen Eheg für zukünft MietzinsFdgen od SicherhLeistg anordnen, **I 2.** Diese Anordnungen werden Teil des alten MietVertr, in den der verbleibde Eheg eintritt u den Richter nur ändern kann („fortgesetzt wird", „eintritt"), so daß nach Kündigg des MietVertr Eintritt des and Eheg in den alten MietVertr, ggf mit Rückwirkg angeordnet w muß. EigenbedarfsgesichtsPkte des Vermieters bleiben idR außer Betr (BayObLG NJW **61**, 317). Auch bei Einigg der Ehel über die Weiterbenutzg der Ehewohng kann ein RSchutzbedürfn für eine isolierte gerichtl Gestaltg des MietVerhältn ggü dem Vermieter bestehen (Karlsr FamRZ **81**, 182). I gilt analog für ähnl VertrVerhältn wie Vereinsmitgliedsch od GenossenschRechte (BGH LM VO 3 Nr 1).

2) Neubegründung eines Mietverhältnisses, II. Als Folge einer Sonderbindg ohne Entschädigg zul (vgl BGH **6**, 270). Bestand zw dem Vermieter u dem Eheg, dem die Wohng zugewiesen w, noch kein MietVertr, wird also einem Eheg eine Wohng im eigenen Hause des and (VO 2 Anm 1) od in einem solchen, das im MitEigt beider Eheg steht (VO 3 Anm 3), zugewiesen, ferner iF der Neubegründg eines MietVerhältn an einer Teilwohng (VO 6 II), so kann der Richter ein MietVerhältn zw dem Eigtümer u dem Eheg, der die Wohng erhalten hat, begründen (BayObLG FamRZ **74**, 22); auch Begründg eines befristeten MietVerhältn mögl (BayObLG NJW **57**, 62), für das die Sozialklausel des § 556b, nicht jedoch der Bestandsschutz des WoRKSchG Art 1 § 2 gilt (BayObLG FamRZ **74**, 17). Bei **Miteigentum der Ehegatten** an der Wohng u Zuweisg an einen von ihnen hat dieser an den and eine NutzgsEntschädigg zu zahlen (BayObLG **53**, 49; Offbg FamRZ **65**, 277), u zwar aus einem MietVerhältn od einem NutzgsVerhältn iRd MitEigtümerGemsch (BayObLG FamRZ **74**, 22). Im Rahmen von VO 2 ist zu prüfen, ob ein Miet- od wg ZVG 57ff ledigl ein NutzgsVerhältn angemessen ist (AG Charl FamRZ **80**, 1136). Bei Begründg eines NutzgsVerhältn kann dann keine NutzgsEntschädig festzusetzen, wenn die Höhe des Wohnbedarfs in einem rechtskr abgeschlossenen UnterhVerf bereits ziffernmäß berücks w ist (AG Charl FamRZ **80**, 1136). Festsetzg einer angemessenen AusglZahlg auch iR einer einstw Anordg (ZPO 620 Z 7). Die **Höhe des Entgelts** richtet sich nach den wirtschaftl Verhältn der Ehel. Das Ger kann unter der Marktmiete bleiben, wenn auch der Wohnbedarf gemeins mj unterhaltsberecht Kinder zu befriedigen ist (BayObLG FamRZ **77**, 467). Dem weichen Eheg kann für die Anmietg einer ErsWohng eine **Ausgleichszahlung** gewährt w. Der Anspr darauf kann nicht dch Aufrechng getilgt w (Hamm FamRZ **88**, 745).

3) Verfahrensrecht. Der Vermieter ist am Verf zu beteiligen (VO 7). Widerspr des Verm unerhebl, es sei denn, er würde in einem alsbald RäumgsStreit voraussichtl obsiegen (LG Mannh NJW **66**, 1716). Die Neuregelg des MietVerhältn ist **Hoheitsakt.** Der neue Vertr (VO 3, 5 II) od der alleinige Fortsetzg u der Eintritt des Eheg, dem die Wohng zugewiesen w ist, in den Vertr des and wird mit Rechtskr der Entsch wirks (VO 16 I), dh der and Eheg tritt in den MietVertr als Alleinmieter ein, ohne daß die Änderg u Begründg des MietVerhältn dch den Richter einer sonstigen (öffentl- od privatrechtl) Gen bedarf (VO 16 II). Auch der Verm ist daran gebunden. And beim Vergl. In der Entscheidg, die einem Eheg allein die Wohng zuweist, muß gleichzeit der and zur Räumg verurteilt w. Zur zeitl Beschränkg VO 12. Bei Änderg des MietVerhältn (zB bezügl der KündiggsFr od des Mietzinses) sind unzul. Keine Haftg des neuen Mieters für Mietrückstände. Das Ger kann sich, insb iF der Versagg nach VO 12 erfdl Zustimmg, darauf beschränken, eine nur im InnenVerhältn der Eheg wirkde Regelg zu treffen (KG NJW **61**, 78; BayObLG NJW **70**, 329).

§ 6. Teilung der Wohnung. *(1) Ist eine Teilung der Wohnung möglich und zweckmäßig, so kann der Richter auch anordnen, daß die Wohnung zwischen den Ehegatten geteilt wird. Dabei kann er bestimmen, wer die Kosten zu tragen hat, die durch die Teilung und ihre etwaige spätere Wiederbeseitigung entstehen.*

(2) Für die Teilwohnungen kann der Richter neue Mietverhältnisse begründen, die, wenn ein Mietverhältnis schon bestand, an dessen Stelle treten. § 5 Abs. 2 Sätze 2 und 3 gelten sinngemäß.

1) Teilung der Wohnung u Nebenräume (vgl für das GetrenntLeb § 1567 I 2) muß, soweit dafür Herstellg von Baulichkeiten erfdl, mit den baupolizeil Vorschr in Einklang stehen; auf Kosten der Eheg. Voraussetzg der Teilg ist, daß ein friedl ZusLeb unter demselben Dach zu erwarten ist (Schlesw SchlHA **57**, 125). Teilg nur zw Eheg, nicht auch Dritten (BayObLG NJW **61**, 317). Die WohngsTeilg kann unter den Voraussetzgen von VO 17 nach Anhörg der Gemeinde wieder beseitigt w (VO 17 III). VO 6 gilt auch für das UntermietVerhältn.

2) Zur Neugestaltung der Mietverträge vgl Anm zu VO 3 und 5. Bestand ein einheitl MietVertr für die nunmehr geteilte Wohng, so endet jener mit der Rechtskr der Entsch, **II 1,** VO 16 I.

Anh II zum EheG
HausratsVO. *Diederichsen*

§ 7. Beteiligte. *Außer den Ehegatten sind im gerichtlichen Verfahren auch der Vermieter der Ehewohnung, der Grundstückseigentümer, der Dienstherr (§ 4) und Personen, mit denen die Ehegatten oder einer von ihnen hinsichtlich der Wohnung in Rechtsgemeinschaft stehen, Beteiligte.*

1) Eine rechtsgestaldte Entsch wird in den Fällen von VO 3–6 oft nur mögl sein, wenn **weitere Personen am Verfahren beteiligt** w, weil die richterl Entsch auch gg sie RechtskrWirkg hat. **Zweck** der Beteiligg: Gewährg des rechtl Gehörs u Sachaufklärg (BayObLG FamRZ **70**, 36). VO 7 zählt die Personen auf, die an einem derart Verf beteiligt sein können. Hierzu gehören der Dienstherr (VO 4), der Vermieter, GrdstEigtümer, Nießbraucher, auch wenn nicht Verm (Stgt OLG **68**, 126); bei Zuteil einer GenossenschWohng auch die Genossensch; der Verm auch bei WohngsTeilg (BayObLG **55**, 202). **Rechtsgemeinschaft eines Ehegatten mit einem anderen** hins der Wohg besteht, wenn der od die Eheg Hauptmieter od Untermieter sind, im Verhältn zw Unter- od Hauptmieter. Eine solche RechtsGemsch auch gegeben zu dem Ehem, der in der Wohng verbliebenen wiederverh Frau. Im WohngsZuteilgsVerf **nicht beteiligt** ist ein Heimstättenausgeber (Brschw OLG **74**, 354); ebsowenig mj Kinder der gesch Eheg (BayObLG FamRZ **77**, 467); der KonkVerw über das Vermögen eines Eheg (Celle MDR **62**, 416).

2) Beteiligungsverfahren. Ausdrückl Benenng dch die Parteien ist nicht erfdl, ebsowenig ein besonderer BeiladgsBeschl (AG Charl MDR **79**, 583), da die VO die Rolle als Beteiligter zuweist („sind zu beteiligen"). Der Richter stellt den VerfBeteiligten den Antr zu. Einverständn mit Zuteilg nur beim Vermieter iFv VO 12 erfdl (Hbg NJW **54**, 1892); dagg nicht bei Zuweisg zur weiteren Benutzg an einen Eheg (KG FamRZ **60**, 443), dh einer nur im Innenverhältn zw den Ehel wirks Regelg, wonach der and die Wohng zu räumen hat (KG NJW **61**, 78). Die Erklärg des Verm, mit dem Eheg, dem die Wohng zugewiesen ist, nicht abschließen od die Wohng gleich wieder kündigen zu wollen, ist grdsl unbeachtl, außer wenn mit alsbaldiger Entziehg der Wohng zu rechnen ist (LG Mannh FamRZ **66**, 450). Die Beteiligg schafft eine parteiähnl Stellg (BayObLG FamRZ **70**, 36). Allerd kein AntrRecht, aber selbstd BeschwerdeR (VO 14, FGG 20); dagg kein VollstreckgsR (Hamm JMBlNRW **52**, 27). Da Entsch erst mit Rechtskr ggü allen Beteiligten wirks w (§ 5 Anm 3), bleibt die Sache in der Schwebe, sofern nicht allen Beteiligten zugestellt ist (Hamm JMBlNRW **48**, 119). RechtsMißbr, wenn zw dem Verm u einem Eheg RechtsStr wg der Wohng schwebt u HausrVerf anhäng gemacht w, um so Entsch gg Verm des Beteiligten zu erzielen (Schlesw SchlHA **52**, 134).

3. Abschnitt. Besondere Vorschriften für den Hausrat

Einführung

1) VO 8–10 enth die besonderen Vorschr für den **Hausrat**. Darunter fällt auch die in VO 1 genannte **Wohnungseinrichtung**, wie sich aus den dort gebrauchten Worten „und sonstiger Hausrat" ergibt. VO 8 betr gemeins Eigt der Eheg am Hausr, VO 9 AlleinEigt. Gläubigerrechte werden dch die HausrTeilg nicht berührt (VO 10). An den güterrechtl EigtVerhältn wird, abgesehen von VO 8 II, nichts geändert. HausrVO hat Vorrang vor ZugewAusgl (BGH NJW **84**, 484). Ein Eingriff in Vertr mit Dritten erfolgt nicht (vgl VO 10 I), so daß diese, und als nach VO 7 bei der Wohng, in einem derartigen Verf nicht Beteiligte sind.

§ 8. Gemeinsames Eigentum beider Ehegatten. (1) *Hausrat, der beiden Ehegatten gemeinsam gehört, verteilt der Richter gerecht und zweckmäßig.*

(2) *Hausrat, der während der Ehe für den gemeinsamen Haushalt angeschafft ist, gilt für die Verteilung (Absatz 1) auch dann, wenn er nicht zum Gesamtgut einer Gütergemeinschaft gehört, als gemeinsames Eigentum, es sei denn, daß das Alleineigentum eines Ehegatten feststeht.*

(3) *Die Gegenstände gehen in das Alleineigentum des Ehegatten über, dem sie der Richter zuteilt. Der Richter soll diesem Ehegatten zugunsten des anderen eine Ausgleichszahlung auferlegen, wenn dies der Billigkeit entspricht.*

1) Zweck von I: Eine AuseinandSetzg dch Verkauf gem § 753 wird vermieden, die Verteilg der Ggste erfolgt unmittelb an die Eheg; von II: Umständl BeweisErhebg darüber, wer Eigtümer der einzelnen Ggste ist, werden ausgeschl (Ffm MDR **60**, 682). Da es sich weder um eine Fdg noch um ein VermögensR (ZPO 851, 857), kann der AuseinandSetzgsAnspr nicht gepfändet w (Nathan JR **48**, 110). Keine Zuweisg an Dritte. **Auskunftsanspruch** über den Bestand des ehel Hausr entspr §§ 242, 260 (KG FamRZ **82**, 68 Inhaftierter; Düss FamRZ **87**, 81; Dörr NJW **89**, 812; aA Düss FamRZ **85**, 1152; Celle FamRZ **86**, 490), insb bei unverschuldeter Unkenntn v Art u Umfg des Hausr (Ffm FamRZ **88**, 645).

2) Gegenstand der Verteilung, dh das, was zum Hausr gehört, richtet sich nach VO 1 Anm 2c aa und bb.

a) Beiden Ehegatten gemeinsam gehörender Hausrat, I, gleichgült, ob es sich um MitEigt nach Bruchteilen od um eine GesamthandsGemsch handelt, wird vom Richter gem Anm 3 verteilt. Hierher gehören auch ErsStücke, selbst wenn sie wertvoller sind (KG FamRZ **68**, 648; BayObLG FamRZ **70**, 31).

b) Während der Ehe für den gemeinsamen Haushalt angeschaffter Hausrat, II, gilt für die Verteilg unabhängig vom GüterStd, also iF der Gütertrenng od ZugewGemsch, soweit nicht § 1370 eingreift, als gemeins Eigt, nicht aber bei Auflösg der Ehe dch Tod (OGH NJW **50**, 593), wird also wie oben zu a) behandelt. Dch diese **widerlegbare Vermutung** wird eine oft schwierige BewErhebg ü die idR unklaren EigtVerhältn an derart Ggständen unnötig. Das aus EhestandsDarl Angezahlte steht im MitEigt (KG DJ **41**, 829). Wer HaushGgstde im eig Namen gekauft u auch bezahlt hat, muß darüber hinaus beweisen, daß er für

3. Abschnitt: Besondere Vorschr. für den Hausrat **Anh II zum EheG**

sich allein erwerben wollte (Mü NJW **72**, 542). Die **Vermutung ist nur dann widerlegt,** wenn das AlleinEigt feststeht, wenn also der Ggst bes für einen Eheg angeschafft wurde. Zu eng, da das AlleinEigt nur feststeht, wenn es zw den Parteien außer Streit ist (so aber Kiel JR **48**, 344). Machen sich die Eheg die übl Geschenke von HaushGgstden od erhält einer von ihnen ein solches von Dritten, so geschieht das regelm für den gemeins Haush, also kein AlleinEigt (Celle NdsRpfl **60**, 231). **Anschaffung** ist nicht nur der entgeltl Erwerb; auch selbst angefertigter Hausr fällt unter II (Düss NJW **59**, 1046; bestr). Zu dem für die getrennte HaushFührg Angeschafften VO 1 Anm 2 d.

c) Anschaffungen vor der Ehe. Jeder Hausr, den ein Verlobter vor der Ehe im Hinbl auf die Eheschließg angeschafft hat, der dann aber erst nach der Eheschl ganz od zT bezahlt w ist, wird nach II behandelt (aM Schlesw SchlHA **57**, 207). And natürl die Aussteuer od die ErsBeschaffg von HausrGgsten (§ 1370).

3) Gerechte und zweckmäßige Verteilung. Die Verteilg erfolgt unter Berücks der in VO 2 Anm 2 genannten GesichtsPkte. Also auch Umstde zu berücks, die für den Bew des AlleinEigt nicht ausreichen, zB wenn ein Ggst einem Eheg besonders zugedacht war, aus seinen Ersparnissen angeschafft w, von ihm fast ausschließl für sich allein benutzt w usw.

4) Wirkung der Zuteilung, III. Mit der Rechtskr der Entsch wird die Gemsch aufgelöst u erwirbt der Eheg, an den die Zuteilg erfolgt, **Alleineigentum, S 1.** Die Rechte Dritter mit Ausn des VermPfandR (VO 5 Anm 1) bleiben unberührt (VO 10 I *arg:* „im Innenverhältn"). Bestand kein Eigt, so kann es auch dch Zuteilg nicht übergehen. Bei DrittEigt kein Gutglaubensschutz (Saarbr OLG **67**, 1). Erhält ein Eheg mehr als der and, so kann (Hamm FamRZ **67**, 105) jenem unter Berücks von VO 2 S 2 eine **Ausgleichszahlung** entspr dem Mehrwert auferlegt w, wenn das der Billigk entspr, die uU auch dch Ggste aus dem AlleinEigt des and Eheg erfolgen kann (BayObLG FamRZ **70**, 31). Keine AusglZahlg f Ggstde, die der Ehem vor Eheschl zu AlleinEigentum angeschafft h u nach Scheidg behält (Zweibr FamRZ **87**, 165). Bei der AusglZahlg braucht der Verkehrswert der Mehrleistg nicht erreicht zu w. Bei dieser Zahlg können aber nicht SchadErs-Anspr eines Eheg gg den and für unbefugte Vfgen vor der Scheidg berücks w (Einl 3c vor VO 1); ebsowenig AusglZahlgen (Hamm FamRZ **80**, 469) od Zahlg anteiliger Miete, wenn die Eheg sich unabhäng von VO 5 über die Benutzg der früh Ehewohng einig geworden sind (Mannh Just **76**, 515). Gg die AusglFdg kann im HausrVerf nicht aufgerechnet w (Hamm FamRZ **81**, 293). Unzul ist eine isolierte AusglAnO ohne Zuteilg von Hausr (Ffm FamRZ **83**, 730; Zweibr FamRZ **85**, 819). Zul dagg der Antr auf Zuweisg sämtl im MitEigt stehder Ggste an den and Teil unter Auferlegg einer entspr AusglZahlg (Karlsr FamRZ **87**, 848).

5) Verfahrensrecht. Das Ger muß eine teilw Einigg bei der Entsch über den Rest berücks (BGH **18**, 143; Schlesw SchlHA **57**, 207). An Antr der Parteien ist es nicht gebunden; sie sind nur Vorschläge. Sofern Antr nach VO 1 vorliegen, keine EigtKlage bzgl einz HausrStücke, da das FGG-Verf ausschließl (Einl 3 d). Für FeststellgsKl würde RSchutzinteresse fehlen. Das Ger hat festzustellen, welche HausrGgstde tatsächl vorh sind u – im Hinbl auf die verschiedene Regelg in Anm 2 – wer allem die EigtVerhältn (KG FamRZ **74**, 195). BewErhebg vAw (VO 13 I, FGG 12). Keine Aussetzg des Verf zur Klärg der EigtFrage im ProzWege (BayObLG FamRZ **65**, 331; bestr). Es muß über die einzelnen dch das Verf betroffenen Ggste entsch w (BGH **18**, 143); Zuteilg „soweit vorhanden" ist unzul, da eine solche Entsch keine klaren Verhältn schafft (Fbg Rpfleger **50**, 568). Auf übereinstimmde Erkl der Eheg darf sich das Ger verlassen (BayObLG FamRZ **65**, 331). Nach Zuteilg Verschaffg der zugeteilten Ggste dch ZwVollstr (VO 16 III) od bei Nichtvorhandensein Geldersatz im ProzWege.

§ 9. Alleineigentum eines Ehegatten. (1) *Notwendige Gegenstände, die im Alleineigentum eines Ehegatten stehen, kann der Richter dem anderen Ehegatten zuweisen, wenn dieser auf ihre Weiterbenutzung angewiesen ist und es dem Eigentümer zugemutet werden kann, sie dem anderen zu überlassen.*

(2) *Im Falle des Absatzes 1 kann der Richter ein Mietverhältnis zwischen dem Eigentümer und dem anderen Ehegatten begründen und den Mietzins festsetzen. Soweit im Einzelfall eine endgültige Auseinandersetzung über den Hausrat notwendig ist, kann er statt dessen das Eigentum an den Gegenständen auf den anderen Ehegatten übertragen und dafür ein angemessenes Entgelt festsetzen.*

1) AusnahmeVorschr vom Grds, daß jeder Eheg die ihm gehörden Ggste behält; also eng auszulegen. Die Eheg können die richterl AO iW der ParteiVereinbg abändern. AbändergsBefugn des Richters VO 17.

2) Voraussetzungen für die Zuweisung von Gegenständen an den Nichteigentümer, I. a) AlleinEigt des and Eheg an Ggsten der WohngsEinrichtg u des Hausr (VO 1 Anm 2c aa); bei VorbehEigt VO 10 II.

b) Notwendige Gegenstände sind solche, die obj gesehen, für das Leben des NichtEigtümers unentbehrl sind, also Bett u sonstige EinrichtgsGgste, Geschirr, Bestecke, Bett- u Küchenwäsche, aber auch solche, die der Eheg, der sie begehrt, braucht, um seine Arbeit verrichten zu können.

c) Der Eheg muß **auf die Weiterbenutzung angewiesen** sein, etwa weil er sich ErsGgste nach seiner Einkommens- u VermLage nicht beschaffen kann, od weil sie zZ nicht zu haben sind (Hamm JMBlNRW **59**, 17).

d) Die Überlassg an den and Eheg muß dem Eigtümer **zumutbar** sein. Das ist zu bejahen, wenn es im Interesse der Kinder liegt, wenn zB das Klavier für deren Ausbildg notw ist; nicht aber, wenn die Ehefr das Bett u die sonstigen Ggste dem Mann überlassen soll zum ZusLeb mit dessen neuen Partnerin. Auch liegen die Vorauss f die Zuweisg wertvoller Kunstobjekte an den NichtEigtümer idR nicht vor (Schubert JR **84**, 381).

2551

3) Richterliche Gestaltung. Die **Überlassung** an den NichtEigtümerEheg tritt mit Rechtskr der richterl Entsch in Kr (VO 16 I) u erfolgt nur gg ein entspr Entgelt (Celle NdsRpfl **49**, 89) iW der Begründg

a) eines **Mietverhältnisses, II 1.** Hier ist ein Mietzins zwingd festzusetzen, so daß die Begr eines unentgeltl LeihVerhältn nicht statth ist (LG Itzehoe SchlHA **48**, 162). Das Mietverhältn ist zweckmäßigerw zu befristen. Ergänzd gelten §§ 535 ff. Für Streitigk daraus ist das ProzGer zust. Aufrechng des Unterh-Anspr des unterhberecht Eheg gg eine solche MietzinsFdg zul.

b) oder dch **Eigentumsübertragung, II 2,** wo eine endgült AuseinandS über den Hausr erfdl ist, zB weil die Begründg eines Mietverhältn nur Anlaß zu neuen Streitigk geben, die zugeteilten Ggste bald verbraucht sein od ihre Rückschaffg auf besondere Schwierigk stoßen würde. Keine Sachmängelgewährleistg. Bestimmg eines angemessenen Entgelts zwingd, auch in Sachwerten mögl.

§ 10. Gläubigerrechte. (1) *Haftet ein Ehegatte allein oder haften beide Ehegatten als Gesamtschuldner für Schulden, die mit dem Hausrat zusammenhängen, so kann der Richter bestimmen, welcher Ehegatte im Innenverhältnis zur Bezahlung der Schuld verpflichtet ist.*

(2) *Gegenstände, die einem der Ehegatten unter Eigentumsvorbehalt geliefert sind, soll der Richter dem andern nur zuteilen, wenn der Gläubiger einverstanden ist.*

1) Für **mit dem Hausrat zusammenhängende Schulden** (zB VersBeiträge, InstandsetzgsKosten), für die ein Eheg allein od beide als GesSchuldn (§ 421) haften, kann der Richter im **Innenverhältnis** die Verpfl zur Zahlg anders bestimmen, **I.** Das Außenverhältnis bleibt unberührt. Wird also ein Eheg an Stelle des and allein verpfl, so hat er diesen freizustellen; aGrd der richterl Festsetzg kann der freizustellde aber im Außenverhältn in Anspr genommene Eheg LeistgsKl gg den and Eheg erheben. Die AnO einer AusglZahlg setzt voraus, daß demj, der die zahlen soll, Hausr zugeteilt w (BayObLG FamRZ **85**, 1057).

2) Unter Eigentumsvorbehalt gelieferte Gegenstände (§ 455) soll der Richter dem and Eheg nur zuteilen (dh Übertr der Anwartsch), wenn der Gläub damit einverstanden ist, **II,** da der Gläub im allg an dem Verbleib der Sache interessiert ist. Ausnahmsw Zuteilg auch gg den Willen des insoweit dann beschwerdeberecht Gläub (Saarbr OLG **67**, 1; aA MüKo/Müller-Gindullis Rdn 5). Die Gläubigerrechte (§ 433 II) bleiben iü unberührt; jedoch kann der Richter bestimmen, daß der Eheg, dem zugeteilt wird, den erst später fäll werdden Kaufpreisrest sofort zahlt. Mit Zust Änderg der Gläubigerrechte (§ 305). Entspr Anwendg auf gemieteten od geliehenen Hausr.

4. Abschnitt. Verfahrensvorschriften

§ 11. Zuständigkeit. (1) *Zuständig ist das Gericht der Ehesache des ersten Rechtszuges (Familiengericht).*

(2) *Ist eine Ehesache nicht anhängig, so ist das Familiengericht zuständig, in dessen Bezirk sich die gemeinsame Wohnung der Ehegatten befindet. § 606 Abs. 2, 3 der Zivilprozeßordnung gilt entsprechend.*

(3) *Wird, nachdem ein Antrag bei dem nach Absatz 2 zuständigen Gericht gestellt worden ist, eine Ehesache bei einem anderen Familiengericht rechtshängig, so gibt das Gericht im ersten Rechtszug das bei ihm anhängige Verfahren von Amts wegen an das Gericht der Ehesache ab. § 281 Abs. 2, 3 Satz 1 der Zivilprozeßordnung gilt entsprechend.*

1) Die **sachliche Zuständigkeit** des FamGer, **I,** ist ausschließl (GVG 23b I Z 8, ZPO 621 I Z 7). FamG auch zust für AO od Verlängerg einer RäumgsFr (Mü NJW **78**, 548). Zuständigk des FamG ferner für den einstw RSchutz wg Rückschaffg von eigenmächtig aus der Ehewohng entfernten HausrGgsten, auch wenn einz Ggste kein Hausr sind (BGH NJW **83**, 47). Bei Geltdmachg von HausrAnspr vor dem ProzG Abgabe an das FamG (VO 18). Vgl iü Einl 3c vor VO 1.

2) Örtliche Zuständigkeit bei Anhängigk einer Ehe-, insb der Scheidgssache ausschließl das Ger der Ehesache, **I,** bei Nichtanhängig einer Ehesache das FamG der gemeins Wohng der Ehel, **II 1.** Fehlt eine gemeins Wohng im Inland, entscheidet der gewöhnl Aufenth, hilfsw der AufenthOrt des AntrGegners, **II 2.** Bei nachträgl Anhängigk Abgabe an das Ger der Ehesache, **III.** Die Zustdgk nach I dauert auch nach Beendigg der Anhängk der Ehesache fort (BGH NJW **86**, 3141).

§ 12. Zeitpunkt der Antragstellung. *Wird der Antrag auf Auseinandersetzung über die Ehewohnung später als ein Jahr nach Rechtskraft des Scheidungsurteils gestellt, so darf der Richter in die Rechte des Vermieters oder eines anderen Drittbeteiligten nur eingreifen, wenn dieser einverstanden ist.*

1) Zweck: Da der Antr auf AuseinandS der Ehewohnung und des Hausr nicht fristgebunden ist, soll der Verm innerh eines Jahres Klarh darüber haben, welcher der Eheg künft sein Mieter ist; desh verbietet die Vorschr dem Richter, in die Rechte des Verm ohne dessen Einverständn einzugreifen, wenn der Antr später als ein Jahr nach Rechtskr des ScheidgsUrt gestellt w. Wg des EntscheidgsVerbundes (ZPO 623, 629) nur hier von nicht geringer Bedeutg. Fristwahrg auch dch Klageerhebg vor dem ProzGer, wenn Abgabe an das FamGer nach Ablauf von einem Jahr erfolgt (VO 18 II).

2) Der MietVertr (VO 6 II) kann ohne Zustimmg des Verm nicht mehr geändert w. Das bedeutet:

a) Einverständnis erforderlich iF von VO 5 I (Schlesw SchlHA **55**, 203; KG FamRZ **60**, 444) od bei

4. Abschnitt: Verfahrensvorschriften **Anh II zum EheG**

Teilg der Wohng u Begründg neuer Mietverhältn (VO 6 II). Für das Einverständn des Verm entscheidet bei ErbenGemsch deren Mehrh (§§ 745 I, 2038 II). Einverständn auch noch in der BeschwInstanz widerrufb (BayObLG **57**, 33).

b) Einverständnis dagg **nicht erforderlich** für eine Regelg der Eheg od des FamG im **Innenverhältnis**, dh im Verhältn der Eheg untereinand (BayObLG FamRZ **70**, 35). So kann unter Nichtantastung des Mietverhältn im Außenverhältn Aufteilg der Wohng im Innenverhältn angeordnet (KG NJW **61**, 78), ferner ein Eheg zur Räumg verpfl (KG NJW **61**, 78; BayObLG NJW **70**, 329) u der weichde Eheg von seinen Verpfl ggü dem Verm dch den verbleibden Eheg freigestellt w (Mü FamRZ **86**, 1019; LG Bln FamRZ **63**, 95; aA LG Wiesb FamRZ **63**, 94).

c) Kein Anspr des Verm auf Rechtsgestaltg nach seinen Wünschen (KG NJW **61**, 78; BayObLG NJW 1970, 329; LG Bln FamRZ **63**, 95; LG Wiesb FamRZ **63**, 94).

§ 13. Allgemeine Verfahrensvorschriften. *(1) Das Verfahren ist unbeschadet der besonderen Vorschrift des § 621 a der Zivilprozeßordnung eine Angelegenheit der freiwilligen Gerichtsbarkeit.*

(2) Der Richter soll mit den Beteiligten in der Regel mündlich verhandeln und hierbei darauf hinwirken, daß sie sich gütlich einigen.

(3) Kommt eine Einigung zustande, so ist hierüber eine Niederschrift aufzunehmen, und zwar nach den Vorschriften, die für die Niederschrift über einen Vergleich im bürgerlichen Rechtsstreit gelten.

(4) Der Richter kann einstweilige Anordnungen treffen.

(5) (gegenstandslos)

1) Verfahrensrechtlich gilt ein **Mischsystem** aus VO 11 ff, ZPO 621–630 u FGG, **I**, VO 1 II. Im Verbund mit der Scheidg herrscht AnwZwang (ZPO 78 I 2) u gilt die Kostenverteilg nach ZPO 93 a, 621 a I 1; ands gilt ZPO in den Bereichen von ZPO 621 a I 2. Zum **Antrag** VO 1 Anm 4. **Amtsermittlung** gem FGG 12, ZPO 621 a I 2. Dchsetzg des pers Erscheinens eines Beteiligten über FGG 33 (Brem FamRZ **89**, 306). BeweisAufn FGG 15. Bei Nichtfeststellbark einer Tats, zB des AlleinEigt, Nachteil zu Lasten dessen, der daraus Vorteile herleiten will. IdR nicht öffentl (GVG 170) **mündliche Verhandlung, II,** in welcher der Richter auf eine **gütliche Einigung** hinzuwirken hat, die iF ihres Zustandekommens gem ZPO 159 ff protokolliert w muß, **III.** Für die Konventionalscheidg ist die vorherige Einigg SachUrtVoraussetzg (ZPO 630 III).

2) Vorläufige Anordnungen nach FGG-Recht sind auch in einem isolierten HausrVerf zul, **IV** (zur Beschw hiergg VO 14 Anm 2b); als einstw AOen innerh des VerbundVerf nach ZPO 620 ff dagg erst mit Anhängigk der Ehesache bzw mit dem PKH-Antr zul (ZPO 620 a II 1) u nur begrenzt anfechtb (ZPO 620 c). **Zuweisung der Ehewohnung vor Anhängigkeit des Scheidungsverfahrens:** § 1361 b. Abänderg od Aufhebg gem VO 17, FGG 18 bzw im ScheidgsVerf ZPO 620 b. Einstw Vfg gem ZPO 935 ff unzul.

§ 14. Rechtsmittel. *Eine Beschwerde nach § 621 e der Zivilprozeßordnung, die sich lediglich gegen die Entscheidung über den Hausrat richtet, ist nur zulässig, wenn der Wert des Beschwerdegegenstandes eintausend Deutsche Mark übersteigt.*

1) Gg die Endentscheid des FamG über die Ehewohng u den Hausr findet die **Beschwerde** statt (ZPO 621 e, 629 a II). Richtet sich diese nur gg die Entsch über **Hausrat,** u zwar auch bei vorläuf AnO im isolierten HausrBenutzgsVerf (Ffm FamRZ **87**, 407; zu einstw AnO gem ZPO 620 vgl Anm 2), muß der **Wert des Beschwerdegegenstandes** 1000 DM übersteigen, auch bei weiter Fassg des Begr Hausr (Düss FamRZ **88**, 535). Neue Wertgrenze seit dem 1. 1. 83 (BGBl **82**, 1615). Maßgebd nicht das Interesse der Beteiligten an der Regelg (so aber Kln FamRZ **89**, 417), sond der Verkehrswert (LG Mü FamRZ **70**, 38) der ändergsbetroffenen Ggste (BayObLG **59**, 472; KG FamRZ **60**, 241; NJW **61**, 1028). Wertermittlg gem ZPO 511 a III. Prüfg, ob BeschwWert erreicht ist, vAw (Zweibr FamRZ **76**, 699). Die Wertgrenze gilt auch für die Beschw gg einstw AOen im isolierten HausrVerf gem § 13 Anm 2 (Düss FamRZ **88**, 313). Ist über eine nicht vor das FamGer gehörden Anspr entschieden, ist Beschw unabhäng vom BeschwWert gegeben (Ffm NJW **63**, 554). **Beschwerdefrist** 1 Mo (ZPO 621 e III); BeschwGer ist das OLG (GVG 119 Z 2). Anw-Zwang bei Folgesachen. Im Verf über die Zuteilg der Ehewohng geschiedener Eheg ist die unselbstd AnschlBeschw statth (BayObLG FamRZ **78**, 599). Das BeschwGer ist an die Antr der Parteien nicht gebunden, aber Verbot der reformatio in peius (Hamm FamRZ **69**. 428; BayObLG FamRZ **74**, 34). **Beschwerdeberechtigung** FGG 20, VO 13 I.

2) Beschwerde gegen einstweilige Anordnungen: a) Bei Anhängigkeit der Ehesache nur eingeschrkt zul gem ZPO 620 c, näml gg Wohngszuweisg, u wg greifb Gesetzwidrigk (Th-P ZPO 620 Anm 2b mN). – **b) im isolierten Hausratsverfahren** gg vorläuf AOen gem VO 13 IV als **einfache Beschwerde** (Karlsr FamRZ **80**, 902; Oldbg FamRZ **82**, 273; Schlesw FamRZ **86**, 1128; die 4 FamSen Ffm, vgl Weychardt FamRZ **87**, 241; Hamm FamRZ **88**, 1303; KKW § 19 Rdn 31; aA, also keine Anfechtbk: Zweibr FamRZ **83**, 517; Stgt FamRZ **86**, 1235; Hamm FamRZ **86**, 584 u **88**, 645; Düss FamRZ **88**, 1305 mAv Müller; Soergel/Häberle 8), allerd mit der Wertbegrenzg aus VO 14 (Gießler, Vorläuf RSchutz Rdn 821).

3) Keine weitere Beschwerde od (im Verbundverf) Revision (ZPO 621 e II, 629 a I), auch dann nicht, wenn die ErstBeschw als unzul verworfen wurde (BGH NJW **80**, 402).

§ 15. Durchführung der Entscheidung. *Der Richter soll in seiner Entscheidung die Anordnungen treffen, die zu ihrer Durchführung nötig sind.*

1) Zweck: Zur Durchführg der Wohngs- u HausrTeilg sind insb AO zu ihrer **Vollstreckung** (VO 16 III) erfdl. Diese kann das FamG treffen. Also AO über die Räumg der Wohng und Herausg an den and Eheg, Ztpkt, Bewilligg von RäumgsFristen u deren Verlängerg (Mü NJW 78, 548; Stgt FamRZ 80, 467); AO auch **gegenüber Dritten,** zB ggü dem LebPartn des räumgspfl Eheg; Herausg von HausrGgstden; AnO von AusglZahlgen, Auferlegg von Umzugs- u Transportkosten.

§ 16. Rechtskraft und Vollstreckbarkeit. (1) *Die Entscheidungen des Richters werden mit der Rechtskraft wirksam. Sie binden Gerichte und Verwaltungsbehörden.*

(2) *Die Änderung und die Begründung von Mietverhältnissen durch den Richter bedarf nicht der nach anderen Vorschriften etwa notwendigen Genehmigung.*

(3) *Aus rechtskräftigen Entscheidungen, gerichtlichen Vergleichen und einstweiligen Anordnungen (§ 13 Abs. 4) findet die Zwangsvollstreckung nach den Vorschriften der Zivilprozeßordnung statt.*

1) Wirksamk der Entsch des FamG erst mit der Rechtskr, **I 1.** Also keine vorl Vollstreckbark. Einschränkg der materiellen Rechtskr dch VO 17. Mit der Rechtskr Vollzug des EigtÜbergangs od Inkrafttreten des Mietverhältn. **Zwangsvollstreckung** nach ZPO, **III.** Umschreibg eines Titels aus der HausrVO auf Dr unzul (Hamm FamRZ 87, 509). Für die ZwVollstrGgKl fehlt idR wg VO 17 das RSchutzbedürfn, sonst aber zul (Hamm FamRZ 88, 745; aA LG MöGladb NJW 49, 229 m abl Anm Ferge). ZurückbehaltgsR regelmäß ausgeschl (BayObLG FamRZ 75, 421).

§ 17. Änderung der Entscheidung. (1) *Haben sich die tatsächlichen Verhältnisse wesentlich geändert, so kann der Richter seine Entscheidung ändern, soweit dies notwendig ist, um eine unbillige Härte zu vermeiden. In Rechte Dritter darf der Richter durch die Änderung der Entscheidung nur eingreifen, wenn diese einverstanden sind.*

(2) *Haben die Beteiligten einen gerichtlichen Vergleich (§ 13 Abs. 3) geschlossen, so gilt Absatz 1 sinngemäß.*

(3) *Will der Richter auf Grund der Absätze 1 oder 2 eine Wohnungsteilung (§ 6) wieder beseitigen, so soll er vorher die Gemeinde hören.*

1) Abänderungsmöglichkeit, I 1, für rechtskr Entsch u gerichtl (Celle NJW 64, 1861) sowie außergerichtl (BayObLG FamRZ 75, 582) Vergl, **II,** bei **a) wesentlicher Änderung der tatsächlichen Verhältnisse,** zB Erhöhg des WohnrBedarfs inf Wiederheirat od Änderg der SorgerechtsRegelg (Schlesw JR 49, 448; LG Bln FamRZ 71, 31) u **b) zur Vermeidung einer unbilligen Härte.** Die Regelg muß sich nachträgl als grob unbill herausstellen (BayObLG 63, 286; Kuhnt AcP 150, 161). Also keine AO bei vorsehb Ändgen wie der Rückgabe bl geliehener Möbel (Hamm FamRZ 88, 645).

2) Verfahren. Voraussetzg ein Antrag (bestr), der zwar nicht befr ist, aber Zeitablauf heilt idR Unbilligk (vgl LG Bln FamRZ 71, 31; Müller JR 53, 295). Zust FamG des ersten Rechtszugs bzw gem VO 11. Haben die Parteien im HausrVerf einen Vergl über die Räumg der Ehewohng geschl, so entsch das FamG über eine nachträgl beantragte RäumgsFrist gem VO 17, nicht nach ZPO 794a; gg die Entsch befr Beschw nach ZPO 621e (Karlsr Just 79, 438). In die Rechte Dritter darf nur mit deren Einverständn eingegriffen w, **I 2. III** ist heute obsolet.

§ 18. Rechtsstreit über Ehewohnung und Hausrat. (1) *Macht ein Beteiligter Ansprüche hinsichtlich der Ehewohnung oder des Hausrats (§ 1) in einem Rechtsstreit geltend, so hat das Prozeßgericht die Sache insoweit an das nach § 11 zuständige Familiengericht abzugeben. Der Abgabebeschluß kann nach Anhörung der Parteien auch ohne mündliche Verhandlung ergehen. Er ist für das in ihm bezeichnete Gericht bindend.*

(2) *Im Falle des Absatzes 1 ist für die Berechnung der im § 12 bestimmten Frist der Zeitpunkt der Klageerhebung maßgebend.*

1) Zweck: Bei Geltdmachg von Anspr, die unter VO 1 od § 1361a fallen, vor dem ProzG erfolgt **Abgabe an das** gem VO 11 zust **Familiengericht, I 1.** Der AbgabeBeschl, **I 2,** ist für das bezeichnete Ger grdsl auch bei fehlerh Annahme, es handle sich um Anspr bezügl Ehewohng u Hausr (BayObLG FamRZ **68,** 319), **bindend, I 3.** Bindg entf nur, wenn die proz u materiellrechtl GrdLage für eine Abgabe schlechth fehlt (Kln FamRZ 80, 173). Keine bindde Abgabe iSv VO 18, wenn BerufgsZivKammer ohne Aufhebg des mit der Berufg angefochtenen Urt die Sache an das FamG abgibt (Düss Rpfleger 78, 327). Aber Bindg entspr ZPO 281 II 2 bei Verweisg v der BerKammer des LG an das OLG (BGH NJW 86, 2764). Die Bindg bedeutet nicht auch Bindg an die VerfVorschr der HausrVO (Heintzmann FamRZ 83, 957). AbgabePfl ferner, wenn Zuständigk erst im Laufe des RStreits der Scheidgsantrag od Getrenntleben der Eheg (VO 18a) begründet w (BGH **67,** 217). Abgabe auch in der BerufgsInstanz (KG FamRZ **74,** 195). Teilabgabe mögl („insoweit"). Beim FamG beginnt ein völlig neues Verf; wg der bereits entstandenen Kosten VO 23.

2) Gg Abgabe **Beschwerde** gem ZPO 567 (Kln JMBl **73,** 221; Schlesw SchlHA **74,** 169; Karlsr FamRZ **76,** 93). Hat die ProzAbt des AG in einer HausrSache entsch, so kann die Berufg auch beim LG eingelegt w, was dann das Urt des AG aufzuheben u die Sache an das zust FamG abzugeben hat (Tüb FamRZ **79,** 443).

§ 18a. Getrenntleben der Ehegatten. *Die vorstehenden Verfahrensvorschriften sind sinngemäß auf die Verteilung des Hausrats im Falle des § 1361a und auf die Regelung über die Benutzung der Ehewohnung im Falle des § 1361b des Bürgerlichen Gesetzbuchs anzuwenden.*

1) Leben die Eheg getrennt, **Hausratsverteilung** materiellrechtl gem § 1361a, verfrechtl nach VO 18a (also VO 11–18). Wg **Wohnungszuweisung** auch schon **vor Anhängigkeit des Scheidungsverfahrens** vgl § 1361b. Ist eine Ehesache anhäng, einstw AnO gem ZPO 620 S 1 Nr 7 (Vorteile: Entsch über die Wohng u Inkraftbleiben gem ZPO 620f). Unzul ist die Zuweisg der Ehewohng an den einen Eheg gg dessen Willen (Celle FamRZ **81**, 958). Vgl zum Verf ü auch § 1361a Anm 3 sowie § 1361b Anm 4. Zur Anfechtg von ZwVerfüggen VO 14 Anm 2. Mit Auflösg der Ehe endet die Zulässigk eines Verf nach §§ 1361a, b u VO 18a; keine Erledigg der Haupts (aA Karlsr FamRZ **88**, 1305), sond Abweisg des Antr als unzul (Soergel/Heintzmann 6). Eine bereits ergangene Entsch verliert ihre Wirksamk (LG Oldbg FamRZ **79**, 43).

§ 19. Einstweilige Anordnung in Ehesachen. (aufgeh, 1. EheRG Art 11 Ziff 3; einstweilige AnO gem ZPO 620 Ziff 7.)

1) Entsch auch ü Schweizer FerienEigtWohng (KG FamRZ **74**, 198). Rauchverbot (Celle FamRZ **77**, 203).

5. Abschnitt. Kostenvorschriften

§§ 20–23 (hier nicht abgedruckt)

6. Abschnitt. Schlußvorschriften

§ 24 Übergangsregelung. (aufgeh, FamRÄndG Art 5 Z 7)

§ 25 Aufhebung und Nichtigerklärung der Ehe. *Wird eine Ehe aufgehoben oder für nichtig erklärt, so gelten die §§ 1–23 sinngemäß.*

§ 26 Verhältnis zur Zweiten Kriegsmaßnahmenverordnung. (aufgeh, FamRÄndG Art 5 Z 7)

§ 27 Inkrafttreten. Geltungsbereich. (1) *Diese Verordnung tritt am 1. November 1944 in Kraft.*
(2) *(aufgeh, FamRÄndG Art 5 Z 7)*

Sachverzeichnis

Bearbeiter: Dr. Bassenge, Vorsitzender Richter am Landgericht Lübeck

Es bezeichnen: Fette Zahlen ohne Zusatz die Paragraphen des BGB; fette Zahlen mit Zusatz „AbzG" die Paragraphen des Gesetzes betreffend die Abzahlungsgeschäfte; fette Zahlen mit dem Zusatz „AGBG" die Paragraphen des Gesetzes zur Regelung des Rechts der Allgemeinen Geschäftsbedingungen; fette Zahlen mit dem Zusatz „BeurkG" die Paragraphen des Beurkundungsgesetzes; fette Zahlen mit Zusatz „EG" die Artikel des Einführungsgesetzes zum BGB; fette Zahlen mit Zusatz „EheG" die Paragraphen des Ehegesetzes; fette Zahlen mit dem Zusatz „ErbbRVO" die Paragraphen der VO über das Erbbaurecht; fette Zahlen mit dem Zusatz „WEG" die Paragraphen des Wohnungseigentumsgesetzes; fette Zahlen mit Zusatz „2. WKSchG" die Paragraphen des 2. Gesetzes über den Kündigungsschutz für Mietverhältnisse über Wohnraum. Erklärung weiterer abgekürzter Zusätze siehe in den Abkürzungsverzeichnissen.

Magere Zahlen und Buchstaben bezeichnen die Erläuterungen
Anh = Anhang; Einf = Einführung; Einl = Einleitung; Grdz = Grundzüge;
Übbl = Überblick; Vorb = Vorbemerkung.

A

Abänderungsklage bei Geldrente aus unerlaubter Handlung **843** 4 D d, **844** 6 B b, C; im UnterhaltsR Einf 4a vor **1569**, Einf 6 vor **1601**; gg VerwendgsVerbot für AGB **AGBG 19**
Abänderungsvertrag 305 2; Formbedürftigkeit **125** 2c, **313** 10
Abbuchungsverfahren 675 5
Abfangen von Kunden **826** 8 u dd
Abfindung, AbfindungsR **262** 3c; ausscheidder Gesellsch **738** 2c, d, **1365** 2, **1375** 3a; bei Erbverzicht Übbl 2 vor **2346**; von Erben **312** 1b; Kapital bei Körperverletzg **843** 6; bei MietVertrg für vorzeit Beendigg **571** 4; nichtehel Kind **1615e** 2b, **1924** 3b cc, **1934d** 1; Berufg auf A als unzul RAusübg **242** 6 D a; als pactum de non petendo zGDr **328** 2a; Dritter in ÜbernVertr **330** 3c; Unterhalt nach Ehescheidg **1569** 2f, **1585** 3, **1585c**; beim VersorggsAusgl **1587l**, VAHRG **2** 3; Wegfall der GeschGrdlage **242** 6 D a
Abfindungsklauseln im GesellschVertr **738** 2d, **1365** 2, **1375** 3c, **1376** 3c, **1922** 3c, **2311** 1a
Abgaben öff, Gewährleistg wegen **436**; Rückerstattg EG **104** 1; Rückforderg Einf 6 vor **812**
Abgeschlossenheitsbescheinigung WEG 7 2b bb
Abhandenkommen, 935 2
Abhilfe, Reisemangel **651c**; Ausschlußfrist **651g**
Abholungsanspruch 867; **1005**
Abholzungsverträge 956 7
Abkömmlinge, Übbl 3 vor **1589**; Ausbildgsbeihilfe für Stiefkinder bei ZugewGemsch **1371** 3; AusglPfl **1934b** 4, **2050–2057a**; Beschränkg in guter Absicht **2338**; ErbR **1924ff**, **1924** 3; PflichttAnspr **2303**, **2309**, **2333**, **2338a**; PflichttBerechng **2311** 4; Unterhaltsanspr **1609**; UnterhPfl **1606** 2; Zuwendg an – **2069** 1, 2, **2070** 1; Zuwendgen aus Gesamtgut der GütGemsch **2054**, **2331**
Ablehnung der VertrErf **276** 7C a, Eb, **326** 6b, dch KonkVerw **276** 7C a; Androhg der A der Wiederherstellgsannahme **250** 2, der Leistgsannahme **283** 3b, **326** 5b
Ablieferung, ErbVertr **2300**, Testament **2259**
Ablösung von GbdeTeilen **836** 4, **837**, **838**, **908**; Zahlg für Mieteinrichtgen Einf 11b gg vor **535**
Ablösungsrecht 268; Hypothek **1150**; PfandR **1249**; Rentenschuld **1201**
Ablösungsrenten, staatl EG **114**
Abmahnung, vor DVertrKünd **626** 2g; vor Künd aus wicht Grd Einl 5b bb vor **241**; unberecht **823**

5 G f; vor UnterlKl gg AGB – Verwender **AGBG 15** 3; vor Rücktr von ErbVertr **2293** 1a; WettbewR **683** 2
Abmarkung 919
Abnahme der gekauften Sache **433** 6; Verzug **293** 5; des Werkes **640**, **646**
Abrechnung 782 2
Abruf, HauptPfl **326** 3b; Lieferg auf **433** 7h
Abrufarbeit Einf 4a ll vor **611**, **611** 3cee
Abschichtung eines Miterben **2042** 7
Abschichtungsbilanz 738 2d
Abschlagszahlungen, Rückforderung überzahlter Einf 6d vor **812**, **820** 2d
Abschlußmängel bei DauerschuldVerh Einf 5c vor **145**; bei Gesellsch **705** 3c d; bei WohngsEigt **WEG 2** 2a
Abschlußprämie 611 7c
Abschlußzwang, Einf 3 vor **145**
Absolute Rechte, dingl Einl 2a vor **854**; SchadErs bei Verletzg **823** 5; Verjährg **194** 2b
Abstammung, Einf vor **1591**; Kenntn Einf 1 vor **1591**, **1758** 1; **eheliche 1591ff**; Beweis Einf 2, 3 vor **1591**; Beweisvereitelg **1600o** 2b aa; Feststellg dch EhelichkAnfechtg **1594ff**; Geltendmach der Nichtehelichk **1593**; IKR EG **19** 5; IPR EG **19** 2; offenb Unmöglichk **1591** 4; VerfFragen Einf 2, 3 vor **1591**; Voraussetzgen **1591**; Wiederverheiratg der Mutter, Ehelichk bei **1600**; **nichteheliche 1600a ff**; Feststellg dch Anerkenng s Anerkenng der Vaterschaft; Feststellg dch gerichtl Entscheidg **1600n**; **1600o**; VaterschVermutg im Prozeß **1600o**; ÜbergangsR Vorb 2 vor **1600a**, Anh zu **1600o**; IKR EG **20** 1c; IPR EG **20** 2
Abstand im EheR **1361b** 4, HausRVO **5** 1; MietR Einf 11b gg vor **535**
Abstellplätze WEG 3 1b
Abstrakte Verträge, Übbl 3d, e vor **104**
Abstraktionsprinzip Einl 5a vor **854**
Abtreibung, Einwilligg in A als Mitverschulden **254** 3a hh; SchadErs bei Mißlingen Vorb 3n vor **249**; Wirksamk des Vertrages über A **134** 3a aa; Zustimmg des Eheg **1353** 2b aa
Abtrennungsrecht 997
Abtretung 398; Abstraktheit **398** 2a; Anzeige **409**; der Anspr des Geschädigten **255** 3; Aufrechng des Schuldners **406**; Aushändigg der Urkunde **410** 1; AuskunftsPfl **402** 1; Ausschluß **399**; dch AGB-Klausel **AGBG 9** 7a; bedingte od befristete Fdg **398** 4c; Bestimmbark der Fdg **398** 4d; BeurkundungsPfl **403** 1; BlankoAbtr **398** 2b; der Dienst-

2557

Abwässer Fette Zahlen = §§

bezüge 411; Einwendgen des Schuldners 398 5a, 404 1; EinziehgsErmächtigg 398 8; ErbErsAnspr 1934b 2, 2317 5; an Factor 398 9; fiduziarische zur Sicherg/Einzieh 398 6, 7; FdgsMehrh 398 4d; Form 398 3, 313 2d; kr Gesetzes 412, 408 2; von GestaltgsR 413 3; GestaltgsR des Schuldners 404 1; Globalzession 398 6c; gutgläub Neugläub 405 1; des HerausgAnspr s dort; höchstpers Anspr 399 2b; IPR EG 33 2; Kenntnis 406 2, 407 2; künftige Fdg 398 4c; mehrfache 408, der MieterR 549 7; NebenR 399 2c; 401 1; nichtabtretb Fdg 399 6, 400; öffrechtl Fdg 398 1b; ProzFührgs-Ermächtigg 398 8; sonstige Rechte 413; RHängigk 407 3; RGrd 398 2a; an Schuldner 398 2c; Schuldnerschutz bei RGesch mit AltGläub 407 1; SparkBuch 398 3b cc; stille 398 6a aa; TeilAbtr 398 4b; unpfändb Fdg 400 1; unsittl 138 5a; Unzulässigk 399 1b; UrkÜbergabe 398 3b, 402 1, 2, 405, 409, 410; Vfg 305 2, 398 2a; VersorggsAnspr 1587i; VorausAbtr u verlängerter EV 398 3e; vorzeit ErbAusgl 1934d 1g; VorzugsR 401 6c
Abwässer; Leitg 95 2b; Verunreinigg 823 14
Abwehranspruch, Besitzer 862, DbkBerecht 1027; Eigtümer 1004; ErbbBerecht ErbbRVO 11 1b; gg gefahrdrohde Anlagen 907; gg einsturzgefährdete Gbde 908; gg Vertiefg 909; Nießbraucher 1065; PfdGläub 1227; SorgeBerecht 1632 3
Abwehrklausel, AGBG 9 7a; bei EV 455 11
Abwerbung, Arbeitnehmer 611 4c, 826 8 u bb; Vereinsmitglieder 826 8 u bb
Abwesende, Pflegschaft für 1911; WillErkl ggü 130 3; Annahmefrist für VertrAntrag 148 3c
Abwicklung s Liquidation
Abzahlungsgeschäft: Anfechtung 123 2f bb; AufwendgsErs AbzG 1d 4; Begriff Einl 2 vor AbzG 1; effektiver Jahreszins AbzG 1a 3b dd; Einwendgsdurchgriff AbzG 6 Anh 2, 3; Erfüllg AbzG 2; ErsAnspr des Verkäufers bei Rücktritt AbzG 2; Finanzierg 138 5c, 278 6a, AbzG 6 2b dd, Anh; Form AbzG 1a; Gerichtsstand AbzG 6a, 6b; Reform Einl 1c vor AbzG 1; Rückgaberecht AbzG 1b; Rückgewährpflicht AbzG 1d 2; Rücknahmeverlangen AbzG 1b 6; Rücktritt des Verkäufers AbzG 1, 5; Sachgesamtheit Einl 2b bb vor AbzG 1, 1c 2a; im Rahmen der Schlüsselgewalt 1357 2b aa; TeilzahlAbrede Einl 2b cc vor AbzG 1, 1a 3; Umgehungsgeschäft AbzG 6; Verfallklausel AbzG 4, 134 3a; Verjährg 195 2, 196 4a; Versandhandel AbzG 1a 6, 1b 5; Vertragsstrafe AbzG 4 2; Wechsel AbzG Einl 2b cc vor 1, 1 6c, 6 Anh 4c; Widerrufsrecht AbzG 1b; Ausgleich nach Widerruf AbzG 1d
Abzahlungshypothek, Übbl 2B d dd vor 1113
Abzahlungskredit Einl 3e vor 607; AbzG 6 2b dd, 6 Anh
actio pro socio 432 1b aa, 705 7a, 709 1b
Adäquanztheorie Vorb 5 A c vor 249
Adel, Namensteil 12 2a, 1355 2b; bei Adoption 1757 1; IPR EG 10 2b
Adoption: Adoptionsdekret 1752 1; Alterserfordernis 1741 2c; Annahme dch einen Alleinstehenden 1741 4a; Annahme des eigenen nichtehel Kindes 1741 4b; Annahme dch Eheg 1741 3a, b; eines Kindes des Eheg 1756 1; AnnahmeBeschl 1752 1; Annahmeantrag 1752 1, bei Volljährk des Anzunehmenden 1768; Annahmevertrag 1746 1; Aufhebg 1742 2c, 1759–1766, bei Annahme eines Volljährigen 1771; Aufhebg vor Amts wegen 1763; Aufhebg wegen Eheschließg 1766 1, wegen Mängel der Begründg 1760 1, 2; AufhebgsAntr 1762; AufhebgsSperren 1761; Aufrechterhaltg wegen ersetzbarer Einwillig 1761 2, wegen Kindeswohl 1761 3; bereits angenommener Kinder 1742 2; im Ausland 1746 2; Blankoadoption 1747 3; Dekretsystem Einf 1 vor 1741; Ehe zw Annehmendem u Kind 1766; Einwilligg der Eltern 1741 2c, 1742 2, 1747, des Eheg des Annehmden 1742 2, 1749 1, des Eheg des Anzunehmden 1749 2, des Kindes 1741 2c, 1746; Eheverbot aGrd A EheG 7; Eltern-Kind-Verhältn 1741 2b; ElternR 1747 1; ErbR 1924 3c, 1931 5, 1925 5, 1926 1, 4, 2053 2, 2066 2, 2067 1, 2069 2, 2079 2b, 2107 1, 2349 1, IPR EG 22 2b; Erlöschen früh VerwandschVerh 1755 1; Ersetzg der Einwilligg der Eltern 1748, 1749 1; Familienname nach Aufhebg 1765; Form der Einwilligg der Beteiligten 1750; Garantie der Familienzugehörigkeit 1763 1b; Geheimhaltg 1758 1; Geschäftsfähigk des Annehmenden 1741 2c, 1743 4; A geschäftsunfähiger od beschränkt geschäftsfähiger Volljähriger 1768 2; dch Großeltern 1747 1; Grundsatz der Ausschließlichkeit 1742 1, 2b; Herstellg eines gesetzl Verwandtschaftsverhältn 1754 1; historische Entwicklung, Einf 1 vor 1741; Inkognitoadoption 1747 3, 1750 1, 1754 1, 1755 1, 1758 1; Interessen der Kinder des Annehmden 1741 2c, 1745 1; IKR Einf 4 vor 1741, EG 22 1c; IPR Einf 4 vor 1741, EG 22, 23; Kinder des Anzunehmenden 1742 1, 1745 1; Kinderlosigkeit 1741 2c; Kindeswohl, Berücksichtigg Einf 1 vor 1741, 1741 2a, 1744 2, 1751 2, 1760 2, 1763 2, 1767 2; Mindestalter 1743 1–3; Name des Kindes 1757 1; Namensänderg dch VormGer 1757 2; Nichtigkeit 1759 1; Offenbargs- u AusforschgsVerbot 1758; Pflegeverhältnis 1744; PflichtteilsR 2309 5; Probezeit vor Annahme s Adoptionspflege; Recht auf Kenntnis der eigenen Abstammg 1758 1; rechtl Stellg des Kindes 1754; Ruhen der elterlichen Sorge 1751; soziale Bedeutg, Einf 1 vor 1741; Sperrvermerk im Geburtenbuch 1758 1; Staatsangehörigkeit des Kindes 1754 1, 2, EG 22 4c; Stiefkindadoption 1755 2; Teilaufhebg bei Ehegattenadoption 1764 4; Tod des Annehmenden 1752 1, 1753 2, 1764 1; Tod des Kindes 1753 1, 1764 1; Übergangs-Vorschr Einf 5 vor 1741; A unter Verwandten 1756 1; Unterhaltspflicht während der Adoptionspflege 1751 3; Verfahren bei Aufhebg 1759 2; Umgangsrecht 1751 1, 1754 3, 1755 1; Verlust von AufhebgsGründen 1760 3; Vertragssystem Vorb 1 vor 1741, 1768 1; Volladoption, Einf 1 vor 1741, 1745 1, 1754 1, 1756 1, 1767 1; Volladoption Volljähriger 1772; A Volljähriger 1767–1772; Voraussetzgen 1743 1; Vorbehalt EG 147 4; Widerruf der Kindeseinwilligg 1746 4; Wirkg der Aufhebg 1764; Wohnsitz 11
Adoptionsähnliche Verhältnisse IPR EG 22 2b
Adoptionshilfe Einf 2 vor 1741
Adoptionspflege Einf 2 vor 1741, 1744, 1747 3, 1758 2
Adoptionsstatut EG 22 2
Adoptionsvermittlung Einf 2 vor 1741
ADSp AGBG 2 6f, 9 7a; PfdR Einf 7a vor 1204
Affektionsinteresse 251 4; des Käufers 467 3a
Agenturvertrag bei Kfz 364 2, 515 1
Ähnlichkeitsgutachten Einf 3c vor 1591
AIDS 138 5m, 611 1b dd, 619 2b, 2d bb vor 620, 626 5k; Test vor Kindesannahme 1741 2a
Akkordkolonne Einf 4a cc vor 611
Akkordlohn 611 6c dd
Akkreditiv 242 4 Ca, 364 3, 780 2d, Einf 4 vor 783; Widerruflk 790 1f
Akteneinsicht in NachlSachen 2264 2
Aktien, mißbräuchl Ausnutzg 826 8l; Nachlaßwert 2311 3b; Nießbr 1068 3a; Option zur Rücküber-

Magere Zahlen = Erläuterungen **Anfangsvermögen**

tragg Vorb 1 vor **504**; Sachmängelhaft Vorb 3 vor **459**; TestVollstrVerwaltg **2205** 2g; Übereigng **930** 2c; Vererblichkt **1922** 3g; **2032** 8, **2042** 3f; Vermächtnis des Nießbr Einf 4 vor **2147**
Aktienbuch, Einsicht **810** 4
Akzeptkredit Einf 3b vor **607**, **675** 4
Akzessorietät im SachenR Einl 2f vor **854**
Alkoholismus beim Unterh **1579** 3c, **1603** 2c, **1611** 2a; s auch Trunksucht
Alleinverdienerehe 1360 3a; Wohnsitzwahl **1353** 2b bb
Allgemeine Geschäftsbedingungen, Anwendg gg Ausland AGBG **2** 3d; AufrechngsVerbot in – AGBG **11** 2; Auslegg AGBG **5**; Ausschl nicht fristgemäß geltd gemachter Anspr **637** 1; Ausschl des LeistgsWeigersR AGBG **11** 3; der Banken Einf 7g vor **1204**, **1206** 2c, **1274** 1a; AGBG **9** 7b, **11** 7; Begriff AGBG **1**; und BestätiggsSchreiben AGBG **2** 6c; BewLastklausel AGBG **11** 15; Einbeziehg in Vertr AGBG **2**; einzelne Klauselwerke u VertrTypen AGBG **9** 7; Gleichstellg der FormularVertr AGBG **1** 3; u Individualvereinbg AGBG **1** 4; Freizeichng in – AGBG **9** 6, **648** 1, **676** 3c; für grobes Verschulden AGBG **11** 7; bei zugesicherten Eigenschaften AGBG **11** 11; Gerichtsstandsklauseln AGBG **9** 7g, AbzG **6a** 4; Ausschl der Gewährleistg in – AGBG **11** 10; u gute Sitten Vorb 4b vor AGBG **8**; Inhaltskontrolle Vorb 1–4 vor AGBG **8**; dch GBA Übbl 3d bb vor **873**, Vorb 3a vor AGBG **8**; dch VerwBeh Vorb 5 vor AGBG **8**; bei finanziertem Kauf AbzG Anh **6** 3; IPR AGBG **12**, **31** 2; Geltg des AGBG für Kaufleute AGBG **24**; Klauselverbot AGBG **10**, **11**; PfdRBestellg Einf 7 vor **1204**; u Preiserhöhgsklauseln AGBG **11** 1; RNatur AGBG **1** 1; sog salvatorische Klauseln Vorb 3b vor AGBG **8**, **6** 3; u Sachmängelhaftg AGBG **11** 10; u Schadenspauschaliery AGBG **11** 5; Teilunwirksam von AGB-Klauseln Vorbem 3b vor AGBG **8**; überraschde Klauseln AGBG **3**; UmgehgsGesch AGBG **7**; UnklarhRegel AGBG **5**; Unklarh als UnwirksGrd AGBG **2** 3d, **9** 2h; UnterlKl gg Verwender u Empfehler – AGBG **13**; Unwirksamk von – AGBG **6**; VertrÄndrg Vorb 4 vor **459** (Gewährleistg); VertrStrafe in – AGBG **11** 6; Vorrang der Individualabrede AGBG **4**; Verweisg beider Parteien auf widersprechde – AGBG **2** 6; Verwendg unwirks AGB als c. i. c. Vorb 3f vor AGB **8**
Almgesetz, bay EG **115** 2, EG **119** 1
Altbankengesetz, Berliner, Sondervorschr über Vererbg Einf 7 vor **2032**
Altbaumietenverordnung, Einf 13d vor **535**
Altbauwohnung Einf 12 vor **535**
Altenheimvertrag Einf 1a aa vor **MHRG**, AGBG **9** 7a
Altenteil, EG **96**; Anspr auf dingl Sicherg **242** 4B a; im AuseinandSVertr **2042** 3a; ErbVertr Übbl 7 vor **2274**; als Vermächtn Einf 4 vor **2147**; Wegfall der GeschGrdlage **242** 6D a
Alternative Anknüpfg in IPR Einl 6a vor EG **3**; Erbeinsetzg **2073** 2; Kausalität Vorb 5 B l vor **249**, **830** 3b; Vermächtn **2148** 4, **2151**, **2152**
Alternativverhalten, rechtmäß 5 Cg vor **249**
Altersversicherung, Unterhalt der Eheg **1578** 3
Altersversorgung von Arbeitnehmern, Einf 7 vor **611**; Annahme des Angebots **145** 1
Altsparergesetz, Geltendmachg von Entschädiggsansprüchen dch TestVollstr **2205** 2
A-Meta-Geschäft 705 9b bb
Amortisationshypothek s Tilgungshyp
Amtshaftung, s Beamtenhaftg; IPR EG **12** 3

Amtspfleger (Jugendamt) **1709**, **1710**; Entlassung, Ersetzg dch Einzelpfleger **1887**, **1889**, **1915**; Beendigg der Amtsvormundsch **1710**
Amtspflegschaft des Jugendamts **1709**; Aufhebg **1707** 2; über nichtehel Kinder **1709**, **1710**
Amtspflicht, geschützter Dritter **839** 5 A, B; Einzelfälle **839** 5 B c; gegenüber Beamten **839** 5 A; geg öffentlich-rechtl Körperschaft **839** 5 B b; Haftg für Verletzg **839**; Inhalt **839** 4; s a Beamtenhaftg, Justizbeamte, Richterhaftg
Amtsvormund Einl 4 vor **1773**; Anlegg von Mündelgeld **1805** 1, **1806** 1; bestellter **1791b**; Bestellg **1789** 1, **1791b**; Entlassg, Ersetzg dch Einzelvormund **1789** 1, **1889**; gesetzlicher **1791c**; InteressenGgs **1796** 2; Rücks auf religiöses Bekenntn des Mündels **1779** 3b
Analogie Einl VI 3d bb vor **1**
Anbau an Nachbarwand **921** 5a, b; an Grenzwand **921** 6a
Anderkonto 328 2b, Einf 3o vor **607**; TrHandVerh **903** 6a cc
Änderung, der AO der Stundg des PflichttAnspr **2331a** 3c, des Anspr auf vorzeit Erbausgleich **1934d** 9c dd; der Anordnungen des VormGer hins der elterl Sorge **1696**; der güterrechtl Verhältn **1408**; rechtskr Entscheidungen des VormGer **1382** 5; der Sorgerechtsverteilg **1671** 7; beim Unterhalt eines Kindes **1612** 3; rechtskräft Entscheidgn üb VersorggAusgl **1587d**; s a Abänderungsvertr
Änderungskündigung, DienstVertr 2a ll vor **620**; MietVertr MHRG **1** 2
Änderungsvorbehalt in AGB AGBG **10** 4
Aneignung, bewegl Sache **958**; bei AbtrenngsR **997** 3; Bestandteile **956** 3; Gestattg dch NichtBerecht **957** 1; Grdst **928** 4, EG **129**, **190**; Implantat **823** 6e; Tauben EG **130**; Verletzg von AneignsR **823** 6e, **958** 3b; wildes Tier **960** 1
Anerben, Beschränkg dch TestVollstr **2197** 4; Bestimmg **1937** 1d
Anerbenrecht, landesgesetzl EG **64** 1, 2; fortges Gütergemeinsch Vorb 3 vor **1483**; u NichtehelR EG **64** 5; Sondererbfolge **1922** 2a; s auch KontrollratsG 45
Anerkenntnis 781; bei AnfechtgsKlage wegen Erbunwürdigkeit **2342** 1; Kondiktion **812** 2b; negatives **397** 3; im Prozeß Übbl 5 vor **104**; der Unterhaltspfl **1600a** 4; Verjährungsunterbrechg **208** 2; vertragliches bei Verjährg **222** 2c
Anerkennung ausländ Adoptionen EG **22** 4b; ausländ Akte der FreiwG EG **19** 4b; von Erbscheinen der DDR Übbl 9 vor **2353**; von AusländErbsch EG **25** 4b; von ausländ Gesellsch u jur Pers EG **12** Anh 4–6; von Maßn auf Grd des MSA EG **24** Anh 1b Art 7; von ScheidgsUrt s Ehescheidg; ausländ Vormdsch/Pflegsch EG **24** 3b
Anerkennung der Mutterschaft für nichteheliche Kinder EG **20** 2b
Anerkennung der Vaterschaft nichtehel Kinder **1600a** 2; Anfechtg **1600g–1600m**; Bdgg, Zeitbestimmg **1600b**; Doppelanerkenng **1600b** 4; für ErbErsAnspr **1934c**; Form **1600e**; GeschUnfähigk beschränkte GeschFähigk **1600d**; IKR/IPR EG **20**; RNatur **1600b** 1; Unwirksamk **1600f**; Zustimmg des Kindes **1600c**; Übk über Zustdgk von Behörden EG **18** Anh 4
Anfall, Erbschaft **1942** 1; VereinsVerm **45**, **46**
Anfangstermin 163
Anfangsvermögen bei Zugewinngemeinsch **1373ff**; Begriff **1374** 2; Berechng **1376** 1–3; Hinzurechnungen **1374** 3, 4; land- u forstwirtsch Betrieb **1376** 4; Verzeichnis **1377**

2559

Anfechtung   Fette Zahlen = §§

Anfechtung, Übbl 4d vor **104**, **119** 1, **121** 1; AnfErkl s dort; AnfGegner **143** 4; Annahme oder Ausschlagg der Erbschaft **1954–1957**, **2308**, des ErbErsAnspr **1934b** 2f; Anerkenng der Vaterschaft **1600f–1600m**; Anspr der VertrPart **142** 2; Arglist, eigene **123** 1a; wg argl Täuschg **123** 2; AusschlFr **121** 5, **124** 2; Berechtigter **143** 3; – BereichergsAnspr **812** 6 A c bb, **813** 2b; Bestätigg **144**; Bestätiggsschreiben **148** 3a; der Bevollmächtigg **167** 1c; Beweislast **119** 6, **121** 6, **122** 4; DauerschuldVerh Einf 5 c vor **145**; Dienst- u ArbeitsVertr **611** 2; Drohg **123** 1–3; Ehelichk **1593–1597**; Erbvertr **2281**; bei ErfGesch **142** 2, Einf 3d vor **346**; Eventual- **143** 2; Form **143** 2; GesellschVertr **705** 3a, Ausscheiden eines Gters **736** 1; GrdGesch **142** 2; Irrtum **119**, **122**, dch Klageschrift **121** 3; letztw Vfg **2078–2082**; keine Anf der Bdgg oder Befristg allein **2078** 2; u Mängelhaftg **119** 6e; bei Nichtigk Übbl 4d vor **104**, **123** 1b; SchadErs **122**, **123** 1c; teilweise **142** 1; des TestWiderrufs **2253** 5, **2256** 2; Übermittlg, irrige **120** 1; Überschuldg d Nachlasses **1954** 1b; trotz Untergangs der zurückzugewährden Leistg **123** 5; unverzügliche **121** 2, 3; Vereinsbeschlüsse **32** 1; Vereinssatzg **25** 2; VerfolgtenTest **2078** 7; VerjBeginn bei – **200** 1; VermAusschlagg **2308** 2; Verschulden **122** 5; Verzicht **144** 1; der Wahl **263** 1; des Vorschlags der Eltern über elterl Sorge **1671** 4; vorsorgliche im Prozeß **143** 2; Wirkg **142**

Anfechtungserklärung, AusschlaggsFrVersäumg **1956** 2; Ehelichk **1599**; ErbschAnnahme/Ausschlagg **1955**; ErbVertr **2282**; VermächtnAusschlagg **2308** 2; letztw Vfg **2081**; VaterschAnerkenng **1601**; WillErkl **143**

Anfechtungsfrist, Drohg u Täuschg **124** 2; Ehelichk **1594**; Erbvertr **2283**; Irrtum **121**; letztw Vfg **2082** 1, 2; Anerkenng der Vatersch **1600h–1600i**

Angebot, Voraussetzg des GläubVerzuges **294**, **295**; stillschweigendes **295** 1; wörtliches **295**

Angehörige Einl 1 vor **1297**; Einbeziehg in die Schutzwirkg des Vertrages **328** 3d bb; Ers von Fahrtkosten für Krankenhausbesuche **249** 2c bb; Ausschl von Regreßansprüchen gg A Vorb 7 E 4 vor **249**; Ersatz von Schockschäden Vorb 5 Bd vor **249**; Eintritt in MietVertr **569a**

Angemessener Unterhalt, **519**, **528**, **829**, **1360**, **1361** 5b aa, **1578** 2b cc, **1603**, **1608**, **1610**, **1963**; Begriff **1360a** 1

Angestelltenhaftung 831; Entlastgsbeweis **831** 6

Angestellter, Begriff Einf 1h vor **611**; Arbeitsverhinderg **616**; Kündigg **622** 2; keine Freizeichng für grobes Versch von leiten – AGBG **11** 7b

Angleichung im IPR Einl 10 vor EG **3**

Angriff, Notwehr **227**; gegenwärtiger **227** 2c; provozierter **227** 3d

Anhörung in KindesannahmeVerf Einf 6 vor **1741**; in SorgeRVerf Einf 4b vor **1626**, **1671** 6b; in UnterbringgsGenVerf **1631b** 3, **1800** 3d; GgVormund **1799** 2, **1826** 1; Verwandte **1847**

Ankaufsrechte 313 2d, Vorb 4d vor **504**, Übbl 4 vor **1094**; Vormkg Vorb 4b vor **504**, **883** 2e aa

Anknüpfung im IPR Einl 6 vor EG **3**, zwecks GesUmgehg Einl 7 vor EG **3**

Anlage, zum Schaden neigde Vorb 5 Bb vor **249**; gefahrdrohende **907**; Schadens- u hypothet Kausalität Vorb 5 Cd vor **249**

Anlageempfehlung Vorb 3a vor **459**; **675** 3

Anlageberatung 276 4C a; **675** 3

Anlagevermittlung 654 2c; **675** 3

Anlandung EG **65** 3b

Anlegung von Geld durch Eltern **1642**; Vorerbe **2119**; Vormd **1806–1811**

Anlernverhältnis Einf 5b vor **611**

Anliegerbeitrag 103 1b bb, **436** 1c

Anliegergebrauch 903 5b aa

Anmeldung zum Vereinsregister **59**ff, **67**, **71**, **74**, **76**; zum GüterRRegister **1560**, **1561**

Annahme, der Anweisg **784** 1–3; Beurk **128**; der Erfüllg **363**; erfüllshalber **364** 4; an Erfüllgs Statt **364** 1–3; der Kaufsache **464** 3; Vermächtnis **2180** 1–3; unter Vorbehalt **464** 4; s a Vertragsannahme

Annahme als Kind 1741ff; s unter „Adoption"

Annahme der Erbschaft 1943; vor Anfall **1951** 3; Anfechtg **1954**, **1955** 2, **1957**; nach ausländ Erbstatut **1945** 3c; bdggsfeindl **1947**; mehrfache Berufg **1948**; Beschränkg auf Teil **1950**; dch Eheg **1943** 1c; bei GüterGemsch **1432** 2, **1455**; mehrere Erbteile **1951**; Irrtum **1949** 1, 2; dch Minderjähr **107** 3, **1943** 1c; PassivProz vor – **1958** 2; Sicherg des Nachl vor – **1960**, **1961**; Ungewißh **1960** 2b

Annahme des Erbersatzanspruchs 1934b 2b

Annahme des Vermächtnisses 2180

Annahmeerklärung u Annahmefrist s Vertragsannahme

Annahmeverzug, Angebot mangelhafter Ware **294** 3b, 5; bei Unmöglichk **293** 2; Vergütungsanspr des Dienstpfl **615**; s Gläubigerverzug

Annoncenexpedition 675 3

Anpassung im IPR s Angleichung

Anpassungsklauseln 315 2e; AGBG **9** 7a; Erbb-Zins ErbbRVO **9** 3

Anpassungsverordnung bezügl Unterhaltsrenten Minderjähriger **1612a** 3; Wartefrist **1612a** 1a dd

Anrechnung, bei Ausgleichg **2055**; bei vorzeit ErbAusgl **1934d** 5; bei ErsPfl zum Gesamtgut **1476** 2; bei FdgsMehrh **366**; auf Kaufpreis **364** 4b; von Leistgen auf Regelbedarf des nichtehel Kindes **1615g**; beim Unterh geschied Eheg **1577**; bei Übertr von Vermögensggst **1383**; Vorempfang bei Pflichtteil **2315**; von Vorteilen auf SchadErsAnspr Vorbem 7 vor **249**; auf Zinsen u Kosten **367** 1; beim ZugewAusgl **1380**

Anscheinsbeweis, Vorb 8b vor **249**, **823** 13b; **828** 2b

Anscheinsvollmacht 173 4; eines EltT **1629** 3; bei Gesch eines Miterben zur Fortführg eines Gewerbebetriebs **1967** 4; IPR EG **32** Anh 2

Anschlußbeschwerde in Familiensachen Einf 4b vor **1564**; in WE-Sachen WEG **45** 1c, 2

Anschlußzwang als Enteigng Übbl 2 H f vor **903**

Anspruch 194 1; Konkurrenz **194** 3, **276** 9, Vorb 2 vor **459**, **557** 5, Einf 2 vor **823**, **839** 7a, mit BereichergsAnspr Einf 4, 5 vor **812**, **813** 2b; verhaltener – **271** 1a, **368** 3; nicht verjährbarer **194** 5; Verletzg Vorb 1 vor **275**

Anstalt des öff R, Haftg **89** 1, **276** 8; Benutzgsverhältn Einf 7d vor **305**

Anstaltsunterbringung dch Eltern **1631** 4, **1631b**; dch Vormund **1800** 3, **1837** 3, **1901** 1; dch Pfleger **1910** 3b; Unterhalt **1606** 4

Anstandspflicht, BereichergsAnspr bei Erfüllg **814** 3

Anstellungstheorie 839 2 B

Anstellungsrisiko 1610 4a dd

Anstiftung, Begriff **830** 3

Antenne des Mieters **535** 2a bb, des WEigtümers WEG **22** 1b bb

Antrittserwerb der Erbsch **1922** 1a

Anwachsung 2094, **2095**; von Gesellschaftsanteil **736** 1, 2, **738** 1; u Form des § **313** **313** 3c; Nacherbfolge **2142** 3; Verhältn zur Ersatzerbeinsetzg **2099** 1

Anwartschaft, bei Auflassg **925** 6b, Form der Übertr/ErwerbsVerpfl **313** 2d, Übertr **925** 6b aa;

Magere Zahlen = Erläuterungen **Aufgebot**

bei bdgt RGesch Einf 3b vor **158**; Beeinträchtigg als VermNachteil **812** 5 Aa; bei EV **929** 6 A, des Käufers **929** 6 B, Übertr **929** 6 C, in ZwVollstr/Konk/Vergl **929** 6 D; des Erben **1937** 3a; des ErsNachE **2102** 3a; Haftg für GrdPfdR **1120** 3c; des HypGläub **1163** 4d aa; KondiktionsGgst **812** 4b cc, **929** 6 A e cc; des NachE **2100** 4a, **2108** 2–5; als sonstiges Recht **823** 5 A, **929** 6 B e bb; auf Ruhegeld Einf 7d vor **611**; des SchlußE **2269** 4; Vererblichk **1922** 3h; des VermächtnNehmers **2179** 1; bei VersorggsAusgl **1587 a**, **1587 b**; des VertrE Übbl 3b vor **2274**
Anwartschaftsrecht s Anwartschaft
Anweisung 783; Abstrakth Einf 1c vor 783; Ak kreditiv 270 1c, Einf 4 vor 783; Annahme 783 3, 784 1, 2; Annahme als Leistg 788; AnnahmeVerpfl 784 1b, 787 2; Aushändigg 785; Ausschl der Übertr 792 2; des WiderrufsR 790 2; Begriff Einf 1a vor 783; BereichergsAnspr 784 3b; Deckgsverhältn Einf 2b vor 783, 784 3b; Einwendgen nach Annahme 784 3, 792 3; EinziehgsPfl 783 4; GeschUnfäh 791; GrdGesch 2 vor 783; InnenVerh Einf 2b vor 783; Kassenlieferschein Einf 3e vor 783; kaufmännische Einf 3a vor 783; auf Kredit 787 1; Kreditbrief Einf 3d vor 783; an eig Order 783 1; auf Schuld 787 2; Tod 790; Übertragg 792; Unmöglichk 790 3; Verjährg 786; Verweigerg der Annahme, Anzeige 789; Wechsel ungültiger 3 vor 783; WkVertr 645; Widerruf 790
Anwenderecht EG 124
Anzahlung 362 4a; Anzahlgsklausel AGBG 9 7a
Anzapfen, Sittenwidrigkeit 826 8p
Anzeige, v Abtretg 409; FormVorschr in AGB AGBG 11 16; bei GoA 681 2a; v Hinterlegg 374 2; v Mängeln der Kaufsache 478, der Mietsache 545; des Nacherbfalls 2146; bei PfdBestellg 1205 5b, 1280; des Vermieters vom EigtÜbergang 576; der verspäteten VertrAnnahme 149 2
Anzeigenblatt, unentgeltl Lieferg 826 8u mm
Anzeigenvertrag Einf 5 vor 631, AGBG 9 7a
Anzeigepflicht im ArbVerh 616 1f, 4 vor dd; des Beistandes 1686; des AuftrN 663; bei Entlassgen Vorb 3a ff vor 620; des Erben des AuftrG 673; des Mieters 545 2; als vertragl NebenPfl 276 7 C d; bei Notwendigk einer Pflegschaft 1858 1; bei Wiederverheirat des überlebenden Elternteils 1683; bei Überschreiten des Kostenanschlags 650 3
Apotheke, Haftg 823 8 B; Pacht Einf 3d vor 581
Äquivalenzstörungen beim ggs Vertrag 242 6 C a
Äquivalenztheorie bei Kausalität Vorb 5 A b vor 249; bei ggseit Vertr Einf 1e vor 320
Arbeiter, Begriff Einf 1i vor 611; Lohnfortzahlg bei Krankh 616 4e
Arbeitgeber, Begriff Einf 1f vor 611; –darlehen Einf 3 vor 607; –wechsel 613a
Arbeitgeberzuschüsse aus sozialem Anlaß 611 7g
Arbeitnehmer, Begriff Einf 1g vor 611
Arbeitnehmerähnliche Person Einf 1g vor 611; KündSchutz Vorb 3h vor 620; Anwendg des AGBG 242 2a aa
Arbeitnehmererfindung 611 13
Arbeitnehmerschutzrecht Einf 8 vor 611
Arbeitnehmerüberlassungsvertrag Einf 2c, 4a ee vor 611; ErfGeh 278 4a
Arbeitsamt, AmtspflVerletzg 839 15
Arbeitsbedingungen Einf 6 vor 611
Arbeitsgemeinschaft in der Bauwirtschaft 705 9c
Arbeitskampf Vorb 1e vor 620; Klauseln AGBG 9 7a
Arbeitskampfrisiko 615 4b
Arbeitslosigkeit u Unterhalt 1573 2b; 1602 2c
Arbeitspapiere 611 1b bb; kein ZbR 273 5d aa

Arbeitspflicht 611 3
Arbeitsplatz, Ausschreibg 611 b; Gestaltg 618 2a; Schutz Einf 8g vor 611, 618; Teilg Einf 4a cc vor 611; Wechsel u Urlaub 611 12f
Arbeitsrecht u Einf vor 611, 611
Arbeitsunfall 611 14a
Arbeitsverhältnis, Anzeigepfl im – 616 1f; Begriff Einl 1e, 4 vor 611; IKR/IPR EG 30
Arbeitsvermittlung, nichtige 134 3a
Arbeitsvertrag, Anfechtg 119 2b, Einf 5c bb vor 145, 611 2; Abschluß 611 1; Abschlußmängel Vorbem 5c vor 145; Änderg 611 1c; argl Täuschg 123 2d; auflösde Bdgg Vorb 1b ff vor 620, 620 1c; Begriff Einf 1d vor 611; Bruch 611 1e, 249 3b; einstw Vfg 611 1f; einseit Inhaltsbestimmg Einf 3c cc vor 145, AGBG 23 2a; ErfGeh 278 6c; IKR/IPR EG 30; Mängel 611 2b; Nichtigk 134 3a; Sittenwidrigk 138 5b; VertVerletzg 611 1e
Arbeitszeit, 611 3c; Schutz Einf 8b vor 611
Architekt, ArbGemsch 631 1d; als BauwerksUntern 648 2a; als ErfüllgsGehilfe des Bauherrn 278 6a, 631 3b; FormularVertr AGBG 9 7a; Haftg Einf 5 vor 631; Honorar 632 2; Konkurrenz mit Haftg des Statikers Vorb 3e vor 633; Koppelungsverbot 631 1b; Pflichten Einf 5 vor 631; Prüfvermerk 781 2d; Subsidiaritätsklausel Vorb 3e vor 633; AGBG 11 10a; SchadErsPfl 635 2; 637 1; Schlußrechng 242 4B e aa; 632 1; Verantwortlichk 276 4c; Verj der Anspr 196 4a, 8, 198 2, 638 2c, 5; VerkSichgsPfl 823 8B; VertrArt Einf 2a aa vor 611, Einf 5 vor 631, 648 2; Vorarbeiten, Vergütg 632 2; Vollmacht 167 2c; Wettbewerb 661 1
Arglist, Anfechtg bei eigener 123 1a; bei Vertragsschluß 826 8b
Arglisteinrede 242 4 A, B c, e, 826 6, 8a, b; ggüber Formmangel 125 6; ggüber Nichtigk Übbl 4a vor 104; ggü Berufg auf Sittenwidrigk 138 1g; ggüber Verjährg Übbl 5 vor 194; ggüber Gebrauchmachen v Urteilen 242 4Cj; bei unerl Hdlg 853; s a Einrede
Arglistige Täuschung s Täuschg
Arresthypothek 1190 1c; s a Hyp
Arzneimittelgesetz 134 3a, ProdHaftG 15 2
Arzneimittelvertrieb, unzul 134 3a, 826 8u nn
Arzt, AufklärgsPfl 823 6 B i; AuskPfl 261 2d dd; Belegarzt, Einf 4b vor 305, Einf 2a vor 611, 705 10; Beweislast bei Haftg 282 3b, 823 13c; Einwilligg für Eingriff 823 6 Bh, dch Eltern 1626 4a; Haftg für ErfGeh 278 6a, aus unerl Hdlg 823 8 B, Mitverschulden 254 3a cc; Staatshaftg 839 3b, 5b tt; GebührenO 612 3; als verfassgsmäßig berufener Vertreter 89 2b; als VerrichtgsGeh 831 3b, c; Vertrag Einf 2a bb vor 611, Einf 5 vor 631, ZeugnVerweigersR 1922 4d; ursächl ZusHang Vorb 5 B f vor 249
Arztpraxis, GemschPraxis 705 9b aa; Mithilfe der Ehefrau 705 8; Verkauf 138 5o
Arztsozietät 705 9b a
Asylantenehe 1565 3a; EheG 12, 1; 13 3; EG 13 4b
Asylberechtigte u –suchende EG 5 Anh II 5
Atomgesetz ProdHaftG 15 1
Aufbaudarlehen Einf 11b ff vor 535
Aufbauleistungen Einf 11 vor 535
Aufbauverpflichtung bei WohngsEigt WEG 2 3
Aufbauvertrag Einf 11 vor 535; 1124 2
Aufbewahrungspflicht des Käufers 433 7f
Aufenthalt, gewöhnlicher, Anknüpfg im IKR EG 3 Anh 2b, im IPR EG 5 4; s auch „gewöhnl Aufenth"
Aufenthaltsort 7 1; Bestimmg durch Eltern 1631 4
Auffahren 823 8 B, 830 3d; AnscheinsBew für Verschulden Vorb 8b cc vor 249
Aufgebot vor Eheschließg EheG 12; der ErbR

2561

Aufgedrängte Bereicherung Fette Zahlen = §§

1965; GrdstEigtümer 927; HypBrief 1162; HypGläub 1170–1171; NachlGläub 1970–1974; Postsparbücher 808 3; ReallastBerecht 1112; VorkBerecht 1104; Vormerkg 887
Aufgedrängte Bereicherung 951 2c dd
Aufklärungspflicht u argl Täuschg 123 2c; des Arztes 823 6 B i, 14; des Käufers 433 7j; im Schuldverh 242 3 B d, 276 6 B c; Verletzg 276 6 B c, 7C d; beim Werkvertr 631 2a
Auflage, Anspr auf Erfüllg 525 2, 2194; Begriff Einf 2b vor 158, 525 1, 1940 1; BereichAnspr 2196 2; Bestimmg des Begünstigten 2193; ErbschSt Einl 8c vor 1922, Einf 3 vor 2192; im Erbvertr 1941; ggseit Vertr Einf 1f aa vor 320; Ggst 2192 2; KlageR 525 3, 2194; Mängel bei Schenkg 526; NachlVerbindlichk 1967, 1972; Nichterfüllg der 527; Nichtigk 2192 2; 2302 1b; Schenkg unter 525–527; Sittenwidrigk 2192 2; 2195 1; durch Testament 1940; bei TestVollstreckg 2205 2b bb; Unmöglk 525 1f; VermächtnVorschr, Anwendg 2192 1; bei Zustimmgsersetzg 1365 6; Vollziehg 2194
Auflassung 925; Anwartschaft 873 3a, 925 6b; Aufhebg 925 6d; Bdgg/Befristg 925 5b; Behörden, zuständ 925 4, landesrechtl EG 143; Bestandteile 93 6; Bindg 925 6c; Form 925 3; Genehmigg, behördl Übbl 4 vor 873; Kondiktion 313 13a, 812 4b; Kosten 449 2; UnbedenklichBescheinigg 925 7; in Versteigerkstermin EG 143 1; Vollmacht 313 6e, 12b; Vormkg für GesGläub 428 2c; Wirkg 925 6; Zubehör 926
Aufopferungsanspruch, öffentlrechtl Übbl 3 vor 903; bürgerlrechtl 906 6a
Aufrechnung 387; nach Abtretg 406; Anerkenng des Saldos 387 2; bei AnfechtgsR 387 5, 6; AufrLage 389 1; Beschränkg dch AGB-Klauseln AGBG 11 3; Erklärg Einf 1; Erlöschen der 389 1; eventuelle im Prozeß 388 2b; Fälligk der GgFdg 387 6; Fdg, auflösd bedingte 387 6; aus vorsätzl unerl Handlg 393 1; Fdg, beschlagnahmte 392 1; Fdg, einredebehaftete 390 1, 2; Gehaltsanspr EG 81; Ggseitigk der Fdgen 387 3; gg Gesamtgutsfordg 1419 3; Gesamtschuld 422; Gesellschaft 719 2d; Gleichartigk der Fdgen 387 1; IPR EG 32 2a dd; Kondiktion bei AufrBefugnis 813 2b; durch Konkursgläub 392 1; Leistgsort 387 2, 391 1; Liquidität 387 8; Mehrh von Fdgen 396 1; Mieter 552a; bei Hypothek 1125; MiterbenGemsch 2040 4; NachlGläub 1977 1–5; gg öffrechtl Fdgen 395 1, 2; im Prozeß 388 2; Rückwirkg 389 1; SchadErsAnspr nach Verjährg 479 1, 2; Skontration 387 8a; gg TeilFdg 388 2c; unpfändb Fdg 394 1; unzul RAusübg 387 7c; vertragl Ausschluß 387 7b; Vorvertr 387 8c
Aufrechnungsverbot 394; unzulässige RAusübg 387 7d; AGB AGBG 11 3
Aufsicht über Beistand 1691; der Eltern über die Kinder 1631 3; über Pfleger 1915 2; Vormd 1837 2
Aufsichtspflicht, Verletzg 823 8 A c; der Eltern 1631 3; über Minderj 832
Aufsichtsrat, Geschäftsbesorgg 675 3a
Aufstockungsunterhalt 1361 5b ee; 1573 3
Auftrag 662; Abgrenzg Einf 4b vor 433, Einf 2 vor 662; Abschl 662 2a; Abweichg von Weisgen 665 3, 4; Anzeige der Ablehng 663; Aufwendgen des AuftrN 670; Auskunft 666; Begriff Einf 1 vor 662; Beendigg 671–674; Benachrichtigg des AuftrG 666 2a; Bindg an Weisgen 665 2; Form 662 2a; GefälligkVertr Einf 1, 2 vor 662; Gehilfen 664 2; GrdstBeschaffg 313 5d; GeschBesorgg 662 3; GeschUnFgk des AuftrG 672, des AuftrN 673; Haftg des AuftrN 662 5c (PflVerletzg), 663 1 (unterl Ablehngsanzeige), 664 1a (unzul Übertr), 664 1b (zul Übertr), 664 2 (für Gehilfen), 665 3c (Abweichg von Weisgen); Haftg des AuftrG für Schäden des AuftrN 670 3; Herausg des Erlangten 667; Hilfeleistg ohne Auftr 670 3d; IPR EG 28 4i; Kündigg 671 3; Nichtigk 662 2a; Notbesorgg 672 2, 673 3; öff Bestellg 663 2a; öff Sicherbieten 663 2b; im öffR Einf 5b vor 662, 670 3c; Pfl des AuftrG 662 5b; des AuftrN 662 5a; Rechngslegg 666 2c; Tod des AuftrG 672; des AuftrN 673; Übertr der Ausführg 664; des AusführgsAnspr 664 3; Unentgeltlichk 662 4; Verzinsg 668; Vorschuß 669; Weisgen 665; Widerruf 671 2
Auftragsbestätigung 148 3c bb
Aufwendungen, bei AbzGesch AbzG 2 3a; AGB-Klauseln über Ersatz von – AGBG 10 7; des ArbG/ArbN 611 11; des AuftrN 670; Begriff 256 1; zur Behebg von Mängeln beim Werkvertr 633 4; berufsbdgte beim Unterh 1361 2, 1603 2b bb; der Eltern für Kind 1648; bei ErbschKauf 2381; des DVerpfl 611 11; des GeschF oA 683; Ersatz bei GläubVerzug 304 1, 2, bei Verwahrg 693; der Kinder f Eltern 1618; fehlgeschlagene als Schaden Vorbem 3d vor 249; bei Nachbesserg beim Kauf 476a, AGBG 11 10c; bei NachlVerwaltg 1978 5; zur Schadensabwendg Vorb 31 vor 249; Verrechng ggü BereichergsAnspr 818 6 C d; des Vorerben 2124; Vormund 1835 1–3; vgl a Verwendungen
Aufwertung 242 6 C a, 8
Ausbeute s Früchte
Ausbeutung fremden AusschließlichkeitsR 687 2c
Ausbeutungsgeschäfte 138 5k, n
Ausbietungsgarantie, Einf 3c vor 765; Formbedürftigkeit 313 4b
Ausbildung der Kinder 1631a 2
Ausbildungsbeihilfe für nichtgemeinsch Abkömml 1371 3; als Erbfallschuld 1967 3
Ausbildungsdauer, Unterhalt 1610 4a dd
Ausbildungskosten 1610 4; iRv BAföG Einf 5b vor 1601, 1613 2; der Eheg 1360a 1c; währd Trenng 1361 5b ee; des UnterhSchu 1603 3
Ausbildungsverhältnisse Einf 5 vor 611; VertrAbschluß dch Eltern 1631 2; Aufsichtspflicht 832 2a bb; Genehmigg dch VormschG 1822 7
Auseinandersetzung, Gesamtgut 1471 ff, bei fortges GüterGemsch 1497 ff; GesellschVerm s dort; Nachl s ErbauseinandS; VermGemsch zw wiederheiratdem EltT u Kind 1683, 1705 2, Zeugn bei Eheschließg EheG 9
Ausfallbürge Einf 2c vor 765; 769 1
Ausfallhypothek 1113 4a bb
Ausgleichsanspruch 242 6 C a; bei Beamtenhaftg, 841; familienrechtl Einf 5a vor 1601, 1606 1, 3 A d bb; zw GesamtGläub 430; zw GesamtSchuldn 426; bei nichtehel Kind 1615b 2; bei unerlHdlg 840 3; bei Besitz- u EigtStörgen 906 4f, 5b, 5c, 6; bei ZugewGemsch s dort; s a Ausgleichung
Ausgleichsquittung 397 3b, Vorb 3a vor 620
Ausgleichung, unter Abkömmlingen als ges Erben 2050, als TestErben 2052; entfernte Abkömmlinge 2053; Ausk über Zuwendgen 2057; Dchführg 2055; bei ErbErsAnspr 1934b 3, 4, 2050 4; Pflichtt 2316; Wegfall eines Abkömmlings 2051 1; Zuwendgen aus Gesamtgut 2054 1–4; im Zuweisgsverf 2042 10
Aushilfsarbeitsverhältnis, Künd 622 1e
Aushöhlung durch Verfügen unter Lebenden bei gemeinsch Test 2271 2a, bei Erbvertr 2286 3
Auskunfteivertrag Einf 5 vor 631
Auskunftspflicht 261 2, 4, 5; AmtsPflVerletzg 839 4g; ArbG 611 1b dd, 8d; ArbN 611 1b dd, 4d dd;

Magere Zahlen = Erläuterungen **Bank**

Arzt **261** 2d dd; AuskVertr **676** 3; Beauftragter **666**; bei Bereicherg **812** 7; Beschenkter ggü PflichttBerecht **2329** 1; unter Eheg **1353** 2b gg; Erbe ggü PflichttBerecht **2314, 2325** 1; bei ErbErsAnspr **1934b** 5, **2314** 5; ErbschBesitzer **2027**; bei unricht Erbschein **2362** 2; bei FdgsAbtretg **402** 1; Fiskus ggü NachlGläub **2011** 2; bei Gesamtgutverwaltg **1435** 2b; bei dauernder GeschVerbindg **676** 5; geschführder Gter **713** 2c; bei unerlHdlg **823** 12h, **826** 5c; Hausgenosse des Erbl **2028**; über ehel Hausrat HausRVO **8** 1, bei Getrenntleben **1361a** 1; über Kind **1634** 2d, **1711** 2; Miterbe **2038** 2e, **2057**; NachlPfleger/Verw **2012**; nichtehel Mutter über Pers der Vaters Einf 1 vor **1591, 1594** 1, **1615b** 1; vertragl NebenPfl **676** 4; bei SchadErs **261** 2d ee; sittenw Schädig dch falsche Auskunft **826** 8c; bei Unterh **1353** 2b gg, **1580, 1605**; Verj des AuskAnspr **195** 2b, **2314** 1e; Verkäufer **444**; VermächtnBeschwerter **2174** 2a; VA Einf 5 vor **1587, 1587e**, VAHRG **11**; VorE **2121** 1, **2127**; Vormund **1799, 1839**; bei WkVertr **631** 2b, 3b; WE-Verw WEG **27** 6b; bei ZugewAusgl **1379**

Auskunftsverordnung 1587o 1

Auslagen, Verjährung des Anspruchs **196** 3c; des NachlPflegers **1960** 5f; des Vormunds/Pflegers **1835**

Auslandsunterhaltsgesetz EG **18** 1d

Ausländer, Beamtenhaftg **839** 2 A a bb; Beerbg EG **25**; EhefähigkZeugnis EheG **10**; Befreiung v Erfordern d Ehemündigk EheG **1** 5b; Eheschließg EheG **13** 4, **15a**; Erbschein **2369**; GrdstErwerb **925** 5a ff, EG **88**; heimatlose Ausländer EG **5** Anh II 3; Inlandsscheidg EG **17** 2b aa, 4; NachlFürsorge **1960** 1, **1961** 1; Pflegsch, Vormundsch EG **24**; TestEröffng **2260** 1c; Vereine **23**

Ausländische Arbeitnehmer Einf **4b** kk vor **611**

Ausländische Ehegatten, Namenswahl **1355** 3d

Ausländische Kinder, Fürsorgemaßn s Minderjährigenschutzübereinkommen

Ausländische Rentenanwartschaften 1587a 3, 5; EG **17** 6d

Ausländisches Grundstück, Übereign Einf 3 vor **925**; Verkauf **313** 2e

Ausländisches Recht, Auskünfte über – **2356** 3, Einl 11b vor EG **3**; BelehrsPfl des Notars BeurkG **17** 4e; Revisibilität Einl 11b vor EG **3**; Unmöglichkeit der Feststellg Einl 11b vor EG **3**

Ausländische Streitkräfte im Bundesgebiet, Arbeitnehmer Einf **4b** ii vor **611**; EhefähigkZeugn EheG **10** 3; Eheschließg EG **13** 5, EheG **15a** 2; Nichtehe EheG **11** 5

Auslegung, von AGB AGBG **4, 5**; formbedürft Erkl **133** 5c; ErbVertr **1941** 1, Übbl 4 vor **2274**; ergänzde – **157** 2a, **2084** 1d; FreizeichnsKl **276** 5 B a aa; Gesetze Einl VI 3 vor **1**; GB-Eintr/Verkehr **133** 6c, **873** 4c; Möglich – **133** 2; Regeln **133** 5e; prozessuale Fragen **133** 7; Revisibilität **133** 7b; **2084** 4; schlüssiges Verhalten **133** 4c; gemschaftl Test Einf 4 vor **2265**; **2269** 3; letztwill Vfg **2066–2073, 2084**, Vorrang vor Anfechtg **2078** 1; Vereinbg über TestAuslegg **2385** 1; Verträge **157**, IPR EG **32** 2a aa; Vorverhandlgen Einf 4 vor **145**; WillErkl **133**; WertSichgKl **245** 5c

Auslobung 657–661

Ausschlagung der Erbschaft, 1943 ff; Anfechtg **1954–1957, 2308**; nach ausländ Erbstatut **1945** 3c; Bdgg **1947**; BeratgsPfl dch Anwalt **1944** 7; dch Eheg **1945** 2, Eltern **1945** 2; bei Gütergemsch **1432** 2, **1455**, bei ZugewGemsch **1371** 4, 5, **1950** 2, **1953** 2, **2305** 1, **2306** 3, 4, **2307** 1; Einsicht in Erklärg **1953** 5; Empfangsbestätigg **1945** 5; Erbschaftsteile **1950** 1; Erlöschen **1943** 1; Form **1945** 1–3; Frist **1944, 2260** 1; Fristablauf, Wirkg **1943** 1; Fristversäumg, Anfechtg **1956**; Irrtum über Berufsgrund **1949** 1, 3; bei mehreren Erbteilen **1951**; mehrfache Berufg **1948, 1949** 3; Mitteilgspfl des NachlG **1953** 4; der Nacherbschaft **2142**; des PflichttBerecht **2306** 3, 4; RGesch vor – **1959**; nicht Schenkg **517** 2; teilw, Gestattg dch Erblasser **1951** 5; Vererblichk des Rechts **1952** 1; Vertrag über – **2302** 1c, **2346** 3; Vollmacht **1945**; der Vorerbschaft **1952** 2; vormundschaftsger Gen **1643** 2a, **1822** 3; Willensmängel **1954** 1e; Wirkg **1953** 1; Ztpkt **1946** 1, 2; Zeugn **1945** 5

Ausschlagung des Erbersatzanspruchs 1934b 1b, 2b

Ausschlagung des Vermächtnisses 2180

Ausschließlichkeitsvertrag 826 8 u cc

Ausschlußfrist Übbl **4a** vor **194**; Aufrechng vor Ablauf **390**; BereichergsAnspr nach Ablauf Einf 5b vor **812**; bei Lohn, Gehalt **611** 6k; für Mängelanzeige AGBG **11** 10e; unzul RAusübg **242** 4 B c; Unterbrechg **208** 1

Ausschlußurteil bei GrdstEigt **927**; gg HypGläub **1170, 1171**; bei NachlGläub **1970** 3; ReallastBerecht **1112**; VorkBerecht **1104**; Vormkg **887**; WertPap **779** 3, **800**

Außenwirtschaftsverkehr s Devisenbewirtschaftg

Aussperrung, Vorb 1e bb vor **620**, **826** 8k

Ausspielung 762 4b, **763**, s auch Lotterie

Ausstattung des Kindes **1444, 1624, 1625**; Ausgleichg bei ErbauseinandS **2050** 3a; Schenkg **516** 4b bb; Verspr als VzGDr **328** 2; ZugewAusgl **1374**

Austauschvertrag, Einf 1d vor **320**

Ausübung der Rechte Einf 1, 2 vor **226**

Auszeichnungen, sittenwidriges Gesch **138** 5k

Autobahn s Straße

Autobahnverwaltung, Amtspflicht **839** 15

Automaten BesLage **854** 3a, **868** 2c cc; Übereign aus **929** 2a aa; VertrAngebot **145** 4b

Automatenaufstellungsvertrag, Einf 2j vor **535**, **705** 10, AGB AGBG **9** 7a; Anfechtg **123** 2b; Sittenwidrigk **138** 5c

Autowaschanlage, Freizeichnsklausel AGBG **9** 7a; Haftg des Betreibers **276** 4 C c; BewL **282** 2c

Autor, sittenwidrige Bindg **138** 5b

Autovermietung Minderjähriger **107** 3; **254** 3a dd aE; BereichergsAnspr **812** 4d, **819** 2e

Avalkredit 675 4

B

Baden-Württemberg: Erbenermittlg **2262** 2; Inventaraufnahme **2002** 2, **2003** 1; Landgutbewertg EG **137** 2; NachlFürsorge **1960** 4; EG **140** 1; NotariatsR BeurkG **27** 2; Zuständigk in NachlSachen Einl 6, 7 vor **1922, 1945** 4, **2258a** 2; EG **147** 1, 5; BeurkG **34** 1; in VormschSachen EG **147** 1, 5; TestEröffng **2261** 1, **2273** 4; TestVerwahrg **2258a** 2, **2259** 2c, **2277** 2, BeurkG **34**; Vermittlg der ErbauseinanderS **2042** 5

Bagatellklausel in VA VAHRG **3c** Anh III zu **1587b**

Bahneinheiten, EG **112**

Bank, Auskunft u Rat **676** 3–5; Dtsche BBank Vorb 1 vor **89**; Bankeinlage Einf 3o vor **607**, **700** 1; BankVertr Einf 5 vor **631**, **675** 4; BelehrgsPfl **662** 5a, **665** 4; Bindg an Aufträge **665** 2; ErfGeh **278** 6b; PfdR Einf 7b vor **1204**, **1206** 2; GeschBdggen AGBG **9** 7b, GeschBesorgg **675**

2563

Bankdarlehen   Fette Zahlen = §§

3 b; IPR EG 28 4n; Haftg **276** C b; Sparbuch nach Todesfall **2301** 4b; Vollm des Erblassers **2301** 3 a; WertPapDepot des Erblassers **2301** 4b; Zinseszins **248**
Bankdarlehen, IPR EG 28 4e
Bankgarantie 5 vor **783**; IPR EG 28 4m
Bankkonten 328 2b, **675** 4; Vererbg **1922** 3r; Erb-Nachw Übbl 5 vor **2353**
Banknoten, Kauf **437** 3c
Banküberweisung 328 3, **675** 4; Erfüllg durch **362** 3; Quittg **368** 2a; steckengebliebene **270** 2b; Vertr zG Dritter? **328** 2b
Bankvertrag 675 4
Bargeld, Anlegg dch Eltern **1642**
Barkauf Einf 3c vor **433**
Barkaution Übbl 3a vor **1204**
Barwertverordnung 1587a Anh II
Bassinvertrag Einf 7 B d vor **929**
Bau auf fremden Grdst **951** 1 f, 2c bb
Baubeschränkungen als Mangel **434** 2c, **459** 2a; Wirkg zG Dritter **328** 2c, **903** 3b; Bezugnahme auf BeurkG **9** 3
Baubetreuungsvertrag 675 6; AGB AGBG **9** 7b; AufklärgsPfl **276** 6 B c; Formbedürftigk **313** 5 d, b; SchadErsPfl **538** 1e, **637** 1; Verj der Anspr **196** 8
Baudarlehen Einf 3g vor **607**
Bauerwartungsland, Übbl 2 G a cc vor **903**
Baugenehmigung, Versagg als Enteigng, Übbl 2 H h vor **903**, als Fälligkeitsvoraussetzung **271** 3b
Baugeräte, kein Grundstückszubehör **97** 5
Baugesetzbuch, GenBedürftig von GrdstGesch Übbl 4b aa vor **873**; Pflegsch **1911** 1, **1913** 1; VorkR Vorb 1 vor **504**, **508** 3, Übbl 3c vor **1094**
Bauherrenmodell, Form **313** 8c, Haftg **276** 4C b; Inhaltskontrolle AGBG **9** 7b
Baukostenzuschuß Einf 11b vor **535**, **549** 1d, **574** 2a, **1124** 2; Rückgewähr bei vorzeitiger Kündigg **557a** 2, **812** 6 A c bb
Baulast 434 2c, Einl 6b vor **854**
Baulärm, Schutz gg **906** 2b cc
Baum auf Grenze **923**; LandesR (Grenzabstand) EG **124**; auf NachbGrdst **907** 2a; Schadensbemessg bei Zerstörg od Beschädigg **249** 5b; Überfall v Früchten **911**; Überhang **910**
Baumaschinen, Überlassg bemannter Einf 3a vor **535**
Baumaterial Grdstückszubehör **97** 5
Baupläne, Bezugnahme auf, BeurkG **9** 3
Baupolizei, Haftg **839** 15
Baupolizeiliche Vorschriften, Verstoß gg **134** 3a
Baurecht, NachbSchutz **903** 3b; RNachf **1922** 6
Bauspardarlehen Einf 3h vor **607**
Bausparvertrag, Begünstigg Dritter für den Todesfall **331** 1b, **516** 1, 4l; **1922** 4e; **2301** 4b; Anfechtg **2078** 8; kein Scheingeschäft **117** 1; Tod des Bausparers **1922** 4f
Bausperren als Enteignung, Übbl 2 H h vor **903**
Bauträger, Erwerb vom **631** 1, **675** 3c
Bauträgervertrag, s BauBetrVertr
Bauunfälle, AnschBew Vorb 8b cc vor **249**; MitVersch **254** 3 a ff
Bauunternehmer, BBindg bei GrdstVerkauf als VzGDr **328** 2c; Anspr auf HypBestellg **648**; Aufsichtspflicht **823** 14; ErfüllgsGehilfe **278** 6b; SchadErsAnspr gg B u Architekten **421** 1c, **635** 3d
Bauverbote als Enteignung, Übbl 2 H h vor **903**
Bauvertrag Einf 3 vor **631**; AGB AGBG **9** 7b; ErfGeh **278** 6b
Bauwerk 638 2c, **1012** 2; Bestandteil des Erbbaurechts ErbbRVO **12**; Verjährg der Gewährleistgsansprüche **638** 2b

Bauwerksicherungshypothek 648; bei Bildg von WohngsEigt **648** 2b, WEG **2** 3b
Beamtenhaftung 839; Amtspflichtverletzg **839** 4, 15; anderweitige Ersatzmöglichk **839** 7; Ausgleichg **841** 1; ggü Dienstherrn (Anwendg der Grds über gefahrengeneigte Arb) **276** 5C; geschützter Dritter **839** 5; bei Doppelstellg des Beamten **839** 2 B; Einzelfälle **839** 15; ErmessensMißbr **839** 4c; für HilfsPers EG **78**; IPR EG **38** 3; für Justizbeamte **839** 2 A f; RMittel, schuldhafte Nichteinlegg **839** 9a, b; Rückgriff des Staates **839** 14; Anwendg von § 254, **254** 2c; Staatshaftg **839** 2; sa Richterhaftg
Beamter, Amtspflicht, Inhalt **839** 4a, Verletzg **839** 4, Begriff **839** 3; RWeg bei Ehrverletzg dch B Einf 8b cc vor **823**; Fdgübergang auf DHerrn bei Verletzg Vorbem 7 Ce vor **249**; Gehaltsanspr, Abtretg, Aufrechng **394** 1, **400** 1, **411**, EG **81**, Verwirkg **242** 5f dd; Haftg bei unerlaubter Handlg **89** 1; Haftg s Beamtenhaftg; Kündigg bei Versetzg **570**; Pflegschaft für Dienststrafverf **1910** 7, **1915** 2; VersorggsAusgl **1587** 2a aa, **1587a** 3 B Z 1, **1587b** 3; Vormdbestellg **1784** 1, **1888**
Bedarfstabellen für Unterhalt Einf 1 vor **1601**, **1610** 1
Bedienstetenwohnung Einf 13c dd vor **535**
Bedingung, Einf 1–7 vor **158**; adäquate, Vorb 5 A c vor **249**; AnwR Einf 3 vor **158**; auflösende, aufschiebende **158** 1; bedinggsfeindl RGesch Einf 6 vor **158**; Beeinträchtigg des Rechts vor Eintritt **160** 1; Eintritt **158** 1; Einwirkg, unzulässige **162** 1; RechtsBdgg Einf 2 vor **158**; Rückbeziehg **159** 1; unerlaubte u unsittl Einf 5 vor **158**; Vfg, anderweitige vor Eintritt **161** 1; Vfg, letztwillige **2070**, **2075**, gesetzwidr, unsittl Bdgg **2075** 4; VertrBdgg Einf 2 vor **158**, AGBG **1** 2a; Voraussetzg des GeschAbschl Einf 10; WillkürBdgg Einf 4 vor **158**; Ztpkt des Eintritts **162** 2
Bedürftigkeit des Schenkers **528** 2; selbstverschuldete **1579** 2c; Voraussetzg des Unterhalts **1602** 2, **1577** 1
Beerdigungskosten, Eigenverbindlichk des Erben **1968** 1; Ers bei Tötg **844** 3; NachlVerbindlk **1968** 1; Tragg durch Hofübernehmer **1968** 3; dch Sozialhilfeträger **1968** 4; Teil der Unterhaltspfl **1615** 3; bei Tod des geschied Eheg **1586** 1; bei Tod der nichtehel Mutter inf Schwangersch od Entbindg **1615m**, **1615n**
Beförderungsvertrag Einf 5 vor **631**; IPR EG 28 3b, **29** 2; Schutzwirkg zG Dr **328** 4d
Befreiung von Verpflichtgen, BereichergsAnspr **812** 4c; Pfleger **1917** 2; Volljk bei Eheschließg EheG **1** 2, 4; Vorerbe **2136**, **2137**; Vormund **1852–1857**, **1903**, **1904**
Befreiungsanspruch 257, Vorb 3m vor **249**; Abtr **399** 2a; Aufrechng **387** 4b aE; v Bürgschaft **775**
Befreiungsvermächtnis, Inhalt **2173** 4
Befristung Einf 1 vor **158**, **163**, **2074** 1d; von Arbeitsverhältnissen **620** 1
Begehungsort Einf 11 vor **823**; s a Tatort
Beglaubigung, öffentl **129**
Begleitname, Begriff **1355** 1, 3; Beseitigg **1355** 3e
Beherbergungsvertrag Einf 3b vor **535**, Einf 1 vor **701**; ErfGeh **278** 6d; ErfOrt **269** 3b; Haftg des Gastwirts **701**ff; Beweislast bei Verschulden **282** 2; IPR EG 28 4k, **29** 2; mit mehreren **702** 2c
Beherrschungsvertrag, EG **12** Anh 2a, 3
Behörde, Täuschg der **138** 5s; Zugehen von Willenserklärgen **130** 3b
Behördenbedienstete Einf 4b hh vor **611**
Beihilfe, Begriff **830** 3
Beihilfeanspruch, Unvererblichk **1922** 6

Magere Zahlen = Erläuterungen **Besitzer**

Beistand 1685 ff; anwendbare Vorschriften **1691**; Aufhebung **1692**; Beendigung des Amtes **1690** 2, **1691**; Beziehg zur Aufnahme des Vermögensverzeichn **1689**; Bestellg **1685**; als gesetzl Vertreter des Kindes **1690** 2; Jugendamt als – **1791** b 3; Meinungsverschiedenh mit Elternteil **1686** 1; für nichtehel Kind vor Geburt **1708**; Pflichten **1686**; Unterhaltsansprüche, Geltendmachg **1690** 1; Verein als – **1791** a 3; Verfahren **1685** 3, **1692** 2; Vergütg **1691**; Vermögensverwaltg **1690**, Einf 2 vor **1909**; Vermögensverzeichn **1689**; Wirkgskreis **1685** 1, **1686**; Zweck **1685** 1
Beistandspflicht Eltern/Kinder **1618** a
Beiträge, Aufrechng mit Beiträgen zu Krankenkasse **394**; der Eheg zum Familienunterhalt **1360** 3; der Gesellschafter **706**, Erhöhg **707**; z Unterhalt s Unterhaltsbeitrag; der Vereinsmitglieder **58**
Bekanntmachung der Auflösg des Vereins **50** 1; der Eintragungen im GüterRRegister **1562**; der Entziehg der Rechtsfgk **50** 1; der NachlVerw **1983**; von Rechnungsgrößen zur Durchführg von Versorgungsausgleich **1587** a Anh I
Belastung, altrechtl EG **184** 1, 2; Belastgsgrenze EG **117**; Beschrkg bei Grdst Übbl 4 vor **873**; v Grdst **873**; v GrdstR **873, 876**; mit Verbindlichk (UnterhPfl) als Schaden Vorb 3 m vor **249**
Belegarztvertrag s unter „Arzt"
Belehrung dch Verkäufer **433** 4b
Belehrungspflicht des Notars BeurkG **17–20**; des Rechtspflegers in ErbschVerhandlg **2358** 5
Beleidigung durch die Presse Einf 8, 9 vor **823, 823** 5 Ge, **824** 6 e
Beleihungsgrenze Übbl 2 B d bb vor **1113**, ErbbRVO **19** ff
Beleuchtung durch Vermieter **535** 2b, **823** 14
Belohnung, Ers von – bei SchadErsPfl **249** 4c cc
Benachrichtigung der Beteiligten nach TestEröffng **2262**; in NachlSachen BeurkG **34** 7
Benachteiligungsabsicht, Einfluß auf Berechnung des Endvermögens **1375** 3c; Bereicherungsanspr gg Dr **1390** 2; beim Erbvertrag **2287** 2b, **2288** 2; Inventar **2005** 1
Benutzungspflicht des Pächters **581** 3c
BerechnungsVO, Mietnebenkosten **535** 3c bb
Bereicherung s ungerechtf Bereicherung
Bereicherungskette 812 5 B c aa
Bereiterklärung zur Zahlung von Beiträgen zur Rentenversicherung **1587** b 4d
Bergarbeiterwohnungen Vorb 2c vor **565** b–e
Bergleute, KündSchutz Vorb 3f vor **620**
Bergrecht EG **67, 68**
Bergungsvertrag Einf 5 vor **631**
Bergwerk, Eigt EG **67** 3; WirtschPlan bei Nacherbfolge **2123**, bei Nießbr **1038**
Berliner Testament 2269
Beruf, Begriff **1610** 4a aa; Mitarbeit im – des Erb als ausgleichspflichtige bes Leistg **2057** a 2b; Unterhaltssicherg **1360** 1, 3, **1574, 1603** 2; Verpflichtg zum -wechsel **254** 3b dd
Berufsausbildung Einf 5 vor **611**; Berücksichtigg der Kinderinteressen **1631** a 2; Kosten **1610** 4
Berufsbonus im UnterhR **1573** 3
Berufssportler, Arbeitnehmer Einf 1g vor **611**; Transfer **138** 5q, Einf 4k vor **433**
Berufsunfähigkeit, Unterh nach Scheidg **1571** bis **1573**; VersorggsAusgl bei Scheidg Einf 3a vor **1587**
Berufswahl des Kindes **1610** 4a bb, **1631** 2; Beratg der Eltern **1631** a 2c; Verhältnis zur Unterhaltspflicht **1360** 1, 3, **1603** 2
Berufung, mehrere Erben **2032** 2; zur Erbschaft **1942** 2; mehrere Erbteile **1951** 1; mehrfache, zum Erben **1948** 1–3; der MitglVersammlg **36, 37**; zum Pfleger **1916** 1, **1917**; verschiedene Gründe erbrechtl Art **1951** 2; zum Vormd **1776** ff
Beschäftigungsförderung 620 5
Beschäftigungspflicht 611 10
Bescheinigung über Eintritt der gesetzl Amtsvormundsch **1791** c; Rückgabe **1893**
Beschlagnahme, Aufrechng bei **392**; EigtErwerb an beschlagnahmten Sachen **935** 2 g; Pflegsch Einf 2 vor **1909**
Beschluß der WEigtümer WEG **10** 3
Beschlußfassung bei der Gesellsch Vorb 5 vor **709**; des Vereins **32, 28**; der WEigtümer WEG **23–25**
Beschränkte persönliche Dienstbarkeit 1090–1092; Ausübgsüberlassg **1092** 3; Belastg **1092** 2; BelastgsGgst **1090** 2; Berechtigter **1090** 3; Entgeltlichk **1090** 4, 5; Entstehg **1090** 7; Erlöschen **1090** 8; Inhalt **1090** 4; Inhaltsänderg **1090** 7; LandesR Übbl 2 vor **1018**; ges SchuldVerh **1090** 1; Umfang **1091**; Umwandlg in GrdDbk **1090** 7; ÜbergangsR Übbl 2 vor **1018**; Übertragg **1092** 1; WohngsR **1093**
Beschwerde im ErbscheinsVerf **2353** 7; Erbscheinseinziehgs Verf **2361** 5; im Verf zur Regelg der elterl Sorge nach Scheidg **1671** 6c; gg AO der GebrechlichkPflegsch **1910** 5; im Unterbringgs-Verf **1800** 3k; im UmgangsVerf **1634** 4d; gg Auswahl des Vormunds **1779** 4; im VersorggsAusglVerf Einf 5 vor **1587** im WEG-Verf WEG **45** 1, 2
Beseitigungsanspruch 1004 5; RMißbr **1004** 8c; Verj **198** 2c; bei unerl Hdlg Einf 9 vor **823**
Besichtigung, Vorlegg v Sachen zur **809**
Besichtigungsrecht des Vermieters **535** 3c cc
Besitz 854; Arten Übbl 3 vor **854**; Beendigg **856** 1–3; Begriff Übbl 1 vor **854**; Besitzdiener **855**; Eheg **854** 3c, **866** 1b, **868** 2c bb, bei Gütergemsch **1422** 3, **1450** 4, bei Gütertrenng Grdz 1 vor **1414**; Eigenbesitz Übbl 3a vor **854, 872**; Einwendgen gg Besitzklage **863** 1; Entziehg **858** 4, **861** 1; Erlöschen des Anspr **864**; Erwerb **854**, durch Stellvertr **854** 5; fehlerh **858** 7; bei Gesamthandmeinschaften **854** 6; als Grundlage für EigtVermutg bei Eheg **1362** 2; IPR EG **38** Anh II 3; bei Jur Personen **854** 5b; Kondiktion **812** 4b; **861** 7a; Mitbes **866**; mittelb **868**, mehrfacher mittelb **871**; des Nacherben **2139** 3; Nebenbes, s dort; Nießbraucher **1036**; als sonstiges Recht **823** 7; RNachf **858** 7; Schutz des mittelb **869**; Selbsthilfe **859, 860**; Störg **858** 5, **862** 1; Teilbesitz **865**; an Testamenten **2259**; des TestVollstr **2205** 2a; ÜbergangsR EG **180**; Übertragg des mittelb **870**; unmittelb Übbl 3b vor **854**; ungerechtfert **858** 7; unredlicher **858** 7; Vererbg **857** 1, **1922** 3i, **2032** 4c; Verlust **856** 3; Verfolgsrecht **867** 2; Wiedererlangg **1001** 2; Wiedereinräumgsanspr **861** 2; s a Eigenbesitz, Eigenmacht, verbotene, Eigentumsvermutg, Rechtsbesitz
Besitzdiener 855; Aufgabe einer Sache Vorb 1a vor **965**; Gutgläubigkeit bei Erwerb dch **990** 1a; Kenntnis bei Vornahme dingl Rechtsgesch f Besitzherrn **166** 1; SelbsthilfeR **860** 2
Besitzeinweisung vorläufige **854** 1a
Besitzentziehung, Begriff **858** 4; Besitzbereicherungsklage **861** 7; Unterlassgsklage **861** 7; Wiedereinräumgsanspr **861** 2, Erlöschen **864**; bei mittelb Besitz **869** 3
Besitzer, BefriediggsR für Verwendgen **1003** 1–3; bösgläubiger **990**; EigtVermutg **1006**; Einreden **986**; Fremdbesitzer Übbl 3a vor **854**, Vorb 1b, 2b aa vor **987**; HerausgAnspr des früheren **1007**; HerausgPfl **985**; Klage wegen Verwendgen **1001**,

2565

Besitzklage
Fette Zahlen = §§

1002; Lasten 995; Nutzgen 993, Herausgabe 987, 988; RStellg Übbl 1 vor 854; SchadErsatz 989, 992; VerfolggsR 867 1, 2; Verwendgen 994, 996, bei RNachf 999; WegnahmeR 997; ZbR 1000

Besitzklage 861 6; Einwendgen aus dem materiellen Recht 863 1; des mittelb Besitzers 869 3

Besitzmittlungsverhältnis 868 2; 930 3; Besitzschutz bei – 869 2, 3; EigtErwerb 930, gutgläub 933; EigtVorbeh 868 2c, bb; Insichgeschäft 929 5a bb, 930 1; mehrfaches 871; Nebenbesitz 868 1; nichtiges 868 2; Nutzungen 991; SichÜbereign 930 3b; vorweggenommenes 930 3d

Besitzschutz 859–862; allg Übbl 2 vor 854; Dienstbark, altrechtl EG 191 1; Einwendgen gg Besitzklage 863; Erbe 857 2; Erlöschen der Anspr 864; Grddienstbk 1029 1, 2; b Mitbesitz 866 2; b mittelbarem Besitz 869 1–3; Pfandrecht 1227 2a; Teilbesitz 865 2; Verfolggsrecht 867 2

Besitzstörung 858 5; Besitzstörgsanspr 862, Erlöschen 864; b mittelbarem Beistz 869 3; Unterlassgsklage 862 2

Besserungsklausel 271 4c

Bestallung, NachlPfleger 1960 5b; Vormd 1791; Rückgabe 1893 2

Bestandsangaben, GB-Vermutg 891 4c, 892 4a

Bestandsverzeichnis 259–261 4a

Bestandteil, Auflassg, Erstreckg auf 93 4, 926 1; Begriff 93 2, 94, 95 1; Beschränkg d Rechte am 93 4; EigtErw 953 1, 954 1, 955 2, 956 2; Eigentumsvorbehalt 93 6; Einzelfälle 93 5; 94 4; Haftg f Hypothek 1120–1122; Gebäude 94 3; Grundstück 94 2; Recht als Grundstücksbestandteil 96 1, 2; Pflanzen 94 2; scheinbarer 95 1; durch Verbindg 946, 947; Verbindg mit Grdst od Gebäuden 94 2, 3; Verbindg zu vorübergehdem Zweck 95 2; Verbindg zur Ausübg eines dingl Rechts 95 3; Wegnahmerecht des Besitzers 997; wesentlicher 93 3–5, 94 1; Zubehör 97 2–5, 98 1; Zuschreibg v Grdst als 890 1

Bestätigung 141 1, Einf 1 vor 182; bei Anfechtbark 144; der Ehe EheG 18 3, 30 2, 31 4; des Erbvertr 2284; bei nichtigem Rechtsgeschäft 141; bei unwirksamer AGB-Klausel Vorb 3a vor AGBG 8; keine rückwirkende Kraft 141 3

Bestätigungsschreiben Einf 3c bb vor 116, 148 3; Anfechtg 148 3a

Bestattung, gewidmete Sachen Einf 4b vor 90; maßgebl Wille Einf 2 vor 1353, 1968 2

Bestechung, Sittenwidrigk 138 5c; Herausgabe des dch – Erlangten 667 3a

Bestellung des Beistandes 1685, 1691; öff zur Besorgg von Geschäften 663 2a; des Pflegers 1708 2, 1915 2; des Vormundes 1789 bis 1790

Beteiligte am WEG-Verfahren WEG 43 5; iS BeurkG BeurkG 6 2

Beteiligung an Rechtsgeschäft, Einsicht in Urkunde darüber 810 2, 4; an unerlaubter Handlg 830

Beteiligungsdarlehen Einf 3j vor 607

Betretungsverbot 1004 7c dd, 9a

Betreuungsbonus im nachehel Unterh 1581 1b

Betrieb, Begriff Einf 1j vor 611

Betriebliche Altersversorgung Einf 7 vor 611; Versorgungsausgleich bei Scheidg Einf 2, 3c vor 1587, 1587 2a, 1587b 4, 1587f 2, 1587g 2

Betriebliche Übung Einf 3e vor 116, Einf 6 d bb vor 611

Betriebsbesetzung Vorb 1e ee vor 620

Betriebsbuße Vorb 2e vor 339

Betriebserfindung 611 13

Betriebsferien 611 12g

Betriebsführungsvertrag s ManagementVertr

Betriebsgefahr, Mitverantwortlichk 254 1b, 4a cc; s Betriebsrisiko

Betriebsgemeinschaft u Betriebsrisiko 615 3

Betriebsgruppe Einf 4a cc vor 611

Betriebsinhaberwechsel 611 1g, 613a

Betriebskostenerhöhung, Mietwohng MHRG 4

Betriebsräte, Einf 6c vor 611; Anhörung vor Kündigg Vorb 2d dd vor 620, 626 2d; Kündigg 622 4a, 626 5l; Zustimmg zur Einstellg von Arbeitnehmern 611 1b ee; zur Kündigg Vorb 2a kk vor 620, 626 2e

Betriebsrisiko (Arbeitsvertrag) 615 4

Betriebsschutz Einf 8a vor 611

Betriebsstillegung 613a 2b

Betriebsübergang u Arbeitsverhältnis 613a; u Ruhegeld Einf 7e gg vor 611

Betriebsvereinbarungen Einf 6c vor 611

Betriebsverlegung 611 3d

Beurkundung 125 1, 128; der Abtretg 403; fehlende bei Vertragsschluß 154 2; gesellschrechtl Akte im Ausland EG 11 2d bb; notarielle 313 11, 128 1, 2, s Beurk notarielle; Kosten beim Grdst-, Schiffskauf 449; Schenkgsversprechen 518; statt Schriftform 126 6; UnterhAbfindungsvertr 1615e 3; Verletzg wesentl Formvorschr 128 1; von Verträgen 128 2; Vertragsannahme bei öffentl 152; Zustdgk, s Beurkdg notarielle

Beurkundung, notarielle 128, Beurkg 1ff; Ablehng BeurkG 4; im Ausland EG 11 2c, 2d, BeurkG 2 1; Beteiligtenfeststellg Vergl 127a, 128 3; Niederschrift BeurkG 8–16, Übersetzg BeurkG 16, Sprache BeurkG 5, 16, 32; von Vfg von Todes wegen BeurkG 27–35, 2232 1, s auch Erbvertrag, Testament; Vertrag über Versorggs-Ausgleich 1408 3b, 1587o 4; von WillErkl BeurkG 6–35; Zuständigk der AG BeurkG 1 4, des Notars BeurkG 1; anderer UrkPers BeurkG 1

Beurkundungsgesetz (fette Zahlen 1–35 sind Paragraphen des BeurkG), Amtsbezirk des Notars 2; Ausschließg des Notars 6, 7, 27; Beteiligtenfeststellg 10; Beteiligg behinderter Personen 22–25; Feststellg der Geschäftsfähigk der Beteiligten 11, 28; Geltungsbereich 1; Inkrafttreten 71; Mitwirkg von zweitem Notar 22, 24, 25; von Vertrauensperson 24; von Zeugen 22, 24, 25, 29; MitwirkgsVerbote für Notar 3; zweiten Notar, Zeugen 26, 27, Vertrauensperson 24; Prüfgs- und BelehrgsPflicht des Notars 17–21, 30; Urkundensprache 5, 16, 32; Verschließg, Verwahrg von Testamenten, Erbverträgen 34; Zuständigk des Notars 1, anderer Urkundspersonen 1

Beurkundungskosten beim Kauf 449

Bevollmächtigter, einseitiges RGeschäft 174 1; Mitteilg u Bekanntmachg üb Person 171, 173 2; Unterschrift 126 4

Bewachungsverträge, AGB AGBG 9 7b; DrittschadLiquidation Vorb 6c bb vor 249

Beweggrund, Übbl 3e vor 104; Irrtum im 119 7, 2078 2b; u GeschGrdlage 242 6 B b

Beweis des ersten Anscheins s AnscheinsBew

Beweislast, Vorb 8 vor 249; Anf letztw Vfg 2078 5; Annahme als Erfüllg 363; bei Ausschl des EhegErbR 1933 3; ErbscheinsVerf 2358 3; formularmäßige Klausel über – AGBG 11 15; Getrenntleben bei Scheidg 1567 3; Haftg für HilfsPers 831 6 B; 8; Nichtigk letztw Vfg 1937 4, 5; bei pVV 282 2; für Sittenwidrigk 138 1h, des

Magere Zahlen = Erläuterungen **Bürgschaft**

Test **1937** 5e, TestAnf **2078** 5, **2081** 1b; Testierfähigk **2229** 7; Umkehrg Vorb 8c vor **249**; bei Unmöglichk **282**; Unterhalt des Eheg nach Scheidg **1577** 4; im übrigen s bei den einzelnen Stichworten

Beweissicherung, Antrag bei Gewährleistgsanspr **477** 3, **478**; Kostenersatz **249** 4c cc; Verjährgsunterbrechg **209** 8, **212** 3

Bewertungsgrundsätze bei Pflichtteilsberechn **2311** 3; bei Zugewinngemeinschaft **1376** 1–4, **1384**, **1387**

Bewirtschaftungsvorschriften, Verstoß gg **134** 3a, **817** 3c aa

Bewußtlosigkeit, Ehenichtigk EheG **18**; Trunkenh **105** 2; bei unerl Handl **827**, **829**; bei Willenserklärungen **105** 2

Bezirksschornsteinfeger, Amtspflichtverletzg **839** 15; Vertrag Einf 5 vor **631**

Bezugnahme in öff Urk BeurkG **9** 3

Bienen, Abwehr **906** 2b ee; BienenR **961**–**964**

Bierbezugsverpflichtung, Brauereidarlehen, Einf 3i vor **607**; Sichg dch DauernutzgsR WEG **31** 1, Dbk **1018** 6b, **1019** 2a; Sittenwidrigk **138** 5c

Bierlieferungsvertrag Einf 3a vor **535**, AGBG **9** 7b; als Vertr zGDr **328** 3c

Bild, Recht am eig **823** 14 B d; BereicherungsAnspr bei Verletzg **812** 4d

Bildzeichen, Schutz **12** 7

Billiges Ermessen, LeistgsBestimmg **315** 4

Billigkeit im ArbeitsR **611** 7

Billigkeitshaftung 829, **254** 3a bb

Binnenschiff, Erwerb **929**a 1

Binnenschiffahrtsrecht, PersBeförderg **631** 4

Biostatistische Methode zum Vaterschaftsnachweis Einf 3d vor **1591**, **1600** o 2a

Bitte, letzte, 2084 3c, Einf 2 vor **2192**

Blankett, abredewidrige Ausfüllg **119** 4, **173** 3d

Blanketturkunde bei Bürgschaftserklärg **766** 1

Blankoabtretung 126 3b, **398** 2b

Blankoadoption 1747 3

Blankounterschrift 126 3b; u IrrtAnf **119** 3c; Beglaubigung **129** 3; BeurkG **40**

Blinde, Beurk von Willenserklärgen BeurkG **22**; Erbvertr **2276** 2b c; Testamentserrichtg **2229** 6, d aa, **2232** 3, **2233** 2, **2247** 3a, BeurkG **29** 2

Blutgruppen, System Einf 3b aa vor **1591**; Untersuchg Einf 2b, 3b, 3e vor **1591**, **1600** o 2

Blutsverwandtschaft, Begriff EheG **4**, Übbl 2 vor **1589**; Eheverbot EheG **4**; nichtehel Kind **1600** o

Bodenkredit Einf 3b vor **607**, Übbl 1 vor **1113**

Bodenschätze, Enteigng Übbl 2 G a dd vor **903**, EG **109** 2; Eigt **905** 1c

Bordellverträge 138 5c, **817** 3f; Kaution **817** 3a

Börsentermingeschäft 764 5

Bote, Begriff, Einf 3f vor **164**; unrichtige Übermittlg **120** 1, 2, 4, Haftg hierfür **178** 1b; Zugehen v WillErkl durch **130** 3c

Boykott 823 5 Ge, 14 Dc, **826** 8k, 8u cc

Brauereilehen Einf 3i vor **607**

Brautkinder, Einf 3 vor **1297**, EG **208** 4

Bremen, Höfegesetz EG **64** 2

Bremer Tabelle zum VorsorgeUnterh **1578** 2a

Breitbandkabel s Kabelfernsehen

Brief, Briefwechsel als Schriftform **127**; Test in Briefform **2084** 3c, **2247** 2; Zugang **130** 3b

Briefgrundschuld 1116 5; **1163** 4d bb; **1191** 1

Briefhypothek, 1116 1; Abtretg **1154** 2; Erwerb **1117**; Geltdmachg **1160**, **1161**, Umwandlg in BuchHyp **1116** 4a

Brieftauben EG **130**

Bringschulden 269 1; Gläubigerverzug **300** 3c

Bruchteil Erbeinsetzg auf **2087**–**2092**; Gemsch nach Bruchteilen **741**; Grdst-Bruchteil: Hypoth **1114**, Reallast **1106**, Vorkaufsrecht **1095**; Übergr-Vorschr f Gemsch EG **173**; s auch Anteil, Miteigentum

Bruchteilseigentum 1008; gutgl Erwerb **932** 1b; Überführg von Gesamthands- in B-Eigentum **313** 4a, **2042** 2

Bruttolohn 611 6b aa, **616** 5b; Grdlage der Schadr-Berechng des verletzten Lohnempfängers **252** 3a

Bucheigentümer, Vermutg für **891**, **1148** 1

Buchersitzung 900

Buchforderung, SicherhLeistg durch **236**; bei Nacherbf **2117**, **2118**; bei Vormundsch **1815**, **1816**

Buchgeld 245 1a

Buchhypothek, 1116 3; Abtretg **1154** 3; Umwandlg in BriefHyp **1116** 4b

Buch- und Schallplattenreihen, Kauf AbzG **1** c 2

Buchungsfreie Grundstücke, Dienstbark EG **128** 1; EigtÜbertragg EG **127** 1, 2

Bühnenaufführungsvertrag Einf 1i vor **581**

Bühnenengagement Einf 2a dd vor **611**

Bühnenengagementsvermittlung 134 3a

Bundesanzeiger 799 1a, **2061** 4

Bundesautobahn s Straße

Bundesbahn, nicht jur Pers Vorb 1 vor **89**; Haftg **89** 2; VerkSichgPfl **823** 8 B

Bundesentschädigungsgesetz, Verhältn z **839**, **839** 12k; erbrechtl Vorschr **1936** 1; Erbschein **2353** 1d, **2356** 1b, **2369** 1c

Bundesfernstraße s Straße

Bundesimmissionsschutzgesetz 903 3b, **906**, 1b, 5a

Bundesmietengesetze Einf 12 vor **535**

Bundespost s Post

Bundessozialhilfegesetz, Zuweisung von Arbeit Einf 3b vor **611**; Erbeinsetzg der Träger der Sozialhilfe **2072**; ErsAnspr des Trägers der Sozialhilfe gg UnterhPflichtigen Einf 5b vor **1601**, **1613** 1, 2; Fdgübergang auf Träger der Sozialhilfe **412** 1; keine Anrechng von Leistgen auf Regelunterhalt des nichtehel Kindes **1615** g 3; keine Anrechng auf SchadErs Vorb 7 Cc vor **249**

Bundeswehr, Befehlserteilg, Disziplinarstrafe **839** 15; keine Geltg des Wehrmachts-FGG Einf 2 vor **2229**; s Wehrmachtsangehörige

Bürge, Ausfallbürgsch Einf 2c vor **765**, **771** 2; Befreiungsanspr gg Hauptschuldner **775**; Befriedigg des Gläub **774** 2a; Drittverpfänder u B **1225** 2d; Einrede aus BürgschVertr **768** 1a, aus dem Hauptschuldner zustehenden GestaltgsR **770** 4, des Hauptschuldners **768** 2, der Verjährg der Hauptschuld **765** 1, der Vorausklage **771**–**773**; Erlaß der Hauptschuld **765** 3b, **774** 2a; Erlöschen der Hauptschuld durch Verschulden des Bürgen **765** 3c; Freiwerden bei RAufgabe durch Gläub **776** 2; Innenverhältn zum Hauptschuldner **774** 1, 2e; Konk des Hauptschuldners **773** 2; Kredit- u HöchstbetragsB Einf 2d vor **765**, **765** 2; mehrere Ausgleichspflicht **769** 1; MitB Einf 2d vor **765**, **769**; NachB Einf 2a vor **765**; RückB Einf 2b vor **765**; RückgriffsR aus Innenverhältn **774** 1a, 2e; RückgriffsR aus gesetzl FdgÜbergang **774** 1a; selbstschuldnerischer B Einf 2d vor **765**, **771**, **773** 1; Übergang der Hauptfdg mit Nebenrechten **774** 2a–c; Urteil zw Hauptschuldner u Gläub **767** 2e; Verzicht des Schuldners auf GestaltgsR **768** 2c, **770**; Wahlrecht **768** 1c

Bürgerliches Recht, Begriff Einl I vor **1**

Bürgermeistertestament 2249; GültigkDauer **2252**; Haftg **839** 15, **2249** 4b

Bürgschaft, Abhängigk v Hauptschuld **767**, **765** 3;

Bürgschaftserklärung

Fette Zahlen = §§

AGB AGBG **9** 7b; Änderg u Erweiterg der Hauptschuld **767** 1, 2c, d; Anfechtbark der Hauptschuld **770** 2; AufklärgsPfl des Gläub **276** 6 B c dd, Einf 1g vor **765**; AufrechngsR des Hauptschuldners **770** 3; Ausfallbürgschaft Einf 2c vor **765**, **769** 1, **812** 6 A d; Ausbietgsgarantie Einf 3c vor **765**; Ausübg eines WahlR des Hauptschuldners **767** 2d; bedingte **765** 2; befristete **765** 1; BefreiungsAnspr **775**; Begriff **765** 1; Beschlagn der HauptFdg **765** 3b; Bürgschaftsfähigk **765** 1; Delkrederhaftg Einf 3d vor **765**; Einreden des Bürgen **768**; Erfüllgsort **765** 1; Fordergsabtretg **401**; Fordergsgarantie Einf 3c vor **765**; Form **766**, **313** 4d, des Vorvertr **766** 4; Fordergsübergang auf Bü **774** 2; Freiwerden des Bü **776**; Gerichtsstand **765** 1; keine Gesamtschuld mit Hauptschuldner Einf 1d vor **765**, **765** 1; Änderg der GeschGrundlage **242** 6 D b, **765** 1; GewL Bürgsch **641** 1a; Einf 2f vor **765**; Gewährvertr Einf 3c vor **765**; Grundverh zw Bü u Hauptschuldner Einf 1h vor **765**; Haftg für Nebenfdgen **767** 2a; Hauptschuld **765** 1; Höchstbetrag **765** 1; IPR EG **28** 4m; für Kontokorrentkredit **777** 1b; Kosten der Künd u Rechtsverfolgg **767** 2b; Kreditauftrag **778**; Kreditbürgsch **765** 2; Künd der Hauptschuld **767** 2a; Künd durch Bü **765** 1; für künftige Verbindlk **765** 2, **777** 1; mehrere Bürgen **769**; mündl Nebenabreden **766** 3; Rückgriffsrecht des Bü **774**; Sittenwidrigk **138** 5c; Schuldmitübernahme Einf 3b vor **414**, Einf 3b vor **765**; selbstschuldnerische **773** 2a; Stundg der Hauptschuld **767** 2d; Umfang der Schriftform **766** 3; Untergang der Hauptschuld **765** 1, 3b, **767** 1; Veräußergsverbot **137** 2; Verjähr **195** 3a, **765** 1; Verzicht des Hauptschuldners auf Einreden **767** 2d, **768** 2a; Vollkaufmann **766** 4, **771** 2; Vorausklage, einrede **771–773**; Vorzugsrecht, Aufgabe **776**; Schriftform für Vorvertrag Einf 4b vor **145**, **766** 4; Weschselbürgsch Einf 3e vor **765**, **766** 3; Wegfall der GeschGrdlage beim HauptSchu **242** 6 D b; Zeitbürgsch **777**

Bürgschaftserklärung, **766**; Blanketturkunde **766** 1; Schriftform **766** 1, 2; Vollmacht, Form **766** 4

Bürgschaftsforderung, Abtretg **765** 1

Bürgschaftsschuld 765 1; dauernde Abhängigk Einf 1e vor **765**, **765** 3, **767** 1

Bürgschaftsvertrag, Einf 1, 2 vor **765**, **765**; Form **766** 1–4

C

Campingplatzinhaber, Haftung **701** 2
Chartervertrag, Einf 2m vor **535**, Einf 5 vor **631**
Chemische Reinigung, ABG AGBG **2** 2; Freizeichng AGBG **9** 7c
Cif-Klausel 269 2b, **448** 3; Gefahrübergang **447** 2
Cirka-Klausel 157 4
Clausula rebus sic stantibus 242 6; s a Geschäftsgrundlage
CMR EG **28** 3b, **277** 2b
Commodum, stellvertr **281** 2c
Computer 459 5d, s auch Software
Culpa in contrahendo, Einf 4 vor **145**, **276** 6; BewLast **282** 2b; ErfGeh **276** 6 C, **278** 1b aa; Fallgruppen **276** 6 B; IPR EG **32** 2b; RFolgen **276** 6 D; mitwirkdes Verschuld **254** 2a, 5; Verhältn z Gewährleistg Vorb 2c vor **459**; des Vertreters **276** 6 C c; dch Verwendg unwirks AGB Vorb 3e vor AGBG **8**
Custodian, Einf 2 vor **1909**

D

Damnum s Disagio
Darlehen 607–610; Abgrenzg zu anderen Rechtsgeschäften Einf 4 vor **607**; Abschluß **607** 1a; Abtretg **607** 1 d; Arten Einf 3 vor **607**; AusglPflicht **2057a** 2b, d; Begriff Einf 1 vor **607**; Bürgsch für nichtiges Darlehen **765** 3a; Erfüllg **607** 1c; Fällig **609**; IPR **28** 4e; Form **313** 8c; Kündigg **609a**; öffentl Darlehn Einl 3 p vor **607**; partiarisches Darlehn Einl 3j vor **607**, **705** 10; Rückerstattg **607** 3; **609**; Schuldschein **371** 1; für Spielzwecke **138** 5j, **762** 4; Umwandlg **609** 2; unregelmäß VerwahrgsVertr **700**; Verjährg **195** 3a; Vorvertr Einf 1 vor **607**, **610** 1a; Wegfall der GeschGrdLage **242** 6 D b, **610** 1b; Zinsen **608**
Darlehensschuldschein 607 4
Darlehensversprechen Einf 1 vor **607**, **610**
Datenschutz 823 14 B d, AGBG **9** 7d
Dauerangestellter, Kündigg **622** 4a
Dauernutzungsrecht WEG **31** 1b
Dauernutzungsvertrag Einf 2g vor **535**, **546b** 1 c, **571** 1 b aa
Dauerpfleger 1909 2a
Dauerpflegschaft zur Wahrnehmg der Rechte eines Minderj in einer Familiengesellschaft **1909** 2
Dauerschuldverhältnisse, Einl 5 vor **241**, **326** 1; Abschlußmängel Einf 5c vor **145**; Kündigg aus wicht Grd Einl 5b vor **241**, **326** 1; formularmäß Klauseln über Laufzeit AGBG **11** 12; Unmöglichk **275** 4, 5; Verj **194** 2e; pVV **276** 7 E o
Dauerwohnrecht, Aufhebg WEG **31** 8; Begriff WEG **31**; Eintragg WEG **32**; Haftg des Entgelts WEG **40**; Heimfallanspr WEG **36**; Inhalt WEG **33**; Veräußergsbeschrkg WEG **35**; Vererblichk **1922** 3n, WEG **33**; Vermietg WEG **37**; bei ZwVerst WEG **39**
Deckadresse, Zugehen von Willenserklärg **130** 3b
Decknamen, Schutz des – **12** 1a
Deckungshypothek Übbl 2d bb vor **1113**
Deckungskauf, -Verkauf 325 4C b, 4D a, b
Deckungsverhältnis, Einf 2a vor **328**; bei Anweisg Einf 1b vor **783**, **787**; im BereicherngsR **812** 5 B c cc; Einwendungen aus **334** 1
Deckvertrag Einf 5 vor **631**
Defensivzeichen 826 8 s aa
Deichrecht EG **66**, VerkSichgsPfl **823** 8 B
Deliktsstatut EG **38**
Demonstration, Haftg für Schäden **823** 8 B, **830** 2c; MitVersch **254** 3a hh
Denunziation 823 6 B g, **826** 8d a; MitVersch **254** 3a hh
Depotvertrag, Falschbuchung **675** 4
Dereliktion s EigtAufgabe
Detektiv AGB AGBG **9** 7d; – Kosten als Schadensersatz **249** 4c cc
Deutsche Bundesbank Vorb 1 vor **89**; Abrechngs-Verf **675** 3; Verwahrg von WertPap **2116** 3
Deutsche Demokratische Republik: Eigentum Übbl 4 vor **903**; ErbR Einl 10 vor **1922**; FamGB DDR Einl I 3f vor **1**; Fremdwährgsschuld **245** 3a; GrundlagenVertr EG **3** Anh 1; innerdeutsches KollisionsR s dort; RechtsanwendgsG Einl 2c vor EG **3**, (ErbR) Einl 10 vor **1922**; REntwicklg Einl I 3f vor **1**; Staatsangehörigk EG **3** Anh 1, **5** Anh II 1; Staatliches Notariat, Aufgaben in Nachlaßsachen Einl 10 vor **1922**; VertragsG Einl I 3f vor **1**; Zahlungsverkehr **245** 4, **269** 8, EG **32** 4; Zuständigk in Nachlaßsachen Einl 10 vor **1922**
Deutsches Rotes Kreuz 839 15
Deutsche Staatsangehörigkeit EG **5** Anh II 1
Devisenbewirtschaftung, bei Bürgsch **765** 3b;

Magere Zahlen = Erläuterungen

Dynamisierung

DDR EG 32 4b; Einfluß auf Geldschulden 245 6; ErbauseinandS Einf 4 vor 2032; Unmöglichk mangels Gen 275 5b
Devisenrecht EG 32 4, 34 1c; Verstoß 134 2d, der DDR, Verstoß beim Vermächtnis 2171 2
Dienstbarkeit, Begr Übbl 1 vor 1018; buchgsfreie Grdst EG 128 1, 2; GeschGrdlage 242 6 D d; landesrechtl EG 113, 115 1, 2, EG 184 1; s a beschränkte persönl Dbk u GrundDbk
Dienstberechtigter Einf 1b, 3b vor 611
Dienstentgang, SchadErs f 845
Diensterfindung 611 13b
Dienstfahrt, Staatshaftg 839 2 A c bb
Dienstleistungspflicht 611 3, 613, 614; der Ehegatten 1356 4; kraft Ges 845 2; der Kinder 1619; persönl 613 1; Vorleistg 614
Dienstvereinbarung Einf 6c bb vor 611
Dienstverhältnis, Begriff Einf 1b, 3 vor 611; Entstehg 611 1; Beendigg Vorb 1 vor 620, 620; Inhalt Einf 3b vor 611; zw Eltern u Kind 1619 4; Kündigg 621, 626, 627
Dienstverschaffungsvertrag, Einf 2c, 4a bb, ee vor 611; ErfGeh 278 4b; als VzGDr 328 4e
Dienstvertrag, Abgrenzg Einf 2 vor 611; Abschluß 611 1b; Änderg 611 1c; Anfechtg 611 2; Annahmeverzug 615; Beendigg Vorb 1 vor 620, 620; Begriff Vorb 1 s, 2a vor 611; zw Eltern u Kind 1619 4; Form 611 1a aa; Fortsetzg 625; IPR EG 28 4f; Kündigg 621, 626, 627; Mängel 611 2a; Vergütg 611 6, 7, 612, 615, 616, 628; Verlängerg auf unbestimmte Zeit 625; als Vertr mit Schutzwirkg zGDr 328 3a ff; vormschger Genehmig 1822 7
Dienstwohnung, Zuteilg nach Scheidg HausRVO 4; s a Werkwohng
Differenzgeschäft 764; Arten 764 2; BörsenterminGesch 764 5;
Differenzhypothese Vorb 2b vor 249
Differenzmethode s AufstockgsUnterh
Diktierter Vertrag, Einf 3b ee vor 145
DIN-Norm 276 4 B b, 823 9g
Dinglicher Anspruch Einl 3 vor 854
Dingliches Recht, Einl 2 vor 854, GrdstBestandt 96 1, 2
Dingliches Rechtsgeschäft Einl 4 vor 854; u schuldrechtl GrdGesch Übbl 3e vor 104, 139 3b, Einl 5 vor 854
Direktanspruch gg deutschen Versicherer bei Kfz-Unfall im Ausland EG 38 3
Direkterwerb, bei Abtretg künft Fdg 398 4c; bei AnwRÜbertr 929 6 C b cc; bei Übereignung unter EV stehder Sache 929 6 A e, f
Direktionsrecht im Arbeitsverhältnis Einf 6f vor 611, 611 5
Direktverkäufe Sittenverstoß 826 8 u hh
Dirne, Mietvertrag mit – 138 5g; Schadensersatz wegen entgangenen Gewinn 252 1c
Dirneneinwand ggü nehel Vatersch 1600 o 2b
Disagio 246 1a; 609 3c
Diskont 272 1
Diskriminierungsverbot des § 26 GWB Einf 3b vor 145, 249 5a, 826 8j
Dispositionskredit 607 1
Dispositionsnießbrauch 1030 4d
Dissens, s. Einiggsmangel
Distanzvertrag, IPR, Form EG 11 3
Dividendengarantie als VzGDr 328 3b
Dividendenschein s Gewinnanteilschein
Dokumentation, ärztl Behandlg 823 13c
Dokumentenakkreditiv Einf 4 vor 783
Dolmetscher als ErklBote 120 1; bei TestErrichtg 2249 5b, BeurkG 32 1, Ausschließg Beurk 6, 7,

16, 26, 27, 32, 2b; Vertrag Einf 2 a vor 611; bei Beurk von WillErkl BeurkG 16
Doppelarbeitsverhältnis Einf 4 a dd vor 611
Doppelbuchung v Grdst 891 2a, 892 4a
Doppelehe, Ehenichtigk EheG 20 2, 3; Eheverbot, trennendes EheG 5; als EhezerrüttgsUrs 1565 3; IPR EG 13 2b aa; NichtigkKlage EheG 20 2, EheG 23; Wiederholg der Eheschl EheG 5 4
Doppelkondiktionenlehre 816 3b; beim Doppelmangel 812 5 B c ee
Doppelmangel, BereichergsAnspr 812 5 B c ee
Doppelname der Eheg 1355 2b aa
Doppelstaater PersStatut EG 5 2
Doppelte Inanspruchnahme beim Auseinanderfallen von Hyp u Fdg 242 4 D d
Doppeltreuhand 903 6b bb
Doppelverdienerehe 1360 3b; Unterhalt nach Scheidg 1578 2; VersorggsAusgleich Einf 9 vor 1587; Wohnsitzwahl 1353 2b bb, 1360 3b
Doppelvermietung Einf 1g vor 535, 541 1b
Doppelwohnsitz 7 4, 11 1a
Draufgabe 336; Anrechng 337 1; Reugeld 336 1; Rückgabe 337 1; Schadensersatz 336 1, 338 1, 2; bei Unmöglichk 338
Dreiecksverhältnis im BereichergsR 812 5 B b cc
Dreißigster 1969
Dreizeugentestament 2250; GültigkDauer 2252
Dreschvertrag Einf 5 vor 631
Dritter, Ablösgsrecht 268, 1150; Amtspflichtverletzg, geschützter – 839 5 B; Auflage, Bestimmung dch Dritten 2193; BereichergsAnspr bei Drittbeziehg 812 5 B b; Bestimmg der Leistg durch 317–319; Leistg durch 267; Vermächtnis, Bestimmg dch Dritten 2151, 2153, 2154, 2156; Umgang mit Kindern 1631 3a, 1632 4, 1634 2d; Versprechen der Leistg an Einf 1b vor 328; Vertr zugunsten 328 s a dort; Widerrufsrecht des Dritten bei Rechtsgeschäften eines Eheg 1366 3a, 1427, 1453; Wirkg der Eintragg im GüterRReg für Dritte 1412, 1431, 1449, 1456, 1470; im VereinsReg 68; ZugewAusgl gg Dritte 1390
Drittschaden, Geltendmach Vorb 6 vor 249; Mitverschulden 254 5a cc; aus unerlaubter Handlg Vorb 6 b bb vor 249, 852 2
Drittschuldnererklärung 781 2 d
Drohung, Anfechtg wegen 123, 2078; Anfechtsfrist 123 5 c, 124 1, 2, 2082, 2, 2283; Beweislast bei Anfechtg 123 6, bei verspäteter 124 3; als c.i.c. 276 6 B c aa; dch Dritte 123 3a dd; Erbunwürdig 2339 2c; ErfGesch 123 1a; Kollektivdrohg 123 1d; beim gerichtl Vergl 123 3b, 779 8c
Druckwerk, Haftg für Fehler 459 5e
Duldungsvollmacht 173 4; IPR EG 32 Anh 2; eines Elternteils 1629 3
Düngemittel, PfdR aus Lieferg Einf 3 vor 1204
Dünger, Gutsinventar 98 Nr 2; Zurücklassg bei Beendigg der Pacht eines Landguts 596b 1
Durchgangserwerb wie Direkterwerb
Durchgriff, von Einwendgen bei Baubetreuungs-Vertr 675 6h; bei zugesetztem Vertr Einf 5a vor 305; beim AbzGesch AbzG 6 Anh 2, 3; beim BereichergsAnspr 812 5 B 5 c ee; beim WerkVertr 631 3a; auf Mitgl an Pers Vorb 6 vor 21
Durchgriffshaftung, IPR EG 12 Anh 3
Düsseldorfer Tabelle 1361 5b aa, 1610 1c, d, 1615 f 1
Dynamisierung Einf 3a vor 1587, 1587a 1, 4; BarwertVO 1587a Anh II 1 2b; Teildynamik Anh II zu 1587a 2b bb

EDV Fette Zahlen = §§

E

EDV s Computer, Software
Effektivgarantieklausel 611 6 b
Effektivklausel, begrenzte **611** 6 b
Ehe, Bedeutung Einl 1 vor **1297**; Begriff u Wesen Einf 1 vor **1353**; diplomatische, konsularische Ehe EG 13 4 a bb; Doppelverdienerehe **1360** 3 b; u Familie, sittenw Vereinbg **138** 5 d; fehlerhaft geschlossene EheG **11** 2; freie – von rassisch u politisch Verfolgten **1931** 2 a; Hausfrauenehe Einf 1 b vor **1353**; Haushaltsführgsehe **1360** 3 a; kirchl Verpfl **1588** 1; auf Lebenszeit **1353** 1; im Ausland geschlossene Mehrehe Einf 1 vor **1353**; ggseit Pfl **1353** 1–3; Übergangsvorschr EG **198**; Verj-Hemmg **204** 2; Vermittlg **656**; Zuverdienerehe **1360** 3 b
Eheähnliches Zusammenleben Einf 8 vor **1353**; IPR EG **17** 5 a; kein AusglAnspr **426** 3 b; Einfluß auf Unterhaltsberechtigg **1361** 2 b bb; **1577** 3 c; kein Erstattungsanspruch bei Nichtzustandekommen der Ehe **812** 6 A; Erbeinsetzg **1937** 5 c; entspr Anwendg v § 2077 II **2077** 2 c; keine entspr Anwendg des § 1931, **1931** 2 b; kein gemschaftl Test **2265** 2; ErbVertr **2275** 2; kein unsittl Lebenswandel bei Pflichtteilentziehg **2333** 2 e; Regreß des SozVersTrägers Vorbem 7 E 4 vor **249**
Eheaufhebung, EheG **28**; Ausschließg bei Bewährg Eheg **32** 3 b; Ausschließg durch Fortsetzg der Ehe EheG **30** 3 b, **31** 3 b; Bestätigg EheG **32** 3 a; Erbrecht **1931** 2, **1933**, **2077** 2 b, **2268**, **2279**; Folgen EheG **37**; Geltendmachg EheG **29**; Gründe EheG **28**, **30–34**, **39**; IPR EG 13 2 b cc, 3; Kinder EheG **37** 2 c; Namen der Frau EheG **37** 2 a, **54–57**; Recht des für tot Erklärten EheG **39** 3; Übergangsvorschr Einf 3 vor EheG **28**; durch Urteil EheG **29**; Verjährg der Anspr EheG **35** 5; Wirkg ex nunc Einf 1 vor EheG **28**
Eheauflösung, Gründe EheG **5** 2 b; minderjähr Ehegatte **1633**; Name des angenommenen Kindes **1757**; Rechtskraft des ScheidUrt **1564** 2; durch Tod bei Gütergemeinsch **1482**; u Verfggen v Todesw **2077**, **2268**, **2279**
Ehebruch, kein Angriff **227** 2 b; Begriff **1565** 3; PflichttEntziehg bei Abkömml **2333** 2 e; als ScheidungsGrd **1565** 2 b; SchadErs Einf 1 c vor **1353**, **823** 5 F b, 14 F; UnterlKl Einf 1 c vor **1353**
Ehebruchskind, Schadensersatz wegen Unterhaltskosten **823** 5 F b, Einf 1 vor **1353**
Ehedauer, Herabsetzg des UnterhAnspr **1361** 3 b bb, 4 b aa, **1573** 5 b, **1578** 2 b aa, **1579** 3 a, EheG **58** 1; VA **1587 c** 2 f; s auch Ehezeit
Ehefähigkeit EheG **1–3**
Ehefähigkeitszeugnis, Ausländer EheG **10**, Befreiung EheG **10** 3; Antr auf gerichtl Entscheid EheG **10** 3; Gebühren EheG **77 a**; Inländer, Anh zu EheG **10**, Prüfgspflicht des Standesbeamten Anh zu EheG **10** 1; IPR EG **13** 4 b bb; Staatenlose Anh zu EheG **10** 1; Flüchtlinge Anh zu EheG **10** 1
Ehefrau, Ehe- u Familienname **1355**; Erwerbstätigk, Berechtigg **1356** 3, Verpflichtg **1360** 3 b, **1361**; Ersatzanspr bei unerlaubter Handlg **843** 4 A d; Vorb 3 k vor **249**; Geschäftsfähig Einf 2 b vor **1353**, IPR EG **14** 4 b; Minderjährige **1633**; Schlüsselgewalt (Geschäfte z Deckg des Lebensbedarfs) **1357**, s a dort; Unterhaltsanspr bei Getrenntleben **1361**; Unterhaltspfl **1360**, **1360 a**; Vertretungsmacht **173** 4 f; Vormund für minderj Ehefrau **1778**; s a Ehegatte, Ehemann, Frau
Ehegatte, Annahme der Erbsch **1943** 1 c, **1432**, **1455**; Antr auf Eintragg im GüterRReg **1561**; Arbeitsverhältnis Einf 1 g vor **611**; Aufgebot der NachlGläub **1970** 3; ausländischer, Schutz gutgläub Dritter EG **16**; Ausschlagg der Erbsch **1945** 2, **1432**, **1455**; Anspr wg ggseit Zuwendgen **242** 6 D c, Einf 5 b vor **812**; Besitz **866** 1 b, **868** 2 c bb, bei Gütergemeinsch **1422** 3, **1450** 4, bei Gütertrennung Grdz 1 v **1414**; Eigentumsvermutg **1362**; Einzahlg auf Konto des anderen **328** 2 b; Entscheidungsbefugn **1353** 2; Erbauseinandersetzg **2042** 3; Erbrecht s EhegattenerbR; Erbvertr zw Ehegatten **2275** 2, **2276** 4, **2279** 2, **2280**; Einbeziehung in die Schutzwirkung von Verträgen **328** 3 d; Ersatzanspr bei unerlaubter Handlg **843** 4 A d, **845** 2, 3; gemeinsch Test **2265** 1; Gen zu RGesch **1365–1369**; ggseit Vertretg Einf 2 b vor **1353**; Geschäfte zur Deckg des Lebensbedarfs **1357**; GesellschVerh **705** 8, **1356** 4 d; **1931** 6; Geschenke **516** 4 f; Getrenntleben **1353** 3; Haftungsgemeinschaft **1357** 2 a; Hausratsverteilung bei Getrenntleben **1361 a**; HausratVO **18 a**; Hausratsübereigng an anderen Eheg **929** 3 b cc, **930** 3 b; Innengesellschaft **705** 8, **1356** 4 d; Inventarerrichtg **1432**, **1455**, **1993** 2, **2008**; Kostenvorschuß f gerichtl Verfahren **1360 a** 3; Lebensgemeinsch **1353** 2; Mietvertr **535** 1 d, 3 f, Künd **569** 1, 3 c; mj Eheg **1633**; Mitarbeit Beruf/Gesch des anderen **1356** 4, Unentgeltlichkeit **1356** 4; Mitarbeitspfl im Haushalt **1356** 2; Name **1355**; persönl RBeziehungen, IKR EG **14** 1 d; IPR EG **14**; Überg Vorschr EG **199**, **200**; RGesch über HaushaltsgGst **1369**; über Vermögen im Ganzen **1365**; PflichttRecht **2303**; Verzicht auf Pflichtt **1432**, **1455**; PflichttEntziehg **2335**; Pflichtverletzg als Einrede gg ZugeAusgl **1381** 2; Recht zum Getrenntleben **1353** 3; Rechtsgesch miteinander Einf 2 c vor **1353**; SonderRNachf des verstorbenen Mieters **569 a**, **569 b**; Sorgfaltspfl **1359**; Schutz der Intimsphäre **823** 6 f; ÜbergangsR GleichberG **8** I 1, Einf 7 vor **1353**; ÜbergangsR GleichberG **8** I 2, **1413** 4; Unterhaltspfl **1360 ff**, **1608**, Umfang **1360 a**, bei GetrLeben **1361**; GeldmangeIs des KindesUnterh bei GetrLeben **1629** 5; Verhältn bei nichtiger Ehe EheG **26**, bei Nichtehe EheG **26** 2; Verjährg **204**, VermächtnAnnahme u -Ausschlagg **1432**, **1455**, **2180**; unbenannte Zuwendgen, GeschGrdlage **242** 6 D c; Vermögensverwaltg **1413**; Vertretg, ggseitige Einf 2 b vor **1353**, EG **14** 4 b, bei Mitarbeit im Gesch **1356** 4 b; Voraus **1932**; Vormd f Vollj **1900**; Wohnsitz **1353** 2 b bb; Zuwendgen aus dem Gesamtgut **2054**, **2331**; s a Ehemann, Ehefrau
Ehegattenerbrecht, Ausschl bei Scheidg **1933**, **2077** 2, 3; bei Gütertrennung **1931** 5; Scheidgsantrag, AufhebgsKl **1933** 1–3, **2077**, **2268**, **2279**; gleichzeitige Verwandtschaft **1934**; Voraus **1932**; Zugewinngemeinsch **1371** 1, 2, **1931** 4
Ehegattengesellschaft 705 8, **1372** 1 b dd, **1931** 6
Ehegesetz, DurchfVOen, Fortgeltung, Aufhebg Einl 3 vor EheG **1**, EheG **79** 2; Änderg durch FamRÄndG u 1. EheRG Einl 1 D, G vor EheG **1**; Gleichberechtig v Mann u Frau Einl 1 B, C vor EheG **1**; Inkrafttreten EheG **80**; Übergangsvorschr Einf 3 vor EheG **16**, Vorb vor EheG **25**, EheG **80** 1
Eheherstellungsklage Einf 3 b vor **1353**
Ehehindernis, Annahme als Kind **1683** 1, EheG **7**; IPR EG **13** 2 b aa, zweiseitige EG **13** 2 b aa; Vormundschaft **1845** 1; vgl auch Eheverbot
Eheliche Abstammung s Ehelichk
Eheliche Kinder, rechtl Stellg **1616–1698 b**; Wohnsitz **11** 1; s a Ehelichk
Eheliche Lebensgemeinschaft, absol R Einf 1 vor **1353**, **1353** 1–3; Aufhebg der – als ScheidgsVor-

Magere Zahlen = Erläuterungen

Ehescheidungsurteil

aussetzg **1353** 3b, **1565** 2; Aufhebgsgrd **1353** 3c; Entscheidgsbefug **1353**, 2b cc; Getrenntleben **1565** 2; HerstellgKl Einf 3 vor **1353**; Hindernisbeseitiggspflicht **1353** 2; IPR EG 14 4b; Mißbr des HerstellVerlangens **1353** 3a; Mitarbeitspfl **1356** 4; ScheidgAntr, Recht auf **1565** 2; Unterhalt bei Aufhebg **1361**, **1361a**; VerweigR **1353** 3; Wiederherstellg **1356** 2, 4

Ehelicherklärung 1723 ff; Allgemeines: IPR EG 21 3; Verh zur Legitimation dch nachf Ehe Einf 1 vor **1719**; Wohnsitz des Kindes **11** 2; auf Antr des Kindes **1740a–1740g**; Anhörg von Angehörigen **1740d**; Antrag **1740a**, **1740c**; Antragsfrist **1740e**; Einwilligg des überleb Elternteils **1740b**; elterl Sorge **1740f** 1; Erfordernisse **1740a**; Name des Kindes **1740f** 1; Namenserteilg für Mutter **1740g**; Rechtsstellg des Kindes **1740f**; Vertretg des Kindes beim Antr **1740c**; Zustdgk des VormschG **1740a** 3; auf Antr des Vaters **1723–1739**; Antr **1723**, **1730**; Bedinggs-Feindlichk **1724**; Einwilligg des Kindes der Mutter **1726**; Ersetzg der Einwilligg **1727**; der Zustimmung der Ehefrau des Vaters **1727** 3; elterl Sorge **1736**, **1738**; Erfordernisse **1723**; Form von Antr, Einwilligg **1730**; Mängel heilb **1735** 1; Tod des Kindes, des Vaters **1733**; UnterhPfl des Vaters **1739**; Unwirksamk der E **1735** 2; Vertretg bei Antr, Einwilligg **1728**, **1729**; Wirkgen für das Kind **1736**, für die Mutter **1738**, erbrechtl **1924** 3a

Eheliches Güterrecht 1363–1518; allgem Einf vor **1363**; Aufwand, ehelicher s Familienunterhalt; Ehevertrag s dort; Flüchtlinge Anh II zu EG **15**; fortges Gütergemeinsch s dort; gesetzl Güterstand Grdz 1 vor **1363**, s a Zugewinngemeinsch, Gütertrenng; Gütergemeinsch s dort; Güterrechtsreg s dort; Gütertrenng s dort; IKR EG 15 1a; IPR EG **15**, **16**. Anh 1 zu EG **15**; DDR Einf 8 vor **1363**; ÜbergVorschr EG 200, Einf 10 vor **1363**, **Grdz 5a, b, c vor 1363**; Unwandelbark im IPR EG 15 1b; Verweisg auf nicht mehr geltendes oder ausländ Recht **1409**; vertragsmäß Güterrecht **1408–1518**; Vertragsfreiheit Einf 1 vor **1363**, Grdz 1 vor **1408**, **1408** 4; Vertriebene Anh II zu EG **15**

Ehelichkeit 1591–1600; Beiwohng des Mannes, Vermutg **1591**; Ehelichk Voraussetzgen **1591**; Empfängniszeit **1592**; Feststellg, ÜbergVorschr EG 208 1; Geltendmachg der Nichtehelichk **1593**; IPR EG **19**; Kinder aus für nichtig erkl Ehe EheG **25**; künstl Befruchtg **1591** 5, **242** 4 Bh; Wiederherstellg **1593** 2; Wiederverheirat der Frau **1600**; s a Ehelichkeitsanfechtg

Ehelichkeitsanfechtung 1593–1600; Anerkenntnis **1594** 4; AnfErklg nach Kindestod **1599**; AnfFrist für Mann **1594** 1; AnfKlage **1593** 2, **1599**; AnfR der Eltern des Mannes **1595 a**, **1599**; des Kindes **1596**, **1597**, **1599**; des gesetzl Vertr des Kindes **1597**, des Mannes **1593** 1, **1594**, **1599**; AusglAnspr für ProzKosten gg Erzeuger **1615b** 2; Einwendgen **1593** 4; Fristversäumnis **1594** 3; höchstpersönl Recht des Mannes **1595** 1; IPR EG **19**; RMißbr **1593** 4b; Stellg der Mutter **1597** 2c; nach der Scheidg **1629** 2; Tod des Kindes **1599**; Tod des Mannes **1595a**, **1596**, **1599**; ÜbgggsR EG 203 1; unzul RAusübg **242** 4 B e; vorz Wiederverheiratg **1593** 2, VormschG **1599**; vorz Wiederverheiratg der Frau **1600**

Ehemäklervertrag 656 1; AGB AGBG 9 7e; finanzierter — **656** 2; Vergütg **656** 2

Ehemann, Ehelichkeitsanfechtg durch E **1594**, **1599**; Antr auf Eintragg im Güterrechtsreg **1561** 3; Eigentumsvermutg **1362**; Grdstückserwerb f Rechng der Ehefrau **667** 3b; Unterhaltspfl

1360 ff; Unterhalt der Frau bei Getrenntleben **1361**; Bestellg zum Vormd für minderj Ehefr **1778**; s a Ehegatte, Ehefrau

Ehemietwohnung, 535 1a, **866** 1b; Schicksal nach Auflösg der Ehe **753** 2, Anh II zum EheG; dch Tod **569a, 569b**

Ehemündigkeit, EheG **1**; IPR EG 13 2b aa

Ehename für Altehen **1355** 1b aa; Begriff **1355** 2; Änderg **1355** 5; Ehename nach Scheidg **1355** 4, IPR EG **17** 5b; bei Annahme als Kind **1757** 1; Name des nichtehel Kindes **1617** 3; IPR EG **10** 3

Ehenichtigkeit, Einf 1b vor EheG **16**; Berufg auf — EheG **23** 1; Bewußtlosigk EheG **18**; Doppelehe EheG **5**, **20**, 2, 3; elterl Sorge **1671** 6; kein Erbrecht **1931** 2a; vermögensrechtl Folgen EheG **26** 2–4; Formmangel, Heilg durch Miteinanderleben EheG **17** 3; Geschäftsunfähig EheG **2** 1, EheG **18**; Gründe EheG **16**; Gutgläubigk, WahlR betr VermögFolgen EheG **26** 4; Heilg durch Bestätigg EheG **2** 1, **18** 3; IPR Einf 3 vor EheG **16**, EG **13** 2b cc; Kinder, Stellg bei — **1591**; Legitimation v Kindern **1719** 2b; NichtigkUrt EheG **23** 2; Schwägerschaft EheG **21** 2; Sorgerecht **1671** 5; unterhaltsrechtl Folgen Einf 1b vor EheG **16**; vermögensrechtl Wirkgen EheG **26**; Vermerk im Familienbuch Einf 2 vor EheG **16**; Verwandtsch EheG **21** 2; Wirkg der Heilg EheG **17** 3, **18** 3; Wirkg des Urteils EheG **23** 2, 3

Ehenichtigkeitsklage, EheG **23**, **24**; SicherhLeistg für ZugewinnausglAnspr **1389**, **1390** 5; unzulässige RAusübg **242** 4 B e

Ehesachen, Einf 4 vor **1564**, Einf 2 vor EheG **16**, Einf 3 vor EheG **28**

Ehescheidung, Allgemeines Einf vor **1564**; Anerkenng ausländ Urt EG **17** 7b, DDR-Urt EG **17** 8b; Anspr aus § 242 nach — **242** 6 D e, aus § 812 — **812** 4 d bb; Antrag Einf 4 vor **1564**; Ausschl im Interesse der Kinder **1568** 2, im Interesse des anderen Eheg **1568** 3; anwendb Recht EG **17** 2; nach ausländ Recht EG **17** 1 e, 8; Eheaufhebg Einf 2 vor EheG **28**, s auch Eheaufhebg; einseitige Ehesch **1566** 3; einverständliche Einf 4b vor **1564**, **1566** 2; einstwAO Einf 4c vor **1564**; Erbrecht **1931** 2a, **1933**, **2077**, **2268**, **2279**; EntscheidgsVerbund Einf 4b vor **1564**; Erleichterg **138** 5d; Fristen **1564** 3; Geschichte Einf 2 vor **1564**; Gründe **1564–1568**; Härtefälle **1564** 3, **1568**; Hausrat **Anh II** zu EheG; IKR EG **1** 1e, 8; IPR Einf 5 vor **1564**, EG **17**; internationale Zuständig EG **17** 7a; Kinder, Verhältnis zu **1617**; Mietvertrag **535** 1; Name des geschiedenen Eheg **1355** 4; PersSorge für Kinder **1671**; Privatscheidung, s dort; Regelg im BGB Einf 4 vor **1353**; Scheitern der Ehe **1564** 3, **1565** 1; vor Ablauf des TrenngsJahres **1565** 4; ÜbergangsR Einf 6 vor **1564**, EG 201 1, 2; UnterhAnspr nach — Einf vor **1569**, **1569 ff**; Urt-Erfordern **1564** 1; Verfahren Einf 4 vor **1564**; VerfassgsMäßigkeit des — Rechts Einf 2 vor **1564**; Umgang mit Kindern **1634**; Einfl auf Unterhalt **1579** 2; Voraussetzgen der Zerrüttg **1562** 2; Voraussetzgen des Scheiterns der Ehe **1565** 2; Wirkgen Einf 3 vor **1564**; als Wegfall der GeschGrdlage **242** 6 D c, — des RGrdes für eine Leistg **812** 6 A c bb, d bb, **818** 6 D f; Wohng nach Scheidg **Anh II** zu EheG, IPR **17** 5b; ZerrüttgsPrinzip Einf 2 vor **1564**, **1564** 3, **1565** 1; ZerrüttgsUrsachen **1565** 2b, 3; ZerrüttgsVermutg **1566** 3, **1566**

Ehescheidungsurteil 1564; Anerkenng ausländ Urt EG **17** 7b, DDR-Urt EG **17** 8b; erschlichenes **1564** 2; Grundsatz der Einheit lichk Einf 4j vor **1564**; RKraft Einf 4i vor **1564**, **1564** 2; RMittel Einf 4b vor **1564**; Wirkg **1564** 2

2571

Ehescheidungsverfahren

Fette Zahlen = §§

Ehescheidungsverfahren Einf 4 vor **1564**
Eheschließung, Anwesenheit, gleichzeit EheG **13** 3a; Aufgebot EheG **12**; Ausländer im Inland EheG **13** 4, **15a**; EG **13** 5; im Ausland, Erleichterg EG **13** Anh 3; Bedinggsfeindlk EheG **13** 3b; als Bedingg erbrechtl Zuwendgen **2074** 1; Deutsche im Ausland EG **13** 4a; Eheschließg des Kindes, Vermögenseinkünfte **1649**; Einwilligg EheG **3**; Erkl des Eheschließgswillens EheG **13** 3b; Ferntrauung EheG **13** 3a; Form EheG **13**, **14**; Formmangel EheG **17**; Heilg unwirks Eheschl Anh I u II z EheG **11**; Genehmigg d gesetzl Vertr EheG **30**; Geschäftsfgk der Ehegatten Einf 2b vor **1353**; IPR EG **13**; vor Konsuln EG **13** 4a, Anh 1; nachträgl Eheschl nach dem Tode EheG **13** 3b; EheG **13** Anh II, **1931** 2a, **1924** 3a; Nichtstandesbeamter EheG **11** 2; obligator Zivilehe Einf 1 vor EheG **11**, **11** 2; Ort EheG **14** 2; Standesbeamter Mitwirkg EheG **11** 2, EheG **13** 3a; Form EheG **13** 2, **14** 2; Staatsangehörig EG **13** 2a; E von Straf-, Untersuchgsgefangenen Einf 2 vor EheG **4**; Übergangsvorschr des GleichberG Grdz 5a, b vor **1363**, **1363** 2, Grdz 2 vor **1414**; Vertragsnatur Einf 1 vor EheG **11**, Einf 1 vor **1297**; Vorschriften, nicht zwingende EheG **14** 2; Wiederholg EheG **5** 4; Wirkgen Einf 2 vor **1353**
Ehestörungsklage, Einf 1c vor **1353**
Eheverbot, Einf vor EheG **4**; abschließende Aufzählg Einf 2 vor EheG **4**; Annahme als Kind EheG **7** 2; aufschiebendes Einf 1 vor EheG **4**; Auseinandersetzgszeugn, fehlendes EheG **9** 2; Befreiung EheG **4** 6, **6** 7; Blutsverwandte EheG **4** 2; Doppelehe EheG **5** 2, 3; IPR **13** 2a aa; Schwägersch EheG **4** 3; VormsG EheG **4** 7; Wartezeit EheG **8** 2
Eheverfehlung des Scheidungsgegners **1565** 2b; Bedeutg für den Unterhalt **1361** 3a, **1579** 2d
Ehevertrag 1408 ff; Abschl durch gesetzl Vertr **1411** 1, 2; Anfechtg wegen GläubBenachteil **1408** 1, Arglistenrede des Scheidungsberecht **1408** 2; Dauer **1408** 2; einseitige Aufhebg **1408** 2, Eheauflösg **1408** 2; Eintragg im Güterrechtsreg **1412** mit Erbvertr **2276** 4, 5; Fortges Gütergemeinsch **1483** 1; Form **1410**; Genehmigg des VormsG **1411** 1; Gegenstand **1408** 3; beschr Geschäftsfähigk **1411** 1; Geschäftsunfähig **1411** 2; IntPrR EG **15** 5; Kenntnis Dritter **1412** 3b; Übergvorschr EG **200** 4; Überlassg der Vermögensverw, Widerruf **1413** 1; Umdeutg **1941** 9; Vertragsfreiheit Einf 1 vor **1363**, Grdz 1 vor **1408**, **1408** 4, Beschränkgen der Vertragsfreih **1409**; Versorgungsausgleich, Ausschließg **1408** 3b, **1414** 1d; Verweis auf nicht mehr geltdes oder ausl Recht **1409**; VorbehGut **1418** 3a; Wirksamk ggüber Dritten **1412** 1, 3
Ehewirkungen, IPR EG **14**
Ehewohnung, Besitz **866** 1b; einstweilige Anordnung Einf 4c vor **1564**, HausrVO **13** IV (Anh II zu EheG); nach Auflösg der Ehe **535** 1a, **866** 1b dd, Anh II zu EheG, IPR **17** 5b, dch Tod **569a**, **569b**, **1932** 3; bei MitEigt **1361b** 3; Bedeutg für UnterhR **1361** 2d; bei WohngsEigt WEG **60**; Zuweisg bei GetrLeben **1361b**, Einf 4c vor **1564**, **1567** 2a, IPR EG **14** 4b
Ehezeit, Begriff **1587** 3, Berechn des Anteils beim VA **1587a** 1, 3 A d, B a, C c dd
Ehezerrüttung, Begriff **1565** 1; Vermutung **1566**; Voraussetzgen **1565** 2, 3
Ehre, Einf 2 vor **1**; Ggst von RGesch **138** 5c, e; Schutz Einf 8b aa vor **823**, **1004** 5b
Ehrenamtliche Richter, Haftung **839** 8a
Ehrenwort, Bindg **138** 5c

Eidesstattliche Versicherung 259–261 6; des Erben **2006**; bei Gütergemsch **2008** 4; des ErbschBesitzers **2027**; des Hausgenossen ggü Erben **2028**; der MitE bei Erbausgl **2057**; Klage auf Leistg **259–261** 2, 5 c bb; Kosten des Verf **259–261** 6c dd, **2006** 5; Rechngslegg **259–261** 3, 6a; Rechtsschutzinteresse **259–261** 6b; zuständiges Gericht **259–261** 6c, **2006** 4, **2028**; im Verf der ErbschErteilg **2356**
Eigenbedarf d Vermieters **556a** 6a bb; bei Wohnraum **564b** 7; Vortäuschg **276** 7 C a, E a
Eigenbesitz 872
Eigengeld 1199 4
Eigengrenzüberbau 912 2b
Eigengruppe Einf 4a cc vor **611**
Eigenhändiges Testament 2231 2; **2247**; gemeinschaftl Test **2267**; Unterschrift **2247** 5; Verwahrg **2248**; Zeit- u Ortsangabe **2247** 4
Eigenhändlerverträge 138 5e
Eigenmacht, verbotene, **858** 1; Abwehrrecht **859** 2; Besitzentziehg, Begriff **858** 4; Besitzentziehgsanspr **861** 1; Besitzstörg **858** 5; Besitzstörgsanspr **862** 2; Einzelfälle **858** 3; Erlöschen der Besitzansprüche **864**, **869**; Gestattg der Beeinträchtigg **858** 6; Grdst, Entsetzg **859** 3b; Rechtsnachfolger **858** 7; Selbsthilfe **859**; Wiedereinräumgsanspr **861** 2
Eigenrechtserbschein 2369 2a, c
Eigenschaft, arglist Vorspiegelg **463** 3; Irrtum über wesentl **119** 6; persönl, Begriff EheG **32** 3; bei Eheschließg EheG **32** 2; wesentl der Person **119** 6a, b; wesentl d Sache od des Gegenstandes **119** 6c; zugesicherte der Kaufsache **459** 4, **463** 3a, der Mietsache **537** 3b; zugesicherte, SchadErs wegen Fehlens **463**, **480** 3, AGBG **11** 11
Eigentümer, AbholgsAnspr **1005**; AbwehrAnspr s Einwirkgen auf Eigt; Anspr gg Besitzer **987–993**; Ausschluß **927**; Befugn **903** 2; Beschrkg der Befugn **903** 3, 4
Eigentümerdauerwohnrecht WEG **31** 2
Eigentümerdienstbarkeit 1018 3, **1090** 3
Eigentümererbbaurecht ErbbRVO **1** 3
Eigentümergrundschuld, 1163 4b, 5b, **1177** 3, **1196**; Bedeutg **1196** 1; Bestellg **1196**; Entstehg **1177** 3a; Entstehg durch Umwandlg einer EigHyp **1163** 4b, 5b; Fdgsunterlegg **1198** 3; Gesamthyp **1163** 5b; Inhalt **1197**; InhÄnderg **1196** 3; Löschungsanspruch **1196** 4; Löschgsvormerkg **1179** 2c cc; aus nichtiger Hyp **1196** 2; Rang **1177** 3b; bei TilggsHypothek Übbl 2d aa vor **1113**; Übertragg **1196** 3; Umstellg **1113** 7, **1196** 4; Umwandlg **1198**; Umwandlg in Hyp **1163** 4c, **1198** 3; Veräußerg des Grdst **1163** 5b; Vfgsbefugnis des Eigentümers **1177** 3c; Vfg über künftige **1163** 5c; Verteilg, Klage auf Einwilligg **1172** 3; vorläufige Vfgsbeschränkg **1163** 4d, 6; Währgsreform **1113** 7, **11964**; Zinsanspr, Umfang **1197** 3; ZwVollstrVerbot für Eigentümer **1197** 1, 2
Eigentümerhypothek, 1163; Berichtigg des GB **1163** 4b; Bestellg, rechtswirksame **1163** 3; Erlöschen der Fdg **1163** 5a; Fdg, nachträgl Entstehen **1163** 4c; Gesamthyp **1163** 5b; Gesamthyp, Bruchteilsgemeinschaft **1172** 2; Miteigt nach Bruchteilen **1163** 4b; Nichtentstehg der Fdg **1163** 4a; Umwandlg in bedingte EigtGrundschuld **1163** 4b; Vereinigg von Hyp u Fdg in der Hand des Gläub **1177**
Eigentümernießbrauch 1030 3
Eigentümerteilhypothek 1176
Eigentümerreallast 1105 3c
Eigentum, Begrenzg, räuml **905**, Begriff Übbl 1a, 1b vor **903**, **903** 1a; Formen **903** 1c, 1d; Garantie Übbl 1c vor **903**; Gegenstand **903** 1b; Inhalt Übbl

Magere Zahlen = Erläuterungen **Eintragsbewilligung**

1 a, 1 b vor **903, 903**; öffentliches **903** 1 a; öffrechtl Körperschaften Übbl 4 d vor **90**; ÜbergangsR EG **181, 189**; Verletzg **823** 5
Eigentumsaufgabe, Grdst **928**; bewegl Sache **959**; WohngsEigt WEG **6** 2 d
Eigentumsbeschränkungen 903 3, 4; EG **111**
Eigentumserwerb, an bewegl Sachen dch Einigg u Überg **929** 2, 3; nur dch Einigg **929** 4; dch Einigg u BesMittlgsVerh **930**, dch Einigg u Abtretg des HerausgAnspr **931**; unter EV **929** 6; an Bestandteil **953** 1, **954** 1, **955** 1, **956** 2, 3; Vermutg bei Ehegatten **1362**; Erlöschen der Rechte Dritter **936**; Erzeugn **953** 1, **954** 1, **955** 1, **956** 2, 3; Fund **973–976**; krG Einf **2** b vor **929** 2; an Grdst **925**; GrdstZubeh **926**; an hinterlegten Sachen Einf 3 c vor **372**; mit Mitteln des Kindes **1646**; dch RGesch Einf 2 a vor **929**; an Schiffen **929** a; SchuldUrk **925** 3; dch Staatsakt Einf 2 c vor **929**; Stellvertretg **929** 5; Verarbeitg **950** 3; Verbindg u Vermischg **946** 3, **947** 3, **948**; s a Aneigng, EigtErwerb vom NichtEigtümer Ersitzg, Fund u Schatz
Eigentumserwerb vom Nichteigentümer, bei abhgk Sachen **935**; BewLast **932** 4; Bösgläubigk **932** 3, **933** 3, **934** 3; dch Einigg u Abtr des HerausgAnspr **934** 2, u Überg **932** 2, u Vereinbg eines BesMittlgsVerh **933** 3; an Grdst **892**; an MitEigtAnt **932** 1 b; an Schiffen **932** a; dch VerkehrsGesch **932** 1 c; Wirkg für Erwerber **932** 5, für DrittBerecht **936**; in ZwVollstr **932** 1 b
Eigentumsmißbrauch als Sittenwidrigkeit **826** 8 e
Eigentumsstörung, Abwehranspr **1004**; Duldgspfl **1004** 7; GBEintragg, unrichtige **1004** 2 d; Unterlassgsanspr **1004** 6; Verjährg **195** 3 b, **198** 2 c, **221** 1; Verschulden, beiderseitiges **254** 2 b; Wiederholgsgefahr **1004** 2 c
Eigentumsübertragung, an den, ans angeht **929** 5 c; bgdt **929** 2 a bdt; befristet **929** 2 a cc; buchgsfreie Grdst EG **127** 1, 2; dch LandesG EG **126** 1; Verpflichtg bei Grdst **313**; s Eigentumserwerb; an Grdst s a Auflassg
Eigentumsvermutung 1006; bei Ehegatten **1362**; IPR EG **14** 4 b, **16** 3
Eigentumsverschaffung dch Verkäufer **433** 2 b
Eigentumsvorbehalt 455 1–4, **929** 6; bei AbzahlgsG AbzG **5**; in AGB AGBG **9** 7 e; bei widersprechen AGB AGBG **2** 6 e; Bdgg **455** 3; Beweislast **455** 1 j; einfacher **455** 2 a; erweiterter **455** 2 b; Fruchtziehg **956** 8; gutgl Erwerb **455** 1, **929** 6 B b, C a bb; HerausgAnspr des Verk **455** 5; IPR EG **38** Anh II 3,4; Kontokorrentvorbehalt **455** 2 b, c; Konzernvorbehalt **455** 2 b ee; Leistg des Dr bei **267** 6; mittelbarer Besitz bei **868** 2 a cc, **929** 6 B d, C c bb; nachgeschalteter **455** 2 b bb; nachträgl **455** 2, **929** 6 A b bb, cc; Rücktritt **455** 4; Sachbestandteil **93** 4; verlängerter **138** 5 v, **398** 6 c, **455** 2 b cc; Ermächtigg zur Veräußerg bei verlängertem **– 185** 2; Konflikt mit Abtretg an Factor **398** 9, Globalzession **398** 6 c, **455** 2 b bb; vertragswidr **455** 2, **929** 6 A b bb; Verzicht **455** 2 a cc, **929** 6 A d bb; weitergeleiteter **455** 2 b aa
Eigentumswohnung, Erwerb **433** 1 a, WEG **2, 3**
Einbauküchen, wesentl Bestandteil **93** 5
Einbauten des Mieters **547** a
Einbenennung nichtehel Kinder **1618**; IPR EG **10** 5 a
Einbeziehungsvereinbarung bei AGB AGBG **2**; bei widersprechen AGB AGBG **2** 6 e; formulärmäß Klausel AGBG **9** 7 e
Einbringung bei Gastwirten **701–704**; Sachen des Mieters **559** 3–5
Einfügung s Verbindg
Eingebrachtes Gut, Auseinandersetzg **1478**

Eingetragener Verein 55–79; Änderg des Vorstandes **67, 68**; Eintragg **64–66**; Eintragg der Auflösg **74**, der Konkurses **75**, der Liquidation **76**, v Satzgsänderungen **71**; Entziehg d Rechtsfähigk mangels Mitgl **73**; Vertretgsmacht des Vorstandes **70**; s a Verein u Vereinsregister
Eingriffskondiktion 812 1, 3; **951** 1 a, d
Eingriffsnormen im öffentl Interesse, IPR **34** 3
Einheitshypothek Übbl 2 e vor **1113**
Einheitskondiktionenlehre 816 3 b; beim Doppelmangel **812** 5 B b ee
Einheitsmietvertrag, Einf 8 d vor **535**
Einigung, bei Übereign von Grdst **925** 3–5, bewegl Sachen **929** 2; bei Vfg über GrdstR **873** 3; BesErwerb dch **854** 4; Bindg an **873** 5, **925** 6 c, **929** 2 d – der Eltern über elterl Sorge nach Scheidg **1671** 2, Wegfall der GeschGrdlage **242** 6 D c; Erklärungen, voneinander abweichende **155** 2, 3; teilweise bei Vertragsschluß **154**
Einigungsmangel, Begriff **154** 1; bzgl AGB-Einbeziehg AGBG **6**; mehrdeutige Erkl **155** 2; Mißverständnis **155** 2; negatives Interesse **155** 3; offener **154** 1; Vergessen od Übersehen eines Punktes **155** 2 c; versteckter **155** 1, 2
Einkaufsbedingungen Vorb 4 vor **459**, AGBG **9** 7 e
Einkommensteuer des Erbl, Erben, Einl 9 vor **1922**, als außerordentl Last **2126** 1
Einkünfte, des Gesamtguts bei Gütergemeinsch **1420**; des Kindesvermögens **1649**
Einlage in Gesellschaft **706** 1
Einliegerwohnung 564 b 3 a, 10, 2, WKSchG **2** 1 b, 3 a
Einmanngesellschaft, keine bei GbR **736** 1; Durchgriffshaftg Einf 6 vor § **21**; InsichGesch mit AlleinGter u GmbHF **181** 4 b; SchadErsAnspr des AlleinGter bei Schädigg der – Vorb 6 a vor **249**
Einrede der Arglist **242** 4 B a, c, **826** 6, 8; aufschiebende **202** 2; aufschiebende des Erben **2014–2017**; der Bereicherg **821**; grober Unbilligk gg ZugewAusgl **1381** 2; des nicht erfüllten Vertrages **320**; Kondiktion bei E **813** 2 a; Verjährg der E **194** 2 d; Verjährg, E der **222** 1; u Verzug **284** 2; des ZbR **273** 1, **284** 2
Einrichtung, Begriff **258** 2
Einsicht Erbvertr **2264** 2, **2277** 4, **2300** 3; GeschUnterlagen dch Gter **716** 1; GrdBuch Übbl 3 h vor **873**; GüterRReg **1563** 1; KrankenPap **1922** 5; NachlAkten **2264** 2; Nachlaßinventar **2010**; Testament **2264**, BeurkG **34** 6; Urkden **810, 811**; VereinsReg **79** 1
Einspruch gegen Eintragg ins Vereinsregister **61** II, **62, 63** 1, 2; gg Erwerbsgeschäft des anderen Eheg **1431** 4, **1456**
Einsturz eines Gebäudes **836**; Gefahr **908**
Einstweilige Anordnung, in EheVerf Einf 4 c vor **1564**; hinsichtl Sorgerecht Einf 4 a vor **1626**, **1671** 7; im WEGVerf WEG **44** 3
Einstweilige Verfügung gg unwirks AGB AGBG **15** 4; Erwerbsverbot **136** 2, **313** 12 c; auf Räumg von Wohngen **556** a 7; Unterhalt nichtehel Kinder **1615** o; Vormerkg **885** 2; bei SichergsHypothek des Bauunternehmers **648** 3; Veräußerungsverbot **136** 2; bei verbotener Eigenmacht **861** 6 f, WiderspreintAgg **899** 5 b
Eintragung ins Grundbuch Übbl 3 vor **873, 873** 4; Kondiktion **812** 4 b; ins Güterrechtsregister **1558** ff; Hyp **1115**; Kosten **449** 2; Rang des Rechts **879**; Rechtsänderg **891** 1 a; ins Vereinsregister s dort
Eintragungsbewilligung, Bezugnahme **874**, bei Hyp **1115**

2573

Eintragungsfähigkeit Fette Zahlen = §§

Eintragungsfähigkeit für GB Übbl 3 b vor **873**
Eintragungszeugnis, Verein **69**
Eintrittsgeld, Sittenwidrigkeit **826** 8 p
Eintrittskarten 807 2
Eintrittsklausel im Gesellschaftserbrecht **1922** 3 c d, e
Eintrittsrecht beim Kauf Vorb 4 c vor **504**
Einverleibung 588 3, Vorb 2 vor **946**, **1048** 1
Einvernehmen der Ehegatten über Haushaltsführg **1356** 2 a; zwischen Eltern **1627**; zwischen Eltern u Kindern **1626** 5 c
Einwendungen bei Abtretg **404**; gg Annahme der Anweisg **784** 3; Besitzschutzanspr **863**; gg Dritte bei Ausschluß des gesetzl Güterst **1412**; gg Dr bei Vertr zugunsten Dr **334**; Schuldübernahme **417**; Schuldverschr auf Inh **796**; Schuldversprechen **780** 5
Einwendungsdurchgriff, s Durchgriff
Einwilligung, Begriff Einf 1, 2 vor **182**, **183**; zur Annahme als Kind **1746–1750**; eines Eheg bei Gütergemeinsch **1423–1428**, **1431**, **1453**, **1456**; eines Eheg bei ZugewGemsch **1365**, **1369**; zur Ehelicherklärg **1726–1730**, **1740 b**; zur Eheschließg EheG 3; zur Vfg eines Nichtberecht **185** 2; des Verletzten **823** 6 B h; **254** 6 c; Vertrag Minderj **107** 3; des VorbehVerkäufers zu Vfgen des VorbehKäufers **185** 2; Widerruflichk **183** 1; s a Genehmigg, Zustimmg, Zustimmgersetzg
Einwirkungen auf Eigentum, AbwehrAnspr **1004**; AusglAnspr bei nicht abwehrb E **906** 4 f, 6; hoheitl **906** 7; immaterielle **903** 2 c bb; negative **903** 2 c aa; dch gefahrdrohde Anlage **907**, einsturzgefährdete Gbde **908**, Immissionen **906**, Vertiefg **909**; im Notstand **904**
Einzelarbeitsvertrag Einf 6 d vor **611**
Einzelstatut im IPR EG 3 4
Einziehung des ErbSch **2361** 2; von in der DDR erteilten ErbSch **2361** 3 a; Zuständigk des NachlGer **2361** 3 a
Einziehungsermächtigung 398 8, **675** 5 d, **812** 5 B b cc, **826** 8 ea; s auch Lastschrift Verf
Einziehungsklausel im GmbH-Recht und Erbrecht **1922** 3 g; **2301** 3 a
Einziehungsvollmacht, Widerruf **790** 3; s a Inkasso
Eisenbahn u Ausübg öffentl Gewalt **839** 2 A c; Fahrkarten **807** 2; Fahrlässigk **276** 4 C; Haftg für beförderte Sachen **276** 10 a, **278** 5, EG **105** 1, f Sachschaden EG **105** 1, f aufbewahrtes Gepäck Einf 2 vor **688**; Kontrahierungszwang Einf 3 b vor **145**; RNachr der Beförderg Einf 6 d vor **305**; Unfallhaftg, **823** 8 B; Unterlassgsklage, Ausschluß EG **125**; s auch Bundesbahn
Elektrizität, Lieferg **433** 1 c bb; keine Sache **90** 1; VertrSchl dch Abnahme Einf 5 b cc vor **145**; Verj des VergütgsAnspr **196** 3 b a
Elektrizitätsversorgungsleitungen, DuldgsPfl Übbl 2 H b vor **903**; **1004** 7 c dd
Elektronische Datenspeicherung s Datenschutz
Elektronische Datenverarbeitung, Programmherstellg, WerkVertr Einf 5 vor **631**
Elektronische Hilfsmittel 278 3 d
Elterliche Sorge, allgemein Einf vor **1626**, **1626**; bei Adoption **1741** 2 b, **1744** 3, **1751** 1; nach Aufhebung der Adoption **1764** 3; Alleinausübg durch einen Elternteil **1678–1681**; Arztbeauftragg **1357** 2 a bb, **1629** 2; Aufenthaltsbestimmung **1631** 4; Aufsichtsrecht **1631**; Ausbildg **1631 a**; Beendigg **1626** 2; durch Tod des Kindes **1698 b**, durch Todeserklärg **1677**; Begriff **1626** 4; Beginn **1626** 2; Beistandsch **1685 ff**; Benennung eines Vormds **1776**, **1777**; Berufswahl **1626** 4 a, **1631 a**, **1610** 4 a;

Besitznahme am Kindesvermögen **1626** 4 b; Bestandteile **1626** 4; bei Eheauflösg dch Tod **1681**; bei Ehescheidg **1671**; bei Ehenichtigk **1671** 5; Ende **1626** 2; Entscheidgsrecht bei Meingsverschiedenheiten **1628**; Entziehg der Personensorge **1666** 5, **1666 a** 3, der Vermögensverwaltg **1667** 2, der Vertretungsmacht **1629** 6, Wirkung **1680**; Ergänzgspfleger **1909**; Erziehungsmittel **1631** 6 a, Unzulässig entwürdigender **1631** 5; Erziehgsrecht **1626** 4 a, **1631** 2; Erziehgsstil **1626** 1 u 5; Erziehungsunvermögen **1626** 2, **1666** 4 a; Fortführg nach Beendigg **1698 a**, bei Kindestod **1698 b**; Fürsorge, tatsächliche **1626** 4 a; Fürsorgeerziehg **1666** 8; Gefährdg der Kindesinteressen **1666** 4 a aa; des Kindesvermögens **1667 ff**; gemeinsame Sorge beider Eltern **1626** 3, nach Scheidg **1671** 2 b; Geschäftsbeschränkth **1673** 3; Geschäftsbesorgg bei Kindestod **1698 b**; Geschäftsunfähigk **1673** 2; gesetzl Vertretg **1626** 4 b, **1629**, bei Nichteinigg der Eltern **1628** 3 b; bei Getrenntleben **1672**, **1678** 2; Haftg ggüber Kind **1664**; Heirat eines Elternteils **1683**; Herausgabe des Vermögens **1698**; Herausgabe des Kindes **1632** 2; Inhalt **1626** 4; IKR EG **19** 5; Interessenkollision **1629** 6; IPR **19** 3 d bb, **20** 3, **24** Anh 1 b Art 1, 3; Klage gg Kind **1631** 6; Konkurs **1670**, **1680**; Loyalitätspflicht der Eltern untereinander **1634** 2 d, nehel Kind **1711** 2; Meinungsverschiedenheiten zw Elt **1627**, **1628**, mit Beistand **1686** 1, mit Pfleger **1630** 3, **1679**; Mißbrauch des Sorgerechts **1666** 4 a aa; Mutter, nichtehel **1705**; Personensorge s Personensorgerecht; Pflegeeltern, Pfleger **1630**, **1666** 5, **1671** 2 d, **1673**, **1706–1710**, Rechenschaftsablegg **1698**; als Rechtsbegriff **1626** 1; Rechtsgesch, genehmiggspflichtige **1643**; Rechtshandlgen, schwebend unwirks **1629** 4; religiöse Erziehg **1626** 4 a, Anh zu **1631**; Ruhen **1673–1678**; Scheidg der Ehe **1671**, **1678** 2; Schenkungen an Kind **1629** 4; Schenkungsverbot **1641**; Sorgfalt **1664**; Tochter, verheiratete **1633**; Tod od TodesErkl eines Elternteils **1681**, **1677**; Trenng in Bestandteile **1626** 3, **1671** 2; Übergang auf einen Elternteil **1678**, **1679**; ÜberggsVorschr Einf 4 vor **1616**; Übertragg auf einen Elternteil **1666**, **1671**, **1678**; Übertragg auf Vormd oder Pfleger **1671** 2 d, **1672**, **1666** 5, **1666 a**; Umgangsbestimmg **1632** 4; Umgangsrecht s dort; Unterbringg des Kindes **1631 b**, **1666** 5, **1666 a**; Unterhaltspflegschaft **1629** 5 b; Unterhaltsrechtsverletzg **1666** 6; Unverzichtbark **1626** 3; Verhinderg in der Ausübg **1674**, **1693**; Verlust mit Bestellg eines Vormds oder Pflegers **1697**; Vernachlässigg des Kindes **1666** 4 a bb; Verwaltg des Kindesvermögens s Kindesvermögen; Vertregsmacht **173** 4 f; **1626** 1, 4 a bb und b, **1629**; Verwirkg **1666** 4 a aa; Anrufg der VormschG mangels Einigg **1627** 2, **1628**; vormschaftsgerichtl Maßnahmen **1666** 5, **1667 ff**, **1693**, Änderg **1696**; Wiederaufleben **1674**; Wiederheirat eines Elternteils **1683**, **1684**; Kindeswille s dort; ZüchtiggsR **1626** 4 a aa, **1631** 5; s a Eltern, Mutter, Vater
Elterliche Sorge für nichteheliche Kinder 1705–1712; Amtspflegsch des JA **1709**; Anhörg des Vaters Einf 6 b vor **1626**; Beistand vor Geburt **1708**; der Mutter **1705**; Pfleger für das Kind **1706–1709**, Aufgaben **1706**, Aufhebg der Pflegsch **1707** 3, Einschränkg **1707** 4, Nichteintritt der Pflegsch **1707** 2; Vertretg UnterhAnspr **1706** 2, bei Feststellg der Vatersch **1706** 2, bei Regelg von Erb- u PflichttR des Kindes **1706** 2, **1934 b** 2 c, Übbl 8 vor **2303**; RStellg des Kindes **1705** 2, der Mutter **1705** 2, **1706** 1, **1707**, des Vaters Einf 2 vor **1705**,

Magere Zahlen = Erläuterungen **Erbbauzins**

1705 3; ÜbergangsR **1705** 4; UmgangsR des Vaters **1711**; Vormsch über das Kind **1705** 2, **1707**; Überleitg der Pflegsch in Vormsch **1710**
Eltern, Anhörg durch VormschG Einf 4b vor **1626**; Ausschließung eines Vormds durch Eltern **1782**; Befreiung eines Vormds durch Eltern **1856**, Pflicht zu Beistand u Rücksichtnahme **1618a**; Ehelichkeitsanfechtg der E des Mannes **1595a**, **1599**; elterl Sorge s dort; Eltern als Erben **1925** 1–3; ErbschAusschlagg für Kinder **1945** 2; Grundgesetz, Begriff Einf 3a vor **1626**; PflichttAnspr **2303, 2309**; PflichttBerechng **2311** 4; PflichttEntzieg **2334**; UnterhPfl **1606** 4; Unterhalt bei Getrenntleben **1606** 4; Unterhalt für unverheiratetes Kind **1612** 2; IPR **19** 3; Verh zw Eltern u Kind, **1618a, 1626** 5; ÜbergVorschr GleichberG **8** i 8, Einf 4 vor **1616**; Verjährg zw Eltern u Kind **204**; Eltern als Vormd f Volljährigen **1899**; widersprechende Anordnungen **1856**
Emissionsrichtwerte 906 1c
Empfängniszeit Einf 3a vor **1591, 1592, 1600** o 2a
Empfangsbote 130 3c
Empfehlung, Haftg f **676, 826** 8c
Endtermin 163; – Sonn- u Feiertag **193** 2
Endvermögen bei Zugewinngemsch **1373** ff, Auskunfterteilg **1379**; Begriff **1375**; Hinzurechnungen **1375** 3; land- u forstwirtsch Betrieb **1376** 4; Vermutg für Umfang **1377** 4; Wertermittlg **1376**
Energieversorgung Einf 6b vor **305, 433** 1c bb; Bgden AGBG **26** 1; HaftgsAusschl AGBG **23** 2b bb; VertrAbschl Einf 5b cc vor **145**; ZbR **320** 2e
Entbindungskosten 1615 k
Enteignung Übbl 2 vor **903**; IKR/IPR EG **38** Anh II 5; LandesR EG **109**
Enteignender Eingriff Übbl 2 D a vor **903**
Enteignungsgleicher Eingriff Übbl 2 D b vor **903**
Enteignungsvorwirkung Übbl 2 G d aa vor **903**
Enterbung 1938, 2085 2; Pflicht **1938** 2, **2303**, bei ZugewGemsch **1371** 2, 4, **1938** 3, **2303** 3a
Entfernung, Erzeugn vom Grdst **1121** 3; Sachen des Mieters **560** 2, **561**
Entgeltlichkeit, Begriff Einf 3c vor **305, 516** 4a, **2113** 2a, **2205** 4a
Entlassung aus der Mithaft **1175** 3; des Pflegers **1919** ff; des NachlPflegers **1960** 5h; des TestVollstr **2227**; des Vormunds **1886–1889**
Entlastung, negatives Schuldanerkennt **397** 3c; des Vereinsvorstands **27** 3; Vormund **1892** 5; WE-Verwalter WEG **26** 4
Entlastungsbeweis 831 6; bei Aufsichtspflicht **832** 6; bei Gebäudeeinsturz **836** 8; Tierhalter **833** 6
Entleiher, Erhaltskosten **601** 1; Haftg für Verschlechter **602** 1; Haftgsumfang **599** 1; Gebrauchsrecht **603**; Rückgabepflicht **604** 1; Tod **605** 1; sonstige Verwendgen **601** 2
Entmündigung 6 1–4; Aufhebg **6** 5; Aufhebg d EntmündBeschl **115**; Folgen hins Geschäftsfähigkeit **104** 4, **114**, **115**; IPR EG **8**, Haager Abk EG **8** Anh; als Klagegrund für Aufhebg der Güterregem **1447, 1469**, der fortgesetzten Gütergem **1495**; Testierunfähigk **2229** 6c, **2230**, **2253** 4; ÜbergVorschr EG **155, 156**; Verfahren **6** 1; Vormd **1885** 1
Entmündigungsabkommen, Haager, Anh zu EG **8**
Entschädigung, Enteign Übbl 2 G vor **903**; nutzlos aufgewendete Urlaubszeit **651** f
Entschädigungsverfahren, Erbschein Übbl 5d vor **2353, 2353** 1d, **2369** 1c
Entscheidungsrecht eines Elternteils **1628**
Entscheidungsverbund im ScheidgsVerfahren

Einf 4b vor **1564**; kein – im Eheaufhebgsverfahren Einf 2 vor EheG **28**
Entwehrung 441 1
Erbanfall 1942 1
Erbanteil s Erbteil
Erbauseinandersetzung, Anspr auf **2042** 1; Aufschub **2043, 2045**; Ausgleichg von Zuwendgen **2050–2057a**; Ausschließg **2044**; AußenwirtschG Einf 4c vor **2032**; landw Betrieg **2042** 10, **2049**; mit DDR-Miterben **2042** 1; Dchführg **2042** 2; Gen nach GrdstVG **2042** 3d; Klage **2042** 6; Rückgängigmachg **2042** 9; Schriftstücke **2047** 2; Schuldenberichtigg **2046**; TeilauseinandS **2042** 7; Teilgsanordng **2048**; TestVollstr **2042** 4, **2204**; Überschußverteilg **2047** 1; amtl Vermittlg **2042** 5; Vertrag **2042** 3, Anfechtg **2042** 3a, EhegZust **2042** 3c, Inhalt **2042** 3a, KinderBeteiligg **2042** 3b; VollstrSchutz Einf 4 vor **2032**; vorzeitige **312** 2
Erbausgleich, vorzeitiger, für das nichtehel Kind Übbl 2 vor **1934a, 1934d, 1934e**; Altersgrenzen für Geltendmachg **1934d** 1e; bei Annahme als Kind **1755** 1b, **1934d** 1c; AnsprBerechtigg **1934d** 1c; AusglBetr **1934d** 3; AusglVerlangen **1934d** 1f; AuskAnspr **1934d** 4; Ausschl **1934d** 7; Beurk-Kosten **1934d** 5; Dchsetzg **1934d** 2c; ErbschSteuer **1934d** 8; IPR EG **25** 3a aa; Leistg ohne wirks Vereinbg od ger Entsch **1934d** 5; Ausgl-, AnrechngsPfl **1934d** 5, **2315** 6; PrüfgsPfl des NachlG im ErbSchVerf **1934e** 3; RNatur **1934d** 1b; RWirkg **1934e**; Rücktr **1934d** 5; Stundg **1934d** 7; Urteil **1934d** 6; ÜbergangsR Übbl 3 vor **1934a**; Übertragbark **1934d** 1g; Vereinbg **1934d** 5; Vererblichk **1934d** 1g; Verj **1934d** 2d; Voraussetzgen **1934d** 2; Zweck **1934d** 1a
Erbbaurecht, 1012–1017, VO (= ErbbRVO) **1–39**; AnfangsZtpkt VO **11** 2a bb; Aufhebg VO **26**; Bauhandwerker SichgHyp **648** 2b; Bauwerk VO **1** 1b, Eigt **1012** 2, VO **12**, Entschädigg bei Erlöschen des ErbbR VO **27, 29**, Untergang VO **13**, Wegnahme bei Heimfall VO **34**; Bedingg VO **1** 4; Beendigg VO **11** 2g; Befristg VO **1** 4; Begriff Übbl 3 vor **1012**, VO **1** 1; Belastg VO **11** 2f; Beleihg VO **18–22**; Berechtigter VO **1** 3; Besitz-Verhältn VO **1** 5; Begriff Einf **1012**; Eigtümer ErbbR VO **1** 3; Entschädigg bei Erlöschen VO **27–29**; Entstehg VO **11** 2a; ErbbZins s dort; Erneuerg VO **31**; Feuerversicherg VO **23**; GesamtErbbR VO **11** 1; GBVorschriften VO **14–17**; GrdstR VO **11** 1a; Heimfall VO **2** 2d, 3, 4, 6 2, Vergütg bei VO **32**, **33**; Heimstätte VO **11** 1c; Inhalt, gesetzl VO **1**, vertragl VO **2**; Inhaltsänderg VO **11** 2b; Kaufrechtig, -verpflichtg VO **2** 2g; Kaufzwangklausel **138** 5e; KausalGesch Übbl 4 vor **1012**, Form VO **11** 3; Lebenszeit VO **1** 4; Miet- u Pachtverhältn bei Beendigg VO **30**; NachbErbbR VO **1** 1a bb; Rang VO **10**; TeilErbbR WEG **30**; Teilg VO **11** 2c; Umfang VO **1** 1a; Umwandlg altes in neues VO **38** 1; UnterErbbR VO **11** 2 f aa; Übertragg VO **11** 2e; Vereinbg, schuldrechtl Übbl **3** a vor **1012**; Vereinigg VO **11** 2d; VerfüggsBeschrkg VO **5–8**; Vorerbe, Bestellg dch VO **1** 4a, **10** 1a; WohngsErbbR WEG **30**; Zuschreibg VO **11** 2c; ZwVerst des ErbbR VO **24**, des Grdst VO **25**; ZwVollstr VO **11** 2h
Erbbauzins VO (= ErbbRVO) **9, 9a**; Änderg VO **9** 2c; Anpassg VO **9** 3, **9a**, trotz fehlder Klausel **242** 6 C a aa, VO **9** 3; Anpassgsklausel VO **9** 2a; Begriff VO **9** 2; Bestimmtheit VO **9** 2a; BilligkeitsPrüfg bei Anpassg VO **9a**; dingl Sicherg des ErbbZinses VO **9** 2b, der Anpassg VO **9** 3b; Genehmiggs-Erfordern für Wertsicherg **245** 4, 5, VO **9** 3a cc; schuldrechtl Verpflichtg VO **9** 2d;

2575

Erbbegräbnis

Fette Zahlen = §§

Vereinbg VO **9** 1; Verjährg VO **9** 2b cc; Verzug VO **9** 4; Verzugszinsen VO **9** 2b bb, 2d
Erbbegräbnis EG **133**
Erbbiologisches Gutachten, bei ehel Abstammg Einf 3c vor **1591**; bei Feststellg der nichtehel Vaterschaft **1600o** 2b
Erbe 1922 1b; Antrag auf NachlVerw **1981** 2; Aufgebotseinrede **2015** 1; Aufwandersatz **1978** 5; Auskunftspfl bei Pflichtteil **2314**, Verletzg der Auskunftspfl bei InventErrichtg **2005** 2; Benachteilig Absicht bei InventErrichtg **2005** 1; BereichAnspr **2023** 2; Besitzerwerb **857**; Dreimonatseinrede **2014** 1, 2; DürftigkEinrede **1990**; Einwendg der beschränkten Haftg **1973** 6; Einzelanspr gg ErbschBesitzer Einf 1 vor **2018, 2029**; ErschöpfgsEinrede **1973** 1, **1989**; Fdgen gg Erbl **1967** 5; Geburt zu erwartde **1963** 1; gesetzl s dort; Haftg s Erbenhaftg; HaftgsbeschränkgsR Einl 1 vor **1967**; KonkAntragspflicht **1980**; Lebens- u Unfallvers Übbl 2 vor **1942**; Mehrheit s Erbengemeinsch; Miterbe s dort; InventErrichtg **1993, 2006** 1–5, durch Ehegatten bei Gütergemeinsch **2008**; nichtehel Kind **1924** 3b, **1934a**; Pflichtteilsberecht **2318** 2b; PflichttErgänzAnspr **2328** 1, 2; PflichttLast, Kürzg **2323** 1; PflichttLast bei VermAusschlagg **2321** 2a, 3; Prozeßführg bei TestVollstr **2212** 3; RStellg Übbl 1 vor **1942**; Schutz vor Annahme **1958** 1–3; Unbekanntsein **1960** 2b; ungewisser **2043** 1, 2, **2105** 2; Verfüggsbeschränkg bei NachlVerwaltg **1984** 2; Vfgsbeschränkg durch TestVollstr **2211** 1; Verhältnis zu TestVollstr **2218**; VersäumgsEinrede **1974** 1; Verwaltgspflicht **1978** 1–3; Verwirkg der HaftgsBeschrkg **2013** 1; Verzicht auf Erbrecht **2352** 1, s a Erbverzicht; Vollstr von NachlGläub in EigVermög **1984** 4; vorläufiger Einf **1958** 1, **1959** 1–3; Wegfall **1930** 2, **2094** 2, **2096** 1b
Erbeinsetzung 1937, 2066–2073, 2087; alternative **2073** 2; Anwachsg **2094, 2095**; auflösde Bdgg **2075** 1–3; aufschiebde Bdgg **2066** 3, **2074** 1a; auf Bruchteile **2088** 1, **2089** 1, **2090** 1, **2091** 1; auf Ggstände **2087** 1, 2; Ehescheidg- od -aufhebgGrde **2077** 2b; ErbVertr **1941**; Ersatzerbe **2096–2099**; gemeinschaftl Erbteil **2093, 2094** 4; Nacherbe **2100** 1; NichtehelR **1924** 3b, **2066** 2, **2067** 1, **2068** 2, **2069** 2a, 3, EG **213** 2b; Stiftg **2101** 3; unbestimmte **2092** 1, **2091** 1; Verwirkgsklausel **2074** 2; Zust des LwG **1937** 1d
Erbenermittlung 1964 1; **2262** 2
Erbengemeinschaft 2032; AuseinanderS **2042, 2046**; s a AuseinanderS; AuseinanderS, Aufschub **2043–2045**; Ausgleichspflicht **2050–2052a**; Auskunftspflicht **2057**; keine Begründ einer „engeren"' – **2032** 1b; Besitz **854** 6d, **857** 2; keine – mit ErbErsAnsprBerecht Einf 2 vor **2032, 2038** 5; fortgesetzte – Einf 2 vor **2032**; **2032** 5; **2038** 2; **2059** 3, Beendigg **2042** 1; Geltendmachg v Anspr **2039**; Haftg f NachlVerbindlk **2058**ff; – u Miete **2038** 2a; TeilauseinanderS **2042** 7; Vfg über NachlGegenstände **2040**; VfgRecht von MitE **2033**; Verwaltg **2038**; bei Vor- u NachE Einf 3 vor **2100**; VorkaufsR d MitE **2034–2037**
Erbenhaftung, 1967ff; ausgeschlossene NachlGläub **1973, 2013** 3; Beschränkg a d NachlÜberschuß Einf 1 vor **1967, 1973** 1; Beschränkgsrecht Einf 1a vor **1967, 1975** 1; DürftigkEinrede **1990** 2; Erschöpfgseinrede **1990** 2; eigene Schuld, Begleichg aus NachlMitteln **1979** 1; Gläub, letztwilliger **1991** 4; IPR EG **25** 3a aa; keine – des ErbErsAnsprBerecht Einf 5 vor **1967**; bei KonkUnwürdigk **1991** 2; mehrere Erbteile **2007** 1; Miterben **2058**ff; NachlKonk **1975** 3; Nachlaßschä-

digg **1978** 1; Nachlaßverbindlk **1967**, gutgläub Berichtigg **1979** 2, 3; NachlVerwaltg **1975** 2; Sozialhilfe Einf 8 vor **1967**; unbeschränkbare Einf 1 vor **1967, 2013** 2, ggü einzelnen NachlGläub **2013** 4; UnterhaltsPfl ggü geschiedenen Eheg **1586b**; VerglVerf **1975** 4; Versorggsausgleich **1587e** 5; vorläufig unbeschränkte Einf 1 vor **1967**; bei Vormerkg **884**
Erbersatzanspruch, Allg Übbl 1 vor **1934a**; Annahme **1934b** 2b; AusgleichgsPfl **1934b** 4, **2050** 4; Ausschlagg **1934b** 1b, 2b; Berechng **1934b** 2a; Bewertg des Nachl **1934b** 2a; Beschränkg, Beschwerg **2306** 6, **2308** 3; Entstehg **1934b** 2; Entziehg **1937** 3a; **2338a**; teilweise **2305** 5; – u Erbschein **1934b** 6; Erbunwürdigk **1934b** 2f, **2345**; Feststellg der nichtehel Vatersch **1934a** 1a; Geltdmachg dch Pfleger **1934b** 2c, bei TestVollstrg **2113** 1b; IPR EG **25** 3a aa; keine Teilnahme an MiterbenGemsch Einf 2 vor **2032**; NachlVerbindlichk **1934b** 3, Einf 5 vor **1967, 1967** 3, **1991** 4, **1992** 1; E des nichtehel Kindes beim Tod des Vaters **1934a** 2a, beim Tod väterl Verwandter **1934a** 2b; des nichtehel Vaters **1934a** 2c; Ordngsfolge u E **1930** 1; PflichttR **2338a** 1–4; RNatur **1934a** 1, Einf 3 vor **2147**; Stundg **1934b** 3, **2331a** 4; Verjährg **1934b** 2, **2332** 1; ÜbergangsR Übbl 3 vor **1934a**, EG **213** 2b; u Verfassg Übbl 4 vor **1934a**; Anrechng eines Verm **1924** 3b ee; Vertr mit künft gesetzl Erben über E **312** 2; Verwaltg dch TestVollstr **2223** 2; Verzicht **1934b** 2e, **2346**, 3d; Verzinsg **1934b** 3, **2331a** 3a; Voraussetzgen **1934a** 1; Zusatzpflichtt **2305** 5; Zuwendg **2304** 2b
Erbeserben 1952 2; Erbscheinsantr **2353** 3b; Erbschein Übbl 1a vor **2353**; Ausschlagg **1952** 2; Gemeinschaft Einf 3 vor **2032**
Erbfähigkeit 1923
Erbfall 1922 1, **1942** 1; Nacherbfolge **2100** 4a
Erbfolge, Begriff, Übbl 1 vor **1922**; Berufg der Abkömmlinge **1924, 1925** 3; Eheg **1931–1934**; in Mietverhältnis **569a**, **569b**; gesetzl kraft Test **2032** 2, bei Nichtigk der letztw Vfg **1937** 4c; nach Linien **1924** 2, 4, **1925** 4; Nachweis Übbl 5 vor **2353**; Ordng **1924** 2, **1925** 1; Ordngsfolge **1937** 1; Schoßfall **1925** 2, **1926** 2, **1928** 2; Sondererbfolge **1922** 2; nach Stämmen **1924** 5; Verwandtschaft, mehrfache **1927** 1; vorbereitende Maßnahmen **1937** 1b; vorweggenommene E **892** 3a, Übbl 7 vor **2274**; Wegfall der Eltern **1925** 4
Erbhofrecht, EG **64** 2; Aufhebg, Wirkung auf letztw Verfüggen **2084** 4b
Erblasser, Anfechtg der letzw Vfw **2080** 3, **2271** 4, **2281**; bei fortg Gütergemsch **1483** 2, 3; persönl Bestimmg der Bedachten **2065** 3; Pflegerbenenng **1917** 1; Ruhestätte **2038** 1; Teilgsanordngen **2048**; Zuwendg, bedingte **2065** 3a, c, 4, **2066** 3; Zuwendg, befristete **2066** 3
Erbnachweis Übbl 5 vor **2353**
Erbrecht, Annahme als Kind **1754** 2, **1755** 1b, **1764** 1, **1770** 1, **1924** 3c, **1925** 5, **1926** 1, 4, **1931** 5, **2053** 2, **2066** 2, **2067** 1, **2069** 2a, 3, **2079** 2b, **2107** 1; Aufforderg zur Anmeldg **1965** 1; keine Anwendg des AGBG AGBG **23** 2a aa; Begriff Einl 1 vor **1922**; DDR- Recht s unter „Deutsche Demokratische Republik"; Eheg s EhegErbR; BewLast im ErbRStreit **2365** 2; FeststellgsKl Einf 2 vor **2018**, Übbl 1c vor **2353**; gesetzl **1924**ff; IKR EG **25** 5; IPR EG **25, 26**; nachgeborenes Kind **1924** 3a; Nachw Übbl 5 vor **2353, 2365**, ohne Erbschein **2365** 4, 5; öffrechtl Körpersch EG **138, 139**; Reform Einl 3 vor **1922**; Staat **1936** 1–3; Staatenloser EG **29**; ÜbergVorschr EG **213** 2; nichtehel Kind

2576

Magere Zahlen = Erläuterungen **Erbvertrag**

1924 3 b, EG **213** 2 b; unzulässige RAusübg **242** 4 D f, **1922** 1 b; u Verfassg Einl 6 vor **1922**
Erbschaft, Anfall **1942** 1; Annahme s Annahme der Erbschaft; Ausschlagg s Ausschlagg der Erbsch; Ausschlagg nicht Schenkg **517**; vormundschaftsgerichtl Genehmigg **1643** 2 c, **1822** 3; Begriff Übbl 3 vor **1922, 1922** 3; Bestand **2111** 1; Erwerb, vorläufiger **1942** 2; Herausgabe **2103** 1, **2130**; Nießbr **1089**; Ruhen **2105** 1; Schenkg **2385** 3; Verzeichn der Ggstände **2121** 1, 2; Voraus **1932**
Erbschaftsanspruch, s Erbschaftsbesitzer
Erbschaftsbesitz, Begriff **2018** 2, auch **857** 1; Anrechng auf Ersitzgszeit **944**
Erbschaftsbesitzer, Anspruch Einf 1 vor **2018, 2018**; Auskunftspflicht **2027** 1, **2362** 2; Begriff **857** 1, **2018** 2; Bösgläubigk **2024**; eidesstattl Versicherg **2027** 1; Einwendgen des Schuldners gg ErbschBes **2019** 1; Einzelanspr **2029**; Erbe des – **2018** 2 a; ErsAnspr nach Herausgabe **2022** 3; ErsHerausg **2019** 1; Ersitzg **2026** 1, 3; Erwerb mit Mitteln der Erbschaft **2019** 2; Erwerb, rgeschäftl **2019** 3; Früchte **2020** 1; gutgläub Schuldner **2019** 4; Haftg nach BereichGrds **2021** 1; Haftg nach RHängigk **2023** 1; Haftgsumfang **2029** 1; Herausgabe des Erlangten **2018** 3; HerausgAnspr d NachE **2130** 1; Nutzgen HerausgPfl **2020** 1; Scheinerbf **2031**; Surrogation **2019** 1; unerl Handl **2025** 1; verbot Eigenmacht **2025** 2; Verjährg **2026** 2, **2031** 3; Verwendgersatz **2022**; Verwendgsersatz nach RHängigk **2023** 3; Weiterveräußer **2030**; ZbR **2022** 2 a
Erbschaftsgegenstände, Ersatz für verbrauchte **2134** 1, 2; Unmögl der Herausgabe **2021** 2
Erbschaftskauf 2371 ff, Anfall, der Verkäufer verbleibender **2373** 1; Anzeigepflicht **2384** 1; Aufhebg der Vereinigg **2377** 1; Begriff Übbl 1 vor **2371**; Erbschaftssteuer **2379** 1; Erbteilskauf Übbl 1 a vor **2371, 2371** 1; Erfüllg Übbl 1 b vor **2371**; Formzwang **2371** 2; Gefahrenübergang **2380** 1; Gewährleistg **2376** 1, 2; Haftg, Innenverhältn **2378** 1, des Käufers ggüb Erben **2030** 1, ggüb NachlGläub **2382** 1, 2, beschränkte **2383** 1; HerausgPfl des Verk **2374** 1; Lasten **2379** 1; Nutzgen **2379** 1; ProzVergl **2371** 2 a; Umdeutg **2371** 1; Verwendgen **2381** 1; Wegfall einer Beschwerg **2372** 1; Weiterverkauf **2385** 1; Wertersatz **2375** 1; Wirkg Übbl 2 vor **2371**; Zugewinngemeinsch **2374** 2
Erbschaftsteuer Einl 8 vor **1922**; Auflage Einf 3 vor **2192**; ErbErsAnspr **1934 b** 7; ErbschAnnahme **1943** 1; ErbschAusschlagg **1942** (Schriftl); ErbschBesitzer **2022** 1; als Erbfallschuld **1967** 3; ErbschKauf **2379** 1; IPR EG 25 2 c; Irrtum üb Höhe, AnfGrd **1954** 1 a; Pflichtteil Übbl 5 vor **2303, 2317** 1 e; TeilgsAnordnung **2048** 7; TestVollstr **2205** 2; Vermächtnis Einf 9 vor **2147**; Vorerbe Einf 4 vor **2100, 2126** 1, **2144** 7
Erbschaftsvertrag 312, Einl 5 vor **1922**
Erbschein, Übbl 1 vor **2353, 2353**; u Adoption **1924** 3 c dd; Anhörg des Gegn **2360**; Antr **2353** 3; AntrBegründg **2354–2356**; bei Anwachsg **2094** 6; Arten Übbl 1 vor **2353**; Auskunftspfl **2362** 2; ausländ Erblasser **2369**, EG 25 4; ausländ Erbsch, Anerkenng Übbl 5 vor **2353**, EG 25 4 b; Berichtig **2361** 1; f beschränkt Gebr **2353** 6 b; Beschw **2353** 7, **2357** 1 e, **2361** 5; Beweiskraft Übbl 1 vor **2353, 2365** 2; Beweislast **2358** 3; Bezeichng des NE **2363** 1 b; Bindg an rkräft Urt **2359** 1 b; DDR-Recht **2353** 1 d, **2361** 2 b, **2369** 2 d; eidesstattliche Versicherung **2356** 4; Einzieh **2361**; Erbenmehrheit **2357**; ErbRFeststellg **2359** 1, 2; Ergänzg **2361** 1; ErmittlPfl des NachlG **2358** 1; Erteilg **2353** 6; ggständl beschränkter FremdRErbsch **2369** 1–3; gemeinschaftl **2357** 1–3; GBVerkehr Übbl 3 vor **2353,** **2365** 3; Güterstand **2356** 4; HerausgAnspr **2362** 1; Hinterlegg **1960** 4; Inhalt **2353** 4; IKR **2353** 1 d, EG **25** 5; kein – für ErbErsAnspr **1934 b** 6, **2353** 4 a; Kosten Einf 7 vor **1967**; **2353** 6 b; Kraftloserkl **2361** 4; Leistg an Erbscheinerben **2367** 1; NEFall **2363** 3; öff Glaube **2365** 3, **2366** 1–3, **2367** 1; öffentl Urkunde Übbl 10 vor **2353**; ProzRichter, Bindg **2365** 2; Prüfg der TestAnfechtg **1944** 6; Teilerbschein **2353** 4 b; TestVollstr – Bezeichng **2364** 1; TodesErkl, irrtüml **2370**; Unrichtigk **2353** 1, 2; Verfahren **2353** 5; Vergl **2353** 8; Vermutg der Erbeneigenschaft **2365** 1; Vermutg der Richtigk u Vollständigk **2365** 1; Verwirkgsklausel **2074** 2; Vorbescheid **2353** 5; Vorerbe **2363** 1; Wiederverheiratsklausel **2269** 5 e; ZugewGemsch, Nachw **2356** 4
Erbstatut EG **25** 2, 3
Erbteil, Annahme u Ausschlagg bei Berufg zu mehreren E **1951**; Anwachsg **2094** 1, **2095** 1; Begriff **1922** 1 d; einheitlicher E **1931** 4; Erhöhg **1935** 3, 4; gemeinschaftl **2093** 1; Kauf **2371** 1; Käufer, Haftg **2036** 1; Pfändg **2033** 3; Rückübertragg **2033** 1 a; Sicherungsbedürfnis **1960** 1; Übertragg zwecks Ausschaltg des MitEVorkaufsrechts **826** 8 f cc; Unbestimmth **2043** 2, **2091** 1; Unterbruchteile **2093** 2; Vfg über **2033** 1–3; Verpfändg **1276** 2 b, **2033** 2 b; Weiterveräußerg **2037** 1; ZwVollstr **2059** 1
Erbunfähigkeit, relative **1923** 4
Erbunwürdigkeit 2339 1; AnfechtBerecht **2341** 1; AnfechtKl **2342** 1; ausländ Erbstatut **2342** 1; Test Anfechtgsrecht des Erbunwürdigen **2080** 1 c; ErbErsAnspr **2345** 1; im ErbSchVerf **2358** 1; Anteilsunwürdigkeit bei fortges GütGemsch **1506** 1, 2; Geldmachg, Voraussetzgen **2340** 1; Gründe **2339** 2; IPR EG **25** 3 a aa; PflichttBerecht **2345** 1; VermNehmer **2345** 1; Verzeihg **2343** 1; Wirkg **2344** 2, **2345** 2; vorzeit ErbAusgl **1934 d** 1 c; bei ZugewGemsch **1371** 4, **2344** 2
Erbvertrag 1941, Übbl 1 vor **2274**; Abkömmling, pflichtteilsberecht **2289** 4; Abschluß, persönl **2274**; Anfechtg **2281, 2282**; Anfechtfrist **2281** 1; AnfechtR Dr **2285** 1; AnfechtWirkg **2283** 2; Arten Übbl 1 vor **2274**; AufhebTest **2291** 1–3, gemeinschaftl **2292** 1–3; AufhebVertr **2290** 1–3, Anfecht des AufhebV **2290** 4; Auflage **2278** 2, **2279** 1; Aushöhlg dch Vfg unter Lebden **2286** 3; AuskAnspr **2287** 2 b; Ausleg **1941** 1, Übbl 4 vor **2274, 2276** 7, **2279** 1, **2280, 2299** 1, bei Einsetzg v Kindern (nehel) **2066** 5, u Anfechtg **2281** 1; Bestimmgen, vertragsgemäß **2278** 2, 4, einseit **2278** 3, **2299**; Bestätigg **2284** 1; Bindg des Erblassers **2289** 1; iVm EheVertr **1408** 1; EheAuflösg **2279** 2; Eheeingehg nach ErbV **2289** 5; EhegErbV **2279** 2, Ausleggsregel **2280** 1; Ehevertr **2276** 4, 5; einseit Vfgen **2299** 1; Eigeninteresse bei Schenkg **2287** 2 b; einseit Vfg **2299**; Einsetzg auf den Überr **2287** 2 a; Einsicht **2264** 2, **2277** 4, **2300** 3; ErbeinsetzgVertr **2278** 2 a; entgeltl ErbV Übbl 1 b vor **2274, 2276** 5; Eröffng **2300** 3; Eröffngsfrist **2300a** 1; Errichtg **2276**; BeurkG **33**; Form **2276**; formlose Erbvertr **125** 6 D; u gemeinschaftl Test **2292** 1; Irrtum **2281** 3 a; Erb- u LeibgedingsVertr **2278** 2 c; letztwillig Verfgen, Aufhebg früherer **2289** 3 a; letztwillig Vfg, nachträgl **2289** 3 b; Nichtigk Übbl 6 vor **2274, 2298** 1; Pflicht bei EhegErbvertr **2280** 2; Pflichtteilsentziehgsr **2297** 2; RNatur Übbl 2 vor **2274**; Rücknahme **2277** 2 b; RücktrR **2281** 1, **2293**, Verfehlgen **2294** 1, Aufhebg der GgVerpflichtg **2295** 1, Form **2296** 1, 2, **2297** 1, vom zweiseit ErbV **2298** 2; Rücktrittsvorbehalt **2293** 1–3; beeinträchtigde Schenkg **2287**; Sittenwidrigk Übbl 6 vor **2274**; ÜbergVertr Übbl 7 vor **2274**; ÜbergangsR Einf 1 vor **2229**; Übergeh eines PflichttBerecht **2281** 3 b;

2577

Erbverzicht

Fette Zahlen = §§

Umdeutg Übbl 5 vor **2274**; Unterhaltsvertr **2278** 4; Unwirksamkeit Übbl 6 vor **2274, 2279** 2; Verbindg mit EheVertr **2276** 4; IPR EG **25** 3a cc; VfgR des Erbl **2286** 1; VerlöbnAuflösg **2279** 2; Vermächtnisvertr **2278** 2a; VermNehmer, Schutz **2288** 1–4; vertragsmäß Vfgen **2278**; Vertr zG Dr **1941** 3; Verschließg **2277** 1, BeurkG **34**; Verwahrg, amtl **2277** 2, BeurkG **34**; Verzicht auf Anspr aus **2352** 4; Voraussetzgen **2275**; Vorbeh anderw Vfg **2289** 1a; geheimer Vorbehalt **2279** 1; Widerrufk Übbl 3 vor **2274**; zweiseit **2298**; ZweitGesch nach vertragsgem Vfg **2289** 3

Erbverzicht Übbl 1 vor **2346, 2346**; Abfindg Übbl 2 vor **2346**, als Schenkg **2329** 2a; Anfechtg Übbl 1a vor **2346**; bei Kindesannahme **2346** 1c; altrechtl, Gültigkeit EG **217** 1; Aufhebg **2351**; Begünstigte, mehrere **2350** 2; Begünstigg, unbeabsichtigte **2350** 3; bdgter Übbl 1b vor **2346, 2350**; Beschrkg **2346** 3; Eheg, künftiger **2346** 1c; entgeltl ErbVerz Übbl 2 vor **2346, 2348** 1; u Erbausgleich **1934e** 2, Übbl 2e vor **2346**; ErbErsAnspr **2346** 1, 3d; u ErbVertr **2290** 1; Verbindg mit Erbvertr **1941** 1, **2276** 4; durch Erbvertr bedachter Dr **2352** 4; Erstreckg auf Abkömmlinge **2349** 1; Form **2348**; GgLeistg Übbl 2 vor **2346**; GeschäftsFgk **2347**; IPR EG **25** 3a cc; NERecht **2108** 5, **2142** 1; des nichtehel Kindes gg Abfindg **1934d** 1c, Übbl 2e vor **2346**; Pflichtteil **2346** 3b; ProzVergl **2348** 3; RNatur Übbl 1a vor **2346**; Rücktr Übbl 1b vor **2346**; Stellvertretg **2347**; stillschw **2265** 3; TestErbrecht **2352** 1; ÜbergangsR EG **217**; Vorbehalt des PflichtteilsR **2346** 3c; Wirkg Übbl 1 vor **2346, 2346** 2, **2349, 2352** 2; ZugewAusglAnspr **1371** 4, 5, **2346** 4

Erfinderrecht, Ausbeutung fremden E **687** 2c

Erfindung, Arbeitnehmer-, Dienst-, Betriebserfindg **611** 13; Haftg für Brauchbarkeit **437** 1

Erfolg, Nichteintritt des mit der Leistg bezweckten (BereicherngsAnspr) **812** 6 A b

Erfolgsbeteiligung 611 7b, c

Erfolgshaftung 276 10a

Erfolgshonorar für Anwalt **138** 5e

Erfüllung 362 1; Abgrenzung zu Darlehen Einf 4e vor **607**; Annahme als **362** 1, **363** 2; Annahme erfüllungshalber **364** 4; Annahme an Erfüll Statt **364** 1–3, Gewährleistg **365**; dch Banküberweisg **362** 3; Beweislast nach Annahme **363** 1, 3; Erfüllgstheorie **362** 2; bei Fordergsmehrheit (Anrechng der Leistg) **366**; bei Geldschuld **362** 3; bei rückständigem Mietzins **554** 2; Gesamtschuld **422**; Interesse des Gläubigers **280** 5; Quittg **368**–**370**; schuldhaftes Verhalten bei Gelegenheit der Erfüllg **278** 4c; teilweise **325** 7c; teilweise während der Nachfrist **326** 10; Theorie der realen LeistgsBewirkg **362** 2; Übernahme **329**; überobligationsmäßige Schwierigk **242** 6 C a cc, **275** 2b; Untergang des Anspr **326** 7a; Vorbehalt des Schuldn **362** 4b; des Gläub **363** 2; Vorausleistg **362** 4a; Vorschußzahlg **321** 1; Wegfall der GeschGrdlage nach – **242** 6 B f dd; Zug um Zug **274**

Erfüllungsgehilfe, Begriff **278** 3; Haftg f **276** 6 B f, 7 E d; **278** 3–6, **463** 3; Einzelfälle **278** 6; formulärmäß HaftgsAusschl AGBG **11** 7; Haftg des E bei c. i. c. **276** 6 C c; bei pVV **276** 7 E d; öffrechtl Verhältnisse **276** 8; Verschulden **278** 5

Erfüllungsinteresse Vorb 2g vor **249**

Erfüllungsort 269; u Gerichtsstand **269** 1b aa; formulärmäß Klauseln AGBG **9** 7e; im Fall des Rücktritts **269** 3c; bei Wandlg **467** 1d; Wohnsitz des Schuldners **447** 1; s a Leistgsort

Erfüllungsübernahme, Begriff **329** 1, 2; ggü Bürgen **329** 2, Einf 3b vor **765**

Ergänzende Auslegung 157 2, **242** 2a; von AGB AGBG **5** 4; letztw Vfgen **2084** 1d

Ergänzung eines RGeschäfts **141** 1b dd; nach Wegfall von AGB AKBG **6**; Pflichtteil **2325** ff.

Ergänzungspflegschaft 1909; für Auseinandersetzg zw Eltern u Kind **1683** 2

Ergänzungsvorbehalt im Testament **2086**

Erhaltungs- u Verbesserungsarbeiten an Mieträumen **541a**

Erhaltungsmaßregeln, Erbengemeinsch **2038** 3; Gemeinsch **744**; Gesamtgut **1455**2; Mitwirkgspfl der Eheg **1451, 1472** 2

Erhöhung des Erbteils **1935** 3, 4

Erholungsurlaub 611 12

Erlaß 397 1–3; Aufhebgsvertrag **305** 3; des Auflassgsanspruchs **313** 10a bb; Gesamtschuld **423**; Hyp **1168** 1a, cc; pactum de non petendo **397** 1c; Unterhalt **1615**i

Erlöschen von Schuldverh Übbl vor **362**

Ermächtigung 185 4, Einf 1 vor **783, 783** 3; allg, durch VormschG **1825** 1; zur Einziehg **398** 7; als Verfügg **185** 1; Mj in Dienst oder Arbeit zu treten **113** 2–4; Mj zum selbständigen Betrieb eines Erwerbsgeschäfts **112** 1–3; Quittgsüberbringer **370**; des Vorbehaltskäufers zur Weiterveräußerg **185** 2; TrHänder **903** 6a aa

Ermessensfehler 839 4c

Erneuerungsschein, Begriff **803** 2b; Bezugsrecht **805** 1, 2; Verlust **804**

Ernstlichkeit, mangelnde **118**

Eröffnung des ErbVertr s unter „Erbvertrag", des Test s unter „Testament"

Erprobungskauf 495 1

Errungenschaftsgemeinschaft 1519–1557

Ersatz der Aufwendgen des Vormunds **1835**; des NachlPflegers **1960** 5f

Ersatzanspruch, Abtretg **281** 1, 2; Aufwendungen der Eltern für Kind **1648**; bei Gütergemeinsch **1435, 1445, 1467s** a Surrogation

Ersatzbeschaffung, Hausrat bei Zugewinngemeinsch **1370**

Ersatzdienst, Kündiggungsschutz Vorb 3f dd vor **620**

Ersatzerbe, 2096, 2097; Eintritt **2096** 2; Einsetzg, ggseit **2098** 1; Ersatznacherbe **2102** 3, **2139** 1; u Nacherbe **2096** 1, **2102** 1–3; Verhältn zur Anwachsg **2099** 1

Ersatzhypothek 1164; **1182**

Ersatzmieter 552 3d

Ersatzvermächtnis 2190

Ersatzverzicht bei Unterhaltsmehrleistgen eines Eheg **1360**b

Ersatzvornahme zur Mängelbeseitigg **538** 6 (MietVertr); **633** 4 (WkVertr)

Ersatzwohnung, Schwierigk bei Beschaffg, Widersprg Kündigg **556a** 6

Ersatzzuständigkeit in NachlSachen **2353** 1b

Erschließung von Baugelände **677** 3

Erschließungsbeiträge nach dem BauGB als einmalige Last **103** 1b; außerordentl Last **2126** 1; Ersatz **677** 3, **812** 5 B c aa; VerkHaftg für Freiheit von **436**; Sichg dch Hyp **1113** 4d bb

Erschöpfungseinrede d Erben **1990, 1991**; Geltendmachung durch NachlPfleger, TestVollstr, Sozialversicherungsträger **1990** 2a

Ersetzungsbefugnis 262 3c; formularmäßige Klauseln über – AGBG **10** 4; beim Reisevertrag **651b**

Ersitzung FahrnEigt **937–945**; FahrnNießbr **1033**; GrdstEigt **900**; GrdstR **900**; ÜbergangsR EG **185**

Erstattungsanspruch, öffentl-rechtl Einf 6d vor **812**

Magere Zahlen = Erläuterungen

Ertragsteuer u PflichttBerechng **2311** 2b, 3
Ertragswert, Landgut, ErbErsAnspr **1934b** 2a; Ermittlg **2049** 2; fortges Gütergemsch **1515** 1; landesrechtl Vorschr EG **137**; Pflichtt **2312** 1; bei ZugewGemsch **1376** 1, 2 c
Erwerbsbeschränkungen für Ausländer EG **88**; im GrdstVerkehr Übbl 4c vor **873**; jur Personen EG **86**; Ordensangehörige EG **87**
Erwerbsfähigkeit, Beeinträchtigg **843** 2, 4, 6
Erwerbsgeschäft eines Eheg bei Gütergemeinsch **1431**, **1456**; Führg für Rechng des Gesamtguts **1442**, Haftg für Verbindlichk **1440**, **1462**; GüterRReg Eintrg **1561**; des Minderj **112**; neues des Kindes **1645**, **1823**; Vfg über **1822** 4; Verwendg der Einkünfte für KindesUnterh **1649**
Erwerbstätigkeit der Eheg **1356** 3, **1360** 3b; bei Getrenntleben **1361** 3b; Auswirkg auf Kindesunterh **1606** 4b; Verpflichtg **1360** 3b; Zumutbark **1361** 3, **1577** 2
Erwerbsunfähigkeit, Geldrente **843** 4; Kapitalabfindg **843** 6; UnterhAnspr **1602** 2b, **1576**; VersorggsAusgl nach Scheidg Einf 3a vor **1587**
Erwerbsverbote Übbl 4c vor **873**, **888** 5; behördliche **136** 1, **313** 12c; EintrHindernis **888** 5; f Versteigerer **456** 1d, **457**, **458**
Erwirkung Einf 3e vor **116**
Erzeugergemeinschaft im Sinn des MarktstrukturG **21** 1c
Erzeugnisse, EigtErw Vorb vor **953**, **954** 1, **955** 2, **956** 2; Grundstück **94** 3; Haftg f Hypotheken **1120–1122**, PfandR **1212**; landwirtschaftl **98** 3
Erziehung, ehel Kind **1626** 4a aa, **1631** 2; Mittel **1631** 5a, 6a; nichtehel Kind **1705** 2; Kosten **1610** 4b; Stil **1626** 1, 5, **1631** 5; Unterstützg durch VormschG **1631** 6b; s a Religiöse Kindererziehg
Erziehungsbeistand 1685 1
Erziehungsbeistandschaft 1666 8; **1793** 2a
Erziehungshilfe s unter „freiwillige Erziehungshilfe"
Erziehungsurlaub, KündSchutz 3d vor **620**
Europäisches Übereinkommen betr Auskünfte über ausländisches Recht **2356** 3, Einl 11b vor EG **3**
Euroscheck, Einf 3c vor **765**
Euthanasie, ärztl Probleme Testament **1937** 6
Eventualaufrechnung 388 3
Ewiggeld 1199 4
exceptio doli s Arglistseinrede
executor Einf 7 vor **2197**; **2353** 3b
Exterritoriale, Wohnsitz **7** 1

F

Fabrikationsfehler ProdHaftG **3** 2b
Fachzeitschrift, unlautere Werbg **826** 8 u mm
Factoringbank, Rechtsstellung **816** 4, **818** 6 Cb
Factoringvertrag 398 9, Einf 3o vor **433**; **455** 2b cc; u verlängerter EV **398** 9a, b
facultas alternativa 262 3c
Fahrlässigkeit, Begriff **276** 4 A a, **823** 7 B; bewußte **276** 4 A b; Einzelfälle **276** 4 C; grobe **276** 4 A c, **277** 2, **480**, AGBG **11** 7; konkrete **277** 3; leichte **276** 4 A c; Maßstäbe **276** 4 B; RIrrtum **285** 2; unbewußte **276** 4 A b
Fahrlehrer, AGB AGBG **9** 7f; Haftg **823** 8 B (Kraftverkehr); HaftgsAusschl zG der Schüler **254** 6a; KfzKauf mit FahrlehrerVerpfl Einf 5 vor **631**
Fahrstuhlanlage, Haftg **535** 2d; ErhaltgsPfl **536** 4
Faktisches Vertragsverhältnis Einf 5c vor **145**;

Feiertage

bei ArbVertr Einf 4a aa vor **611**; bei Gründungsmängeln der WE-Gemsch WEG **11** 2; bei Kauf Übbl 2c vor **433**; Personengesellschaft **705** 3 d, bei Geschäftsführung **677** 3; bei VersorggsVertr Einf 5b cc vor **145**
Fälligkeit 271 1a, **284** 2; FälligkKlausel **271** 2, Vorb 2b vor **339**, AGBG **10** 1
Falsche Bezeichnung (falsa demonstratio) **133** 4b, 5c; **155** 2; des Bedachten **2078** 1; bei dingl GrdstGesch **873** 3a, **925** 5a, ErbbRVO **1** 2
Falschlieferung 459 1e; Verjähr d Anspr **477** 1
Familienangehörige als Gter **705** 8; s Angehörige
Familienbuch, Einrichtg Einl 2 vor **1297**; Eintragg d Eheschließg EheG **11** 2, **13** 2, **14** 3; Familienstammbuch bei Erbschein **2356** 1
Familienfideikommisse, EG **59**
Familiengericht Einf 2 vor **1297**, Einf 4 vor **1564**; Ablehng Einf 4 vor **1564**; AnhörgsPflichten Einf 6 vor **1626**; Anwaltsprozeß Einf 4c vor **1564**; örtl Zustdk Einf 4d vor **1564**; Prozeßfähigk des geschäftsbeschränkten Eheg Einf 4b vor **1564**; sachliche Zustdk: **1382**, **1383**, **1634**, **1671**, **1672**, **1696**; Einzelheiten Einf 4a vor **1564**; VersorggsAusgl Einf 3a vor **1587**, Einf 5 vor **1587**, **1587e** 2
Familienlastenausgleich s Steuer
Familienname 1355; Ändrg **1612** 2a, **1355** 5, **1616** 2, Einl 3g vor **1297**; bei Annahme als Kind **1757**, **1767**; Begriff **1355** 1; Begleitnahme **1355** 3; FN, Ehelicherklärg **1736** 1, **1740f**, – für Mutter **1740g**; Einrennung **1618**; Erwerb **12** 2; der Frau nach Scheidg **1355** 4; Wiederannahme des fr Namens **1355** 4; der Kinder ehel **1616**, nichtehel **1617**, EG **208** 3; vgl auch Name
Familienpapiere 2047; bei ErbschKauf **2373**
Familienpflege 1630 5; als Einwand ggü Anspr auf Kindesherausgabe **1632** 3; UmgangsR der leibl Eltern **1632** 2c cc, **1634** 1d
Familienplanung 1353 2b aa
Familienrecht, Allg Einl 1–3 vor **1297**; keine Anwendg des AGBG AGBG **23** 2a; Ges über relig KindErz Anh zu **1631**; IKR/IPR EG **13–24**, Einl 5 vor **1297**; Ges über die rechtl Stellg nichtehel Kinder Einl **31** vor **1297**; PStG Einl 2 vor **1297**
Familienrechte, Verletzg **823** 5 F
Familienrechtlicher Ausgleichsanspruch Einf 3h vor **1601**, **1606** 3 A d bb
Familienrechtsänderungsgesetz, Einl I 3d vor **1**, Einl 3k vor **1297**, Einf 5a vor **1591**, Einf 5 vor **1741**, Einf 1 D vor EheG **1**; erbrechtl Vorschriften Einl 3a vor **1922**; nachträgl Erklärg eines Ehegatten über Geltg der Gütertrennung Grdz 5 vor **1363**; Übergangsvorschriften Einf 5b vor **1591**
Familiensachen Einf 6 vor **1363**; Einf 4 vor **1564**
Familienstiftung Vorb 1 vor **80**; EG **59** 1, 3
Familienunterhalt, Art **1360** 3, **1360a** 2; Begriff **1360** 1; Geltendmachg **1360** 2; Prozeßkostenvorsch **1360a** 3; rechtl Natur **1360** 2; Reihenfolge der Verwendg der Einkünfte **1420**, Umfang **1360a**; Verletzg als Aufhebsgrd bei Gütergemsch **1447**, **1469**; Verpflichtg beider Eheg **1360**
Fangprämie s Ladendiebstahl
Fehlbetrag, Haftg für – bei Gesellschaftsauseinandersetzg **739** 1; s auch „Mankohaftg"
Fehlehe Scheidg **1565** 4
Fehler der Kaufsache **459** 3; der Mietsache **537** 2; des Werkes **633**
Fehlerhafte Gesellschaft 705 3 d
Fehlverhalten als UnterhBegrenzgsGrd **1361** 4b ff, **1579** 3f
Fehlschätzung bei Bestimmg der Leistg dch Dritte **319** 2
Feiertage, Fristablauf **193** 1, 2; gesetzl **193** 4

2579

Feiertagslohn   Fette Zahlen = §§

Feiertagslohn 611 6e
Feld- u Forstschutzgesetze EG 89 2, 107 2, 130 2
Fensterrecht EG 124 3
Ferienwohnung, Kündigg 564b 3c; ErfOrt 269 5
Fernheizungskosten 535 3c bb; WEG 16 4
Fernlehrverträge (Fernunterricht) Einf 2a ff vor 611; BeratgsPfl des Untern 276 6 B c; KündR aus wicht Grd Einl 5b cc vor 241; Sittenwidrigk 138 5e; Vertragsschluß ohne Erlaubnis 134 3a; Zurückweisg 333 3
Fernleitungen, Entschädigg für Duldung Übbl 2 Hb vor 903
Fernsehen, Ausübg hoheitl Gewalt 839 15; Eingriff in PersönlichkRecht 823 14 D, 1004 9a; kreditgefährdende Veröffentlichgen 823 5 Ge, 824 6
Fernsehstörungen 903 2caa
Fernsprechanlagen als Fabrikzubehör 97 5
Fernsprecher, Anbringg, Recht zur 535 2; Fernsprechanschluß Einf 2i vor 535, 535 1b; RVerhältn der FernsprTeilnehmer 535 1b; VertrAntrag 147; Zugehen v WillErklärg 130 4b
Fernstraße s Straße
Ferntrauung 1931 2a, EheG 13 3a
Fernwärme 535 2c, WEG 16 4; Sicherg der Bezugsverpflichtg 1105 4a; VersorggsBdggen AGBG 27
Fertiggarage, wesentl GrdstBestandt 93 5b
Fertighausvertrag Einf 5 vor 631, 313 4c
Festpreis u veränderte Verhältn 242 6 C a cc
Feststellung der nichtehelichen Vaterschaft 1600a, 1600n, 1600 o
Fideikommißauflösungsstiftung Vorb 3a vor 80, 80 1, 85 1, 87 1, 88 1
Fideikommißrecht EG 59
Fiduziarische Rechtsgeschäfte Übbl 3g vor 104, 117 1, Einf 3b vor 164; Abtretg 398 6, 903 6; Verjährg 223 1
Fiktive Einkünfte im UnterhR 1361 2b, 1577 2a, 1602 2a, 1603 2c
Fiktive Nachversicherung 1587b 3
Filmbezugsvertrag 305 5a
Filmmietvertrag, Verjährg der Ansprüche 197 2b
Filmschauspieler, -regisseur Einf 2a dd vor 611
Filmverleih Einf 3a vor 535, Einf 1i vor 581
Filmverwertung Einf 4b vor 305, Einf 1i vor 581; Verjährgsfrist 196 4a, 197 2f
Filmverwertungsvertrag Einf 1i vor 581
Finanzamt, kein Erbscheinsantrag 2353 3b; Bescheinig des Verkäufers zur Vorlage beim – 433 4i; UnbedenklichkBescheinig 925 7, WEG 2 1
Finanzierter Kauf AbzGesch 6 2b dd, Anh; SichergsMittel AbzG 6 Anh 4d
Finanzierung im AbzGesch AbzG 6 2a, Anh; aufschiebe Bdgg? 158 2; Erschwerg der F u GeschGrdLage 242 6 C a cc; der Schadensbeseitigg, FKosten als Schaden 249 2b, Pfl des Geschädigten zur VorF 254 3b ee; FKosten u ÜberlassgsVergütg AbzG 2 5b
Finanzierungsbeiträge u Miete Einf 11 vor 535
Finanzmakler 654 2c
Finanzvermögen Übbl 4d vor 90
Findelkind, Wohnsitz 11 3
Finder, Ablieferungspflicht 967, 978 2; Aufwendungsersatz 970 1, EHF 4; Anzeigepflicht 965; Begriff Vorb 1b vor 965; Bereicherungshaftg 977; EigtErwerb 973, 974, 978 4; Finderlohn 971, 972, 978 3; Haftg 968, 978 2; Herausgabe an Verlierer 969, 978 3b; Rechte nach Ablieferg 975, 978 3; Verzicht auf EigtErwerb 976; ZbR 972
Firma als Name 12, 1a, 2b, IPR EG 10 1e; Handeln für F 164 1a
Fischereipacht Einf 3c vor 581

Fischereirecht EG 69
Fischsterben, Schadensbemessg 249 5b
Fiskus, AneignsgsR 928 4, EG 129, 190 1; Anfall des Vermögens aufgelöster Vereine 46; ErbR 1936, 1964 1–3; kein AusschlaggsR 1942 3; ErbR am Nachl eines Verpflegten EG 139; ErbR, vermutetes 1964–1966; Feststellg als Erbe 1964 2; Haftg 89 1; Haftbeschränkg als Erbe 2011 1; als jur Person Vorb vor 89; NE 2104 4; Vermächtn 2149; Verwaltgs- u Finanzvermögen Übbl 4d vor 90
Fixgeschäft, Begr 271 5b, c; Rücktr 361
Fixkauf Einf 3k vor 433
Flaschenpfand 1c vor 339, 4c vor 607, Übbl 3b vor 1204
Fluchthilfevertrag 138 5e, k, 662 6, 762 1c, AGBG 9 7f
Flüchtlinge, Begriff im Sinn der Flüchtlingskonvention Anh II 4 zu EG 5; EhefähigkZeugnis Anh zu EheG 10 1; Feststellg der Flüchtlingseigenschaft Anh II 4 zu EG 5; Güterstand Anh II zu EG 15, Bedeutg für Erbschein Übbl 7 vor 2353; Heilg unwirks Eheschl 1931 2a; RStellg Anh II 4 zu EG 5, der – deutscher Volkszugehörigk Anh II 1, 2 (Anm 2), 4 (Art 1 Anm 2) zu EG 5; humanitäre Hilfsaktionen Anh II 6 zu EG 5
Flugbeförderungsbedingungen AGBG 9 7f
Fluglärm 542 2c; 906 2b cc, 5a, 7c, 1004 4a
Fluglotsen, Haftg der BRep 839 15
Flugverkehr 839 15
Flugzeuge, s Luftfahrzeuge
Flurbereinigung EG 113; Enteign Übbl 2 Hc vor 903; Rechte des Miterben 2038 3
Flurstück Übbl 1a aa vor 873
Fluß Übbl 4c vor 90; Eigentum EG 65 3a
fob-Klausel 269 2b; Gefahrübergang 447 2
Folgenbeseitigungsansprüche 1004 9a
Folgesachen bei Ehescheidg Einf 4b vor 1564
Folgeschäden 249 4, Übbl 2 G a ff vor 903
Forderung, Abtretbark 398 3, s a Abtretg; Aufrechenbark 387 4–8; Begriff Einl 1a vor 241; Forderg z gesamten Hand 432 1b; Fordergsgemeinsch 432 1a; gemeinschaftl bei unteilbarer Leistg 432; geteilte 420; Nießbrauch an 1074–1079; öffentlrechtl 398 1b; Pfändbark, Beschränkg 400 1; Pfändbark künftiger 398 3d; Pfandrecht 1279–1290; Übergang kr Ges Vorb 7 E vor 249, 412 1; unvollkommene Einl 4 vor 241; Verletzg 823 6h, s a VertrVerletzg
Forderungsauswechslung bei Hyp 1180; bei PfandR 1204 3a
Forderungsgarantie Einf 3c vor 765
Forderungskauf 437; Haftung für Zahlgsfähigk des Schuldners 438
Forderungsübergang, auf ArbG Vorb 7 C e vor 249; BeamtenG Vorb 7 C d vor 249; Bürgschaft 774; gesetzl 406 1a, 407 1, 2, 412, 421 2a; Hyp 1143 1–5, 1150 4; IPR 33 3; Kenntnis von 407 2; NebenR 401 1, 2; auf Sozialversichergsträger Vorb 7 E vor 249; auf Versicherer Vorb 7 C b vor 249; UnterhAnspr 1607 3, 1615 b; s a Abtretung
Forderungsvermächtnis 2173
Form, AbzahlgsGesch AbzG 1a, Aufhebg der vereinbarten 125 4c, 154 2; Formfreiheit 125 1, Einf 4d vor 305; formlose u formgebundene Verträge Einf 4d vor 305; formularmäßige Schriftformklauseln in AGB AGBG 4, 5 2c; Formzwang, gesetzl u rechtsgeschäftl 125 2, 4, Aufhebg vereinbarter 125 4c, 305 3; gesetzl, Übersicht 125 1; gesetzl Schriftform 126; gewillkürte Schriftform 127; bei GrdstErwerb/Veräußerg 313; IPR (RGesch) EG 11; beim Kauf Einf 1b vor 433; Kündigg von Mietverhältnis 564a; nachträgl

2580

Magere Zahlen = Erläuterungen

Gastaufnahmevertrag

Vereinbarg **125** 3; Nebenerklärg **125** 2b; notarielle **127a, 128**, BeurkG **6ff**; Mangel s Formmangel; vereinbarte **125** 1; der Ausschließg des VersorggsAusgl **1408, 1587o**; des Vorvertrags Einf 4b vor **145**; Zweck Einf 4d vor **305**; im übrigen s bei den einzelnen Stichworten, a Beurkundung, notarielle
Formmangel, Arglisteinrede **125** 6, **826** 8g; bei Eheschließungen EheG **17**; Folge **125** 2, 3, **313** 11; Heilg durch Auflassg u Eintragg **313** 12, 14; Heilg im IPR EG **11** 2c aa; Heilg bei Eheschließungen Anh I, II nach EheG **11**; EheG **17** 3; Heilg durch Erfüllg **125** 3b; bei Hofübergabe **125** 6D; und Treu u Glauben **125** 6
Formularverträge, Gleichstellg mit AGB AGBG **1** 3; s auch Allg GeschBedingungen
Forstnutzungsrechte EG **115**
Fortbildung, Unterhalt, **1360** 1c, **1572, 1610** 4a dd
Fortbildungskosten des Arbeitnehmers **611** 7h
Fortbildungsverhältnis Einf 5e vor **611**
Fortgesetzte Gütergemeinschaft 1483–1518; Abkömml (anteilsberecht): nichtehel Abkömml des A **1934a** 2b, Anteilsentziehg **1513, 1516**, Anteilsherabsetzg **1512, 1516**, Anteilsunwürdigk **1506**, AufhebgsKl/Urt **1495, 1496**, Ausschließg **1511, 1516**, RStellg **1487**, Tod **1490**, ÜbernahmeR **1515, 1516**, Verzicht **1491, 1517**, AuseinandS **1497–1505**, Zeugen über EheG **9** 2b; Ausschließg **1509, 1510**; Eheg (überlebder): Ablehng **1484**, Aufhebg **1492**, RStellg **1487**, Wiederverheiratg **1493**, Tod **1494**; Eintritt **1483**; Gesamtgut **1485**; Gesamtgutverbindlichk **1488**, Haftg für **1489**; Sondergut **1486**; VorbehGut **1486**; Zeugn **1507**; zwingdes Recht **1518**
Franchisevertrag Einf 4 vor **581**
Freiberufler, Auskunft **1605** 3; Praxiswert **1376** 3a, **1431** 2; im UnterhR **1603** 2b aa
Freibleibend-Klausel AGBG **9** 7f
Freie Mitarbeiter Vorb 1g vor **611**
Freigabeklausel, bei Globalzession **398** 6c
Freiheit, Verletzg **823** 3c; der Kunst **823** 14 D b
Freiheitsentziehg, Unterbringg des Kindes **1631b**; des Mündels mit – **1800** 3
Freistellungsanspruch 257 1; des Arbeitnehmers **611** 3f, 14b ee, c; Umfang **157** 3; des UnterhSchuldn **1606** 3 A d cc, **1614** 1
Freistellungsklausel im gemsch Test **2271** 3c
Freiwillige Erziehungshilfe Anh **1666a** 3
Freiwillige Gerichtsbarkeit, Anerkenng ausländ Akte EG **19** 4b; FG-FamSachen Einf 4 vor **1564**; VersorggsAusglVerf Einf 5 vor **1587**; Haftg für Entscheidgen **839** 8; – kein RStreit im Sinn des § 1795, **1795** 2; WEG-Verf WEG **43** 1
Freiwillige Mitarbeit des Ehegatten **1360** 3
Freiwillige Versteigerung 457 1b
Freizeichnungsklauseln 276 5 B, **279** 4, **433** 2 C, Vorb 2e, 3 vor **459, 676** 3, AGBG **9** 6, **11** 7–11; Wirkg zugunsten Dritter **276** 5 B a cc
Freizeit, Verlust als Schaden? Vorb 3g vor **249**
Fremdbesitzer, nichtberechtigter Übbl 3a vor **854**, Vorb 1b vor **987**; VerwendgsErsatz Vorb 1b, c vor **994**
Fremdrechtserbschein 2369 1; Einziehg **2361** 6
Fremdwährungsschuld 245 3, 5b, **1113** 6
Friedenspflicht, Bdgg in letztw Vfg **2074** 2a
Friedhof, Landesrecht EG **133**; VerkSichgsPfl **823** 8 B; Friedhofszwang **1968** 2a
Frist, Auslegg, gesetzl **189** 1, **193** 1–3; Ausschlußfrist Übbl 4a vor **194**; Beginn **187** 1–3; Begriff **186** 1; Ende **188** 1, 2, 4; festbestimmte **361**; Verlängerg **190** 1; prozeßrechtl Fr **190** 1; zur VertrAnnahme **148** 3; Wahrg **188** 3; Einzelfälle: F für Anfechtg der Ehelichkeit **1594, 1596, 1598**;

für Ehelicherklärg **1740e**; für Widerspruch bei Wohngskündigg **556a** 5d
Fristsetzung bei gegens Vertr **326** 5, entbehrlich **326** 6, 11; bei SchadErsAnspr **250** 2; nach Verurteilg **283** 3b; bei Werkvertr **633** 2 A b cc, **634**
Frostschäden, Anscheinsbeweis Vorb 8b cc vor **249**
Früchte, bestimmgsgemäße Ausbeute **99** 2; Erstattg von Fruchtgewinngskosten **102** 1; Ertrag, bestimmgsgemäßer **99** 3a; Erwerb durch gutgläub Besitzer **955**; bei Herausgabe eines landwirtschaftl Grdst **998**; Jagdbeute **99** 3a; ordnungswidrig gezogene Ausbeute des Nutzungsberechtigten **99** 3a, des Nießbrauchers **1039**, des VorE **2133**; Pfandrecht Einf 3 vor **1204, 1212** 3; Rechtsfrüchte **99** 3; regelmäßig wiederkehrende Leistungen **101** 1, 3; Sachfrüchte **99** 2; Überfall **911**; Übergang des Fruchtziehgsrechtes **99** 4; Verteilg bei nacheinander Berechtigten **101** 1; Vorerbe **2111** 3, **2130** 1b, **2133**
Fund, Ablieferg **967, 975, 978** 2; Anzeige **965**; Begriff Vorb 1a vor **965**; EigtErwerb des Finders **973, 974, 978** 4, der Gemeinde **976, 981**, der Behörde/Verkehrsanstalt **981**; Herausgabe an Verlierer **969, 978** 3b; in Behörde/Verkehrsanstalt **978**; Versteigerg **979–982**; Schatz **984**; unanbringbare Sache **983**; verderbliche Sache **966** 2; Verwahrung **966**
Funktionsnachfolge, Haftung **419** 1c, **839** 2 B c
Funktionstheorie 839 2 B
Für-Prinzip beim VersorggsAusgleich **1587** 3
Fürsorgeerziehung Anh **1666a** 4, **1838** 1, **1800** 3, Anhörgspflichten vor Entscheidg Einf 6b vor **1626**; **1800** 3; gesetzl Vertretg d Minderjährigen **1631** 1; Übergang des ErziehgsR **1838** 2b; UmgangsR d Eltern **1634** 1
Fürsorgepflicht des Arbeitgebers **611** 8, **617, 618** gg Beamten **276** 8, **618** 1; Amtspflichtverletzg **839** 5 A
Fusion von Vereinen **41** 3c
Fußballspieler, überhöhte Zuwendgen **138** 5q; als Arbeitnehmer Einf 1g vor **611**; Transfer Einf 4k vor **433**; Verletzg bei Spiel **254** 6b
Fußballtoto 763 2c
Fußgänger, Unfallhaftg **823** 8 B; MitVersch **254** 3b ee
Futtermittelkauf, Gewährleistg Vorb 4a vor **459**; zugesicherte Eigenschaften **459** 4 a GG

G

Garagen, Miete Einf 7 vor **535**; VerkSichgsPfl **823** 8 B; WE/TeilE WEG **1** 2b; **3** 2b; s a Parken
Garantie für zugesicherte Eigenschaften **459** 4; Werkvertr Vorbem 3d vor **633**; Anwendg von AGBG **11** Nr 10 AGBG **11** 10
Garantieauftrag 5b vor **783**
Garantieeinbehalt 641 1a
Garantiefrist, Einfluß auf Verj beim Kauf **477** 4
Garantievertrag, Begriff **477** 4, Einf 3c vor **765**; Fdgskauf **438** 1, **459** 7; Form **313** 4d; Herstellergarantie ProdHaftG **15** 3b; in AGB AGBG **11** 10 vor a; IPR EG **28** 4m; VertrAnnahme dch schlüssiges Verhalten **151** 2b bb; Verjährg von Anspr aus Garantieversprechen **195** 3a
Gasleitungen, Erhaltungspfl des Vermieters **536** 4
Gastarbeiter 611 1b cc; Wohnraum **563** 3b bb 1; s auch ausländ Arbeiter
Gastaufnahmevertrag Einf 5b vor **305**, Einf 2 vor **701**; Beweislast bei Verschulden **282** 2; ErfGeh **278** 6d; ErfOrt **269** 3b

Gaststätte

Gaststätte, BezeichngsSchutz 12 2c; NachbSchutz 903 3b aa, 906 2b cc; Pacht 3e vor 581
Gastwirt, Ablehng der Aufbew von Sachen des Gastes 702 3; Begriff 701 2; VerkSichgPfl 823 8 B; BewLast für Einbringg u Verlust von Sachen 701 9; Erlöschen des ErsAnspr für eingebrachte Sachen 703; Freizeichng von Haftg 702a; Haftg f eingebrachte Sachen 701, für abgestellten PKW 701 6, Haftg für Geld, Wertpap u Kostbark 702 2b; Umfang der Haftg 702; Haftg für Bediengspersonal 278 6d, 701 8; Pfandrecht 704 2; Übereinkommen über Haftg der Gastwirte für von ihren Gästen eingebrachte Sachen v 17. 12. 62 Vorb 1b vor 701, Vorb 61 vor EG 14; Unfallhaftg, Einzelfälle 823 14; VerwahrgsPfl u Haftg Einf 2 vor 688
Gattungskauf, Gefahrübergang 243 3b; Gewährleistg 480; NachliefAnspr 480 2; SchadErs 480 3; Viehkauf, Ersatzliefg 491 1, 2
Gattungsschuld 243; beschränkte 243 1c, 262 3a; Bestimmg des Leistgsggstands 243 2; Bindg des Schuldners 243 3b; Ersatzherausgabe 281 3; Freizeichnungsklausel 279 4; Gefahrtragg 300 3c; vom Gläub zu vertretende Unmöglk 324 5; GläubVerzug 300 3; Haftg für Unvermögen 276 10a; Konzentration (Konkretisierung) 243 3, 300 3c; Unvermögen 279 1, 2; Vergütgsgefahr 300 3a
Gattungsvermächtnis 2155; Rechtsmängel 2182 1; Sachmängel 2183 1
Gebäude, Begriff 94 2b, 908 1a; Einsturz 836 4; Einsturzgefahr 908; VerkSichgsPfl 823 8 B, MitVersch 254 3a ff; s a Grdst; Unterhaltg 836 8; Unterhaltspflichtiger 838 1; Verbindg, feste mit dem Boden 94 2b; wesentl Bestandteile des Gebäudes 94 3, 95 2; wesentl Bestandteil des Grdst 94, 95; Wiederherstell zerstörter EG 110 1, 2, WEG 22 2
Gebäudebesitzer, Haftg 837 1
Gebäudereinigung, Werkvertr Einf 5 vor 631
Gebäudeschaden 836, auch 837, 838
Gebäudeteil, Ablösg 836–838
Gebäudeversicherung 1127 1, 1128
Gebrauchsmuster, Erschleichen 826 8m; ungerecht Bereicherg bei Verletzg Einf 6b vor 812; Vererblk 1922 3a; Verletzg dch Gehilfen 831 2C g
Gebrauchspflicht des Mieters 535 3c ee
Gebrauchsüberlassung der Mietsache 535 2a; an Dritte 549 2, 553 4
Gebrauchsvorteile, entgangene als Schaden Vorb 3 b, c vor 249; s auch Nutzungen
Gebrauchte Sachen, Schadensersatz 251 5
Gebrauchtwagen, Anfechtg wg arglistiger Täuschg 123 2c; Aufklärgspflicht 460 3; Inzahlnahme, 364 2, 515 1; Gewährleistg 459 5b; gutgl Erwerb 932 3d cc; Schadensersatz für Zerstörg, Beschädigg 251 5; Zusicherg „generalüberholt" 459 5b cc
Gebrechlichkeitspflegschaft 1910; Aufhebg 1920; Ruhen der elterl Sorge 1673
Geburt 1
Geburtsname: Begriff 1355 1, 2b; Doppelname als G 1355 2b; des ehel Kindes 1616; des nehel Kindes 1617
Gefahr, Abwendg einer droh 228, einer ggwärtg 904; für Wohl u Vermögen des Kinder 1671 5; Geldschulden 270 3; Handeln auf eigene 254 6c; Leistgspreis 275 8, 300 3; Preisgefahr 275 8; bei Pacht 588; Pflicht z Abwendg 823 8 A; Sichaussetzen der G 254 4, 6; Vergütgsgefahr 300 3a; bei WkVertr 644; s a Gefahrübergang
Gefährdung, Befriedigg aus Nachl 1981 3; Klagegrd für Aufhebg der Gütergemsch 1447, 1469;

Fette Zahlen = §§

des Wohles des Kindes 1666 3; des Kindesvermögens 1667; der künftigen ZugewinnauslgFdg 1386 3; der Pers eines Volljähr 1906 2b; des eigenen angem Unterh 1581; des Vermögens 1906 2b
Gefährdungshaftung 276 10b, Einf 4 c vor 823; Abwägg 254 4a cc, b cc; Eisenbahnbetrieb EG 105; IPR EG 38 3
Gefahrgeneigte Arbeit 276 5 C, 611 14b, 618 3c
Gefahrübergang, Annahmeverzug 300 3; ErbschKauf 2380 1; bei Gattgsschulden 279 1; Kauf 433 2, 446; Versendgskauf 447; Werkvertr 644 3, 651 3a
Gefahrverschollenheit VerschG 7
Gefälligkeit, Zusagen Einl 2 vor 241
Gefälligkeitsfahrt, Haftg Einl 2 vor 241, 254 6; Minderj 254 6; Tierhalterhaftg 833 2b
Gefälligkeitsmiete Einf 2b vor 535
Gefälligkeitsvertrag, Auftrag Einf 1 vor 662
Gefangene als Arbeitnehmer Einl 1g vor 611
Gegendarstellung, Einf 10 vor 823, IPR EG 38 3
Gegenleistung, Bestimmgsberechtigter 316; bei GläubVerzug 298 2, 3
Gegenseitiger Vertrag, 320 ff; Anwendgsgebiet der Vorschr Einf 1f vor 320; Begriff Einf 1c vor 320; BereichergsAnspr bei Nichteintr des bezweckten Erfolgs 812 6 A d; Einrede des nichterfüllten Vertr Einf 2b vor 320, 320 1–3; Erfüll, verspätete 286 1, 2, 326 3; Fristsetzg 326 5, 6; Ggleistg bei Unmöglk Vorb 1 vor 323; GgseitigkVerh Einf 3 vor 320; Gesellschaftsvertr Einf 1d vor 320; Leistg an Dritten Einf 1d vor 320; Leistgsaustausch 320 1; RücktrR 325 5, 327; Störg Einf 2c vor 320; SchadErsAnspruch bei Nichterfüllg 325 4; nicht typischer Einf 1f aa vor 320; Vergleich Einf 1f aa; Synallagma Einf 2 vor 320; vor 320; Vergütgsgefahr 300 3a; VertrVerletzg, positive 276 7C b; Verzug, Anwendgsgebiet 326 1–3; Vorleistungspflicht 320 4; Wegfall der GeschGrdLage 242 6 C a; bei Vermögensverschleuderg 321
Gegenstand, Begriff Übbl 2 vor 90, 281 2; körperl 90 1; bei Veräußerg eines GewerbeBetr 157 4
Gegenvormund 1792; Anhörg durch VormschG 1799 2, 1826 1; Anlegg von MdlGeld, Mitwirkg 1810 1; Aufsicht des VormschG 1799 1, 1837; AufwandErs 1835 1–3; Auskunftspflicht 1839; AuskunftsR 1799 2; Ausschließg 1852 2; Beendigg des Amts 1895 1; Bestellg 1792 1, 2, 1904; Beschwerde 1792 3, 1799 1; EinsichtsR 1799 2; Genehmigg 1832 1; Haftg 1833 2; Jugendamt als G 1791b 3, 1792 2; bei Pflegschaft 1915 3; Pflichten 1799; Pflichtwidrigk 1837 3; Ordnungsstrafen Rechnslegg, Mitwirkg 1824 1, 1854 2, 1891 1; ÜberwachgPflicht 1972 1, 1799 1, 2; ÜbergVorschr EG 210 1; Verein als G 1791a 3; Vfgen, Genehmigg 1812 4; Vergütg 1836 2b; VermögsVerzeichnis, Mitwirkg 1802 3; VertretMacht 1799 1; bei Vormundsch über Volljährigen 1903, 1904
Gehalt 611 6, s auch Lohn; vermögensrechtl Anspr der Beamten EG 80; Abtretbark, Aufrechng 394 1, 400 1, 411 1, EG 81; Fortzahlg 616, u SchadErs Vorb 7 C e vor 249, 252 3a, 616 5; Rückforderg überhobenen Gehalts Einf 6 vor 812; Verjährg 196 9, 197 2d
Geheimer Vorbehalt 116; bei Test 1937 2; bei Erbvertr 2279 1
Geheißerwerb 929 3c, 932 2b
Gehilfe, Haftg des G f unerl Handlg 830 3; Haftg d Verrichtungsgehilfen 831; Zuziehg bei Auftrag 664 2; s a Erfüllungsgehilfe
Gehorsamspflicht des Arbeitnehmers 611 5

2582

Geisteskrankheit Begriff **6** 2; EheAufhebgGrd EheG **32** 2a; zZ der Eheschließg, Nichtigk EheG **18** 2; Entmündigg **6** 1; Härteklausel **1568** 3; Notar bei Beurk BeurkG **6** 5; unerlaubte Handlg bei **827, 829**; s a Geschäftsunfgk
Geistesschwäche, s a Geschäftsunfgk; Begriff u Entmündigg wegen **6** 2; Testierfähigk bei Entmündigg **2229** 6c, **2253** 4
Geistesstörung 6 2; Ehenichtigk EheG **18**; Geschäftsunfähigk wegen **104** 3; bei TestErrichtg **2229** 6; WillErklärgen Geistesgestörter **105**
Geistiges Eigentum, sittenwidr Verletzg **826** 8h
Geistlicher, Haftg **839** 15; Eheschließg IPR EG **13** 4a aa
Geld, Anlegg dch Eltern **1642**, dch VorE **2119**, dch Vormund **1806–1811**; Begriff **245** 1a; dt Währg **245** 1b; EigtErwerb b Abhandenkommen **935** 4; Hinterlegg **233, 372** 1; PfdR Übbl 3a vor **1204, 1228** 1a, **1229** 1c; Umsetzung in Geld, des Ges-Guts **1475**, des GesellschVerm **733** 3; verbrauchb Sache **92** 1b; Vermengg **948** 1b; Geldwechsel als Tausch **433** 1a; Wertvindikation **985** 3c
Geldautomat, Übereigng dch **929** 2a
Geldentschädigung, bei ideellem Schaden **253** 4; als SchadErsatz **249** 2, **250, 251**
Geldentwertung, und Wegfall der Geschäftsgrundlage **242** 6 C a aa; Umfang der Konditkion **818** 5d; und SchadErs **286** 2b; bei Zugewinnausgleich **1381** 2d; s a Aufwertg
Geldrente, bei Körperverletzg **843** 4; Leibrente **760**; Tötg **844** 6; Unterhalt durch **1612** 1, **1615a, 1615f** 2; Unterhalt des Ehegatten **1361** 4, nach Scheidg **1585**; beim VersorggsAusgleich **1587g**
Geldschuld 243 1, **244, 245**; Aufwertg **242** 8; Bessergsklausel **271** 2e, **315** 2b; devisenrechtl Beschränkgen **245** 6; Erfüllg, Eintritt **270** 2c; Fremdwährgschuld **245** 3; keine Gattgsschuld **245** 2; Gefahrtragg **270** 3a; Geldsortenschuld **245** 2; Goldmünzklausel **245** 5a; Goldwertklausel **245** 5a; Inhalt **245** 3; interzonale Fragen **245** 4, EG **32** 4; Prozeßzinsen **291** 1, 2; Schickschuld **270** 2; Übersendgskosten **270** 3b; Umwandlg in Darlehen **607** 2; Unvermögen **245** 2; Verzugszinsen **288**; Wegfall der Zinspflicht **301** 1; Wertsicherngsklausel **245** 5; Wertschuld **245** 2; Zahlg **244**
Geldsortenschuld 245 2b
Geldstrafen, Aufrechng **395** 1; Erstattg **134** 3a; Vollstreckg in Nachlaß Einf 6 vor **1967**
Geldsummenschuld 245 2; Verzinsg **291** 1
Geldwertschuld 245 2; IKR/IPR EG **32** 4; Verzinsg **291** 1
Geldwertvindikation 985 3c
Geliebte, Zuwendungen an **138** 5f, g
Geliebtentestament 138 5f, **1937** 5c
Gemeinde, Duldgsvollmacht **170–173** 4, **178** 1; Form der Verpflichtg **125** 1; Haftg der **89** 2, für Feuerwehr **680** 1; als jur Pers Einf 3 vor **1**, Vorb 1 vor **89**; Konkurs **89** 3; NamensR **12** 3; Sittenstoß bei Vertrag mit G **138** 5j; Verwaltgs- u Finanzvermögen Übbl 4d vor **90**; VorkaufsR nach BauGB Übbl 4c vor **1094**
Gemeindenutzungsrechte, altrechtl, EG **115** 2
Gemeindeservitut EG **184** 1
Gemeindetestament 2249; GültigkDauer **2252**
Gemeindewaisenrat, Jugendamt an Stelle des – Grdz 1 vor **1849**
Gemeiner Wert des Nachl bei Berechng des Erb-ErsAnspr **1934b** 2; bei PflichtBerechtg **2311** 2
Gemeingebrauch 903 5; Sachen Übbl 4c vor **90**
Gemeinheitsteilung EG **113**
Gemeinsames Sorgerecht der Eltern **1629** 1, 2; nach Scheidg **1629** 5b dd, **1671** 2b

Gemeinschaft 741; Abgrenzg zur Miete Einf 2f vor **535**; Anteil **741** 1, 5; Anteil an Gebrauchsvorteil **743** 1; Anteilsgleichheit **742** 1; Aufhebg Vorb 2 vor **749**; Aufhebgsanspr **749** 2; Aufhebg bei wichtigem Grund **749** 3b; Aufhebg bei Tod eines Teilh **750** 1; Aufhebgsausschluß, Wirkg gg Sondernachf **751** 2; Auseinandersetzg Vorb 3 vor **749**; ehel **1353**, s a ehel Gemeinschaft; Beendigg Vorb 1 vor **749**; Bindungswirkung der Beschlüsse der Beteiligten **745** 1d; Erhaltgsmaßnahmen **744** 3; keine Anwendg der Grundsätze über faktische Gesellschaft **741** 6; faktische WE-Gemsch Übbl 2d aa vor WEG **1**; Fruchtbruchteilsanspr **743** 1, **745** 1c; Gebrauchsbefugnis **743** 3; Gewährleistg bei Aufhebg **757**; Gegenstandsänderg **745** 1c; Gesamtschulden, BerichtiggAnspr **755** 1, 2; Haftg der Teilnehmer ggüber Dr **741** 6b; Klagerecht des Teilh **747** 3d; Kosten der Erhaltg, Verwaltg u Benutzg **748**; KündFrist **749** 2; Lasten des gemeinschaftl Ggstandes **748**; PfändgsR des Gläub des Teilh **747** 2, **751** 2; Teilh, notw Streitgenossen **747** 3d; Teilauseinandersetzg **749** 2c; TeilhRechte, Zuweisg an Pfandgläub **1258** 2; TeilhSchulden, BerichtigAnspr **756** 2; Teilg in Natur **752** 2; Teilg durch Verkauf **753** 2; Teilgsdurchführg Vorb 3 vor **749, 752** 1; Teilgsvereinbarg Vorb 3 vor **749**; Übergangsvorschr EG **173** 1–3; Verfügg üb Gemeinschaftsggst **744** 2, **747** 3; Verfügsbefugnis üb Anteil **747** 1, 2; Verjährg d Aufhebgsanspr **758**; Verkauf von Fdgen **754**; Verlosg **752** 2d; Versteigerg unter den Teilh **753** 2c; Verwaltg durch Teilhaberbeschluß **745** 1; Verwaltg gemeinschaftl **744** 2; Wesen **705** 1a, **741** 1, 5; Wirkg des Teilhaberbeschl gg Rechtsnachf **746** 1; der Wohngseigentümer Übbl 2d vor WEG **1**, WEG **10ff**
Gemeinschaftliches Eigentum, Änderg des Anteils WEG **6** 1; GebrRegelg WEG **15**; Ggst WEG **1** 3; GewlAnspr Vorb 5 vor **633**; **633** 2; Inhalt WEG **13** 2; Verwaltg WEG **21ff**
Gemeinschaftliches Testament, Anfechtg **2271** 4; Ausleg Einf 4 vor **2265**; Ausschlagg **2271** 3a; Berliner Test **2269** 1b; Bindg an **2271** 2; Eheauflösg **2268** 1; **2265** 1; eigenhändiges Einf 2b vor **2265, 2267**; Einsicht **2264** 1, **2273**; Verh zu Erb-Vertr Einf 1b vor **2265**; Eröffng **2273**; Eröffngsfrist **2263a** 3; Errichtung Einf 2 vor **2265, 2265–2267**; Form Einf 2 vor **2265**, IPR EG **26** 2c aa; FreistellgsKl **2271** 3c; Mitunterzeichnung des anderen Eheg **2267** 1a; Nichtigk **1937** 4, 5, **2265** 2, **2268, 2271** 3c; Nottest **2266**; öffentliches Einf 2a vor **2265**; Pflichtteil **2269** 4a, Entzieh dch Überleben **2271** 3b; Rückn **2272** 2; Scheidg der Ehe **2268** 2; Teilverkündg **2273** 2–4; Tod eines Eheg **2271** 2; ÜbergangsR Einf 1 vor **2229**; Umdeutg **2265** 2; für gemeinschaftl Unfalltod **1923** 2b; Unverheiratete **2265** 2; gleichzeit Versterben Einf 4 vor **2265, 2269** 3c; Verfehlgen eines Abkömml **2271** 3b; Wechselbezügl Einf 3 vor **2265, 2270** 1, 2; Widerruf **2255** 6, **2271**; Widerruf wechselbezgl Vfgen **2270** 3, **2271** 1, 2; WiderrufsVorbeh **2271** 3c; WiederverheiratsKl **2269** 5; Wiederverwahrg **2273** 3; Zeit- u Ortsangabe **2267** 1
Gemeinschaftsinteresse, Rechtsformen der Verwirklchg **705** 1a
Gemeinschaftskonto Einf 3o vor **607**
Gemeinschaftsordnung WEG **8** 1b; **10** 1b, 2a
Gemeinschaftspraxis 705 9b aa
Gemischte Schenkung 516 7, **525** 2d; PflichttErgänzg wg **2325** 2a
Gemischte Verträge Einf 5b vor **305**; Formpflicht **313** 8c; mit Miete Einf 3 vor **535**

Genehmigung
Fette Zahlen = §§

Genehmigung, Begriff Einf 1, 2 vor **182, 184**; Beistand **1687**; behördliche **275** 9; zu Anwartschaftsrechtsveräußerg des Mitnacherben **2100** 4a; des and Eheg **1365–1369**; zu Erbteilsübertragg **2033** 1c; des VorE **2112** 2a; zu ErbauseinandS Einf 6 vor **2032, 2042** 3d; zu ErbschKauf Übbl 1d vor **2371, 2371** 2c; GrdstVeräußerg **313** 12b, 15, Übbl 4 vor **873**; u Unmöglichk **275** 9; unter Vertragsänderg **275** 9a; ErklEmpfänger **182** 1, **184** 1; Erlangg der RFähigk dch – Einf 4 vor **21**; Form Einf 2 vor **182, 184** 1; Handeln ohne Vertretgsmacht **177, 178** 3; Hinweis dch Notar BeurkG **18**; Gegenvormund **1832** 1; GoA **687** 1, 2; von Mj abgeschlossenen Vertr **108** 1, 2; Pflicht, an der Herbeiführg der behördl – mitzuwirken **242** 3 B b; rückwirkende Kraft **184** 1, **275** 9; Schuldübernahme **415** 3, 4; Schutz der Rechte Dritter **184** 2; der Stiftg **80–84**; unwiderruflich **187** 1, **185** 2; beim VorkR **505** 1, **510** 2; Wertsichergsklausel **245** 5a; Widerrufsrecht des Dritten **1366** 3a, **1427, 1453**; s a Einwilligg, Zustimmg, Zustimmgersetzg, vormschgerichtl Genehmigg

Generalübernehmer, -unternehmer 631 1d

Genossenschaft, Benutzg ihrer Einrichtgen Einf 2g vor **535**; als Gründergesellsch, Haftg **21** 2; GrdstZuweisg **313** 5b; Vererblichk der Mitgliedschaft **1922** 3g; TestVollstrg hierbei **2205** 2h; vormschgerichtl Genehmigg des Eintritts **1822** 10

gentleman's agreement, Einl 2 vor **241**; Auslegg **157** 4

Gerätesicherheitsgesetz 823 15b bb

Geräusche, Abwehr **906, 1004**

Gerichtlicher Vergleich 779; Auflassg im – **925** 4c; Erbvertr **2276** 3; Erbverzicht **2348** 1; Ersetzg der Beurk **127a, 128** 3, **1587** o; Testament **2247** 1; Umdeutg **140** 3d; Wegfall der GeschGrdlage **242** 6 D e; Widerruf dch ErbenGemsch **2038** 2a

Gerichtliche Zuweisung eines landw Betriebs **2042** 10

Gerichtsferien, Fristhemmg **191** 1

Gerichtsstand 269 1b aa; AbzahlgsGesch AbzG **6a**; – Klauseln in AGB AGBG **9** 7g; bei Nichtigk des Vertr **139** 5b; Vereinbg **269** 1b aa, AbzG **6a** 4

Gerichtsvollzieher, als Besitzer **868** 2c bb; als Erfüllungsgehilfe **278** 6 d; Erwerbsverbot **456–458**; Haftg **839** 15; Stellg Einf 3e vor **164**; Mitteilg des Rücktr vom ErbVertr **2296** 1; des Widerrufs beim gemeinsch Test **2271** 2b aa; Zustellg v WillErkl **132**

Gesamtakt bei Beschlußfassg der Vereinsversammlg **32** 1, der WEigtümerVersammlg WEG **23** 1c; nicht bei GesellschaftsgründG **705** 3a

Gesamteigentümergrundschuld 1196 2

Gesamterbbaurecht ErbbRVO **1** 2; **2** 2d; **12** 1b, 3; **14** 1

Gesamtforderung, Begriff Übbl 1 vor **420**

Gesamtgläubiger, Aufrechg **719** 2d; Ausgleich **430** 1; GesGläubigerschaft Übbl 1b vor **420, 428**; Vereinigg von Fdg u Schuld **429** 1; Verzug **429** 1

Gesamtgrundschuld, Anwendg der Vorschr über die Gesamthyp **1132** 6, **1173** 4, **1175** 4, **1182** 4 (s daher GesamtHyp); GesamtEigtümerGrdSch **1174** 2, **1175** 2, **1196** 2

Gesamtgut, der Gütergemsch **1416**, der fortges Gütergemsch **1485**; Abgabe einer Willenserklärg **1450**; Ablehng einer Schenkg **1432** 5, **1455**; Ablehng eines Vertragsantr **1432** 4, **1455**; Anfall eines Miterbenanteils **2033** 3; Annahme u Ausschlag einer Erbsch oder eines Vermächtn **1432** 2, **1455**; Aufhebgsklage, Gründe **1447, 1448, 1469**, Wirkg **1449, 1470**; Aufrechg gg Gesamtgutsfdgen **1419** 3; Auseinandersetzg **1471–1481**: nach Scheidg **1478**, Surrogation **1473**, Teilg **1477**, ÜbernahmeR **1477** 2, 3, Überschuß **1476**, Verfahren **1474**ff, Verwaltg bis Auseinandersetzg **1472**; Ausgleich mit vorbehalts- u Sondergut **1445, 1467**; Ausgleich des Zugewinns, Verzicht **1432** 3, **1455**; Ausgleichg bei Zuwendungen aus Gesamtgut **2054, 2331**; Auskunfterteilg durch verwaltenden Eheg **1435**; Ausstattgsversprechen **1444, 1466**; Bereicherg **1434, 1457**; Besitz **1422** 3, **1450**, **866** 1b, **868** 2c bb; Einkünfte, Verwendg zum Unterhalt **1420**; Einwilligg des nicht verwaltenden Eheg **1423–1428**; Einwilligg bei gemeinsch Verwaltg **1452, 1453**; Erbschaftsschulden des nicht verwaltenden Eheg **1439**, bei gemeinsch Verwaltg **1461**; Erhaltgsmaßnahmen **1455**; Ersatzleistg des verwaltenden Eheg **1435, 1445**; Ersatzvornahme bei Krankh oder Abwesenh eines Eheg **1429, 1454**; Ersetzg der Zustimmg durch VormschG **1426, 1430, 1452**; Erwerb währd der Gütergemsch **1416**; Erwerbsgeschäft eines Eheg **1431, 1456**; Fälligk der Ausgleichsanspr **1446, 1468**; Fortsetzg eines anhäng Rechtsstreits **1433, 1455**; Gesamtgutsverbindlk **1437** 2, **1459**; Gesamthandsgemeinsch **1416** 1, **1419**; Geschäftsunfähig u -Beschränkth eines Eheg **1458**; Grundstücksverfügg **1424**; Gütertrenng als Folge der Aufhebg **1449, 1470**; Haftg des Gesamtguts **1437–1440, 1459**ff; Haftg im Innenverhältn **1441–1444, 1463**ff; Haftg, persönl des verwaltenden Eheg **1437** 3, **1459**, des nicht verwaltenden Eheg **1434** 4; Haftg für Verbindlk aus Erbschaften u Vermächtn **1439, 1461**; Inventarerrichtg **1432, 1455, 1993** 2; Inventarfrist **2008** 1; Konkurs des verwaltenden Eheg **1437** 6, bei gemeinsch Verwaltg **1459** 5; Kosten eines Rechtsstr **1438** 3, **1441, 1443, 1465**; Mitwirkgspfl **1451, 1472** 2; Notverwaltgsrecht **1429, 1454**; notwendige Maßnahmen **1455, 1472**; ordnungsgemäße Verwaltg **1435, 1451, 1472**; PflichtErgänzg bei Zuwendgen aus Gesamtgut **2331**; PflichtVerzicht **1432, 1455, 2317** 1; Prozeßkosten **1443, 1465**; Rechtsgeschäfte des nicht verwaltenden Eheg **1438** 2, der gemeinschaftl verwaltenden **1450** 3; Rechtsgesch ggüber dem anderen Eheg **1455** 2; Rechtsstellg des verwaltenden Eheg **1422** 1, des nicht verwaltenden **1422** 2, der gemeinsch verwaltenden **1450** 2; Rechtsstreitigkeiten **1422, 1433, 1438, 1441, 1450, 1465**; Schenkungen u Schenkgsverspr aus Gesamtgut **1425**; Sondergut s dort; ÜbergVorschr Grds 3 vor **1415**; Befugnis des TestVollstreckers, wenn Anteil am Gesamtgut zum Nachl gehört **2205** 3a; Umstellg bei Auseinandersetzg Vorb 1 vor **1471**; ungerechtfertigte Bereicherung des G **1434, 1457**; Unpfändbk des Gesamtgutanteils **1419** 2; Unterhalt der Familie aus dem Gesamtg **1420**; Unterhalt Verwandter aus dem Gesamtg **1604**; – Verbindlichk **1432, 1438, 1459, 1460**; Verfügg über Gesamtg **1422, 1450**; keine Verfügg über Anteil am Gesamtg u den einzelnen Ggständen **1419** 2; Verfügg über Gesamtg im ganzen **1423**, über Grundst **1424**; Verfügg ohne Zustimmg des anderen Eheg **1428, 1453**; Verhinderg des verwaltenden Eheg **1429, 1454**; Vertretg, ggseitige der Eheg **1416** 1; Verwaltg, Regelg durch Ehevertr **1421**; Verwaltg durch einen Eheg **1421–1449**, durch beide Eheg **1450–1470, 1472** 1; Verwalter, Rechtsstellg **1422** 1; Vorbehaltsgut s dort; Vormundsch über einen Eheg **1436, 1458**; Widerspruch gg Zwangsvollstr in Gesamtgut **1455**; Zugewinnausgleich, Verzicht **1432** 3, **1455**; Zuwendungen aus Gesamtg, Ausgleichg, **2054, 2331**; Zwangsvollstr in Gesamtg **1422** 4b, **1437** 5, **1459** 3

Magere Zahlen = Erläuterungen **Geschäftsunfähigkeit**

Gesamthand, ungerechtfert Bereicherg **812** 5 B b ff, **818** 6 A d
Gesamthandsanteil, PfandR **1258** 1b
Gesamthandseigentum 903 1c cc; Miteigt-Vorschr, Anwendbark **1009** 2; Überführg in Bruchteilseigt bei Grdst **313** 3b
Gesamthandsforderung 432 1b
Gesamthandsgemeinschaft Einf 2 vor **21;** Gütergemsch **1416** 1, **1419;** Erbengemsch Einf 2 vor **2032;** Fdgberechtigg **432** 1b; Gesellsch **705** 5, **718** 1; Haftg für Schuld Übbl 2c vor **420;** nicht rechtsf Verein **54** 1; Wesen **432** 1b
Gesamthandsgläubiger, Begriff **432** 1 b
Gesamthypothek 1132; Erlöschen/Nichtentstehen der pers Fdg **1172;** ErsAnspr des befriedigden Eigtümers **1173** 1b; GläubBefriedig dch einen Eigtümer **1173,** dch pers Schuldn **1174,** aus Grdst **1181** 3b, **1182;** RückgriffsHyp **1173** 3b, **1182** 3; Verzicht **1175**
Gesamtnachfolge, Besitzvererbg **857** 3; Grundsatz **1922** 2, **1942** 1, **2032** 1; keine Vermögensübernahme **419** 3a
Gesamtsache s Sachgesamtheit
Gesamtschuld 421 ff; Abtretg **425** 2h; Anfechtg **425** 2; Aufrechng **422** 1; Ausgleichspflicht **426** 1–3; Begriff **421** 1; Erfüllg **422** 1; Entstehgsgrund **421** 2; Erlaß **423** 1; Forderügergang **426** 4; Gemeinsch des Zwecks **421** 2a; gesetzl **421** 3b; Gesamtwirkg von Tatsachen **422** 1, **423** 1, **424** 1, **425** 2; GläubVerzug **424** 1; Gleichstufigk **421** 2c; Haftgsfreistellg u G **426** 5; Hinterlegg **422** 1; Inhalt **421** 1; Innenverhältn **426** 1; keine G bei mehreren Bereicherten Einf 8e vor **812;** Kündigg **425** 3a; rechtsgeschäftl **421** 3a; Rücktritt **425** 2b; Schuldnerverzug **425** 2b; Übergang der Gläubigerforderg im Rahmen der Ausgleichspflicht **426** 4; unechte **421** 3; Unmöglk **425** 2; unteilbare Leistg **431** 1; Unterlassg Übbl 3 vor **420;** Urteil, rechtskr **425** 2; Vereinigg **425** 2; Verjährg **425** 2; Vertragsschuld **427** 1; Verschulden **425** 2
Gesamtversorgung 1587a 3 C c bb, dd
Gesamtvertretung, -vollmacht, 167 3c; der Eltern **1629** 2
Gesamtverweisung im IPR EG **4** 1a
Gesamtwandelung 469 2
Geschäft, fremdes, Absicht als eig zu führen **677** 3g, **687** 2; fremdes, irrtüml Behandlg als eigenes **687** 1; Mitarbeit im – des Erbl als ausgleichspfl bes Leistg **2057a** 2b; für den, den es angeht **164** 1c, **677** 3e, **929** 5c (Übereignung)
Geschäfte zur Deckg des Lebensbedarfs in der Ehe s „Schlüsselgewalt"
Geschäftsähnliche Handlungen, Übbl 2c vor **104;** Begründg u Aufhebg des Wohnsitzes **8** 1
Geschäftsanteile, Kauf **437** 2e; Gewährleistg Vorb 3a vor **459;** der GmbH Nießbrauch **1068** 4; Übertragg **413** 1b; Vererbg **1922** 3c–g; Verw dch TestVollstr **2205** 2b ff
Geschäftsbesorgung, Abgrenzg von DienstVertr Einf 2b vor **611,** Einf 2c vor **662;** Begriff Einf 2c vor **662, 662** 3, **675** 2a; entgeltl **675;** in Fremdinteresse **675** 2b, **677** 2b; vorl Erben **1959** 1, 2; im Konkurs **675** 4c; Nichtigk **675** 3; selbständ wirtschaftl Tätigk **675** 2a; Umfang bei GeschFührg o Auftr **677** 2a
Geschäftsfähigkeit, Begriff Einf 2 vor **104;** Entmündigter **114** 1, 2; Geisteskrankheit **104** 4; geschäftsähnliche Handlungen s dort, ferner Einf 3b vor **104;** fehlende des Geschäftsführers **682;** guter Glaube Einf 2b vor **104;** Handlungsfgk Einf 2 vor **1,** Einf 1 vor **104;** IPR EG **7, 12;** Minderjähriger **106** 1, 2, **112** 1, 3; öffentl Recht Einf 4 vor **104;**

Prüfg dch Notar BeurkG **11, 28;** Tathandlungen Einf 3b vor **104;** Testierfähigk **2229;** Verfügungsfgk Einf 3 vor **104;** des Vertreters **165;** Zugehen von WillErkl bei beschränkter **131** 1
Geschäftsfähigkeit, beschränkte, EheaufhebG EheG **30** 2; Ehegatte bei Erbvertr **2275** 2; Eheliherklärg **1728, 1740e;** Eheschließg EheG **3;** Ehevertrag **1411;** ErbvertrAufhebg **2290;** Erfüllg ggü beschränkt Geschäftsfähigen **362** 1c; Rücktritt v Erbvertr **2296;** Ruhen der elterl Sorge **1673;** Testierfähigk **2229** 6b; Unterhaltsvereinbarg **1615e** 3e; Willenserkl **106–114;** Willenserkl ggüber Vertreter **165;** Zugehen **131;** Wohnsitz **8** 1
Geschäftsführung, Gter, ergänzende Anwendg von Auftragsrecht **713** 1, s a Gesellschaft; Vereinsvorstand **26** 2, **27** 3
Geschäftsführung ohne Auftrag 677ff; Anspr des GeschFührers bei Genehmigg **684** 1, 2; entspr Anwendg der Vorschr Einf 3 vor **677;** AnzeigePfl des GeschFührers **681** 2a; AufwendgsAnspr bei SchenkgsAbsicht **685** 2; AufwendgsErsatz **670** 2, **683** 4; Ausbeutg fremden UrheberR **687** 2c; Ausschluß der RWidrigk Einf 2b vor **677;** Ausführg im Interesse des GeschHerrn **677** 5b, **683** 2; Begriff Einf 1 vor **677;** EigenGeschFührg **677** 3g, **681** 2; erfüllg im öff Interesse **677** 2b; Führg im eignen Namen **677** 3f; Gesch zG dessen, den es angeht **686** 1, 2; GeschFgk des GeschHerrn **682** 1, 3; GeschHerr **677** 3; gesetzl UnterhaltsPfl des GeschHerrn **677** 5, **683** 4; Haftg des GeschFührers **677** 5, **683** 4, bei fehlder GeschFgk **682** 2; Haftgsminderg bei drohder Gefahr **680** 1, 2; Herausgabe des Erlangten **681** 2b; IPR **28** 4i; Irrtum über Person des GeschHerrn **686** 1; MitVersch **254** 2b; objektiv fremdes Geschäft **677** 2a; öffentlrechtl GoA Einf 5 vor **677;** Pflichten des GeschFührers **677** 5, des GeschHerrn **679** 2a; RGrd für ungerechtfert Bereicherg **812** 4c; subjektiv fremdes Geschäft **677** 2b; Tod **677** 5e; Übernahme gg Interesse u Willen des GeschHerrn **677** 5d, **678** 3, **683** 4; unechte **681** 2, Vergütg **683** 4; Verjährg **677** 6; bei Verpfl zur Besorgg ggüber Dritten **677** 3d; Ausschluß der Ausgleichg für bes Leistgen **2057a** 2d; Wahrg eigner Interessen des GeschFührers **677** 3c; Weiterführg begonnenen Geschäfts **677** 5e; Wille des GeschHerrn, entggstehder **678** 2, **679** 1, wirkl od mutmaßl **677** 5c, **683** 3
Geschäftsgeheimnis, Verwertg **826** 8 u ii
Geschäftsgrundlage, Abgrenzg **242** 6 B c; Änderg nachträgl **119** 7b, **242** 6; Anwendungsbereich **242** 6 B b; AusglAnspr **242** 6 C a; Begriff **242** 6 B a; Fallgruppen **242** 6 C; Fehlen/Wegfall **242** 6; bei Auftrag **667** 4c; bei Bürgschaft **242** 6 B i, **765** 1; bei ErbbZins ErbbRVO **9** 3c; bei Dienstvertr-Vorb 1a dd vor **620;** Einzelfälle **242** 6 D; bei gemschaftl Test **2271** 5; bei GesellschaftsVertr **242** 6 D d, **705** 3b, c; bei Leibrente **759** 1f; bei Miete **537** 1c cc; RFolgen **242** 6 B f; u vertragl Risikoverteilg **242** 6 B d; bei Sachmängelhaftg **242** 6 D e; bei Schenkg **527** 1; beim Vergleich **242** 6 D h, **779** 5, 8e; bei SorgeVorschlag **242** 6 D c, **1671** 3; Irrtum über **119** 7b, **242** 6 C d; u wirtschaftl Unmöglichk **242** 6 C a cc; Zusfassg mehrerer Vertr Einf 5 a bb vor **305;** u Zuwendg zw Eheg **242** 6 D c; u Zweckstörgen **242** 6 C b
Geschäftsordnung des Vereins **25** 2e
Geschäftsräume, Miete Einf 7 vor **535;** KündFrist **565** 2a; Entschädiggsanspr **557** 2
Geschäftsrecht im IPR EG **11** 2c
Geschäftsunfähigkeit, Begriff Einf 2 vor **104, 104** 1; Annahme als Kind **1746;** AnwaltsVertr Einf 4 vor **104;** des Auftraggebers **672** 1; des Beauftrag-

2585

Geschäftswert

Fette Zahlen = §§

ten **673** 1; Begründ u Aufhebg eines Wohnsitzes **8**; Beweislast **104** 6; Ehelicherklärg **1729**, **1740** c; Ehenichtigk EheG **2** 1, **18**; Ehevertr **1411** 2; Erbvertr, Anfechtg **2282**, Aufhebg **2290** 2; Folgen **104** 5, **105**; Freiheitsentziehg, BeschwerdeR **1800** 3; Gründe **104**; nachträgl GeschUnfähigk **153**; partielle **104** 3; Rücktr v Erbvertr **2296** 1; PflegschAnordnungsverf, AntrR Einf 4c vor **104**; BeschwerdeR **1910** 5; Ruhen der elterl Sorge **1673**; Testierunfähigk **2229** 1; Zugehen von WillErkl **131** 1
Geschäftswert einer Gesellschaft **718** 2d; **738** 2c
Geschiedenenwitwenrente u VersorggsAusgl Einf 2 vor **1587**
Geschiedener Ehegatte, Name **1355** 4; Wiederannahme eines früheren Namens **1355** 4; ErbR **1933**; **2077**; Unterhaltsanspr **1569** ff
Geschlecht der natürl Person **1** 4
Geschlechtliche Beziehungen, Vertrag im Zusammenhg mit – **138** 5g
Geschlechtsänderung (= Umwandlg) 1 4; IPR EG **7** 2c; Vorname **1616** 3
Geschlechtsmißbrauch 825
Geschwister, Ausgl bei UnterhLeistg ggü Eltern Einf 5 vor **1601**; Begriff im ErbR **2084** 1b bb; Eheverbot EheG **4**; Berücksichtig bei der Scheidg **1671** 3c; ggseit Unterh **814** 3, **1601** 2, **1649** 2
Gesellschaft 705 ff; Abschlußmängel **705** 3d; Abgrenzg **705** 1b, 2; ähnliche Verträge **705** 1b; Änderg der Grundlagen **705** 3b; Anteil am GVermögen **719** 1, 2; Anwachsg **736** 1d, 2a; **738** 1; Aufgaben der Geschäftsführg Vorb 2 vor **709**; Auflösg, Bedeutg Vorb 2 vor **723**, s a AuseinandS; Auflösgsgründe Vorb 1 vor **723**; Aufrechng gg Fdgen **719** 2d; AuseinandS des Vermögens s dort; Ausscheiden, Ausschließg s Gesellschafter; Begriff Einf 7 vor **21**, **705** 2; Beiträge **705** 4c, 7a, **706**, **707**, **718** 2a; Besitz **854** 6b; Dauer, beschränkte **723** 1b; Dienstverträge mit Gtern **713** 1; Ehegattengesellschaft **705** 8b, **1356** 4g; Einlage **706**, **707**; EinmannG **736** 1b; Einstimmigkeitsgrdsatz **709** 1a; Eintritt des Erben **727** 2; Entscheiden durch Stimmenmehrh Vorb 1b vor **709**; unter Familien-Mitgl **705** 8b; fehlerhafte Einf 5c vor **145**, **705** 3d; Fortsetzg Vorb 2 vor **723**, **723** 1, **727** 2, **728** 1, **736** 1–3; GelegenheitsG **705** 4a, 9b bb; Gesamthandvermögen **705** 5, **713** 2c aa; GeschFührg **709**–**715**; GeschFührg, gemeinschaftl der Gter Vorb 1a, 3 vor **709**, **709**; GeschFührgsEntziehg Vorb 3a vor **709**, **712**; Geschäftswert **718** 2d, **738** 2c; GVermögen **705** 5, **718**; Gewerbebetrieb durch Minderkaufleute **705** 9b aa; Gewinnanteil **717** 2b, **722**, s a AuseinandS; Haftg für GSchulden **718** 3; Haftg aus Wechseln **705** 5; Auftreten als Handelsgesellsch **714** 2, 3; InnenG **705** 3d, 8; Interessengemeinsch **705** 10; IPR EG **28** 41; Kartelle **705** 9b bb; Konsortien **705** 9b bb; Konzerne **705** 9b bb; Künd eines Gters **723** 1, Künd durch Pfändgsgläub **725** 2b; auf Lebenszeit **724**; Mehrheitsbeschl Vorb 5b vor **709**; Mitgliedsch in OHG **705** 3a; nichtehel LebensGemsch **705** 8c; partiarischer Vertr **705** 4b, 10; Pfändg des GAnteils **725** 1; PublikumsG **705** 1c; Schuld ggüber Dr **733** 1; Schuld ggüber Gter **733** 1b; Schutz des gutgl Schuldners **720**; stille **705** 8; Surrogationserwerb **718** 2c; Teilg d Vermög **719** 1, 2a; TestVollstreckg **2205** 2c; Tod eines Gters **727** 2; Übernahmerecht **736** 1b; Übertragbark der Mitglsch **717** 1a; Übertragg der GeschFg Vorb 1c vor **709**; ungerechtf Bereicherg **718** 4a; Unmöglichwerden des Zwecks **726**; Unterbeteiligg **705** 8d, **717** 1a;

unzulässige RAusübg **242** 4 Cg; VermögÜbernahme **731** 1, **736** 1b; Vertretg im Prozeß **714** 4; Vertretgsmacht Vorb 4b v **709**, **714**; Verpflichtgen ggüber Gtern **705** 7b; Verwaltg des GVermögens **705** 7c; auf Zeit, unbest **723** 1a, **724**; Zubuße **707** 1, 2; ZweimannG **736** 1b, **737** 1a; Zweck **705** 2, 4; Zweckerreichg **726**
Gesellschafter, Absondergsrecht bei Konkurs eines MitGters **728** 1; Abtretg des G-Anteils **719** 2b; actio pro socio **705** 7a; Anteil am Gewinn u Verlust **722**; Anspr gg and Gter **733** 1d; Anspr aus GeschFg **713** 2, **717** 2a; Anspr auf Rechngsabschluß **713** 2c dd; Aufwendgersatz **705** 7b; Aufrechnung **273** 4, **719** 2d; AuseinandSAnspr **730** 2b, e; AuseinandSGuthaben, Anspr auf **717** 2c, **730** 2d, ausgeschiedener **738**, Anspr auf Rechngslegg **740** 1; Ausfall inf unerl Hdlg **842** 2; Auskunftspflicht **713** 2c; Ausscheiden Vorb 3 vor **723**, **736** 1, **738** 1; Ausschließg **138** 5h, **737** 1b; Ausschluß von GeschFg **710** 1; Befriediggsrecht ggüber Gläub **725** 2c; Beitragspflicht **706**; Berechtig am GVermögen **705** 5; Beschlüsse Übbl 3a vor **104**, Vorb 3 vor **709**; Eintritt neuer **736** 3; Entziehg der Vertretgsmacht **715**; Erfindung **611** 13a; Gefährdg der Einlage **707** 2; Geschäfte, schwebde **740** 1; GeschFgsBefugnis **709** 1, 2; eines einzelnen G bei gemeinsamer GeschFgsBefugnis **709** 1b; GeschFgsBefugnis, Fortdauer **729**; GeschBeteiligg, Widerruf von deren Schenkg **530** 1; GterWechsel **727** 2; Gewinnanteilanspr **717** 2b; Gewinnverteilgsanspr **721** 2; Haftg, persönl für GSchulden **718** 4; Haftg bei Erfüllg der GPflichten **708**; Haftg des neu Eintretenden für GSchulden **736** 3a; Haftg der vertretenen **714** 3c; jurist Pers **705** 3a; KontrollR **706**; Künd der GeschFg Vorb 3b vor **709**, **712** 2; Künd d G aus wichtigem Grd **723** 1b; Künd z Unzeit **723** 2; KonkEröffng **728**; LeistgsverweigersR **705** 3c, **706** 1b; Mitwirkg bei GeschFg **705** 7c; Nachschußpflicht **735**, **739** 1; Pfändung des Anteils am GVermögen **719** 2b; pfändbare Ansprüche **725** 2b; Pflichten des GeschFührers **713** 2c; RechngslegAnspr **721** 1, **730** 2c; Rücktrittsrecht **705** 3c; Sonderrechte **713** 1; Sondervergüt **705** 7b; Stimmrecht **134** 3a, **138** 5s, **705** 7c, Vorb 5c vor **709** Stimmenthaltg bei Interessenkollision **705** 7, Vorb 5c vor **709**; Tod **727**, **1922** 3e, **2032** 6; Treupflicht **705** 7, **738** 2; Übertragbark der Einzelrechte **717** 1d, 2; Übertragg des Anteils an einzelnen Gständen **719** 2c; Übertragg der GeschFg an Gter **710** 1; Unterrichtgs- u NachprüfgsR **713** 2c ee, **716** 1; unzuläss Beschränkg des KündRechts **723** 1b; Verbürggt für GesellschSchuld **775** 1; Verfehlgen Vorb 3b vor **709**; Verfügg über Anteil am GVermögen **719** 2b; Verpfändung des Anteils **719** 2b; VerschwiegenhPfl **705** 7; Vertretg **714**; Wechsel **727** 2, **736** 3b bb; Weisgen an GeschFührer **713** 2b; WiderspR bei GeschFgsbefugnis **711** 1
Gesellschaftsanteil 719 1, 2; Kauf **433** 1b cc, **437** 2e, Vorb 3e vor **459**; Gewährleistg Vorb 3e vor **459**; Nießbrauch an – **1068** 3; Testamentsvollstreckung **2205** 2c; Vererblichkeit **1922** 3c; **2032** 5, 6; Vor- und Nacherbfolge **2113** 1c cc
Gesellschaftsrecht, abdingbares **705** 8; keine Anwendg des AGBG **23** 2a; Anwendungsgebiet **705** 9; Verwirk im G **242** 5f bb; unzul RAusübg **242** 4 Cg
Gesellschaftsreisen 705 10; **651a** ff
Gesellschaftsvermögen 718; AuseinandS bei GesellschAuflösg **730** 1, Abstandnahme **731** 1, Anspr auf **730** 2b, AuseinandSGuthaben **717** 2c, **730** 2d, Dchführg **731**, Einlagenerstattg **733** 2,

2586

Magere Zahlen = Erläuterungen **Giroüberweisung**

NachschußPfl **735**, Rückg überlassener Ggst **732**, Schuldenberichtigg **733** 1, Überschußverteilg **734**, Versilberg **733** 3, Vornahme **730** 2
Gesellschaftsvertrag 705 3; Abänderg **705** 3b; Abfindgsklausel **738** 2d; Abschlußmängel Einf 5c vor **145**, **705** 3d; Anfechtg **705** 3d; atypischer **705** 8; Auflösgsklausel u PflichttBerechng **2311** 3; Auflösg dch Konkurs eines Gters **728**; Auflösg durch Tod eines Gters **727**; Auflösg durch Zweckerreichg **726**; ggs Vertr **705** 3c, Einf 3b vor **320**; GrdstEinbringg **313** 3c; Inh **705** 2; Künd **705** 3c; **723** 1, 2, **725** 2b; Nachfolgeklauseln **1922** 3c–f, **2301** 3b; Nichtigk, Berufg auf Einf 5c vor **145**, **705** 3d, 4d; Rücktritt **705** 3c; vormschaftsgericht Genehmigg **1822** 4
Gesetz, Auslegg Einl VI 3 vor **1**; Inkrafttreten **187** 2; Nichtigk **139** 2; Rechtsnorm Einl V vor **1**
Gesetzesänderung, IPR Einl 6c vor EG **3**
Gesetzesumgehung 134 4; im Recht der AGB AGBG **7**; im AbzahlgsR AbzG **6**; im IPR Einl 7 vor EG **3**, hinsichtl Form EG **11** 3
Gesetzliche Erben, Abkömmlinge **1924**; als Kind Angenommene s Adoption; Eheg s Ehegattenerbrecht; Ehelicherklärg **1924** 3a; Eltern und deren Abkömml **1925** 1, 2; Einsetzg **2066** 1, 2; Fiskus **1936**; Großeltern **1926**; Halbgeschwister **1925** 4; Legitimation **1924** 3a; NachE **2104** 1–3; nichtehel Kind **1924** 3b; **1934a**; nichtehel Vater **1924** 3b; **1934a** 2c; Ordng, Begriff **1924** 2; Ordngen **1924**–**1929**; Verwandte **1924** 2; VorE **2105** 1, 2; Wegfall **1935** 2
Gesetzlicher Güterstand, Grdz 1 vor **1363**; s Zugewinngemeinschaft, Gütertrenng
Gesetzlicher Vertreter, Ehelicherklärg **1728**, **1729**, **1740c**; Ehelichkeitsanfechtg durch g V **1597**; Ehevertr **1411**; Eltern **1626**, **1629**; Erbvertr **2275** 2, **2282** 1, **2290**, **2296**; Ermächtigg des Mj zur Begründg eines Dienstverhältn **113** 2–4; Genehmigg eines ohne Einwilligg geschlossenen Vertrages **108** 1, 2; für GeschäftsUnf und Geschäftsbeschränkte Einf 2 vor **104**; für Minderjährige **107** 1, 3; Haftg für Verschulden **278** 2; TestErrichtg **2229** 3; Wohnsitz **8**; s a Vertreter, Vertretungsmacht
Gesetzliches Pfandrecht an bewegl Sachen **1257**; IPR EG **38** Anh II 3
Gesetzliches Schuldverhältnis Einf 2d vor **305**; u dingl Recht Einl 2g vor **854**
Gesetzliches Vermächtnis, Einf 2b vor **2147**; Ausbildgsbeihilfe an einseitige Abkömml **1371** 3; Dreißigster **1969**; Voraus **1932** 4
Gestaltungsgeschäfte Übbl 3d vor **104**; bdggsfeindl Einf 6b vor **158**
Gestaltungsrecht Übbl 4d vor **104**; Übertragg **413** 3; Ausübg formfrei **313** 5c
Gesundheitsschädigung, Geldrente **843** 1, 4; Haftg **823** 3b; Ersatz von Heilgskosten **249** 2c; vorgeburtl **823** 3b, Vorbem 5 B b–d vor **249**; Schmerzensgeld **847**; WohngsKünd wg **544**
Getrenntleben von Ehegatten **1567**; der Eltern, Übertragg der elterl Sorge **1672**, **1678** 3; Eigentumsvermutg **1362**; Hausratsverteilg **1361a**, Anh II EheG **18a**; Herausgabe von Haushaltsgegenständen **1361a**; als ScheidgsVoraussetzg **1564** 3, **1565** 4, **1566** 1, 2, **1567** 2; Feststellg der Dauer **1567** 3; kurzfristige Unterbrechg zur Versöhng **1567** 3; negative FeststellgsKlage auf Recht Einf 3a vor **1353**; RFolgen **1567** 3; Unterhalt **1567** 1; Schlüsselgewalt **1357** 2a; Unterhalt **1361**; WohngsZuteilg **1361b** 1, Einf 4m vor **1564**; als ZerrüttgsVermutg **1566** 1; ZugewAusgl **1385**
Gewalt, VerjährgsHemmg dch höhere **203** 1;

Staatshaftg bei öffentl **839** 2c; Besitz dch tatsächl **854** 1
Gewährleistung, Abdingbark bei KaufVertr Vorb 1a vor **459**, bei ReiseVertr **651k**; bei WkVertr **637**; Abgrenzg zu ProdHaftg ProdHaftG **3** 1, zu pVV **276** 7 B b, Vorb 2b vor **459**; Abtretg von GewlAnspr **402** 2, Vorb 4g vor **459**; Anfechtg wg arglist Täuschg Vorb 2d vor **459**; bei Annahme an ErfüllStatt **365**; Ansprüche **462**, aus unerl Handlg Vorb 2f vor **459**; Anwendbark allg Vorschriften **320** 2c bb, Vorb 2 vor **459**; arglist Verschweigen von Mängeln **460** 3d; bei Aufhebg der Gem **757** 1; Ausschlußfrist bei Reise **651g**; Beschränkg dch Klauseln in AGB AGBG **11** 10; bei Erbschaftskauf **2376**; Gattgskauf **480**; GattgsVermächtn **2183**; Fehlen zugesicherter Eigschaft **463** 1, 2; Gefahrübergang Vorb 2 vor **459**, **459** 6; grobfahrläss Unkenntnis **460** 3; Grundlage **459** 1; Hauptmängel **482** 1; bei Hingabe an Erfüll Statt **365** 1; u IrrtumsAnfechtg **119** 6e, Vorb 2e vor **459**; Kauf „wie besichtigt" **476** 1; Kenntnis des Mangels **460** 1, 2; Klausel: „ohne Garantie" **476** 1; Mangel der Reise **651c**; mehrmalige **475**; bei MietVertr **536**–**541**; als Nebenverpflichtg Einf 3c vor **765**; Nichtigk des Ausschlusses **476** 2, bei ReiseVertr **651k**; PfdVerk **461** 1, 2; bei Rechtskauf **437**; Rechtsmangel **434**–**436**; bei ReiseVertr **651cff**; Sachmangel **459ff**; Unmögl Vorb 2a vor **459**; Verj bei KaufVertr **477**, bei ReiseVertr **651g**; vertragl Abänderg Vorb 4 vor **459**; vertragl Ausschl bei KaufVertr **476** 1, bei ReiseVertr **651r**; Verschulden bei Vertragsschluß Vorb 2c vor **459**; bei Vergleich über den Pflichtteil **493** 1, **2332** 3; Verlust bei Viehkauf **485** 1; Verwirkg **464** 5; Verzicht **476** 1; Verzug Vorb 2a vor **459**; Viehkauf **481**, **492** 1, 2; Wegfall der GeschGrdlage **242** 6 B c cc; bei WkVertr **633ff**
Gewährleistungsbürgschaft 641 1a, Einf 2f vor **765**
Gewährvertrag Einf 3c vor **765**
Gewässer s Wasser
Gewerbeberechtigung als GrdstBestandteil **96** 2
Gewerbebetrieb, Gegenstand der Enteigng Übbl 2 Hg vor **903**; als Leistgsort **269** 4b; Recht am eingerichteten **823** 5 G; Vererblichkeit **1922** 3b, **2032** 4; Verjährg bei Leistgn für **196** 4a
Gewerbepolizeiliche Vorschriften, Verstoß gg **134** 3a
Gewerbetreibender, Ersatz für Verdienstausfall **252** 4
Gewerbliche Pfandleihe Einf 8 vor **1204**
Gewerbliche Räume, MietR, s Geschäftsräume
Gewerblicher Rechtsschutz, Verwirkg **242** 5f bb
Gewerbliche Schutzrechte, Kauf **433** 1b
Gewerkschaft, AufnPfl **25** 3d; AustrittsR **39** 1c; Ausschluß aus **25** 4g; Beitritt Minderjähriger **113** 4; RNatur **54** 2c
Gewinn, nicht abgehobener **721** 1; Begriff **721** 1; entgangener **252**; Überschuß **734** 1
Gewinnanspruch bei Gesellschaft **717** 2b; Verjährg **197** 2f, **804** 3
Gewinnanteilschein, Begriff **803** 2a; neuer **805**; Verlust **804** 1, 2
Gewinnbeteiligung 157 3, **611** 7b
Gewinnstammrecht, Nießbrauch **1068** 4
Gewissensnot, Einfluß auf Leistgspfl des Schuldners **242** 1d aa
Gewöhnlicher Aufenthalt 7 1b bb; im IPR EG **5** 4; nach MSA EG **24** Anh 1b Art 1 Anm 2
Gewohnheitsrecht Einl V 1e vor **1**
Giebelmauer, s „Nachbarwand"
Giroüberweisung 270 2b, **328** 2b, **362** 3, **675** 3b;

2587

Girovertrag Fette Zahlen = §§

steckengebliebene Überweisg **675** 3b; Überweisungsauftrag **665** 2, **675** 3b; Widerruf **665** 2
Girovertrag 675 4
Glaube, guter, s EigtErwerb vom NichtEigtümer, gutgläub Erwerb
Glaube, öffentlicher s öffentl Glaube
Gläubiger, Mehrheit Übbl vor **420**; Rechte und Pflichten Einl 1c vor **241**; Schädigg **138** 5i; Sicherstellg v Vereinsgläub **52**; Unkenntn der Erben, Schuldnerverzug **285** 2
Gläubigeranfechtung 134 3a, c; EheVertr **1408** 1; ErbschAusschlagg **1954** 3; Verhältn zu § 134, **134** 3a; zu § 138, **138** 1f dd
Gläubigerbenachteiligung 134 3a, **826** 8i
Gläubigergefährdung 138 5c
Gläubigergemeinschaft, Ausgleichg **432** 2d; Fordergsrecht **432** 1a, 2; Herausgabeanspr des Miteigentümers **432** 1c
Gläubigerverzug 293 ff; Angebot **294** 2a; Annahmeverhinderg, vorübergehende **299** 1, 2; Beendigg **293** 4; Begriff Einf vor **293, 293** 1; Ersatz von Mehraufwendungen **304** 1, 2; Fixgeschäft **293** 2b; Gattgsschuld **300** 3; bei Gesamtschuld **424**; Grundstückpreisgabe **303** 1, 2; Herausgabe von Nutzgen **301** 2, **302** 1; Hinterlegg der geschuldeten Sache **303** 1; Leistgsunfähigk des Schuldners **297** 1, 2; Nichtanbieten der Gegenleistg **298** 1–3; Schickschuld **294** 2b; Teilangebot **294** 2d; Unmöglk **293** 2b, **297**; Verschulden **293** 3e, **299** 1; Verschuldensnhaftg des Schuldners **300** 2; Vorauss d Hinterlegg **372**; Wirkg **293** 3, **300** 1–3; ZinsleistgsPfl **301** 1
Gleichbehandlung, geschlechtsbezogene **611** 9, **611a**
Gleichberechtigung von Mann und Frau, s Gleichberechtigungsgesetz, ferner: Einf 6 vor **1353**; Einf 2–5 vor **1363**; im Arbeitsrecht Einf 6c vor **611**; im EheG Einl 1 B, C vor EheG **1**; Ehe- u Familienname **1355** Vorb; ehel Güterrecht Einf 2–5 vor **1363**; Eheschließg u Ehescheidg Einl 1 B vor EheG **1**; eigenmächtiges Vorgehen als Scheidgsgrund **1565** 3; Entscheidgsbefugn der Eheg **1353** 2, **1354**; Gütergemeinsch Grdz 1 vor **1415**; Hoferbfolge **1922** 4; Kollisionsnorm, gleichberechtigungswidrige (ausländische) EG 4 2b, EG 6 3a; Legitimation Einf 3 vor **1719**; Lohngleichheit **611** 9; Name, Ehe- u Familienname der **1355**; Namensführg nach Scheidg **1355** 4; relig Kindererziehg Anh zu **1631** RKEG 1 1; Unterh-Pflicht der Eheg **1360, 1604** Vorb, **1606** Vorb, bei Scheidg **1569** ff; vertragsmäßiges GüterR Grdz 1 vor **1408**
Gleichberechtigungsgesetz, Einl IV 2a vor **1**, Einl 3 vor **1297**, Einl 1a vor **1922**; Inkrafttreten Einl 3 vor **1297**; Überg- u Schlußvorschr s Verzeichn der abgedruckten Gesetze
Gleichheitsgrundsatz, im ArbR **611** 7e dd, 9; im PrivatR **242** 1d bb; u Testierfreiheit **1937** 5f; im VereinsR **35** 1 b bb
Gleitklausel 245 5a, c; ErbbRVO 9 3a; **1105** 4d; **1113** 5b; für Mietzins WKSchG I 4c
Globalzession 398 6c; u verlängerter EV **398** 6c, u SichgÜbereigng **930** 4b bb
Glockengeläut 906 2b cc, 7c
Glücksspiel 134 3a, **138** 5j, **762** 5
GmbH, Durchgriffshaftg Einf 6 vor **21**; Geschäftsanteil: Bewertg im Nachlaß **2311** 3c, Nießbrauch **1068** 3, Übertragg **413** 1b; Haftg des GeschF **276** 6 C c, **831** 7; Satzgsänderg im Ausland, EG 12 Anh 3; Verw dch TestVollstr **2205** 2f; Verpfändg **1274** 1c dd, **1276** 2c; Vererblichk **1922** 3g, Einf 4 vor **1967**,

2032 7, **2042** 3f, **2367** 2, Auflagen **2192** 2, Haftg Einf 4 vor **1967**, Vermächtnis **2174** 2, **2318** 3; SchadensErsAnspr des Alleingesellschafters Vorb 6a vor **249**; Selbstkontrahieren **181** 2c; Gründergesellschaft **705** 9b aa; vormundschaftsger Gen **1822** 10
GmbH u Co, Selbstkontrahieren der GeschFührer bei Gründg **181** 4a; TestVollstreckg **2205** 2c; Vererbg der Beteiligg **1922** 3d; bei Erbengemsch **2032** 7; RScheinhaftg des GeschF **164** 1a
Goldmünzklausel 245 2c
Good will im ZugewAusgl **1376** 3a; bei Pacht **581** 2c; bei VermÜbern **419** 2a
Grabmal, Auswahl **1968** 2a
Gratifikation 611 7e; Rückzahlg bei Kündigg Vorb 2a vor **339**
Grenzabstand von Pflanzen EG **124** 3; von Gebäuden **903** 3b aa, **912** 1a, EG **124** 3
Grenzbaum 923
Grenzeinrichtung, Begriff **921** 1; Benutzg u Unterhaltg **922**
Grenzhecke, Eigentum **921** 1d
Grenzregelung 920
Grenzscheidungsklage 920
Grenzwand 905 1, **921** 3, EG **124** 3
Grenzzeichen 919
Großeltern, UmgangsR mit Enkeln **1634** 1c, **1666** 4a aa; ErbR **1926**
Grund des Anspruchs, Schuldanerkenntnis **781** 2a
Grundbuch, Grdsätze des GBRechts Übbl 3 vor **873**; Gütergemsch **1416** 4; Anlegg EG **186** 1; Berichtiggsanspr s dort u GBBerichtig; Berichtigg durch Eintr d MitE **2032** 9; Bezugnahme auf Bewilligg **874**; Buchersitzg **900**; DauerwohnR WEG **32**; Eintragg **873** 4; ErbbGB ErbbRVO **14** 1, **16**; Erbanteil **2033** 1c; Erbschein Übbl 5a vor **2353**; **2365** 3; Inhalt **892** 4a; Löschg **875** 1; Nachererbenvermerk Einf 6 vor **2100**, **2113** 1c, 3, 4; öffentl Glaube s dort; Richtigkeit **891** 1b; Sperre **883** 3c, **888** 5, **892** 5b, Übbl 3c vor **1094**; Unrichtigk, HypBrief **1140** 1; Testvollstr Einf 5b vor **2197**; Vollzug eines Grundstücksvertrags nach Tod eines Vertragsteils **1922** 3q; Widerspruch gg Richtigk **899**; Wohngeigentum WEG 7–9; Zugewinngemeinschaft, Einwilligung des Eheg zu Rechtsgesch über Vermögen im Ganzen **1365** 7
Grundbuchamt, Inhaltskontrolle von AGB, Übbl 3d bb vor **873**, Vorb 3a vor AGBG 8; Verfahren bei Eintragg v WEigt WEG 4 1a; WEG 7; bei Vfgen des TestVollstr über Grdst **2205** 4b; des VorE über Grdst **2113** 3
Grundbuchberichtigung, Berichtiggsanspr **894**, unzul RAusübg **242** 4 D i; Erhebg dch Miterben **2039** 1a; Kosten **897**; schuldrechtl Berichtiggs-Anspr **812** 4b, **894** 8; TestVollstr Einf 5b vor **2197, 2212** 3; Verjährg **898, 902** 1c; Vorlegg des Briefs **896**; Voreintragg d Verpflichteten **895**; Widerspr gg Richtigk **899**; ZwangsVerf, Erbenermittlg Übbl 5a vor **2353**
Grundbucheinsicht Übbl 3h vor **873**; dch Notar BeurkG **21**
Grundbuchgrundstück, Übbl 1a vor **873**
Grundbuchrichter, Haftg **839** 2, 5 B c bb, **15** (Richter)
Grundbuchsystem Übbl 3 vor **873**
Grundbuchvermutung 891; Doppelbuchg **891** 2a, 4d; Umfang **891** 4; Widerlegbark **891** 1b; Widerlegg **891** 5
Grunddienstbarkeit 1018 ff; Anlagenunterhaltg **1020** 3, **1021, 1022**; Ausschl von RAusübg **1018** 7; Ausübg **1020** 2, Verlegg der **1023**; AusübgsBeschrkg **1018** 4c, 9a; Beeinträchtigg **1027**; Be-

2588

Magere Zahlen = Erläuterungen **Gütergemeinschaft**

lastgsGgst **1018** 2; BenutzgsDuldg **1018** 5; Berechtigter **1018** 3; Besitzschutz **1029**; Entgeltlichk **1018** 4f, 8; Entstehg **1018** 9a; Erlöschen **1018** 11; GrundGesch **1018** 9b; GrdstTeilg **1025**, **1026**; Inhalt **1018** 4–7; Inhaltsänderg **1018** 4e, 10; LandesR Übbl 2 vor **1018**; ges SchuldVerh **1018** 1; Umwandlg in bpDbk **1018** 10; Unterlassg von Hdlgen **1018** 6; ÜbergangsR Übbl 2 vor **1018**; Übertragg **1018** 10; Verjährg **1028**; Vorteil für herrschdes Grdst **1019**; Zusammentreffen von NutzgsR **1024**

Gründergesellschaft, Verhältn zum späteren eV **21** 2b

Grunderwerbsteuer, Belehrg dch Notar BeurkG **17** 4d, **19** 1b; im Zushang mit Erbfall Einl 9 vor **1922**; bei GrdstGesch s UnbedenklichkBescheinigg

Grundgeschäft für dingl RGesch Einl 5 vor **854**

Grundpfandrechte Übbl 1, 3 vor **1113**; AGB AGBG 9 7g

Grundrechte 7; Drittwirkg im PrivatR **242** 1c; im ErbR Einl 3 vor **1922**, Übbl 3 vor **2064**; im IPR Einl 3 vor EG **3**, EG **6**; u gute Sitten **138** 1b, **1937** 5f; der Pflege u Erziehg des Kindes durch die Eltern Einf 3 vor **1626**, **1631** 2; der Kinder Einf 5b vor **1626**; der freien Meingsäußerg **823** 6g, 15 D, **824** 6a; Verbotsgesetze? **134** 1d

Grundrente 1361 2b cc; **1603** 2b

Grundschuld 1191–1198; Ablösg **1191** 2g aa; Arten **1191** 2a; Aufhebg **1191** 2e aa; Belastg **1191** 2e bb; BelastgsGgst **1191** 2b; Bestellg **1191** 2c; EigtümerGrdSch s dort; Einreden **1191** 2f bb; Einwendgen **1191** 2f aa; Fälligk **1193**; GesamtGrdSch s dort; GläubBefriedig **1191** 2g; GläubMehrh **1191** 2d; GrdGesch **1191** 1c; Inhaltsänderg **1191** 2e cc; Kündigg **1193**; Nebenleistgen **1115** 8; PfdR **1291**; Rangrücktr **880** 2c; Rinhalt **1191** 1a; SichGrdSch s dort; TilggsGrdSch **1191** 2a; gesetzl Übergang **1192** 2; Übertragg **1191** 2e dd; Übernahme der pers Haftg **1191** 1b; Umwandlg in Hyp **1198**, in RentenSch **1203**; Verzicht **1191** 2e ee; anwendb Vorschr **1192** 1; ZahlgsOrt **1194**; Zinsen **1192** 3

Grundschuldbrief 1116 5 iVm 2; Aushändiggsabrede **1117** 5 iVm 3; auf Inhaber **1195**; Übergabe **1117** 5 iVm 2

Grundstück, Aneignng EG **129** 1; Bebauung ohne Eigentumsübergang am Grdst, ungerechtf Bereicherg **812** 6A d; Belastg **873**; Belastgsbeschränken Übbl 4 vor **873**; BelastGrenze, landesrechtl EG **117** 1, 2; Begriff Übbl 3a vor **90**, Übbl 1a vor **873**; Besitzaufgabe **303** 1, 2; Bestandteile, wesentliche **93** 3–5, **94** 2; buchgsfreies EG **127** 1, 2, EG **128** 1, 2; Eigentum, Erwerb **925**, Verzicht **928**; Einbringg in Gesellschaft **313** 3c; Erwerb, Formzwang **313** 3; Erwerbsbeschränkgen u -verbote Übbl 4 vor **873**; Erzeugnisse **94** 2; Form f Mietvertrag **566**; Gesamtgutsgrundst **1424**; Haftg bei Benutzg öffentl EG **106**; Pacht **582** 1; Teilg **890** 2, EG **119**; Unfallhaftg, Einzelfälle **823** 14; Veräußerg u Mietverh **571**; VerfüggsBeschrkgen Übbl 4 vor **873**; Verpflichtg zur Übertragg **313** 3; Vereinigg **890** 1, EG **119**; Versteigerg iR des ZugewinnAusgl **1372** 1; im RSinn Übbl 1a vor **873**; Vertiefg **909**; als Zubehör **97** 3c; Zusammenlegg EG **113** 1, 2; zugesich Größe **468** 1; Zuschreibg **890** 1

Grundstückserwerb, 925; Architektenbindg bei – **631** 1b; durch Ausländer EG **88** 1; Verpflichtg **313** 2; VersichUnternehmen, ausländ EG **88** 3; ÜbergVorschr EG **189**

Grundstückserwerbsvertrag 313; Änderg **313** 10;

Abschlußvollm **313** 6; Abtretg des AuflAnspr **398** 2d; Aufhebg **313** 10a; AuflVollm **313** 6e; Form **313** 2, 3, 4, 7; Formmangel, Folge **313** 11; Genehmigg, behördl **313** 13; Übbl 4 vor **873**; GesellschVertr **313** 3c; Heilg **313** 12; Parzelliergsvertr **313** 7; VerschaffgAuftrag **313** 5d; Vergleich **313** 7

Grundstücksgleiche Rechte Übbl 3a vor **90**, Übbl 1c vor **873**; EG **196**

Grundstücksgröße, Zusicherg **468** 1

Grundstückskauf, Gewährleistung **459** 5a; IPR EG **11** 2c, 2d, **28** 3a

Grundstücksmiete Einf 6 vor **535**

Grundstücksrecht, altrechtl, Aufhebg EG **189** 1; Aufhebg **875**, eines belasteten **876**; Begründg **873**; an eigener Sache **889**; Begriff Übbl 1b vor **873**; Höchstbetrag des Wertersatzes **882**; Inhaltsänderg **877**; Löschg **875**; Rangverhältnisse **879–881**; Übertragg **873**; Verjährg, eingetrag **902**; gelöschtes **901**; Vormerkg z Sicherg **883–888**

Grundstücksschätzer, Haftg **276** 4 C c, EG **79** 1

Grundstücksteilung, 890 2; Beschränkg, landesrechtl EG **119**; Reallast EG **121** 1

Grundstücksveräußerung, Beschränkg Übbl 4 vor **873**, landesrechtl EG **119**; Beurkundg, Zuständigk EG **142** 1, 2; Lastenausgleich **242** 6 C a ee, **433** 3 A a, b, **436** 4; UnschädlkZeugn EG **120** 1, 2; Vertr s GrdstErwerbsVertr

Grundstücksverkehrsgesetz, GenehmiggsBedürftigt von GrdstGesch Übbl 4b cc vor **873**; gerichtl ZuweisgsVerf **2042** 10

Grundstückszubehör, EigtÜbergang **926** 1, 2; gutgl Erwerb **926** 3; s a Zubehör

Gründungsmängel bei der Gesellsch Einf 5c vor **145**, **705** 3c, d; bei WohngsEigt WEG **2** 2

Grundwasser, BereichergsAnspr bei Ableitg **812** 3a; Eigentum **905** 1c; Einwirkg **905** 1b, **909** 2b bb; GrdstStütze **909** 2b bb

Gruppenarbeitsverhältnis Übbl 2c bb vor **420**; Einf 4a cc vor **611**; Kündigg Einf 4a cc vor **611**

Grüne Versicherungskarte EG **38** 3

Güteantrag, Verjährg **212**a

Güterbeförderungsvertrag IPR EG **28** 3b, 4g

Gütergemeinschaft, Ablehng eines Schenkg **1432**, **1455**; Ablehng eines Vertragsantrags **1432**, **1455**; Abschluß **1415** 1; auf Abzahlg gekaufte Ggstände **1473** 1; allgemeine Vorschr **1408–1414**; anhängiger Rechtsstreit **1432**, **1455**; Annahme u Ausschlagg von Erbsch u Vermächtn **1432**, **1455**; Anteil am Überschuß **1476**f; Arbeitsverdienst eines Eheg **1418** 2; Aufhebg durch Tod **1472** 4; Aufhebgsklage **1447**, **1448**, **1469**, **1479**; Aufrechng **1419** 3; Aufwand, ehel s Familienunterh; Auseinandersetzg s Gesamtgut; Ausgleichungspflichten **1445**, **1446**; Ausgleich des Zugewinns, Verzicht **1432**, **1455**; Ausstattgsversprechen **1444**, **1466**; Beendigg **1415** 2; Beerbg **1482**; Bereicherg **1434**, **1457**; Besitz **854** 3c, **866** 1b, **868** 2c bb, **1422** 3, **1450** 4; Duldgsurteil **1422** 4b; Einkünfte, Verwendg zum Unterhalt **1420**; Eintragg im GrdB **1416** 4; Einwillig des nicht verwaltenden Eheg **1423–1428**, bei gemeins Verwaltg **1452**; Ersetzg der Zustimmg **1426**, **1430**, **1452**; Erwerbsgeschäft eines Eheg **1431**, **1456**; Gemeinsch z gesamten Hand **1416** 1, **1419**; Gesamtgut s dort; Geschäftsfähigk **1411**; GrdBBerichtigg **1416** 4; Gütertrenng als Folge der Aufhebg **1414**, **1449**, **1470**; Haftg s Gesamtgut; InventErrichtg **1432**, **1455**, **1993** 2; InventFrist **2008** 1; Mitwirkgspflicht **1451**, **1472** 2; – mit neuem Eheg, Unterh des geschiedenen Eheg **1583**; Notverwaltgsrecht **1429**; **1454**; PflichtVerzicht **1432**, **1455**, **2317** 1c; ProzKosten

2589

Güterkraftverkehrsgesetz Fette Zahlen = §§

1443, **1465**; RStellg des gesamtgutverwaltenden Eheg **1422** 1, des nicht verwaltenden **1422** 2, der gemeins verwaltenden **1450** 2; RStreit bei Verwaltg dch einen Eheg **1422** 4, bei gemeinsch Verwaltg **1450** 5; Fortsetzg eines anhäng RStreit **1433**, **1455**; Schenkgen u Schenkgsverspr aus Gesamtgut **1425**; Sondergut s dort; ÜbergVorschr GleichberG **8** I 6, Grdz 3 vor **1415**; Unterhaltspfl **1583**, **1604** 2; Vfg über zum Gesamtgut gehörige NachlGrdst dch VorE **2113** 2c; Verwaltg des Gesamtguts s Gesamtgut; Vorbehaltsgut s dort; ZugewinnausglVerzicht **1432**, **1455**; Zustimmg des anderen Eheg **1423**–**1428**; Ersetzg der Zustimmg **1426**, **1430**, **1452**; ZwVollstr s Gesamtg

Güterkraftverkehrsgesetz, Tarifunterbietg **134** 4, **242** 4 B a cc

Güterrecht, IPR EG **15**; s eheliches Güterrecht

Güterrechtsregister, altrechtl Güterstand, keine Eintr EG **200** 2a; Antrag, formelle Prüfg Vorb 2 vor **1558**, **1560** 3; Antragsprinzip **1560**; Antragsrecht beider Eheg **1561** 1, eines Eheg **1561** 2; Antrags- u Beschwerderecht des Notars **1560** 2; u Ausländer EG **16** 3; Bekanntmachg der Eintr Vorb 1 vor **1558**, **1562** 1; Berichtigg einer Eintr Vorb 1 vor **1558**; Einsicht **1563**; Eintragg: Abschrift **1563** 1, Fassg **1560** 3, bei unzuständ Ger **1558** 1, wirkgslose Vorb 2 vor **1558**, Wirkg ggüb Dr Vorb 1 vor **1558**; eintragsfähige Tatsachen Vorb 2 vor **1558**; Form des Antrags **1560** 2; Kosten Vorb 3 vor **1558**; IPR EG **16**; öff Glaube Vorb 1 vor **1558**; Registergericht, zuständ **1558** 1; Eintragg der Beschränkg der Schlüsselgewalt **1357** 4; ÜbergVorschr GleichberG **8** I 3, Grds 5a vor **1363**; Wiederholg der Eintr **1559** 1, **1561** 2c; Wohnsitzverlegg **1559** 1; Zeugnis **1563** 1; Zuständigk **1558**

Güterstand, altrechtl EG **200**, erbrechtl Wirkgen EG **200** 2c, vermögensrechtl Wirkgen EG **200** 2b, d; Aufhebg u Veränderg **1408**, **1412** 2; G im ErbscheinsVerf Übbl 7 vor **2353**, **2356** 4; von Flüchtlingen, Vertriebenen Anh zu EG **15**; gesetzl, Grdz 1 vor **1363**; IPR EG **15**; – Vertrag, keine bes amtl Verwahrg **2277** 5a, BeurkG **34** 4a; VertrFreih Schranken **1408** 4, **1409** 1; Zulässigk alter BGB-Güterstände **1409** 1; auch ehel Güterrecht

Gütertrennung, außerordentl gesetzl Güterstand Grdz 1 vor **1363**; Beendigg **1414** 2; Besitz Grdz 1 vor **1414**; Eintragg ins Güterrechtsregister Vorb 2 vor **1558**; Eintritt **1414** 1; ErbR des Eheg **1931** 5; ÜbergVorschr GleichberG **8** I 3, FamRÄndG **9** II 6, Grdz 5 vor **1363**, Grdz 2 vor **1414**; PflichttR des Eheg, der Abkömml **2303** 3b; Wesen Grdz 1 vor **1414**; Wirkg ggüber Dr **1412** 2, **1414** 1

Güterzuordnung als Rechtsgrund für die Eingriffskondiktion **812** 6 B

Gütestelle, Vergleich **127a**, **128** 3a

Gütezeichen **459** 4a bb

Gutachtensvertrag Einf 5 vor **631**

Gutgläubiger Erwerb, AnwR **929** 6 B b, C a bb; bewegl Sachen **932**–**935**; nach bdgter Vfg **161** 2; von Grdst/GrdstR **892**; des PfdR **1207**, **1208**; beim Gattgsvermächtn **2182** 3; vom Erben bei TestVollstr **2211** 2; Veräußergsverbot **136** 5; von Vormkgen **885** 2d, 3d, 5b; v Zubehör **926** 3; s EigtErwerb vom NichtEigtümer

Gutsüberlassung, mit Leistg an Dr **330** 3c; – u ErbVertr Übbl 7 vor **2274**; an Miterben **2049**; PflichttBerechng **2312**; vorweggenommene **2301**

H

Haager Abkommen: EhescheidgsAbk EG **17** 7b; EheschließgsAbk EG **13** Anh 2; EhewirkgsAbk EG **15** Anh I; EntmündiggsAbk EG **8** Anh; Abk zur Reglg der Vormsch über Mj EG **24** Anh 2

Haager Übereinkommen: KaufRÜbk Einf 5b vor **433**, EG **28** 4a; Übk über die Zuständigk u das anzuwendde Recht auf dem Gebiet des Schutzes von Mj EG **24** Anh 1; Übk über das auf UnterhVerpfl ggü Kindern anzuwendde Recht EG **18** Anh 1; Übk über das auf UnterhPfl anwendb Recht EG **18** Anh 2; Übk über Anerkenng u Vollstr von Entsch auf dem Gebiet der UnterhPfl ggü Kindern EG **18** Anh 3; Übk über das auf Produkthaftpfl anwendb Recht EG **38** 2c cc; Übk über das auf StraßenVerkUnfälle anwendb Recht EG **38** 1

Hafenlotse 839 15

Haftung für Angestellte **831**; Anstalt des öff R **89** 1, **276** 8; Arbeitnehmer bei gefahrgeneigter Arbeit **611** 4b; Aufsichtspflicht, Verletzg **832**; des Auftraggebers **670** 3; außerh bestehender Schuldverh **276** 10b; bei Ausübg von Hoheitsrechten **89** 1; d Beamten aus unerl Handlg **89** 1, **839**, ggü dem Dienstherrn EG **5** C; des Beauftragten **662** 5c; Begriff Einl 3 vor **241**; Benutzg öff Grdst EG **106** 1, 2; Beschränkg des Erben **1975** 1; gesetzl Vorb 1b vor **249**; Besitzer, bösgläub **990** 3; Besitzer für Nutzungen **987** 1; Besitzerlangg durch unerl Handlg **992** 2; BesMittler, gutgläub **991** 2; aus BilligkGründen **829** 1, 3; des Bürgermeisters **2249** 4b; für Dr **823** 8e; Ehegatten, Umfang **1359**, bei nichtiger Ehe Einf 1b vor EheG **16**; der Eisenbahn **89** 2b, für SachschädenEG **105** 1; des Erben s Erbenhaftg; Erfolgshaftg **276** 10a; für Erfüllungsgehilfen **278**; Erlaß für Vorsatz im voraus **276** 5 B; Freizeichnungsklausel **276** 5 B; **279** 3b; AGBG **9** 6, **11** 7–11; Gastwirt **701**–**703**; bei dauernder Geschäftsverbindg **276** 6 E; Gefährdgshaftg **276** 10b; gefährl Betrieb EG **105** 1, 2; Gesamtschuldner bei unerl Handlg **840** 2; für gesetzl Vertreter **278** 2; GrdstSchäden EG **107** 1, 2; für Hilfspersonen **278**, auch **831**, unbefugt herangezogene **278** 3b; jur Pers für Vertreter **31** 1–3, **89** 1; der Liquidatoren **51** 1, **53** 1, 2; Luftfahrzeuge s dort; des machtlosen Vertreters **179** 1; Maßstab **276** 1a bb; Milderung, vertragl **254** 6, **276** 5 B; mitwirkendes Verschulden **254**, des Notars **839** 15; pVV Vorb 2 vor **275**, **276** 7, **282** 2; rechtmäß Eingriff Einf 4 vor **823**, **904** 4b; Sachentziehg **848** 1; Sachhaftg Einl 3c vor **241**; bei Vermögensübernahme **419** 4; des Stifters **82** 1; Stiftg **89** 1; Tierhalter **833**; aus unerl Handlg **823ff**; bei Unmöglichk **280**; unzurechngsfg Person **827** 1, **829** 2; nichtrechtsfäh Verein **54** 2d; des Verletzten für HilfsPers, gesetzl Vertreter **254** 5; für verfassungsmäß berufene Vertreter **89** 2a, **278** 2b; Verletzg öff-rechtl Pflichten **276** 8; Verschärfg für BereicherngsAnspr **818** 7, **819**, **820** 1; Verschärfg, vertragl **276** 5 A; des Vertreters einer jur Pers **89** 1; für Verschulden, Anwendungsgebiet **276** 2; bei VertrVerhandlg **276** 6; für Verschulden bei verbotenem Vertrag **309** 2; ohne Verschulden **276** 10, Einf 4 vor **823**; Vormd **1833** 1, 2; für Zufall **276** 10a, **287** 2

Haftungsausschluß u AusglPfl **426** 5; Auslegg **276** 5 B a; zG Dritter **276** 5 B a bb, Vorbem 5a vor **328**; stillschweigder **254** 6a; Grenzen der Zulässigk **276** 5 B b; AGBG **9** 6, **11** 7–11; bei Sachmängeln (Kauf) **476**

Haftungsausschlußklauseln AGBG **9** 6

Magere Zahlen = Erläuterungen **Heimstätte**

Haftungseinheit mehrerer Schädiger **254** 4c cc; u Gesamtschuldnerausgleich **426** 3d
Haftungserweiterung dch AGB AGBG **9** 7h
Halbtagsbeschäftigung des Ehegatten **1361** 2; des sorgeberechtigten Elternteils **1606** 4b
Halbteilungsgrundsatz im nachehel Unterh **1578** 2 A b
Hamburger Arbitrage 476 2a
Hammerschlags- u Leiterrecht 903 3a bb, EG **124** 3
Handeln auf eigene Gefahr **254** 6; mit sich selbst **181**; ohne Vertretgsmacht **177–180**
Handelsbeschränkungen, Verstoß gg **134** 3a
Handelsbräuche 133 5d
Handelsgeschäft, Vererblichk **1922** 3b, **2032** 4; Haftung der Erben Einf 4 vor **1967**; Fortführg bei mj Erben **1822** 4a
Handelsmäkler, IPR EG 28 4h; PfdVerk **1221** 2
Handelsrechtliche Gesellschaften ohne Rechtsfähigkeit IPR EG **12** Anh 5
Handelsrechtliche Vorschriften, Verstoß gg **134** 3c
Handelsregister, fortges Gütergemsch, Eintr **1485** 3; MitE **2032** 4; NachE Einf 8 vor **2100**; Eintr der § 181-Gestattg **181** 7b ee; TestVollstr Einf 5c vor **2197**, **2205** 2b, c; Vollmacht über den Tod hinaus Einf 6 vor **2197**
Handelsunternehmen, Auskunftspfl über zum Nachl gehöriges **2314** 1b aa; ErbGemeinsch **2032** 4; Fortführg als Erbschaftsannahme **1943** 2; IPR EG **12** Anh 2, 3; dch Vorerben **2112** 1; Nießbrauch **1050** 1, **1085** 4; TestVollstr Einf 5c vor **2197**, **2205** 2b; Vererblichk **1922** 3b
Handelsvertreter, Einf 1g vor **611**, AGBG **9** 7h, Einf 3b vor **652**; IPR EG 28 4h; Minderjähriger **111** 2, **113** 2; AusglAnspr IPR EG **6** 5f
Handgeschäfte Einf 2a, 3d vor **433**
Handlungen, geschäftsähnl Übbl 2c vor **104**; rechtl bedeuts Übbl 2a vor **104**; rgeschÜbbl 1b vor **104**; Tathandlgen Übbl 2d vor **104**
Handlungsfähigkeit, Begriff Einf 1 vor **1**, Einf 1 vor **104**; keine Entäußerg dch RGesch **137** 1c
Handlungsfreiheit, Schutz **823** 5 I
Handlungshaftung 1004 4a
Handlungsvollmacht, Erteilg **167** 3a, durch TestVollstr **2205** 2b
Handschuhehe EG **13** 2b bb, 4a aa
Handwerksbetrieb, Vererblichkeit **1922** 3b, Wert als Nachl-Bestandteil **2311** 3
Handzeichen, beglaubigtes **126** 3f; Unterschrift **126** 3f; Form der Beglaubigg BeurkG **39, 40**; bei Testamenten fr **2242** 4, **2247** 5
Härteklausel, bei Ehescheidg **1568** 2, 3
Härteregelung beim VersorggsAusgl Anh III zu **1587b**
Hauptgemeindebeamter, Nottestament **2249** 4a
Hauptmängel beim Viehkauf **482**
Hauptmiete 556 3e aa
Haupt- u Nebenleistung 241 5
Hauptsache, Verhältn z Zubehör **97** 2b; Wandlg wegen Mangels der – **470**
Hausarbeitstage 611 9b
Hausfrauenehe Einf 6 vor **1353**, **1356** 1; als HaushaltsführgsEhe **1360** 3a
Hausfrieden, Verstöße des Mieters **550** 2, **553** 2a, **554a** 3
Hausgehilfen Einf 4b gg vor **611**; Wohnsitz **7** 2
Hausgemeinschaft, Verstöße gg **550** 2
Hausgenosse, AuskPflicht über Nachl **2028** 1, 2; eidesstattl Versicherg **2028** 3
Hausgewerbetreibende, KündSchutz 3g vor **620**
Haushalt, Führg durch Eheleute **1356** 1; Haushalt-führg als Beitrag zum FamUnterh **1360** 3b; Mitarbeit im – als ausgleichspflicht bes Leistg **2057a** 2b aa; häusl Wirkgskreis **1357** 2
Haushaltsführung als Beruf **1356** 2; der Eheleute **1356** 1; Wert **1356** 2
Haushaltsführungsehe 1360 3a; neue Ehe des unterhpfl Eheg **1582** 1; Schutz dch UnterhR **1569** 1; Einschränkg der Wahl **1360** 3
Haushaltsgegenstände, Besitz **866** 1b; z Führg eines angem Haushalts notw **1932**; GutglSchutz 1b vor **929**, **932** 2a, **1369** 4; Eigtum **929** 2b bb, **1357** 3a, bei ErsBeschaffg in ZugewGemsch **1370**; Schlüsselgewalt **1357** 2b; Übereign an and Eheg **929** 3b cc, **930** 3b, **1353** 2b bb; Vfg in der ZugewGemsch **1369** 2; Verteilg bei Getrenntleben **1361a** 2, HausRVO **18a**, bei Scheidg HausRVO **8–10**
Haushaltsgeld für Ehefrau **929** 2a aa, **1360a** 1; s auch „Taschengeld"
Haushaltskosten 1357 2b, **1360a** 1b
Haushaltsmaschinen, Verwendung in Mietwohnungen **535** 2a bb
Haushaltsvorstand, VerkehrsSichgsPfl **823** 14
Häusliche Gemeinschaft, Auskftspflicht **2028** 1
Hausmannsehe als Haushaltsführungsehe **1360** 3a
Hausordnung, MietVerh **535** 2a dd; WEGemsch WEG **21** 5
Hausrat s HaushaltsGgst
Hausratsverordnung EheG Anh 2
Hausschwamm als Fehler der Kaufsache **459** 2; AufklärgsPfl **123** 2c cc
Haussohn, Dienstlohnansprüche, Verjährg **196** 9a
Haustier, Begriff **833** 6a; bei Miete **535** 2a dd (6); SchadErs bei Verletzg **251** 2; Haftg **833** 1, 5; im WE WEG **14** 1, **15** 3a
Haustürgeschäfte (fette Zahlen sind §§ des HausTWG): Anwendungsbereich 4 vor **1**, **6**; Belehrg über WiderrufsR **2** 2; Gerichtsstand **7**; Kunde 3a vor **1**; RFolgen des Widerrufs **3, 4**; Umgehgsverbot **5** 1; VertrAbschl **1** 2; VertrGgst 3c vor **1**; VertrPart **3b** vor **1**; WiderrufsErkl **1** 3; WiderrufsR **1** 1, 5, Ausschl **1** 6, Ausübg **2** 1, Voraussetzgen **1** 4
Hausverbot 1004 2a aa, 7c bb
Hehler, Haftg **830** 3
Heilbehandlungskosten, Ers von **249** 2c; Erstattungspflicht **843** 1, 7
Heilmittelwerbung, Gesetzesverstoß **134** 3a; Unzulässigkeit **826** 8 u nn
Heilung, Bestätigg **141** 1; von unwirksamen AGB Vorb 3a vor AGBG **8**; der Ehenichtigk EheG **18** 3; ErbschKauf **2371** 2b; des Formmangels **125** 3b; des Formmangels bei unwirksamen Eheschließungen Anh nach EheG **11**; bei GrdstVeräußerg **313** 12, bei Schenkgsverspr **518** 5
Heimarbeit, Vermittlg **134** 3a
Heimarbeiter Einf 1g, 8e vor **611**; **618** 1; Kündigungsschutz Vorb 3g vor **620**
Heimatlose, heimatlose Ausländer EG **5** Anh II 3; EhefähigkZeugnis EheG **10** 2, Anh z EheG **10** 1; Heilg unwirks Eheschließgen **1931** 2a, EheG **11** Anh II; Verschleppte, Begriffsbestimmg EG **5** Anh II 2; s a Flüchtlinge
Heimfallanspruch ErbbRVO **3, 4**; WEG **36**
Heimpflegevertrag Einf 3a vor **535**; Gesetzesverstoß **134** 3a
Heimstätte, Begriff Übbl 2 vor **873**; als ErbbR, ErbbRVO **11** 1c; ErbR **1922** 2d; HFolge u TestVollstrckg Einf 3 vor **2197**; PflichttErgAnspr wg Schenkg **2329** 3; VfgsBeschrkg Übbl 4b dd vor **873**; Verzicht auf HFolge **1950** 3, **1956** 3; VorkR Übbl 3b vor **1094**; Wert bei PflichtBerechng

2591

Heiratsvermittlung

Fette Zahlen = §§

2311 3a; als WE Übbl 2e vor WEG **1**; Zugew-Ausgl **1376** 2a
Heiratsvermittlung, 656
Heizenergie, Einsparg von **541 b**
Heizkostenverteilung WEG **16** 4
Heizung von Mieträumen Einf 13d cc vor **535**, **535** 2c
Heizungsanlagen, wesentl Bestandteil **93** 5; Eigentumsverhältn bei WohngsEigt WEG **1** 4c
Hemmung der Verjährg **202 ff, 477** 3, **639** 2
Herabzonung als Enteignung Übbl 2 H h aa vor **903**
Herausgabeanspruch, Abtretg **870**; Anordng des Erbl **2103**; Anwendg des § **281, 281** 1a; des § **283 283** 2; wegen Ausfalls der Ausgleichsfdg **1390**; des Auftraggebers **667**; Berechtigter **985** 2; wegen Bereicherg des Gesamtguts **1434, 1457**; Besitzerlangg durch unerl Handlg **992**; des früheren Besitzers **1007**; Besitzer gutgläub **993**; BesMittler für Dr **991** 1, 2; Besitzrecht ggüb Kläger **986** 2, ggüb Dr **986** 5; Bösgläubigk **990** 1; des Eigentümers **985**; Einreden **986** 1–3; des Erben **2018**; Erbschein **2362**; Erlöschen **985** 2a, b; des GeschFoA **681** 2b; des Kindes, Anspruch gg Dritte **1632** 2a bb; zwischen Eltern **1632** 2a, wegen Beendigg der elterl Sorge **1698**; des Nacherben **2130**; Nutzgen Vorb vor **987, 988, 1007** 5a; RHängigk **292** 1–3; RNachf **985** 4c; SchadErs **985** 3b, **989, 990, 1007** 5b; des SorgeBerecht **1632**; aus ungerechtfert Bereicherg **812** 7; **816** 5b, **818** 2; Übereign dch Abtretg **931**; Unmöglk nach RHängigk **989** 1, 2; Verbindg v Besitzkl mit dingl Anspr **1007** 1c; Verhältn zu vertragl od delikt Anspr Vorb 2 vor **987**; des Vermieters **556**; Verwirkg **242** 5f ee; Wertersatz **985** 3b; ZbR wg Verwendgen **1000**
Herrenlose Sache, Aneigng **958** 2; Bienenschwarm **961**; Tiere **960**
Herstellungstheorie 465 1 c bb
Herzschrittmacher, keine Sache im RSinn **90** 2; VfgsR nach dem Tode des Besitzers **1922** 4b
Hilfeleistung ohne Auftrag **670** 3
Hilfspersonen, Haftg f **831**, auch **278**; Anrechng von MitVersch **254** 5
Hinkende Ehe EG **13** 4b dd
Hinterbliebenenversorgung Einf 7g vor **611**
Hinterlegung, allg Einf vor **372**; Annahmeanordnung Einf 3 b vor **372**; Anzeigepflicht **374** 2; Ausschluß des Rücknahmerechts **376** 2, **378** 1; Besitz **868** 2b; dingl Wirkungen Einf 4 vor **372**; Erlöschen des GläubRechts **382** 1; des Erlöses **383** 3; geeignete Gegenstände **372** 1; Gefahrtrag **379** 1b; Gesamtschuld **422**; hinterleggsunfähige Sachen **383** 1; Hyp **1171** 2b; Kosten **381** 1; bei Leistg Zug um Zug **373** 1, 2; MdlVermög **1808** 1, **1814** 1–4, **1818** 1; Nachweisklärg **380** 1; öffrechtl Verhältnis Einf 3a vor **372**; Ort **374** 1; Pfandrecht **1217, 1224**; Rücknahme **379** 2; Rücknahmerecht **376** 1, **377** 1; Rückwirkg **375** 1; zu Sichergszwecken Einf 2b vor **372**; ungerechtfert Bereicherg dch – **812** 4b; Vereinsauflösg **52** 1; Verfahren Einf 3 vor **372**; auf Verlangen des Gläub Einf 2a vor **372**; des VersteigErlöses **489** 3; Verweisg auf **379** 1a; Voraussetzgen Einf 1 vor **372, 372**; VorE **2116**; Zinsen u Nutzungen **379** 1c
Hinterlegungssachen, Anfechtg von Justizverwaltgsakten, Rechtsbehelfe Einf 3a vor **372**
Hinterlegungsschein über ErbVVerwahrg **2277** 3; TestVerwahrg **2258 b**
Hochschullehrer, Amtspflichtverletzg **839** 2 B
Höchstbetragsbürgschaft 765 2

Höchstbetragshypothek 1190; Arresthyp **1190** 1c; Umstellg **1190** 8, **1113** 7; Umwandlung **1190** 5, nach EigtWechsel **1190** 5; Zwangshyp **1190** 1c
Höchstpersönliche Rechte, Abtr **399** 2b; Unvererblk **1922** 4a
Höchstpreise, Überschreitg **134** 3b
Hochzeitsgeschenke, 516 4f, **1932** 3
Hof, AuseinandS bei GüterGemsch **1478** 1; verwaister, Berechng des ErbErsAnspr **1934 b** 2; Bewertg bei Übernahme **2049** 1
Höfeordnung, EG **64** 2a; HöfeO RhldPf EG **64** 2b; angenommenes Kind **1754** 2; Ehegattenhof **1482** 1, Vorb 3 vor **1483, 1515** 1, Vererbg **1922** 2b, **1937** 1d; Erbenbestimmg **1937** 3a, formlose **125** 6 D d; Gesamtgut **1488** 1; Hoferbe, nehel Kind **1934a** 4; Ausgleichspflicht **2050** 6; Haftg f NachlVerbindlichk **2058** 5; Hoferbfolge **1922** 2b; vorweggenommene Übbl 7a vor **2274**; hoffreies Vermögen **1922** 2b; Hofübergabevertrag **2327** 1; Hofübernahme, Tragg der Beerdiggskosten für Übergeber **1968** 3; ÜbergangsR EG **64**; Vermittlg der AuseinandS **2042** 5
Hoferbenvermerk, EG **64** 3
Hoffnungskauf 433 1a; Loskauf **763** 2
Hoffolgezeugnis, Erteilg Übbl 8 vor **2353**; Württ AnerbenG EG **64** 2b
Hofname 12 2c
Hofübergabevertrag, Formverstoß, formloser H **125** 6 D d; EG **64**; Wegfall der GeschGrdlage **242** 6 D d
Hoheitsrechte, Ausnutzg **138** 5a; Haftg bei Ausübg **89** 1, **831** 2 C c; **839**
Hoheitliche Tätigkeit 839 2 A c, **906** 7c; AbwehrAnspr **906** 7; Haftg s HoheitsR
Höhere Gewalt, Reisevertrag **651j**; Verjährgshemmg **203** 1
Holschulden 269 1a
Holznutzungsrechte EG **115** 1
Hotelzimmerbestellung, Absage **242** 6 C b
Hunde als Haustiere für Berufszwecke, Haftg **833** 6; Duldg von Einwirkgen **906** 2b cc
Hypothek 1113; Ablösgsrecht **1150**; Abtretg s HypAbtretg; Abzahlgshyp Übbl 2 B d dd vor **1113**; Anspr des Schuldners auf Berichtiggsunterlagen **1167** 1; Anzeige von Gbdeschaden **1128** 4a; Arten Übbl 2 B vor **1113**; Aufhebg rechtsgeschäftl **1183**; Aufhebg, Freiwerden d persönl Schuldners **1165** 2, 3; Aufrechnungsbefugnis des Eigentümers **1142** 3; Aufrechngsrecht des Mieters **1125** 1; ausländ Währg **1113** 6; Ausschlußurteil **1170**; Ausschluß der Übertragbark **1154** 1b; BefriediggsR des Eigtümers **1142** 1, 2; Begründg **1113** 3; Belastg eines Bruchteils **1114**; Benachrichtigg des Schuldners von ZwVerst **1166** 1, 2; Berichtigg, Zustimmg **1138** 4; Berichtiggsbewilligg, Anspr auf **1144** 3b bb, **1145** 2a; Bestandteil, Ausstreckg auf **1120–1122**, an Miet- u Pachtzinsen **1123–1125**; Briefüberg **1117**; Buchhyp s dort; Deckgshyp Übbl 2 B d bb vor **1113**; Doppelsicherg **1113** 4a; EigtGrdschuld vor Briefübergabe **1117** 1a; Eigentümerhyp s dort; Einigg **1113** 3a, **1117** 1a, 2b; Einreden **1137, 1157, 1169**; Einrede der unterlassenen Benachrichtigg des Schuldners **1166** 3; Eintragg **1115**; **1117** 1a; Entstehg des dingl Rechts **1115**; Erlaß **1168** 1a cc; Erlöschen, Befriedigg aus dem Grdst **1181** 2, 3; ErsAnspr des Schuldn gg Eigtümer **1164** 1, Ersatzhyp **1182**; Erweiterg, Zustimmg **1119** 1; Erwerb der Briefhyp **1117**, nach Fdgsentstehg **1163** 6; Erzeugnisse s Bestandteil; Fälligkeit **1141** 1; FdgsAuswechslg **1180**; Fdgsübergang auf Eigentümer **1143** 3; Gefährdg **1133, 1134**; Geldbe-

2592

Magere Zahlen = Erläuterungen

Inhaberschuldverschreibung

trag der Fdg, Eintr **1115** 5; Gesamthyp s dort; Gläub **1113** 4b, Eintr **1115** 3; GrdstHaftg für gesetzl Zinsen, KündKosten **1118**; Goldwertklausel **1113** 5; gütgläub Erwerb von Erzeugnissen **1121** 3, 4; HinterleggR des Eigentümers **1142** 3; Hyp Übergang auf Eigentümer **1143** 4, **1170** 4, **1171** 4; Künd s HypKündigg; Legalhyp EG **14** 4b; Leistgn, wiederkehrende, Erstreckg auf **1126** 1; Löschg s Hypothekenlöschg; Löschgsvormerkg **1179**; s a dort; Nebenleistgen **1115** 6, Verzicht, Erlöschen **1178**; Nebenrechte, Übergang auf Gläub **1143** 2; persönl Fdg, Vermutg für Bestehen **1138** 2; Pfandrecht **1274** 1c bb; Privatverkaufsabrede, Nichtigk **1149** 1, 2; Rang der Teilhyp **1151** 2; Rangrücktritt **880** 2c; Freiwerden des persönl Schuldners **1165** 2, 3; Rückgriffshyp **1173** 4; Schuldgrund, Eintr **1115** 7; Strafzinsen **1178** 5; Teilhyp **1151**, **1152**; Teilg **1151**; Tilgungsbeträge s Tilggshypothek; Übergg auf Schuldner **1164**; Übergang auf Zessionar **401**; ÜbergangsR Übbl 4 vor **1113**; Übertragg **1153**; Umstellgsgrdsch **1113** 7; Umwandlg **1186**, **1190** 5, **1198**; Verfallklausel **1149** 1, 2; VfgsBeschrkg des Eigtümers **1136**; Vermutg f eingetragenen Eigentümer **1148** 1; Verpfändg **1274** 1c bb; Verschlechterg des Grdst **1133**, **1134**; an VersFdg **1127**–**1130**; Verzicht **1168**; Verzichtanspruch **1169**; Verzugszinsen aus Grdst **1146** 1, 2; Vorausverfügg über Miet- u Pachtzins **1124**; LandesR Übbl 4 vor **1113**; Vorerbe **2113** 1, 2, **2114** 1–4; Währg, ausländ **1113** 6; wertbeständige **1113** 5; Widerspruch bei Darlehnshyp **1139**; Widerspruch, Eintragg zur Sicherg von Einreden **1157** 3; Zinsen s HypZinsen, Zubehör, Erstreckg auf **1120** 3, Enthaftg **1121**, **1122** 3; Zubehörverschlechterg **1135** 1; Zuschreibg **1131**; ZwVollstr **1147**; s auch Brief-, Buch-, Einheits-, Wertpapierhyp

Hypothekenablösungsrecht, Dritte **1150**; Befriediggsrecht des Eigentümers **1142** 1, 2

Hypothekenabtretung 1154–**1159**; Anerkenntn gesetzl Übertragg **1155** 2b cc; BeglaubiggsAnspr **1154** 2e; BriefHyp **1154** 2; Briefübergabe **1154** 2c; BuchHyp **1154** 3; Einreden, vor Abtretg entstandene **1157**, nach Abtretg entstandene **1156** 2, des persönl Schuldners **1156** 1a, **1157** 1a; Erteilg der AbtretgsErkl **1154** 2a; Form **1154** 2, 3; gerichtl ÜberweisgsBeschl **1155** 2b bb; Nebenleistgen **1154** 4c; Schutz des gutgl Erwerbers **1155** 1a; Teilabtretg **1154** 4a; Urkundenkette **1155** 2b; VfgsBeschrkgen Übbl 4 vor **873, 1154** 1b; Vorerbe **2114** 4; Zinsen s HypZinsen

Hypothekenbanken, DeckgsHyp Übbl 2 B d bb vor **1113**

Hypothekenbrief 1116 2; Aufgebot **1162** 1; Aushändiggsanspr des Eigtümers **1144** 3a; Aushändiggsabrede **1117** 3; EigtErwerb **952** 2b; Kraftloswerden durch Ausschlußurteil **1170** 4b, **1171** 4; Teilbrief **1152** 1, 2; Übergabevermutg **1117** 4; Vermerk teilw Befriedigg **1145** 2b; Vorlegg, Teilbefriedigg **1145** 2c; Vorlegg bei Geltendmachg **1160**, **1161**; Widerspruch zum GBInhalt **1140** 1, 2

Hypothekenforderung 1113 4c; Aufrechg nach Beschlagnahme **1125** 1; Auswechslg **1180**; Befriedigg dch Eigtümer **1143** 2, **1173** 2, dch Dr **1150** 3, dch Schuldner **1174** 1; Befriedigg dch ZwVollstr **1147** 2, 3; Teilbefriedigg **1145** 1, **1176** 1, 2; Teilg **1151** 1; Titel **1147** 2c; Übertragg **1153** 2, 3, auf Eigtümer **1173** 2a; Vereinigg mit persönl Schuld **1173** 2b; Verjährg **223**; Vorrang der restl **1176** 2

Hypothekengewinnabgabe 1113 7; Laufzeitabkürzg Anh nach **1047**; PflichttBerechng **2311** 2a; bei Vorerbsch **2124**

Hypothekengläubiger, Annahmeverzug **1144** 3c; Aufgebotsverfahren **1170** 3, **1171** 3; Aufrechng ggüb Eigtümer **1142** 3b; Ausschließg **1171** 2–4; Befriedigg Übbl 3 D vor **1113**, sofortige **1133** 3; EinziehgsR bei GbdeversichFdg **1128** 3; UnterlassgsKlagen bei Gefährdg **1134** 3a

Hypothekenhaftung, Bestandteile, Erzeugn u Zubehör **1120**–**1122**; Leistgn, wiederkehrende rückständige **1126** 1; Mietzinsforderg **1123**; Nießbrauchbestellg **1124** 4b; Pachtzinsfdg **1123**

Hypothekenkündigung 1141; Briefhyp **1160** 3; Vorerbe **2114** 2

Hypothekenlöschung, Bewilligg, Anspr auf **1144** 3b aa, **1145** 2a; Quittg, löschgsfg **1144** 3b cc

Hypothekenpfandbriefe Einf 5 e vor **793**; DeckgsHyp für Übbl 2 B d bb vor **1113**

Hypothekensicherungsschein 1127 1a

Hypothekenzinsen, Abtretg **1154** 4c, künftige **1158**, Rückstände **1159**; Eintragg **1115** 6b; Erhöhg **1119**; gesetzl **1118**; GrdstLast **103** 1b aa; bei HöchstBetrHyp **1190** 2b; Rückstände, Abtretg **1159**, Erlöschen der Hyp **1178**

Hypothetische Schadensursachen Vorb 5 C vor **249**

I

Idealverein 21
Identitätserklärung bei Auflassg **925** 5a bb
Immaterialgüterrecht Übbl 2 vor **90**, IPR EG **38** 2c aa; Verletzg **823** 12b
Immaterielle Einwirkungen auf Grdst **903** 2c bb
Immissionen 906
Immunität bei hoheitl Tätigk, nach EG **12** 4
Impfschäden Einf 4 vor **823**, Übbl 3b vor **903**
Implantat 823 6e
Incoterms 448 3
Individualvereinbarung, AGBG unanwendbar bei – AGBG **1** 4; Vorrang der – vor AGBG **4**
Industrieabfall, Haftung **823** 8 B
Inhabergrundschuld 1195
Inhaberhypothek 1187
Inhaberlagerschein, Berufg auf Ungültigk **796** 3
Inhaberpapier Einf 1 b vor **793**; Anwendg der R der InhSchuldverschreibg **807** 3, **808** 3; Beweispapier **807** 1a; eigentliche, Beispiele **807** 1d, 2; Eigentumserwerb bei Abhandenkommen **935** 5; Eigentumsvermutg bei Eheg **1362**; Erwerb durch Eltern mit Mitteln des Kindes **1646**; FdgsR Einf 1 c aa vor **793**; hinkende **808** 1; kleine **807** 2; Legitimationspap **807** 1c; Leihhausscheine **808** 1a; Legitimsbefreiung **808** 2; MitglR Einf 1 c bb vor **793**; Nießbrauch Vorb 2 vor **1068**, **1081**–**1084**; Pfandrecht **1293**, **1294**; Sparkassenbücher **808** 1; Theaterkarten **807** 2; Übertragg Einf 1 c vor **793**; unvollkommene **807** 1; Versichergscheine **808** 1a

Inhaberschuldverschreibung 793ff; Abhandenkommen **799** 3a; Aushändigg **797** 1; Ausstellg („Kreation") **793** 2; Beispiele **793** 2d; Dividendenschein **803** 2; Eigtumserwerb am Papier **793** 5, **797** 2; Eigentumsvermutg **793** 5b; Eintritt der Leistgspflicht **793** 4, **794** 1; Einwendgen **796**; Erlöschen des Anspr **801**; Erneuerungsschein **803** 2, **805** 1; Ersatzurkunde **798** 1; Hyp für **1187**–**1189**; Kraftloserklärg **799**–**800**; Leistg gegen Aushändigg **797**, an Nichtberecht **793** 6c; öffentl EG **100**, **101**; Pfandrecht **1293**; Prüfg der Legitima-

2593

Inhaltskontrolle von AGB Fette Zahlen = §§

tion des Inh **793** 5; Schriftform **793** 3; staatl Genehmigg **795**; Übergangsvorschr EG **174** 1–4, **175, 176** 1; Umschreibg auf den Namen **806**, EG **101**; Verjährg **801** 2, **804** 3; Vernichtg **799** 3 a; Vorleggsfrist **801** 1, **802** 1; Zahlgssperre **799** 3 b, **802** 1; Zinsscheine **803–805**

Inhaltskontrolle von AGB, Anwendungsbereich Vorb 2 vor AGBG **8**; von ArbeitsBdggen AGBG **24** 2 a aa; dch GBA Vorb 3 a vor AGBG **8**, Übbl 3 d vor **873**; Generalklausel AGBGB **9**; von GrdstVertr AGBG **24** 2 a cc; einz Klauseln u Vertr-Typen AGBG **9** 7; Klauselverbote AGBG **10, 11**; Schranken der – AGBG **8**; Verhältn zu and Vorschr Vorb 4 vor AGBG **8**; von Vereinssatzgen **25** 3 c

Inkasso, Abtretg **398** 7; GeschBesorgg **675** 4; Mandat **398** 7; Scheckinkasso **675** 4

Inkassobüro, Ers der Kosten des **286** 2 c bb

Inkognitoadoption 1747 3, **1750** 1, **1754** 1, **1755** 1, **1758** 1

Inkrafttreten, AdoptG Einf 5 vor **1741**; AGBG **30**; BGB EG **1**; EG **1**; BeurkG **71**, EheG **80**, 1. EheR Einl 3 vor **1297**; GleichberG Einl 3 vor **1297**; HausTWG **9**; MietRÄndG Einf 12 b vor **535**; NichtehelG Einf 1 vor **1705**; WEG **64**

Innengesellschaft 705 3 a, d, 8; Auseinandersetzg **705** 8, **733** 3; – zw Eheg **705** 8, **1356** 4 d; bei Gütertrenng **1414** 2

Innerbetrieblicher Schadensausgleich 611 14

Innerdeutsches Kollisionsrecht (Fette Zahlen sind Artikel des EG) Allgemein: Einl 1 d vor **3, 3** 2 a, **3** Anh; ordre public **6** 3 d; Personalstatut **3** Anh 2; Rückverweisg **4** 1 d; Weiterverweisg **4** 1 d – **Einzelfälle:** Abstammg ehel **19** 1 d, 5, nichtehel **20** 1 c; Annahme als Kind **22** 1 c; ArbeitsVertr/ Verh **30** 1 b; EhegüterR **15** 1 a, **16** 2; Ehescheid **17** 1 e, 8; Ehewirkgen **14** 1 d; Enteigng **38** Anh II 5 b; ErbR **25** 5; Kindschaft s Abstammg; Legitimation **21** 1 c; Name **10** 1 d; Pflegsch **24** 1 c; SachenR **38** Anh II 2 c; vertragl SchuldVerh **27** 1 b, **28** 1 b; TodesErkl **9** 1; unerl Hdlg **38** 5; Unterh **18** 6; VerbraucherVertr **29** 1 b; Vormsch **24** 1 c

Insassenunfallversicherung, Anrechg auf Schad-Ers Vorb 7 C b vor **249**; Vererblichkeit der Versicherungssumme **1922** 3 h, 4 e

Insemination 1591 5; Ehelichkeitsanfechtg **242** 4 C h (KindschaftsR), **1594** 3

Insichgeschäft 181; TestVollstr **2205** 3 c

Instruktionsfehler 823 16 c aa

Interesse, berechtigtes, Wahrnehmg **823** 6 Ba; Kollision bei Stimmrecht Vorb 5 c vor **709**; negatives Vorb 2 g vor **249**, **823** 12 a, **839** 10 a; positives Vorb 2 g vor **249**; Wegfall **286** 3, **326** 11

Interlokale Zuständigkeit s internationale Z

Interlokales Privatrecht: Einl 1 d vor EG **3**; s auch innerdeutsches KollisionsR

Internationale juristische Personen Vorb 1 vor **89**

Internationaler Kaufvertrag Einf 5 vor **433**, EG **28** 4 a

Internationales Privatrecht (Fette Zahlen sind Artikel des EG) Allgemein: Anknüpfung Einl 6 vor **3**, zwecks GesUmgehg Einl 7 vor **3**, Qualifikation des AGgst Einl 8 vor **3**, für Vorfragen Einl 9 vor **3**; Anwendg ausländ Rechts Einl 11 vor **3**; Aufgaben Einl 1 vor **3**; Begriff Einl 1 vor **3**; Funktion **3** 2; u GG Einl 3 vor **3, 6**; Grdzüge Einl 5 vor **3**; Kollisionsnormen s dort; Neuregelg Einl 4 vor **3**; ordre public **6**, Einzelfälle **6** 5; Personalstatut **5**; RQuellen Einl 2 vor **3**; Rückverweisg **4**, bei vertragl SchuldVerh **35**; ÜbergangsR Einl 6 c vor **3**, **220**; Verweisg auf anzuwendde ROrdng **3**; Weiterverweisg **4**, bei vertragl SchuldVerh **35** – **Einzelfälle:** Abstammg ehel **19**, nichtehel **20**; AGB **31** 2, AGBG **12**; Annahme als Kind **22, 23**; ArbeitsVertr/Verh **30**; EhegüterR **15, 16**; Ehescheidg **17**; Eheschließg **13**; Ehewirkg **14**; Enteigng **38** Anh II 5; Entmündigg **8**; ErbR **25**; FdgsAbtretg **33** 2; ges FdgsÜbergang **33** 3; GeschFähigk **7, 12**; GoA **28** 4 i; GrdstVertr **28** 3; Güterbefördergs-Vertr **28** 3; Kindschaft s Abstammg; Legitimation **21**; MjSchutz **24** Anh 1; Name **10**; Pflegsch **24**; RFähigk **7, 12**; RGesch, Form **11**; SachenR **38** Anh II; vertragl SchuldVerh **27–37**, Anwendungsbereich des VertrStatuts **32**, freie RWahl **27**, fehlde RWahl **28**, VertrTypen **28** 3, 4, **29, 30**; Zustandekommen u Wirksamk **31**; SchuldÜbern **33** 4; TodesErkl **9**; unerl Hdlg **38**; ungerechtf Bereicherg vor **3** vor **38**; Unterh **18**; VerbraucherVertr **29**; Vfg v Todes wg **26**; Verlöbn **13** 6; VersorggsAusgl **17** 6; Vertr s vertragl SchuldVerh; Vollm **32** Anh; Vormsch **24**; Währgsstatut **32** 4; Zust zur Namensertlg/Statusänderg **23**

Internationales Verfahrensrecht (fette Zahlen sind Artikel des EG): Abstammg **19** 4; Annahme als Kind **22** 4; Ehescheidg **17** 7; Entmündigg **8** 3; Legitimation **21** 4; NachlSachen **25** 4, **2353** 1 c, d; Parteifähig **7** 4; Pflegsch **24** 3; Prozeßfähigk **7** 4; Vormsch **24**

Internationale Zuständigkeit, Begriff Einl 1 c vor EG **3**; zu Einzelfällen s internationales VerfR

Internatsvertrag 621 1 b, **627** 1 b aa

Interreligiöses Recht Einl 1 d vor EG **3**

Intertemporales Recht Einl 6 c vor EG **3**

Interzession, Begriff Einf 1 b vor **765**; Anwendg des § **181, 181** 5 c

Interzonales Recht s innerdeutsches KollisionsR

Interzonale Zuständigkeit s internationale Zuständigkeit

Intimsphäre 823 14 B c; u argl Täuschg **123** 2 c

Inventar, Begriff **582** 1 b; Formbedürftigk bei Verkauf zus mit Grdst **313** 8 c bb; Gewerbebetrieb **98** 1, 2; Grdst, Pacht mit Inventar **582–583 a**, Nießbrauch mit Inventar **1048**; als Zubehör **98** 1–3; s a Inventarerrichtg

Inventarerrichtung 1993; Arten Vorb 2 vor **1993**; bei ausländ Erbl **2003** 3, EG **25** 3; Beamter, zuständ **2002** 2; BenachteilAbsicht **2005** 1; Berichtigg **2005** 3; Bezugnahme **2004** 1; durch Ehegatten **1993** 2, bei Gütergemeinsch **1432, 1455, 2008** 2; Eltern **1640, 1667** 2, **1673**; Einsicht **2010**; freiwillige **1993** 2; Frist s Inventarfrist; Fristbestimmg **1994**; unwirksames **2000**; gerichtl **2003**; GläubAntrag **1994** 1, 2; Inhalt **2001**; MitE **1994** 1, **2003** 1, **2063** 1, 2; Mitwirkg amtl **2002** 1; eidesstattl Versicherg **2006, 2008** 4; rechtzeitige **2009** 2; Untreue **2005** 1; Unvollständigk **2005** 1; Unwirksamk der privaten **2002** 1; Verfahren **2003** 2; Vermutg der Vollständigk **2009** 1–3; Zuständigk nach LandesR EG **148**; Zweck Vorb 1 vor **1993**

Inventarfrist, Ablaufhemmg **1997** 1, **1998** 1; Ablaufwirkg **1994** 4; Beginn **1995** 1; Beschwerde **1994** 2; Bestimmung ggüb dem anderen Eheg bei Gütergemeinsch **2008** 2; Bestimmg, unwirksame **2000** 1; Dauer **1995** 1; Fiskus **2011** 1, 2; mehrere Erbteile **2007** 1; Mitteilpfl des NachlGer **1999** 1; neue **2005** 4; NachlPfleger **2012** 1; Tod des Erben **1998**; Verlängerg **1994** 3, **1995** 1; Wiedereinsetzg **1996** 1

Investmentanteilscheine Einf 1 d vor **793**, **793** 1 d; Kraftloserklärg **799**, **800**; PfdR **1258** 1, **1292** 1, **1293** 1; Übereign **935** 5 b; s a Kapitalanlagegesellsch

Inzahlungnahme 515 1; eines Gebrauchtwagens beim Kfz-Kauf **364** 2, Einf 5 vor **631**

Magere Zahlen = Erläuterungen **Kauf**

Irreguläres Pfandrecht Übbl 3 vor **1204**
Irrtum, Allgemeines **119** 1; Anerkenng der Vaterschaft **1600 g** 2, **1600 m** 2; Angemessenh des Preises **119** 6 d; dch arglistige Täuschung **123** 2 a; Begriff **119** 2, EheG **32** 2; in der Berechng **119** 5 f; BerufsGrd bei ErbschAnnahme **1949** 1, 2; Beweggrd **119** 7, **2078** 2 b; Beweislast **119** 9, bei Anfechtg **122** 4; Eheschließg EheG **31** 2; Entschuldbark **119** 1 b; Erbvertr **2281** 2 a; ErklHandlung **119** 4; ErklInhalt **119** 5; falsa demonstratio **119** 3 a; Geschäftsggstand **119** 5 c; Geschäftsgrdlage **119** 7 b, **242** 6 C d; über Kreis der gesetzl Erben **2066** 4; Kausalzushang **119** 8; letztwill Vfg **2078** 1, 2; maschinell zustande gekommene Erklärgen **119** 4; NachlÜberschuldg **1954** 1 E; Person des Bedachten **2078** 1, 2; Pers des and Eheg EheG **31** 2 c; Pers des ErklGegners **119** 5 b; RFolgen **119** 5 d; Rechtsl **285** 2; RNatur eines Geschäftes **119** 5 a; SchadErs bei Anfechtg **122** 1–3, 5, **2078** 1; über Sollbeschaffenheit **119** 5 c; tatsächl Folgen des Geschäfts **119** 5 d; Übermittlg, irrige **120** 1; Umstände, die Person des und Eheg bei EheG **32** 2, 3; unbeachtlicher **119** 7 a; bei VereinsBeschl **32** 1; bei Vereinssatzg **25** 2; u GewLeistg **119** 6 e, Vorb 2 d, e vor **459**; Verlautbarsirrtum **119** 5; VermVerh **119** 6 c, EheG **32** 3; Vertrauensschaden **122** 3; u Vorsatz **276** 3; über den Wert **119** 6 d; wesentl Eigensch **119** 4 a

J

Jagd, Unfall **823** 8 B; Pacht Einf 3 c vor **581**, **581** 1; Pacht u Besitz am Grdst Übbl 4 b vor **854**; Pacht u Veräußerg des Grdst **571** 1 b; Wildschaden **835**, EG **70–72**
Jagdhund, Haftung **833** 6 b
Jagdrecht EG **69** 1; GrdstBestandt **96** 2
Jahresabschluß bei Rechngslegg des Vormds **1841** 2
Jastrowsche Formel 2269 4 a
Jubiläumsgabe 611 7 e
Jugendamt, Amtsvormund Einl 4 vor **1773**, **1791 b, 1791 c;** Anhörg Einf 4 b ee vor **1626, 1671** 7, **1694** 1, **1695** 1, **1711** 3, **1779** 2; bei Ehelicherklärg **1727** 4; Anzeigepfl **1694, 1850;** Aufgaben bei Vormundsch Grdz 1, 2 vor **1849, 1849–1856;** BeschwR **1694** 1; Bestellg z Amtsvormd **1791 c;** Entgegennahme v VaterschAnerkenntn **1600 e;** Ersetzg der Einwillig der Eltern bei Adoption **1748;** ErziehgsBeistandsch **1666** 8; FürsErzhg **1666** 8; Antr gg Mündel **1795** 1; Mitvormund **1775** 2; Pflegsch für nichtehel Kinder (Amtspflegsch) **1709, 1710;** Pflegsch über Leibesfrucht, AntragsR **1912;** vertraul Auskünfte **1695** 2; Stellg bei UmgangsR des nichtehel Vaters **1711;** Vertretg d nichtehel Kindes **1706, 1707;** als Vormd Einl 3 b vor **1297, 1751,** Einl 4 vor **1773, 1778** 2 f, **1791 b, 1791 c;** Vormundsch über Volljährige **1897** 1
Jugendarbeitsschutzgesetz Einf 8 d vor **611;** SchutzG **823** 9 f
Jugendlicher, Haftg **828, 829;** Testierfähigk **2229** 3, **2247** 7
Jugendwohlfahrtsgesetz Anh zu **1666, 1666 a**
Junctimklausel Übbl 2 B b vor **903**
Juristische Person, AbwesenhPflegsch **1911** Anh; Anerkennung ausländ Einf 5 vor **21,** EG **12** Anh 4; Arten Einf 3 vor **21;** Deutsche Bundesbank Vorb 1 vor **89;** Begriff Einf 1 vor **21,** Vorb vor **89** aE; beschr persönl Dienstbark **1092** 3; Besitz **854** 5 b; Entstehg Einf 4 vor **21;** Erbfähigk **1923** 1; Er-

werbsbeschränkg, landesrechtliche EG **86;** Finanzvermögen Übbl 4 d vor **90;** Gebietskörperschaften Vorb vor **89;** Haftg für Vertreter **31** 1–3, **89** 1; internat JP des öff Rechts Vorb 1 vor **89;** IKR/IPR EG **12** Anh 1–3; Konkurs **89** 3; Kreditgefährdung **824** 1; LandeszentrBanken Vorb 1 vor **89;** als Nacherbin **2101** 3; Nießbrauch **1059 a ff;** des öff Rechts Einf 3 a vor **21,** Vorb vor **89;** Haftg **89** 1; PersönlichkSchutz **823** 14 B f; VertretgsMacht **26** 2; Pflegschaft Einf 2 vor **1909, 1909** 1, Anh nach **1911, 1913** 1; d PrivR Einf 3 a vor **21;** Reichsbank Vorb 1 vor **89;** Religionsgesellsch Vorb 1 vor **89;** Schutz des Namens **12** 1 a; Sitz **24** 1; Sitztheorie EG **12** Anh 2; Staatsangehörigk Einf 5 vor **21;** als TestVollstr **2197** 3; Übergangsvorschr EG **163** 1, 2; Übertragg des Vermögens **310** 3, **311** 3; verfassungsmäßig berufene Vertreter **89** 2; Verwaltgsvermögen Übbl 4 d vor **90;** als Vorerbe **2105** 2; Vorkaufsrecht **1098** 6; Zweigstelle Einf 10 vor **21**

K

Kabelfernsehen 541 a 2, **541 b** 2 a, MHG **3** 3 a aa; WEG **22** 1 e
Kabelpfandrecht Einf 4 vor **1204**
Kahlschlagsrecht bei Nießbr **1036** 2, **1041** 2 a
Kapitalabfindung bei SchadErs **249** 2 b dd; bei Körperverletzg u Tötg **843** 6, **844** 6 C; f Unterhalt nach Ehescheidg **1585**
Kapitalanlagegesellschaft, keine Aufhebg der Gemeinsch **1008** 4; Sichergsübereigng von Sondervermögen **930** 4 g; Verpfändg von Ggständen des Sondervermögens **1204** 2 a; von Miteigentumsanteilen **1258** 1 c; s a Investmentanteilscheine
Kapitalanlagevermittlung 276 4 C a, **826** 2 c
Kapitalgesellschaft in Gründung **705** 9 b aa; Vererblichk der Mitgliedsch **1922** 3 g, **2032** 7, 8; Stellg des TestVollstr **2205** 2 f, g
Kapitalversicherung, Bezugsberechtigg nach Ehescheidg **330** 2 a, **2077** 4
Kaptatorische Verfügungen 2074 1 c
Kardinalpflichten AGBG **9** 4 e
Kartell 54 4, **705** 9 b bb, auch **134** 3 a, **138** 5 j; Mißbrauch **826** 8 j; Verstoß gg -recht **134** 3 a; Einf 3 b vor **145;** s a Wettbewerbsbeschränkungen
Kassatorische Klausel vgl Verfallkl, Verwirkgskl
Kassenarzt Einf 2 a bb vor **611;** Haftg **328** 2 d
Kassenfehlbestände, Beweislast **282** 3 c; s auch „Mankohaftg"
Kassenkonto 272 1
Kassenlieferschein Einf 2 e vor **783**
Kassenpatient Einf 2 a bb, cc vor **611, 328** 2 d
Katasterbezeichnung, unrichtige **313** 9 b bb
Katasterparzelle Übbl 1 a au vor **873**
Katastrophenschutz, Amtspflichtverletzg **839** 15; Notstandsrecht **904** 1
Kauf 433–454; Abgrenzg Einf 2, 4 vor **433;** Abnahmepfl **433** 6; Abschluß Einf 1 b vor **433;** AGB AGBG **9** 7 k; Annahme d Kaufsache **464** 3; arglistige Vorspiegelg einer Eigensch **460** 4, **463** 3; Arten Einf 3 vor **433,** Vorb vor **494;** AuskunftsPfl **433** 4 a, **444** 1, 2; BefördergsGefahr **447** 6; Begriff Einf 1 a vor **433;** Beweislast **433** 8, **442;** EigtVerschaffg **433** 2 b; EigtVorbeh **455;** ErbschKauf Übbl vor **2371;** ErfOrt **269** 3 b; Fehler der Kaufsache **459** 3; FordergsKauf, Haftg **438;** finanzierter Kauf AbzG **6** Anh; Garantie **438** 1, **459** 4, **477** 4; Gefahrübergang **446, 447;** Ggstand **433** 1; Gewährleistgsausschluß **443,** Vorb 4 vor **459,** AGBG **11** 10; Haftg des Verkäufers für pVV **276**

Kaufanwärtervertrag Fette Zahlen = §§

7 B; HauptPfl **433** 2, 3, 5, 6; internat Kauf Einf 5 vor **433**, EG 28 4 a; Kosten **448, 449, 451**; Minderg **462, 465,** 472; Nachbesserg **462** 1 b, **466 a**; NebenPfl **433**, 4, 7; – u öffentl R Einf 2 b vor **433**, **434** 2 c; Nichterfüllg dch Verkäufer **440, 441**; RKauf **433** 2, **437**; RMängel **434, 435, 437, 439–441**; Rücktritt **440, 441, 454, 455,** 1, 4; Sachmängel **459–493**; Stundg des Kaufpreises **452** 3, **454** 3; Übergabe **433** 3 b, **446** 3; Übergang der Nutzgen **446** 5; Unmöglichk **440, 441**; Verjährg **196 Nr 1, 477, 478**; Versendg **433** 4 h, **447**; VertrPartner Einf 1 c vor **433**; Verwirkg 242 9 f; Verwendgen, Ersatz **450**; Verzinsg d Kaufpreises **452**; Wandelg 242 4 C g, **462, 464–467, 469– 471**; Wegfall der GeschGrdLage 242 6 B c cc, 6 D d; WertPap **437** 3; in der ZwVollstr **456**

Kaufanwärtervertrag über Grundstücke 313 4 a, 631 1 b, 675 3 c

Kauf auf Probe 495, 496

Kaufkraftminderung, Geschäftsgrundlage 242 6 C a aa; bei Pflichtteilsberechng 2315 3; bei PflichttErgänz 2325 4; bei ZuwendgsAusgl 2055 2

Kauf nach Probe 494, 496

Kauf nach Wahl Einf 3 vor **433**

Kaufpreis 433 5; Fälligk **433** 5 a dd; Herabsetzg bei Minderg **462** 4, 472 1, 2; Marktpreis **453**; Stundg **452** 3, **454**; Verweiger bei Mangel **478**; VerjährgsBeginn 198 2; Verzinsg **452**; Zahlgspflicht **433** 5

Kaufpreisersatz 433 5 a ee

Kaufpreisklauseln 433 5 a dd, AGBG **11** 1

Kaufpreisverzinsung 433 7 b

Kaufverträge, internationale Einf 5 vor **433**, EG 28 4 a

Kauf zur Probe Vorb 1 vor **494**

Kaufzwangsklausel in Erbbaurechtsverträgen 138 5 e, ErbbRVO 2 2 g

Kausale Verträge Übbl 3 e vor **104**

Kausalzusammenhang, s UrsachenZushang

Kaution, Barkaution Übbl 3 vor 1204; Mietkaution Einf 11 b hh vor **535**; 550 b; Pachtkaution **572** 1; Ausschluß der Aufr **387** 7 d dd; ZbR **273** 5 c; Verfallabrede **1229** 1 c

Kegelbahn VerkSichgsPfl **823** 8 B; Lärmbelästigg **906** 2 b cc

Kellerrecht EG 181 2

Kernenergie, IPR EG 38 1, 2; kein ZbR von Gegnern der 320 2 e

Kettenarbeitsvertrag Einf 4 a ff vor **611, 620** 1 d

Kettengeschäft bei Übereigng **929** 3 d

Kettenverträge bei Ratenkrediten 138 2 b ee

Kiesabbauverbot Übbl 2 C a, H d vor **903**

Kind, Anhörg Einf 4 b bb vor **1626**; Aufenthaltsbestimmg **1631** 4; Aufwendungen für elterl Haushalt **1620**; Beaufsichtigg **1631** 3; Pflicht zu Beistand u Rücksichtnahme **1618 a**; Berufswahl u -Ausbildgskosten **1610** 4, **1626** 4 c; BilligkHaftg **829** 3, 254 3 a bb; Dienstleistgspflicht **1619**; ehel Kinder, Rechtsstellg Einf vor **1616**, bei Ehenichtigk **1591**; bei Nichtehe Einf 4 b vor EheG 16; Ehelichkeitsanfechtg durch Kind **1596–1599**; K bei Ehescheidg **1568** 2; Einkünfte aus Kindesvermögen, Verwendg **1649**; elterl Sorge s dort; ErbR **1923**; Erwerb mit Mitteln des Kindes **1646**; Erwerbsgeschäft, neues **1645**; Erziehg **1626** 4 a, **1631** 2; Unterstützg durch VormschG bei Erziehg **1631** 2; Familienname **1616** 2; Gefährdg der Person **1666**; des Kindesvermögens **1667** ff; Hausangehörigk **1619**; Herausgabe **1632**; Entscheidg des VormG **1632** 3; Heirat des Kindes **1633, 1649**; minderj Kind, elterl Sorge **1626**; nachgeborenes Kind, Erbrecht **1924** 3 a; Name **1616**, IPR EG **10** 4, 5;

Namensänderg des Vaters **1616** 2; NamensR bei Adoption **1757, 1765**; nichtehel Kind s dort; aus nichtiger oder ungültiger altrechtl Ehe EG **207** 1; Personensorge s PersonensorgeR; persönl Verkehr s UmgangsR; Pflegerbestellg **1630**; religiöse Kindererziehg Anh zu **1631**; SorgeR s PersonensorgeR; Staatsangehörigk **1616** 2; Tod des Kindes, unaufschiebbare Geschäfte **1698 b**; unerwünschtes als Schaden Vorb 3 n vor **249**; Unterhaltsanspr ggüber Eltern **1602** 3, **1603** 4, Art der Gewährg **1612**; Unterhalt, IKR/IPR EG **18**; Unterhaltspflicht der Eltern **1606** 4; VatersVermutg **1591**; Vergütg für Dienstleistungen **1619** 4; Umgang **1634**; Vermögen des Kindes s Kindesvermögen; Vertretg mit Schutzwirkg, zG des Kindes **328** 4; Vertretg **1626** 4 b, **1629**; Ausschluß der Vertretg **1629** 4, Entziehg **1629** 6; Vertr mit Schutzwirkg zG des K **328** 4 g; vormundschger Anordnungen **1696**; Vorm (Familien =) Gericht, Fühlgnahme mit Kind **1695** 3; vormundschger Genehmigg **1634**; Vorname **1616** 3; Wohl des Kindes, s Kindeswohl; Wohnsitz **11**; Zuwendg **2068** 2; vgl auch Austattg, elterl Sorge, Kindesvermögen, Personensorgerecht, nichtehel Kinder, UmgangsR

Kindererziehungszeiten 1587 2 a bb, **1587 a** 5

Kindergeld, Anrechng auf Unterhalt des Kindes **1602** 2 c, **1615 g**, Anh zu **1615 f, g**, RegelbedarfsVO **2** 2; Pfändbarkeit **1602** 2

Kinderspielplätze VerkSichgsPfl **823** 8 B; NachbSchutz **906** 5 b

Kindertagesstätte, Gebührenfestsetzg 242 1 d cc; Haftg **276** 4 C c; VertrVerh Einf 7 d vor **305**

Kinderzulagen 611 6 d; Anrechng auf Unterhalt des nichtehel Kindes **1616 g**

Kindesbetreuung 1626 ff; im UnterhR **1361** 3 b bb, **1570** 2 b, **1578** 2 b aa, **1581** 2 a; im VersorggsAusgl Einf 7 c vor **1587**

Kindesherausgabe 1632 2; einstw AO **1632** 2 b ee; Herausgabe von Sachen des K **1632** 2 b ff; Widerstand des K **1632** 2 b gg; ZbR **1632** 2 a cc

Kindesvermögen, allgemein **1626** 4 c, **1638** 1; Anlegg von Geld **1642, 1667** 3; Anhörg der Eltern Einf 4 b vor **1626**; Aufwendgsersatz **1648**; Auseinandersetzg vor Wiederverheiratg eines Elternteils **1683**; Auseinandersetzgszeugn EheG **9**; Ausschlag von Erbschaft u Vermächtn **1643** 2 c; Ausschluß der elterl Vermögenssorge durch Bestimmg Dritter **1638** 2, durch Pflegerbestellg **1630**; außergewöhnl Ausgaben **1642** 2; Beendigg der elterl Vermögenssorge **1670, 1673** ff, **1698** ff; Beistand, Vermögensverwaltung **1690**; Beschränkungen der elterl Vermögenssorge **1638, 1639**; Einkünfte des Kindesvermögens **1649**, des Kindes **1649**; elterl Vermögenssorge bei Ehescheid und Ehenichtigk **1671**, bei Getrenntleben **1672**; wegen Ungehorsams gg vormundschger Anordnungen **1669**, wegen Unterhaltsgefährdg **1666** 6, Vermögensgefährdg **1667** ff, Folgen **1680**; Erwerb mit Mitteln des Kindes **1646**; neues Erwerbsgeschäft **1645**; Fortführung der Geschäfte **1698 a, 1698 b**; Gefährdg **1666** 6, **1667** ff; genehmigungsfreie RGeschäfte **1643** 3; genehmigungspflichtige RGeschäfte **1643** 2; GrundstVerfügen **1643** 2; Haftg **1664**; Herausgabe bei Beendigg **1698** 1; Konk eines Elternteils **1670, 1680**; Anzeigepflicht **1668**; Meingsverschiedenheiten zw Eltern **1627**, mit Pfleger **1630** 3; Miet- u Pachtverträge **1643** 2 e; Nutznießg weggefallen **1649** 1; öffentl Inventar **1640** 4; Pflegerbestellung **1630** 1; RechenschLegg **1649** 3, **1698** 2; Ruhen der elterl Sorge **1673** ff; SchadensErsPflicht, Gesamtschuld **1664**; Schenkungen aus Kindesverm **1641**; SicherhLeistg

Magere Zahlen = Erläuterungen
Körperlicher Gegenstand

1667 3; SichergsMaßnahmen **1667**; Sorgfaltspfl **1664**; Sperrvermerk **1642** 1, 2, **1667** 3; Surrogation **1646**; TestVollstr **1638** 2; Tochter, verheiratete **1633**; Tod des Kindes **1698b**; Tod eines Elternteils **1681**; Todeserklärg eines Elternteils **1677**; ÜbergVorschr GleichberG **8 I** 9, **1638** 4; keine Überwachg durch Pfleger **1638** 2; Einfluß auf den UnterhAnspr **1649** 2b; Verfügg über Grdst u GrdstRechte **1643** 2a, über Vermögen im ganzen **1643** 2b; verheiratete Tochter **1633**; Verhinderg eines Elternteils **1674**; VermÜberlassg an Kind **1644**; VermVerfall **1667**; VermVerzeichn **1640**, **1667** 2; bei Wiederverheiratg eines Elternteils **1683**; Vertretg **1629**; Verwendg der Einkünfte **1649**; Verwirkg **1666** 4a aa, **1667** 3; Folgen **1679**, **1667** 2; Vormund, Vermögensverwaltg, s Vormund; VormundschG, Entscheidg über MeingsVerschiedenh **1627** 2, mit Pfleger **1630**, bei Geldanlegg **1642**; wirtschaftl Vermögensverwaltg **1642** 2; bei Verhinderg der Eltern **1693**; Wertpapiere **1667** 3; vgl auch elterl Sorge, Kind
Kindeswille bei Herausgabe **1632** 2b gg; Sorgerechtsregelg bei Scheidg **1671** 1d, 3c; Umgang **1634** 3b
Kindeswohl, **1672** 1; Kindesherausgabe **1632** 2a cc; MeingsVerschiedenh der Eltern **1628** 3e; UmgangsR **1634** 3a; Gefährdg **1666**, bei Auskunft **1634** 2c; Begriff **1666** 3, **1671** 3; bei Entziehg des Sorgerechts **1680** 2a; Verfahren, **1666** 7, Verschulden **1666** 2; Berücksichtigg bei Annahme als Kind **1741** 2a
Kirchenbaulast, landesrechtl Vorschr EG **132** 1
Kirchengemeinde, Haftg **89** 2; jur Person Vorb 1 vor **89**
Kirchenrecht, GrdstGesch Übbl 4b ff vor **873**, Einf 4 vor **925**
Kirchenstuhlrecht EG **133** 1
Kirchliche Beamte, Amtspflichtverletzung **839** 15
Kirchliche Verpflichtungen bei Ehe **1588**
Klausel, cif-Klausel **269** 2b; einzelne VertrKlauseln **157** 4; fob-Klausel **269** 2b; mißbillige Klauseln im FormularmietVertr Einf 8d vor **535**, AGBG **9** 7m; Gewährleistgsausschluß **476** 1; Preisklauseln beim Kauf **433** 5a dd; Kostenklauseln **448** 3; Selbstbeliefergsklausel **433** 4 h bb; ÜbermaßmekI bei Kauf **448** 3; verbotene – in AGB AGBG **10**, **11**; Verfallkl s dort; Verwirkgskl s dort; Wertsichergskl s dort
Kleingartenpacht Einf 3b vor **581**
Knebelungsvertrag 138 5k, **826** 8h bb
Know-how-Vertrag Einf 2g vor **581**; Kauf **433** 1c cc
Kollektivdrohung 123 3 a dd
Kollisionsnormen im IPR, autonome deutsche Einl 2a vor EG **3**; der DDR Einl 2c vor EG **3**; Gleichberechtigungswidrige (ausländische) EG **4** 2b, EG **6** 3a; Wesen Einl 1a vor EG **3**; s auch innerdeutsches KollisionsR, internationales PrivatR
Kombinationsvertrag Einf 5b bb vor **305**
Kommanditanteile, Verwaltg dch TestVollstr **2205** 2d; Vererblichk **1922** 3d, **2032** 5; Vermächtnis **2174** 2e
Kommanditgesellschaft, Gründg, Eintritt, vormundschaftsgerichtl Genehmigg **1822** 4b; Haftg auf Grd Rechtsscheins **714** 3c; u Testamentsvollstreckung **2205** 2d; Vererblichk der Rechtsstellg des Komplementärs **1922** 3c, **2032** 5
Kommanditgesellschaft auf Aktien, Fortsetzg mit Erben **1922** 3g
Kommanditist, Duldungsvollmacht **173** 4f
Kommissionsvertrag Einf 4i vor **433**, **675** 3a;

Schadensliquidation des Drittinteresses bei – Vorb 6 c aa vor **249**
Kommorientenvermutung VerschG **11**
Kommunmauer 94 5; s „Nachbarwand"
Komplementär, Nachfolgeklausel **1922** 3c
Kondiktion, s ungerechtfertigte Bereicherg
Konditionsgeschäft 158 1, Einf 3n vor **433**; Gefahrübergang **446** 3b
Konfusion s Vereinigung
Konkubinat s nichtehel LebensGemsch
Konkurrenz v Anspr **194** 3, **463** 4a, Einf **4**, 5 vor **812**, **818** 1c, Einf 2a vor **823**, **839** 12, Vorb 2 vor **987**; AufstockgsUnterh **1573** 3; einstw RSchutz bei SorgeRRegelg Einf 4c vor **1564**, **1672** 1b; u Verj **194** 3
Konkurrenzerzeugnisse, aus dem Verkehr ziehen **826** 8 u kk
Konkurs, Gter **728** 1; JP **89** 3; Mieter **557** 3e; Mißbr des KVerf **826** 8 v; bei NachErbf Einf 5b vor **2100**, **2115**; NachlKonkurs s dort; SichgsEigt im **930** 4f; bei TestVollstr Einf 3a vor **2197**; Treugut im **903** 6b ff; Verein **42** 2, 3, **75**; VermVerwaltg der Eltern **1670**; Verzögerg **826** 8g cc; VorbehEigt im **929** 6 De, f; Vormkg im **883** 4a; Maßn des VormschG **1680**
Konkursrichter, Amtspfl **839** 5 B c, 15
Konkursverwalter, Ablehng der Leistg **276** 7 C a, bei Sukzessivliefergsverträgen **326** 3c; Anfechtg von RGesch des Erben **1979** 4; Einwand des Sittenverstoßes des Gemeinschuldners geg K **817** 3b; Erwerbsverbot **456–458**; LeistgsKondiktion **812** 5 B b bb; Rechtsstellg Einf 3 vor **164**; Veräußerg eines Grdst u Mietverh **571** 2c
Konnossement, AGB AGBG **9** 7k; Überg **870** 1b
Konsensprinzip im GrdstR Übbl 3d vor **873**
Konsensualverträge Einf 3e vor **305**; bei Darlehen **607** 1
Konsortien 705 9 b bb
Konstituierung des Nachl dch TestVollstr **2221** 2a
Konstruktionsmängel, Gewährleistg für, Vorb 4e vor **459**
Konsul, Konsularbeamter, Auflassg vor Konsul **925** 4e, EG **11** 2c bb; Eheschließg EG **13** 4a, Anh 1; Erbvertrag, Testament vor Konsul Einf 2 vor **2229**; BeurkG **27** 6; Verwahrg von Test/ErbVertr **2258a** 2, BeurkG **34** 6
Konto 328 2b; Einf 3o vor **607**; bei Erbfall **1922** 3r; u Depot zugunsten Dritter auf den Todesfall **2301** 4b; Vollm nach Tod **1922** 3k, Einf 6 vor **2197**
Kontokorrent 305 4, **387** 8c, **675** 4; Verj **195** 2a (Anspr aus anerkanntem K), **202** 2c (eingestellte Fdg)
Kontokorrentratenkredit 3 s vor **607**
Kontokorrentvorbehalt 455 2b dd, AGBG **9** 7e
Kontrahierungszwang s Abschlußzwang
Kontrolle der Berufsausbildg **1610** 4a
Kontrollorganisation, Kosten als Schadensersatz Vorb 3 l vor **249**
Kontrollratsgesetz 45, EG **64** 2
Kontrollratsgesetz 52 s EheG **15a**
Konventionalscheidung 1565, **1566** 4
Konversion s Umdeutg
Konzentration s Gattgsschuld
Konzern 705 9b bb; IPR **12** Anh 2; – EigtVorbeh **455** 2 b ee; – VerrechngsKlausel **387** 8c
Koppelungsgeschäfte 138 5 l; Architekt, Bauingenieur **631** 1b; kein K zwischen Verpfl zum Grundstückserwerb u Inanspruchnahme eines Baubetreuers **675** 3 c ee
Körper des lebenden Menschen **90** 2; Recht am eigenen **90** 2
Körperlicher Gegenstand 90, s a Sache

2597

Körperschaft

Fette Zahlen = §§

Körperschaft öffrechtl, Erbrecht EG **138** 1; öffrechtl, Haftg u Konkurs **89**; Verwaltgs- u Finanzvermögen Übbl 4 d vor **90**; s a jur Person
Körperstrafe 1631 5
Körperteile, künstliche, Rechte daran nach dem Tod **1922** 4 b
Körperverletzung, Ersatz f entgangene Dienste **845**; Ersatzanspr **843** 1; Geldrente **843** 1, 2, 4; Haftg **823** 3 b; Heilgskosten **249** 2 c, **843** 1; Kapitalabfindung **843** 6; PflichttEntziehung **2333**; **2335**; Schmerzensgeld **847** 3, 4
Kosten der Auflassg **449**; Aufrechng gegenüber **396**; der Ausstattung eines Kindes **1444, 1466**; bei Beurkundgen im Bereich einer Erbengemsch Einf 2 vor **2032**; ErbscheinsVerf **2353** 6 b; Erlöschen der Hypothek **1178**; der Fruchtgewinng **102**; der Hinterlegg **381**; im Mietprozeß Einf 10 a ff vor **535, 556 a** 7 d; in NachlSachen Einl 7 a vor **1922, 2353** 6 b, Haftg der Erben Einf 7 vor **1967**; Pfandhaftg **1210**; der Rechtsverfolgg als Schaden **249** 4 c; der Übergabe bei Kauf **448**; bei VermächtnEntrichtg **2174** 2 b; der Versendg **448** 3; Verteilg der Leistg auf **367**; vormundschgerichtl Maßnahmen **1667, 1668** 2; s a Prozeßkosten
Kostenanschlag 650 1; AGBG **9** 7 k; Überschreitg **650** 2
Kostenentscheidung, ErbscheinsVerf **2353** 6 c, 7 f; WEVerf WEG **47**
Kostenerstattungsanspruch, Fälligkeit, Aufrechnung **387** 5
Kostenmiete Einf 8 c aa, 11 b ee vor **535**
Kraftfahrzeugbetriebe, AufklärgsPfl **276** 6 B c; SorgfaltsPfl **276** 4 C c; Haftgsfreizeichng AGBG **9** 7 a
Kraftfahrzeugbrief, bei KaufVertr **444** 1; Eigt **952** 2 c; bei EV **455** 1 h; Gutgläubigk **932** 3 d cc, **1207** 3 a aa
Kraftfahrzeuge gutgl Erwerb **932** 3 d cc; Miete, Reifenmängel **538** 1, **537** 2 c; Sachmängel **459** 5 b; EigtVerlust **959** 1; Untersuchungspfl beim Kauf **460** 3; Wartg Einf 5 vor **631**
Kraftfahrzeugschaden, Anwaltskosten **249** 4 c; Auslagenpauschale **249** 5 b; Eigenreparatur **249** 2 b; Finanziergskosten **249** 2 b; Gebrauchsvorteile Vorb 3 b vor **249** u Anh zu **249**; merkantiler Minderwert **251** 5 B b aa; Mietwagenkosten **249** 3; Mitverschulden des Halters **254** 3 a ee; Nebenklagekosten Vorb 5 Bn vor **249**; Reparaturkosten **251** 5 B b; Reparaturwerkstatt ErfGehilfe? **254** 5 b; Reparaturkosten größer als Zeitwert **251** 5 Be; Sachverständigenkosten **249** 4 c c; Schadensfreiheitsrabatt, Verlust 5 Bo vor **249**; Schadensmindergspflicht **254** 3 b ff; Totalschaden, echter, unechter, wirtschaftlicher **251** 5 Be; Verteidigerkosten Vorb 5 Bn vor **249**; Wiederbeschaffungswert **251** 5 A a
Kraftloserklärung, Erbschein **2361** 4; hinkende InhPap **808** 3 b; HypBrief **1162** 1–4; InhSchuldverschreibg **799** 2, 3, **800** 1; LegitimationsPap EG **102** 1, 2; TestVollstrZeugnis **2368** 9; Vollmachtsurkunde **176**
Kraftverkehr, Aufwendgersatz für zur Vermeidg eines Unfalls erlittenen Schaden am Fahrzeug **677** 2 b; Beweis des ersten Anscheins Vorb 8 b cc vor **249**; Entlastgsbeweis **831** 6, 9; Fahrlässigk **276** 4 C c; Haftg **823** 8 B; Mitverschulden **254** 3 a cc, b ff
Kranführer, Haftg **276** 4 C c
Krankenfürsorge bei Dienstverhältnis **617**
Krankenhaus, AGB AGBG **9** 7 k; Arzt als ErfGeh **278** 6 a; Aufsichtspflicht **832** 3 b; Haftg **276** 4 C c, der Stadtgemeinde **278** 6 a; Dienstvertr Einf 2 a cc vor **611**; Kontrahierungszwang, Einf 3 b vor **145**;

Unfallhaftg **823** 8 B; verfassungsmäßig berufene Vertreter **89** 2 b
Krankenhauskosten, für das ehel Kind, Kostenschuldner kraft Schlüsselgewalt **1357** 2 b
Krankenkasse, Aufrechng mit Beiträgen **394**; als jur Person Vorb 1 vor **89**; Geschäftsführg oA f K **677** 2 a b
Krankenpapiere, Einsicht **810** 3, der Erben **1922** 5; Weitergabe **823** 14 D c bb
Krankenversicherung als UnterhBedarf **1361** 5 b cc, **1578** 3 c, **1610** 3 b
Krankheit, Arbeitslohn bei **616** 2–4; Irrtum als Eheaufhebgsgrund EheG **32** 8; Kostentragg bei Getrenntleben der Eheg **1361** 2
Kranzgeld 1300
Kreditabwicklung 675 4
Kreditauftrag 778
Kreditbrief 778 1 b, Einf 2 d vor **783**
Krediteröffnungsvertrag Einf 3 k vor **607**
Kreditgebühren 246 1; Rückrechng bei vorzeit Darlehnsrückzahlg **246** 2; wucherische **138** 3 b; s auch Teilzahlgskredit
Kreditgefährdung 824
Kreditgeschäfte u Abzahlungsvertrag AbzG **6** 2 b dd, Anh
Kreditkarte 329 2 a, **675** 3; System AbzG Anh zu **6** 1 a bb; AGBG **9** 7 k
Kreditkauf, Einf 3 c vor **433**; RücktrittsR des Verkäufers **325** 9
Kredittäuschungsvertrag 138 5 i, **826** 8 i bb
Kreditvertrag, s Darlehen; Haftg des Auftraggebers als Bürge **778** 2; mit Minderj **110** 4
Kreditwesen, Verstoß gg KWG **134** 3 a
Kreis, Haftg **839** 2 B
Kriegsverschollenheit VerschG **4**
Kritik, geschäftsschädigende **823** 5 G c, 14 D, **824**
Kundenfang 826 8 u dd
Kündigung, Allg: Auftrag **671**; Begriff Einf 3 a vor **346, 542** 3 a, **564** 3; Darlehen **609** 2, 3; DauerVertr aus wicht Grd Einl 5 b vor **241**; Einschränkg **564 b** 4; Gesamtschuld **425** 2; des Gläub nach Abtretg **410**; Grundschuld **1193**; Hypothek **1141**; Leihe **605**; Mißbrauch **242** 4 D h; Pacht **581** 4, **595, 596**; Sittenwidrigkeit **138** 5 m; TestVollstr **2226**; Umdeutg **140** 3; Vereinsaustritt **39** 1; Verjährg bei **199**; Werkvertrag **643, 649**; **Dienst- u Arbeitsvertrag** Vorb 2 vor **620, 621–628**; ÄndergsKündigg Vorb 2 a ll vor **620**; bei Arbeitskampf Vor b 1 e cc vor **620**; außerordentl Vorb 2 b vor **620, 624, 626, 627**; Erfordernisse Vorb 2 vor **620**; fristlose **626, 627**; Frist **621, 622, 626** 3 b; Gründe Vor b 3 a vor **620, 626** 4–6; Nachschieben von Gründen Vorb 2 vor **620**; ordentliche Vorb 2 a vor **620, 621, 622**; SchadensErs **628**; Schutz des Arbeitnehmers Vorb 3 vor **620**; Vertrauensverhältnisse **627**; **Mietvertrag: 564** 3, **564 b**; der Abtretg der Mietzinsfdg **554** 1; Angabe des Grundes **564** 3 b; Auflockerg der Termine **565**; kein Ausschluß des Mieterkündiggsrechts **543**; bedingtes Mieterhältnis **565 a**; bewegl Sachen **565** 3 b cc; Form **564** 3 c, **564 a, 564 b** 5; Frist **542** 3 b, **565**; Geschäftsräume **565** 1 b, **565** 1; GrdstMiete **565** 3 b, **566**; K wegen Mieterhöhg 2. WKSchG **3**; langfristige Verträge **567**; mehrere Beteiligte **564** 3 f; Mietverhältnis mit Verlängergsklausel **565 a**; Mischräume **564** 3 d; Nichtgewährg des Gebrauchs **542, 543**; Teilkündigg **564** 3 d; Tod des Mieters **569, 569 a**; ungesunde Wohng **544**; Veräußerg der Grdst **571** 5; Verjährg, Beginn **199**; des Vermieters **553–554 b**; Versetzg des Beamten **570**; aus wichtigem Grd **554 a**; Werkmiet-, Werkdienstwohnungen **565 b–565 e**; Wohnräume **565** 3 b bb; Wider-

Magere Zahlen = Erläuterungen **Leibrente**

spruch des Mieters **556a, 556b**; Zahlungsverzug **554**; Reisevertrag, wegen höherer Gewalt **651j**, wegen Mangels **651e, 651j**; Unabdingbarkeit **651k**
Kündigungsschreiben bei Wohnraummiete **564a, 564b** 5
Kündigungsschutz bei ArbVerh Vorb 3 vor **620**; Umgeh **134** 4; bei Wohnraum **564b**, 2. WKSchG 3
Kunstauktion, Gewährleistg Vorb 4e vor **459**, AGBG **11** 10g
Kunstfehler 282 3b, **823** 8 B
Kunsthandel, Gewl **459** 5e; GewlBeschrkg 4e bb vor **459**
Künstler, Verträge mit K Einf 2a dd vor **611**, Einf 5 vor **631**
Künstlername, Schutz **12** 1, 4b
Künstliche Befruchtung s Insemination
Kunstwerk, freie Meinungsäußerg **823** 14 D c bb
Kursgewinne bei Wertpapieren **100** 1
Kurzarbeit 611 3c, **615** 3

L

Lackschäden an Kraftfahrzeugen **251** 5 B a
Ladendiebstahl Vorb 3 l bb vor **249**, **781** 2d
Ladeninhaber, Besitzerwerb **854** 3a
Lagerschein 405 1
Lagervertrag AGBG **9** 7 l
Land, als jur Person Vorbem 1 vor **89**; Verwaltgs- u Finanzvermögen Einf vor **90** 4d
Landesgesetzgebung, Befugnisse EG **218** 1; Vorbehalt EG **1**, EG **55**
Landesrecht, Aufhebg durch BGB EG **55** 1; Vorbehalte EG **55** 2
Landgut, Begriff **98** 3, **1515** 1, **2312** 1; Ertragswert, Berücksichtigg bei Erbteil **2049** 1, 2, bei Berechng des ErbErsAnspr **1934b** 2a, bei Pflichtteilsberechng **2312**; PflichttErgänzg **2325** 2a, **2329** 3; Ertragswertfeststellg EG **137** 2; GeschWert für Kosten **2353** 6a; Pacht **585**; Zubehör **98** 3; bei Berechng des Anfangs- u EndVerm der Zugew-Gemsch **1376** 4
Landgüterordnung Hessen EG **64** 2
Landpacht 585–597, vorweggen Erbf **593a**; ErsPfl bei vorzeit Ende **596a**; Künd **594a–594d**, Form **594f**, vorzeit **595a**; Lastentragg **586a**; PSache **585** 1, 3, Beschreibg **585a**, BestimmgsÄnderg **590**, Duldg von Einwirkgn **588** 2, Veräußerg/Belastg **593b**; PZins **587**, Erhöhg **588** 4; Rückg der PSache **596**, SchadErs bei unterbliebener **597**; Rücklassg von Erzeugn **596b**; Schriftform **585a**; UnterP **589**; Verj von ErsAnspr **591b**; VerpächterPfdR **592**; VertrÄnderg, Anspr auf **593**; VertrPfl **586**; VertrVerlängerg **594**, Anspr auf **595**; vertrwidr Gebr **590a**; WegnR **591a**; s auch Pacht
Landschaften EG **167**
Landschaftsschutz Übbl 2 H d vor **903**
Landstraße s Straße
Land- u forstwirtschaftliche Grundstücke, Genehmigg von GrdstGesch Übbl 4b cc vor **873**; Gebührenbegünstigg beim Erbschein **2353** 6a; Pacht **585**
Landwirtschaftsgericht, Genehmigg der Erbaus einandersetzg, Erbteilsübertragg Einf 6 vor **2032**, **2033** 1 c; von GrdstVertr Übbl 4b cc vor **873**; Erteilg von Hoffolgezeugnis, Erbschein, TestVollstrZeugnis Übbl 8 vor **2353**, **2353** 1, 4, 5, **2368** 3; Entscheidg üb Meinungsverschiedenh von TestVollstr **2224** 2; gerichtl ZuweisgsVerf Einf 6 vor **2032**, **2042** 10

Landwirtschaftssachen, Verfahren EG **64** 6
Lärm, Schutz gg **906**; unterlassene Schutzmaßnahmen bei Bauplang **633** 1
Lasten, Begriff **103** 1; des Besitzers **995**; Erbschaftskauf **2379**; b Gemeinschaft **748**; Kauf **446** 5; Miete **546**; Nießbrauch **1047**; öffentl, Einl 6a vor **854**; Verteilg **103**; des Vorerben **2124** 2, **2126**; bei Wohngseigentum WEG **16**
Lastenausgleich, Amtspflichtverletzg beim – **839** 15; Aufbaudarlehen Einf 11 b ff vor **535**; AusgleichsAnspr bei irrigen Vorstellgen über Auswirkgen des L **242** 6 Ca ee; Ausgleichsleistgen als Ersatzvorteil bei der Erbschaft **2111** 2b, **2164** 2; bei PflichttBerechng **2311** 2a; Verf über Ausschließg **1922** 6; Erbschein **2353** 1a, **2369** 1c; fortges Güt-Gemsch **1499** 2; Haftg des Auflagebegünstigten **2192** 1; Kürzg der Auflage **2192** 1, Nacherbfolge Einf 9 vor **2100**; Nachlaßverbindlk **1967** 2; bei Verpachtg **546** 2; Pflichtteil **2311** 2; Surrogation bei ErbenGemsch **2041** 1, bei Vor- u Nacherbsch **2111** 2b; bei Vorerbsch **2126** 1
Lastschriftverfahren 270 1d, **675** 5
Laternengarage 903 5b
Leasingvertrag Einf 4 vor **535**, AbzG **6** 2b bb; AGBG **9** 7 l; ErfGeh **278** 6 e; formularmäßiger GewährleistgsAusschluß AGBG **11** 10; unsittlicher **138** 5m; Wegfall der GeschGrdLage bei Sachmangel **242** 6 D d
Lebendgeburt 1 1b
Lebensalter, Berechng **187** 3
Lebensbedarf 1610 3
Lebensgefährte, RStellg Einf 8 vor **1353**, **1931** 2b; Einfluß auf UnterhAnspr **1577** 2a, **1579** 3g cc
Lebenshaltungsindex 1376 1; ErbbRVO **9a** 2c bb
Lebensmittelgesetz, Verstoß gg **134** 3 a dd
Lebensstandardgarantie 1573 5b
Lebensvermutung VerschG **10**
Lebensversicherung 330 2; Anrechng v Anspr bei SchadBerechng Vorb 7 C b bb vor **249**; Erbenstellg **1922** 7, Übbl 2e vor **1942**; kein NachlBestandteil **1922** 7, **1922** 7; Rechtserwerb mit Tod **331** 1, **2301** 4a; VersorggsAusgl **1587a** 3 E, **1587b** 4; Widerruf der Bezeichng des Bezugsberechtigten **330** 2, **1937** 1a, 3b
Legalhypothek EG **14** 4b
Legalzession nach ausländ Recht, Anerkenng **33** 3
Legislatives Unrecht 839 2 B
Legitimation durch nachfolgende Ehe **1719**; Abgrenzg von Ehelicherklärg Einf 1 vor **1719**, **1719** 1; Abkömmlinge, Wirkg auf **1722** 1; altrechtl Wirkg EG **209** 1; Hindernisse für L **1719** 2a; IKR EG **21** 1c; IPR Einf 2 vor **1719**, EG **21**; Personenstandsregister **1719** 4; ÜbergangsR **1719** 5; Voraussetzgen **1719** 2; Vormsch, Beendigg **1883**; Wirkgen **1719** 3, erbrechtl **1924** 3a; Wohnsitz des Legitimierten **11** 2
Legitimationspapier, Begriff Einf 3 vor **793**; KraftlosErkl EG **102**; qualifizierte **808** 1; ÜbergangsVorschr EG **177**, **178**; Pfandrecht **1274** 1 c ee
Lehrer, Aufsichtspflicht **832** 3a bb; Mitwirkg bei Berufswahl **1631a** 2c; Züchtiggsrecht **823** 7 B a, 14, **839** 15, **1631** 5
Lehrgangsunternehmer Einf 2a vor **611**
Leibesfrucht, Erbfähigk **1923** 3; erzeugte, ungeborene **1** 3; als Nacherbe **2101**; Pflegschaft für L **1912**; zur Wahrnehmg der Angelegenheiten nach § **1706**, **1708**; einer werdenden Mutter **1912** 1c; SchadErsAnspr **823** 3b, **1923** 3; Verträge mit Schutzwirkg zG der L **328** 3d, 4b
Leibgedinge EG **96**
Leibrente, AltenteilsR **759** 2c; Begriff **759** 1, 2; Entrichtg **760**; Erwerb für ererbten GeschAnteil

2599

Leiche Fette Zahlen = §§

dch nichtbefreiten VE 2134 3; Form des VerpflVerspr 759 1c, 761 1; Renten aGrd SchadErs-Verpfl 759 2a; Schenkg 759 1b; Veränderg d GeschGrdlage 759 1f; Vertr 759, 761; Vertr zG Dritter 330, 759 1c; Vorausleistg 760
Leiche, Bestattg 1968 2; Öffng 1968 2c; RLage Übbl 4b vor 90, 1922 4b; Übergabe an Anatomie als Auflage 1940 2; Umbettg 1968 2; elterl Einwilligg in Organspende 1631 1, 1666 1
Leichtfertigkeit als Sittenverstoß 826 2g
Leiharbeitsverhältnis Einf 4a ee vor 611; Betriebsrisiko 615 4; Erfüllungsgehilfe 278 4a; VerrichtgsGehilfe 831 3b
Leihe 598; Abgrenzg zum Darlehen Einf 4c vor 607; zur Miete Einf 2b vor 535; Abnutzg 602; Beendigg 604 2; Erhaltskosten 601; Gebrauch, vertragsmäß 603 1; Gebrauch, vertragswidr 603 1; Gefahr des zufälligen Untergangs 603 1; Haftg 599; Künd 605; Mängelhaftg 600; Rückgabe der Leihsache 604 1; Verjährg der Ansprüche 606; Verwendgen 601 1; Wegnahmerecht 601 1
Leihmutter 138 5d; 812 6 A d bb
Leistung, auf Abruf 271 2c; ÄndergsVorbehalt in AGB AGBGB 10 4; Anerkenntnis 812 2b; Annahme an Erfüllgs Statt 364 3; Anrechng bei Fordergsmehrheit 366 1–3; Art u Weise 242 2; Begriff 362 1, 812 2a; Bestimmbark des Inhalts 241 2b, 315 1; Bestimmung durch Dritte 317–319, s a Leistgsbestimmg; Bewirkg der geschuldeten 362 2; an Dritten Einf vor 328, 362 1c; durch Dritten 267 1–4; erfüllungshalber 364 4; Einwand der unzumutbaren 242 1; Fälligk 271 1; Frist in AGB AGBGB 10 1; Gefahr 275 7; Grundlage 315 2b; Inhalt 242 4; Mitwirkg des Gläub 295 3; Nichtannahme 293 2d; an Nichtgläub 362 1c; teilbare 266 2a, Übbl 1, 2 vor 420; Tun 241 3; Unterlassen 241 4; Unterlassen der Mitwirkg 293 2d; Verzögerg, dem Schuldner nicht zurechenbare 285 2; zuG Dritter auf den Todesfall 331; keine Zugehörigk zum Nachl des Gl 1922 4e; unter Vorbehalt, s Vorbehalt
Leistungen, wiederkehrde, Verjährg 197 1a
Leistungsanrechnung 366; Kosten 367 1; Zinsen 367 1
Leistungsbestimmung 315 ff; Anfechtg 318 2; Anwaltshonorar 315 2d, 316 2, 317 1; durch Dr 317; Ermessen billiges 315 3, 4; durch Gläub 315 3a; Klausel in AGB AGBG 9 7l; „Preis freibleibend" 315 2b; Schiedsgutachter 317 2b; Sittenverstoß 319 3, 4; stillschweigende 315 2c; unbillige 315 4, 319 1, 2; Unwirksamk 319 1, 2; durch Urteil 315 4, 319 2; Verlust des Rechts auf 315 4; Vertragsergänzg 317 2; dch Vertragsgenossen 315 2; Verzögerg 319 2
Leistungsfähigkeit des UnterhSchuldn 1361 2c, 1581, 1603 2, 3 a
Leistungskondiktion 812 2; 951 2c aa; IPR EG 32 2a ee, Vorb 2 vor EG 38
Leistungsort 269; Aufrechng bei Verschiedenheit 391; Beschuldd 269 1 a; bei Dienstvertrag 269 3; einheitl 269 3; bei Geldschuld 270 1; Holschuld 269 1a; IPR EG 32 2a bb, 269 2a; Leistgsstelle 269 1c; für NebenPfl 269 1d; Parteivereinbarg 269 2a, 4, 270 3; Schickschuld 269 1a; Verkehrssitte 269 3a, 270 3; Versendg 269 2b
Leistungspflicht, Befreiung 324 4; persönl 267 1
Leistungsstörungen Vorb 1 vor 275; IPR EG 32 2a cc
Leistungstreuepflicht 242 3 B a, 276 7 C a
Leistungsträger bei Reisevertrag 651a 4
Leistungsverweigerungsrecht 273; kein Ausschluß dch AGB AGBG 11 2; Erbe 2083 1; bei

ggs Vertrag 320; Gesellschafter 705 3c, 706 1b; Leistungsstörungen 320 2b; Miterbe 2059 1; Sukzessivliefergsvertr 320 2b; Verhältnis zur Wandlg Einf 1f bb vor 320, 320 2e; Verurteilg zur Leistg Zug um Zug 322 2; Wirkg im Rechtsstreit 320 3b
Leistungsvorbehalt 245 5c, 315 2b
Leistungszeit 271; FälligkKlausel 271 2d; Fixgeschäft 271 2c; Fristbestimmg dch AGB AGBGB 10 1; nach dem Kalender bestimmte 284 4a; bestimmte nach Kündigg 284 4b; Stundung 271 4; unbestimmte Festlegg 271 4b
Leistungszulagen 611 6d
Letzte Bitte, letzte Wünsche des Erblassers 2084 3, Einf 2 vor 2192
Letztwillige Verfügung, Anfechtg 2078 1, 2079 1, 2; AnfechtBerecht 2080 1, 2; AnfechtFrist 2082 1, 2; Aufhebg durch Erbvertr 2289 3a; Ausleggsregel f Bedachte 2066–2073; Ausleggg 2084, Übertragg der Ausslegg 2065 3c; bedingte Erbeinsetzg 2065 4; Bedingg 2074 bis 2076; Begriff 1937 1, Übbl 1, 2 vor 2064; Benenng desssche 2078 1; DrittEntschdg ü Geltg 2065 2; Form, Übereinkommen über das auf die Form anzuwendende Recht EG 26 Anh; Eheauflösg 2077; Ergänzg, unterbliebene 2086 1; mögl Inhalt 1937 3; Irrtum 2078 2; über religiöse Kindererzieh Anh zu 1631 RKEG 1 3; Selbständk 2065 1, 2; Sittenverstoß 138 5f, o, 1937 5; Teilunwirksamk 2085 1–3, BeurkG 27 5; Testamtent 1937, Übbl 1 vor 2064; Übergeh eines Pflichttberecht 2079 1, 2; Umdeutg 2084 5; Unwirksamk 137 4; Verlöbn Rücktr 2077 3; Verwirkgsklausel 2074 2; Vollmachtertteil in – 167 1, 1937 3c; Vorbehalt v Nachzetteln 2086 1; Willensmängel 1937 2; s a Testament, Zuwendung
lex rei sitae im mit SachenR EG 38 Anh II 2
Licht, Entziehg 903 2c aa
Lichtrecht EG 124 3
Liebhaberinteresse, kein Ersatz 251 4
Lieferant, kein Erfüllungsgehilfe des Verkäufers 278 4a
„Liefermöglichkeit vorbehalten" 279 3b
Lieferschein als Anweisg Einf 3e vor 783, 783 3; Übereignung dch 929 3e, 931 4b
Liquidation des Vereins 47–53
Liquidatoren, Aufgaben 48 1, 49 1; Bestellg 48 1; Beschlußfassg 48 1, 76 1; Eintragg ins Vereinsregister 48 1, 76 1; Haftg 53; Zwangsgeld 78 1
Listenpreis 453 1c
Lizenzspieler s Berufssportler
Lizenzvertrag Vorb 6c dd vor 249, Einf 4j vor 433, Einf 1 vor 581; Lizenznehmer, unerl Handlg 826 8 m gg, hh
Lohn 611 6, 7; Abtretgsverbot 399 3; Abzüge 611 6f; Erhöhg 611 6b; Fortzahlg 616, 617, SchadErs bei 252 3a, 616 5; Rückzahlg 611 6g; Schiebg 826 8i a; Zuschläge 611 6d
Lohngleichheit 612 4
Lohnkämpfe 826 8k, s Arbeitskampf
Lohnsteuer, Abzug 611 6 f aa; Erstattung, irrtümliche Einf 6b vor 812; Gesamtschuldverh von ArbGeber u ArbNehmer 426 2a, 3b
Lohnsteuerhilfsverein 21 1c
Lombardkredit Einf 3c vor 607
Los, Bestimmg des VermächtnisGgst 2154 1; des Erben 2065 3c
Löschung von dingl Rechten 875; Vormerkg 886 1; Zustimmg des berecht Dr 876
Löschungsanspruch des GrdPfdRGläub ggü fremden GrdPfdR 1179a, ÜbergangsR 1179a 7:

Magere Zahlen = Erläuterungen **Miete**

L bei eigenem Recht **1179 b**; gg EigtümerGrd-Schuld **1196** 4; ggü WertPapHyp **1187** 3
Löschungsfähige Quittung 875 3 b, **1144** 3 b cc
Löschungsvormerkung 1179; Rang **879** 2 a, **880** 2 b
Lotse, Dienstvertr Einf 2 a vor **611**; Haftg **277** 2 b
Lotterie 763; Loskauf **763** 2 a
Lottovertrag 763 1, 2 c
Lücken, Ausfüllg in letztw Verfüggen **2084** 1 d, in Verträgen **157** 2 a, in Gesetzen Einl VI 4 b vor **1**
Luftarbeitsrecht Vorb 6 d vor EG **12**
Luftbeförderungsvertrag Einf 5 vor **631**, EG **28** 4 g
Luftfahrzeug, bewegl Sache Übbl 3 a vor **90**; Ersatzteillager, Verpfändg Einf 6 b vor **1204**; Freiwerden des Bürgen **776** 1; Haftg **276** 10 b; Reg-Kosten bei Kauf **449** 1; Luftraumbenutzg **905** 1 a; Miete **580 a** 2; Nießbr **1030** 2 a; Notlandg **904** 1; RMängel bei Kauf **435** 1 b, **439** 1 a; RegPfdR Einf 6 a vor **1204**; Eintragg der Vorerbschaft Einf 6 vor **2100**; ZwVollstr Einf 6 a vor **1204**
Luftraum Übbl 4 a vor **90**; **905** 1 a
Luftreinhaltung 906
Luftschutz, Kündiggschutz Vorb 3 f cc vor **620**
Luftverkehr, AGB AGBG **9** 7 f; Charterflüge Einf 5 vor **631**; Gruppenflüge, Sammelflüge Einf 5 vor **631**; Sicherg **839** 15
Luftverschollenheit VerschG **6**

M

Machtstellung, Ausnutzg **138** 5 n
Mädchenname, Beifügg durch Ehegatten **1355** 3
Mahnbescheid, VerjUnterbrechg **209** 7 a; **213**
Mahnschreiben, Ersatz der Kosten **286** 2 c
Mahnung, Begriff **284** 3; formularmäßige Freistellg vom Erfordern der – AGBGB **11** 4; des Gläubigers nach Abtretg **410**; Verzugsvoraussetzg **284** 3, 4
Majorisierung der WEigtümer WEG **25** 2 b dd
Mäkler 652; Arten Einf 2 a vor **652**; Aufklärgs-Pfl **276** 6 B c gg, 7 C d; Auskunft **654** 2 b; Doppeltätigk **138** 5 n, **654** 4; Haftg **276** 6 B, **654** 2; jur Person Einf 5 vor **652**; mehrere M Einf 5 vor **652**, **654** 5; OHG Einf 5 vor **652**; SchadErsPfl **276** 4 c, **654** 2; Untermäkler Einf 5 vor **652**; Verpflichtg zum GrdstVerk ggü M **313** 4 c; Vertrauensmäkler **652** 10 B b; Vertretgsmacht Einf 3 c vor **652**; weitergehende Verpflichtgen **652** 10 B c
Mäklerlohn 653; Aufwendungen **652** 8; Bereicherungsanspr **652** 2 b c; Einwendungen **654** 1; Fälligkeit **652** 7; FolgeGesch **652** 9 A c; Heiratsvermittlg **656**; Herabsetzg **652** 7, **655**; Höhe **652** 7, **653**; Reuegeld **652** 10 F d; Rücktritt vom abgeschlossenen Gesch **652** 4 C c; Vererblichkeit der Anwartsch auf Provision **652** 7 d; Verjähr **652** 7; Verkaufsgebühr Einf 4 b vor **652**; Vertragsstrafe **652** 10 F; Verwirkg **654** 3, 4; Voraussetzgen **652** 1; Vorvertrag **652** 9 A b; Wucher **653** 2
Mäklervertrag 652; Abgrenzg Einf 3 b vor **652**; abw Vereinbg Einf 4 vor **652**, **652** 9, 10; Alleinauftrag **652**; AllgGB AGBG **9** 3 b, Einf 4 d vor **652**; Dauer **652** 2 C; Festanhandgabe **652** 10 B b; finanzierter Ehemäkler Vertr **656** 3; Form **313** 4 c, **652** 2 B; Kundenschutz **652** 9 Ac; Mäklerleistg **652** 3; RBeratg Einf 4 b vor **652**; RückfrageKl **652** 9 A; Sittenwidrigk **138** 5 n; Treupflichten des AuftrG **654**, 5, des Mäklers **654** 2–4; Vergütg **652** 7, **653**; im Konkurs **652** 7 e; Vermittlgsverbote **134** 3 a dd, Einf 2 b, 6 vor **652**; VertrStrafe **652**

10 F; VorkenntnKl **652** 9 A a; Wegfall der Gesch-Grdlage **242** 6 D d; Wesen Einf 3 a vor **652**; Widerruf **652** 2 C; Wirksk **652** 2 B; Wohngsvermittlg Einf 6 vor **652**, **653** 7 c; Zustandekommen **652** 2 A
Managementvertrag 1 e vor **709**, **675** 3
Mandantenschutzklausel 138 5 w **611** 4 c bb
Mangel, Annahme unter Vorbehalt **464** 3; arglist Verschweigen **460** 4, **478** 3; der Kaufsache **459**; Kenntnis bei VertrAbschluß **460** 2, **464** 1; der Leihsache **600**; Mietsache **537**, **538**; Unkenntnis, grobfahrl **460** 3; der Vertretgsmacht **177**–**180**; des Werks **633–635**
Mängelanzeige, des Käufers **478**; des Mieters **545**; nicht Voraussetzg der Gewährleistg **462** 2; formularmäß AusschlFrist für – AGBG **11** 10 e
Mängelbeseitigung durch Mieter **538** 6; Verzug des Vermieters **538** 4; formularmäßige Klausel üb Vorenthalten der – AGBG **11** 10 d
Mängeleinrede, Erhaltg **478** 1, 2 s a, Gewährleistg
Mangelfall in UnterhR **1581** 5 b bb, **1610** 1 c bb
Mangelfolgeschäden 276 7 B b, **463** 4, Vorb 4 e vor **633**; Verjähr **477** 1 d dd
Mängelrüge beim Kauf Vorb 4 f vor **459**, **462** 2; Fristen Vorb 4 f vor **459**
Mankohaftung 611 3 e bb; Beweislast **282** 3 c
Marktregelung Einf 3 a vor **145**
Maschinenkauf mit Montageverpflichtg Einf 5 vor **631**
Massenentlassung s anzeigepflichtige Entlassgen
Masseschuld, Aufwendungen des Erben **1978** 5
Maßregelungsverbot 612 a
Meer, Übbl 4 a, c vor **90**
Meeresstrand Übbl 4 c vor **90**, **1004** 1 b, EG **65** 3
Mehrarbeit 611 3 c, 6 d
Mehrarbeitszuschläge 611 6 d
Mehrbetragshypothek 1113 4 a bb
Mehrehe, Anerkennung Einf 1 vor **1353**
Mehrfache Staatsangehörigkeit EG **5** 2; ErbschErteilg **2369** 2 a; ZugewGemsch Grdz 6 vor **1363**
Mehrhausanlage, StimmR WEG **25** 2 a
Mehrrechtsstaaten, Verweisg des IPR auf ROrdng von – EG **4** 3
Mehrverkehr der Kindesmutter Einf 3 vor **1591**, **1600 o** 2 b
Mehrwertsteuer beim Dienst-(Arbeits-)Vertr **612** 1 c; beim Kaufpreis **433** 5 a cc; in Preisangabe **157** 3; – Pflicht bei Testamentsvollstreckg **2221** 6; u Schadensersatz **249** 2 b, **251** 5 A a, **254**; auf Verzugszinsen **288** 2; Erstattg bei Vergütg des Nachl-Pflegers **1960** 5 f aa, des Vormunds **1836** 1; bei Werkvertragsvergütg **632** 1
Meinungsäußerung, freie, Recht zur fr M, Verhältnis zum Schutz des Gewerbebetriebs **823** 14 D b, **826** 8 u cc
Meinungsverschiedenheiten, mit Beistand **1686** 1, mehrerer TestVollstrecker **2224** 2; mehrerer Vormünder **1797** 4, **1798** 1; elterl Sorge **1627**, **1628**; zwischen Eltern und Pfleger **1630** 3; religiöse Kindererziehg Anh zu RKEG **2** 1, **3** 1; beim Ruhen der elterl Sorge **1673**
Meldebehörde, Amtspflichtverletzg **839** 15
Menschenrechtskonvention, Haftg aus Art 5 V Einf 4 B vor **823**, **852** 1 a
Mentalreservation 116 1–3; bei Test **1937** 2; bei Erbvertr **2279** 1
Merkantiler Minderwert, Ersatz **251** 5 B; beim Werkvertrag **635** 2 c
Mietbeihilfe s Wohngeld
Miete, Abgrenzg Einf 2 vor **535**; Begriff Einf 1 a vor **535**; Berechng Einf 13 d vor **535**; IPR EG **28**

2601

Mieter Fette Zahlen = §§

4 d; Verlängerg **556 a, 556 c, 564** 2, 2. WKSchG **2**; Verlängergsklausel **565 a**; WohngsR u M **1093** 1; ZahlgsPfl **552** 2
Mieter, Angehörige des verstorbenen M, Eintritt **535** 1 a; Annahme unter Vorbehalt **539** 4 b; Anspr gg Dr **535** 2 a bb; Anspr aus unerl Handlg **539** 1; Aufrechngsbefugnis **552 a**, ggüber Erwerber des Grdst **575** 1, 2; Ausschluß von Ersatzanspr **539** 1: Ausschluß des außerordentl Kündigungsrechts **542** 4, **543** 2; Aufwendgen bei Duldg von Erhaltgs- u Verbessergsarbeiten **541 a** 2 c; Behinderg, persönl **552** 2; Belastg des Grdst mit Recht eines Dr **577** 1–3; Benutzungsentschädigg **557**; Beweislast für Mangel **537** 1 d; Beweislast für vertragsmäß Gebrauch **548** 3; Duldg von Erhaltgs- u Verbessergsarbeiten **541 a** 2 a; Ersatzmieterstellg **552** 3; Gäste **535** 2 d; Gebrauch der Mietsache, dauernde Hindernisse **552** 2; Gebrauchsunmögl, verschuldete **542** 4; GewlAnspr **537–539**; Haftg für ErfGeh **278** 4 b, für Untermieter **549** 4, für Zufall **548** 1; Kenntnis d Mangels **539**; Konkurs **557** 3 e; Kündigg: außerordentl. Durchführg **543** 1–3, bei Nichtgewährg oder Entziehg d Gebrauchs **542** 1, 2, bei ungesunder Wohng **544** 1–4, bei Versagg der Untervermietg **549** 4; Kündiggsfristen **565**, **565 a**; KündiggsSchutz **564 b**, 2. WKSchG **2**, **3**, **4**; Mahng **554** 2 A; Mängelanzeige, Unterlassg **545** 3; Mängelbeseitigg dch – **538** 5; Mehrh von – **535** 1 d; Obhutspflicht **535** 3 c, **545** 1; Pflichten **535**, **Rechte 535** 2; Rechte bei Nichterfüllg der Vermieterpflichten **537** 1, bei RMängeln **541** 2; RückgPfl **556**, bei Mehrheit von M **556** 1 d; SchadErsAnspr gg Vermieter **538** 5, bei vorgetäuschtem KündGrd **564 b** 9 c; Selbsthilfe **538** 5; SicherhLeistg **572** 1, 2; Sondererbfolge in MietVerh **1922** 5 c; Störg **536** 4; StörgsSchutz **535** 2 a dd (8); Tod eines v mehreren **569** 1; Umbauten, Duldgspfl **535** 3 b cc; Unterhaltspflicht **536**; Verhältnis zum Untermieter **549** 6; Verhältn zum GrdstErwerber **571** 4; keine Vertragsstrafe **550 a**; Verwendgsersatz **547** 1, 2; Wegnahmerecht **547 a**; Weiterveräußerg des Grdst **579** 1, 2; Widerspruch gegen Kündigg des Vermieters **556 a, b**; Zahlgsunvermögen **554** 2 A; Zahlgsverzug **554** 1, 2; ZbR **552 a, 556** 2
Mieterdarlehen Einf 11 b dd vor **535**
Mieterhöhung, einseitige, Einf 13 c vor **535**; bei Wohnraum, 2. WKSchG **3**, **4**, **5**
Mieterschutz Einf 13 a vor **535, 564 b**, 2. WKSchG **2**
Mietkauf Einf 3 vor **535**
Mietkaution Einf 11 b hh vor **535, 550 b**; Verfallklausel **550 a** 1
Mietnebenkosten 535 2 c, 3 c bb, 2. WKSchG **4**
Mietoptionsvertrag Einf 1 vor **535**
Mietpreisrecht, Einf 12 vor **535**, 2. WKSchG **3**
Mietrecht, soziales Einf 8, 12 vor **535**
Mietsache, Abnutzg durch vertragsmäß Gebrauch **548** 1, 2; arglist Verschweigen von Mängeln **539** 3, **540** 1; Beleuchtg **536** 4 a; Einrichtg in der – **547 a**; Erhaltspflicht **536** 4, Erhaltgs- u Verbessergsarbeiten **541 a**; Fortfall **536** 5; Fehler **537** 2; Gebrauch zu bestimmtem Geschäftsbetrieb **535** 2 a; Gebrauch, Nichtgewährg od Entziehg des vertragsmäß **542** 2; Gebrauchsüberlassg an Dritte **549** 2, **552** 4; Gefährdg durch Vernachlässig **553** 2; gerichtl Zuständigk **564 b** 11; Lasten **546** 1; Mangel bei Vertragsabschluß **538** 2; Mängelanzeigepflicht **545** 1, 2; ObhutsPfl **545**; öffrechtl Verbote **537** 2 c; Rückgabe **556** 1; vertragsmäß Gebrauch **536** 2, Verändergen durch **548** 1; vertragswidr Gebrauch **548** 3, **550** 2, **553** 2; Verwendgs-

Ers **547** 1, 2; Vorenthaltg, SchadErs **557** 1, 2; wesentl Bestandteile **535** 2 b; zugesicherte Eigenschaft, Fehlen **537** 4; Zustand, ordngsmäß **556** 1 a
Mietverhältnis, Begriff Einf 1 a vor **535**; bedingtes **565 a** 3; befristetes **565 a** 2; einheitliches – über mehrere Wohngen **535** 1, 2; Eintritt von Familienangehörigen **569 a**, **1933** 4; Vertrag Einf 5 c dd vor **145**; Kündigungsschutz bei Wohnraum **564 b**, 2. WKSchG **2**; Gestalg u Neubegründg dch das Gericht nach Scheidg Anh II zu EheG **5** 1, 2, **9** 2, **12** 1
Mietvertrag, AGB AGBG **9** 7 m; Begründg **535** 1 a; Doppelvermietg Einf 1 g vor **535, 536** 3; Ende mit Zeitablauf **564** 1, 2; Formmangel **566** 3 c; formularmäßiger – Inhaltskontrolle AGBG **1** 2, 3, **11** 11 a; Ggstand **535** 1 b; mißbilligte Klauseln Einf 8 d vor **535**, AGBG **9** 7 m; GrdstErwerber, Eintritt **571**; Haftg für Dritte **535** 2 d; Kündigg: bei vertrwidr Gebr **553**; aus wichtigem Grund **554 a**; bei Zahlungsverzug des Mieters **554**; bei Ehegatten **569** 1, 3; bei Tod des Mieters **569** 1, 2, **569 a**; Fristen bei Grdst **565**; von Beamten usw **570** 1; für länger als ein Jahr **566** 2; langfristiger, KündR **567** 1, der ErbenGemsch **2038** 2 a; auf Lebenszeit **567** 2; Fortsetzg nach Kündigg bei Widerspruch **556 a**–**c**; Mustermietvertrag Einf 8 d vor **535**, **535** 1 b, 2 a bb, **536** 2, 4 c, **538** 1 d, **545** 1, **549** 2 b, **552 a**, **556** 1, **565** 3 b bb; Nacherbfolge, Eintritt **2135** 1; Nebenabreden, mündl **566** 3 b; vereinbartes Rücktrittsrecht **566** 1, 3; Schutzwirkg zGDr **328** 4 i; stillschweigende Verlängerg **568** 1; unzulässige RAusübg **242** 4 Dh; Verlängerungsklausel **564** 2, **565 a**; Verlängerungsvertrag, Form **566** 5; auf bestimmte Zeit 2. WKSchG **2**; auf unbestimmte Zeit **564** 2, **566** 2–4; Verletzg, erhebliche **553** 2; Verwirkg **242** 9 f; vormundschaftsgerichtl Genehmigg **1822** 6; Vorvertrag Einf 1 d vor **535, 566** 1 c; Wegfall der GeschGrdlage **242** 6 D d; Zahlungspflicht **552** 2
Mietvorauszahlung Einf 11 b vor **535**; Rückerstattg **557 a**
Mietvorvertrag Einf 1 d vor **535**; **535** 1 c
Mietwagenkosten als SchadErs **249** 3
Mietwucher 134 3 b bb, **138** 4 c
Mietzins 535 3; angemessener **157** 4; Aufrechng **552 a**, **554** 2 C; Aufrechng ggüber Erwerber **575**; Befreiung **537** 3; Behinderg, persönl d Mieters **552** 2; Bemessgszeitraum **565** 2, 4; ausnahmsw Bringschuld **270** 1 d iVm **269** 3 b; einseitige Erhöhung Einf 13 c vor **535**; bei Wohnraum 2. WKSchG **3**, **4**; Entrichtg **551** 1, 2; Erstreckg der Hypothek auf **1123–1125**; Kündigg wegen Nichtzahlg **554**, **555**; Minderg **537** 4; als Mindestschaden **557** 2; Rechtsgeschäft zw Vermieter u Mieter **574** 1, 2; Rückerstattung b Kündigg **557 a**; Rückerstattand **551** 2 bb; bei Gemeinschuldnern **573** 3; Vfgen bei Zwangsverst **573** 3; Verjährg **197** 2 b; Vorausverfügg **573** 1, 2, bei Hypothek **1124**; Vorleistgspflicht des Mieters **551** 1
Militärregierungsgesetz 53 Übbl 4 b ff vor **873**
Militärregierungsgesetz 59, s Rückerstattgsgesetz
Militärtestament Einf 2 vor **2229**
Minderjährigenschutz-Übereinkommen (MSA) EG **24** Anh 1 (fettgedruckte Zahlen sind im folgenden Art. des Abk); allgemeines Anh 1 a aa; AnerkennungsPfl **3**, **7**; AnwendgsBereich 1 a bb, sachl 1 **3**, **2** 1, pers **13**, zeitl **17**; Anzeigepfl **4** 3, **8** 2, **11**; Aufenthalt d Minderj **1** 1, **2**, Verlegg **5**; DDR, AnwendgsBereich **14** 1; Eilzuständig **9**; Heimatbehörde, Eingreifen **4**; Internationale Zustdgk **1** 1, 2, **3** 2, **4**, **5** 1, **6** 1; Mehrrechtsstaaten **14**; Mehrstaater Anh 1 a cc; Minderjähriger, Be-

2602

Magere Zahlen = Erläuterungen

Mitverschulden

griff **12**; Ordre public **16**; Rechtsanwendg Anh 1 a cc, **2**, **3**, **8** 1; Rück- u. Weiterverweisg Anh 1 a cc, **3** 1; Schutzmaßnahmen 1 **3**, **2** 1, **3** 2, **3**, Durchführg **6**, **7**, bei Gefährdg **8**; Staatsangehörigkeit, Anknüpfg **3** 1; Verh zu anderen Übereinkünften **18** 1; Vollstreckg **7** 1; Vorfragen Anh 1 a cc.

Minderjähriger, Annahme als Kind **1741 ff**; Aufsichtspflicht, Verletzg **832**; Automietvertrag **107** 3; BereicherungsAnspr **812** 4d, **819** 2e; Dienst- oder Arbeitsverhältnisse **113** 2–4; Ehefrau Rechtsstellg **1633**; Eheschließg EheG **3**; einseit RGeschäft **111** 1, 2; Einwilligg bei unerl Handlg gegen M **823** 7 B f; Einwilligg d gesetzl Vertr zu Willenserklärg **107** 3; elterl Sorge **1626**; ErbschAnnahme **107** 3, **1943** 1c; Erbenstellg bei TestVollstrg Einf 2 c, d vor **2197**, **2204** 2, **2215** 1; ErwerbsGesch, selbstd Betrieb **112** 1–3; Geschäft mit rechtlichem Vorteil **107** 2; Geschäftsfähig **106** 1, 2, **112** 1–3; Kreditgewährg **110** 4; Mitverschulden **254** 3a bb; NachlAuseinandersetzg **2042** 3b, 7; nichtehel Kind **1705** 2, **1710**, **1773** 2b; Prozeßfähig **106** 2; rechtl Vorteil **107** 1, 2; Schenkg **107** 2; Schutz IPR EG **24** Anh 1; Taschengeld **110** 1–3; TestErrichtg **2229** 3, 6a, **2233** 1, **2247** 7; unerlaubte Hdlg **828**, **829**; Vaterschaftsanerkennng **107** 3, **1600 d**; Verlöbnis Einf 1 vor **1297**; Vertragsabschluß **108** 1, 2; Vormund für minderj Ehefrau **1778**; Vormundsch **1773**; Wohnsitzbegründg/aufhebg dch mj Ehefrau

Minderjähriger Ehegatte 1633; keine Haftg des anderen Eheg für – Einf 2 vor **1353**; **1356** 3 e

Minderung 462 4, **465** 1; Abdingbarkeit bei Reisevertrag **651 k**; Ausschlußfrist bei Reisevertrag **651** g; Ausschluß bei Viehkauf **487** 1; Berechng **472**; Bindg an Erklärg **465** 2; Einrede **465** 2, 3; Einrede trotz Verjährg **478**; Erfüllgsort **472** 1 g; bei Gattgskauf **480**; des Gesamtguts durch verwaltenden Eheg **1435** 2; Gesamtpreis **472** 3; gestundeter Kaufpreis **472** 4; mehrere Beteiligte **474** 1; mehrmalige **475**; MietZinses **537** 4c; bei ReiseVertr **651 d**; Sachleistg als Kaufpr **473** 1, 2; SchadErsatz statt – **463**; bei Tausch **473** 3; Unabtretbark des Anspr **462** 1; Verjährg **477** 1; Vollziehg **465** 1, 3; bei WerkVertr **633** 2 A b cc, **634**

Mindestarbeitsbedingungen Einf 6 a vor **611**
Mindestbedarf 1578 2 b cc; s Selbstbehalt
Mindesterbteil, Erbschein **2353** 4 b
Mineraliengewinnung, GrdstÜberlassg Einf 1 B vor **581**, EG **68**
Mischmietverhältnis Einf 9 vor **535**, **564 b** 2 b cc
Mischverträge Einf 5 vor **305**; mit Miete Einf 3 vor **535**; mit Pacht Einf 1 vor **581**
Mißbrauch des Eigt **826** 8 e; von Rechten/RStellgen **242** 4; eines Urteils **826** 8 o; der Vertretgsmacht **164** 2; des SorgeR **1666** 4 a aa
Mißhandlung des Kindes **1631** 5, **1666** 4 a aa; Pflichtteilsentziehung wg **2333** 2 b
Mißverhältnis zw Leistg u Gegenleistg **138** 2 a, b, 4
Mitarbeitspflicht der Ehegatten im Beruf oder Geschäft des anderen **1356** 4; im Haushalt **1356** 3; Entgeltlichk der Mitarb **1356** 4 c; der Kinder **1619** 4; Mitarbeit bei Verlobten Einf 3 vor **1297**
Mitbesitz 866; PfdBestellg bei – **1206**; Überg bei **929** 3 b cc; des WohngsEigtümers WEG **13** 2 b
Mitbestimmung der Arbeitnehmer, IPR EG **12** Anh 3
Mitbürge, Haftg **769** 1; Verpflichtg zum Ausgleich **774** 2 g

Miteigentum, anwendbare Vorschr **1008**; AufhebR, Beschränkg **1010** 1; Begründg durch RGesch **1008** 2; Belastg **1009**; Belastg des Anteils **1008** 3b; nach Bruchteilen **1008** 1; an der Ehewohng nach Scheidg Anh II zu EheG **3**, am Hausrat **1357** 3a, Anh II zu EheG **8**; Eintragg von Verwaltgs- u Benutzgsanordngen **1010** 1; Geltendmachg von Anspr aus dem Eigt **1011** 1; an Grundstück, Form der Veräußerg **313** 2a; gutgl Erwerb **932** 1b; Miete an der gemschaftl Sache **748** 1; Nießbrauch am Anteil **1066**; Pfandrecht am Anteil **1258**; Pfändg des Anteils **1008** 3c; Teilhabervereinbargen, Wirkg gg RNachf **1010** 1a, 2; Übertragg eines Anteils **1008** 3c; Übertragg eines Anteils **1008** 3a
Miterbe, Antrag auf NachlVerw **2062** 1; Aufrechng **2040** 4; AuseinandersetzAnspr **2042** 1; Ausgleichspflicht **2050** 1, 2, **2055** 1, 3, **2316** 1, 2; AuskunftsPfl **2027** 1, **2038** 2e, **2057** 1; Fruchtanteil **2038** 4; Gemeinschaft der MitE **2032**; Gesamthandklage **2059** 4; Gesamtschuldklage **2058** 2; Haftg, beschränkte im Innenverhältnis **2058** 4, **2063** 2; Haftg als Gesamtschuldner **2058** 1, 3; Haftg ggüb PflichttBerecht **2319** 1, 2, **2324** 2; Haftg bis Teilg **2059** 2; Haftg nach Teilg **2060** 2; Haftgsbeschränkg Einf 2 vor **2058**; Innenverhältnis **2058** 4; InventErrichtg **1994** 1, **2003** 1, **2063** 1, 2; Klagerecht **2039** 2; Lastenausgleich **2041** 1; Lastentragg **2038** 2d; Mitwirkgspflicht bei VerwaltgsMaßn **2038** 2b; NachlGläub **2046** 4; PflichttBerecht **2319** 1, 2; Pflichtteilslast, Ausgleichg **2320** 1, 3, 4; Privataufgebot **2061** 1; Schuldner einer NachlFdg **2039** 3; Teilauseinanders **2042** 7; Teilhaftg, Eintritt **2061** 2; Verfügg üb Anteil am einzelnen NachlGgstand **2033** 4; Verfügg üb Erbanteil **2033** 1; Verfügg üb NachlGgstand **2040** 1, 2; Vergleichsabschluß mit NachlSchuldner **2038** 2a; VorkaufsR **2034–2037**; VermLast, Ausgleichg **2320** 2–4; Verwaltg des Nachl **2038**; s auch Zuweisgsverfahren, gerichtl
Mitgesellschafter, Ausscheiden, keine vormundschaftsger Genehmigg **1822** 4; Vererblichk seiner Rechte **1922** 3 c; TestVollstreckg **2205** 2 c, d
Mitgift s Aussteuer
Mitgläubigerschaft 432 1
Mitgliederversammlung bei Verein, Berufg **32** 2; Berufgszwang **36**, **37**; Beschlußfassg **32** 1, 3; Teilnahme von Nicht-Mitgliedern **32** 1 b
Mitgliedschaft, Übertragg von MitgliedschRechten **413** 2 d; im Verein **38**
Mitsondereigentum WEG **5** 2
Mittäter, Begriff **830** 1
Mitteilung der Genehm des VormschG **1829** 2 b
Mittelbarer Besitz 868; Abtretg des Herausgabeanspr **870** 2; Begründg durch Selbstkontrahieren **868** 3; Besitzstörgsanspr **869** 1; Besitznachfolge **870** 1; mehrfacher **871** 1–3; mehrstufiger **868** 1; **871**; Selbsthilferecht **869** 2; Übergang **870** 1; Übertragg **870** 1a; Verfolggsrecht **869** 4; Wiedereinräumungsanspr an BesMittler **869** 3
Mittelbarer Schaden Vorb 2 f, 5 B e vor **249**
Mittelbares Arbeitsverhältnis, Einf 4 a bb vor **611**
Mitverschulden 254; Abwägg **254** 4; Anrechng von Sach- u Betriebsgefahr **254** 1b; Anwendgsbereich **254** 2; des Aufsichtspflichtigen **832** 5c; Pflicht zum Berufswechsel **254** 3b dd; M Dritter **254** 5; ggü ErfAnspr? **254** 2d; im Geschäfts- u Rechtsverkehr **254** 3a dd; u Handeln auf eigene Gefahr **254** 6c; bei mittelbar Geschädigten **254**

2603

Mitvormund Fette Zahlen = §§

5c; im öff Recht **254** 2c; Operationsduldungspflicht **254** 3b cc; Schadensmindergspflicht **254** 3b; im Straßenverkehr **254** 3a ee; ggü Verletzg der Verkehrssicherungspflicht **254** 3a ff; Warngspflicht **254** 3b bb; des Verletzten bei unerl Handlg **846**; s. a Verschulden

Mitvormund, Bestellg **1775, 1778** 3; gemeinschaftl Führg der V **1775** 2, **1797** 1; Gesamtvertretg **1797** 1; Jugendamt als M **1791b** 3, **1797** 1; Meingsverschiedenheiten **1797** 3, 4; Teilg nach Wirkgskreisen **1797** 2; Verein als – **1791a** 3; s Vormd

Mitwirkungspflichten 242 4 B c; des Verkäufers **433** 4e

Möblierter Wohnraum 564b 3d; 2. WKSchG **2** 1b

Monat, Anfang, Mitte, Ende **192**; halber **189**

Monopolstellung, Ausbeutg **138** 5n; Kontrahiergszwang Einf 3b vor **145**; Mißbrauch **826** 8j

Morgengabe EG **13** 2b aa, **14** 4b, **17** 5b

Motivirrtum 119 7, **2078** 2b

Müllkippe, VerkSichgPfl **823** 8 B; Immissionsschutz **906** 7c

Mündel, Anhörg Einf 4b vor **1626, 1800** 3d; Entlassg aus dem Staatsverband **1821** 1a, **1827** 1b; AuslagErs bei Anhörg von Verwandten **1847** 2; BeschwerdeR **1774** 3; Fürsorgeerziehg, Anordng durch VormschG **1838** 1, 2; Haftg für Vormd **1793** 6; Interesse, Gefährdg **1778** 2d; Schadensersatzanspruch bei Ablehng der Vormsch **1787** 1; Todeserkl **1884** 2; Unterbringg **1800, 1838**; Verjährg gegenüber dem Vormund **204**; Verpflichtg dch Vormd **1793** 5; Verschollenh **1884** 1; Vertretg bei SicherhBestellg **1844** 2; Volljährigk **1882** 1b

Mündelgeld, Abhebg **1809** 1; Anlegg **1806** bis **1811,** durch Beistand **1688**; Anwendg der Vorschr auf Kindesvermögen **1642**; Hinterlegg **1808** 1, **1814** 1–4, **1818** 1; Orderpap **1814** 2c, **1819** 1a, **1853** 1; Sparkasse **1807** 2; Sperrvermerk **1809** 2; Verwendg durch Vormund **1805** 1; Zinspfl, Vormd **1805** 1, **1834** 1

Mündelsicherheit 1807 1; bei Erbbaurechtshypothek ErbbRVO **18, 22**; LandesR EG **212** 1

Mündelvermögen, Ausstattg **1902** 2; Hinterlegg **1814** 1–4; HinterleggPfl, Erweiterg **1818** 1, 2; HypBrief **1819** 1b; InhabPap **1814** 2a, **1815** 1, **1819** 1, **1820** 1, **1853** 1; Kostbarkten **1818** 2b, **1819** 1a; Schuldbuchfgden **1816** 1; Sperrvermerk **1809** 2, **1816** 1, **1820** 1, **1853** 1; Überschuldg **1836** 2; Umschreibg **1815** 1, **1820** 1; Verwertbark, leichte **1844** 1; Verwaltg **1793** 2b, 5; wiederkehrende Leistgen **1902** 3

Musikverlagsvertrag Einl 5b cc vor **241**

Musizieren als Besitzstörg **858** 5; als Immission **906** 2b cc; in WohngsEigt WEG **15** 2a, 3a

Muster, Kauf nach Muster **494**

Mutter, EhelichErklärg, Zustimmg **1726, 1727**; Einwilligg z Eheschließg EheG **3** 3; elterl Sorge **1626**, Ausschluß bei Pflegerbestellg **1630**; Meinungsverschiedenheiten zw den Eltern **1627**, mit Pfleger **1630**3; nichtehel Mutter, Einwilligg zur Annahme als Kind **1747**, Rechtsstellg **1705** 2; UnterhPflicht **1606** 3, 4; Unterh für werdde Erbenmutter **1963, 2141**; Vertretg des Kindes **1626** 4b, **1629**, Ausschluß der Vertretsmacht **1629** 4, Entziehg der Vertretgsbefugn **1629** 6; Mutter als Vormd **1903, 1904**; s a elterl Sorge, Kind, nichtehel Kind, nichtehel Mutter

Mutterschutz, im Arbeitsrecht Einf 8c vor **611**; Vorb 3c vor **620**

N

Nachahmung als unerl Handlg **826** 8 u ff

Nachbarerbbaurecht ErbbRVO **1** 1a bb, **2** 2d, **12** 1b, 3

Nachbarklage im öffR **903** 3c bb

Nachbarliches Gemeinschaftsverhältnis 903 3a bb

Nachbarrecht, PrivatR **903** 3a; öffR **903** 3b; LandesR EG **124**

Nachbarwand 921 2, EG **124** 3

Nachbesserungsanspruch, Kaufvertr **462** 1c; Aufwendungen bei N **476a**; AGBG **11** 10c; Fehlschlagen des – AGBG **11** 10b; Werkvertr, VOB **633** 2, 3

Nachbürgschaft Einf 2a vor **765**

Nachentrichtung von Versicherungsbeiträgen **1587** 3 C a cc

Nacherbe 2100; AnwR **2100** 4a; Abtretg **2108** 5, Vererbg **2108** 2; Aufwendgen, außergewöhnl **2124** 3; Auskunftsrecht **2127** 2; Ausschlagg der Erbschaft **2142** 1; AusschlaggFrist, Beginn **2142** 1, **2306** 5; Einsetzg **2100** 1, **2102**; bdgte **2100** 2, **2065** 4, **2108** 4, auf den Überrest **2137** 1; EinwilligPflicht zur Verw **2120** 3; Erbe, gesetzl **2104** 1–3; ErbFähigk **2108** 1; ErbschHerausgabe, Anspr **2127** 2, **2130** 1; ErbschSteuer Einf 4 vor **2100**; Erbschein Einf 7 vor **2100, 2353** 2, **2363** 3; Erbscheinherausgabeanspr **2363** 4; Ersatzberufg **2096** 1, **2102** 1–3; ErsatznachE **2102** 3; Haftg für Nachlaßverbindlk **2144**; Inventar **2144** 4; jur Pers im Entstehen **2101** 3; Konkurs Einf 5b vor **2100**; Mietvertrag **2135** 1; NachlVerwaltg **2144** 3; noch nicht Erzeugter **2101** 1; noch nicht vorhandener **2108** 1; Pflegsch für noch nicht erzeugten **1913** 2a; Pflichtteilsanspr **2306** 5; nach Schlußerben dch gemeinsch Test **2269** 2b; SichhLeistAnspr **2128** 1; Testamentsvollstrecker f N **2222**; Testamentsvollstreckg u Nacherbschaft **2205** 3a; Verwendgen, Ersatzpflicht **2125** 1; Wegfall des Bedachten **2069** 2d; WidersprKlage Einf 5 vor **2100**; ZwVollstr g N Einf 5a vor **2100**

Nacherbenrecht, angewachsener Erbteil **2110** 2; Eintr im GB Einf 6 vor **2100**; Erbrecht, zukünftiges **2100** 4; Ersatzvorteile **2111** 2b; Pfändg Einf 5a vor **2100**; Übertragg des AnwartschaftsR **2108** 5, **2139** 1d; Übertragg auf VE Einf 6 vor **2100**, **2139** 7; Vererblichk **2108** 2; Angabe der Vererblichk im Erbschein **2363** 1; Verzicht **2142** 1, nur auf Eintragg im GB Einf 6 vor **2100**; Vorausvermächtn **2110** 3; zeitl Beschränkg **2109** 1, 2

Nacherbenvermerk, Einf 6 vor **2100, 2111** 1; **2113** 3; Buchfgden **2118** 1; bei ErbbauR ErbbRVO **10** 1; Handelsregister Einf 8 vor **2100**; Löschg **2113** 3; Rangverhältn Einf 6 vor **2100**

Nacherbfolge, Anordng der NachlHerausg **2103**; AnwachsR **2142** 3; Anzeige an NachlGer **2146** 1; Besitz an ErbschSachen **2139** 3; Eintritt **2139** 1, 2; Erbschein Einf 7 vor **2100, 2139** 6, **2363** 1, 2; Geburt des NE **2106** 2; Konkurs Einf 5b vor **2100**; konstruktive **2100** 1, **2104, 2106**; Mietverträge **2135**; NEFall, Eintritt **2100** 4b, **2139** 1; prozessuale Wirkg **2139** 4; Schutz Dr **2140** 2; Tod des VE **2106** 1; Wegfall **2107** 1–3; Wiederaufleben erloschener RVerhältn **2143**; ZwVollstr Einf 5a vor **2100**; Zweck Einf 2 vor **2100**

Nacherbschaft, Anfall **2106, 2139**; AuseinandS **2130** 1b, **2042** 3; Ausschlagg **2140**; Erwerb **2100** 3, 4; Herausge **2130**, dch befr Vorerben **2138**

Nachfolgeklauseln in AGB AGBG **11** 13; als Vertr zGDr **328** 2; beim GesellschVertrag **1922** 3c, Übbl 7d vor **2274, 2301** 3b; bei Mietverhältnis **549** 7

Magere Zahlen = Erläuterungen					**Nachvermächtnis**

Nachforderung, Unterhalt Einf 6 vor **1601**
Nachforschungen, Aufwendungen für – über Schadensfall als Schaden **249** 4c cc
Nachfrist, Setzg nach Verzugsbeginn **326** 5; Regelg dch AGB AGBG **10** 2, **11** 4
Nachhaltigkeit der Unterhaltssicherung 1573 4, **1575** 2a ee, **1577** 2d
Nachholbedarf 1613 2
Nachlaß, Anteil s Erbteil; AuseinandS **2042**; Erschöpfg **2088** 2; Früchte **2038** 4; Gesamtgutsanteil des verstorb Eheg bei fortgesetzter Gütergem **1483**; Gläub, letztwillige, Befriedigg **1992** 1; Kosten der Verw **2038** 2d; Nutzgen **2111** 3; Sicherg **1960, 1961**; Teilg **2059** 3; Trenng von EigVermög **1991** 1; Überlassg freiw an Gläub **1990** 2b; Überschuldg **1980** 2; Unzulänglichk **1990, 1991,** durch Vermächtnisse u Auflagen **1992**; Verpflegter EG **139** 1; Vertrag über – eines lebenden Dritten **312** 1, 2; Verwaltg bei Miterben **2038**
Nachlaßforderung 2039 1; Aufrechng, mit Fdg gg MitE **2040** 4; Auskunftspfl **2027** 1, 2; Hinterlegg **2039** 2c; KlageR des MitE **2039** 2; MitE als Schuldner **2039** 2; Schutz des gutgl Schuldners **2111** 4; Streitwert **2039** 2b; Verjährg **207** 1–3; s a Erbenhaftg, NachlGläub u NachlVerbindlichk
Nachlaßfrüchte bei Erbengemeinschaft **2038** 4, **2042** 7
Nachlaßfürsorge 1960 4
Nachlaßgegenstände, Ersatz **2041** 1–3; Verfügg über bei Miterben **2040** 1, 2, durch TestVollstr **2205** 3, 4; Vfg über Anteil an einzelnen **2033** 4; Überlassg durch TestVollstr **2217**; Verzeichnis b Nacherbf **2121**; Zuweisg **2042** 3a
Nachlaßgericht, allg Einl 7a vor **1922, 1962** 1; AnfechtgsErkl, Mitteilgspflicht **2081** 1b; Anordng der Nachlaßverwaltg **1981**–**1988**; Ausschlagg **1945** 4; MitteilgsPflicht **1953** 4; Ba-Wü (Notariate) Einl 7a vor **1922**; Einschreiten gg TestVollstr Einf 3 vor **2197**; Einsicht in Erkl des TestVollstr **2228** 1; Einziehg des Erbsch **2361** 3; Ermittlg des Erben **1964** 1, **2262** 2; Ermittlgspflicht bei Erbschein **2358**; bei TestAnfechtg **2081** 1b, **2358** 1; Ernenng des TestVollstr **2200** 2; Erteilg des Erbscheins **2353**; Ersatzzuständgk **2353** 1b; Fürsorge von Amts wegen EG **140** 1; Inventaraufnahme **2003**; Mitteilgspflicht ggü FinA **2262** 3, ggü GBA Übbl 5a vor **2353**; NachlPflegsch **1960** 4, **1962** 1; Sicherg der Nachlasses **1960, 1961**; Stundg des ErbErsAnspr **2331a** 4, des PflichttAnspr **2331a** 3a; TestEröffng **2260, 2273**; Zustdgk, internationale, interlokale, s dort; ZuständigkBeschränkg landesrechtl EG **148** 1
Nachlaßgläubiger, Antrag auf NachlPflegsch **1961**, auf NachlVerw **1981** 3; Aufgebot **1970** bis **1974**, Einf 2 vor **1967**; Aufrechnung **1977**; Gefährdg der Befriedigg **1981** 3; InventErrichtg-Antrag **1994** 1, 2; Rückgriff ggüb Befriedigten **1979** 4; Vollstr in EigVermög des Erben **1984** 4, **1990** 1; ZwVollstr gg VE **2115** 1–3
Nachlaßhaftung s Erbenhaftg
Nachlaßinventar, Zuständigk EG **148** 1; s a Inventarerrichtg
Nachlaßkonkurs 1975 3; Absondrg der Massen **1976** 1; Antragsberechtigg **1975** 2; Antragspflicht des Erben **1980** 1; Aufrechng **1977**; bei ausländ Erbstatut **1975** 5; Beendigg, ErbHaftg **1989** 1; bei TestVollstreckg Einf 3a vor **2197**
Nachlaßpfleger 1960 4; Antrag auf Bestellg **1961** 3; Aufgaben **1960** 4d; Auskunftspfl **2012** 1; Auslagen **1960** 4f cc; AufwendgsErs aus Staatskasse **1960** 4 f; EntlassgsGrd **1960** 4 h; Ermittlg des Erben **1960** 4d, **1964** 1; Einreden, aufschiebe **2017**

1; gerichtl Geltdmachg eines Anspr **1961** 1, 2; Haftg ggü den Erben **1960** 4e; keine Inventarfrist **2012**; NachlKonkurs, AntragsR **1980** 1; Rechnungslegg vor NachlG **1962** 1a; Vergütg **1960** 4 f; Verzicht auf Haftgsbeschränkg **2012** 1; Wirkgskreis **1960** 4d
Nachlaßpflegschaft 1960 4; **1961**; zwecks Gläub-Befriedigg **1975** 2
Nachlaßsachen, Benachrichtigg, BeurkG **34** 7; Besitzer **2027** 2; VerfR Einl 5 vor **1922**
Nachlaßsicherung 1960
Nachlaßspaltung 2369 2c; EG **3** 4c, **25** 1b, 2
Nachlaßverbindlichkeit 1967–**1969**, AusschließgsEinrede **1979** 3–5; Beerdiggskosten **1968** 1; Berichtgg aus EigMitteln **1979** 3, NachlMitteln **1979** 3a; Dreißigster **1969** 1; Eingeh durch TestVollstr **2206, 2207**; Einreden, aufschiebende **2014** bis **2017**; ErbErsAnspr als – **1934b** 3; Erbfallschuld **1967** 1b; Erblasserschuld **1967** 1a; Erschöpfungseinrede **1990, 1991**; gemeinschaftl **2058** 1; Gesamthandklage **2059** 4; Gesamtschuldklage **2058** 6; gutgläub Berichtigg **1979** 2; Haftg s Erbenhaftg; Haftg der MitE **2058, 2059**; Haftg der eins Abkömmlinge **1483** 3; Kosten des Aufgebotsverf **1970** 3c; Pflichtteilrestanspr **2305** 1; Verschweiggseinrede **1974**
Nachlaßvergleichsverfahren s VerglVerf
Nachlaßverwalter 1984, 1985; Aufgabe **1985** 3; Aufwendgen **1987** 2; Bestellg durch NachlGer **1981**; Befugn bei Gesellschafter-Erben **705** 7c, **1985** 2, 3b; Entlassg **1985** 1b; GegVerwalter **1985** 1; Herausgabe des Nachl an Erben **1986** 1; Inventarfrist **1985** 3a; KonkAntrPflicht **1980** 1, **1985** 3; Prozeßführgsbefugnis **1984** 3; Ermächtigg des Erben **1984** 4b; Prozeßkostenhilfe **1985** 1a; RStellg **1985** 1; SicherhLeistg **1986** 2; Vergütg **1987** 1; Verantwortlk **1985** 4
Nachlaßverwaltung 1975 2; Ablehng, Beschwerde **1981** 5; Ablehng mangels Masse **1982** 1, **1990** 1; Absondrg der Massen **1976** 1; Anfechtg von RGesch des Erben **1979** 4; Anordng **1981** bis **1983**; Antrag des Erben **1981** 2, der Gläub **1981** 3, der Miterben **2062** 1, 2; Anordng, Beschwerde **1981** 5; Aufhebg **1986** 1, **1988**, **1919**, **2062** 3; Aufhebg, Beschwerde **1981** 5; Aufrechng **1977** 1–4; Aufwendgen des Erben **1978** 5; bei ausländ Erbstatut **1975** 5; Beendigg durch NachlKonk **1988** 1; Bekanntmachg **1983** 1; Ggstand **1985** 1a; internationale Zustdgk **1975** 2, 5, **1981** 1; keine Inventarfrist **2012**; Kosten **1982** 1; Teilg des Nachl **1975** 2; – u TestVollstrg Einf 2 vor **2197**; Übernahmepflicht **1981** 4; Verantwortlichkeit des Erben **1978**; VfgBeschränkg des Erben **1984** 2; VollstrHandlg des ErbGläub **1984** 4; Voraussetzgen **1981**; Wirkg **1975** 1a, **1984** 1
Nachlaßverzeichnis, Erteilg durch Hausgenossen **2028** 2; ggü Miterben **2038** 2b; Verhältnis zum NachlInventar **2004** 1; Pflichtt **2314** 1d; TestVollstr **2215** b; Vorerbschaft **2121**
Nachlieferungsanspruch 462 1b; bei Gattgskauf **480** 2
Nachnahmesendung 433 5
Nachrichtenbeschaffung, Vertrag **138** 5o
Nachschieben von AnfGrden **143** 2; von KündiggsGrden (ArbeitsVertr) Vorb 2 vor **620**
Nachtarbeitszuschlag 611 6d
Nachtestamentsvollstrecker 2197 4
Nachträgliche Eheschließung, EheG **13**; Anh II; **1931** 2a, **1924** 3a
Nachunternehmer 631 1d
Nachvermächtnis 2191; auflösd bedingtes Vermächtnis **2177** 3

2605

Nachverpfändung   Fette Zahlen = §§

Nachverpfändung 1132 2c
Name 12; Adelsprädikat 12 2a cc; Änderg s NamensÄnd; Anspr aus dem NamensR 12 6; Bezeichngen 12 2c, 5a cc; Deckname 12 2c; Ehe- u Familienname 1355 2, Begleitname 1355 3; Erwerb 12 2a bb; Firma des EinzelKfm und der oHG 12 2b; Funktion 12 1b, 2c aa; Geburts-, Familien-, Begleitname der Eheg 1355 1, 3; N der geschiedenen Eheg 1355 4; jur Pers 12 2b, Einf 2 vor 21; IKR/IPR EG 10, 12 Anh 3; des ehel Kindes 1616; unbefugter Gebrauch 12 4a; Ehelicherklärg, 1740g 1; Legitimation 1719 3; Mißbrauch 12 4a; nichtehel Kinder 1355 2a, 1617, 1618; Änderg des Mutternamens 1617 3; PersönlichkR 12 1b; Übertragg des NamensR 12 3; Verein Einf 2 vor 21, 57 1, des nichtrechtsfg 12 2b, 54 4a; Verletzg des NamensR 12 4, 5, 823 5C; Verwechslungsgefahr 12 5c cc; Vorname s dort; vgl auch Familienname, IPR
Namensänderung 12 2a dd, 1355 1b aa, 5, 1616 2b; bei Annahme als Kind 1757 2; ÄndergsG v 5. 1. 38 12 2a; N vereinbar mit GG 12 2a; Vertretg 1629 4; s „Name"
Namensaktien, Verpfändg 1292 2a
Namensehe 1353 2a, 1355 1
Namenspapier, Begriff Einf 1a vor 793; Pfandrecht 1274 1c ee
Namenswahl der Ehegatten 1355 2a
Narkose, Versehen bei, Körperverletzg 823 4b
nasciturus s Leibesfrucht
Naturalherstellung, Ablehng 250 2; Ausschluß bei Amtspflichtverletzg 839 10b; Begriff 249 1a; ideeller Schaden 249 1a, 253 2; unmögl oder nicht genügde 251 2; unverhältnismäß 251 3
Naturallohn 611 6c bb
Naturalobligation 138 5o, Einl 4 vor 241
Naturschutzbehörden, Amtspflichtverletzg 839 15
Naturschutzgesetz, EigtBeschrkg/Enteign Übbl 2 Hd vor 903
Nebenbesitz 868 1b
Nebenintervenient, Aufrechng 388 2; bei Geltendmachg der Nehelichk 1593 1a
Nebenleistungen 241 6; ErfOrt 269 1d; bei Hypothek 1115 6, Abtretg 1158, 1159; Haftg der Hyp 1118, Erlöschen 1178; bei GrdSchuld 1115 8
Nebenpflichten Einl 1e vor 241, 242 3 A; Fallgruppen 242 3 B; Käufer 433 7; Übergang bei Abtretg 401 2; Verkäufer 433 4; Verletzg 276 7 C
Nebenrechte, Abtretg 399 2c; Schaffg durch den Grundsatz von Treu und Glauben 242 4 B; bei Schuldübernahme 418
Nebensorgerecht eines Elternteils 1673 3
Nebentäter 830 1; Schadensabwägg bei Mitverschulden d Geschädigten 254 4c bb
Nebentätigkeit eines Arbeitnehmers Einf 4a dd vor 611; eines Beamten, Fehlen der Gen 134 3a
Negativattest bei behördl Gen 275 9a bb; bei Gen nach dem GrdStVG Übbl 4b cc vor 873; bei Ersetzg der EhegZust 1365 6; bei VorkR nach BauGB Übbl 3c cc vor 1094, WEG 6 2a aa
Negative Immission 903 2c aa
Negatives Interesse, s Vertrauensinteresse
Negatives Kapitalkonto im ZugewAusgl 1375 2b
Nettoeinkommen in UnterhR 1578 2 A d, 1603 2b bb
Nettolohn 611 6b; Grdlage der SchadBerechng bei Verdienstausfall? 843 4 A b, 252 3
Neubaumietenverordnung Einf 13d bb vor 535
Neutrale Geschäfte Minderjähriger 107 2c
Nichtberechtigter, Begriff 185 1c; Bereicherg bei Leistg an 816 4; bei wirks Vfg eines – 816 2, 3;

Eigentumserwerb von – s dort; Ersatzleistg an – bei unerl Handlg 851; Vfg des 185
Nichtehe EheG 11 2, 5, Einf 1a vor EheG 16
Nichteheliche Lebensgemeinschaft 705 8c, Einf 8 vor 1353; Kindesname 1616 2b; im UnterhR 1361 2b dd, 4b ff, 1577 2a, 1579 1, 3f aa, 3g aa
Nichteheliche Mutter 1705; Anerkenng/Feststellg der Muttersch EG 20 2b; Einwilligg zur Annahme als Kind 1747, 1748, zur Ehelicherklärg 1726, 1728, 1730; Ersetzg dch VormschG 1727; Feststellg der Mutter nach Ehelicherklärg 1738; elterl Sorge 1705 2; PersSorge neben Vormd 1705 2; Einschränkg dch Pfleger 1706, 1707; Pfleger: Amtspflegsch, JA 1709, 1791c; Aufgaben 1706; Aufhebg der Pflegsch 1707 3; Beschränkg des Wirkgskreises 1707 4; Nichteintritt der Pflegsch 1707 2; RVerh zum Kinde 1681a, 1705 2; IPR EG 20 3; UnterhAnsprüche gg Vater 1615k–1615o; einstweil Vfg 1615o 3, s nehel Vater; Vormd 1705 2, 1710, 1773 2c
Nichtehelichengesetz Einf 1 vor 1705
Nichtehelicher Vater, Anerkenng der Vatersch 1600a–1600f; IPR EG 20; Übereinkommen über Erweiterg der Zustdgk der Behörden, vor denen nichteheliche Kinder anerkannt w können EG 18 Anh 4; Anfechtg 1600g, 1600h, 1600k, 1600l; Anhörung Einf 4b vor 1626; Erbrecht, ErbErsAnspr 1925 1, 1934a 2c, d, EG 213 2b; Form der Anerkenng 1600e; gerichtl Feststellg der Vatersch 1593 3, 1600n; PflichttR ggü Kind 2303 1b, 2309 4; Rechtsstellg 1705 3; bei Annahme seines Kindes als Kind 1747; Übergangsr zur Anerkennung und Aufhebg der Vatersch 1600o Anh; Unterhaltspflicht ggü dem Kinde 1615a–1615i, Abfindg 1615e; Bemessg 1615c; Erlaß 1615i 3, Fordergsübergang 1615b, Herabsetzg 1615h, Regelunterhalt 1615f, Anrechng 1615g, Stundg 1615i 2, für Vergangenh 1615d, Vereinbg 1615e; UnterhaltsPfl ggü der Mutter 1615k–1615o, Beerdiggskosten 1615m, Entbindgskosten 1615k, Unterhalt aus Anlaß der Geburt 1615l, bei Tod des Kindes 1615n; VaterschVermutg, Anfechtgsverfahren 1600n, bei gerichtl Feststellg 1600o; UmgangsR mit dem Kinde 1711, Verwandtsch mit dem Kinde 1589 3
Nichteheliches Kind 1705 1; Abfindg für Unterhalt 1615e; Abkömmling bei fortgesetzter Gütergemsch 1490 1; Abstammg 1600a ff; Amtspflegsch, Jugendamt 1709; Amtsvormundsch 1706 1, 1791c; Anerkenng der Vatersch 1600a–1600m; Annahme als Kind 1741, 1747; Ehelich-Erklärg auf Antr des Kindes 1740a–1740g, auf Antr des Vaters 1723–1739; Einbenenng 1618; als Erbe 1924 3b; EG 213 2; Erbausgleich vorzeit 1934d, 1934e; Erbeinsetzg dch verheirateten Erzeuger 1937 5b; Bedenkg als Erbe 2066 2, 2067 1, 2068 2; ErbErsAnspr 1924 3b, 1934a–1934c; Erbverzicht gg Abfindg 1934d 1c, Übbl 2e vor 2346; ErsBerufg 2069 3; Familienname 1617; Feststellg der Nichtehelichk 1593 2; Geltendmachg der Nichtehelichk 1593 1; gerichtl Feststellg der Vatersch 1600n, 1600o; IKR/IPR EG 20; Legitimation dch nachf Ehe 1719–1722, s dort; Name 1355 2a, 1617, IPR EG 10 5; Namensertei lg 1618; Pfleger 1706–1710; PflichtR ggüb Vater 2303 1a; Rechtsstellung der Mutter 1705 2, des Vaters 1705 3; Schwägersch 1590 2; Übergangsvorschrift EG 208, Übbl 7 vor 1589, Vorb 2 vor 1600a, Anh zu 1600o, 1593 4, 1615e 5, 1617 4, 1705 4, 1919 5, 1740c 3, bei EG 209 u 213 2; Unterhalt 1615–1615i; IKR/IPR EG 18;

Geltendmachg des U Einf 6 vor **1601**; einstwAO **1615** o; dch Pfleger **1706** 2b, **1709**; Umgang mit dem Vater **1711**; Verhältn zur Mutter **1705**, **1707**, IKR/IPR EG **20** 3; Verh zum Vater **1705** 3, **1711**; IKR/IPR EG **20** 3; Verjährg von Anspr **204** 2; Verwandtsch mit dem Vater **1589** 3; vollbürtige Geschwister **1589** 3; Vormsch **1705** 2, **1710**, **1773** 2c; Wegfall als Bedachter **2069** 2a, b, Wohnsitz **11** 1; RStellg nach EuropGMR Einl 3 vor **1922**

Nichterfüllung, bei Kaufvertrag **440**, **441**; teilweise **283** 5; wegen Unmöglichk **280**, 325; nach Verurteilg **283**

Nichtigkeit, von AGB AGBG **6** 2b; nach Anfechtg **142** 2, 3; Begriff Übbl 4a vor **104**; Bestätigg **141**; der Ehe s Ehenichtigk; Erleichterg der Ehescheidg **138** 5d, **1585** c 3; Erbvertrag **2085** 5, Übbl 6 vor **2274**, **2298** 1; mit Erbvertrag verbundener Vertrag **2276** 5; mangelnde Ernstlichk **118**; Formmangel **125**; gemeinschaftl Testament **2085** 5, **2265** 2, **2270** 3; bei GrdstVeräußerg **313** 12, 13; Preisvereinbarg **134** 3; Scheinerklärg **117**; Sittenverstoß **138** 1; Stimmabgabe in eig Sache **134** 3a, **138** 5s; Teilnichtigk **139**, AGBG **6**, **2085**; Testament **1937** 4, 5, **2077** 1; Umdeutg **140**; UmgehgsGesch **134** 4; wg Unmöglichk **306**; Veräußergsverbot **134** 2; VerbotsG **134** 1; VerpflGesch **134** 2c; geheimer Vorbehalt **116**; WillErkl Übbl 4a vor **104**, **117** 2, **118** 1; und Anfechtbark Übbl 4d vor **104**

Nichtigkeitsklage, EheG **23**, **24**

Nichtrechtsfähige Personenvereinigungen, IPR EG **12** Anh 5

Nichtrechtsfähiger Verein, Begriff u RStellg **54** 2–4; Besitz **854** 6a; Erbfolge **1923** 1; Haftg für Vertreter **31** 1, **54** 1; ÜbergangsVorschr EG **163** 2

Nichtvermögensschaden, Vorb 2a vor **249**, **847** 3; Abgrenzg ggü VermSchad vor **2**, 3 vor **249**

Niederlassung, gewerbl **7** 1, AGBG **14** 3a

Niederschrift bei notarieller Beurkundg von Willenserklärungen BeurkG **8–16**; Verfügen von Todes weg BeurkG **28–35**

Nießbrauch Übbl 1b vor **1018**, **1030**; Abgeltgsdarlehen **1047** 4; Abtretg, Auslegg **1059** 1; Aktien, Stimmrecht **1068** 3a; Änderg des gesetzl Schuldverhältn 1 vor **1030**; Anlegg des Kapitals **1079** 1; Aufhebg **1062**, **1064**; Aufhebg des Rechts **1071** 1; Aufrechng **1074** 4; Ausbesserg d Sache **1041**–**1044**; Ausschl einzeln Nutzgen **1030** 4b; Beeinträchtigg, Anspr **1065**; Beendigg **1072** 1; Bergwerk **1038** 1; Besitzrecht **1036**; Bestellg, Fahrnis **1032** 1, 2, an Rechten **1069** 1; Dispositionsnießbr **1030** 4d; des Eigtümers **1030** 3; Erbteil, Genehmigg dch LwG **2033** 1c; Erhaltgskosten, gewöhnl **1041** 4, außergewöhnl **1043** 1; Erlöschen, Einf 3 vor **1030**, **1061**–**1064**; ErsAnspr, Verjährg **1057** 1; Ersitzg **1033** 1; Feststellg des Zustands der Sache **1034** 1; an Fdg **1074** bis **1079**, Einziehgsbefugnis **1074** 1, 2, Klagebefugnis **1074** 2b; Künd **1074** 2, **1077** 2, Zahlg **1077** 1; Früchte, gebührende **1030** 2a; Genehmigg nach GrdStVG Einf 2a vor **1030**; Geschäftsanteile, Stimmrecht **1068** 3a; kein Gesamt – an mehreren Grdstücken od bewegl Sachen **1030** 2; Grund- u Rentenschulden **1080** 1; guter Glaube **1058**; Handelsgeschäft **1085** 4; an Inbegriff **1035**; Inhaberpapiere Vorb 2 vor **1068**, **1081**–**1084**; Inventar **1048**; jur Person **1059a** ff, **1061** 2; Konkurs des Schuldners beim N an Rechten **1072** 2; LandesR Übbl 2 vor **1018**; Lasten **1047**; Leibrente **1073** 1; LeistgsannahmeR **1075** 1; eingetragene Luftfahrzeuge **1030** 2a; Miteigentumsanteil **1066** 1; Mietverhältnis, KündRecht des Eigtümers **1056** 1; Nachlaß **1089** 1;

Nutznießg **1030** 4, **1085** 4; Orderpap Vorb 2 vor **1068**, **1081** bis **1084**; Pachtverhältn, KündRecht des Eigtümers **1056** 1; Personalgesellschaft **1068** 4b; Pfändg **1059** 3; Rechte, unübertragbare **1069** 2; an Rechten **1068** 1–3; Rektapapiere Vorb 2 vor **1068**; Rückgabe **1055**; Schatz **1040** 1; Schiffe **1032** 1; Sicherheitsleistg, Gefährdg des Wertersatzes **1067** 2; Sicherungsnießbr **1030** 4c; Soforthilfeabwälzg **1047** 3c; Überlassg zur Ausübg **1059** 2; Übermaßfrüchte **1039**; Übertragbark **1059** 1, **1059a–e**; Umgestaltg **1037** 1; Unterlassgsklage **1053** 1; Unvererblichk **1061** 1; Vermächtnis Einf 4 vor **2147**; Veränderg, wesentl **1037** 1, **1050**; Veräußer **1059a–e**; verbrauchb Sachen **1067** 1–3; Vergleichsverfahren über Verm des Schuldners beim N an Rechten **1072** 2; Vermögen **1085** bis **1089**; Versichergsfdg **1046** 1; Versichergspflicht **1045**; Verwendgsersatz **1049** 1; Verwaltg, SichLeistg **1052** 1, Pflichtverletzg **1054** 1; Wald **1038** 1; Wegnahmerecht **1049** 1; Wertpapiere Vorb 2 vor **1068**; Wirtschaft, ordnungsmäß **1039** 2a; Zusammentreffen mit Eigtum **1063** 1, 2, mit and Nutzrechten **1060** 1, mit TestVollstr **2208** 1; Zubehör **1031** 1, 2, **1062** 2; u Zwangsvollstreckg Einf 5 vor **1030**

Nießbraucher, Absondergsrecht **1049** 1c; Anzeigepflicht **1042** 1; Besitzrecht **1036** 2; Haftg für Verändergen od Verschlechtergen **1050** 1; Haftg bei Nießbrauch am Vermögen **1088**; guter Gl an EigtRecht des Bestellers **1058** 1; vermehrte, gemeinschaftl Ausübg **1066** 2; mittelbarer Besitz **868** 2c; Sicherheitsleistg **1051** 1; Versichergspflicht **1045** 1; Verwendgen **1049**; Wegnahmerecht **1049** 1d

Nominalismus 242 6 C a aa, **245** 2, **1376** 3

Nord-Ostseekanal, Haftung bei Verwaltung **839** 15

Normativer Schadensbegriff, Vorb 2d vor **249**

Normierter Vertrag Einf 3a vor **145**, Einl 1b vor **241**

Notar, Amtsbezirk, Überschreitg BeurkG **2**; AmtsPfl, -verletzg **839** 2 A a cc, 15; Auflassg **925** 4b, EG **143**; Beglaubigg **129**; Belehrgspflichten **839** 15, **1365** 1; BeurkG **17**, 30; Beurk im Ausland **2232** 2b, BeurkG **2** 1; Beurkundg **128**, **839** 15, BeurkG **1 ff**; von WillErkl BeurkG **6–35**; als Erfüllungsgehilfe **278** 6e; Antr/BeschwR in GüterRRegSachen **1560** 2; keine Haftg für Gehilfen **839** 15; Inventaraufnahme **2002** 1, **2003** 1; MitwirkgsVerbote, Ausschließg BeurkG **3**, **6**, **7**, 27; NachlSachen Einl 7 vor **1922**; Prüfgs- u Belehrgspflichten BeurkG **17–21**; Rechtsstellg **839** 15; Staatl Notariate der DDR Einl 6b vor **1922**; Unterschrift bei Erbvertrag **2276** 2b, BeurkG **35** 3; Vfg vTw Errichtg **2231**–**2233**, **2276**, BeurkG **28**–**35**; Versagg der Mitwirkg BeurkG **28**; Vertrag des Notars **675** 3; VersorggsAusgl **1408**, **1587** o

Notarassessor Haftg **839** 15

Notargebühren, Verjährung **196** 11b

Notarvertreter, Ausschließg BeurkG **27** 2; Haftg **839** 15

Notarverweser, Amtshandlgen **134** 3a

Notbedarf 1585 c 2d, **1610** 1

Nothilfe 227 1, **904** 1

Notstand 228; **904**

Nottestament, Dreizeugentest **2250**; Gemeindetest **2249**; gemeinschaftl **2266**; GültigkDauer **2249**, **2250** 4, **2252**; Lufttest **2250** 1b; Seetest **2251**; Wehrmachtstest Einf 2 vor **2229**; bei Todesgefahr **2249** 2, **2250** 1b

Nottrauung, Anerkenng EheG **11** Anh I

Notverwaltungsrecht eines Eheg **1429**, **1454**

Notvorstand Fette Zahlen = §§

Notvorstand, Bestellg 29
Notweg 917; Ausschluß des NotwegR 918
Notwehr 227; bei provoziertem Angriff 227 3d; Putativnotwehr 227 5b; Überschreitg 227 5a
Novation 305 4, sa Schuldumschaffg
Nürnberger Eigengeld 1199 4
Nutzkraftfahrzeug, Beschädigg, Zerstörg Vorb 3b ee vor **249, 251** 5, **254** 3a ee, bff
Nutzungen, Begriff **100** 1; Besitzer, Herausgabe **987, 988, 990,** auch Vorb 1–3 vor **987,** Auskunftspflicht **987** 1, bösgläub **990** 1–3, gutgläub Vorb 3 vor **987, 987** 1, **993** 1; Besitzmittler **991** 1, 2; bei Erbschaftsanspr **2020, 2023;** Erbschaftskauf **2379;** Gebrauchsvorteile **100** 1; formularmäßige Klauseln über Vergütg von — AGBG **10** 7; Herausgabe der gezogenen bei Gläubigerverzug **301** 2, **302** 1; nach BereicherungsR Einf 5b vor **812, 818** 3; im Fall des Rücktritts **347** 2b, 3; Nießbr, Ausschluß d Nutzgen **1030** 4b; des Pfandes **1213** 1–3, **1214** 1–4; Übergang bei Kauf **446** 5; Vermächtnis **2184;** bei Vorerbsch **2111** 3; Herausgabe beim dingl VorkaufsR **1098** 3; bei WohngsEigt WEG **16**
Nutzungsentschädigung bei Miete **557** 3; Auto Anh zu **249**
Nutzungspfand 1213, 1214
Nutzungsschaden Vorb 3c vor 249
Nutzungsverhältnisse, öffrechtl Einf 2k vor 535
Nutzungsvermächtnis Einf 4 vor 2147

O

Obduktion, Anhörg der Angehörigen **1968** 2; Organentnahme **1631** 1, **1666** 1, **1922** 4b
Obhutspflicht des Mieters **535** 3c gg, **545** 1; des Pächters **581** 3b
Obliegenheit, Begriff Einl 4 vor **241;** Verletzg **254** 1a, dch ErfGeh u Repräsentanten **278** 4e; im UnterhaltsR **1569** 1; **1610** 4a cc; im VersichsgR **242** 4Ck; Vorb 2b vor **339**
Observanz, Rechtsnorm Einf V 1e vor **1**
Obstbaum auf d Grenze EG 122
Oder-Konto 428 2b; unter Eheg 1372 1; in nichtehel LebGemsch Einf 8b bb vor 1353
Offenbare Unmöglichkeit der ehel Abstammg 1591 4
Offene Handelsgesellschaft, Anwendbark der GesSchuVorschr **421** 4, von GesellschaftsR **705** 9a; Auflassg von od an **925** 2c; Besitz **854** 6c; Erbengemeinsch **2032** 5; Erbfolge **1922** 3c; Pflegschaft für Gesellschafter **1910** 4; Rechtsstellg des vermeintlichen Erben der OHG **2018** 2a; des geschäftsführenden Gesellschafters **714** 1; Rechte d TestVollstr **2205** 2c; Vererblichk der Mitgliedsch **1922** 3c; Vorbehalt der Schriftform für VertrÄndg **125** 2a
Öffentliche Beglaubigung 129; der Anmeldungen zum Vereinsregister 77 1; Ausschlagg 1945 3; TestVollstrBestimmung 2198
Öffentliche Darlehen Einf 3p vor 607; Zweistufentheorie Einf 7e vor 305
Öffentliche Lasten Einl 6a vor 854; beim Kauf 436; Verteilg 103 1
Öffentliche Sachen Übbl 4c vor 90
Öffentlicher Dienst, ArbeitsR Einf 4b hh vor 611
Öffentlicher Glaube des Grundbuchs Übbl 3h vor **873, 892;** Bestandsangaben **892** 4a; und Erbschein **2365** 3, **2368** 3a; Erstreckung auf persönliche Fdg bei Hyp **1138** 2; Kenntnis der Unrichtigk des GrdB **892** 6b; Leistg an Eingetr **893** 1, 2; Nichtberecht, Leistgsannahme **893** 4; Verfügg **893** 1, 3, 4; Unrichtigk, aus Brief ersichtl **892** 6c;

Verfüggsbeschränkg **892** 5; Verkehrsgesch **892** 3b; Vermutg der Richtigkeit **891;** Vormerkg, eingetr **892** 6d; Vollständigk des GrdB **892** 4; Widerspruch, Eintragg **892** 6a; Zeitpunkt, maßgebender **892** 4, 7
Öffentliches Baurecht 903 3b aa
Öffentliches Eigentum Übbl 4c vor 90; 903 1a
Öffentliches Recht, Abgrenzg I 2 vor **1;** Aufrechng **389** 1; Auftrag Einf 5 vor **662;** Beweislast f Unmöglichk der Leistg **282** 3d; GeschFgk Einf 4 vor **104;** bei GoA Einf 5 vor **677;** Haftg innerh von SchuldVertr des **276** 8; Kauf Einf 2b vor **433;** ProzZinsen **291** 1; SchuldVerh Einl 6b vor **241;** Schuldnerverzug **284** 1a; Sozialhilfe **1361** 4f, Einf 5b vor **1601, 1613** 1; Treu u Glauben **242** 1g; ungerechtf Bereicherg Einf 6 vor **812;** Verj Übbl 7 vor **194, 195** 3f, **209** 8, **222** 4; Verwirkg **242** 5f dd; Verzugszinsen **288** 1; Zugehen von WillErkl **130** 6
Öffentliches Testament, 2231 2, 2232, 2262, BeurkG 27 ff; GemeindeTest als — 2249 1
Öffentliche Zustellung von Willenserklärgen, Wirksamkeit 132 1, 2271 1b bb
Öffentlich-rechtliche Ansprüche, Vererblichk 1922 6; Sicherg dch Hypothek 1113 4d bb
Öffentlich-rechtliche Körperschaften, Name **12** 2b; Haftg **89** 1, für c. i. c. **276** 6 Be
Öffentlich-rechtliche Pflegschaft 1910 7, 1915 2
Öffentlich-rechtliche Veräußerungsverbote als Rechtsmangel beim Kauf 434 2c
Öffentlich-rechtliche Verträge u sonstige Verhältnisse **276** 8, Einf 7 vor **305;** Auftrag Einf 5 vor **662; 670** 3c; BereicherungsAnspr Einf 6b vor **812;** DienstVerhältn Einf 2d e vor **611;** Fdg, Abtretg **398** 1b; Formbedürftigk **313** 5a; GoA Einf 5 vor **677;** NutzgsVerhältn Einf 2j vor **535;** Verwahrg Einf 4c vor **688, 868** 2c bb; Wegfall der GeschGrdlage **242** 6 Bb aa; ZbR **273** 3
Öffentlich-rechtliche Verstrickung Einf 4c vor 688
Öffentlich-rechtliche Willenserklärungen, Auslegg 133 2
Ökonomische Analyse des Rechts Einl VI 1e vor 1
Ölschäden, Haftung 823 8 B; IPR EG 38 2c
Öltank 276 4 C d, 823 8 B, 831 9
Operation, Einwillig **823** 6 B h; der Eltern **1631** 1, **1666** 4a bb; Minderj Übbl 2c vor **104;** SchadErs bei kosmetischer **251** 3a; Vertrag Einf 2a bb vor **611**
Optionsrecht, Einf 4c vor 145, 313 4a, Vorb 4d vor 504, Einf 1f vor 535
Ordensangehörige, ArbR Einf 1g vor 611; Erbfähigk 1923 1; Erwerb EG 87; Wohnsitz 7 2
Orderpapiere, Begriff Einf 1c vor **793;** EigtVermutg **1006** 1b, bei Eheg **1362;** Erwerb mit Mitteln des Kindes **1646;** Hypothek **1187;** Kündigg bei Orderschuldverschr **247;** Nießbrauch Vorb 2 vor **1068, 1081–1084;** Verpfändg **1292, 1294, 1295;** Zinsscheine **795** 1
Orderschuldverschreibungen 808a
Ordnungsgelder, gg Vereinsmitglieder 25 4, 5; Vollstreckg bei Tod Einf 6 vor 1967
Ordnungsstrafe, s „Zwangsgeld"
ordre public EG 6
Organ des Vereins Einf 3 vor **21, 26** 1; Haftg für **31;** Mißbrauch der Organstellg **826** 81
Organtransplantation 1922 4b; s Operation
Ortsdurchfahrten, VerkSichgsPfl 823 8 c
Ortsgruppen des nicht rechtsfg Vereins 54 3; bei Vereinen Einf 10 vor 21
Ost-West-Überweisung EG 32 4b
Overprotection 1666 4a aa, 1671 2d

Magere Zahlen = Erläuterungen

P

Pacht 581–584b, Abgrenzg Einf 2 vor **581**; Anwendg des MietR **581** 4; Entschädigg bei unterbliebener Rückg **584b**; Inventar, Erhaltg **582**, eisernes **582a**, PächterPfdR **583**, VertrPfl über Vfgen **583a**; Künd **584**, **584a**; IPR EG **28** 4d; bei Nacherbf **2135**; PSache **581** 1b; bes PachtVerh Einf 3 vor **581**; VertrPfl des Pächters **581** 3, des Verpächters **581** 2; Gen dch VormschG **1822** 5, 6; Wegfall des GeschGrdLage **242** 6 D d; ZwVollstr **581** 5; s auch Landpacht
Pachtkredit Einf 3d vor **607**, Einf 2 vor **1204**
Pachtzins 581 3a; bei Landpacht **587**, **588** 4; GrdPfdRHaftg **1123–1125**; Verjährg **197** 2b
pactum de non petendo zGDr Einf 5a vor **328**; RNatur **202** 2b cc; VerjHemmg **202** 2b cc
Parken, Gemeingebrauch, Laternengarage **903** 5b; verbotene Eigenmacht **858** 3a
Parkplatz, Besitz **854** 3a; Beeinträchtigg durch – **906** 2b cc; Bewachg **305** 5a, Einf 2d vor **535**, AGBG **9** 7b
Parkstudium 1610 4a gg
Parlamentsabgeordnete, Staatshaftg **839** 2 B
Partei, politische, Einf 9b vor **21**; Bestellg von Notvorstand **29** 1; keine Beteiligg der Verwaltungsbehörde bei Eintragg als Verein **61** 2
Parteiautonomie im VertragsR Einf 3 vor **145**; im internationalen SchuldR EG **27**
Parteifähigkeit Übbl 2 vor **1**; im IPR EG **7** 4
Parteiwille im SchuldR Einl 1b vor **241**
Partiarische ArbVerh Einf 4a kk vor **611**; RGesch **705** 10
Partnerschaftsservice 627 1b bb, **656** 1; AGBG **9** 7e
Parzelle s Flurstück
Parzellenbezeichnung, Erstreckg des guten Glaubens auf – **891** 4c, **892** 4
Parzellierungsvertrag 313 7
Patentanwalt, Vertrag **675** 3a
Patente, Ausbeutung fremder **687** 2c; Erschleichen **826** 8 m; Pfandrecht an **1273** 1; ungerechtf Bereicherg bei Verletzg Einf 6b vor **812**; Vererbg **1922** 3a, **1936** 1; Verletzg **823** 12b, dch Geh **831** 2 C g
Patentnichtigkeitsklage gg Erben bei TestVollstreckg **2213** 1c
Patiententestament 1937 6
Patronatserklärung 3c vor **765**
Pauschalierungsklauseln über SchadErs **276** 5 A b, AGBG **11** 5, Vorb 2f vor **339**; bei ReiseVertr **651i** 3; bei WerkVertr **649** 2, für Aufwendgen AGBG **10** 7
Pauschalreise AGBG **9** 7r, Einf vor **651a**, IPR EG **29** 2
Pension Einf 7 vor **611**; von Beamten im VersorgsAusgl **1587** 2a
Pensionsgeschäft Einf 4b dd vor **607**
Performance guarantee 5 vor **783**
Person, juristische, s jur Person; natürl Übbl 1 vor **1**, Einf 1 vor **1**
Personalkredit Einf 3a vor **607**; bei AbzahlgsGesch AbzG **6** Anh 1a
Personalrat, Anhörg vor Kündigg, Vorb 2d cc vor **620**
Personalstatut, Anknüpfg im IKR EG **3** Anh 2, im IPR EG **5** 1; Doppel-/Mehrstaater EG **5** 2; jurPers EG **12** Anh 2; nichtrechtsfäh PersVereinigg EG **12** Anh 5; Staatenlose EG **5** 3
Personalvertretungsgesetz Einf 5c vor **611**

Personenbeförderungsvertrag, IPR **28** 3b
Personengesellschaftsanteil, Vererblichk **727** 1, **1922** 3 c–f, **2032** 5, 6, **2059** 3, **2062** 2; PflichttErgänzungsAnspr **2325** 2a; Pflichtt-Feststellg **2311** 3c; Stellg des TestVollstr **2205** 2c
Personensorgerecht 1626 ff; **1631**; Änderg von gerichtl Anordngen **1696**; Alleinausüb durch einen Elternteil **1678–1681**; Aufenthaltsbestimmg **1631** 4; Anhörg der Eltern, des Kindes usw Einf 6b vor **1626**; Auswanderg **1696** 2; Beaufsichtigg **1631** 1, 3; bei Ehenichtigk **1671** 5; bei Ehescheidg **1671**; Entziehg **1666** 5, **1666a** 3, **1763** 2, Folgen **1680**; Erziehg **1626** 4a, **1631** 2; Fortführg der Geschäfte **1698a**; Gefährdg des Kindes **1666**; Einvernehmen der Eltern **1627**; bei Getrenntleben **1672**; bei GeschBeschränkth, GeschUnFgk **1673**; HerausgAnspr **1632** 2; Inhalt **1626** 4a aa, **1631**; IKR/IPR EG **19** 3d bb, EG **20** 3, EG **24** Anh 1 Art 1; Meingsverschiedenh zw Eltern **1627**, **1628**; zw Eltern u Pfleger **1630**, **1679**; Mißbrauch **1666** 4a aa; nichtehel Mutter **1705** 2; Pflegerbestellg **1630** 1; religiöse Erziehg Anh z **1631**; Ruhen **1673–1675**; **1751**; tatsächl Personenfürsorge **1626** 4a, **1679**; Tod eines Elternteils **1681**; Todeserklärg eines Elternteils **1681**; Todeserklärg **1677** 1; Übertragg auf Vormd oder Pfleger **1671** 2b, **1666** 5, **1679**; UmgangsR **1634**; Geltendmachg von Unterhalt **1629**; Unteilbarkeit **1671** 2b; verheiratete Tochter **1633**; Verhinderg der Eltern **1674**; Verlust bei Annahme als Kind **1751** 5; bei EheLichErklärg **1738**, **1740f**; Vertretg des Kindes **1626** 4a bb, **1629**; Ausschluß der Vertretgsbefugn **1629** 4; Entziehg der Vertretgsbefugn **1629** 6; Verwirkg **1666** 4a aa; für Volljährige **1901**; vorläufige Regelg **1671** 7; des Vormunds **1793**; vormundschger (familienger) Maßnahmen **1696**; Zuchtmittel **1631** 5a; vgl auch elterl Sorge, Mutter, Vater
Personenstandsgesetz Einl 2 vor **1297**, Einf 1, 2a vor **1591**; Erbscheinsantrag **2356** 1
Persönlichkeitsrecht, allgemeines **823** 14; BereichergsAnspr bei Verletzg **812** 3a; Datenschutz **823** 14 B d; auf Gebrauch eines Namens **12** 1b, 4a; Namenführg der Ehegatten **1355** 2d; unerlaubte Handlg **823** 14; Schmerzensgeldanspruch **253** 1, **823** 14 F; Schutz Verstorbener Übbl 1 vor **1922**, **1922** 3 m; UnterlassgsAnspr Einf 8b vor **823**
Pfandflasche s FlaschenPfd
Pfandfreigabe 1175 3, **1255**
Pfandgläubiger, AnzeigePfl bei drohendem Verderb **1218** 2; Aufgebot der NachlGläub **1971** 1, 2; AuswahlR unter mehreren Pfändern **1230** 1; Befriedigg dch Aufrechng od Hinterlegg **1224** 1, dch PfdVerk **1228** 1; ErhaltgsPfl **1215** 1; Fruchtziehg ohne Ermächtigg **1214** 1; Haftg des bisherigen **1251** 2; HerausgAnspr des neueren **1251** 1, Eintritt in bisherige Verpfl **1251** 2; NutzgsPfl **1214** 2a; NutzgsR **1213**, RechngsleggsPfl **1214** 2b; Verwendgen **1216** 1; VerwahrgsPfl **1215**; WegnahmeR **1216** 1a
Pfandhaltervertrag 1206 3
Pfandindossament 1292 1b, c
Pfandleihgewerbe, öffentl, Einf **8** vor **1204**; Haftgsfreizeichng AGBG **9** 7p, EG **93** 1, 2
Pfandrecht, Begriff Übbl 1 vor **1204**; Bestellg dch AGB Einf 7 vor **1204**, AGBG **9** 7p; der Banken Einf 7b vor **1204**, **1206** 2; des Gastwirts **704**; gesetzl **1257**; gesetzl an Früchten Einf 3 vor **1204**; IPR Übbl 4 vor **1204**, EG **38** Anh II; irreguläres Übbl 3 vor **1204**, MitEigtAnteil **1258**; Mitübergang bei Abtretg **401** 1; Nutzgspfand **1213**, **1214**;

2609

Pfandrecht an beweglichen Sachen Fette Zahlen = §§

PfändgsPfdR Übbl 2 vor **1204**; Überleitg EG **192–195**; WerkUnternPfdR **647**; Verjährg der gesicherten Fdg **223**; s a VermieterPfdR

Pfandrecht an beweglichen Sachen 1204 ff; abhanden gekommene Sachen **1207** 2c; Ablösgsrecht **1249**; Akzessorietät Übbl 1 b aa vor **1204**; Aufgabe **1255** 1; Bankbedinggen Einf 7 b vor **1204**; Barkaution Einf 3 a vor **1204**; Befriedigg durch Aufrechng u Hinterlegg **1224**; Befriediggsrecht **1228** 1; Besitzschutz **1227** 2 a; Bestandteile **1212** 1; Bestellg **1205** 1, bei Mitbesitz **1206**; Stellvertretg **1205** 3; Eigentumsvermutg **1248**; EinlösR des Verpfänd **1223** 2; Einreden dauernde **1254** 1; Einreden des Verpfänders gg Fdg **1211**; Erlös aus Pfandverk **1247**; Erlöschen Einf 1 b vor **1204**, **1250** 2, **1252**, **1253**, **1255**, **1256**; Erstreckg auf Bestandteile **1212** 1, Früchte **1212** 2, Surrogate **1212** 4, Zubehör **1212** 3; Flaschenpfand Übbl 3 d vor **1204**; Fdgen aus lfd Kredit **1204** 3 b; Fdg, Gültigk der gesicherten **1204** 3 a; Fdg, künftige **1204** 3 b; Fdgsübergang auf Verpfänder **1225**; Verhältnis mehrerer Sichergsgeber **1225** 2 b; Fdgswegfall **1252**; Gegenstand **1204** 2; Gläubiger, nachstehende **1232**; Gutglaubensschutz **1207**, **1208**, **1257** 2 a; Haftgsumfang **1210**; Herausgabeanspr **1231**, **1251**; HinterlegAnspr des Verpfänders **1217**; irreguläres Übbl 3 vor **1204**; Kosten, Pfandhaftg **1210** 1; LandesR Übbl 4 vor **1204**; MiteigtAnteil **1258**; Nutzgspfand **1213**, **1214**; Pfandsachen, mehrere **1222**, **1230**; Pfandverkauf s dort; Rang Übbl 1 b dd vor **1204**, **1209**, **1232**; Rückgabe **1253**; Rückgabeanspr **1254**; Rückgabeanspr bei drohendem Verderb **1218**; Rückgabepflicht **1223**; Schlüsselaushändigg **1205** 3 b aa, **1206** 2; Schutz **1227**; Sonderegeln Einf 2–8 vor **1204**; Sparbücher **1204** 2 a; Surrogation **1212** 4, **1219** 2, **1247**; Übergang **1250**, **1251**; Übergangsvorschr Übbl 4 vor **1204**; Urkunden **1204** 2 a; Verderb, drohender **1218–1221**; Verfallklausel, Verbot **1229**; Verletzg der VerpfändRechte, Anspr **1217** 2; Verjährg der ErsAnspr des Verpfänders **1226**; sa Verpfändg; VersFdgen **1212** 4; VertragspfandR des Spediteurs Einf 7 a vor **1204**; Vertragsstrafe, Sicherg **1204** 3; Verwahrspfl **1215**; Verwendgen, Pfandhaftg **1210** 1, **1216** 1; Verzicht **1255**; Wegnahmerecht **1216** 1 a; Weiterbestehen, Fiktion **1256** 2; Zubehör **1212** 3; ZbRecht, Umdeutg in **140** 3 d, **1205** 1 b; Zusammentreffen mit Eigentum **1256**

Pfandrecht an Forderungen 1279 ff; Anlegg geleisteten Geldes **1288** 1; Anspr auf GrdstÜbereigng **1287** 3 a; Anzeigepflicht **1280**; Benachrichtigungspflicht des PfandGläub **1285** 2 b; Bestellg **1280**; Einreden des Schuldners gg Gläub **1282** 3 a; Einziehgspflicht des PfandGläub **1285** 2 a; Einziehgsrecht des PfandGläub **1281** 3, **1282** 3; Einziehg von Geldforderg **1288**; KündPflicht des PfandGläub **1286**; KündRecht **1283**; Leistg des Schuldners **1281** 2, **1282** 2; Leistgswirkg **1287**; Mehrbetrag **1288** 2 b; Mehrheit von PfandR **1290**; Mitwirkg bei Einziehg **1285**; RStellg des Gläub **1282** 4, des Schuldners **1275** 1; Sparguthaben **1274** 1 b bb; Vereinbargen, abweichde **1284**; Vfg des PfandGläub über Fdg **1282** 3 c; Zinsen **1289**; s a PfandR an GrundpfandR, Rechten, Wertpapieren

Pfandrecht an Grundpfandrechten, gutgl Erwerb **1274** 1 a aa; Grundschuld **1291**; Hypothek **1274** 1 c bb, **1275**; Mitbietgspflicht des PfandGläub **1274** 2; Rentenschuld **1291**; Verhältn zw Eigtümer und PfandGläub **1275** 2

Pfandrecht an Luftfahrzeugen Einf 6 vor **1204**

Pfandrecht an Rechten 1273 ff; Änderg u Aufhebg der Rechte **1276**; AnwartschaftsR **1274** 1 c aa; Anwendg von FahrnisPfandR **1273** 2; Bankbedinggen Einf 7 b vor **1204**; Bestellg **1274**; Blankoverpfändg **1274** 1 a; Einreden des Schuldners aus Verhältn zum Gläub **1275** 1; Entstehg Einf 1 a vor **1273**; Erbteil **1276** 2 b, **2033** 2; Erlöschen Einf 2 b vor **1273**, **1278**; gesetzl PfandR Einf 2 a vor **1273**; GmbH-Anteil **1274** 1 c dd, **1276** 2 c; gutgl Erwerb **1274** 1 a aa, **1276** 1 b; GrundpfandR **1274** 1 c bb, **1291**; ImmaterialgüterR **1273** 1; künftige Rechte **1273** 1 c; PfandR **1274** 1 c cc; PfändgsPfandR Übbl 2 vor **1204**; unübertragbare Rechte **1274** 2; Verwertg Einf 2 c vor **1273**, **1277**; s a PfandR an Forderngen, GrundpfandR, Wertpapieren

Pfandrecht an Schiffen Einf 5 vor **1204**

Pfandrecht an Wertpapieren, Gewinnanteilschein **1296**; Inhaberpapier **1293**, **1294**; Legitimationspapier **1274** 1 c ee; Namenspapier **1274** 1 c ee; Orderpapier **1292**, **1294**, **1295**; Rektapapier **1274** 1 c ee; Traditionspapier **1292** 2 b; Zinsschein **1296**

Pfändungspfandrecht Übbl 2 vor **1204**

Pfändungsverbote 394 3, **400** 3

Pfandunterstellung, s Nachverpfändg

Pfandverkauf 1228 ff; Ablieferg an Verwahrer **1231** 2; Ablösg **1249**; Abweichg aus Billigktsgründen **1246**; Androhg **1220** 1, **1234** 1; Benachrichtigg **1220** 2, **1237** 2, **1241** 1; EigtVermutg **1248**; Erlös **1247**; Erwerbsverbot **457** 1; freihändiger **1221**, **1235** 1 b; Gold- u Silbersachen **1240**; EigtErwerb, gutgläub **1244**, **1245** 1 a; Herausgabeanspr **1231** 1; MitbietgsR der Beteiligten **1239** 1; nachstehender PfGläub, Rechte **1232** 1; Nichtgeldfdg **1228** 2 b; öff Bekanntmachg **1237**; öff Versteigerg **1235** 1; Ordngswidrk **1243** 2; PfandR Übbl 2 b bb vor **1204**; PfandR, gleichrangiges **1232** 2; Pfandreife **1228** 2; Rechtsfolgen **1242** 2; übermäßiger **1230** 2; Unrechtmäßigk **1235** 2, **1243** 1; Vereinbarg, abweichende **1245**; Verderb, drohder **1219**; Verfahren **1233** 1, 2; Verfahrensverstoß **1238** 2, **1240** 2, **1241** 2; Verkaufsbedinggen **1238** 1; VersteigOrt **1236**; Wartefrist **1234** 2; Wirkg **1247**; Zurückweisg der Gebote **1239** 2

Pfarrer, Haftg **839** 2 B d

Pflanze als wesentl Bestandteil des Grdst **94**

Pflege des Erbl als ausgleichspfl bes Leistg **2057 a** 2 b dd; des Kindes **1631** 2

Pflegeeltern, Konflikt mit leibl Eltern **1632** 3, **1666** 4 a

Pflegegeld 1751 3

Pflegekinder, Schutz gg Herausgabe **1632** 3

Pflegekindschaft, Einf 3 vor **1741**; Adoptionspflege **1744**; Reform Einf 6 vor **1297**

Pfleger, Anstaltsunterbringg d Mündels **1910** 3 b; AufwandErs **1915** 2; Auswahl **1909** 5; Benennung **1971**; Befreiung **1917** 2; Berufg **1916**; Bestellg **1915** 2; Dauerpfleger **1909** 2 a; bei elterl Sorge **1630** 1; bei Ehescheidg u Ehenichtigk **1671** 5; Genehmiggspfl **1630** 1, **1915** 2; Haftg **1915** 2; Jugendamt als – **1709**, **1791 b** 3; Leibesfrucht, Wirkgskr **1912** 2; Meingsverschiedenheiten **1630** 3; für Nacherben, noch nicht erzeugten **1913**, **2102** 3 a; für Sammelvermög **1914**; bei Scheidg **1671** 2 d; Stiftg künftige **80** 1; bei Tod eines Eheg für Kind **1671** 5; für unbekannte Beteiligte **1913**; Unterpfleger **1909** 1; Verein als **1791 a** 3; Vergütg **1915** 2; VertrMacht Einf 1 b vor **1909**; bei Verwirkg der elterl Sorge **1666** 5; statt Vormund **1909** 3

Pfleger für nichteheliches Kind 1705 2, **1706**; Aufgaben **1706**; Regelg von Erb- u PflichttRech-

Magere Zahlen = Erläuterungen   **Postscheckforderung**

ten 1706 2c, 2303 5, Geltendmachg von Erb-ErsAnspr 1934b 2c, von UnterhAnspr 1706 2b, Feststellg der Vatersch, Eltern u Kindesverhältn 1706 2a; Bestellg vor Geburt des Kindes 1708; Jugendamt als – 1709, 1791c; ÜbergangsR 1705 4; bei Beendigg der Vormsch 1710; Beschränkg des Wirkgskreises 1707 1, 2

Pflegschaft 1909ff; AbwesenhPflegsch **1911, 1921**; Amtspflegsch des JugA für nichtehel Kind **1709, 1791c**; Anordng **1909** 5; Anordngen Dr **1917** 1, 2; Anwendbark der Vorschr üb die Vormsch **1915** 1–3; Anzeigepflicht **1909** 4; Aufhebg **1919–1921**; Auswirkungen auf elterl Sorge **1673**; Beendigg **1909** 7, **1910** 6, **1911** 6, **1912** 4, **1913** 5, **1914** 5, **1915** 2, **1918** 1; Berufg **1918** 1; Dauerpflegsch zur Wahrnehmg der Rechte des Minderj in einer Familiengesellsch **1909** 2; für Dienststrafverf gg Beamten **1910** 7; ErgänzPflegsch **1909, 1918** 2; auf Antrag d Finanzamts **1961** 5; Gebrechlichk-Pflegsch **1910, 1920**; genehmigpflicht Geschäfte **1915** 2; Gg Vormd **1915** 3; Geschäftsfähigk, Einfluß auf Einf 1b vor **1909, 1915** 2; Güterpflegsch **1914** 1; IKR/IPR Einf 4 vor **1909**, EG **24**; für Leibesfrucht **1912, 1918** 3; für noch nicht erzeugten Nacherben **1913**, zur Sicherg der Nacherbenrechte **2116** 5, **2142** 2; für nichtehel Kind **1706, 1708–1710**, Aufhebg **1707** 1, Beschränkg des Wirkgskreises **1707** 1, Nichteintritt **1707** 1; im öff Interesse Einf 2 vor **1909**; zur Geltendmachg des PflichttAnspr **2311** 6, **2317** 2; Realpflegsch Einf 2 vor **1909**; Sammelvermög **1914**; Sorgerechtspfleger **1630**; TestVollstr, Verhinderg Einf 2 vor **1909**; Übergangsvorschr Einf 4 vor **1909**; für ungewisse Beteiligte **1913**; Verhinderg vom Sorgerechtsinhaber oder Vormund **1909** 2a; bei Vor- u Nacherbschaft von Elternteil u Kind **2116** 5, **2142** 2; Vormsch, Beschränkg **1794** 1

Pflichtteil, Abkömmlinge **2303** 1a, **2311** 4, entferntere **2309**; Anfechtg der Ausschlagg **2308** 1, 2; bei Annahme als Kind **2303** 1a; Anrechng **2306** 2, 4, **2315** 1; Anrechngsbestimmg des Erbl **2315** 1; Ausgleichg **2316**, bei besonderen Leistgen **2315** 1; Auskunftspflicht des Erben **2314**; Ausschlagg des Erbteils **2303** 1, **2305** 1, **2306** 3, 4; Ausschlagg eines Vermächtn **2307** 1; Ausschlagg eines Erbteils oder Vermächtn durch Eheg bei Zugewinngemeinsch **1371** 2, 4, 5, **1950** 1, 2, **1953** 2, **2303** 2, **2305** 1b, **2306** 1, 3, 4, 5, **2307** 1; Bewertg des Nachl **2310–2313**; Berechng **2311** 1, **2315** 1, 2; Beschränkg in guter Absicht **2338** 1–3; Betrag **2311** 1; Ehegatte **2303** 1c; Eheg bei Zugewinngemeinsch **1938** 2, **1371** 2, 4, **2280** 2, **2303** 2; Entziehg **2312** 1b, **2333–2337**; Eltern **2303, 2309** 1–3, **2311** 4; Erbeinsetzg, bedingte **2306** 2; Pfl der Erb-ErsBerechtigten **2303** 1, **2309** 4, **2338a**; ErbErs-Anspr, beschwerter **2306** 6; Erbteil, beschwerter **2306**; Erbteil geringer **2305** 1; Erbteilsfeststellg **2310** 1, 2; Erbunwürdigk **2345** 1; Ergänz-Anspr s Pflichtteilergänzg; bei gemeinschaftl Test **2269** 4a; Haftg für **2318** 1; Pflichtt als HaftgsRahmen für den Erben des unterhaltspfl Eheg **1586b**, Übbl 3a vor **2303**; **2336** 1; Inhalt **2303** 3; IPR **25** 3a aa; Last, Abwälzg **2318** 1, **2322** 1, **2323** 1; Last, Ausgleichg **2320** 1–4; Last, Erbl Anordngen **2324** 1; Last, Kürzg **2318**, **2323** 1; Last bei Verm Ausschlagg **2321** 1; Lastenausgl **2311** 1, 2a; Nacherbeneinsetzg **2306** 2, 5; des nichtehel Kindes **2338a** 1a; des nichtehel Vaters **2303** 1b, **2309** 4; **2338a** 1; Pfändg **2317** 1b; Stundg **2331a**; Verjährg **2332**; Vermächtnis **2307** 1; Vermächtn bei Zugew-Gemsch **1371** 2, 4, 5, **2307** 1; VermNehmer als Berecht **2318** 2a; Vertrag üb – eines leb Dr **312**;

Verzeichn der NachlGgstände **2314** 2; Verzicht auf PflichttR **2346** 3; Voraus **2311** 4; WahlR des Eheg zw großem u kleinem Pflichtt **1371** 4 B, **2303** 3a; bei ZugewGemsch **1371** 2, 4, 5, **1938** 2, **2303** 3a, c, s dort; Wegfall bei Ehescheidg, – Aufhebg **1933** 1, 4; WertermittlgsAnspr **2314** 2; Wertermittlg **2311** 3; Zusatzanspr **2305** 1; Zuwendg, Auslegg **2087** 3; **2304** 1; bei ZugewGemsch **1371** 4 A, **2304** 3; Zuwendg aus Gesamtgut **2331** 1

Pflichtteilsanspruch 2303 3; **2317**; Anerkenng des verjährten – dch VorE **2113** 2e, **2332** 3; Ausschlagg **2317** 1c; Ausschluß **2303** 3; Befriedigg aus schuldfreiem Nachl **2311** 1; Entstehg **2303** 3, **2317** 1a; Erbteil, zu geringer **2305** 1; Geltendmachg bei TestVollstr **2213** 1, Pflegerbestellg zur G **2317** 2; zuständ Ger **2317** 4; Gewährleistg **493** 1a; NachlVerbindlichk **1967** 3, **1972**; Pfändbark **2317** 1b; RNatur **2317** 1b; Steuerpflicht Übbl 5 vor **2303**, **2317** 1e; Übertragbark u Vererblk **2317** 1b; Verjährg **2332** 1–5; Verzicht **2317** 1; Verzicht v Eheg **1432**, **1455**, **2317** 1c; bei ZugewGemsch s dort

Pflichtteilsberechtigter 2303 1; **2309**; AnfechtgsR wg Übergeh **2079–2082**, **2271** 4; AuskAnspr **2314**; Beschränkgen als Erbe **2306**, **2308**; Erbunwürdigk **2345**; als Nacherbe **2306** 5; Übergehg im Erbvertrag **2281** 2b

Pflichtteilsentziehung, Abkömml **2333** 1; Beweislast **2336** 3; Ehegatte **2335**; Elternteil **2334** 1; Grundangabe **2336** 2; letzwill Vfg **2336** 1; nehel Vater **2334** 1; Verzeih **2337** 1; Wirkg auf andere Vfgen **2085** 2

Pflichtteilsergänzung 2325; Anstandsschenkgen **2330** 1; EigGeschenk, Anrechng **2327** 1–4; bei Entziehg des ErbErsAnspr **2338a** 2; pflichttberecht Erbe **2328** 1, 2; Fehlen des ordentl Pflichtt-Anspr **2326** 1–3; Haftg des Beschenkten **2329**; Wirkg **2325** 3; bei ZugewGemsch **2325** 3; Zuwendg aus ehel Gesamtgut **2331**

Pflichtteilsrecht Übbl 1 vor **2303**

Pflichtteilsverweisung 2304 1, 2

Pflichtteilsverzicht 2346 3, **2350** 1; zw Vater u nehelich Kind Übbl 2e vor **2346**; stillschweigender **2348** 2

Pflichtteilszuwendung, Auslegg **2304** 1; bei Zugewinngemeinschaft **1371** 4 A, **2304** 3

Pfründerecht, EG **80** 2

Pharmazeutische Industrie, GefährdgsHaftg nach dem ArzneimittelG **823** 15 E

Politische Werbung u GemeinGebr **903** 5b

Politisch Verfolgte, s Rassisch Verfolgte

Polizei- u Ordnungspflichten, Vererbg **1922** 6

Polygame Ehe EG **6** 5d bb

Positive Vertragsverletzung Vorb 2 vor **275**, namentlich **276** 7, **282** 2; Beweislast **282** 2a; als unerlaubte Handlgen **826** 8q, r; Verjährg der Anspr **195** 2; Verhältnis z Gewährleistg **276** 7 B b, Vorb 2b vor **459**; Verhältnis z Verzug **284** 1; bei Werkvertrag Vorb 4e vor **633**, **635** 2d

Possessorischer Anspruch 861 1

Post, VerkSichgPfl **823** 8 B; Auskunftspflicht **261** 2dee; Betrieb als Ausübg öffentl Gewalt **839** 2 A b dd, c, 15; Benutzgsvertrag, öffentl-rechtl **276** 8; Haftg **839** 2 A b dd, 15

Postanweisung Einf 3 vor **783**; Haftg **839** 2 A a dd, 15

Postscheck, Überweisg, Zahlg **270** 1b, 2c, **362** 3, **328** 3, **701** 1, Einf 2c vor **783**; Haftg **839** 2o, 15; Erfüllg dch Postscheck **362** 3; Zahlg auf Postscheckkonto **433** 5b

Postscheckforderung, Unabtretbark, Pfändbark **399** 2b

Postsparbücher

Fette Zahlen = §§

Postsparbücher, Aufgebot 808 3
Postsparguthaben, Schenkg vTw 2301 3 a bb
Potestativbedingung Einf 4 vor 158
Praktikantenverhältnis Einf 5 d vor 611
Praxiskauf 138 5 o, 433 1 c aa
Prämie 611 7 a
Preis, „gerechter" Einl 1 b vor 241, 242 1, Einf 1 c aa vor 320
Preisänderungsklausel 157 3, AGBG 11 1
Preisausschreiben 661
Preisauszeichnungsverordnung, Verstoß 134 3 b aa
Preisbewerbung 661
Preisbindung, KartellR 138 5 j; im Mietrecht Einf 12 vor 535, Eingriff in 823 6 g, 826 8 u gg
Preisklauseln beim Kauf 433 5 a bb; Gleit-, Spanngs- u KostenKl 245 5 b; in AGB AGBG 8 2 b, 11 1; s a Klausel
Preisrichter bei Auslobung 661 2
Preisunterbietung als unerl Handlg 826 8 u gg
Preisvereinbarung, verbotene 134 3 b
Preisvorbehalt 433 5 a bb
Preisvorschriften 134 3 b, Einl 1 b vor 241; im Mietrecht Einf 12 vor 535; im Pachtrecht 581 3 a; Verstoß gg 134 3 b bb; 817 3 c aa; VertrFreiheit Einf 3 vor 145
Presse, Abschlußzwang Einf 3 b cc vor 145; berechtigt Interesse 824 6 e; GgDarstellg Einf 10 vor 823, Kosten 253 2; Veröffentlichg, PersönlichkSchutz 823 14 D; UnterlAnspr Einf 8 b vor 823
prima-facie-Beweis s AnscheinsBew
Privataufgebot der NachlGläubiger 2061
Privatautonomie, Begriff Übbl 1 a vor 104; Gefahr des Mißbrauchs 138 1 a, Einf 3 vor 145; Haupterscheinungsform Vertragsfreiheit Einf 3 vor 145; verfassungsrechtl Absicherung Übbl 1 a vor 104, Einf 3 a vor 145; s auch „Parteiautonomie"
Privatpatient Einf 2 a bb vor 611
Privatpfändung EG 89
Privatscheidung EG 17 4 b, 7 b cc
Privatsphäre 823 14 B
Probe, Kauf auf 495, 496; Kauf nach 494; Probedienst 620 4
Probearbeitsverhältnis Einf 4 a gg vor 611
Probekauf, Arten Einf 3 h vor 433
Probezeit, s Probearbeitsverhältn
Produkthaftung nach BGB 823 15, Abweichg ggü Haftg nach ProdHaftG 823 15 c; Ausreißer 823 15 c aa; BewLast 823 15 f; ErsPflichtiger 823 15 c gg, mehrere 823 15 d; HerstPfl 823 15 c aa; weiterfressder Mangel 823 15 c dd
Produkthaftung nach IPR EG 38 2 c cc
Produkthaftung nach ProdHaftG, AnsprKonkurrenz 15, ArzneimittelG 15 2; AtomG 15 1; BewLast 1 8, EntwicklgsFehler 1 6 e; Erlöschen des Anspr 13; ErsPflichtiger 4, mehrere 5; Fabrikationsfehler 3 2 b; Garantie 15 3 b; GewL, Abgrenzg 3 1; Haftg 1, Ausschl 1 6, 7, HöchstBetr 10; bei KörperVerletzg 8; Minderg 6; bei Tötg 7; Hersteller 4; Instruktionsfehler 3 2 c; Konstruktionsfehler 3 2 a; Produkt 2; ProdFehler 3 3; Rente 9; Schutzwirkg zG Dr 15 3 c; Selbstbeteiligg 11; SerienSchad 10 1 b; Unabdingbark 14; Verj 12; Voraussetzgen 1 2
Produktbeobachtungspflicht 276 4 B b, 823 15 c aa (3)
Produzentengarantie Vorb 4 h vor 459
Prokura, Erlöschen für Mitnacherben 2139 2; Treuverstoß 164 2; Widerruf dch TestVollstr 2205 2 b aa
Prospekthaftung 195 3 d, 276 4 C a, 6 B c ee
Provision 611 7 c; Makler 653, 654

Prozeßbehauptungen, Unterlassg 8 b bb vor 823
Prozeßbürgschaft Einf 2 d vor 765, 767 2 e, 777 1 b
Prozeßfähigkeit Einf 4 b vor 104; IPR EG 7 4
Prozeßhandlungen Übbl 5 vor 104; Aufrechng 388 2, 3; Auslegg v ProzErkl 133 2; als Leistgsinhalt eines Schuldverhältn Übbl 5 vor 104; Sicherheitsleistg aus ProzAnlaß Einf 2 b vor 372; sittenwidr ProzFührg 826 8 n; VollmMißbr 164 2
Prozeßkosten, Ausgleichg bei Gesamtschuld 426 2 c; bei Gütergemeinsch 1438 3, 1441–1443, 1463–1465; ProzKostenvorschuß eines Eheg 1360 a 3; Vorschußpflicht für geschiedenen Eheg 1360 a 3; Prozeßkostenvorschuß des Kindes bei EhelichkAnfechtg 1593 1; und Schadensersatz 249 4 c; Verpflichte des UnterhVerpflichteten 1610 3 c, 1615 a 1; s a Kosten
Prozeßkostenhilfe, bei Abstammg Einf 2 b vor 1591; bei Anfechtg der Ehelickk 1596 3; Antr bei Ehescheidg, Ausschluß des ErbR dch 1933 2; bei Inventarerrichtg 2003 2; für Miterben 2039 2 a; bei NachlPflegsch 1960 5 d; bei NachlVerwaltg 1985 1; bei TestVollstreckg 2212 1 a; Übergang auf Erben 1922 8; Verj bei Antr auf 203 3 b cc
Prozeßstandschaft, bei gesetzl Vertretg des Kindes 1629 7; des WEVerw WEG 27 3 e
Prozeßvergleich 127 a, 129 3, 779 9, auch Übbl 5 vor 104; Auflassg im – 925 4 d; Erbvertr 2276 3; Erbverzichtsvertr 2347 2, 2348 3; GeschGrdlage 242 6 D h; Streit über 779 9 b; Testament 2232 1; über VersorggsAusgl 1587 o; im VwGO-Verf Einf 1 vor 779; Widerruf dch MitErb 2038 2 a
Prozeßzinsen 291
Prüfungsausschuß, Amtspflichtverletzg bei Ausschreibungen 839 15
Prüfungswesen, Amtspflichtverletzg 839 15
Pseudonym, Namensrecht 12 2 a ee, 5 c aa
Psychologische Gutachten Einf 4 c vor 1626, 1671 6
Putativnotstand 228 5
Putativnotwehr 227 5 b

Q

Qualifikation im IPR Einl 8 vor EG 3
Quantitätsmängel 459 1 d
Quasinegatorische Klage 1004 1 b
Quasi-Splitting 1587 b 3, HRG 1 3; Unterbleiben der Kürzg HRG 4
Quittung 368; Anspruch auf Erteilg 368 3, bei Hypothekenbefriedigg 1144 3 b; Ausgleichs- 397 3 b; Blankett 370 2; Erlaßvertrag 368 1; Kosten 369 1; Leistg an Überbringer 370 1, 2; löschngsfähige 1144 3 b cc; negativer Anerkenngsvertrag 368 1; Schuldscheinrückgabe neben – 371; unter Vorbehalt 368 1; im voraus erteilte 368 1; Vorlegg 370 1
Quotenänderung bei MitEigt 1008 3 a; bei Wohngs-Eigt WEG 6 1 a
Quotennießbrauch 1085 4
Quotenvermächtnis Einf 4 vor 2147
Quotenvorrecht des Geschädigten bei VortAusgl Vorb 7 A e cc vor 249; des VersN Vorb 7 C b vor 249; des ArbN Vorb 7 C e vor 249; des Beamten Vorb 7 C d vor 249

R

Radfahrer, Unfallhaftg 823 8 B
Rang, des ErbbR ErbbRVO 10; von GrdstR 879; von PfdR 1209; zw NachEVermerk u GrdstR 879 2 e, Einf 6 vor 2100; relatives RangVerh 879 1 e

Magere Zahlen = Erläuterungen **Rechtsirrtum**

Rangänderung 880; Freiwerden des pers Schuldn bei Hyp **1165**
Rangvorbehalt 881
Rassisch und politisch Verfolgte, Freie Ehen von – **1931** 2a; letztw Verfüggen **2078** 7, **2231** 2, **2250** 5, **2252** 3
Ratenkredit Einf **3**r vor **607**; Sittenwidrigk **138** 2b; AGB AGBG **9** 7r; Verzugszinsen **246** 2c; Zinsrückrechnung **246** 2b
Raterteilung, Haftg **676, 826** 8c; Vertrag **676** 3; beim Kauf **433** 4b; s a Auskunft
Raumeigentum Übbl 1a vor WEG **1**
Raumsicherungsvertrag 559 4d, **930** 2b
Räumung durch Mieter **556**; polizeil Einweisg in alte Räume **839** 4c
Räumungsfrist 556 1d, **556a** 7h, **557** 4c; Anh II zu EheG **2** 1b, **15**
Rauschgiftsucht, Entmündigg wegen – **6** 4, **106** 1, **114** 1; Testamentswiderruf **2253** 4
Realakt, Übbl 2d vor **104, 294** 1
Realgemeinden, ÜbergVorschr EG **164**
Reallast 1105–1112; Ablösg EG **113**, Übbl 1a bb vor **1105**; BelastgsGgst **1105** 2; Berechtigte **1105** 3; Einzelleistgen **1107**; Entsteh **1105** 5; Erlöschen **1105** 9; Geldtmachg des StammR **1105** 1a, der Einzelleistgen **1007** 2c; GesamtR **1105** 2, **1106** 2; gesicherte Fdg **1105** 1d; Inhalt **1105** 4; LandesR EG **113–115**; pers Haftg des Eigtümers **1108**; Rentenreallast Übbl 1a vor **1105**; StammR **1105** 1a; Teilg des herrschenden Grdst **1109**, des belasteten Grdst **1105** 2; Vererblichk **1111** 2c; Verfügg über StammR **1110, 1111**, über Einzelleistgen **1107** 2a; Wertsicherg **1105** 4d; Wohngsreallast Übbl 1b vor **1105**
Realsplitting 1353 2b dd; begrenztes **1569** 2f
Realteilung von Anwartsch im VersorggsAusgl HRG **1** 2; Grdst **890** 2; WE WEG **6** 2 b bb
Realverträge, Einf **3**e vor **305**; bei Darlehen **607** 1
Rechenfehler im Angebot **119** 5f, **276** 6 B c cc
Rechenschaftslegungspflicht 259–261 1, 3
Rechnungserteilung, als FälligkVoraussetzg **271** 2d; beim Kauf **433** 4 i
Rechnungslegungspflicht, allg **259–261** 3; des Amtsvormunds **1890** 1; des Beauftragten **666**; bei erlaubter od unerlaubter Besorgg fremder Angelegenh **261** 1; bei Gefährdg des Kindesvermögens **1667**; des TestVollstr **2218**; der Eltern **1698**; des NachlPflegers **1960** 5g; des Vorerben **2130** 3; des Vormundes **1890** 3, **1891**, gegenüber VormschG **1840–1843**, bei befreiter Vormsch **1854**; des Vereinsvormunds **1890**1; Verzicht **261** 4 d
Recht, absolutes, Einl 2a vor **854**; absolutes in Verjähr **194** 1c; ausschließl **823** 5; Ausübg u Erhaltg Übbl **1** vor **226**; bedingtes R, Schätzg **1376** 2, **2313**; Beeinträchtigg eines bedingten **160** 1; dingl **823** 5 A, Einl 2 vor **854**, ÜbergVorschr EG **184**, s a dingl Recht; am eigenen Bild **823** 14 B d, Körper **90** 2; Eintraggsfgk Übbl 3d vor **873**; als GrdstBestandteil **96**; Kauf **433** 2 B, **437, 451**; an Sachteil **93** 1; Übertragg **413**; Verlust **255** 2
Recht an eigener Sache 889, Einl 3e vor **854**
Rechtliches Gehör bei Ausschließung aus Verein **25** 4 d, g; im ErbscheinsVerf **2360** 1, 2
Rechtmäßiges Alternativverhalten Vorb **5** C g vor **249**
Rechtsanwalt, ErfGeh **278** 6f; Ers von RKosten **249** 4c bb, **276** 7 E a, **286** 2c bb; Fahrlässigk **276** 4 C d; Formular-Vertr AGBG **9** 7r; Gebühren **612** 2a, Verjährg **196** 11a, **198** 2; Erfolgshonorar **138** 5e, EG **30** 5; Handakten **810** 3; Haftung wegen schuldhafter Versäumg der Mitwirkg bei Testerrichtg **1937** 7; – wegen verschuldetem VerjährgsEintritt Übbl 5c vor **194**; Honorar, Festsetzg nach Ermessen **315** 2b; PraxisVerkauf **138** 5o; Sorgfaltspflichten **276** 4 C d; als NachlPfleger **1960** 5f; Sozietät **705** 9b aa, **714** 1; Vertrag des – Einf 2a ee vor **611, 675** 3a; VerschwiegenhPflicht ggü Erben **1922** 4d; Widerruf von Prozeßbehauptungen Einf 8b bb vor **823**
Rechtsanwaltssozietät 705 9b aa; Auftragserteilg an – **164** 1b; gesamtschuldnerische Haftg auf Schadensers **425** 3a
Rechtsanwendungsgesetz der DDR Einl 2c vor EG **3**
Rechtsausübung, Grenzen **226**; unzulässige **242** 1, 2a, Fallgruppen **242** 4 B; Einzelfälle **242** 4 C; im Vergl **779** 7c; Wegfall der GeschGrdLage **242** 6; Verwirkg **242** 5; Gebr eines rechtskr Urt **826** 8o; im Hinblick auf früheres Verhalten **242** 4 C e; s a Schikane
Rechtsbeistände(-berater), Sorgfaltspflichten **4** C d; Vergütg **612** 2a; Vertrag mit Einf 2a ee vor **611, 675** 3a
Rechtsberatung, verbotene **134** 3a
Rechtsbesitz, Begriff Übbl 4b vor **854**; Schutz **1029, 1090**; Buchersitzg **900** 2b
Rechtsbesorgungsvertrag, Nichtigk **134** 3a
Rechtsfähigkeit, allgemeine Übbl **1** vor **1,** Einf **1** vor **1**; ausländischer Verein **23** 1; Beginn **1** 1; eines Vereins durch Eintragg ins Vereinsregister **21** 1, 2; Ende **1** 1; Genehmig, staatl bes JP Einf **4** vor **21**; IPR EG **7, 12**; der jur Person Einf **2** vor **21**; eines Vereins, Verlust **42** 2, **43, 44, 73** 1; Verleihg, staatl Einf **4** vor **21, 22**
Rechtsgeschäft Übbl 4 vor **104**; abstraktes Übbl 3e vor **104**; Anfechtbark Übbl 4d vor **104**; bedingtes Übbl 4c vor **104**, Einf 3 vor **158**; bedinggfeindliches Übbl 3d vor **104**, Einf 6 vor **158**; befristetes Übbl 4 c vor **104**; Bestätig **141** 1; dingl Einl 5 vor **854**; einseitiges Übbl 3a vor **104**, Einf 3 vor **305**, **313** 5b; entgeltliches u unentgeltliches Einf 3c vor **305**; fehlerhaftes Übbl 4 vor **104**; Form, IPR EG **11**; genehmiggspflichtiges **134** 2b; gemeinschaftsschädigendes **138** 2; Gestaltgeschäft Übbl 3d vor **104**, Einf 3 vor **305**; kausales Übbl 3e vor **104**; unter Lebenden Übbl 3c vor **104**; mehrseitiges Übbl 3a vor **104**, Einf 3 vor **305**; Minderj **107–111**; nichtiges Übbl 4a vor **104, 134, 138**; Prozeßhandlgen Übbl **5** vor **104**; rgeschäftl Wille Einf 2 vor **116**; relativ unwirksames Übbl 4b vor **104**; sittenwidriges **138**; schwebend unwirksames **108** 1, **109** 1, 2, Übbl 4c vor **104**; Tatbestandserfordernisse, besond Übbl 1c vor **104**; des tägl Lebens **196** 1, 2; treuhänderisches Übbl 3g vor **104**; von Todes wegen Übbl 3c vor **104**; Umdeutg **140** 1; Umgehg von Gesetzen **138** 5t, Verbotsges **134** 4; unwirksames Übbl 4a vor **104**; Unzulässig **134** 2; Veräußergsverbot **137** 1; verdecktes RGesch **117** 4; Verfüggsgeschäfte Übbl 3d vor **104**; Verpflichtgeschäft Übbl 3d vor **104**; Vertrag Übbl 3a vor **104**, Einf 3 vor **305**; vorgespieltes **117** 1, 2
Rechtsgrund Übbl 3e vor **104**; im BereicherngsR **812** 6
Rechtshandlungen, Einteilg Übb 2a vor **104**
Rechtshängigkeit, Besitzer, Haftg **987–989**; Eintragg im Grdbuch **892** 4a, 6b; Eintritt, landesrechtl EG **152** 1; Erbschaftsbesitzer, Haftg **2023**; bei HerausgAnspr **292**; des EhescheidgsVerf Einf 4 vor **1564**; des SchmerzensgeldAnspr **847** 5c; verschärfte Haftg, BereicherngsAnspr **817** 7; Zinsen seit **291**
Rechtsirrtum, AnfechtgFrist, Hemmg **2082** 2; ErbschAusschlaggfrist **1944** 2a; gemeinschaftl –,

2613

Rechtskauf

Fette Zahlen = §§

Fehlen der GeschGrdLage **242** 6 C d aa; Verjährg, Hemmg **203** 1; als Verschulden **285** 2; u Vorsatz **276** 3b
Rechtskauf 433 1b, **437**, **451**
Rechtskraft, Erschleichen **826** 8o; Geltdmachg, unzulässige **826** 2e; des ScheidsUrt **1564** 2; Wirkg ggü Zedenten **407** 3; Wirkg bei Bürgschaft **767** 2e
Rechtsmängel, Anfechtgsrecht **119** 6c; Ausschluß der Gewährleistg **443**; Beweislast **442**; u Einrede des nichterfüllten Vertrages **320** 2c bb; Gewährleistg **434**–**436**; bekannte **439**; bei Kauf **440**, **441**; bei Miete **541**; Werkvertr **633** 2 B
Rechtsmittel, Begriff **839** 9a; in ScheidsSachen Einf 4 vor **1564**; bei Wohngszuteil u Hausratsverteilg Anh II zu EheG **14**; im ErbscheinsVerf **2353** 7; im WEG-Verf WEG **45** 1, 2; Nichteinlegg als Mitverschulden **254** 3b gg
Rechtsnachfolge, Ersitzg bei **943**; Verjährg bei **221**
Rechtsnorm, Einl V vor **1**, EG **2**
Rechtspfleger, Amtspflichtverletzg **839** 15
Rechtsquellen Einl V vor **1**
Rechtsschein 957 1, **1155** 1, **891** 1, **892** 1; bei Erbschein **2365**, **2366**; bei Gesellschaft **705** 3d; unrichtige Urkunde **405** 2; der Vollmacht **173** 4
Rechtsspaltung im IPR Einl 1d vor EG **3**
Rechtsstellung, Kondiktion einer vorteilhaften – **812** 4b
Rechtsstreit, Fortsetzg eines anhängigen Rechtsstr bei Gütergem **1433**, **1455**; Führg durch verwaltenden Eheg **14224**, bei gemeinschaftl Gesamtg-Verwaltg **1450** 5; Führg bei Verhinderg des anderen Eheg **1429**, **1454**; Kosten bei Gütergem **1438** 3, **1441**–**1443**, **1460**, **1463**–**1465**; Prozeßkostenvorschuß der Eheg **1360a** 3; Rechtsstreitigkeiten im Erwerbsgeschäft eines Eheg **1431**, **1456**
Rechtssubjekt, Einf 1 vor **1**
Rechtsverordnung, Einl V 1 c vor **1**
Rechtswahl, Aufhebung EG **14** 3 d bb, EG **25** 2b; im intern ErbR Übbl 3 vor **2064**, EG **25** 2b; – Klausel in AGB AGBG **10** 8; für Ehewirkgen EG **14** 3; im intern SchuldVertr EG **27**
Rechtsweg bei Ausschließg aus Verein **25** 3; u Verjährg **210**
Rechtswidrigkeit s Widerrechtlichk
Rechtswidrigkeitszusammenhang Vorb 5 A d vor **249**
Reformbestrebungen, ErbR Einl 1a vor **1922**; FamilienR Einl 6 vor **1297**, EheR Einf 6 vor **1353**; SchuldR Vorbem 2 vor **275**
Regalien EG **73**
Regelbedarf zum Unterhalt des nichtehel Kindes **1615f** 3
Regelbetrag beim vorzeit Erbausgleich **1934d** 3a
Regelunterhalt des nichtehel Kindes Einf 3 vor **1601**; **1615f**; Anrechng regelmäßig wiederkehrender Geldleistgen auf R **1615f** 4; Festsetzg **1615f** 4; Herabsetzung **1615h**; keine Anwendg der Vorschr bei Ersatzhaftg des Verpflichteten **1607** 1; Verfahrensrechtliches **1615h** 3
Regelunterhalt-Verordnung Anh zu **1615f**, **1615g** (fette Zahlen 1–4, §§ der VO): Anrechg von Leistgen **2**; Anrechng bei Auszahlg an einen anderen **3**; keine Anrechng **4**; Festsetzg **1**
Registerpfandrecht an Luftfahrzeugen Einf 6 vor **1204**
Regreßbehinderungsverbot 1165 4
Rehabilitation, berufliche, als SchadErs **249** 2c
Reichsgesetze, frühere, Verhältn zum BGB EG **32** 1–3
Reichsheimstättengesetz s Heimstätte
Reichssiedlungsgesetz, Vorkaufsrecht **504** 1, **505** 3, **506** 2, **507** 1, **508** 1, **509** 1; Übbl 3a vor **1094**, **2033** 1c
Reichsvermögen, früheres Einf 2 vor **925**
Reinigung der Mietsache **536** 4c; Haftg des ReiniggsUntern **276** 4 C d
Reisebürovertrag AGBG **9** 7r, Einf vor **651a**; SchadErs bei Urlaubsmangel Vorb 2, 3h vor **249**, **634** 3b, **635** 3b; Verj **638** 2a, **651g**
Reisegewerbe, nichtige Geschäfte im – **134** 2c
Reisescheck 675 3b
Reiseveranstaltervertrag IPR EG **28** 4g
Reisevertrag Einf 21 vor **535**, **651a** ff; AGBG **9** 7r; Abhilfe **651c**; Abweichende Vereinbarungen **651k**; Ausschlußfrist für Gewährleistung **651g**; Entschädigung wegen nutzlos aufgewendeter Urlaubszeit Vorb 3h vor **249**, **651f**; Ersatzungsbefugnis **651b**; Gewährleistung Vorbem. vor **651c**, **651c** ff; Haftungsbeschränkung **651h**; Hemmung der Verjährungsfrist **651g**; Kündigung wegen Mangels **651e**, wegen höherer Gewalt **651j**; Leistungsträger **651a** 4; Mangel **651c** 2; Mangelanzeige **651d** 3b; Minderung **651d**; Rückbeförderung **651e** IV, **651j** II; Rücktritt **651i**; SchadErs **651f**; Verj der GewlAnspr **651g**; Vermittlung **651a** 3; VertrPfl **651a** 2
Reklame, unzulässige **826** 8 u aa
Rektapapier Einf 1a vor **793**; Nießbrauch Vorb 2 vor **1068**; Pfandrecht **1274** 1c ee
Relative Theorie bei FdgsÜbergang auf SozVers-Träger Vorb 7 E vor **249** (dort SGB X 116 3b)
Religionsgesellschaften, JP Vorb 1 vor **89**; Vereinsfreiheit u – Vorb 2 vor **21**
Religiöse Kindererziehung, Anh zu **1631** RKEG **1**ff; durch Vormund **1801**; bei Auswahl des Vormunds **1779** 3; als Schutzmaßnahme Anh 1 zu EG **24**; MSA **1** 3
Rembourskredit Einf 3m vor **607**, **675** 3b
Rennen, Vertrag Einf 5 vor **631**
Rennwette 763 2c
Renovierung der Mietsache **536** 4c
Rentenanspruch 249 2; bei unerl Handlg **843**, **844** 6, Dienstentgang **845** 3a, Höhe **843** 4 A, **844** 6 A, **845** 3b, Mitverschulden des Verletzten **846** 1; Geltendmachg für nehel Kind **1706** 2; Pfänd-Schutz **843** 4 D c, **844** 6 C, **845** 3e; Verjährg **197** 2c, **843** 6
Rentenformel 1587a 3 B Ziff 2
Rentengut EG **62**
Rentenneurose Vorb 5 B c bb vor **249**; im UnterhaltsR **1577** 3
Rentenreallast Übbl 1a vor **1105**
Rentenschein, Bezugsrecht **805** 1 2; Verlust **804** 1, **2**
Rentenschuld 1199; Ablösg **1201**; AblösgSumme, Höhe **1199** 2b; Brief, EigtErw **952** 2b, 3; Eigt-RentSchuld **1200** 2; Grundschuld **1199** 1b; Kündigg **1202**; Münchener Ewiggeld **1199** 4; Nürnberger Eigengeld **1199** 4; Nießbrauch **1080**; Pfandrecht **1291**; Rangrücktritt **880** 3c; Umstellg **1113** 5; Umwandlg **1203** 1; Vorschr, anwendbare **1200** 1
Rentensplitting Einf 2, 3c vor **1587b**, **1587b** 2, 3b, 4b; Unterbleiben der Kürzg HRG **4**
Rentenversicherung u VA Einf 3, 8 vor **1587**, **1587** 2, **1587a** ff; Beitragsnachentrichtg **1587** 3 C a cc; s auch unter „VersorgsAusgl"
Rentenversprechen, Form **759** 1, **761** 1
Reparaturen der Mietsache **536** 4c
Reparaturvertrag, formularmäß AGBG **9** 7r
Reparaturwerkstatt als Erfüllgsgehilfe **254** 5b
Repräsentant, Haftg für im VersichergsR **278** 4e
Requisitionsschäden s Stationiergsschäden

Magere Zahlen = Erläuterungen

Restitutionsklage, Unvererblichk der Erhebg **1922** 4 a
Restschuldversicherung 138 2 b, **246** 1 a, **607** 3 e
Reugeld Vorb 2 c vor **339, 336** 1; Rücktritt gegen – **359**
Revisibilität bei AGB AGBG **5** 6; bei AnschBew Vorb 8 a aa vor **249;** der Auslegung von WillErkl **133** 7 b, **780** 2; letztw Vfg **2084** 4
Rheinland-Pfalz, HöfeO EG **64** 2
Richterhaftung 839 5 B c, 8, 15; Grundbuchrichter **839** 2 A, 5 B c bb, 15; Spruchrichter **839** 8; VormschR **839** 15; s a Beamtenhaftg, Justizbeamte
Ringtausch 515 1
Risiko, gesteigertes Einf 1, 6 vor **823**
Risikosphäre des Gläubigers **324** 2 c; bei Wegfall der GeschGrdlage **242** 6 B e
Risikozurechnung bei AufwendgsErsatz für beauftragte **670** 3 b
Röntgenbilder, Vorlagepflicht **810** 3
Rückbürge Einf 2 b vor **765**
Rückerstattungsgesetz 123 3 a dd; Anfechtg der Ausschlagg **1954** 1 c, – v Verfgg von Todes wegen **2078** 7; Erbausschließg **1938** 1; Erschöpfgseinrede **1990** 5; kein Gutglaubensschutz **892** 2 d; formlose Testamente **2231** 2, **2250** 5, **2252** 3; Erbschein **2353** 1 e; Todesvermutg u Erbschein **2356** 1 c, Staatserbrecht **1936** 1
Rückerwerb des NichtEigtümers **892** 4 b ee, **932** 5 b
Rückforderung Zuviel erbrachter, öffentl rechtl Leistgn Einf 6 d vor **812;** von Unterhaltsmehrleistgn **1360 b** 1
Rückgabepflicht des Mieters **556**
Rückgarantie 5 d vor **783**
Rückgriff des Bürgen **774,** des Dienstherrn, Sozialversichergsträgers, Versicherers gg Angehörige des Verletzten? Vorb 7 E vor **249;** Gesamtschuldner **426;** bei unechter (scheinb) Gesamtschuld **421** 2; gg einem vertragl od gesetzl von Haftg freigestellten Gesamtschuldner? **426** 5; des Mitverpfänders **1225** 2 b; Rückgriffshyp **1173** 4; des Staats gg Beamten **839** 14; der VersTräger Vorb 7 C B vor **249,** Einf 3 c bb vor **611, 611** 2 a cc, **618** 3 e; kein R- der Versorgg gewährenden öffentl Verwaltg gg andere Verwaltg **618** 3 e
Rückgriffskondiktion 812 5 B c dd
Rücksichtnahme zwischen Eltern u Kindern **1618 a**
Rücktritt, Einf vor **346, 346;** Abwicklgverhältn Einf 1 b vor **346, 348** 1; Klauseln in AGB über Abwicklg AGBG **10** 7; bei Abzahlungsgeschäften AbzG **1** 6; Ausschluß **327** 1, **350–353;** Beweislast für Erfüllg **358** 1; Dritter Erwerber Einf 1 vor **346;** v Erbvertrag **2293–2297,** Umdeutung **2295** 2; Erbverzicht Übbl 1 b vor **2346;** Erfüllg Zug um Zug **3481;** Erfüllgsort **269** 3 c; Erklärg **349** 1; Fiktion bei AbzahlgsGesch AbzG **5;** Fixgeschäft **361;** Fristablauf **355;** Fristsetzg **354** 1; ohne Fristsetzg **326** 6 b; gesetzlicher **327, 347** 3; Haftg **327** 2, **347** 2; Kreditkauf **326** 9, **327** 1; Nutzgsherausgabe **347** 1, 2; Reisevertrag **651 i;** R gegen Reugeld **339** 1; Rückgewähr Einf 1 vor **346, 347, 348, 354;** R u SchadErs **325** 6; bei Stundg des Kaufpreises **454;** SukzessivliefVertr Einf 6 vor **305;** nach Teilleistg **326** 9; nach Umgestaltg **352** 1; wegen Unmögl **325** 5; bei teilweiser Unmögl **325** 9; bei Unmöglk der Rückgewähr **346** 2, **347** 1 c; Unwirksamk **354** 1, **357** 2; Verändergen **347;** Verhalten Dr **353** 1; der VerpflichtVertrag Einf 1 vor **346;** Vertragsauflösg **325** 5, **327** 1, Einf 1 vor **346, 2;** Vertragsrest Einf 1 vor **346;** nicht zu vertretender **327** 2; Verwendgsersatz **347** 1; wegen Verzugs **326** 8 d; Verzug bei **347** 1; Verzug der Rückgewähr **354** 1, 2; Vorbehalt Einf 2 vor **346, 346** 1 a, **357** 1, 2, **358** 1; formularmäßiger Vorbehalt AGB **10** 3; bei Vertr zGDr **334** 1; Widerruf **347** 1 c; Wirkungen **346**

Rücktrittsrecht, Entstehg Vorb vor **346;** Erlöschen **355** 1; Erbbaurecht Übbl 4 a aa vor **1012;** Fixgeschäft **360** 2 b, **361** 1, 2; gesetzl **327** 1, 2, Einf 2 vor **346, 347** 3; Gestaltgsrecht Einf 1 a vor **346, 346** 2; Unteilbark **356** 1; bei Verschulden des Berechtigten **351** 1, 2, **354** 1; Verwirkg **242** 5 f ee; bei Verwirksklausel **360** 1, 2; Vormerkg **883** 2 e aa; Vereinbg bei Wohnraummiete **570 a**

Rückübereignungsverpflichtung bei GrdstVertr **313** 12 e
Rückverkaufsrecht im EigenhändlerVertr **346** 1 a
Rückvermächtnis 2177 4
Rückverweisung im IPR, auf deutsches Recht EG **4** 1 a; versteckte EG **4** 1 b
Rückzahlungsklauseln bei Gratifikationen **611** 7 e ee

Ruhegehalt Einf 7 vor **611;** Aufrechng gg – **387** 7
Ruhegeld Einf 7 vor **611**
Ruhegeldversprechen 759 2 c; keine Schenkg **516** 4 d
Ruhen des ArbVerh Vorb 1 vor **620;** der Vereinsmitgliedsch **38** 1 c; der elterl Sorge **1626** 2, **1673–1679, 1751;** Fortführg der Geschäfte **1689 a;** Geschäftsbeschränkth **1673** 3; Geschäftsunfähigk **1673** 2; Herausgabe des Vermögens u Rechenschaft **1698;** Meinungsverschiedenheit zw Elternteil u gesetzl Vertreter **1673;** nichtehel Mutter **1705** 2; Übergang der elterl Sorge auf den anderen Elternteil **1678** 2; Pflegerbestellg **1673** 3; längere Verhindergg **1674** 1; Vertretg **1673** 3; Wirkg **1675**
Ruhestandsverhältnis Einf 7 vor **611**
Ruinengrundstück, Abwehranspr **1004** 2 a; Haftg bei Einsturz **836** 3, 8, **838** 1
Rundfunk, Ausübg hoheitl Gewalt **839** 15; Eingriff in PersönlichkeitsR **823** 14; kein GewerbeBetr iS des VerjR **196** 4 a; kreditgefährdende Veröffentlichungen **823** 5 G e, **824** 6 e; kein Vertragsverhältn zur Post **535** 1 b
Rundfunkstörungen 858 5, **903** 2 c aa
Rundfunkteilnehmer, Rechtsverhältn **535** 1 b

S

Saarland, WEG Übbl 1 a vor WEG **1;** kein AnerbenR EG **64** 2
Saatgut 459 4 a bb, **463** 1 c, **477** 1 e, Einf 3 vor **1204**
Sache, Übbl vor **90, 90;** abhanden gekommene **935** 1 a, 4; Aneigng **958–964;** Arten Übbl 3 vor **90;** Bestandteile **93** 2; bewegliche Übbl 3 a vor **90;** bewegl, IPR EG **38** Anh II **3,** EG **3** 4; eingebrachte des Mieters **559** 3, des Gastes **701** 3; Gattgsache **91** 2; gestohlene **935** 2; Hauptsache **470** 1; LastVerteilg **103** 1; Nebensache **479** 1; Nutzgen **100;** Sachteil **93** 1; Schiff Übbl 3 a vor **90;** Urkunde **952** 1; Verarbeitg, Vermischg **948–951;** verbrauchbare **92;** verkehrsunfähige Übbl 4 vor **90;** verlorene Vorb 1 a vor **965, 935** 3; Verlust **255** 2; vertretbare **91**
Sachenrecht, Einl 1 vor **854;** IKR/IPR EG **38** Anh II; Typenzwang Einl 2 b vor **854;** unzulässige RAusübg **242** 4 C i; Verwirkg **242** 5 f ee
Sachfolgeschaden 249 2 b
Sachgesamtheit, Begriff Übbl 3 e vor **90;** Kauf **433** 1 c aa, Vorb 3 d vor **459;** PfdR **1204** 2 b; Übereigng **930** 2 a

2615

Sachinbegriff

Sachinbegriff, Nießbrauch **1035** 1; Verpfändg **1204** 2b; Vermächtnis **21552**; s a Sachgesamtheit
Sachmangel 459; arglist Verschweigen **463** 3; s a Sachmängelhaftg; Vorbehalt der Rechte bei der Annahme **464** 1; Zeitpunkt, maßgebender **459** 6
Sachmängelhaftung, Ausschluß Vorb 3 vor **459**; Ausschluß dch AGB AGBG **11** 10; Beweislast **459** 8, **460** 5; Grdlage **459** 1; beim Gattgsvermächtn **2183**; keine – beim ErbschKauf **2376** 2; SchadErs **463** 1–5; Verhältn z arglistigen Täuschg **123** 1, Vorb 2d vor **459**, z GeschGrdLage **242** 6 B c cc, z Irrtum **119** 4d, Vorb 2e vor **459**
Sachnorm, IPR EG **4** 2; selbstbegrenzte Einl 1a vor EG **3**
Sachvermächtnis 2183 2
Sachverständige, Haftg **823** 14, **839** 15; Haftg öfentl bestellter ggü Dritten Einf 5 vor **631**
Sachwalter 675 3; Haftg **276** 6 C c
Saldoanerkenntnis 781 2c; als Aufrechngsvertrag **387** 8 c cc; Rückfordrg **812** 2b; als Umschaffg **305** 4
Saldotheorie 818 6 D b
Sale-and-Lease-Back 185 2c, Einf 3c vor **433**, **455** 2a bb
Sammelgarage WEG **3** 1b
Sammellagerung 948 2
Sammelvermögen 1914; Vorb vor **80**
Samstag, s unter „Sonnabend"
Satellitenempfangsanlage 541 b 2a, MHG **3** 3a aa
Sättigungsgrenze bei Unterhaltsansprüchen bei Getrenntleben **1361** 5b aa; bei Scheidg **1578** 2; von Kindern **1610** 2
Satzung, autonome, RNorm Einf V 1d vor **1**; nicht rechtsfäh Verein **54** 1, 2; des rechtsfäh Vereins **25**, Ändergg **33**, **71**, Nichtigk **25** 2d
S-Bahnbau, Entschädigg Übbl 2 Hg vor **903**
Schaden Vorbem 2 vor **249**; Aufwendgen Vorb 5 B h vor **249**, fehlgeschlagene Vorb 3d vor **249**; Begriff Vorb 2 vor **249**; Belastg mit Verbindlichk Vorb 3m vor **249**; Berechng Vorb 4 vor **249**, bei Unmöglichk **325** 4, 5; Beweisfragen Vorb 8 vor **249**; Differenzhypothese Vorb 2b vor **249**; Einzelprobleme Vorb 3 vor **249**; einer GmbH Vorb 6a vor **249**; entgangene GebrVorteile Vorb 3b bb vor **249**; entgangener Gewinn **252**; gesetzlicher **288** 1, **290** 2; ideeller Vorb 2a vor **249**, **253** 1–5; Kosten der Kontrollorganisation Vorb 3 l vor **249**; Ladendiebstahl Vorb 3 l vor **249**; merkantiler Minderwert **251** 5 B b; mittelb Vorb 2f vor **249**; normativer Schadensbegriff Vorb 2d vor **249**; nicht vorhersehb **276** 4 Bc; obj Schadenskern Vorb 4d vor **249**; Rentenneurose Vorb 5 B c vor **249**; unmittelb Vorb 2f vor **249**; Vorhaltekosten Vorb 3 l vor **249**; VorteilsAusgl Vorb 7 vor **249**; Ztpkt der Bemessg Vorb 9 vor **249**; ZbR **273** 6; vgl auch KfzSchaden
Schadensersatz, Vorb 1 vor **249**; Abtretg der Anspr der Geschädigten **255**; bei AmtspflVerletzg **839**; Anspruch auf Geld **249** 2, **250**, **251**; arglist Täuschg **123** 5b, c, **826** 5b; arglist Verschweigen von Sachmängeln **463** 3; Auskunft **259–261** 2, **823** 12h, **826** 5c; Berechng Vorb 4 vor **249**; Berechtigter Vorb 6a vor **249**, **823** 10a, bei Anfechtg wegen Irrtums **122** 2; BesErlangg dch unerlHdlg Vorb 3c vor **987**, **992** 1, 2; BesVerletzg **861** 7b; bezugsbeschränkte Waren **251** 1; neben Buße **823** 12d; Eheg Einf 1c bb vor **1353**, **1353** 2c; Ehebrecher Einf 1c bb vor **1353**; EhrVerletzg **823** 12g; entgangener Gewinn **252** 1, 2; ErfInteresse Vorb 2g vor **249**; ErsatzgsBefugn des Schuldn **251** 3; Erwerbsaussicht **826** 5a; Fehlen zugesicherter Eigenschaft **463** 1, 2; für gebrauchte Sachen **251** 5;

Geldentschädigg **249** 3b; Geldersatz nach Fristsetzg **250** 1, 2; Geldrente **843** 1, 2, 4, **844** 6; bei Gesamtpreis **469** 3; Höhe Einf 5 vor **823**; bei außerordentl Kündigg des DienstVertr **626** 1f, **628** 3; Kreditgefährdg **824** 7; NachlKonk Antragspfl, Verletzg **1980** 4; Nachteile für Erwerb u Fortkommen **842** 2; NamensRVerletzg **12** 5; Naturalherstellg **249** 1, 3; negatives Interesse Vorb 2g vor **249**; wegen Nichterfüllg Vorb 2g vor **249**, s a SchadErs wg NichtErf; Nichtvermögensschäden Vorb 2a vor **249**, **826** 5a, **847** 3; wegen nutzlos aufgewendeter Urlaubszeit Vorb 3h vor **249**, **651 f**; pauschalierter **276** 5 A b, AGBG **11** 5, Vorb 2f vor **339**; positives Interesse Vorb 2g vor **249**; Reisemangel **651 f**; Schmerzensgeld **847**; Selbsthilfe vermeintl **231** 1; Stichtag **286** 3; Totalreparation Vorb 1d vor **249**; Umfang bei unerl Handl **823** 12a, **826** 5a, **842** 1, bei Irrtumsanfechtg **122** 1, 3; aus unerl Handlg **823 ff**; Unmöglichk d Herausgabe **989** 1, 2; ursächl Zusammenhang Vorb 5 vor **249**, Einf 6 vor **823**, auch **839** 10a; Unterlassg **826** 5d; UnterlassKlage Einf 8 vor **823**, **826** 5d, vereinbarter Einf 8b vor **823**, auf Wiederherstellg Einf 8c vor **823**; unzulässige RAusübg **242** 4 D j; Veräußergsverbot, rgeschäftl **137** 2; Vererblichk der -pflicht **1922** 3h, 4a; Verschlechterung der herauszugebenden Sache **989** 2; Verschulden, eigenes **254** 5, 6; Verschulden bei VertrSchluß s dort; VertrSchluß, arglist Verleitg **823** 12f; VertrUntreue **326** 4; bei vertrwidr Gebr dch Mieter **548** 2, Vertrauensschaden Vorb 2g vor **249**; bei Anfechtg weg Irrtums **122** 3; Verwirkg **242** 9f; Verzinsg **849** 1; bei Vollstr aus unrichtigen UnterhTit **1569** 1, Einf V vor **1601**; VorteilsAusgl Vorb 7 vor **249**; **823** 12c; bei Werkmangel **635**; maßg Ztpkt Vorb 9 vor **249**, **463** 4, **823** 12e, **839** 10b

Schadensersatz wegen Nichterfüllung 283 1, 2, **325** 4; arglist Verschweig von Mängeln **463** 3, 4a, **524** 3; Berechnung **325** 4, 5, **326** 8, **463** 4; BewLast **463** 5; Deckgskauf **325** 5a; Deckgsverkauf **325** 5b einredeweise Geldmachg **326** 2a; entgangener Gewinn **325** 4; ErfüllgVerweigerung **326** 5b; Fehlen zugesicherter Eigenschaft **463** 1, 3a, 4; Fristsetzg **250** 1, **283** 3b, **326** 2e, 5; ohne Fristsetzg **326** 5b; ggs Vertrag **283** 4, **325** 4, **326**; Interessewegfall **286** 3; Kaufpreis als Mindestschaden **325** 4 B b; Mieter **538**; pauschalierter – Vorb 2f vor **339**; ReiseVertr **651f**; SelbsthilfeVerk **325** 5b; Stichtag **325** 4 C d, D c, **326** 8; bei teilw Unmöglk **325** 6; bei Unmöglk **280** 4, **325**; Verj **195** 2, **189** 2; VertrStrafe **340** 3, **341** 1; nach Verurteilg zur Erfüllg **283** 1 a, 2; bei nb VerzögergsSchad **326** 2b; WkVertr **633** 2 A b dd, **635**
Schadensfreiheitsrabatt Verlust als Schaden Vorb 5 B o vor **249**; Herausg bei Ehescheidg Einf 2b vor **1353**
Schadensgeneigte Arbeit 276 5C, **611** 14b
Schadensliquidation des Drittinteresses Vorb 6b vor **249**, **839** 10e
Schadensminderungspflicht 254 3b
Schadensvorsorge Vorb 3 l vor **249**
Schankwirt, Haftg **701** 1
Schatz 984; Recht des Nießbr **1040** 1
Scheck 270 2b, Einf 3b vor **783**; Annahme **784** 1c, Annahme an ErfStatt **364** 3; garantierter, Pfl zur Anm **364** 3; gutgl BesErwerb **990** 1a; Einziehg **675** 3b; Inkassoauftrag **675** 3b; IPR EG **37**; Kauf **437** 3c; Pfandindossement **1292** 1b, c; Postscheck s dort; Scheckhingabe als unerl Handlg **826** 8t; Übertragg **792** 1; Widerruf **134** 3a, **665** 2, **790** 1; **812** 5 B b cc

Magere Zahlen = Erläuterungen **Schuldanerkenntnis**

Scheckkarte 164 1 a, Einf 3 c vor **765**
Scheidung s Ehescheid
Scheidung von Tisch und Bett EG 13 2 b aa
Scheidungsabsicht im EhegüterR **1408** 3 b bb
Scheinbestandteil s Bestandteil
Scheinehe s Asylantenehe
Scheinerbe im GesellschaftsR **1922** 3, **2018** 2 a, **2367** 2
Scheingeschäft 117; Ausschluß bei Abtretg unter Urkundenvorlegg **405**; fiduz Geschäft Übbl 3 g vor **104**, **117** 1; Nichtigk **117** 3; bei Test **1937** 2; bei Erbvertr **2279** 1
Schenkung 516 ff; Abgrenzg zum DienstVertr Einf 2 g vor **611**; Ablehng bei Gütergem **1432** 5, **1455**; Anstandspflicht **534** 1, 3; Arglist des Schenkers **523** 1, **524** 2; unter Auflage **525–527**; Ausstattg **516** 4 f; belohnende **516** 4 b aa; Berechng des AnfangsVerm bei ZugewGemsch **1374** 3 c, des EndVerm **1375** 3 a; Beweislast **516** 8; unter Eheg **516** 4 b bb, **1372** 1 b aa; eines Eheg aus Gesamtgut **1425** 2; durch Eltern aus KindesVerm **1641**, bei Erbvertr **2287**; Form **518**; gemischte s dort; aus Gesamtgut der Gütergemsch **1425** 2; grober Undank **530–533**; Haftg des Schenkers **521–524**; Handschenkg **516** 1 b, **518** 1 a, 2 b; IPR EG 28 4 c; an Kinder, Verwaltg dch Eltern **1639**; Minderjährige **110** 4; Notbedarfseinrede **519**; an Ordensangehörige EG 87; Pacht u – Einf 2 h vor **581**; Pflichtteilsergänzung **2325**; einer Rente **520**; Rechtsmängel **523** 1, 2; Rückfg wegen Bedürftigk **528**; RückfdgsRecht, Ausschluß **527** 2 a dd, **529** 1; Schuldversprechen od -anerkenntnis **518** 5 a aa, **2301** 2 c; des TestVollstr **2205** 4; von Todes wegen **518** 1 a, **2301**; IPR EG 25 3 a dd; verschleierte **516** 7 a; Verzug **521** 2; Verzugszinsen **522** 1; Vollziehg **518** 5 a, dch Vorerben **2113** 2; dch Vormund **1804**; Wegfall der GschGrdlage **242** 6 D e; Widerruf **530–533**; zw Eheg **1372** 1 b aa; zinsloses Darlehen **516** 4 b aa; Zuwendg **516** 2
Schenkungsversprechen, Annahme **518** 2; Begriff **518** 2 a; eines Eheg bei Gütergemsch **1425** 3; Form **516** 7 b, **518** 1, 4; Haftg des Schenkers bei arglist Verschweigen von Fehlern **524** 3; Heilg durch Vollziehg **518** 5; mehrere **519** 3; Notbedarf **519** 1, 2; auf den Todesfall **2301**
Scherz, Begriff **116** 1; – Testament **1937** 2
Schichtarbeit 611 3 c dd
Schickschulden 269 1 c; Annahmeverzug **243** 3, **300** 3 c; Geld **270**
Schiedsgericht bei Streitigk von Vereinsmitgl **25** 4 e cc; von WohngsEigtümern WEG **43** 1; Verj der vor S gehörden Anspr **220**
Schiedsgutachten 317 2 b; formularmäß Klausel AGBG **9** 7 s; Unbilligk, Unrichtigk **319** 2; Vertr **317** 2 b
Schiedsgutachter 317 2 b; Vertrag **675** 3 a, **839** 8 a
Schiedsmann, Amtspflichtverletzg **839** 2 A a, 15
Schiedsrichter, bei Erbauseinandersetzung **2042** 2; bei Vereinen **25** 4 a cc; Haftg **276** 4 C e; Vertrag Einf 4 b vor **611**, Einf 4 a, **675** 3 a; Kündigg **627** 1; bei letztwilligen Verfüggen **1937** 3 b, **2065** 3 c, **2074** 2, **2084** 1; TestVollstr als – Einf 3 a vor **2197**
Schiedsvertrag, Anfechtg **119** 1 c; Begriff **317** 2 d; und Hauptvertrag **139** 5 b; formularmäßiger AGBG **9** 7 s; Rechtsverstöße **134** 3 a; bei WohngsEigt WEG **10** 2 a, **43** 1
Schiff, ArbeitsR Einf 4 b ee vor **611**, IPR EG 30; Begriff **929 a** 1 a aa; EigtErwerb **929 a** 1 d, 2, gutgläub **932 a**; Belastg **929 a** 1 e; Vfg bei GüterGemsch **1424**; ZusStoß IPR EG 38 2 c ff, Anh 1; ZwVollstr **929 a** 1 f

Schiffsbanken s HypBanken
Schiffsbauwerk 929 a 1 a bb; Vfg bei GüterGemsch **1424**
Schiffsliegestellen, ZustandsHaftg **823** 14
Schiffspart 929 a 1 a cc
Schiffspfandbriefe, s HypPfdBriefe
Schiffsregister, 929 a 1 b; Eintr bei GüterGemsch **1416** 4
Schiffsurkunden 929 a 1 c
Schikane 226
Schleichwerbung bei Fernsehübertragung **812** 5 Ba
Schleppvertrag Einf 5 vor **631**
Schlüssel s Wohngsschlüssel
Schlüsselgewalt (Geschäfte zur Deckg des Lebensbedarfs) **1357**; ärztl Behandlg der Ehefrau **677** 3 e; Entstehen einer einf FdgGemsch **432** 1 a; IPR EG 14 4 b, 16 3
Schlüsselübergabe, Besitzerwerb dch **854** 3
Schlußerbe beim ErbVertr **2280** 1; beim gemsch Testament **2269** 1 b
Schlußrechnung bei NachlPflegsch **1960** 5 g; des Vormunds **1890–1892**; beim Werkvertrag **632** 1
Schlußzahlung beim Werkvertrag **641** 3
Schmerzensgeld 847; Geldschuld **288** 1; MitVerschulden **254** 4 c, **847** 1 c; Pflegerbestellg zur Geltdmachg **1910** 2 c; bei VerkDelikten **847** 1 b; bei Verletzg des PersönlichkR **823** 14 F; vertragl Anerkenng **847** 5 b; Verletzg des UrhR **687** 2 c, **847** 1; Vererblichk **847** 5; Verzinsg **290** 1, **291** 1; Zugew **1375** 2
Schmiergeld im Arbeitsverh **611** 4 d aa; Herausgabe an Auftraggeber **667** 3 a; bei Geschäftsführg oA **687** 2 a; und Schadensersatzpflicht Vorb 8 b c vor **249**; Sittenwidrigk **138** 5 p, **826** 8 p; Verstoß gg UWG **134** 3 a
Schmuck der Ehefrau, Eigentum **1362** 3
Schmuggel, Vertrag **138** 5 p
Schneeballsystem 762 1; Kundenwerbg **138** 5 p
Schockschäden Vorb 5 B d vor **249**
Schönheitsreparaturen 326 3 b, bb, **536** 4 c, AGBG **9** 7 m
Schornsteinfeger: Haftg **276** 4 C e; Vertrag Einf 5 vor **631**, **839** 15
Schoßfall, Begriff **1925** 2, **1926** 2
Schrankfachvertrag Einf 2 d vor **535**, Einf 2 vor **688**; Besitz **866** 1; Verpfändg **1205** 5, **1206** 2
Schriftform, AbzahlgsGesch AbzG **1 a**; Aufhebg der vereinbarten **125** 4 c; Blankounterschr **126** 3 b; Briefwechsel **127** 1; Ersatz der Unterschr **126** 6; gesetzl **126** 1; bei Kündigg von Wohnraum **542** 3; **564 a**; bei Mietvertrag **566**; Telegramm **127** 2; Unterschr, eigenhändige **126** 3 c, bei Test **2247** 3, 5; vereinbarte **127** 1, 2; Vereinbg dch AGB-Klausel AGBG **5** 2 c, **11** 16; Vorbehalt für Ändg eines OHG-Vertr **127** 1; s auch unter „Form"
Schriftstück, Verweigerg der Annahme **130** 6 a; Zugehen **130** 2
Schülerlotse 839 15
Schulbaulast EG **132** 1
Schulbesuch des Kindes, Bestimmg dch Eltern **1631**, **1631 a**, **1610** 4 a
Schuld, Anerkenntn des Erlöschens **371** 2; Begriff Einl 3 vor **241**; geteilte **420** 1; u Haftg Einl 3 vor **241**; Häufg Übbl 5 a vor **420**; Verteilg der Leistg auf mehrere Schulden **366**, **367**
Schuldanerkenntnis 781; Abrechng **782** 2; bei Abtretung **404** 4; Beweiserleichterg **781** 2 b; Beweislast **782** 5; deklaratorische Wirkg **781** 2 a; Einreden u Einwendgen **782** 4; Einrede der ungerechtf Bereicherg **780** 6 c, **781** 2 a; Form **781** 3; Formfreiheit **782** 1; über Grd des Anspr **781** 2 a; konstituti-

2617

Schuldausspruch   Fette Zahlen = §§

ve Wirkg **781** 2a; negatives **397** 3; prozessuales Einf 3 vor **780**, **781** 2a; Rückforderg **812** 2b; Saldoanerk **781** 2d; Schuldbestätiggsvertr Einf **3** vor **780**, **781** 2a, b, c; durch Umdeutg **781** 3; ungerechtf Bereicherg Einf 2b vor **780**; **812** 2b
Schuldausspruch bei Ehescheidg nach ausländR EG **17** 2b, 5
Schuldbefreiung, s unter Befreiungsanspruch
Schuldbeitritt Übbl 2 vor **414**, Einf 3b vor **765**, **766** 3
Schuldbuchforderung **236**, **1815** 1b, **2117**, **2118**, EG **97** 2; Verpfändg **1293** 1
Schuldnerverzug 284 ff, bei gegenseitigem Vertrag **326**; Androhg der Leistgsablehng **326** 5c; Androhg des Rücktritts **326** 5c; Beginn **284** 5b; Begriff **284** 1, **285** 1; Erfüllgsanspruch neben Anspruch auf Verzögersschaden **326** 2b; Einrede d nichterf Vertrages **326** 2a; Fristsetzg **326** 5; Haftgserweiterg **287** 1, 2; HaftgsBeschränkg dch AGB AGBG **11** 8; Heilg **284** 6; Interessewegfall **326** 6c; Leistgsablehng **326** 6b; Mahng **284** 3, **326** 5a bb; Nachfrist, fruchtloser Ablauf **326** 7; im öffentl Recht **284** 1b; Rücktritt **326** 8d; Nachfristsetzg mit Erkl der Ablehng **326** 5; SchadErs wg NichtErf **326** 2c, 8c; Unterhalt **1613**; neben verschärfter BereichergsHaftg **818** 7d, **819** 4b, **820** 3b; VertrTreue des Gläub **326** 4
Schuldprinzip im ScheidungsR Einf 2 vor **1564**
Schuldrechtlicher Versorgungsausgleich: Abfindg künft AusglAnspr **1587l** 1; AbfindgsAnspr **1587l** 2, Aussohl der Abfindg HRG **2** 3; abschließde Aufzählg **1587f** 2; Abtretg von VersorgsAnspr **1587i** 1, 2; Anrechng der Abfindg **1587n** 1; AntrErfordern **1587f** 1; Anwendbark von UnterhAnsprVorschr **1587k** 2; Aufhebg u Änderg rechtskr Entscheidgen **1587i** 1; AusglRente **1587g** 2; AuskAnspr **1587k** 2; Ausschluß der Barabfindg **1587l** 4; Ausschluß v Übertraggs-Beschränkgen **1587i** 2; BewertgsStichtag **1587g** 2; Entstehg der ZahlgsPfl **1587g** 2; Fälligk **1587g** 2; fehlende Bedürftigk **1587h** 2; Form der Abfindg **1587l** 4; Geltendmachg des AbtretgsAnspr **1587i** 2; Höhe der Abfindg **1587l** 3, der Geldrente **1587g** 2; modifizierter HRG **2**; Nachteile **1587f** 1; nachträgl Wertänderg der VersorgsAnwartsch **1587g** 1, 2; Pfändg des RentenAnspr **1587i** 1; Ratenzahlg der Abfindg **1587l** 4; Rechtshängigk des AusglAnspr **1587k** 2; Rechtsnatur **1587g** 1; Rückfall abgetretener Anspr **1587k** 3; Schadensers wg Nichterfüll **1587k** 2, 3; Schadensers-Anspr **1587m** 1; Tatbestände **1587f** 2; Tod des Berechtigten **1587k** 2, 3, **1587m** 1; Tod des Verpflichteten **1587k** 3, **1587m** 1; unbillige Härte **1587h** 2; UnterhAnspr **1587n** 1; Unzulänglichk **1587f** 1; Urteilstenor **1587g** 3; Vereinbarg **1587o** 3; Verfahren **1587g** 3; Verh zum UnterhAnspr **1587g** 1; Verhinderg der Entstehg eigener VersorggsAnspr dch den Berechtigten **1587h** 3; Verlust des AusglAnspr **1587h** 1; Verzug **1587k** 2; Voraussetzungen **1587f** 1; Wiederheirat **1587h** 2, **1587k** 2, 3; Zahlg einer Geldrente **1587g** 1; ZahlgsWeise **1587k** 2; Zeitwert der VersorggsTitel **1587l** 3; Ziel **1587l** 1; Zweckbindg der Abfindg **1587l** 4
Schuldschein, Begriff **952** 2; über Darlehen **607** 4; Eigentum **371** 1, **952**; Rückgabeanspr **371** 1, 2
Schuldstatut im IPR EG **27**, **28**
Schuldübernahme, allg Übbl vor **414**; Abstraktheit **417** 3; Anfechtung **143** 4a; befreiende Übbl 1 vor **414**, **414** 1; Einwendungen des Übern **417** 1b, 3; Erfüllgsübern **329**; Erlöschen der Nebenrechte **418** 1; Form **313** 4d, Übbl 1, 2 vor **414**, **414** 1, **415**

1; Genehmigg des Gläub **415** 2b; bei GrdstVeräußerg **313** 4b; Hyp **416** 1, **419** 4a; IPR **33** 4; kumulative Übbl 2a vor **414**; Lastenausgleich **415** 1; Mitteilg an Gläub **415** 2, **416** 2; Stellg des Übern gegenüber Gläub **417**; Verjährg Übbl 2a vor **414**; Vermögensübernahme **419** 1; Verpflichtgsvertrag Übbl 1 vor **414**, **414** 1; Vertrag zwischen Gläub u Schuldner Übbl 1 vor **414**, **414** 1; Vertrag zwischen Schuldner u Übernehmer Übbl 1 vor **414**, **415** 1; Vorzugsrecht **418** 1
Schuldumschaffung, Annahme an Erfüllgs Statt **364** 2b, 3; Begriff **305** 2, 4; bei Darlehen **607** 2b, c; bei SchuldVerspr **780** 4
Schuldverhältnis, Abänderungsvertrag **305** 2; AnwendgsBereich Einl 6 vor **241**; Arten Einl 1–6 vor **305**, Übbl 1, 2 vor **433**; Aufhebg **305** 3; Ausgestaltg Einl 1d vor **241**; Begriff Einl 1 vor **241**; Begründg dch Vertrag Einf vor **305**, **305** 1; Entstehg Einl 1c vor **241**, Einl 2–6 vor **305**; Dauerschuldverh Einl 5 vor **241**; Erlöschen Übbl vor **362**, **362** 1, **364** 1–3; Inhalt Einl 1e vor **241**; Inhaltsänderg bei Leistgsstörg Vorb 1e vor **275**; IPR vertragl EG **27**–**37**, außervertragl EG **38**; öffentl Recht Einl 6b vor **241**; Rechtsbindg Einl 2 vor **241**; Typen Übbl 1 vor **433**; Übergangsvorschr EG **170** 1–4; Übersicht Übbl vor **241**
Schuldvermächtnis, Inhalt **2173** 5
Schuldverschreibungen der BRep Einf 5b vor **793**; der HypBanken Einf 5c vor **793**; Orderschuldverschreibgen **808a**; s a InhSchuldverschreibg
Schuldversprechen 780; Abgabe erfüllshalber Einf 1a vor **780**; auf Grund Abrechng **782** 2; Begründg, selbständ **780** 2; Beweiserleichterg **781** 2b; Beweislast **780** 7, **782** 5; zG eines Dr **780** 2b; Einredewirkg **780** 5d, **782** 4; Einwendgen **780**, **782** 4; an Erfüll Statt **780** 4; Form **780** 3, **782** 1; mündl Nebenabreden **780** 1; Rückforderg **812** 2b; Selbständk, Grdsatz Einf 2 vor **780**, Ausnahmen **780** 6b; durch Umdeutg **780** 2c; Umschaffg Einf 2 vor **780**, **780** 4; Vergleich **782** 3
Schule, Haftg für Schäden **276** 8, **839** 15 (Schulen)
Schußwaffengebrauch bei Notwehr **227** 3b
Schutzbereich der verletzten Norm Vorb 5 A d vor **249**, **254** 3a cc, **823** 12a
Schutzgesetz, Begriff **823** 9
Schutzpflichten 242 3 B c; Verletzg **276** 6 B d, 7 C b; durch ErfGeh **278** 4b
Schutzrechte, gewerbl als Zubehör **314** 1
Schutzwirkung, Verträge mit – zugunsten Dritter **328** 3, Einzelfälle **328** 4
Schutzzwecklehre im SchadErsR Vorb 5 A d vor **249**
Schwachsinn 6 2; **104** 3
Schwägerschaft, Begriff EheG **4** 3, **1590** 2; Begriff, Anwendbark auf frühere Reichsges EG **51**; Ehenichtigk EheG **21** 1, 2; Eheverbot, trennendes EheG **4**; Befreig durch VormschG EheG **4** 6; Geltgsgebiet Übbl 4 vor **1589**
Schwangerschaft, EheaufhebgsGrd EheG **32** 2a; der nichtehel Mutter, Verpflichtgen des Vaters **1615k**, **1615l**; Verschweigen bei Arbeitsvertragsabschluß **123** 2c bb
Schwangerschaftsabbruch, **823** 8 B (Ärzte); Verstoß gg gesetzl Verbot **134** 3a aa; Fortzahlg der Vergütg **616** 2, 4; Zustimmg des and Eheg **1353** 2b aa
Schwarzarbeit 134 3a ee, **252** 1c, **254** 3a dd, **276** 5 C, **611** 2, **631** 1b
Schwarzfahrt, Haftg **823** 14 unter Kraftverkehr d; Haftg f Gehilfen **831** 2 C i, **278** 6d; mit Dienstwagen **839** 2c cc

Magere Zahlen = Erläuterungen **Soldaten**

Schwarzkauf 117 3, 138 5s, 313 9b aa
Schwarzmarktgeschäft 817 3c aa
Schwebende Unwirksamkeit Übbl 4c vor 104
Schweigen, auf Bestätiggsschreiben 148 2; IPR EG 31 3b; Klauseln in AGB, die – als WillErkl fingieren AGBG **10** 5; als WillErkl Einf 3 vor **116**; und Willensmängel Einf 3c cc vor **116**; als Zustimmung bei AGB AGBG **2** 4, 6
Schweigepflicht des Arztes, Haftg wg Verletzg dch Hilfspersonen **278** 6a; ggü umgangsberechtigten Eltern **1634** 2d
Schweizer Goldhypotheken 1113 6
Schwengelrecht EG 124 3
Schwerbehinderter Einf 8f vor **611**; Beschäftiggspflicht **611** 10; Kündiggsschutz Vorb 3b vor **620**, **626** 2e
Schwerwiegende Zweifel an der Vaterschaft **1600** o 2b
Schwimmbad, Miete Einf 3b vor **535**
Seeleute Einf 4b ee vor **611**, **617** 3; Kündigg **622** 1b, **626** 1b
Seeschiff, nicht eingetragene **929a**
Seetestament 2251
Seeverschollenheit VerschG 5
Sektionsklausel 1968 2c
Selbstaufopferung 677 3, 904 1
Selbstbedienung, VertrSchluß 145 4c; Übereygn bei **929** 2a
Selbstbehalt, Begriff **1603** 1; bei GetrLeben **1361** 2c; nach Scheidg **1581** 5b aa, dd, **1582** 5; ggü Kindern **1603** 1c bb, 2b dd, 3a, 4a bb; im Rahmen der Unterhaltssätze **1610** 1
Selbstbelieferungsklausel 157 4; 279 3b; 433 2b cc, AGBG **10** 3d
Selbsthilfe 229; Besitz 859, mittelbarer 869 2; Besitzdiener **860** 1, 2; Eigenmacht, verb **859** 1; Grenzen **230** 1–3; vermeintliche, Schadenersatz **231** 1; des Vermieters **561**; vertragl Erweiterg **229** 1
Selbsthilfeverkauf 383, 384
Selbstkontrahieren 181; entspr Anwend, Einschränkg **107** 1, **181** 4, 5; bei GesellschBeschl/Vertr **181** 4c; IPR EG 32 Anh 2; des NachlPflegers **1960** 5c; bei Schenkg von vTw **2301** 3a bb; Sittenwidrigk **138** 5t; des TestVollstr **2205** 3c; bei Vertretg des Kindes **1629** 4, **1795** 1
Sequestration Einf 3a vor 688
Serologische Begutachtung bei Vaterschaftsfeststellg Einf 3b vor **1591**, **1591** 4, **1600** o 2
Sexualkundeunterricht Einf 3a vor **1626**
Sicherheitsgurt, Nichtverwendg als Mitverschulden **254** 3a ee; Verletzg dch Übbl 3b cc vor **903**
Sicherheitsleistung zur Abwendg des ZbRechts **273** 8; für Amtsführ EG 90, 91; Austauschrecht **235** 1; bewegl Sachen **237** 1; Buchforderungen **236** 1; durch Bürgen **239** 1; Ergänzgspflicht **240** 1; geeignete Wertpapiere **234** 1; Gefährdg des KindVermög **1667** 3; Hinterlegg **233** 1; Höhe Übbl 3 vor **232**; Hypotheken, Grund- u Rentenschulden **238** 1; des Mieters **562**, **572**; Mittel **232** 1; NachlVerwalter **1986** 2; Nießbraucher **1051** 1, wegen Unterh für geschied Eheg **1585a**; UnterhVertr **1585c** 2g; Verpflichtg Übbl 2 vor **232**; Vorerbe **2128**; Vormund **1844**; Vfgen bei ZugewinnausglFdg **1382, 1389, 1390** 5; Zweck Übbl 1 vor **232**
Sicherungsabtretung 398 6, keine stillschw auflösde Bdgg **158** 2; Lohn/GehaltsAnspr AGBG **9** 71
Sicherungseigentum s SichgÜbereign
Sicherungsgrundschuld 1191 3; AGB-Klauseln **1191** 3k; Einreden aus SichgVertr **1191** 3d; gesicherte Fdg **1191** 3a cc; GBEintragg **1191** 3a bb;

GläubBefriedigg **1191** 3h; Nichtakzessorietät **1191** 3c; Nichtvalutierg **1191** 3c aa, 3d bb; Rückgewähr **1191** 3e; SichgVertr **1191** 3b; Übertragg von GrdSch/Fdg **1191** 3c cc, 3d cc; Verwertg **1191** 3i; ZwVerst des Grdst **1191** 3f
Sicherungshypothek, Übbl 2 B b vor **1113**, **1184**; Abhängigk von Fdg **1184** 2; Abweichen von Verkehrshyp **1185** 1, 2; Arresthyp, Umwandlg in Zwangshyp **1186** 1; f Bauwerkunternehmer **648**; Beweislast für Entstehen u Bestehen der Fdg **1184** 3; Buchhyp **1185** 1; Entstehg **1184** 4; kraft Gesetzes **1287** 2; Fdgsauswechslg **1184** 2; Grundbuchvertreter **1189**; Höchstbetragshyp **1190**; für öffr Körperschaften EG **91** 1; Umwandlg **1186**; s a WertpapHyp
Sicherungsnießbrauch 1030 4c
Sicherungsübereignung, 930 4; Begriff **930** 4a; BesVerh **868** 2b bb, **872** 1; u Bürgsch **776** 2b; EigtVermutg **1006** 2a; gesicherte Fdg **930** 4b aa; NebenR **401** 3a; SichgGut **930** 4b bb, im Konk **930** 4f, RückÜbereigng **930** 4b cc, Übereigng **930** 4b cc, im Vergl **930** 4g, Verwertg **930** 4d, in der ZwVollstr **930** 4e; SichgVertr **930** 4b bb; Sittenwidrigk **138** 1e, 5i, 5k, 5q, **930** 4b bb
Sicherungsvereinbarung bei SichgsÜbereigng **930** 4b bb, bei SichgsGrdSchuld **1191** 3b bb
Siedlervertrag 675 3c
Sielrecht EG 66
Sittenwidrigkeit 138 1–5, **826** 2; Abrede über Unterhalt nach Scheidg **138** 5d; Anspr des geschädigten Dritten **138** 3c; Arglisteinrede, allg **826** 6, 8a; Arglist bei Vertragsschluß **826** 8b; Auskünfte, unwahre **826** 8c; Ausschluß dch Sondergesetze **826** 7B; Begriff **138** 1b; BereichergsAnspr **817**; Berufg auf eigenen **138** 1g; Boykott **826** 8u cc; bei dingl Geschäften Einl 4b bb vor **854**; Direktverkäufe **826** 8 u hh; ehrenwörtl Bindg **138** 5e; Einzelfälle **138** 5, **826** 8; Ersatzberecht **826** 4; Erbvertr Übbl 6 vor **2274, 2277** 5b, **2298** 1; Fahrlk **826** 3d; Formmangel, Berufg auf **826** 8g; Gewinn übermäß **138** 2a gg; Geschäftsgegner **138** 2; Gläubigerbenachteiligg **138** 5i, **826** 8i; der Globalzession **398** 6c; Glückspiel, Förderg **138** 5j; Kartelle **826** 8j; KnebelgsVertr **138** 5h, **826** 8i bb; KreditsichergsVertr **826** 8i bb; Kündigg des ArbVerh **138** 5m, Vorb 2d aa vor **620**; letztw Vfg **138** 5f, **1937** 5; LohnschiebgsVertr **138** 5i, **826** 8i aa; Mißbrauch formaler Rechtsstellg **138** 2e; Mißbrauch der Machtstellg **138** 5n; Monopolstellg, Ausnutzg **138** 5n, **826** 8j; Praxisverkauf **138** 5o; Preisunterbietg **826** 8u gg; Prozeßführg **828** 8n; SchadErsPfl **138** 2c, 3c, **826** 2; Schmiergelder **138** 5p; Standespfl, Verstoß gg **138** 5r; Teilzahlgs-Kredit **138** 2b; Treuebruch **138** 5t; ungerechtfert Bereicherg **817**; Urteilsmißbrauch **826** 8o; Vereinssatzg **25** 2b; Vfgen vTw **138** 5f, **1937** 5; Verhalten bes leichtfertiges **826** 2g; Vermächtn **2171** 2; VertrVerletzg **826** 8r; Verzicht auf Unpfändbark **138** 5k; UmgehgsGesch zur Vereitelg des VorkR **138** 5t, **506** 2; Vorsatz **826** 3a; Wucher s dort
Sitz des Vereins **24** 1
Sitzverlegung einer Gesellsch aus der DDR in die BRep EG 38 Anh II 5b; ausländ Aktiengesellsch u inländ Zweigniederlass nach EG **12** Anh 2; des Vereins **24** 1
Skisport 276 4 C e, 823 8 B; Verein **21** 1b
Skontration 387 8a
Software 433 1c cc, 459 5d, 469 2b aa, 2a vor **535**, **535** 1b, 5 vor **631**
Soldaten, Dienstfahrt 823 8 B; s auch „Wehrmachtsangehörige", „Zeitsoldaten"

Sonderanknüpfung

Fette Zahlen = §§

Sonderanknüpfung im SchuldR EG **34**
Sonderbedarf, bei Getrenntleben **1361** 5 b bb; KindesUnterh **1613** 2 d; nach Scheidg **1578** 3 a
Sondereigentum, Abgeschlossenheit WEG **3** 2 b; an wesentl Bestandteilen **93** 6; Aufhebg WEG **4** 3; Austausch WEG **6** 1; Begründg WEG **3, 4, 8**; Belastg **6**, Gegenstand WEG **5** 1; Inhalt WEG **13** 1; Inhaltsänderg WEG **10** 2 a; Kfz-Stellplatz WEG **3** 2 b; MitSE WEG **5** 2; Übertragg WEG **6** 1; Umwandlg in GemschE WEG **5** 1
Sondererbfolge, kraft AnerbenR, HeimstättenR **1922** 2, GesellschR **1922** 3 c–g, **2032** 5, 6
Sondergut bei Gütergemsch **1417**, bei fortg Gütergemsch **1486** 2, 3; Ausgleichg zw Gesamtg u Sonderg **1445, 1446**; Bestandteile **1417** 2; Haftg für Verbindlichk **1437** 3, 4, **1440, 1462**; Haftg für Verbindlichk aus Erbsch od Vermächtn **1439, 1461**; Haftung des Eheg im Innenverh **1441, 1463, 1464**; Inventarerrichtg **1455**; Verwaltg **1417** 3; Verwendungen in oder aus Sondergut **1446, 1467, 1468**
Sonderkonto Einf 3 o vor **607**
Sondernutzungsrecht WEG **15** 2 d
Sonderopfer, Aufopferg Übbl 3 b cc vor **903**; Enteigng Übbl 2 A b bb vor **903**
Sonderrecht der Vereinsmitglieder **35**
Sonderurlaub 611 12
Sonderverbindungen, Haftg **276** 8 a; schuldrechtl Haftg für Erfüllungsgehilfen **278** 1 b, **242** 1 c
Sondervermögen, IPR EG **3** 4 c
Sonnabend, Fristablauf am S **193** 1, 2; Anwendg bei Kündigg v Grdst, Wohnräumen **565** 2, 3, **565** c 2
Sonntag, Fristabl f WillErklärg **193** 1, 2; Kündigung von Dienstverträgen **193** 2
Sorgerecht s PersSorgeR, Kindesvermögen, gemeinsame SorgeR
Sorgfalt unter Eheg **1359**; wie in eigenen Angelegenh **277** 3; zw Eltern u Kindern **1664**; erforderl **276** 4 B; VorE **2131**
Sozialadäquates Verhalten 823 6 B f
Sozialbindung des Eigt Übbl 2 A b vor **903**
Soziales Mietrecht Einf 13 vor **535**
Sozialhilfe, ErsAnspr des Trägers der S **677** 1 f, Einf 1 e, 6 vor **812**, Einf 5 b vor **1601**, **1613** 2; gg Erben Einf 8 vor **1967**; Träger der S als Erbe **2072** 1; Haftg **839** 15; Kostenerstattg zw den Trägern Einf 6 vor **812**; Überleitg von Anspr auf Träger **412** 1, Einf 5 b vor **1601**; Übernahme einer Mietgarantie Übbl 2 a vor **414**; UnterhVerpfl bei lfder S Einl 6 f vor **1601**; Anrechg auf SchadErsAnspr Vorb 7 C c vor **249**
Sozialklausel im Mietrecht **556** a 1, **565** d; bei stillschweigender Verlängerg des Mietverhältnisses **568** 2; bei Kündigg von Werkwohnen **565** d
Sozialstaatsklausel 138 1 b, **242** 1 d dd, Einf 2 a vor AGBG **1**
Sozialtypisches Verhalten, Begründg v Vertr-Verhältn Einf 5 b vor **145**
Sozialversicherung, Darstellg **1587** a 3 B Ziff 2; Fdgsübergang auf Vorb 7 E vor **249**; Lohnabzüge **611** 6 f bb; keine Prozeßzinsen **291** 1; Unfallversicherung **618** 3 e; Verwirkg **242** 9 f; Leistgen der S VortAusgl Vorb 7 C c, E vor **249**
Sozialversicherungsbeiträge, Abzug **611** 6 f bb, Anrechng geleisteter Zahlgen **366** 4 b
Sozialversicherungsträger, Haftg des Unternehmers ggü – **840** 1
Sozialwohnungen, Kündigg **564 b** 5 e; Mieterhöhung Einf 13 c aa vor **535**
Sozietät 705 9 b aa
Spaltgesellschaft EG **38** Anh II 5 a

Spannungsklauseln 245 5 b
Sparguthaben, Anlegg für Mündel bei Großbanken **1811** 1 b; Errichtg zugunsten Dritter **328** 2 b, **331** 1 b, **2301** 4 b; Pfandrecht **1274** 1 b bb
Sparkasse, öffentl EG **99**; Bezeichg EG **99** 1; Einzahlg als Schenkg **518** 3; PostsparkEinlagen, keine Verpfändg **1273** 1; Sparbuch **808** 1, Eigentum **952** 2 b, Legitimationswirkg **808** 1; Sparkasseneinlage Einf 3 o vor **607**; Zinseszins **248** 2
Speditionsvertrag Einf 2 vor **631**; AGB AGBG **9** 7 a; IPR EG **28** 3 b
Sperrjahr f Auskehrg des Vereinsvermögens **51**
Sperrkonto Einf 3 o vor **607**
Sperrvermerk, Kindesvermögen **1642** 2, **1667** 3; Vormd **1809** 2, **1814** 4, **1853**
Spezifikationskauf Einf 3 b vor **433**
Sphärentheorie (d Arbeitsrechts) **293** 2 b, **615** 4,
Spiel 762; Ausspielvertrag **763**; Buchmacher **762** 1 b, **763** 2 c; Darlehen **763** 2; Differenzgeschäft **764**; Nebenverträge **762** 3; öff Glücksspiel **762** 1 a; Spielbank **763** 2 c; Totalisator **763** 2 c; Unverbindlichk **762** 2; verbotenes **762** 4; s auch Wette
Spielautomaten 763 2 c
Sport, Verletzg **254** 6 b, **276** 4 C e, **823** 7, 8 B; als Verhinderg an Dienstleistg **616** Lärm **906** 2 b cc
Sprachkurs, Vertrag Einf 2 a vor **611**
Sprengung, Haftung **823** 14
Spruchrichter, Haftg **839** 8
Staatenloser, Fürsorgemaßn f Kinder **1666** 1; Ges über Rechtsstellg Einl 3 e vor **1297**; IPR EG **5** 3; Übereinkommen über die Rechtsstellg der – EG **5** Anh I
Staatsangehörigkeit, Anknüpfg im IPR EG **5**; angen Kind EG **22** 5; deutsche EG **5** Anh II 1; DDR EG **3** Anh, EG **5** Anh II 1; effektive EG **5** 2 a; mehrfache EG **5** 2; früh Österreicher EG **5** Anh II 1; Sudetendeutsche EG **5** Anh II 1
Staatsanwalt, Amtspflichtverletzg **839** 15; NichtigkKlage EheG **24** 3
Staatsbürgerschaft der DDR EG **3** Anh, **5** Anh II **1**
Staatserbrecht 1936; Erbfall **1942** 3; Ermittlgspflicht des NachlGerichts **1964** 1; Feststellg **1964–1966**; keine Inventarfrist **2011**
Staatshaftung 839 2; Errichtg zugunsten Dritter EG **77** 1; Rückgriff gg Beamten **839** 14, EG **77** 1; in öffrechtl Sonderverbindgen **276** 8
Staatsschuldbuch, Landesgesetzgeb EG **97, 98**
Staatsschulden, Rückzahlg, Umwandlg EG **98**
Staatsverband, Entlassg, Anhörg des Mündels **1827**; v Verwandten **1847**, Genehmigg des VormschG **1821** 1 a
Staatsvermögen, Verringerg **134** 3 a
Staatsverträge, Qualifikationsfragen Einl 8 b vor EG **3**; als Quelle des PrivatR Einl V 1 b vor **1**, des IPR Einl 2 b vor EG **3**; RNorm EG **2** 1; Vorrang vor autonomen deutschen Kollisionsnormen EG **3** 3
Staffelmiete WKSchG (MHRG) **10** 2
Stahlkammermiete s SchrankfachVertr
Standesbeamter, Aufgebot EheG **12**; Bezirk EheG **11** 3; Eheschließg vor – EheG **11** 3, 4; Eintraggen im FamBuch EheG **11** 4 b, **13** 2; Erklärg der Annahme des Mädchennamens dch nichtehel Mutter **1617**; Erklärg über den Begleitnamen **1355** 3 d; Erklärg über den Familiennamen EheG **13** a; Ermächtigg eines and EheG **15** 3; zur Mitwirkg bereiter EheG **15** 3; Nichtmitwirken bei Eheschließg Einf 1 vor EheG **11**, Einf 1 a vor EheG **16**; Zuständig EheG **15**
Standespflicht, dagegen verstoßende Geschäfte **138** 5 r

Magere Zahlen = Erläuterungen **Subunternehmer**

Statiker, Art des Vertrages, Haftg Einf 5 vor **631**; Konkurrenz mit Haftg des Architekten Vorb 3 e vor **633**; SichergsHyp **648** 2a; Verjährg HonorarAnspr **196** 8, SchadErsAnspr **638** 2c
Statutenwechsel, IPR (allg) Einl 6 b vor EG **3**
Stellungssuche, Freizeit bei Dienstverhältnis **629**
Stellvertretung, s Vertretg
Sterilisation, Einwilligg des SorgeBerecht **1631** 1; Fortzahlg der Vergütg **616** 2, 4; SchadErs bei Fehlschlagen Vorb 3 n vor **249**, **823** 8 B „Ärzte", Schutzwirkg des Vertr zG des Eheg **328** 4 b
Steuerberater/bevollmächtigter, Einf 2 a vor **611**, Einf 5 vor **631**, **675** 3 a; Belehrspflicht **662** 5 a; formularmäß Klauseln AGBG **9** 7 s; SchadErs wg VertrVerletzg **276** 4 C e; Verjährgsbeginn **198** 2, Hinweispfl auf Übbl 5 c vor **194**; Praxisverkauf **138** 5 r, **459** 2 a; verbotene Tätigkeit **134** 3 a; VerschwiegenhPfl ggü Erben **1922** 4 d
Steuerersparnis, begrenztes Realsplitting **1569** 3 c bb; als VortAusgl Vorb 7 D d vor **249**
Steuerhinterziehung 134 3 a, **138** 5 s
Steuern, FamilienlastenAusgl Einf 3 f vor **1601**; bei Nießbr **1047** 3; Realsplitting bei Ehegatten **1353** 2 b dd, **1569** 3, **1577** 1, **1581** 2 b; u SchadErs **249** 4 a, **252** 3; im StiftgsR Vorb 3 vor **80**; beim Todesfall Einl 8, 9 vor **1922**; im UnterhR **1603** 2 b cc; bei Vorerbsch Einl 8 a vor **1922**, Einf 4 vor **2100**, **2124** 2, **2126** 1; Vererbg der Steuerpflicht **1922** 3 a oo, **1967** 2, **2311** 2 a; Bedeutg für VA **1587 a** 1; Verwirkg **242** 5 f dd
Steuernachteile als Schaden **249** 4 a
Stiefkinder Übbl 2 vor **1589**; **1741** 3; Anspr bei Zugewinngemeinsch auf Ausbildungsbeihilfe **1371** 3; keine Dienstleistgspflicht **1619** 2 a; Schutz vor Herausgabe **1632** 3 b dd; Unterhalt **1360 a** 1 b
Stiftung 80 ff; Anwendbark des Vereinsrechts **86** 1; Aufhebg **87** 1, 2; Aufsicht **85** 1; Stiftg & Co KG Vorbem 3 c vor **80**; Entstehg **80** 1; Erbfähigk **1923** 1, **2101** 3; Erlöschen **87** 1; Errichtg dch Erbvertr **83** 1, **1942** 1; Familien-Vorb vor **80**, EG **59** 1 b; Besteuerg Einl 8 a vor **1922**; Fideikommißauflösgsstiftg Vorb 1 vor **80**, **80** 1, **85** 1, **87** 1, **88** 1; Genehmigg **80** 1, **63**, **84**; Genußberechtigte **85** 3; GmbH zur Verwaltg von Stiftgsvermögen Vorb 1 vor **80**; Haftg **89** 1; Haftg des Stifters **82** 1; Konkurs **86** 1; Landesrecht Vorb 1 d vor **80**; milde Vorb 1 vor **80**; des öff Rechts Vorb 1 vor **80**; privatrechtliche Vorb 1 vor **80**, **86** 2; Rückwirkg der Genehmigg **84** 1; Staatsaufsicht **85** 1; Sitz **80**; SteuerR Vorb 3 vor **80**; Stiftungsgeschäft s dort; TestVollstr für Stiftg als Alleinerbin **2209** 4; Unmöglichwerden des Zwecks **87** 2; unselbständige Vorb vor **80**; Umwandlg **87** 1, 2; Verein mit Stiftgscharakter **21** 1; Verfassg **85** 1; VermögAnfall bei Auflösg **88** 1, EG **85** 2; Vermögensübergang **82** 1; Widerrufsrecht **81** 2; Zweckänderg **87**
Stiftungsgeschäft 81; Auslegg **85** 2; Genehmiggserfordernis **80** 1; dch Vfg vTw **83** 1
Stille Gesellschaft 705 8; Beteiligg Minderjähriger **1822** 4 b; Vererblichk der RStellg des stillen Gters **1922** 3 f; Verw dch TestVollstr **2205** 2 e
Stillschweigender Haftungsausschluß 254 6 a
Stillschweigende Vollmacht 167 1, der Ehegatten **1357** 2
Stillschweigende Willenserklärung Einf 3 vor **116**
Stillschweigende Zusicherung einer Eigensch beim Kauf **459** 7
Stimmrecht der Miterben **2038** 2 c; bei Gemeinschaft **745** 1; der Gesellschafter Vorb 5 c vor **709**; Verstoß gg Regelg **134** 3 a, des Pfandgläubigers **1274** 1 c dd; der Vereinsmitgl bei Interessenwiderstreit **34** 1; der WohnungsEigentümer WEG **25** 2 a
Stimmrechtskonsortium, Vererblichkeit der Rechte der Konsortengesellschafter **1922** 3 g, **2032** 8
Stockwerkseigentum, EG **131**, EG **182**
Störer 1004 4
Strafantrag des Kindes **1626** 4 a bb, **1629** 5 a, 6
Strafgedinge, selbständiges Vorb 2 a vor **339**
Strafgesetz, Verstoß gegen **134** 2 a, **138** 5 s, **823** 9 f
Strafrichter, Amtspflichtverletzg **839** 5 c gg
Strafverfahren, Kostentragg im Innenverh der Eheg **1441**, **1463**; Kostenvorschußpflicht der Eheg **1360 a** 3; Kosten als Schaden Vorb 5 B n vor **249**; als NachlVerbindlichk Einf 6 vor **1967**
Strafverteidiger, Vertr Einf 2 a vor **611**; Ers der Kosten als SchadErs Vorb 5 B n vor **249**
Strandrecht Vorb 3 vor **965**; Schatzfund **984** 1
Straße, Entschädigg bei Eingriff in Übbl 2 H g bb vor **903**; GemGebr **903** 5 b; Immission **906** 2 b cc, 4 c aa, 7; Störer **1004** 4 b; hoheitl Tätigk **906** 7 c; Unfall s Straßenverkehr; VerkSichgsPfl **823** 8 B
Straßenbahn, Immission **906** 2 b cc; Sachschäden dch EG **105** 1; Unfall **823** 8 B, 9 f (Straßenbahn)
Straßenbau, Haftg **823** 14; Immission **906** 2 b, 7 c
Straßensperren Übbl 2 H g bb vor **903**
Straßenverkehr, Unfall **823** 8 B (Fußgänger, Kraftverkehr, Radfahrer), Mitverschulden **254** 3 a ee, Quotelg des Schadens **254** 4 b cc; VerkSichgsPfl **823** 8 B (Straße)
Strauch, Grenzstrauch **923**; auf Nachbargrdst **907** 2 a; Überfall **911**; Überhang **910**
Streckengeschäft 3 q vor **433**; Übereigng **929** 3 d
Streifbanddepot, Übereigng, **931** 3 b
Streik Einf 6 b cc vor **611**, **611** 3 e, Vorb 1 e vor **620**, **626** 5 b, **826** 8 k; Haftg für ErfGeh **278** 3 a; ReiseVertr **651 j** 2 b
Streikarbeit 1 e ff vor **620**
Streitverkündung u Mängeleinrede **478**; Unterbrechg der Verjährg **209** 7 e, **215** 1, 2
Streitwert, Ausgleichg unter Miterben **2055** 1; bei Erbteilsklage **2042** 6; bei NachlAnspr **2039** 2 b; bei Schmerzensgeldanspr **847** 5 f; bei UnterlassgsKlage gg AGB-Verwender AGBG **22**; bei Klage des VorE gg NE auf Zust zum GrdStVerkauf **2113** 1 b a
Streupflicht, Rechtsgrundlage u Umfang **823** 8 B (Straße); des Vermieters **536** 4 b; bei WohngsEigt WEG **16** 3 a, **21** 3, 5, **27** 2
Strohmann 117 2 c, Einf 1, 3 vor **164**; ungerechtf Bereicherg **812** 5 B b
Stromkabel, Beschädigg **823** 9 b, Vorb 5 B e vor **249**; s auch Elektrizitätsversorgungsleitungen
Stromkostenboykott 242 1 d aa, **320** 2 e
Stückkauf 243 1
Studienplätze, Tausch **138** 5 k, s auch Parkstudium
Studium, Unterhalt **1610** 4
Stufenklage, Unterhalt **1605** 1
Stumme, notarielle Beurk von Willenserklärgen BeurkG **22**, **24**; TestErrichtg **2229** 6 d aa, **2233** 3, BeurkG **22**, **24**, **29** 2, **30** 4 c
Stundung, RNatur **271** 4 a; vorzeit ErbAusgl **1934 d** 7; ErbErsAnspr **1934 b** 3, **2331 a** 4; des Kaufpreises **452** 3, **454** 3; PflichttAnspr **2331 a**; Unterhalt **1615 i**; VerjHemmg **202** 2; Widerruf **271** 4 d; ZugewAusglFdg **1382**
Substitution, bei Auftr **664** 1
Subunternehmer 631 1 d

2621

Sudetendeutsche

Fette Zahlen = §§

Sudetendeutsche, Erbschein für – 2353 1b, 2369 2d; Staatsangehörig EG 5 Anh II 1
Sukzessivlieferungsvertrag, Begriff Einf 6a vor 305, Einl 5 vor 241, Einf 3m vor 433; Einrede des nicht erfüllten Vertrages 320 2b; Gewährleistgsanspr, Verjährg 477 2, 480 2; Leistgsstörg 6c, 6d vor 305; Teilleistg 266 4a aa; teilweise Unmöglichk 325 5; Verjährg 477 1d dd; VersorggsVertr Einf 6b vor 305; Wiederkehrschuldverhältnis Einf 6a vor 305; s a Schuldverhältnis
Super-Splitting 1587b 4b; **1587 o** 3
Surrogate, Herausg wg ungerechtf Bereicherg 818 4, bei Unmöglichk 281; PfandR 1212 4
Surrogation, Begriff Einl 7 vor 854; dingl Einl 7a vor 854; bei ErbenGemsch 2041; ErbschAnspr 2019; Gesamtgut der GüterGemsch 1473; ErsPfdR 1287; Hausrat bei ZugewGemsch 1370; Kindesvermögen 1638 3, 1646; beim Nießbr 1075; bei PfdR 1212 4, 1219 2, 1247 2; schuldrechtl 281 1a, Einl 7b vor 854; Treuguterwerb 903 6a dd; VorbehGut 1418 3c; Vorerbsch 2111 2

T

Tankstelle, Übereigng bei Selbstbedieng 929 2a; als Zubehör 97 8
Tankstellenvertrag, Kündigg 624 1
Tankwart, Haftg 276 4C c „Kfz-Betr"
Tantieme 611 7b
Tarifliche Ausschlußfrist 242 4C c, **611** 6k
Tariflohn 611 6b
Tarifvertrag Einf 6b vor **611**, Einl V 1d vor **1**; Fristen im TV **186** 2; RNorm Einl V 1d vor **1**; SchriftformKl **126** 1
Taschengeld der Eheg **1360a** 1c; des Kindes **1610** 3b; Pfändg **1360a** 1c; des UnterhSchuldn **1603** 2b
Taschengeldparagraph 110
Tathandlungen, Übbl 2d vor **104**
Tatort IPR EG **38** 2a, s Begehgsort
Tatsachen, Unterdrückg wahrer **123** 2c; Vorspiegelg falscher **123** 2b
Tatsachenbehauptung 824 2, **1004** 5b
Tatsächliche Gesellschaft 705 3d
Tauben, Aneigng EG **130**
Tauber, Begriff BeurkG **22** 2; notarielle Beurkdg von WillensErkl BeurkG **22–24**; von Vfgen von Todes wegen **2229** 6d bb, **2276** 2c, BeurkG **29** 2
Taubstummer, TestErrichtg **2233** 3; unerl Handlg **828, 829**
Taufe des Kindes, fehlende Einigg der Eltern Anh zu **1631** RKEG **2** 1
Tausch 515; Grdst **313** 12 b bb; IPR EG **28** 4b; Wohngstausch **515** 1; WEigt WEG **6** 1
Täuschung, Anfechtung **123**, **124**; von Behörden **138** 5s; durch Dritte **123** 2f; Erbunwürdig **2339** 2c; fahrlässige als c. i. c. **276** 6 B c; Verhältnis zu Sachmängelhaftg **123** 1b, Vorb 2d vor **459**; Vertreter **123** 2f; arglistige als Eheaufhebgsgrund EheG **33**
Taxe 612 3a
Technischer Überwachungsverein, Amtspflichtverletzg **839** 15
Technischer Verbesserungsvorschlag 611 13
Teilbarkeit, Leistg **266** 2b, **432** 1a; NachlÜberschuß **2047** 1; RGesch **139** 4; letztw Vfg **2085** 3
Teilbesitz 865
Teileigentum WEG **1** 2b
Teilerbschein Übbl 1a vor **2353**, **2353** 4
Teilgrundstück, Aufl **925** 5a bb; Enteignung Übbl 2 G a bb vor **903**; Vormerkg **883** 2a, b, **885** 4b

Teilhypothek, Brief **1152**; Rang **1151**
Teilkündigung Vorb 2 vor **620**
Teilleistung 266; Verweigerg der Annahme **295** 2
Teilnehmer, Begriff u Haftg **830** 2
Teilnichtigkeit 139; bei AGB AGBG **6**; bei GesellschaftsVertr **705** 3d; bei sittenwidrigem RGesch **138** 1g; bei letztw Vfg **1937** 5c, **2085**; bei Vfg des VorE über Grdst **2113** 1a
Teilrechtsfähigkeit Einf 1 vor **21**
Teilung der elterl Sorge **1671** 2; des ErbbR ErbbRVO **1** 1a; v Grdst **890** 2; bei GrdDbk **1025**, **1026**; v Hypotheken **1151**; mit VorkR belasteten Grdst **1103** 1; von WEigt WEG **6** 2b
Teilungsanordnung des Erblassers **2048**; Beschränkg des Erben **2306**; Teilgsverbot, zeitl Grenzen **2044** 4; Übernahme eines Landguts **2049** 1; unwirksame ggüb Pflichtteilberecht **2044** 2, **2048** 3
Teilungserklärung WEG **8**; Anwendg des AGBG AGBG **1** 2a, WEG **8** 1
Teilungsversteigerung, Einwilligg des anderen Eheg **1365** 2; Mißbrauch **242** 4 C j; bei NachlAuseinandersetzg **2042** 7, währd Testamentsvollstreckg **2212** 3; Unzulässig währd Ehe **1353** 2b ff; Vorerbsch **2111** 2c; kein VorkaufsR der Miterben **2034** 2a
Teilurlaub 611 12d
Teilvergütung beim Arbeitsvertrag **611** 6n
Teilzahlungsabrede Einl 2b cc vor AbzG **1**
Teilzahlungskredit 607 3d AGB AGBG **9** 7t; Sittenwidrigk **138** 2b; s a Kreditgebühren
Teilzeitarbeitsverhältnis Einf 4a ii vor **611**
Termin, Begriff **186** 1; s a Zeitbestimmg
Testament, AbliefergsPfl **2259**; Anfechtbark **1937** 2, **2078ff**, **2271** 4; Aufbewahrg **2259** 3; Aufhebg **2253ff**, durch Erbvertrag **2289** 3a; Ausländer **2229** 5, EG **25**, **26**; Eröffng **2260** 1c, Verwahrg BeurkG **34** 2; Auslegg **2084**, IPR EG **25** 3a bb; AusleggsRegeln für Bedachte **2066–2073**; Ausschließg von der Mitwirkg bei Errichtg durch Notar BeurkG **3**, **6**, **7**, **16**, **24**, **26**, **27**; Bedachte, Ausschließg BeurkG **27** 4; Bezeichng mehrdeutige **2073**; Bedenken des Notars gg Errichtg BeurkG **11**, **28** 3–5, **30** 2d; Bedingtg **2074–2076**; Begriff **1937**, Übbl **1**, **2** vor **2064**; Berliner Test **2269**; Blinde **2229** 2d, **2233** 2, **2247** 3a, BeurkG **22**, **29** 2; BriefTest **2247** 1c; Bürgermeister Test **2249**; Dolmetscher BeurkG **32** 1b, KonsG **10**, **11** (Anh zu **2231**); Dreizeugen-Test **2250**; Durchschrift als eigenhänd Test **2247** 2; eigenhänd Test, s dort selbst; Einsicht **2264**, BeurkG **34** 6; Entmündigg **2229** 2c, **2230**, **2253** 4; Ergänzg unterbliebene **2086**; Eröffng **2260–2263a**, **2273**, BaWü **2260** 1a; Eröffngsfrist **2263a**; EröffngsVerbot **2263**; Errichtg durch öffentl Test **2231–2233**; BeurkG **27–32**, **35**; Feststellg der Person BeurkG **10**, **28** 1; Form **2231**, IPR EG **26**, Übereinkommen über das auf die Form letztw Vfg anzuwendende Recht EG **26** Anh; Formzweck **2231** 1, **2247** 2; Geltg, Bestimmg der **2065** 2; GemeindeTest **2249**; gemeinschaftl Test s dort selbst; Hinterleggs-Schein **2258b** 2; HinterleggsStellen **2258a**; Irrtum, AnfechtgsGrund **2078** 2; KonsularTest Einf 2 vor **2229**; Lesensunkundige **2233** 2, **2247** 2a, BeurkG **30** 4b; letztw Vfg **1937** 1, Übbl **1**, **2** vor **2064**, s auch letztw Vfg; LuftTest **2250** 1b; MilitärTest Einf 2 vor **2229**; Minderj **2229** 1b, **2233** 1, **2247** 6; Nichtigkeit **1937** 4, 5; Niederschrift über Errichtg **2249** 5, **2250** 3, BeurkG **8–11**, **13**, **16**, **17**, **22–25**, **28–33**; fremdsprachige Niederschrift BeurkG **5**, **32**; Notar als UrkPers **2231** 2, BeurkG Einf 3 vor **1** 1, 2; offenes Test **2232** 2, BeurkG **30**;

Magere Zahlen = Erläuterungen **Todeserklärung**

Nottest 2249–2252; öffentl Test s oben unter „Errichtg"; ordentl Test 2231; Ortsangabe 2247 4, 2267 1; BeurkG 9; persönl Errichtg 2064; Errichtg im Prozeßvergl 2232 1; Rücknahme aus amtl Verwahrg 2256; Schreibhilfe 2247 2a; Schreibunfähigkeit 2232 3c, 2247 2a, BeurkG 24, 29 3; Sittenwidrigkeit 138 5f; 1937 5; Sprechunfähigkeit 2233 4, BeurkG 22, 29 2, 31; Testierunfähigkeit, s dort; Teilunwirksamkeit 2085, BeurkG 27 5; Übergangsvorschr Einf 1 vor 2229, EG 213, 214; Umdeutg 140 3b, 2084 5; Unkenntn der deutschen Sprache BeurkG 16, 32; Unterschrift des Erbl 2247 3, BeurkG 13; Unterschrift der mitwirkenden Personen 13, 22, 24, 25, 35; Unvollständigk des Test 2065 3d, 2086 2; Unwirksamk 1937 4, durch Eheauflösg 2077 2, 3, 2268, durch Verlöbnisauflösg 2077 2c; VerfolgtenTest 2078 7, 2231 2, 2250 5, 2252 3; Verkündg 1944 2d, 2260 2, 2273 2; verlorenes Test 2255 4; Erbscheinerteilg 2356 3, 2359 1; Vernichtg 2255; Verschließg BeurkG 34 2; Verwahrg, amtl 2258a, 2258b, BeurkG 34 3; Verwirkgsklausel 2074 2; Vollmachtserteilg in – 167 1, 1937 3c; Vorbehalt von Nachzetteln 2086 1; WehrmachtsTest Einf 2 vor 2229; Widerruf 2253–2258; Widerrufsbeseitig 2257; Widerrufsanfechtg bei Zurücknahme des Test aus amtl Verwahrg 2081 3, 2256 2; widerspruchsvolle Test 2085 2a; Wiederverheiratungsklauseln 2269 5; Willensmängel 1937 2; Zeitangabe 2247 4, 2267 1, BeurkG 9; Zeugen 2249 4, 5b, 6, 7, 2250 2, 3, BeurkG 22, 24, 25, 26, 27, 29

Testamentsgesetz Einf 1 vor 2229

Testamentsvollstrecker, 2197 ff; Ablehng 2202 1; Abwicklungsvollstreckung 2203 1; Amtsbeendigung 2225, 2226; Annahme 2202 1–3, 2368 1; Anstandsgeschenke 2205 4; Antrag auf Erbscheinerteilg 2353 3b; Anweisgen 2216 3; Arten Einf 1 vor 2197; Aufgaben Einf 3 vor 2197; 2203–2205; Aufhebg der TestVollstreckg als solcher 2227 5; AufsichtsR des NachlG Einf 3a vor 2197, 2216 2; AufwandErs 2218 2e; Auseinandersetzg 2042 4, 2204 1; Auskunfts- u Rechenschaftspfl 2218 2b; ausländ R Einf 7 vor 2197; Befreiungsverbot 2220 1; BesteuergsVerfahren 2212 1; Befugnisbeschränkg 2208 1, 2; Berichtigg von NachlVerbindlk 2205 2; Besitz 2205 2a; Beteiligg an AG 2205 2g; Bezeichng im EScheim 2364 1; Dauervollstr 2209, 2210; für als Alleinerbin eingesetzte Stiftg 2209 4; Einsicht in Erklgen 2228 1; Einzelhandelsgeschäft 2205 2b; Entlassg 2227; Kosten 2227 4; Erbschaftsteuer 2203 2a, 2205 2a; Erbschein Einf 5a vor 2197; Erbscheinsantrag Einf 3b vor 2197, 2205 2, 2216 2, 2353 3b; Ernenng 2197, durch Dr 2198, gerichtl 2200, durch Mitvollstr 2199; ErsErnennng 2197 5, sittenwidrige Ernenng 2197 3; IKR/IPR EG 25 3a bb; Fortdauer des Amtes 2218 2f; Fortführg des Amtes 2226 1; Geldanlage 2216 2; Genossenschaftsbeteiligg 2205 2h; Gesamtvollstrecker 2224 1; Gesellschafterrechte 2205 2c, e; GmbH-Anteil 2205 2f; GBEintr Einf 5b vor 2197; gutgläub Erwerb 2205 3b; Haftg 2219; Handelsgeschäft 2205 2b; Handelsregister Einf 5c vor 2197; Herausgabeanspr 2205 2a; irrtüml Herausgabe v NachlGegenständen 818 5f; Kommanditbeteiligg 2205 2d; Kündigg 2226 1; mehrere, gemeinschaftl Amtsführg 2224; Meingsverschiedenheten 2224 2; minderjähriger Erbe Einf 2c vor 2197, 2204 2; MitVE seit TV u NETV 2197 3; Nacherbvollstr 2222; Nachfolger, Rechtspflichten ggü – 2218 4; Nachtestamentsvollstrecker 2197 4; NachlAuseinandersetzg 2204, 2205 4a, b; NachlVerwaltg 2205 1b, 2206

1, 2209 1, 3; NachlGgstände, Überlassg 2217 1; Verfügg 2205 3, 2211 1d; NachlVerzeichn 2215 1; Nebenvollstrecker 2224 4; eidesstattl Versicherg 2215 1; Pflichtteilsanspr 2213 1; Pflichtverl 2227 2a; Prozeß üb ErbR Einf 4c vor 2197; ProzFührgsBefugn Aktivprozeß Einf 4a vor 2197, 2212 1, Passivprozeß Einf 4b vor 2197, 2213 1; ProzKostenhilfe 2212 1a; RStellg Einf 2 vor 2197; SicherhLeistg 2217 3; Sittenwidrigk 2216 3; Test-Errichtg, Mitwirkgsverbot BeurkG 27; Umwandlg v GmbH in AG 2205 2f; unentgeltl Verfügg 2205 4, 2217 1b; Unfgk zur GeschFührg 2227 2b; Unfähigk, persönl 2201 1; Untauglk 2201 2; Ausübg des UrhR dch TV 2210 3; Verantwortlk 2219; Vfg üb NachlGgst 2205 3, 4; Verhältnis ggü Erben 2206 3, 2207 2, 2218 1; Vergütg 2221; Verwirkg der Vergütg 2221 4d; Vermächtnisvollstrecker 2223; vermeintlicher TV 2221 1b; VerpflichtgsBefugnis 2206, 2207; fehlde 2206 5; Verwaltg, ordngsgemäß, 2216; VerwaltgsAnordgen 2203 2, 2216 3; VerwaltgsPflicht 2207 2, 2216 1; Verzicht auf Eintragg des NE-Vermerks 2205 3d; Vollmacht über Tod hinaus Einf 6 vor 2197, TV u VorE 2112 1, 2205 3a, 2222; Wiedereinsetzg 2227 6; Zeugnis 2217 4, 2368, beschränktes 2369 5, EG 25 4a; Hinweis auf ausländ R 2368 4; Einf 7 vor 2197; ZbR 2217 2e, 2221 5

Testamentum mysticum 2247 2c

Testierfähigkeit, 2229, 2230; bei Erbvertr 2275; IPR EG 25 3b; beschränkte 2229 1a; Beweis 2229 3; partielle 2229 1, 2b; Prüfg BeurkG 11, 28; ÜbergVorschr EG 215 1

Testierfreiheit Übbl 3 vor 2064, 2302 1; Gewährleistg EG 64 3; des nichtehel Kindes, Vaters 1924 3b ee; und Pflichtteil Übbl 1 vor 2303; Schutz 2302; des Vorerben 2112 2g

Testkäufe, Hausverbot 826 8u gg, 1004 2a aa

Theaterkarten 807 2; SchadErs bei Verlust Vorb 3e vor 249; AGB AGBG 2 2b

Tier, Aneignng 960; Haftg 833, 834; Haustier 833 6; Ers von Tierarztkosten bei Verletzg 251 3

Tierhalter, Haftg 833

Tierhüter, Haftg 834

Tilgungsfondshypothek, Übbl 2d cc vor 1113

Tilgungsgrundschuld 1191 2a

Tilgungshypothek, Übbl 2 B d vor 1113, 1163 5; Tilggsbeträge Eintragg 1115 5, Verjährg 197 2

Tilgungsplan, Berücksichtigg bei Unterhaltspflicht 1603 3b

Tilgungsverrechnung, nachträgl AGBG 9 7g

Titel, Bestreiten des Rechts zur Führg 12 7

Tod des Auftraggebers 672; des Beauftragten 673; des überlebenden Eheg bei fortges Gütergemsch 1494; Beendigg der Gütergemsch durch Tod eines Eheg 1472; Beendigg der ZugewGemsch dch Tod 1371; Eheauflösg dch Tod 1564; Erbfall 1922 1; – gleichzeit von Eheg bei ZugewGemsch 1371 4; des Kindes bei elterl Sorge 1698b; Überg der elterl Sorge auf den and EltT 1681 1; Name des überlebden Eheg 1355 4; des UnterhBerecht 1361 1g, 1612 III 2; des UnterhSchuldn 1586b 1, 1615 1; Verzeichn des KindesVerm beim Tod eines EltT 1682; des Mieters, Kündigg 569; Ztpkt des Todes 1 1, 1922 1

Todeserklärung AntrBerecht Übbl 3 v VerschG 13, Aufhebg Übbl 6 v VerschG 13, Ausländer EG 9, VerschG 12, Beendigg der elterl Sorge 1677, 1681, ErbschAnspr bei irrtüml TodesErkl 2370, IPR EG 9, VerschG 12, Mündel 1884 2, Feststellg der Nichtehelichk der nach T des Ehemanns empfangenen Kinder 1593, Todesvermutg

Todesnot

VerschG **9**, Todeszeit VerschG **9** 2, bei gemeins Gefahr VerschG **11**, des überlebden Eheg bei fortgesetzter Gütergemsch **1494**, Übergang der elterl Sorge auf den and Elternteil **1681**, Verfahren Übbl v VerschG **13**, Vormund **1894**, Wiederverheiratg EheG **39**, Wirkg VerschG **9**, s a Verschollenheit

Todesnot, Ausnutzg der – **2078** 2c, Übergangsrecht Einf 3 vor **2229**

Todesvermutung VerschG **9**; bei Verschollenh in GemeinsGefahr VerschG **11**

Todeszeitfeststellung 1 2, Beendigung der elterl Sorge **1677**, **1681**; der Pflegschaft **1921**; der Vormundschaft **1884**; für Erbfall **1922** 1

Tonbandaufnahme 823 14 D b aa

Totalisator, Spiel **762** 1b, **763** 4

Totalschaden 251 5 B e

Totenfürsorge 1968 2

Totovertrag 763 2c

Tötung, Anspr bei **844**, **845**

Trächtigkeitsgarantie 492 2

Traditionspapiere, Wirkg der Übergabe **870** 1b, **929** 3e, **931** 3c, **932** 4a, **1205** 3, **1292** 2b

Träger-Siedler-Vertrag 675 6d

Tragezeit bei Kindern Einf 3a vor **1591**, **1592** 1, 2

Transfer s Berufssportler

Transferabkommen mit der DDR EG **32** 4b

Transferagent 675 3a

Transplantation von Körperorganen Verstorbener Übbl 4b vor **90**, **823** 14 B e, **1922** 4b, **1940** 2; Einwilligg der Eltern **1631** 1, **1666** 1

Transsexuellengesetz 1 4, Vorname **1616** 3

Traufrecht EG **124** 3

Trauung EheG **14**; s a Eheschließg, Standesbeamter

Trennung v Erzeugnissen u Bestandteilen **953**

Trennung von Tisch und Bett von Ausländern EG **13** 2b aa, **17** 5a; altrechtl, Wirkg EG **202** 1

Trennungsbedingter Mehrbedarf 1361 5b aa

Trennungsentschädigung 611 6d

Trepprecht EG **124** 3

Treu und Glauben, Abgrenzg **242** 1h; Art u Weise der Leistg **242** 2; Bedeutg des Grundsatzes **242** 1a; Begriff **242** 1b; Beschränkg u Erweiterg des Anspruchsinhalts **242** 1f, **4** C; Einzelfälle **242** 4 C, 5f, 6 D; im ErbR Übbl 2 vor **1922**; im FamilienR Einf 1b vor **1353**; bei Formfehlern gemeindl VerpflErkl **125** 6; Funktionskreise **242** 1e; Geltgsbereich **242** 1g; im öffR **242** 1g bb; SachenR **242** 4 C i; GrdR, Verhältn, **242** 1c, d; Schaffg von NebenR/Pfl **242** 3; bei ungerechtf Bereicherg Einf 1, 8a vor **812**, **817** 3a ff; beim Vermächtnis **2174** 1; bei VertrAuslegg **157** 3; Verwirkg **242** 5; Wirkg **242** 1b

Treubruch 138 5t

Treuepflicht im Arbeitsverhältnis **611** 4; ehel **1353** 1b; im Ruhestandsverhältn Einf 7d ee vor **611**

Treueprämie 611 7a, e

Treugut, im Konk **903** 6b ff; Vererblichk **903** 6b aa, **1922** 3l; Vfg über **398** 6a aa, **903** 6b cc; im Vergl **903** 6b gg; in der ZwVollstr **398** 6b, **903** 6b ee; s a TrHandEigt

Treuhand Übbl 3g vor **104**, Einf 3b vor **164**, **903** 6a; eigennütz/fremdnütz/doppelseit **903** 6a bb

Treuhandeigentum 903 6, 6b; gutgl Erwerb **903** 6b aa; auflösd bdgter Erwerb **903** 6b bb; Rückübereign **903** 6b dd; s a Treugut

Treuhandkommanditist 276 4 C a, **675** 3a

Treuhandkonto 903 6a dd

Fette Zahlen = §§

Treuhandliquidationsvergleich 903 6a bb

Treuhandverhältnis 675 3a, **903** 6a cc; zw Erblasser u Bank **1922** 3h; Schenkg vTw **2301** 3a

Treuhänder, BereichergsAnspr bei Leistg an **812** 5 B b bb; Haftg **662** 5c, **823** 14, **839** 3b, 15; als HypGläub **1115** 3a; RStellg **903** 6a aa; SichgPfl **662** 5a; Vfg über Treugut **137** 1, **398** 6a aa, **903** 6b cc

Trichinenbeschauer, Amtshaftg **839** 15

Trimmanlage 839 15

Trinkgeld 516 4b bb

Truckverbot 611 6c bb

Trümmergrundstück, Störer **1004** 2 a cc

Trunksucht, Begriff u Entmündigg wegen **6** 4; beschränkte Geschäftsfähigk **114**; Testierfähigk bei Entmündigg **2229** 6c, **2253** 4

Trustguthaben, USA-ErbR **1922** 3p, **2050** 3d

Tumultschädengesetz EG **108**

Turnunterricht, Verletzg im – Aufopfergsanspr Übbl 3b dd vor **903**; VersichergsSchutz **276** 8a

Turnusarbeit Einf 4a cc vor **611**

Typenverschmelzungsvertrag Einf 5b dd vor **305**

Typenzwang im SachR Einl 2 vor **854**; kein – bei schuldrechtl Verträgen Einf 4 vor **305**; im EheR **1353** 2, **1356** 1

U

U-Bahnbau, Entschädigg Übbl 2 H g bb vor **903**

Überarbeit 611 3c, 6d

Überbau 912; Abkauf **915**; Beeinträchtigg v Grenzabständen **912** 1a; Eigengrenzüberbau **912** 4; rechtmäßiger **912** 1b; Rechtsfolgen **912** 3; Rentenpflicht **912** 3c, **913**, **914**; Voraussetzgen **912** 2, Fehlen der **912** 5

Überbeschwerungseinrede 1992 1

Übereignung an den, den es angeht **929** 5c; s a Übertragg, Eigentumserwerb, Eigentumsübertragg

Übereinkommen betr Auskünfte über ausländisches Recht Einl 11 vor EG 3

Übereinkommen zur Erleichterung der Eheschließung im Ausland EG **13** Anh 3

Übereinkommen über das auf die Form letztwilliger Verfügungen anzuwendende Recht EG **26** Anh

Übereinkommen über die Erweiterung der Zuständigkeit der Behörden, vor denen nichteheliche Kinder anerkannt werden können EG **18** Anh 4

Übereinkommen der Europäischen Gemeinschaft über die gerichtl Zuständigk u Vollstreckg in Zivil- u Handelssachen EG **18** Anh 3d; AGBG **14** 2

Übereinkommen über die Rechtsstellung der Staatenlosen EG **5** Anh I

Überfall v Früchten **911**

Übergabe, bei Abzahlgsgeschäften AbzG **1** 3b aa; d Kaufsache **433** 2 A a, **446** 3; Kosten **448**; bei PfdBestellg **1205** 3, **1206**; bei Übereignng **929** 3; Stellvertretg **929** 5a bb

Übergabepflicht des Verkäufers **433** 2a

Übergabevertrag Übbl 7 vor **2274**; Umdeutg in Erbvertrag **2084** 5

Übergang der Fdg auf Bürgen **774**, auf Eigentümer bei Hypothekenbefriedigg **1143** 3, auf Verpfänder **1225**; der Hypothek auf Schuldner **1164**; d mittelb Besitzes **870** 1; der Nebenrechte mit Abtretg **401**; des Pfandrechts mit Abtretg **1250**, **1251**; von SchadensersatzAnspr nach Ver-

Magere Zahlen = Erläuterungen

sicherungs-, Sozialversicherungs-, BeamtenR u LohnfortzahlsG Vorb C, E vor **249**
Übergangsvorschriften zum AdoptionsG Einf 5 vor **1741**; für erbrechtl Regelgen EG 213
Übergangsvorschriften zum Ehenamensrecht 1355 1 b
Übergangsvorschriften zum Ersten EheRG Einf 6 vor **1564**; erbrechtl Verh EG 213 2
Übergangsvorschriften zum IPRG EG **220**
Übergangsvorschriften zum G über die rechtliche Stellung der nichtehelichen Kinder: EhelErklärg auf Antrag des Kindes **1740** e 3; ErbR **1924** 3 b, Anh zu **1924**, Übbl 3 vor **1934** a; grds Regelg Übbl 7 b vor **1589**, bei EG **209**; Legitimation dch nachfolgde Eheschließg **1719** 5, bei EG **209**; Namensrecht des Kindes **1617** 4; nichtehel Vaterisch Vorb 2 vor **1600** a; Anerkenng, Aufhebg der Vaterisch, Anh zu **1600** o; Unterhaltsabfindg **1615** e 5; Vormsch über nichtehel Kinder **1705** 4
Überhang 910
Überholende Kausalität Vorb 5 C vor **249**
Übermittlung, falsche **120**
Übernahmerecht, bei Gesellschaft **736** 1; Einräumg in letztw Verfügen **2048** 1, Einf 4 vor **2147**, **2278** 2
Überschuldung, Anfechtg d ErbschAnnahme **1954** 1 b; erbrechtl Beschränkg eines Abkömml wegen – **2338** Klagegrund für Aufhebg der Gütergemsch **1447**, **1448**, **1469**; des Nachl **1980** 2; des Vereins **42**
Überstunden 611 3 c, 6 d; Berücksichtigg beim Unterhalt **1578** 2 A a cc, **1603** 2
Übertragung der Anweisg **792**; des Auftrags **664**; von beschr pers Dienstbark **1092**; des mittelbaren Besitzers **870**; des Eigentums an bewegl Sachen **929–936**, an Grdst **925**; einzelner Ggstände beim Zugewinnausgleich **1383**; der elterl Sorge auf einen Elternteil **1671**, **1672**, **1678**; von Fordergen s Abtretg; Gehaltsanspr der Beamten EG **81**; von Grundstücksbestandteilen, Form **313** 2 a; v GrdstRechten **873**; v Hypotheken **1153–1156**; des Nießbrauchs **1059**, bei jur Pers **1059** a–e; von Rechten **413**; der Vermögensverwaltg auf Beistand **1690**; von Vorkaufsrechten **1094** 5 b, **1098** 6
Überwachungspflicht leitender Angestellter **611** 4 d cc
Überweisung 675 4, fehlerhafte –, Bereicherngs-Anspr **812** 5 B c cc; steckengebliebene **270** 1 d, **675** 3 b
Überweisungsauftrag 665 2, **675** 4
Überwuchs 910
Überziehungskredit 607 1 d
Umbauten des Mieters **550** 2
Umbildung s Verarbeitg
Umdeutung 140; Einzelfälle **140** 3; in Erbverzicht **2352** 1 b; bei letztw Verfügen **2084** 5, **2085** 4, **2136** 1, **2268** 1, **2276** 6, **2301** 2 b, **2336** 1
Umgang, Bestimmung einer Aufsichtsperson **1634** 3 a cc; des Kindes mit Dritten **1631** 3 a, **1632** 4, **1634** 2 d; Häufigkeit **1634** 3 a aa; Ort **1634** 3 a bb; in Zeitblöcken **1634** 3 a aa
Umgangsrecht, 1634 4; Anwesenheit Dritter **1634** 3 a cc; Aufsichtsperson **1634** 3 a cc; Auskunft über persönliche Verhältnisse **1634** 2 d; Ausschluß **1634** 3 b, bei Adoption **1741** 4 b, **1744** 3; der Eltern **1632**; Bestimmung durch das Familiengericht **1634** 2 b und 3; bei Familienpflege **1634** 1 d, **1634** 3 cc; der Großeltern **1634** 1 c; Inhalt **1634** 1; IPR EG **9** 3 d bb, 4; entgegenstehender Kindeswille **1634** 3 b; Kindeswohl **1634** 3 a und 3 b; Kosten **1634** 5 a; Loyalitätsverpflichtung der Eltern **1634**

Unerlaubte Handlung

2 c und 3 b; der Mutter bei EhelichErklärg **1738** 1; für nicht sorgeberechtigten Elternteil **1634**; UnterhKürzg **1634** 5 b; des nehel Vaters **1634** 1 d, **1711**; Vereinbarung der Eltern **1634** 2 a; Verfeindung der Eltern **1634** 3 b; Zwangsgeld **1634** 4
Umgangsverbot 1631 3 a, **1632** 4; gegenüber Dritten durch umgangsberechtigten Elternteil **1634** 2 d; gerichtliches **1634** 3 c, **1666** 4 a dd
Umgehung v Verbotsgesetzen **134** 4, s Gesetzesumgehg
Umgehungsgeschäfte 138 5 t, AGBG **7**
Umkehrschluß Einl VI 3 d dd vor **1**
Umlegungsvermerk im GB Übbl 4 b aa vor **873**
Umsatzklauseln 245 5 e
Umsatzpacht 581 3 a
Umschaffung s Schuldumschaffg
Umschreibung v Schuldverschreibg auf d Inh **806**, öffentl EG **101**
Umstellung, Auseinandersetzg Vorb 1 vor **1471**; AusglPfl **2055** 2; GrdPfdR **1113** 5; Schuldverschreibungen Einf 5 vor **793**; Vermächtnis **2174** 5 a; Vorempfänge **2055** 2; s a Währgsreform
Umstellungsgrundschulden 1113 5
Umtauschvertrag, Vorb vor **494**; u Nachlief-Pflicht **480** 2
Umtauschvorbehalt, Begriff Einf 3 f vor **346**; Vorb vor **494**
Umwandlung von Hypotheken in Grundschulden **1197** 4; **1198**; von Kapitalgesellschaften **311** 3; Haftg **419** 3 a
Umweltgüter 823 5 L
Umweltschutz 823 8 B (Umweltschäden), **839** 15, **903** 3 b aa, **906** 1 b, EG **109** 1
Umzugskosten 1361 5
Unbedenklichkeitsbescheinigung bei Auflassg **925** 7; bei Grundbuchberichtigg **894** 1 b; Gleichstell mit Genehmigg **275** 9 a bb; bei Übertragg eines Erbbaurechts Übbl 7 vor **1012**; des Notars BeurkG **19**
Unbenannte Zuwendung an Eheg s Zuwendg
Unberechtigte Verfahrenseinleitung 826 8 n
Unbestellte Waren 145 4 f, Vorb 1 c vor **987**
Unbilligkeit, offenbare **319** 1, 2; Verweigerung der Erfüllg der ZugewinnausglFdg wegen grober Unbillig **1381**
Undank, Widerruf der Schenkg **530–533**
Unechter Zugewinn 1376 3, **1381** 2 d
Unentgeltlichkeit, Einf 3 c vor **305**, **516** 4; des Auftrags **662** 4; bei Besitzerwerb **988**; der Mitarbeit eines Eheg im Beruf u Geschäft des anderen **1356** 3; Unterhaltsverzicht des nehel Kindes **1615** e 3 a; Verfügen des Nichtberechtigten **816** 3, **822** 2, des Vorerben **2113** 2, des TestVollstr **2205** 4; unentgeltl Zuwendungen bei Berechng des Endvermögens **1375** 3 a; Herausgabepflicht des Dritten **1390** 2
Unerfahrenheit, Ausbeutung **138** 4
Unerlaubte Handlung, Aufrechng bei **393**; Aufsichtspflicht Verletzg **832**; AusglAnspr **840** 3; ausschl Rechte **823** 5; Beamtenhaftg **839**; Beweislast **823** 13; Beseitiggsanspr Einf 9 vor **823**; Billigk Haftung **829**; Dienste, entgangene **845**; Ehegatten Haftg im Innenverhältn **1441**, **1463**; Eltern **1664**; Ersatzanspr bei Eheg **843** 4 A d, **1359** 1; Eigentumsverletzung **823** 4; Einzelfälle **823** 8 B; Ersatzanspr Inhalt **823** 12 a; Ersatzberecht **823** 10; Ersatzleistg an Nichtberechtigten **851**; Ersatzverpflichteter **823** 11; Fahrlässigk **823** 7 b; Fdg, Arglisteinrede **853** 1; Fordergsrechte **823** 5 M; Freiheit **823** 3 c; Gebäudeeinsturz **836–838**; Gefährdgshaftung neben Verschulden **840** 3 B a; GefälligkFahrt **254** 6 b; Geldrente **843** 4, **844** 6; Gerichtsstand

2625

Unfallhelferring Fette Zahlen = §§

Einf 11 vor **823**; Gesamtschuld **840** 2; Geschädigter **823** 10a; Geschlechtsehre **825**; Gesundheitsverletzg **823** 3b; Gewerbebetrieb **823** 5G; Haftg f Angestellte u Gehilfen **831**; Haftg ohne Verschulden Einf 4 vor **823**; Haftausschluß **254** 6; Haftgsbeschränkg, gesetzl Einf 2d vor **823**; Handeln auf eig Gefahr **254** 6; IPR EG **38**; Kapitalabfindg **843** 6; Körperverletzg **823** 3b; Kreditgefährdg **824**; gegen das Leben **823** 3a; mehrere Verletzte **823** 10b; Minderjähriger **828**; Mittäter **830** 1; Mitverschulden **846**; NamensR **823** 5C; PersönlkR **823** 14; Recht, sonstiges **823** 5; RWidrigk **823** 6; Sachentziehg **848** 1; Schutzges **823** 9; Schmerzensgeld **847**; sittenwidriges Verhalten **826** 2, Einzelfälle **826** 8; Streupflicht **823** 8B (Straße); Taubstummer **828**; Teilnehmer **830**; Tierhalter **833**; Tierhüter **834**; Umfang der ErsPfl **823** 12, **842** bis **845**; Unterlassgsanspr Einf, 8 vor **823**; Unzurechnungsfähig **827**; UrheberR **823** 5D; Ursachenzusammenhang Vorb 5 vor **249**; VerkSichgPfl **823** 8; Verjährg **852** 1–4, bei Vererbg **2039** 1a; Vertrag Einf 2 vor **823**; Vertreter **823** 11; Verschulden **823** 7; Verzinsg **849**; Vorsatz **823** 7 A; Vorteilsausgleich **823** 12c

Unfallhelferring 134 3, **675** 3
Unfallhilfekredit Einf 3q vor **607**
Unfallverhütungsvorschriften, Verstoß gg, Beweislast Vorb 8b cc vor **249**, **823** 13b
Unfallversicherung, Haftgsbeschränkg des Unternehmers **611** 14a; vertragl U, Anrechg auf Schaden Vorb 7 C b bb vor **249**
Ungeborener 1 3
Ungerechtfertigte Bereicherung 812ff; Abtretg **812** 5 D c gg, Anerkenntn **812** 2b; Anfechtbark **812** 6 A c bb, **813** 2b; AnsprKonkurrenz Einf 4, 5 vor **812**, **818** 1c; Anstandspflicht **814** 3; aufgedrängte – **951** 2c dd; Auflassg **812** 4b; ArbeitsR Einf 6c vor **812**; Aufwendget **818** 6 C d; Aushilfshaftg des Dritten **822** 3; AuskPflicht **812** 7; **818** 3f; Ausschluß des BerAnspr Einf 5 vor **812**; Autovermietg an Minderjährige **812** 4d, **819** 2e; bedingte Verbindlichk **813** 3; Befreig v Verpflichtgen **812** 4c; Begriff der Bereicherg **818** 6 A a; Bereichergseinrede **821**; Bereicherskette **812** 5 B b aa; Besitz **812** 4b, **861** 7a; betagte Verbindlichk **813** 3; Beweislast **812** 8, **813** 4, **814** 4, **815** 4, **816** 6, **817** 4, **818** 8, **819** 5, **820** 4, **822** 5; BewirtschaftgsVorschr **817** 3c aa; Bewußtsein unsittl Handelns **817** 2c; Bordellkauf **817** 3c cc; Bösgläubigk des Empfänger **819** 1, 2; Deckungsverhältn **812** 5 B b c; Doppelkonditionslehre **816** 3b; beim Doppelmangel **812** 5 B b ee; Doppelmangel **812** 5 B b ee; Dreiecksverhältn, bereichergsrechtl **812** 5 B b cc; Drittbeziehgen **812** 5 B b; Durchgriff **812** 5 B b ee; nach Ehescheidg **812** 6 A c bb; Eingriffskondiktion **812** 1, 3; Einheitlichk des BerVorgangs **812** 5 B, **822** 1; Einheitskonditionslehre **816** 3b; Einrede, dauernde **893** 2a; Einrede der Ber **821**; Eintragg im GB **812** 4b; entspr Anwendg Einf 6 vor **812**; Erfolg, Nichteintritt des mit der Leistg bezweckten **822** 6 A d; Erfolgseintritt, ungewisser **820** 1, 2; Erfüllg einer Nichtschuld **812** 6 A b, **813**; das Erlangte **812** 4, **818** 2; Erlangg vorteilh RStellg **812** 4b; Ersitzg Einf 5b vor **812**; Ersparg von Aufwendgen **812** 4d; Erwerbssurrogat **818** 4; Erwerb von Rechten **812** 4a; „etwas" erlangt **812** 4; Gesellschaft **718** 4a; Fehlen gültigen GrundGesch **812** 6 A a; Fortfall der Ber **818** 6 A; Gegenleistg, Berücksichtigg **818** 6 D; ggseitig Vertr **812** 6 A d; Geldentwertg **818** 5d; Genehmigg des Berecht **816** 2c, 4; GerStand Einf 8 f vor **812**; gewerbl RSchutz Einf 6b vor **812**; GB-Berichtigg **812** 4b; Güterzuordng **812** 6 B; Haftg, verschärfte **818** 7, **819** 4, **820** 3; Hauptfälle

Einf 2 vor **812**; HerausgPfl **812** 7, **816** 5b, **818** 2; Inhalt des BerAnspr **812** 2b; IPR Einf 8g vor **812**, Vorb 2 vor EG **38**; Kenntn des RMangels **819** 2, von Einwendgen **814** 2a, der Nichtschuld **814** 2; Konkurrenz mit and Anspr Einf 4, 5 vor **812**, **818** 1c; „auf Kosten" des anderen **812** 5; Leistg **812** 2a, Leistg in Erwartg späterer Heilg d Vertr **814** 2c, Leistg dch (an) Vertreter **812** 5 B b bb, **814** 2d, Leistg unter Vorbeh **814** 2b, **820** 2d; Leistgsannahme dch Nichterfüllg **816** 4; Leistgskondiktion **812** 2; LuxusAusg **818** 6 B a; Mangel des RGrundes **812** 6; mehrere Bereicherte Einf 6 vor **812**; u B bei Mietvorauszahlg **557a** 3c; mittelbare Stellvertretg **812** 5 B b bb; Naturalobligation **812** 6 A b, **813** 2b; Nichtberechtigter, wirks Vfg eines **816** 2, 3; LeistgsAnnahme dch N **816** 4; Nichteintritt des Erfolgs **812** 6 A d, **815**, **820** 1, 2, Abgrenzg zur GeschGrdLage **242** 6 B c ff; Nichtschuld, Erfüllg **812** 6 A b, **813**; Nutzgen **818** 3; öffentl Recht Einf 6d vor **812**; Patentverletzg Einf 6b vor **812**; Preisvorschr, Verstoß **817** 3c aa; RFolgenverweisg Einf 6a vor **812**; RGrdVerweisg Einf 6a vor **812**; RHängigk verschärfte Haftg **818** 7; rkräft Urteil **812** 6 B c; RStellg vorteilh **812** 4b; RVeränderg kraft Ges **812** 6 B c; RückforderusAnspr bei sittenwidrig Grd – aber wirks ErfGesch Einf 4b vor **854**; Rückgriffskondiktion **812** 5 B b b; Saldoanerkenntn **812** 2b; Saldotheorie **818** 6 E b, c; Schuldanerkenntn **812** 2b; Schuldentilgg s Tilgg; Schuldnerverzug neben verschärfter Haftg **818** 7d, **819** 4b, **820** 3b; Schuldversprechen **812** 2b; Schuldmarktgesch **817** 3c aa; Sittenverstoß **817**; sittl Pflicht **814** 3; Surrogate **818** 4; Tatbestände der ungerechtfert Ber **812** 1; tatsächl Vorgänge **812** 3d; Tilgg eigener Schulden **818** 6 B d, fremder Schulden **812** 5 B b dd; Treu u Glauben Einf 1, 8a vor **812**, **817** 3a ff; Umfang d Ber Anspr **818**; unentgeltl Vfg **816** 3, **822** 2; Unkenntn der Aufrechngsbefugn **813** 2b; unmittelb Vermögensverschieb **812** 5 B; Unmöglichk des Erfolgseintritts **815** 2; unzulässige Rechtsausübg **242** 4 C d, Einf 8a vor **812**; UrheberR Einf 6b vor **812**; Urteil s rechtskräft Urt; Valutaverhältn **812** 5 B b cc; verbotswidrige Leistg **817**; Vfg eines (an) Nichtberecht **816**; Vfg im Wege der Zwangsvollstreckg **812** 5 B a bb; Verhältn zu anderen Anspr Einf 4, 5 vor **812**; Verhinderg des ErfolgsEintr **815** 3; Verjährg des BerAnspr Einf 7 vor **812**, **822** 4b; VerjährungsEinrede **813** 2b; VermNachteile des Empfänger **818** 6 C d (VermVerschiebg, VermVorteile) **812** 4; Vertreter **812** 5 B bb; Verwendgen **816** 6 C a; Verzicht Einf 8b vor **812**; Verzinsg **818** 3c, 7b, **820** 3a; Verzug, s Schuldnerverzug; Vorbehalt der Rückforderg, s Leistg unter Vorbehalt; Vorenthaltg der Mietsache **557** 5a, Einf 5a vor **812**, des Pachtgegenstands **597** 3; Verwirkg **242** 5 f bb; Vorteilsanrechng (-ausgleichg) Einf 8c vor **812**, **818** 6 A a; WarenzeichenR Einf 6b vor **812**; Wegfall der Ber **818** 6 A, des RGrdes **812** 6 A c; Weitergabe, unentgeltliche **822** 2; Wertersatz bei Herausgabe **818** 5; WettbewerbsR Einf 6b vor **812**; Wucher **817** 3c bb; Zinsen, s Verzinsg; ZbR Einf 8d vor **812**; Zuwendg (LeistgsKondiktion) **812** 2a, an Dritte **822** 2; ZwVollstr **812** 5 B a bb; Zweckerreichg **812** 4; Zweckerreichg **812** 6 A; Zweifel am Bestehen der Schuld **814** 2a; Zweikonditionenlehre **818** 6 E a

Universalvermächtnis eines Unternehmens Einf 4 vor **2147**
Unklarheitenregel AGBG **5**, **157** 3
Unmöglichkeit, anfängl **275** 4, **306–308**; anfängl teilweise **275** 6, **307** 3; kein Annahmeverzug **293**

Magere Zahlen = Erläuterungen **Unterhalt, nichteheliches Kind**

2 b, **297**; Begriff **275** 2; behördl Genehmigg **275** 9; Beschränkg d Haftg für Unmöglichk bei AGB AGBG **11** 8, 10; dauernde **275** 5, **306** 2 c; Dienstvertrag **293** 2 b, Draufgabe bei – **338**; Ersatzanspr des Gläub **323** 5, **325** 8; bei Gattgsschulden **275** 2, **279**; bei Gesamtschuld **425** 2; vom Gläub zu vertretende **324**; Herausgabe des Ersatzes **281** 1, 2; Klage auf Erfüllg **280** 3 b, **283** 2 b, 5; Klage auf Schadenersatz **283** 2 a; der Leistg **275** 2, **306** 3; nachträgl **275** 4, **283**; v keiner Partei zu vertreten **323**; Nebenleistg **275** 6; offenbare **1591** 4; infolge öffentl-rechtlicher Anordnungen **275** 9; Opfergrenze **275** 2 e, **279** 2; rechtl **275** 2 b, **306** 1; Rückgabe der GgLeistung **325** 8; Rücktritt vom Vertrag **325** 5; vom Schuldner zu vertretende **275** 7, **280** 1, 2, Beweislast **282**, Rechte des Gläub **325** 1, 2; teilweise **275** 6, **280** 5, **306** 2 d, **325** 6; bei Veränderg der Geschäftsgrundlage **275** 2 e; Verhältn z Gewährleistg Vorb 2 a vor **459**; bei Vermächtnis **2171** 1, **2172** 1; Verschulden beider Teile **280** 2 c; nach Vertragsschluß behobene **308** 1; völlige **275** 5; vorübergehende **275** 4, 5; bei Wahlschuld **255**; wirtschaftl **275** 2 e; dch Zweckerreichg od Zweckfortfall **275** 2 d
Unpfändbare Sachen, Sicherübereign **930** 4 c
Unpfändbarkeit 394, 1204 2 b, **1273** 1 b; Nichtabtretbark **400**; Verzicht auf **138** 5 k
Unregelmäßiger Verwahrgsvertrag **700**; Werkliefergsvertrag **551** 1; unregelm Pfand Übbl 1 vor **1200, 1205** 2 c, 4
Unregelmäßiges Pfandrecht Übbl 3 vor **1204**
Unrichtigkeit der Beurk des GrundstücksVerpflVertr **313** 8 d, e; des Erbscheins **2361** 1, 2; des Grundbuchs **894** 3, aus Hypothekenbrief ersichtlich **1140**; des TestVollstrZeugnisses **2368** 9 b
Unschädlichkeitszeugnis, GrdstTeilveräußerung EG 120
Unterbeteiligung 705 8 d; Vererblichkeit **1922** 3 f
Unterbrechung der Verjährg **208–217**, Wegfall **211–216,** Wirkg **217**; „Unterbrechg" des ursächl Zusammenhangs Vorb 5 B f–h vor **249**
Unterbringung des Kindes unehelich, **1631** 4; **1631** b; durch VG wegen ErziehgsUnvermögen der Eltern **1666** 5, **1666** a 2; des Mündels mit Freiheitsentziehg **1800** 3; des Mündels dch JugA od Verein als Vormd, Rücksichtnahme auf religiöses Bekenntn **1801** 2, dch VormschG **1838**; s a „Anstaltsunterbringung"
Untererbbaurecht ErbbRVO **11** 2 f aa, WEG **30** 7
Unterhalt zwischen Ehegatten, Eltern und Kindern 1360 ff, 1601 ff; Änderg dch VormdschG **1612** 3; angemessener **1603** 3, **1610** 3; Annahme als Kind **1751** 2; einstw Anordng Einf 6 vor **1601, 1615 o**; Arbeitskraft, VerwertgsPfl **1602** 2 b; Arbeitsleistg, zumutbare **1602** 2 b; Art des – **1360 a** 2, **1361, 1612**; Ausgleich bei Leistg dch Dritte Einf 5 vor **1601, 1607** 3; im Ausland **1578** 2 a; Bedarfstabellen **1610** 1; BeerdiggsKosten für Berecht **1615** 3; Bedürftige, mehrere **1609** 1; Bedürftigk, Begr **1602** 2; Befreiung durch Vorauslstg **1614** 3 b; Beitrag der mitverdienenden Ehefrau **1360** 3; BereichergsAnspr bei Erfüllg dch Dritte **812** 4 c; Berücksichtgg d sonst Verbindlk **1603** 3 b; Berufsbestimmg **1610** 4; BestimmgsR d Eltern **1612** 2; Dauer **1602** 2, **1612** 1; Eheg **1360**, getrenntlebde **1361**; Unterh zw geschiedene Eheg, s „Unterhalt der geschiedenen Eheg"; Ersatz f Entziehg **844** 4, 5; Ende **1615**; Ersatz für Unterh aus öff Mitteln EG **103** 1; ErsAnspr, Abtretbark **1607** 3; ErsAnspr Dr für geleisteten Einf 5 a vor **1601, 1607** 3; Begrenz aus erzieherischen Gründen **1610** 2; Erziehgskosten **1610** 4; FamilienUnterh **1360–1360 b** s a dort; freiw Leistg Dr **1602** 2; freiw Zuwendungen **1603** 2 b; Gefährdg des eig **1603** 3; Geldrente **1360 a** 2, **1361** 4, **1612** 1; Gefährdg **1666** 6, AufhebgsGrd bei GüterGemsch **1447, 1469,** bei fortges GüterGemsch **1495**; IKR EG **18** 6; IPR EG **18,** StaatsVertr EG **18** Anh; Einf 7 vor **1601**; Kinder, unverheiratete **1360 a** 1, **1603** 4, **1612** 2, **1649**; Kl auf künft Entrichtg Einf 6 vor **1601, 1610** 5; Leistgsfgk, Beweislast **1602** 1, **1603** 1; Leistgsfgk des Verpflichteten **1603** 2, 3; Mahng, Bestimmth **284** 3 b; Mehrleistg **1360 b** 1; Naturalleistg **1360 a** 2, **1612** 1; notdürftiger **1611**; aus öff UnterstützMitteln Einf 5 b vor **1601**; Prozeßkosten **1360 a** 3, **1610** 3; Rechtshängigk des Anspr **1613** 2 b; Rangordnung der Bedürftigen **1609** 2, der Verpflichteten **1606** 1–3; Rückfdg **1602** 4; SättiggsGrenze **1610** 2; Selbstbehalt, s diesen; sittenwidrige Vereinbargen **138** 5 u; Sonderbedarf **1613** 2 d; Stiefkinder **1360 a** 1, **1371** 3; Täuschg durch Berecht **1602** 4; Tod des Berecht **1615** 1; weitere Übereinkommen Anh zu EG **21** 4; Umfg **1360** 3, **1610** 3; ÜbergangsR Einf 7 vor **1601**; Veränderg d Verhältn **1610** 1, **1612** 1; Vergangenh **1613** 1–3; Verjg **197** 2 e, Einf 3 vor **1601**; Einfluß des UmgangsR **1602** 2 b; Verwendg von Kindeseinkünften **1602** 3; Verurteilg auf unbest Zeit **1602** 1; Verzicht für Zukunft **1614** 1, 2, Vergangenh **1613** 3, **1614** 2; Verzinsg Einf 3 vor **1601**; Verzug **1613** 2 a; Vorausleistg **1614** 3; Zuvielfdg **1611** 3; Zuvielleistg **1360 b** 1; s a Unterh-Anspruch, UnterhPflicht
Unterhalt des geschiedenen Ehegatten: Allgem **1569,** IPR EG **17** 5 b, 4; Altersversicherg **1578** 3; angemessene ErwTätigk **1574**; Anrechng von Nebeneinnahmen **1578** 2; Anschlußunterh **1569** 2; Art der Zahlg **1585**; U aus BilligkGrden **1576**; AuskPflicht über Vermögen u Einkünfte **1580** 1; Ausschluß des U bei grober Unbilligk **1579**; BestattgsKosten **1586** 1; U der Beamtenehefrau Einf 1 vor **1569**; bei Doppelverdienerehe **1578** 2; Einkünfte des unterhberechtigten Eheg **1577**; ErsHaftg der Verwandten **1584** 4; U für die Vergangenheit **1585** b; GüterGemsch mit neuem Eheg **1583**; Kapitalabfindg **1585** 3; Krankenvers **1578** 3; kurze Ehedauer **1579** 2; mangelnde Leistgsfähigk des Verpflichteten **1581**; U mangels angemessener ErwTätigk **1573, 1574**; Maß des U **1578**; mutwillige Herbeiführg der Bedürftk **1579** 2; neue Ehe des Verpflichteten **1582**; neue Lebensgemeinsch des Berechtigten **1579** 2; Rente **1585** 2; SättiggsGrenze **1578** 2; SicherhLeistg **1585 a**; Sonderbedarf **1585** 2, **1585 b** 2; Stammunterh **1569** 2; Straftat gg den Verpflichteten **1579** 2; StufenKl Einf 6 c for **1601, 1605** 1; Tod des Berechtigten **1585** 2, **1586**; Tod des Verpflichteten **1586 b**; UnterhPfl der Verwandten **1584**; UnterhVerträge **1585** c; Verh zum Kinderunterh **1582** 2, 4; Vermögen des Unterhberechtigten Eheg **1577**, des unterhverpfl Eheg **1581** 3; U wegen Berufsausbildg **1575**; wegen Erziehg eines gemeinsch Kindes **1570, 1579** 3; wegen Krankh **1572**; Verwirkg EheG **66** 2; Wiederheirat des Berechtigten **1585** 2, **1586**, des Verpflichteten **1582, 1583**; früheres Recht EheG **58 ff**
Unterhalt, nichteheliches Kind 1615 a–1615 o; Abfindg **1615 e**; allg Vorschriften **1615 a**; Altersgrenze **1615 a** 1; **1615 f**; Bemessg **1615 c**; Erlaß **1615 e** 3; einstw Anordng **1615 o**; Fordergsübergang bei Gewährg dch Dritte **1615 b, 1615 i** 4; IKR EG **18** 6; IPR EG **18**; Regelbedarf **1615 f** 3; RegelbedarfsVO Anh 3 zu **1615 f, 1615 g**; Regelunterhalt **1615 f** 2; Regelunterhalt- VO Anh zu

Unterhaltsanspruch
Fette Zahlen = §§

1615 f, **1615 g**; Anrechng von Kindergeld, Kinderzuschlägen, wiederkehrenden Leistgen **1615 g**; Herabsetzg **1615 h**; Klage **1615 f** 4; Sonderbedarf **1613**, **1615 h** 3; Stundg **1615 c** 2; Übergangsrecht NEhelG **Art 12** § **5**, **1615 e** 5; NEhelG **Art 12** § **10**, Anh I zu **1924**; für Vergangenh **1615 d**; Vereinbg für Zukunft **1615 e**; Verjährg **1615 d** 2; Verpflichtg zur -Zahlg, keine vormundschaftsgerichtl Gen **1822** 6b; kein Verzicht **1615 e**; vormschG Gen **1615 e**; nichtehel Mutter, Beerdiggskosten **1615 m**, Entbindgskosten **1615 k**, Unterh aus Anlaß der Geburt **1615 l**; Tod des Vaters **1615 n**

Unterhaltsanspruch, AbändKl Einf 6 vor **1601**; Abtretbark Einf 3 vor **1601**; Anpassg von Unterhaltsrenten Minderjähriger **1612 a** 3; Aufrechng Einf 3 vor **1601**; Bedürftigk **1602** 2, selbstversch **1611**, EheG **65** 3; Geltendmachg durch Beistand **1690**; Erfüllg **1601** 1; Erlöschen **1615** 1, 2; gerichtl Geltdmachg **1360** 2, Einf 6 vor **1601**; gesetzl, rechtl Natur Einf 1 vor **1601**; bei Gütergemeinsch **1604**; höchstpersönl R **1615** 1; des Kindes gg einen Elternteil **1629**; des Kindes bei Getrenntleben der Eheg **1629** 5; Konk des Unterh-Pflichtigen Einf 3 vor **1601**, **1603** 3; keine Minderg von SchadErsAnspr dch U Vorb 7 C f vor **249**; Mutter des zu erwartenden Erben **1963** 1; Reihenfolge der Bedürftigen **1609**; Reihenfolge der Berücksichtigg **1603** 3; StufenKl Einf 6c vor **1601**, **1605** 1; Tod des Berecht **1615** 1, 2, des Verpflichteten **1615** 1, 2; Übergang kr Ges **1607** 3, **1608** 2, **1615 b**; Überleitg Einl 5b vor **1601**; währd des Umgangs **1602** 2b; Unpfändbark Einf 3 vor **1601**; Verjährg **194** 5, **197** 2e, **200** 3c, Einf 3 vor **1601**; kein Vermögen **1626** 4b, c; Verwirkg EheG **66** 1, 2; Verzicht **1614**; Verzug **1613** 2a; Voraussetzg **1602**; Währgsstatut im IKR EG **32** 4b; Zuständigk Einf 6 vor **1601**

Unterhaltsanspruch der geschiedenen Ehegatten Einf 2 vor **1569**, **1569**; Prozeßkostenvorschuß Einf 4e vor **1569**; Rechtsnatur Einf 2 vor **1569**; Verh zum UnterhAnspr gg die Verwandten **1584**; Wiederaufleben **1586 a**; zuständ Gericht Einf 4c vor **1569**

Unterhaltsanspruch des nichtehelichen Kindes 1615 a ff; FordergsÜbergang **1615 b**, **1615 i** 4; Geltendmachg dch Pfleger **1706** 2b; dch Jugendamt **1709** 2; der nehel Mutter **1615 l** 2

Unterhaltsbedarf, Ausbildgsbedarf **1610** 4; Ehe **1360 a**; GetrLeben **1361** 5b aa; nachehel **1578** 2; Kinder **1610** 1, 2, 3; nichtehel Kind **1615 c**, **1615 f**

Unterhaltsbedürftigkeit, bei Getrenntleben **1361** 2b bb, bei Scheidg **1577**, des Kindes **1602** 2; mutwillige/verschuldete **1361** 4b cc, **1579** 3c, **1611**, EheG **65**

Unterhaltsentscheidungen, Abänderung ausländischer EG **18** 4 b bb

Unterhaltsneurose 1572 2, **1579** 2c, **1602** 2d

Unterhaltspfleger 1671 2d

Unterhaltspflicht, allgem Einf vor **1601**; Abkömml **1606** 2; bei Annahme als Kind **1751** 3, **1754** 2, **1755** 2b; Eheg **1360–1360 b**, **1608**; Belastg mit – als Schaden Vorb 3n vor **249**; u Berufsfreiheit **1360** 1, 3a, **1603** 2; bei Getrenntleben **1361**; EhelichErkl **1739** 1; Einfluß des Güterstandes **1604**; Eltern **1602** 3, **1603** 4, **1604** 1–3, **1606** 4; Geschwister **1601** 3, Geschwisterausgleich Einf 5 vor **1601**; Haftg der Eheg als Gesamtschuldner **1604** 2; Gütergemeinsch **1604** 2; IKR EG **18** 6; IPR EG **18**; ggü nichtehel Kind **1615 a** ff; ggü nichtehel Mutter **1615 l**; Rangordng der Pflichtigen **1606–1608**; Reduktion

1579 4; Selbstbehalt **1603** 1, 2b, 3, 4; **1581** 2b; Stiefvater **1601** 2; Tod des Verpflichteten, Übergang auf Erben **1586 b**; ÜbergVorschr Einf 7 vor **1601**; Umgehg **1603** 2a; Unterlassg zumutb Arbeit **1603** 2; als VermSchaden Vorb 3n vor **249**; Verwandte, Ersatzhaftg **1608** 1, 2; – u Versorgs-Ausgl Einf 1, 7 vor **1587**; Verwandte in gerader Linie **1601** 1, 2; Verletzg dch Eltern **1666** 6; Voraussetzg **1603**; Wiederverheirat **1604** 1

Unterhaltsrenten, gesetzl, Unpfändbarkeit Einf 3 vor **1601**

Unterhaltsrichtsätze 1361 4, **1610** 1, **1615** 1f

Unterhaltsstatut EG **18** 2, 3

Unterhaltsübereinkommen, Haager EG **18** Anh

Unterhaltsvereinbarung Einf 4 vor **1601**; GeschGrdlage **242** 6 A; zw getrennt lebden Eheg **1361** 1c; bezügl ScheidgsUnterhalt **1585 c**; Übergangsregelg Einf 6 vor **1569**; zw Vater u nichtehel Kind **1615 e**

Unterhaltsvergleich im ScheidgsVerfahren **1585 c**, Einf 4 vor **1601**, zwischen Vater u nichtehel Kind **1615 e** 3a

Unterhaltsverzicht, nachehelicher **1569** 3, **1585 c** 2d; unentgeltlicher **1615 e** 3a; s auch „Unterhaltsvereinbarg"

Unterhaltsvorschußgesetz Einf 5c vor **1601**

Unterkundengeschäfte 826 8a hh

Unterkünfte, Haftg im Arbeitsverhältnis **618** 2

Unterlassung, Bedeut **241** 4; als Ggst einer Dbk **1018** 6; als Haupt- od Nebeninhalt der Leistg **241** 4; Klagbark **241** 4, 5; U als Schadensverursachung Vorb 5 B i vor **249**; Verjährg v Unterlass-Anspr **198** 2c; Vergleich über Anspr **779** 2c

Unterlassungsklage, gg Besitzstörg **862** 2; bei Ehebruch Einf 1 vor **1353**; des Eigentümers **1004** 6; gegen Mieter **550**; gegen Nießbraucher **1053**; Verletzg des Namensrechts **12** 5; vorbeugende **241** 5, Einf 8b vor **823**; wiederherstellbe Einf 8 c vor **823**; Wiederholgsgefahr Einf 8b ee vor **823**

Unterlassungsklage gegen AGB-Verwender AGBG **13** 2; Anspr gegen Empfehler AGBG **13** 3; gegen Verwender AGBG **13** 2; einstweilige Vfg **15** 4; Klageantrag **15** 2; Klageberechtigg AGBG **13** 4; MitteilgsPfl ggü Bundeskartellamt AGBG **20**; Streitwert **22** 1; UrteilsformeI AGBG **17**; Bekanntmachg der Urteilsformel AGBG **18**; VollstreckgsGegenklage AGBG **19**; Wirkg des UnterlassgsUrt für den Individualprozeß AGBG **22**; Zuständigk AGBG **14**

Untermiete Einf 1c vor **535**, **549**

Unternehmensanteile, Kauf **437** 2e, Vorb 3 vor **459**; Vererblichk **1922** 3b–g

Unternehmensbewertung, bei PflichttFeststellg **2314** 1d, bei ZugewAusgl **1376** 6

Unternehmenskauf 433 1c aa, 4f, **459** 5f, **462** 1b

Unternehmensnachfolge, Arbeitsverh **611** 1g, **613 a**; erbrechtl, Auswahl des Nachfolgers dch Dritte **2065** 3a; Vermächtnis **2087** 2c, Einf 4 vor **2147**, **2151** 1, **2385** 1

Unternehmensnießbrauch 1068 4, **1085** 4

Unternehmer, Begriff Einf 1k vor **611**; WerkVertr **631**; Mehrheit von U **631** 1b

Unterpacht 584 a, **589**

Unterrichtsvertrag AGB AGBG **9** 7u

Unterschrift, Beglaubigg **129** 1, Form BeurkG **39**, **40**; Bevollmächtigter **126** 3d; eigenhändige **126** 3c, **2247** 5; notariell beglaubigtes Handzeichen **126** 3f, Form BeurkG **39**, **40**; Namen **126** 5; – unter nicht gelesene Urkunde **119** 3c

Untervermächtnis 2186, **2187**

Unterwohnungseigentum WEG Übbl 2a vor **1**

Unvermögen, anfängliches **306** 4, Vorb 2 vor

Magere Zahlen = Erläuterungen   **Verbindung**

323; Begriff **275** 3, **279** 2; ErziehgsUnvermögen **1666** 4a; v Schuldner zu vertretendes **275** 3, 7, **279** 1–3, **280** 1, 2; kein – bei Vermögenssperre **275** 5b
Unverzüglich, Begriff **121** 2b
Unvollkommene Verbindlichkeit, Einl 4 vor **241**; Grundschuld **1191** 2b aa; Pfandrecht **1204** 3a
Unvollständige Beurkundung von Grundstückskaufverträgen **313** 9c
Unwirksamkeit, Arten Übbl 4 vor **104**; der Leistungsbestimmg eines Dr **319**; eines Teils **139**, s a Teilunwirksamkeit; v Testamenten **1937** 4, **2085** 2; v Vfg entgegen Veräußergsverbot **135**, **136**); von Verfüggen des Vorerben **2113** 1a; Zusammentreffen mit Anfechtbark Übbl 4d vor **104**
Unzulänglichkeitseinrede 1990, 1991
Unzulässige Rechtsausübung 242 4; Bedeutg **242** 4 A a; Einzelfälle **242** 4 C; fehldes Eigeninteresse **242** 4 B c; Fallgruppen **242** 4 B; individuell/institutionell **242** 4 A c; unredl RErwerb **242** 4 B a; RFolgen **242** 4 A d; UnverhältnMäßigk **242** 4 B d; Verletzg eigener Pfl **242** 4 B b; Voraussetzgen **242** 4 A b; widersprüchl Verhalten **242** 4 B e; fehlde Gen des VormdGer **1643** 2d; s a „Rechtsausübung"
Unzumutbare Härte bei Scheidg vor Ablauf des TrenngsJahres **1565** 4b bb; zur Aufrechterhaltg der Ehe **1568**
Unzurechnungsfähigkeit, unerl Handlg **827, 829**; VertrVerletzg **276** 2; Mitverschulden **254** 3a bb
Urheberrecht Übbl 2 vor **90**; Gewinnherausgabe bei Verletzg **687** 2c; Ersatz von Nichtvermögensschaden **687** 2c, **847** 1, Kauf **433** 1; als geschütztes Recht **823** 5D; SchadErs nach Lizenzgebühr Vorb 4c vor **249**; Ausübg dch TestVollstr **2210** 3; Übertragg **413** 2b, an Miterben **2042** 3e; ungerechtf Bereicherg bei Verletzg Einf 6b vor **812**; Vererblichk **1922** 3a, **1936** 1; Vermächtnis Einf 4 vor **2147, 2174** 2
Urkunde über Abtretg **405, 409, 410**; Begriff **126** 2; Eigentum **952**; Einsicht **810**; Errichtg notarieller – BeurkG **1** ff; fr Errichtg gerichtl od notarieller fr EG **151** 1–4; Übergabepflicht bei Kauf **444**; Vermutg der Vollständigk u Richtigk **125** 5
Urkundensprache BeurkG **5, 16**
Urkundsbeamter, Amtspflichtverletzg **839** 5 B a, c, 15
Urlaub 611 12; Beeinträchtigg, Vereitelg dch mangelhafte Leistgen eines Reiseveranstalters Vorb 3h vor **249**; **651** f; entgangener Vorb 3h vor **249**
Urlaubsabgeltungsanspruch 611 12; Aufrechng dagg **394** 1; Verzicht, Nichtigk **134** 3a
Urlaubsentgelt 611 12i
Urlaubsgeld 611 7e
Ursachenzusammenhang Vorb 5 vor **249, 282** 2c; Beweis Vorb 8 vor **249**; **823** 13; alternative Kausalität Vorb 5 B 1 vor **249**, **830** 3c aa; kumulative Kausalität **830** 3c bb; hypothet Schadensursachen Vorb 5 C vor **249**; bei mehreren schädigenden Ereignissen Vorb 5 B1 vor **249**; bei MitVersch **254** 3a cc; rechtmäß Alternativverhalten Vorb 4 C g vor **249**; Schutzweck der Norm Vorb 5 A d vor **249**; schadensgeneigte Konstitution Vorb 5 B c vor **249**
Urteil, ggüber Altgläubiger nach Abtretg **407, 408**; Begriff **839** 8b; Bekanntmachg der Urteile im Namens-Rechtsstreit **12** 5; der U gg AGB-Verwender AGBG **18**; im EhescheidProzeß Einf 4 vor **1564**; im Mietprozeß Einf 10a vor **535**; Haftg f unrichtiges **839** 8; Mißbrauch **826** 8o; RGrd für Leistg **812** 6 B c; SchadErs wegen Nichterfüllg nach Urteil **283**; als Ggsatz zu TatsBehauptg **824** 2, **1004** 5b
Urteilsvermögen, Ausbeutg des Mangels **138** 4a bb

V

Valutakredit Einf 1b vor **607**
Valutaschuld 245 3; unechte **245** 3b
Valutaverhältnis, Einf 2b vor **328**, Einf 1b vor **783**; bei Anweisg **788** 2; im BereichergsR **812** 5 B c cc; Einwendgen aus – **334** 2
Vater, Ausschluß der elterl Sorge bei Pflegerbestellung **1630**; elterl Sorge **1626** 3; ErbErsAnspr **1934a** 2c; ErbR **1924**; Heirat während der elterl Sorgeausübg **1683**; Meinungsverschiedenh mit Mutter **1627, 1628**, mit Pfleger **1630** 3; Pflichtteil **2303** 1b, **2309, 2338a** 1b; als TestVollstr seiner als Erben eingesetzter Kinder Einf 2d vor **2197**; UnterhPflicht **1606** 4; Vertretgsmacht **1629** 7, Vertreter ohne **1629** 7 B, Entziehg **1629** 6; s auch elterl Sorge, Eltern, Mutter, nichtehel Vater
Vaterschaft, biologische **1600** o; sittenwidrige Vereinbargen **138** 5u; s auch Abstammg
Vaterschaftsanerkenntnis 1600a–1600m; Anfechtg **1600** f–**1600**m, Berechtigg **1600**g; für ErbR **1934c** 1; falsches **134** 3a, **1600** f 1; Fristen **1600**h, **1600**i; GeschFähigk für Anerkenntn **1600**d, für AnerkenntnAnfechtg **1600**k; Geltendmachg **1600**l, VaterSchrVermutg **1600**m; Bedinggfeindlichk **1600**b; Form **1600**e; Kondiktion **812** 2; in Vfg vTw **1937** 3b; unrichtiges **1600**f 2a; IPR EG 20 2; Unwirksamk **1600**f; Zustimmg des Kindes **1600**c
Vaterschaftsbeweis Einf 3 vor **1591**, **1600** o 2
Vaterschaftsfeststellung, IKR/IPR EG 18 4a, 20
Vaterschaftsvermutung, ehel Abstammg **1591**; nichtehel Abstammg **1600** o, Anh zu **1600** o; Beweisfragen **1600** o 2, Anh zu **1600** o 2
VBL – Renten 1587 2a dd, **1587a** 3 B Z 3
Verantwortlichkeit, Ausschluß **827** 1; Begriff Einf 1 vor **1**, Einf 1 vor **104**, **276** 1a bb; BilligkHaftg **829** 1, 3; des Erben bei NachlVerwaltg u NachlaßKonk **1978**; Jugendlicher **828**; des NachlVerwalters **1985** 4; des TestVollstr **2219**
Verarbeitung 950; BereichAnspr **951** 2
Verarbeitungsklausel 950 3a
Veräußerung, Grdst **313**; GenErfordern Übbl 4 vor **873**; Miete bei – des Grdst **571, 572**; NießbrR jur Pers **1059**a–e; v WohngsEigt WEG 6 2a, 12
Veräußerungsverbot, absolutes **136** 1, **1365** 1; behördliches **136** 2; gesetzl **136** 2; Gutglaubensschutz **136** 4; Konkurs **136** 5; Nichtigk **134** 2d; rgeschäftl **137** 1, 2; relative Unwirksamk **136** 3; richterl **136** 2b; in Test **2192** 2; Vormerkregeln, Anwendbark **886** 4
Veräußerungsvertrag, Aufhebg **313** 10; Nichtigk **313** 11; unrichtige Bezeichng **313** 8b, bb
Verbesserungsvorschläge, technische, des Arbeitnehmers **611** 13
Verbindlichkeit, Befreiungsanspruch **257** 1–3; Belastg mit als Schaden Vorb 31 vor **249**; betagte Einf 5 vor **158**, **163** 1; Bewertg **1376** 3d; unvollkommene Einl 4 vor **241**, **762** 2
Verbindung, Abtrenngsrecht **997** 2, 3; in Ausübung eines Rechts **95** 3; BereichAnspr **951** 2; Bestandteil, wesentl **946** 2, **997** 1; Fahrnis mit

2629

Verbotsgesetz Fette Zahlen = §§

Fahrnis **947** 2; Fahrnis mit Grdst **946** 2; Gebäude **94** 4 a, d; mit Grund u Boden **94** 2; Rechte Dr, Erlöschen **949** 1; Erwerb von Miteigt **949** 2, Alleineigt **949** 3; Vereinbarg, entgegenstehende **946** 3; zu vorübergehendem Zweck **94** 2c, 3 aE **95** 1, 2; Wegnahmerecht **951** 3d; Wirkg **946** 3, **947** 3; von Sondereigentum mit Miteigentumsanteilen WEG **3** 1b
Verbotsgesetz, Ausleg **134** 2; Einfluß auf Pacht **581** 3a; Haftg bei Vertrag **309**; Nichtigk **134** 2; Ordnungsvorschrift **134** 2a; schwebende Unwirksamk **134** 2b; Umgehg **134** 4; Vermächtnis u gesetzl Verbot **2171**
Verbotswidrige Kündigung Vorb 2d vor **620**
Verbotswidrige Leistung 817
Verbraucher, SchadErs wg sittenwidr Wettbewerbshandlg **826** 8u; SchutzVorschr Einf 4c vor **145**
Verbrauchervertrag, IPR EG **29**
Verbürgung der Gegenseitigkeit bei Staatshaftg für Beamte **839** 2a
Verdienstausfall 252 3, 4
Verdienstsicherungsklausel 611 6c dd
Verdingungskartelle 138 5 v
Verein, Anmeldg zur Eintragg **59** 1, **67** 1, **72**, **74**, **76** 1; Auflösg **41**, Eintragg der Auflösg **74** 1; Aufnahme **38** 1; Aufnahmezwang **25** 3d; ausländischer **23** 1; Austritt **39** 1, **58** 1; Ausschließg **25** 4, 5; Begriff Einf 7 vor **21**; Beitritt **38** 2; Bekanntmachg der Auflösg **50** 1; eingetragener **55**–**79**; Einschränkg des Stimmrechts von Mitgl **34** 1; Einspruch gg Eintragg **61**–**63**; Eintragg **64**–**66**, s a Vereinsregister; Entziehung d RFähigk **21** 2, **43**, **44**; Erbe **1923** 1; GeschOrdng **25** 4; Gründergesellsch **21** 2; Haftg des AnfallsBerecht für Vereinsschulden **45** 2, **46**; Haftg der Mitglieder Einf 6 vor **21**; Haftg für Vertreter **31** 1–3; persönl Haftg d Vorstands **31** 4; Idealverein, **23** 1, **44**; Bestandsschutz **823** 6h; IPR EG **12** Anh 1–3, 5; Konkurs **42** 1, 2; Kündigung **39**; Liquidatoren, Bestellung u Aufgaben **48** 1, **49** 1, Eintragung **76** 1; Liquidation **47 ff**; Liquidationsverein **42** 2, **47** 1; Mindestmitgliederzahl **56** 1, **73**; MitgliederVers, Berufg **32** 1, 2, **36**, **37** 1, **2** u **58** Z 4, BeschlFassg **32** 1, **33** 1, **41** 2, richterl Prüfg v Beschlüssen **32** 3, Tagesordng **32** 2, Ungültigk v Beschlüssen **32** 3, **34** 1; Mitgliedsch **35** 1, **38** 1; Mitgliedschaftsrechte, höchstpersönl **38** 2; MitglZahl, Mitteilg **72** 1; Monopolcharakter **25** 3e, 4b; Name **57** 1; nichtwirtschaftl **21** 1; Ordngsstrafgewalt **25** 4; Organisationsform **25** 3a, b; Ortsgruppen Einf 10 vor **21**; Parteien Einf 9b vor **21**, **61** 2; nicht rechtsfähiger s dort; Rechtsweg bei Ausschließg **25** 4g; Satzg s Vereinssatzg; Schiedsgericht **25** 4e; Sicherstellg der Gläubiger **52** 1; Sitz **24** 1; Sonderrechte eines Mitgl **35**; Sperrjahr bei Auflösg **51** 1; Stiftungscharakter **21** 1; Treuhänderbestellg **29** 2; Übergangsvorschr EG **165**, **166**; Verfahren d Vereinsorgane **25** 4c; Verfassg **25**, Begriff **25** 1a, s unter „Vereinssatzung"; Verleihg, staatl **22**, EG **82**; Verlust der Rechtsfgk **42** 2, **43**, **44**, 1, **73** 1; VermögAnfall bei Auflösg **45** 1, 2, **46**, EG **85** 1; Vertreter, besondere **30** 1; Vertreterversammlg **32** 1a, **37** 3; Verwaltungssitz **24** 1; Vorstand s Vereinsvorstand; Vorverein **21** 2; wirtschaftl **21** 1, **22** 1, landesrechtl Vorbehalt EG **82** 1, 2; Wegfall der Mitglieder **41** 1, 2; Zulassg z Eintragg **61**; Zustimmg, schriftl der Mitgl zu einem Beschl **32** 1; Zweigstellen Einf 10 vor **21**; Zweck des – **21** 1, **22** 1, **23** 1, **33** 1, **57** 1; Zurückweisg der Anmeldg **60**

Vereinbarungsdarlehen 607 2
Vereinigung, von Forderg u Schuld Übbl 2c vor **362**, bei PflichtBerechng **2311** 1, beim Erbfall Übbl 2b vor **1942**; v Grdst **890** 1; bei Hyp **1131** 1; der Hyp mit Eigentum **1177**; keine V beim ErbbauR VO **1** 1c; von WERechten WEG **6** 2c; von WEGrdst Übbl 2b vor WEG **1**
Vereinsautonomie 25 3; Nachprüfg v Vereinsmaßnahmen **25** 4b–e, 5 a
Vereinsfreiheit Einf 8 vor **21**
Vereinsgesetz Einf 8 vor **21**
Vereinsgesetze 25 2e
Vereinsregister, Änderg des Vorstands **67** 1, **68** 1; Anmeldg zur Eintragg **59** 1; Beschwerde **60**; Einsicht **79** 1; Eintragg **21** 2a, der Auflösg des Vereins **74**, des Erlöschens des Vereins Vorb 1 vor **55**, der Liquidatoren **76** 1, **48** 1, des Vereins **21** 2, **63**–**66**; Eintraggszeugn **69**; Einspruch gg die Eintragg **61**, **62**, **63**; Entziehg d Rechtsfgk **74**; Form der Anmeldg **77** 1; Inhalt **64**; KonkEröffng **75** 1; Löschg **21** 2; Rechtsmittel **65** 2; Satzgsändergen **68** 1, **71** 1; Veröffentlichg d Eintragg **66** 1, **71**; Wirkg der Eintragg des Vereins **68** 1; Zulassg der Anmeldg **61** 3; Zuständigk **55**; Zurückweisg der Anmeldg **60** 1
Vereinssatzung, Änderung **33** 1, 2, **35** 1, **71** 1; Auslegg **25** 2c; Begriff **25** 2a; Inhalt **25** 2a, **57** 1, **2**, **58** 1; Inhaltskontrolle **25** 3a, b; Nichtigkeit **25** 2c; RNatur Einl V 1d vor **1**
Vereinsstrafe 25 4, Vorb 2d vor **339**
Vereinsvormund Einl 4 vor **1773**, **1791a**; keine Anwendg der §§ **1850**, **1851**, **1851a**; Befreiung **1857a**; Einwilligg zur Bestellg **1785** 1; **1791a** 3; Entlassg **1791a** 5, **1887**, **1889**; Führg der Vormsch **1791a** 4; keine Ordngsstrafen **1837**; Rechngslegg **1840** 1; Rücksichtnahme auf religiöses Bekenntn **1779** 4c; über Volljährige **1791a** 1, **1897** 1
Vereinsvorstand 26–**28**; Abberufg durch AG **29** 3; Anmeldepflicht **59** 1, **67** 1, **72**, **74**, **76** 1; Anmeldg d Änderg **67** 1; Beschlußfassg **28** 1; Bestellg **27** 1; – auf Antrag eines Beteiligten **29** 1, 3; – durch Dritte **27** 1; Beschränkeng d Vertretgsmacht **70** 1; Eintragszeugnis **69** 1; Entlastg **27** 3; Geschäftsführg **26** 2; Haftg bei verzögertem Konkursantrag **42** 3; Haftg des Vereins für **31**; JurPerson **26** 1; als Liquidator **48** 1; Löschg des – im Vereinsregister **67** 2; mehrgliedriger **26** 2; Minderjähriger **26** 1; Notvorstand **29**; Organ **26** 1; Passivvertretg **28** 2; Vertreter besond **30**; Vertretgsmacht, Umfang **26** 2, **30**, 2, **64**, **70** 1; Widerruf der Bestellg **27** 2; Zwangsgeld **78**
Vererblichkeit, Anwartsch der Nacherben **2108** 2, 3; ErbErsAnspr **1934b** 2; GesellschAnteil an OHG, KG **1922** 3c, an BGB-Gesellsch **1922** 3e, an stillen Gesellsch **1922** 3f; Handelsgesch **1922** 3b; Zugewinnausgleichsanspr **1378**, **1922** 3h; Erbannahme- u AusschlaggsR **1922** 3h; höchstpersönl R **1922** 4; PflichtAnspr **2317** 1b; UnterhPfl **1586b**; VermögR Übbl 1 vor **1922**, **1922** 3; vorzeit Erbausgleich **1934d** 1g; Wohngseigt WEG **12** 1b aa
Verfahrensrecht, Ehescheid Einf 4 vor **1564**; Erbschein **2353** 3, 4 (Erteilg), **2361** 3–5 (Einziehg); elterl Sorge Einf 4 vor **1626**; Verfahren 4 vor **1569** (nach Scheidg), Einf 6 vor **1601** (Verwandte); VersorggsAusgl Einf 5 vor **1587**; unzul RAusübg **242** 4 C j; Verwirkg **242** 5f dd; Verträge über – **138** 5v; in WohngsEigt WEG **43 ff**; s auch internationales VerfR
Verfahrensstandschaft s ProzStandschaft
Verfallklausel, Vorb 2b vor **339**; bei Abzahlgsge-

Magere Zahlen = Erläuterungen   **Verjährung**

schäften AbzG **4** 3; in AGB AGBG **11** 6a cc;
Einzelverfallklausel Vorb 2b vor **339**; bei Hyp
1149; bei Pfandrecht **1229**; bei SichÜbereigng
930 4d dd; als Rücktrittsvorbehalt **360**; bei
Stundg des vorzeit Erbausgleichs **1934d** 7b, des
Pflicht-Anspr **2331a** 3a; s a Verwirkgsklausel
Verfassung des Vereins **25** 1; der Stiftg **85** 1
Verfassungsbeschwerde, keine Unterbrechg der
Verjährg **209** 4
Verfassungsmäßig berufener Vertreter, Haftg
für – **31**, **89**
Verfolgungsrecht des Besitzers **867**; mittelb Besitzer **869** 4
Verfügende Verträge, Übbl 3d vor **104**
Verfügung, bedingte **158** 1, **161** 1; Begriff Übbl
3d vor **104**, **185** 1, **816** 2; eines Eheg über Vermögen im ganzen **1365** 2, über HaushaltsGgstände bei ZugewinnGemsch **1369**; Einwilligg
185 2; Genehmigg **185** 2; über Gesamtgut **1422**
1, **1450**; keine – über Gesamtgutsanteile u einzelne GesamtgGgstände **1419** 2; über Gesamtgut im
ganzen **1423**; über Gesamtgutsgrdst **1424**; nachträgl Erwerb **185** 3; über Mietzins im voraus
573; des Miterben **2033** 2, 4, **2040** 1, 2; eines (an
einen) Nichtberechtigten **185** 1, **816**; Prozeßführg **1812** 3, Einf 5 vor **2100**; TestVollstr
2205 3b; Veräußerg Übbl 3d vor **104**, Veräußerungsverbot, rgeschäftl **137** 1; verbotswidr **135**,
136 2; Verhältnis mehrerer Verfügungen **185** 3;
im Wege der Zwangsvollstr **816** 5 B a bb
Verfügung, schriftliche des VormschG über Bestellg zum Vormd **1791a**, **1791b**; Rückg **1893**
Verfügung von Todes wegen Einf 1, Übbl 1
vor **2064**; altrechtl EG **214** 1; bedingte **2065** 4;
2074, **2075**, **2269** 5; Bestimmg der Geltg **2065** 2;
Beurk dch Notar BeurkG **27–35**; Nichtigk u
Unwirksamk **1937** 4; Sittenwidrigk **138** 5f, **1937**
5
Verfügungsbeschränkung, Übbl 3b dd, 4 vor
873; Einfluß auf GrdstVfg **878**; gutgl Erwerb
trotz V **892** 5; Vorb 1b vor **929**; wg Güterstand
1365, **1369**; IPR **15** 4; wg TestVollstr **2211**; Vorerbe **2113** 1, 2, **2114** 1–4; Wirkg relativer **892** 5b
Verfügungsfähigkeit, Einf 3 vor **104**
Verfügungsunterlassungsvertrag beim ErbVertr
2286 1, 2b; bei GrdSt **313** 3d, Sichg **883** 2b aa
Vergleich 779; Abgrenzg Einf 4g vor **433**; Anfechtbark **779** 8; arglist Täuschg **779** 8b; Auflassg im gerichtlichen – **925** 4c; Beweismittel,
nachträgl Auffinden neuer **779** 5e; als feststehd
angesehene Grundlage **779** 5; Form **313** 7, **779**
1b; Irrtum **779** 5, 8a; Nichtigk **779** 2c aa, 7d;
Prozeßvergleich Einf vor **779**, **779** 1b, 9, **2038** 7;
Rücktrittsvorbehalt **779** 9; Scheidgserleichterg
779 2c aa, **1585c** 2, 3; bei Stundg des vorzeit
Erbausgleichs **1934d** 7b, des PflichtAnspr
2331a 3a; Sittenverstoß **138** 5v: auf Rücknahme
des Strafantr **779** 2c cc; Auslegg, Gültigk eines
Testaments **779** 2b, **2359** 1; Unrichtigk der
Grundlage **779** 5c; UnterhAnspr geschied Eheg
779 2c aa, **1585c** 2; des Kindes Einf 6 vor **1601**;
Unwirksamk **779** 5–7; nach Urteil **779** 2c bb;
unzul RAusübg **242** 4 C a, j, **779** 7c; Wegfall der
GeschGrdlage **242** 6 D h, **779** 7c; Widerruf dch
MitE bei V über NachlForderg **2038** 2a;
Zwangsvergl Einf 1 vor **779**; s a gerichtl Vergleich
Vergleichsverfahren, Antragspfl des Erben **1980**
1; ErbHaftg **1975** 4; – u TestVollstreckg Einf 3a
vor **2197**
Vergleichsverhandlungen,   Verjährgshemmg
Übbl 5 vor **194**, **202** 2, **852** 4b

Vergleichszahlungen, Rückzahlg bei Konkurseröffng **812** 6 A d dd
Vergütung des Beistandes **1691**; NachlPflegers
1960 5f; NachlVerwalters **1987**; TestVollstr
2221; des Vormundes **1836**
Verhalten, Auslegg schlüssigen V Einf 3a vor **116**
Verhaltenspflichten Einl 1e vor **241**, **242** 2b
Verhältnismäßigkeit, Verletzg des GrdS **242** 4
B d
Verhinderung, bei elterl Sorge **1674**; eines Eheg
bei Gesamtgutsverwaltg **1429**, **1454**; Pflegschaft
bei Verhinderg der Eltern oder des Vormds **1909**
2; an der Übernahme der Vormdsch **1778** 2c
Verjährung, Abkürzg dch AGB AGBG **9** 7v; Ablaufshemmg **206**, **207** 1–3; AbzahlungsG **196** 3c;
Anspruch **194** 1–3; Anspr des Käufers wegen Sachmängeln **477** 1; Anspr aus Verlobg **1302** 1; bei
Anspruchskonkurrenz **194** 3; Arglist Wegfall
Übbl 5 vor **194**; Aufopfergsanspr **195** 3f, Übbl
3c vor **903** ; Aufrechng bei **390**; des AusglAnspr
bei Gesamtschuld **426** 2a; Ausgleichsfdg der Eltern für Unterhalt **197** 2f; bei gemischten Verträgen **194** 4; bei gesetzl Güterstd **1378** 3; Beginn
regelm **198** 1–3, bei Kündigg u Anfechtg **199**,
200, der kurzen **201** 1, bei unerl Handlg **852** 2;
Begriff Übbl 1 vor **194**; des BereicherngsAnspr
Einf 7 vor **812**, **822** 4b; v eingetr Rechten **902**;
bei c. i. c. **195** 3d, **477** 1, **638** 1; Einrede der
Verjährg **222** 1, 2, von Behörden bei Gehaltsanspruch **210** 1; von Einreden **194** 2; erwerbende
Übbl 1a vor **194**; erlöschende Übbl 1b vor **194**;
von Bürgschaftsschuld **765** 1; ErbErsAnspr
1934b 2d; ErsAnsprüche des Miete **558**; ErsAnspr des Verpfänders **1226** 1; familienrechtl
Ansprüche **194** 5; Frist, regelmäßige **195** 1; Gegenstand der **194** 1–5; Geschäfte des tägl Lebens
196 1, 2; bei gemischtem Vertr **194** 4; bei Gesamtschuld **425** 2; bei GoA **677** 6; gesicherte
Rechte **223** 1, 2; Gewährleistungsanspr bei Kauf
477, formularmäßige Abkürzg unzulässig
AGBG **11** 10f; bei Viehkauf **490**; Grddienstbk
1028 1–3; Grundstücksrechte, gelöschte **901** 1,
2 kraft Ges entstandene **901** 1b; Güteantrag
212a; Hemmg: aus Pietätsgründen **204** 1, 2, aus
tatsächl Gründen **203** 1, 2, aus RGrden **212** 1–3;
bei Werkvertr **639** 1, 2; bei unerl Hdlg **852** 4b;
Hemmgswirkg **205** 1; Kenntnis v der Pers des
Ersatzverpflicht u v Schaden **852** 2; kurze, Vorrang **194** 3; der Mietzinsforderung **551** 1c; nachbarrechtl Anspr **924**; der Nebenleistgen **224** 1;
öffrechtl Anspr **195** 3f, **222** 4; nicht vor die ordentl Gerichte gehörende Ansprüche **220** 1;
PflichtteilsAnspr **2332**; bei pVV **195** 3d; Prospekthaftg **195** 3d cc; des rkräft festgestellten
Anspr **218** 1, 2, **219**; ReiseVertr **651g**; Reallast
1107 2d; bei RNachf **221**; Regelg in AGB
AGBG **9** 7v; SchadErs wg NichtErf **195** 3d;
Stundg **202** 2; Zuwendgen an Dritte bei ZugewGemsch **1390** 4; Unterbrechg **208–217**, durch
Anerkenntnis **208** 2, 3, durch Aufrechnungseinrede im Prozeß **209** 7d, durch Anmeldg im Konkurs **209** 7c, Beendigung **211** 1, 2, durch Klage
209 1, 2, dch ZwVollstr **209** 7f; des UnterlassgsAnspr gg AGB-Verwender AGBG **13** 5; der Ansprüche von Vorstandsmitgliedern einer AG **196**
9; bei Werkvertr **638**, **639** 1; Unterbrechgswirkg
217 1; Unzulässigk der Einrede Übbl 5 vor **194**;
unerl Hdlg **852** 1; unvordenkl V Übbl 1a vor
194; Vereinbarg über **225** 1, 2; Verlängerg der
Frist **477** 2, 4; bei Vermächtnis **2174** 2f; Verzicht
auf Einrede der – **222** 2, **225** 1, **397** 1a; vierjährige **197** 1, 2; vorzeit Erbausgleich **1934d** 2d;

Verkauf Fette Zahlen = §§

Wegfall der Unterbrechg **212–216**; wiederkehrde Leistgen **197**; Wirkg der vollendeten **222** 1–4, **639** 1b; Zinsen **197**; ZugewAusglAnspr **1378**; Zweck Übbl 2 vor **194**
Verkauf, freihändiger – hinterleggsunfähiger Sachen **383** 1; s a Kauf u Pfandverkauf
Verkäufer, Auskunftspflicht **444**; Gewährleistg **459**; Haftg f Zahlgsfähigk **438**; Pflichten **433** 2, 3; Nebenpflichten **433** 4; Verwendgen **450**
Verkehrsampel 839 15 „Polizei"
Verkehrsgeld 245 1a
Verkehrsgerechtes Verhalten 823 6 B f
Verkehrsgeschäft, gutgl Erwerb dch **892** 3b, **932** 1c
Verkehrsimmission 906 2b cc, 7
Verkehrsrecht 1634 1, s Umgang, UmgangsR
Verkehrssicherungspflichten 823 8; bei Miete **535** 2b; iRv SchuldVertr **276** 7 C b; bei WEigt WEG 2d vor **1**, **16** 3a aa, **21** 3, 5, **27** 2
Verkehrssitte, Ausleggsmittel **133** 5d; Berücksichtigg bei Inhaltskontrolle von AGB AGBG **9** 2f; kein GewohnhR V 2a vor **1**; bestimmt Leistgsinhalt **242** 1
Verkehrstypische Verträge Einf 4 vor **305**
Verkehrsunfälle, IPR **38** 2b, c dd, Anh I
Verkehrswert bei Feststellg des Zugew **1376** 1
Verlagsrecht, EG **76** 1; Vererblichk **1922** 3a
Verlängerung des Mietverhältnisses **565**a
Verleiher, Arglist **600** 1; Haftg **599** 1; Herausgabeanspr gg Dr **604** 3, **605** 1; Mängelhaftg **600**; Verjährg der Ersatzanspr **606**
Verleihung der Rechtsfgk an ausländischen Verein **23** 1; an wirtschaftl Verein Einf 4 vor **21**, **22** 1
Verlöbnis, Aufwendgen, Ersatz bei Rücktritt **1298** 2–4; Beendigg Einf 4 vor **1297**, **1298** 1; bedingtes Einf 1 vor **1297**; Begriff Einf **1**, 2 vor **1297**; Brautbriefe **1301** 2; Brautkinder Einf 3 vor **1297**; Erbvertr **2275** 2, **2276** 4, **2279** 2; Geschäftsfgk Einf 1b vor **1297**, **1298** 1; Geschenke, RückgAnspr **1301** 1–3; IKR/IPR EG **13** 6; Kranzgeld **1300** 1–3; letztwill Vfg **2077** 2c; Mitarbeit Einf 1 vor **1297**; Nichtigk Einf 1 vor **1297**, **1740a** 2; Rücktritt **1298**, **1299**; SchadErs, Umfang bei Rücktritt **1298** 2–5, **1299** 1, **1300** 1; Stellvertretg Einf 1 vor **1297**, **1298** 1; Unklagbark **1297** 1; Unterhaltskosten bei Rücktritt **1298** 4; Verjährg **1302** 1; Vertragsstrafe **1297** 1
Vermächtnis 1939, **2147**ff; alternatives **2148** 4, **2152** 1; Anfall **2176–2178**; Anfechtg **2081** 2; Annahme **2180**; bei Gütergemeinsch **1432** 2, **1455**; Anordng **2149** 1; Anrechng auf ErbErsAnspr **1924** 3b ee; Anspr Einf 5 vor **2147**, **2174** 1; Anwachsg **2158**, **2159**; Anwartsch **2177** 1a, **2179** 1; Arten Einf 3 vor **2147**; aufschiebd bedingtes **2162** 1; Aufwertg **2174** 5a; Ausbildungsbeihilfe an Stiefkinder beim gesetzl Güterstd **1371** 3, Einf 3 vor **2147**; Auslegg Einf 7 vor **2147**; Ausschlagg **2180** 1, **2307** 1, bei elterl Sorge **1643** 2c, bei Vormundsch **1822** 3, bei Gütergemeinsch **1432** 2, **1455**, **2180** 1; Bedachte, mehrere **2151–2153**; bedingtes **2162** 1, **2177** 1, 3, **2179**; Befreiungsvorm **2173** 4; befristetes **2177** 2; Begriff Einf 2 vor **2147**; Belastg **2165–2168**; Besitz **2169** 2; Beschwerter **2147**, mehrere **2148** 1; billiges Ermessen **2156** 1; Bruchteil **2087** 1; Dreißigster **1969**, Einf 3 vor **2147**; dch Erbvertr **1941**, **2276** 5, **2288**; Erbunwürdigk **2345** 1; ErsAnspr **2164** 2; Ersatzvermächtnis **2190**; Fälligk **2174** 1, 2, **2176** 2, **2177** 2, **2181** 1; Fälligk eines Unterverm **2186** 1; Fdg gg Erben **2174** 1; Fdgsvorm **1–3**; fremder Gegenstand **2169**; Gattgsverm **2155**, **2182**, **2183**; gemeinschaftl **2157** 1; Gesamtgrundschuld **2168** 1; Gesamthyp **2167** 1; gesetzl Erbe ErgänzRegel **2149** 1; gesetzl Vermächtn Einf 3 vor **2147**; Grdst, ver-

machtes **2166–2168**; Genehmiggspflicht **2171** 3, **2174** 5b; Hyp **2166** 1; Inhalt **2174** 2; Kürzg der Beschwerg **2188** 1; Lasten **2185** 2; NachlVerbindlk **1967** 3, **1972**, **2174** 3; Nachverm **2177** 3, **2191**, s a dort; nasciturus **2178** 1; Nutzgen **2184** 1, 2; Pflichtteilsanspr Einf 2 vor **2147**, **2307** 1; u Pflichtteilslast **2318**, **2321**; Quotenverm Einf 4 vor **2147**; Rangordng **2189**; – Recht, Anwendg beim ErbErsAnspr **1934b** 2b; Rechtsmängel **2182**; Rentenverm Einf 4 vor **2147**, **2177** 2; Rückvermächtnis **2177** 4; Sachmägel **2183**; Schuldverm **2173** 5; Schutz des vertragsmäßigen Verm **2288**; Sittenwidrigk **2171** 2; Sorgfaltspflicht des Beschwerten **2184** 1; TestVollstr **2223**; Treu u Glauben **2174** 1; eines Übernahmerechts **2048** 1; **2184** 2; Umstellg **2174** 5; Ungewißh des Bedachten **2178**, **2179**; Unmöglichk **2171** 1; Unterverm **2186**, **2187**; Unwirksamk **2169** 1; Unwirksamk durch Zeitablauf **2162**, 1, **2163** 1; Verarbeitg **2172** 1; Verbindg **2172** 1; verbotenes **2171** 2; Verjährung **2174** 2 f; VermVorteil Einf 4 vor **2147**; Verschaffsverm **2169** 1a, **2170**; Vertrag über **312**; Verwendungen **2185** 1; Verzicht **2352** 1c; Voraus **1932** 4, Einf 3 vor **2147**; Vorausvermächtn **2150**; Vormerkg **2174** 4, **2286** 2b; Vorversterben des Bedachten **2160** 1; Wegfall des Beschwerten **2161** 1; Wahrnem **2154** 1; Wirkg **2174**; Zubehör **2164** 1; Zweckbestimmg bei **2156**
Vermengung s Vermischg
Vermessungsingenieur, Vertrag mit – Einf 5 vor **631**; Haftung, Verjährung **638** 2c
Vermessungswesen 919
Vermieter, Anrechng ersparter Aufwendgen **552** 3; Anzeige vom EigtÜbergang **576** 1; Befriedigg durch Pfandverk **561** 2; Beleuchtgspflicht **535** 2b; Besitznahmerecht bei Ausziehen des Mieters **561** 2; bisheriger, Mitteilg an Mieter von EigtÜbergang **571** 5; Erhaltgspflicht **536** 4; Entschädiggsanspr bei Vorenthaltg der Mietsache **557**; Fürsorgepflicht **535** 2b aa; Haftg des bisherigen nach Veräußerg des Grdst **571** 5, **579** 2; Haftung für Dr **535** 2d; Haftg für Rechtsmängel **541** 1, 2; Haftgsausschluß, vertragl **538** 1d; Haftgsvereinbarg **540** 1; Herausgabeanspr ggüber Dr **556** 3; Kündigg wegen Eigenbedarf **564b** 1, 2, 7; bei Leistgsverzug des Mieters **535** 1d; Pflichten **535** 2; Kündigungsbeschränkg **564b**; Machtstellg, Ausnutzg **138** 5 n; mehrere **535** 1d; Pflichten **535** 2; Rückschaffgsanspr **561** 3; SchadErsAnspr gg Mietr bei Künd **553** 1d, **554a** 4a; SchadErsPflicht bei Mangel der Mietsache **538** 5; Streupflicht **535** 2b bb; Überlassgspflicht **536** 3; Unterlassgsanspr bei vertragswidr Gebrauch **550** 1–3; Untermieter, Verhältn zum **549** 5; Verjährg der EntschädAnspr **558**; Verzug **538** 4; Vorausverfg über Mietzins **573**, **574**; Vorleistgspflicht **536** 3; Widerspruchsrecht bei Entfernung von eingebrachten Sachen **560** 3
Vermieterpfandrecht 559ff; Entstehg **559**; Erlöschen **560**; Fortbestand **560** 3; bei RäumgsVollstreckg **560** 4c; Selbsthilfe **561**; Sicherheitsleistg **562**; Zusammentreffen mit Pfändg **563**
Vermietung auf Zeit 566, **567**, 2. WKSchG 2
Vermischung 948, **949**; BereichAnspr **951** 2; Ersatzanspr, weitergehende **951** 3; der vermachten Sache **2172**
Vermittlung der Annahme als Kind Einf 2 vor **1741**; gerichtl, der Erbauseinandersetzg **2042** 5; u Reisevertrag **651a**
Vermögen, Begriff des im SchadErsR Vorb 2c vor **249**; Bewertg bei ZugewAusgl **1376** 2; gegenwärtig, Verpflichtg zur Übertragg **311** 2; des Erbl,

Erhaltg, Vermehrg, bes ausgleichspfl Leistg **2057a**; des Kindes s KindesVerm; künftiges **310** 2; Nießbr **1085–1088**; Übertr der VermVerwaltg an den anderen Eheg **1413**, ÜbergVorschr **1413** 4; Übertr s VermÜbertr; Unterlassen eines Erwerbs nicht Schenkg **517** 1; Verfgg eines Eheg über Vermögen im ganzen **1365, 1368**; Vermögensminderg u -verschwendung durch Eheg **1386**; **1375**, Verwertg des VermStammes bei Eheg **1360**; Verwertg des VermStammes bei gesch Eheg, bei UnterhBerecht **1577** 3i, des UnterhVerpfl **1581** 3; VermVerwaltg bei Güter-Gemsch **1421**ff, bei Gütertrenng Grdz 1 vor **1414**, bei ZugewGemsch **1364**; vormgerichtl Genehmigg zur Vfg über **1822** 2

Vermögensabgabe Haftg des Auflagebegünst **2192** 1, der Gesellschafter nach Auseinandersetzg **730** 5; Kürzg der Aufl **2192** 1; NachlVerbindlichk **1967** 2; keine öffentl Last **436** 2b, 4; Pflichtteil **2311** 2a; bei Vorerbsch **2126** 2; vgl auch Lastenausgleich

Vermögensbildung, Förderung der V der Arbeitnehmer **611** 7d; nachehel Unterh **1578** 2a

Vermögensschaden, Begriff Vorb 2b–e vor **249**; Einzelfälle Vorb 3 vor **249**

Vermögensschädigung, Schadenersatz **826** 1

Vermögenssorge, Anlegung von Geld **1642**; Anzeigepflicht bei Konkurs **1668**; außergewöhnliche Ausgaben **1642** 2; Beschränkung **1638**; Eingreifen des VormschG **1667**; Einschränkungen **1626** 4b aa, **1638**; der Eltern **1626** 4b; Entziehung **1640** 4; Gefährdung des Kindesvermögens **1667**; Inhalt **1626** 4b; Inventarisierung des Vermögens **1640**; Konkurs **1668, 1670**, Folgen **1680** 2b; nach Scheidung **1671** 2a und c; Sicherheitsleistg **1667** 2; Sperrvermerk **1642** 2, **1667** 2; Vertretung **1626** 4b, **1629**; verwaltungsfreies Vermögen **1638** 1; Verzeichnis **1640**, **1667** 2, bei Wiederheirat **1683**; wirtschaftliche Vermögensverwaltg **1642** 2

Vermögensspaltung im IPR EG 3 4a

Vermögenssperre, AbwesenhPflegsch Anh 1 zu **1911**; Ausschlagg d Erbschaft Einf 2 vor **1942**; Auseinandersetzg der Erbschaft Einf 5 vor **2032**; Bürgschaft **765** 3b; Hypotheken, Genehmigg **1180** 3; Nichtigk oder schwebende Unwirksamk **134** 2d, **275** 9a; Sperre zur DDR EG 32 4b; weder Unvermögen noch Unmöglichkeit **275** 4

Vermögensübernahme **419**; nur Aktiva **311** 4; Haftg bei Kauf **434** 2b; Haftg d Übernehmers **419** 4; mit Leistg an Dritte **330** 5; Schuldnerhaftg aus VerpflichtGesch **311** 4; sichergshalber **419** 3a, b; Sondervermögen **419** 2d; dch Treuhänder **419** 3a; Vorwegbefriedigg wegen eigener Fdgen **419** 4c

Vermögensübertragung dch Eheg bei Zugewinngemeinsch **1365**; Rückforderg bei Scheidg **242** 6D c; Genossenschaften, Verschmelzung **311** 3; Gewinnanteilsverträge **310** 3; Haftg des Übernehmers **419**; des künftigen **310** 1–4; Sondervermögen **310** 2, **311** 2; Umwandlg von Kapitalsellsch **311** 3; Verpflichtg zur Übertragg des gegenwärtigen **311** 1–4; Verschmelzg von Kapitalgesellsch **311** 3

Vermögensverlust, Wegfall der GeschGrdlage **242** 6 C c

Vermögensverschiebung (VermVorteil) als Grdlage d BereicherungsAnspr **812** 4

Vermögensverwaltung s Ehg; s Kindesvermögen; s Vormund

Vermögensverzeichnis, bei Erwerb des Kindes von Todes wegen **1640**; bei Gefährdg des Kindesvermögens **1667**; über Kindesvermögen beim Tod eines Elternteils **1682**, bei Wiederverheiratg **1683**; Vormund **1802**; Zuziehg des Beistandes **1689**

Vermögenswirksame Leistungen **611** 7d; RückzahlgsPfl **812** 6 Ad bb

Vermutung, Beiwohngsvermutg **1591** 3, **1600**o 2; Eigentumsvermutg bei Eheg **1362**; bei Endvermögen **1377**; der Zugewinngemeinsch Grdz 1 vor **1363**; Erbschein **2365**; des Grundbuchs s Grundbuchvermutg; Urkunde Vollständigk u Richtigk **125** 5; s a Todeserklärung

Vernichtung der Testamentsurkunde als TestWiderruf **2255**; bei Erbscheinsantrag **2358** 1

Veröffentlichungsanspruch Einf 9 vor **823**, **1004** 5 b aa

Verpackung **433** 4g, 7g

Verpfänder, Rechtsverhältnis Übbl 1b vor **1204**; Einreden **1211**

Verpfändung **1205**; Anzeige an Besitzmittler **1205** 5b; Bösgläubigk, Heilg **1207** 3; Briefhyp **1274** 2; Erbanteil **2033** 2d; Geld **1205** 2c; guter Gl **1207**; Gutglaubensschutz in Ansehg der Rechte Dr **1208** 2; Mitbesitzeinräumg **1206** 2; – klauseln in AGB AGBG **9** 7p; Mitverschluß **1205** 3b; **1206** 2; durch Nichtberecht **1207**; nach PachtkreditG Einf 2b vor **1204**; Pfandhaltervertr **1206** 3; Pfandschein **1204** 2a; Sache, unpfändb **1204** 2, verbrauchb **1204** 2, vertretb **1204** 2; ScheinGesch **1205** 1b; Schuldverh, gesetzl Übbl 1c bb vor **1204**; Stahlkammerfachvertr **1205** 5, **1206** 2; Stellvertretg bei Besitzerlangg **1205** 3; Traditionspap, Übergabe von **1205** 3, **1207** 2; Überg-Erfordern **1205** 3; Warenlager Übbl 1b bb vor **1204**, **1204** 2b; Wertpap im Effekten-Giro-Depot **1205** 4; s a Pfandrecht an bewegl Sachen, Luftfahrzeugen, Forderger, Rechten, Wertpapieren

Verpflichtende Verträge Übbl 3 d vor **104**

Verpflichtungsgeschäfte Übbl 3 d vor **104**; keine pers Verpflichtg eines Eheg durch Verwaltgshandlg des anderen **1422**; zur Übertragg künftigen Vermögens **310** 1–4; des Gesamtguts im ganzen **1423**, des Vermögens im ganzen **1365**, zur Verfgg über Gesamtgutsgrdst **1424**

Verrechnungsscheck, Haftg bei Einlösg **990** 1a

Verrichtungsgehilfe, Haftg für **278** 1, **831**

Versammlung der Wohngseigtümer WEG 23–25

Versandhandel, Teilzahlgen AbzG **1a** 6

Versäumnis, AusschlaggFrist, Anfechtg **1956** 1

Verschaffungsvermächtnis **2169** 1a, **2170**

Verschleppte Personen EG 5 Anh II 2

Verschmelzung von Kapitalgesellsch **311** 3, Haftg bei – **419** 3a; von Vereinen **41** 3

Verschollenheit allg VerschG 3, Begriff VerschG 1, u ErbR **1923** 2b, Gefahrverschollenh VerschG 7, Kommorietenvermutg VerschG 11, Kriegsverschollenh VerschG **4**, VerschÄndG **2**, Lebensvermutg VerschG 10, Luftverschollenh VerschG 6, Mündel **1884** 1, Seeverschollenh VerschG **5**, Vermißtsein VerschÄndG 2 2a, Wiederverheiratung EheG 39, V im Zushang mit dem 2. Weltkrieg VerschÄndG 2, s a Todeserklärg

Verschulden **276** 2–6; Abwägg **254** 4; bei der Auswahl des Gehilfen **278** 3c, **664** 1; beiderseitiges entspr Anwendg **254** 2b; bei Erfüllg einer Verbindlichk des Schuldners **278** 4; bei Gesamtschuld **425** 2; des gesetzl Vertr u des ErfGeh **278**; Haftg **276**; mitwirkendes des Geschädigten **254** 3; bei Unmöglichk **275** 6, 7; bei Vertragsschluß Einf 4 vor **145**, **276** 6a; als Einwand gegenüber SchadErsAnspr des Verk **463** 4b; eines Eheg am

2633

Verschuldungsgrenze Fette Zahlen = §§

Scheitern der Ehe **1565** 1, **1579** 2 d, **1671** 1 d; bei Vertr üb unmögl Leistg **307** 1; – Verjährg der Anspr **195** 2; des Vertreters bei Vertragsschluß **276** 6 C b; bei Verzug **285**
Verschuldungsgrenze EG **117** 2
Verschweigen, arglistiges eines Mangels **463** 3, bei Gattgskauf **480** 3; Täuschg durch **123** 2 c
Verschwendung, Begriff **6** 3; Berechng des Endvermögens bei Zugewinngemeinsch **1375**; Entmündigg wegen **6** 3; **114**, erbrechtl Beschränkgen wegen **2338**; Testierfähigk bei Entmündigg **2229** 6 c, **2253** 4
Verschwiegenheitspflicht des Arbeitnehmers **611** 4 b
Versendungskauf 433 4 h, **447**; Gefahr **447** 5, 6; Vergütgsgefahr bei GläubVerzug **300** 3 a; Versendg zur Unzeit **447** 8
Versendungskosten 269 2 b, **448** 3; bei Wandelung **467** 1 d
Versetzung des Arbeitnehmers **611** 3 d, 5
Versicherungsagent, Vollmacht **167** 3 a
Versicherungsaufsicht, Amtspflichtverletzg **839** 5 B b, 15
Versicherungsforderung, Anrechng bei SchadBerechng Vorb 7 C a vor **249**; HypHaftg **1127**–**1130**; Nießbrauchers **1046**; als Surrogat bei Vor- u Nacherbschaft **2111** 2 b, **2164** 2
Versicherungsleistungen und Vorteilsausgleich bei Schadensersatz Vorb 7 C a vor **249**
Versicherungsmakler 652 3 c
Versicherungspflicht des ArbG **242** 4 B b; aGrd SchutzPfl **242** 4 B b; des Eigentümers **1127** 1 a, **1128** 2; des Nießbrauchers **1045**; des Vereinsvorstands **27** 3; des Vorerben **2131** 1
Versicherungsrecht 1187 1, EG **75**; Anscheinsvollmacht **173** 4 f; Haftung für Repräsentanten **278** 4 e; unzulässige RAusübg **242** 4 D k; Verwirkg **242** 9 f; Wiederaufbauklausel **1130** 1
Versicherungsschein 808 1 a
Versicherungsvertrag, Anfechtg **123** 2 c cc; AVB AGBG **9** 7 v; Repräsentant **278** 4 e; Treu u Glauben **242** 4 C k; als VzGDr **328** 2 e, **330**; auf den Todesfall **2301** 4; IPR EG **37**
Versorgungsansprüche 839 12 m; Rechtsübergang **843** 4 A e, **844** 6 B a
Versorgungsausgleich bei Ehescheidung, allgem Einf vor **1587**; Anordng der Entrichtg v Beiträgen **1587 b** 4 a, VAHRG **3 b** 3 b; Aufgabe eigener VersorgsAnwartsch **1587 c** 3; AusglHöchstBetrag **1587 b** 6; ausglpflichtige VersorgsTitel **1587** 2 a; AusglRente Einf 4 d vor **1587**, **1587** 2 a cc, **1587 g**; Auskunft ggü FamG VAHRG **11**; AuskAnspr **1587 e** 1, 3; bei Scheidg im Ausland od von Ausländern Einf 6 vor **1587**, **1587 a** 5, EG **14** 4 c, **15** 4 b, **17** 6; Ausschließlichk-GrdSatz **1587** 4; Ausschluß, dch Eheverträg **1408** 3 b, im Rahmen der Scheidg **1587 o** 2, 3; BarwertVO Anh II zu **1587 a**; Beamte u ihnen gleichgestellte Personen **1587 b** 3; beamtenähnl Dienstverh **1587 b** 3; Beamtenpension **1587 a** 3; Berechng **1587 c** 2, B, bei Lebensversicherg auf Rentenbasis **1587 a** 3 B Ziff 5, bei ungleichmäßig wertgesteigerten Versorgssystemen **1587 a** 4; BerechngsZeitraum **1587** 3; Bereiterklärg zur Zahlg von Rentenversichergsbeiträgen **1587 b** 4 d; betriebl Altersversorgg **1587 b** 4; Bewertg der VersorgsTitel **1587** 3; BewertgsStichtag **1587** 3, 3 B Ziff 2, **1587 g** 2; Bekanntmachg vom Rechengrößen zur Durchführg des VA Anh I zu **1587 a**; Dchführg Einf 4 vor **1587**; dynamische Leistgen Einf 3 a vor **1587**; Ehezeit **1587** 3, Einf 3 vor VAHRG; erhebl Belastg des Verpflicht **1587 d** 1; Berechng der Ehe anteilszeit s Ehezeit; – u ErbR **1922** 4 a, **1587 e** 3, **1587 k** 3, **1587 m** 1; fiktive NachVersicherg Einf 3 c vor **1587**, s auch Quasi-Splitting; Form der Vereinbarg **1587 o** 4; Genehmigg d Vereinbarg dch FamilienGer **1587 o** 4; Gesamtversorgg **1587 a** 3 B Ziff 3 a; grobe Unbilligk **1587 c** 2; Grdsatz der Ausschließlk **1587** 1; Güterstand **1587** 1, **1587 c** 1; Härteklausel **1587 c** 1, **1587 h**; Härteregelg zu **1587 b** I–III VAHRG Anh III zu **1587 b**; Herabsetzg für vor dem 1. 1. 77 geschlossene Ehen Einf 6 vor **1564**; im Falle nicht erfolgter Heimtrennungsscheidgen Einf 7 c vor **1587**; IKR/IPR **1597 a** 3 Ziff 2, EG **17** 6, 8 a; Kumulierg von VersorgsLeistgen Einf 3 vor **1587**; Lebensversicherg **1587 b** 4; Nachentrichtg von RentenversichergsBeiträgen **1587** 3; Nachversicherg VAHRG **4** 4; Neubegründg von Rentenanwartschen s QuasiSplitting; Parteidisposition Einf 2, 3 a, c, 5 vor **1587**; bei Pensionären u Rentnern **1587** 2; Privatautonomie **1587 o** 1; Quasi- Splitting **1587 b** 3, 4, 4 b, VAHRG **1** 2; Rangfolge der Formen **1587 b** 1 c cc; ratenweise Zahlg **1587 d** 3; reale Teilg 4 a, 4 c vor **1587**, **1587 b** 2; VAHRG **1** 2, **3 b** 3 a; s auch Renten-Splitting; Rentenformel **1587 a** 3 B Ziff 2; Rentensplitting Einf 4 a, 4 c vor **1587**, **1587 b**; Renten-Splitting bei geringen AusglWerten **1587 b** 2 b, VAHRG **3 c**; RückAusgl bei Vorversterben des Berecht HRG **4**; Rückzahlg von Beiträgen VAHRG **7**, Ruhestandsbeamter **1587 a** 6; Schätzg der Rentenanwartschaft **1587 a** 3 B Ziff 2; schuldrechtl VA Einf 4 d vor **1587**, **1587** f–n, VAHRG **2**; Schutz der VersichergsTräger vor doppelter Leistg **1587 p** 1; Tod des AusglBerechtigten **1587 b** 2 d ee, **1587 d** 3, 4, **1587 e** 1, 3, 5, **1587 k** 3; ÜbergangsR Einf 7 vor **1587**; Umfang der AusglPfl **1587** 1; unbillige Belastg **1587 d** 2, der Erben **1587 e** 5; UnterhPfl als Härte HRG **5**, **6**; VBL-Rente **1587** 2 a dd, **1587 a** 3 B Z 3; Vereinbarg **1587** 2, **1587 b** 2 c, 4 a, **1587 f** 2, eines schuldrechtl VA **1587 o** 3, Genehmigg dch FamilienGer **1587 o** 4, zulässiger Inh **1587 o** 3; Vereinbargen üb Höhe des Splittings od der fiktiven Nachversicherg **1587 o** 3; Verfahren Einf 5 vor **1587**; Verh zum UnterhAnspr Einf 4 vor **1587**, **1587 d** 2; Verhinderg eigener AusglPfl **1587 c** 2; Verletzg der UnterhPfl **1587 c** 4; Verlust des VersorgsAusglR **1587 c** 1; Verpflichtg der Erben **1587 e** 5; VersorggsGewährleistg **1587 o** 3; Verwirkg **1587 c** 3; Verzicht **1408** 3 b, Einf 7 b vor **1587**, **1587 o** 3; Vollzug Einf 3 a vor **1587**, **1587 b** 1–5; Wartezeit VAwMG **2** 4 c; WertAusgl Einf 4 vor **1587**; Wertbestimmg nach billigem Ermessen **1587 a** Ziff 5; Wiederheirat des Berechtigten **1587 e** 3; Wiederherstellg **1408** 3 b; Wirkg des Renten-Splittings **1587 b** 2 d; ZahlgsAO zur Begründg v Rentenanwartsch **1587 b** 4 a, **1587 c** 1, **1587 c** 1; VAHRG **3 b** 3 b; Zeitsoldaten s diese; Zugewinnausgl **1587 c** 2; ZugewinnausglGedanke Einf 3 b vor **1587**, **1587** 1; Zusammentreffen mehrerer VersorggsAnwartschen **1587 a** 6; Zusatzversorgg des öff Dienstes **1587 a** 3 B Ziff 3; Zwangsgeld Einf 5 vor **1587**, **1587 e** 2; Zweck Einf 3 b vor **1587**
Versorgungsleistungen, Anspr auf Rückzahlg überzahlter Einf 6 d vor **812**
Versorgungsleitungen, Beschädigg **823** 4, 5 G b; Enteigng für Übbl 2 G a gg vor **903**; GrdstBestandt **93** 5 b; Notweg **917** 3 d; Verlegg Übbl 4 vor **1018**, **1023** 5, Einf 2 vor **1090**; Folgekosten **1023** 6; Duldg **1004** 7 c dd
Versorgungstitel, Begriff Einf 3 a vor **1587**
Versorgungsverträge, Abschluß Einf 5 b cc vor **145**; RNatur Einf 6 vor **305**

Magere Zahlen = Erläuterungen   **Vertragsstrafe**

Versteigerer 675 2 b
Versteigerung, Einf 3 i, 4 h vor **433**; EigtErwerb Einf 2 c vor **929, 935** 4 c; Erwerbsverbot **456–458**; freiwillige **457** 1 b; Fundsachen **979–982**; Gewährleistg bei **461**; hinterleggsunfähiger Sachen **383–386**; PfdSache **1233–1241**; Verpflichtg, nicht zu bieten **134** 3 a; Wirkg **1242–1248**; Tier **489** 1; VertrAbschl bei **156**; des WohngsEigt WEG **53 ff**
Versteigerungserlös, Aufrechng gg Fdg auf **392** 1
Vertiefung 909
Vertrag Übbl 3 vor **104,** Einf 1, 2 vor **145**; Abänderg **305** 2, **313** 10; Abschluß- u Gestaltgszwang Einf 3 vor **145, 305** 7; abstrakter Übbl 3 d vor **104**; Arten Einf 1 b vor **145**; Ausslegg **157** 2–6; Begriff Einf 1 a vor **145, 154** 1; diktierter Einf 2 b ee vor **145**; dingl Einl 5 vor **854**; einseit verpflichtender Einf 1 a vor **320**; Einteilg Einf 2 vor **145,** Einf 3 vor **305**; Entstehg Übbl 3 a vor **104**; Entstehg durch sozialtypisches Verhalten Einf 5 b vor **145**; faktischer Einf 5 vor **145**; formgebundener Einf 3 g vor **305**; formloser Einf 3 g vor **305**; ggseit Einf vor **320**; Einrede des ZbR **320**; gemischter Einf 5 b vor **305, 313** 8 c, Übbl 5 vor **433**; über GrdstVeräußerg **313**; IPR EG **27–32**; HandGesch Einf 4 e vor **305**; Klauseln **157** 5 c, s a Klauseln; kaufähnlicher **445** 1–3; Minderjähr **107** 1, **108–110**; üb Nachlaß eines lebenden Dritten **312** 1, 2, Einl 2 a vor **1922**; normierter Vertr Einf 3 a vor **145**; öff Recht Einf 2 vor **145,** Einf 7 vor **305**; privatrechtl Einf 2 vor **145**; GeschGrdLage **242** 6; syst Behandlg im BGB Einf 4 d vor **305**; Sukzessivliefergsvertr Einf 6 vor **305**; Typenzwang Einf 4 a vor **305**, Einl 2 b vor **854**; typischer Einf 6 vor **145, 305** 5; unerl Handlg Einf 2 vor **823**; auf unmögl Leistg **306–308, 323–325**; unvollkommen zweiseitig verpflichtender Einf 1 b vor **320**; verbotener **309** 1; Vertragsfreiheit s dort; – für wen es angeht **164** 1 c; Widerruf mangels Einwilligg des Eheg **1366** 3 a, **1427, 1453**
Vertragscharakteristische Leistung ErfOrt **269** 3 b; IPR EG **28** 2 b
Vertrag zugunsten Dritter 328; Abtretg des Befriediggsanspr **329** 1 a; Änderg des Vertrages **328** 4; Änderg kraft Vorbeh **331** 2, **332, 332** 1, 2; Aufhebg **328** 1 b dd; Ausleggsregel **329**; Auswechslg des Berechtigten **332** 1; Bestimmbark des Dr **328** 1, **331** 2; Deckgsverhältnis Einf 2 a vor **328, 334** 1; dingl Rechtsgesch Einf 5 b vor **328**; echter Einf 1 vor **328, 328** 1; ehegüterrechtl u Erbverträge Einf 5 d vor **328**; Einwendungen des Schuldners ggü Dr **334** 1; Einzelfälle **328** 2; Form Einf 4 vor **328**; Fordergsrecht des Dr Einf 3 vor **328, 328** 2; Fordergsrecht des Gläub **335**; Haftgsausschluß zGDr **276** 5 B a cc; LebensversVertrag **330** 2, **331** 1 b; LeibrentenVertr **330** 3; RErwerb mit Tod **331** 1, **1922** 4 e; Schenkgszusage Einf 4 vor **328, 516** 1 b; Schuldmitübernahme **329** 1 b; Vertr Schutzwirkg zg Dr **328** 3, 4; – auf den Todesfall **2301** 4; unechter Einf 1 vor **328, 329** 1, 2; unentgeltl Zuwendg **330** 4, **516** 1; ungerechtfert Bereicherg **812** 5 Bb cc; Valutaverhältnis Einf 2 b vor **328**; Verfüggsverträge Einf 5 b, c vor **328**; Vermögens- od Gutsübernahme **330** 3 c; Vermutg der Erfüllgsübernahme **329** 1 b, 2; auf Verwaltungsakte nicht anwendbar **328** 1 a; bei Vormerkg **883** 3 b; Zurückweisg des Rechts **333** 1–3; Zweck Einf 2 vor **328**
Vertrag zu Lasten Dritter Einf 5 c vor **328**
Vertrag mit Schutzwirkung zugunsten Dritter **328** 3, 4
Vertragsannahme 147, 148; unter Abwesenden **148** 2 c; mit Änderungen **150** 2; unter Anwesenden **148** 2 b; Bestätiggsschreiben **148** 3; Form **126** 3 a, **313** 4 a cc; Frist **148** 2; öff Beurkundg **152** 1; stillschweigende **148** 1; Fristbestimmg in AGB AGBG **10** 1; nach Tod des Gegners **153**; verspätete **149** 1, **150**; ohne Zugehen der Erkl **151** 1, 2; Zuschlag bei Versteigerg **156** 1
Vertragsantrag 145, 146; Ablehng **146** 1, **148** 1; Ablehng durch Eheg bei Gütergemeinsch **1432, 1455**; Annahmefähigk, Dauer **151** 4; Aufforderg zu **145** 1; Ausstellen von Waren **145** 1; Automat **145** 4; Bindg **145** 2, **156** 1; Erlöschen **146** 1; Form **128**, **313** 8 a; Fristablauf **146** 1: Gebot bei Versteigerg **156** 1; Geschäftsunfgk des Antraggegners **153** 3; an Mehrere **145** 4; Recht aus **145** 3; durch schlüssige Handlg **145** 1; schriftl, persönl überreichter **148** 2 b; telegraphischer **148** 2; Tod, Geschäftsunfähigk od Verfüggsbeschränkg des Antragenden vor Annahme **153** 1; unbestellte Waren, Zusendg **145** 4; VertrAnnahme, verspätete **149** 1, **150** 1
Vertragsauslegung 133, 157; Änderg der Verhältnisse, nachträgl eingetretene **157** 2 b; Ergänzung des Vertragsinhalts **157** 2 a; allg Geschäftsbedingungen AGBG **4, 5**; gesetzl Regeln u Vermutungen **133** 5 e; Klauseln, einzelne **157** 4; Vorverhandlungen Einf 4 vor **145**
Vertragserfüllung 362 ff; Haftg des Schuldners nach – **276** 7 D
Vertragsfreiheit, Ausschluß im Sachenrecht Einl 2 b vor **854**; insbesond Einf 3 vor **145**, Einl 1 d vor **241**; u ehel Güterrecht Einf 1 vor **1363, 1408** 4; im IPR EG **27**; Verfassgsschutz Einf 3 a vor **145**, Einf 4 vor **305**
Vertragsgerechtigkeit Einf 3 vor **145,** Einf 1, 2 vor AGBG **1**
Vertragsgestaltung durch Gesetz oder Verwaltgsakt Einf 3 b vor **145,** Einl 1 vor **241**; durch den Richter **343** 1
Vertragshändlervertrag 675 2 a, AGBG **9** 7 v; IPR EG **28** 4 h
Vertragshilfe, richterliche **242** 7; bei Hausratsteilg nach Scheidg Anh II zu EheG; in NachlSachen **2174** 5 a, **2205** 2; AntrR des TestVollstr **2205** 2
Vertragsmäßiges Güterrecht 1408 ff, allgem Vorschr **1408–1413**; Ehevertr s dort; Gütergemeinsch s dort, Gütertrennung s dort, Vertragsfreiheit **1408** 4
Vertragsschluß Einf 1 vor **145, 148** 1–5, **154** 1; Arglist bei **826** 8 b; Bestätigg **148** 2; Beurkundg, fehlende **154** 2; Draufgabe als Zeichen des **336**; Einiggsmangel **154** 1, versteckter **155** 1, 2; IPR EG **31**; über unmögl Leistg **306** 3, **307** 1; Verschulden bei **276** 6, Vorb 2 c vor **459, 611** 1 b dd; Verschulden des Erfüllungsgehilfen bei **278** 1; bei Versteiger **156** 1; ohne Vertretgsmacht **177–179**; Vorverhandlungen Einf 4 vor **145**; Weigerg, sittenwidrge Einf 3 b vor **145**
Vertragsstatut im IPR EG **27, 28**; Anwendgsbereich EG **32** 2
Vertragsstrafe 339 ff; Abzahlgsgeschäfte AbzG **4** A 1–5; andere als Geldstrafe **342** 1; Ausslegg, einschränkende **133** 5; Begriff Vorb 1 vor **339**; Beweislast **345**; nicht gehörige Erfüllg **341** 1; Form **313** 4 c; Herabsetzg **343** 1; – klausel in AGB AGBG **11** 6; keine des Mieters **550a**; für Nichterfüllg **340** 1, 2; und pauschalierter Schadensersatz **276** 5 A b; Pflichtverl, geringfügige **339** 4; Reugeld Vorb 2 vor **339**; Rücktrittsrecht Vorb 2 b vor **339**; SchadErs weg Nichterfüllg **340** 3; Strafgedinge, selbständiges Vorb 2 a vor **339**; Unwirksamk **343** 1 b, **344** 1, 2; Veräußerungsverbot **137** 2; Verfallklausel Vorb 2 b vor **339**; Verwirkg

Vertragstreue Fette Zahlen = §§

Vertragstreue 339 1–4; Vorbehalt bei Annahme der Erfüllg 341 2; Wettbewerbsverbot Vorb 1 vor 339, 339 4
Vertragstreue des Gläubigers bei Ansprüchen wegen Schuldnerverzug 326 4
Vertragsübernahme 398 10; Klauseln über – in AGB AGBG 11 13
Vertragsverhandlungen, Verschulden bei 276 6
Vertragsverletzung, positive, s positive VertrVerletzg
Vertrauensinteresse, Vorb 2g vor 249, bei Anfechtg 122; bei EiniggsMangel 155 3c; bei Vertrag über unmögl Leistg 307; Verjährg 195 2
Vertrauensmakler 652 1b, 654 2
Vertrauensstellung, Ausnutzung 138 5v
Vertreter, Abschluß mit sich selbst 181; BereichergsAnspr bei Leistg an – 812 5 Bb bb; Bote Einf 3 f vor 164; Einzelvertretg der Eltern 1629 3; formularmäßige Klauseln über Haftg der – AGBG 11 14; Gesamtvertreter 167 3c; Eltern 1629 2; Geschäftsfähigk 165 3; Geschäftsführgsbefugnis 164 2; gesetzl s Vertretgsmacht; gesetzl Verwalter Einf 3 vor 164; guter Glaube 166 1; Haftg 164 3, 166 1; Haftg des machtlosen 179; Haftg des Vereins f 31; Haftg f Verschulden der gesetzl 278 2; Haftg f Verschulden b Vertragsschluß 276 6 C b; f Hypothekenrechte 1189; Kenntnis od Kennenmüssen 166 1, 3; machtloser 166 2, 177–180; mehrere 166 1; Pflicht zur Mitteilg des Namens des Vertretenen 164 1a; Treuhänder Einf 3 vor 164; Verein, bes Vertreter 30 1, 66 1; bei Vfg vTw 2064 1, 2274 1, 2276 1b; Vermittler Einf 2 vor 164; Verschulden 164 3; Willensmängel 166 1
Vertretung, Begriff Einf 1 vor 164; Besitzerwerb 854 5; bei Eigentumserwerb 929 5; nicht erkennbare 164 4; Gesch für den, den es angeht 164 1c; der Gesellschaft 714, 715; des Kindes 1626 4a bb, b, 1629, 1638, 1673; Ausschluß 1629 4, Entziehg 1629 6; mittelbare Einf 3a vor 164; bei Pfandbestellg 1205 2; Schadensliquidation in fremdem Interesse Vorb 6c aa vor 249; stille Einf 3a vor 164; unmittelbare Einf 1, 2 vor 164, 164 1; unzulässige Einf 1d vor 164; verheirateter Mdj 1633; ohne Vertretgsmacht 177–180; des verwaltenden Eheg durch Vormd 1436; Willenserklärg des Vertreters 164; Wirkg 164 3
Vertretungsmacht 164 2; der Eheg untereinander Einf 2b vor 1353, EG 14 4b; der Eltern 1626 4a bb, b, 1629, 1638, 1673, Beschränkg 1643; u GeschäftsführungsBefugn 164 2; gesetzl Einf 2 vor 164; Mißbrauch 164 2; für Prozeßhandlgen 164 2; rgeschäftl Einf 2 vor 164; des Vereinsvorstandes 26 2, 30 2, 64, 70 1; Vertretg ohne 177–180; des Vormundes 1792, 993 3, s a Vormundschaft; Weisungen bei rgeschäftl 166 3; WiderrufsR des Geschäftsgegners 178 4, 180 1; Willensmängel 166
Vertriebene, Erbrechtsnachweis 2356 1f; Güterstand Übbl 7 vor 2353, EG 15 Anh II; PflichttForderg gg V 2311 2
Verunstaltende Wirkung der Anbringg von Schildern 535 2b
Verwahrung 688; Abgrenzg zum DienstVertr Einf 2f vor 611, zur Miete Einf 2d vor 535; Ändergsrecht 692 1; Anzeigepflicht bei Änderg 691 1, 692 1; Aufwendgsersatz 693; AussondR des Hinterlegers in Konkurs 695 1; darlehnsartige 700 1–3; Depositenvertr 700 1; zugunsten Dr Einf 2 vor 688; des Erbvertr 2277, 2300, 2300a; Haftg bei unentgelt 690 1; Haftgsausschluß 690 1 2 vor 688; Hinterleger Einf 3d vor 372, Einf 4b vor 688, 700 5; Hinterlegg bei Dr 691 1; Hinterlegerhaftg 692 1, 694 1; IPR EG 28 4j; Lagergeschäft Einf 3b vor 688; Nebenverpflgten Einf 2 vor 688; öffr Verw Einf 4c vor 688; Rechtsnatur Einf 1 vor 688; RückfordR des Hinterlegers 695 1; Rücknahmeverlangen des Verwahrers 696 1; Rückgabeort 697 1; Sequestration Einf 3a vor 688; Testament 2258a, b, 2263a, BeurkG 34; Umstellg 700 5; unregelmäßige Einf 4a vor 688, 700 1–3; Verbrauchsgestattg 700 2; Vergütg 689 1, Fälligk 699 1; verwendetes Geld 698 1; Weitergabe, unbefugte 691 1; von Wertpapieren Einf 3c vor 688, 700 4
Verwalter s WohngsEigtVerwalter
Verwaltung der Gemeinschaft 744–746; des Gesamtguts s dort; der Gesellschaft 705 7c, 709ff; des Kindesvermögens s dort; NachlVerw 1985; Rechenschaftslegg bei – 259; des Sonderguts 1417; des TestVollstr 2216; des VorbehGuts 1418; bei WEigt WEG 20ff
Verwaltungsakt, Anfechtg 823 7 Bb; Anfechtg dch ErbenGemsch 2039 1b; zur Hilfeleistg 670 3c
Verwaltungsbehörde, Beteiligg bei VereinsRegEintr 61–63; Genehmigg u Unmöglichk 275 9
Verwaltungsbeirat der Wohnseigtümer WEG 29
Verwaltungsvermögen Übbl 4d vor 90; bei WohngsEigt WEG 1 4
Verwandte, Anhörg durch VormschG 1847; ErbR 1924 1, 2; Unterhalt an bedürftige V des anderen Eheg 1360a 1b; UnterhPflicht 1601, 1604, 1606 3; Zuwendg 2067
Verwandtschaft Übbl vor 1589, 1589; Anerkenng IPR Einl 8a vor EG 3; Annahme als Kind 1754, 1755, 1756, 1764, 1770; Begriff Übbl 2 vor 1589, 1589 1, Anwendbkt auf frühere Reichsgesetze EG 51; Begriff außerh des BGB Übbl 4 vor 1589; Blutsverwandtschaft Übbl 1 vor 1589, EheG 4 2; Ehenichtigk EheG 21; Eheverbot EheG 4 2; Gradesnähe 1589 2; Klage auf Feststellg Übbl 6 vor 1589; Legitimation 1589 3; nichtehel Kind zum Vater 1589 3; nichtehel Mutter 1705 2; nichtehel Vater 1589 3; UnterhPfl 1601–1615
Verwarnung 823 6g
Verweigerung der VertrErfüllg s Ablehng, der Herstellg des ehel Lebens 1361 3a; der Zustimmung des anderen Eheg 1366, 1426, 1427, 1452
Verweisung im IPR EG 3, 4
Verwender von AGB, Begriff AGBG 1 2c; Schadensersatzpflicht bei Verwendg unwirks Klauseln Vorb 3a vor AGBG 8; Unterlassungsklage gg – AGBG 13
Verwendungen des Besitzers Vorb vor 994, 994 bis 996; BefriediggsR 1003; Gen 1003; Klage des Besitzers 1001, 1002, bei RNachf 999, WegnahmeR 997 1c, ZbR 1000; bei Erbschaftsanspr 2022, 2023; bei Erbschaftskauf 2381; Ersatz bei Rechtshängigk 292, 993 3, 2023, bei unerl Handlg 850, bei Wiederkauf 500; des Mieters 547, 558; d Nießbrauchers 1049; Pfandgläub 1216 1; bei Rücktr 347 2c; des Verkäufers 450; bei Vermächtnis 2185 1; Verrechng ggü BereichergsAnspr 818 6 Cd; aus Vorbehalts- oder Sondergut in das Gesamtgut u umgekehrt 1445, 1467; des Vorerben 2125; ZbR wg – 273 7c
Verwendungszweck, Störg des 242 6 C b
Verwertungsrechte, Einl 2d vor 854
Verwirkung 242 5; AnwendgsBereich 242 5c; ArbR 242 5f aa; Einzelfälle 242 5f; Abgrenzg 242 5b; Begriff 242 5a; der elterl Sorge 1666 4a; V der Ansprüche der Miterben aus Erbauseinandersetzg 2042 9; V – Klausel bei Erbeinsetzg 2074 2; der beschränkten Erbenhaftg 2013; des Erbrechts Übbl 2 vor 1922; keine der Beschw im ErbSchVerf 2353 7c; bei Lohnanspr 242 9, 611 6i; des Mäklerlohns 654 1, 3, 4; MietR 242 5f bb; MietzinsFdg 551 1d; prozeßrechtliche 242 5f dd;

RFolgen 242 5e; bei Ruhegehalt Einf 7e dd vor 611; Sachmängelrechte 464 1, 5; der TestVollstr-Vergütg 2221 1d; TestVollstr Entlassg 2227 2d; UnterhAnspr 242 5f ee, 1361 3, 1579; der Vertragsstrafe 339; Voraussetzgen 242 5d
Verwirkungsklausel, Vorb 2b vor 339; in AGB AGBG 11 6a cc; bei AbzahlgsGesch AbzG 1 6c bb; RücktrVorbeh 360 1, 2; in Tarifverträgen Einf 6b vor 611; in letztwilliger Vfg 2074 2; Zuwiderhandlg 2074 2, 2075 3; Erbschein 2074 2e
Verzeichnis des Anfangs- u Endvermögens 1377, 1379; der Erbschaftsgegenstände bei Nacherbfolge 2121, 2122; des Kindesvermögens bei Eingehg einer neuen Ehe 1683, bei Gefährdg 1667, beim Tod eines Elternteils 1682, Zuziehg des Beistandes 1689; bei Nießbrauch an Inbegriff 1035; Pflicht zur Vorlegg 259–261 4; TestVollstr 2215; Vormd 1802; s a Vermögensverzeichnis
Verzeihung, Begriff 2337 1; bei Erbunwürdigk 2343; des Pflichtteilsentziehungsgrundes 2337
Verzicht, auf Anfechtg 144 1; Anfechtg der letztw Vfg 2081 4; auf EigtVorbeh 455 2a cc, 929 6 A d bb; auf Einrede der Verjährg 222 2c; auf Einrede u GestaltgsR 397 1a, auf elterl Sorge 1626 3; auf ErbErsAnspr 2346 3d; auf ErbR s Erbverzicht; auf ErbR oder Pflichtteil beim gesetzl Güterst 1371 5, 2303 1c; auf eingetretenen Erlöschensgrund Übbl 2 vor 362; auf FahrnEigt 959; auf GrdstEigt 928; auf Hyp 1165 2, 1168 1–5; auf Lohn 611 6h; LohnfortzahlgsAnspruch 397 3b; auf Pflichtt 2317 1, 2346 3b, bei GüterGemsch 1432, 1455; formularmäß Klausel AGBG 9 7v; auf Kündiggsschutz Vorb 3a vor 620; auf Nacherbenanwartschaft 2108 5a; auf Pflichtt für Kind 1643; im Prozeß Übbl 5 vor 104; Reallast 1105 5c; auf Ruhegeld Einf 7e vor 611; RückAuflAnspr 313 10a bb; Sachmängelrechte 464 1; im Schuldrecht 397 1; Tariflohn 611 6h; Unterh 1360 1; Unterh nach Scheidg 1585c 2d; UnterhAnspr 1613 3, 1614 1–3, 1615e 3a; Vermutg für Verzicht bei Familienunterh 1360b; auf VersorgsAusgleich 1408 3b, Einf 7b vor 1587, 1587o 3; VertrAnnahmeErkl 151 3; vorzeit ErbAusgl 1934d 1f; ZugewAusgl bei GüterGemsch 1432, 1455; ZugewAusglFdg 1378 1
Verzinsung des Aufwendgsersatzes 256; verwendeten Geldes dch Beauftragten 668, dch Vormd 1834, dch Verwahrer 698; des Kaufpreises 452; des gestundeten Pflichtt 2331a 3a; beim Rücktritt vom Vertrag 347; bei Herausgabe der ungerechtf Bereicherg 818 3c, 7b, 820; beim Unterh 288 1a, Einf 3 vor 1601; der Vergütg beim Werkvertrag 641; der Wertminderg beim unerl Handlg 849 1; der gestundeten ZugewinnausglFdg 1382; Enteigngs-Entschädigg Übbl 2 G b vor 903
Verzug, GläubigVerzug, Schuldnerverzug
Verzugszinsen 288; Schenker 522; des Wertersatzes 290; Zinseszinsen 289
Video-Kassetten 557 2d, 3c
Viehkauf 481 ff; Anzeigepflicht bei Mängeln 485; Beweislast für Ablauf der Ausschlußfrist 485 1b; Gewährfrist, Dauer 481 1, 482 2, 3; 492 3: Gewährfrist, Veränderg 486 1; Gewährleistg 482; Hauptmängel 482 1, 3; Mängelvermutg 484 1; Mindergsausschluß 487 1; SchadErsAnspr des Käufers 488 2; ViehmängelVO bei 482; Verjährung 490 1–3; Verschweigen eines Mangels 485 3; Wandelg 481 2, 487 2
Viehmastvertrag Einf 5 vor 631
Vielehe EG 6 5d bb
Vindikationslegat EG 25 3a bb
VOB Einf 3c vor 631, 631 4, 632 2, 5, Vorb 6 vor

633, 633 6, 634 6, 635 5, 636 3, 638 5c, 639 3, 641 3, 642 3, 643 3, 644 u 645 6, 647 4, 649 5b, Einf 1e vor 812; AGBG 9 7v, 10 5a, 11 10g
Völkerrecht, gesetzliches Verbot 134 1b
Volljährigkeit, Annahme als Kind 1743, 1767; bei Ausländern EG 7; Eintritt 2 1; Beendigg der Vormsch 1882 1b
Vollmacht, Abschlußvollm 313 6; Anfechtg 167 1c, 173 4; Anscheinsvollm 173 4; Architekt 167 2c; Arten 167 3; hr AufgStellg 173 4e; Auflassgsvollm 313 6e, 1937 3c; u Auftrag Einf 3 vor 662; Außenvollm 167 1; Begriff 167 1; Duldungsvollm 173 4; Einwilligg 185 2; zur Erbschaftsausschlagg 1945 3d; durch Erklärg an Geschäftsgegner 170, 173 3; Erlöschen 168 1, 176 1, 672 1; Erteilg 167 1; in AGB AGBG 1 2a, 9 7v; Form 167 1, 178 3; Formzwang 313 6; Fortwirken nach Erlöschen 169 bis 173; GrdGesch 167 1d; IPR EG 32 Anh; Innenvollm 167 1; isolierte 167 1d, 168 1; Hauptvollm 167 3b: Kraftloserkl 176 1; in letztw Verfügg 167 1, 1937 3c; Prozeßvollmacht Übbl 5 vor 104; Prokura 167 3a; Quittgsüberbringer 173 4; bei einseitigem RGeschäft 174; Rechtsschein 173 4; Schutz des gutgläubigen Geschäftsgegners 170–173; üb Tod hinaus 168 1, 672 1, 1922 3k, 1937 1a, 2112 2e, 2139 2, Einf 6 vor 2197, an TestVollstr Einf 6 vor 2197, 2205 4, 2368 5; auf den Todesfall Einf 6 vor 2197; Übertragg eines Erbanteils 2033 2b; Überlassg d Geschführg 173 4; Überschreitg 167 2d; Umfg 167 2; Untervollm 167 3b; unwiderrufl 168 3b, 313 6b; verdrängende 137 1d, mit nichtigem Vertrag verbundene 313 7, 11, 12b; Weisgen des VollmGebers 166 3; Widerruf 168 3, 173 3, 176 1, des Erben 1922 3k, Einf 6c vor 2197; Willensmängel bei – 166
Vollmachtsurkunde, Vorlegg 172, 173 2, 174; Aushändigg 172; Kraftloserklärg 176; Rückgabe 175 1
Vollstreckung, verbotswidrige 136 2, 826 8o
Vollstreckungshandlungen, Hemmg, Unterbrechg der Verjährg 209 7f, 216
Vollstreckungsvereitelung 134 3a
Vollzugsgeschäft, Nichtigk, Übbl 3f vor 104, 139 3b
Volontärverhältnis Einf 5c vor 611
Voraus 1932; bei Berechng der ErbErsAnspr 1934b 2a; bei PflichttBerechng 1932 4, 2311 4; neben Verwandten der ersten Ordng 1932 3
Vorausabtretung, Sichergsmittel 398 4c, d, 6c
Vorausklage, Einrede der – 771–773
Vorausverfügung über Mietzins 573, bei Hyp-Haftg 1124
Vorausvermächtnis 2150; u Nacherbfolge 2110 3, 2363 1b dd; Teilsanordng 2048 4
Vorbehalt bei Annahme mangelhafter Sache 464, bei Erfüllg 362 4b; bei Gattgsschuld 480; geheimer 116 1–3, bei Vfg vTw 1937 2, Übbl 3a vor 2274, 2279 1, des Pflichtt bei Ausschlagg 1950 1, bei Erbverzicht 2346 3c; der Rückforderg 814 2b, 820 2d; des Widerrufs letztw Vfg 2271 3c, 2289 1a; stillschw WillErkl 116 3
Vorbehaltsgut, bei Gütergemsch 1418, bei fortges Gütergemsch 1486; Ausgleich zw Gesamt-, Vorbehalts- und Sondergut 1487; Bestandteile 1418 2, 3; Bestimmg Dritter 1418 3b; Ehevertrag 1418 3a; Einkünfte, Reihenfolge der Verwendg 1420; Eintragg im GüterRReg 1418; Ersatzstücke 1418 3c; Haftg 1437 3, 4; Haftg aus Erbsch oder Vermächtn 1439, 1461; Haftg im Innenverhältn 1441, 1463, 1464; Haftg für Verbindlkeiten des Vorbehaltsg 1440, 1462; Inventarerrichtg 1432, 1455, 1993 2; Verbindlichkeiten des Vorbehaltsgut 1440,

Vorbehaltskauf   Fette Zahlen = §§

1446 2; Verwaltg **1418** 1; Verwendungen **1467, 1468**
Vorbehaltskauf s EigtVorbeh
Vorbehaltsklausel s ordre public
Vorbescheid im Erbscheinverfahren **2353** 5
Vorbürge 769 1, **774** 2 b
Vorempfang, Anrechng auf Erbteil **2050–2057,** auf Pflichtteil **2315;** Ausgleich bei fortges Gütergemsch **1483** 2, 3
Vorentwurf für Bauvorhaben, Vergütg **632** 2
Vorerbe, Anstandsschenken **2113** 2 f; Anzeigepflicht **2146** 1; Arrestvollziehg **2115** 2 A; Aufrechng **2114** 4; Aufwendungen **2124;** Auskunftspflicht **2127;** befreiter **2136;** befreiter, Fdgseinziehg **2114** 5; Begriff Einf 3 vor **2100;** Buchfdgen **2118** 1; Eintritt in Personalgesellschaft **2112** 2d; Entziehg der Vfg und Verwaltg **2129;** ErbschGgstände, verbrauchte **2134;** Erbschein **2363** 1; Erwerb von NachlGgst **2111** 6; Feststellg des Zustandes der ErbschSachen **2122** 1; Fruchtbezug ordngswidr **2133;** Fürsorgepflicht **2130** 2; Geldanlage **2119** 1; gesetzl Erben **2105** 1, 2; Grdbucheintragg Einf 6 vor **2100;** Grund- u Rentenschulden **2113** 1, 2, **2114** 1–4; GrdstVfgen **2113** 1, 3; Haftg **2145;** Herausgabepfl **2130** 1; Herausgabepfl des befreiten **2138** 1; Hinterlegg von Wertpap **2116** 1–5; Hyp **2113** 1, 2, **2114;** Konkurs Einf 5 b vor **2100;** Lasten **2126;** Lastenausgleich **2126** 2; Miet- und Pachtverträge **2135;** Nachlaßverzeichnis **2121** 2; Nießbrauch **2134** 3; ordngsmäß Verwaltg, EinwilligAnspr **2120** 2, 3; Prozeßführg **2112** 3; Rechenschaftspflicht **2130** 3; Reichsstellg **2100** 2; SchadErsatzpflicht **2138** 2; Schenkungen **2113** 2, 3; SicherheitsleistPflicht **2128** 1; Sicherngsmaßregeln **2129;** Sorgfaltspflicht **2131** 1, 2; Überrest, Einsetzg auf **2137;** Übertragr d Nachl auf NE vor NEFall **2139** 7; Umschreibg von InhPap **2117** 1; Testierfreih **2112** 2 g; TestVollstr u VE **2205** 3 a, **2222** 2; Vfg, unentgeltl **2113** 2; Vfgsbefugnis **2112–2115;** Verwendgsersatz **2125** 1; Verwaltg des Nachl **2120** 1, 2; Verzeichn der ErbschGgstände **2121, 2122;** Wegnahmerecht **2125** 2; Wirtschaftsplan **2123;** Zwangsverwaltg **2128** 2, **2129;** Zwangsvollstr Einf 5 a vor **2100, 2115;** zwischenzeitl Vfg **2140**
Vorfälligkeit, Entschädig **1115** 6 c; Klausel Vorb 2 b vor **339,** AGBG **9** 7 v
Vorfragen, Anknüpfg im IPR Einl 9 vor EG **3**
Vorgeburtliche Verletzung 823 3 b, 8 B (Ärzte); auch **328** 4 b, Vorbem 5 B e vor **249**
Vorgründungsgesellschaft 705 9 b aa
Vorhand Einf 4 d vor **145,** Vorb 4 b vor **504**
Vorkaufsrecht, dingliches 1094; Ausschluß unbekannter Berechtigter **1104;** Ausschlußfrist **1098** 2; Ausübg **1098** 2; Bedeutg Übbl 2 vor **1094;** Begriff Übbl 1 vor **1094;** Begründg **1094;** als Belastg des Wohngseigentums WEG **10** 2a; Bestandteil **96** 2; auf Bruchteil des Grdst **1095;** Erlöschen **1094** 3 c; Erstreckg auf Zubehör **1096;** nach BauGB Übbl 3 c vor **1094, 2042** 3 d; jur Pers **1098** 6; Mitteilg **1099;** V nach RSiedlungsG Übbl 3 a vor **1094;** Übertragbk **1094** 5; Vorkaufsfälle **1097;** VormerkgsSchutz gg Belastg **1098** 4; Wirkg **1098;** Zahlung des Kaufpreises **1100–1102;** d **Miterben 2034–2037,** Schuldenhaftg **2036,** Weiterveräußerg **2037; schuldrechtl: 504ff;** Abgrenzg Vorb 4 vor **504;** Anzeigepflicht **510;** Ausübung **504** 2, **505;** Begriff Vorb 1 a vor **504;** Erlöschen **504** 3; Genehmigpflicht **505** 1, **510** 2; Gesamtpreis **508;** gesetzl Vorb 1 d vor **504, 925** 8, Übbl 3 vor **1094, 1103** 1 b; bei Grdst **510** II; Kaufpreisstundg **509;** mehrere Vorkäufer **513;** Nebenleist-

gen **507;** öffentlrechtl Körperschaften Vorb 1 vor **504, 508** 3; Unübertragbark **514;** bei Verkauf an Erben **511,** dch Konkursverwalter **512,** durch Zwangsvollstr **512;** Vorkaufsfall **504** 2; Vormerkg **883** 2 e aa; Wirkg **505** 2
Vorkenntnisklausel bei Mäklervertrag **652** 9 A a
Vorläufige Besitzeinweisung 854 1 a
Vorläufige Fürsorgeerziehung 1666, 1686 a Anh
Vorlegung von Sachen **809, 811;** v Urkunden **810, 811**
Vorleistung 362 4 a; kein Zwischenzins bei **– 272**
Vorleistungspflicht, Annahmeverzug **322** 3 b; beim Dienstvertrag **614;** Begründ dch AGB AGBG **11** 2; Gefährdg des Ggleistgsanspr **321** 2 c; bei gegenseitigem Vertr **320** 4, **322** 3; Klage auf Leistg nach Ggleistg **322** 3 b; Rücktritt **321** 3; SicherstellgsR **320** 4 b, **321** 1–3; veränderte Umstände **321;** Zug-um-Zug-Leistg **320** 4 b; ZbR **273** 5 b
Vormerkung 883; gesicherter Anspr **883** 2; Ausschluß unbekannter Berecht **887;** Begründg **885** 1 a; BeseitiggsAnspr **886** 2; Bewilligg **885** 3; Durchsetzg des gesicherten Anspr **888** 1 b, 2, 3; einstw Vfg **885** 2; Eintragg im GB **885** 4; ErbbauR ErbbRVO **6** 1; Erbbauzins ErbbRVO **9** 3 b; Erbenhaftg **884;** Erbrecht **883** 2 e, **2174** 4, **2286** 2 b; Erlöschen **886** 1 b; Genehmiggserfordernis **885** 1 b; Gutglaubenserwerb **885** 2 d, 3 d, 5 b; Inhaltsänderg **885** 1, 4 a; Löschg **886** 1 c; unrechtm Löschg **883** 3, **886** 1; GesichVormerkg **1179;** Rangwirkg **883** 5; RMittel **885** 4 e; Sicherwirkg **883** 3, 4; TeilGrdst **883** 2 a, b, **885** 4 b; Übertragg **885** 5; Umschreibg in gesichertes Recht **886** 1 c, stufenweise **888** 1 a; Vermächtnis **2177** 4, **2179** 1, **2191** 1; Wesen **883** 1 a; WohngsEigt WEG **8** 3; Widerspr gg Eintragg u Löschg **899** 3 b
Vormiete Einf 1 e vor **535**
Vormund, Ablehng, unbegrdete **1787** 1; AblehnGrde **1786;** Amtsfortführ **1893** 1 a; Amtsvormundschaft, s dort; Anhörg des JugA bei Auswahl **1779** 2; Anlegg von MdlGeld **1806–1811;** Anstandsschenkungen **1804** 2; Anzeigepfl bei Bedürfnis nach Pflegsch **1794** 1; Aufenthaltsbestimmg **1800** 2; Aufsicht des VormschG **1837;** AufwendErsatz **1835,** aus Staatskasse **1835** 1; Auskunftspfl **1839,** eidesstattl Versicherg **1839** 1; Ausschließg **1780–1782;** Auswahl **1779;** Beamter, Genehmigg **1784** 1, 2; Beendigg des Amtes **1885–1889;** Befreiung **1852–1857a;** Benenng **1776–1778, 1856, 1898;** Benenng verschiedener Personen durch Vater u Mutter **1776;** Beschwerde gg Auswahl **1779** 4; Bestallg **1791,** Rückgabe **1893** 2; Bestellg **1789,** vor Geburt des Kindes **1774;** Bestellg unter Vorbehalt **1790** 1; BestellGrdsatz **1774** 1; Berufswahl **1800** 2; Berufung **1776, 1899;** Beweislast für Kenntnis von Fehlen der Genehmigg **1830** 3; Dienste, eigene **1835** 2; Dienstvertr **1822** 7; bei Ehevertr **1411;** bei elterl Sorge **1671** 2 d; Entlassg auf Antrag **1889** 1; Entlassg, Beamter **1888** 1; Entlassg, Verfahren **1886** 3; Entlassgsgründe **1886** 2; Entlastg **1843** 2, **1892** 5; Erklärfrist über Genehm des VormschG **1829** 3; Ermächt, allg durch VormschG **1825** 1; Erwerbsgesch **1823** 1; ErziehR **1800** 2; ErziehgsStil **1793** 2 a; Gefährdg des MdlInteresses **1886** 2 a; Gegenvormd s dort; Genehmigg als gesetzl Vertreter **1793** 3; genehmiggspflichtige Geschäfte **1812** 2, **1819–1822;** Gesamtgutsverwaltg **1436;** Geschwistervormd **1775** 1, **1795** 3; gesetzl Vertretg **1793** 3; GrdstGeschäfte Hinterlegg **1814;** Hinterlegg Genehmigg z Vfg **1818** 1; **1821** Haftg **1833;** Haftgf Hilfspers **1793** 4; HinterlegPfl **1818–1820,** Befrei-

Magere Zahlen = Erläuterungen

Vormundschaftsgericht

ung **1814**, 1, **1817** 1; HypBestellg bei GrdstKauf **1821** 2a; HypFdg, Künd u Einziehg **1795** 2; InhPapiere, Verwaltg **1814**–**1820**; InteressGgsatz **1795** 1, 2, **1796** 2; Konk Übbl 3 vor **1773**; Kontrahieren mit sich selbst **1795** 1; Lehrvertr **1822** 7; Leistgsannahme **1813**; Maßregeln, vorläufige des VormschG **1846**; mehrere **1775** 1, 2, **1797**; Meingsverschiedenheiten mehrerer **1797** 4, **1798** 1; für minderj Ehefr **1778**; Mitteilg der Genehmigg **1829** 2b; MdlGeld, Genehm zur Erhebg **1809** 1; Mündelgeld, Anlegg **1806**–**1811**; Mündelinteressen, Gefährdg **1778** 2d; Mündelsicherh **1807** 1; Mutter **1903**, **1904**; für nichtehel Kind **1705** 2, **1709**, **1710**, **1791**c; PersonSorgerecht **1793** 1, 2, **1800**, Übertragg bei Ehescheidg u -nichtigk **1671** 2d; PersonSorge bei Volljähr **1901** 1, bevormund Ehefrau **1901** 2; PflVerletzg **1833** 2, **1837** 3; RechenschPfl **1890** 3, Mitwirkg d Ggvormd **1891** 1; Rechnslegg **1840**, **1841**; Rechnsprüfg **1892**; RGesch, einseit **1831**; relig Erziehg **1801**; religiöses Bekenntnis **1779** 3b; SchadErsPfl bei Pflichtverletzg **1833** 2; SchadErsPfl bei Verstoß gg AnleggVorschr **1809** 1; SchenkVerbot **1793** 3c, **1804**; Schuldbuchfdg **1816**, **1817**; Selbständk Einf 1 vor **1837**, **1837** 2; Selbstkontrahieren **1795** 1; SicherhAufhebg **1822** 13; SicherhLeistg **1844**; Sichergshyp für künftige Anspr des Mdl **1795** 2; Sperrvermerk **1809** 2, **1814**; bei Tod eines Ehegatten für Kind **1671** 2d; Todeserkl **1884** 2; Übergeh des Berufenen **1776** 1, **1778** 1; Überlassg von Ggständen an Mdl **1824** 1; Übernahmepfl **1785** – **1788**; Umschreibg von Inhaber- in Namenspap **1815**; Unfähigk **1780**; unrichtige Behaupt der Genehm des VormundschG **1830** 1; Untauglk **1781**–**1784**; Unterbringg des Mündels mit Freiheitsentziehg **1800** 3; Unterstützg durch VormschG **1837** 4; Vater **1903**, **1904**; Vereinsvormd **1791**a; Vfg über Fdg u Wertpapiere **1812**, **1813**; Vfgen, genehmfreie **1813** 1, 2; Vfgen, genehmpflichtige **1812** 2, 3; Vfg üb MdlGeld **1809** 1; Vfg üb VormschZeit hinaus **1793** 5; nach Umschreibg **1820** 1; Vergütg **1836**; Vergütgsanspr bei fehlerhafter Anordng Grdz 2 vor **1773**; VerpflichtVerhandlg **1789** 1, **1791** 1; VermögHerausgabe **1890** 1, 2; VermögSorge **1793** 2b; VermögVerzeichnis **1802**; Verschulden, Pflichtverletzung **1833** 2; VertretMacht, Beschränkg **1793** 3, **1821** 1c, **1828** 2a, durch Pflegschaft **1794** 1, gesetzl Ausschluß **1795** 1–3; VertretMacht, Entziehg **1796** 1, InteressenGgsatz **1796** 2; Verwendg von MdlVermög **1805** 1; bei Verwirkg der elterl Sorge **1679**; Verzinsgspflicht **1805** 1, **1834** 1; VollmErteilg **1793** 4; Vorschuß aus Staatskasse **1835**; Wechsel **1802** 1; WiderrufsR des GeschGegners **1830** 1; Wirkgskreis Übersicht Grdz 1, 2 vor **1793**, **1793**; Zwangsgeld gg Vormund **1837** 5; Zwangsgeld bei Verstoß gg Übernahmepflicht **1788** 1; s a Amtsvormd, GgVormd, Mitvormd, Vereinsvormd, Vormsch

Vormundschaft Einl vor **1773**; Amtsvormsch Übbl 4 vor **1773**, Einl 4 vor **1773**, **1779** 4b, **1785** 1, **1789** 1, **1791**c, Anordng Einl 3 vor **1773**, **1774**; Anordng, fehlerhafter Grdz 2 vor **1773**, Anordng vor Geburt **1774**; Aufhebg **1883**, **1884**; Ausländer **1773** 1, **1785** 2, EG **24**; AusschließR der Eltern **1782** 1, 2; Beendigg **1882**–**1895**; Fortführg der Geschäfte **1893**; Beendigg bei Volljährig Vorb 2 vor **1896**; befreite s Vormsch, befreite; üb Ehefrau **1778** 2e, **1901** 2; Ehehindernis **1845** 1, EheG **9**; Eheg, Berufg bei Volljähr **1900** 1, 2; ehel Kinder **1626** 2; Ehrenamt **1836** 1; Elternberufg bei Volljähr **1899** 1, 2; elterl Sorge, Eintritt **1882** 1c,

1883 1b; Entmündigg **1896** 1; Haftg des Richters **839** 15k; IKR EG **24** 1c; IPR EG **24**; Legitimation des Mdl **1883** 1, 2; über Minderj **1773**–**1895**; nichtehel Kind **1705** 2, **1706** 1, **1709**, **1710**, **1791**c; Reform Einl 9 vor **1773**; Tod des Mdl **1882** 1a; Todeserkl des Mdl **1884** 2; EG **210**–**212**; Übernahme, Staatsbürgerpflicht **1779** 1, **1785** 1, 2, **1836** 1; Übernahme, Verzögerg **1778** 2c; Unentgeltlichk **1836** 1; Unfähig **1778** 2b, **1780** 1; Untauglk **1778** 2b, **1781** 1, 2; Vereinsvormsch Übbl 4a vor **1773**, Grdz 1 vor **1773**, **1791**a; über verheiratete oder verheir gewesene Mdl **1901**; Verschollenheit des Mdl **1884** 1; über Volljährige Vorb 1 vor **1896**, **1896**; Volljährigk des Mdl **1882** 1b

Vormundschaft, befreite **1852**ff; Anordng durch Vater **1852**, durch Mutter **1855**; Aufhebg der Befreiung **1857**; Ausschluß des Gegenvormundes **1852** 2; Hinterlegg **1853**; JugA als Vormd **1857**a; Rechnslegg **1854**; Sperrvermerk **1853**; Vereinsvormd **1857**a

Vormundschaft, vorläufige **1906**; Beendigg **1908** 1, 2; Berufg **1907** 1; TestErrichtg bei **2229** 4; Verfahren **1906** 4; Voraussetzg **1906** 2; Wirkg **1906** 3, hinsichtl Geschäftsfähig **114**, **115** 1

Vormundschaftsabkommen, Haager EG **24** Anh 2, mit Österreich EG **24** Anh 3

Vormundschaftsgericht, Akteneinsicht, Gewähr **1695** 4; Änderg der Anordnungen **1696**, **1707**; Entscheidg über Anfechtg der Ehelichkeit des Kindes **1599**, der Anerkennung der nichtehel Vatersch **1600** 1; Annahme als Kind, Aufgaben **1746**, **1748**, **1751**, **1752**, **1757**, **1760**, **1763**, **1765**, **1768**, **1771**, **1772**; Anhörg von Eltern u Verwandten Einf 4b vor **1626**, **1847**, des Gegenvormds **1826** 1, des Jugendamts **1630** 4, **1671** 7, **1695** 1, **1696** 1, **1779** 2; des Mündels **1827** 1; Anhörg, unterbliebene **1847** 1; Anlegg von Geld, Mitwirkg **1642** 2; **1810** 1, **1811**; Anordng der Vormsch **1774**; Aufhebg der Anordnungen **1696**; Aufsicht u Fürsorge **1837**–**1843**; Auskunftsanspr **1839**; Ausländer, vorl Maßnahmen EG **24** 2d; Ausschlagg v Erbsch durch Eltern **1643** 2c; Auswahl des Vormds **1779**; BeschwerdeR des Angehörigen **1666** 7; Beistandsbestellg **1685**; Bindg an eigene Entscheidungen **1666** 7; EhelErklärg **1723**, **1740**a; Ersetzg der Einwilligg **1726** 4, **1727** 2, Genehmigg **1728**, **1729**; Ehemündigk Befreiung EheG **1** 4; Eheverbot der Schwägerschaft EheG **4** 6; Ehevertr, Zustimmg **1411**; Eingreifen bei Gefährdg des Kindes **1666**; Entlassg des Vormds **1886**–**1889**; Entziehg der Personensorge **1666** 5, der Vermögensverwaltg **1667** 2, **1669**, **1670**, **1684**; der elterl Vertretgmacht **1629** 6; Ermächtigg, allgem **1825** 1; Ersetzg v Anordnungen Dritter **1803** 2; Ersetzg der Zustimmg s Zustimmgsersetzg; Feststellg des Ruhens der elterl Sorge **1674** 2; Feststellg der nichtehel Vatersch **1600**n; Fürsorgeerziehg **1666**, **1666**a Anh, **1838**; Gefährdg des Kindes **1666** 5, des Kindesvermögens **1667**ff; Genehmigg s vormundschger Genehmigg; Gegenvormd, Bestellg **1792**, Beaufsichtigg **1799** 1; Haftg **839** 15 (Richter), **1809** 1; Hinterlegg, erweiterte Anordng **1818** 1, 2; Hinterleggspflicht, Befreiung **1814** 1; intern Zuständigk EG **24** 3a, Anh **1** Art 1; Jugendamt, Bestellg zum Vormd **1791**b; Maßnahmen bei Kindesfährdg **1666** 5–8; Maßregeln bei Gefährdg des Kindesvermögens **1667**ff, bei letztwill Verfggen u Schenkungen **1639**, bei Verwirkg der elterl Sorge **1666** 5, **1666**a; Maßregeln, vorläufige **1846**, für Ausländer EG **24** 2d; Meinungsverschieden-

2639

Vormundschaftsgerichtliche Genehmigung Fette Zahlen = §§

heiten zw Eltern **1627** 2, **1628**, zw Mitvormündern **1797** 4, **1798** 1, zw Eltern u Pfleger **1630** 4; Mitwirkg bei SicherhBestellg **1668** 2; Namenserteil an Mutter bei EhelErklärg **1740 g**; Pflegerbestellg **1707**, **1708**, **1915** 2; PflichttVerzicht durch Eltern **1643** 2c; Rechtskraft der Entscheidungen **1696** 1; religiöse Erziehg RKEG **2**, 2, 3, Anh zu **1631**; Rechngsprüfg **1843** 1, **1892**; nach EhelErklärg **1738**; Schlüsselgewalt **1357** 5; Schlußrechng, Abnahme **1892** 4; SicherhLeistg, Anhaltg **1844** 1; SicherhLeistg der Eltern **1667** 3; Sperrvermerk **1642** 2, **1667** 3, **1809** 2, **1814** 4; Stundg des vorzeit Erbausgleichs **1934 d** 7b; Überlassg v Vermögen an Kind **1644**; Übertragg der elterl Sorge zur Alleinausübg **1678**, **1679**; Unterbringg dch VormschG **1800** 3, **1838**; Unterhaltsregelg für unverheiratetes Kind **1612** 3; unterstützende Tätigk **1631** 5b, **1837** 4; Vergütg, Entscheidg über **1836** 3; Vereinsvormd, Bestellg **1791 a**; Verhinderg des Sorgerechtsinhabers **1674**, **1693**; Umgangsregelung **1634**, **1711** (FamG); Verwirkg der elterl Sorge **1666** 4a aa, Maßnahmen **1666** 5, **1666 a**; Verzeichn des Kindesverm **1682**; Zwangsgeld **1788** 1, **1837** 5; s auch Fürsorgeerziehg, Pflegschaft, Vormsch
Vormundschaftsgerichtliche Genehmigung, **1821** 1a; allgemeine **1825** 1; Anlegg von Geld **1642** 2; Anfechtg der Anerkenng der nichtehel Vaterschaft **1600 k**; Anstaltsunterbringg des Kindes **1631 b**, des Mündels **1800** 3, **1837** 3, **1901** 1, **1910** 3b; Aufforderg zur Mitteilg **1829** 3a, Auseinandersetzug über Kindesvermögen bei Wiederverheiratg **1683**; bedingte Genehmigg **1828** 2a; u Beendigg der Vormundsch **1893** 1a; Beistand **1687**; BeschwerdeR **1828** 5; Darlehensaufnahme **1643** 2f, **1822** 8; Dienstvertr **1822** 7; EhelichkErklärg **1728** 1, **1729** 1, **1731**; Erbschaft, Vertr über angefallene **1643** 2b, **1822** 3; ErbschAusschlagg **1643** 2c, **1822** 3d; bei Erbvertrag **2275**, **2282**, **2290**; Erklärg ggüber Vormd **1828** 4b; Ermächtig des Vormds **1829** 1a; neues Erwerbsgeschäft des Kindes **1645**; selbständ Erwerbsgeschäft **112** 1, **1643**, **1822** 4; GesellschVertr **1822** 4b; Gewerbebetrieb **1822** 4, 5b, **1823** 1; Grdst-Geschäfte **1643** 2a, **1821** 2; Inh-Schuldverschreibg **1643** 2f, **1822** 2b; IPR EG **24** 2b; Landgutpacht **1822** 5a; Lehrvertrag **1822** 7; Mangel bei einseitigem RGeschäft **1831**; Mangel, Folgen **1829** 2a; Mietvertr, langdauernder **1822** 6a; Mitteilg **1829** 2b; Mündelgeld, Erhebg **1809** 1, **1810** 1; für Nacherbe **2120** 3; obrigkeitl Akt **1828** 2a; Orderpap **1643** 2f, **1822** 9; Pachtvertr **1822** 6a; persönl Angelegenheiten **1821** 1a; Prokuraerteil **1643** 2f, **1822** 11; Rechtsnatur **1821** 1a; Schiedsvertr **1822** 12; Schuldübernahme **1643** 2f, **1822** 10; Sicherheit, Aufhebg **1822** 13; bei TestVollstrg Einf 2c vor **2197**, **2204** 2, keine – nach Tod des Mündels **1829** 4; Überlassg von GgStänden **1644**, **1824** 1; Umschreibg **1815** 1; Verfgg nach Umschreibg oder Umwandlg **1820** 1; Unterhaltsabfindg **1615 e**; Vermächtnis Ausschlagg **1643** 2c, **1822** 3e; Vermögen, Verfgg über ganzes **1643** 2b, **1822** 2b; über zukünftiges Verm **1822** 3b; Verweigerg **1828** 2c; **1829** 5; Volljährigk des Mündels **1829** 4; wahrheitswidrig behauptete **1830** 1; Wertpapiere, Verfggen **1812** 1, 4; wiederkehrende Leistungen **1822** 6b; Wirksamwerden **1828** 5
Vormundschaftsrecht IPR EG **24** mit Anh; landesrechtl Vorbehalte, EG **147**; als Teil des FamilienR Einl 1 vor **1297**; Übergangsvorschr Einf 4 vor **1616**, EG **210–212**
Vormundschaftsrichter, AmtspflVerletzg **839** 5 B c hh, 15
Vorname, Änderg **1616** 3; bei Annahme als Kind **1757**; ehel Kinder **1616** 3, **1626** 4a; Erwerb **12** 2a; Geschlechtsoffenkundigkeit des V **1616** 3; bei Geschlechtsumwandlg **1616** 3; IPR EG **10** 2b
Vorpacht Einf 1h vor **581**
Vorsatz, bedingter **276** 3; Begriff **276** 3, **826** 3a
Vorschuß, Anspr des AuftrN **669**; kein Anspr des TestVollstr **2218** 2e, **2221** 4; zur Mängelbeseitig bei MietVertr **538** 6c, bei WkVertr **633** 4; Vorschußpfl der Eheg für Kosten von Proz **1360 a**; als Darlehen **362** 4a, Einf 4e vor **607**; für Vormd **1835**
Vorsorgeunterhalt 1361 5b dd, **1578** 3
Vorspannangebot 826 8 u aa
Vorspiegelungen falscher Tatsachen als arglistige Täuschung **123** 2
Vorstand s Vereinsvorstand
Vorteilsanrechnung (-ausgleichung) Vorb 7 A–E vor **249**; Abtretg des Anspr des Beschädigten **255** 1; Anwendgsbereich Vorb 7 A f vor **249**; kein Ausschluß dch AGB-Klauseln AGBG **9** 3f; im BereicherungsR Einf 8c vor **812**, **816** 6 A a; Enteign Übbl 2 G c aa vor **903**; dch Erbschaft Vorb 7 D vor **249**; Leistgen Dritter Vorb 7 C vor **249**; im UnterhaltsR **844** 6 A; Versicherungsleistgen Vorb 7 C b, cc vor **249**
Vorverein, Rechtsstellg **21** 2b
Vorverhandlungen, Pflichten Einf 3 vor **145**
Vorvertrag, Begriff Einf 4 vor **145**, Einf 3f vor **305**; Form **125** 2d, Einf 4 vor **145**, Einf 3f vor **305**; über GrdstErwerb, Veräußerg **313** 4a; Maklerprovision **652** 9 A b; Miete Einf 1d vor **535**; Pacht Einf 1h vor **581**; Verjährg der Ansprüche **195** 2
Vorzeitiger Ausgleich des Zugewinns s Zugewinnausgleich
Vorzeitiger Erbausgleich s „Erbausgleich"
Vorzugsrecht, Mitübergang bei Abtretg **401** 2; bei Schuldübernahme **418**

W

Wahlmöglichkeiten beim Ehenamen **1355** 2
Wahlschuld 262–265; Anfechtg der Wahl **263** 1; Befugnis **262**; Entstehg **262** 2; Klage auf Leistg **264** 2; Unmöglichk **265** 2; Verzug des Berecht **264** 1, 3; Vornahme der Wahl **263** 1
Wahlvermächtnis 2154; RMängelHaftg **2182** 1
Wahrnehmung berechtigter Interessen bei unerlaubter Handlg **823** 6 B a
Währung, deutsche **245** 1b; Währungsklausel bei Darlehen **607** 1b; Geldschulden mit Wertsicherungsklausel **245** 5, **1113** 5b; Geldschuld in ausländ **245** 3, 4; Hyp in ausländ **1113** 6; Bestimmg dch Schuldstatut im IPR EG **32** 4
Währungsklauseln 1113 6
Währungsreform s auch Umstellg; Aufrechng **389** 1; Deutsche Währg **245** 1b; GrdPfdR **1113** 7
Währungsstatut EG **32** 4
Waisenrenten, keine Anrechng auf Regelunterhalt **1615 g**
Wald, GemeinGebr **903** 5d; bei Nacherbfolge **2123**; Nießbr **1038**; Notweg **917** 1; Waldgenossensch EG **83** 1; Waldschutz EG **59** 1; Waldsterben **839** 15, Übbl 2 vor **903**, **906** 5a bb
Wandelung 462 2, 3; – u Anfechtg Vorb 2d vor **459**; Anspruchskonkurrenzen **462** 1; Ausschluß **467** 2, **474** 2, **634** 3, vertragl **476**; Ausschlußfrist **466** 1, 2; Beteiligte, mehrere **467** 3 aE; Beweislast **467** 1f; Bindg an Erklärg **465** 2; Durchführg **467** 4; Einrede **465** 2, 3, Einrede nach Verjährg **478**, **490** 3; – u Einrede des nicht erfüllt Vertr **320** 2b bb; Einverständniserklärg **465** 2; Einwilligg des Verk **462** 3; Einzel- **469** 1; Erfüllgsort **269** 3c, **467** 1d;

Magere Zahlen = Erläuterungen **Werkvertrag**

Fehlen zuges Grdstücksgröße **468** 2; Form des Verlangens **465** 2; Gattgskauf **480**; Gesamtpreis **469** 1, 2, **471** 1, 2; Gesamt- **469** 2: eines Grundstückskaufs **313** 5 c; GrundstGröße **468** 2; Hauptsache **470** 2; Klage auf **462** 3; Mängelrüge **462** 2; Nebenkosten **488** 1; Nebensache **470** 2; Verhältnis zum Rücktritt **467** 1; Sachleistg als Kaufpreis **473** 1, 2; SchadensErs statt **463**; bei Tausch **473** 3; Theorien **465** 1; Unabtretbark des Anspruchs **462** 1; Unmöglichk der Herausgabe **467** 2; Verarbeit der Kaufsache **467** 2 b; Vertrag **465** 2; Vertragskosten **467** 3; Verwirkg des Anspruchs **467** 2 d, **487** 2; bei Viehkauf **487** 2, **488** 1; Vollziehg **465** 1, 2; Werkvertrag **633** 2 A b cc, **634**
Wappenrecht, NamensschutzR, entspr Anwendbark **12** 7
Waren, Begriff **196** 3 b aa; unbestellte − **145** 4 f, Vorb 1 c vor **987**
Warenautomat, Übereign dch **929** 2 a aa
Warenbegleitschein 444 1
Warenhaus, Haftg für in Garage abgestellte Fahrzeuge **276** 4 C e, VerkSichgPfl **823** 8 B (Gebäude)
Warenhersteller, Haftg **823** 15
Warenkauf IPR EG **28** 4 a
Warenlager, SichsÜbereigng **930** 4 c; verbrauchb Sachen **92** 2; Verpfändg Übbl 1 b bb vor **1204**
Warentest in Zeitschriften **823** 5 G c, **826** 8 u ll
Warenzeichen, Gewinnherausgabe bei Verletzg **687** 2 c, Einf 6 b vor **812**; Verletzg **826** 8 s, durch Gehilfen **831** 2 C g, durch Namensmißbr **12** 4 a
Wärmelieferungsvertrag Einf 5 b cc vor **145**, Einf 6 b vor **305**, **271** 2 d, **433** 1 c bb, AGBG **27**
Warmwasserbereiter GbdeBestandt **93** 5 d
Wartezeit, Eheverbot, EheG **8**; beim VA **1587 a** 7, VAwMG **2** 4 c, BagatellKl VAHRG **3 c** 2 e
Wartungsvertrag AGB AGBG **9** 7 w
Waschmaschinen, VerkSichgPfl **823** 8 B (Maschinen); Verwendg in Mietwohngen **535** 2 a dd (2)
Wasseraufsicht 839 15
Wasserbenutzungsrecht, Schutz **1004** 1 b
Wasserlauf, Eigentum am EG **65** 2
Wasserleitung, s Versorggsleitg
Wasserlieferung, **276** 8 b, **823** 8 B (Wasser); Vertr Einf 5 b cc vor **145**, Einf 6 b vor **305**
Wasserrecht EG **65**, Übbl 4 a vor **90**; u Nachbarschutz **903** 3 b aa, **905** 1 b; Wasserverbände EG **65**
Wasserstraßen EG **65**; VerkSichgPfl **823** 8 B
Wasserwirtschaftsverband, Haftg **839** 15
Wechsel, bei AbzahlgsGesch AbzG Einl 2 b cc vor **1**, **1** 6 c, **6** Anh 4 c; Annahme nur Erfüllg halber **364** 4; Diskontierung Einf 4 b bb vor **607**; − Wechselrechtsfähig des Gesellsch **705** 5; Herausgabeanspr **812** 6 A d; Hingabe als unerl Handlg **826** 8 t; IPR EG **37**; Kauf **437** 3 c; SichHyp **1187**; SichÜbertragg **1292** 2 c, d; Sittenwidrgk **138** 5 v; Umdeutung nichtiger Wechsel **140** 2; Verpfändung **1292**, **1294**, **1295**; Vollmachtsindossament **1292** 2 c
Wechselbezügliche Verfügungen im gemschaftl Test Einf 3 vor **2265**, **2270** 1, 2, **2271** 1, 2, 3 c cc
Wechselbürgschaft Einf 3 e vor **765**, **768** 1 b
Weg Übbl 4 c vor **90**; s Straße
Wegerecht 1018 5 c
Wegfall, Abkömml **2069** 2 b; Anwachsg **2094** 2; Ersatzerbf **2096** 1 b; GeschGrdLage **242** 6 B; gesetzl Erbe **1935** 2; NE-Folge **2107** 1
Wegnahmepflicht des Mieters **547 a** 2
Wegnahmerecht d Besitzers **997**; d Entleihers **601** 2; d Mieters **547 a**, bei gewerbl Räumen **547 a** 3; d Nießbrauchers **1049** 1; d Pfandgläub **1216** 2; d Vorerben **2125** 2; Wesen und Inhalt **258**
Wehrersatzamt, Haftpfl **839** 15

Wehrmachtsangehörige, Testament Einf 2 vor **2229**; s auch Soldaten
Weibliche Arbeitnehmer Einf 8 c vor **611**, **611 a**, **611 b**; Kündigungsschutz Vorb 3 c vor **620**
Weihnachtsgeld 611 7 e; als Teil des Verdienstausfallschadens **252** 3 a
Weisung beim Auftrag **665** 2
Weiterbeschäftigungspflicht 611 10 d
Weiterfressender Mangel 823 15 c dd
Weiterverkauf Einf 3 j vor **433**
Weiterverweisung im IPR EG **4** 1 a
Werbung, bezugnehmende **826** 8 u aa; irreführende **826** 8 u aa; Lockvogel **826** 8 u dd; vergleichende **826** 8 u aa; Vertrag Einf 5 vor **631**; in Form von Zeitsartikeln **134** 3 a
Werk, Abnahme **640**; Bestandteil eines Grdst **94**, **95**; Einsturz **836** 2, **837**, **838**; Einsturzgefahr **908**
Werkdienstwohnung, Begriff Vorb 2 b vor **565 b**; Kündigg **565 e**; nach Ehescheidg Anh zu **1587 p** § 4
Werkförderungsvertrag Einf 11 b ee vor **535**, **812** 6 A a; Abtretg **399** 2 a
Werklieferungsvertrag 651, unregelmäß **651** 1
Werkmietwohnung, Begriff Vorb 2 a vor **565 b**; Kündigg **565 b−565 d**
Werkstoffe, Grundstücksbestandteil **94** 4 b
Werksangehörigenrabatt 611 7 i
Werkvertrag 631; Abgrenzung zu anderen Verträgen Einf 4, 5 vor **631**; Abnahme **640**, **646**; Abschlagszahlung **641** 1 c, Abschluß **631** 1 b; Annahmeverzug des Bestellers **642** 1; AGB AGBG **9** 7 w; Anspr auf SichHyp **648**; Anspr auf Neuherstellg Vorb 3 vor **633**; Anspruch aus positiver Vertragsverletzung Vorbem 4 e vor **633**, entgeltliche Auskunft **676** 3; Bauvertrag Einf 3 vor **631**; Begriff Einf 1 vor **631**; Bestellerpflichten **631** 3; Dauerschuldverhältnis **649**; Einrede des nicht erfüllten Vertrages Vorbem 4 a vor **633**; Entschädigungsanspruch des Unternehmers **642** 2; Fälligkeit der Vergütung **641**; Fristsetzung durch Besteller **634** 2 b, c; Fristsetzung durch Unternehmer **643** 1, 2; Garantieübernahme Vorbem 3 d vor **633**; Haftungsausschluß **637**; Gefahrtragung **324** 2 d, **644**, **645**; Höhe der Vergütung **632**; IPR EG **28** 4 g; Kalkulationsirrtum **632** 1; Konkurrenz des GewLeistgsAnspr **634** 4; Konkurrenz der Anspr gegen mehrere Unternehmer **631** 1 d, Vorb 3 e vor **633**; Kostenanschlag **650**; Kündig AGBG **9** 7 k; KündR des Bestellers **649**; Kündigungsrecht des Unternehmers **643**; Leistungsgefahr **645** 1, 2 a, 3; Mängelanzeige **639** 1 c; Mängelhaftung Vorb 2−4 vor **633**, **633−635**; AGBG **11** 11; mehrere Unternehmer **631** 1 d, Vorb 3 f vor **633**; Minderung Vorbem 3 c vor **633**, **634**; Mitwirkung des Bestellers **642** 1; Nachbesserungsanspruch Vorbem 3 b vor **633**, **633**; Nichtigkeit **631** 1 b; persönliche Leistung des Unternehmers **631** 2 a; Rechtsbehelfe des Bestellers Vorb 1−4 vor **633**: Rechtsmängel Vorb 2 vor **633**; Rücktritt des Bestellers **636** 1; Schadensersatz Vorb 3 c, 4 e vor **633**, **635**; Schadensminderung **635** 3 c; Schlußzahlung **641** 3; Schutzwirkg zGDr **328** 3 b 1 l; Schwarzarbeit **631** 1 b; SelbstbeseitiggsR **633** 4 g; Selbständig des Untern Einf 1 vor **631**; Sondermaterien Einf 2 vor **631**; UnternehmerPfdR **647**; Unternehmerpflichten **631** 2; Vergütung **632**; Vergütung bei Kündigung des Bestellers **649** 2; Vergütungsgefahr **645** 1, 2 b, 4; Verhältnis zu außerwerkvertraglichen Ansprüchen Vorb 4 e vor **633**; Verjährungsfristen **194** 3, **638**, **639**, AGBG **11** 10 f; verspätete Herstellung **636**; VOB Einf 3 c vor **631**, s a „VOB"; Vollendung statt Abnahme **640** 1 a, **646**; Vorar-

2641

Werkwohnung

Fette Zahlen = §§

beiten **632** 2; Vorleistung des Unternehmers **641** 1 b; Wandelung Vorbem 3 c vor **633**, **634**; Werklieferungsvertrag **651**; Wesen Einf 1 vor **631**; ZbR des Bestellers Vorb 4 a vor **633**, **647** 3

Werkwohnung 565 b ff; Arten Vorb 2 vor **565 b**, **565 c** 2, 3; s a Werkdienst-, Werkmietwohng; Zuteilg nach Scheidg Anh II zu EheG

Wertausgleich beim Versorgungsausgleich Einf 3 c vor **1587**

Wertbeständige Hypotheken 1113 5

Wertbestimmung des Erblassers bei PflichttBerechng **2311** 3

Werteinheiten in der RentenVersicherg **1587 a** 3 B a

Wertermittlungsanspruch des PflichttBerecht **2314** 2

Wertermittlungsverordnung 2311 3 d

Wertersatz, im BereicherngsR **818** 5; Höchstbetrag bei GrdstRechten **882**; Klauseln über – in AGB AGBG **10** 7, **11** 5; bei Rücktritt **346** 3; für Übernahme von Ggständen bei Gütergemeinsch **1477**; Verzinsg **290** 1, 2

Wertpapier, Begriff Einf 1 vor **793**; Berechtiggsnachweis im Affidavitverfahren Einf 5 b vor **793**; Haftg bei Kauf **437** 3; Hinterleggsgegenstand **372** 1; im Kindesvermögen **1667** 3; Mündelsicherh **1807** 2, EG 212 1; Nießbrauch Vorb 2 vor **1068**; Schenkg vTw **2301** 3 a; Schutz des Wertpapierhandels Einf 5 b vor **793**; Sicherheitsleistg **233**, **234**, **235**; Vermächtnis **2173** 1; Verwahrg Einf 3 c vor **688**, **700** 4; Wertpapierbereiniggsges Einf 5 c vor **793**, **798** 2, **799** 4, **806** 2; s auch PfdR an W

Wertpapierhypothek 1187–**1189**; GläubVertreter **1189**; Inhaberschuldverschreibgen **1187** 2; Pfändg **1187** 5; Unbestimmth des Gläub **1188** 2; Wechsel **1187** 2

Wertsicherungsklauseln 245 5, **433** 5 a bb, ErbbRVO **9** 3, **1113** 5, **1105** 4 d; Pacht **581** 3 a; in letztw Vfg **1937** 3 d; Unwirksamk, RFolge **139** 5 b, **245** 5 d

Werturteil 824 2, **1004** 5 b

Wertvindikation 985 3 c

Westfälische Gütergemeinschaft, Testamentvollstreckg **2197** 4

West-Ost-Überweisung EG **32** 4 b

Wettbewerbsbeschränkungen 134 3 a, **138** 5 j, **705** 9 b bb, **826** 8 j, m hh, u gg; als Dbk **1018** 6 b, **1019** 2 a

Wettbewerbsrecht, BereicherngsAnspr bei Verletzg Einf 6 b vor **812**

Wettbewerbsschutz bei Miete **535** 2 a dd (7)

Wettbewerbsverbot 138 5 w; im Arbeitsverhältn **611** 4 c, **626** 5 c; als Dienstbark **1018** 6 b, **1019** 2 a; Mietvertrag u **535** 2 a dd (7); IPR EG **38** 2 c b); Verkäufer eines Unternehmens **138** 5 w cc; VertrStrafe **340** 1; Unsittlichk **138** 1 f, 5 w, **826** 8 u nn

Wette 762 1 b; Lotto **763** 2 c; NebenVertr **762** 3; Nichtigk **762** 4; Toto **763** 2 c; Unsittlichk **138** 1 f, 5 w, **826** 8 u nn, s auch Spiel

Widerklage gg Besitzklage **863** 2

Widerrechtlichkeit, bei unerl Hdlg **823** 6, BewLast **823** 13 e; der Kindesvorenthaltg **1632** 2 a cc; bei Verletzg des PersönlichkR **823** 14 D

Widerruf des Abbuchungsauftrags **675** 5 c; von unwirks AGB dch Empfehler AGBG **13** 3 b; der Anweisg **790**; Auftrag **671**; Begriff Einf 3 b vor **346**; durch Dritte bei Verträgen von Ehegatten **1366** 3 a, **1427**, **1453**; eines Darlehensversprechens **610** 2; der EinziehgsErmächtigg **665** 2 e; beim Erwerbsgeschäft eines Eheg **1431**; von ehrenkränkenden Behauptgen, Formalbeleidigg Einf 9 vor **823**; HaustürGesch s dort; von Presseveröffentlichgen

Einf 9 b vor **823**, **824** 6, **1004** 5 b; 7 a; von ProzeßBehauptgen **1004** 5 b; von Schenkgen **530**–**534**; zw Ehegatten Einf 1 c vor **1353**; unwahrer Behauptgen Einf 9 vor **823**; bei Überlassg der Vermögensverwaltg an den anderen Eheg **1413**; der Bestellg eines Vereinsvorst **27** 2; des Stiftungsgeschäfts **81** 2; Testament **2253**–**2258**, **2271**; Anfechtg des W **2081** 2, **2256** 2; der TestRückn aus amtl Verwahrg **2081** 3, **2256** 2; des Vertr mit Minderj **109**, des Vertr bei mangelnder Vertretgsmacht **178** 4; der Vollm **168** 1, 2, **173** 3; **176** 1, Einf 6 c vor **2197**; bei unerl Handlg Einf 9 vor **823**, **824** 8; der Weisg **665** 2; s a letztwill Verfügg, Testament, Schenkg, Willenserklärg

Widerrufsklage ggüber unwahren Behauptgen Einf 9 vor **823**, **1004** 5 b; ggü dem Empfehler unwirks AGB AGBG **13** 3 b

Widerspruch bei Darlehenshyp **1139**; der Gesellschafter gg GeschFührg **711**; im Kontokorrent **781** 2 d; gg Lastschrift **665** 2, **826** 8 e aa; gg Kündigg des Mietverhältnisses **556 a**, **b**; gg Richtigk des Grundbuchs **899**, bei Hypothekenbrief **1140**, Verhinderg gutgl Erwerbs **892** 6 a, **899** 4 a; gg Vormerkg **899** 3

Widersprüchliches Verhalten 242 4 B e

Widerstand des Kindes gg Herausgabe **1632** 2 b gg; gg SorgeR eines Elternteils **1671** 1 b, 3 c; gg Umgang **1634** 2 b

Widmung, für den öffentl Verkehr **1004** 7 c dd

Wiederaufnahme der Erwerbstätigkeit nach Ruhestandseintritt Einf 7 e hh vor **611**; des Verfahrens u Erbschein Übbl 1 vor **2353**; in WESachen WEG **45** 5

Wiederbeschaffungswert 251 5 A a

Wiedereinsetzung, InventFrist **1996** 1; gegen Versäumung der Ausschlußfrist bei Anträgen auf UngültigErklärg eines WohnungseigentümerversammlgsBeschl WEG **23** 5 d

Wiedereinstellung eines Arbeitnehmers **611** 8 a

Wiedergutmachung, Geltendmachg dch Miterben **2039** 2; Erbschein für **2353** 1 d; Vermächtn von WiedergutmachgsLeistgen Einf 4 vor **2147**

Wiederholungsgefahr 1004 6 b bb, c, Einf 8 b ee vor **823**, **862** 2, AGBG **13** 2 d

Wiederkauf 497–**503**; Bindg des WdVerk **499** 1; Herausgabe der Kaufsache **498** 1; Preis **497** 4; Rechte Dr an der Sache **499** 1, 2; Schätzgswert **497** 4, **501** 1; Veränderngen u Verschlechterngen **498** 2; Verfügg des Wiederverk **499** 1, 2; Verwendgsersatz **500** 1, **501** 2; s a WiederkRecht

Wiederkaufsrecht 497 1; Ausübg **497** 2; Befristg **503** 1; dingl **497** 1, Übbl 4 vor **1094**; gemeinsames **502** 1, 2; gesetzl **497** 1; bei Grds **497** 1; Haftg nach Ausübg **498** 3; Haftg für Bestand des KaufGgstand **501** 1; Übergang **502** 2; Vormerkg **499** 3, **883** 2

Wiederkehrende Geldleistungen, Anrechg auf Regelunterhalt **1615 g**

Wiederkehrschuldverhältnis Einf 6 a cc vor **305**

Wiederverheiratung, Anzeige- u Auseinanders-Pflicht des Elternteils **1683**, EheG **9**, **2044** 2; des zum TestVollstr berufenen Elternteils **2204** 1 a; des zum Vormund bestellten Elternteils **1845**; elterl Sorge bei Auflösg einer Ehe durch Wiederverheiratg **1681**; bei fortges Gütergemsch **1493**, EheG **9** 3 b; Wirkg auf letztw Vfg **2077** 3, **2269** 5 d

Wiederverheiratung im Falle der Todeserklärung EheG **38**; Aufhebg der neuen Ehe EheG **39**; Wirkg auf Kinder **1681**

Wiederverheiratungsklausel in gemeinsch Test **2269** 5

Wiederverkaufsrecht 497 1

Magere Zahlen = Erläuterungen **Wucher**

Wildschaden 835
Wille, Erforschg **133** 4, **2084** 4; hypothetischer mutmaßlicher Wille bei ergänzender VertrAuslegg **157** 2d, des Erbl bei TestAuslegg **2084** 1
Willensbedingung Einf 4 vor **158**
Willenserklärung, allg Übbl 1c, 3a vor **104**, Einf 1 vor **116**; Abgabe **130** 2, bei gemeinsch Verwaltg des Gesamtguts **1450**; unter Abwesenden **130** 3; amtsempfangsbedürftige Übbl 3a vor **104**, **130** 5; unter Anwesenden **130** 4; Anfechtg wegen Irrtums **119**, Drohg, Täuschg **123**, **124**; Auslegg Einf 2 vor **116**, **133** 1; Auslegggregeln **133** 4c; Beurkundg dch Notar BeurkG **6–35**; bewußt falsche Übermittlg **120** 2; eines Bewußtlosen **105** 3; durch Boten **130** 3c; empfangsbedürftige Übbl 3a vor **104**, **130** 1b; Erklärgsbewußtsein Einf 4b vor **116**; Fernsprecher **130** 4; fingierte Einf 3c vor **116**; FormularKl über fingierte AGBG **10** 5; ggüber geschäftsbeschränkter Person **131** 1; eines Geschäftsunfähigen Übbl 4a vor **104**, **105** 2; irrige Übermittlg **120** 1; Irrtum Einf 4 vor **116**, **119**; Kenntnis vom Inhalt **130** 1c; nicht ernstliche Einf 4 vor **116**, **118** 1; mündliche **130** 4b; scheinbare Einf 4 vor **116**, **117** 1, 2; schlüssiges Verhalten Einf 1, 3a vor **116**; Schweigen Einf 3b vor **116**, **133** 5, AGBG **10** 5; sozialtyp Verhalten Einf 5b vor **145**; stillschw Einf 3 vor **116**; streng einseitige Übbl 3a vor **104**; Vertragsannahme **148** 1; an Vertreter **130** 3c; durch Vertreter **164**, **165**, **166**; Vorbehalt, geheimer Einf 4 vor **116**, **116** 1–3; bei vorübergehender Störg der Geistestätig **105** 3; Widerruf **130** 3; Willensmangel Einf 4 vor **116**; Wirksamwerden Einf 6 vor **116**, **130** 1–3; Zugehen **130** 3a; Zustellg **132** 1
Willensmangel Einf 4 vor **116**; bei Vfgen vTw **1937** 2; des Vertreters **166** 1; Anfechtg der Vollmacht wegen **167** 2
Willkürbedingung Einf 4 vor **158**
Winkzeichen im Kfz-Verkehr **676** 1
Wirtschaftsgeld des Eheg **1353** 2b cc, **1360** 1c, 2
Wirtschaftslenkung, als Enteignung Übbl 2H a vor **903**
Wirtschaftsprüfer, Haftg **276** 4C c; AuftrBdggen AGBG **9** 7w; Nichtigk der RBesorgg **134** 3a; übliche Vergütg **612** 2b; Vertrag **328** 4k cc, Einf 5 vor **631**; Verschwiegenh **611** 4b, nach Erbfall **1922** 4c
Wirtschaftsrecht, Verstoß gg – **134** 3a, **817** 3c
Wirtschaftswert des Hofes EG **64** 2
Wissensvertreter Einf 3i vor **164**, **166** 2b
Witwenrente nach Scheidg **1557** 2a; bei nichtiger Ehe EheG **13** 6a
Wohnbesitz 433 2a bb, Einf 2i vor **535**
Wohngeld im UnterhR **1602** 2b; bei WohngsEigt WEG **16** 3
Wohngemeinschaft 535 1d bb, **549** 3b, 7b
Wohnheim, Kündigg **564b** 2b aa; für Gastarbeiter, Sachmängel **537** 2c
Wohnraum Einf 8a vor **535**; KündSchutz Einf 13a vor **535**, **564b**, 2. WKSchG 2; Modernisier **541b**
Wohnraumbewirtschaftung Einf 12 vor **535**
Wohnraummiete Einf 8 vor **535**
Wohnsitz, Anstaltsort **8** 1; Aufhebg **7** 3, **11**; im Ausland bei EhevertrAbschluß **1409**; Begründung **7** 2; dienstlicher **7** 1; Doppelwohnsitz **7** 4, **11** 1a; der Ehegatten **1353** 2b bb; ehel Kinder **11** 1, **1631** 1; für ehel erklärte Kinder **11** 2; Eintragg der Verlegg im GüterRReg **1559**, **1561**; Findelkinder **11** 3; Geschäftsunf und -beschränkter **8** 1; gesetzl Wohnsitz **7** 1, **9** 2, **11**; Kinder **11**; als Kind angen Kinder **11** 2; Legitimation, Adoption eines vollj Kindes **11**; als Leistgsort **269**, **270** 2b; minderj

Frau **8** 2; nichtehel Kinder **11** 1; Soldaten **9**; ÜbergVorschr EG **157** 1; Verfolgter **7** 3
Wohnung, Begriff Einf 8 vor **535**; Ehewohng nach Scheidg **535** 1a, Anh II zu EheG Kündigg **565**, der Miete bei ungesunder **544**; Tausch **515** 1; Teilbesitz an Wohnräumen **865**
Wohnungsbindungsgesetz 134 3a, Einf 8b, c aa, 12 vor **535**
Wohnungseigentum (Fette Zahlen sind Paragraphen des WEG), Abgabe des Verf von ProzeßGer an FG-Ger **46**; Abschlußmängel **22**, **11** 2; Abveräußerg, Hinzuerwerb eines Grdstücksteils Übbl 2b vor **1**; Abstellplätze **3** 2b; Änderg von ME-Anteilen **6** 1; AufteilgsPlan **7** 2, **8** 2a, Belastbark **6** 2e; Begriff **1**; Begründg **4** 1, **8**; Ehewohng **60**; Entstehg **1**, **2** 3, **8**; Entziehg **18**, **19**; GebrRegelg **15**; GemschE **1** 3; Gewährleistg bei Erwerb BGB Vorbem 5 vor **633**, **633** 2; AGBG **11** 11; Grundbuchvorschr **7**, **9**; Gründgsmängel **2** 2; Heimstätte Übbl 2e vor **1**; Inhalt Übbl 2a vor **1**; Kosten und Lasten **16**; Kostenentscheid in WEG-Sachen **47**; Nutzgen **16**; Pflichten **14**; Rechte **13**; SicherghsHypothek des Bauunternehmers **23**b; Sondereigentum **3–8**; Sondernutzg **15** 2d; Teilg **6** 2b; Teileigentum **1** 2b; Unauflöslich **11**; Unselbständigk **6**; UnterWE Übbl 2 a vor **1**; Veräußerlichk **6** 2a; Veräußergsbeschränkg **12**; Verbindg von Sondereigentum mit MiteigenAnteilen an mehreren Grdst **1** 3; Vereinigg von WE-Rechten **6** 2c; Vereinigg mehrerer WE-GrdSt Übbl 2b vor **1**; Vererblichk **12** 1b aa, bb; Verfahrensvorschr **43**ff, Abgabe **46**, Antragsverf **43** 1, Beteiligte **43** 4, Grdsätze **44**, Kosten **47**–**50**, Rechtsmittel **45**, Wiederaufnahme **45** 5; Verfahren **43**, ZwVollstr **45** 4; Vermächtnis **2174** 5b; Verpflichtgsvertrag **4** 2; Verwalter **26**ff; Verwaltg **20**ff, Begriff **1** 1; VerwBeirat **29**; VerwaltgsVermögen **12**; Versteigerg **53**ff
Wohnungseigentümergemeinschaft, faktische bzw werdende Übbl 2d aa vor WEG **1**; Beendigg Übbl 2d vor WEG **1**
Wohnungseigentümerversammlung WEG **23**–**25**; Beschlüsse WEG **21** 3, **22–25**, UngültigkErklärg **23** 5; Einberufg WEG **24**; Stimmrecht **25** 2a
Wohnungseigentumsverwalter WEG **26**–**28**; Abberufg WEG **26** 2; Abrechng WEG **28** 2; Aufgaben WEG **27**; Bestellg WEG **26** 1; Einberufg der Eigtümerversammlg WEG **24** 1; Entlastg WEG **26** 4; Haftg WEG **27** 1b; Legitimation WEG **26** 3; Rechnslegg WEG **28** 4; Vertrag WEG **26** 1b, 2b; WirtschPlan WEG **28** 1; Wohngsvermietg **652** 3b, WEG **27** 1
Wohnungserbbaurecht, WEG **30**
Wohnungsgemeinnützigkeitsgesetz 134 3a
Wohnungsgenossenschaften, Miete an Mitglieder Einf 2g vor **535**
Wohnungsgrundbuch WEG **4**, **7–9**
Wohnungsmodernisierung 541a; Duldg **541a** 2a, 3a, 4; Mieterhöhg **541a** 4
Wohnungsnotrecht, Einf 12 vor **535**
Wohnungsrecht, dingl **1093**; Vermächtnis Einf 4 vor **2147**, **2174** 5c
Wohnungsschlüssel für Mieter **535** 2a bb; Abgabe bei Reise **545** 1d; Rückg **556** 1b
Wohnungstausch 515 1, WEG **6** 1
Wohnungsvermittlung, Einf 2b vor **652**; G zur Regelung der – Einf 6 vor **652**; Vergütung **652** 7c
Wohnungszwangswirtschaft Einf 12 vor **535**
Wucher, Begriff **138** 4a; BereichergsAnspr **817** 3c bb; beim Darlehen **138** 2b, Einf 1b vor **607**; Erfüllgsgeschäft **138** 4b; Mietwucher **134** 3b bb, **138** 4c; Mißverhältnis zwischen Leistg u Gegenleistg **138** 4a

2643

Wucherähnliche Geschäfte Fette Zahlen = §§

Wucherähnliche Geschäfte 138 2 a, b
Wünsche letzte, 2084 3 c, Einf 2 vor 2192; bei Test-
 Vollstreckg 2216 3
Wurzel, überwachsende 910

Z

Zahlenlotto 763 1, 2 a, 4
Zählkindvorteil 1602 2 c, Anh zu 1615 f, 1615 g;
 RegelUnterhVO 4 1
Zahlung, auf erstes Anfordern 2 f vor 765, 5 vor 783;
 gg Dokumente 157 5 c, 271 2 f, 320 4 a; auf Grd
 einstw Vfg 362 4 c; unter Vorbehalt 362 4 c
Zahlungsort 270, 1119 3, 1177
Zahlungsverkehr, innerdeutscher EG 32 4
Zahnarzt Einf 5 b aa vor 305; Behandlungsfehler 823 8
 B; BehandlgsVertr Einf 2 a vor 611, Einf 5 vor 631
Zaunrecht EG 124
Zeitbestimmung 163 1; festbestimmte 361 1;
 Leistg 271
Zeitlohn 611 6 c cc
Zeitraum, Berechng 191
Zeitschriften: AGB AGBG 9 7 z; Bezug 433 1 a;
 Verlust 249 3 b
Zeitsoldaten, VersorggsAusgl 1587 2 a, 1587 a 3 A
 a, 5, 1587 b 3 b, 5 a aa; ZugewinnAusgl 1375 2
Zerobonds 793 2 d
Zerrüttungsprinzip, Auswirkg auf UnterhAnspr
 des geschied Eheg 1569 1; einziger ScheidgsGr
 1564 3, 1565 1; Voraussetzgen d Zerrütty 1565 2
Zerrüttungsvermutungen 1564 3, 1566
Zertifikat über Echtheit von Kunstwerken 459 5 e
Zession s Abtretg
Zeugen bei Eheschließg EheG 14; bei öffentl Test,
 ErbVertr: Ausschließg, BeurkG 26, 27 3; NotTe-
 stErrichtg 2249 3 b, 2250 2; BeurkG 22, 24, 25, 29;
 auf Verlangen Beteiligter BeurkG 29 1; Sonderfäl-
 le BeurkG 29 2, 2249, 2250, 2276 2 c; Befreiung
 von der VerschwiegenhPfl dch Vfg vTw 1937 3 c,
 dch Erben 1922 4 d; bei Beurk von WillErkl Be-
 urkG 22–25
Zeugenbeeinflussung 138 5 k
Zeugnis ausländ, Anerkenng (Erbsch) Übbl 5 f vor
 2353; über Dienstleistgen 630, Schadensersatz 630
 4; über Eintragg des Vereins 69; üb Erbausschlagg
 1945 5; Haftg d Arbeitgebers für – 826 8 c cc; über
 fortges Gütergemeinsch 1507; TestVollstr 2368
Zeugnisverweigerungsrecht, des Arztes 1922 6;
 des angen Kindes 1755 1; der Kinder 1626 4 b, 1629
 4, 5 a, 6, 1909 2 b; Befreiung dch Erbl 1937 3 c, dch
 Erben 1922 6; PflegerBestellg 1909 2 b
Zins, Aufrechng gg 396; Begriff 246 1; Änderngs-
 Klausel AGBG 11 1 d aa; banküblicher 1573; Dar-
 lehen 608; Entstehung der Zinspflicht 246 3; ge-
 setzl 246 3 a; Herabsetzg v, Verbrauchdarlehen 246 3 b;
 Hypothek, Haftg des GrdSt f Z 1118; hoher, Kün-
 diggsrecht 247 1, 2; Kreditgebühren als – 246 1, 2;
 Pfandrecht, Erstreckg auf Z. 1289 rgeschäftl 246
 3 b; beim Schmerzensgeldanspr 847 5 e; bei Her-
 ausgabe einer ungerechtf Bereicherg, s Verzinsg;
 in Urteil festgesetzter 246 3 a; Verjährg 197 2 a;
 Verteilg der Leistg auf 367; s auch „Verzinsg, Ver-
 zugszinsen"; Zinseszinsen 248 1, s Verzugsverlust,
 Schadensberechng 289 2; Zwischenzins s dort, sa
 Erbbauzins
Zinsschein, Bezugsrecht 805 1, 2; Erneuerngsschein
 805; Pfandrecht bei 1296; Rechtsnatur 803 1; Ver-
 jährg d Anspr 804 3, 4; Verlust 804 1, 2
Zivilgesetzbuch der Deutschen Demokrati-
 schen Republik Einl 6 b vor 1922
Zölibatsklausel 134 3 a, 626 5 j

Zollrecht, Verstöße 134 3 a
Zubehör 97, 98; Anwartschaftsrecht am Z, Er-
 streckg der Hypothek 1120 4 a; Ausleggsregel 314
 1; Einigg Erstreckg auf 314; Einzelfälle 97 5; Er-
 werb, gutgläub 926 3; Grundstück 97 3 c, 9, 926;
 Haftg für Hyp 1120 4; Hauptsache 97 2 b, 98 1 b;
 Inventarstücke 98 2, 3; Nebensache, Verhältn zur
 97 1; Nießbrauch 1031 1, 2; PfdR 1212 2; räumli-
 ches Verhältnis zur Hauptsache 97 3 b, 98 1; Ver-
 äußerg, Erstreckg auf 314, Vermächtnis 2164;
 VorkR 1096; Widmg 97 3 a, 98 1; Wiederkauf 498 1
Züchtigungsrecht 1631 5, 823 6 B a; Dritter 1631 5
Zufall, Begriff 276 10 a, 350 1; Haftg Einf 4 d vor
 823, 848 1, bei Verzug 287 2
Zuflurstück Übbl 1 a bb vor 873
Zugehen 130 2; unter Abwesenden 130; Fiktion des
 Zugangs gem Klausel in AGB AGBG 10 6; an
 Geschäftsbeschränkten 131; verspätetes 149; durch
 Zustellg 132; s. WillErkl
Zugewinn, Anfangsvermögen 1374, Berechng,
 Bewertg 1376, Verzeichn 1377; Ausgleich s Zuge-
 winnausgleich; Begriff 1373; Benachteiligungsab-
 sicht 1375 3 c; Ehescheidg u -aufhebg, maßgeben-
 der Zeitpunkt 1384; Endvermögen 1375, Ver-
 zeichn 1379; Erwerb während des Güterst 1374 3;
 Gegenstand 1375 2; good will 1376 3 a; Hinzurech-
 nungen zum Anfangsverm 1374 4, zum Endverm
 1375 3; land- u forstwirtsch Grundst 1376 2 c; pas-
 sives Endverm 1375 5; Übertragg bestimmter Ge-
 genstände 1383; unechter Z 1376 3, 1381 2 d; un-
 entgeltl Zuwendungen 1375 3 a, 1390 2; Vermutg
 für Umfang des Endverm 1374 4; Verschwendg
 1375 3 b; Wertschwankungen 1376 3
Zugewinnausgleich, Abänderg der gesetzl Regelg
 1378 4; Anrechng von Vorempfängen 1380; Aus-
 gleichsfdg, Begriff 1378 1; Ausgleich beim Tod
 eines EheG 1371, bei Beendigg des Güterst auf
 andere Weise 1371; Auskunftspflicht über End-
 verm 1379 2; Ausschluß des Ausgleichs (Güter-
 trenng) 1414; Ausschluß durch Geschäftsbe-
 schränkten 1411; Benachteiligungsabsicht 1375 3 c;
 Ehescheid u -aufhebg, Berechnungszeitpunkt
 1384; bei Klage auf Ehescheid u -Aufhebg 1933 4;
 Einrede auf Grd Verletzg ehel Pflichten 1381 2;
 Entstehg des Anspr 1378 1; bei Erbunwürdigk
 1371 4, 2344 2; bei Erbverzicht 1371 4, 2346 4;
 Getrenntleben, vorzeitiger Ausgl 1385; grobe Un-
 billigk, Verweigerg der Erfüllg 1381; Grund-
 stücksverteigerg 1372 1; Gütertrenng inf Aus-
 schluß des ZugewAusgleichs 1414, inf vorzeitigen
 Ausgl 1388; Haftg Dritter bei unentgeltl Zuwen-
 dungen 1390; Höhe der Fdg 1378 2; IPR EG 15 4 c;
 als NachlVerbindlichk 1967 2; 2317 1 b; Pflicht
 neben Zugewinnausgl 1371 4, 5, 2303 2 b, 3;
 Pfändbk 1378 1; SicherhLeistg für künftig Fdg
 1389, durch Dritte bei unentgeltl Zuwendungen
 1390 5; Stundung 1382, Zuständigk 1382 4,
 Änderg u Aufhebg 1382 5, 1390 5, einstw Anord-
 nungen 1382 6, Bedeutg der Erbfolge 1382 5;
 ÜbergVorschr GleichberG 8 I 6, Grdz 3 vor 1415;
 Übertragbk 1378; Übertragg bestimmter Gegenstän-
 de 1383; Verbindlkeiten bei Berechng des An-
 fangsvermögens 1374, 1376, des Endvermögens
 1375, 1378; Vereinbarg über Abfindg 1378 4; Ver-
 erblichk 1378 1, 1922 3 h; Verjährg 1378 1, 1390 4;
 u VersorgsAusgl Einf 3 b vor 1587, 1587 c 2; Ver-
 weigerg weg grober Unbilligk 1381; Verzicht auf
 Gewinnausgl 1378 4, bei Gütergemsch 1432, 1455;
 vorweggenommener – 1374 3 c; vorzeitiger Ausgl
 bei Getrenntleben 1385, in anderen Fällen 1386;
 Zeitpunkt der Entstehg des Anspr 1378 1; Zustdgk
 des FamilienG, ProzeßG 1382 3, 4, 1383 3

Magere Zahlen = Erläuterungen **Zwangsgeld**

Zugewinngemeinschaft 1363–1390; Anfechtg der Annahme od Ausschlagg der dem überlebenden vom erstverstorbenen Eheg zugewendeten Erbschaft **1953** 2; Ausgleich des Zugewinns s Zugewinnausgl; Aufhebg **1414**; Ausbildsbeihilfe f einseitige Abkömml **1371** 3; Auskunftspflicht über Endvermögen **1379** 2; Ausländer Grdz 6 vor **1363**; Ausschlagg von Erbsch oder Vermächtn **1371** 5, **1945** 1, **1950** 2, **2303**, **2305**, **2306**, **2307**; Ausschließg **1414**; Eintragg der Ausschließg im GüterRReg **1412**; Beendigg durch Tod **1371** 1, auf andere Weise **1372**ff; auf einseitiges Verlangen **1385**ff; Beginn **1363** 3; Begriff Grdz 3 vor **1363**, **1363** 5; einseitige Rechtsgesch eines Eheg **1367** 2; Einwilligg **1365** 2–4, **1366** 2, Beweislast **1365** 2; u Grundbuchamt **1365** 7; erbrechtl Lösg **1371** 1, 2; ErbErsAnspr des nichtehel Kindes **1934a** 2a; Erbschein, Glaubhaftmachg des Güterst **2356** 4; Erbteil, gesetzl des Eheg **1371** 1, 2; Erbverzicht **2346** 4; Genehmigg des anderen Eheg **1366**; Verfügg über Vermögen im ganzen **1356** 2; gutgläubiger Erwerb **892** 5c, Vorb 1b vor **929**; gesetzl Güterst Grdz 1 vor **1363**, **1363** 2; güterrechtl Lösg **1371** 1, 4; Haushaltsggstände, Eigentum, **1370** 2, Ersatzbeschaffg **1370**, Verfügg **1369**; gutgläubiger Erwerb Vorb 1b vor **929**, **932** 2a; Personenkreis **1363** 2; Pflicht des überlebden Eheg **1371** 2, 4, Übbl 5 vor **2303**, **2304** 3, **2305** 1, **2306** 3b, **2307** 1b, 2, **2316** 2b, **2325** 3, **2328** 2; Staatenlose Grdz 6 vor **1363**; Tod eines Eheg **1371**; ÜbergVorschr **1363** 2c, Grdz 5a, b vor **1363**, Grdz 2 vor **1414**; Verfügg über Vermögen im ganzen **1365** 2; Vermögensverwaltg **1364**; vertragl Änderg des Güterst **1363** 6; Wahlrecht des überlebenden Eheg **2303** 3b bb; Zustimmg des anderen Eheg **1365**, **1366**, **1369**, Ersetzg der Zustimmg **1365** 5, **1369** 4; Zugewinn s dort

Zug-um-Zug-Erfüllung 274; bei Abzahlgsgeschäften AbzG 3; bei gegens Vertrag **322**; bei Rücktritt **348**

Zurechnungsfähigkeit bei Verschulden **276** 2; Voraussetzg f mitwirkendes Verschulden **254** 3a bb; bei unerl Hdlg **827**, **828**

Zurückbehaltungsrecht 273; AbwendgsBefugn **273** 8; bei AufrechngsVerbot **273** 5c; ggü Auskunft-Anspr bei Zugewinn **1379** 1c; Ausschl dch AGB-Klausel AGBG **11** 2, Natur des Schuld-Verh **273** 5d; ggü BereicherungsAnspr Einf 8d vor **812**; ggüber dinglichen Ansprüchen Einf 7 vor **985**; an Dienstleitg **611** 1e cc; Einrede **273** 1; Einrede des nichterf Vertrages **320** 1; bei ErbschAbwicklg **1932** 4; **1963** 3; **1969** 2, **2039** 3, **2174** 2e, **2317** 3; des ErbschBesitzers **2022** 2a; an Früchten **102** 1; GgAnspr des Schuldn **273** 3; bei Auseinandersetzg der Gesellschafter **732** 3; ggü Kindesherausgabe **1632** 2a cc; Konnexität **273** 4; des Mieters **552a**, **556** 2, **559** 5; statt PfdR **1204** 2a, **1205** 3; im RStreit **274** 1; TestVollstr **2217** 2e; **2221** 4; Verwendgen **1000** 2; in der ZwVollstr **274** 2

Zurücknahme der Klage, des Antrags auf EhelichkAnfechtg **1599** 4; des Antrags auf Ehescheidg, ErbR **1933** 2a; des Verlangens auf vorzeit Erbausgleich **1934d** 1 f

Zurückweisung von Rechtsgeschäften **111** 1, 2, mangels Vollmachturkunde **174**; bei Vertr zg Dritter **333**

Zusage erbrechtl Bedenkg **2302** 1
Zusammenlegung von Grdst EG **113**
Zusammenschreibung von Grdst **890** 3a
Zusatzhypothek Übbl 2 B f vor **1113**

Zusatzurlaub **611** 12a aa, c
Zusatzversorgung des öff Dienstes **1587** 2a cc, **1587a** 3 B Ziff 3 e bb
Zuschlag, Erstreckg auf wesentl Bestandteile **93** 6; des gesamthaftenden Grdst bei Gesamthypothek **1181** 1b
Zuschreibung von Grdst **890** 1; HypErstreckg **1131** 2; landesrechtl Vorschr EG **119**; Rangverhältnisse **1131** 3; s a Vereinigg
Zusicherung **459** 4a; Grundstücksgröße **468** 1; bei Gattgskauf **480** 3; Viehkauf **492** 1, 2
Zuständigkeit der Behörden auf dem Gebiet des Minderjährigenschutzes EG **24** Anh 1, MSA **1**, **4**, **5**, **6**, **8**, **9**, **15**, vor denen nehel Kinder anerkannt werden können (Übereinkommen) EG **18** Anh 4; für Behandlg der Ehewohng u Hausratsverteilg Anh zu **1587p** § 1 3, 11; Ersatzzuständigk in NachlSachen **2353** 1b; bei öff Beurk EG **11** 1; f öffentl Test **2231** 2, **2232**; im ErbschVerf **2353** 1; des FamG Einf 4a vor **1564**; VO z Vereinheitlichg in Familien- u NachlSachen Einl 3d vor **1297**; in WE-Sachen WEG **43**, **51**; s auch internationale Zustdgk
Zuständigkeitsergänzungsgesetz, Anh nach **1911**, Einl 6 vor **1922**, **2353** 1
Zustandshaftg **1004** 4b
Zustellung, Zugehen, Ersatz **132** 1
Zustimmung Einf 1, 2 vor **182**, **182**; des Betriebsrats zur Einstellg von Arbeitnehmern **611** 1b ee, zur Kündigg Vorb 2a kk vor **620**; zur Aufhebg eines belasteten GrdstRechts **876** 3; des nicht verwaltenden Eheg bei Verfgg über Gesamtgut im ganzen **1423**, bei Verfgg über Grdst **1424**, bei Schenkungen **1425**; des anderen Eheg bei Zugewinngemeinsch **1365**, bei Verfgg über Haushaltsggstände **1369**; Ersetzung s Zustimmgsersetzg; Mutter bei EhelErklärg **1726**; Namenserteilg/Statusänderg IPR EG **23**; Wirkg Einf 2 vor **182**; s a Genehmigg, Einwilligg
Zustimmungsersetzung, bei Gütergemeinsch **1426**, **1430**, **1452**; Mutter bei EhelichErklärg **1727**; bei Zugewinngemeinsch **1365** 5, **1366**, **1369**; des Zuwendenden bei Pflegsch **1917**; der Eltern bei Annahme als Kind **1748**
Zuverdienerehe, Begriff **1360** 3b cc
Zuweisungsverfahren, gerichtl, zwecks Zuweisg eines landwirtschaftl Betriebs an einen Miterben **2042** 10; Ansetzg des Betriebs zum Ertragswert **2049** 2; Ausgleich der Vorempfänge **2050** 6; Bedeutg bei der Erbauseinandersetzg Einf 6 vor **2032**; Haftg für NachlVerbindlichk **2046** 3, **2058** 5; Unzulässigkeit bei TestVollstrg **2204** 1
Zuwendung, abstrakte Übbl 3e vor **104**: Anrechng **2315**, auf ZugewinnausglFdg **1380**; Ausgleich **2050** 3, **2316**; Begriff Übbl 3e vor **104**; im BereichergsR **812** 2a, **822** 2; zw Eheg, RückFdgsAnspr **242** 6 D c; – des ErbErsAnspr **1934** 2b; aus Gesamtgut, Ausgleich **2054**, **2331**; kausale Übbl 3e vor **104**; an Kinder **1639**; unter Lebenden auf den Todesfall **2301**; nachträgl Belohng geleisteter Dienste **516** 4d; – des Pflichtteils **2087** 3, **2304**; bei Schenkg **516** 2; treuhänderische Übbl 3g vor **104**; unbenannte an Eheg **516** 4b bb, **1372** 1; unentgeltl Einf 1 vor **515**, **516** 2, 3; Berechng des Endvermögens beim gesetzl Güterstd **1375**; HerausgPfl der Begünstigten **1390**; in Vertr zGDr **516** 1
Zuwendungsverzicht **2352**
Zwangsgeld in Familiensachen **1632** 4; **1634** 4, **1671** 6b; gg Liquidatoren eines Vereins, Vereinsvorstand **78**; gg Vormund **1837** 5; zur Übernahme d Vormundsch **1788**; zur Erzwingg von Aus-

2645

Zwangslage Fette Zahlen = §§

künften im VersorggsAusgleich Einf 5 vor **1587**; **1587** 2e, **1587** e 2
Zwangslage, Ausbeutg **138** 4, s auch Wucher
Zwangspflegschaft 1910 2 d
Zwangs- u Bannrechte EG **74**
Zwangsversteigerung, Abhalten v Bieten **134** 3 a, **138** 5 v, **826** 8 v; EigtErwerb in Einf 2 c vor **929**; des ErbbR ErbbRVO **24**; u Mietverh **571** 2 b; u NachER **2115** 2 a; Kündigg gem ZVG 57 a **242** 4 C a; u Nießbrauch Einf 7 vor **1030**
Zwangsverwaltung, Stellg des Verwalters Einf 3 vor **164**, **1179** 5 b; u Nießbrauch Einf 4 vor **1030**; Vorerbsch **2128** 2
Zwangsvollstreckung, Ablösgsrecht des Dritten **268**; bei Auskunftspflicht der Erben **2314** 3; des HypGläub Übbl 3 D vor **1113**, **1147** 3; BereichergsAnspr bei fehlerh Z **812** 5 B a bb; bei Dienst- u Arbeitsvertrag **611** 1 f; gg Eheg **1362** 4; EigtErwerb Einf 2 c vor **929**; Erbe, Rechtsstellg in der Z **1922** 3 s; Schrifft vor **2058**; Erwerb v Nichtberecht Übbl 3 d vor **104**; bei Gütergemeinsch **1422** 4 b, **1437** 5, **1459** 4; fortgesetzte Gütergemeinsch **1488** 2; in Hausrat bei ZugewGemSch **1369** 1; auf Herausgabe eines Kindes **1632** 2 b gg; in Luftfahrzeuge Einf 6 a vor **1204**; Nachlaßverwaltg **1984** 4; u Nießbrauch Einf 4 vor **1030**; und Pacht **581** 2; Schiffe Vorb 6 vor **929** a; Veräußerungsverbot **135**; in EhegVerm bei ZugewGemsch **1365** 2 gg; Vorerben **2115** 2; Widerspr bei gemeinsamer Gesamtgutsverwaltg **1455**; bei Wohngsräumg **556 a** 7 g; Zug-um-Zug-Urteil **274** 3
Zweckerreichung 275 2 d, **323** 1, Vorb 1 b vor **620**; bei Gesellschaft **726**; der NachlVerwaltg **1988** 2 a; der NachlPflegsch **1960** 5 g; Verfehlg BereichergsAnspr **812** 6 A
Zweckfortfall, Unmöglichk der Leistg **275** 2 d
Zweckgemeinschaft 421 1, 2
Zweckschenkung 525 2 g
Zweckstörung u Unmöglichk der Leistg **275** 2 d; und Wegfall der GeschGrdLage **242** 6 C b
Zweckvermächtnis 2156
Zweig, überwachsender **910**
Zweigstelle einer JurPers Einf 10 vor **21**
Zweikondiktionenlehre 818 6 D a
Zweimanngesellschaft, AuseinandS **738** 2 b
Zweistufentheorie bei öffentlicher KreditGewährg Einf 7 e vor **305**
Zweitausbildung, Unterhalt **1610** 4 a gg
Zweitbeschluß WEG 10 3 e, **43** 2 d
Zweitwohnung 564 b 1 b bb, 3 c
Zwischenfinanzierung 1163 4 d bb
Zwischenfristen 193 2 a
Zwischenkreditsicherung 1179 2 c cc
Zwischenmiete 1 i vor **535**, **556** 3 e bb, **564 b** 2 b dd
Zwischenzeugnis 630 2
Zwischenzins 272

Buchanzeigen

Baumbach/Duden/Hopt
Handelsgesetzbuch

mit GmbH & Co., Recht der Allgemeinen Geschäftsbedingungen und Handelsklauseln, Bank- und Börsenrecht, Transportrecht (ohne Seerecht).

Begründet von Dr. Adolf Baumbach†.
Fortgeführt von Dr. Konrad Duden†.
Erläutert von Dr. Dr. Klaus J. Hopt, o. Professor an der Universität München, vormals Richter am Oberlandesgericht Stuttgart

28., neubearbeitete und erweiterte Auflage. 1989
XLVI, 1713 Seiten. In Leinen DM 128,–
ISBN 3-406-33719-8

Die Neuauflage bietet:

- Umfassenden Überblick über das **neue Bilanzrecht**
- Völlige Neubearbeitung des Kaufmannsrechts der AGB (Kommentierung des AGBG)
- Bankrecht auf neuestem Stand
- Ausführliche **Kommentierung der Banken-AGB** (Neufassung vom 1. 1. 1988) nach der neuesten Rechtsprechung
- Neuaufnahme zahlreicher Allgemeiner Geschäftsbedingungen, z. B. AGB-Sparkassen, Vereinbarungen über den Lastschriftverkehr, Bedingungen für das Magnetband-Clearing-Verfahren, für den ec-Service, über Point of Sale (POS, Dezember 1988) sowie über die Nutzung von Bildschirmtext
- Kommentierung der **Insiderhandels-Richtlinien** in Neufassung vom Juni 1988
- Transportrecht mit **Umzugsverkehrsbedingungen** (GüKUMT), KVO-Novelle vom 10. 4. 1989 sowie Kommentierung der Bedingungen über den Speditions- und Rollfuhrversicherungsschein in der Fassung vom 1. 3. 1989
- Erläuterung der **Europäischen wirtschaftlichen Interessenvereinigung** (EWIV-Ausführungsgesetz vom 14. 4. 1988)

Verlag C. H. Beck München

Haegele/Schöner/Stöber
Grundbuchrecht
Handbuch der Rechtspraxis, Band 4

Von Dr. Hartmut Schöner, Notar, Kurt Stöber, Regierungsdirektor

9., neubearbeitete Auflage. 1989
des von Karl Haegele, Bezirksnotar a. D., begründeten und bis zur 5. Auflage bearbeiteten Handbuchs
XXXVIII, 1437 Seiten. In Leinen DM 185,–
ISBN 3-406-33960-3

Dieses Handbuch
ist für die juristische Praxis geschrieben. Es enthält eine umfassende Darstellung des gesamten **materiellen Grundstücksrechts** und des formellen Grundbuchrechts einschließlich des damit zusammenhängenden öffentlichen Bodenrechts.

Für die Neuauflage
wurde das Werk durchgehend neu bearbeitet, wobei die Ausführungen zu grundlegenden Teilen vertieft dargestellt wurden.

An Gesetzesänderungen waren zu berücksichtigen:
- das **Baugesetzbuch** mit seinen Auswirkungen auf öffentlich-rechtliche Verfügungsbeschränkungen und Vorkaufsrechte
- das Gesetz zur Neuregelung des **Internationalen Privatrechts**.

Die übrigen Schwerpunkte der Neubearbeitung:
- **Kaufrecht** mit Schwergewicht bei der Absicherung der Vertragsparteien und bei den Finanzierungsproblemen bis hin zum Bauträgervertrag
- das umfassend behandelte **Wohnungseigentumsrecht**
- **Erbbaurecht**
- Recht der **Kreditsicherung durch Grundschulden**
- **Dienstbarkeiten**
- **sonstige Erwerbsvorgänge** wie z. B. Erbteilskauf
- **Verfahrensgrundsätze** (vornehmlich Prüfungspflicht des Grundbuchamtes und Beweislast).

Verlag C. H. Beck München

Druckfehlerberichtigung/Hinweise

zu _____, _____ Auflage
           (Verfasser/Titel)

1. S. _____, § _____, Anm. _____, _____ Zeile von oben/unten,

   statt „_____
   _____"

   muß die Stelle lauten: „_____
   _____"

2. Änderungs-/Verbesserungsvorschläge: _____
   _____
   _____

Druckfehlerberichtigung/Hinweise

zu _____, _____ Auflage
           (Verfasser/Titel)

1. S. _____, § _____, Anm. _____, _____ Zeile von oben/unten,

   statt „_____
   _____"

   muß die Stelle lauten: „_____
   _____"

2. Änderungs-/Verbesserungsvorschläge: _____
   _____
   _____

Name

Vorname

Straße

PLZ/Ort

Datum

Unterschrift/Stempel

Antwort

An die

**C. H. Beck'sche
Verlagsbuchhandlung**
Wilhelmstraße 9

8000 München 40

Gebühr
bezahlt
Empfänger

Name

Vorname

Straße

PLZ/Ort

Datum

Unterschrift/Stempel

Antwort

An die

**C. H. Beck'sche
Verlagsbuchhandlung**
Wilhelmstraße 9

8000 München 40

Gebühr
bezahlt
Empfänger